LE GRAND
Robert
& Collins

FRANÇAIS - ANGLAIS

Nouvelle édition 2008

© Copyright 1995, 2000, 2008 HarperCollins Publishers and Dictionnaires Le Robert
first edition / première édition 1995
second edition / seconde édition 2000

HarperCollins Publishers
Westerhill Road, Bishopbriggs, Glasgow G64 2QT, Great Britain

ISBN-13 978-0-00-725442-2

www.collinslanguage.com

Collins ® is a registered trademark of HarperCollins Publishers Limited

All rights reserved. Printed in France. No part of this book may be used or reproduced in any manner whatsoever without written permission except in the case of brief quotations embodied in critical articles and reviews. For information address HarperCollins Publishers, Westerhill Road, Bishopbriggs, Glasgow G64 2QT, Great Britain.

A catalogue record for this book is available from the British Library.

When you buy a Collins dictionary or thesaurus and register on www.collinslanguage.com for the free online and digital services, you will not be charged by HarperCollins for access to Collins free Online Dictionary content or Collins free Online Thesaurus content on that website. However, your operator's charges for using the internet on your computer will apply. Costs vary from operator to operator. HarperCollins is not responsible for any charges levied by online service providers for accessing Collins free Online Dictionary or Collins free Online Thesaurus on www.collinslanguage.com using these services.

HarperCollins does not warrant that the functions contained in www.collinslanguage.com content will be uninterrupted or error free, that defects will be corrected, or that www.collinslanguage.com or the server that makes it available are free of viruses or bugs. HarperCollins is not responsible for any access difficulties that may be experienced due to problems with network, web, online or mobile phone connections.

Dictionnaires Le Robert
25, avenue Pierre de Coubertin
75013 Paris - France

ISBN 978-2-84902-412-6
tome 1 : 978-2-84902-410-2
tome 2 : 978-2-84902-411-9

« Toute représentation ou reproduction, intégrale ou partielle, faite sans le consentement de l'auteur ou de ses ayants droit ou ayants cause, est illicite » (loi du 11 mars 1957, alinéa premier de l'article 40). Cette représentation ou reproduction, par quelque procédé que ce soit, constituerait une contrefaçon sanctionnée par les articles 425 et suivants du Code pénal. La loi du 11 mars 1957 n'autorise, aux termes des alinéas 2 et 3 de l'article 41, que les copies ou reproductions strictement réservées à l'usage privé du copiste et non destinées à une utilisation collective, d'une part, et, d'autre part, que les analyses et les courtes citations dans un but d'exemple et d'illustration.

Tous droits réservés / All rights reserved
Photocomposition / Typesetting MCP Jouve, Saran, France
Imprimé en France par Jouve / Printed in France by Jouve

LE GRAND
Robert
& Collins

DICTIONNAIRE
FRANÇAIS-ANGLAIS/ANGLAIS-FRANÇAIS

FRANÇAIS-ANGLAIS

TROISIÈME ÉDITION/THIRD EDITION

Direction éditoriale/Publishing Director
MARIANNE DURAND - CATHERINE LOVE

Responsable éditorial/Editorial Director
MARTYN BACK

Rédaction de la mise à jour/Revision editors
MARTYN BACK - GAËLLE AMIOT-CADEY
et/and
SILKE ZIMMERMANN

Conception technique et maquette/Design and layout
MAUD DUBOURG

Dictionnaire de synonymes français sous la responsabilité de/Chief editor of French thesaurus
DOMINIQUE LE FUR

Lecture-correction/Proofreaders
ANNE-MARIE LENTAIGNE/ANNICK VALADE

Informatique éditoriale/Data management
SEBASTIEN PETTOELLO

Cartes/Maps
JEAN-PIERRE CRIVELLARI

TEXTE	TEXT
établi à partir de	*based on the*
la dernière édition du	*latest edition of the*
ROBERT & COLLINS	**COLLINS-ROBERT**
SENIOR	**FRENCH DICTIONARY**

Un dictionnaire Le Robert & Collins
A Collins-Robert dictionary
Première édition/First edition
par/by
BERYL T. ATKINS
ALAIN DUVAL - ROSEMARY C. MILNE
et/and
PIERRE-HENRI COUSIN
HÉLÈNE M.A. LEWIS - LORNA A. SINCLAIR
RENÉE O. BIRKS - MARIE-NOËLLE LAMY

DEUXIÈME ÉDITION/SECOND EDITION

Direction éditoriale/Publishing Director
société Dictionnaires Le Robert/HarperCollins
PIERRE VARROD - LORNA SINCLAIR KNIGHT

Responsable éditorial/Editorial Director
MARTYN BACK - MICHELA CLARI

Chef de projet/Project management
DOMINIQUE LE FUR

Rédaction/Editors
MARTYN BACK - DOMINIQUE LE FUR
CATHERINE LOVE, SABINE CITRON, JANET GOUGH

et/and
(Dictionnaire de synonymes Français/French Thesaurus)

Henri Bertaud du Chazaud
d'après le DICTIONNAIRE DE SYNONYMES ET CONTRAIRES
© Dictionnaires Le Robert 1992

Secrétariat d'édition et correction/Editorial staff
MARIANNE EBERSBERG
Françoise Maréchal, Brigitte Orcel, Chantal Rieu-Labourdette
Anne-Marie Lentaigne, Michel Heron, Nadine Noël-Lefort, Murielle Zarka-Richard

Informatique éditoriale/Data management
KAMAL LOUDIYI

Cartes/Maps
Société CART Paris

*Conception technique
et maquette/Design*
GONZAGUE RAYNAUD

PREMIÈRE ÉDITION/FIRST EDITION

Direction rédactionnelle/Project management
ALAIN DUVAL - VIVIAN MARR

Coordination rédactionnelle/Editorial coordination
DOMINIQUE LE FUR - SABINE CITRON

Principaux collaborateurs/Main contributors
KATHLEEN MICHAM - DIANA FERI
KEITH FOLEY - EDWIN CARPENTER - FRANÇOISE MORCELLET

Autres collaborateurs/Other contributors
Janet Gough - Mark Tuddenham - Hélène Bernaert - Chantal Testa
Jean-Benoît Ormal-Grenon - Cécile Aubinière-Robb
Harry Campbell - Christèle Éon - Phyllis Gautier

et/and
(Dictionnaire de synonymes Français/French Thesaurus)
Henri Bertrand du Chazaud
d'après le DICTIONNAIRE DE SYNONYMES ET CONTRAIRES
© Dictionnaires Le Robert 1992

Administration, secrétariat/Editorial staff
Gail Norfolk - Silke Zimmermann - Sylvie Fontaine

Correction/Proofreading
Élisabeth Huault
Patricia Abbou - Elspeth Anderson - Pierre Bancel
Isobel Gordon - Michel Heron - Anne-Marie Lentaigne
Thierry Loisel - Françoise Maréchal - Brigitte Orcel
Chantal Rieu-Labourdette

Informatique éditoriale/Computing and keyboarding
Kamal Loudiyi
Monique Hébrard - Catherine Valat
Chantal Combes - Sylvette Robson - Lydia Vigné

Coordination
Dominique Lopin

Cartes/Maps
société CART Paris

Couverture
Caumon

Conception technique et maquette/Design
Gonzague Raynaud

SOMMAIRE / CONTENTS

Introduction	VIII-IX	Introduction
Guide d'utilisation	X-XXVII	Using the Dictionary
Abréviations	XXVIII-XXIX	Abbreviations
Prononciation	XXX-XXXI	Pronunciation
DICTIONNAIRE FRANÇAIS-ANGLAIS	1-1022	FRENCH-ENGLISH DICTIONARY
SYNONYMES FRANÇAIS	1023-1188	FRENCH THESAURUS
Grammaire active de l'anglais et du français	1189-1222	Language in use: a grammar of communication in French and English
ANNEXES		APPENDICES
Le verbe français	1224	The French verb
Nombres, heures et dates	1245	Numbers, time and dates
Poids, mesures et températures	1252	Weights, measures and temperatures

Les marques déposées ®

Les termes qui constituent à notre connaissance une marque déposée ont été désignés comme tels. La présence ou l'absence de cette désignation ne peut toutefois être considérée comme ayant valeur juridique.

Note on trademarks ®

Entered words which we have reason to believe constitute trademarks have been designated as such. However, neither the presence nor the absence of such designation should be regarded as affecting the legal status of any trademark.

INTRODUCTION

This third edition of the COLLINS-ROBERT COMPREHENSIVE FRENCH DICTIONARY continues a thirty-year tradition of excellence in bilingual lexicography, documenting the very latest additions to the English and French languages, and offering reliable, up-to-date translations with an unmistakable ring of authenticity.

With over half a million references and many useful extra features, this dictionary gives a fascinating overview of modern French and english, providing an invaluable reference tool for translators, teachers and advanced students alike.

Like all the reference works in the Collins-Robert range, this dictionary makes extensive use of lexical and statistical data gleaned from our electronic **corpora**. These vast analytical databases contain a huge variety of authentic texts in English and French, and our lexicographers are able to consult them as they compile and edit entries. Our corpora are not only useful for identifying new words, meanings and turns of phrase, but also for ensuring that example sentences and translations properly represent natural usage.

Among this dictionary's extra features, you will find helpful **translation tips** that advise on common pitfalls and false friends, as well as **encyclopaedic notes** explaining the meaning and connotations of words that cannot be translated because they refer to aspects of culture. The **Language in Use** supplement, a practical guide to self-expression in a wide variety of contexts, is linked to the dictionary itself by a system of cross-references, while full-colour bilingual **maps** illustrate and complement the geographical names listed in the dictionary.

This dictionary is unique in its inclusion of two extensive **thesauri**, once again cross-referenced from the main dictionary text. Translators will find this feature of particular interest, as it provides them with a ready source of inspiration as they look for the most apposite synonyms and nuances of a given translation.

Last but by no means least, entry layout and typography have been redesigned for this edition, improving clarity and making the dictionary easier on the eye than ever before.

We hope you enjoy using this dictionary as much as we have enjoyed compiling, augmenting, and refining it over the years.

The editors

INTRODUCTION

C'est une tradition de trente années d'excellence en lexicographie bilingue qui se perpétue avec cette troisième édition du *Grand Robert & Collins*. Comme les éditions précédentes, elle rend compte des dernières évolutions du français et de l'anglais, tout en proposant des traductions fiables, modernes et résolument authentiques.

Avec plus d'un demi-million de références et de nombreuses aides destinées à guider le lecteur, ce dictionnaire offre une formidable vue d'ensemble sur les usages du français et de l'anglais contemporains. Il fournit aux traducteurs, aux enseignants et aux étudiants avancés un outil de référence particulièrement performant.

Comme tous les ouvrages de la gamme Robert & Collins, ce dictionnaire s'appuie largement sur les informations lexicales issues de nos **corpus** électroniques. Ces vastes bases de données analytiques réunissent un large éventail de textes littéraires et journalistiques dans les deux langues. Consultés par nos lexicographes lors de la rédaction des articles, les corpus servent non seulement à identifier de nouveaux mots, sens ou tournures mais aussi à garantir que les exemples et les traductions reflètent parfaitement l'usage réel.

Parmi les points forts de ce dictionnaire, vous trouverez des **conseils de traduction** portant sur les pièges les plus courants et les faux amis. Des **notes encyclopédiques** explicitent le sens et les connotations de mots à fort contenu culturel. Le supplément **Grammaire active**, guide pratique d'expression abordant une grande variété de situations, est lié au dictionnaire proprement dit par un système de renvois. Les entrées géographiques du dictionnaire sont, quant à elles, complétées par un **atlas bilingue** en couleurs.

Unique en son genre, cet ouvrage s'enrichit de deux **dictionnaires de synonymes** très complets, accessibles eux aussi à partir du texte principal grâce à des renvois. Le traducteur qui cherche les synonymes et les nuances les plus justes pour une traduction donnée trouvera ainsi à sa disposition une source d'inspiration d'une grande richesse.

Enfin la présentation des articles et la typographie ont été entièrement repensées pour cette édition, ce qui augmente considérablement la clarté et la lisibilité de l'ensemble.

Nous avons eu beaucoup de plaisir à élaborer ce grand dictionnaire au fil des ans ; notre souhait le plus cher est que vous puissiez partager ce plaisir en l'utilisant.

Les rédacteurs

USING THE DICTIONARY

WORD ORDER

kabbalistique /kabalistik/ **ADJ** ⇒ **cabalistique**
caldron /'kɔːldrən/ **N** ⇒ **cauldron**

Alphabetical order is followed throughout. If two variant spellings are not alphabetically adjacent, each is treated as a separate headword; where the information is not duplicated, there is a cross-reference to the form treated in depth. For the alphabetical order of compounds in French, see **COMPOUNDS**.

honor /'ɒnəʳ/ (US) ⇒ **honour**
honour (Brit), **honor** (US) /'ɒnəʳ/ <u>SYN</u>

American variations in spelling are treated in the same fashion.

ICAO /ˌaɪsiːeɪˈəʊ/ **N** (abbrev of **International Civil Aviation Organization**) OACI *f*
Icarus /'ɪkərəs/ **N** Icare *m*
ICBM /ˌaɪsiːbiːˈem/ **N** (abbrev of **intercontinental ballistic missile**) ICBM *m*

Proper names, as well as abbreviations and acronyms, will be found in their alphabetical place in the word list.

raie¹ /Rɛ/ <u>SYN</u> **NF** 1 (= *trait*) line; (*Agr* = *sillon*) furrow; (= *éraflure*) mark, scratch ◆ **faire une**
raie² /Rɛ/ <u>SYN</u> **NF** (= *poisson*) skate, ray; (*Culin*) skate ◆ **raie bouclée** thornback ray ◆ **raie manta** manta ray ◆ **raie électrique** electric
blow¹ /bləʊ/ <u>SYN</u> (vb: pret **blew**, ptp **blown**)
N 1 ◆ **to give a blow** (*through mouth*) souffler ; (*through nose*) se moucher
blow² /bləʊ/ <u>SYN</u>
N 1 (*lit*) (= *impact*) coup *m* ; (*with fist*) coup *m* de poing ◆ **to come to blows** en venir aux mains ◆ **at one blow** du premier coup ◆ **to cushion** or

Superior numbers are used to separate words of like spelling: **raie**¹, **raie**²; **blow**¹, **blow**².

COMPOUNDS

body /'bɒdɪ/ <u>SYN</u>
  body search N fouille *f* corporelle ◆ **to carry out a body search on sb** fouiller qn ◆ **to submit to** or **undergo a body search** se faire fouiller
  body shop N (*for cars*) atelier *m* de carrosserie
  body snatcher N (*Hist*) déterreur *m*, -euse *f* de cadavres
  body stocking N combinaison *f* de danse
  body-surf VI faire du body(-surf)
  body-surfing N (*NonC*) body(-surf) *m*
  body swerve N (*Sport*) écart *m* ◆ **to give sb/sth a body swerve** * (*fig*) éviter qn/qch ◆ **thanks, I think I'll give that a body swerve** non merci, je préfère éviter
  body warmer N gilet *m* matelassé

Entries may include sections headed **COMP** (compounds). In these will be found English hyphenated words, such as **body-surf** (under **body**), and **point-to-point** (under **point**), and unhyphenated combinations of two or more elements, such as **hazardous waste** (under **hazardous**), **air traffic control** (under **air**).

The order of compounds is alphabetical. Parts of speech are shown, and when there is more than one, this is signalled by a lozenge.

Single words such as **blackbird** and **partygoer**, which are made up of two elements, but are not hyphenated, appear as headwords in the main alphabetical list.

English spelling is variable in this area, and there are possible alternatives: **backhander/back-hander, paintbrush/paint brush/paint-brush** etc. If the single word form is the most common, this will be treated as a headword; **paintbrush** therefore does not appear in the entry **paint**. When looking for a word of this type, users should bear in mind that it may be found either in a compound section, or as a headword.

casque /kask/
  COMP Casque bleu blue helmet *ou* beret ◆ **les Casques bleus** the UN peacekeeping force, the blue helmets *ou* berets
  casque de chantier hard hat
  casque colonial pith helmet, topee
  casque intégral full-face helmet
  casque à pointe spiked helmet
  casque de visualisation helmet-mounted display

On the French side, only unhyphenated combinations, such as **gaz naturel** and **modèle déposé**, appear in compound sections. Alphabetical order is not affected by linking prepositions, thus **Casque bleu** precedes **casque à pointe**. The part of speech is given where it could be ambiguous or where there is more than one. Hyphenated words, such as **arrière-pensée** and **lave-glace**, are treated as headwords. If a word can appear both with or without a hyphen, both spellings are given.

GUIDE D'UTILISATION

ORDRE DES MOTS

Le principe général est l'ordre alphabétique. Les variantes orthographiques qui ne se suivent pas immédiatement dans l'ordre alphabétique figurent à leur place dans la nomenclature avec un renvoi à la forme qui est traitée. Pour l'ordre d'apparition des composés, voir ci-dessous **LES COMPOSÉS**.

kabbalistique /kabalistik/ **ADJ** ⇒ cabalistique
caldron /'kɔːldrən/ **N** ⇒ cauldron

Les variantes orthographiques américaines sont traitées de la même manière.

honor /'ɒnər/ (US) ⇒ honour
honour (Brit), **honor** (US) /'ɒnər/ SYN

Les noms propres, ainsi que les sigles et acronymes, figurent à leur place dans l'ordre alphabétique général.

ICAO /ˌaɪsiːeɪˈəʊ/ **N** (abbrev of **International Civil Aviation Organization**) OACI f
Icarus /ˈɪkərəs/ **N** Icare m
ICBM /ˌaɪsiːbiːˈem/ **N** (abbrev of **intercontinental ballistic missile**) ICBM m

Les homographes sont suivis d'un chiffre qui permet de les distinguer.

raie¹ /ʀɛ/ SYN **NF** [1] (= trait) line; (Agr = sillon) furrow; (= éraflure) mark, scratch ◆ **faire une**

raie² /ʀɛ/ SYN **NF** (= poisson) skate, ray; (Culin) skate ◆ **raie bouclée** thornback ray ◆ **raie manta** manta ray ◆ **raie électrique** electric ray

blow¹ /bləʊ/ SYN (vb: pret blew, ptp blown)
N [1] ◆ **to give a blow** (through mouth) souffler ; (through nose) se moucher

blow² /bləʊ/ SYN
N [1] (lit) (= impact) coup m ; (with fist) coup m de poing ◆ **to come to blows** en venir aux mains ◆ **at one blow** du premier coup ◆ **to cushion** or

LES COMPOSÉS

Certains articles comportent une section **COMP** (composés). En anglais, y figurent des groupes de mots avec trait d'union tels que **body-surf** (sous **body**) et **point-to-point** (sous **point**) ainsi que des groupes de mots sans trait d'union tels que **hazardous waste** (sous **hazardous**) et **air traffic control** (sous **air**).

body /'bɒdɪ/ SYN

body search N fouille f corporelle ◆ **to carry out a body search on sb** fouiller qn ◆ **to submit to** or **undergo a body search** se faire fouiller
body shop N (for cars) atelier m de carrosserie
body snatcher N (Hist) déterreur m, -euse f de cadavres
body stocking N combinaison f de danse
body-surf VI faire du body(-surf)
body-surfing N (NonC) body(-surf) m
body swerve N (Sport) écart m ◆ **to give sb/sth a body swerve** * (fig) éviter qn/qch ◆ **thanks, I think I'll give that a body swerve** non merci, je préfère éviter
body warmer N gilet m matelassé

Chaque composé est donné dans l'ordre alphabétique. Les catégories grammaticales sont mentionnées et, lorsqu'il y en a plusieurs, sont séparées par un losange.

Les mots soudés tels que **blackbird** et **partygoer** apparaissent comme des entrées normales à leur place dans l'ordre alphabétique.

L'orthographe anglaise est assez variable dans ce domaine et il existe souvent plusieurs variantes : **backhander/back-hander**, **paintbrush/paint brush/paint-brush**, etc. Si la forme en un seul mot est la plus fréquente, le composé est présenté comme entrée à part entière. Ainsi **paintbrush** n'apparaît pas sous **paint**. Lors de sa recherche, l'utilisateur doit donc garder à l'esprit qu'un mot de ce type peut se trouver soit dans un groupe de composés, soit dans l'ordre alphabétique général.

En français, les composés sans trait d'union comme **gaz naturel** ou **modèle déposé** apparaissent sous le premier mot, dans la catégorie **COMP**. La présence de prépositions n'influe pas sur l'ordre alphabétique : ainsi, **Casque bleu** précède **casque à pointe**. Les catégories grammaticales sont indiquées lorsqu'il y a un risque d'erreur ou que le composé traité appartient à plusieurs catégories grammaticales. Les composés à trait d'union comme **arrière-pensée** ou **lave-glace** sont traités comme des entrées à part entière et donnés à leur place dans l'ordre alphabétique général. Lorsque les deux orthographes, avec et sans trait d'union, sont possibles, elles sont toutes deux signalées à l'utilisateur.

casque /kask/

COMP Casque bleu blue helmet ou beret ◆ **les Casques bleus** the UN peacekeeping force, the blue helmets ou berets
casque de chantier hard hat
casque colonial pith helmet, topee
casque intégral full-face helmet
casque à pointe spiked helmet
casque de visualisation helmet-mounted display

USING THE DICTIONARY

PLURALS

Irregular plural forms of English words are given in the English-French side, those of French words and compounds in the French-English side.

cheval (pl **-aux**) /ʃ(ə)val, o/ <u>SYN</u>
  NM 1 (= *animal*) horse; (= *viande*) horsemeat
abat-son (pl **abat-sons**) /abasɔ̃/ **NM** louvre (*Brit*) *ou* louver (*US*) (boards)

In French, all plurals which do not consist of *headword* + *s* are shown, eg: **cheval, -aux.**

Regular plurals are not shown in English.
– Most English nouns take -*s* in the plural: **bed-s, site-s.**
– Nouns that end in -*s*, -*x*, -*z*, -*sh* and some in -*ch* [tʃ] take -*es* in the plural: **boss-es, box-es, dish-es, patch-es.**
– Nouns that end in -*y* not preceded by a vowel change the -*y* to -*ies* in the plural: **lady-ladies, berry-berries** (but **tray-s, key-s**).

ail (pl **ails** *ou* **aulx**) /aj, o/ **NM** garlic; → **gousse, saucisson, tête**
aulx /o/ **NMPL** → **ail**
child /tʃaɪld/ <u>SYN</u> (pl **children** /'tʃɪldrən/)
  N 1 enfant *mf* ♦ **when still a child, he...** tout
children /'tʃɪldrən/ **NPL** of **child**) → **home**

Plural forms of the headword which differ substantially from the singular form are listed in their alphabetical place in the word list with a cross-reference, and repeated under the singular form.

chic /ʃik/ <u>SYN</u>
  ADJ INV 1 (= *élégant*) [*chapeau, toilette, personne*] stylish, smart ♦ **chic et choc** smart and stylish

French invariable plurals are marked **INV** on the English-French side for ease of reference.

GENDERS

belle /bɛl/ **ADJ, NF** → **beau**

Feminine forms in French which are separated alphabetically from the masculine form in the word list are shown as separate headwords with a cross-reference to the masculine form.

blanchisseur /blɑ̃ʃisœʀ/ <u>SYN</u> **NM** (*lit*) launderer; [*d'argent sale*] money launderer
blanchisseuse /blɑ̃ʃisøz/ **NF** laundress
baladeur, -euse /baladœʀ, øz/
  ADJ wandering, roving ♦ **avoir la main baladeuse** *ou* **les mains baladeuses** to have wandering *ou* groping * hands ♦ **un micro baladeur circulait dans le public** a microphone circulated round the audience
  NM (= *magnétophone*) Walkman ®, personal stereo
  NF baladeuse (= *lampe*) inspection lamp

A feminine headword requiring a different translation from its masculine form is given either a separate entry or a separate category in the case of complex entries.

In the English-French side the feminine forms of French adjectives are given only where these are not regular. The following are considered regular adjective inflections:
   -, e; -ef, -ève; -eil, -eille; -er, -ère; -et, -ette; -eur, -euse; -eux, -euse; -ien, -ienne; -ier, -ière; -if, -ive; -il, -ille; -on, -onne; -ot, -otte

gardener /'gɑːdnəʳ/ **N** jardinier *m*, -ière *f*

When the translation of an English noun could be either masculine or feminine, according to sex, the feminine form of the French noun translation is always given.

PLURIEL

Les formes plurielles qui présentent des difficultés sont données dans la langue de départ.

En français, les pluriels autres que ceux qui se forment par le simple ajout du *-s* sont indiqués ; celui des composés avec trait d'union est également donné.

> **cheval** (pl **-aux**) /ʃ(ə)val, o/ SYN
> **NM** 1 (= *animal*) horse; (= *viande*) horsemeat
> **abat-son** (pl **abat-sons**) /abasɔ̃/ **NM** louvre (*Brit*) *ou* louver (*US*) (boards)

En anglais, les pluriels formés régulièrement ne sont pas donnés.
– La plupart des noms prennent *-s* au pluriel : **bed-s, site-s**.
– Les noms se terminant par *-s*, *-x*, *-z*, *-sh* et *-ch* [tʃ] prennent *-es* au pluriel : **boss-es, box-es, dish-es, patch-es**.
– Les noms se terminant par *-y* non précédé d'une voyelle changent au pluriel le *-y* en *-ies* : **lady-ladies, berry-berries** (mais **tray-s, key-s**).

Quand le pluriel d'un mot est très différent du singulier, il figure à sa place dans la nomenclature générale avec un renvoi ; il est répété sous le singulier.

> **ail** (pl **ails** *ou* **aulx**) /aj, o/ **NM** garlic; → **gousse, saucisson, tête**
> **aulx** /o/ **NMPL** → **ail**
>
> **child** /tʃaɪld/ SYN (pl **children** /'tʃɪldrən/)
> **N** 1 enfant *mf* ✦ **when still a child, he...** tout
> **children** /'tʃɪldrən/ **NPL** of **child** → **home**

Dans la partie anglais-français, les mots français invariables au pluriel sont suivis de l'indication **INV**.

> **chic** /ʃik/ SYN
> **ADJ INV** 1 (= *élégant*) [*chapeau, toilette, personne*] stylish, smart ✦ **chic et choc** smart and stylish

GENRE

Les formes féminines des mots français qui ne suivent pas directement le masculin dans l'ordre alphabétique sont données à leur place normale dans la nomenclature, avec un renvoi au masculin ; elles sont répétées sous celui-ci.

> **belle** /bɛl/ **ADJ**, **NF** → **beau**

Un mot féminin exigeant une traduction différente du masculin fait l'objet soit d'un article séparé soit d'une catégorie bien individualisée dans le cas d'articles complexes.

> **blanchisseur** /blɑ̃ʃisœʁ/ SYN **NM** (*lit*) launderer; [*d'argent sale*] money launderer
> **blanchisseuse** /blɑ̃ʃisøz/ **NF** laundress
> **baladeur, -euse** /baladœʁ, øz/
> **ADJ** wandering, roving ✦ **avoir la main baladeuse** *ou* **les mains baladeuses** to have wandering *ou* groping* hands ✦ **un micro baladeur circulait dans le public** a microphone circulated round the audience
> **NM** (= *magnétophone*) Walkman ®, personal stereo
> **NF baladeuse** (= *lampe*) inspection lamp

Dans la partie anglais-français, le féminin des adjectifs français se construisant régulièrement n'est pas indiqué. Sont considérées comme régulières les formes suivantes :

-, e ; -ef, -ève ; -eil, -eille ; -er, -ère ; -et, -ette ; -eur, -euse ; -eux, -euse ; -ien, -ienne ; -ier, -ière ; -if, -ive ; -il, -ille ; -on, -onne ; -ot, -otte.

Quand un nom anglais peut recevoir une traduction au masculin ou au féminin, selon le sexe, la forme du féminin est toujours mentionnée.

> **gardener** /'gɑːdnəʳ/ **N** jardinier *m*, -ière *f*

SET PHRASES AND IDIOMS

Set phrases and idiomatic expressions are also placed under the first element or the first word in the phrase which remains constant despite minor variations in the phrase itself.

To break somebody's heart and **to break the back of a task** are both included under **break**. **To lend somebody a hand** is however under **hand** because it is equally possible to say **to give somebody a hand**.

Where this "first element" principle has been abandoned a cross-reference alerts the user.

At **break**, cross-references to **ice, record** etc indicate that **to break the ice** and **to break a record** are treated at these entries.

break /breɪk/ SYN (vb: pret **broke**, ptp **broken**)
œuvre de pionnier ◆ **to break one's back** (*lit*) se casser la colonne vertébrale ◆ **he almost broke his back trying to lift the stone** il s'est donné un tour de reins en essayant de soulever la pierre ◆ **he's breaking his back to get the job finished in time** il s'échine à finir le travail à temps ◆ **to break the back of a task** (*Brit*) faire le plus dur *or* le plus gros d'une tâche ◆ **to break sb's heart** briser le cœur de qn ◆ **to break one's heart over sth** avoir le cœur brisé par qch ◆ **it breaks my heart to think that...** cela me brise le cœur de penser que... ; → **ball¹, barrier, bone, bread, code, ice, path¹, record, surface, wind¹**

appointment /ə'pɔɪntmənt/ SYN
N 1 (= *arrangement to meet*) rendez-vous *m* ; (= *meeting*) entrevue *f* ◆ **to make an appointment with sb** donner rendez-vous à qn, prendre rendez-vous avec qn ◆ **to make an appointment** [*two people*] se donner rendez-vous ◆ **to keep an appointment** aller *or* se rendre à un rendez-vous ◆ **I have an appointment at 10 o'clock** j'ai (un) rendez-vous à 10 heures ◆ **do**

fête /fɛt/ GRAMMAIRE ACTIVE 23.2 SYN
7 (*locutions*) ◆ **hier il était à la fête** he had a field day yesterday, it was his day yesterday ◆ **je n'étais pas à la fête** it was no picnic (for me)*, I was feeling pretty uncomfortable ◆ **il n'avait jamais été à pareille fête** he was having the time of his life ◆ **être de la fête** to be one of the party ◆ **ça va être ta fête**⁑ you've got it coming to you*, you're going to get it in the neck⁑ ◆ **faire sa fête à qn**⁑ to bash sb up⁑ ◆ **faire la fête*** to live it up*, to have a wild time ◆ **faire fête à qn** to give sb a warm welcome *ou* reception ◆ **le chien fit fête à son maître** the dog made a fuss of its master ◆ **elle se faisait une fête d'y aller/de cette rencontre** she was really looking forward to going/to this meeting ◆ **ce n'est pas tous les jours fête** it's not everyday that we have an excuse to celebrate

Certain very common French and English verbs, such as **faire** and **make**, form the basis of a very large number of phrases:
> **faire honneur à, faire du ski, faire la fête** etc.
> **to make sense of something, to make an appointment, to make a mistake** etc.

We have considered such verbs to have a diminished meaning and in such cases the set phrases will be found under the second element, eg: **faire la fête** under **fête**, **to make sense of something** under **sense**.

The following is a list of verbs which we consider to have a diminished meaning:

French: avoir, être, faire, donner, mettre, passer, porter, prendre, remettre, reprendre, tenir, tirer

English: be, become, come, do, get, give, go, have, lay, make, put, set, take.

LES LOCUTIONS ET EXEMPLES

Les formules figées et les expressions idiomatiques figurent sous le premier terme qui reste inchangé, quelles que soient les modifications que l'on apporte à l'expression en question.
Chercher une aiguille dans une botte ou **meule de foin, chercher midi à quatorze heures** sont traités sous **chercher**.
Lorsque ce principe a été abandonné, un renvoi prévient l'utilisateur.

chercher /ʃɛʁʃe/ SYN ▸ conjug 1 ◂
[6] (*locutions*) ◆ **chercher midi à quatorze heures** to complicate the issue ◆ **chercher la petite bête** to split hairs ◆ **chercher une aiguille dans une botte** *ou* **meule de foin** to look for a needle in a haystack ◆ **chercher des poux dans la tête de qn** * to try to make trouble for sb ◆ **chercher querelle à qn** to try to pick a quarrel with sb ◆ **cherchez la femme !** cherchez la femme!; → crosse, fortune, histoire, noise, salut

Un certain nombre de verbes français et anglais, tels que **faire** et **make**, servent à former un très grand nombre de locutions verbales :
    faire honneur à, faire du ski, faire la fête, etc. ;
    to make sense of something, to make an appointment, to make a mistake, etc.
En pareil cas l'expression figurera sous le second élément : **faire la fête** sous **fête, to make sense of something** sous **sense**.
La liste qui suit indique les verbes que nous avons considérés comme "vides" à cet égard :
en français :   avoir, être, faire, donner, mettre, passer, porter, prendre, remettre, reprendre, tenir, tirer ;
en anglais :   be, become, come, do, get, give, go, have, lay, make, put, set, take.

appointment /ə'pɔɪntmənt/ SYN
N [1] (= *arrangement to meet*) rendez-vous *m* ; (= *meeting*) entrevue *f* ◆ **to make an appointment with sb** donner rendez-vous à qn, prendre rendez-vous avec qn ◆ **to make an appointment** *[two people]* se donner rendez-vous ◆ **to keep an appointment** aller *or* se rendre à un rendez-vous ◆ **I have an appointment at 10 o'clock** j'ai (un) rendez-vous à 10 heures ◆ **do**

fête /fɛt/ GRAMMAIRE ACTIVE 23.2 SYN
[7] (*locutions*) ◆ **hier il était à la fête** he had a field day yesterday, it was his day yesterday ◆ **je n'étais pas à la fête** it was no picnic (for me) *, I was feeling pretty uncomfortable ◆ **il n'avait jamais été à pareille fête** he was having the time of his life ◆ **être de la fête** to be one of the party ◆ **ça va être ta fête**‡ you've got it coming to you *, you're going to get it in the neck‡ ◆ **faire sa fête à qn**‡ to bash sb up‡ ◆ **faire la fête** * to live it up *, to have a wild time ◆ **faire fête à qn** to give sb a warm welcome *ou* reception ◆ **le chien fit fête à son maître** the dog made a fuss of its master ◆ **elle se faisait une fête d'y aller/de cette rencontre** she was really looking forward to going/to this meeting ◆ **ce n'est pas tous les jours fête** it's not everyday that we have an excuse to celebrate

USING THE DICTIONARY

INDICATING MATERIAL

General indicating material takes the following forms:

In parentheses ( )

décent, e /desɑ̃, ɑ̃t/ SYN ADJ (= bienséant) decent, proper; (= discret, digne) proper; (= acceptable) [logement, salaire] decent; [prix] reasonable, fair ◆ **je**

– Synonyms preceded by =.

climber /ˈklaɪmər/ N (= person) grimpeur m, -euse f ; (= mountaineer) alpiniste mf, ascensionniste mf ; (fig pej : also **social climber**) arriviste mf (pej) ; (= plant) plante f grimpante ; (also **rock-climber**) varappeur m, -euse f

décaper /dekape/ SYN ▸ conjug 1 ◂ VT (gén) to clean, to cleanse; (à l'abrasif) to scour; (à l'acide) to pickle; (à la brosse) to scrub; (au papier de verre)

– Partial definitions and other information which guide the user.

employment /ɪmˈplɔɪmənt/ SYN

N (NonC = jobs collectively) emploi m NonC ; (= a job) emploi m, travail m ; (modest) place f ; (important) situation f

accessible /aksesibl/ SYN ADJ [lieu] accessible (à to); [personne] approachable; [œuvre] accessible; [but] attainable; (Ordin) accessible ◆ **parc acces-**

– Syntactical information to allow the non-native speaker to use the word correctly. This is given after the translation.

ordain /ɔːˈdeɪn/ SYN VT 1 [God, fate] décréter (that que) ; [law] décréter (that que), prescrire (that que + subj) ; [judge] ordonner (that que + subj) ◆ **it**

In square brackets [ ]

décroître /dekʀwatʀ/ SYN ▸ conjug 55 ◂ VI [nombre, population, intensité, pouvoir] to decrease, to diminish, to decline; [eaux, fièvre] to subside, to go down; [popularité] to decline, to drop; [vitesse] to

– Within verb entries, typical noun subjects of the headword.

fade /feɪd/ SYN

VI 1 [colour] passer, perdre son éclat ; [material] passer, se décolorer ; [light] baisser, diminuer ; [flower] se faner, se flétrir ◆ **guaranteed not to fade** [fabric] garanti bon teint ◆ **the daylight was fast fading** le jour baissait rapidement

bajoues /baʒu/ NFPL [d'animal] cheeks, pouches; [de personne] jowls, heavy cheeks

– Within noun entries, typical noun complements of the headword.

branch /brɑːntʃ/ SYN

N 1 [of tree, candelabra] branche f ; [of river] bras m, branche f ; [of mountain chain] ramification f ; [of road] embranchement m ; [of railway] bifurca-

défaire /defɛʀ/ SYN ▸ conjug 60 ◂

VT 1 (= démonter) [+ échafaudage] to take down, to dismantle; [+ installation électrique] to dismantle; [+ sapin de Noël] to take down

2 (= découdre, dénouer) [+ couture, tricot] to undo, to unpick (Brit); [+ écheveau] to undo, to unravel, to unwind; [+ corde, nœud, ruban] to undo, to untie; [+ cheveux, nattes] to undo

– Typical objects of verbs preceded by +.

impair /ɪmˈpɛər/ SYN VT [+ abilities, faculties] détériorer, diminuer ; [+ relations] porter atteinte à ; [+ negotiations] entraver ; [+ health] abîmer, détériorer ; [+ sight, hearing] abîmer, affaiblir ; [+ mind, strength] diminuer

élancé, e /elɑ̃se/ SYN (ptp de **élancer**) ADJ [clocher, colonne, taille, personne] slender

– Typical noun complements of adjectives.

distinct /dɪsˈtɪŋkt/ SYN ADJ 1 (= definite) [impression, preference, likeness, advantage, disadvantage] net before n ; [increase, progress] sensible, net before n ; [possibility] réel ◆ **there was a distinct**

joliment /ʒɔlimɑ̃/ SYN ADV 1 (= élégamment) [décoré, habillé] nicely ◆ **il l'a joliment arrangé !** (iro) he sorted him out nicely ou good and proper! *

– Typical verb or adjective complements of adverbs.

briskly /ˈbrɪsklɪ/ SYN ADV [move] vivement ; [walk] d'un bon pas ; [speak] brusquement ; [act] sans tarder ◆ **these goods are selling briskly** (Comm etc) ces articles se vendent (très) bien

INDICATIONS D'EMPLOI

Les indications guidant le lecteur prennent les formes suivantes :

Entre parenthèses ( )

– Les synonymes précédés du signe =.

décent, e /desɑ̃, ɑ̃t/ SYN ADJ (= bienséant) decent, proper; (= discret, digne) proper; (= acceptable) [logement, salaire] decent; [prix] reasonable, fair ◆ **je**

climber /'klaɪməʳ/ N (= person) grimpeur m, -euse f ; (= mountaineer) alpiniste mf, ascensionniste mf ; (fig pej : also **social climber**) arriviste mf (pej) ; (= plant) plante f grimpante ; (also **rock-climber**) varappeur m, -euse f

– Les définitions partielles et autres précisions susceptibles de guider l'usager.

décaper /dekape/ SYN ▸ conjug 1 ◂ VT (gén) to clean, to cleanse; (à l'abrasif) to scour; (à l'acide) to pickle; (à la brosse) to scrub; (au papier de verre)

employment /ɪm'plɔɪmənt/ SYN
N (NonC = jobs collectively) emploi m NonC ; (= a job) emploi m, travail m ; (modest) place f ; (important) situation f

– Les indications d'ordre grammatical permettant au lecteur étranger d'utiliser le mot correctement. Elles sont données après la traduction.

accessible /aksesibl/ SYN ADJ [lieu] accessible (à to); [personne] approachable; [œuvre] accessible; [but] attainable; (Ordin) accessible ◆ **parc acces-**

ordain /ɔː'deɪn/ SYN VT [1] [God, fate] décréter (that que) ; [law] décréter (that que), prescrire (that que + subj) ; [judge] ordonner (that que + subj) ◆ **it**

Entre crochets [ ]

– Les noms sujets précisant le sens d'une entrée verbe.

décroître /dekʀwɑtʀ/ SYN ▸ conjug 55 ◂ VI [nombre, population, intensité, pouvoir] to decrease, to diminish, to decline; [eaux, fièvre] to subside, to go down; [popularité] to decline, to drop; [vitesse] to

fade /feɪd/ SYN
VI [1] [colour] passer, perdre son éclat ; [material] passer, se décolorer ; [light] baisser, diminuer ; [flower] se faner, se flétrir ◆ **guaranteed not to fade** [fabric] garanti bon teint ◆ **the daylight was fast fading** le jour baissait rapidement

– Les noms compléments d'une entrée nom.

bajoues /baʒu/ NFPL [d'animal] cheeks, pouches; [de personne] jowls, heavy cheeks

branch /brɑːntʃ/ SYN
N [1] [of tree, candelabra] branche f ; [of river] bras m, branche f ; [of mountain chain] ramification f ; [of road] embranchement m ; [of railway] bifurca-

– Les compléments d'objet d'une entrée verbe précédés du signe +.

défaire /defɛʀ/ SYN ▸ conjug 60 ◂
VT [1] (= démonter) [+ échafaudage] to take down, to dismantle; [+ installation électrique] to dismantle; [+ sapin de Noël] to take down
[2] (= découdre, dénouer) [+ couture, tricot] to undo, to unpick (Brit); [+ écheveau] to undo, to unravel, to unwind; [+ corde, nœud, ruban] to undo, to untie; [+ cheveux, nattes] to undo

impair /ɪm'pɛəʳ/ SYN VT [+ abilities, faculties] détériorer, diminuer ; [+ relations] porter atteinte à ; [+ negotiations] entraver ; [+ health] abîmer, détériorer ; [+ sight, hearing] abîmer, affaiblir ; [+ mind, strength] diminuer

– Les noms que peut qualifier une entrée adjectif.

élancé, e /elɑ̃se/ SYN (ptp de **élancer**) ADJ [clocher, colonne, taille, personne] slender

distinct /dɪs'tɪŋkt/ SYN ADJ [1] (= definite) [impression, preference, likeness, advantage, disadvantage] net before n ; [increase, progress] sensible, net before n ; [possibility] réel ◆ **there was a distinct**

– Les verbes ou adjectifs modifiés par une entrée adverbe.

joliment /ʒɔlimɑ̃/ SYN ADV [1] (= élégamment) [décoré, habillé] nicely ◆ **il l'a joliment arrangé !** (iro) he sorted him out nicely ou good and proper! *

briskly /'brɪsklɪ/ SYN ADV [move] vivement ; [walk] d'un bon pas ; [speak] brusquement ; [act] sans tarder ◆ **these goods are selling briskly** (Comm etc) ces articles se vendent (très) bien

USING THE DICTIONARY

aboiement /abwamɑ̃/ NM 1 [de chien] bark ◆ **aboiements** barking (NonC)
clignement /kliɲ(ə)mɑ̃/ NM blinking (NonC)
aerodynamics /ˌɛərəʊdaɪˈnæmɪks/ N (NonC) aérodynamique f
implement /ˈɪmplɪmənt/ SYN
  N outil m, instrument m ◆ **implements** équipement m (NonC), matériel m (NonC) ; (for garden-

NonC stands for "uncountable" and serves to mark nouns which are not normally used in the plural or with the indefinite article or with numerals. *NonC* occurs only as a warning device in cases where a non-native speaker might otherwise use the word wrongly. There has been no attempt to give an exhaustive account of "uncountability" in English. *NonC* has also been used as an indicator to distinguish meanings in the source language.

tympan /tɛ̃pɑ̃/ NM 1 (Anat) eardrum, tympanum (SPÉC)

SPÉC stands for "technical term".

This indicates that the common English word is "eardrum" and that "tympanum" is restricted to the vocabulary of specialists.

bêtise /betiz/ SYN NF
  4 (= bonbon) ◆ **bêtise de Cambrai** ≃ mint humbug (Brit), ≃ piece of hard mint candy (US)

AEA /ˌeɪiːˈeɪ/ N (Brit) (abbrev of **Atomic Energy Authority**) ≃ CEA m

≃ is used when the source language headword or phrase has no equivalent in the target language and is therefore untranslatable. In such cases the nearest cultural equivalent is given.

achards /aʃaʀ/ NMPL *spicy relish made with finely chopped fruit and vegetables*
Yorkshire /ˈjɔːkʃər/
  N Yorkshire m ◆ **in Yorkshire** dans le Yorkshire
  COMP **Yorkshire pudding** N (Brit Culin) *pâte à crêpe cuite qui accompagne un rôti de bœuf*

Sometimes it is accompanied by an explanatory gloss (in italics). Such a gloss may be given alone in cases where there is no cultural equivalent in the target language.

toi /twa/ PRON PERS 1 (sujet, objet) you
  vu ? toi ? who saw him? did you? ◆ **toi mentir ? ce n'est pas possible** YOU tell a lie? I can't believe it ◆ **toi qui le connais bien, qu'en penses-tu ?** you know him well, so what do you think?
her /hɜːʳ/
  PERS PRON 1 (direct) (unstressed) la ; (before vowel) l' ; (stressed) elle ◆ **I see her** je la vois ◆ **I have seen her** je l'ai vue ◆ **I know HIM but I have never seen HER** lui je le connais, mais elle je ne l'ai jamais vue

Small capitals are used to indicate the spoken stress in certain English expressions.

Field labels

cuirasse /kɥiʀas/ SYN NF (Hist) [de chevalier] breastplate; [de navire] armour(-plate *ou* -plating) (Brit), armor(-plate *ou* -plating) (US); [d'ani-
cell /sɛl/ SYN
  N 1 (gen, Bot, Phot, Telec) cellule f ; (Elec) élément m (de pile) ◆ **to form a cell** (Pol) créer une cellule
  2 (Police etc) cellule f ◆ **he spent the night in the cells** il a passé la nuit au poste *or* en cellule ; → **condemn**

Labels indicating subject fields occur in the following cases :

– To differentiate various meanings of the headword.

étouffoir /etufwaʀ/ NM (Mus) damper ◆ **quel étouffoir ici !** * it's very stuffy in here!
parabola /pəˈræbələ/ N parabole f (Math)

– When the meaning in the source language is clear but may be ambiguous in the target language.

A full list of the abbreviated field labels is given on pages XXVIII and XXIX.

NonC signifie "non comptable". Il est utilisé pour indiquer qu'un nom ne s'emploie pas normalement au pluriel et ne se construit pas, en règle générale, avec l'article indéfini ou un numéral. NonC a pour but d'avertir le lecteur étranger dans les cas où celui-ci risquerait d'employer le mot de manière incorrecte ; mais notre propos n'est nullement de donner une liste exhaustive de ces mots en anglais. NonC est parfois utilisé comme indication dans la langue de départ, lorsque c'est le seul moyen de distinguer emplois "non comptables" et "comptables".

aboiement /abwamɑ̃/ **NM** ⓵ *[de chien]* bark ✦ **aboiements** barking *(NonC)*

clignement /kliɲ(ə)mɑ̃/ **NM** blinking *(NonC)*

aerodynamics /ˌɛərəʊdaɪˈnæmɪks/ **N** *(NonC)* aérodynamique *f*

implement /ˈɪmplɪmənt/ SYN
N outil *m*, instrument *m* ✦ **implements** équipement *m (NonC)*, matériel *m (NonC)* ; *(for garden-*

SPÉC signifie "terme de spécialiste".

Dans l'exemple ci-contre le mot anglais d'usage courant est "eardrum" et "tympanum" ne se rencontre que dans le vocabulaire des spécialistes.

tympan /tɛ̃pɑ̃/ **NM** ⓵ *(Anat)* eardrum, tympanum *(SPÉC)*

≃ introduit une équivalence culturelle, lorsque ce que représente le terme de la langue de départ n'existe pas ou n'a pas d'équivalent exact dans la langue d'arrivée, et n'est donc pas à proprement parler traduisible.

bêtise /betiz/ SYN **NF**
④ *(= bonbon)* ✦ **bêtise de Cambrai** ≃ mint humbug *(Brit)*, ≃ piece of hard mint candy *(US)*

AEA /ˌeɪiːˈeɪ/ **N** *(Brit)* (abbrev of **Atomic Energy Authority**) ≃ CEA *m*

Une glose explicative accompagne parfois l'équivalent culturel choisi ; elle peut être donnée seule lorsqu'il n'existe pas d'équivalent culturel assez proche dans la langue d'arrivée.

achards /aʃaʁ/ **NMPL** *spicy relish made with finely chopped fruit and vegetables*

Yorkshire /ˈjɔːkʃəʳ/
N Yorkshire *m* ✦ **in Yorkshire** dans le Yorkshire
COMP Yorkshire pudding N *(Brit Culin)* pâte à crêpe cuite qui accompagne un rôti de bœuf

On a eu recours aux petites capitales pour indiquer, dans certaines expressions anglaises, l'accent d'insistance qui rend ou requiert une nuance particulière du français.

toi /twa/ **PRON PERS** ⓵ *(sujet, objet)* you
vu ? toi ? who saw him? did you? ✦ **toi mentir ? ce n'est pas possible** YOU tell a lie? I can't believe it ✦ **toi qui le connais bien, qu'en penses-tu ?** you know him well, so what do you think?

her /hɜːʳ/
PERS PRON ⓵ *(direct)* *(unstressed)* la ; *(before vowel)* l' ; *(stressed)* elle ✦ **I see her** je la vois ✦ **I have seen her** je l'ai vue ✦ **I know HIM but I have never seen HER** lui je le connais, mais elle je ne l'ai jamais vue

Domaines

Les indications de domaine figurent dans les cas suivants :

– Pour indiquer les différents sens d'un mot et introduire les traductions appropriées.

cuirasse /kɥiʁas/ SYN **NF** *(Hist) [de chevalier]* breastplate ; *[de navire]* armour(-plate *ou* -plating) *(Brit)*, armor(-plate *ou* -plating) *(US)* ; *[d'ani-*

cell /sel/ SYN
N ⓵ *(gen, Bot, Phot, Telec)* cellule *f* ; *(Elec)* élément *m (de pile)* ✦ **to form a cell** *(Pol)* créer une cellule
② *(Police etc)* cellule *f* ✦ **he spent the night in the cells** il a passé la nuit au poste *or* en cellule ;
→ **condemn**

– Quand la langue de départ n'est pas ambiguë, mais que la traduction peut l'être.

étouffoir /etufwaʁ/ **NM** *(Mus)* damper ✦ **quel étouffoir ici !** * it's very stuffy in here!

parabola /pəˈræbələ/ **N** parabole *f (Math)*

La liste des indications de domaine apparaissant sous forme abrégée figure pages XXVIII et XXIX.

STYLE LABELS

A dozen or so indicators of register are used to mark non-neutral words and expressions. These indicators are given for both source and target languages and serve mainly as a warning to the reader using the foreign language. The following paragraphs explain the meaning of the most common style labels, of which a complete list is given, with explanations, on pages XXVIII and XXIX.

agréer /aɡʀee/ SYN ▸ conjug 1 ◂ *(frm)*
  VT *(= accepter) [+ demande, excuses]* to accept;

heretofore /ˌhɪətʊˈfɔːʳ/ ADV *(frm) (= up to specified point)* jusque-là ; *(= up to now)* jusqu'ici

frm denotes formal language such as that used on official forms, in pronouncements and other formal communications.

accro * /akʀo/ (abrév de **accroché**)
  ADJ 1 *(Drogue)* ◆ **être accro** to have a habit , to be hooked * ◆ **être accro à l'héroïne** to be hooked on heroin *

kidology * /kɪˈdɒlədʒɪ/ N *(Brit)* bluff *m*

* indicates that the expression, while not forming part of standard language, is used by all educated speakers in a relaxed situation but would not be used in a formal essay or letter, or on an occasion when the speaker wishes to impress.

taulard, -arde* /tolaʀ, aʀd/ NM,F convict, con*

kisser* /ˈkɪsəʳ/ N gueule* *f*

* indicates that the expression is used by some but not all educated speakers in a very relaxed situation. Such words should be handled with extreme care by non-native speakers unless they are very fluent in the language and are very sure of their company.

baiser² /beze/ SYN ▸ conjug 1 ◂
  VT 1 *(frm) [+ main, visage, sol]* to kiss
  VI (** : *sexuellement*) to screw**, to fuck** ◆ **il**/

arse* /ɑːs/ *(esp Brit)*
  N cul* *m* ◆ **shift** *or* **move your arse!** *(= move*

** means "Danger !" Such words are liable to offend in any situation, and therefore are to be avoided by the non-native speaker.

indéfrisable † /ɛ̃defʀizabl/ NF perm, permanent *(US)*

botheration †* /ˌbɒðəˈreɪʃən/ EXCL flûte !*, la barbe !*

† denotes old-fashioned terms which are no longer in wide current use but which the foreign user is likely to find in reading.

gageure /ɡaʒyʀ/ SYN NF (†† = *pari*) wager

†† denotes obsolete words which the user will normally find only in classical literature.

ordalie /ɔʀdali/ NF *(Hist)* ordeal

The use of † and †† should not be confused with the label *Hist*. *Hist* does not apply to the expression itself but denotes the historical context of the object it refers to.

ostentatoire /ɔstɑ̃tatwaʀ/ SYN ADJ *(littér)* ostentatious

beseech /bɪˈsiːtʃ/ SYN (pret, ptp besought *or* beseeched) VT *(liter)* 1 *(= ask for) [+ permission]* demander instamment, solliciter ; *[+ pardon]* implorer

liter, *littér* denote an expression which belongs to literary or poetic language.
The user should not confuse these style labels with the field labels *Literat*, *Littérat* which indicate that the expression belongs to the field of literature. Similarly the user should note that the abbreviation *lit* indicates the literal, as opposed to the figurative *fig*, meaning of a word.

camer (se) /kame/ ▸ conjug 1 ◂ VPR *(arg Drogue)* to be on drugs

sorted /ˈsɔːtɪd/ ADJ 1 * *(= arranged)* arrangé ◆ **in a few months everything should be sorted** dans quelques mois tout devrait être arrangé 2 *(Drugs sl)* ◆ **are you sorted?** tu as ce qu'il te faut ?

For the purpose of this dictionary the indicators *sl* (slang) and *arg* (argot) mark specific areas of vocabulary restricted to clearly defined groups of speakers (eg schoolchildren, soldiers, etc) and for this reason a field label is added to the label *sl* or *arg* marking the departure language expression.

The labels and symbols above are used to mark either an individual word or phrase, or a whole category, or even a complete entry. Where a headword is marked with asterisks, any phrases in the entry will only have asterisks if they are of a different register from the headword.

NIVEAUX DE LANGUE

Une quinzaine d'indications de registre accompagnent les mots et expressions qui présentent un écart par rapport à la langue courante. Ces indications sont données aussi bien dans la langue de départ que dans la langue d'arrivée et constituent avant tout un avertissement au lecteur utilisant la langue étrangère. Les paragraphes suivants précisent le sens des principaux niveaux de langue, dont la liste complète figure sous forme abrégée sur les pages XXVIII et XXIX.

frm indique le style administratif, les formules officielles, la langue soignée.

agréer /agʀee/ SYN ▸ conjug 1 ◂ *(frm)*
 VT *(= accepter)* *[+ demande, excuses]* to accept;

heretofore /ˌhɪətʊˈfɔːʳ/ **ADV** *(frm)* *(= up to specified point)* jusque-là ; *(= up to now)* jusqu'ici

* marque la majeure partie des expressions familières et les incorrections de langage employées dans la langue de tous les jours. Ce signe conseille au lecteur d'être prudent.

accro * /akʀo/ (abrèv de **accroché**)
 ADJ 1 *(Drogue)* ◆ **être accro** to have a habit , to be hooked * ◆ **être accro à l'héroïne** to be hooked on heroin *

kidology * /kɪˈdɒlədʒɪ/ **N** *(Brit)* bluff m

⁎ marque les expressions très familières qui sont à employer avec la plus grande prudence par le lecteur étranger, qui devra posséder une grande maîtrise de la langue et savoir dans quel contexte elles peuvent être utilisées.

taulard, -arde⁎ /tolaʀ, aʀd/ **NM,F** convict, con⁎

kisser⁎ /ˈkɪsəʳ/ **N** gueule⁎ f

⁎⁎ marque le petit nombre d'expressions courantes que le lecteur étranger doit pouvoir reconnaître, mais dont l'emploi risque d'être ressenti comme fortement indécent ou injurieux.

baiser² /beze/ SYN ▸ conjug 1 ◂
 VT 1 *(frm)* *[+ main, visage, sol]* to kiss
 VI (⁎⁎ : *sexuellement*) to screw⁎⁎, to fuck⁎⁎ ◆ **il**/

arse⁎⁎ /ɑːs/ *(esp Brit)*
 N cul⁎⁎ m ◆ **shift** or **move your arse!** *(= move*

† marque les termes ou expressions démodés, qui ont quitté l'usage courant mais que l'étranger peut encore rencontrer au cours de ses lectures.

indéfrisable † /ɛ̃defʀizabl/ **NF** perm, permanent *(US)*

botheration †* /ˌbɒðəˈreɪʃən/ **EXCL** flûte !*, la barbe !*

†† marque les termes ou expressions archaïques, que le lecteur ne rencontrera en principe que dans les œuvres classiques.

gageure /gaʒyʀ/ SYN **NF** (†† = *pari*) wager

On évitera de confondre ces signes avec l'indication *Hist*, qui ne marque pas le niveau de langue du mot lui-même mais souligne que l'objet désigné ne se rencontre que dans un contexte historiquement daté.

ordalie /ɔʀdali/ **NF** *(Hist)* ordeal

littér, liter marquent les expressions de style poétique ou littéraire.
Le lecteur veillera à ne pas confondre ces indications avec *lit* d'une part (sens propre, emploi littéral) et *Littérat, Literat* de l'autre (domaine de la littérature).

ostentatoire /ɔstɑ̃tatwaʀ/ SYN **ADJ** *(littér)* ostentatious

beseech /bɪˈsiːtʃ/ SYN (pret, ptp **besought** or **beseeched**) **VT** *(liter)* 1 *(= ask for)* *[+ permission]* demander instamment, solliciter ; *[+ pardon]* implorer

Les indications *arg* (argot) et *sl* (slang) désignent les termes appartenant au vocabulaire de groupes restreints (tels que les écoliers, les militaires) et l'indication du domaine approprié leur est adjointe dans la langue de départ.

camer (se) /kame/ ▸ conjug 1 ◂ **VPR** *(arg Drogue)* to be on drugs

sorted /ˈsɔːtɪd/ **ADJ** 1 * *(= arranged)* arrangé ◆ **in a few months everything should be sorted** dans quelques mois tout devrait être arrangé 2 *(Drugs sl)* ◆ **are you sorted?** tu as ce qu'il te faut ?

Les indications de niveau de langue peuvent soit s'attacher à un mot ou à une expression isolés, soit marquer une catégorie entière ou même un article complet. Lorsqu'un mot est suivi d'astérisques, les locutions et exemples de l'article ne prendront à leur tour l'astérisque que si elles appartiennent à un niveau de langue différent.

USING THE DICTIONARY   XXII

PUNCTUATION

légitime /leʒitim/ SYN
   ADJ ① (= légal) [droits, gouvernement] legitimate, lawful; [union, femme] lawful;

alluring /ə'ljʊərɪŋ/ ADJ séduisant, charmant

A comma is used to separate translations which have the same or very similar meanings.

direct, e /diʀɛkt/ SYN
   ADJ ① (= sans détour) [route, personne, reproche, regard] direct; [question] direct, straight; [allusion] direct, pointed (épith) ◆ **c'est le chemin le plus**

melting /'meltɪŋ/
   ADJ [snow] fondant ; (fig) [voice, look] attendri ; [words] attendrissant

A semi-colon separates translations which are not interchangeable. As a general rule, indicators are given to differentiate between non-interchangeable translations.

danger /dɑ̃ʒe/ SYN NM danger ◆ **un grave danger nous menace** we are in serious ou grave danger ◆ **courir un danger** to run a risk ◆ **en cas de danger** in case of emergency ◆ **il est hors de**

sailboarding /'seɪlˌbɔːdɪŋ/ N planche f à voile ◆ **to go sailboarding** faire de la planche à voile

A black lozenge precedes every new phrase.

ravi, e /ʀavi/ SYN (ptp de **ravir**) ADJ (= enchanté) delighted ◆ **je n'étais pas franchement ravi de sa décision** I wasn't exactly overjoyed about his decision ◆ **ravi de vous connaître** delighted ou pleased to meet you

freshly /'freʃlɪ/ ADV [ground, grated, dug] fraîchement ◆ **freshly baked bread** du pain qui sort or frais sorti du four ◆ **freshly caught fish** du

In the translation of phrases, an alternative translation of only part of the phrase is preceded by either or or ou.

académie /akademi/ NF ① (= société savante) ② (= école) academy ◆ **académie de dessin/danse** art/dancing school, academy of art/dancing ◆ **académie de cinéma** film school

eyetooth /'aɪtuːθ/ N (pl **eyeteeth** /'aɪtiːθ/) canine f supérieure ◆ **I'd give my eyeteeth* for a car like that/to go to China** qu'est-ce que je ne donnerais pas pour avoir une voiture comme ça/pour aller en Chine

An oblique / indicates alternatives in the source language which are reflected exactly in the target language.

abouter /abute/ ► conjug 1 ◄ VT to join (up) (end to end)

bromide /'brəʊmaɪd/ N ① (Chem, Typ) bromure m ; (Med *) bromure m (de potassium)

Parentheses within illustrative phrases or their translations indicate that the material they contain is optional.

esteem /ɪs'tiːm/ SYN
   VT ① (= think highly of) [+ person] avoir de l'estime pour, estimer ; [+ quality] apprécier ◆ **our (highly) esteemed colleague** notre (très) estimé collègue or confrère

Such parentheses may be given for phrases in both source and target language.

PONCTUATION

Une virgule sépare les traductions considérées comme équivalentes ou pratiquement équivalentes.

légitime /leʒitim/ SYN
ADJ 1 (= *légal*) [*droits, gouvernement*] legitimate, lawful; [*union, femme*] lawful;

alluring /əˈljʊərɪŋ/ ADJ séduisant, charmant

Un point-virgule sépare les traductions qui ne sont pas interchangeables. En règle générale, le point-virgule est accompagné d'une indication qui précise la différence de sens.

direct, e /diʀɛkt/ SYN
ADJ 1 (= *sans détour*) [*route, personne, reproche, regard*] direct; [*question*] direct, straight; [*allusion*] direct, pointed (épith) ◆ **c'est le chemin le plus**

melting /ˈmeltɪŋ/
ADJ [*snow*] fondant ; (*fig*) [*voice, look*] attendri ; [*words*] attendrissant

Un losange noir précède chaque exemple.

danger /dɑ̃ʒe/ SYN NM danger ◆ **un grave danger nous menace** we are in serious *ou* grave danger ◆ **courir un danger** to run a risk ◆ **en cas de danger** in case of emergency ◆ **il est hors de**

sailboarding /ˈseɪlˌbɔːdɪŋ/ N planche *f* à voile ◆ **to go sailboarding** faire de la planche à voile

Les traductions offrant plusieurs variantes interchangeables à partir d'un tronc commun sont séparées par *ou* ou par *or*.

ravi, e /ʀavi/ SYN (ptp de ravir) ADJ (= *enchanté*) delighted ◆ **je n'étais pas franchement ravi de sa décision** I wasn't exactly overjoyed about his decision ◆ **ravi de vous connaître** delighted *ou* pleased to meet you

freshly /ˈfreʃlɪ/ ADV [*ground, grated, dug*] fraîchement ◆ **freshly baked bread** du pain qui sort *or* frais sorti du four ◆ **freshly caught fish** du

Le trait oblique / permet de regrouper des expressions de sens différent ayant un élément en commun, lorsque cette structure est reflétée dans la langue d'arrivée.

académie /akademi/ NF 1 (= *société savante*) 2 (= *école*) academy ◆ **académie de dessin/danse** art/dancing school, academy of art/dancing ◆ **académie de cinéma** film school

eyetooth /ˈaɪtuːθ/ N (pl eyeteeth /ˈaɪtiːθ/) canine *f* supérieure ◆ **I'd give my eyeteeth* for a car like that/to go to China** qu'est-ce que je ne donnerais pas pour avoir une voiture comme ça/pour aller en Chine

Les parenthèses figurant à l'intérieur des expressions ou de leur traduction indiquent que les mots qu'elles contiennent sont facultatifs.

abouter /abute/ ▸ conjug 1 ◂ VT to join (up) (end to end)

bromide /ˈbrəʊmaɪd/ N 1 (*Chem, Typ*) bromure *m* ; (*Med* *) bromure *m* (de potassium)

Ces parenthèses peuvent figurer en corrélation.

esteem /ɪsˈtiːm/ SYN
VT 1 (= *think highly of*) [+ *person*] avoir de l'estime pour, estimer ; [+ *quality*] apprécier ◆ **our (highly) esteemed colleague** notre (très) estimé collègue *or* confrère

USING THE DICTIONARY   XXIV

CROSS-REFERENCES

sainteté /sɛ̃tte/ **NF** ⓵ *[de personne]* saintliness, godliness; *[de Évangile, Vierge]* holiness; *[de lieu]* holiness, sanctity; *[de mariage]* sanctity; → **odeur**

These are used to refer the user to the headword under which a certain compound or idiom has been treated (see **SET PHRASES AND IDIOMS** p. XIV).

vendredi /vɑ̃dʀədi/ **NM** Friday ◆ **Vendredi** (= *personnage de Robinson Crusoé*) Man Friday ◆ **c'était un vendredi treize** it was Friday the thirteenth ; *pour autres loc voir* **samedi**

Friday /ˈfraɪdɪ/ **N** vendredi *m* ◆ **Friday the thirteenth** vendredi treize ; → **good** ; *pour autres loc voir* **Saturday**

They are also used to draw the user's attention to the full treatment of such words as numerals, days of the week and months of the year under certain key words. The key words which have been treated in depth are: French: **six, sixième, soixante, samedi, septembre**. English: **six; sixth, sixty, Saturday, September**.

SYNONYMS

dictionnaire /diksjɔnɛʀ/ SYN **NM** dictionary ◆ **dictionnaire analogique** thesaurus ◆ **dictionnaire de langue/de rimes** language/rhyme dictionary ◆ **dictionnaire de données**

dictionary /ˈdɪkʃənrɪ/ SYN

N dictionnaire *m* ◆ **to look up a word in a dictionary** chercher un mot dans un dictionnaire ◆ **it's not in the dictionary** ce n'est pas dans le dictionnaire ◆ **French dictionary** dictionnaire

Words which are cross-referred to the thesaurus are followed by the indicator SYN.
The indicator SYN tells the user the word is treated in the thesaurus, with a full list of synonyms.

CROSS-REFERENCES TO LANGUAGE IN USE

refuse¹ /rɪˈfjuːz/ **LANGUAGE IN USE 8.3, 9.3, 12** SYN

Words which are also covered in **LANGUAGE IN USE** are shown by a cross-reference at the top of the entry.
In this example, the user is referred to topics on **Disagreement** (chapter 12), **Intentions and Desires** (chapter 8, § 3), and **Permission** (chapter 9, § 3).

VERBS

baisser /bese/ SYN ► conjug 1 ◄

arise /əˈraɪz/ SYN (pret **arose** ptp **arisen** /əˈrɪzn/) **VI** ⓵ *[difficulty]* survenir, surgir ; *[question]* se pré-

Tables of French and English verbs are included in the supplements at the end of each volume (vol. 1 for French verbs and vol. 2 for English verbs). At each verb headword in the French-English side of the dictionary, a number refers the user to these tables. The preterite and past participle of English strong verbs are given at the main verb entry.

VPR se baisser (*pour ramasser*) to bend down, to stoop; (*pour éviter*) to duck ◆ **il n'y a qu'à se baisser (pour les ramasser)** (*lit*) they're lying thick on the ground; (*fig*) they're there for the taking

In the French-English part of the dictionary, verbs which are true pronominals are treated in a separate grammatical category.

grandir /gʀɑ̃diʀ/ SYN ► conjug 2 ◄

VT ⓵ (= *faire paraître grand*) *[microscope]* to magnify ◆ **grandir les dangers/difficultés** to exaggerate the dangers/difficulties ◆ **ces chaussures te grandissent** those shoes make you (look) taller ◆ **il se grandit en se mettant sur la pointe des pieds** he made himself taller by standing on tiptoe

Pronominal uses which indicate a reciprocal, reflexive or passive sense are shown only if the translation requires it. In such cases they may be given within the transitive category of the verb as an illustrative phrase.

étendu, e¹ /etɑ̃dy/ SYN (ptp de **étendre**) **ADJ**

broken /ˈbrəʊkən/ SYN
VB (ptp of **break**)
ADJ ⓵ (= *cracked, smashed*) *[cup, window, branch, biscuits etc]* cassé ; (= *uneven, rugged*) *[ground]* acci-

If the translation of a past participle cannot be reached directly from the verb entry or if the past participle has adjectival value then the past participle is treated as a headword.

RENVOIS

Ils renvoient le lecteur à l'article dans lequel est traitée une certaine expression, où figure un certain composé (voir **LOCUTIONS ET EXEMPLES** p. XV).

Ils attirent également l'attention de l'usager sur certains mots-clés qui ont été traités en profondeur ; pour les numéraux, **six, sixième** et **soixante** ; pour les jours de la semaine, **samedi** ; pour les mois de l'année **septembre**. Dans la nomenclature anglaise, ce seront les mots **six, sixth, sixty, Saturday, September**.

sainteté /sɛ̃tte/ **NF** [1] *[de personne]* saintliness, godliness; *[de Évangile, Vierge]* holiness; *[de lieu]* holiness, sanctity; *[de mariage]* sanctity; → **odeur**

vendredi /vɑ̃dʀədi/ **NM** Friday ✦ **Vendredi** (= *personnage de Robinson Crusoé*) Man Friday ✦ **c'était un vendredi treize** it was Friday the thirteenth ; *pour autres loc voir* **samedi**

Friday /ˈfraɪdɪ/ **N** vendredi *m* ✦ **Friday the thirteenth** vendredi treize ; → **good** ; *pour autres loc voir* **Saturday**

SYNONYMES

Les mots faisant l'objet d'un développement synonymique sont suivis de l'indication SYN.
Cette indication invite l'usager à se reporter au dictionnaire de synonymes où il trouvera une liste d'équivalents.

dictionnaire /diksjɔnɛʀ/ SYN **NM** dictionary ✦ **dictionnaire analogique** thesaurus ✦ **dictionnaire de langue/de rimes** language/rhyme dictionary ✦ **dictionnaire de données**

dictionary /ˈdɪkʃənrɪ/ SYN
N dictionnaire *m* ✦ **to look up a word in a dictionary** chercher un mot dans un dictionnaire ✦ **it's not in the dictionary** ce n'est pas dans le dictionnaire ✦ **French dictionary** dictionnaire

RENVOIS À LA GRAMMAIRE ACTIVE

Les mots qui font l'objet d'un développement dans la Grammaire active sont accompagnés de l'indication GRAMMAIRE ACTIVE suivie d'un ou de plusieurs numéros. Ces numéros renvoient à la rubrique correspondante de la section grammaticale.
Dans l'exemple ci-contre, l'usager est renvoyé aux rubriques **la Suggestion** (chapitre 1, § 1), **Propositions** (chapitre 3), **la Permission** (chapitre 9, § 1) et **l'Obligation** (chapitre 10, § 4).

permettre /pɛʀmɛtʀ/ GRAMMAIRE ACTIVE 1.1, 3, 9.1, 10.4 SYN ► conjug 56 ◄

VERBES

Les tables de conjugaison des verbes français et anglais sont données en annexe à la fin de chaque tome : tome 1 pour les verbes français et tome 2 pour les verbes anglais. Dans la nomenclature française, chaque verbe est suivi d'un numéro qui renvoie le lecteur à ces tables. Le prétérit et le participe passé des verbes forts anglais sont donnés après le verbe dans le corps de l'article. Une liste des principaux verbes forts figure également en annexe du tome 2.

baisser /bese/ SYN ► conjug 1 ◄

arise /əˈraɪz/ SYN (pret **arose** ptp **arisen** /əˈrɪzn/) **VI**
[1] *[difficulty]* survenir, surgir ; *[question]* se pré-

Dans la partie français-anglais, les emplois véritablement pronominaux des verbes sont traités dans une catégorie à part.

VPR se baisser *(pour ramasser)* to bend down, to stoop; *(pour éviter)* to duck ✦ **il n'y a qu'à se baisser (pour les ramasser)** *(lit)* they're lying thick on the ground; *(fig)* they're there for the taking

Les emplois pronominaux à valeur réciproque, réfléchie ou passive, ne figurent que lorsque la traduction l'exige. En pareil cas, ils peuvent être simplement donnés dans la catégorie appropriée du verbe transitif, à titre d'exemple.

grandir /gʀɑ̃diʀ/ SYN ► conjug 2 ◄
VT [1] (= *faire paraître grand*) *[microscope]* to magnify ✦ **grandir les dangers/difficultés** to exaggerate the dangers/difficulties ✦ **ces chaussures te grandissent** those shoes make you (look) taller ✦ **il se grandit en se mettant sur la pointe des pieds** he made himself taller by standing on tiptoe

Si la traduction d'un participe passé ne peut se déduire directement à partir du verbe, ou si le participe a pris une valeur adjective, il est traité comme mot à part entière et figure à sa place alphabétique dans la nomenclature.

étendu, e¹ /etɑ̃dy/ SYN (ptp de **étendre**) **ADJ**

broken /ˈbrəʊkən/ SYN
VB (ptp of **break**)
ADJ [1] (= *cracked, smashed*) *[cup, window, branch, biscuits etc]* cassé ; (= *uneven, rugged*) *[ground]* acci-

CULTURAL NOTES

AOC /aose/ NF (abrév de **appellation d'origine contrôlée**) ◆ **fromage/vin AOC** AOC cheese/wine *(with a guarantee of origin)*

- **AOC**
-
- **AOC** is the highest French wine classification. It indicates that the wine meets strict requirements concerning the vineyard of origin, the type of vine grown, the method of production, and the volume of alcohol present. → **VDQS**

Extra information on culturally significant events, institutions, traditions and customs that cannot be given in an ordinary translation or gloss is given in the form of notes following the relevant entry.

COMPLEX ENTRIES

* *

aller /ale/
SYN ▶ conjug 9 ◀

1 - VERBE INTRANSITIF
2 - VERBE IMPERSONNEL
3 - VERBE AUXILIAIRE
4 - VERBE PRONOMINAL
5 - LOCUTIONS EXCLAMATIVES
6 - NOM MASCULIN

* *

1 - VERBE INTRANSITIF

1 [= SE DÉPLACER, PARTIR] to go ◆ **où vas-tu ?** where are you going? ◆ **il t'attend, va !** he's waiting for you, go on!

> *aller* se traduit souvent par un verbe spécifique en anglais.

◆ **j'allais par les rues désertes** I walked *ou* wandered through the empty streets ◆ **il allait trop vite quand il a eu son accident** he was driving *ou* going too fast when he had his accident ◆ **en ville, on va plus vite à pied qu'en voiture** in town it is quicker to walk than to go by car ◆ **aller à Paris en voiture/en avion** to drive/fly to Paris ◆ **il y est allé à** *ou* **en vélo** he cycled there, he went there on his bike ◆ **j'irai à pied** I'll walk, I'll go on foot ◆ **où sont allés les 300 € ?** (= qu'a-t-on acheté avec ?) what did the €300 go on?; (= où l'argent est-il passé ?) where did that €300 go?

◆ **aller et venir** *(entre deux endroits)* to come and go; *(dans une pièce)* to pace up and down

◆ **ça va, ça vient** ◆ **tu sais, la chance, ça va ça vient** luck comes and goes, you know, you win some, you lose some ◆ **avec lui l'argent, ça va, ça vient** when it comes to money, it's easy come, easy go with him

◆ **aller** + *préposition* (= se rendre) ◆ **aller à** to go to ◆ **aller à Caen/à la campagne** to go to Caen/to the country ◆ **aller au lit/à l'église/à l'école** to go to bed/to church/to school ◆ **aller en Allemagne** to go to Germany ◆ **aller chez le boucher/chez un ami** to go to the butcher's/to a friend's (place) ◆ **je vais sur** *ou* **vers Lille** *(en di-*

Entries that are very long because they cover function words (**to, do, à, faire** etc) or words that are used in a large number of set structures (**time, head, affaire, heure** etc) are given special treatment in this dictionary.

Complex entries with more than one part of speech begin with a special "menu" that shows how they are structured.

Special notes inside the entry either explain important points of grammar and usage that cannot be properly demonstrated by examples alone, or refer you to another part of the dictionary. The word BUT (or MAIS) introduces exceptions to any general point that has been made.

The beginning of each semantic category is clearly signposted with indicators in boxes, and set structures have been given special prominence to make them easy to locate.

Finally, in entries where there are long sequences of examples containing set collocates, these collocates are highlighted to make them stand out clearly.

NOTES CULTURELLES

Des informations concernant des événements culturellement importants, des traditions et coutumes ou des institutions, qui ne pouvaient être données dans le corps même des articles sous forme de traductions ou de simples gloses, sont présentées dans des notes placées juste en-dessous de l'entrée.

> **A LEVELS**
>
> Diplôme britannique préparé en deux ans, qui sanctionne la fin des études secondaires et permet l'accès à l'enseignement supérieur. Contrairement au baccalauréat français, dont le résultat est global, les **A levels** sont obtenus séparément dans un nombre limité de matières (trois en moyenne) choisies par le candidat. Le système d'inscription dans l'enseignement supérieur étant sélectif, les élèves cherchent à obtenir les meilleures mentions possibles afin de pouvoir choisir plus facilement leur université.
> En Écosse, l'équivalent des **A levels** est le « Higher », ou « Higher Grade », qui se prépare en un an et porte sur cinq matières au maximum. → **GCSE**

ARTICLES LONGS

Les articles qui sont particulièrement longs, soit parce qu'ils traitent de mots-outils (**à, faire, to, do** etc.), soit parce qu'ils couvrent beaucoup d'expressions lexicales (**affaire, heure, head, time** etc.), bénéficient d'un traitement spécifique dans notre dictionnaire.

Les articles comprenant plus d'une catégorie grammaticale s'ouvrent par un "menu" qui présente leur structure.

Des notes à l'intérieur même des articles expliquent certains points de grammaire et d'usage importants que les exemples seuls ne peuvent parfaitement illustrer. Le mot [MAIS] (ou [BUT]) attire l'attention de l'usager sur des exceptions aux règles énoncées.

Chaque catégorie sémantique est clairement signalée par un indicateur mis en relief et les structures importantes sont présentées de manière à être très facilement repérables.

Dans certaines séquences d'exemples très longues, les collocateurs les plus fréquents sont mis en valeur.

> **get** / get /
> vb: pret, ptp **got**, ptp (US) **gotten**
>
> 1 - TRANSITIVE VERB
> 2 - INTRANSITIVE VERB
> 3 - COMPOUNDS
> 4 - PHRASAL VERBS
>
> **1 - TRANSITIVE VERB**
>
> ▶ When **get** is part of a set combination, eg **get the sack**, **get hold of**, **get sth right**, look up the other word.
>
> 1 [= HAVE, RECEIVE, OBTAIN] avoir
>
> avoir covers a wide range of meanings, and like **get** is unspecific.
>
> • **I go whenever I get the chance** j'y vais dès que j'en ai l'occasion • **he's got a cut on his finger** il a une coupure au doigt • **he got a fine** il a eu une amende • **she gets a good salary** elle a un bon salaire • **not everyone gets a pension** tout le monde n'a pas la retraite • **you need to get permission from the owner** il faut avoir la permission du propriétaire • **I got a lot of presents** j'ai eu beaucoup de cadeaux • **he got first prize** il a eu le premier prix • **you may get a surprise** tu pourrais avoir une surprise
>
> Some **get** + noun combinations may take a more specific French verb.
>
> • **we can get sixteen** CHANNELS nous pouvons recevoir seize chaînes • **it was impossible to get** HELP il était impossible d'obtenir de l'aide • **he got** HELP **from the others** il s'est fait aider par les autres • **first I need to get a better** IDEA **of the situation** je dois d'abord me faire une meilleure idée de la situation • **I think he got the wrong** IMPRESSION je pense qu'il s'est fait des idées • **they get** LUNCH **at school** ils déjeunent or ils mangent à l'école • **he got his** MONEY **by exploiting others** il s'est enrichi en exploitant les autres • **if I'm not working I get no** PAY si je ne travaille pas je ne suis pas payé

ABRÉVIATIONS ET SIGNES CONVENTIONNELS
ABBREVIATIONS AND SPECIAL SYMBOLS

SIGNES CONVENTIONNELS / SPECIAL SYMBOLS

marque déposée	®	registered trademark
langage familier	*	informal language
langage très familier	**	very informal language
langage vulgaire	***	offensive language
emploi vieilli	†	old-fashioned term or expression
emploi archaïque	††	archaic term or expression
renvoi au dictionnaire des synonymes	SYN	cross-reference to the thesaurus
voir entrée	→	see entry
voir variante	⇒	see alternative form

MARQUES DE DOMAINES / FIELD LABELS

administration	**Admin**	administration		militaire	**Mil**	military
agriculture	**Agr**	agriculture		mines	**Min**	mining
anatomie	**Anat**	anatomy		minéralogie	**Minér, Miner**	mineralogy
antiquité	**Antiq**	ancient history		musique	**Mus**	music
archéologie	**Archéol, Archeol**	archaeology		mythologie	**Myth**	mythology
architecture	**Archit**	architecture		nautique	**Naut**	nautical, naval
astrologie	**Astrol**	astrology		physique nucléaire	**Nucl Phys**	nuclear physics
astronomie	**Astron**	astronomy		optique	**Opt**	optics
automobile	**Aut**	automobiles		informatique	**Ordin**	computing
aviation	**Aviat**	aviation		ornithologie	**Orn**	ornithology
biologie	**Bio**	biology		parlement	**Parl**	parliament
botanique	**Bot**	botany		pharmacie	**Pharm**	pharmacy
chimie	**Chim, Chem**	chemistry		philatélie	**Philat**	philately
cinéma	**Ciné, Cine**	cinema		philosophie	**Philos**	philosophy
commerce	**Comm**	commerce		phonétique	**Phon**	phonetics
informatique	**Comput**	computing		photographie	**Phot**	photography
construction	**Constr**	building trade		physique	**Phys**	physics
cuisine	**Culin**	cookery		physiologie	**Physiol**	physiology
écologie	**Écol, Ecol**	ecology		politique	**Pol**	politics
économique	**Écon, Econ**	economics		psychologie, psychiatrie	**Psych**	psychology, psychiatry
enseignement	**Éduc, Educ**	education		radio	**Rad**	radio
électricité, électronique	**Élec, Elec**	electricity, electronics		chemin de fer	**Rail**	rail(ways)
finance	**Fin**	finance		religion	**Rel**	religion
football	**Ftbl**	football		sciences	**Sci**	science
géographie	**Géog, Geog**	geography		école	**Scol**	school
géologie	**Géol, Geol**	geology		sculpture	**Sculp**	sculpture
géométrie	**Géom, Geom**	geometry		ski	**Ski**	skiing
gouvernement	**Govt**	government		sociologie	**Sociol, Soc**	sociology
grammaire	**Gram**	grammar		Bourse	**St Ex**	Stock Exchange
gymnastique	**Gym**	gymnastics		chirurgie	**Surg**	surgery
héraldique	**Hér, Her**	heraldry		arpentage	**Surv**	surveying
histoire	**Hist**	history		technique	**Tech**	technical
industrie	**Ind**	industry		télécommunications	**Téléc, Telec**	telecommunications
droit, juridique	**Jur**	law, legal		industrie textile	**Tex**	textiles
linguistique	**Ling**	linguistics		théâtre	**Théât, Theat**	theatre
littérature	**Littérat, Literat**	literature		télévision	**TV**	television
mathématique	**Math**	mathematics		typographie	**Typ**	typography
médecine	**Méd, Med**	medicine		université	**Univ**	university
météorologie	**Mét, Met**	meteorology		médecine vétérinaire	**Vét, Vet**	veterinary medicine
métallurgie	**Métal, Metal**	metallurgy		zoologie	**Zool**	zoology

AUTRES ABRÉVIATIONS / OTHER ABBREVIATIONS

abréviation	**abrév, abbr**	abbreviated, abbreviation
adjectif	**adj**	adjective
adverbe	**adv**	adverb
approximativement	**approx**	approximately
argot	**arg**	slang
article	**art**	article
attribut	**attrib**	predicative
australien, Australie	**Austral**	Australian, Australia
auxiliaire	**aux**	auxiliary
belgicisme	**Belg**	Belgian idiom
britannique, Grande-Bretagne	**Brit**	British, Great Britain
canadien, Canada	**Can**	Canadian, Canada
mot composé	**COMP**	compound, in compounds
comparatif	**compar**	comparative
conditionnel	**cond**	conditional
conjonction	**conj**	conjunction
conjugaison	**conjug**	conjugation
défini	**déf, def**	definite
démonstratif	**dém, dem**	demonstrative
dialectal, régional	**dial**	dialect
diminutif	**dim**	diminutive
direct	**dir**	direct
écossais, Écosse	**Écos**	Scottish, Scotland
par exemple	**eg**	for example
épithète	**épith**	before noun
surtout	**esp**	especially
et cætera, et cetera	**etc**	et cetera
euphémisme	**euph**	euphemism
par exemple	**ex**	for example
exclamation	**excl**	exclamation
féminin	**f, fem**	feminine
au figuré	**fig**	figuratively
féminin pluriel	**fpl**	feminine plural
langue soignée	**frm**	formal language
futur	**fut**	future
en général, généralement	**gén, gen**	in general, generally
helvétisme	**Helv**	Swiss idiom
humoristique	**hum**	humorous
impératif	**impér, imper**	imperative
impersonnel	**impers**	impersonal
indéfini	**indéf, indef**	indefinite
indicatif	**indic**	indicative
indirect	**indir**	indirect
infinitif	**infin**	infinitive
inséparable	**insep**	inseparable
interrogatif	**interrog**	interrogative
invariable	**inv**	invariable
irlandais, Irlande	**Ir**	Irish, Ireland
ironique	**iro**	ironic
irrégulier	**irrég, irreg**	irregular
littéral, au sens propre	**lit**	literally
littéraire	**littér, liter**	literary
locution	**LOC**	locution
masculin	**m, masc**	masculine
masculin et féminin	**mf**	masculine and feminine
masculin pluriel	**mpl**	masculine plural
nom	**n**	noun
nord de l'Angleterre	**N Angl**	North of England
négatif	**nég, neg**	negative
nord de l'Angleterre	**N Engl**	North of England
nom féminin	**nf**	feminine noun
nom masculin	**nm**	masculine noun
nom masculin et féminin	**nmf**	masculine and feminine noun
nom masculin, féminin	**nm,f**	masculine, feminine noun
non comptable	**NonC**	uncountable
nom pluriel	**npl**	plural noun
numéral	**num**	numeral
néo-zélandais, Nouvelle-Zélande	**NZ**	New Zealand
objet	**obj**	object
opposé	**opp**	opposite
emploi réfléchi	**o.s.**	oneself
passif	**pass**	passive
péjoratif	**péj, pej**	pejorative
personnel	**pers**	personal
particule de verbe	**phr vb elem**	phrasal verb element
pluriel	**pl**	plural
possessif	**poss**	possessive
préfixe	**préf, pref**	prefix
préposition	**prép, prep**	preposition
prétérit	**prét, pret**	preterite
pronom	**pron**	pronoun
proverbe	**Prov**	proverb
participe présent	**prp**	present participle
participe passé	**ptp**	past participle
quelque chose	**qch**	something
quelqu'un	**qn**	somebody, someone
relatif	**rel**	relative
quelqu'un	**sb**	somebody, someone
écossais, Écosse	**Scot**	Scottish, Scotland
séparable	**sep**	separable
singulier	**sg**	singular
argot	**sl**	slang
terme de spécialiste	**SPÉC, SPEC**	specialist term
quelque chose	**sth**	something
subjonctif	**subj**	subjunctive
suffixe	**suf**	suffix
superlatif	**superl**	superlative
américain, États-Unis	**US**	American, United States
généralement	**usu**	usually
verbe	**vb**	verb
verbe intransitif	**vi**	intransitive verb
verbe pronominal	**vpr**	pronominal verb
verbe transitif	**vt**	transitive verb
verbe à particule inséparable	**vt fus**	phrasal verb with inseparable particle
verbe transitif et intransitif	**vti**	transitive and intransitive verb
verbe transitif indirect	**vt indir**	indirect transitive verb

PRONUNCIATION OF FRENCH

Transcription The symbols used to record the pronunciation of French are those of the International Phonetic Association. The variety of French transcribed is that shown in *Le Nouveau Petit Robert*, ie standard Parisian speech. Within this variety of French, variant pronunciations are to be observed. In particular, there is a marked tendency among speakers today to make no appreciable distinction between: /a/ and /ɑ/, **patte** /pat/ and **pâte** /pɑt/ both tending towards the pronunciation /pat/; /ɛ̃/ and /œ̃/, **brin** /bʀɛ̃/ and **brun** /bʀœ̃/ both tending towards the pronunciation /bʀɛ̃/. The distinction between these sounds is maintained in the transcription.

Headwords Each headword has its pronunciation transcribed between obliques. In the case of words having a variant pronunciation (eg **tandis** /tɑ̃di/, /tɑ̃dis/), the one pronunciation given is that regarded by the editorial team as preferable, often on grounds of frequency.

Morphological variations Morphological variations of headwords are shown phonetically where necessary, without repetition of the root (eg **journal** (pl **-aux**) /ʒuʀnal, o/).

Compound words Compound words derived from headwords and shown within an entry are given without phonetic transcription (eg **brosse** /bʀɔs/, but **brosse à cheveux**). The pronunciation of compounds is usually predictable, being that of the citation form of each element, associated with the final syllable stress characteristic of the language (see following paragraph).

Syllable stress In normal, unemphatic speech, the final syllable of a word, or the final syllable of a sense group, carries a moderate degree of stress. The syllable stressed is given extra prominence by greater length and intensity. The exception to this rule is a final syllable containing a mute *e*, which is never stressed. In view of this simple rule, it has not been considered necessary to indicate the position of a stressed syllable of a word by a stress mark in the phonetic transcription.

Closing of /ɛ/ Under the influence of stressed /y/, /i/, or /e/ vowels, an /ɛ/ in an open syllable tends towards a closer /e/ sound, even in careful speech. In such cases, the change has been indicated: **aimant** /ɛmɑ̃/, but **aimer** /eme/; **bête** /bɛt/, but **bêtise** /betiz/.

Mute e /ə/ Within isolated words, a mute *e* /ə/ preceded by a single pronounced consonant is regularly dropped (eg **follement** /fɔlmɑ̃/; **samedi** /samdi/).

Opening of /e/ As the result of the dropping of an /ə/ within a word, an /e/ occurring in a closed syllable tends towards /ɛ/, as the transcription shows (eg **événement** /evɛnmɑ̃/; **élevage** /ɛlvaʒ/).

Aspirate h Initial *h* in the spelling of a French word does not imply strong expulsion of breath, except in the case of certain interjections. Initial *h* is called 'aspirate' when it is incompatible with liaison (**des haricots** /de'aʀiko/) or elision (**le haricot** /lə'aʀiko/). Aspirate *h* is shown in transcriptions by an apostrophe placed at the beginning of the word (eg **hibou** /'ibu/).

Consonants and assimilation Within a word and in normal speech, a voiceless consonant may be voiced when followed by a voiced consonant (eg **exemple** /ɛgzɑ̃pl/), and a voiced consonant may be devoiced when followed by a voiceless consonant (eg **absolument** /apsɔlymɑ̃/). When this phenomenon is regular in a word, it is shown in transcription (eg **abside** /apsid/). In speech, its frequency varies from speaker to speaker. Thus, while the citation form of **tasse** is /tɑs/, the group **une tasse de thé** may be heard pronounced /yntɑsdəte/ or /yntɑzdəte/.

Sentence stress Unlike the stress pattern of English associated with meaning, sentence stress in French is associated with rhythm. The stress falls on the final syllable of the sense groups of which the sentence is formed (see **Syllable stress**). In the following example : *quand il m'a vu, il a traversé la rue en courant pour me dire un mot*, composed of three sense groups, the syllables **vu**, **-rant** and **mot** carry the stress, being slightly lengthened.

Intonation French intonation is less mobile than English and is closely associated with sentence stress. The most marked rises and falls occur normally on the final syllable of sense groups. Thus, in the sentence given above, the syllables **vu** and **-rant** are spoken with a slight rise (indicating continuity), while the syllable **mot** is accompanied by a fall in the voice (indicating finality). In the case of a question, the final syllable will normally also be spoken with rising voice.

PHONETIC TRANSCRIPTION OF FRENCH
TRANSCRIPTION PHONÉTIQUE DU FRANÇAIS

VOWELS

[i]	**i**l, v**ie**, l**y**re
[e]	bl**é**, jou**er**
[ɛ]	l**ai**t, jou**et**, m**e**rci
[a]	pl**a**t, p**a**tte
[ɑ]	b**as**, p**â**te
[ɔ]	m**o**rt, d**o**nner
[o]	m**o**t, d**ô**me, **eau**, g**au**che
[u]	gen**ou**, r**ou**e
[y]	r**u**e, vêt**u**
[ø]	p**eu**, d**eu**x
[œ]	p**eu**r, m**eu**ble
[ə]	l**e**, pr**e**mier
[ɛ̃]	mat**in**, pl**ein**
[ɑ̃]	s**an**s, v**en**t
[ɔ̃]	b**on**, **om**bre
[œ̃]	l**un**di, br**un**

SEMI-CONSONANTS

[j]	**y**eux, pa**ill**e, p**i**ed
[w]	**ou**i, n**ou**er
[ɥ]	h**u**ile, l**u**i

CONSONANTS

[p]	**p**ère, sou**p**e
[t]	**t**erre, vi**t**e
[k]	**c**ou, **qu**i, sa**c**, **k**épi
[b]	**b**on, ro**b**e
[d]	**d**ans, ai**d**e
[g]	**g**are, ba**gu**e
[f]	**f**eu, neu**f**, **ph**oto
[s]	**s**ale, **c**elui, **ç**a, de**ss**ous, ta**ss**e, na**t**ion
[ʃ]	**ch**at, ta**ch**e
[v]	**v**ous, rê**v**e
[z]	**z**éro, mai**s**on, ro**s**e
[ʒ]	**j**e, **g**ilet, **g**eôle
[l]	**l**ent, so**l**
[ʀ]	**r**ue, veni**r**
[m]	**m**ain, fem**m**e
[n]	**n**ous, to**nn**e, a**n**imal
[ɲ]	a**gn**eau, vi**gn**e

[h]	**h**op ! (exclamative)
[']	**h**aricot (no liaison)

[ŋ]	words borrowed from English: campi**ng**
[x]	words borrowed from Spanish or Arabic: **j**ota

DICTIONNAIRE FRANÇAIS-ANGLAIS

FRENCH-ENGLISH DICTIONARY

A¹, a¹ /a/
NM (= *lettre*) A, a ◆ **de A à Z** from A to Z ◆ **feuille A3/A4** sheet of A3/A4 paper ◆ **c'est du format A4** it's A4 (paper) ◆ **prouver** *ou* **démontrer qch par A + B** to prove sth conclusively
COMP a commercial at sign

A² (abrév de **ampère**) amp

A³ /a/ **NF** (abrév de **autoroute**) ≈ M (*Brit*) ◆ **l'A10** the A10 motorway (*Brit*) *ou* highway (*US*)

A⁴ (abrév de **apprenti conducteur**) P plate (*on car of newly qualified driver*)

a² (abrév de **are**) a

❖❖❖❖❖❖❖❖❖❖❖❖❖❖❖❖❖❖❖

à /a/
PRÉPOSITION
contraction **à + le = au ; à + les = aux**

▸ Lorsque **à** se trouve dans des locutions du type **obéir à, apprendre qch à qn, lent à s'habiller, l'admission au club**, reportez-vous à l'autre mot.

❖❖❖❖❖❖❖❖❖❖❖❖❖❖❖❖❖❖❖

1 [LIEU : POSITION] in ◆ **habiter à Paris/au Canada/à Bali** to live in Paris/in Canada/in Bali ◆ **on s'est arrêté à Toulouse** we stopped in Toulouse ◆ **je suis à la cuisine** I'm in the kitchen ◆ **il faisait chaud au théâtre** it was hot in the theatre

> Notez qu'avec certains édifices l'anglais n'utilisera pas l'article si l'accent est mis sur leur fonction plutôt que sur leur localisation.

◆ **être à l'hôpital** (*en visite*) to be at the hospital; [*malade*] to be in hospital ◆ **être à l'école** (*de passage*) to be at the school; [*élève*] to be at school ◆ **il faisait chaud à l'église** it was hot in church

> Lorsque **à**, indiquant la position plutôt que le mouvement, est suivi d'un nom d'île, il se traduit le plus souvent par **on**.

◆ **vivre à Paros/l'île de Wight** to live on Paros/the Isle of Wight

2 [LIEU : DIRECTION] (= *vers*) to; (= *dans*) into ◆ **aller à Lille/au Canada** to go to Lille/Canada ◆ **aller à Paros/aux Açores** to go to Paros/the Azores ◆ **aller au marché/au théâtre** to go to the market/the theatre ◆ **entrez au salon** come into the lounge ◆ **au lit, les enfants !** off to bed children!, time for bed children!

> Notez qu'avec certains édifices l'anglais n'utilisera pas l'article si l'accent est mis sur leur fonction plutôt que sur leur localisation.

◆ **aller à l'hôpital** (*en visite*) to go to the hospital; [*malade*] to go into hospital ◆ **elle va à l'église tous les dimanches** she goes to church every Sunday ◆ **je suis allé à l'église pour photographier les vitraux** I went to the church to photograph the windows ◆ **il n'aime pas aller à l'école** he doesn't like going to school ◆ **elle s'est précipitée à l'école mais ils étaient déjà partis** she dashed to the school but they had already gone

3 [LIEU : ÉTAPE DE VOYAGE, ADRESSE] at ◆ **l'avion a atterri à Luton** the plane landed at Luton ◆ **le train ne s'est pas arrêté à Montélimar** the train didn't stop at Montélimar ◆ **j'habite au (numéro) 26 (de la rue Pasteur)** I live at number 26 (rue Pasteur) ◆ **habiter au 4ᵉ étage** to live on the 4th floor

4 [LIEU : PROVENANCE] from ◆ **je l'ai eu à la bibliothèque** I got it from the library ◆ **prendre de l'eau au puits/à la rivière** to get water from the well/the river

5 [DISTANCE] ◆ **Paris est à 400 km de Londres** Paris is 400 km from London ◆ **c'est à 3 km/5 minutes (d'ici)** it's 3 km/5 minutes away (from here) ◆ **c'est à 4 heures de route** it's a 4-hour drive

6 [= JUSQU'À] ◆ **de Paris à Londres** from Paris to London ◆ **du lundi au vendredi** from Monday to Friday ◆ **il leur faut 4 à 5 heures** they need 4 to 5 hours ◆ **on a fait 8 à 9 kilomètres** we did 8 or 9 kilometres ◆ **à lundi/la semaine prochaine !** see you on Monday/next week!

7 [TEMPS, MOMENT PRÉCIS, OCCASION] at ◆ **à 6 heures** at 6 (o'clock) ◆ **je vous verrai à Noël** I'll see you at Christmas ◆ **on se reverra à sa réception** we'll see each other again at his party ◆ **je vous verrai aux vacances** I'll see you in the holidays

> Lorsque **à** signifie **lors de**, l'anglais emploie souvent une proposition temporelle introduite par **when**.

◆ **je n'étais pas là à leur arrivée** I wasn't there when they arrived ◆ **à sa naissance, il pesait 3 kg** he weighed 3 kilos when he was born ◆ **vous serez payé à l'achèvement des travaux** you'll be paid when the work is finished

8 [TEMPS, ÉPOQUE] in ◆ **la poésie au 19ᵉ siècle** poetry in the 19th century

9 [APPARTENANCE, POSSESSION] ◆ **c'est à moi/à eux** it's mine/theirs, it belongs to me/to them ◆ **ce livre est à Luc** this book belongs to Luc *ou* is Luc's ◆ **à qui est ce stylo ?** whose pen is this? ◆ **c'est une amie à lui/à eux** she is a friend of his/theirs ◆ **ils n'ont pas de maison à eux** they haven't got a house of their own ◆ **la voiture à Paul*** Paul's car ◆ **on avait la plage à nous (tous seuls)** we had the beach to ourselves ◆ **à moi le Canada/Paris !** Canada/Paris here I come! ◆ **à nous la belle vie !** it's the good life for us from now on! ◆ **je suis à toi pour toujours** I'm yours forever ◆ **je suis à vous dans deux minutes** I'll be with you in a couple of minutes

10 [RESPONSABILITÉ] ◆ **c'était à toi d'y aller** it was up to you to go ◆ **ce n'est pas à moi de le dire/de décider** it's not for me to say/to decide, it's not up to me to say/to decide

11 [ORDRE DE PASSAGE] ◆ **à toi !** (*dans un jeu*) your turn (to play)!; (*échecs, dames*) your move!; (*en lançant une balle*) to you! ◆ **c'est à qui (le tour) ?** (*dans un jeu*) whose turn is it?; (*dans une file d'attente*) who's next, please? ◆ **à vous les studios/Paris** (*TV, Rad*) over to you in the studio/in Paris

12 [DÉDICACE] for, to; (*dans les souhaits*) ◆ **à mon fils, pour ses 20 ans** to *ou* for my son, on his 20th birthday ◆ **à Julie !** (*dans un toast*) to Julie! ◆ **à ta nouvelle maison !** to your new house! ◆ **à tes 30 ans !** happy 30th birthday! ◆ **à mon épouse regrettée** in memory of my dear wife

13 [= AU NOMBRE DE] ◆ **nous y sommes allés à cinq** five of us went ◆ **ils l'ont soulevé à (eux) deux** the two of them lifted it up together ◆ **ils ont fait le travail à trois/à eux tous** they did the work between the three of them/between them ◆ **ils couchent à trois dans la même chambre** they sleep three to a room ◆ **à trois, nous irons plus vite** it'll be quicker if three of us do it ◆ **nous n'entrerons jamais à six dans sa voiture** the six of us will never get into his car ◆ **on peut rentrer à six dans la voiture** the car can hold six people

14 [= PAR, CHAQUE] ◆ **faire du 90 à l'heure** to do 90 km an *ou* per hour ◆ **c'est à 5 € le kilo** it's €5 a kilo ◆ **être payé à la semaine/au mois** to be paid weekly/monthly, to be paid by the week/the month ◆ **gagner (par) 2 à 1** to win (by) 2 goals to 1, to win 2-1 ◆ **il mène (par) 3 jeux à 2** he's leading (by) 3 games to 2, he's leading 3-2

15 [= AVEC] with

> Lorsque **à** est utilisé dans une description, il est rendu soit par **with** soit par une locution adjectivale.

◆ **robe à manches** dress with sleeves ◆ **robe à manches courtes** short-sleeved dress ◆ **enfant aux yeux bleus/aux cheveux longs** child with blue eyes/long hair, blue-eyed/long-haired child ◆ **la dame au chapeau vert** the lady in *ou* with the green hat ◆ **l'homme à la pipe** the man with the pipe, the man smoking a pipe; (*titre de tableau*) Man with Pipe

16 [= AU MOYEN DE] with; (*avec instrument de musique*) on ◆ **couper qch au couteau** to cut sth with a knife ◆ **faire la cuisine à l'huile/au beurre** to cook with oil/butter ◆ **canard aux petits pois/aux pruneaux** duck with peas/prunes ◆ **il l'a joué au piano/violon** he played it on the piano/violin ◆ **sardines à l'huile** sardines in oil ◆ **regarder qch à la jumelle** to look at sth through binoculars ◆ **le générateur marche au gazole** the generator runs on diesel ◆ **j'y suis allé à pied** I went on foot

17 [= D'APRÈS, AU VU DE] according to, from ◆ **à ce qu'il prétend** according to what he says ◆ **à ce que j'ai compris** from what I understood ◆ **à son expression, je dirais qu'il est content** judging from his expression I'd say he is pleased ◆ **c'est aux résultats qu'on le jugera** he will be judged on his results

18 [= PROVOQUANT] to ◆ **à sa consternation** to his dismay ◆ **à ma grande surprise** to my great surprise, much to my surprise

19 [IMMINENCE] ◆ **le temps est à la pluie/neige** it looks like rain/snow, there's rain/snow on the way

20 [SUIVI D'UNE ACTIVITÉ] ◆ **quand elle est à son tricot/à sa peinture*** when she's doing her knitting/painting ◆ **allez Paul, à la vaisselle !** come on Paul, get cracking* with that washing-up! ◆ **le livre est à la reliure** the book is (away) being bound ◆ **au travail tout le monde !** come on everybody, let's get to work! ◆ **elle est au tennis** (*gén*) she's playing tennis; (*à son cours*) she's at her tennis lesson

21 [LOCUTIONS]
◆ **à la...** (= *à la manière de*) ◆ **cuisiné à la japonaise** cooked Japanese-style ◆ **le socialisme à la française** French-style socialism ◆ **une histoire à la Tolstoï** a story in the style of Tolstoy *ou* à la Tolstoy ◆ **vivre à l'américaine** to live like an American

♦ **à** + *infinitif* (*= pour*) ♦ **c'est une machine à polir les pierres** it's a machine (designed) for polishing stones ♦ **je n'ai rien à lire/faire** I have nothing to read/do ♦ **j'ai quelque chose à te montrer** I've got something to show you ♦ **il a été le premier à le dire, mais ils sont plusieurs à le penser** he was the first one to say it, but there are quite a few people who think the same MAIS ♦ **ils sont deux à l'avoir fait** two of them did it ♦ **elle est toujours à le taquiner** she keeps teasing him, she's forever teasing him

♦ **à** + *infinitif* (*nécessité, devoir*) ♦ **c'est à faire aujourd'hui** it has to be done *ou* it must be done today ♦ **ce sont des choses à prévoir** these things have to be *ou* need to be thought about ♦ **il est à ménager** he should be *ou* needs to be handled carefully ♦ **le poisson est à manger tout de suite** the fish needs to be *ou* must be eaten at once ♦ **tout est à refaire** it's all got to be done again ♦ **ces journaux sont à jeter** these papers can be thrown out

♦ **à** + *infinitif* (*cause*)

> Lorsque **à + infinitif** a une valeur causale, il se traduit généralement par un gérondif ou une proposition temporelle.

♦ **à le voir si maigre, j'ai eu pitié** when I saw how thin he was I felt sorry for him ♦ **à le fréquenter, on se rend compte que...** when you've been with him for a while, you realize that... ♦ **il nous fait peur à conduire si vite** he frightens us driving so fast ♦ **à l'entendre/le voir, on dirait qu'il est ivre** to hear him/look at him you'd think he was drunk, he sounds/looks drunk ♦ **vous le buterez à le punir ainsi** you'll antagonize him if you punish him like that

♦ **à** + *infinitif* (*conséquence*) ♦ **c'est à vous rendre fou** it's enough to drive you crazy ♦ **c'est à se demander si** it makes you wonder if ♦ **c'est à croire qu'ils nous prennent pour des idiots** you'd think that they took us for complete idiots

Å (abrèv de **angström**) Å

Aaron /aʀɔ̃/ **NM** Aaron

AB (abrèv de **assez bien**) quite good, ≃ C+

abaca /abaka/ **NM** abaca, Manilla hemp

abacule /abakyl/ **NM** tessera

abaissable /abesabl/ **ADJ** [*siège*] reclining (*épith*)

abaissant, e /abesɑ̃, ɑ̃t/ **ADJ** degrading

abaisse /abɛs/ **NF** rolled-out pastry ♦ **faites une abaisse de 3 mm** roll out the pastry to a thickness of 3 mm

abaisse-langue /abɛslɑ̃g/ **NM INV** tongue depressor, spatula (*Brit*)

abaissement /abɛsmɑ̃/ SYN **NM** [1] (*= action d'abaisser*) [*de levier*] (*en tirant*) pulling down; (*en poussant*) pushing down; [*de température, valeur, taux*] lowering, bringing down ♦ **l'abaissement de l'âge de la retraite/des barrières douanières** lowering the retirement age/customs barriers

[2] (*= fait de s'abaisser*) [*de température, valeur, taux*] fall, drop (*de* in); [*de terrain*] downward slope ♦ **l'abaissement de la moralité** the decline in moral standards

[3] (*= conduite obséquieuse*) subservience, self-abasement; (*= conduite choquante*) degradation

[4] † (*= humiliation*) humiliation; (*= déchéance*) debasing; (*Rel*) humbling

abaisser /abese/ SYN ▸ conjug 1 ◂

VT [1] [*+ levier*] (*= tirer*) to pull down; (*= pousser*) to push down; [*+ store*] to lower, to pull down; [*+ siège*] to put down ♦ **cette vitre s'abaisse-t-elle ?** does this window go down? ♦ **abaisser le drapeau** (*course automobile*) to lower the flag

[2] [*+ température, valeur, taux*] to lower, to reduce; [*+ niveau, mur*] to lower ♦ **abaisser le coût de la main d'œuvre** to lower *ou* reduce labour costs ♦ **abaisser l'âge de la retraite** to bring down *ou* lower the retirement age

[3] (*Math*) [*+ chiffre*] to bring down, to carry; [*+ perpendiculaire*] to drop

[4] (*= rabaisser*) [*personne*] to humiliate; [*vice*] to debase; (*Rel*) to humble ♦ **abaisser la puissance des nobles** to reduce the power of the nobles

[5] (*Culin*) [*+ pâte*] to roll out

VPR s'abaisser [1] (*= diminuer*) [*température, valeur, taux*] to fall, to drop; [*terrain*] to slope down; (*Théât*) [*rideau*] to fall (*sur* on)

[2] (*= s'humilier*) to humble o.s. ♦ **je ne m'abaisserai pas à présenter des excuses** I won't stoop so low as to apologize

abaisseur /abɛsœʀ/ **ADJ M, NM** ♦ **(muscle) abaisseur** depressor

abajoue /abaʒu/ **NF** cheek pouch

abalone /abalɔn/ **NM** abalone

abandon /abɑ̃dɔ̃/ SYN **NM** [1] (*= délaissement*) [*de personne, lieu*] desertion, abandonment ♦ **abandon de poste** desertion of one's post ♦ **abandon du domicile conjugal** (*Jur*) desertion

[2] (*= renonciation*) [*d'idée, privilège, fonction, recherches*] giving up; [*de droit*] giving up, relinquishment; [*de course, championnat*] withdrawal (*de* from) ♦ **après l'abandon de notre équipe** (*Sport*) after our team was forced to retire *ou* withdraw ♦ **gagner par abandon** to win by default ♦ **faire abandon de ses biens à qn** to make over one's property to sb ♦ **faire abandon de ses droits sur** to relinquish *ou* renounce one's right(s) to ♦ **abandon de soi-même** self-abnegation ♦ **abandon d'actif** (*Fin*) yielding up of assets ♦ **abandon de poursuites** (*Jur*) nonsuit, nolle prosequi

[3] (*= manque de soin*) neglected state ♦ **l'(état d')abandon où se trouvait la ferme** the neglected state (that) the farm was in

♦ **à l'abandon** ♦ **jardin à l'abandon** neglected garden, garden run wild *ou* in a state of neglect ♦ **laisser qch à l'abandon** to neglect sth

[4] (*= confiance*) lack of constraint ♦ **parler avec abandon** to talk freely *ou* without constraint ♦ **dans ses moments d'abandon** in his moments of abandon, in his more expansive moments

[5] (*= nonchalance*) ♦ **étendu sur le sofa avec abandon** sprawled out on the sofa ♦ **l'abandon de son attitude/ses manières** his relaxed *ou* easy-going attitude/manners

[6] (*Ordin*) abort

abandonnataire /abɑ̃dɔnatɛʀ/ **NMF** abandonee

abandonné, e /abɑ̃dɔne/ SYN (ptp de **abandonner**) **ADJ** [1] [*attitude, position*] relaxed; (*avec volupté*) abandoned

[2] [*jardin*] neglected; [*route, usine*] disused ♦ **vieille maison abandonnée** deserted old house

[3] (*= délaissé*) [*conjoint*] abandoned ♦ **enfants abandonnés à eux-mêmes** children left to their own devices ♦ **tout colis abandonné sera détruit** any luggage left unattended will be destroyed

abandonner /abɑ̃dɔne/ SYN ▸ conjug 1 ◂

VT [1] (*= délaisser*) [*+ lieu*] to desert, to abandon; [*+ personne*] (*gén*) to leave, to abandon; (*intentionnellement*) to desert, to abandon; [*+ voiture, animal*] to abandon ♦ **il a été abandonné à la naissance** he was abandoned at birth ♦ **son courage l'abandonna** his courage failed *ou* deserted him ♦ **ses forces l'abandonnèrent** his strength failed him ♦ **l'ennemi a abandonné ses positions** the enemy abandoned their positions ♦ **abandonner son poste** (*Mil*) to desert one's post ♦ **abandonner le terrain** (*Mil*) to take flight; (*fig*) to give up ♦ **abandonner le domicile conjugal** (*Jur*) to desert *ou* abandon the family home ♦ **il a été abandonné des médecins** † the doctors have given up on him

[2] (*= renoncer à*) [*+ fonction*] to give up, to relinquish; [*+ études, projet, recherches*] to give up, to abandon; [*+ matière scolaire*] to drop, to give up; [*+ technique*] to abandon, to give up; [*+ hypothèse*] to abandon, to drop; [*+ droit, privilèges*] to give up, to relinquish; [*+ course*] to withdraw *ou* retire from, to abandon ♦ **abandonner tout espoir (de faire qch)** to give up *ou* abandon all hope (of doing sth) ♦ **le joueur a dû abandonner** the player had to retire *ou* withdraw ♦ **abandonner le pouvoir** to give up power ♦ **abandonner la lutte** *ou* **la partie** (*lit, fig*) to give up the fight *ou* the struggle ♦ **abandonner les poursuites** (*Jur*) to drop the charges ♦ **j'abandonne !** I give up!

[3] (*Ordin*) to abort

[4] (*Bourse*) ♦ **le napoléon abandonne 1,5 € à 49,2 €** napoleons lost *ou* shed €1.5 at €49.2

[5] ♦ **abandonner à** (*gén*) to give *ou* leave to ♦ **elle lui abandonna sa main** she let him take her hand ♦ **abandonner à qn le soin de faire qch** to leave it up to sb to do sth ♦ **abandonner qn à (triste) sort** to leave *ou* abandon sb (*littér*) sb to their fate ♦ **abandonner qch au pillage/à la destruction** to leave sth to be pillaged/to be destroyed ♦ **le verger a été abandonné aux herbes folles** the orchard has become overrun with weeds ♦ **abandonnez votre corps aux délices d'un bain chaud** luxuriate in a hot bath

VPR s'abandonner [1] (*= se relâcher*) to let o.s. go; (*= se confier*) to open up ♦ **elle s'abandonna dans mes bras** she sank into my arms

♦ **s'abandonner à** (*= se laisser aller à*) [*+ passion, joie, débauche*] to give o.s. up to; [*+ paresse, désespoir*] to give way to ♦ **s'abandonner à la rêverie** to indulge in *ou* give o.s. up to daydreaming ♦ **s'abandonner au bien-être** to luxuriate in a sense of well-being ♦ **il s'abandonna au sommeil** he let himself drift off to sleep

[2] (*† = se donner sexuellement*) to give o.s. (*à* to)

abaque /abak/ **NM** (*= boulier*) abacus; (*= graphique*) graph; (*Archit*) abacus

abasie /abazi/ **NF** abasia

abasourdi, e /abazuʀdi/ **ADJ** stunned

abasourdir /abazuʀdiʀ/ SYN ▸ conjug 2 ◂ **VT**

[1] (*= étonner*) to stun, to dumbfound

[2] (*= étourdir*) [*bruit*] to stun, to daze

abasourdissant, e /abazuʀdisɑ̃, ɑ̃t/ **ADJ** bewildering, stupefying

abasourdissement /abazuʀdismɑ̃/ **NM** bewilderment, stupefaction

abâtardir /abɑtaʀdiʀ/ ▸ conjug 2 ◂

VT [*+ race, vertu*] to cause to degenerate; [*+ qualité*] to debase

VPR s'abâtardir [*race, vertu*] to degenerate; [*qualité*] to become debased ♦ **langue abâtardie** bastardized *ou* debased language

abâtardissement /abɑtaʀdismɑ̃/ **NM** [*de race, vertu*] degeneration; [*de qualité*] debasement; [*de langue, style*] bastardization, debasement

abat-jour /abaʒuʀ/ **NM INV** [*de lampe*] lampshade; (*Archit*) splay

abats /aba/ **NMPL** [*de volaille*] giblets; [*de bœuf, porc*] offal

abat-son (pl **abat-sons**) /abasɔ̃/ **NM** louvre (*Brit*) *ou* louver (*US*) (boards)

abattage /abataʒ/ **NM** [1] [*d'animal*] slaughter, slaughtering; [*d'arbre*] felling, cutting (down)

[2] [*de minerai*] extracting

[3] ♦ **(vente à l')abattage** selling in bulk at knock-down prices

[4] ♦ **avoir de l'abattage*** (*= entrain*) to be dynamic, to have plenty of go* ♦ **il a de l'abattage** (*= force*) he's a strapping fellow

[5] [*de prostituée*] ♦ **faire de l'abattage**** to get through dozens of punters* (*Brit*) a day (*ou* night), to turn dozens of tricks** (*US*) a day (*ou* night)

abattant /abatɑ̃/ **NM** [*de table*] flap, leaf; [*de siège de W-C*] lid

abattement /abatmɑ̃/ SYN **NM** [1] (*= dépression*) dejection, despondency ♦ **être dans un extrême abattement** to be in very low spirits

[2] (*= fatigue*) exhaustion

[3] (*Fin = rabais*) reduction; (*fiscal*) (tax) allowance ♦ **abattement forfaitaire** standard deduction *ou* allowance ♦ **abattement à la base** basic allowance

abattis /abati/

NMPL [*de volaille*] giblets; (* *= bras et jambes*) limbs; → **numéroter**

NM [1] (*Can = terrain déboisé*) brushwood ♦ **faire un abattis** to clear fell (*Brit*) *ou* clear cut (*US*) land

[2] (*Mil*) abat(t)is

abattoir /abatwaʀ/ **NM** slaughterhouse, abattoir ♦ **envoyer des hommes à l'abattoir*** to send men to the slaughter

abattre /abatʀ/ SYN ▸ conjug 41 ◂

VT [1] (*= faire tomber*) [*+ maison, mur*] to pull *ou* knock down; [*+ arbre*] to cut down, to fell; [*+ roche, minerai*] to break away, to hew; [*+ quilles*] to knock down; [*+ avion*] to bring *ou* shoot down; (*fig*) [*+ adversaire, rival*] to bring down ♦ **le vent a abattu la cheminée** the wind blew the chimney down ♦ **la pluie abattait la poussière** the rain settled the dust

[2] (*= tuer*) [*+ personne, oiseau*] to shoot down; [*+ fauve*] to shoot, to kill; [*+ animal domestique*] to destroy, to put down; [*+ animal de boucherie*] to slaughter ♦ **c'est l'homme à abattre** (*fig*) he's the one you've (*ou* we've *etc*) got to get rid of

[3] (*= ébranler*) [*fièvre*] to weaken, to drain (of energy); [*mauvaise nouvelle, échec*] to demoralize, to shatter*; [*efforts*] to tire out, to wear out ♦ **la maladie l'a abattu** the illness left him very weak, the illness drained him of energy ♦ **être abattu par la fatigue/la chaleur** to be overcome by tiredness/the heat

FRANÇAIS-ANGLAIS

◆ **se laisser abattre** to get discouraged ◆ **Mme Martin, qui n'est pas femme à se laisser abattre, est allée voir le maire** Mme Martin, who's not one to get discouraged, went to see the mayor ◆ **ne te laisse pas abattre !** don't get discouraged!, don't let things get you down! ◆ **se laisser abattre par des échecs** to be demoralized by failures

④ (= *affaiblir*) [+ *courage*] to weaken; [+ *fierté*] to humble

⑤ [+ *carte*] to lay down ◆ **abattre son jeu** *ou* **ses cartes** (*lit, fig*) to lay down *ou* put one's cards on the table, to show one's hand

⑥ (= *faire*) ◆ **abattre du travail** to get through a lot of work

VI (*Naut*) [*bateau*] to tack

VPR **s'abattre** ① (= *tomber*) [*personne*] to fall (down), to collapse; [*cheminée*] to fall *ou* crash down ◆ **le mât s'est abattu** the mast came *ou* went crashing down

② ◆ **s'abattre sur** [*pluie*] to beat down on; [*ennemi*] to swoop down on, to fall on; [*oiseau de proie*] to swoop down on; [*moineaux*] to sweep down on(to); [*coups, injures*] to rain on ◆ **une terrible famine s'est abattue sur la région** the region was hit by a terrible famine

abattu, e /abaty/ SYN (ptp de **abattre**) ADJ (= *fatigué*) worn out, exhausted; (= *faible*) [*malade*] very weak, feeble; (= *déprimé*) downcast, demoralized; → **bride**

abat-vent (pl **abat-vent(s)**) /abavɑ̃/ NM [*de cheminée*] chimney cowl; [*de fenêtre, ouverture*] louvre (Brit) *ou* louver (US) (boards)

abbatial, e (mpl **-iaux**) /abasjal, jo/
ADJ abbey (*épith*)
NF **abbatiale** abbey-church

abbaye /abei/ NF abbey

abbé /abe/ NM [*d'abbaye*] abbot; (= *prêtre*) priest ◆ **abbé mitré** mitred abbot; → **monsieur**

abbesse /abɛs/ NF abbess

abbevillien, -ienne /abviljɛ̃, jɛn/ ADJ, NM Abbevillian

abc /abese/ NM (= *livre*) ABC *ou* alphabet book; (= *rudiments*) ABC, fundamentals ◆ **c'est l'abc du métier** it's basic to this job

abcéder /apsede/ ► conjug 6 ◄ VI to abscess

abcès /apsɛ/ NM (*Méd*) abscess; [*de gencive*] gumboil, abscess ◆ **vider** *ou* **crever l'abcès** (*dans un conflit*) to clear the air ◆ **il faut crever l'abcès au sein du parti** it's time to sort out the party's problems once and for all ◆ **abcès de fixation** (*fig*) focal point for grievances

Abdias /abdjas/ NM Obadiah

abdicataire /abdikatɛʀ/
ADJ abdicative
NMF abdicator

abdication /abdikasjɔ̃/ NF (*lit, fig*) abdication ◆ **l'abdication des parents devant leurs enfants** parents' abdication of authority over their children

abdiquer /abdike/ SYN ► conjug 1 ◄
VI [*roi*] to abdicate ◆ **la justice abdique devant le terrorisme** justice gives way in the face of *ou* before terrorism ◆ **dans ces conditions j'abdique** * in that case I give up
VT [+ *ambition, droits, valeurs, rôle, responsabilités*] to give up ◆ **abdiquer la couronne** to abdicate the throne ◆ **abdiquer ses croyances/son autorité** to give up *ou* renounce one's beliefs/one's authority

abdomen /abdɔmɛn/ NM abdomen

abdominal, e (mpl **-aux**) /abdɔminal, o/
ADJ abdominal
NMPL **abdominaux** abdominals, stomach muscles ◆ **faire des abdominaux** to do *ou* work one's abdominals

abdos * /abdo/ NMPL (abrév de **abdominaux**) abs *

abducteur /abdyktœʀ/ ADJ M, NM ① (*Anat*) ◆ **(muscle) abducteur** abductor (muscle)
② (*Tech*) gas outlet (tube)

abduction /abdyksjɔ̃/ NF (*Anat*) abduction

abécédaire /abesedɛʀ/ NM alphabet primer

abeille /abɛj/ NF bee ◆ **abeille maçonne** mason bee ◆ **abeille tueuse** killer bee; → **nid, reine**

Abel /abɛl/ NM Abel

abélien, -ienne /abeljɛ̃, jɛn/ ADJ Abelian

aber /abɛʀ/ NM (*Géog*) aber

aberrance /abeʀɑ̃s/ NF aberrance, aberrancy

aberrant, e /abeʀɑ̃, ɑ̃t/ SYN ADJ ① (= *insensé*) absurd ◆ **c'est aberrant !** it's absurd *ou* ridiculous! ◆ **il est aberrant qu'il parte** it's absurd for him to leave
② (*Bio*) aberrant; (*Ling*) irregular

 Attention à ne pas traduire automatiquement **aberrant** par le mot anglais **aberrant**, qui a des emplois spécifiques et est d'un registre plus soutenu.

aberration /abeʀasjɔ̃/
NF ① (= *absurdité*) ◆ **c'est une aberration !** it's absurd! ◆ **la cohabitation de ces deux peuples est une aberration** it's absurd that these two peoples should live alongside one another ◆ **cette politique tarifaire est une aberration** this pricing policy is absurd

② (= *égarement*) ◆ **dans un moment** *ou* **instant d'aberration** in a moment of madness ◆ **dans un moment d'aberration, j'ai invité mon patron à dîner** in a moment of madness I invited my boss to dinner ◆ **par quelle aberration a-t-il accepté ?** whatever possessed him to accept?

③ (*Astron, Phys*) aberration

COMP **aberration chromosomique** chromosomal abnormality

⚠ Attention à ne pas traduire automatiquement **aberration** par le mot anglais **aberration**, qui a des emplois spécifiques et est d'un registre plus soutenu.

abêtir VT, **s'abêtir** VPR /abetiʀ/ ► conjug 2 ◄ ◆ **ça va vous abêtir, vous allez vous abêtir** it'll addle your brain

abêtissant, e /abetisɑ̃, ɑ̃t/ ADJ [*travail*] mind-numbing

abêtissement /abetismɑ̃/ NM (= *état*) mindlessness ◆ **l'abêtissement des masses par la télévision** (= *action*) the stupefying effect of television on the masses

abhorrer /abɔʀe/ ► conjug 1 ◄ VT (*littér*) to abhor, to loathe

Abidjan /abidʒɑ̃/ N Abidjan

abîme /abim/ SYN NM (= *gouffre*) abyss, gulf ◆ **l'abîme qui nous sépare** (*fig*) the gulf *ou* chasm between us ◆ **au bord de l'abîme** [*pays, banquier*] on the brink *ou* verge of ruin; [*personne*] on the brink *ou* verge of despair ◆ **être au fond de l'abîme** [*personne*] to be in the depths of despair *ou* at one's lowest ebb; [*pays*] to have reached rock-bottom ◆ **les abîmes de l'enfer/de la nuit/du temps** (*littér*) the depths of hell/night/time ◆ **être plongé dans un abîme de perplexité** (*frm*) to be utterly *ou* deeply perplexed ◆ **c'est un abîme de bêtise** (*frm*) he's abysmally *ou* incredibly stupid ◆ **mise en abîme** (*Littérat*) mise en abyme

abîmé, e /abime/ (ptp de **abîmer**) ADJ (= *détérioré*) damaged, spoiled ◆ **il était plutôt abîmé après le match** he was a bit battered and bruised after the match

abîmer /abime/ SYN ► conjug 1 ◄
VT ① (= *endommager*) to damage, to spoil ◆ **la pluie a complètement abîmé mon chapeau** the rain has ruined my hat
② (* = *frapper*) ◆ **abîmer qn** to beat sb up ◆ **je vais t'abîmer le portrait** I'll smash your face in *
VPR **s'abîmer** ① [*objet*] to get damaged; [*fruits*] to go bad, to spoil ◆ **s'abîmer les yeux** to ruin *ou* strain one's eyes, to spoil one's eyesight
② (*littér*) [*navire*] to sink, to founder; [*avion*] to crash ◆ **l'avion s'est abîmé dans la mer** the plane crash-landed in the sea ◆ **elle s'abîmait dans ses réflexions** she was lost in thought ◆ **s'abîmer dans la douleur** to lose o.s. in pain

ab intestat /abɛ̃tɛsta/ LOC ADJ, LOC ADV intestate

abiogenèse /abjɔʒənɛz/ NF abiogenesis

abiotique /abjɔtik/ ADJ abiotic

abject, e /abʒɛkt/ SYN ADJ despicable

abjectement /abʒɛktəmɑ̃/ ADV despicably

abjection /abʒɛksjɔ̃/ NF abjection, abjectness

abjuration /abʒyʀasjɔ̃/ NF abjuration, recantation (*de* of) ◆ **faire abjuration de** to abjure

abjurer /abʒyʀe/ ► conjug 1 ◄ VT to abjure, to recant

Abkhazie /abkazi/ NF Abkhazia

ablater /ablate/ ► conjug 1 ◄ VT to ablate

ablatif /ablatif/ NM ablative ◆ **à l'ablatif** in the ablative ◆ **ablatif absolu** ablative absolute

ablation /ablasjɔ̃/ NF (*Méd*) removal, ablation (SPÉC); (*Géol*) ablation

ablégat /ablega/ NM ablegate

ableret /ablərɛ/ NM (square) fishing net

ablette /ablɛt/ NF bleak

ablutions /ablysjɔ̃/ NFPL (*gén*) ablutions ◆ **faire ses ablutions** to perform one's ablutions

abnégation /abnegasjɔ̃/ NF (self-)abnegation, self-denial ◆ **avec abnégation** selflessly

ABO /abeo/ ADJ ◆ **système ABO** ABO system

aboiement /abwamɑ̃/ NM ① [*de chien*] bark ◆ **aboiements** barking (NonC)
② (*péj*) (= *cri*) shout, bark ◆ **aboiements** (= *critiques, exhortations*) rantings

abois /abwa/ NMPL baying ◆ **aux abois** [*animal*] at bay; [*personne*] in desperate straits; (*financièrement*) hard-pressed

abolir /abɔliʀ/ SYN ► conjug 2 ◄ VT [+ *coutume, loi*] to abolish, to do away with

abolition /abɔlisjɔ̃/ NF abolition ◆ **l'abolition de l'esclavage** the abolition of slavery

abolitionnisme /abɔlisjɔnism/ NM abolitionism

abolitionniste /abɔlisjɔnist/ ADJ, NMF abolitionist

abominable /abɔminabl/ SYN
ADJ ① (= *monstrueux*) appalling
② (= *exécrable*) (*sens affaibli*) [*repas, temps*] awful
COMP **l'abominable homme des neiges** the abominable snowman

abominablement /abɔminabləmɑ̃/ ADV [*se conduire, s'habiller*] abominably ◆ **abominablement cher** terribly *ou* dreadfully expensive ◆ **abominablement laid** horribly *ou* dreadfully ugly

abomination /abɔminasjɔ̃/ NF (= *horreur, crime*) ◆ **c'est une abomination !** it's awful *ou* appalling! ◆ **dire des abominations** to say awful *ou* appalling things

abominer /abɔmine/ ► conjug 1 ◄ VT (*littér* = *exécrer*) to loathe, to abominate

abondamment /abɔ̃damɑ̃/ SYN ADV (*gén*) abundantly, plentifully; [*écrire*] prolifically; [*manger, boire*] copiously; [*pleuvoir*] heavily; [*rincer*] thoroughly; [*illustré*] lavishly ◆ **prouver abondamment qch** to provide ample proof *ou* evidence of sth ◆ **ce problème a été abondamment commenté** much has been said about this issue

abondance /abɔ̃dɑ̃s/ SYN NF ① (= *profusion*) abundance ◆ **des fruits en abondance** plenty of *ou* an abundance of fruit, fruit in abundance *ou* in plenty ◆ **ses larmes coulaient en abondance** he wept profusely ◆ **il y a (une) abondance de** [+ *nourriture, gibier*] there is plenty of; [+ *détails, dossiers*] there are plenty of ◆ **année d'abondance** year of plenty ◆ **abondance de biens ne nuit pas** (*Prov*) an abundance of goods does no harm; → **corne**
② (= *richesses*) affluence ◆ **vivre dans l'abondance** to live in affluence ◆ **abondance d'idées** wealth of ideas
③ ◆ **parler d'abondance** (= *improviser*) to improvise, to extemporize; (= *parler beaucoup*) to speak at length

abondant, e /abɔ̃dɑ̃, ɑ̃t/ SYN ADJ [*documentation, bibliographie*] extensive; [*récolte*] fine (*épith*), abundant; [*réserves*] plentiful; [*végétation*] lush, luxuriant; [*chevelure*] thick; [*pluies*] heavy; [*larmes*] profuse, copious; (*Méd*) [*règles*] heavy ◆ **une abondante production littéraire** an extensive *ou* prolific literary output ◆ **recevoir un courrier abondant** to receive a great deal of mail *ou* a large quantity of mail ◆ **il y a une abondante littérature sur ce sujet** a great deal has been written on the subject ◆ **cela requiert une main-d'œuvre abondante** it requires a plentiful *ou* an abundant supply of labour ◆ **il me fit d'abondantes recommandations** he gave me copious advice ◆ **illustré d'abondantes photographies** illustrated with numerous photographs, lavishly illustrated with photographs ◆ **les pêches sont abondantes sur le marché** peaches are in plentiful *ou* generous supply ◆ **il lui faut une nourriture abondante** he must have plenty to eat *ou* plenty of food

abondement /abɔ̃dmɑ̃/ NM [*de salaires*] additional amount

abonder /abɔ̃de/ SYN ► conjug 1 ◄ VI ① (= *être nombreux*) [*exemples, projets, témoignages*] to abound ◆ **les erreurs abondent dans ce devoir** this essay is full of *ou* riddled with mistakes ◆ **les légumes abondent cette année** there are plenty of vegetables this year, vegetables are plentiful *ou* in plentiful supply this year ◆ **les rumeurs abondent sur le sujet** there are lots of rumours flying around about this

[2] ◆ **abonder en** *(= être plein de)* to be full of, to abound with *ou* in ◆ **les forêts abondent en gibier** the forests are teeming with *ou* abound with game ◆ **son œuvre abonde en images** his work is rich in *ou* is full of imagery ◆ **le marché abonde en nouveautés** the market is full of new products

[3] *(= être d'accord)* ◆ **je ne peux qu'abonder en ce sens** I fully agree *ou* I agree wholeheartedly (with that) ◆ **il a abondé dans notre sens** he was in complete *ou* full agreement with us

abonné, e /abɔne/ GRAMMAIRE ACTIVE 27.5 (ptp de abonner)

ADJ [1] *(= inscrit)* ◆ **être abonné à un journal** to subscribe to a paper ◆ **être abonné au téléphone** to have a phone ◆ **être abonné au gaz** to have gas, to be a gas consumer ◆ **être abonné au câble** to have cable (television) ◆ **être abonné à une messagerie électronique** to have *ou* to be on e-mail ◆ **être abonné à Internet** to be on the Internet

[2] *(* = habitué)* ◆ **il y est abonné !** he makes (quite) a habit of it! ◆ **il est abonné à la première/dernière place** he always comes first/last ◆ **il semblait abonné au succès/à l'échec** he seemed to be on a winning/losing streak ◆ **nos entreprises publiques sont abonnées aux déficits** our state-owned companies have quite a talent for losing money

NM,F *(Presse, Téléc, TV)* subscriber; *[de messagerie électronique, radiotéléphone]* user; *[d'électricité, gaz]* consumer; *(Rail, Sport, Théât)* season-ticket holder ◆ **il n'y a plus d'abonné au numéro que vous avez demandé** the number you have dialled has been disconnected ◆ **se mettre** *ou* **s'inscrire aux abonnés absents** *(Téléc)* to put one's phone on to the answering service ◆ **une fois encore, la commission est aux abonnés absents** *(fig)* once again, there is no response from the commission

abonnement /abɔnmɑ̃/ **NM** *(Presse)* subscription; *(Rail, Sport, Théât)* season ticket ◆ **magazine vendu uniquement par** *ou* **sur abonnement** magazine available only on *ou* by subscription ◆ **prendre** *ou* **souscrire un abonnement à un journal** to subscribe to *ou* take out a subscription to a paper ◆ **service (des) abonnements** *[de journal, magazine]* subscriptions sales office ◆ **spectacle hors abonnements** show not included on a season ticket ◆ **l'abonnement pour 10 séances d'UV coûte 100 €** a course of 10 sunbed sessions costs €100 ◆ **abonnement jeunes/familles** *(pour club, musée)* special (membership) rates for young people/families ◆ **(coût de l')abonnement** *(Téléc)* rental; *(Gaz, Élec)* standing charge ◆ **tarif abonnement** *[de journal, magazine]* special subscription rate; → **carte**

abonner /abɔne/ ▸ conjug 1 ◂

VT ◆ **abonner qn (à qch)** *(Presse)* to take out a subscription (to sth) for sb; *(Sport, Théât)* to buy sb a season ticket (for sth)

VPR s'abonner *(Presse)* to subscribe, to take out a subscription *(à* to); *(Rail, Sport, Théât)* to buy a season ticket *(à* for) ◆ **s'abonner au câble** to subscribe to cable (television) ◆ **s'abonner à Internet** to get connected to *ou* get onto the Internet

abonnir /abɔniʀ/ ▸ conjug 2 ◂

VT to improve

VPR s'abonnir to become better, to improve o.s.

abord /abɔʀ/ GRAMMAIRE ACTIVE 26.2, 26.5

NM [1] *(= manière d'accueillir)* manner ◆ **être d'un abord rude/rébarbatif** to have a rough/an off-putting manner ◆ **être d'un abord facile/difficile** to be approachable/not very approachable

[2] *(= accès)* access, approach ◆ **lieu d'un abord difficile** place with difficult means of access, place that is difficult to get to ◆ **lecture d'un abord difficile** reading matter which is difficult to get into *ou* difficult to get to grips with

[3] *(locutions)*

♦ **d'abord** *(= en premier lieu)* first; *(= au commencement)* at first; *(= essentiellement)* primarily; *(introduisant une restriction)* for a start, for one thing ◆ **allons d'abord chez le boucher** let's go to the butcher's first ◆ **il fut (tout) d'abord poli, puis il devint grossier** he was polite at first *ou* initially, and then became rude ◆ **cette ville est d'abord un centre touristique** this town is primarily *ou* first and foremost a tourist centre ◆ **d'abord, il n'a même pas 18 ans** for a start *ou* in the first place, he's not even 18

♦ **dès l'abord** from the outset, from the very beginning

♦ **au premier abord** at first sight, initially

♦ **en abord** *(d'un bateau)* close to the side

NMPL abords *(= environs) (gén)* surroundings; *[de ville, village]* outskirts ◆ **dans ce quartier et aux abords** in this neighbourhood and the surrounding area

♦ **aux abords de** *[de ville, bâtiment]* in the area around *ou* surrounding; *[d'âge]* around, about; *[de date]* around ◆ **aux abords de la soixantaine, il prit sa retraite** he retired when he was about sixty

abordable /abɔʀdabl/ SYN **ADJ** *[prix]* reasonable; *[marchandise, menu]* affordable, reasonably priced; *[personne]* approachable; *[lieu]* accessible; *[auteur, texte]* accessible ◆ **livre peu abordable** rather inaccessible book

abordage /abɔʀdaʒ/ **NM** [1] *(= assaut)* attacking ◆ **à l'abordage !** up lads and at 'em! * ◆ **ils sont allés à l'abordage** they boarded the ship; → **sabre**

[2] *(= accident)* collision

aborder /abɔʀde/ GRAMMAIRE ACTIVE 26.2, 26.3 SYN ▸ conjug 1 ◂

VT [1] *(= arriver à) [+ rivage, tournant, montée]* to reach ◆ **les coureurs abordent la ligne droite** the runners are entering the home straight ◆ **il aborde la vieillesse avec inquiétude** he's worried about getting old ◆ **nous abordons une période difficile** we're about to enter a difficult phase

[2] *(= approcher) [+ personne]* to approach, to go *ou* come up to ◆ **il m'a abordé avec un sourire** he came up to me *ou* approached me with a smile

[3] *[+ sujet]* to broach; *[+ activité]* to take up, to tackle; *[+ problème]* to tackle ◆ **il n'a abordé le roman que vers la quarantaine** he didn't take up writing novels until he was nearly forty ◆ **j'aborde maintenant le second point** I'll now move on to the second point

[4] *[+ navire] (= attaquer)* to board; *(= heurter)* to collide with

VI *[navire]* to land, to touch *ou* reach land ◆ **ils ont abordé à Carnac** they landed at Carnac

aborigène /abɔʀiʒɛn/

ADJ *(gén)* aboriginal; *(relatif aux peuplades australiennes)* Aboriginal

NMF aborigine ◆ **aborigène d'Australie** (Australian) Aborigine

abortif, -ive /abɔʀtif, iv/ *(Méd)*

ADJ abortive; → **pilule**

NM abortifacient *(SPÉC)*

abouchement /abuʃmɑ̃/ **NM** *(Tech)* joining up end to end; *(Méd)* anastomosis

aboucher /abuʃe/ ▸ conjug 1 ◂

VT *(Tech)* to join up (end to end); *(Méd)* to join up, to anastomose *(SPÉC)* ◆ **aboucher qn avec** *(fig)* to put sb in contact *ou* in touch with

VPR s'aboucher ◆ **s'aboucher avec qn** to get in touch with sb, to make contact with sb

Abou Dhabi /abudabi/ **N** Abu Dhabi

abouler ‡ /abule/ ▸ conjug 1 ◂

VT *(= donner)* to hand over ◆ **aboule !** hand it over! *, give it here! * ◆ **aboule le fric !** come on, hand it over! *

VPR s'abouler *(= venir)* to come ◆ **aboule-toi !** come (over) here!

aboulie /abuli/ **NF** ab(o)ulia

aboulique /abulik/

ADJ ab(o)ulic *(SPÉC)*

NMF *(Méd)* person suffering from ab(o)ulia ◆ **son mari est un aboulique** *(fig)* her husband is utterly apathetic *ou* (totally) lacking in willpower

Abou Simbel /abusimbɛl/ **N** Abu Simbel

about /abu/ **NM** *(Tech)* butt

aboutement /abutmɑ̃/ **NM** *(= action)* joining (end to end); *(= état)* join

abouter /abute/ ▸ conjug 1 ◂ **VT** to join (up) (end to end)

abouti, e /abuti/ **ADJ** *[projet]* successfully completed; *[œuvre]* accomplished ◆ **très abouti** *[produit]* very well-designed; *[spectacle, mise en scène]* highly polished ◆ **ce n'est pas très abouti** it's far from perfect

aboutir /abutiʀ/ GRAMMAIRE ACTIVE 26.4 SYN ▸ conjug 2 ◂ **VI** [1] *(= réussir) [démarche, personne]* to succeed ◆ **ses efforts/tentatives n'ont pas abouti** his efforts/attempts have come to nothing *ou* have failed ◆ **faire aboutir des négociations/un projet** to bring negotiations/a project to a successful conclusion

[2] *(= arriver à, déboucher sur)* ◆ **aboutir à** *ou* **dans** to end (up) in *ou* at ◆ **la route aboutit à un cul-de-sac** the road ends in a cul-de-sac ◆ **une telle philosophie aboutit au désespoir** such a philosophy results in *ou* leads to despair ◆ **aboutir en prison** to end up in prison ◆ **les négociations n'ont abouti à rien** the negotiations have come to nothing, nothing has come of the negotiations ◆ **il n'aboutira jamais à rien dans la vie** he'll never get anywhere in life ◆ **en additionnant le tout, j'aboutis à 12 €** adding it all up I get €12

aboutissants /abutisɑ̃/ **NMPL** → **tenant**

aboutissement /abutismɑ̃/ SYN **NM** *(= résultat) [d'efforts, opération]* outcome, result; *(= succès) [de plan]* success

aboyer /abwaje/ SYN ▸ conjug 8 ◂ **VI** to bark; *(péj = crier)* to shout, to yell ◆ **aboyer après** *ou* **contre qn** to bark *ou* yell at sb; → **chien**

aboyeur † /abwajœʀ/ **NM** *(Théât)* barker †; *(dans une réception)* usher *(who announces guests at a reception)*

abracadabra /abʀakadabʀa/ **EXCL** abracadabra

abracadabrant, e /abʀakadabʀɑ̃, ɑ̃t/ **ADJ** fantastic, preposterous ◆ **histoire abracadabrante** cock-and-bull story

Abraham /abʀaam/ **NM** Abraham

abraser /abʀɑze/ ▸ conjug 1 ◂ **VT** to abrade

abrasif, -ive /abʀɑzif, iv/ **ADJ, NM** abrasive

abrasion /abʀɑzjɔ̃/ **NF** *(gén, Géog)* abrasion

abréaction /abʀeaksjɔ̃/ **NF** abreaction

abrégé /abʀeʒe/ SYN **NM** *[de livre, discours]* summary, synopsis; *[de texte]* summary, précis; *(= manuel, guide)* short guide ◆ **faire un abrégé de** to summarize, to précis ◆ **abrégé d'histoire** concise guide to history

♦ **en abrégé** *(= en miniature)* in miniature; *(= en bref)* in brief, in a nutshell ◆ **répéter qch en abrégé** to repeat sth in a few words ◆ **mot/phrase en abrégé** word/sentence in a shortened *ou* an abbreviated form ◆ **voilà, en abrégé, de quoi il s'agissait** to cut *(Brit) ou* make *(US)* a long story short, this is what it was all about

abrégement /abʀeʒmɑ̃/ **NM** *[de durée]* cutting short, shortening; *[de texte]* abridgement

abréger /abʀeʒe/ SYN ▸ conjug 3 *et* 6 ◂ **VT** *[+ vie]* to shorten; *[+ durée, visite]* to cut short, to shorten; *[+ conversation, vacances]* to cut short; *[+ texte]* to shorten, to abridge; *[+ mot]* to abbreviate, to shorten ◆ **abréger les souffrances de qn** to put an end to sb's suffering ◆ **pour abréger les longues soirées d'hiver** to while away the long winter evenings, to make the long winter evenings pass more quickly ◆ **version abrégée** *[de livre]* abridged version ◆ **forme abrégée** shortened *ou* abbreviated form ◆ **docteur s'abrège souvent en Dr** doctor is often shortened *ou* abbreviated to Dr ◆ **abrège !** * come *ou* get to the point!

abreuver /abʀœve/ ▸ conjug 1 ◂

VT [1] *[+ animal]* to water

[2] *(= saturer)* ◆ **abreuver qn de** to overwhelm *ou* shower sb with ◆ **abreuver qn d'injures** to heap *ou* shower insults on sb ◆ **le public est abreuvé de films d'horreur** *(inondé)* the public is swamped with horror films; *(saturé)* the public has had its fill of *ou* has had enough of horror films

[3] *(= imbiber) (gén)* to soak, to drench *(de* with); *(Tech) [+ matière, surface]* to prime ◆ **terre abreuvée d'eau** sodden *ou* waterlogged ground

VPR s'abreuver *[animal]* to drink; * *[personne]* to quench one's thirst ◆ **s'abreuver de télévision** *(péj)* to be addicted to television, to be a television addict

abreuvoir /abʀœvwaʀ/ **NM** *(= mare)* watering place; *(= récipient)* drinking trough

abréviatif, -ive /abʀevjatif, iv/ **ADJ** abbreviatory

abréviation /abʀevjasjɔ̃/ **NF** abbreviation

abri /abʀi/ SYN **NM** [1] *(= refuge, cabane)* shelter ◆ **abri à vélos** bicycle shed ◆ **abri souterrain/antiatomique** *(Mil)* air-raid/(atomic) fallout shelter ◆ **tous aux abris !** *(hum)* take cover!, run for cover! ◆ **construire un abri pour sa voiture** to build a carport ◆ **température sous abri** shade temperature

[2] *(= protection)* refuge *(contre* from), protection *(contre* against) ◆ **abri fiscal** tax shelter

♦ **à l'abri** ♦ **être/mettre à l'abri** *(des intempéries)* to be/put under cover; *(du vol, de la curiosité)* to be/put in a safe place ♦ **se mettre à l'abri** to shelter, to take cover ♦ **être à l'abri de** *(= protégé de)* *[+ pluie, vent, soleil]* to be sheltered from; *[+ danger, soupçons]* to be safe *ou* shielded from; *(= protégé par)* *[+ mur, feuillage]* to be sheltered *ou* shielded by ♦ **à l'abri des regards** hidden from view ♦ **personne n'est à l'abri d'une erreur** we all make mistakes ♦ **elle est à l'abri du besoin** she is free from financial worries ♦ **la solution retenue n'est pas à l'abri de la critique** the solution opted for is open to criticism *ou* is not above criticism ♦ **leur entreprise s'est développée à l'abri de toute concurrence** their company has grown because it has been shielded *ou* protected from competition ♦ **mettre qch à l'abri de** *[+ intempéries]* to shelter sth from; *[+ regards]* to hide sth from ♦ **mettre qch à l'abri d'un mur** to put sth in the shelter of a wall ♦ **conserver à l'abri de la lumière/de l'humidité** *(sur étiquette)* store *ou* keep in a dark/dry place ♦ **se mettre à l'abri de** *[+ pluie, vent, soleil]* to take shelter from; *[+ soupçons]* to place o.s. above ♦ **se mettre à l'abri du mur/du feuillage** to take cover *ou* shelter by the wall/under the trees; → **indiscret**

Abribus ® /abʀibys/ NM bus shelter

abricot /abʀiko/
NM *(= fruit)* apricot; → **pêche**[1]
ADJ INV apricot(-coloured)

abricoté, e /abʀikɔte/ ADJ *[gâteau]* apricot *(épith)*; → **pêche**[1]

abricotier /abʀikɔtje/ NM apricot tree

abriter /abʀite/ SYN ► conjug 1 ◄
VT [1] *(= protéger) (de la pluie, du vent)* to shelter *(de* from); *(du soleil)* to shelter, to shade *(de* from); *(de radiations)* to screen *(de* from) ♦ **abritant ses yeux de sa main** shading his eyes with his hand ♦ **le côté abrité** *(de la pluie)* the sheltered side; *(du soleil)* the shady side ♦ **maison abritée** house in a sheltered spot
[2] *(= héberger) [+ réfugié]* to shelter, to give shelter to; *[+ criminel]* to harbour *(Brit)*, to harbor *(US)* ♦ **ce bâtiment abrite 100 personnes/nos bureaux** the building accommodates 100 people/houses our offices ♦ **le musée abrite de superbes collections** the museum houses some very fine collections ♦ **la réserve abritait des espèces végétales uniques** the nature reserve provided a habitat for some unique plant species ♦ **le parti abrite différents courants** different political tendencies are represented in the party ♦ **l'écurie n'abrite plus que trois chevaux** only three horses are now kept in the stables
VPR **s'abriter** to (take) shelter *(de* from), to take cover *(de* from) ♦ **s'abriter derrière la tradition/un alibi** to hide behind tradition/an alibi ♦ **s'abriter derrière son chef/le règlement** to hide behind one's boss/the rules ♦ **s'abriter des regards indiscrets** to avoid prying eyes

abrivent /abʀivɑ̃/ NM windbreak *(made from matting)*

abrogatif, -ive /abʀɔgatif, iv/ ADJ rescissory

abrogation /abʀɔgasjɔ̃/ NF repeal, abrogation

abrogatoire /abʀɔgatwaʀ/ ADJ → **abrogatif**

abrogeable /abʀɔʒabl/ ADJ repealable

abroger /abʀɔʒe/ SYN ► conjug 3 ◄ VT to repeal, to abrogate

abrupt, e /abʀypt/ SYN
ADJ [1] *(= escarpé) [pente]* abrupt, steep; *[falaise]* sheer
[2] *[personne, ton]* abrupt, brusque; *[manières]* abrupt; *[jugement]* rash ♦ **de façon abrupte** abruptly
NM steep slope

abruptement /abʀyptəmɑ̃/ SYN ADV *[descendre]* steeply, abruptly; *[annoncer]* abruptly

abruti, e /abʀyti/ SYN (ptp de **abrutir**)
ADJ [1] *(= hébété)* stunned, dazed *(de* with) ♦ **abruti par l'alcool** befuddled *ou* stupefied with drink
[2] *(* = bête)* idiotic *, moronic *
NM,F * idiot *

abrutir /abʀytiʀ/ SYN ► conjug 2 ◄ VT [1] *(= fatiguer)* to exhaust ♦ **la chaleur m'abrutit** the heat makes me dopey * *ou* knocks me out ♦ **abrutir qn de travail** to work sb silly *ou* stupid ♦ **ces discussions m'ont abruti** these discussions have left me quite dazed ♦ **s'abrutir à travailler** to work o.s. silly ♦ **leur professeur les abrutit de travail** their teacher drives them stupid with work ♦ **tu vas t'abrutir à force de lire** you'll overtax *ou* exhaust yourself reading so much
[2] *(= abêtir)* ♦ **abrutir qn** to deaden sb's mind ♦ **l'alcool l'avait abruti** he was stupefied with drink ♦ **s'abrutir à regarder la télévision** to become mindless through watching (too much) television

abrutissant, e /abʀytisɑ̃, ɑ̃t/ ADJ *[travail]* mind-destroying ♦ **ce bruit est abrutissant** this noise drives you mad *ou* wears you down

abrutissement /abʀytismɑ̃/ NM *(= fatigue extrême)* (mental) exhaustion; *(= abêtissement)* mindless state ♦ **l'abrutissement des masses par la télévision** the stupefying effect of television on the masses

ABS /abeɛs/ NM (abrèv de **Antiblockiersystem**) ABS

abscisse /apsis/ NF abscissa ♦ **en abscisse** on the abscissa

abscons, e /apskɔ̃, ɔ̃s/ SYN ADJ abstruse, recondite

absence /apsɑ̃s/ SYN NF [1] *[de personne]* absence ♦ **qui avait remarqué son absence à la réunion ?** who noticed his absence from the meeting *ou* the fact that he was not at the meeting? ♦ **cet employé accumule les absences** this employee is frequently absent; → **briller**
[2] *[de chose]* *(positive)* absence; *(négative)* lack ♦ **l'absence de symptômes** the absence of symptoms ♦ **l'absence de concertation entre le gouvernement et les entrepreneurs** the lack of dialogue between government and business leaders ♦ **absence de goût** lack of taste ♦ **l'absence de rideaux** the fact that there are *(ou* were) no curtains ♦ **il constata l'absence de sa valise** he noticed that his suitcase was missing
[3] *(= défaillance)* ♦ **absence (de mémoire)** mental blank ♦ **il a des absences** at times his mind goes blank
[4] *(locutions)*
♦ **en l'absence de** in the absence of ♦ **en l'absence de preuves** in the absence of proof ♦ **en l'absence de sa mère, c'est Anne qui fait la cuisine** Anne's doing the cooking while her mother's away *ou* in her mother's absence

absent, e /apsɑ̃, ɑ̃t/ SYN
ADJ [1] *[personne]* *(gén)* away *(de* from); *(pour maladie)* absent *(de* from), off * ♦ **être absent de son travail** to be absent from work, to be off work * ♦ **il est absent de Paris/de son bureau en ce moment** he's out of *ou* away from Paris/his office at the moment ♦ **conférence internationale dont la France était absente** international conference from which France was absent
[2] *[sentiment]* lacking, absent; *[objet]* missing ♦ **discours d'où toute émotion était absente** speech in which there was no trace of emotion ♦ **il constata que sa valise était absente** he noticed that his suitcase was missing
[3] *(= distrait) [air]* vacant
[4] *(Jur)* missing
NM,F *(Scol)* absentee; *(littér = mort, en voyage)* absent one *(littér)*; *(= disparu)* missing person ♦ **le ministre/le champion a été le grand absent de la réunion** the minister/the champion was the most notable absentee at the meeting ♦ **les absents ont toujours tort** *(Prov)* it's always the people who aren't there that get the blame

absentéisme /apsɑ̃teism/ NM *(gén)* absenteeism; *(= école buissonnière)* truancy

absentéiste /apsɑ̃teist/ NMF absentee ♦ **c'est un absentéiste, il est du genre absentéiste** he is always *ou* frequently absent ♦ **propriétaire absentéiste** absentee landlord ♦ **élève absentéiste** truant

absenter (s') /apsɑ̃te/ SYN ► conjug 1 ◄ VPR *(gén)* to go out, to leave; *(Mil)* to go absent ♦ **s'absenter de** *[+ pièce]* to go out of, to leave; *[+ ville]* to leave ♦ **s'absenter quelques instants** to go out for a few moments ♦ **je m'étais absenté de Paris** I was away from *ou* out of Paris ♦ **elle s'absente souvent de son travail** she is frequently off work * *ou* away from work ♦ **cet élève s'absente trop souvent** this pupil is too often absent (from school)

absidal, e (mpl **-aux**) /apsidal, o/ ADJ ⇒ **absidial**

abside /apsid/ NF apse

absidial, e (mpl **-iaux**) /apsidjal, jo/ ADJ apsidal

absidiole /apsidjɔl/ NF apsidiole

absinthe /apsɛ̃t/ NF *(= liqueur)* absinth(e); *(= plante)* wormwood, absinth(e)

absolu, e /apsɔly/ SYN
ADJ [1] *(= total)* absolute ♦ **en cas d'absolue nécessité** if absolutely necessary ♦ **être dans l'impossibilité absolue de faire qch** to find it absolutely impossible to do sth ♦ **c'est une règle absolue** it's a hard-and-fast rule, it's an unbreakable rule ♦ **j'ai la preuve absolue de sa trahison** I have absolute *ou* positive proof of his betrayal; → **alcool**
[2] *(= entier) [ton]* peremptory; *[jugement, caractère]* rigid, uncompromising
[3] *(opposé à relatif) [valeur, température]* absolute ♦ **considérer qch de manière absolue** to consider sth absolutely *ou* in absolute terms
[4] *[majorité, roi, pouvoir]* absolute
[5] *(Ling) [construction]* absolute ♦ **verbe employé de manière absolue** verb used absolutely *ou* in the absolute ♦ **génitif/ablatif absolu** genitive/ablative absolute; → **superlatif**
NM ♦ **l'absolu** the absolute ♦ **juger dans l'absolu** to judge out of context *ou* in the absolute

absolument /apsɔlymɑ̃/ SYN ADV
[1] *(= entièrement)* absolutely ♦ **avoir absolument raison** to be completely right ♦ **s'opposer absolument à qch** to be entirely *ou* absolutely opposed to sth, to be completely *ou* dead * against sth ♦ **absolument pas !** certainly not! ♦ **absolument rien** absolutely nothing, nothing whatever
[2] *(= à tout prix)* absolutely ♦ **vous devez absolument...** you really must... ♦ **il veut absolument revenir** he's determined to come back
[3] *(= oui)* absolutely ♦ **vous êtes sûr ? – absolument !** are you sure? – definitely *ou* absolutely!
[4] *(Ling)* absolutely

absolution /apsɔlysjɔ̃/ NF [1] *(Rel)* absolution *(de* from) ♦ **donner l'absolution à qn** to give sb absolution
[2] *(Jur)* dismissal *(of case, when defendant is considered to have no case to answer)*

absolutisme /apsɔlytism/ NM absolutism

absolutiste /apsɔlytist/
ADJ absolutistic
NMF absolutist

absolutoire /apsɔlytwaʀ/ ADJ *(Rel, Jur)* absolutory

absorbable /apsɔʀbabl/ ADJ absorbable

absorbance /apsɔʀbɑ̃s/ NF transmission density, absorbance

absorbant, e /apsɔʀbɑ̃, ɑ̃t/
ADJ *[matière, papier]* absorbent; *[tâche]* absorbing, engrossing; *[fonction organique, racines]* absorptive ♦ **société absorbante** surviving company ♦ **pouvoir absorbant** asborbency
NM absorbent

absorber /apsɔʀbe/ SYN ► conjug 1 ◄
VT [1] *(= avaler) [+ médicament]* to take; *[+ aliment, boisson]* to swallow; *[+ parti]* to absorb; *[+ firme]* to take over, to absorb
[2] *(= résorber) (gén)* to absorb; *[+ liquide]* to absorb, to soak up; *[+ tache]* to remove, to lift; *[+ dette]* to absorb; *[+ bruit]* to absorb ♦ **crème vite absorbée par la peau** cream that is absorbed rapidly by the skin ♦ **le noir absorbe la lumière** black absorbs light ♦ **cet achat a absorbé presque toutes mes économies** I used up *ou* spent nearly all my savings when I bought that ♦ **ces dépenses absorbent 39% du budget** this expenditure accounts for 39% of the budget
[3] *(= accaparer) [+ attention, temps]* to occupy, to take up ♦ **mon travail m'absorbe beaucoup, je suis très absorbé par mon travail** my work takes up *ou* claims a lot of my time ♦ **absorbé par son travail/dans sa lecture, il ne m'entendit pas** he was engrossed in *ou* absorbed in his work/in his book and he didn't hear me ♦ **cette pensée absorbait mon esprit, j'avais l'esprit absorbé par cette pensée** my mind was completely taken up with this thought
VPR **s'absorber** ♦ **s'absorber dans une lecture/une tâche** *(= se plonger)* to become absorbed *ou* engrossed in a book/a task

absorbeur /apsɔʀbœʀ/ NM absorber ♦ **volant à absorbeur d'énergie** energy-absorbing steering wheel ♦ **absorbeur d'odeur(s)** air freshener ♦ **absorbeur d'humidité** dehumidifier

absorption /apsɔʀpsjɔ̃/ SYN NF [1] *[de médicament]* taking; *[d'aliment]* swallowing ♦ **l'absorption d'alcool est fortement déconseillée** you are strongly advised not to drink alcohol
[2] *[de parti]* absorption; *[de firme]* takeover, absorption

absorptivité /apsɔʀptivite/ NF (Chim, Phys) absorptivity

[3] (= résorption) (gén) absorption; [de tache] removal ◆ **les qualités d'absorption des bruits du matériau** the ability of this material to absorb sound ◆ **l'absorption des rayons ultraviolets par l'ozone** the absorption of ultra-violet rays by the ozone layer

absoudre /apsudʀ/ SYN ▸ conjug 51 ◂ VT (Rel, littér) to absolve (de from); (Jur) to dismiss; → **absolution**

absoute /apsut/ NF [d'office des morts] absolution; [de jeudi saint] general absolution

abstème /apstɛm/
ADJ abstinent
NMF (= abstinent) abstainer

abstenir (s') /apstəniʀ/ SYN ▸ conjug 22 ◂ VPR
[1] ◆ **s'abstenir de qch** to refrain ou abstain from sth ◆ **s'abstenir de faire** to refrain from doing ◆ **s'abstenir de vin** to abstain from wine ◆ **s'abstenir de boire du vin** to refrain from drinking wine ◆ **s'abstenir de tout commentaire, s'abstenir de faire des commentaires** to refrain from comment ou commenting ◆ **dans ces conditions je préfère m'abstenir** in that case I'd rather not ◆ « **agences s'abstenir** » (dans petites annonces) "no agencies"; → **doute**
[2] (Pol) to abstain (de voter from voting)

abstention /apstɑ̃sjɔ̃/ NF (dans un vote) abstention; (= non-intervention) non-participation

abstentionnisme /apstɑ̃sjɔnism/ NM abstaining, non-voting

abstentionniste /apstɑ̃sjɔnist/
ADJ non-voting, abstaining
NMF non-voter, abstainer

abstinence /apstinɑ̃s/ NF abstinence ◆ **faire abstinence** (Rel) to refrain from eating meat

abstinent, e /apstinɑ̃, ɑ̃t/ ADJ abstemious, abstinent

abstract /abstʀakt/ NM abstract

abstraction /apstʀaksjɔ̃/ SYN NF (= fait d'abstraire) abstraction; (= idée abstraite) abstraction, abstract idea ◆ **faire abstraction de** to leave aside, to disregard ◆ **en faisant abstraction ou abstraction faite des difficultés** leaving aside ou disregarding the difficulties

abstraire /apstʀɛʀ/ ▸ conjug 50 ◂
VT (= isoler) to abstract (de from), to isolate (de from); (= conceptualiser) to abstract
VPR **s'abstraire** to cut o.s. off (de from)

abstrait, e /apstʀɛ, ɛt/ SYN
ADJ abstract
NM [1] (= artiste) abstract painter ◆ **l'abstrait** (= genre) abstract art
[2] (Philos) ◆ **l'abstrait** the abstract ◆ **dans l'abstrait** in the abstract

abstraitement /apstʀɛtmɑ̃/ ADV abstractly, in the abstract

abstrus, e /apstʀy, yz/ ADJ abstruse, recondite

absurde /apsyʀd/ SYN
ADJ (Philos) absurd; (= illogique) absurd, preposterous; (= ridicule) absurd, ridiculous ◆ **ne sois pas absurde !** don't be ridiculous ou absurd!
NM ◆ **l'absurde** the absurd ◆ **l'absurde de la situation** the absurdity of the situation ◆ **raisonnement ou démonstration par l'absurde** reductio ad absurdum

absurdement /apsyʀdəmɑ̃/ ADV absurdly

absurdité /apsyʀdite/ SYN NF absurdity ◆ **dire une absurdité** to say something absurd ou ridiculous ◆ **dire des absurdités** to talk nonsense

Abû Dhabî /abudabi/ N ⇒ **Abou Dhabi**

Abuja /abuʒa/ N Abuja

abus /aby/ SYN
NM [1] (= excès) [de médicaments, alcool, drogues] abuse ◆ **20% des accidents sont dus à l'abus d'alcool** 20% of accidents are drink-related ◆ **l'incidence de l'abus d'alcool sur les comportements violents** the involvement of drink ou problem drinking in violent behaviour ◆ **l'abus d'aspirine** excessive use ou overuse of aspirin ◆ **nous avons fait des abus hier soir** we overdid it ou we overindulged last night ◆ **il y a de l'abus !** * that's going a bit too far! *, that's a bit much!
[2] (= injustice) injustice ◆ **il n'a cessé de dénoncer les abus dont sont victimes les Indiens** he has consistently drawn attention to the injustices suffered by the Indians
[3] (= mauvais usage) abuse ◆ **le développement du travail indépendant autorise tous les abus** the growth in freelance work opens the way to all kinds of abuses
COMP **abus d'autorité** abuse ou misuse of authority
abus de biens sociaux (Jur) misuse of company property
abus de confiance (Jur) breach of trust; (= escroquerie) confidence trick
abus de droit abuse of process
abus de langage misuse of language
abus de position dominante abuse of a position of superiority
abus de pouvoir abuse ou misuse of power
abus sexuels sexual abuse

abuser /abyze/ SYN ▸ conjug 1 ◂
VT INDIR **abuser de** [1] (= exploiter) [+ situation, crédulité] to exploit, to take advantage of; [+ autorité, puissance] to abuse, to misuse; [+ hospitalité, amabilité, confiance] to abuse; [+ ami] to take advantage of ◆ **abuser de sa force** to misuse one's strength ◆ **je ne veux pas abuser de votre temps** I don't want to take up ou waste your time ◆ **je ne voudrais pas abuser (de votre gentillesse)** I don't want to impose (upon your kindness) ◆ **abuser d'une femme** (gén) to abuse a woman (sexually); (euph) to take advantage of a woman ◆ **alors là, tu abuses !** now you're going too far! ou overstepping the mark! ◆ **je suis compréhensif, mais il ne faudrait pas abuser** I'm an understanding sort of person but don't try taking advantage ou don't push me too far ◆ **elle abuse de la situation** she's taking advantage*
[2] (= user avec excès) ◆ **abuser de l'alcool** to drink excessively ou to excess ◆ **abuser de ses forces** to overexert o.s., to overtax one's strength ◆ **il ne faut pas abuser des médicaments/des citations** you shouldn't take too many medicines/use too many quotes ◆ **il ne faut pas abuser des bonnes choses** you can have too much of a good thing, enough is as good as a feast ◆ **il use et (il) abuse de métaphores** he uses too many metaphors
VT [escroc] to deceive; [ressemblance] to mislead ◆ **se laisser abuser par de belles paroles** to be taken in ou misled by fine words
VPR **s'abuser** (frm) (= se tromper) to be mistaken; (= se faire des illusions) to delude o.s. ◆ **si je ne m'abuse** if I'm not mistaken

abusif, -ive /abyzif, iv/ SYN ADJ [pratique] improper; [mère, père] over-possessive; [prix] exorbitant, excessive; [punition] excessive ◆ **usage abusif de son autorité** improper use ou misuse of one's authority ◆ **usage abusif d'un mot** misuse ou wrong use of a word ◆ **c'est peut-être abusif de dire cela** it's perhaps putting it a bit strongly to say that

Abû Simbel /abusimbɛl/ N ⇒ **Abou Simbel**

abusivement /abyzivmɑ̃/ ADV (Ling = improprement) wrongly, improperly; (= excessivement) excessively, to excess ◆ **il s'est servi abusivement de lui** he took advantage of him

abyme /abim/ NM ◆ **mise en abyme** (Littérat) mise en abyme

abyssal, e (mpl -aux) /abisal, o/ ADJ (Géog) abyssal; (fig) unfathomable

abysse /abis/ NM (Géog) abyssal zone

abyssin, e /abisɛ̃, in/ ADJ ⇒ **abyssinien**

Abyssinie /abisini/ NF Abyssinia

abyssinien, -ienne /abisinjɛ̃, jɛn/
ADJ Abyssinian
NM,F **Abyssinien(ne)** Abyssinian

AC /ase/ NF (abrév de **appellation contrôlée**) appellation contrôlée (label guaranteeing district of origin of a wine)

acabit /akabi/ NM (péj) ◆ **être du même acabit** to be cast in the same mould ◆ **ils sont tous du même acabit** they're all the same ou ill much of a muchness ◆ **fréquenter des gens de cet acabit** to mix with people of that type ou like that

acacia /akasja/ NM (= faux acacia) locust tree, false acacia; (= mimosacée) acacia

académicien, -ienne /akademisjɛ̃, jɛn/ NM,F (gén) academician; [de l'Académie française] member of the Académie française, Academician; (Antiq) academic

académie /akademi/ NF [1] (= société savante) learned society; (Antiq) academy ◆ **l'Académie royale de** the Royal Academy of ◆ **l'Académie des sciences** the Academy of Science ◆ **l'Académie de médecine** the Academy of Medicine ◆ **l'Académie de chirurgie** the College of Surgeons ◆ **l'Académie (française)** the Académie française, the French Academy
[2] (= école) academy ◆ **académie de dessin/danse** art/dancing school, academy of art/dancing ◆ **académie de cinéma** film school ◆ **académie militaire** military academy ◆ **académie de billard** billiard hall (where lessons are given)
[3] (Scol, Univ = région) regional education authority
[4] (Art = nu) nude; (hum = anatomie) anatomy (hum)

ACADÉMIE

France is divided into areas known as **académies** for educational administration purposes. Each **académie** is administered by a government representative, the "recteur d'académie". Allocation of teaching posts is centralized in France, and newly qualified teachers often begin their careers in **académies** other than the one in which they originally lived.
Another significant feature of the **académies** is that their school holidays begin on different dates, partly to avoid congestion on popular holiday routes.

ACADÉMIE FRANÇAISE

Founded by Cardinal Richelieu in 1634, this prestigious learned society has forty elected life members, commonly known as "les Quarante" or "les Immortels". They meet in a building on the quai Conti in Paris, and are sometimes referred to as "les hôtes du quai Conti". The building's ornate dome has given rise to the expression "être reçu sous la coupole", meaning to be admitted as a member of the "Académie". The main aim of the **Académie française** is to produce a definitive dictionary of the French language. This dictionary, which is not on sale to the general public, is often used to arbitrate on what is to be considered correct usage.

académique /akademik/ ADJ (péj, littér, Art) academic; (de l'Académie française) of the Académie Française, of the French Academy; (Scol) of the regional education authority ◆ **année académique** (Belg, Can, Helv) academic year; → **inspection, palme**

académisme /akademism/ NM (péj) academicism

Acadie /akadi/ NF (Hist) Acadia ◆ **l'Acadie** (Géog) the Maritime Provinces

ACADIE

This area of eastern Canada was under French rule until the early eighteenth century, when it passed into the hands of the British. Most French-speaking **Acadiens** were deported, those who went to Louisiana becoming known as "Cajuns". Many later returned to the Maritime Provinces of Canada, however, and formed a French-speaking community with a strong cultural identity that present-day **Acadiens** are eager to preserve.

acadien, -ienne /akadjɛ̃, jɛn/
ADJ Acadian
NM (= variante du français) Acadian
NM,F **Acadien(ne)** Acadian

acajou /akaʒu/
NM (à bois rouge) mahogany; (= anacardier) cashew
ADJ INV mahogany (épith)

acalèphes /akalɛf/ NMPL ◆ **les acalèphes** scyphozoans, the Scyphozoa (SPÉC)

acalorique /akalɔʀik/ ADJ calorie-free

acanthe /akɑ̃t/ NF (= plante) acanthus ◆ **(feuille d')acanthe** (Archit) acanthus

acanthocéphales /akɑ̃tosefal/ NMPL ◆ **les acanthocéphales** acanthocephalans, the Acanthocephala (SPÉC)

a cap(p)ella /akapela/ LOC ADJ, LOC ADV a capella ◆ **chanter a cap(p)ella** to sing a capella

Acapulco /akapulko/ N Acapulco (de Juárez)

acariâtre /akaʀjɑtʀ/ SYN ADJ [caractère] sour, cantankerous; [personne] cantankerous ◆ **d'humeur acariâtre** sour-tempered

acaricide /akaʀisid/
- ADJ mite-killing, acaricidal (SPEC)
- NM mite-killer, acaricide (SPEC)

acarien /akaʀjɛ̃/ NM mite, acarid (SPEC); *(dans la poussière)* dust mite

acariose /akaʀjoz/ NF acariasis

acarus /akaʀys/ NM acarus

accablant, e /akablɑ̃, ɑ̃t/ SYN ADJ *[chaleur]* oppressive; *[témoignage]* overwhelming, damning; *[responsabilité]* overwhelming; *[douleur]* excruciating; *[travail]* exhausting

accablement /akabləmɑ̃/ SYN NM (= *abattement*) despondency, dejection; (= *oppression*) exhaustion

accabler /akable/ SYN ▶ conjug 1 ◀ VT ①*[chaleur, fatigue]* to overwhelm, to overcome; *[littér] [fardeau]* to weigh down ◆ **accablé de chagrin** prostrate *ou* overwhelmed with grief ◆ **les troupes, accablées sous le nombre** the troops, overwhelmed *ou* overpowered by numbers
② *[témoignage]* to condemn, to damn ◆ **sa déposition m'accable** his evidence is overwhelmingly against me
③ (= *faire subir*) ◆ **accabler qn d'injures** to heap abuse on sb ◆ **accabler qn de reproches/critiques** to heap reproaches/criticism on sb ◆ **il m'accabla de son mépris** he poured scorn on me ◆ **accabler qn d'impôts** to overburden sb with taxes ◆ **accabler qn de travail** to overburden sb with work, to pile work on sb ◆ **accabler qn de questions** to bombard sb with questions ◆ **il nous accablait de conseils** (iro) he overwhelmed us with advice

accalmie /akalmi/ SYN NF (gén) lull; *[de vent, tempête]* lull (de in); *[de fièvre]* respite (dans in), remission (dans of); *[d'affaires, transactions]* slack period; *[de combat]* lull, break; *[de crise politique ou morale]* period of calm, lull (de in) ◆ **profiter d'une accalmie pour sortir** to take advantage of a calm spell to go out ◆ **nous n'avons pas eu un seul moment d'accalmie pendant la journée** we didn't have a single quiet moment during the whole day ◆ **on note une nette accalmie sur le dollar** the dollar is easing off

accaparant, e /akapaʀɑ̃, ɑ̃t/ SYN ADJ *[métier, enfant]* demanding

accaparement /akapaʀmɑ̃/ NM *[de pouvoir, production]* monopolizing; *[de marché]* cornering, capturing

accaparer /akapaʀe/ SYN ▶ conjug 1 ◀ VT
① (= *monopoliser*) *[+ production, pouvoir, conversation, attention, hôte]* to monopolize; *[+ marché, vente]* to corner, to capture ◆ **les enfants l'ont tout de suite accaparée** the children claimed all her attention straight away ◆ **ces élèves brillants qui accaparent les prix** those bright pupils who carry off all the prizes ◆ **il accapare la salle de bains pendant des heures** he hogs* the bathroom for hours
② (= *absorber*) *[travail]* to take up the time and energy of ◆ **il est complètement accaparé par sa profession** his job takes up all his time and energy ◆ **les enfants l'accaparent** the children take up all her time (and energy)

accapareur, -euse /akapaʀœʀ, øz/
- ADJ monopolistic
- NM,F (péj) monopolizer, grabber*

accastillage /akastijaʒ/ NM *[de bateau]* outfitting of the superstructures

accastiller /akastije/ ▶ conjug 1 ◀ VT *[+ bateau]* to outfit the superstructure of

accédant, e /aksedɑ̃, ɑ̃t/ NM,F ◆ **accédant (à la propriété)** first-time property owner *ou* homeowner

accéder /aksede/ GRAMMAIRE ACTIVE 12.3 SYN ▶ conjug 6 ◀ VT INDIR **accéder à** ① (= *atteindre*) *[+ lieu, sommet]* to reach, to get to; *[+ honneur, indépendance]* to attain; *[+ grade]* to rise to; *[+ responsabilité]* to accede to ◆ **accéder directement à** to have direct access to ◆ **on accède au château par le jardin** you can get to the castle through the garden, access to the castle is through the garden ◆ **accéder au trône** to accede to the throne ◆ **accéder à la propriété** to become a property owner *ou* homeowner, to buy property for the first time
② (Ordin) to access
③ (= *exaucer*) *[+ requête, prière]* to grant, to accede to (frm); *[+ vœux]* to meet, to comply with; *[+ demande]* to accommodate, to comply with

accelerando /akseleʀɑ̃do/ ADV, NM accelerando

accélérateur, -trice /akseleʀatœʀ, tʀis/
- ADJ accelerating
- NM accelerator ◆ **accélérateur de particules** particle accelerator ◆ **donner un coup d'accélérateur** (lit) to accelerate, to step on it*; (= *se dépêcher*) to step on it*, to get a move on* ◆ **donner un coup d'accélérateur à l'économie** to give the economy a boost ◆ **donner un coup d'accélérateur aux réformes** to speed up the reforms

accélération /akseleʀasjɔ̃/ NF *[de véhicule, machine]* acceleration; *[de travail]* speeding up; *[de pouls]* quickening ◆ **l'accélération de l'histoire** the speeding-up of the historical process

accéléré, e /akseleʀe/
- ADJ accelerated ◆ **à un rythme accéléré** quickly ◆ **procédure accélérée** (Jur) expeditious procedure
- NM (Ciné) speeded-up motion
◆ **en accéléré** ◆ **film en accéléré** speeded-up film ◆ **faire défiler une vidéo en accéléré** to fast-forward a video

accélérer /akseleʀe/ SYN ▶ conjug 6 ◀
- VT *[+ rythme]* to speed up, to accelerate; *[+ processus, travail]* to speed up ◆ **accélérer le pas** to quicken one's pace *ou* step ◆ **il faut accélérer la baisse des taux d'intérêt** interest rates must be lowered more quickly ◆ **accélérer le mouvement** to get things moving, to hurry *ou* speed things up; → **cours, formation, vitesse**
- VI to accelerate, to speed up ◆ **accélère !*** hurry up!, get a move on!*
- VPR **s'accélérer** *[rythme]* to speed up, to accelerate; *[pouls]* to quicken; *[événements]* to gather pace

accélérographe /akseleʀɔgʀaf/ NM accelerograph

accéléromètre /akseleʀɔmɛtʀ/ NM accelerometer

accent /aksɑ̃/ SYN
- NM ① (= *prononciation*) accent ◆ **avoir l'accent paysan/du Midi** to have a country/southern (French) accent ◆ **parler sans accent** to speak without an accent
② (Orthographe) accent ◆ **y a-t-il un accent sur le e ?** is there an accent on the e?
③ (Phon) accent, stress; (fig) stress ◆ **mettre l'accent sur** (lit) to stress, to put the stress *ou* accent on; (fig) to stress, to emphasize ◆ **l'accent est mis sur la production** the emphasis is on production
④ (= *inflexion*) tone (of voice) ◆ **accent suppliant/plaintif** beseeching/plaintive tone ◆ **accent de sincérité/de détresse** note of sincerity/of distress ◆ **récit qui a l'accent de la sincérité** story which has a ring of sincerity ◆ **avec des accents de rage** in accents of rage ◆ **les accents de cette musique** the strains of this music ◆ **les accents de l'espoir/de l'amour** the accents of hope/love ◆ **un discours aux accents nationalistes** a speech with nationalist undertones
- COMP **accent aigu** acute accent ◆ **e accent aigu** e acute
accent circonflexe circumflex (accent) ◆ **sourcils en accent circonflexe** arched eyebrows
accent grave grave accent ◆ **e accent grave** e grave
accent de hauteur pitch
accent d'intensité tonic *ou* main stress
accent de mot word stress
accent nasillard nasal twang
accent de phrase sentence stress
accent tonique ⇒ **accent d'intensité**
accent traînant drawl

accenteur /aksɑ̃tœʀ/ NM ◆ **accenteur mouchet** dunnock, hedge sparrow

accentuation /aksɑ̃tɥasjɔ̃/ SYN NF ① *[de lettre]* accentuation; *[de syllabe]* stressing, accentuation ◆ **les règles de l'accentuation** (Phon) the rules of stress ◆ **faire des fautes d'accentuation** to get the stress wrong
② *[de silhouette, contraste, inégalités]* accentuation; *[d'effort, poussée]* intensification (de in) ◆ **une accentuation de la récession** a deepening of the recession

accentué, e /aksɑ̃tɥe/ SYN (ptp de **accentuer**) ADJ (= *marqué*) marked, pronounced; (= *croissant*) increased; *[lettre, caractère]* accented

accentuel, -elle /aksɑ̃tɥɛl/ ADJ *[syllabe]* stressed, accented ◆ **système accentuel d'une langue** stress *ou* accentual system of a language

accentuer /aksɑ̃tɥe/ SYN ▶ conjug 1 ◀
- VT ① *[+ lettre]* to accent; *[+ syllabe]* to stress, to accent ◆ **syllabe (non) accentuée** (un)stressed *ou* (un)accented syllable
② *[+ silhouette, contraste, inégalités]* to accentuate; *[+ goût]* to bring out *[+ effort, poussée]* to increase, to intensify ◆ **les cours du pétrole ont accentué leur repli** oil prices are sinking further
- VPR **s'accentuer** *[tendance, hausse, contraste, traits]* to become more marked *ou* pronounced ◆ **l'inflation s'accentue** inflation is becoming more pronounced *ou* acute ◆ **le froid s'accentue** it's becoming colder

acceptabilité /aksɛptabilite/ NF (Ling) acceptability

acceptable /aksɛptabl/ GRAMMAIRE ACTIVE 11.2 SYN ADJ ① (= *passable*) satisfactory, fair ◆ **ce café/vin est acceptable** this coffee/wine is reasonable *ou* okay*
② (= *recevable*) *[condition]* acceptable
③ (Ling) acceptable

acceptant, e /aksɛptɑ̃, ɑ̃t/
- ADJ accepting
- NM,F accepter

acceptation /aksɛptasjɔ̃/ SYN NF (gén) acceptance ◆ **acceptation bancaire** bank acceptance ◆ **présenter une traite à l'acceptation** to present a bill for acceptance

accepter /aksɛpte/ GRAMMAIRE ACTIVE 12.1, 19.5, 25.1, 25.5 SYN ▶ conjug 1 ◀ VT ① (= *recevoir volontiers*) to accept; *[+ proposition, condition]* to agree to, to accept; *[+ pari]* to take on, to accept ◆ **acceptez-vous les chèques ?** do you take cheques? ◆ **acceptez-vous Jean Leblanc pour époux ?** do you take Jean Leblanc to be your husband? ◆ **elle accepte tout de sa fille** she puts up with *ou* takes anything from her daughter ◆ **j'en accepte l'augure** (littér, hum) I'd like to believe it ◆ **accepter le combat** *ou* **le défi** to take up *ou* accept the challenge ◆ **elle a été bien acceptée dans le club** she's been well received at the club ◆ **il n'accepte pas que la vie soit une routine** he won't accept that life should be a routine ◆ **accepter la compétence des tribunaux californiens** to defer to California jurisdiction
② (= *être d'accord*) to agree (de faire to do) ◆ **je n'accepterai pas que tu partes** I won't let you leave ◆ **je n'accepte pas de partir** I refuse to leave, I will not leave ◆ **je ne crois pas qu'il acceptera** I don't think he'll agree

accepteur /aksɛptœʀ/
- ADJ M ◆ **corps accepteur d'oxygène/d'hydrogène** oxygen/hydrogen acceptor ◆ **atome accepteur** acceptor (impurity)
- NM (Comm) acceptor

acception /aksɛpsjɔ̃/ SYN NF (Ling) meaning, sense ◆ **dans toute l'acception du mot** *ou* **terme** in every sense *ou* in the full meaning of the word, using the word in its fullest sense ◆ **sans acception de** without distinction of

accès /aksɛ/ SYN NM ① (= *possibilité d'approche*) access (NonC) ◆ **une grande porte interdisait l'accès du jardin** a big gate prevented access to the garden ◆ « **accès interdit à toute personne étrangère aux travaux** » "no entry ou no admittance to unauthorized persons" ◆ **l'accès aux soins/au logement** access to health care/to housing ◆ « **accès aux quais** » "to the trains"
◆ **d'accès facile** *[lieu, port]* (easily) accessible; *[personne]* approachable; *[traité, manuel]* easily understood; *[style]* accessible
◆ **d'accès difficile** *[lieu]* hard to get to, not very accessible; *[personne]* not very approachable; *[traité, manuel]* hard to understand
◆ **avoir accès à qch** to have access to sth
◆ **avoir accès auprès de qn** to have access to sb
◆ **donner accès à** *[+ lieu]* to give access to; (en montant) to lead up to; *[+ carrière]* to open the door *ou* way to
② (= *voie*) ◆ **les accès de la ville** the approaches to the town ◆ **les accès de l'immeuble** the entrances to the building
③ (Ordin) access ◆ **port/temps/point d'accès** port/time/point ◆ **accès protégé** restricted access ◆ **accès aux données** access to data
④ (= *crise*) *[de colère, folie]* fit; *[de fièvre]* attack, bout; *[d'enthousiasme]* burst ◆ **accès de toux** fit *ou* bout of coughing ◆ **être pris d'un accès de mélancolie/de tristesse** to be overcome by melancholy/sadness ◆ **la Bourse de Paris a eu**

un accès de faiblesse the Paris Bourse dipped slightly ◆ **par accès** on and off

accessibilité /aksesibilite/ NF accessibility (*à* to)

accessible /aksesibl/ SYN ADJ *[lieu]* accessible (*à* to); *[personne]* approachable; *[œuvre]* accessible; *[but]* attainable; *(Ordin)* accessible ◆ **parc accessible au public** gardens open to the public ◆ **elle n'est accessible qu'à ses amies** only her friends are able *ou* allowed to see her ◆ **ces études sont accessibles à tous** the course is open to everyone; *(financièrement)* the course is within everyone's pocket; *(intellectuellement)* the course is within the reach of everyone ◆ **être accessible à la pitié** to be capable of pity

accession /aksesjɔ̃/ SYN NF ◆ **accession à** *[+ pouvoir, fonction]* accession to; *[+ indépendance]* attainment of; *[+ rang]* rise to; *(frm) [+ requête, désir]* granting of, compliance with ◆ **pour faciliter l'accession à la propriété** to facilitate home ownership

accessit /aksesit/ NM *(Scol)* ≃ certificate of merit

accessoire /akseswaʀ/ SYN

ADJ *[idée]* of secondary importance; *[clause]* secondary ◆ **l'un des avantages accessoires de ce projet** one of the added *ou* incidental advantages of this plan ◆ **c'est d'un intérêt tout accessoire** this is only of minor *ou* incidental interest ◆ **frais accessoires** *(gén)* incidental expenses; *(Fin, Comm)* ancillary costs ◆ **dommages-intérêts accessoires** *(Jur)* incidental damages

NM 1 *(gén)* accessory; *(Théât)* prop ◆ **accessoires de toilette** toilet accessories; → **magasin**

2 *(Philos)* ◆ **l'accessoire** the unessential ◆ **distinguer l'essentiel de l'accessoire** to distinguish essentials from non-essentials

accessoirement /akseswaʀmɑ̃/ ADV incidentally; *(= en conséquence)* consequently, ultimately ◆ **accessoirement, son nom complet est William Jefferson Clinton** incidentally, his full name is William Jefferson Clinton

accessoiriser /akseswaʀize/ ▸ conjug 1 ◂ VT *[+ tailleur, costume]* to accessorize

accessoiriste /akseswaʀist/

NM prop(s) man

NF prop(s) woman

accident /aksidɑ̃/ SYN

NM 1 *(gén)* accident; *[de voiture, train]* accident, crash; *[d'avion]* crash ◆ **il n'y a pas eu d'accident de personnes** *(Admin)* there were no casualties, no one was injured ◆ **il y a eu plusieurs accidents mortels sur la route** there have been several road deaths *ou* several fatalities on the roads ◆ **avoir un accident** to have an accident, to meet with an accident

2 *(= mésaventure)* ◆ **les accidents de sa carrière** the setbacks in his career ◆ **les accidents de la vie** life's ups and downs, life's trials ◆ **les accidents qui ont entravé la réalisation du projet** the setbacks *ou* hitches which held up the project ◆ **c'est un simple accident, il ne l'a pas fait exprès** it was just an accident, he didn't do it on purpose

3 *(Méd)* illness, trouble ◆ **elle a eu un petit accident de santé** she's had a little trouble with her health ◆ **un accident secondaire** a complication

4 *(Philos)* accident

5 *(littér)* *(= hasard)* (pure) accident; *(= fait mineur)* minor event ◆ **par accident** by chance, by accident ◆ **si par accident tu...** if by chance you..., if you happen to...

6 *(Mus)* accidental

COMP **accident d'avion** air *ou* plane crash
accident cardiaque heart attack
accident de la circulation road accident
accident corporel personal accident, accident involving bodily injury
accidents domestiques accidents in the home
accident de montagne mountaineering *ou* climbing accident
accident de parcours hiccup *(fig)*
accident de la route ⇒ **accident de la circulation**
accident de terrain accident *(SPÉC)*, undulation ◆ **les accidents de terrain** the unevenness of the ground
accident du travail accident at work, industrial accident
accident vasculaire cérébral stroke, cerebrovascular accident *(SPEC)*
accident de voiture car accident *ou* crash

accidenté, e /aksidɑ̃te/ SYN (ptp de **accidenter**)

ADJ 1 *[région]* undulating, hilly; *[terrain]* uneven; *[carrière]* chequered *(Brit)*, checkered *(US)*

2 *[véhicule]* damaged; *[avion]* crippled

NM,F casualty, injured person ◆ **accidenté de la route** road accident victim ◆ **accidenté du travail** victim of an accident at work *ou* of an industrial accident

accidentel, -elle /aksidɑ̃tɛl/ SYN ADJ *(= fortuit) [événement]* accidental, fortuitous; *(= par accident) [mort]* accidental; → **signe**

accidentellement /aksidɑ̃tɛlmɑ̃/ SYN ADV

1 *(= par hasard)* accidentally, by accident *ou* chance ◆ **il était là accidentellement** he just happened to be there

2 *[mourir]* in an accident

accidenter /aksidɑ̃te/ ▸ conjug 1 ◂ VT *[+ personne]* to injure, to hurt; *[+ véhicule]* to damage

accidentogène /aksidɑ̃tɔʒɛn/ ADJ ◆ **risque accidentogène** accident risk ◆ **zone accidentogène** accident risk area

accise /aksiz/ NF *(Belg, Can)* excise ◆ **droits d'accise** excise duties

acclamation /aklamasjɔ̃/ SYN NF ◆ **élire qn par acclamation** to elect sb by acclamation ◆ **acclamations** cheers, cheering ◆ **il est sorti sous les acclamations du public** he left to great cheering from the audience

acclamer /aklame/ SYN ▸ conjug 1 ◂ VT to cheer, to acclaim ◆ **on l'acclama roi** they acclaimed him king

acclimatable /aklimatabl/ ADJ acclimatizable, acclimatable *(US)*

acclimatation /aklimatasjɔ̃/ NF acclimatization, acclimation *(US)*; → **jardin**

acclimatement /aklimatmɑ̃/ NM acclimatization, acclimation *(US)*

acclimater /aklimate/ SYN ▸ conjug 1 ◂

VT *[+ plante, animal]* to acclimatize, to acclimate *(US)*; *[+ idée, usage]* to introduce

VPR **s'acclimater** *[personne, animal, plante]* to become acclimatized, to adapt (o.s. *ou* itself) (*à* to); *[usage, idée]* to become established *ou* accepted

accointances /akwɛ̃tɑ̃s/ NFPL *(péj)* contacts, links ◆ **avoir des accointances** to have contacts *(avec* with; *dans* in, among)

accolade /akɔlad/ NF 1 *(= embrassade)* embrace *(on formal occasion)*; *(Hist = coup d'épée)* accolade ◆ **donner/recevoir l'accolade** to embrace/be embraced

2 *(= signe typographique)* brace ◆ **mots (mis) en accolade** words bracketed together

3 *(Archit, Mus)* accolade

accolement /akɔlmɑ̃/ NM placing side by side; *(Typographie)* bracketing together

accoler /akɔle/ SYN ▸ conjug 1 ◂ VT *(gén)* to place side by side; *(Typographie)* to bracket together ◆ **accoler une chose à une autre** to place one thing beside *ou* next to another ◆ **il avait accolé à son nom celui de sa mère** he had joined *ou* added his mother's maiden name to his surname

accommodant, e /akɔmɔdɑ̃, ɑ̃t/ SYN ADJ accommodating

accommodat /akɔmɔda/ NM ⇒ **acclimatement**

accommodation /akɔmɔdasjɔ̃/ NF *(Opt)* accommodation; *(= adaptation)* adaptation

accommodement /akɔmɔdmɑ̃/ NM 1 *(littér = arrangement)* compromise, accommodation *(littér)* ◆ **trouver des accommodements avec le ciel/avec sa conscience** to come to an arrangement with the powers above/with one's conscience

2 *(Culin)* preparation

accommoder /akɔmɔde/ SYN ▸ conjug 1 ◂

VT 1 *[+ plat]* to prepare (*à* in, with) ◆ **accommoder les restes** to use up the left-overs

2 *(= concilier)* ◆ **accommoder le travail avec le plaisir** to combine business with pleasure ◆ **accommoder ses principes aux circonstances** to adapt *ou* alter one's principles to suit the circumstances

3 †† *(= arranger) [+ affaire]* to arrange; *[+ querelle]* to put right; *(= réconcilier) [+ ennemis]* to reconcile, to bring together; *(= malmener)* to treat harshly ◆ **accommoder qn** *(= installer confortablement)* to make sb comfortable

VI *(Opt)* to focus (*sur* on)

VPR **s'accommoder** 1 ◆ **s'accommoder à** † *(= s'adapter à)* to adapt to

2 *(= supporter)* ◆ **s'accommoder de** *[+ personne]* to put up with ◆ **il lui a bien fallu s'en accommoder** he just had to put up with it *ou* accept it ◆ **je m'accommode de peu** I'm content *ou* I can make do with little ◆ **elle s'accommode de tout** she'll put up with anything ◆ **il s'accommode mal de la vérité** he's uncomfortable *ou* doesn't feel at home with the truth

3 *(= s'arranger avec)* ◆ **s'accommoder avec** † *[+ personne]* to come to an agreement *ou* arrangement with (*sur* about) ◆ **son allure s'accommode mal avec sa vie d'ascète** his appearance is hard to reconcile with his ascetic lifestyle

4 *(Culin)* ◆ **le riz peut s'accommoder de plusieurs façons** rice can be served in several ways

accompagnateur, -trice /akɔ̃paɲatœʀ, tʀis/ NM,F *(Mus)* accompanist; *(= guide)* guide; *(Scol)* accompanying adult; *[de voyage organisé]* courier

accompagnement /akɔ̃paɲmɑ̃/ NM 1 *(Mus)* accompaniment ◆ **sans accompagnement** unaccompanied ◆ **musique d'accompagnement** accompanying music

2 *(Culin)* accompaniment ◆ **(servi) en accompagnement de** served with

3 *(= escorte)* escort; *(fig)* accompaniment ◆ **l'accompagnement d'un malade** giving (psychological) support to a terminally-ill patient ◆ **mesures/plan d'accompagnement** *[de loi, réforme]* accompanying measures/programme ◆ **livret d'accompagnement** *[de vidéo]* accompanying booklet

accompagner /akɔ̃paɲe/ SYN ▸ conjug 1 ◂

VT 1 *(= escorter)* to go with, to accompany; *[+ malade]* to give (psychological) support to ◆ **accompagner un enfant à l'école** to take a child to school ◆ **accompagner qn à la gare** to go to the station with sb ◆ **il s'était fait accompagner de sa mère** he had got his mother to go with him *ou* to accompany him ◆ **Mark est-il ici ? – oui, il m'a accompagnée** is Mark here? – yes, he came with me ◆ **être accompagné de** *ou* **par qn** to have sb with one, to be with sb ◆ **est-ce que vous êtes accompagné ?** have you got somebody with you?, is there somebody with you? ◆ **tous nos vœux vous accompagnent** all our good wishes go with you ◆ **mes pensées t'accompagnent** my thoughts are with you ◆ **accompagner qn du regard** to follow sb with one's eyes

2 *(= assortir)* to accompany, to go with ◆ **il accompagna ce mot d'une mimique expressive** he gestured expressively as he said the word ◆ **une lettre accompagnait les fleurs** a letter came with the flowers ◆ **l'agitation qui accompagna son arrivée** the fuss surrounding his arrival

3 *(Mus)* to accompany (*à* on)

4 *(Culin)* ◆ **du chou accompagnait le rôti** the roast was served with cabbage ◆ **le beaujolais est ce qui accompagne le mieux cette viande** a Beaujolais goes best with this meat, Beaujolais is the best wine to serve with this meat

VPR **s'accompagner** 1 ◆ **s'accompagner de** *(= s'assortir de)* to be accompanied by ◆ **leurs discours doivent s'accompagner de mesures concrètes** their speeches must be backed up with concrete measures, they need to follow their speeches up with concrete measures ◆ **la guerre s'accompagne toujours de privations** war is always accompanied by hardship ◆ **le poisson s'accompagne d'un vin blanc sec** fish is served with a dry white wine

2 *(Mus)* ◆ **s'accompagner à** to accompany o.s. on ◆ **il s'accompagna (lui-même) à la guitare** he accompanied himself on the guitar

> ⓘ Attention à ne pas traduire automatiquement **accompagner** par **to accompany**, qui est d'un registre plus soutenu.

accompli, e /akɔ̃pli/ SYN (ptp de **accomplir**) ADJ 1 *(= parfait, expérimenté)* accomplished; *(Ling) [aspect]* perfective

2 *(= révolu)* ◆ **avoir 60 ans accomplis** to be over 60, to have turned 60; → **fait¹**

accomplir /akɔ̃pliʀ/ SYN ▸ conjug 2 ◂

VT 1 *[+ devoir, tâche]* to carry out; *[+ exploit]* to achieve; *[+ mission]* to accomplish; *[+ promesse]* to fulfil; *[+ rite]* to perform ◆ **accomplir des merveilles** to work wonders ◆ **les progrès accomplis dans ce domaine** advances (made) in this field ◆ **il a enfin pu accomplir ce qu'il avait décidé de faire** at last he had managed to achieve what he had decided to do ◆ **la satisfaction du devoir accompli** the satisfaction of having done one's duty

accomplissement | accréditation

[2] [+ apprentissage, service militaire] (= faire) to do; (= terminer) to complete

VPR s'accomplir [1] (= se réaliser) [souhait] to come true ◆ **la volonté de Dieu s'est accomplie** God's will was done

[2] (= s'épanouir) ◆ **elle s'accomplit dans son travail** she finds her work very fulfilling

 Attention à ne pas traduire automatiquement **accomplir** par **to accomplish**, qui est d'un registre plus soutenu.

accomplissement /akɔ̃plismɑ̃/ NM [1] [de devoir, promesse] fulfilment; [de mauvaise action] committing; [de tâche, mission] accomplishment; [d'exploit] achievement

[2] (= fin) [d'apprentissage, service militaire] completion

accon /akɔ̃/ NM ⇒ acon

acconage /akɔnaʒ/ NM ⇒ aconage

accord /akɔʀ/ GRAMMAIRE ACTIVE 11.1, 11.2, 12.1, 26.6 SYN

NM [1] (= entente) agreement; (= concorde) harmony ◆ **l'accord fut général** there was general agreement ◆ **le bon accord régna pendant 10 ans** harmony reigned for 10 years; → **commun**

[2] (= traité) agreement ◆ **passer un accord avec qn** to make an agreement with sb ◆ **accord à l'amiable** informal ou amicable agreement ◆ **accord bilatéral** bilateral agreement ◆ **les accords d'Helsinki/de Camp David** the Helsinki/Camp David agreement

[3] (= permission) consent, agreement ◆ **il veut signer le contrat – elle ne donnera jamais son accord** he wants to sign the contract – she'll never agree ◆ **l'agence a donné son accord pour la commercialisation du produit** the agency has given permission for the product to be put on sale ◆ **nous avons son accord de principe** he has agreed in principle

[4] (= harmonie) [de couleurs] harmony

[5] (Gram) [d'adjectif, participe] agreement ◆ **accord en genre et en nombre** agreement in gender and number

[6] (Mus) (= notes) chord, concord; (= réglage) tuning ◆ **accord parfait** triad ◆ **accord de tierce** third ◆ **accord de quarte** fourth

[7] (locutions)

◆ **d'accord** ◆ **d'accord !** OK!*, (all) right! ◆ **être d'accord** to agree, to be in agreement ◆ **être d'accord avec qn** to agree with sb ◆ **nous sommes d'accord pour dire que...** we agree that... ◆ **se mettre** ou **tomber d'accord avec qn** to agree ou come to an agreement with sb ◆ **être d'accord pour faire** to agree to do ◆ **il est d'accord pour nous aider** he's willing to help us ◆ **je ne suis pas d'accord pour le laisser en liberté** I don't agree that he should be left at large ◆ **je ne suis pas d'accord avec toi** I disagree ou don't agree with you ◆ **essayer de mettre deux personnes d'accord** to try to get two people to come to ou to reach an agreement, to try to get two people to see eye to eye ◆ **je les ai mis d'accord en leur donnant tort à tous les deux** I ended their disagreement by pointing out that they were both wrong ◆ **c'est d'accord, nous sommes d'accord** (we're) agreed, all right ◆ **c'est d'accord pour demain** it's agreed for tomorrow, OK for tomorrow ◆ **alors là, (je ne suis) pas d'accord !*** I don't agree!, no way!*

◆ **en accord avec** ◆ **en accord avec le directeur** in agreement with the director ◆ **en accord avec le paysage** in harmony ou in keeping with the landscape ◆ **en accord avec vos instructions** in accordance ou in line with your instructions

COMP accord complémentaire (Jur) additional agreement

Accord général sur les tarifs douaniers et le commerce General Agreement on Tariffs and Trade

accord de licence d'utilisateur final end user licence agreement, EULA

Accord de libre-échange nord-américain North American Free Trade Agreement

accord de modération salariale pay restraints agreement

Accord sur la réduction du temps de travail agreement on the reduction of working hours

accord salarial wage settlement

accord transactionnel transactional agreement

accordable /akɔʀdabl/ ADJ (Mus) tunable; [faveur] which can be granted

accordage /akɔʀdaʒ/ NM tuning

accord-cadre (pl **accords-cadres**) /akɔʀkadʀ/ NM outline ou framework agreement

accordement /akɔʀdəmɑ̃/ NM ⇒ accordage

accordéon /akɔʀdeɔ̃/ NM accordion ◆ **accordéon à clavier** piano-accordion ◆ **en accordéon*** [voiture] crumpled up; [pantalon, chaussette] wrinkled (up) ◆ **on a eu une circulation en accordéon** the traffic was moving in fits and starts ◆ **l'entreprise a procédé à un coup d'accordéon sur son capital** the company has gone from increasing to dramatically reducing its capital

accordéoniste /akɔʀdeɔnist/ NMF accordionist

accorder /akɔʀde/ GRAMMAIRE ACTIVE 26.1 SYN ► conjug 1 ◄

VT [1] (= donner) [+ faveur, permission] to grant; [+ allocation, pension] to give, to award (à to) ◆ **on lui a accordé un congé exceptionnel** he's been given ou granted special leave ◆ **elle accorde à ses enfants tout ce qu'ils demandent** she lets her children have ou she gives her children anything they ask for ◆ **pouvez-vous m'accorder quelques minutes ?** can you spare me a few minutes?; → **main**

[2] (= admettre) ◆ **accorder à qn que...** to admit (to sb) that... ◆ **vous m'accorderez que j'avais raison** you'll admit ou concede I was right ◆ **je vous l'accorde, j'avais tort** I'll admit it, I was wrong

[3] (= attribuer) ◆ **accorder de l'importance à qch** to attach importance to sth ◆ **accorder de la valeur à qch** to attach value to sth, to value sth

[4] [+ instrument] to tune ◆ **ils devraient accorder leurs violons*** (sur un récit, un témoignage) they ought to get their story straight*

[5] (Gram) ◆ **(faire) accorder un verbe/un adjectif** to make a verb/an adjective agree (avec with)

[6] (= mettre en harmonie) [+ personnes] to bring together ◆ **accorder ses actions avec ses opinions** to act in accordance with one's opinions ◆ **accorder la couleur du tapis avec celle des rideaux** to match the colour of the carpet with (that of) the curtains

VPR s'accorder [1] (= être d'accord) to agree, to be agreed; (= se mettre d'accord) to agree ◆ **ils s'accordent pour** ou **à dire que le film est mauvais** they agree that it's not a very good film ◆ **ils se sont accordés pour le faire élire** they agreed to get him elected

[2] (= s'entendre) [personnes] to get on together ◆ **(bien/mal) s'accorder avec qn** to get on (well/badly) with sb

[3] (= être en harmonie) [couleurs] to match, to go together; [opinions] to agree; [sentiments, caractères] to be in harmony ◆ **s'accorder avec** [opinion] to agree with; [sentiments] to be in harmony ou in keeping with; [couleur] to match, to go with ◆ **il faut que nos actions s'accordent avec nos opinions** we must act in accordance with our opinions

[4] (Ling) to agree (avec with) ◆ **s'accorder en nombre/genre** to agree in number/gender

[5] (= se donner) ◆ **il ne s'accorde jamais de répit** he never gives himself a rest, he never lets up* ◆ **je m'accorde 2 jours pour finir** I'm giving myself 2 days to finish

accordeur /akɔʀdœʀ/ NM (Mus) tuner

accordoir /akɔʀdwaʀ/ NM tuning hammer ou wrench

accore /akɔʀ/
ADJ sheer
NM OU F shore

accorte /akɔʀt/ ADJ F (hum) winsome, comely

accostage /akɔstaʒ/ NM [de bateau] coming alongside; [de personne] accosting

accoster /akɔste/ SYN ► conjug 1 ◄ VT [1] (gén, péj) [+ personne] to accost

[2] [+ quai, navire] to come ou draw alongside; (emploi absolu) to berth

accotement /akɔtmɑ̃/ NM [de route] shoulder, verge (Brit), berm (US); [de chemin de fer] shoulder ◆ **accotement non stabilisé, accotement meuble** soft shoulder ou verge (Brit) ◆ **accotement stabilisé** hard shoulder

accoter /akɔte/ ► conjug 1 ◄
VT to lean, to rest (contre against; sur on)
VPR **s'accoter** ◆ **s'accoter à** ou **contre** to lean against

accotoir /akɔtwaʀ/ NM [de bras] armrest; [de tête] headrest

accouchée /akuʃe/ NF (new) mother

accouchement /akuʃmɑ̃/ NM (= naissance) (child)birth, delivery; (= travail) labour (Brit), labor (US) ◆ **accouchement provoqué** induced labour ◆ **accouchement à terme** delivery at full term, full-term delivery ◆ **accouchement avant terme** early delivery, delivery before full term ◆ **accouchement naturel** natural childbirth ◆ **accouchement prématuré** premature birth ◆ **accouchement sans douleur** painless childbirth ◆ **pendant l'accouchement** during the delivery

accoucher /akuʃe/ SYN ► conjug 1 ◄
VT ◆ **accoucher qn** to deliver sb's baby, to deliver sb
VI [1] (= être en travail) to be in labour (Brit) ou labor (US); (= donner naissance) to have a baby, to give birth ◆ **où avez-vous accouché ?** where did you have your baby? ◆ **elle accouchera en octobre** her baby is due in October ◆ **accoucher avant terme** to give birth prematurely ◆ **accoucher d'un garçon** to give birth to a boy, to have a (baby) boy

[2] (hum) ◆ **accoucher de** [+ roman] to produce (with difficulty) ◆ **accouche !*** spit it out!*, out with it!*; → **montagne**

accoucheur, -euse /akuʃœʀ, øz/
NM,F (= médecin) accoucheur obstetrician
NF **accoucheuse** (= sage-femme) midwife

accouder (s') /akude/ ► conjug 1 ◄ VPR to lean (on one's elbows) ◆ **s'accouder sur** ou **à** to lean (one's elbows) on, to rest one's elbows on ◆ **accoudé à la fenêtre** leaning on one's elbows at the window

accoudoir /akudwaʀ/ NM armrest

accouple /akupl/ NF leash, couple

accouplement /akupləmɑ̃/ SYN NM [1] [de roues] coupling (up); [de wagons] coupling (up), hitching (up); [de générateurs] connecting (up); [de tuyaux] joining (up), connecting (up); [de moteurs] coupling, connecting (up); (fig) [de mots, images] linking

[2] (= copulation) mating, coupling

accoupler /akuple/ SYN ► conjug 1 ◄
VT [1] (ensemble) [+ animaux de trait] to yoke; [+ roues] to couple (up); [+ wagons] to couple (up), to hitch (up); [+ générateurs] to connect (up); [+ tuyaux] to join (up), to connect (up); [+ moteurs] to couple, to connect (up); [+ mots, images] to link ◆ **ils sont bizarrement accouplés*** they make a strange couple, they're an odd pair

[2] ◆ **accoupler une remorque/un cheval à** to hitch a trailer/horse (up) to ◆ **accoupler un moteur/un tuyau à** to connect an engine/a pipe to

[3] (= faire copuler) to mate (à, avec, et with)

VPR s'accoupler to mate, to couple

accourir /akuʀiʀ/ SYN ► conjug 11 ◄ VI (lit) to rush up, to run up (à, vers to); (fig) to hurry, to hasten, to rush (à, vers to) ◆ **à mon appel il accourut immédiatement** he came as soon as I called ◆ **ils sont accourus (pour) le féliciter** they rushed up ou hurried to congratulate him

accoutrement /akutʀəmɑ̃/ SYN NM (péj) getup*, rig-out* (Brit)

accoutrer /akutʀe/ ► conjug 1 ◄ (péj)
VT (= habiller) to get up*, to rig out* (Brit) (de in)
VPR **s'accoutrer** to get o.s. up*, to rig o.s. out* (Brit) (de in) ◆ **il était bizarrement accoutré** he was wearing the strangest getup*

accoutumance /akutymɑ̃s/ SYN NF (= habitude) habituation (à to); (= besoin) addiction (à to)

accoutumé, e /akutyme/ ADJ (ptp de **accoutumer**) usual ◆ **comme à l'accoutumée** as usual ◆ **plus/moins/mieux qu'à l'accoutumée** more/less/better than usual

accoutumer /akutyme/ SYN ► conjug 1 ◄
VT ◆ **accoutumer qn à qch/à faire qch** to accustom sb ou get sb used to sth/to doing sth ◆ **on l'a accoutumé à** ou **il a été accoutumé à se lever tôt** he has been used ou accustomed to getting up early
VPR **s'accoutumer** ◆ **s'accoutumer à qch/à faire qch** to get used ou accustomed to sth/to doing sth ◆ **il s'est lentement accoutumé** he gradually got used ou accustomed to it

accouvage /akuvaʒ/ NM setting and hatching

Accra /akʀa/ N Accra

accra /akʀa/ NM fritter (in Creole cooking)

accréditation /akʀeditasjɔ̃/ NF accreditation ◆ **badge** ou **carte d'accréditation** official pass ◆ **accorder** ou **donner une accréditation à** to accredit

accréditer /akʀedite/ ▸ conjug 1 ◂
VT *[+ rumeur]* to substantiate, to give substance to; *[+ idée, thèse]* to substantiate, to back up; *[+ personne]* to accredit *(auprès de* to) ◆ **banque accréditée** accredited bank
VPR s'accréditer *[rumeur]* to gain ground

accréditeur /akʀeditœʀ/ **NM** *(Fin)* guarantor, surety

accréditif, -ive /akʀeditif, iv/
ADJ accreditive ◆ **carte accréditive** credit card
NM *(Fin)* letter of credit; *(Presse)* press card

accrescent, e /akʀesɑ̃, ɑ̃t/ **ADJ** *[partie de plante]* accrescent

accrétion /akʀesjɔ̃/ **NF** *(Géol)* accretion ◆ **disque d'accrétion** *(Astron)* accretion disk

accro * /akʀo/ (abrèv de **accroché**)
ADJ 1 *(Drogue)* ◆ **être accro** to have a habit, to be hooked* ◆ **être accro à l'héroïne** to be hooked on heroin*
2 *(= fanatique)* ◆ **être accro** to be hooked*
NMF addict ◆ **les accros du deltaplane** hang-gliding addicts

accroc /akʀo/ SYN **NM** 1 *(= déchirure)* tear ◆ **faire un accroc à** to make a tear in, to tear
2 *[de réputation]* blot *(à* on); *[de règle]* breach, infringement *(à* of) ◆ **faire un accroc à** *[+ règle]* to bend; *[+ réputation]* to tarnish
3 *(= anicroche)* hitch, snag ◆ **sans accroc(s)** *[se dérouler]* without a hitch, smoothly ◆ **quinze ans d'une passion sans accroc(s)** fifteen years of unbroken passion

accrochage /akʀɔʃaʒ/ SYN **NM** 1 *(= collision en voiture)* collision, bump*, fender-bender* *(US)*; *(Mil = combat)* skirmish; *(Boxe)* clinch
2 *(= dispute)* brush; *(plus sérieux)* clash
3 *[de tableau]* hanging; *[de wagons]* coupling, hitching (up) *(à* to)

accroche /akʀɔʃ/ **NF** *(Publicité)* lead-in, catcher, catch line *ou* phrase ◆ **accroche de une** *(Presse)* splash headline

accroché, e* /akʀɔʃe/ (ptp de **accrocher**) **ADJ**
1 *(= amoureux)* ◆ **être accroché** to be hooked*
2 *(Drogue)* ◆ **être accroché** to have a habit *(arg)*, to be hooked* ◆ **accroché à l'héroïne** hooked on heroin*

accroche-cœur (pl **accroche-cœurs**) /akʀɔʃkœʀ/ **NM** kiss *(Brit) ou* spit *(US)* curl

accroche-plat (pl **accroche-plats**) /akʀɔʃpla/ **NM** plate-hanger

accrocher /akʀɔʃe/ SYN ▸ conjug 1 ◂
VT 1 *(= suspendre)* *[+ chapeau, tableau]* to hang (up) *(à* on); *(= attacher)* *[+ wagons]* to couple, to hitch together ◆ **accrocher un wagon à** to hitch *ou* couple a carriage (up) to ◆ **accrocher un ver à l'hameçon** to fasten *ou* put a worm on the hook ◆ **maison accrochée à la montagne** house perched on the mountainside; → **cœur**
2 *(accidentellement)* *[+ jupe, collant]* to catch *(à* on); *[+ aile de voiture]* to catch *(à* on), to bump *(à* against); *[+ voiture]* to bump into; *[+ piéton]* to hit; *[+ pile de livres, meuble]* to catch (on) ◆ **rester accroché aux barbelés** to be caught on the barbed wire
3 *(= attirer)* *[+ attention, lumière]* to catch ◆ **accrocher le regard** to catch the eye ◆ **la vitrine doit accrocher le client** the window display should attract customers
4 *(* = saisir)* *[+ occasion]* to get; *[+ personne]* to get hold of; *[+ mots, fragments de conversation]* to catch
5 *(Boxe)* to clinch ◆ **il s'est fait accrocher au troisième set** *(Tennis)* he got into difficulties in the third set
VI 1 *[fermeture éclair]* to stick, to jam; *[pourparlers]* to come up against a hitch *ou* snag ◆ **cette traduction accroche par endroits** this translation is a bit rough in places ◆ **cette planche accroche quand on l'essuie** the cloth catches on this board when you wipe it
2 *(* = plaire)* *[disque, slogan]* to catch on ◆ **ça accroche entre eux** they hit it off (together)*
3 *(* = s'intéresser)* ◆ **elle n'accroche pas en physique** she can't get into physics* ◆ **l'art abstrait, j'ai du mal à accrocher** abstract art does nothing for me*
VPR s'accrocher 1 *(= se cramponner)* to hang on ◆ **s'accrocher à** *[+ branche, pouvoir]* to cling to, to hang on to; *[+ espoir, personne]* to cling to ◆ **accroche-toi bien !** hold on tight!
2 *(* = être tenace)* *[malade]* to cling on, to hang on; *[étudiant]* to stick at it; *[importun]* to cling ◆ **pour enlever la tache, tiens, accroche-toi !** you'll have a hell of a job getting the stain out!*
3 *(= entrer en collision)* *[voitures]* to bump into each other, to clip each other; *(Boxe)* to go *ou* get into a clinch; *(Mil)* to skirmish
4 *(= se disputer)* to have a brush; *(plus sérieux)* to have a clash *(avec* with) ◆ **ils s'accrochent tout le temps** they're always at loggerheads *ou* always quarrelling
5 *(= en faire son deuil)* ◆ **tu peux te l'accrocher** you can kiss it goodbye*, you've got a hope* *(Brit) (iro)*

accrocheur, -euse /akʀɔʃœʀ, øz/ SYN **ADJ**
1 *[personne, sportif]* resolute
2 *[mélodie, refrain]* catchy; *[slogan, titre]* attention-grabbing; *[effet, utilisation]* striking

accroire /akʀwaʀ/ **VT** *(utilisé uniquement à l'infinitif) (frm ou hum)* ◆ **faire** *ou* **laisser accroire qch à qn** to delude sb into believing sth ◆ **et tu veux me faire accroire que...** and you expect me to believe that... ◆ **il veut nous en faire accroire** he's trying to deceive us *ou* take us in ◆ **il ne s'en est pas laissé accroire** he wouldn't be taken in

accroissement /akʀwasmɑ̃/ SYN **NM** 1 *(gén)* increase *(de* in); *[de nombre, production]* growth *(de* in), increase *(de* in) ◆ **accroissement démographique nul** zero population growth
2 *(Math)* increment

accroître /akʀwatʀ/ SYN ▸ conjug 55 ◂
VT *[+ somme, plaisir, confusion]* to increase, to add to; *[+ réputation]* to enhance, to add to; *[+ gloire]* to increase, to heighten; *[+ production]* to increase *(de* by) ◆ **accroître son avance sur qn** to increase one's lead over sb
VPR s'accroître to increase, to grow ◆ **sa part s'est accrue de celle de son frère** his share was increased by that of his brother

accroupi, e /akʀupi/ (ptp de **s'accroupir**) **ADJ** squatting *ou* crouching (down) ◆ **en position accroupie** in a squatting *ou* crouching position

accroupir (s') /akʀupiʀ/ ▸ conjug 2 ◂ **VPR** to squat *ou* crouch (down)

accroupissement /akʀupismɑ̃/ **NM** squatting, crouching

accru, e /akʀy/ (ptp de **accroître**)
ADJ *[attention]* increased, heightened; *[pouvoir]* increased ◆ **capital accru des intérêts** capital accrued by interest
NM *(= racine secondaire)* secondary root
NF accrue SYN *[de terrain, forêt]* accretion

accu * /aky/ **NM** (abrèv de **accumulateur**) battery

accueil /akœj/ SYN **NM** 1 *(= réception)* welcome, reception; *[de sinistrés, film, idée]* reception ◆ **rien n'a été prévu pour l'accueil des touristes** no provision has been made to accommodate tourists, no tourist facilities have been provided ◆ **quel accueil a-t-on fait à ses idées ?** what sort of reception did his ideas get?, how were his ideas received? ◆ **merci de votre accueil** *(chez des amis)* thanks for having me *(ou* us); *(contexte professionnel, conférence)* thanks for making me *(ou* us) feel so welcome ◆ **faire bon accueil à** *[+ idée, proposition]* to welcome ◆ **faire bon accueil à qn** to welcome sb, to make sb welcome ◆ **faire mauvais accueil à** *[+ idée, suggestion]* to receive badly ◆ **faire mauvais accueil à qn** to make sb feel unwelcome, to give sb a bad reception ◆ **faire bon/mauvais accueil à un film** to give a film a good/bad reception ◆ **le projet a reçu** *ou* **trouvé un accueil favorable** the plan was favourably *ou* well received ◆ **d'accueil** *[centre, organisation]* reception *(épith)*; *[paroles, cérémonie]* welcoming, of welcome ◆ **page d'accueil** *(Internet)* homepage; → **famille, hôtesse, pays**[1]**, structure, terre**
2 *(= bureau)* reception ◆ **adressez-vous à l'accueil** ask at reception

accueillant, e /akœjɑ̃, ɑ̃t/ SYN **ADJ** welcoming, friendly

accueillir /akœjiʀ/ SYN ▸ conjug 12 ◂ **VT** 1 *(= aller chercher)* to meet, to collect; *(= recevoir, donner l'hospitalité à)* to welcome ◆ **je suis allé l'accueillir à la gare** *(à pied)* I went to meet him at the station; *(en voiture)* I went to collect him *ou* pick him up at the station ◆ **il m'a bien accueilli** he made me very welcome, he gave me a warm welcome ◆ **il m'a mal accueilli** he made me feel very unwelcome ◆ **il m'a accueilli sous son toit/dans sa famille** he welcomed me into his house/his family ◆ **cet hôtel peut accueillir 80 touristes** this hotel can accommodate 80 tourists ◆ **ils se sont fait accueillir par des coups de feu/des huées** they were greeted with shots/boos *ou* catcalls
2 *[+ idée, demande, film, nouvelle]* to receive ◆ **être bien/mal accueilli** to be well/badly received ◆ **il accueillit ma suggestion avec un sourire** he greeted *ou* received my suggestion with a smile ◆ **comment les consommateurs ont-ils accueilli ce nouveau produit ?** how did consumers react *ou* respond to this new product?

acculée /akyle/ **NF** sternway

acculer /akyle/ ▸ conjug 1 ◂ **VT** ◆ **acculer qn à** *[+ mur]* to drive sb back against; *[+ ruine, désespoir]* to drive sb to the brink of; *[+ choix, aveu]* to force sb into ◆ **acculé à la mer** driven back to the edge of the sea ◆ **acculer qn contre** to drive sb back to *ou* against ◆ **acculer qn dans** *[+ impasse, pièce]* to corner sb in ◆ **nous sommes acculés, nous devons céder** we're cornered, we must give in

acculturation /akyltyʀasjɔ̃/ **NF** acculturation *(frm)*

acculturer /akyltyʀe/ ▸ conjug 1 ◂ **VT** *[+ groupe]* to help adapt *ou* adjust to a new culture, to acculturate *(frm)*

accumulateur /akymylatœʀ/ **NM** accumulator, (storage) battery; *(Ordin)* accumulator ◆ **accumulateur de chaleur** storage heater

accumulation /akymylasjɔ̃/ SYN **NF** *[de documents, richesses, preuves, marchandises]* accumulation; *[d'irrégularités, erreurs]* series ◆ **une accumulation de stocks** a build-up in stock ◆ **radiateur à accumulation (nocturne)** *(Élec)* (night-)storage heater

accumuler /akymyle/ SYN ▸ conjug 1 ◂
VT *[+ documents, richesses, preuves, erreurs]* to accumulate, to amass; *[+ marchandises]* to accumulate, to stockpile; *[+ énergie]* to store ◆ **les intérêts accumulés pendant un an** the interest accrued over a year ◆ **il accumule les gaffes** he makes one blunder after another ◆ **le retard accumulé depuis un an** the delay that has built up over the past year ◆ **j'accumule les ennuis en ce moment** it's just one problem after another at the moment
VPR s'accumuler *[objets, problèmes, travail]* to accumulate, to pile up ◆ **les dossiers s'accumulent sur mon bureau** I've got files piling up on my desk

accusateur, -trice /akyzatœʀ, tʀis/ SYN
ADJ *[doigt, regard]* accusing; *[documents, preuves]* accusatory, incriminating
NM,F accuser ◆ **accusateur public** *(Hist)* public prosecutor *(during the French Revolution)*

accusatif, -ive /akyzatif, iv/
NM accusative case ◆ **à l'accusatif** in the accusative
ADJ accusative

accusation /akyzasjɔ̃/ SYN **NF** 1 *(gén)* accusation; *(Jur)* charge, indictment ◆ **porter** *ou* **lancer une accusation contre** to make *ou* level an accusation against ◆ **il a lancé des accusations de corruption/de fraude contre eux** he accused them of bribery/of fraud, he levelled accusations of bribery/of fraud against them ◆ **mettre en accusation** † to indict ◆ **mise en accusation** † indictment ◆ **c'est une terrible accusation contre notre société** it's a terrible indictment of our society ◆ **abandonner l'accusation** *(Jur)* to drop the charge; → **acte, chambre, chef**[2]
2 *(= ministère public)* ◆ **l'accusation** the prosecution

accusatoire /akyzatwaʀ/ **ADJ** *(Jur)* accusatory

accusé, e /akyze/ (ptp de **accuser**)
ADJ *(= marqué)* marked, pronounced
NM,F accused; *[de procès]* defendant ◆ **accusé, levez-vous !** ≈ the defendant will rise!; → **banc**
COMP accusé de réception acknowledgement of receipt

accuser /akyze/ GRAMMAIRE ACTIVE 20.2 SYN ▸ conjug 1 ◂
VT 1 *[+ personne]* to accuse ◆ **accuser de** to accuse of; *(Jur)* to charge with, to indict for ◆ **accuser qn d'ingratitude** to accuse sb of ingratitude ◆ **accuser qn d'avoir volé de l'argent** to accuse sb of stealing *ou* having stolen money ◆ **tout l'accuse** everything points to his guilt *ou* his being guilty
2 *(= rendre responsable)* *[+ pratique, malchance, personne]* to blame *(de* for) ◆ **accusant son mari de ne pas s'être réveillé à temps** blaming her husband for not waking up in time ◆ **accusant le médecin d'incompétence pour avoir causé la mort de l'enfant** blaming the doctor's incompetence for having caused the child's

death, blaming the child's death on the doctor's incompetence

[3] (= souligner) [+ effet, contraste] to emphasize, to accentuate • **cette robe accuse sa maigreur** this dress makes her look even thinner

[4] (= montrer) to show • **la balance accusait 80 kg** the scales registered *ou* read 80 kg • **accuser la quarantaine** to look forty • **accuser le coup** (*lit, fig*) to stagger under the blow, to show that the blow has struck home • **elle accuse la fatigue de ces derniers mois** she's showing the strain of these last few months • **la Bourse accuse une baisse de 3 points/un léger mieux** the stock exchange is showing a 3-point fall/a slight improvement • **accuser réception de** to acknowledge receipt of

VPR **s'accuser** [1] • **s'accuser de qch/d'avoir fait qch** (= *se déclarer coupable*) to admit to sth/to having done sth; (= *se rendre responsable*) to blame o.s. for sth/for having done sth • **mon père, je m'accuse (d'avoir péché)** (*Rel*) bless me, Father, for I have sinned • **en protestant, il s'accuse** by objecting, he is admitting his guilt

[2] (= *s'accentuer*) [*tendance*] to become more marked *ou* pronounced

ace /ɛs/ NM (*Tennis*) ace • **faire un ace** to serve an ace

acellulaire /aselylɛʀ/ ADJ acellular

acéphale /asefal/ ADJ acephalous

acerbe /asɛʀb/ SYN ADJ caustic, acid • **d'une manière acerbe** caustically, acidly

acéré, e /aseʀe/ SYN ADJ [*griffe, pointe*] sharp; [*lame*] sharp, keen; [*raillerie, réplique*] scathing, biting • **critique à la plume acérée** critic with a scathing pen

acescence /asesɑ̃s/ NF acescence, acescency

acescent, e /asesɑ̃, ɑ̃t/ ADJ acescent

acétamide /asetamid/ NM acetamid(e)

acétate /asetat/ NM acetate

acétification /asetifikasjɔ̃/ NF acetification

acétifier /asetifje/ ► conjug 7 ◄ VT to acetify

acétimètre /asetimɛtʀ/ NM acetometer

acétique /asetik/ ADJ acetic

acétocellulose /asetoselyloz/ NF cellulose acetate

acétomètre /asetɔmɛtʀ/ NM acetometer

acétone /asetɔn/ NF acetone

acétonémie /asetɔnemi/ NF acetonaemia (*Brit*), acetonemia (*US*)

acétonémique /asetɔnemik/ ADJ acetonaemic (*Brit*), acetonemic (*US*)

acétonurie /asetɔnyʀi/ NF acetonuria

acétylcholine /asetilkɔlin/ NF acetylcholine

acétylcoenzyme /asetilkoɑ̃zim/ NF • **acétylcoenzyme A** acetyl CoA

acétyle /asetil/ NM acetyl

acétylène /asetilɛn/ NM acetylene; → **lampe**

acétylénique /asetilenik/ ADJ acetylenic

acétylsalicylique /asetilsalisilik/ ADJ • **acide acétylsalicylique** acetylsalicylic acid

achalandé, e /aʃalɑ̃de/ **bien achalandé** LOC ADJ (= *bien fourni*) well-stocked; († = *très fréquenté*) well-patronized

achards /aʃaʀ/ NMPL *spicy relish made with finely chopped fruit and vegetables*

acharné, e /aʃaʀne/ SYN (ptp de **s'acharner**) ADJ [*combat, concurrence, adversaire*] fierce, bitter; [*discussion*] heated; [*volonté*] dogged; [*campagne*] fierce; [*travail, efforts*] unremitting, strenuous; [*poursuivant, poursuite*] relentless; [*travailleur*] relentless, determined; [*défenseur, partisan*] staunch, fervent; [*joueur*] hardened • **acharné contre** dead (set) against • **acharné à faire** set on doing, determined to do • **c'est l'un des plus acharnés à combattre la pauvreté** he is one of the most active campaigners in the fight against poverty • **acharné à leur perte** intent on bringing about their downfall • **quelques acharnés restaient encore** a dedicated few stayed on

acharnement /aʃaʀnəmɑ̃/ SYN

NM [*de combattant, résistant*] fierceness, fury; [*de poursuivant*] relentlessness; [*de travailleur*] determination, unremitting effort • **son acharnement au travail** the determination with which he tackles his work • **avec acharnement** [*poursuivre*] relentlessly; [*travailler*] relentlessly, furiously; [*combattre*] bitterly, fiercely; [*résister*] fiercely; [*défendre*] staunchly • **se battant avec acharnement** fighting tooth and nail • **cet acharnement contre les fumeurs m'agace** it gets on my nerves the way smokers are being hounded like this

COMP **acharnement thérapeutique** prolonging life by technological means

acharner (s') /aʃaʀne/ SYN ► conjug 1 ◄ VPR

[1] (= *tourmenter*) • **s'acharner sur** [+ *victime, proie*] to go at fiercely and unrelentingly • **s'acharner contre qn** [*malchance*] to dog sb; [*adversaire*] to set o.s. against sb, to have got one's knife into sb • **elle s'acharne après cet enfant** she's always hounding that child

[2] (= *s'obstiner sur*) • **s'acharner sur** [+ *calculs, texte*] to work away furiously at • **je m'acharne à le leur faire comprendre** I'm desperately trying to get them to understand it • **il s'acharne inutilement** he's wasting his efforts

achat /aʃa/ SYN

NM [1] (= *chose achetée*) purchase • **faire un achat** to make a purchase • **il a fait un achat judicieux** he made a wise buy *ou* purchase • **faire des achats** to shop, to go shopping • **il est allé faire quelques achats** he has gone out to buy a few things *ou* to do some shopping • **faire ses achats (de Noël)** to do one's (Christmas) shopping • **montre-moi tes achats** show me what you've bought • **je ferai mes derniers achats à l'aéroport** I'll buy the last few things I need at the airport

[2] (*action*) • **faire l'achat de qch** to purchase *ou* buy sth • **faire un achat groupé** to buy several items at once • **c'est cher à l'achat mais c'est de bonne qualité** it's expensive (to buy) but it's good quality • **la livre vaut 1 € 50 à l'achat** the buying rate for sterling is € 1.50 • **ces titres ont fait l'objet d'achats massifs** these securities have been bought up in great numbers; → **central, offre, ordre²**, **pouvoir²** *etc*

COMP **achat d'espace** (*Publicité*) space buying
achat d'impulsion (= *action*) impulse buying; (= *chose*) impulse buy *ou* purchase
achat en ligne on-line purchase
achat de précaution (= *action*) hedge buying

acheminement /aʃ(ə)minmɑ̃/ NM [*de courrier, colis*] delivery (*vers* to); [*de troupes*] transporting • **acheminement de marchandises** carriage of goods • **l'acheminement des secours aux civils** getting help to civilians

acheminer /aʃ(ə)mine/ SYN ► conjug 1 ◄

VT [+ *courrier, colis*] to forward, to dispatch (*vers* to); [+ *troupes*] to transport (*vers* to); [+ *train*] to route (*sur, vers* to) • **acheminer un train supplémentaire sur Dijon** to put on an extra train to Dijon • **le pont aérien qui acheminera l'aide humanitaire dans la région** the airlift that will bring humanitarian aid to the region

VPR **s'acheminer** • **s'acheminer vers** [+ *endroit*] to make one's way towards, to head for; [+ *conclusion, solution*] to move towards; [+ *guerre, destruction, ruine*] to head for

achetable /aʃ(ə)tabl/ ADJ purchasable

acheter /aʃ(ə)te/ SYN ► conjug 5 ◄ VT [1] (*gén*) to buy, to purchase • **acheter qch à qn** (*à un vendeur*) to buy *ou* purchase sth from sb; (*pour qn*) to buy sth for sb, to buy sb sth • **acheter en grosses quantités** to buy in bulk, to bulk-buy (*Brit*) • **j'achète mon fromage au détail** I buy my cheese loose • **acheter à la hausse/à la baisse** (*Bourse*) to buy for a rise/for a fall • **ça s'achète dans les quincailleries** you can buy it *ou* it can be bought in hardware stores, it's on sale in hardware stores • **je me suis acheté une montre** I bought myself a watch • **(s')acheter une conduite** to turn over a new leaf, to mend one's ways; → **comptant, crédit**

[2] (*en corrompant*) [+ *vote, appui*] to buy; [+ *électeur, juge*] to bribe, to buy • **se laisser acheter** to let o.s. be bribed *ou* bought • **on peut acheter n'importe qui** every man has his price, everyone has their price

acheteur, -euse /aʃ(ə)tœʀ, øz/ SYN NM,F buyer • **il est acheteur** he wants to buy it • **il n'a pas encore trouvé d'acheteur pour sa voiture** he hasn't yet found anyone to buy his car *ou* a buyer for his car • **article qui ne trouve pas d'acheteur** item which does not sell *ou* which finds no takers • **la foule des acheteurs** the crowd of shoppers

acheuléen, -enne /aʃøleɛ̃, ɛn/

ADJ Acheulian, Acheulean

NM • **l'acheuléen** the Acheulian

achevé, e /aʃ(ə)ve/ (ptp de **achever**)

ADJ [*canaille*] out-and-out, thorough; [*artiste*] accomplished; [*art, grâce*] perfect • **d'un ridicule achevé** perfectly ridiculous • **tableau d'un mauvais goût achevé** picture in thoroughly bad taste

NM • **achevé d'imprimer** colophon

achèvement /aʃɛvmɑ̃/ NM [*de travaux*] completion; (*littér* = *perfection*) culmination; → **voie**

achever /aʃ(ə)ve/ SYN ► conjug 5 ◄

VT [1] (= *terminer*) [+ *discours, repas*] to finish, to end; [+ *livre*] to finish, to reach the end of; (= *parachever*) [+ *tâche, tableau*] to complete, to finish • **achever ses jours à la campagne** to end one's days in the country • **le soleil achève sa course** (*littér*) the sun completes its course • **achever (de parler)** to finish (speaking) • **il partit sans achever (sa phrase)** he left in mid sentence *ou* without finishing his sentence • **achever de se raser/de se préparer** to finish shaving/getting ready • **le pays achevait de se reconstruire** the country was just finishing rebuilding itself

[2] (= *porter à son comble*) • **cette remarque acheva de l'exaspérer** the remark really brought his irritation to a head • **cette révélation acheva de nous plonger dans la confusion** this revelation was all we needed to confuse us completely

[3] (= *tuer*) [+ *blessé*] to finish off; [+ *cheval*] to destroy; (= *fatiguer, décourager*) to finish (off); (* = *vaincre*) to finish off • **cette mauvaise nouvelle va achever son père** this bad news will finish his father off • **cette longue promenade m'a achevé !** that long walk finished me (off)!

VPR **s'achever** (= *se terminer*) to end (*par, sur* with); (*littér*) [*jour, vie*] to come to an end, to draw to a close • **ainsi s'achèvent nos émissions de la journée** (*TV*) that brings to an end our programmes for today

Achgabat /aʃgabat/ N Ashkhabad

achigan /aʃigɑ̃/ NM (*Can*) (black) bass • **achigan à grande bouche** large-mouth bass • **achigan à petite bouche** small-mouth bass • **achigan de roche** rock bass

Achille /aʃil/ NM Achilles; → **talon**

achillée /akile/ NF achillea

acholie /akɔli/ NF acholia

achondroplasie /akɔ̃dʀoplazi/ NF achondroplasia

achoppement /aʃɔpmɑ̃/ NM • **pierre** *ou* **point d'achoppement** stumbling block

achopper /aʃɔpe/ ► conjug 1 ◄ VT INDIR • **achopper sur** [+ *difficulté*] to come up against; (*littér*) [+ *pierre*] to stumble against *ou* over • **les pourparlers ont achoppé** the talks came up against a stumbling block

achromat /akʀɔma/ NM achromat, achromatic lens

achromatique /akʀɔmatik/ ADJ achromatic

achromatiser /akʀɔmatize/ ► conjug 1 ◄ VT to achromatize

achromatisme /akʀɔmatism/ NM (*Opt*) achromatism

achromatopsie /akʀɔmatɔpsi/ NF achromatopsy

achromie /akʀɔmi/ NF achromia

achylie /aʃili/ NF • **achylie gastrique** achylia gastrica

aciculaire /asikylɛʀ/ ADJ acicular

acide /asid/ SYN

ADJ (*lit, fig*) acid, sharp; (*Chim*) acid; → **pluie**

NM acid

COMP **acide aminé** amino-acid
acide gras fatty acid • **acide gras saturé/insaturé** saturated/unsaturated fatty acid

acidifiant, e /asidifjɑ̃, jɑ̃t/

ADJ acidifying

NM acidifier

acidificateur /asidifikatœʀ/ NM acidifying agent, acidifier

acidification /asidifikasjɔ̃/ NF acidification

acidifier VT, **s'acidifier** VPR /asidifje/ ► conjug 7 ◄ to acidify

acidimètre /asidimɛtʀ/ NM acidimeter

acidimétrie /asidimetʀi/ NF acidimetry

acidité /asidite/ NF (*lit, fig*) acidity, sharpness; (*Chim*) acidity

acidophile /asidɔfil/ ADJ acidophil(e), acidophilic

acidose /asidoz/ NF acidosis

acidulé, e /asidyle/ ADJ [goût] slightly acid; [voix] shrill; [couleur] acid; → **bonbon**

aciduler /asidyle/ ► conjug 1 ◄ VT to acidulate

acier /asje/ NM steel ◆ **acier inoxydable/trempé** stainless/tempered steel ◆ **acier rapide** high-speed steel ◆ **d'acier** [poutre, colonne] steel (épith), of steel; [regard] steely ◆ **muscles d'acier** muscles of steel; → **gris, moral, nerf**

aciérer /asjeʀe/ ► conjug 6 ◄ VT to steel

aciérie /asjeʀi/ NF steelworks

aciériste /asjeʀist/ NM steelmaker

acinésie /asinezi/ NF akinesia

acinétobacter /asinetobaktɛʀ/ NM acinetobacter

acinus /asinys/ NM acinus

aclinique /aklinik/ ADJ [ligne] aclinic

acmé /akme/ NF (littér = apogée) acme, summit; (Méd) crisis

acné /akne/ NF acne ◆ **avoir de l'acné** to have acne, to suffer from acne ◆ **acné juvénile** teenage acne

acnéique /akneik/
ADJ prone to acne (attrib)
NMF acne sufferer

acolyte /akɔlit/ NM (péj = associé) confederate, associate; (Rel) acolyte, server

acompte /akɔ̃t/ SYN NM (= arrhes) deposit; (sur somme due) down payment; (= versement régulier) instalment; (sur salaire) advance; (à un entrepreneur) progress payment ◆ **recevoir un acompte** (sur somme due) to receive something on account, to receive a down payment ◆ **verser un acompte** to make a deposit ◆ **ce week-end à la mer, c'était un petit acompte sur nos vacances** that weekend at the seaside was like a little foretaste of our holidays; → **provisionnel**

⚠ **acompte** ne se traduit pas par **account**, qui a le sens de 'compte'.

acon /akɔ̃/ NM (= embarcation) lighter

aconage /akɔnaʒ/ NM lighterage

Aconcagua /akɔ̃kagwa/ NM Aconcagua

aconier /akɔnje/ NM lighterman

aconit /akɔnit/ NM aconite, aconitum

aconitine /akɔnitin/ NF aconitine

a contrario /akɔ̃tʀaʀjo/ ADV, ADJ a contrario

acoquiner (s') /akɔkine/ ► conjug 1 ◄ VPR (péj) to get together, to team up (avec with)

Açores /asɔʀ/ NFPL **les Açores** the Azores

à-côté (pl **à-côtés**) /akote/ NM [de problème] side issue; [de situation] side aspect; (= gain, dépense secondaire) extra ◆ **avec ce boulot, il se fait des petits à-côtés*** with this job, he makes a bit extra ou on the side*

à-coup (pl **à-coups**) /aku/ SYN NM [de moteur] cough; [de machine] jolt, jerk; [d'économie, organisation] jolt ◆ **travailler par à-coups** to work by ou in fits and starts ◆ **avancer par à-coups** to jerk forward ou along ◆ **sans à-coups** smoothly ◆ **le moteur eut quelques à-coups** the engine coughed (and spluttered)

acouphène /akufɛn/ NM tinnitus

acousticien, -ienne /akustisjɛ̃, jɛn/ NM,F acoustician

acoustique /akustik/
ADJ acoustic ◆ **trait distinctif acoustique** (Phon) acoustic feature; → **cornet**
NF (= science) acoustics (sg); (= sonorité) acoustics ◆ **il y a une mauvaise acoustique** the acoustics are bad

acquéreur /akeʀœʀ/ NM buyer ◆ **j'ai trouvé/je n'ai pas trouvé acquéreur pour mon appartement** I have/I haven't found a buyer for my apartment, I've found someone/I haven't found anyone to buy my apartment ◆ **se porter acquéreur (de qch)** to announce one's intention to buy ou purchase (sth) ◆ **se rendre acquéreur de qch** to purchase ou buy sth

acquérir /akeʀiʀ/ SYN ► conjug 21 ◄ VT
1 [+ propriété, meuble] to acquire; (en achetant) to purchase, to buy; (Bourse) [+ titre] to acquire, to purchase; [+ société] to acquire; → **bien**
2 (= obtenir) [+ faveur, célébrité] to win, to gain; [+ habileté, autorité, nationalité, habitude] to acquire; [+ importance, valeur, statut] to acquire, to gain ◆ **acquérir la certitude de qch** to become certain of sth ◆ **acquérir la preuve de qch** to gain ou obtain (the) proof of sth ◆ **leur entreprise a acquis une dimension européenne** their company has acquired ou taken on a European dimension ◆ **l'expérience s'acquiert avec le temps** experience is something you acquire with time ◆ **il s'est acquis une solide réputation** he has built up a solid reputation ◆ **il s'est acquis l'estime/l'appui de ses chefs** he won ou gained his superiors' esteem/support

acquêt /akɛ/ NM acquest; → **communauté**

acquiescement /akjesmɑ̃/ SYN NM
1 (= approbation) approval, agreement ◆ **il leva la main en signe d'acquiescement** he raised his hand in approval ou agreement
2 (= consentement) acquiescence, assent ◆ **donner son acquiescement à qch** to give one's assent to sth

acquiescer /akjese/ ► conjug 3 ◄ VI
1 (= approuver) to approve, to agree ◆ **il acquiesça d'un signe de tête** he nodded in agreement, he nodded his approval
2 (= consentir) to acquiesce, to assent ◆ **acquiescer à une demande** to acquiesce to ou in a request, to assent to a request

acquis, e /aki, iz/ SYN (ptp de **acquérir**)
ADJ 1 [fortune, qualité, droit] acquired ◆ **caractères acquis** acquired characteristics; → **vitesse**
2 [fait] established, accepted ◆ **il est maintenant acquis que...** it has now been established that..., it is now accepted that... ◆ **rien n'est jamais acquis** you can't take anything for granted
◆ **tenir qch pour acquis** (comme allant de soi) to take sth for granted; (comme décidé) to take sth as settled ou agreed
3 (locutions)
◆ **être acquis à** ◆ **ce droit nous est acquis** we have now established this right as ours ◆ **ses faveurs nous sont acquises** we can count on ou be sure of his favour ◆ **être acquis à un projet** to be in complete support of ou completely behind a plan ◆ **cette région est acquise à la gauche** this region is a left-wing stronghold ou is solidly left-wing ◆ **il est (tout) acquis à notre cause** we have his complete support
NM 1 (= avantage) asset ◆ **sa connaissance de l'anglais est un acquis précieux** his knowledge of English is a valuable asset ◆ **acquis sociaux** social benefits ◆ **acquis territoriaux** territorial acquisitions
2 (= connaissance) ◆ **cet élève vit sur ses acquis** this pupil gets by on what he already knows
3 (opposé à inné) ◆ **l'inné et l'acquis** nature and nurture
4 († = expérience, savoir) experience ◆ **avoir de l'acquis** to have experience

acquisition /akizisjɔ̃/ NF 1 (= action, processus) acquisition, acquiring ◆ **faire l'acquisition de qch** to acquire sth; (par achat) to purchase sth ◆ **l'acquisition du langage** language acquisition ◆ **l'acquisition de la nationalité française** the acquisition of French nationality ◆ **l'acquisition de données** (Ordin) data acquisition
2 (= objet) acquisition; (par achat) purchase ◆ **nouvelle acquisition** [de bibliothèque] accession

acquit /aki/ NM (Comm = décharge) receipt ◆ « **pour acquit** » "received"
◆ **par acquit de conscience** just to be sure ◆ **par acquit de conscience, il a revérifié** just to be sure, he double-checked

acquit-à-caution (pl **acquits-à-caution**) /akitakosjɔ̃/ NM bond note

acquittement /akitmɑ̃/ NM 1 [d'accusé] acquittal ◆ **verdict d'acquittement** verdict of not guilty
2 [de facture] payment, settlement; [de droit, impôt] payment; [de dette] discharge, settlement

acquitter /akite/ SYN ► conjug 1 ◄
VT 1 [+ accusé] to acquit
2 [+ droit, impôt] to pay; [+ dette] to pay (off), to settle, to discharge; [+ facture] (gén) to pay, to settle; (Comm) to receipt
3 ◆ **acquitter qn de** [+ dette, obligation] to release sb from
VPR **s'acquitter** ◆ **s'acquitter de** [+ dette] to pay (off), to settle; [+ dette morale, devoir] to discharge; [+ promesse] to fulfil, to carry out; [+ obligation] to fulfil, to discharge; [+ fonction, tâche] to fulfil, to carry out ◆ **comment m'acquitter (envers vous)?** how can I ever repay you? (de for)

acre /akʀ/
NF (Hist) ≈ acre
NM (Can) acre (4,046.86 m²)

âcre /akʀ/ SYN ADJ [odeur, saveur] acrid, pungent; (littér) acrid

âcreté /akʀəte/ NF acridity

acridiens /akʀidjɛ̃/ NMPL grasshoppers

acrimonie /akʀimɔni/ NF acrimony

acrimonieux, -ieuse /akʀimɔnjø, jøz/ ADJ acrimonious

acrobate /akʀɔbat/ NMF acrobat

acrobatie /akʀɔbasi/ SYN NF (= tour) acrobatic feat; (= art) acrobatics (sg) ◆ **acrobaties aériennes** aerobatics ◆ **faire des acrobaties** to perform acrobatics ◆ **il a fallu se livrer à des acrobaties comptables/budgétaires** we had to juggle the accounts/the budget ◆ **à force d'acrobaties financières, il a sauvé son entreprise** he managed to save his company with some financial sleight of hand ou thanks to some financial gymnastics ◆ **mon emploi du temps tient de l'acrobatie*** I have to tie myself in knots* to cope with my timetable

acrobatique /akʀɔbatik/ ADJ acrobatic

acrocéphale /akʀosefal/ ADJ acrocephalic, oxycephalic

acrocéphalie /akʀosefali/ NF acrocephaly, oxycephaly

acrocyanose /akʀosjanoz/ NF acrocyanosis

acroléine /akʀɔlein/ NF acrolein

acromégalie /akʀomegali/ NF acromegaly

acromion /akʀɔmjɔ̃/ NM acromion

acronyme /akʀɔnim/ NM acronym

acrophobie /akʀofɔbi/ NF acrophobia

Acropole /akʀɔpɔl/ NF ◆ **l'Acropole** the Acropolis

acrosome /akʀozom/ NM acrosome

acrostiche /akʀɔstiʃ/ NM acrostic

acrotère /akʀoteʀ/ NM (= socle, ensemble) acroter

acrylique /akʀilik/ ADJ, NM acrylic; → **peinture**

actant /aktɑ̃/ NM (Ling) agent

acte /akt/ SYN
NM 1 (= action) action ◆ **acte instinctif/réflexe** instinctive/reflex action ◆ **moins de paroles, des actes!** let's have less talk and more action! ◆ **ce crime est l'acte d'un fou** this crime is the work of a madman ◆ **passer à l'acte** (Psych) to act; (après menace) to put one's threats into action ◆ **en acte** (Philos) in actuality
◆ **un acte de bravoure/de lâcheté/de cruauté** an act of bravery/cowardice/cruelty, a brave/cowardly/cruel act ◆ **plusieurs actes de terrorisme ont été commis** several acts of terrorism have been committed ◆ **ce crime est un acte de folie** this crime is an act of madness
2 (Jur) deed; [d'état civil] certificate ◆ **dont acte** (Jur) duly noted ou acknowledged
3 (Théât, fig) act ◆ **pièce en un acte** one-act play ◆ **le dernier acte du conflit se joua en Orient** the final act of the struggle was played out in the East
4 [de congrès] ◆ **actes** proceedings
5 (locutions)
◆ **demander acte** ◆ **demander acte que/de qch** to ask for formal acknowledgement that/of sth
◆ **prendre acte** ◆ **prendre acte de qch** to note sth ◆ **prendre acte que...** to record formally that... ◆ **nous prenons acte de votre promesse** we have noted ou taken note of your promise
◆ **donner acte** ◆ **donner acte que** to acknowledge formally that ◆ **donner acte de qch** to acknowledge sth formally
◆ **faire acte de** ◆ **faire acte de citoyen** to act behave as a citizen ◆ **faire acte d'autorité** to make a show of authority ◆ **faire acte de candidature** to apply, to submit an application ◆ **faire acte de présence** to put in a token appearance ◆ **il a au moins fait acte de bonne volonté** he has at least shown some goodwill
COMP **acte d'accusation** bill of indictment, charge (Brit)
acte d'amnistie amnesty
les Actes des Apôtres the Acts of the Apostles
acte d'association partnership agreement ou deed, articles of partnership
acte authentique ⇒ **acte notarié**
acte de banditisme criminal act
acte de baptême baptismal certificate
acte de charité act of charity

acte de commerce commercial act *ou* deed
acte constitutif [*de société*] charter
acte de contrition act of contrition
acte de décès death certificate
acte d'espérance act of hope
acte de l'état civil birth, marriage or death certificate
acte de foi act of faith
acte gratuit gratuitous act, acte gratuit
acte de guerre act of war
acte judiciaire judicial document ◆ **signifier** *ou* **notifier un acte judiciaire** to serve legal process (à on)
acte manqué (*Psych*) revealing blunder
acte de mariage marriage certificate
acte médical medical treatment (*NonC*)
acte de naissance birth certificate
acte notarié notarial deed, deed executed by notary
acte de notoriété affidavit
acte officiel (*Jur*) instrument
acte sexuel sex act
acte de succession attestation of inheritance
l'Acte unique (européen) the Single European Act
acte de vente bill of sale; → **seing**

actée /akte/ NF baneberry ◆ **actée à grappes noires** black cohosh

acter /akte/ ► conjug 1 ◄ VT ◆ **il a fait acter ce principe par un vote** he obtained official endorsement for the principle by putting it to a vote ◆ **ils ont fait acter son éviction des rangs du parti** they had him officially expelled from the party

acteur /aktœʀ/ SYN NM (*Théât, Ciné*) actor; (*fig*) player ◆ **acteur de cinéma** film *ou* movie (US) actor ◆ **acteur de théâtre** stage *ou* theatre actor ◆ **tous les acteurs du film sont excellents** the entire cast in this film are *ou* is excellent ◆ **les principaux acteurs économiques** the key economic players ◆ **les acteurs de la politique mondiale** the actors *ou* players on the world political stage ◆ **les acteurs sociaux** the main organized forces in society ◆ **les trois acteurs de ce drame** (*fig*) the three people involved in *ou* the three protagonists in the tragedy; → **actrice**

ACTH /aseteaʃ/ NF (*abrév de* Adenocorticotropic Hormone) ACTH

actif, -ive /aktif, iv/ SYN
ADJ [*personne, participation*] active; [*poison, médicament*] active, potent; (*au travail*) [*population*] working; (*Bourse*) [*marché*] buoyant; (*Phys*) [*substance*] activated, active; (*Élec*) [*circuit, élément*] active; (*Ling*) active ◆ **les principes actifs du médicament** the active principles of the drug ◆ **prendre une part active à qch** to take an active part in sth ◆ **dans la vie active** in his (*ou* one's etc) working life ◆ **entrer dans la vie active** to begin one's working life; → **armée[2], charbon, corruption** etc
NM [1] (*Ling*) active (voice) ◆ **à l'actif** in the active voice
[2] (*Fin*) assets; [*de succession*] credits ◆ **actif circulant** current *ou* floating assets ◆ **actif réalisable et disponible** current assets ◆ **porter une somme à l'actif** to put a sum on the assets side ◆ **sa gentillesse est à mettre à son actif** his kindness is a point in his favour, on the credit *ou* plus* side there is his kindness (to consider) ◆ **il a plusieurs crimes à son actif** he has several crimes to his name ◆ **il a plusieurs records à son actif** he has several records to his credit *ou* name
[3] (= *qui travaille*) working person ◆ **les actifs** people who work, the working population
NF **active** (*Mil*) ◆ **l'active** the regular army ◆ **officier d'active** regular officer

actine /aktin/ NF actin

actinide /aktinid/ NM actinide, actinon

actinie /aktini/ NF actinia

actinite /aktinit/ NF erythema solare

actinium /aktinjɔm/ NM actinium

actinomètre /aktinɔmɛtʀ/ NM actinometer

actinomycète /aktinomisɛt/ NM actinomycete

actinomycose /aktinomikoz/ NF actinomycosis

actinote /aktinɔt/ NF actinolite

actinothérapie /aktinoteʀapi/ NF actinotherapy

action[1] /aksjɔ̃/ SYN NF [1] (= *acte*) action, act ◆ **action audacieuse** act of daring, bold action ◆ **faire une bonne action** to do a good deed ◆ **j'ai fait ma bonne action de la journée** I've done my good deed for the day ◆ **commettre une mauvaise action** to do something (very) wrong, to behave badly ◆ **action d'éclat** brilliant feat ◆ **action de grâce(s)** (*Rel*) thanksgiving
[2] (= *activité*) action ◆ **passer à l'action** (*gén, fig*) to take action; (*Mil*) to go into battle *ou* action ◆ **le moment est venu de passer à l'action** the time has come for action ◆ **être en action** [*forces*] to be at work ◆ **entrer en action** [*troupes, canon*] to go into action; [*usine*] to go into operation; [*mécanisme*] to start ◆ **mettre en action** [+ *mécanisme*] to set going; [+ *plan*] to put into action ◆ **le dispositif de sécurité se mit en action** the security device went off *ou* was set off; → **champ[1], feu[1], homme**
[3] (= *effet*) [*de machine*] action; [*d'éléments naturels, médicament*] effect ◆ **ce médicament est sans action** this medicine is ineffective *ou* has no effect ◆ **la pierre s'est fendue sous l'action du gel** the frost caused the stone to crack ◆ **la transformation s'opère sous l'action des bactéries** the transformation is caused by the action of bacteria
[4] (= *initiative*) action ◆ **engager une action commune** to take concerted action ◆ **recourir à l'action directe** to resort to *ou* have recourse to direct action ◆ **action revendicative** [*d'ouvriers*] industrial action (*NonC*); [*d'étudiants*] protest (*NonC*); → **journée**
[5] (= *politique, mesures*) policies ◆ **l'action gouvernementale** the government's policies ◆ **l'action économique et sociale** economic and social policy ◆ **l'action humanitaire** humanitarian aid ◆ **pour financer notre action en faveur des réfugiés** in order to finance our aid programme for refugees ◆ **le développement de l'action culturelle à l'étranger** the development of cultural initiatives abroad ◆ **son action à la tête du ministère a été critiquée** he was criticized for what he did as head of the ministry; → **programme**
[6] [*de pièce, film*] [= *mouvement, péripéties*] action; (= *intrigue*) plot ◆ **action ! action!** ◆ **l'action se passe en Grèce** the action takes place in Greece ◆ **film d'action** action film ◆ **roman (plein) d'action** action-packed novel
[7] (*Jur*) action (at law), lawsuit ◆ **action collective** *ou* **de groupe** class action ◆ **action juridique/civile** legal/civil action ◆ **action en diffamation** libel action; → **intenter**
[8] (*Sport*) ◆ **il a été blessé au cours de cette action** he was injured during that bit of play ◆ **il y a eu deux actions dangereuses devant nos buts** there were two dangerous attacking moves right in front of our goal ◆ **il y a eu de belles actions au cours de ce match** there was some fine play during the match ◆ **revoyons l'action** let's have an action replay
[9] (*Helv = vente promotionnelle*) special offer ◆ **robes en action** dresses on special offer

action[2] /aksjɔ̃/ NF (*Fin*) share ◆ **actions** shares, stock(s) ◆ **action cotée** listed *ou* quoted share ◆ **action gratuite/ordinaire/nominative/au porteur** free/ordinary/registered/bearer share ◆ **action préférentielle** *ou* **à dividende prioritaire** preference share (*Brit*), preferred share (US) ◆ **action de chasse** hunting rights ◆ **ses actions sont en hausse/baisse** (*fig*) his stock is rising/falling; → **société**

actionnaire /aksjɔnɛʀ/ NMF shareholder ◆ **actionnaire principal** leading shareholder ◆ **être actionnaire majoritaire** to have a majority shareholding

actionnarial, e /aksjɔnaʀjal, o/ (*mpl* **actionnariaux**) ADJ stock (*épith*), share (*épith*) ◆ **la structure actionnariale de l'entreprise** the company's share structure

actionnariat /aksjɔnaʀja/ NM (= *détention d'actions*) shareholding; (= *personnes*) shareholders ◆ **développer l'actionnariat ouvrier** to increase employee share-ownership

actionnement /aksjɔnmɑ̃/ NM activating, activation

actionner /aksjɔne/ SYN ► conjug 1 ◄ VT [1] [+ *levier, manette*] to operate; [+ *mécanisme*] to activate; [+ *machine*] to drive, to work ◆ **moteur actionné par la vapeur** steam-powered *ou* -driven engine ◆ **actionner la sonnette** to ring the bell
[2] (*Jur*) to sue, to bring an action against ◆ **actionner qn en dommages et intérêts** to sue sb for damages

actionneur /aksjɔnœʀ/ NM (*Tech*) actuator

activateur, -trice /aktivatœʀ, tʀis/
ADJ activating (*épith*)
NM activator ◆ **activateur de croissance** growth stimulant

activation /aktivasjɔ̃/ NF (*Chim, Phys*) activation; (*Bio*) initiation of development

activé, e /aktive/ (*ptp de* **activer**) ADJ activated; → **charbon**

activement /aktivmɑ̃/ SYN ADV actively ◆ **participer activement à qch** to take an active part *ou* be actively involved in sth ◆ **le suspect est activement recherché par la police** a major police search for the suspect is under way

activer /aktive/ SYN ► conjug 1 ◄
VT [1] (= *accélérer*) [+ *processus, travaux*] to speed up; (= *aviver*) [+ *feu*] to stoke
[2] (*Chim*) to activate
[3] (= *actionner*) [+ *dispositif*] to set going; (*Ordin*) to activate
VI (* = *se dépêcher*) to get a move on *, to get moving *
VPR **s'activer** (= *s'affairer*) to bustle about ◆ **s'activer à faire** to be busy doing ◆ **active-toi !** * get a move on!*

activeur /aktivœʀ/ NM activator

activisme /aktivism/ NM activism

activiste /aktivist/ ADJ, NMF activist

activité /aktivite/ SYN NF [1] (= *fonctionnement*) activity ◆ **l'activité économique** economic activity ◆ **cesser ses activités** [*entreprise*] to cease trading *ou* operations ◆ **la concurrence nous a forcé à cesser nos activités** our competitors have put us out of business ◆ **pratiquer une activité physique régulière** to take regular exercise, to exercise regularly ◆ **elle déborde d'activité** [*personne*] she's incredibly active
[2] (= *occupation non rémunérée, passe-temps*) activity ◆ **le club propose de multiples activités culturelles** the club provides a wide range of cultural activities
[3] (= *emploi*) job ◆ **activité professionnelle** occupation ◆ **avoir une activité salariée** to be in paid *ou* gainful (*frm*) employment ◆ **le passage de l'activité à la retraite** the transition from working life to retirement; (*Mil*) the transfer from the active to the retired list ◆ **cesser son activité** [*salarié*] to stop working; [*médecin*] to stop practising
[4] (= *domaine d'intervention*) [*d'entreprise*] (line of) business ◆ **notre activité principale est l'informatique** our main line of business is computing ◆ **ils ont étendu leurs activités à la distribution** they have branched out into distribution
[5] (= *animation*) [*de rue, ville*] bustle ◆ **les rues sont pleines d'activité** the streets are bustling with activity *ou* are very busy
[6] (*locutions*)
◆ **en activité** ◆ **être en activité** [*volcan*] to be active; [*entreprise*] to be trading, to be in business; [*centrale nucléaire, usine*] to function, to be in operation; [*salarié*] to be working ◆ **le nombre des médecins en activité** the number of practising doctors ◆ **être en pleine activité** [*usine*] to be operating at full strength, to be in full operation; [*personne*] to be very busy; (*hum*) to be hard at it *

actrice /aktʀis/ NF (*Théât, Ciné, fig*) actress ◆ **actrice de cinéma** film *ou* movie (US) actress ◆ **actrice de théâtre** stage *ou* theatre actress

actuaire /aktɥɛʀ/ NMF actuary

actualisation /aktɥalizasjɔ̃/ NF [1] (= *mise à jour*) [*d'ouvrage, règlement*] updating ◆ **ils réclament l'actualisation du salaire minimum** they are calling for a review of the minimum wage
[2] (*Fin*) [*de coûts*] updated forecast; [*de somme due*] discounting
[3] (*Ling, Philos*) actualization

actualiser /aktɥalize/ SYN ► conjug 1 ◄ VT [1] (= *mettre à jour*) [+ *ouvrage, règlement*] to update, to bring up to date; [+ *salaires*] to review
[2] (*Fin*) [+ *coûts*] to give an updated forecast of; [+ *somme due*] to discount ◆ **cash-flow actualisé** discounted cash flow
[3] (*Ling, Philos*) to actualize

actualité /aktɥalite/ SYN NF [1] [*de livre, sujet*] topicality ◆ **livre d'actualité** topical book
[2] (= *événements*) ◆ **l'actualité** current affairs ◆ **l'actualité sportive** the sports news
[3] (*Ciné, Presse*) ◆ **les actualités** the news ◆ **il est passé aux actualités** * he was on the news ◆ **actualités télévisées/régionales** television/local *ou* regional news

actuariat /aktɥaʀja/ NM (= technique) actuarial methods

actuariel, -elle /aktɥaʀjɛl/ ADJ actuarial ◆ **taux** ou **rendement actuariel brut** gross annual interest yield ou return

actuel, -elle /aktɥɛl/ SYN ADJ 1 (= présent) present, current ◆ **à l'heure actuelle** at the present time ◆ **à l'époque actuelle** nowadays, in this day and age ◆ **le monde actuel** the world today, the present-day world ◆ **l'actuel Premier ministre** the current Prime Minister
2 (= d'actualité) [livre, problème] topical
3 (Philos, Rel, Fin) actual

⚠ **actuel** se traduit rarement par le mot anglais **actual**, qui a le sens de 'réel'.

4 (Philos) actuality

⚠ **actualité** se traduit par **actuality** uniquement au sens philosophique.

actuellement /aktɥɛlmɑ̃/ SYN ADV
1 (= maintenant) currently, at present ◆ **ce pays assure actuellement la présidence de l'Union européenne** this country currently holds the presidency of the European Union ◆ **avez-vous un emploi ? – pas actuellement** have you got a job? – not at the moment
2 (Philos) actually

⚠ Au sens de 'maintenant', **actuellement** ne se traduit pas par **actually**.

acuité /akɥite/ SYN NF [de son] shrillness; [de douleur, problème, crise] acuteness; [de sens] sharpness, acuteness ◆ **acuité visuelle** visual acuity

acuminé, e /akymine/ ADJ acuminate

acuponcteur, acupuncteur /akypɔ̃ktœʀ/ NM acupuncturist

acuponcture, acupuncture /akypɔ̃ktyʀ/ NF acupuncture

acutangle /akytɑ̃gl/ ADJ acute-angled

acyclique /asiklik/ ADJ (gén) non-cyclical; (Chim) acyclic

a/d (abrév de à dater, à la date de) as from

Ada /ada/ NM Ada

ADAC /adak/ NM (abrév de avion à décollage et atterrissage courts) STOL

adage¹ /adaʒ/ SYN NM (= maxime) adage, saying

adage² /adaʒ/ NM (Danse) adagio

adagio /ada(d)ʒjo/ ADV, NM adagio

Adam /adɑ̃/ NM Adam ◆ **en costume** ou **tenue d'Adam** (hum) in one's birthday suit; → **pomme**

adamantin, e /adamɑ̃tɛ̃, in/ ADJ (littér) adamantine

adaptabilité /adaptabilite/ NF adaptability

adaptable /adaptabl/ ADJ adaptable

adaptateur, -trice /adaptatœʀ, tʀis/
NM,F (= personne) adapter
NM (= dispositif) adapter

adaptatif, -ive /adaptatif, iv/ ADJ adaptive ◆ **système d'optique adaptative** adaptive optics system

adaptation /adaptasjɔ̃/ SYN NF 1 (gén) adaptation (à to) ◆ **faire un effort d'adaptation** to try to adapt ◆ **capacité** ou **faculté d'adaptation** adaptability (à to) ◆ **il lui a fallu un certain temps d'adaptation** it took him some time to adapt
2 (Ciné, Théât) adaptation; (Mus) arrangement ◆ **adaptation cinématographique** film ou screen adaptation ◆ **adaptation télévisée** television adaptation

adapter /adapte/ SYN ▸ conjug 1 ◂
VT 1 (= rattacher, joindre) to attach ◆ **adapter une prise à** to fit a plug to
2 (= approprier) ◆ **le traitement semble bien adapté** (à la maladie) the treatment seems to be appropriate (to the illness) ◆ **ces mesures sont-elles bien adaptées à la situation ?** are these measures really appropriate to the situation? ◆ **adapter la musique aux paroles** to fit the music to the words
3 (= modifier) [+ conduite, méthode, organisation] to adapt; [+ roman, pièce] to adapt (pour for)
VPR **s'adapter** 1 (= s'habituer) to adapt (o.s.) (à to)
2 (= s'appliquer) ◆ **s'adapter à** ou **sur qch** [objet, prise] to fit sth

ADAV /adav/ NM (abrév de avion à décollage et atterrissage verticaux) VTOL

addenda /adɛ̃da/ NM INV addenda

addictif, -ive /adiktif, iv/ ADJ addictive

addiction /adiksjɔ̃/ NF addiction (à to)

Addis Abeba /adisabeba/ N Addis Ababa

additif, -ive /aditif, iv/
ADJ (Math) additive
NM (= note, clause) additional clause, rider; (= substance) additive ◆ **additif budgétaire** supplemental budget ◆ **additif alimentaire** food additive

addition /adisjɔ̃/ SYN NF 1 (Math) (gén) addition; (= problème) addition, sum ◆ **faire une addition** to do a sum ◆ **par addition de** by adding, by the addition of
2 (= facture) bill, check (US) ◆ **payer** ou **régler l'addition** (lit) to pay ou settle the bill; (fig) to pick up the tab ◆ **l'addition va être lourde** the cost will be high

additionnel, -elle /adisjɔnɛl/ SYN ADJ additional; → **centime**

additionner /adisjɔne/ SYN ▸ conjug 1 ◂
VT (lit, fig) to add up ◆ **additionner qch à** to add sth to ◆ **additionner le vin de sucre** to add sugar to the wine, to mix sugar with the wine ◆ **additionné d'alcool** (sur étiquette) with alcohol added
VPR **s'additionner** to add up

additionneur /adisjɔnœʀ/ NM (Ordin) adder

additivé, e /aditive/ ADJ [carburant] high-octane (épith)

adducteur /adyktœʀ/ ADJ M, NM ◆ (canal) adducteur feeder (canal) ◆ (muscle) adducteur adductor

adduction /adyksjɔ̃/ NF (Anat) adduction ◆ **adduction d'eau** water conveyance ◆ **travaux d'adduction d'eau** laying on water

Adélaïde /adelaid/ NF Adelaide

ADEME /adɛm/ NF (abrév de Agence de l'environnement et de la maîtrise de l'énergie) → **agence**

Aden /adɛn/ N Aden

adénine /adenin/ NF adenine

adénite /adenit/ NF adenitis

adénocarcinome /adenokaʀsinom/ NM adenocarcinoma

adénoïde /adenɔid/ ADJ adenoid(al)

adénome /adenom/ NM adenoma

adénopathie /adenopati/ NF adenopathy

adénosine /adenozin/ NF adenosine

adénovirus /adenoviʀys/ NM adenovirus

adepte /adɛpt/ SYN NMF [de doctrine, mouvement] follower; [d'activité] enthusiast ◆ **faire des adeptes** to gain followers ◆ **les adeptes du deltaplane** hang-gliding enthusiasts

⚠ **adepte** ne se traduit pas par le mot anglais **adept**, qui a le sens de 'expert'.

adéquat, e /adekwa(t), at/ SYN ADJ (gén) appropriate, suitable; (Gram) adequate ◆ **utiliser le vocabulaire adéquat** to use the appropriate vocabulary ◆ **ces installations ne sont pas adéquates** these facilities are not suitable

adéquation /adekwasjɔ̃/ NF adequacy ◆ **la question de l'adéquation du mode de scrutin européen est posée** the question of the adequacy of the European voting system has arisen ◆ **adéquation entre... et...** balance between... and... ◆ **un rapport sur l'adéquation entre besoins et effectifs** a report on the balance between requirements and available staff
◆ **être en adéquation avec qch** to match sth ◆ **son discours n'est pas tout à fait en adéquation avec son comportement** his behaviour ou what he does does not exactly match what he says ◆ **cette crème agit en adéquation parfaite avec la peau** this cream works in perfect harmony with one's skin

adhérence /adeʀɑ̃s/ NF (gén) adhesion (à to); [de pneus, semelles] grip (à on), adhesion (à to) ◆ **adhérence (à la route)** [de voiture] roadholding

adhérent, e /adeʀɑ̃, ɑ̃t/ SYN
ADJ [pays] member (épith) ◆ **les pays adhérents** the member nations ◆ **les personnes non adhérentes à l'association** non-members of the association
NM,F member ◆ **carte d'adhérent** membership card

adhérer /adeʀe/ SYN ▸ conjug 6 ◂ **adhérer à** VT INDIR 1 (= coller) to stick to, to adhere to ◆ **adhérer à la route** [pneu] to grip the road; [voiture] to hold the road ◆ **ça adhère bien** it sticks ou adheres well, it holds the road well
2 (= se rallier à) [+ plan, projet] to subscribe to; [+ traité] to adhere to; [+ point de vue] to support, to subscribe to; [+ idéal, philosophie] to adhere to
3 (= devenir membre de) to join; (= être membre de) to be a member of, to belong to

adhésif, -ive /adezif, iv/
ADJ adhesive, sticky ◆ **pansement adhésif** sticking plaster (Brit), Band-Aid ® (US) ◆ **papier adhésif** sticky(-backed) paper
NM adhesive

adhésion /adezjɔ̃/ SYN NF 1 (= inscription) joining; (= fait d'être membre) membership (à of) ◆ **son adhésion au club** his joining the club ◆ **ils ont demandé leur adhésion à l'UE** they've applied to join the EU, they've applied for EU membership ◆ **bulletin/campagne d'adhésion** membership form/drive ◆ **il y a 3 nouvelles adhésions cette semaine** 3 new members joined this week, there have been 3 new memberships this week
2 (= accord) adherence (à to) ◆ **leur adhésion au traité** their adherence to the treaty
3 (Phys) (= force) adhesion

⚠ Attention à ne pas traduire automatiquement **adhésion** par le mot anglais **adhesion**, qui a des emplois spécifiques et d'un registre plus soutenu.

adhésivité /adezivite/ NF (Tech) adhesiveness

ad hoc /adɔk/ ADJ INV 1 (= approprié) [formation, méthode, solution] appropriate ◆ **c'est l'homme ad hoc** he's just the man we need ◆ **j'ai trouvé le lieu ad hoc pour la réception** I've found the ideal ou the perfect place for the reception
2 [organisme, mission] ad hoc ◆ **commission ad hoc** ad hoc committee

ad hominem /adɔminɛm/ LOC ADJ [argument] ad hominem

adiabatique /adjabatik/ ADJ adiabatic

adiante /adjɑ̃t/ NM maidenhair (fern)

adieu (pl **adieux**) /adjø/
NM 1 (= salut) goodbye, farewell (littér) ◆ **dire adieu à** (lit, fig) to say goodbye to ◆ **d'adieu** [repas, visite] farewell (épith) ◆ **baiser d'adieu** parting ou farewell kiss ◆ **tu peux dire adieu à ta sieste !** you can forget about your nap! ◆ **tu peux dire adieu à ton argent !** you can kiss your money goodbye!* ◆ « **L'Adieu aux armes** » (Littérat) "A Farewell to Arms"
2 (= séparation) adieux farewells ◆ **faire ses adieux (à qn)** to say one's farewells (to sb) ◆ **il a fait ses adieux à la scène/au journalisme** he bade farewell to the stage/to journalism
EXCL (définitif) (littér) farewell; (dial = au revoir) bye*; (= bonjour) hi* ◆ **adieu la tranquillité/les vacances** goodbye to (our) peace and quiet/our holidays

à-Dieu-va(t) /adjøva(t)/ EXCL it's all in God's hands!

adipeux, -euse /adipø, øz/ ADJ fat, adipose (Spéc); [visage] fleshy

adipique /adipik/ ADJ ◆ **acide adipique** adipic acid

adipocyte /adipɔsit/ NM adipocyte

adipolyse /adipɔliz/ NF lipolysis

adipopexie /adipɔpɛksi/ NF lipopexia

adipose /adipoz/ NF adiposis

adiposité /adipozite/ NF adiposity

adipsie /adipsi/ NF adipsia

adjacent, e /adʒasɑ̃, ɑ̃t/ SYN ADJ adjacent, adjoining ◆ **adjacent à** adjacent to, adjoining; → **angle**

adjectif, -ive /adʒɛktif, iv/
ADJ adjectival, adjective (épith)
NM adjective ◆ **adjectif substantivé/qualificatif** nominalized/qualifying adjective ◆ **adjectif attribut/épithète** predicative/attributive adjective ◆ **adjectif verbal** verbal adjective

adjectival, e (mpl **-aux**) /adʒɛktival, o/ ADJ adjectival ◆ **locution adjectivale** adjectival phrase

adjectivé, e /adʒɛktive/ ADJ used as an adjective

adjectivement /adʒɛktivmɑ̃/ ADV adjectivally, as an adjective

adjoindre /adʒwɛ̃dʀ/ SYN ▸ conjug 49 ◂ VT
1 (= associer) ◆ **adjoindre un collaborateur à**

qn to appoint sb as an assistant to sb ◆ **adjoindre qn à une équipe** to give sb a place in a team ◆ **s'adjoindre un collaborateur** to take on *ou* appoint an assistant

2 *(= ajouter)* ◆ **adjoindre une pièce/un dispositif à qch** to attach *ou* affix a part/device to sth ◆ **adjoindre un chapitre à un ouvrage** to add a chapter to a book; *(à la fin)* to append a chapter to a book ◆ **à ces difficultés est venu s'adjoindre un nouveau problème** in addition to all these difficulties there was now a new problem

adjoint, e /adʒwɛ̃, wɛ̃t/ SYN (ptp de **adjoindre**)

ADJ assistant ◆ **commissaire/directeur adjoint** assistant commissioner/manager

NM,F deputy, assistant ◆ **adjoint au maire** deputy mayor ◆ **adjoint d'enseignement** non-certificated teacher *(with tenure)*

NM *(Ling)* adjunct

adjonction /adʒɔ̃ksjɔ̃/ NF 1 *(gén)* addition *(à* to) ◆ **produits sans adjonction de colorant/sel** products with no added colouring/salt

2 *(Math, Ling)* adjunction

adjudant /adʒydɑ̃/ NM *(gén)* warrant officer; *(dans l'armée de l'air américaine)* senior master sergeant ◆ **adjudant chef** warrant officer 1st class *(Brit)*, chief warrant officer *(US)*

adjudicataire /adʒydikatɛʀ/ NMF *(aux enchères)* purchaser; *(= soumissionnaire)* successful bidder ◆ **qui est l'adjudicataire du contrat ?** who won *ou* secured the contract?

adjudicateur, -trice /adʒydikatœʀ, tʀis/ NM,F *[d'enchères]* seller; *[de contrat]* awarder

adjudication /adʒydikasjɔ̃/ NF 1 *(= vente aux enchères)* sale by auction; *(= marché administratif)* invitation to tender, putting up for tender; *(= contrat)* contract ◆ **par (voie d')adjudication** by auction, by tender ◆ **mettre en vente par adjudication** to put up for sale by auction ◆ **offrir par adjudication** to put up for tender ◆ **adjudication forcée** compulsory sale

2 *(= attribution) [de contrat]* awarding *(à* to); *[de meuble, tableau]* auctioning *(à* to)

adjuger /adʒyʒe/ SYN ▸ conjug 3 ◂

VT 1 *(aux enchères)* to knock down, to auction *(à* to) ◆ **une fois, deux fois, trois fois, adjugé(, vendu) !** going, going, gone! ◆ **le document a été adjugé pour 3 000 €** the document went for *ou* was sold for €3,000

2 *(= attribuer) [+ contrat, avantage, récompense]* to award; *(* = donner) [+ place, objet]* to give

VPR **s'adjuger** *(= obtenir) [+ contrat, récompense]* to win; *(Sport) [+ place, titre]* to win; *(= s'approprier)* to take for o.s. ◆ **il s'est adjugé la meilleure place** he has taken the best seat for himself, he has given himself the best seat ◆ **ils se sont adjugé 24% du marché** they have taken over *ou* cornered 24% of the market ◆ **leur parti s'est adjugé 60% des sièges** their party have won *ou* carried off 60% of the seats

adjuration /adʒyʀasjɔ̃/ NF entreaty, plea

adjurer /adʒyʀe/ SYN ▸ conjug 1 ◂ VT ◆ **adjurer qn de faire** to implore *ou* beg sb to do

adjuvant /adʒyvɑ̃/ NM *(= médicament)* adjuvant; *(= additif)* additive; *(= stimulant)* stimulant; *(Ling)* adjunct

ad lib(itum) /adlib(itɔm)/ ADV ad lib; ad libitum

ad litem /adlitɛm/ LOC ADJ ad litem

admettre /admɛtʀ/ SYN ▸ conjug 56 ◂ VT

1 *(= laisser entrer) [+ visiteur, démarcheur]* to let in ◆ **la salle ne pouvait admettre que 50 personnes** the room could only accommodate *ou* hold 50 people ◆ **les chiens ne sont pas admis dans le magasin** dogs are not allowed in the shop; *(sur écriteau)* no dogs (allowed) ◆ **il fut admis dans le bureau du directeur** he was ushered *ou* shown into the director's office ◆ **l'air/le liquide est admis dans le cylindre** the air/the liquid is allowed to pass into the cylinder

2 *(= recevoir) [+ hôte]* to receive; *[+ nouveau membre]* to admit; *(à l'hôpital)* to admit ◆ **admettre qn à sa table** to receive sb at one's table ◆ **il a été admis chez le ministre** he was received by the minister, he was allowed to see the minister ◆ **se faire admettre dans un club** to be admitted to a club

3 *(Scol, Univ) (à un examen)* to pass; *(dans une classe)* to admit, to accept ◆ **ils ont admis 30 candidats** they passed 30 of the candidates ◆ **il a été admis au concours** he passed *ou* got through the exam ◆ **il a été admis en classe supérieure** he will move up into the next class ◆ **lire la liste des admis au concours** to read the list of successful candidates in the exam

4 *(= convenir de) [+ défaite, erreur]* to admit, to acknowledge ◆ **il n'admet jamais ses torts** he never accepts *ou* admits he's in the wrong ◆ **je suis prêt à admettre que vous aviez raison** I'll admit that you were right ◆ **il est admis que, c'est chose admise que** it's an accepted *ou* acknowledged fact that, it's generally admitted that ◆ **admettons !** *(pour concéder)* if you say so! ◆ **admettons qu'il ne l'ait pas fait exprès** let's say he didn't do it on purpose

5 *(= accepter) [+ excuses, raisons, thèse]* to accept; *(Jur) [+ pourvoi]* to accept

6 *(= supposer)* to suppose, to assume ◆ **en admettant que** supposing *ou* assuming that ◆ **admettons qu'elle soit venue** let's suppose *ou* assume that she came

7 *(= tolérer) [+ ton, attitude, indiscipline]* to allow, to accept ◆ **je n'admets pas qu'il se conduise ainsi** I won't allow *ou* permit him to behave like that, I won't stand for *ou* accept such behaviour (from him) ◆ **admettre qn à siéger** *(Admin)* to admit sb *(as a new member)* ◆ **admis à faire valoir ses droits à la retraite** *(Admin)* entitled to retire

8 *(= laisser place à)* to admit of ◆ **ton qui n'admet pas de réplique** tone (of voice) which brooks no reply ◆ **règle qui n'admet aucune exception** rule which allows of *ou* admits of no exception ◆ **règle qui admet plusieurs exceptions** rule which allows for several exceptions

administrateur, -trice /administʀatœʀ, tʀis/ SYN NM,F *(gén)* administrator; *[de banque, entreprise]* director; *[de fondation]* trustee ◆ **administrateur de biens** property manager ◆ **administrateur judiciaire** receiver ◆ **administrateur civil** *high-ranking civil servant acting as aide to a minister*

administratif, -ive /administʀatif, iv/ SYN ADJ administrative

administration /administʀasjɔ̃/ SYN NF

1 *(= gestion) [d'affaires, entreprise]* management, running; *[de fondation]* administration; *[de pays]* running, government; *[de commune]* running ◆ **je laisse l'administration de mes affaires à mon notaire** I leave my lawyer to deal with my affairs, I leave my affairs in the hands of my lawyer ◆ **administration légale** guardianship ◆ **être placé sous administration judiciaire** *[de société]* to go into receivership ◆ **la ville a été mise sous administration de l'ONU** the town has been placed under UN administration; → **conseil**

2 *[de médicament, sacrement]* administering, administration

3 *(= service public)* (sector of the) public services ◆ **l'Administration** ≃ the Civil Service ◆ **l'administration locale** local government ◆ **être** *ou* **travailler dans l'administration** to work in the public services ◆ **l'administration des Douanes** the Customs Service ◆ **l'administration des Eaux et Forêts** ≃ the Forestry Commission *(Brit)*, ≃ the Forestry Service *(US)* ◆ **l'administration fiscale, l'administration des Impôts** the tax department, ≃ the Inland Revenue *(Brit)*, ≃ the Internal Revenue *(US)* ◆ **l'administration centrale** *(Police)* police headquarters ◆ **l'administration pénitentiaire** the prison authorities

4 *(= gouvernement)* administration ◆ **l'administration Carter** the Carter administration

administrativement /administʀativmɑ̃/ ADV administratively ◆ **interné administrativement** formally committed (to a psychiatric hospital), sectioned *(Brit)*

administré, e /administʀe/ NM,F ◆ **le maire et ses administrés** the mayor and the citizens of his town, the mayor and the citizens he is responsible to

administrer /administʀe/ SYN ▸ conjug 1 ◂ VT

1 *(= gérer) [+ affaires, entreprise]* to manage, to run; *[+ fondation]* to administer; *[+ pays]* to run, to govern; *[+ commune]* to run

2 *(= dispenser) [+ justice, remède, sacrement]* to administer; *[+ coup, gifle]* to deal, to administer; *(Jur) [+ preuve]* to produce

admirable /admiʀabl/ SYN ADJ admirable, wonderful ◆ **être admirable de courage** to show admirable *ou* wonderful courage ◆ **portrait admirable de vérité** portrait showing a wonderful likeness

admirablement /admiʀabləmɑ̃/ SYN ADV admirably, wonderfully

admirateur, -trice /admiʀatœʀ, tʀis/ SYN NM,F admirer

admiratif, -ive /admiʀatif, iv/ SYN ADJ admiring ◆ **d'un air admiratif** admiringly

admiration /admiʀasjɔ̃/ SYN NF admiration ◆ **faire l'admiration de qn, remplir qn d'admiration** to fill sb with admiration ◆ **tomber/être en admiration devant qch/qn** to be filled with/lost in admiration for sth/sb

admirativement /admiʀativmɑ̃/ ADV admiringly, in admiration

admirer /admiʀe/ GRAMMAIRE ACTIVE 13.4 SYN ▸ conjug 1 ◂ VT to admire; *(iro)* to marvel at

admissibilité /admisibilite/ NF *[de postulant]* eligibility *(à* for); *(à un examen) eligibility to sit the oral part of an exam*

admissible /admisibl/ SYN

ADJ 1 *[procédé]* admissible, acceptable; *[excuse]* acceptable ◆ **ce comportement n'est pas admissible** this behaviour is quite inadmissible *ou* unacceptable

2 *[postulant]* eligible *(à* for); *(Scol, Univ) eligible to sit the oral part of an exam*

NMF eligible candidate

admission /admisjɔ̃/ SYN NF 1 *(dans un lieu, club)* admission, admittance, entry *(à* to) ◆ **il a appris son admission au concours** *(Univ)* he found out that he had passed the exam ◆ **son admission (au club) a été obtenue non sans mal** he had some difficulty in gaining admission *ou* entry (to the club) ◆ **faire une demande d'admission à un club** to apply to join *ou* make an application to join a club, to apply for membership of a club ◆ **admission temporaire d'un véhicule** *(Douane)* temporary importation of a vehicle ◆ **le nombre des admissions au concours** the number of successful candidates in the exam

2 *(Tech = introduction)* intake; *(dans moteur de voiture)* induction; → **soupape**

admittance /admitɑ̃s/ NF *(Phys)* admittance

admonestation /admɔnɛstasjɔ̃/ NF *(littér)* admonition, admonishment

admonester /admɔnɛste/ SYN ▸ conjug 1 ◂ VT *(gén, Jur)* to admonish

admonition /admɔnisjɔ̃/ NF *(littér, Jur)* admonition, admonishment

ADN /ɑdeɛn/ NM (abrèv de **acide désoxyribonucléique**) DNA

adnominal, e (mpl **-aux**) /adnɔminal, o/ ADJ *(Ling)* adnominal

ado* /ado/ NMF (abrèv de **adolescent, e**) teenager, teen* *(US)*

adobe /adɔb/ NM adobe

adolescence /adɔlesɑ̃s/ NF adolescence ◆ **ses années d'adolescence** his adolescent *ou* teenage years

adolescent, e /adɔlesɑ̃, ɑ̃t/

ADJ adolescent *(épith)*

NM,F adolescent, teenager; *(Méd, Psych)* adolescent

adonide /adɔnid/ NF *(= plante)* pheasant's eye

Adonis /adɔnis/ NM *(Myth, fig)* Adonis

adonner (s') /adɔne/ SYN ▸ conjug 1 ◂ **s'adonner à** VPR *[+ art]* to devote o.s. to; *[+ études]* to give o.s. over to, to devote o.s. to; *[+ sport, passe-temps]* to devote o.s. to, to go in for; *[+ pratiques]* to indulge in ◆ **il s'adonnait à la boisson/au jeu** he was a confirmed drinker/gambler ◆ **venez vous adonner aux joies du ski** come and experience the joys of skiing

adoptable /adɔptabl/ ADJ *[enfant]* eligible for adoption; *[mesure]* that can be adopted

adoptant, e /adɔptɑ̃, ɑ̃t/ NM,F person wishing to adopt

adopter /adɔpte/ SYN ▸ conjug 1 ◂ VT 1 *(Jur) [+ enfant]* to adopt

2 *(= accueillir, accepter) [+ personne, animal]* to adopt ◆ **elle a su se faire adopter par ses nouveaux collègues** she's managed to gain acceptance with her new colleagues

3 *[+ attitude, religion, nom, mesure]* to adopt; *[+ cause]* to take up, to adopt ◆ **« l'essayer c'est l'adopter ! »** "try it - you'll love it!"

4 *[+ loi]* to pass; *[+ motion]* to pass, to adopt ◆ **cette proposition a été adoptée à l'unanimité** the proposal was carried unanimously

adoptif, -ive /adɔptif, iv/ ADJ ◆ **enfant adoptif** *(gén)* adoptive child; *(dans une famille d'accueil)* ≃ foster child ◆ **parent adoptif** *(gén)* adoptive parent; *(= nourricier)* ≃ foster parent

adoption | aérifère

adoption /adɔpsjɔ̃/ SYN NF ⓵ [d'enfant] adoption ◆ **adoption plénière** adoption ◆ **adoption simple** ≈ fostering ◆ **pays d'adoption** country of adoption ◆ **un Londonien d'adoption** a Londoner by adoption
⓶ [d'attitude, religion, nom, mesure, cause] adoption
⓷ [de loi] passing; [de motion] passing, adoption

adorable /adɔʀabl/ SYN ADJ [personne, bébé, animal] (= charmant, mignon) sweet; [maison, village] lovely ◆ **il a été absolument adorable** he was really sweet

(!) **adorable** se traduit rarement par le mot anglais **adorable**, qui est d'un registre plus soutenu.

adorablement /adɔʀabləmɑ̃/ ADV delightfully, adorably

adorateur, -trice /adɔʀatœʀ, tʀis/ NM,F (Rel, fig) worshipper

adoration /adɔʀasjɔ̃/ SYN NF adoration, worship ◆ **être en adoration devant** to worship, to idolize; [+ enfant] to dote on

adorer /adɔʀe/ GRAMMAIRE ACTIVE 7.2 SYN ▸ conjug 1 ◂ VT ⓵ (= rendre un culte à) to worship ◆ **adorez l'Éternel** worship the Lord
⓶ (= aimer passionnément) to adore ◆ **il adore ses enfants** he adores his children
⓷ (= raffoler de) to love ◆ **j'adore le chocolat** I love chocolate ◆ **j'adore tremper mes tartines dans du chocolat chaud** I love dunking my bread in hot chocolate; → **brûler**

ados /ado/ NM (Agr) bank (to protect plants)

adosser /adose/ SYN ▸ conjug 1 ◂
VT ◆ **adosser à** ou **contre qch** [+ meuble] to stand against sth; [+ échelle] to stand ou lean against sth; [+ bâtiment] to build against ou onto sth ◆ **adosser un crédit à une hypothèque/un contrat d'assurance-vie** to secure a loan with a mortgage/a life-insurance policy
VPR **s'adosser** ◆ **s'adosser à** ou **contre qch** [personne] to lean back against sth; [bâtiment] to be built against ou onto sth, to back onto sth ◆ **il était adossé au pilier** he was leaning back against the pillar ◆ **le village est adossé à la montagne** the village is built right up against the mountain

adoubement /adubmɑ̃/ NM (Hist) dubbing

adouber /adube/ ▸ conjug 1 ◂ VT (Hist) to dub; (Dames, Échecs) to adjust

adoucir /adusiʀ/ SYN ▸ conjug 2 ◂
VT ⓵ [+ saveur] to make milder ou smoother; [+ acidité] to reduce; [+ rudesse, voix, peau] to soften; [+ couleur, contraste] to soften, to tone down; [+ caractère, personne] to mellow; [+ chagrin, conditions pénibles, épreuve, solitude] to ease; [+ dureté, remarque] to mitigate, to soften ◆ **cette coiffure lui adoucit le visage** that hairstyle softens her features ◆ **pour adoucir ses vieux jours** to comfort him in his old age ◆ **le vent du sud a adouci la température** the south wind has made the weather milder ◆ **adoucir la condamnation de qn** to reduce sb's sentence; → **musique**
⓶ [+ eau, métal] to soften
VPR **s'adoucir** [voix, couleur, peau] to soften; [caractère, personne] to mellow ◆ **la température s'est adoucie** the weather has got milder

adoucissant, e /adusisɑ̃, ɑ̃t/
ADJ [crème, lotion] for smoother skin; [sirop] soothing
NM fabric softener, fabric conditioner

adoucissement /adusismɑ̃/ NM ⓵ [de peau, mœurs] softening; [de climat] improvement ◆ **on espère un adoucissement de la température** we are hoping for milder weather ◆ **apporter des adoucissements aux conditions de vie des prisonniers** to make the living conditions of the prisoners easier ou less harsh
⓶ [d'eau, métal] softening

adoucisseur /adusisœʀ/ NM ◆ **adoucisseur (d'eau)** water softener

ad patres* /adpatʀɛs/ ADV ◆ **expédier** ou **envoyer qn ad patres** (hum) to send sb to kingdom come *

adragante /adʀagɑ̃t/ ADJ, NF ◆ **(gomme) adragante** tragacanth

adrénaline /adʀenalin/ NF adrenalin

adrénergique /adʀenɛʀʒik/ ADJ adrenergic

adressage /adʀesaʒ/ NM [de courrier] mailing; (Ordin) addressing ◆ **mode d'adressage** addressing mode

adresse¹ /adʀɛs/ GRAMMAIRE ACTIVE 24.5 SYN
NF ⓵ (= domicile) address ◆ **partir sans laisser d'adresse** to leave without giving a forwarding address ◆ **je connais quelques bonnes adresses de restaurants** I know some good restaurants to go to ◆ **c'est une/la bonne adresse pour les chaussures** it's a good place/the place to go for shoes; → **carnet, tromper**
⓶ (frm = message) address
⓷ (Ling) address ◆ **(mot) adresse** [de dictionnaire] headword
⓸ ◆ **à l'adresse de** (= à l'intention de) for the benefit of
COMP **adresse électronique** e-mail address

adresse² /adʀɛs/ SYN NF (= habileté) deftness, dexterity; (= subtilité, finesse) cleverness; (= tact) adroitness ◆ **jeu/exercice d'adresse** game/exercise of skill ◆ **il eut l'adresse de ne rien révéler** he cannily gave nothing away; → **tour²**

adresser /adʀese/ GRAMMAIRE ACTIVE 21.2, 21.3, 23.3 SYN ▸ conjug 1 ◂
VT ⓵ ◆ **adresser une lettre/un colis à** (= envoyer) to send a letter/parcel to; (= écrire l'adresse) to address a letter/parcel to ◆ **la lettre m'était personnellement adressée** the letter was addressed to me personally ◆ **mon médecin m'a adressé à un spécialiste** my doctor sent ou referred me to a specialist
⓶ ◆ **adresser une remarque/une requête à** to address a remark/a request to ◆ **adresser une accusation/un reproche à** to level an accusation/a reproach at ou against ◆ **adresser une allusion/un coup à** to aim a remark/a blow at ◆ **adresser un compliment/ses respects à** to pay a compliment/one's respects to ◆ **adresser une prière à** to address a prayer to; (à Dieu) to offer (up) a prayer to ◆ **adresser un regard furieux à qn** to direct an angry look at sb ◆ **il m'adressa un signe de tête/un geste de la main** he nodded/waved at me ◆ **adresser un sourire à qn** to give sb a smile, to smile at sb ◆ **adresser la parole à qn** to speak to ou address sb ◆ **il m'adressa une critique acerbe** he criticized me harshly ◆ **je vous adresse mes meilleurs vœux** (sur lettre) please accept my best wishes
⓷ (Ordin) to address
VPR **s'adresser** ⓵ (= parler à) ◆ **s'adresser à qn** [personne] to speak to sb, to address sb; [remarque] to be aimed at sb ◆ **il s'adresse à un public féminin** [discours, magazine] it is intended for ou aimed at a female audience; [auteur] he writes for ou is addressing a female readership ◆ **ce livre s'adresse à notre générosité** this book appeals to our generosity ◆ **et cela s'adresse aussi à vous !** and that goes for you too!
⓶ (= aller trouver) ◆ **s'adresser à** [+ personne] to go and see; (Admin) [+ personne, bureau] to apply to ◆ **adressez-vous au concierge** go and see (ou ask, tell etc) the concierge ◆ **adressez-vous au secrétariat** enquire at the office, go and ask at the office ◆ **il vaut mieux s'adresser à Dieu qu'à ses saints** (hum) it's best to go straight to the top

adret /adʀɛ/ NM south-facing slope

Adriatique /adʀijatik/ ADJ F, NF ◆ **(mer) Adriatique** Adriatic (Sea)

adroit, e /adʀwa, wat/ SYN ADJ (= habile) skilful, deft; (= subtil) clever, shrewd; (= plein de tact) adroit ◆ **adroit de ses mains** clever with one's hands ◆ **c'était très adroit de sa part** it was very clever ou shrewd of him

adroitement /adʀwatmɑ̃/ ADV (= habilement) skilfully, deftly; (= subtilement) cleverly, shrewdly; (= avec tact) adroitly

ADSL /adeɛsɛl/ N (abrév de Asynchronous Digital Subscriber Line) ADSL

adsorbant, e /atsɔʀbɑ̃, ɑ̃t/ ADJ adsorbent

adsorber /atsɔʀbe/ ▸ conjug 1 ◂ VT to adsorb

adsorption /atsɔʀpsjɔ̃/ NF adsorption

adulateur, -trice /adylatœʀ, tʀis/ NM,F (littér) (= admirateur) adulator; (= flatteur) sycophant

adulation /adylasjɔ̃/ NF (littér) (= admiration) adulation; (= flatterie) sycophancy

aduler /adyle/ SYN ▸ conjug 1 ◂ VT (littér) (= admirer) to adulate; (= flatter) to flatter

adulte /adylt/ SYN
ADJ [personne] adult (épith); [animal, plante] fully-grown, mature; (= mûr) [attitude, comportement] adult, mature; → **âge**
NMF adult, grown-up

adultère /adyltɛʀ/
ADJ [relations, désir] adulterous ◆ **femme adultère** adulteress ◆ **homme adultère** adulterer
NM (acte) adultery; → **constat**

adultérin, e /adylteʀɛ̃, in/ ADJ (Jur) [enfant] born of adultery

ad valorem /advalɔʀɛm/ LOC ADJ ad valorem

advection /advɛksjɔ̃/ NF advection

advenir /advəniʀ/ SYN ▸ conjug 22 ◂
VB IMPERS ⓵ (= survenir) ◆ **advenir que...** to happen that..., to come to pass that... (littér) ◆ **advenir à** to happen to, to befall (littér) ◆ **qu'est-il advenu au prisonnier ?** what has happened to the prisoner? ◆ **il m'advient de faire** I sometimes happen to do ◆ **advienne que pourra** come what may ◆ **quoi qu'il advienne** whatever happens ou may happen
⓶ (= devenir, résulter de) ◆ **advenir de** to become of ◆ **qu'est-il advenu du prisonnier/du projet ?** what has become of the prisoner/the project? ◆ **on ne sait pas ce qu'il en adviendra** nobody knows what will come of it ou how it will turn out
VI (= arriver) to happen

adventice /advɑ̃tis/ ADJ ⓵ (Bot) self-propagating ◆ **plante adventice** weed
⓶ (Philos, littér = accessoire) adventitious

adventif, -ive /advɑ̃tif, iv/ ADJ [bourgeon, racine] adventitious

adventiste /advɑ̃tist/ ADJ, NMF Adventist

adverbe /advɛʀb/ NM adverb

adverbial, e (mpl **-iaux**) /advɛʀbjal, jo/ ADJ adverbial

adverbialement /advɛʀbjalmɑ̃/ ADV adverbially

adversaire /advɛʀsɛʀ/ SYN NMF (gén) opponent; (Mil) enemy; [de théorie, traité] opponent ◆ **il ne faut pas sous-estimer l'adversaire** you shouldn't underestimate your opponent ; (Mil) you shouldn't underestimate the enemy

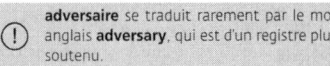

(!) **adversaire** se traduit rarement par le mot anglais **adversary**, qui est d'un registre plus soutenu.

adversatif, -ive /advɛʀsatif, iv/ ADJ, NM adversative

adverse /advɛʀs/ SYN ADJ [partie, forces, bloc] opposing ◆ **la fortune adverse** (littér) adverse fortune ◆ **la partie adverse** (Jur) the other side

adversité /advɛʀsite/ SYN NF adversity

ad vitam æternam* /advitamɛtɛʀnam/ LOC ADV for ever

adynamie /adinami/ NF adynamia

AE /aə/
NM (abrév de **adjoint d'enseignement**) → **adjoint**
NFPL (abrév de **affaires étrangères**) → **affaire**

aède /aɛd/ NM (Greek) bard

aedes, aédès /aedɛs/ NM aedes

ægagropile /egagʀɔpil/ NM hairball

AELE /aəɛlə/ NF (abrév de **Association européenne de libre-échange**) EFTA

æpyornis /epjɔʀnis/ NM aepyornis

aérage /aeʀaʒ/ NM ventilation

aérateur /aeʀatœʀ/ NM ventilator

aération /aeʀasjɔ̃/ NF [de pièce, literie] airing; [de terre, racine] aeration; (= circulation d'air) ventilation; → **conduit**

aéré, e /aeʀe/ (ptp de **aérer**) ADJ [pièce] airy, well-ventilated; [page] well spaced out; → **centre**

aérer /aeʀe/ SYN ▸ conjug 6 ◂
VT [+ pièce, literie] to air; [+ terre, racine] to aerate; (= alléger) [+ exposé, présentation] to lighten
VPR **s'aérer (la tête)** [personne] to get some fresh air

aéricole /aeʀikɔl/ ADJ [végétal] aerial

aérien, -ienne /aeʀjɛ̃, jɛn/
ADJ ⓵ [espace, droit] air (épith); [navigation, photographie] aerial (épith); [attaque] aerial (épith), air (épith) ◆ **base aérienne** air base; → **compagnie¹, métro**
⓶ (= léger) [silhouette] sylphlike; [démarche] light; [étoffe, vêtement] floaty; [musique, poésie, architecture] ethereal
⓷ [racine] aerial; (Téléc) [circuit, câble] overhead (épith); (Géog) [courant, mouvement] air (épith)
NM (Radio = antenne) aerial

aérifère /aeʀifɛʀ/ ADJ aeriferous

aérium † /aeʀjɔm/ NM sanatorium, sanitarium (US)

aérobic /aeʀɔbik/ NF aerobics (sg)

aérobie /aeʀɔbi/ ADJ aerobic

aérobiologie /aeʀɔbjɔlɔʒi/ NF aerobiology

aérobiose /aeʀɔbjoz/ NF aerobiosis

aéro-club (pl **aéro-clubs**) /aeʀɔklœb/ NM flying club

aérocolie /aeʀɔkɔli/ NF aerocolia

aérodigestif, -ive /aeʀɔdiʒestif, iv/ ADJ aerodigestive

aérodrome /aeʀɔdʀom/ NM airfield, aerodrome (Brit), airdrome (US)

aérodynamique /aeʀɔdinamik/
ADJ [expérience] aerodynamics (épith); [ligne, véhicule] streamlined, aerodynamic ◆ **soufflerie aérodynamique** wind tunnel
NF aerodynamics (sg)

aérodynamisme /aeʀɔdinamism/ NM aerodynamic shape

aérodyne /aeʀɔdin/ NM aerodyne

aérofrein /aeʀɔfʀɛ̃/ NM air brake

aérogare /aeʀɔgaʀ/ NF (air) terminal

aérogastrie /aeʀɔgastʀi/ NF aerogastria

aéroglisseur /aeʀɔglisœʀ/ NM hovercraft

aérogramme /aeʀɔgʀam/ NM airmail letter

aérographe /aeʀɔgʀaf/ NM airbrush

aérolit(h)e /aeʀɔlit/ NM aerolite, aerolith

aérologie /aeʀɔlɔʒi/ NF aerology

aéromobile /aeʀɔmɔbil/ ADJ airborne

aéromodèle /aeʀɔmɔdɛl/ NM model plane

aéromodélisme /aeʀɔmɔdelism/ NM model aircraft making

aéromodéliste /aeʀɔmɔdelist/ NMF model plane enthusiast

aéromoteur /aeʀɔmɔtœʀ/ NM wind turbine

aéronaute /aeʀɔnot/ NMF aeronaut

aéronautique /aeʀɔnotik/
ADJ [équipement, ingénieur] aeronautical ◆ **construction/constructeur aéronautique** aircraft construction/constructor ◆ **l'industrie aéronautique** the aviation ou aeronautics industry ◆ **entreprise** ou **société aéronautique** aviation company, aeronautics firm
NF aeronautics (sg)

aéronaval, e (pl **aéronavals**) /aeʀɔnaval/
ADJ ◆ **forces aéronavales** air and sea forces, naval aviation forces ◆ **groupe aéronaval** naval aviation unit ◆ **base aéronavale** naval airbase
NF **aéronavale** ◆ **l'aéronavale** ≈ the Fleet Air Arm (Brit), ≈ Naval Aviation (US)

aéronef /aeʀɔnɛf/ NM (Admin) aircraft

aéronomie /aeʀɔnɔmi/ NF aeronomy

aéropathie /aeʀɔpati/ NF air illness

aérophagie /aeʀɔfaʒi/ NF ◆ **il a** ou **fait de l'aérophagie** he suffers from abdominal wind

aéroplane † /aeʀɔplan/ NM aeroplane (Brit), airplane (US)

aéroport /aeʀɔpɔʀ/ NM airport

aéroporté, e /aeʀɔpɔʀte/ ADJ [opération, division, troupes] airborne; [matériel] airlifted, brought ou ferried by air (attrib); [missile] air-launched

aéroportuaire /aeʀɔpɔʀtɥɛʀ/ ADJ [installations, autorités] airport (épith)

aéropostal, e (mpl **-aux**) /aeʀɔpɔstal, o/
ADJ airmail (épith)
NF **l'Aéropostale** (Hist) the (French) airmail service

aérosol /aeʀɔsɔl/ SYN NM aerosol ◆ **bombe aérosol** spray ou aerosol can ◆ **déodorant/peinture en aérosol** spray deodorant/paint

aérospatial, e (mpl **-iaux**) /aeʀɔspasjal, jo/
ADJ aerospace (épith)
NF **aérospatiale** aerospace science

aérostat /aeʀɔsta/ SYN NM aerostat

aérostation /aeʀɔstasjɔ̃/ NF aerostation

aérostatique /aeʀɔstatik/
ADJ aerostatic
NF aerostatics (sg)

aérotechnique /aeʀɔtɛknik/
ADJ aerotechnical
NF aerotechnical engineering

aéroterrestre /aeʀɔtɛʀɛstʀ/ ADJ air-and-land (épith)

aérothermique /aeʀɔtɛʀmik/ ADJ aerothermodynamic

aérotrain ® /aeʀɔtʀɛ̃/ NM hovertrain

æschne /ɛskn/ NF emperor dragonfly

æthuse /etyz/ NF fool's-parsley

AF /ɑɛf/ NF (abrév de **allocations familiales**) → **allocation**

AFAT /afat/ NF (abrév de **auxiliaire féminin de l'armée de terre**) member of the women's army

affabilité /afabilite/ SYN NF affability

affable /afabl/ SYN ADJ affable

affablement /afabləmɑ̃/ ADV affably

affabulateur, -trice /afabylatœʀ, tʀis/ NM,F inveterate liar, storyteller

affabulation /afabylasjɔ̃/ SYN NF 1 (= mensonges) ◆ **c'est de l'affabulation, ce sont des affabulations** it's all made up, it's pure fabrication
2 [de roman] (construction of the) plot

affabuler /afabyle/ SYN ► conjug 1 ◄ VI to invent ou make up stories

affacturage /afaktyʀaʒ/ NM (Jur) factoring

affactureur /afaktyʀœʀ/ NM (Jur) factor

affadir /afadiʀ/ SYN ► conjug 2 ◄
VT [+ aliment] to make tasteless ou insipid; [+ couleur] to make dull; [+ style] to make dull ou uninteresting
VPR **s'affadir** [couleur] to become dull; [style] to become dull, to pall; [aliment] to lose its flavour (Brit) ou flavor (US), to become tasteless ou insipid

affadissement /afadismɑ̃/ NM [d'aliment] loss of flavour (Brit) ou flavor (US) (de in, from); [de saveur, style] weakening (de of); [de couleurs, sensations] dulling (de of)

affaiblir /afeblir/ SYN ► conjug 2 ◄
VT (gén) to weaken
VPR **s'affaiblir** [personne, autorité, résolution] to weaken, to grow ou become weaker; [facultés] to deteriorate; [vue] to grow dim ou weaker; [son] to fade (away), to grow fainter; [intérêt] to wane; [vent] to abate, to die down; [monnaie] to weaken ◆ **le sens de ce mot s'est affaibli** the word has lost much of its meaning ◆ **utiliser un mot dans son sens affaibli** to use the weaker meaning of a word

affaiblissant, e /afeblisɑ̃, ɑ̃t/ ADJ [effet] weakening

affaiblissement /afeblismɑ̃/ SYN NM [de personne, autorité, résolution] weakening; [de facultés] deterioration; [de bruit] fading (away); [de monnaie] weakening; [d'intérêt] waning ◆ **l'affaiblissement de notre pays au plan international** our country's waning influence on the international scene ◆ **on note un affaiblissement progressif des syndicats** the power of the unions is gradually weakening ◆ **l'affaiblissement des valeurs morales** the sharp decline in ou deterioration of moral values

affaiblisseur /afeblisœʀ/ NM reducer

◆ ◆ ◆ ◆ ◆ ◆ ◆ ◆ ◆ ◆ ◆ ◆ ◆ ◆ ◆ ◆ ◆ ◆

affaire /afɛʀ/ SYN

1 - NOM FÉMININ
2 - NOM FÉMININ PL
3 - COMPOSÉS

◆ ◆ ◆ ◆ ◆ ◆ ◆ ◆ ◆ ◆ ◆ ◆ ◆ ◆ ◆ ◆ ◆ ◆

1 - NOM FÉMININ

1 [= PROBLÈME, QUESTION] matter, business ◆ **j'ai une affaire urgente à régler** I've got (some) urgent business to deal with, I've got an urgent matter to settle ◆ **ce n'est pas une petite ou une mince affaire** it's no small matter ◆ **ce n'est pas une petite affaire de le faire obéir** getting him to obey is no easy matter ou no mean task ◆ **l'amour, c'est la grande affaire de sa vie** love is the most important thing in his life ◆ **j'en fais une affaire de principe** it's a matter of principle (for me) ◆ **c'est une affaire de goût/de mode** it's a matter of taste/fashion ◆ **le sport ne devrait pas être une affaire d'argent** sport shouldn't be about money ◆ **c'est une affaire d'hommes** it's men's business ◆ **c'est l'affaire d'un spécialiste** it's a job for a specialist ◆ **c'est mon affaire, pas la tienne** it's my business not yours, not yours ◆ **ce n'est pas ton affaire** it's none of your business ◆ **comment je fais ? – c'est ton affaire !** what do I do? – that's YOUR problem! ◆ **j'en fais mon affaire** I'll deal with it, leave it to me ◆ **il en a fait une affaire personnelle** he took it personally ◆ **avec les ordinateurs, il est à son affaire** when it comes to computers, he knows what he's about* ou he knows his stuff* ◆ **dans les soirées, il est à son affaire** he's in his element at parties ◆ **il en a fait toute une affaire** he made a dreadful fuss about it, he made a great song and dance about it ◆ **(aller à Glasgow,) c'est toute une affaire** it's quite a business (getting to Glasgow) ◆ **c'est une autre affaire** that's quite another matter ou a different kettle of fish ◆ **c'est l'affaire de quelques minutes/quelques clous** it's a matter of a few minutes/a few nails, it'll only take a few minutes/a few nails ◆ **le temps/l'âge ne fait rien à l'affaire** time/age has got nothing to do with it ◆ **en voilà une affaire !** what a (complicated) business! ◆ **ce n'est pas une affaire !** it's no big deal!, it's nothing to get worked up about!* ◆ **quelle affaire !** what a carry-on! * ◆ **la belle affaire !** big deal!, so what? ◆ **tirer** ou **sortir qn d'affaire** to help sb out, to get sb out of a tight spot* ◆ **ce médecin m'a tiré d'affaire** this doctor pulled me through ◆ **il est tiré** ou **sorti d'affaire** (après une maladie) he's pulled through; (après des ennuis) he's got over it ◆ **il est assez grand pour se tirer d'affaire tout seul** he's big enough to manage on his own ou to sort it out by himself

2 [= CE QUI CONVIENT] ◆ **j'ai ton affaire** I've got (just) what you want ◆ **cet employé fera/ne fait pas l'affaire** this employee will do nicely/won't do (for the job) ◆ **ça fait mon affaire** that's (just) what I want ou need ◆ **cela fera bien l'affaire de quelqu'un** that will (certainly) come in handy ou do nicely for somebody ◆ **faire son affaire à qn** * (= le malmener) to give sb a beating*; (= le tuer) to do sb in*; → **connaître**

3 [= ENSEMBLE DE FAITS CONNUS DU PUBLIC] affair; (= scandale) scandal; (= crise) crisis ◆ **l'affaire Dreyfus** the Dreyfus affair ◆ **l'affaire des otages** the hostage crisis ◆ **l'affaire du sang contaminé** the contaminated blood scandal ou affair ◆ **la population est révoltée par les affaires** the country is up in arms over the scandals ◆ **une grave affaire de corruption/d'espionnage** a serious corruption/spy scandal ◆ **c'est une sale affaire** it's a nasty business; → **suivre**

4 [JUR, POLICE] case ◆ **l'affaire Dufeu** the Dufeu case ◆ **être sur une affaire** to be on a case ◆ **une affaire de vol** a case of theft ◆ **une affaire est claire** it's an open and shut case; → **entendu**

5 [= TRANSACTION] deal; (= achat avantageux) bargain ◆ **une (bonne) affaire** a good deal, a (good) bargain ◆ **une mauvaise affaire** a bad deal ou bargain ◆ **faire affaire avec qn** to conclude ou clinch a deal with sb ◆ **il est sur une grosse affaire avec la Russie** he's onto a big (business) deal with Russia ◆ **l'affaire est faite !** ou **conclue !** that's the deal settled! ◆ **l'affaire est dans le sac*** it's in the bag*

6 [ENTREPRISE] business, concern ◆ **il a monté/il dirige une affaire d'import-export** he set up/he runs an import-export business ◆ **c'est une affaire qui marche/en or** it's a going concern/a gold mine

7 [LOCUTIONS]
◆ **avoir affaire à** [+ cas, problème] to be faced with, to have to deal with; [+ personne] (= s'occuper de) to be dealing with; (= être reçu ou examiné par) to be dealt with by ◆ **nous avons affaire à un dangereux criminel** we are dealing with a dangerous criminal ◆ **tu auras affaire à moi/lui** (menace) you'll be hearing from me/him

2 - NOM FÉMININ PL

affaires

1 [= INTÉRÊTS PUBLICS ET PRIVÉS] affairs ◆ **les affaires culturelles/de la municipalité/publiques** cultural/municipal/public affairs ◆ **les Affaires étrangères** Foreign Affairs ◆ **Affaires extérieures** (au Canada) External Affairs (Can) ◆ **être aux affaires** (Pol) to be in office ◆ **se mêler des affaires des autres** to interfere in other people's business ◆ **occupe-toi** ou **mêle-toi de tes affaires !** mind your own business!

2 [= ACTIVITÉS COMMERCIALES] business (sg) ◆ **être dans les affaires** to be in business ◆ **parler (d')affaires** to talk ou discuss business ◆ **ils font beaucoup d'affaires ensemble** they do a lot of business together ◆ **les affaires reprennent** business is picking up ◆ **il est dur en affaires** he's a tough businessman ◆ **être en affaires avec qn** to be doing business with sb ◆ **il est venu pour affaires** he came on business ◆ **les**

affaires sont les affaires business is business ◆ **d'affaire(s)** *[repas, voyage, relations]* business *(épith)* ◆ **les milieux d'affaires sont optimistes** the business community is optimistic; → **chiffre**

3 [= OBJETS PERSONNELS] things, belongings; *(= habits)* clothes, things ◆ **mes affaires de tennis** my tennis kit *ou* things ◆ **range tes affaires !** put your things away!

4 *(locutions)* **toutes affaires cessantes** immediately, forthwith *(frm)*

3 - COMPOSÉS

affaire de cœur love affair
affaire d'État *(Pol)* affair of state ◆ **il en a fait une affaire d'État*** he made a great song and dance about it *ou* a great issue of it
affaire de famille *(= entreprise)* family business *ou* concern; *(= problème)* family problem *ou* matter
affaire d'honneur matter *ou* affair of honour
affaire de mœurs *(gén)* sex scandal; *(Jur)* sex case

---

affairé, e /afeʀe/ SYN (ptp de **s'affairer**) ADJ busy

affairement /afɛʀmɑ̃/ NM bustling activity

affairer (s') /afeʀe/ SYN ▸ conjug 1 ◂ VPR to busy o.s., to bustle about ◆ **s'affairer auprès** *ou* **autour de qn** to fuss around sb ◆ **s'affairer à faire qch** to busy o.s. doing sth, to bustle about doing sth

affairisme /afeʀism/ NM (political) racketeering

affairiste /afeʀist/ NM *(péj)* huckster, wheeler-dealer* ◆ **sous ce régime il n'y a pas de place pour l'affairiste** there is no place under this government for political racketeering *ou* for those who want to use politics to line their own pockets

affaissement /afɛsmɑ̃/ SYN NM *[de route, sol]* subsidence, sinking; *[de corps, muscles, poutre]* sagging; *[de forces]* ebbing; *[de volonté]* weakening ◆ **affaissement de terrain** subsidence *(NonC)*

affaisser /afese/ SYN ▸ conjug 1 ◂
VT *[+ route, sol]* to cause to subside
VPR **s'affaisser** 1 *(= fléchir) [route, sol]* to subside, to sink; *[corps, poutre]* to sag; *[plancher]* to cave in, to give way; *[forces]* to ebb ◆ **le sol était affaissé par endroits** the ground had subsided *ou* sunk in places
2 *(= s'écrouler) [personne]* to collapse ◆ **il s'était affaissé sur le sol** he had collapsed *ou* crumpled in a heap on the ground ◆ **il était affaissé dans un fauteuil/sur le sol** he was slumped in an armchair/on the ground

affaler /afale/ SYN ▸ conjug 1 ◂
VT *[+ voile]* to lower, to haul down
VPR **s'affaler** SYN 1 *(= tomber)* to collapse, to fall; *(= se laisser tomber)* to collapse, to slump ◆ **affalé dans un fauteuil** slumped *ou* slouched in an armchair ◆ **au lieu de rester là affalé à ne rien faire, viens m'aider** don't just sit there doing nothing, come and give me a hand
2 *(en bateau)* ◆ **s'affaler le long d'un cordage** to slide down a rope

affamé, e /afame/ (ptp de **affamer**) ADJ starving, famished ◆ **affamé de gloire** hungry *ou* greedy for fame; → **ventre**

affamer /afame/ ▸ conjug 1 ◂ VT *[+ personne, ville]* to starve

affameur, -euse /afamœʀ, øz/ NM,F *(péj)* tight-fisted employer *(who pays starvation wages)*

affect /afɛkt/ NM affect

affectation /afɛktasjɔ̃/ SYN NF 1 *[d'immeuble, somme]* allocation, allotment *(à* to, for) ◆ **l'affectation du signe + à un nombre** the addition of the plus sign to a number, the modification of a number by the plus sign
2 *(= nomination) (à un poste)* appointment; *(à une région, un pays)* posting ◆ **rejoindre son affectation** to take up one's posting
3 *(= manque de naturel)* affectation, affectedness ◆ **avec affectation** affectedly
4 *(frm = simulation)* affectation, show ◆ **avec une affectation de** with an affectation *ou* show of

affecté, e /afɛkte/ SYN (ptp de **affecter**) ADJ *(= feint)* affected, feigned; *(= maniéré)* affected

affecter /afɛkte/ SYN ▸ conjug 1 ◂ VT 1 *(= feindre)* to affect, to feign ◆ **affecter de faire qch** to pretend to do sth ◆ **affecter un grand chagrin** to affect *ou* feign great sorrow, to put on a show of great sorrow ◆ **affecter un langage poétique** *(littér)* to affect *ou* favour a poetic style of language ◆ **il affecta de ne pas s'y intéresser** he pretended not to be interested in it
2 *(= destiner)* to allocate, to allot *(à* to, for) ◆ **affecter des crédits à la recherche** to allocate funds for research
3 *(= nommer) (à une fonction, un bureau)* to appoint; *(à une région, un pays)* to post *(à* to)
4 *(= émouvoir)* to affect, to move; *(= concerner)* to affect ◆ **il a été très affecté par leur mort** he was deeply affected by their deaths
5 *(Math)* to modify ◆ **nombre affecté du coefficient 2/du signe plus** number modified by *ou* bearing the coefficient 2/a plus sign
6 *(Méd)* to affect ◆ **les oreillons affectent surtout les jeunes enfants** mumps mostly affects young children
7 *(= prendre)* ◆ **ce muscle affecte la forme d'un triangle** this muscle is triangle-shaped *ou* is in the form of a triangle

affectif, -ive /afɛktif, iv/ SYN ADJ emotional; *(Psych)* affective

affection /afɛksjɔ̃/ SYN NF 1 *(= tendresse)* affection, fondness ◆ **avoir de l'affection pour qn** to feel affection for sb, to be fond of sb ◆ **prendre qn en affection, se prendre d'affection pour qn** to become fond of *ou* attached to sb
2 *(Méd)* ailment, affection
3 *(Psych)* affection

affectionné, e /afɛksjɔne/ (ptp de **affectionner**) ADJ *(frm)* ◆ **votre fils affectionné** your loving *ou* devoted son ◆ **votre affectionné** yours affectionately

affectionner /afɛksjɔne/ SYN ▸ conjug 1 ◂ VT *[+ chose]* to have a liking for, to be fond of; *[+ personne]* to be fond of

affectivité /afɛktivite/ NF affectivity

affectueusement /afɛktɥøzmɑ̃/ SYN ADV affectionately, fondly ◆ **affectueusement vôtre** yours affectionately

affectueux, -euse /afɛktɥø, øz/ SYN ADJ *[personne]* affectionate; *[pensée, regard]* affectionate, fond

afférent, e /afeʀɑ̃, ɑt/ ADJ 1 *(Admin)* ◆ **afférent à** *[fonction]* pertaining to, relating to ◆ **questions y afférentes** related questions ◆ **part afférente à** *(Jur)* portion accruing to
2 *(Méd)* afferent

affermage /afɛʀmaʒ/ NM *(par le propriétaire)* leasing; *(par le fermier)* renting ◆ **contrat d'affermage** lease

affermer /afɛʀme/ ▸ conjug 1 ◂ VT *[propriétaire]* to lease; *[fermier]* to rent

affermir /afɛʀmiʀ/ SYN ▸ conjug 2 ◂
VT *[+ pouvoir, position]* to consolidate, to strengthen; *[+ principes]* to strengthen; *[+ contrôle]* to tighten up; *[+ tendance]* to reinforce; *[+ autorité]* to reinforce, to strengthen; *[+ muscles]* to tone up ◆ **affermir sa prise** *(Sport)* to tighten one's grip ◆ **cela l'a affermi dans sa résolution** that strengthened his resolve ◆ **d'autres preuves ont affermi ma certitude** new evidence convinced me even more
VPR **s'affermir** *[pouvoir]* to consolidate itself, to be reinforced; *[détermination, principe]* to be strengthened; *[autorité, tendance]* to be reinforced; *[monnaie]* to strengthen; *[muscles]* to become firmer, to firm up ◆ **la reprise économique devrait s'affermir** the economic recovery should consolidate itself

affermissement /afɛʀmismɑ̃/ NM *[de pouvoir, position]* consolidation, strengthening; *[de tendance]* reinforcement; *[de monnaie]* strengthening

affété, e /afete/ ADJ *(littér)* affected

afféterie /afetʀi/ NF *(littér)* affectation *(NonC)*, preciosity

affichage /afiʃaʒ/ SYN NM 1 *[d'affiche, résultats]* putting *ou* sticking up, posting; *(Théât)* billing ◆ **l'affichage** billsticking, billposting ◆ « **affichage interdit** » "stick no bills", "post no bills" ◆ **interdit à l'affichage** *[magazine]* not for public display ◆ **campagne d'affichage** poster campaign; → **panneau, tableau**
2 *(sur écran)* display ◆ **montre à affichage numérique** digital watch ◆ **affichage du numéro** *(sur téléphone)* caller display

affiche /afiʃ/ SYN NF 1 *(officielle)* public notice; *(Admin)* bill; *(électorale)* poster ◆ **la vente a été annoncée par voie d'affiche** the sale was advertised on public noticeboards
2 *(Théât)* (play)bill ◆ **quitter l'affiche** to come off, to close ◆ **tenir longtemps l'affiche** to have a long run ◆ **il y a une belle affiche pour cette pièce** this play has an excellent cast; → **tête**
◆ **à l'affiche** ◆ **mettre à l'affiche** to bill ◆ **ce spectacle est resté à l'affiche plus d'un an** the show ran for over a year ◆ **le film n'est plus à l'affiche à Paris** the film is no longer being shown in Paris

afficher /afiʃe/ SYN ▸ conjug 1 ◂
VT 1 *[+ résultats]* to put *ou* stick up, to post; *(Théât)* to bill; *(Ordin)* to display ◆ « **défense d'afficher** » "stick no bills", "post no bills" ◆ **afficher complet** to be sold out
2 *[+ émotion, mépris, qualité]* to exhibit, to display; *[+ vice]* to flaunt ◆ **afficher ses opinions politiques** to make no secret of one's political views ◆ **le ministre a affiché sa volonté d'aider les petites entreprises** the minister has made it clear that he wishes to help small businesses
VPR **s'afficher** 1 *(= apparaître)* to be displayed ◆ **un menu s'affiche à l'écran** a menu is displayed on the screen ◆ **l'hypocrisie qui s'affiche sur tous les visages** the hypocrisy which is plain to see on everybody's face
2 *(= se montrer)* to flaunt o.s. ◆ **s'afficher avec son amant** to carry on openly in public with one's lover

affichette /afiʃɛt/ NF *(officielle)* small public notice; *(Admin, Théât)* small bill *ou* poster; *(publicitaire, électorale)* small poster

afficheur, -euse /afiʃœʀ, øz/
NM,F billsticker, billposter
NM *(= dispositif)* display

affichiste /afiʃist/ NMF poster designer *ou* artist

affidavit /afidavit/ NM affidavit

affidé, e /afide/ NM,F *(péj)* accomplice, henchman

affilage /afilaʒ/ NM *[de couteau, outil]* sharpening, whetting; *[de rasoir]* sharpening, honing

affilé, e[1] /afile/ SYN (ptp de **affiler**) ADJ *[outil, couteau]* sharp; *[intelligence]* keen; → **langue**

affilée[2] /afile/ SYN **d'affilée** LOC ADV in a row ◆ **8 heures d'affilée** 8 hours at a stretch *ou* solid ◆ **boire plusieurs verres d'affilée** to drink several glasses in a row *ou* in succession

affiler /afile/ ▸ conjug 1 ◂ VT *[+ couteau, outil]* to sharpen, to whet; *[+ rasoir]* to sharpen, to hone

affiliation /afiljasjɔ̃/ SYN NF affiliation

affilié, e /afilje/ (ptp de **affilier**) NM,F affiliated member

affilier /afilje/ SYN ▸ conjug 7 ◂
VT to affiliate *(à* to)
VPR **s'affilier** to become affiliated, to affiliate o.s. *(ou* itself) *(à* to)

affiloir /afilwaʀ/ NM *(= outil)* sharpener; *(= pierre)* whetstone; *(pour couteau)* steel

affinage /afinaʒ/ NM *[de métal]* refining; *[de verre]* fining; *[de fromage]* maturing

affine /afin/ ADJ *(Math)* affine

affinement /afinmɑ̃/ NM *[d'analyse]* refinement, honing; *[de concept]* refinement; *[de goût, manières, style]* refinement

affiner /afine/ SYN ▸ conjug 1 ◂
VT 1 *[+ métal]* to refine; *[+ verre]* to fine; *[+ fromage]* to complete the maturing (process) of ◆ **fromage affiné en cave** cheese matured in a cellar
2 *[+ analyse, image, style, stratégie]* to hone, to refine; *[+ concept]* to refine; *[+ esprit, mœurs]* to refine; *[+ sens]* to make keener, to sharpen
3 *[+ taille, hanches]* to slim (down); *[+ chevilles]* to make slender ◆ **ce maquillage vous affinera le visage** this make-up will make your face look thinner
VPR **s'affiner** 1 *[analyse, concept]* to become (more) refined; *[style]* to become (more) refined *ou* polished; *[odorat, goût]* to become sharper *ou* keener
2 *[personne]* to slim (down); *[taille]* to become slimmer; *[chevilles]* to become (more) slender; *[visage]* to get thinner; *[grain de la peau]* to become finer

affinerie /afinʀi/ NF *[de métaux]* refinery

affineur, -euse /afinœʀ, øz/ NM,F *[de métal]* refiner; *[de verre]* finer

affinité /afinite/ SYN NF *(entre personnes)* affinity; *(entre œuvres)* similarity ◆ **les deux auteurs ont des affinités** the two writers have affinities, there are similarities between the two writers ◆ **l'actrice s'identifie au personnage de Daphné, elle a des affinités avec elle** the actress identifies with the character of Daphné, she has an affinity with her ✦ **nous avions des affinités littéraires** we felt the same way about books ✦ **« plus si affinités »** (*petite annonce*) "possibly more"

affiquet /afikɛ/ NM (= *bijou*) trinket

affirmatif, -ive /afiʀmatif, iv/ SYN
ADJ [*réponse, proposition*] affirmative; [*personne, ton*] assertive, affirmative; (*Ling*) affirmative, positive ✦ **il a été affirmatif à ce sujet** he was quite positive on that score *ou* about that ✦ **affirmatif !** (*Mil, hum*) affirmative!; → **signe**
NM (*Ling*) affirmative, positive ✦ **à l'affirmatif** in the affirmative, in the positive
NF **affirmative** affirmative ✦ **répondre par l'affirmative** to answer yes *ou* in the affirmative ✦ **dans l'affirmative** in the event of the answer being yes *ou* of an affirmative reply (*frm*) ✦ **nous espérons que vous viendrez : dans l'affirmative, faites-le-nous savoir** we hope you'll come and if you can (come) please let us know

affirmation /afiʀmasjɔ̃/ SYN NF 1 (= *allégation*) claim ✦ **l'affirmation selon laquelle ce pays aurait immergé des déchets nucléaires** the claim that this country has dumped nuclear waste at sea
2 (*Ling*) assertion
3 (= *fait d'affirmer, expression*) assertion ✦ **l'affirmation de la liberté et de la dignité de la personne humaine** the assertion *ou* affirmation of the freedom and dignity of human beings ✦ **pour lui, toute affirmation de sa propre personnalité est jugée suspecte** for him any assertion of one's own personality is regarded as suspect ✦ **une fraction de la population est tentée par l'affirmation intolérante de son identité** part of the population is tempted to assert its identity in an intolerant way

affirmativement /afiʀmativmɑ̃/ ADV in the affirmative, affirmatively

affirmer /afiʀme/ GRAMMAIRE ACTIVE 26.3, 26.5 SYN ► conjug 1 ◄ VT 1 (= *soutenir*) to claim, to say ✦ **il affirme l'avoir vu s'enfuir** he claims *ou* says that he saw him run off ✦ **il affirme que c'est de votre faute** he claims *ou* says that it is your fault ✦ **tu affirmes toujours tout sans savoir** you're always very sure about things you know nothing about ✦ **pouvez-vous l'affirmer ?** can you be positive about it?, can you say that for sure? ✦ **on ne peut rien affirmer encore** we can't say anything positive yet ✦ **« c'est lui » affirma-t-elle** "it's him", she said ✦ **affirmer sur l'honneur que...** to give one's word of honour that...
2 (= *manifester*) [+ *originalité, autorité, position*] to assert ✦ **talent/personnalité qui s'affirme** talent/personality which is asserting itself ✦ **il s'affirme comme l'un de nos meilleurs romanciers** he is establishing himself as one of our best novelists
3 (= *proclamer*) to affirm, to assert ✦ **le président a affirmé sa volonté de régler cette affaire** the president affirmed *ou* asserted his wish to settle the matter

⚠ Attention à ne pas traduire automatiquement **affirmer** par **to affirm**, qui a des emplois spécifiques et est d'un registre plus soutenu.

affixal, e (mpl -aux) /afiksal, o/ ADJ [*groupe*] affixal

affixe /afiks/ NM (*Ling*) affix

affleurement /aflœʀmɑ̃/ NM (*Géol*) outcrop; (*fig*) emergence; (*Tech*) flushing

affleurer /aflœʀe/ SYN ► conjug 1 ◄
VI [*rocs, récifs*] to show on the surface; [*filon, couche*] to show on the surface, to outcrop (SPÉC); [*sentiment, sensualité*] to come *ou* rise to the surface ✦ **quelques récifs affleuraient (à la surface de l'eau)** a few reefs showed on the surface (of the water)
VT (*Tech*) to make flush, to flush

afflictif, -ive /afliktif, iv/ ADJ (*Jur*) corporal

affliction /afliksjɔ̃/ SYN NF (*littér*) affliction ✦ **être dans l'affliction** to be in a state of affliction

affligé, e /aflize/ (ptp de **affliger**) ADJ ✦ **être affligé de** [*maladie*] to be afflicted with ✦ **il était affligé d'une femme acariâtre** he was afflicted *ou* cursed with a cantankerous wife ✦ **les affligés** (*littér*) the afflicted

affligeant, e /afliʒɑ̃, ɑ̃t/ SYN ADJ distressing; (*iro*) pathetic

affliger /aflize/ SYN ► conjug 3 ◄ VT (= *attrister*) to distress, to grieve; (*littér* = *accabler*) to smite (*littér*) (*de* with) ✦ **s'affliger de qch** to be distressed

ou grieved about sth ✦ **la nature l'avait affligé d'un nez crochu** (*hum*) nature had afflicted *ou* cursed him with a hooked nose

affluence /aflyɑ̃s/ SYN NF [*de gens*] crowds, throng (*littér*) ✦ **les heures d'affluence** [*de trains, circulation*] the rush hour; [*de magasin*] the peak shopping period, the busy period

affluent /aflyɑ̃/ NM tributary, affluent (SPÉC)

affluer /aflye/ SYN ► conjug 1 ◄ VI [*fluide, sang*] to rush, to flow (*à, vers* to); [*foule*] to flock ✦ **les dons affluaient de partout** donations came flooding in from all over ✦ **l'argent afflue dans les caisses de la banque** money is flowing *ou* flooding into the coffers of the bank

afflux /afly/ SYN NM 1 [*de fluide*] inrush; (*Élec*) flow
2 [*d'argent*] inflow; [*de réfugiés, touristes*] influx ✦ **afflux de capitaux** capital inflow ✦ **afflux de main-d'œuvre** inflow *ou* influx of labour

affolant, e /afɔlɑ̃, ɑ̃t/ SYN ADJ (= *effrayant*) frightening; (= *troublant*) [*situation, nouvelle*] distressing, disturbing ✦ **c'est affolant !*** it's alarming! ✦ **à une vitesse affolante** at an alarming rate

affolé, e /afɔle/ SYN (ptp de **affoler**) ADJ
1 (= *effrayé*) panic- *ou* terror-stricken ✦ **je suis affolé de voir ça*** I'm appalled *ou* horrified at that ✦ **air affolé** look of panic
2 [*boussole*] wildly fluctuating

affolement /afɔlmɑ̃/ SYN NM 1 (= *effroi*) panic; (*littér* = *trouble*) turmoil ✦ **pas d'affolement !*** don't panic!
2 [*de boussole*] wild fluctuations

affoler /afɔle/ SYN ► conjug 1 ◄
VT (= *effrayer*) to throw into a panic, to terrify; (*littér* = *troubler*) to drive wild, to throw into a turmoil
VPR **s'affoler** [*personne*] to lose one's head; [*gouvernement*] to panic, to lose one's nerve ✦ **la Bourse s'est affolée** there was panic on the Stock Exchange ✦ **ne nous affolons pas*** let's not panic *ou* get in a panic*, let's keep our heads

affouillement /afujmɑ̃/ NM undermining

affouiller /afuje/ ► conjug 1 ◄ VT to undermine

affouragement /afuʀaʒmɑ̃/ NM fodder supply

affourager /afuʀaʒe/ ► conjug 3 ◄ VT to fodder

affranchi, e /afʀɑ̃ʃi/ (ptp de **affranchir**) NM,F (= *esclave*) emancipated *ou* freed slave; (= *libertin*) emancipated man (*ou* woman)

affranchir /afʀɑ̃ʃiʀ/ SYN ► conjug 2 ◄
VT 1 (*avec des timbres*) to put a stamp *ou* stamps on, to stamp; (*à la machine*) to frank ✦ **lettre affranchie/non affranchie** stamped/unstamped letter, franked/unfranked letter ✦ **j'ai reçu une lettre insuffisamment affranchie** I received a letter with insufficient postage on it ✦ **machine à affranchir** franking machine
2 [+ *esclave*] to enfranchise, to emancipate; [+ *peuple, pays*] to free; (*fig*) [+ *esprit, personne*] to free, to emancipate ✦ **affranchir qn de** [+ *contrainte, influence*] to free sb from
3 ✦ **affranchir qn** (*arg Crime* = *mettre au courant*) to give sb the low-down*, to put sb in the picture*
4 (*Cartes*) to clear
VPR **s'affranchir** ✦ **s'affranchir de** [+ *domination, convenances*] to free o.s. from

affranchissement /afʀɑ̃ʃismɑ̃/ NM 1 (*avec des timbres*) stamping; (*à la machine*) franking; (= *prix payé*) postage
2 [*d'esclave*] emancipation, freeing; [*de peuple, pays*] freeing; (*fig*) [*d'esprit, personne*] freeing, emancipation

affres /afʀ/ NFPL (*littér*) ✦ **être dans les affres de la mort** to be in the throes of death ✦ **le pays s'enfonce dans les affres d'une crise financière** the country is in the throes of a financial crisis ✦ **dans ce film, il évoque les affres de la création** in this film, he portrays the trials and tribulations of the creative process

affrètement /afʀɛtmɑ̃/ NM chartering

affréter /afʀete/ ► conjug 6 ◄ VT to charter

affréteur /afʀetœʀ/ NM [*de bateau, avion*] charterer; [*de véhicule*] hirer

affreusement /afʀøzmɑ̃/ SYN ADV [*souffrir, blesser*] horribly; [*difficile, vulgaire*] terribly ✦ **affreusement laid** hideously ugly ✦ **ce plat est affreusement mauvais** this food is terrible *ou* awful ✦ **on est affreusement mal assis** these seats are terribly uncomfortable ✦ **affreusement en retard** dreadfully late

affreux, -euse /afʀø, øz/ SYN
ADJ (= *très laid*) hideous, ghastly; (= *effroyable, abominable*) dreadful, awful ✦ **quel temps affreux !** what dreadful *ou* awful weather! ✦ **j'ai un mal de tête affreux** I've got a terrible headache; → **jojo**
NM (*arg Mil*) (white) mercenary

affriander /afʀijɑ̃de/ ► conjug 1 ◄ VT (*littér*) to allure, to entice

affriolant, e /afʀijɔlɑ̃, ɑ̃t/ SYN ADJ [*perspective, programme*] appealing, exciting; [*femme*] alluring; [*vêtement*] alluring

affrioler /afʀijɔle/ ► conjug 1 ◄ VT to tempt

affriquée /afʀike/
ADJ F affricative
NF affricate

affront /afʀɔ̃/ SYN NM (= *insulte*) affront ✦ **faire (un) affront à qn** to affront sb

affrontement /afʀɔ̃tmɑ̃/ SYN NM (*Mil, Pol*) confrontation

affronter /afʀɔ̃te/ SYN ► conjug 1 ◄
VT [+ *adversaire, danger*] to confront, to face ✦ **affronter la mort** to face *ou* brave death ✦ **affronter le mauvais temps** to brave the bad weather
VPR **s'affronter** [*adversaires*] to confront each other ✦ **ces deux théories s'affrontent** these two theories clash *ou* are in direct opposition

affublement /afyblǝmɑ̃/ NM (*péj*) attire

affubler /afyble/ SYN ► conjug 1 ◄ VT ✦ **affubler qn de** [+ *vêtement*] to deck *ou* rig* (*Brit*) sb out in ✦ **affubler qn d'un sobriquet** to attach a nickname to sb ✦ **il s'affubla d'un vieux manteau** he donned an old coat ✦ **affublé d'un vieux chapeau** wearing an old hat

affusion /afyzjɔ̃/ NF affusion

affût /afy/ NM 1 ✦ **affût (de canon)** (gun) carriage
2 (*Chasse*) hide (*Brit*), blind (*US*) ✦ **à l'affût** ✦ **chasser à l'affût** to hunt game from a hide (*Brit*) *ou* blind (*US*) ✦ **être à l'affût** to be lying in wait ✦ **être à l'affût de qch** (*fig*) to be on the look-out for sth ✦ **se mettre à l'affût** to lie in wait

affûtage /afytaʒ/ NM sharpening, grinding

affûter /afyte/ ► conjug 1 ◄ VT [+ *lame*] to sharpen, to grind; [+ *arguments, stratégie*] to hone ✦ **oreilles affûtées** sharp ears

affûteur /afytœʀ/ SYN NM (= *personne*) grinder

affûteuse /afytøz/ NF (= *machine*) grinder, sharpener

afghan, e /afgɑ̃, an/
ADJ Afghan; → **lévrier**
NM (= *langue*) Afghan
NM,F **Afghan(e)** Afghan

Afghanistan /afganistɑ̃/ NM Afghanistan

aficionado /afisjɔnado/ NM aficionado

afin /afɛ̃/ GRAMMAIRE ACTIVE 8.2 SYN PRÉP ✦ **afin de** to, in order to ✦ **afin que nous le sachions** so that *ou* in order that we should know

aflatoxine /aflatɔksin/ NF aflatoxin

AFNOR /afnɔʀ/ NF (*abrév de* **Association française de normalisation**) *French Industrial Standards Authority*, ≈ BSI (*Brit*), ≈ ANSI (*US*)

afocal, e (mpl -aux) /afɔkal, o/ ADJ afocal

a fortiori /afɔʀsjɔʀi/ LOC ADV all the more, a fortiori (*frm*)

AFP /aɛfpe/ NF (*abrév de* **Agence France-Presse**) *French Press Agency*

AFPA /afpa/ NF (*abrév de* **Association pour la formation professionnelle des adultes**) *adult professional education association*

africain, e /afʀikɛ̃, ɛn/
ADJ African
NM,F **Africain(e)** African

africanisation /afʀikanizasjɔ̃/ NF Africanization

africaniser /afʀikanize/ ► conjug 1 ◄ VT to Africanize

africanisme /afʀikanism/ NM Africanism

africaniste /afʀikanist/ NMF Africanist

afrikaans /afʀikɑ̃s/ NM, ADJ INV Afrikaans

afrikander /afʀikɑ̃dɛʀ/, **afrikaner** /afʀikanɛʀ/ ADJ, NMF Afrikaner

Afrique /afʀik/ NF Africa ✦ **l'Afrique australe/du Nord** Southern/North Africa ✦ **l'Afrique du Sud** South Africa ✦ **l'Afrique subsaharienne** sub-Saharan Africa

afro | aggravation

afro* /afʀo/ ADJ INV Afro ◆ **coiffure afro** Afro (hairstyle *ou* hairdo*)

afro-américain, e /afʀoameʀikɛ̃, ɛn/
◼ ADJ Afro-American, African-American
◼ NM,F **Afro-Américain(e)** Afro-American, African-American

afro-asiatique (pl **afro-asiatiques**) /afʀoazjatik/
◼ ADJ Afro-Asian
◼ NMF **Afro-Asiatique** Afro-Asian

afro-brésilien, -ienne /afʀobʀeziljɛ̃, jɛn/
◼ ADJ Afro-Brazilian
◼ NM,F **Afro-Brésilien(ne)** Afro-Brazilian

AG* /aʒe/ NF (abrév de **assemblée générale**) (*Écon*) AGM; [*d'étudiants*] EGM

agaçant, e /agasɑ̃, ɑ̃t/ SYN ADJ irritating, annoying

agacement /agasmɑ̃/ SYN NM irritation, annoyance

agacer /agase/ SYN ▸ conjug 3 ◂ VT [1] ◆ **agacer qn** (= *énerver*) to get on sb's nerves, to irritate sb; (= *taquiner*) to pester *ou* tease sb ◆ **agacer les dents de qn** to set sb's teeth on edge ◆ **agacer les nerfs de qn** to get on sb's nerves ◆ **ça m'agace !** it's getting on my nerves! ◆ **agacé par le bruit** irritated *ou* annoyed by the noise ◆ **agacé de l'entendre** irritated by what he said [2] (*littér* = *aguicher*) to excite, to lead on

agaceries /agasʀi/ NFPL coquetries, provocative gestures

agalactie /agalakti/ NF agalactia

agame /agam/ ADJ agamic

Agamemnon /agamɛmnɔ̃/ NM Agamemnon

agami /agami/ NM (= *oiseau*) trumpeter

agamie /agami/ NF agamogenesis

agammaglobulinémie /agamaglɔbylinemi/ NF agammaglobulinaemia (*Brit*), agammaglobulinemia (*US*)

agapanthe /agapɑ̃t/ NF agapanthus

agapes /agap/ NFPL (*hum*) banquet, feast

agar-agar (pl **agars-agars**) /agaʀagaʀ/ NM agar(-agar)

agaric /agaʀik/ NM agaric

agaricacées /agaʀikase/ NFPL ◆ **les agaricacées** agarics, the Agaricaceae (*SPÉC*)

agate /agat/ NF agate

agatisé, e /agatize/ ADJ agate (*épith*)

agave /agav/ NM agave

AGE /aʒeə/ NF (abrév de **assemblée générale extraordinaire**) EGM

âge /aʒ/ SYN
◼ NM [1] (*gén*) age ◆ **quel âge avez-vous ?** how old are you?, what age are you ? ◆ **à l'âge de 8 ans** at the age of 8 ◆ **j'ai votre âge** I'm your age, I'm the same age as you ◆ **ils sont du même âge** they're the same age ◆ **il est d'un âge canonique** (*hum*) he's at a venerable age ◆ **elle est d'un âge avancé** she's getting on in years, she's quite elderly ◆ **d'âge moyen, entre deux âges** middle-aged ◆ **il ne paraît ou fait pas son âge** he doesn't look his age ◆ **elle porte bien son âge** she looks good for her age ◆ **il fait plus vieux que son âge** he looks older than he is ◆ **sans âge, qui n'a pas d'âge** ageless ◆ **on a l'âge de ses artères** you're as old as you feel ◆ **il a vieilli avant l'âge** he's got *ou* he's old before his time ◆ **il a pris de l'âge** he's aged ◆ **amusez-vous, c'est de votre âge** enjoy yourself, you should (do) at your age ◆ **à son âge** at his age ◆ **j'ai passé l'âge de le faire** I'm too old for that ◆ **avec l'âge il se calmera** he'll settle down as he gets older ◆ **des gens de tout âge** people of all ages ◆ **être en âge de se marier** to be of marriageable age, to be old enough to get married ◆ **porto de 15 ans d'âge** 15-year-old port ◆ **le premier âge** the first three months; → **bas¹, quatrième, troisième**

[2] (= *ère*) age ◆ **ça existait déjà à l'âge des cavernes !** (*hum*) that dates back to the Stone Age!

◼ COMP **l'âge adulte** (*gén*) adulthood; (*pour un homme*) manhood; (*pour une femme*) womanhood ◆ **à l'âge adulte** in adulthood
l'âge bête ◆ **c'est l'âge bête** it's an awkward *ou* difficult age
l'âge du bronze the Bronze Age
l'âge critique the change of life
l'âge du fer the Iron Age
l'âge d'homme manhood
l'âge ingrat ⇒ **l'âge bête**
l'âge légal the legal age ◆ **avoir l'âge légal** to be legally old enough

âge mental mental age
l'âge mûr maturity
l'âge d'or the golden age
l'âge de (la) pierre the Stone Age
l'âge de la pierre polie the Neolithic age
l'âge de la pierre taillée the Palaeolithic age
l'âge de raison the age of reason
l'âge de la retraite retirement age
l'âge tendre (= *petite enfance*) childhood; (= *adolescence*) youth ◆ **à l'âge tendre de quatorze ans** at the tender age of fourteen ◆ **d'âge tendre** young
l'âge viril ⇒ **l'âge d'homme**

âgé, e /aʒe/ SYN ADJ ◆ **être âgé** to be old, to be elderly ◆ **être âgé de 9 ans** to be 9 years old, to be 9 years of age ◆ **enfant âgé de 4 ans** 4-year-old child ◆ **dame âgée** elderly lady ◆ **les personnes âgées** the elderly

agence /aʒɑ̃s/
◼ NF (= *succursale*) branch (office); (= *bureaux*) offices; (= *organisme*) agency, bureau
◼ COMP **agence commerciale** sales office *ou* agency
Agence pour l'énergie nucléaire Atomic Energy Authority
Agence de l'environnement et de la maîtrise de l'énergie French energy conservation agency, ≃ Energy Efficiency Office (*Brit*)
agence immobilière estate agency (*Brit*), estate agent's (office) (*Brit*), real estate agency (*US*)
agence d'intérim temping agency
Agence internationale de l'énergie atomique International Atomic Energy Agency
agence matrimoniale marriage bureau
Agence nationale pour l'emploi French national employment office, ≃ Jobcentre (*Brit*)
agence de placement employment agency *ou* bureau
agence de presse news *ou* press agency, news service (*US*)
agence de publicité advertising *ou* publicity agency
agence de renseignements information bureau *ou* office
Agence spatiale européenne European Space Agency
agence de tourisme tourist agency
agence de voyages travel agency

agencé, e /aʒɑ̃se/ (ptp de **agencer**) ADJ ◆ **bien agencé** (*gén*) well-organized; [*local*] well-constructed; [*phrase*] well-constructed; [*local*] (*en meubles*) well-equipped; (*en espace*) well-arranged, well laid-out ◆ **mal agencé** [*local*] (*en meubles*) poorly-equipped; (*en espace*) badly laid-out

agencement /aʒɑ̃smɑ̃/ SYN NM [*d'éléments*] organization; [*de phrase, roman*] construction; [*de couleurs*] combination; [*de local*] (= *disposition*) arrangement, layout; (= *équipement*) equipment ◆ **agencements modernes** modern fittings *ou* equipment

agencer /aʒɑ̃se/ SYN ▸ conjug 3 ◂
◼ VT [+ *éléments*] to put together, to combine; [+ *couleurs*] to combine; [+ *phrase, roman*] to construct, to put together; [+ *local*] (= *disposer*) to lay out, to arrange; (= *équiper*) to equip
◼ VPR **s'agencer** [*éléments*] to combine

agencier /aʒɑ̃sje/ NM press-agency journalist

agenda /aʒɛ̃da/
◼ NM [1] (= *carnet*) diary (*Brit*), datebook (*US*), calendar (*US*)
[2] (= *activités*) schedule ◆ **agenda très chargé** very busy schedule
◼ COMP **agenda de bureau** desk diary (*Brit*) *ou* calendar (*US*)
agenda électronique electronic organizer *ou* diary (*Brit*)

⚠ **agenda** ne se traduit pas par le mot anglais **agenda**, qui a le sens de 'ordre du jour'.

agénésie /aʒenezi/ NF (*Phys*) agenesis

agenouillement /aʒ(ə)nujmɑ̃/ NM (*littér*) kneeling

agenouiller (s') /aʒ(ə)nuje/ ▸ conjug 1 ◂ VPR to kneel (down) ◆ **être agenouillé** to be kneeling ◆ **s'agenouiller devant l'autorité** to bow before authority

agenouilloir /aʒ(ə)nujwaʀ/ NM (= *escabeau*) hassock, kneeling stool; (= *planche*) kneeling plank

agent /aʒɑ̃/ SYN
◼ NM [1] (*Police*) policeman ◆ **pardon, monsieur l'agent** excuse me, officer *ou* constable (*Brit*) ◆ **elle est agent** she's a policewoman

[2] (= *représentant*) agent; (*Admin*) officer, official ◆ **arrêter un agent ennemi** to arrest an enemy agent ◆ **agent exclusif** sole agent ◆ **agent en franchise** franchised dealer

[3] (*Chim, Gram, Sci*) agent; → **complément**
◼ COMP **agent d'accueil** greeter
agent administratif administrative officer
agent d'ambiance person whose job it is to liaise informally with customers, passengers etc
agent artistique (artistic) agent
agent d'assurances insurance agent
agent de change † stockbroker
agent de la circulation policeman on traffic duty, ≃ traffic policeman
agent commercial (sales) representative
agent comptable accountant
agent consulaire consular official *ou* officer
agent double double agent
agent électoral campaign organizer *ou* aide
agent d'entretien cleaning operative, maintenance person
agent de l'État public sector employee
agent du fisc tax official *ou* officer
agent de la force publique member of the police force
agent du gouvernement government official
agent immobilier estate agent (*Brit*), real estate agent (*US*)
agent de liaison (*Mil*) liaison officer
agent littéraire literary agent
agent de maîtrise supervisor
agent maritime shipping agent
agent de médiation ⇒ **agent d'ambiance**
agent de police policeman ◆ **elle est agent** she's a policewoman
agent provocateur agent provocateur
agent public ⇒ **agent de l'État**
agent de publicité advertising agent
agent de renseignements intelligence agent
agent de sapidité flavour enhancer
agent secret secret agent
agent de surface ⇒ **agent d'entretien**
agent technique technician
agent de transmission (*Mil*) despatch rider, messenger
agent voyer ≃ borough surveyor

agentif /aʒɑ̃tif/ NM (*Ling*) agentive

ageratum /aʒeʀatɔm/ NM ageratum

Agétac /aʒetak/ NM (abrév de **Accord général sur les tarifs douaniers et le commerce**) GATT

aggiornamento /a(d)ʒjɔʀnamento/ NM [1] (*Rel*) aggiornamento

[2] (*fig*) ◆ **il a entrepris un aggiornamento du Parti travailliste** he set about modernizing the Labour Party

agglo* /aglo/ NM abrév de **aggloméré**

agglomérat /aglɔmeʀa/ NM (*Géol*) agglomerate; [*de personnes*] mixture; [*d'objets*] cluster

agglomération /aglɔmeʀasjɔ̃/ SYN NF [1] (= *ville*) town ◆ **l'agglomération parisienne** Paris and its suburbs, the urban area of Paris ◆ **limitation de vitesse en agglomération** speed limit in built-up areas

[2] [*de nations, idées*] conglomeration; [*de matériaux*] conglomeration, agglomeration

aggloméré, e /aglɔmeʀe/ NM (= *bois*) chipboard, Masonite ® (*US*); (= *pierre*) conglomerate; (= *charbon*) briquette

agglomérer /aglɔmeʀe/ SYN ▸ conjug 6 ◂
◼ VT (= *amonceler*) to pile up; [+ *bois, pierre*] to compress
◼ VPR **s'agglomérer** (*Tech*) to agglomerate; (= *s'amonceler*) to pile up; (= *se rassembler*) to conglomerate, to gather ◆ **population agglomérée** dense population

agglutinant, e /aglytinɑ̃, ɑ̃t/
◼ ADJ (*gén*) agglutinating; [*langue*] agglutinative
◼ NM agglutinant

agglutination /aglytinasjɔ̃/ NF (*Bio, Ling*) agglutination

agglutiner /aglytine/ SYN ▸ conjug 1 ◂ VT to stick together; (*Bio*) to agglutinate ◆ **les passants s'agglutinaient devant la vitrine** passers-by gathered in front of the window

agglutinine /aglytinin/ NF agglutinin

agglutinogène /aglytinɔʒɛn/ NM agglutinogen

aggravant, e /agʀavɑ̃, ɑ̃t/ ADJ [*facteur*] aggravating; → **circonstance**

aggravation /agʀavasjɔ̃/ SYN NF [*de mal, situation*] worsening, aggravation; [*d'impôt, chômage*] increase

aggraver /agʀave/ SYN ▸ conjug 1 ◂

VT (= faire empirer) to make worse, to aggravate; (= renforcer) to increase ◆ **aggraver la récession** to deepen the recession ◆ **aggraver le déficit budgétaire** to increase the budget deficit ◆ **aggraver la situation** to make matters worse ◆ **ça ne fera qu'aggraver nos problèmes** it will only make our problems worse ◆ **la répression n'a fait qu'aggraver la crise** repression has deepened ou aggravated the crisis ◆ **tu aggraves ton cas** you're making things worse for yourself ◆ **il a aggravé la marque à la 35ᵉ minute** he increased their lead in the 35th minute

VPR s'aggraver (= empirer) to get worse, to worsen; (= se renforcer) to increase ◆ **le chômage s'est fortement aggravé** unemployment has increased sharply, there has been a sharp increase in unemployment

⚠ Attention à ne pas traduire automatiquement **aggraver** par **to aggravate**, qui est d'un registre plus soutenu.

agha /aga/ NM ag(h)a

agile /aʒil/ SYN ADJ agile ◆ **agile de ses mains** nimble with one's fingers ◆ **d'un geste agile** with a quick gesture ◆ **agile comme un singe** as agile as a goat

agilement /aʒilmɑ̃/ ADV nimbly, with agility

agilité /aʒilite/ SYN NF agility, nimbleness

agio /aʒjo/ NM ① (= différence de cours) Exchange premium
② (= frais) ◆ **agios** (bank) charges

agiotage /aʒjɔtaʒ/ NM speculation

agioter /aʒjɔte/ ▸ conjug 1 ◂ VI to speculate

agioteur, -euse /aʒjɔtœʀ, øz/ NM,F speculator

agir /aʒiʀ/ GRAMMAIRE ACTIVE 26.2 SYN ▸ conjug 2 ◂

VI ① (gén) to act; (= se comporter) to behave, to act ◆ **il faut agir tout de suite** we must act ou do something at once, we must take action at once ◆ **il a agi de son plein gré/en toute liberté** he acted quite willingly/freely ◆ **il agit comme un enfant** he acts ou behaves like a child ◆ **il a bien/mal agi envers sa mère** he behaved well/ badly towards his mother ◆ **il a sagement agi** he did the right thing, he acted wisely ◆ **le syndicat a décidé d'agir** the union has decided to take action ou to act ◆ **agir en ami** to behave ou act like a friend ◆ **agir au nom de qn** to act on behalf of sb; → **façon, manière**

② (= exercer une influence) ◆ **agir sur qch** to act on sth ◆ **agir sur qn** to bring pressure to bear on sb ◆ **agir sur le marché** (Bourse) to influence the market ◆ **agir auprès de qn** to use one's influence with sb

③ (locution)
◆ **faire agir** ◆ **faire agir la loi** to put ou set the law in motion ◆ **il a fait agir son syndicat/ses amis** he got his union/friends to act ou take action ◆ **je ne sais pas ce qui le fait agir ainsi** I don't know what prompts him to ou makes him act like that

④ (= opérer) [médicament] to act, to work; [influence] to have an effect (sur on) ◆ **le remède agit lentement** the medicine is slow to take effect, the medicine acts ou works slowly ◆ **laisser agir la nature** to let nature take its course ◆ **la lumière agit sur les plantes** light acts on ou has an effect on plants

VB IMPERS s'agir ① ◆ **il s'agit de...** (= il est question de) it is a matter ou question of... ◆ **dans ce film il s'agit de 3 bandits** this film is about 3 gangsters ◆ **décide-toi, il s'agit de ton avenir** make up your mind, it's your future that's at stake ◆ **les livres dont il s'agit** the books in question ◆ **quand il s'agit de manger, il est toujours là** when it comes to food, he's never far away ◆ **quand il s'agit de travailler, il n'est jamais là** when there's any work to be done, he's never there ou around ◆ **on a trouvé des colonnes : il s'agirait/il s'agit d'un temple grec** some columns have been found: it would appear to be/it is a Greek temple ◆ **de quoi s'agit-il ?** what is it?, what's it (all) about? ◆ **voilà ce dont il s'agit** that's what it's (all) about ◆ **il ne s'agit pas d'argent** it's not a question of money ◆ **il ne s'agit pas de ça !** that's not it! ou the point! ◆ **il s'agit bien de ça !** (iro) that's hardly the problem! ◆ **il s'agissait bien de son frère** it was (about) his brother after all

② (= il est nécessaire de faire) ◆ **il s'agit de faire vite** we must act quickly, the thing (to do) is to act quickly ◆ **il s'agit pour lui de réussir** what he has to do is to succeed ◆ **maintenant, il ne s'agit pas de plaisanter** this is no time for jokes ◆ **avec ça, il ne s'agit pas de plaisanter** that's no joking matter ◆ **maintenant il s'agit de garder notre avance** now it's a matter ou question of maintaining our lead, now what we have to do ou must do is maintain our lead ◆ **il s'agit** ou **s'agirait de s'entendre : tu viens ou tu ne viens pas ?** let's get one thing clear ou straight – are you coming or aren't you? ◆ **il s'agit de savoir ce qu'il va faire** it's a question of knowing what he's going to do, what we have to establish is what he's going to do

③ (locution) ◆ **s'agissant de qn/qch** as regards sb/sth ◆ **s'agissant de sommes aussi importantes, il faut être prudent** when such large amounts are involved, one must be careful

AGIRC /aʒiʀk/ NF (abrév de Association générale des institutions de retraite des cadres) confederation of executive pension funds

âgisme /aʒism/ NM ageism

agissant, e /aʒisɑ̃, ɑ̃t/ ADJ (= actif) active; (= efficace) efficacious, effective ◆ **minorité agissante** active ou influential minority

agissements /aʒismɑ̃/ SYN NMPL (péj) schemes, intrigues ◆ **surveiller les agissements de qn** to keep an eye on what sb is up to*

agitateur, -trice /aʒitatœʀ, tʀis/ SYN
NM,F (Pol) agitator
NM (Chim) stirring rod

agitation /aʒitasjɔ̃/ SYN NF ① [de personne] (ayant la bougeotte) restlessness, fidgetiness; (affairé) bustle; (troublé) agitation
② [de mer] roughness, choppiness; [d'air] turbulence; [de lieu, rue] hustle and bustle
③ (Pol) unrest, agitation

agitato /aʒitato/ ADV agitato

agité, e /aʒite/ SYN (ptp de **agiter**)
ADJ ① [personne] (= ayant la bougeotte) restless, fidgety; (= affairé) bustling (épith); (= troublé) agitated
② [mer] rough, choppy; (Météo marine) moderate; [vie] hectic; [époque] troubled; [nuit] restless ◆ **mer peu agitée** slight sea ou swell ◆ **avoir le sommeil agité** to toss about in one's sleep
NM,F (Psych) manic person ◆ **c'est un agité** he's manic

agiter /aʒite/ SYN ▸ conjug 1 ◂
VT ① (= secouer) [+ bras, mouchoir] to wave; [+ ailes] to flap, to flutter; [+ queue] to wag; [+ bouteille, liquide] to shake; [+ menace] to brandish ◆ **agiter avant l'emploi** shake (well) before use ◆ **agiter l'air de ses bras** to wave one's arms about ◆ **le vent agite doucement les branches** the wind gently stirs the branches ◆ **le vent agite violemment les branches** the wind shakes the branches ◆ **les feuilles, agitées par le vent** the leaves, fluttering in the wind ◆ **bateau agité par les vagues** boat tossed about ou rocked by the waves ◆ **agiter le spectre** ou **l'épouvantail de qch** to raise the spectre of sth

② (= inquiéter) to trouble, to perturb
③ (= débattre) [+ question, problème] to discuss, to debate

VPR s'agiter ① [employé, serveur] to bustle about; [malade] to move about ou toss restlessly; [enfant, élève] to fidget; [foule, mer] to stir ◆ **s'agiter dans son sommeil** to toss and turn in one's sleep ◆ **les pensées s'agitent dans ma tête** the thoughts going round and round about in my head ◆ **le peuple s'agite** the masses are getting restless ◆ **s'agiter sur sa chaise** to wriggle about on one's chair
② (* = se dépêcher) to get a move on *

⚠ Attention à ne pas traduire automatiquement **agiter** par **to agitate**, qui est d'un registre plus soutenu.

agit-prop /aʒitpʀɔp/ NF INV agitprop

agnathe /agnat/
ADJ agnathous
NMPL ◆ **les agnathes** agnathans, the Agnatha (SPÉC)

agneau (pl **agneaux**) /aɲo/ NM lamb; (= fourrure) lambskin ◆ **son mari est un véritable agneau** her husband is as meek as a lamb ◆ **mes agneaux** (iro) my dears (iro) ◆ **l'Agneau de Dieu** the Lamb of God ◆ **l'Agneau pascal** the Paschal Lamb ◆ **l'agneau sans tache** (Rel) the lamb without stain ◆ **l'Agneau du sacrifice** the sacrificial lamb; → **doux, innocent**

agnelage /aɲ(ə)laʒ/ NM (= mise bas) lambing; (= époque) lambing season

agneler /aɲ(ə)le/ ▸ conjug 5 ◂ VI to lamb

agnelet /aɲ(ə)lɛ/ NM small lamb, lambkin †

agnelin /aɲ(ə)lɛ̃/ NM lambskin

agneline /aɲ(ə)lin/ NF lamb's wool

agnelle /aɲɛl/ NF (female) lamb

agnosie /agnozi/ NF agnosia

agnosticisme /agnɔstisism/ NM agnosticism

agnostique /agnɔstik/ ADJ, NMF agnostic

agnus-castus /aɲyskastys/ NM chaste tree

agnus dei /aɲysdei, agnysdei/ NM INV Agnus Dei

agonie /agɔni/ NF (avant la mort) death pangs ◆ **entrer en agonie** to be on the point of death ◆ **être à l'agonie** to be close to death ◆ **longue agonie** slow death ◆ **son agonie fut longue** he died a slow death ◆ **l'agonie d'un régime** the death throes of a régime

⚠ **agonie** se traduit rarement par **agony**, qui a le sens de 'angoisse'.

agonir /agɔniʀ/ ▸ conjug 2 ◂ VT to revile ◆ **agonir qn d'injures** to hurl insults ou abuse at sb, to heap insults ou abuse on sb

agonisant, e /agɔnizɑ̃, ɑ̃t/ ADJ (littér ou fig) dying ◆ **la prière des agonisants** prayers for the dying, last rites

agoniser /agɔnize/ SYN ▸ conjug 1 ◂ VI to be dying ◆ **un blessé agonisait dans un fossé** a wounded man lay dying in a ditch

⚠ **agoniser** ne se traduit pas par **to agonize**, qui a le sens de 'se tourmenter'.

agoniste /agɔnist/ ADJ ◆ **muscle agoniste** agonist

agora /agɔʀa/ NF (Antiq) agora; (= espace piétonnier) concourse

agoraphobe /agɔʀafɔb/ ADJ, NMF agoraphobic

agoraphobie /agɔʀafɔbi/ NF agoraphobia

agouti /aguti/ NM agouti

agrafage /agʀafaʒ/ NM [de vêtement] hooking (up), fastening (up); [de papiers] stapling; (Méd) putting in clips

agrafe /agʀaf/ SYN NF [de vêtement] hook (and eye) fastener; [de papiers] staple; (Méd) clip

agrafer /agʀafe/ SYN ▸ conjug 1 ◂ VT ① [+ vêtement] to hook (up), to fasten (up); [+ papiers] to staple
② (‡ = arrêter) to bust‡, to nab‡

agrafeuse /agʀafœz/ NF stapler

agraire /agʀɛʀ/ ADJ [politique, loi] agrarian; [mesure, surface] land (épith); → **réforme**

agrammatical, e (mpl -aux) /agʀamatikal, o/ ADJ agrammatical

agrammatisme /agʀamatism/ NM agrammatism

agrandir /agʀɑ̃diʀ/ SYN ▸ conjug 2 ◂
VT ① (= rendre plus grand) [+ passage] to widen; [+ trou] to make bigger, to enlarge; [+ usine, domaine] to enlarge, to extend; [+ écart] to increase; [+ photographie] to enlarge, to blow up*; (à la loupe) to magnify; (en photocopiant) to enlarge ◆ **ce miroir agrandit la pièce** this mirror makes the room look bigger ou larger ◆ **(faire) agrandir sa maison** to extend one's house
② (= développer) to extend, to expand ◆ **pour agrandir le cercle de ses activités** to widen ou extend the scope of one's activities
③ (= ennoblir) [+ âme] to uplift, to elevate

VPR s'agrandir [ville, famille] to grow, to expand; [écart] to widen, to grow; [passage] to get wider; [trou] to get bigger ◆ **il nous a fallu nous agrandir** we had to expand, we had to find a bigger place ◆ **ses yeux s'agrandirent sous le coup de la surprise** his eyes widened ou grew wide with surprise

agrandissement /agʀɑ̃dismɑ̃/ SYN NM [de local] extension; [de puissance, ville] expansion; (Photo) (= action) enlargement; (= photo) enlargement, blow-up*

agrandisseur /agʀɑ̃disœʀ/ NM enlarger

agranulocytose /agʀanylositoz/ NF agranulocytosis

agraphie /agʀafi/ NF agraphia

agrarien, -ienne /agʀaʀjɛ̃, jɛn/ ADJ, NM (Hist, Pol) agrarian

agréable /agʀeabl/ SYN
ADJ pleasant ◆ **agréable à voir** nice to see ◆ **agréable à l'œil** pleasing to the eye ◆ **agréable à vivre** [personne] easy ou pleasant to live with; [lieu] pleasant to live in ◆ **il est toujours agréable de...** it is always pleasant ou nice to... ◆ **ce que j'ai à dire n'est pas agréable** what I

have to say isn't (very) pleasant • **si ça peut lui être agréable** if that will please him • **il me serait agréable de...** it would be a pleasure for me to..., I should be pleased to... • **être agréable de sa personne** † to be pleasant-looking *ou* personable

NM • **l'agréable de la chose** the pleasant *ou* nice thing about it; → **joindre**

> Attention à ne pas traduire automatiquement **agréable** par le mot anglais **agreeable**, qui est d'un registre plus soutenu et a d'autres sens.

agréablement /agʀeabləmɑ̃/ ADV pleasantly • **je suis très agréablement surpris** I'm very pleasantly surprised • **nous avons agréablement passé la soirée** we had a pleasant *ou* nice evening

agréé, e /agʀee/ (ptp de **agréer**)

ADJ *[bureau, infirmière, nourrice]* registered • **fournisseur agréé** authorized *ou* registered dealer; → **comptable**

NM († : *Jur*) counsel, attorney *(US)* *(appearing for parties before a commercial court)*

agréer /agʀee/ SYN ▸ conjug 1 ◂ *(frm)*

VT (= *accepter*) *[+ demande, excuses]* to accept; *[+ fournisseur, matériel]* to approve • **veuillez agréer, Monsieur** *ou* **je vous prie d'agréer, Monsieur, l'expression de mes sentiments distingués** *ou* **les meilleurs** *ou* **l'assurance de ma considération distinguée** *(formule épistolaire)* yours sincerely, sincerely yours *(US)*; *(plus impersonnel)* yours faithfully

VT INDIR **agréer à** *[+ personne]* to please, to suit • **si cela vous agrée** if it suits *ou* pleases you, if you are agreeable

agrég * /agʀɛg/ NF abrèv de **agrégation**

agrégat /agʀega/ NM *(Constr, Écon, Géol)* aggregate; *(péj)* *[d'idées]* mishmash

agrégatif, -ive /agʀegatif, iv/ NM,F *candidate for the agrégation*

agrégation /agʀegasjɔ̃/ NF 1 *(Univ)* *high-level competitive examination for recruiting teachers in France*

2 *[de particules]* aggregation

agrégé, e /agʀeʒe/ (ptp de **agréger**) NM,F *qualified teacher (holder of the agrégation)*; → **professeur**

agréger /agʀeʒe/ ▸ conjug 3 *et* 6 ◂ VT *[+ particules]* to aggregate • **agréger qn à un groupe** to incorporate sb into a group • **s'agréger à un groupe** to incorporate o.s. into a group

agrément /agʀemɑ̃/ SYN NM 1 *(littér = charme)* *[de personne, conversation]* charm; *[de visage]* attractiveness, charm; *[de lieu, climat]* pleasantness, agreeableness, amenity *(littér)* • **sa compagnie est pleine d'agrément** he is very pleasant company • **ville/maison sans agrément** unattractive town/house, town/house with no agreeable *ou* attractive features • **les agréments de la vie** the pleasures of life, the pleasant things in life • **faire un voyage d'agrément** to go on *ou* make a pleasure trip; → **art, jardin, plante**[1]

2 *(frm = consentement)* consent, approval; *(Jur)* assent • **donner son agrément à qch** to give one's consent *ou* assent to sth

3 *(Mus)* • **(note d')agrément** grace note

agrémenter /agʀemɑ̃te/ SYN ▸ conjug 1 ◂ VT • **agrémenter qch de** (= *décorer*) to embellish *ou* adorn sth with; (= *relever*) to accompany sth with • **agrémenté de broderies** trimmed *ou* embellished with embroidery • **conférence agrémentée de projections** lecture accompanied by slides • **agrémenter un récit d'anecdotes** to pepper *ou* enliven a story with anecdotes • **dispute agrémentée de coups** *(iro)* argument enlivened with blows

agrès /agʀɛ/ NMPL 1 *(Sport)* apparatus *(sg)* • **exercices aux agrès** exercises on the apparatus, apparatus work

2 † *[de bateau, avion]* tackle

agresser /agʀese/ SYN ▸ conjug 1 ◂ VT to attack • **il s'est senti agressé** *(physiquement)* he felt they *(ou you etc)* were being aggressive towards him; *(psychologiquement)* he felt they *(ou you etc)* were hostile towards him • **il l'a agressée verbalement et physiquement** he subjected her to verbal and physical abuse • **agressé par la vie moderne** feeling the strains *ou* stresses of modern life

agresseur, -euse /agʀesœʀ, øz/ NM,F attacker, assailant • **(pays) agresseur** aggressor

agressif, -ive /agʀesif, iv/ SYN ADJ *(gén)* aggressive *(envers* towards, with) • **d'un ton agressif** aggressively • **campagne publicitaire agressive** aggressive advertising campaign

agression /agʀesjɔ̃/ NF *(contre une personne)* attack; *(contre un pays)* aggression; *(dans la rue)* mugging; *(Psych)* aggression • **agression nocturne** attack *ou* assault at night • **être victime d'une agression** to be mugged • **les agressions de la vie moderne** the stresses of modern life

agressivement /agʀesivmɑ̃/ ADV aggressively

agressivité /agʀesivite/ SYN NF aggression, aggressiveness

agreste /agʀɛst/ ADJ *(littér)* rustic

agricole /agʀikɔl/ ADJ *[accord, machine, ressources, enseignement]* agricultural; *[produits, travaux]* farm *(épith)*, agricultural; *[population]* farming *(épith)*, agricultural • **syndicat agricole** farmers' union • **lycée agricole** ≈ secondary school *(Brit)* *ou* high school *(US)* which trains farmers • **le monde agricole** the agricultural *ou* farming world; → **comice, exploitation**

agriculteur, -trice /agʀikyltœʀ, tʀis/ NM,F farmer

agriculture /agʀikyltyʀ/ NF agriculture, farming • **agriculture raisonnée** sustainable agriculture

agrion /agʀijɔ̃/ NM agrion, demoiselle

agripaume /agʀipom/ NF motherwort

agrippement /agʀipmɑ̃/ NM *(Physiol)* grasping reflex

agripper /agʀipe/ SYN ▸ conjug 1 ◂

VT (= *se retenir à*) to grab *ou* clutch (hold of), to grasp; (= *arracher*) to snatch, to grab

VPR **s'agripper** • **s'agripper à qch** to cling on to sth, to clutch *ou* grip sth • **ne t'agrippe pas à moi** don't cling on to *ou* hang on to me

agritourisme /agʀituʀism/ NM agri(-)tourism

agroalimentaire /agʀoalimɑ̃tɛʀ/

ADJ *[industrie]* food-processing • **produits agroalimentaires** processed foodstuffs

NM • **l'agroalimentaire** the food-processing industry

agrobiologie /agʀobjɔlɔʒi/ NF agrobiology

agrochimie /agʀoʃimi/ NF agrochemistry

agrochimique /agʀoʃimik/ ADJ agrochemical

agroforesterie /agʀofɔʀɛstəʀi/ NF agro(-)forestry

agro-industrie (pl **agro-industries**) /agʀoɛdystʀi/ NF agribusiness

agro-industriel, -elle /agʀoɛdystʀijɛl/ ADJ agro-industrial

agrologie /agʀɔlɔʒi/ NF agrology

agronome /agʀɔnɔm/ NMF agronomist • **ingénieur agronome** agricultural engineer

agronomie /agʀɔnɔmi/ NF agronomy, agronomics *(sg)*

agronomique /agʀɔnɔmik/ ADJ agronomic(al)

agropastoral, e (mpl **-aux**) /agʀopastɔʀal, o/ ADJ agricultural

agrostis /agʀɔstis/ NF bent (grass)

agrotis /agʀɔtis/ NM agrotis

agrume /agʀym/ NM citrus fruit

agrumiculture /agʀymikyltyʀ/ NF citrus growing

aguerrir /ageʀiʀ/ SYN ▸ conjug 2 ◂ VT to harden • **aguerrir qn contre qch** to harden sb to *ou* against sth, to inure sb to sth • **des troupes aguerries** *(au combat)* seasoned troops; *(à l'effort)* trained troops • **s'aguerrir** to become hardened • **s'aguerrir contre** to become hardened to *ou* against, to inure o.s. to

aguets /agɛ/ SYN **aux aguets** LOC ADV on the look-out, on the watch

aguichant, e /agiʃɑ̃, ɑ̃t/ SYN ADJ enticing, tantalizing

aguiche /agiʃ/ NF teaser

aguicher /agiʃe/ SYN ▸ conjug 1 ◂ VT to entice, to lead on

aguicheur, -euse /agiʃœʀ, øz/

ADJ enticing, tantalizing

NM (= *enjôleur*) seducer

NF **aguicheuse** (= *allumeuse*) tease, vamp

ah /'ɑ/

EXCL 1 *(réponse, réaction exclamative)* ah!, oh! • **ah ?, ah bon ?, ah oui ?** *(question)* really?, is that so? • **ah bon** *(résignation)* oh *ou* ah well • **ah oui** *(insistance)* oh yes, yes indeed • **ah non** *(insistance)* oh no, certainly *ou* definitely not • **ah bien (ça) alors !** *(surprise)* well, well!, just fancy! *(Brit)*; *(indignation)* well really! • **ah bien oui** well of course

2 *(intensif)* ah!, oh! • **ah ! j'allais oublier** oh! *ou* ah! I nearly forgot • **ah, ah ! je t'y prends** aha! *ou* oho! I've caught you at it • **ah, qu'il est lent !** oh, he's so slow!

NM INV • **pousser un ah de soulagement** to sigh with relief, to give a sigh of relief • **des ah d'allégresse** oohs and ahs of joy

ahan †† /aɑ̃/ NM • **à grand ahan** with much striving

ahaner /aane/ SYN ▸ conjug 1 ◂ VI († † *ou littér*) (= *peiner*) to labour *(Brit)*, to labor *(US)*; (= *respirer*) to breathe heavily • **ahanant sous le fardeau** labouring under the burden

ahuri, e /ayʀi/ SYN (ptp de **ahurir**)

ADJ (= *stupéfait*) stunned, flabbergasted; (= *hébété, stupide*) stupefied • **avoir l'air ahuri** to look stunned *ou* stupefied • **ne prends pas cet air ahuri** don't look so flabbergasted

NM,F *(péj)* blockhead *, nitwit *

ahurir /ayʀiʀ/ SYN ▸ conjug 2 ◂ VT to dumbfound, to astound

ahurissant, e /ayʀisɑ̃, ɑ̃t/ SYN ADJ stupefying, astounding; *(sens affaibli)* staggering

ahurissement /ayʀismɑ̃/ NM stupefaction

aï /ai/ NM (= *animal*) three-toed sloth, ai

aiche /ɛʃ/ NF ⇒ **èche**

aide[1] /ɛd/ SYN

NF 1 (= *assistance*) help, assistance • **apporter son aide à qn** to help *ou* assist sb • **son aide nous a été précieuse** he was a great help to us, his help was invaluable to us • **appeler/crier à l'aide** to call/shout for help • **appeler qn à son aide** to call to sb for help • **venir en aide à qn** to help sb, to come to sb's assistance *ou* aid • **à l'aide !** help! help! • **sans l'aide de personne** without any help (from anyone), completely unassisted *ou* unaided

2 *(locution)*

• **à l'aide de** with the help *ou* aid of • **ouvrir qch à l'aide d'un couteau** to open sth with a knife

3 *(en équipement, en argent etc)* aid • **l'aide humanitaire/alimentaire** humanitarian/food aid *ou* relief • **aide de l'État** government *ou* state aid

4 *(Équitation)* • **aides** aids

5 *(Ordin)* help • **aide en ligne (contextuelle)** (context-sensitive) on-line help

COMP **aide au développement** development aid

aide à l'embauche employment incentive

aide judiciaire legal aid

aide médicale (gratuite) (free) medical aid

aide personnalisée au logement ≈ housing benefit *(Brit)* *ou* subsidy *(US)*

aide au retour repatriation grant *(for immigrants returning to their country of origin)*

aide sociale social security *(Brit)*, welfare *(US)*

aide[2] /ɛd/ SYN

NMF (= *personne*) assistant • **aide-chimiste/-chirurgien** assistant chemist/surgeon • **aide-maçon** builder's mate *(Brit)* *ou* labourer

COMP **aide de camp** aide-de-camp

aide de cuisine kitchen hand

aide électricien electrician's mate *(Brit)* *ou* helper *(US)*

aide familiale (= *personne*) mother's help *(Brit)* *ou* helper *(US)*, home help

aide jardinier gardener's helper *ou* mate *(Brit)*, under-gardener *(Brit)*

aide de laboratoire laboratory assistant

aide maternelle ⇒ **aide familiale**

aide-comptable (pl **aides-comptables**) /ɛdkɔ̃tabl/ NMF accountant's assistant

aide-mémoire /ɛdmemwaʀ/ NM INV *(gén)* aide-mémoire; *(Scol)* crib

aide-ménagère (pl **aides-ménagères**) /ɛdmenaʒɛʀ/ NF home help *(Brit)*, home helper *(US)*

aider /ede/ SYN ▸ conjug 1 ◂

VT to help • **aider qn (à faire qch)** to help sb (to do sth) • **aider qn à monter/à descendre/à traverser** to help sb up/down/across *ou* over • **il l'a aidé à sortir de la voiture** he helped him out of the car • **il m'a aidé de ses conseils** he gave me some helpful advice • **aider qn financièrement** to help sb (out) *ou* assist sb financially, to give sb financial help • **il m'aide beaucoup** he helps me a lot, he's a great help to me • **je me suis fait aider par** *ou* **de mon frère** I got my brother to help *ou* to give me a hand

♦ **elle ne se déplace qu'aidée de sa canne** she can only get about with (the aid ou help of) her walking stick ♦ **il n'est pas aidé !*** (hum) nature hasn't been kind to him! ♦ **on n'est pas aidé avec un chef comme lui !** having him for a boss doesn't exactly make things easy!

VI to help ♦ **elle est venue pour aider** she came to help ou to give a hand ♦ **aider à la cuisine** to help (out) in ou give a hand in the kitchen ♦ **le débat aiderait à la compréhension du problème** discussion would contribute towards an understanding of the problem, discussion would help us to understand the problem ♦ **ça aide à passer le temps** it helps (to) pass the time ♦ **l'alcool aidant, il se mit à parler** helped on by the alcohol ou with the help of alcohol, he began to speak; → **dieu**

VPR **s'aider** ① (réfléchi) ♦ **s'aider de** to use, to make use of ♦ **atteindre le placard en s'aidant d'un escabeau** to reach the cupboard by using a stool ou with the aid of a stool ♦ **en s'aidant de ses bras** using his arms to help him

② (réciproque) ♦ **entre voisins il faut s'aider** neighbours should help each other (out) ♦ **aide-toi, le ciel t'aidera** (Prov) God helps those who help themselves (Prov)

aide-soignant, e (mpl **aides-soignants**) /ɛdswaɲɑ̃, ɑ̃t/ **NM,F** nursing auxiliary (Brit), nurse's aide (US)

aïe /aj/ **EXCL** (douleur) ouch!, ow! ♦ **aïe aïe aïe !, ça se présente mal** dear oh dear, things don't look too good!

AIEA /aiəa/ **NF** (abrév de **Agence internationale de l'énergie atomique**) IAEA

aïeul /ajœl/ **NM** (littér) grandfather ♦ **les aïeuls** the grandparents

aïeule /ajœl/ **NF** (littér) grandmother

aïeux /ajø/ **NMPL** (littér) forefathers, forebears (littér) ♦ **mes aïeux !** (*, † ou hum) my godfathers!* †, by jingo!* †

aigle /ɛgl/

NM (= oiseau, lutrin) eagle ♦ **il a un regard d'aigle** he has eyes like a hawk, he's eagle-eyed ♦ **ce n'est pas un aigle*** he's no genius

COMP **aigle d'Amérique** American eagle
aigle chauve bald eagle
aigle de mer (= oiseau) sea eagle; (= poisson) eagle ray
aigle royal golden eagle
NF (= oiseau, insigne) eagle

aiglefin /ɛgləfɛ̃/ **NM** haddock

aiglon, -onne /ɛglɔ̃, ɔn/ **NM,F** eaglet ♦ **l'Aiglon** (Hist) Napoleon II

aigre /ɛgʀ/ **SYN** **ADJ** ① [fruit] sour, sharp; [vin] vinegary, sour; [goût, odeur, lait] sour ♦ **tourner à l'aigre** (fig) to turn sour; → **crème**
② [son, voix] sharp, shrill
③ [froid] bitter; [vent] keen, cutting (épith)
④ [propos, critique] cutting (épith), harsh

aigre-doux, aigre-douce (mpl **aigres-doux**, fpl **aigres-douces**) /ɛgʀədu, dus/ **ADJ** [sauce] sweet and sour; [fruit] bitter-sweet; [propos] bittersweet

aigrefin /ɛgʀəfɛ̃/ **NM** swindler, crook

aigrelet, -ette /ɛgʀəlɛ, ɛt/ **ADJ** [petit-lait, pomme] sourish; [vin] vinegarish; [voix, son] shrill

aigrement /ɛgʀəmɑ̃/ **ADV** [répondre, dire] sourly

aigrette /ɛgʀɛt/ **NF** (= plume) feather; (= oiseau) egret; (= bijou) aigret(te); [de plante] pappus

aigreur /ɛgʀœʀ/ **SYN**
NF ① (= acidité) [de petit-lait] sourness; [de vin] sourness, acidity; [de pomme] sourness, sharpness
② (= acrimonie) sharpness, harshness
NFPL **aigreurs** ♦ **avoir des aigreurs (d'estomac)** to have heartburn

aigri, e /ɛgʀi/ **SYN** (ptp de **aigrir**) **ADJ** embittered, bitter

aigrir /ɛgʀiʀ/ ► conjug 2 ◄
VT [+ personne] to embitter; [+ caractère] to sour
VPR **s'aigrir** [aliment] to turn sour; [caractère] to sour ♦ **il s'est aigri** he has become embittered

aigu, -uë /egy/ **SYN**
ADJ ① [son, voix] high-pitched, shrill; [note] high-pitched, high
② [crise, problème] acute; [douleur] acute, sharp; [intelligence] keen, acute
③ (= pointu) sharp, pointed; → **accent**, **angle**

NM (Mus) (sur bouton de réglage) treble ♦ **les aigus** the high notes ♦ **passer du grave à l'aigu** to go from low to high pitch

aigue-marine (pl **aigues-marines**) /ɛgmaʀin/ **NF** aquamarine

aiguière /ɛgjɛʀ/ **NF** ewer

aiguillage /egɥijaʒ/ **NM** [de train] (= action) shunting (Brit), switching (US); (= instrument) points (Brit), switch (US) ♦ **le déraillement est dû à une erreur d'aiguillage** the derailment was due to faulty shunting (Brit) ou switching (US) ♦ **il y a eu une erreur d'aiguillage** (fig) (gén) it (ou he etc) was sent to the wrong place; (orientation scolaire) he was (ou they were etc) pointed ou steered in the wrong direction; → **cabine**, **poste**²

aiguillat /egɥija/ **NM** spiny dogfish

aiguille /egɥij/ **SYN**
NF ① (Bot, Couture, Méd) needle ♦ **travail à l'aiguille** needlework; → **chercher**, **fil**, **tirer**
② [de compteur, boussole, gramophone] needle; [d'horloge] hand; [de balance] pointer, needle; [de cadran solaire] pointer, index; [de clocher] spire; (= rail mobile) point (Brit), switch (US); (Géog) (= pointe) needle; (= cime) peak ♦ **en forme d'aiguille** needle-shaped ♦ **la petite/grande aiguille** [d'horloge] the hour/minute hand, the little/big hand

COMP **aiguille à coudre** sewing needle
aiguille de glace icicle
aiguille hypodermique hypodermic (needle)
aiguille de pin pine needle
aiguille à repriser darning needle
aiguille à tricoter knitting needle

aiguillée /egɥije/ **NF** length of thread (for use with needle at any one time)

aiguiller /egɥije/ **SYN** ► conjug 1 ◄ **VT** ① (= orienter) to direct ♦ **aiguiller un enfant vers des études techniques** to direct ou steer a child towards technical studies ♦ **on l'a mal aiguillé** (Scol) he was steered in the wrong direction ♦ **aiguiller la conversation sur un autre sujet** to steer the conversation onto another subject ♦ **aiguiller la police sur une mauvaise piste** to put the police onto the wrong track
② [+ train] to shunt (Brit), to switch (US)

aiguilleté, e /egɥij(ə)te/ (ptp de **aiguilleter**) **ADJ** tufted

aiguilleter /egɥij(ə)te/ ► conjug 4 ◄ **VT** (Tex) to tuft

aiguillette /egɥijɛt/ **NF** [de pourpoint] aglet; (Culin, Mil) aiguillette

aiguilleur /egɥijœʀ/ **NM** [de train] pointsman (Brit), switchman (US) ♦ **aiguilleur du ciel** air-traffic controller

aiguillon /egɥijɔ̃/ **NM** [d'insecte] sting; [de bouvier] goad; [de plante] thorn; (fig) spur, stimulus

aiguillonner /egɥijɔne/ **SYN** ► conjug 1 ◄ **VT** [+ bœuf] to goad; (fig) to spur ou goad on

aiguisage /egizaʒ/ **NM** [de couteau, outil] sharpening

aiguiser /egize/ **SYN** ► conjug 1 ◄ **VT** ① [+ couteau, outil] to sharpen
② [+ appétit] to whet, to stimulate; [+ sens] to excite, to stimulate; [+ esprit] to sharpen; [+ style] to polish

aiguiseur, -euse /egizœʀ, øz/ **NM,F** sharpener, grinder

aiguisoir /egizwaʀ/ **NM** sharpener, sharpening tool

aïkido /aikido/ **NM** aikido

ail (pl **ails** ou **aulx**) /aj, o/ **NM** garlic; → **gousse**, **saucisson**, **tête**

ailante /ɛlɑ̃t/ **NM** tree of heaven, ailanthus (SPÉC)

aile /ɛl/

NF ① [d'oiseau, château] wing; [de moulin] sail; [d'hélice, ventilateur] blade, vane; [de nez] wing; [de voiture] wing (Brit), fender (US); [de pont] abutment
② (Sport) wing ♦ **il joue à l'aile gauche** he plays left wing
③ (Mil, Pol) wing ♦ **l'aile dure du parti** the hardline wing of the party, the hardliners in the party ♦ **aile marchante** (Mil) wheeling flank
④ (locutions) ♦ **l'oiseau disparut d'un coup d'aile** the bird disappeared with a flap of its wings ♦ **d'un coup d'aile nous avons gagné Orly** we reached Orly in no time (at all) ♦ **avoir des ailes** (fig) to have wings ♦ **il s'est senti pousser des ailes** he felt as if he'd grown wings ♦ **l'espoir lui donnait des ailes** hope lent ou gave him wings ♦ **prendre sous son aile (protectrice)** to take under one's wing ♦ **sous l'aile maternelle** under one's mother's ou the maternal wing ♦ **avoir un coup dans l'aile*** (= être ivre) to have had one too many*; (= être en mauvaise posture) to be in a very bad way*; → **peur**, **plomb**, **tire-d'aile** etc

COMP **aile de corbeau** (= couleur) inky black, jet-black
aile delta (= aile) delta wing; (= deltaplane) hang-glider ♦ **faire de l'aile delta** to go hang-gliding
aile libre (= Sport) hang-gliding; (= appareil) hang-glider

ailé, e /ele/ **ADJ** (littér) winged

aileron /ɛlʀɔ̃/ **NM** [de poisson] fin; [d'oiseau] pinion; [d'avion] aileron; [de voiture] aerofoil; (Archit) console

ailette /ɛlɛt/ **NF** [de missile, radiateur] fin; [de turbine, ventilateur] blade ♦ **ailette de refroidissement** cooling fan

ailier /elje/ **NM** (gén) winger; (Rugby) flanker, wing-forward

aillade /ajad/ **NF** (= sauce) garlic dressing ou sauce; (= croûton) garlic crouton

ailler /aje/ ► conjug 1 ◄ **VT** to flavour with garlic

ailleurs /ajœʀ/ **GRAMMAIRE ACTIVE 26.5** **SYN** **ADV** (= autre part) somewhere else, elsewhere ♦ **nulle part ailleurs** nowhere else ♦ **partout ailleurs** everywhere else ♦ **il est ailleurs, il a l'esprit ailleurs** his thoughts are ou his mind is elsewhere, he's miles away ♦ **ils viennent d'ailleurs** they come from somewhere else ♦ **nous sommes passés (par) ailleurs** we went another way ♦ **je l'ai su par ailleurs** I heard of it from another source
♦ **d'ailleurs** (= en plus) besides, moreover ♦ **d'ailleurs il faut avouer que...** anyway ou besides we have to admit that... ♦ **ce vin, d'ailleurs très bon, n'est pas...** this wine, which I may add is very good ou which is very good by the way, is not... ♦ **lui non plus d'ailleurs** neither does (ou is, has etc) he, for that matter
♦ **par ailleurs** (= autrement) otherwise, in other respects; (= en outre) moreover, furthermore

ailloli /ajɔli/ **NM** aioli, garlic mayonnaise

aimable /ɛmabl/ **SYN** **ADJ** ① (= gentil) [parole] kind, nice; [personne] kind, nice, amiable (frm) ♦ **c'est un homme aimable** he's a (very) nice man ♦ **tu es bien aimable de m'avoir attendu** it was very nice ou kind of you to wait for me ♦ **c'est très aimable à vous** ou **de votre part** it's most kind of you ♦ **soyez assez aimable pour...** (frm) would you be so kind ou good as to... ♦ **aimable comme une porte de prison** like a bear with a sore head
② († = agréable) [endroit, moment] pleasant
③ († † = digne d'amour) lovable, amiable †

aimablement /ɛmabləmɑ̃/ **ADV** [agir] kindly, nicely; [répondre, recevoir] amiably, nicely; [refuser] politely ♦ **il m'a offert aimablement à boire** he kindly offered me a drink

aimant¹ /ɛmɑ̃/ **NM** magnet ♦ **aimant (naturel)** magnetite (NonC), lodestone

aimant², e /ɛmɑ̃, ɑ̃t/ **SYN** **ADJ** loving, affectionate

aimantation /ɛmɑ̃tasjɔ̃/ **NF** magnetization

aimanté, e /ɛmɑ̃te/ (ptp de **aimanter**) **ADJ** [aiguille, champ] magnetic

aimanter /ɛmɑ̃te/ ► conjug 1 ◄ **VT** to magnetize

aimer /ɛme/ **GRAMMAIRE ACTIVE 1.1, 7, 8.4, 8.5, 12.2** **SYN**
► conjug 1 ◄

VT ① (d'amour) to love; (d'amitié, attachement, goût) to like, to be fond of ♦ **aimer beaucoup** [+ personne] to like very much, to be very fond of; [+ animaux, choses] to like very much, to love ♦ **il l'aime d'amour** he really loves her ♦ **il l'aime à la folie** he adores her, he's crazy about her* ♦ **elle a réussi à se faire aimer de lui** she managed to win his love ou heart ♦ **essayer de se faire aimer de qn** to try to win sb's affection ♦ **j'aime une bonne tasse de café après déjeuner** I like ou love a nice cup of coffee after lunch ♦ **les hortensias aiment l'ombre** hydrangeas like shade ♦ **tous ces trucs-là, tu aimes, toi ?*** do you go in for all that kind of stuff? ♦ **un enfant mal aimé** a child who doesn't get enough love ♦ **il est mal aimé du public** the public don't like him ♦ **je n'aime pas beaucoup cet acteur** I don't like that actor very much, I'm not very keen on (Brit) that actor ♦ **elle n'aime pas le tennis** she doesn't like tennis, she's not keen on *(Brit)* tennis ◆ **elle aime assez bavarder avec les voisins** she quite *ou* rather likes chatting with the neighbours ◆ **les enfants aiment qu'on s'occupe d'eux** children like *ou* love attention ◆ **elle n'aime pas qu'il sorte le soir** she doesn't like him going out *ou* him to go out at night ◆ **aimer faire, aimer à faire** *(littér)* to like doing *ou* to do ◆ **j'aime à penser** *ou* **à croire que...** *(frm ou hum)* I like to think that... ◆ **qui m'aime me suive !** *(hum)* anyone who wants to come with me is welcome! ◆ **qui m'aime aime mon chien** *(Prov)* love me love my dog

◆ **aimer bien** to like, to be fond of ◆ **elle aime bien bavarder avec les voisins** she quite *ou* rather likes chatting with the neighbours ◆ **les enfants aiment bien qu'on s'occupe d'eux** children like *ou* love attention ◆ **qui aime bien châtie bien** *(Prov)* spare the rod and spoil the child *(Prov)*

◆ **aimer mieux** to prefer ◆ **on lui apporte des fleurs, elle aimerait mieux des livres** they bring her flowers but she'd rather have *ou* she'd prefer books ◆ **il aurait mieux aimé se reposer que d'aller au cinéma** he'd rather have rested *ou* he'd have preferred to rest than go to the cinema ◆ **j'aime mieux te dire qu'il va m'entendre !*** I'm going to give him a piece of my mind, I can tell you!

◆ **aimer autant** ◆ **j'aimerais autant que ce soit elle qui m'écrive** I'd rather it was she who wrote to me ◆ **il aime** *ou* **aimerait autant ne pas sortir aujourd'hui** he'd just as soon not go out today, he'd be just as happy not going out today ◆ **j'aime autant vous dire que je n'irai pas !** I may as well tell you that I won't go! ◆ **j'aime autant qu'elle ne soit pas venue** I'm just as happy *ou* it's (probably) just as well she didn't come ◆ **j'aime autant ça !*** *(ton menaçant)* I'm pleased to hear it!, that sounds more like it! *; *(soulagement)* what a relief!

2 *(au conditionnel = vouloir)* ◆ **aimeriez-vous une tasse de thé ?** would you like a cup of tea? ◆ **elle aimerait aller se promener** she'd like to go for a walk ◆ **j'aimerais vraiment venir** I'd really like to come, I'd love to come ◆ **je n'aimerais pas être dehors par ce temps** I wouldn't want *ou* like to be out in this (sort of) weather ◆ **j'aimerais assez/je n'aimerais pas ce genre de manteau** I'd rather *ou* quite like/wouldn't like a coat like that

VPR s'aimer 1 *(= s'apprécier soi-même)* to like o.s. ◆ **je ne m'aime pas avec ce chapeau** I don't like myself in this hat

2 *(= s'apprécier réciproquement)* ◆ **ils s'aiment** they're in love, they love each other ◆ **aimez-vous les uns les autres** love one another ◆ **ces deux-là ne s'aiment guère** there's no love lost between those two

3 *(= faire l'amour)* to make love

aine /ɛn/ **NF** *(Anat)* groin

aîné, e /ene/ SYN

ADJ *(= plus âgé)* elder, older; *(= le plus âgé)* eldest, oldest

NM 1 *[de famille]* ◆ **l'aîné (des garçons)** the eldest boy ◆ **mon (frère) aîné** *(plus âgé)* my older *ou* elder brother; *(le plus âgé)* my oldest *ou* eldest brother ◆ **mon aîné** my oldest *ou* eldest son

2 *(relation d'âge)* ◆ **il est mon aîné** he's older than me ◆ **il est mon aîné de 2 ans** he's 2 years older than me, he's 2 years my senior ◆ **respectez vos aînés** *(littér)* respect your elders

NF aînée 1 *[de famille]* ◆ **l'aînée (des filles)** the oldest *ou* eldest daughter ◆ **ma sœur aînée, mon aînée** *(plus âgée)* my older *ou* elder sister; *(la plus âgée)* my oldest *ou* eldest sister

2 *(relation d'âge)* ◆ **elle est mon aînée** she's older than me ◆ **elle est mon aînée de 2 ans** she's 2 years older than me, she's 2 years my senior

aînesse /ɛnɛs/ **NF** → **droit³**

ainsi /ɛ̃si/ GRAMMAIRE ACTIVE 26.5 **ADV** 1 *(= de cette façon)* in this way *ou* manner ◆ **je préfère agir ainsi** I prefer to do it this way ◆ **il faut procéder ainsi** this is what you have to do ◆ **c'est ainsi que ça s'est passé** that's the way *ou* how it happened ◆ **pourquoi me traites-tu ainsi ?** why do you treat me like this *ou* this way? ◆ **ainsi finit son grand amour** thus ended his great love ◆ **il n'en est pas ainsi pour tout le monde** it's not so *ou* the case for everyone ◆ **s'il en est ainsi** *ou* **puisque c'est ainsi, je m'en vais** if *ou* since that's the way it is, I'm leaving, if *ou* since that's how it is, I'm leaving ◆ **s'il en était ainsi** if this were the case ◆ **il en sera ainsi et pas autrement** that's the way it's going to be and that's that ◆ **ainsi va le monde** that's the way of the world

2 *(littér = en conséquence)* thus; *(= donc)* so ◆ **ils ont perdu le procès, ainsi ils sont ruinés** they lost the case and so they are ruined ◆ **ainsi tu vas partir !** so, you're going to leave!

3 *(littér = de même)* so, in the same way ◆ **comme le berger mène ses moutons, ainsi le pasteur guide ses ouailles** as the shepherd leads his sheep, so the minister guides his flock

4 *(locutions)*

◆ **ainsi que** (just) as ◆ **ainsi qu'il vous plaira** *(littér)* (just) as it pleases you ◆ **ainsi que nous avons dit hier** just as we said yesterday ◆ **la jalousie, ainsi qu'un poison subtil, s'insinuait en lui** like a subtle poison, jealousy was slowly taking hold of him ◆ **sa beauté ainsi que sa candeur me frappèrent** I was struck by her beauty as well as her innocence

◆ **pour ainsi dire** so to speak, as it were ◆ **ils sont pour ainsi dire ruinés** they are ruined, so to speak *ou* as it were, you might say they are ruined

◆ **ainsi soit-il** *(Rel)* amen; *(fig)* so be it

◆ **et ainsi de suite** and so on

aïoli /ajɔli/ **NM** ⇒ **ailloli**

air¹ /ɛʀ/

NM 1 *(= gaz)* air; *(= brise)* (light) breeze; *(= courant d'air)* draught *(Brit)*, draft *(US)* ◆ **l'air de la campagne/de la mer** the country/sea air ◆ **l'air de la ville ne lui convient pas** town air *ou* the air of the town doesn't suit him ◆ **on manque d'air ici** there's no air in here, it's stuffy in here ◆ **donnez-nous un peu d'air** give us some (fresh) air ◆ **sortir à l'air libre** to go out into the open air ◆ **mettre la literie à l'air** to put the bedclothes (out) to air *ou* out for an airing, to air the bedclothes ◆ **se promener les fesses à l'air** to walk around bare-bottomed ◆ **sortir prendre l'air** to go out for some *ou* a breath of (fresh) air ◆ **il y a des airs** *(en bateau)* there's a wind (up) ◆ **il y a un peu d'air aujourd'hui** there's a light *ou* slight breeze today ◆ **on sent de l'air qui vient de la porte** you can feel a draught *(Brit)* *ou* draft *(US)* from the door; → **bol, chambre, courant** *etc*

◆ **plein air** open air ◆ **les enfants ont plein air le mercredi** *(Scol)* the children have games *ou* sport on Wednesdays

◆ **en plein air** *[piscine]* outdoor *(épith)*, open-air *(épith)*; *[spectacle, cirque]* open-air *(épith)*; *[jouer]* outdoors; *[s'asseoir]* outdoors, (out) in the open (air)

◆ **de plein air** *[activité, jeux]* outdoor *(épith)*

2 *(= espace)* air ◆ **s'élever dans l'air** *ou* **dans les airs** to rise (up) into the skies *ou* the air ◆ **transports par air** air transport, transport by air ◆ **l'avion a pris l'air** the plane has taken off ◆ **de l'air** *[hôtesse, ministère]* air *(épith)*; → **armée², école, mal²**

3 *(= atmosphère, ambiance)* atmosphere ◆ **il est allé prendre l'air du bureau** he has gone to see how things look *ou* what things look like at the office ◆ **tout le monde se dispute, l'air de la maison est irrespirable** everyone's quarrelling and the atmosphere in the house is unbearable ◆ **il a besoin de l'air de la ville** he needs the atmosphere of the town ◆ **vivre** *ou* **se nourrir de l'air du temps** to live on air *ou* on nothing at all ◆ **c'est dans l'air du temps** it's part of the current climate ◆ **ces idées étaient dans l'air à cette époque** those ideas were in the air at that time ◆ **il y a de la bagarre/de l'orage dans l'air** there's a fight/storm brewing ◆ **la grippe est dans l'air** there's a lot of flu about

4 *(locutions)*

◆ **en l'air** *[paroles, promesses]* idle, empty; *[dire]* rashly ◆ **regarder en l'air** to look up ◆ **avoir le nez en l'air** to gaze vacantly into space ◆ **jeter qch en l'air** to throw sth (up) into the air ◆ **ce ne sont encore que des projets en l'air** the plans are still very much up in the air ◆ **tout était en l'air dans la pièce** *(désordre)* the room was in a total mess ◆ **flanquer*** *ou* **ficher*** *ou* **foutre‡ tout en l'air** *(= jeter)* to chuck* *ou* sling* *(Brit)* it all away *ou* out; *(= abandonner)* to chuck it all in‡ *ou* up‡ *(Brit)* ◆ **ce contretemps a fichu en l'air mon week-end*** this hitch has completely messed up my weekend* ◆ **en courant, il a flanqué le vase en l'air*** he knocked the vase over as he ran past ◆ **se ficher*** *ou* **se foutre‡ en l'air** *(accidentellement)* to smash o.s. up*; *(= se suicider)* to do o.s. in*; → **parler**

COMP air comprimé compressed air

air conditionné *(système)* air conditioning; *(atmosphère)* conditioned air ◆ **le bureau a l'air conditionné** the office has air conditioning *ou* is air-conditioned

air liquide liquid air

air² /ɛʀ/ SYN **NM** 1 *(= apparence, manière)* air ◆ **d'un air décidé** in a resolute manner ◆ **sous son air calme c'est un homme énergique** beneath his calm appearance he is a forceful man ◆ **un garçon à l'air éveillé** a lively-looking boy ◆ **ils ont un air de famille** there's a family likeness between them ◆ **ça lui donne l'air d'un clochard** it makes him look like a tramp ◆ **avoir grand air** to look very impressive ◆ **ça m'a tout de même coûté 750 €, l'air de rien** even so, it still cost me €750; → **faux²**

2 *(= expression)* look, air ◆ **d'un air perplexe** with a look *ou* an air of perplexity, with a perplexed air *ou* look ◆ **je lui trouve un drôle d'air** I think he looks funny *ou* very odd ◆ **prendre un air éploré** to put on *ou* adopt a tearful expression ◆ **elle a pris son petit air futé pour me dire** she told me in her sly little way, she put on that sly look she has *ou* of hers to tell me ◆ **prendre un air entendu** to put on a knowing air ◆ **prendre un air pincé** to put on a prim expression ◆ **avec un air de ne pas y toucher** looking as if butter wouldn't melt in his (*ou* her) mouth ◆ **il a dit ça avec son air de ne pas y toucher** he said it with the most innocent expression on his face

3 *(locutions)*

◆ **avoir l'air** ◆ **avoir l'air de** to look like ◆ **elle a l'air d'une enfant** she looks like a child ◆ **ça m'a l'air d'un mensonge** it looks to me *ou* sounds to me like a lie ◆ **ça m'a l'air d'être assez facile** it strikes me as being fairly easy, it looks fairly easy to me ◆ **elle a l'air intelligent(e)** she looks *ou* seems intelligent ◆ **il a l'air stupide – il en a l'air et la chanson*** he looks idiotic – he doesn't just look it either* ◆ **il a eu l'air de ne pas comprendre** he looked as if *ou* as though he didn't understand, he didn't seem to understand; *(faire semblant)* he pretended not to understand ◆ **elle n'avait pas l'air de vouloir travailler** she didn't look as if *ou* as though she wanted to work ◆ **il est très ambitieux sans en avoir l'air** he might not look it but he's very ambitious, he's very ambitious although he might not *ou* doesn't really look it ◆ **ça (m')a tout l'air d'être une fausse alerte** it looks (to me) as if it's a false alarm ◆ **il a l'air de vouloir neiger** it looks like snow ◆ **de quoi j'ai l'air maintenant !*, j'ai l'air fin maintenant !*** I look like a real idiot *ou* a right fool now* ◆ **sans avoir l'air d'y toucher** looking as if butter wouldn't melt in his (*ou* her) mouth

◆ **l'air de rien** ◆ **il a pris l'argent dans la caisse, l'air de rien** he took the money from the cash register without batting an eyelid ◆ **il n'a l'air de rien, mais il sait ce qu'il fait** you wouldn't think it to look at him but he knows what he's doing ◆ **cette plante n'a l'air de rien, pourtant elle donne de très jolies fleurs** this plant doesn't look much but it has very pretty flowers ◆ **sans avoir l'air de rien, filons discrètement** let's just behave naturally and slip away unnoticed

air³ /ɛʀ/ **NM** *[d'opéra]* aria; *(= mélodie)* tune, air ◆ **l'air d'une chanson** the tune of a song ◆ **air d'opéra** operatic aria ◆ **air de danse** dance tune ◆ **air connu** *(lit, fig)* familiar tune ◆ **chanter des slogans sur l'air des lampions** to chant slogans

airain /ɛʀɛ̃/ **NM** *(littér)* bronze

air-air /ɛʀɛʀ/ **ADJ INV** *(Mil)* air-to-air

airbag ® /ɛʀbag/ **NM** *[de voiture]* air bag

Airbus ® /ɛʀbys/ **NM** Airbus ®

aire /ɛʀ/ SYN

NF *(= zone)* area, zone; *(Math)* area; *[d'aigle]* eyrie

COMP aire d'atterrissage landing strip; *(pour hélicoptère)* landing pad

aire de battage *(Agr)* threshing floor

aires continentales *(Géol)* continental shields

aire d'embarquement boarding area

aire de jeux (adventure) playground

aire de lancement launch site

aire linguistique linguistic region

aire de repos *(sur autoroute)* rest area *(on motorway etc)*

aire de service service station, motorway services *(Brit)*, service plaza *(US)*

aire de stationnement *(pour véhicules)* parking area; *(pour avions)* apron

aire de vent rhumb ◆ **suivant l'aire de vent** following the rhumb-line route, taking a rhumb-line course

airedale /ɛʀdɛl/ **NM** Airedale (terrier)

airelle /ɛʀɛl/ NF (= *myrtille*) blueberry, bilberry ◆ **airelle des marais** cranberry

airer /eʀe/ ► conjug 1 ◄ VI [*oiseau de proie*] to nest

air-sol /ɛʀsɔl/ ADJ INV (*Mil*) air-to-ground

air-terre /ɛʀtɛʀ/ ADJ INV (*Mil*) air-to-ground

aisance /ɛzɑ̃s/ SYN NF ① (= *facilité*) ease ◆ **s'exprimer avec une rare** *ou* **parfaite aisance** to express o.s. with great ease ◆ **il patinait avec une rare** *ou* **parfaite aisance** he skated with the greatest of ease *ou* with great ease ◆ **il y a beaucoup d'aisance dans son style** he has an easy *ou* a very fluent style

② (= *richesse*) affluence ◆ **vivre dans l'aisance** to be comfortably off *ou* well-off, to live comfortably

③ (*Couture*) ◆ **redonner de l'aisance sous les bras** to give more freedom of movement under the arms; → **pli**

④ → **cabinet, fosse, lieu¹**

aise /ɛz/ SYN

NF ① (*littér*) joy, pleasure ◆ **j'ai tant d'aise à vous voir** I'm so pleased to see you ◆ **sourire d'aise** to smile with pleasure ◆ **tous ces compliments la comblaient d'aise** she was overjoyed at all these compliments

② (*locutions*)

◆ **à l'aise** ◆ **être à l'aise** (*dans une situation*) to be *ou* feel at ease; (*dans un vêtement, fauteuil*) to be *ou* feel comfortable; (= *être riche*) to be comfortably off *ou* comfortable ◆ **être mal à l'aise** (*dans une situation*) to be *ou* feel ill at ease; (*dans un vêtement, fauteuil*) to be *ou* feel uncomfortable ◆ **mettez-vous à l'aise** make yourself comfortable, make yourself at home ◆ **leur hôtesse les mit tout de suite à l'aise** their hostess immediately put them at (their) ease *ou* made them feel immediately at home ◆ **faire qch à l'aise*** to do sth easily ◆ **tu comptes faire ça en deux heures ? – à l'aise !*** do you think you can do that in two hours? – easily! *ou* no problem!* ◆ **on tient à quatre à l'aise dans cette voiture** this car holds four (quite) comfortably, four can get in this car (quite) comfortably

◆ **à son/votre** *etc* **aise** ◆ **être à son aise** (*dans une situation*) to be *ou* feel at ease; (= *être riche*) to be comfortably off *ou* comfortable ◆ **être mal à son aise** (*dans une situation*) to be *ou* feel ill at ease ◆ **mettez-vous à votre aise** make yourself comfortable, make yourself at home ◆ **en prendre à son aise avec qch** to make free with sth, to do exactly as one likes with sth ◆ **vous en prenez à votre aise !** you're taking things nice and easy! ◆ **tu en parles à ton aise !** it's easy (enough) *ou* it's all right for you to talk! ◆ **à votre aise !** please yourself!, just as you like!

NFPL **aises** ◆ **aimer ses aises** to like *ou* be fond of one's (creature) comforts ◆ **tu prends tes aises !** (*iro*) make yourself at home, why don't you! (*iro*)

ADJ (*littér*) ◆ **bien aise** delighted, most pleased (*de* to) ◆ **j'ai terminé – j'en suis fort aise** I've finished – I'm so glad *ou* I am most pleased

aisé, e /eze/ SYN ADJ ① (= *facile*) easy (*à faire* to do)

② (= *dégagé*) [*démarche*] easy, graceful; [*style*] flowing, fluent

③ (= *riche*) well-to-do, comfortably off (*attrib*), well-off

aisément /ezemɑ̃/ SYN ADV (= *sans peine*) easily; (= *sans réserves*) readily; (= *dans la richesse*) comfortably

aisselle /ɛsɛl/ NF (*Anat*) armpit, axilla (*SPÉC*) (*d'une plante*) axil

AIT /aite/ NF (*abrév de Association internationale du tourisme*) → **association**

Aix-la-Chapelle /ɛkslaʃapɛl/ N Aachen

Ajax /aʒaks/ NM Ajax

ajointer /aʒwɛ̃te/ ► conjug 1 ◄ VT to adjoin, to join up

ajonc /aʒɔ̃/ NM gorse bush ◆ **des ajoncs** gorse (NonC), furze (NonC)

ajour /aʒuʀ/ NM (*gén pl*) [*de broderie, sculpture*] openwork (NonC)

ajouré, e /aʒuʀe/ (*ptp de ajourer*) ADJ [*mouchoir*] openwork (*épith*), hemstitched; [*bijou, sculpture*] which has an openwork design

ajourer /aʒuʀe/ ► conjug 1 ◄ VT [+ *sculpture*] to ornament with openwork; [+ *mouchoir*] to hemstitch

ajournement /aʒuʀnəmɑ̃/ NM [*d'assemblée*] adjournment; [*de réunion, élection, décision, rendez-vous*] postponement; [*de candidat*] referral; [*de conscrit*] deferment

ajourner /aʒuʀne/ SYN ► conjug 1 ◄ VT [+ *assemblée*] to adjourn; [+ *réunion, élection, décision, rendez-vous*] to postpone, to put off; [+ *candidat*] to refer; [+ *conscrit*] to defer ◆ **réunion ajournée d'une semaine/au lundi suivant** meeting adjourned *ou* delayed for a week/until the following Monday

ajout /aʒu/ SYN NM [*de texte*] addition

ajouter /aʒute/ GRAMMAIRE ACTIVE 26.5 SYN ► conjug 1 ◄

VT ① (= *mettre, faire ou dire en plus*) to add ◆ **ajoute un peu de sel** put a bit more salt in, add a bit of salt ◆ **je dois ajouter que…** I should add that… ◆ **sans ajouter un mot** without (saying *ou* adding) another word ◆ **ajoutez à cela qu'il pleuvait** on top of that *ou* what's more, it was raining ◆ **ajoutez à cela sa maladresse naturelle** add to that his natural clumsiness

② ◆ **ajouter foi aux dires de qn** to give credence to sb's statements, to believe sb's statements

VT INDIR **ajouter à** (*littér*) to add to ◆ **ton arrivée ajoute à mon bonheur** I am even happier now you are here, your arrival adds to my happiness

VPR **s'ajouter** ◆ **s'ajouter à** to add to ◆ **ces malheurs venant s'ajouter à leur pauvreté** these misfortunes adding further to their poverty ◆ **ceci, venant s'ajouter à ses difficultés** this coming on top of *ou* to add further to his difficulties ◆ **à ces dépenses viennent s'ajouter les impôts** on top of *ou* in addition to these expenses are taxes

ajustage /aʒystaʒ/ NM fitting

ajusté, e /aʒyste/ SYN (*ptp de ajuster*) ADJ [*vêtement*] tailored ◆ **robe étroitement ajustée** tight-fitting dress

ajustement /aʒystəmɑ̃/ SYN NM [*de statistique, prix*] adjustment; [*de pièces assemblées*] fitting ◆ **ajustement monétaire** currency adjustment *ou* realignment ◆ **le projet est finalisé, à quelques ajustements près** the project is completed, give or take a few finishing touches

ajuster /aʒyste/ SYN ► conjug 1 ◄

VT ① (= *régler*) [+ *ceinture, prix, politique*] to adjust; [+ *vêtement*] to alter ◆ **il leur est difficile d'ajuster leurs vues** it's difficult for them to reconcile their views

② (= *adapter*) [+ *tuyau*] to fit (*à* into) ◆ **ajuster l'offre à la demande** to adjust *ou* adapt supply to demand, to match supply to *ou* and demand

③ (= *viser*) ◆ **ajuster qn** to aim at sb, to take aim at sb ◆ **ajuster son tir** *ou* **son coup** to adjust one's aim; → **tir**

④ † [+ *coiffure*] to tidy, to arrange; [+ *tenue*] to arrange; [+ *cravate*] to straighten

VPR **s'ajuster** ① [*pièces assemblées*] to fit (together)

② († = *se rhabiller*) to adjust *ou* tidy one's dress †

ajusteur /aʒystœʀ/ NM metal worker

ajut /aʒyt/ NM ◆ **nœud d'ajut** carrick bend

ajutage /aʒytaʒ/ NM [*de tuyau*] nozzle

akène /akɛn/ NM akene

akinésie /akinezi/ NF akinesia

akkadien, -ienne /akadjɛ̃, jɛn/ ADJ, NM Akkadian, Accadian

Alabama /alabama/ NM Alabama

alabandite /alabɑ̃dit/ NF alabandite

alabastrite /alabastʀit/ NF alabastrites (*sg*)

alacrité /alakʀite/ NF (*littér*) alacrity

Aladin /aladɛ̃/ NM Aladdin

alaire /alɛʀ/ ADJ [*membrane, plumes*] alar; [*charge, surface d'un avion*] wing (*épith*)

alaise /alɛz/ NF undersheet, drawsheet

alambic /alɑ̃bik/ NM (*Chim*) still

alambiqué, e /alɑ̃bike/ SYN ADJ (*péj*) [*style, discours*] convoluted, involved; [*personne, esprit*] over-subtle

alangui, e /alɑ̃gi/ SYN (*ptp de alanguir*) ADJ [*attitude, geste*] languid; [*rythme, style*] languid, lifeless

alanguir /alɑ̃giʀ/ ► conjug 2 ◄

VT ① [*fièvre*] to make feeble *ou* languid, to enfeeble; [*chaleur*] to make listless *ou* languid; [*plaisirs, vie paresseuse*] to make indolent *ou* languid ◆ **être tout alangui par la chaleur** to feel listless *ou* languid with the heat

② [+ *récit*] to make nerveless *ou* lifeless

VPR **s'alanguir** to grow languid *ou* weak, to languish

alanguissement /alɑ̃gismɑ̃/ NM languidness, languor

alanine /alanin/ NF alanine

alarmant, e /alaʀmɑ̃, ɑ̃t/ SYN ADJ alarming

alarme /alaʀm/ SYN NF ① (= *signal de danger*) alarm ◆ **donner** *ou* **sonner l'alarme** to sound *ou* raise the alarm ◆ **(système d')alarme** alarm system; → **pistolet, signal, sirène, sonnette**

② (= *inquiétude*) alarm ◆ **jeter l'alarme** to cause alarm ◆ **à la première alarme** at the first sign of danger

alarmer /alaʀme/ SYN ► conjug 1 ◄

VT to alarm

VPR **s'alarmer** to become alarmed (*de, pour* about, at) ◆ **il n'a aucune raison de s'alarmer** he has *ou* there is no cause for alarm

alarmisme /alaʀmism/ NM alarmism

alarmiste /alaʀmist/ SYN ADJ, NMF alarmist

Alaska /alaska/ NM Alaska ◆ **la route de l'Alaska** the Alaska Highway ◆ **la chaîne de l'Alaska** the Alaska Range

alastrim /alastʀim/ NM alastrim

alaterne /alatɛʀn/ NM alaternus

albacore /albakɔʀ/ NM albacore

albanais, e /albanɛ, ɛz/

ADJ Albanian

NM (= *langue*) Albanian

NM,F **Albanais(e)** Albanian

Albanie /albani/ NF Albania

albâtre /albɑtʀ/ NM alabaster ◆ **d'albâtre, en albâtre** alabaster (*épith*)

albatros /albatʀos/ NM (= *oiseau*) albatross; (*Golf*) albatross (*Brit*), double eagle (*US*)

albédo /albedo/ NM albedo

Alberta /albɛʀta/ NF Alberta

albigeois, e /albiʒwa, waz/

ADJ ① (*Géog*) of *ou* from Albi

② (*Hist*) Albigensian

NM,F **Albigeois(e)** inhabitant *ou* native of Albi

NMPL (*Hist*) ◆ **les Albigeois** the Albigenses, the Albigensians; → **croisade**

albinisme /albinism/ NM albinism

albinos /albinos/ NMF, ADJ INV albino

Albion /albjɔ̃/ NF ◆ **(la perfide) Albion** (perfidious) Albion

albite /albit/ NF albite

albuginé, e /albyʒine/

ADJ albugineous

NF **albuginée** albuginean coat

albugo /albygo/ NM [*de cornée*] albugo

album /albɔm/ SYN NM ① (= *livre*) album ◆ **album (de) photos/de timbres** photo/stamp album ◆ **album à colorier** *ou* **de coloriages** colouring (*Brit*) *ou* coloring (*US*) book ◆ **album de presse** scrapbook ◆ **album de bandes dessinées** cartoon book

② (= *disque*) album ◆ **album de 2 CD** double CD

albumen /albymɛn/ NM albumen

albumine /albymin/ NF albumin

albumineux, -euse /albyminø, øz/ ADJ albuminous

albuminurie /albyminyʀi/ NF albuminuria

albuminurique /albyminyʀik/ ADJ albuminuric

albumose /albymoz/ NF proteose, albumose (*US*)

alcade /alkad/ NM alcalde

alcaïque /alkaik/ ADJ Alcaic ◆ **vers alcaïques** Alcaics

alcalescence /alkalesɑ̃s/ NF alkalescence, alkalescency

alcalescent, e /alkalesɑ̃, ɑ̃t/ ADJ alkalescent

alcali /alkali/ NM alkali ◆ **alcali volatil** ammonia

alcalimètre /alkalimɛtʀ/ NM alkalimeter

alcalimétrie /alkalimetʀi/ NF alkalimetry

alcalin, e /alkalɛ̃, in/ ADJ alkaline

alcaliniser /alkalinize/ ► conjug 1 ◄ VT to alkalize

alcalinité /alkalinite/ NF alkalinity

alcalinoterreux, -euse /alkalinotɛʀø, øz/ ADJ ◆ **métaux alcalinoterreux** alkaline earth metals *ou* elements

alcaloïde /alkalɔid/ NM alkaloid

alcalose /alkaloz/ NF alkalosis

alcane /alkan/ NM alkane

alcarazas /alkaʀazas/ NM alcarraza

alcène /alsɛn/ NM alkene

Alceste /alsɛst/ NM Alcestis

alchémille /alkemij/ NF lady's mantle

alchimie /alʃimi/ NF (lit, fig) alchemy

alchimique /alʃimik/ ADJ alchemical, of alchemy

alchimiste /alʃimist/ NMF alchemist

alcool /alkɔl/ NM 1 (Chim) alcohol ◆ **alcool absolu éthylique** pure ethyl alcohol ◆ **alcool à brûler** methylated spirit(s), meths (Brit) ◆ **alcool camphré** camphorated alcohol ◆ **alcool rectifié** rectified spirit ◆ **alcool à 90°** surgical spirit ◆ **lampe à alcool** spirit lamp
2 (= boisson) alcohol (NonC) ◆ **l'alcool au volant** drinking and driving, drink-driving (Brit), drunk-driving (US) ◆ **boire de l'alcool** (gén) to drink alcohol; (eau-de-vie) to drink spirits (Brit) ou (hard) liquor (US) ◆ **il ne tient pas l'alcool** he can't take his drink ◆ **il ne prend jamais d'alcool** he never drinks ou touches alcohol ◆ **le cognac est un alcool** cognac is a brandy ou spirit (Brit) ◆ **vous prendrez bien un petit alcool** you won't say no to a little brandy ◆ **alcool de prune/poire** plum/pear brandy ◆ **alcool de menthe** medicinal mint spirit ◆ **alcool blanc** colourless spirit ◆ **alcool brun** generic term for cognac, brandy, whisky etc ◆ **alcool de grain** grain alcohol ◆ **bière/boisson sans alcool** non-alcoholic ou alcohol-free beer/drink

alcoolat /alkɔla/ NM alcoholate

alcoolature /alkɔlatyʀ/ NF alcoholature

alcoolé /alkɔle/ NM tincture

alcoolémie /alkɔlemi/ NF ◆ **taux d'alcoolémie** alcohol level (in the blood)

alcoolier /alkɔlje/ NM distiller

alcoolique /alkɔlik/ SYN ADJ, NMF alcoholic ◆ **les Alcooliques anonymes** Alcoholics Anonymous

alcoolisation /alkɔlizasjɔ̃/ NF alcoholization

alcooliser /alkɔlize/ SYN ▸ conjug 1 ◂ VT to alcoholize ◆ **boissons alcoolisées/non alcoolisées** alcoholic/soft drinks ◆ **très peu alcoolisé** very low in alcohol ◆ **déodorant alcoolisé** alcohol-based deodorant

alcoolisme /alkɔlism/ NM alcoholism ◆ **alcoolisme aigu/chronique/mondain** acute/chronic/social alcoholism

alcoolo* /alkɔlo/
ADJ alcoholic
NMF alcoholic, lush*

alcoolo-dépendant, e (mpl alcoolo-dépendants) /alkɔlodepɑ̃dɑ̃, ɑ̃t/ NMF, ADJ alcohol-dependent

alcoologie /alkɔlɔʒi/ NF part of medical science which studies alcoholism

alcoologue /alkɔlɔg/ NMF ◆ **médecin alcoologue** doctor specializing in the treatment of alcoholism

alcoomètre /alkɔmɛtʀ/ NM alcoholometer

alcoométrie /alkɔmɛtʀi/ NF alcoholometry

alcootest® /alkɔtɛst/ NM (= objet) Breathalyser® (Brit), Breathalyzer® (US); (= épreuve) breath-test ◆ **faire subir un alcootest à qn** to give sb a breath test, to breath-test sb, to breathalyse (Brit) ou breathalyze (US) sb

alcôve /alkov/ NF alcove, recess (in a bedroom) ◆ **d'alcôve** (fig) bedroom (épith), intimate; → secret

alcoyle /alkɔil/ NM alkyl

alcyne /alsin/ NM alkyne

alcyon /alsjɔ̃/ NM (Myth) Halcyon

alcyonaires /alsjɔnɛʀ/ NMPL ◆ **les alcyonaires** alcyonarians, the Alcyonaria (SPÉC)

al dente /aldɛnte/ LOC ADV, LOC ADJ al dente

aldin, e /aldɛ̃, in/ ADJ Aldine

aldol /aldɔl/ NM aldol

aldose /aldoz/ NM aldose

aldostérone /aldɔsteʀɔn/ NF aldosterone

ALE /aɛl/ NF (abrév de **Association de libre-échange**) FTA

aléa /alea/ SYN NM unknown quantity ◆ **en comptant avec tous les aléas** taking all the unknown factors into account ◆ **les aléas de l'existence** the vagaries of life ◆ **les aléas de l'examen** ◆ **après bien des aléas** after many ups and downs ◆ **ce sont les aléas du show-business** these things happen in show business ◆ **aléas thérapeutiques** unforeseeable medical complications

aléatoire /aleatwaʀ/ SYN ADJ 1 (= risqué) [gains, succès] uncertain; [marché] risky, uncertain
2 (Math) [grandeur] random; (Ordin) [nombre, accès] random; (Mus) aleatoric, aleatory; → contrat

aléatoirement /aleatwaʀmɑ̃/ ADV randomly

alémanique /alemanik/ ADJ, NM Alemannic; → suisse

ALENA, Alena /alena/ NM (abrév de **Accord de libre-échange nord-américain**) NAFTA

alène, alêne /alɛn/ NF awl

alentour /alɑ̃tuʀ/ ADV around ◆ **tout alentour** ou **à l'entour** †† all around ◆ **alentour de qch** around sth ◆ **les villages d'alentour** the neighbouring ou surrounding villages

alentours /alɑ̃tuʀ/ SYN NMPL 1 (= environs) [de ville] surroundings, neighbourhood (Brit), neighborhood (US) ◆ **les alentours sont très pittoresques** the surroundings ou environs are very picturesque ◆ **dans les alentours** in the vicinity ou neighbourhood ◆ **aux alentours de Dijon** in the Dijon area ◆ **il gagne aux alentours de 1 500 €** he earns (something) in the region of €1,500, he earns around ou about €1,500 ◆ **aux alentours de 8 heures** some time around 8 (o'clock), round about 8 (o'clock) (Brit)
2 (Art) [de tapisserie] border

aléoute /aleut/
ADJ Aleutian
NM,F ◆ **Aléoute** Aleut

aléoutien, -ienne /aleusjɛ̃, jɛn/ ADJ Aleutian ◆ **les (îles) aléoutiennes** the Aleutian Islands, the Aleutians

Aléoutiennes /aleusjɛn/ ADJ FPL, NFPL ◆ **les (îles) Aléoutiennes** the Aleutian Islands, the Aleutians

Alep /alɛp/ N Aleppo

aleph /alɛf/ NM (Ling) aleph; (Math) transfinite number

alérion /aleʀjɔ̃/ NM alerion

alerte /alɛʀt/ SYN
ADJ [personne, geste] agile, nimble; [esprit] alert, agile [vieillard] spry, agile; [style] brisk, lively
NF 1 (= signal de danger, durée du danger) alert, alarm ◆ **donner l'alerte** to give the alert ou alarm ◆ **donner l'alerte à qn** to alert sb ◆ **alerte aérienne** air raid warning ◆ **alerte à la bombe** bomb scare ◆ **alerte à la pollution** pollution alert ◆ **en cas d'alerte** if there is an alert ◆ **système d'alerte** alarm system ◆ **les nuits d'alerte** nights on alert; → cote, état, faux²
2 (= avertissement) warning sign; (= inquiétude) alarm ◆ **à la première alerte** at the first warning sign ◆ **l'alerte a été chaude** ou **vive** there was intense ou considerable alarm ◆ **alerte cardiaque** heart flutter
EXCL watch out!

alerter /alɛʀte/ SYN ▸ conjug 1 ◂ VT (= donner l'alarme à) to alert; (= informer) to inform, to notify; (= prévenir) to warn ◆ **alerter l'opinion publique** to alert public opinion ◆ **les pouvoirs publics ont été alertés** the authorities have been informed ou notified, it has been brought to the attention of the authorities

alésage /aleza ʒ/ NM (= action) reaming; (= diamètre) bore

alèse /alɛz/ NF ⇒ alaise

aléser /aleze/ ▸ conjug 6 ◂ VT to ream

aléseuse /alezøz/ NF reamer

Alésia /alezja/ N Alesia

aléthique /aletik/ ADJ alethic

aleurode /aløʀɔd/ NM whitefly

aleurone /aløʀɔn/ NF aleuron(e)

alevin /alvɛ̃/ NM alevin, young fish (bred artificially)

alevinage /alvinaʒ/ NM (= action) stocking with alevins ou young fish; (= pisciculture) fish farming

aleviner /alvine/ ▸ conjug 1 ◂
VT (= empoissonner) to stock with alevins ou young fish
VI (= pondre) to spawn

alevinier /alvinje/ NM, **alevinière** /alvinjɛʀ/ NF (alevin) fishery

Alexandre /alɛksɑ̃dʀ/ NM Alexander ◆ **Alexandre le Grand** Alexander the Great

Alexandrie /alɛksɑ̃dʀi/ N Alexandria

alexandrin, e /alɛksɑ̃dʀɛ̃, in/
ADJ [art, poésie] (Hist) Alexandrian; [prosodie] alexandrine
NM alexandrine

alexie /alɛksi/ NF word-blindness, alexia (SPÉC)

alezan, e /alzɑ̃, an/ ADJ, NM,F (= cheval) chestnut ◆ **alezan clair** sorrel

alfa /alfa/ NM (= herbe) Esparto (grass); (= papier) Esparto paper

alfalfa /alfalfa/ NM alfalfa

algarade /algaʀad/ NF (littér) (= gronderie) angry outburst; (= dispute) quarrel

algazelle /algazɛl/ NF algazel

algèbre /alʒɛbʀ/ NF (Math) algebra ◆ **par l'algèbre** algebraically ◆ **c'est de l'algèbre pour moi*** it's (all) Greek to me*

algébrique /alʒebʀik/ ADJ algebraic

algébriquement /alʒebʀikmɑ̃/ ADV algebraically

algébriste /alʒebʀist/ NMF algebraist

Alger /alʒe/ N Algiers

Algérie /alʒeʀi/ NF Algeria

algérien, -ienne /alʒeʀjɛ̃, jɛn/
ADJ Algerian
NM,F ◆ **Algérien(ne)** Algerian

algérois, e /alʒeʀwa, waz/
ADJ of ou from Algiers
NM,F ◆ **Algérois(e)** inhabitant ou native of Algiers
NM (= région) ◆ **l'Algérois** the Algiers region

algidité /alʒidite/ NF algidity

algie /alʒi/ NF algia

algine /alʒin/ NF algin

algique /alʒik/ ADJ algetic, algesic

ALGOL /algɔl/ NM ALGOL

Algol /algɔl/ N (Astron) Algol

algologie /algɔlɔʒi/ NF algology

algonkin, e, algonquin, e /algɔ̃kɛ̃, in/
ADJ Algonqui(a)n
NM (= langue) Algonqui(a)n
NM,F ◆ **Algonkin(e)** Algonqui(a)n

algorithme /algɔʀitm/ NM algorithm

algorithmique /algɔʀitmik/
ADJ algorithmic
NF study of algorithms

algothérapie /algoteʀapi/ NF algotherapy, seaweed baths

algue /alg/ SYN NF (de mer) seaweed (NonC); (d'eau douce) alga ◆ **algues (de mer)** seaweed; (d'eau douce) algae ◆ **algues séchées** (Culin) dried seaweed ◆ **algues brunes/vertes/marines** brown/green/marine algae ◆ **bain d'algues** seaweed bath

Alhambra /alɑ̃bʀa/ NM ◆ **l'Alhambra** the Alhambra

alias /aljas/
ADV alias, also known as
NM (Ordin) alias

Ali Baba /alibaba/ NM Ali Baba ◆ « **Ali Baba et les quarante voleurs** » "Ali Baba and the Forty Thieves"; → caverne

alibi /alibi/ SYN NM alibi

Alice /alis/ NF Alice ◆ « **Alice au pays des merveilles** » "Alice in Wonderland"

alidade /alidad/ NF alidad(e)

aliénabilité /aljenabilite/ NF alienability

aliénable /aljenabl/ ADJ alienable

aliénant, e /aljenɑ̃, ɑ̃t/ ADJ alienating

aliénataire /aljenatɛʀ/ NMF alienee

aliénateur, -trice /aljenatœʀ, tʀis/ NM,F (Jur) alienator

aliénation /aljenasjɔ̃/ NF (gén) alienation ◆ **aliénation (mentale)** (Méd) (mental) derangement, insanity

aliéné, e /aljene/ SYN (ptp de **aliéner**) NM,F insane person, lunatic (péj); → asile

aliéner /aljene/ SYN ▸ conjug 6 ◂ VT 1 (Jur = céder) to alienate; [+ droits] to give up ◆ **aliéner un bien** (Jur) to dispose of property ◆ **aliéner sa liberté entre les mains de qn** to relinquish one's freedom to sb ◆ **un traité qui aliène leur liberté** a treaty which alienates their freedom

② (= rendre hostile) [+ partisans, opinion publique] to alienate (à qn from sb) ◆ **s'aliéner ses partisans/l'opinion publique** to alienate one's supporters/public opinion ◆ **s'aliéner un ami** to alienate ou estrange a friend ◆ **s'aliéner l'affection de qn** to alienate sb's affections, to estrange sb

③ (Philos, Sociol) ◆ **aliéner qn** to alienate sb

aliéniste † /aljenist/ **NF** psychiatrist

Aliénor /aljenɔʀ/ **NF** Eleanor ◆ **Aliénor d'Aquitaine** Eleanor of Aquitaine

alignement /aliɲ(ə)mɑ̃/ SYN **NM** ① (= action) aligning, lining up; (= rangée) alignment, line ◆ **les alignements de Carnac** the Carnac menhirs ou alignments (SPÉC)

② (Mil) ◆ **être à l'alignement** to be in line ◆ **se mettre à l'alignement** to fall into line, to line up ◆ **sortir de l'alignement** to step out of line (lit) ◆ **à droite/gauche, alignement !** right/left, dress!

③ [de rue] building line ◆ **maison frappée d'alignement** house affected by a road widening scheme

④ (Pol, Fin) alignment ◆ **alignement monétaire** monetary alignment ou adjustment

aligner /aliɲe/ SYN ▸ conjug 1 ◂

VT ① [+ objets] to align, to line up (sur with); [+ chiffres] to string together, to string up a line of; [+ arguments] to reel off; (Mil) to form into lines, to draw up in lines ◆ **il alignait des allumettes sur la table** he was lining up ou making lines of matches on the table ◆ **il n'arrivait pas à aligner deux mots de suite** he couldn't string a sentence ou two words together ◆ **les enfants étaient alignés le long de la route** the children were lined up along the roadside ◆ **pour acheter cette voiture, il va falloir les aligner*** (= payer) that car will set you back a bit*

② [+ rue] to modify the (statutory) building line of

③ (Fin, Pol) to bring into alignment (sur with) ◆ **aligner sa conduite sur** to bring one's behaviour into line with, to modify one's behaviour to conform with

④ (* = punir) ◆ **aligner qn** to do sb* ◆ **il s'est fait aligner** he got done* ◆ **il a aligné son adversaire en trois sets** (Tennis) he smashed* his opponent in three sets

VPR s'aligner [soldats] to fall into line, to line up ◆ **s'aligner sur** [+ politique] to conform to the line of; [+ pays, parti] to align o.s. with ◆ **tu peux toujours t'aligner !*** just try and match that!, beat that!*

aligoté /aligɔte/ ADJ M, NM aligoté

aliment /alimɑ̃/ SYN **NM** ① (= nourriture) food ◆ **bien mâcher les aliments** to chew one's food well ◆ **le pain est un aliment** bread is (a) food ou a type of food ◆ **comment conserver vos aliments** how to keep food fresh ◆ **aliment riche/complet/liquide** rich/whole/liquid food ◆ **aliments pour chiens/chats** dog/cat food ◆ **aliments pour bétail** cattle feed

② (Jur) ◆ **aliments** maintenance

alimentaire /alimɑ̃tɛʀ/ ADJ ① [aide, hygiène] food (épith); [besoins] dietary (épith); [habitudes] eating (épith), dietary (épith) ◆ **notre comportement alimentaire** our eating patterns

② (péj) [activité] done to earn a living ou some cash ◆ **c'est de la littérature/peinture alimentaire** these kinds of books/paintings are just potboilers ◆ **pour lui ce n'est qu'un travail alimentaire** to him it's just a job that pays the rent

alimentation /alimɑ̃tasjɔ̃/ SYN NF ① (= régime) diet ◆ **alimentation de base** staple diet ◆ **alimentation équilibrée/mal équilibrée** balanced/unbalanced diet ◆ **alimentation lactée** milk diet ◆ **bon** ou **ticket d'alimentation** food voucher

② (= secteur commercial) food trade ◆ **il travaille dans l'alimentation** he works in the food trade; (= industrie) he works in the food industry ◆ **magasin d'alimentation** food shop, grocery store (US) ◆ **rayon alimentation** food ou grocery section

③ (= action) [de personne, chaudière] feeding; [de moteur, circuit] supplying, feeding ◆ **l'alimentation en eau des grandes villes** supplying water to ou the supply of water to large towns ◆ **d'alimentation** [pompe, ligne] feed (épith); → **tuyau**

alimenter /alimɑ̃te/ SYN ▸ conjug 1 ◂

VT ① [+ personne, animal] to feed

② [+ chaudière] to feed; [+ moteur, circuit] to supply, to feed; [+ caisse, compte bancaire, fonds] to put money into; [+ marché] to supply (en with) ◆ **le tuyau alimente le moteur en essence** the pipe feeds ou supplies petrol (Brit) ou gasoline (US) to the engine ◆ **alimenter une ville en gaz/électricité** to supply a town with gas/electricity

③ [+ conversation] [personne] to keep going, to sustain; [+ curiosité] to feed; [+ inflation, polémique, rumeurs, soupçons] to fuel ◆ **cela a alimenté la conversation** it gave us (ou them etc) something to talk about ◆ **ces faits vont alimenter notre réflexion** these facts will provide food for thought

VPR s'alimenter [personne] to eat ◆ **s'alimenter seul** to feed o.s. ◆ **le malade recommence à s'alimenter** the patient is starting to eat again ou to take food again

alinéa /alinea/ NM (= passage) paragraph; (= ligne) indented line (at the beginning of a paragraph) ◆ **nouvel alinéa** new line

aliphatique /alifatik/ ADJ aliphatic

alise /aliz/ NF sorb (apple)

alisier /alizje/ NM sorb, service tree

alisma /alisma/ NM water plantain

alitement /alitmɑ̃/ NM confinement to (one's) bed

aliter /alite/ SYN ▸ conjug 1 ◂

VT to confine to (one's) bed ◆ **rester alité** to remain confined to (one's) bed, to remain bedridden ◆ **infirme alité** bedridden invalid

VPR s'aliter to take to one's bed

alizé /alize/ ADJ M, NM ◆ **(vent) alizé** trade wind

alkékenge /alkekɑ̃ʒ/ NM Chinese lantern, winter ou ground cherry

Allah /ala/ NM Allah

allaitante /aletɑ̃t/ ADJ F ◆ **femme allaitante** nursing mother ◆ **vache allaitante** brood cow

allaitement /aletmɑ̃/ NM [de bébé] feeding; [d'animal] suckling ◆ **allaitement maternel** breastfeeding ◆ **allaitement mixte** mixed feeding ◆ **allaitement au biberon** bottle-feeding ◆ **pendant l'allaitement** while breast-feeding

allaiter /alete/ ▸ conjug 1 ◂ VT [femme] to (breast-)feed; [animal] to suckle ◆ **allaiter au biberon** to bottle-feed ◆ **elle allaite encore** she's still breast-feeding (the baby)

allant, e /alɑ̃, ɑ̃t/

ADJ (littér = alerte) [personne] sprightly, active; [musique] lively

NM (= dynamisme) drive, energy ◆ **avoir de l'allant** to have plenty of drive ou energy ◆ **avec allant** energetically

allantoïde /alɑ̃tɔid/ NF allantoid, allantois

alléchant, e /aleʃɑ̃, ɑ̃t/ SYN ADJ [odeur] mouth-watering, tempting; [proposition] tempting, enticing; [prix] attractive

allécher /aleʃe/ SYN ▸ conjug 6 ◂ VT [odeur] to make one's mouth water, to tempt; [proposition] to tempt, to entice ◆ **alléché par l'odeur** tempted by the smell ◆ **alléché par des promesses fallacieuses** lured by false promises

allée /ale/ SYN NF ① [de ville] avenue; [de jardin] path; [de parc] path, walk; (plus large) avenue; [de forêt] wide path; (menant à une maison) drive, driveway; [de cinéma, autobus] aisle ◆ **allée cavalière** bridle path ◆ **les allées du pouvoir** the corridors of power

② (locution)

◆ **allées et venues** comings and goings ◆ **que signifient ces allées et venues dans le couloir ?** why all this to-ing and fro-ing in the corridor? ◆ **ceci l'oblige à de constantes allées et venues (entre Paris et la province)** this means he has to keep shuttling back and forth (between Paris and the provinces) ◆ **j'ai perdu mon temps en allées et venues** I've wasted my time going back and forth ou to-ing and fro-ing ◆ **le malade l'obligeait à de constantes allées et venues** the patient kept him constantly on the run ou running about (for him)

allégation /a(l)legasjɔ̃/ SYN NF (= affirmation) allegation; (= citation) citation

allégé, e /aleʒe/ (ptp de **alléger**) ADJ low-fat ◆ **(produits) allégés** low-fat products

allège /alɛʒ/ NF (= embarcation) lighter; (Constr) basement (of a window)

allégeance /aleʒɑ̃s/ NF allegiance ◆ **faire allégeance à qn** to swear allegiance to sb

allégement, allègement /alɛʒmɑ̃/ NM ① [de fardeau, véhicule] lightening

② [de personnel] reduction (de in)

③ [de coûts, impôts, charges sociales] reduction (de in) ◆ **allégement fiscal** tax relief ◆ **allégement de la dette** debt relief ◆ **notre objectif demeure l'allégement de nos dettes** our aim remains to reduce our debts

④ [de contrôles] easing; [de formalités] simplification

⑤ [de douleur] alleviation

alléger /aleʒe/ SYN ▸ conjug 6 et 3 ◂ VT ① (en poids) [+ fardeau] to lighten; [+ véhicule] to make lighter; [+ skis] to unweight ◆ **alléger qn de son portefeuille*** (hum) to relieve sb of their wallet

② (en nombre) [+ personnel] to streamline, to reduce ◆ **alléger les effectifs** (Scol) to reduce numbers in the classroom ◆ **pour alléger notre dispositif militaire** to reduce our military presence

③ (Fin) [+ coûts, impôts, charges sociales, dette] to reduce

④ (= simplifier) [+ contrôles] to ease; [+ formalités] to simplify ◆ **alléger les programmes scolaires** to cut the number of subjects on the school syllabus

⑤ (= rendre moins pénible) [+ douleur] to alleviate, to relieve; [+ conditions de détention] to ease

allégorie /a(l)legɔʀi/ SYN NF allegory

allégorique /a(l)legɔʀik/ ADJ allegorical

allégoriquement /a(l)legɔʀikmɑ̃/ ADV allegorically

allègre /a(l)lɛgʀ/ SYN ADJ [personne, humeur] cheerful, light-hearted; [démarche] lively, jaunty; [musique] lively, merry ◆ **il descendait la rue d'un pas allègre** he was walking gaily ou cheerfully down the street

allégrement, allègrement /a(l)lɛgʀəmɑ̃/ ADV ① (= gaiement) gaily, cheerfully

② (hum) ◆ **le coût de l'opération dépasse allégrement les 50 millions** the cost of the operation is well over 50 million ◆ **le virus voyage allégrement d'un ordinateur à l'autre** the virus merrily travels from one computer to another

allégresse /a(l)legʀɛs/ SYN NF elation ◆ **ce fut l'allégresse générale** there was general rejoicing ou jubilation

allegretto /a(l)legʀeto/ ADV, NM allegretto

allegro /a(l)legʀo/ ADV, NM allegro

alléguer /a(l)lege/ SYN ▸ conjug 6 ◂ VT ① [+ fait] to use as an excuse; [+ excuse, raison, preuve] to put forward ◆ **ils refusèrent de m'écouter, alléguant que...** they refused to listen, claiming that...

② (littér = citer) to cite, to quote

allèle /alɛl/ NM allele

alléluia /a(l)leluja/ NM, EXCL (Rel) alleluia, hallelujah

Allemagne /almaɲ/ NF Germany ◆ **l'Allemagne fédérale** the Federal German Republic ◆ **Allemagne de l'Ouest/de l'Est** West/East Germany; → **république**

allemand, e /almɑ̃, ɑ̃d/

ADJ German; → **république**

NM (= langue) German; → **bas**[1], **haut**

NM,F ◆ Allemand(e) German ◆ **bon allemand** (Helv) German (as opposed to Swiss German)

NF allemande SYN (Mus) allemande

allène /alɛn/ NM allylene, propine

---

aller /ale/

SYN ▸ conjug 9 ◂

1 - VERBE INTRANSITIF
2 - VERBE IMPERSONNEL
3 - VERBE AUXILIAIRE
4 - VERBE PRONOMINAL
5 - LOCUTIONS EXCLAMATIVES
6 - NOM MASCULIN

---

1 - VERBE INTRANSITIF

① [= SE DÉPLACER, PARTIR] to go ◆ **où vas-tu ?** where are you going? ◆ **il t'attend, va !** he's waiting for you, go on!

> **aller** se traduit souvent par un verbe spécifique en anglais.

◆ **j'allais par les rues désertes** I walked ou wandered through the empty streets ◆ **il allait trop vite quand il a eu son accident** he was driving *ou* going too fast when he had his accident ◆ **en ville, on va plus vite à pied qu'en voiture** in town it is quicker to walk than to go by car ◆ **aller à Paris en voiture/en avion** to drive/fly to Paris ◆ **il y est allé à** *ou* **en vélo** he cycled there, he went there on his bike ◆ **j'irai à pied** I'll walk, I'll go on foot ◆ **où sont allés les 300 € ?** *(= qu'a-t-on acheté avec ?)* what did the €300 go on?; *(= où l'argent est-il passé ?)* where did that €300 go?

♦ **aller et venir** *(entre deux endroits)* to come and go; *(dans une pièce)* to pace up and down

♦ **ça va, ça vient** ◆ **tu sais, la chance, ça va ça vient** luck comes and goes, you know, you win some, you lose some ◆ **avec lui l'argent, ça va, ça vient** when it comes to money, it's easy come, easy go with him

♦ **aller** + *préposition (= se rendre)* ◆ **aller à** to go to ◆ **aller à Caen/à la campagne** to go to Caen/to the country ◆ **aller au lit/à l'église/à l'école** to go to bed/to church/to school ◆ **aller en Allemagne** to go to Germany ◆ **aller chez le boucher/chez un ami** to go to the butcher's/to a friend's (place) ◆ **je vais sur** *ou* **vers Lille** *(en direction de)* I'm going towards Lille; *(but du voyage)* I'm heading for Lille ◆ **aller aux renseignements/aux nouvelles** to go and inquire/and find out the news

> Notez l'utilisation du perfect et du pluperfect **have/had been** ; **have/had gone** implique que le sujet n'est pas encore revenu.

◆ **je ne suis jamais allé à New York/en Corse** I've never been to New York/Corsica ◆ **étiez-vous déjà allés en Sicile ?** had you been to Sicily before? ◆ **il n'est pas là ? – non il est allé au tennis** he's not there? – no, he's gone to play tennis

2 [EUPH] *(aux toilettes)* to go to the toilet ◆ **tu es allé ce matin ?** have you been (to the toilet) this morning? ◆ **ça fait aller** * it makes you go *

3 [DANS LE TEMPS, UNE ÉVOLUTION] ◆ **on va à la catastrophe/la ruine** we're heading for disaster/ruin ◆ **aller sur ses 30 ans** to be getting on for *(Brit)* *ou* going on *(US)* 30 ◆ **on va vers une guerre civile** we're heading for civil war ◆ **où allons-nous ?** what are things coming to? ◆ **j'irai (jusqu')à la Commission européenne s'il le faut** I'll take it to the European Commission if necessary

4 [= MENER, S'ÉTENDRE] to go *(à* to) ◆ **cette route doit aller quelque part** this road must go somewhere ◆ **ses champs vont jusqu'à la forêt** his fields go *ou* stretch as far as the forest

5 [= DURER] ◆ **l'abonnement va jusqu'en juin** the subscription lasts *ou* runs till June ◆ **le contrat allait jusqu'en mai** the contract ran until May ◆ **la période qui va du 22 mai au 15 juillet** from 22 May to 15 July

6 [= SE PORTER] ◆ **comment allez-vous ?** how are you? ◆ **comment va ton frère ? – il va bien/mal** *(physiquement)* how's your brother? – he's fine/he's not very well; *(moralement)* how's your brother? – he's fine/not too happy ◆ **cela fait des années qu'il va mal** he hasn't been well for years ◆ **(comment) ça va ? – ça va** how's things? * *ou* how are you doing? – fine *ou* not so bad * ◆ **ça va mieux maintenant** I'm feeling better now ◆ **ça va ? – faudra bien que ça aille** * how's things * *ou* how are you doing? – fine *ou* not so bad ◆ **ça va ? – on fait aller** * you all right? * – so-so * ◆ **non mais ça va pas (la tête) !** * you're crazy! *, you must be crazy! * ◆ **non mais ça va, te gêne pas !** * don't mind me!

7 [= SE PASSER, FONCTIONNER] ◆ **(comment) ça va au bureau ? – ça va** how's it going at the office? – fine *ou* not so bad * ◆ **ça va comme ça ? – faudra bien que ça aille** * is it all right like that? – it'll have to be * ◆ **comment vont les affaires ? – elles vont bien/mal** how's business? – fine/not too good ◆ **ça va mal en Asie/à la maison** things aren't going too well *ou* things aren't looking so good in Asia/at home ◆ **ça va mal aller si tu continues** there's going to be trouble if you carry on like that ◆ **notre économie va mieux** the economy is doing better *ou* is looking up ◆ **ça va mieux pour lui maintenant** things are going better for him now ◆ **ça ne va pas mieux ! il veut une voiture pour son anniversaire !** whatever next! he wants a car for his birthday! ◆ **ça ne va pas sans difficulté** it's no easy job ◆ **ça va tout seul** *(= c'est facile)* it's a cinch *, it's a doddle * *(Brit)* ◆ **ça ne va pas tout seul** it's not exactly easy

♦ **plus ça va** ◆ **plus ça va, plus l'inquiétude grandit** people are getting more and more worried ◆ **plus ça va, plus je me dis que j'ai eu tort** the more I think about it, the more I realize how wrong I was ◆ **plus ça va, plus nous produisons des déchets** we just keep producing more and more waste ◆ **plus ça va, moins ça va** things are going from bad to worse

8 [= CONVENIR] ◆ **aller (bien) avec** to go (well) with ◆ **aller bien ensemble** *[couleurs, styles]* to go well together ◆ **ils vont bien ensemble** *[personnes]* they make a nice couple ◆ **ce tableau va bien/mal sur ce mur** the picture looks right/doesn't look right on that wall ◆ **ici, cette couleur n'ira pas** that colour just won't work *ou* go here ◆ **la clé ne va pas dans la serrure** the key won't go in *ou* doesn't fit the lock ◆ **les ciseaux ne vont pas pour couper du carton** scissors won't do *ou* are no good for cutting cardboard ◆ **votre plan ne va pas** your plan won't work**

9 [LOCUTIONS]

♦ **aller à** *(= être attribué à)* *[prix, récompense, part d'héritage]* to go to; *(= aller bien)* *[forme, mesure]* to fit; *[style, genre]* to suit ◆ **le maison ira à la cadette** the house will go to the youngest daughter ◆ **l'argent ira à la restauration du clocher** the money will go towards restoring the bell tower ◆ **cette robe te va très bien** *(couleur, style)* that dress really suits you; *(taille)* that dress fits you perfectly ◆ **vos projets me vont parfaitement** your plans suit me fine ◆ **rendez-vous demain 4 heures ? – ça me va** * tomorrow at 4? – OK, fine * ◆ **ça lui va mal** *ou* **bien** *(hum)* **de critiquer les autres** he's got a nerve * criticizing other people, he's a fine one * to criticize

♦ **aller** + *participe présent*

> Lorsque **aller** sert à exprimer la progression, il est souvent rendu par un comparatif.

◆ **aller en empirant** to get worse and worse ◆ **le bruit va croissant** the noise is getting louder and louder ◆ **notre rythme de travail ira en s'accélérant** we'll have to work more and more quickly [MAIS] ◆ **aller en augmentant** to keep increasing

♦ **y aller** ◆ **on y va ?** *(avant un départ)* shall we go?; *(avant d'agir)* shall we start? ◆ **allons-y (Alonzo *) !** let's go! ◆ **allez-y, c'est votre tour** go on, it's your turn ◆ **allez-y, vous ne risquez rien** go ahead *ou* go on, you've nothing to lose ◆ **comme vous y allez !, vous y allez un peu fort !** that's going a bit far! ◆ **non mais vas-y, insulte-moi !** * go on, insult me, why don't you! ◆ **vas-y doucement** *ou* **mollo** ⁑ gently does it ◆ **27 divisé par 7, il y va 3 (et il reste 6)** *(Math)* 27 divided by 7 is *ou* goes 3 (remainder 6)

♦ **y aller de** *(= contribuer)* ◆ **chacun y est allé de son commentaire** everyone put in their two cents * *(US)* ◆ **il y est allé de sa petite chanson** * he gave us a little song ◆ **il y est allé de sa petite larme** * he had a little cry

2 - VERBE IMPERSONNEL

♦ **il y va/allait de** *(= ce qui est/était en jeu)* ◆ **il y va de votre vie/de votre santé** your life/your health is at stake *ou* depends on it ◆ **il y allait de notre honneur !** our honour was at stake!

♦ **il en va de** *(= c'est la même chose pour)* ◆ **il en va de même pour tous les autres** the same applies to *ou* goes for all the others ◆ **il en va de l'édition comme des autres secteurs** it's the same in publishing as in other sectors, the same goes for publishing as for other sectors

♦ **ça y va/y allait** * *(valeur intensive)* ◆ **ça y va le whisky chez eux !** they certainly get through a lot of whisky! ◆ **ça y va les billets de 100 euros avec lui !** he certainly gets through those 100 euro notes! ◆ **ça y allait les insultes !** you should have heard the abuse!

3 - VERBE AUXILIAIRE

♦ **aller** + *infinitif*

> Notez l'utilisation de **and** et de **to** entre les deux verbes en anglais ; **to** exprime généralement une idée d'intention alors que **and** met l'accent sur l'accomplissement de l'action.

◆ **il est allé se renseigner** *(gén)* he went to get some information; *(a obtenu les informations)* he went and got some information ◆ **aller voir qn à l'hôpital** to go and visit sb in hospital ◆ **va te laver les mains** go and wash your hands

> Lorsque **aller** exprime le futur immédiat, il est parfois traduit par le futur simple ; la forme **be going to** s'utilise plutôt lorsque le locuteur met quelqu'un en garde ou exprime une intention.

◆ **tu vas être en retard** you're going to be late, you'll be late ◆ **il va descendre dans une minute** he'll be (coming) down in a minute ◆ **ça va prendre un quart d'heure** that'll take *ou* it's going to take a quarter of an hour ◆ **je vais lui dire** I'm going to tell him ◆ **je vais le faire tout de suite** I'll do it right away ◆ **ils allaient commencer** they were going to start, they were about to start [MAIS] ◆ **je vais te dire une chose** let me tell you something

(valeur intensive) ◆ **ne va pas te faire du souci inutilement** don't go and get *ou* don't go getting all worried for no reason ◆ **allez donc voir si c'est vrai !** who knows if it's true! ◆ **n'allez pas vous imaginer que...** don't you go imagining that... ◆ **pourvu qu'il n'aille pas penser que...** as long as he doesn't get the idea that... ◆ **va** *ou* **allez savoir** * **!** who knows? ◆ **va lui expliquer ça, toi !** you try explaining that to him! ◆ **va me dire pourquoi j'ai fait ça/il s'est mis en colère ?** I have no idea why I did that/why he got angry

4 - VERBE PRONOMINAL

s'en aller SYN

1 [= PARTIR] to go (away); *(= déménager)* to move, to leave ◆ **bon, je m'en vais** right, I'm off *ou* I'm going ◆ **elle s'en va en vacances demain** she goes *ou* is going away on holiday tomorrow ◆ **ils s'en vont à Paris** they are going *ou* off to Paris ◆ **il s'en est allé** *ou* **s'est en allé** * **sans rien dire** he went away *ou* he left without saying anything ◆ **va-t'en !, allez-vous-en !** go away! ◆ **va-t-en de là !** get out of here! ◆ **ils s'en vont du quartier** they are leaving the area, they are moving away from the area

> Notez que lorsque **aller** est suivi d'un adverbe de manière, l'anglais utilise généralement un verbe spécifique ; reportez-vous à l'adverbe.

◆ **s'en aller subrepticement** to steal *ou* sneak away ◆ **elle s'est en allée sur la pointe des pieds** she tiptoed away

2 [EUPH = MOURIR] to go ◆ **il s'en va** he's going *ou* fading ◆ **quand je m'en irai** when I'm gone [MAIS] ◆ **il s'en est allé paisiblement** he passed away peacefully

3 [= QUITTER UN EMPLOI] to leave; *(= prendre sa retraite)* to retire, to leave

4 [= DISPARAÎTRE] *[tache]* *(gén)* to come off; *(sur tissu)* to come out; *[temps, années]* to pass, to go by ◆ **ça s'en ira au lavage** *[boue]* it'll wash off, it'll come off in the wash; *[tache]* it'll wash out ◆ **tout son argent s'en va en CD** all his money goes on CDs, he spends all his money on CDs

5 [VALEUR INTENSIVE] ◆ **je m'en vais leur montrer de quoi je suis capable** I'll show them what I'm made of! ◆ **va-t'en voir si c'est vrai !** * who knows if it's true!

5 - LOCUTIONS EXCLAMATIVES

♦ **allons !, allez !, va !** *(pour stimuler)* ◆ **allons !, allez !** go on!, come on! ◆ **allez (la) France !** *(Sport)* come on France! ◆ **allez, allez** *ou* **allons, allons, circulez** come on now, move along ◆ **allons, cesse de m'ennuyer !** *(impatience)* will you just stop bothering me! *(pour encourager, réconforter)* ◆ **allons, allons, il ne faut pas pleurer** come on now *ou* come, come, you mustn't cry ◆ **tu t'en remettras, va** don't worry, you'll get over it ◆ **ce n'est pas grave, allez !** come on, it's not so bad *ou* serious! ◆ **allez, au revoir !** 'bye then! *

♦ **allons bon !** ◆ **allons bon ! qu'est-ce qui t'est encore arrivé ?** *(agacement)* NOW what's happened? ◆ **il est tombé – allons bon !** *(ennui)* he's fallen over – oh dear! ◆ **allons bon, j'ai oublié mon sac !** oh dear, I've left my bag behind!

♦ **allons donc !** *(incrédulité)* come on!, come off it! * ◆ **notre planète est menacée – allons donc !** the planet is in danger – oh come on! ◆ **lui paresseux ? allons donc ! c'est lui qui fait tout** lazy, him? you've got to be kidding *, he's the one who does all the work ◆ **lui m'aider ? allons donc !** help me, him? that'll be the day! *

♦ **va donc !** ⁑ ◆ **va donc, eh crétin !** *(insulte)* you stupid idiot! *

♦ **ça va !** * *(= assez)* that's enough!; *(= d'accord)* OK, OK * ◆ **tes remarques désobligeantes, ça va comme ça !** I've had just about enough of your nasty comments! ◆ **alors, tu viens ? – ça va(, ça va) j'arrive !** are you coming then? – OK, OK, I'm coming! ◆ **ça fait dix fois que je te le dis – ça va, je vais le faire !** I've told you ten times – look, I'll do it, OK?

♦ **va pour...** * ◆ **va pour une nouvelle voiture !** all right we'll GET a new car! ◆ **va pour 5 € !** *(dans un marchandage)* OK, €5 then! ◆ **j'aimerais aller à Tokyo – alors va pour Tokyo !** I'd like to go to Tokyo – Tokyo it is then!

6 - NOM MASCULIN

1 [= TRAJET] outward journey ♦ **l'aller s'est bien passé** the (outward) journey *ou* the journey there went off well ♦ **j'irai vous voir à l'aller** I'll come and see you on the way there ♦ **je ne fais que l'aller et retour** *ou* **l'aller-retour** I'm just going there and back ♦ **j'ai fait plusieurs allers et retours entre chez moi et la pharmacie** I made several trips to the chemist's ♦ **le dossier a fait plusieurs allers et retours entre nos services** the file has been shuttled between departments; → **match**

2 [= BILLET] single (ticket) *(Brit)*, one-way ticket *(US)* ♦ **trois allers (simples) pour Tours** three singles *(Brit) ou* one-way tickets *(US)* to Tours

♦ **aller-retour, aller et retour** return (ticket) *(Brit)*, round-trip ticket *(US)* ♦ **l'aller-retour Paris-New York coûte 500 €** Paris-New York is €500 return *(Brit) ou* round-trip *(US)* ♦ **donner un aller-retour à qn** * *(= le gifler)* to give sb a box round the ears

---

allergène /alɛʀʒɛn/
ADJ allergenic
NM allergen

allergénique /alɛʀʒenik/ **ADJ** allergenic

allergie /alɛʀʒi/ SYN **NF** allergy ♦ **faire une allergie** *(lit, fig)* to be allergic *(à* to) ♦ **allergie respiratoire/cutanée** respiratory/skin allergy

allergique /alɛʀʒik/ **ADJ** *(lit, fig)* allergic *(à* to)

allergisant, e /alɛʀʒizɑ̃, ɑ̃t/
ADJ *[substance]* allergenic
NM allergen

allergologie /alɛʀgɔlɔʒi/ **NF** study of allergies

allergologiste /alɛʀgɔlɔʒist/, **allergologue** /alɛʀgɔlɔg/ **NMF** allergist

alliacé, e /aljase/ **ADJ** alliaceous

alliage /aljaʒ/ SYN **NM** alloy ♦ **un alliage disparate de doctrines** *(péj)* a hotchpotch of doctrines ♦ **roues en alliage léger** alloy wheels

alliance /aljɑ̃s/ SYN
NF 1 *(entre gouvernements, pays)* alliance; *(Bible)* covenant ♦ **faire** *ou* **conclure une alliance avec un pays** to enter into an alliance with a country ♦ **faire alliance avec qn** to ally oneself with sb; → **saint, triple**
2 *(frm = mariage)* union, marriage ♦ **neveu/oncle par alliance** nephew/uncle by marriage ♦ **entrer par alliance dans une famille** to marry into a family, to become united by marriage with a family
3 *(= bague)* (wedding) ring
4 *(= mélange)* combination ♦ **l'alliance de la musique et de la poésie** the union of music and poetry
COMP **alliance de mots** *(Littérat)* bold juxtaposition (of words), oxymoron

allié, e /alje/ SYN (ptp de **allier**)
ADJ *[pays, forces]* allied ♦ **famille alliée** family *ou* relations by marriage
NM,F *(= pays)* ally; *(= ami, soutien)* ally; *(= parent)* relative by marriage ♦ **les Alliés** *(Pol)* the Allies

allier /alje/ SYN ► conjug 7 ◄
VT *[+ efforts]* to combine, to unite; *[+ couleurs]* to match; *[+ gouvernements, pays]* to ally; *[+ métaux]* to alloy ♦ **elle allie l'élégance à la simplicité** she combines elegance with simplicity ♦ **ils sont alliés à une puissante famille** they are related by marriage to a powerful family
VPR **s'allier** *[efforts]* to combine, to unite; *[couleurs]* to match; *[familles]* to become united by marriage, to become allied *(à* to, with); *[gouvernements, pays]* to become allies *ou* allied; *[métaux]* to alloy ♦ **la France s'allia à l'Angleterre** France allied itself with England

alligator /aligatɔʀ/ **NM** alligator

allitération /a(l)liteʀasjɔ̃/ **NF** alliteration

allô /alo/ **EXCL** *(au téléphone)* hello!, hullo! *(Brit)*

allocataire /alɔkatɛʀ/ **NMF** recipient

allocation /alɔkasjɔ̃/ SYN
NF 1 *[d'argent]* allocation; *[d'indemnité]* granting; *(Fin) [d'actions]* allotment; *[de temps]* allotment, allocation
2 *(= somme)* allowance ♦ **toucher les allocations** * to draw *ou* get family allowance
COMP **allocation (de) chômage** jobseeker's allowance *(NonC) (Brit)*, unemployment insurance *(NonC) (US)*
allocations familiales *(= argent) state allowance paid to families with dependent children*, ≈ family allowance *(Brit)*, ≈ child benefit *(Brit)*, ≈ welfare *(US)*; *(= bureau)* ≈ family allowance department *(Brit)*, ≈ child benefit office *(Brit)*, ≈ welfare center *(US)*
allocation (de) logement rent allowance *ou* subsidy
allocation de maternité maternity allowance *ou* benefit
allocation parentale (d'éducation) *allowance paid to a parent who has stopped work to bring up a young child*
allocation de parent isolé *allowance for one-parent families*
allocation de rentrée scolaire *allowance for children going back to school*

allochtone /alɔktɔn/ **ADJ** allochthonous

allocs * /alɔk/ **NFPL** (abrèv de **allocations familiales**) → **allocation**

allocutaire /a(l)lɔkytɛʀ/ **NMF** addressee

allocution /a(l)lɔkysjɔ̃/ SYN **NF** (short) speech ♦ **allocution télévisée** (short) televised speech

allogamie /alɔgami/ **NF** allogamy

allogène /alɔʒɛn/ **ADJ** *[population]* non-native; *(fig) [éléments]* foreign

allogreffe /alɔgʀɛf/ **NF** allograft

allonge /alɔ̃ʒ/ **NF** 1 *(= pièce)* extension; *[de table]* leaf
2 *(= crochet)* (butcher's) hook
3 *(Boxe)* reach ♦ **avoir une bonne allonge** to have a long reach

allongé, e /alɔ̃ʒe/ SYN (ptp de **allonger**) **ADJ**
1 *(= étendu)* ♦ **être allongé** to be stretched out, to be lying down *(sur* on) ♦ **rester allongé** to stay lying down ♦ **allongé sur le dos** lying on one's back, supine *(frm)*
2 *(= long)* long; *(= étiré)* elongated; *(= oblong)* oblong ♦ **faire une mine allongée** to pull *ou* make a long face

allongement /alɔ̃ʒmɑ̃/ SYN **NM** 1 *[de distance, vêtement]* lengthening; *[de route, voie ferrée]* lengthening, extension
2 *[de durée]* extension ♦ **avec l'allongement des jours** with the days getting *ou* growing longer ♦ **contribuer à l'allongement de la durée de vie** *ou* **de l'espérance de vie** to contribute to greater *ou* increased life expectancy ♦ **pour éviter l'allongement des listes d'attente** to prevent waiting lists (from) getting any longer
3 *[de métal]* elongation; *(Ling) [de phonème]* lengthening; *(Tech) [d'aile d'avion]* aspect ratio

allonger /alɔ̃ʒe/ SYN ► conjug 3 ◄
VT 1 *(= rendre plus long) [+ vêtement]* to lengthen, to make longer *(de* by); *(en défaisant l'ourlet)* to let down; *[+ délai, durée]* to extend ♦ **allonger le pas** to quicken one's pace ♦ **cette coiffure lui allonge le visage** that hair style makes her face look longer
2 *(= étendre) [+ bras, jambe]* to stretch (out); *[+ malade]* to lay *ou* stretch out ♦ **allonger le cou (pour apercevoir qch)** to crane *ou* stretch one's neck (to see sth) ♦ **la jambe allongée sur une chaise** with one leg up on *ou* stretched out on a chair
3 ‡ *[+ somme]* to fork out *; *[+ coup]* to deal, to land * ♦ **allonger qn** to knock sb flat ♦ **il va falloir les allonger** we'll *(ou* you'll *etc)* have to cough up *
4 *[+ sauce]* to thin (down) ♦ **allonger la sauce** * *(fig)* to spin it out
VI *[jours]* to get *ou* grow longer, to lengthen
VPR **s'allonger** 1 *(= devenir ou paraître plus long) [ombres, jours]* to get *ou* grow longer, to lengthen; *[enfant]* to grow taller; *[discours, visite]* to drag on; *[durée]* to get longer; *[file, liste d'attente]* to get longer, to grow ♦ **son visage s'allongea à ces mots** his face fell when he heard this ♦ **la route s'allongeait devant eux** the road stretched away before them
2 *(= s'étendre)* to lie down, to stretch (o.s.) out; *(pour dormir)* to lie down ♦ **s'allonger dans l'herbe** to lie down *ou* stretch (o.s.) out on the grass

allopathe /alɔpat/
ADJ allopathic
NMF allopath, allopathist

allopathie /alɔpati/ **NF** allopathy

allopathique /alɔpatik/ **ADJ** allopathic

allophone /alɔfɔn/
ADJ *(= non natif)* ♦ **étudiants allophones** students who are non-native speakers
NMF *(= locuteur non natif)* non-native speaker
NM *(Ling)* allophone

allosaure /alɔzɔʀ/ **NM** allosaurus

allostérie /alɔsteʀi/ **NF** allosteric function

allostérique /alɔsteʀik/ **ADJ** allosteric

allotissement /alɔtismɑ̃/ **NM** *(Jur)* allotment, apportionment

allotropie /alɔtʀɔpi/ **NF** allotropy

allotropique /alɔtʀɔpik/ **ADJ** allotropic

allouer /alwe/ SYN ► conjug 1 ◄ **VT** *[+ argent]* to allocate; *[+ indemnité]* to grant; *(Fin) [+ actions]* to allot; *[+ temps]* to allot, to allow ♦ **pendant le temps alloué** during the allotted time, during the time allowed

allumage /alymaʒ/ **NM** 1 *(= action) [de feu]* lighting, kindling; *[de poêle]* lighting; *[d'électricité]* switching *ou* turning on; *[de gaz]* lighting, putting *ou* turning on
2 *[de moteur]* ignition ♦ **avance à l'allumage** ignition *ou* spark advance ♦ **régler l'allumage** to adjust the timing; → **autoallumage**

allumé, e ‡ /alyme/ **ADJ** *(= fou)* crazy *, nuts *; *(= ivre)* smashed ‡, pissed ‡ *(Brit)*, trashed ‡ *(US)*

allume-cigare (pl **allume-cigares**) /alymsigaʀ/ **NM** cigar lighter

allume-feu (pl **allume-feu(x)**) /alymfø/ **NM** firelighter

allume-gaz /alymgɑz/ **NM INV** gas lighter *(for cooker)*

allumer /alyme/ SYN ► conjug 1 ◄
VT 1 *[+ feu]* to light, to kindle; *[+ bougie, poêle]* to light; *[+ cigare, pipe]* to light (up); *[+ incendie]* to start, to light ♦ **il alluma sa cigarette à celle de son voisin** he lit (up) his cigarette from his neighbour's, he got a light from his neighbour's cigarette ♦ **le feu était allumé** the fire was lit, the fire was going ♦ **laisse le poêle allumé** leave the stove on *ou* lit
2 *[+ électricité, lampe, radio]* to put *ou* switch *ou* turn on; *[+ gaz]* to light, to put *ou* turn on ♦ **laisse la lumière allumée** leave the light on ♦ **allume dans la cuisine** put the light(s) on in the kitchen ♦ **le bouton n'allume pas, ça n'allume pas** the light doesn't come on *ou* work ♦ **où est-ce qu'on allume ?** where is the switch?
3 *(= éclairer)* ♦ **allumer une pièce** to put the light(s) on in a room ♦ **sa fenêtre était allumée** there was a light (on) at his window ♦ **laisse le salon allumé** leave the light(s) on in the sitting-room
4 *[+ colère, envie, haine]* to arouse, to stir up; *[+ amour]* to kindle
5 *(* = aguicher)* to turn on, to tease
6 *(‡ = tuer)* to burn ‡
VPR **s'allumer** *[incendie]* to blaze, to flare up; *[lumière]* to come *ou* go on; *[radiateur]* to switch (itself) on; *[sentiment]* to be aroused ♦ **ça s'allume comment ?** how do you switch it on? ♦ **le désir s'alluma dans ses yeux** his eyes lit up with desire ♦ **ses yeux s'allumèrent** his eyes lit up ♦ **ce bois s'allume bien** this wood is easy to light *ou* burns easily ♦ **sa fenêtre s'alluma** a light came *ou* went on at his window

allumette /alymɛt/ **NF** 1 *(pour allumer)* match; *(= morceau de bois)* match(stick) ♦ **allumette de sûreté** *ou* **suédoise** safety match ♦ **allumette tison** fuse ♦ **il a les jambes comme des allumettes** he's got legs like matchsticks
2 *(Culin)* flaky pastry finger ♦ **allumette au fromage** cheese straw *(Brit) ou* stick *(US)*; → **pomme**

allumettier, -ière /alym(ə)tje, jɛʀ/ **NM,F** *(= fabricant)* match manufacturer

allumeur /alymœʀ/ **NM** *[de voiture]* distributor; *[de fusée, appareil à gaz]* igniter ♦ **allumeur de réverbères** *(Hist)* lamplighter

allumeuse /alymøz/ **NF** *(péj)* teaser, tease

allure /alyʀ/ SYN **NF** 1 *(= vitesse) [de véhicule]* speed; *[de piéton]* pace ♦ **rouler** *ou* **aller à vive** *ou* **grande/faible** *ou* **petite allure** to drive *ou* go at high *ou* great/low *ou* slow speed ♦ **à toute allure** *[rouler]* at top *ou* full speed, at full tilt; *[réciter, dîner]* as fast as one can ♦ **à cette allure, nous n'aurons jamais fini à temps** at this rate we'll never be finished in time
2 *(= démarche)* walk, gait *(littér)*; *(= prestance)* bearing; *(= attitude)* air, look; *(* = aspect) [d'objet, individu]* look, appearance ♦ **avoir de l'allure, ne pas manquer d'allure** to have style, to have a certain elegance ♦ **avoir fière** *ou* **grande** *ou* **belle/piètre allure** to cut a fine/a shabby figure ♦ **avoir une drôle d'allure/bonne allure** to look odd *ou* funny/fine ♦ **d'allure sportive** sporty-looking ♦ **d'allure louche/bizarre** fishy-/odd-looking ♦ **les choses prennent une**

alluré | **altiport** FRENCH-ENGLISH 30

drôle d'allure things are taking a funny ou an odd turn ◆ **la ville prend des allures de fête foraine** the town is beginning to look like ou resemble a funfair

③ (= *comportement*) ◆ **allures** ways ◆ **choquer par sa liberté d'allures** to shock people with one's unconventional behaviour ◆ **il a des allures de voyou** he behaves ou carries on* like a hooligan

④ (*Équitation*) gait; [*de bateau*] trim

alluré, e /alyʀe/ ADJ stylish

allusif, -ive /a(l)lyzif, iv/ ADJ allusive

allusion /a(l)lyzjɔ̃/ SYN NF (= *référence*) allusion (à to); (*avec sous-entendu*) hint (à at) ◆ **allusion malveillante** innuendo ◆ **faire allusion à** to allude to, to hint at ◆ **par allusion** allusively

alluvial, e (mpl **-iaux**) /a(l)lyvjal, jo/ ADJ alluvial

alluvionnaire /a(l)lyvjɔnɛʀ/ ADJ alluvial

alluvionnement /a(l)lyvjɔnmɑ̃/ NM alluviation

alluvionner /a(l)lyvjɔne/ ▸ conjug 1 ◂ VI to deposit alluvium

alluvions /a(l)lyvjɔ̃/ NFPL alluvial deposits, alluvium (sg)

allyle /alil/ NM allyl

allylique /alilik/ ADJ ◆ **alcool allylique** allyl alcohol

almanach /almana/ NM almanac

almandin /almɑ̃dɛ̃/ NM, **almandine** /almɑ̃din/ NF almandine

Almaty /almati/ N Almaty

almée /alme/ NF Egyptian dancing girl, almah

almicantarat /almikɑ̃taʀa/ NM almacantar

aloès /alɔɛs/ NM aloe

alogique /alɔʒik/ ADJ alogical

aloi /alwa/ NM ◆ **de bon aloi** [*plaisanterie, gaieté*] honest, respectable; [*individu*] worthy, of sterling ou genuine worth; [*produit*] good quality ◆ **de mauvais aloi** [*plaisanterie, gaieté*] unsavoury, unwholesome; [*individu*] dubious; [*produit*] of doubtful quality

alopécie /alɔpesi/ NF alopecia

alors /alɔʀ/ ADV ① (= à *cette époque*) then, at that time ◆ **il était alors étudiant** he was a student then ou at that time ◆ **les femmes d'alors portaient la crinoline** women in those days ou at that time wore crinolines ◆ **le ministre d'alors M. Dupont** the then minister Mr Dupont, the minister at that time, Mr Dupont; → **jusque**

② (= *dans ce cas*) then; (= *en conséquence*) so ◆ **vous ne voulez pas de mon aide ? alors je vous laisse** you don't want my help? I'll leave you to it then ◆ **il ne comprenait pas, alors on l'a mis au courant** he didn't understand so they put him in the picture ◆ **alors qu'est-ce qu'on va faire ?** (= *dans ce cas*) what are we going to do then?; (= *donc*) so what are we going to do?

③ (*locution*)

◆ **alors + que** (*simultanéité*) while, when; (*opposition*) whereas ◆ **alors même que** (= *même si*) even if, even though; (= *au moment où*) while, just when ◆ **on a sonné alors que j'étais dans mon bain** the bell rang while ou when I was in the bath ◆ **elle est sortie alors que le médecin le lui avait interdit** she went out although ou even though the doctor had told her not to ◆ **il est parti travailler à Paris alors que son frère est resté au village** he went to work in Paris whereas ou while his brother stayed behind in the village ◆ **alors même qu'il me supplierait** even if he begged me, even if ou though he were to beg me

④ * ◆ **alors tu viens (oui ou non) ?** well (then), are you coming (or not)?, are you coming then (or not)? ◆ **alors ça, ça m'étonne** now that really does surprise me ◆ **alors là je ne peux pas vous répondre** well that I really can't tell you ◆ **alors là je vous arrête** well I must stop you there ◆ **et (puis) alors ?** and then what (happened)? ◆ **il pleut – et alors ?** it's raining – so (what)? ◆ **alors alors !, alors quoi !** come on!; → **non**

alose /aloz/ NF shad

alouate /alwat/ NM howler (monkey)

alouette /alwɛt/ NF lark ◆ **alouette (des champs)** skylark ◆ **attendre que les alouettes vous tombent toutes rôties dans la bouche** to wait for things to fall into one's lap; → **miroir**

alourdir /aluʀdiʀ/ SYN ▸ conjug 2 ◂

VT ① [+ *véhicule*] to weigh ou load down, to make heavy; [+ *phrase*] to make heavy ou cumbersome; [+ *démarche, traits*] to make heavy; [+ *esprit*] to dull; [+ *atmosphère, climat*] to make more tense ◆ **il avait la tête alourdie par le sommeil** his head was heavy with sleep ◆ **vêtements alourdis par la pluie** heavy, rain-soaked clothes ◆ **les odeurs d'essence alourdissaient l'air** petrol fumes hung heavy on the air, the air was heavy with petrol fumes

② (= *augmenter*) [+ *dette, facture, comptes*] to increase

VPR **s'alourdir** [*personne, paupières*] to become ou grow heavy ◆ **sa taille/elle s'est alourdie** her waist/she has thickened out ◆ **le bilan s'est encore alourdi** the death toll has risen again

alourdissement /aluʀdismɑ̃/ NM ① [*de véhicule, objet*] increased weight, heaviness; [*de phrase, style, pas*] heaviness; [*d'esprit*] dullness, dulling; [*de taille*] thickening ◆ **pour éviter l'alourdissement de la procédure** to prevent the procedure from becoming more lengthy and cumbersome

② [*de dette, facture*] increase (*de* in)

aloyau /alwajo/ NM sirloin

alpaga /alpaga/ NM (= *animal, lainage*) alpaca

alpage /alpaʒ/ NM (= *pré*) high mountain pasture; (= *époque*) season spent by sheep etc in mountain pasture

alpaguer */alpage/ ▸ conjug 1 ◂ VT (*gén*) to collar*; (*Police*) to collar*, to nab* (*Brit*) ◆ **se faire alpaguer** to get collared*

alpe /alp/
NF (= *pré*) alpine pasture
NFPL **Alpes** ◆ **les Alpes** the Alps

alpestre /alpɛstʀ/ ADJ alpine

alpha /alfa/ NM alpha ◆ **l'alpha et l'oméga** (*Rel, fig*) the alpha and omega ◆ **particule alpha** (*Phys*) alpha particle

alphabet /alfabɛ/ NM (= *système*) alphabet; (= *livre*) alphabet ou ABC book ◆ **alphabet morse** Morse code

alphabétique /alfabetik/ ADJ alphabetical ◆ **par ordre alphabétique** in alphabetical order

alphabétiquement /alfabetikmɑ̃/ ADV alphabetically

alphabétisation /alfabetizasjɔ̃/ NF elimination of illiteracy (*de* in) ◆ **l'alphabétisation d'une population** teaching a population to read and write ◆ **campagne d'alphabétisation** literacy campaign ◆ **taux d'alphabétisation** literacy rate

alphabétisé, e /alfabetize/ (ptp de **alphabétiser**) ADJ literate ◆ **population faiblement alphabétisée** population with a low level of literacy

alphabétiser /alfabetize/ ▸ conjug 1 ◂ VT [+ *pays*] to eliminate illiteracy in; [+ *population*] to teach how to read and write

alphabétisme /alfabetism/ NM literacy

alphanumérique /alfanymeʀik/ ADJ alphanumeric

alphapage ® /alfapaʒ/ NM radiopager (*which displays messages*) ◆ **envoyer qch par alphapage** to send sth via a radiopager

alpin, e /alpɛ̃, in/ ADJ alpine; → **chasseur, ski**

alpinisme /alpinism/ NM mountaineering, mountain climbing

alpiniste /alpinist/ NMF mountaineer, climber

alpiste /alpist/ NM alpist (*grass*) ◆ **alpiste des Canaries** canary grass

alquifoux /alkifu/ NM alquifou

alsacien, -ienne /alzasjɛ̃, jɛn/
ADJ Alsatian
NM (= *langue*) Alsatian
NM,F **Alsacien(ne)** Alsatian

Altaïr /altaiʀ/ NF Altair

altérabilité /alteʀabilite/ NF [*de denrée, aliment*] perishability

altérable /alteʀabl/ ADJ [*denrée, aliment*] perishable

altéragène /alteʀaʒɛn/ ADJ alterant

altération /alteʀasjɔ̃/ SYN NF ① (= *falsification*) [*de fait, texte, vérité*] distortion, falsification; [*de monnaie*] falsification; [*de vin, aliment, qualité*] adulteration

② (= *détérioration*) [*de vin, aliment, qualité, matière, santé*] deterioration ◆ **l'altération de leurs relations** the deterioration of their relationship ◆ **l'altération de son visage/de sa voix** his distorted features/broken voice

③ (= *modification*) change, modification

④ (*Mus*) accidental; (*Géol*) weathering

altercation /altɛʀkasjɔ̃/ SYN NF altercation

alter ego /altɛʀego/ NM INV alter ego

altérer /alteʀe/ SYN ▸ conjug 6 ◂

VT ① (= *falsifier*) [+ *texte, faits, vérité*] to distort, to falsify; [+ *monnaie*] to falsify; [+ *vin, aliments, qualité*] to adulterate

② (= *abîmer*) [+ *vin, aliments, qualité*] to spoil; [+ *matière*] to alter, to debase; [+ *sentiments*] to alter, to spoil; [+ *couleur*] to alter; [+ *visage, voix*] to distort; [+ *santé, relations*] to impair, to affect ◆ **d'une voix altérée** in a broken voice ◆ **la chaleur a altéré la viande** the heat made the meat go bad ou go off (*Brit*)

③ (= *modifier*) to alter, to change ◆ **ceci n'a pas altéré mon amour pour elle** this has not altered my love for her

④ (= *assoiffer*) to make thirsty ◆ **altéré d'honneurs** (*littér*) thirsty ou thirsting for honours ◆ **fauve altéré de sang** wild animal thirsting for blood ◆ **il était altéré** his throat was parched

VPR **s'altérer** [*vin*] to become spoiled; [*viande*] to go bad, to go off (*Brit*), to spoil (*US*); [*matière, couleur*] to undergo a change; [*visage*] to change, to become distorted; [*sentiments*] to alter, to be spoilt; [*relations*] to deteriorate ◆ **sa santé s'altère de plus en plus** his health is deteriorating further ou is getting progressively worse ◆ **sa voix s'altéra sous le coup de la douleur** grief made his voice break, grief distorted his voice

altérité /alteʀite/ NF otherness

altermondialisation /altɛʀmɔ̃djalizasjɔ̃/ NF alterglobalisation

altermondialisme /altɛʀmɔ̃djalism/ NM alterglobalism

alternance /altɛʀnɑ̃s/ SYN NF alternation; (*Pol*) changeover of political power between parties ◆ **l'alternance chaud/froid** the alternation of hot and cold ◆ **les soldats ont commencé la sale besogne, alternance de violence et d'intimidation** the soldiers began their dirty work, alternating between violence and intimidation

◆ **en alternance** ◆ **faire qch en alternance** (= *se relayer*) to take it in turns to do sth ◆ **les deux pièces sont jouées en alternance** the two plays are performed alternately ◆ **cette émission reprendra en alternance avec d'autres programmes** this broadcast will alternate with other programmes; → **formation**

alternant, e /altɛʀnɑ̃, ɑ̃t/ ADJ alternating

alternateur /altɛʀnatœʀ/ NM alternator

alternatif, -ive[1] /altɛʀnatif, iv/ SYN ADJ (= *périodique*) alternate; (*Philos*) alternative; (*Élec*) alternating; [*médecine*] alternative

alternative[2] /altɛʀnativ/ SYN NF (= *dilemme*) alternative; (* = *possibilité*) alternative, option; (*Philos*) alternative ◆ **être dans une alternative** to have to choose between two alternatives

alternativement /altɛʀnativmɑ̃/ SYN ADV alternately, in turn

alterne /altɛʀn/ ADJ (*Bot, Math*) alternate

alterné, e /altɛʀne/ (ptp de **alterner**) ADJ [*rimes*] alternate; (*Math*) [*série*] alternating ◆ **circulation alternée** (*pour travaux*) contraflow (system); (*pour pollution*) selective ban on vehicle use (*based on registration numbers*) *during periods of heavy pollution* ◆ **la prise alternée de deux médicaments** taking two medicines in alternation; → **stationnement**

alterner /altɛʀne/ SYN ▸ conjug 1 ◂

VT [+ *choses*] to alternate; [+ *cultures*] to rotate, to alternate

VI to alternate (*avec* with) ◆ **ils alternèrent à la présidence** they took (it in) turns to be chairman

altesse /altɛs/ NF (= *prince*) prince; (= *princesse*) princess ◆ **votre Altesse** (= *titre*) your Highness ◆ **Son Altesse sérénissime/royale** His ou Her Serene/Royal Highness

althæa /altea/ NM althaea (*Brit*), althea (*US*)

altier, -ière /altje, jɛʀ/ ADJ [*caractère*] haughty ◆ **cimes altières** (*littér*) lofty peaks (*littér*)

altimètre /altimɛtʀ/ NM altimeter

altimétrie /altimetʀi/ NF altimetry

altimétrique /altimetʀik/ ADJ [*carte, données*] altimetric

altiport /altipɔʀ/ NM altiport (SPÉC), mountain airfield

altise /altiz/ NF turnip flea

altiste /altist/ NMF viola player, violist

altitude /altityd/ SYN NF [1] (par rapport à la mer) altitude, height above sea level; (par rapport au sol) height ◆ **altitudes** (fig) heights ◆ **être à 500 mètres d'altitude** to be at a height ou an altitude of 500 metres, to be 500 metres above sea level ◆ **en altitude** at high altitude, high up ◆ **les régions de basse altitude** low-lying areas [2] (en avion) ◆ **perdre de l'altitude** to lose altitude ou height ◆ **prendre de l'altitude** to gain altitude ◆ **voler à basse/haute altitude** to fly at low/high altitude

alto /alto/
- NM (= instrument) viola
- NF contralto
- ADJ ◆ **saxo(phone)/flûte alto** alto sax(ophone)/flute

altocumulus /altokymylys/ NM altocumulus

altostratus /altostratys/ NM altostratus

altruisme /altʁyism/ SYN NM altruism

altruiste /altʁyist/ SYN
- ADJ altruistic
- NMF altruist

altuglas ® /altyglas/ NM thick form of Perspex ®

alu * /aly/ NM abrév de aluminium

alucite /alysit/ NF many-plumed moth

ALUF /alyf/ NM (abrév de **accord de licence d'utilisateur final**) EULA

aluminate /alyminat/ NM aluminate

alumine /alymin/ NF alumina

aluminer /alymine/ ► conjug 1 ◄ VT to cover with aluminium (Brit) ou aluminum (US)

alumineux, -euse /alyminø, øz/ ADJ aluminiferous

aluminium /alyminjɔm/ NM aluminium (Brit), aluminum (US)

aluminothermie /alyminotɛʁmi/ NF aluminothermy, thermite process

alun /alœ/ NM alum

aluner /alyne/ ► conjug 1 ◄ VT to alun

alunir /alyniʁ/ ► conjug 2 ◄ VI to land on the moon

alunissage /alynisaʒ/ NM (moon) landing

alunite /alynit/ NF alunite

alvéolaire /alveɔlɛʁ/ ADJ alveolar

alvéole /alveɔl/ SYN NF ou M [de ruche] alveolus, cell; (Géol) cavity ◆ **alvéole dentaire** tooth socket, alveolus (SPÉC) ◆ **alvéoles dentaires** alveolar ridge, teeth ridge, alveoli (SPÉC) ◆ **alvéole pulmonaire** air cell, alveolus (SPÉC)

alvéolé, e /alveɔle/ ADJ honeycombed, alveolate (SPÉC)

alvéolite /alveɔlit/ NF alveolitis

alysse /alis/ NF alyssum

alyte /alit/ NM midwife toad, Alytes (SPÉC)

Alzheimer /alzajmœʁ/ NM ◆ **maladie d'Alzheimer** Alzheimer's disease ◆ **il a un Alzheimer** * he has got Alzheimer's (disease)

AM /ɑɛm/ (abrév de **assurance maladie**) → **assurance**

amabilité /amabilite/ SYN NF kindness ◆ **ayez l'amabilité de** (would you) be so kind ou good as to ◆ **plein d'amabilité envers moi** extremely kind to me ◆ **faire des amabilités à qn** to show politeness ou courtesy to sb ◆ **échanger des amabilités** (iro = des insultes) to hurl abuse at one another

amadou /amadu/ NM tinder fungus

amadouer /amadwe/ SYN ► conjug 1 ◄ VT (= enjôler) to coax, to cajole; (= adoucir) to mollify, to soothe ◆ **amadouer qn pour qu'il fasse qch** to wheedle ou cajole sb into doing sth

amaigrir /amegʁiʁ/ SYN ► conjug 2 ◄
- VT [1] (= rendre plus maigre) to make thin ou thinner ◆ **joues amaigries par l'âge** cheeks wasted with age ◆ **je l'ai trouvé très amaigri** I found him much thinner, I thought he looked much thinner ◆ **10 années de prison l'ont beaucoup amaigri** 10 years in prison have left him very much thinner
- [2] [+ pâte] to thin down; [+ poutre] to reduce the thickness of
- VPR **s'amaigrir** to get thin ou thinner

amaigrissant, e /amegʁisɑ̃, ɑ̃t/ ADJ [produit, régime] slimming (Brit), reducing (US)

amaigrissement /amegʁismɑ̃/ NM [1] (pathologique) [de corps] loss of weight; [de visage, membres] thinness
[2] (volontaire) slimming ◆ **un amaigrissement de 3 kg** a loss (in weight) of 3 kg; → **cure**[1]

amalgamation /amalgamasjɔ̃/ NF (Métal) amalgamation

amalgame /amalgam/ SYN NM [1] (Métal, Dentisterie) amalgam
[2] (péj = mélange) (strange) mixture ou blend ◆ **un amalgame d'idées** a hotchpotch of ideas ◆ **faire l'amalgame entre deux idées** to confuse two ideas ◆ **il ne faut pas faire l'amalgame entre parti de droite et parti fasciste** you shouldn't lump the right-wing and fascist parties together

amalgamer /amalgame/ SYN ► conjug 1 ◄
- VT (Métal) to amalgamate; (= mélanger) to combine (à, avec with); (= confondre) [+ idées, réalités] to confuse
- VPR **s'amalgamer** (Métal) to be amalgamated; (= s'unir) to combine

amandaie /amɑ̃dɛ/ NF almond-tree plantation

amande /amɑ̃d/ NF [1] (= fruit) almond ◆ **amandes amères/douces** bitter/sweet almonds ◆ **amandes pilées** ground almonds ◆ **en amande** almond-shaped, almond (épith); → **pâte**
[2] (= noyau) kernel
[3] (= mollusque) dog cockle

amandier /amɑ̃dje/ NM almond (tree)

amandine /amɑ̃din/ NF (= gâteau) almond tart

amanite /amanit/
- NF Amanita
- COMP **amanite phalloïde** death cap **amanite tue-mouches** fly agaric

amant /amɑ̃/ SYN NM lover ◆ **amant de passage** casual lover ◆ **les deux amants** the two lovers ◆ **prendre un amant** to take a lover

amante †† /amɑ̃t/ NF (= fiancée) betrothed †, mistress †

amarante /amaʁɑ̃t/
- NF amaranth
- ADJ INV amaranthine

amareyeur, -euse /amaʁɛjœʁ, øz/ NM,F oyster worker

amaril, e /amaʁil/ ADJ yellow-fever (épith)

amariner /amaʁine/ ► conjug 1 ◄ VT [1] [+ navire ennemi] to take over and man
[2] [+ matelot] to accustom to life at sea ◆ **elle n'est pas ou ne s'est pas encore amarinée** she hasn't got used to being at sea yet, she hasn't found her sea legs yet

amarrage /amaʁaʒ/ NM [de bateau] mooring ◆ **être à l'amarrage** to be moored

amarre /amaʁ/ NF (= cordage) rope ou cable ◆ **les amarres** the moorings; → **larguer, rompre**

amarrer /amaʁe/ SYN ► conjug 1 ◄ VT [+ navire] to moor, to make fast; [+ cordage] to make fast, to belay; (hum) [+ paquet, valise] to tie down ◆ **la navette s'est amarrée à la station orbitale** the shuttle has docked with the space station

amaryllis /amaʁilis/ NF amaryllis

amas /amɑ/ SYN NM [1] (lit = tas) heap, pile; [de souvenirs, idées] mass ◆ **tout un amas de qch** a whole heap ou pile of sth
[2] (Astron) star cluster
[3] (Min) mass

amasser /amase/ SYN ► conjug 1 ◄
- VT [1] (= amonceler) [+ choses] to pile up, to accumulate; [+ fortune] to amass, to accumulate ◆ **il ne pense qu'à amasser (de l'argent)** all he thinks of is amassing ou accumulating wealth
[2] (= rassembler) [+ preuves, données] to amass, to gather (together); → **pierre**
- VPR **s'amasser** [choses, preuves] to pile up, to accumulate; [foule] to gather, to mass ◆ **les preuves s'amassent contre lui** the evidence is building up ou piling up against him

amateur /amatœʁ/ SYN NM [1] (= non-professionnel) amateur ◆ **équipe amateur** amateur team ◆ **talent d'amateur** amateur talent ◆ **peintre/musicien/photographe amateur** amateur painter/musician/photographer ◆ **faire de la peinture en amateur** to do a bit of painting (as a hobby)
[2] (péj) dilettante, mere amateur ◆ **travail d'amateur** amateurish work ◆ **faire qch en amateur** to do sth amateurishly

[3] (= connaisseur) ◆ **amateur de** lover of ◆ **amateur d'art/de musique** art/music lover ◆ **être amateur de films/de concerts** to be an avid ou a keen (Brit) film-/concert-goer, to be keen on (Brit) films/concerts ◆ **elle est très amateur de framboises** she is very fond of ou she loves raspberries ◆ **le jazz, je ne suis pas amateur** I'm not really a jazz fan, I'm not all that keen on jazz (Brit)
[4] * (= acheteur) taker; (= volontaire) volunteer ◆ **il reste des carottes, il y a des amateurs ?** ou **avis aux amateurs !** there are some carrots left, are there any takers?; → **trouver**

amateurisme /amatœʁism/ NM (Sport) amateurism; (péj) amateurism, amateurishness ◆ **c'est de l'amateurisme !** it's so amateurish!

amatir /amatiʁ/ ► conjug 2 ◄ VT to mat(t)

amaurose /amoʁoz/ NF amaurosis

amazone /amazon/ NF [1] (= écuyère) horsewoman ◆ **tenue d'amazone** woman's riding habit ◆ **monter en amazone** to ride sidesaddle
[2] (= jupe) long riding skirt
[3] (* = prostituée) prostitute (who picks up her clients in a car)
[4] ◆ **Amazone** (Géog, Myth) Amazon

Amazonie /amazoni/ NF Amazonia

amazonien, -ienne /amazonjɛ̃, jɛn/ ADJ Amazonian

ambages /ɑ̃baʒ/ SYN **sans ambages** LOC ADV without beating about the bush, in plain language

ambassade /ɑ̃basad/ NF [1] (= institution, bâtiment) embassy; (= charge) ambassadorship, embassy; (= personnel) embassy staff (pl) ou officials, embassy ◆ **l'ambassade de France** the French Embassy
[2] (= mission) mission ◆ **être envoyé en ambassade auprès de qn** to be sent on a mission to sb

ambassadeur /ɑ̃basadœʁ/ SYN NM (Pol, fig) ambassador ◆ **ambassadeur extraordinaire** ambassador extraordinary (auprès de to) ◆ **l'ambassadeur de la pensée française** the representative ou ambassador of French thought

ambassadrice /ɑ̃basadʁis/ NF (= diplomate) ambassador, ambassadress (auprès de to); (= épouse) ambassador's wife, ambassadress; (fig) representative, ambassador

ambiance /ɑ̃bjɑ̃s/ SYN NF (= atmosphère) atmosphere; (= environnement) surroundings; [de famille, équipe] atmosphere ◆ **l'ambiance de la salle** the atmosphere in the house, the mood of the audience ◆ **il vit dans une ambiance calme** he lives in calm ou peaceful surroundings ◆ **il y a de l'ambiance !** * there's a great atmosphere here! * ◆ **il va y avoir de l'ambiance quand tu vas lui dire ça !** * things are going to get ugly * when you tell him that! ◆ **mettre de l'ambiance** to liven things up * ◆ **mettre qn dans l'ambiance** to put sb in the mood ◆ **l'ambiance est à la fête** there's a party atmosphere; → **éclairage, musique**

ambiant, e /ɑ̃bjɑ̃, jɑ̃t/ ADJ [air] surrounding, ambient; [température] ambient; [idéologie, scepticisme] prevailing, pervading

ambidextre /ɑ̃bidɛkstʁ/ ADJ ambidextrous

ambigu, -uë /ɑ̃bigy/ SYN ADJ ambiguous

ambiguïté /ɑ̃biɡyite/ SYN NF [1] (caractère) ambiguousness, ambiguity ◆ **une réponse sans ambiguïté** an unequivocal ou unambiguous reply ◆ **parler/répondre sans ambiguïté** to speak/reply unambiguously ou without ambiguity
[2] (Ling) ambiguity
[3] (terme) ambiguity

ambiophonie /ɑ̃bjofoni/ NF ambiophony

ambisexué, e /ɑ̃bisɛksɥe/ ADJ ambisexual, ambosexual

ambitieusement /ɑ̃bisjøzmɑ̃/ ADV ambitiously

ambitieux, -ieuse /ɑ̃bisjø, jøz/ SYN
- ADJ ambitious ◆ **ambitieux de plaire** (littér) anxious to please, desirous to please (littér)
- NM,F ambitious person

ambition /ɑ̃bisjɔ̃/ GRAMMAIRE ACTIVE 8.2, 8.4 SYN NF ambition ◆ **il met toute son ambition à faire** his only ou sole ambition is to do ◆ **elle a l'ambition de réussir** her ambition is to succeed ◆ **il a de grandes ambitions** he has great ou big ambitions

ambitionner /ɑ̃bisjone/ SYN ► conjug 1 ◄ VT to seek ou strive after ◆ **il ambitionne d'escalader**

ambitus /ɑ̃bitys/ NM (Mus) range

ambivalence /ɑ̃bivalɑ̃s/ NF ambivalence

ambivalent, e /ɑ̃bivalɑ̃, ɑ̃t/ ADJ ambivalent

amble /ɑ̃bl/ NM [de cheval] amble ◆ **aller l'amble** to amble

ambler /ɑ̃ble/ ▸ conjug 1 ◂ VI [cheval] to amble

amblyope /ɑ̃bljɔp/
  ADJ ◆ **il est amblyope** he has a lazy eye, he is amblyopic (SPÉC)
  NMF person with a lazy eye ou amblyopia (SPÉC)

amblyopie /ɑ̃bljɔpi/ NF lazy eye, amblyopia (SPÉC)

amblyoscope /ɑ̃bljɔskɔp/ NM amblyoscope

amblystome /ɑ̃blistɔm/ NM mole salamander

ambre /ɑ̃bʀ/ NM ◆ **ambre (jaune)** amber ◆ **ambre gris** ambergris ◆ **couleur d'ambre** amber(-coloured)

ambré, e /ɑ̃bʀe/ ADJ [couleur] amber; [parfum] amber-based

ambroisie /ɑ̃bʀwazi/ NF (Myth) ambrosia; (= plante) ambrosia, ragweed ◆ **c'est de l'ambroisie !** (fig) this is food fit for the gods!

ambrosiaque /ɑ̃bʀozjak/ ADJ ambrosial

ambulacre /ɑ̃bylakʀ/ NM ambulacrum

ambulance /ɑ̃bylɑ̃s/ NF ambulance ◆ **on ne tire pas sur une ambulance** (fig) you don't kick somebody when they're down

ambulancier, -ière /ɑ̃bylɑ̃sje, jɛʀ/ NM,F (= conducteur) ambulance driver; (= infirmier) ambulance man (ou woman)

ambulant, e /ɑ̃bylɑ̃, ɑ̃t/ ADJ [comédien, musicien] itinerant, strolling; [cirque, théâtre] travelling ◆ **c'est un squelette/dictionnaire ambulant*** he's a walking skeleton/dictionary; → **marchand, vendeur** etc

ambulatoire /ɑ̃bylatwaʀ/ ADJ (Méd) [soins, consultation] outpatient (épith), ambulatory (SPÉC) ◆ **médecine/chirurgie ambulatoire** outpatient care/surgery

AME /aɛm/ NM (abrév de **accord monétaire européen**) EMA

âme /ɑm/ SYN NF ① (gén, Philos, Rel) soul ◆ **(que) Dieu ait son âme** (may) God rest his soul ◆ **sur mon âme** †† upon my soul †; → **recommander, rendre**
  ② (= centre de qualités intellectuelles et morales) soul, mind ◆ **avoir ou être une âme généreuse** to have great generosity of spirit ◆ **avoir ou être une âme basse ou vile** be evil-hearted ou evil-minded ◆ **avoir ou être une âme sensible** to be a sensitive soul, to be very sensitive ◆ **ce film n'est pas pour les âmes sensibles** (frm) this film is not for the squeamish ou the fainthearted ◆ **grandeur ou noblesse d'âme** high- ou noble-mindedness ◆ **en mon âme et conscience** in all conscience ou honesty ◆ **de toute mon âme** (littér) with all my soul ◆ **il y a mis toute son âme** he put his heart and soul into it
  ③ (= centre psychique et émotif) soul ◆ **faire qch avec âme** to do sth with feeling ◆ **ému jusqu'au fond de l'âme** profoundly moved ◆ **c'est un corps sans âme** he has no soul ◆ **il est musicien dans l'âme** he's a musician through and through ◆ **il a la technique mais son jeu est sans âme** his technique is good but he plays without feeling ou his playing is soulless
  ④ (= personne) soul ◆ **un village de 600 âmes** (frm) a village of 600 souls ◆ **on ne voyait âme qui vive** you couldn't see a (living) soul, there wasn't a (living) soul to be seen ◆ **bonne âme*** kind soul ◆ **est-ce qu'il n'y aura pas une bonne âme pour m'aider ?** won't some kind soul give me a hand? ◆ **il y a toujours de bonnes âmes pour critiquer** (iro) there's always some kind soul ready to criticize (iro) ◆ **âme charitable** (péj) well-meaning soul (iro) ◆ **il est là/il erre comme une âme en peine** he looks like/he is wandering about like a lost soul ◆ **être l'âme damnée de qn** to be sb's henchman ou tool ◆ **il a trouvé l'âme sœur** he has found a soul mate
  ⑤ (= principe qui anime) soul, spirit ◆ **l'âme d'un peuple** the soul ou spirit of a nation ◆ **être l'âme d'un complot** the moving spirit in a plot ◆ **être l'âme d'un parti** to be the soul ou leading light of a party ◆ **elle a une âme de sœur de charité** she is the very soul of charity ◆ **elle a une âme de chef** she has the soul of a leader
  ⑥ (Tech) [de canon] bore; [d'aimant] core; [de violon] soundpost; → **charge, état, fendre** etc

amélanchier /amelɑ̃ʃje/ NM shadberry, serviceberry, Juneberry

améliorable /ameljɔʀabl/ ADJ improvable

amélioration /ameljɔʀasjɔ̃/ SYN NF ① (= fait de s'améliorer) improvement ◆ **l'amélioration de son état de santé** the improvement in his health, the change for the better in his health ◆ **on assiste à une amélioration des conditions de travail** working conditions are improving ◆ **une amélioration de la conjoncture** an economic upturn, an improvement in the state of the economy
  ② (= changement) improvement ◆ **apporter des améliorations à** to make improvements to ◆ **faire des améliorations dans une maison** (= travaux) to make improvements to a house

améliorer /ameljɔʀe/ SYN ▸ conjug 1 ◂
  VT to improve ◆ **améliorer sa situation** to improve one's situation ◆ **pour améliorer l'ordinaire** (argent) to top up one's basic income; (repas) to make things a bit more interesting
  VPR **s'améliorer** to improve ◆ **tu ne t'améliores pas avec l'âge !** you're not getting any better with age!, you don't improve with age, do you?

amen /amɛn/ NM INV (Rel) amen ◆ **dire amen à qch/à tout** to say amen to sth/everything, to agree religiously to sth/everything

aménageable /amenaʒabl/ ADJ [horaire] flexible; [grenier] suitable for conversion (en into)

aménagement /amenaʒmɑ̃/ SYN
  NM ① (= agencement) [de local] fitting-out; [de parc] laying-out ◆ **l'aménagement d'une chambre en bureau** converting a bedroom into an office ◆ **plan d'aménagement** development plan
  ② (= équipements) ◆ **aménagements** facilities ◆ **les nouveaux aménagements de l'hôpital** the new hospital facilities
  ③ (= ajustement) adjustment ◆ **demander des aménagements financiers/d'horaire** to request certain financial adjustments/adjustments to one's timetable
  ④ (= création) [de route] making, building; [de gradins, placard] putting in
  COMP **l'aménagement de l'espace** (Admin) environmental planning
  aménagement de peine (Jur) reduced sentencing
  aménagement régional regional development
  aménagement rural rural development
  aménagement du temps de travail (= réforme) reform of working hours; (= gestion) flexible time management
  l'aménagement du territoire ≃ town and country planning (Brit)
  aménagement urbain urban development

aménager /amenaʒe/ SYN ▸ conjug 3 ◂ VT
  ① (= équiper) [+ local] to fit out; [+ parc] to lay out; [+ territoire] to develop [+ horaire] (gén) to plan, to work out; (= modifier) to adjust ◆ **horaire aménagé** (travail) flexible working hours; (Scol) flexible timetable ◆ **aménager une chambre en bureau** to convert a bedroom into a study ◆ **s'aménager des plages de repos** to take a rest from time to time
  ② (= créer) [+ route] to make, to build; [+ gradins, placard] to put in ◆ **aménager un bureau dans une chambre** to fix up a study in a bedroom

aménageur, -euse /amenaʒœʀ, øz/ NM,F specialist in national and regional development, ≃ town and country planner (Brit), ≃ city planner (US)

aménagiste /amenaʒist/ NMF forester

amendable /amɑ̃dabl/ ADJ (Pol) amendable; (Agr) which can be enriched

amende /amɑ̃d/ SYN NF fine ◆ **mettre à l'amende** to fine; (fig) to take to task ◆ **il a eu 100 € d'amende** he got a €100 fine, he was fined €100 ◆ **« défense d'entrer sous peine d'amende »** "trespassers will be prosecuted ou fined" ◆ **faire amende honorable** to make amends

amendement /amɑ̃dmɑ̃/ SYN NM (Pol) amendment; (Agr) (= opération) enrichment; (= substance) enriching agent

amender /amɑ̃de/ SYN ▸ conjug 1 ◂
  VT (Pol) to amend; (Agr) to enrich; [+ conduite] to improve, to amend
  VPR **s'amender** to mend one's ways

amène /amɛn/ ADJ (littér = aimable) [propos, visage] affable; [personne, caractère] amiable, affable ◆ **des propos peu amènes** unkind words

amener /am(ə)ne/ SYN ▸ conjug 5 ◂
  VT ① (= faire venir) [+ personne, objet] to bring (along); (= acheminer) [+ cargaison] to bring, to convey ◆ **on nous amène les enfants tous les matins** they bring the children to us every morning, the children are brought to us every morning ◆ **amène-la à la maison** bring her round (Brit) ou around (US) (to the house), bring her home ◆ **le sable est amené à Paris par péniche** sand is brought ou conveyed to Paris by barge ◆ **qu'est-ce qui vous amène ici ?** what brings you here? ◆ **vous nous avez amené le beau temps !** you've brought the nice weather with you!; → **mandat**
  ② (= provoquer) to bring about, to cause ◆ **amener la disette** to bring about ou cause a shortage ◆ **amener le typhus** to cause typhus
  ③ (= inciter) ◆ **amener qn à faire qch** [circonstances] to lead sb to do sth; [personne] to bring sb round to doing sth, to get sb to do sth; [par un discours persuasif] to talk sb into doing sth ◆ **la crise pourrait amener le gouvernement à agir** the crisis might induce ou lead the government to take action ◆ **elle a été finalement amenée à renoncer à son voyage** she was finally induced ou driven to give up her trip ◆ **je suis amené à croire que...** I am led to believe ou think that... ◆ **c'est ce qui m'a amené à cette conclusion** that is what led ou brought me to that conclusion
  ④ (= diriger) to bring ◆ **amener qn à ses propres idées/à une autre opinion** to bring sb round (Brit) ou around (US) to one's own ideas/to another way of thinking ◆ **amener la conversation sur un sujet** to bring the conversation round (Brit) ou around (US) to a subject, to lead the conversation on to a subject ◆ **système amené à un haut degré de complexité** system brought to a high degree of complexity
  ⑤ [+ transition, conclusion, dénouement] to present, to introduce ◆ **exemple bien amené** well-introduced example
  ⑥ (Pêche) [+ poisson] to draw in; (Naut) [+ voile, pavillon] to strike ◆ **amener les couleurs** (Mil) to strike colours
  ⑦ (Dés) [+ paire, brelan] to throw
  VPR **s'amener*** (= venir) to come along ◆ **amène-toi ici !** get over here!* ◆ **tu t'amènes ?** are you going to get a move on?*, come on!* ◆ **il s'est amené avec toute sa bande** he turned up ou showed up* with the whole gang

aménité /amenite/ NF = amabilité [de propos] affability; [de personne, caractère] amiability, affability ◆ **sans aménité** unkindly ◆ **se dire des aménités** (iro) to exchange uncomplimentary remarks

Aménophis /amenɔfis/ NM Amenophis

aménorrhée /amenɔʀe/ NF amenorrhoea

amentifère /amɑ̃tifeʀ/ ADJ amentiferous

amenuisement /amənɥizmɑ̃/ NM [de valeur, avance, espoir] dwindling; [de chances] lessening; [de ressources] diminishing, dwindling

amenuiser /amənɥize/ SYN ▸ conjug 1 ◂
  VPR **s'amenuiser** [valeur, avance, espoir] to dwindle; [chances] to grow slimmer, to lessen; [risque] to diminish, to lessen; [différences] to become less marked; [provisions, ressources] to run low; [temps] to run out
  VT [+ objet] to thin down; (fig) to reduce

amer[1] /amɛʀ/ NM (= point de repère en mer) seamark

amer[2], -ère /amɛʀ/ SYN ADJ (lit, fig) bitter ◆ **amer comme chicotin*** as bitter as anything ◆ **avoir la bouche amère** to have a bitter taste in one's mouth

amérasien, -ienne /ameʀazjɛ̃, jɛn/
  ADJ Amerasian
  NM,F **Amérasien(ne)** Amerasian

amèrement /amɛʀmɑ̃/ ADV bitterly

américain, e /ameʀikɛ̃, ɛn/
  ADJ American; → **œil**
  NM (= anglais américain) American (English)
  NM,F **Américain(e)** American
  NF **américaine** (automobile) American car ◆ **à l'américaine** (gén) in the American style; (Culin) à l'Américaine ◆ **course à l'américaine** (bicycle) relay race

américanisation /ameʀikanizasjɔ̃/ NF americanization

américaniser /ameʀikanize/ ▸ conjug 1 ◂
  VT to Americanize
  VPR **s'américaniser** to become Americanized

américanisme /ameʀikanism/ NM Americanism

américaniste /ameʀikanist/ NMF Americanist, American specialist

américium /ameʀisjɔm/ NM americium

amérindien, -ienne /ameʀɛ̃djɛ̃, jɛn/
ADJ Amerindian, American Indian
NM,F **Amérindien(ne)** Amerindian, American Indian

Amérique /ameʀik/ NF America ◆ **Amérique centrale/latine/du Nord/du Sud** Central/Latin/North/South America

Amerloque* /amɛʀlɔk/ NMF, **Amerlo(t)** /amɛʀlo/ NM Yankee*, Yank*

amerrir /ameʀiʀ/ ▸ conjug 2 ◂ VI [avion] to land (on the sea), to make a sea-landing; [engin spatial] to splash down

amerrissage /ameʀisaʒ/ NM [d'avion] (sea) landing; [d'engin spatial] splashdown

amertume /amɛʀtym/ SYN NF (lit, fig) bitterness ◆ **plein d'amertume** full of bitterness, very bitter

améthyste /ametist/ NF, ADJ INV amethyst

amétrope /ametʀɔp/ ADJ ametropic

amétropie /ametʀɔpi/ NF ametropia

ameublement /amœbləmɑ̃/ SYN NM (= meubles) furniture; (action) furnishing ◆ **articles d'ameublement** furnishings ◆ **commerce d'ameublement** furniture trade

ameublir /amœbliʀ/ ▸ conjug 2 ◂ VT (Agr) to loosen, to break down

ameuter /amøte/ SYN ▸ conjug 1 ◂
VT ① (= attrouper) [+ curieux, passants] to draw a crowd of; [+ voisins] to bring out; (= soulever) [+ foule] to rouse, to stir up, to incite (contre against) ◆ **ses cris ameutèrent les passants** his shouts drew a crowd of passers-by ◆ **elle a ameuté l'opinion internationale contre les pollueurs** she mobilized international opinion against the polluters ◆ **tais-toi, tu vas ameuter toute la rue !** be quiet, you'll have the whole street out! ◆ **tu n'as pas besoin d'ameuter tout le quartier !** you don't have to tell the whole neighbourhood!, you don't have to shout it from the rooftops!
② [+ chiens] to form into a pack
VPR **s'ameuter** (= s'attrouper) [passants] to gather, to mass together; [voisins] to come out; (= se soulever) to band together, to gather into a mob ◆ **des passants s'ameutèrent** an angry crowd gathered

AMF /aɛmɛf/ NF (abrév de **Autorité des Marchés Financiers**) ≈ FSA (Brit), ≈ SEC (US)

amharique /amaʀik/ NM Amharic

ami, e /ami/ SYN
NM,F ① (= personne proche) friend ◆ **un vieil ami de la famille ou de la maison** an old friend of the family, an old family friend ◆ **ami d'enfance** childhood friend ◆ **ami intime** (very) close ou intimate friend, bosom friend ◆ **il m'a présenté son amie** he introduced his girlfriend to me ◆ **elle est sortie avec ses amies** she's out with her (girl)friends ◆ **c'était signé « un ami qui vous veut du bien »** it was signed "a well-wisher ou a friend" ◆ **se faire un ami de qn** to make ou become friends with sb ◆ **faire ami-ami avec qn*** to be buddy-buddy with sb* ◆ **nous sommes entre amis** (deux personnes) we're friends; (plus de deux) we're all friends ◆ **je vous dis ça en ami** I'm telling you this as a friend ◆ **nous sommes des amis de vingt ans** we've been friends for twenty years ◆ **amis des bêtes/de la nature** animal/nature lovers ◆ **société ou club des amis de Balzac** Balzac club ou society ◆ **un célibataire/professeur de mes amis** a bachelor/teacher friend of mine ◆ **être sans amis** to be friendless, to have no friends ◆ **parents et amis** friends and relations ou relatives ◆ **ami des arts** patron of the arts ◆ **le meilleur ami de l'homme** man's best friend ◆ **nos amis à quatre pattes** our four-legged friends
② (euph = amant) boyfriend; (= maîtresse) girlfriend ◆ **l'amie de l'assassin** the murderer's lady-friend; → **bon¹**, **petit**
③ (interpellation) ◆ **mes chers amis** gentlemen; (auditoire mixte) ladies and gentlemen ◆ **mon cher ami** my dear fellow ou chap (Brit) ◆ **ça, mon (petit) ami** now look here ◆ **ben mon ami !*** si j'avais su gosh!* ou blimey!* (Brit) if I had known that! ◆ **oui mon ami !** (entre époux) yes my dear!

ADJ [visage, pays] friendly; [regard] kindly, friendly ◆ **tendre à qn une main amie** to lend ou give sb a helping hand ◆ **être très ami avec qn** to be very friendly ou very good friends with sb ◆ **nous sommes très amis** we're very close ou good friends ◆ **être ami de l'ordre** to be a lover of order

amiable /amjabl/ ADJ (Jur) amicable ◆ **amiable compositeur** conciliator
◆ **à l'amiable** [divorce, solution] amicable ◆ **vente à l'amiable** private sale, sale by private agreement ◆ **partage à l'amiable** amicable partition ◆ **accord ou règlement à l'amiable** amicable agreement, out-of-court settlement ◆ **régler une affaire à l'amiable** to settle a difference out of court

amiante /amjɑ̃t/ NM asbestos ◆ **plaque/fil d'amiante** asbestos sheet ou plate/thread

amiante-ciment (pl **amiantes-ciments**) /amjɑ̃tsimɑ̃/ NM asbestos cement

amibe /amib/ NF amoeba

amibiase /amibjaz/ NF amoebiasis

amibien, -ienne /amibjɛ̃, jɛn/
ADJ [maladie] amoebic
NMPL **amibiens** Amoebae

amical, e (mpl **-aux**) /amikal, o/ SYN
ADJ [personne, relations] friendly ◆ **match amical, rencontre amicale** friendly (match) ◆ **peu amical** unfriendly
NF **amicale** association, club (of people having the same interest) ◆ **amicale des anciens élèves** old boys' association (Brit), alumni association (US)

amicalement /amikalmɑ̃/ SYN ADV in a friendly way ◆ **il m'a salué amicalement** he gave me a friendly wave ◆ **(bien) amicalement** (formule épistolaire) best wishes, yours

amict /ami/ NM amice

amide /amid/ NM amide

amidon /amidɔ̃/ NM starch

amidonner /amidɔne/ ▸ conjug 1 ◂ VT to starch

amidopyrine /amidopiʀin/ NF amidopyrine

amincir /amɛ̃siʀ/ SYN ▸ conjug 2 ◂
VT to thin (down) ◆ **cette robe l'amincit** this dress makes her look slim(mer) ou thin(ner) ◆ **visage aminci par la tension** face drawn with tension ou hollow with anxiety
VPR **s'amincir** [couche de glace, épaisseur de tissu] to get thinner

amincissant, e /amɛ̃sisɑ̃, ɑ̃t/ ADJ [crème, régime] slimming (Brit), reducing (US)

amincissement /amɛ̃sismɑ̃/ NM thinning (down) ◆ **l'amincissement de la couche de glace a causé l'accident** the ice had got thinner and that was what caused the accident

amine /amin/ NF amine

aminé, e /amine/ ADJ → **acide**

a minima /aminima/ LOC ADJ ◆ **appel a minima** (Jur) appeal by the prosecution for heavier sentence

aminoplaste /aminoplast/ NM amino plastic ou resin

amiral, e (mpl **-aux**) /amiʀal, o/
ADJ **vaisseau ou bateau amiral** flagship
NM admiral
NF **amirale** admiral's wife

amirauté /amiʀote/ NF (gén) admiralty; (= fonction) admiralty, admiralship

amitié /amitje/ GRAMMAIRE ACTIVE 21.2 SYN NF
① (= sentiment) friendship ◆ **prendre qn en amitié, se prendre d'amitié pour qn** to befriend sb ◆ **se lier d'amitié avec qn** to make friends with sb ◆ **nouer une amitié avec qn** (littér) to strike up a friendship with sb ◆ **avoir de l'amitié pour qn** to be fond of sb, to have a liking for sb ◆ **faites-moi l'amitié de venir** do me the kindness ou favour of coming ◆ **l'amitié franco-britannique** Anglo-French ou Franco-British friendship ◆ **amitié particulière** (euph) homosexual relationship
② (formule épistolaire) ◆ **amitiés** all the very best, very best wishes ou regards ◆ **amitiés, Paul** kind regards, Paul, yours, Paul ◆ **elle vous fait ou transmet toutes ses amitiés** she sends her best wishes ou regards
③ († = civilités) ◆ **faire mille amitiés à qn** to give sb a warm and friendly welcome

amitose /amitoz/ NF amitosis

Amman /aman/ N Amman

ammonal /amɔnal/ NM ammonal

ammoniac, -aque /amɔnjak/
ADJ ammoniac ◆ **sel ammoniac** sal ammoniac
NM (= gaz) ammonia
NF **ammoniaque** ammonia (water)

ammoniacal, e (mpl **-aux**) /amɔnjakal, o/ ADJ ammoniacal

ammoniaqué, e /amɔnjake/ ADJ ammoniated

ammonite /amɔnit/ NF ammonite

ammonium /amɔnjɔm/ NM ammonium

ammophile /amɔfil/ ADJ ammophilous

amnésie /amnezi/ NF amnesia ◆ **amnésie collective** collective amnesia

amnésique /amnezik/
ADJ amnesic
NMF amnesiac, amnesic

amniocentèse /amnjosɛ̃tɛz/ NF amniocentesis

amnios /amnjos/ NM amnion

amnioscopie /amnjoskɔpi/ NF fetoscopy

amniotique /amnjɔtik/ ADJ amniotic ◆ **cavité/liquide amniotique** amniotic cavity/liquid

amnistiable /amnistjabl/ ADJ who may be amnestied

amnistiant, e /amnistjɑ̃, jɑ̃t/ ADJ ◆ **grâce amnistiante** amnesty

amnistie /amnisti/ NF amnesty ◆ **loi d'amnistie** law of amnesty ◆ **bénéficier d'une amnistie générale/partielle/totale** to be granted a general/partial/complete amnesty

amnistié, e /amnistje/ (ptp de **amnistier**)
ADJ [personne, fait] amnestied
NM,F amnestied prisoner

amnistier /amnistje/ ▸ conjug 7 ◂ VT [+ personne] to grant an amnesty to, to amnesty; [+ délit] to grant an amnesty for

amocher* /amɔʃe/ ▸ conjug 1 ◂ VT to mess up*, to make a mess of* ◆ **tu l'as drôlement amoché** you've made a terrible mess of him* ◆ **se faire amocher dans un accident/une bagarre** to get messed up* in an accident/a fight ◆ **elle/la voiture était drôlement amochée** she/the car was a terrible mess* ◆ **il s'est drôlement amoché en tombant** he smashed himself up pretty badly when he fell

amodier /amɔdje/ ▸ conjug 7 ◂ VT [+ terre] to lease

amoindrir /amwɛ̃dʀiʀ/ SYN ▸ conjug 2 ◂
VT [+ autorité] to weaken; [+ forces] to weaken; [+ fortune, quantité] to diminish, to reduce; [+ personne] (physiquement) to make weaker, to weaken; (moralement, mentalement) to diminish ◆ **amoindrir qn (aux yeux des autres)** to diminish ou belittle sb (in the eyes of others)
VPR **s'amoindrir** [autorité, facultés] to weaken, to diminish; [forces] to weaken, to grow weaker; [quantité, fortune] to diminish

amoindrissement /amwɛ̃dʀismɑ̃/ SYN NM [d'autorité] lessening, weakening; [de forces] weakening; [de fortune, quantité] reduction; [de personne] (physique) weakening, (moral, mental) diminishing

amok /amɔk/ NM amok, amuck

amollir /amɔliʀ/ SYN ▸ conjug 2 ◂
VT [+ chose] to soften, to make soft; [+ personne] (moralement) to soften; (physiquement) to weaken, to make weak; [+ volonté, forces, résolution] to weaken ◆ **cette chaleur vous amollit** this heat makes you feel (quite) limp ou weak
VPR **s'amollir** [chose] to go soft; [courage, énergie] to weaken; [jambes] to go weak; [personne] (= perdre courage) to grow soft, to weaken; (= s'attendrir) to soften, to relent

amollissant, e /amɔlisɑ̃, ɑ̃t/ ADJ [climat, plaisirs] enervating

amollissement /amɔlismɑ̃/ NM [de chose] softening; [de personne] (moral) softening; (physique) weakening; [de volonté, forces, résolution] weakening ◆ **l'amollissement général est dû à...** the general weakening of purpose is due to...

amonceler /amɔ̃s(ə)le/ SYN ▸ conjug 4 ◂
VT [+ choses] to pile ou heap up; [+ richesses] to amass, to accumulate; [+ documents, preuves] to accumulate, to amass
VPR **s'amonceler** [choses] to pile ou heap up; [courrier, demandes] to pile up, to accumulate; [nuages] to bank up; [neige] to drift into banks; [difficultés] to pile up ◆ **les preuves s'amoncellent contre lui** the evidence is building up ou piling up against him

amoncellement /amɔ̃sɛlmɑ̃/ SYN NM ⓵ (= *tas*) [*d'objets*] pile, mass; [*de problèmes*] series ♦ **amoncellement de nuages** cloudbank

⓶ (= *accumulation*) ♦ **devant l'amoncellement des demandes** faced with a growing number of requests ♦ **amoncellement de preuves** accumulation of evidence

Amon-Rê /amɔ̃ʀe/ NM Amen-Ra

amont /amɔ̃/
ADJ INV [*ski, skieur*] uphill (*épith*)
NM [*de cours d'eau*] upstream water; [*de pente*] uphill slope ♦ **les rapides/l'écluse d'amont** the upstream rapids/lock ♦ **l'amont était coupé de rapides** the river upstream was a succession of rapids
♦ **en amont** (*rivière*) upstream, upriver; (*pente*) uphill; (*dans l'industrie pétrolière*) upstream ♦ **les contrôles en amont** the checks carried out beforehand ♦ **en amont de** [+ *rivière*] upstream ou upriver from; [+ *pente*] uphill from, above; (*fig*) before ♦ **en amont de cette opération** prior to this operation ♦ **intervenir en amont d'une tâche** to intervene before a task is carried out

amoral, e (mpl -aux) /amɔʀal, o/ SYN ADJ amoral

amoralisme /amɔʀalism/ NM amorality

amoralité /amɔʀalite/ NF amorality

amorçage /amɔʀsaʒ/ NM ⓵ (= *action*) [*d'hameçon, ligne*] baiting; [*d'emplacement*] ground baiting

⓶ [*de dynamo*] energizing; [*de siphon, obus, pompe*] priming

⓷ (= *dispositif*) priming cap, primer

amorce /amɔʀs/ SYN NF ⓵ (*Pêche*) [*d'hameçon*] bait; [*d'emplacement*] ground bait

⓶ (= *explosif*) [*de cartouche*] primer, priming; [*d'obus*] percussion cap; [*de mine*] priming; [*de pistolet d'enfant*] cap

⓷ (= *début*) [*de route*] initial section; [*de trou*] start; [*de pellicule, film*] trailer; [*de conversations, négociations*] starting up, beginning; [*d'idée, projet*] beginning, germ ♦ **l'amorce d'une réforme/d'un changement** the beginnings of a reform/change

⓸ (*Ordin*) ♦ **(programme) amorce** bootstrap

amorcer /amɔʀse/ SYN ▶ conjug 3 ◀ VT
⓵ [+ *hameçon, ligne*] to bait ♦ **il amorce au ver de vase** [+ *ligne*] he baits his line with worms; [+ *emplacement*] he uses worms as ground bait

⓶ [+ *dynamo*] to energize; [+ *siphon, obus, pompe*] to prime

⓷ [+ *route, tunnel*] to start ou begin building, to make a start on; [+ *travaux*] to begin, to make a start on; [+ *trou*] to begin ou start to bore ♦ **la construction est amorcée depuis deux mois** work has been in progress ou been under way for two months

⓸ [+ *réformes, évolution*] to initiate, to begin; [+ *virage*] to take ♦ **il amorça un geste pour prendre la tasse** he made as if to take the cup ♦ **amorcer la rentrée dans l'atmosphère** [*fusée*] to initiate re-entry into the earth's atmosphere ♦ **une descente s'amorce après le virage** after the bend the road starts to go down

⓹ (*Pol* = *entamer*) [+ *dialogue*] to start (up); [+ *négociations*] to start, to begin ♦ **une détente est amorcée** ou **s'amorce** there are signs of (the beginnings of) a détente

amoroso /amɔʀozo/ ADV amoroso

amorphe /amɔʀf/ SYN ADJ ⓵ (= *apathique*) [*personne, esprit, caractère, attitude*] passive; [*marché*] dull

⓶ (*Minér*) amorphous

amorti, e /amɔʀti/ (ptp de **amortir**)
NM (*Tennis*) drop shot ♦ **faire un amorti** (*Football*) to trap the ball ♦ **faire un amorti de la poitrine** to chest the ball down
NF **amortie** (*Tennis*) drop shot

amortir /amɔʀtiʀ/ SYN ▶ conjug 2 ◀ VT
⓵ (= *diminuer*) [+ *choc*] to absorb, to cushion; [+ *coup, chute*] to cushion, to soften; [+ *bruit*] to deaden, to muffle; [+ *passions, douleur*] to deaden, to dull

⓶ (*Fin*) [+ *dette*] to pay off, to amortize (SPÉC); [+ *titre*] to redeem; [+ *matériel*] to write off the cost of, to depreciate (SPÉC) ♦ **il utilise beaucoup sa voiture pour l'amortir** (*gén*) he uses his car a lot to make it pay ou to recoup the cost to himself ♦ **maintenant, notre équipement est amorti** we have now written off the (capital) cost of the equipment

⓷ (*Archit*) to put an amortizement ou amortization on

amortissable /amɔʀtisabl/ ADJ (*Fin*) redeemable

amortissement /amɔʀtismɑ̃/ NM ⓵ (*Fin*) [*de dette*] paying off; [*de titre*] redemption; (= *provision comptable*) reserve ou provision for depreciation ♦ **l'amortissement de ce matériel se fait en trois ans** it takes three years to recoup ou to write off the cost of this equipment ♦ **amortissements admis par le fisc** capital allowances

⓶ (= *diminution*) [*de choc*] absorption

⓷ (*Archit*) amortizement, amortization

amortisseur /amɔʀtisœʀ/ NM shock absorber

Amou Daria /amudaʀja/ NM Amu Darya

amour /amuʀ/ SYN
NM ⓵ (= *sentiment*) love ♦ **parler d'amour** to speak of love ♦ **se nourrir** ou **vivre d'amour et d'eau fraîche*** to live on love alone ♦ **j'ai rencontré le grand amour** I have met the love of my life ♦ **vivre un grand amour** to be passionately ou deeply in love ♦ **entre eux, ce n'est pas le grand amour** there's no love lost between them ♦ **amour platonique** platonic love ♦ **lettre/mariage/roman d'amour** love letter/match/story ♦ **fou d'amour** madly ou wildly in love ♦ **amour fou** wild love ou passion, mad love ♦ **ce n'est plus de l'amour, c'est de la rage !*** it's not love, it's raving madness!*; → **filer, saison**

⓶ (= *acte*) love-making (NonC) ♦ **pendant l'amour, elle murmurait des mots tendres** while they were making love ou during their love-making, she murmured tender words ♦ **l'amour libre** free love ♦ **l'amour physique** physical love ♦ **faire l'amour** to make love (*avec* to, with)

⓷ (= *personne*) love; (= *aventure*) love affair ♦ **premier amour** (= *personne*) first love; (= *aventure*) first love (affair) ♦ **ses amours de jeunesse** (= *aventures*) the love affairs ou loves of his youth; (= *personnes*) the loves ou lovers of his youth ♦ **c'est un amour de jeunesse** she's one of his old loves ou flames* ♦ **des amours de rencontre** casual love affairs ♦ **à tes amours !*** (*hum*) (*quand on trinque*) here's to you!; (*quand on éternue*) bless you! ♦ **comment vont tes amours ?*** (*hum*) how's your love life?

⓸ (= *terme d'affection*) ♦ **mon amour** my love, my sweet ♦ **cet enfant est un amour** that child's a real darling ♦ **passe-moi l'eau, tu seras un amour** be a love and pass me the water ♦ **un amour de bébé/de petite robe** a lovely ou sweet little baby/dress

⓹ (*Art*) cupid ♦ **(le dieu) Amour** (*Myth*) Eros, Cupid

⓺ (*locutions*) ♦ **pour l'amour de Dieu** for God's sake, for the love of God ♦ **pour l'amour de votre mère** for your mother's sake ♦ **faire qch pour l'amour de l'art*** to do sth for the love of it ♦ **avoir l'amour du travail bien fait** to love to see a job well done ♦ **faire qch avec amour** to do sth with loving care

COMP **amour en cage** (= *plante*) Chinese lantern, winter ou ground cherry

NFPL **amours** (*littér*) (= *personnes*) loves; (= *aventures*) love affairs ♦ **ancillaire**

amouracher (s') /amuʀaʃe/ SYN ▶ conjug 1 ◀ VPR (*péj*) **s'amouracher de** to become infatuated with

amourette /amuʀɛt/ SYN NF (= *relation*) passing fancy, passing love affair

amourettes /amuʀɛt/ NFPL (*Culin*) marrow (*served as trimming*)

amoureusement /amuʀøzmɑ̃/ ADV lovingly, amorously

amoureux, -euse /amuʀø, øz/ SYN
ADJ ⓵ (= *épris*) in love (*de* with) ♦ **tomber amoureux** to fall in love (*de* with) ♦ **être amoureux de la musique/la nature** to be a music-/nature-lover, to be passionately fond of music/nature ♦ **il est amoureux de sa voiture** (*hum*) he's in love with his car (*hum*)

⓶ (= *d'amour*) [*aventures*] love (*épith*), amorous ♦ **déboires amoureux** disappointments in love ♦ **vie amoureuse** love life

⓷ (= *ardent*) [*tempérament, personne*] amorous; [*regard*] (= *tendre*) loving; (= *voluptueux*) amorous

NM,F (*gén*) lover; († = *soupirant*) love, sweetheart ♦ **un amoureux de la nature** a nature-lover, a lover of nature ♦ **amoureux transi** bashful lover ♦ **partir en vacances en amoureux** to go off on a romantic holiday

amour-propre (pl **amours-propres**) /amuʀpʀɔpʀ/ SYN NM self-esteem, pride

amovibilité /amɔvibilite/ NF (*Jur*) removability

amovible /amɔvibl/ ADJ [*doublure, housse, panneau*] removable, detachable; (*Jur*) removable

ampélologie /ɑ̃pelɔlɔʒi/ NF study of the vine

ampélopsis /ɑ̃pelɔpsis/ NM ampelopsis

ampérage /ɑ̃peʀaʒ/ NM amperage

ampère /ɑ̃pɛʀ/ NM ampere, amp

ampère-heure (pl **ampères-heures**) /ɑ̃pɛʀœʀ/ NM ampere-hour

ampèremètre /ɑ̃pɛʀmɛtʀ/ NM ammeter

amphétamine /ɑ̃fetamin/ NF amphetamine ♦ **être sous amphétamines** to be on amphetamines

amphi* /ɑ̃fi/ NM abrév de **amphithéâtre**

amphiarthrose /ɑ̃fiaʀtʀoz/ NF amphiarthrosis

amphibie /ɑ̃fibi/
ADJ amphibious, amphibian
NM amphibian

amphibiens /ɑ̃fibjɛ̃/ NMPL amphibia, amphibians

amphibole¹ /ɑ̃fibɔl/ ADJ (*Méd*) amphibolic

amphibole² /ɑ̃fibɔl/ NF (*Minér*) amphibole

amphibologie /ɑ̃fibɔlɔʒi/ NF amphibol(og)y

amphigouri /ɑ̃figuʀi/ NM amphigory

amphigourique /ɑ̃figuʀik/ ADJ amphigoric

amphimixie /ɑ̃fimiksi/ NF amphimixis

amphineures /ɑ̃finœʀ/ NMPL ♦ **les amphineures** amphineurans, the Amphineura (SPÉC)

amphioxus /ɑ̃fjɔksys/ NM amphioxus, lancelet

amphisbène /ɑ̃fisbɛn/ NM amphisbaena

amphithéâtre /ɑ̃fiteatʀ/ NM (*Archit*) amphitheatre (*Brit*), amphitheater (*US*); (*Univ*) lecture theatre (*Brit*) ou theater (*US*); (*Théât*) (upper) gallery ♦ **amphithéâtre morainique** (*Géol*) morainic cirque ou amphitheatre

amphitryon /ɑ̃fitʀijɔ̃/ NM (*hum* ou *littér* = *hôte*) host

ampholyte /ɑ̃fɔlit/ NM ampholyte

amphore /ɑ̃fɔʀ/ NF amphora

amphotère /ɑ̃fɔtɛʀ/ ADJ amphoteric, amphiprotic

ample /ɑ̃pl/ SYN ADJ [*manteau*] roomy; [*jupe, manche*] full; [*geste*] wide, sweeping; [*voix*] sonorous; [*style*] rich, grand; [*projet*] vast; [*vues, sujet*] wide-ranging, extensive ♦ **faire ample(s) provision(s) de qch** to get in an ample ou a plentiful supply of sth ♦ **donner ample matériel à discussion** to provide plenty to talk about ♦ **pour plus ample informé je tenais à vous dire...** for your further information I should tell you... ♦ **veuillez m'envoyer de plus amples renseignements sur...** please send me further details of... ou further information about...; → **jusque**

amplectif, -ive /ɑ̃plɛktif, iv/ ADJ amplexical

amplement /ɑ̃plɑ̃mɑ̃/ SYN ADV [*expliquer, mériter*] fully, amply ♦ **gagner amplement sa vie** to earn a very good living ♦ **ça suffit amplement, c'est amplement suffisant** that's more than enough, that's ample ♦ **les récents événements ont amplement démontré que...** recent events have been ample proof that... ♦ **son attitude justifie amplement ma décision** his attitude is ample justification for my decision, his attitude fully ou amply justifies my decision

ampleur /ɑ̃plœʀ/ SYN NF ⓵ [*de vêtement*] fullness; [*de voix*] sonorousness; [*de geste*] liberalness; [*de style, récit*] opulence ♦ **donner de l'ampleur à une robe** to give fullness to a dress

⓶ (= *importance*) [*de crise, problème, dégâts*] scale, extent; [*de déficit*] size, extent; [*de sujet, projet*] scope; [*de vues*] range ♦ **vu l'ampleur des dégâts...** in view of the extent ou the scale of the damage... ♦ **l'ampleur des moyens mis en œuvre** the sheer size ou the massive scale of the measures implemented ♦ **sans grande ampleur** of limited scope, small-scale (*épith*) ♦ **de grande/faible ampleur** large-/small-scale (*épith*) ♦ **des inondations d'une ampleur sans précédent** flooding on an unprecedented scale ♦ **ces manifestations prennent de l'ampleur** the demonstrations are increasing in scale

ampli* /ɑ̃pli/ NM (abrév de **amplificateur**) amp* ♦ **ampli-tuner** tuner amplifier

ampliatif, -ive /ɑ̃pliatif, iv/ ADJ ♦ **acte ampliatif** certified copy

ampliation /ɑ̃pliasjɔ̃/ NF (= *duplicata*) certified copy; (= *développement*) amplification ♦ **ampliation des offres de preuves** amplification of previous evidence

amplificateur /ɑ̃plifikatœʀ/ NM (Phys, Radio) amplifier; (Photo) enlarger (permitting only fixed enlarging)

amplification /ɑ̃plifikasjɔ̃/ NF ① (= développement) [de tendance, mouvement, échanges, coopération] development; (= augmentation) increase ◆ **une amplification de l'agitation sociale** an increase in social unrest
② (= exagération) [d'incident] exaggeration
③ (Photo) enlarging; (Opt) magnifying

amplifier /ɑ̃plifje/ SYN ▸ conjug 7 ◂
VT ① [+ tendance] to accentuate; [+ mouvement, échanges, coopération] to cause to develop
② (= exagérer) [+ incident] to magnify, to exaggerate
③ [+ son, courant] to amplify; [+ image] (Photo) to enlarge; (Opt) to magnify
VPR **s'amplifier** (= se développer) [mouvement, tendance, échange, pensée] to develop; (= s'aggraver) to get worse ◆ **les affrontements s'amplifient** the clashes are getting worse

amplitude /ɑ̃plityd/ SYN NF ① (Astron, Phys) amplitude
② [de températures] range
③ (= importance) ◆ **l'amplitude de la catastrophe** the magnitude of the catastrophe

ampoule /ɑ̃pul/ SYN
NF ① (Élec) bulb
② (Pharm) phial, vial; (pour seringue) ampoule, ampule
③ (Méd : à la main, au pied) blister, ampulla (SPÉC)
COMP **ampoule autocassable** phial (with a snap-off top)
ampoule à baïonnette bayonet bulb
ampoule rectale (Anat) rectal ampulla
ampoule à vis screw-fitting bulb

ampoulé, e /ɑ̃pule/ SYN ADJ [style] pompous

amputation /ɑ̃pytasjɔ̃/ SYN NF [de membre] amputation; [de texte, roman, fortune] drastic cut ou reduction (de in); [de budget] drastic cutback ou reduction (de in)

amputé, e /ɑ̃pyte/ (ptp de amputer)
ADJ [membre] amputated; [personne] who has had a limb amputated
NM,F amputee ◆ **c'est un amputé** he has lost an arm (ou a leg), he has had an arm (ou a leg) off* (Brit) ◆ **c'est un amputé des deux jambes** he's lost both his legs

amputer /ɑ̃pyte/ SYN ▸ conjug 1 ◂ VT ① [+ membre] to amputate ◆ **il a été amputé** he had an amputation ◆ **il a été amputé d'une jambe** he had his leg amputated
② [+ texte, fortune] to cut ou reduce drastically; [+ budget] to cut back ou reduce drastically (de by) ◆ **amputer un pays d'une partie de son territoire** to sever a country of a part of its territory

Amsterdam /amstɛʀdam/ N Amsterdam

amuïr (s') /amɥiʀ/ ▸ conjug 2 ◂ VPR (Phon) to become mute, to be dropped (in pronunciation)

amuïssement /amɥismɑ̃/ NM (Phon) dropping of a phoneme in pronunciation

amulette /amylɛt/ NF amulet

amure /amyʀ/ NF (Naut) (= côté d'un bateau qui reçoit le vent) tack ◆ **aller bâbord/tribord amures** to go on the port/starboard tack

amurer /amyʀe/ ▸ conjug 1 ◂ VT [+ voile] to haul aboard the tack of, to tack

amusant, e /amyzɑ̃, ɑ̃t/ SYN ADJ (= distrayant) [jeu] amusing, entertaining; (= drôle) [film, remarque, convive] amusing, funny ◆ **c'est (très) amusant** [jeu] it's (great) fun ◆ **c'était amusant à voir** it was amusing ou funny to see ◆ **l'amusant de l'histoire c'est que...** the funny ou amusing thing about it all is that...

amuse-bouche (pl **amuse-bouche(s)**) /amyzbuʃ/ NM appetizer, snack

amuse-gueule (pl **amuse-gueule(s)**) /amyzgœl/ NM appetizer, snack

amusement /amyzmɑ̃/ SYN NM
① (= divertissement) amusement (NonC) ◆ **pour l'amusement des enfants** for the children's amusement ou entertainment, to amuse ou entertain the children
② (= jeu) game; (= activité) diversion, pastime
③ (= hilarité) amusement (NonC)

amuser /amyze/ SYN ▸ conjug 1 ◂
VT ① (= divertir) to amuse, to entertain; (involontairement) to amuse

② (= faire rire) [histoire drôle] to amuse ◆ **ces remarques ne m'amusent pas du tout** I don't find those remarks at all amusing, I'm not in the least amused by such remarks ◆ **tu m'amuses avec tes grandes théories** you make me laugh with your great theories ◆ **faire le pitre pour amuser la galerie** to clown around to amuse the crowd
③ (= plaire) ◆ **ça ne m'amuse pas de devoir aller leur rendre visite** I don't enjoy having to go and visit them ◆ **si vous croyez que ces réunions m'amusent** if you think I enjoy these meetings
④ (= détourner l'attention de) [+ ennemi, caissier] to distract ◆ **pendant que tu l'amuses, je prends l'argent** while you keep him busy ou distract him, I'll take the money
⑤ (= tromper) to delude, to beguile
VPR **s'amuser** ① (= jouer) [enfants] to play ◆ **s'amuser avec** [+ jouet, personne, chien] to play with; [+ stylo, ficelle] to play ou fiddle with ◆ **s'amuser à un jeu** to play a game ◆ **ils se sont amusés tout l'après-midi à faire des châteaux de sable** they had fun ou they played all afternoon building sandcastles ◆ **ils se sont amusés à arroser les passants** they were messing around* spraying passers-by with water ◆ **pour s'amuser ils ont allumé un grand feu de joie** they lit a big bonfire for fun ◆ **ne t'amuse pas à recommencer, sinon !** don't you do ou start that again, or else!
② (= se divertir) to have fun, to enjoy o.s.; (= rire) to have a good laugh ◆ **s'amuser à faire qch** to have fun doing sth, to enjoy o.s. doing sth ◆ **nous nous sommes bien amusés** we had great fun ou a great time* ◆ **qu'est-ce qu'on s'amuse !** this is great fun! ◆ **j'aime autant te dire qu'on ne s'est pas amusés** it wasn't much fun, I can tell you ◆ **on ne va pas s'amuser à cette réunion** we're not going to have much fun at this meeting ◆ **on ne faisait rien de mal, c'était juste pour s'amuser** we weren't doing any harm, it was just for fun ou for a laugh
③ (= batifoler) to mess about* ou around* ◆ **on n'a pas le temps de s'amuser** there's no time to mess around*
④ (littér = se jouer de) ◆ **s'amuser de qn** to make a fool of sb

amusette /amyzɛt/ NF diversion ◆ **elle n'a été pour lui qu'une amusette** she was mere sport to him, she was just a passing fancy for him ◆ **au lieu de perdre ton temps à des amusettes tu ferais mieux de travailler** instead of frittering your time away on idle pleasures you should do some work

amuseur, -euse /amyzœʀ, øz/ NM,F entertainer ◆ **ce n'est qu'un amuseur** (péj) he's just a clown

amusie /amyzi/ NF amusia

amygdale /amidal/ NF tonsil ◆ **se faire opérer des amygdales** to have one's tonsils removed ou out

amygdalectomie /amidalɛktɔmi/ NF tonsillectomy

amygdaline /amidalin/ NF amygdalin

amygdalite /amidalit/ NF tonsillitis

amylacé, e /amilase/ ADJ starchy

amylase /amilɑz/ NF amylase

amyle /amil/ NM amyl ◆ **nitrite d'amyle** amyl nitrite

amylène /amilɛn/ NM pentene, amylene

amylique /amilik/ ADJ ◆ **alcool amylique** amyl alcohol

amyotrophie /amjɔtʀɔfi/ NF amyotrophy

AN /aɛn/ NF (abrév de **Assemblée nationale**) → assemblée

an /ɑ̃/ NM ① (= durée) year ◆ **après 5 ans de prison** after 5 years in prison ◆ **dans 3 ans** in 3 years, in 3 years' time (Brit) ◆ **une amitié de 20 ans** a friendship of 20 years' standing
② (= âge) year ◆ **un enfant de six ans** a six-year-old child, a six-year-old ◆ **porto de 10 ans d'âge** 10-year-old port ◆ **il a 22 ans** he's 22 (years old) ◆ **il n'a pas encore 10 ans** he's not yet 10
③ (= point dans le temps) year ◆ **4 fois par an** 4 times a year ◆ **il reçoit tant par an** he gets so much a year ou per annum ◆ **le jour ou le premier de l'an, le nouvel an** New Year's Day ◆ **bon an mal an** taking one year with another, on average ◆ **en l'an 300 de Rome** in the Roman year 300 ◆ **en l'an 300 de notre ère/avant Jésus-Christ** in (the year) 300 AD/BC ◆ **en l'an de grâce...** (frm ou hum) in the year of grace... ◆ **l'an II de la république** (Hist) the second year of the French Republic ◆ **je m'en moque** ou **je m'en soucie comme de l'an quarante** I couldn't care less (about it), I don't give a damn* (about it)
④ (littér) ◆ **les ans l'ont courbé** he is bent with age ◆ **l'outrage des ans** the ravages of time ◆ **courbé sous le poids des ans** bent under the weight of years ou age

ana (pl **ana(s)**) /ana/ NM ana

anabaptisme /anabatism/ NM anabaptism

anabaptiste /anabatist/ ADJ, NMF anabaptist

anabiose /anabjoz/ NF (Bot) anabiosis

anabolisant, e /anabɔlizɑ̃, ɑ̃t/
ADJ anabolic
NM anabolic steroid

anabolisme /anabɔlism/ NM anabolism

anabolite /anabɔlit/ NM anabolite

anacarde /anakaʀd/ NM cashew (nut)

anacardier /anakaʀdje/ NM cashew (tree)

anachorète /anakɔʀɛt/ NM anchorite

anachronique /anakʀɔnik/ SYN ADJ anachronistic, anachronous

anachronisme /anakʀɔnism/ NM anachronism

anaclitique /anaklitik/ ADJ ◆ **dépression anaclitique** anaclitic depression

anacoluthe /anakɔlyt/ NF anacoluthon

anaconda /anakɔ̃da/ NM anaconda

Anacréon /anakʀeɔ̃/ NM Anacreon

anacréontique /anakʀeɔ̃tik/ ADJ anacreontic

anacrouse /anakʀuz/ NF (Mus, Poésie) anacrusis

anadrome /anadʀɔm/ ADJ anadromous

anaérobie /anaeʀɔbi/ ADJ anaerobic

anaérobiose /anaeʀɔbjoz/ NF anaerobiosis

anaglyphe /anaglif/ NM anaglyph

anaglyptique /anagliptik/ ADJ anaglyptic(al)

anagogie /anagɔʒi/ NF (= interprétation) anagoge, anagogy

anagogique /anagɔʒik/ ADJ anagogic(al)

anagrammatique /anagʀamatik/ ADJ anagrammatical

anagramme /anagʀam/ NF anagram

anal, e (mpl **-aux**) /anal, o/ ADJ anal

analeptique /analɛptik/ ADJ analeptic

analgésie /analʒezi/ NF analgesia

analgésique /analʒezik/ ADJ, NM analgesic

analité /analite/ NF anality

anallergique /analɛʀʒik/ ADJ hypoallergenic

analogie /analɔʒi/ SYN NF analogy ◆ **par analogie avec** by analogy with

analogique /analɔʒik/ ADJ analogical

analogiquement /analɔʒikmɑ̃/ ADV analogically

analogue /analɔg/ SYN
ADJ ① (= semblable) analogous, similar (à to)
② (Bio) analogous
NM (Chim, Bio) analogue (fig) ◆ **sans analogue** without comparison

analphabète /analfabɛt/ ADJ, NMF illiterate

analphabétisme /analfabetism/ NM illiteracy

analysable /analizabl/ ADJ analysable, analyzable (US)

analysant, e /analizɑ̃, ɑ̃t/ NM,F analysand

analyse /analiz/ SYN
NF ① (= examen) analysis ◆ **faire l'analyse de** to analyze ◆ **ça ne résiste pas à l'analyse** it doesn't stand up to analysis ◆ **avoir l'esprit d'analyse** to have an analytic(al) mind ◆ **en dernière analyse** in the final ou last analysis
② (Méd) test ◆ **analyse de sang/d'urine** blood/urine test ◆ **(se) faire faire des analyses** to have some tests (done); → **laboratoire**
③ (Psych) analysis, psychoanalysis ◆ **il est en analyse, il fait une analyse** he's undergoing ou having analysis
④ (Math : = discipline) calculus; (= exercice) analysis
COMP **analyse combinatoire** combinatorial analysis
analyse comportementale profiling
analyse en constituants immédiats constituent analysis
analyse factorielle factor ou factorial analysis
analyse financière financial analysis

analyse fonctionnelle functional job analysis
analyse grammaticale parsing ◆ **faire l'analyse grammaticale de** to parse
analyse logique sentence analysis (Brit), diagramming (US)
analyse de marché market analysis ou survey
analyse sectorielle cross-section analysis
analyse spectrale spectrum analysis
analyse de système systems analysis
analyse transactionnelle transactional analysis
analyse du travail job analysis

analysé, e /analize/ NM,F (Psych) person who has undergone analysis

analyser /analize/ SYN ▸ conjug 1 ◂ VT (gén) to analyze; (Psych) to (psycho)analyze; (Méd) [+ sang, urine] to test; (analyse grammaticale) to parse

analyseur /analizœr/ NM (Phys) analyser ◆ **analyseur syntaxique** (Ordin) parser

analyste /analist/ NMF (gén, Math) analyst; (= psychanalyste) analyst, psychoanalyst ◆ **analyste-programmeur** programme analyst ◆ **analyste financier/de marché** financial/market analyst ◆ **analyste de systèmes** systems analyst

analytique /analitik/
ADJ analytic(al)
NF analytics (sg)

analytiquement /analitikmɑ̃/ ADV analytically

anamnèse /anamnɛz/ NF anamnesis

anamnestique /anamnɛstik/ ADJ anamnestic

anamorphose /anamɔrfoz/ NF anamorphosis

ananas /anana(s)/ NM (= fruit, plante) pineapple

anapeste /anapɛst/ NM anapaest

anaphase /anafaz/ NF anaphase

anaphore /anafɔr/ NF anaphora

anaphorique /anafɔrik/ ADJ anaphoric

anaphrodisiaque /anafrɔdizjak/ ADJ, NM anaphrodisiac

anaphrodisie /anafrɔdizi/ NF anaphrodisia

anaphylactique /anafilaktik/ ADJ anaphylactic ◆ **choc anaphylactique** anaphylactic shock

anaphylaxie /anafilaksi/ NF anaphylaxis

anaplastie /anaplasti/ NF anaplasty

anar* /anar/ NMF abrév de **anarchiste**

anarchie /anarʃi/ SYN NF anarchy

anarchique /anarʃik/ SYN ADJ anarchic(al) ◆ **de façon** ou **manière anarchique** anarchically

anarchiquement /anarʃikmɑ̃/ ADV anarchically

anarchisant, e /anarʃizɑ̃, ɑ̃t/ ADJ anarchistic

anarchisme /anarʃism/ NM anarchism

anarchiste /anarʃist/
ADJ anarchistic
NMF anarchist

anarchosyndicalisme /anarkosɛ̃dikalism/ NM anarcho-syndicalism

anarchosyndicaliste /anarkosɛ̃dikalist/ NMF anarcho-syndicalist

anarthrie /anartri/ NF anarthria

anasarque /anazark/ NF anasarca

anastatique /anastatik/ ADJ anastatic

anastigmat /anastigma(t)/ ADJ M, NM ◆ (objectif) **anastigmat** anastigmat, anastigmatic lens

anastigmatique /anastigmatik/ ADJ anastigmatic

anastomose /anastomoz/ NF (Anat, Bot) anastomosis

anastrophe /anastrɔf/ NF anastrophe

anathématiser /anatematize/ ▸ conjug 1 ◂ VT (lit, fig) to anathematize

anathème /anatɛm/ NM (= excommunication, excommunié) anathema ◆ **prononcer un anathème contre qn, frapper qn d'anathème** (Rel) to excommunicate sb, to anathematize sb ◆ **jeter l'anathème sur** (fig) to curse, to anathematize (frm)

anathémiser /anatemize/ ▸ conjug 1 ◂ VT to anathematize

anatife /anatif/ NM barnacle

Anatolie /anatɔli/ NF Anatolia

anatomie /anatɔmi/ NF ① (= science) anatomy
② (= corps) anatomy ◆ **dans ce film, elle montre beaucoup de son anatomie** (hum) she shows a lot of bare flesh in this film
③ († † = dissection) (Méd) anatomy; (fig) analysis ◆ **faire l'anatomie de** (fig) to dissect (fig), to analyse ◆ **pièce d'anatomie** anatomical subject

anatomique /anatɔmik/ ADJ (gén) anatomic(al); [fauteuil, oreiller] contour (épith); → **cire, planche**

anatomiquement /anatɔmikmɑ̃/ ADV anatomically

anatomiste /anatɔmist/ NMF anatomist

anatomopathologie /anatɔmopatɔlɔʒi/ NF anatomopathology

anavenin /anavnɛ̃/ NM antivenin, antivenene

ANC /ɑ̃sne/ NM (abrév de **African National Congress**) ANC

ancestral, e (mpl -aux) /ɑ̃sɛstral, o/ ADJ ancestral

ancêtre /ɑ̃sɛtr/ SYN NMF ① (= aïeul) ancestor; (* = vieillard) old man (ou woman) ◆ **nos ancêtres les Gaulois** our ancestors ou forefathers the Gauls
② (= précurseur) [de personne, objet] forerunner, precursor ◆ **c'est l'ancêtre de la littérature moderne** he's the father of modern literature

anche /ɑ̃ʃ/ NF (Mus) reed

anchoïade /ɑ̃ʃɔjad/ NF anchovy paste

anchois /ɑ̃ʃwa/ NM anchovy

ancien, -ienne /ɑ̃sjɛ̃, jɛn/ SYN
ADJ ① (= vieux) (gén) old; [coutume, château, loi] ancient; [objet d'art] antique ◆ **dans l'ancien temps** in the olden days, in times gone by ◆ **il est plus ancien que moi dans la maison** he has been with ou in the firm longer than me ◆ **une ancienne amitié** an old ou long-standing friendship ◆ **anciens francs** old francs ◆ **cela lui a coûté 10 millions d'anciens francs** it cost him 10 million old francs; → **testament**
② (avant nom = précédent) former ◆ **son ancienne femme** his ex-wife, his former ou previous wife ◆ **c'est mon ancien quartier/ancienne école** it's my old neighbourhood/school, that's where I used to live/go to school
③ (= antique) [langue, civilisation, histoire] ancient ◆ **dans les temps anciens** in ancient times ◆ **la Grèce/l'Égypte ancienne** ancient Greece/Egypt
NM (= mobilier ancien) ◆ **l'ancien** antiques
NM,F ① (= personne âgée) elder, old man (ou woman) ◆ **et le respect pour les anciens ?** (hum) have some respect for your elders! ◆ **les anciens du village** the village elders
② (= personne expérimentée) senior ou experienced person; (Mil) old soldier ◆ **c'est un ancien dans la maison** he has been with ou in the firm a long time
③ (Hist) ◆ **les anciens** the Ancients ◆ **les anciens et les modernes** (Littérat) the Ancients and the Moderns
④ (Scol) ◆ **ancien (élève)** former pupil, old boy (Brit), alumnus (US) ◆ **ancienne (élève)** former pupil, old girl (Brit), alumna (US)
LOC ADJ, LOC ADV **à l'ancienne** [meuble] old-style, traditional(-style); [confiture] made in the traditional way ◆ **faire qch à l'ancienne** to do sth in the traditional way ◆ **cuisiner à l'ancienne** to use traditional cooking methods
COMP **ancien combattant** war veteran, ex-serviceman
l'Ancien Régime the Ancien Régime

⚠ **ancien** se traduit par le mot anglais **ancient** uniquement au sens de 'très ancien', 'antique'.

anciennement /ɑ̃sjɛnmɑ̃/ SYN ADV (= autrefois) formerly

ancienneté /ɑ̃sjɛnte/ NF ① (= durée de service) length of service; (= privilèges obtenus) seniority ◆ **il a 10 ans d'ancienneté dans la maison** he has been with ou in the firm (for) 10 years ◆ **à l'ancienneté** by seniority
② [de maison] age; [d'objet d'art] age, antiquity; [d'amitié, relation] length ◆ **compte tenu de l'ancienneté de cette pratique/loi** considering how long this practice/law has been in existence

ancillaire /ɑ̃silɛr/ ADJ ◆ **devoirs ancillaires** duties as a servant ◆ **relations/amours ancillaires** (hum) relations/amorous adventures with the servants

ancolie /ɑ̃kɔli/ NF columbine

ancrage /ɑ̃kraʒ/ NM ① [de bateau] anchorage
② (à l'attache) [de poteau, câble] anchoring; [de mur] cramping
③ (= incrustation) ◆ **l'ancrage de nos valeurs dans la culture** the way our values are rooted in culture ◆ **le vote confirme l'ancrage à gauche de la région** the polls confirm that the region is a left-wing stronghold ◆ **pour faciliter l'ancrage d'entreprises dans la région** to help companies gain a foothold in the region ◆ **point d'ancrage** [de véhicule] anchorage point; (fig) [de politique] foundation stone ◆ **la monnaie d'ancrage du SME** the anchor currency of the EMS

ancre /ɑ̃kr/ SYN NF ① ◆ **ancre (de marine)** anchor ◆ **ancre de miséricorde** ou **de salut** sheet anchor ◆ **être à l'ancre** to be ou lie at anchor ◆ **jeter l'ancre** to cast ou drop anchor; → **lever¹**
② (Constr) cramp(-iron), anchor; (Horlogerie) anchor escapement, recoil escapement

ancré, e /ɑ̃kre/ (ptp de **ancrer**) ADJ (= enraciné) ◆ **la région reste profondément ancrée à gauche** the region is still firmly left-wing ou remains a left-wing stronghold ◆ **le sentiment monarchiste est très ancré dans ce pays** monarchist sentiment is deeply rooted in this country ◆ **un musicien très ancré dans l'Asie centrale** a musician with strong central Asian roots ◆ **une conviction très ancrée** a deeply-held conviction ◆ **dans cette région, la chasse demeure très ancrée** this region has a long tradition of hunting

ancrer /ɑ̃kre/ SYN ▸ conjug 1 ◂
VT ① [+ bateau] to anchor
② [+ poteau, câble] to anchor; [+ mur] to cramp
③ (= incruster) ◆ **ancrer qch dans la tête de qn** to fix firmly in sb's mind ◆ **il a cette idée ancrée dans la tête** he's got this idea firmly fixed in his mind
VPR **s'ancrer** ① [bateau] to anchor, to cast ou drop anchor
② (= s'incruster) ◆ **quand une idée s'ancre dans l'esprit des gens** when an idea takes root ou becomes fixed in people's minds ◆ **il s'est ancré dans la tête que...** he got it into ou fixed in his head that... ◆ **le groupe cherche à s'ancrer économiquement dans la région** the group is trying to gain an economic foothold in the region

andain /ɑ̃dɛ̃/ NM swath

andalou, -ouse /ɑ̃dalu, uz/
ADJ Andalusian
NM,F **Andalou(se)** Andalusian

Andalousie /ɑ̃daluzi/ NF Andalusia, Andalucia

andante /ɑ̃dɑ̃t/ ADV, NM andante

Andes /ɑ̃d/ NFPL ◆ **les Andes** the Andes

andésite /ɑ̃dezit/ NF andesite

andin, e /ɑ̃dɛ̃, in/
ADJ Andean
NM,F **Andin(e)** Andean

andorran, e /ɑ̃dɔrɑ̃, an/
ADJ Andorran
NM,F **Andorran(e)** Andorran

Andorre /ɑ̃dɔr/ NF Andorra ◆ **Andorre-la-Vieille** Andorra la Vella

andouille /ɑ̃duj/ NF ① (Culin) andouille (sausage made of chitterlings, eaten cold)
② (* = imbécile) dummy*, twit* (Brit), prat* (Brit) ◆ **faire l'andouille** to act the fool ◆ **espèce d'andouille !, triple andouille !** you dummy!*, you (stupid) prat!* (Brit)

andouiller /ɑ̃duje/ NM tine, (branch of) antler

andouillette /ɑ̃dujɛt/ NF andouillette (sausage made of chitterlings, eaten hot)

andrène /ɑ̃drɛn/ NM mining bee

androcée /ɑ̃drɔse/ NM androecium

androcéphale /ɑ̃drɔsefal/ ADJ with a human head

androgène /ɑ̃drɔʒɛn/
ADJ [hormone] androgen; [effet] androgenic
NM androgen

androgenèse /ɑ̃drɔʒənɛz/ NF androgenesis

androgyne /ɑ̃drɔʒin/
ADJ androgynous
NM androgyne

androgynie /ɑ̃drɔʒini/ NF androgyny

androïde /ɑ̃drɔid/ NM android

andrologie /ɑ̃drɔlɔʒi/ NF andrology

andrologue /ɑ̃drɔlɔg/ NMF andrologist

Andromaque /ɑ̃drɔmak/ NF Andromache

Andromède /ɑ̃drɔmɛd/ NF Andromeda

andropause /ɑ̃drɔpoz/ NF male menopause

androstérone /ɑ̃dʀɔsteʀɔn/ NF androsterone

âne /ɑn/ SYN NM 1 (= *animal*) donkey ◆ **être comme l'âne de Buridan** to be unable to decide between two alternatives ◆ **il y a plus d'un âne (à la foire) qui s'appelle Martin** (*hum*) a lot of people are called that, that's a very common name; → **dos**

2 (* = *personne*) ass*, fool ◆ **faire l'âne pour avoir du son** to act *ou* play dumb to find out what one wants to know ◆ **âne bâté** † stupid ass*; → **bonnet, pont**

- **ÂNE DE BURIDAN**
- The origin of this expression is a philosophi-
- cal text, supposedly written by Buridan in the
- 14th century, about an ass that starves to
- death because he cannot choose between
- two identical heaps of oats. The term has
- come to refer to any person who finds it im-
- possible to make up their mind.

anéantir /aneɑ̃tiʀ/ SYN ▸ conjug 2 ◂

VT 1 (= *détruire*) [+ *ville, armée, peuple*] to annihilate, to wipe out; [+ *efforts*] to wreck, to destroy; [+ *espoirs*] to dash, to destroy; [+ *sentiment*] to destroy

2 (= *déprimer* : *gén pass*) [*chaleur*] to overwhelm, to overcome; [*fatigue*] to exhaust, to wear out; [*chagrin*] to crush ◆ **la nouvelle l'a anéanti** the news completely broke him

VPR **s'anéantir** [*espoir*] to be dashed

anéantissement /aneɑ̃tismɑ̃/ SYN NM
1 (= *destruction*) [*de ville, armée, peuple*] annihilation, wiping out; [*d'efforts, sentiment*] destruction ◆ **c'est l'anéantissement de tous mes espoirs** that's the end of *ou* that has dashed all my hopes ◆ **ce régime vise à l'anéantissement de l'individu** this régime aims at the complete suppression *ou* annihilation of the individual
2 (= *fatigue*) exhaustion; (= *abattement*) dejection

anecdote /anɛkdɔt/ SYN NF (*gén*) anecdote ◆ **l'anecdote** (= *détails*) trivial detail ◆ **pour l'anecdote** as a matter of interest ◆ **cet historien ne s'élève pas au-dessus de l'anecdote** (*péj*) this historian doesn't rise above the anecdotal

anecdotique /anɛkdɔtik/ SYN

ADJ [*caractère, aspect*] trivial; [*peinture*] exclusively concerned with detail (*attrib*) ◆ **le caractère anecdotique de cet incident** the trivial nature of the incident ◆ **ce sujet n'a qu'un intérêt anecdotique** this subject is only of passing *ou* minor interest ◆ **cette histoire est anecdotique** this story relates to an isolated incident ◆ **une histoire anecdotique de la télévision** a collection of TV trivia

NM ◆ **l'anecdotique** the details ◆ **on nous a reproché de faire dans l'anecdotique et le superficiel** we've been taken to task for concerning ourselves with superficial details ◆ **ne tombons pas dans l'anecdotique** let's not get too concerned with minor details

(!) Attention à ne pas traduire automatiquement **anecdotique** par **anecdotal**, qui a le sens de 'isolé', 'non généralisable'.

anecdotiquement /anɛkdɔtikmɑ̃/ ADV incidentally ◆ **anecdotiquement, je vous avoue que j'ai toujours trouvé cela ridicule** incidentally, I must admit I've always found this ridiculous

anéchoïque /anekɔik/ ADJ anechoic

anémiant, e /anemjɑ̃, ɑ̃t/ ADJ (*Méd*) causing anaemia (*Brit*) *ou* anemia (*US*); (*fig*) debilitating

anémie /anemi/ NF (*Méd*) anaemia (*Brit*), anemia (*US*); (*fig*) [*d'économie*] weakness ◆ **anémie pernicieuse** pernicious anaemia ◆ **anémie falciforme** sickle cell anaemia

anémié, e /anemje/ (*ptp de* **anémier**) ADJ (*Méd*) anaemic (*Brit*), anemic (*US*); (*fig*) weakened, enfeebled

anémier /anemje/ ▸ conjug 7 ◂

VT (*Méd*) to make anaemic (*Brit*) *ou* anemic (*US*); (*fig*) to weaken

VPR **s'anémier** (*Méd*) to become anaemic (*Brit*) *ou* anemic (*US*)

anémique /anemik/ SYN ADJ (*Méd, fig*) anaemic (*Brit*), anemic (*US*)

anémographe /anemɔgʀaf/ NM anemograph

anémomètre /anemɔmɛtʀ/ NM (*pour un fluide*) anemometer; (*pour le vent*) anemometer, wind gauge

anémone /anemɔn/ NF anemone ◆ **anémone sylvie** wood anemone ◆ **anémone de mer** sea anemone

anémophile /anemɔfil/ ADJ anemophilous

anencéphale /anɑ̃sefal/ ADJ anencephalic

anencéphalie /anɑ̃sefali/ NF anencephaly

ânerie /ɑnʀi/ SYN NF 1 (*caractère*) stupidity ◆ **il est d'une ânerie !** he's a real ass!*

2 (= *parole*) stupid *ou* idiotic remark; (*action*) stupid mistake, blunder ◆ **arrête de dire des âneries !** stop talking nonsense! *ou* rubbish (*Brit*)! ◆ **faire une ânerie** to make a blunder, to do something silly

anéroïde /aneʀɔid/ ADJ → **baromètre**

ânesse /ɑnɛs/ NF she-ass, jenny

anesthésiant, e /anɛstezjɑ̃, ɑ̃t/ ADJ, NM anaesthetic (*Brit*), anesthetic (*US*) ◆ **anesthésiant local** local anaesthetic

anesthésie /anɛstezi/ NF (= *état d'insensibilité, technique*) anaesthesia (*Brit*), anesthesia (*US*); (= *opération*) anaesthetic (*Brit*), anesthetic (*US*) ◆ **sous anesthésie** under anaesthetic *ou* anaesthesia ◆ **anesthésie générale/locale** general/local anaesthetic ◆ **je vais vous faire une anesthésie** I'm going to give you an anaesthetic

anesthésier /anɛstezje/ SYN ▸ conjug 7 ◂ VT (*Méd*) [+ *organe*] to anaesthetize (*Brit*), to anesthetize (*US*); [+ *personne*] to give an anaesthetic (*Brit*) *ou* anesthetic (*US*) to, to anaesthetize (*Brit*), to anesthetize (*US*); (*fig*) to deaden, to benumb, to anaesthetize (*Brit*), to anesthetize (*US*) ◆ **j'étais comme anesthésié** (*fig*) I felt completely numb

anesthésiologie /anɛstezjɔlɔʒi/ NF anaesthetics (*Brit*) (*sg*), anesthesiology (*US*)

anesthésique /anɛstezik/

ADJ [*substance*] anaesthetic (*Brit*), anesthetic (*US*)

NM anaesthetic (*Brit*), anesthetic (*US*)

anesthésiste /anɛstezist/ NMF anaesthetist (*Brit*), anesthesiologist (*US*)

aneth /anɛt/ NM dill

anévrisme /anevʀism/ NM aneurism; → **rupture**

anfractuosité /ɑ̃fʀaktɥozite/ NF crevice

angarie /ɑ̃gaʀi/ NF angary

ange /ɑ̃ʒ/ SYN

NM 1 (*Rel*) angel ◆ **bon/mauvais ange** good/bad angel ◆ **être le bon ange de qn** to be sb's good *ou* guardian angel ◆ **être le mauvais ange de qn** to be an evil influence on sb

2 (= *personne*) angel ◆ **oui mon ange** yes, darling ◆ **va me chercher mes lunettes tu seras un ange** be an angel *ou* a darling and get me my glasses ◆ **il est sage comme un ange** he's an absolute angel, he's as good as gold ◆ **il est beau comme un ange** he's absolutely gorgeous ◆ **avoir une patience d'ange** to have the patience of a saint ◆ **c'est un ange de douceur/de bonté** he's sweetness/kindness itself

3 (= *poisson*) angel fish

4 (*locutions*) ◆ **un ange passa** there was an awkward pause *ou* silence ◆ **être aux anges** to be in seventh heaven; → **discuter**

COMP **ange déchu** (*Rel*) fallen angel **l'ange exterminateur** (*Rel*) the exterminating angel **ange gardien** (*Rel, fig*) guardian angel; (= *garde du corps*) bodyguard; → **cheveu, faiseur**

angéiologie /ɑ̃ʒejɔlɔʒi/ NF angiology

angéite /ɑ̃ʒeit/ NF angeitis, angiitis

Angelino /ɑ̃ʒlino/ NMF Angelino

angélique[1] /ɑ̃ʒelik/ SYN ADJ (*Rel, fig*) angelic(al)

angélique[2] /ɑ̃ʒelik/ NF (= *plante, substance*) angelica

angéliquement /ɑ̃ʒelikmɑ̃/ ADV angelically, like an angel

angélisme /ɑ̃ʒelism/ NM (*Rel*) angelism ◆ **l'angélisme du gouvernement** the government's naïve optimism

angelot /ɑ̃ʒ(ə)lo/ NM (*Art*) cherub

angélus /ɑ̃ʒelys/ NM angelus

angiectasie /ɑ̃ʒjɛktazi/ NF angiectasis

angine /ɑ̃ʒin/ NF (= *amygdalite*) tonsillitis; (= *pharyngite*) pharyngitis ◆ **avoir une angine** to have a sore throat ◆ **angine de poitrine** angina (*pectoris*) ◆ **angine couenneuse, angine diphtérique** diphtheria

(!) **angine** se traduit par le mot anglais **angina** uniquement au sens de 'angine de poitrine'.

angineux, -euse /ɑ̃ʒinø, øz/ ADJ anginal

angiocardiographie /ɑ̃ʒjokaʀdjɔgʀafi/ NF angiocardiography

angiographie /ɑ̃ʒjɔgʀafi/ NF angiography

angiologie /ɑ̃ʒjɔlɔʒi/ NF angiology

angiome /ɑ̃ʒjom/ NM angioma

angioneurotique /ɑ̃ʒjɔnøʀɔtik/ ADJ angioneurotic

angioplastie /ɑ̃ʒjoplasti/ NF angioplasty

angiosperme /ɑ̃ʒjɔspɛʀm/

ADJ angiospermous

NFPL **les angiospermes** angiosperms, the Angiospermae (*SPÉC*)

angiotensine /ɑ̃ʒjotɑ̃sin/ NF angiotensin

anglais, e /ɑ̃glɛ, ɛz/

ADJ English; → **assiette, broderie, crème** *etc*

NM 1 ◆ **Anglais** Englishman ◆ **les Anglais** (*en général*) English people, the English; (*abusivement* = *Britanniques*) British people, the British; (= *hommes*) Englishmen ◆ **les Anglais ont débarqué*** (= *j'ai mes règles*) I've got the curse*, I've got my period

2 (= *langue*) English ◆ **anglais canadien/britannique/américain** Canadian/British/American English ◆ **parler anglais** to speak English

NF **anglaise** SYN 1 ◆ **Anglaise** Englishwoman

2 (*Coiffure*) ◆ **anglaises** ringlets

3 (*Écriture*) = modern English handwriting

LOC ADJ, LOC ADV **à l'anglaise** [*légumes*] boiled; [*parc, jardin*] landscaped ◆ **cuit à l'anglaise** boiled; → **filer**

angle /ɑ̃gl/ GRAMMAIRE ACTIVE 26.3 SYN

NM 1 [*de meuble, rue*] corner ◆ **à l'angle de ces deux rues** at *ou* on the corner of these two streets ◆ **le magasin qui fait l'angle** the shop on the corner ◆ **la maison est en angle** the house stands directly *ou* is right on the corner ◆ **meuble d'angle** corner unit

2 (*Math*) angle

3 (= *aspect*) angle, point of view ◆ **vu sous cet angle** seen from *ou* looked at from that point of view

4 [*de caractère, personne*] rough edge; → **arrondir**

COMP **angles adjacents** adjacent angles
angle aigu acute angle
angles alternes alternate angles ◆ **angles alternes externes/internes** exterior/interior alternate angles
angle de braquage lock
angle de chasse [*de voiture*] castor angle
angle de couverture (*Photo*) lens field
angle dièdre dihedral angle
angle droit right angle ◆ **faire un angle droit** to be at right angles (*avec* to)
angle facial facial angle
angle d'incidence angle of incidence
angle d'inclinaison angle of inclination
angle inscrit (à un cercle) inscribed angle (of a circle)
angle de marche ⇒ **angle de route**
angle mort dead angle, blind spot
angle obtus obtuse angle
angle optique optic angle
angle de réfraction angle of refraction
angle rentrant re-entrant angle
angle de route (*Mil*) bearing, direction of march
angle saillant salient angle
angle de tir firing angle
angle visuel visual angle

Angleterre /ɑ̃glətɛʀ/ NF England; (*abusivement* = *Grande Bretagne*) (Great) Britain

anglican, e /ɑ̃glikɑ̃, an/ ADJ, NM,F Anglican

anglicanisme /ɑ̃glikanism/ NM Anglicanism

angliche* /ɑ̃gliʃ/ (*hum ou péj*)

ADJ English, British

NMF **Angliche** Brit*, Britisher* ◆ **les Angliches** the Brits*

angliciser /ɑ̃glisize/ ▸ conjug 1 ◂

VT to anglicize

VPR **s'angliciser** to become anglicized

anglicisme /ɑ̃glisism/ NM anglicism

angliciste /ɑ̃glisist/ NMF (= *étudiant*) student of English (*language and civilization*); (= *spécialiste*) anglicist, English specialist

anglo- /ɑ̃glo/ PRÉF anglo- ◆ **anglo-irlandais** Anglo-Irish

anglo-américain (pl **anglo-américains**) /ɑ̃gloamerikɛ̃/
ADJ Anglo-American
NM (= variété de l'anglais) American English
NM,F **Anglo-Américain(e)** Anglo-American

anglo-arabe (pl **anglo-arabes**) /ɑ̃gloaʀab/ ADJ,
NM (= cheval) Anglo-Arab

anglo-canadien, -ienne (mpl **anglo-canadiens**) /ɑ̃glokanadjɛ̃, jɛn/
ADJ Anglo-Canadian
NM (= variété de l'anglais) Canadian English
NM,F **Anglo-Canadien(ne)** English Canadian

anglomane /ɑ̃gloman/ NMF anglomaniac

anglomanie /ɑ̃glomani/ NF anglomania

anglo-normand, e (mpl **anglo-normands**) /ɑ̃glonɔʀmɑ̃, ɑ̃d/
ADJ Anglo-Norman; → **île**
NM ① (= dialecte) Anglo-Norman, Norman French
② (= cheval) Anglo-Norman (horse)

anglophile /ɑ̃glofil/ ADJ, NMF anglophile

anglophilie /ɑ̃glofili/ NF anglophilia

anglophobe /ɑ̃glofɔb/
ADJ anglophobic
NMF anglophobe

anglophobie /ɑ̃glofɔbi/ NF anglophobia

anglophone /ɑ̃glofɔn/
ADJ [personne] English-speaking, Anglophone; [littérature] English-language (épith), in English (attrib)
NMF English speaker, Anglophone

anglo-saxon, -onne (mpl **anglo-saxons**) /ɑ̃glosaksɔ̃, ɔn/
ADJ Anglo-Saxon ◆ **les pays anglo-saxons** Anglo-Saxon countries
NM (= langue) Anglo-Saxon
NM,F **Anglo-Saxon(ne)** Anglo-Saxon

angoissant, e /ɑ̃gwasɑ̃, ɑ̃t/ SYN ADJ [situation, silence] harrowing, agonizing ◆ **nous avons vécu des jours angoissants** we suffered days of anguish

angoisse /ɑ̃gwas/ SYN NF ① (NonC) (gén, Psych) anxiety; (plus forte) fear ◆ **crises d'angoisse** anxiety attacks ◆ **l'angoisse métaphysique** (Philos) angst ◆ **l'angoisse le saisit** he was overwhelmed by a feeling of anxiety ◆ **plus les examens approchent, plus l'angoisse monte** the closer the exams get the more acute the anxiety becomes ◆ **l'angoisse de la mort** fear of death ◆ **il vivait dans l'angoisse** he lived in fear ◆ **il vivait dans l'angoisse d'un accident** he lived in dread of an accident, he dreaded an accident ◆ **vivre des jours d'angoisse** to go through ou suffer days of anguish ◆ **c'est l'angoisse** * it's nerve-racking ◆ **quelle angoisse, ces factures à payer !** * these bills are a terrible worry!
② (= peur) dread (NonC), fear ◆ **avoir des angoisses** (= sensation d'étouffement) to feel one is suffocating

angoissé, e /ɑ̃gwase/ SYN (ptp de **angoisser**)
ADJ anxious; (plus fort) acutely anxious; [question, silence] agonized
NM,F anxious person

angoisser /ɑ̃gwase/ SYN ► conjug 1 ◄
VT (= inquiéter) to distress, to cause distress to; (= oppresser) to choke
VI (* = être angoissé) to be worried sick *

Angola /ɑ̃gola/ NM Angola

angolais, e /ɑ̃golɛ, ɛz/
ADJ Angolan
NM,F **Angolais(e)** Angolan

angor /ɑ̃gɔʀ/ NM angina ◆ **crise d'angor** attack of angina

angora /ɑ̃gɔʀa/ ADJ, NM angora

angoumoisin, e /ɑ̃gumwazɛ̃, zin/
ADJ of ou from Angoulême
NM,F **Angoumoisin(e)** native ou inhabitant of Angoulême

angstrœm, angström /aŋstʀœm/ NM angstrom (unit)

anguiforme /ɑ̃gifɔʀm/ ADJ anguine

Anguilla /ɑ̃gija/ N Anguilla

anguille /ɑ̃gij/ NF eel ◆ **anguille de mer** conger eel ◆ **il m'a filé entre les doigts comme une anguille** he slipped right through my fingers, he wriggled out of my clutches ◆ **il y a anguille sous roche** there's something in the wind

anguillère /ɑ̃gijɛʀ/ NF (= vivier) eel-bed; (= pêcherie) eelery

anguilliforme /ɑ̃gijifɔʀm/ ADJ anguilliform

anguillule /ɑ̃gijyl/ NF eelworm

angulaire /ɑ̃gylɛʀ/ ADJ angular; → **pierre**

anguleux, -euse /ɑ̃gylø, øz/ ADJ [menton, visage] angular; [coude] bony

angustura /ɑ̃gystyʀa/ NF angustura, angostura

anharmonique /anaʀmɔnik/ ADJ anharmonic

anhélation /anelasjɔ̃/ NF shortness of breath

anhéler /anele/ ► conjug 6 ◄ VI to gasp

anhidrose /anidʀoz/ NF an(h)idrosis

anhydre /anidʀ/ ADJ anhydrous

anhydride /anidʀid/ NM anhydride

anhydrite /anidʀit/ NF anhydrite

anhydrobiose /anidʀobjoz/ NF cryptobiosis

anicroche* /anikʀɔʃ/ SYN NF hitch, snag ◆ **sans anicroches** [se passer] smoothly, without a hitch

ânier, -ière /anje, jɛʀ/ NM,F donkey-driver

anilide /anilid/ NM anilide

aniline /anilin/ NF aniline

animadversion /animadvɛʀsjɔ̃/ NF animadversion

animal, e (mpl -aux) /animal, o/ SYN
ADJ ① [espèce, règne, graisse, vie] animal (épith) ◆ **protéine (d'origine) animale** animal protein
② [force, réaction] animal (épith); [sensualité] raw, animal (épith); → **esprit**
NM ① (gén) animal ◆ **animal familier** ou **de compagnie** pet ◆ **animal de laboratoire** laboratory animal ◆ **animaux de boucherie** animals for slaughter
② (* ou péj) (= personne brutale) animal; (= personne stupide) silly devil * ◆ **où est parti cet animal ?** where did that devil * go?

animalcule /animalkyl/ NM micro-organism, animalcule (SPEC)

animalerie /animalʀi/ NF [de laboratoire] animal house; (= magasin) pet shop

animalier, -ière /animalje, jɛʀ/
ADJ [peintre, sculpteur] animal (épith), wildlife (épith); [film, photographie] wildlife (épith) ◆ **cinéaste animalier** maker of wildlife films; → **parc**
NM ① (Art) painter (ou sculptor) of animals, animal painter (ou sculptor)
② [de laboratoire] animal keeper

animalité /animalite/ NF animality

animateur, -trice /animatœʀ, tʀis/ SYN NM,F
① (= professionnel) [de spectacle, émission de jeux] host, compere (Brit), emcee (US); [d'émission culturelle] presenter; [de music-hall] compere (Brit), emcee (US); [de discothèque] disc jockey, DJ; [de club] leader, sponsor (US); [de camp de vacances] activity leader, camp counselor (US) ◆ **animateur (de) radio** radio presenter
② (= personne dynamique) ◆ **c'est un animateur né** he's a born organizer ◆ **l'animateur de cette entreprise** the driving force behind ou the prime mover in this undertaking ◆ **ce poste requiert des qualités d'animateur d'équipe** this post requires leadership qualities
③ (Ciné = technicien) animator

 animateur se traduit par le mot anglais animator uniquement au sens de 'auteur de dessins animés'.

animation /animasjɔ̃/ SYN NF ① (= vie) [de quartier, regard, personne] life, liveliness; [de discussion] animation, liveliness; (= affairement) [de rue, quartier, bureau] (hustle and) bustle ◆ **son arrivée provoqua une grande animation** his arrival caused a great deal of excitement ◆ **parler avec animation** to talk animatedly ◆ **mettre de l'animation** to liven things up ◆ **mettre de l'animation dans une soirée** to liven up a party
② (= activités) activities ◆ **chargé de l'animation culturelle/sportive** in charge of cultural/sports activities ◆ **centre**
③ [d'équipe, groupe de travail] leadership ◆ **l'animation d'une équipe** the leadership of a team ◆ **il veut un métier en relation avec l'animation des jeunes** he wants a job involving youth leadership ◆ **les cadres ont un rôle d'animation** a manager's role is to lead
④ (Ciné) animation ◆ **comme on le voit sur l'animation satellite** (Météo) as we can see from the satellite picture ◆ **l'animation en 3D** 3D animation ◆ **une animation montée à partir d'une série d'images fixes** a film made from a series of stills ; → **cinéma, film**

animé, e /anime/ SYN (ptp de **animer**) ADJ ① [rue, quartier] (= affairé) busy; (= plein de vie) lively; [regard, visage] lively; [discussion] animated, lively; [enchères] brisk ◆ **la Bourse est animée** The Stock Market is lively, trading is brisk
② (Ling, Philos) animate

animer /anime/ SYN ► conjug 1 ◄
VT ① (= mener) [+ spectacle, émission de jeux] to host, to compere (Brit), to emcee (US); [+ émission culturelle] to present; [+ discussion] to lead; [+ réunion] to run, to lead
② (= dynamiser, motiver) [+ parti] to be the driving force in; [+ équipe] to lead
③ (= donner de la vie à) [+ ville, soirée, conversation] to liven up; [+ visage] to animate, to light up; [+ peinture, statue] to bring to life; (Philos) [+ nature, matière] to animate ◆ **l'enthousiasme qui animait son regard** the enthusiasm which shone in his eyes ◆ **les meilleurs joueurs seront présents, ce qui va animer le tournoi** the top players will be there, which will make for an exciting tournament
④ (= stimuler) [haine, désir] to drive (on); [foi] to sustain; [espoir] to nourish, to sustain ◆ **animé par** ou **de** [+ volonté] driven (on) by; [+ désir] prompted by ◆ **animé des meilleures intentions** motivated by the best intentions ◆ **animer le marché** (Bourse) to stimulate the market ◆ **le patriotisme qui animait les soldats** the sense of patriotism that spurred the soldiers on
⑤ (surtout au passif = mouvoir) ◆ **l'objet est animé d'un mouvement de rotation** the object rotates ◆ **le balancier était animé d'un mouvement régulier** the pendulum was moving in a steady rhythm ou swinging steadily
VPR **s'animer** [personne, rue] to come to life, to liven up; [statue] to come to life; [conversation] to become animated, to liven up; [foule, objet inanimé] to come to life; [match] to liven up; [yeux, traits] to light up ◆ **les machines semblaient s'animer d'une vie propre** the machines seemed to have a life of their own

animisme /animism/ NM animism

animiste /animist/
ADJ [théorie] animist(ic); [société, population] animist
NMF animist

animosité /animozite/ SYN NF (= hostilité) animosity (contre towards, against)

anion /anjɔ̃/ NM anion

anis /ani(s)/ NM (= plante) anise; (Culin) aniseed; (= bonbon) aniseed ball ◆ **anis étoilé** star anise ◆ **à l'anis** aniseed (épith)

aniser /anize/ ► conjug 1 ◄ VT to flavour with aniseed ◆ **goût anisé** taste of aniseed

anisette /anizɛt/ NF anisette

anisotrope /anizɔtʀɔp/ ADJ anisotropic

anisotropie /anizɔtʀɔpi/ NF anisotropy

Ankara /ɑ̃kaʀa/ N Ankara

ankylose /ɑ̃kiloz/ NF ankylosis

ankyloser /ɑ̃kiloze/ SYN ► conjug 1 ◄
VT to stiffen, to ankylose (SPÉC) ◆ **être tout ankylosé** to be stiff all over ◆ **mon bras ankylosé** my stiff arm ◆ **cette routine qui nous ankylose** this mind-numbing routine
VPR **s'ankyloser** [membre] to stiffen up, to ankylose (SPÉC); [institution] to be stagnating; [esprit] to become stultified ou dulled

ankylostome /ɑ̃kilostom/ NM hookworm

ankylostomiase /ɑ̃kilostomjaz/ NF ancylostomiasis, ankylostomiasis, hookworm disease

annales /anal/ NFPL annals ◆ **ça restera dans les annales*** that'll go down in history (hum) ◆ **un cas unique dans les annales du crime** a case that is unique in the history of crime

annaliste /analist/ NMF annalist

annamite /anamit/†
ADJ Annamese, Annamite
NMF **Annamite** Annamese, Annamite

Annapurna /anapyʀna/ NM (Géog) Annapurna

Anne /an/ NF Ann, Anne ◆ **Anne d'Autriche** Anne of Austria ◆ **Anne Boleyn** Anne Boleyn ◆ **Anne de Bretagne** Anne of Brittany

anneau (pl **anneaux**) /ano/ SYN
- NM ① (= cercle, bague) ring; (= partie d'une bague) hoop; (= boucle d'oreille) hoop (earring); [de chaîne] link; [de préservatif] rim ◆ **anneau de rideau** curtain ring
② (Algèbre) ring; (Géom) ring, annulus
③ [de colonne] annulet; [de champignon] annulus; [de ver] segment, metamere (SPÉC); [de serpent] coil
④ (Sport) ◆ **les anneaux** the rings ◆ **exercices aux anneaux** ring exercises
- COMP **anneaux colorés** (Opt) Newton's rings
anneau de croissance [d'arbre] annual ou growth ring
anneau épiscopal bishop's ring
anneau nuptial wedding ring
anneau oculaire (Opt) eye ring
anneaux olympiques Olympic rings
anneaux de Saturne Saturn's rings
anneau sphérique (Géom) (spherical) annulus ou ring
anneau de vitesse (Sport) race track

année /ane/ GRAMMAIRE ACTIVE 23.2
- NF ① (= durée) year ◆ **il y a bien des années qu'il est parti** he's been gone for many years, it's many years since he left ◆ **la récolte d'une année** a ou one year's harvest ◆ **tout au long de l'année** the whole year (round), throughout the year ◆ **payé à l'année** paid annually ◆ **en année pleine** (Fin) in a full year ◆ **les bénéfices en année pleine** the full-year profits ◆ **année de base** (Fin) base year
② (= âge, Scol, Univ) year ◆ **il est dans sa vingtième année** he is in his twentieth year ◆ **l'année universitaire** the academic year ◆ **de première/deuxième année** (Scol, Univ) first-/second-year (épith)
③ (= point dans le temps) year ◆ **les années de guerre** the war years ◆ **année de naissance** year of birth ◆ **les années 60** the sixties, the 60s ◆ **en l'année 700 de notre ère/avant Jésus-Christ** (littér) in (the year) 700 AD/BC; → **bon¹**, **souhaiter**
- COMP **année bissextile** leap year
année budgétaire financial year
année calendaire, année civile calendar year
les années folles the Roaring Twenties
année de référence (Fin, Jur) base year ◆ **l'année de référence 1984** (Stat) the 1984 benchmark
année sainte Holy Year

année-lumière (pl **années-lumière**) /anelymjɛʀ/
- NF light year ◆ **à des années-lumière de** (lit, fig) light years away from ◆ **c'est à des années-lumière de mes préoccupations** it's the last thing on my mind ◆ **ma sœur et moi sommes à des années-lumière** there's a world of difference between my sister and me

annelé, e /an(ə)le/ ADJ ringed; [plante, animal] annulate; [colonne] annulated

annélides /anelid/ NMPL ◆ **les annélides** annelids, the Annelida (SPÉC)

annexe /anɛks/ GRAMMAIRE ACTIVE 26.2 SYN
- ADJ ① (= secondaire) [activités, produits, services] ancillary; [tempête] subsidiary [considérations] secondary; [budget, revenu] supplementary ◆ **avantages annexes** fringe benefits ◆ **frais annexes** incidental expenses ◆ **effets annexes** side effects ◆ **il fait des travaux annexes (pour compléter son salaire)** he does other jobs on the side
② (= attaché) [document] annexed, appended ◆ **les bâtiments annexes** the annexes
- NF ① [de document] (= pièces complémentaires) appendix; (= pièces additives) annex(e); [de contrat] (gén) rider; (= liste) schedule (de, à to) ◆ **en annexe** in the appendix
② (Constr) annex(e)
③ (= embarcation) tender, dinghy

annexer /anɛkse/ SYN ▸ conjug 1 ◂
- VT [+ territoire] to annex; [+ document] to append, to annex (à to)
- VPR **s'annexer*** (= s'attribuer) [+ bureau, personne] to commandeer (hum)

annexion /anɛksjɔ̃/ NF (Pol) annexation

annexionnisme /anɛksjɔnism/ NM annexationism

annexionniste /anɛksjɔnist/ ADJ, NMF annexationist

Annibal /anibal/ NM Hannibal

annihilation /aniilasjɔ̃/ NF ① [d'efforts, espoirs, résistance] destruction; [de peuple] annihilation
② (Phys) annihilation

annihiler /aniile/ SYN ▸ conjug 1 ◂ VT [+ efforts] to wreck, to destroy; [+ espoirs] to dash, to wreck; [+ résistance] to wipe out, to destroy; [+ personne, esprit] to crush; [+ peuple] to annihilate, to wipe out

anniversaire /anivɛʀsɛʀ/ GRAMMAIRE ACTIVE 23.3 SYN
- NM [de personne] birthday; [d'événement, mariage, mort] anniversary ◆ **bon** ou **joyeux anniversaire !** happy birthday! ◆ **c'est l'anniversaire de leur mariage** it's their (wedding) anniversary ◆ **cadeau/carte d'anniversaire** birthday present/card
- ADJ ◆ **la date** ou **le jour anniversaire de la victoire** the anniversary of the victory

⚠ *anniversaire* se traduit par **anniversary** uniquement au sens de 'commémoration'.

annonce /anɔ̃s/ GRAMMAIRE ACTIVE 19.1 SYN NF
① [d'accord, décision, résultat] announcement ◆ **l'annonce officielle des fiançailles** the official announcement of the engagement ◆ **faire une annonce** to make an announcement ◆ **à l'annonce de cet événement** when the event was announced ◆ **il cherche l'effet d'annonce** he wants to make an impact ◆ « **annonce personnelle** » "personal message" ◆ **annonce judiciaire** ou **légale** legal notice
② (Cartes) declaration; (Bridge) (gén) bid; (finale) declaration
③ (= publicité) (newspaper) advertisement; (pour emploi) job advertisement ◆ **petites annonces, annonces classées** classified advertisements ou ads*, classifieds, small ads* (Brit) ◆ **mettre** ou **passer une annonce (dans un journal)** to put ou place an advertisement in a paper ◆ **journal d'annonces** free sheet ◆ **page des petites annonces** (dans un journal) classifieds page, small-ads page (Brit)

annoncer /anɔ̃se/ GRAMMAIRE ACTIVE 24.1 SYN
▸ conjug 3 ◂
- VT ① (= informer de) [+ fait, décision, nouvelle] to announce (à to) ◆ **annoncer à qn que…** to tell sb that…, to announce to sb that… ◆ **on m'a annoncé par lettre que…** I was informed ou advised by letter that… ◆ **je lui ai annoncé la nouvelle** (gén) I told her the news, I announced the news to her; (mauvaise nouvelle) I broke the news to her ◆ **on annonce l'ouverture d'un nouveau magasin** they're advertising the opening of a new shop ◆ **on annonce la sortie prochaine de ce film** the forthcoming release of this film has been announced ◆ **les journaux ont annoncé leur mariage** their marriage has been announced in the papers ◆ **on annonce un grave incendie** a serious fire is reported to have broken out
② (= prédire) [+ pluie, détérioration] to forecast ◆ **on annonce un ralentissement économique dans les mois à venir** a slowdown in the economy is forecast ou predicted for the coming months ◆ **la défaite annoncée du parti** the predicted defeat of the party
③ (= signaler) [présage] to foreshadow, to foretell; [signe avant-coureur] to herald; [sonnerie, pas] to announce, to herald ◆ **les nuages qui annoncent une tempête** clouds that herald a storm ◆ **ça n'annonce rien de bon** it bodes ill ◆ **ce radoucissement annonce la pluie/le printemps** this warmer weather is a sign that rain/spring is on the way ◆ **la cloche qui annonce la fin des cours** the bell announcing ou signalling the end of classes
④ (= introduire) [+ personne] to announce ◆ **il entra sans se faire annoncer** he went in without being announced ou without announcing himself ◆ **qui dois-je annoncer ?** what name shall I say?, whom shall I announce?
⑤ (Cartes) to declare; (Bridge) (gén) to bid; (= demander un contrat) to declare ◆ **annoncer la couleur** (lit) to declare trumps; (fig) to lay one's cards on the table
- VPR **s'annoncer** ① (= se présenter) ◆ **comment est-ce que ça s'annonce ?** [situation] how is it shaping up? ou looking? ◆ **le temps s'annonce orageux** the weather looks stormy ◆ **l'année s'annonce excellente** it promises to be an excellent year ◆ **ça s'annonce bien** that looks promising ◆ **le projet s'annonce bien/mal** the project has got off to a good/bad start
② (= arriver) [événement, crise] to approach ◆ **la révolution qui s'annonçait** the signs of the coming revolution ◆ **l'hiver s'annonçait** winter was on the way
③ [personne] (= donner son nom) to announce o.s. ◆ **annoncez-vous au concierge en arrivant** make yourself known ou say who you are to the concierge when you arrive ◆ **il s'annonçait toujours en frappant 3 fois** he always announced himself by knocking 3 times ◆ **tu viens ici quand tu veux, tu n'as pas besoin de t'annoncer** you can come here whenever you like, you don't have to let me know in advance

annonceur, -euse /anɔ̃sœʀ, øz/
- NM,F (Radio, TV) announcer
- NM (= publicité) advertiser

annonciateur, -trice /anɔ̃sjatœʀ, tʀis/
- ADJ ◆ **signe annonciateur** [de maladie, crise] warning sign; [de catastrophe] portent; [d'amélioration, reprise économique] indication, sign ◆ **annonciateur de** [+ événement favorable] heralding; [+ événement défavorable] heralding, forewarning ◆ **vent annonciateur de pluie** wind that heralds rain
- NM,F herald, harbinger (littér)

Annonciation /anɔ̃sjasjɔ̃/ NF ◆ **l'Annonciation** (= événement) the Annunciation; (= fête) Annunciation Day, Lady Day

annoncier, -ière /anɔ̃sje, jɛʀ/ NM,F classified ads editor

annotateur, -trice /anɔtatœʀ, tʀis/ NM,F annotator

annotation /anɔtasjɔ̃/ SYN NF annotation

annoter /anɔte/ ▸ conjug 1 ◂ VT to annotate

annuaire /anɥɛʀ/ GRAMMAIRE ACTIVE 27.1 NM [d'organisme] yearbook, annual; [de téléphone] (telephone) directory, phone book ◆ **annuaire électronique** electronic directory ◆ **je ne suis pas dans l'annuaire** I'm ex-directory, I'm not in the phone book

annualisation /anɥalizasjɔ̃/ NF [de comptes] annualization ◆ **l'annualisation du temps de travail** the calculation of working hours on a yearly basis

annualiser /anɥalize/ ▸ conjug 1 ◂ VT (gén) to make annual; [+ comptes] to annualize ◆ **taux annualisé** annualized rate ◆ **travail à temps partiel annualisé** part-time work where the hours worked are calculated on a yearly basis

annualité /anɥalite/ NF (gén) yearly recurrence ◆ **l'annualité du budget/de l'impôt** yearly budgeting/taxation

annuel, -elle /anɥɛl/ ADJ annual, yearly; → **plante¹**

annuellement /anɥɛlmɑ̃/ ADV annually ◆ **les 50 000 tonnes de métal que l'usine produit annuellement** the 50,000 tonnes of metal the factory produces annually ◆ **les chiffres publiés annuellement par l'institut** the figures which the institute publishes annually ou once a year ◆ **les 100 millions d'euros alloués annuellement au ministère** the 100 million euros that are allocated to the ministry every year ou annually

annuité /anɥite/ NF (gén) annual instalment (Brit) ou installment (US), annual payment; [de dette] annual repayment ◆ **avoir toutes ses annuités** [de pension] to have (made) all one's years' contributions

annulable /anylabl/ ADJ annullable, liable to annulment (attrib)

annulaire /anylɛʀ/
- ADJ annular, ring-shaped
- NM ring finger, third finger

annulation /anylasjɔ̃/ SYN NF [de contrat] invalidation, nullification; [de jugement, décision] quashing; [d'engagement, réservation, commande] cancellation; [d'élection, acte, examen] nullification; [de mariage] annulment ◆ **ils demandent l'annulation de leur dette** they are asking for their debt to be cancelled

annuler /anyle/ GRAMMAIRE ACTIVE 20.4, 21.3 SYN
▸ conjug 1 ◂
- VT [+ contrat] to invalidate, to void; [+ jugement, décision] to quash; [+ engagement] to cancel, to call off; [+ élection, acte, examen] to nullify, to declare void; [+ mariage] to annul; [+ réservation] to cancel; [+ commande] to cancel, to withdraw; [+ dette] to cancel ◆ **le fax annule les distances** fax machines make distance irrelevant
- VPR **s'annuler** [poussées, efforts] to cancel each other out

anoblir /anɔbliʀ/ ▸ conjug 2 ◂ VT to ennoble, to confer a title of nobility on

anoblissement /anɔblismɑ̃/ NM ennoblement

anode /anɔd/ NF anode

anodin, e /anɔdɛ̃, in/ SYN ADJ [personne] insignificant; [détail] trivial, insignificant; [propos, re-

anodique | anti

anodique /anɔdik/ ADJ anodic

anodiser /anɔdize/ ▸ conjug 1 ◂ VT to anodize

anodonte /anɔdɔ̃t/
ADJ edentulous, edentulate
NM anodon

anomal, e (mpl **-aux**) /anɔmal, o/ ADJ (Gram) anomalous

anomalie /anɔmali/ SYN NF (gén, Astron, Gram) anomaly; (Bio) abnormality; (= défaut technique) (technical) fault ◆ **anomalie chromosomique/génétique** chromosomal/genetic abnormality *ou* defect

anomie /anɔmi/ NF anomie

ânon /ɑnɔ̃/ NM (= petit de l'âne) ass's foal; (= petit âne) little ass *ou* donkey

anone /anɔn/ NF sugar apple, annona

ânonnement /ɑnɔnmɑ̃/ NM (inexpressif) drone; (hésitant) faltering *ou* mumbling (speech)

ânonner /ɑnɔne/ ▸ conjug 1 ◂ VI (de manière inexpressive) to drone on; (en hésitant) to mumble away ◆ **ânonner sa leçon** to mumble one's way through one's lesson

anonymat /anɔnima/ NM anonymity ◆ **sous (le) couvert de l'anonymat, sous couvert d'anonymat** anonymously ◆ **garder** *ou* **conserver l'anonymat** to remain anonymous, to preserve one's anonymity ◆ **dans un total anonymat** in total anonymity ◆ **respecter l'anonymat de qn** to respect sb's desire for anonymity *ou* desire to remain anonymous

anonyme /anɔnim/ SYN ADJ (= sans nom) [auteur, interlocuteur, appel, lettre] anonymous; [main, voix] unknown; (= impersonnel) [décor, meubles] impersonal; → **alcoolique, société**

anonymement /anɔnimmɑ̃/ ADV anonymously

anonymiser /anɔnimize/ VT to anonymize

anophèle /anɔfɛl/ NM anopheles

anorak /anɔrak/ NM anorak

anordir /anɔrdir/ ▸ conjug 2 ◂ VI to veer to the north

anorexie /anɔrɛksi/ NF anorexia ◆ **anorexie mentale** anorexia nervosa

anorexigène /anɔrɛksiʒɛn/
ADJ [substance, effet] appetite-suppressing ◆ **médicament anorexigène** appetite suppressant (drug)
NM appetite suppressant

anorexique /anɔrɛksik/ ADJ, NMF anorexic

anormal, e (mpl **-aux**) /anɔrmal, o/ SYN
ADJ 1 (= atteint d'une anomalie) abnormal; (= insolite) [situation] unusual; [comportement] abnormal, unusual ◆ **si vous voyez quelque chose d'anormal, signalez-le** if you notice anything unusual *ou* irregular, report it
2 (= injuste) unfair ◆ **il est anormal que...** it isn't right *ou* it's unfair that...
NM,F († , Méd) abnormal person

anormalement /anɔrmalmɑ̃/ ADV [se développer] abnormally; [se conduire, agir] unusually, abnormally; [chaud, grand] unusually, abnormally

anormalité /anɔrmalite/ NF abnormality

anosmie /anɔsmi/ NF anosmia

anovulation /anɔvylasjɔ̃/ NF anovulation

anovulatoire /anɔvylatwar/ ADJ anovulatory

anoxémie /anɔksemi/ NF anoxaemia (Brit), anoxemia (US)

anoxie /anɔksi/ NF anoxia

anoxique /anɔksik/ ADJ anoxic

ANPE /aɛnpe/ NF (abrév de **Agence nationale pour l'emploi**) ≈ agence

anse /ɑ̃s/ SYN NF [de panier, tasse] handle; (Géog) cove; (Anat) loop, flexura (SPÉC) ◆ **anse (de panier)** (Archit) basket-handle arch ◆ **faire danser** *ou* **valser l'anse du panier** (hum) to make a bit out of the shopping money *

ansé, e /ɑ̃se/ ADJ [croix] ansate

antagonique /ɑ̃tagɔnik/ ADJ antagonistic

antagonisme /ɑ̃tagɔnism/ SYN NM antagonism

antagoniste /ɑ̃tagɔnist/ SYN
ADJ [forces, propositions] antagonistic; (Anat) [muscles] antagonist
NMF antagonist

antalgique /ɑ̃talʒik/ SYN ADJ, NM analgesic

antan /ɑ̃tɑ̃/ NM (littér) ◆ **d'antan** of yesteryear, of long ago ◆ **ma jeunesse d'antan** my long-lost youth ◆ **ma force d'antan** my strength of former days ◆ **mes plaisirs d'antan** my erstwhile pleasures

Antananarivo /ɑ̃tananarivo/ N Antananarivo

Antarctide /ɑ̃taʀktid/ NF ◆ **l'Antarctide** Antarctica

antarctique /ɑ̃taʀktik/
ADJ [région] Antarctic ◆ **l'océan Antarctique** the Antarctic Ocean
NM **Antarctique** ◆ **l'Antarctique** (= océan) the Antarctic; (= continent) Antarctica

Antarès /ɑ̃taʀɛs/ NF Antares

ante /ɑ̃t/ NF (Archit) anta

antécédence /ɑ̃tesedɑ̃s/ NF antecedence

antécédent, e /ɑ̃tesedɑ̃, ɑ̃t/
NM 1 (Gram, Math, Philos) antecedent
2 (Méd : surtout pl) medical *ou* case history ◆ **elle a des antécédents d'hypertension artérielle** she has a past *ou* previous history of high blood pressure ◆ **avez-vous des antécédents familiaux de maladies cardiaques ?** is there any history of heart disease in your family?
NMPL **antécédents** [de personne] past *ou* previous history; [d'affaire] past *ou* previous history, antecedents ◆ **avoir de bons/mauvais antécédents** to have a good/bad previous history ◆ **antécédents judiciaires** criminal record ◆ **ses antécédents politiques** his political background

antéchrist /ɑ̃tekrist/ NM Antichrist

antécime /ɑ̃tesim/ NF [de montagne] foresummit, subsidiary summit

antédiluvien, -ienne /ɑ̃tedilyvjɛ̃, jɛn/ ADJ (lit, fig) antediluvian

antéfixe /ɑ̃tefiks/ NF antefix

anténatal, e (mpl **s**) /ɑ̃tenatal/ ADJ [diagnostic, examen, dépistage] antenatal (épith), prenatal (épith)

antenne /ɑ̃tɛn/
NF 1 (= dispositif) (Radio, TV) aerial (Brit), antenna (US); [de radar] antenna
2 (= diffusion) (Radio, TV) ◆ **je donne l'antenne à Paris** (we'll go) over to Paris now ◆ **garder l'antenne** to stay on the air ◆ **quitter l'antenne** to go off the air ◆ **nous devons bientôt rendre l'antenne** we have to go back to the studio soon ◆ **je rends l'antenne au studio** and now back to the studio ◆ **être à l'antenne** to be on the air ◆ **passer à l'antenne** to be on the air ◆ **sur notre antenne** on our station ◆ **le concert sera diffusé sur l'antenne de France-Musique** the concert will be broadcast on France-Musique ◆ **temps d'antenne** airtime ◆ **vous avez droit à 2 heures d'antenne** you are entitled to 2 hours' broadcasting time *ou* airtime ◆ **leur parti est interdit d'antenne** their party is banned from radio and television, there is a broadcasting ban on their party ◆ **hors antenne, le ministre a déclaré que...** off the air, the minister declared that...
3 [d'insecte] antenna, feeler ◆ **avoir des antennes** (fig) to have a sixth sense ◆ **avoir des antennes dans un ministère** (fig) to have contacts in a ministry
4 (= unité) branch; (Mil = poste avancé) outpost ◆ **antenne médicale** medical unit
5 (Naut = vergue) lateen yard
COMP **antenne parabolique** *ou* **satellite** satellite dish, dish antenna (US)
antenne relais relay antenna

 Au sens de 'antenne de radio ou de télévision', **antenne** se traduit par **antenna** uniquement en anglais américain.

antenniste /ɑ̃tenist/ NMF aerial *ou* antenna technician

antépénultième /ɑ̃tepenyltjɛm/
ADJ antepenultimate
NF antepenultimate syllable, antepenult

antéposer /ɑ̃tepoze/ ▸ conjug 1 ◂ VT to place *ou* put in front of the word ◆ **sujet antéposé** subject placed *ou* put in front of the verb

antéposition /ɑ̃tepozisjɔ̃/ NF (Ling) anteposition

antérieur, e /ɑ̃teʀjœʀ/ SYN ADJ 1 (dans le temps) [époque, situation] previous, earlier ◆ **c'est antérieur à la guerre** it was prior to the war ◆ **cette décision était antérieure à son départ** that decision was taken prior to his departure ◆ **dans une vie antérieure** in a former life
2 (dans l'espace) [partie] front (épith) ◆ **membre antérieur** forelimb ◆ **patte antérieure** [de cheval, vache] forefoot; [de chien, chat] forepaw
3 (Ling) [voyelle] front (épith); → **futur, passé**

antérieurement /ɑ̃teʀjœʀmɑ̃/ ADV earlier ◆ **antérieurement à** prior *ou* previous to

antériorité /ɑ̃teʀjɔʀite/ NF [d'événement, phénomène] precedence; (Gram) anteriority

antérograde /ɑ̃teʀogʀad/ ADJ ◆ **amnésie antérograde** anterograde amnesia

antéversion /ɑ̃teveʀsjɔ̃/ NF anteversion

anthère /ɑ̃tɛʀ/ NF anther

anthéridie /ɑ̃teʀidi/ NF antheridium

anthérozoïde /ɑ̃teʀozoid/ NM antherozoid

anthèse /ɑ̃tɛz/ NF anthesis

anthologie /ɑ̃tɔlɔʒi/ SYN NF anthology; → **morceau**

anthonome /ɑ̃tɔnom/ NM apple blossom weevil

anthozoaires /ɑ̃tozoɛʀ/ NMPL ◆ **les anthozoaires** the Anthozoa

anthracène /ɑ̃tʀasɛn/ NM anthracene

anthracite /ɑ̃tʀasit/
NM anthracite
ADJ INV dark grey (Brit) *ou* gray (US), charcoal grey (Brit) *ou* gray (US)

anthracnose /ɑ̃tʀaknoz/ NF anthracnose

anthracose /ɑ̃tʀakoz/ NF coal miner's lung, anthracosis (SPÉC)

anthraquinone /ɑ̃tʀakinon/ NF anthraquinone

anthrax /ɑ̃tʀaks/ NM (= tumeur) carbuncle

anthrène /ɑ̃tʀɛn/ NM varied carpet beetle

anthropique /ɑ̃tʀopik/ ADJ anthropic

anthropocentrique /ɑ̃tʀopɔsɑ̃tʀik/ ADJ anthropocentric

anthropocentrisme /ɑ̃tʀopɔsɑ̃tʀism/ NM anthropocentrism

anthropogenèse /ɑ̃tʀopoʒɛnɛz/ NF anthropogenesis

anthropogénie /ɑ̃tʀopoʒeni/ NF anthropogeny

anthropoïde /ɑ̃tʀopoid/
ADJ anthropoid
NM anthropoid (ape)

anthropologie /ɑ̃tʀopɔlɔʒi/ NF anthropology

anthropologique /ɑ̃tʀopɔlɔʒik/ ADJ anthropological

anthropologiste /ɑ̃tʀopɔlɔʒist/, **anthropologue** /ɑ̃tʀopɔlɔg/ NMF anthropologist

anthropométrie /ɑ̃tʀopometʀi/ NF anthropometry

anthropométrique /ɑ̃tʀopometʀik/ ADJ anthropometric(al) ◆ **fiche anthropométrique** mugshot

anthropomorphe /ɑ̃tʀopomɔʀf/ ADJ anthropomorphous

anthropomorphique /ɑ̃tʀopomɔʀfik/ ADJ anthropomorphic

anthropomorphisme /ɑ̃tʀopomɔʀfism/ NM anthropomorphism

anthropomorphiste /ɑ̃tʀopomɔʀfist/
ADJ anthropomorphist, anthropomorphic
NMF anthropomorphist

anthroponymie /ɑ̃tʀoponimi/ NF (Ling) anthroponomy

anthropophage /ɑ̃tʀopofaʒ/
ADJ cannibalistic, cannibal (épith)
NMF cannibal

anthropophagie /ɑ̃tʀopofaʒi/ NF cannibalism, anthropophagy (SPÉC)

anthropopithèque /ɑ̃tʀopopitɛk/ NM anthropopithecus

anthume /ɑ̃tym/ ADJ [œuvre] published during the author's lifetime

anthyllis /ɑ̃tilis/ NF kidney vetch, ladies' fingers

anti /ɑ̃ti/
PRÉF ◆ **anti(-)** anti- ◆ **anti-impérialisme** anti-imperialism ◆ **l'anti-art/-théâtre** anti-art/-theatre ◆ **flash anti-yeux rouges** flash with

red-eye reduction feature ◆ **loi anticasseur(s)** law against looting
■ (hum) ◆ **le parti des antis** those who are anti ou against, the anti crowd *

anti-acnéique /ɑ̃tiakneik/ ADJ [traitement, préparation] anti-acne (épith)

antiacridien, -ienne /ɑ̃tiakʀidjɛ̃, jɛn/ ADJ locust control (épith) ◆ **la lutte antiacridienne** the fight to control locusts

antiadhésif, -ive /ɑ̃tiadezif, iv/ ADJ [poêle, revêtement] non-stick (épith)

antiaérien, -ienne /ɑ̃tiaeʀjɛ̃, jɛn/ ADJ [batterie, canon, missile] anti-aircraft; [abri] air-raid (épith)

anti-âge /ɑ̃tiɑʒ/ ADJ INV anti-ageing

antialcoolique /ɑ̃tialkɔlik/ ADJ ◆ **campagne antialcoolique** campaign against alcohol ◆ **ligue antialcoolique** temperance league

antiallergique /ɑ̃tialɛʀʒik/
■ ADJ anti-allergic
■ NM anti-allergic drug

antiamaril, e /ɑ̃tiamaʀil/ ADJ ◆ **vaccination antiamarile** yellow fever vaccination

antiaméricanisme /ɑ̃tiameʀikanism/ NM anti-Americanism

antiatomique /ɑ̃tiatɔmik/ ADJ anti-radiation ◆ **abri antiatomique** fallout shelter

anti-aveuglant, e /ɑ̃tiavœglɑ̃, ɑ̃t/ ADJ anti-dazzle

anti-avortement /ɑ̃tiavɔʀtəmɑ̃/ ADJ INV anti-abortion, pro-life

antibalistique /ɑ̃tibalistik/ ADJ [missile] antiballistic

antibiogramme /ɑ̃tibjɔgʀam/ NM antibiogram

antibiothérapie /ɑ̃tibjoteʀapi/ NF antibiotic therapy

antibiotique /ɑ̃tibjɔtik/ ADJ, NM antibiotic ◆ **être/mettre sous antibiotiques** to be/put on antibiotics

antiblocage /ɑ̃tiblɔkaʒ/ ADJ INV ◆ **système antiblocage des roues** antilock braking system, ABS

antibogue /ɑ̃tibɔg/
■ ADJ debugging
■ NM debugging tool

antibois /ɑ̃tibwɑ/ NM chair-rail

antibourgeois, e /ɑ̃tibuʀʒwa, waz/ ADJ antibourgeois

antibrouillage /ɑ̃tibʀujaʒ/ NM (= dispositif) anti-jamming device

antibrouillard /ɑ̃tibʀujaʀ/ ADJ, NM ◆ **(phare) antibrouillard** fog lamp (Brit), fog light (US)

antibruit /ɑ̃tibʀɥi/ ADJ INV ◆ **mur antibruit** (= qui empêche le bruit) soundproof wall; (= qui diminue le bruit) noise-reducing wall ◆ **campagne antibruit** campaign against noise pollution

antibuée /ɑ̃tibɥe/ ADJ INV ◆ **dispositif antibuée** demister ◆ **bombe/liquide antibuée** anti-mist spray/liquid

anticalcaire /ɑ̃tikalkɛʀ/
■ ADJ ◆ **poudre anticalcaire** water softener
■ NM water softener

anticancéreux, -euse /ɑ̃tikɑ̃seʀø, øz/ ADJ cancer (épith) ◆ **centre anticancéreux** (= laboratoire) cancer research centre; (= hôpital) cancer hospital ◆ **médicament anticancéreux** anti-cancer drug

anticathode /ɑ̃tikatɔd/ NF anticathode

anticellulite /ɑ̃tiselylit/ ADJ INV anti-cellulite (épith)

anticerne /ɑ̃tisɛʀn/ NM concealer (to cover shadows under the eyes)

antichambre /ɑ̃tiʃɑ̃bʀ/ SYN NF antechamber, anteroom ◆ **faire antichambre** † to wait humbly ou patiently (for an audience with sb)

antichar /ɑ̃tiʃaʀ/ ADJ anti-tank

antichoc /ɑ̃tiʃɔk/ ADJ [montre] shockproof

antichrèse /ɑ̃tikʀɛz/ NF living pledge (of real estate)

antichute /ɑ̃tiʃyt/ ADJ INV ◆ **lotion antichute** hair restorer

anticipation /ɑ̃tisipasjɔ̃/ SYN NF ① (gén, Sport, Fin, Mus) anticipation ◆ **par anticipation** [rembourser] in advance ◆ **paiement par anticipation** payment in advance ou anticipation, advance payment ◆ **était-ce une réponse par anticipation ?** was he anticipating the question by giving that reply?

② (Écon) ◆ **anticipations** expectations ◆ **anticipations inflationnistes** inflationary expectations

③ (futuriste) ◆ **littérature d'anticipation** science fiction ◆ **roman/film d'anticipation** science-fiction ou futuristic novel/film

④ (Ordin) look-ahead

anticipé, e /ɑ̃tisipe/ ADJ [élections, retour] early (épith) (ptp de anticiper) ◆ **remboursement anticipé** repayment before due date ◆ **élections anticipées** early elections ◆ **retraite anticipée** early retirement ◆ **avec mes remerciements anticipés** thanking you in advance ou in anticipation

anticiper /ɑ̃tisipe/ SYN ▸ conjug 1 ◂
■ VI (= prévoir, calculer) to anticipate; (en imaginant) to look ou think ahead, to anticipate what will happen; (en racontant) to jump ahead ◆ **n'anticipons pas** let's not look ou think too far ahead, let's not anticipate ◆ **mais j'anticipe !** but I'm getting ahead of myself!
■ VT INDIR **anticiper sur** [+ récit, rapport] to anticipate ◆ **anticiper sur l'avenir** to anticipate the future ◆ **sans vouloir anticiper sur ce que je dirai tout à l'heure** without wishing to go into what I shall say later ◆ **il anticipe bien (sur les balles)** (Sport) he's got good anticipation
■ VT (Comm) [+ paiement] to pay before due, to anticipate; (Sport) to anticipate; [+ avenir, événement, reprise économique] to anticipate

anticlérical, e (mpl -aux) /ɑ̃tikleʀikal, o/
■ ADJ anticlerical
■ NM,F anticleric(al)

anticléricalisme /ɑ̃tikleʀikalism/ NM anticlericalism

anticlinal, e (mpl -aux) /ɑ̃tiklinal, o/ ADJ, NM anticlinal

anticoagulant, e /ɑ̃tikɔagylɑ̃, ɑ̃t/ ADJ, NM anticoagulant

anticodon /ɑ̃tikɔdɔ̃/ NM anticodon

anticollision /ɑ̃tikɔlizjɔ̃/ ADJ INV ◆ **système anticollision** collision avoidance system, anti-collision system

anticolonialisme /ɑ̃tikɔlɔnjalism/ NM anticolonialism

anticolonialiste /ɑ̃tikɔlɔnjalist/ ADJ, NM,F anticolonialist

anticommunisme /ɑ̃tikɔmynism/ NM anticommunism

anticommuniste /ɑ̃tikɔmynist/ ADJ, NM,F anticommunist

anticonceptionnel, -elle /ɑ̃tikɔ̃sɛpsjɔnɛl/ ADJ contraceptive ◆ **moyens anticonceptionnels** contraceptive methods, methods of birth control

anticonformisme /ɑ̃tikɔ̃fɔʀmism/ NM nonconformism

anticonformiste /ɑ̃tikɔ̃fɔʀmist/ ADJ, NM,F nonconformist

anticonjoncturel, -elle /ɑ̃tikɔ̃ʒɔ̃ktyʀɛl/ ADJ [mesures] counter-cyclical

anticonstitutionnel, -elle /ɑ̃tikɔ̃stitysjɔnɛl/ ADJ unconstitutional

anticonstitutionnellement /ɑ̃tikɔ̃stitysjɔnɛlmɑ̃/ ADV unconstitutionally

anticorps /ɑ̃tikɔʀ/ NM antibody

anticorrosion /ɑ̃tikɔʀozjɔ̃/ ADJ INV anticorrosive

anti-crevaison /ɑ̃tikʀəvɛzɔ̃/ ADJ INV ◆ **bombe anti-crevaison** (instant) puncture sealant

anticyclone /ɑ̃tisiklon/ NM anticyclone

anticyclonique /ɑ̃tisiklɔnik/ ADJ anticyclonic

antidate /ɑ̃tidat/ NF antedate

antidater /ɑ̃tidate/ ▸ conjug 1 ◂ VT to put a false date on ◆ **ces documents ont été antidatés** these documents have been given earlier dates

antidéflagrant, e /ɑ̃tideflagʀɑ̃, ɑ̃t/ ADJ explosion-proof

antidéflagration /ɑ̃tideflagʀasjɔ̃/ ADJ INV ◆ **porte antidéflagration** blast-proof door

antidémarrage /ɑ̃tidemaʀaʒ/ ADJ INV ◆ **dispositif antidémarrage** (engine) immobiliser

antidémocratique /ɑ̃tidemɔkʀatik/ ADJ (= opposé à la démocratie) antidemocratic; (= peu démocratique) undemocratic

antidépresseur /ɑ̃tidepʀesœʀ/ ADJ M, NM antidepressant

antidérapant, e /ɑ̃tideʀapɑ̃, ɑ̃t/ ADJ [tapis, sol, surface] non-slip; [pneu] non-skid

antidétonant, e /ɑ̃tidetɔnɑ̃, ɑ̃t/ ADJ, NM antiknock

antidiphtérique /ɑ̃tidiftʀeʀik/ ADJ [sérum] diphtheria (épith)

antidiurétique /ɑ̃tidjyʀetik/ ADJ, NM antidiuretic

antidopage /ɑ̃tidɔpaʒ/ ADJ [loi, contrôle] doping (épith), anti-doping (épith) ◆ **subir un contrôle antidopage** to be dope-tested

antidote /ɑ̃tidɔt/ SYN NM (lit, fig) antidote (contre, de for, against)

antidouleur /ɑ̃tidulœʀ/
■ ADJ INV [médicament, traitement] painkilling (épith) ◆ **centre antidouleur** pain control unit
■ NM painkiller

antidrogue /ɑ̃tidʀɔg/ ADJ INV [lutte] against drug abuse; [campagne] anti-drug(s) ◆ **brigade antidrogue** drug squad

antidumping /ɑ̃tidœmpiŋ/ ADJ INV anti-dumping

antiéconomique /ɑ̃tiekɔnɔmik/ ADJ uneconomical

antieffraction /ɑ̃tiefʀaksjɔ̃/ ADJ [vitres] burglar-proof

antiémétique /ɑ̃tiemetik/ ADJ, NM antiemetic

anti-émeute(s) /ɑ̃tiemøt/ ADJ [police, brigade, unité] riot (épith)

antienne /ɑ̃tjɛn/ NF (Rel) antiphony; (fig littér) chant, refrain

antienzyme /ɑ̃tiɑ̃zim/ NM ou F anti-enzyme

antiépileptique /ɑ̃tiepilɛptik/
■ ADJ antiepileptic
■ NM antiepileptic drug

antiesclavagisme /ɑ̃tiɛsklavaʒism/ NM opposition to slavery; (Hist US) abolitionism

antiesclavagiste /ɑ̃tiɛsklavaʒist/
■ ADJ antislavery, opposed to slavery (attrib); (Hist US) abolitionist
■ NM,F opponent of slavery; (Hist US) abolitionist

anti-européen, -enne /ɑ̃tiøʀɔpeɛ̃, ɛn/
■ ADJ anti-European
■ NM,F anti-European ◆ **les anti-européens du parti** the anti-European wing of the party

antifading /ɑ̃tifadiŋ/ NM automatic gain control

antifasciste /ɑ̃tifaʃist/ ADJ, NM,F antifascist

anti-fatigue /ɑ̃tifatig/ ADJ ◆ **(produit) anti-fatigue** anti-fatigue product

antiféministe /ɑ̃tifeminist/ ADJ, NM,F antifeminist

antifongique /ɑ̃tifɔ̃ʒik/ ADJ, NM antifungal

antifriction /ɑ̃tifʀiksjɔ̃/ ADJ INV ◆ **(métal) antifriction** antifriction ou white metal

anti-g /ɑ̃tiʒe/ ADJ INV ◆ **combinaison anti-g** G-suit

antigang /ɑ̃tigɑ̃g/ ADJ INV, NM ◆ **la brigade antigang, l'antigang** the (police) commando squad

antigel /ɑ̃tiʒɛl/ ADJ INV, NM antifreeze

antigène /ɑ̃tiʒɛn/ NM antigen

antigivrant, e /ɑ̃tiʒivʀɑ̃, ɑ̃t/
■ ADJ anti-icing (épith)
■ NM anti-icer

antiglisse /ɑ̃tiglis/ ADJ INV nonslip

Antigone /ɑ̃tigɔn/ NF Antigone

antigouvernemental, e (mpl -aux) /ɑ̃tiguvɛʀnəmɑ̃tal, o/ ADJ antigovernment(al)

antigravitation /ɑ̃tigʀavitasjɔ̃/ NF antigravity

antigravitationnel, -elle /ɑ̃tigʀavitasjɔnɛl/ ADJ antigravity (épith)

antigrève /ɑ̃tigʀɛv/ ADJ INV [mesures] anti-strike

antigrippe /ɑ̃tigʀip/ ADJ INV ◆ **vaccin antigrippe** flu vaccine

antigros /ɑ̃tigʀo/ ADJ ◆ **racisme antigros** fatism

Antigua-et-Barbuda /ɑ̃tigwaebaʀbyda/ NPL Antigua and Barbuda

antiguais, e /ɑ̃tigwɛ, ɛz/
■ ADJ Antiguan
■ NM,F **Antiguais(e)** Antiguan

antiguerre /ɑ̃tigɛʀ/ ADJ INV antiwar

antihalo /ɑ̃tialo/ ADJ INV anti-halo

antihausse /ɑ̃tios/ ADJ INV [mesures] aimed at curbing price rises, anti-inflation (épith)

antihéros /ɑ̃tieʀo/ NM anti-hero

antihistaminique /ɑ̃tiistaminik/ ADJ, NM antihistamine

antihygiénique /ɑ̃tiiʒjenik/ ADJ unhygienic

anti-inflammatoire /ɑ̃tiɛ̃flamatwaʀ/ ADJ, NM anti-inflammatory

anti-inflationniste /ɑ̃tiɛ̃flasjɔnist/ ADJ [*mesure*] anti-inflationary, counter-inflationary

anti-IVG /ɑ̃tiiveʒe/ ADJ INV [*commando, mouvement*] pro-life

antijeu /ɑ̃tiʒø/ NM ♦ **faire de l'antijeu** to be unsporting ou unsportsmanlike

antillais, e /ɑ̃tije, ɛz/
 ADJ West Indian
 NM,F **Antillais(e)** West Indian

Antilles /ɑ̃tij/ NFPL ♦ **les Antilles** the West Indies ♦ **les Grandes/Petites Antilles** the Greater/Lesser Antilles ♦ **les Antilles françaises** the French West Indies ♦ **la mer des Antilles** the Caribbean Sea

antilogie /ɑ̃tilɔʒi/ NF antilogy

antilope /ɑ̃tilɔp/ NF antelope

antimatière /ɑ̃timatjɛʀ/ NF antimatter

antimilitarisme /ɑ̃timilitaʀism/ NM antimilitarism

antimilitariste /ɑ̃timilitaʀist/ ADJ, NMF antimilitarist

antimissile /ɑ̃timisil/ ADJ antimissile

antimite /ɑ̃timit/
 ADJ (anti-)moth (*épith*)
 NM mothproofing agent, moth repellent; (= *boules de naphtaline*) mothballs

antimitotique /ɑ̃timitɔtik/ ADJ, NM antimitotic

antimoine /ɑ̃timwan/ NM antimony

antimonarchique /ɑ̃timɔnaʀʃik/ ADJ antimonarchist, antimonarchic(al)

antimonarchiste /ɑ̃timɔnaʀʃist/ NMF antimonarchist

antimondialisation /ɑ̃timɔ̃djalizasjɔ̃/ NF anti-globalization

antimondialiste /ɑ̃timɔ̃djalist/ ADJ, NMF antiglobalist

antimoniate /ɑ̃timɔnjat/ NM antimoniate

antimoniure /ɑ̃timɔnjyʀ/ NM antimonide

antimoustiques /ɑ̃timustik/ ADJ INV ♦ **crème antimoustiques** mosquito repellent cream

antimycosique /ɑ̃timikozik/ ADJ, NM antimycotic

antinataliste /ɑ̃tinatalist/ ADJ ♦ **mesures antinatalistes** birth-rate reduction measures

antinational, e (mpl **-aux**) /ɑ̃tinasjɔnal, o/ ADJ antinational

antinazi, e /ɑ̃tinazi/ ADJ, NM,F anti-Nazi

antineutrino /ɑ̃tinøtʀino/ NM antineutrino

antineutron /ɑ̃tinøtʀɔ̃/ NM antineutron

antinévralgique /ɑ̃tinevʀalʒik/ ADJ, NM antineuralgic

antinomie /ɑ̃tinɔmi/ SYN NF antinomy

antinomique /ɑ̃tinɔmik/ SYN ADJ antinomic(al)

antinucléaire /ɑ̃tinykleɛʀ/ ADJ antinuclear ♦ **les (militants) antinucléaires** anti-nuclear campaigners, the anti-nuclear lobby

Antioche /ɑ̃tjɔʃ/ N Antioch

Antiope /ɑ̃tjɔp/ NF (abrév de **acquisition numérique et télévisualisation d'images organisées en pages d'écriture**) ≈ Videotex ®, ≈ Teletext ® (*Brit*), ≈ Ceefax ® (*Brit*)

antioxydant, e /ɑ̃tiɔksidɑ̃, ɑ̃t/ ADJ, NM antioxidant

antipaludéen, -enne /ɑ̃tipalydeɛ̃, ɛn/
 ADJ anti-malarial
 NM anti-malarial drug

antipaludique /ɑ̃tipalydik/
 ADJ [*vaccin*] anti-malarial ♦ **la lutte antipaludique** the fight against malaria
 NM anti-malarial drug

antipape /ɑ̃tipap/ NM antipope

antiparallèle /ɑ̃tipaʀalɛl/ ADJ antiparallel

antiparasite /ɑ̃tipaʀazit/ ADJ anti-interference (*épith*) ♦ **dispositif antiparasite** suppressor

antiparasiter /ɑ̃tipaʀazite/ ► conjug 1 ◄ VT to fit a suppressor to

antiparlementaire /ɑ̃tipaʀləmɑ̃tɛʀ/ ADJ anti-parliamentary

antiparlementarisme /ɑ̃tipaʀləmɑ̃taʀism/ NM antiparliamentarianism

antiparticule /ɑ̃tipaʀtikyl/ NF
 4 (*Phys*) antiparticle
 4 ♦ **filtre antiparticules** dust filter

antipasti /ɑ̃tipasti/ NMPL (*Culin*) antipasti

antipathie /ɑ̃tipati/ SYN NF antipathy ♦ **l'antipathie entre ces deux communautés** the hostility ou antipathy between the two communities ♦ **avoir de l'antipathie pour qn** to dislike sb

antipathique /ɑ̃tipatik/ SYN ADJ [*personne*] disagreeable, unpleasant; [*endroit*] unpleasant ♦ **il m'est antipathique** I don't like him, I find him most disagreeable

antipatriotique /ɑ̃tipatʀijɔtik/ ADJ antipatriotic; (= *peu patriote*) unpatriotic

antipatriotisme /ɑ̃tipatʀijɔtism/ NM antipatriotism

antipelliculaire /ɑ̃tipelikylɛʀ/ ADJ anti-dandruff (*épith*)

antipéristaltique /ɑ̃tipeʀistaltik/ ADJ antiperistaltic

antipersonnel /ɑ̃tipɛʀsɔnɛl/ ADJ INV antipersonnel

antiphonaire /ɑ̃tifɔnɛʀ/ NM antiphonary

antiphrase /ɑ̃tifʀaz/ NF antiphrasis ♦ **par antiphrase** ironically

antipode /ɑ̃tipɔd/ SYN NM ♦ **les antipodes** (*Géog*) the antipodes ♦ **être aux antipodes** to be on the other side of the world ♦ **votre théorie est aux antipodes de la mienne** (*fig*) our theories are poles apart, your theory and mine are at opposite extremes

antipodisme /ɑ̃tipɔdism/ NM juggling with the feet

antipoétique /ɑ̃tipɔetik/ ADJ unpoetic

antipoison /ɑ̃tipwazɔ̃/ ADJ INV ♦ **centre antipoison** treatment centre for poisoning cases

antipoliomyélitique /ɑ̃tipɔljɔmjelitik/ ADJ ♦ **vaccin antipoliomyélitique** polio vaccine

antipollution /ɑ̃tipɔlysjɔ̃/ ADJ INV antipollution (*épith*)

antiprotéase /ɑ̃tipʀɔteaz/ ADJ, NF ♦ **(molécule) antiprotéase** protease inhibitor

antiprotectionniste /ɑ̃tipʀɔtɛksjɔnist/
 ADJ free-trade (*épith*)
 NMF free trader

antiproton /ɑ̃tipʀɔtɔ̃/ NM antiproton

antiprurigineux, -euse /ɑ̃tipʀyʀiʒinø, øz/ ADJ, NM antipruritic

antipsychiatre /ɑ̃tipsikjatʀ/ NMF psychiatrist practising antipsychiatry

antipsychiatrie /ɑ̃tipsikjatʀi/ NF antipsychiatry

antipsychotique /ɑ̃tipsikɔtik/
 ADJ antipsychotic
 NM antipsychotic drug

antiputride /ɑ̃tipytʀid/ ADJ antiputrid

antipyrétique /ɑ̃tipiʀetik/ ADJ antipyretic

antipyrine /ɑ̃tipiʀin/ NF antipyrine

antiquaille /ɑ̃tikaj/ NF (*péj*) piece of old junk

antiquaire /ɑ̃tikɛʀ/ NMF antique dealer

antique /ɑ̃tik/ SYN
 ADJ 1 (= *de l'Antiquité*) [*vase, objet*] antique, ancient; [*style*] ancient ♦ **objets d'art antiques** antiquities
 2 (*littér* = *très ancien*) [*coutume, objet*] ancient; (*péj*) [*véhicule, chapeau*] antiquated, ancient
 NM ♦ **l'antique** (*de l'Antiquité*) classical art ou style

antiquité /ɑ̃tikite/ NF 1 (= *période*) ♦ **l'Antiquité** antiquity ♦ **l'Antiquité grecque/romaine** Greek/Roman antiquity ♦ **dès la plus haute Antiquité** since earliest antiquity, from very ancient times
 2 (= *ancienneté*) antiquity, (great) age ♦ **de toute antiquité** from the beginning of time, from time immemorial
 3 (= *objet de l'Antiquité*) piece of classical art; (= *objet ancien*) antique ♦ **antiquités** (= *œuvres de l'Antiquité*) antiquities; (= *meubles anciens*) antiques ♦ **marchand/magasin d'antiquités** antique dealer/shop

antirabique /ɑ̃tiʀabik/ ADJ ♦ **vaccin antirabique** rabies vaccine

antirachitique /ɑ̃tiʀaʃitik/ ADJ antirachitic

antiracisme /ɑ̃tiʀasism/ NM antiracism

antiraciste /ɑ̃tiʀasist/ ADJ, NMF antiracist, antiracialist (*Brit*)

antiradar /ɑ̃tiʀadaʀ/
 ADJ [*missile*] anti-radar (*épith*)
 NM anti-radar missile

antiradiation /ɑ̃tiʀadjasjɔ̃/ ADJ [*dispositif*] radiation-protection (*épith*)

anti-rationnel, -elle /ɑ̃tiʀasjɔnɛl/ ADJ counter-rational

antireflet /ɑ̃tiʀəflɛ/ ADJ INV [*surface*] non-reflecting; (*Photo*) bloomed

antireligieux, -ieuse /ɑ̃tiʀ(ə)liʒjø, jøz/ ADJ anti-religious

antirépublicain, e /ɑ̃tiʀepyblikɛ̃, ɛn/ ADJ antirepublican

antirétroviral, e (mpl **-aux**) /ɑ̃tiʀetʀoviʀal, o/
 ADJ antiretroviral
 NM antiretroviral drug

antirévolutionnaire /ɑ̃tiʀevɔlysjɔnɛʀ/ ADJ antirevolutionary

antirides /ɑ̃tiʀid/ ADJ anti-wrinkle (*épith*)

antiripage /ɑ̃tiʀipaʒ/ NM antiskating

antiroman /ɑ̃tiʀɔmɑ̃/ NM ♦ **l'antiroman** the antinovel, the anti-roman

antirouille /ɑ̃tiʀuj/
 ADJ INV anti-rust (*épith*)
 NM INV rust inhibitor, anti-rust (paint ou primer)

antiroulis /ɑ̃tiʀuli/ ADJ anti-roll (*épith*)

antisatellite /ɑ̃tisatelit/ ADJ antisatellite

antiscientifique /ɑ̃tisjɑ̃tifik/ ADJ antiscientific

antiscorbutique /ɑ̃tiskɔʀbytik/ ADJ antiscorbutic

antisèche /ɑ̃tisɛʃ/ NF (*arg Scol*) crib, cheat sheet * (*US*)

antiségrégationniste /ɑ̃tisegʀegasjɔnist/ ADJ antisegregationist

antisémite /ɑ̃tisemit/
 ADJ anti-Semitic
 NMF anti-Semite

antisémitisme /ɑ̃tisemitism/ NM anti-Semitism

antisepsie /ɑ̃tisɛpsi/ NF antisepsis

antiseptique /ɑ̃tisɛptik/ ADJ, NM antiseptic

antisérum /ɑ̃tiseʀɔm/ NM antiserum

antisida /ɑ̃tisida/ ADJ INV [*campagne, vaccin*] against AIDS, AIDS (*épith*); [*traitement*] for AIDS, AIDS (*épith*)

antisismique /ɑ̃tisismik/ ADJ earthquake-proof (*épith*)

antiskating /ɑ̃tisketiŋ/ NM antiskating

antislash /ɑ̃tislaʃ/ NM backslash

antisocial, e (mpl **-iaux**) /ɑ̃tisɔsjal, jo/ ADJ (*Pol*) antisocial

anti-sous-marin, e /ɑ̃tisumaʀɛ̃, in/ ADJ anti-submarine

antispasmodique /ɑ̃tispasmɔdik/ ADJ, NM antispasmodic

antisportif, -ive /ɑ̃tispɔʀtif, iv/ ADJ (*opposé au sport*) anti-sport; (*peu élégant*) unsporting, unsportsmanlike

antistatique /ɑ̃tistatik/ ADJ, NM antistatic

antistrophe /ɑ̃tistʀɔf/ NF antistrophe

antisubversif, -ive /ɑ̃tisybvɛʀsif, iv/ ADJ counter-subversive

antisudoral, e (mpl **-aux**) /ɑ̃tisydɔʀal, o/ ADJ, NM antisudoral, antisudoritic, anhidrotic

antisymétrique /ɑ̃tisimetʀik/ ADJ antisymmetric

antitabac /ɑ̃titaba/ ADJ INV ♦ **campagne antitabac** anti-smoking campaign ♦ **loi antitabac** law prohibiting smoking in public places

antitache(s) /ɑ̃titaʃ/ ADJ [*traitement*] stain-repellent

antiterroriste /ɑ̃titeʀɔʀist/ ADJ antiterrorist

antitétanique /ɑ̃titetanik/ ADJ [*sérum*] (anti-)tetanus (*épith*)

antithèse /ɑ̃titɛz/ SYN NF (*gén*) antithesis ♦ **c'est l'antithèse de** (= *le contraire*) it is the opposite of

antithétique /ɑ̃titetik/ ADJ antithetic(al)

antithyroïdien, -ienne /ɑ̃titiʀɔidjɛ̃, jɛn/
 ADJ antithyroid
 NM antithyroid drug

antitout* /ɑ̃titu/
- **ADJ INV** [personne] systematically opposed to everything
- **NMF INV** person who is systematically opposed to everything

antitoxine /ɑ̃titɔksin/ NF antitoxin

antitoxique /ɑ̃titɔksik/ ADJ antitoxic

antitrust /ɑ̃titʀœst/ ADJ INV [loi, mesures] anti-monopoly (Brit), anti-trust (US)

antitrypsine /ɑ̃titʀipsin/ NF antitrypsin

antituberculeux, -euse /ɑ̃tityberkylø, øz/ ADJ [sérum] tuberculosis (épith)

antitumoral, e (pl -aux) /ɑ̃titymɔral, o/ ADJ (Méd) [substance, action] anti-tumour (épith) (Brit), anti-tumor (épith) (US)

antitussif, -ive /ɑ̃titysif, iv/
- **ADJ** [comprimé] cough (épith), antitussive (SPÉC)
- **NM** cough mixture, antitussive (SPÉC)

antivariolique /ɑ̃tivaʀjɔlik/ ADJ ◆ vaccin antivariolique smallpox vaccine

antivénéneux, -euse /ɑ̃tivenenø, øz/ ADJ antidotal

antivenimeux, -euse /ɑ̃tivənimø, øz/ ADJ ◆ sérum antivenimeux, substance antivenimeuse antivenin, antivenene

antiviral, e (mpl -aux) /ɑ̃tiviral, o/ ADJ, NM antiviral

antivirus /ɑ̃tivirys/ NM (Méd) antiviral drug; (Ordin) antivirus

antivol /ɑ̃tivɔl/ NM, ADJ INV ◆ (dispositif antivol) anti-theft device; [de cycle] lock; (sur volant de voiture) (steering) lock ◆ mettre un antivol sur son vélo to put a lock on ou to lock one's bike

antonomase /ɑ̃tɔnɔmaz/ NF antonomasia

antonyme /ɑ̃tɔnim/ NM antonym

antonymie /ɑ̃tɔnimi/ NF antonymy

antre /ɑ̃tʀ/ NM (littér = caverne) cave; [d'animal] den, lair; (fig) den; (Anat) antrum

Anubis /anybis/ NM Anubis

anurie /anyʀi/ NF anuria

anus /anys/ NM anus ◆ anus artificiel colostomy

Anvers /ɑ̃vɛʀ/ N Antwerp

anxiété /ɑ̃ksjete/ SYN NF anxiety ◆ avec anxiété anxiously ◆ être dans l'anxiété to be very anxious ou worried

anxieusement /ɑ̃ksjøzmɑ̃/ ADV anxiously

anxieux, -ieuse /ɑ̃ksjø, jøz/ SYN
- **ADJ** [personne, regard] anxious, worried; [attente] anxious ◆ crises anxieuses anxiety attacks ◆ anxieux de anxious to
- **NM,F** worrier

anxiogène /ɑ̃ksjɔʒɛn/ ADJ [situation, effet] stressful, anxiety-provoking (SPÉC)

anxiolytique /ɑ̃ksjɔlitik/
- **ADJ** tranquillizing
- **NM** tranquillizer

AOC /aose/ NF (abrév de appellation d'origine contrôlée) ◆ fromage/vin AOC AOC cheese/wine (with a guarantee of origin)

- **AOC**
  - AOC is the highest French wine classification. It indicates that the wine meets strict requirements concerning the vineyard of origin, the type of vine grown, the method of production, and the volume of alcohol present. → VDQS

aoriste /aɔʀist/ NM aorist

aorte /aɔʀt/ NF aorta

aortique /aɔʀtik/ ADJ aortic

aortite /aɔʀtit/ NF aortitis

août /u(t)/ NM August ; pour loc voir septembre et quinze

aoûtat /auta/ NM harvest tick ou mite (Brit), chigger (US)

aoûtien, -ienne* /ausjɛ̃, jɛn/ NM,F August holidaymaker (Brit) ou vacationer (US)

AP /ape/ NF (abrév de Assistance publique) → assistance

ap. (abrév de après) after ◆ en 300 ap. J.-C. in 300 AD

apache /apaʃ/
- **ADJ** 1 (= indien) Apache

2 († = canaille) ◆ il a une allure apache he has a tough ou vicious look (about him)
- **NMF** Apache Apache ◆ les Apaches the Apaches
- **NM** († = voyou) ruffian, tough

apaisant, e /apɛzɑ̃, ɑ̃t/ ADJ 1 (= qui soulage) [musique, silence, crème] soothing

2 (= pacificateur) [discours] conciliatory

apaisement /apɛzmɑ̃/ SYN NM 1 [de passion, désir, soif, faim] appeasement ◆ après l'apaisement de la tempête once the storm had died down

2 (= soulagement) relief; (= assurance) reassurance ◆ cela lui procura un certain apaisement this brought him some relief ◆ donner des apaisements à qn to reassure sb

3 (Pol) appeasement ◆ une politique d'apaisement a policy of appeasement

apaiser /apɛze/ SYN ► conjug 1 ◄
- **VT** 1 [+ personne, foule] to calm down, to pacify; [+ animal] to calm down

2 [+ faim] to appease; [+ soif] to slake, to appease; [+ conscience] to salve, to soothe; [+ scrupules] to allay; [+ douleur] to soothe ◆ pour apaiser les esprits to calm people down
- **VPR** s'apaiser 1 [personne, malade, animal] to calm ou quieten down

2 [vacarme, excitation, tempête] to die down, to subside; [vagues, douleur] to die down; [passion, désir] to cool; [soif, faim] to be assuaged ou appeased; [scrupules] to be allayed ◆ sa colère s'est un peu apaisée he's calmed down a bit

apanage /apanaʒ/ SYN NM (= privilège) privilege ◆ être l'apanage de qn/qch to be the privilege ou prerogative of sb/sth ◆ avoir l'apanage de qch to have the sole ou exclusive right to sth, to possess sth exclusively ◆ il croit avoir l'apanage du bon sens he thinks he's the only one with any common sense

aparté /apaʀte/ NM (= entretien) private conversation (in a group); (Théât, gén = remarque) aside ◆ en aparté in an aside

apartheid /apaʀtɛd/ NM apartheid ◆ politique d'apartheid apartheid policy

apathie /apati/ NF apathy

apathique /apatik/ SYN ADJ apathetic

apathiquement /apatikmɑ̃/ ADV apathetically

apatite /apatit/ NF apatite

apatride /apatʀid/
- **ADJ** stateless
- **NMF** stateless person

apax /apaks/ NM ⇒ hapax

APE /apeə/ NF (abrév de Assemblée parlementaire européenne) EP

APEC /apɛk/ NF (abrév de Association pour l'emploi des cadres) executive employment agency

Apennin(s) /apenɛ̃/ NM(PL) ◆ l'Apennin, les Apennins the Apennines

aperception /apɛʀsɛpsjɔ̃/ NF apperception

apercevoir /apɛʀsəvwaʀ/ SYN ► conjug 28 ◄
- **VT** 1 (= voir) to see; (brièvement) to catch sight of, to catch a glimpse of; (= remarquer) to notice ◆ on apercevait au loin un clocher a church tower could be seen in the distance

2 (= se rendre compte de) [+ danger, contradictions] to see, to perceive; [+ difficultés] to see, to foresee ◆ si on fait cela, j'aperçois des problèmes if we do that, I (can) see problems ahead ou I (can) foresee problems
- **VPR** s'apercevoir 1 (réfléchi) [personnes] to see ou notice each other ◆ elle s'aperçut dans le miroir she caught a glimpse ou caught sight of herself in the mirror

2 (= se rendre compte) ◆ s'apercevoir de to notice ◆ s'apercevoir que... to notice ou realize that... ◆ sans s'en apercevoir without realizing, inadvertently ◆ ça s'aperçoit à peine it's hardly noticeable, you can hardly see it

aperçu /apɛʀsy/ SYN NM 1 (= idée générale) general survey ◆ aperçu sommaire brief survey ◆ cela vous donnera un bon aperçu de ce que vous allez visiter that will give you a good idea ou a general idea of what you are about to visit

2 (= point de vue personnel) insight (sur into)

3 (Ordin) ◆ aperçu avant impression print preview

apériodique /apeʀjɔdik/ ADJ aperiodic

apériteur, -trice /apeʀitœʀ, tʀis/
- **ADJ** ◆ société apéritrice leading office
- **NM,F** leading insurer ou office; (Assurance maritime) leading underwriter

apéritif, -ive /apeʀitif, iv/
- **NM** 1 (= boisson, moment) apéritif, drink (taken before lunch or dinner) ◆ prendre l'apéritif to have an apéritif ◆ venez prendre l'apéritif come for drinks ◆ ils sont arrivés à l'apéritif they came when we were having drinks ◆ un bon porto ne se boit jamais à l'apéritif a good port is never drunk as an apéritif ◆ servir des canapés à l'apéritif to serve canapés as an appetizer

2 (fig) ◆ en guise d'apéritif as a starter ◆ en guise d'apéritif, la chaîne a présenté un court métrage de Fellini as a starter the channel showed a short film by Fellini
- **ADJ** (littér) ◆ une boisson apéritive a drink that stimulates the appetite ◆ ils firent une promenade apéritive they went for a walk to work up an appetite

apéro* /apeʀo/ NM abrév de apéritif

aperture /apɛʀtyʀ/ NF (Ling) aperture

apesanteur /apəzɑ̃tœʀ/ NF weightlessness ◆ être en (état d') apesanteur to be weightless

apétale /apetal/ ADJ apetalous

à-peu-près /apøpʀɛ/ SYN NM INV vague approximation ◆ il est resté dans l'à-peu-près he was very vague; → près

apeuré, e /apœʀe/ SYN ADJ frightened, scared

apex /apɛks/ NM (Astron, Bot, Sci) apex; (Ling) [de langue] apex, tip; (= accent latin) macron

aphasie /afazi/ NF aphasia

aphasique /afazik/ ADJ, NMF aphasic

aphélie /afeli/ NM aphelion

aphérèse /afeʀɛz/ NF aphaeresis

aphidés /afide/ NM PL ◆ les aphidés plant lice, aphids

aphone /afɔn/ ADJ voiceless, aphonic (SPÉC) ◆ je suis presque aphone d'avoir trop crié I've nearly lost my voice ou I'm hoarse from shouting so much

aphonie /afɔni/ NF aphonia

aphorisme /afɔʀism/ SYN NM aphorism

aphrodisiaque /afʀɔdizjak/ SYN ADJ, NM aphrodisiac

Aphrodite /afʀɔdit/ NF Aphrodite

aphte /aft/ NM ulcer, aphtha (SPÉC) ◆ aphte buccal mouth ulcer

aphteux, -euse /aftø, øz/ ADJ aphthous; → fièvre

aphylle /afil/ ADJ aphyllous

API /apei/ NM (abrév de alphabet de l'Association phonétique internationale) IPA

api /api/ → pomme

Apia /apja/ N Apia

à-pic /apik/ NM cliff

apical, e (mpl -aux) /apikal, o/
- **ADJ** apical ◆ r apical trilled r
- **NF** apicale apical consonant

apico-alvéolaire /apikoalveɔlɛʀ/ ADJ, NF apico-alveolar

apico-dental, e (mpl -aux) /apikodɑ̃tal, o/
- **ADJ** apico-dental
- **NF** apico-dentale apico-dental

apicole /apikɔl/ ADJ beekeeping (épith), apiarian (SPÉC), apicultural (SPÉC)

apiculteur, -trice /apikyltœʀ, tʀis/ NM,F beekeeper, apiarist (SPÉC), apiculturist (SPÉC)

apiculture /apikyltyʀ/ NF beekeeping, apiculture (SPÉC)

apiol /apjɔl/ NM apiol

apiquer /apike/ ► conjug 1 ◄ VT (Naut = redresser un espar) to peak

Apis /apis/ NM Apis

apitoiement /apitwamɑ̃/ NM (= pitié) pity, compassion

apitoyer /apitwaje/ SYN ► conjug 8 ◄
- **VT** to move to pity ◆ apitoyer qn sur le sort de qn to make sb feel sorry for sb ◆ regard/sourire apitoyé pitying look/smile
- **VPR** s'apitoyer ◆ s'apitoyer sur qn ou le sort de qn to feel pity for sb, to feel sorry for sb ◆ s'apitoyer sur son propre sort to feel sorry for o.s.

ap. J.-C. (abrév de après Jésus-Christ) AD

APL /apeɛl/ NF (abrév de aide personnalisée au logement) → aide[1]

aplanétique /aplanetik/ ADJ aplanatic

aplanir /aplaniʀ/ SYN ▶ conjug 2 ◀
- VT [+ terrain, surface] to level; [+ difficultés] to smooth away ou out, to iron out; [+ obstacles] to smooth away
- VPR **s'aplanir** [terrain] to become level ◆ **les difficultés se sont aplanies** the difficulties smoothed themselves out

aplanissement /aplanismɑ̃/ NM [de terrain] levelling; [de difficultés] smoothing away, ironing out; [d'obstacles] smoothing away

aplasie /aplazi/ NF aplasia

aplasique /aplazik/ ADJ aplastic

aplat /apla/ NM (= teinte) flat tint; (= surface) flat, solid (plate)

aplati, e /aplati/ SYN (ptp de aplatir) ADJ [forme, objet, nez] flat ◆ **c'est aplati sur le dessus/à son extrémité** it's flat on top/at one end

aplatir /aplatiʀ/ SYN ▶ conjug 2 ◀
- VT [+ objet] to flatten; [+ couture] to press flat; [+ cheveux] to smooth down, to flatten; [+ pli] to smooth (out); [+ surface] to flatten (out) ◆ **aplatir qch à coups de marteau** to hammer sth flat ◆ **aplatir qn**‡ to flatten sb ※ ◆ **aplatir (le ballon ou un essai)** (Rugby) to score a try, to touch down
- VPR **s'aplatir** ① [personne] ◆ **s'aplatir contre un mur** to flatten o.s. against a wall ◆ **s'aplatir par terre** (= s'étendre) to lie flat on the ground; (* = tomber) to fall flat on one's face ◆ **s'aplatir devant qn** (= s'humilier) to crawl to sb, to grovel before sb
② [choses] (= devenir plus plat) to become flatter; (= être écrasé) to be flattened ou squashed ◆ **s'aplatir contre*** (= s'écraser) to smash against

aplatissement /aplatismɑ̃/ NM (gén) flattening; (fig = humiliation) grovelling ◆ **l'aplatissement de la terre aux pôles** the flattening-out ou -off of the earth at the poles

aplatisseur /aplatisœʀ/ NM grain crusher

aplomb /aplɔ̃/ SYN NM ① (= assurance) composure, (self-)assurance; (péj = insolence) nerve*, cheek* (Brit) ◆ **garder son aplomb** to keep one's composure, to remain composed ◆ **perdre son aplomb** to lose one's composure, to get flustered ◆ **tu ne manques pas d'aplomb !** you've got a nerve* ou a cheek* (Brit)!
② (= équilibre) balance, equilibrium; (= verticalité) perpendicularity ◆ **perdre l'aplomb** ou **son aplomb** [personne] to lose one's balance ◆ **à l'aplomb du mur** at the base of the wall
◆ **d'aplomb** [corps] steady, balanced; [bâtiment, mur] plumb ◆ **se tenir d'aplomb (sur ses jambes)** to be steady on one's feet ◆ **être d'aplomb** [objet] to be balanced ou level; [mur] to be plumb ◆ **ne pas être d'aplomb** [mur] to be out of ou off plumb ◆ **mettre** ou **poser qch d'aplomb** to straighten sth (up) ◆ **le vase n'est pas (posé) d'aplomb** the vase isn't level ◆ **tu n'as pas l'air d'aplomb*** you look under the weather, you look off-colour* (Brit) ◆ **remettre d'aplomb** [+ bateau] to right; [+ entreprise] to put back on its feet ◆ **ça va te remettre d'aplomb*** that'll put you right ou back on your feet again ◆ **se remettre d'aplomb** (après une maladie) to get back on one's feet again ◆ **le soleil tombait d'aplomb** the sun was beating down
③ (Équitation) ◆ **aplombs** stand

apnée /apne/ NF apnoea (Brit), apnea (US) ◆ **être en apnée** to be holding one's breath ◆ **plonger en apnée** to dive without any breathing apparatus ◆ **apnée du sommeil** sleep apnoea (Brit) ou apnea (US)

apnéiste /apneist/ NMF diver who dives without breathing apparatus

apoastre /apoastʀ/ NM apastron

apocalypse /apɔkalips/ NF (Rel) apocalypse ◆ **l'Apocalypse** (= livre) (the Book of) Revelation, the Apocalypse ◆ **atmosphère d'apocalypse** doom-laden ou end-of-the-world atmosphere ◆ **paysage/vision d'apocalypse** apocalyptic landscape/vision

apocalyptique /apɔkaliptik/ ADJ (Rel) apocalyptic; (fig) [paysage, vision] apocalyptic

apocope /apɔkɔp/ NF apocope

apocopé, e /apɔkɔpe/ ADJ apocopate(d)

apocryphe /apɔkʀif/
- ADJ apocryphal, of doubtful authenticity; (Rel) Apocryphal
- NM apocryphal book ◆ **les apocryphes** the Apocrypha

apode /apɔd/
- ADJ apodal, apodous
- NM apodal ou apodous amphibian ◆ **les apodes** apodal ou apodous amphibians, the Apoda (SPÉC)

apodictique /apɔdiktik/ ADJ apodictic

apoenzyme /apoɑ̃zim/ NM ou F apoenzyme

apogamie /apɔgami/ NF apogamy

apogée /apɔʒe/ SYN NM ① (Astron) apogee
② (fig) [de carrière] peak, height; [d'art, mouvement] peak, zenith ◆ **être à son apogée** [carrière] to reach its peak; [art, mouvement] to reach its peak ◆ **artiste à son apogée** artist at his (ou her) peak ◆ **à l'apogée de sa gloire/carrière** at the height of his (ou her) fame/career

apolitique /apɔlitik/ ADJ (= indifférent) apolitical, unpolitical; (= indépendant) non-political

apolitisme /apɔlitism/ NM (= indifférence) apolitical ou unpolitical attitude; (= indépendance) non-political stand; [d'organisme] non-political character

apollon /apɔlɔ̃/ NM ① (Myth) ◆ **Apollon** Apollo
② (= homme) Apollo, Greek god
③ (= papillon) apollo

apologétique /apɔlɔʒetik/
- ADJ (Philos, Rel) apologetic
- NF apologetics (sg)

apologie /apɔlɔʒi/ SYN NF ① (= défense) apology, apologia ◆ **faire l'apologie de** (gén) to try and justify; (Jur) to vindicate
② (= éloge) praise ◆ **faire l'apologie de** to praise, to speak (very) highly of

apologiste /apɔlɔʒist/ NMF apologist

apologue /apɔlɔg/ NM apologue

apomorphine /apɔmɔʀfin/ NF apomorphine

aponévrose /apɔnevʀoz/ NF aponeurosis

aponévrotique /apɔnevʀɔtik/ ADJ aponeurotic

apophonie /apɔfɔni/ NF ablaut, gradation

apophtegme /apɔftɛgm/ NM apo(ph)thegm

apophysaire /apɔfizɛʀ/ ADJ apophysial

apophyse /apɔfiz/ NF apophysis

Apopis /apɔpis/ NM Apophis

apoplectique /apɔplɛktik/ ADJ apoplectic

apoplexie /apɔplɛksi/ NF apoplexy ◆ **attaque d'apoplexie** stroke, apoplectic fit

apoprotéine /apopʀɔtein/ NF apoprotein

apoptose /apɔptoz/ NF apoptosis

aporétique /apɔʀetik/ ADJ aporetic

aporie /apɔʀi/ NF aporia

aposiopèse /apozjɔpɛz/ NF aposiopesis

apostasie /apɔstazi/ NF apostasy

apostasier /apɔstazje/ ▶ conjug 7 ◀ VI to apostatize, to renounce the faith

apostat, e /apɔsta, at/ ADJ, NM,F apostate, renegade

a posteriori /apɔsteʀjɔʀi/ LOC ADV, LOC ADJ (Philos) a posteriori; (gén) after the event ◆ **il est facile, a posteriori, de dire que...** it is easy enough, after the event ou with hindsight, to say that...

apostille /apɔstij/ NF apostil

apostiller /apɔstije/ ▶ conjug 1 ◀ VT to add an apostil to

apostolat /apɔstɔla/ NM (Bible) apostolate, discipleship; (= prosélytisme) ministry ◆ **il est chargé de l'apostolat des laïcs** he is responsible for the lay ministry ◆ **c'est une nouvelle forme d'apostolat** it is a new type of ministry ◆ **ce métier est un apostolat** this job has to be a vocation

apostolique /apɔstɔlik/ ADJ apostolic; → **nonce**

apostrophe[1] /apɔstʀɔf/ NF (Rhétorique) apostrophe; (= interpellation) rude remark (shouted at sb) ◆ **mot mis en apostrophe** word used in apostrophe ◆ **lancer des apostrophes à qn** to shout rude remarks at sb

apostrophe[2] /apɔstʀɔf/ NF (Gram) apostrophe

apostropher /apɔstʀɔfe/ SYN ▶ conjug 1 ◀
- VT (= interpeller) to shout at, to address sharply
- VPR **s'apostropher** to shout at each other ◆ **les deux automobilistes s'apostrophèrent violemment** the two motorists hurled abuse at each other

apothécie /apɔtesi/ NF apothecium

apothème /apɔtɛm/ NM apothem

apothéose /apɔteoz/ SYN NF ① (= consécration) apotheosis ◆ **cette nomination est pour lui une apothéose** this appointment is a supreme honour for him ◆ **les tragédies de Racine sont l'apothéose de l'art classique** Racine's tragedies are the apotheosis ou pinnacle of classical art ◆ **ça a été l'apothéose !** (iro) that was the last straw!
② (gén, Théât = bouquet) grand finale ◆ **finir dans une apothéose** to end in a blaze of glory
③ (Antiq = déification) apotheosis

apothicaire †† /apɔtikɛʀ/ NM apothecary † ◆ **des comptes d'apothicaire** complicated calculations

apôtre /apotʀ/ SYN NM ① (Rel) apostle ◆ **faire le bon apôtre** to take a holier-than-thou attitude*
② (= porte-parole) advocate, apostle ◆ **se faire l'apôtre de** to make o.s. the advocate ou apostle of

Appalaches /apalaʃ/ NMPL ◆ **les (monts) Appalaches** the Appalachian Mountains, the Appalachians

appalachien, -ienne /apalaʃjɛ̃, jɛn/ ADJ Appalachian

apparaître /apaʀɛtʀ/ SYN ▶ conjug 57 ◀
- VI ① (= se montrer) [jour, personne, fantôme] to appear (à to); [difficulté, vérité] to appear, to come to light; [signes, obstacles] to appear; [fièvre, boutons] to break out ◆ **la vérité lui apparut soudain** the truth suddenly dawned on him ◆ **la silhouette qui apparaît/les problèmes qui apparaissent à l'horizon** the figure/the problems looming on the horizon
② (= sembler) to seem, to appear (à to) ◆ **ces remarques m'apparaissent fort judicieuses** these comments seem ou sound very wise to me ◆ **je dois t'apparaître comme un monstre** I must seem like a monster to you
- VB IMPERS ◆ **il apparaît que...** it appears ou turns out that...

apparat /apaʀa/ SYN NM ① (= pompe) pomp ◆ **d'apparat** [dîner, habit, discours] ceremonial ◆ **en grand apparat** (pompe) with great pomp and ceremony; (habits) in full regalia ◆ **sans apparat** [réception] unpretentious
② (Littérat) ◆ **apparat critique** critical apparatus, apparatus criticus

apparatchik /apaʀatʃik/ NM apparatchik

appareil /apaʀɛj/ GRAMMAIRE ACTIVE 27.2, 27.3, 27.4 SYN
- NM ① (= machine, instrument) (gén) piece of apparatus, device; (électrique, ménager) appliance; (Radio, TV = poste) set; (Photo) camera
② (= téléphone) (tele)phone ◆ **qui est à l'appareil ?** who's speaking? ◆ **Paul à l'appareil** Paul speaking
③ (= avion) aircraft (inv)
④ (Méd) appliance; (pour fracture) splint; (auditif) hearing aid; (de contention dentaire) brace; (* = dentier) dentures, plate
⑤ (Anat) apparatus, system ◆ **appareil digestif/respiratoire/urogénital** digestive/respiratory/urogenital apparatus ou system ◆ **appareil phonatoire** vocal apparatus ou organs
⑥ (= structures) apparatus, machinery ◆ **l'appareil policier/du parti** the police/the party apparatus ou machinery ◆ **l'appareil législatif** ou **des lois** the legal apparatus ou machinery ◆ **l'appareil industriel/militaire/productif** the industrial/military/production apparatus
⑦ (littér) (= dehors fastueux) air of pomp; (= cérémonie fastueuse) ceremony ◆ **l'appareil magnifique de la royauté** the opulent trappings of royalty; → **simple**
⑧ (Archit = agencement) bond
⑨ (Gym) ◆ **appareils** apparatus (sg) ◆ **exercices aux appareils** exercises on the apparatus, apparatus work
⑩ (Culin = préparation) mixture
- COMP **appareil critique** (Littérat) critical apparatus, apparatus criticus
- **appareil électroménager** household ou domestic appliance
- **appareil de levage** lifting appliance, hoist
- **appareil de mesure** measuring device
- **appareil orthopédique** orthopaedic (Brit) ou orthopedic (US) appliance
- **appareil photo, appareil photographique** camera
- **appareil à sous** † (= distributeur) vending machine; (= jeu) slot machine, fruit machine (Brit)

appareillable /apaʀɛjabl/ ADJ [handicapé] who can wear a prosthesis

appareillage /apaʀɛjaʒ/ NM [1] *(Naut) (= départ)* casting off, getting under way; *(= manœuvres)* preparations for casting off *ou* getting under way
[2] *(= équipement)* equipment ◆ **appareillage électrique** electrical equipment
[3] *[d'handicapé]* fitting with a prosthesis; *[de sourd]* fitting with a hearing aid
[4] *(Archit) (= agencement)* bonding; *(= taille)* dressing

appareiller /apaʀeje/ ► conjug 1 ◄
VI *(= lever l'ancre)* to cast off, to get under way
VT [1] *[+ navire]* to rig, to fit out
[2] *(Archit) (= agencer)* to bond; *(= tailler)* to dress
[3] *[+ handicapé]* to fit with a prosthesis; *[+ sourd]* to fit with a hearing aid
[4] *(= coupler)* to pair; *(= assortir)* to match up; *(= accoupler)* to mate *(avec* with*)*

apparemment /apaʀamɑ̃/ SYN ADV *(= de toute évidence)* apparently; *(= en surface)* seemingly ◆ **théories apparemment contradictoires** seemingly contradictory theories ◆ **remarques apparemment insignifiantes** seemingly trivial remarks ◆ **il va mieux ? – apparemment** is he any better? – apparently

apparence /apaʀɑ̃s/ SYN NF [1] *(= aspect) [de maison, personne]* appearance, aspect ◆ **apparence physique** physical appearance ◆ **bâtiment de belle apparence** fine-looking building ◆ **il a une apparence négligée** he looks shabby ◆ **homme d'apparence** *ou* **à l'apparence sévère** severe-looking man ◆ **quelques fermes d'apparence prospère** some farms that appeared prosperous, some prosperous-looking farms
[2] *(= déguisement)* appearance ◆ **sous cette apparence souriante** beneath that smiling exterior ◆ **sous l'apparence de la générosité** under the guise of generosity ◆ **ce n'est qu'une (fausse) apparence** it's a mere façade
[3] ◆ **les apparences** appearances ◆ **les apparences sont contre lui** appearances are against him ◆ **il ne faut pas se fier aux apparences** don't be fooled *ou* deceived by appearances ◆ **tu te fies trop aux apparences** you rely too much on appearances ◆ **sauver les apparences** to keep up appearances ◆ **comme ça, les apparences sont sauves** that way, nobody loses face
[4] *(= semblant, vestige)* semblance ◆ **une apparence de liberté** a semblance of freedom
[5] *(Philos)* appearance
[6] *(locutions)* ◆ **malgré l'apparence** *ou* **les apparences** in spite of appearances ◆ **contre toute apparence** against all expectations ◆ **selon toute apparence, il s'agit d'un suicide** it would appear *ou* seem that it was suicide, there is every indication that it was suicide
♦ **en apparence** ◆ **en apparence, leurs critiques semblent justifiées** on the face of it, their criticism seems justified ◆ **une remarque en apparence pertinente** an apparently *ou* a seemingly relevant remark ◆ **les gens sont rassurés, au moins en apparence** people are reassured, at least they seem to be *ou* at least on the face of it ◆ **ce problème n'est facile qu'en apparence** this problem only appears to be easy ◆ **ce n'est qu'en apparence qu'il est heureux** it's only on the surface *ou* outwardly that he's happy

apparent, e /apaʀɑ̃, ɑ̃t/ SYN ADJ [1] *(= visible) [appréhension, gêne]* obvious, noticeable; *[ruse]* obvious ◆ **de façon apparente** visibly, conspicuously ◆ **sans raison/cause apparente** without apparent *ou* obvious reason/cause ◆ **plafond avec poutres apparentes** ceiling with exposed beams ◆ **coutures apparentes** topstitched seams
[2] *(= superficiel) [solidité, causes]* apparent *(épith)* ◆ **ces contradictions ne sont qu'apparentes** these are only outward *ou* surface discrepancies
[3] *(= trompeur) [bonhomie, naïveté]* seeming, apparent ◆ **sous son apparente gentillesse** beneath his kind-hearted façade

apparenté, e /apaʀɑ̃te/ SYN (ptp de **s'apparenter**) ADJ *(= de la même famille)* related; *(= semblable)* similar *(à* to*)* ◆ **apparenté (au parti) socialiste** *(Pol)* in alliance with the Socialists ◆ **les libéraux et apparentés** the Liberals and their electoral allies

apparentement /apaʀɑ̃tmɑ̃/ NM *(Pol)* grouping of electoral lists *(in proportional representation system)*

apparenter (s') /apaʀɑ̃te/ SYN ► conjug 1 ◄ VPR **s'apparenter à** *(Pol)* to ally o.s. with *(in elections)*; *(par mariage)* to marry into; *(= ressembler à)* to be similar to, to have certain similarities to

appariement /apaʀimɑ̃/ NM *(littér) (= assortiment)* matching; *(= assemblage)* pairing; *(= accouplement)* mating

apparier /apaʀje/ SYN ► conjug 7 ◄ VT *(littér) (= assortir)* to match; *(= coupler)* to pair; *(= accoupler)* to mate

appariteur /apaʀitœʀ/ NM *(Univ)* ≃ porter *(Brit)*, ≃ campus policeman *(US)* ◆ **appariteur musclé** *(hum)* strong-arm attendant *(hired at times of student unrest)*

apparition /apaʀisjɔ̃/ SYN NF [1] *(= manifestation) [d'étoile, symptôme, signe]* appearance; *[de personne]* appearance, arrival; *[de boutons, fièvre]* outbreak ◆ **faire son apparition** *[personne]* to make one's appearance, to appear; *[symptômes]* to appear; *[fièvre]* to break out ◆ **il n'a fait qu'une (courte** *ou* **brève) apparition** *(à une réunion)* he only put in *ou* made a brief appearance; *(dans un film)* he only made a brief appearance, he made a cameo appearance ◆ **par ordre d'apparition à l'écran** *(dans générique de film)* in order of appearance
[2] *(= vision)* apparition; *(= fantôme)* apparition, spectre *(Brit)*, specter *(US)* ◆ **avoir des apparitions** to see *ou* have visions

apparoir /apaʀwaʀ/ VB IMPERS *(frm ou hum)* ◆ **il appert (de ces résultats) que...** it appears (from these results) that...

appart * /apaʀt/ NM (abrév de **appartement**) flat *(Brit)*, apartment *(US)*, place *

appartement /apaʀtəmɑ̃/ NM [1] *[de maison, immeuble]* flat *(Brit)*, apartment *(surtout US)*; *[d'hôtel]* suite ◆ **vivre dans un** *ou* **en appartement** to live in a flat *(Brit)* *ou* apartment *(surtout US)*; → **chien, plante**[1]
[2] ◆ **appartements** *[de château]* apartments ◆ **elle s'est retirée dans ses appartements** *[reine]* she retired to her apartments; *(hum)* she retired to her room *ou* chamber
[3] *(* Can = pièce)* room

appartenance /apaʀtənɑ̃s/ SYN NF *(à une race, une famille, un ensemble)* membership *(à* of*)*; *(à un parti)* adherence *(à* to*)*, membership *(à* of*)* ◆ **leur sentiment d'appartenance à cette nation** their sense of belonging to the nation

appartenir /apaʀtəniʀ/ SYN ► conjug 22 ◄
VT INDIR **appartenir à** [1] *(= être la possession de)* to belong to ◆ **ceci m'appartient** this is mine, this belongs to me ◆ **la maison m'appartient en propre** I'm the sole owner of the house ◆ **pour des raisons qui m'appartiennent** for reasons of my own *ou* which concern me (alone) ◆ **le choix ne m'appartient pas** it isn't for me to choose ◆ **un médecin ne s'appartient pas** a doctor's time *ou* life is not his own
[2] *(= faire partie de) [+ famille, race, parti]* to belong to, to be a member of
VB IMPERS ◆ **il appartient/n'appartient pas au comité de décider si...** it is up to/not up to the committee to decide if...

appas /apɑ/ NMPL *(littér)* charms

appassionato /apasjɔnato/ ADV, ADJ appassionato

appât /apɑ/ SYN NM *(Pêche)* bait; *(fig)* lure, bait ◆ **mettre un appât à l'hameçon** to bait one's hook ◆ **l'appât du gain/d'une récompense** the lure of gain/a reward; → **mordre**

appâter /apɑte/ SYN ► conjug 1 ◄ VT *[+ poissons, gibier, personne]* to lure, to entice; *[+ piège, hameçon]* to bait

appauvrir /apovʀiʀ/ SYN ► conjug 2 ◄
VT *[+ personne, sol, langue]* to impoverish; *[+ sang]* to make thin, to weaken
VPR **s'appauvrir** *[personne, sol, pays]* to grow poorer, to become (more) impoverished; *[langue]* to become impoverished; *[sang]* to become thin *ou* weak; *[race]* to degenerate

appauvrissement /apovʀismɑ̃/ SYN NM *[de personne, sol, langue, pays]* impoverishment; *[de sang]* thinning; *[de race]* degeneration ◆ **l'appauvrissement de la couche d'ozone** the depletion of the ozone layer ◆ **l'appauvrissement culturel et intellectuel** cultural and intellectual decline

appeau (pl **appeaux**) /apo/ NM *(= instrument)* bird call; *(= oiseau, fig)* decoy ◆ **servir d'appeau à qn** to act as a decoy for sb

appel /apɛl/ SYN
NM [1] *(= cri)* call ◆ **accourir à l'appel de qn** to come running in answer to sb's call ◆ **appel à l'aide** *ou* **au secours** call for help ◆ **elle a entendu des appels** *ou* **des cris d'appel** she heard someone calling out, she heard cries ◆ **à son appel, elle se retourna** she turned round when he called ◆ **l'Appel du 18 juin** *(Hist)* *General de Gaulle's radio appeal to the French people to resist the Nazi occupation*
[2] *(= sollicitation)* call ◆ **dernier appel pour le vol AF 850** *(dans aéroport)* last call for flight AF 850 ◆ **appel à l'insurrection/aux armes/aux urnes** call to insurrection/to arms/to vote ◆ **lancer un appel au calme** to appeal *ou* call for calm, to issue an appeal for calm ◆ **à l'appel des syndicats...** in response to the call of the trade unions... ◆ **manifestation à l'appel d'une organisation** demonstration called by an organization ◆ **il me fit un appel du regard** he gave me a meaningful glance ◆ **c'était un appel du pied** it was an indirect *ou* a veiled appeal ◆ **il a fait un appel du pied au chef de l'autre parti** he made covert advances to the leader of the other party ◆ **faire un appel de phares** to flash one's headlights *ou* one's high beams *(US)* ◆ **offre/prix d'appel** introductory offer/price ◆ **article** *ou* **produit d'appel** loss leader
[3] *(Jur = recours)* appeal *(contre* against, from*)* ◆ **faire appel d'un jugement** to appeal against a judgment ◆ **juger en appel/sans appel** to judge on appeal/without appeal; → **cour**
♦ **sans appel** *(fig) [décision]* final; *[décider]* irrevocably
♦ **faire appel** to appeal, to lodge an appeal
♦ **faire appel à** *(= invoquer)* to appeal to; *(= avoir recours à)* to call on, to resort to; *(fig = nécessiter)* to require ◆ **faire appel au bon sens/à la générosité de qn** to appeal to sb's common sense/generosity ◆ **faire appel à ses souvenirs** to call up one's memories ◆ **il a dû faire appel à tout son courage** he had to summon up *ou* muster all his courage ◆ **faire appel à l'armée** to call in the army ◆ **on a dû faire appel aux pompiers** they had to call the firemen ◆ **ils ont fait appel au président pour que...** they appealed to *ou* called on the president to... ◆ **ce problème fait appel à des connaissances qu'il n'a pas** this problem calls for *ou* requires knowledge he hasn't got
[4] *(= voix)* call ◆ **l'appel du devoir/de la religion** the call of duty/of religion ◆ **l'appel de la raison/de sa conscience** the voice of reason/of one's conscience ◆ **l'appel du large** the call of the sea
[5] *(= vérification de présence) (Scol)* register, registration; *(Mil)* roll call ◆ **absent/présent à l'appel** *(Scol)* absent/present (for the register *ou* at registration); *(Mil)* absent/present at roll call ◆ **manquer à l'appel** *[élève, militaire]* to be absent at roll call; *[chose, personne]* to be missing ◆ **l'appel des causes** *(Jur)* the reading of the roll of cases *(to be heard)*; → **cahier, manquer, numéro**
♦ **faire l'appel** *(Scol)* to take the register *(Brit)*, to take attendance *(US)*; *(Mil)* to call the roll ◆ **faire l'appel nominal des candidats** to call out the candidates' names
[6] *(Mil = mobilisation)* call-up ◆ **appel de la classe 1995** 1995 call-up, call-up of the class of 1995; → **devancer**
[7] *(Téléc)* ◆ **appel (téléphonique)** (telephone *ou* phone) call ◆ **un poste avec signal d'appel** a phone with call waiting function; → **numéro**
[8] *(Cartes)* signal *(à* for*)* ◆ **faire un appel à pique** to signal for a spade
[9] *(Athlétisme = élan)* take-off ◆ **pied d'appel** take-off foot
[10] *(Ordin)* call
COMP **appel d'air** in-draught *(Brit)*, in-draft *(US)* ◆ **ça fait appel d'air** there's a draught *(Brit)* *ou* draft *(US)*
appel en couverture *(Bourse)* request for cover
appel de fonds call for capital ◆ **faire un appel de fonds** to call up capital
appel à maxima *appeal by prosecution against the harshness of a sentence*
appel à minima *appeal by prosecution against the leniency of a sentence*
appel de note *(Typo)* footnote reference, reference mark
appel d'offres invitation to tender *ou* bid *(US)*
appel au peuple appeal *ou* call to the people
appel à témoins call for witnesses
appel (en) visio *(Téléc)* video call

appelant, e /ap(ə)lɑ̃, ɑ̃t/ *(Jur)*
ADJ ◆ **partie appelante** appellant
NM,F appellant

appelé /ap(ə)le/ NM (Mil) conscript, draftee (US), selectee (US) ◆ **il y a beaucoup d'appelés et peu d'élus** (Rel, fig) many are called but few are chosen

appeler /ap(ə)le/ GRAMMAIRE ACTIVE 27 SYN ► conjug 4 ◄

VT 1 (= interpeller) [+ personne, chien] to call ◆ **appeler le nom de qn** to call out sb's name ◆ **appeler qn à l'aide** ou **au secours** to call to sb for help ◆ **appeler qn (d'un geste) de la main** to beckon (to) sb

2 (Téléc) [+ personne] to phone, to call; [+ numéro] to dial

3 (= faire venir) (gén) to call, to summon; [+ médecin, taxi, police] to call, to send for; [+ pompiers] to call out; [+ ascenseur] to call ◆ **appeler les fidèles à la prière** to summon ou call the faithful to prayer ◆ **appeler une classe (sous les drapeaux)** (Mil) to call up a class (of recruits) ◆ **Dieu/la République vous appelle** (frm ou hum) God/the Republic is calling you ◆ **le devoir m'appelle** (hum) duty calls ◆ **le patron l'a fait appeler** the boss sent for him ◆ **il a été appelé auprès de sa mère malade** he was called ou summoned to his sick mother's side ◆ **appeler la colère du ciel sur qn** to call down the wrath of heaven upon sb ◆ **j'appelle la bénédiction de Dieu sur vous** may God bless you

4 (Jur) ◆ **appeler une cause** to call (out) a case ◆ **en attendant que notre cause soit appelée** waiting for our case to come up ou be called ◆ **appeler qn en justice** ou **à comparaître** to summon sb before the court

5 (= nommer) to call ◆ **appeler qn par son prénom** to call ou address sb by their first name ◆ **appeler qn Monsieur/Madame** to call sb Sir/Madam ◆ **appeler les choses par leur nom** to call things by their rightful name ◆ **appeler un chat un chat** to call a spade a spade ◆ **voilà ce que j'appelle écrire !** now that's what I call writing! ◆ **il va se faire appeler Arthur !** * he's going to get a dressing down* ou a rollicking* (Brit)

6 (= désigner) ◆ **appeler qn à** [+ poste] to appoint ou assign sb to ◆ **être appelé à de hautes/nouvelles fonctions** to be assigned important/ new duties ◆ **sa nouvelle fonction l'appelle à jouer un rôle important** his new duties will require him to play an important role ◆ **être appelé à un brillant avenir** to be destined for a brilliant future ◆ **la méthode est appelée à se généraliser** the method looks likely ou set to become widely used

7 (= réclamer) [situation, conduite] to call for, to demand ◆ **j'appelle votre attention sur ce problème** I call your attention to this problem ◆ **ses affaires l'appellent à Lyon** he has to go to Lyons on business ◆ **appeler qch de ses vœux** to wish for sth

8 (= entraîner) ◆ **une lâcheté en appelle une autre** one act of cowardice leads to ou begets (frm) another ◆ **ceci appelle une réflexion** ou **une remarque** this calls for comment

9 (Cartes) [+ carte] to call for

10 (Ordin) [+ fichier] to call (up)

VI 1 (= crier) ◆ **appeler à l'aide** ou **au secours** to call for help ◆ **elle appelait, personne ne venait** she called (out) but nobody came

2 ◆ **en appeler à** to appeal to ◆ **en appeler de** to appeal against ◆ **j'en appelle à votre bon sens** I appeal to your common sense

VPR **s'appeler** 1 (= être nommé) to be called ◆ **il s'appelle Paul** his name is Paul, he's called Paul ◆ **comment s'appelle cet oiseau ?** what's the name of this bird?, what's this bird called? ◆ **comment ça s'appelle en français ?** what's that (called) in French?, what do you call that in French? ◆ **voilà ce qui s'appelle une gaffe/être à l'heure !** now that's what's called a blunder/being on time! ◆ **je te prête ce livre, mais il s'appelle Reviens !** * I'll lend you this book but I want it back! ◆ **elle ne sait plus comment elle s'appelle*** (= désorientée) she's totally confused, she doesn't know what day it is*

2 [personnes] to call to each other ◆ **on s'appelle ce soir (au téléphone)** you ring me or I'll ring you this evening ◆ **nous nous appelons par nos prénoms** we're on first-name terms, we call each other by our first names

appellatif /apelatif/ ADJ M, NM (Ling) ◆ **(nom) appellatif** appellative

appellation /apelasjɔ̃/ SYN NF designation, appellation; (littér = mot) term, name ◆ **appellation d'origine** label of origin ◆ **appellation (d'origine) contrôlée** appellation (d'origine) contrôlée (label guaranteeing the origin of wine and cheese) ◆ **vin d'appellation** appellation contrôlée wine, wine carrying a guarantee of origin

appendice /apɛ̃dis/ NM [de livre] appendix; (Anat) (gén) appendage, appendix ◆ **l'appendice [d'intestin]** the appendix ◆ **appendice nasal** (hum) nose

appendicectomie /apɛ̃disɛktɔmi/ NF appendectomy

appendicite /apɛ̃disit/ NF appendicitis ◆ **faire de l'appendicite chronique** to have a grumbling appendix ◆ **avoir une crise d'appendicite** to have appendicitis ◆ **se faire opérer de l'appendicite** to have one's appendix removed

appendiculaire /apɛ̃dikylɛʀ/

ADJ appendicular

NMPL **appendiculaires** ◆ **les appendiculaires** appendicularians, the Appendicularia (SPÉC)

appentis /apɑ̃ti/ NM (= bâtiment) lean-to; (= auvent) penthouse (roof), sloping roof

appert /apɛʀ/ → **apparoir**

appertisé, e /apɛʀtize/ ADJ [denrée] sterilized (in a hermetic container)

appertiser /apɛʀtize/ ► conjug 1 ◄ VT to sterilize (in a hermetic container)

appesantir /apəzɑ̃tiʀ/ ► conjug 2 ◄

VT [+ tête, paupières] to weigh down; [+ objet] to make heavier; [+ gestes, pas] to slow (down); [+ esprit] to dull ◆ **appesantir son bras** ou **autorité sur** (littér) to strengthen one's authority over

VPR **s'appesantir** [tête] to grow heavier; [gestes, pas] to become slower; [esprit] to grow duller; [autorité] to grow stronger ◆ **s'appesantir sur un sujet/des détails** to dwell at length on a subject/on details ◆ **inutile de s'appesantir** no need to dwell on that

appesantissement /apəzɑ̃tismɑ̃/ NM [de démarche] heaviness; [d'esprit] dullness; [d'autorité] strengthening

appétence /apetɑ̃s/ NF appetence ◆ **avoir de l'appétence pour** to have a partiality for, to be partial to

appétissant, e /apetisɑ̃, ɑ̃t/ SYN ADJ [nourriture] appetizing, mouth-watering; [personne] delectable ◆ **peu appétissant** unappetizing

appétit /apeti/ SYN NM 1 (pour la nourriture) appetite ◆ **avoir de l'appétit, avoir bon appétit, avoir un solide appétit** to have a good ou hearty appetite ◆ **bon appétit !** (hôte) bon appétit!; (serveur) enjoy your meal!, enjoy! (US) ◆ **perdre l'appétit** to lose one's appetite ◆ **il n'a pas d'appétit** he's got no appetite ◆ **ouvrir l'appétit de qn, donner de l'appétit à qn, mettre qn en appétit** to give sb an appetite ◆ **ce premier essai m'a mis en appétit** (fig) this first attempt has given me a taste for it ou has whetted my appetite ◆ **avoir un appétit d'oiseau/d'ogre** to eat like a bird/horse ◆ **manger avec appétit** ou **de bon appétit** to eat heartily ou with appetite ◆ **manger sans appétit** to eat without appetite ◆ **l'appétit vient en mangeant** (lit) appetite comes with eating; (fig) you get a taste for it

2 (= désir) appetite (de for) ◆ **appétit sexuel** sexual appetite

applaudimètre /aplodimɛtʀ/ NM applause meter, clapometer* (Brit) ◆ **elle a gagné à l'applaudimètre** she got the loudest ou warmest applause

applaudir /aplodiʀ/ SYN ► conjug 2 ◄

VT to applaud, to clap; (= approuver) to applaud, to commend ◆ **applaudissons notre sympathique gagnant** let's give the winner a big hand

VI to applaud, to clap ◆ **applaudir à tout rompre** to bring the house down

VT INDIR **applaudir à** (littér = approuver) [+ initiative] to applaud, to commend ◆ **applaudir des deux mains à qch** to approve heartily of sth, to commend sth warmly

VPR **s'applaudir** (= se réjouir) ◆ **je m'applaudis de n'y être pas allé !** I'm congratulating myself ou patting myself on the back for not having gone!

applaudissement /aplodismɑ̃/ SYN NM 1 (= acclamations) ◆ **applaudissements** applause (NonC), clapping (NonC) ◆ **des applaudissements nourris éclatèrent** loud applause ou clapping broke out ◆ **sortir sous les applaudissements** to go off to great applause ◆ **un tonnerre d'applaudissements** thunderous applause

2 (littér = approbation) approbation, commendation (à of)

applicabilité /aplikabilite/ NF applicability

applicable /aplikabl/ ADJ applicable ◆ **être applicable à** [loi] to apply to, to be applicable to ◆ **ce règlement est difficilement applicable** this rule is difficult to apply

applicateur /aplikatœʀ/

ADJ M applicator (épith)

NM (= dispositif) applicator

applicatif, -ive /aplikatif, iv/ ADJ ◆ **logiciel applicatif** application

application /aplikasjɔ̃/ SYN NF 1 (= pose) [d'enduit, peinture, pommade] application ◆ **renouveler l'application tous les jours** apply every day

2 (= mise en pratique) (gén) application; [de peine] enforcement; [de règlement, décision] implementation; [de loi] enforcement, application; [de remède] administration; [de recette] use ◆ **mettre en application** [+ décision] to put into practice, to implement; [+ loi] to enforce, to apply; [+ théorie] to put into practice, to apply ◆ **mise en application** [de décision] implementation; [de loi] enforcement, application; [de théorie] application ◆ **mesures prises en application de la loi** measures taken to enforce ou apply the law ◆ **entrer en application** to come into force ◆ **champ d'application** area of application

3 ◆ **applications** [de théorie, méthode] applications ◆ **les applications de cette théorie** the (possible) applications of the theory

4 (= attention) application ◆ **application à qch** application to sth ◆ **travailler avec application** to work diligently, to apply o.s. ◆ **son application à faire qch** the zeal with which he does sth

5 (Couture) appliqué (work) ◆ **application de dentelles** appliqué lace ◆ **application de velours** velvet appliqué

6 (Math) mapping

7 (Ordin) application (program)

applique /aplik/ NF (= lampe) wall light; (Couture) appliqué

appliqué, e /aplike/ SYN (ptp de **appliquer**) ADJ

1 [personne] industrious, assiduous; [écriture] careful ◆ **bien appliqué** [baiser] firm; [coup] well-aimed

2 [linguistique, mathématiques] applied

appliquer /aplike/ SYN ► conjug 1 ◄

VT 1 (= poser) [+ peinture, revêtement, cataplasme] to apply (sur to) ◆ **appliquer une échelle sur** ou **contre un mur** to put ou lean a ladder against a wall ◆ **appliquer son oreille sur** ou **à une porte** to put one's ear to a door

2 (= mettre en pratique) (gén) to apply; [+ peine] to enforce; [+ règlement, décision] to implement, to put into practice; [+ loi] to enforce, to apply; [+ remède] to administer; [+ recette] to use ◆ **appliquer un traitement à une maladie** to apply a treatment to an illness

3 (= consacrer) ◆ **appliquer son esprit à l'étude** to apply one's mind to study ◆ **appliquer tous ses soins à faire qch** to put all one's effort into doing sth

4 (= donner) [+ gifle, châtiment] to give; [+ qualificatif] to use ◆ **appliquer un baiser/sobriquet à qn** to give sb a kiss/nickname ◆ **je lui ai appliqué ma main sur la figure** I struck ou slapped him across the face, I struck ou slapped his face

VPR **s'appliquer** 1 (= coïncider) ◆ **s'appliquer sur** to fit over ◆ **le calque s'applique exactement sur son modèle** the tracing fits exactly over its model

2 (= correspondre) ◆ **s'appliquer à** to apply to ◆ **cette remarque ne s'applique pas à vous** this remark doesn't apply to you

3 (= s'acharner) ◆ **s'appliquer à faire qch** to make every effort to do sth ◆ **s'appliquer à l'étude de** to apply o.s. to the study of ◆ **élève qui s'applique** pupil who applies himself

appog(g)iature /apɔ(d)ʒjatyʀ/ NF appoggiatura

appoint /apwɛ̃/ NM 1 (= monnaie) ◆ **l'appoint** the right ou exact change ◆ **faire l'appoint** to give the right ou exact change ◆ « **prière de faire l'appoint** » (sur pancarte) "exact change only please"

2 (= complément) (extra) contribution, (extra) help ◆ **salaire d'appoint** secondary ou extra income ◆ **travail d'appoint** second job ◆ **radiateur d'appoint** back-up ou extra heater

appointements /apwɛ̃tmɑ̃/ SYN NMPL salary

appointer /apwɛ̃te/ ► conjug 1 ◄ **VT** to pay a salary to ◆ **être appointé à l'année/au mois** to be paid yearly/monthly

Appomattox /apomatɔks/ **N** Appomattox

appontage /apɔ̃taʒ/ **NM** landing *(on an aircraft carrier)*

appontement /apɔ̃tmɑ̃/ **NM** landing stage, wharf

apponter /apɔ̃te/ ► conjug 1 ◄ **VI** to land *(on an aircraft carrier)*

apponteur /apɔ̃tœʀ/ **NM** officer in charge of landing

apport /apɔʀ/ SYN **NM** [1] *(= approvisionnement) [de capitaux]* contribution, supply; *[de chaleur, air frais, eau potable]* supply ◆ **l'apport de devises par le tourisme** the currency that tourism brings in ◆ **leur apport financier** their financial contribution ◆ **apport personnel** *(Fin)* personal capital contribution, ≈ deposit *(when buying a house)* ◆ **l'apport d'alluvions d'une rivière** the alluvia brought *ou* carried down by a river ◆ **l'apport de** *ou* **en vitamines d'un aliment** the vitamins provided by *ou* the vitamin content of a food ◆ **apport calorique** *[d'aliment]* calorie content ◆ **l'apport calorique quotidien** the daily calorie intake

[2] *(= contribution)* contribution ◆ **l'apport de notre civilisation à l'humanité** our civilization's contribution to humanity

[3] *(Jur)* ◆ **apports** property ◆ **apports en communauté** *goods contributed by man and wife to the joint estate* ◆ **apports en société** *(Fin)* capital invested

apporter /apɔʀte/ SYN ► conjug 1 ◄ **VT** [1] *[+ objet]* bring ◆ **apporte-le-moi** bring it to me ◆ **apporte-le-lui** take it to him ◆ **apporte-le en montant** bring it up with you ◆ **apporte-le en venant** bring it with you (when you come), bring it along ◆ **qui a apporté toute cette boue ?** who brought in all this mud? ◆ **le vent d'ouest nous apporte toutes les fumées d'usine** the west wind blows *ou* carries all the factory fumes our way ◆ **vent qui apporte la pluie** wind that brings rain

[2] *[+ satisfaction, repos, soulagement]* to bring, to give; *[+ ennuis, argent, nouvelles]* to bring; *[+ preuve, solution]* to supply, to provide ◆ **apporter sa contribution à qch** to make one's contribution to sth ◆ **apporter des modifications à qch** *[ingénieur]* to make *ou* introduce changes in sth; *[progrès]* to bring about changes in sth ◆ **apporter du soin à qch/à faire qch** to exercise care in sth/in doing sth ◆ **apporter de l'attention à qch/à faire qch** to bring one's attention to bear on sth/on doing sth ◆ **elle y a apporté toute son énergie** she put all her energy into it ◆ **son livre n'apporte rien de nouveau** his book contributes *ou* says nothing new ◆ **leur enseignement m'a beaucoup apporté** I got a lot out of their teaching ◆ **s'apporter beaucoup** *(couple)* to get a lot out of being together

apporteur /apɔʀtœʀ/ **NM** *(Jur)* contributor

apposer /apoze/ SYN ► conjug 1 ◄ **VT** *(frm) [+ sceau, timbre, plaque]* to affix; *[+ signature]* to append *(frm)*; *(Jur) [+ clause]* to insert ◆ **apposer les scellés** *(Jur)* to affix the seals *(to prevent unlawful entry)* ◆ **apposer une mention sur un produit** to display consumer information on a product

apposition /apozisjɔ̃/ **NF** [1] *(Gram)* apposition ◆ **en apposition** in apposition

[2] *[de sceau, timbre, plaque, scellés]* affixing; *[de signature]* appending *(frm)*; *(Jur) [de clause]* insertion

appréciable /apʀesjabl/ SYN **ADJ** [1] *(= évaluable)* noticeable ◆ **la différence était appréciable** the difference was noticeable

[2] *(= assez important)* appreciable ◆ **un nombre appréciable de gens** a good many *ou* a good few people

[3] *(= agréable) [qualité, situation]* nice, pleasant ◆ **c'est appréciable de pouvoir se lever tard** it's nice to be able to get up late

appréciateur, -trice /apʀesjatœʀ, tʀis/ **NM,F** judge, appreciator

appréciatif, -ive /apʀesjatif, iv/ **ADJ** *(= estimatif)* appraising, evaluative; *(= admiratif)* appreciative; → **état**

appréciation /apʀesjasjɔ̃/ SYN **NF** [1] *(= évaluation) [de distance, importance]* estimation, assessment; *(= expertise) [d'objet]* valuation ◆ **appréciation des risques** *(Assurances)* estimation of risks, risk assessment

[2] *(= jugement)* ◆ **soumettre qch à l'appréciation de qn** to ask for sb's assessment of sth ◆ **je laisse cela à votre appréciation** I leave you to judge for yourself ◆ **commettre une erreur d'appréciation** to be mistaken in one's assessment ◆ **les appréciations du professeur sur un élève** the teacher's assessment of a pupil ◆ « **appréciation du professeur** » *(sur livret)* "teacher's comments *ou* remarks"

[3] *(= augmentation) [de monnaie]* appreciation

apprécier /apʀesje/ GRAMMAIRE ACTIVE 7.2, 7.3 SYN ► conjug 7 ◄

VT [1] *(= aimer) [+ qualité]* to value; *[+ repas]* to enjoy ◆ **apprécier qn** *(= le trouver sympathique)* to like sb; *(= l'estimer)* to value sb ◆ **un plat très apprécié en Chine** a very popular dish in China ◆ **son discours n'a pas été apprécié par la droite** his speech did not go down well with the right ◆ **je n'apprécie guère votre attitude** I don't like your attitude ◆ **il n'a pas apprécié !** he wasn't too happy!

[2] *(= évaluer) [+ distance, importance]* to estimate, to assess; *(= expertiser) [+ objet]* to value, to assess the value of ◆ **ils ont visité le site pour apprécier la qualité des installations** they visited the site to assess the quality of the facilities

[3] *(= discerner) [+ nuance]* to perceive

VPR s'apprécier [1] *(= s'estimer)* to like each other ◆ **ils s'apprécient beaucoup** they really like each other

[2] *(Fin)* to rise, to appreciate ◆ **le franc s'est nettement apprécié par rapport au mark** the franc has risen *ou* appreciated sharply against the mark

appréhender /apʀeɑ̃de/ SYN ► conjug 1 ◄ **VT** [1] *(= arrêter)* to apprehend

[2] *(= redouter)* to dread ◆ **appréhender (de faire) qch** to dread (doing) sth ◆ **appréhender que...** to fear that...

[3] *(= comprendre) [+ situation]* to apprehend, to grasp

appréhensif, -ive /apʀeɑ̃sif, iv/ **ADJ** apprehensive, fearful *(de* of)

appréhension /apʀeɑ̃sjɔ̃/ SYN **NF** [1] *(= crainte)* apprehension, anxiety ◆ **envisager qch avec appréhension** to be apprehensive *ou* anxious about sth ◆ **avoir de l'appréhension** to be apprehensive ◆ **son appréhension de l'examen/de l'avenir** his anxiety *ou* fears about the exam/the future

[2] *(= compréhension) [de situation, réalité]* apprehension

apprenant, e /apʀənɑ̃, ɑ̃t/ **NM,F** learner

apprendre /apʀɑ̃dʀ/ SYN ► conjug 58 ◄ **VT**

[1] *[+ leçon, métier]* to learn ◆ **apprendre que/à lire/à nager** to learn that/(how) to read/(how) to swim ◆ **apprendre à se servir de qch** to learn (how) to use sth ◆ **apprendre à connaître qn** to get to know sb ◆ **il apprend vite** he's a quick learner, he learns quickly ◆ **l'espagnol s'apprend vite** *ou* **facilement** Spanish is easy to learn; → **cœur**

[2] *[+ nouvelle]* to hear, to learn; *[+ événement, fait]* to hear of, to learn of; *[+ secret]* to be told *(de qn* by sb) ◆ **j'ai appris hier que...** I heard *ou* learnt yesterday that... ◆ **j'ai appris son arrivée par des amis/par la radio** I heard of *ou* learnt of his arrival through friends/on the radio ◆ **apprenez que je ne me laisserai pas faire !** be warned that *ou* let me make it quite clear that I won't be trifled with!

[3] *(= annoncer)* ◆ **apprendre qch à qn** to tell sb (of) sth ◆ **il m'a appris la nouvelle** he told me the news ◆ **il m'apprend à l'instant sa démission/qu'il va partir** he has just told me of his resignation/that he's going to leave ◆ **vous ne m'apprenez rien !** you haven't told me anything new! *ou* anything I don't know already!, that's no news to me!

[4] *(= enseigner)* ◆ **apprendre qch à qn** to teach sb sth, to teach sth to sb ◆ **apprendre à qn à faire** to teach sb (how) to do ◆ **il a appris à son chien à obéir/qu'il doit obéir** he taught his dog to obey/that he must obey ◆ **je vais lui apprendre à vivre** I'll teach him a thing or two, I'll straighten *ou* sort *(Brit)* him out ◆ **ça lui apprendra (à vivre) !** that'll teach him (a lesson)! ◆ **on n'apprend pas à un vieux singe à faire des grimaces** don't teach your grandmother to suck eggs *(Brit)*

apprenti, e /apʀɑ̃ti/ SYN **NM,F** *[de métier]* apprentice; *(= débutant)* novice, beginner ◆ **apprenti conducteur** learner driver *(Brit)*, student driver *(US)* ◆ **apprenti mécanicien** apprentice *ou* trainee mechanic, mechanic's apprentice ◆ **apprenti philosophe** *(péj)* novice philosopher ◆ **apprenti sorcier** sorcerer's apprentice ◆ **jouer à l'apprenti sorcier** *ou* **aux apprentis sorciers** to play God

apprentissage /apʀɑ̃tisaʒ/ SYN **NM**

[1] *(= formation)* apprenticeship ◆ **mettre qn en apprentissage** to apprentice sb *(chez* to) ◆ **être en apprentissage** to be apprenticed *ou* an apprentice *(chez* to) ◆ **faire son apprentissage** to serve one's apprenticeship, to do one's training *(chez* with) ◆ **faire son apprentissage de mécanicien** to serve one's apprenticeship as a mechanic ◆ **école** *ou* **centre d'apprentissage** training school

[2] *(= initiation)* ◆ **l'apprentissage de l'anglais/de la lecture/de l'amour** learning English/(how) to read/about love ◆ **l'apprentissage de la patience** learning to be patient, learning patience

◆ **faire l'apprentissage de** *[+ douleur, vie active]* to have one's first experience of, to be initiated into ◆ **le pays fait le difficile apprentissage de la démocratie** the country is taking its first difficult steps in democracy; → **contrat, taxe**

apprêt /apʀɛ/ SYN **NM** [1] *(= opération) [de cuir, tissu]* dressing; *[de papier]* finishing; *(Peinture)* sizing, priming

[2] *(= substance) [de cuir, tissu]* dressing; *(= peinture)* size, primer ◆ **couche d'apprêt** coat of primer

[3] *(= affectation)* ◆ **sans apprêt** unaffected ◆ **elle est d'une beauté sans apprêt** she has a kind of natural beauty

apprêtage /apʀɛtaʒ/ **NM** *[de cuir, tissu]* dressing; *[de papier]* finishing; *[de peinture]* sizing, priming

apprêté, e /apʀete/ SYN (ptp de **apprêter**) **ADJ** *(= affecté) [manière, style]* affected

apprêter /apʀete/ SYN ► conjug 1 ◄

VT [1] *[+ nourriture]* to prepare, to get ready ◆ **apprêter un enfant/une mariée** *(= habiller)* to get a child/bride ready, to dress a child/bride

[2] *[+ peau, papier, tissu]* to dress, to finish; *[+ surface à peindre]* to size, to prime

VPR s'apprêter [1] ◆ **s'apprêter à qch/à faire qch** *(= se préparer)* to get ready for sth/to do sth, to prepare (o.s.) for sth/to do sth ◆ **nous nous apprêtions à partir** we were getting ready *ou* preparing to leave ◆ **je m'apprêtais à le dire** I was just about to say so

[2] *(= faire sa toilette)* to dress o.s., to prepare o.s.

apprêteur, -euse /apʀɛtœʀ, øz/ **NM,F** *[de peau, tissu, papier]* dresser, finisher; *[de peinture]* sizer, primer

apprivoisable /apʀivwazabl/ **ADJ** tameable ◆ **difficilement apprivoisable** difficult to tame

apprivoisé, e /apʀivwaze/ (ptp de **apprivoiser**) **ADJ** tame, tamed

apprivoisement /apʀivwazmɑ̃/ **NM** *(= action)* taming; *(= état)* tameness

apprivoiser /apʀivwaze/ SYN ► conjug 1 ◄

VT *[+ animal, personne difficile]* to tame; *[+ personne timide]* to bring out of his *(ou* her) shell ◆ **je commence tout juste à apprivoiser l'ordinateur** I'm just beginning to get to grips with the computer

VPR s'apprivoiser *[animal]* to become tame; *[personne difficile]* to become easier to get on with; *[personne timide]* to come out of one's shell

approbateur, -trice /apʀɔbatœʀ, tʀis/ SYN

ADJ approving ◆ **signe de tête approbateur** nod of approval, approving nod

NM,F *(littér)* approver

approbatif, -ive /apʀɔbatif, iv/ **ADJ** ⇒ **approbateur, -trice**

approbation /apʀɔbasjɔ̃/ GRAMMAIRE ACTIVE 13.2 SYN **NF** *(= jugement favorable)* approval, approbation; *(= acceptation)* approval ◆ **donner son approbation à un projet** to give one's approval to a project ◆ **ce livre a rencontré l'approbation du grand public** this book has been well received by the public ◆ **conduite/travail digne d'approbation** commendable behaviour/work ◆ **approbation des comptes** *(Fin)* approval of the accounts

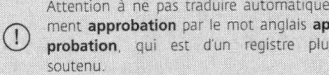

> ⓘ Attention à ne pas traduire automatiquement **approbation** par le mot anglais **approbation**, qui est d'un registre plus soutenu.

approchable /apʀɔʃabl/ **ADJ** *[chose]* accessible; *[personne]* approachable ◆ **le ministre est difficilement approchable** the minister is rather inaccessible *ou* is not very accessible

approchant, e /apʀɔʃɑ̃, ɑ̃t/ SYN **ADJ** *[style, genre]* similar *(de* to); *[résultat]* close *(de* to) ◆ **quelque**

approche /apʁɔʃ/ SYN NF ① (= arrivée) [de personne, véhicule, événement] approach ◆ **à mon approche il sourit** he smiled as I came up to him ◆ **à l'approche de l'hiver** at the approach of winter, as winter approached ◆ **« (train) à l'approche »** (dans une gare) "train now approaching" ◆ **s'enfuir à l'approche du danger** to flee at the first sign of danger ◆ **à l'approche ou aux approches de la cinquantaine, il...** as he neared ou approached fifty, he...; → **lunette, travail**¹

② (= abord) ◆ **être d'approche difficile** [personne] to be unapproachable, to be difficult to approach; [lieu] to be inaccessible, to be difficult of access; [musique, auteur] to be difficult to understand ◆ **être d'approche aisée** [personne] to be approachable, to be easy to approach; [lieu] to be (easily) accessible; [musique, auteur] to be easy to understand ◆ **manœuvres ou travaux d'approche** (Mil) approaches; (fig) manoeuvres, manoeuvrings

③ (= parages) ◆ **les approches de la ville** the area (immediately) surrounding the town ◆ **aux approches de la ville elle pensa...** as she neared ou approached the town she thought... ◆ **les approches de l'île sont dangereuses** the waters around the island are dangerous

④ (= façon d'envisager) approach ◆ **l'approche de ce problème** the approach to this problem ◆ **ce n'est qu'une approche sommaire de la question** this is only a brief introduction to the question

⑤ (Typo) (= espace) spacing; (= faute) spacing error; (= signe) close-up mark

⑥ (en avion) ◆ **nous sommes en approche finale** we are on our final approach

⑦ (Golf) approach ◆ **coup d'approche** approach shot

approché, e /apʁɔʃe/ (ptp de **approcher**) ADJ [résultat, idée] approximate

approcher /apʁɔʃe/ SYN ► conjug 1 ◄

VT ① [+ objet] to put nearer, to move nearer ◆ **approcher une table d'une fenêtre** to move a table nearer to a window ◆ **approche ta chaise** bring your chair nearer ou closer ◆ **il approcha les deux chaises l'une de l'autre** he moved the two chairs closer together ◆ **il approcha le verre de ses lèvres** he lifted ou raised the glass to his lips ◆ **elle approcha son visage du sien** she brought her face close to his

② [+ personne] (= aller) to go near, to approach; (= venir) to come near, to approach ◆ **ne l'approchez pas !** don't go near him!, keep away from him!

③ (= côtoyer) to be in contact with; (= entrer en contact avec) to approach

VI [date, saison] to approach, to draw near; [personne, orage] to approach, to come nearer; [nuit, jour] to approach, to draw on ◆ **le jour approche où...** the day is approaching when... ◆ **approchez, approchez !** come closer! ◆ **approchez que je t'examine** come here and let me look at you

VT INDIR **approcher de** [+ lieu] to approach, to get closer to ◆ **nous approchons du but** we're getting there ◆ **approcher de la perfection** to come close to perfection ◆ **il approche de la cinquantaine** he's approaching ou he's getting on for fifty ◆ **l'aiguille du compteur approchait du 80** the needle on the speedometer was approaching ou nearing 80

VPR **s'approcher** (= venir) to come near, to approach; (= aller) to go near, to approach ◆ **il s'est approché pour me parler** he came up to me to speak to me ◆ **l'enfant s'approcha de moi** the child came up to me ◆ **ne t'approche pas de moi** don't come near me ◆ **s'approcher du micro** (venir) to come up to the mike; (se rapprocher) to get closer ou nearer to the mike ◆ **approche-toi !** come here! ◆ **approchez-vous du feu** go and sit (ou stand) near the fire ◆ **s'approcher de la réalité** to come near to reality

approfondi, e /apʁɔfɔ̃di/ SYN (ptp de **approfondir**) ADJ [connaissances, étude] thorough, detailed; [débat] in-depth

approfondir /apʁɔfɔ̃diʁ/ SYN ► conjug 2 ◄ VT
① [+ canal, puits] to deepen, to make deeper
② [+ question, étude] to go (deeper) into; [+ connaissances] to increase ◆ **il vaut mieux ne pas approfondir le sujet** it's better not to go into the matter too closely ◆ **sans approfondir** superficially

approfondissement /apʁɔfɔ̃disəmɑ̃/ SYN NM [de canal, puits] deepening (NonC); [de connaissances] deepening (NonC), increasing (NonC) ◆ **l'approfondissement de cette étude serait souhaitable** it would be a good idea to take this study further

appropriation /apʁɔpʁijasjɔ̃/ NF ① (Jur) appropriation
② (= adaptation) suitability, appropriateness (à to)

approprié, e /apʁɔpʁije/ SYN (ptp de **approprier**) ADJ appropriate ◆ **la recherche d'une solution appropriée à la crise** the effort to find an appropriate solution to the crisis ◆ **il n'est pas toujours facile de trouver le traitement approprié** it's not always easy to find the appropriate ou right treatment ◆ **« tout le monde » semble une réponse appropriée à cette question** "everybody" seems to be the answer to this question

approprier /apʁɔpʁije/ SYN ► conjug 7 ◄

VT (= adapter) to suit, to adapt (à to) ◆ **approprier son style à l'auditoire** to suit one's style to one's audience, to adapt one's style to (suit) one's audience

VPR **s'approprier** ① (= s'adjuger) [+ bien] to appropriate; [+ pouvoir, droit, propriété, découverte] to take over, to appropriate
② (= s'adapter à) ◆ **s'approprier à** to be appropriate to, to suit

approuver /apʁuve/ GRAMMAIRE ACTIVE 11.1, 11.2, 13.3, 13.4 SYN ► conjug 1 ◄ VT ① (= être d'accord avec) [+ attitude] to approve of ◆ **il a démissionné et je l'approuve** he resigned, and I agree with him ou approve (of his doing so) ◆ **on a besoin de se sentir approuvé** one needs to feel the approval of others ◆ **je n'approuve pas qu'il parte maintenant** I don't approve of his leaving now
② (= avaliser) [+ comptes, médicament, procès-verbal, nomination] to approve; [+ projet de loi] to approve, to pass; [+ contrat] to ratify; → **lu**

approvisionnement /apʁɔvizjɔnmɑ̃/ SYN NM ① (= action) supplying (en, de of) ◆ **l'approvisionnement en légumes de la ville** supplying the town with vegetables ◆ **approvisionnements sauvages** panic buying
② (= réserves) supplies, stock ◆ **il avait tout un approvisionnement de cigarettes** he was well stocked with cigarettes, he had a large stock of cigarettes

approvisionner /apʁɔvizjɔne/ SYN ► conjug 1 ◄

VT [+ magasin, commerçant] to supply (en, de with); [+ compte bancaire] to pay ou put money into; [+ fusil] to load ◆ **ils sont bien approvisionnés en fruits** they are well supplied ou stocked with fruit

VPR **s'approvisionner** to stock up (en with), to lay in supplies (en of) ◆ **s'approvisionner en bois** to stock up with wood, to get supplies of wood ◆ **je m'approvisionne au supermarché** I shop at the supermarket

approvisionneur, -euse /apʁɔvizjɔnœʁ, øz/ NM,F supplier

approximatif, -ive /apʁɔksimatif, iv/ SYN ADJ [calcul, évaluation, traduction] rough; [nombre, prix] approximate; [termes] vague ◆ **parler un français approximatif** to speak broken French

approximation /apʁɔksimasjɔ̃/ SYN NF (gén) approximation, (rough) estimate; (Math) approximation ◆ **par approximations successives** by trial and error

approximativement /apʁɔksimativmɑ̃/ SYN ADV [calculer, évaluer] roughly; [compter] approximately

appt (abrév de **appartement**) apt

appui /apɥi/ SYN

NM ① (lit, fig) support; (Alpinisme) press hold ◆ **prendre appui sur** [personne] to lean on; (du pied) to stand on; [objet] to rest on ◆ **son pied trouva un appui** he found a foothold ◆ **avoir besoin d'appui** to need (some) support ◆ **trouver un appui chez qn** to receive support from sb ◆ **j'ai cherché un appui auprès de lui** I turned to him for support ◆ **avoir l'appui de qn** to have sb's support ou backing ◆ **il a des appuis au ministère** he has connections in the ministry

◆ **à l'appui** in support of this, to back this up ◆ **avec preuves à l'appui** with evidence to prove it ◆ **il m'a expliqué comment faire avec démonstration à l'appui** he told me how to do it and backed this up with a demonstration ◆ **à l'appui de son témoignage** in support of his evidence, to back up his evidence; → **barre, point**¹

② (Mus) [de voix] placing ◆ **consonne d'appui** (Poésie) supporting consonant ◆ **voyelle d'appui** support vowel

COMP **appui aérien** air support
appui de fenêtre window ledge
appui financier financial support ou backing
appui logistique logistic backup ou support
appui tactique tactical support

appuie-bras /apɥibʁa/ NM INV armrest

appuie-main (pl **appuie-main(s)**) /apɥimɛ̃/ NM maulstick

appuie-tête (pl **appuie-tête(s)**) /apɥitɛt/ NM [de voiture, fauteuil de dentiste] headrest, head restraint; [de fauteuil] antimacassar

appuyé, e /apɥije/ SYN (ptp de **appuyer**) ADJ (= insistant) [regard] fixed, intent; [geste] emphatic; (= excessif) [politesse] overdone ◆ **il a rendu un hommage appuyé à son collègue** he paid a glowing tribute to his colleague

appuyer /apɥije/ GRAMMAIRE ACTIVE 26.2, 26.6 SYN ► conjug 8 ◄

VT ① (= poser) [+ objet, coudes, front] to lean (contre against; sur on) ◆ **appuyer une échelle contre un mur** to lean ou stand a ladder against a wall ◆ **appuyer sa main sur l'épaule de qn** to rest one's hand on sb's shoulder

② (= presser) to press ◆ **il dut appuyer son genou sur la valise pour la fermer** he had to press ou push the suitcase down with his knee to close it ◆ **appuie ton doigt sur le pansement** put ou press your finger on the dressing

③ (= étayer) ◆ **appuyer un mur par qch** to support ou prop up a wall with sth

④ (= soutenir) [+ personne, candidature, politique] to support, to back ◆ **il a appuyé sa thèse de documents convaincants** his thesis was well documented ◆ **appuyer la demande de qn** to support sb's request

⑤ (Mil) [+ attaque] to back up ◆ **l'offensive sera appuyée par l'aviation** the offensive will be backed up from the air ou given air support

VI ① (= presser sur) ◆ **appuyer sur** [+ bouton] to press, to push; [+ frein] to apply, to put one's foot on; [+ pédales] to press down on; [+ levier] to press (down); [+ gâchette] to pull ◆ **appuyer sur le champignon** * to step on the gas *, to put one's foot down (Brit)

② (= reposer sur) ◆ **appuyer sur** to rest on ◆ **la voûte appuie sur des colonnes** the vault rests on columns ou is supported by columns

③ (= insister sur) ◆ **appuyer sur** [+ mot, argument, syllabe] to stress, to emphasize; (Mus) [+ note] to accentuate, to accent ◆ **n'appuyez pas trop** don't press the point ◆ **appuyer sur la chanterelle** to harp on

④ (= se diriger) ◆ **appuyer sur la droite** ou **à droite** to bear (to the) right

VPR **s'appuyer** ① (= s'accoter) ◆ **s'appuyer sur/contre** to lean on/against ◆ **appuie-toi à mon bras** lean on my arm

② (fig = compter) ◆ **s'appuyer sur** [+ personne, autorité] to lean on ◆ **s'appuyer sur un parti** (Pol) to rely on the support of a party ◆ **s'appuyer sur l'amitié de qn** to rely ou depend on sb's friendship ◆ **s'appuyer sur des découvertes récentes pour démontrer...** to use recent discoveries to demonstrate... ◆ **sur quoi vous appuyez-vous pour avancer cela ?** what evidence do you have to support what you're saying?

③ (‡ = subir) [+ importun, discours ennuyeux] to put up with*; [+ corvée] to take on ◆ **qui va s'appuyer le ménage ?** who'll get landed * with the housework? ◆ **chaque fois c'est nous qui nous appuyons toutes les corvées** it's always us who get stuck * ou landed * with all the chores ◆ **il s'est appuyé le voyage de nuit** he ended up having to travel at night

apragmatisme /apʁagmatism/ NM apragmatism

apraxie /apʁaksi/ NF apraxia

âpre /apʁ/ SYN ADJ ① [goût, vin] pungent, acrid; [hiver, vent, temps] bitter, harsh; [son, voix, ton] harsh

② [vie] harsh; [combat, discussion] bitter; [détermination, résolution] grim; [concurrence, critique] fierce ◆ **après d'âpres marchandages** after some intense haggling

③ ◆ **âpre au gain** grasping, greedy

âprement /apʁəmɑ̃/ ADV [lutter] bitterly, grimly; [critiquer] fiercely

après /apʀɛ/

GRAMMAIRE ACTIVE 6.2 SYN

1 - PRÉPOSITION
2 - ADVERBE

1 - PRÉPOSITION

[1] [TEMPS] after ◆ **il est entré après elle** he came in after her ◆ **venez après 8 heures** come after 8 ◆ **après beaucoup d'hésitations il a accepté** after much hesitation he accepted ◆ **après tout ce que j'ai fait pour lui** after everything I've done for him ◆ **tu l'injuries, et après ça tu t'étonnes qu'il se vexe** you insult him and then you're surprised that he takes offence ◆ **jour après jour** day after day, day in day out ◆ **page après page** page after page, page upon page

◆ **après** + *infinitif* ◆ **après avoir lu ta lettre, je...** after I read ou after reading your letter, I... ◆ **elle s'est décidée après avoir longtemps hésité** she made up her mind after much hesitation ◆ **après être rentré chez lui, il...** after he got home, he... ◆ **après manger** when you've (ou I've etc) eaten ◆ **ce sont des propos d'après boire** it's the drink talking

◆ **après coup** after the event, afterwards ◆ **il n'a compris/réagi qu'après coup** he didn't understand/react until afterwards

◆ **après que** + *indicatif* ◆ **après que je l'ai quittée** after I left her ◆ **venez me voir après que vous lui aurez parlé** come and see me after ou when you've spoken to him

◆ **après quoi** ◆ **elle l'a grondé, après quoi il a été sage** she told him off and after that he behaved himself

◆ **et (puis) après ?** (*pour savoir la suite*) and then what?; (*pour marquer l'indifférence*) so what?*, what of it?

[2] [ORDRE D'IMPORTANCE, HIÉRARCHIE] ◆ **sa famille passe après ses malades** his family comes after ou second to his patients ◆ **après le capitaine vient le lieutenant** after captain comes lieutenant ◆ **après vous, je vous en prie** after you

◆ **après tout** after all ◆ **après tout, ce n'est qu'un enfant** after all he is only a child ◆ **et pourquoi pas, après tout ?** after all, why not?

[3] [ESPACE] (= *plus loin que*) after, past; (= *derrière*) behind, after ◆ **après le pont, la route rétrécit** the road narrows after the bridge ◆ **sa maison est (juste) après la mairie** his house is (just) past the town hall ◆ **j'étais après elle dans la queue** I was behind ou after her in the queue ◆ **le chien court après sa balle** the dog's running after his ball ◆ **elle traîne toujours après elle 2 petits chiens** she's always got 2 little dogs in tow

[4] [EN S'ACCROCHANT] ◆ **grimper après un poteau** to climb (up) a pole ◆ **sa jupe s'accrochait après les ronces** her skirt kept catching on the brambles

[5] [* : AGRESSIVITÉ] at ◆ **le chien aboyait après eux** the dog was barking at them ◆ **il est furieux après eux** he's mad* at them ◆ **après qui en a-t-il ?** who has he got it in for?* ◆ **elle est toujours après lui** (*surveillance*) she's always breathing down his neck*; (*harcèlement*) she's always (going) on at him* (Brit) ou nagging (at) him, she keeps on at him all the time*

[6] [LOCUTIONS]

◆ **d'après**
(= *en suivant un modèle, un auteur etc*) ◆ **portrait peint d'après nature** portrait painted from life ◆ **dessin d'après Ingres** drawing after Ingres, drawing in the style ou manner of Ingres ◆ **scénario d'après un roman de Balzac** screenplay adapted from a novel by Balzac
(= *selon*) ◆ **d'après lui/elle** according to him/her, in his/her opinion ◆ **d'après moi** in my opinion ◆ **(à en juger) d'après son regard/ce qu'il a dit** from the look he gave/what he said ◆ **ne jugez pas d'après les apparences** don't go ou judge by appearances ◆ **ne jugez pas d'après ce qu'il dit** don't go by what he says ◆ **d'après la météo/les sondages** according to the weather forecast/the polls ◆ **d'après ma montre** by my watch

2 - ADVERBE

[1] [DANS LE TEMPS] (= *ensuite*) afterwards, next; (= *plus tard*) later ◆ **venez me voir après** come and see me afterwards ◆ **aussitôt après** immediately ou straight after(wards) ◆ **longtemps après** long ou a long time after(wards) ◆ **qu'allons-nous faire après ?** what are we going to do next? ou afterwards? ◆ **après, c'est ton tour** it's your turn next ◆ **deux jours/semaines après** two days/weeks later ◆ **les réformes, ce sera pour plus tard** reforms will come later ◆ **après tu iras dire que...** next you'll be saying that... ◆ **il est resté deux jours, et après il est parti** he stayed two days and afterwards ou and then he left

[2] [DANS L'ESPACE] ◆ **tu vois la poste ? sa maison est juste après** do you see the post office? his house is just a bit further on ◆ **ce crochet là-bas, ton manteau est pendu après** your coat's (hanging) on that peg over there

[3] [DANS UN ORDRE] ◆ **qu'est-ce qui vient après ?** what comes next?, what's to follow? ◆ **il pense surtout à ses malades, sa famille passe après** he thinks of his patients first, his family comes second ◆ **après, nous avons des articles moins chers** otherwise we have cheaper things

[4] [LOCUTIONS]

◆ **d'après** (= *suivant*) ◆ **la semaine/le mois d'après** (*dans le temps*) the following ou next week/month, the week/month after ◆ **le train d'après est plus rapide** the next train is faster ◆ **tu vois le cinéma ? c'est la rue d'après** (*dans l'espace*) do you see the cinema? it's the next street along (from there)

---

après-demain /apʀɛd(ə)mɛ̃/ ADV the day after tomorrow

après-dîner † (pl **après-dîners**) /apʀɛdine/ NM evening ◆ **conversations d'après-dîner** after-dinner conversations

après-guerre (pl **après-guerres**) /apʀɛgɛʀ/ NM post-war years ◆ **d'après-guerre** post-war (*épith*)

après-midi /apʀɛmidi/ NM ou NF INV afternoon ◆ **dans l'après-midi** in the afternoon

après-rasage (pl **après-rasages**) /apʀɛʀɑzaʒ/ ADJ INV (*lotion, mousse*) aftershave (*épith*) NM aftershave

après-shampo(o)ing (pl **après-shampo(o)ings**) /apʀɛʃɑ̃pwɛ̃/ NM (hair) conditioner

après-ski (pl **après-ski(s)**) /apʀɛski/ NM [1] (= *chaussure*) snow boot [2] (= *loisirs*) ◆ **l'après-ski** après-ski ◆ **tenue d'après-ski** après-ski outfit

après-soleil /apʀɛsɔlɛj/ ADJ INV after-sun (*épith*) NM INV after-sun cream (ou lotion)

après-vente /apʀɛvɑ̃t/ ADJ INV ◆ **(service) après-vente** after-sales service

âpreté /ɑpʀəte/ SYN NF [1] [de goût, vin] pungency; [d'hiver, vent, temps] bitterness, harshness; [de son, voix, ton] harshness
[2] [de vie] harshness; [de discussion] bitterness; [de détermination, résolution] grimness; [de concurrence, critique] fierceness

a priori /apʀijɔʀi/ SYN
LOC ADV (*Philos*) a priori; (*gén*) [*intéressant, surprenant*] at first sight ◆ **refuser qch a priori** to refuse sth out of hand ◆ **a priori, la date ne devrait pas changer** in principle, the date shouldn't change ◆ **tu es libre samedi ? - a priori oui** are you free on Saturday? - I should be
LOC ADJ (*Philos*) a priori
NM INV (*Philos*) apriorism; (*gén*) prejudice ◆ **avoir des a priori** to be biased ou prejudiced (*envers* towards; *contre* against) ◆ **j'ai abordé le problème sans a priori** I approached the problem with an open mind

apriorisme /apʀijɔʀism/ NM apriorism

aprioriste /apʀijɔʀist/ ADJ aprioristic, apriorist (*épith*)
NMF a priori reasoner, apriorist

à-propos /apʀopo/ SYN NM (= *présence d'esprit*) presence of mind; [*de remarque, acte*] aptness ◆ **avec beaucoup d'à-propos le gouvernement a annoncé...** with consummate timing the government has announced... ◆ **répondre avec à-propos** to make an apt ou a suitable reply ◆ **avoir beaucoup d'à-propos** (*dans ses réponses*) to have the knack of saying the right thing; (*dans ses actes*) to have the knack of doing the right thing ◆ **son manque d'à-propos lui nuit** his inability to say ou do the right thing does him a lot of harm ◆ **avoir l'esprit d'à-propos** to be quick off the mark

---

APS /apeɛs/ NM (abrév de *Advanced Photo System*) APS

apside /apsid/ NF apsis, apse ◆ **ligne des apsides** line of apsides

apte /apt/ SYN ADJ [1] ◆ **apte à qch** capable of sth ◆ **apte à faire** capable of doing, able to do ◆ **apte à exercer une profession** (*intellectuellement*) (suitably) qualified for a job; (*physiquement*) capable of doing a job ◆ **je ne suis pas apte à juger** I'm not able ou not in a position to judge ◆ **apte (au service)** (Mil) fit for service
[2] (*Jur*) ◆ **apte à** fit to ou for

aptère /aptɛʀ/ ADJ [*animal*] apterous; (*Art*) [*temple*] apteral ◆ **la Victoire aptère** the apteral Victory

aptéryx /aptɛʀiks/ NM (= *oiseau*) kiwi

aptitude /aptityd/ SYN NF [1] (= *faculté*) aptitude, ability; (= *don*) gift, talent ◆ **test d'aptitude** aptitude test ◆ **son aptitude à étudier** ou **à ou pour l'étude** his aptitude for study ou studying ◆ **avoir de grandes aptitudes** to be very gifted ou talented
[2] (*Jur*) fitness (à to)

apurement /apyʀmɑ̃/ NM [*de comptes*] auditing; [*de dette*] discharging, wiping off

apurer /apyʀe/ ▸ conjug 1 ◂ VT [+ *comptes*] to audit; [+ *dette*] to discharge, to wipe off

apyre /apiʀ/ ADJ apyrous

apyrétique /apiʀetik/ ADJ apyretic

apyrexie /apiʀɛksi/ NF apyrexia

aquacole /akwakɔl/ ADJ ◆ **élevage aquacole** (= *activité*) aquaculture, fish farming; (= *entreprise*) fish farm

aquaculteur, -trice /akwakyltœʀ, tʀis/ NM,F (*gén*) aquaculturalist; [*de poissons*] fish farmer

aquaculture /akwakyltyʀ/ NF (*gén*) aquiculture, aquaculture; [*de poissons*] fish farming

aquafortiste /akwafɔʀtist/ NMF aquafortist, etcher

aquagym /akwaʒim/ NF aquaerobics (*sg*)

aquamanile /akwamanil/ NM basin and ewer

aquanaute /akwanot/ NMF aquanaut

aquaplanage /akwaplanaʒ/ NM aquaplaning

aquaplane /akwaplan/ NM aquaplane

aquaplaning /akwaplaniŋ/ NM ⇒ aquaplanage

aquarelle /akwaʀɛl/ NF (= *technique*) watercolours (Brit), watercolors (US); (= *tableau*) watercolour (Brit), watercolor (US) ◆ **faire de l'aquarelle** to paint in watercolours

aquarellé, e /akwaʀele/ ADJ [*dessin*] done in watercolour(s) (Brit) ou watercolor(s) (US)

aquarelliste /akwaʀelist/ NMF watercolourist (Brit), watercolorist (US)

aquariophile /akwaʀjɔfil/ NMF tropical fish enthusiast, aquarist

aquariophilie /akwaʀjɔfili/ NF keeping tropical fish

aquarium /akwaʀjɔm/ NM aquarium, fish tank ◆ **aquarium d'eau de mer** marine aquarium

aquatinte /akwatɛ̃t/ NF aquatint

aquatintiste /akwatɛ̃tist/ NMF aquatinter

aquatique /akwatik/ ADJ [1] (= *qui vit dans l'eau*) [*plante*] aquatic, water (*épith*) ◆ **animal aquatique** aquatic animal ◆ **oiseau aquatique** aquatic bird, waterbird
[2] ◆ **paysage aquatique** (*sous l'eau*) underwater landscape; (*marécageux*) watery landscape ◆ **parc aquatique** aqua park

aquavit /akwavit/ NM aquavit

aqueduc /ak(ə)dyk/ NM (*Tech, Anat*) aqueduct

aqueux, -euse /akø, øz/ ADJ aqueous; → **humeur**

à quia /akɥija/ LOC ADV (*littér*) ◆ **mettre qn à quia** to nonplus sb ◆ **être à quia** to be at a loss for a reply

aquicole /akɥikɔl/ ADJ ⇒ **aquacole**

aquiculteur, -trice /akɥikyltœʀ, tʀis/ NM,F ⇒ **aquaculteur, -trice**

aquifère /akɥifɛʀ/ ADJ ◆ **nappe aquifère** aquifer, water-bearing layer ou stratum
NM aquifer

aquilin, e /akilɛ̃, in/ ADJ aquiline

aquilon /akilɔ̃/ NM (*littér*) north wind

aquitanien /akitanjɛ̃/ NM ◆ **l'aquitanien** the Aquitainian

aquosité /akozite/ NF aqueous state

A.R. ① (abrév de Altesse royale) → altesse ② (abrév de aller (et) retour) → aller

ara /aʀa/ NM macaw

arabe /aʀab/
- ADJ [désert] Arabian; [nation, peuple] Arab; [art, langue, littérature] Arabic, Arab ◆ **(cheval) arabe** Arab (horse); → **république, téléphone**
- NM (= langue) Arabic ◆ **l'arabe littéral** written Arabic
- NM **Arabe** Arab
- NF **Arabe** Arab woman (ou girl)

arabesque /aʀabɛsk/ NF arabesque ◆ **arabesque de style** stylistic ornament, ornament of style

arabica /aʀabika/ NM arabica

Arabie /aʀabi/
- NF Arabia ◆ **le désert d'Arabie** the Arabian desert
- COMP **Arabie Saoudite** Saudi Arabia

arabique /aʀabik/ ADJ Arabian; → **gomme**

arabisant, e /aʀabizɑ̃, ɑ̃t/ NM,F Arabist, Arabic scholar

arabisation /aʀabizasjɔ̃/ NF arabization

arabiser /aʀabize/ ▸ conjug 1 ◂ VT to arabize

arabisme /aʀabism/ NM Arabism

arabité /aʀabite/ NF Arabian identity

arable /aʀabl/ ADJ arable

arabo-islamique (pl **arabo-islamiques**) /aʀaboislamik/ ADJ Arab-Islamic

arabologue /aʀabɔlɔg/ NMF specialist in Arab studies

arabophone /aʀabɔfɔn/
- ADJ Arabic-speaking (épith)
- NMF Arabic speaker

arachide /aʀaʃid/ NF (= plante) groundnut (plant); (= graine) peanut, groundnut, monkey nut (Brit)

arachnéen, -enne /aʀakneɛ̃, ɛn/ ADJ (littér = léger) gossamer (épith), of gossamer; (= propre à l'araignée) arachnidan

arachnide /aʀaknid/ NM arachnid ◆ **les arachnides** the Arachnida (SPÉC)

arachnides /aʀaknid/ NMPL ◆ **les arachnides** arachnids, the Arachnida (SPÉC)

arachnoïde /aʀaknɔid/ NF arachnoid (membrane)

arachnoïdien, -ienne /aʀaknɔidjɛ̃, jɛn/ ADJ arachnoid

arack /aʀak/ NM arrack

aragonite /aʀagɔnit/ NF aragonite

araignée /aʀɛɲe/
- NF ① (= animal) spider; (= araignée de mer) spider crab ◆ **il a une araignée au plafond*** he's got a screw loose*, he's got bats in the belfry* (Brit) ◆ **araignée du matin, chagrin, araignée du soir, espoir** (Prov) seeing a spider in the morning brings bad luck, seeing a spider in the evening brings good luck; → **toile** ② (= crochet) grapnel ③ (Boucherie) cut of beef used to make steaks ④ (Pêche) square net
- COMP **araignée d'eau** water strider, pondskater
- **araignée de mer** spider crab

araire /aʀɛʀ/ NM swing plough (Brit) ou plow (US)

arak /aʀak/ NM ⇒ arack

araméen, -enne /aʀameɛ̃, ɛn/
- ADJ Aram(a)ean, Aramaic
- NM (= langue) Aramaic, Aram(a)ean
- NM,F **Araméen(ne)** Aram(a)ean

Ararat /aʀaʀa(t)/ N ◆ **le mont Ararat** Mount Ararat

arasement /aʀazmɑ̃/ NM ① (= mise à niveau) [de mur] levelling; [de bois] (en rabotant) planing(-down); (en sciant) sawing ② (Géol) [de relief] erosion

araser /aʀaze/ ▸ conjug 1 ◂ VT ① (= mettre de niveau) to level; (en rabotant) to plane (down); (en sciant) to saw; (= diminuer) to reduce ② (Géol) [+ relief] to erode

aratoire /aʀatwaʀ/ ADJ ploughing (Brit), plowing (US) ◆ **travaux aratoires** ploughing ◆ **instrument aratoire** ploughing implement

araucaria /aʀokaʀja/ NM monkey puzzle (tree), araucaria

arbalète /aʀbalɛt/ NF crossbow

arbalétrier /aʀbaletʀije/ NM ① (= personne) crossbowman ② (= poutre) rafter

arbalétrière /aʀbaletʀijɛʀ/ NF loophole

arbitrage /aʀbitʀaʒ/ SYN NM ① (Comm, Pol = action) arbitration; (Bourse) arbitrage; (= sentence) arbitrament ◆ **arbitrage obligatoire** compulsory arbitration ◆ **recourir à l'arbitrage** to go to arbitration ② (Boxe, Football, Rugby) refereeing; (Cricket, Hockey, Tennis) umpiring ◆ **erreur d'arbitrage** refereeing error; (Cricket, Hockey, Tennis) umpiring error

arbitragiste /aʀbitʀaʒist/ NMF (Bourse) arbitrager, arbitrageur

arbitraire /aʀbitʀɛʀ/ SYN
- ADJ (= despotique, contingent) arbitrary
- NM ◆ **le règne de l'arbitraire** the reign of the arbitrary ◆ **l'arbitraire du signe linguistique/d'une décision** the arbitrary nature ou the arbitrariness of the linguistic sign/of a decision

arbitrairement /aʀbitʀɛʀmɑ̃/ ADV arbitrarily

arbitral, e (mpl **-aux**) /aʀbitʀal, o/ ADJ ① (Jur) arbitral ② (Boxe, Football, Rugby) referee's (épith); (Cricket, Hockey, Tennis) umpire's (épith) ◆ **décision arbitrale** referee's ou umpire's decision

arbitre /aʀbitʀ/ SYN NM ① (Boxe, Ftbl, Rugby) referee, ref*; (Cricket, Hockey, Tennis) umpire ◆ **faire l'arbitre** to (be the) referee ou umpire ◆ **arbitre de chaise** (Tennis) umpire; → **libre** ② (= conciliateur) arbiter; (Jur) arbitrator ◆ **servir d'arbitre dans un conflit social** to act as an arbiter ou arbitrate in an industrial dispute ◆ **arbitre du bon goût** arbiter of (good) taste

arbitrer /aʀbitʀe/ SYN ▸ conjug 1 ◂ VT ① [+ conflit] to arbitrate; [+ personnes] to arbitrate between; (Fin) to carry out an arbitrage operation on ② (Boxe, Football, Rugby) to referee; (Cricket, Hockey, Tennis) to umpire

arboré, e /aʀbɔʀe/ ADJ [région] wooded; [jardin] planted with trees

arborer /aʀbɔʀe/ SYN ▸ conjug 1 ◂ VT [+ vêtement] to sport; [+ sourire] to wear; [+ air] to display; [+ décoration] to sport, to display; [+ drapeau] to bear, to display ◆ **le journal arbore un gros titre** the paper is carrying a big headline ◆ **arborer l'étendard de la révolte** to bear the standard of revolt

arborescence /aʀbɔʀesɑ̃s/ NF (Agr) arborescence; (Ling, Math) tree (diagram); (Ordin) tree (structure)

arborescent, e /aʀbɔʀesɑ̃, ɑ̃t/ ADJ [plante] arborescent ◆ **fougère arborescente** tree fern ◆ **réseau arborescent** tree network ◆ **menu arborescent** (Ordin) menu tree, tree-structured menu

arboretum /aʀbɔʀetɔm/ NM arboretum

arboricole /aʀbɔʀikɔl/ ADJ [technique] arboricultural; [animal] arboreal

arboriculteur, -trice /aʀbɔʀikyltœʀ, tʀis/ NM,F tree grower, arboriculturist (SPÉC)

arboriculture /aʀbɔʀikyltyʀ/ NF tree cultivation, arboriculture (SPÉC)

arborisation /aʀbɔʀizasjɔ̃/ NF arborization

arborisé, e /aʀbɔʀize/ ADJ planted with trees, arborized (SPEC)

arbouse /aʀbuz/ NF arbutus berry

arbousier /aʀbuzje/ NM arbutus, strawberry tree

arbovirose /aʀbɔviʀoz/ NF arbovirosis

arbovirus /aʀbɔviʀys/ NM arbovirus

arbre /aʀbʀ/
- NM ① (Bot, Ling) tree ◆ **faire l'arbre fourchu/droit** to do a handstand (with one's legs apart/together) ◆ **les arbres vous cachent la forêt** (fig) you can't see the wood (Brit) ou forest (US) for the trees ◆ **c'est abattre ou couper l'arbre pour avoir le fruit** that's sacrificing long-term gains for short-term profits ◆ **faire grimper** ou **faire monter qn à l'arbre*** to have sb on*, to pull sb's leg* ◆ **entre l'arbre et l'écorce il ne faut pas mettre le doigt** (Prov) do not meddle in other people's affairs ② [de moteur] shaft
- COMP **arbre d'agrément** ou **d'ornement** ornamental tree
- **arbre à cames** camshaft ◆ **avec arbre à cames en tête** with overhead camshaft
- **arbre d'entraînement** drive shaft
- **arbre fruitier** fruit tree
- **arbre généalogique** family tree ◆ **faire son arbre généalogique** to draw up one's family tree
- **arbre d'hélice** propeller shaft
- **arbre de Judée** Judas tree
- **arbre de mai** May tree
- **arbre-manivelle** NM (pl **arbres-manivelles**) crankshaft
- **arbre moteur** driving shaft
- **arbre de Noël** (= sapin) Christmas tree; (= fête d'entreprise) Christmas party
- **arbre à pain** breadfruit tree
- **arbre de transmission** propeller shaft
- **arbre de vie** (Anat) arbor vitae, tree of life; (Bible) tree of life

arbrisseau (pl **arbrisseaux**) /aʀbʀiso/ NM shrub

arbuste /aʀbyst/ NM small shrub, bush

arbustif, -ive /aʀbystif, iv/ ADJ [végétation] shrubby ◆ **culture arbustive** cultivation of shrubs ou bushes

ARC /aʀk/ NM (abrév de **AIDS-related complex**) ARC

arc /aʀk/ SYN
- NM (= arme) bow; (Géom) arc; (Anat, Archit) arch ◆ **l'arc de ses sourcils** the arch ou curve of her eyebrows ◆ **la côte formait un arc** the coastline formed an arc; → **corde, lampe, soudure, tir**
- COMP **arc brisé** Gothic arch
- **arc de cercle** (Géom) arc of a circle ◆ **ça forme un arc de cercle** (gén) it forms an arc ◆ **en arc de cercle** in an arc
- **arc électrique** electric arc
- **arc outrepassé** Moorish arch
- **arc en plein cintre** Roman arch
- **arc réflexe** reflex arc
- **arc de triomphe** triumphal arch ◆ **l'Arc de Triomphe** the Arc de Triomphe
- **arc voltaïque** ⇒ arc électrique

arcade /aʀkad/
- NF (Archit) arch, archway ◆ **arcades** arcade, arches ◆ **les arcades d'un cloître/d'un pont** the arches ou arcade of a cloister/of a bridge ◆ **se promener sous les arcades** to walk through the arcade ou underneath the arches; → **jeu**
- COMP **arcade dentaire** dental arch
- **arcade sourcilière** arch of the eyebrows ◆ **il a été touché à l'arcade sourcilière** he got a cut above his eye

Arcadie /aʀkadi/ NF Arcadia

arcane /aʀkan/ NM ① (fig : gén pl = mystère) mystery ② (Alchimie) arcanum

arcanson /aʀkɑ̃sɔ̃/ NM rosin, colophony

arcature /aʀkatyʀ/ NF arcature

arc-boutant (pl **arcs-boutants**) /aʀkbutɑ̃/ NM flying buttress

arc-bouter /aʀkbute/ SYN ▸ conjug 1 ◂
- VT (Archit) to buttress
- VPR **s'arc-bouter** to lean, to press (à, contre up) against; (sur on) ◆ **arc-bouté contre le mur, il essayait de pousser la table** pressing (up) ou bracing himself against the wall, he tried to push the table

arceau (pl **arceaux**) /aʀso/ NM (Archit) arch; (Croquet) hoop; (Méd) cradle ◆ **arceau (de sécurité)** [de voiture] roll bar

arc-en-ciel (pl **arcs-en-ciel**) /aʀkɑ̃sjɛl/ NM rainbow

archaïque /aʀkaik/ SYN ADJ ① (Art, Ling) archaic ② (péj) outdated

archaïsant, e /aʀkaizɑ̃, ɑ̃t/
- ADJ archaistic
- NM,F archaist

archaïsme /aʀkaism/ NM archaism

archange /aʀkɑ̃ʒ/ NM archangel ◆ **l'archange (Saint) Michel/Gabriel** the Archangel Michael/Gabriel

arche /aʀʃ/ SYN NF ① (Archit) arch ② (Rel) ark ◆ **l'arche de Noé** Noah's Ark ◆ **l'arche d'alliance** the Ark of the Covenant

archéen, -enne /aʀkeɛ̃, ɛn/
- ADJ Archaean (Brit), Archean (US)
- NM ◆ **l'archéen** the Archaean era

archéologie /aʀkeɔlɔʒi/ NF archaeology (Brit), archeology (US)

archéologique /aʀkeɔlɔʒik/ ADJ archaeological (Brit), archeological (US)

archéologue /aʀkeɔlɔg/ NMF archaeologist (Brit), archeologist (US)

archéoptéryx /aʀkeɔpteʀiks/ NM archaeopteryx

archéozoïque /aʀkeɔzɔik/ ADJ Archaeozoic (Brit), Archeozoic (US)

archer /aʀʃe/ NM archer, bowman

archère /aʀʃɛʀ/ NF [de muraille] loophole

archerie /aʀʃəʀi/ NF archery

archet /aʀʃɛ/ NM (Mus, gén) bow ◆ **donner des coups d'archet** to bow ◆ **coup d'archet** bowstroke

archétypal, e (mpl **-aux**) /aʀketipal, o/ ADJ archetypal

archétype /aʀketip/ SYN
- NM (gén) archetype; (Bio) prototype
- ADJ (gén) archetypal; (Bio) prototypal, prototypic

archétypique /aʀketipik/ ADJ archetypical

archevêché /aʀʃəveʃe/ NM (= territoire) archdiocese, archbishopric; (= charge) archbishopric; (= palais) archbishop's palace

archevêque /aʀʃəvɛk/ NM archbishop

archi... /aʀʃi/ PRÉF [1] (* = extrêmement) tremendously, enormously ◆ **archibondé, archicomble, archiplein** chock-a-block*, jam-packed ◆ **archiconnu** extremely ou very well-known ◆ **archidifficile** incredibly difficult ◆ **archimillionnaire** millionaire several times over [2] (dans les titres) (= premier) arch...; → **archidiacre, archiduc** etc

archicube /aʀʃikyb/ NM (arg Scol) former student of the École normale supérieure

archidiaconat /aʀʃidjakɔna/ NM (= dignité) archdeaconry

archidiaconé /aʀʃidjakɔne/ NM (= territoire) archdeaconry

archidiacre /aʀʃidjakʀ/ NM archdeacon

archidiocésain, e /aʀʃidjɔsezɛ̃, ɛn/ ADJ archidiaconal

archidiocèse /aʀʃidjɔsɛz/ NM archdiocese

archiduc /aʀʃidyk/ NM archduke

archiduchesse /aʀʃidyʃɛs/ NF archduchess

archiépiscopal, e (mpl **-aux**) /aʀʃiepiskɔpal, o/ ADJ archiepiscopal

archiépiscopat /aʀʃiepiskɔpa/ NM archbishopric (office), archiepiscopate

archière /aʀʃjɛʀ/ NF ⇒ archère

archimandrite /aʀʃimɑ̃dʀit/ NM archimandrite

Archimède /aʀʃimɛd/ NM Archimedes; → **vis**

archimédien, -ienne /aʀʃimedjɛ̃, jɛn/ ADJ Archimedean

archipel /aʀʃipɛl/ NM archipelago ◆ **l'archipel malais** the Malay Archipelago ◆ **l'archipel des Kouriles** the Kuril Islands

archiphonème /aʀʃifɔnɛm/ NM archiphoneme

archiprêtre /aʀʃipʀɛtʀ/ NM archpriest

architecte /aʀʃitɛkt/ SYN
- NMF (lit, fig) architect
- COMP **architecte d'intérieur** interior designer **architecte naval** naval architect **architecte de réseaux** (Ordin) network architect

architectonie /aʀʃitɛktɔni/ NF architectonics (sg)

architectonique /aʀʃitɛktɔnik/
- ADJ architectonic
- NF architectonics (sg)

architectural, e (mpl **-aux**) /aʀʃitɛktyʀal, o/ ADJ architectural

architecturalement /aʀʃitɛktyʀalmɑ̃/ ADV architecturally

architecture /aʀʃitɛktyʀ/ SYN NF (lit, Ordin) architecture; (fig) structure ◆ **architecture civile/militaire/religieuse** civil/military/religious architecture ◆ **merveille d'architecture** marvellous piece of architecture

architecturé, e /aʀʃitɛktyʀe/ ▸ conjug 1 ◂ ADJ ◆ **bien architecturé** [œuvre musicale, roman] well-structured ◆ **des phrases savamment architecturées** carefully crafted sentences ◆ **architecturé autour de...** structured around...

architecturer /aʀʃitɛktyʀe/ SYN ▸ conjug 1 ◂ VT to structure ◆ **roman bien architecturé** well-structured novel

architrave /aʀʃitʀav/ NF architrave

archivage /aʀʃivaʒ/ NM (gén) filing; (Ordin) filing, archival storage ◆ **archivage électronique** electronic filing ou storage

archiver /aʀʃive/ ▸ conjug 1 ◂ VT to archive, to file

archives /aʀʃiv/ NFPL archives, records ◆ **les Archives nationales** the National Archives, ≈ the Public Records Office (Brit) ◆ **ça restera dans les archives !*** that will go down in history! ◆ **je vais chercher dans mes archives** I'll look through my files ou records

archiviste /aʀʃivist/ NMF archivist

archiviste-paléographe (pl **archivistes-paléographes**) /aʀʃivistpaleɔgʀaf/ NMF archivist (who has graduated from the École des Chartes)

archivolte /aʀʃivɔlt/ NF archivolt

arçon /aʀsɔ̃/ NM (Équitation) tree; → **cheval, pistolet, vider**

arc-rampant (pl **arcs-rampants**) /aʀkʀɑ̃pɑ̃/ NM rampant arch

arctique /aʀktik/
- ADJ (région) Arctic ◆ **l'océan (glacial) Arctique** the Arctic ocean
- NM **Arctique** ◆ **l'Arctique** the Arctic

ardemment /aʀdamɑ̃/ SYN ADV ardently, fervently

Ardenne /aʀdɛn/ NF (= région de France, Belgique et Luxembourg) ◆ **l'Ardenne** the Ardennes

Ardennes /aʀdɛn/ NFPL ◆ **les Ardennes** (= département français) the Ardennes ◆ **la bataille des Ardennes** the Battle of the Bulge

ardent, e /aʀdɑ̃, ɑ̃t/ SYN ADJ [1] (= brûlant) (gén) burning; [tison] glowing; [feu] blazing; [yeux] fiery (de with); [couleur] flaming, fiery; [chaleur, soleil] scorching, blazing; [fièvre, soif] raging; → **buisson, chapelle, charbon** [2] (= vif) [foi] fervent, passionate; [colère] burning, raging; [passion, désir] burning, ardent; [piété, haine, prière] fervent, ardent; [lutte] ardent, passionate; [discours] impassioned [3] (= bouillant) [amant] ardent, hot-blooded; [jeunesse, caractère] fiery, passionate; [joueur] keen; [partisan] ardent, keen; [cheval] mettlesome, fiery ◆ **être ardent au travail/au combat** to be a zealous worker/an ardent fighter

ardeur /aʀdœʀ/ SYN NF [de foi, prière] fervour (Brit), fervor (US); [de partisan, joueur] enthusiasm; [de caractère] fieriness ◆ **l'ardeur du soleil** the heat of the sun ◆ **les ardeurs de l'été** (littér) the heat of summer ◆ **les ardeurs de l'amour** (littér) the ardour of love ◆ **modérez vos ardeurs !** (littér ou hum) control yourself! ◆ **l'ardeur réformatrice du gouvernement** the government's reforming zeal ◆ **son ardeur au travail** ou **à travailler** his zeal ou enthusiasm for work ◆ **défendre une cause avec ardeur** to champion a cause passionately

ardillon /aʀdijɔ̃/ NM [de boucle] tongue

ardoise /aʀdwaz/
- NF [1] (= matière) slate ◆ **toit d'ardoises** slate roof ◆ **couvrir un toit d'ardoise(s)** to slate a roof [2] (* = dette) unpaid bill ◆ **avoir une ardoise de 50 € chez l'épicier** (fig) to owe €50 at the grocer's
- ADJ INV (couleur) slate-grey (Brit) ou -gray (US)

ardoisé, e /aʀdwaze/ ADJ slate-grey (Brit) ou -gray (US)

ardoisier, -ière /aʀdwazje, jɛʀ/
- ADJ [gisement] slaty; [industrie] slate (épith)
- NM (= ouvrier) slate-quarry worker; (= propriétaire) slate-quarry owner
- NF **ardoisière** slate quarry

ardu, e /aʀdy/ SYN ADJ [travail] arduous, laborious; [problème] difficult; [pente] steep

are /aʀ/ NM are, one hundred square metres

arec /aʀɛk/ NM areca

aréflexie /aʀeflɛksi/ NF areflexia

areligieux, -ieuse /aʀ(ə)liʒjø, jøz/ ADJ areligious

aréna /aʀena/ NF (Can Sport) arena, (skating) rink

arénacé, e /aʀenase/ ADJ arenaceous

arène /aʀɛn/ NF [1] (= piste) arena ◆ **l'arène politique** the political arena ◆ **descendre dans l'arène** (fig) to enter the arena [2] ◆ **arènes** (Archit) amphitheatre (Brit), amphitheater (US); [de courses de taureaux] bullring ◆ **les arènes de Nîmes** the amphitheatre of Nîmes [3] (Géol) sand, arenite (SPÉC) ◆ **arène granitique** (Géol) granitic sand

arénicole /aʀenikɔl/ NF sandworm

aréolaire /aʀeɔlɛʀ/ ADJ (Anat) areolar; (Géol) [érosion] areal

aréole /aʀeɔl/ NF areola

aréomètre /aʀeɔmɛtʀ/ NM hydrometer

aréométrie /aʀeɔmetʀi/ NF hydrometry

aréopage /aʀeɔpaʒ/ NM (fig, hum) learned assembly ◆ **l'Aréopage** (Antiq) the Areopagus

aréostyle /aʀeɔstil/ NM (Antiq) araeostyle

aréquier /aʀekje/ NM areca

arête /aʀɛt/ SYN NF [1] [de poisson] (fish)bone ◆ **arête centrale** backbone, spine ◆ **c'est plein d'arêtes** it's full of bones, it's very bony ◆ **enlever les arêtes d'un poisson** to bone a fish ◆ **sans arêtes** boneless [2] (= bord) [de cube, pierre, ski] edge; [de toit] ridge; [de voûte] groin; [de montagne] ridge, crest; [de nez] bridge [3] [de seigle, orge] beard ◆ **arêtes** beard

arêtier /aʀetje/ NM hip-rafter

arêtière /aʀetjɛʀ/ NF hip-tile

areu /aʀø/ EXCL (langage de bébé) ◆ **areu areu** goo-goo ◆ **faire areu areu** to gurgle

argent /aʀʒɑ̃/ SYN
- NM [1] (= métal) silver ◆ **en argent, d'argent** silver; → **noce, parole** [2] (= couleur) silver ◆ **cheveux/reflets (d') argent** silvery hair/glints [3] (Fin) money (NonC) ◆ **il a de l'argent** he's got money, he's well off ◆ **il l'a fait pour (de) l'argent** he did it for money ◆ **il se fait un argent fou*** he makes pots* ou loads* of money ◆ **c'est un homme/une femme d'argent** he/she loves money ◆ **politique de l'argent cher** tight ou dear (Brit) money policy; → **couleur, manger, puissance** [4] (locutions) ◆ **l'argent de la drogue** drug(s) money ◆ **j'en ai/j'en veux pour mon argent** I've got/I want (to get) my money's worth ◆ **on en a pour son argent** it's good value (for money), it's worth every penny ◆ **on n'en a jamais que pour son argent** you get what you pay for ◆ **faire argent de tout** to turn everything into cash, to make money out of anything ◆ **jeter l'argent par les fenêtres** to throw money away ou down the drain ◆ **avoir de l'argent plein les poches*** to have plenty of money, to be rolling in money* ◆ **l'argent n'a pas d'odeur** (Prov) money has no smell ◆ **l'argent ne fait pas le bonheur** (Prov) money can't buy happiness ◆ **l'argent va à l'argent** (Prov) money attracts money ◆ **point ou pas d'argent, point** ou **pas de Suisse** (Prov) nothing for nothing [5] (Héraldique) argent
- COMP **argent comptant** ◆ **payer argent comptant** to pay cash ◆ **prendre qch/les paroles de qn pour argent comptant** to take sth/what sb says at (its) face value **argent liquide** ready money, (ready) cash **argent noir** ou **sale** dirty money **argent de poche** pocket money ◆ **ils lui donnent 15 €** par semaine d'argent de poche they give him €15 a week pocket money

argentan /aʀʒɑ̃tɑ̃/ NM argentan

argenté, e /aʀʒɑ̃te/ (ptp de **argenter**) ADJ [couleur, cheveux] silver, silvery ◆ **en métal argenté** [couverts] silver-plated ◆ **je ne suis pas très argenté en ce moment*** I'm pretty broke at the moment*, I'm not too well-off just now; → **renard**

argenter /aʀʒɑ̃te/ ▸ conjug 1 ◂ VT [+ miroir] to silver; [+ couverts] to silver(-plate); (fig littér) to give a silvery sheen to, to silver (littér)

argenterie /aʀʒɑ̃tʀi/ NF silver, silverware; (de métal argenté) silver plate ◆ **faire l'argenterie** to polish ou clean the silver

argenteur /aʀʒɑ̃tœʀ/ NM silverer

argentier /aʀʒɑ̃tje/ NM [1] (Hist) Superintendent of Finance ◆ **le grand argentier** (hum) the Minister of Finance [2] (= meuble) silver cabinet

argentifère /aʀʒɑ̃tifɛʀ/ ADJ silver-bearing, argentiferous (SPÉC)

argentin[1], e /aʀʒɑ̃tɛ̃, in/ ADJ [son, voix] silvery

argentin[2], e /aʀʒɑ̃tɛ̃, in/
- ADJ Argentinian (Brit), Argentinean (US), Argentine (épith)
- NM,F **Argentin(e)** Argentinian (Brit), Argentinean (US), Argentine

Argentine /aʀʒɑ̃tin/ NF ◆ **l'Argentine** Argentina, the Argentine

argentique /aʀʒɑ̃tik/ ADJ • **photo argentique** traditional photography • **appareil photo argentique** traditional camera

argentite /aʀʒɑ̃tit/ NF argentite

argenton /aʀʒɑ̃tɔ̃/ NM ⇒ argentan

argenture /aʀʒɑ̃tyʀ/ NF *[de miroir]* silvering; *[de couverts]* silver-plating, silvering

argile /aʀʒil/ NF clay • **argile à silex** clay-with-flints; → **colosse**

argileux, -euse /aʀʒilø, øz/ ADJ clayey

arginine /aʀʒinin/ NF arginine

argon /aʀɡɔ̃/ NM argon

argonaute /aʀɡonot/ NM *(Myth)* Argonaut; *(= animal marin)* argonaut, paper nautilus

Argos /aʀɡɔs/ N Argos

argot /aʀɡo/ NM slang • **argot de métier** trade slang • **parler argot** to use slang • **mot d'argot** slang word

argotique /aʀɡɔtik/ ADJ *(= de l'argot)* slang; *(= très familier)* slangy

argotisme /aʀɡɔtism/ NM slang term

argotiste /aʀɡɔtist/ NMF linguist specializing in slang

argousier /aʀɡuzje/ NM sea buckthorn

argousin ††/aʀɡuzɛ̃/ NM *(péj ou hum)* policeman, copper*

arguer /aʀɡɥe/ ▸ conjug 1 ◂ *(littér)*

[VT] **1** *(= déduire)* to deduce • **il ne peut rien arguer de ces faits** he can draw no conclusion from these facts

2 *(= prétexter)* • **arguer que...** to argue that..., to claim that... • **il est toujours possible d'arguer que le mauvais temps a empêché le tournage** one can always claim that bad weather made filming impossible • **la société peut arguer qu'elle n'est pas la seule à connaître des difficultés** the company can argue that it isn't the only one to be experiencing difficulties

[VT INDIR] **arguer de** • **il refusa, arguant de leur manque de ressources** he refused, on the grounds that they lacked resources

(!) Au sens de 'déduire', **arguer** ne se traduit pas par **to argue**.

argument /aʀɡymɑ̃/ GRAMMAIRE ACTIVE 26.2, 26.3
[SYN] NM *(gén)* argument • **tirer argument de qch** to use sth as an argument ou excuse • **argument frappant** strong ou convincing argument; *(hum = coup)* blow • **argument massue** sledgehammer argument • **argument publicitaire** advertising claim • **argument de vente** selling proposition ou point

argumentaire /aʀɡymɑ̃tɛʀ/ NM *(gén)* argument; *(= document commercial)* sales leaflet ou blurb

argumentation /aʀɡymɑ̃tasjɔ̃/ [SYN] NF argumentation

argumenter /aʀɡymɑ̃te/ [SYN] ▸ conjug 1 ◂ VI to argue *(sur about)* • **argumenter de qch** to use sth as an argument • **discours bien argumenté** well-argued speech

argus /aʀɡys/ NM **1** • **l'argus (de l'automobile)** guide to secondhand car prices, ≃ Glass's directory *(Brit)*, ≃ the Blue Book *(US)* • **argus de la photo** guide to secondhand photographic equipment prices; → **coter**

2 *(= oiseau)* argus pheasant

argutie /aʀɡysi/ NF *(littér : gén péj)* quibble • **arguties** quibbling

argyrisme /aʀʒiʀism/ NM argyrism

argyronète /aʀʒiʀɔnɛt/ NF water spider

argyrose /aʀʒiʀoz/ NF *(Métal)* argyrose

aria /aʀja/ NF *(Mus)* aria

Ariane /aʀjan/ NF Ariadne; → **fil**

arianisme /aʀjanism/ NM Arianism

aride /aʀid/ [SYN] ADJ **1** *(= sec)* [vent, climat] dry

2 *(= stérile)* [sol] arid

3 *(fig)* [sujet, matière] dry; [tâche] thankless • **cœur aride** heart of stone

aridité /aʀidite/ [SYN] NF *(= sécheresse)* [de vent, climat] dryness; *(= stérilité)* [de sol] aridity; [de sujet, matière] dryness; [de tâche] thanklessness • **l'aridité de son cœur** his hard-heartedness

arien, -ienne /aʀjɛ̃, jɛn/ ADJ, NM,F Arian

ariette /aʀjɛt/ NF arietta, ariette

arioso /aʀjozo/ NM arioso

Arioste /aʀjɔst/ NM • **l'Arioste** Ariosto

aristo* /aʀisto/ NMF *(péj)* (abrév de **aristocrate**) aristocrat, nob*† *(Brit)*, toff*† *(Brit)*

aristocrate /aʀistɔkʀat/ NMF aristocrat

aristocratie /aʀistɔkʀasi/ NF aristocracy

aristocratique /aʀistɔkʀatik/ ADJ aristocratic

aristocratiquement /aʀistɔkʀatikmɑ̃/ ADV aristocratically

aristoloche /aʀistɔlɔʃ/ NF birthwort

Aristophane /aʀistɔfan/ NM Aristophanes

Aristote /aʀistɔt/ NM Aristotle

aristotélicien, -ienne /aʀistɔtelisjɛ̃, jɛn/ ADJ, NM,F Aristotelian

aristotélisme /aʀistɔtelism/ NM Aristotelianism

arithméticien, -ienne /aʀitmetisjɛ̃, jɛn/ NM,F arithmetician

arithmétique /aʀitmetik/

[NF] *(= science)* arithmetic; *(= livre)* arithmetic book

[ADJ] arithmetical

arithmétiquement /aʀitmetikmɑ̃/ ADV arithmetically

arithmomètre /aʀitmɔmɛtʀ/ NM arithmometer

Arizona /aʀizɔna/ NM • **l'Arizona** Arizona

Arkansas /aʀkɑ̃sas/ NM • **l'Arkansas** Arkansas

arlequin /aʀləkɛ̃/ NM *(Théât)* Harlequin • **bas (d')arlequin** harlequin stockings; → **habit**

arlequinade /aʀləkinad/ NF *(fig)* buffoonery; *(Théât)* harlequinade

arlésien, -ienne /aʀlezjɛ̃, jɛn/

[ADJ] of ou from Arles

[NM,F] **Arlésien(ne)** inhabitant ou native of Arles

[NF] **arlésienne** • **jouer l'arlésienne** ou **les arlésiennes** *[personne]* to keep well out of sight, to never show up • **le dialogue, cette arlésienne de la vie politique** dialogue, that elusive phenomenon in politics

▸ L'ARLÉSIENNE

The origin of the expression "jouer l'arlésienne" is Georges Bizet's opera of the same name, adapted from a book by Alphonse Daudet, in which the main character never actually appears. It has come to refer to any person or thing which, although much talked about, never materializes.

armada /aʀmada/ NF • **une armada de** *(péj)* [de personnes] a whole army ou mob of; [de voitures] a fleet of • **l'Invincible Armada** the Spanish Armada

armagnac /aʀmaɲak/ NM armagnac

armateur /aʀmatœʀ/ NM *(= propriétaire)* shipowner; *(= exploitant)* ship's manager • **armateur-affréteur** owner-charterer

armature /aʀmatyʀ/ [SYN] NF **1** *(gén = carcasse)* [de tente, montage, parapluie] frame; *(Constr)* framework, armature *(SPÉC)*; *(fig = infrastructure)* framework • **armature de corset** corset bones ou stays • **soutien-gorge à/sans armature** underwired/unwired bra

2 *(Mus)* key signature

3 *(Phys)* [de condensateur] electrode; [d'aimant] armature

arme /aʀm/

[NF] **1** *(= instrument)* *(gén)* weapon; *(= fusil, revolver)* gun • **armes** weapons, arms • **fabrique d'armes** arms factory • **l'arme du crime** the murder weapon • **des policiers sans arme(s)** unarmed police; → **bretelle, maniement, port²**

• **en armes** • **soldats en armes** *(avec des armes)* armed soldiers; *(prêts à se battre)* soldiers under arms • **un peuple en armes** a nation in arms • **ils sont entrés en armes dans la ville** they came into the town under arms

2 *(= élément d'une armée)* arm • **les trois armes** the three services ou arms • **l'arme de l'infanterie** the infantry • **dans quelle arme sert-il ?** which service is he in?, which branch (of the army) does he serve in?

3 *(Mil)* • **la carrière** ou **le métier des armes** soldiering • **le succès de nos armes** *(littér)* the success of our armies • **aux armes !** to arms! • **compagnon** ou **frère d'armes** comrade-in-arms • **appeler un régiment sous les armes** to call up a regiment; → **homme, place, prise²**

4 *(= moyen d'action)* weapon • **arme à double tranchant** double-edged weapon ou sword • **il est sans arme** he's defenceless *(Brit)* ou defenseless *(US) (contre against)* • **donner** ou **fournir des armes à qn** to give sb weapons *(contre against)* • **tu leur donnes des armes contre toi-même** you're giving them a stick to beat you with

5 *(Escrime)* • **les armes** fencing • **faire des armes** to fence; → **maître, passe¹, salle**

6 *(Héraldique)* • **armes** arms, coat of arms • **aux armes de** bearing the arms of; → **héraut**

7 *(locutions)* • **porter les armes** to be a soldier • **prendre les armes** *(= se soulever)* to rise up in arms; *(pour défendre son pays)* to take up arms • **avoir l'arme au bras** to have one's weapon in (one's) hand • **arme à la bretelle** ! ≃ slope arms! • **arme sur l'épaule !** shoulder arms! • **arme au pied !** attention! *(with rifle on ground)* • **rester** ou **demeurer l'arme au pied** *(fig)* to hold fire • **portez arme !** shoulder arms! • **présentez arme !** present arms! • **reposez arme !** order arms! • **déposer** ou **mettre bas les armes** to lay down (one's) arms • **rendre les armes** to lay down one's arms, to surrender • **faire ses premières armes** to start out, to begin one's career *(dans in)* • **il a fait ses (premières) armes en Afrique** he started his military career in Africa, he first saw service in Africa • **partir avec armes et bagages** to pack up and go • **passer l'arme à gauche*** to kick the bucket* • **à armes égales** on equal terms • **passer qn par les armes** to shoot sb by firing squad • **prendre le pouvoir/régler un différend par les armes** to take power/settle a dispute by force • **mourir les armes à la main** to die fighting • **ils ont défendu la ville les armes à la main** they took up arms to defend the town; → **appel, fait¹, gens¹, pris, suspension**

[COMP] **l'arme absolue** the ultimate weapon
arme d'assaut assault weapon
arme atomique atomic weapon
arme biologique biological weapon
arme blanche knife • **se battre à l'arme blanche** to fight with knives
arme de chasse hunting weapon
arme chimique chemical weapon
arme de destruction massive weapon of mass destruction
arme d'épaule rifle
arme à feu firearm
arme de guerre weapon of war
arme de jet projectile
arme légère light weapon
arme lourde heavy weapon
arme nucléaire nuclear weapon • **avoir l'arme nucléaire** to have nuclear weapons
arme de poing handgun
arme de service *[de policier]* service revolver ou gun

(!) Au singulier, **arme** ne se traduit pas par le mot anglais **arm**.

armé, e¹ /aʀme/ *(ptp de* **armer***)*

[ADJ] [personne, forces, conflit] armed • **armé jusqu'aux dents** ou **de pied en cap** armed to the teeth • **attention, il est armé !** careful, he's armed! • **armé de** armed with • **être bien armé pour passer un examen** to be well-equipped to take an examination • **bien armé contre le froid** well-equipped against the cold • **canne armée d'un bout ferré** stick fitted with a steel tip, stick tipped with steel; → **béton, ciment, force, vol²**

[NM] *(= position)* cock

armée² /aʀme/ [SYN]

[NF] **1** *(Mil)* army • **armée de mercenaires** mercenary army • **l'armée d'occupation/de libération** the occupying/liberating army ou forces • **la Grande Armée** *(Hist)* the Grande Armée *(army of Napoleon)* • **être à l'armée** to be doing one's military service • **être dans l'armée** to be in the army • **c'est un peu l'armée mexicaine*** *(péj)* it's a case of too many generals and not enough soldiers

2 *(péj)* army • **une armée de domestiques/rats** an army of servants/rats • **regardez-moi cette armée d'incapables** just look at this hopeless bunch* ou crew*; → **corps, zone**

[COMP] **armée active** regular army
l'armée de l'air the Air Force
armée de conscription conscript army
armée de métier professional army
l'armée des Ombres *(Hist)* the French Resistance
armée permanente standing army
armée régulière regular army
l'Armée républicaine irlandaise the Irish Republican Army
armée de réserve reserve
l'Armée rouge the Red Army
l'Armée du Salut the Salvation Army
l'armée de terre the Army

armement /aʀməmɑ̃/ SYN NM ① (= action) [de pays, armée] armament; [de personne] arming; [de fusil] cocking; [d'appareil-photo] winding-on
② (= armes) [de soldat] arms, weapons; [de pays, troupe, avion] arms, armament(s) ◆ **usine d'armement** arms factory ◆ **la limitation des armements** arms limitation ◆ **les dépenses d'armements de la France** France's expenditure on arms ou weapons; → **course**
③ (= équipement maritime) fitting-out, equipping

Arménie /aʀmeni/ NF Armenia; → **papier**

arménien, -ienne /aʀmenjɛ̃, jɛn/
ADJ Armenian
NM (= langue) Armenian
NM,F **Arménien(ne)** Armenian

armer /aʀme/ SYN ▶ conjug 1 ◀
VT ① (lit) to arm (de with; contre against) ◆ **armer qn contre les difficultés de la vie** to equip sb to deal with life's difficulties, to arm sb against life's difficulties
② (Hist) ◆ **armer qn chevalier** to dub sb knight
③ [+ navire] to fit out, to equip
④ [+ fusil] to cock; [+ appareil-photo] to wind on
⑤ [+ renforcer] [+ béton, poutre] to reinforce (de with) ◆ **armer un bâton d'une pointe d'acier** to fit a stick with a steel tip, to fit a steel tip on(to) a stick
VPR **s'armer** (= s'équiper) to arm o.s. (de with; contre against) ◆ **s'armer de courage** to summon up one's courage, to steel o.s. ◆ **il faut s'armer de patience** you have to be patient

armilles /aʀmij/ NFPL annulets

armistice /aʀmistis/ SYN NM armistice ◆ **l'Armistice** (= fête) Armistice Day

armoire /aʀmwaʀ/ SYN
NF (gén) cupboard, closet (US); (= penderie) wardrobe
COMP **armoire frigorifique** cold room ou store
armoire à glace (lit) wardrobe with a mirror; (*, fig = costaud) great hulking brute*
armoire à linge linen cupboard (Brit) ou closet (US)
armoire normande large wardrobe
armoire à pharmacie medicine chest ou cabinet
armoire de toilette bathroom cabinet (with a mirror)

armoiries /aʀmwaʀi/ SYN NFPL coat of arms, armorial bearings

armoise /aʀmwaz/ NF artemisia, wormwood

armorial, e (mpl **-iaux**) /aʀmɔʀjal, jo/ ADJ, NM armorial

armoricain, e /aʀmɔʀikɛ̃, ɛn/ ADJ Armorican; → **homard**

armorier /aʀmɔʀje/ ▶ conjug 7 ◀ VT to emblazon

Armorique /aʀmɔʀik/ NF ◆ **l'Armorique** Armorica

armure /aʀmyʀ/ SYN NF ① (Mil) armour (NonC) (Brit), armor (NonC) (US) ◆ **une armure** a suit of armour ◆ **chevalier en armure** knight in armour
② (= tissage) weave
③ [de câble] (metal) sheath
④ (Mus) key signature
⑤ (Phys) armature

armurerie /aʀmyʀʀi/ NF (= fabrique) arms factory; (= magasin) [d'armes à feu] gunsmith's; [d'armes blanches] armourer's (Brit), armorer's (US); (= profession) arms manufacture

armurier /aʀmyʀje/ NM (= fabricant, marchand) [d'armes à feu] gunsmith; [d'armes blanches] armourer (Brit), armorer (US); (Mil) armourer (Brit), armorer (US)

ARN /aɛʀɛn/ NM (abrév de **acide ribonucléique**) RNA ◆ **ARN messager/de transfert** messenger/transfer RNA

arnaque* /aʀnak/ NF con (trick)* ◆ **il a monté plusieurs arnaques immobilières** he organized several property frauds ◆ **ce régime amaigrissant, c'est une belle arnaque** this diet is a real con* ◆ **c'est (de) l'arnaque** (= c'est trop cher) it's a rip-off*, it's daylight robbery

arnaquer* /aʀnake/ ▶ conjug 1 ◀ VT ① (= escroquer) to swindle, to do* (Brit) ◆ **je me suis fait arnaquer de 30 €** I was cheated ou done* (Brit) out of €30
② (= arrêter) to nab* ◆ **se faire arnaquer** to get nabbed*

arnaqueur, -euse* /aʀnakœʀ, øz/ NM,F swindler, cheat, con artist*

arnica /aʀnika/ NF arnica

arobase /aʀɔbaz/ NF at (sign)

arolle /aʀɔl/ NM (Helv) (= arbre) Arolla pine

aromate /aʀɔmat/ SYN NM (= herbe) herb; (= épice) spice ◆ **aromates** seasoning (NonC) ◆ **ajoutez quelques aromates** add seasoning

aromathérapeute /aʀɔmateʀapøt/ NMF aromatherapist

aromathérapie /aʀɔmateʀapi/ NF aromatherapy

aromatique /aʀɔmatik/ SYN ADJ (gén, Chim) aromatic

aromatisant /aʀɔmatizɑ̃/ NM flavouring (agent)

aromatisation /aʀɔmatizasjɔ̃/ NF (Chim, Pharm) aromatization

aromatiser /aʀɔmatize/ ▶ conjug 1 ◀ VT to flavour (Brit), to flavor (US) ◆ **aromatisé à la vanille** vanilla-flavoured

arôme, arome /aʀom/ SYN NM [de plat] aroma; [de café, vin] aroma, fragrance; [de fleur] fragrance; (= goût) flavour (Brit), flavor (US); (ajouté à un aliment) flavouring (Brit), flavoring (US) ◆ **crème arôme chocolat** chocolate-flavoured cream dessert

aronde †† /aʀɔ̃d/ NF swallow; → **queue**

arpège /aʀpɛʒ/ NM arpeggio ◆ **faire des arpèges** to play arpeggios

arpéger /aʀpeʒe/ ▶ conjug 6 et 3 ◀ VT [+ passage] to play in arpeggios; [+ accord] to play as an arpeggio, to spread

arpent /aʀpɑ̃/ NM (Hist) arpent (about an acre) ◆ **il a quelques arpents de terre** (fig) he's got a few acres

arpentage /aʀpɑ̃taʒ/ NM (= technique) (land) surveying; (= mesure) measuring, surveying

arpenter /aʀpɑ̃te/ ▶ conjug 1 ◀ VT [+ pièce, couloir] to pace (up and down); (= mesurer) [+ terrain] to measure, to survey

arpenteur /aʀpɑ̃tœʀ/ NM (land) surveyor; → **chaîne**

arpenteuse /aʀpɑ̃tøz/ NF inchworm, looper

arpète*, arpette* /aʀpɛt/ NMF apprentice

arpion* /aʀpjɔ̃/ NM hoof*, foot

arqué, e /aʀke/ SYN (ptp de **arquer**) ADJ [objet, sourcils] arched, curved ◆ **avoir le dos arqué** to be hunchbacked ◆ **le dos arqué sous l'effort** his back bowed under the strain ◆ **il a les jambes arquées** he's bandy-legged ou bow-legged ◆ **nez arqué** hooknose, hooked nose

arquebuse /aʀkəbyz/ NF (h)arquebus

arquebusier /aʀkəbyzje/ NM (= soldat) (h)arquebusier

arquer /aʀke/ ▶ conjug 1 ◀
VT [+ objet, tige] to curve; [+ dos] to arch
VI [objet] to bend, to curve; [poutre] to sag ◆ **il ne peut plus arquer*** he can't walk any more
VPR **s'arquer** to curve

arrachage /aʀaʃaʒ/ SYN NM [de légume] lifting; [de plante, arbre] uprooting; [de dent] extracting, pulling (US); [de sac] snatching ◆ **l'arrachage des mauvaises herbes** weeding

arraché /aʀaʃe/ NM (Sport) snatch
◆ **à l'arraché** ◆ **il soulève 130 kg à l'arraché** he can do a snatch using 130 kg ◆ **obtenir la victoire à l'arraché** to snatch victory ◆ **ils ont eu le contrat à l'arraché** they just managed to snatch the contract

arrache-clou (pl **arrache-clous**) /aʀaʃklu/ NM nail wrench

arrachement /aʀaʃmɑ̃/ SYN NM ① (= chagrin) wrench ◆ **ce fut un véritable arrachement pour elle de partir** it was a real wrench for her to leave
② (= déchirement) tearing

arrache-pied /aʀaʃpje/ **d'arrache-pied** LOC ADV relentlessly

arracher /aʀaʃe/ SYN ▶ conjug 1 ◀
VT ① (= déraciner) [+ légume] to lift; [+ souche, plante] to pull up, to uproot; [+ mauvaises herbes] to pull up; [+ cheveux] to tear ou pull out; [+ dent] to take out, to extract, to pull (US); [+ poil, clou] to pull out ◆ **j'ai passé la matinée à arracher des mauvaises herbes** I've been weeding all morning ◆ **je vais me faire arracher une dent** I'm going to have a tooth out ou extracted ou pulled (US)
② (= enlever) [+ chemise, membre] to tear off; [+ affiche] to tear down; [+ feuille, page] to tear out (de of) ◆ **je vais lui arracher les yeux** I'll scratch his eyes out ◆ **cette séparation lui a arraché le cœur** he was heartbroken by this separation ◆ **ce spectacle lui arracha le cœur** the sight of it broke his heart, it was a heartrending sight for him ◆ **ça arrache (la gorge)*** [plat] it'll blow your head off *; [boisson] it's really rough!
③ (= prendre) ◆ **arracher à qn** [+ portefeuille, arme] to snatch ou grab from sb; [+ argent] to get out of sb ◆ **arracher des larmes/un cri à qn** to make sb cry/cry out ◆ **ils ont arraché la victoire à la dernière minute** they snatched victory at the last minute ◆ **il lui arracha son sac à main** he snatched ou grabbed her handbag from her ◆ **je lui ai arraché cette promesse/ces aveux/la vérité** I dragged this promise/this confession/the truth out of him
④ (= soustraire) ◆ **arracher qn à** [+ famille, pays] to tear ou drag sb away from; [+ passion, vice, soucis] to rescue sb from; [+ sommeil, rêve] to drag sb out of ou from; [+ sort, mort] to snatch sb from; [+ habitudes, méditation] to force sb out of ◆ **arracher qn des mains d'un ennemi** to snatch sb from the hands of an enemy ◆ **la mort nous l'a arraché** death has snatched ou torn him from us ◆ **il m'a arraché du lit à 6 heures** he got ou dragged me out of bed at 6 o'clock
VPR **s'arracher** ① (= se déchirer) ◆ **tu t'es arraché les vêtements sur le grillage** you've torn your clothes on the fence ◆ **s'arracher les cheveux** (lit) to tear ou pull out one's hair; (fig) to tear one's hair out ◆ **s'arracher les yeux** (fig) to scratch each other's eyes out
② (= se battre pour avoir) ◆ **s'arracher qn/qch** to fight over sb/sth ◆ **on s'arrache leur dernier CD** everybody is desperate to get hold of their latest CD ◆ **les cinéastes se l'arrachent** film directors are falling over themselves ou are fighting to get him to act in their films
③ (= partir) ◆ **s'arracher de** ou **à** [+ pays, famille] to tear o.s. away from; [+ habitude, méditation, passion] to force o.s. out of; [+ lit] to drag o.s. from, to force o.s. out of ◆ **on s'arrache ?*** let's split!*

arracheur /aʀaʃœʀ/ NM → **mentir**

arracheuse /aʀaʃøz/ NF (Agr) lifter, grubber

arrachis /aʀaʃi/ NM (= action) uprooting; (= plant) uprooted plant

arraisonnement /aʀɛzɔnmɑ̃/ NM [de bateau] inspection

arraisonner /aʀɛzɔne/ ▶ conjug 1 ◀ VT [+ bateau] to inspect

arrangeable /aʀɑ̃ʒabl/ ADJ arrangeable ◆ **la rencontre est facilement arrangeable** the meeting can easily be arranged ou fixed (up)

arrangeant, e /aʀɑ̃ʒɑ̃, ɑ̃t/ SYN ADJ accommodating, obliging

arrangement /aʀɑ̃ʒmɑ̃/ SYN NM ① (= action) [de fleurs, coiffure, voyage] arranging
② (= agencement) [de mobilier, maison] layout, arrangement; [de fiches] order, arrangement; [de mots] order ◆ **l'arrangement de sa coiffure** the way her hair is done ou arranged ◆ **l'arrangement de sa toilette** the way she is dressed
③ (= accord) agreement, arrangement ◆ **arriver ou parvenir à un arrangement** to come to an agreement ou an arrangement ◆ **sauf arrangement contraire** unless other arrangements are made ◆ **arrangement de famille** (Jur) family settlement (in financial matters)
④ (Mus) arrangement ◆ **arrangement pour guitare** arrangement for guitar
⑤ (Math) arrangement
⑥ (= préparatifs) ◆ **arrangements** arrangements

arranger /aʀɑ̃ʒe/ SYN ▶ conjug 3 ◀
VT ① (= disposer) (gén) to arrange; [+ coiffure] to tidy ◆ **arranger sa cravate/sa jupe** to straighten one's tie/skirt
② (= organiser) [+ voyage, réunion] to arrange, to organize; [+ rencontre, entrevue] to arrange ◆ **arranger sa vie/ses affaires** to organize one's life/one's affairs ◆ **il a tout arrangé pour ce soir** he has seen to do ou he has arranged everything for tonight ◆ **ce combat de catch était arrangé à l'avance** this wrestling match was fixed ou was a put-up job*
③ (= régler) [+ différend] to settle ◆ **il a essayé d'arranger les choses ou l'affaire ou le coup*** he tried to sort ou straighten the matter out ◆ **tout est arrangé** everything is settled ou sorted out ◆ **et ce qui n'arrange rien, il est en retard !** and he's late, which doesn't help matters! ◆ **ce contretemps n'arrange pas nos affaires** this setback doesn't help matters

arrangeur | arrière
FRENCH-ENGLISH 54

4 *(= convenir)* to suit, to be convenient for ◆ **ça ne m'arrange pas tellement** it doesn't really suit me ◆ **cela m'arrange bien** that suits me nicely *ou* fine ◆ **à 6 heures si ça vous arrange** at 6 o'clock if that suits you *ou* if that's convenient ◆ **tu le crois parce que ça t'arrange** you believe him because it suits you (to do so)
5 *(= réparer)* *[+ voiture, montre]* to fix, to put right; *[+ robe]* *(= recoudre)* to fix, to mend; *(= modifier)* to alter ◆ **il faudrait arranger votre texte, il est confus** you need to sort out this piece - it's a mess
6 *(* = malmener)* to work over*, to sort out* *(Brit)* ◆ **il s'est drôlement fait arranger** he got a real working over*, they really sorted him out* *(Brit)* ◆ **te voilà bien arrangé !** what a state *ou* mess you've got yourself in!* ◆ **il s'est fait arranger le portrait** he got his face bashed in* *ou* smashed in*
7 *(Mus)* to arrange

VPR s'arranger 1 *(= se mettre d'accord)* to come to an agreement *ou* an arrangement ◆ **arrangez-vous avec le patron** you'll have to sort it out with the boss ◆ **s'arranger à l'amiable** to come to a friendly *ou* an amicable agreement
2 *(= s'améliorer)* *[querelle]* to be settled; *[situation]* to work out, to sort itself out *(Brit)*; *[santé]* to get better ◆ **le temps n'a pas l'air de s'arranger** it doesn't look as though the weather is improving *ou* getting any better ◆ **tout va s'arranger** everything will work out (all right) *ou* sort itself out *(Brit)* ◆ **les choses s'arrangèrent d'elles-mêmes** things worked *ou* sorted *(Brit)* themselves out ◆ **ça ne s'arrange pas*, il est plus têtu que jamais** he's not getting any better, he's more stubborn than ever ◆ **il ne fait rien pour s'arranger** he doesn't do himself any favours ◆ **alors, ça s'arrange entre eux ?** are things getting (any) better between them?
3 *(= se débrouiller)* to manage ◆ **arrangez-vous comme vous voudrez mais je les veux demain** I don't mind how you do it but I want them for tomorrow ◆ **tu t'arranges toujours pour avoir des taches !** you always manage to dirty your clothes! ◆ **il va s'arranger pour finir le travail avant demain** he'll see to it that *ou* he'll make sure (that) he finishes the job before tomorrow ◆ **il s'est arrangé pour avoir des places gratuites** he has managed to get some free seats ◆ **arrangez-vous pour venir me chercher à la gare** arrange it so that you can come and meet me at the station ◆ **c'est ton problème, arrange-toi !** it's your problem, you deal with it *ou* sort it out!
4 *(= se contenter)* ◆ **s'arranger de** to make do with, to put up with ◆ **il s'est arrangé du fauteuil pour dormir** he made do with the armchair to sleep in ◆ **il faudra bien s'en arranger** we'll just have to put up with it
5 *(= se classer)* to be arranged ◆ **ses arguments s'arrangent logiquement** his arguments are logically arranged
6 *(= se rajuster)* to tidy o.s. up ◆ **elle s'arrange les cheveux** she's fixing her hair
7 *(* = se faire mal)* ◆ **tu t'es bien arrangé !** you've got yourself in a fine state!, you do look a mess!*

> ! Au sens de 'convenir', **arranger** ne se traduit pas par **to arrange**.

arrangeur, -euse /aʀɑ̃ʒœʀ, øz/ **NM,F** *(Mus)* arranger

arrérages /aʀeʀaʒ/ **NMPL** arrears

arrestation /aʀɛstasjɔ̃/ SYN
NF arrest ◆ **procéder à l'arrestation de qn** to arrest sb ◆ **être/mettre en état d'arrestation** to be/place *ou* put under arrest ◆ **se mettre en état d'arrestation** to give o.s. up to the police ◆ **ils ont procédé à une douzaine d'arrestations** they made a dozen arrests
COMP arrestation préventive ≃ arrest
arrestation provisoire taking into preventive custody

arrêt /aʀɛ/ SYN
NM 1 *(= lieu)* stop ◆ **arrêt d'autobus** bus stop ◆ **arrêt fixe** compulsory stop ◆ **arrêt facultatif** request stop
2 *[de machine, véhicule]* stopping; *[de développement, croissance]* stopping, checking; *[d'hémorragie]* stopping, arrest ◆ **attendez l'arrêt complet (du train/de l'avion)** wait until the train/aircraft has come to a complete stop *ou* standstill ◆ **cinq minutes d'arrêt** *[de trajet]* a 5-minute stop; *[de cours]* a 5-minute break ◆ **« arrêts fréquents »** *(sur véhicule)* "frequent stops" ◆ **véhicule à l'arrêt** stationary vehicle ◆ **être à l'arrêt** *[véhicule, conducteur]* to be stationary ◆ **faire un arrêt** *[train]* to stop, to make a stop; *[gardien de but]* to make a save ◆ **le train fit un arrêt brusque** the train came to a sudden stop *ou* standstill ◆ **nous avons fait plusieurs arrêts** we made several stops *ou* halts ◆ **marquer un arrêt avant de continuer à parler** to pause *ou* make a pause before speaking again ◆ **arrêt buffet*** snack break, pit stop* *(US)* ◆ **arrêt pipi*** loo stop* *(Brit)*, bathroom break *(US)* ◆ **donner un coup d'arrêt à** to check, to put a brake on
3 *(Mil)* ◆ **arrêts** arrest ◆ **arrêts simples/de rigueur** open/close arrest ◆ **arrêts de forteresse** confinement *(in military prison)* ◆ **mettre qn aux arrêts** to put sb under arrest; → **maison, mandat**
4 *(Jur = décision)* judgement, decision ◆ **faire arrêt sur les appointements de qn** to issue a writ of attachment (on sb's salary) ◆ **les arrêts du destin** *(littér)* the decrees of destiny *(littér)*
5 *(Couture)* ◆ **faire un arrêt** to fasten off the thread; → **point²**
6 *(= dispositif)* *[de machine]* stop mechanism; *[de serrure]* ward; *[de fusil]* safety catch ◆ **appuyez sur l'arrêt** press the stop button ◆ **arrêt sur image** *(Audiov = dispositif)* freeze frame ◆ **faire un arrêt sur image** to freeze on a frame
7 *(Ski)* stop; *(Boxe)* stoppage ◆ **il a perdu/gagné par arrêt de l'arbitre** he won/lost on a stoppage
8 *(Chasse)* ◆ **rester** *ou* **tomber en arrêt** *(lit)* to point; *(fig)* to stop short ◆ **être en arrêt** *(lit)* to be pointing *(devant* at); *(fig)* to stand transfixed *(devant* before); → **chien**
LOC ADV sans arrêt *(= sans interruption)* *[travailler, pleuvoir]* without stopping, non-stop; *(= très fréquemment)* *[se produire, se détraquer]* continually, constantly ◆ **ce train est sans arrêt jusqu'à Lyon** this train is non-stop to Lyon
COMP arrêt du cœur cardiac arrest, heart failure
l'arrêt des hostilités the cessation of hostilities
arrêt de jeu *(Sport)* stoppage ◆ **jouer les arrêts de jeu** to play injury time
arrêt (de) maladie sick leave ◆ **être en arrêt (de) maladie** to be on sick leave ◆ **se mettre en arrêt (de) maladie** to go sick
arrêt de mort death warrant ◆ **il avait signé son arrêt de mort** *(fig)* he had signed his own death warrant
arrêt de travail *(= grève)* stoppage (of work); *(= congé de maladie)* sick leave; *(= certificat)* doctor's *ou* medical certificate
arrêt de volée *(Rugby)* ◆ **faire un arrêt de volée** to make a mark

arrêté, e /aʀete/ (ptp de **arrêter**)
ADJ *[décision, volonté]* firm, immutable; *[idée, opinion]* fixed, firm ◆ **c'est une chose arrêtée** the matter *ou* it is settled
NM 1 *(= décision administrative)* order, decree *(frm)* ◆ **arrêté ministériel** departmental *ou* ministerial order ◆ **arrêté municipal** ≃ by(e)-law ◆ **arrêté préfectoral** order of the prefect
2 *(Fin)* ◆ **arrêté de compte** *(fermeture)* settlement of account; *(relevé)* statement of account *(to date)*

arrêter /aʀete/ SYN ► conjug 1 ◄
VT 1 *(= immobiliser)* *[+ personne, machine, montre]* to stop; *[+ cheval]* to stop, to pull up; *[+ moteur]* to switch off, to stop ◆ **arrêtez-moi près de la poste** drop me off by the post office ◆ **il m'a arrêté dans le couloir pour me parler** he stopped me in the corridor to speak to me ◆ **ici, je vous arrête !** *(dans la conversation)* I must stop *ou* interrupt you there!
2 *(= entraver)* *[+ développement, croissance]* to stop, to check; *[+ foule, ennemi]* to stop, to halt; *[+ hémorragie]* to stop, to arrest ◆ **le trafic ferroviaire est arrêté à cause de la grève** trains have been brought to a standstill *ou* a halt because of the strike ◆ **rien n'arrête la marche de l'histoire** nothing can stop *ou* check the march of history ◆ **on n'arrête pas le progrès !** *(hum)* the wonders of modern science! *(hum)* ◆ **nous avons été arrêtés par un embouteillage** we were held up *ou* stopped by a traffic jam ◆ **seul le prix l'arrête** it's only the price that stops him ◆ **rien ne l'arrête** there's nothing to stop him ◆ **arrête les frais !*** drop it!* ◆ **bon, on arrête les frais*** OK, let's stop this before it gets any worse
3 *(= abandonner)* *[+ études, compétition, sport]* to give up; *[+ représentations]* to cancel ◆ **arrêter la fabrication d'un produit** to discontinue (the manufacture of) a product ◆ **on a dû arrêter les travaux à cause de la neige** we had to stop work *ou* call a halt to the work because of the snow
4 *(= faire prisonnier)* to arrest ◆ **il s'est fait arrêter hier** he got himself arrested yesterday ◆ **je vous arrête !** you're under arrest!
5 *(Fin)* *[+ compte]* *(= fermer)* to settle; *(= relever)* to make up ◆ **les comptes sont arrêtés chaque fin de mois** statements (of account) are made up at the end of every month
6 *(Couture)* *[+ point]* to fasten off
7 *(= fixer)* *[+ jour, lieu]* to appoint, to decide on; *[+ plan]* to decide on; *[+ derniers détails]* to finalize ◆ **arrêter son attention/ses regards sur** to fix one's attention/gaze on ◆ **arrêter un marché** to make a deal ◆ **il a arrêté son choix** he's made his choice ◆ **ma décision est arrêtée** my mind is made up ◆ **arrêter que...** *(Admin)* to rule that...
8 *(Méd)* ◆ **arrêter qn** to give sb sick leave ◆ **elle est arrêtée depuis 3 semaines** she's been on sick leave for 3 weeks
VI to stop ◆ **arrêter de fumer** to give up *ou* stop smoking ◆ **il n'arrête pas** he just never stops, he's always on the go ◆ **il n'arrête pas de critiquer tout le monde** he never stops criticizing people, he's always criticizing people ◆ **arrête de parler !** stop talking! ◆ **arrête !** stop it!, stop that! ◆ **ça n'arrête pas !*** it never stops!
VPR s'arrêter 1 *(= s'immobiliser)* *[personne, machine, montre]* to stop; *[train, voiture]* *(gén)* to stop; *(en se garant)* to pull up ◆ **nous nous sommes arrêtés sur le bas-côté** we pulled up *ou* stopped by the roadside ◆ **s'arrêter court** *ou* **net** *[personne]* to stop dead *ou* short; *[cheval]* to pull up; *[bruit]* to stop suddenly ◆ **le train ne s'arrête pas à toutes les gares** the train doesn't stop *ou* call at every station ◆ **nous nous sommes arrêtés 10 jours à Lyon** we stayed *ou* stopped* 10 days in Lyons
2 *(= s'interrompre)* to stop, to break off ◆ **la route s'arrête ici** the road ends *ou* stops here ◆ **s'arrêter pour se reposer/pour manger** to break off *ou* stop for a rest/to eat ◆ **arrête-toi un peu, tu vas t'épuiser** stop for a while *ou* take a break or you'll wear yourself out ◆ **les ouvriers se sont arrêtés à 17 heures** *(grève)* the workmen stopped work *ou* downed tools *(Brit)* at 5 o'clock; *(heure de fermeture)* the workmen finished (work) *ou* stopped work at 5 o'clock ◆ **sans s'arrêter** without stopping, without a break ◆ **ce serait dommage de s'arrêter en si bon chemin** it would be a shame to stop *ou* give up while things are going so well
3 *(= cesser)* *[développement, croissance]* to stop, to come to a standstill; *[hémorragie]* to stop ◆ **le travail s'est arrêté dans l'usine en grève** work has stopped in the striking factory, the striking factory is at a standstill ◆ **s'arrêter de manger/marcher** to stop eating/walking ◆ **s'arrêter de fumer/boire** to give up *ou* stop smoking/drinking ◆ **l'affaire ne s'arrêtera pas là !** you *(ou* they *etc)* haven't heard the last of this!
4 ◆ **s'arrêter sur** *[choix, regard]* to fall on ◆ **il ne faut pas s'arrêter aux apparences** you should always look beyond appearances ◆ **s'arrêter à des détails** to waste time worrying about details ◆ **s'arrêter à un projet** to settle on *ou* fix on a plan ◆ **arrêtons-nous un instant sur ce tableau** let us turn our attention to this picture for a moment

arrêtoir /aʀɛtwaʀ/ **NM** *(Tech)* stop

arrhes /aʀ/ SYN **NFPL** deposit ◆ **verser des arrhes** to pay *ou* leave a deposit

arriération /aʀjeʀasjɔ̃/ **NF** 1 *(Psych)* retardation ◆ **arriération affective** emotional retardation
2 ◆ **arriération économique** *[de pays]* economic backwardness ◆ **certains villages sont en voie d'arriération** some villages are slipping into economic decline

arriéré, e /aʀjeʀe/ SYN
ADJ 1 *[paiement]* overdue, in arrears *(attrib)*; *[dette]* outstanding
2 *(Psych)* *[enfant, personne]* backward, retarded; *(Scol)* educationally subnormal; *[région, pays]* backward, behind the times *(attrib)*; *[croyances, méthodes, personne]* out-of-date, behind the times *(attrib)*
NM 1 *(= choses à faire, travail)* backlog
2 *(= paiement)* arrears ◆ **il voulait régler l'arriéré de sa dette** he wanted to settle his arrears ◆ **il refuse de lui payer un arriéré de salaire d'un mois** he's refusing to pay her a month's back salary

arrière /aʀjɛʀ/ SYN
NM 1 *[de voiture]* back; *[de bateau]* stern; *[de train]* rear ◆ **à l'arrière** *(Naut)(d'un bateau)* aft, at the stern ◆ **à l'arrière de** *(Naut)(sur un bateau)* at the stern of, abaft ◆ **se balancer d'avant en arrière**

to rock backwards and forwards ◆ **avec le moteur à l'arrière** with the engine at the back, with a rear-mounted engine ◆ **l'arrière (du pays)** *(en temps de guerre)* the home front, the civilian zone ◆ **l'arrière tient bon** morale on the home front *ou* behind the lines is high

◆ **en arrière** *(= derrière)* behind; *(= vers l'arrière)* backwards ◆ **être/rester en arrière** to be/lag *ou* drop behind ◆ **regarder en arrière** *(lit)* to look back *ou* behind; *(fig)* to look back ◆ **faire un pas en arrière** to step back(wards), to take a step back ◆ **aller/marcher en arrière** to go/walk backwards ◆ **se pencher en arrière** to lean back(wards) ◆ **en arrière toute !** *(Naut)* full astern! ◆ **100 ans en arrière** 100 years ago *ou* back ◆ **il faut remonter loin en arrière pour trouver une telle sécheresse** we have to go a long way back (in time) to find a similar drought ◆ **revenir en arrière** *[marcheur]* to go back, to retrace one's steps; *[orateur]* to go back over what has been said; *[civilisation]* to regress; *(avec magnétophone)* to rewind; *(dans ses pensées)* to look back ◆ **renverser la tête en arrière** to tilt one's head back(wards) ◆ **le chapeau en arrière** his hat tilted back(wards) ◆ **être peigné *ou* avoir les cheveux en arrière** to have one's hair brushed *ou* combed back

◆ **en arrière de** behind ◆ **rester *ou* se tenir en arrière de qch** to stay behind sth ◆ **il est très en arrière des autres élèves** he's a long way behind the other pupils

2 *(Sport = joueur) (gén)* fullback; *(Volley)* backline player ◆ **arrière gauche/droit** *(Football)* left/right back; *(Basket)* left/right guard ◆ **arrière central** *(Football)* centre back ◆ **arrière volant** sweeper

3 *(Mil)* ◆ **les arrières** the rear ◆ **attaquer les arrières de l'ennemi** to attack the enemy in the rear ◆ **assurer *ou* protéger ses arrières** *(lit)* to protect the rear; *(fig)* to leave o.s. a way out

ADJ INV ◆ **roue/feu arrière** rear wheel/light ◆ **siège arrière** *[de voiture]* back seat; *[de moto]* pillion; → **machine, marche**[1]**, vent**

EXCL ◆ **en arrière ! vous gênez** stand *ou* get back! you're in the way ◆ **arrière, misérable !** † behind me, wretch! †

arrière-ban (pl **arrière-bans**) /aʀjɛʀbɑ̃/ NM → **ban**

arrière-bouche (pl **arrière-bouches**) /aʀjɛʀbuʃ/ NF back of the mouth

arrière-boutique (pl **arrière-boutiques**) /aʀjɛʀbutik/ NF back shop

arrière-chœur (pl **arrière-chœurs**) /aʀjɛʀkœʀ/ NM retrochoir

arrière-cour (pl **arrière-cours**) /aʀjɛʀkuʀ/ NF backyard

arrière-cuisine (pl **arrière-cuisines**) /aʀjɛʀkɥizin/ NF scullery

arrière-fond (pl **arrière-fonds**) /aʀjɛʀfɔ̃/ NM *[de tableau, scène]* background ◆ **en arrière-fond** in the background

arrière-garde (pl **arrière-gardes**) /aʀjɛʀgaʀd/ NF rearguard ◆ **livrer un combat *ou* une bataille d'arrière-garde** *(lit, fig)* to fight a rearguard action *ou* battle

arrière-gorge (pl **arrière-gorges**) /aʀjɛʀgɔʀʒ/ NF back of the throat

arrière-goût (pl **arrière-goûts**) /aʀjɛʀgu/ SYN NM *(lit, fig)* aftertaste ◆ **ses propos ont un arrière-goût de racisme** his comments smack of racism

arrière-grand-mère (pl **arrière-grands-mères**) /aʀjɛʀgʀɑ̃mɛʀ/ NF great-grandmother

arrière-grand-oncle (pl **arrière-grands-oncles**) /aʀjɛʀgʀɑ̃tɔ̃kl/ NM great-great-uncle

arrière-grand-père (pl **arrière-grands-pères**) /aʀjɛʀgʀɑ̃pɛʀ/ NM great-grandfather

arrière-grands-parents /aʀjɛʀgʀɑ̃paʀɑ̃/ NMPL great-grandparents

arrière-grand-tante (pl **arrière-grands-tantes**) /aʀjɛʀgʀɑ̃tɑ̃t/ NF great-great-aunt

arrière-main (pl **arrière-mains**) /aʀjɛʀmɛ̃/ NF hindquarters

arrière-neveu (pl **arrière-neveux**) /aʀjɛʀnəvø/ NM grandnephew, great-nephew

arrière-nièce (pl **arrière-nièces**) /aʀjɛʀnjɛs/ NF grandniece, great-niece

arrière-pays /aʀjɛʀpei/ NM INV hinterland ◆ **dans l'arrière-pays niçois** in the countryside just inland from Nice

arrière-pensée (pl **arrière-pensées**) /aʀjɛʀpɑ̃se/ SYN NF *(= motif inavoué)* ulterior motive; *(= réserves, doute)* reservation ◆ **je l'ai dit/fait sans arrière-pensée** I had no ulterior motive when I said/did it ◆ **cette mesure n'est pas dénuée d'arrière-pensées politiques** there's a political agenda behind this measure

arrière-petit-cousin (pl **arrière-petits-cousins**) /aʀjɛʀpətikuzɛ̃/ NM cousin three times removed

arrière-petite-cousine (pl **arrière-petites-cousines**) /aʀjɛʀpətitkuzin/ NF cousin three times removed

arrière-petite-fille (pl **arrière-petites-filles**) /aʀjɛʀpətitfij/ NF great-granddaughter

arrière-petite-nièce (pl **arrière-petites-nièces**) /aʀjɛʀpətitnjɛs/ NF great-grandniece, great-great-niece

arrière-petit-fils (pl **arrière-petits-fils**) /aʀjɛʀpətifis/ NM great-grandson

arrière-petit-neveu (pl **arrière-petits-neveux**) /aʀjɛʀpətin(ə)vø/ NM great-grandnephew, great-great-nephew

arrière-petits-enfants /aʀjɛʀpətizɑ̃fɑ̃/ NMPL great-grandchildren

arrière-plan (pl **arrière-plans**) /aʀjɛʀplɑ̃/ NM background ◆ **à l'arrière-plan** in the background ◆ **ces préoccupations ont été reléguées à l'arrière-plan** these concerns were put on the back burner *ou* relegated to the background

arrière-port (pl **arrière-ports**) /aʀjɛʀpɔʀ/ NM inner harbour

arriérer /aʀjeʀe/ ▸ conjug 6 ◂ *(Fin)*

VT *[+ paiement]* to defer

VPR **s'arriérer** to fall into arrears, to fall behind with one's *ou* the payments

arrière-saison (pl **arrière-saisons**) /aʀjɛʀsɛzɔ̃/ NF end of autumn, late autumn, late fall *(US)* ◆ **un soleil d'arrière-saison** late-autumn *ou* late-fall *(US)* sunshine

arrière-salle (pl **arrière-salles**) /aʀjɛʀsal/ NF back room; *[de café, restaurant]* inner room

arrière-train (pl **arrière-trains**) /aʀjɛʀtʀɛ̃/ SYN NM *[d'animal]* hindquarters; *(hum) [de personne]* behind*, hindquarters

arrimage /aʀimaʒ/ NM *[de cargaison de bateau]* stowage, stowing

arrimer /aʀime/ SYN ▸ conjug 1 ◂ VT *[+ cargaison de bateau]* to stow; *(gén) [+ colis]* to lash down, to secure

arrimeur /aʀimœʀ/ NM stevedore

arriser /aʀize/ ▸ conjug 1 ◂ VT *[+ voile]* to reef

arrivage /aʀivaʒ/ NM *[de marchandises]* consignment, delivery; *[de personnes]* batch ◆ **un nouvel arrivage de volontaires** a new batch of volunteers ◆ **fruits frais, selon arrivage** fresh fruit, as available

arrivant, e /aʀivɑ̃, ɑ̃t/ NM,F newcomer ◆ **nouvel arrivant** newcomer, new arrival ◆ **combien d'arrivants y avait-il hier ?** how many new arrivals were there yesterday?, how many people arrived yesterday? ◆ **les premiers arrivants de la saison** the first arrivals of the season

arrivée /aʀive/ SYN NF 1 *(gén)* arrival; *[de course, coureur]* finish ◆ **l'arrivée de ce produit sur le marché** the appearance of this product on the market ◆ **c'est l'arrivée des abricots sur les marchés** apricots are beginning to arrive in *ou* are coming into the shops ◆ **j'attends l'arrivée du courrier** I'm waiting for the post *ou* mail to come *ou* arrive ◆ « **arrivées** » *(dans une gare, un aéroport)* "arrivals" ◆ **contactez-nous à votre arrivée à l'aéroport** contact us (up)on your arrival at the airport ◆ **il m'a téléphoné dès son arrivée à Megève** he phoned me as soon as he arrived in Megève ◆ **à l'arrivée** *[de course]* at the finish; *(* = au bout du compte)* at the end of the day ◆ **j'irai l'attendre à l'arrivée (du train)** I'll go and get him at the station, I'll go and meet him off the train *(Brit)* ◆ **à leur arrivée au pouvoir** when they came (*ou* come) to power; → **gare**[1]**, juge, ligne**[1]

2 *(Tech)* ◆ **arrivée d'air/d'eau/de gaz** *(= robinet)* air/water/gas inlet; *(= processus)* inflow of air/water/gas

arriver /aʀive/ SYN ▸ conjug 1 ◂

VI 1 *(au terme d'un voyage) [train, personne]* to arrive ◆ **arriver à** *[+ ville]* to arrive at, to get to ◆ **arriver de** *[+ ville, pays]* to arrive from ◆ **arriver en France** to arrive in *ou* reach France ◆ **arriver chez des amis** to arrive at friends' ◆ **arriver chez soi** to arrive *ou* get home ◆ **nous sommes arrivés** we've arrived, we're there ◆ **le train doit arriver à 6 heures** the train is due to arrive *ou* is due in at 6 o'clock ◆ **il est arrivé par le train/en voiture** he arrived by train/by car *ou* in a car ◆ **réveille-toi, on arrive !** wake up, we're almost there! ◆ **cette lettre m'est arrivée hier** this letter reached me yesterday ◆ **arriver le premier** *(à une course)* to come in first; *(à une soirée, une réception)* to be the first to arrive, to arrive first ◆ **les premiers arrivés** the first to arrive, the first arrivals; → **destination, mars, port**[1]

2 *(= approcher) [saison, nuit, personne, véhicule]* to come ◆ **arriver à grands pas/en courant** to stride up/run up ◆ **j'arrive !** (I'm) coming!, just coming! ◆ **le train arrive en gare** the train is pulling *ou* coming into the station ◆ **la voici qui arrive** here she comes (now) ◆ **allez, arrive*, je suis pressé !** hurry up *ou* come on, I'm in a hurry! ◆ **ton tour arrivera bientôt** it'll soon be your turn ◆ **on va commencer à manger, ça va peut-être faire arriver ton père** we'll start eating, perhaps that will make your father come ◆ **pour faire arriver l'eau jusqu'à la maison...** to lay the water on for *(Brit)* *ou* to bring the water (up) to the house... ◆ **l'air/l'eau arrive par ce trou** the air/water comes in through this hole ◆ **pour qu'arrive plus vite le moment où il la reverrait** to bring the moment closer when he would see her again; → **chien**

3 *(= atteindre)* ◆ **arriver à** *[+ niveau, lieu]* to reach, to get to; *[+ personne, âge]* to reach, to get to; *[+ poste, rang]* to attain, to reach; *[+ résultat, but, conclusion]* to reach, to arrive at ◆ **la nouvelle est arrivée jusqu'à nous** the news has reached us *ou* got to us ◆ **le bruit arrivait jusqu'à nous** the noise reached us ◆ **je n'ai pas pu arriver jusqu'au chef** I wasn't able to get as far as the boss ◆ **comment arrive-t-on chez eux ?** how do you get to their house? ◆ **le lierre arrive jusqu'au 1er étage** the ivy goes up to *ou* goes up as far as the 1st floor ◆ **l'eau lui arrivait (jusqu')aux genoux** the water came up to his knees, he was knee-deep in water ◆ **et le problème des salaires ? – j'y arrive** and what about the wages problem? – I'm just coming to that ◆ **il ne t'arrive pas à la cheville** *(fig)* he can't hold a candle to you, he's not a patch on you *(Brit)* ◆ **arriver au pouvoir** to come to power

4 *(= réussir)* ◆ **arriver à** *(+ infinitif)* to manage to do sth, to succeed in doing sth ◆ **pour arriver à lui faire comprendre qu'il a tort** to get him to understand he's wrong ◆ **il n'arrive pas à le comprendre** he just doesn't understand it ◆ **je n'arrive pas à comprendre son attitude** I just don't *ou* can't understand his attitude ◆ **je n'arrive pas à faire ce devoir** I can't do this exercise ◆ **tu y arrives ?** how are you getting on? ◆ **je n'y arrive pas** I can't do *ou* manage it ◆ **arriver à ses fins** to get one's way, to achieve one's ends ◆ **il n'arrivera jamais à rien** he'll never get anywhere, he'll never achieve anything ◆ **on n'arrivera jamais à rien avec lui** we'll never get anywhere with him

5 *(= atteindre une réussite sociale)* to succeed (in life), to get on (in life) ◆ **il veut arriver** he wants to get on *ou* succeed (in life) ◆ **il se croit arrivé** he thinks he's made it* *ou* he's arrived

6 *(= se produire)* to happen ◆ **c'est arrivé hier** it happened *ou* occurred yesterday ◆ **ce genre d'accident n'arrive qu'à lui !** that sort of accident only (ever) happens to him! ◆ **ce sont des choses qui arrivent** these things (will) happen ◆ **cela peut arriver à n'importe qui** it could *ou* can happen to anyone ◆ **tu n'oublies jamais ? – ça m'arrive** don't you ever forget? – yes, sometimes ◆ **cela ne m'arrivera plus !** I won't let it happen again! ◆ **tu ne sais pas ce qui m'arrive !** you'll never guess what happened (to me)! ◆ **il croit que c'est arrivé*** he thinks he's made it* ◆ **ça devait lui arriver** he had it coming to him* ◆ **tu vas nous faire arriver des ennuis*** you'll get us into trouble

7 *(locutions)*

◆ **en arriver à** *(= finir par)* to come to ◆ **on n'en est pas encore arrivé là !** *(résultat négatif)* we've not come to *ou* reached that (stage) yet!; *(résultat positif)* we've not got that far yet! ◆ **on en arrive à se demander si...** it makes you wonder whether... ◆ **il faudra bien en arriver là** it'll have to come to that (eventually) ◆ **c'est triste d'en arriver là** it's sad to be reduced to that

VB IMPERS 1 *(= survenir)* ◆ **il est arrivé un télégramme** a telegram has come *ou* arrived ◆ **il est arrivé un accident** there's been an accident ◆ **il lui est arrivé un accident** he's had an accident, he has met with an accident ◆ **il (lui) est arrivé un malheur** something dreadful has happened (to him) ♦ **il lui arrivera des ennuis** he'll get (himself) into trouble ♦ **il m'arrive toujours des aventures incroyables** incredible things are always happening to me ♦ **quoi qu'il arrive** whatever happens ♦ **comme il arrive souvent** as often happens, as is often the case

[2] **il arrive** etc **que** ou **de** ♦ **il arrive que j'oublie, il m'arrive d'oublier** I sometimes forget **il peut arriver qu'elle se trompe, il peut lui arriver de se tromper** she does occasionally make a mistake, it occasionally happens that she makes a mistake ♦ **il peut arriver qu'elle se trompe mais ce n'est pas une raison pour la critiquer** she may make mistakes but that's no reason to criticize her ♦ **il pourrait arriver qu'ils soient sortis** it could be that they've gone out, they might have gone out ♦ **s'il lui arrive** ou **arrivait de faire une erreur, prévenez-moi** if he should happen ou if he happens to make a mistake, let me know ♦ **il m'est arrivé plusieurs fois de le voir/faire** I have seen him/done it several times ♦ **il ne lui arrive pas souvent de mentir** it isn't often that he lies, he doesn't often lie

arrivisme /aʀivism/ **NM** (péj) (ruthless) ambition, pushiness; (social) social climbing

arriviste /aʀivist/ SYN **NMF** (péj) go-getter*, careerist; (social) social climber

arrobase /aʀɔbaz/ **NF**, **arrobas** /aʀɔbas/ **NM** (en informatique) at symbol

arroche /aʀɔʃ/ **NF** orache, orach (US)

arrogance /aʀɔgɑ̃s/ SYN **NF** arrogance ♦ **avec arrogance** arrogantly

arrogant, e /aʀɔgɑ̃, ɑ̃t/ SYN **ADJ** arrogant

arroger (s') /aʀɔʒe/ SYN ▸ conjug 3 ◂ **VPR** [+ pouvoirs, privilèges] to assume (without right); [+ titre] to claim (falsely ou without right) ♦ **s'arroger le droit de...** to assume the right to..., to take it upon o.s. to...

arrondi, e /aʀɔ̃di/ SYN (ptp de **arrondir**)
ADJ [objet, forme, relief] round, rounded; [visage] round; [voyelle] rounded
NM (gén = contour) roundness; (= atterrissage) flare-out, flared landing
[3] (= couture) hemline (of skirt)

arrondir /aʀɔ̃diʀ/ SYN ▸ conjug 2 ◂
VT [1] [+ objet, contour] to round, to make round; [+ rebord, angle] to round off; [+ phrases] to polish, to round out; [+ gestes] to make smoother; [+ caractère] to make more agreeable, to smooth the rough edges off; [+ voyelle] to round, to make rounded; [+ jupe] to level; [+ visage, taille, ventre] to fill out, to round out ♦ **arrondir les angles** (fig) to smooth things over
[2] (= accroître) [+ fortune] to swell; [+ domaine] to increase, to enlarge ♦ **arrondir ses fins de mois** to supplement one's income
[3] (= simplifier) [+ somme, nombre] to round off ♦ **arrondir au franc inférieur/supérieur** to round down/up to the nearest franc
VPR **s'arrondir** [relief] to become round(ed); [taille, joues, ventre, personne] to fill out; [fortune] to swell

arrondissement /aʀɔ̃dismɑ̃/ **NM** [1] (Admin) district
[2] [de voyelle] rounding; [de fortune] swelling; [de taille, ventre] rounding, filling out

- **ARRONDISSEMENT**
- The French metropolitan and overseas "départements" are divided into over 300 smaller administrative areas known as **arrondissements**, which in turn are divided into "cantons" and "communes". There are usually three or four **arrondissements** in a "département". The main town in an **arrondissement** (the "chef-lieu d'arrondissement") is the home of the "sous-préfecture". The "sous-préfet d'arrondissement" reports to the "préfet" and deals with local administration, development and public order.
- Marseilles, Lyons and Paris are divided into city districts known as **arrondissements**, each with its own local council (the "conseil d'arrondissement") and mayor. The number of the **arrondissement** appears in addresses at the end of the post code. → COMMUNE, CONSEIL, DÉPARTEMENT

arrosage /aʀozaʒ/ **NM** [de pelouse] watering; [de voie publique] spraying ♦ **cette plante nécessite des arrosages fréquents** this plant needs frequent watering; → **lance, tuyau**

arroser /aʀoze/ SYN ▸ conjug 1 ◂
VT [1] [personne] [+ plante, terre] to water; (avec tuyau) to water, to hose; (légèrement) to sprinkle; [+ champ] to spray; [+ rôti] to baste ♦ **arroser qch d'essence** to pour petrol (Brit) ou gasoline (US) over sth ♦ **arrosez d'huile d'olive** drizzle with olive oil
[2] [pluie] [+ terre] to water; [+ personne] (légèrement) to make wet; (fortement) to drench, to soak ♦ **c'est la ville la plus arrosée de France** it is the wettest city ou the city with the highest rainfall in France ♦ **se faire arroser*** to get drenched ou soaked
[3] (Géog) [fleuve] to water
[4] (Mil) (avec fusil, balles) to spray (de with); (avec canon) to bombard (de with)
[5] (TV, Radio) [+ territoire] to cover
[6] (* = fêter) [+ événement, succès] to drink to
[7] (* = accompagner d'alcool) [+ repas] to wash down (with wine)*; [+ café] to lace (with a spirit) ♦ **après un repas bien arrosé** after a meal washed down with plenty of wine, after a pretty boozy* meal ♦ **... le tout arrosé de champagne ...** all washed down with champagne
[8] (* = soudoyer) [+ personne] to grease ou oil the palm of
[9] (littér) [sang] to soak ♦ **arroser une photographie de ses larmes** to let one's tears fall upon a photograph ♦ **terre arrosée de sang** blood-soaked earth
VPR **s'arroser** ♦ **tu as gagné, ça s'arrose !** * you've won - that calls for a drink ou let's drink to that!

arroseur /aʀozœʀ/ **NM** [1] [de jardin] waterer; [de rue] water cartman ♦ **c'est l'arroseur arrosé** it's a case of the biter (being) bit
[2] (= tourniquet) sprinkler

arroseuse /aʀozøz/ **NF** [de rue] water cart

arrosoir /aʀozwaʀ/ **NM** watering can

arroyo /aʀɔjo/ **NM** arroyo

arrt abrév de **arrondissement**

arsenal (pl **-aux**) /aʀsənal, o/ **NM** (Mil) arsenal; [de mesures, lois] arsenal; (* = attirail) gear* (NonC), paraphernalia (NonC) ♦ **l'arsenal du pêcheur/du photographe** the fisherman's/photographer's gear ou paraphernalia ♦ **tout un arsenal de vieux outils** a huge collection ou assortment of old tools ♦ **arsenal (de la marine** ou **maritime)** naval dockyard ♦ **arsenal juridique** judicial arsenal

arsenic /aʀsənik/ **NM** arsenic ♦ **empoisonnement à l'arsenic** arsenic poisoning

arsenical, e (mpl **-aux**) /aʀsənikal, o/ **ADJ** [substance] arsenical

arsénieux /aʀsenjø/ **ADJ M** arsenic (épith) ♦ **oxyde** ou **anhydride arsénieux** arsenic trioxide, arsenic

arsénique /aʀsenik/ **ADJ** ♦ **acide arsénique** arsenic acid

arsénite /aʀsenit/ **NM** arsenite

arséniure /aʀsenjyʀ/ **NM** arsenide

arsine /aʀsin/ **NF** arsine

arsouille † /aʀsuj/ **NM** ou **NF** (= voyou) ruffian ♦ **il a un air arsouille** (= voyou) he looks like a ruffian; (= malin) he looks crafty

art /aʀ/ SYN
NM [1] (= esthétique) art ♦ **l'art espagnol/populaire** Spanish/popular art ♦ **l'art pour l'art** art for art's sake ♦ **livre/critique d'art** art book/critic ♦ **c'est du grand art !** (activité) it's poetry in motion!; (travail excellent) it's an excellent piece of work!; (iro : tableau exécrable) call that art?! ♦ **le septième art** cinema ♦ **le huitième art** television ♦ **le neuvième art** comic strips, strip cartoons (Brit), comics (US); → **amateur**
[2] (= technique) art ♦ **art culinaire/militaire/oratoire** the art of cooking/of warfare/of public speaking ♦ **l'art de la conversation** the art of conversation ♦ **il est passé maître dans l'art de** he's a past master in the art of ♦ **un homme/les gens de l'art** a man/the people in the profession ♦ **demandons à un homme de l'art !** let's ask a professional!; → **règle**
[3] (= adresse) [d'artisan] skill, artistry; [de poète] skill, art ♦ **faire qch avec un art consommé** to do sth with consummate skill ♦ **c'est tout un art** it's quite an art ♦ **il a l'art et la manière** he's got the know-how ou he knows what he's doing and he does it in style

♦ **l'art de** + infinitif ♦ **l'art de faire qch** the art of doing sth, a talent ou flair for doing sth, the knack of doing sth* ♦ **il a l'art de me mettre en colère** he has a talent ou a knack* for making me angry ♦ **ce style l'art de me plaire** this style appeals to me ♦ **ça a l'art de m'endormir** (hum) it sends me to sleep every time ♦ **réapprendre l'art de marcher** to re-learn the art of walking

COMP **arts d'agrément** accomplishments
arts appliqués ⇒ **arts décoratifs**
art déco art deco
arts décoratifs decorative arts
l'art dramatique dramatic art, drama
les arts du feu ceramics (sg)
arts graphiques graphic arts
les arts libéraux the liberal arts
arts martiaux martial arts
arts ménagers (= technique) home economics, homecraft (NonC), domestic science ♦ **les Arts ménagers** (salon) ≃ the Ideal Home Exhibition
les Arts et Métiers higher education institute for industrial art and design
l'art nègre African art
art nouveau Art Nouveau
les arts plastiques the visual arts, the fine arts
art poétique (= technique) poetic art; (= doctrine) ars poetica, poetics (sg)
les arts de la rue street performance
les arts de la scène ou **du spectacle** the performing arts
les arts de la table the art of entertaining (preparing and presenting food)
art vidéo video art
art de vivre way of life

art. (abrév de **article**) art

Arte /aʀte/ **N** (TV) Franco-German cultural television channel

artefact /aʀtefakt/ **NM** artefact

artel /aʀtel/ **NM** artel

Artémis /aʀtemis/ **NF** Artemis

artère /aʀtɛʀ/ SYN **NF** [1] (Anat) artery
[2] (= route) ♦ **(grande) artère** (en ville) main road, thoroughfare; (entre villes) main (trunk) road

artériectomie /aʀteʀjɛktɔmi/ **NF** arteriectomy

artériel, -ielle /aʀteʀjɛl/ **ADJ** (Anat) arterial; → **tension**

artériographie /aʀteʀjɔgʀafi/ **NF** arteriography

artériole /aʀteʀjɔl/ **NF** arteriole

artérioscléreux, -euse /aʀteʀjɔskleʀø, øz/ **ADJ** arteriosclerotic

artériosclérose /aʀteʀjɔskleʀoz/ **NF** arteriosclerosis

artériotomie /aʀteʀjɔtɔmi/ **NF** arteriotomy

artérite /aʀteʀit/ **NF** arteritis

artéritique /aʀteʀitik/ **ADJ, NMF** arthritic

artésien, -ienne /aʀtezjɛ̃, jɛn/ **ADJ** Artois (épith), of ou from Artois; → **puits**

arthralgie /aʀtʀalʒi/ **NF** arthralgia

arthrite /aʀtʀit/ **NF** arthritis ♦ **avoir de l'arthrite** to have arthritis

arthritique /aʀtʀitik/ **ADJ, NMF** arthritic

arthritisme /aʀtʀitism/ **NM** arthritism

arthrographie /aʀtʀɔgʀafi/ **NF** arthrography

arthropathie /aʀtʀɔpati/ **NF** arthropathy

arthropode /aʀtʀɔpɔd/ **NM** arthropod

arthrose /aʀtʀoz/ **NF** (degenerative) osteoarthritis

arthrosique /aʀtʀɔzik/
ADJ osteoarthritic
NMF osteoarthritis sufferer

Arthur /aʀtyʀ/ **NM** Arthur ♦ **le roi Arthur** King Arthur; → **appeler**

arthurien, -ienne /aʀtyʀjɛ̃, jɛn/ **ADJ** [cycle, mythe] Arthurian

artichaut /aʀtiʃo/ **NM** artichoke; → **cœur, fond**

artichautière /aʀtiʃotjɛʀ/ **NF** artichoke field

article /aʀtikl/ SYN
NM [1] (= objet en vente) item, article ♦ **baisse sur tous nos articles** all (our) stock ou all items reduced, reduction on all items ♦ **article d'importation** imported product ♦ **nous ne faisons plus cet article** we don't stock that item ou product any more ♦ **faire l'article** (pour vendre qch) to give the sales pitch; (fig) to sing sth's ou sb's praises

2 [de journal] article; [de dictionnaire] entry
3 (= chapitre) point; [de loi, traité] article ◆ **les 2 derniers articles de cette lettre** the last 2 points in this letter ◆ **sur cet article** on this point ◆ **sur l'article de** in the matter of, in matters of
4 (Gram) article ◆ **article contracté/défini/élidé/indéfini/partitif** contracted/definite/elided/indefinite/partitive article
5 (Ordin) record, item
6 ◆ **à l'article de la mort** at death's door, at the point of death
COMP **articles de bureau** office accessories
articles de consommation courante convenience goods
article de foi (lit, fig) article of faith
article de fond (Presse) feature article
articles de luxe luxury goods
articles de mode fashion accessories
articles de Paris † fancy goods
articles de sport (vêtements) sportswear; (objets) sports equipment
articles de toilette toiletries
articles de voyage travel goods

articulaire /aʀtikyleʀ/ **ADJ** articular; → **rhumatisme**

articulation /aʀtikylasjɔ̃/ SYN **NF** **1** (Anat) joint; (Tech) articulation ◆ **articulations des doigts** knuckles, finger joints ◆ **articulation du genou/de la hanche/de l'épaule** knee/hip/shoulder joint ◆ **articulation en selle** saddle joint
2 [de discours, raisonnement] linking sentence ◆ **la bonne articulation des parties de son discours** the sound structuring of his speech
3 (Ling) articulation ◆ **point d'articulation** point of articulation
4 (Jur) enumeration, setting forth

articulatoire /aʀtikylatwaʀ/ **ADJ** articulatory

articulé, e /aʀtikyle/ (ptp de **articuler**)
ADJ **1** (= avec des articulations) [membre] jointed, articulated; [objet] jointed; [poupée] with movable joints (épith) ◆ **autobus articulé** articulated bus
2 [langage] articulate
NM ◆ **articulé dentaire** bite

articuler /aʀtikyle/ SYN ▸ conjug 1 ◂ **VT** **1** [+ mot] (= prononcer clairement) to articulate, to pronounce clearly; (= dire) to pronounce, to utter ◆ **il articule bien/mal ses phrases** he articulates ou speaks/doesn't articulate ou speak clearly ◆ **il articule mal** he doesn't articulate ou speak clearly ◆ **articule !** speak clearly!
2 (= joindre) [+ mécanismes, os] to articulate, to joint; [+ idées] to link (up ou together) ◆ **élément/os qui s'articule sur un autre** element/bone that is articulated with ou is jointed to another ◆ **articuler un discours sur deux thèmes principaux** to structure a speech around ou on two main themes ◆ **toute sa défense s'articule autour de cet élément** his entire defence hinges ou turns on this factor ◆ **les parties de son discours s'articulent bien** the different sections of his speech are well linked ou hang together well ◆ **une grande salle autour de laquelle s'articulent une multitude de locaux** a large room surrounded by a multitude of offices
3 (Jur) [+ faits, griefs] to enumerate, to set out

artifice /aʀtifis/ SYN **NM** (clever ou ingenious) device, trick; (péj) trick ◆ **artifice de calcul** (clever) trick of arithmetic ◆ **artifice comptable** accounting device ◆ **artifice de style** stylistic device ◆ **user d'artifices pour paraître belle** to resort to tricks ou artifice to make oneself look beautiful ◆ **l'artifice est une nécessité de l'art** art cannot exist without (some) artifice ◆ **sans artifice(s)** [présentation] simple; [s'exprimer] straightforwardly, unpretentiously; → **feu¹**

artificiel, -ielle /aʀtifisjɛl/ SYN **ADJ** **1** (= fabriqué) artificial; [fibre] man-made; [colorant] artificial, synthetic; [dent] false; [île] artificial, man-made; → **insémination**, **intelligence** etc
2 (péj) [raisonnement, style] artificial, contrived; [vie, besoins] artificial; [gaieté] forced, artificial

artificiellement /aʀtifisjɛlmɑ̃/ **ADV** artificially ◆ **fabriqué artificiellement** man-made, synthetically made

artificier /aʀtifisje/ **NM** (= fabricant) firework(s) manufacturer ou maker; (= pyrotechnicien) pyrotechnician; (pour désamorçage) bomb disposal expert

artificieux, -ieuse /aʀtifisjø, jøz/ **ADJ** (littér) guileful, deceitful

artillerie /aʀtijʀi/ **NF** artillery, ordnance ◆ **artillerie de campagne** field artillery ◆ **artillerie de marine** naval guns ◆ **grosse artillerie**, **artillerie lourde** (lit, fig) heavy artillery ◆ **pièce d'artillerie** piece of artillery, gun ◆ **tir d'artillerie** artillery fire

artilleur /aʀtijœʀ/ **NM** artilleryman, gunner

artimon /aʀtimɔ̃/ **NM** (= voile) mizzen; (= mât) mizzen(mast); → **mât**

artiodactyles /aʀtjɔdaktil/ **NMPL** ◆ **les artiodactyles**, the Artiodactyla (SPÉC)

artisan /aʀtizɑ̃/ SYN **NM** **1** (= patron) self-employed craftsman, craft worker ◆ **les petits artisans** small craftsmen ◆ **il a été artisan avant de travailler pour moi** he ran his own business ou he was self-employed before coming to work for me ◆ **artisan boulanger** master baker ◆ **artisan boucher** (sur vitrine) ≈ quality butcher
2 (= auteur, cause) [d'accord, politique, victoire] architect ◆ **artisan de la paix** peacemaker ◆ **il est l'artisan de sa propre ruine** he has brought about ou he is the cause of his own ruin

artisanal, e (mpl -aux) /aʀtizanal, o/ **ADJ** [production] (= limitée) small-scale (épith), on a small scale (attrib); (= traditionnelle) traditional ◆ **entreprise artisanale** small company ◆ **foire artisanale** arts and crafts fair, craft fair ◆ **pêche artisanale** local ou small-scale fishing ◆ **la production artisanale de ce médicament** the production of this medicine on a small scale ◆ **il exerce une activité artisanale** he's a self-employed craftsman ◆ **la fabrication se fait de manière très artisanale** (traditionnellement) the style of production is very traditional; (à petite échelle) the style of production is very much that of a cottage industry ◆ **bombe de fabrication artisanale** home-made bomb ◆ **produits artisanaux** crafts, handicrafts

artisanalement /aʀtizanalmɑ̃/ **ADV** ◆ **fabriqué artisanalement** [pain, fromage] made using traditional methods; [objet] hand-crafted

artisanat /aʀtizana/ **NM** (= métier) craft industry ◆ **l'artisanat local** (= industrie) local crafts ou handicrafts ◆ **l'artisanat d'art** arts and crafts

artiste /aʀtist/
NMF **1** (gén) artist; (= interprète) performer; [de music-hall, cirque] artiste, entertainer ◆ **artiste dramatique/de cinéma** stage/film actor ou actress ◆ **artiste invité** guest artist ◆ **artiste peintre** artist, painter; → **entrée**, **travail¹**
2 (péj = bohème) bohemian
ADJ [personne, style] artistic ◆ **il est du genre artiste** (péj) he's the artistic ou bohemian type

artiste-interprète (pl **artistes-interprètes**) /aʀtistɛ̃tɛʀpʀɛt/ **NMF** [de musique] composer and performer; [de chanson, pièce] writer and performer

artistement /aʀtistəmɑ̃/ **ADV** artistically

artistique /aʀtistik/ **ADJ** artistic

artistiquement /aʀtistikmɑ̃/ **ADV** artistically

artocarpe /aʀtɔkaʀp/ **NM** breadfruit

ARTT /aɛʀtete/ **NM** (abrév de **accord sur la réduction du temps de travail**) agreement on the reduction of working hours

arum /aʀɔm/ **NM** arum lily

aruspice /aʀyspis/ **NM** (Antiq) haruspex

aryen, -yenne /aʀjɛ̃, jɛn/
ADJ Aryan
NM,F **Aryen(ne)** Aryan

aryle /aʀil/ **NM** aryl

aryténoïde /aʀitenɔid/ **ADJ**, **NM** (Anat) aryténoïd(al)

arythmie /aʀitmi/ **NF** arrhythmia

arythmique /aʀitmik/ **ADJ** arrhythmic(al)

AS /aɛs/
NFPL (abrév de **assurances sociales**) → **assurance**
NF (abrév de **association sportive**) → **association**

as /ɑs/ SYN **NM** **1** (= carte, dé) ace ◆ **l'as** (Hippisme, au loto) number one
2 (* = champion) ace* ◆ **un as de la route/du ciel** a crack driver/pilot ◆ **l'as de l'école** the school's star pupil
3 (Tennis) ace ◆ **réussir** ou **servir un as** to serve an ace
4 (locutions) ◆ **être ficelé** ou **fagoté comme l'as de pique*** to be dressed any old how* ◆ **être (plein) aux as*** to be loaded*, to be rolling in it

◆ **passer à l'as** ◆ **les apéritifs sont passés à l'as*** (= on ne les a pas payés) we got away without paying for the drinks, we got the drinks for free* ◆ **mes vacances sont passées à l'as*** my holidays went by the board (Brit), my vacation went down the drain ◆ **il n'y avait pas assez de place, mon texte est passé à l'as** there wasn't enough room so my article was ditched*

ASA /aza/ **NM INV** (abrév de **American Standards Association**) (Photo) ASA

asbeste /asbɛst/ **NM** asbestos

asbestose /asbɛstoz/ **NF** asbestosis

ascaride /askaʀid/ **NM** ascarid

ascaridiase /askaʀidjɑz/, **ascaridiose** /askaʀidjoz/ **NF** ascariasis

ascaris /askaʀis/ **NM** ⇒ **ascaride**

ascendance /asɑ̃dɑ̃s/ SYN **NF** **1** (généalogique) ancestry ◆ **son ascendance paternelle** his paternal ancestry ◆ **être d'ascendance bourgeoise** to be of middle-class descent
2 (Astron) rising, ascent ◆ **ascendance thermique** (Météo) thermal

ascendant, e /asɑ̃dɑ̃, ɑ̃t/ SYN
ADJ [astre] rising, ascending; [mouvement, direction] upward; [courant] rising; [progression] ascending; [trait] rising; (Généalogie) [ligne] ancestral ◆ **mouvement ascendant du piston** upstroke of the piston
NM **1** (= influence) (powerful) influence, ascendancy (sur over) ◆ **subir l'ascendant de qn** to be under sb's influence
2 (Admin) ◆ **ascendants** ascendants
3 (Astron) rising star; (Astrol) ascendant

ascenseur /asɑ̃sœʀ/ **NM** lift (Brit), elevator (US); (Ordin) scroll bar ◆ **l'ascenseur social** the social ladder; → **renvoyer**

ascension /asɑ̃sjɔ̃/ SYN **NF** **1** (= montée) [de ballon] ascent, rising; [de fusée] ascent
2 (= escalade) [de montagne] ascent ◆ **faire l'ascension d'une montagne** to climb a mountain, to make the ascent of a mountain ◆ **la première ascension de l'Everest** the first ascent of Everest ◆ **c'est une ascension difficile** it's a difficult climb ◆ **faire des ascensions** to go (mountain) climbing
3 [d'homme politique] (sociale) rise ◆ **ascension professionnelle** career ou professional advancement
4 (Rel) ◆ **l'Ascension** the Ascension; (jour férié) Ascension (Day) ◆ **l'île de l'Ascension** Ascension Island
5 (Astron) ◆ **ascension droite** right ascension

ascensionnel, -elle /asɑ̃sjɔnɛl/ **ADJ** [mouvement] upward; [force] upward, elevatory ◆ **vitesse ascensionnelle** climbing speed; → **parachute**

ascensionniste /asɑ̃sjɔnist/ **NMF** ascensionist

ascensoriste /asɑ̃sɔʀist/ **NM** lift (Brit) ou elevator (US) manufacturer

ascèse /asɛz/ **NF** asceticism

ascète /asɛt/ **NMF** ascetic

ascétique /asetik/ SYN **ADJ** ascetic

ascétisme /asetism/ **NM** asceticism

ASCII /aski/ **NM** (abrév de **American Standard Code for Information Interchange**) ASCII ◆ **code ASCII** ASCII code

ascite /asit/ **NF** ascites

ascitique /asitik/
ADJ ascitic
NMF ascites sufferer

asclépiade¹ /asklepjad/ **NF** (= plante) asclepias, milkweed

asclépiade² /asklepjad/ **NM** (Poésie) Asclepiad

ascomycètes /askɔmisɛt/ **NMPL** ◆ **les ascomycètes** ascomycetes

ascorbique /askɔʀbik/ **ADJ** [acide] ascorbic

asdic /asdik/ **NM** asdic

ASE /aɛsə/ **NF** (abrév de **Agence spatiale européenne**) ESA

asémantique /asemɑ̃tik/ **ADJ** asemantic

asepsie /asɛpsi/ **NF** asepsis

aseptique /asɛptik/ **ADJ** aseptic

aseptisation /asɛptizasjɔ̃/ **NF** [de pièce] fumigation; [de pansement, ustensile] sterilization; [de plaie] disinfection

aseptisé, e /asɛptize/ (ptp de **aseptiser**) **ADJ** **1** (Méd) sterilized
2 (fig) [univers, images] sanitized; [document, discours] impersonal; [relation entre personnes] sterile; [film, roman] anodyne, bland

aseptiser /aseptize/ ▸ conjug 1 ◂ VT [+ pièce] to fumigate; [+ pansement, ustensile] to sterilize; [+ plaie] to disinfect

asexualité /asɛksyalite/ NF asexuality

asexué, e /asɛksɥe/ ADJ (Bio) asexual; [personne] sexless, asexual

asexuel, -elle /asɛksɥɛl/ ADJ asexual

ashkénaze /aʃkenaz/ ADJ, NMF Ashkenazi

ashram /aʃʁam/ NM ashram

asialie /asjali/ NF asialia

asiate⁎⁎⁎ /azjat/ NMF (injurieux) Asian

asiatique /azjatik/
[ADJ] Asian ◆ **la grippe asiatique** Asian flu ◆ **le Sud-Est asiatique** South-East Asia ◆ **la communauté asiatique de Paris** the far eastern community in Paris
[NMF] **Asiatique** Asian

Asie /azi/ NF Asia ◆ **Asie Mineure** Asia Minor ◆ **Asie centrale** Central Asia ◆ **Asie du Sud-Est** Southeast Asia

asilaire /azilɛʁ/ ADJ (de maison de retraite) old people's home (épith), retirement home (épith); (Psych) asylum (épith)

asile /azil/ SYN NM [1] (= institution) ◆ **asile (de vieillards)** † old people's home, retirement home ◆ **asile psychiatrique** mental home ◆ **asile (d'aliénés)** † (lunatic) asylum † ◆ **asile de nuit** night shelter, hostel
[2] (= refuge) refuge; (dans une église) sanctuary ◆ **demander asile à qn** to ask sb for refuge ◆ **demander l'asile politique** to seek political asylum ◆ **il a trouvé asile chez un ami** he found refuge at the home of a friend ◆ **droit d'asile** (Rel) right of sanctuary; (politique) right of asylum ◆ **sans asile** homeless

Asmara /asmaʁa/ N Asmara

asociabilité /asɔsjabilite/ NF [de personne] asocial behaviour

asocial, e (mpl **-iaux**) /asɔsjal, jo/
[ADJ] [comportement] antisocial
[NM,F] social misfit, socially maladjusted person

asparagine /aspaʁaʒin/ NF asparagine

asparagus /aspaʁagys/ NM (= plante d'ornement) asparagus fern

aspartam(e) /aspaʁtam/ NM aspartame

aspartique /aspaʁtik/ ADJ ◆ **acide aspartique** aspartic acid

aspect /aspɛ/ GRAMMAIRE ACTIVE 26.1, 26.2 SYN NM
[1] (= allure) [de personne, objet, paysage] appearance, look ◆ **homme d'aspect sinistre** sinister-looking man, man of sinister appearance ◆ **l'intérieur de cette grotte a l'aspect d'une église** the inside of the cave resembles ou looks like a church ◆ **les nuages prenaient l'aspect de montagnes** the clouds took on the appearance of mountains ◆ **ce château a un aspect mystérieux** the castle has an air of mystery (about it)
[2] (= angle) [de question] aspect, side ◆ **vu sous cet aspect** seen from that angle ◆ **j'ai examiné le problème sous tous ses aspects** I considered all aspects ou sides of the problem
[3] (Astrol, Ling) aspect
[4] (littér = vue) sight ◆ **à l'aspect de** at the sight of

(!) Au sens de 'allure' ou 'vue', **aspect** ne se traduit pas par le mot anglais **aspect**.

asperge /aspɛʁʒ/ NF [1] (= plante) asparagus; → **pointe**
[2] (⁎ = personne) ◆ **(grande) asperge** beanpole ⁎, string bean ⁎ (US)

asperger /aspɛʁʒe/ SYN ▸ conjug 3 ◂ VT [+ surface] to spray; (légèrement) to sprinkle; (Rel) to sprinkle; [+ personne] to splash (de with) ◆ **s'asperger le visage** to splash one's face with water ◆ **le bus nous a aspergés au passage** ⁎ the bus splashed us ou sprayed water over us as it went past ◆ **se faire asperger** ⁎ (par une voiture) to get splashed; (par un arroseur) to get wet

aspergès /aspɛʁʒɛs/ NM (= goupillon) aspersorium, aspergill(um); (= moment) Asperges

aspergille /aspɛʁʒil/ NF aspergillus

aspergillose /aspɛʁʒiloz/ NF aspergillosis

aspérité /aspeʁite/ SYN NF [1] (= partie saillante) bump ◆ **les aspérités de la table** the bumps on the table, the rough patches on the surface of the table ◆ **sans aspérités** [chemin, surface] smooth
[2] (littér) [de caractère, remarques, voix] harshness ◆ **sans aspérités** [caractère] mild; [remarques] uncontroversial; [voix] smooth ◆ **gommer les aspérités de qch** to smooth the rough edges off sth

asperme /aspɛʁm/ ADJ seedless

aspermie /aspɛʁmi/ NF aspermia

aspersion /aspɛʁsjɔ̃/ NF spraying, sprinkling; (Rel) sprinkling of holy water, aspersion

aspersoir /aspɛʁswaʁ/ NM (= goupillon) aspersorium, aspergill(um); [d'arrosoir] rose

asphaltage /asfaltaʒ/ NM (= action) asphalting; (= revêtement) asphalt surface

asphalte /asfalt/ SYN NM asphalt

asphalter /asfalte/ SYN ▸ conjug 1 ◂ VT to asphalt

asphérique /asfeʁik/ ADJ (Photo) [lentille] aspherical

asphodèle /asfɔdɛl/ NM asphodel

asphyxiant, e /asfiksjɑ̃, jɑ̃t/ SYN ADJ [fumée] suffocating, asphyxiating; [atmosphère] stifling, suffocating; → **gaz**

asphyxie /asfiksi/ SYN NF (gén) suffocation, asphyxiation; (Méd) asphyxia; [de plante] asphyxiation; (fig) [de personne] suffocation; [d'industrie] stifling

asphyxier /asfiksje/ SYN ▸ conjug 7 ◂
[VT] (lit) to suffocate, to asphyxiate; (fig) [+ industrie, esprit] to stifle ◆ **mourir asphyxié** to die of suffocation ou asphyxiation
[VPR] **s'asphyxier** (accident) to suffocate, to be asphyxiated; (suicide) to suffocate o.s.; (fig) to suffocate ◆ **il s'est asphyxié au gaz** he gassed himself

aspi⁎ /aspi/ NM (= élève d'école militaire) officer cadet; (= élève d'école navale) midshipman, middie⁎ (US)

aspic /aspik/ NM (= serpent) asp; (= plante) aspic ◆ **aspic de volaille/de foie gras** (Culin) chicken/foie gras in aspic

aspidistra /aspidistʁa/ NM aspidistra

aspirant, e /aspiʁɑ̃, ɑ̃t/
[ADJ] suction (épith), vacuum (épith); → **pompe**[1]
[NM,F] (= candidat) candidate (à for)
[NM] (= élève d'école militaire) officer cadet; (= élève d'école navale) midshipman, middie⁎ (US)

aspirateur, -trice /aspiʁatœʁ, tʁis/
[ADJ] aspiratory
[NM] (domestique) vacuum (cleaner), Hoover ® (Brit); (Constr, Méd) aspirator ◆ **passer les tapis à l'aspirateur** to vacuum ou hoover the carpets, to run the vacuum cleaner ou Hoover over the carpets ◆ **passer l'aspirateur** to vacuum, to hoover ◆ **passer** ou **donner un coup d'aspirateur dans la voiture** to give the car a quick going-over with the vacuum cleaner ou Hoover
[COMP] **aspirateur(-)balai** upright vacuum cleaner ou Hoover ®
aspirateur(-)bidon (vertical) cylinder vacuum cleaner ou Hoover ®
aspirateur de site site capture software package
aspirateur(-)traîneau (horizontal) cylinder vacuum cleaner ou Hoover ®

aspirateur-balai (pl **aspirateurs-balais**) /aspiʁatœʁbale/ NM upright vacuum cleaner, upright Hoover ® (Brit)

aspirateur-traîneau (pl **aspirateurs-traîneaux**) /aspiʁatœʁtʁeno/ NM cylinder vacuum cleaner, cylinder Hoover ® (Brit)

aspiration /aspiʁasjɔ̃/ SYN NF [1] (en inspirant) inhaling (NonC), inhalation; (Ling) aspiration ◆ **de longues aspirations** long deep breaths
[2] [de liquide] (avec une paille) sucking (up); (avec une pompe) sucking up, drawing up; (= technique d'avortement) vacuum extraction
[3] (= ambition) aspiration (vers, à for, after); (= souhait) desire, longing (vers, à for)

aspiré, e /aspiʁe/ (ptp de **aspirer**)
[ADJ] (Ling) aspirated ◆ **h aspiré** aspirate h
[NF] **aspirée** aspirate

aspirer /aspiʁe/ SYN ▸ conjug 1 ◂
[VT] [1] [+ air, odeur] to inhale, to breathe in; [+ liquide] (avec une paille) to suck (up); (avec une pompe) to suck ou draw up ◆ **aspirer et refouler** to pump in and out
[2] (Ling) to aspirate
[VT INDIR] **aspirer à** [+ honneur, titre] to aspire to; [+ genre de vie, tranquillité] to desire, to long for ◆ **aspirant à quitter cette vie surexcitée** longing to leave this hectic life ◆ **aspirer à la main de qn** † to be sb's suitor †, to aspire to sb's hand †

aspirine /aspiʁin/ NF aspirin ◆ **(comprimé** ou **cachet d')aspirine** aspirin ◆ **prenez 2 aspirines** take 2 aspirins; → **blanc**

aspiro-batteur (pl **aspiro-batteurs**) /aspiʁobatœʁ/ NM vacuum cleaner, Hoover ® (Brit) (which beats as it sweeps)

ASS /as/ NF (abrév de **allocation de solidarité spécifique**) minimum Social Security benefit

assa-fœtida /asafetida/ NF asaf(o)etida

assagir /asaʒiʁ/ SYN ▸ conjug 2 ◂
[VT] [1] (= calmer) [+ personne] to quieten (Brit) ou quiet (US) down, to settle down; [+ passion] to subdue, to temper, to quieten (Brit), to quiet (US) ◆ **elle n'arrivait pas à assagir ses cheveux rebelles** she couldn't do anything with her hair
[2] (littér = rendre plus sage) to make wiser
[VPR] **s'assagir** [personne] to quieten (Brit) ou quiet (US) down, to settle down; [style, passions] to become subdued

assagissement /asaʒismɑ̃/ NM [de personne] quietening (Brit) ou quieting (US) down, settling down; [de passions] subduing

assai /asaj/ ADV assai

assaillant, e /asajɑ̃, ɑ̃t/ SYN NM,F assailant, attacker

assaillir /asajiʁ/ SYN ▸ conjug 13 ◂ VT (lit) to assail, to attack; (fig) to assail (de with) ◆ **assailli de questions** assailed ou bombarded with questions

assainir /asenɪʁ/ SYN ▸ conjug 2 ◂ VT [+ quartier, logement] to clean up, to improve the living conditions in; [+ marécage] to drain; [+ air, eau] to purify, to decontaminate; [+ finances, marché] to stabilize; [+ monnaie] to rehabilitate, to re-establish ◆ **la situation s'est assainie** the situation has become healthier ◆ **assainir l'atmosphère** (fig) to clear the air

assainissement /asenismɑ̃/ SYN NM [de quartier, logement] cleaning up; [de marécage] draining; [d'air, eau] purification, decontamination; [de finances, marché] stabilization; [de monnaie] rehabilitation ◆ **assainissement monétaire** rehabilitation ou re-establishment of a currency ◆ **assainissement budgétaire** stabilization of the budget ◆ **des travaux d'assainissement** drainage work

assaisonnement /asɛzɔnmɑ̃/ SYN NM (= méthode) [de salade] dressing, seasoning; [de plat] seasoning; (= ingrédient) seasoning

assaisonner /asɛzɔne/ SYN ▸ conjug 1 ◂ VT
[1] (Culin) (avec sel, poivre, épices) to season (de, avec with), to add seasoning to; (avec huile, citron) to dress (de, avec with); (fig) [+ discours] to spice (up) ◆ **j'ai trop assaisonné la salade** I've put too much dressing on the salad
[2] (⁎ †) [+ personne] (verbalement) to tell off ⁎; (financièrement) to clobber ⁎, to sting ⁎

assassin, e /asasɛ̃, in/
[NM] (gén) murderer; (Pol) assassin ◆ **l'assassin court toujours** the killer ou murderer is still at large ◆ **à l'assassin !** murder!
[ADJ] [œillade] provocative ◆ **lancer un regard assassin à qn** to look daggers at sb ◆ **une (petite) phrase assassine** a jibe

assassinat /asasina/ NM murder; (Pol) assassination

assassiner /asasine/ SYN ▸ conjug 1 ◂ VT to murder; (Pol) to assassinate ◆ **mes créanciers m'assassinent !** ⁎ my creditors are bleeding me white!

assaut /aso/ SYN NM (Mil) assault, attack (de on); (Boxe, Escrime) bout; (Alpinisme) assault; (fig) [de temps] onslaught ◆ **donner l'assaut à, monter à l'assaut de** to storm, to attack ◆ **ils donnent l'assaut** they're attacking ◆ **à l'assaut !** charge! ◆ **résister aux assauts de l'ennemi** to resist the enemy's attacks ou onslaughts ◆ **partir à l'assaut de** (lit) to attack ◆ **de petites firmes sont parties à l'assaut d'un marché international** small firms are seeking to capture the international market ◆ **prendre d'assaut** (lit) to take by storm, to assault ◆ **prendre une place d'assaut** (fig) to grab a seat ◆ **les librairies étaient prises d'assaut** people flocked to the bookshops ◆ **ils faisaient assaut de politesse** they were falling over each other to be polite; → **char**[1]

asseau /aso/ NM hammer-axe

assèchement /asɛʃmɑ̃/ SYN NM 1 *(par l'homme) [de terrain]* draining; *[de réservoir]* draining, emptying
2 *(= processus naturel) [de terrain]* drying (out); *[de réservoir]* drying (up)
3 *(Fin) [de marché, crédits]* drying up

assécher /aseʃe/ SYN ► conjug 6 ◄
VT 1 *[+ terrain] [homme]* to drain; *[vent, évaporation]* to dry (out); *[+ réservoir] [homme]* to drain, to empty; *[vent, évaporation]* to dry (up)
2 *(Fin) [+ marché, crédits]* to dry up
VPR **s'assécher** *[cours d'eau, réservoir]* to dry up

ASSEDIC /asedik/ NFPL (abrév de **Association pour l'emploi dans l'industrie et le commerce**) *organization managing unemployment insurance payments*

assemblage /asɑ̃blaʒ/ SYN NM 1 *(= action) [d'éléments, parties]* assembling, putting together; *(Menuiserie)* assembling, jointing; *[de meuble, maquette, machine]* assembling, assembly; *(Ordin)* assembly; *[de feuilles imprimées]* gathering; *(Couture) [de pièces]* sewing together; *[de robe, pull-over]* sewing together *ou* up, making up • **assemblage de pièces par soudure/collage** soldering/glueing together of parts
2 *(Menuiserie = jointure)* joint • **assemblage à vis/par rivets/à onglet** screwed/rivet(ed)/mitre joint
3 *(= structure)* • **une charpente est un assemblage de poutres** the framework of a roof is an assembly of beams • **toit fait d'assemblages métalliques** roof made of metal structures
4 *(= réunion) [de couleurs, choses, personnes]* collection
5 *(Art = tableau)* assemblage

assemblé /asɑ̃ble/ NM *(Danse)* assemblé

assemblée /asɑ̃ble/ SYN NF *(gén = réunion, foule)* gathering; *(= réunion convoquée)* meeting; *(Pol)* assembly • **l'assemblée des fidèles** *(Rel)* the congregation • **assemblée mensuelle/extraordinaire/plénière** monthly/extraordinary/plenary meeting • **assemblée générale** *(Écon)* annual general meeting *(Brit)*, general meeting *(US)*; *[d'étudiants]* (extraordinary) general meeting • **assemblée générale extraordinaire** extraordinary general meeting • **réunis en assemblée** gathered *ou* assembled for a meeting • **à la grande joie de l'assemblée** to the great joy of the assembled company *ou* of those present • **l'Assemblée (nationale)** the French National Assembly • **l'Assemblée parlementaire européenne** the European Parliament • **assemblée délibérante** *(Pol)* deliberating assembly

ASSEMBLÉE NATIONALE

The term **Assemblée nationale** has been used to refer to the lower house of the French parliament since 1946, though the old term "la Chambre des députés" is sometimes still used. Its members are elected in the "élections législatives" for a five-year term. It has similar legislative powers to the House of Commons in Britain and the House of Representatives in the United States. Sittings of the **Assemblée nationale** are public, and take place in a semicircular amphitheatre ("l'Hémicycle") in the Palais Bourbon. → **DÉPUTÉ, ÉLECTIONS**

assembler /asɑ̃ble/ SYN ► conjug 1 ◄
VT 1 *(= réunir) [+ données, matériaux]* to gather, to collect; *(Pol) [+ comité]* to convene, to assemble; † *[+ personnes]* to assemble, to gather ; *[+ feuilles imprimées]* to gather • **assembler les pieds** *(Danse)* to take up third position
2 *(= joindre) [+ meuble, machine]* to assemble; *[+ pull, robe]* to sew together , to make up; *(Menuiserie)* to joint; *[+ couleurs, sons]* to put together • **assembler par soudure/collage** to solder/glue together
VPR **s'assembler** *[foule]* to gather, to collect; *[participants, conseil, groupe]* to assemble, to gather; *[nuages]* to gather; → **ressembler**

assembleur, -euse /asɑ̃blœʀ, øz/
NM,F *(= ouvrier) (gén)* assembler, fitter; *(Typographie)* gatherer
NM *(Ordin)* assembler
NF **assembleuse** *(Typographie = machine)* gathering machine

assener, asséner /asene/ SYN ► conjug 5 ◄ VT *[+ coup]* to strike; *[+ argument]* to thrust forward; *[+ propagande]* to deal out; *[+ réplique]* to thrust *ou* fling back • **assener un coup à qn** to deal sb a blow

assentiment /asɑ̃timɑ̃/ GRAMMAIRE ACTIVE 11.3 SYN NM *(= consentement)* assent, consent; *(= approbation)* approval • **sans mon assentiment** without my consent • **donner son assentiment à** to give one's assent *ou* consent to

asseoir /aswaʀ/ SYN ► conjug 26 ◄
VT 1 • **asseoir qn** *(personne debout)* to sit sb down; *(personne couchée)* to sit sb up • **asseoir qn sur une chaise/dans un fauteuil** to sit *ou* seat sb on a chair/in an armchair • **asseoir un enfant sur ses genoux** to sit a child on one's knee • **asseoir un prince sur le trône** *(fig)* to put *ou* set a prince on the throne; → aussi **assis**
2 • **faire asseoir qn** to ask sb to sit down • **faire asseoir ses invités** to ask one's guests to sit down *ou* to take a seat • **je leur ai parlé après les avoir fait asseoir** I talked to them after asking them to sit down • **fais-la asseoir, elle est fatiguée** get her to sit down, she's tired
3 *(frm = affermir) [+ réputation]* to establish, to assure; *[+ autorité, théorie]* to establish • **asseoir une maison sur du granit** to build a house on granite • **asseoir les fondations sur** to lay *ou* build the foundations on • **asseoir sa réputation sur qch** to build one's reputation on sth • **asseoir une théorie sur des faits** to base a theory on facts • **asseoir son jugement sur des témoignages dignes de foi** to base one's judgment on reliable evidence
4 *(* = stupéfier)* to stagger, to stun • **son inconscience m'assoit** his foolishness staggers me, I'm stunned by his foolishness • **j'en suis** *ou* **reste assis de voir que...** I'm staggered *ou* flabbergasted* to see that...
5 *(Fin)* • **asseoir un impôt** to base a tax, to fix a tax *(sur* on)
VPR **s'asseoir** *[personne debout]* to sit (o.s.) down; *[personne couchée]* to sit up • **asseyez-vous donc** do sit down, do have *ou* take a seat • **asseyez-vous par terre** sit (down) on the floor • **il n'y a rien pour s'asseoir** there's nothing to sit on • **le règlement, je m'assieds dessus !*** you know what you can do with the rules!‡ • **s'asseoir à califourchon (sur qch)** to sit (down) astride (sth) • **s'asseoir en tailleur** to sit (down) cross-legged

assermenté, e /asɛʀmɑ̃te/ ADJ *[témoin, expert]* on oath *(attrib)*

assertif, -ive /asɛʀtif, iv/ ADJ *[phrase]* declarative

assertion /asɛʀsjɔ̃/ SYN NF assertion

asservi, e /asɛʀvi/ (ptp de **asservir**) ADJ *[peuple]* enslaved; *[presse]* subservient • **moteur asservi** servomotor

asservir /asɛʀviʀ/ SYN ► conjug 2 ◄ VT *(= assujettir) [+ personne]* to enslave; *[+ pays]* to reduce to slavery, to subjugate; *(littér = maîtriser) [+ passions, nature]* to overcome, to master • **être asservi** *[moteur]* to have servo-control • **être asservi à** to be a slave to

asservissant, e /asɛʀvisɑ̃, ɑ̃t/ ADJ *[règles]* oppressive • **avoir un travail asservissant** to have a very demanding job

asservissement /asɛʀvismɑ̃/ SYN NM *(= action)* enslavement; *(lit, fig = état)* slavery, subservience *(à* to); *(Élec)* servo-control *(NonC) (à* by)

asservisseur /asɛʀvisœʀ/ NM servo-control mechanism

assesseur /asesœʀ/ NM assessor

assez /ase/ GRAMMAIRE ACTIVE 14 ADV
1 *(= suffisamment) (avec vb)* enough; *(devant adj, adv)* enough, sufficiently • **bien assez** quite enough, plenty • **tu as (bien) assez mangé** you've had *ou* eaten (quite) enough, you've had (quite) enough to eat • **c'est bien assez grand** it's quite big enough • **plus qu'assez** more than enough • **je n'ai pas assez travaillé** I haven't done enough work, I haven't worked enough • **il ne vérifie pas assez souvent** he doesn't check often enough • **tu travailles depuis assez longtemps** you've been working (for) long enough • **ça a assez duré !** this has gone on long enough! • **combien voulez-vous ? est-ce que 10 € c'est assez ? – c'est bien assez** how much do you want? is €10 enough? – that will be plenty *ou* ample • **il a juste assez** he has just enough; → **peu**
♦ **assez de** *(quantité, nombre)* enough • **avez-vous acheté assez de pain/d'oranges ?** have you bought enough *ou* sufficient bread/enough oranges? • **il n'y a pas assez de viande** there's not enough meat • **ils sont assez de deux pour ce travail** the two of them are enough *ou* will do* for this job • **j'en ai assez de 3** 3 will be enough for me *ou* will do (for) me* • **n'apportez pas de verres, il y en a assez** don't bring any glasses, there are enough *ou* we have enough
♦ **assez + pour** enough • **as-tu trouvé une boîte assez grande pour tout mettre ?** have you found a big enough box *ou* a box big enough to put it all in? • **le village est assez près pour qu'elle puisse y aller à pied** the village is near enough for her to walk there • **je n'ai pas assez d'argent pour m'offrir cette voiture** I can't afford (to buy myself) this car, I haven't got enough money to buy myself this car • **il est assez idiot pour refuser !** he's stupid enough to refuse! • **il n'est pas assez sot pour le croire** he's not so stupid as to believe it
2 *(intensif)* rather, quite • **la situation est assez inquiétante** the situation is rather *ou* somewhat worrying • **ce serait assez agréable d'avoir un jour de congé** it would be rather *ou* quite nice to have a day off • **il était assez tard quand ils sont partis** it was quite *ou* pretty* late when they left • **j'ai oublié son adresse, est-ce assez bête !** how stupid (of me), I've forgotten his address! • **je l'ai assez vu !** I've seen (more than) enough of him! • **elle était déjà assez malade il y a 2 ans** she was already quite ill 2 years ago • **je suis assez de ton avis** I'm inclined to agree with you
3 *(locutions)* • **en voilà assez !, c'est assez !, c'en est assez !** I've had enough!, enough is enough! • **assez !** that will do!, that's (quite) enough! • **assez parlé** *ou* **de discours, des actes !** that's enough talk, let's have some action!
♦ **en avoir assez** *(= ne plus supporter)* to have had enough • **j'en ai (plus qu')assez de toi et de tes jérémiades*** I've had (more than) enough of you and your moaning

assibilation /asibilasjɔ̃/ NF assibilation

assidu, e /asidy/ SYN ADJ 1 *(= régulier) [présence, client, lecteur]* regular • **élève/employé assidu** pupil/employee with a good attendance record
2 *(= appliqué) [soins, effort]* constant, unremitting; *[travail]* diligent; *[relations]* sustained; *[personne]* diligent, assiduous
3 *(= empressé) [personne]* attentive *(auprès de* to) • **faire une cour assidue à qn** to be assiduous in one's attentions to sb, to woo sb assiduously

assiduité /asidɥite/ SYN NF *(= ponctualité)* regularity; *(= empressement)* attentiveness, assiduity *(à* to) • **son assiduité aux cours** his regular attendance at classes • **fréquenter un bistrot avec assiduité** to be a regular at a bar • **poursuivre une femme de ses assiduités** *(frm ou hum)* to woo a woman assiduously

assidûment /asidymɑ̃/ SYN ADV *[fréquenter]* faithfully, assiduously; *[travailler, s'entraîner]* assiduously

assiégé, e /asjeʒe/ (ptp de **assiéger**)
ADJ *[garnison, ville]* besieged, under siege *(attrib)*
NM,F • **les assiégés** the besieged

assiégeant, e /asjeʒɑ̃, ɑ̃t/
NM,F besieger
ADJ • **les troupes assiégeantes** the besieging troops

assiéger /asjeʒe/ SYN ► conjug 3 *et* 6 ◄ VT *[+ ville]* to besiege, to lay siege to; *[+ armée]* to besiege; *(fig) [+ guichet, porte, personne]* to mob, to besiege; *(= harceler)* to beset • **assiégé par l'eau/les flammes** hemmed in by water/flames • **à Noël les magasins étaient assiégés** the shops were taken by storm *ou* mobbed at Christmas • **ces pensées/tentations qui m'assiègent** these thoughts/temptations that beset *ou* assail me

assiette /asjɛt/ SYN
NF 1 *(= vaisselle)* plate; *(= contenu)* plate(ful)
2 *(= équilibre) [de cavalier]* seat; *[de navire]* trim; *[de colonne]* seating • **perdre son assiette** *(Équitation)* to lose one's seat, to be unseated • **avoir une bonne assiette** *(Équitation)* to have a good seat, to sit one's horse well • **il n'est pas dans son assiette aujourd'hui*** he's not feeling (quite) himself today, he's (feeling) a bit off-colour *(Brit)* today
3 *[d'hypothèque] property or estate on which a mortgage is secured* • **assiette fiscale** *ou* **de l'impôt/de la TVA** tax/VAT base • **l'assiette des cotisations sociales** *the basis on which social security contributions are assessed*
COMP **assiette anglaise** *ou* **de charcuterie** assorted cold meats
assiette composée mixed salad *(of cold meats and vegetables)*
assiette creuse soup dish *ou* plate

assiette à dessert dessert plate
assiette nordique *ou* **scandinave** assorted smoked fish
assiette à pain side plate
assiette plate (dinner) plate
assiette à potage *ou* **à soupe** ⇒ **assiette creuse**
assiette scandinave ⇒ **assiette nordique**

assiettée /asjete/ NF *(gén)* plate(ful); *[de soupe]* plate(ful), dish

assignable /asiɲabl/ ADJ *(= attribuable) [cause, origine]* ascribable, attributable *(à* to)

assignat /asiɲa/ NM *(Hist) banknote used during the French Revolution*

assignation /asiɲasjɔ̃/ NF *(Jur) [de parts]* assignation, allocation ◆ **assignation (en justice)** writ ◆ **assignation (à comparaître)** *[de prévenu]* summons; *[de témoin]* subpoena ◆ **assignation à résidence** house arrest

assigner /asiɲe/ SYN ▸ conjug 1 ◂ VT 1 *(= attribuer) [+ part, place, rôle]* to assign, to allot; *[+ valeur, importance]* to attach, to ascribe; *[+ cause, origine]* to ascribe, to attribute *(à* to)
2 *(= affecter) [+ somme, crédit]* to allot, to allocate *(à* to), to earmark *(à* for)
3 *(= fixer) [+ limite, terme]* to set, to fix *(à* to) ◆ **assigner un objectif à qn** to set sb a goal
4 *(Jur)* ◆ **assigner (à comparaître)** *[+ prévenu]* to summons; *[+ témoin]* to subpoena, to summons ◆ **assigner qn (en justice)** to issue a writ against sb, to serve a writ on sb ◆ **assigner qn à résidence** to put sb under house arrest

assimilable /asimilabl/ ADJ 1 *[connaissances]* which can be assimilated *ou* absorbed; *[nourriture]* assimilable; *[immigrant]* who can be assimilated
2 ◆ **assimilable à** *(= comparable à)* comparable to

assimilation /asimilasjɔ̃/ SYN NF 1 *[d'aliments, immigrants, connaissances]* assimilation ◆ **assimilation chlorophyllienne** photosynthesis ◆ **assimilation culturelle** cultural assimilation
2 *(= comparaison)* ◆ **l'assimilation de ce bandit à un héros/à Napoléon est un scandale** it's a scandal making this criminal out to be a hero/to liken *ou* compare this criminal to Napoleon ◆ **l'assimilation des techniciens aux ingénieurs** the classification of technicians as engineers, the inclusion of technicians in the same category as engineers

assimilé, e /asimile/ (ptp de **assimiler**)
ADJ *(= similaire)* comparable, similar ◆ **ce procédé et les méthodes assimilées** this process and other comparable *ou* similar methods ◆ **farines et produits assimilés** flour and related products
NM *(Mil) non-combatant ranking with the combatants* ◆ **les cadres et assimilés** management and employees of similar status ◆ **les fonctionnaires et assimilés** civil servants and those in a similar category

assimiler /asimile/ SYN ▸ conjug 1 ◂
VT 1 *[+ connaissances]* to assimilate, to take in; *[+ aliments, immigrants]* to assimilate ◆ **un élève qui assimile bien** a pupil who assimilates things easily *ou* takes things in easily ◆ **ses idées sont du Nietzsche mal assimilé** his ideas are just a few ill-digested notions (taken) from Nietzsche
2 ◆ **assimiler qn/qch à** *(= comparer à)* to liken *ou* compare sb/sth to; *(= classer comme)* to put sb/sth into the same category as ◆ **ils demandent à être assimilés à des fonctionnaires** they are asking to be put in the same category as civil servants
VPR **s'assimiler** 1 *[aliments, immigrants]* to assimilate, to be assimilated; *[connaissances]* to be assimilated
2 ◆ **s'assimiler à** *(= se comparer à) [personne]* to liken o.s. *ou* compare o.s. to ◆ **cet acte s'assimile à un règlement de compte(s)** this act can be seen *ou* considered as a settling of (old) scores

assis, e[1] /asi, iz/ SYN (ptp de **asseoir**) ADJ
1 *[personne]* sitting (down), seated ◆ **position** *ou* **station assise** sitting position ◆ **la position** *ou* **station assise lui est douloureuse** he finds sitting painful ◆ **être assis** to be sitting (down) *ou* seated ◆ **demeurer assis** *(frm)* to remain seated ◆ **nous étions très bien/mal assis** *(sur des chaises)* we had very comfortable/uncomfortable seats; *(par terre)* we were very comfortably/uncomfortably seated ◆ **assis en tailleur** sitting cross-legged ◆ **assis à califourchon sur** sitting astride, straddling ◆ **assis !** *(à un chien)* sit!; *(à un enfant)* sit down! ◆ **rester assis** to remain seated ◆ **restez assis !** *(= ne bougez pas)* sit still!; *(= ne vous levez pas)* don't get up! ◆ **nous sommes restés assis pendant des heures** we sat for hours; → **entre, magistrature, place, position;** → aussi **asseoir**
2 *(= assuré) [fortune]* secure; *[personne]* stable; *[autorité]* (well-)established ◆ **maintenant que son fils a une situation bien assise** now that his son is well-established

Assise /asiz/ N Assisi ◆ **Saint François d'Assise** Saint Francis of Assisi

assise[2] /asiz/ SYN NF *(Constr)* course; *(Bio, Géol)* stratum; *[de raisonnement]* basis, foundation ◆ **leur assise politique** their political base

assises /asiz/ NFPL *(Jur)* assizes; *[d'association, parti politique]* conference ◆ **assises nationales** national conference ◆ **tenir ses assises** to hold its conference ◆ **procès d'assises** trial; → **cour**

assistanat /asistana/ NM 1 *(Scol)* assistantship
2 *(Sociol) (= soutien)* (state) support; *(péj)* mollycoddling *(péj)*, nannying *(péj) (Brit)*; *(= aide financière)* (state) aid; *(péj)* handouts *(péj)*, charity *(péj)*

assistance /asistɑ̃s/ SYN
NF 1 *(= public) [de conférence]* audience; *[de débat, meeting]* participants; *[de messe]* congregation
2 *(= aide)* assistance ◆ **donner/prêter assistance à qn** to give/lend sb assistance ◆ **assistance aux anciens détenus** prisoner after-care
3 *(= présence)* attendance *(à* at)
COMP **assistance éducative** educational support *(for children with particular needs)*
assistance judiciaire legal aid
assistance médicale (gratuite) (free) medical care
Assistance publique ◆ **les services de l'Assistance publique** ≃ the health and social security services ◆ **être à l'Assistance publique** to be in (state *ou* public) care ◆ **enfant de l'Assistance (publique)** child in care *(Brit) ou* in state custody *(US)* ◆ **les hôpitaux de l'Assistance publique** state- *ou* publicly-owned hospitals
assistance respiratoire artificial respiration
assistance sociale *(= aide)* social aid; *(= métier)* social work
assistance technique technical aid

> Au sens de 'public', **assistance** ne se traduit pas par le mot anglais **assistance**.

assistant, e /asistɑ̃, ɑ̃t/ SYN
NM,F 1 *(gén, Scol)* assistant; *(Univ)* ≃ assistant lecturer *(Brit)*, ≃ teaching assistant *(US)* ◆ **assistante de direction** management secretary ◆ **assistant d'éducation** classroom assistant ◆ **assistant (de langue)** language assistant ◆ **assistante maternelle** child minder *(Brit)*, child caregiver *(US)* ◆ **assistante sociale** *(gén)* social worker; *(Scol)* school counsellor, school social worker ◆ **le directeur et son assistante** the manager and his personal assistant *ou* his PA; → **maître**
2 *[d'assemblée]* ◆ **les assistants** those present
NM *(= ordinateur)* assistant

assisté, e /asiste/ (ptp de **assister**)
ADJ 1 *(Jur, Méd, Sociol)* supported by *ou* cared for by the state; *(financièrement)* receiving (state) aid ◆ **enfant assisté** child in care *(Brit) ou* state custody *(US)*
2 *[freins]* servo-assisted ◆ **assisté par ordinateur** computer-aided, computer-assisted; → **direction, procréation, publication, traduction**
NM,F ◆ **les assistés** *(recevant une aide financière)* people receiving (state) aid; *(péj)* people receiving handouts *(péj)*, welfare scroungers *(péj)* ◆ **il a une mentalité d'assisté** he can't do anything for himself

assister /asiste/ SYN ▸ conjug 1 ◂
VT INDIR **assister à** *[+ cérémonie, conférence, messe]* to be (present) at, to attend; *[+ match, spectacle]* to be at; *[+ dispute]* to witness ◆ **il a assisté à l'accouchement de sa femme** he was there when his wife gave birth, he was at the birth of his child ◆ **vous pourrez assister en direct à cet événement** (TV) you'll be able to see the event live (on television) ◆ **on assiste à une montée du chômage** unemployment is on the increase ◆ **nous assistons actuellement en Europe à des changements fondamentaux** there are fundamental changes taking place in Europe, Europe is witnessing fundamental changes ◆ **depuis le début de l'année, on assiste à une reprise de l'économie** the economy has picked up since the beginning of the year, there has been an upturn in the economy since the beginning of the year ◆ **il a assisté à l'effondrement de son parti** he saw the collapse of his party
VT *(= aider)* to assist; *(financièrement)* to give aid to ◆ **assister qn dans ses derniers moments** *(frm)* to comfort sb in his *(ou* her) last hour ◆ **assister les pauvres** † to minister to the poor *(frm)*

> **assister** se traduit par **to assist** uniquement au sens de 'aider'.

associatif, -ive /asɔsjatif, iv/ ADJ 1 *(Sociol) [réseau]* of associations ◆ **le mouvement associatif** associations ◆ **des représentants du milieu associatif** representatives of associations ◆ **la vie associative** community life ◆ **il a de nombreuses activités associatives** he's involved in several associations
2 *(Math)* associative

association /asɔsjasjɔ̃/ SYN NF 1 *(gén = société)* association; *(Comm, Écon)* partnership ◆ **association de malfaiteurs** *(Jur)* criminal conspiracy ◆ **association de consommateurs** consumer association ◆ **association sportive** sports association ◆ **association loi (de) 1901** (non-profit-making) association ◆ **Association internationale du tourisme** International Tourism Association ◆ **Association européenne de libre-échange** European Free Trade Association
2 *[d'idées, images]* association; *[de couleurs, intérêts]* combination
3 *(= participation)* association, partnership ◆ **l'association de ces deux écrivains a été fructueuse** the two writers have had a very fruitful partnership ◆ **son association à nos travaux dépendra de…** whether or not he joins us in our work will depend on… ◆ **travailler en association** to work in partnership *(avec* with)

associationnisme /asɔsjasjɔnism/ NM *(Philos)* associationism

associationniste /asɔsjasjɔnist/ ADJ, NMF associationist

associativité /asɔsjativite/ NF *(Math)* associativity

associé, e /asɔsje/ SYN (ptp de **associer**)
ADJ *(Univ) [assistant, professeur]* visiting ◆ **membre associé** associate member
NM,F *(gén)* associate; *(Comm, Fin)* partner, associate ◆ **associé principal** senior partner

associer /asɔsje/ SYN ▸ conjug 7 ◂
VT 1 ◆ **associer qn à** *(= faire participer à) [+ profits]* to give sb a share of; *[+ affaire]* to make sb a partner in ◆ **associer qn à son triomphe** to let sb share in one's triumph
2 ◆ **associer qch à** *(= rendre solidaire de)* to associate *ou* link sth with; *(= allier à)* to combine sth with ◆ **il associe la paresse à la malhonnêteté** he combines laziness with dishonesty
3 *(= grouper) [+ idées, images, mots]* to associate; *[+ couleurs, intérêts]* to combine *(à* with)
VPR **s'associer** 1 *(= s'unir) [firmes]* to join together, to form an association; *[personnes] (gén)* to join forces, to join together; *(pour créer une entreprise)* to form a partnership ◆ **s'associer à** *ou* **avec** *[firme]* to join with, to form an association with; *[personne] (gén)* to join (forces) with; *(pour créer une entreprise)* to go into partnership with; *[bandits]* to fall in with ◆ **on va lui faire un cadeau, tu t'associes à nous ?** we're going to get him a present, do you want to come in with us?
2 *(= participer à)* ◆ **s'associer à** *[+ projet]* to join in; *[+ douleur]* to share in ◆ **je m'associe aux compliments que l'on vous fait** I would like to join with those who have complimented you
3 *(= s'allier) [couleurs, qualités]* to be combined *(à* with) ◆ **ces couleurs s'associent à merveille** these colours go together beautifully
4 *(= s'adjoindre)* ◆ **s'associer qn** to take sb on as a partner

assoiffé, e /aswafe/ SYN ADJ *(lit)* thirsty ◆ **assoiffé de** *(fig)* thirsting for *ou* after *(littér)* ◆ **monstre assoiffé de sang** *(littér ou hum)* bloodthirsty monster

assoiffer /aswafe/ SYN ▸ conjug 1 ◂ VT *[temps, course]* to make thirsty

assolement /asɔlmɑ̃/ NM (systematic) rotation (of crops)

assoler /asɔle/ ▸ conjug 1 ◂ VT *[+ champ]* to rotate crops on

assombri, e /asɔ̃bʀi/ (ptp de **assombrir**) ADJ *[ciel]* dark; *[visage, regard]* gloomy, sombre *(Brit)*, somber *(US)*

assombrir /asɔ̃bʀiʀ/ SYN ▶ conjug 2 ◀
VT ① (= obscurcir) (gén) to darken; [+ pièce] to make dark ou gloomy; [+ couleur] to make dark ② (= attrister) [+ personne] to fill with gloom; [+ assistance] to cast a gloom over; [+ visage, avenir, voyage] to cast a shadow over
VPR s'assombrir ① [ciel, pièce] to darken, to grow dark; [couleur] to grow sombre (Brit) ou somber (US), to darken
② [personne, caractère] to become gloomy ou morose; [visage, regard] to cloud over ◆ **la situation politique s'est assombrie** the political situation has become gloomier

assombrissement /asɔ̃bʀismɑ̃/ NM [de ciel, pièce] darkening ◆ **l'assombrissement des perspectives économiques** the increasingly gloomy economic prospects

assommant, e * /asɔmɑ̃, ɑ̃t/ SYN ADJ (= ennuyeux) deadly* boring ou dull ◆ **il est assommant** he's a deadly* bore, he's deadly* dull ou boring

assommer /asɔme/ SYN ▶ conjug 1 ◀ VT (lit) (= tuer) to batter to death; (= étourdir) [+ animal] to knock out, to stun; [+ personne] to knock out, to knock senseless; (fig) (moralement) to crush; (* = ennuyer) to bore stiff*, to bore to tears* ou to death ◆ **être assommé par le bruit/la chaleur** to be overwhelmed by the noise/overcome by the heat ◆ **si je lui mets la main dessus je l'assomme** * if I can lay my hands on him I'll beat his brains out*

assommoir †† /asɔmwaʀ/ NM (= massue) club; (= café) café, grogshop † (Brit) ◆ **c'est le coup d'assommoir !** (prix) it's extortionate!

Assomption /asɔ̃psjɔ̃/ NF (Rel) ◆ **(la fête de) l'Assomption** (the feast of) the Assumption; (= jour férié) Assumption Day

assonance /asɔnɑ̃s/ NF assonance

assonant, e /asɔnɑ̃, ɑ̃t/ ADJ assonant, assonantal

assorti, e /asɔʀti/ (ptp de assortir) ADJ ① (= en harmonie) ◆ **des époux bien/mal assortis** a well-/badly-matched couple ◆ **être assorti à** [+ couleur] to match ◆ **chemise avec cravate assortie** shirt with matching tie
② (= varié) [bonbons] assorted ◆ « **hors-d'œuvre/fromages assortis** » "assortment of hors d'œuvres/cheeses"
③ (= achalandé) ◆ **magasin bien/mal assorti** well-/poorly-stocked shop
④ (= accompagné) ◆ **être assorti de** [+ conditions, conseils] to be accompanied with

⚠ **assorti** se traduit par **assorted** uniquement au sens de 'varié'.

assortiment /asɔʀtimɑ̃/ SYN NM ① [de bonbons, fromages, fruits, hors-d'œuvre] assortment; [de livres] collection; [de vaisselle, outils] set ◆ **je vous fais un assortiment ?** shall I give you an assortment?
② (= harmonie) [de couleurs, formes] arrangement, ensemble
③ (Comm = lot, stock) stock, selection

assortir /asɔʀtiʀ/ SYN ▶ conjug 2 ◀
VT ① (= accorder) [+ couleurs, motifs] to match (à to; avec with) ◆ **elle assortit la couleur de son écharpe à celle de ses yeux** she chose the colour of her scarf to match her eyes ◆ **elle avait su assortir ses invités** she had mixed ou matched her guests cleverly
② (= accompagner de) ◆ **assortir qch de** [+ conseils, commentaires] to accompany sth with
③ (= approvisionner) [+ commerçant] to supply; [+ magasin] to stock (de with)
VPR s'assortir SYN ① [couleurs, motifs] to match, to go (well) together; [caractères] to go together, to be well matched ◆ **le papier s'assortit aux rideaux** the wallpaper matches ou goes (well) with the curtains
② (= s'accompagner de) ◆ **ce livre s'assortit de notes** this book has accompanying notes ou has notes with it

assoupi, e /asupi/ SYN (ptp de assoupir) ADJ [personne] dozing; [sens, intérêt, douleur] dulled; [haine] lulled

assoupir /asupiʀ/ SYN ▶ conjug 2 ◀
VT [+ personne] to make drowsy; [+ sens, intérêt, douleur] to dull; [+ passion] to lull
VPR s'assoupir [personne] to doze off; [intérêt] to be dulled

assoupissement /asupismɑ̃/ NM ① (= sommeil) doze; (= somnolence) drowsiness
② (= action) [de sens] numbing; [de facultés, intérêt] dulling [de douleur] deadening

assouplir /asupliʀ/ SYN ▶ conjug 2 ◀
VT [+ cuir] to soften, to make supple; [+ membres, corps] to make supple; [+ règlements, mesures] to relax; [+ principes] to make more flexible, to relax ◆ **assouplir le caractère de qn** to make sb more manageable ◆ **assouplir les horaires** to produce a more flexible timetable
VPR s'assouplir [cuir] to soften, to become supple; [membres, corps] to become supple; [règlements, mesures] to relax; [principes] to become more flexible, to relax ◆ **il faut que je m'assouplisse** I must loosen up ◆ **son caractère s'est assoupli** he has become more manageable

assouplissant, e /asuplisɑ̃, ɑ̃t/
ADJ [produit, formule] softening
NM ◆ **assouplissant (textile)** (fabric) softener

assouplissement /asuplismɑ̃/ NM [de cuir] softening; [de membres, corps] suppling up; [de règlements, mesures, principes] relaxing ◆ **faire des exercices d'assouplissement** to limber up, to do (some) limbering up exercises ◆ **mesures d'assouplissement du crédit** (Écon) easing of credit restrictions ◆ **mesures d'assouplissement des formalités administratives** measures to relax administrative regulations ◆ **l'assouplissement de la politique monétaire** the relaxing of monetary policy

assouplisseur /asuplisœʀ/ NM (fabric) softener

assourdir /asuʀdiʀ/ SYN ▶ conjug 2 ◀
VT ① (= rendre sourd) [+ personne] to deafen
② (= amortir) [+ bruit] to deaden, to muffle
VPR s'assourdir (Ling) to become voiceless, to become unvoiced

assourdissant, e /asuʀdisɑ̃, ɑ̃t/ SYN ADJ deafening

assourdissement /asuʀdismɑ̃/ NM ① [de personne] (= état) (temporary) deafness; (= action) deafening
② [de bruit] deadening, muffling
③ (Ling) devoicing

assouvir /asuviʀ/ SYN ▶ conjug 2 ◀ VT [+ faim] to satisfy, to assuage (frm); [+ passion] to assuage (frm)

assouvissement /asuvismɑ̃/ NM [de faim] satisfaction, satisfying; [de passion] assuaging (frm)

ASSU /asy/ NF (abrév de **Association du sport scolaire et universitaire**) university and school sports association

assuétude /asɥetyd/ NF (Méd) addiction

assujetti, e /asyʒeti/ (ptp de assujettir) ADJ [peuple] subject, subjugated ◆ **assujetti à** [norme, loi] subject to; [taxe] liable ou subject to ◆ **les personnes assujetties à l'impôt** (Admin) persons liable to ou for tax

assujettir /asyʒetiʀ/ SYN ▶ conjug 2 ◀
VT (= contraindre) [+ peuple] to subjugate, to bring into subjection; (= fixer) [+ planches, tableau] to secure, to make fast ◆ **assujettir qn à une règle** to subject sb to a rule
VPR s'assujettir (à une règle) to submit (à to)

assujettissant, e /asyʒetisɑ̃, ɑ̃t/ ADJ [travail] demanding, exacting

assujettissement /asyʒetismɑ̃/ SYN NM (= contrainte) constraint; (= dépendance) subjection ◆ **assujettissement à l'impôt** tax liability

assumer /asyme/ SYN ▶ conjug 1 ◀
VT ① (= prendre) (gén) to assume; [+ responsabilité, tâche, rôle] to take on, to assume; [+ commandement] to take over; [+ poste] to take up ◆ **assumer la responsabilité de faire qch** to take it upon oneself to do sth ◆ **assumer les frais de qch** to meet the cost ou expense of sth
② (= remplir) [+ poste] to hold; [+ rôle] to fulfil ◆ **après avoir assumé ce poste pendant 2 ans** having held the post for 2 years
③ (= accepter) [+ conséquence, situation, douleur, condition] to accept ◆ **tu as voulu te marier, alors assume !** you wanted to get married, so you'll just have to take ou accept the consequences!
VPR s'assumer to be at ease with o.s. ◆ **être incapable de s'assumer** to be unable to come to terms with o.s. ◆ **elle s'assume financièrement** she is financially self-sufficient

assurable /asyʀabl/ ADJ insurable

assurage /asyʀaʒ/ NM (Alpinisme) belay

assurance /asyʀɑ̃s/ SYN
NF ① (= confiance en soi) self-confidence, (self-)assurance ◆ **avoir de l'assurance** to be self-confident ou (self-)assured ◆ **prendre de l'assurance** to gain (self-)confidence ou (self-)assurance ◆ **parler avec assurance** to speak confidently ou with assurance ou with confidence
② (= garantie) assurance, undertaking (Brit) ◆ **donner à qn l'assurance formelle que...** to give sb a formal assurance ou undertaking that... ◆ **il veut avoir l'assurance que tout se passera bien** he wants to be sure that everything goes well ◆ **veuillez agréer l'assurance de ma considération distinguée** ou **de mes sentiments dévoués** (formule épistolaire) yours faithfully ou sincerely, sincerely yours (US)
③ (= contrat) insurance (policy) ◆ **contrat d'assurance** insurance policy ◆ **compagnie** ou **société/groupe d'assurances** insurance company/group ◆ **produits d'assurance** insurance products ◆ **contracter** ou **prendre une assurance contre qch** to take out insurance ou an insurance policy against sth ◆ **il est dans les assurances** he's in insurance, he's in the insurance business; → **police**^{2}, **prime**^{1}
④ (Alpinisme) belay

COMP **assurance automobile** car ou automobile (US) insurance
assurance bagages luggage insurance
assurance chômage unemployment insurance ◆ **le régime d'assurance chômage** the state unemployment insurance scheme ◆ **caisse d'assurance chômage** (= fonds) unemployment insurance fund; (= bureau) unemployment insurance office
assurance décès whole-life insurance
assurance incendie fire insurance
assurance invalidité-vieillesse disablement insurance
assurance maladie health insurance ◆ **régime d'assurance maladie** health insurance scheme
assurance maritime marine insurance
assurance multirisques comprehensive insurance
assurance personnelle personal insurance
assurance responsabilité-civile ⇒ **assurance au tiers**
assurances sociales ≃ social security, ≃ welfare (US) ◆ **il est (inscrit) aux assurances sociales** he's on the state health scheme (Brit) ou plan (US), he pays National Insurance (Brit)
assurance au tiers third-party insurance
assurance tous risques (pour véhicules) comprehensive insurance
assurance vie life assurance ou insurance (Brit) ◆ **contrat d'assurance vie** life assurance ou insurance (Brit) policy
assurance vieillesse pension scheme ◆ **le régime d'assurance vieillesse** the state pension scheme ◆ **caisse d'assurance vieillesse** (fonds) retirement fund; (bureau) pensions office
assurance contre le vol insurance against theft
assurance voyage travel insurance

assurance-crédit /asyʀɑ̃skʀedi/ (pl **assurances-crédits**) NF credit insurance

assuré, e /asyʀe/ SYN (ptp de assurer)
ADJ ① [réussite, échec] certain, sure; [situation, fortune] assured ◆ **son avenir est assuré maintenant** his future is certain ou assured now ◆ **une entreprise assurée du succès** an undertaking which is sure to succeed ou whose success is assured
② [air, démarche] assured, (self-)confident; [voix] assured, steady; [main, pas] steady ◆ **mal assuré** [voix, pas] uncertain, unsteady, shaky ◆ **il est mal assuré sur ses jambes** he's unsteady on his legs
③ (locutions) ◆ **tenir pour assuré que...** to be confident that..., to take it as certain that... ◆ **tenez pour assuré que...** rest assured that... ◆ **il se dit assuré de cela** he says he is confident of that
NM,F (Assurances) (assurance-vie) assured ou insured person; (autres assurances) insured person, policyholder ◆ **l'assuré** the assured, the policyholder ◆ **assuré social** person paying social security contributions

assurément /asyʀemɑ̃/ SYN ADV (frm) most certainly, assuredly ◆ **assurément, ceci présente des difficultés** this does indeed present difficulties ◆ **(oui) assurément** yes indeed, yes most certainly ◆ **assurément il viendra** he will most certainly come

assurer /asyʀe/ GRAMMAIRE ACTIVE 15.1 SYN ▶ conjug 1 ◀
VT ① (= certifier) ◆ **assurer à qn que...** to assure sb that... ◆ **assurer que...** to affirm that...

assureur | Atlantide   FRENCH-ENGLISH   62

♦ **cela vaut la peine, je vous assure** it's worth it, I assure you ♦ **je t'assure !** *(ton exaspéré)* really!

[2] *(= confirmer)* ♦ **assurer qn de** *[+ amitié, bonne foi]* to assure sb of ♦ **sa participation nous est assurée** we have been assured of his participation *ou* that he'll take part

[3] *(par contrat)* to insure *(contre* against*)* ♦ **assurer qn sur la vie** to give sb (a) life assurance *ou* insurance *(Brit)*, to assure sb's life ♦ **faire assurer qch** to insure sth, to have *ou* get sth insured ♦ **être assuré** to be insured

[4] *(= exécuter, fournir)* [*+ fonctionnement, permanence]* to maintain; [*+ travaux]* to carry out, to undertake; [*+ surveillance]* to provide, to maintain; [*+ service]* to operate, to provide; [*+ financement]* to provide ♦ **assurer la surveillance des locaux** to guard the premises ♦ **l'avion qui assure la liaison entre Genève et Aberdeen** the plane that operates between Geneva and Aberdeen ♦ **l'armée a dû assurer le ravitaillement des sinistrés** the army had to provide supplies for the victims ♦ **assurer sa propre défense** *(Jur)* to conduct one's own defence ♦ **assurer la direction d'un service** to head up a department, to be in charge of a department ♦ **assurer le remplacement de pièces défectueuses** to replace faulty parts ♦ **assurer le suivi d'une commande** to follow up an order

[5] *(= garantir)* [*+ bonheur, protection, stabilité]* to ensure; [*+ succès, paix]* to ensure, to secure; [*+ avenir, fortune]* to secure; [*+ revenu]* to provide ♦ **assurer à ses enfants la meilleure éducation possible** to provide one's children with the best possible education ♦ **cela devrait leur assurer une vie aisée** that should ensure that they lead a comfortable life ♦ **ce but leur a assuré la victoire** this goal ensured their victory ♦ **assurer ses arrières** to ensure *ou* make sure one has something to fall back on ♦ **cela m'assure un toit pour quelques jours** that means I'll have somewhere to stay for a few days

[6] *(= affermir)* [*+ pas, prise, échelle]* to steady; *(= fixer)* [*+ échelle, volet]* to secure; *(Alpinisme)* to belay ♦ **il assura ses lunettes sur son nez** he fixed his glasses firmly on his nose

[7] *(= protéger)* [*+ frontières]* to protect *(contre* against*)*

VI *(* *= être à la hauteur)* to be very good ♦ **ne pas assurer** to be useless* *ou* no good* ♦ **je n'assure pas du tout en allemand** I'm absolutely useless* *ou* no good at German

VPR **s'assurer** [1] *(= vérifier)* ♦ **s'assurer que/de qch** to make sure that/of sth, to ascertain that/sth ♦ **assure-toi qu'on n'a rien volé** make sure *ou* check that nothing has been stolen ♦ **assure-toi si les volets sont fermés** make sure the shutters are closed ♦ **je vais m'en assurer** I'll make sure, I'll check

[2] *(= contracter une assurance)* to insure o.s. *(contre* against*)* ♦ **s'assurer contre** *(= se prémunir)* [*+ attaque, éventualité]* to insure (o.s.) against ♦ **s'assurer sur la vie** to insure one's life, to take out (a) life assurance *ou* insurance *(Brit)*

[3] *(= se procurer)* [*+ aide, victoire]* to secure, to ensure ♦ **il s'est assuré un revenu** he made sure of an income for himself, he ensured *ou* secured himself an income ♦ **s'assurer l'accès de** to secure access to ♦ **s'assurer le contrôle de** [*+ banque, ville]* to take control of

[4] *(= s'affermir)* to steady o.s. *(sur* on*); (Alpinisme)* to belay o.s. ♦ **s'assurer sur sa selle** to steady o.s. in one's saddle

[5] *(frm = arrêter)* ♦ **s'assurer de la personne de qn** to apprehend sb

assureur /asyʀœʀ/ **NM** *(= agent)* insurance agent; *(= société)* insurance company; *(Jur = partie)* insurers; *[d'entreprise]* underwriters ♦ **assureur-conseil** insurance consultant ♦ **assureur-vie** life insurer

Assyrie /asiʀi/ **NF** Assyria

assyrien, -ienne /asiʀjɛ̃, jɛn/
ADJ Assyrian
NM,F **Assyrien(ne)** Assyrian

assyriologie /asiʀjɔlɔʒi/ **NF** Assyriology

assyriologue /asiʀjɔlɔg/ **NMF** Assyriologist

astate /astat/ **NM** astatine

astatique /astatik/ **ADJ** *(Phys)* astatic

aster /astɛʀ/ **NM** aster

astéréognosie /astereɔgnozi/ **NF** astereognosis

astérie /asteʀi/ **NF** starfish

astérisque /asteʀisk/ **NM** asterisk ♦ **marqué d'un astérisque** asterisked

astéroïde /asteʀɔid/ **NM** asteroid

asthénie /asteni/ **NF** asthenia

asthénique /astenik/ **ADJ, NMF** asthenic

asthénosphère /astenɔsfɛʀ/ **NF** asthenosphere

asthmatique /asmatik/ **ADJ, NMF** asthmatic

asthme /asm/ **NM** asthma

asti /asti/ **NM** Asti spumante

asticot /astiko/ **NM** *(gén)* maggot; *(pour la pêche)* maggot, gentle

asticoter* /astikɔte/ ▶conjug 1◀ **VT** to needle, to get at* *(Brit)* ♦ **cesse donc d'asticoter ta sœur !** stop needling *ou* getting at* *(Brit)* *ou* plaguing *(Brit)* your sister!

astigmate /astigmat/
ADJ astigmatic
NMF astigmat(ic)

astigmatisme /astigmatism/ **NM** astigmatism

astiquer /astike/ SYN ▶conjug 1◀ **VT** [*+ arme, meuble, parquet]* to polish; [*+ bottes, métal]* to polish, to shine

astragale /astʀagal/ **NM** [1] *(= os)* talus, astragalus
[2] *(= plante)* astragalus
[3] *(= moulure)* astragal

astrakan /astʀakɑ̃/ **NM** astrakhan

astral, e (mpl **-aux**) /astʀal, o/ **ADJ** astral

astre /astʀ/ SYN **NM** star ♦ **l'astre du jour/de la nuit** *(littér)* the day/night star *(littér)*

astreignant, e /astʀɛɲɑ̃, ɑ̃t/ SYN **ADJ** [*travail]* exacting, demanding

astreindre /astʀɛ̃dʀ/ SYN ▶conjug 49◀

VT ♦ **astreindre qn à faire** to compel *ou* oblige *ou* force sb to do ♦ **astreindre qn à un travail pénible/une discipline sévère** to force a trying task/a strict code of discipline (up)on sb

VPR **s'astreindre** ♦ **s'astreindre à faire** to force *ou* compel o.s. to do ♦ **elle s'astreignait à un régime sévère** she forced herself to keep to a strict diet ♦ **astreignez-vous à une vérification rigoureuse** make yourself carry out a thorough check

astreinte /astʀɛ̃t/ **NF** *(= obligation)* constraint, obligation; *(Jur)* penalty *(imposed on daily basis for non-completion of contract)* ♦ **être d'astreinte** *[médecin, technicien]* to be on call

astringence /astʀɛ̃ʒɑ̃s/ **NF** astringency

astringent, e /astʀɛ̃ʒɑ̃, ɑ̃t/ **ADJ, NM** astringent

astrolabe /astʀɔlab/ **NM** astrolabe

astrologie /astʀɔlɔʒi/ **NF** astrology

astrologique /astʀɔlɔʒik/ **ADJ** astrological

astrologue /astʀɔlɔg/ **NMF** astrologer

astronaute /astʀɔnot/ **NMF** astronaut

astronautique /astʀɔnotik/ **NF** astronautics *(sg)*

astronef † /astʀɔnɛf/ **NM** spaceship, spacecraft

astronome /astʀɔnɔm/ **NMF** astronomer

astronomie /astʀɔnɔmi/ **NF** astronomy

astronomique /astʀɔnɔmik/ SYN **ADJ** *(lit, fig)* astronomical, astronomic

astronomiquement /astʀɔnɔmikmɑ̃/ **ADV** astronomically

astrophotographie /astʀofɔtɔgʀafi/ **NF** astrophotography

astrophysicien, -ienne /astʀofizisjɛ̃, jɛn/ **NM,F** astrophysicist

astrophysique /astʀofizik/
ADJ astrophysical
NF astrophysics *(sg)*

astuce /astys/ SYN **NF** [1] *(= caractère)* shrewdness, astuteness ♦ **il a beaucoup d'astuce** he is very shrewd *ou* astute
[2] *(= truc)* (clever) way, trick ♦ **l'astuce c'est d'utiliser de l'eau au lieu de pétrole** the trick *ou* clever bit *(Brit)* here is to use water instead of oil ♦ **les astuces du métier** the tricks of the trade ♦ **c'est ça l'astuce !** that's the trick! *ou* the clever bit! *(Brit)*
[3] * *(= jeu de mots)* pun; *(= plaisanterie)* wisecrack* ♦ **faire des astuces** to make wisecracks* ♦ **astuce vaseuse** lousy* pun

astucieusement /astysjøzmɑ̃/ **ADV** cleverly

astucieux, -ieuse /astysjø, jøz/ SYN **ADJ** clever ♦ **l'idée astucieuse de cours d'informatique à domicile** the clever idea of home computing courses ♦ **grâce à un système astucieux** thanks to an ingenious *ou* a clever system ♦ **on peut employer le four à micro-ondes de façon astucieuse** there are clever ways of using a microwave

Asturies /astyʀi/ **NFPL** ♦ **les Asturies** the Asturias

Asunción /asunsjɔn/ **N** Asuncion

asymbolie /asɛ̃bɔli/ **NF** asymbolia

asymétrie /asimetʀi/ SYN **NF** asymmetry

asymétrique /asimetʀik/ **ADJ** asymmetric(al)

asymptomatique /asɛ̃ptɔmatik/ **ADJ** [*infection, personne]* asymptomatic ♦ **porteur asymptomatique** asymptomatic carrier

asymptote /asɛ̃ptɔt/
ADJ asymptotic
NF asymptote

asymptotique /asɛ̃ptɔtik/ **ADJ** asymptotic

asynchrone /asɛ̃kʀon/ **ADJ** asynchronous

asyndète /asɛ̃dɛt/ **NF** asyndeton

asynergie /asinɛʀʒi/ **NF** asynergia, asynergy

asyntaxique /asɛ̃taksik/ **ADJ** asyntactic(al)

Atalante /atalɑ̃t/ **NF** Atalanta

ataraxie /ataʀaksi/ **NF** ataraxia, ataraxy

ataraxique /ataʀaksik/ **ADJ** ataractic, ataraxic

atavique /atavik/ **ADJ** atavistic

atavisme /atavism/ **NM** atavism ♦ **c'est de l'atavisme !** it's heredity coming out!

ataxie /ataksi/ **NF** ataxia

ataxique /ataksik/
ADJ ataxic
NMF ataxia sufferer

atchoum /atʃum/ **EXCL** atishoo

atèle /atɛl/ **NM** spider monkey

atelier /atəlje/ **NM** [1] *(= local)* [*d'artisan]* workshop; [*d'artiste]* studio; [*de couturières]* workroom; [*de haute couture]* atelier ♦ **atelier de fabrication** workshop
[2] *(= groupe)* *(Art)* studio; *(Scol)* work-group; *(dans un colloque)* discussion group, workshop ♦ **les enfants travaillent en ateliers** *(Scol)* the children work in small groups ♦ **atelier de production** *(TV)* production unit
[3] *[d'usine]* shop, workshop ♦ **atelier protégé** sheltered workshop
[4] *[de franc-maçonnerie]* lodge; → **chef**[1]

atellanes /atelan/ **NFPL** atellans

atemporel, -elle /atɑ̃pɔʀɛl/ **ADJ** [*vérité]* timeless

atermoiement /atɛʀmwamɑ̃/ SYN **NM** prevarication, procrastination *(NonC)*

atermoyer /atɛʀmwaje/ SYN ▶conjug 8◀ **VI** *(= tergiverser)* to procrastinate, to temporize

athanor /atanɔʀ/ **NM** athanor

athée /ate/
ADJ atheistic
NMF atheist

athéisme /ateism/ **NM** atheism

athématique /atematik/ **ADJ** *(Ling)* athematic

Athéna /atena/ **NF** Athena, (Pallas) Athene

athénée /atene/ **NM** *(Belg = lycée)* ≈ secondary school, ≈ high school *(US)*

Athènes /atɛn/ **N** Athens

athénien, -ienne /atenjɛ̃, jɛn/
ADJ Athenian
NM,F **Athénien(ne)** Athenian ♦ **c'est là que les Athéniens s'atteignirent** *ou* **s'éteignirent** *(hum)* that's when all hell broke loose*

athermane /atɛʀman/ **ADJ** athermanous

athermique /atɛʀmik/ **ADJ** athermic

athérome /ateʀɔm/ **NM** atheroma

athérosclérose /ateʀosklɛʀoz/ **NF** atherosclerosis

athétose /atetoz/ **NF** athetosis

athlète /atlɛt/ **NMF** athlete ♦ **corps d'athlète** athletic body ♦ **regarde l'athlète !, quel athlète !** *(hum)* just look at muscleman! *(hum)*

athlétique /atletik/ SYN **ADJ** athletic

athlétisme /atletism/ **NM** athletics *(Brit) (NonC)*, track and field events *(US)* ♦ **athlétisme sur piste** track athletics

athrepsie /atʀɛpsi/ **NF** athrepsia

athymie /atimi/ **NF** athymia, athymism

atlante /atlɑ̃t/ **NM** atlas

Atlantide /atlɑ̃tid/ **NF** ♦ **l'Atlantide** Atlantis

atlantique /atlɑ̃tik/
- **ADJ** Atlantic ◆ **les Provinces atlantiques** (Can) the Atlantic Provinces
- **NM Atlantique** ◆ **l'Atlantique** the Atlantic (Ocean)

atlantisme /atlɑ̃tism/ **NM** Atlanticism

atlantiste /atlɑ̃tist/
- **ADJ** [politique] Atlanticist, which promotes the Atlantic Alliance
- **NMF** Atlanticist

atlas /atlɑs/ **NM** ① (= livre, vertèbre) atlas ② ◆ **Atlas** (Myth) Atlas ◆ **l'Atlas** (Géog) the Atlas Mountains

atmosphère /atmɔsfɛʀ/ SYN **NF** atmosphere ◆ **haute/basse atmosphère** upper/lower atmosphere ◆ **essai nucléaire en atmosphère** nuclear test in the atmosphere ◆ **j'ai besoin de changer d'atmosphère** I need a change of air ou scenery ◆ **en atmosphère normale/contrôlée/stérile** in a normal/controlled/sterile atmosphere ou environment ◆ **atmosphère de fête** festive atmosphere

atmosphérique /atmɔsfeʀik/ **ADJ** atmospheric; → **courant, perturbation**

atoca /atɔka/ **NM** (Can = fruit) cranberry

atoll /atɔl/ **NM** atoll

atome /atom/ **NM** atom ◆ **atome-gramme** gram atom ◆ **il n'a pas un atome de bon sens** he hasn't a grain ou an ounce of common sense ◆ **avoir des atomes crochus avec qn** to have a lot in common with sb, to hit it off with sb *

atomicité /atomisite/ **NF** (Chim) atomicity

atomique /atomik/ **ADJ** atomic; → **bombe**

atomisation /atomizasjɔ̃/ **NF** atomization

atomisé, e /atomize/ (ptp de **atomiser**)
- **ADJ** [savoir, marché] fragmented; [mouvement politique] fragmented, splintered ◆ **parti politique atomisé** (fig) atomized ou fragmented political party
- **NM,F** victim of an atomic bomb explosion ◆ **les atomisés d'Hiroshima** the victims of the Hiroshima atom bomb

atomiser /atomize/ SYN ▸ conjug 1 ◂ **VT** (Phys) to atomize; (Mil) to destroy with atomic ou nuclear weapons; [+ marché] to fragment; [+ société] to atomize, to fragment; [+ parti] to break up

atomiseur /atomizœʀ/ SYN **NM** (gén) spray; [de parfum] atomizer

atomisme /atomism/ **NM** atomism

atomiste /atomist/ **ADJ, NMF** ◆ **(savant) atomiste** atomic scientist

atomistique /atomistik/ **ADJ, NF** ◆ **(théorie) atomistique** atomic theory

atonal, e (mpl atonals) /atonal/ **ADJ** atonal

atonalité /atonalite/ **NF** atonality

atone /aton/ SYN **ADJ** ① (= sans vitalité) [être] lifeless; (= sans expression) [regard] expressionless; (Méd) atonic ② (Ling) unstressed, unaccented, atonic

atonie /atoni/ **NF** (Ling, Méd) atony; (= manque de vitalité) lifelessness

atonique /atonik/ **ADJ** (Méd) atonic

atours /atuʀ/ **NMPL** († ou hum) attire, finery ◆ **dans ses plus beaux atours** in her loveliest attire † (hum), in all her finery (hum)

atout /atu/ SYN **NM** ① (Cartes) trump ◆ **jouer atout** to play a trump; (en commençant) to lead (with) a trump ◆ **on jouait atout cœur** hearts were trumps ◆ **atout maître** master trump ◆ **roi/reine d'atout** king/queen of trumps ◆ **3 sans atout** 3 no trumps ② (fig) (= avantage) asset; (= carte maîtresse) trump card ◆ **l'avoir dans l'équipe est un atout** he's an asset to our team ◆ **avoir tous les atouts (dans son jeu)** to hold all the cards ou aces ◆ **avoir plus d'un atout dans sa manche** to have more than one ace up one's sleeve

atoxique /atɔksik/ **ADJ** non-poisonous

ATP /atepe/ **NF** (abrév de **Association des tennismen professionnels**) ATP

atrabilaire /atʀabilɛʀ/ SYN **ADJ** († † ou hum) bilious, atrabilious (frm)

âtre /ɑtʀ/ **NM** hearth

Atrée /atʀe/ **NM** Atreus

Atrides /atʀid/ **NMPL** ◆ **les Atrides** the Atridae

atrium /atʀijɔm/ **NM** (Archit, Anat) atrium

atroce /atʀɔs/ SYN **ADJ** ① (= abominable) dreadful; [crime, conditions] atrocious, dreadful; [torture] appalling; [faim, événement] terrible ② (= très mauvais) atrocious

⚠ Attention à ne pas traduire automatiquement **atroce** par **atrocious**.

atrocement /atʀɔsmɑ̃/ SYN **ADV** ① [souffrir] terribly; [torturer] brutally ◆ **il s'est vengé atrocement** he wreaked a terrible ou dreadful revenge ◆ **elle avait atrocement peur** she was terribly ou dreadfully frightened ② (= très) dreadfully

atrocité /atʀɔsite/ SYN **NF** ① (= qualité) [de crime, action] atrocity, atrociousness; [de spectacle] ghastliness ② (= acte) atrocity, outrage ◆ **dire des atrocités sur qn** to say wicked ou atrocious things about sb ◆ **cette nouvelle tour est une atrocité** that new tower is an atrocity ou a real eyesore

atrophie /atʀɔfi/ SYN **NF** (Méd) atrophy ◆ **une atrophie du désir** an atrophy of desire ◆ **l'atrophie industrielle dont souffre ce pays** the country's industrial decline

atrophié, e /atʀɔfje/ (ptp de **atrophier**) **ADJ** (lit, fig) atrophied

atrophier /atʀɔfje/ SYN ▸ conjug 7 ◂
- **VT** (Méd) to atrophy; (fig) to starve
- **VPR s'atrophier** [membres, muscle] to waste away, to atrophy; (fig) to atrophy

atropine /atʀɔpin/ **NF** atropine, atropin

attabler (s') /atable/ ▸ conjug 1 ◂ **VPR** (pour manger) to sit down at (the) table ◆ **s'attabler autour d'une bonne bouteille** to sit (down) at the table for a drink ◆ **s'attabler à la terrasse d'un café** to sit at a table outside a café ◆ **il vint s'attabler avec eux** he came to sit at their table ◆ **les clients attablés** the seated customers

attachant, e /ataʃɑ̃, ɑ̃t/ SYN **ADJ** [film, roman] captivating; [enfant] endearing

attache /ataʃ/ **NF** ① (en ficelle) (piece of) string; (en métal) clip, fastener; (= courroie) strap ② (Anat) ◆ **attaches** [d'épaules] shoulder joints; [de bassin] hip joints; (= poignets et chevilles) wrists and ankles ③ (fig) (= lien) tie ◆ **attaches** (= famille) ties, connections ◆ **avoir des attaches dans une région** to have family ties ou connections in a region ④ [de plante] tendril ⑤ (locutions) ◆ **être à l'attache** [animal] to be tied up; [bateau] to be moored ◆ **point d'attache** [de bateau] mooring (post); (fig) base; → **port¹**

attaché, e /ataʃe/ SYN (ptp de **attacher**)
- **ADJ** ① ◆ **attaché à** [+ personne, animal, lieu, idée] attached to; [+ habitude] tied to ◆ **attaché à la vie** attached to life ◆ **pays très attaché à son indépendance** country that sets great store by its independence ② ◆ **attaché à** (= affecté à) ◆ **être attaché au service de qn** to be in sb's personal service ◆ **les avantages attachés à ce poste** the benefits attached to ou that go with the position ◆ **son nom restera attaché à cette découverte** his name will always be linked ou connected with this discovery
- **NM,F** attaché ◆ **attaché d'ambassade/de presse/militaire** embassy/press/military attaché ◆ **attaché d'administration** administrative assistant ◆ **attaché commercial/culturel** commercial/cultural attaché ◆ **attaché de clientèle** (Banque) account manager

attaché-case (pl **attachés-cases**) /ataʃekɛz/ **NM** attaché case

attachement /ataʃmɑ̃/ SYN **NM** ① (à une personne, à un animal) (for), attachment (à); (à un lieu, à une idée, à la vie) attachment (à to); (à une politique, à une cause) commitment (à to) ◆ **vouer un attachement viscéral à** to be strongly ou deeply attached to ◆ **leur attachement à lutter contre le chômage** their commitment to fighting unemployment ② (Constr) daily statement (of work done and expenses incurred)

attacher /ataʃe/ SYN ▸ conjug 1 ◂
- **VT** ① [+ animal, plante, paquet] to tie up; [+ prisonnier] to tie up, to bind; (avec une chaîne) to chain up; [+ volets] to fasten, to secure; (plusieurs choses ensemble) to tie together, to tie together ◆ **attacher une étiquette à une valise** to tie a label on(to) a case ◆ **il attacha sa victime sur une chaise** he tied his victim to a chair ◆ **attacher les mains d'un prisonnier** to tie a prisoner's hands together, to bind a prisoner's hands (together) ◆ **la ficelle qui attachait le paquet** the string that was tied round the parcel ◆ **est-ce bien attaché ?** is it well ou securely tied (up)? ◆ **il ne les attache pas avec des saucisses*** he's a bit tight-fisted ② [+ ceinture] to do up, to fasten; [+ robe] (à boutons) to do up, to button up, to fasten; (à fermeture éclair) to do up, to zip up; [+ lacets, chaussures] to do up, to tie up; [+ fermeture, bouton] to do up ◆ **veuillez attacher votre ceinture** (en avion) (please) fasten your seatbelts ◆ **attachez vos ceintures !*** (hum) hold on to your hats!* ③ [+ papiers] (= épingler) to pin together, to attach; (= agrafer) to staple together, to attach ◆ **attacher à** (= épingler) to pin to; (= agrafer) to staple onto ④ (fig = lier à) ◆ **il a attaché son nom à cette découverte** he has linked ou put his name to this discovery ◆ **des souvenirs l'attachent à ce village** (qu'il a quitté) he still feels attached to the village because of his memories; (qu'il habite) his memories keep him here in this village ◆ **il a su s'attacher ses étudiants** he has won the loyalty of his students ◆ **plus rien ne l'attachait à la vie** nothing held her to life any more ⑤ (= attribuer) to attach ◆ **attacher de la valeur ou du prix à qch** to attach great value to sth, to set great store by sth ⑥ (frm = adjoindre) ◆ **attacher des gardes à qn** to give sb a personal guard ◆ **attacher qn à son service** to engage sb, to take sb into one's service ⑦ (= fixer) ◆ **attacher son regard ou ses yeux sur** to fix one's eyes upon
- **VI** (Culin) to stick ◆ **le riz a attaché** the rice has stuck ◆ **poêle qui n'attache pas** non-stick frying pan
- **VPR s'attacher** ① (gén) to do up, to fasten (up) (avec, par with); [robe] (à boutons) to button up, to do up; (à fermeture éclair) to zip up, to do up; [fermeture, bouton] to do up ◆ **ça s'attache derrière** it does up at the back, it fastens (up) at the back ◆ **s'attacher à** [+ corde] to attach o.s. to; [+ siège] to fasten o.s. to ② (= se prendre d'affection pour) ◆ **s'attacher à** to become attached to ◆ **cet enfant s'attache vite** this child soon becomes attached to people ③ (= accompagner) ◆ **s'attacher aux pas de qn** to follow sb closely, to dog sb's footsteps ◆ **les souvenirs qui s'attachent à cette maison** the memories attached to ou associated with that house ④ (= prendre à cœur) ◆ **s'attacher à faire qch** to endeavour (Brit) (frm) ou endeavor (US) (frm) ou attempt to do sth

attagène /ataʒɛn/ **NM** fur beetle

attaquable /atakabl/ **ADJ** (Mil) open to attack; [testament] contestable

attaquant, e /atakɑ̃, ɑ̃t/ **NM,F** (Mil, Sport) attacker; (Fin) raider ◆ **l'avantage est à l'attaquant** the advantage is on the attacking side

attaque /atak/ SYN
- **NF** ① (Mil, Police) attack (contre on) ◆ **lancer ou mener une attaque contre** to launch ou make an attack on ◆ **aller ou monter à l'attaque** to go into the attack ◆ **à l'attaque !** attack! ◆ **passer à l'attaque** to move into the attack ◆ **attaque d'artillerie/nucléaire** artillery/nuclear attack ◆ **attaque à la bombe** bomb attack, bombing ② (= agression) [de banque, train] raid; [de personne] attack (de on) ③ (Sport) attack; [de coureur] spurt; (Alpinisme) start; (Escrime) attack ◆ **il a lancé une attaque à 15 km de l'arrivée** he put on a spurt 15 km from the finishing line ◆ **jeu/coup d'attaque** attacking game/shot ◆ **repartir à l'attaque** to go back on the attack ④ (= critique) attack (contre on) ◆ **ce n'était pas une attaque personnelle** it wasn't a personal attack, it was nothing personal ◆ **elle a été l'objet de violentes attaques dans la presse** she came in for severe criticism from the press ◆ **une attaque en règle** a virulent attack ⑤ (Méd) attack (de of) ◆ **avoir une attaque** (cardiaque) to have a heart attack; (hémorragie cérébrale) to have a stroke; (d'épilepsie) to have a seizure ou fit ⑥ (Mus) attack ⑦ (Cartes) lead ⑧ (locution)

◆ **d'attaque*** (= en forme) on ou in (top) form ◆ **il n'est pas d'attaque ce matin** he's not on form this morning ◆ **se sentir ou être assez d'attaque pour faire qch** to feel up to doing sth

COMP **attaque aérienne** air raid *ou* attack
attaque d'apoplexie apoplectic attack *ou* fit
attaque cardiaque heart attack
attaque à main armée hold-up, armed robbery • **commettre une attaque à main armée contre une banque** to hold up a bank
attaque de nerfs † fit of hysteria

attaquer /atake/ SYN ► conjug 1 ◄
VT 1 *(= assaillir)* *[+ pays]* to attack, to launch an attack (up)on; *[+ personne]* to attack, to assault • **l'armée prussienne attaqua** the Prussian army attacked • **attaquer de front/par derrière** to attack from the front/from behind *ou* from the rear • **attaquer (qn) par surprise** to make a surprise attack (on sb) • **allez, Rex, attaque !** *(à un chien)* kill, Rex, kill! • **on a été attaqués par les moustiques** we were attacked by mosquitoes
2 *(= critiquer)* *[+ abus, réputation, personne]* to attack
3 *(= endommager)* *[rouille, infection]* to attack; *[+ humidité]* to damage • **la pollution attaque notre environnement** pollution is having a damaging effect on *ou* is damaging our environment • **l'acide attaque le fer** acid attacks *ou* eats into iron
4 *(= aborder)* *[+ difficulté, obstacle]* to tackle; *[+ chapitre]* to make a start on; *[+ discours]* to launch into; *[+ travail]* to set about, to get down to; *(Alpinisme)* to start • **il attaqua les hors-d'œuvre*** he got going on* *ou* tucked into* *(Brit)* the hors d'œuvres
5 *(Mus)* *[+ morceau]* to strike up, to launch into; *[+ note]* to attack
6 *(Jur)* *[+ jugement, testament]* to contest; *[+ mesure]* to challenge • **attaquer qn en justice** to take sb to court, to sue sb
7 *(Cartes)* • **attaquer trèfle/de la reine** to lead a club/the queen
VI *(Sport)* to attack; *[coureur]* to put on a spurt
VPR **s'attaquer** • **s'attaquer à** *[+ personne, abus, mal]* to attack; *[+ problème]* to tackle, to attack, to take on • **s'attaquer à plus fort que soi** to take on more than one's match

attardé, e /ataʀde/ SYN
ADJ 1 † *[enfant]* retarded
2 *(= en retard)* *[promeneur]* late, belated *(littér)*
3 *(= démodé)* *[personne, goût]* old-fashioned, behind the times *(attrib)*
NM,F 1 • **attardé (mental)** † (mentally) retarded child
2 *(Sport)* • **les attardés** the stragglers

attarder /ataʀde/ ► conjug 1 ◄
VT to make late
VPR **s'attarder** 1 *(= se mettre en retard)* to linger (behind) • **s'attarder chez des amis** to stay on at friends' • **s'attarder à boire** to linger over drinks *ou* a drink • **il s'est attardé au bureau pour finir un rapport** he's stayed late *ou* on at the office to finish a report • **s'attarder au café** to linger at a café • **s'attarder pour cueillir des fleurs** to stay behind to pick flowers • **elle s'est attardée en route** she dawdled *ou* lingered *ou* tarried *(littér)* on the way • **ne nous attardons pas ici** let's not stay any longer
2 *(fig)* • **s'attarder sur une description** to linger over a description • **s'attarder à des détails** to dwell on details

atteindre /atɛ̃dʀ/ SYN ► conjug 49 ◄
VT 1 *(= parvenir à)* *[+ lieu, limite]* to reach; *[+ objet haut placé]* to reach, to get at; *[+ objectif]* to reach, to arrive at, to attain; *[+ prix, valeur]* to reach • **atteindre son but** *[personne]* to reach one's goal, to achieve one's aim; *[mesure]* to be effective, to fulfil its purpose; *[missile]* to hit its target, to reach its objective • **il n'atteint pas mon épaule** he doesn't come up to *ou* reach my shoulder • **la Seine a atteint la cote d'alerte** the Seine has risen to *ou* reached danger level • **il a atteint (l'âge de) 90 ans** he's reached his 90th birthday • **cette tour atteint 30 mètres** the tower is 30 metres high • **les peupliers peuvent atteindre une très grande hauteur** poplars can grow to *ou* reach a very great height • **la corruption y atteint des proportions incroyables** corruption there has reached incredible proportions; → **bave**
2 *(= contacter)* *[+ personne]* to get in touch with, to contact, to reach
3 *(= toucher)* *[pierre, balle, tireur]* to hit *(à in)*; *[événement, maladie, reproches]* to affect • **il a atteint la cible** he hit the target • **il a eu l'œil atteint par un éclat d'obus** he was hit in the eye by a bit of shrapnel • **la maladie a atteint ses facultés mentales** the illness has affected *ou* impaired his mental faculties • **les reproches ne l'atteignent pas** criticism doesn't affect him, he is unaffected by criticism • **le malheur qui vient de l'atteindre** the misfortune which has just struck him • **il a été atteint dans son amour-propre** his pride has been hurt *ou* wounded
VT INDIR **atteindre à** *(littér = parvenir à)* *[+ but]* to reach, to achieve • **atteindre à la perfection** to attain (to) *ou* achieve perfection

atteint, e[1] /atɛ̃, ɛt/ ADJ 1 *(= malade)* • **être atteint de** *[+ maladie]* to be suffering from • **il a été atteint de surdité** he became *ou* went deaf • **le poumon est gravement/légèrement atteint** the lung is badly/slightly affected • **il est gravement/légèrement atteint** he is seriously/only slightly ill • **les malades les plus atteints** the worst cases, the worst affected
2 *(* = fou)* touched*, cracked*
3 *(Admin)* • **être atteint par la limite d'âge** to have to retire *(because one has reached the official retirement age)*

atteinte[2] /atɛ̃t/ SYN NF 1 *(= préjudice)* attack *(à on)* • **atteinte à l'ordre public** breach of the peace • **atteinte à la sûreté de l'État** offence against national security • **atteinte à la vie privée** invasion of privacy
♦ **porter atteinte à** *[+ droits]* to infringe; *[+ intérêts]* to be damaging to; *[+ liberté, dignité, honneur, principe]* to strike a blow at; *[+ image, intégrité]* to undermine; *[+ réputation]* to damage
♦ **hors d'atteinte** *(lit)* out of reach; *(fig)* beyond reach, out of reach • **un pays où une voiture reste souvent un rêve hors d'atteinte** a country in which a car is often an unattainable dream • **hors d'atteinte de** *[+ projectile]* out of range *ou* reach of • **hors d'atteinte de la justice** beyond the reach of *ou* out of reach of justice
2 *(Méd = crise)* attack *(de of)* • **les premières atteintes du mal** the first effects of the illness

attelage /at(ə)laʒ/ NM 1 *[de cheval]* harnessing, hitching up; *[de bœuf]* yoking, hitching up; *[de charrette, remorque]* hitching up; *(Rail)* *[de wagons]* coupling
2 *(= harnachement, chaînes)* *[de chevaux]* harness; *[de bœuf]* yoke; *[de remorque]* coupling, attachment; *[de wagons de train]* coupling
3 *(= équipage)* *[de chevaux]* team; *[de bœufs]* team; *[de deux bœufs]* yoke

atteler /at(ə)le/ ► conjug 4 ◄
VT *[+ cheval]* to harness, to hitch up; *[+ bœuf]* to yoke, to hitch up; *[+ charrette, remorque]* to hitch up; *[+ wagons de train]* *(à un convoi)* to couple on; *(l'un à l'autre)* to couple • **le cocher était en train d'atteler** the coachman was getting the horses harnessed • **atteler qn à un travail** *(fig)* to put sb on a job • **il est attelé à ce travail depuis ce matin** he has been working away at this job since this morning
VPR **s'atteler** • **s'atteler à** *[+ travail, tâche, problème]* to get down to

attelle /atɛl/ NF *[de cheval]* hame; *(Méd)* splint

attenant, e /at(ə)nɑ̃, ɑt/ SYN ADJ *(= contigu)* adjoining • **jardin attenant à la maison** garden adjoining the house • **la maison attenante à la mienne** *(ou la sienne etc)* the house next door

attendre /atɑ̃dʀ/ SYN ► conjug 41 ◄
VT 1 *[personne]* *[+ personne, événement]* to wait for, to await *(littér)* • **maintenant, nous attendons qu'il vienne/de savoir** we are now waiting for him to come/waiting to find out • **attendez qu'il vienne/de savoir pour partir** wait until he comes/you know before you leave, wait for him to come/wait and find out before you leave • **attends la fin du film** wait until the film is over *ou* until the end of the film • **aller attendre un train/qn au train** to (go and) meet a train/sb off the train • **il est venu m'attendre à la gare** he came to meet me *ou* he met me at the station • **j'attends le** *ou* **mon train** I'm waiting for the *ou* my train • **attendre le moment favorable** to bide one's time, to wait for the right moment • **j'attends le week-end avec impatience** I'm looking forward to the weekend, I can't wait for the weekend • **attendre qn comme le Messie** to wait eagerly for sb • **nous n'attendons plus que lui pour commencer** we're just waiting for him to arrive, then we can start • **qu'est-ce qu'on attend pour partir ?** what are we waiting for? let's go! • **il faut attendre un autre jour/moment pour lui parler** we'll have to wait till another day/time to speak to him • **on ne t'attendait plus** we had given up on you • **êtes-vous attendu ?** are you expected?, is anyone expecting you? • **il attend son heure** he's biding his time • **je n'attends qu'une chose, c'est qu'elle s'en aille** I (just) can't wait for her to go • **il n'attendait que ça !, c'est tout ce qu'il attendait !** that's just what he was waiting for! • **l'argent qu'il me doit, je l'attends toujours** he still hasn't given me the money he owes me, I'm still waiting for the money he owes me
♦ **en attendant** *(= pendant ce temps)* meanwhile, in the meantime; *(= en dépit de cela)* all the same, be that as it may • **en attendant, j'ai le temps de finir mon travail** meanwhile *ou* in the meantime I've time to finish my work • **en attendant l'heure de partir, il jouait aux cartes** he played cards until it was time to go *ou* while he was waiting to go • **on ne peut rien faire en attendant de recevoir sa lettre** we can't do anything until we get his letter • **en attendant qu'il revienne, je vais vite faire une course** while I'm waiting for him to come back I'm going to pop down* to the shop • **en attendant, c'est moi qui fais tout !** all the same, it's me that does everything!; → **dégel**
2 *[voiture]* to be waiting for; *[maison]* to be ready for; *[mauvaise surprise]* to be in store for, to await, to wait for; *[gloire]* to be in store for, to await • **il ne sait pas encore le sort qui l'attend !** he doesn't know yet what's in store for him! *ou* awaiting him! • **je sais ce qui m'attend si je lui dis ça !** I know what'll happen to me if I tell him that! • **une brillante carrière l'attend** he has a brilliant career in store (for him) *ou* ahead of him • **le dîner vous attend** dinner's ready (when you are)
3 *(sans complément d'objet)* *[personne, chose]* to wait; *[chose]* *(= se conserver)* to keep • **j'ai attendu 2 heures** I waited (for) 2 hours • **j'ai failli attendre !** *(iro)* you took your time! • **attendez un instant** wait a moment, hang on a minute* • **attends, je vais t'expliquer** wait, let me explain • **attendez voir*** let me *ou* let's see *ou* think* • **attendez un peu** let's see, wait a second; *(menace)* just (you) wait! • **vous attendez ou vous voulez rappeler plus tard ?** *(Téléc)* will you hold on or do you want to call back later? • **tu peux toujours attendre !, tu peux attendre longtemps !** *(iro)* you'll be lucky!, you've got a hope! *(Brit)*, you haven't a prayer! *(US)* • **le train n'attendra pas** the train won't wait • **ce travail attendra/peut attendre** this work will wait/can wait • **ces fruits ne peuvent pas attendre (demain)** this fruit won't keep (until tomorrow) • **un soufflé n'attend pas** a soufflé has to be eaten straight away • **sans (plus) attendre** *(= immédiatement)* straight away • **faites-le sans attendre** do it straight away *ou* without delay • **il faut agir sans plus attendre** we must act without further delay *ou* straight away
♦ **faire attendre** • **faire attendre qn** to keep sb waiting • **se faire attendre** to keep people waiting, to be a long time coming • **le conférencier se fait attendre** the speaker is late • **il aime se faire attendre** he likes to keep you *ou* people waiting • **excusez-moi de m'être fait attendre** sorry to have kept you (waiting) • **la paix se fait attendre** peace is a long time coming • **leur riposte ne se fit pas attendre** they didn't take long to retaliate
4 *(= escompter, prévoir)* *[+ personne, chose]* to expect • **attendre qch de qn/qch** to expect sth from sb/sth • **il n'attendait pas un tel accueil** he wasn't expecting such a welcome • **on attendait beaucoup de ces pourparlers** they had great hopes *ou* they expected great things of the talks • **elle est arrivée alors qu'on ne l'attendait plus** she came when she was no longer expected *ou* when they'd given up on her • **j'attendais mieux de cet élève** I expected better of this pupil, I expected this pupil to do better • **je n'en attendais pas moins de vous** I expected no *ou* nothing less of you
5 • **attendre un enfant** *ou* **un bébé, attendre famille** *(Belg)* to be expecting a baby, to be expecting • **ils attendent la naissance pour le 10 mai** the baby is due on 10 May
VT INDIR **attendre après*** *[+ chose]* to be in a hurry for, to be anxious for; *[+ personne]* to be waiting for • **l'argent que je t'ai prêté, je n'attends pas après** I'm not desperate for the money I lent you • **je n'attends pas après lui/son aide !** I can get along without him/his help!
VPR **s'attendre** 1 *[personnes]* to wait for each other
2 • **s'attendre à qch** *(= escompter, prévoir)* to expect sth *(de, de la part de from)* • **il ne s'attendait pas à gagner** he wasn't expecting to win • **est-ce que tu t'attends vraiment à ce qu'il**

écrive ? do you really expect him to write? ◆ **on ne s'attendait pas à ça de sa part** we didn't expect that of him ◆ **avec lui on peut s'attendre à tout** you never know what to expect with him ◆ **tu t'attendais à quoi ?** what did you expect? ◆ **Lionel ! si je m'attendais (à te voir ici) !*** Lionel, fancy meeting you here! ◆ **elle s'y attendait** she expected as much ◆ **il fallait** *ou* **on pouvait s'y attendre** it was to be expected ◆ **comme il fallait s'y attendre...** as one would expect..., predictably enough...

attendri, e /atɑ̃dʀi/ (ptp de **attendrir**) ADJ *[air, regard]* melting *(épith)*, tender

attendrir /atɑ̃dʀiʀ/ SYN ▸ conjug 2 ◂

VT *[+ viande]* to tenderize; *(fig) [+ personne]* to move (to pity); *[+ cœur]* to soften, to melt ◆ **il se laissa attendrir par ses prières** her pleadings made him relent *ou* yield

VPR **s'attendrir** to be moved *ou* touched *(sur* by) ◆ **s'attendrir sur (le sort de) qn** to feel (sorry) for sb ◆ **s'attendrir sur soi-même** to feel sorry for o.s.

attendrissant, e /atɑ̃dʀisɑ̃, ɑ̃t/ SYN ADJ moving, touching

attendrissement /atɑ̃dʀismɑ̃/ SYN NM *(tendre)* emotion, tender feelings; *(apitoyé)* pity ◆ **ce fut l'attendrissement général** everybody got emotional ◆ **pas d'attendrissement !** let's not be emotional!

attendrisseur /atɑ̃dʀisœʀ/ NM *(Boucherie)* tenderizer ◆ **viande passée à l'attendrisseur** tenderized meat

attendu, e /atɑ̃dy/ (ptp de **attendre**)

ADJ *[personne, événement, jour]* long-awaited; *(= prévu)* expected ◆ **être très attendu** to be eagerly expected

PRÉP *(= étant donné)* given, considering ◆ **attendu que** seeing that, since, given *ou* considering that; *(Jur)* whereas

NMPL *(Jur)* ◆ **attendus du jugement** grounds for the decision

attentat /atɑ̃ta/ SYN

NM 1 *(= attaque, agression) (gén : contre une personne)* murder attempt; *(Pol)* assassination attempt; *(contre un bâtiment)* attack *(contre* on) ◆ **un attentat a été perpétré contre le président** an attempt has been made on the life of the president, there has been an assassination attempt on the president

2 *(= atteinte)* ◆ **c'est un attentat contre la vie d'une personne** it is an attempt on someone's life

COMP **attentat à la bombe** bomb attack, (terrorist) bombing
attentat à la liberté violation of liberty
attentat aux mœurs offence against public decency
attentat à la pudeur indecent assault
attentat suicide suicide bombing
attentat contre la sûreté de l'État conspiracy against the security of the state
attentat à la voiture piégée car-bombing

attentatoire /atɑ̃tatwaʀ/ ADJ prejudicial *(à* to), detrimental *(à* to)

attente /atɑ̃t/ SYN NF 1 *(= expectative)* wait, waiting *(NonC)* ◆ **cette attente fut très pénible** the wait was unbearable ◆ **l'attente est ce qu'il y a de plus pénible** it's the waiting which is hardest to bear ◆ **l'attente se prolongeait** the wait was growing longer and longer ◆ **délai** *ou* **temps d'attente** waiting time ◆ **il y a 10 minutes d'attente** there's a 10-minute wait ◆ **position d'attente** wait-and-see attitude ◆ **solution d'attente** temporary solution

◆ **en attente** ◆ **demande en attente** request pending ◆ **le projet est en attente** the project is on hold ◆ **laisser un dossier en attente** to leave a file pending ◆ **mettre qn en attente** *(Téléc)* to put sb on hold ◆ **pour écouter les messages en attente, appuyez...** *(sur répondeur)* to listen to messages, press...

◆ **en attente de** ◆ **malade en attente de greffe** patient waiting for a transplant ◆ **détenu en attente de jugement** prisoner awaiting trial

◆ **dans l'attente de** ◆ **vivre dans l'attente d'une nouvelle** to spend one's time waiting for (a piece of) news ◆ **dans l'attente de vos nouvelles** looking forward to hearing from you; → **salle**

2 *(= espoir)* expectation ◆ **répondre à l'attente** ... **ttentes de qn** to come *ou* live up to sb's ... **ntre toute attente** contrary

attenter /atɑ̃te/ ▸ conjug 1 ◂ VT 1 ◆ **attenter à la vie de qn** to make an attempt on sb's life ◆ **attenter à ses jours** to attempt suicide ◆ **attenter à la sûreté de l'État** to conspire against the security of the state

2 *(fig = violer)* ◆ **attenter à** *[+ liberté, droits]* to violate

attentif, -ive /atɑ̃tif, iv/ SYN ADJ 1 *(= vigilant) [personne, air]* attentive ◆ **regarder qn d'un œil attentif** to look at sb attentively ◆ **écouter d'une oreille attentive** to listen attentively ◆ **être attentif à tout ce qui se passe** to pay attention to everything that's going on ◆ **sois donc attentif !** pay attention!

2 *(= scrupuleux) [examen]* careful, close, searching; *[travail]* careful; *[soin]* scrupulous ◆ **attentif à son travail** careful *ou* painstaking in one's work ◆ **attentif à ses devoirs** heedful *ou* mindful of one's duties ◆ **attentif à ne blesser personne** careful not to hurt anyone

3 *(= prévenant) [soins]* thoughtful; *[prévenance]* watchful ◆ **attentif à plaire** anxious to please ◆ **attentif à ce que tout se passe bien** keeping a close watch to see that all goes well

attention /atɑ̃sjɔ̃/ GRAMMAIRE ACTIVE 2.2, 2.3, 26.6 SYN NF 1 *(= concentration)* attention; *(= soin)* care ◆ **avec attention** *[écouter]* carefully, attentively; *[examiner]* carefully, closely ◆ **attirer/détourner l'attention de qn** to attract/divert *ou* distract sb's attention ◆ **fixer son attention sur** to focus one's attention on ◆ **faire un effort d'attention** to make an effort to concentrate ◆ **demander un effort d'attention** to require careful attention ◆ **je demande toute votre attention** can I have your full attention? ◆ **ce cas/projet mérite toute notre attention** this case/project deserves our undivided attention ◆ **« à l'attention de M. Dupont »** "for the attention of Mr Dupont" ◆ **votre candidature a retenu notre attention** we considered your application carefully; → **signaler**

2 *(locutions)* ◆ **attention ! tu vas tomber !** watch out *ou* mind (out) *(Brit) ou* careful! you're going to fall! ◆ **« attention chien méchant »** "beware of the dog" ◆ **« attention travaux »** "caution, work in progress" ◆ **« attention à la marche »** "be careful of the step", "mind the step" *(Brit)* ◆ **attention ! je n'ai pas dit cela** careful! I didn't say that ◆ **attention au départ !** the train is now leaving! ◆ **« attention, peinture fraîche »** "(caution) wet paint" ◆ **« attention, fragile »** *(sur colis)* "fragile, handle with care" ◆ **attention les yeux !*** watch out!*

◆ **faire attention** *(= prendre garde)* to be careful, to take care ◆ **faire bien** *ou* **très attention** to pay careful attention ◆ **(fais) attention à ta ligne** you'd better watch your waistline ◆ **fais attention à ne pas trop manger** mind *ou* be careful you don't eat too much ◆ **fais attention (à ce) que la porte soit fermée** make sure *ou* mind the door's shut ◆ **fais bien attention à toi** *(= prends soin de toi)* take good care of yourself; *(= sois vigilant)* be careful

◆ **faire** *ou* **prêter attention à** *(= remarquer)* to pay attention *ou* heed to ◆ **as-tu fait attention à ce qu'il a dit ?** did you pay attention to *ou* listen carefully to what he said? ◆ **il n'a même pas fait attention à moi/à ce changement** he didn't (even) take any notice of me/the change ◆ **tu vas faire attention quand il entrera et tu verras** look carefully *ou* have a good look when he comes in and you'll see what I mean ◆ **ne faites pas attention à lui** pay no attention to him, take no notice of him, never mind him

3 *(= prévenance)* attention, thoughtfulness *(NonC)* ◆ **être plein d'attentions pour qn** to be very attentive towards sb ◆ **ses attentions me touchaient** I was touched by his attentions *ou* thoughtfulness ◆ **quelle charmante attention !** how very thoughtful!, what a lovely thought!

attentionné, e /atɑ̃sjɔne/ SYN ADJ *(= prévenant)* thoughtful, considerate *(pour, auprès de* towards)

attentisme /atɑ̃tism/ NM wait-and-see policy, waiting-game

attentiste /atɑ̃tist/

NMF partisan of a wait-and-see policy

ADJ *[politique]* wait-and-see *(épith)*

attentivement /atɑ̃tivmɑ̃/ ADV *[lire, écouter]* attentively, carefully; *[examiner]* carefully, closely

atténuantes /atenɥɑ̃t/ ADJ FPL → **circonstance**

atténuateur /atenɥatœʀ/ NM attenuator

atténuation /atenɥasjɔ̃/ NF 1 *(= fait d'atténuer) [de douleur]* alleviation, easing; *[faute]* mitigation; *[de responsabilité]* lightening; *[de coup, souffrance]* softening; *(Jur) [de punition, peine]* mitigation ◆ **atténuation d'un virus** *(Méd)* attenuation of a virus ◆ **cette crème permet l'atténuation des rides** this cream smooths out wrinkles

2 *(= fait de s'atténuer) [de douleur]* dying down, easing; *[de sensation, bruit]* dying down; *[de violence, crise]* subsiding, abatement; *[de couleur]* softening

3 *(= adoucissement) [de lumière]* subduing, dimming; *[de couleur, son]* softening, toning down

atténuer /atenɥe/ SYN ▸ conjug 1 ◂

VT 1 *[+ douleur]* to alleviate, to ease; *[+ rancœur]* to mollify, to appease; *[+ propos, reproches]* to tone down; *[+ rides]* to smooth out

2 *[+ faute]* to mitigate; *[+ responsabilité]* to lighten; *[+ punition]* to mitigate; *[+ coup, effets]* to soften; *[+ faits]* to water down; *(Fin) [+ pertes]* to cushion; *[+ risques]* to limit

3 *[+ lumière]* to subdue, to dim; *[+ couleur, son]* to soften, to tone down

VPR **s'atténuer** 1 *[douleur]* to ease, to die down; *[sensation]* to die down; *[violence, crise]* to subside, to abate

2 *[bruit]* to die down; *[couleur]* to soften ◆ **leurs cris s'atténuèrent** their cries grew quieter *ou* died down

atterrant, e /ateʀɑ̃, ɑ̃t/ SYN ADJ appalling

atterrer /ateʀe/ ▸ conjug 1 ◂ VT to dismay, to appal *(Brit)*, to appall *(US)* ◆ **il était atterré par cette nouvelle** he was aghast *ou* shattered *(Brit)* at the news ◆ **sa bêtise m'atterre** his stupidity appals me, I am appalled by *ou* aghast at his stupidity ◆ **air atterré** look of utter dismay

atterrir /ateʀiʀ/ ▸ conjug 2 ◂ VI *(en avion)* to land, to touch down; *(dans un bateau)* to land ◆ **atterrir sur le ventre** *[personne]* to land flat on one's face; *[avion]* to make a belly landing ◆ **atterrir en prison/dans un village perdu*** to land up* *(Brit) ou* land* *(US)* in prison/in a village in the middle of nowhere ◆ **le travail a finalement atterri sur mon bureau*** the work finally landed on my desk ◆ **atterris !*** come back down to earth!

atterrissage /ateʀisaʒ/ NM *[d'avion, bateau]* landing ◆ **à l'atterrissage** at the moment of landing, at touchdown ◆ **atterrissage en catastrophe/sur le ventre/sans visibilité** crash/belly/blind landing ◆ **atterrissage forcé** emergency *ou* forced landing ◆ **atterrissage en douceur** *(lit, fig)* soft landing; → **piste, terrain, train**

attestation /atɛstasjɔ̃/ SYN NF 1 *[de fait]* attestation

2 *(= document)* certificate; *[de diplôme]* certificate of accreditation *ou* of attestation ◆ **attestation médicale** doctor's certificate ◆ **attestation sur l'honneur** affidavit ◆ **attestation de nationalité française/domiciliation** proof of French citizenship/residence ◆ **attestation de conformité** safety certificate

attester /atɛste/ SYN ▸ conjug 1 ◂ VT 1 *(= certifier) [+ fait]* to testify to, to vouch for ◆ **attester que...** to testify that..., to vouch for the fact that..., to attest that...; *[témoin]* to testify that... ◆ **ce fait est attesté par tous les témoins** this fact is confirmed by all the witnesses ◆ **comme en attestent les procès-verbaux** as the minutes show ◆ **attester (de) l'innocence de qn** to prove sb's innocence ◆ **certains documents attestent de l'ancienneté de ce vase** there are documents which attest to the antiquity of this vase

2 *(= démontrer) [chose, preuve]* to attest to, to testify to ◆ **comme en attestent les sondages** as the polls show ◆ **cette attitude atteste son intelligence** *ou* **atteste qu'il est intelligent** this attitude testifies to his intelligence ◆ **les fissures attestent de la violence de cette collision** the cracks attest to the force of the collision ◆ **forme attestée** *(Ling)* attested form ◆ **mot non attesté dans** *ou* **par les dictionnaires** word not attested by dictionaries

3 *(littér = prendre à témoin)* ◆ **j'atteste les dieux que...** I call the gods to witness that...

atticisme /atisism/ NM Atticism

attiédir † /atjediʀ/ ▸ conjug 2 ◂

VT *(littér) [+ eau]* to make lukewarm; *[+ climat]* to make more temperate, to temper; *[+ désir, ardeur]* to temper, to cool

VPR **s'attiédir** *[eau] (plus chaud)* to get warmer; *(plus frais)* to get cooler; *[climat]* to become more temperate; *(littér) [désir, ardeur]* to cool down, to wane

attifer* /atife/ ▸ conjug 1 ◂
VT (= *habiller*) to get up* (*de* in) ◆ **regardez comme elle est attifée !** look at her get-up!* ◆ **attifée d'une robe à volants** dolled up* in a flounced dress
VPR **s'attifer** to get o.s. up* (*de* in)

attiger* /atiʒe/ ▸ conjug 3 ◂ VI to go a bit far*, to overstep the mark

Attila /atila/ NM Attila

attique¹ /atik/
ADJ (*Antiq*) Attic ◆ **finesse/sel attique** Attic wit/salt
NF **Attique** ◆ **l'Attique** Attica

attique² /atik/ NM (*Constr*) attic (storey (*Brit*) ou story (*US*))

attirail* /atiʀaj/ SYN NM gear*, paraphernalia ◆ **attirail de pêche** fishing tackle ◆ **attirail de bricoleur/cambrioleur** handyman's/burglar's tools ou tool kit

attirance /atiʀɑ̃s/ SYN NF attraction (*pour, envers* for) ◆ **éprouver de l'attirance pour qch/qn** to be ou feel drawn towards sth/sb, to be attracted to sth/sb ◆ **l'attirance du vide** the lure of the abyss

attirant, e /atiʀɑ̃, ɑ̃t/ SYN ADJ attractive, appealing ◆ **femme très attirante** alluring ou very attractive woman

attirer /atiʀe/ GRAMMAIRE ACTIVE 26.6 SYN ▸ conjug 1 ◂
VT [1] (*gén, Phys*) to attract; (*en appâtant*) to lure, to entice ◆ **il m'attira dans un coin** he drew me into a corner ◆ **attirer qn dans un piège/par des promesses** to lure ou entice sb into a trap/with promises ◆ **ce spectacle va attirer la foule** this show will really draw ou attract the crowds ou will be a real crowd-puller ◆ **attirer l'attention de qn sur qch** to draw sb's attention to sth ◆ **il essaya d'attirer son attention** he tried to attract ou catch his attention
[2] (= *plaire à*) [*pays, projet*] to appeal to; [*personne*] to attract, to appeal to ◆ **être attiré par une doctrine/qn** to be attracted ou drawn to a doctrine/sb ◆ **affiche/robe qui attire les regards** eye-catching poster/dress ◆ **il est très attiré par elle** he finds her very attractive
[3] (= *causer*) [+ *ennuis*] to cause, to bring ◆ **tu vas t'attirer des ennuis** you're going to cause trouble for yourself ou bring trouble upon yourself ◆ **ses discours lui ont attiré des sympathies** his speeches won ou gained ou earned him sympathy ◆ **s'attirer des critiques/la colère de qn** to incur criticism/sb's anger, to bring criticism on/sb's anger down on o.s. ◆ **s'attirer des ennemis** to make enemies for o.s. ◆ **je me suis attiré sa gratitude** I won ou earned his gratitude

attisement /atizmɑ̃/ NM [*de feu*] poking (up), stirring up; [*de désir, querelle*] stirring up

attiser /atize/ SYN ▸ conjug 1 ◂ VT [+ *feu*] (*avec tisonnier*) to poke (up), to stir up; (*en éventant*) to fan; [+ *curiosité, haine*] to stir, to arouse; [+ *convoitise*] to arouse; [+ *désir*] to stir, to kindle; [+ *querelle*] to stir up ◆ **j'ai soufflé pour attiser la flamme** I blew on the fire to make it burn

attitré, e /atitʀe/ ADJ (= *habituel*) [*marchand, place*] regular, usual; (= *agréé*) [*marchand*] accredited, appointed, registered; [*journaliste*] accredited ◆ **fournisseur attitré d'un chef d'État** purveyors by appointment to a head of state

attitude /atityd/ GRAMMAIRE ACTIVE 6.1 SYN NF (= *maintien*) bearing; (= *comportement*) attitude; (= *point de vue*) standpoint, attitude; (= *affectation*) façade ◆ **prendre des attitudes gracieuses** to adopt graceful poses ◆ **avoir une attitude décidée** to have a determined air ◆ **prendre une attitude ferme** to adopt a firm standpoint ou attitude ◆ **le socialisme chez lui n'est qu'une attitude** his socialism is only a façade

attouchement /atuʃmɑ̃/ SYN NM touch, touching (*NonC*); (*Méd*) palpation ◆ **se livrer à des attouchements sur qn** (*gén*) to fondle ou stroke sb; (*Jur*) to interfere with sb

attracteur /atʀaktœʀ/ NM (*Sci*) attractor

attractif, -ive /atʀaktif, iv/ SYN ADJ (*Phys*) [*phénomène*] attractive; (= *attrayant*) [*offre, prix, taux*] attractive

attraction /atʀaksjɔ̃/ SYN NF [1] (*gén* = *attirance, Ling, Phys*) attraction ◆ **attraction universelle** gravitation ◆ **attraction moléculaire** molecular attraction
[2] (= *centre d'intérêt*) attraction; (= *partie d'un spectacle*) attraction; (= *numéro d'un artiste*) number ◆ **l'attraction vedette** the star attraction ◆ **quand passent les attractions ?** (*boîte de nuit*) when is the cabaret ou floorshow on? ◆ **ils ont renouvelé leurs attractions** (*cirque*) they have changed their programme (of attractions ou entertainments), they have taken on some new acts; → **parc**

attractivité /atʀaktivite/ NF [*de région*] attractiveness, appeal; [*de programme, émission*] appeal

attrait /atʀɛ/ SYN NM [1] (= *séduction*) [*de paysage, doctrine, plaisirs*] appeal, attraction; [*de danger, aventure*] appeal ◆ **ses romans ont pour moi beaucoup d'attrait** I find his novels very appealing, his novels appeal to me very much ◆ **éprouver un attrait ou de l'attrait pour qch** to be attracted to sth, to find sth attractive ou appealing
[2] (= *charmes*) ◆ **attraits** attractions

attrapade* /atʀapad/ NF row*, telling off*

attrape /atʀap/ NF (= *farce*) trick; → **farce¹**

attrape-couillon* (pl **attrape-couillons**) /atʀapkujɔ̃/ NM con*, con game*

attrape-gogo* (pl **attrape-gogos**) /atʀapgogo/ NM ⇒ **attrape-couillon**

attrape-mouche (pl **attrape-mouches**) /atʀapmuʃ/ NM (= *plante, piège*) flytrap; (= *oiseau*) flycatcher; (= *papier collant*) flypaper

attrape-nigaud* (pl **attrape-nigauds**) /atʀapnigo/ NM con*, con game*

attraper /atʀape/ SYN ▸ conjug 1 ◂ VT [1] [+ *ballon*] to catch; [+ *journal, crayon*] to pick up
[2] * [+ *train*] to catch, to get, to hop* (*US*); [+ *contravention, gifle*] to get
[3] [+ *personne, voleur, animal*] to catch ◆ **toi, si je t'attrape !** if I catch you! ◆ **que je t'y attrape !*** don't let me catch you doing that!, if I catch you doing that!
[4] [+ *maladie*] to catch, to get ◆ **tu vas attraper froid ou du mal** you'll catch cold ◆ **j'ai attrapé un rhume/son rhume** I've caught a cold/a cold from him ou his cold ◆ **j'ai attrapé mal à la gorge** I've got a sore throat ◆ **tu vas attraper la mort** you'll catch your death (of cold) ◆ **il a attrapé un coup de soleil** he got sunburnt ◆ **la grippe s'attrape facilement** flu is very catching
[5] (= *intercepter*) [+ *mots*] to pick up
[6] (= *acquérir*) [+ *style, accent*] to pick up ◆ **il faut attraper le coup ou le tour de main** you have to get ou learn the knack
[7] (* = *gronder*) to tell off* ◆ **se faire attraper (par qn)** to be told off (by sb)*, to get a telling off (from sb)* ◆ **mes parents vont m'attraper** I'm really going to get it* from my parents, my parents are going to give me a real telling off* ◆ **ils se sont attrapés pendant une heure** they went at each other for a whole hour*
[8] (= *tromper*) to take in ◆ **se laisser attraper** to be had* ou taken in ◆ **tu as été bien attrapé** (*trompé*) you were had all right*; (*surpris*) you were caught out there all right

attrape-touristes /atʀapturist/ NM INV tourist trap

attrape-tout /atʀaptu/ ADJ INV [*parti politique*] catch-all (*épith*)

attrayant, e /atʀɛjɑ̃, ɑ̃t/ SYN ADJ [*spectacle, taux*] attractive; [*idée*] appealing, attractive; [*projet*] appealing ◆ **c'est une lecture attrayante** it makes ou it's pleasant reading ◆ **peu attrayant** [*travail*] unappealing; [*paysage*] unattractive; [*proposition*] unattractive, unappealing

attribuable /atʀibɥabl/ ADJ attributable (*à* to) ◆ **les décès directement attribuables au tabagisme** deaths which are directly attributable to smoking ◆ **la crise est attribuable tout d'abord aux chefs politiques** primary responsibility for the crisis belongs to the political leaders, the political leaders have primary responsibility for the crisis

attribuer /atʀibɥe/ GRAMMAIRE ACTIVE 17.2 SYN ▸ conjug 1 ◂ VT [1] (= *allouer*) [+ *prix*] to award; [+ *avantages, privilèges*] to grant, to accord; [+ *place, rôle*] to allocate, to assign; [+ *biens, part*] to allocate (*à* to) ◆ **le numéro que vous avez demandé n'est plus attribué** (*Téléc*) the number you have dialled is no longer available ◆ **s'attribuer le meilleur rôle/la meilleure part** to give o.s. the best role/the biggest share, to claim the best role/the biggest share for o.s.
[2] (= *imputer*) [+ *faute*] to attribute, to impute; [+ *pensée, intention*] to attribute, to ascribe (*à* to) ◆ **à quoi attribuez-vous cet échec/accident ?** what do you put this failure/accident down to?, what do you attribute ou ascribe this failure/accident to?
[3] (= *accorder*) [+ *invention, mérite*] to attribute (*à* to) ◆ **on lui attribue l'invention de l'imprimerie** the invention of printing has been attributed to him, he has been credited with the invention of printing ◆ **la critique n'attribue que peu d'intérêt à son livre** the critics find little of interest in his book ou consider his book of little interest ◆ **attribuer de l'importance à qch** to attach importance to sth ◆ **s'attribuer tout le mérite** to claim all the merit for o.s.

attribut /atʀiby/ SYN NM (= *caractéristique, symbole*) attribute; (*Gram*) complement ◆ **adjectif attribut** predicative adjective ◆ **nom attribut** noun complement

attributaire /atʀibytɛʀ/ NMF [*de prestations*] beneficiary; [*d'actions*] allotee; [*de prix*] prizewinner

attributif, -ive /atʀibytif, iv/ ADJ [1] (*Jur*) ◆ **acte attributif** act of assignment
[2] (*Ling*) ◆ **fonction attributive** complement function ◆ **syntagme attributif** complement ◆ **verbe attributif** link verb, copula

attribution /atʀibysjɔ̃/ SYN NF [1] [*de prix*] awarding; [*d'avantages*] granting; [*de place, rôle, part*] allocation; [*d'œuvre, invention*] attribution
[2] (= *prérogatives, pouvoirs*) ◆ **attributions** remit, attributions ◆ **cela n'entre pas dans mes attributions** that's not part of my remit

attristant, e /atʀistɑ̃, ɑ̃t/ ADJ [*nouvelle, spectacle*] saddening

attrister /atʀiste/ SYN ▸ conjug 1 ◂
VT to sadden ◆ **cette nouvelle nous a profondément attristés** we were greatly saddened by ou grieved at the news
VPR **s'attrister** to be saddened (*de* by), to become sad (*de qch* at sth; *de voir que* at seeing that)

attrition /atʀisjɔ̃/ NF (*Rel*) attrition

attroupement /atʀupmɑ̃/ SYN NM [*de foule*] gathering; (= *groupe*) crowd, mob (*péj*)

attrouper (s') /atʀupe/ SYN ▸ conjug 1 ◂ VPR to gather (together), to flock together, to form a crowd

atypique /atipik/ ADJ atypical

au /o/ → **à**

aubade /obad/ NF dawn serenade ◆ **donner une aubade à qn** to serenade sb at dawn

aubaine /obɛn/ SYN NF godsend; (*financière*) windfall ◆ **profiter de l'aubaine** to make the most of one's good fortune ou of the opportunity ◆ **quelle (bonne) aubaine !** what a godsend! ou stroke of luck!

aube¹ /ob/ SYN NF [1] (= *lever du jour*) dawn, daybreak, first light ◆ **à l'aube** at dawn ou daybreak ou first light ◆ **avant l'aube** before dawn ou daybreak
[2] (= *début*) dawn, beginning ◆ **à l'aube de** at the dawn of

aube² /ob/ NF (*Rel*) alb

aube³ /ob/ NF (*Tech*) [*de bateau*] paddle, blade; [*de moulin*] vane; [*de ventilateur*] blade, vane ◆ **roue à aubes** paddle wheel

aubépine /obepin/ NF hawthorn ◆ **fleurs d'aubépine** may (blossom), hawthorn blossom

aubère /obɛʀ/ ADJ red roan ◆ **cheval aubère** red roan (horse)

auberge /obɛʀʒ/ NF inn ◆ **il prend la maison pour une auberge !*** he treats this place like a hotel! ◆ **auberge de (la) jeunesse** youth hostel ◆ **c'est l'auberge espagnole** (*repas*) everyone's bringing some food along, it's potluck (*US*); (*situation chaotique*) it's a madhouse*; → **sortir¹**

aubergine /obɛʀʒin/
NF [1] (= *légume*) aubergine (*Brit*), eggplant (*US*) ◆ **caviar d'aubergine** ≈ aubergine (*Brit*) ou eggplant (*US*) dip
[2] († * = *contractuelle*) traffic warden (*Brit*), meter maid* (*US*)
ADJ INV aubergine(-coloured)

aubergiste /obɛʀʒist/ NMF [*d'hôtel*] hotel-keeper; [*d'auberge*] innkeeper, landlord ◆ **père ou mère aubergiste** [*d'auberge de jeunesse*] (youth-hostel) warden

aubette /obɛt/ NF (*Belg*) bus shelter

aubier /obje/ NM sapwood

aubin /obɛ̃/ NM aubin

auburn /obœʀn/ ADJ INV auburn

aucuba /okyba/ NM aucuba

aucun, e /okœ̃, yn/
ADJ [1] (*négatif*) no, not any ◆ ◆
n'en a parlé no histo…

aucune preuve he has no proof, he doesn't have any proof ◆ **sans faire aucun bruit** without making a noise *ou* any noise ◆ **ils ne prennent aucun soin de leurs vêtements** they don't take care of their clothes (at all) ◆ **ils n'ont eu aucun mal à trouver le chemin** they had no trouble finding the way, they found the way without any trouble

[2] *(interrogatif, positif)* any ◆ **il lit plus qu'aucun autre enfant** he reads more than any other child ◆ **croyez-vous qu'aucun auditeur aurait osé le contredire ?** do you think that any listener would have dared to contradict him?

PRON [1] *(négatif)* none ◆ **il n'aime aucun de ces films** he doesn't like any of these films ◆ **aucun de ses enfants ne lui ressemble** none of his children are like him ◆ **je ne pense pas qu'aucun d'entre nous puisse y aller** I don't think any of us can go ◆ **combien de réponses avez-vous eues ? – aucune** how many answers did you get? – not one *ou* none

[2] *(interrogatif, positif)* any, any one ◆ **il aime ses chiens plus qu'aucun de ses enfants** he is fonder of his dogs than of any (one) of his children ◆ **pensez-vous qu'aucun ait compris ?** do you think anyone *ou* anybody understood?

[3] *(littér)* ◆ **d'aucuns** some ◆ **d'aucuns aiment raconter que...** there are some who like to say that...

aucunement /okynmɑ̃/ ADV in no way, not in the least, not in the slightest ◆ **il n'est aucunement à blâmer** he's not in the least to blame, he's in no way *ou* not in any way to blame ◆ **accepterez-vous ? – aucunement** will you agree? – certainly not

audace /odas/ SYN NF [1] (= *témérité*) daring, boldness, audacity; *(Art : = originalité)* daring; (= *effronterie*) audacity, effrontery ◆ **avoir l'audace de** to have the audacity to, to dare to

[2] (= *geste osé*) daring gesture; (= *innovation*) daring idea *ou* touch ◆ **elle lui en voulait de ses audaces** she held his boldness *ou* his bold behaviour against him ◆ **une audace de génie** a daring touch of genius ◆ **audaces de style** daring innovations of style ◆ **les audaces de la mode** the daring creations of high fashion

audacieusement /odasjøzmɑ̃/ ADV boldly ◆ **robe audacieusement décolletée** daringly low-cut dress

audacieux, -ieuse /odasjø, jøz/ SYN ADJ [*soldat, action, architecture*] daring, bold; [*artiste, projet*] daring ◆ **un geste audacieux** a bold gesture ◆ **les plus audacieux** the boldest among them; → **fortune**

au-delà /od(ə)la/
LOC ADV → **delà**
NM ◆ **l'au-delà** the beyond

au-dessous /odsu/, **au-dessus** /odsy/ → **dessous, dessus**

au-devant /od(ə)vɑ̃/
LOC PRÉP **au-devant de** ahead of ◆ **aller au-devant de qn** to go and meet sb ◆ **aller au-devant des désirs de qn** to anticipate sb's wishes
LOC ADV ahead

audibilité /odibilite/ NF audibility

audible /odibl/ ADJ audible

audience /odjɑ̃s/ SYN NF [1] (= *frm* = *entretien*) interview, audience ◆ **donner audience à qn** to grant sb an audience

[2] (*Jur* = *séance*) hearing ◆ **l'audience reprendra à 14 heures** the court will reconvene at 2 o'clock

[3] (= *attention*) interest ◆ **ce projet eut beaucoup d'audience** the project aroused much interest ◆ **cet écrivain a trouvé audience auprès des étudiants** this author has had a favourable reception from students *ou* is popular with students ◆ **ce parti bénéficie de la plus large audience** this party has the largest following

[4] (= *spectateurs, auditeurs*) audience ◆ **faire de l'audience** *(Radio, TV)* to attract a large audience ◆ **gagner des points d'audience** to go up in the ratings ◆ **taux d'audience** *(TV)* viewing figures; *(Radio)* listening figures ◆ **part d'audience** audience share ◆ **9,4 points d'audience** 9.4 points in the ratings, 9.4 rating points *(US)* ◆ **cette série a battu tous les records d'audience** the series has broken all viewing *ou* listening records ◆ **heure de grande audience** *(TV)* peak viewing time; *(Radio)* peak listening time

audimat ® /odimat/ NM INV (= *appareil*) audience research device; (= *taux d'écoute*) ratings ◆ **avoir un bon audimat, faire de l'audimat** to have good ratings

audimètre /odimεtʀ/ NM audience research device

audimétrie /odimetʀi/ NF audience monitoring

audio /odjo/ ADJ INV [*fréquence, matériel, cassette*] audio

audioconférence /odjokɔ̃feʀɑ̃s/ NF conference call

audio-électronique (pl **audio-électroniques**) /odjoelεktʀɔnik/ ADJ audiotronic

audiofréquence /odjofʀekɑ̃s/ NF audio frequency

audiogramme /odjogʀam/ NM audiogram

audioguidage /odjogidaʒ/ NM ◆ **système d'audioguidage** audio-guide, audio-guiding system

audioguide /odjogid/ NM tape guide

audiologie /odjoloʒi/ NF audiology

audiomètre /odjomεtʀ/ NM audiometer

audiométrie /odjometʀi/ NF audiometry

audionumérique /odjonymeʀik/ ADJ digital

audio-oral, e (mpl **audio-oraux**) /odjooʀal, o/ ADJ [*exercices, méthode*] audio (épith)

audiophone /odjofɔn/ NM hearing aid

audioprothésiste /odjopʀɔtezist/ NMF hearing aid specialist

audiotexte /odjotεkst/ NM audiotext

audiotypie /odjotipi/ NF audiotyping

audiotypiste /odjotipist/ NMF audiotypist

audiovisuel, -elle /odjovizɥεl/
ADJ audiovisual
NM ◆ **l'audiovisuel** (= *équipement*) audiovisual aids; (= *méthodes*) audiovisual techniques *ou* methods; (= *radio et télévision*) radio and television

audit /odit/ NM [1] (= *contrôle*) audit ◆ **faire l'audit de** to audit
[2] (= *personne*) auditor

auditer /odite/ ▶ conjug 1 ◀ VT to audit

auditeur, -trice /oditœʀ, tʀis/ NM,F (gén, Radio) listener; (Ling) hearer; (Fin) auditor ◆ **le conférencier avait charmé ses auditeurs** the lecturer had captivated his audience ◆ **auditeur libre** (Univ) person who registers to sit in on lectures, auditor (US) ◆ **auditeur à la Cour des comptes** junior official (at the Cour des Comptes)

auditif, -ive /oditif, iv/ ADJ auditory ◆ **troubles auditifs** hearing problems *ou* difficulties ◆ **aide** *ou* **prothèse auditive** hearing aid

audition /odisjɔ̃/ NF [1] (*Mus, Théât*) (= *essai*) audition; (= *récital*) recital; (= *concert d'élèves*) concert (de by) ◆ **passer une audition** to audition, to have an audition

[2] (*Jur*) hearing ◆ **après une heure d'audition par le juge** after an one-hour hearing before the judge ◆ **procéder à l'audition d'un témoin** to hear a witness

[3] (= *écoute*) listening (de to) ◆ **salle conçue pour l'audition de la musique** room designed for listening to music

[4] (= *ouïe*) hearing

auditionner /odisjɔne/ ▶ conjug 1 ◀
VT to audition, to give an audition to
VI to be auditioned, to audition

auditoire /oditwaʀ/ SYN
NM audience
ADJ (Ling) auditory

auditorium /oditɔʀjɔm/ NM auditorium

auge /oʒ/ NF (Agr, Constr) trough ◆ **vallée en auge, auge glaciaire** (Géog) U-shaped valley, trough ◆ **passe ton auge !*** (hum) give us your plate!*

Augias /oʒjas/ NM Augeas; → **écurie**

augment /ogmɑ̃/ NM augment

augmentatif, -ive /ogmɑ̃tatif, iv/ ADJ (Gram) augmentative

augmentation /ogmɑ̃tasjɔ̃/ SYN NF (= *accroissement*) (gén) increase; [*de prix, population, production*] increase, rise (de in) ◆ **augmentation de capital** increase in capital ◆ **augmentation de salaire** pay rise (Brit), (pay) raise (US) ◆ **réclamer une augmentation (de salaire)** *(collectivement)* to make a wage claim; *(individuellement)* to put in for a pay rise (Brit) *ou* raise (US) ◆ **l'augmentation des salaires par la direction** the management's raising of salaries ◆ **l'augmentation des prix par les commerçants** the raising *ou* putting up of prices by shopkeepers

augmenter /ogmɑ̃te/ SYN ▶ conjug 1 ◀
VT [1] [+ *salaire, prix, impôts*] to increase, to raise, to put up; [+ *nombre*] to increase, to raise, to augment; [+ *production, quantité, dose*] to increase, to step up, to raise; [+ *durée*] to increase; [+ *difficulté, inquiétude*] to add to, to increase; [+ *intérêt*] to heighten ◆ **augmenter les prix de 10%** to increase *ou* raise *ou* put up prices by 10% ◆ **il augmente ses revenus en faisant des heures supplémentaires** he augments *ou* supplements his income by working overtime ◆ **sa collection s'est augmentée d'un nouveau tableau** he has extended *ou* enlarged his collection with a new painting, he has added a new painting to his collection ◆ **augmenter (de 5 mailles)** (Tricot) to increase (5 stitches) ◆ **tierce augmentée** (Mus) augmented third ◆ **ceci ne fit qu'augmenter sa colère** this only added to his anger; → **édition**

[2] ◆ **augmenter qn (de 75 €)** to increase sb's salary (by €75), to give sb a (€75) rise (Brit) *ou* raise (US) ◆ **il n'a pas été augmenté depuis 2 ans** he has not had *ou* has not been given a rise (Brit) *ou* raise (US) *ou* a salary increase for 2 years

VI (= *grandir*) [*salaire, prix, impôts*] to increase, to rise, to go up; [*marchandises*] to go up; [*poids, quantité*] to increase; [*population, production*] to grow, to increase, to rise; [*douleur*] to grow *ou* get worse, to increase; [*difficulté, inquiétude*] to grow, to increase ◆ **augmenter de poids/volume** to increase in weight/volume; → **vie**

augure /ogyʀ/ NM [1] (= *devin*) (Hist) augur; (hum) soothsayer, oracle ◆ **consulter les augures** to consult the oracle

[2] (= *présage*) omen; (Hist) augury ◆ **être de bon augure** to be of good omen, to augur well ◆ **résultat de bon augure** promising *ou* encouraging result ◆ **être de mauvais augure** to be ominous *ou* of ill omen, to augur ill ◆ **cela me paraît de bon/mauvais augure** that's a good/bad sign, that augurs well/badly *ou* ill; → **accepter, oiseau**

augurer /ogyʀe/ SYN ▶ conjug 1 ◀ VT ◆ **que faut-il augurer de son silence ?** what must we gather *ou* understand from his silence? ◆ **je n'augure rien de bon de cela** I don't foresee *ou* see any good coming from *ou* out of it ◆ **cela augure bien/mal de la suite** that augurs well/ill (for what is to follow)

Auguste /ogyst/ NM Augustus ◆ **le siècle d'Auguste** (Antiq) the Augustan age

auguste /ogyst/
ADJ [*personnage, assemblée*] august; [*geste*] noble, majestic
NM ◆ **l'auguste** ≈ Coco the clown

augustin, e /ogystε̃, in/ NM,F (Rel) Augustinian

augustinien, -ienne /ogystinjε̃, jεn/ ADJ Augustinian

aujourd'hui /oʒuʀdɥi/ SYN ADV [1] (= *ce jour-ci*) today ◆ **aujourd'hui en huit** a week from today, a week today (Brit), today week (Brit) ◆ **il y a aujourd'hui 10 jours que...** it's 10 days ago today that... ◆ **c'est tout pour aujourd'hui** that's all *ou* that's it for today ◆ **à dater** *ou* **à partir d'aujourd'hui** (as) from today, from today onwards ◆ **je le ferai dès aujourd'hui** I'll do it this very day ◆ **alors cette bière, c'est pour aujourd'hui ou pour demain ?** (hum) any chance of getting that beer sometime today? ◆ **ça ne date pas d'aujourd'hui** [*objet*] it's not exactly new; [*situation, attitude*] it's nothing new; → **jour**

[2] (= *de nos jours*) today, nowadays, these days ◆ **les jeunes d'aujourd'hui** young people nowadays, (the) young people of today

aula /ola/ NF (Helv) (= *amphithéâtre*) lecture hall; (= *salle*) (large) room

aulnaie /o(l)nε/ NF alder grove

aulne /o(l)n/ NM alder

aulof(f)ée /olɔfe/ NF luffing

aulx /o/ NMPL → **ail**

aumône /omon/ SYN NF (= *don*) charity (NonC); alms; (= *action de donner*) almsgiving ◆ **vivre d'aumône(s)** to live on charity ◆ **demander l'aumône** (lit) to ask *ou* beg for charity *ou* alms; (fig) to beg ◆ **faire l'aumône** (à qn) to give alms (à to) ◆ **dix euros ! c'est une aumône** ten euros, that's a beggarly sum! ◆ **je ne vous demande pas l'aumône** I'm not asking for charity ◆ **faire** *ou* **accorder l'aumône d'un sourire à qn** to favour sb with a smile

aumônerie /omonʀi/ NF chaplaincy

aumônier /omonje/ NM chaplain

aumônière /omonjɛʀ/ NF (*Hist, Rel*) purse

aune[1] /on/ NM ⇒ **aulne**

aune[2] /on/ NF ≈ ell ◆ **il fit un nez long d'une aune, son visage s'allongea d'une aune** he pulled a long face *ou* a face as long as a fiddle (*Brit*) ◆ **notre succès se mesure à l'aune de la satisfaction de nos clients** our success is measured in terms of customer satisfaction

auparavant /opaʀavɑ̃/ SYN ADV (= *d'abord*) before(hand), first; (= *avant*) before(hand), previously

auprès /opʀɛ/

ADV (*littér*) nearby

LOC PRÉP **auprès de** [1] (= *à côté de*) next to, close to, by; (= *au chevet de, aux côtés de*) with ◆ **rester auprès d'un malade** to stay with an invalid ◆ **s'asseoir auprès de la fenêtre/de qn** to sit down by *ou* close to the window/by *ou* next to *ou* close to sb

[2] (= *comparé à*) compared with, in comparison with, next to ◆ **notre revenu est élevé auprès du leur** our income is high compared with *ou* in comparison with *ou* next to theirs

[3] (= *s'adressant à*) ◆ **faire une demande auprès des autorités** to apply to the authorities, to lodge a request with the authorities ◆ **faire une démarche auprès du ministre** to approach the minister, to apply to the minister ◆ **ambassadeur auprès du Vatican** ambassador to the Vatican

[4] (= *dans l'opinion de*) in the opinion of ◆ **il passe pour un incompétent auprès de ses collègues** his colleagues regard him as incompetent, he is incompetent in the opinion of his colleagues

auquel /okɛl/ → **lequel**

aura /ɔʀa/ SYN NF aura

auréole /ɔʀeɔl/ SYN NF [1] (*Art, Astron*) halo, aureole ◆ **auréole de cheveux blonds** halo of blond hair ◆ **entouré de l'auréole du succès** flushed with success ◆ **paré de l'auréole du martyre** wearing a martyr's crown *ou* the crown of martyrdom ◆ **parer qn d'une auréole** to glorify sb

[2] (= *tache*) ring

auréoler /ɔʀeɔle/ SYN ▸ conjug 1 ◂

VT (*gén ptp*) (= *glorifier*) to glorify; (*Art*) to encircle with a halo ◆ **tête auréolée de cheveux blancs** head with a halo of white hair ◆ **auréolé de gloire** wreathed in *ou* crowned with glory ◆ **être auréolé de prestige** to have an aura of prestige

VPR **s'auréoler** ◆ **s'auréoler de** to take on an aura of

auréomycine /ɔʀeomisin/ NF aureomycin (*Brit*), Aureomycin ® (*US*)

auriculaire /ɔʀikylɛʀ/

NM little finger

ADJ auricular; → **témoin**

auricule /ɔʀikyl/ NF auricle

auriculothérapie /ɔʀikyloteʀapi/ NF aural acupuncture

aurifère /ɔʀifɛʀ/ ADJ gold-bearing

aurification /ɔʀifikasjɔ̃/ NF [*de dent*] filling with gold

aurifier /ɔʀifje/ ▸ conjug 7 ◂ VT [*+ dent*] to fill with gold

aurige /ɔʀiʒ/ NM charioteer ◆ **l'Aurige de Delphes** (*Art*) the Charioteer of Delphi

aurignacien, -ienne /ɔʀiɲasjɛ̃, jɛn/

ADJ Aurignacian

NM ◆ **l'aurignacien** the Aurignacian period

Aurigny /ɔʀiɲi/ NF Alderney

aurique[1] /ɔʀik/ ADJ (*Naut*) ◆ **voile aurique** fore-and-aft sail

aurique[2] /ɔʀik/ ADJ (*Chim*) auric

aurochs /ɔʀɔk/ NM aurochs

auroral, e (mpl **-aux**) /ɔʀɔʀal, o/ ADJ auroral

aurore /ɔʀɔʀ/ SYN

NF [1] (= *lever du jour*) dawn, daybreak, first light ◆ **à l'aurore** at dawn *ou* first light *ou* daybreak ◆ **avant l'aurore** before dawn *ou* daybreak ◆ **se lever/partir aux aurores** to get up/leave at the crack of dawn

[2] (*littér* = *début*) dawn, beginning ◆ **à l'aurore de** at the dawn of

COMP **aurore australe** southern lights, aurora australis

aurore boréale northern lights, aurora borealis

aurore polaire polar lights

auscultation /ɔskyltasjɔ̃/ NF auscultation

ausculter /ɔskylte/ SYN ▸ conjug 1 ◂ VT to sound (the chest of), to auscultate (*SPÉC*)

auspices /ɔspis/ NMPL [1] (*Antiq*) auspices

[2] ◆ **sous de bons/mauvais auspices** under favourable/unfavourable auspices ◆ **sous les auspices de qn** under the patronage *ou* auspices of sb ◆ **la réunion a commencé sous les meilleurs auspices** the meeting got off to a most auspicious start

aussi /osi/ GRAMMAIRE ACTIVE 5.3, 26.5

ADV [1] (= *également*) too, also ◆ **je suis fatigué et eux aussi** I'm tired and so are they *ou* and they are too ◆ **il travaille bien et moi aussi** he works well and so do I ◆ **il parle aussi l'anglais** he also speaks English, he speaks English as well *ou* too ◆ **lui aussi parle l'anglais** he speaks English too *ou* as well, he too speaks English ◆ **il parle l'italien et aussi l'anglais** he speaks Italian and English too *ou* as well, he speaks Italian and also English ◆ **il a la grippe – lui aussi ?** he's got the flu – him too?* *ou* him as well? ◆ **c'est aussi mon avis** I think so too *ou* as well, that's my view too *ou* as well ◆ **faites bon voyage – vous aussi** have a good journey – you too *ou* (the) same to you ◆ **il ne suffit pas d'être doué, il faut aussi travailler** it's not enough to be talented, you also have to work ◆ **toi aussi, tu as peur ?** so you are afraid too? *ou* as well?

[2] (*comparaison*) **aussi... que** as... as ◆ **il est aussi bête que méchant** *ou* **qu'il est méchant** he's as stupid as he is ill-natured ◆ **viens aussi souvent que tu voudras** come as often as you like ◆ **s'il pleut aussi peu que l'an dernier** if it rains as little as last year ◆ **il devint aussi riche qu'il l'avait rêvé** he became as rich as he had dreamt he would ◆ **pas aussi riche qu'on le dit** not as rich as he is said to be ◆ **la piqûre m'a fait tout aussi mal que la blessure** the injection hurt me just as much as the injury (did) ◆ **aussi vite que possible** as quickly as possible ◆ **d'aussi loin qu'il nous vit il cria** far away though he was he shouted as soon as he saw us

[3] (= *si, tellement*) so ◆ **je ne te savais pas aussi bête** I didn't think you were so *ou* that* stupid ◆ **comment peut-on laisser passer une aussi bonne occasion ?** how can one let slip such a good opportunity? *ou* so good an opportunity? ◆ **je ne savais pas que cela se faisait aussi facilement (que ça)** I didn't know that could be done as easily (as that) *ou* so easily *ou* that easily* ◆ **aussi léger qu'il fût** light though he was ◆ **aussi idiot que ça puisse paraître** silly though *ou* as it may seem

[4] (= *tout autant*) ◆ **aussi bien** just as well, just as easily ◆ **tu peux aussi bien dire non** you can just as easily *ou* well say no ◆ **puisqu'aussi bien tout est fini** (*littér*) since everything is finished ◆ **ça peut aussi bien représenter une montagne qu'un animal** it could just as well *ou* easily represent a mountain as an animal ◆ **aussi sec*** straight away, there and then

CONJ (= *en conséquence*) therefore, consequently ◆ **je suis faible, aussi ai-je besoin d'aide** I'm weak, therefore *ou* consequently I need help ◆ **tu n'as pas compris, aussi c'est ta faute : tu n'écoutais pas** you haven't understood, well, it's your own fault – you weren't listening

aussitôt /osito/ SYN ADV straight away, immediately ◆ **aussitôt arrivé/descendu il s'attabla** as soon as he arrived/came down he sat down at table ◆ **aussitôt le train arrêté, elle descendit** as soon as *ou* immediately (*Brit*) the train stopped she got out ◆ **aussitôt dit, aussitôt fait** no sooner said than done ◆ **aussitôt après son retour** straight *ou* directly *ou* immediately after his return ◆ **il est parti aussitôt après** he left straight *ou* directly *ou* immediately after ◆ **aussitôt que** as soon as ◆ **aussitôt que je le vis** as soon as *ou* the moment I saw him

austénite /ɔstenit/ NF austenite

austère /ostɛʀ/ SYN ADJ [*personne, vie, style, monument*] austere; [*livre, lecture*] dry ◆ **coupe austère d'un manteau** severe cut of a coat

austérité /osteʀite/ SYN NF [*de personne, vie, style, monument*] austerity; [*de livre, lecture*] dryness ◆ **austérités** (*Rel*) austerities ◆ **mesures/politique d'austérité** (*Pol*) austerity measures/policy

austral, e (mpl **australs**) /ɔstʀal/ ADJ southern, austral (*SPÉC*) ◆ **pôle austral** South Pole; → **aurore**

Australasie /ɔstʀalazi/ NF Australasia ◆ **d'Australasie** [*produit, habitant*] Australasian

Australie /ɔstʀali/ NF ◆ **l'Australie** (the Commonwealth of) Australia ◆ **Australie-Méridionale/-Occidentale** South/Western Australia

australien, -ienne /ɔstʀaljɛ̃, jɛn/

ADJ Australian

NM,F **Australien(ne)** Australian

australopithèque /ɔstʀalɔpitɛk/ NM Australopithecus

autan /otɑ̃/ NM ◆ **(vent d')autan** (*strong and hot*) *southerly wind*

autant /otɑ̃/ ADV [1] (*quantité*) ◆ **j'en voudrais encore autant** I'd like as much again ◆ **ils sont autant à plaindre l'un que l'autre** you have to feel just as sorry for both of them

◆ **autant de** (*quantité*) as much (*que* as); (*nombre*) as many (*que* as) ◆ **il y a (tout) autant de place ici (que là-bas)** there's (just) as much room here (as over there) ◆ **il n'y a pas autant de neige que l'année dernière** there isn't as much *ou* there's not so much snow as last year ◆ **nous avons autant de voitures qu'eux** we have as many cars as they have ◆ **il nous prêtera autant de livres qu'il pourra** he'll lend us as many books as he can ◆ **ils ont autant de mérite l'un que l'autre** they have equal merit ◆ **ils ont autant de talent l'un que l'autre** they are both equally talented ◆ **tous ces enfants sont autant de petits menteurs** all these children are so many little liars ◆ **toutes ces photos sont autant de preuves** these photos all constitute proof

◆ **comme autant de** (= *pareils à*) ◆ **les gens tout en bas, comme autant de fourmis** the people far below, like so many ants

◆ **autant que** ◆ **tous autant que vous êtes** every single one of you, the whole lot of you (*Brit*) ◆ **nous sommes autant qu'eux** we are as many as they are *ou* as them, there are as many of us as of them

[2] (*intensité*) as much (*que* as) ◆ **il travaille toujours autant** he works as hard as ever, he's still working as hard ◆ **pourquoi travaille-t-il autant ?** why does he work so much? *ou* so hard? ◆ **rien ne lui plaît autant que de regarder les autres travailler** there is nothing he likes so much as *ou* likes better than watching others work ◆ **intelligent, il l'est autant que vous** he's just as intelligent as you are ◆ **il peut crier autant qu'il veut** he can scream as much as he likes ◆ **cet avertissement vaut pour vous autant que pour lui** this warning applies to you as much as to him ◆ **courageux autant que compétent** courageous as well as competent, as courageous as he is competent ◆ **autant prévenir la police** it would be as well to tell the police; → **aimer**

[3] (= *tellement*) (*quantité*) so much, such; (*nombre*) so many, such a lot of ◆ **elle ne pensait pas qu'il aurait autant de succès/qu'il mangerait autant** she never thought that he would have so much *ou* such success *ou* be so successful/that he would eat so much *ou* such a lot ◆ **vous invitez toujours autant de gens ?** do you always invite so many people *ou* such a lot of people? ◆ **j'ai rarement vu autant de monde** I've seldom seen such a crowd *ou* so many people

[4] (*locutions*) ◆ **autant dire qu'il ne sait rien/qu'il est fou** you *ou* one might as well say that he doesn't know anything/that he's mad ◆ **autant pour moi !** my mistake! ◆ **il ne le fera qu'autant qu'il saura que vous êtes d'accord** he'll only do it in so far as he knows you agree ◆ **autant d'hommes, autant d'avis** (*Prov*) every man to his own opinion ◆ « **Autant en emporte le vent** » (*Littérat*) "Gone with the Wind"

◆ **autant... autant** ◆ **autant il est généreux, autant elle est avare** he is as generous as she is miserly ◆ **autant il aime les chiens, autant il déteste les chats** he likes dogs as much as he hates cats

◆ **autant que possible** as much *ou* as far as possible ◆ **il voudrait, autant que possible, éviter les grandes routes** he would like to avoid the major roads as much *ou* as far as possible

◆ **c'est autant de** ◆ **c'est autant de gagné** *ou* **de pris** that's something at least ◆ **c'est autant de fait** that's that done at least

◆ **pour autant** for all that ◆ **vous l'avez aidé mais il ne vous remerciera pas pour autant** you helped him but you won't get any thanks from him for all that ◆ **il a gagné, cela ne signifie pas pour autant qu'il est le meilleur** he won, but that doesn't mean that he's the best

- **(pour) autant que** ◆ **(pour) autant que je** (*ou* **qu'il** *etc*) **sache** as far as I know (*ou* he *etc* knows), to the best of my (*ou* his *etc*) knowledge
- **d'autant** ◆ **ce sera augmenté d'autant** it will be increased accordingly *ou* in proportion
- **d'autant (plus)... que** ◆ **d'autant (plus) que** all the more so since *ou* because *ou* as ◆ **c'est d'autant plus dangereux qu'il n'y a pas de parapet** it's all the more dangerous since *ou* because there is no parapet ◆ **écrivez-lui, d'autant (plus) que je ne suis pas sûr qu'il vienne demain** you'd better write to him especially as *ou* since I'm not sure if he's coming tomorrow
- **d'autant plus !** all the more reason!
- **d'autant mieux** ◆ **cela se gardera d'autant mieux (que...)** it will keep even better *ou* all the better (since...)
- **d'autant moins** ◆ **nous le voyons d'autant moins qu'il habite très loin maintenant** we see him even less now *ou* we see even less of him now that he lives a long way away
- **en... autant** (= *la même chose*) the same ◆ **je ne peux pas en dire autant** I can't say the same (for myself) ◆ **je peux en faire autant** I can do as much *ou* the same

autarcie /otaʀsi/ NF autarchy, self-sufficiency ◆ **vivre en autarcie** to be self-sufficient

autarcique /otaʀsik/ ADJ autarchic, self-sufficient

autel /otɛl/ NM ① (*Rel*) altar ◆ **autel portatif** portable altar ◆ **conduire qn à l'autel** (= *l'épouser*) to lead sb to the altar ◆ **conduire** *ou* **mener sa fille à l'autel** to take one's daughter down the aisle; → **trône**
② (*littér*) altar ◆ **dresser un autel** *ou* **des autels à qn** to worship sb, to put sb on a pedestal ◆ **sacrifier qch sur l'autel de** to sacrifice sth on the altar of

auteur, e /otœʀ/ SYN NM,F ① [*de texte, roman*] author, writer; [*d'opéra*] composer; [*de procédé*] originator, author; [*de crime, coup d'état*] perpetrator ◆ **l'auteur de l'invention** the inventor ◆ **il en est l'auteur** (*invention*) he invented it; (*texte*) he wrote it, he's the author ◆ **l'auteur de ce canular** the hoaxer ◆ **l'auteur de l'accident** the person who caused the accident ◆ **l'auteur de ce tableau** the painter ◆ **qui est l'auteur de cette affiche ?** who designed this poster? ◆ « **auteur inconnu** » (*dans un musée*) "anonymous", "artist unknown" ◆ **il fut l'auteur de sa propre ruine** he was the author of his own ruin ◆ **Prévert est l'auteur des paroles, Kosma de la musique** Prévert wrote the words *ou* lyrics and Kosma composed the music ◆ **l'auteur de mes jours** († *ou hum*) my noble progenitor † (*hum*) ◆ **auteur-compositeur(-interprète)** singer-songwriter ◆ **film d'auteur** arthouse film *ou* movie ◆ **cinéma d'auteur** arthouse films *ou* movies; → **droit³**
② (= *écrivain*) author ◆ **lire tout un auteur** to read all of an author's works ◆ **c'est un auteur connu** (*femme*) she is a well-known author; → **femme**

authenticité /otɑ̃tisite/ NF [*d'œuvre d'art, récit, document, signature*] authenticity

authentification /otɑ̃tifikasjɔ̃/ NF authentication

authentifier /otɑ̃tifje/ SYN ▶ conjug 7 ◄ VT to authenticate

authentique /otɑ̃tik/ SYN ADJ [*œuvre d'art, récit*] authentic, genuine; [*signature, document*] authentic; [*sentiment*] genuine ◆ **un authentique Van Gogh** a genuine Van Gogh ◆ **c'est vrai ? – authentique !** really? – really!; → **acte**

authentiquement /otɑ̃tikmɑ̃/ ADV genuinely, authentically; [*rapporter*] faithfully

autisme /otism/ NM autism

autiste /otist/ ADJ, NMF autistic

autistique /otistik/ ADJ autistic

auto /oto/
NF (= *voiture*) car, automobile (*US*) ◆ **autos tamponneuses** bumper cars, dodgems (*Brit*); → **salon, train**
ADJ INV ◆ **assurance auto** car *ou* motor (*Brit*) *ou* automobile (*US*) insurance ◆ **frais auto** running costs (*of a car*)

auto... /oto/ PRÉF self- ◆ **auto(-)adhésif** self-adhesive

autoaccusation /otoakyzasjɔ̃/ NF self-accusation

autoallumage /otoalymaʒ/ NM pre-ignition

autoamorçage /otoamɔʀsaʒ/ NM automatic priming

autoberge /otobɛʀʒ/ NM riverside *ou* embankment expressway

autobiographie /otobjɔgʀafi/ NF autobiography

autobiographique /otobjɔgʀafik/ ADJ autobiographic(al)

autobronzant, e /otobʀɔ̃zɑ̃, ɑ̃t/
ADJ self-tanning (*épith*), instant tanning (*épith*)
NM **autobronzant** self-tanning cream

autobus /otobys/ NM bus ◆ **autobus à impériale** (*Hist*) double decker (bus) ◆ **autobus scolaire** (*Can*) school bus

autocar /otokaʀ/ NM coach (*Brit*), bus (*US*); (*de campagne*) country bus

autocaravane /otokaʀavan/ NF motor caravan (*Brit*), motorhome (*US*), camper (*US*)

autocariste /otokaʀist/ NM coach *ou* bus operator

autocassable /otokasabl/ ADJ [*ampoule*] with a snap-off top

autocastration /otokastʀasjɔ̃/ NF self-castration

autocélébration /otoselebʀasjɔ̃/ NF (*péj*) self-congratulation ◆ **l'heure est à l'autocélébration chez les élus** the newly-elected representatives are in a self-congratulatory mood *ou* are busy patting themselves on the back

autocensure /otosɑ̃syʀ/ NF self-censorship

autocensurer (s') /otosɑ̃syʀe/ ▶ conjug 1 ◄ VPR to practise self-censorship, to censor o.s.

autocéphale /otosefal/ ADJ (*Rel*) autocephalous

autochenille /otoʃ(ə)nij/ NF half-track

autochrome /otokʀom/
ADJ [*film, plaque*] autochrome
NF (= *plaque*) autochrome (*early colour photograph*)

autochtone /otokton/
ADJ native, autochthonous (*SPÉC*); (*Géol*) autochthonous
NMF native, autochthon (*SPÉC*)

autoclave /otoklav/ ADJ, NM (*Méd, Tech*) ◆ **(appareil** *ou* **marmite) autoclave** autoclave

autocollant, e /otokɔlɑ̃, ɑ̃t/
ADJ [*étiquette*] self-adhesive, self-sticking; [*papier*] self-adhesive; [*enveloppe*] self-seal, self-adhesive
NM sticker

autoconsommation /otokɔ̃sɔmasjɔ̃/ NF ◆ **économie d'autoconsommation** subsistence economy

autocopiant, e /otokɔpjɑ̃, ɑ̃t/ ADJ [*papier*] self-copy

autocopie /otokɔpi/ NF (= *procédé*) use of self-copy paper; (= *épreuve*) copy (*from self-copy paper*)

autocorrection /otokɔʀɛksjɔ̃/ NF autocorrection

autocrate /otokʀat/ NM autocrat

autocratie /otokʀasi/ NF autocracy

autocratique /otokʀatik/ ADJ autocratic

autocratiquement /otokʀatikmɑ̃/ ADV autocratically

autocritique /otokʀitik/ NF self-criticism ◆ **faire son autocritique** to criticize o.s.

autocuiseur /otokɥizœʀ/ NM pressure cooker

autodafé /otodafe/ NM auto-da-fé

autodéclaré, e /otodeklaʀe/ ADJ self-declared

autodéfense /otodefɑ̃s/ NF self-defence ◆ **groupe d'autodéfense** vigilante group *ou* committee

autodénigrement /otodenigʀəmɑ̃/ NM self-denigration

autodérision /otodeʀizjɔ̃/ NF self-mockery, self-derision ◆ **pratiquer l'autodérision** to mock o.s.

autodésigner (s') /otodezine/ ▶ conjug 1 ◄ VPR to designate o.s.

autodestructeur, -trice /otodestʀyktœʀ, tʀis/ ADJ self-destructive

autodestruction /otodestʀyksjɔ̃/ NF self-destruction

autodétermination /otodetɛʀminasjɔ̃/ NF self-determination

autodétruire (s') /otodetʀɥiʀ/ ▶ conjug 38 ◄ VPR [*bande*] to self-destruct; [*entreprise, pays, civilisation*] to destroy itself; [*personne*] to destroy o.s.

autodictée /otodikte/ NF dictation (written from memory)

autodidacte /otodidakt/
ADJ self-taught
NMF self-taught person, autodidact (*frm*)

autodirecteur, -trice /otodiʀɛktœʀ, tʀis/ ADJ self-guiding

autodiscipline /otodisiplin/ NF self-discipline

autodissolution /otodisɔlysjɔ̃/ NF [*d'assemblée, association, parti*] self-dissolution

autodissoudre (s') /otodisudʀ/ ▶ conjug 51 ◄ VPR [*assemblée, parti*] to dissolve itself

autodrome /otodʀom/ NM motor-racing track, autodrome

auto-école (pl **auto-écoles**) /otoekɔl/ NF driving school ◆ **moniteur d'auto-école** driving instructor

autoérotique /otoeʀɔtik/ ADJ auto-erotic

autoérotisme /otoeʀɔtism/ NM auto-eroticism, auto-erotism

autoévaluation /otoevalɥasjɔ̃/ NF self-assessment

autoévaluer (s') /otoevalɥe/ ▶ conjug 1 ◄ VPR to assess oneself

autoexcitateur, -trice /otoɛksitatœʀ, tʀis/ ADJ self-excited

autofécondation /otofekɔ̃dasjɔ̃/ NF self-fertilization

autofinancement /otofinɑ̃smɑ̃/ NM self-financing

autofinancer (s') /otofinɑ̃se/ ▶ conjug 3 ◄ VPR [*entreprise*] to be *ou* become self-financing ◆ **programme de recherches autofinancé** self-supporting *ou* self-financed research programme

autoflagellation /otoflaʒelasjɔ̃/ NF self-flagellation

autofocus /otofokys/ ADJ, NM autofocus

autoformation /otofɔʀmasjɔ̃/ NF self-training

autogame /otogam/ ADJ autogamous, autogamic

autogamie /otogami/ NF autogamy

autogène /otoʒɛn/ ADJ → **soudure**

autogérer (s') /otoʒeʀe/ ▶ conjug 1 ◄ VPR to be self-managing ◆ **organisme autogéré** self-managed *ou* -run body

autogestion /otoʒɛstjɔ̃/ NF (*gén*) self-management; (*avec les ouvriers*) joint worker-management control

autogestionnaire /otoʒɛstjɔnɛʀ/ ADJ self-managing (*épith*)

autogire /otoʒiʀ/ NM autogiro, autogyro

autographe /otogʀaf/ ADJ, NM autograph

autographie /otogʀafi, otogʀafi/ NF autography

autographier /otogʀafje, otogʀafje/ ▶ conjug 7 ◄ VT to reproduce by autography

autographique /otogʀafik/ ADJ autographic(al)

autogreffe /otogʀɛf/ NF autograft

autoguidage /otogidaʒ/ NM self-steering, self-guiding ◆ **système d'autoguidage** (*Mil*) homing system

autoguidé, e /otogide/ ADJ self-guided

auto-immune /otoi(m)myn/ ADJ F autoimmune

auto-immunisation /otoimynizasjɔ̃/ NF autoimmunization

auto-induction /otoɛ̃dyksjɔ̃/ NF (*Phys*) self-induction

auto-infection /otoɛ̃fɛksjɔ̃/ NF autoinfection

auto-intoxication /otoɛ̃tɔksikasjɔ̃/ NF auto-intoxication

autolimitation /otolimitasjɔ̃/ NF [*d'importations*] voluntary restraint ◆ **accords d'autolimitation** voluntary restraint agreements

autolubrifiant, e /otolybʀifjɑ̃, jɑ̃t/ ADJ self-lubricating

autolyse /otoliz/ NF autolysis

automate /otomat/ SYN NM ① (= *robot, personne*) automaton ◆ **marcher comme un automate** to walk like a robot
② [*de tickets de transport*] (automatic) ticket machine

automaticien, -ienne /ɔtɔmatisjɛ̃, jɛn/ **NM,F** automation specialist

automaticité /ɔtɔmatisite/ **NF** automaticity

automation /ɔtɔmasjɔ̃/ **NF** automation

automatique /ɔtɔmatik/ **GRAMMAIRE ACTIVE 27.3** SYN
- **ADJ** automatic; → **distributeur**
- **NM** (*Téléc*) ≃ subscriber trunk dialling (*Brit*), ≃ STD (*Brit*), ≃ direct distance dialing (*US*); (= *revolver*) automatic

automatiquement /ɔtɔmatikmɑ̃/ SYN **ADV** automatically

automatisation /ɔtɔmatizasjɔ̃/ **NF** automation

automatiser /ɔtɔmatize/ ► conjug 1 ◄ **VT** to automate

automatisme /ɔtɔmatism/ SYN **NM** [*de machine*] automatic functioning; [*de personne*] automatic reflex ◆ **automatisme mental** mental reflex ◆ **s'entraîner pour acquérir des automatismes** to practice in order to develop automatic reflexes ◆ **il essuie les verres avec l'automatisme de l'habitude** he dries the glasses as if he's on automatic pilot ◆ **l'Institut national de recherche en informatique et automatisme** the National Research Institute for Computing and Automation

automédication /otomedikasjɔ̃/ **NF** self-medication ◆ **faire de l'automédication** to medicate o.s.

automédon /ɔtɔmedɔ̃/ **NM** († *ou hum*) coachman

automitrailleuse /otomitʀajøz/ **NF** armoured (*Brit*) *ou* armored (*US*) car

automnal, e (*mpl* -aux) /ɔtɔnal, o/ **ADJ** autumnal

automne /ɔtɔn/ **NM** autumn, fall (*US*) ◆ **en automne** in (the) autumn, in the fall (*US*) ◆ **il est à l'automne de ses jours** (*fig*) he's in the autumn *ou* fall (*US*) of his life

automobile /ɔtɔmɔbil/ SYN
- **ADJ** [*véhicule*] self-propelled, motor (*épith*), automotive; [*course, sport*] motor (*épith*); [*assurance, industrie*] motor (*épith*), car (*épith*), automobile (*épith*) (*US*); → **canot**
- **NF** (= *voiture*) motor car (*Brit*), automobile (*US*) ◆ **l'automobile** (= *industrie*) the car *ou* motor *ou* automobile (*US*) industry; (*Sport*, = *conduite*) driving, motoring (*Brit*) ◆ **termes d'automobile** motoring terms ◆ **être passionné d'automobile** to be a car fanatic ◆ **aimer les courses d'automobiles** to like motor (*Brit*) *ou* car (*US*) racing

automobilisme /ɔtɔmɔbilism/ **NM** driving, motoring (*Brit*)

automobiliste /ɔtɔmɔbilist/ **NMF** driver, motorist (*Brit*)

automorphisme /otomɔʀfism/ **NM** automorphism

automoteur, -trice /otomɔtœʀ, tʀis/
- **ADJ** self-propelled, motorized, motor (*épith*), automotive
- **NF** **automotrice** electric railcar

automutilation /otomytilasjɔ̃/ **NF** self-mutilation

automutiler (s') /otomytile/ ► conjug 1 ◄ **VPR** [*personne, animal*] to mutilate o.s.

autoneige /otonɛʒ/ **NF** (*Can*) snowmobile (*US*, *Can*), snowcat

autonettoyant, e /otonetwajɑ̃, ɑ̃t/ **ADJ** self-cleaning (*épith*)

autonome /ɔtɔnɔm/ SYN **ADJ** ① [*territoire*] autonomous, self-governing ◆ **groupuscule autonome** group of political extremists; → **port**[1]
② [*personne*] self-sufficient; (*Philos*) [*volonté*] autonomous; (*Ordin*) off-line; → **scaphandre**

autonomie /ɔtɔnɔmi/ SYN **NF** ① (*gén*) autonomy ◆ **certains Corses veulent l'autonomie** some Corsicans want home rule *ou* autonomy *ou* self-government
② [*de voiture, avion*] range ◆ **cette voiture a une autonomie de 100 kilomètres** the car has a range of 100 kilometres ◆ **ce baladeur a une autonomie de trois heures** this personal stereo gives three hours of listening from each charge ◆ **autonomie en communication** [*de téléphone*] talk time ◆ **autonomie en veille** [*d'appareil, téléphone*] standby time

autonomiste /ɔtɔnɔmist/ **ADJ, NMF** (*Pol*) separatist

autonyme /otonim/ **ADJ** autonymous

autoparodie /otopaʀɔdi/ **NF** self-parody

autoplastie /otoplasti/ **NF** autoplasty

autopompe /otopɔ̃p/ **NF** fire-engine

autopont /otopɔ̃/ **NM** flyover (*Brit*), overpass (*US*)

autoportant, e /otopɔʀtɑ̃, ɑ̃t/, **autoporteur, -euse** /otopɔʀtœʀ, øz/ **ADJ** self-supporting

autoportrait /otopɔʀtʀɛ/ **NM** self-portrait

autoprescription /otopʀɛskʀipsjɔ̃/ **NF** [*de médicaments*] self-prescribing

autoproclamé, e /otopʀɔklame/ (*ptp de s'autoproclamer*) **ADJ** (*péj*) self-proclaimed

autoproclamer (s') /otopʀɔklame/ ► conjug 1 ◄ **VPR** (*péj*) [*personne*] to proclaim o.s. ◆ **il s'est autoproclamé expert** he has set himself up as an expert, he has proclaimed himself (to be) an expert

autopromotion /otopʀɔmosjɔ̃/ **NF** self-promotion

autopropulsé, e /otopʀɔpylse/ **ADJ** self-propelled

autopropulsion /otopʀɔpylsjɔ̃/ **NF** self-propulsion

autopsie /ɔtɔpsi/ **NF** autopsy, post-mortem (examination); (*fig*) post-mortem ◆ **faire** *ou* **pratiquer une autopsie** to carry out an autopsy *ou* a post-mortem (examination) on

autopsier /ɔtɔpsje/ ► conjug 7 ◄ **VT** [+ *corps*] to carry out an autopsy *ou* a post-mortem (examination) on

autopunitif, -ive /otopynitif, iv/ **ADJ** self-punishing

autopunition /otopynisjɔ̃/ **NF** self-punishment

autoradio /otoradjo/ **NM** car radio

autoradiographie /otoʀadjɔgʀafi/ **NF** autoradiograph

autorail /otoʀaj/ **NM** railcar

autoréglage /otoʀeglaʒ/ **NM** [*de mécanisme*] automatic regulation *ou* adjustment; [*de moteur*] automatic tuning; [*d'allumage, thermostat*] automatic setting *ou* adjustment

autorégulateur, -trice /otoʀegylatœʀ, tʀis/ **ADJ** self-regulating

autorégulation /otoʀegylasjɔ̃/ **NF** self-regulation

autoreverse /otoʀəvɛʀs, otoʀivœʀs/ **ADJ INV** auto reverse

autorisation /ɔtɔʀizasjɔ̃/ SYN **NF** (= *permission*) permission, authorization (*de qch* for sth; *de faire* to do); (= *permis*) permit ◆ **nous avions l'autorisation du professeur** we had the teacher's permission ◆ **avoir l'autorisation de faire qch** to have permission *ou* be allowed to do sth; (*Admin*) to be authorized to do sth ◆ **le projet doit recevoir l'autorisation du comité** the project must be authorized *ou* passed by the committee ◆ **autorisation d'absence** leave of absence ◆ **autorisation d'accès** (*Ordin*) access permission ◆ **autorisation de crédit** credit line, line of credit ◆ **autorisation de mise sur le marché** permit to market a product ◆ **autorisation de vol** flight clearance ◆ **autorisation parentale** parental consent

autorisé, e /ɔtɔʀize/ SYN (*ptp de* **autoriser**) **ADJ** [*agent, version*] authorized; [*opinion*] authoritative ◆ **dans les milieux autorisés** in official circles ◆ **nous apprenons de source autorisée que...** we have learnt from official sources that...

autoriser /ɔtɔʀize/ **GRAMMAIRE ACTIVE 9.2** SYN ► conjug 1 ◄
- **VT** ① ◆ **autoriser qn à faire** (= *donner la permission de*) to give ou grant sb permission to do, to authorize sb to do; (= *habiliter à*) [*personne, décret*] to give sb authority to do, to authorize sb to do ◆ **il nous a autorisés à sortir** he has given *ou* granted us permission to go out, we have his permission to go out ◆ **sa faute ne t'autorise pas à le condamner** the fact that he made a mistake doesn't give you the right to pass judgment on him ◆ **tout nous autorise à croire que...** everything leads us to believe that... ◆ **se croire autorisé à dire que...** to feel one is entitled *ou* think one has the right to say that...
② (= *permettre*) [*personne*] [+ *manifestation, sortie*] to authorize, to give permission for; [+ *projet*] to pass, to authorize ◆ **le sel ne m'est pas autorisé** I'm not allowed to eat salt ◆ « **stationnement autorisé sauf le mardi** » "car parking every day except Tuesdays"
③ (= *rendre possible*) [*chose*] to make possible ◆ **l'imprécision de cette loi autorise les abus** loopholes in this law make abuses possible *ou* open the way to abuses ◆ **expression autorisée par l'usage** expression sanctioned *ou* made acceptable by use
④ (*littér* = *justifier*) to justify
- **VPR s'autoriser** ① (= *invoquer*) ◆ **s'autoriser de qch pour faire** to use sth as an excuse to do ◆ **je m'autorise de notre amitié pour...** in view of our friendship I permit myself to...
② (= *se permettre*) ◆ **on s'autorise à penser que...** one is justified in thinking that... ◆ **s'autoriser un cigare de temps en temps** to allow o.s. a cigar from time to time

⚠ Attention à ne pas traduire automatiquement **autoriser** par **to authorize**, qui est d'un registre plus soutenu.

autoritaire /ɔtɔʀitɛʀ/ SYN **ADJ** [*personne*] domineering; [*ton, manière*] overbearing; [*régime, mesures*] authoritarian

autoritairement /ɔtɔʀitɛʀmɑ̃/ **ADV** in an authoritarian way

autoritarisme /ɔtɔʀitaʀism/ **NM** authoritarianism

autorité /ɔtɔʀite/ SYN **NF** ① (= *pouvoir*) authority (*sur* over) ◆ **l'autorité que lui confère son expérience/âge** the authority conferred upon him by experience/age ◆ **avoir de l'autorité sur qn** to have authority over sb ◆ **être sous l'autorité de qn** to be under sb's authority ◆ **avoir autorité pour faire** to have authority to do ◆ **air d'autorité** authoritative air, air of authority ◆ **il n'a aucune autorité sur ses élèves** he has no control over his pupils
② (= *expert, ouvrage*) authority ◆ **l'une des grandes autorités en la matière** one of the great authorities on the subject
③ (*Admin*) ◆ **l'autorité, les autorités** the authorities ◆ **l'autorité militaire/législative** the military/legislative authorities ◆ **les autorités civiles et religieuses/locales** the civil and religious/local authorities ◆ **agent** *ou* **représentant de l'autorité** representative of authority ◆ **adressez-vous à l'autorité** *ou* **aux autorités compétente(s)** apply to the proper authorities ◆ **l'Autorité palestinienne** the Palestinian Authority
④ (*Jur*) ◆ **l'autorité de la loi** the authority *ou* power of the law ◆ **l'autorité de la chose jugée** res judicata ◆ **être déchu de l'autorité parentale** to lose one's parental rights ◆ **vendu par autorité de justice** sold by order of the court
⑤ (*locutions*) ◆ **d'autorité** (= *de façon impérative*) on one's own authority; (= *sans réflexion*) out of hand, straight off, unhesitatingly ◆ **de sa propre autorité** on one's own authority ◆ **faire autorité** [*livre, expert*] to be accepted as an authority, to be authoritative

autoroute /otorut/
- **NF** motorway (*Brit*), highway (*US*), freeway (*US*) ◆ **l'autoroute du soleil** the A6 and A7 motorways to the south of France
- **COMP autoroute de dégagement** toll-free stretch of motorway leading out of a big city ◆ **autoroutes électroniques** electronic highways ◆ **autoroutes de l'information** information highways ◆ **autoroute à péage** toll motorway (*Brit*), turnpike (*US*) ◆ **autoroute urbaine** urban *ou* inner-city motorway (*Brit*), throughway (*US*), expressway (*US*)

autoroutier, -ière /otoʀutje, jɛʀ/ **ADJ** motorway (*épith*) (*Brit*), freeway (*épith*) (*US*), highway (*épith*) (*US*)

autosatisfaction /otosatisfaksjɔ̃/ SYN **NF** self-satisfaction

autosome /otozom/ **NM** autosome

auto-stop /otostɔp/ **NM** hitch-hiking, hitching* ◆ **pour rentrer, il a fait de l'auto-stop** (*long voyage*) he hitched* *ou* hitch-hiked home; (*courte distance*) he thumbed *ou* hitched* a lift home ◆ **il a fait le tour du monde en auto-stop** he hitch-hiked around the world, he hitched* his way round the world ◆ **j'ai pris quelqu'un en auto-stop** I picked up a *ou* gave a lift to a hitch-hiker *ou* hitcher* ◆ **il nous a pris en auto-stop** he picked us up, he gave us a lift

auto-stoppeur, -euse (*mpl* auto-stoppeurs) /otostɔpœʀ, øz/ **NM,F** hitch-hiker, hitcher* ◆ **prendre un auto-stoppeur** to pick up a hitch-hiker *ou* hitcher*

autostrade † /otostʀad/ **NF** motorway (*Brit*), freeway (*US*), highway (*US*)

autosubsistance /otosybzistɑ̃s/ NF self-sufficiency ◆ **agriculture d'autosubsistance** subsistence farming

autosuffisance /otosyfizɑ̃s/ NF self-sufficiency

autosuffisant, e /otosyfizɑ̃, ɑ̃t/ ADJ self-sufficient

autosuggestion /otosygʒɛstjɔ̃/ NF autosuggestion

autotomie /ototɔmi/ NF autotomy

autotracté, e /ototʀakte/ ADJ self-propelled

autotransfusion /ototʀɑ̃sfyzjɔ̃/ NF autologous transfusion

autotrophe /ototʀɔf/ ADJ autotrophic

autour¹ /otuʀ/ SYN ADV around ◆ **tout autour** all around ◆ **maison avec un jardin autour** house surrounded by a garden, house with a garden around *ou* round *(Brit)* it

◆ **autour de** *(lieu)* around, round *(Brit)*; *(temps, somme)* about, around, round about *(Brit)* ◆ **il regarda autour de lui** he looked around (him) *ou* about (him) ◆ **discussion autour d'un projet** discussion on *ou* about a project ◆ **autour d'un bon café** over a nice cup of coffee; → **tourner**

autour² /otuʀ/ NM *(= oiseau)* goshawk

autovaccin /otovaksɛ̃/ NM autogenous vaccine, autovaccine

autre /otʀ/ GRAMMAIRE ACTIVE 26.5 SYN

ADJ INDÉF [1] *(= différent)* other, different ◆ **je préfère l'autre robe/les autres chaussures** I prefer the other dress/the other shoes ◆ **revenez une autre fois** come back another *ou* some other time ◆ **revenez un autre jour** come back another *ou* some other day ◆ **il n'y a pas d'autre moyen d'entrer** there's no other way *ou* there isn't any other way of getting in ◆ **c'est une autre question/un autre problème** that's another *ou* a different question/problem ◆ **la réalité est tout autre** the reality is quite *ou* altogether different ◆ **je fais ça d'une autre façon** I do it a different way *ou* another way *ou* differently ◆ **ils ont un (tout) autre mode de vie/point de vue** they have a (completely) different way of life/point of view ◆ **vous ne le reconnaîtrez pas, c'est un (tout) autre homme** you won't know him, he's completely different *ou* he's a changed man ◆ **après ce bain je me sens un autre homme** I feel (like) a new man after that swim ◆ **en d'autres lieux** elsewhere ◆ **autres temps autres mœurs** *(Prov)* customs change with the times, autres temps autres mœurs; → **côté, part**

◆ **autre chose** ◆ **c'est (tout) autre chose** that's a different *ou* another matter (altogether) ◆ **parlons d'autre chose** let's talk about something else *ou* different ◆ **c'est ça et pas autre chose** it's that or nothing ◆ **ce n'est pas autre chose que de la jalousie** that's just jealousy, that's nothing but jealousy ◆ **ah autre chose ! j'ai oublié de vous dire que...** oh, one more thing! I forgot to tell you that... ◆ **une chose est de rédiger un rapport, autre chose est d'écrire un livre** it's one thing to draw up a report, but quite another thing *ou* but another thing altogether to write a book ◆ **c'est quand même autre chose !** *(admiratif)* it's really something else!, it's in a different league! ◆ **voilà autre chose !*** *(incident)* that's all I (*ou* we) need!; *(impertinence)* what a nerve*! *ou* cheek!, the cheek of it!

[2] *(= supplémentaire)* other ◆ **elle a 2 autres enfants** she has 2 other *ou* 2 more children ◆ **donnez-moi un autre livre/une autre tasse de thé** give me another book/cup of tea ◆ **donne-lui une autre chance** give him another *ou* one more chance ◆ **il y a beaucoup d'autres solutions** there are many other *ou* many more solutions ◆ **bien** *ou* **beaucoup d'autres choses encore** many *ou* plenty more besides ◆ **c'est un autre Versailles** it's another Versailles ◆ **c'est un autre moi-même** he's my alter ego ◆ **des couteaux, des verres et autres objets indispensables** knives, glasses and other necessary items ◆ **il m'a dit ça sans autre précision** he didn't go into any more detail than that ◆ **autre chose, Madame ?** anything else, madam?

[3] *(de deux : marque une opposition)* other ◆ **de l'autre côté de la rue** on the other *ou* opposite side of the street ◆ **dans l'autre sens** in the other *ou* opposite direction ◆ **mets ton autre manteau** put your other coat on ◆ **ses premiers films étaient d'une autre qualité** his first films were of an altogether different quality *ou* in a different league; → **monde**

[4] *(dans le temps)* ◆ **l'autre jour, l'autre fois** the other day ◆ **l'autre lundi*** *(= lundi dernier)* last Monday; *(dans un passé récent)* one Monday recently ◆ **l'autre semaine*** the other week ◆ **tu me le diras une autre fois** tell me another time

[5] *(avec pron pers)* ◆ **faut pas nous raconter des histoires, à nous autres !*** there's no point telling fibs to US! ◆ **nous autres, on est prudents*** WE are *ou* WE'RE cautious ◆ **taisez-vous, vous autres*** be quiet, you people *ou* the rest of you *ou* you lot* *(Brit)* ◆ **et vous autres qu'en pensez-vous ?** what do you people *ou* you lot* *(Brit)* think? ◆ **nous autres Français, nous aimons la bonne cuisine** we French like good food

PRON INDÉF [1] *(= qui est différent)* another (one) ◆ **il en aime une autre** he's in love with another woman, he loves another ◆ **d'autres** others ◆ **aucun autre, nul autre, personne d'autre** no one else, nobody else ◆ **les deux autres** the other two, the two others ◆ **prendre qn pour un autre/une chose pour une autre** to take *ou* mistake sb for sb else/sth for sth else ◆ **envoyez-moi bien ce livre, je n'en veux pas d'autre** make sure you send me that book, I don't want any other ◆ **un autre que moi/lui aurait refusé** anyone else (but me/him) would have refused ◆ **elle n'est pas plus bête qu'une autre** she's no more stupid than anyone else ◆ **X, Y, Z, et autres** X, Y, Z and others *ou* etc ◆ **il en a vu d'autres !** he's seen worse! ◆ **il n'en fait jamais d'autres !** that's just typical of him!, that's just what he always does! ◆ **et l'autre (là)*, il vient avec nous ?** what about him, is he coming with us? ◆ **et l'autre qui n'arrête pas de klaxonner !*** and then there's that idiot who keeps blowing his horn! ◆ **vous en êtes un autre !** †* you're a fool! ◆ **à d'autres !*** (that's) a likely story!, go tell it to the marines!*; → **entre, rien**

[2] *(= qui vient en plus)* ◆ **donnez m'en un autre** give me another (one) *ou* one more ◆ **qui/quoi d'autre ?** who/what else? ◆ **quelqu'un/quelque chose d'autre** somebody *ou* someone/something else ◆ **rien/personne d'autre** nothing/nobody *ou* no one else ◆ **deux enfants, c'est assez, je n'en veux pas d'autre/d'autres** two children are enough, I don't want another (one)/any more

[3] *(marque une opposition)* ◆ **l'autre** the other (one) ◆ **les autres** *(= choses)* the others, the other ones; *(= personnes)* the others ◆ **les autres ne veulent pas venir** the others don't want to come ◆ **il se moque de l'opinion des autres** he doesn't care what other people think ◆ **il va facilement vers les autres** he's very sociable ◆ **avec toi, c'est toujours les autres qui ont tort** you always think that other people are in the wrong *ou* that it's the other person who's in the wrong; → **côté, ni**

[4] *(dans le temps)* ◆ **d'une minute/semaine à l'autre** *(= bientôt)* any minute/week (now) ◆ **d'un instant à l'autre** *(= n'importe quand)* any time; *(= soudain)* from one moment to the next; *(= bientôt)* very soon

NM *(Philos)* ◆ **l'autre** the other

autrefois /otʀəfwa/ SYN ADV in the past, once, formerly ◆ **d'autrefois** of the past, of old, past *(épith)* ◆ **autrefois ils s'éclairaient à la bougie** in the past *ou* in bygone days they used candles for lighting ◆ **autrefois je préférais le vin** (in the past) I used to prefer wine

autrement /otʀəmɑ̃/ SYN ADV [1] *(= différemment)* differently ◆ **il faut s'y prendre (tout) autrement** we'll have to go about it in (quite) another way *ou* (quite) differently ◆ **avec ce climat il ne peut en être autrement** with the climate the way it is, it can't be any other way *ou* how else could it be! ◆ **cela ne peut s'être passé autrement** it can't have happened any other way ◆ **agir autrement que d'habitude** to act differently from usual ◆ **comment aller à Londres autrement que par le train ?** how can we get to London other than by train? ◆ **autrement appelé** otherwise known as ◆ **tu pourrais me parler autrement !** don't you talk to me like that! ◆ **pour eux il en va autrement** things are different for them

[2] *(avec* faire*)* ◆ **il n'y a pas moyen de faire autrement, on ne peut pas faire autrement** it's impossible to do otherwise *ou* to do anything else ◆ **il n'a pas pu faire autrement que de me voir** he couldn't help seeing me *ou* help but see me

[3] *(= sinon)* otherwise; *(idée de menace)* otherwise, or else ◆ **travaille bien, autrement tu auras de mes nouvelles !** work hard, otherwise *ou* or else you'll be hearing a few things from me!

[4] *(* = à part cela)* otherwise, apart *ou* aside from that ◆ **la viande était bonne, autrement le repas était quelconque** the meat was good but apart from that *ou* but otherwise the meal was pretty nondescript

[5] *(* comparatif)* far (more) ◆ **il est autrement intelligent** he is far more intelligent, he is more intelligent by far ◆ **c'est autrement meilleur** it's far better, it's better by far *(que* than)

[6] ◆ **pas autrement*** *(= pas spécialement)* not particularly *ou* especially ◆ **cela ne m'a pas autrement surpris** that didn't particularly surprise me

[7] ◆ **autrement dit** *(= en d'autres mots)* in other words

Autriche /otʀiʃ/ NF Austria

autrichien, -ienne /otʀiʃjɛ̃, jɛn/

ADJ Austrian

NM,F **Autrichien(ne)** Austrian

autruche /otʀyʃ/ NF ostrich ◆ **faire l'autruche** *(fig)* to bury one's head in the sand; → **estomac, politique**

autrui /otʀɥi/ PRON others ◆ **respecter le bien d'autrui** to respect other people's property *ou* the property of others ◆ **ne fais pas à autrui ce que tu ne voudrais pas qu'on te fît** do unto others as you would have them do unto you, do as you would be done by

autunite /otynit/ NF autunite

auvent /ovɑ̃/ NM *[de maison]* canopy; *[de tente]* awning, canopy

auvergnat, e /ovɛʀɲa, at/

ADJ of *ou* from (the) Auvergne

NM *(= dialecte)* Auvergne dialect

NM,F **Auvergnat(e)** inhabitant *ou* native of (the) Auvergne

aux /o/ → **à**

auxiliaire /ɔksiljɛʀ/ SYN

ADJ *(Ling, Mil, gén)* auxiliary *(épith)*; *[cause, raison]* secondary, subsidiary ◆ **bureau auxiliaire** sub-office ◆ **mémoire auxiliaire** *(Ordin)* additional *ou* extra memory ◆ **programme auxiliaire** *(Ordin)* auxiliary routine; → **maître**

NMF *(= assistant)* assistant, helper ◆ **auxiliaire de justice** representative of the law ◆ **auxiliaire médical** medical auxiliary

NM *(Gram, Mil)* auxiliary

auxiliairement /ɔksiljɛʀmɑ̃/ ADV *(Ling)* as an auxiliary; *(fig = secondairement)* secondarily, less importantly

auxiliariat /ɔksiljaʀja/ NM *(Scol)* ◆ **pendant mon auxiliariat** during my time as a supply *(Brit) ou* substitute *(US)* teacher

auxine /ɔksin/ NF auxin

auxquels, auxquelles /okɛl/ → **auquel**

AV /ave/ (abrèv de **avis de virement**) → **avis**

av.¹ abrèv de **avenue**

av.² (abrèv de **avant**) before ◆ **en 300 av. J.-C.** in 300 BC

avachi, e /avaʃi/ SYN (ptp de **avachir**) ADJ [1] *[cuir, feutre]* limp; *[chaussure, vêtement]* misshapen, out of shape ◆ **pantalon avachi** baggy trousers

[2] *[personne]* *(= fatigué)* drained; *(péj = indolent)* sloppy ◆ **avachi sur son bureau** slumped over his desk ◆ **avachi sur la plage** lounging *ou* stretched out lazily on the beach

avachir /avaʃiʀ/ SYN ► conjug 2 ◄

VT [1] *[+ cuir, feutre]* to make limp; *[+ chaussure, vêtement]* to make shapeless, to put out of shape

[2] *[+ personne]* *(physiquement)* to drain; *(péj : moralement)* to make sloppy

VPR **s'avachir** [1] *[cuir]* to become limp; *[vêtement]* to go out of shape, to become shapeless

[2] *[personne]* *(physiquement)* to become flabby; *(péj : moralement)* to become sloppy

avachissement /avaʃismɑ̃/ NM [1] *[de vêtement, cuir]* loss of shape

[2] *[de personne]* *(physique)* flabbiness; *(péj : moral)* sloppiness

aval¹ /aval/ NM *[de cours d'eau]* downstream water; *[de pente]* downhill slope ◆ **l'aval était coupé de rapides** the river downstream was a succession of rapids ◆ **les rapides/l'écluse d'aval** the downstream rapids/lock ◆ **skieur/ski aval** downhill skier/ski

◆ **en aval** *(cours d'eau)* downstream, down-river; *(pente)* downhill; *(dans une hiérarchie)* lower down ◆ **les opérations en aval** operations further down the line

◆ **en aval de** *[+ cours d'eau]* downstream *ou* down-river from; *[+ pente]* downhill from ◆ **les opérations en aval de la production** the operations coming after *ou* following production

aval² (pl **avals**) /aval/ SYN **NM** (= *soutien*) backing, support; *(Comm, Jur)* guarantee *(de* for) ◆ **donner son aval à qn** to give sb one's support, to back sb ◆ **donner son aval à qch** to give consent to sth ◆ **obtenir l'aval de qn** to get the consent of sb ◆ **donner son aval à une traite** to guarantee *ou* endorse a draft

avalanche /avalɑ̃ʃ/ **NF** 1 *(Géog)* avalanche ◆ **avalanche poudreuse/de fond** dry/wet avalanche ◆ **cône d'avalanche** avalanche cone; → **couloir**

2 *(fig) [de coups]* hail, shower; *[de compliments]* flood, torrent; *[de réclamations, prospectus]* avalanche

avalancheux, -euse /avalɑ̃ʃø, øz/ **ADJ** *[zone, pente]* avalanche-prone

avalant, e /avalɑ̃, ɑ̃t/ **ADJ** *[bateau]* going downstream

avaler /avale/ SYN ▸ conjug 1 ◂ **VT** 1 *[+ nourriture]* to swallow (down); *[+ boisson]* to swallow (down), to drink (down); *[+ roman]* to devour; *(Alpinisme) [+ corde]* to take in ◆ **avaler la fumée** *[fumeur]* to inhale (the smoke) ◆ **avaler qch d'un trait** *ou* **d'un seul coup** to swallow sth in one gulp, down sth in one* ◆ **avaler son café à petites gorgées** to sip one's coffee ◆ **avaler sa salive** to swallow ◆ **j'ai eu du mal à avaler ma salive** *(fig)* I gulped ◆ **il a avalé de travers** it went down the wrong way ◆ **il n'a rien avalé depuis 2 jours** he hasn't eaten a thing *ou* had a thing to eat for 2 days ◆ **la machine a avalé ma carte de crédit** the machine ate *ou* swallowed my credit card

2 *(* = accepter) [+ mensonge, histoire]* to swallow; *[+ affront]* to swallow, to take; *[+ mauvaise nouvelle]* to accept ◆ **on lui ferait avaler n'importe quoi** he would swallow anything ◆ **il a eu du mal à avaler la pilule** *(fig)* it was a hard *ou* bitter pill for him to swallow ◆ **c'est dur** *ou* **difficile à avaler** it's hard *ou* difficult to swallow ◆ **avaler des couleuvres** *ou* **des boas (constrictors)*** *(affront)* to swallow an affront; *(mensonge)* to swallow a lie, to be taken in ◆ **avaler ses mots** to mumble ◆ **avaler les kilomètres** to eat up the miles ◆ **avaler l'obstacle** *[cheval]* to take the jump in its stride

3 *(locutions)* ◆ **on dirait qu'il a avalé son parapluie** *ou* **sa canne** he's so (stiff and) starchy ◆ **avaler son bulletin de naissance** *(hum)* to kick the bucket*, to snuff it‡ ◆ **j'avalerais la mer et les poissons !** I could drink gallons (and gallons)! ◆ **il veut tout avaler** *[ambitieux]* he thinks he can take anything on

avaleur, -euse /avalœʀ, øz/ **NM,F** ◆ **avaleur de sabres** sword swallower

avaliser /avalize/ SYN ▸ conjug 1 ◂ **VT** *[+ plan, entreprise]* to back, to support; *(Comm, Jur)* to endorse, to guarantee

avaliseur, -euse /avalizœʀ, øz/ **NM,F** *[de plan, entreprise]* backer, supporter; *(Comm, Jur)* endorser, guarantor

à-valoir /avalwaʀ/ **NM INV** advance *(sur* on) ◆ **j'ai un à-valoir de 13 € dans ce grand magasin** I've €13 credit at this store

avance /avɑ̃s/ SYN **NF** 1 (= *marche, progression*) advance ◆ **accélérer/ralentir son avance** to speed up/slow down one's advance

2 *(sur un concurrent)* lead ◆ **avoir/prendre de l'avance sur qn** to have/take the lead over sb ◆ **10 minutes/3 kilomètres d'avance** a 10-minute/3-kilometre lead ◆ **avoir une longueur d'avance** to be a length ahead ◆ **il a un an d'avance** *(Scol)* he's a year ahead ◆ **leur avance dans le domaine scientifique** their lead in the field of science ◆ **perdre son avance** to lose one's *ou* the lead ◆ **cet élève est tombé malade et a perdu son avance** this pupil fell ill and lost the lead he had (on the rest of the class) ◆ **je t'accompagnerai – la belle avance !** *(iro)* I'll go with you – that'll really help! *(iro)*

3 *(sur un horaire)* ◆ **avoir/prendre de l'avance** to be/get ahead of schedule; *(dans son travail)* to be/get ahead in *ou* with one's work ◆ **le train a dix minutes d'avance** the train is 10 minutes early ◆ **le train a pris de l'avance/dix minutes d'avance** the train has got ahead/has got 10 minutes ahead of schedule ◆ **arriver avec 5 minutes d'avance** *[train]* to arrive 5 minutes early *ou* 5 minutes ahead of time; *[personne]* to arrive 5 minutes early ◆ **avec cinq minutes d'avance sur les autres** 5 minutes earlier than the others ◆ **le train a perdu son avance** the train has lost the time it had gained ◆ **ma montre a 10 minutes d'avance** my watch is 10 minutes fast ◆ **ma montre prend de l'avance/beaucoup d'avance** my watch is gaining *ou* gains/gains a lot ◆ **avance à l'allumage** *[de voiture]* ignition advance

4 (= *acompte*) advance ◆ **avance de fonds** advance ◆ **faire une avance de 15 € à qn** to advance sb €15, to make sb an advance of €15 ◆ **avance (sur salaire)** advance (on one's salary) ◆ **avance sur marché/sur recettes** advance on contract/against takings

5 ◆ **avances** (= *ouvertures*) overtures; *(galantes)* advances ◆ **faire des avances à qn** to make overtures *ou* advances to sb

6 *(locutions)*

◆ **en avance** *(sur l'heure fixée)* early; *(sur l'horaire)* ahead of schedule ◆ **être en avance sur qn** to be ahead of sb ◆ **être en avance d'une heure** *(sur l'heure fixée)* to be an hour early; *(sur l'horaire)* to be an hour ahead of schedule ◆ **dépêche-toi, tu n'es pas en avance !** hurry up, you haven't got much time *ou* you're running out of time! ◆ **tous ces problèmes ne m'ont pas mis en avance** all these problems haven't helped ◆ **les crocus sont en avance cette année** the crocuses are early this year ◆ **leur fils est très en avance dans ses études/sur les autres enfants** their son is well ahead in his studies/ahead of the other children ◆ **il est en avance pour son âge** he's advanced for his age, he's ahead of his age group ◆ **leur pays est en avance dans le domaine scientifique** their country leads *ou* is ahead in the field of science ◆ **il était très en avance sur son temps** *ou* **son époque** he was well ahead of *ou* in advance of his time ◆ **nous sommes en avance sur le programme** we're ahead of schedule

◆ **à l'avance, d'avance, par avance** in advance ◆ **réserver une place un mois à l'avance** to book a seat one month ahead *ou* in advance ◆ **prévenir qn 2 heures à l'avance** to give sb 2 hours' notice, to notify *ou* warn sb 2 hours beforehand *ou* in advance ◆ **payable à l'avance** *ou* **d'avance** payable in advance ◆ **en vous remerciant à l'avance** *ou* **d'avance** thanking you in advance *ou* in anticipation ◆ **merci d'avance** thanks (in advance) ◆ **d'avance je peux vous dire que...** I can tell you in advance *ou* right now that... ◆ **d'avance il pouvait deviner** already *ou* even then he could guess ◆ **je m'en réjouis d'avance** I'm already looking forward to it ◆ **ça a été arrangé d'avance** it was prearranged, it was arranged beforehand *ou* in advance

avancé, e¹ /avɑ̃se/ SYN (ptp de **avancer**) **ADJ**

1 *[élève, civilisation, technique]* advanced ◆ **la saison/journée était avancée** it was late in the season/day ◆ **la nuit était avancée** it was well into the night ◆ **il est très avancé dans son travail** he's well ahead with his work ◆ **il est rentré à une heure avancée de la nuit** he got home late at night ◆ **elle a travaillé jusqu'à une heure avancée de la nuit** she worked late into the night ◆ **son roman est déjà assez avancé** he's already quite a long way on *ou* quite far ahead with his novel ◆ **je suis peu/très avancé dans mon roman** I haven't got very far into/I'm well into my novel ◆ **les pays les moins avancés** the least developed countries ◆ **cet enfant n'est vraiment pas avancé pour son âge** this child is not at all advanced for his age ◆ **être d'un âge avancé** to be getting on *ou* be advanced in years ◆ **dans un état avancé de...** in an advanced state of... ◆ **sa maladie est à un stade très avancé** his illness is at a very advanced stage ◆ **après toutes ses démarches, il n'en est pas plus avancé** after all the steps he has taken, he's no further on than he was before ◆ **nous voilà bien avancés !*** *(iro)* a long way that's got us! *(iro)*, a (fat) lot of good that's done us! * *(iro)*

2 (= *d'avant-garde*) *[opinion, idée]* progressive, advanced

3 (= *qui se gâte*) *[fruit, fromage]* overripe ◆ **ce poisson est avancé** this fish is bad *ou* is going off *(Brit)*

4 *(Mil) [poste]* advanced

5 *(Sport) [match]* early

avancée² /avɑ̃se/ SYN **NF** 1 (= *progrès*) advance

2 (= *surplomb*) overhang

avancement /avɑ̃smɑ̃/ SYN **NM** 1 (= *promotion*) promotion ◆ **avoir** *ou* **prendre de l'avancement** to be promoted, to get promotion ◆ **avancement à l'ancienneté** promotion according to length of service ◆ **possibilités d'avancement** prospects *ou* chances of promotion

2 (= *progrès*) *[de travaux]* progress; *[de sciences, techniques]* advancement

3 (= *mouvement*) forward movement

4 *(Jur)* ◆ **avancement d'hoirie** advancement

avancer /avɑ̃se/ SYN ▸ conjug 3 ◂

VT 1 *[+ objet]* to move *ou* bring forward; *[+ tête]* to move forward; *[+ main]* to hold out, to put out *(vers* to); *[+ pion]* to move forward ◆ **avancer le cou** to crane one's neck ◆ **avancer un siège à qn** to draw up *ou* bring forward a seat for sb ◆ **le blessé avança les lèvres pour boire** the injured man put his lips forward to drink ◆ **la voiture de Madame est avancée** († *ou hum*) your carriage awaits, Madam † *(hum)* ◆ **avancer (les aiguilles d') une pendule** to put (the hands of) a clock forward *ou* on *(Brit)*

2 *[+ opinion, hypothèse]* to put forward, to advance ◆ **ce qu'il avance paraît vraisemblable** what he is putting forward *ou* suggesting seems quite plausible

3 *[+ date, départ]* to bring forward ◆ **il a dû avancer son retour** he had to bring forward the date of his return

4 (= *faire progresser*) *[+ travail]* to speed up ◆ **est-ce que cela vous avancera si je vous aide ?** will it speed things up (for you) *ou* will you get on more quickly if I lend you a hand? ◆ **ça n'avance pas nos affaires** that doesn't improve matters for us ◆ **cela t'avancera à quoi de courir ?** what good will it do you to run? ◆ **cela ne t'avancera à rien de crier*** shouting won't get you anywhere, you won't get anywhere by shouting

5 *[+ argent]* to advance; (= *prêter*) to lend

VI 1 (= *progresser*) to advance, to move forward; *[bateau]* to make headway ◆ **l'armée avance sur Paris** the army is advancing on Paris ◆ **il avança d'un pas** he took *ou* moved a step forward ◆ **il avança d'un mètre** he moved one metre forward, he came one metre nearer ◆ **mais avance donc !** move on *ou* forward *ou* up, will you! ◆ **il essayait de faire avancer son âne** he tried to get his donkey to move (on) *ou* to make his donkey move (on) ◆ **ça n'avançait pas sur la route** the traffic was almost at a standstill *ou* was crawling along

2 *(dans le temps, dans une évolution)* to make progress ◆ **la nuit avance** night is wearing on ◆ **faire avancer** *[+ travail]* to speed up; *[+ élève]* to bring on, to help to make progress; *[+ science, recherche]* to further ◆ **avancer vite/lentement dans son travail** to make good/slow progress in one's work ◆ **avancer péniblement dans son travail** to plod on slowly with *ou* make halting progress in one's work ◆ **avancer en âge** to be getting on (in years) ◆ **avancer en grade** to be promoted, to get promotion ◆ **et les travaux, ça avance ?*** how's the work coming on?* ◆ **son livre n'avance guère** he's not making much headway *ou* progress with his book ◆ **tout cela n'avance à rien** that doesn't get us any further *ou* anywhere ◆ **je travaille mais il me semble que je n'avance pas** I'm working but I don't seem to be getting anywhere

3 *[montre, horloge]* to gain ◆ **avancer de dix minutes par jour** to gain 10 minutes a day ◆ **ma montre avance, j'avance** my watch is fast ◆ **ma montre avance** *ou* **j'avance de dix minutes** my watch is *ou* I'm 10 minutes fast

4 *[cap, promontoire]* to project, to jut out *(dans* into); *[lèvre, menton]* to protrude ◆ **un balcon qui avance (de 3 mètres) sur la rue** a balcony that juts out *ou* projects (3 metres) over the street

VPR **s'avancer** 1 (= *aller en avant*) to move forward; (= *progresser*) to advance ◆ **il s'avança vers nous** he came towards us ◆ **la procession s'avançait lentement** the procession advanced slowly *ou* moved slowly forward ◆ **il s'est avancé dans son travail** he made some progress with his work ◆ **je profite de cette heure libre pour m'avancer** I'm making the most of this free hour to get ahead with my work

2 (= *s'engager*) to commit o.s., to stick one's neck out* ◆ **je ne peux pas m'avancer sans connaître la question** I don't know enough about it to venture *ou* hazard an opinion, I can't commit myself without knowing more about it ◆ **je ne crois pas trop m'avancer en disant que...** I don't think I'm going too far if I say that...

avanie /avani/ **NF** *(littér)* snub ◆ **subir une avanie** to be snubbed ◆ **faire** *ou* **infliger des avanies à qn** to snub sb

avant /avɑ̃/

GRAMMAIRE ACTIVE 26.1 SYN

1 - PRÉPOSITION
2 - ADVERBE
3 - NOM MASCULIN
4 - ADJECTIF INVARIABLE

1 - PRÉPOSITION

1 [DANS LE TEMPS] before ◆ **il est parti avant nous/la fin** he left before us/the end ◆ **avant son accident il était très gai** he was very cheerful before his accident ◆ **peu avant mon mariage** shortly *ou* a short time before I got married ◆ **il n'est pas arrivé avant 9 heures** he didn't arrive until 9

◆ **avant de** + *infinitif* before ◆ **à prendre avant de manger** to be taken before food *ou* meals ◆ **dînez donc avant de partir** do have a meal before you go ◆ **consultez-moi avant de prendre une décision** consult me before making your decision *ou* before you decide

◆ **avant que** + *subjonctif* before ◆ **je veux lire sa lettre avant qu'elle (ne) l'envoie** I want to read her letter before she sends it (off) ◆ **n'envoyez pas cette lettre avant que je (ne) l'aie lue** don't send this letter before I have read it

2 [PRÉCÉDANT UNE DURÉE] for ◆ **il n'arrivera pas avant une demi-heure** he won't be here for another half hour yet *ou* for half an hour yet ◆ **ça ne pourra pas démarrer avant plusieurs jours** it can't start for another few days (yet) *ou* for a few days yet ◆ **avant peu** shortly ◆ **on ne le reverra pas avant longtemps** we won't see him again for a while *ou* for some time

3 [= AU PLUS TARD] by ◆ **il me le faut avant demain** I must have it by tomorrow

4 [= EN MOINS DE] within ◆ **ça doit être terminé avant une semaine/un mois** it has to be finished within a week/a month

5 [DANS L'ESPACE] before ◆ **sa maison est (juste) avant la poste** his house is just before the post office ◆ **j'étais avant lui dans la queue** I was in front of him *ou* before him in the queue *(Brit)* ou in the line *(US)* ◆ **on s'est arrêté juste avant Paris** we stopped just outside *ou* before Paris ◆ **la poste est juste avant d'arriver à la gare** the post office is just before you come to the station

6 [INDIQUANT UNE PRIORITÉ] before; *(dans une liste, un classement)* ahead of ◆ **il met sa santé avant sa carrière** he puts his health before *ou* above his career, he values his health above his career ◆ **le capitaine est avant le lieutenant** captain comes before *ou* is above lieutenant ◆ **en classe, elle est avant sa sœur** she is ahead of her sister at school

◆ **avant tout, avant toute chose** (= *ce qui est le plus important*) above all; (= *tout d'abord, en premier*) first and foremost ◆ **avant tout, il faut éviter la guerre** above all (things) war must be avoided ◆ **il faut avant tout vérifier l'état du toit** first and foremost we must see what state the roof is in

2 - ADVERBE

1 [= AUPARAVANT] before, beforehand, first ◆ **venez me parler avant** come and talk to me first *ou* beforehand ◆ **le voyage sera long, mangez avant** it's going to be a long journey so have something to eat beforehand *ou* before you go *ou* first

◆ **d'avant** (= *précédent*) before, previous ◆ **la semaine/le mois d'avant** the week/the month before, the previous week/month ◆ **les gens d'avant étaient plus aimables** the previous people were nicer, the people who were there before were nicer ◆ **le train d'avant était plein** the earlier *ou* previous train was full

2 [= AUTREFOIS] *(suivi de l'imparfait)* ◆ **avant, je mangeais plus de viande** I used to eat more meat ◆ **avant, je n'aimais pas la physique** I didn't use *ou* used to like physics, I never used to like physics ◆ **avant, c'était très beau ici** it used to be very beautiful here

3 [PRÉCÉDÉ D'UNE DURÉE] before(hand), previously, earlier ◆ **quelques semaines avant** a few *ou* some weeks before(hand) *ou* previously *ou* earlier ◆ **bien** *ou* **longtemps avant** long before (that) ◆ **peu (de temps) avant** not long before (that), shortly before that *ou* beforehand

4 [DANS L'ESPACE] before ◆ **tu vois la boulangerie ? le fleuriste est juste avant** you see the baker's? the florist's is just this side of it ◆ **n'avancez pas plus avant, c'est dangereux** don't go any further (forward), it's dangerous ◆ **il s'était engagé trop avant dans le bois** he had gone too far *ou* too deep into the wood

◆ **en avant** [+ *mouvement*] forward; [+ *position*] in front, ahead *(de* of) ◆ **en avant, marche !** forward march! ◆ **en avant toute !** full steam ahead! ◆ **la voiture fit un bond en avant** the car lurched forward ◆ **être en avant** *(d'un groupe de personnes)* to be (out) in front ◆ **marcher en avant de la procession** to walk in front of the procession ◆ **les enfants sont partis en avant** the children have gone on ahead ◆ **partez en avant, on vous rejoindra** you go on (ahead), we'll catch up with you ◆ **regarder en avant** *(fig)* to look ahead *(fig)* ◆ **mettre qch en avant** to put sth forward, to advance sth ◆ **mettre qn en avant** *(pour se couvrir)* to use sb as a front, to hide behind sb; *(pour aider qn)* to push sb forward *ou* to the front ◆ **il aime se mettre en avant** he likes to push himself forward, he likes to be in the forefront

5 [PROGRESSION] ◆ **ils sont assez avant dans leurs recherches** they have come a long way in their research ◆ **n'hésitez pas à aller plus avant** don't hesitate to go further *ou* on ◆ **il s'est engagé trop avant** he has got *ou* become too involved, he has committed himself too deeply ◆ **fort avant dans la nuit** far *ou* well into the night

3 - NOM MASCULIN

1 [= PARTIE ANTÉRIEURE] [*d'avion, voiture, train*] front; [*de navire*] bow(s)

◆ **à l'avant** ◆ **voyager à l'avant du train** to travel in the front of the train ◆ **dans cette voiture on est mieux à l'avant** it's more comfortable in the front of this car

◆ **aller de l'avant** to forge ahead

2 [SPORT = JOUEUR] *(gén)* forward; *(Volley)* front-line player ◆ **la ligne des avants** the forward line

3 [MIL] ◆ **l'avant** the front

4 - ADJECTIF INVARIABLE

[= ANTÉRIEUR] [*roue, siège*] front ◆ **la partie avant** the front part; → **traction**

---

avantage /avɑ̃taʒ/ GRAMMAIRE ACTIVE 1.1, 26.4 SYN

NM 1 (= *intérêt*) advantage ◆ **cette solution a l'avantage de ne léser personne** this solution has the advantage of not hurting anyone ◆ **tirer avantage de la situation, tourner une situation à son avantage** to take advantage of the situation, to turn the situation to one's advantage

◆ **avoir avantage à** + *infinitif* ◆ **il a avantage à y aller** it will be to his advantage to go, it will be worth his while to go ◆ **j'ai avantage à acheter en gros** it's worth my while *ou* it's worth it for me to buy in bulk ◆ **tu aurais avantage à te tenir tranquille*** you'd do better to keep quiet, you'd do well to keep quiet ◆ **il aurait grand avantage à** he would be very much to his advantage to, he would be well advised to

2 (= *supériorité*) advantage ◆ **avoir un avantage sur qn** to have an advantage over sb ◆ **j'ai sur vous l'avantage de l'expérience** I have the advantage of experience over you ◆ **ils ont l'avantage du nombre** they have the advantage of numbers *(sur* over)

3 [*Fin = gain*] benefit ◆ **avantages accessoires** additional benefits ◆ **avantages en nature** fringe benefits, benefits in kind ◆ **avantage pécuniaire** financial benefit ◆ **avantages sociaux** welfare benefits ◆ **avantage fiscal** tax break

4 [*Mil, Sport, fig*] advantage; *(Tennis)* advantage, vantage *(Brit)* ◆ **avoir l'avantage** to have the advantage *(sur* over), to have the upper hand, to be one up* *(sur* on) ◆ **avantage service/dehors** *(Tennis)* advantage in/out, van(tage) in/out *(Brit)*, ad in/out* *(US)*

5 *(frm = plaisir)* pleasure ◆ **j'ai (l'honneur et) l'avantage de vous présenter M. Leblanc** it is my (honour and) privilege to introduce Mr Leblanc ◆ **que me vaut l'avantage de votre visite ?** to what do I owe the pleasure *ou* honour of your visit? *(frm)*

6 *(locution)*

◆ **à son/ton** *etc* **avantage** ◆ **être à son avantage** *(sur une photo)* to look one's best; *(dans une conversation)* to be at one's best ◆ **elle est à son avantage avec cette coiffure** that hair style really flatters her ◆ **il s'est montré à son avantage** he was seen in a favourable light *ou* to advantage ◆ **c'est (tout) à ton avantage** it's (entirely) to your advantage ◆ **changer à son avantage** to change for the better

---

avantager /avɑ̃taʒe/ SYN ▶conjug 3◀ VT
1 (= *donner un avantage à*) to favour *(Brit)*, to favor *(US)*, to give an advantage to ◆ **elle a été avantagée par la nature** she's blessed with natural beauty ◆ **il a été avantagé par rapport à ses frères** he has been given an advantage over his brothers ◆ **être avantagé dès le départ** *(dans la vie)* to have a head start *(par rapport à* on)
2 (= *mettre en valeur*) to flatter ◆ **ce chapeau l'avantage** that hat's very flattering on her, she looks good in that hat

avantageusement /avɑ̃taʒøzmɑ̃/ ADV [*vendre*] at a good price; [*décrire*] favourably *(Brit)*, favorably *(US)*, flatteringly ◆ **la situation se présente avantageusement** the situation looks favourable

avantageux, -euse /avɑ̃taʒø, øz/ SYN ADJ
1 (= *profitable*) [*affaire*] worthwhile, profitable; [*prix*] attractive ◆ **ce serait plus avantageux de...** it would be more profitable *ou* worthwhile to... ◆ **en grands paquets, c'est plus avantageux** large packets are better value *ou* more economical
2 (= *présomptueux*) [*air, personne*] conceited ◆ **il a une idée assez avantageuse de lui-même** he has a very high opinion of himself, he thinks a lot of himself
3 (= *flatteur*) [*portrait, chapeau*] flattering ◆ **prendre des poses avantageuses** to show o.s. off to one's best advantage

avant-bras /avɑ̃bʀa/ NM INV forearm

avant-centre (pl **avants-centres**) /avɑ̃sɑ̃tʀ/ NM centre-forward *(Brit)*, center-forward *(US)* ◆ **il est** *ou* **joue avant-centre** he plays centre-forward

avant-coureur (pl **avant-coureurs**) /avɑ̃kuʀœʀ/ ADJ M precursory, premonitory ◆ **signe avant-coureur** forerunner, harbinger *(littér)*

avant-dernier, -ière (mpl **avant-derniers**) /avɑ̃dɛʀnje, jɛʀ/ ADJ, NM,F next to last, last but one *(Brit)* *(sg seulement)*, penultimate

avant-garde (pl **avant-gardes**) /avɑ̃gaʀd/ NF *(Mil)* vanguard; *(Art, Pol)* avant-garde ◆ **art/poésie/idées d'avant-garde** avant-garde art/poetry/ideas ◆ **être à l'avant-garde de** to be in the vanguard of

avant-gardisme /avɑ̃gaʀdism/ NM avant-gardism

avant-gardiste (pl **avant-gardistes**) /avɑ̃gaʀdist/ ADJ, NMF avant-gardist

avant-goût (pl **avant-goûts**) /avɑ̃gu/ SYN NM foretaste

avant-guerre (pl **avant-guerres**) /avɑ̃gɛʀ/
NM OU NF pre-war years ◆ **d'avant-guerre** pre-war *(épith)*
ADV before the war

avant-hier /avɑ̃tjɛʀ/ ADV the day before yesterday

avant-main (pl **avant-mains**) /avɑ̃mɛ̃/ NF forequarters

avant-midi* /avɑ̃midi/ NM *ou* NF INV *(Belg, Can)* morning

avant-mont (pl **avant-monts**) /avɑ̃mɔ̃/ NM foothills

avant-port (pl **avant-ports**) /avɑ̃pɔʀ/ NM outer harbour

avant-poste (pl **avant-postes**) /avɑ̃pɔst/ NM outpost ◆ **aux avant-postes du combat pour la liberté** in the vanguard of the struggle for freedom ◆ **aux avant-postes des technologies nouvelles** on the cutting edge of new technology

avant-première (pl **avant-premières**) /avɑ̃pʀəmjɛʀ/ NF preview ◆ **j'ai vu le film en avant-première** I saw a preview of the film ◆ **ce film sera projeté en avant-première au Rex** the film will be previewing at the Rex

avant-projet (pl **avant-projets**) /avɑ̃pʀɔʒɛ/ NM pilot study

avant-propos /avɑ̃pʀopo/ SYN NM INV foreword

avant-scène (pl **avant-scènes**) /avɑ̃sɛn/ NF *(Théât)* (= *partie de la scène*) apron, proscenium; (= *loge*) box *(at the front of the house)*

avant-soirée (pl **avant-soirées**) /avɑ̃sware/ NF ◆ **l'avant-soirée** the early evening

avant-toit (pl **avant-toits**) /avɑ̃twa/ NM eaves

avant-train (pl **avant-trains**) /avɑ̃tʀɛ̃/ **NM** *[d'animal]* foreparts, forequarters; *[de véhicule]* front axle assembly *ou* unit

avant-veille (pl **avant-veilles**) /avɑ̃vɛj/ **NF** ◆ **l'avant-veille** two days before *ou* previously ◆ **c'était l'avant-veille de Noël** it was the day before Christmas Eve *ou* two days before Christmas

avare /avaʀ/ SYN
ADJ 1 *[personne]* miserly ◆ **avare de paroles/compliments** sparing of *ou* with words/compliments ◆ **elle n'est pas avare de discours/de promesses** she's full of talk/promises ◆ **il n'est pas avare de confidences** he's quite happy to confide in people
2 *(littér = peu abondant) [terre]* meagre *(Brit)*, meager *(US)*; *[lumière]* dim, weak
NMF miser

avarice /avaʀis/ SYN **NF** miserliness

avaricieux, -ieuse /avaʀisjø, jøz/ *(littér)*
ADJ miserly, niggardly, stingy
NM miser, niggard, skinflint

avarie /avaʀi/ **NF** *[de navire, véhicule]* damage *(NonC)*; *[de cargaison, chargement]* damage *(NonC)* (in transit), average *(SPÉC)*

avarié, e /avaʀje/ (ptp de **avarier**) **ADJ** *[aliment]* rotting; *[navire]* damaged ◆ **cette viande est avariée** this meat has gone bad *ou* off *(Brit)*

avarier /avaʀje/ SYN ▸ conjug 7 ◂
VT to spoil, to damage
VPR **s'avarier** *[fruits, viande]* to go bad, to rot

avatar /avataʀ/ **NM** 1 *(Rel)* avatar
2 *(fig) (= incarnation)* manifestation ◆ **un nouvel avatar de** a new *ou* the latest manifestation of
3 *(= mésaventure)* reverse ◆ **avatars** misadventures

à vau-l'eau /avolo/ **ADV** → **vau-l'eau**

AVC /avese/ **NM** (abrév de **accident vasculaire cérébral**) CVA, stroke

Ave /ave/ **NM INV** ◆ **Ave (Maria)** Hail Mary, Ave Maria

avec /avɛk/
PRÉP 1 *(accompagnement, accord)* with ◆ **elle est sortie avec les enfants** she's gone out with the children ◆ **son mariage avec Marc a duré 8 ans** her marriage to Marc lasted (for) 8 years ◆ **ils ont les syndicats avec eux** they've got the unions on their side *ou* behind them ◆ **je pense avec cet auteur que...** I agree with this writer that... ◆ **elle est avec Robert** *(= elle le fréquente)* she's going out with Robert; *(= ils vivent ensemble)* she's living with Robert ◆ **séparer/distinguer qch d'avec qch d'autre** to separate/distinguish sth from sth else ◆ **divorcer d'avec qn** to divorce sb ◆ **se séparer d'avec qn** to leave sb, to part from sb ◆ **elle s'est séparée d'avec X** she has separated from X
2 *(comportement = envers)* to, towards, with ◆ **comment se comportent-ils avec vous ?** how do they behave towards *ou* with you? ◆ **il est très doux/gentil avec moi** he's very gentle with/kind to me
3 *(moyen, manière)* with; *(ingrédient)* with, from, out of ◆ **vous prenez votre thé avec du lait ?** do you have *ou* take your tea with milk?, do you have *ou* take milk in your tea? ◆ **boire avec une paille** to drink through a straw ◆ **maison avec jardin** house with a garden ◆ **faire qch avec (grande) facilité** to do sth with (great) ease *ou* (very) easily ◆ **parler avec colère/bonté/lenteur** to speak angrily *ou* with anger/kindly/slowly ◆ **chambre avec salle de bain** room with a bathroom *ou* its own bathroom ◆ **couteau avec (un) manche en bois** knife with a wooden handle, wooden-handled knife ◆ **gâteau fait avec du beurre** cake made with butter ◆ **ragoût fait avec des restes** stew made out of *ou* from (the) left-overs ◆ **c'est fait (entièrement) avec du plomb** it's made (entirely) of lead ◆ **voyageant avec un passeport qui...** travelling on a passport which...
4 *(cause, simultanéité, contraste)* with ◆ **on oublie tout avec le temps** one forgets everything in time *ou* in the course of time *ou* with (the passing of) time ◆ **avec les élections, on ne parle plus que politique** with the elections (on) no one talks anything but politics ◆ **avec l'inflation et le prix de l'essence, les voitures se vendent mal** what with inflation and the price of petrol, cars aren't selling very well ◆ **il est difficile de marcher avec ce vent** it's difficult to walk in *ou* with this wind ◆ **avec un peu de travail, il aurait gagné le prix** with a little work *ou* if (only) he had done a little work he would have won the prize ◆ **avec toute ma bonne volonté, je ne suis pas parvenu à l'aider** with the best will in the world *ou* for all my goodwill I couldn't help him ◆ **se lever avec le jour** to get up *ou* rise with the sun *ou* dawn, to get up at daybreak ◆ **ils sont partis avec la pluie** they left in the rain
5 *(opposition)* with ◆ **rivaliser/combattre avec qn** to vie/fight with sb ◆ **elle s'est fâchée avec tous leurs amis** she has fallen out with all their friends
6 *(locutions)*
◆ **avec cela, avec ça** * ◆ **et avec ça, madame ?** *(dans un magasin)* anything else? ◆ **il conduit mal et avec ça il conduit trop vite** he drives badly and what's more *ou* on top of that he drives too fast ◆ **avec cela que tu ne le savais pas !** what do you mean you didn't know!, as if you didn't know! ◆ **et avec ça qu'il est complaisant !** *(iro)* and it's not as if he were helpful either!, and he's not exactly *ou* even helpful either! ◆ **avec tout ça j'ai oublié le pain** in the midst of all this I forgot about the bread
ADV * ◆ **tiens mes gants, je ne peux pas conduire avec** hold my gloves, I can't drive with them on ◆ **rends-moi mon stylo, tu allais partir avec !** give me back my pen, you were going to walk off with it! ◆ **(il) faudra bien faire avec** he (*ou* we *etc*) will have to make do

aveline /av(ə)lin/ **NF** *(= noix)* filbert

avelinier /av(ə)linje/ **NM** *(= arbre)* filbert

aven /avɛn/ **NM** sinkhole, pothole, swallow hole *(Brit)*

avenant, e /av(ə)nɑ̃, ɑ̃t/ SYN
ADJ *[personne, sourire]* pleasant, welcoming; *[manières]* pleasant, pleasing; *[maison]* attractive
NM 1 *[de police d'assurance]* endorsement; *[de contrat]* amendment *(à* to) ◆ **faire un avenant à** *[+ police d'assurance]* to endorse; *[+ contrat]* to amend
2 *(locution)*
◆ **à l'avenant** in keeping *(de* with) ◆ **la maison était luxueuse, et le mobilier était à l'avenant** the house was luxurious, and the furniture was equally so *ou* was in keeping with it ◆ **la table coûtait 1 000 €, et tout était à l'avenant** the table cost €1,000 and everything else was just as expensive

avènement /avɛnmɑ̃/ SYN **NM** *[de roi]* accession *(à* to); *[de régime, politique, idée]* advent; *[de Messie]* Advent, Coming

avenir[1] /av(ə)niʀ/ SYN **NM** 1 *(= futur)* future; *(= postérité)* future generations ◆ **avoir des projets d'avenir** to have plans for the future, to have future plans ◆ **dans un proche avenir** in the near future ◆ **elle m'a prédit mon avenir** she told my fortune ◆ **l'avenir le dira** only time will tell ◆ **l'avenir appartient à ceux qui se lèvent tôt** *(Prov)* the early bird catches the worm *(Prov)*
2 *(= bien-être)* future (well-being) ◆ **assurer l'avenir de ses enfants** to secure one's children's future
3 *(= carrière)* future, prospects ◆ **il a de l'avenir** he has a good future *ou* good prospects ◆ **artiste/entreprise pleine d'avenir** up-and-coming artist/company ◆ **son avenir est derrière lui** his future is behind him, he's got no future ◆ **métier d'avenir** job with a future *ou* with prospects ◆ **il n'y a aucun avenir dans ce métier** there's no future *ou* there are no prospects in this job, this is a dead-end job ◆ **projet sans avenir** project without prospects of success *ou* without a future
4 ◆ **à l'avenir** *(= dorénavant)* from now on, in future

avenir[2] /av(ə)niʀ/ **NM** *(Jur)* writ of summons *(from one counsel to another)*

Avent /avɑ̃/ **NM** ◆ **l'Avent** Advent

aventure /avɑ̃tyʀ/ SYN **NF** 1 *(= péripétie, incident)* adventure; *(= entreprise)* venture; *(= liaison amoureuse)* affair ◆ **fâcheuse aventure** unfortunate experience ◆ **aventure effrayante** terrifying experience ◆ **film/roman d'aventures** adventure film/story ◆ **aventure amoureuse** *ou* **sentimentale** love affair ◆ **avoir une aventure (galante) avec qn** to have an affair with sb
2 ◆ **l'aventure** adventure ◆ **esprit d'aventure** spirit of adventure ◆ **sortir la nuit dans ce quartier, c'est l'aventure !** going out at night in this area is a risky business! ◆ **j'ai du travail pour 6 mois, après c'est l'aventure** I've got work for 6 months, but after that, who knows?
3 ◆ **dire la bonne aventure** to tell fortunes ◆ **dire la bonne aventure à qn** to tell sb's fortune; → **diseur**
4 *(locutions)* ◆ **marcher à l'aventure** to walk aimlessly ◆ **si, d'aventure** *ou* **par aventure** *(littér)* if by any chance

aventuré, e /avɑ̃tyʀe/ (ptp de **aventurer**) **ADJ** *[entreprise]* risky, chancy; *[hypothèse]* risky, venturesome

aventurer /avɑ̃tyʀe/ SYN ▸ conjug 1 ◂
VT *[+ somme, réputation, vie]* to risk, to put at stake, to chance; *[+ remarque, opinion]* to venture
VPR **s'aventurer** to venture *(dans* into; *sur* onto) ◆ **s'aventurer à faire qch** to venture to do sth ◆ **s'aventurer sur un terrain glissant** *(fig)* to tread on dangerous ground, to skate on thin ice

aventureux, -euse /avɑ̃tyʀø, øz/ SYN **ADJ** *[personne, esprit]* adventurous, enterprising, venturesome; *[imagination]* bold; *[projet, entreprise]* risky, rash, chancy; *[vie]* adventurous

aventurier /avɑ̃tyʀje/ SYN **NM** adventurer

aventurière /avɑ̃tyʀjɛʀ/ **NF** adventuress

aventurine /avɑ̃tyʀin/ **NF** aventurin(e)

aventurisme /avɑ̃tyʀism/ **NM** *(Pol)* adventurism

aventuriste /avɑ̃tyʀist/ **ADJ** *(Pol)* adventurist

avenu, e[1] /av(ə)ny/ **ADJ** → **nul**

avenue[2] /av(ə)ny/ SYN **NF** *[de ville] (= boulevard)* avenue; *[de parc] (= allée)* drive, avenue ◆ **les avenues du pouvoir** *(littér)* the roads to power

avéré, e /aveʀe/ SYN (ptp de **s'avérer**) **ADJ** *[fait]* established, known; *[terroriste, criminel]* known ◆ **il est avéré que...** it is a known *ou* recognized fact that...

avérer (s') /aveʀe/ SYN ▸ conjug 6 ◂ **VPR** ◆ **il s'avère que...** it turns out that... ◆ **ce remède s'avéra inefficace** this remedy proved (to be) *ou* turned out to be ineffective ◆ **il s'est avéré un employé consciencieux** he proved (to be) *ou* turned out to be a conscientious employee

avers /avɛʀ/ **NM** obverse *(of coin, medal)*

averse /avɛʀs/ SYN **NF** *(= pluie)* shower (of rain); *[d'insultes, pierres]* shower ◆ **forte averse** heavy shower, downpour ◆ **averse orageuse** thundery shower ◆ **être pris par** *ou* **recevoir une averse** to be caught in a shower ◆ **il n'est pas né** *ou* **tombé de la dernière averse** * *(fig)* he wasn't born yesterday

aversion /avɛʀsjɔ̃/ GRAMMAIRE ACTIVE 7.3 SYN **NF** aversion *(pour* to), loathing *(pour* for) ◆ **avoir en aversion, avoir de l'aversion pour** to have an aversion to, to loathe ◆ **prendre en aversion** to take a (strong) dislike to

averti, e /avɛʀti/ SYN (ptp de **avertir**) **ADJ** *[public]* informed; *[connaisseur, expert]* well-informed ◆ **c'est un film réservé à des spectateurs avertis** this film is only suitable for an informed audience ◆ **averti de** *[+ problèmes etc]* aware of ◆ **être très averti des travaux cinématographiques contemporains** to be very well up on *ou* well informed about the contemporary film scene; → **homme**

avertir /avɛʀtiʀ/ SYN ▸ conjug 2 ◂ **VT** *(= prévenir)* to tell, to inform *(de qch* of sth); *(= mettre en garde)* to warn *(de qch* of sth) ◆ **avertissez-le de ne pas recommencer** tell *ou* warn him not to do it again ◆ **tenez-vous pour averti** be warned, don't say you haven't been warned ◆ **avertissez-moi dès que possible** let me know as soon as possible

avertissement /avɛʀtismɑ̃/ SYN **NM** *(= avis)* warning *(à* to); *(= présage)* warning, warning sign; *(= réprimande) (Sport)* caution; *(Scol)* warning ◆ **recevoir un avertissement** to receive a warning ◆ **les syndicats ont adressé un sévère avertissement au gouvernement** the unions have issued a stern warning to the government ◆ **avertissement (au lecteur)** *(= préface)* foreword ◆ **avertissement sans frais** *(Jur)* notice of assessment; *(fig)* clear warning *(à* to)

avertisseur, -euse /avɛʀtisœʀ, øz/
ADJ warning
NM *[de voiture]* horn, hooter *(Brit)* ◆ **avertisseur (d'incendie)** (fire) alarm

aveu (pl **aveux**) /avø/ SYN **NM** 1 *[de crime]* confession; *[d'amour]* confession, avowal *(littér)*; *[de fait, faiblesse]* admission ◆ **c'est l'aveu d'un échec de la part du gouvernement** it's an admission of defeat on the part of the government ◆ **un aveu d'impuissance** an admission of helplessness *ou* powerlessness ◆ **faire l'aveu d'un crime** to confess to a crime ◆ **faire des aveux complets** to make a full confession ◆ **passer aux aveux** to make a confession ◆ **re-**

venir sur ses aveux to retract one's confession ◆ **je dois vous faire un aveu, je ne les aime pas non plus** I have a confession to make, I don't like them either

[2] (frm : selon) ◆ **de l'aveu de qn** according to sb ◆ **de l'aveu même du témoin** on the witness's own testimony

[3] (frm) ◆ **sans aveu** [homme, politicien] disreputable

[4] (littér = assentiment) consent ◆ **sans l'aveu de qn** without sb's authorization ou consent

aveuglant, e /avœglɑ̃, ɑ̃t/ SYN ADJ [lumière] blinding, dazzling; [vérité] glaring (épith)

aveugle /avœgl/ SYN
ADJ [personne] blind; [passion, dévouement, obéissance] blind; [attentat, violence] indiscriminate, random; [terrorisme] indiscriminate; [fenêtre, façade, mur, couloir] blind ◆ **point aveugle** (Anat) blind spot ◆ **devenir aveugle** to go blind ◆ **aveugle d'un œil** blind in one eye ◆ **je ne suis pas aveugle !** I'm not blind! ◆ **son amour le rend aveugle** he's blinded by love ◆ **l'amour est aveugle** love is blind ◆ **avoir une confiance aveugle en qn** to trust sb blindly, to have blind faith in sb ◆ **être aveugle aux défauts de qn** to be blind to sb's faults ◆ **l'instrument aveugle du destin** the blind ou unwitting instrument of fate; → **naissance**
NM blind man ◆ **les aveugles** the blind ◆ **faire qch en aveugle** to do sth blindly ◆ **c'est un aveugle-né** he was born blind, he has been blind from birth; → **double, royaume**
NF blind woman

aveuglement /avœgləmɑ̃/ SYN NM (littér = égarement) blindness

aveuglément /avœglemɑ̃/ ADV blindly

aveugler /avœgle/ SYN ▶ conjug 1 ◀
VT [1] (lit, fig) (= rendre aveugle) to blind; (= éblouir) to dazzle, to blind
[2] [+ fenêtre] to block ou brick up; [+ voie d'eau] to stop up
VPR **s'aveugler** ◆ **s'aveugler sur qn/qch** to be blind to ou shut one's eyes to sb's defects/sth

aveuglette /avœglɛt/ SYN **à l'aveuglette** LOC ADV ◆ **avancer à l'aveuglette** to grope (one's way) along, to feel one's way along ◆ **descendre à l'aveuglette** to grope one's way down ◆ **prendre des décisions à l'aveuglette** to take decisions in the dark ou blindly

aveulir /avølir/ ▶ conjug 2 ◀ (littér)
VT to enfeeble, to enervate
VPR **s'aveulir** to weaken

aveulissement /avølismɑ̃/ NM (littér) enfeeblement, enervation

aviaire /avjɛʀ/ ADJ avian

aviateur /avjatœʀ/ NM airman, aviator

aviation /avjasjɔ̃/
NF [1] (Mil) (= corps d'armée) air force; (= avions) aircraft, air force
[2] ◆ **l'aviation** (= sport, métier de pilote) flying; (= secteur commercial) aviation; (= moyen de transport) air travel ◆ **coupe/meeting d'aviation** flying cup/meeting ◆ **usine d'aviation** aircraft factory ◆ **compagnie d'aviation** airline company; → **champ¹, terrain**
COMP **aviation de chasse** fighter force **aviation navale** fleet air arm (Brit), naval air force (US)

aviatrice /avjatris/ NF airwoman, aviator, aviatrix

avicole /avikɔl/ ADJ poultry (épith) ◆ **établissement avicole** poultry farm

aviculteur, -trice /avikyltœʀ, tʀis/ NM,F poultry farmer

aviculture /avikyltyʀ/ NF poultry farming

avide /avid/ SYN ADJ (= cupide) [personne] greedy, grasping; [regard, yeux] greedy; (= passionné) [lecteur] avid ◆ **avide de** [plaisir, sensation] eager ou avid for; [+ argent, nourriture] greedy for; [+ pouvoir, honneurs, succès, connaissances] hungry for ◆ **avide de faire qch** eager to do sth ◆ **avide de sang** ou **de carnage** bloodthirsty

avidement /avidmɑ̃/ ADV [écouter] eagerly; [lire] avidly; [regarder] intently, eagerly; [compter, manger] greedily

avidité /avidite/ SYN NF (= passion) eagerness; (= cupidité, voracité) greed ◆ **lire avec avidité** to read avidly ◆ **manger avec avidité** to eat greedily

avifaune /avifon/ NF avifauna

○ **AVIGNON**
Created by the actor-director Jean Vilar in 1947, the **Festival d'Avignon** is one of the most important events in the French cultural calendar. The town is taken over by theatregoers in late July and early August, and many of its historic buildings are transformed into performance spaces. The most prestigious shows of the festival take place in the courtyard of the "Palais des Papes", the old Papal palace in the town centre.
Note that when translating the phrase "in Avignon" the preposition "en" can be used instead of the usual "à", especially in formal speech or writing (for example, "ce spectacle a été créé en Avignon").

avilir /avilir/ SYN ▶ conjug 2 ◀
VT [+ personne] to degrade, to debase, to demean; [+ monnaie] to debase; [+ marchandise] to cause to depreciate
VPR **s'avilir** [personne] to degrade o.s., to debase o.s., to demean o.s.; [monnaie, marchandise] to depreciate

avilissant, e /avilisɑ̃, ɑ̃t/ ADJ [spectacle] degrading, shameful, shaming (épith); [conduite, situation, travail] degrading, demeaning

avilissement /avilismɑ̃/ NM [de personne] degradation, debasement; [de monnaie] debasement; [de marchandise] depreciation

aviné, e /avine/ SYN ADJ (littér) [personne] inebriated, intoxicated; [voix] drunken ◆ **il a l'haleine avinée** his breath smells of alcohol

avion /avjɔ̃/ SYN
NM (= appareil) plane, aircraft (pl inv), aeroplane (Brit), airplane (US) ◆ **l'avion** (Sport) flying ◆ **défense/batterie contre avions** anti-aircraft defence/battery ◆ **ils sont venus en avion** they came by air ou by plane, they flew (here) ◆ **par avion** (sur lettre) by air(mail)
COMP **avion de bombardement** bomber **avion de chasse** fighter (plane), interceptor **avion commercial** commercial aircraft **avion à décollage et atterrissage courts** short takeoff and landing aircraft, STOL aircraft **avion à décollage et atterrissage verticaux** vertical takeoff and landing aircraft, VTOL aircraft **avion furtif** stealth bomber ou plane **avion de ligne** airliner **avion en papier** paper aeroplane **avion postal** mail plane **avion à réaction** jet (plane) **avion de reconnaissance** reconnaissance aircraft ou plane **avion renifleur** sniffer plane **avion sanitaire** air ambulance **avion spatial** space plane **avion de tourisme** private aircraft ou plane **avion de transport** transport aircraft

avion-cargo (pl **avions-cargos**) /avjɔ̃kaʀgo/ NM (air) freighter, cargo aircraft

avion-cible (pl **avions-cibles**) /avjɔ̃sibl/ NM target aircraft

avion-citerne (pl **avions-citernes**) /avjɔ̃sitɛʀn/ NM air tanker

avion-école (pl **avions-écoles**) /avjɔ̃ekɔl/ NM training plane

avionique /avjɔnik/ NF avionics (sg)

avionnerie /avjɔnʀi/ NF aeroplane (Brit) ou airplane (US) factory

avionneur /avjɔnœʀ/ NM aircraft manufacturer

avion-radar (pl **avions-radars**) /avjɔ̃ʀadaʀ/ NM radar plane

avion-suicide (pl **avions-suicides**) /avjɔ̃sɥisid/ NM suicide plane

avion-taxi (pl **avions-taxis**) /avjɔ̃taksi/ NM taxi-plane

aviron /aviʀɔ̃/ NM [1] (= rame) oar; (= sport) rowing ◆ **faire de l'aviron** to row
[2] (Can) paddle

avironner /aviʀɔne/ ▶ conjug 1 ◀ VT (Can) to paddle

avis /avi/ GRAMMAIRE ACTIVE 1.1, 2.1, 2.2, 6.1, 6.2, 11.1, 13.1, 26.5 SYN
NM [1] (= opinion) opinion ◆ **donner son avis** to give one's opinion ou views (sur on, about) ◆ **les avis sont partagés** opinion is divided ◆ **être du même avis que qn, être de l'avis de qn** to be of the same opinion as sb, to share sb's view ◆ **on ne te demande pas ton avis !** who asked you? ◆ **je ne suis pas de votre avis** I don't agree (with you) ◆ **à mon avis c'est…** in my opinion ou to my mind it is… ◆ **si tu veux mon avis, il est…** if you ask me ou if you want my opinion, he's… ◆ **c'est bien mon avis** I quite agree ◆ **à mon humble avis** (iro) in my humble opinion ◆ **de l'avis de tous, il ne sera pas élu** the unanimous view ou the general opinion is that he won't be elected; → **changer, deux**

[2] (= conseil) advice (NonC) ◆ **un avis amical** a friendly piece of advice, a piece of friendly advice, some friendly advice ◆ **suivre l'avis** ou **les avis de qn** to take ou follow sb's advice ◆ **sur l'avis de qn** on sb's advice

[3] (= notification) notice; (Fin) advice ◆ **lettre d'avis** letter of advice ◆ **avis de crédit/de débit** credit/debit advice ◆ **avis d'appel d'offres** invitation to tender ou to bid ◆ **jusqu'à nouvel avis** until further notice ◆ **sauf avis contraire** unless otherwise informed, unless one hears to the contrary; (sur étiquette) unless otherwise indicated ◆ **avis de coup de vent** (en mer) gale warning ◆ **avis de tempête** storm warning ◆ **avis aux amateurs !*** any takers?* ◆ **donner avis de/que…** † to give notice of/that…; → **préalable**

[4] (Admin = recommandation) opinion ◆ **les membres ont émis un avis** the members put forward an opinion ◆ **on a pris l'avis du conseil** they took the opinion of the council ◆ **avis favorable/défavorable** (Admin) accepted/rejected ◆ **la commission a émis un avis favorable** the commission gave its approval

[5] (locutions) ◆ **il était d'avis de partir** ou **qu'on parte immédiatement** he thought ou he was of the opinion that we should leave at once ◆ **m'est avis que…** († ou hum) methinks † (hum)…

COMP **avis de décès** death notice **avis d'expédition** (Comm) advice of dispatch **avis d'imposition** tax notice **avis au lecteur** foreword **avis de mise en recouvrement** (Fin) notice of assessment **avis de mobilisation** mobilization notice **avis au public** public notice; (= en-tête) notice to the public **avis de réception** acknowledgement of receipt **avis de recherche** (= affiche) [de criminel] wanted poster; [de disparu] missing person poster ◆ **lancer un avis de recherche** (pour criminel) to issue a description of a wanted person; (pour disparu) to issue a description of a missing person **avis de virement** advice of bank transfer

avisé, e /avize/ SYN (ptp de **aviser**) ADJ sensible, wise ◆ **être bien/mal avisé de faire** to be well-/ill-advised to do

aviser /avize/ SYN ▶ conjug 1 ◀
VT [1] (frm = avertir) to advise, to inform (de of), to notify (de of, about) ◆ **il ne m'en a pas avisé** he didn't notify me of ou about it
[2] (littér = apercevoir) to catch sight of, to notice
VI ◆ **cela fait, nous aviserons** once that's done, we'll see where we stand ◆ **sur place, nous aviserons** we'll see once we're there ◆ **aviser à qch** to see to sth
VPR **s'aviser** [1] (= remarquer) ◆ **s'aviser de qch** to realize ou become aware of sth suddenly ◆ **il s'avisa que…** he suddenly realized that…
[2] (= s'aventurer à) ◆ **s'aviser de faire qch** to dare (to) do sth, to take it into one's head to do sth ◆ **et ne t'avise pas d'aller lui dire** and don't you dare go and tell him

aviso /avizo/ NM advice-boat

avitailler /avitaje/ ▶ conjug 1 ◀ VT to (re)fuel

avitailleur /avitajœʀ/ NM [d'avion] bowser, fuelling vehicle

avitaminose /avitaminoz/ NF vitamin deficiency, avitaminosis (SPÉC)

avivement /avivmɑ̃/ NM freshening

aviver /avive/ SYN ▶ conjug 1 ◀
VT [1] [+ douleur physique, appétit] to sharpen; [+ regrets, chagrin] to deepen; [+ intérêt, désir] to kindle, to arouse; [+ colère] to stir up; [+ souvenirs] to stir up, to revive; [+ querelle] to stir up, to add fuel to; [+ passion] to arouse, to excite, to stir up; [+ regard] to brighten; [+ couleur] to brighten (up); [+ feu] to revive, to stir up ◆ **l'air frais leur avait avivé le teint** the fresh air had given them some colour ou had put some colour into their cheeks

[2] *(Méd)* *[+ plaie]* to open up
[3] *(Tech)* *[+ bronze]* to burnish; *[+ poutre]* to square off

VPR **s'aviver** *[douleur]* to sharpen; *[regrets]* to deepen; *[regard]* to brighten

av. J.-C. (abrév de **avant Jésus-Christ**) BC

avocaillon /avɔkajɔ̃/ **NM** *(péj)* pettifogger, small-town lawyer

avocasserie /avɔkasʀi/ **NF** *(péj)* pettifoggery, chicanery

avocassier, -ière /avɔkasje, jɛʀ/ **ADJ** *(péj)* pettifogging

avocat¹, e /avɔka, at/ SYN

NM,F [1] *(Jur)* lawyer, attorney(-at-law) *(US)*, advocate *(Écos)*; *(d'assises)* ≈ barrister *(Brit)* ◆ **consulter son avocat** to consult one's lawyer ◆ **l'accusé et son avocat** the accused and his counsel
[2] *(fig = défenseur)* advocate, champion ◆ **se faire l'avocat d'une cause** to advocate *ou* champion *ou* plead a cause ◆ **fais-toi mon avocat auprès de lui** plead with him on my behalf

COMP **avocat d'affaires** business lawyer
avocat de la défense counsel for the defence *ou* defendant, defending counsel *(Brit)*, defense counsel *(US)*
l'avocat du diable *(Rel, fig)* the devil's advocate ◆ **se faire l'avocat du diable** *(fig)* to be *ou* play devil's advocate
avocat d'entreprise company *ou* corporate lawyer
avocat général counsel for the prosecution, prosecuting attorney *(US)*, assistant procurator fiscal *(Écos)*
l'avocat de la partie civile the counsel for the plaintiff
avocat plaidant court lawyer *(Brit)*, trial lawyer *(US)*
avocat sans cause briefless barrister *(Brit)* *ou* attorney *(US)*

avocat² /avɔka/ **NM** *(= fruit)* avocado (pear)

avocatier /avɔkatje/ **NM** avocado (tree), avocado pear tree

avocette /avɔsɛt/ **NF** avocet

avoine /avwan/ **NF** oats; → **farine, flocon, fou**

avoir /avwaʀ/

SYN ▸ conjug 34 ◂

1 - VERBE TRANSITIF
2 - VERBE AUXILIAIRE
3 - VERBE IMPERSONNEL
4 - NOM MASCULIN
5 - NOM MASCULIN PL

▸ Lorsque **avoir** fait partie d'une expression figée comme **avoir raison, avoir peur, avoir faim**, reportez-vous au nom.

1 - VERBE TRANSITIF

[1] [POSSESSION]

Lorsque **avoir** signifie **posséder, disposer de**, il se traduit généralement par **have** ou plus familièrement par **have got**, mais uniquement au présent ; cette dernière forme est moins courante en anglais américain.

◆ **j'ai la réponse/trois frères** I have *ou* I've got the answer/three brothers ◆ **il n'a pas d'argent** he has *ou* he's got no money, he hasn't got any money, he doesn't have any money ◆ **il n'avait pas d'argent** he had no money *ou* didn't have any money ◆ **on ne peut pas tout avoir** you can't have everything ◆ **as-tu son adresse ?** have you got his address?, do you have his address?

[2] [LOCALISATION]

Lorsque **avoir** est utilisé pour localiser un bâtiment, un objet etc, il peut se traduire par **have (got)** mais l'anglais préférera souvent une tournure avec **be**.

◆ **vous avez la gare tout près** the station is nearby ◆ **vous avez un parc au bout de la rue** you've got *ou* there's a park down the road ◆ **vous tournez à droite et vous aurez la poste juste en face de vous** you turn right and you'll see the post office just opposite *ou* and the post office is just opposite ◆ **tu as les verres sur la dernière étagère** the glasses are on the top shelf, you'll find the glasses on the top shelf

[3] La tournure familière dans laquelle **avoir** est suivi d'un adjectif possessif en corrélation avec un participe passé ou une relative n'est pas traduite ou est rendue par **have** et un possessif.

j'ai eu mon appareil photo volé I had my camera stolen ◆ **ils ont leur fille qui part au Québec** they've got their daughter going to Quebec ◆ **j'ai mes rhumatismes qui me font souffrir** my rheumatism's playing me up*

[4] [= OBTENIR] *[+ produit, renseignement, train]* to get ◆ **nous avons très bien la BBC** we (can) get the BBC very clearly ◆ **pouvez-vous nous avoir ce livre ?** can you get this book for us?, can you get us this book? ◆ **essayez de m'avoir Paris (au téléphone)** could you put me through to Paris *ou* get me Paris? ◆ **je n'ai pas pu avoir Luc (au téléphone)** I couldn't get through to Luc, I didn't manage to get Luc on the phone ◆ **je n'arrive pas à avoir Paris** I can't get through to Paris

[5] [= PORTER] *[+ vêtements]* to wear, to have on ◆ **il avait un pantalon beige** he was wearing beige trousers ◆ **qu'est-ce qu'il avait sur lui ?** what was he wearing?, what did he have on? ◆ **elle a toujours des gants/un foulard** she always wears gloves/a scarf ◆ **la femme qui a le chapeau/le corsage bleu** the woman with *ou* in the blue hat/blouse

[6] [CARACTÉRISATION]

Lorsque **avoir** introduit une caractéristique physique ou morale, il est rendu soit par **have** soit par **be** + *adjectif*.

◆ **il a les yeux bleus** he has (got) blue eyes ◆ **son regard a quelque chose de méchant, il a quelque chose de méchant dans le regard** he's got a nasty look in his eye ◆ **il a du courage/de l'ambition/du toupet** he has (got) courage/ambition/cheek, he is courageous/ambitious/cheeky MAIS ◆ **il avait les mains qui tremblaient** his hands were shaking

[7] [AVEC FORME, DIMENSION] to be ◆ **avoir 3 mètres de haut/4 mètres de long** to be 3 metres high/4 metres long ◆ **cette chaise a une jolie ligne** this chair is a nice shape ◆ **je veux une chaise qui ait cette forme** I want a chair (that's) this shape ◆ **je voudrais un pull qui ait cette couleur** I'd like a jumper (in) this colour

[8] [AVEC UN ÂGE] to be ◆ **il a dix ans** he is ten (years old) ◆ **j'ai l'impression d'avoir 20 ans** I feel as if I were 20 ◆ **il a dans les cinquante ans** he's about *ou* around 50 ◆ **il a dans les** *ou* **environ 45 ans** he's in his mid-forties ◆ **elle a entre 50 et 60 ans** she's between 50 and 60, she's in her fifties ◆ **elle venait d'avoir 38 ans** she had just turned 38

Lorsque l'on a une proposition relative, l'anglais peut employer une tournure adjectivale.

◆ **les étudiants qui ont 18 ans** 18-year-old students, students who are 18 (years old) ◆ **des enfants qui ont entre 10 et 15 ans** children (who are) between 10 and 15, 10 to 15 year-olds ◆ **des bâtiments qui ont plus de 250 ans** buildings (that are) more than 250 years old

[9] [= SOUFFRIR DE] *[+ rhume, maladie]* to have ◆ **il a la rougeole** he's got measles ◆ **il a eu la rougeole à 10 ans** he had measles when he was 10 MAIS ◆ **il ne veut pas dire ce qu'il a** he won't say what's wrong (with him)

[10] [= ÉPROUVER] ◆ **avoir le sentiment/l'impression que** to have the feeling/the impression that ◆ **qu'est-ce que tu as ?** what's the matter (with you)?, what's wrong (with you)? ◆ **il a sûrement quelque chose** I'm sure there's something the matter with him *ou* something wrong with him ◆ **qu'est-ce que tu as ? – j'ai que je suis exténué** what's the matter? – I'll tell you what the matter is, I'm worn out ◆ **il a qu'il est jaloux** he's jealous, that's what's wrong *ou* the matter with him ◆ **qu'est-ce qu'il a à pleurer ?** what's he crying for?

[11] [= FAIRE]

Lorsque **avoir** signifie **exprimer** ou **faire**, il se traduit généralement par un verbe spécifique en anglais ; cherchez sous le substantif.

◆ **il eut un geste d'énervement** he made an irritated gesture ◆ **elle eut un sourire malin** she gave a knowing smile, she smiled knowingly ◆ **il eut une grimace de douleur** he winced ◆ **elle a eu un regard haineux** she gave us a spiteful look ◆ **ils ont eu des remarques malheureuses** they made *ou* passed *(Brit)* some unfortunate remarks

[12] [= RECEVOIR] ◆ **avoir des amis à dîner** to have friends to dinner ◆ **j'ai eu mon frère à déjeuner** I had my brother round for lunch ◆ **il aime avoir des amis** he likes to have friends over *ou* round *(Brit)*, he likes to entertain friends

[13] [SUIVI D'UNE ACTIVITÉ] to have ◆ **ils ont des soirées deux ou trois fois par semaine** they have parties two or three times a week ◆ **je n'ai rien ce soir** I've nothing on this evening, I'm not doing anything this evening ◆ **j'ai français à 10 heures** *(Scol)* I've got French at 10

[14] [= TOUCHER, ATTRAPER, VAINCRE] to get ◆ **je l'ai eu !** *(cible)* got it! ◆ **ils ont fini par avoir le coupable** they got the culprit in the end ◆ **dans la fusillade, ils ont eu le chef de la bande** in the shoot-out they got the gang leader ◆ **on les aura !** we'll have *ou* get them!* ◆ **je t'aurai !** I'll get you!* ◆ **elle m'a eu au sentiment** she took advantage of my better nature

[15] [* = DUPER] *[escroc]* to have*, to take in*, to con⁑; *[plaisantin]* to take in* ◆ **ils m'ont eu, j'ai été eu⁑** I've been had* ◆ **je t'ai bien eu !** got you there!* ◆ **se faire avoir** *(par escroc)* to be had*, to be taken in*; *(par un plaisantin)* to be taken in* ◆ **je me suis fait avoir de 5 €** I was conned out of €5⁑ ◆ **il s'est laissé avoir** he let himself be taken in*

[16] [LOCUTIONS]

◆ **avoir à** + *infinitif* (= *devoir*) ◆ **j'ai à travailler** I've got some work to do ◆ **il a un bouton à recoudre** he's got a button that needs sewing on

◆ **n'avoir qu'à** ◆ **tu n'as qu'à me téléphoner demain** just give me a ring tomorrow ◆ **tu n'as qu'à appuyer sur le bouton, et ça se met en marche** (you) just press the knob, and it starts working ◆ **c'est simple, vous n'avez qu'à lui écrire** it's simple, all you have to do is write to him ◆ **tu n'avais qu'à ne pas y aller** you shouldn't have gone (in the first place) ◆ **s'il n'est pas content, il n'a qu'à partir** if he doesn't like it, he can always leave

◆ **en avoir⁑** (= *être courageux*) to have guts* *ou* balls⁂

2 - VERBE AUXILIAIRE

En tant qu'auxiliaire, **avoir** se traduit par **have** sauf dans certains emplois du passé qui sont rendus par des prétérits.

◆ **j'ai déjà couru 10 km** I've already run 10 km ◆ **il a été renvoyé deux fois** he has been dismissed twice ◆ **quand il eut** *ou* **a eu parlé** when he had spoken ◆ **il n'est pas bien, il a dû trop manger** he is not well, he must have eaten too much ◆ **nous aurons terminé demain** we'll have finished tomorrow ◆ **si je l'avais vu** if I had seen him ◆ **j'étais pressé, j'ai couru** I was in a hurry so I ran ◆ **il a fini hier** he finished yesterday

3 - VERBE IMPERSONNEL

il y a

[1] [RÉALITÉ, EXISTENCE] *(suivi d'un nom singulier)* there is; *(suivi d'un nom pluriel)* there are ◆ **il y a un chien à la porte** there's a dog at the door ◆ **il n'y avait que moi** there was only me, I was the only one ◆ **il y a eu trois blessés** three people were injured, there were three injured ◆ **il y a voiture et voiture !** there are cars and cars!

◆ **il y en a, y en a*** *(avec antécédent au singulier)* there is some; *(avec antécédent au pluriel)* there are some ◆ **j'achète du pain ? – non, il y en a (encore)** shall I buy some bread? – no, there's some left ◆ **quand y en a pour deux, y en a pour trois*** *(nourriture)* there's plenty for everyone; *(place)* there's plenty of room for everyone ◆ **il y en a pour dire** *ou* **qui disent...** there are some *ou* those who say..., some say... ◆ **quand il n'y en a plus, il y en a encore !*** there's plenty more where that came from!* ◆ **il y en a qui feraient mieux de se taire !** some people would do better to keep quiet! ◆ **il y en a, je vous jure !*** some people, honestly!*, really, some people!*

◆ **il n'y en a que pour** ◆ **il n'y en a que pour mon petit frère, à la maison** my little brother gets all the attention at home ◆ **il n'y en a eu que pour lui pendant l'émission** the whole programme revolved around him

◆ **qu'y a-t-il ?, qu'est-ce qu'il y a ?** (= *que se passe-t-il*) what is it?, what's the matter?, what's up?*; (= *qu'est-ce qui ne va pas*) what's wrong?, what's the matter?, what's up?*

◆ **il y a que*** ◆ **il y a que nous sommes mécontents !** we're annoyed, that's what!*

◆ **il n'y a (pas) que** ◆ **il n'y a pas que toi** you're not the only one! ◆ **il n'y a que lui pour faire cela !** only HE would do that!, trust him to do that! ◆ **il n'y a pas que nous à le dire** we're not the only ones who say *ou* to say that

♦ **(il n')y a pas*** ♦ **il n'y a pas, (il) faut que je parte** it's no good, I've got to go ♦ **y a pas, il faut qu'il désobéisse** he just won't do as he's told ♦ **il n'y a pas à dire, il est très intelligent** there's no denying he's very intelligent

♦ **il n'y a qu'à** + infinitif, **y a qu'à** + infinitif* ♦ **il n'y a qu'à les laisser partir** just let them go ♦ **il n'y a qu'à protester** we'll just have to protest, why don't we protest ♦ **y a qu'à lui dire*** why don't we just tell him ♦ **y avait qu'à le prendre, alors !*** why didn't you take it then!

② [= IL SE PASSE] ♦ **il y a eu des émeutes dans la capitale** there have been riots in the capital ♦ **il y a eu un accident/une inondation** there has been an accident/flooding ♦ **qu'est-ce qu'il y a eu ?** what's happened? ♦ **il y a eu quelque chose de grave** something serious has happened

♦ **il y avait une fois...** once upon a time, there was...

③ [AVEC UNE DURÉE]

> Dans le cas d'une action non révolue, **for** s'emploie avec le present perfect lorsque le verbe français est au présent, et avec le pluperfect lorsque le verbe français est à l'imparfait.

♦ **il y a 10 ans que je le connais** I've known him (for) 10 years ♦ **il y avait longtemps qu'elle désirait ce livre** she had wanted ou been wanting this book for a long time

> Dans le cas d'une action révolue, on emploie **ago** et le prétérit.

♦ **il y a 10 ans, nous étions à Paris** 10 years ago we were in Paris ♦ **il est né il y a tout juste un an** he was born just one year ago ♦ **il y a 10 jours/10 minutes que nous sommes rentrés, nous sommes rentrés il y a 10 jours/10 minutes** we got back 10 days/10 minutes ago, we have been back 10 days/10 minutes ♦ **il n'y a pas un quart d'heure qu'il est parti** he left not a quarter of an hour ago MAIS ♦ **il y aura 10 ans demain que je ne l'ai vu** it will be 10 years tomorrow since I last saw him

④ [SUIVI D'UNE DISTANCE] ♦ **il y a 10 km d'ici à Paris** it is 10 km from here to Paris ♦ **combien y a-t-il d'ici à Lille ?** how far is it from here to Lille?

4 - NOM MASCULIN

① [= BIEN] assets ♦ **il a investi tout son avoir dans l'entreprise** he invested all his assets in the firm ♦ **son avoir était bien peu de chose** what he had wasn't much

② [COMM] (= actif) credit (side); (= billet de crédit) credit note ♦ **avoir fiscal** (Fin) tax credit ♦ **vous pouvez me faire un avoir ?** can you give me a credit note?

5 - NOM MASCULIN PL

avoirs holdings, assets ♦ **avoirs à l'étranger** foreign assets ou holdings ♦ **avoirs en caisse** ou **en numéraire** cash holdings ♦ **avoirs financiers** financial resources

avoirdupoids /avwaʀdypwɑ/ NM avoirdupois

avoisinant, e /avwazinɑ̃, ɑ̃t/ SYN ADJ [région, pays] neighbouring (Brit), neighboring (US); [rue, ferme] nearby, neighbouring (Brit), neighboring (US) ♦ **dans les rues avoisinantes** in the nearby streets, in the streets close by ou nearby

avoisiner /avwazine/ SYN ▸ conjug 1 ◂ VT [+ lieu] (= être proche de) to be near ou close to; (= être contigu à) to border on; [prix, température, taux] to be close to ♦ **son indifférence avoisine le mépris** his indifference borders on ou verges on contempt

avortement /avɔʀtəmɑ̃/ NM ① (Méd) abortion ♦ **campagne contre l'avortement** anti-abortion campaign ♦ **avortement thérapeutique** termination (of pregnancy) (for medical reasons)

② ♦ **l' avortement de** (fig) the failure of

avorter /avɔʀte/ SYN ▸ conjug 1 ◂

VI ① (Méd) to have an abortion, to abort ♦ **faire avorter qn** [personne] to give sb an abortion, to abort sb; [remède] to make sb abort ♦ **se faire avorter** to have an abortion

② (fig) to fail, to come to nothing ♦ **faire avorter un projet** to frustrate ou wreck a plan ♦ **projet avorté** abortive plan

VT (Méd) to abort, to perform an abortion on

avorteur, -euse /avɔʀtœʀ, øz/ NM,F abortionist

avorton /avɔʀtɔ̃/ NM (péj = personne) little runt (péj); (= arbre, plante) puny ou stunted specimen; (= animal) puny specimen

avouable /avwabl/ ADJ acceptable ♦ **procédés peu avouables** fairly disreputable methods

avoué, e /avwe/ (ptp de avouer)

NM ≈ solicitor (Brit), ≈ attorney-at-law (US)

ADJ [ennemi, revenu, but] avowed

avouer /avwe/ SYN ▸ conjug 1 ◂

VT [+ amour] to confess, to avow (littér); [+ crime] to confess (to), to own up to; [+ fait] to acknowledge, to admit; [+ faiblesse, vice] to admit to, to confess to ♦ **avouer avoir menti** to admit ou confess that one has lied, to admit ou own up to lying ♦ **avouer que...** to admit ou confess that... ♦ **elle est douée, je l'avoue** she is gifted, I (must) admit; → **faute**

VI ① (= se confesser) [coupable] to confess, to own up

② (= admettre) to admit, to confess ♦ **tu avoueras, c'est un peu fort !** you must admit ou confess, it is a bit much!

VPR **s'avouer** ♦ **s'avouer coupable** to admit ou confess one's guilt ♦ **s'avouer vaincu** to admit ou acknowledge defeat ♦ **s'avouer déçu** to admit to being disappointed

avril /avʀil/ NM April ♦ **en avril ne te découvre pas d'un fil** (Prov) ≈ ne'er cast a clout till May be out; → **poisson, premier** ; pour autres loc voir **septembre**

avulsion /avylsjɔ̃/ NF (Méd) avulsion

avunculaire /avɔ̃kylɛʀ/ ADJ avuncular

AWACS /awaks/ NM (abrév de **Airborne Warning And Control System**) AWACS ♦ **(avion) AWACS** AWACS (plane) ♦ **avion-radar AWACS** AWACS early-warning (radar) plane

axe /aks/ SYN NM ① (= ligne) axis

② (= essieu) axle

♦ **dans l'axe** (= dans le prolongement) ♦ **cette rue est dans l'axe de l'église** this street is directly in line with the church ♦ **mets-toi bien dans l'axe (de la cible)** line up on the target, get directly in line with the target

③ (= route) trunk road (Brit), main highway (US) ♦ **les grands axes (routiers)** the main roads, the major trunk roads (Brit), the main highways (US) ♦ **les vols réguliers sur l'axe Paris-Marseille** the regular flights on the Paris-Marseilles route ♦ **axe rouge** (à Paris) no stopping zone, clearway (Brit)

④ (fig) [de débat, théorie, politique] main line

⑤ (Hist, Pol) ♦ **l'Axe** the Axis ♦ **l'axe Paris-Bonn dans la construction européenne** the Paris-Bonn axis in the construction of Europe

axel /aksɛl/ NM axel

axénique /aksenik/ ADJ axenic

axer /akse/ SYN ▸ conjug 1 ◂ VT ♦ **axer qch sur/autour de** to centre (Brit) ou center (US) sth on/around

> ⚠ **axer** ne se traduit pas par **to axe**, qui a le sens de 'couper à la hache'.

♦ **il est très axé sur la politique** he's very interested in politics ♦ **leur rapport est axé sur l'environnement** their report focuses on the environment

axial, e (mpl -iaux) /aksjal, jo/ ADJ axial ♦ **éclairage axial** central overhead lighting

axile /aksil/ ADJ axial; (Bot) axile

axillaire /aksilɛʀ/ ADJ axillary

axiologie /aksjɔlɔʒi/ NF axiology

axiologique /aksjɔlɔʒik/ ADJ axiological

axiomatique /aksjɔmatik/

ADJ axiomatic

NF axiomatics (sg)

axiomatiser /aksjɔmatize/ ▸ conjug 1 ◂ VT to axiomatize

axiome /aksjom/ NM axiom

axis /aksis/ NM axis (vertebra)

axisymétrique /aksisimetʀik/ ADJ axisymmetric(al)

axolotl /aksɔlɔtl/ NM axolotl

axone /akson/ NM axon(e)

axonométrie /aksɔnɔmetʀi/ NF axonometric projection

axonométrique /aksɔnɔmetʀik/ ADJ axonometric

ayant cause (pl **ayants cause**) /ɛjɑ̃koz/ NM (Jur) legal successor, successor in title ♦ **les ayants cause du défunt** the beneficiaries of the deceased

ayant droit (pl **ayants droit**) /ɛjɑ̃dʀwa/ NM ① (Jur) ⇒ **ayant cause**

② [de prestation, pension] eligible party ♦ **ayant droit à** party entitled to ou eligible for

ayatollah /ajatɔla/ NM ayatollah ♦ **les ayatollahs de la morale** moral zealots

aye-aye /ajaj/ NM (= animal) aye-aye

ayurvédique /ajyʀvedik/ ADJ Ayruvedic

azalée /azale/ NF azalea

azéotrope /azeɔtʀɔp/ ADJ azeotropic

Azerbaïdjan /azɛʀbaidʒɑ̃/ NM Azerbaijan

azerbaïdjanais, e /azɛʀbaidʒanɛ, ɛz/

ADJ Azerbaijani

NM (= langue) Azerbaijani

NM,F **Azerbaïdjanais(e)** Azerbaijani

azéri, e /azeʀi/

ADJ Azeri, Azerbaijani

NM (= langue) Azerbaijani

NM,F **Azéri(e)** Azeri, Azerbaijani

azerole /azʀɔl/ NF azerole

azerolier /azʀɔlje/ NM Neopolitan medlar

AZERTY /azɛʀti/ ADJ INV ♦ **clavier AZERTY** AZERTY keyboard

azimut /azimyt/ NM (Astron) azimuth (fig) ♦ **chercher qn dans tous les azimuts** to look everywhere ou all over the place for sb, to search high and low for sb

♦ **tous azimuts** * (= dans toutes les directions) everywhere, all over the place; [offensive, campagne] all-out (épith); [négociation] wide-ranging (épith); [réformes] wholesale ♦ **la banque a connu une expansion tous azimuts** the bank has undergone a dramatic expansion ♦ **il attaque tous azimuts** he lashes out in all directions ♦ **elle téléphonait tous azimuts** she phoned around everywhere

azimutal, e (mpl -aux) /azimytal, o/ ADJ azimuthal

azimuté, e* /azimyte/ ADJ crazy*, nuts*, mad

Azincourt /azɛ̃kuʀ/ N Agincourt

azoïque[1] /azɔik/ ADJ (Géol) azoic

azoïque[2] /azɔik/ ADJ (Chim) azo

azoospermie /azoospɛʀmi/ NF azoospermia

azote /azɔt/ NM nitrogen

azoté, e /azɔte/ ADJ [substance, base] nitrogenous; → **engrais**

azotémie /azɔtemi/ NF azotaemia (Brit), azotemia (US)

azotémique /azɔtemik/ ADJ azotaemic (Brit), azotemic (US)

azothydrique /azɔtidʀik/ ADJ ♦ **acide azothydrique** hydrazoic acid

AZT /azedte/ NM (abrév de **azidothymidine**) AZT

aztèque /astɛk/

ADJ Aztec

NMF **Aztèque** Aztec

azur /azyʀ/ NM (littér) (= couleur) azure, sky blue; (= ciel) skies, sky; (Héraldique) azure → **côte**

azuré, e /azyʀe/ (ptp de azurer) ADJ azure

azuréen, -enne /azyʀeɛ̃, ɛn/ ADJ ① (= de la côte d'Azur) of the French Riviera

② (littér) [yeux, bleu, ciel] azure

azurer /azyʀe/ ▸ conjug 1 ◂ VT [+ linge] to blue; (littér) to azure, to tinge with blue

azyme /azim/

ADJ unleavened; → **pain**

NM unleavened bread ♦ **fête des Azymes** Passover

B

B, b¹ /be/ **NM** (= *lettre*) B, b

b² (abrév de **bien**) (*Scol*) g, good

b2b /bitubi/ **ADJ** (abrév de **business to business**) B2B

b2c /bitusi/ **ADJ** (abrév de **business to consumer**) B2C

B.A. /bea/ **NF** (abrév de **bonne action**) good deed ◆ **faire sa B. A. (quotidienne)** to do one's good deed for the day

Baal /bal/ **N** Baal

B.A.-BA /beaba/ **NM SG** ◆ **le B.A.-BA** the ABC (*de* of) ◆ **il n'en est qu'au B.A.-BA** he's just starting off, he's just a beginner

baba¹ /baba/ **NM** (*Culin*) baba ◆ **baba au rhum** rum baba

baba² /baba/
- **NM** ◆ **il l'a eu dans le baba**⁎ it was one in the eye for him ⁎
- **ADJ** ◆ **j'en suis resté baba**⁎ I was flabbergasted *ou* dumbfounded, I was gobsmacked ⁎ (*Brit*)

baba³⁎ /baba/, **baba cool**⁎ (pl **babas cool**) /babakul/ **NMF, ADJ** hippy

Babel /babɛl/ **N** Babel; → **tour¹**

babélisme /babelism/ **NM** babelism

babeurre /babœʁ/ **NM** buttermilk

babil /babil/ **NM** (*littér*) [*de bébé*] babble; [*d'enfant*] prattle; [*d'adulte*] chatter; [*d'oiseau*] twittering; [*de ruisseau*] babbling

babillage /babijaʒ/ **NM** [*d'enfant*] prattle; [*d'adulte*] chatter

babillard, e /babijaʁ, aʁd/
- **ADJ** (*littér*) [*adulte*] chattering; [*bébé*] babbling; [*oiseau*] twittering; [*ruisseau*] babbling, chattering
- **NM,F** (*personne*) chatterbox
- **NM** (*Can*) notice *ou* bulletin board ◆ **babillard électronique** electronic bulletin board
- **NF** **babillarde**⁎ syn (= *lettre*) letter, note

babiller /babije/ ▶ conjug 1 ◀ **VI** [*personne*] to chatter; [*bébé*] to babble; [*enfant*] to prattle; [*oiseau*] to twitter; [*ruisseau*] to babble, to chatter

babines /babin/ **NFPL** [*d'animal*] chops; ⁎ [*de personne*] chops⁎, lips; → **lécher**

babiole /babjɔl/ syn **NF** (= *bibelot*) trinket, knickknack; (= *vétille*) trifle, triviality ◆ **offrir une babiole** (= *cadeau*) to give a small token *ou* a little something

babiroussa /babiʁusa/ **NM** babirusa

bâbord /babɔʁ/ **NM** port (side) ◆ **par** *ou* **à bâbord** on the port side, to port ◆ **par bâbord arrière** aft on the port side

babouche /babuʃ/ **NF** babouche, slipper (*worn in North African countries and the Middle East*)

babouin /babwɛ̃/ **NM** baboon

baboune⁎ /babun/ **NF** (*Can*) lip ◆ **faire la baboune** (*de déception, de dédain*) to pout; (*de dégoût*) to grimace ◆ **elle m'a fait la baboune toute la journée** she was sulky *ou* huffy⁎ with me all day

baby /babi/
- **ADJ INV** ◆ **taille baby** baby size
- **NM** (= *whisky*) shot of scotch

baby-blues /babibluz/ **NM INV** baby blues⁎, postnatal depression ◆ **avoir le baby-blues** to have the baby blues⁎, to be suffering from postnatal depression

baby-boom (pl **baby-booms**) /babibum/ **NM** baby boom ◆ **les enfants du baby-boom** the baby-boomers

baby-foot (pl **baby-foots**) /babifut/ **NM INV** (= *jeu*) table football; (= *appareil*) football table

Babylone /babilɔn/ **N** Babylon

babylonien, -ienne /babilɔnjɛ̃, jɛn/
- **ADJ** Babylonian
- **NM,F** **Babylonien(ne)** Babylonian

baby-sitter (pl **baby-sitters**) /babisitœʁ/ **NMF** baby-sitter

baby-sitting (pl **baby-sittings**) /babisitiŋ/ **NM** baby-sitting ◆ **faire du baby-sitting** to baby-sit, to do baby-sitting

bac¹ /bak/ syn **NM** 1 (= *bateau*) (*gén*) ferry, ferry-boat; (*pour voitures*) car-ferry ◆ **bac aérien** air ferry

2 (= *récipient*) tub; (*dans une usine*) tank, vat; (*Peinture, Photo*) tray; [*d'évier*] sink; [*de courrier, imprimante*] tray ◆ **bac à douche** shower tray ◆ **bac (à fleurs)** planter, tub ◆ **bac à glace** ice-tray ◆ **bac à laver** washtub, (deep) sink ◆ **bac à légumes** vegetable compartment *ou* tray ◆ **bac à réserve d'eau** self-watering planter ◆ **bac à sable** sandpit ◆ **évier (à) deux bacs** double sink unit ◆ **glace vendue en bacs de deux litres** ice-cream sold in two-litre tubs

3 (= *présentoir*) display stand ◆ **dans les bacs à partir de septembre** available from September

bac² ⁎ /bak/ **NM** (abrév de **baccalauréat**) 1 (*en France*) ◆ **formation bac + 3** ≈ 3 years' higher education ◆ **bac professionnel, bac pro** vocational baccalauréat ; *pour autres loc voir* **baccalauréat**

2 (*au Canada* = *licence*) ≈ BA

baccalauréat /bakalɔʁea/ syn **NM** 1 (*en France*) baccalauréat, school leaving certificate, ≈ A-levels (*Brit*), ≈ high school diploma (*US*)

2 (*au Canada* = *licence*) ≈ BA ◆ **baccalauréat en droit** law degree, LLB (*Brit*)

▸ **BACCALAURÉAT**

The "bac", as it is popularly known, is the school leaving examination all French schoolchildren take in their final year at the "lycée". Before beginning their **baccalauréat** studies, pupils choose a specialization known as a "série", represented by an initial letter: a "bac" with a scientific bias is known as a "bac S" (for "scientifique") while an arts-oriented "bac" is referred to as a "bac L" (for "littéraire"), for example. When the word "bac" is followed by a plus sign and a number, this refers to the number of years of formal study completed since obtaining the baccalauréat qualification: "bac" + 3 refers to the "licence" or equivalent, "bac" + 4 to the "maîtrise", etc. These abbreviations are often used in job advertisements to indicate the level of qualification required.

baccara /bakaʁa/ **NM** (*Casino*) baccara(t)

baccarat /bakaʁa/ **NM** ◆ **(cristal de) baccarat** Baccarat crystal

bacchanale /bakanal/ **NF** 1 (= *danse*) bacchanalian *ou* drunken dance; († = *orgie*) orgy, drunken revel

2 (*Antiq*) ◆ **bacchanales** Bacchanalia

bacchante /bakɑ̃t/
- **NF** (*Antiq*) bacchante
- **NFPL** **bacchantes** ⁎ moustache, whiskers (*hum*)

Bacchus /bakys/ **NM** Bacchus

baccifère /baksifɛʁ/ **ADJ** bacciferous

bacciforme /baksifɔʁm/ **ADJ** bacciform

Bach /bak/ **N** Bach

bâchage /baʃaʒ/ **NM** covering

bâche /baʃ/ **NF** 1 (= *toile*) canvas cover *ou* sheet; [*de camion*] tarpaulin, tarp (*US*); [*de piscine*] (plastic *ou* canvas) cover ◆ **bâche goudronnée** tarpaulin, tarp (*US*)

2 (*Tech*) (= *réservoir*) tank, cistern; (= *carter*) housing; (= *serre*) forcing frame

bachelier, -ière /baʃəlje, jɛʁ/ **NM,F** person who has passed the baccalauréat

bâcher /baʃe/ syn ▶ conjug 1 ◀ **VT** to cover with a canvas sheet, to put a canvas sheet over ◆ **camion bâché** covered truck *ou* lorry (*Brit*)

bachi-bouzouk (pl **bachi-bouzouks**) /baʃibuzuk/ **NM** bashibazouk

bachique /baʃik/ **ADJ** (*Antiq, fig*) Bacchic ◆ **fêtes bachiques** bacchanalian revels ◆ **chanson bachique** drinking song

bachot¹ † ⁎ /baʃo/ **NM** → **boîte**; ⇒ **baccalauréat**

bachot² /baʃo/ **NM** (small) boat, skiff

bachotage /baʃotaʒ/ **NM** (*Scol*) cramming, swotting (*Brit*) ◆ **faire du bachotage** to cram *ou* swot (*Brit*) (for an exam)

bachoter /baʃote/ ▶ conjug 1 ◀ **VI** (*Scol*) to cram *ou* swot (*Brit*) (for an exam)

bacillaire /basilɛʁ/ **ADJ** [*maladie*] bacillary; [*malade*] tubercular

bacille /basil/ **NM** (*gén*) germ, bacillus (*SPÉC*) ◆ **le bacille virgule** the comma bacillus ◆ **le bacille de Koch/de Hansen** Koch's/Hansen('s) bacillus

bacilliforme /basilifɔʁm/ **ADJ** bacilliform

bacillose /basiloz/ **NF** (*gén*) bacillus infection; (= *tuberculose*) tuberculosis

bacillurie /basilyʁi/ **NF** bacilluria

backgammon /bakgamɔn/ **NM** backgammon

bâclage /bɑklaʒ/ **NM** botching

bâcle /bɑkl/ **NF** [*de porte, fenêtre*] bar

bâcler /bɑkle/ syn ▶ conjug 1 ◀ **VT** [+ *travail, devoir*] to botch (up); [+ *cérémonie*] to skip through, to hurry over ◆ **bâcler sa toilette** to have a quick wash ◆ **la fin du film est bâclée** the ending of the film is a bit of a mess ◆ **c'est du travail bâclé** it's slapdash work

bacon /bekɔn/ NM (= *lard*) bacon; (= *jambon fumé*) smoked loin of pork ◆ **œufs au bacon** bacon and eggs

bactéricide /bakteRisid/
ADJ bactericidal
NM bactericide

bactérie /bakteRi/ NF bacterium ◆ **bactéries** bacteria ◆ **on a découvert une nouvelle bactérie** a new strain of bacteria *ou* a new bacterium has been discovered ◆ **bactérie multi-résistante** multiresistant bacterium, superbug*

bactérien, -ienne /bakteRjɛ̃, jɛn/ ADJ [*contamination, pollution*] bacterial

bactériologie /bakteRjɔlɔʒi/ NF bacteriology

bactériologique /bakteRjɔlɔʒik/ ADJ [*arme, examen*] bacteriological

bactériologiste /bakteRjɔlɔʒist/ NMF bacteriologist

bactériophage /bakteRjɔfaʒ/ NM bacteriophage

bactériostatique /bakteRjɔstatik/ ADJ bacteriostatic

badaboum */badabum/ EXCL crash, bang, wallop!

badaud, e /bado, od/ SYN
NM,F (*qui regarde*) onlooker; (*qui se promène*) passer-by
ADJ ◆ **les Parisiens sont très badauds** Parisians are full of idle curiosity

badauder † /badode/ ▸ conjug 1 ◂ VI (= *se promener*) to stroll (*dans* about); (= *regarder*) to gawk, to gawp

badauderie † /badodRi/ NF (idle) curiosity

baderne /badɛRn/ NF (*péj*) ◆ **(vieille) baderne** old fogey*

badge /badʒ/ NM (*gén*) badge, button (US); (*d'identité*) name badge *ou* tag; (*pour visiteur*) visitor's badge, (visitor's) pass; (= *carte électronique*) swipe card

badgé, e /badʒe/ ADJ [*personne*] wearing a badge

badgeage /badʒaʒ/ NM badging

badger /badʒe/ ▸ conjug 1 ◂ VI to badge

badgeuse /badʒøz/ NF badge reader

badiane /badjan/ NF star anis, badian

badigeon /badiʒɔ̃/ NM [*de mur intérieur*] distemper; [*de mur extérieur*] (*lait de chaux*) whitewash; (*coloré*) coloured distemper, colourwash (*Brit*) ◆ **un coup de badigeon** a coat of distemper *ou* whitewash

badigeonnage /badiʒɔnaʒ/ NM ① [*de mur intérieur*] distempering; [*de mur extérieur*] (*au lait de chaux*) whitewashing; (*coloré*) colourwashing
② [*de plaie*] painting

badigeonner /badiʒɔne/ SYN ▸ conjug 1 ◂ VT
① [+ *mur intérieur*] to distemper; [+ *mur extérieur*] (*au lait de chaux*) to whitewash ; (*en couleur*) to colourwash (*Brit*)
② (= *barbouiller*) [+ *visage, surface*] to smear, to daub, to cover (*de* with) ◆ **se badigeonner de crème** to smear o.s. with cream
③ [+ *plaie*] to paint (*à, avec* with) ◆ **se badigeonner la gorge** to paint one's throat (*à* with) ◆ **badigeonner une plaie de qch** to swab a wound with sth
④ (*Culin*) to brush (*de* with)

badigoinces*‡ /badigwɛ̃s/ NFPL lips ◆ **se lécher les badigoinces** to lick one's lips *ou* chops *

badin¹, e¹ † /badɛ̃, in/ SYN ADJ [*personne*] jocular; [*humeur*] light-hearted, playful; [*propos*] bantering, playful ◆ **sur un** *ou* **d'un ton badin** playfully, in a bantering *ou* jesting tone

badin² /badɛ̃/ NM (= *anémomètre*) airspeed indicator

badinage /badinaʒ/ SYN NM (= *propos légers*) banter (NonC) ◆ **sur un ton de badinage** in a bantering *ou* jesting tone, playfully

badine² /badin/ NF switch, rod

badiner /badine/ SYN ▸ conjug 1 ◂ VI ① († = *plaisanter*) to (exchange) banter, to jest † ◆ **pour badiner** for a jest †, in jest
② (*en négation*) ◆ **c'est quelqu'un qui ne badine pas** he doesn't stand for any nonsense ◆ **il ne badine pas sur la discipline** he's a stickler for discipline, he has strict ideas about discipline ◆ **il ne faut pas badiner avec ce genre de maladie** this sort of illness is not to be treated lightly ◆ **et je ne badine pas !** and I'm not joking!

badinerie † /badinRi/ NF jest †

badminton /badminton/ NM badminton

bâdrant, e* /bɑdRɑ̃, ɑ̃t/ ADJ (*Can*) bothersome ◆ **t'es vraiment bâdrant avec tes questions** you're being a real nuisance *ou* a real pain in the neck* with your questions

bâdrer* /bɑdRe/ ▸ conjug 1 ◂ VT (*Can*) to bother ◆ **tu commences à me bâdrer avec tes questions** you're beginning to get on my nerves with your questions

BAFA /bafa/ NM (abrév de **brevet d'aptitude à la fonction d'animateur**) → **brevet**

baffe* /baf/ NF slap, clout* (*Brit*) ◆ **donner une paire de baffes à qn** to slap sb across the face ◆ **recevoir une baffe** to get slapped, to get a clip on *ou* round the ear* (*Brit*)

Baffin /bafin/ NM ◆ **mer** *ou* **baie de Baffin** Baffin Bay ◆ **terre de Baffin** Baffin Island

baffle /bafl/ NM (= *panneau*) baffle (board *ou* plate); (= *enceinte*) speaker

bafouer /bafwe/ SYN ▸ conjug 1 ◂ VT [+ *autorité*] to flout, to scorn; [+ *droit, valeurs*] to scorn, to scoff at ◆ **mari bafoué** † cuckold †

bafouillage /bafujaʒ/ NM (= *bredouillage*) spluttering, stammering; (= *propos incohérents*) gibberish (NonC), babble (NonC)

bafouille* /bafuj/ NF (= *lettre*) letter, note

bafouiller /bafuje/ ▸ conjug 1 ◂
VI (= *bredouiller*) to splutter, to stammer; (= *divaguer*) to talk gibberish, to babble
VT to splutter (out), to stammer (out) ◆ **qu'est-ce qu'il bafouille ?** what's he babbling *ou* jabbering on about?*

bafouilleur, -euse /bafujœR, øz/ NM,F splutterer, stammerer

bâfrer*‡ /bɑfRe/ ▸ conjug 1 ◂
VI to guzzle *, to stuff one's face *
VT to guzzle (down)*, to gobble (down), to wolf (down)*

bâfreur, -euse*‡ /bɑfRœR, øz/ NM,F guzzler*, greedy guts * (*Brit*)

bagage /bagaʒ/ SYN NM ① (= *valises*) ◆ **bagages** luggage (NonC), baggage (NonC) ◆ **faire/défaire ses bagages** to pack/unpack (one's luggage *ou* bags), to do one's packing/unpacking ◆ **envoyer qch en bagages accompagnés** to send sth as registered luggage ◆ **« livraison des bagages »**, **« bagages »** (*dans un aéroport*) "baggage claim", "baggage reclaim" (*Brit*)
② (= *valise*) bag, piece of luggage; (*Mil*) kit ◆ **bagage à main** piece of hand luggage (*Brit*), carry-on bag (US) ◆ **il avait pour tout bagage une serviette** his only luggage was a briefcase
③ (= *connaissances*) stock of knowledge; (= *diplômes*) qualifications ◆ **son bagage intellectuel/littéraire** his stock *ou* store of general/literary knowledge ◆ **ce métier exige un bon bagage technique** you need a good technical background for this profession

bagagerie /bagaʒRi/ NF luggage shop

bagagiste /bagaʒist/ NM (= *manutentionnaire*) baggage *ou* luggage handler; (= *porteur*) porter

bagarre* /bagaR/ SYN NF ① ◆ **la bagarre** fighting ◆ **il cherche/veut la bagarre** he's looking for/wants a fight ◆ **il va y avoir de la bagarre pour la première place** there's going to be a tough fight for first place ◆ **dès qu'ils sont ensemble, c'est la bagarre** as soon as they're together, they're at each other's throats
② (= *rixe*) fight, scuffle; (*entre ivrognes*) brawl; (*fig : entre deux orateurs*) set-to, barney* (*Brit*) ◆ **bagarre générale** free-for-all ◆ **de violentes bagarres ont éclaté** violent scuffles broke out

bagarrer* /bagaRe/ ▸ conjug 1 ◂
VI (*en paroles*) to argue, to wrangle; (*physiquement*) to fight ◆ **ça bagarrait dur à l'Assemblée** things got very rowdy *ou* heated in Parliament
VPR **se bagarrer** (= *se battre*) to fight, to scuffle, to scrap*; (= *se disputer*) to have a set-to ◆ **on s'est bagarré dur dans les rues** there was violent fighting in the streets

bagarreur, -euse* /bagaRœR, øz/ SYN
ADJ [*caractère*] aggressive, fighting (*épith*) ◆ **il est bagarreur** (= *batailleur*) he's always getting into fights; (= *ambitieux*) he's a fighter
NM,F (= *ambitieux*) fighter; (*Sport*) battler

bagasse /bagas/ NF bagasse

bagatelle /bagatɛl/ SYN NF ① (= *objet*) small thing, trinket; († = *bibelot*) knick-knack, trinket
② (= *somme*) trifling *ou* paltry sum, trifle ◆ **ça m'a coûté la bagatelle de 500 €** it cost me the trifling sum of €500 *ou* a mere €500
③ (= *vétille*) trifle ◆ **perdre son temps à des bagatelles** to fritter away one's time, to waste time on trifles ◆ **bagatelles !** † fiddlesticks! †
④ (= *sexe*)(† *ou hum*) ◆ **être porté sur la bagatelle** [*homme*] to be a bit of a philanderer, to be fond of the women; [*femme*] to be fond of the men

Bagdad /bagdad/ N Baghdad

bagnard /baɲaR/ NM convict ◆ **une vie de bagnard** (*fig*) a slave's existence

bagne /baɲ/ NM (*Hist*) (= *prison*) penal colony; (= *peine*) penal servitude, hard labour ◆ **être condamné au bagne** to be sentenced to hard labour ◆ **quel bagne !*, c'est le bagne !*** (*fig*) it's sheer slavery!

bagnole* /baɲɔl/ NF car ◆ **il aime faire de la bagnole** he likes driving ◆ **ça, c'est de la bagnole !** now that's what I call a car!

bagou(t)* /bagu/ SYN NM volubility, glibness (*péj*) ◆ **avoir du bagou(t)** to have the gift of the gab, to have a glib tongue (*péj*) ◆ **quel bagout il a !** he'd talk the hind leg(s) off a donkey!*

bagouse‡ /baguz/ NF (= *bijou*) ring

baguage /bagaʒ/ NM [*d'oiseau, arbre*] ringing

bague /bag/ SYN NF ① (= *bijou*) ring; [*de cigare*] band; [*d'oiseau*] ring; [*de canette de boisson*] ring-pull, pull-tab ◆ **bague de fiançailles** engagement ring ◆ **il a la bague au doigt** (*hum*) he's married *ou* hitched* (*hum*)
② (*Tech* = *pièce métallique*) collar ◆ **bague allonge** extension tube ◆ **bague d'assemblage** bushing ◆ **bague intermédiaire/de réglage** (*Photo*) adapter/setting ring ◆ **bague de serrage** jubilee clip

bagué, e /bage/ (*ptp de* **baguer**) ADJ [*oiseau*] ringed, banded (US); [*main, doigt*] beringed; [*homard*] with its pincers tied together ◆ **cigare bagué (d'or)** cigar with a (gold) band

baguenaude* /bagnod/ NF ◆ **être en baguenaude** to be gallivanting about

baguenauder VI, **se baguenauder** VPR * /bagnode/ ▸ conjug 1 ◂ (= *faire un tour*) to go for a stroll; (= *traîner*) to trail around, to mooch about * (*Brit*)

baguenaudier /bagnodje/ NM bladder senna

baguer /bage/ ▸ conjug 1 ◂ VT ① [+ *oiseau, arbre*] to ring; (*Tech*) [+ *pièce métallique*] to collar
② (*Couture*) to baste, to tack

baguette /bagɛt/ SYN
NF ① (= *bâton*) stick, switch ◆ **baguettes** (*pour manger*) chopsticks ◆ **baguette de chef d'orchestre** (conductor's) baton ◆ **sous la baguette de Luc Petit** under the baton of Luc Petit, conducted by Luc Petit, with Luc Petit conducting ◆ **mener** *ou* **faire marcher qn à la baguette** to rule sb with a rod of iron *ou* an iron hand
② (= *pain*) baguette, French stick
③ (*Constr*) beading, strip of wood; (= *cache-fils*) (plastic *ou* wood) casing
④ (= *motif sur chaussette, bas*) clock
COMP **baguette de coudrier** hazel stick *ou* switch
baguette de fée magic wand
baguette de fusil ramrod
baguette magique magic wand ◆ **résoudre qch d'un coup de baguette magique** to solve sth by waving a magic wand
baguette de protection latérale [*de voiture*] side trim
baguette de sourcier divining rod
baguette de tambour (*lit*) drumstick ◆ **cheveux raides comme des baguettes de tambour** dead straight *ou* really straight hair
baguette viennoise stick of Vienna bread

baguier /bagje/ NM ring box

bah /ba/ EXCL (*indifférence*) pooh!; (*doute*) well!, really!

Bahamas /baamas/ NFPL ◆ **les (îles) Bahamas** the Bahamas

bahamien, -ienne /baamjɛ̃, ɛn/
ADJ Bahamian
NM,F **Bahamien(ne)** Bahamian

Bahreïn /baRɛn/ NM Bahrain ◆ **à Bahreïn** in Bahrain

bahreïni, e /baRe(j)ni/
ADJ Bahraini, Bahreini
NM,F **Bahreïni(e)** Bahraini, Bahreini

baht /bat/ NM baht

bahut /bay/ NM 1 (= *coffre*) chest; (= *buffet*) sideboard
2 (*arg Scol*) school
3 * (= *camion*) lorry (*Brit*), truck (*surtout US*); (= *voiture*) car; (= *taxi*) cab

bai, e¹ /bɛ/ ADJ [*cheval*] bay

baie² /bɛ/ SYN NF 1 (*Géog*) bay ◆ **la baie d'Hudson** Hudson Bay ◆ **la baie de Somme** the Baie de Somme ◆ **la baie des Anges** the Baie des Anges (*in Nice*) ◆ **la Grande Baie australienne** the Great Australian Bight ◆ **la baie James** James Bay ◆ **la baie des Cochons** the Bay of Pigs
2 (*Archit*) opening ◆ **baie vitrée** (= *fenêtre*) (*gén*) plate glass window; (*panoramique*) picture window

baie³ /bɛ/ SYN NF (= *fruit*) berry ◆ **baies rouges** red berries ◆ **baies roses** pink peppercorns

baignade /bɛɲad/ SYN NF (= *action*) swimming; (= *lieu*) swimming place ◆ « **baignade interdite** » "no swimming", "swimming prohibited" ◆ **c'est l'heure de la baignade** it's time for a swim

baigner /beɲe/ SYN ▸ conjug 1 ◂
VT 1 [+ *bébé, chien*] to bath (*Brit*), to bathe (*US*); [+ *pieds, visage, yeux*] to bathe ◆ **visage baigné de larmes/sueur** face bathed in tears/sweat
2 [*mer, rivière*] to wash, to bathe; [*lumière*] to bathe ◆ **baigné de soleil** bathed in sunlight
VI 1 (= *tremper dans l'eau*) [*linge*] to soak, to lie soaking (*dans* in); (= *tremper dans l'alcool*) [*fruits*] to steep, to soak (*dans* in) ◆ **la viande baignait dans la graisse** the meat was swimming in grease ◆ **la victime baignait dans son sang** the victim was lying in a pool of blood ◆ **la ville baigne dans la brume** the town is shrouded *ou* wrapped in mist ◆ **tout baigne (dans l'huile)** * everything's hunky-dory *, everything's looking great * ◆ **ça baigne !** * great! *, couldn't be better! *
2 (*fig*) ◆ **il baigne dans la joie** his joy knows no bounds, he is bursting with joy ◆ **baigner dans le mystère** [*affaire*] to be shrouded *ou* wrapped in mystery; [*personne*] to be completely mystified *ou* baffled ◆ **baigner dans la culture** to be immersed in culture *ou* surrounded by culture
VPR **se baigner** (*dans la mer, une piscine*) to go swimming, to have a swim; (*dans une baignoire*) to have a bath ◆ **se baigner le visage** to bathe one's face

baigneur, -euse /bɛɲœʀ, øz/
NM,F swimmer, bather (*Brit*)
NM (= *jouet*) baby doll

baignoire /bɛɲwaʀ/ NF 1 [*de salle de bains*] bath(tub), tub (*US*) ◆ **baignoire sabot** ≈ hip-bath ◆ **baignoire à remous** whirlpool *ou* spa bath ◆ **faire subir à qn le supplice de la baignoire** to torture sb by ducking
2 (*Théât*) ground floor box, baignoire
3 [*de sous-marin*] conning tower

Baïkal /bajkal/ NM ◆ **le (lac) Baïkal** Lake Baikal

bail (pl **baux**) /baj, bo/
NM lease ◆ **prendre à bail** to lease, to take out a lease on ◆ **donner à bail** to lease (out) ◆ **faire/passer un bail** to draw up/enter into a lease ◆ **ça fait un bail que je ne l'ai pas vu !** * it's ages since I (last) saw him!, I haven't seen him for ages!
COMP **bail commercial** commercial lease
bail à ferme farming lease
bail à loyer (house-)letting lease (*Brit*), rental lease (*US*)

baille /bɑj/ NF 1 (*Naut* = *baquet*) (wooden) bucket
2 (* = *eau*) ◆ **la baille** (*gén*) the water; (= *mer*) the drink * ◆ **tomber à la baille** to fall into the water *ou* the drink * ◆ **à la baille !** (= *tous dans l'eau !*) everybody in!

bâillement /bɑjmɑ̃/ NM 1 [*de personne*] yawn
2 [*de col*] gaping *ou* loose fit

bailler /baje/ ▸ conjug 1 ◂ VT (†† *ou hum*) to give ◆ **vous me la baillez belle** *ou* **bonne** ! that's a tall tale!

bâiller /bɑje/ ▸ conjug 1 ◂ VI 1 [*personne*] to yawn ◆ **bâiller à s'en décrocher la mâchoire** *ou* **comme une carpe** to yawn one's head off ◆ **bâiller d'ennui** to yawn with *ou* from boredom
2 (= *être trop large*) [*col*] to gape; [*chaussure*] to be too loose
3 (= *être entrouvert*) [*couture, boutonnage*] to gape; [*porte*] to be ajar *ou* half-open; (= *être décousu*) [*chaussure*] to be split open, to gape

bailleur, bailleresse /bajœʀ, bajʀɛs/ NM,F [*de local*] lessor ◆ **bailleur de fonds** backer, sponsor ◆ **bailleur de licence** licensor, licenser

bailli /baji/ NM bailiff

bailliage /bajaʒ/ NM bailiwick

bâillon /bɑjɔ̃/ NM (*lit, fig*) gag ◆ **mettre un bâillon à qn** to gag sb

bâillonner /bɑjɔne/ SYN ▸ conjug 1 ◂ VT [+ *personne*] to gag; [+ *presse, opposition, opinion*] to gag, to muzzle

bain /bɛ̃/ SYN
NM 1 (*dans une baignoire*) bath; (*dans une piscine, la mer*) swim ◆ **prendre un bain** (*dans une baignoire*) to have a bath; (*dans la mer, une piscine*) to have a swim, to take a dip ◆ **bain d'algues/de boue** seaweed/mud bath ◆ **bain de sang** blood bath ◆ **ce séjour à la campagne fut pour elle un bain de fraîcheur** *ou* **de jouvence** that stay in the country put new life into her *ou* revitalized her
2 (= *liquide*) bath(water); (*Chim, Photo*) bath ◆ **bain (de teinture)** dye bath ◆ **bain de fixateur/de révélateur** (*Photo*) fixing/developing bath
3 (= *récipient, baignoire*) bath(tub), tub (*US*); [*de teinturier*] vat
4 (= *piscine*) ◆ **petit/grand bain** shallow/deep end ◆ **bains** (= *lieu*) baths
5 (*locutions*)
♦ **dans le + bain** * ◆ **nous sommes tous dans le même bain** we're all in the same boat ◆ **tu seras vite dans le bain** you'll soon pick it up *ou* get the hang of it * *ou* find your feet (*Brit*) ◆ **mettre qn dans le bain** (= *informer*) to put sb in the picture; (= *compromettre*) to incriminate sb, to implicate sb ◆ **en avouant, il nous a tous mis dans le bain** by owning up, he's involved us all (in it) *ou* mixed us all up in it ◆ **se (re)mettre dans le bain** to get (back) into the swing of things
COMP **bain de bouche** (= *liquide*) mouthwash, oral rinse ◆ **faire des bains de bouche** to use a mouthwash *ou* an oral rinse
bain bouillonnant whirlpool bath
bain de foule walkabout ◆ **prendre un bain de foule** to mingle with the crowd, to go on a walkabout
bain linguistique *ou* **de langue** ◆ **il n'y a rien de tel que le bain linguistique** *ou* **de langue pour apprendre l'anglais** there's nothing like total immersion as a way of learning English
bains de mer sea bathing (*Brit*) *ou* swimming
bain moussant bubble *ou* foam bath
bain d'œil *ou* **oculaire** (= *soin*) eye bath; (= *liquide*) eyewash
bain de pieds foot-bath
bains publics (public) baths
bain à remous whirlpool *ou* spa bath
bains romains Roman baths
bain de siège sitz bath ◆ **prendre un bain de siège** to have a sitz bath
bain de soleil (= *corsage*) sun top, halter ◆ **robe bain de soleil** sun dress ◆ **prendre un bain de soleil** to sunbathe ◆ **les bains de soleil lui sont déconseillés** he has been advised against sunbathing
bain turc Turkish bath
bain de vapeur steam bath

bain-marie (pl **bains-marie**) /bɛ̃maʀi/ NM (hot water in) double boiler, bain-marie ◆ **faire chauffer au bain-marie** [+ *sauce*] to heat in a bain-marie *ou* a double boiler; [+ *boîte de conserve*] to immerse in boiling water

bains-douches /bɛ̃duʃ/ NMPL ◆ **bains-douches municipaux** public baths (with showers)

baïonnette /bajɔnɛt/ NF (*Élec, Mil*) bayonet ◆ **charger baïonnette au canon** to charge with fixed bayonets; → **ampoule, douille**

baisable ** /bɛzabl/ ADJ fuckable ** ◆ **elle est tout à fait baisable** I'd like to give her one (**)

baise ** /bɛz/ NF screwing ** ◆ **il ne pense qu'à la baise** all he ever thinks about is sex ◆ **une bonne baise** a good screw ** *ou* fuck **

baise-en-ville * /bɛzɑ̃vil/ NM INV overnight bag

baisemain /bɛzmɛ̃/ NM ◆ **il lui fit le baisemain** he kissed her hand ◆ **le baisemain ne se pratique plus** it is no longer the custom to kiss a woman's hand

baisement /bɛzmɑ̃/ NM kissing ◆ **baisement de main** kissing of hands

baiser¹ /beze/ SYN NM kiss ◆ **gros baiser** big kiss ◆ **un baiser rapide (sur la joue)** a quick peck (on the cheek) ◆ **baiser d'adieu** parting kiss ◆ **bons baisers** (*en fin de lettre*) love ◆ **baiser de paix** kiss of peace ◆ **baiser de Judas** (*Bible*) kiss of Judas; (= *trahison*) Judas kiss ◆ **donner** *ou* **faire un baiser à qn** to give sb a kiss ◆ **envoyer un baiser à qn** to blow a kiss to sb

baiser² /beze/ SYN ▸ conjug 1 ◂
VT 1 (*frm*) [+ *main, visage, sol*] to kiss
2 (** : *sexuellement*) to screw **, to lay **, to fuck ** ◆ **c'est une mal(-)baisée** (*péj*) she could do with a good lay **
3 (** = *tromper, vaincre*) to have *, to screw ** ◆ **il a été baisé, il s'est fait baiser** he was really had *, he really got screwed **
4 (** = *comprendre*) ◆ **ses histoires, on y baise rien** you can't understand a fucking ** *ou* bloody ** (*Brit*) thing of what he says
VI (** : *sexuellement*) to screw **, to fuck ** ◆ **il/elle baise bien** he's/she's a good fuck ** *ou* lay **

baiseur, -euse ** /bɛzœʀ, øz/ NM,F ◆ **c'est un sacré baiseur** (*actif*) he's always at it **; (*doué*) he's a really good screw **, he's really good in bed

baisodrome ** /bɛzodʀom/ NM love shack * (*US*)

baisse /bɛs/ SYN NF [*de température, prix, niveau, pouvoir d'achat*] fall, drop (*de* in); [*de baromètre, pression*] fall; (*Bourse*) fall; [*de popularité*] decline, drop (*de* in) ◆ **baisse de l'activité économique** downturn *ou* downswing in the economy ◆ « **baisse sur les légumes** » (*par surproduction*) "vegetables down in price"; (*en réclame*) "special offer on vegetables" ◆ **sans baisse de salaire** without salary cuts, without lowering salaries
♦ **à la baisse** ◆ **être à la baisse** (*Bourse*) to be falling ◆ **jouer à la baisse** (*Bourse*) to play for a fall, to go a bear ◆ **réviser** *ou* **revoir les chiffres à la baisse** to revise figures downwards
♦ **être en baisse** [*prix, chômage, actions*] to be going down, to be dropping; [*niveau*] to be dropping; [*demande*] to be slackening; [*natalité*] to be falling; [*popularité*] to be declining *ou* on the wane ◆ **les affaires sont en baisse** there's a slump in business, business is on a downturn ◆ **son moral est en baisse** his morale is getting lower and lower ◆ **la production est en baisse de 8% par rapport à l'année dernière** production is 8% down on last year

baisser /bese/ SYN ▸ conjug 1 ◂
VT 1 [+ *objet*] to lower; [+ *store*] to lower, to pull down; [+ *vitre*] to lower, to let down; (*à la manivelle*) to wind down; [+ *col*] to turn down; (*Théât*) [+ *rideau*] to lower, to ring down ◆ **baisse la branche pour que je puisse l'attraper** pull the branch down so (that) I can reach it ◆ **baisser pavillon** (*sur un bateau*) to lower *ou* strike the flag; (*fig*) to show the white flag, to give in ◆ **une fois le rideau baissé** (*Théât*) once the curtain was down
2 [+ *main, bras*] to lower ◆ **baisser la tête** to lower *ou* bend one's head; (*de chagrin, honte*) to hang *ou* bow one's head; [*plantes*] to wilt, to droop ◆ **baisse la tête, il y a une poutre** watch *ou* mind your head, there's a beam in the way ◆ **baisser les yeux** to look down, to lower one's eyes ◆ **elle entra, les yeux baissés** she came in with downcast eyes ◆ **faire baisser les yeux à qn** to outstare sb, to stare sb out ◆ **baisser le nez** * (*de honte*) to hang one's head ◆ **baisser le nez dans son livre** * to bury one's nose in one's book ◆ **baisser le nez dans son assiette** * to bend over one's plate ◆ **baisser les bras** (*fig*) to give up, to throw in the towel * *ou* sponge *
3 [+ *chauffage, éclairage, radio, son*] to turn down; [+ *voix*] to lower ◆ **baisser le feu** (*Culin*) turn down *ou* lower the heat; → **ton²**
4 [+ *prix*] to lower, to bring down, to reduce ◆ **faire baisser la tension/le chômage** to reduce tension/unemployment
5 [+ *mur*] to lower
VI 1 [*température, prix*] to fall, to drop, to go down; [*baromètre*] to fall; [*pression*] (*Bourse*) to drop, to fall; [*marée*] to go out, to ebb; [*eaux*] to subside, to go down; [*réserves, provisions*] to run *ou* get low; [*popularité*] to decline; [*soleil*] to go down, to sink; → **estime**
2 [*vue, mémoire, forces, santé*] to fail, to dwindle; [*talent*] to decline, to wane ◆ **le jour baisse** the light is failing *ou* dwindling ◆ **il a beaucoup baissé ces derniers temps** he has really gone downhill recently
VPR **se baisser** (*pour ramasser*) to bend down, to stoop; (*pour éviter*) to duck ◆ **il n'y a qu'à se baisser (pour les ramasser)** (*lit*) they're lying thick on the ground; (*fig*) they're there for the taking

baissier, -ière /besje, jɛʀ/ (*Bourse*)
ADJ [*marché, tendance*] bear (*épith*), bearish (*épith*)
NM bear

bajoues /baʒu/ NFPL [d'animal] cheeks, pouches; [de personne] jowls, heavy cheeks

bakchich /bakʃiʃ/ NM baksheesh

bakélite ® /bakelit/ NF Bakelite ®

baklava /baklava/ NM baklava, baclava

bakongo /bakɔ̃go/
▪ ADJ Bakongo
▪ NM,F Bakongo **Bakongo ◆ les Bakongos** the Bakongo (people)

Bakou /baku/ N Baku

BAL /bal/ NF (abrév de **boîte aux lettres**) mailbox

bal (pl **bals**) /bal/
▪ NM (= réunion) dance; (habillé) ball; (= lieu) dance hall ◆ **aller au bal** to go dancing ◆ **ouvrir le bal** (lit) to lead ou open the dancing; (fig) to make the first move ◆ **mener** ou **conduire le bal** (fig) to call the tune ou the shots *, to say what goes *
◆ « **Le Bal des vampires** » (Ciné) "The Fearless Vampire Killers"
▪ COMP **bal champêtre** open-air dance
bal costumé fancy dress ball (Brit), costume ball (US)
bal des débutantes ou **des débs*** coming-out ball
bal masqué masked ball
bal musette popular dance (to the accordion)
bal populaire ou **public** ≈ local dance ou hop * †
bal du 14 juillet Bastille Day dance (free and open to all) → LE QUATORZE JUILLET

balade* /balad/ SYN NF (à pied) walk, stroll; (en voiture) drive, ride; (à vélo, moto) ride; (en bateau) ride, trip ◆ **être en balade** to be out for a walk (ou a drive etc) ◆ **faire une balade, aller en balade** to go for a walk (ou a drive etc) ◆ **j'ai fait une balade à ski** I went skiing ou for a ski

balader* /balade/ SYN ▸ conjug 1 ◂
▪ VT ① (= traîner) [+ chose] to trail around, to carry about; [+ personne] to trail around
② (= promener) [+ personne] to take for a walk; [+ animal] to walk, to take for a walk; (en voiture) to take for a drive ou a ride
③ (= malmener) ◆ **elle s'est fait balader pendant le premier set** (Tennis) her opponent had her running all over the place in the first set ◆ **ils nous ont baladés pendant la première mi-temps** (Rugby, Ftbl) they walked all over us * in the first half
▪ VPR **se balader** ① (à pied) to go for a walk ou a stroll; (en voiture) to go for a drive ou ride ou run; (à vélo, moto) to go for a ride; (en bateau) to go for a ride; (= traîner) to traipse round ◆ **pendant qu'ils se baladaient** while they were out for a walk (ou drive etc) ◆ **aller se balader en Afrique** to go touring round Africa ◆ **la lettre s'est baladée de bureau en bureau** the letter was sent ou shuttled around from one office to another
② (= être en désordre) ◆ **des câbles se baladent partout** there are cables trailing all over the place ◆ **mes cassettes se sont baladées dans la valise** my tapes got knocked around my suitcase
③ (* = être très à l'aise) ◆ **il s'est baladé en chimie** he sailed through his chemistry exam

baladeur, -euse /baladœʀ, øz/
▪ ADJ wandering, roving ◆ **avoir la main baladeuse** ou **les mains baladeuses** to have wandering ou groping * hands ◆ **un micro baladeur circulait dans le public** a microphone circulated round the audience
▪ NM (= magnétophone) Walkman ®, personal stereo
▪ NF **baladeuse** (= lampe) inspection lamp

baladin † /baladɛ̃/ NM wandering entertainer ou actor, strolling player †

baladodiffusion /baladodifyzjɔ̃/ NF podcasting

balafon /balafɔ̃/ NM balafon, African xylophone

balafre /balafʀ/ SYN NF (= blessure au visage) gash; (intentionnelle) slash; (= cicatrice) scar

balafrer /balafʀe/ SYN ▸ conjug 1 ◂ VT ① (= blesser au visage) to gash; (intentionnellement) to slash, to scar ◆ **il s'est balafré** he gashed his face ◆ **une cicatrice lui balafrait la joue** he had a scar running down his cheek
② (= enlaidir) [+ ville, paysage] to scar; [+ vitrine, bâtiment] to deface ◆ **de grandes lézardes balafrent les édifices** the buildings are scarred ou disfigured by huge cracks

balai /balɛ/ SYN
▪ NM ① (gén) broom, brush; [de bruyère, genêt] broom; (Élec) brush; [d'essuie-glace] blade ◆ **passer le balai** to sweep the floor, to give the floor a sweep ◆ **du balai !*** beat it! *, clear off! *
◆ **coup de balai** ◆ **donner un coup de balai** (lit) to give the floor a (quick) sweep, to sweep the floor; (fig) to make a clean sweep ◆ **il y a eu un coup de balai dans la société** they've made a clean sweep in the company, there have been across-the-board redundancies in the company
② (* = an) ◆ **il a 80 balais** he's 80 (years old)
③ (Mus) (wire) brush
▪ COMP **balai de crin** horsehair brush
balai éponge squeezy (Brit) ou sponge (US) mop
balai mécanique carpet sweeper

balai-brosse (pl **balais-brosses**) /balɛbʀɔs/ NM (long-handled) scrubbing brush

balaise */balɛz/ ADJ ⇒ **balèze**

balalaïka /balalaika/ NF balalaika

balance[1] /balɑ̃s/ SYN
▪ NF ① (gén) scales; (à deux plateaux) pair of scales; (à bascule) weighing machine; (pour salle de bains) (bathroom) scales; (pour cuisine) (kitchen) scales; (Chim, Phys) balance ◆ **monter sur la balance** to get on the scales
② (locutions) ◆ **tenir la balance égale entre deux rivaux** to hold the scales even between two rivals ◆ **être en balance** [proposition, sort] to hang in the balance; [candidat] to be under consideration ◆ **mettre dans la** ou **en balance le pour et le contre** to weigh up the pros and cons ◆ **mettre tout son poids dans la balance** to use one's power to tip the scales ◆ **si on met dans la balance son ancienneté** if you take his seniority into account
③ (Écon, Pol, Élec) balance ◆ **balance de l'actif et du passif** balance of assets and liabilities
④ (Astron) ◆ **la Balance** Libra, the Balance ◆ **être (de la) Balance** to be (a) Libra ou a Libran
⑤ (Pêche) drop-net
▪ COMP **balance automatique** electronic scales
balance commerciale ou **du commerce** balance of trade
balance des comptes balance of payments
balance électronique electronic scales
balance des forces balance of power
balance de ménage kitchen scales
balance des paiements ⇒ **balance des comptes**
balance des pouvoirs balance of power
balance de précision precision balance
balance (de) Roberval (Roberval's) balance
balance romaine steelyard

balance[2] /balɑ̃s/ NF (arg Crime) stool pigeon *, grass * (Brit), fink * (US)

balancé, e /balɑ̃se/ (ptp de **balancer**) ADJ ◆ **phrase bien/harmonieusement balancée** well-turned/nicely balanced phrase ◆ **elle est bien balancée** she's well put together *, she's got a good chassis * (US)

balancelle /balɑ̃sɛl/ NF couch hammock (Brit), glider (US)

balancement /balɑ̃smɑ̃/ SYN NM
① (= mouvement) [de corps] sway(ing); [de bras] swing(ing); [de bateau] rocking, motion; [de hanches, branches] swaying
② (Littérat, Mus) balance

balancer /balɑ̃se/ SYN ▸ conjug 3 ◂
▪ VT ① [+ chose, bras, jambe] to swing; [+ bateau, bébé] to rock; (sur une balançoire) to swing, to push ◆ **veux-tu que je te balance ?** do you want me to push ou give you a push? ◆ **le vent balançait les branches** the wind rocked the branches ou set the branches swaying
② (* = lancer) to fling, to chuck * ◆ **balance-moi mon crayon** throw ou chuck * me over my pencil (Brit), toss me my pencil * ◆ **balance ça à la tête de qn** to fling ou chuck * sth at sb's head
③ (* = dire) [+ méchanceté, insanités] to hurl ◆ **il m'a balancé ça en pleine figure** he just came out with it * straight to my face ◆ **qu'est-ce qu'il leur a balancé !** he really let them have it! *
④ (* = se débarrasser de) [+ vieux meubles] to chuck out * ou away *, to toss out ◆ **balance ça à la poubelle** chuck it * in the bin (Brit) ou the trash (US) ◆ **j'ai envie de tout balancer** (travail) I feel like throwing ou chucking * it all in ◆ **balancer qn** (= renvoyer) to give sb the boot * ou the push * (Brit), to chuck sb out * ◆ **il s'est fait balancer de son club** he got kicked out * ou chucked out * of his club
⑤ (= équilibrer) [+ compte, phrases, paquets] to balance ◆ **balancer le pour et le contre** † to weigh (up) the pros and cons ◆ **tout bien balancé** (frm) all things considered
⑥ (arg Crime = dénoncer) to finger *, to grass on *
▪ VI ① († = hésiter) to waver, to hesitate, to dither ◆ **entre les deux mon cœur balance** (hum) I'm torn between the two
② (= osciller) [objet] to swing
③ (* = être rythmé) ◆ **ça balance !** it's rocking! ou swinging!
▪ VPR **se balancer** ① (= osciller) [bras, jambes] to swing; [bateau] to rock; [branches] to sway; [personne] (sur une balançoire) to swing, to have a swing; (sur une bascule) to seesaw, to play on a seesaw ◆ **se balancer sur ses jambes** to sway about, to sway from side to side ◆ **ne te balance pas sur ta chaise !** don't tip back on your chair!
◆ **se balancer sur ses ancres** to ride at anchor
② (* = se jeter) to throw o.s. ◆ **il s'est balancé du 10ᵉ étage** he threw himself from the 10th floor
③ (* = s'en ficher) ◆ **s'en balancer** ◆ **je m'en balance** I don't give a damn * ou darn * (US) (about it), I couldn't care less (about it)

balancier /balɑ̃sje/ NM [de pendule] pendulum; [de montre] balance wheel; [d'équilibriste] (balancing) pole; [de bateau] outrigger

balancine /balɑ̃sin/ NF (Naut) (= cordage) lift

balançoire /balɑ̃swaʀ/ NF (suspendue) swing; (sur pivot) seesaw, teeter-totter (US) ◆ **faire de la balançoire** to have a go on a (ou the) swing

balane /balan/ NF acorn barnacle ou shell

balanite /balanit/ NF balanitis

balata /balata/ NF balata

balayage /balɛjaʒ/ NM (= nettoyage) sweeping; (Élec, Radio) scanning; [d'essuie-glace] wipe; [de cheveux] highlighting ◆ **se faire faire un balayage** to have highlights (put in one's hair), to have one's hair highlighted

balayer /balɛje/ SYN ▸ conjug 8 ◂ VT ① (= ramasser) [+ poussière, feuilles mortes] to sweep up, to brush up
② (= nettoyer) [+ pièce] to sweep (out); [+ trottoir] to sweep; [+ pare-brise] to wipe ◆ **le vent balayait la plaine** the wind swept across ou scoured the plain ◆ **ils feraient mieux de balayer devant leur porte** (fig) they should clean up their own back yard
③ (= chasser) [+ feuilles mortes] to sweep away; [+ soucis, obstacles] to brush aside, to sweep away; [+ objections] to brush aside ◆ **l'armée balayait tout sur son passage** the army swept aside all that lay in its path ◆ **le gouvernement a été balayé** the government was swept out of office
④ (= parcourir) [phares] to sweep (across); [vague, regard] to sweep over; [Élec, Radio] [radar] to scan; [tir] to sweep (across)

balayette /balɛjɛt/ NF small (hand)brush

balayeur, -euse /balɛjœʀ, øz/
▪ NM,F roadsweeper (Brit), streetsweeper (US)
▪ NF **balayeuse** (= machine) roadsweeping (Brit) ou streetsweeping (US) machine, roadsweeper (Brit), streetsweeper (US)

balayures /balɛjyʀ/ NFPL sweepings

balbutiant, e /balbysjɑ̃, ɑ̃t/ ADJ [voix] stammering; [discours] hesitant; [science] in its infancy (attrib) ◆ **une démocratie balbutiante** a fledgling democracy

balbutiement /balbysimɑ̃/ SYN NM (= paroles confuses) stammering, mumbling; [de bébé] babbling ◆ **les premiers balbutiements de l'enfant** the child's first faltering attempts at speech ◆ **balbutiements** (= débuts) beginnings ◆ **cette science en est à ses premiers balbutiements** this science is still in its infancy

balbutier /balbysje/ SYN ▸ conjug 7 ◂
▪ VI [bègue, personne ivre] to stammer; [bébé] to babble
▪ VT to stammer (out), to falter out

balbuzard /balbyzaʀ/ NM ◆ **balbuzard (pêcheur)** osprey

balcon /balkɔ̃/ NM (Constr) balcony ◆ **(premier) balcon** (Théât) dress ou lower circle, mezzanine (US) ◆ **deuxième balcon** upper circle, balcony (Brit) ◆ **loge/fauteuil de balcon** box/seat in the dress circle; → **monde**

balconnet /balkɔnɛ/ NM ◆ **(soutien-gorge) à balconnet** half-cup bra

baldaquin /baldakɛ̃/ NM (= dais) baldaquin, canopy; [de lit] tester, canopy; → **lit**

bale /bal/ NF ⇒ **balle**[2]

Bâle /bɑl/ N Basle, Basel

Baléares /baleɑʀ/ NFPL ◆ **les (îles) Baléares** the Balearic Islands, the Balearics ◆ **en vacances aux Baléares** ≈ on holiday in Majorca (ou Minorca ou Ibiza)

baleine /balɛn/ NF ① (= animal) whale ◆ **baleine blanche/bleue/franche** white/blue/right whale ◆ **baleine à bosse** humpback whale ◆ **rire** ou **se marrer comme une baleine**∗ to laugh like a drain∗
② (= fanon) (piece of) whalebone, baleen ◆ **soutien-gorge à/sans baleines** underwired/unwired bra ◆ **baleine de corset** (corset-)stay ◆ **baleine de parapluie** umbrella rib

baleiné, e /balene/ ADJ [col] stiffened; [corset] boned; [soutien-gorge] (gén) boned; (sous les bonnets) underwired

baleineau (pl **baleineaux**) /balɛno/ NM whale calf

baleinier, -ière /balɛnje, jɛʀ/
ADJ whaling
NM (= pêcheur, bateau) whaler
NF **baleinière** SYN whaler, whale ou whaling boat

baleinoptère /balɛnɔptɛʀ/ NM rorqual, finback

balèze∗ /balɛz/
ADJ (= musclé) brawny, strapping (épith); (= excellent) terrific∗, great∗ (en at)
NMF strapping fellow (ou woman etc)

Bali /bali/ N Bali

balinais, e /balinɛ, ɛz/
ADJ Balinese
NM,F **Balinais(e)** Balinese

balisage /balizaʒ/ SYN NM ① (= balises) (en mer) beacons, buoys; (sur piste d'atterrissage) beacons, runway lights; (sur route) (road) signs; (sur piste de ski) markers
② (= pose de balises) (en mer) marking with buoys; [de chemin de randonnée, piste de ski] marking out
③ (Ordin) [de texte] tagging, marking up

balise¹ /baliz/ SYN NF ① (pour bateaux) beacon, (marker) buoy; (pour avions) beacon, runway light; (pour véhicules) (road) marker; (Ski) marker ◆ **balise radio** radio beacon ◆ **balise de détresse** distress beacon
② (Ordin) tag

balise² /baliz/ NF (= fruit) canna fruit

baliser /balize/ SYN ▸ conjug 1 ◂
VT ① [+ itinéraire de bateaux] to mark out with beacons ou buoys; [+ itinéraire d'avions] to mark out with beacons ou lights; [+ sentier, piste de ski] to mark out ◆ **sentier balisé** waymarked footpath
② (fig) ◆ **baliser son avenir** to map out one's future ◆ **baliser le terrain** to prepare the ground ◆ **baliser le chemin** to pave the way ◆ **nos chercheurs avancent sur un terrain déjà bien balisé** our researchers are exploring well-charted territory ◆ **un marché bien balisé** (Écon) a well-defined market
③ (Ordin) [+ texte] to tag, to mark up
VI (∗ = avoir peur) to have the jitters∗ ◆ **il balise pour son examen** he's freaking out∗ ou he's really worked up about his exam

baliseur /balizœʀ/ NM (= personne) ≈ (Trinity House) buoy-keeper; (= bateau) ≈ Trinity House boat

balisier /balizje/ NM canna

baliste /balist/
NM (= poisson) triggerfish
NF (Antiq) ballista

balistique /balistik/
ADJ ballistic ◆ **expertise balistique** ballistic test
NF ballistics (sg)

baliveau (pl **baliveaux**) /balivo/ NM (= arbre) sapling; (Constr) scaffold(ing) pole

baliverne /balivɛʀn/ SYN NF (= propos) fatuous remark ◆ **dire des balivernes** to talk nonsense ou twaddle ◆ **s'amuser à des balivernes** to fool around ◆ **baliverne(s) !** † balderdash! †, fiddlesticks! †

balkanique /balkanik/ ADJ Balkan ◆ **les États balkaniques** the Balkan States

balkanisation /balkanizasjɔ̃/ NF (Pol) Balkanization; (fig) balkanization

balkaniser /balkanize/ ▸ conjug 1 ◂ VT (Pol) to Balkanize; (fig) to balkanize

Balkans /balkã/ NMPL ◆ **les Balkans** the Balkans

ballade /balad/ NF (= poème court, Mus) ballade; (= poème long) ballad ◆ « **La Ballade du vieux marin** » (Littérat) "The Rime of the Ancient Mariner"

ballant, e /balɑ̃, ɑ̃t/
ADJ ◆ **les bras ballants** with arms dangling, with swinging arms ◆ **ne reste pas là, les bras ballants**∗ don't just stand there looking helpless ◆ **les jambes ballantes** with legs dangling
NM (= mou) [de câble] slack, play; [de chargement] sway, roll ◆ **avoir du ballant** [câble] to be slack; [chargement] to be slack ou loose ◆ **donner du ballant à une corde** to give some slack ou play to a rope

ballast /balast/ NM [de voie ferrée] ballast, roadbed (US); [de navire, sous-marin] ballast tank

ballaster /balaste/ ▸ conjug 1 ◂ VT to ballast

balle¹ /bal/ SYN NF ① (= projectile) bullet ◆ **balle dum-dum/explosive/traçante** dum-dum/explosive/tracer bullet ◆ **balle en caoutchouc/de plastique** rubber/plastic bullet ◆ **balle à blanc** blank ◆ **balle perdue** stray bullet ◆ **tirer à balles réelles** to fire live bullets ◆ **finir avec douze balles dans la peau**∗ to end up in front of a firing squad ◆ **prendre une balle dans la peau**∗ to get shot ou plugged∗ ◆ **tué par balles** shot dead ◆ **se tirer une balle dans le pied** (fig) to shoot o.s. in the foot
② (Sport) ball ◆ **balle de ping-pong/de golf** table tennis/golf ball ◆ **jouer à la balle** to play (with a) ball ◆ **à toi la balle !** catch! ◆ **la balle est dans leur camp** (fig) the ball is in their court; → **saisir**
③ (Sport = coup) shot, ball ◆ **c'est une belle balle** that's a nice ball ou a good shot ◆ **faire des** ou **quelques balles** (Tennis, Ping-Pong) to knock the ball around a bit, to have a knock-up (Brit) ◆ **balle de jeu/match/set** (Tennis) game/match/set point ◆ **balle de service** service ball ◆ **deuxième balle** second serve ou service ◆ **c'est une balle de 3 jeux à 2** it's game point at 2 games all
④ (∗ = franc) franc

balle² /bal/ NF [de graine] husk, chaff

balle³ /bal/ SYN NF [de coton, laine] bale

balle⁴∗ /bal/ NF chubby face ◆ **il a une bonne balle** he's got a jolly face

baller /bale/ ▸ conjug 1 ◂ VI [bras, jambes] to dangle, to hang loosely; [tête] to hang; [chargement] to be slack ou loose

ballerine /bal(ə)ʀin/ NF (= danseuse) ballerina, ballet dancer; (= chaussure) ballet shoe

ballet /balɛ/ NM ① (= spectacle) ballet; (= musique) ballet music ◆ **les Ballets russes** (= compagnie) the Russian Ballet ◆ **ballet aquatique** water ballet ◆ **ballets roses/bleus** (fig) sexual orgies organized by paedophiles
② ◆ **ballet diplomatique** flurry of diplomatic activity

ballet(t)omane /baletɔman/ NMF balletomane

ballon¹ /balɔ̃/ SYN
NM ① (gén) ball ◆ **ballon de football** football (Brit), soccer ball (US) ◆ **ballon de rugby** rugby ball ◆ **ballon de basket** basketball ◆ **ballon de volley** volleyball ◆ **jouer au ballon** to play (with a) ball ◆ **le ballon rond** (= football) soccer ◆ **le ballon ovale** (= rugby) rugby, rugger∗ (Brit) ◆ **ballon en** ou **de baudruche** balloon ◆ **avoir le ballon**∗ (= être enceinte) to have a bun in the oven∗, to be up the spout∗ (Brit)
② (= aérostat) balloon ◆ **monter en ballon** to go up in a balloon ◆ **voyager en ballon** to travel by balloon
③ (= verre) (à vin) round wineglass; (à cognac) balloon ou brandy glass ◆ **un ballon de rouge**∗ a glass of red wine
④ (∗ = Alcootest) ◆ **souffler dans le ballon** to take a breath test ou Breathalyzer test ® ◆ **soufflez dans le ballon, s'il vous plaît** blow in(to) the bag, please
⑤ (Chim) flask
COMP ◆ **ballon de barrage** barrage balloon ◆ **ballon captif** captive balloon ◆ **ballon dirigeable** airship ◆ **ballon d'eau chaude** hot-water tank ◆ **ballon d'essai** (Météo) pilot balloon; (= test) experiment (to test reaction), trial balloon (US) ◆ **lancer un ballon d'essai** (fig) to put out feelers, to fly a kite (Brit), to send out a trial balloon (US) ◆ **ballon d'oxygène** (lit) oxygen bottle; (fig) lifesaver ◆ **cet apport a apporté un ballon d'oxygène à l'entreprise** the money has given the company a much-needed shot in the arm

ballon² /balɔ̃/ NM (Géog) rounded mountain in the Vosges ◆ **le Ballon d'Alsace** the Ballon d'Alsace

ballonné, e /balɔne/ (ptp de **ballonner**) ADJ [ventre] bloated, distended ◆ **je suis** ou **je me sens ballonné, j'ai le ventre ballonné** I feel bloated

ballonnements /balɔnmɑ̃/ SYN NMPL ◆ **avoir des ballonnements** [personne] to feel bloated; [animal] to have bloat

ballonner /balɔne/ ▸ conjug 1 ◂ VT [+ ventre] to distend; [+ personne] to blow out; [+ animal] to cause bloat in

ballonnet /balɔnɛ/ NM (= petit ballon) (small) balloon; (en chirurgie) balloon

ballon-panier /balɔ̃panje/ NM INV (Can) basketball

ballon-sonde (pl **ballons-sondes**) /balɔ̃sɔ̃d/ NM meteorological ou weather ou pilot balloon

ballon-volant /balɔ̃vɔlɑ̃/ NM INV (Can) volleyball

ballot /balo/ SYN
NM ① (= paquet) bundle, package
② (∗ = nigaud) nitwit∗, dumdum∗
ADJ silly ◆ **tu es/c'est ballot de l'avoir oublié** you're/it's a bit silly ou daft (Brit) to have forgotten it

ballote /balɔt/ NF black horehound

ballotin /balɔtɛ̃/ NM ◆ **ballotin de chocolats** (small punnet-shaped) box of chocolates

ballottage /balɔtaʒ/ NM (Pol) ◆ **il y a ballottage** there will have to be a second ballot, people will have to vote again ◆ **M. Dupont est en ballottage** Mr Dupont has to stand again at (Brit) ou run again on (US) the second ballot ◆ **être en ballottage favorable** to stand a very good chance of winning at the second ballot

ballottement /balɔtmɑ̃/ NM [d'objet] banging about, rolling around; [de tête, membres] lolling; [de train] jolting; [de poitrine] bouncing; [de bateau] tossing, bobbing; [de personne] shaking

ballotter /balɔte/ SYN ▸ conjug 1 ◂
VI [objet] to roll around, to bang about; [tête, membres] to loll; [poitrine] to bounce; [bateau] to toss, to bob about; [train] to jolt along
VT (gén pass) ① (= secouer) [+ personne] to shake about, to jolt; [+ bateau] to toss (about) ◆ **on est ballotté dans ce train** you get shaken about ou thrown about in this train
② (= tirailler) ◆ **ballotté par des choix difficiles** torn between difficult choices
③ (= déplacer sans ménagement) to shunt (around) ◆ **cet enfant a été ballotté entre plusieurs écoles** this child has been shifted around ou shunted around from school to school

ballottine /balɔtin/ NF ≈ meat loaf (made with poultry)

ball-trap (pl **ball-traps**) /baltʀap/ NM (= lieu) shooting ground; (= sport) clay-pigeon shooting, trap-shooting; (avec 2 cibles) skeet-shooting; (= machine) trap

balluchon /balyʃɔ̃/ NM † bundle (of clothes), belongings ◆ **faire son balluchon**∗ to pack up one's bags

balnéaire /balneɛʀ/ ADJ swimming, bathing (Brit); → **station**

balnéothérapie /balneoteʀapi/ NF balneotherapy

balourd, e /baluʀ, uʀd/ SYN
ADJ (= maladroit) clumsy, oafish
NM,F (= lourdaud) dolt, oaf
NM (Tech = déséquilibre) unbalance

balourdise /baluʀdiz/ SYN NF ① (= maladresse) clumsiness, oafishness; (= manque de finesse) oafishness, doltishness
② (= gaffe) blunder, boob∗ (Brit)

balsa /balza/ NM balsa (wood)

balsamier /balzamje/ NM balsam tree

balsamine /balzamin/ NF balsam

balsamique /balzamik/ ADJ balsamic

balte /balt/ ADJ [pays, peuple] Baltic ◆ **les pays baltes** the Baltic States

Balthazar /baltazaʀ/ N Belshazzar

balthazar /baltazaʀ/ NM ① († = banquet) feast, banquet
② (= bouteille) balthazar

baltique /baltik/
ADJ [mer, région] Baltic
NF **Baltique** ◆ **la Baltique** the Baltic (Sea)

baluchon /balyʃɔ̃/ NM ⇒ **balluchon**

balustrade /balystʀad/ SYN NF (Archit) balustrade; (= garde-fou) railing, handrail

balustre /balystʀ/ NM ①(Archit) baluster; [de siège] spoke
② ◆ **(compas à) balustre** bow(-spring) compass

balzacien, -ienne /balzasjɛ̃, jɛn/ ADJ (= qui appartient à Balzac) of Balzac; (= qui rappelle Balzac) typical of Balzac

balzan, e /balzɑ̃, an/
ADJ [cheval] with white stockings
NF **balzane** (= tache) white stocking

Bamako /bamako/ N Bamako

bambara /bɑ̃baʀa/
ADJ Bambara
NM (= langue) Bambara
NMF **Bambara** Bambara ◆ **les Bambaras** the Bambara (people)

bambin /bɑ̃bɛ̃/ SYN NM small child, little kid *

bambochard, e †* /bɑ̃bɔʃaʀ, aʀd/ ADJ, NM,F ⇒ **bambocheur, -euse**

bambocher †* /bɑ̃bɔʃe/ ▶ conjug 1 ◀ VI (= faire la noce) to live it up *, to have a wild time

bambocheur, -euse †* /bɑ̃bɔʃœʀ, øz/
ADJ [tempérament] revelling
NM,F (= noceur) reveller

bambou /bɑ̃bu/ NM (= plante) bamboo; (= canne) bamboo (walking) stick ◆ **attraper un coup de bambou** † to get a touch of sunstroke * ◆ **avoir le coup de bambou** * (= être fatigué) to be bushed * ou shattered * (Brit) ◆ **dans ce restaurant, c'est le coup de bambou** * (= prix exorbitant) they really fleece * you in that restaurant; → **pousse**

bamboula * /bɑ̃bula/ NF ◆ **faire la bamboula** to live it up *, to have a wild time

bambouseraie /bɑ̃buzʀɛ/ NF bamboo plantation

ban /bɑ̃/ NM ①[de mariage] ◆ **bans** banns
②[d'applaudissements] round of applause; [de tambour] drum roll; [de clairon] bugle call, fanfare ◆ **faire un ban** to applaud ou cheer ◆ **un ban pour Marc Durand !** (applaudissements) (let's have) a big hand for * ou a round of applause for Marc Durand!; (acclamations) ≈ three cheers for Marc Durand!
③ (Hist) proclamation
④ (locutions) ◆ **être/mettre au ban de l'Empire** (Hist) to be banished/banish from the Empire ◆ **être/mettre au ban de la société** to be outlawed/outlaw from society
◆ **le ban et l'arrière-ban** (Hist) the barons and vassals ◆ **le ban et l'arrière-ban de sa famille/de ses amis** all of ou every last one of his relatives/his friends

banal¹, e¹ (mpl **banals**) /banal/ SYN
ADJ ①(= sans originalité) [roman, conversation, idée] banal, trite; [vie] humdrum, banal; [personne] run-of-the-mill, ordinary ◆ **un personnage peu banal** an unusual character ◆ **ça, ce n'est pas banal !** that's rather out of the ordinary!
②(= courant) [nom] commonplace; [incident] everyday (épith), commonplace ◆ **il n'y a rien là que de très banal** there is nothing at all unusual ou out of the ordinary about that ◆ **une grippe banale** a common-or-garden case of flu ◆ **quoi de plus banal qu'un mariage ?** what could be more mundane ou ordinary than a wedding?
③ (Ordin) general-purpose ◆ **mémoire banale** general-purpose storage
NM ◆ **haïr le banal** to hate what is banal ou what is trite

banal², e² (mpl **-aux**) /banal, o/ ADJ (Hist) ◆ **four/moulin banal** communal ou village oven/mill

banalement /banalmɑ̃/ ADV [commencer, arriver] in the most ordinary way

banalisation /banalizasjɔ̃/ NF ①◆ **la banalisation de la violence** the way in which violence has become a feature of everyday life ◆ **la banalisation des greffes** the fact that organ transplants are now quite commonplace ou widely practised
②[de campus] opening to the police

banaliser /banalize/ ▶ conjug 1 ◀
VT ①[+ pratique] (= rendre courant) to make commonplace; (= minimiser) to trivialize ◆ **ce qui banalise la vie quotidienne** what makes life humdrum ou robs it of its excitement ◆ **banaliser la violence** to make violence seem ordinary ou part of everyday life
②[+ campus] to open to the police ◆ **voiture banalisée** (Police) unmarked police car
③[+ locomotive] to man with several crews; [+ voie de chemin de fer] to make two-way
VPR **se banaliser** [pratiques] to become commonplace; [violence] to become part of everyday life

banalité /banalite/ SYN NF ①(= caractère) [de roman, conversation, idée] banality, triteness; [de vie] banality; [de personne] ordinariness; [d'incident] triviality ◆ **d'une banalité affligeante** appallingly trite
②(= propos) truism, platitude, trite remark ◆ **on a échangé des banalités** we made small talk, we talked about this and that

banane /banan/ NF ①(= fruit) banana ◆ **banane plantain** plantain
②[de moteur] overrider
③(Coiffure) quiff (Brit), pompadour (US); → **chignon**
④(arg Mil) medal, gong * (Brit)
⑤(arg = hélicoptère) twin-rotor helicopter, chopper *
⑥(= sac) hip bag, waist-bag (Brit), bumbag * (Brit), fanny pack * (US)
⑦(Élec) ◆ **(fiche-)banane** banana plug
⑧(* = idiot) ◆ **banane !** you silly twit! *, you dork! * (US)
⑨◆ **avoir la banane** * to be on top form

bananer * /banane/ ▶ conjug 1 ◀ VT ◆ **il s'est fait bananer** (= disputer) he got told off *; (= battre) he got thrashed *

bananeraie /bananʀɛ/ NF banana plantation

bananier, -ière /bananje, jɛʀ/
NM ①(= arbre) banana tree
②(= bateau) banana boat
ADJ banana (épith)

banc /bɑ̃/ SYN
NM ①(= siège) seat, bench ◆ **banc public** park bench ◆ **banc (d'école)** (school) bench ◆ **nous nous sommes connus sur les bancs de l'école** we've known each other since we were at school together ◆ **les bancs de l'opposition** (Pol) the opposition benches
②(Géol, Géog) (= couche) layer, bed; [de coraux] reef ◆ **banc de vase** mudbank ◆ **banc de brouillard** (gén) fog patch; (en mer) fog bank ◆ **banc de brume** bank of mist ◆ **banc de glace** ice floe ◆ **les bancs de Terre-Neuve** the Grand Banks of Newfoundland
③[de poissons] school, shoal (Brit)
④(= établi) (work) bench
COMP **banc des accusés** dock, bar ◆ **être au banc des accusés** to be in the dock
banc des avocats bar
banc d'église pew
banc d'essai (Tech) test bed; (fig) testing ground, test bed ◆ **mettre qch au banc d'essai** to test sth out
banc d'huîtres (= huîtrière) oyster bed; (de restaurant) oyster display
banc des ministres ≈ government front bench
banc de musculation weight ou exercise bench
banc de nage thwart
banc de neige (Can) snowdrift, snowbank
banc de sable sandbank, sandbar
banc des témoins (Jur) witness box (Brit), witness stand (US)
banc de touche (substitutes') bench

bancable /bɑ̃kabl/ ADJ bankable

bancaire /bɑ̃kɛʀ/ ADJ bank; [réseau, groupe] banking, bank; [système, commission] banking ◆ **chèque bancaire** bank cheque (Brit) ou check (US)

bancal, e (mpl **bancals**) /bɑ̃kal/ SYN ADJ ①[table, chaise] wobbly, rickety
②[idée, raisonnement] shaky, unsound
③[personne] (= boiteux) lame; (= aux jambes arquées) bandy-legged

bancarisation /bɑ̃kaʀizasjɔ̃/ NF use of banking services ◆ **des régions dont le taux de bancarisation est élevé** regions where the use of banking services is high ou where the number of people with bank accounts is high

bancarisé, e /bɑ̃kaʀize/ ADJ (Fin) [population, pays] with banking facilities ◆ **pays peu/fortement bancarisé** country with few/extensive banking facilities

bancassurance /bɑ̃kasyʀɑ̃s/ NF banking and insurance

banco /bɑ̃ko/ NM (Jeux) banco ◆ **faire banco** to go banco ◆ **banco !** (fig) you're on! *

bancoulier /bɑ̃kulje/ NM candlenut

banc-titre (pl **bancs-titres**) /bɑ̃titʀ/ NM (Audiov) rostrum camera, animation stand

bandage /bɑ̃daʒ/ SYN NM ①(= objet) [de blessé] bandage ◆ **bandage herniaire** surgical appliance, truss
②(= objet) [de roue] (en métal) band, hoop; (en caoutchouc) tyre (Brit), tire (US)
③(= action) [de blessé] bandaging; [de ressort] stretching; [d'arc] bending

bandana /bɑ̃dana/ NM banda(n)na

bandant, e ‡ /bɑ̃dɑ̃, ɑ̃t/ ADJ [film, livre] sexy * ◆ **elle est vachement bandante** she's a real turn-on ‡ ◆ **ce n'est pas très bandant** it's not exactly thrilling

bande¹ /bɑ̃d/ SYN
NF ①(= ruban) (en tissu, métal) band, strip; (en papier) strip; (de sable) strip, tongue; (Ciné) film; [de magnétophone] tape; (Presse) wrapper; (Méd) bandage ◆ **bande (de mitrailleuse)** (ammunition) belt ◆ **bande de terre** ou tongue of land ◆ **la bande de Gaza** the Gaza strip
②(= dessin, motif) stripe; [de chaussée] line; [d'assiette] band; (Héraldique) bend
③(Billard) cushion ◆ **jouer la bande** to play (the ball) off the cushion ◆ **faire/obtenir qch par la bande** to do/get sth by devious means ou in a roundabout way ◆ **apprendre qch par la bande** to hear of sth indirectly ou through the grapevine *
④(= inclinaison d'un bateau) list ◆ **donner de la bande** to list
⑤(Élec, Phys, Radio) band ◆ **bande (de fréquence)** waveband, frequency band ◆ **sur la bande AM/FM** on AM/FM
COMP **bande d'absorption** (Phys) absorption band
bande amorce [de pellicule, cassette] leader
bande d'arrêt d'urgence hard shoulder, berm (US)
bande chromosomique chromosome band
bande dessinée comic strip, strip cartoon (Brit) ; (= livre) comic book
bande d'émission emission band
bande d'essai (Photo) test strip
bande étalon (Photo) reference strip, test gauge
bande gaufrée (Photo) apron
bande magnétique magnetic tape
bande de manœuvre (Ordin) scratch tape
bande mollétière puttee
bande originale (original) soundtrack
bande passante bandwidth
bande perforée punched ou perforated ou paper tape
bande protectrice (Photo) duplex paper
bande de roulement [de pneu] tread
bandes rugueuses rumble strips
bande sonore [de film] soundtrack; (sur route) rumble strip
bande Velpeau ® crêpe bandage (Brit), Ace ® bandage (US)
bande vidéo videotape

▪ **BANDE DESSINÉE**
▪
▪ The **bande dessinée** or **BD** enjoys a huge fol-
▪ lowing in France and Belgium amongst
▪ adults as well as children. The strip cartoon is
▪ accorded both literary and artistic status,
▪ and is known as "le neuvième art". An interna-
▪ tional strip cartoon festival takes place in the
▪ French town of Angoulême at the end of Ja-
▪ nuary each year.

bande² /bɑ̃d/ SYN NF ①(= groupe) band, group ◆ **une bande d'amis** a group of friends ◆ **ils sont partis en bande** they set off in a group, they all went off together
②(= gang) [de pirates] band; [de voleurs] gang, band ◆ **bande armée** armed gang ou band ◆ **il ne fait pas partie de leur bande** he's not in their crowd ou gang ◆ **la bande des Quatre** (Pol) the Gang of Four ◆ **faire bande à part** to go off on one's own
③(* : péj) ◆ **bande de** bunch of *, pack of * ◆ **bande d'imbéciles !** pack of idiots! *, bunch of fools! * ◆ **c'est une bande de paresseux** they're a lazy bunch * ou crowd * ou lot (Brit)
④[d'oiseaux] flock; [de loups, chiens] pack; [de lions, singes] troop

bandé, e /bɑ̃de/ ADJ (Héraldique) bendy ◆ **bandé d'or** bendy with gold

bande-annonce (pl **bandes-annonces**) /bɑ̃danɔ̃s/ NF (Ciné) trailer

bandeau (pl **bandeaux**) /bɑ̃do/ SYN NM ① (= *ruban*) headband, bandeau; (= *pansement*) head bandage; *(pour les yeux)* blindfold ◆ **mettre un bandeau à qn** to blindfold sb ◆ **avoir un bandeau sur l'œil** to wear an eye patch ◆ **avoir un bandeau sur les yeux** *(fig)* to be blind
② *(Coiffure)* ◆ **porter les cheveux en bandeaux** to wear one's hair parted down the middle and looped back at the sides
③ *(Archit)* string course
④ *[de livre]* publicity strip
⑤ *(Ordin)* banner ◆ **bandeau publicitaire** banner ad

bandelette /bɑ̃dlɛt/ NF strip of cloth, (narrow) bandage; *[de momie]* wrapping, bandage

bander /bɑ̃de/ SYN ▸ conjug 1 ◂
VT ① (= *entourer*) *[+ genou, plaie]* to bandage ◆ **bander les yeux à qn** to blindfold sb ◆ **les yeux bandés** blindfold(ed)
② (= *tendre*) *[+ corde]* to strain, to tauten; *[+ arc]* to bend; *[+ ressort]* to stretch, to tauten; *[+ muscles]* to tense
VI ***to have a hard-on***

banderille /bɑ̃dʀij/ NF banderilla

banderillero /bɑ̃deʀijeʀo/ NM banderillero

banderole /bɑ̃dʀɔl/ SYN NF (= *drapeau*) banderole ◆ **banderole publicitaire** advertising streamer

bande-son (pl **bandes-son**) /bɑ̃dsɔ̃/ NF (Ciné) soundtrack

bandit /bɑ̃di/ SYN NM (= *brigand*) bandit; (= *voleur*) thief; (= *assassin*) murderer; (= *escroc*) crook, shark*; (* = *enfant*) rascal ◆ **bandit armé** gunman, armed gangster ◆ **bandit de grand chemin** highwayman ◆ **bandit manchot** † one-armed bandit

banditisme /bɑ̃ditism/ NM crime (NonC) ◆ **le grand banditisme** organized crime ◆ **500 € pour cette réparation, c'est du banditisme !** €500 for this repair job – it's daylight robbery!

bandonéon /bɑ̃dɔneɔ̃/ NM bandoneon

bandoulière /bɑ̃duljɛʀ/ NF *(gén)* shoulder strap; *(Mil)* bandoleer, bandolier ◆ **en bandoulière** slung across the shoulder

bang /bɑ̃g/
NM INV *[d'avion supersonique]* supersonic bang, sonic boom
EXCL bang!, crash!

Bangkok /bɑ̃ŋkɔk/ N Bangkok

bangladais, e /bɑ̃glade, ɛz/
ADJ Bangladeshi
NM,F **Bangladais(e)** Bangladeshi

Bangladesh /bɑ̃gladɛʃ/ NM Bangladesh

Bangui /bɑ̃gi/ N Bangui

banian /banjɑ̃/ ADJ banyan, banian ◆ **figuier banian** banyan tree

banjo /bɑ̃(d)ʒo/ NM banjo

Banjul /bɑ̃ʒul/ N Banjul

banlieue /bɑ̃ljø/ SYN NF suburbs, outskirts ◆ **proche banlieue** inner suburbs ◆ **moyenne banlieue** intermediate suburbs ◆ **grande banlieue** outer suburbs ◆ **Paris et sa banlieue** Greater Paris ◆ **la grande banlieue de Paris** the outer suburbs of Paris, the commuter belt of Paris ◆ **la banlieue rouge** ≈ the Communist-controlled suburbs of Paris ◆ **une banlieue ouvrière** a working-class suburb ◆ **habiter en banlieue** to live in the suburbs
◆ **de banlieue** suburban; *[train, liaison]* commuter, suburban; *[jeunes]* from the suburbs

▸ **BANLIEUE**

The connotations of suburbia in France are quite different from those that prevail in many English-speaking countries. For historical, economic and social reasons, many suburbs of large French towns have become severely depressed in recent years; the word **banlieue** thus tends to conjure up images of violence and urban decay, and has similar connotations to the English term "inner city". Young people in many such suburbs have developed a strong cultural identity that includes rap music and "verlan". → **VERLAN**

banlieusard, e /bɑ̃ljøzaʀ, aʀd/ NM,F (suburban) commuter, suburbanite *(hum)*

banne /ban/ NF ① (= *toile*) canopy
② (= *panier*) wicker basket

banneton /bantɔ̃/ NM *[de pain]* breadbasket

bannette /banɛt/ NF ① *(Naut = couchette)* bunk
② (= *corbeille*) small wicker basket

banni, e /bani/ *(ptp de* **bannir**) NM,F exile

bannière /banjɛʀ/ SYN NF ① (= *drapeau*) banner ◆ **la bannière étoilée** the Star-Spangled Banner ◆ **se battre** *ou* **se ranger sous la bannière de qn** to fight on sb's side *ou* under sb's banner
② (* = *pan de chemise*) ◆ **se promener en bannière** to be walking round with one's shirt-tail hanging out
③ *(Ordin)* banner ◆ **bannière publicitaire** banner ad

bannir /baniʀ/ SYN ▸ conjug 2 ◂ VT *[+ citoyen]* to banish; *[+ pensée]* to banish, to dismiss; *[+ mot, sujet, aliment]* to banish, to exclude *(de* from); *[+ usage]* to prohibit, to put a ban on

bannissement /banismɑ̃/ NM banishment

banquable /bɑ̃kabl/ ADJ bankable

banque /bɑ̃k/
NF ① (= *établissement*) bank ◆ **il a 3 millions en** *ou* **à la banque** he's got 3 million in the bank ◆ **mettre des chèques en banque** to bank cheques ◆ **la grande banque appuie sa candidature** the big banks are backing his candidature ◆ **la Banque de France/d'Angleterre** the Bank of France/of England
② (= *activité, métier*) ◆ **la banque** banking
③ *(Jeux)* bank ◆ **tenir la banque** to be (the) banker
④ *(Méd)* ◆ **banque des yeux/du sang/du sperme/d'organes** eye/blood/sperm/organ bank
COMP **banque d'affaires** merchant bank
banque alimentaire food bank
banque(-)assurance banking and insurance
banque centrale central bank
Banque centrale européenne European Central Bank
banque de dépôt deposit bank
banque directe (= *activité*) direct banking
banque de données data bank
banque d'émission bank of issue
banque d'escompte discount bank
Banque européenne d'investissement European Investment Bank
Banque européenne pour la reconstruction et le développement European Bank for Reconstruction and Development
banque d'images picture library
Banque internationale pour la reconstruction et le développement International Bank for Reconstruction and Development
Banque mondiale World Bank
Banque des règlements internationaux Bank for International Settlements

banquer /bɑ̃ke/ † * ▸ conjug 1 ◂ VI to cough up*, to stump up* *(Brit)*

banqueroute /bɑ̃kʀut/ SYN NF *(Fin)* (fraudulent) bankruptcy; *(Pol)* bankruptcy; *(littér)* failure ◆ **faire banqueroute** to go bankrupt

banqueroutier, -ière /bɑ̃kʀutje, jɛʀ/ NM,F (fraudulent) bankrupt

banquet /bɑ̃kɛ/ SYN NM dinner; *(d'apparat)* banquet ◆ « **Le Banquet** » *(Littérat)* "Symposium"

banqueter /bɑ̃k(ə)te/ ▸ conjug 4 ◂ VI *(lit)* to banquet; (= *festoyer*) to feast

banqueteur, -euse /bɑ̃k(ə)tœʀ, øz/ NM,F banqueter, feaster

banquette /bɑ̃kɛt/ NF ① *[de train]* seat; *[de voiture]* (bench) seat; *[de restaurant]* (wall) seat; *[de piano]* (duet) stool ◆ **jouer devant les banquettes** *(Théât)* to play to an empty house ◆ **faire banquette** *(dans un bal)* to be a wallflower
② *(Archit)* window seat
③ *(Mil)* ◆ **banquette de tir** banquette, fire-step
④ (= *talus*) berm(e); (= *chemin*) path

banquier /bɑ̃kje/ NM *(Fin, Jeux)* banker

banquise /bɑ̃kiz/ NF ice field; *(flottante)* ice floe

banquiste /bɑ̃kist/ NM barker

bantou, e /bɑ̃tu/
ADJ Bantu
NM (= *langue*) Bantu
NM,F **Bantou(e)** Bantu

bantoustan /bɑ̃tustɑ̃/ NM Bantustan

banyuls /banjuls/ NM Banyuls *(sweet fortified wine drunk as an apéritif)*

banzaï* /bɑ̃(d)zaj/ EXCL bingo!

baobab /baɔbab/ NM baobab

baoulé, e /baule/
ADJ Baoule
NM,F **Baoulé(e)** Baoule ◆ **les Baoulés** the Baoule people

baptême /batɛm/
NM ① (= *sacrement*) baptism; (= *cérémonie*) christening, baptism ◆ **donner le baptême à** to baptize, to christen ◆ **recevoir le baptême** to be baptized *ou* christened
② *[de cloche]* blessing, dedication; *[de navire]* naming, christening
COMP **baptême de l'air** first flight
baptême du feu baptism of fire
baptême de la ligne *(en franchissant l'équateur)* (first) crossing of the line
baptême du sang *(littér)* baptism of blood

baptiser /batize/ SYN ▸ conjug 1 ◂ VT ① *(Rel)* to baptize, to christen ◆ **faire baptiser un enfant** to have a child baptized *ou* christened
② *[+ cloche]* to bless, to dedicate; *[+ navire]* to name, to christen
③ (= *appeler*) to call, to christen, to name ◆ **on le baptisa Paul** he was christened Paul ◆ **on baptisa la rue du nom du maire** the street was named after the mayor
④ (= *surnommer*) to christen, to dub ◆ **la pièce qu'il baptisait pompeusement salon** the room which he pompously dubbed the drawing room
⑤ * *[+ vin, lait]* to water down

baptismal, e (mpl **-aux**) /batismal, o/ ADJ baptismal

baptisme /batism/ NM baptism

baptistaire /batistɛʀ/ ADJ, NM ◆ **(extrait) baptistaire** certificate of baptism

baptiste /batist/ ADJ, NMF Baptist

baptistère /batistɛʀ/ NM baptistry

baquet /bakɛ/ SYN NM tub; → **siège**¹

bar¹ /baʀ/ SYN NM (= *établissement, comptoir*) bar ◆ **bar américain** cocktail bar ◆ **bar à vin(s)/à huîtres** wine/oyster bar ◆ **bar à bière(s)** bar specializing in a wide variety of beers

bar² /baʀ/ NM (= *poisson*) bass

bar³ /baʀ/ NM *(Phys)* bar

Barabbas /baʀabas/ NM Barabbas

barachois /baʀaʃwa/ NM *(Can)* lagoon

baragouin* /baʀagwɛ̃/ NM gibberish, double Dutch

baragouinage* /baʀagwinaʒ/ NM (= *façon de parler*) gibbering; (= *propos*) gibberish, double Dutch

baragouiner* /baʀagwine/ ▸ conjug 1 ◂
VI to gibber, to talk gibberish *ou* double Dutch
VT *[+ langue]* to speak badly; *[+ discours, paroles]* to jabber out, to gabble ◆ **il baragouine un peu l'espagnol** he can speak a bit of Spanish ◆ **qu'est-ce qu'il baragouine ?** what's he jabbering on about?*

baragouineur, -euse* /baʀagwinœʀ, øz/ NM,F jabberer

baraka* /baʀaka/ NF luck ◆ **avoir la baraka** to be lucky

baraque /baʀak/ SYN NF ① (= *cabane*) shed, hut; (= *boutique*) stand, stall ◆ **baraque foraine** fairground stall
② * (= *maison*) place*, shack*; (= *appartement*) place*; *(péj = entreprise)* dump*, hole* ◆ **une belle baraque** a smart place* ◆ **quand je suis rentré à la baraque** when I got back to my place* ◆ **quelle (sale) baraque !** what a lousy dump!*, what a hole!*; → **casser**
③ (* = *homme*) burly *ou* beefy guy

baraqué, e* /baʀake/ ADJ hefty, well-built

baraquement /baʀakmɑ̃/ NM ◆ **baraquement(s)** group of huts; *(Mil)* camp

baraterie /baʀatʀi/ NF barratry, barretry

baratin* /baʀatɛ̃/ SYN NM (= *boniment*) sweet talk*, smooth talk*; (= *verbiage*) chatter, hot air*; *[de vendeur]* patter*, sales talk, sales pitch ◆ **assez de baratin !** cut the cackle!* *ou* the chat!* *(Brit)* ◆ **faire son** *ou* **du baratin à qn** *(gén)* to sweet-talk sb* *ou* to chat sb up* *(Brit)*, to feed sb some lines* *(US)* ◆ **faire son** *ou* **le baratin à un client** to give a customer the sales talk *ou* pitch* *ou* patter* ◆ **avoir du baratin** to have all the patter*, to be a smooth talker

baratiner* /baʀatine/ SYN ▸ conjug 1 ◂
VT ◆ **baratiner qn** (= *amadouer*) to sweet-talk sb*, to chat sb up* *(Brit)*; (= *draguer*) to chat sb

up* (Brit), to feed sb some lines* (US) ◆ **baratiner le client** to give a customer the sales talk ou pitch* ou patter*
- **VI** (= bavarder) to chatter, to natter* (Brit)

baratineur, -euse* /baʁatinœʁ, øz/ SYN
- **NM,F** (= beau parleur, menteur) smooth talker; (= bavard) gasbag*, windbag*
- **NM** (= dragueur) smooth talker

barattage /baʁataʒ/ NM churning

baratte /baʁat/ NF [de beurre] churn

baratter /baʁate/ ▸ conjug 1 ◂ VT to churn

barbacane /baʁbakan/ NF (= bastion) barbican; (= meurtrière) loophole; (= drain) weeper

Barbade /baʁbad/ NF ◆ **la Barbade** Barbados

barbadien, -ienne /baʁbadjɛ̃, ɛn/
- **ADJ** Barbadian
- **NM,F Barbadien(ne)** Barbadian

barbant, e* /baʁbɑ̃, ɑ̃t/ SYN ADJ boring, dull ◆ **ce qu'il est barbant !** isn't he a bore!* ◆ **ce que c'est barbant !** isn't it a drag!*

barbaque⚠ /baʁbak/ NF (péj) meat

barbare /baʁbaʁ/ SYN
- **ADJ** ① [invasion, peuple] barbarian, barbaric ② (péj) [mœurs, musique, crime] barbaric, barbarous
- **NM** (Hist, fig) barbarian

barbarement /baʁbaʁmɑ̃/ ADV barbarously, barbarically

barbaresque /baʁbaʁɛsk/ ADJ (Hist = d'Afrique du Nord) Barbary Coast (épith) ◆ **les États barbaresques** the Barbary Coast

Barbarie /baʁbaʁi/ NF (Hist) ◆ **la Barbarie** the Barbary Coast

barbarie /baʁbaʁi/ SYN NF (= manque de civilisation) barbarism; (= cruauté) barbarity

barbarisme /baʁbaʁism/ NM (Gram) barbarism

barbe¹ /baʁb/ SYN
- **NF** ① [de personne] beard ◆ **une barbe de 3 mois** 3 months' (growth of) beard ◆ **il a une barbe de 3 jours** he's got 3 days' stubble on his chin ◆ **sans barbe** [adulte] clean-shaven, beardless; [adolescent] (= imberbe) beardless ◆ **il a de la barbe (au menton)** (adulte) he needs a shave; (adolescent) he already has a few hairs on his chin ◆ **avoir une barbe, porter la ou une barbe** to have a beard ◆ **faire la barbe à qn** to trim sb's beard ◆ **il n'a pas encore de barbe au menton et il croit tout savoir** (hum) he's still in short pants ou he's still wet behind the ears* and he thinks he knows it all
  ② [de chèvre, singe, oiseau] beard
  ③ [de plume] barb; [de poisson] barbel; [d'orge] beard (NonC) ◆ **barbes** whiskers
  ④ (= aspérité) ◆ **barbes** [de papier] ragged edge; [de métal] jagged edge
  ⑤ (locutions) ◆ **à la barbe de qn** under sb's nose ◆ **dérober qch à la barbe de qn** to take* sth from under sb's nose ◆ **vieille barbe*** old stick-in-the-mud*, old fogey* ◆ **marmonner dans sa barbe** to mumble ou mutter into one's beard ◆ **rire dans sa barbe** to laugh up one's sleeve ◆ **la barbe !*** damn (it)!⚠, blast!* ◆ **il faut que j'y retourne, quelle barbe !*** I've got to go back – what a drag!* ◆ **oh toi, la barbe !*** oh shut up, you!*
- **COMP barbe de capucin** wild chicory **barbe à papa** candy-floss (Brit), cotton candy (US)

barbe² /baʁb/ NM ◆ **(cheval) barbe** barb

barbeau (pl **barbeaux**) /baʁbo/ NM ① (= poisson) barbel
② (= plante) cornflower
③ (⚠ = souteneur) pimp, ponce

Barbe-Bleue /baʁbəblø/ NM Bluebeard ◆ **« Le Château de Barbe-Bleue »** (Mus) "Bluebeard's Castle"

barbecue /baʁbəkju/ NM ① (= repas, cuisine) barbecue ◆ **faire un barbecue** to have a barbecue
② (= matériel) barbecue set ◆ **faire cuire qch au barbecue** to barbecue sth

barbelé, e /baʁbəle/
- **NM** barbed wire (NonC) ◆ **les barbelés** the barbed wire fence ou fencing ◆ **s'égratigner après les barbelés** to get scratched on the barbed wire ◆ **derrière les barbelés** (fig)[prisonnier] in a prison camp
- **ADJ** ◆ **fil de fer barbelé** barbed wire (NonC)

barbelure /baʁbəlyʁ/ NF barb

barber* /baʁbe/ SYN ▸ conjug 1 ◂
- **VT** to bore stiff*, to bore to tears*
- **VPR se barber** to be bored stiff*, to be bored to tears* (à faire doing)

Barberousse /baʁbəʁus/ NM Barbarossa

barbet¹ /baʁbɛ/ NM ◆ **(rouget) barbet** red mullet, goatfish (US)

barbet² /baʁbɛ/ NM ◆ **(chien) barbet** water spaniel

barbiche /baʁbiʃ/ NF goatee (beard)

barbichette* /baʁbiʃɛt/ NF (small) goatee (beard)

barbichu, e /baʁbiʃy/
- **ADJ** [personne] with a goatee (beard)
- **NM** man with a goatee (beard)

barbier /baʁbje/ NM †† barber; (Can) (men's) hairdresser ◆ **« Le Barbier de Séville »** (Mus) "The Barber of Seville"

barbillon /baʁbijɔ̃/ NM ① [de plume, hameçon] barb; [de poisson] barbel ◆ **barbillons** [de bœuf, cheval] barbs
② (= poisson) (small) barbel

barbital (pl **barbitals**) /baʁbital/ NM barbitone, barbital (US)

barbiturique /baʁbityʁik/
- **ADJ** barbituric
- **NM** barbiturate

barbiturisme /baʁbityʁism/ NM barbiturate addiction ou dependence

barbon /baʁbɔ̃/ NM († ou péj) ◆ **(vieux) barbon** greybeard, old fogey**

barbotage /baʁbɔtaʒ/ NM ① (* = vol) filching*, pinching* (Brit)
② (dans l'eau) paddling; (en éclaboussant) splashing about; [de canard] dabbling
③ (dans la boue) paddling ou squelching (Brit) around
④ [de gaz] bubbling

barbote /baʁbɔt/ NF (de rivière) loach; (de mer) rockling

barboter /baʁbɔte/ ▸ conjug 1 ◂
- **VT** (* = voler) to pinch* (Brit), to whip* (à from, off) ◆ **elle lui a barboté son briquet** she's filched* his lighter
- **VI** ① (dans l'eau) to paddle; (en éclaboussant) to splash about; [canard] to dabble; (dans la boue) to paddle ou squelch (Brit) around
② [gaz] to bubble

barboteur, -euse¹ /baʁbɔtœʁ, øz/
- **ADJ** ◆ **il est (du genre) barboteur***, **c'est un barboteur** he's a bit light-fingered (Brit) ou sticky-fingered (US)
- **NM** (Chim) bubble chamber

barboteuse² /baʁbɔtøz/ NF (= vêtement) rompers

barbotin /baʁbɔtɛ̃/ NM (Naut) sprocket (wheel); (Tech) chain wheel

barbotine /baʁbɔtin/ NF (pour céramique) barbotine, slip; (Constr) grout

barbouillage /baʁbujaʒ/ NM ① (= peinture) daub; (= écriture) scribble, scrawl ◆ **feuille couverte de barbouillages** sheet of paper covered with scrawls ou scribblings
② (= action de peindre) daubing; (= action d'écrire) scribbling, scrawling

barbouille* /baʁbuj/ NF (péj) painting ◆ **il fait de la barbouille** (hum) he does a bit of painting

barbouiller /baʁbuje/ SYN ▸ conjug 1 ◂
- **VT** ① (= couvrir, salir) to smear, to daub (de with), to cover (de with, in) ◆ **il a le visage tout barbouillé de chocolat** he's got chocolate (smeared) all over his face, he's got his face all covered in chocolate
② (péj = peindre) [+ mur] to daub ou slap paint on ◆ **il barbouille (des toiles) de temps en temps** he does a bit of painting from time to time
③ (péj = écrire, dessiner) to scribble (sur on) ◆ **barbouiller une feuille de dessins** to scribble ou scrawl drawings on a piece of paper ◆ **barbouiller du papier** to cover a piece of paper with scrawls, to scrawl all over a piece of paper ◆ **barbouiller un slogan sur un mur** to daub a slogan on a wall
④ (= rendre malade) * ◆ **barbouiller l'estomac** to upset the stomach ◆ **être barbouillé, avoir l'estomac barbouillé** to feel queasy ou sick
- **VPR se barbouiller** ◆ **se barbouiller de qch** to smear o.s. with sth ◆ **il s'est barbouillé de confiture** he's smeared jam all over his face

barbouilleur, -euse /baʁbujœʁ, øz/ NM,F (péj) (= artiste) dauber; (= peintre en bâtiment) bad ou slapdash painter ◆ **barbouilleur de papier** hack (writer)

barbouillis /baʁbuji/ NM (= écriture) scribble, scrawl; (= peinture) daub

barbouze* /baʁbuz/ NF ou NM ① (= barbe) beard
② (= policier) secret (government) police agent; (= garde du corps) bodyguard

barbu, e /baʁby/
- **ADJ** [personne] bearded; (Bio) barbate
- **NM** bearded man, man with a beard; (hum ou péj = islamiste) Islamic fundamentalist
- **NF barbue** SYN (= poisson) brill

barbule /baʁbyl/ NF barbule

barcarolle /baʁkaʁɔl/ NF barcarolle

barcasse /baʁkas/ NF boat

Barcelone /baʁsəlɔn/ N Barcelona

bard /baʁ/ NM handbarrow

barda* /baʁda/ NM gear*; (Mil) kit ◆ **il a tout un barda dans la voiture** he's got a whole load* of stuff in the car

bardage /baʁdaʒ/ NM (Constr) weatherboarding, cladding (Brit), siding (US)

bardane /baʁdan/ NF burdock

barde¹ /baʁd/ NM (= poète) bard

barde² /baʁd/ NF (Culin, Mil) bard

bardeau¹ (pl **bardeaux**) /baʁdo/ NM [de toit] shingle

bardeau² (pl **bardeaux**) /baʁdo/ NM ⇒ bardot

barder /baʁde/ ▸ conjug 1 ◂
- **VT** ① (Culin) to bard
② (= couvrir) [+ cheval] to bard
◆ **bardé de** ◆ **bardé de fer** [cheval] barded; [soldat] armour-clad; [porte] with iron bars ◆ **poitrine bardée de décorations** chest bedecked with medals ◆ **bardé de diplômes** with a whole string ou array of qualifications
③ (fig) ◆ **être bardé** to be immune (contre to)
- **VB IMPERS*** ◆ **ça va barder** things are going to get hot, all hell is going to break loose ◆ **ça a bardé !** (dans une réunion) the sparks really flew!; (dans les rues) things got pretty hot!

bardis /baʁdi/ NM (Naut = cloison) shifting boards

bardot /baʁdo/ NM hinny

barème /baʁɛm/ SYN NM (= table de référence) table, list; (= tarif) scale of charges, price list; [de voyages en train] fare schedule ◆ **barème de l'impôt** tax scale ◆ **barème de correction** (Scol) marking (Brit) ou grading (US) scheme ◆ **hors barème** off the (salary) scale (attrib)

baresthésie /baʁɛstezi/ NF baresthesia

barge¹ /baʁʒ/ NF (= bateau) barge; (= meule) (rectangular) haystack

barge²⚠ /baʁʒ/ ADJ ⇒ barjo(t)

barge³ /baʁʒ/ NF (= oiseau) godwit ◆ **barge rousse** bar-tailed godwit ◆ **barge à queue noire** black-tailed godwit

barguigner /baʁgiɲe/ ▸ conjug 1 ◂ VI (littér ou hum) ◆ **sans barguigner** without shilly-shallying

baril /baʁi(l)/ SYN NM [de pétrole] barrel; [de vin] barrel, cask; [de poudre] keg, cask; [d'harengs] barrel; [de lessive] drum

barillet /baʁijɛ/ NM ① [de serrure, revolver] cylinder; [de pendule] barrel ◆ **serrure à barillet** cylinder ou Yale® lock
② (= petit baril) small barrel ou cask

bariolage /baʁjɔlaʒ/ NM (= résultat) riot ou medley of colours; (= action) daubing

bariolé, e /baʁjɔle/ SYN (ptp de **barioler**) ADJ [vêtement] many-coloured, rainbow-coloured, gaudy (péj); [groupe] colourfully dressed, gaily coloured

barioler /baʁjɔle/ ▸ conjug 1 ◂ VT to splash ou daub bright colours on, to streak with bright colours

barjo(t)⚠ /baʁʒo/ ADJ nuts*, crazy*, barmy* (Brit) ◆ **bande de barjots !** bunch of nutcases*!

barlotière /baʁlɔtjɛʁ/ NF saddle-bar

barmaid /baʁmɛd/ NF barmaid

barman /baʁman/ (pl **barmans** ou **barmen** /baʁmɛn/) NM barman, bartender (surtout US); barperson

bar-mitsva, Bar-Mitzva /baʁmitsva/ NF INV Bar Mitzvah

barn /baʁn/ NM (Phys) barn

barnabite /baʀnabit/ NM Barnabite

barnache /baʀnaʃ/, **barnacle** /baʀnakl/ NF ⇒ bernache

barographe /baʀɔgʀaf/ NM barograph

baromètre /baʀɔmɛtʀ/ NM (lit, fig) barometer ◆ **le baromètre baisse** the glass ou barometer is falling ◆ **le baromètre est au beau fixe/à la pluie** the barometer is set (at) fair/is pointing to rain ◆ **le baromètre est au beau (fixe)** (fig) things are looking good * ◆ **baromètre enregistreur/anéroïde** recording/aneroid barometer

barométrique /baʀɔmetʀik/ ADJ barometric(al)

baron¹ /baʀɔ̃/ NM ⓵ (= titre) baron; → **Monsieur** ⓶ (fig = magnat) baron, lord ◆ **les barons de la presse** the press barons ou lords

baron² /baʀɔ̃/ NM ◆ **baron d'agneau** baron of lamb

baronnage /baʀɔnaʒ/ NM (= titre) barony; (= corps des barons) baronage

baronne /baʀɔn/ NF baroness

baronnet /baʀɔnɛ/ NM baronet

baronnie /baʀɔni/ NF barony

baroque /baʀɔk/
ADJ ⓵ (Archit, Art, Mus) baroque ◆ **perle baroque** baroque pearl
⓶ [idée] weird, strange, wild
NM baroque

baroquisme /baʀɔkism/ NM baroque character

baroscope /baʀɔskɔp/ NM baroscope

barotraumatisme /baʀɔtʀomatism/ NM barotrauma

baroud /baʀud/ NM (arg Mil) fighting ◆ **baroud d'honneur** last-ditch struggle, gallant last stand

baroudeur, -euse /baʀudœʀ, øz/ NM,F (Mil) firebrand, fighter ◆ **c'est un baroudeur** he knocks about * ou travels around a lot

barouf */baʀuf[lə]/ NM (= vacarme) row *, din *, racket * ◆ **faire du barouf** to create a racket *, to make a row *; (= protester) to kick up a fuss * ou stink *

barque /baʀk/ SYN NF small boat, small craft ◆ **barque à moteur** (small) motorboat ◆ **barque de pêche** small fishing boat ◆ **il mène bien sa barque** he's doing alright for himself, he manages his affairs very well
◆ **charger la barque** (= exagérer) to overdo it

barquette /baʀkɛt/ NF ⓵ (= tarte) pastry boat, small tart
⓶ (= récipient) container; (pour fruits) punnet, carton

barracuda /baʀakyda/ NM barracuda

barrage /baʀaʒ/ SYN NM ⓵ [de rivière, lac] dam, barrage; (à fleur d'eau) weir ◆ **barrage de retenue** flood barrier ◆ **barrage flottant** floating boom ou barrier
⓶ (= barrière) barrier; (d'artillerie, de questions) barrage ◆ **barrage de police** (gén) police roadblock; (cordon d'agents) police cordon; (chevaux de frise) (police) barricade ◆ **établir un barrage (routier)** [manifestants] to set up a roadblock ◆ **match de barrage** (Sport) relegation match
⓷ (fig) ◆ **faire barrage à** to hinder, to stand in the way of ◆ **il y a eu un barrage de la direction** the management has put up a barrier
⓸ (Cartes) pre-emptive bid, pre-empt

barre /baʀ/ SYN
NF ⓵ (gén = tige, morceau) bar; (de fer) rod, bar; (de bois) piece, rod; (d'or) bar ◆ **barre (transversale)** (Football, Rugby) crossbar ◆ **barres de fixation** ou **de toit** (pour une voiture) roof bars ◆ **barre de savon** † cake ou bar of soap ◆ **c'est le coup de barre dans ce restaurant** * you pay through the nose * in that restaurant ◆ **j'ai un coup de barre** * (fatigue) I feel drained ou shattered *
⓶ (Danse) barre ◆ **exercices à la barre** exercises at the barre, barre exercises
⓷ [de bateau] helm; [de petit bateau] tiller ◆ **être à la** ou **tenir la barre** (lit, fig) to be at the helm ◆ **prendre la barre** (lit, fig) to take the helm ◆ **redresser la barre** (lit) to right the helm; (fig) to get things back on an even keel
⓸ (Jur) ◆ **barre du tribunal** bar ◆ **barre (des témoins)** witness box (Brit), witness stand (US) ◆ **être appelé à la barre** to be called as a witness ◆ **comparaître à la barre** to appear as a witness
⓹ (Géog) (= houle) (gén) race; (à l'estuaire) bore; (= banc de sable) (sand) bar; (= crête de montagne) ridge
⓺ (= trait) line, dash, stroke; (du t, f) stroke ◆ **faire des barres** to draw lines (on a page) ◆ **mets une barre à ton t** cross your t ◆ **barre de fraction** line separating top and bottom figures of a fraction ◆ **barre d'addition** line ruled above total of a sum ◆ **barre oblique** slash, oblique (stroke), solidus (SPÉC)
⓻ (= niveau) mark ◆ **franchir la barre des 10%** to pass the 10% mark ◆ **placer la barre à 10** (Scol) to set the pass mark ou the passing grade (US) at 10 ◆ **mettre** ou **placer la barre plus haut** to raise the stakes ◆ **vous placez la barre trop haut** you set your standards too high
⓼ ◆ **barres** († = jeu) ≈ prisoners' base ◆ **avoir barre(s) sur qn** (frm) (avantage) to have an advantage over sb; (pouvoir) to have power over ou a hold on sb
⓽ [de cheval] bar
⓾ (= douleur) pain ◆ **j'ai une barre sur la poitrine** my chest feels tight
⑪ (Héraldique) bar
COMP **barre d'accouplement** tie-rod
barre antiroulis anti-roll bar
barre d'appui (window) rail
barres asymétriques asymmetric bars
barre de céréales muesli (Brit) ou granola (US) bar
barre chocolatée chocolate bar, bar of chocolate, candy bar (US)
barre de défilement (Ordin) scroll bar
barre à disques (Sport) barbell
barre d'espacement space bar
barre fixe horizontal ou chinning bar
barre de menu (Ordin) menu bar
barre de mesure (Mus) bar line
barre à mine crowbar
barre omnibus (Élec) busbar
barre d'outils (Ordin) tool bar
barres parallèles parallel bars
barre de remorquage tow bar
barre de reprise (Mus) repeat mark(s) ou sign
barre de titre (Ordin) title bar
barre de torsion torsion bar

barré, e /baʀe/ (ptp de **barrer**)
ADJ ⓵ (Héraldique) [écu] barré; [dent] impacted
⓶ (* = engagé, parti) ◆ **il est mal barré** he's/it's off to a bad start ◆ **il est mal barré pour avoir son examen** his chances of passing the exam are pretty slim ◆ **on est bien barré avec un chef comme lui !** (iro) we won't get very far with a boss like him!
⓷ (* = fou) crazy
NM (Mus) barré

barreau (pl **barreaux**) /baʀo/ SYN NM ⓵ [d'échelle] rung; [de cage, fenêtre] bar ◆ **être derrière les barreaux** [prisonnier] to be behind bars ◆ **barreau de chaise** (lit) (chair) rung ou crossbar; (* = cigare) fat cigar
⓶ (Jur) bar ◆ **entrer** ou **être admis** ou **reçu au barreau** to be called to the bar

barrement /baʀmɑ̃/ NM [de chèque] crossing

barrer /baʀe/ SYN ▸ conjug 1 ◂
VT ⓵ (= obstruer) [+ porte] to bar; [+ fenêtre] to bar up; [+ chemin, route] (par accident) to block; (pour travaux, par la police) to close (off), to seal ou shut off; (par barricades) to barricade ◆ **barrer le passage** ou **la route à qn** (lit) to stand in sb's way, to block ou bar sb's way; (fig) to stand in sb's way ◆ **il est barré par son supérieur** his boss is standing in his way ◆ **des rochers nous barraient la route** rocks blocked ou barred our way ◆ « **rue barrée** » "road closed"
⓶ (= rayer) [+ mot, phrase] to cross out, to score out; [+ surface, feuille] to cross; [+ chèque] to cross ◆ **chèque barré** crossed cheque (Brit), check for deposit only (US) ◆ **chèque non barré** open ou uncrossed cheque (Brit) ◆ **barre ton t** cross your t ◆ **les rides qui barraient son front** the wrinkles which lined his forehead
⓷ (Naut) to steer ◆ **quatre/deux barré** (Sport) coxed four/pair
VI (= tenir la barre) to steer, to take the helm
VPR **se barrer** * [personne] to clear off *; [fixations] to come out ◆ **barre-toi !** clear off! *, beat it! *, scram! * ◆ **le tuyau se barre** the pipe is falling off ◆ **il s'est barré chez lui** he walked out on his family *

barrette /baʀɛt/ NF ⓵ (pour cheveux) (hair) slide (Brit), barrette (US); (= bijou) brooch; (= médaille) bar
⓶ (Ordin) ◆ **barrette (de mémoire)** memory module
⓷ (arg Drogue) ◆ **barrette (de cannabis)** (one gram) bar of cannabis
⓸ (Rel) biretta ◆ **recevoir la barrette** to receive the red hat

barreur, -euse /baʀœʀ, øz/ NM,F (gén) (homme) helmsman; (femme) helmswoman; (Aviron) cox(swain) ◆ **quatre avec/sans barreur** coxed/coxless four

barricade /baʀikad/ SYN NF barricade; → **côté**

barricader /baʀikade/ SYN ▸ conjug 1 ◂
VT [+ porte, fenêtre, rue] to barricade
VPR **se barricader** se barricader dans/derrière to barricade o.s. in/behind ◆ **se barricader chez soi** to lock ou shut o.s. in

barrière /baʀjɛʀ/ SYN
NF (= clôture) fence; (= porte) gate; (lit, fig = obstacle) barrier; (Hist = octroi) tollgate ◆ **dresser une barrière** to put up a barrier (entre between) ◆ **franchir la barrière de la langue** to break through the language barrier
COMP **barrière de corail** coral reef ◆ **la Grande Barrière (de corail)** the Great Barrier Reef
barrière de dégel roadsign warning of dangerous road conditions during a thaw
barrière douanière trade ou tariff barrier
barrière naturelle natural barrier
barrière (de passage à niveau) level (Brit) ou grade (US) crossing gate
barrière de sécurité (dans les rues) crowd barrier; (pour un bébé) safety gate

barrique /baʀik/ NF barrel, cask; → **plein**

barrir /baʀiʀ/ ▸ conjug 2 ◂ VI [éléphant] to trumpet

barrissement /baʀismɑ̃/ NM trumpeting

barrot /baʀo/ NM (Naut) deckbeam

bartavelle /baʀtavɛl/ NF rock partridge

barycentre /baʀisɑ̃tʀ/ NM barycentre (Brit), barycenter (US)

baryon /baʀjɔ̃/ NM baryon

barysphère /baʀisfɛʀ/ NF barysphere

baryte /baʀit/ NF baryta

baryton /baʀitɔ̃/ ADJ, NM baritone ◆ **baryton-basse** base-baritone

baryum /baʀjɔm/ NM barium

◆ ◆ ◆ ◆ ◆ ◆ ◆ ◆ ◆ ◆ ◆ ◆ ◆ ◆ ◆ ◆ ◆ ◆ ◆

bas¹, basse¹ /bɑ, bɑs/ SYN

1 - ADJECTIF
2 - ADVERBE
3 - NOM MASCULIN
4 - COMPOSÉS

◆ ◆ ◆ ◆ ◆ ◆ ◆ ◆ ◆ ◆ ◆ ◆ ◆ ◆ ◆ ◆ ◆ ◆ ◆

1 - ADJECTIF

⓵ [= DE FAIBLE HAUTEUR] [siège, porte, colline, nuages] low; [ciel] low, overcast; [maison] low-roofed; [terrain] low(-lying) ◆ **le soleil est bas sur l'horizon** the sun is low on the horizon ◆ **les basses branches** ou **les branches basses d'un arbre** the lower ou bottom branches of a tree ◆ **les branches de cet arbre sont basses** the branches of this tree hang low ◆ **il a le front bas** he has a low brow ou forehead ◆ **bas sur pattes** [animal] short-legged; * [personne] short-legged, stumpy-legged; * [meuble] with short legs; → **main, oreille, plafond, profil, table** etc

⓶ [= PEU ÉLEVÉ] [prix, chiffre, température, niveau, rendement] low; (Élec) [fréquence] low ◆ **les bas salaires** low salaries ◆ **la Seine est très basse en ce moment** the Seine is very low at the moment ◆ **c'est (la) marée basse, c'est la basse mer** the tide is low ou out, it's low tide ◆ **à marée basse** at low tide ou water ◆ **un enfant en bas âge** a young ou small child

⓷ [= PEU AUDIBLE] [son] low; → **messe, voix**

⓸ [= GRAVE] [note] low; [voix] deep, low

⓹ [= HUMBLE] [naissance] low, lowly ◆ **personnes de basse condition** people from humble backgrounds ◆ **basses besognes** menial tasks; (péj) dirty work ◆ **les bas quartiers de la ville** the seedy ou poor parts of the town ◆ **les bas morceaux** (Boucherie) the cheap cuts

⓺ [= MESQUIN] [jalousie, vengeance] base, petty; [action] base, mean ◆ **c'était bas de sa part** it was a mean ou despicable thing for him to do ◆ **c'est encore un exemple de basses manœuvres politiciennes** it's yet another example of base political manoeuvring ◆ **elle n'a pas agi pour de basses raisons (commerciales)** she didn't act out of base (commercial) motives; → **coup**

⓻ [LING] ◆ **le bas latin** low Latin ◆ **le bas allemand** Low German, plattdeutsch (SPÉC)

⓼ [GÉOG] ◆ **la Basse Seine** the Lower Seine ◆ **le Bas Languedoc** Lower Languedoc ◆ **les Bas**

Bretons the inhabitants of Lower Brittany ◆ **le bas-Rhin** the lower Rhine ◆ **le Bas Canada** (Hist Can) Lower Canada

2 - ADVERBE

1 [DANS L'ESPACE] [voler, viser] low ◆ **mets tes livres/le tableau plus bas** put your books/the picture lower down ◆ **ma maison est plus bas dans la rue** my house is further down the street ◆ **comme l'auteur le dit plus bas** as the author says further on ◆ **voir plus bas** see below ◆ **mettre** ou **traiter qn plus bas que terre** to treat sb like dirt

2 [DANS UNE HIÉRARCHIE] ◆ **il est assez bas dans la hiérarchie** he's quite low down in the hierarchy ◆ **être au plus bas** [prix] to be at their lowest, to have reached rock bottom; [cote de popularité, inflation] to be at its lowest ◆ **le dollar n'a jamais été aussi bas** the dollar has reached a new ou an all-time low

3 [= MAL EN POINT, EN MAUVAISE POSTURE] ◆ **le malade est bien bas** the patient is very low ◆ **être au plus bas** [personne] to be very low, to be at a very low ebb; [secteur économique] to be at a very low ebb ◆ **la Bourse est au plus bas depuis 1988** the stock exchange is at its lowest since 1988 ◆ **son image est au plus bas dans l'opinion** his public image is at an all-time low

4 [= DOUCEMENT] [parler] softly, in a low voice ◆ **dire qch/parler tout bas** to say sth/speak in a whisper ou in a low voice ◆ **mets la télé tout bas** put the TV on very low ◆ **mettez la radio/le chauffage plus bas** turn the radio/heating down

5 [MUS = DANS LES GRAVES] [chanter] low

6 [LOCUTIONS FIGÉES]

◆ **à bas** ◆ **à bas le fascisme/les tyrans !** down with fascism/tyrants!

◆ **bas les** + nom ◆ **bas les masques !** drop the pretence! ◆ **bas les pattes !** (à un chien) down!; (* : à une personne) (keep your) hands off!*, (keep your) paws off!*

◆ **mettre bas** [animal] to give birth, to drop (SPÉC) ◆ **mettre bas les armes** (Mil) to lay down one's arms; (fig) to throw in the sponge ◆ **mettre bas les masques** to stop pretending, to drop one's mask

◆ **mise bas** [d'animal] birth, dropping

3 - NOM MASCULIN

[DE PAGE, ESCALIER, COLLINE] foot, bottom; [de visage] lower part; [de mur] foot; [de jupe, pantalon] bottom ◆ **le bas du ventre** the lower abdomen ◆ **une maison du bas de la rue Blanche** a house at the bottom (end) of rue Blanche ◆ **il a une malformation du bas de la colonne vertébrale** he has a malformation of the lower spine ◆ **faire le bas d'un pantalon** to hem a pair of trousers

◆ **au bas, dans le bas** at the bottom ◆ **son nom est inscrit au bas** his name is written at the bottom ◆ **la colonne est évasée dans le bas** the pillar widens out at the bottom

◆ **au bas de, dans le bas de** [de page, escalier, colline, côte] at the bottom ou foot of; [d'armoire, immeuble, écran] at the bottom of; [de vêtement] (gén) at the bottom of; (tout autour) round the bottom of ◆ **au bas de l'échelle sociale** at the bottom of the social ladder ◆ **dans le bas du corps** in the lower part of the body ◆ **j'ai mal au** ou **dans le bas du dos** my lower back is aching, I've got a pain in my lower back ◆ **dans le bas de la ville** at the lower end of the town ◆ **l'équipe se retrouve au** ou **dans le bas du classement** the team is at the bottom of the league

◆ **de bas en haut** [s'ouvrir] from the bottom up(wards); [compter, lire] from the bottom up ◆ **il la contempla de bas en haut** he looked her up and down

◆ **d'en bas** ◆ **les dents/la mâchoire d'en bas** the lower teeth/jaw ◆ **les chambres d'en bas** the downstairs rooms ◆ **le supermarché d'en bas vend du pain** the supermarket below sells bread ◆ **ceux d'en bas** (= voisins) the people (who live) below; (= personnes humbles) the lower orders ◆ **le bruit vient d'en bas** the noise is coming from downstairs ou from down below ◆ **vu d'en bas, cela ressemble à...** seen from below, it looks like...

◆ **du bas** [dents, mâchoire] lower ◆ **l'étagère/le tiroir du bas** the bottom shelf/drawer ◆ **les appartements du bas** the downstairs flats (Brit) ou apartments (US), the flats (Brit) ou apartments (US) downstairs ou down below

◆ **en bas** (dans une maison) downstairs ◆ **il habite en bas** he lives downstairs ou down below ◆ **les voleurs sont passés par en bas** the thieves got in downstairs ◆ **je ne peux pas rester la tête en bas trop longtemps** I can't stay upside down for too long ◆ **il se tenait à la branche, la tête en bas** he was hanging upside down from the branch ◆ **le tableau est posé la tête en bas*** the picture is upside down

◆ **en bas de** (dans l'espace) ◆ **en bas de la côte/de l'escalier** at the bottom ou foot of the hill/of the stairs ◆ **il m'attend en bas de l'immeuble** he's waiting for me outside the building ◆ **signez en bas de cette page** sign at the bottom of this page ◆ **ils sont en bas du classement** they're at the bottom of the league ◆ **en bas de 100 dollars** (Can) under 100 dollars

4 - COMPOSÉS

bas de casse NM (Typographie) lower case

bas² /bɑ/ NM stocking; (de footballeur) sock; (de bandit masqué) stocking mask ◆ **bas de contention** ou **à varices*** support stockings ou hose ◆ **bas fins** sheer stockings ◆ **bas (de) nylon** nylon stockings, nylons ◆ **bas sans couture** seamless stockings ◆ **bas résille** fishnet stockings ◆ **bas de soie** silk stockings ◆ **bas de laine** (lit) woollen stockings; (fig) savings, nest egg

basal, e (mpl -aux) /bazal, o/ ADJ basal

basalte /bazalt/ NM basalt

basaltique /bazaltik/ ADJ basalt(ic)

basane /bazan/ NF (= peau) basan, bazan; [de pantalon de cavalier] leather padding

basané, e /bazane/ SYN
ADJ [teint, visage] [de vacancier] (sun-)tanned, sunburnt (Brit); [de marin] tanned, weather-beaten; (= foncé) swarthy ◆ **individu au teint basané** dark-skinned individual
NM,F (injurieux) ≈ darky (injurieux)

bas-bleu (pl **bas-bleus**) /bɑblø/ NM (péj) bluestocking

bas-côté (pl **bas-côtés**) /bakote/ NM 1 [de route] verge, shoulder (US)
2 [d'église] (side) aisle
3 (Can = appentis) lean-to (shed), penthouse

basculant, e /baskylɑ̃, ɑ̃t/ ADJ [siège] tip-up (épith); → **benne**

bascule /baskyl/ NF 1 (= balance) [de marchandises] weighing machine ◆ **bascule (automatique)** [de personne] scales
2 (= balançoire) seesaw, teeter-totter (US) ◆ **cheval/fauteuil à bascule** rocking horse/chair ◆ **mouvement de bascule** (lit) rocking motion; (fig) turnaround ◆ **le mouvement de bascule de l'électorat** the swing in the mood of the electorate ◆ **pratiquer une politique de bascule** to run with the hare and hunt with the hounds
3 (= mécanisme) bascule ◆ **bascule (bistable)** (Ordin) flip-flop ◆ **interrupteur à bascule** (Élec) toggle switch
4 (Lutte) lift-over

basculer /baskyle/ SYN ▸ conjug 1 ◀
VI 1 [personne] to topple ou fall over, to overbalance; [objet] to fall ou tip over; [benne, planche, wagon] to tip up; [tas] to topple (over) ◆ **il bascula dans le vide** he toppled over the edge
2 (= changer) to change dramatically ◆ **ma vie a basculé** my life was turned upside down ◆ **basculer dans l'opposition** to swing ou go over to the opposition ◆ **basculer dans le chaos** to be plunged into chaos ◆ **basculer dans le cauchemar** to plunge into a nightmare ◆ **basculer à gauche** (Pol) to swing to the left ◆ **tout a basculé quand le Pérou a été touché par la crise** things changed dramatically ou took a very different turn when Peru was affected by the crisis ◆ **le match a basculé à la 37ᵉ minute** the match changed course ou turned dramatically in the 37th minute
3 (Ordin) to toggle; (Élec) to switch (sur to)
4 (locutions)

◆ **faire basculer** [+ benne] to tip up; [+ contenu] to tip out; [+ appel téléphonique] to divert; [+ personne] to knock off balance, to topple over ◆ **la gauche européenne peut faire basculer la majorité au Parlement** the European left may tilt the balance of power in the parliament ◆ **faire basculer l'opinion du côté des étudiants** to swing opinion in favour of the students ◆ **son mariage avec un Espagnol a fait basculer son destin** her marriage with a Spaniard changed the course of her life ◆ **la guerre a fait basculer sa vie** the war changed the course of her life ◆ **l'homme qui peut faire basculer son pays dans le troisième millénaire** the man who can propel his country into the third millennium ◆ **l'essai qui a fait basculer le match en faveur de Castres** the try which turned ou swung the match in favour of Castres ◆ **les trois témoins qui peuvent encore faire basculer le procès** the three witnesses who could still change the course of the trial
VT to tilt; [+ charges] to move

basculeur /baskylœʀ/ NM 1 (Élec) rocker switch
2 [de benne] tipper

base /baz/ SYN
NF 1 [de bâtiment, colonne, triangle, montagne] base; [de gâteau, maquillage] base; (Anat, Chim, Math, Ordin) base; (Ling = racine) root ◆ **calculer en base 2/10** to calculate in base 2/10 ◆ **base (de vernis à ongles)** (nail varnish) base coat
2 (= lieu, Mil) base ◆ **base navale/aérienne** naval/air base ◆ **rentrer à sa** ou **la base** to return to base
3 (Pol) ◆ **la base** the rank and file, the grass roots ◆ **militant de base** grassroots activist
4 (= fondement) basis ◆ **bases** basis (sg), foundations ◆ **bases d'un traité/d'un accord** basis of a treaty/of an agreement ◆ **raisonnement fondé sur des bases solides** solidly-based argument ◆ **il a des bases solides en anglais** he has a good grounding in English ou a sound basic knowledge of English ◆ **jeter/saper les bases de...** to lay/undermine the foundations of...
5 (locutions)

◆ **à base de** ◆ **produit à base de soude** soda-based product ◆ **cocktail à base de gin** gin-based cocktail

◆ **à la base** (= fondamentalement) basically, fundamentally

◆ **à la base de** (= au cœur de) ◆ **être à la base de** to be at the root of

◆ **de base** (gén) basic; [employé] low-ranking; [vocabulaire] basic, core ◆ **les métiers de base d'une entreprise** a company's core activities ◆ **forme de base** base form

◆ **sur la base de** ◆ **sur la base de ces renseignements** on the basis of this information ◆ **ces départs s'effectuent sur la base du volontariat** the redundancies will take place on a voluntary basis

COMP **base de départ** (fig) starting point (fig)
base de données database
base d'imposition taxable amount
base de lancement launching site
base de loisirs sports and recreation park
base d'opérations base of operations, operations base
base de ravitaillement supply base
base de temps (Ordin) clock

base(-)ball (pl **base(-)balls**) /bɛzbol/ NM baseball

baselle /bazɛl/ NF Malabar nightshade, basella

Bas-Empire /bazɑ̃piʀ/ NM ◆ **le Bas-Empire** the late Roman Empire

baser /baze/ SYN ▸ conjug 1 ◀
VT 1 (= fonder) to base (sur on) ◆ **une économie basée sur le pétrole** an oil-based economy
2 ◆ **être basé quelque part** (gén, Mil) to be based somewhere
VPR **se baser** SYN (= se fonder) ◆ **se baser sur** to base one's judgement on ◆ **sur quoi vous basez-vous ?** what is the basis of your argument?

bas-fond (pl **bas-fonds**) /bɑfɔ̃/ NM 1 (= eau peu profonde) shallow, shoal; (= dépression) depression
2 (péj) ◆ **les bas-fonds de la société** the lowest depths ou the dregs of society ◆ **les bas-fonds de la ville** the seediest ou slummiest parts of the town

BASIC /bazik/ NM BASIC

basicité /bazisite/ NF basicity

baside /bazid/ NF basidium

basidiomycètes /bazidjomisɛt/ NMPL ◆ **les basidiomycètes** basidiomycetes

basilaire /bazilɛʀ/ ADJ basilar

basilic /bazilik/ NM (= plante) basil; (= animal) basilisk

basilical, e (mpl -aux) /bazilikal, o/ ADJ basilic(an)

basilique¹ /bazilik/ NF (Rel) basilica

basilique² /bazilik/ ADJ ◆ **veine basilique** basilic vein

basique /bazik/ SYN
ADJ (gén, Chim) basic
NM (= vêtement) basic item, basic

bas-jointé, e /bɑʒwɛ̃te/ ADJ having low pasterns

basket | bâti

basket /baskɛt/
- **NM** (Sport) basketball
- **NF** (= chaussure) ♦ **baskets** (gén) sneakers, trainers (Brit), ≈ tennis shoes (US); (pour joueur) basketball boots (Brit), high-tops (US) ♦ **être à l'aise dans ses baskets** * to be at ease with o.s. ♦ **des adolescents mal dans leurs baskets** * unhappy teenagers, teenagers with problems; → **lâcher**

basket-ball (pl basket-balls) /baskɛtbol/ NM basketball

basketteur, -euse /baskɛtœʀ, øz/ NM,F basketball player

bas-mât (pl bas-mâts) /bɑmɑ/ NM lower mast

basmati /basmati/ ADJ ♦ **riz basmati** basmati rice

basophile /bazɔfil/ ADJ (Bio) basophil(e), basophilic

basquaise /baskɛz/
- **ADJ F** (Culin) ♦ **poulet basquaise** basquaise chicken
- **NF Basquaise** Basque (woman)

basque¹ /bask/
- **ADJ** Basque ♦ **le Pays basque** the Basque Country
- **NM** (= langue) Basque
- **NMF Basque** Basque

basque² /bask/ NF [d'habit] skirt(s); [de robe] basque; → **pendu**

bas-relief (pl bas-reliefs) /baʀəljɛf/ NM bas relief, low relief ♦ **en bas-relief** bas-relief (épith), low-relief (épith), in bas ou low relief

basse² /bɑs/ NF ① (= chanteur) bass; (= voix) bass (voice); (= contrebasse) (double) bass; (= guitare) bass ♦ **flûte/trombone basse** bass flute/trombone ♦ **basse de viole** bass viol, viola da gamba; → **doucement**
② (= partie) ♦ **basse chiffrée** figured bass ♦ **basse continue** (basso) continuo, thorough bass ♦ **basse contrainte** ou **obstinée** ground bass

basse³ /bɑs/ NF (Géog) sunken reef

basse-cour (pl basses-cours) /baskuʀ/ NF (= lieu) farmyard; (= animaux) farmyard animals ♦ **c'est une vraie basse-cour ce bureau !** (péj) this office is like a henhouse!

basse-fosse (pl basses-fosses) /basfos/ NF (littér) dungeon

bassement /basmɑ̃/ ADV basely, meanly, despicably

bassesse /basɛs/ SYN NF ① (= servilité) servility; (= mesquinerie) meanness, baseness, lowness
② (= acte servile) servile act; (= acte mesquin) low ou mean ou base ou despicable act ♦ **il ferait des bassesses pour avoir de l'avancement** he'd stoop to anything to get promoted

basset /basɛ/ NM (= chien) basset (hound)

basse-taille (pl basses-tailles) /bastaj/ NF (Mus) bass baritone

bassin /basɛ̃/ SYN NM ① (Anat) pelvis
② (= pièce d'eau) ornamental lake; (plus petit) pond; [de piscine] pool; [de fontaine] basin ♦ **petit/grand bassin** [de piscine] small/main pool ♦ **bassin de décantation** settling basin ou tank
③ (pour bateaux) dock ♦ **bassin de radoub/de marée** dry ou graving/tidal dock
④ (= cuvette) bowl; (Méd) bedpan
⑤ (Géog, Géol) basin ♦ **bassin houiller/minier** coal/mineral field ou basin ♦ **bassin hydrographique** catchment basin ou area ♦ **le Bassin parisien** the Paris Basin ♦ **bassin de retenue** (d'un barrage) reservoir ♦ **bassin industriel/sidérurgique** industrial/steel-producing area
⑥ (Écon) area ♦ **bassin d'emploi(s)** labour market area

bassine /basin/ NF ① (= cuvette) bowl, basin ♦ **bassine à confiture** preserving pan
② (= contenu) bowl(ful)

bassiner /basine/ ► conjug 1 ◄ VT ① [+ plaie] to bathe; (Agr) to sprinkle ou spray (water on)
② [+ lit] to warm (with a warming pan)
③ (* = ennuyer) to bore ♦ **elle nous bassine** she's a pain in the neck *

bassinet /basinɛ/ NM (Anat) renal pelvis; → **cracher**

bassinoire /basinwaʀ/ NF (Hist) warming pan

bassiste /basist/ NMF (= contrebassiste) double bass player; (= guitariste) bass guitarist

basson /basɔ̃/ NM (= instrument) bassoon; (= musicien) bassoonist

bassoniste /basɔnist/ NMF bassoonist

basta * /basta/ EXCL that's enough!

bastaque /bastak/ NF backstay

baste †† /bast/ EXCL (= indifférence) never mind!, who cares?; (= dédain) pooh!

bastide /bastid/ NF ① (= maison) (country) house (in Provence)
② (Hist = village) walled town (in S.W. France)

bastille /bastij/ NF fortress, castle ♦ **la Bastille** (Hist) the Bastille

bastillé, e /bastije/ ADJ embattled

bastingage /bastɛ̃gaʒ/ NM (= parapet de bateau) (ship's) rail; (= parapet de château) bulwark

bastion /bastjɔ̃/ NM (= fortification) bastion; (fig) bastion, stronghold

baston * /bastɔ̃/ NM ou NF fight, punch-up * (Brit) ♦ **il va y avoir du baston** things are going to get nasty

bastonnade /bastɔnad/ NF drubbing, beating

bastonner (se) * /bastɔne/ ► conjug 1 ◄ VPR to fight

bastos * /bastos/ NF (arg Crime = balle) slug *

bastringue * /bastʀɛ̃g/ NM ① (= objets) junk *, clobber * (Brit) ♦ **et tout le bastringue** the whole caboodle * (Brit) ou kit and caboodle * (US)
② (= bruit) racket *, din *
③ (= bal) (local) dance hall; (= orchestre) band

Basutoland /basytɔlɑ̃d/ NM Basutoland

bas-ventre (pl bas-ventres) /bavɑ̃tʀ/ NM (= région génitale) groin (area); (= abdomen) lower abdomen ♦ **il a reçu un coup de genou dans le bas-ventre** he was kneed in the groin

BAT /beate/ NM (abrév de **bon à tirer**) → **bon¹**

bat. abrév de **bâtiment**

bât /ba/ NM [d'âne, mule] packsaddle ♦ **c'est là où le bât blesse** (fig) there's the rub

bataclan * /bataklɑ̃/ NM junk *, clobber * (Brit) ♦ **et tout le bataclan** the whole caboodle * (Brit) ou kit and caboodle * (US)

bataille /bataj/ SYN
- NF ① (Mil) battle; (= rixe, querelle) fight; (= controverse) fight, dispute ♦ **bataille de rue** street fight ou battle ♦ **bataille juridique** legal battle ♦ **la vie est une dure bataille** life is a hard fight ou struggle ♦ **il arrive toujours après la bataille** (fig) he always turns up when it's too late
  ♦ **en bataille** (= en formation de combat) in battle order ou formation ♦ **il a les cheveux en bataille** his hair's a mess ♦ **le chapeau en bataille** with his hat on askew ♦ **être garé en bataille** to be parked at an angle (to the kerb)
② (Cartes) beggar-my-neighbour
- **COMP bataille aérienne** air battle
bataille aéronavale sea and air battle
bataille de boules de neige snowball fight
bataille électorale electoral battle
bataille navale (Mil) naval battle; (= jeu) battleships ♦ **faire une bataille navale** to play battleships
bataille rangée pitched battle
bataille terrestre land battle

batailler /bataje/ SYN ► conjug 1 ◄ VI (= lutter) to fight, to battle ♦ **batailler dur** ou **ferme** to fight hard

batailleur, -euse /batajœʀ, øz/ SYN
- **ADJ** pugnacious, aggressive ♦ **il est batailleur** he loves a fight
- **NM,F** (= arriviste) fighter

bataillon /batajɔ̃/ SYN NM (Mil) battalion; (fig) crowd, herd

bâtard, e /bɑtaʀ, aʀd/ SYN
- **ADJ** ① [enfant] † illegitimate, bastard † (péj) (épith)
② [œuvre, solution] hybrid (épith) ♦ **chien bâtard** mongrel
③ [écriture] slanting round-hand
- **NM,F** (péj) (= personne) illegitimate child, bastard † (péj); (= chien) mongrel
- **NM** (Boulangerie) (short) loaf of bread
- **NF bâtarde** (= écriture) slanting round-hand

batardeau (pl **batardeaux**) /bataʀdo/ NM cofferdam

bâtardise /bɑtaʀdiz/ NF bastardy † (péj), illegitimacy

batave /batav/
- **ADJ** (Hist) Batavian; (hum) Dutch ♦ **la République batave** the Batavian Republic
- **NMF Batave** (Hist) Batavian; (hum) Dutch person

Bataves /batav/ NMPL Batavians

batavia /batavja/ NF Webb lettuce

batayole /batajɔl/ NF stanchion

bateau (pl **bateaux**) /bato/ SYN
- **NM** ① (gén) boat; (grand) ship ♦ **bateau à moteur/à rames/à voiles** motor/rowing/sailing boat ♦ **prendre le bateau** (= embarquer) to embark, to take the boat (à at); (= voyager) to go by boat, to sail ♦ **faire du bateau** (à voiles) to go sailing; (à rames) to go boating; (à moteur) to go out on a motorboat ♦ **mener qn en bateau** (fig) to take sb for a ride *, to lead sb up the garden path *
② [de trottoir] dip (in front of a driveway entrance) ♦ **il s'est garé devant le bateau** he parked in front of the driveway entrance
③ (Couture) ♦ **encolure** ou **décolleté bateau** boat neck
④ (* = mystification) hoax, joke ♦ **monter un bateau (à qn)** to play a practical joke (on sb)
- **ADJ INV** (* = banal) hackneyed ♦ **c'est (un sujet** ou **thème) bateau** it's the same old theme * ou the favourite topic (that crops up every time)
- **COMP bateau amiral** flagship
bateau de commerce merchant ship ou vessel
bateau de guerre warship, battleship
bateau de pêche fishing boat
bateau de plaisance yacht
bateau pneumatique inflatable boat
bateau de sauvetage lifeboat
bateau à vapeur steamer, steamship

bateau-citerne (pl **bateaux-citernes**) /batositɛʀn/ NM tanker

bateau-école (pl **bateaux-écoles**) /batoekɔl/ NM training ship

bateau-feu (pl **bateaux-feux**) /batofø/ NM lightship

bateau-lavoir (pl **bateaux-lavoirs**) /batolavwaʀ/ NM wash-shed (on river) ♦ **capitaine** ou **amiral de bateau-lavoir** (péj ou hum) freshwater sailor

bateau-mouche (pl **bateaux-mouches**) /batomuʃ/ NM river boat (for sightseeing, especially in Paris)

bateau-phare (pl **bateaux-phares**) /batofaʀ/ NM lightship

bateau-pilote (pl **bateaux-pilotes**) /batopilɔt/ NM pilot boat

bateau-pompe (pl **bateaux-pompes**) /batopɔ̃p/ NM fireboat

batée /bate/ NF buddle

batelage /batlaʒ/ NM lighterage

bateleur, -euse /batlœʀ, øz/ NM,F † tumbler; (péj) buffoon

batelier /batəlje/ NM (gén) boatman, waterman; [de bac] ferryman

batelière /batəljɛʀ/ NF (gén) boatwoman; [de bac] ferrywoman

batellerie /batɛlʀi/ NF ① (= transport) inland water transport ou navigation, canal transport
② (= bateaux) river and canal craft

bâter /bate/ ► conjug 1 ◄ VT to put a packsaddle on; → **âne**

bat-flanc /baflɑ̃/ NM INV [de lit] boards

bath †* /bat/ ADJ INV [personne, chose] super *, great *, smashing * (surtout Brit)

bathyal, e (mpl **bathyaux**) /batjal, jo/ ADJ bathyal

bathymètre /batimɛtʀ/ NM bathometer, bathymeter

bathymétrie /batimetʀi/ NF bathometry, bathymetry

bathymétrique /batimetʀik/ ADJ bathymetric

bathyscaphe /batiskaf/ NM bathyscaphe

bathysphère /batisfɛʀ/ NF bathysphere

bâti, e /bati/ (ptp de **bâtir**)
- **ADJ** ① (Constr) ♦ **terrain bâti** developed site ♦ **terrain non bâti** undeveloped site
② (fig) ♦ **cette dissertation est bien/mal bâtie** this essay is/is not well constructed ♦ **Robert est bien bâti** Robert is well-built
- **NM** ① (Couture) tacking (NonC) ♦ **point de bâti** tacking stitch

bâtiment /batimɑ̃/ SYN NM ① (= édifice) building ◆ **bâtiments d'habitation** living quarters ◆ **bâtiments d'exploitation** farm buildings ou sheds
② (= industrie) ◆ **le bâtiment** the building industry ou trade ◆ **être dans le bâtiment** to be in the building trade, to be a builder
③ (= navire) ship, vessel ◆ **bâtiment de guerre** warship ◆ **bâtiment de haute mer** sea-ship

bâtir /batiʀ/ SYN ► conjug 2 ◄
VT ① (Constr) to build ◆ **(se) faire bâtir une maison** to have a house built ◆ **se bâtir une maison** to build o.s. a house ◆ **bâtir sur le roc/sable** (lit, fig) to build on rock/sand ◆ **terrain/pierre à bâtir** building land/stone
② [+ hypothèse] to build (up); [+ phrase] to construct, to build; [+ fortune] to amass, to build up; [+ réputation] to build (up), to make (sur on); [+ plan] to draw up
③ (Couture) to tack, to baste ◆ **fil/coton à bâtir** tacking ou basting thread/cotton
VPR **se bâtir** ◆ **la maison s'est bâtie en 3 jours** the house was built ou put up in 3 days

bâtisse /batis/ SYN NF ① (= maison) building; (péj) great pile ou edifice
② (= maçonnerie) masonry

bâtisseur, -euse /batisœʀ, øz/ SYN NM,F builder ◆ **bâtisseur d'empire** empire builder

batiste /batist/ NF batiste, cambric, lawn

Batobus ® /batɔbys/ NM river bus

bâton /batɔ̃/ SYN
NM ① (= morceau de bois) stick; (= canne) stick, staff (littér); (Rel = insigne) staff; (= trique) club, cudgel; (à deux mains) staff; [d'agent de police] baton ◆ **il est mon bâton de vieillesse** (hum) he is the prop ou staff of my old age (hum)
② [de craie, encens, réglisse] stick ◆ **bâton de rouge (à lèvres)** lipstick
③ (= trait) vertical line ou stroke ◆ **faire des bâtons** (Scol) to draw vertical lines (when learning to write) ◆ **caractères bâton(s)** (Typographie) sans-serif characters
④ (* = million de centimes) ten thousand francs
⑤ (locutions) ◆ **il m'a mis des bâtons dans les roues** he put a spoke in my wheel, he put a spanner (Brit) ou wrench (US) in the works (for me) ◆ **parler à bâtons rompus** to talk about this and that ◆ **conversation à bâtons rompus** desultory conversation
COMP **bâton de berger** shepherd's crook
bâton blanc † [d'agent de police] policeman's baton
bâton de chaise chair rung
bâton de maréchal (lit) marshal's baton ◆ **ce poste, c'est son bâton de maréchal** (fig) that's the highest post he'll ever hold
bâton de pèlerin (Rel) pilgrim's staff ◆ **prendre son bâton de pèlerin** to set out on a mission
bâton de pluie rainstick
bâton de ski ski stick ou pole

bâtonnat /batɔna/ NM presidency of the Bar

bâtonner †† /batɔne/ ► conjug 1 ◄ VT to beat with a stick, to cudgel

bâtonnet /batɔnɛ/ NM short stick ou rod; (Anat) rod; (pour nettoyer les oreilles) cotton bud ◆ **bâtonnet glacé** ice pop ◆ **bâtonnets de poisson pané** fish fingers (Brit), fish sticks (US)

bâtonnier, -ière /batɔnje, jɛʀ/ NM,F ≈ president of the Bar

batoude /batud/ NF (long) trampoline

batracien /batʀasjɛ̃/ NM batrachian

battage /bataʒ/ SYN NM ① [de tapis, or] beating; [de céréales] threshing
② (* = publicité) hype * ◆ **battage médiatique** media hype ◆ **faire du battage autour de qch/qn** to give sth/sb a plug *, to hype sth/sb *

battant, e /batɑ̃, ɑ̃t/
NM [de cloche] clapper, tongue; [de volet] shutter, flap ◆ **battant (de porte)** (left-hand ou right-hand) door (of a double door) ◆ **battant (de fenêtre)** (left-hand ou right-hand) window ◆ **porte à double battant** ou **à deux battants** double door(s)
NM,F (= personne) fighter (fig), go-getter *
ADJ → **battre, pluie, tambour**

batte /bat/ NF (à beurre) dasher; [de blanchisseuse] washboard; (Sport) bat

battée /bate/ NF (Constr) rabbet

battellement /batɛlmɑ̃/ NM eaves boards

battement /batmɑ̃/ SYN NM ① (= claquement) [de porte, volet] banging (NonC); [de pluie] beating (NonC), (pitter-)patter (NonC); [de tambour] beating (NonC), rattle (NonC); [de voile, toile] flapping (NonC)
② (= mouvement) [d'ailes] flapping (NonC), flutter (NonC), beating (NonC); [de cils] fluttering (NonC); [de rames] plash (NonC), splash (NonC) ◆ **battement de paupières** blinking (NonC) ◆ **battements de jambes** leg movements
③ (Méd) [de cœur] beat, beating (NonC); [de pouls] beat, throbbing (NonC), beating (NonC); (irrégulier) fluttering (NonC); [de tempes] throbbing (NonC) ◆ **avoir/donner des battements de cœur** to get ou have/give palpitations
④ (= intervalle) interval ◆ **deux minutes de battement** (= pause) a two-minute break; (= attente) two minutes' wait; (= temps libre) two minutes to spare ◆ **j'ai une heure de battement de 10 à 11** I'm free for an hour ou I've got an hour to spare between 10 and 11
⑤ (Radio) beat; (Phon) flap

batterie /batʀi/ SYN NF ① (= électrique) battery; → **recharger**
② (Mus = percussion) percussion (instruments); (Jazz = instruments) drum kit ◆ **Luc Cohen à la batterie** Luc Cohen on drums ou percussion
③ (Mil) battery ◆ **batterie de missiles/anti-chars/côtière** missile/anti-tank/coastal battery ◆ **mettre des canons en batterie** to unlimber guns ◆ **les journalistes attendaient, caméras en batterie** the journalists were waiting with their cameras at the ready ◆ **changer/dresser ses batteries** (fig) to change/lay ou make one's plans ◆ **dévoiler ses batteries** (fig) to unmask one's guns
④ (= groupe) [de tests, radars, mesures] battery ◆ **batterie de projecteurs** bank of spotlights
⑤ ◆ **batterie de cuisine** pots and pans, kitchen utensils; (* = décorations) gongs*, ironmongery*
⑥ (Agr) battery ◆ **élevage en batterie** battery farming ou rearing ◆ **poulets de batterie** battery chickens
⑦ (Danse) batterie

batteur /batœʀ/ SYN NM ① (Culin) whisk, beater
② (= métier) (Mus) drummer, percussionist; (Agr) thresher; (Métal) beater; (Cricket) batsman; (Base-ball) batter

batteuse /batøz/ NF ① (Agr) threshing machine
② (Métal) beater

battitures /batityʀ/ NFPL [de métal] scales

battle-dress /batœldʀɛs/ NM INV battle-dress

battoir /batwaʀ/ NM ① [de laveuse] beetle, battledore; (à tapis) (carpet) beater
② (= grandes mains) ◆ **battoirs*** huge hands, enormous mitts*

battre /batʀ/ SYN ► conjug 41 ◄
VT ① (= vaincre) [+ adversaire, équipe] to beat, to defeat ◆ **se faire battre** to be beaten ou defeated ◆ **il ne se tient pas pour battu** he doesn't consider himself beaten ou defeated ◆ **battre qn (par) 6 à 3** (Sport) to beat sb 6-3 ◆ **battre qn à plate(s) couture(s)** to thrash sb, to beat sb hands down; → **record**
② [+ personne] (= frapper) to beat, to strike, to hit ◆ **elle ne bat jamais ses enfants** she never hits ou smacks her children ◆ **battre qn comme plâtre** to beat the living daylights out of sb *, to thrash ou beat sb soundly ◆ **battre qn à mort** to batter ou beat sb to death ◆ **regard de chien battu** hangdog ou cowering look ◆ **femmes battues** battered women
③ [+ tapis, linge, fer, or] to beat; [+ blé] to thresh ◆ **il faut battre le fer pendant qu'il est chaud** (Prov) we (ou you etc) should strike while the iron is hot (Prov) ◆ **il battit l'air/les bras** his arms thrashed the air/water ◆ **battre le fer à froid** to cold hammer iron ◆ **son manteau lui bat les talons** his coat is flapping round his ankles ◆ **battre le briquet** † to strike a light
④ (= agiter) [+ beurre] to churn; [+ blanc d'œuf] to beat (up), to whip, to whisk; [+ crème] to whip; [+ cartes] to shuffle; → **neige**
⑤ (= parcourir) [+ région] to scour, to comb ◆ **battre le pays** to scour the countryside ◆ **battre les buissons** (Chasse) to beat the bushes (for game) ◆ **hors des sentiers battus** off the beaten track ◆ **battre la campagne** (fig) to let one's mind wander ◆ **battre le pavé** to wander aimlessly about ou around
⑥ (= heurter) [pluie] to beat ou lash against; [mer] to beat ou dash against; (Mil) [+ positions, ennemis] to batter ◆ **littoral battu par les tempêtes** storm-lashed coast
⑦ (Mus) ◆ **battre la mesure** to beat time ◆ **battre le tambour** (lit) to beat the drum; (fig) to shout from the rooftops ◆ **battre le rappel** to call to arms ◆ **battre le rappel de ses souvenirs** to summon up one's old memories ◆ **battre le rappel de ses amis** to rally one's friends ◆ **battre la retraite** to sound the retreat
⑧ (locutions) ◆ **battre la breloque** † [appareil] to be erratic ◆ **son cœur bat la breloque** his heart is none too good, he has a bad ou dicky* (Brit) heart ◆ **son cœur battait la chamade** his heart was pounding ou beating wildly ◆ **battre en brèche une théorie** to demolish a theory ◆ **battre froid à qn** to cold-shoulder sb, to give sb the cold shoulder ◆ **battre son plein** [saison touristique] to be at its height; [fête] to be going full swing ◆ **battre la semelle** to stamp one's feet (to keep warm) ◆ **battre pavillon britannique** to fly the British flag, to sail under the British flag ◆ **battre monnaie** to strike ou mint coins ◆ **battre sa coulpe** to beat one's breast (fig) ◆ **j'en ai rien à battre**⁎ I don't give a damn⁎
VI [cœur, pouls] to beat; [montre, métronome] to tick; [pluie] to beat, to lash (contre against); [porte, volets] to bang, to rattle; [voile, drapeau] to flap; [tambour] to beat ◆ **son cœur bat pour lui** (hum) he's her heart-throb ◆ **son cœur battait d'émotion** his heart was beating wildly ou pounding with emotion ◆ **le cœur battant** with beating ou pounding heart; → **retraite**
VT INDIR **battre de** ◆ **battre des mains** to clap one's hands; (fig) to dance for joy, to exult ◆ **battre du tambour** to beat the drum ◆ **l'oiseau bat des ailes** the bird is beating ou flapping its wings ◆ **battre de l'aile** (fig) to be in a bad way
VPR **se battre** ① (dans une guerre, un combat) to fight (avec with; contre against); (= se disputer) to quarrel; (fig) to fight, to battle, to struggle (contre against) ◆ **se battre comme des chiffonniers** to fight like cat and dog ◆ **se battre au couteau/à la baïonnette** to fight with knives/bayonets ◆ **nos troupes se sont bien battues** our troops fought well ou put up a good fight ◆ **se battre en duel** to fight a duel ◆ **se battre contre des moulins à vent** to tilt at windmills ◆ **il faut se battre pour arriver à obtenir quelque chose** you have to fight to get what you want ◆ **se battre avec un problème** to struggle ou battle with a problem
② (fig) ◆ **se battre les flancs** to rack one's brains ◆ **je m'en bats l'œil**⁎ I don't care a fig* ou a damn⁎

battu, e¹ /baty/ (ptp de **battre**) ADJ → **battre, jeté, œil, pas¹, terre**

battue² /baty/ NF (Chasse) battue, beat; (pour retrouver qn) search

batture /batyʀ/ NF (Can) sand bar, strand

bau (pl **baux**) /bo/ NM (Naut = traverse) beam

baud /bo/ NM (Ordin) baud

baudelairien, -ienne /bodlɛʀjɛ̃, jɛn/ ADJ of Baudelaire, Baudelairean

baudet /bodɛ/ NM ① (= âne) donkey, ass
② (Menuiserie) trestle, sawhorse

baudrier /bodʀije/ NM [d'épée] baldric; [de drapeau] shoulder-belt; (Alpinisme) harness; (pour matériel) gear sling; → **Orion**

baudroie /bodʀwa/ NF angler (fish)

baudruche /bodʀyʃ/ NF (= caoutchouc) rubber; (péj) (= personne) wimp*, spineless character; (= théorie) empty theory, humbug* ◆ **ça s'est dégonflé comme une baudruche** it came to nothing ou vanished into thin air; → **ballon¹**

bauge /boʒ/ NF [de sanglier, porc] wallow

bauhinie /boini/ NF bauhinia

baume /bom/ NM (lit) balm, balsam; (fig) balm ◆ **baume après-rasage/pour les lèvres** aftershave/lip balm ◆ **ça lui a mis du baume au**

Baumé /bome/ N → **degré**

baumier /bomje/ NM balsam tree

baux /bo/ pl de **bail, bau**

bauxite /boksit/ NF bauxite

bavard, e /bavaʀ, aʀd/ SYN
ADJ [personne] talkative; [discours, récit] long-winded, wordy ◆ **il est bavard comme une pie** he's a real chatterbox
NM,F chatterbox, prattler; (péj) gossip, blabbermouth*

bavardage /bavaʀdaʒ/ SYN NM (= papotage) chatting, talking; (= jacasserie) chattering, prattling; (= commérage) gossiping ◆ **j'entendais leur(s) bavardage(s)** I could hear them talking ou chattering

bavarder /bavaʀde/ SYN ▶ conjug 1 ◀ VI
① (= papoter) to chat, to talk; (= jacasser) to chatter, to prattle; (= commérer) to gossip ◆ **arrêtez de bavarder !** stop that chattering!
② (= divulguer un secret) to blab*, to give the game away, to talk

bavarois, e /bavaʀwa, waz/
ADJ Bavarian
NM,F ① (= personne) ◆ **Bavarois(e)** Bavarian
② (Culin) bavarois ◆ **bavarois(e) aux fraises** strawberry bavarois

bavasser* /bavase/ ▶ conjug 1 ◀ VI (= bavarder) to blather (on)*, to natter (on)* (Brit)

bave /bav/ NF [de personne] dribble; [d'animal] slaver, slobber; [de chien enragé] foam, froth; [d'escargot] slime; [de crapaud] spittle; (fig) venom, malicious words ◆ **la bave du crapaud n'atteint pas la blanche colombe** (Prov) sticks and stones might break my bones but names will never hurt me (Prov)

baver /bave/ ▶ conjug 1 ◀
VI ① [personne] to dribble; (beaucoup) to slobber, to drool; [animal] to slaver, to slobber; [chien enragé] to foam ou froth at the mouth; [stylo] to leak; [pinceau] to drip; [liquide] to run
◆ **en baver*** ◆ **en baver d'admiration** to gasp in admiration ◆ **en baver d'envie** to be green with envy ◆ **en baver** (= souffrir) to have a rough ou hard time of it* ◆ **il m'en a fait baver** he really gave me a rough ou hard time* ◆ **elle n'a pas fini d'en baver avec son fils** she hasn't seen the last of her troubles with her son yet
② (littér) ◆ **baver sur la réputation de qn** to besmear ou besmirch sb's reputation
VT ◆ **il en a bavé des ronds de chapeau*** his eyes nearly popped out of his head*

bavette /bavɛt/ NF ① [de tablier, enfant] bib; (= garde-boue) mudguard, mud flap
② (= viande) undercut; → **tailler**

baveux, -euse /bavø, øz/ ADJ [bouche] dribbling, slobbery; [enfant] dribbling ◆ **omelette baveuse** runny omelette ◆ **lettre baveuse** (Typographie) blurred ou smeared letter

Bavière /bavjɛʀ/ NF Bavaria

bavoir /bavwaʀ/ NM bib

bavolet /bavɔlɛ/ NM [de manteau] (gun) flap

bavure /bavyʀ/ SYN NF ① (= tache) smudge, smear; (Tech) [de moule] burr
② (= erreur) blunder ◆ **bavure policière** police blunder ◆ **sans bavure(s)** [travail] flawless, faultless

bayadère /bajadɛʀ/
NF bayadère
ADJ [tissu] colourfully striped

bayer /baje/ ▶ conjug 1 ◀ VI ◆ **bayer aux corneilles** to stand gaping, to stand and gape

bayou /baju/ NM bayou

bay-window (pl **bay-windows**) /bɛwindo/ NF bay window

bazar /bazaʀ/ SYN NM ① (= magasin) general store; (oriental) bazaar ◆ **psychologie de bazar** pop psychology
② (* = effets) junk* (NonC), gear* (NonC), things*
③ (* = désordre) clutter, jumble, shambles (NonC) ◆ **quel bazar !** what a shambles!* ◆ **il a mis le bazar dans mes photos** he jumbled all my photos up ◆ **et tout le bazar** and all the rest, and what have you*

bazarder* /bazaʀde/ ▶ conjug 1 ◀ VT (= jeter) to get rid of, to chuck out*; (= vendre) to get rid of, to sell off, to flog* (Brit)

bazooka /bazuka/ NM bazooka

BCBG /besebeʒe/ ADJ (abrév de **bon chic bon genre**) → **bon¹**

• **BCBG**

The adjective "bon chic bon genre" or **BCBG** refers to a particular stereotype of the French upper middle class. To be **BCBG** is to be quite well-off (though not necessarily wealthy), to be conservative in both outlook and dress, and to attach importance to social standing and outward signs of respectability.

BCE /beseə/ NF (abrév de **Banque centrale européenne**) ECB

BCG ® /beseʒe/ NM (abrév de **bacille Bilié Calmette et Guérin**) BCG ®

BD /bede/ NF ① (abrév de **bande dessinée**) ◆ **la BD** comic strips, strip cartoons (Brit), comics (US) ◆ **une BD** (dans un journal) a comic strip, a strip cartoon (Brit); (= livre) a comic book ◆ **auteur de BD** comic strip writer, strip cartoonist (Brit) ◆ **l'histoire romaine en BD** a comic-strip book of Roman history → **BANDE DESSINÉE**
② (abrév de **base de données**) DB

bd abrév de **boulevard**

bê /bɛ/ EXCL baa!

beach-volley /bitʃvɔlɛ/ NM beach volleyball

beagle /bigl/ NM beagle

béance /beɑ̃s/ NF ① (littér) [de blessure, bouche] gaping openness
② (Méd) [de bouche] open bite ◆ **béance du col** ou **cervico-isthmique** incompetence of the cervix

béant, e /beɑ̃, ɑ̃t/ ADJ [blessure] gaping, open; [bouche] gaping, wide open; [yeux] wide open; [gouffre] gaping, yawning

béarnais, e /beaʀnɛ, ɛz/
ADJ [personne] from the Béarn ◆ **(sauce) béarnaise** Béarnaise sauce
NM,F ◆ **Béarnais(e)** inhabitant ou native of the Béarn

béat, e /bea, at/ ADJ ① (hum) (= heureux) [personne] blissfully happy; (= content de soi) smug
② (= niais) [sourire, air] beatific, blissful ◆ **optimisme béat** blind optimism ◆ **admiration béate** blind ou dumb admiration ◆ **être béat d'admiration** to be struck dumb with admiration ◆ **regarder qn d'un air béat** to look at sb in open-eyed wonder

béatement /beatmɑ̃/ ADV [sourire] beatifically ◆ **il contemplait béatement son assiette** he was looking at his plate with an expression of blissful contentment ◆ **on s'endormit béatement jusqu'à l'heure du dîner** we slept blissfully until dinner time

béatification /beatifikasjɔ̃/ NF beatification

béatifier /beatifje/ ▶ conjug 7 ◀ VT to beatify

béatifique /beatifik/ ADJ beatific

béatitude /beatityd/ NF (Rel) beatitude; (= bonheur) bliss ◆ **les Béatitudes** the Beatitudes

beatnik /bitnik/ NMF beatnik ◆ **la génération beatnik** the beat generation

Béatrice /beatʀis/ NF Beatrice

◆ ◆ ◆ ◆ ◆ ◆ ◆ ◆ ◆ ◆ ◆ ◆ ◆ ◆ ◆ ◆ ◆ ◆ ◆

beau, belle /bo, bɛl/ SYN

1 - ADJECTIF
2 - NOM MASCULIN
3 - NOM FÉMININ

Devant nom masculin commençant par voyelle ou h muet = **bel** ; masculin pluriel = **beaux**.

◆ ◆ ◆ ◆ ◆ ◆ ◆ ◆ ◆ ◆ ◆ ◆ ◆ ◆ ◆ ◆ ◆ ◆ ◆

1 - ADJECTIF

① [= QUI PLAÎT AU REGARD, À L'OREILLE] [objet, paysage, jambes] beautiful, lovely; [femme] beautiful, good-looking; [homme] handsome, good-looking ◆ **il m'a fait un très beau cadeau** he gave me a really nice ou a lovely present ◆ **il a une belle tête** he's got a nice face ◆ **les beaux quartiers** the smart ou posh* districts ◆ **le beau Serge était là** (hum) the gorgeous Serge was there ◆ **il est beau comme le jour** ou **comme un dieu** he's like a Greek god ◆ **tu es beau comme un camion tout neuf !*** (hum) don't you look smart! ◆ **il est beau garçon** he's good-looking ◆ **se faire beau** to get dressed up ou spruced up ◆ **se faire belle** (= s'habiller, se maquiller) to do o.s. up ◆ **avec lui, c'est sois belle et tais-toi** he expects you to just sit there and look pretty ◆ **porter beau** (littér) to look dapper ◆ **mettre ses beaux habits** to put on one's best clothes

② [= QUI PLAÎT À L'ESPRIT, DIGNE D'ADMIRATION] [discours, match] fine; [film, poème, roman] beautiful, fine; [nom] beautiful ◆ **il a fait du beau travail** he did a really good job ◆ **il y a quelques beaux moments dans cette pièce** there are some fine moments in the play ◆ **elle a fait une belle carrière** she had a successful career ◆ **c'est une belle mort** it's a good way to go ◆ **une belle âme** a fine ou noble nature ◆ **un beau geste** a noble act, a fine gesture ◆ **ce n'est pas beau de mentir** it isn't nice to tell lies ◆ **il ferait beau voir que...** it would be a fine thing if... ◆ **il ferait beau voir qu'il mente !** he'd better not be lying!; → **joueur** etc

③ [= AGRÉABLE] [voyage] lovely; [journée] beautiful, fine ◆ **par une belle soirée d'été** on a beautiful ou fine summer's evening ◆ **il fait beau** the weather's fine ou nice ◆ **il fait très beau** the weather's beautiful ◆ **la mer était belle** (sans vagues) the sea was calm ◆ **c'est le bel âge** those are the best years of your life ◆ **c'est le plus beau jour de ma vie !** this is the best day of my life! ◆ **c'est trop beau pour être vrai** it's too good to be true ◆ **ce serait trop beau !** that would be too much to hope for!; → **jeu, rôle** etc

④ [INTENSIF] [revenu, profit] handsome; [résultat, occasion] excellent, fine; [brûlure, peur] nasty ◆ **ça fait une belle somme !** that's a tidy* sum (of money)! ◆ **il en reste un beau morceau** there's still a good bit (of it) left ◆ **le film a remporté un beau succès** the film was a big ou great success ◆ **ça a fait un beau scandale** it caused quite a scandal, it caused a big scandal ◆ **95 ans, c'est un bel âge** 95 is a good age ou a fine old age ◆ **il est arrivé un beau matin/jour** he turned up one fine morning/day ◆ **il a attrapé une belle bronchite** he's got a nasty attack ou a bad bout of bronchitis ◆ **c'est un beau menteur** he's a terrible ou the most awful liar ◆ **c'est un beau salaud*** he's a real bastard**

⑤ [LOCUTIONS] ◆ **tout beau(, tout beau) !** † steady on!, easy does it!

◆ **avoir beau** + infinitif ◆ **on a beau faire/dire, ils n'apprennent rien** whatever you do/say ou no matter what you do/say, they don't learn anything ◆ **on a beau protester, personne n'écoute** however much ou no matter how much you protest, no one listens ◆ **il a eu beau essayer, il...** however much ou whatever he tried, he..., try as he might, he... ◆ **on a beau dire, il n'est pas bête** say what you like, he is not stupid

◆ **l'avoir belle de** * ◆ **il l'avait belle de s'échapper/de lui dire ce qu'il pensait** it would have been easy for him to escape/to say what he thought

◆ **bel et bien** well and truly ◆ **il s'est bel et bien trompé** he got it well and truly wrong ◆ **cet homme a bel et bien existé** the man really did exist ◆ **il est bel et bien mort** he's well and truly dead, he's dead all right* ◆ **ils sont bel et bien entrés par la fenêtre** they got in through the window, there's no doubt about that, they got in through the window all right*

◆ **de plus belle** even more ◆ **crier de plus belle** to shout even louder ◆ **rire de plus belle** to laugh even louder ou harder ◆ **reprendre de plus belle** [combat, polémique, violence] to start up again with renewed vigour ◆ **continuer de plus belle** [discrimination, répression] to be worse than ever

2 - NOM MASCULIN

① [ESTHÉTIQUEMENT] ◆ **le beau** the beautiful ◆ **le culte du beau** the cult of beauty ◆ **elle n'aime que le beau** she only likes what is beautiful ◆ **elle n'achète que du beau** she only buys the best quality

② [HELV = BEAU TEMPS] nice weather ◆ **ils ont annoncé du beau** they've forecast nice weather ◆ **il fait grand beau** it's lovely weather

③ [LOCUTIONS] ◆ **c'est du beau !** (iro) lovely! (iro); (reproche) that was a fine thing to do! (iro); (consternation) this is a fine business! ou a fine mess! ◆ **le plus beau de l'histoire, c'est que...** the best part is that...

◆ **au beau** ◆ **être au beau** [temps] to be fine, to be set fair ◆ **être au beau (fixe)** [baromètre] to be set fair; [relations] to be as good as ever ◆ **nos rapports ne sont pas au beau fixe** things are a bit strained between us ◆ **son moral n'est pas au beau fixe** he's in low spirits ◆ **la situation n'est pas au beau fixe** things aren't looking too good

◆ **faire le beau** [chien] to sit up and beg; (péj) [personne] to curry favour (devant with)

3 - NOM FÉMININ

belle SYN

1 [= FEMME] beautiful woman ◆ **sa belle** (= compagne) his lady friend ◆ **ma belle !** * sweetie! *, sweetheart! ◆ **« la Belle au bois dormant »** (Littérat) "Sleeping Beauty" ◆ **« la Belle et la Bête »** (Littérat) "Beauty and the Beast"

2 [JEUX, SPORT] decider, deciding match ◆ **on fait la belle ?** shall we play a decider?

3 (* : iro = ACTION, PAROLE) ◆ **en faire de belles** to get up to mischief ◆ **il en a fait de belles quand il était jeune** he was a bit wild when he was young ◆ **en apprendre/dire de belles sur qn** to hear/say things about sb (euph) ◆ **j'en ai entendu de belles sur son compte** I've heard some stories about him

4 [prisonnier] ◆ **se faire la belle** * to break out of jail, to go over the wall *

---

beaucoup /boku/ SYN ADV 1 (modifiant verbe) a lot, (very) much, a great deal ◆ **il mange beaucoup** he eats a lot ◆ **elle lit beaucoup** she reads a great deal ou a lot ◆ **elle ne lit pas beaucoup** she doesn't read much ou a great deal ou a lot ◆ **la pièce ne m'a pas beaucoup plu** I didn't like the play very much ◆ **il s'intéresse beaucoup à la peinture** he's very interested in painting, he takes a lot ou a great deal of interest in painting ◆ **il y a beaucoup à faire/voir** there's a lot to do/see ◆ **il a beaucoup voyagé/lu** he has travelled/read a lot ou extensively ou a great deal

◆ **beaucoup de** (quantité) a great deal of, a lot of, much; (nombre) many, a lot of, a good many ◆ **beaucoup de monde** a lot of people, a great ou good many people ◆ **avec beaucoup de soin/plaisir** with great care/pleasure ◆ **il ne reste pas beaucoup de pain** there isn't a lot of ou isn't (very) much bread left ◆ **j'ai beaucoup (de choses) à faire** I have a lot (of things) to do ◆ **pour ce qui est de l'argent/du lait, il en reste beaucoup/il n'en reste pas beaucoup** as for money/milk, there is a lot left/there isn't a lot ou much left ◆ **vous attendiez des touristes, y en a-t-il eu beaucoup ? – oui (il y en a eu) beaucoup** you were expecting tourists and were there many ou a lot (of them)? – yes there were (a good many ou a lot of them) ◆ **j'en connais beaucoup qui pensent que...** I know a great many (people) ou a lot of people who think that... ◆ **il a beaucoup d'influence** he has a great deal ou a lot of influence, he is very influential ◆ **il a eu beaucoup de chance** he's been very lucky

◆ **de beaucoup** by far, by a long way ◆ **elle est de beaucoup la meilleure élève** she's by far ou she's far and away the best pupil, she's the best pupil by far ◆ **il l'a battu de beaucoup** he beat him by miles * ou by a long way ◆ **il est de beaucoup ton aîné** he's very much ou a great deal older than you ◆ **il est de beaucoup supérieur** he is greatly ou far superior ◆ **il préférerait de beaucoup s'en aller** he'd much rather leave ◆ **il s'en faut de beaucoup qu'il soit au niveau** he is far from being up to standard, he's nowhere near up to standard

2 (modifiant adv) much, far, a good deal, a lot ◆ **beaucoup plus rapide** much ou a good deal ou a lot quicker ◆ **elle travaille beaucoup trop** she works far too much ◆ **elle travaille beaucoup trop lentement** she works much ou far too slowly ◆ **se sentir beaucoup mieux** to feel much ou miles * better ◆ **beaucoup plus d'eau** much ou a lot ou far more water ◆ **beaucoup moins de gens** many ou a lot ou far fewer people ◆ **il est susceptible, il l'est même beaucoup** he's touchy, in fact he's very touchy indeed

3 (employé seul = personnes) many ◆ **ils sont beaucoup à croire que..., beaucoup croient que...** many ou a lot of people think that... ◆ **beaucoup d'entre eux** a lot ou many of them

4 (locutions) ◆ **c'est déjà beaucoup de l'avoir fait** ou **qu'il l'ait fait** it was quite something ou quite an achievement to have done it at all ◆ **à beaucoup près** far from it ◆ **c'est beaucoup dire** that's an exaggeration ou an overstatement, that's saying a lot ◆ **être pour beaucoup dans une décision/une nomination** to be largely responsible for a decision/an appointment, to have a big hand in making a decision/an appointment ◆ **il y est pour beaucoup** he's largely responsible for it, he had a lot to do with it

beauf ⁎ /bof/

ADJ [goûts, tenue] tacky ⁎

NM 1 (= beau-frère) brother-in-law

2 (péj) narrow-minded Frenchman with conservative attitudes and tastes

● **BEAUF**

The word **beauf** is an abbreviation of "beau-frère," (brother-in-law). It is a pejorative and humorous term used to refer to stereotypical ordinary Frenchmen who are perceived as being somewhat vulgar, narrow-minded and chauvinistic.

beauferie ⁎ /bofʀi/ NF tackiness ⁎

beau-fils (pl **beaux-fils**) /bofis/ NM (= gendre) son-in-law; (d'un remariage) stepson

beaufort /bofɔʀ/ NM 1 (= fromage) type of gruyère cheese

2 ◆ **Beaufort** → **échelle**

beau-frère (pl **beaux-frères**) /bofʀɛʀ/ NM brother-in-law

beaujolais /boʒɔlɛ/ NM 1 (= région) ◆ **le Beaujolais** the Beaujolais region

2 (= vin) beaujolais, Beaujolais ◆ **le beaujolais nouveau** (the) beaujolais ou Beaujolais nouveau, (the) new beaujolais ou Beaujolais

beau-papa ⁎ (pl **beaux-papas**) /bopapa/ NM father-in-law, dad-in-law ⁎ (Brit)

beau-père (pl **beaux-pères**) /bopɛʀ/ NM (= père du conjoint) father-in-law; (= nouveau mari de la mère) stepfather

beaupré /bopʀe/ NM bowsprit

beauté /bote/ SYN NF 1 (gén) beauty; [d'homme] handsomeness ◆ **les beautés de Rome** (= belles choses) the beauties of Rome ◆ **de toute beauté** very beautiful, magnificent ◆ **c'est ça la beauté de la chose** that's the beauty of it ◆ **se (re)faire une beauté** to powder one's nose, to do one's face ⁎ ◆ **faire qch pour la beauté du geste** to do sth for the sake of it ◆ **la beauté du diable** youthful beauty ou bloom; → **concours, produit, reine, soin**

◆ **en beauté** ◆ **vous êtes en beauté ce soir** you look radiant this evening ◆ **finir** ou **terminer qch en beauté** to complete sth brilliantly, to finish sth with a flourish ◆ **finir en beauté** to end with a flourish, to finish brilliantly

2 (= belle femme) beauty

beaux /bo/ ADJ MPL → **beau**

beaux-arts /bozaʀ/ NMPL 1 (= arts) ◆ **les beaux-arts** fine arts

2 (= école) (à Paris) the (École des) Beaux-Arts (the French national college of art and architecture); (en province) art college

beaux-enfants /bozɑ̃fɑ̃/ NMPL stepchildren

beaux-parents /bopaʀɑ̃/ NMPL [d'homme] wife's parents, in-laws ⁎; [de femme] husband's parents, in-laws ⁎

bébé /bebe/ SYN

NM (= enfant, animal) baby; (= poupée) dolly ⁎ ◆ **bébé éléphant/girafe** baby elephant/giraffe ◆ **elle attend un bébé** she's expecting a baby ◆ **avoir** ou **faire un bébé** to have a baby ◆ **faire le bébé** to behave ou act like a baby ◆ **il est resté très bébé** he's stayed very babyish ◆ **jeter le bébé avec l'eau du bain** to throw out the baby with the bathwater ◆ **on lui a repassé** ou **refilé le bébé** ⁎ he was left holding the baby ◆ **(syndrome du) bébé secoué** shaken baby syndrome

COMP **bébé-bulle** bubble baby (baby who has to live in a sterile environment because of an immune deficiency)

bébé-éprouvette test-tube baby
bébé-nageur baby that swims

bebelle /bəbɛl/, **bébelle** /bebɛl/ NF (Can = bibelot) knick-knack ◆ **range tes bébelles** tidy away your things

bébête ⁎ /bebɛt/

ADJ silly

NF bug ◆ **une petite bébête** a creepy crawly ⁎, a bug

be-bop (pl **be-bops**) /bibɔp/ NM (be)bop

bec /bɛk/

NM 1 [d'oiseau] beak, bill ◆ **oiseau qui se fait le bec** bird that sharpens its beak (contre on) ◆ **(nez en) bec d'aigle** aquiline ou hook nose ◆ **coup de bec** (lit) peck; (fig) dig, cutting remark

2 (= pointe) [de plume] nib; [de carafe, casserole] lip; [de théière] spout; [de flûte, trompette] mouthpiece; (Géog) bill, headland; (sur vêtement) pucker ◆ **ça fait un bec dans le dos** it puckers in the back

3 (* = bouche) mouth ◆ **ouvre ton bec !** open your mouth!, mouth open! ◆ **ferme ton bec !** just shut up! * ◆ **il n'a pas ouvert le bec** he never opened his mouth, he didn't say a word ◆ **la pipe au bec** with his pipe stuck * in his mouth ◆ **clore** ou **clouer le bec à qn** to reduce sb to silence, to shut sb up *; → **prise**²

4 (locutions) ◆ **tomber sur un bec** (obstacle temporaire) to hit a snag; (impasse) to be stymied *; (échec) to come unstuck * ◆ **être** ou **rester le bec dans l'eau** to be left in the lurch, to be left high and dry ◆ **défendre qch bec et ongles** to fight tooth and nail for sth

5 (* : Can, Belg, Helv = baiser) kiss, peck

COMP **bec Auer** Welsbach burner
bec Bunsen Bunsen burner
bec fin ⁎ gourmet
bec de gaz lamppost, gaslamp
bec verseur pourer

bécane ⁎ /bekan/ NF (= moto) bike *; (= machine) machine; (= ordinateur) computer

bécarre /bekaʀ/ NM (Mus) natural ◆ **sol bécarre** G natural

bécasse /bekas/ NF (= oiseau) woodcock; (* = sotte) (silly) goose *

bécasseau (pl **bécasseaux**) /bekaso/ NM sandpiper; (= petit de la bécasse) young woodcock

bécassine /bekasin/ NF (= oiseau) snipe; (* = sotte) (silly) goose *

bec-croisé (pl **becs-croisés**) /bɛkkʀwaze/ NM crossbill

bec-de-cane (pl **becs-de-cane**) /bɛkdəkan/ NM (= poignée) doorhandle; (= serrure) catch

bec-de-corbeau (pl **becs-de-corbeau**) /bɛkdəkɔʀbo/ NM (= pince coupante) wire cutters

bec-de-lièvre (pl **becs-de-lièvre**) /bɛkdəljɛvʀ/ NM harelip

bec-de-perroquet (pl **becs-de-perroquet**) /bɛkdəpeʀɔkɛ/ NM (Méd) osteophyte

bêchage /bɛʃaʒ/ NM digging, turning over

béchamel /beʃamɛl/ NF ◆ **(sauce) béchamel** béchamel (sauce), white sauce

bêche /bɛʃ/ NF spade

bêcher /bɛʃe/ ► conjug 1 ◄

VT (Agr) to dig, to turn over

VI (* = crâner) to be stuck-up ou toffee-nosed * (Brit)

bêcheur, -euse ⁎ /bɛʃœʀ, øz/

ADJ stuck-up *, toffee-nosed * (Brit)

NM,F stuck-up * ou toffee-nosed * (Brit) person

bécot ⁎ /beko/ NM kiss, peck ◆ **gros bécot** smacker *

bécoter ⁎ /bekɔte/ ► conjug 1 ◄

VT to kiss

VPR **se bécoter** * to smooch

becquée /beke/ NF beakful ◆ **donner la becquée à** to feed

becquerel /bɛkʀɛl/ NM becquerel

becquet /bekɛ/ NM 1 (Internet) bookmark

2 (= adhésif) (removable) self-stick note, Post-it (note) ®

3 [de voiture] ◆ **becquet (arrière)** spoiler

4 (Alpinisme) (rocky) spike

becquetance ⁎ /bɛktɑ̃s/ NF grub ⁎, chow ⁎ (US)

becqueter ⁎ /bɛkte/ ► conjug 4 ◄ VT [oiseau] to peck (at); (* = manger) to eat ◆ **qu'y a-t-il à becqueter ce soir ?** what's for dinner tonight?

bectance ⁎ /bɛktɑ̃s/ NF ⇒ **becquetance**

becter ⁎ /bɛkte/ ► conjug 1 ◄ VT ⇒ **becqueter**

bedaine ⁎ /bədɛn/ NF paunch, potbelly ⁎

bédé ⁎ /bede/ NF ⇒ **BD**

bedeau (pl **bedeaux**) /bədo/ NM verger, beadle †

bédéphile /bedefil/ NMF comic strip ou strip cartoon fan *

bedon ⁎ /bədɔ̃/ NM paunch, potbelly ⁎

bedonnant, e ⁎ /bədɔnɑ̃, ɑ̃t/ SYN ADJ potbellied ⁎, paunchy, portly

bedonner ⁎ /bədɔne/ ► conjug 1 ◄ VI to get a paunch, to get potbellied ⁎

bédouin, -ouine /bedwɛ̃, win/

ADJ Bedouin

NM,F **Bédouin(e)** Bedouin

BEE /beøø/ NM (abrév de **Bureau européen de l'environnement**) → **bureau**

bée /be/ ADJ F ◆ **être** ou **rester bouche bée** (lit) to stand open-mouthed ou gaping (de with); (d'ad-

béer /bee/ ▸ conjug 1 ◂ VI (littér) ① [ouverture, bouche] to be (wide) open
② [personne] ◆ **béer d'admiration/d'étonnement** to gape ou stand gaping in admiration/amazement

beffroi /befʀwa/ NM belfry

bégaiement /begɛmɑ̃/ NM (lit) stammering, stuttering ◆ **bégaiements** (fig = débuts) faltering ou hesitant beginnings

bégayant, e /begɛjɑ̃, ɑ̃t/ ADJ stammering, stuttering

bégayement /begɛmɑ̃/ NM ⇒ bégaiement

bégayer /begeje/ SYN ▸ conjug 8 ◂
VI to stammer, to stutter, to have a stammer
VT to stammer (out), to falter (out)

bégonia /begɔnja/ NM begonia

bègue /bɛɡ/
NMF stammerer, stutterer
ADJ ◆ **être bègue** to stammer, to have a stammer

bégueule /begœl/
ADJ prudish
NF fastidious person ◆ **faire sa bégueule** to be a spoilsport

bégueulerie † /begœlʀi/ NF prudishness, prudery

béguin /begɛ̃/ SYN NM ① (* toquade) ◆ **avoir le béguin pour qn** to have a crush on sb*, to be sweet on sb* ◆ **elle a eu le béguin pour cette petite ferme** she took quite a fancy to that little farmhouse
② (= bonnet) bonnet

béguinage /beginaʒ/ NM (Rel) Beguine convent

béguine /begin/ NF (Rel) Beguine

bégum /begɔm/ NF begum

behaviorisme /bievjɔʀism/ NM behaviourism

behavioriste /bievjɔʀist/ ADJ, NMF behaviourist

Behring /beʀiŋ/ N ⇒ Béring

BEI /beəi/ NF (abrév de **Banque européenne d'investissement**) EIB

beige /bɛʒ/ SYN ADJ, NM beige

beigeasse /bɛʒas/, **beigeâtre** /bɛʒɑtʀ/ ADJ (péj) dirty beige (péj), oatmeal (épith)

beigne¹ ⁕ /bɛɲ/ NF slap, clout* (Brit) ◆ **donner une beigne à qn** to slap sb, to clout sb* (Brit), to give sb a clout* (Brit)

beigne² /bɛɲ/ NM (Can) doughnut

beignet /beɲɛ/ NM [de fruits, légumes] fritter; (= pâte frite) doughnut ◆ **beignet aux pommes** apple doughnut ou fritter

Beijing /beidʒin/ N Beijing

béké /beke/ NMF (terme des Antilles françaises) white Creole (in the French West Indies)

bel¹ /bɛl/ ADJ → beau

bel² /bɛl/ NM (Phys) bel

Belarus /belaʀys/ N ◆ **la (république de) Belarus** (the Republic of) Belarus

bel cantiste /bɛlkɑ̃tist/ NMF bel canto singer

bêlement /bɛlmɑ̃/ NM bleat(ing)

bélemnite /belɛmnit/ NF belemnite

bêler /bele/ ▸ conjug 1 ◂ VI to bleat

belette /bəlɛt/ NF weasel

belge /bɛlʒ/
ADJ Belgian ◆ **histoires belges** jokes told against Belgians by the French
NMF **Belge** Belgian

belgicisme /bɛlʒisism/ NM Belgian-French word (ou phrase)

Belgique /bɛlʒik/ NF Belgium

belgitude /bɛlʒityd/ NF Belgian identity

Belgrade /bɛlɡʀad/ N Belgrade

bélier /belje/ NM ① (= mouton) ram
② (= machine) ram, pile driver; (Mil) (battering) ram ◆ **coup de bélier** waterhammer ◆ **bélier hydraulique** hydraulic ram; → **voiture**
③ (Astron) ◆ **le Bélier** Aries, the Ram ◆ **être (du) Bélier** to be (an) Aries ou an Arian

bélître †† /belitʀ/ NM rascal, knave †

Belize /beliz/ NM Belize

belizien, -ienne /belizjɛ̃, jɛn/
ADJ Belizean
NM,F **Belizien(ne)** Belizean

belladone /beladɔn/ NF (= plante) deadly nightshade, belladonna; (= substance) belladonna

bellâtre /bɛlɑtʀ/ NM buck, swell*

belle /bɛl/ ADJ, NF → beau

belle-dame (pl **belles-dames**) /bɛldam/ NF (= plante) deadly nightshade ; (= papillon) painted lady

belle-de-jour (pl **belles-de-jour**) /bɛldəʒuʀ/ NF
① (= plante) convolvulus, morning glory
② (euph = prostituée) prostitute, lady of the night (euph)

belle-de-nuit (pl **belles-de-nuit**) /bɛldənɥi/ NF
① (= plante) marvel of Peru
② (euph = prostituée) prostitute, lady of the night (euph)

belle-doche ⁕ (pl **belles-doches**) /bɛldɔʃ/ NF (péj) mother-in-law

belle-famille (pl **belles-familles**) /bɛlfamij/ NF [d'homme] wife's family, in-laws*; [de femme] husband's family, in-laws

belle-fille (pl **belles-filles**) /bɛlfij/ NF (= bru) daughter-in-law; (d'un remariage) stepdaughter

belle-maman * (pl **belles-mamans**) /bɛlmamɑ̃/ NF mother-in-law, mum-in-law* (Brit)

bellement /bɛlmɑ̃/ ADV (= bel et bien) well and truly; († = avec art) nicely, gently

belle-mère (pl **belles-mères**) /bɛlmɛʀ/ NF (= mère du conjoint) mother-in-law; (= nouvelle épouse du père) stepmother

belles-lettres /bɛllɛtʀ/ NFPL ◆ **les belles-lettres** great literature, belles-lettres

belle-sœur (pl **belles-sœurs**) /bɛlsœʀ/ NF sister-in-law

bellicisme /belisism/ NM bellicosity, warmongering

belliciste /belisist/
ADJ warmongering, bellicose
NMF warmonger

belligérance /beliʒeʀɑ̃s/ NF belligerence, belligerency

belligérant, e /beliʒeʀɑ̃, ɑ̃t/ ADJ, NM,F belligerent

belliqueux, -euse /belikø, øz/ SYN ADJ [humeur, personne] quarrelsome, aggressive; [politique, peuple] warlike, bellicose, hawkish ◆ **multiplier les déclarations belliqueuses** to do a lot of sabre-rattling

bellot, -otte †* /bɛlo, ɔt/ ADJ [enfant] pretty, bonny (Brit)

Belmopan /bɛlmɔpan/ N Belmopan

belon /bəlɔ̃/ NF ou M Belon oyster

belote /bəlɔt/ NF (= jeu) belote; (= partie) game of belote

bélouga, béluga /beluga/ NM beluga

belvédère /bɛlvedɛʀ/ NM (= terrasse) panoramic viewpoint, belvedere; (= édifice) belvedere

bémol /bemɔl/ NM ① (Mus) flat ◆ **en si bémol** in B flat
② (fig) reservation ◆ **mettre un bémol ou des bémols à** * to tone down ◆ **ils ont mis un bémol à leurs revendications** they have toned down their demands ◆ **mettre un bémol à ses ambitions** to scale down one's ambitions ◆ **c'est un excellent produit, seul bémol : l'ajout de colorant alimentaire** it's an excellent product, my only reservation concerns the addition of food colouring ◆ **seul bémol, le coût** the only drawback is the cost

bémoliser /bemɔlize/ ▸ conjug 1 ◂ VT (Mus) [+ note] to add a flat to; (fig) [+ déclaration] to tone down a bit*

ben * /bɛ̃/ ADV well, er* ◆ **ben oui/non** well, yes/no ◆ **ben quoi ?** so (what)? ◆ **eh ben** well, er*

bénard ⁕ /benaʀ/ NM trousers, pants (US)

bénédicité /benedisite/ NM grace, blessing ◆ **dire le bénédicité** to say grace ou the blessing

bénédictin, e /benediktɛ̃, in/ ADJ, NM,F Benedictine; → **travail**¹

bénédiction /benediksjɔ̃/ SYN NF ① (Rel = consécration) benediction, blessing; [d'église] consecration; [de drapeau, bateau] blessing ◆ **donner la bénédiction à** to bless ◆ **bénédiction nuptiale** marriage ceremony; (partie de la cérémonie) marriage blessing
② (= assentiment, faveur) blessing ◆ **donner sa bénédiction à** to give one's blessing to
③ (* = aubaine) ◆ **bénédiction (du ciel)** blessing, godsend

bénef * /benɛf/ NM (abrév de **bénéfice**) profit ◆ **c'est tout bénef** * it's a great deal *

bénéfice /benefis/ SYN
NM ① (= profit) profit ◆ **réaliser de gros bénéfices** to make a big profit ou big profits ◆ **bénéfices commerciaux/non-commerciaux** trading/non-trading profits ◆ **faire du bénéfice** to make a profit ◆ **prise de bénéfice(s)** profit-taking
② (= avantage) advantage, benefit ◆ **c'est tout bénéfice** it's to your (ou our etc) advantage ◆ **il a obtenu un divorce à son bénéfice** (Jur) he obtained a divorce in his favour ◆ **il perd tout le bénéfice de sa bonne conduite** he loses all the benefits he has gained from his good behaviour ◆ **concert donné au bénéfice des aveugles** concert given to raise funds for ou in aid of the blind ◆ **conclure une affaire à son bénéfice** to complete a deal to one's advantage ◆ **pourquoi nier, quel bénéfice peux-tu en tirer ?** what's the point of (your) denying it?, what good is there in (your) denying it? ◆ **le bénéfice du doute** the benefit of the doubt ◆ **au bénéfice de l'âge** (Jur) by virtue of age
③ (Rel) benefice, living
COMP **bénéfice d'exploitation** operating profit
bénéfice d'inventaire ◆ **sous bénéfice d'inventaire** (Fin) without liability to debts beyond assets descended ◆ **je n'accepte leur théorie que sous bénéfice d'inventaire** it's only with certain reservations that I accept their theory
bénéfice net par action (Fin) price earning ratio
bénéfices non distribués (Fin) (accumulated) retained earnings

⚠ Au sens commercial et religieux, **bénéfice** ne se traduit pas par **benefit**.

bénéficiaire /benefisjɛʀ/ SYN
ADJ [opération] profit-making, profitable ◆ **solde bénéficiaire** credit balance; → **marge**
NMF (gén) beneficiary; [de testament] beneficiary; [de chèque] payee ◆ **être le bénéficiaire de qch** to benefit by sth

bénéficier /benefisje/ SYN ▸ conjug 7 ◂ VT INDIR
① ◆ **bénéficier de** (= jouir de) [+ avantage] to have, to enjoy; (= obtenir) [+ remise] to get, to have; (= tirer profit de) [+ situation, mesure] to benefit by ou from, to gain by ◆ **bénéficier d'un préjugé favorable** to be favourably considered ◆ **bénéficier d'un non-lieu** to be (unconditionally) discharged ◆ **bénéficier de circonstances atténuantes** to be granted mitigating circumstances ◆ **faire bénéficier qn de certains avantages** to enable sb to enjoy certain advantages ◆ **faire bénéficier qn d'une remise** to give ou allow sb a discount
② ◆ **bénéficier à** (= profiter à) to benefit ◆ **ces mesures doivent bénéficier aux plus démunis** these measures should benefit the poorest in society

bénéfique /benefik/ SYN ADJ [effet, aspect] beneficial ◆ **l'influence bénéfique de Vénus** (Astrol) the benign ou favourable influence of Venus

Benelux /benelyks/ NM ◆ **le Benelux** Benelux, the Benelux countries

benêt /bənɛ/ SYN
NM simpleton ◆ **grand benêt** big ninny*, stupid lump ⁕ ◆ **faire le benêt** to act stupid ou daft* (Brit)
ADJ M simple(-minded), silly

bénévolat /benevɔla/ NM voluntary work

bénévole /benevɔl/ SYN
ADJ [aide] voluntary; [travail] voluntary, unpaid ◆ **à titre bénévole** on a voluntary basis
NMF volunteer, voluntary helper ou worker

bénévolement /benevɔlmɑ̃/ SYN ADV voluntarily; [travailler] voluntarily, for nothing

Bengale /bɛ̃gal/ NM Bengal; → **feu**¹

bengali /bɛ̃gali/
ADJ Bengali, Bengalese
NM (= langue) Bengali; (= oiseau) waxbill
NMF **Bengali**, Bengalese

Bénichon /beniʃɔ̃/ NF (Helv = fête) ◆ **la Bénichon** Autumn festival celebrated in the canton of Fribourg

bénigne /beniɲ/ ADJ F → **bénin**

bénignité /beniɲite/ NF ① [de maladie] ◆ **pour distinguer malignité et bénignité** to distinguish between benign and malignant conditions ♦ **la bénignité de ces accès** the mildness of these attacks

②(littér) [de personne] benignancy, kindness

Bénin /benɛ̃/ NM Benin ♦ **République populaire du Bénin** People's Republic of Benin

bénin, -igne /benɛ̃, iɲ/ SYN ADJ ① [maladie, remède] mild, harmless; [tumeur] benign; [accident] slight, minor; [punition] mild

②(littér) [humeur, critique] benign, kindly

béninois, e /beninwa,waz/
ADJ Beninese
NM,F **Béninois(e)** Beninese

béni-oui-oui * /beniwiwi/ NM INV (péj) yes man* (péj)

bénir /beniʀ/ SYN ▸ conjug 2 ◂ VT ① (Rel) [+ fidèle, objet] to bless; [+ mariage] to bless, to solemnize; → **dieu**

② (= remercier) to be eternally grateful to, to thank God for ♦ **soyez béni !** bless you! ♦ **ah, toi, je te bénis !** (iro) oh curse you ou damn you!* ♦ **bénir le ciel de qch** to thank God for sth ♦ **béni soit le jour où...** thank God for the day (when)... ♦ **je bénis cette coïncidence** (I) thank God for this coincidence

bénit, e /beni, it/ ADJ [pain, cierge] consecrated; [eau] holy

bénitier /benitje/ NM (Rel) stoup, font; → **diable, grenouille**

benjamin, e /bɛ̃ʒamɛ̃, in/ NM,F [de famille] youngest child; (Sport) junior (12-13 years old)

benji /bɛ̃ʒi/ NM bungee jumping

benjoin /bɛ̃ʒwɛ̃/ NM benzoin

benne /bɛn/ SYN NF ① (Min) truck, skip (Brit), tub (US)

② [de camion] (basculante) tipper; (amovible) skip; [de grue] scoop, bucket; [de téléphérique] (cable-)car ♦ **benne à ordures** dustcart (Brit), garbage truck (US) ♦ **camion à benne basculante** dump truck, tipper lorry (Brit)

benoît, e /bənwa, wat/ ADJ (littér) complacent ♦ **les écueils du militantisme benoît** the pitfalls of uncritical militancy

benoîte /bənwat/ NF (herbe) bennet, wood avens

benoîtement /bənwatmɑ̃/ ADV (littér) uncritically ♦ **ils ne veulent pas avaliser benoîtement les décisions de leurs dirigeants** they don't intend to support uncritically the decisions of their leaders ♦ **nous sommes tombés benoîtement dans le panneau** we gullibly fell into the trap

benthique /bɛ̃tik/ ADJ benthic, benthal

benthos /bɛ̃tos/ NM benthos

bentonite /bɛ̃tɔnit/ NF bentonite

benzédrine ® /bɛ̃zedʀin/ NF Benzedrine ®

benzène /bɛ̃zɛn/ NM benzene

benzénique /bɛ̃zenik/ ADJ benzene (épith)

benzine /bɛ̃zin/ NF ① benzine

② (Helv = essence) petrol

benzoate /bɛ̃zɔat/ NM benzoate

benzodiazépine /bɛ̃zɔdjazepin/ NF benzodiazepine

benzoïque /bɛ̃zɔik/ ADJ ♦ **acide benzoïque** benzoic acid

benzol /bɛ̃zɔl/ NM benzol

benzolisme /bɛ̃zɔlism/ NM benzol intoxication

Béotie /beɔsi/ NF Boeotia

béotien, -ienne /beɔsjɛ̃, jɛn/
ADJ Boeotian
NM,F (péj) philistine
NM,F **Béotien(ne)** Boeotian

BEP /beøpe/ NM (abrév de **brevet d'études professionnelles**) → **brevet**

BEPC /beapese/ NM (abrév de **brevet d'études du premier cycle**) → **brevet**

béquée /beke/ NF ⇒ **becquée**

béquet /bekɛ/ NM ⇒ **becquet**

béqueter /bekte/ VT ⇒ **becqueter**

béquillard, e /bekijaʀ, aʀd/ ADJ walking on crutches

béquille /bekij/ NF ① [d'infirme] crutch ♦ **marcher avec des béquilles** to walk ou be on crutches

② [de motocyclette, mitrailleuse] stand; [d'avion] tail skid; [de bateau] shore, prop ♦ **mettre une béquille sous qch** to prop ou shore sth up

③ (fig) (= aide) crutch

④ [de serrure] handle

béquiller /bekije/ ▸ conjug 1 ◂
VT [+ bateau] to shore up
VI * to walk with ou on crutches

ber /bɛʀ/ NM (Can = berceau) cradle

berbère /bɛʀbɛʀ/
ADJ Berber
NM (= langue) Berber
NM,F **Berbère** Berber

bercail /bɛʀkaj/ NM (Rel, fig) fold ♦ **rentrer au bercail** (hum) to return to the fold

berçante * /bɛʀsɑ̃t/ NF (Can) ♦ **(chaise) berçante** rocking chair

berce[1] /bɛʀs/ NF (= plante) hogweed

berce[2] /bɛʀs/ NF (Belg = berceau) cradle, crib

berceau (pl **berceaux**) /bɛʀso/ SYN NM ① (= lit) cradle, crib; (= lieu d'origine) birthplace; [de civilisation] cradle ♦ **dès le berceau** from birth, from the cradle ♦ **il les prend au berceau !** * he snatches them straight from the cradle!, he's a baby ou cradle snatcher!

② (Archit) barrel vault; (= charmille) bower, arbour; [de bateau en construction] cradle; → **voûte**

bercelonnette /bɛʀsəlɔnɛt/ NF rocking cradle, cradle on rockers

bercement /bɛʀsəmɑ̃/ NM rocking (movement)

bercer /bɛʀse/ SYN ▸ conjug 3 ◂
VT ① [+ bébé] to rock; (dans ses bras) to rock, to cradle; [+ navire] to rock ♦ **les chansons qui ont bercé notre enfance** the songs that we grew up with ♦ **je me suis laissé bercer par sa voix** his voice lulled me ♦ **il a été bercé trop près du mur** * (hum) he's a bit soft in the head *

② (= apaiser) [+ douleur] to lull, to soothe

③ (= tromper) ♦ **bercer de** to delude with
VPR **se bercer** ♦ **se bercer de** to delude o.s. with ♦ **se bercer d'illusions** to harbour illusions, to delude o.s.

berceur, -euse /bɛʀsœʀ, øz/
ADJ [rythme] lulling, soothing
NF **berceuse** ① (= chanson) lullaby, cradlesong; (Mus) berceuse

② (= fauteuil) rocking chair

BERD /bɛʀd/ NF (abrév de **Banque européenne pour la reconstruction et le développement**) EBRD

béret /beʀɛ/ NM beret ♦ **béret basque** Basque beret ♦ **les bérets bleus/verts** (Mil) the Blue/Green Berets

Bérézina /beʀezina/ NF ♦ **la Bérézina** (Géog) the Berezina river ♦ **c'est la Bérézina !** (fig) it's a complete disaster!

bergamasque /bɛʀgamask/ NF bergamask

bergamote /bɛʀgamɔt/ NF bergamot orange

bergamotier /bɛʀgamɔtje/ NM bergamot

berge /bɛʀʒ/ SYN NF ① [de rivière] bank ♦ **route ou voie sur berge** riverside ou embankment expressway

② (* = année) ♦ **il a 50 berges** he's 50 (years old)

berger /bɛʀʒe/ NM ① (lit, Rel) shepherd ♦ **chien de berger** sheepdog ♦ « **Les Bergers d'Arcadie** » (Art) "The Arcadian Shepherds" → **étoile, réponse**

② (= chien) sheepdog ♦ **berger allemand** German shepherd, alsatian (Brit) ♦ **berger des Pyrénées** Pyrenean mountain dog

bergère /bɛʀʒɛʀ/ NF ① (= personne) shepherdess

② (= fauteuil) wing chair

bergerie /bɛʀʒəʀi/ NF ① (= abri) sheepfold; → **loup**

② (Littérat = pièce, poème) pastoral

③ (Comm = comptoir) counter

bergeronnette /bɛʀʒəʀɔnɛt/ NF wagtail ♦ **bergeronnette flavéole/des ruisseaux** yellow/grey wagtail

béribéri /beʀibeʀi/ NM beriberi

Béring /beʀiŋ/ N ♦ **le détroit de Béring** the Bering Strait ♦ **mer de Béring** Bering Sea

berk * /bɛʀk/ EXCL yuk! *

berkélium /bɛʀkeljɔm/ NM berkelium

berlander * /bɛʀlɑ̃de/ ▸ conjug 1 ◂ VI (Can) to prevaricate, to equivocate

Berlin /bɛʀlɛ̃/ N Berlin ♦ **Berlin-Est/-Ouest** (Hist) East/West Berlin

berline /bɛʀlin/ NF ① (= voiture) saloon (car) (Brit), sedan (US); († † : à chevaux) berlin

② (Min) truck

berlingot /bɛʀlɛ̃go/ NM ① (= bonbon) ≈ boiled sweet (Brit), ≈ piece of hard candy (US)

② (= emballage) (pyramid-shaped) carton; (pour shampooing) sachet

berlinois, e /bɛʀlinwa, waz/
ADJ of ou from Berlin
NM,F **Berlinois(e)** Berliner

berlot /bɛʀlo/ NM (Can) sleigh

berlue /bɛʀly/ NF ♦ **j'ai la berlue** I must be seeing things

berme /bɛʀm/ NF [de canal] path; [de fossé] verge

bermuda /bɛʀmyda/ NM Bermuda shorts, Bermudas

Bermudes /bɛʀmyd/ NFPL Bermuda; → **triangle**

bermudien, -ienne /bɛʀmydjɛ̃, jɛn/
ADJ Bermudan, Bermudian
NM,F **Bermudien(ne)** Bermudan, Bermudian

bernache /bɛʀnaʃ/ NF (= crustacé) barnacle ♦ **bernache (nonnette)** (= oie) barnacle goose ♦ **bernache cravant** brent goose

bernacle /bɛʀnakl/ NF barnacle goose

bernardin, e /bɛʀnaʀdɛ̃, in/ NM,F Bernardine, Cistercian

bernard-l'(h)ermite /bɛʀnaʀlɛʀmit/ NM INV hermit crab

Berne /bɛʀn/ N Bern

berne /bɛʀn/ NF ♦ **en berne** ≈ at half-mast ♦ **mettre en berne** ≈ to half-mast ♦ **avoir le moral en berne** to feel dispirited

berner /bɛʀne/ SYN ▸ conjug 1 ◂ VT (= tromper) to fool, to hoax; (Hist) [+ personne] to toss in a blanket ♦ **il s'est laissé berner par leurs promesses** he was taken in by their promises

bernicle /bɛʀnikl/ NF ⇒ **bernique**[1]

Bernin /bɛʀnɛ̃/ NM ♦ **le Bernin** Bernini

bernique[1] /bɛʀnik/ NF (= coquillage) limpet

bernique[2] * /bɛʀnik/ EXCL (= rien à faire) nothing doing! *, not a chance! ou hope!

bersaglier /bɛʀsaglije, bɛʀsaljɛʀ/ NM bersagliere

bertillonnage /bɛʀtijɔnaʒ/ NM Bertillon system

béryl /beʀil/ NM beryl

béryllium /beʀiljɔm/ NM beryllium

berzingue * /bɛʀzɛ̃g/ ADV ♦ **à tout(e) berzingue** flat out *

besace /bəzas/ NF beggar's bag ou pouch

besant /bəzɑ̃/ NM bez(z)ant, byzant

bésef * /bezɛf/ ADV ♦ **il n'y en a pas bésef** (quantité) there's not much (of it) ou a lot (of it); (nombre) there aren't many (of them) ou a lot (of them)

besicles /bezikl/ NFPL (Hist) spectacles; (hum) glasses, specs *

bésigue /bezig/ NM bezique

besogne /bəzɔɲ/ SYN NF (= travail) work (NonC), job ♦ **se mettre à la besogne** to set to work ♦ **c'est de la belle besogne** (lit) this is nice work; (iro) this is a nice mess ♦ **une sale besogne** a nasty job ♦ **les basses besognes** the dirty work

♦ **aller vite en besogne** to jump the gun ♦ **ce serait aller (un peu) vite en besogne** it would be jumping the gun, it would be a bit premature

besogner /bəzɔɲe/ ▸ conjug 1 ◂ VI to toil (away), to drudge

besogneux, -euse /bəzɔɲø, øz/ ADJ († = miséreux) needy, poor; (= travailleur) industrious, hard-working

besoin /bəzwɛ̃/ SYN NM ① (= exigence) need (de for) ♦ **besoins (d'argent)** financial needs ♦ **besoins essentiels** basic needs ♦ **nos besoins en énergie** our energy needs ou requirements ♦ **subvenir ou pourvoir aux besoins de qn** to provide for sb's needs ♦ **éprouver le besoin de faire qch** to feel the need to do sth ♦ **mentir est devenu un besoin chez lui** lying has become compulsive ou a need with him

② (= pauvreté) ♦ **le besoin** need, want ♦ **être dans le besoin** to be in need ou want ♦ **une famille dans le besoin** a needy family ♦ **pour ceux qui sont dans le besoin** for the needy ♦ **cela les met à l'abri du besoin** that will keep the wolf from their door ♦ **c'est dans le besoin qu'on reconnaît ses vrais amis** in times of trouble you find out who your true friends are, a friend in need is a friend indeed *(Prov)*

3 *(euph)* ◆ **besoins naturels** nature's needs ◆ **faire ses besoins** *[personne]* to relieve o.s. *(Brit)*; *[animal domestique]* to do its business ◆ **satisfaire un besoin pressant** to answer an urgent call of nature

4 *(locutions)* ◆ **si le besoin s'en fait sentir, en cas de besoin** if the need arises, in case of necessity ◆ **pour les besoins de la cause** for the purpose in hand ◆ **pas besoin de dire qu'il ne m'a pas cru** it goes without saying *ou* needless to say he didn't believe me ◆ **il n'est pas besoin de mentionner que...** there is no need to mention that...

◆ **avoir besoin** ◆ **avoir besoin de qn** to need sb ◆ **avoir besoin de qch** to need sth, to be in need of sth, to want sth ◆ **avoir besoin de faire qch** to need to do sth ◆ **il n'a pas besoin de venir** he doesn't need *ou* have to come, there's no need for him to come ◆ **il a besoin que vous l'aidiez** he needs your help *ou* you to help him ◆ **je n'ai pas besoin de vous rappeler que...** there's no need (for me) to remind you that... ◆ **ce tapis a besoin d'être nettoyé** this carpet needs *ou* wants *(Brit)* cleaning ◆ **il a grand besoin d'aide** he needs help badly, he's badly in need of help ◆ **il avait bien besoin de ça !** *(iro)* that's just what he needed! *(iro)* ◆ **est-ce que tu avais besoin d'y aller ?*** did you really have to go?, what did you want to go for anyway! *

◆ **au besoin** if necessary, if need(s) be

◆ **si besoin est, s'il en est besoin** if need(s) be, if necessary

Bessarabie /besaʀabi/ **NF** Bessarabia

bessemer /bɛsmɛʀ/ **NM** Bessemer converter

bestiaire /bɛstjɛʀ/ **NM** 1 (= *livre*) bestiary
2 (= *gladiateur*) gladiator

bestial, e (mpl **-iaux**) /bɛstjal, jo/ SYN **ADJ** *[meurtre, violence]* brutal; *[personne, plaisir]* bestial ◆ **sa force bestiale** his brute strength

bestialement /bɛstjalmɑ̃/ **ADV** bestially, brutishly

bestialité /bɛstjalite/ SYN **NF** (= *sauvagerie*) bestiality, brutishness; (= *perversion*) bestiality

bestiaux /bɛstjo/ **NMPL** *(gén)* livestock; (= *bovins*) cattle ◆ **ils ont été parqués comme des bestiaux dans des camps** they were herded *ou* corralled into camps

bestiole /bɛstjɔl/ **NF** *(gén)* creature; (= *insecte*) insect, bug *; *(rampant)* creepy crawly *

best of * /bɛstɔf/ **NM INV** ◆ **un best of des Beatles** a compilation of the greatest hits of the Beatles ◆ **un best of de leurs émissions** a selection of highlights of their programmes

best-seller (pl **best-sellers**) /bɛstsɛlœʀ/ **NM** best seller

bêta[1], **-asse** * /beta, ɑs/
ADJ silly, stupid
NM,F goose *, silly billy * ◆ **gros bêta !** big ninny! *, silly goose! *

bêta[2] /beta/ **NM** *(Ling, Phys, Méd)* beta

bêtabloquant /betablɔkɑ̃/ **NM** beta-blocker

bêtacarotène /betakaʀɔtɛn/ **NM** betacarotene

bétail /betaj/ SYN **NM** *(gén)* livestock; (= *bovins, fig*) cattle ◆ **gros bétail** cattle ◆ **petit bétail** small livestock ◆ **le bétail humain qu'on entasse dans les camps** the people who are crammed like cattle into the camps

bétaillère /betajɛʀ/ **NF** livestock truck

bêta-test (pl **bêta-tests**) /betatɛst/ **NM** *(Ordin)* beta-test

bêtathérapie /betateʀapi/ **NF** betatherapy

bêtatron /betatʀɔ̃/ **NM** betatron

bêta-version (pl **bêta-versions**) /betavɛʀsjɔ̃/ **NM** *(Ordin)* beta version

bête /bɛt/ SYN

NF 1 (= *animal*) animal; (= *insecte*) insect, creature ◆ **bête sauvage** (wild) beast ◆ **nos amies les bêtes** our four-legged friends ◆ **aller soigner les bêtes** to go and see to the animals ◆ **gladiateur livré aux bêtes** gladiator flung to the beasts ◆ **pauvre petite bête** poor little thing * *ou* creature ◆ **ce chien est une belle bête** this dog is a fine animal *ou* beast ◆ **c'est une belle bête !** (* *(hum)* = *homme*) what a hunk! * ◆ **tu as une petite bête sur ta manche** there's an insect *ou* a creepy crawly * on your sleeve ◆ **ces sales bêtes ont mangé mes carottes** those wretched creatures have been eating my carrots

◆ **comme + bête(s)** * ◆ **travailler comme une bête** to work like a dog ◆ **malade comme une bête** sick as a dog ◆ **on s'est éclatés comme des bêtes** we had a whale of a time *

2 (= *personne*) *(bestial)* beast; († : *stupide*) fool ◆ **c'est une méchante bête** he is a wicked creature ◆ **quelle sale bête !** *(enfant)* what a wretched pest!; *(adulte)* what a horrible creature!, what a beast! ◆ **faire la bête** to act stupid *ou* daft *, to play the fool ◆ **c'est une brave** *ou* **une bonne bête !** *(hum)* he is a good-natured sort *ou* soul ◆ **grande** *ou* **grosse bête !** * *(terme d'affection)* you big silly! * ◆ **en maths, c'est la bête !** * *(admiratif)* he's a wizard *ou* he's an ace * at maths! ◆ « **La Bête humaine** » *(Littérat)* "The Beast in Man"

ADJ 1 (= *stupide*) *[personne, idée, sourire]* stupid, silly, foolish, idiotic ◆ **ce qu'il peut être bête !** what a fool he is! ◆ **il est plus bête que méchant** he may be stupid but he's not malicious, he's stupid rather than really nasty ◆ **il est loin d'être bête, il a oublié d'être bête** he's far from *ou* anything but stupid, he's no fool ◆ **et moi, bête et discipliné, j'ai obéi** and I did exactly what I was told, without asking myself any questions ◆ **être bête comme ses pieds** * *ou* **à manger du foin** * to be too stupid for words, to be as thick as a brick * ◆ **lui, pas si bête, est parti à temps** knowing better *ou* being no fool, he left in time ◆ **ce film est bête à pleurer** this film is too stupid for words ◆ **c'est bête, on n'a pas ce qu'il faut pour faire des crêpes** it's a shame *ou* it's too bad we haven't got what we need for making pancakes ◆ **que je suis bête !** how silly *ou* stupid of me!, what a fool I am! ◆ **ce n'est pas bête** that's not a bad idea

2 (* = *très simple*) ◆ **c'est tout bête** it's quite *ou* dead * simple ◆ **bête comme chou** simplicity itself, as easy as pie * *ou* as winking *

COMP **bête à bon dieu** ladybird, ladybug *(US)*
bête à concours swot * *(Brit)*, grind * *(US)*
bête à cornes horned animal; *(hum)* snail
bête de course * (= *voiture*) racing car
bête curieuse *(iro)* queer *ou* strange animal ◆ **ils nous ont regardés comme des bêtes curieuses** they looked at us as if we had just landed from Mars *ou* as if we had two heads
bête fauve big cat; *(fig)* wild animal *ou* beast
bête féroce wild animal *ou* beast
bête noire ◆ **c'est ma bête noire** *(chose)* that's my pet hate *ou* my bête noire *ou* my pet peeve * *(US)*; *(personne)* I just can't stand him
bête de race pedigree animal
bête sauvage ⇒ **bête féroce**
bête de scène great performer
bête de sexe ⁑ sex machine ⁑
bête de somme beast of burden
bête de trait draught animal

bétel /betɛl/ **NM** betel

Bételgeuse /betɛlʒøz/ **NF** Betelgeuse

bêtement /bɛtmɑ̃/ SYN **ADV** stupidly, foolishly; *[sourire]* stupidly ◆ **tout bêtement** quite simply

Bethléem /bɛtleɛm/ **N** Bethlehem

Bethsabée /bɛtsabe/ **NF** Bathsheba

bêtifiant, e /betifjɑ̃, jɑ̃t/ **ADJ** inane, asinine

bêtifier /betifje/ ► conjug 7 ◄ **VI** to prattle stupidly, to talk twaddle ◆ **en parlant aux enfants, elle bêtifie toujours** she always tends to talk down to children

bêtise /betiz/ SYN **NF** 1 *(NonC* = *stupidité)* stupidity, foolishness, folly ◆ **être d'une bêtise crasse** to be incredibly stupid ◆ **j'ai eu la bêtise d'accepter** I was foolish enough to accept ◆ **c'était de la bêtise d'accepter** it was folly to accept

2 (= *action stupide*) silly *ou* stupid thing; (= *erreur*) blunder ◆ **faire une bêtise** (= *action stupide, tentative de suicide*) to do something stupid *ou* silly; (= *erreur*) to make a blunder, to boob * ◆ **ne faites pas de bêtises, les enfants** don't get into *ou* up to mischief, children ◆ **ne dis pas de bêtises** don't talk nonsense *ou* rubbish *(Brit)*

3 (= *bagatelle*) trifle, triviality ◆ **dépenser son argent en bêtises** to spend *ou* squander one's money on rubbish *(Brit) ou* garbage ◆ **ils se disputent sans arrêt pour des bêtises** they're forever arguing over trifles

4 (= *bonbon*) ◆ **bêtise de Cambrai** ≃ mint humbug *(Brit)*, ≃ piece of hard mint candy *(US)*

5 *(Can)* ◆ **bêtises** * insults, rude remarks

bêtisier /betizje/ **NM** (= *livre*) collection of howlers; *(Radio, TV)* collection of out-takes

bétoine /betwan/ **NF** betony

béton /betɔ̃/ **NM** concrete ◆ **béton armé** reinforced concrete ◆ **béton cellulaire** air-entrained concrete ◆ **en béton** *(lit)* concrete *(épith)* ◆ **(en) béton** * *[alibi, argument, contrat]* cast-iron; *[garantie, certitude]* cast-iron, ironclad; *[organisation]* ultra-efficient ◆ **un dossier en béton** *(en justice)* a watertight case ◆ **faire** *ou* **jouer le béton** *(Football)* to play defensively ◆ **laisse béton !** * forget it! *

bétonnage /betɔnaʒ/ **NM** 1 *(Constr)* concreting ◆ **pour éviter le bétonnage du littoral** to prevent the coast from becoming a sprawl of concrete
2 *(Football)* defensive play

bétonner /betɔne/ ► conjug 1 ◄
VT 1 *(Constr)* to concrete ◆ **surface bétonnée** concrete surface ◆ **ils bétonnent nos côtes** our coastline is being covered in concrete
2 (= *consolider*) *[+ position, résultat]* to consolidate ◆ **elle bétonne ses positions** she is consolidating her position ◆ **bétonner un dossier** to make a case watertight
VI 1 *(Constr)* to build using concrete
2 *(Football)* to play defensively

bétonneur /betɔnœʀ/ **NM** *(péj)* (building) developer

bétonneuse /betɔnøz/, **bétonnière** /betɔnjɛʀ/ **NF** cement mixer

bette /bɛt/ **NF** ◆ **bettes** (Swiss) chard ◆ **une bette** a piece of chard

betterave /bɛtʀav/ **NF** ◆ **betterave fourragère** mangel-wurzel, beet ◆ **betterave (rouge)** beetroot *(Brit)*, beet *(US)* ◆ **betterave sucrière** sugar beet

betteravier, -ière /bɛtʀavje, jɛʀ/
ADJ *[culture, exploitation]* (sugar) beet *(épith)*
NM beet grower

bétyle /betil/ **NM** baetyl

beuglant * /bøglɑ̃/ **NM** honky-tonk *

beuglante ⁑ /bøglɑ̃t/ **NF** (= *cri*) yell, holler *; (= *chanson*) song ◆ **pousser une beuglante** to yell, to give a yell *ou* holler *

beuglement /bøgləmɑ̃/ **NM** 1 *[de vache]* lowing *(NonC)*, mooing *(NonC)*; *[de taureau]* bellowing *(NonC)*
2 *[de personne]* bawling *(NonC)*, bellowing *(NonC)*, hollering * *(NonC)* ◆ **pousser des beuglements** to bawl, to bellow
3 *[de radio, télévision]* blaring *(NonC)*

beugler /bøgle/ SYN ► conjug 1 ◄
VI 1 *[vache]* to low, to moo; *[taureau]* to bellow
2 * *[personne]* to bawl, to bellow, to holler *
3 *[radio, TV]* to blare ◆ **faire beugler sa télé** to have one's TV on (at) full blast *
VT *[+ chanson]* to bellow out, to belt out *

beur /bœʀ/
NMF *second-generation North African living in France*
ADJ *[culture, musique] of second-generation North Africans living in France*

BEUR

Beur is the term used to refer to a person born in France of North African immigrant parents. It is not a racist term and is often used by the media, anti-racist groups and second-generation North Africans themselves. The word itself originally came from the "verlan" rendering of the word "arabe". → **VERLAN**

beurette /bœʀɛt/ **NF** *young second-generation North African woman*

beurk * /bœʀk/ **EXCL** ⇒ **berk**

beurre /bœʀ/

NM 1 *(laitier)* butter ◆ **beurre salé/demi-sel** salted/slightly salted butter ◆ **beurre doux** unsalted butter ◆ **au beurre** *[plat]* (cooked) in butter; *[pâtisserie]* made with butter ◆ **faire la cuisine au beurre** to cook with butter ◆ **beurre fondu** melted butter; → **inventer, motte, œil**

2 *(végétal)* ◆ **beurre de cacao/de cacahuètes** cocoa/peanut butter

3 (= *purée*) paste ◆ **beurre d'anchois/d'écrevisses** anchovy/shrimp paste

4 *(locutions)* ◆ **le couteau entre dans cette viande comme dans du beurre** this meat is like butter to cut ◆ **c'est entré comme dans du beurre** it went like a (hot) knife through butter ◆ **cette viande, c'est du beurre !** this is very tender meat ◆ **ça va mettre du beurre dans les épinards** that'll be some handy extra money for you *(ou him etc)*, that'll help you *(ou him etc)* make ends meet ◆ **faire son beurre (sur le dos de qn)** to make a packet * *ou* a pile * (off sb) ◆ **il**

n'y en a pas plus que de beurre en broche there is (*ou* are) none at all ◆ **on ne peut pas avoir le beurre et l'argent du beurre** you can't have your cake and eat it; → **compter**

COMP **beurre d'escargot** ⇒ **beurre persillé**
beurre laitier dairy butter
beurre noir (*Culin*) brown (butter) sauce
beurre persillé garlic and parsley butter

beurré, e /bœʀe/ (ptp de **beurrer**)
ADJ (** = ivre*) plastered *
NM butter-pear, beurré
NF **beurrée** † (*Can*) slice of bread and peanut butter

beurre-frais /bœʀfʀɛ/ ADJ INV (*= couleur*) buttercup yellow

beurrer /bœʀe/ ▸ conjug 1 ◂
VT to butter ◆ **tartine beurrée** slice of bread and butter
VPR **se beurrer**⁎ to get plastered⁎

beurrerie /bœʀʀi/ NF (*fabrique*) butter factory; (*industrie*) butter industry

beurrier, -ière /bœʀje, jɛʀ/
ADJ [*industrie, production*] butter (*épith*) ◆ **région beurrière** butter-producing region
NM butter dish

beuverie /bøvʀi/ NF drinking bout *ou* session, binge *

bévatron /bevatʀɔ̃/ NM bevatron

bévue /bevy/ SYN NF blunder ◆ **commettre une bévue** to make a blunder

bey /bɛ/ NM bey

Beyrouth /beʀut/ N Beirut

bézef⁎ /bezɛf/ ADV ⇒ **bésef**

bézoard /bezɔaʀ/ NM bezoar

Bhoutan, Bhutân /butɑ̃/ NM Bhutan

bhoutanais, e /butanɛ, ɛz/
ADJ Bhutanese
NM,F **Bhoutanais(e)** Bhutanese

bi¹ ⁎ /bi/ ADJ, NMF (abrév de **bisexuel, -elle**) bi⁎

bi² ⁎ /bi/ NM (*Can = baiser*) kiss ◆ **fais-moi un bi** kiss me, give me a kiss

bi... /bi/ PRÉF bi... ◆ **bidimensionnel** two-dimensional

biacide /biasid/ ADJ, NM diacid

Biafra /bjafʀa/ NM Biafra

biafrais, e /bjafʀɛ, ɛz/
ADJ Biafran
NM,F **Biafrais(e)** Biafran

biais, e /bjɛ, jɛz/ SYN
ADJ [*arc*] skew
NM ① (*= moyen*) way, means; (*= détour, artifice*) expedient, dodge* ◆ **chercher un biais pour obtenir qch** to find some means of getting sth *ou* some expedient for getting sth ◆ **il a trouvé le** *ou* **un biais (pour se faire exempter)** he found a dodge* *ou* he managed to find a way (to get himself exempted) ◆ **par quel biais a-t-il réussi à s'introduire dans le pays ?** by what roundabout means did he manage to get into the country?
◆ **par le biais de** (*= par l'intermédiaire de*) through; (*= au moyen de*) by means of ◆ **réserver par le biais d'une agence** to book through an agency ◆ **communiquer par le biais du fax** to communicate by *ou* via fax
② (*= aspect*) angle, way ◆ **c'est par ce biais qu'il faut aborder le problème** the problem should be approached from this angle *ou* in this way
③ [*de tissu*] (*= sens*) bias; (*= bande*) bias binding ◆ **coupé** *ou* **taillé dans le biais** cut on the bias *ou* the cross ◆ **jupe en biais** skirt cut on the bias
④ (*= ligne oblique*) slant
◆ **en biais, de biais** [*poser*] slantwise, at an angle; [*aborder un sujet*] indirectly, in a roundabout way ◆ **une allée traverse le jardin en biais** a path cuts diagonally across the garden ◆ **regarder qn de biais** to give sb a sidelong glance
⑤ (*Sociol*) bias

biaisé, e /bjeze/ (ptp de **biaiser**) ADJ ① (*= faussé*) [*échantillon, données*] biased; [*vision*] distorted ◆ **une perception biaisée de la réalité** a distorted *ou* skewed view of reality ◆ **depuis cet incident, les relations entre les deux pays sont un peu biaisées** since this incident the two countries have had a somewhat skewed relationship ◆ **leurs questions sont toujours biaisées** their questions always have a certain slant to them

② (*= avec un parti pris*) [*reportage, conclusion, raisonnement, analyse*] biased ◆ **la composition du jury était biaisée** the jury was made up of an unrepresentative sample of people

biaiser /bjeze/ SYN ▸ conjug 1 ◂
VI ① (*= louvoyer*) to sidestep the issue, to prevaricate
② (*= obliquer*) to change direction
VT (*Stat*) [+ *résultat*] to bias

biathlète /biatlɛt/ NMF biathlete

biathlon /biatlɔ̃/ NM biathlon

biaural, e /biɔʀal, o/ ADJ binaural

biauriculaire /biɔʀikylɛʀ/ ADJ binaural

biaxe /biaks/ ADJ biaxial

bi-bande /bibɑ̃d/ ADJ [*téléphone mobile*] dual band

bibelot /biblo/ SYN NM (*sans valeur*) trinket, knick-knack; (*de valeur*) bibelot, curio

bibendum /bibɛ̃dɔm/ NM ◆ **c'est un vrai bibendum** he's really podgy*, he's a real butterball* (US)

biberon /bibʀɔ̃/ NM feeding bottle, baby's bottle ◆ **élevé au biberon** bottle-fed ◆ **l'heure du biberon** (baby's) feeding time ◆ **élever** *ou* **nourrir au biberon** to bottle-feed ◆ **il est à 6 biberons (par jour)** he's on 6 feeds (a day)

biberonner⁎ /bibʀɔne/ ▸ conjug 1 ◂ VI to tipple*, to booze*

bibi¹⁎ /bibi/ NM pillbox hat

bibi²⁎ /bibi/ PRON me, yours truly (*hum*)

bibine⁎ /bibin/ NF (weak) beer, dishwater (*hum*) ◆ **une infâme bibine** a foul *ou* loathsome brew

bible /bibl/ NF (*= livre, fig*) bible ◆ **la Bible** the Bible

bibli⁎ /bibli/ NF abrév de **bibliothèque**

bibliobus /biblijɔbys/ NM mobile library, bookmobile (*US*)

bibliographe /biblijɔgʀaf/ NMF bibliographer

bibliographie /biblijɔgʀafi/ NF bibliography

bibliographique /biblijɔgʀafik/ ADJ bibliographic(al)

bibliomane /biblijɔman/ NMF booklover

bibliomanie /biblijɔmani/ NF bibliomania

bibliophile /biblijɔfil/ NMF bibliophile (*frm*), booklover

bibliophilie /biblijɔfili/ NF love of books

bibliothécaire /biblijɔtekɛʀ/ NMF librarian

bibliothéconomie /biblijɔtekɔnɔmi/ NF library science

bibliothèque /biblijɔtɛk/ SYN NF (*= édifice, pièce*) library; (*= meuble*) bookcase; (*= collection*) library, collection (of books) ◆ **bibliothèque de gare** station bookstall (*Brit*) *ou* newsstand (*US*) ◆ **bibliothèque municipale/universitaire** public/university library ◆ **bibliothèque de prêt** lending library ◆ **bibliothèque sonore** sound library

▸ **BIBLIOTHÈQUE NATIONALE**

The "BN", as it is popularly known, was founded in 1537 by Francis I. Situated in the rue de Richelieu in Paris, it is a copyright deposit library holding important historic collections of printed and manuscript material. The building has become too small to house the collections adequately, and most of its material has been transferred to the Bibliothèque François Mitterrand in the south-east of the city.

biblique /biblik/ ADJ biblical

bibliquement /biblikmɑ̃/ ADV biblically ◆ **connaître bibliquement qn** (*hum ou frm*) to know sb in the biblical sense (*hum*), to have carnal knowledge of sb (*frm*)

bic ® /bik/ NM ◆ **(pointe) bic** ≈ Biro ®, ≈ ballpoint pen, ≈ Bic ® (pen) (*US*)

bicaméral, e (mpl -aux) /bikameʀal, o/ ADJ bicameral, two-chamber (*épith*)

bicaméralisme /bikameʀalism/, **bicamérisme** /bikameʀism/ NM bicameral *ou* two-chamber system

bicarbonate /bikaʀbɔnat/ NM bicarbonate ◆ **bicarbonate de soude** bicarbonate of soda, sodium bicarbonate, baking soda

bicarbonaté, e /bikaʀbɔnate/ ADJ bicarbonate (*épith*)

bicarburation /bikaʀbyʀasjɔ̃/ NF ◆ **voiture fonctionnant en bicarburation** dual-fuel car

bicarré, e /bikaʀe/ ADJ (*Math*) biquadratic

bicentenaire /bisɑ̃t(ə)nɛʀ/ NM bicentenary, bicentennial

bicéphale /bisefal/ ADJ two-headed, bicephalous (*SPÉC*)

biceps /bisɛps/ NM biceps ◆ **avoir des** *ou* **du biceps*** to have a strong *ou* good pair of arms

biche /biʃ/ NF hind, doe ◆ **un regard** *ou* **des yeux de biche** doe-like eyes ◆ **ma biche** (*terme d'affection*) darling, pet *

bicher /biʃe/ ▸ conjug 1 ◂ VI ① [*personne*] to be pleased with o.s.
② (*= aller*) ◆ **ça biche ?** how's things?*, things OK with you?*

bichette /biʃɛt/ NF (*terme d'affection*) ◆ **(ma) bichette** darling, pet *

Bichkek /biʃkɛk/ N Pishpek

bichlamar /biʃlamaʀ/ NM Beach- *ou* Biche-la-Marr

bichlorure /biklɔʀyʀ/ NM bichloride

bichon, -onne /biʃɔ̃, ɔn/ NM,F (*= chien*) bichon frise ◆ **mon bichon*** pet*, love*

bichonner /biʃɔne/ SYN ▸ conjug 1 ◂
VT [+ *personne*] to pamper, to cosset ◆ **il bichonne sa moto/la pelouse** he lavishes care on his motorbike/the lawn
VPR **se bichonner** to dress up, to spruce o.s. up ◆ **elle est en train de se bichonner dans sa chambre** (*péj*) she's getting dolled up* in her room

bichromate /bikʀɔmat/ NM bichromate

bichromie /bikʀɔmi/ NF two-colour process ◆ **en bichromie** in two colours

bicipital, e (mpl -aux) /bisipital, o/ ADJ biceps (*épith*)

biclou* /biklu/ NM (*= bicyclette*) bike

bicolore /bikɔlɔʀ/ ADJ bicolour(ed) (*Brit*), bicolor(ed) (*US*), two-colour(ed) (*Brit*), two-color(ed) (*US*), two-tone; (*Cartes*) two-suited

biconcave /bikɔ̃kav/ ADJ biconcave

biconvexe /bikɔ̃vɛks/ ADJ biconvex

bicoque* /bikɔk/ SYN NF house, place* ◆ **ils ont une petite bicoque au bord de la mer*** they've got a little place by the sea

bicorne /bikɔʀn/
NM cocked hat
ADJ two-horned

bicot⁎ /biko/ NM (*injurieux*) (North African) Arab

bicross /bikʀɔs/ NM (*= vélo*) ≈ mountain bike; (*= sport*) ≈ mountain biking

biculturalisme /bikyltyʀalism/ N biculturalism

biculturel, -elle /bikyltyʀɛl/ ADJ bicultural

bicuspide /bikyspid/ ADJ bicuspid(ate)

bicycle /bisikl/ NM (*Hist* : à grande et petite roues) penny farthing (bicycle) (*Brit*), ordinary (*US*); (*Can*) bicycle

bicyclette /bisiklɛt/ SYN NF ① (*= véhicule*) bicycle, bike* ◆ **aller à la ville à** *ou* **en bicyclette** to go to town by bicycle, to cycle to town ◆ **faire de la bicyclette** to go cycling, to cycle ◆ **sais-tu faire de la bicyclette ?** can you cycle?, can you ride a bike?
② (*Sport*) cycling

bicylindre /bisilɛ̃dʀ/
ADJ [*moteur*] twin-cylinder
NM (*= moto*) twin-cylinder motorbike

bidasse* /bidas/ NM (*= conscrit*) soldier, squaddy (*arg Mil*) (*Brit*)

bide /bid/ SYN NM ① (** = ventre*) belly ◆ **avoir du bide** to have a potbelly
② (** = échec*) (*gén*) flop*, fiasco ◆ **il a essayé de la draguer, mais ça a été le bide** he tried to pick her up but failed miserably ◆ **être** *ou* **faire un bide** (*Théât, Ciné*) to be a flop *ou* a washout *ou* a bomb* (*US*)

bidet /bidɛ/ NM ① (*= cuvette*) bidet
② (*= cheval*) (old) nag

bidimensionnel, -elle /bidimɑ̃sjɔnɛl/ ADJ two-dimensional

bidirectionnel, -elle /bidiʀɛksjɔnɛl/ ADJ bi-directional

bidoche⁎ /bidɔʃ/ NF meat

bidon /bidɔ̃/ SYN

NM 1 *(gén)* can, tin; *(à huile, à essence)* can; *(à peinture)* tin; *[de cycliste, soldat]* water bottle, flask ◆ **bidon à lait** milk-churn ◆ **huile en bidon** oil in a can

2 *(‡ = ventre)* belly*

3 *(‡ = bluff)* ◆ **c'est du bidon** that's a load of hot air *ou* bull‡ *ou* codswallop‡ *(Brit)* ◆ **ce n'est pas du bidon !** I'm *(ou* he's *etc)* not kidding!‡

ADJ INV *(* = simulé)* phoney*, phony* *(US)*; *[élection]* rigged ◆ **une démocratie bidon** a sham *ou* phoney* democracy ◆ **il est bidon** he's a phoney* *ou* phony* *(US)*

bidonnage* /bidɔnaʒ/ NM *[de reportage, CV]* faking ◆ **cette interview, c'était du bidonnage** that interview was faked *ou* was a put-up* job

bidonnant, e‡ /bidɔnɑ̃, ɑ̃t/ ADJ hilarious ◆ **c'était bidonnant** it was a scream*

bidonner /bidɔne/ ▸ conjug 1 ◂

VPR **se bidonner**‡ to split one's sides (laughing)*, to be doubled up (with laughter), to crease up*

VT *(* = truquer)* *[+ reportage, CV]* to fake

bidonville /bidɔ̃vil/ NM shanty town

bidouillage* /bidujaʒ/ NM, **bidouille*** /biduj/ NF ◆ **c'est du bidouillage** it's just been cobbled together

bidouiller* /biduje/ ▸ conjug 1 ◂ VT 1 *(gén = réparer)* to (have a) tinker with; *(Ordin)* *[+ programme]* to hack up ◆ **j'ai réussi à le bidouiller** I've managed to fix it for the time being

2 *(péj = truquer)* *[+ compteur]* to fiddle with, to fix; *[+ élection]* to rig

bidouilleur, -euse* /bidujœʀ, øz/ NM,F ◆ **c'est un bidouilleur** *(habile)* he's quite good with his hands; *(péj)* he's a bit of a botcher*

bidous* /bidu/ NMPL *(Can)* money, dough‡

bidule* /bidyl/ NM *(= machin)* thing, thingy* *(Brit)*; *(= personne)* what's-his-name* *(ou* what's-her-name*) ◆ **eh bidule !** hey (you) what's-your-name!*

bief /bjɛf/ NM 1 *[de canal]* reach

2 *[de moulin]* ◆ **bief d'amont** headrace ◆ **bief d'aval** tail race *ou* water

bielle /bjɛl/ NF *[de locomotive]* connecting rod; *[de voiture]* track rod

biellette /bjelɛt/ NF stub axle

biélorusse /bjelɔʀys/

ADJ Byelorussian

NMF **Biélorusse** Byelorussian

Biélorussie /bjelɔʀysi/ NF Byelorussia

◆ ◆

bien /bjɛ̃/ SYN

1 - ADVERBE
2 - ADJECTIF INVARIABLE
3 - NOM MASCULIN
4 - COMPOSÉS

◆ ◆

1 - ADVERBE

1 [= DE FAÇON SATISFAISANTE] *[jouer, dormir, travailler]* well; *[conseiller, choisir]* well, wisely; *[fonctionner]* properly, well ◆ **aller** *ou* **se porter bien, être bien portant** to be well, to be in good health ◆ **comment vas-tu ? – bien/très bien merci** how are you? – fine/very well, thanks ◆ **nous avons bien travaillé aujourd'hui** we've done some good work today ◆ **il a bien réussi** he's done well (for himself) ◆ **cette porte ne ferme pas bien** this door doesn't shut properly ◆ **la télé ne marche pas bien** the TV isn't working properly *ou* right ◆ **il s'habille bien** he dresses well *ou* smartly ◆ **il parle bien l'anglais** he speaks good English, he speaks English well ◆ **elle est bien coiffée aujourd'hui** her hair looks nice today ◆ **on est bien nourri dans cet hôtel** the food's good in that hotel ◆ **il a bien pris ce que je lui ai dit** he took what I said in good part *ou* quite well ◆ **il s'y est bien pris (pour le faire)** he went about it the right way ◆ **si je me rappelle bien** if I remember right(ly) *ou* correctly ◆ **ni bien ni mal** so-so* ◆ **il n'écrit ni bien ni mal** *(auteur)* he's so-so as an author

2 [= SELON LES CONVENANCES, LA MORALE, LA RAISON] *[se conduire, agir]* well, decently ◆ **il pensait bien faire** he thought he was doing the right thing ◆ **vous avez bien fait** you did the right thing, you did right ◆ **il a bien fait de partir** he was quite right *ou* he did right to go ◆ **faire bien les choses** to do things properly *ou* in style ◆ **vous faites bien de me le dire !** you did well to tell me!, it's a good thing you've told me! ◆ **vous feriez bien de partir tôt** you'd do well *ou* you'd be well advised to leave early ◆ **ça commence à bien faire* !** this has gone on quite long enough!, this is getting beyond a joke! ◆ **bien lui en a pris** it was just as well he did it

3 [= SANS DIFFICULTÉ] *[supporter]* well; *[se rappeler]* well, clearly ◆ **on comprend très bien pourquoi** you can certainly understand *ou* see why ◆ **il peut très bien le faire** he's perfectly capable of doing it

4 [EXPRIMANT LE DEGRÉ] *(= très)* very, really; *(= beaucoup)* very much, thoroughly; *(= trop)* rather ◆ **bien mieux** much better ◆ **bien souvent** quite often ◆ **nous sommes bien contents de vous voir** we're very *ou* awfully glad to see you ◆ **bien plus heureux/cher** far *ou* much happier/more expensive ◆ **c'est un bien beau pays** it's a really *ou* truly beautiful country ◆ **nous avons bien ri** we had a good laugh ◆ **les enfants se sont bien amusés** the children thoroughly enjoyed themselves *ou* had great fun ◆ **vos œufs sont bien frais ?** are your eggs really fresh? ◆ **question bien délicate** highly sensitive question ◆ **bien trop bête** far too stupid ◆ **elle est bien jeune (pour se marier)** she is very *ou* rather young (to be getting married) ◆ **c'est bien moderne pour mes goûts** it's rather too modern for my taste ◆ **il me paraît bien sûr de lui** he seems to be rather *ou* pretty* sure of himself to me

5 [= EFFECTIVEMENT] indeed, definitely; *(interrog = réellement)* really ◆ **nous savons bien où il se cache** we know perfectly well *ou* quite well where he's hiding ◆ **j'avais bien dit que je ne viendrais pas** I (certainly) did say that I wouldn't come ◆ **je trouve bien que c'est un peu cher mais tant pis** I do think it's rather expensive *ou* I agree it's rather expensive but never mind ◆ **c'est bien une erreur** it's definitely *ou* certainly a mistake ◆ **était-ce bien une erreur ?** was it really *ou* in fact a mistake? ◆ **c'est bien à ton frère que je pensais** it was indeed your brother I was thinking of ◆ **ce n'est pas lui mais bien son frère qui est docteur** it's his brother not him who is a doctor ◆ **dis-lui bien que...** be sure to *ou* and tell him that..., make sure you tell him that... ◆ **je vous avais bien averti** I gave you ample warning, I did warn you ◆ **c'est bien mon manteau ?** that is my coat, isn't it?

6 [DANS UNE EXCLAMATIVE] ◆ **il s'agit bien de ça !** *(= vraiment, justement)* as if that's the point! ◆ **voilà bien les femmes !** that's women for you! ◆ **c'est bien ça, on t'invite et tu te décommandes !** that's you all over *ou* that's just like you! – we invite you over and then you say you can't come!

7 [AVEC VALEUR INTENSIVE] ◆ **ferme bien la porte** shut the door properly, make sure you shut the door ◆ **tourne bien ton volant à droite** turn your wheel hard to the right ◆ **écoute-moi bien** listen to me carefully ◆ **regardez bien ce qu'il va faire** watch what he does carefully ◆ **mets-toi bien en face** stand right *ou* straight opposite ◆ **percez un trou bien au milieu** drill a hole right in the centre ◆ **tiens-toi bien droit** stand quite straight ◆ **il est mort et bien mort** he's dead and gone ◆ **c'est bien compris ?** is that quite clear *ou* understood? ◆ **c'est bien promis ?** is that a firm promise? ◆ **il arrivera bien à se débrouiller** he'll manage to cope all right ◆ **j'espère bien !** I should hope so (too)! ◆ **où peut-il bien être ?** where on earth can he be? ◆ **bien à vous** *(dans une lettre)* yours

8 [= MALGRÉ TOUT] ◆ **il fallait bien que ça se fasse** it just had to be done ◆ **il faut bien le supporter** you've just got to put up with it ◆ **il pourrait bien venir nous voir de temps en temps !** he could at least come and see us now and then!

9 [= VOLONTIERS] *(précédé d'un verbe au conditionnel)* ◆ **je mangerais bien un morceau** I could do with a bite to eat, I wouldn't mind something to eat ◆ **je l'aiderais bien, mais...** I wish I could help him, but... ◆ **j'irais bien mais...** I'd love to go but... ◆ **je voudrais bien t'y voir !** I'd like *ou* love to see you try!, I'd sure like* *(US)* to see you try! ◆ **je te verrais bien en jaune** I think you'd look good in yellow

10 [= AU MOINS] at least ◆ **il y a bien 3 jours que je ne l'ai vu** I haven't seen him for at least 3 days ◆ **cela vaut bien ce prix là** it's worth at least that

11 [LOCUTIONS]

◆ **bien du, bien de la** a great deal of ◆ **elle a eu bien du mal** *ou* **de la peine à le trouver** she had a good *ou* great deal of difficulty in *ou* no end of trouble* in finding it ◆ **ça fait bien du monde** that's an awful lot of people ◆ **ils ont eu bien de la chance** they were really very lucky

◆ **bien des** a good many ◆ **je connais bien des gens qui auraient protesté** I know a good many *ou* quite a few people who would have protested

◆ **bien que** although, though ◆ **bien que je ne puisse pas venir** although *ou* though I can't come

◆ **bien sûr** of course ◆ **bien sûr qu'il viendra !** of course he'll come!

◆ **pour bien faire** ◆ **pour bien faire il faudrait partir maintenant** the best thing would be to leave now ◆ **pour bien faire, il aurait fallu terminer hier** it would have been better if we had finished yesterday

2 - ADJECTIF INVARIABLE

1 [= SATISFAISANT] *[film, tableau, livre]* good ◆ **elle est très bien comme secrétaire** she's a very good *ou* competent secretary ◆ **donnez-lui quelque chose de bien** give him something really good ◆ **ce serait bien s'il venait** it would be good if he were to come

◆ **bien !** *(approbation)* good!, fine!; *(pour changer de sujet)* OK!, all right! ◆ **bien ! bien !, c'est bien !** *(exaspération)* all right! all right!, OK! OK!

2 [SCOL, SUR COPIE] good ◆ **assez bien** quite good ◆ **très bien** very good

3 [= EN BONNE FORME] well, in good form *ou* health ◆ **je ne suis pas bien** I don't feel very well ◆ **tu n'es pas bien ?** are you feeling OK? ◆ **il n'était pas très bien ce matin** he was out of sorts *ou* off colour* *(Brit)* this morning ◆ **t'es pas bien, non ?*** are you crazy?

4 [= BEAU] *[personne]* good-looking, nice-looking; *[chose]* nice ◆ **elle était très bien quand elle était jeune** she was very attractive *ou* good-looking when she was young ◆ **il est bien de sa personne** he's a good-looking man *ou* a fine figure of a man ◆ **ils ont une maison tout ce qu'il y a de bien** they've got a really lovely *ou* nice house ◆ **ce bouquet fait bien sur la cheminée** those flowers look nice on the mantelpiece

5 [= À L'AISE] ◆ **il est bien partout** he is *ou* feels at home anywhere ◆ **on est bien à l'ombre** it's pleasant *ou* nice in the shade ◆ **on est bien ici** it's nice here, we like it here ◆ **je suis bien dans ce fauteuil** I'm very comfortable in this chair ◆ **elle se trouve bien dans son nouveau poste** she's very happy in her new job ◆ **laisse-le, il est bien où il est** leave him alone – he's quite all right where he is *ou* he's fine where he is ◆ **vous voilà bien !** *(iro)* now you've done it!, you're in a fine mess now!

6 [= ACCEPTABLE] *(socialement)* nice; *(moralement)* right ◆ **c'est pas bien de dire ça** it's not nice to say that ◆ **ce n'est pas bien de faire ça** it's not nice *ou* right to do that ◆ **c'est bien ce qu'il a fait là** it was very good *ou* decent *ou* nice of him to do that ◆ **c'est bien à vous de les aider** it's good *ou* nice of you to help them ◆ **c'est un type bien*** he's a nice guy* *ou* bloke* *(Brit)* ◆ **c'est une femme bien** she's a very nice woman ◆ **des gens bien** very nice *ou* decent people

7 [= EN BONS TERMES] ◆ **être bien avec qn** to be on good terms *ou* get on well with sb ◆ **ils sont bien ensemble** they're on the best of terms ◆ **se mettre bien avec qn** to get on the good *ou* right side of sb, to get into sb's good books*

3 - NOM MASCULIN

1 [NONC = CE QUI EST AVANTAGEUX, AGRÉABLE] good ◆ **le bien public** the public good ◆ **c'est pour ton bien !** it's for your own good! ◆ **pour le (plus grand) bien de l'humanité** for the (greater) good of humanity ◆ **grand bien vous fasse !** *(iro)* much good may it do you!, you're welcome to it! ◆ **être du dernier bien avec qn** *(littér)* to be on the closest possible terms *ou* on intimate terms with sb

◆ **faire du bien** ◆ **faire du bien à qn/qch** to do sb/sth good ◆ **ça ne va pas faire de bien à sa réputation** that's not going to do his reputation any good ◆ **ses paroles m'ont fait du bien** what he said did me good ◆ **ça fait du bien de se confier** it's good to talk ◆ **je me suis cogné la tête, ça ne fait pas de** *ou* **du bien !** I bumped my head and it really hurt *ou* it didn't half* *(Brit)* hurt ◆ **ça fait du bien par où ça passe* !** that hits the spot!

◆ **dire du bien de** ◆ **dire du bien de qn** to speak well of sb ◆ **on a dit le plus grand bien de ce livre/de cet acteur** this book/this actor has been highly praised, people have spoken very highly *ou* favourably of this book/this actor

- on dit beaucoup de bien de ce restaurant this restaurant has got a very good name, people speak very highly of this restaurant
- **vouloir du bien à qn** to wish sb well ◆ **un ami qui vous veut du bien** (iro) a well-wisher (iro)
- **en bien** ◆ **je trouve qu'il a changé en bien** I find he has changed for the better ou he has improved ◆ **parler en bien de qn** to speak favourably ou well of sb

2 [= AVANTAGE] ◆ **finalement cet échec temporaire a été un bien** in the end this setback was a good thing ◆ **son départ a été un bien pour l'entreprise** it was a good thing for the firm that he left

3 [= CE QUI A UNE VALEUR MORALE] ◆ **le bien** good ◆ **savoir discerner le bien du mal** to be able to tell good from evil ou right from wrong ◆ **faire le bien** to do good ◆ **rendre le bien pour le mal** to return good for evil

4 [= POSSESSION] possession, property (NonC); (= argent) fortune; (= terre) estate ◆ **biens** goods ◆ **cet ordinateur est son bien le plus cher** this computer is his most treasured possession ◆ **la tranquillité est le seul bien qu'il désire** peace of mind is all he asks for ◆ **il considère tout comme son bien** he regards everything as being his property ou his own ◆ **il a dépensé tout son bien** he has gone through his entire fortune ◆ **avoir du bien (au soleil)** to have property ◆ **laisser tous ses biens à qn** to leave all one's (worldly) goods ou possessions to sb ◆ **il est très attaché aux biens de ce monde** he lays great store by worldly goods ou possessions ◆ **bien mal acquis ne profite jamais** (Prov) ill-gotten gains seldom prosper (Prov), ill gotten ill spent

4 - COMPOSÉS

biens de consommation consumer goods
biens durables consumer durables
biens d'équipement capital equipment ou goods; (industriels) plant
biens d'équipement ménager household goods
bien de famille family estate
biens fonciers real estate, property (Brit), landed property
biens immédiatement disponibles off-the-shelf goods
biens immeubles, biens immobiliers ⇒ biens fonciers
biens indirects capital goods
biens intermédiaires (Admin) intermediate goods
bien marchand commodity
biens meubles, biens mobiliers personal property ou estate, movables
biens privés private property
biens publics public property
biens successoraux hereditaments
biens en viager life estate

bien-aimé, e (mpl **bien-aimés**) /bjɛ̃neme/ SYN ADJ, NM,F beloved

bien-dire /bjɛ̃diʀ/ NM INV eloquence

bien-être /bjɛ̃nɛtʀ/ SYN NM INV (physique, psychologique) well-being; (matériel) comfort, material well-being

bienfaisance /bjɛ̃fəzɑ̃s/ SYN NF charity ◆ **association ou œuvre de bienfaisance** charitable organization, charity ◆ **l'argent sera donné à des œuvres de bienfaisance** the money will be given to charity

bienfaisant, e /bjɛ̃fəzɑ̃, ɑ̃t/ SYN ADJ **1** [effets] salutary, beneficial; [pluie] life-giving ◆ **eaux aux vertus bienfaisantes** health-giving waters ◆ **l'influence bienfaisante de Vénus** (Astrol) the favourable ou benign influence of Venus
2 † [personne] beneficent (frm), kindly

bienfait /bjɛ̃fɛ/ SYN NM **1** (= faveur) kindness, kind deed ◆ **c'est un bienfait du ciel** ! it's a godsend! ou a blessing! ◆ **un bienfait n'est jamais perdu** (Prov) a good turn ou deed never goes amiss
2 (surtout pl = avantage) benefit ◆ **les bienfaits du progrès** the benefits of progress ◆ **les bienfaits d'un traitement** the beneficial effects of a course of treatment ◆ **il commence à ressentir les bienfaits de son séjour à la campagne** he is beginning to feel the benefit of his stay in the country

bienfaiteur /bjɛ̃fɛtœʀ/ SYN NM benefactor

bienfaitrice /bjɛ̃fɛtʀis/ NF benefactress

bien-fondé (pl **bien-fondés**) /bjɛ̃fɔ̃de/ SYN NM [d'opinion, assertion] validity; (Jur) [de plainte] cogency

bien-fonds (pl **biens-fonds**) /bjɛ̃fɔ̃/ NM real estate, landed property

bienheureux, -euse /bjɛ̃nœʀø, øz/ SYN
ADJ **1** (Rel) blessed, blest
2 (littér) happy ◆ **bienheureux ceux qui...** lucky are those who...
NMPL ◆ **les bienheureux** the blessed, the blest

biennal, e (mpl **-aux**) /bjenal, o/
ADJ biennial
NF **biennale** biennial event

bien-pensant, e (mpl **bien-pensants**) /bjɛ̃pɑ̃sɑ̃, ɑ̃t/
ADJ (Rel) God-fearing; (péj = conformiste) right-thinking
NM,F ◆ **les bien-pensants** (Rel) God-fearing people; (péj = conformistes) right-thinking people

bienséance /bjɛ̃seɑ̃s/ SYN NF propriety, decorum ◆ **les bienséances** the proprieties

bienséant, e /bjɛ̃seɑ̃, ɑ̃t/ SYN ADJ [action, conduite] proper, seemly, becoming ◆ **il n'est pas bienséant de bâiller** it is unbecoming ou unseemly to yawn

bientôt /bjɛ̃to/ SYN ADV soon ◆ **à bientôt !** see you soon!, bye for now! ◆ **c'est bientôt dit** it's easier said than done, it's easy to say ◆ **on est bientôt arrivé** we'll soon be there, we'll be there shortly ◆ **on ne pourra bientôt plus circuler dans Paris** before long it will be impossible to drive in Paris ◆ **c'est pour bientôt ?** is it due soon?, any chance of its being ready soon?; (naissance) is the baby expected ou due soon? ◆ **il est bientôt minuit** it's nearly midnight ◆ **il aura bientôt 30 ans** he'll soon be 30 ◆ **il eut bientôt fait de finir son travail** † he finished his work in no time, he lost no time in finishing his work

bienveillance /bjɛ̃vɛjɑ̃s/ SYN NF benevolence, kindness (envers to) ◆ **avec bienveillance** [dire, regarder] benevolently, kindly; [parler] kindly ◆ **examiner un cas avec bienveillance** to give favourable consideration to a case ◆ **je sollicite de votre haute bienveillance...** (Admin) I beg (leave) to request...

bienveillant, e /bjɛ̃vɛjɑ̃, ɑ̃t/ SYN ADJ benevolent, kindly

bienvenu, e /bjɛ̃v(ə)ny/ SYN
ADJ ◆ **remarque bienvenue** apposite ou well-chosen remark
NM,F ◆ **vous êtes le bienvenu, soyez le bienvenu** you're very welcome, pleased to see you * ◆ **une tasse de café serait la bienvenue** a cup of coffee would be (most) welcome
NF **bienvenue** SYN welcome ◆ **souhaiter la bienvenue à qn** to welcome sb ◆ **bienvenue à vous !** welcome (to you)!, you are most welcome! ◆ **allocution de bienvenue** welcoming speech ◆ **bienvenue à Paris/en Italie !** welcome to Paris/to Italy! ◆ **bienvenue parmi nous !** welcome (to the department ou company ou neighbourhood etc)! ◆ **bienvenue !** (Can = je vous en prie) you're welcome!

bière¹ /bjɛʀ/
NF beer ◆ **garçon, deux bières !** waiter, two beers!
COMP **bière blanche** wheat beer
bière blonde ≈ lager, ≈ light ale (Brit), ≈ light beer (US)
bière brune ≈ brown ale (Brit), ≈ dark beer (US); → **petit, pression**

bière² /bjɛʀ/ NF coffin, casket (US) ◆ **mettre qn en bière** to put ou place sb in their coffin ◆ **la mise en bière a eu lieu ce matin** the body was placed in the coffin this morning

biergol /bjɛʀgɔl/ NM ⇒ diergol

biface /bifas/ NM (Archéol) flint, biface

biffage /bifaʒ/ NM crossing out

biffe /bif/ NF (arg Mil) ◆ **la biffe** the infantry

biffer /bife/ SYN ▸ conjug 1 ◂ VT to cross out, to strike out ◆ **biffer à l'encre/au crayon** to ink/pencil out

biffeton /biftɔ̃/ NM (bank)note, bill (US)

biffin /bifɛ̃/ NM (arg Mil) foot soldier, infantryman; († = chiffonnier) rag-and-bone man

biffure /bifyʀ/ NF crossing out

bifide /bifid/ ADJ bifid

bifidus /bifidys/ NM bifidus ◆ **yaourt au bifidus** yogurt containing bifidus, bio yogurt

bifilaire /bifilɛʀ/ ADJ bifilar

bifocal, e (mpl **-aux**) /bifɔkal, o/ ADJ bifocal ◆ **lunettes bifocales** bifocals

bifteck /biftɛk/ SYN NM steak ◆ **bifteck de cheval** horsemeat steak ◆ **deux biftecks** two steaks, two pieces of steak; → **défendre, gagner, haché**

bifurcation /bifyʀkasjɔ̃/ SYN NF [de route] fork, junction; [de voie ferrée] fork; [d'artère, tige] branching; (fig = changement) change

bifurquer /bifyʀke/ SYN ▸ conjug 1 ◂ VI **1** [route, voie ferrée] to fork, to branch off
2 [véhicule] to turn off (vers, sur for, towards); (fig) [personne] to branch off (vers into) ◆ **bifurquer sur la droite** to turn ou bear right

bigame /bigam/
ADJ bigamous
NMF bigamist

bigamie /bigami/ NF bigamy

bigarade /bigaʀad/ NF Seville ou bitter orange

bigaradier /bigaʀadje/ NM Seville ou bitter orange tree

bigarré, e /bigaʀe/ SYN (ptp de **bigarrer**) ADJ
1 (= bariolé) [vêtement] many-coloured, rainbow-coloured; [groupe] colourfully dressed, gaily coloured
2 (fig) [foule] motley (épith); [société, peuple] heterogeneous, mixed

bigarreau (pl **bigarreaux**) /bigaʀo/ NM bigarreau, bigaroon (cherry) ◆ **yaourt aux bigarreaux** cherry yogurt

bigarrer /bigaʀe/ ▸ conjug 1 ◂ VT to colour in many hues

bigarrure /bigaʀyʀ/ NF coloured pattern ◆ **la bigarrure ou les bigarrures d'un tissu** the medley of colours in a piece of cloth, the gaily-coloured pattern of a piece of cloth

Big Bang, big bang /bigbɑ̃g/ NM INV (Astron) big bang; (fig = réorganisation) shake-up

bigle † /bigl/ ADJ → bigleux

bigler †* /bigle/ ▸ conjug 1 ◂
VT [+ personne] to look at
VI (= loucher) to squint, to have a squint ◆ **arrête de bigler sur ou dans mon jeu** stop peeping at my cards *, take your beady eyes off my cards *

bigleux, -euse * /biglø, øz/ ADJ **1** (= myope) short-sighted ◆ **quel bigleux tu fais !** you need glasses!
2 (= qui louche) squint(-eyed), cross-eyed

bignonia /biɲɔnja/ NM, **bignone** /biɲɔn/ NF bignonia

bigophone* /bigɔfɔn/ NM phone, blower* (Brit), horn * (US) ◆ **passer un coup de bigophone à qn** to get on the blower* (Brit) ou horn * (US) to sb, to give sb a buzz * ou ring

bigophoner* /bigɔfɔne/ ▸ conjug 1 ◂ VI to be on the blower* (Brit) ou horn * (US) ◆ **bigophoner à qn** to give sb a buzz * ou a ring

bigorneau (pl **bigorneaux**) /bigɔʀno/ NM winkle

bigorner †* /bigɔʀne/ ▸ conjug 1 ◂
VT [+ voiture] to smash up
VPR **se bigorner** (= se battre) to come to blows, to scrap * (avec with)

bigot, e /bigo, ɔt/ (péj)
ADJ sanctimonious, holier-than-thou
NM,F sanctimonious ou holier-than-thou person

⚠ **bigot** ne se traduit pas par le mot anglais **bigot**, qui a le sens de 'sectaire'.

bigoterie /bigɔtʀi/ NF (péj) sanctimoniousness

bigouden, -ène /biɡudɛn, ɛn/
ADJ of ou from the Pont-l'Abbé region (in Brittany)
NM,F **Bigouden, -ène** native ou inhabitant of the Pont-l'Abbé region
NF **bigoudène** (= coiffe) woman's headdress worn in the Pont-l'Abbé region

bigoudi /bigudi/ NM (hair-)curler, roller ◆ **elle était en bigoudis** her hair was in curlers ou rollers

bigre * /bigʀ/ EXCL (hum) gosh!*, holy smoke!*

bigrement* /bigʀəmɑ̃/ ADV [bon, chaud, cher] darned *, jolly * (Brit); [changer, ressembler] a heck of a lot ◆ **on a bigrement bien mangé** we had a jolly good meal * (Brit), we had one dandy meal * (US)

bigue | biogéographie

bigue /big/ NF heavy-load derrick

biguine /bigin/ NF beguine

Bihar /biaʀ/ NM ◆ **le Bihar** Bihar

bihebdomadaire /biɛbdɔmadɛʀ/ ADJ twice-weekly

bihoreau /biɔʀo/ NM night heron

bijectif, -ive /biʒɛktif, iv/ ADJ bijective

bijection /biʒɛksjɔ̃/ NF bijection

bijou (pl **bijoux**) /biʒu/ SYN NM ① jewel ◆ **les bijoux d'une femme** a woman's jewels ou jewellery ◆ **bijoux (de) fantaisie** costume jewellery ◆ **bijoux de famille** (lit) family jewels; (*: hum) wedding tackle*: (Brit), family jewels*: (US) ◆ **mon bijou** (terme d'affection) my love, pet ② (= chef-d'œuvre) gem ◆ **un bijou de précision** a marvel of precision

bijouterie /biʒutʀi/ NF (= boutique) jeweller's (shop); (= commerce) jewellery business ou trade; (= art) jewellery-making; (= bijoux) jewellery

bijoutier, -ière /biʒutje, jɛʀ/ NM,F jeweller

bikini ® /bikini/ NM bikini

bilabial, e (mpl **-iaux**) /bilabjal, jo/
ADJ bilabial
NF **bilabiale** bilabial

bilabié, e /bilabje/ ADJ bilabiate

bilame /bilam/ NM (Phys) bimetallic strip

bilan /bilɑ̃/ SYN NM ① (Fin) balance sheet, statement of accounts ◆ **dresser** ou **établir son bilan** to draw up the balance sheet ◆ **bilan de liquidation** statement of affairs (in a bankruptcy petition)
② (= évaluation) appraisal, assessment; (= résultats) results; (= conséquences) consequences ◆ **le bilan du gouvernement** the government's track record ◆ **quel a été le bilan de ces négociations ?** what was the upshot ou the end result of the negotiations? ◆ **faire le bilan d'une situation** to take stock of ou assess a situation ◆ **quand on arrive à 50 ans on fait le bilan** when you reach 50 you take stock (of your life) ◆ **bilan de compétences** skills assessment
③ [de catastrophe] (= nombre de morts) (death) toll ◆ **d'après un premier bilan** ou **un bilan provisoire** according to the first reports coming in ◆ « **émeute dans la capitale, bilan : 3 morts** » "riots in the capital: 3 dead" ◆ **bilan provisoire : 300 blessés** so far, 300 people are known to have been injured
④ (Méd) ◆ **bilan de santé** (medical) checkup ◆ **se faire faire un bilan de santé** to go for ou have a checkup ◆ **faire le bilan de santé de l'économie** to assess the current state of the economy

bilatéral, e (mpl **-aux**) /bilateʀal, o/ ADJ bilateral ◆ **stationnement bilatéral** parking on both sides (of the road)

bilatéralement /bilateʀalmɑ̃/ ADV bilaterally

Bilbao /bilbao/ N Bilbao

bilboquet /bilbɔkɛ/ NM ≈ cup-and-ball (toy)

bile /bil/ NF (Anat, fig = amertume) bile ◆ **se faire de la bile (pour)** to get worried (about), to worry o.s. sick (about)*; → **échauffer**

biler (se) * /bile/ ▸ conjug 1 ◂ VPR (gén nég) to worry o.s. sick* (pour about) ◆ **ne vous bilez pas !** don't get all worked up!* ou het up!*, don't get yourself all worried! ◆ **il ne se bile pas** he's not one to worry, he doesn't let things bother him

bileux, -euse * /bilø, øz/ ADJ easily upset ou worried ◆ **il n'est pas bileux, ce n'est pas un bileux** he's not one to worry, he doesn't let things bother him ◆ **quel bileux tu fais !** what a fretter* ou worrier you are!

bilharzie /bilaʀzi/ NF bilharzia, schistosome

bilharziose /bilaʀzjoz/ NF bilharziasis, schistosomiasis

biliaire /biljɛʀ/ ADJ biliary; → **calcul**, **vésicule**

bilieux, -euse /biljø, øz/ ADJ [teint] bilious, yellowish; [personne, tempérament] irritable, testy

bilingue /bilɛ̃g/ ADJ bilingual

bilinguisme /bilɛ̃gɥism/ NM bilingualism

bilirubine /biliʀybin/ NF bilirubin

biliverdine /bilivɛʀdin/ NF biliverdin

billard /bijaʀ/
NM ① (= jeu) billiards (sg); (= table) billiard table; (= salle) billiard room ◆ **faire un billard** ou **une partie de billard** to play (a game of) billiards
② (*: locutions) ◆ **passer sur le billard** to go under the surgeon's knife, to have an operation ◆ **c'est du billard** it's quite ou dead easy*, it's a piece of cake* ou a cinch ◆ **cette route est un vrai billard** this road is incredibly smooth ou as smooth as a billiard table
COMP **billard américain** pool
billard électrique pinball machine
billard français French billiards
billard japonais (= partie) (game of) pinball; (= table) pinball machine
billard russe bar billiards

bille /bij/ NF ① (= boule) [d'enfant] marble; [de billard] (billiard) ball ◆ **jouer aux billes** to play marbles, to have a game of marbles ◆ **déodorant à bille** roll-on deodorant ◆ **il a attaqué** ou **foncé bille en tête*** (fig) he didn't beat about the bush * ◆ **reprendre** ou **récupérer ses billes** (fig) to pull out ◆ **il a su placer ses billes*** (fig) he made all the right moves ◆ **toucher sa bille au tennis/en histoire*** to know a thing or two about tennis/history; → **roulement**, **stylo**
② ◆ **bille de bois** billet, block of wood
③ (*= visage) mug*, face ◆ **il a fait une drôle de bille !** you should have seen his face! ◆ **bille de clown** funny face ◆ **il a une bonne bille** he's got a jolly face
④ (*= yeux) ◆ **billes** round eyes

billet /bijɛ/ SYN
NM ① (= ticket) ticket ◆ **billet de quai/train/loterie** platform/train/lottery ticket ◆ **billet collectif** group ticket; → **aller**
② (= argent) note, bill (US) ◆ **billet de 20 €** €20 note ◆ **ça coûte 500 billets*** it costs 5,000 francs ◆ **je te fiche** ou **flanque mon billet qu'il ne viendra pas !*** I bet my bottom dollar* ou I bet you anything he won't come!; → **faux²**
③ (littér ou vieilli = lettre) note, short letter ◆ **billet d'humeur** (Presse) column
COMP **billet de banque** banknote
billet de commerce promissory note, bill of exchange
billet doux billet doux (hum), love letter
billet de faveur complimentary ticket
billet de logement (Mil) billet
billet à ordre promissory note, bill of exchange
billet de parterre † ◆ **prendre** ou **ramasser un billet de parterre** to fall flat on one's face, to come a cropper* (Brit)
billet au porteur bearer order
billet de retard (Scol) late slip, tardy slip (US); (Admin) note from public transport authorities attesting late running of train etc
billet de trésorerie commercial paper
le billet vert (Écon) the dollar

billeté, e /bijte/ ADJ (Héraldique) billeté

billette /bijɛt/ NF (Archit, Hér, lingot) billet

billetterie /bijɛtʀi/ NF [d'argent] cash dispenser, cash point, ATM; [de tickets] (automatic) ticket machine

billettiste /bijetist/ NMF (Presse) columnist; [d'agence] ticket agent

billevesées /bijvəze/ NFPL (littér = sornettes) nonsense (NonC)

billion /biljɔ̃/ NM million million, trillion (surtout US)

billot /bijo/ NM [de boucher, bourreau, cordonnier] block; (Can) log (of wood) ◆ **j'en mettrais ma tête sur le billot** (fig) I'd stake my life on it

bilobé, e /bilɔbe/ ADJ bilobate, bilobed

bimane /biman/ ADJ bimanous

bimbeloterie /bɛ̃blɔtʀi/ NF (= objets) knick-knacks, fancy goods (Brit); (= commerce) knick-knack ou fancy goods (Brit) business

bimensuel, -elle /bimɑ̃sɥɛl/
ADJ twice monthly, bimonthly, fortnightly (Brit), semimonthly (US)
NM (= revue) fortnightly review (Brit), semi-monthly (US)

bimensuellement /bimɑ̃sɥɛlmɑ̃/ ADV twice a month, fortnightly (Brit), semimonthly (US)

bimestre /bimɛstʀ/ NM bimestrial period

bimestriel, -elle /bimɛstʀijɛl/ ADJ bimonthly

bimétallique /bimetalik/ ADJ bimetallic

bimétallisme /bimetalism/ NM bimetallism

bimétalliste /bimetalist/
ADJ bimetallic, bimetallistic
NMF bimetallist

bimillénaire /bimi(l)lenɛʀ/ ADJ, NM bimillenary

bimoteur /bimɔtœʀ/
ADJ twin-engined
NM twin-engined plane

binage /binaʒ/ NM hoeing, harrowing

binaire /binɛʀ/
ADJ binary
NM (Ordin) binary code ◆ **codé en binaire** binary coded

binational, e (mpl **-aux**) /binasjɔnal, o/
ADJ [personne] having dual nationality
NM,F person with dual nationality

binaural, e (mpl **-aux**) /binɔʀal, o/ ADJ ⇒ **biaural**

biner /bine/ SYN ▸ conjug 1 ◂ VT to hoe, to harrow

binette /binɛt/ NF ① (Agr) hoe
② (*= visage) face, mug*

bineuse /binøz/ NF harrow

bing /biŋ/ EXCL smack!, thwack!

bingo /biŋgo/ NM (Can) (= jeu) ≈ bingo (using letters as well as numbers); (= partie) ≈ game of bingo ◆ **bingo !** bingo!

biniou /binju/ NM (Mus) (Breton) bagpipes ◆ **donner un coup de biniou à qn*** (= téléphone) to give sb a buzz* ou a ring

binoclard, e * /binɔklaʀ, aʀd/ ADJ, NM,F ◆ **il est** ou **c'est un binoclard** he wears specs*, he's a four-eyes*

binocle /binɔkl/ NM pince-nez

binoculaire /binɔkylɛʀ/ ADJ binocular

binôme /binom/
NM (Math, Bio) binomial; (= deux personnes) two-person team ◆ **travailler en binôme** to work in pairs ou in twos
NMF ◆ **mon binôme** (= personne) my partner

binomial, e (mpl **-iaux**) /binɔmjal, jo/ ADJ binomial

bin's*, binz * /bins/ NM (= désordre) shambles* (NonC) ◆ **quel bin's dans ta chambre !** your room is a shambles! ◆ **c'est tout un bin's pour aller chez lui** (= ennui) what a palaver ou hassle to go to his house!

bio * /bjo/
NF ① (abrév de **biographie**) bio*
② abrév de **biologie**
ADJ (abrév de **biologique**) [agriculture, engrais, nourriture] organic ◆ **produits bio(s)** (= aliments) organic food; (= non-polluants) eco-friendly products

biobanque /bjobɑ̃k/ NF biobank

biobibliographie /bjobiblijɔgʀafi/ NF biobibliography

biocarburant /bjokaʀbyʀɑ̃/ NM biofuel

biocatalyseur /bjokatalizœʀ/ NM biocatalyst

biocénose /bjosenoz/ NF bioc(o)enosis

biochimie /bjoʃimi/ NF biochemistry

biochimique /bjoʃimik/ ADJ biochemical

biochimiste /bjoʃimist/ NMF biochemist

biocide /bjosid/ NM biocide

bioclimatique /bjoklimatik/ ADJ bioclimatic

bioclimatologie /bjoklimatɔlɔʒi/ NF bioclimatology

biocompatible /bjokɔ̃patibl/ ADJ biocompatible

biodégradabilité /bjodegʀadabilite/ NF biodegradability

biodégradable /bjodegʀadabl/ ADJ biodegradable

biodégradation /bjodegʀadasjɔ̃/ NF biodegradation

biodiversité /bjodivɛʀsite/ NF biodiversity

biodynamique /bjodinamik/ ADJ [agriculture, méthode] biodynamic

bioénergétique /bjoenɛʀʒetik/
ADJ bioenergetic
NF bioenergetics (sg)

bioénergie /bjoenɛʀʒi/ NF bioenergy

bioéthanol /bjoetanɔl/ NM bioethanol

bioéthique /bjoetik/ NF bioethics (sg)

biogaz /bjogaz/ NM biogas

biogène /bjoʒɛn/ ADJ biogenic

biogenèse /bjoʒənɛz/ NF biogenesis

biogénétique /bjoʒenetik/ NF biogenetics

biogéographe /bjoʒeɔgʀaf/ NMF biogeographer

biogéographie /bjoʒeɔgʀafi/ NF biogeography

biogéographique /bjɔʒeɔɡʁafik/ ADJ biogeographical

biographe /bjɔɡʁaf/ NMF biographer

biographie /bjɔɡʁafi/ NF biography ◆ **biographie romancée** biographical novel

biographique /bjɔɡʁafik/ ADJ biographical

bio-industrie (pl **bio-industries**) /bjoɛ̃dystʁi/ NF bioindustry

biologie /bjɔlɔʒi/ NF biology ◆ **biologie animale/végétale** animal/plant biology ◆ **biologie cellulaire/médicale/moléculaire** cellular/medical/molecular biology

biologique /bjɔlɔʒik/ ADJ ① (gén) biological ② [produits, aliments] organic ◆ **agriculture biologique** organic farming

⚠ Au sens de 'écologique', **biologique** ne se traduit pas par **biological**.

biologiquement /bjɔlɔʒikmɑ̃/ ADV biologically ◆ **produit biologiquement cultivé** organically grown product

biologiste /bjɔlɔʒist/ NMF biologist

bioluminescence /bjolyminesɑ̃s/ NF bioluminescence

bioluminescent, e /bjolyminesɑ̃, ɑ̃t/ ADJ bioluminescent

biomagnétisme /bjomaɲetism/ NM biomagnetism

biomasse /bjomas/ NF biomass

biomatériau (pl **biomatériaux**) /bjomateʁjo/ NM biomaterial

biomathématiques /bjomatematik/ NFPL biomathematics (sg)

biomécanique /bjomekanik/ NF biomechanics (sg)

biomédecine /bjomedsin/ NF biomedicine

biomédical, e (mpl **-aux**) /bjomedikal, o/ ADJ biomedical

biométrie /bjometʁi/ NF biometrics ◆ **biométrie faciale** facial biometrics

bionique /bjɔnik/
NF bionics (sg)
ADJ bionic

biophysicien, -ienne /bjofizisjɛ̃, jɛn/ NM,F biophysicist

biophysique /bjofizik/ NF biophysics (sg)

biopsie /bjɔpsi/ NF biopsy

biorythme /bjoʁitm/ NM biorhythm

biosphère /bjɔsfɛʁ/ NF biosphere

biostatistique /bjostatistik/ NF biostatistics (sg)

biosynthèse /bjosɛ̃tɛz/ NF biosynthesis

biote /bjɔt/ NM biota

biotechnique /bjoteknik/, **biotechnologie** /bjoteknɔlɔʒi/ NF biotechnology

biotechnologique /bjoteknɔlɔʒik/ ADJ biotechnological

bioterrorisme /bjoteʁɔʁism/ NM bioterrorism

bioterroriste /bjoteʁɔʁist/ NMF bioterrorist

biothérapie /bjoteʁapi/ NF biotherapy

biotine /bjɔtin/ NF biotin

biotique /bjɔtik/ ADJ biotic

biotite /bjɔtit/ NF biotite

biotope /bjɔtɔp/ NM biotope

biotype /bjɔtip/ NM biotype

biotypologie /bjotipɔlɔʒi/ NF biotypology

biovigilance /bjoviʒilɑ̃s/ NF biotech monitoring

bioxyde /bijɔksid/ NM dioxide

bip /bip/ GRAMMAIRE ACTIVE 27.3 NM ① (= son) (court) b(l)eep; (continu) b(l)eeping ◆ **faire bip** to b(l)eep ◆ **parlez après le bip sonore** speak after the tone ou beep ② (= appareil) bleep(er), beeper

bipale /bipal/ ADJ twin-bladed

biparti, e /biparti/, **bipartite** /bipartit/ ADJ (Bot) bipartite; (Pol) two-party, bipartite, bipartisan

bipartisme /bipartism/ NM (Pol) bipartisanship

bipartition /bipartisjɔ̃/ NF bipartition

bipasse /bipas/ NM ⇒ **by-pass**

bip-bip (pl **bips-bips**) /bipbip/ NM ⇒ **bip**

bipède /biped/ ADJ, NM biped

bipenne /bipɛn/ NF double-edged axe

bipenné, e /bipene/ ADJ bipinnate

biper¹ /bipe/ ▸ conjug 1 ◂ VT to page

biper² /bipœʁ/ NM (Téléc) beeper, bleeper

biphasé, e /bifaze/ ADJ diphase, two-phase

bipied /bipje/ NM bipod

biplace /biplas/ ADJ, NM two-seater

biplan /biplɑ̃/
ADJ ◆ **avion biplan** biplane
NM biplane

bipolaire /bipɔlɛʁ/ ADJ bipolar

bipolarisation /bipɔlaʁizasjɔ̃/ NF (Pol) polarization (entre of, between) ◆ **la bipolarisation Est-Ouest de l'Europe** the way Europe is polarized between East and West

bipolarité /bipɔlaʁite/ NF bipolarity

biquadratique /bikwadʁatik/ ADJ biquadratic

bique /bik/ NF nanny-goat ◆ **vieille bique*** (péj) old hag, old bag* ◆ **grande bique*** beanpole

biquet, -ette /bikɛ, ɛt/ NM,F (= chevreau) kid ◆ **mon biquet** (terme d'affection) love

biquotidien, -ienne /bikɔtidjɛ̃, jɛn/ ADJ twice-daily

birapport /biʁapɔʁ/ NM anharmonic ratio

birbe † /biʁb/ NM (péj) ◆ **vieux birbe** old fuddy-duddy‡, old fogey*

bircher /biʁʃɛʁ/ NM (Helv = muesli) muesli

BIRD /biʁd/ NF (abrév de **Banque internationale pour la reconstruction et le développement**) IBRD

biréacteur /biʁeaktœʁ/ NM twin-engined jet

biréfringence /biʁefʁɛ̃ʒɑ̃s/ NF birefringence

biréfringent, e /biʁefʁɛ̃ʒɑ̃, ɑ̃t/ ADJ birefringent

birème /biʁɛm/ NF (Antiq) bireme

birman, e /biʁmɑ̃, an/
ADJ Burmese
NM (= langue) Burmese
NM,F **Birman(e)** Burmese

Birmanie /biʁmani/ NF Burma

biroute /biʁut/ NF ① (‡ = pénis) dick‡‡, cock‡‡, prick‡‡ ② (arg Mil = manche à air) wind sock

bis¹ /bis/
ADV (Mus : sur partition) repeat, twice ◆ **bis !** (Théât) encore! ◆ **12 bis** (numéro) 12a ◆ **bis repetita** it's the same story (all over) again ; → **itinéraire**
NM (Théât) encore

bis², e¹ /bi, biz/ ADJ greyish-brown, brownish-grey; → **pain**

bisaïeul /bizajœl/ NM great-grandfather

bisaïeule /bizajœl/ NF great-grandmother

bisannuel, -elle /bizanɥɛl/ ADJ biennial

bisbille* /bizbij/ SYN NF squabble, tiff ◆ **être en bisbille avec qn** to be at loggerheads with sb

bisbrouille* /bizbʁuj/ NF (Belg = fâcherie) tiff ◆ **ils sont en bisbrouille** they've had a tiff ou falling-out

biscornu, e /biskɔʁny/ SYN ADJ [forme] irregular, crooked; [maison] crooked, oddly shaped; [idée, esprit] quirky, peculiar; [raisonnement] tortuous, quirky ◆ **un chapeau biscornu** a shapeless hat

biscoteaux* /biskɔto/ NMPL biceps ◆ **avoir des biscoteaux** to have a good pair of biceps

biscotte /biskɔt/ NF a type of thick biscuit which looks like rounds of toast, melba toast (US)

biscotterie /biskɔtʁi/ NF (entreprise) factory producing 'biscottes'

biscuit /biskɥi/ SYN
NM ① (Culin) (= gâteau sec) biscuit (Brit), cookie (US); (= pâte) sponge cake ◆ **biscuit salé** cracker, cheese biscuit (Brit) ◆ **ne t'embarque pas** ou **ne pars pas sans biscuits** (fig) make sure you're well prepared
② (= céramique) biscuit, bisque
COMP **biscuit (à) apéritif** cracker, cocktail snack
biscuit pour chien dog biscuit
biscuit à la cuiller sponge finger (Brit), lady finger (US)
biscuit de Savoie sponge cake

biscuiter /biskɥite/ ▸ conjug 1 ◂ VT to make into biscuit ou bisque

biscuiterie /biskɥitʁi/ NF (= usine) biscuit (Brit) ou cookie (US) factory; (= commerce) biscuit (Brit) ou cookie (US) trade

bise² /biz/ NF (= vent) North wind

bise³ /biz/ SYN NF (= baiser) kiss ◆ **faire une ou la bise à qn** to kiss sb, to give sb a kiss ◆ **faire une grosse bise à qn** to give sb a big kiss ◆ **il lui a fait une petite bise** he gave her a quick peck* ou kiss ◆ **grosses bises** (sur lettre) lots of love (de from), much love (de from)

biseau (pl **biseaux**) /bizo/ NM ① (= bord) (gén) bevel, bevelled edge; (à 45°) chamfer, chamfered edge ◆ **en biseau** (gén) bevelled, with a bevelled edge; (à 45°) chamfered, with a chamfered edge ◆ **tailler en biseau** (gén) to bevel; (à 45°) to chamfer
② (= outil) bevel

biseautage /bizotaʒ/ NM (gén) bevelling; (à 45°) chamfering

biseauter /bizote/ ▸ conjug 1 ◂ VT (gén) to bevel; (à 45°) to chamfer; [+ cartes] to mark

biser /bize/ ▸ conjug 1 ◂ VT (= embrasser) to kiss, to give a kiss to

biset /bizɛ/ NM rock dove, feral pigeon

bisexualité /bisɛksɥalite/ NF bisexuality, bisexualism

bisexué, e /bisɛksɥe/ ADJ bisexual

bisexuel, -elle /bisɛksɥɛl/
ADJ bisexual
NM,F bisexual

Bismarck /bismaʁk/ N Bismarck

bismuth /bismyt/ NM bismuth

bison /bizɔ̃/ NM (d'Amérique) (American) bison, buffalo (US); (d'Europe) European bison, wisent ◆ **Bison futé** traffic monitoring service that informs drivers about congestion on French roads and suggests alternative routes

bisou* /bizu/ NM kiss ◆ **faire un bisou à qn** to give sb a kiss ◆ **faire un petit bisou à qn** to give sb a peck* ou kiss ◆ **gros bisous** (sur lettre) lots of love (de from)

bisque /bisk/ NF (Culin) bisque ◆ **bisque de homard** lobster soup, bisque of lobster

bisquer* /biske/ ▸ conjug 1 ◂ VI to be riled* ou nettled ◆ **faire bisquer qn** to rile* ou nettle sb

Bissau /bisao/ N Bissau

bisse /bis/ NM (Helv = canal) irrigation channel in the mountains

bissecteur, -trice /bisɛktœʁ, tʁis/
ADJ bisecting
NF **bissectrice** bisector, bisecting line

bissection /bisɛksjɔ̃/ NF bisection

bisser /bise/ ▸ conjug 1 ◂ VT (= faire rejouer) [+ acteur, chanson] to encore; (= rejouer) [+ morceau] to play again, to sing again

bissextile /bisɛkstil/ ADJ F → **année**

bissexué, e /bisɛksɥe/ ADJ ⇒ **bisexué, e**

bissexuel, -elle /bisɛksɥɛl/ ADJ, NM,F ⇒ **bisexuel, -elle**

bistable /bistabl/ ADJ (Élec) bistable

bistorte /bistɔʁt/ NF bistort, snakeroot

bistouille* /bistuj/ NF rotgut*

bistouri /bistuʁi/ NM bistoury (SPÉC), surgical knife ◆ **enlever qch au bistouri** to remove sth surgically ◆ **donner un coup de bistouri** (fig) to take drastic action ou measures

bistre /bistʁ/
ADJ [couleur] blackish-brown, bistre; [objet] bistre-coloured, blackish-brown; [peau, teint] swarthy
NM bistre

bistré, e /bistʁe/ (ptp de **bistrer**) ADJ [teint] tanned, swarthy

bistrer /bistʁe/ ▸ conjug 1 ◂ VT [+ objet] to colour with bistre; [+ peau] to tan

bistro(t) /bistʁo/ SYN NM ① (* = café) ≈ pub, ≈ bar (US), ≈ café ◆ **faire les bistros** to go on a bar-crawl
② († = cafetier) ≈ café owner

bistrotier, -ière /bistʁɔtje, jɛʁ/ NM,F ≈ publican (Brit), ≈ bar manager (US)

bisulfate /bisylfat/ NM bisulphate

BIT /beit/ NM (abrév de **Bureau international du travail**) ILO

bit /bit/ NM (Ordin) bit

bite, bitte¹ ‡‡ /bit/ NF (= pénis) prick‡‡, cock‡‡, dick‡‡

biter, bitter ‡‡ /bite/ ▸ conjug 1 ◂ VT ◆ **j'y bitte rien** I can't understand a fucking thing‡‡

bithérapie /biteʀapi/ NF double therapy

bitoniau* /bitɔɲo/ NM whatsit*

bitos* /bitos/ NM hat, headgear* (NonC)

bitte² /bit/ NF [1] [de navire] bitt ◆ **bitte (d'amarrage)** [de quai] mooring post, bollard [2] ⇒ bite

bitter¹ /biteʀ/ NM (boisson) bitters

bitter²* /bite/ ► conjug 1 ◄ VT ◆ **j'y bitte rien** I can't understand a fucking thing*

bitture* /bityʀ/ NF ⇒ biture

bitumage /bitymaʒ/ NM asphalting

bitume /bitym/ SYN NM (Chim, Min) bitumen; (= revêtement) asphalt, Tarmac ®, blacktop (US); (fig = route) road ◆ **arpenter le bitume** to walk the streets

bitumé, e /bityme/ (ptp de bitumer) ADJ [route] asphalted, asphalt (épith), tarmac (épith); [carton] bitumized

bitum(in)er /bitym(in)e/ SYN ► conjug 1 ◄ VT [+ route] to asphalt, to tarmac

bitum(in)eux, -euse /bitym(in)ø, øz/ ADJ bituminous

biture* /bityʀ/ NF ◆ **prendre une biture** to get drunk ou plastered* ◆ **il tient une de ces bitures** he's plastered*, he's blind drunk*

biturer (se)* /bityʀe/ ► conjug 1 ◄ VPR to get drunk ou plastered*

biunivoque /biynivɔk/ ADJ (fig) (Math) one-to-one; → **correspondance**

bivalence /bivalɑ̃s/ NF bivalency

bivalent, e /bivalɑ̃, ɑ̃t/ ADJ (Chim) bivalent; [professeur] teaching two subjects

bivalve /bivalv/ ADJ, NM bivalve

biveau /bivo/ NM [de maçon] bevel square

bivitellin, e /bivitelɛ̃, in/ ADJ ◆ **jumeaux bivitellins** fraternal ou dizygotic (SPÉC) twins

bivouac /bivwak/ SYN NM bivouac

bivouaquer /bivwake/ ► conjug 1 ◄ VI to bivouac

bizarre /bizaʀ/ SYN
[ADJ] [personne, conduite] strange, odd, peculiar; [idée, raisonnement, temps] odd, strange, funny*; [vêtement] strange ou funny(-looking) ◆ **tiens, c'est bizarre** that's odd ou funny*
[NM] ◆ **le bizarre** the bizarre ◆ **le bizarre dans tout cela...** what's strange ou peculiar about all that...

bizarrement /bizaʀmɑ̃/ SYN ADV strangely, oddly

bizarrerie /bizaʀʀi/ SYN NF [de personne] odd ou strange ou peculiar ways; [d'idée] strangeness, oddness; [de situation, humeur] strange ou odd nature ◆ **bizarreries** [de langue, règlement] peculiarities, oddities, quirks ◆ **ce sont les bizarreries du système** these are the quirks ou the vagaries of the system

bizarroïde* /bizaʀɔid/ ADJ weird

bizness* /biznɛs/ NM ⇒ business

bizut /bizy/ NM (arg Scol) freshman, first-year student, fresher (Brit)

bizutage /bizytaʒ/ NM (arg Scol) ragging (Brit), hazing (US) (of new student etc)

• **BIZUTAGE**

New arrivals at certain "grandes écoles" and other educational institutions are called "bizuts" or "bizuths", and when they arrive at school in September, they are often subjected to an initiation ceremony known as **bizutage**. This usually involves being subjected to light-hearted ordeals by one's new classmates, but can sometimes degenerate into humiliating and cruel pranks. For this reason, the tradition has become more controversial in recent years, and many schools have outlawed it.

bizuter /bizyte/ ► conjug 1 ◄ VT (arg Scol) to rag (Brit), to haze (US) (new student etc)

bizuth /bizy/ NM ⇒ bizut

BK /beka/ NM (abrév de bacille de Koch) Koch's bacillus

blabla(bla)* /blabla(bla)/ SYN NM twaddle*, claptrap* ◆ **il y a beaucoup de blabla dans sa dissertation** there's a lot of waffle* (Brit) in his paper

blablater* /blablate/ ► conjug 1 ◄ VI to blabber on*, to waffle on* (Brit)

black* /blak/
[ADJ] [personne, culture, musique] black
[NMF] black person ◆ **les blacks** black people, blacks
[NM] ◆ **travailler** ou **bosser au black*** to work on the side; (deuxième emploi) to moonlight; [clandestin] to work illegally

black-bass /blakbas/ NM INV black bass

blackboulage /blakbulaʒ/ NM blackballing

blackbouler /blakbule/ ► conjug 1 ◄ VT (à une élection) to blackball; (* : à un examen) to fail

black-jack (pl **black-jacks**) /blak(d)ʒak/ NM black-jack

black-out /blakaut/ NM (Élec, Mil, fig) blackout ◆ **faire le black-out sur qch** (fig) to impose a (news) blackout on sth

black-rot (pl **black-rots**) /blakʀɔt/ NM black rot

blafard, e /blafaʀ, aʀd/ SYN ADJ [teint] pale, pallid, wan; [couleur, lumière, soleil] pale ◆ **l'aube blafarde** the pale light of dawn

blaff /blaf/ NM (Culin) blaff

blague /blag/ SYN NF [1] (* = histoire, plaisanterie) joke; (= farce) practical joke, trick ◆ **faire une blague à qn** to play a trick ou a joke on sb ◆ **sans blague ?** really?, you're kidding!* ◆ **sans blague, blague à part** seriously, joking apart, kidding aside* (US) ◆ **non mais sans blague, tu me prends pour qui ?** no really ou come on, what do you take me for? ◆ **il prend tout à la blague** he can never take anything seriously ◆ **ne me raconte pas de blagues !** you're having (Brit) ou putting (US) me on!*, pull the other one!* (Brit) ◆ **c'est de la blague tout ça !** it's all talk!, it's all bull!*
[2] (* = erreur) silly thing, blunder, stupid mistake ◆ **faire une blague** to make a blunder ou a stupid mistake ◆ **faire des blagues** to do silly ou stupid things ◆ **attention, pas de blagues !** be careful!, no messing about!*
[3] ◆ **blague (à tabac)** (tobacco) pouch

blaguer* /blage/ SYN ► conjug 1 ◄
[VI] to be joking ou kidding* (sur about) ◆ **j'ai dit cela pour blaguer** I said it for a joke ou lark* (Brit) ◆ **on ne blague pas avec ça** you shouldn't joke about that, that's not something to joke about
[VT] to tease, to make fun of, to kid*, to take the mickey out of* (Brit)

blagueur, -euse /blagœʀ, øz/ SYN
[ADJ] [sourire, air] ironical, teasing; [ton, manière] jokey ◆ **il est (très) blagueur** he's (really) good fun
[NM,F] (gén) joker; (= farceur) practical joker

blair* /blɛʀ/ NM nose, beak*, hooter* (Brit)

blaireau (pl **blaireaux**) /blɛʀo/ NM [1] (= animal) badger
[2] (pour barbe) shaving brush
[3] (* péj) nerd* (péj)

blairer* /blɛʀe/ ► conjug 1 ◄ VT ◆ **je ne peux pas le blairer** I can't stand ou bear him

blâmable /blɑmabl/ ADJ blameful

blâme /blɑm/ SYN NM [1] (= désapprobation) blame, rebuke ◆ **encourir le blâme de qn** [personne, action] to incur sb's condemnation ou censure ◆ **rejeter le blâme sur qn** to put the blame on sb
[2] (Admin, Sport = punition) reprimand ◆ **donner un blâme à qn** to reprimand sb ◆ **recevoir un blâme** to be reprimanded, to incur a reprimand

blâmer /blɑme/ SYN ► conjug 1 ◄ VT (= désavouer) to blame; (= réprimander) to reprimand, to rebuke ◆ **je ne te blâme pas de** ou **pour l'avoir fait** I don't blame you for having done it

blanc, blanche /blɑ̃, blɑ̃ʃ/ SYN
[ADJ] [1] (= sans couleur) white; (= pâle) white, pale ◆ **blanc de colère/de peur** white with anger/fear ◆ **blanc comme neige** (as) white as snow, snow-white ◆ **blanc comme un cachet d'aspirine** white as a sheet ◆ **il devint blanc comme un linge** he went ou turned as white as a sheet; → **arme, bois, bonnet**
[2] [page, bulletin de vote] blank; [papier non quadrillé] unlined, plain ◆ **il a rendu copie blanche** ou **sa feuille blanche** (Scol) to hand in a blank paper ◆ **prenez une feuille blanche** take a clean ou blank piece of paper ◆ **voter blanc** to return a blank vote; → **carte, examen**
[3] (= innocent) pure, innocent ◆ **blanc comme neige** ou **comme la blanche hermine** as pure as the driven snow
[4] [domination, justice, pouvoir] white ◆ **la race blanche** the white ou Caucasian race ◆ **de race blanche** white, Caucasian ◆ **l'Afrique blanche** white Africa
[5] [bruit] white
[6] (Fin) ◆ **ça a été une opération blanche** we (ou they etc) broke even, we (ou they etc) didn't lose or gain by it ◆ **cette privatisation sera une opération blanche pour l'État** the government will neither gain nor lose from this privatization
[7] (Tennis) ◆ **jeu blanc** love game
[NM] (= couleur) white ◆ **peindre qch en blanc** to paint sth white ◆ **le blanc de sa robe tranchait sur sa peau brune** her white dress ou the white of her dress contrasted sharply with her dark skin; → **but**
[2] (= linge) ◆ **laver séparément le blanc et la couleur** to wash whites and coloureds separately ◆ **vente de blanc** white sale, sale of household linen ◆ **magasin de blanc** linen shop ◆ **la quinzaine du blanc** (annual) sale of household linen, (annual) white sale
[3] (Cosmétique) (white (face-)powder
[4] (= espace non écrit) blank, space; [de bande magnétique] blank; [de domino] blank ◆ **il y a eu un blanc (dans la conversation)** there was a break ou a lull in the conversation; (dû à la gêne) there was an embarrassed silence ◆ **laisser un blanc** to leave a blank ou space ◆ **il faut laisser le nom en blanc** the name must be left blank ou must not be filled in; → **chèque, signer**
[5] (= vin) white wine
[6] (Culin) ◆ **blanc (d'œuf)** (egg) white ◆ **blanc (de poulet)** white (meat), breast of chicken ◆ **elle n'aime pas le blanc** she doesn't like the white (meat) ou the breast
[7] ◆ **le blanc (de l'œil)** the white (of the eye); → **regarder, rougir**
[8] (= personne) ◆ **un Blanc** a White, a white man ◆ **les Blancs** white people
[9] ◆ **à blanc** [charger] with blanks ◆ **tirer à blanc** to fire blanks ◆ **balle à blanc** blank ◆ **cartouche à blanc** blank (cartridge); → **chauffer, saigner**
[NF] **blanche** [1] (= femme) ◆ **une Blanche** a white woman
[2] (Mus) minim (Brit), half-note (US)
[3] (Billard) white (ball)
[4] (arg Drogue) horse (arg), smack (arg)
[COMP] **blanc de baleine** spermaceti
blanc de blanc(s) blanc de blanc(s)
blanc cassé off-white
blanc de céruse white lead
blanc de chaux whitewash
blanc d'Espagne whiting, whitening
blanc de zinc zinc oxide

blanc-bec (pl **blancs-becs**) /blɑ̃bɛk/ NM greenhorn*, tenderfoot*

blanc-bleu* /blɑ̃blø/ ADJ INV ◆ **il n'est pas blanc-bleu dans cette affaire** he's not entirely blameless ou innocent in this affair

blanc-cassis (pl **blancs-cassis**) /blɑ̃kasi(s)/ NM kir (apéritif made with white wine and blackcurrant liqueur)

blanchaille /blɑ̃ʃaj/ NF whitebait

blanchâtre /blɑ̃ʃɑtʀ/ ADJ whitish, off-white

blanche /blɑ̃ʃ/ ADJ, NF → blanc

Blanche-Neige /blɑ̃ʃnɛʒ/ NF Snow White ◆ **« Blanche-Neige et les Sept Nains »** (Littérat) "Snow White and the Seven Dwarfs"

blancheur /blɑ̃ʃœʀ/ SYN NF whiteness

blanchiment /blɑ̃ʃimɑ̃/ NM (= décoloration) bleaching; (= badigeonnage) whitewashing; [d'argent] laundering ◆ **blanchiment dentaire** tooth whitening

blanchir /blɑ̃ʃiʀ/ ► conjug 2 ◄
[VT] [1] (gén) to whiten, to lighten; [+ mur] to whitewash; [+ cheveux] to turn grey ou white; [+ toile] to bleach ◆ **le soleil blanchit l'horizon** the sun is lighting up the horizon ◆ **la neige blanchit les collines** the snow is turning the hills white ◆ **blanchir à la chaux** to whitewash
[2] (= nettoyer) [+ linge] (fig) [+ argent] to launder ◆ **il est logé, nourri et blanchi** he gets bed and board and his laundry is done for him
[3] (= disculper) [+ personne] to exonerate, to absolve, to clear; [+ réputation] to clear ◆ **il en est sorti blanchi** he cleared his name
[4] (Culin, Agr) ◆ **(faire) blanchir** to blanch
[5] (Typographie) [+ page] to white out, to blank
[VI] [personne, cheveux] to turn ou go grey ou white; [couleur, horizon] to become lighter ◆ **son teint a blanchi** he is looking ou has got paler, he has

lost colour ◆ **blanchir de peur** to blanch *ou* blench *ou* go white with fear ◆ **blanchi sous le harnais** *ou* **harnois** (*littér*) worn down by hard work
VPR **se blanchir** to exonerate o.s. (*de* from), to clear one's name
blanchissage /blɑ̃ʃisaʒ/ NM [*de linge*] laundering; [*de sucre*] refining ◆ **donner du linge au blanchissage** to send linen to the laundry ◆ **note de blanchissage** laundry bill
blanchissant, e /blɑ̃ʃisɑ̃, ɑ̃t/ ADJ [*agent, produit*] whitening
blanchissement /blɑ̃ʃismɑ̃/ NM whitening ◆ **ce shampooing retarde le blanchissement des cheveux** this shampoo stops your hair (from) going grey *ou* white
blanchisserie /blɑ̃ʃisʀi/ SYN NF laundry
blanchisseur /blɑ̃ʃisœʀ/ SYN NM (*lit*) launderer; [*d'argent sale*] money launderer
blanchisseuse /blɑ̃ʃisøz/ NF laundress
blanc-manger (pl **blancs-mangers**) /blɑ̃mɑ̃ʒe/ NM (*Culin*) blancmange
blanc-seing (pl **blancs-seings**) /blɑ̃sɛ̃/ NM (*lit*) signature to a blank document ◆ **donner un blanc-seing à qn** (*fig*) to give sb a blank cheque
blanquette /blɑ̃kɛt/ NF ① (*Culin*) ◆ **blanquette de veau/d'agneau** blanquette of veal/of lamb, veal/lamb in white sauce
② (= *vin*) sparkling white wine
blaps /blaps/ NM churchyard beetle
blase* /blɑz/ NM ⇒ **blaze**
blasé, e /blɑze/ SYN (ptp de **blaser**)
ADJ blasé ◆ **il pourrait être blasé, mais il continue à s'émerveiller** you might think he would have lost his enthusiasm, but he goes on getting excited ◆ **une information à émouvoir le plus blasé des marchands de tableaux** a piece of information calculated to excite the most phlegmatic picture dealer
NM,F **faire le blasé** to affect indifference
blaser /blɑze/ ► conjug 1 ◄
VT to make blasé *ou* indifferent ◆ **être blasé de** to be bored with *ou* tired of
VPR **se blaser** to become bored (*de* with), to become tired (*de* of), to become blasé (*de* about)
blason /blɑzɔ̃/ SYN NM ① (= *armoiries*) coat of arms, blazon; → **redorer**
② (= *science*) heraldry
③ (*Littérat* = *poème*) blazon
blasonner /blɑzɔne/ ► conjug 1 ◄ VT (= *orner d'armoiries*) to blazon, to emblazon
blasphémateur, -trice /blasfematœʀ, tʀis/
ADJ [*personne*] blaspheming, blasphemous
NM,F blasphemer
blasphématoire /blasfematwaʀ/ ADJ [*parole*] blasphemous
blasphème /blasfɛm/ SYN NM blasphemy
blasphémer /blasfeme/ SYN ► conjug 6 ◄ VTI to blaspheme
blastoderme /blastɔdɛʀm/ NM blastoderm
blastogenèse /blastɔʒənɛz/ NF (*Bio*) blastogenesis
blastomère /blastɔmɛʀ/ NM blastomere
blastomycose /blastɔmikoz/ NF blastomycosis
blastopore /blastɔpɔʀ/ NM blastopore
blastula /blastyla/ NF blastula, blastosphere
blatérer /blateʀe/ ► conjug 6 ◄ VI [*chameau*] to bray
blatte /blat/ NF cockroach
blaze* /blɑz/ NM (= *nez*) beak*, hooter* (*Brit*); (= *nom*) name
blazer /blazɛʀ/ NM blazer
blé /ble/ NM ① (= *céréale*) wheat, corn (*Brit*) ◆ **le blé en herbe** (*Agr*) wheat on the blade ◆ **blé dur** hard wheat, durum wheat ◆ **blé noir** buckwheat ◆ **blé d'Inde*** (*Can*) maize, (Indian) corn (*US, Can*) ◆ **les blés** the corn (*Brit*), the wheat; → **blond, fauché**
② (*** = *argent*) dough*, lolly* (*Brit*)
bled /blɛd/ NM ① * village; (*péj*) hole*, godforsaken place* ◆ **c'est un bled perdu** *ou* **paumé** it's a godforsaken place* *ou* hole* (in the middle of nowhere)
② (*en Afrique du Nord*) ◆ **le bled** the interior (of North Africa) ◆ **habiter dans le bled*** (*fig*) to live in the middle of nowhere *ou* at the back of beyond

blédard /bledaʀ/ NM (*Hist*) soldier who served in the interior of North Africa
blême* /blɛm/ NM (= *problème*) problem ◆ **y'a un blême** there's a problem
blême /blɛm/ SYN ADJ [*teint*] pallid, deathly pale; [*lumière*] pale, wan ◆ **blême de rage/de colère** livid *ou* white with rage/anger
blêmir /blemiʀ/ SYN ► conjug 2 ◄ VI [*personne*] to turn *ou* go pale, to pale; [*lumière*] to grow pale ◆ **blêmir de colère** to go livid *ou* white with anger
blêmissement /blemismɑ̃/ NM [*de teint, lumière*] paling
blende /blɛ̃d/ NF blende
blennie /bleni/ NF (= *poisson*) blenny
blennorragie /blenɔʀaʒi/ SYN NF gonorrhoea (*Brit*), gonorrhea (*US*)
blennorragique /blenɔʀaʒik/ ADJ gonorrhoeal (*Brit*), gonorrheal (*US*), gonorrhoeic (*Brit*), gonorrheic (*US*)
blennorrhée /blenɔʀe/ NF blennorrhoea (*Brit*), blennorrhea (*US*)
blépharite /blefaʀit/ NF blepharitis
blèsement /blɛzmɑ̃/ NM lisping
bléser /bleze/ ► conjug 6 ◄ VI to lisp
blésité /blezite/ NF lisp
blessant, e /blesɑ̃, ɑ̃t/ SYN ADJ (= *offensant*) cutting, biting, hurtful
blessé, e /blese/ SYN (ptp de **blesser**)
ADJ (= *meurtri*) hurt, injured; (*dans une agression*) wounded; (= *offensé*) hurt, upset ◆ **être blessé à la tête/au bras** to have a head/an arm injury *ou* wound ◆ **il était blessé dans son amour-propre** his pride was hurt
NM wounded *ou* injured man, casualty; (*Mil*) wounded soldier, casualty ◆ **les blessés** (*dans un accident*) the injured; (*Mil*) the wounded ◆ **l'accident a fait 10 blessés** 10 people were injured *ou* hurt in the accident ◆ **grand blessé** seriously injured person
NF **blessée** wounded *ou* injured woman, casualty
COMP **blessé grave** seriously *ou* severely injured *ou* wounded person
blessé de guerre person who was wounded in the war ◆ **les blessés de guerre** the war wounded
blessé léger slightly injured person ◆ **l'attentat a fait 30 blessés légers** 30 people were slightly injured *ou* suffered minor *ou* slight injuries in the bomb attack
blessés de la route road casualties, people *ou* persons injured in road accidents
blesser /blese/ SYN ► conjug 1 ◄
VT ① (= *meurtrir, dans un accident*) to hurt, to injure; (*Mil, dans une agression*) to wound; [*ceinture, chaussure*] to hurt ◆ **il a été blessé d'un coup de couteau** he received a knife wound, he was stabbed (with a knife) ◆ **être blessé dans un accident de voiture** to be injured in a car accident ◆ **ses chaussures lui blessent le talon** his shoes are making his heels sore; → **bât**
② (= *agresser*) ◆ **sons qui blessent l'oreille** sounds which offend the ear *ou* grate on the ear ◆ **couleurs qui blessent la vue** colours which offend *ou* shock the eye
③ (= *offenser*) to hurt (the feelings of), to upset, to wound ◆ **blesser qn au vif** to cut sb to the quick ◆ **il s'est senti blessé dans son orgueil** *ou* **son amour-propre** his pride was hurt ◆ **des paroles qui blessent** cutting words, wounding *ou* cutting remarks
④ (*littér* = *porter préjudice à*) [+ *règles, convenances*] to offend against; [+ *intérêts*] to go against, to harm ◆ **cela blesse son sens de la justice** that offends his sense of justice
VPR **se blesser** ① (= *se faire mal*) to hurt o.s. ◆ **il s'est blessé en tombant** he fell and injured himself ◆ **il s'est blessé (à) la jambe** he injured *ou* hurt his leg
② (= *se vexer*) to take offence ◆ **il se blesse pour un rien** he's easily hurt *ou* offended, he's quick to take offence
blessure /blesyʀ/ SYN NF (*accidentelle*) injury; (*intentionnelle, morale*) wound ◆ **quelle blessure d'amour-propre pour lui !** what a blow to his pride *ou* self-esteem!; → **coup**
blet, blette[1] /blɛ, blɛt/ ADJ [*fruit*] overripe
blette[2] /blɛt/ NF ⇒ **bette**
blettir /bletiʀ/ ► conjug 2 ◄ VI to become overripe
blettissement /bletismɑ̃/ NM overripeness

bleu, e /blø/
ADJ ① (= *couleur*) blue ◆ **bleu de froid** blue with cold ◆ **être bleu de colère** to be livid *ou* purple with rage ◆ **il avait le menton bleu** he had a five-o'clock shadow; → **enfant, fleur, maladie, peur**
② (= *meurtri*) bruised ◆ **avoir les jambes toutes bleues** (= *marbré*) to have mottled legs (*due to bad circulation*)
③ [*steak*] very rare, underdone
NM ① (= *couleur*) blue ◆ **regarde le bleu de ce ciel** look how blue the sky is ◆ **le bleu des mers du Sud** the blue of the South Seas ◆ **le grand bleu** the sunlit ocean ◆ **il n'y a vu que du bleu*** (*fig*) he didn't notice a thing, he didn't catch on*
② (= *marque sur la peau*) bruise ◆ **être couvert de bleus** to be covered in bruises, to be black and blue* ◆ **se faire un bleu au genou/bras** to bruise one's knee/arm ◆ **des bleus à l'âme** emotional scars
③ (= *vêtement*) ◆ **bleu(s) (de travail)** overalls ◆ **bleu (de chauffe)** overalls, boiler suit (*Brit*)
④ (*arg Mil* = *recrue*) rookie (*arg*), new *ou* raw recruit; (*gén* = *débutant*) beginner, greenhorn* ◆ **tu me prends pour un bleu ?** do you take me for a novice?
⑤ (= *fromage*) blue(-veined) cheese
⑥ (*Culin*) ◆ **truite au bleu** trout au bleu
⑦ ◆ **bleu (de lessive)** (dolly) blue ◆ **passer le linge au bleu** to blue the laundry
⑧ (*Can*) ◆ **les Bleus** the Conservatives
⑨ (*Sport*) ◆ **les Bleus** the French team
COMP **bleu acier** steel blue
bleu ardoise slaty *ou* slate blue
bleu canard peacock blue
bleu ciel sky blue
bleu de cobalt cobalt blue
bleu glacier ice blue
bleu horizon sky blue
bleu indigo indigo blue
bleu lavande lavender blue
bleu marine navy blue
bleu de méthylène methylene blue
bleu noir blue-black
bleu nuit midnight blue
bleu outremer ultramarine
bleu pervenche periwinkle blue
bleu pétrole petrol blue
bleu de Prusse Prussian blue
bleu roi royal blue
bleu turquoise turquoise blue
bleu vert blue-green
bleuâtre /bløɑtʀ/ ADJ bluish
bleuet /bluɛ/ NM cornflower; (*Can*) blueberry
bleuetière /bløɛtjɛʀ/, **bleuetterie** /bløɛtʀi/ NF (*Can*) blueberry grove
bleuir /bløiʀ/ ► conjug 2 ◄ VTI to turn blue
bleuissement /bløismɑ̃/ NM turning blue
bleusaille /bløzɑj/ NF (*arg Mil* = *recrue*) rookie (*arg*), new *ou* raw recruit ◆ **la bleusaille** (*collectivement*) the rookies (*arg*)
bleuté, e /bløte/ ADJ [*reflet*] bluish; [*verre*] blue-tinted
blindage /blɛ̃daʒ/ NM ① (= *action*) [*de porte*] reinforcing; (*Mil*) fitting of armour plating; (*Élec*) screening; (*Constr*) timbering, shoring up
② (= *résultat*) [*de porte*] reinforcement; (*Mil*) armour plating; (*Élec*) screening; (*Constr*) shoring up, timbering
blinde /blɛ̃d/ ◆ **à tout(e) blinde*** LOC ADV [*rouler*] flat out*; [*partir*] like a shot* ◆ **il est arrivé à toute blinde** (*en voiture*) he drove up at top *ou* breakneck speed; (*à pied*) he arrived like a shot*
blindé, e /blɛ̃de/ (ptp de **blinder**)
ADJ ① (*Mil*) [*division*] armoured; [*engin, train*] armoured, armour-plated; [*abri*] bombproof; [*porte*] reinforced
② (* = *endurci*) immune, hardened (*contre* to) ◆ **il a essayé de me faire peur mais je suis blindé** he tried to frighten me but I'm immune to his threats
③ (* = *ivre*) plastered*, sloshed*
④ (* = *riche*) ◆ **blindé (de fric** *ou* **de thunes)** rolling in it*
NM (*Mil*) tank ◆ **blindé léger de campagne** combat car ◆ **blindé de transport de troupes** armoured personnel carrier ◆ **les blindés** the armour
blinder /blɛ̃de/ ► conjug 1 ◄
VT ① [+ *porte*] to reinforce
② (*Mil*) to armour, to put armour plating on
③ (*Élec*) to screen

blinis | bobeur

4 (Constr) to shore up, to timber
5 (* = endurcir) to harden, to make immune (contre to)
6 (*‡ = soûler) ◆ **blinder qn** to get sb plastered * ou sloshed *
VPR se blinder 1 (* = s'endurcir) to harden o.s., to become immune (contre to)
2 (*‡ = se soûler) to get plastered * ou sloshed *

blinis /blinis/ NM blini ◆ **des blinis** blinis

blister /blistɛʀ/ NM blister pack ◆ **mettre sous blister** to blisterpack

blizzard /blizaʀ/ NM blizzard

bloc /blɔk/ SYN
NM 1 [de pierre, marbre, bois] block ◆ **fait d'un seul bloc** made in one piece ◆ **ça forme un seul bloc** it forms a single block ◆ **ça s'est détaché d'un seul bloc** it came off all in one piece ◆ **bloc erratique** (Géol) erratic block
2 (Papeterie) pad ◆ **bloc de bureau** office notepad, desk pad ◆ **bloc de papier à lettres** writing pad
3 (= système d'éléments) unit; (Ordin) block ◆ **ces éléments forment (un) bloc** these elements make up a unit ◆ **bloc de mémoire** (Ordin) storage ou memory block
4 (= groupe, union) group; (Pol) bloc ◆ **bloc économique/monétaire/régional** economic/monetary/regional bloc ◆ **le bloc communiste/capitaliste** (Pol) the communist/capitalist bloc ◆ **pays divisé en deux blocs adverses** (Pol) country split into two opposing blocs ou factions
5 (Bourse) [d'actions] block ◆ **achat/vente en bloc** block purchase/sale
6 (Méd) ◆ **bloc (opératoire)** (operating) theatre (Brit), operating room (US) ◆ **il est au bloc** he's in (the) theatre (US), he's in the operating room (US)
7 (* = prison) ◆ **mettre qn au bloc** to clap sb in clink‡ ou in the nick‡ (Brit) ◆ **j'ai eu 10 jours de bloc** I got 10 days in clink‡ ou in the nick‡ (Brit)
8 (locutions) ◆ **se retourner tout d'un bloc** to swivel round
◆ **faire bloc** to join forces, to unite (avec with; contre against)
◆ **à bloc** ◆ **serrer** ou **visser qch à bloc** to screw sth up as tight as possible ou as far as it will go ◆ **fermer un robinet à bloc** to turn a tap right off ou off hard
◆ **en bloc** [acheter, vendre] as a whole; [refuser, nier] out of hand, outright ◆ **ils ont condamné en bloc l'attitude des USA** they were united ou unanimous in their condemnation of the US attitude
COMP **bloc à appartements** (Can) block of flats (Brit), apartment building ou house (US)
bloc de culasse breech-block
bloc de départ (Sport) starting-block
bloc optique [de voiture] headlamp assembly
bloc sonore (Ciné) sound unit

blocage /blɔkaʒ/ SYN NM 1 [de prix, salaires] freeze, freezing; [de compte bancaire] freezing
2 (Constr) rubble
3 (Psych) block ◆ **avoir** ou **faire un blocage** to have a mental block
4 [de frein, roues] locking; [d'écrou] overtightening ◆ **blocage de mémoire** (Ordin) memory block

blocaille /blɔkaj/ NF (Constr) rubble

bloc-cuisine (pl **blocs-cuisines**) /blɔkkɥizin/ NM compact kitchen unit (incorporating a sink, fridge and hob)

bloc-cylindres (pl **blocs-cylindres**) /blɔksilɛ̃dʀ/ NM cylinder block

bloc-diagramme (pl **blocs-diagrammes**) /blɔkdjagʀam/ NM block diagram

bloc-évier (pl **blocs-éviers**) /blɔkevje/ NM sink unit

blockhaus /blɔkos/ NM (Mil) blockhouse, pillbox

bloc-moteur (pl **blocs-moteurs**) /blɔkmɔtœʀ/ NM engine block

bloc-notes (pl **blocs-notes**) /blɔknɔt/ NM (= cahier) desk pad, scratch pad; (avec pince) clipboard; (Ordin) notepad

bloc-système (pl **blocs-systèmes**) /blɔksistɛm/ NM block system

blocus /blɔkys/ NM blockade ◆ **le blocus continental** (Hist) the Continental System ◆ **blocus économique** economic blockade ◆ **lever/forcer le blocus** to raise/run the blockade ◆ **faire le blocus de** to blockade

blog /blɔg/ NM blog

bloggeur, -euse /blɔgœʀ, øz/ NM,F blogger

blogging /blɔgiŋ/ NM blogging

bloguer /blɔge/ VI to blog

blogueur, -euse /blɔgœʀ, øz/ NM,F → **bloggeur**

blond, blonde[1] /blɔ̃, blɔ̃d/
ADJ [cheveux] fair, blond(e); [personne] fair, fair-haired, blond(e); [blé, sable] golden ◆ **blond cendré** ash-blond ◆ **blond roux** sandy, light auburn ◆ **blond vénitien** strawberry blonde, titian (littér) ◆ **tabac blond** mild ou light ou Virginia tobacco ◆ **bière blonde** ≈ lager ◆ **il est blond comme les blés** his hair is golden blond(e), he has golden blond(e) hair
NM (= couleur) blond, light gold; (= homme) fair-haired man
NF **blonde** 1 (= femme) blonde; (* : Can = compagne) girlfriend ◆ **blonde incendiaire** blonde bombshell (hum) ◆ **blonde oxygénée/platinée** ou **platine** peroxide/platinum blonde ◆ **une vraie blonde** a natural blonde ◆ **c'est une fausse blonde** she's not a real blonde
2 (= bière) ≈ lager, ≈ light ale (Brit)
3 (= cigarette) Virginia cigarette

blondasse /blɔ̃das/ ADJ (péj) dull blond(e)

blonde[2] /blɔ̃d/ NF (= dentelle) blonde lace

blondeur /blɔ̃dœʀ/ NF (littér) [de cheveux] fairness; [de blés] gold

blondin[1] /blɔ̃dɛ̃/ NM fair-haired child ou young man; (†† = élégant) dandy

blondin[2] /blɔ̃dɛ̃/ NM (Tech) cableway

blondine /blɔ̃din/ NF fair-haired child ou young girl

blondinet /blɔ̃dinɛ/ NM fair-haired boy

blondinette /blɔ̃dinɛt/ NF fair-haired girl

blondir /blɔ̃diʀ/ ► conjug 2 ◄
VI [cheveux] to go fairer; (littér) [blés] to turn golden; [oignons] to become transparent ◆ **faire blondir des oignons** to fry onions lightly (until they are transparent)
VT [+ cheveux, poils] to bleach

bloom /blum/ NM (Métal) bloom

bloomer /blumœʀ/ NM (= culotte) bloomers

bloquer /blɔke/ SYN ► conjug 1 ◄
VT 1 (= immobiliser accidentellement) [+ freins, machine, porte] to jam; [+ écrou] to overtighten; [+ roue] to lock ◆ **le mécanisme est bloqué** the mechanism is jammed ou stuck ◆ **être bloqué par les glaces** to be stuck in the ice, to be ice-bound ◆ **être bloqué par un accident/la foule** to be held up by an accident/the crowd ◆ **je suis bloqué chez moi** I'm stuck at home ◆ **je suis bloqué** (physiquement) I can't move, I'm stuck ◆ **j'ai les reins bloqués** my back has seized up
2 (= immobiliser volontairement) [+ objet en mouvement] to stop; [+ roue] (avec une cale) to put a block under; (avec une manivelle) to wedge; [+ écrou] to tighten; [+ porte] (avec une cale) to wedge ◆ **j'ai bloqué la porte avec une chaise** (ouverte) I propped the door open with a chair; (fermée) I propped a chair against the door to keep it shut ◆ **bloquer qn contre un mur** to pin sb against a wall ◆ **bloque la roue pendant que je la regonfle** hold the wheel still while I pump it up
3 (= obstruer) to block (up); (Mil) to blockade ◆ **route bloquée par la glace/la neige** ice-bound/snowbound road ◆ **un camion bloque la route** a truck is blocking the road, the road is blocked by a truck ◆ **des travaux bloquent la route** there are road works in ou blocking the way ◆ **les enfants bloquent le passage** the children are standing in ou blocking the way, the children are stopping me (ou us etc) getting past ◆ **des manifestants bloquent la circulation** demonstrators are holding up the traffic
4 [+ processus] to bring to a standstill ◆ **les négociations sont bloquées** the talks are deadlocked ou are at a standstill ◆ **la situation est complètement bloquée** the situation is at a complete standstill ◆ **ça bloque au niveau de la direction** management are holding things up
5 (= grouper) to lump together, to put ou group together ◆ **les cours sont bloqués sur six semaines** (Scol) the classes are spread over six weeks
6 (Sport) [+ ballon] to block; (Billard) [+ bille] to jam, to wedge
7 [+ marchandises] to stop, to hold up; [+ crédit, salaires] to freeze; [+ compte en banque] to stop, to freeze
8 (psychologiquement) ◆ **ça me bloque d'être devant un auditoire** I freeze (up) if I have to speak in public ◆ **quand on le critique, ça le bloque** whenever people criticize him he tenses up ou gets all tensed up ◆ **il est bloqué** (dans sa réflexion) he has a mental block (about things)
9 (* = réserver) [+ jour] to reserve, to put aside
10 (* : Belg) [+ examen] to cram for, to swot for * (Brit)
VPR **se bloquer** [porte] to jam, to get stuck, to stick; [machine] to jam; [roue] to lock ◆ [frein] to jam, to lock on; [clé] to get stuck; [genou] to lock; (Psych) to have a mental block ◆ **devant un auditoire, il se bloque** in front of an audience he just freezes (up)

⚠ Attention à ne pas traduire automatiquement **bloquer** par **to block**, qui a des emplois spécifiques.

bloqueur * /blɔkœʀ/ NM (Belg) swot (Brit)

blottir (se) /blɔtiʀ/ SYN ► conjug 2 ◄ VPR to curl up, to huddle up ◆ **se blottir contre qn** to snuggle up to sb ◆ **se blottir dans les bras de qn** to snuggle up in sb's arms ◆ **blottis les uns contre les autres** curled up ou huddled up (close) against one another ◆ **blotti parmi les arbres** nestling ou huddling among the trees

blousant, e /bluzɑ̃, ɑ̃t/ ADJ [robe, chemisier] loose-fitting (and gathered at the waist)

blouse /bluz/ SYN NF (= tablier) overall; (= chemisier) blouse, smock; [de médecin] (white) coat; [de paysan] smock; (Billard) pocket ◆ **les blouses blanches** (= médecins) hospital doctors

blouser[1] /bluze/ ► conjug 1 ◄ VI [robe, chemisier] to be loose-fitting (and gathered at the waist)

blouser[2] ‡ /bluze/ ► conjug 1 ◄
VT to con‡, to trick, to pull a fast one on‡ ◆ **se faire blouser** to be had * ou conned‡
VPR **se blouser** † (= se tromper) to make a mistake ou a blunder

blouser[3] /bluze/ ► conjug 1 ◄ VT (Billard) to pot, to pocket

blouson /bluzɔ̃/ NM blouson ◆ **blouson de cuir** leather jacket ◆ **blouson d'aviateur** flying jacket ◆ **blouson noir** † ≈ hell's angel, ≈ teddy-boy (Brit)

blue-jean (pl **blue-jeans**) /bludʒin/ NM (pair of) jeans

blues /bluz/ NM INV 1 (= music) blues music; (= chanson) blues song ◆ **aimer le blues** to like the blues ◆ **écouter du blues** to listen to the blues ou to blues music
2 (* = mélancolie) ◆ **le blues** the blues * ◆ **avoir le blues**, **avoir un coup de blues** to have the blues *, to feel blue *

bluette † /blyɛt/ NF 1 (= étincelle) spark, sparkle
2 (= livre) witty little piece (of writing); (= film) sentimental film

bluff * /blœf/ SYN NM bluff ◆ **c'est du bluff** ou **un coup de bluff !** he's (ou they're etc) just bluffing!

bluffer * /blœfe/ SYN ► conjug 1 ◄
VI to bluff, to try it on‡ (Brit); (Cartes) to bluff
VT 1 (= tromper) to fool, to put on‡, to have on (Brit); (Cartes) to bluff
2 (= impressionner) to impress ◆ **j'ai été bluffé** I was really impressed ◆ **elle m'a totalement bluffé** she really took my breath away, she really bowled me over

bluffeur, -euse * /blœfœʀ, øz/ NM,F bluffer

blush /blœʃ/ NM blusher

blutage /blytaʒ/ NM [de farine] bo(u)lting

bluter /blyte/ ► conjug 1 ◄ VT [+ farine] to bo(u)lt

blutoir /blytwaʀ/ NM bo(u)lter

BN /been/ NF (abrév de **Bibliothèque nationale**) → **bibliothèque**

BO /beo/ NF (abrév de **bande originale**) → **bande**[1]

boa /bɔa/ NM (= serpent, accessoire) boa ◆ **boa constricteur** boa constrictor ◆ **elle portait un boa** she was wearing a (feather) boa

Boadicée /bɔadise/ NF Boadicea

boat people /botpipœl/ NMPL boat people

bob[1] /bɔb/ NM (Sport) bob(sleigh)

bob[2] /bɔb/ NM (= chapeau) cotton sunhat

bobard * /bɔbaʀ/ NM (= mensonge) lie, fib *; (= histoire) tall story, yarn

bobèche /bɔbɛʃ/ NF candle-ring

bobet, -ette /bɔbɛ, ɛt/ ADJ (Helv = sot) stupid, foolish

bobeur /bɔbœʀ/ NM bobsleigh racer

bobinage /bɔbinaʒ/ NM (gén = action) winding; (Élec) coil(s)

bobine /bɔbin/ SYN NF ① [de fil] reel, bobbin; [de métier à tisser] bobbin, spool; [de machine à écrire, à coudre] spool; (Photo) spool, reel; (Élec) coil ◆ **bobine d'induction** induction coil ◆ **bobine (d'allumage)** coil ◆ **bobine de pellicule** roll of film
② (* = visage) face, mug* ◆ **il a fait une drôle de bobine !** what a face he made! ◆ **tu en fais une drôle de bobine !** you look a bit put out!*

bobineau (pl **bobineaux**) /bɔbino/ NM ⇒ **bobinot**

bobiner /bɔbine/ ▸ conjug 1 ◀ VT to wind

bobinette †† /bɔbinɛt/ NF (wooden) latch

bobineur, -euse /bɔbinœʀ, øz/
NM,F (= personne) winder
NM (= appareil) coiler
NF **bobineuse** winding machine

bobinoir /bɔbinwaʀ/ NM winding machine

bobinot /bɔbino/ NM reel, bobbin

bobo[1] /bobo/ NM (langage enfantin) (= plaie) sore; (= coupure) cut ◆ **avoir bobo** to be hurt, to have a pain ◆ **avoir bobo à la gorge** to have a sore throat ◆ **ça (te) fait bobo ?** does it hurt?, is it sore? ◆ **il n'y a eu pas de bobo** there was no harm done

bobo[2] */bobo/ (abrév de **bourgeois bohème**) NM,F bobo* (middle-class person who leads a Bohemian lifestyle)

bobonne † /bɔbɔn/ NF ◆ **(sa) bobonne** his old woman⁑, his missus* (Brit), his old lady⁑ (US) ◆ **oui bobonne** (hum) yes love* ou dearie*

bobsleigh /bɔbslɛg/ NM bobsleigh

bobtail /bɔbtɛl/ NM bobtail(ed) sheepdog, bobtail

bocage /bɔkaʒ/ NM ① (Géog) bocage (farmland criss-crossed by hedges and trees)
② (littér = bois) grove, copse

bocager, -ère /bɔkaʒe, ɛʀ/ ADJ (littér = boisé) wooded ◆ **paysage bocager** (Géog) bocage landscape

bocal (pl **-aux**) /bɔkal, o/ NM jar ◆ **bocal à poissons rouges** goldfish bowl ◆ **mettre en bocaux** [+ fruits, légumes] to preserve, to bottle

bocard /bɔkaʀ/ NM stamp, ore-crusher

Boccace /bɔkas/ NM Boccaccio

boche⁑ /bɔʃ/ (péj)
ADJ Boche
NM **Boche** Jerry (*), Kraut⁑

Bochimans /bɔʃimɑ̃/ NMPL Bushmen

bock /bɔk/ NM (= verre) beer glass; (= bière) glass of beer

bodhisattva /bɔdisatva/ NM Bodhisattva

body /bɔdi/ NM (gén) body(suit); (Sport) leotard

body(-)board /bɔdibɔʀd/ NM (= planche) bodyboard; (= sport) bodyboarding ◆ **faire du body(-)board** to go bodyboarding

bodybuilding /bɔdibildiŋ/ NM body building

Boers /buʀ/ NMPL ◆ **les Boers** the Boers ◆ **la guerre des Boers** the Boer war

boëtte /bwɛt/ NF (Pêche) bait

bœuf (pl **bœufs**) /bœf, bø/
NM ① (= bête) ox; (de boucherie) bullock, steer (US); (= viande) beef ◆ **bœufs de boucherie** beef cattle ◆ **bœuf mode** stewed beef with carrots ◆ **bœuf en daube** bœuf en daube, beef stew ◆ **il a un bœuf sur la langue** he has been put to keep his mouth shut ◆ **on n'est pas des bœufs !*** we're not galley slaves!*; → **charrue, fort**[1], **qui**
② (arg Mus) jam session ◆ **faire un bœuf** to jam
ADJ INV **effet/succès bœuf*** tremendous* ou fantastic* effect/success

⚠ **bœuf** se traduit par **beef** uniquement au sens de 'viande de bœuf'.

bof /bɔf/ EXCL ◆ **il est beau ! - bof** he's good-looking! - do you really think so? ou d'you reckon?* ◆ **qu'en penses-tu ? - bof** what do you think of it? - not a lot ◆ **ça t'a plu ? - bof** did you like it? - not really ◆ **bof, si tu y tiens vraiment** oh, alright, if you really want to ◆ **la bof génération, la génération bof** the couldn't-care-less generation

bogee, bogey /bɔgi/ NM (Golf) bogy, bogey, bogie

boghead /bɔgɛd/ NM boghead coal, turbanite

boghei /bɔgɛ/ NM (English) buggy

bogie /bɔʒi/, **boggie** /bɔgi/ NM (Rail) bogie, bogy

bogomile /bɔgɔmil/ ADJ, NM Bogomil

Bogota /bɔgɔta/ N Bogota

bogue[1] /bɔg/ NF [de châtaigne, marron] bur

bogue[2] /bɔg/ NM (Ordin) bug ◆ **le bogue de l'an 2000** the millennium bug

bogué, e /bɔge/ ADJ (Ordin) bug-ridden

boguer /bɔge/ VI [logiciel] (= dysfonctionner) to malfunction

boguet /bɔgɛ/ NM (* Helv = cyclomoteur) moped

Bohême /bɔɛm/ NF Bohemia

bohème /bɔɛm/
ADJ Bohemian
NMF bohemian ◆ **mener une vie de bohème** to lead a Bohemian life
NF (= milieu) ◆ **la bohème** Bohemia
NM (= verre) Bohemian glass ◆ **un vase en bohème** a Bohemian glass vase

bohémien, -ienne /bɔemjɛ̃, jɛn/
ADJ Bohemian
NM (= langue) Bohemian
NM,F (= gitan) gipsy ◆ **Bohémien(ne)** (= de Bohême) Bohemian

boire /bwaʀ/ SYN ▸ conjug 53 ◀
VT ① (= ingurgiter) to drink ◆ **offrir/donner à boire à qn** to get sb/give sb something to drink ou a drink ◆ **boire à la santé/au succès de qn** to drink sb's health/to sb's success ◆ **on a bu une bouteille à nous deux** we drank a (whole) bottle between the two of us ◆ **boire jusqu'à plus soif** to drink one's fill, to drink until one's thirst is quenched ◆ **il boit l'argent du ménage** he drinks away the housekeeping money, he spends all the housekeeping money on drink ◆ **boire une** ou **la tasse*** (fig) (en nageant) to swallow ou get a mouthful of water ◆ **ce vin se boit bien** ou **se laisse boire** this wine goes down nicely*, this wine is very drinkable ◆ **donner à boire à un enfant** to give a child something to drink ◆ **faire boire un malade** to help a sick person to drink ◆ **faire boire un cheval** to water a horse; → **coup, verre**
② (gén emploi absolu = boire trop) to drink ◆ **il s'est mis à boire** he has taken to drink, he has started drinking ◆ **il a bu, c'est évident** he has obviously been drinking ◆ **boire comme un trou*** ou **comme une éponge*** to drink like a fish ◆ **il boit sec** he's a heavy drinker
③ (= absorber) to soak up, to absorb ◆ **ce papier boit l'encre** the ink soaks into this paper ◆ **ce buvard boit bien l'encre** this blotter soaks up the ink well ◆ **la plante a déjà tout bu** the plant has already soaked up all the water ◆ **cette plante boit beaucoup*** this is a very thirsty plant*
④ (locutions) ◆ **boire les paroles de qn** to drink in sb's words, to lap up what sb says* ◆ **boire le calice jusqu'à la lie** to drain one's cup to the (last) dregs ou last drop ◆ **il y a à boire et à manger là-dedans** (dans une boisson) there are bits floating about in it; (fig) (= qualités et défauts) it's got its good points and its bad; (= vérités et mensonges) you have to pick and choose what to believe ◆ **qui a bu boira** (Prov) a leopard never changes its spots (Prov), once a thief always a thief (Prov); → **lait**
NM ◆ **le boire et le manger** food and drink ◆ **il en perd le boire et le manger** (fig) he's losing sleep over it (ou her etc), he can't eat or sleep because of it (ou her etc)

bois /bwa/ SYN
NM ① (= forêt, matériau) wood ◆ **c'est en bois** it's made of wood ◆ **chaise de** ou **en bois** wooden chair ◆ **ramasser du petit bois** to collect sticks ou kindling ◆ **son visage était de bois** his face was impassive, he was poker-faced ◆ **je ne suis pas de bois** I'm only human, I'm only flesh and blood; → **chèque**
② (= objet en bois) (gravure) woodcut; (manche) shaft, handle
③ [de cerf] antler
④ (Mus) woodwind instrument ◆ **les bois** the woodwind (instruments ou section)
⑤ (Golf) wood
⑥ (locutions) ◆ **sortir du bois** (= déclarer ses intentions) to make one's intentions clear ◆ **on n'est pas sorti du bois** (= tiré d'affaire) we're not out of the woods yet ◆ **faire un bois** (Tennis) to hit the ball off the wood ◆ **je ne suis pas du bois dont on fait les flûtes** † I'm not going to let myself be pushed around, I'm not just anyone's fool ◆ **touchons du bois !*** touch wood!* (Brit), knock on wood!* (US) ◆ **il va voir de quel bois je me chauffe !** I'll show him (what I'm made of)!, just let me get my hands on him! ◆ **il fait feu** ou **flèche de tout bois** he'll use any means available to him
COMP **bois blanc** deal ◆ **table en bois blanc** deal table
bois à brûler firewood
bois de charpente timber, lumber (US)
bois de chauffage ou **de chauffe** firewood
bois de construction timber, lumber (US)
bois debout (Can) standing timber
bois d'ébène (Hist péj = esclaves) black gold
bois exotique tropical hardwood
les bois de justice the guillotine
bois de lit bedstead
bois de menuiserie timber, lumber (US)
bois mort deadwood
bois d'œuvre timber, lumber (US)
bois rond (Can) unhewn timber
bois de rose rosewood
bois tropical ⇒ **bois exotique**
bois vert green wood; (Menuiserie) unseasoned ou green timber

boisage /bwazaʒ/ NM (= action) timbering; (= matière) timber work

bois-brûlé, e † (mpl **bois-brûlés**) /bwabʀyle/ NM,F (Can) half-breed Indian, bois-brûlé (Can)

boisé, e /bwaze/ (ptp de **boiser**) ADJ [région, parc] wooded; [vin] woody, boisé ◆ **région très/peu boisée** densely ou thickly/sparsely wooded area

boisement /bwazmɑ̃/ NM afforestation

boiser /bwaze/ ▸ conjug 1 ◀ VT [+ région] to afforest, to plant with trees; [+ galerie] to timber

boiserie /bwazʀi/ NF ◆ **boiserie(s)** (= lambris) panelling (Brit), paneling (US); (= éléments de menuiserie) woodwork ◆ **on va peindre les boiseries** we're going to paint the woodwork

boiseur /bwazœʀ/ NM timber worker

boisseau (pl **boisseaux**) /bwaso/ NM ① († = mesure) ≈ bushel; (Can) bushel (36,36 litres) ◆ **c'est un vrai boisseau de puces** ! he's a menace! ou a pest!* ◆ **garder** ou **mettre sous le boisseau** [+ projet] to keep secret; [+ problème embarrassant] to brush ou sweep under the carpet
② (= tuyau) flue

boisson /bwasɔ̃/ SYN NF drink; (* : Can) hard liquor, spirits ◆ **ils apportent les boissons** they're bringing the drinks ◆ **être pris de boisson** (littér) to be drunk, under the influence (hum) ◆ **il est porté sur la boisson** he likes his drink, he's a bit of a boozer* ◆ **boisson alcoolisée** alcoholic drink ou beverage (frm) ◆ **boisson non alcoolisée** soft drink ◆ **boisson fraîche/chaude** cold/hot drink

boîte /bwat/ SYN
NF ① (= récipient) (en carton, bois) box; (en métal) box, tin; [de conserves] tin (Brit), can ◆ **mettre des haricots en boîte** to can beans ◆ **des tomates en boîte** tinned (Brit) ou canned (US) tomatoes ◆ **il a mangé toute la boîte de caramels** he ate the whole box of toffees ◆ **mettre qn en boîte*** (fig) to pull sb's leg*, to take the mickey out of sb⁑ (Brit) ◆ **la mise en boîte*** du gouvernement par les journaux satiriques the ridiculing of the government by the satirical press ◆ **il ne supporte pas la mise en boîte*** he can't stand having his leg pulled, he can't stand being made a joke of ◆ **c'est dans la boîte*** (Ciné) it's in the can*
② (* = cabaret) nightclub ◆ **aller** ou **sortir en boîte** to go (out) to a nightclub, to go (night-)clubbing*
③ * (= lieu de travail, firme) company; (= école) school ◆ **quelle (sale) boîte !** what a dump!⁑, what a crummy hole!⁑ ◆ **je veux changer de boîte** (= entreprise) I want to work for another company; (= école) I want to change schools ◆ **j'en ai marre de cette boîte !** I'm fed up with this place! ◆ **il s'est fait renvoyer de la boîte** (= entreprise) he got fired*; (= école) he got thrown out ou expelled ◆ **elle travaille pour une boîte de pub*** she works for an advertising company
COMP **boîte d'allumettes** box of matches
boîte à archives box file
boîte à bachot (péj) crammer('s), cramming school
boîte à bijoux jewellery (Brit) ou jewelry (US) box
boîte de camembert camembert box ◆ **ferme ta boîte à camembert !*** shut up!*, shut your face!⁑
boîte de conserve tin (Brit) ou can (US) of food

boîte de couleurs box of paints, paintbox
boîte à couture ⇒ boîte à ouvrage
boîte crânienne (Anat) cranium, brainpan*
boîte de dialogue (Ordin) dialogue box
boîte d'essieu axle box
boîte expressive (Orgue) swell (box)
boîte à gants [de voiture] glove compartment
boîte à idées suggestion box
boîte à images TV
boîte à ou **aux lettres** (publique) post box, mailbox (US); (privée) letterbox (Brit), mailbox (US) ◆ **mettre une lettre à la boîte (aux lettres)** to post (Brit) ou mail a letter ◆ **je leur sers de boîte à lettres** I'm their go-between
boîte à lettres électronique electronic mailbox
boîte à malice bag of tricks
boîte à musique musical box
boîte noire [d'avion] black box
boîte de nuit nightclub ◆ **faire les boîtes de nuit** to go (night)clubbing*
boîte à ordures dustbin (Brit), garbage ou trash can (US)
boîte à outils toolbox
boîte à ouvrage sewing box, workbox
boîte de Pandore Pandora's box
boîte de Pétri Petri dish
boîte postale PO Box
boîte à rythmes beatbox
boîte à thé tea caddy
boîte de vitesses gearbox
boîte vocale (Téléc) voice mail (NonC)

boitement /bwatmɑ̃/ **NM** limping

boiter /bwate/ **SYN** ► conjug 1 ◄ **VI** [personne] to limp, to walk with a limp; [meuble] to wobble; [raisonnement] to be unsound ou shaky ◆ **boiter bas** to limp badly ◆ **boiter de la jambe gauche** to limp with one's left leg

boiterie /bwatʀi/ **NF** limping

boiteux, -euse /bwatø, øz/ **SYN**
ADJ [personne] lame, who limps (attrib); [meuble] wobbly, rickety; [paix, projet, compromis] shaky; [union] ill-assorted; [raisonnement] unsound, shaky; [explication] lame, weak; [vers] lame; [phrase] (incorrecte) grammatically wrong; (mal équilibrée) cumbersome, clumsy ◆ **c'était un mariage boiteux** the(ir) marriage was shaky
NM,F lame person, gimp*

boîtier /bwatje/ **SYN NM** (gén) case; (pour appareil photo) body ◆ **boîtier de différentiel** (dans moteur) differential housing ◆ **boîtier électrique** electric torch (Brit), flashlight (US) ◆ **boîtier de montre** watchcase

boitillant, e /bwatijɑ̃, ɑ̃t/ **ADJ** [démarche, personne] hobbling

boitillement /bwatijmɑ̃/ **NM** slight limp

boitiller /bwatije/ ► conjug 1 ◄ **VI** to limp slightly, to have a slight limp

boiton /bwatɔ̃/ **NM** (Helv = porcherie) pigsty, pigpen (US)

boit-sans-soif */bwasɑ̃swaf/ **NMF INV** drunkard, lush *, piss artist** (Brit)

bol /bɔl/ **SYN NM** 1 (= récipient) bowl; (= contenu) bowl, bowlful ◆ **prendre un (bon) bol d'air** (fig) to get a breath of fresh air ◆ **cheveux coupés au bol** pudding-basin haircut (Brit), bowl cut (US)
2 (Pharm) bolus ◆ **bol alimentaire** bolus
3 (* : locutions) ◆ **avoir du bol** to be lucky ou jammy* (Brit) ◆ **ne pas avoir de bol** to be unlucky ◆ **pas de bol !** hard ou bad luck! ◆ **pas de bol, il est déjà parti** no luck, he's already left
4 (* Can) ⇒ bolle

bolchevik, bolchevique /bɔlʃəvik/ **ADJ, NMF** Bolshevik, Bolshevist

bolchevisme /bɔlʃəvism/ **NM** Bolchevism

bolcheviste /bɔlʃəvist/ **ADJ, NMF** ⇒ bolchevik

boldo /bɔldo/ **NM** boldo tree

bolduc /bɔldyk/ **NM** curling ribbon, gift-wrap ribbon, bolduc (SPÉC)

bolée /bɔle/ **NF** bowl(ful)

boléro /bɔleʀo/ **NM** (Habillement, Mus) bolero

bolet /bɔlɛ/ **NM** boletus

bolide /bɔlid/ **NM** (Astron) meteor, bolide (SPÉC); (= voiture) (high-powered) racing car ◆ **comme un bolide** [arriver, passer] at top speed ◆ **il fonce comme un bolide, c'est un vrai bolide** he really whizzes along

bolier /bɔlje/ **NM** (Pêche) trawl

Bolivar /bɔlivaʀ/ **NM** Bolivar

boliviano /bɔlivjano/ **NM** boliviano

Bolivie /bɔlivi/ **NF** Bolivia

bolivien, -ienne /bɔlivjɛ̃, jɛn/
ADJ Bolivian
NM,F Bolivien(ne) Bolivian

bollard /bɔlaʀ/ **NM** (Naut) bollard

bolle */bɔl/ **NF** (Can) head, bonce* (Brit) ◆ **j'ai mal à la bolle** I've got a headache

bolognais, e /bɔlɔɲɛ, ɛz/
ADJ Bolognese; (Culin) bolognese
NM,F Bolognais(e) Bolognese

bolomètre /bɔlɔmɛtʀ/ **NM** bolometer

bombage /bɔ̃baʒ/ **NM** [de slogan etc] spray-painting

bombance †* /bɔ̃bɑ̃s/ **NF** feast, beanfeast* (Brit) ◆ **faire bombance** to revel, to have a beanfeast* (Brit)

bombarde /bɔ̃baʀd/ **NF** (Mil, Mus) bombard

bombardement /bɔ̃baʀdəmɑ̃/ **NM**
1 (= pilonnage) bombardment; (avec bombes) bombing; (avec obus) shelling ◆ **bombardement aérien** air raid, aerial bombing (NonC)
2 (avec des cailloux, des tomates) pelting
3 (Phys) bombardment ◆ **bombardement atomique** atomic bombardment

bombarder /bɔ̃baʀde/ **SYN** ► conjug 1 ◄ **VT** 1 (Mil) to bombard; (avec bombes) to bomb; (avec obus) to shell
2 ◆ **bombarder de** [+ cailloux, tomates] to pelt with; [+ questions, critiques, appels] to bombard with
3 (Phys) to bombard
4 (* = catapulter) ◆ **on l'a bombardé directeur** he was thrust into ou pitchforked into the position of manager

bombardier /bɔ̃baʀdje/ **NM** (= avion) bomber; (= aviateur) bombardier ◆ **bombardier d'eau** fire-fighting aircraft, tanker plane (US)

bombardon /bɔ̃baʀdɔ̃/ **NM** bombardon

Bombay /bɔ̃bɛ/ **N** Bombay

bombe /bɔ̃b/ **SYN**
NF 1 (Mil, Ordin) bomb ◆ **attentat à la bombe** bombing, bomb attack ◆ **comme une bombe** (= de façon inattendue) unexpectedly, out of the blue ◆ **il est arrivé comme une bombe dans mon bureau** he burst into my office ◆ **la nouvelle a éclaté comme une bombe** ou **a fait l'effet d'une bombe** the news came as a bombshell ou was a bolt from the blue
2 (= atomiseur) spray ◆ **en bombe** (gén) in an aerosol (attrib) ◆ **peinture/chantilly en bombe** aerosol paint/cream ◆ **déodorant/insecticide en bombe** deodorant/insect spray
3 (Équitation) riding cap ou hat
4 ◆ **faire la bombe** to have a wild time
5 (* = belle femme) ◆ **c'est une bombe** she's gorgeous
COMP bombe aérosol aerosol can ou spray
bombe anti-crevaison instant puncture sealant
bombe antigel de-icing spray
bombe atomique atom(ic) bomb ◆ **la bombe atomique** the Bomb
bombe à billes ⇒ bombe à fragmentation
bombe au cobalt (Méd) cobalt therapy unit, telecobalt machine
bombe déodorante deodorant spray
bombe à dispersion dispersion bomb, dirty bomb
bombe à eau water bomb
bombe à fragmentation cluster bomb
bombe glacée (Culin) bombe glacée, ice-cream pudding (Brit)
bombe H H-bomb
bombe à hydrogène hydrogen bomb
bombe incendiaire incendiary ou fire bomb
bombe insecticide insect spray, fly spray
bombe lacrymogène teargas grenade
bombe de laque hair spray
bombe logique (Ordin) logic bomb
bombe au napalm napalm bomb
bombe à neutrons neutron bomb
bombe de peinture paint spray, can of aerosol paint
bombe radiologique dirty bomb
bombe à retardement time bomb
bombe sexuelle * sex bomb *
bombe volcanique (Géol) volcanic bomb

 Au sens de 'aérosol', **bombe** ne se traduit pas par le mot anglais **bomb**.

bombé, e /bɔ̃be/ **SYN** (ptp de **bomber**) **ADJ** [forme] rounded, convex; [cuiller] rounded; [poitrine] thrown out; [front] domed; [mur] bulging; [dos] humped, hunched; [route] cambered ◆ **verre bombé** balloon-shaped glass

bombement /bɔ̃bmɑ̃/ **NM** [de forme] convexity; [de route] camber; [de front] bulge

bomber¹ /bɔ̃be/ **SYN** ► conjug 1 ◄
VT 1 ◆ **bomber le torse** ou **la poitrine** (lit) to stick out ou throw out one's chest; (fig) to puff out one's chest, to swagger about
2 (Peinture) to spray(-paint)
VI 1 [route] to camber; [mur] to bulge; (Menuiserie) to warp
2 (* = rouler vite) to belt along *

bomber² /bɔ̃bœʀ/ **NM** (= blouson) bomber jacket

bombeur, -euse /bɔ̃bœʀ, øz/ **NM,F** tagger

bombonne /bɔ̃bɔn/ **NF** ⇒ bonbonne

bombyx /bɔ̃biks/ **NM** silk moth, bombyx

bôme /bom/ **NF** (Naut) boom

bômé, e /bome/ **ADJ** (Naut) boomed

---

bon¹, bonne¹ /bɔ̃, bɔn/

GRAMMAIRE ACTIVE 23.2 **SYN**

1 - ADJECTIF
2 - ADVERBE
3 - EXCLAMATION
4 - NOM MASCULIN
5 - NOM FÉMININ
6 - COMPOSÉS

---

1 - ADJECTIF

1 [= DE QUALITÉ] (gén) good; [fauteuil, lit] good, comfortable ◆ **il a de bonnes jambes** he has a good ou strong pair of legs ◆ **une bonne paire de chaussures** a good (strong) pair of shoes ◆ **il a fait du bon travail** he's done a good job ◆ **marchandises/outils de bonne qualité** good quality goods/tools

2 [= ADÉQUAT, COMPÉTENT, SÛR] [docteur, élève, employé] good; [instrument, système, remède] good, reliable; [conseil] good, sound; [excuse, raison] good, valid; [placement, monnaie, entreprise] sound ◆ **être bon en anglais** to be good at English ◆ **pour le bon fonctionnement du moteur** for the motor to work efficiently ou properly ◆ **tout lui est bon pour me discréditer** he'll stop at nothing to discredit me ◆ **bon pour le service** (Mil) fit for service

3 [= AGRÉABLE] [odeur, vacances, repas] good, pleasant, nice; [surprise] pleasant, nice ◆ **un bon petit vin** a nice (little) wine ◆ **un bon vin** a good wine ◆ **une bonne tasse de thé** a nice (hot) cup of tea ◆ **un bon bain chaud** a nice hot bath ◆ **elle aime les bonnes choses** she likes good food and drink ◆ **nous avons passé une bonne soirée** we had a pleasant ou nice evening ◆ **c'était vraiment bon** (à manger, à boire) it was ou tasted really good ou nice ◆ **l'eau est bonne** (à la mer, à la piscine) the water's warm ou nice ◆ **elle est bien bonne celle-là !** (iro) that's a good one!

4 [= MORALEMENT OU SOCIALEMENT IRRÉPROCHABLE] [lectures, fréquentations, pensées, famille] good ◆ **les bonnes gens** good ou honest people ◆ **il est bon père et bon fils** he's a good father and a good son ◆ **d'un bon milieu social** from a good social background

5 [= CHARITABLE] [personne] good, kind(-hearted); [action] good, kind; [parole] kind, comforting ◆ **une bonne dame m'a fait entrer** some good woman let me in ◆ **être bon pour les animaux** to be kind to animals ◆ **vous êtes bien** ou **trop bon** you are really too kind, it's really too kind ou good of you ◆ **il est bon comme du bon pain** he has a heart of gold ◆ **elle est bonne fille** she's a nice ou good-hearted girl, she's a good sort * ◆ **vous êtes bon vous (avec vos idées impossibles) !** * (iro) you're a great help (with your wild ideas)! ◆ **vas-y demain – tu es bon toi !** * **je n'ai pas que ça à faire !** (iro) go tomorrow – you've got a nerve! * I've got things to do!

6 [= VALABLE, UTILISABLE] [billet, passeport, timbre] valid ◆ **médicament/yaourt bon jusqu'au 5 mai** medicine/yoghurt to be consumed no later than 5 May ◆ **est-ce que la soupe va être encore bonne avec cette chaleur ?** will the soup have kept ou will the soup still be all right in this heat? ◆ **ce joint de caoutchouc n'est plus bon** this rubber washer is no longer any good ◆ **est-ce que ce pneu/ce vernis est encore bon ?** is this tyre/varnish still fit to be used ou still usable? ◆ **la balle est/n'est pas bonne** (Tennis) the ball was in/was out

7 [= FAVORABLE] *[opinion, rapport]* good, favourable; *(Scol) [bulletin, note]* good ◆ **le diagnostic du médecin n'est pas très bon** the doctor's diagnosis isn't very good

8 [= RECOMMANDÉ] *[alimentation]* good ◆ **ce n'est pas un bon champignon** it's not an edible mushroom ◆ **cette eau est-elle bonne (à boire) ?** is this water fit *ou* all right to drink?, is this water drinkable? ◆ **est-ce bien bon de fumer tant ?** is it a good thing *ou* is it wise to smoke so much? ◆ **ce serait une bonne chose s'il restait là-bas** it would be a good thing if he stayed there ◆ **il serait bon que vous les préveniez** it would be a good idea *ou* thing to let them know ◆ **il est bon de louer tôt** it's as well *ou* it's advisable to book early ◆ **croire** *ou* **juger** *ou* **trouver bon de faire qch** to think *ou* see fit to do sth ◆ **il semblerait bon de...** it would seem sensible *ou* a good idea to... ◆ **trouvez-vous bon qu'il y aille ?** do you think it's a good thing for him to go? ◆ **quand/comme vous le jugerez bon** when/as you see fit ◆ **quand/comme bon vous semble** when/as you think best ◆ **allez-y si bon vous semble** go ahead if you think it best ◆ **bon pour la santé/pour le mal de tête** good for your health/for headaches ◆ **c'est bon pour ce que tu as !** it'll do you good! ◆ **la baisse des taux, c'est bon pour l'économie** the reduction in interest rates is good for the economy ◆ **la télévision, c'est bon pour ceux qui n'ont rien à faire** television is all right *ou* fine for people who have nothing to do ◆ **cette solution, c'est bon pour toi, mais pas pour moi** that solution's OK for you but not for me

9 [* = ATTRAPÉ, CONDAMNÉ] ◆ **je suis bon !** I've had it!* ◆ **le voilà bon pour une contravention** he's in for a fine now* ◆ **le voilà bon pour recommencer** now he'll have to start all over again

10 [SUR IMPRIMÉ] ◆ **bon pour pouvoir** procuration given by ◆ **bon pour un lot de 6 bouteilles** *(sur coupon)* this voucher *ou* coupon may be exchanged for a pack of 6 bottles ◆ **bon pour une réduction de 2 €** €2 off next purchase

11 [= UTILE] **bon à** ◆ **c'est bon à savoir** that's useful to know, that's worth knowing ◆ **c'est toujours bon à prendre** there's no reason to turn it down, it's better than nothing ◆ **tout n'est pas bon à dire** some things are better left unsaid ◆ **puis-je vous être bon à quelque chose ?** can I be of any use *ou* help to you?, can I do anything for you? ◆ **ce drap est (tout juste) bon à faire des torchons** this sheet is (just) about good enough for *ou* is only fit for dusters *(Brit) ou* dustcloths *(US)* ◆ **c'est (tout juste) bon à nous créer des ennuis** it will only create problems for us, all it will do is create problems for us ◆ **c'est bon à jeter** it's fit for the dustbin, it might as well be thrown out

12 [= CORRECT] *[solution, méthode, réponse, calcul]* right, correct ◆ **au bon moment** at the right *ou* proper time ◆ **sur le bon côté de la route** on the right *ou* proper side of the road ◆ **le bon côté du couteau** the cutting *ou* sharp edge of the knife ◆ **le bon usage** correct usage (of language) ◆ **je suis bon là ?*** *(en positionnant qch)* is this OK?, how's that? ◆ **les bons comptes font les bons amis** *(Prov)* bad debts make bad friends

13 [INTENSIF DE QUANTITÉ] good ◆ **un bon kilomètre** a good kilometre ◆ **une bonne livre/semaine/heure** a good pound/week/hour ◆ **il a reçu une bonne fessée** he got a good spanking ◆ **la voiture en a pris un bon coup*** the car got pretty smashed up* ◆ **ça fait un bon bout de chemin !** that's quite a distance *ou* a good way! ◆ **il est tombé une bonne averse/couche de neige** there has been a heavy shower/fall of snow ◆ **après un bon moment** after quite some time *ou* a good while ◆ **laissez une bonne marge** leave a good *ou* wide margin ◆ **il faudrait une bonne gelée pour tuer la vermine** what's needed is a hard frost to kill off the vermin ◆ **ça aurait besoin d'une bonne couche de peinture/d'un bon coup de balai** it needs *ou* would need a good coat of paint/a good sweep-out ◆ **ça fait un bon poids à traîner !** that's quite a *ou* some load to drag round! ◆ **une bonne moitié** at least half

14 [EN APOSTROPHE] ◆ **mon bon monsieur** my good man ◆ **ma bonne dame** my good woman ◆ **mon bon ami** my dear *ou* good friend

15 [DANS DES SOUHAITS] ◆ **bonne (et heureuse) année !** happy New Year! ◆ **bonne chance !** good luck!, all the best! ◆ **bon courage !** all the best! ◆ **bon dimanche !** have a nice Sunday! ◆ **bonne fin de semaine !** enjoy the rest of the week!, have a good weekend! ◆ **bon match !** *(à un spectateur)* enjoy the game!; *(à un joueur)* have a good game! ◆ **bonne promenade !** have a nice walk! ◆ **bonne rentrée !** *(Scol)* I hope the new term starts well! ◆ **bon retour !** safe journey back!, safe return! ◆ **bonne route !** safe journey! ◆ **bonne santé !** (I) hope you keep well! ◆ **bonnes vacances !** have a good holiday! *(Brit) ou* vacation! *(US)* ◆ **bon voyage !** safe journey!, have a good journey! ◆ **au revoir et bonne continuation** goodbye and I hope all goes well (for you) *ou* and all the best!; → **anniversaire, appétit, souhaiter** *etc*

16 [= AMICAL] *[ambiance]* good, pleasant, nice; *[regard, sourire]* warm, pleasant ◆ **relations de bon voisinage** good neighbourly relations ◆ **un bon (gros) rire** a hearty *ou* cheery laugh ◆ **c'est un bon camarade** he's a good friend

2 - ADVERBE

◆ **faire bon** ◆ **il fait bon ici** it's nice *ou* pleasant here ◆ **il fait bon au soleil** it's nice and warm in the sun ◆ **il fait bon chaud** *(Helv)* it's nice and warm ◆ **il fait bon vivre à la campagne** it's a nice life in the country ◆ **une ville où il fait bon vivre** a town that's really nice to live in ◆ **il ne ferait pas bon le contredire** we (*ou* you *etc*) would be ill-advised to contradict him

◆ **pour de bon** (= *définitivement*) for good; (= *vraiment*) really ◆ **si tu continues, je vais me fâcher pour de bon** if you keep that up, I'm really going to get angry

3 - EXCLAMATION

[= D'ACCORD] all right!, OK!*; *(énervement)* (all) right!, OK!* ◆ **bon ! ça suffit maintenant !** (all) right! *ou* OK! that's enough! ◆ **bon ! bon !** all right! all right! ◆ **bon ! je le ferai moi-même** (all) right then I'll do it myself

4 - NOM MASCULIN

1 [= PERSONNE] good *ou* upright person ◆ **les bons et les méchants** good people and bad people; *(dans un western)* the goodies and the baddies *(Brit)*, the good guys and the bad guys

2 [= MORCEAU, PARTIE] ◆ **mange le bon et laisse le mauvais** eat the good part and leave the bad part ◆ **avoir du bon** *[solution, principe]* to have its advantages *ou* its good points ◆ **il y a du bon dans ce qu'il dit** there is some merit *ou* there are some good points in what he says ◆ **il y a du bon et du mauvais** it has its good and its bad points ◆ **il y a du bon et du moins bon** parts of it are good and parts of it are not so good, some bits are better than others

5 - NOM FÉMININ

bonne

1 [= HISTOIRE] ◆ **en voilà une bonne !** that's a good one! ◆ **tu en as de bonnes, toi !*** *(iro)* you're kidding!*, you must be joking!*

2 [LOCUTIONS]

◆ **avoir qn à la bonne*** to like sb, to be in* *ou* in solid* *(US)* with sb ◆ **il m'a à la bonne** I'm in his good books*

6 - COMPOSÉS

bonne amie († *ou hum*) girlfriend, sweetheart
bon chic bon genre *[personne]* chic but conservative, Sloaney* *(Brit)*, preppy* *(US)*; *[bar, soirée]* chic but conservative, Sloaney* *(Brit)* ◆ **le style bon chic bon genre des villes bourgeoises** the conservative chic of middle-class towns → **BCBG**
bon enfant LOC ADJ *[personne, sourire]* good-natured; *[atmosphère]* friendly
bonne femme *(péj = femme)* woman ◆ **sa bonne femme** *(péj = épouse)* his old woman*, his missus* ◆ **pauvre petite bonne femme** (= *enfant*) poor little thing
une bonne pâte an easy-going fellow, a good sort
bon à rien, bonne à rien ADJ ◆ **cet enfant n'est bon à rien** this child is no good *ou* use at anything ◆ **cet appareil n'est bon à rien** this instrument is useless *ou* isn't much good *ou* use for anything NM,F good-for-nothing, ne'er-do-well
bon Samaritain *(Bible, fig)* good Samaritan
bonne sœur* nun
bon teint ADJ *[couleur]* fast; *(fig) [syndicaliste]* staunch, dyed-in-the-wool
bon à tirer ADJ passed for press NM final corrected proof ◆ **donner le bon à tirer** to pass for press
bon vivant NM bon viveur *ou* vivant ◆ **c'est un bon vivant** he's a bon viveur *ou* vivant, he likes the good things in life

bon² /bɔ̃/

NM (= *formulaire*) slip, form; (= *coupon d'échange*) coupon, voucher; *(Fin = titre)* bond

COMP **bon de caisse** cash voucher
bon de commande order form
bon d'épargne savings certificate
bon d'essence petrol *(Brit) ou* gas *(US)* coupon
bon de garantie guarantee (slip)
bon de livraison delivery slip
bon de réduction reduction coupon *ou* voucher
bon du Trésor (Government) Treasury bill
bon à vue demand note

Bonaparte /bɔnapaʀt/ NM Bonaparte

bonapartisme /bɔnapaʀtism/ NM Bonapartism

bonapartiste /bɔnapaʀtist/ ADJ, NMF Bonapartist

bonard, e* /bɔnaʀ, aʀd/ ADJ ◆ **c'est bonard** (= *facile*) it's no sweat*; (= *bien*) it's great*

bonasse /bɔnas/ ADJ *(gén)* easy-going; *(péj)* meek ◆ **accepter qch d'un air bonasse** *(gén)* to accept sth good-naturedly; *(péj)* to accept sth meekly

bonbec* /bɔ̃bɛk/ NM (= *bonbon*) sweetie* *(Brit)*, candy *(US)*

bonbon /bɔ̃bɔ̃/

NM sweet *(Brit)*, sweetie* *(Brit)*, piece of candy *(US)* ◆ **j'en ai ras le bonbon**‡ I'm fed up to the back teeth*; → **casser**

COMP **bonbon acidulé** acid drop
bonbon anglais fruit drop
bonbon au chocolat chocolate
bonbon fourré sweet *(Brit) ou* piece of candy *(US)* with soft centre
bonbon à la menthe mint, humbug *(Brit)*
bonbon au miel honey drop

bonbonne /bɔ̃bɔn/ NF *(recouverte d'osier)* demijohn; *(à usage industriel)* carboy ◆ **bonbonne de gaz** gas bottle

bonbonnière /bɔ̃bɔnjɛʀ/ NF (= *boîte*) sweet *(Brit) ou* candy *(US)* box, bonbonnière; *(fig = appartement)* bijou flat *(Brit)*, exquisite apartment *(US)*, bijou residence *(hum)*

bond /bɔ̃/ SYN NM 1 *[de personne, animal] (gén)* leap, bound, jump; *(de la position accroupie)* spring; *[de balle]* bounce ◆ **faire des bonds** (= *sauter*) to leap *ou* spring up *ou* into the air; (= *gambader*) to leap *ou* jump about ◆ **faire un bond d'indignation** to leap *ou* jump up indignantly ◆ **faire un bond de surprise** to start with surprise ◆ **franchir qch d'un bond** to clear sth with one jump *ou* bound ◆ **se lever d'un bond** to leap *ou* jump *ou* spring up ◆ **d'un bond il fut près d'elle** in a single leap *ou* bound he was at her side ◆ **il ne fit qu'un bond jusqu'à l'hôpital** he rushed *ou* dashed off to the hospital

◆ **au bond** ◆ **j'ai pris** *ou* **saisi l'occasion au bond** I jumped at *ou* I seized the opportunity ◆ **saisir une remarque au bond** to pounce *ou* jump on a remark; → **saisir, faux²**

2 (= *progression*) ◆ **les prix ont fait un bond** prices have shot up *ou* soared ◆ **la science a fait un grand bond en avant** science has taken a great leap forward ◆ **l'économie nationale a fait un bond (en avant)** the country's economy has leapt forward *ou* taken a leap forward ◆ **progresser par bonds** to progress by leaps and bounds; *(Mil)* to advance by successive dashes

bonde /bɔ̃d/ NF 1 (= *bouchon*) *[de tonneau]* bung, stopper; *[d'évier, baignoire]* plug; *[d'étang]* sluice gate

2 (= *trou*) *[de tonneau]* bunghole; *[d'évier, baignoire]* plughole

bondé, e /bɔ̃de/ SYN ADJ packed, jam-packed*

bondelle /bɔ̃dɛl/ NF whitefish

bondérisation /bɔ̃deʀizasjɔ̃/ NF bonderization

bondérisé, e /bɔ̃deʀize/ ADJ bonderized

bondieusard, e* /bɔ̃djøzaʀ, aʀd/ *(péj)*

ADJ sanctimonious, churchy*

NM,F sanctimonious *ou* churchy* person, Holy Joe* *(péj) (Brit)*

bondieuserie /bɔ̃djøzʀi/ NF *(péj)* (= *piété*) religiosity, devoutness; (= *bibelot*) religious trinket *ou* bric-à-brac *(NonC)*

bondir /bɔ̃diʀ/ SYN ► conjug 2 ◄ VI 1 (= *sauter*) *[homme, animal]* to jump *ou* leap *ou* spring up; *[balle]* to bounce (up) ◆ **bondir de joie** to jump *ou* leap for joy ◆ **bondir de colère** to fume with anger ◆ **il bondit d'indignation** he leapt up indignantly ◆ **cela me fait bondir*** *(fig)* it makes my blood boil*, it makes me hopping mad* *(Brit)*

2 (= *gambader*) to jump *ou* leap about

3 (= *sursauter*) to start ◆ **bondir de surprise/de frayeur** to start with surprise/fright

4 (= *se précipiter*) ◆ **bondir vers** *ou* **jusqu'à** to dash *ou* rush to ◆ **bondir sur sa proie** to pounce on one's prey

5 (= *augmenter*) [*valeur boursière, prix*] to shoot up

bondissant, e /bɔ̃disɑ̃, ɑ̃t/ ADJ leaping, jumping

bondissement /bɔ̃dismɑ̃/ NM [*d'animal*] leaping (*NonC*)

bondon /bɔ̃dɔ̃/ NM bung

bondrée /bɔ̃dʀe/ NF honey buzzard

bongo /bɔ̃go/ NM (*Mus*) bongo (drum)

bonheur /bɔnœʀ/ GRAMMAIRE ACTIVE 23.3 SYN NM
1 (= *félicité*) happiness; (= *joie*) joy ◆ **trouver le bonheur** to find true happiness ◆ **le bonheur de vivre/d'aimer** the joy of living/of loving ◆ **avoir le bonheur de voir son enfant réussir** to have the joy of seeing one's child succeed ◆ **faire le bonheur de qn** to make sb happy, to bring happiness to sb ◆ **si ce ruban peut faire ton bonheur, prends-le** if this ribbon is what you're looking for *ou* can be any use to you, take it ◆ **alors, tu as trouvé ton bonheur ?** so, did you find what you wanted *ou* what you were looking for? ◆ **des vacances ! quel bonheur !** holidays! what bliss! *ou* what a delight! ◆ **quel bonheur de vous revoir !** what a pleasure it is to see you again!

2 (= *chance*) (good) luck, good fortune ◆ **il ne connaît pas son bonheur !** he doesn't know *ou* realize (just) how lucky he is!, he doesn't know *ou* realize his luck! * ◆ **avoir le bonheur de faire** to be lucky enough *ou* have the good fortune to do ◆ **il eut le rare bonheur de gagner 3 fois** he had the unusual good fortune of winning *ou* to win 3 times ◆ **porter bonheur à qn** to bring sb luck ◆ **ça porte bonheur de...** it's lucky to...

◆ **par bonheur** fortunately, luckily ◆ **par un bonheur inespéré** by an unhoped-for stroke of luck *ou* good fortune

3 (*locutions*) ◆ **avec bonheur** (*littér*) felicitously ◆ **mêler avec bonheur le tragique et le comique** to blend the tragic and the comic skilfully ◆ **le bonheur des uns fait le malheur des autres** (*Prov*) one man's meat is another man's poison (*Prov*)

◆ **au petit bonheur (la chance)** * [*répondre*] off the top of one's head *; [*faire*] haphazardly, any old how * ◆ **il n'y a pas de véritable sélection, c'est au petit bonheur la chance** there's no real selection (process), it's just pot luck *ou* the luck of the draw

bonheur-du-jour (pl **bonheurs-du-jour**) /bɔnœʀdyʒuʀ/ NM escritoire, writing desk

bonhomie /bɔnɔmi/ NF affability, bonhomie

bonhomme /bɔnɔm/
NM (pl **bonshommes**) /bɔ̃zɔm/ 1 * (= *homme*) guy *, chap * (*Brit*), fellow *, bloke * (*Brit*); (= *mari*) old man * ◆ **dessiner des bonshommes** to draw little men ◆ **un petit bonhomme de 4 ans** a little chap * *ou* lad * *ou* fellow * of 4 ◆ **dis-moi, mon bonhomme** tell me, sonny * *ou* little fellow * ◆ **c'était un grand bonhomme** he was a great man * ◆ **aller** *ou* **suivre son petit bonhomme de chemin** to carry on *ou* go on in one's own sweet way

2 (⁑ *Can* = *père*) old man *, father

ADJ (pl **bonhommes**) [*air, regard*] good-natured

COMP **bonhomme de neige** snowman
bonhomme de pain d'épice gingerbread man

boni † /bɔni/ NM (= *bénéfice*) profit ◆ **50 € de boni** a 50-euro profit

boniche * /bɔniʃ/ NF (*péj*) maid, skivvy * (*Brit*) ◆ **je ne suis pas ta boniche** I'm not your skivvy (*Brit*) *ou* slave ◆ **faire la boniche pour qn** to be sb's slave, to skivvy for sb * (*Brit*)

bonification[1] /bɔnifikasjɔ̃/ NF 1 (= *amélioration*) [*de terre, vins*] improvement

2 (*Sport*) (= *points*) bonus (points); (= *avantage*) advantage, start

bonification[2] /bɔnifikasjɔ̃/ NF (*Fin* = *remise*) discount, rebate ◆ **bonifications d'intérêt** interest rate subsidies, preferential interest rates

bonifier[1] VT, **se bonifier** VPR /bɔnifje/ ▸ conjug 7 ◂ to improve

bonifier[2] /bɔnifje/ ▸ conjug 7 ◂ VT (*Fin*) to give as a bonus ◆ **prêt** *ou* **crédit (à taux) bonifié** government subsidized *ou* low-interest loan

boniment /bɔnimɑ̃/ SYN NM (= *baratin*) sales talk (*NonC*), patter * (*NonC*); (* = *mensonge*) tall story, humbug (*NonC*) ◆ **faire le** *ou* **du boniment à qn** to give sb the sales talk *ou* patter * ◆ **faire du boniment à une femme** to try and pick up a woman *, to chat a woman up * (*Brit*) ◆ **raconter des boniments** * to spin yarns *ou* tall stories

bonimenter /bɔnimɑ̃te/ ▸ conjug 1 ◂ VI to give the sales talk *ou* patter *

bonimenteur, -euse /bɔnimɑ̃tœʀ, øz/ NM,F smooth talker; [*de foire*] barker

bonite /bɔnit/ NF bonito

bonjour /bɔ̃ʒuʀ/ GRAMMAIRE ACTIVE 21.2 NM 1 (*gén*) hello; (*matin*) (good) morning; (*après-midi*) (good) afternoon; (*Can* = *au revoir*) good day (*frm*), good morning, good afternoon ◆ **bonjour chez vous !** hello to everybody at home! ◆ **avec lui, c'est bonjour bonsoir** I only ever say hello to him ◆ **donnez-lui le bonjour de ma part** give him my regards, remember me to him ◆ **dire bonjour à qn** to say hello to sb ◆ **est-ce que je peux passer te dire un petit bonjour ?** can I drop in (to say hello)?

2 (* : *locutions*) ◆ **le bus aux heures de pointe, bonjour (les dégâts) !** * taking the bus in the rush hour is absolute hell! * ◆ **tu aurais vu sa moto après l'accident ! bonjour (les dégâts) !** * you should've seen his bike after the accident! what a mess! ◆ **si son père l'apprend, bonjour (les dégâts) !** if his father finds out about it, sparks will fly *ou* all hell will be let loose! * ◆ **si tu l'invites, bonjour l'ambiance !** if you invite him, it'll ruin the atmosphere! ◆ **pour l'ouvrir, bonjour !** there's no way to get it open

Bonn /bɔn/ N Bonn

bonnard, e * /bɔnaʀ, aʀd/ ADJ ⇒ **bonard, e**

bonne[2] /bɔn/ NF maid, domestic ◆ **bonne d'enfants** nanny, child's nurse (*US*) ◆ **bonne à tout faire** maid of all work, skivvy (*Brit*) ; (*hum*) general dogsbody *ou* factotum ◆ **je ne suis pas ta bonne** I'm not your skivvy *ou* slave; → **bon**[1]

bonne-maman (pl **bonnes-mamans**) /bɔnmamɑ̃/ NF granny *, grandma

bonnement /bɔnmɑ̃/ ADV **tout bonnement** just, quite simply ◆ **sa performance est tout bonnement hallucinante** his performance is just *ou* quite simply staggering ◆ **c'est tout bonnement magnifique** it's just wonderful ◆ **dire tout bonnement que...** to say quite simply that...

bonnet /bɔnɛ/
NM 1 (= *coiffure*) bonnet, hat; [*de bébé*] bonnet
2 [*de soutien-gorge*] cup
3 (= *estomac de ruminant*) reticulum
4 (*locutions*) ◆ **prendre qch sous son bonnet** to make sth one's concern *ou* responsibility, to take it upon o.s. to do sth ◆ **c'est bonnet blanc et blanc bonnet** it amounts to the same thing ◆ **jeter son bonnet par-dessus les moulins** to kick over the traces, to have one's fling; → **gros, tête**

COMP **bonnet d'âne** dunce's cap
bonnet de bain bathing cap
bonnet de nuit (*Habillement*) nightcap; (* : *fig*) wet blanket *, killjoy, spoilsport
bonnet phrygien Phrygian cap
bonnet à poils bearskin
bonnet de police forage cap, garrison *ou* overseas cap (*US*) → **MARIANNE**

bonneteau /bɔnto/ NM three card trick *ou* monte (*US*)

bonneterie /bɔnɛtʀi/ NF (= *objets*) hosiery; (= *magasin*) hosier's shop, hosiery; (= *commerce*) hosiery trade

bonnetier, -ière /bɔntje, jɛʀ/ NM,F hosier

bonnette /bɔnɛt/ NF (*Photo*) supplementary lens; (= *voile*) studding sail, stuns'l; (*Mil*) [*de fortification*] bonnet

bonniche /bɔniʃ/ NF ⇒ **boniche**

bonobo /bonobo/ NM pygmy chimpanzee, bonobo

bon-papa (pl **bons-papas**) /bɔ̃papa/ NM grandad *, grandpa

bonsaï /bɔ̃(d)zaj/ NM bonsai

bonsoir /bɔ̃swaʀ/ NM 1 (*en arrivant*) hello, good evening; (*en partant*) good evening, good night; (*en se couchant*) good night ◆ **souhaiter le bonsoir à qn** to say good night to sb, to wish sb goodnight

2 (* : *locution* = *rien à faire*) ◆ **bonsoir !** nothing doing! *, not a chance! *, not on your life! * ◆ **pour s'en débarrasser bonsoir !** it's going to be sheer *ou* absolute hell * getting rid of it

bonté /bɔ̃te/ SYN NF 1 (= *caractère*) kindness, goodness ◆ **ayez la bonté de faire** would you be so kind *ou* good as to do? ◆ **faire qch par pure bonté d'âme** to do sth out of the goodness of one's heart ◆ **avec bonté** kindly ◆ **bonté divine !** *ou* **du ciel !** good heavens! *

2 (= *acte*) (act of) kindness ◆ **merci de toutes vos bontés** thank you for all your kindness *ou* for all the kindness you've shown me ◆ **avoir des bontés pour qn** to be very kind to sb

bonus /bɔnys/ NM 1 (*Assurances*) no-claims bonus

2 [*de DVD*] bonus footage (*NonC*)

bonze /bɔ̃z/ NM 1 (*Rel*) bonze (*Buddhist monk*)

2 (* = *personnage important*) bigwig * ◆ **vieux bonze** ⁑ old fossil ⁑

bonzerie /bɔ̃zʀi/ NF Buddhist monastery

bonzesse /bɔ̃zɛs/ NF bonze (*Buddhist nun*)

boogie-woogie (pl **boogie-woogies**) /bugiwugi/ NM boogie-woogie

book /buk/ NM ⇒ **press-book**

booké, e * /buke/ ADJ (= *occupé*) busy ◆ **ce n'est pas possible mardi, je suis déjà booké** Tuesday's out, I've already got something on

bookmaker /bukmɛkœʀ/ NM bookmaker

booléen, -enne /buleɛ̃, ɛn/ ADJ (*Math, Ordin*) boolean

boom /bum/ SYN NM (= *expansion*) boom ◆ **être en plein boom** [*secteur*] to be booming; (* = *en plein travail*) to be really busy

boomer /bumœʀ/ NM (*Hi-Fi*) woofer

boomerang /bumʀɑ̃g/ NM (*lit, fig*) boomerang ◆ **faire boomerang, avoir un effet boomerang** (*fig*) to backfire

booster[1] /bustœʀ/ NM [*de fusée*] booster, launching vehicle; [*d'autoradio*] booster

booster[2] /buste/ ▸ conjug 1 ◂ VT [+ *économie, ventes*] to boost; [+ *moteur*] to soup up *

boots /buts/ NMPL boots

boqueteau (pl **boqueteaux**) /bɔkto/ NM copse

bora /bɔʀa/ NF bora

borasse /bɔʀas/ NM borassus, palmyra

borate /bɔʀat/ NM borate

borax /bɔʀaks/ NM borax

borazon /bɔʀazɔ̃/ NM borazon

borborygme /bɔʀbɔʀigm/ NM rumble, rumbling noise (in one's stomach), borborygmus (*SPÉC*)

bord /bɔʀ/ SYN NM 1 [*de route*] side, edge; [*de rivière*] side, bank; [*de lac*] edge, side, shore; [*de cratère*] edge, rim, lip; [*de forêt, table*] edge; [*de précipice*] edge, brink; [*de verre, tasse*] brim, rim; [*d'assiette*] edge, rim; [*de plaie*] edge ◆ **le bord des paupières** the rim of the eye ◆ **le bord de la mer** the seashore ◆ **bord du trottoir** edge of the pavement, kerb (*Brit*), curb (*US*) ◆ **une maison au bord du lac** a house by the lake *ou* at the lakeside, a lakeside house ◆ **se promener au bord de la rivière** to go for a walk along the riverside *ou* the river bank *ou* by the river ◆ **passer ses vacances au bord de la mer** to spend one's holidays at the seaside *ou* by the sea, to go to the seaside for one's holidays ◆ **pique-niquer au bord** *ou* **sur le bord de la route** to (have a) picnic at *ou* by the roadside ◆ **laisser** *ou* **abandonner qn sur le bord de la route** (*fig*) to leave sb by the wayside ◆ **au bord de l'eau** at the water's edge ◆ **se promener au bord de l'eau** to go for a walk along the water's edge ◆ **en été les bords du lac sont envahis de touristes** in summer the shores of the lake are overrun by tourists ◆ **il a regagné le bord à la nage** (*dans la mer*) he swam ashore *ou* to the shore; (*dans une rivière*) he swam to the bank ◆ **verre rempli jusqu'au bord** *ou* **à ras bord** glass full *ou* filled to the brim

2 [*de vêtement, mouchoir*] edge, border; [*de chapeau*] brim ◆ **chapeau à large(s) bord(s)** wide-brimmed *ou* broad-brimmed hat ◆ **le bord ourlé d'un mouchoir** the rolled hem of a handkerchief ◆ **bord à bord** [*coudre, coller*] edge to edge ◆ **veste bord à bord** edge-to-edge jacket

3 (= *navire*) ◆ **les hommes du bord** the crew ◆ **jeter par-dessus bord** to throw overboard ◆ **journal** *ou* **livre de bord** log(book), ship's log

◆ **à bord** on board, aboard ◆ **monter à bord** to go on board *ou* aboard ◆ **prendre qn à son bord** to take sb aboard *ou* on board ◆ **monter à bord d'un navire** to board a ship, to go on board *ou* aboard ship ◆ **la marchandise a été expédiée à bord du SS Wallisdown** the goods were shipped on SS Wallisdown ◆ **M. Morand, à**

bord d'une voiture bleue Mr Morand, driving *ou* in a blue car
④ (*Naut* = *bordée*) tack ◆ **tirer des bords** to tack, to make tacks ◆ **tirer un bord** to tack, to make a tack
⑤ (* *Can*) side ◆ **de mon bord** on my side ◆ **prendre le bord** to make off
⑥ (*locutions*) ◆ **être au bord de la ruine/du désespoir** to be on the verge *ou* brink of ruin/despair ◆ **au bord de la tombe** on the brink of death ◆ **au bord des larmes** on the verge of tears ◆ **nous sommes du même bord** we are on the same side, we are of the same opinion; (*socialement*) we are all of a kind ◆ **de tout bord** of all kinds ◆ **à pleins bords** abundantly, freely ◆ **il est un peu fantaisiste/sadique sur les bords*** he's a bit of an eccentric/a sadist

bordage /bɔʀdaʒ/
NM (*Couture*) edging, trimming
NMPL bordages ① [*de bateau*] (*en bois*) planks, planking; (*en fer*) plates, plating
② (*Can*) inshore ice

bordé /bɔʀde/ **NM** ① (*Couture*) braid, trimming
② (*Naut*) (*en bois*) planking; (*en fer*) plating

Bordeaux /bɔʀdo/ **N** (*ville*) Bordeaux

bordeaux /bɔʀdo/
NM (= *vin*) Bordeaux (wine) ◆ **bordeaux rouge** red Bordeaux, claret (*Brit*)
ADJ INV maroon, burgundy

bordée /bɔʀde/ **NF** ① (= *salve*) broadside ◆ **bordée d'injures** (*fig*) torrent *ou* volley of abuse
② (*Naut* = *quart*) watch
③ (= *parcours*) tack ◆ **tirer des bordées** to tack, to make tacks ◆ **tirer une bordée** (*fig*) to go on a spree * *ou* binge *
④ (* *Can*) ◆ **une bordée de neige** a heavy snowfall

bordel‡ /bɔʀdɛl/ **NM** ① (= *hôtel*) brothel, whorehouse *
② (= *chaos*) mess, shambles (*sg*) ◆ **quel bordel !** what a bloody**(*Brit*) *ou* goddamned‡ (*US*) shambles! ◆ **si tout le monde a accès aux dossiers, ça va être le bordel** if everyone has access to the files it'll be bloody**(*Brit*) *ou* goddamned‡ (*US*) chaos ◆ **mettre** *ou* **foutre**‡ **le bordel** to create havoc, to cause bloody**(*Brit*) *ou* goddamned‡ (*US*) chaos ◆ **mettre** *ou* **foutre**‡ **le bordel dans qch** to screw‡ *ou* bugger**(*Brit*) up ◆ **bordel ! hell!**, bloody hell!*(*Brit*), shit!** ◆ **arrête de gueuler, bordel (de merde) !** stop shouting for Christ's sake!**ou* for fuck's sake!** ◆ **... et tout le bordel ...** and God knows what else *

bordelais, e /bɔʀdəlɛ, ɛz/
ADJ of *ou* from Bordeaux, Bordeaux (*épith*)
NM,F Bordelais(e) inhabitant *ou* native of Bordeaux
NM (= *région*) ◆ **le Bordelais** the Bordeaux region
NF bordelaise (*Culin*) ◆ **entrecôte (à la) bordelaise** Bordelaise entrecôte steak

bordélique‡ /bɔʀdelik/ **ADJ** chaotic, shambolic * (*Brit*)

border /bɔʀde/ **SYN** ▸ conjug 1 ◂ **VT** ① (*Couture*) (= *entourer*) to edge, to trim (*de* with); (= *ourler*) to hem, to put a hem on
② (= *longer*) [*arbres, immeubles, maisons*] to line; [*sentier*] to run alongside ◆ **allée bordée de fleurs** path edged *ou* bordered with flowers ◆ **rue bordée de maisons** road lined with houses ◆ **rue bordée d'arbres** tree-lined road
③ [+ *personne, couverture*] to tuck in ◆ **border un lit** to tuck the blankets in
④ (*Naut*) (*en bois*) to plank; (*en fer*) to plate
⑤ (*Naut*) [+ *voile*] to haul on, to pull on; [+ *avirons*] to ship

bordereau (pl **bordereaux**) /bɔʀdəʀo/
NM (= *formulaire*) note, slip; (= *relevé*) statement, summary; (= *facture*) invoice
COMP bordereau d'achat purchase note ◆ **bordereau d'envoi** dispatch note ◆ **bordereau de livraison** delivery slip *ou* note ◆ **bordereau de versement** pay(ing)-in slip

bordier, -ière /bɔʀdje, jɛʀ/
ADJ [*mer*] epicontinental; [*bateau*] lopsided
NM (*Helv* = *riverain*) resident

bordigue /bɔʀdig/ **NF** (*Pêche*) crawl

bordure /bɔʀdyʀ/ **SYN NF** (= *bord*) edge; (= *cadre*) surround, frame; [*de gazon, fleurs*] border; [*d'arbres*] line; (*Couture*) border, edging, edge; [*de voile*] foot ◆ **bordure de trottoir** kerb (*Brit*), curb (*US*), kerbstones (*Brit*), curbstones (*US*) ◆ **en bordure de** (= *le long de*) running along, along-

side, along the edge of; (= *à côté de*) next to, by; (= *près de*) near (to) ◆ **en bordure de route** [*maison, champ*] by the roadside (*attrib*); [*restaurant, arbre*] roadside (*épith*) ◆ **papier à bordure noire** black-edged paper, paper with a black edge

bore /bɔʀ/ **NM** boron

boréal, e (*mpl* **-aux**) /bɔʀeal, o/ **ADJ** boreal;
→ **aurore**

Borée /bɔʀe/ **NM** Boreas

borgne /bɔʀɲ/ **ADJ** ① [*personne*] one-eyed, blind in one eye ◆ **fenêtre borgne** obstructed window ◆ **trou borgne** recessed hole
② (*fig* = *louche*) [*hôtel, rue*] shady

borique /bɔʀik/ **ADJ** boric

boriqué, e /bɔʀike/ **ADJ** containing boric acid

Boris /bɔʀis/ **NM** Boris ◆ « **Boris Godounov** » (*Littérat*) "Boris Godunov"

bornage /bɔʀnaʒ/ **NM** [*de terrain*] boundary marking, demarcation

borne /bɔʀn/ **SYN NF** ① (*kilométrique*) kilometre-marker, ≈ milestone; [*de terrain*] boundary stone *ou* marker; (*autour d'un monument*) bollard (*Brit*), post ◆ **borne d'incendie** fire hydrant ◆ **ne reste pas là planté comme une borne !** don't just stand there like a statue!
② (*fig*) ◆ **bornes** limit(s), bounds ◆ **il n'y a pas de bornes à la bêtise humaine** human folly knows no bounds ◆ **franchir** *ou* **dépasser les bornes** to go too far ◆ **mettre des bornes à** to limit
◆ **sans borne(s)** boundless, unbounded ◆ **il lui vouait une admiration sans borne(s)** he felt boundless *ou* unbounded admiration for her
③ (* = *kilomètre*) kilometre
④ (*Élec*) terminal
⑤ (*Téléc*) ◆ **borne téléphonique** *ou* **d'appel** (*pour taxi*) taxi rank (*Brit*) *ou* stand (*US*) telephone; (*pour secours*) emergency telephone ◆ **borne de paiement** pay point
⑥ (*Ordin*) ◆ **borne interactive/Minitel** interactive/Minitel terminal
⑦ (*Math*) bound ◆ **borne inférieure/supérieure** lower/upper bound

borné, e /bɔʀne/ **SYN** (*ptp de* **borner**) **ADJ**
① [*personne*] narrow-minded, short-sighted; [*esprit, vie*] narrow; [*intelligence*] limited
② (*Math*) bounded

borne-fontaine (pl **bornes-fontaines**) /bɔʀn(ə)fɔ̃tɛn/ **NF** ① [*d'eau potable*] public drinking fountain
② (*Can* = *bouche d'incendie*) fire hydrant

Bornéo /bɔʀneo/ **N** Borneo

borner /bɔʀne/ **SYN** ▸ conjug 1 ◂
VT ① [+ *ambitions, besoins, enquête*] to limit, to restrict (*à faire* to doing; *à qch* to sth)
② [+ *terrain*] to mark out *ou* off, to mark the boundary of ◆ **arbres qui bornent un champ** trees which border a field ◆ **immeubles qui bornent la vue** buildings which limit *ou* restrict one's view
VPR se borner ① (= *se contenter de*) ◆ **se borner à faire** to content o.s. with doing, to be content to do ◆ **se borner à qch** to content o.s. with sth ◆ **se borner à faire/à qch** (= *se limiter à*) [*personne*] to restrict *ou* confine o.s. to doing/to sth; [*visite, exposé*] to be limited *ou* restricted to doing/to sth ◆ **je me borne à vous faire remarquer que...** I would just *ou* merely like to point out to you that... ◆ **il s'est borné à resserrer les vis** he just *ou* merely tightened up the screws

bort /bɔʀ/ **NM** bort(z), boart

bort(s)ch /bɔʀtʃ/ **NM** bors(c)h

bosco /bɔsko/ **NM** (*Naut*) quartermaster

boskoop /bɔskɔp/ **NF** Boskoop apple

bosniaque /bɔsnjak/
ADJ Bosnian
NMF Bosniaque Bosnian

Bosnie /bɔsni/ **NF** Bosnia

Bosnie-Herzégovine /bɔsnjɛʀzegɔvin/ **NF** Bosnia-Herzegovina

bosnien, -ienne /bɔsnjɛ̃, jɛn/ **ADJ, NM,F** ⇒ **bosniaque**

boson /bozɔ̃/ **NM** boson

Bosphore /bɔsfɔʀ/ **NM** ◆ **le Bosphore** the Bosphorus ◆ **le détroit du Bosphore** the Bosphorus Strait(s)

bosquet /bɔskɛ/ **NM** copse, grove

bossage /bɔsaʒ/ **NM** (*Archit*) boss ◆ **bossages** bosses, bossage

bossa-nova (pl **bossas-novas**) /bɔsanɔva/ **NF** bossa nova

bosse /bɔs/ **SYN NF** ① [*de chameau, bossu*] hump; (*en se cognant*) bump, lump; (= *éminence*) bump; (*Ski*) mogul, bump ◆ **se faire une bosse au front** to get a bump on one's forehead ◆ **route pleine de bosses** (very) bumpy road ◆ **ski sur bosses** mogul skiing; → **rouler**
◆ **avoir la bosse de** * to be good at, to have a gift for ◆ **avoir la bosse des maths** to be good at maths, to have a gift for maths ◆ **avoir la bosse du commerce** to be a born businessman (*ou* businesswoman)
② (*Naut* = *cordage*) ◆ **bosse d'amarrage** painter

bosselage /bɔslaʒ/ **NM** embossment

bosseler /bɔsle/ ▸ conjug 4 ◂ **VT** (= *déformer*) to dent; (= *marteler*) to emboss ◆ **tout bosselé** battered, badly dented; [+ *front*] bruised, covered in bumps (*attrib*); [+ *sol*] bumpy

bossellement /bɔsɛlmɑ̃/ **NM** embossing

bosselure /bɔslyʀ/ **NF** (= *défaut*) dent; (= *relief*) embossment

bosser[1] * /bɔse/ **SYN** ▸ conjug 1 ◂
VI (= *travailler*) to work (*dans* in); (= *travailler dur*) to work hard, to slog away * (*Brit*); (*physiquement*) to slave away, to work one's guts out‡
VT [+ *examen*] to slog away for * (*Brit*), to swot for * (*Brit*) ◆ **bosser son anglais** to slog away at *ou* swot for * one's English

bosser[2] /bɔse/ ▸ conjug 1 ◂ **VT** (*Naut* = *fixer, arrimer*) to attach with painters

bossette /bɔsɛt/ **NF** [*de mors, œillère*] boss

bosseur, -euse * /bɔsœʀ, øz/ **SYN**
ADJ hard-working
NM,F slogger * (*Brit*), hard worker

bossoir /bɔswaʀ/ **NM** [*de bateau*] davit; [*d'ancre*] cathead

bossu, e /bɔsy/
ADJ [*personne*] hunchbacked ◆ **dos bossu** hunch(ed) back ◆ **redresse-toi, tu es tout bossu** sit up, you're getting round-shouldered
NM,F hunchback; → **rire**

bossuer /bɔsɥe/ ▸ conjug 1 ◂ **VT** ⇒ **bosseler**

boston /bɔstɔ̃/ **NM** (= *danse, jeu*) boston

bostryche /bɔstʀiʃ/ **NM** elm bark beetle

bot, bote /bo, bɔt/ **ADJ** ◆ **main bote** club-hand ◆ **pied bot** club-foot

botanique /bɔtanik/
ADJ botanical
NF botany

botaniste /bɔtanist/ **NMF** botanist

bothriocéphale /bɔtʀijɔsefal/ **NM** bothriocephalus

Botnie /bɔtni/ **NF** ◆ **le golfe de Botnie** the Gulf of Bothnia

Botox ® /bɔtɔks/ **NM** Botox ®

botrytis /bɔtʀitis/ **NM** (*Agr*) botrytis

Botswana /bɔtswana/ **NM** Botswana

botswanais, e /bɔtswanɛ, ɛz/
ADJ of *ou* from Botswana
NM,F Botswanais(e) inhabitant *ou* native of Botswana

botte[1] /bɔt/ **SYN NF** ① (*high*) boot ◆ **botte de caoutchouc** wellington (boot) (*Brit*), gumboot (*Brit*), rubber boot (*US*) ◆ **botte de cheval** *ou* **de cavalier** riding boot ◆ **botte d'égoutier** wader ◆ **les bottes de sept lieues** the seven-league boots ◆ **la botte (de l'Italie)** the boot (of Italy)
② (*locutions*) ◆ **être à la botte de qn** to be under sb's heel *ou* thumb, to be sb's puppet ◆ **avoir qn à sa botte** to have sb under one's heel *ou* thumb ◆ **cirer** *ou* **lécher les bottes de qn** * to lick sb's boots ◆ **être sous la botte de l'ennemi** to be under the enemy's heel

botte[2] /bɔt/ **SYN NF** [*de fleurs, légumes*] bunch; [*de foin*] (*en gerbe*) bundle, sheaf; (*au carré*) bale

botte[3] /bɔt/ **NF** (*Escrime*) thrust ◆ **porter une botte à** (*lit*) to make a thrust at; (*fig*) to hit out at ◆ **botte secrète** (*fig*) secret weapon

botteler /bɔtle/ ▸ conjug 4 ◂ **VT** [+ *paille*] (*en gerbe*) to bundle, to truss (*Brit*); (*au carré*) to bale; [+ *fleurs, légumes*] to bunch

botteleur, -euse /bɔtlœʀ, øz/ **NM,F** bundler, baler, trusser (*Brit*)

botter /bɔte/ ▸ conjug 1 ◂
VT ① (= *mettre des bottes à*) to put boots on; (= *vendre des bottes à*) to sell boots to ◆ **se botter** to put

one's boots on ◆ **botté de cuir** with leather boots on, wearing leather boots

2 ◆ **botter les fesses** *ou* **le derrière de qn**⁑ to kick *ou* boot⁑ sb in the behind*, to give sb a kick up the backside⁑ *ou* in the pants⁑

3 *(* = plaire)* ◆ **ça me botte**⁑ I fancy* *(Brit) ou* like *ou* dig⁑ that ◆ **ce film m'a botté** I really liked that film

4 *(Football)* to kick

VI *(Football)* to kick the ball; *(Ski)* to ball up ◆ **botter en touche** *(lit, fig)* to kick the ball into touch

botteur /bɔtœʀ/ **NM** *(Rugby)* kicker

bottier /bɔtje/ **NM** *[de bottes]* bootmaker; *[de chaussures]* shoemaker

bottillon /bɔtijɔ̃/ SYN **NM** ankle boot; *[de bébé]* bootee

bottin ® /bɔtɛ̃/ **NM** telephone directory, phonebook ◆ **Bottin mondain** ≃ Who's Who

bottine /bɔtin/ **NF** (ankle) boot ◆ **bottine à boutons** button-boot

botulique /bɔtylik/ **ADJ** ◆ **bacille botulique** botulinus ◆ **toxine botulique** botulism toxin, botox

botulisme /bɔtylism/ **NM** botulism

boubou /bubu/ **NM** boubou, bubu *(traditional African dress)*

boubouler /bubule/ ► conjug 1 ◄ **VI** to hoot

bouc /buk/ **NM** 1 *(= animal)* (billy) goat ◆ **sentir** *ou* **puer le bouc**⁑ to stink*, to pong⁑ *(Brit)* ◆ **bouc émissaire** scapegoat

2 *(= barbe)* goatee (beard)

boucan* /bukɑ̃/ **NM** din*, racket* ◆ **faire du boucan** *(= bruit)* to kick up* a din* *ou* a racket*; *(= protestation)* to kick up* a fuss

boucane⁑ /bukan/ **NF** *(Can)* smoke

boucaner /bukane/ ► conjug 1 ◄ **VT** *[+ viande]* to smoke, to cure; *[+ peau]* to tan

boucanier /bukanje/ **NM** *(= pirate)* buccaneer

bouchage /buʃaʒ/ **NM** 1 *[de bouteille]* corking

2 *[de trou, fente]* filling up *ou* in; *[de fuite]* plugging, stopping

3 *[de fenêtre, porte]* blocking (up)

4 *[de lavabo]* blocking (up), choking up

boucharde /buʃaʀd/ **NF** *(= marteau)* bushhammer

bouche /buʃ/ SYN

NF 1 *(Anat)* mouth; *[de volcan, fleuve, four]* mouth; *[de canon]* muzzle ◆ **embrasser à pleine bouche** to kiss full on the lips *ou* mouth ◆ **parler la bouche pleine** to talk with one's mouth full ◆ **avoir la bouche amère** to have a bitter taste in one's mouth ◆ **j'ai la bouche sèche** my mouth feels *ou* is dry ◆ **j'ai la bouche pâteuse** my tongue feels thick *ou* coated ◆ **il a 5 bouches à nourrir** he has 5 mouths to feed ◆ **les bouches inutiles** *(dans une population)* the non-active *ou* unproductive population ◆ **provisions de bouche** provisions ◆ **dépenses de bouche** food bills ◆ **vin court/long en bouche** wine with a short/long finish; → **garder**

2 *(= organe de la communication)* mouth ◆ **fermer la bouche à qn** to shut sb up ◆ **garder la bouche close** to keep one's mouth shut ◆ **il n'a pas ouvert la bouche de la soirée** he didn't open his mouth *ou* he didn't say a word all evening ◆ **dans sa bouche, ce mot surprend** when he says *ou* uses it, that word sounds odd ◆ **il a toujours l'injure à la bouche** he's always ready with an insult ◆ **il n'a que ce mot-là à la bouche** that's all he ever talks about ◆ **de bouche à oreille** by word of mouth, confidentially ◆ **bouche cousue !*** don't breathe a word!, mum's the word!* ◆ **son nom est dans toutes les bouches** his name is a household word *ou* is on everyone's lips ◆ **aller** *ou* **passer de bouche en bouche** to be rumoured about ◆ **il en a plein la bouche** he can talk of nothing else ◆ **nos sentiments s'expriment par sa bouche** our feelings are expressed through his words

3 *(locutions)* ◆ **s'embrasser à bouche que veux-tu** to kiss eagerly ◆ **faire la fine** *ou* **petite bouche** to turn one's nose up ◆ **avoir la bouche en cœur** to simper ◆ **et pour la bonne bouche, le dernier roman de Legrand** and last but by no means least, Legrand's latest novel ◆ **nous avons gardé** *ou* **réservé pour la bonne bouche un enregistrement inédit de Bechet** we have saved the best till last *ou* and last but not least – a previously unreleased Bechet recording; → **bée**

COMP **bouche d'aération** air vent *ou* inlet
bouche de chaleur hot-air vent *ou* inlet
bouche d'égout manhole
bouche à feu *(Hist)* piece (of ordnance), gun
bouche d'incendie fire hydrant
bouche de métro metro entrance

bouché, e¹ /buʃe/ SYN (ptp de **boucher¹**) **ADJ**

1 *[temps, ciel]* cloudy, overcast

2 *(= obstrué) [passage]* blocked ◆ **j'ai les oreilles bouchées** my ears are blocked (up) ◆ **j'ai le nez bouché** my nose is blocked (up) *ou* stuffed up

3 *(* = stupide) [personne]* stupid, thick⁑ ◆ **bouché à l'émeri** dead from the neck up*, as thick as a brick⁑ *(Brit)*

4 *(= sans avenir)* ◆ **le secteur de la publicité est bouché** there are absolutely no openings in the advertising industry ◆ **il n'a devant lui qu'un horizon bouché** his prospects don't look very bright

bouche-à-bouche /buʃabuʃ/ **NM INV** kiss of life *(Brit)*, mouth-to-mouth resuscitation *(Brit) ou* respiration *(US)* ◆ **faire du bouche-à-bouche à qn** to give sb the kiss of life, to give sb mouth-to-mouth resuscitation *(Brit) ou* respiration *(US)*

bouchée² /buʃe/ **NF** 1 *(= quantité)* mouthful ◆ **pour une bouchée de pain** for a song, for next to nothing ◆ **mettre les bouchées doubles** to put on a spurt, to work twice as hard ◆ **ne faire qu'une bouchée d'un plat** to gobble up *ou* polish off a dish in next to no time ◆ **ne faire qu'une bouchée d'un adversaire** to make short work of an opponent

2 *(Culin)* ◆ **bouchée (au chocolat)** chocolate ◆ **bouchée à la reine** *vol-au-vent filled with chopped sweetbreads in a rich sauce*

boucher¹ /buʃe/ SYN ► conjug 1 ◄

VT 1 *(= fermer) [+ bouteille]* to cork, to put the *ou* a cork in

2 *(= colmater) [+ trou, fente]* to fill up *ou* in; *[+ fuite]* to plug, to stop ◆ **ça (ou elle etc) lui en a bouché un coin*** he was staggered* *ou* flabbergasted* *ou* gobsmacked⁑ *(Brit)*

3 *(= condamner) [+ fenêtre, porte]* to block (up)

4 *(= engorger) [+ lavabo]* to block (up), to choke (up) ◆ **sécrétions qui bouchent les pores** secretions which block up *ou* clog up the pores ◆ **j'ai les oreilles bouchées** my ears are blocked (up) ◆ **j'ai le nez bouché** my nose is blocked (up) *ou* stuffed up *ou* bunged up* ◆ **boucher le passage** to be *ou* stand in the way ◆ **boucher le passage à qn** to be *ou* stand in sb's way, to block sb's way ◆ **boucher la vue** to block the view ◆ **on l'a employé pour boucher les trous** we used him as a stopgap

VPR **se boucher** *[évier]* to get blocked *ou* choked *ou* clogged up; *[temps]* to get cloudy, to become overcast ◆ **se boucher le nez** to hold one's nose ◆ **se boucher les oreilles** to put one's fingers in one's ears *ou* one's hands over one's ears; *(= refuser d'entendre)* to turn a deaf ear ◆ **se boucher les yeux** to put one's hands over one's eyes, to hide one's eyes; *(= refuser de voir)* to turn a blind eye

boucher² /buʃe/ **NM** *(lit, fig)* butcher

bouchère /buʃɛʀ/ **NF** (woman) butcher; *(= épouse)* butcher's wife

boucherie /buʃʀi/ **NF** *(= magasin)* butcher's (shop); *(= métier)* butchery (trade); *(fig)* slaughter ◆ **animaux de boucherie** animals for slaughter ◆ **boucherie chevaline** *ou* **hippophagique** horse(meat) butcher's ◆ **boucherie charcuterie** butcher's (shop) with delicatessen

bouche-trou (pl **bouche-trous**) /buʃtʀu/ **NM** *(= personne)* fill-in, stopgap, stand-in; *(= chose)* stopgap, pinch-hitter* *(NonC)*

bouchon /buʃɔ̃/ SYN **NM** 1 *(en liège)* cork; *(en verre)* stopper; *(en plastique)* stopper, top; *(en chiffon, papier)* plug, bung *(Brit)*; *[de bidon, réservoir]* cap; *[de tube]* top; *[d'évier]* plug ◆ **bouchon d'objectif** *(Photo)* lens cap ◆ **bouchon antivol** locking petrol *(Brit) ou* gas *(US)* cap ◆ **bouchon de vidange** drain plug ◆ **vin qui sent le bouchon** corked *ou* corky wine ◆ **bouchon de cérumen** earwax *ou* cerumen plug; → **pousser**

2 *(Pêche)* float

3 *(pour un cheval)* ◆ **bouchon (de paille)** wisp

4 *(= embouteillage)* holdup, traffic jam ◆ **un bouchon de 12 km** a 12-km tailback

bouchonnage /buʃɔnaʒ/ **NM** *[de cheval]* rubbing-down, wisping-down *(Brit)*

bouchonné, e /buʃɔne/ **ADJ** *[vin]* corked, corky

bouchonner /buʃɔne/ ► conjug 1 ◄

VT *[+ cheval]* to rub down, to wisp down *(Brit)*

VI *[circulation]* ◆ **ça bouchonne en ville** there's heavy congestion in town

bouchonnier /buʃɔnje/ **NM** *(= fabricant)* cork maker; *(= vendeur)* cork seller

bouchot /buʃo/ **NM** mussel bed ◆ **moules de bouchot** farmed mussels

bouclage /buklaʒ/ **NM** *(* = mise sous clés)* locking up *ou* away, imprisonment; *(= encerclement)* surrounding, sealing off; *(Presse) [de journal]* closing, putting to bed

boucle /bukl/ SYN

NF *[de ceinture, soulier]* buckle; *[de cheveux]* curl; *[de ruban, voie ferrée, rivière]* loop; *(Sport)* lap; *(en avion)* loop; *(Ordin)* loop ◆ **fais une boucle à ton j** put a loop on your j ◆ **fais une boucle à ton lacet** tie your shoelace in a bow ◆ **« Boucles d'or et les Trois Ours »** *(Littérat)* "Goldilocks and the Three Bears"

◆ **en boucle** constantly ◆ **ce disque est passé en boucle dans le hall de l'hôtel** this record plays constantly in the hotel lobby ◆ **des appels à l'aide sont diffusés en boucle à la radio** appeals for aid are constantly broadcast on the radio

COMP **boucle d'oreille** earring ◆ **boucle d'oreille à vis (ou à crochets)** pierced earring, earring for pierced ear ◆ **boucle d'oreille à clip** *ou* **à pince** clip-on (earring)

bouclé, e /bukle/ (ptp de **boucler**) **ADJ** *[cheveux, fourrure]* curly; *[personne]* curly-haired ◆ **il avait la tête bouclée** his hair was curly *ou* all curls

boucler /bukle/ SYN ► conjug 1 ◄

VT 1 *(= fermer) [+ ceinture]* to buckle, to fasten (up); * *[+ porte]* to lock ◆ **boucler sa valise** *(lit)* to fasten one's suitcase; *(fig)* to pack one's bags ◆ **tu vas la boucler !**⁑ will you shut your trap!⁑, will you belt up!⁑ *(Brit)*

2 *(= terminer) [+ affaire]* to finish off, to settle; *[+ circuit]* to complete, to go round; *[+ budget]* to balance; *[+ article]* to finish ◆ **il faut boucler** *(Presse)* we've got to put the paper to bed ◆ **le dossier est bouclé** the file is closed ◆ **arriver à boucler ses fins de mois** to manage to stay in the black *ou* to make ends meet at the end of the month ◆ **boucler la boucle** *(en avion)* to loop the loop ◆ **on est revenu par l'Espagne pour boucler la boucle** we came back through Spain to make (it) a round trip ◆ **la boucle est bouclée** we've *(ou* they've) come full circle ◆ **dans le cycle de production la boucle est bouclée** the cycle of production is now completed

3 *(* = enfermer)* to lock up, to put under lock and key ◆ **ils ont bouclé le coupable** they've locked up the criminal *ou* put the criminal under lock and key ◆ **être bouclé chez soi** to be cooped up *ou* stuck* at home

4 *(Mil, Police = encercler)* to seal off, to cordon off

VI 1 *[cheveux]* to curl, to be curly ◆ **elle commence à boucler** her hair is getting curly

2 *(Ordin)* to get stuck in a loop

bouclette /buklɛt/ **NF** small curl

bouclier /buklije/ **NM** *(Mil, fig)* shield; *(Police)* riot shield ◆ **faire un bouclier de son corps à qn** to shield sb with one's body ◆ **bouclier thermique** *(Espace)* heat shield ◆ **bouclier atomique** *ou* **nucléaire** nuclear defences ◆ **bouclier humain** human shield ◆ **bouclier fiscal** tax shield

Bouddha /buda/ **NM** Buddha ◆ **bouddha** *(= statuette)* Buddha

bouddhique /budik/ **ADJ** Buddhist

bouddhisme /budism/ **NM** Buddhism ◆ **bouddhisme zen** zen Buddhism

bouddhiste /budist/ **ADJ, NMF** Buddhist ◆ **bouddhiste zen** zen Buddhist

bouder /bude/ SYN ► conjug 1 ◄

VI to sulk

VT *[+ personne]* to cold-shoulder; *[+ produit]* to be reluctant to buy; *[+ conférence, exposition]* to stay away from ◆ **bouder la nourriture** to have no appetite ◆ **bouder son plaisir** to deny o.s. a good thing ◆ **ils ont boudé mon gâteau** they hardly touched my cake ◆ **le public a boudé sa pièce** hardly anybody went to see his play ◆ **les électeurs ont boudé les urnes** many voters stayed away from the polls ◆ **cet événement a été boudé par les médias** the event received hardly any media coverage ◆ **le soleil va bouder le nord du pays** the north of the country won't see much of the sun ◆ **ils se boudent** they're not on speaking terms, they're not speaking

bouderie /budʀi/ **NF** *(= état)* sulkiness *(NonC)*; *(= action)* sulk

boudeur, -euse /budœʀ, øz/
- **ADJ** sulky, sullen
- **NF** boudeuse (= siège) dos-à-dos

boudin /budɛ̃/ NM **1** (Culin) ◆ **boudin (noir)** ≈ black pudding (Brit), ≈ blood sausage (US) ◆ **boudin blanc** ≈ white pudding (Brit) ou sausage (US) ◆ **boudin antillais** small, spicy black pudding ◆ **faire du boudin*** (= bouder) to sulk; → **eau**
2 (gonflable) ring, tube
3 (* = doigt) podgy ou fat finger
4 (* = fille) fat lump (of a girl)*‡ (péj), fatty*‡ (péj)

boudiné, e /budine/ (ptp de **boudiner**) ADJ
1 [doigt] podgy
2 (= serré) ◆ **boudiné dans** squeezed into, bursting out of ◆ **boudiné dans un corset** strapped into ou bulging out of a tight-fitting corset ◆ **je me sens boudinée dans cette robe** I feel like I can't breathe in this dress

boudiner /budine/ ► conjug 1 ◄ VT **1** [+ fil, soie] to rove; [+ fil métallique] to coil
2 (* = serrer) ◆ **sa robe la boudine** her dress is much too tight for her

boudineuse /budinøz/ NF (Tech) rover

boudoir /budwaʀ/ NM (= salon) boudoir; (= biscuit) sponge (Brit) ou lady (US) finger

boue /bu/ SYN NF (gén) mud; [de mer, canal] sludge; (= dépôt) sediment ◆ **boues thermales** heated mud ◆ **boues d'épuration** sewage sludge (NonC), silt ◆ **boues activées** (Méd) activated sludge (NonC) ◆ **traîner qn dans la boue** (fig) to drag sb's name through the mud ◆ **couvrir qn de boue** (fig) to throw ou sling mud at sb

bouée /bwe/ NF (de signalisation) buoy; (d'enfant) rubber ring ◆ **bouée de corps-mort** mooring buoy ◆ **bouée de plongée** diving buoy ◆ **bouée de sauvetage** (lit) lifebelt; (fig) lifeline ◆ **bouée sonore** radio buoy

boueux, -euse /bwø, øz/ SYN
- **ADJ** muddy; (Typographie) blurred, smudged
- **NM** (* = éboueur) dustman (Brit), bin man* (Brit), garbage man (US)

bouffant, e /bufɑ̃, ɑ̃t/
- **ADJ** [manche] puff(ed) (épith), full; [cheveux] bouffant; [pantalon] baggy
- **NM** [de jupe, manche] fullness; [de cheveux] fullness, volume; [de pantalon] bagginess

bouffarde* /bufaʀd/ NF pipe

bouffe¹ /buf/ ADJ → **opéra**

bouffe²‡ /buf/ NF food, grub‡, nosh‡ (Brit) ◆ **il ne pense qu'à la bouffe** he only ever thinks of his stomach, all he ever thinks about is food ◆ **faire la bouffe** to do the cooking, to get the grub ready‡ ◆ **ils font de la bonne bouffe dans ce resto** they do good food in that restaurant ◆ **on se téléphone et on se fait une bouffe** I'll give you a ring and we'll meet up for a bite* (to eat)

bouffée /bufe/ SYN NF [de parfum] whiff; [de pipe, cigarette] puff, draw, drag*; [de colère] outburst; [d'orgueil] fit ◆ **bouffée d'air** ou **de vent** puff ou breath ou gust of wind ◆ **une bouffée d'air frais** ou **pur** (lit, fig) a breath of fresh air ◆ **bouffée de chaleur** (Méd) hot flush (Brit) ou flash (US); (gén) gust ou blast of hot air ◆ **bouffée délirante** (Psych) delirious episode ◆ **par bouffées** in gusts; → **oxygène**

bouffer¹ /bufe/ ► conjug 1 ◄ VI [cheveux] to be full, to have volume ◆ **faire bouffer une jupe/une manche** to make a skirt fuller/a sleeve puff out ◆ **faire bouffer ses cheveux** to add volume ou fullness to one's hair

bouffer²‡ /bufe/ ► conjug 1 ◄ VT **1** (gén) to eat; (= engloutir) to gobble up*, to wolf down ◆ **cette voiture bouffe de l'essence** this car really drinks petrol (Brit) ou guzzles gas (US) ◆ **se bouffer le nez** (constamment) to be always at each other's throat(s); (ponctuellement) to have a go at one another*, to scratch each other's eyes out* ◆ **bouffer du curé** to be violently anticlerical ◆ **je l'aurais bouffé !** I could have murdered him! ◆ **j'ai cru qu'elle allait le bouffer** I thought she was going to eat him alive ◆ **on s'est fait bouffer**‡ (= vaincre) we've got a real hammering* ◆ **j'en ai bouffé des polars cet été** I read loads* of detective novels over the summer
2 (emploi absolu) to eat ◆ **on bouffe mal ici** the food ou grub* (Brit) here isn't up to much ◆ **on a bien bouffé ici** the food was great* here
3 (* = accaparer) ◆ **il ne faut pas se laisser bouffer par ses enfants/son travail** you shouldn't let your children/work eat up ou take up all your time (and energy) ◆ **ça me bouffe tout mon temps** it eats up ou takes up all my time

bouffetance‡ /buftɑ̃s/ NF ⇒ **bouffe²**

bouffeur, -euse‡ /bufœʀ, øz/ NM,F (greedy) pig*, greedy guts* (Brit)

bouffi, e /bufi/ SYN (ptp de **bouffir**) ADJ [visage] puffed up, bloated; [yeux] swollen, puffy; (fig) swollen, puffed up (de with) ◆ **(hareng) bouffi** bloater ◆ **tu l'as dit bouffi !*** (hum) you said it!

bouffir /bufiʀ/ ► conjug 2 ◄
- **VT** to puff up
- **VI** to become bloated, to puff up

bouffissure /bufisyʀ/ NF puffiness (NonC), bloatedness (NonC), puffy swelling

bouffon, -onne /bufɔ̃, ɔn/
- **ADJ** farcical, comical
- **NM** (= pitre) buffoon, clown; (Hist) jester; (* = imbécile) fool ◆ **le bouffon du roi** the court jester

bouffonnerie /bufɔnʀi/ SYN NF **1** [de personne] clownishness; [de situation] drollery
2 ◆ **bouffonneries** (= comportement) antics, buffoonery; (= paroles) jesting ◆ **faire des bouffonneries** to clown around, to play the fool

bougainvillée /bugɛ̃vile/ NF, **bougainvillier** /bugɛ̃vilje/ NM bougainvillea

bouge /buʒ/ SYN NM (= taudis) hovel, dump*; (= bar louche) low dive*

bougé /buʒe/ NM (Photo) (dû au photographe) camera shake; (dû au sujet) blur

bougeoir /buʒwaʀ/ NM (bas) candle-holder; (haut) candlestick

bougeotte* /buʒɔt/ NF ◆ **avoir la bougeotte** (= voyager) to be always on the move; (= remuer) to fidget, to have the fidgets*, to have ants in one's pants‡

bouger /buʒe/ SYN ► conjug 3 ◄
- **VI 1** (= remuer) to move; (= se révolter) to be restless ◆ **ne bouge pas** keep still, don't move ou budge ◆ **il n'a pas bougé (de chez lui)** he stayed in ou at home ◆ **la terre a bougé** (tremblement de terre) the ground shook ◆ **un métier où l'on bouge** an active job, a job where you are always on the move ◆ **quand la police l'a arrêté, personne n'a bougé** (fig) when the police arrested him no-one lifted a finger (to help)
2 (= changer) to change ◆ **les prix n'ont pas bougé** prices have stayed put ◆ **ou** the same ◆ **ça ne bouge pas beaucoup dans ce service** nothing much ever changes in this department ◆ **ce tissu ne bouge pas** (gén) this material wears ou will wear well; (en dimensions) this material neither shrinks nor goes out of shape ◆ **les couleurs ne bougeront pas** the colours won't fade ◆ **ses idées n'ont pas bougé** his ideas haven't altered, he hasn't changed his ideas
3 (* = être actif) [personne] to get out and about ◆ **secteur qui bouge** fast-moving sector ◆ **c'est une ville qui bouge** it's a very lively town, there's a lot happening in this town
- **VT** * [+ objet] to move, to shift ◆ **il n'a pas bougé le petit doigt** he didn't lift a finger (to help)
- **VPR** **se bouger*** **1** (= se déplacer) to move ◆ **bouge-toi de là !** shift over!‡, shift out of the way!‡, scoot over! (US)
2 (= faire un effort) to do something ◆ **je m'ennuie - alors bouge-toi un peu !** I'm bored - then do something about it! ◆ **si tu veux le contrat, il faut que tu te bouges** if you want the contract, you'd better get moving ou get a move on* ◆ **elle ne s'est pas beaucoup bougée pour m'aider** she didn't go out of her way to help me

bougie /buʒi/ SYN NF **1** (= chandelle) candle ◆ **bougie chauffe-plat** tea light
2 [de moteur] spark(ing) plug, plug ◆ **ampoule de 40 bougies** † 40 candle-power bulb
3 († * = visage) face, dial*‡ ◆ **faire une drôle de bougie** to make ou pull (Brit) a face

bougna(t) †* /buɲa/ NM (= charbonnier) coalman; (= marchand de charbon) coal merchant (who also runs a small café)

bougnoul(e)‡ */buɲul/ NMF (injurieux) (= Arabe) Arab

bougon, -onne /bugɔ̃, ɔn/ SYN
- **ADJ** grumpy, grouchy*
- **NM,F** grumbler, grouch*

bougonnement /bugɔnmɑ̃/ NM grumbling, grouching*

bougonner /bugɔne/ ► conjug 1 ◄
- **VI** to grouch* (to o.s.), to grumble
- **VT** to mutter, to mumble

bougre* /bugʀ/
- **NM** (= type) guy*, fellow*, chap* (Brit); (= enfant) (little) rascal ◆ **bon bougre** good sort* ou chap* ◆ **pauvre bougre** poor devil* ou blighter* ◆ **ce bougre d'homme** that confounded man ◆ **bougre d'idiot !** ou **d'animal !** stupid ou confounded idiot!*, silly blighter!* (Brit) ◆ **ce n'est pas un mauvais bougre** he's not a bad guy* ◆ **il le savait, le bougre !** the so-and-so knew it!
- **EXCL** good Lord!*, strewth!* (Brit), I'll be darned!* (US)

bougrement* /bugʀəmɑ̃/ ADV (hum) terribly ◆ **nous en avons bougrement besoin** we need it terribly

bougresse‡ /bugʀɛs/ NF woman; (péj) hussy, bitch*‡

bouiboui*, **boui-boui*** (pl **bouis-bouis**) /bwibwi/ NM (gén) unpretentious (little) restaurant; (péj) greasy spoon*

bouif † * /bwif/ NM cobbler

bouillabaisse /bujabɛs/ NF bouillabaisse, fish soup

bouillant, e /bujɑ̃, ɑ̃t/ ADJ (= brûlant) [boisson] boiling (hot), scalding; (= qui bout) [eau, huile] boiling; [tempérament] fiery; [personne] (= emporté) fiery-natured, hotheaded; (= fiévreux) boiling (hot)* ◆ **bouillant de colère** seething ou boiling with anger

bouillasse* /bujas/ NF (= gadoue) muck

bouille* /buj/ NF (= visage) face, mug*‡ (péj) ◆ **avoir une bonne bouille** to have a cheerful friendly face

bouilleur /bujœʀ/ NM (= distillateur) distiller ◆ **bouilleur de cru** home distiller ◆ **bouilleur de cru clandestin** moonshiner

bouilli, e¹ /buji/ (ptp de **bouillir**)
- **ADJ** boiled
- **NM** boiled meat ◆ **bouilli de bœuf** beef stew

bouillie² /buji/ SYN NF [de bébé] baby's cereal; [de vieillard] gruel, porridge ◆ **réduire en bouillie** [+ légumes, fruits] to reduce to a pulp; [+ adversaire] to beat to a pulp ◆ **bouillie bordelaise** Bordeaux mixture ◆ **c'est de la bouillie pour les chats** (fig) it's gibberish ◆ **il a été réduit en bouillie** [adversaire] he was beaten to a pulp ◆ **sa voiture a été réduite en bouillie** his car was smashed to pieces

bouillir /bujiʀ/ SYN ► conjug 15 ◄
- **VI 1** (lit) to boil, to be boiling ◆ **commencer à bouillir** to reach boiling point, to be nearly boiling ◆ **l'eau bout** the water is boiling ◆ **l'eau ne bout plus** the water has stopped boiling, the water has gone ou is off the boil (Brit) ◆ **bouillir à gros bouillons** to boil fast ◆ **faire bouillir** ◆ **faire bouillir de l'eau** to boil water, to bring water to the boil ◆ **faire bouillir du linge/des poireaux** to boil clothes/leeks ◆ **faire bouillir un biberon** to sterilize a (baby's) bottle by boiling ◆ **avoir de quoi faire bouillir la marmite** (fig) to have enough to keep the pot boiling ◆ **c'est elle qui fait bouillir la marmite** she's the breadwinner, she's the one who brings home the bacon
2 (fig) to boil ◆ **à voir ça, je bous !** seeing that makes my blood boil! ◆ **bouillir d'impatience** to seethe with impatience ◆ **bouillir de rage/de haine** to seethe ou boil with anger/hatred ◆ **faire bouillir qn** to make sb's blood boil
- **VT** [+ eau, linge] to boil

bouilloire /bujwaʀ/ NF kettle ◆ **bouilloire électrique** electric kettle; (haute) jug kettle

bouillon /bujɔ̃/
- **NM 1** (= soupe) stock, bouillon ◆ **bouillon de légumes/poulet** vegetable/chicken stock ◆ **prendre** ou **boire un bouillon*** (en nageant) to swallow ou get a mouthful; (Fin) to take a tumble*, to come a cropper* (Brit)
2 (= bouillonnement) bubble (in boiling liquid) ◆ **au premier bouillon** as soon as it starts to boil ◆ **couler à gros bouillons** to gush out, to come gushing out
3 (arg Presse) ◆ **bouillons** unsold copies
4 (Couture) puff ◆ **rideau à bouillons** Austrian blind
- **COMP** **bouillon cube** stock ou bouillon cube ◆ **bouillon de culture** culture fluid ◆ **bouillon gras** meat stock ◆ **bouillon maigre** clear stock

bouillon d'onze heures * poisoned drink, lethal potion

bouillon-blanc (pl **bouillons-blancs**) /bujɔ̃blɑ̃/ NM mullein

bouillonnant, e /bujɔnɑ̃, ɑ̃t/ SYN ADJ [liquide chaud] bubbling; [torrent] foaming, frothing ◆ **bain bouillonnant** whirlpool bath

bouillonné /bujɔne/ NM (Couture) ruffle

bouillonnement /bujɔnmɑ̃/ SYN NM [de liquide chaud] bubbling; [de torrent] foaming, frothing ◆ **bouillonnement d'idées** ferment of ideas

bouillonner /bujɔne/ SYN ▸ conjug 1 ◂ VI [liquide chaud] to bubble; [torrent] to foam, to froth; [idées] to bubble up ◆ **bouillonner de colère** to seethe ou boil with anger ◆ **il bouillonne d'idées** his mind is teeming with ideas, he's bubbling with ideas

bouillotte /bujɔt/ NF hot-water bottle

bouillotter /bujɔte/ ▸ conjug 1 ◂ VI to boil gently, to simmer

boulaie /bulɛ/ NF birch grove

boulange* /bulɑ̃ʒ/ NF bakery trade ◆ **être dans la boulange** to be a baker (by trade)

boulanger¹ /bulɑ̃ʒe/ NM baker

boulanger² /bulɑ̃ʒe/ ▸ conjug 3 ◂ VT [+ pain] to make, to bake

boulangère /bulɑ̃ʒɛʀ/ NF (woman) baker; (= épouse) baker's wife; → **pomme**

boulangerie /bulɑ̃ʒʀi/ NF (= magasin) baker's (shop), bakery; (= commerce) bakery trade ◆ **boulangerie-pâtisserie** bread and pastry shop

boulangisme /bulɑ̃ʒism/ NM right-wing movement led by General Boulanger, who staged an abortive coup d'État in 1889

boulangiste /bulɑ̃ʒist/ ADJ, NMF Boulangist; → **boulangisme**

boule /bul/ SYN
▨ 1 (Billard, Croquet) ball; (Boules) bowl; (Géol) tor ◆ **jouer aux boules** to play bowls ◆ **jouer à la boule** (Casino) to play (at) boule ◆ **roulé en boule** [animal] curled up in a ball; [paquet] rolled up in a ball ◆ **petite boule de poil** (= animal) little ball of fluff ◆ **être en boule*** (fig) to be in a temper, to be hopping mad (Brit) ◆ **se mettre en boule** [hérisson] to roll up into a ball; * [personne] to fly off the handle* ◆ **ça me met en boule*** it drives me mad ou really gets my goat *
▨ 2 (* = grosseur) lump ◆ **avoir une boule dans la gorge** (fig) to have a lump in one's throat ◆ **j'ai les boules**‡ (= anxieux) I've got butterflies* (in my stomach); (= furieux) I'm really ou hopping mad * (Brit) ◆ **ça fout les boules**‡ (= ça angoisse) it's really scary*, it gives you the creeps*; (= ça énerve) it's damn annoying *
▨ 3 (* = tête) head, nut ◆ **perdre la boule** to go bonkers‡ ou nuts*, to go off one's rocker‡ ◆ **coup de boule**‡ headbutt ◆ **avoir la boule à zéro** to have a shaven head
COMP **boule de billard** billiard ball ◆ **avoir une boule de billard** (fig) to be as bald as a coot* ou an egg* ◆ **boule de commande** (Ordin) trackball ◆ **boule de cristal** crystal ball ◆ **je ne lis pas dans les boules de cristal !** I haven't got a crystal ball!, I'm not a clairvoyant! ◆ **boule de feu** fireball ◆ **boule de gomme** (Pharm) throat pastille; (= bonbon) fruit pastille ou gum, gumdrop ◆ **boules de gui** mistletoe berries ◆ **boule de loto** lotto ou lottery ball ◆ **yeux en boules de loto** big round eyes ◆ **boule de neige** snowball ◆ **faire boule de neige** (fig) to snowball ◆ **boule de pain** round loaf ◆ **boule puante** stink bomb ◆ **boule Quiès** ® (wax) earplug, (wax) ear stopper

▪ **BOULES**

This popular French game takes several forms, including "pétanque", which originated in the South of France, and "boule lyonnaise" from Lyons. The idea of the game is to throw steel balls towards a small wooden ball called the "cochonnet", if necessary knocking one's opponent's **boules** out of the way in the process. The winner is the player who finishes closest to the "cochonnet".

bouleau (pl **bouleaux**) /bulo/ NM (silver) birch

boule-de-neige (pl **boules-de-neige**) /buldənɛʒ/ NF (= fleur) guelder-rose; (= arbre) snowball tree

bouledogue /buldɔg/ NM bulldog

bouler /bule/ ▸ conjug 1 ◂ VI to roll along ◆ **elle a boulé dans l'escalier** she fell head over heels down the stairs ◆ **envoyer bouler qn** * to send sb packing *

boulet /bulɛ/ NM ▨ 1 [de forçat] ball and chain ◆ **boulet (de canon)** cannonball ◆ **traîner un boulet** (fig) to have a millstone around ou round (Brit) one's neck ◆ **c'est un (véritable) boulet pour ses parents** he's a millstone around ou round (Brit) his parents' neck ◆ **arriver comme un boulet de canon** to come bursting in ou crashing in ◆ **tirer à boulets rouges sur qn** to lay into sb tooth and nail
▨ 2 [de charbon] (coal) nut
▨ 3 [d'animal] fetlock

boulette /bulɛt/ NF ▨ 1 [de papier] pellet; (Culin) meatball ◆ **boulette empoisonnée** lump of poisoned meat
▨ 2 (* = bévue) blunder ◆ **faire une boulette** to make a blunder; (paroles) to drop a brick *

boulevard /bulvaʀ/ SYN NM boulevard ◆ **les boulevards extérieurs** the outer boulevards of Paris ◆ **les grands boulevards** the grand boulevards ◆ **pièce** ou **comédie de boulevard** light comedy; → **périphérique, théâtre**

boulevardier, -ière /bulvaʀdje, jɛʀ/
ADJ ◆ **le comique boulevardier** light comedy (typical of the théâtre de Boulevard)
NM,F writer of light comedy for the theatre

bouleversant, e /bulvɛʀsɑ̃, ɑ̃t/ SYN ADJ very moving

bouleversement /bulvɛʀsəmɑ̃/ SYN NM [d'habitudes, vie politique] disruption ◆ **le bouleversement de son visage** the utter distress on his face, his distraught face ◆ **ce fut un vrai bouleversement** it was a real upheaval

bouleverser /bulvɛʀse/ SYN ▸ conjug 1 ◂ VT
▨ 1 (= émouvoir) to move deeply; (= causer un choc à) to shatter ◆ **bouleversé par l'angoisse/la peur** distraught with anxiety/fear ◆ **la nouvelle les a bouleversés** they were deeply distressed ou upset by the news, they were shattered by the news
▨ 2 (= modifier) [+ plan, habitude] to disrupt, to change completely ou drastically
▨ 3 (= déranger) to turn upside down

boulgour /bulguʀ/ NM (Culin) bulg(h)ur (wheat)

boulier /bulje/ NM (= abaque) abacus; (Billard) scoring board

boulimie /bulimi/ NF bulimia, binge-eating syndrome (US) ◆ **il fait de la boulimie *** he's a compulsive eater ◆ **être saisi d'une boulimie de lecture/de cinéma** to be seized by a compulsive desire to read/to go the cinema

boulimique /bulimik/
ADJ (Méd) bulimic ◆ **une lectrice boulimique** a voracious reader, a woman with a huge appetite for books
NMF (Méd) bulimic ◆ **pour les boulimiques de jazz** for jazz fanatics ◆ **un boulimique de** [+ culture, idées, musique etc] a person with a huge appetite for ◆ **un boulimique de travail** a workaholic

boulin /bulɛ̃/ NM [de pigeonnier] pigeonhole; (Tech) putlog ou putlock hole

bouline /bulin/ NF bowline

boulingrin /bulɛ̃gʀɛ̃/ NM lawn

boulisme /bulism/ NM (pratique) bowl playing

bouliste /bulist/ NMF bowls player

Boulle /bul/ NM ADJ **style/commode Boulle** boul(l)e ou buhl style/chest of drawers

boulocher /buloʃe/ ▸ conjug 1 ◂ VI [pull, tissu] to pill

boulodrome /bulodʀom/ NM area for playing boules

bouloir /bulwaʀ/ NM [de mortier] larry

boulomane /bulɔman/ NMF boules enthusiast

boulon /bulɔ̃/ NM bolt; (avec son écrou) nut and bolt ◆ **(res)serrer les boulons** (fig) to tighten a few screws

boulonnage /bulɔnaʒ/ NM (= assemblage) bolting (on); (= serrage) bolting (down)

boulonnais, e /bulɔnɛ, ɛz/
ADJ of ou from Boulogne
NM,F **Boulonnais(e)** inhabitant ou native of Boulogne
NM (= cheval) type of draught horse bred in the Boulogne region

boulonner /bulɔne/ ▸ conjug 1 ◂
VT (= serrer) to bolt (down); (= assembler) to bolt (on)
VI * to work ◆ **boulonner (dur)** to slog* ou slave* away

boulonnerie /bulɔnʀi/ NF (usine) nuts and bolts factory; (produits) nuts and bolts

boulot¹, -otte /bulo, ɔt/ ADJ (= trapu) plump, tubby *

boulot²* /bulo/ NM ▨ 1 (= travail) work (NonC) ◆ **on a du boulot** (gén) we've got work to do; (= tâche difficile) we've got our work cut out for us ◆ **j'ai un boulot fou en ce moment** I'm up to my eyes in work ou I'm snowed under with work at the moment ◆ **ce n'est pas du boulot !** that's not work!, (do you) call that work! ◆ **elle a 4 enfants à élever, quel boulot !** she has 4 children to bring up, that's quite a job! ou that's a lot of work! ◆ **il est boulot boulot** with him it's just work, work, work * ◆ **faire le boulot** to do the work ◆ **ça/elle a fait du bon boulot** it's/she's done a good job ◆ **il a repeint la cuisine, t'aurais vu le boulot !** he repainted the kitchen and it was an absolute disaster! ◆ **allez, au boulot !** let's get cracking!*, let's get this show on the road! ◆ **je suis au boulot depuis 7 heures du matin** I've been at work since 7 o'clock this morning ◆ **aller au boulot** to go to work ◆ **se mettre au boulot** to get down ou knuckle* down to work ◆ **allez, faut retourner au boulot !** come on, back to the grind!*; → **métro, sale**
▨ 2 (= emploi) job, work (NonC) ◆ **il a trouvé du boulot** ou **un boulot** he's found work ou a job ◆ **petit boulot** casual job ◆ **j'ai fait des petits boulots** I did odd jobs ou casual work ◆ **être sans boulot** to be out of work ou unemployed ◆ **gardien de musée, c'est le bon boulot** a job as a museum attendant is a cushy number* ◆ **ils ont fait un super boulot** they've done a great job
▨ 3 (= lieu de travail) work (NonC), place of work ◆ **je sors du boulot à 18 h** I finish work at 6 o'clock

boulotter* /bulɔte/ ▸ conjug 1 ◂
VI to eat ◆ **on a bien boulotté** we had a good meal ◆ **qu'est-ce qu'elle boulotte !** you should see what she can put away!
VT to eat, to gobble up

boum /bum/
EXCL (chute) bang!; (explosion) boom!, bang! ◆ **faire boum** (langage enfantin) to go bang * ◆ **boum par terre !** whoops a daisy!
NM (= explosion) bang ◆ **on entendit un grand boum** there was an enormous bang ◆ **être en plein boum**‡ to be in full swing, to be going full blast *
NF (* = fête) party

boumer* /bume/ ▸ conjug 1 ◂ VI ◆ **ça boume** everything's going fine ou dandy* (US) ◆ **ça boume ?** how's things? ou tricks?*

boumerang /bumʀɑ̃g/ NM boomerang

bounioul /bunjul/ NM ⇒ **bougnoul(e)**

bouquet¹ /bukɛ/ SYN NM ▨ 1 [de fleurs] bunch (of flowers); (soigneusement composé) bouquet; (petit) posy; (* : Can = plante d'ornement) (house) plant ◆ **bouquet d'arbres** clump of trees ◆ **faire un bouquet** to make up a bouquet ◆ **le bouquet de la mariée** the bride's bouquet ◆ **bouquet de persil/thym** bunch of parsley/thyme ◆ **bouquet garni** (Culin) bouquet garni (bunch of mixed herbs)
▨ 2 [de feu d'artifice] finishing ou crowning piece (in a firework display) ◆ **c'est le bouquet !** (fig) that takes the cake* (Brit) ou the biscuit! (US)
▨ 3 [de vin] bouquet, nose ◆ **vin qui a du bouquet** wine which has a good bouquet ou nose
▨ 4 (Jur) [de viager] initial payment
▨ 5 (TV) multichannel package

bouquet² /bukɛ/ NM (= crevette) prawn

bouqueté, e /buk(ə)te/ ADJ [vin] which has a good bouquet ou nose

bouquetière /buk(ə)tjɛʀ/ NF flower seller, flower girl

bouquetin /buk(ə)tɛ̃/ NM ibex

bouquin* /bukɛ̃/ NM book

bouquiner* /bukine/ ▸ conjug 1 ◂ VTI to read ◆ **il passe son temps à bouquiner** he always has his nose in a book

bouquiniste /bukinist/ NMF secondhand bookseller (esp along the Seine in Paris)

bourbe /buʀb/ NF mire, mud

bourbeux, -euse /buʁbø, øz/ ADJ miry, muddy

bourbier /buʁbje/ NM (quag)mire; (fig) (= situation) mess; (= entreprise) unsavoury ou nasty business, quagmire

bourbillon /buʁbijɔ̃/ NM (Méd) core

bourbon /buʁbɔ̃/ NM (= whisky) bourbon

bourbonien, -ienne /buʁbɔnjɛ̃, jɛn/ ADJ Bourbon (épith) ◆ **nez bourbonien** long aquiline nose

bourdaine /buʁdɛn/ NF alder buckthorn

bourde* /buʁd/ SYN NF (= gaffe) blunder, boob*; (= faute) slip, mistake ◆ **faire une bourde** (= gaffe) to boob* (Brit), to blunder, to drop a clanger* (Brit); (= faute) to make a (silly) mistake, to goof up* (US)

bourdon¹ /buʁdɔ̃/ NM 1 (= abeille) bumblebee ◆ **avoir le bourdon*** to have the blues*; → **faux²**
2 (Mus) (= cloche) great bell; [de cornemuse] bourdon, drone; [d'orgue] bourdon

bourdon² /buʁdɔ̃/ NM (Typographie) omission, out

bourdon³ /buʁdɔ̃/ NM (= bâton) pilgrim's staff

bourdonnant, e /buʁdɔnɑ̃, ɑ̃t/ ADJ [insecte] buzzing, humming, droning; [ville] buzzing with activity ◆ **il avait la tête bourdonnante** ou **les oreilles bourdonnantes** his ears were buzzing ou ringing

bourdonnement /buʁdɔnmɑ̃/ NM [d'insecte] buzz(ing) (NonC); [d'abeille] buzz(ing) (NonC), drone (NonC); [de voix] buzz (NonC), hum (NonC); [de moteur] hum(ming) (NonC), drone (NonC); [d'avion] drone (NonC) ◆ **j'ai un bourdonnement dans les oreilles** ou **des bourdonnements d'oreilles** my ears are buzzing ou ringing

bourdonner /buʁdɔne/ SYN ▶ conjug 1 ◀ VI [insecte] to buzz; [abeille] to buzz, to drone; [moteur] to hum, to drone ◆ **ça bourdonne dans mes oreilles** my ears are buzzing ou ringing

bourg /buʁ/ NM (gén) market town; (petit) village ◆ **au bourg, dans le bourg** in town, in the village

bourgade /buʁɡad/ NF village, (small) town

bourge* /buʁʒ/ ADJ, NMF (abrév de **bourgeois**) (péj) bourgeois (péj)

bourgeois, e /buʁʒwa, waz/
ADJ 1 (Sociol) middle-class
2 (gén péj = conventionnel) [culture, préjugé, goûts] bourgeois, middle-class ◆ **avoir l'esprit bourgeois** to have a conventional outlook ◆ **mener une petite vie bourgeoise** to lead a comfortable middle-class existence
3 (= cossu) [quartier] middle-class; [appartement] plush
NM,F (Sociol) bourgeois, middle-class person ◆ **grand bourgeois** upper middle-class person ◆ **les bourgeois** (péj) the wealthy (classes); → **épater**
2 (Hist) (= citoyen) burgher; (= riche roturier) bourgeois ◆ « **Les Bourgeois de Calais** » (Art) "The Burghers of Calais" ◆ « **Le Bourgeois gentilhomme** » (Littérat) "Le Bourgeois Gentilhomme", "The Prodigious Snob"
NM (Can) head of household, master
NF **bourgeoise*** ◆ **la** ou **ma bourgeoise** (hum) (= épouse) the wife*, the missus*

bourgeoisement /buʁʒwazmɑ̃/ ADV [penser, réagir] conventionally; [vivre] comfortably

bourgeoisie /buʁʒwazi/ NF 1 (Sociol) middle class(es), bourgeoisie ◆ **petite bourgeoisie** lower middle class ◆ **moyenne bourgeoisie** middle class ◆ **grande bourgeoisie** upper middle class
2 (Hist = citoyenneté) bourgeoisie, burgesses

bourgeon /buʁʒɔ̃/ NM [d'arbre, fleur] bud; († = bouton) pimple, spot (Brit) ◆ **bourgeon gustatif** (Anat) taste bud

bourgeonnement /buʁʒɔnmɑ̃/ NM [d'arbre, fleur] budding; (Méd) granulation (SPÉC)

bourgeonner /buʁʒɔne/ ▶ conjug 1 ◀ VI [arbre, fleur] to (come into) bud; (Méd) [plaie] to granulate (SPÉC) ◆ **son visage bourgeonne** (fig) he's getting pimples ou spots (Brit)

bourgmestre /buʁɡmɛstʁ/ NM burgomaster

bourgogne /buʁɡɔɲ/
NM (= vin) burgundy
NF **Bourgogne** (= région) ◆ **la Bourgogne** Burgundy

bourguignon, -onne /buʁɡiɲɔ̃, ɔn/
ADJ Burgundian ◆ **un (bœuf) bourguignon** (Culin) bœuf bourguignon, beef stewed in red wine
NM,F **Bourguignon(ne)** Burgundian

bourlinguer /buʁlɛ̃ɡe/ ▶ conjug 1 ◀ VI
1 (= naviguer) to sail; (* = voyager) to travel around a lot*, to knock about a lot* ◆ **il a bourlingué dans tout l'hémisphère sud** he has travelled all over the southern hemisphere
2 (= avancer péniblement en bateau) to labour

bourlingueur, -euse* /buʁlɛ̃ɡœʁ, øz/ NM,F ◆ **c'est un bourlingueur** he's a globe-trotter

bourrache /buʁaʃ/ NF borage

bourrade /buʁad/ NF (du poing) thump; (du coude) dig, prod

bourrage /buʁaʒ/ NM [de coussin] stuffing; [de poêle, pipe] filling; [de fusil] wadding; [d'imprimante, photocopieur] paper jam ◆ **il y a un bourrage (de papier)** the paper has got stuck ou jammed in the machine ◆ **bourrage de crâne*** (= propagande) brainwashing; (= récits exagérés) eyewash*, hot air*; (Scol) cramming

bourrasque /buʁask/ SYN NF gust of wind, squall ◆ **bourrasque de neige** flurry of snow ◆ **le vent souffle en bourrasques** the wind is blowing in gusts

bourrasser* /buʁase/ ▶ conjug 1 ◀ VT (Can) to browbeat, to bully

bourratif, -ive /buʁatif, iv/ ADJ (gén) filling; (péj) stodgy

bourre¹ /buʁ/ NF [de coussin] stuffing; (en poils) hair; (en laine, coton) wadding, flock; [de bourgeon] down; [de fusil] wad
2 (locutions) ◆ **se tirer la bourre*** to jostle for first place ◆ **de première bourre*** great*, brilliant* (Brit)
◆ **à la bourre*** (= en retard) late; (= pressé) pushed for time ◆ **être à la bourre dans son travail*** to be behind with one's work

bourre² †* /buʁ/ NM (= policier) cop* ◆ **les bourres** the fuzz*, the cops*

bourré, e¹ /buʁe/ SYN (ptp de **bourrer**) ADJ
1 (= plein à craquer) [salle, compartiment] packed, jam-packed*, crammed (de with); [sac] crammed, stuffed (de with) ◆ **portefeuille bourré de billets** wallet stuffed with notes ◆ **devoir bourré de fautes** exercise riddled with mistakes ◆ **il est bourré de tics** he's always twitching ◆ **il est bourré de complexes** he's got loads of hang-ups*, he's really hung-up* ◆ **il est /le film est bourré d'idées** he's/the film is bursting with ideas ◆ **c'est bourré de vitamines** it's packed with vitamins
2 (* = ivre) ◆ **bourré (comme un coing)** sloshed*, plastered*

bourreau (pl **bourreaux**) /buʁo/ NM
1 (= tortionnaire) torturer
2 (Hist) [de guillotine] executioner, headsman; [de pendaison] executioner, hangman
COMP ◆ **bourreau des cœurs** ladykiller ◆ **bourreau d'enfants** child-batterer, baby-batterer ◆ **bourreau de travail** glutton for work*, workaholic*

bourrée² /buʁe/ NF (Mus) bourrée

bourrelé, e /buʁ(ə)le/ ADJ (littér) ◆ **bourrelé de remords** stricken with ou racked by remorse ◆ **bourrelé de soupçons** racked by suspicion

bourrèlement /buʁɛlmɑ̃/ NM (littér) torment

bourrelet /buʁlɛ/ NM 1 (gén) roll; [de porte, fenêtre] draught excluder, weather strip (US)
2 ◆ **bourrelet (de chair)** fold ou roll of flesh ◆ **bourrelet (de graisse)** (gén) roll of fat; (à la taille) spare tyre* (Brit) ou tire* (US)

bourrelier /buʁəlje/ NM saddler

bourrellerie /buʁɛlʁi/ NF saddlery

bourrer /buʁe/ SYN ▶ conjug 1 ◀
VT 1 (= remplir) [+ coussin] to stuff; [+ pipe, poêle] to fill; [+ valise] to stuff ou cram full ◆ **bourrer une dissertation de citations** to cram an essay with quotations ◆ **bourrer un sac de papiers** to stuff ou cram papers into a bag ◆ **bourrer les urnes** (Pol) to rig the ballot
2 ◆ **bourrer qn de nourriture** to stuff sb with food ◆ **ne te bourre pas de gâteaux** don't stuff yourself ou fill yourself up* with cakes ◆ **les frites, ça bourre !** chips really fill you up!
3 (locutions) ◆ **bourrer le crâne à qn*** (= endoctriner) to stuff sb's head full of ideas, to brainwash sb; (= en faire accroire) to feed sb a lot of eyewash*; (Scol) to cram sb ◆ **bourrer qn de coups** to beat sb up ◆ **se faire bourrer la gueule***‡ to get one's head bashed in‡ ◆ **se bourrer la gueule***‡ (= se battre) to beat one another up*; (= se soûler) to get sloshed‡ ou plastered‡ ou pissed*‡ (Brit)
VI 1 (‡ = se dépêcher) (en voiture, en moto) to go flat out*, to tear along*, to belt along*; (au travail) to go ou work flat out*
2 [papier] to jam

bourrette /buʁɛt/ NF waste silk

bourriche /buʁiʃ/ NF [d'huîtres] hamper, basket; (Pêche) keep-net

bourrichon* /buʁiʃɔ̃/ NM ◆ **se monter le bourrichon** to get ideas ◆ **monter le bourrichon à qn** to put ideas into sb's head (contre against)

bourricot /buʁiko/ NM (small) donkey

bourrin* /buʁɛ̃/ NM horse, nag*

bourrique /buʁik/ NF 1 (= âne) donkey, ass; (= ânesse) she-ass
2 * (= imbécile) ass, blockhead*; (= têtu) pigheaded* person ◆ **faire tourner qn en bourrique** to drive sb to distraction ou up the wall*; → **soûl, têtu**

bourriquet /buʁikɛ/ NM ⇒ **bourricot**

bourru, e /buʁy/ SYN ADJ [personne, air] surly; [voix] gruff; [vin] unfermented; [lait] straight from the cow

bourrure /buʁyʁ/ NF (Can) stuffing (in saddle etc.)

bourse /buʁs/ SYN
NF 1 (= porte-monnaie) purse ◆ **la bourse ou la vie !** your money or your life!, stand and deliver! ◆ **sans bourse délier** without spending a penny ◆ **avoir la bourse dégarnie** to be hard-up* ◆ **avoir la bourse bien garnie** (ponctuellement) to be flush*; (en permanence) to have well-lined pockets, to have a well-lined purse ◆ **ils font bourse commune** they share expenses ◆ **il nous a ouvert sa bourse** he lent us some money ◆ **c'est trop cher pour ma bourse** I can't afford it, it's more than I can afford; → **cordon, portée²**
2 (= marché boursier) ◆ **la Bourse** the Stock Exchange ◆ **la Bourse de Paris** the Bourse, the Paris Stock Exchange ◆ **la Bourse de Londres/de New York** the London/New York Stock Exchange ◆ **la Bourse monte/descend** the market is going up/down ◆ **valoir tant en Bourse** to be worth so much on the Stock Exchange ou Market ◆ **jouer à la Bourse** to speculate ou gamble on the Stock Exchange ou Market; → **coter**
3 [d'objets d'occasion] sale ◆ **bourse aux livres** second-hand book sale
4 ◆ **bourse (d'études)** (Scol) grant; (obtenue par concours) scholarship
5 (Anat) ◆ **bourse séreuse** bursa ◆ **bourses** scrotum
COMP **Bourse du** ou **de commerce** produce exchange, commodity market ◆ **Bourse de l'emploi** ≈ Jobcentre ◆ **Bourse des marchandises** ⇒ **Bourse du commerce** ◆ **Bourse du travail** trades union centre, ≈ trades council (Brit) ◆ **Bourse des valeurs** Stock Market, Stock ou Securities Exchange

bourse-à-pasteur (pl **bourses-à-pasteur**) /buʁsapastœʁ/ NF shepherd's-purse

boursicotage /buʁsikɔtaʒ/ NM dabbling on the stock exchange

boursicoter /buʁsikɔte/ ▶ conjug 1 ◀ VI to dabble on the stock exchange

boursicoteur, -euse /buʁsikɔtœʁ, øz/, **boursicotier, -ière** /buʁsikɔtje, jɛʁ/ NM,F small-time speculator, small investor

boursier, -ière /buʁsje, jɛʁ/
ADJ 1 (Scol, Univ) ◆ **étudiant boursier** grant holder; (par concours) scholarship holder
2 (Bourse) stock-market (épith), stock-exchange (épith) ◆ **marché boursier** stock market ◆ **indice boursier** stock market index ◆ **valeurs boursières** stocks and shares
NM,F 1 (= étudiant) grant holder; (par concours) scholarship holder
2 (= agent de change) stockbroker; (= opérateur) stock exchange operator

boursouflage /buʁsuflaʒ/ NM [de visage] swelling, puffing-up; [de style] turgidity

boursouflé, e /buʁsufle/ (ptp de **boursoufler**) ADJ [visage] puffy, swollen, bloated; [main] swollen; [surface peinte] blistered; (fig) [style, discours] bombastic, turgid

boursouflement /buʀsufləmɑ̃/ NM ⇒ **boursouflage**

boursoufler /buʀsufle/ ▸ conjug 1 ◂

VT to puff up, to bloat

VPR **se boursoufler** *[peinture]* to blister; *[visage, main]* to swell (up)

boursouflure /buʀsuflyʀ/ NF *[de visage]* puffiness; *[de style]* turgidity, pomposity; *(= cloque)* blister; *(= enflure)* swelling

bouscaud, e /busko, od/ ADJ *(Can)* thickset

bouscueil /buskœj/ NM *(Can)* break-up of ice (in rivers and lakes)

bousculade /buskylad/ SYN NF *(= remous)* hustle, jostle, crush; *(= hâte)* rush, scramble ◆ **dans la bousculade** in the rush *ou* crush ◆ **pas de bousculade !** don't push! ◆ **ça a été la bousculade ce week-end** it was a real rush *ou* scramble this weekend

bousculer /buskyle/ SYN ▸ conjug 1 ◂

VT [1] *[+ personne]* *(= pousser)* to jostle, to shove; *(= heurter)* to bump into *ou* against, to knock into *ou* against; *(= presser)* to rush, to hurry (up); *(Mil)* to drive from the field ◆ **je n'aime pas qu'on me bouscule** *(fig)* I don't like to be pressured *ou* rushed ◆ **être (très) bousculé** *(fig)* to be rushed off one's feet

[2] *[+ objet]* *(= heurter)* to knock *ou* bump into; *(= faire tomber)* to knock over; *(= déranger)* to knock about

[3] *[+ idées]* to shake up, to liven up; *[+ traditions]* to shake up; *[+ habitudes]* to upset; *[+ emploi du temps, calendrier]* to upset, to disrupt

VPR **se bousculer** *(= se heurter)* to jostle each other; *(* = se dépêcher)* to get a move on* ◆ **les souvenirs/idées se bousculaient dans sa tête** his head was buzzing with memories/ideas ◆ **on se bouscule pour aller voir ce film** there's a mad rush on* to see the film ◆ **ça se bouscule au portillon*** *(= bégayer)* he can't get his words out fast enough ◆ **les gens ne se bousculent pas (au portillon)*** *(= s'enthousiasmer)* people aren't exactly queuing up* *(Brit) ou* lining up *(US)*

bouse /buz/ NF ◆ **de la bouse (de vache)** (cow *ou* cattle) dung *(NonC)* ◆ **une bouse (de vache)** a cow pat

bouseux‡ /buzø/ NM *(péj)* bumpkin, yokel

bousier /buzje/ NM dung-beetle

bousillage[1]* /buzijaʒ/ NM [1] *[de travail]* botching, bungling

[2] *[d'appareil, moteur]* wrecking, busting up‡; *[de voiture, avion]* smashing up*

bousillage[2] /buzijaʒ/ NM *(Constr)* cob

bousiller* /buzije/ SYN ▸ conjug 1 ◂ VT [1] *(= bâcler)* *[+ travail]* to botch, to bungle, to louse up‡

[2] *(= détériorer)* *[+ appareil, moteur]* to bust up‡, to wreck; *[+ voiture, avion]* to smash up*, to total* *(US)* ◆ **ça a bousillé sa vie/carrière** it wrecked his life/career ◆ **se bousiller la santé** to ruin one's health ◆ **on est en train de bousiller les forêts** we're trashing* the forests

[3] *(= tuer)* *[+ personne]* to bump off‡, to do in‡ ◆ **se faire bousiller** to get done in‡ *ou* bumped off‡

bousilleur, -euse* /buzijœʀ, øz/ NM,F bungler, botcher

boussole /busɔl/ NF compass ◆ **perdre la boussole*** *(fig)* to go off one's head, to go bonkers*

boustifaille‡ /bustifɑj/ NF grub‡, nosh‡ *(Brit)*

boustrophédon /bustʀɔfedɔ̃/ NM boustrephedon writing

◆ ◆ ◆ ◆ ◆ ◆ ◆ ◆ ◆ ◆ ◆ ◆ ◆ ◆ ◆ ◆ ◆ ◆ ◆ ◆

bout /bu/ SYN

1 - NOM MASCULIN
2 - COMPOSÉS

◆ ◆ ◆ ◆ ◆ ◆ ◆ ◆ ◆ ◆ ◆ ◆ ◆ ◆ ◆ ◆ ◆ ◆ ◆ ◆

1 - NOM MASCULIN

[1] [= EXTRÉMITÉ, FIN] *[de ficelle, planche, rue, table]* end; *[de nez, langue, oreille]* tip; *[de canne]* end, tip ◆ **bout du doigt** fingertip ◆ **bout du sein** nipple ◆ **à bout rond/carré** round-/square-ended ◆ **cigarette à bout de liège** cork-tipped cigarette ◆ **à l'autre bout du couloir** at the other *ou* far end of the corridor ◆ **commençons par un bout et nous verrons** let's get started *ou* make a start and then we'll see ◆ **cette vieille voiture s'en va par tous les bouts*** this old car is falling apart ◆ **on ne sait pas par quel bout le prendre** you just don't know how to tackle *ou* handle him ◆ **prendre qch par le bon bout** to approach *ou* handle sth the right way ◆ **tenir le bon bout*** *(fig)* *(= être sur la bonne voie)* to be on the right track; *(= avoir fait le plus gros du travail)* to be getting near the end of one's work, to be past the worst *(hum)* ◆ **on n'en voit pas le bout** there doesn't seem to be any end to it; → **monde, nez, tunnel**

[2] [= MORCEAU] *[de ficelle, pain, papier]* piece, bit ◆ **un bout de terrain** a patch *ou* plot of land ◆ **un bout de pelouse/de ciel bleu** a patch of lawn/of blue sky ◆ **un petit bout d'homme*** a (mere) scrap of a man ◆ **un petit bout de femme** a slip of a woman ◆ **un (petit) bout de chou*** *ou* **de zan*** a little kid* *ou* nipper* *(Brit)* ◆ **bonjour, bout de chou** hello, poppet* *(Brit) ou* my little love ◆ **on a fait un bout de chemin ensemble** *(lit)* we walked part of the way together; *(fig)* *(en couple)* we were together for a while; *(au travail)* we worked together for a while ◆ **jusqu'à Paris, cela fait un (bon) bout de chemin** *ou* **un bout*** it's some distance *ou* quite a long way to Paris ◆ **il m'a fait un bout de conduite** he went part of the way with me ◆ **il est resté un bon bout de temps** he stayed a while *ou* quite some time ◆ **avoir un bout de rôle dans une pièce** to have a small *ou* bit part *ou* walk-on part in a play ◆ **mettre les bouts‡** to hop it‡ *(Brit)*, to skedaddle*, to scarper‡ *(Brit)*; → **connaître**

[3] [NAUT = CORDAGE] /but/ (length of) rope

[4] [EXPRESSIONS FIGÉES]

◆ **à bout** ◆ **être à bout** *(= fatigué)* to be exhausted, to be all in*; *(= en colère)* to have had enough, to be at the end of one's patience ◆ **ma patience est à bout** I'm at the end of my patience ◆ **pousser qn à bout** to push sb to the limit (of his patience)

◆ **à bout de** ◆ **à bout de bras** *[tenir, porter]* *(lit)* at arm's length ◆ **nous avons porté le club à bout de bras pendant 2 ans** *(fig)* we struggled to keep the club going for 2 years ◆ **être à bout d'arguments** to have run out of arguments ◆ **être à bout de force(s)** to have no strength left ◆ **à bout de forces, il s'écroula** worn out *ou* exhausted, he collapsed ◆ **être à bout de nerfs** to be at the end of one's tether, to be just about at breaking point ◆ **à bout de souffle** *(lit)* breathless, out of breath *(attrib)*; *(fig)* *[machine, gouvernement]* on its last legs* ◆ **le moteur est à bout de souffle** the engine is about to give up the ghost ◆ **venir à bout de** *[+ travail]* to get through, to get to the end of; *[+ adversaire]* to get the better of, to overcome; *[+ repas, gâteau]* to get through ◆ **je n'en viendrai jamais à bout** I'll never manage it, I'll never get through it; → **course**

◆ **à bout portant, à bout touchant** † *[tirer, tuer]* point-blank, at point-blank range

◆ **à tout bout de champ** all the time ◆ **il m'interrompait à tout bout de champ** he interrupted me at every opportunity, he kept on interrupting me ◆ **elle se regarde dans la glace à tout bout de champ** she's forever looking at herself in the mirror

◆ **au bout de** *(dans l'espace)* ◆ **au bout de la rue** at the end of the street ◆ **au bout du jardin** at the bottom *ou* end of the garden ◆ **la poste est tout au bout du village** the post office is at the far end of the village *(dans le temps)* after ◆ **au bout d'un mois** after a month, a month later ◆ **au bout d'un moment** after a while ◆ **il est parti au bout de trois minutes** he left after three minutes ◆ **au bout du compte** in the last analysis, all things considered ◆ **il n'est pas au bout de ses peines** he's not out of the wood *(Brit) ou* woods *(US)* yet, his troubles still aren't over ◆ **être au bout du rouleau*** *(= être épuisé)* to be exhausted; *(= être sans ressources)* to be running short (of money); *(= être près de la mort)* to have come to the end of the road

◆ **bout à bout** end to end ◆ **mettre des planches/tuyaux bout à bout** to lay planks/pipes end to end ◆ **il a reconstitué l'histoire en mettant bout à bout tous les indices** he reconstructed what had happened by piecing all the clues *ou* evidence together

◆ **de bout en bout** ◆ **lire un livre de bout en bout** to read a book from cover to cover *ou* right through *ou* from start to finish ◆ **parcourir une rue de bout en bout** to go from one end of a street to the other

◆ **du bout de** ◆ **manger du bout des dents** to pick *ou* nibble at one's food ◆ **du bout des doigts** *[effleurer, pianoter]* with one's fingertips ◆ **le public a applaudi du bout des doigts** *(fig)* the audience clapped half-heartedly ◆ **du bout des lèvres** *[accepter, approuver]* reluctantly, half-heartedly ◆ **il écarta les feuilles mortes du bout du pied** he pushed aside the dead leaves with his toe

◆ **d'un bout à l'autre** ◆ **il a traversé le pays/continent d'un bout à l'autre** he travelled the length and breadth of the country/continent ◆ **je l'ai lu d'un bout à l'autre sans m'arrêter** I read it right through *ou* from cover to cover without stopping ◆ **ce film est passionnant d'un bout à l'autre** the film is compelling from start to finish *ou* right through ◆ **d'un bout à l'autre de la ville** from one end of the town to the other ◆ **d'un bout à l'autre de ses œuvres** throughout *ou* all through his works ◆ **d'un bout à l'autre de l'année** all year round ◆ **d'un bout à l'autre du voyage** from the beginning of the journey to the end, throughout *ou* right through the journey

◆ **en bout de** at the end *ou* bottom of ◆ **assis en bout de table** sitting at the end *ou* bottom *ou* foot of the table; → **chaîne, course**

◆ **jusqu'au bout** ◆ **nous sommes restés jusqu'au bout** we stayed right to the end ◆ **ce travail lui déplaît mais il ira jusqu'au bout** he doesn't like this job but he'll see it through ◆ **ils ont combattu jusqu'au bout** they fought to the bitter end ◆ **rebelle jusqu'au bout** rebellious to the end *ou* the last

◆ **jusqu'au bout de** ◆ **il faut aller jusqu'au bout de ce qu'on entreprend** if you take something on you must see it through (to the end) ◆ **aller jusqu'au bout de ses idées** to follow (one's ideas) through ◆ **il est aristocrate/russe jusqu'au bout des ongles** he's an aristocrat/he's Russian through and through ◆ **elle est professionnelle jusqu'au bout des ongles** she's a professional to her fingertips

◆ **sur le bout de** ◆ **j'ai son nom sur le bout de la langue** his name is on the tip of my tongue ◆ **il sait sa leçon sur le bout du doigt** *ou* **des doigts** he knows his lesson backwards *ou* off pat* *(Brit)* ◆ **elle connaît la question sur le bout des doigts** she knows the subject inside out

2 - COMPOSÉS

bout de l'an *(Rel)* memorial service *(held on the first anniversary of a person's death)*

bout d'essai *(Ciné)* screen test, test film ◆ **tourner un bout d'essai** to do a screen test

bout filtre filter tip ◆ **cigarettes (à) bout filtre** filter tip cigarettes, tipped cigarettes

boutade /butad/ SYN NF [1] *(= trait d'esprit)* witticism; *(= plaisanterie)* joke ◆ **il a répondu par une boutade** he made a witty reply ◆ **il s'en est sorti par une boutade** he joked his way out of it ◆ **elle l'a dit par boutade** she said it in jest ◆ **ce n'est pas une boutade** it's not a joke, I'm not joking ◆ **c'était une boutade !** it was a joke!

[2] *(† = caprice)* whim ◆ **par boutade** as the whim takes him *(ou her etc)*, in fits and starts

bout-dehors (pl **bouts-dehors**) /budəɔʀ/ NM *(Naut = espar)* boom

boute-en-train /butɑ̃tʀɛ̃/ SYN NM INV *(= personne)* live wire* ◆ **c'était le boute-en-train de la soirée** he was the life and soul of the party ◆ **on ne peut pas dire que c'est un boute-en-train** he's not exactly the life and soul of the party

boutefeu /butfø/ NM *(Hist)* linstock; *(† = personne)* firebrand

bouteille /butɛj/ SYN NF [1] *(= récipient)* bottle; *(= contenu)* bottle(ful) ◆ **boire à la bouteille** to drink (straight) from the bottle ◆ **bouteille d'air comprimé/de butane/de gaz** cylinder of compressed air/of butane gas/of gas ◆ **bouteille de Leyde** Leyden jar ◆ **bouteille d'un litre/de 2 litres** litre/2-litre bottle ◆ **bouteille de vin** *(= récipient)* wine bottle; *(= contenu)* bottle of wine ◆ **bière en bouteille** bottled beer ◆ **mettre du vin en bouteilles** to bottle wine ◆ **mise en bouteille** bottling ◆ **vin qui a 10 ans de bouteille** wine that has been in (the) bottle for 10 years ◆ **boire une (bonne) bouteille** to drink *ou* have a bottle of (good) wine ◆ **aimer la bouteille** to be fond of the bottle, to like one's tipple*

[2] *(locutions)* ◆ **prendre de la bouteille*** to be getting on in years, to be getting long in the tooth* ◆ **il a de la bouteille*** *(dans son métier)* he's been around a long time ◆ **c'est la bouteille à l'encre** you can't make head nor tail of it ◆ **jeter une bouteille à la mer** *(lit)* to throw a bottle (with a message) in the sea; *(fig)* send out an SOS

bouteiller /butɛje/ NM (Hist = échanson) (King's) cupbearer

bouter /bute/ ► conjug 1 ◄ VT (littér ou vieilli) to drive, to push (hors de out of)

bouteur /butœʀ/ NM bulldozer ◆ **bouteur biais** angledozer

boutique /butik/ SYN NF 1 (= magasin) shop, store ; [de grand couturier] boutique ◆ **boutique en plein vent** open-air stall ◆ **robe/tailleur boutique** designer dress/suit; → **fermer, parler**
2 (* = lieu de travail) place *, hole * ◆ **quelle sale boutique** ! what a dump! *

boutiquier, -ière /butikje, jɛʀ/ NM,F shopkeeper (Brit), storekeeper (US)

boutisse /butis/ NF (Constr) header

boutoir /butwaʀ/ NM [de sanglier] snout ◆ **coup de boutoir** (Mil, Sport, gén) thrust; [de vent, vagues] battering (NonC)

bouton /butɔ̃/ SYN
NM 1 (Couture) button
2 (= mécanisme) (Élec) switch; [de porte, radio] knob; [de sonnette] (push-)button
3 [d'arbre, fleur] bud ◆ **en bouton** in bud ◆ **bouton de rose** rosebud
4 (Méd) pimple, spot (Brit), zit * (surtout US) ◆ **bouton d'acné** pimple, spot (Brit) (caused by acne) ◆ **avoir des boutons** to have pimples ou spots (Brit), to have a pimply face ◆ **ça me donne des boutons** * (fig) it makes my skin crawl
COMP **bouton de chemise** shirt button
bouton de col collar stud
bouton de culotte trouser ou pant (US) button
bouton de fièvre cold sore, fever blister ou sore
bouton de guêtre gaiter button ◆ **il ne manque pas un bouton de guêtre** (fig) everything is in apple-pie order
bouton de manchette cufflink

bouton-d'argent (pl **boutons-d'argent**) /butɔ̃daʀʒɑ̃/ NM (= matricaire) mayweed; (= renoncule) yarrow

bouton-d'or (pl **boutons-d'or**) /butɔ̃dɔʀ/ NM (= fleur) buttercup; (= couleur) buttercup yellow

boutonnage /butɔnaʒ/ NM buttoning(-up) ◆ **avec boutonnage à droite/à gauche** right/left buttoning (épith), which buttons on the right/left ◆ **manteau à double boutonnage** double-buttoning coat

boutonner /butɔne/ SYN ► conjug 1 ◄
VT 1 [+ vêtement] to button ou fasten (up)
2 (Escrime) to button
VPR **se boutonner** [vêtement] to button (up); [personne] to button (up) one's coat (ou trousers etc)

boutonneux, -euse /butɔnø, øz/ ADJ pimply, spotty (Brit)

boutonnier, -ière /butɔnje, jɛʀ/ NM,F button maker

boutonnière /butɔnjɛʀ/ NF (Couture) buttonhole; (= bouquet) buttonhole (Brit), boutonniere (US) ◆ **avoir une fleur à la boutonnière** to wear a flower in one's buttonhole, to wear a buttonhole (Brit) ou boutonniere (US) ◆ **porter une décoration à la boutonnière** to wear a decoration on one's lapel ◆ **faire une boutonnière (à qn)** (= incision) to make a small incision (in sb's abdomen)

bouton-poussoir (pl **boutons-poussoirs**) /butɔ̃puswaʀ/ NM push button

bouton-pression (pl **boutons-pression**) /butɔ̃pʀesjɔ̃/ NM snap fastener, press stud (Brit)

boutre /butʀ/ NM dhow

bout-rimé (pl **bouts-rimés**) /buʀime/ NM (Littérat) (= poème) poem in set rhymes ◆ **bouts-rimés** (= fins de vers) rhyme endings, bouts rimés

bouturage /butyʀaʒ/ NM taking (of) cuttings, propagation (by cuttings)

bouture /butyʀ/ NF cutting ◆ **faire des boutures** to take cuttings

bouturer /butyʀe/ ► conjug 1 ◄
VT to take a cutting from, to propagate (by cuttings)
VI to put out suckers

bouverie /buvʀi/ NF byre (Brit), cowshed

bouvet /buvɛ/ NM (Menuiserie) rabbet plane

bouveteuse /buv(ə)tøz/ NF grooving tool

bouvier /buvje/ NM (= personne) herdsman, cattleman; (= chien) sheep dog

bouvière /buvjɛʀ/ NF bitterling

bouvillon /buvijɔ̃/ NM bullock, steer (US)

bouvreuil /buvʀœj/ NM bullfinch

bouzouki /buzuki/ NM bouzouki

bovarysme /bɔvaʀism/ NM bovarism

bovidé /bɔvide/
ADJ M bovid
NM bovid ◆ **bovidés** bovids

bovin, e /bɔvɛ̃, in/
ADJ (lit, fig) bovine ◆ **viande bovine** beef
NM bovine ◆ **bovins** cattle

bowling /bulɪŋ/ NM (= jeu) (tenpin) bowling; (= salle) bowling alley

bow-window (pl **bow-windows**) /bowindo/ NM bow window

box /bɔks/ NM [d'hôpital, dortoir] cubicle; [d'écurie] loose box; [de porcherie] stall, pen; (= garage) lock-up (garage) ◆ **box des accusés** (Jur) dock ◆ **dans le box des accusés** (lit, fig) in the dock

box(-calf) /bɔks(kalf)/ NM box calf ◆ **sac en box(-calf)** calfskin bag

boxe /bɔks/ NF boxing ◆ **match de boxe** boxing match ◆ **boxe anglaise** boxing ◆ **boxe américaine** full contact ◆ **boxe française** ≈ kick boxing ◆ **boxe thaï** Thai boxing ◆ **faire de la boxe** to box

boxer¹ /bɔkse/ SYN ► conjug 1 ◄
VI to box, to be a boxer ◆ **boxer contre** to box against, to fight
VT (Sport) to box against, to fight; (* = frapper) to thump *, to punch

boxer² /bɔksɛʀ/ NM boxer (dog)

boxer³ /bɔksœʀ/ NM abrév de **boxer-short**

boxer-short (pl **boxer-shorts**) /bɔksœʀʃɔʀt/ NM boxer shorts, boxers

boxeur, -euse /bɔksœʀ, øz/ NM,F boxer

box-office (pl **box-offices**) /bɔksɔfis/ NM box office ◆ **film en tête du box-office** box-office success ou hit

boxon * /bɔksɔ̃/ NM 1 (= maison close) brothel, whorehouse * †
2 (= désordre) ◆ **c'est le boxon** ! it's a shambles!

boy /bɔj/ NM (= serviteur) (native) servant boy, (house)boy; (Music-hall) ≈ male dancer

boyard /bɔjaʀ/ NM (Hist) boyar(d)

boyau (pl **boyaux**) /bwajo/ NM 1 (= intestins) ◆ **boyaux** [d'animal] guts, entrails; * [de personne] insides*, guts * ◆ **elle a le boyau de la rigolade** * she's always giggling * ◆ **il a toujours un boyau de vide** * he's always hungry; → **tripe**
2 (= corde) ◆ **boyau (de chat)** (cat)gut
3 (= passage) (narrow) passageway; (= tuyau) narrow pipe; (Mil) communication trench, sap; (Min) (narrow) gallery
4 [de bicyclette] (racing) tyre, tubeless tyre
5 (pour saucisse) casing

boyauter (se) * /bwajote/ ► conjug 1 ◄ VPR to laugh one's head off, to split one's sides *

boycott /bɔjkɔt/ SYN, **boycottage** /bɔjkɔtaʒ/ NM boycotting (NonC), boycott

boycotter /bɔjkɔte/ SYN ► conjug 1 ◄ VT to boycott

boys band /bɔjsbɑ̃d/ NF boy band

boy-scout † (pl **boy(s)-scouts**) /bɔjskut/ NM (boy) scout ◆ **avoir une mentalité de boy-scout** * to have a (rather) naïve ou ingenuous outlook

BP /bepe/ (abrév de **boîte postale**) PO Box

BPF (abrèv de **bon pour francs**) amount payable on a cheque

brabançon, -onne /bʀabɑ̃sɔ̃, ɔn/
ADJ of ou from Brabant
NM,F **Brabançon(ne)** inhabitant ou native of Brabant
NM ◆ **(cheval) brabançon** type of draught horse bred in the Brabant region
NF **Brabançonne** ◆ **la Brabançonne** the Belgian national anthem

brabant /bʀabɑ̃/ NM 1 (Agr) ◆ **double brabant** swivel plough (Brit) ou plow (US)
2 (Géog) ◆ **le Brabant** Brabant

bracelet /bʀaslɛ/ SYN
NM 1 [de poignet] bracelet; [de bras] bangle; [de cheville] ankle bracelet, bangle; [de montre] strap, bracelet; (d'identité) identity bracelet, name tag
2 (= élastique) rubber band
3 (arg Police) ◆ **bracelets** (= menottes) handcuffs ◆ **on lui a passé les bracelets** they handcuffed him
COMP **bracelet de force** (leather) wristband

bracelet-montre (pl **bracelets-montres**) /bʀaslɛmɔ̃tʀ/ NM wristwatch

brachial, e (mpl **-iaux**) /bʀakjal, jo/ ADJ brachial

brachiation /bʀakjasjɔ̃/ NF brachiation

brachiopode /bʀakjɔpɔd/ NM brachiopod

brachycéphale /bʀakisefal/
ADJ brachycephalic
NMF brachycephalic person

brachycéphalie /bʀakisefali/ NF brachycephaly

brachydactyle /bʀakidaktil/ ADJ brachydactylic, brachydactylous

brachyoure /bʀakjuʀ/ NM brachyuran

braconnage /bʀakɔnaʒ/ NM poaching

braconner /bʀakɔne/ ► conjug 1 ◄ VI to poach

braconnier, -ière /bʀakɔnje, jɛʀ/ NM,F poacher

bractéal, e (mpl **-aux**) /bʀakteal, o/ ADJ bracteal

bractée /bʀakte/ NF bract

bradage /bʀadaʒ/ NM selling off

bradel /bʀadɛl/ LOC ADJ ◆ **reliure à la bradel** Bradel binding

brader /bʀade/ SYN ► conjug 1 ◄ VT (= vendre à prix réduit) to sell cut-price (Brit) ou cut-rate (US); (= vendre en solde) to have a clearance sale of; (= vendre bon marché) to sell off; (= sacrifier) to sacrifice ◆ **à ce prix-là, c'est bradé** at that price, they're giving it away ◆ **le gouvernement de l'époque fut accusé de brader le patrimoine de l'État** the government of the time was accused of sacrificing the country's heritage

braderie /bʀadʀi/ NF (= magasin) discount centre; (= marché) market (held once or twice a year, where goods are sold at reduced prices) ◆ **la grande braderie des entreprises publiques** (péj) the massive ou wholesale sell-off of state-owned companies

bradeur, -euse /bʀadœʀ, øz/ NM,F discounter

bradycardie /bʀadikaʀdi/ NF abnormally low rate of heartbeat, bradycardia (SPÉC)

bradykinine /bʀadikinin/ NF bradykinin

bradype /bʀadip/ NM three-toed sloth

braguette /bʀagɛt/ NF [de pantalon] fly, flies; (Hist) codpiece

Brahma /bʀama/ NM Brahma

brahmane /bʀaman/ NM Brahmin, Brahman

brahmanique /bʀamanik/ ADJ Brahminical

brahmanisme /bʀamanism/ NM Brahminism, Brahmanism

Brahmapoutre /bʀamaputʀ/, **Brahmaputra** /bʀamaputʀa/ NM Brahmaputra

brahmine /bʀamin/ NF Brahmani, Brahmanee

brai /bʀɛ/ NM pitch, tar

braies /bʀɛ/ NFPL (Hist) breeches (worn by Gauls)

braillard, e /bʀajaʀ, aʀd/
ADJ 1 (= criard) bawling (épith), yelling (épith) ◆ **des haut-parleurs braillards** blaring loudspeakers ◆ **des mouettes braillardes** screeching gulls
2 (= pleurard) [enfant] bawling (épith), howling (épith), squalling (épith)
NM,F ◆ **c'est un braillard** he's always bawling

braille /bʀaj/ NM Braille

braillement * /bʀajmɑ̃/ NM 1 (= cris) bawling (NonC), yelling (NonC)
2 (= pleurs) bawling (NonC), howling (NonC), squalling (NonC) ◆ **les braillements de l'enfant** the bawling of the child

brailler * /bʀaje/ SYN ► conjug 1 ◄
VI (= crier) to bawl, to yell; (= pleurer) to bawl, to howl ◆ **il faisait brailler sa radio** his radio was blaring, he had his radio blaring ou on full blast
VT [+ chanson, slogan] to bawl out

brailleur, -euse /bʀajœʀ, øz/ ADJ, NM,F ⇒ **braillard**

braiment /bʀɛmɑ̃/ NM bray(ing)

brain-trust (pl **brain-trusts**) /bʀɛntʀœst/ NM brain trust, brains trust

braire /bʀɛʀ/ ► conjug 50 ◄ VI (lit, fig) to bray ◆ **faire braire qn** * to get on sb's nerves ou wick * (Brit)

braise /bʀɛz/ NF 1 [de feu] ◆ **la braise, les braises** the (glowing) embers; (= charbon de bois) live charcoal ◆ **être sur la braise** (fig) to be on ten-

terhooks ◆ **yeux de braise** fiery eyes, eyes like coals
② † (‡ = *argent*) cash *, dough‡, bread‡

braiser /bʀeze/ ▸ conjug 1 ◀ VT to braise ◆ **bœuf/ chou braisé** braised beef/cabbage

braisière /bʀezjɛʀ/ NF (= *daubière*) braising pan

bramement /bʀamɑ̃/ NM ① [*de cerf*] bell, troat
② (= *hurlement*) wailing

bramer /bʀame/ ▸ conjug 1 ◀ VI ① [*cerf*] to bell, to troat
② * (= *brailler*) to bawl; (= *se lamenter*) to wail

bran /bʀɑ̃/ NM bran ◆ **bran de scie** sawdust

brancard /bʀɑ̃kaʀ/ NM ① (= *bras*) [*de charrette*] shaft; [*de civière*] shaft, pole; → **ruer**
② (= *civière*) stretcher

brancarder /bʀɑ̃kaʀde/ ▸ conjug 1 ◀ VT [+ *personne*] to carry on a stretcher

brancardier, -ière /bʀɑ̃kaʀdje, jɛʀ/ NM,F stretcher-bearer

branchage /bʀɑ̃ʃaʒ/ NM branches, boughs ◆ **branchages** fallen *ou* lopped-off branches, lops

branche /bʀɑ̃ʃ/ SYN NF ① [*d'arbre, arbuste, plante*] branch, bough ◆ **branche mère** main branch ◆ **sauter de branche en branche** to leap from branch to branch ◆ **céleri en branches** (sticks of) celery ◆ **n'essaie pas de te raccrocher *ou* de te rattraper aux branches*** (*fig*) don't try to make up for what you've said; → **vieux**
② (= *ramification*) [*de nerfs, veines*] branch, ramification; [*de rivière, canalisation, bois de cerf*] branch; [*de lunettes*] side-piece; [*de compas*] leg; [*de ciseaux*] blade; [*de fer à cheval*] half; [*de famille*] branch ◆ **la branche aînée** the elder *ou* eldest branch of the family ◆ **la branche maternelle** the maternal branch of the family, the mother's side of the family ◆ **avoir de la branche** †* to be of good stock
③ (= *secteur*) branch; (*Helv Scol* = *sujet*) subject ◆ **les branches de la science moderne** the different branches of modern science ◆ **notre fils s'orientera vers une branche technique** our son will specialize in technical subjects ◆ **la branche politique/militaire de cette organisation** the political/military wing *ou* arm of the organization
④ (*Helv*) ◆ **branche de chocolat** narrow bar of chocolate

branché, e* /bʀɑ̃ʃe/ (ptp de **brancher**) ADJ
① (= *dans le vent*) [*personne, café*] trendy, hip* ◆ **en langage branché** in trendy slang
② (= *enthousiasmé*) ◆ **elle est très branchée jazz/informatique** she's really into jazz/computers ◆ **il est branché sur Anne** he's really keen on Anne

branchement /bʀɑ̃ʃmɑ̃/ SYN NM ① (= *fils connectés*) connection ◆ **vérifiez les branchements** check the connections
② (= *action*) [*d'appareil à gaz, tuyau*] connecting (up); [*d'eau, gaz, électricité, réseau*] linking up
③ [*de voie ferrée*] branch line
④ (*Ordin*) branch

brancher /bʀɑ̃ʃe/ SYN ▸ conjug 1 ◀
VT ① [+ *appareil électrique*] (à une prise) to plug in ◆ **brancher qch sur qch** to plug sth into sth, to connect sth up with sth
② [+ *appareil à gaz, tuyau, eau, gaz, électricité*] to connect (up) ◆ **être branché sur un réseau** to be linked *ou* connected to a network
③ (= *allumer*) [+ *télévision*] to turn on
④ (* = *mettre en relation*) ◆ **brancher qn avec qn** to put sb in contact with sb
⑤ (= *orienter*) ◆ **brancher qn sur un sujet** to start sb off on a subject ◆ **quand on l'a branché *ou* quand il est branché là-dessus il est intarissable** when he's launched on that *ou* when somebody gets him started on that he can go on forever
⑥ (* = *intéresser*) ◆ **ce qui me branche** what grabs me * *ou* gives me a buzz * ◆ **ça ne me branche pas** [*idée*] it doesn't grab me *; [*musique, activité*] it doesn't do anything for me ◆ **ça te brancherait d'aller au ciné ?** (do you) fancy going to see a film? * ◆ **il ne me branche pas trop son frère** I'm not too gone * *ou* too keen on his brother

VPR **se brancher** ① (= *se connecter*) ◆ **où est-ce que ça se branche ?** where does that plug in? ◆ **où est-ce que je peux me brancher ?** where can I plug it in? ◆ **se brancher sur un réseau/Internet** to get onto *ou* connect to a network/the Internet

② (* = *entrer en relation*) ◆ **se brancher avec qn** to get in contact with sb

branchette /bʀɑ̃ʃɛt/ NF small branch, twig

branchial, e (mpl **-iaux**) /bʀɑ̃ʃjal, jo/ ADJ branchial

branchies /bʀɑ̃ʃi/ NFPL gills

branchiopode /bʀɑ̃kjɔpɔd/ NM branchiopod

branchu, e /bʀɑ̃ʃy/ ADJ branchy

brandade /bʀɑ̃dad/ NF ◆ **brandade (de morue)** brandade (*dish made with cod*)

brande /bʀɑ̃d/ NF (= *lande*) heath(land); (= *plantes*) heath, heather, brush

Brandebourg /bʀɑ̃d(ə)buʀ/ N Brandenburg ◆ **la porte de Brandebourg** the Brandenburg Gate

brandebourg /bʀɑ̃dbuʀ/
NM (*Habillement*) frog ◆ **à brandebourg(s)** frogged
N **Brandebourg** Brandenburg ◆ **la porte de Brandebourg** the Brandenburg Gate

brandebourgeois, e /bʀɑ̃dbuʀʒwa, waz/
ADJ Brandenburg (*épith*) ◆ « **les concertos brandebourgeois** » (*Mus*) "the Brandenburg Concertos"
NM,F **Brandebourgeois(e)** inhabitant *ou* native of Brandenburg

brandir /bʀɑ̃diʀ/ SYN ▸ conjug 2 ◀ VT [+ *arme*] to brandish; [+ *document*] to brandish, to flourish

brandon /bʀɑ̃dɔ̃/ NM firebrand (*lit*) ◆ **brandon de discorde** bone of contention

brandy /bʀɑ̃di/ NM brandy

branlant, e /bʀɑ̃lɑ̃, ɑ̃t/ SYN ADJ [*dent*] loose; [*mur*] shaky; [*escalier, meuble*] rickety, shaky; [*pas*] unsteady, tottering, shaky; [*fig*) [*régime*] tottering, shaky; [*raison*] shaky

branle /bʀɑ̃l/ NM [*de cloche*] swing ◆ **donner le branle à** to set in motion, to set rolling
◆ **mettre en branle** [+ *cloche*] to swing; (*fig*) to set in motion ◆ **se mettre en branle** to go into action ◆ **toute une panoplie répressive est mise en branle pour faire taire les dissidents** a whole apparatus of repression has gone into action to silence the dissidents

branle-bas /bʀɑ̃lba/ NM INV bustle, commotion ◆ **dans le branle-bas du départ** in the confusion *ou* bustle of departure ◆ **être en branle-bas** to be in a state of commotion ◆ **mettre qch en branle-bas** to turn sth upside down, to cause commotion in sth
◆ **branle-bas de combat** (*Naut* = *manœuvre*) preparations for action ◆ « **branle-bas de combat !** » (*ordre*) "action stations!" ◆ **sonner le branle-bas de combat** to sound action stations ◆ **mettre en branle-bas de combat** to clear the decks (for action) ◆ **ça a été le branle-bas de combat** (*fig*) it was action stations

branlée /bʀɑ̃le/ NF ① (‡ = *coups*) hammering * ◆ **recevoir une branlée** to get hammered *, to get a hammering *
② (** = *masturbation*) [*d'homme*] hand job‡, wank**(*Brit*) ◆ **il n'en fout pas une branlée** he doesn't do a stroke of work

branlement /bʀɑ̃lmɑ̃/ NM [*de tête*] wagging, shaking

branler /bʀɑ̃le/ ▸ conjug 1 ◀
VT ① ◆ **branler la tête** *ou* (*hum*) **du chef** to shake *ou* wag one's head
② (** = *faire*) ◆ **qu'est-ce qu'ils branlent ?** what the hell are they up to?‡ ◆ **il n'en branle pas une** he does fuck all**ou* bugger all**(*Brit*) ◆ **j'en ai rien à branler** I don't give a fuck**
VI [*échafaudage*] to be shaky *ou* unsteady; [*meuble*] to be shaky *ou* rickety; [*dent*] to be loose ◆ **ça branle dans le manche** things are a bit shaky
VPR **se branler*** [*homme*] to jerk off**, to have a wank**(*Brit*); [*femme*] to masturbate ◆ **je m'en branle** I don't give a (flying) fuck**

branlette* /bʀɑ̃lɛt/ NF ◆ **la branlette** wanking**(*Brit*), jerking off** ◆ **se faire une branlette** to (have a) wank**(*Brit*), to jerk (o.s.) off**

branleur, -euse‡ /bʀɑ̃lœʀ, øz/ NM,F (= *paresseux*) lazy swine *ou* bugger**(*Brit*)

branleux, -euse /bʀɑ̃lø, øz/ ADJ (*Can*) shilly-shallying*

branque*, brank, branquignol* /bʀɑ̃kiɲɔl/
ADJ crazy*, barmy*(*Brit*)
NM crackpot*, nutter‡(*Brit*)

brante /bʀɑ̃t/ NF (*Helv* = *vendangeoir*) grape-picker's basket

braquage /bʀakaʒ/ NM ① [*de voiture*] (steering) lock; → **angle, rayon**
② (*arg Crime*) stickup

braque /bʀak/
ADJ * crazy*, barmy*(*Brit*)
NM (= *chien*) pointer

braquemart /bʀakmaʀ/ NM ① (*Hist* = *épée*) brackmard ††, (double-bladed) sword
② (** = *pénis*) dick**, cock**

braquer /bʀake/ SYN ▸ conjug 1 ◀
VT ① (= *diriger*) ◆ **braquer une arme sur** to point *ou* aim a weapon at ◆ **braquer un télescope/un projecteur sur** to train a telescope/a spotlight on ◆ **braquer son regard/attention sur** to turn one's gaze/attention towards, to fix one's gaze/attention on ◆ **tous les regards étaient braqués sur eux** all eyes were upon them ◆ **les (feux des) projecteurs sont braqués sur la famille royale** the royal family are in the spotlight
② [+ *roue*] to swing
③ * (= *attaquer*) [+ *banque, personne*] to hold up; (= *menacer*) [+ *personne*] to pull one's gun on, to hold up
④ ◆ **braquer qn** (= *buter*) to put sb's back up *, to make sb dig in his heels ◆ **braquer qn contre qch** to turn sb against sth ◆ **il est braqué** he won't budge, he's dug his heels in
VI [*automobiliste*] to turn the (steering) wheel ◆ **braquer bien/mal** [*voiture*] to have a good/bad lock ◆ **braquer à fond** to put on the full lock ◆ **braquez vers la gauche/la droite** turn left/right
VPR **se braquer** to dig one's heels in ◆ **se braquer contre qch** to set one's face against sth

braquet /bʀakɛ/ NM [*de bicyclette*] gear ratio ◆ **changer de braquet** (*lit*) to change gear; (*fig*) to take a different approach ◆ **le gouvernement a changé de braquet après cet attentat** the government has taken a different approach since this attack ◆ **mettre le petit braquet** to change into lower gear ◆ **mettre le grand braquet** (*lit*) to change into higher gear; (*fig*) to get a move-on *, to shift into high gear * (*US*)

braqueur‡ /bʀakœʀ/ NM (= *gangster*) hold-up man*

bras /bʀa/
NM ① (*Anat*) arm ◆ **une serviette sous le bras** with a briefcase under one's arm ◆ **un panier au bras** with a basket on one's arm ◆ **donner le bras à qn** to give sb one's arm ◆ **prendre le bras de qn** to take sb's arm ◆ **être au bras de qn** to be on sb's arm ◆ **se donner le bras** to link arms ◆ **bras dessus, bras dessous** arm in arm ◆ **on a dû transporter tout cela à bras** we had to carry all that ◆ **les bras en croix** with one's arms spread ◆ **les bras croisés** (*lit*) with one's arms folded ◆ **rester les bras croisés** (*fig*) to sit idly by ◆ **tendre *ou* allonger le bras vers qch** to reach out for sth, to stretch out one's hand *ou* arm for sth ◆ **tomber dans les bras de qn** to fall into sb's arms ◆ **il est mort dans mes bras** he died in my arms ◆ **(viens) dans mes bras mon fils !** come and let me kiss *ou* hug you, my son!; → **arme, force, plein** *etc*
② (= *travailleur*) hand, worker ◆ **manquer de bras** to be short-handed, to be short of manpower *ou* labour
③ (= *pouvoir*) ◆ **le bras de la justice** the arm of the law ◆ **le bras séculier** (*Rel*) the secular arm ◆ **le bras armé du parti** the military wing *ou* arm of the party
④ [*de manivelle, outil, pompe*] handle; [*de fauteuil*] arm(rest); [*de grue*] jib; [*de sémaphore, ancre, électrophone, moulin, essuie-glace*] arm; [*de croix*] limb; [*d'aviron, brancard*] shaft; (*Naut*) [*de vergue*] brace
⑤ [*de fleuve*] branch
⑥ [*de cheval*] shoulder; [*de mollusque*] tentacle
⑦ (*Ordin*) ◆ **bras d'accès** *ou* **de lecture-écriture** access *ou* positioning arm
⑧ (*locutions*) ◆ **en bras de chemise** in (one's) shirt sleeves ◆ **saisir qn à bras-le-corps** to seize sb round the waist, to seize sb bodily ◆ **avoir le bras long** (*fig*) to have a long arm ◆ **à bras ouverts, les bras ouverts** with open arms (*lit, fig*) ◆ **les bras tendus** with outstretched arms ◆ **tomber sur qn à bras raccourcis*** to set (up)on sb, to pitch into sb* ◆ **lever les bras au ciel** to throw up one's arms ◆ **les bras m'en tombent** I'm flabbergasted * *ou* stunned ◆ **avoir *ou* se retrouver avec qch/qn sur les bras** to have sth/sb on one's hands, to be stuck *ou* landed * with sth/sb ◆ **il a une nombreuse famille sur les bras*** he's got a large

family to look after ◆ **avoir une sale histoire sur les bras** * to have a nasty business on one's hands ◆ **partir avec qch sous le bras** to make off with sth ◆ **(être) dans les bras de Morphée** (hum) (to be) in the arms of Morpheus ◆ **faire un bras d'honneur à qn** ≈ to put two fingers up at sb*, ≈ to give sb the V-sign (Brit) ou the finger*[*](US); → **bout, couper, gros** etc
COMP **bras cassé** (= personne) no-hoper*
bras droit (fig) right-hand man
bras de fer (Sport) Indian wrestling (NonC), arm-wrestling (NonC) ◆ **faire une partie de bras de fer avec qn** to arm-wrestle with sb ◆ **la partie de bras de fer entre patronat et syndicats** the trial of strength between the bosses and the unions
bras de levier lever arm ◆ **faire bras de levier** to act as a lever
bras de mer arm ou stretch of the sea, sound
bras mort (gén) backwater; (= lac) oxbow lake, cutoff

brasage /bʀɑzaʒ/ **NM** brazing

braser /bʀɑze/ ▸ conjug 1 ◂ **VT** to braze

braserade /bʀɑzeʀad/ **NF** portable barbecue

brasero /bʀɑzeʀo/ **NM** brazier

brasier /bʀɑzje/ **NM** (= incendie) (blazing) inferno, furnace; (fig = foyer de guerre) inferno ◆ **son cœur/esprit était un brasier** his heart/mind was on fire ou ablaze

Brasilia /bʀɑzilja/ **N** Brasilia

brasiller /bʀɑzije/ ▸ conjug 1 ◂ **VI** [mer] to glimmer; [bougie] to glow red

brasque /bʀɑsk/ **NF** brasque

brassage /bʀɑsaʒ/ SYN **NM** 1 [de bière] brewing
2 (= mélange) mixing ◆ **brassage des gaz** (dans moteur) mixing ◆ **notre pays est celui qui a connu le plus grand brassage de population** our country is the one in which there is the greatest intermixture of nationalities ◆ **le service militaire était un outil de brassage social et régional** military service brought about a mixing of social and regional groups ◆ **un lieu de brassage culturel** a cultural melting pot
3 (Naut) bracing

brassard /bʀɑsaʀ/ **NM** armband ◆ **brassard de deuil** black armband ◆ **brassard de capitaine** (Sport) captain's armband

brasse /bʀɑs/ **NF** 1 (= sport) breast-stroke; (= mouvement) stroke ◆ **brasse coulée** breast-stroke ◆ **brasse papillon** butterfly(-stroke) ◆ **nager la brasse** to swim breast-stroke ◆ **faire quelques brasses** to do a few strokes
2 (†† = mesure) ≈ 6 feet; (= mesure de profondeur) fathom

brassée /bʀɑse/ **NF** armful; (* : Can) [de machine à laver] load ◆ **par brassées** in armfuls

brasser /bʀɑse/ SYN ▸ conjug 1 ◂ **VT** 1 (= remuer) to stir (up); (= mélanger) to mix; [+ pâte] to knead; [+ salade] to toss; [+ cartes] to shuffle; [+ argent] to handle a lot of ◆ **brasser des affaires** to be in big business ◆ **brasser du vent** (fig) to blow hot air*
2 [+ bière] to brew
3 (Naut) to brace

brasserie /bʀɑsʀi/ **NF** 1 (= café) brasserie
2 (= fabrique de bière) brewery; (= industrie) brewing industry

brasseur, -euse /bʀɑsœʀ, øz/ **NM,F** 1 [de bière] brewer
2 ◆ **brasseur d'affaires** big businessman
3 (Sport) breast-stroke swimmer

brassière /bʀɑsjɛʀ/ **NF** 1 [de bébé] (baby's) vest (Brit) ou undershirt (US) ◆ **brassière (de sauvetage)** life jacket
2 (= soutien-gorge) cropped bra; (Can) bra

brassin /bʀɑsɛ̃/ **NM** (= cuve) mash tub

brasure /bʀɑzyʀ/ **NF** (= procédé) brazing; (= résultat) brazed joint, braze; (= métal) brazing metal

Bratislava /bratislava/ **N** Bratislava

bravache /bʀavaʃ/
NM braggart, blusterer ◆ **faire le bravache** to swagger about
ADJ swaggering, blustering

bravade /bʀavad/ SYN **NF** act of bravado ◆ **par bravade** out of bravado

brave /bʀav/ SYN
ADJ 1 (= courageux) [personne, action] brave, courageous, gallant (littér) ◆ **faire le brave** to act brave, to put on a bold front
2 (avant n) (= bon) good, nice, fine; (= honnête) decent, honest ◆ **c'est une brave fille** she's a nice girl ◆ **c'est un brave garçon** he's a good ou nice fellow ou lad (Brit) ◆ **ce sont de braves gens** they're good ou decent people ou souls ◆ **il est bien brave** he's not a bad chap* (Brit) ou guy* (US), he's a nice enough fellow ◆ **mon brave (homme)** my good man ou fellow ◆ **ma brave dame** my good woman
NM (gén) brave man; (= Indien) brave ◆ **brave entre les braves** † bravest of the brave †

⚠ **brave** se traduit par le mot anglais **brave** uniquement au sens de 'courageux'.

bravement /bʀavmɑ̃/ SYN **ADV** (= courageusement) bravely, courageously, gallantly (littér); (= résolument) boldly

braver /bʀave/ SYN ▸ conjug 1 ◂ **VT** (= défier) [+ personne] to stand up to; [+ autorité, tabou] to defy [+ règle] to defy; [+ danger, mort] to brave ◆ **braver l'opinion** to fly in the face of (public) opinion ◆ **braver les océans** to brave the seas

bravissimo /bravisimo/ **EXCL** bravissimo

bravo /bʀavo/ GRAMMAIRE ACTIVE 13.1, 23.6 SYN
EXCL (= félicitations) well done!, bravo!; (= approbation) hear! hear!; (iro) well done!
NM cheer ◆ **un grand bravo pour... !** a big cheer for...!, let's hear it for...!

bravoure /bʀavuʀ/ SYN **NF** bravery, braveness, gallantry (littér); → **morceau**

Brazzaville /bʀazavil/ **N** Brazzaville

break /bʀɛk/ **NM** 1 (= voiture) estate (car) (Brit), station wagon (US)
2 (= pause) break ◆ **(se) faire un break** to take a break
3 (Boxe, Tennis) break ◆ **balle de break** break point ◆ **faire le break** to break

break dance /bʀɛkdɑ̃s/ **NF** break dancing

brebis /bʀəbi/ **NF** (= mouton) ewe ◆ **les brebis** (Rel) the flock ◆ **brebis égarée** stray ou lost sheep ◆ **brebis galeuse** black sheep ◆ **à brebis tondue Dieu mesure le vent** (Prov) the Lord tempers the wind to the shorn lamb (Prov)

brèche¹ /bʀɛʃ/ SYN **NF** [de mur] breach, opening, gap; (Mil) breach; [de lame] notch, nick ◆ **faire ou ouvrir une brèche dans le front ennemi** (Mil) to make a breach in ou to breach the enemy line ◆ **s'engouffrer dans la brèche** (fig) to leap ou step into the breach ◆ **faire une brèche à sa fortune** to make a hole in one's fortune ◆ **il est toujours sur la brèche** (fig) he's always beavering away*; → **battre**

brèche² /bʀɛʃ/ **NF** (Géol) breccia

bréchet /bʀeʃɛ/ **NM** wishbone

brechtien, -ienne /bʀɛktjɛ̃, jɛn/ **ADJ** Brechtian

bredouillage /bʀəduja ʒ/ **NM** mumbling

bredouillant, e /bʀədujɑ̃, ɑ̃t/ **ADJ** stammering, mumbling

bredouille /bʀəduj/ **ADJ** (gén) empty-handed ◆ **rentrer bredouille** (Chasse, Pêche) to go ou come home empty-handed ou with an empty bag

bredouillement /bʀədujmɑ̃/ **NM** ⇒ **bredouillage**

bredouiller /bʀəduje/ SYN ▸ conjug 1 ◂
VI (= bégayer) to stammer; (= marmonner) to mumble
VT (= bégayer) to stammer (out); (= marmonner) to mumble

bref, brève /bʀɛf, ɛv/ GRAMMAIRE ACTIVE 26.4 SYN
ADJ [rencontre, discours, lettre] brief, short; [voyelle, syllabe] short ◆ **d'un ton bref** sharply, curtly ◆ **soyez bref et précis** be brief and to the point ◆ **à bref délai** shortly
ADV ◆ **(enfin) bref** (= pour résumer) to make ou cut (Brit) a long story short, in short, in brief; (= passons) let's not waste any more time; (= donc) anyway ◆ **en bref** in short, in brief
NM (Rel) (papal) brief
NF **brève** (= syllabe) short syllable; (= voyelle) short vowel; (Journalisme) news (sg) in brief ◆ **brèves de comptoir** bar-room philosophising (NonC)

brelan /bʀəlɑ̃/ **NM** (Cartes) three of a kind ◆ **brelan d'as** three aces

brêle * /bʀɛl/ **NF** loser* ◆ **quelle brêle ce gardien de but !** that goalie's a wanker**!

brêler /bʀele/ ▸ conjug 1 ◂ **VT** to lash, to bind

breloque /bʀəlɔk/ **NF** (bracelet) charm; → **battre**

Brême /bʀɛm/ **N** Bremen

brème /bʀɛm/ **NF** 1 (= poisson) bream
2 (arg Cartes) card

Brésil /bʀezil/ **NM** Brazil

brésil /bʀezil/ **NM** (= bois) brazil (wood)

brésilien, -ienne /bʀeziljɛ̃, jɛn/
ADJ Brazilian
NM (= langue) Brazilian Portuguese
NM,F **Brésilien(ne)** Brazilian

Bretagne /bʀətaɲ/ **NF** Brittany

bretèche /bʀətɛʃ/ **NF** gatehouse, bartizan

bretelle /bʀətɛl/ SYN **NF** 1 [de sac] (shoulder) strap; [de vêtement] strap; [de fusil] sling ◆ **bretelles** [de pantalon] braces (Brit), suspenders (US) ◆ **robe à bretelles** strappy dress ◆ **porter l'arme** ou **le fusil à la bretelle** to carry one's weapon slung over one's shoulder; → **remonter**
2 [de voie ferrée] crossover; [de route] slip road (Brit), entrance (ou exit) ramp, on (ou off) ramp (US) ◆ **bretelle de raccordement** access road ◆ **bretelle de contournement** bypass

breton, -onne /bʀətɔ̃, ɔn/
ADJ Breton
NM (= langue) Breton
NM,F **Breton(ne)** Breton

bretonnant, e /bʀətɔnɑ̃, ɑ̃t/ **ADJ** (= parlant le breton) Breton-speaking; (attaché aux traditions) preserving Breton culture

bretteler /bʀɛtle/ ▸ conjug 4 ◂, **bretter** /bʀete/ ▸ conjug 1 ◂ **VT** (Tech) to tooth

bretteur /bʀɛtœʀ/ **NM** †† swashbuckler; (= duelliste) duellist

bretzel /bʀɛtzɛl/ **NM** pretzel

breuvage /bʀœvaʒ/ SYN **NM** beverage; (= mélange) concoction; (magique) potion

brève /bʀɛv/ **ADJ, NF** ⇒ **bref**

brevet /bʀəvɛ/
NM 1 (= diplôme) diploma, certificate; (Hist = note royale) royal warrant (Scol) exam taken at the age of 15, ≃ GCSE (Brit) ◆ **avoir son brevet** (Scol) ≃ to have (passed) one's GCSEs (Brit)
2 (Naut) certificate, ticket ◆ **brevet de capitaine** master's certificate ou ticket ◆ **brevet de commandant** (Mil) major's brevet
3 (Jur) ◆ **brevet (d'invention)** letters patent, patent ◆ **brevet en cours d'homologation** patent pending
4 (fig = garantie) guarantee ◆ **donner à qn un brevet d'honnêteté** to testify to ou guarantee sb's honesty ◆ **on peut lui décerner un brevet de persévérance** he deserves a medal for perseverance
COMP **brevet d'apprentissage** ≃ certificate of apprenticeship
brevet d'aptitude à la fonction d'animateur certificate for activity leaders in children's holiday centres
brevet des collèges, brevet d'études du premier cycle † exam taken at the age of 15, ≃ GCSE (Brit)
brevet d'études professionnelles technical school certificate
brevet de pilote pilot's licence
brevet de secourisme first aid certificate
brevet de technicien vocational training certificate taken at age 16
brevet de technicien supérieur vocational training certificate taken after the age of 18

brevetable /bʀəv(ə)tabl/ **ADJ** patentable

breveté, e /bʀəv(ə)te/ (ptp de **breveter**)
ADJ 1 [invention] patented ◆ **breveté sans garantie du gouvernement** patented (without official government approval)
2 (= diplômé) [technicien] qualified, certificated; (Mil) [officier] commissioned
NM,F (Admin, Jur)

breveter /bʀəv(ə)te/ ▸ conjug 4 ◂ **VT** [+ invention] to patent ◆ **faire breveter qch** to take out a patent for sth

bréviaire /bʀevjɛʀ/ **NM** (Rel) breviary; (fig) bible

bréviligne /bʀeviliɲ/ **ADJ** squat

brévité /bʀevite/ **NF** (Phon) shortness

BRI /beɛʀi/ **NF** (abrév de **Banque des règlements internationaux**) BIS

briard, e /bʀijaʀ, aʀd/
ADJ of ou from Brie
NM,F **Briard(e)** inhabitant ou native of Brie
NM (= chien) Briard (sheepdog)

bribe /bʀib/ SYN NF (= *fragment*) bit, scrap ◆ **bribes de conversation** snatches of conversation ◆ **bribes de nourriture** scraps of food ◆ **les bribes de sa fortune** the remnants of his fortune ◆ **par bribes** in snatches, piecemeal

bric /bʀik/ **de bric et de broc** LOC ADV (= *de manière disparate*) any old way*, any old how* ◆ **meublé de bric et de broc** furnished with bits and pieces *ou* with odds and ends ◆ **une équipe faite de bric et de broc** a randomly assembled team

bric-à-brac /bʀikabʀak/ SYN NM INV 1 (= *objets*) bric-a-brac, odds and ends; (*fig*) bric-a-brac, trimmings
2 (= *magasin*) junk shop

bricelet /bʀislɛ/ NM (*Helv*) *waffle type biscuit*

brick /bʀik/ NM 1 (= *bateau*) brig
2 (*Culin*) brik (*pastry parcel*)

bricolage /bʀikɔlaʒ/ NM 1 (= *passe-temps*) do-it-yourself, DIY* (*Brit*); (= *travaux*) odd jobs ◆ **j'ai du bricolage à faire** I've got a few (odd) jobs to do ◆ **rayon bricolage** do-it-yourself department ◆ **magasin de bricolage** DIY store (*Brit*)
2 (= *réparation*) makeshift repair *ou* job ◆ **c'est du bricolage !** (*péj*) it's a rush job!*

bricole /bʀikɔl/ SYN NF 1 * (= *babiole*) trifle; (= *cadeau*) something small, token; (= *menu travail*) easy job, small matter ◆ **il ne reste que des bricoles** there are only a few bits and pieces *ou* a few odds and ends left ◆ **il ne me reste que quelques bricoles à faire** I only have a few odd things left to do ◆ **ça coûte 10 € et des bricoles** it costs €10 or so ◆ **il va lui arriver des bricoles*** he's going to run into trouble
2 [*de cheval*] breast harness
3 (*Can*) ◆ **bricoles*** (= *bretelles*) braces (*Brit*), suspenders (*US*)

bricoler /bʀikɔle/ SYN ▸ conjug 1 ◂
VI (*menus travaux*) to do little jobs; (*réparations*) to do odd jobs; (*passe-temps*) to tinker about *ou* around ◆ **elle aime bricoler** she likes DIY ◆ **j'aime bien bricoler dans la maison** I like doing little jobs around the house
VT (= *réparer*) to fix (up), to mend; (= *mal réparer*) to tinker *ou* mess (about) with; (= *fabriquer*) to cobble up *ou* together, to knock up* (*Brit*)

bricoleur /bʀikɔlœʀ/ NM handyman, do-it-yourselfer*, DIY man* (*Brit*) ◆ **il est bricoleur** he's good with his hands, he's very handy* ◆ **je ne suis pas très bricoleur** I'm not much of a handyman

bricoleuse /bʀikɔløz/ NF handywoman, do-it-yourselfer*, DIY woman* (*Brit*)

bride /bʀid/ NF 1 (*Équitation*) bridle ◆ **tenir un cheval en bride** to curb a horse ◆ **tenir ses passions/une personne en bride** to keep one's passions/a person in check, to keep a tight rein on one's passions/a person ◆ **jeter** *ou* **laisser** *ou* **mettre la bride sur le cou** *ou* **col à un cheval** to give a horse the reins, to give a horse his head ◆ **laisser la bride sur le cou à qn** to give *ou* leave sb a free hand ◆ **les jeunes ont maintenant la bride sur le cou** young people can just do as they like nowadays ◆ **tu lui laisses trop la bride sur le cou** you don't keep a tight enough rein on him ◆ **tenir la bride haute à un cheval** to rein in a horse ◆ **tenir la bride haute à qn** (*fig*) to keep a tight rein on sb ◆ **aller à bride abattue** *ou* **à toute bride** to ride flat out*, to ride hell for leather* ◆ **tourner bride** (*lit*) to turn back; (*fig*) to do an about-turn; → **lâcher**
2 [*de vêtement*] (*en cuir*) strap; [*de bonnet*] string
3 (*Couture*) [*de boutonnière*] bar; [*de bouton*] loop; [*de dentelle*] bride
4 (*Tech*) [*de bielle*] strap; [*de tuyau*] flange
5 (*Méd*) adhesion

bridé, e /bʀide/ (ptp de **brider**) ADJ ◆ **avoir les yeux bridés** to have slanting eyes

brider /bʀide/ SYN ▸ conjug 1 ◂ VT 1 [+ *cheval*] to bridle; [+ *moteur*] to restrain; [+ *impulsion*] to curb, to restrain; [+ *croissance, consommation, investissement, liberté*] to curb; [+ *création, imagination*] to curb, to keep in check; [+ *personne*] to keep in check ◆ **brider sa colère** to restrain one's anger ◆ **logiciel bridé** restricted-access software, crippleware* ◆ **il est bridé dans son costume, son costume le bride** his suit is too tight for him
2 (*Culin*) to truss
3 [+ *boutonnière*] to bind; [+ *tuyau*] to clamp, to flange; (*Naut*) [+ *cordages*] to lash together

bridge¹ /bʀidʒ/ NM (*Cartes*) bridge ◆ **bridge contrat** contract bridge ◆ **bridge aux enchères** auction bridge ◆ **faire un bridge** to play *ou* have a game of bridge

bridge² /bʀidʒ/ NM (= *prothèse*) bridge

bridger /bʀidʒe/ ▸ conjug 3 ◂ VI to play bridge

bridgeur, -euse /bʀidʒœʀ, øz/ NM,F bridge player

bridon /bʀidɔ̃/ NM snaffle

brie /bʀi/ NM Brie (cheese)

briefer /bʀife/ SYN ▸ conjug 1 ◂ VT to brief

briefing /bʀifiŋ/ NM briefing ◆ **faire un briefing à l'intention de l'équipe de vente** to brief the sales force

brièvement /bʀijɛvmɑ̃/ SYN ADV briefly ◆ **l'euro était tombé brièvement en dessous de ce niveau** the euro briefly fell below this level

brièveté /bʀijɛvte/ SYN NF brevity, briefness

brigade /bʀigad/
NF (*Mil*) brigade; (*Police*) squad; (*gén* = *équipe*) gang, team
COMP **brigade anti-émeute** riot police (*NonC*) *ou* squad
brigade antigang anti-terrorist squad
brigade canine police dog unit
brigade criminelle Crime *ou* Murder Squad
brigade financière financial police, ≃ Fraud Squad
brigade de gendarmerie (*corps*) gendarmerie squad; (*bâtiment*) gendarmerie
Brigades internationales International Brigades
brigade des mineurs *police department dealing with young offenders and young victims of crime*
brigade des mœurs, brigade mondaine † Vice Squad
brigade de recherche dans l'intérêt des familles ≃ missing persons bureau
brigade de répression et d'intervention ⇒ **brigade antigang**
les Brigades rouges the Red Brigades
brigade de sapeurs-pompiers fire brigade
brigade des stupéfiants *ou* **des stups*** drug(s) squad
brigade volante flying squad

brigadier /bʀigadje/ NM (*Police*) ≃ sergeant; (*Mil*) [*d'artillerie*] bombardier; [*de blindés, cavalerie, train*] corporal ◆ **brigadier-chef** ≃ lance sergeant

brigand /bʀigɑ̃/ SYN NM († = *bandit*) brigand, bandit; (*péj* = *filou*) twister (*Brit*), sharpie* (*US*), crook; (*hum* = *enfant*) rascal, imp

brigandage /bʀigɑ̃daʒ/ NM (armed) robbery, banditry †, brigandage ◆ **commettre des actes de brigandage** to engage in robbery with violence ◆ **c'est du brigandage !** (*fig*) it's daylight robbery!

brigantin /bʀigɑ̃tɛ̃/ NM (= *bateau*) brig

brigantine /bʀigɑ̃tin/ NF (= *voile*) spanker

brigue /bʀig/ NF (*littér*) intrigue ◆ **obtenir qch par brigue** to get sth by intrigue

briguer /bʀige/ SYN ▸ conjug 1 ◂ VT [+ *poste, honneur, faveur*] to strive to get; [+ *amitié*] to strive to win; [+ *suffrages*] to solicit, to canvass (for) ◆ **il brigue la succession du président** he has his eye on the presidency ◆ **il brigue un second mandat de président** he is seeking a second term of office as president

brillamment /bʀijamɑ̃/ SYN ADV brilliantly ◆ **réussir brillamment un examen** to pass an exam with flying colours ◆ **il a brillamment remporté les élections** he won the election hands down

brillance /bʀijɑ̃s/ NF (*Astron*) brilliance; (= *éclat*) sheen; [*de cheveux*] sheen, lustre; [*de peau*] shininess; [*de tissu*] sheen

brillant, e /bʀijɑ̃, ɑ̃t/ SYN
ADJ 1 (= *luisant*) shiny; (= *étincelant*) sparkling, bright; [*chaussures*] well-polished, shiny; [*cheveux*] glossy; [*couleur*] bright, brilliant ◆ **elle avait les yeux brillants de fièvre/d'impatience** her eyes were bright with fever/impatience ◆ **il avait les yeux brillants de convoitise/colère** his eyes glittered with envy/anger; → **peinture, sou**
2 (= *remarquable*) brilliant, outstanding; [*situation*] excellent; [*carrière*] brilliant; [*succès*] brilliant, dazzling, outstanding; [*avenir*] brilliant, bright; [*conversation*] brilliant, sparkling ◆ **avoir une intelligence brillante** to be outstandingly intelligent, to be brilliant ◆ **c'est un brillant orateur** he is a brilliant speaker ◆ **elle a été brillante à l'examen** she did brilliantly in her exam ◆ **sa santé n'est pas brillante** his health isn't too good ◆ **ce n'est pas brillant** [*travail*] it's not too good, it's not up to much (*Brit*); [*situation*] it's far from satisfactory
NM 1 (= *éclat*) (*étincelant*) sparkle, brightness; (*luisant*) shine; [*de cheveux*] glossiness; [*de couleur*] brightness, brilliance; [*d'étoffe*] sheen; (*par usure*) shine ◆ **le brillant de son esprit/style** the brilliance of his mind/style ◆ **donner du brillant à un cuir** to polish up a piece of leather
2 (= *diamant*) brilliant ◆ **taillé/monté en brillant** cut/mounted as a brilliant
3 (= *cosmétique*) ◆ **brillant à lèvres** lip gloss

brillanter /bʀijɑ̃te/ ▸ conjug 1 ◂ VT 1 [+ *diamant*] to cut into a brilliant
2 [+ *métal*] to brighten

brillantine /bʀijɑ̃tin/ NF brilliantine

brillantiner /bʀijɑ̃tine/ ▸ conjug 1 ◂ VT [+ *cheveux*] to slick (with brilliantine)

briller /bʀije/ SYN ▸ conjug 1 ◂ VI 1 (*gén*) [*lumière, soleil*] to shine; [*diamant, eau*] to sparkle, to glitter; [*étoile*] to twinkle, to shine (brightly); [*métal*] to glint, to shine; [*feu, braises*] to glow (brightly); [*flammes*] to blaze; [*éclair*] to flash; [*chaussures*] to shine; [*surface polie, humide*] to shine, to glisten ◆ **frotte fort, il faut que ça brille** (*cuivre*) rub hard, we want a nice shine; (*salle de bains*) give it all a good scrub, we want it sparkling clean ◆ **faire briller les meubles/l'argenterie** to polish the furniture/the silver ◆ **faire briller ses chaussures** to shine *ou* polish one's shoes ◆ **tout brille dans sa salle de bains** everything is spick and span in his bathroom ◆ **faire briller les avantages de qch à qn** to paint a glowing picture of sth to sb; → **tout**
2 [*yeux*] to shine, to sparkle; [*nez, peau*] to be shiny; [*larmes*] to glisten ◆ **ses yeux brillaient de joie** his eyes sparkled with joy ◆ **ses yeux brillaient de convoitise** his eyes glinted greedily
3 [*personne*] to shine, to stand out ◆ **briller en société** to shine in company ◆ **briller à un examen** to do brilliantly in an exam, to come through an exam with flying colours ◆ **le désir de briller** the longing to stand out (from the crowd), the desire to be the centre of attention
◆ **briller par** ◆ **briller par son talent/éloquence** to be outstandingly talented/eloquent ◆ **il ne brille pas par le courage/la modestie** courage/modesty is not his strong point *ou* his forte ◆ **briller par son absence** to be conspicuous by one's absence

brimade /bʀimad/ NF (= *vexation*) vexation; (*Mil, Scol : d'initiation*) ragging (*NonC*) (*Brit*), hazing (*NonC*) (*US*) ◆ **faire subir des brimades à qn** to harry sb, to harass sb; (*Mil, Scol*) to rag sb (*Brit*), to haze sb (*US*)

brimbalement* /bʀɛ̃balmɑ̃/ NM ⇒ **bringuebalement**

brimbaler* /bʀɛ̃bale/ ▸ conjug 1 ◂ VI, VT ⇒ **bringuebaler**

brimborion /bʀɛ̃bɔʀjɔ̃/ NM (= *colifichet*) bauble, trinket

brimer /bʀime/ SYN ▸ conjug 1 ◂ VT (= *soumettre à des vexations*) to aggravate, to bully; [+ *élève, recrue*] to rag (*Brit*), to haze (*US*) ◆ **il se sent brimé** he feels he's being got at* (*Brit*) *ou* gotten at* (*US*) ◆ **je suis brimé*** I'm being got at* (*Brit*) *ou* gotten at* (*US*)

brin /bʀɛ̃/ SYN NM 1 [*de blé, herbe*] blade; [*de bruyère, mimosa, muguet*] sprig; [*d'osier*] twig; [*de paille*] wisp ◆ **un beau brin de fille** (*fig*) a fine-looking girl
2 [*de chanvre, lin*] yarn, fibre; [*de corde, fil, laine*] strand
3 (*locutions*)
◆ **un brin** * ◆ **un brin plus grand/haut** a bit *ou* a little *ou* a fraction *ou* a shade bigger/higher ◆ **je suis un brin embêté** I'm a trifle *ou* a shade worried ◆ **s'amuser un brin** to have a bit of fun ◆ **un brin de** a touch *ou* grain *ou* bit of ◆ **il n'a pas un brin de bon sens** he hasn't got an ounce *ou* a grain of common sense ◆ **avec un brin de nostalgie** with a touch *ou* hint of nostalgia ◆ **il y a en lui un brin de folie/méchanceté** there's a touch of madness/malice in him ◆ **faire un brin de causette** to have a bit of a chat*, to have a little chat ◆ **faire un brin de cour à une femme** to flirt a little with a woman ◆ **faire un brin de toilette** to have a quick wash ◆ **il n'y a pas un brin de vent** there isn't a breath of wind
4 (*Radio*) [*d'antenne*] wire

brindezingue* /bʀɛ̃dzɛ̃g/ ADJ nutty*, crazy*

brindille /bʀɛ̃dij/ NF twig

bringue[1]* /bʀɛ̃g/ NF ◆ **grande bringue** beanpole*

bringue[2]* /bʀɛ̃g/ NF ◆ **faire la bringue** to have a wild time ◆ **bringue à tout casser** wild party

bringuebalement*, **brinquebalement*** /bʀɛ̃g(ə)balmã/, /bʀɛ̃kbalmã/ NM (= mouvement) shaking (about); (= bruit) rattle

bringuebaler* /bʀɛ̃g(ə)bale/, **brinquebaler*** /bʀɛ̃kbale/ ▸ conjug 1 ◂
VI [tête] to shake about, to joggle; [voiture] to shake ou jolt about, to joggle; [avec bruit] to rattle ◆ **une vieille auto toute bringuebalante** a ramshackle ou broken-down old car ◆ **il y a quelque chose qui bringuebale dans ce paquet** something is rattling in this packet
VT to cart (about)

brio /bʀijo/ SYN NM (= virtuosité) brilliance; (Mus) brio ◆ **avec brio** (Mus) with ou con brio; (réussir un examen) with flying colours ◆ **faire qch avec brio** to do sth brilliantly ◆ **il raconte avec brio la conquête du Far West** he gives a brilliant description of the conquest of the Far West

brioche /bʀijɔʃ/ SYN NF brioche ◆ **jambon en brioche** ham in a pastry case ◆ **prendre de la brioche*** (= embonpoint) to develop a paunch, to get a bit of a tummy* ◆ « **Qu'ils mangent de la brioche !** » (Hist) "Let them eat cake!"

brioché, e /bʀijɔʃe/ ADJ (baked) like a brioche; → **pain**

brique /bʀik/
NF ① (Constr) brick; [de savon] bar, cake; [de tourbe] block, slab; [de lait] carton ◆ **mur de ou en brique(s)** brick wall ◆ **brique pleine/creuse** solid/hollow brick ◆ **bouffer des briques*** to have nothing to eat
② (* = dix mille francs) ◆ **une brique** ten thousand francs
③ (Naut) ◆ **brique à pont** holystone
ADJ INV brick red

briquer /bʀike/ SYN ▸ conjug 1 ◂ VT * to polish up; [+ bateau] to holystone, to scrub down

briquet[1] /bʀikɛ/ NM (cigarette) lighter ◆ **briquet-tempête** windproof lighter; → **battre**

briquet[2] /bʀikɛ/ NM (= chien) beagle

briquetage /bʀik(ə)taʒ/ NM (= mur) brickwork; (= enduit) imitation brickwork

briqueter /bʀik(ə)te/ ▸ conjug 4 ◂ VT ① (= bâtir) to brick, to build with bricks
② (= peindre) to face with imitation brickwork

briqueterie /bʀik(ə)tʀi/ NF brickyard, brickfield

briqueteur /bʀik(ə)tœʀ/ NM bricklayer

briquetier /bʀik(ə)tje/ NM (= ouvrier) brickyard worker, brickmaker; (= entrepreneur) brick merchant

briquette /bʀikɛt/ NF briquette ◆ **c'est de la briquette*** it's not up to much (Brit)

bris /bʀi/ NM breaking ◆ **bris de clôture** (Jur) trespass, breaking-in ◆ **bris de glaces** (dans voiture) broken windows ◆ **bris de scellés** (Jur) breaking of seals

brisant, e /bʀizɑ̃, ɑ̃t/
ADJ high-explosive (épith) ◆ **obus brisant** high-explosive shell
NM ① (= vague) breaker
② (= écueil) shoal, reef
③ (= brise-lames) groyne, breakwater

briscard /bʀiskaʀ/ NM (Hist Mil) veteran, old soldier ◆ **c'est un vieux briscard*** **de la politique** he's a veteran of ou an old hand in politics

brise /bʀiz/ NF breeze ◆ **brise de mer/terre** sea/land breeze

brisé, e /bʀize/ (ptp de briser) ADJ ◆ **brisé (de fatigue)** worn out, exhausted ◆ **brisé (de chagrin)** overcome by sorrow, brokenhearted; → **arc**, **ligne**[1], **pâte**

brise-bise /bʀizbiz/ NM INV half-curtain

brisées /bʀize/ NFPL ◆ **marcher sur les brisées de qn** to poach ou intrude on sb's preserve ou territory ◆ **suivre les brisées de qn** to follow in sb's footsteps

brise-fer /bʀizfɛʀ/ NMF INV ◆ **cet enfant est un vrai brise-fer !** that child is a real little vandal!

brise-glace (pl **brise-glaces**) /bʀizglas/ NM (= navire) icebreaker; [de pont] icebreaker, ice apron

brise-jet (pl **brise-jets**) /bʀizʒɛ/ NM tap swirl (Brit), anti-splash faucet nozzle (US)

brise-lame(s) (pl **brise-lames**) /bʀizlam/ NM breakwater, mole

brise-motte(s) (pl **brise-mottes**) /bʀizmɔt/ NM harrow

briser /bʀize/ SYN ▸ conjug 1 ◂
VT ① (= casser) [+ objet] to break, to smash; [+ mottes de terre] to break up; [+ chaîne, fers] to break ◆ **briser qch en mille morceaux** to smash sth to smithereens, to break sth into little pieces ou bits ◆ **briser la glace** (lit, fig) to break the ice
② (= saper, détruire) [+ carrière, vie] to ruin, to wreck; [+ personne] (= épuiser) to tire out, to exhaust; (= abattre la volonté de) to break, to crush; [+ espérance] to smash, to shatter, to crush; [+ cœur, courage] to break; [+ traité, accord] to break; [+ amitié] to break up, to bring to an end ◆ **briser l'élan de qn** to kill sb's enthusiasm ◆ **d'une voix brisée par l'émotion** in a voice choked with emotion ◆ **ces épreuves l'ont brisé** these trials and tribulations have left him a broken man ◆ **il en a eu le cœur brisé** it broke his heart, he was heartbroken about it ◆ **chagrin qui brise le cœur** heartbreaking grief ou sorrow ◆ **tu me les brises !**** you're really pissing me off!*, you're really getting on my tits! **(Brit)
③ (= avoir raison de) [+ volonté] to break, to crush; [+ rebelle] to crush, to subdue; [+ opposition, résistance] to crush, to break down; [+ grève] to break (up); [+ révolte] to crush, to quell ◆ **il était décidé à briser les menées de ces conspirateurs** he was determined to put a stop to ou to put paid to (Brit) the schemings of these conspirators
④ (= mettre fin à) [+ silence, rythme] to break; (frm) [+ entretien] to break off
VI (littér) ① (= rompre) ◆ **briser avec qn** to break with sb ◆ **brisons là !** † enough said!
② (= déferler) [vagues] to break
VPR **se briser** ① [vitre, verre] to break, to shatter, to smash; [bâton, canne] to break, to snap
② [vagues] to break (contre against)
③ [cœur] to break, to be broken; [voix] to falter, to break
④ [résistance] to break down, to snap; [assaut] to break up (sur on; contre against); [espoir] to be dashed ◆ **nos efforts se sont brisés sur cette difficulté** our efforts were frustrated ou thwarted by this difficulty

brise-soleil /bʀizsɔlɛj/ NM INV (slatted) canopy ou awning

brise-tout /bʀiztu/ NMF INV (= maladroit) butterfingers* ◆ **cet enfant est un vrai brise-tout !** that child is a real little vandal!

briseur, -euse /bʀizœʀ, øz/ NM,F breaker, wrecker ◆ **briseur de grève** strikebreaker

brise-vent (pl **brise-vent(s)**) /bʀizvɑ̃/ NM windbreak

brisis /bʀizi/ NM (Archit) lower slope

brisquard /bʀiskaʀ/ NM ⇒ briscard

bristol /bʀistɔl/ NM (= papier) Bristol board; (= carte de visite) visiting card

brisure /bʀizyʀ/ NF (= cassure) break, crack; [de charnière] joint, break; (Héraldique) mark of cadency, brisure ◆ **brisures de riz** broken rice

britannique /bʀitanik/
ADJ British
NMF **Britannique** British person, Britisher (US), Briton ◆ **c'est un Britannique** he's British ou a Britisher (US) ◆ **les Britanniques** the British

brittonique /bʀitɔnik/ ADJ, NM Brythonic, Brittonic

brize /bʀiz/ NF quaking grass

broc /bʀo/ NM pitcher, jug; (de table de toilette) ewer

brocante /bʀɔkɑ̃t/ NF (= commerce) secondhand trade, secondhand market; (= marché) secondhand market; (= objets) secondhand goods ◆ **il est dans la brocante** he deals in secondhand goods ◆ **acheter qch à la brocante** to buy sth at the flea market

brocanter /bʀɔkɑ̃te/ ▸ conjug 1 ◂ VI to deal in secondhand goods

brocanteur, -euse /bʀɔkɑ̃tœʀ, øz/ NM,F secondhand goods dealer

brocard[1] /bʀɔkaʀ/ NM (= chevreuil) brocket

brocard[2] /bʀɔkaʀ/ NM (littér ou vieilli = moquerie) gibe, taunt

brocarder /bʀɔkaʀde/ ▸ conjug 1 ◂ VT (littér ou vieilli) to gibe at, to taunt

brocart /bʀɔkaʀ/ NM brocade

brocatelle /bʀɔkatɛl/ NF brocatelle, brocatel (US)

brochage /bʀɔʃaʒ/ NM ① [de feuilles imprimées] binding (with paper)
② [de tissu] brocading
③ [de pièces métalliques] broaching

broche /bʀɔʃ/ NF ① (= bijou) brooch
② (= objet pointu) (= ustensile de cuisine) spit; (pour bobine) spindle; (Tech) drift, pin, broach; (Élec) pin; (Méd) pin ◆ **broche (à glace)** (Alpinisme) ice piton ◆ **faire cuire à la broche** to spit-roast ◆ **poulet/agneau à la broche** spit-roasted chicken/lamb

broché, e /bʀɔʃe/ (ptp de brocher)
NM (= procédé) brocading; (= tissu) brocade
ADJ **livre broché** paperback ◆ **édition brochée** paperback edition

brocher /bʀɔʃe/ ▸ conjug 1 ◂ VT ① (Imprim) to bind (with paper), to put a paperback cover on
② [+ tissu] to brocade ◆ **tissu broché d'or** gold brocade
③ [+ pièces métalliques] to broach

brochet /bʀɔʃɛ/ NM (= poisson) pike

brochette /bʀɔʃɛt/ NF ① (Culin) (= ustensile) skewer; (= plat) kebab, brochette ◆ **rognons en brochette** kidney kebab
② (fig) ◆ **brochette de décorations** row of medals ◆ **brochette de personnalités/criminels** bunch of VIPs/criminals

brocheur, -euse /bʀɔʃœʀ, øz/
NM,F (= personne) [de livres] book binder; [de tissu] brocade weaver
NM (= machine à brocher les tissus) brocade loom
NF **brocheuse** (= machine à brocher les livres) binder, binding machine

brochure /bʀɔʃyʀ/ SYN NF ① (= magazine) brochure, booklet, pamphlet ◆ **brochure touristique** tourist brochure
② [de livre] (paper) binding
③ [de tissu] brocaded pattern ou figures

brocoli /bʀɔkɔli/ NM broccoli

brodequin /bʀɔd(ə)kɛ̃/ NM (laced) boot; (Hist Théât) buskin, sock ◆ **les brodequins** (Hist = supplice) the boot

broder /bʀɔde/ SYN ▸ conjug 1 ◂
VT [+ tissu] to embroider (de with); [+ récit] to embroider
VI (= exagérer) to embroider, to embellish; (= trop développer) to elaborate ◆ **broder sur un sujet** to elaborate on a subject

broderie /bʀɔdʀi/ NF (= art) embroidery; (= objet) piece of embroidery, embroidery (NonC); (= industrie) embroidery trade ◆ **faire de la broderie** to embroider, to do embroidery ◆ **broderie anglaise** broderie anglaise

brodeur /bʀɔdœʀ/ NM embroiderer

brodeuse /bʀɔdøz/ NF (= ouvrière) embroideress; (= machine) embroidery machine

broiement /bʀwamɑ̃/ NM ⇒ broyage

bromate /bʀɔmat/ NM bromate

brome /bʀom/ NM (Chim) bromine

bromhydrique /bʀɔmidʀik/ ADJ ◆ **acide bromhydrique** hydrobromic acid

bromique /bʀɔmik/ ADJ bromic

bromisme /bʀɔmism/ NM bromism

bromure /bʀɔmyʀ/ NM ① (Chim) bromide ◆ **bromure d'argent/de potassium** silver/potassium bromide
② (= papier) bromide paper; (= épreuve) bromide (proof)

bronca /bʀɔ̃ka/ NF (dans une arène) cheering; (= huées de mécontentement) booing

bronche /bʀɔ̃ʃ/ NF bronchus (SPÉC) ◆ **les bronches** the bronchial tubes ◆ **cela dégage les bronches** this clears the bronchial tubes ◆ **j'ai les bronches prises** my chest is congested

bronchectasie /bʀɔ̃ʃɛktazi/ NF bronchiectasis

broncher /bʀɔ̃ʃe/ SYN ▸ conjug 1 ◂ VI [cheval] to stumble ◆ **personne n'osait broncher*** no one dared move a muscle ou say a word ◆ **le premier qui bronche... !*** the first person to budge* ou make a move…!
◆ **sans broncher*** (= sans protester) uncomplainingly, meekly; (= sans se tromper) faultlessly, without faltering; (= sans peur) without turning a hair, without flinching

bronchiole /bʀɔ̃ʃjɔl/ NF (Anat) bronchiole

bronchique /bʀɔ̃ʃik/ ADJ bronchial

bronchite /bʀɔ̃ʃit/ NF bronchitis (NonC) ◆ **avoir une bonne bronchite** to have (got) a bad bout *ou* attack of bronchitis

bronchiteux, -euse /bʀɔ̃ʃitø, øz/
- ADJ [*personne*] suffering from bronchitis, bronchitic (SPÉC)
- NM,F person suffering from bronchitis, bronchitic (SPÉC)

bronchitique /bʀɔ̃ʃitik/ ADJ bronchitic (SPÉC) ◆ **il est bronchitique** he suffers from bronchitis

bronchodilatateur /bʀɔ̃kodilatatœʀ/ NM bronchodilator

bronchopathie /bʀɔ̃kɔpati/ NF bronchopathy

bronchopneumonie (pl **bronchopneumonies**) /bʀɔ̃kɔpnømɔni/ NF bronchopneumonia (NonC)

bronchopulmonaire /bʀɔ̃kɔpylmɔnɛʀ/ ADJ bronchopulmonary

bronchorrhée /bʀɔ̃kɔʀe/ NF bronchorrhoea (Brit), bronchorrhea (US)

bronchoscope /bʀɔ̃kɔskɔp/ NM bronchoscope

bronchoscopie /bʀɔ̃kɔskɔpi/ NF bronchoscopy

brontosaure /bʀɔ̃tozɔʀ/ NM brontosaurus

bronzage /bʀɔ̃zaʒ/ NM [1] [*de peau*] (sun) tan ◆ **bronzage intégral** allover tan ◆ **séance de bronzage artificiel** tanning session ◆ **je vais parfaire mon bronzage** I'm going to work on my tan
[2] [*de métal*] bronzing

bronzant, e /bʀɔ̃zɑ̃, ɑ̃t/ ADJ [*lait, lotion*] tanning (*épith*), suntan (*épith*)

bronze /bʀɔ̃z/ NM (= *métal, objet*) bronze

bronzé, e /bʀɔ̃ze/ SYN (ptp de **bronzer**) ADJ (sun)tanned

bronzer /bʀɔ̃ze/ ► conjug 1 ◄
- VT [+ *peau*] to tan; [+ *métal*] to bronze
- VI [*peau, personne*] to get a tan ◆ **les gens qui (se) bronzent** *ou* **se font bronzer sur la plage** people who sunbathe on the beach ◆ **je bronze vite** I tan easily

bronzette* /bʀɔ̃zɛt/ NF ◆ **faire de la bronzette** to sunbathe

bronzeur /bʀɔ̃zœʀ/ NM (= *fondeur*) bronze-smelter; (= *fabricant*) bronze-smith

broquette /bʀɔkɛt/ NF (= *clou*) tack

brossage /bʀɔsaʒ/ NM brushing

brosse /bʀɔs/
- NF [1] (= *ustensile*) brush; [*de peintre*] (paint)brush ◆ **donne un coup de brosse à ta veste** give your jacket a brush ◆ **passer le tapis à la brosse** to give the carpet a brush, to brush the carpet ◆ **passer le carrelage à la brosse** to give the tiled floor a scrub ◆ **il sait manier la brosse à reluire** he really knows how to suck up to people* *ou* butter people up
[2] (*Coiffure*) crew cut ◆ **avoir les cheveux en brosse** to have a crew cut
[3] (*Can*) ◆ **prendre une brosse*** to get drunk *ou* smashed*
- COMP **brosse à chaussures** shoebrush
brosse à cheveux hairbrush
brosse en chiendent scrubbing brush
brosse à dents toothbrush
brosse à habits clothesbrush
brosse métallique wire brush
brosse à ongles nailbrush

brosser /bʀɔse/ SYN ► conjug 1 ◄
- VT [1] (= *nettoyer*) to brush; [+ *cheval*] to brush down; [+ *plancher, carrelage*] to scrub ◆ **viens ici que je te brosse** come here and let me give you a brush ◆ **brosser des miettes sur une table** to brush crumbs off a table
[2] (*Art, fig = peindre*) to paint ◆ **brosser un vaste tableau de la situation** to paint a broad picture of the situation
[3] (*Sport*) [+ *balle*] to put spin on
[4] (* : *Belg*) [+ *cours*] to skip
- VPR **se brosser** SYN [1] (= *frotter*) to brush one's clothes, to give one's clothes a brush ◆ **se brosser les dents** to brush *ou* clean one's teeth ◆ **se brosser les cheveux** to brush one's hair
[2] (* : *locutions*) ◆ **se brosser le ventre** to go without food ◆ **tu peux (toujours) te brosser !** you'll have to do without!, nothing doing!*, you can whistle for it!*

brosserie /bʀɔsʀi/ NF (= *usine*) brush factory; (= *commerce*) brush trade

brossier, -ière /bʀɔsje, jɛʀ/ NM,F (= *ouvrier*) brush maker; (= *commerçant*) brush dealer

brou /bʀu/ NM (= *écorce*) husk, shuck (US) ◆ **brou de noix** (*Menuiserie*) walnut stain; (= *liqueur*) walnut liqueur

broue* /bʀu/ NF (*Can*) [*de bière*] froth; [*de mer*] foam

brouet /bʀuɛ/ NM (†† = *potage*) gruel; (*péj ou hum*) brew

brouette /bʀuɛt/ NF wheelbarrow ◆ **20 € et des brouettes*** just over 20 €

brouettée /bʀuete/ NF (wheel)barrowful

brouetter /bʀuete/ ► conjug 1 ◄ VT to (carry in a) wheelbarrow

brouhaha /bʀuaa/ SYN NM (= *tintamarre*) hubbub

brouillage /bʀujaʒ/ NM (*Radio*) (intentionnel) jamming; (accidentel) interference; (TV) scrambling; (fig) [*de points de repère*] blurring ◆ **brouillage des pistes** confusion

brouillamini* /bʀujamini/ NM muddle, jumble

brouillard /bʀujaʀ/ SYN NM [1] (dense) fog; (léger) mist; (mêlé de fumée) smog ◆ **brouillard de chaleur** heat haze ◆ **brouillard givrant** freezing fog ◆ **brouillard à couper au couteau** thick *ou* dense fog, peasouper* ◆ **il fait** *ou* **il y a du brouillard** it's foggy ◆ **être dans le brouillard** (fig) to be in the dark; → **foncer¹**
[2] (= *livre de commerce*) daybook

brouillasser /bʀujase/ SYN ► conjug 1 ◄ VB IMPERS to drizzle

brouille /bʀuj/ SYN NF disagreement, breach, quarrel ◆ **brouille légère** tiff ◆ **être en brouille avec qn** to have fallen out with sb, to be on bad terms with sb

brouillé, e /bʀuje/ SYN (ptp de **brouiller**) ADJ
[1] (= *fâché*) ◆ **être brouillé avec qn** to have fallen out with sb, to be on bad terms with sb ◆ **être brouillé avec les dates/l'orthographe*** to be hopeless *ou* useless * at dates/spelling
[2] (= *altéré*) ◆ **avoir le teint brouillé** to have a muddy complexion; → **œuf**

brouiller /bʀuje/ SYN ► conjug 1 ◄
- VT [1] (= *troubler*) [+ *contour, vue, yeux*] to blur; [+ *papiers, idées*] to mix up, to muddle up; [+ *combinaison de coffre*] to scramble; [+ *message*] (lit) to scramble; (fig) to confuse; [+ *frontières, repères*] to blur ◆ **la buée brouille les verres de mes lunettes** my glasses are misting up ◆ **la pluie a brouillé l'adresse** the rain has smudged *ou* blurred the address ◆ **brouiller les pistes** *ou* **cartes** to confuse *ou* cloud the issue ◆ **cette déclaration a brouillé l'image du président** the statement has tarnished the president's image
[2] (= *fâcher*) to set at odds, to put on bad terms ◆ **cet incident l'a brouillé avec sa famille** the incident set him at odds with *ou* put him on bad terms with his family ◆ **elle m'a brouillé avec l'informatique** she really put me off computers
[3] (*Radio*) [+ *émission*] (volontairement) to jam; (par accident) to cause interference to; (TV) to scramble
- VPR **se brouiller** [1] (= *se troubler*) [*vue*] to become blurred; [*souvenirs, idées*] to get mixed up *ou* muddled up, to become confused ◆ **tout se brouilla dans sa tête** everything became confused *ou* muddled in his mind
[2] (= *se fâcher*) ◆ **se brouiller avec qn** to fall out *ou* quarrel with sb ◆ **depuis qu'ils se sont brouillés** since they fell out (with each other)
[3] [*ciel*] to cloud over ◆ **le temps se brouille** it's going *ou* turning cloudy, the weather is breaking

brouillerie /bʀujʀi/ NF ⇒ **brouille**

brouilleur /bʀujœʀ/ NM jammer

brouillon, -onne /bʀujɔ̃, ɔn/ SYN
- ADJ (= *qui manque de soin*) untidy; (= *qui manque d'organisation*) unmethodical, unsystematic, muddle-headed ◆ **élève brouillon** careless pupil ◆ **avoir l'esprit brouillon** to be muddle-headed
- NM,F (= *personne*) muddler, muddlehead
- NM [*de lettre, devoir*] rough copy; (= *ébauche*) (rough) draft; [*de calculs, notes*] rough work ◆ **(papier) brouillon** rough paper ◆ **prendre qch au brouillon** to make a rough copy of sth; → **cahier**

broum /bʀum/ EXCL brum

broussaille /bʀusaj/ NF ◆ **broussailles** undergrowth, brushwood, scrub ◆ **avoir les cheveux en broussaille** to have tousled hair ◆ **sourcils en broussaille** bushy eyebrows

broussailleux, -euse /bʀusajø, øz/ ADJ [*terrain, sous-bois*] bushy, scrubby; [*ronces*] brambly; [*jardin*] overgrown; [*sourcils, barbe*] bushy; [*cheveux*] bushy, tousled

broussard* /bʀusaʀ/ NM bushman

brousse /bʀus/ NF ◆ **la brousse** the bush ◆ **c'est en pleine brousse*** (fig) it's at the back of beyond*, it's in the middle of nowhere

broutage /bʀutaʒ/ NM ⇒ **broutement**

broutard /bʀutaʀ/ NM grass-fed calf

broutement /bʀutmɑ̃/ NM [1] [*de mouton*] grazing; [*de lapin*] nibbling; [*de vache, cerf*] browsing
[2] [*de rabot*] chattering

brouter /bʀute/ ► conjug 1 ◄
- VT [1] [+ *herbe*] to graze on, to browse on
[2] *** [+ *sexe féminin*] to go down on*** ◆ **il nous les broute !** he's a fucking pain in the neck!***
- VI [1] [*mouton, vache, cerf*] to graze, to browse
[2] (*Tech*) [*rabot*] to chatter
[3] [*freins*] to grab; [*embrayage, voiture*] to judder

broutille /bʀutij/ SYN NF (= *bagatelle*) trifle ◆ **c'est de la broutille*** (*de mauvaise qualité*) it's just junk, it's cheap rubbish (Brit); (*sans importance*) it's not worth mentioning, it's nothing of any consequence ◆ **perdre son temps à des broutilles** to lose one's time over trifles *ou* trivial matters

brownie /bʀoni/ NM (*Culin*) brownie

brownien, -ienne /bʀɔnjɛ̃, jɛn/ ADJ [*mouvement, particules*] Brownian ◆ **agité de mouvements browniens** (fig) rushing about in all directions

broyage /bʀwajaʒ/ NM [1] [*de pierre, sucre, os*] grinding, crushing; [*de poivre, blé, couleurs*] grinding
[2] [*de chanvre, lin*] braking

broyer /bʀwaje/ SYN ► conjug 8 ◄ VT [1] (= *concasser*) [+ *pierre, sucre, os*] to grind (to a powder), to crush; [+ *poivre, blé, couleurs*] to grind
[2] (= *écraser*) [+ *chanvre, lin*] to brake; [+ *doigt, main*] to crush ◆ **il a été broyé par une machine** he was crushed to death in a machine
[3] (= *mastiquer*) [+ *aliments*] to grind, to break up
◆ **broyer du noir** to brood ◆ **dès qu'elle est seule, elle broie du noir** when she's alone, she starts brooding ◆ **nos industriels broient du noir** our industrialists are despondent

broyeur, -euse /bʀwajœʀ, øz/
- ADJ crushing, grinding
- NM (= *ouvrier*) grinder, crusher; (= *machine*) grinder, crusher; [*de chanvre, lin*] brake ◆ **broyeur (de cailloux)** pebble grinder

brrr /bʀʀ/ EXCL brr!

bru /bʀy/ NF daughter-in-law

bruant /bʀyɑ̃/ NM bunting (bird) ◆ **bruant jaune** yellowhammer ◆ **bruant des roseaux** reed bunting

brucella /bʀysela/ NF Brucella

brucelles /bʀysɛl/ NFPL tweezers

brucellose /bʀyseloz/ NF brucellosis

brucine /bʀysin/ NF brucine

brugnon /bʀyɲɔ̃/ NM nectarine

brugnonier /bʀyɲɔnje/ NM nectarine tree

bruine /bʀɥin/ NF (fine) drizzle, Scotch mist

bruiner /bʀɥine/ ► conjug 1 ◄ VB IMPERS to drizzle

bruineux, -euse /bʀɥinø, øz/ ADJ drizzly

bruire /bʀɥiʀ/ ► conjug 2 ◄ VI [*feuilles, tissu, vent*] to rustle; [*ruisseau*] to murmur; [*insecte*] to buzz, to hum ◆ **le marché financier s'est mis à bruire des rumeurs les plus bizarres** the money market has started buzzing with the strangest rumours

bruissement /bʀɥismɑ̃/ NM [*de feuilles, tissu, vent*] rustle, rustling; [*de ruisseau*] murmur; [*d'insecte*] buzz(ing), humming

bruit /bʀɥi/ SYN NM [1] (gén) sound, noise; (désagréable) noise ◆ **j'ai entendu un bruit** I heard a noise ◆ **un bruit de vaisselle** the clatter of dishes ◆ **un bruit** *ou* **des bruits de moteur/voix** the sound of an engine/of voices ◆ **un bruit** *ou* **des bruits de marteau** (the sound of) hammering ◆ **un bruit de verre brisé** the tinkle *ou* sound of broken glass ◆ **un bruit de pas** (the sound of) footsteps ◆ **le bruit d'un plongeon** a splash ◆ **le bruit de la pluie contre les vitres** the sound *ou* patter of the rain against the windows ◆ **le bruit des radios** the noise ou blare of radios ◆ les bruits de la rue street noises ◆ bruit de fond background noise ◆ le bruit familier des camions the familiar rumble of the lorries ◆ bruit sourd thud ◆ bruit strident screech, shriek ◆ on n'entend aucun bruit d'ici you can't hear a sound from here ◆ passer dans un bruit de tonnerre to thunder past ◆ « Le Bruit et la Fureur » (Littérat) "The Sound and the Fury"

[2] (opposé à silence) ◆ le bruit noise ◆ j'ai entendu du bruit I heard a noise ◆ il y a trop de bruit there's too much noise, it's too noisy ◆ je ne peux pas travailler dans le bruit I can't work in a noisy environment ◆ le bruit est insupportable ici the noise is unbearable here ◆ sans bruit noiselessly, without a sound, silently ◆ faire du bruit [objet, machine] to make a ou some noise ◆ les enfants font du bruit, c'est normal it's natural for children to be noisy ◆ arrêtez de faire du bruit stop being so noisy ◆ cette machine fait un bruit infernal this machine makes a dreadful noise ou racket *

[3] (= perturbation) ◆ beaucoup de bruit pour rien much ado about nothing, a lot of fuss about nothing ◆ faire grand bruit [affaire, déclaration, film, nouvelle] to cause quite a stir ◆ faire grand bruit ou beaucoup de bruit autour de qch to make a great fuss ou to-do about sth ◆ cette nouvelle a été annoncée à grand bruit the news was announced amid much publicity ou fanfare ◆ il fait plus de bruit que de mal his bark is worse than his bite

[4] (= nouvelle) rumour ◆ le bruit de son départ... the rumour of his departure... ◆ le bruit court qu'il doit partir there's a rumour going about that he is to leave ◆ c'est un bruit qui court it's a rumour that's going around ◆ se faire l'écho d'un bruit to repeat a rumour ◆ répandre de faux bruits (sur) to spread false rumours ou tales (about) ◆ les bruits de couloir à l'Assemblée nationale parliamentary rumours ◆ bruits de guerre rumours of war ◆ bruit de bottes sabre-rattling ◆ il n'est bruit †† dans la ville que de son arrivée his arrival is the talk of the town

[5] (Téléc) noise ◆ bruit de souffle (Méd) murmur ◆ bruit de galop (Méd) galop rhythm

bruitage /bʀɥitaʒ/ NM sound effects

bruiter /bʀɥite/ ► conjug 1 ◄ VT to add the sound effects to

bruiteur, -euse /bʀɥitœʀ, øz/ NM,F sound-effects engineer

brûlage /bʀylaʒ/ NM [de cheveux] singeing; [de café] roasting; [d'herbes] burning ◆ faire un brûlage à qn to singe sb's hair

brûlant, e /bʀylɑ̃, ɑ̃t/ SYN ADJ [1] (= chaud) [objet] burning (hot), red-hot; [plat] piping hot; [liquide] boiling (hot), scalding; [soleil] scorching, blazing; [air] burning ◆ il a le front brûlant (de fièvre) his forehead is burning (with fever)

[2] (= passionné) [regard, pages] fiery, impassioned

[3] (= controversé) [sujet] highly topical ◆ être sur un terrain brûlant to touch on a hotly debated issue ◆ c'est d'une actualité brûlante it's the burning question ou issue of the hour

brûlé, e /bʀyle/ (ptp de brûler)

ADJ ◆ il est brûlé * (gén) he's had * ou blown * it; [espion] his cover is blown *; → crème, terre, tête

NM,F (= personne) burnt person ◆ grand brûlé victim of third-degree burns, badly burnt person

NM ◆ ça sent le brûlé (lit) there's a smell of burning; (fig) there's trouble brewing ◆ cela a un goût de brûlé it tastes burnt ou has a burnt taste

brûle-gueule (pl brûle-gueules) /bʀylgœl/ NM short (clay) pipe

brûle-parfum (pl brûle-parfums) /bʀylpaʀfœ̃/ NM perfume burner

brûle-pourpoint /bʀylpuʀpwɛ̃/ **à brûle-pourpoint** LOC ADV [1] (= brusquement) point-blank

[2] († † = à bout portant) at point-blank range

brûler /bʀyle/ SYN ► conjug 1 ◄

VT [1] (= détruire) [+ objet, ordures, corps] to burn; [+ maison, village] to burn down ◆ être brûlé vif (accident) to be burnt alive ou burnt to death; (supplice) to be burnt at the stake ◆ il a brûlé ses dernières cartouches (fig) he's shot his bolt ◆ brûler ses vaisseaux (fig) to burn one's bridges ou one's boats (Brit) ◆ brûler le pavé † to ride ou run hell for leather * ◆ brûler les planches (Théât) to give a spirited performance ◆ brûler ce que l'on a adoré to burn one's old idols

[2] (= endommager) [flamme] to burn; [eau bouillante] to scald; [fer à repasser] to singe, to scorch; [soleil] [+ herbe] to scorch; [+ peau] to burn; [gel] [+ bourgeon] to nip, to damage; [acide] [+ peau] to burn, to sear; [+ métal] to burn, to attack, to corrode ◆ il a la peau brûlée par le soleil his skin is sunburnt ◆ le soleil nous brûle the sun is scorching ou burning

[3] (= donner une sensation de brûlure à) to burn ◆ le radiateur me brûlait le dos the radiator was burning ou scorching my back ◆ j'ai les yeux qui me brûlent, les yeux me brûlent my eyes are smarting ou stinging ◆ j'ai la figure qui (me) brûle my face is burning ◆ la gorge lui brûle he's got a burning sensation in his throat ◆ l'argent lui brûle les doigts money burns a hole in his pocket ◆ cette question me brûlait les lèvres I was dying to ask that question

[4] (= traiter) [+ café] to roast; [+ pointes de cheveux] to singe; (Méd) to cauterize

[5] (= consommer) [+ électricité, charbon] to burn, to use; [+ cierge, encens, calories] to burn ◆ ils ont brûlé tout leur bois they've burnt up ou used up all their wood ◆ brûler la chandelle par les deux bouts to burn the candle at both ends ◆ j'irai brûler un cierge pour toi (hum) I'll go and light a candle for you, I'll cross my fingers for you

[6] (= ignorer) ◆ brûler un stop to ignore a stop sign ◆ brûler un feu rouge to go through a red light, to run a red light (US) ◆ brûler un signal/une station [train] to go through ou past a signal/a station (without stopping) ◆ brûler une étape to cut out a stop ◆ brûler les étapes (= réussir rapidement) to shoot ahead; (= trop se précipiter) to cut corners, to take short cuts ◆ brûler la politesse à qn to leave sb abruptly (without saying goodbye)

VI [1] [charbon, feu] to burn; [maison, forêt] to be on fire; (Culin) to burn ◆ ce bois brûle très vite this wood burns (up) very quickly ◆ j'ai laissé brûler le rôti I burnt the roast ◆ on a laissé brûler l'électricité ou l'électricité a brûlé toute la journée the lights have been left on ou have been burning away all day; → torchon

[2] (= être très chaud) to be burning (hot) ou scalding ◆ son front brûle de fièvre his forehead is burning ◆ ne touche pas, ça brûle don't touch that, you'll burn yourself ou you'll get burnt ◆ tu brûles ! (jeu, devinette) you're getting hot!

[3] ◆ brûler de faire qch (= être impatient) to be burning ou be dying to do sth ◆ brûler d'impatience to seethe with impatience ◆ brûler (d'amour) pour qn († ou hum) to be infatuated ou madly in love with sb ◆ brûler d'envie ou du désir de faire qch to be dying ou longing to do sth

VPR **se brûler** [1] (gén) to burn o.s.; (= s'ébouillanter) to scald o.s. ◆ je me suis brûlé la langue I burnt my tongue ◆ se brûler les doigts (lit) to burn one's fingers; (fig) to get one's fingers burnt ◆ le papillon s'est brûlé les ailes à la flamme the moth burnt ou singed its wings in the flame ◆ se brûler la cervelle to blow one's brains out

[2] (* : Can) to exhaust o.s., to wear o.s. out

brûlerie /bʀylʀi/ NF [de café] (= usine) coffee-roasting plant; (= magasin) coffee-roasting shop; [d'alcool] (brandy) distillery

brûleur /bʀylœʀ/ NM (= dispositif) burner

brûlis /bʀyli/ NM (= technique) slash-and-burn technique; (= terrain) field (where vegetation has been slashed and burnt) ◆ culture sur brûlis slash-and-burn agriculture ou farming

brûloir /bʀylwaʀ/ NM (= machine) coffee roaster

brûlot /bʀylo/ NM [1] (Hist = bateau incendiaire) fire ship; (= personne) firebrand ◆ lancer un brûlot contre (fig) to launch a scathing ou blistering attack on

[2] (Can) midge, gnat

brûlure /bʀylyʀ/ SYN NF (= lésion) burn; (= sensation) burning sensation ◆ brûlure (d'eau bouillante) scald ◆ brûlure de cigarette cigarette burn ◆ brûlure du premier degré first-degree burn ◆ brûlures d'estomac heartburn (NonC)

brumaire /bʀymɛʀ/ NM Brumaire (second month of French Republican calendar)

brume /bʀym/ SYN NF (= brouillard) (léger) mist; (de chaleur) haze; (dense) fog; (en mer) fog ◆ être dans les brumes du sommeil/de l'alcool to be half asleep/in a drunken stupor; → banc, corne

brumeux, -euse /bʀymø, øz/ SYN ADJ [1] [temps] misty, foggy; [ciel] hazy

[2] [poésie, philosophie, raisonnement] obscure, hazy; [idée, souvenir] vague, hazy

brumisateur ® /bʀymizatœʀ/ NM spray, atomiser

brun, brune /bʀœ̃, bʀyn/

ADJ [yeux, couleur] brown; [cheveux] brown, dark; [peau] dusky, swarthy, dark; (= bronzé) tanned, brown; [tabac] dark; [bière] brown ◆ il est brun (cheveux) he's dark-haired; (bronzé) he's tanned ◆ il est brun (de peau) he's dark-skinned ◆ brun roux (dark) auburn

NM (= couleur) brown; (= homme) dark-haired man

NF **brune** SYN [1] (= bière) ≈ brown ale

[2] (= cigarette) cigarette made of dark tobacco

[3] (= femme) brunette

[4] (littér) ◆ à la brune at twilight, at dusk

brunante /bʀynɑ̃t/ NF (Can) ◆ à la brunante at twilight, at dusk

brunâtre /bʀynɑtʀ/ ADJ brownish

brunch /bʀœ(t)ʃ/ NM brunch

Brunéi /bʀynei/ NM Brunei

brunéien, -ienne /bʀynejɛ̃, jɛn/

ADJ of ou from Brunei

NM,F **Brunéien(ne)** inhabitant ou native of Brunei

brunette /bʀynɛt/ NF brunette

bruni /bʀyni/ NM [de métal] burnished ou polished part

brunir /bʀyniʀ/ ► conjug 2 ◄

VI [personne, peau] to get a tan; [cheveux] to go darker; [caramel] to brown

VT [1] [+ peau] to tan; [+ cheveux] to darken

[2] [+ métal] to burnish, to polish

brunissage /bʀynisaʒ/ NM (Tech) burnishing; (Culin) browning

brunissement /bʀynismɑ̃/ NM [de peau] tanning

brunisseur, -euse /bʀynisœʀ, øz/

ADJ [plat] browning

NM,F (Tech) burnisher

brunissoir /bʀyniswaʀ/ NM burnisher

brunissure /bʀynisyʀ/ NF [de métal] burnish; (Agr) potato rot; [de vigne] brown rust

brunoise /bʀynwaz/ NF (Culin) diced vegetable ◆ fine brunoise de carottes finely diced carrots ◆ taillez la courgette en brunoise dice the courgette

bruschetta /bʀuskɛta/ NF bruschetta

brushing /bʀœʃiŋ/ NM blow-dry ◆ faire un brushing à qn to blow-dry sb's hair

> ! brushing ne se traduit pas par le mot anglais brushing, qui n'est pas un terme de coiffure.

brusque /bʀysk/ SYN ADJ [1] (= rude, sec) [personne, manières] brusque, abrupt, blunt; [geste] brusque, abrupt, rough; [ton] curt, abrupt, blunt ◆ être brusque avec qn to be curt ou abrupt with sb

[2] (= soudain) [départ, changement] abrupt, sudden; [virage] sharp; [envie] sudden ◆ la brusque aggravation de la crise économique the sudden worsening of the economic crisis

brusquement /bʀyskəmɑ̃/ SYN ADV

[1] (= sèchement) brusquely, abruptly, bluntly

[2] (= subitement) suddenly

brusquer /bʀyske/ SYN ► conjug 1 ◄ VT

[1] (= précipiter) to rush, to hasten ◆ attaque brusquée surprise attack ◆ il ne faut rien brusquer we mustn't rush things

[2] [+ personne] to rush, to chivvy *

brusquerie /bʀyskəʀi/ SYN NF brusqueness, abruptness

brut, e[1] /bʀyt/ SYN

ADJ [1] [diamant] uncut, rough; [pétrole] crude; [minerai] crude, raw; [sucre] unrefined; [soie, métal] raw; [toile] unbleached; [laine] untreated; [idée] crude, raw; [art] primitive; [donnée] raw ◆ les faits bruts the hard facts ◆ à l'état brut [diamant] in the rough; [matière] untreated, unprocessed ◆ informations à l'état brut raw data ◆ brut de béton ou de décoffrage [pilier, mur] raw concrete; (fig) rough and ready ◆ brut de fonderie [pièce] unpolished; (fig) rough and ready ◆ force brute brute force ou physical violence

[2] [champagne] brut, dry; [cidre] dry

brutal | bulletin

3 (Comm, Fin) [bénéfice, poids, salaire] gross ◆ **il touche 5 000 € bruts par mois** he earns €5,000 gross per month, he grosses €5,000 per month ◆ **ils ont fait un bénéfice brut de 5 millions** they made a gross profit of *ou* they grossed 5 million ◆ **ça fait 100 €/100 kg brut, ça fait brut 100 €/100 kg** that makes €100/100 kg gross; → **marge, produit, résultat**

NM 1 (= *pétrole*) crude (oil) ◆ **brut lourd/léger** heavy/light crude

2 (= *champagne*) brut *ou* dry champagne; (= *cidre*) dry cider

3 (= *salaire*) gross salary

brutal, e (mpl **-aux**) /bʀytal, o/ SYN ADJ 1 (= *violent*) [*personne, caractère*] rough, brutal, violent; [*instinct*] savage; [*jeu*] rough ◆ **être brutal avec qn** to be rough with sb ◆ **force brutale** brute force

2 (= *abrupt, cru*) [*langage, franchise*] blunt; [*vérité*] plain, unvarnished; [*réalité*] stark ◆ **il a été très brutal dans sa réponse** he gave a very blunt answer

3 (= *soudain*) [*mort, changement*] sudden; [*choc, coup*] brutal

brutalement /bʀytalmɑ̃/ SYN ADV
1 (= *violemment*) [*pousser, saisir, attaquer*] brutally
2 (= *sèchement*) [*dire, répondre, déclarer*] bluntly
3 (= *subitement*) [*chuter, mourir, changer*] suddenly

brutaliser /bʀytalize/ SYN ▸ conjug 1 ◂ VT [+ *personne*] (*gén*) to ill-treat; (*physiquement*) to knock about*, to manhandle; [+ *enfant*] (*à l'école*) to bully; [+ *machine*] to treat roughly ◆ **femme brutalisée par son mari** battered wife

brutalité /bʀytalite/ SYN NF 1 (= *violence*) roughness; (*plus cruelle*) brutality; (*Sport*) rough play (NonC) ◆ **avec brutalité** brutally ◆ **il l'a dit fermement mais sans brutalité** he was firm about it without being brutal

2 (= *acte*) brutality ◆ **brutalités policières** police brutality

3 (= *soudaineté*) suddenness, abruptness

brute² /bʀyt/ SYN NF (= *homme brutal*) brute, animal; (= *homme grossier*) lout; (*littér* = *animal*) brute, beast ◆ **taper sur qch comme une brute*** to bash* away at sth (savagely) ◆ **frapper qn comme une brute** to hit out at sb brutishly ◆ **travailler comme une brute*** to work like a dog ◆ **brute épaisse*** lout ◆ **c'est une sale brute !** he's a real brute! ◆ **tu es une grosse brute !*** you're a big bully!

Brutus /bʀytys/ NM Brutus

Bruxelles /bʀysɛl/ N Brussels; → **chou**¹

bruxellois, e /bʀyksɛlwa, waz/
ADJ of *ou* from Brussels
NM,F **Bruxellois(e)** inhabitant *ou* native of Brussels

bruyamment /bʀɥijamɑ̃/ SYN ADV [*rire, parler*] noisily, loudly; [*protester*] loudly

bruyant, e /bʀɥijɑ̃, ɑ̃t/ SYN ADJ [*personne, réunion*] noisy, boisterous; [*rue*] noisy; [*rire*] loud; [*succès*] resounding (*épith*) ◆ **ils ont accueilli la nouvelle avec une joie bruyante** they greeted the news with whoops* *ou* with loud cries of joy

bruyère /bʀɥijɛʀ/ NF (= *plante*) heather; (= *terrain*) heath(land) ◆ **pipe en (racine de) bruyère** briar pipe; → **coq**¹, **terre**

bryone /bʀijon/ NF bryony, briony

bryophytes /bʀijɔfit/ NFPL bryophytes

bryozoaire /bʀijɔzɔɛʀ/ NM bryozoan, sea mat

BT /bete/ NM (*abrév de* **brevet de technicien**) → **brevet**

BTP /betepe/ NMPL (*abrév de* **bâtiments et travaux publics**) *public buildings and works sector*

BTS /betees/ NM (*abrév de* **brevet de technicien supérieur**) → **brevet**

BU /bey/ NF (*abrév de* **bibliothèque universitaire**) → **bibliothèque**

bu, e /by/ ptp de **boire**

buanderette /bɥɑ̃dʀɛt/ NF (*Can*) launderette (*Brit*), Laundromat ® (*US*)

buanderie /bɥɑ̃dʀi/ NF wash house, laundry; (*Can* = *blanchisserie*) laundry

buandier, -ière /bɥɑ̃dje, jɛʀ/ NM,F (*Can*) launderer

Buba* /buba/ NF (*abrév de* **Bundesbank**) ◆ **la Buba** the Bundesbank

bubale /bybal/ NM bubal

bubon /bybɔ̃/ NM bubo

bubonique /bybɔnik/ ADJ bubonic; → **peste**

Bucarest /bykaʀɛst/ N Bucharest

buccal, e (mpl **-aux**) /bykal, o/ ADJ oral; → **cavité, voie**

buccin /byksɛ̃/ NM whelk

buccinateur /byksinatœʀ/ ADJ ◆ **muscle buccinateur** buccinator

buccodentaire /bykodɑ̃tɛʀ/ ADJ [*hygiène*] oral

bûche /byʃ/ NF 1 [*de bois*] log ◆ **bûche de Noël** Yule log ◆ **bûche glacée** ice-cream Yule log

2 (* = *lourdaud*) blockhead*, clot* (*Brit*), clod* (*US*), lump* ◆ **rester (là) comme une bûche** to sit there like a (great) lump*

3 (* = *chute*) fall, spill ◆ **ramasser une bûche** to come a cropper* (*Brit*), to take a (headlong) spill (*US*)

bûcher¹ /byʃe/ NM 1 (= *remise*) woodshed

2 (*funéraire*) (funeral) pyre; (= *supplice*) stake ◆ **être condamné au bûcher** to be burnt at the stake (to be burnt at)

bûcher² * /byʃe/ ▸ conjug 1 ◂
VT [*étudiant*] to bone up on*, to swot up* (*Brit*)
VI to swot* (*Brit*), to cram* (*US*)

bûcher³ /byʃe/ ▸ conjug 1 ◂ (*Can*)
VT [+ *arbres*] to fell, to cut down, to chop down
VI to fell trees

bûcheron, -onne /byʃʀɔ̃, ɔn/ NM,F woodcutter, lumberjack (*esp in Canada*)

bûchette /byʃɛt/ NF (dry) twig, stick (of wood); (*pour compter*) rod, stick

bûcheur, -euse* /byʃœʀ, øz/
ADJ hard-working
NM,F slogger*, swot* (*Brit*), grind* (*US*)

bucolique /bykɔlik/
ADJ bucolic, pastoral
NF bucolic, pastoral (poem) ◆ « **Les Bucoliques** » (*Littér*) "Bucolica"

bucrane /bykʀan/ NM bucrane, bucranium

Budapest /bydapɛst/ N Budapest

buddleia /bydleja/ NM buddleia, butterfly bush

budget /bydʒɛ/ SYN NM budget ◆ **budget annexe** supplementary budget ◆ **budget conjoncturel** cyclical budget ◆ **budget d'exploitation** working *ou* operating budget ◆ **budget de fonctionnement** operating budget ◆ **budget d'investissement** capital budget ◆ **budget prévisionnel** provisional budget ◆ **budget publicitaire** [*d'annonceur*] advertising budget; [*d'agence de publicité*] advertising account ◆ **budget social** welfare budget ◆ **le client au budget modeste** the customer on a tight budget ◆ **vacances pour petits budgets** *ou* **budgets modestes** low-cost *ou* -budget holidays ◆ **film à gros budget** big-budget film; → **boucler**

budgétaire /bydʒetɛʀ/ ADJ [*dépenses, crise, politique*] budget (*épith*); [*déficit*] budgetary ◆ **débat budgétaire** budget debate, debate on the budget

budgéter /bydʒete/ ▸ conjug 6 ◂ VT ⇒ **budgétiser**

budgétisation /bydʒetizasjɔ̃/ NF inclusion in the budget

budgétiser /bydʒetize/ ▸ conjug 1 ◂ VT to include in the budget, to budget for

budgétivore /bydʒetivɔʀ/ ADJ high-spending (*épith*)

buée /bɥe/ NF [*d'haleine*] condensation, steam; [*d'eau chaude*] steam; (*sur vitre*) mist, steam, condensation; (*sur miroir*) mist ◆ **couvert de buée** misted up, steamed up ◆ **faire de la buée** to make steam

Buenos Aires /bwenozɛʀ/ N Buenos Aires

buffet /byfɛ/ SYN NM 1 (= *meuble*) sideboard ◆ **buffet de cuisine** dresser (*Brit*), kitchen cabinet (*US*); → **danser**

2 [*de réception*] (= *table*) buffet; (= *repas*) buffet (meal) ◆ **buffet campagnard** ≈ cold table ◆ **buffet froid** cold buffet ◆ **buffet (de gare)** station buffet ◆ **buffet roulant** refreshment trolley (*Brit*) *ou* cart (*US*)

3 (* = *ventre*) stomach, belly* ◆ **il n'a rien dans le buffet** (*à jeun*) he hasn't had anything to eat; (*peureux*) he has no guts*

4 ◆ **buffet (d'orgue)** (organ) case

buffle /byfl/ NM buffalo

bug /bœg/ NM (*Ordin*) bug ◆ **le bug de l'an 2000** the millennium bug

buggy /bygi/ NM buggy

bugle¹ /bygl/ NM (= *instrument*) bugle

bugle² /bygl/ NF (= *plante*) bugle

bugne /byɲ/ NF sweet fritter

bugrane /bygʀan/ NF restharrow

bugué, e /bœge/ ADJ (*Ordin*) bug-ridden

building /bildiŋ/ NM high-rise building, tower block

buire /bɥiʀ/ NF ewer

buis /bɥi/ NM (= *arbre*) box(wood) (NonC), box tree; (= *bois*) box(wood)

buisson /bɥisɔ̃/ SYN NM bush ◆ **buisson ardent** (*Bible*) burning bush ◆ **buisson de langoustines** langoustines arranged in a pyramid shape

buissonnant, e /bɥisɔnɑ̃, ɑ̃t/ ADJ [*plante*] bush-like; [*favoris*] bushy, luxuriant

buissonneux, -euse /bɥisɔnø, øz/ SYN ADJ [*terrain*] bushy, full of bushes; [*végétation*] scrubby

buissonnière /bɥisɔnjɛʀ/ ADJ F → **école**

Bujumbura /buʒumbuʀa/ N Bujumbura

bulbe¹ /bylb/ NM [*de plante*] bulb, corm; (*Archit*) onion-shaped dome ◆ **bulbe pileux** (*Anat*) hair bulb ◆ **bulbe rachidien** medulla (oblongata)

bulbe² /bylb/ NM [*de quille de bateau*] bulb, bulbous bow

bulbeux, -euse /bylbø, øz/ ADJ [*plante*] bulbous; [*forme*] bulbous, onion-shaped

bulbille /bylbij/ NF bulbil, bulbel

bulgare /bylgaʀ/
ADJ Bulgarian
NM (= *langue*) Bulgarian
NMF **Bulgare** Bulgarian, Bulgar

Bulgarie /bylgaʀi/ NF Bulgaria

bulgomme ® /bylgɔm/ NM [*de table*] pad

bullaire /bylɛʀ/ NM bullary

bulldog /byldɔg/ NM ⇒ **bouledogue**

bulldozer /byldozɛʀ/ NM bulldozer ◆ **c'est un vrai bulldozer** (*fig*) he steamrollers (his way) through everything

bulle¹ /byl/ NF 1 [*d'air, boisson, savon, verre*] bubble; (*sur la peau*) blister, bulla (*SPÉC*) ◆ **faire des bulles** [*liquide*] to bubble; [*personne*] to blow bubbles ◆ **bulle d'air** air bubble; (*Tech*) airlock; → **coincer, chambre, chier**

2 (= *enceinte stérile*) bubble

3 (= *espace protégé*) cocoon ◆ **la bulle familiale** the family cocoon ◆ **bulle financière/spéculative** (*Écon*) financial/speculative bubble ◆ **vivre dans une bulle** to live in a bubble

4 [*de bande dessinée*] balloon ◆ **bulle d'aide** (*Ordin*) help bubble

5 [*d'emballage*] ◆ **film à bulles, emballage-bulle** bubble-wrap ◆ **enveloppe à bulles** padded envelope

6 (*Rel*) bull

7 (*arg Scol* = *zéro*) nought, zero

bulle² /byl/ NM ◆ **(papier) bulle** Manilla paper

bullé, e /byle/ ADJ bubble (*épith*) ◆ **verre bullé** bubble glass

buller* /byle/ ▸ conjug 1 ◂ VI (= *paresser*) to laze around

bulletin /byltɛ̃/ SYN
NM 1 (= *reportage, communiqué*) bulletin, report; (= *magazine*) bulletin; (= *formulaire*) form; (= *certificat*) certificate; (= *billet*) ticket; (*Scol*) report

2 (*Pol*) ballot paper ◆ **voter à bulletin secret** to vote by secret ballot

COMP **bulletin de bagage** luggage ticket, baggage check (*surtout US*)
bulletin blanc (*Pol*) blank vote
bulletin de commande order form
bulletin de consigne left-luggage (*Brit*) *ou* checkroom (*US*) ticket
bulletin des cours (*Bourse*) official list, stock-exchange list
bulletin d'information news bulletin
bulletin météorologique weather forecast
bulletin de naissance birth certificate
bulletin de notes ⇒ **bulletin scolaire**
bulletin nul (*Pol*) spoiled *ou* spoilt (*Brit*) ballot paper
bulletin de paie ⇒ **bulletin de salaire**
bulletin de participation (*dans un concours*) entry form
bulletin de salaire pay-slip, wage slip, salary advice (*Brit*)
bulletin de santé medical bulletin
bulletin scolaire school report (*Brit*), report (card) (*US*)
bulletin trimestriel end-of-term report

bulletin de versement (Helv) slip to accompany payments made through the post office
bulletin de vote (Pol) ballot paper
bulletin-réponse (pl **bulletins-réponses**) /byltɛ̃repɔ̃s/ NM (dans un concours) entry form, reply slip
bulleur*, -euse /bylœʀ, øz/ NM,F lazybones
bulleux, -euse /bylø, øz/ ADJ blistered, bullate
bull-terrier (pl **bull-terriers**) /bultɛʀje/ NM bull terrier
bulot /bylo/ NM whelk
buna ® /byna/ NM Buna ®
bungalow /bœ̃galo/ NM (en Inde) bungalow; [de motel] chalet
bunker¹ /bœnkœʀ/ NM (Golf) bunker, sand trap (US)
bunker² /bunkœʀ, bunkɛʀ/ NM bunker
Bunsen /bœnsɛn/ N → **bec**
bupreste /bypʀɛst/ NM buprestid
buraliste /byʀalist/ NMF [de bureau de tabac] shopkeeper selling tobacco products, stamps and sometimes newspapers; [de poste] clerk
bure /byʀ/ NF (= étoffe) frieze, homespun; (= vêtement) [de moine] frock, cowl ◆ **porter la bure** to be a monk
bureau (pl **bureaux**) /byʀo/ SYN
   NM ① (= meuble) desk; (sur écran d'ordinateur) desktop
   ② (= cabinet de travail) study
   ③ (= lieu de travail, pièce, édifice) office ◆ **le bureau du directeur** the manager's office ◆ **pendant les heures de bureau** during office hours ◆ **nos bureaux seront fermés** our premises ou the office will be closed ◆ **il travaille dans les bureaux*** he has a desk ou an office job ◆ **le bureau des pleurs est fermé** (hum) moaning (about it) will get you nowhere ◆ **emploi de bureau** desk ou office job ◆ **équipement/mobilier de bureau** office equipment/furniture; → **chef¹**, **deuxième**
   ④ (= section) department; (Mil) branch, department
   ⑤ (= comité) committee; (exécutif) board ◆ **aller à une réunion du bureau** to go to a committee meeting ◆ **élire le bureau** [syndicats] to elect the officers (of the committee)
   COMP **bureau d'accueil** reception
   bureau d'aide sociale welfare office
   bureau de bienfaisance welfare office
   bureau de change bureau de change (Brit), foreign exchange office (US)
   bureau des contributions tax office
   bureau à cylindre roll-top desk
   bureau de douane customs house
   bureau d'études [d'entreprise] research department; (= cabinet) research consultancy
   Bureau européen de l'environnement European Environment Office
   bureau exécutif executive committee
   Bureau international du travail International Labour Office
   bureau de location booking ou box office
   bureau ministre pedestal desk
   bureau des objets trouvés lost and found (office), lost property office (Brit)
   bureau de placement employment agency
   bureau politique [de parti] party executives; [de parti communiste] politburo
   bureau de poste post office
   bureau de renseignements information service
   bureau de tabac shop selling tobacco products, stamps and sometimes newspapers
   bureau de tri sorting office
   Bureau de vérification de la publicité independent body which regulates the advertising industry
   bureau de vote polling station
bureaucrate /byʀokʀat/ SYN NMF bureaucrat
bureaucratie /byʀokʀasi/ NF (péj, gén) bureaucracy; (= employés) officials, officialdom (NonC) ◆ **toute cette bureaucratie m'agace** all this red tape gets on my nerves
bureaucratique /byʀokʀatik/ ADJ bureaucratic
bureaucratisation /byʀokʀatizasjɔ̃/ NF bureaucratization
bureaucratiser /byʀokʀatize/ ► conjug 1 ◄ VT to bureaucratize
bureautique /byʀotik/ NF office automation ◆ **application bureautique** office automation application

burelé, e /byʀle/ ADJ (Héraldique) barruly, barrulé
burèle /byʀɛl/ NF ⇒ **burelle**
burelle /byʀɛl/ NF (Héraldique) barrulet
burette /byʀɛt/ NF ① (Chim) burette; (Culin, Rel) cruet; [de mécanicien] oilcan
   ② (* = testicules) ◆ **burettes** balls**
burgau /byʀgo/ NM burgau
burgrave /byʀgʀav/ NM (Hist) burgrave
burin /byʀɛ̃/ NM chisel; (Art) (= outil) burin, graver; (= gravure) engraving, print
buriné, e /byʀine/ (ptp de **buriner**) ADJ [visage] (deeply) lined, craggy
buriner /byʀine/ ► conjug 1 ◄ VT (Art) to engrave; (Tech) to chisel, to chip
burineur /byʀinœʀ/ NM chiseller, chipper
Burkina(-Faso) /byʀkina(faso)/ NM Burkina-Faso
burkinabé /byʀkinabe/
   ADJ of ou from Burkina-Faso
   NMF **Burkinabé** inhabitant ou native of Burkina-Faso
burlat /byʀla/ NF type of cherry
burlesque /byʀlɛsk/ SYN ADJ (Théât) burlesque; (= comique) comical, funny; (= ridicule) ludicrous, ridiculous ◆ **le burlesque** the burlesque
burnes** /byʀn/ NFPL (= testicules) balls** ◆ **tu me casses les burnes !** you're getting on my wick!* (Brit), you're really pissing me off!**
burnous /byʀnu(s)/ NM [de Arabe] burnous(e); [de bébé] baby's cape; → **suer**
burqa /byʀka/ NMF burqa
bursite /byʀsit/ NF bursitis
burundais, e /buʀundɛ, ɛz/
   ADJ Burundian
   NM,F **Burundais(e)** Burundian
Burundi /buʀundi/ NM Burundi
bus /bys/ NM (= véhicule, dispositif informatique) bus
busard /byzaʀ/ NM harrier ◆ **busard Saint-Martin** hen harrier
buse¹ /byz/ NF (= oiseau) buzzard; (* = imbécile) dolt*
buse² /byz/ NF (= tuyau) (gén) pipe; (Tech) duct ◆ **buse d'aération** ventilation duct ◆ **buse de carburateur** carburettor choke tube ◆ **buse de haut fourneau** blast nozzle ◆ **buse d'injection** injector (nozzle)
business* /biznɛs/ SYN NM ① (= affaires) business ◆ **qu'est-ce que c'est que ce business ?** what's all this mess about?*
   ② (= truc, machin) thingumajig*, thingummy* (Brit)
busqué, e /byske/ ADJ ◆ **avoir le nez busqué** to have a hooked ou a hook nose
busserole /bysʀɔl/ NF bearberry
buste /byst/ SYN NM (= torse) chest; (= seins) bust; (= sculpture) bust ◆ **photographier qn en buste** to take a head-and-shoulders photograph of sb
bustier /bystje/ NM (= sous-vêtement) long-line (strapless) bra; (= corsage) off-the-shoulder top; → **robe**
but /by(t)/ GRAMMAIRE ACTIVE 8.2 SYN NM ① (= objectif) aim, goal, objective ◆ **il n'a aucun but dans la vie** he has no aim in life ◆ **il a pour but ou il s'est donné pour but de faire** his aim is to do, he is aiming to do ◆ **aller droit au but** to come ou go straight to the point ◆ **nous touchons au but** the end ou our goal is in sight ◆ **être encore loin du but** to have a long way to go ◆ **prenons comme but (de promenade) le château** let's go ou walk as far as the castle ◆ **leur but de promenade favori** their favourite walk ◆ **aller ou errer sans but** to wander aimlessly about ou around ◆ **à but lucratif** profit-making, profit-seeking ◆ **à but non lucratif, sans but lucratif** non-profit-making (Brit), non-profit (US), not-for-profit (US)
   ② (= intention) aim, purpose, object; (= raison) reason; (Gram) purpose ◆ **dans le but de faire** with the intention ou aim of doing, in order to do ◆ **je lui écris dans le but de...** my aim in writing to him is to... ◆ **je fais ceci dans le seul but de...** my sole aim in doing this is to... ◆ **c'est dans ce but que nous partons** it's with this aim in view that we're leaving ◆ **faire qch dans un but déterminé** to do sth for a definite reason, to do sth with one aim ou object in view ◆ **c'était le but de l'opération** ou **de la manœuvre** that was the object ou point of the operation, this was the object of the exercise ◆ **aller à l'encontre du but recherché** to defeat the object ◆ **fermer toutes les routes forestières irait à l'encontre du but visé** closing all the forest tracks would defeat the object ou would be counterproductive ◆ **complément de but** (Gram) purpose clause
   ③ (Sport) goal; (Tir) target, mark; (Pétanque = cochonnet) jack ◆ **gagner/perdre (par) 3 buts à 2** to win/lose by 3 goals to 2 ◆ **marquer** ou **rentrer* un but** to score a goal ◆ **but en argent/en or** silver/golden goal
   ④ (locutions)
   ◆ **de but en blanc** suddenly, point-blank, just like that* ◆ **il me demanda de but en blanc si...** he asked me point-blank ou straight out if...
butadiène /bytadjɛn/ NM butadiene
butane /bytan/ NM ◆ **(gaz) butane** (pour camping, industrie) butane; (à usage domestique) calor gas ®
butanier /bytanje/ NM butane tanker
buté, e¹ /byte/ SYN (ptp de **buter**) ADJ [personne, air] stubborn, obstinate, mulish
butée² /byte/ NF ① (Archit) abutment
   ② [de mécanisme, tiroir] stop; [de piscine] end wall; [de ski] toe-piece
buter /byte/ ► conjug 1 ◄
   VI ① (= achopper) to stumble, to trip ◆ **buter contre qch** (= trébucher) to stumble over sth, to catch one's foot on sth; (= cogner) to bump ou bang into ou against sth; (= s'appuyer) to be supported by sth, to rest against sth ◆ **buter contre une difficulté** to come up against a difficulty, to hit a snag ◆ **nous butons sur ce problème depuis le début** this problem has been a stumbling block right from the start ◆ **buter sur un mot** to stumble over ou trip over a word
   ② (Football) to score a goal
   VT ① [+ personne] to antagonize ◆ **cela l'a buté** it made him dig his heels in
   ② (= renforcer) [+ mur, colonne] to prop up
   ③ (* = tuer) ◆ **se faire buter****, to do in**
   VPR **se buter** SYN ① (= s'entêter) to dig one's heels in, to get obstinate ou mulish
   ② (= se heurter) ◆ **se buter à une personne** to bump into a person ◆ **se buter à une difficulté** to come up against a difficulty, to hit a snag*
buteur /bytœʀ/ NM (Football) striker
butin /bytɛ̃/ SYN NM [d'armée] spoils, booty, plunder; [de voleur] loot; (fig) booty ◆ **butin de guerre** spoils of war
butiner /bytine/ SYN ► conjug 1 ◄
   VI [abeilles] to forage
   VT [abeilles] [+ fleurs] to forage ou gather pollen (and nectar) from; [+ nectar, pollen] to forage for; (fig) to gather, to glean, to pick up ◆ **butiner sur la toile** (fig) to surf the web
butineur, -euse /bytinœʀ, øz/
   ADJ foraging
   NF **butineuse** forager bee
butoir /bytwaʀ/ NM [de chemin de fer] buffer; (Tech) stop ◆ **butoir de porte** doorstop, door stopper; → **date**
butome /bytɔm/ NM flowering rush
butor /bytɔʀ/ NM ① (* : péj = malotru) boor
   ② (= oiseau) bittern
buttage /bytaʒ/ NM earthing-up
butte /byt/ SYN NF ① (= tertre) mound, hillock ◆ **butte de tir** butt ◆ **butte-témoin** outlier
   ② **être en butte à** [+ difficultés] to be exposed to ◆ **il est en butte à l'hostilité de ses collègues** he is facing hostility from his colleagues
butter /byte/ ► conjug 1 ◄ VT ① (Agr) [+ plante] to earth up; [+ terre] to ridge
   ② (* = tuer) to bump off*, to do in*
butteur /bytœʀ/ NM ridging hoe
buttoir /bytwaʀ/ NM ridging plough
butyle /bytil/ NM butyl
butylique /bytilik/ ADJ butyl (épith)
butyreux, -euse /bytiʀø, øz/ ADJ butyraceous
butyrine /bytiʀin/ NF butyrin
butyrique /bytiʀik/ ADJ butyric
buvable /byvabl/ ADJ drinkable, fit to drink ◆ **ampoule buvable** phial to be taken orally ◆ **c'est buvable !*** it's not too bad! ◆ **ce type n'est pas buvable*** the guy's unbearable ou insufferable

buvard /byvaʀ/ NM (= *papier*) blotting paper (NonC); (= *sous-main*) blotter

buvette /byvɛt/ NF [1] (= *café*) refreshment room; (*en plein air*) refreshment stall
[2] [*de ville d'eaux*] pump room

buveur, -euse /byvœʀ, øz/ NM,F [1] (= *ivrogne*) drinker
[2] (= *consommateur*) drinker; [*de café*] customer • **buveur de bière** beer drinker • **c'est une grande buveuse de café** she drinks a lot of coffee

BVP /bevepe/ NM (abrév de **Bureau de vérification de la publicité**) ≈ ASA (Brit)

Byblos /biblos/ N Byblos

by-pass /bajpas/ NM (= *dispositif*) by-pass; (= *intervention chirurgicale*) by-pass operation

byssinose /bisinoz/ NF byssinosis

byssus /bisys/ NM byssus

byte /bajt/ NM byte

Byzance /bizɑ̃s/ N Byzantium • **c'est Byzance !*** (*fig*) what luxury!

byzantin, e /bizɑ̃tɛ̃, in/ SYN ADJ (*Hist*) Byzantine; (*péj*) [*débat*] protracted and trivial • **des querelles byzantines** protracted wrangling

byzantinisme /bizɑ̃tinism/ NM logic-chopping, (love of) hair-splitting

byzantiniste /bizɑ̃tinist/, **byzantinologue** /bizɑ̃tinɔlɔg/ NMF Byzantinist, specialist in Byzantine art

BZD /bezɛdde/ NF abrév de **benzodiazépine**

BZH (abrév de **Breizh**) Brittany

C

C¹, c¹ /se/ NM (= *lettre*) C, c ◆ **(langage) C** (*Ordin*) C (language) ◆ **c cédille** c cedilla

C² (abrév de **Celsius, centigrade**) C

c² abrév de **centime**

c', ç' /s/ → **ce²**

CA /sea/ NM ① (abrév de **chiffre d'affaires**) → **chiffre**
② (abrév de **conseil d'administration**) → **conseil**

ça¹ /sa/ PRON DÉM ① (*gén*) that, it; (* : *pour désigner*) (*près*) this; (*plus loin*) that ◆ **je veux ça, non pas ça, ça là-bas** I want that one, not this one, that one over there ◆ **qu'est-ce que ça veut dire ?** what does that *ou* it *ou* this mean? ◆ **ça m'agace de l'entendre se plaindre** it gets on my nerves hearing him complain ◆ **faire des études, ça ne le tentait guère** studying didn't really appeal to him

② (*péj* : *désignant qn*) he, she, they ◆ **et ça va à l'église !** and to think he (*ou* she *etc*) goes to church!

③ (*insistance*) ◆ **il ne veut pas venir – pourquoi ça ?** he won't come – why not? *ou* why's that? *ou* why won't he? ◆ **j'ai vu Pierre Borel – qui ça ?/quand ça ?/où ça ?** I saw Pierre Borel – who?/when was that?/where was that?

④ (*locutions*) ◆ **tu crois ça !** that's what YOU think! ◆ **ça ne fait rien** it doesn't matter ◆ **on dit ça !** that's what they (*ou* you *etc*) say! ◆ **voyez-vous ça !** how do you like that!, did you ever hear of such a thing! ◆ **(ah) ça non !** most certainly not! ◆ **(ah) ça oui !** absolutely!, (yes) definitely! ◆ **c'est ça, continue !** (*iro*) that's right, just you carry on!* (*iro*) ◆ **ça par exemple !** (*indignation*) well!, well really!; (*surprise*) well I never! ◆ **ça alors !** (my) goodness!* ◆ **me faire ça à moi !** fancy doing that to me (of all people)! ◆ **on dirait un Picasso/du champagne – il y a de ça*** it looks like a Picasso/tastes like champagne – yes, (I suppose) it does a bit ◆ **tu pars à cause du salaire ? – il y a de ça*** are you leaving because of the salary? – it is partly that ◆ **j'ai 5 jours de congé, c'est déjà** *ou* **toujours ça (de pris)** I've got 5 days off, that's something at least; → **faire, pas²**

ça² /sa/ NM (*Psych* = *inconscient*) id

çà /sa/ ADV ① ◆ **çà et là** here and there
② (†† = *ici*) hither † (*aussi hum*)

cabale /kabal/ SYN NF ① (= *complot*) cabal, conspiracy ◆ **monter une cabale contre qn** to mount a conspiracy against sb
② (*Hist*) cab(b)ala, kab(b)ala

cabaliste /kabalist/ NMF cab(b)alist

cabalistique /kabalistik/ ADJ (= *mystérieux*) [*signe*] cabalistic, arcane; (*Hist*) cabalistic

caban /kabã/ NM (= *veste longue*) car coat, three-quarter (length) coat; [*de marin*] reefer *ou* pea jacket

cabane /kaban/ SYN
Ⓝ ① (*en bois*) hut, cabin; (*en terre*) hut; (*pour rangements, animaux*) shed; (*Helv* = *refuge de montagne*) mountain refuge
② (* : *péj* = *bicoque*) shack ◆ **qui commande dans cette cabane ?** (= *domicile*) who's the boss in this damn place?

③ (* = *prison*) ◆ **en cabane** in (the) clink*, in the nick* (*Brit*) ◆ **3 ans de cabane** 3 years in (the) clink* *ou* in the nick* (*Brit*) *ou* inside*

COMP **cabane à lapins** (*lit*) rabbit hutch; (*fig*) rabbit hutch, box
cabane à outils toolshed
cabane de rondins log cabin
cabane à sucre* (*Can*) sap house (*Can*)

cabanon /kabanɔ̃/ NM ① (*en Provence = maisonnette*) [*de campagne*] (country) cottage; [*de littoral*] cabin, chalet
② (= *remise*) shed, hut
③ (= *cellule*) [*d'aliénés*] padded cell

cabaret /kabaʀɛ/ NM (= *boîte de nuit*) night club, cabaret; († = *café*) tavern, inn; → **danseur**

cabaretier, -ière † /kabaʀ(ə)tje, jɛʀ/ NM,F innkeeper

cabas /kabɑ/ NM (= *sac*) shopping bag

cabestan /kabɛstɑ̃/ NM capstan; → **virer**

cabiai /kabjɛ/ NM capybara

cabillaud /kabijo/ NM (fresh) cod (*pl inv*)

cabillot /kabijo/ NM (*Naut*) toggle

cabine /kabin/ GRAMMAIRE ACTIVE 27.2 SYN
Ⓝ [*de navire, véhicule spatial*] cabin; [*d'avion*] cockpit; [*de train, grue*] cab; [*de piscine*] cubicle; [*de laboratoire de langues*] booth; (*Can*) motel room, cabin (*US, Can*) ◆ **entraînement en cabines** (*Scol*) language lab training *ou* practice

COMP **cabine d'aiguillage** signal box
cabine (d'ascenseur) lift (cage) (*Brit*), elevator) car (*US*)
cabine de bain (*gén*) beach *ou* bathing hut; (*sur roulettes*) bathing machine
cabine de douche shower cubicle *ou* stall (*US*)
cabine d'essayage fitting room
cabine de pilotage (*gén*) cockpit; (*dans avion de ligne*) flight deck
cabine de plage beach *ou* bathing hut
cabine de projection projection room
cabine spatiale cabin (*of a spaceship*)
cabine de téléphérique cablecar
cabine téléphonique telephone booth *ou* kiosk, pay-phone, call *ou* (tele)phone box (*Brit*)

cabinet /kabinɛ/ SYN
Ⓝ ① (= *local professionnel*) [*de dentiste*] surgery (*Brit*), office (*US*); [*de médecin*] consulting-room, surgery (*Brit*), office (*US*); [*de notaire, huissier*] office; [*d'avocat, juge*] chambers; [*d'agent immobilier*] agency
② (= *clientèle*) [*d'avocat, médecin*] practice
③ (*Pol*) (= *gouvernement*) cabinet; (= *collaborateurs*) staff ◆ **le cabinet du ministre** the minister's (personal *ou* private) staff; → **chef¹**
④ [*d'exposition*] exhibition room
⑤ (= *meuble*) cabinet
⑥ † (= *bureau*) study; (= *réduit*) closet †

Ⓝᴘᴸ **cabinets** (= *toilettes*) toilet, lavatory, loo* (*Brit*), bathroom (*US*) ◆ **aller aux cabinets** to go to the toilet (*Brit*) *ou* the bathroom (*US*) ◆ **il est aux cabinets** he's in the toilet *ou* loo* (*Brit*) *ou* bathroom (*US*) ◆ **cabinets extérieurs** outdoor lavatory, outhouse (*US*)

COMP **cabinet d'affaires** business consultancy
cabinet d'aisances † water closet †, lavatory

cabinet d'architectes firm of architects
cabinet d'assurances insurance firm *ou* agency
cabinet d'avocats law firm
cabinet-conseil, cabinet de consultants consulting firm
cabinet de consultation consulting-room, surgery (*Brit*), doctor's office (*US*)
cabinet dentaire dental surgery (*Brit*), dentist's office (*US*)
cabinet d'études consultancy
cabinet d'experts comptables *ou* **d'expertise comptable** chartered accountant's (*Brit*), certified public accountant's (*US*)
cabinet juridique law consultancy
cabinet de lecture † reading room
cabinet médical (*sur une plaque*) medical practice, surgery (*Brit*); (= *bureau*) surgery (*Brit*), doctor's office (*US*)
cabinet particulier private dining room
cabinet de recrutement recruitment agency *ou* consultancy
cabinet de toilette bathroom
cabinet de travail study

câblage /kɑblaʒ/ NM ① [*Élec = fils*] wiring
② (*TV*) [*de quartier, rue*] cabling ◆ **nous attendons le câblage du quartier** we're waiting for the area to be cabled
③ [*de dépêche, message*] cabling
④ (*Tech*) [*de torons*] twisting together

câble /kɑbl/ SYN
Ⓝᴍ ① (= *filin*) cable ◆ **câble métallique** wire cable
② (*TV*) cable ◆ **la télévision par câble, le câble** cable (television), cablevision ◆ **vous avez le câble ?** have you got cable? ◆ **transmettre par câble** to broadcast on cable, to cablecast (*US*)
③ († = *dépêche*) cable

COMP **câble d'accélérateur** accelerator cable
câble d'amarrage mooring line
câble coaxial coaxial cable
câble de démarreur *ou* **de démarrage** (*pour voiture*) jump lead (*Brit*), jumper cable (*US*)
câble électrique (electric) cable
câble de frein brake cable
câble de halage towrope, towline
câble hertzien radio link (*by hertzian waves*)
câble de remorquage ⇒ **câble de halage**
câble de transmission transmission cable

câblé, e /kɑble/ (*ptp de* **câbler**) ADJ ① (*TV*) [*chaîne, réseau*] cable (*épith*) ◆ **la ville est câblée** the town has cable television ◆ **les personnes câblées** people with cable
② (*Ordin*) wired
③ (* = *à la mode*) [*personne*] trendy*, hip* ◆ **il est câblé informatique/jazz** he's really into computers/jazz

câbler /kɑble/ ▸ conjug 1 ◂ VT ① [+ *dépêche, message*] to cable
② (*Tech*) [+ *torons*] to twist together (into a cable)
③ (*TV*) [+ *quartier, rue*] to install cable television in, to cable

câblerie /kɑbləʀi/ NF cable-manufacturing plant

câblier /kɑblije/ NM (= navire) cable ship

câblo-distributeur (pl **câblo-distributeurs**) /kɑblodistʀibytœʀ/ NM cable company

câblo-distribution (pl **câblo-distributions**) /kɑblodistʀibysjɔ̃/ NF cable television, cablevision

câblo-opérateur (pl **câblo-opérateurs**) /kɑbloopeʀatœʀ/ NM cable (television) operator

cabochard, e* /kabɔʃaʀ, aʀd/ SYN ADJ (= têtu) pigheaded*, mulish ◆ **c'est un cabochard** he's pigheaded*

caboche /kabɔʃ/ NF ① (* = tête) head ◆ **mets-toi ça dans la caboche** get that into your thick head ou skull* ◆ **quand il a quelque chose dans la caboche** when he's got something into his head
② (= clou) hobnail

cabochon /kabɔʃɔ̃/ NM (= bouchon) stopper; (= brillant) cabochon; (= clou) stud

cabosse /kabɔs/ NF cocoa pod

cabossé, e /kabɔse/ (ptp de **cabosser**) ADJ [chapeau, instrument, voiture] battered ◆ **une casserole toute cabossée** a battered ou badly dented saucepan

cabosser /kabɔse/ SYN ▸ conjug 1 ◂ VT (= bosseler) to dent

cabot* /kabo/
NM ① (péj = chien) dog, mutt*
② (arg Mil = caporal) ≈ corporal, ≈ corp (arg) (Brit)
ADJ, NM ⇒ cabotin

cabotage /kabɔtaʒ/ NM coastal navigation ◆ **petit/grand cabotage** inshore/seagoing navigation ◆ **faire du cabotage** to sail along the coast

caboter /kabɔte/ ▸ conjug 1 ◂ VI to sail along the coast ◆ **caboter le long des côtes d'Afrique** to sail along the African coast

caboteur /kabɔtœʀ/ NM (= bateau) tramp, coaster

cabotin, e /kabɔtɛ̃, in/ SYN (péj)
ADJ theatrical ◆ **il est très cabotin** he likes to show off ou hold the centre of the stage
NM,F (gén) show-off; (= acteur) ham (actor)*

cabotinage /kabɔtinaʒ/ NM [de personne, enfant] showing off; [d'acteur] ham* ou third-rate acting

cabotiner /kabɔtine/ ▸ conjug 1 ◂ VI [acteur] to ham it up*

caboulot †* /kabulo/ NM (= bistro) sleazy* ou seedy dive* (péj)

cabrer /kɑbʀe/ SYN ▸ conjug 1 ◂
VT [+ cheval] to rear (up); [+ avion] to nose up ◆ **faire cabrer son cheval** to make one's horse rear (up) ◆ **cabrer qn** to put sb's back up ◆ **cabrer qn contre qn** to turn ou set sb against sb
VPR **se cabrer** ① [cheval] to rear (up); [avion] to nose up
② (fig) [personne] to get on one's high horse

cabri /kabʀi/ NM kid (young goat)

cabriole /kabʀijɔl/ SYN NF (= bond) [d'enfant, chevreau] caper; (= culbute) [de clown, gymnaste] somersault; (Danse) cabriole; (Équitation) capriole, spring ◆ **les cabrioles de certains politiciens** (péj) the antics of some politicians ◆ **faire des cabrioles** [chevreau, enfant] to caper ou cavort (about); [cheval] to cavort

cabrioler /kabʀijɔle/ ▸ conjug 1 ◂ VI (= gambader) to caper ou cavort (about)

cabriolet /kabʀijɔlɛ/ NM (Hist) cabriolet; (= voiture décapotable) convertible

cabus /kaby/ NM ⇒ **chou**[1]

CAC /kak/ NM (abrév de **compagnie des agents de change**) institute of stockbrokers ◆ **l'indice CAC 40** the CAC(-40) index

caca /kaka/
NM * poo* (Brit), poop* (US) ◆ **faire caca** to do a poo* (Brit) ou poop* (US) ◆ **il a marché dans du caca de chien** he stepped in some dog dirt ◆ **son travail, c'est (du) caca** his work is absolute garbage ◆ **on est dans le caca** we're in a (bit of a) mess * ◆ **c'est caca boudin** it's yucky* ou yukky* ◆ **faire un caca nerveux*** to go off the deep end*
COMP **caca d'oie** (= couleur) greenish-yellow

cacah(o)uète, cacahouette /kakawɛt/ NF ① (= arachide) peanut; (Agr) groundnut ◆ **il est payé des cacahuètes ou trois cacahuètes*** he earns peanuts*; → **beurre, pesant**
② (* = tir puissant) bullet-like shot, belter* ◆ **il m'a envoyé une cacahuète** he blasted the ball to me

cacao /kakao/ NM (= poudre) cocoa (powder); (= boisson) cocoa; (= graine) cocoa bean

cacaoté, e /kakaɔte/ ADJ chocolate-flavoured

cacaotier /kakaɔtje/, **cacaoyer** /kakaɔje/ NM cacao (tree)

cacaotière /kakaɔtjɛʀ/ NF cacao plantation

cacaoyer /kakaɔje/ NM ⇒ **cacaotier**

cacaoyère /kakaɔjɛʀ/ NF ⇒ **cacaotière**

cacarder /kakaʀde/ ▸ conjug 1 ◂ VI [oie] to honk

cacatoès /kakatɔɛs/ NM cockatoo

cacatois /kakatwa/ NM (= voile) royal ◆ **mât de cacatois** royal mast ◆ **grand/petit cacatois** main/fore royal

cachalot /kaʃalo/ NM sperm whale

cache[1] /kaʃ/ NM (Ciné, Photo) mask; (gén) card (for covering one eye, masking out a section of text); (Ordin) cache

cache[2] /kaʃ/ NF (= cachette) hiding place; (pour butin) cache ◆ **cache d'armes** arms cache

caché, e /kaʃe/ SYN (ptp de **cacher**) ADJ (gén) hidden; [sentiments] inner(most), secret ◆ **vie cachée** (secrète) secret ou hidden life; (retirée) secluded life; → **face**

cache-cache /kaʃkaʃ/ NM INV (lit, fig) hide-and-seek ◆ **jouer à cache-cache, faire une partie de cache-cache** to play hide-and-seek (avec with)

cache-cœur (pl **cache-cœurs**) /kaʃkœʀ/ NM crossover top (ou sweater etc)

cache-col (pl **cache-col(s)**) /kaʃkɔl/ NM scarf, muffler

cachectique /kaʃɛktik/ ADJ cachectic

cache-flamme (pl **cache-flamme(s)**) /kaʃflam/ NM flash eliminator ou suppressor

Cachemire /kaʃmiʀ/ NM Kashmir

cachemire /kaʃmiʀ/ NM (= laine) cashmere ◆ **motif ou impression ou dessin cachemire** paisley pattern ◆ **écharpe en cachemire** cashmere scarf ◆ **écharpe (à motif) cachemire** paisley(-pattern) scarf

Cachemirien, -ienne /kaʃmiʀjɛ̃, ɛn/
ADJ Kashmiri
NM,F **Cachemirien(ne)** Kashmiri

cache-misère* /kaʃmizɛʀ/ NM INV (= vêtement) wrap or coat worn to hide old or dirty clothes ◆ **le rideau servait de cache-misère** the curtain was there to hide unsightly things

cache-nez /kaʃne/ NM INV scarf, muffler

cache-plaque (pl **cache-plaque(s)**) /kaʃplak/ NM hob cover

cache-pot (pl **cache-pot(s)**) /kaʃpo/ NM flowerpot holder

cache-prise (pl **cache-prise(s)**) /kaʃpʀiz/ NM socket cover

cacher /kaʃe/ SYN ▸ conjug 1 ◂
VT ① (= dissimuler volontairement) [+ objet] to hide, to conceal; [+ malfaiteur] to hide ◆ **le chien est allé cacher son os** the dog's gone to bury its bone ◆ **cacher ses cartes ou son jeu** (lit) to keep one's cards ou hand up; (fig) to keep ou play one's cards close to one's chest
② (= masquer) [+ accident de terrain, trait de caractère] to hide, to conceal ◆ **les arbres nous cachent le fleuve** we can't see the river because of the trees ◆ **tu me caches la lumière** you're in my light ◆ **son silence cache quelque chose** he's hiding something by not saying anything ◆ **qu'est-ce que ça cache ?** what's behind all this? ◆ **les mauvaises herbes cachent les fleurs** you can't see the flowers for the weeds; → **arbre**
③ (= garder secret) [+ fait, sentiment] to hide, to conceal (à qn from sb) ◆ **cacher son âge** to keep one's age a secret ◆ **on ne peut plus lui cacher la nouvelle** you can't keep ou hide the news from him (ou her) any longer ◆ **pour ne rien vous cacher** to be perfectly honest (with you) ◆ **il ne m'a pas caché qu'il désire partir** he's been quite open with me about wanting to leave ◆ **il n'a pas caché que cela lui déplaisait** he made no secret of the fact that he didn't like it
VPR **se cacher** ① (= se dissimuler) [personne, soleil] to hide ◆ **va te cacher !** get out of my sight!, be gone! † (aussi hum) ◆ **se cacher de qn** to hide from sb ◆ **il se cache pour fumer** he smokes in secret ◆ **il se cache d'elle pour boire** he drinks behind her back ◆ **je ne m'en cache pas** I'm quite open about it, I make no secret of it ◆ **faire qch sans se cacher** ou **s'en cacher** to do sth openly, to do sth without hiding ou concealing the fact ◆ **il l'a fait sans se cacher de nous** he did it without hiding ou concealing it from us ◆ **inutile de se cacher derrière son petit doigt** it's no use trying to hide from the facts
② (= être caché) [personne] to be hiding; [malfaiteur, évadé] to be in hiding; [chose] to be hidden ◆ **il se cache de peur d'être puni** he's keeping out of sight ou he's hiding in case he gets punished
③ (= être masqué) [accident de terrain, trait de caractère] to be concealed ◆ **la maison se cache derrière des arbres** the house is concealed ou hidden behind some trees

cache-radiateur (pl **cache-radiateur(s)**) /kaʃʀadjatœʀ/ NM radiator cover

cachère /kaʃɛʀ/ ADJ INV ⇒ **kascher**

cache-sexe (pl **cache-sexe(s)**) /kaʃsɛks/ NM G-string

cache-sommier (pl **cache-sommiers**) /kaʃsɔmje/ NM valance

cachet /kaʃɛ/ SYN NM ① (= comprimé) tablet ◆ **un cachet d'aspirine** an aspirin (tablet); → **blanc**
② (= timbre) stamp; (= sceau) seal ◆ **cachet (de la poste)** postmark ◆ **sa lettre porte le cachet de Paris** his letter is postmarked Paris ou has a Paris postmark ◆ **à envoyer le 15 septembre au plus tard, le cachet de la poste faisant foi** to be postmarked 15 September at the latest ◆ **le cachet de l'originalité/du génie** the stamp of originality/genius; → **lettre**
③ (= style, caractère) style, character ◆ **cette petite église avait du cachet** there was something very charactertul about that little church, that little church had (great) character ◆ **c'est le toit qui donne son cachet à ou fait le cachet de la maison** it's the roof that gives character to the house
④ [d'acteur] fee ◆ **courir le cachet** to chase after any sort of work

cachetage /kaʃtaʒ/ NM sealing

cache-tampon /kaʃtɑ̃pɔ̃/ NM INV hunt the thimble

cacheter /kaʃte/ ▸ conjug 4 ◂ VT to seal ◆ **envoyer qch sous pli cacheté** to send sth in a sealed envelope ◆ **vin cacheté** wine in a sealed bottle; → **cire**

cacheton* /kaʃtɔ̃/ NM [d'acteur] fee ◆ **courir le cacheton** to be prepared to do anything

cachetonner* /kaʃtɔne/ ▸ conjug 1 ◂ VI [acteur] to play bit parts

cachette /kaʃɛt/ SYN NF (gén) hiding-place; [de fugitif] hideout
◆ **en cachette** [agir, fumer] on the sly, secretly; [économiser, voir qn] secretly ◆ **il boit en cachette** he's a secret drinker, he drinks secretly ◆ **en cachette de qn** (action répréhensible) behind sb's back; (action non répréhensible) unknown to sb

cachexie † /kaʃɛksi/ NF cachexia, cachexy

cachot /kaʃo/ NM (= cellule) dungeon; (= punition) solitary confinement

cachotterie /kaʃɔtʀi/ NF (= secret) mystery ◆ **c'est une nouvelle cachotterie de sa part** it's another of his (little) mysteries ◆ **faire des cachotteries** to be secretive, to act secretively ◆ **faire des cachotteries à qn** to keep secrets ou things from sb

cachottier, -ière /kaʃɔtje, jɛʀ/ ADJ secretive ◆ **cet enfant est (un) cachottier** he's a secretive child

cachou /kaʃu/ NM (= bonbon) cachou

cacique /kasik/ NM (= Indien) cacique ◆ **les caciques du parti** the party bosses ◆ **c'était le cacique** (arg Scol) he came first, he got first place

cacochyme /kakɔʃim/ ADJ († ou hum) ◆ **vieillard cacochyme** doddery old man

cacodyle /kakɔdil/ NM cacodyl

cacographie /kakɔɡʀafi/ NF cacography

cacophonie /kakɔfɔni/ SYN NF cacophony ◆ **quelle cacophonie !** (péj) what a racket!*

cacophonique /kakɔfɔnik/ ADJ cacophonous

cactée /kakte/, **cactacée** /kaktase/ NF cactus ◆ **les cactées ou cactacées** cacti, Cactaceae (SPÉC)

cactus /kaktys/ NM INV cactus

c.-à-d. (abrév de **c'est-à-dire**) i.e.

cadastral, e (mpl -aux) /kadastʀal, o/ ADJ cadastral ◆ **plan cadastral** cadastral map

cadastre /kadastʀ/ NM land registry

cadastrer /kadastʀe/ ▸ conjug 1 ◂ VT to survey and register (at the land registry)

cadavéreux, -euse /kadaveʀø, øz/ ADJ ⇒ **cadavérique**

cadavérique /kadaveʀik/ SYN ADJ [teint] deathly pale; [pâleur] deathly; [visage] cadaverous ◆ **un homme au teint cadavérique** a man with a deathly pale face; → **rigidité**

cadavre /kadavʀ/ SYN NM ① (humain) body, corpse; (animal) carcass, body ◆ **cadavre ambulant** walking ou living corpse ◆ **il y a un cadavre entre eux** they've got someone's blood on their hands ◆ **il y a un cadavre dans le placard** there's a skeleton in the cupboard (Brit) ou closet (US)
② (* = bouteille vide, de vin etc) empty (bottle), dead soldier *, dead man * (Brit)

caddie /kadi/ NM ① (Golf) caddie ◆ **être le caddie de qn** to caddie for sb, to be sb's caddie
② ® (= chariot) (supermarket ou shopping) trolley (Brit), caddy (US), (grocery) cart (US)

cade /kad/ NM cade ◆ **huile de cade** oil of cade

cadeau (pl **cadeaux**) /kado/ SYN NM ① (= présent) present, gift (de qn from sb) ◆ **faire un cadeau à qn** to give sb a present ou gift ◆ **cadeau de mariage/de Noël** wedding/Christmas present ◆ **cadeau publicitaire** free gift, freebie *, giveaway * (US)
② (locutions) ◆ **faire cadeau de qch à qn** (offrir) to make sb a present of sth, to give sb sth as a present; (laisser) to let sb keep sth, to give sb sth ◆ **il a décidé d'en faire cadeau (à quelqu'un)** he decided to give it away (to somebody) ◆ **je vous fais cadeau des détails** I'll spare you the details ◆ **ils ne font pas de cadeaux** [examinateurs, police] they don't let you off lightly ◆ **ils ne nous ont pas fait de cadeau** [équipe adverse] they really gave us a run for our money ◆ **garde la monnaie, je t'en fais cadeau** you can keep the change ◆ **en cadeau** [offrir, recevoir] as a present ◆ **les petits cadeaux entretiennent l'amitié** there's nothing like a little present between friends ◆ **c'était un cadeau empoisonné** it was more of a curse than a blessing, it was a poisoned chalice ◆ **c'est pas un cadeau !** * it's (ou he's etc) a real pain! *

cadenas /kadna/ NM padlock ◆ **fermer au cadenas** to padlock

cadenasser /kadnase/ ▸ conjug 1 ◂
VT to padlock
VPR **se cadenasser** to lock o.s. in

cadence /kadɑ̃s/ SYN NF ① (= rythme) [de vers, chant, danse] rhythm ◆ **marquer la cadence** to beat out the rhythm
② (= vitesse, taux) rate, pace ◆ **cadence de tir/de production** rate of fire/of production ◆ **à la cadence de 10 par jour** at the rate of 10 a day ◆ **à une bonne cadence** at a good pace ou rate ◆ **ils nous font travailler à une cadence infernale** we have to work at a furious pace ◆ **forcer la cadence** to force the pace
③ (Mus) [de succession d'accords] cadence; [de concerto] cadenza
◆ **en cadence** (= régulièrement) rhythmically; (= ensemble, en mesure) in time

cadencé, e /kadɑ̃se/ (ptp de **cadencer**) ADJ
① (= rythmé) rhythmic(al); → **pas¹**
② (Ordin) ◆ **processeur cadencé à 1 GHz** processor with a clock speed of 1 GHz, 1 GHz processor
③ (Transport) ◆ **liaison cadencée, service cadencé** regular service

cadencer /kadɑ̃se/ ▸ conjug 3 ◂ VT [+ débit, phrases, allure, marche] to put rhythm into, to give rhythm to

cadet, -ette /kadɛ, ɛt/
ADJ (de deux) younger; (de plusieurs) youngest
NM ① [de famille] ◆ **le cadet** the youngest child ou boy ou one ◆ **le cadet des garçons** the youngest boy ou son ◆ **mon (frère) cadet** my younger brother ◆ **le cadet de mes frères** my youngest brother ◆ **le père avait un faible pour son cadet** the father had a soft spot for his youngest boy
② (relation d'âge) ◆ **il est mon cadet** he's younger than me ◆ **il est mon cadet de 2 ans** he's 2 years younger than me, he's 2 years my junior ◆ **c'est le cadet de mes soucis** that's the least of my worries
③ (Tennis, Ping-Pong, Football etc) 15-17 year-old player; (Athlétisme) 15-17 year-old athlete; (Hist) cadet (gentleman who entered the army to acquire military skill and eventually a commission)
NF **cadette** ① [de famille] ◆ **la cadette** the youngest child ou girl ou one ◆ **la cadette des filles** the youngest girl ou daughter ◆ **ma (sœur) cadette** my younger sister
② (relation d'âge) ◆ **elle est ma cadette** she's younger than me
③ (Tennis, Ping-Pong, Football etc) 15-17 year-old player; (Athlétisme) 15-17 year-old athlete

cadmie /kadmi/ NF (Métal) tutty

cadmium /kadmjɔm/ NM cadmium ◆ **jaune de cadmium** cadmium yellow

cador ‡ /kadɔʀ/ NM (= chien) dog, mutt *, pooch * (US); (péj = personne importante) heavyweight * ◆ **c'est pas un cador** (péj) he's no bright spark *

cadrage /kadʀaʒ/ NM ① (Photo, Ciné) (= action) framing ; (= résultat) composition
② [de budget, projet] guidelines ◆ **lettre de cadrage (budgétaire) du Premier ministre** budget guidelines (sent by the Prime Minister to ministers and the managers of state-controlled companies) ◆ **le cadrage de leur politique économique** their economic policy guidelines

cadran /kadʀɑ̃/
NM [de téléphone, boussole, compteur] dial; [de montre, horloge] dial, face; [de baromètre] face; → **tour²**
COMP **cadran solaire** sundial

cadrat /kadʀa/ NM (Typographie) quad

cadratin /kadʀatɛ̃/ NM (Typographie) em quad

cadre /kadʀ/ SYN NM ① [de tableau, porte, bicyclette] frame ◆ **il roulait à bicyclette avec son copain sur le cadre** he was riding his bicycle with his friend on the crossbar
② (= tableau) picture
③ (= caisse) ◆ **cadre (d'emballage** ou **de déménagement)** crate, packing case ◆ **cadre-conteneur** container
④ (sur formulaire) space, box ◆ **ne rien écrire dans ce cadre** do not write in this space, leave this space blank
⑤ (= décor) setting; (= entourage) surroundings ◆ **vivre dans un cadre luxueux/austère** to live in luxurious/austere surroundings ◆ **maison située dans un cadre de verdure** house in a leafy setting ◆ **quel cadre magnifique !** what a magnificent setting! ◆ **le cadre est très beau mais la nourriture mauvaise** the setting is beautiful but the food is bad ◆ **cadre de vie** (living) environment
⑥ (= limites) scope ◆ **rester/être dans le cadre de** to remain/be ou fall within the scope of ◆ **cette décision sort du cadre de notre accord** this decision is outside ou beyond the scope of our agreement ◆ **il est sorti du cadre de ses fonctions** he went beyond the scope of ou overstepped the limits of his responsibilities ◆ **respecter le cadre de la légalité** to remain within (the bounds of) the law ◆ **sortir du cadre étroit de la vie quotidienne** to get out of the straitjacket ou the narrow confines of everyday life
⑦ (= contexte) context, framework ◆ **dans le cadre de** [de réformes, recherches, festival] within the context ou framework of
⑧ (= structure) structure, framework ◆ **le cadre juridique/institutionnel** the legal/institutional framework; → **loi-cadre**
⑨ (= chef, responsable) executive, manager; (Mil) officer ◆ **les cadres** management, the managerial staff ◆ **elle est passée cadre** she has been upgraded to a managerial position ou to the rank of manager, she's been made an executive ◆ **cadre subalterne** junior executive ou manager ◆ **cadre supérieur** ou **de direction** senior executive ou manager ◆ **cadre moyen** middle executive ou manager ◆ **les cadres moyens** middle management, middle-grade managers (US) ◆ **jeune cadre dynamique** (hum) upwardly mobile young executive
⑩ (Admin = liste du personnel) ◆ **entrer dans/figurer sur les cadres (d'une compagnie)** to be (placed) on/be on the books (of a company) ◆ **être rayé des cadres** (= licencié) to be dismissed; (= libéré) to be discharged ◆ **hors cadre** detached, seconded (Brit)
⑪ [de radio] frame antenna
⑫ (Photo) ◆ **cadre de développement** processing rack ◆ **viseur à cadre lumineux** collimator viewfinder

cadrer /kadʀe/ SYN ▸ conjug 1 ◂
VI (= coïncider) to tally (avec with), to conform (avec to, with) ◆ **ce qu'il a fait ne cadre pas du tout avec sa personnalité** what he did was completely out of character
VT ① (Photo) to centre (Brit), to center (US) ◆ **cadrer un plan** to frame a shot ◆ **l'image était mal cadrée** the picture wasn't properly centred
② (= définir) [+ politique] to establish guidelines for; [+ projet] to define the parameters of ◆ **ce projet était mal cadré** the project had not been properly thought through
③ (Football) [+ tir] to line up ◆ **c'était une frappe parfaitement cadrée** he lined up ou centered the shot beautifully

cadreur /kadʀœʀ/ NM (Ciné) cameraman

caduc, caduque /kadyk/ SYN ADJ ① (Jur) (= nul) null and void; (= périmé) lapsed ◆ **devenir caduc** [legs] to become null and void; [loi] to lapse ◆ **rendre qch caduc** to render sth null and void, to invalidate sth
② (= périmé) [théorie] outmoded, obsolete ◆ **rendre caduc** [+ revendication, méthode, distinction] to make obsolete
③ ◆ **à feuilles caduques** deciduous
④ (Ling) ◆ **e caduc** mute e

caducée /kadyse/ NM caduceus

caducifolié, e /kadysifɔlje/ ADJ (Bot) deciduous

cæcal, e (mpl -aux) /sekal, o/ ADJ caecal (Brit), cecal (US)

cæcum /sekɔm/ NM caecum

cæsium /sezjɔm/ NM caesium

CAF¹ /kaf/ (abrév de **coût, assurance, fret**) CIF

CAF² /kaf/ NF (abrév de **caisse d'allocations familiales**) → **caisse**

cafard¹ /kafaʀ/ SYN NM ① (= insecte) cockroach
② (* = mélancolie) ◆ **un coup de cafard** a fit of depression ou of the blues ◆ **avoir le cafard** to be feeling down * ou low *, to be down in the dumps * ◆ **ça lui donne le cafard** it depresses him, it gets him down *

cafard², e /kafaʀ, aʀd/ SYN NM,F (péj) ① (* = rapporteur) sneak, telltale, tattletale (US)
② († = hypocrite) hypocrite

cafardage * /kafaʀdaʒ/ NM (= rapportage) sneaking, taletelling, tattling (US)

cafarder * /kafaʀde/ SYN ▸ conjug 1 ◂
VT (= dénoncer) to tell tales on, to sneak on * (Brit), to tattle on (US)
VI ① (= rapporter) to tell tales, to sneak * (Brit), to tattle (US)
② (= être déprimé) to be feeling down * ou low *, to be down in the dumps *

cafardeur, -euse¹ /kafaʀdœʀ, øz/ NM,F (péj) sneak, telltale, tattletale (US)

cafardeux, -euse² /kafaʀdø, øz/ SYN ADJ ① (= déprimé) [personne] feeling down ou low * (attrib), down in the dumps * (attrib)
② (= déprimant) depressing

caf'conc' * /kafkɔ̃s/ NM abrév de **café-concert**

café /kafe/ SYN
NM ① (= plante, boisson, produit, moment) coffee ◆ **au café, on parlait politique** we talked politics over coffee ◆ **il est arrivé au café** he came in when we were having coffee; → **cuiller, service**
② (= lieu) café ◆ **le café du coin** the local café, ≈ the local * (Brit) ◆ **ce ne sont que des propos de café du Commerce** (gén) it's just bar-room philosophizing; (politique) it's just bar-room politics
COMP **café complet** ≈ continental breakfast ◆ **café crème** coffee with hot, frothy milk ◆ **café décaféiné** decaffeinated coffee ◆ **café express** espresso coffee ◆ **café filtre** filter(ed) coffee ◆ **café en grains** coffee beans ◆ **café instantané** instant coffee ◆ **café au lait** coffee with milk, white coffee (Brit) ◆ **robe café au lait** coffee-coloured dress ◆ **café liégeois** coffee ice cream (with whipped cream) ◆ **café lyophilisé** (freeze-dried) instant coffee ◆ **café noir** black coffee ◆ **café nature** black coffee ◆ **café en poudre** instant coffee ◆ **café soluble** instant coffee

café-bar (pl **cafés-bars**) /kafebaʀ/ NM café bar

café-concert (pl **cafés-concerts**) /kafekɔ̃sɛʀ/ NM café where singers entertain customers

caféiculture /kafeikyltyʀ/ NF coffee growing

caféier /kafeje/ NM coffee tree

caféière /kafejɛʀ/ NF coffee plantation

caféine /kafein/ NF caffeine

caféisme /kafeism/ NM caffeine addiction

café-restaurant (pl **cafés-restaurants**) /kaferɛstɔʀɑ̃/ NM café restaurant

cafet'*, **cafét'*** /kafɛt/ NF abrév de **cafétéria**

café-tabac (pl **cafés-tabacs**) /kafetaba/ NM café (where cigarettes may be purchased)

cafetan /kaftɑ̃/ NM caftan

cafeter* /kafte/ VTI ⇒ **cafter**

cafétéria /kafeteʀja/ NF cafeteria

cafeteur, -euse* /kaftœʀ, øz/ NM,F ⇒ **cafteur, -euse**

café-théâtre (pl **cafés-théâtres**) /kafeteɑtʀ/ NM (= genre) light entertainment performed in small theatres; (= endroit) small theatre (Brit) ou theater (US) ◆ **il a fait trois ans de café-théâtre** ≈ he did three years as a stand-up comedian

cafetier, -ière /kaftje, jɛʀ/
◼NM,F café-owner
◼NF **cafetière** SYN 1 (= pot) coffeepot; (= machine) coffee-maker ◆ **cafetière électrique** electric coffee-maker ◆ **cafetière à l'italienne** espresso maker ◆ **cafetière à piston** cafetiere ◆ **cafetière à pression** percolator
2 (* = tête) head, nut*, noodle*

cafouillage /kafujaʒ/ SYN ▸ NM muddle, shambles (sg) ◆ **un cafouillage technique** a technical hitch ◆ **un cafouillage informatique** a glitch ◆ **il y a eu un cafouillage devant les buts** there was some confusion in front of the goal ◆ **après des semaines de cafouillage le gouvernement a finalement pris une décision** after weeks of confusion the government has at last made a decision

cafouiller* /kafuje/ SYN ▸ conjug 1 ◂ VI [organisation, administration] to be in a shambles ou mess; [candidat] to get into a muddle ◆ **ça cafouille** [moteur, appareil, télévision] it's playing up, it isn't working properly ◆ **dans cette affaire, le gouvernement cafouille** the government's in a real shambles over this affair, the government's floundering over this affair ◆ **la défense parisienne a cafouillé et les Nantais ont marqué** the Paris defence fell apart and Nantes scored

cafouilleur, -euse* /kafujœʀ, øz/, **cafouilleux, -euse*** /kafujø, øz/
◼ADJ [organisation, discussion] chaotic ◆ **les passes étaient souvent cafouilleuses** the passes were often bungled*
◼NM,F muddler, bungler

cafouillis /kafuji/ NM ⇒ **cafouillage**

caftan /kaftɑ̃/ NM ⇒ **cafetan**

cafter* /kafte/ ▸ conjug 1 ◂
◼VT (= dénoncer) to tell tales on, to sneak on* (Brit), to tattle on (US)
◼VI to tell tales, to sneak* (Brit), to tattle (US)

cafteur, -euse* /kaftœʀ, øz/ NM,F sneak, tell-tale, tattletale (US)

CAG /kag/ NM (abrév de **contrôle automatique de gain**) AGC

cage /kaʒ/ SYN
◼NF 1 [d'animaux] cage ◆ **mettre en cage** [+ animal] to put in a cage; [+ voleur] to lock up ◆ **dans ce bureau, je me sens comme un animal en cage** I feel cooped up in this office
2 [de roulement à billes, pendule] casing; [de maison] shell
3 (* = Sport = but) goal
◼COMP **cage d'ascenseur** lift (Brit) ou elevator (US) shaft
cage d'escalier (stair)well
cage d'extraction (Min) cage
cage de Faraday Faraday cage
cage à lapins (lit) (rabbit) hutch; (fig) rabbit hutch, box
cage à oiseaux birdcage
cage à poules (lit) hen-coop; (pour enfants) jungle-gym, climbing frame; (péj = immeuble) rabbit hutch, box
cage thoracique ribcage

cageot /kaʒo/ SYN NM 1 [de légumes, fruits] crate
2 (* = femme laide) dog*

cagette /kaʒɛt/ NF [de légumes, fruits] crate

cagibi /kaʒibi/ SYN NM (= débarras) boxroom (Brit), storage room (US); (= remise) shed

cagna /kaɲa/ NF (arg Mil = abri) dugout

cagnard* /kaɲaʀ/ NM (dans le Midi) 1 (= lieu) sunny spot sheltered from the wind
2 (= soleil) blazing sun ◆ **en plein cagnard** in the blazing sun

cagne /kaɲ/ NF ⇒ **khâgne**

cagneux¹, -euse /kaɲø, øz/ ADJ [cheval, personne] knock-kneed; [jambes] crooked ◆ **genoux cagneux** knock knees

cagneux², -euse /kaɲø, øz/ NM,F ⇒ **khâgneux, -euse**

cagnotte /kaɲɔt/ SYN NF (= caisse commune) kitty; [de jeu] pool, kitty; (* = économies) nest egg

cagole* /kagɔl/ NF (dial, péj) pejorative term for a vulgar woman in the south of France

cagot, e /kago, ɔt/ († ou péj)
◼ADJ [allure, air] sanctimonious
◼NM,F sanctimonious hypocrite

cagoule /kagul/ NF [de moine] cowl; [de pénitent] hood, cowl; [de bandit] hood, mask; (= passe-montagne) balaclava

cagoulé, e /kagule/ ADJ [bandit] masked, wearing a balaclava

cahier /kaje/
◼NM 1 (Scol) notebook, exercise book
2 (= revue) journal; (= partie détachable) pull-out supplement
3 (Typographie) signature, gathering
◼COMP **cahier d'appel** (Scol) register (Brit), attendance sheet (US)
cahier de brouillon roughbook (Brit), notebook (for rough drafts) (US)
cahier des charges [de production] specifications, requirements (US); [de contrat] terms of reference, terms and conditions; [d'entreprise] mission statement
cahier de cours notebook, exercise book
cahier de devoirs homework book
cahier de doléances (Hist) register of grievances
cahier d'exercices exercise book
cahier à spirale spiral notebook
cahier de textes homework notebook ou diary
cahier de travaux pratiques lab book

cahin-caha* /kaɛ̃kaa/ SYN ADV ◆ **aller cahin-caha** [troupe, marcheur] to hobble along; [affaires] to struggle along ◆ **la vie continue cahin-caha** life trundles on ◆ **alors ça va ? – cahin-caha** (santé) how are you? – (I'm) so-so

cahors /kaɔʀ/ NM (= vin) cahors (red wine made in the south west of France)

cahot /kao/ SYN NM (= secousse) jolt, bump ◆ **cahots** (fig) ups and downs

cahotant, e /kaɔtɑ̃, ɑ̃t/ ADJ ⇒ **cahoteux**

cahotement /kaɔtmɑ̃/ NM bumping, jolting

cahoter /kaɔte/ SYN ▸ conjug 1 ◂
◼VT [+ véhicule] to jolt; [+ voyageurs] to jolt ou bump about; [vicissitudes] to buffet about ◆ **une famille cahotée par la guerre** a family buffeted ou tossed about by the war
◼VI [véhicule] to trundle along ◆ **le petit train cahotait le long du canal** the little train trundled along by the canal

cahoteux, -euse /kaɔtø, øz/ ADJ [route] bumpy, rough ◆ **il a eu un parcours un peu cahoteux** he had a rather chequered career

cahute /kayt/ NF (= cabane) shack, hut; (péj) shack

caïd /kaid/ SYN NM 1 * (= meneur) [de pègre] boss, big chief*; [de classe, bureau] big shot*; (= as, crack) ace* ◆ **le caïd de l'équipe** the star of the team, the team's top man ◆ **en mécanique, c'est un caïd** he's an ace* at mechanics ◆ **jouer les caïds** ou **au caïd** to swagger about
2 (en Afrique du Nord = fonctionnaire) kaid

caïeu (pl **caïeux**) /kajø/ NM [de tulipe] offset bulbil; [d'ail] offset clove

caillasse /kajas/ NF loose stones ◆ **pente couverte de caillasse** scree-covered slope, slope covered with loose stones ◆ **ce n'est que de la caillasse** (péj) it's just like gravel, it's just loose stones

caille /kaj/ NF (= oiseau) quail ◆ **chaud comme une caille** warm as toast ◆ **rond comme une caille** plump as a partridge ◆ **oui ma caille*** (affectueusement) yes poppet* (Brit) ou honey* (US)

caillé /kaje/ NM curds

caillebotis /kajbɔti/ NM (= treillis) grating; (= plancher) duckboards

caillebotte /kajbɔt/ NF [de lait caillé] curds

caille-lait /kajlɛ/ NM INV (Bot) bedstraw

caillement /kajmɑ̃/ NM [de lait] curdling; [de sang] coagulating, clotting

cailler /kaje/ ▸ conjug 1 ◂
◼VI 1 [lait] to curdle ◆ **faire cailler du lait** to curdle milk
2 (* = avoir froid) to be freezing ◆ **ça caille dehors** it's freezing outside, it's brass monkey weather* ◆ **ça caille ici !** it's freezing in here!
◼VPR **se cailler** 1 [lait] to curdle; [sang] to coagulate, to clot; → **lait**
2 (* = avoir froid) to be freezing ◆ **on se (les) caille !, on se caille les miches** ou **les meules** it's freezing cold!, it's bloody freezing!*(Brit)

caillera* /kajʀa/ NF chav* (Brit), punk* (US)

caillette /kajɛt/ NF (= estomac de ruminant) rennet stomach, abomasum (SPÉC)

caillot /kajo/ NM (blood) clot

caillou (pl **cailloux**) /kaju/ SYN NM 1 (gén) stone; (= petit galet) pebble; (= grosse pierre) boulder; (* = diamant) stone ◆ **des tas de cailloux d'empierrement** heaps of road metal ◆ **c'est du caillou** (= mauvaise terre) it's nothing but stones ◆ **il a un caillou à la place du cœur** he has a heart of stone
2 (= îlot) rock ◆ **le Caillou*** New Caledonia
3 (arg Drogue) rock
4 (* = tête) head, nut ◆ **il n'a pas un poil** ou **cheveu sur le caillou*** he's as bald as a coot ou an egg

cailloutage /kajutaʒ/ NM (= action) metalling; (= cailloux) (road) metal, ballast

caillouter /kajute/ ▸ conjug 1 ◂ VT (= empierrer) to metal

caillouteux, -euse /kajutø, øz/ SYN ADJ [route, terrain] stony; [plage] pebbly, shingly

cailloutis /kajuti/ NM (gén) gravel; (de route) (road) metal, ballast

caïman /kaimɑ̃/ NM cayman, caiman

Caïmans /kaimɑ̃/ NFPL ◆ **les (îles) Caïmans** the Cayman Islands

Caïn /kaɛ̃/ NM Cain

Caire /kɛʀ/ NM ◆ **Le Caire** Cairo

cairn /kɛʀn/ NM 1 (Alpinisme) cairn
2 (= chien) cairn (terrier)

caisse /kɛs/ SYN
◼NF 1 (pour emballage) box; [de fruits, légumes] crate; [de bouteilles] case; [de plantes] tub; (= litière de chat) litter tray ◆ **mettre des arbres en caisse** to plant trees in tubs
2 (= boîte, carcasse) [d'horloge] casing; [d'orgue] case; [de véhicule] bodywork; [de tambour] cylinder
3 (Fin) (= tiroir) till; (= machine) cash register, till; (portable) cashbox ◆ **petite caisse** (= somme d'argent) petty cash, float* (US) ◆ **avoir de l'argent en caisse** to have ready cash ◆ **ils n'ont plus un sou en caisse** they haven't got a penny ou a cent (US) left in the bank ◆ **faire la caisse** to count up the money in the till, to do the till ◆ **être à la caisse** (temporairement) to be at ou on the cashdesk; (= être caissier) to be the cashier ◆ **tenir la caisse** to be the cashier; (hum) to hold the purse strings ◆ **les caisses de l'État** the state coffers ◆ **se servir** ou **piquer* dans la caisse** to have one's fingers ou hand in the till ◆ **partir avec la caisse** to make off with the contents of the till ou the takings; → **bon², livre¹**
4 (= guichet) [de boutique] cashdesk [de banque] cashier's desk; [de supermarché] check-out ◆ **passer à la caisse** (lit) to go to the cashdesk ou cashier; (= être payé) to collect one's money; (= être licencié) to get paid off ◆ **on l'a prié de passer à la caisse** he was asked to collect his last wages and go
5 (= établissement, bureau) office; (= organisme) fund ◆ **caisse d'entraide** mutual aid fund
6 (Mus = tambour) drum; → **gros**
7 (* = poitrine) chest ◆ **il s'en va** ou **part de la caisse** his lungs are giving out
8 (* = voiture) motor* (Brit), auto* (US) ◆ **vieille caisse** old heap* (Brit), jalopy (US)
◼COMP **caisse d'allocations familiales** family allowance office (Brit), ≈ welfare center (US)
caisse claire (Mus) side ou snare drum
caisse comptable ⇒ **caisse enregistreuse**
caisse des dépôts et consignations deposit and consignment office
caisse à eau [de bateau, train] water tank
caisse des écoles state body that finances extra-curricular activities, school meals etc
caisse d'emballage packing case
caisse enregistreuse cash register
caisse d'épargne savings bank
Caisse nationale d'assurance maladie national state health insurance office
caisse noire secret funds
caisse à outils toolbox

caisse de prévoyance contingency ou reserve fund
caisse primaire d'assurance maladie state health insurance office, ≈ Department of Health office (Brit), ≈ Medicaid office (US)
caisse de résonance resonance chamber
caisse de retraite superannuation ou pension fund
caisse à savon (lit) soapbox; (péj = meuble) old box
caisse de secours relief ou emergency fund
caisse de sécurité sociale Social Security office
caisse de solidarité (Scol) school fund
caisse du tympan middle ear, tympanic cavity (SPÉC)

caisserie /kɛsʀi/ NF box (ou crate) factory

caissette /kɛsɛt/ NF (small) box

caissier, -ière /kesje, jɛʀ/ NM,F [de banque] cashier; [de magasin] cashier, assistant at the cashdesk; [de supermarché] check-out assistant (Brit) ou clerk (US), checker (US); [de cinéma] cashier, box-office assistant

caisson /kɛsɔ̃/ SYN NM ⟦1⟧ (= caisse) box, case; [de bouteilles] crate; (= coffrage) casing; (Mil = chariot) caisson
⟦2⟧ (Tech : immergé) caisson ◆ **caisson hyperbare** hyperbaric chamber ◆ **le mal** ou **la maladie des caissons** caisson disease, decompression sickness, the bends*
⟦3⟧ [de plafond] caisson, coffer; → **plafond, sauter**
⟦4⟧ (= haut-parleur) ◆ **caisson de graves** ou **de basses** subwoofer

cajeput /kaʒpyt/ NM (= arbre) cajuput, cajeput

cajoler /kaʒɔle/ SYN ► conjug 1 ◄ VT (= câliner) to cuddle, to make a fuss of; († = amadouer) to coax, to cajole ◆ **cajoler qn pour qu'il donne qch** ou **pour obtenir qch** to try to wheedle sth out of sb

cajolerie /kaʒɔlʀi/ SYN NF ⟦1⟧ (= caresses) ◆ **cajoleries** cuddling ◆ **faire des cajoleries à qn** to make a fuss of sb, to give sb a cuddle
⟦2⟧ († = flatterie) cajoling (NonC), cajolery ◆ **arracher une promesse à qn à force de cajoleries** to wheedle a promise out of sb

cajoleur, -euse /kaʒɔlœʀ, øz/ SYN
ADJ ⟦1⟧ (= câlin) loving, affectionate
⟦2⟧ (= flatteur) flattering
NM,F (= flatteur) charmer

cajou /kaʒu/ NM ◆ **(noix de) cajou** cashew nut

cajun /kaʒœ̃/
ADJ INV Cajun
NM (= langue) Cajun
NM,F **Cajun** Cajun

cake /kɛk/ NM fruit cake

cal /kal/ SYN NM callus

cal. (abrév de **calorie**) cal

calabrais, e /kalabʀɛ, ɛz/
ADJ Calabrian
NM,F **Calabrais(e)** Calabrian

Calabre /kalabʀ/ NF Calabria

caladium /kaladjɔm/ NM caladium

calage /kalaʒ/ NM ⟦1⟧ (avec une cale, un coin) [de meuble, fenêtre, porte] wedging; [de roue] chocking, wedging; (avec une vis, une goupille) [de poulie] keying; [de cheville, objet pivotant] wedging, locking
⟦2⟧ [de moteur] stalling ◆ **après deux calages successifs** having stalled twice

calaison /kalɛzɔ̃/ NF (Naut) draught

calamar /kalamaʀ/ NM squid

calambac /kalɑ̃bak/, **calambour** /kalɑ̃buʀ/ NM agalloch, eaglewood

calamine /kalamin/ NF ⟦1⟧ (Minér) calamine
⟦2⟧ (= résidu dans moteur) carbon deposits

calaminer (se) /kalamine/ ► conjug 1 ◄ VPR [cylindre etc] to be caked with soot, to coke up (Brit), to get coked up (Brit)

calamistré, e /kalamistʀe/ ADJ [cheveux] waved and brilliantined

calamite /kalamit/ NF (= fossile) calamite

calamité /kalamite/ SYN NF (= malheur) calamity; (* : hum) disaster ◆ **ce type est une calamité*** that guy is a (walking) disaster*

calamiteux, -euse /kalamitø, øz/ SYN ADJ calamitous

calancher* /kalɑ̃ʃe/ ► conjug 1 ◄ VI to croak*, to kick the bucket*, to snuff it* (Brit)

calandre¹ /kalɑ̃dʀ/ NF [d'automobile] radiator grill; (= machine) calender

calandre² /kalɑ̃dʀ/ NF (= alouette) calandra lark; (= charançon) weevil

calandrer /kalɑ̃dʀe/ ► conjug 1 ◄ VT to calender

calanque /kalɑ̃k/ NF (= crique) rocky inlet (in the Mediterranean)

calao /kalao/ NM hornbill

calcaire /kalkɛʀ/
ADJ ⟦1⟧ (= qui contient de la chaux) [sol, terrain] chalky, calcareous (SPÉC); [eau] hard
⟦2⟧ (Géol) [roche, plateau, relief] limestone (épith)
⟦3⟧ (Méd) [dégénérescence] calcareous; (Chim) [sels] calcium (épith)
NM (Géol) limestone; [de bouilloire] fur (Brit), sediment (US) ◆ **faire un coup de calcaire*** (déprimé) to have a touch of the blues*; (en colère) to fly off the handle

calcanéum /kalkaneɔm/ NM calcaneum

calcédoine /kalsedwan/ NF chalcedony

calcémie /kalsemi/ NF plasma calcium level

calcéolaire /kalseɔlɛʀ/ NF calceolaria

calcicole /kalsikɔl/ ADJ calcicolous

calcif* /kalsif/ NM ⇒ **calecif**

calciférol /kalsifeʀɔl/ NM calciferol

calcification /kalsifikasjɔ̃/ NF (Méd) calcification

calcifié, e /kalsifje/ (ptp de **calcifier**) ADJ calcified

calcifier VT, **se calcifier** VPR /kalsifje/ ► conjug 7 ◄ to calcify

calcifuge /kalsifyʒ/ ADJ calcifugal, calcifugous

calcin /kalsɛ̃/ NM [de verre] cullet

calcination /kalsinɑsjɔ̃/ NF calcination

calciné, e /kalsine/ (ptp de **calciner**) ADJ [débris, os] charred, burned to ashes (attrib); [rôti] charred, burned to a cinder (attrib)

calciner /kalsine/ SYN ► conjug 1 ◄
VT ⟦1⟧ [+ rôti] to burn to a cinder ◆ **la plaine calcinée par le soleil** (littér) the sun-scorched ou sun-baked plain
⟦2⟧ (Tech = brûler) [+ pierre, bois, métal] to calcine (SPÉC)
VPR **se calciner** [rôti] to burn to a cinder; [débris] to burn to ashes

calcique /kalsik/ ADJ calcic ◆ **déficit calcique** calcium deficiency

calcite /kalsit/ NF calcite

calcitonine /kalsitɔnin/ NF (thyro)calcitonin

calcium /kalsjɔm/ NM calcium

calciurie /kalsjyʀi/ NF calcium level in the urine

calcul /kalkyl/ SYN
NM ⟦1⟧ (= opération) calculation; (= exercice scolaire) sum ◆ **calcul des retraites** (Admin) pension calculation ◆ **calcul de l'impôt (sur le revenu)** tax assessment ◆ **se tromper dans ses calculs, faire une erreur de calcul** to miscalculate, to make a mistake in one's calculations ◆ **si on fait le calcul** when you add it all up; → **règle**
⟦2⟧ (= discipline) ◆ **le calcul** arithmetic ◆ **fort en calcul** good at arithmetic ou sums ◆ **le calcul différentiel/intégral/des prédicats** differential/integral/predicate calculus
⟦3⟧ (= estimation) ◆ **calculs** reckoning(s), calculations ◆ **d'après mes calculs** by my reckoning, according to my calculations
⟦4⟧ (= plan) calculation (NonC); (= arrière-pensée) ulterior motive ◆ **calculs intéressés** self-interested motives ◆ **par calcul** with an ulterior motive, out of (calculated) self-interest ◆ **faire un bon calcul** to calculate correctly ou right ◆ **faire un mauvais calcul** to miscalculate, to make a miscalculation
⟦5⟧ (Méd) stone, calculus (SPÉC)
COMP **calcul algébrique** calculus
calcul biliaire gallstone
calcul mental (= discipline) mental arithmetic; (= opération) mental calculation
calcul des probabilités probability theory ◆ **un simple calcul des probabilités vous indiquera que...** calculating the probability will show you that...
calcul rénal kidney stone, renal calculus (SPÉC)

calculabilité /kalkylabilite/ NF calculability

calculable /kalkylabl/ ADJ calculable, which can be calculated ou worked out

calculateur, -trice /kalkylatœʀ, tʀis/
ADJ (= intéressé) calculating

NM (= machine) computer ◆ **calculateur numérique/analogique** digital/analog computer
NF **calculatrice** (= machine) calculator
NM,F (= personne) calculator

calculer /kalkyle/ SYN ► conjug 1 ◄
VT ⟦1⟧ [+ prix, quantité, surface] to work out, to calculate ◆ **il calcule vite** he calculates quickly, he's quick at figures ou at calculating ◆ **il calcula mentalement la distance** he worked out ou calculated the distance in his head; → **machine, règle**
⟦2⟧ (= évaluer) [+ chances, conséquences] to calculate, to work out, to weigh up ◆ **calculer son élan** (Sport) to judge one's run-up ◆ **calculer que...** to work out ou calculate that... ◆ **tout bien calculé** everything ou all things considered; → **risque**
⟦3⟧ (= préméditer) [+ geste, effets] to plan, to calculate; [+ plan, action] to plan ◆ **elle calcule continuellement** she's always calculating ◆ **calculer son coup** to plan one's move (carefully) ◆ **ils avaient calculé leur coup** they had it all figured out* ◆ **avec une gentillesse calculée** with calculated kindness
VI (= économiser) to budget carefully, to count the pennies ◆ **ces gens qui calculent** (péj) people who are always counting their pennies ou who work out every penny

calculette /kalkylɛt/ NF calculator ◆ **calculette de poche** pocket calculator

Calcutta /kalkyta/ N Calcutta

calde(i)ra /kaldeʀa/ NF caldera

caldoche /kaldɔʃ/
ADJ white New Caledonian (épith)
NMF **Caldoche** white New Caledonian

cale¹ /kal/ NF ⟦1⟧ (= soute) hold; → **fond**
⟦2⟧ (= chantier, plan incliné) slipway ◆ **cale de chargement** slipway ◆ **cale sèche** ou **de radoub** dry ou graving dock

cale² /kal/ NF (= coin) [de meuble, caisse] wedge; (Golf) wedge; [de roue] chock, wedge ◆ **mettre une voiture sur cales** to put a car on blocks

calé, e* /kale/ SYN (ptp de **caler**) ADJ ⟦1⟧ (= savant) [personne] bright ◆ **être calé en chimie/en histoire** to be really good at chemistry/at history ◆ **je ne suis pas très calé en la matière** I don't know much about it ◆ **c'est drôlement calé ce qu'il a fait** what he did was terribly clever
⟦2⟧ (= ardu) [problème] tough

calebasse /kalbas/ NF (= récipient) calabash, gourde

calebassier /kalbasje/ NM calabash tree

calèche /kalɛʃ/ NF barouche (horse-drawn carriage)

calecif* /kalsif/ NM pants (Brit), shorts (US)

caleçon /kalsɔ̃/ NM ⟦1⟧ [d'homme] boxer shorts, shorts (US) ◆ **3 caleçons** 3 pairs of boxer shorts ou shorts (US) ◆ **caleçon de bain** swimming ou bathing trunks ◆ **caleçon(s) long(s)** long johns*
⟦2⟧ [de femme] leggings

Calédonie /kaledɔni/ NF Caledonia

calédonien, -ienne /kaledɔnjɛ̃, jɛn/
ADJ Caledonian
NM,F **Calédonien(ne)** Caledonian

calembour /kalɑ̃buʀ/ NM pun, play on words (NonC)

calembredaine /kalɑ̃bʀədɛn/ NF (= plaisanterie) silly joke ◆ **calembredaines** (= balivernes) balderdash (NonC), nonsense (NonC)

calendaire /kalɑ̃dɛʀ/ ADJ calendar (épith)

calendes /kalɑ̃d/ NFPL (Antiq) calends; → **renvoyer**

calendos* /kalɑ̃dos/ NM Camembert (cheese)

calendrier /kalɑ̃dʀije/ SYN NM (= jours et mois) calendar; (= programme) schedule ◆ **calendrier d'amortissement** repayment schedule ◆ **calendrier à effeuiller/perpétuel** tear-off/everlasting calendar ◆ **calendrier électoral** electoral calendar ◆ **le calendrier républicain** the French Revolutionary Calendar ◆ **calendrier des examens** exam timetable ◆ **calendrier des rencontres** (Sport) fixture(s) timetable ou list ◆ **calendrier de travail** work schedule ou programme ◆ **calendrier scolaire** school schedule

cale-pied /kalpje/ NM INV [de vélo] toe clip

calepin /kalpɛ̃/ SYN NM notebook

caler /kale/ SYN ► conjug 1 ◄
VT ⟦1⟧ (avec une cale, un coin) [+ meuble] to put a wedge under, to wedge; [+ fenêtre, porte] (pour la

caleter maintenir ouverte) to wedge open; (pour la maintenir fermée) to wedge shut; [+ roue] to chock, to wedge

② (avec une vis, une goupille) [+ poulie] to key; [+ cheville, objet pivotant] to wedge, to lock

③ (avec des coussins etc) [+ malade] to prop up ◆ **caler sa tête sur l'oreiller** to prop ou rest one's head on the pillow ◆ **des coussins lui calaient la tête, il avait la tête (bien) calée par des coussins** his head was propped up on ou supported by cushions

④ (= appuyer) [+ pile de livres, de linge] to prop up ◆ **caler qch dans un coin/contre qch** to prop sth up in a corner/against sth

⑤ [+ moteur, véhicule] to stall

⑥ [+ mât] to house

⑦ (* = bourrer) ◆ **ça cale (l'estomac)** it fills you up ◆ **non merci, je suis calé** no thanks, I'm full up ou I've eaten more than my fill

⑧ (Imprim) to lock up

VI ① [véhicule, moteur, conducteur] to stall

② * (= être bloqué) = (= abandonner) to give up ◆ **caler sur un exercice difficile** to be stuck on a difficult exercise ◆ **il a calé avant le dessert** he gave up before the dessert ◆ **il a calé sur le dessert** he couldn't finish his dessert

③ (Naut) ◆ **caler trop** to have too great a draught ◆ **caler 8 mètres** to draw 8 metres of water

VPR **se caler** ① ◆ **se caler dans un fauteuil** to settle o.s. comfortably in an armchair ◆ **se caler les joues** * to stuff o.s., to have a good feed * (Brit)

② ◆ **se caler sur** (= s'aligner sur) ◆ **le rythme des recrutements a dû se caler sur l'augmentation de la demande** recruitment has had to keep pace with the increase in demand ◆ **on fait en sorte que nos prévisions se calent sur les leurs** we make sure our forecasts are in line with theirs

caleter* VI, **se caleter** VPR /kalte/ ▸ conjug 1 ◂ ⇒ **calter**

calfatage /kalfataʒ/ NM (Naut) ca(u)lking

calfater /kalfate/ ▸ conjug 1 ◂ VT (Naut) to ca(u)lk

calfeutrage /kalføtraʒ/, **calfeutrement** /kalføtrəmɑ̃/ NM [de pièce, porte] draughtproofing (Brit), draftproofing (US); [de fissure] filling, stopping up

calfeutrer /kalføtre/ SYN ▸ conjug 1 ◂

VT [+ pièce, porte] to (make) draughtproof (Brit) ou draftproof (US); [+ fissure] to fill, to stop up ◆ **calfeutré** [pièce, porte] draughtproof (Brit) (épith), draftproof (US) (épith) ◆ **calfeutrer une fenêtre avec un bourrelet** to put (a) weatherstrip round a window

VPR **se calfeutrer** (= s'enfermer) to shut o.s. up ou away; (pour être au chaud) to get cosy

calibrage /kalibraʒ/ NM [d'œufs, fruits, charbon] grading; [de conduit, cylindre, fusil] calibration; [de pièce travaillée] gauging; (Imprim) [de texte] castoff

calibre /kalibʀ/ SYN NM ① (= diamètre) [de fusil, canon] calibre (Brit), caliber (US), bore; [de tuyau] bore, diameter; [d'obus, balle] calibre (Brit), caliber (US); [de cylindre, instrument de musique] bore; [de câble] diameter; [d'œufs, fruits] grade; [de boule] size ◆ **de gros calibre** [pistolet] large-bore (épith); [obus] large-calibre (épith) ◆ **pistolet de calibre 7,35** 7.35 mm (calibre) pistol

② (arg Crime = pistolet) rod (arg), gat (arg)

③ (= instrument) (pour mesurer) gauge; (pour reproduire) template

④ (= envergure) calibre (Brit), caliber (US) ◆ **son frère est d'un autre calibre** his brother is of another calibre altogether ◆ **c'est rare un égoïsme de ce calibre** you don't often see selfishness on such a scale

calibrer /kalibre/ SYN ▸ conjug 1 ◂ VT ① (= mesurer) [+ œufs, fruits, charbon] to grade; [+ conduit, cylindre, fusil] to calibrate; (Imprim) [texte] to cast off

② (= finir) [+ pièce travaillée] to gauge

calice /kalis/ NM (Rel) chalice; (Bot, Physiol) calyx; → **boire**

caliche /kaliʃ/ NM caliche

calicot /kaliko/ NM (= tissu) calico; (= banderole) banner

calicule /kalikyl/ NM calycle, epicalyx (SPÉC)

califat /kalifa/ NM caliphate

calife /kalif/ NM caliph ◆ **il veut être calife à la place du calife** he wants to be top dog *

Californie /kalifɔʀni/ NF California

californien, -ienne /kalifɔʀnjɛ̃, jɛn/
ADJ Californian
NM,F **Californien(ne)** Californian

californium /kalifɔʀnjɔm/ NM californium

califourchon /kalifuʀʃɔ̃/ **à califourchon** LOC ADV astride ◆ **s'asseoir à califourchon sur qch** to straddle sth, to sit astride sth ◆ **être à califourchon sur qch** to be astride sth ◆ **monter à califourchon** (Équitation) to ride astride

Caligula /kaligyla/ NM Caligula

câlin, e /kɑlɛ̃, in/ SYN
ADJ (= qui aime les caresses) [enfant, chat] cuddly, cuddlesome; (= qui câline) [personne, ton, regard] tender, loving
NM cuddle ◆ **faire un (petit) câlin** ou **des câlins à qn** to make a fuss of sb, to give sb a cuddle

câliner /kɑline/ SYN ▸ conjug 1 ◂ VT to cuddle, to make a fuss of

câlinerie /kɑlinʀi/ SYN NF (= tendresse) tenderness ◆ **câlineries** (= caresses) caresses ◆ **faire des câlineries à qn** to cuddle sb, to make a fuss of sb

caliorne /kaljɔʀn/ NF (Naut) (= appareil de levage) (big) tackle

calisson /kalisɔ̃/ NM calisson (lozenge-shaped sweet made of ground almonds)

calleux, -euse /kalø, øz/ ADJ [peau] horny, callous ◆ **corps calleux** (Anat) corpus callosum

calligramme /kaligʀam/ NM (= poème) calligramme

calligraphe /ka(l)ligʀaf/ NMF calligrapher, calligraphist

calligraphie /ka(l)ligʀafi/ NF (= technique) calligraphy, art of handwriting ◆ **c'est de la calligraphie** it's lovely handwriting, the handwriting is beautiful

calligraphier /ka(l)ligʀafje/ ▸ conjug 7 ◂ VT [+ titre, phrase] to write artistically, to calligraph (SPÉC)

calligraphique /ka(l)ligʀafik/ ADJ calligraphic

callipyge /ka(l)lipiʒ/ ADJ (hum) callipygian, big-bottomed ◆ **la Vénus callipyge** Callipygian Venus

callosité /kalozite/ SYN NF callosity

calmant, e /kalmɑ̃, ɑ̃t/ SYN
ADJ ① (Pharm) (= tranquillisant) tranquillizing (épith); (contre la douleur) painkilling (épith)
② (= apaisant) [paroles] soothing
NM (= tranquillisant) tranquillizer, sedative; (= antidouleur) painkiller

calmar /kalmaʀ/ NM squid

calme /kalm/ SYN
ADJ (gén) quiet, calm; (= paisible) peaceful; [mer] calm; [nuit, air] still; [chambre] quiet; [marché financier, affaires] quiet ◆ **malgré leurs provocations il restait très calme** he remained quite calm ou cool ou unruffled in spite of their taunts ◆ **le malade a eu une nuit calme** the patient has had a quiet ou peaceful night

NM ① (= sang-froid) coolness, composure ◆ **garder son calme** to keep cool ou calm, to keep one's composure ou one's cool * ◆ **perdre son calme** to lose one's composure ou one's cool * ◆ **avec une calme incroyable** with incredible composure ◆ **recouvrant son calme** recovering ou regaining his composure

② (= tranquillité) (gén) peace (and quiet), calm; [de nuit] stillness; [d'endroit] peacefulness ◆ **il me faut du calme pour travailler** I need peace and quiet to work ◆ **du calme !** (= restez tranquille) keep quiet!; (= pas de panique) keep calm! ou cool! ◆ **le malade doit rester au calme** the patient needs quiet ◆ **ramener le calme** (= arranger les choses) to calm things down; (= rétablir l'ordre) to restore calm ◆ **le calme avant la tempête** the calm ou lull before the storm

③ ◆ **(zones des) calmes équatoriaux** doldrums (lit) ◆ **calme plat** dead ou flat calm ◆ **c'est le calme plat dans les affaires** business is dead quiet ou practically at a standstill ◆ **depuis que je lui ai envoyé cette lettre c'est le calme plat** I haven't heard a thing since I sent him that letter

calmement /kalməmɑ̃/ SYN ADV (agir) calmly ◆ **la journée s'est passée calmement** the day passed quietly

calmer /kalme/ SYN ▸ conjug 1 ◂

VT ① (= apaiser) [+ personne] to calm (down), to pacify; [+ querelle, discussion] to quieten down (Brit), to quiet down (US); [+ révolte] to subdue; (littér) [+ tempête, flots] to calm ◆ **calmer les esprits** to calm people down, to pacify people ◆ **attends un peu, je vais te calmer !*** just you wait, I'll (soon) quieten (Brit) ou quiet (US) you down! ◆ **calmer le jeu** (lit, fig) to calm things down

② (= réduire) [+ douleur, inquiétude] to soothe, to ease; [+ nerfs, agitation, crainte, colère] to calm, to soothe; [+ fièvre] to bring down; [+ impatience] to curb; [+ faim] to appease; [+ soif] to quench; [+ ardeur] to cool, to subdue

VPR **se calmer** ① [personne] (= s'apaiser) to calm down, to cool down; (= faire moins de bruit) to quieten down (Brit), to quiet down (US); (= se tranquilliser) to calm down; [discussion, querelle] to quieten down (Brit), to quiet down (US); [tempête] to die down; [mer] to become calm ◆ **on se calme !*** (= taisez-vous) be quiet!; (= pas de panique) calm down!

② (= diminuer) [douleur] to ease, to subside; [faim, soif, inquiétude] to ease; [crainte, impatience, fièvre] to subside; [colère, ardeur] to cool, to subside

calmir /kalmiʀ/ ▸ conjug 2 ◂ VI [mer] to calm down; [vent] to die down

calmoduline /kalmɔdylin/ NF calmodulin

calmos* /kalmos/ EXCL calm down!

calomel /kalɔmɛl/ NM calomel

calomniateur, -trice /kalɔmnjatœʀ, tʀis/
ADJ (= diffamateur) slanderous; (par écrit) libellous
NM,F (= diffamateur) slanderer; (par écrit) libeller

calomnie /kalɔmni/ SYN NF slander (NonC), calumny; (écrite) libel; (sens affaibli) maligning (NonC) ◆ **cette calomnie l'avait profondément blessé** he'd been deeply hurt by this slander ou calumny ◆ **écrire des calomnies** to write libellous things ◆ **dire une calomnie/des calomnies** to say something slanderous/slanderous things

calomnier /kalɔmnje/ SYN ▸ conjug 7 ◂ VT (= diffamer) to slander; (par écrit) to libel; (sens affaibli = vilipender) to malign

calomnieusement /kalɔmnjøzmɑ̃/ ADV slanderously; (par écrit) libellously

calomnieux, -ieuse /kalɔmnjø, jøz/ SYN ADJ [propos] slanderous; (par écrit) libellous ◆ **dénonciation calomnieuse** (Jur) false accusation

caloporteur /kalopɔʀtœʀ/ ADJ, NM ⇒ **caloriporteur**

calorie /kalɔʀi/ NF calorie ◆ **aliment riche/pauvre en calories** food with a high/low calorie content, high-/low-calorie food ◆ **menu basses calories** low-calorie meal ◆ **ça donne des calories*** it warms you up ◆ **tu aurais besoin de calories !*** you need building up!

calorifère /kalɔʀifɛʀ/
ADJ heat-giving
NM † stove

calorification /kalɔʀifikasjɔ̃/ NF calorification

calorifique /kalɔʀifik/ ADJ calorific

calorifuge /kalɔʀifyʒ/
ADJ (heat-)insulating, heat-retaining
NM insulating material

calorifugeage /kalɔʀifyʒaʒ/ NM lagging, insulation

calorifuger /kalɔʀifyʒe/ ▸ conjug 3 ◂ VT to lag, to insulate (against loss of heat)

calorimètre /kalɔʀimɛtʀ/ NM calorimeter

calorimétrie /kalɔʀimetʀi/ NF calorimetry

calorimétrique /kalɔʀimetʀik/ ADJ calorimetric(al)

caloriporteur /kalɔʀipɔʀtœʀ/ ADJ, NM ◆ **(fluide) caloriporteur** coolant

calorique /kalɔʀik/ ADJ ① (Diététique) calorie (épith) ◆ **apport calorique** calorie content ◆ **ration calorique** calorie requirements ◆ **c'est très calorique** it's very calorific, it has a lot of calories

② (= calorifique) calorific ◆ **valeur calorique** calorific value

calot /kalo/ NM ① (Mil = casquette) forage cap, overseas cap (US)

② (= bille) (large) marble, alley

calotin, e /kalɔtɛ̃, in/ (péj)
ADJ sanctimonious, churchy *
NM,F sanctimonious churchgoer, Holy Joe *

calotte /kalɔt/
NF ① (= bonnet) skullcap

② (péj) ◆ **la calotte** (= le clergé) the priests, the cloth; (= le parti dévot) the church party

③ (= partie supérieure) [de chapeau] crown; [de voûte] calotte

4 (* = gifle) slap ◆ **il m'a donné une calotte** he gave me a slap in the face
[COMP] **la calotte des cieux** the dome ou vault of heaven
calotte crânienne top of the skull
calotte glaciaire icecap
calotte sphérique segment of a sphere

calotter* /kalɔte/ ► conjug 1 ◄ VT (= gifler) to slap

caloyer, -ère /kalɔje, ɛʀ/ NM,F caloyer

calquage /kalkaʒ/ NM tracing

calque /kalk/ NM **1** (= dessin) tracing ◆ **prendre un calque d'un plan** to trace a plan
2 (= papier transparent) tracing paper
3 (= reproduction) [d'œuvre d'art] exact copy; [d'événement] carbon copy; [de personne] spitting image
4 (= traduction) calque, loan translation

calquer /kalke/ SYN ► conjug 1 ◄ VT (= copier) [+ plan, dessin] to trace; (fig) to copy exactly ◆ **calqué de l'anglais** translated literally from English ◆ **calquer son comportement sur celui de son voisin** to model one's behaviour on that of one's neighbour, to copy one's neighbour's behaviour exactly

calter*, **se calter***, **se caleter*** VPR /kalte/ ► conjug 1 ◄ (= décamper) to make o.s. scarce*, to scarper* (Brit), to buzz off* (Brit)

calumet /kalymɛ/ NM peace pipe ◆ **fumer le calumet de la paix** (lit) to smoke the pipe of peace; (fig) to bury the hatchet

calva* /kalva/ NM abrév de **calvados**

calvados /kalvados/ NM **1** (= eau-de-vie) Calvados
2 (= département) ◆ **le Calvados** Calvados

calvaire /kalvɛʀ/ SYN NM **1** (= épreuve) ordeal ◆ **le calvaire du Christ** Christ's martyrdom on the cross ◆ **après 10 ans de calvaire en prison** after a 10-year ordeal in prison ◆ **sa vie fut un long calvaire** his life was one long martyrdom ou tale of suffering ◆ **un enfant comme ça, c'est un calvaire pour la mère** a child like that must be a real burden to his mother ◆ **quel calvaire pour elle !** how awful for her!
2 (= croix) (au bord de la route) roadside cross ou crucifix, calvary; (= peinture) Calvary
3 (Rel) ◆ **le Calvaire** Calvary

Calvin /kalvɛ̃/ NM Calvin

calvinisme /kalvinism/ NM Calvinism

calviniste /kalvinist/
[ADJ] Calvinist, Calvinistic
[NMF] Calvinist

calvitie /kalvisi/ NF baldness (NonC) ◆ **calvitie précoce** premature baldness (NonC)

calypso /kalipso/ NM calypso

camaïeu /kamajø/ NM (= peinture) monochrome ◆ **en camaïeu** [paysage, motif] monochrome (épith) ◆ **en camaïeu bleu** in blue monochrome ◆ **un camaïeu de roses** various shades of pink

camail /kamaj/ NM (Rel) cappa magna

camarade /kamaʀad/ SYN
[NMF] friend ◆ **le camarade Durand** (Pol) comrade Durand ◆ **elle voyait en lui un bon camarade** she saw him as a good friend
[COMP] **camarade d'atelier** workmate (Brit), shop buddy* (US)
camarade de chambre roommate
camarade de classe classmate
camarade d'étude fellow student
camarade de jeu playmate
camarade de promotion fellow student (from a grande école)
camarade de régiment old army friend, friend from one's army days

camaraderie /kamaʀadʀi/ SYN NF (entre deux personnes) friendship; (dans un groupe) camaraderie ◆ **je l'ai aidé par esprit de camaraderie** I helped him out of a spirit of friendship

camard, e /kamaʀ, aʀd/
[ADJ] [nez] pug (épith); [personne] pug-nosed
[NF] **Camarde** (littér) ◆ **la Camarde** the (Grim) Reaper

camarguais, e /kamaʀgɛ, ɛz/
[ADJ] of ou from the Camargue ◆ **(bottes) camarguaises** suede cowboy boots
[NM,F] **Camarguais(e)** inhabitant ou native of the Camargue

Camargue /kamaʀg/ NF ◆ **la Camargue** the Camargue

cambiste /kɑ̃bist/ NM foreign exchange broker ou dealer; [de devises des touristes] moneychanger

cambium /kɑ̃bjɔm/ NM cambium

Cambodge /kɑ̃bɔdʒ/ NM Cambodia

cambodgien, -ienne /kɑ̃bɔdʒjɛ̃, jɛn/
[ADJ] Cambodian
[NM,F] **Cambodgien(ne)** Cambodian

cambouis /kɑ̃bwi/ NM dirty oil ou grease ◆ **mettre les mains dans le cambouis** to get one's hands dirty

cambré, e /kɑ̃bʀe/ (ptp de **cambrer**) ADJ ◆ **être cambré, avoir les reins cambrés** to have an arched back ◆ **avoir le pied très cambré** to have very high insteps ou arches

cambrer /kɑ̃bʀe/ ► conjug 1 ◄
VT **1** [+ pied] to arch ◆ **cambrer la taille** ou **le dos** ou **les reins** to throw back one's shoulders, to arch one's back
2 (Tech) [+ pièce de bois] to bend; [+ métal] to curve; [+ tige, semelle] to arch
VPR **se cambrer** (= se redresser) to throw back one's shoulders, to arch one's back

cambrien, -ienne /kɑ̃bʀijɛ̃, ijɛn/ ADJ, NM Cambrian

cambriolage /kɑ̃bʀijɔlaʒ/ SYN NM (= activité, méthode) burglary, housebreaking, breaking and entering (Jur); (= coup) break-in, burglary

cambrioler /kɑ̃bʀijɔle/ SYN ► conjug 1 ◄ VT to break into, to burgle, to burglarize (US)

cambrioleur, -euse /kɑ̃bʀijɔlœʀ, øz/ SYN NM,F burglar, housebreaker

cambrure /kɑ̃bʀyʀ/ SYN NF **1** (= courbe, forme) [de poutre, taille, reins] curve; [de semelle, pied] arch; [de route] camber ◆ **sa cambrure de militaire** his military bearing
2 (= partie) ◆ **cambrure du pied** instep ◆ **cambrure des reins** small ou hollow of the back ◆ **pieds qui ont une forte cambrure** feet with high insteps ◆ **reins qui ont une forte cambrure** back which is very arched

cambuse /kɑ̃byz/ NF **1** * (= pièce) pad*; (= maison) shack*, place; (= taudis) hovel
2 (sur un bateau) storeroom

cambusier /kɑ̃byzje/ NM storekeeper

came[1] /kam/ NF (Tech) cam; → **arbre**

came[2] /kam/ NF (arg Drogue) (gén) dope*; (= héroïne) junk*; (= cocaïne) snow*; (* = marchandise) stuff*; (péj = pacotille) junk*, trash*

camé, e[1]* /kame/ (ptp de **se camer**)
[ADJ] high*, spaced out* ◆ **complètement camé** completely spaced out*, high as a kite*
[NM,F] druggy*; (à l'héroïne) junkie*

camée[2] /kame/ NM cameo

caméléon /kameleɔ̃/ NM (= lézard) chameleon; (fig) chameleon; (péj) turncoat

camélia /kamelja/ NM camellia

camélidé /kamelide/ NM member of the camel family ◆ **les camélidés** members of the camel family, the Camelidae (SPÉC)

cameline /kam(ə)lin/, **caméline** /kamelin/ NF cameline, gold-of-pleasure

camelle /kamɛl/ NF [de marais salant] salt pile

camelot /kamlo/ NM street pedlar ou vendor ◆ **les Camelots du roi** (Hist) militant royalist group in the 1930s

camelote* /kamlɔt/ NF **1** (= pacotille) ◆ **c'est de la camelote** it's junk* ou rubbish (Brit) ou schlock* (US)
2 (= marchandise) stuff* ◆ **il vend de la belle camelote** he sells nice stuff*

camembert /kamɑ̃bɛʀ/ NM (= fromage) Camembert (cheese); (* = graphique) pie chart

camer (se) /kame/ ► conjug 1 ◄ VPR (arg Drogue) to be on drugs

caméra /kameʀa/ NF (Ciné, TV) camera; [d'amateur] cine-camera, movie camera (US) ◆ **caméra sonore** sound camera ◆ **caméra vidéo** video camera, camcorder ◆ **devant les caméras de (la) télévision** in front of the television cameras, on TV ◆ **être derrière la caméra** (réalisateur) to be behind the camera ◆ **la caméra invisible** ou **cachée** (= émission) candid camera

cameraman /kameʀaman/ (pl **cameramen** /kameʀamɛn/) NM cameraman

caméraphone /kameʀafɔn/ NM camera phone, camphone

camériste /kameʀist/ NF (= femme de chambre) chambermaid; (Hist) lady-in-waiting

camerlingue /kamɛʀlɛ̃g/ NM camerlengo, camerlingo

Cameroun /kamʀun/ NM Cameroon; (Hist) Cameroons ◆ **République unie du Cameroun** United Republic of Cameroon

camerounais, e /kamʀunɛ, ɛz/
[ADJ] Cameroonian
[NM,F] **Camerounais(e)** Cameroonian

caméscope /kameskɔp/ NM camcorder, video camera

camion /kamjɔ̃/
NM **1** (= poids lourd) lorry (Brit), truck (surtout US); (dont l'arrière fait corps avec la cabine) van (Brit), truck (surtout US) ◆ **être tombé du camion*** (= volé) to have fallen off the back of a lorry* (Brit) ou truck (US)
2 (= chariot) wag(g)on, dray
3 [de peintre] (= seau) (paint-)pail
[COMP] **camion (à) benne** tipper (truck)
camion de déménagement removal (Brit) ou moving (US) van
camion militaire army lorry (Brit) ou truck
camion (à) remorque lorry (Brit) ou truck (US) with a trailer, tractor-trailer (US)
camion (à) semi-remorque articulated lorry (Brit), trailer truck (US)

camion-citerne (pl **camions-citernes**) /kamjɔ̃sitɛʀn/ NM tanker (lorry) (Brit), tank truck (US)

camion-grue (pl **camions-grues**) /kamjɔ̃gʀy/ NM crane-truck

camionnage /kamjɔnaʒ/ NM haulage (Brit), trucking (US)

camionnette /kamjɔnɛt/ NF (small) van; (ouverte) pick-up (truck) ◆ **camionnette de livraison** delivery van

camionneur /kamjɔnœʀ/ NM (= chauffeur) lorry (Brit) ou truck (US) driver, trucker (US); (= entrepreneur) haulage contractor (Brit), road haulier (Brit), trucking contractor (US) ◆ **pull (à) col camionneur** sweater with a zip-up collar

camionneuse /kamjɔnøz/ NF **1** (= conductrice) lorry (Brit) ou truck (US) driver, trucker (US)
2 (* = lesbienne) bull dyke*

camisard /kamizaʀ/ NM Camisard (French Protestant insurgent after the revocation of the Edict of Nantes)

camisole /kamizɔl/
[NF] †† (= blouse) camisole †; (= chemise de nuit) nightshirt
[COMP] **camisole chimique** suppressants
camisole de force straitjacket

camomille /kamɔmij/ NF (= plante) camomile; (= tisane) camomile tea

Camorra /kamɔʀa/ NF ◆ **la Camorra** the Camorra

camorriste /kamɔʀist/ NM camorrista

camouflage /kamuflaʒ/ NM **1** (Mil) (= action) camouflaging; (= résultat) camouflage
2 [d'argent] concealing, hiding; [d'erreur] camouflaging, covering-up ◆ **le camouflage d'un crime en accident** disguising a crime as an accident

camoufler /kamufle/ SYN ► conjug 1 ◄
VT (Mil) to camouflage; (= cacher) [+ argent] to conceal, to hide; [+ erreur, embarras] to conceal, to cover up; (= déguiser) [+ défaite, intentions] to disguise ◆ **camoufler un crime en accident** to disguise a crime as an accident, to make a crime look like an accident
VPR **se camoufler** to camouflage o.s.

camouflet /kamuflɛ/ SYN NM (littér) snub ◆ **infliger un camouflet à qn** to snub sb ◆ **essuyer un camouflet** to be snubbed

camp /kɑ̃/ SYN
NM **1** (Alpinisme, Mil, Sport = emplacement) camp ◆ **camp de prisonniers/de réfugiés** prison/refugee camp ◆ **rentrer au camp** to come ou go back to camp ◆ **le Camp du drap d'or** the Field of the Cloth of Gold; → **aide**[2], **feu**[1]
2 (= séjour) ◆ **faire un camp d'une semaine** to go camping for a week, to go for a week's camping holiday (Brit) ou vacation (US) ◆ **le camp**

campagnard | cancérisation

vous fait découvrir beaucoup de choses you discover lots of things when you go camping
[3] (= *parti, faction*) (*Jeux, Sport*) side; (*Pol*) camp • **changer de camp** [*joueur*] to change sides; [*soldat*] to go over to the other side • **à cette nouvelle la consternation/l'espoir changea de camp** on hearing this, it was the other side which began to feel dismay/hopeful • **dans le camp opposé/victorieux** in the opposite/winning camp • **passer dans le camp adverse** to go over to the opposite *ou* enemy camp; → **balle**[1]

COMP camp de base base camp
camp de camping campsite, camping site
camp de concentration concentration camp
camp d'entraînement training camp
camp d'extermination extermination camp
camp fortifié fortified camp
camp de la mort death camp
camp de nudistes nudist camp
camp retranché ⇒ camp fortifié
camp de toile campsite, camping site
camp de travail labour (*Brit*) *ou* labor (*US*) camp
camp de vacances ≈ children's holiday camp (*Brit*), ≈ summer camp (*US*)
camp volant camping tour *ou* trip; (*Mil*) temporary camp • **vivre** *ou* **être en camp volant** † to live out of a suitcase

campagnard, e /kɑ̃paɲaʀ, aʀd/ SYN
[ADJ] [*vie, manières, village, meubles, style, cuisine*] country (*épith*); [*paysage*] rural • **un repas campagnard** a cold spread • **demeure** *ou* **résidence** *ou* **propriété campagnarde** country house, house in the country; → **buffet, gentilhomme**
[NM] countryman, country fellow; (*péj*) rustic (*péj*), hick (*péj*) • **campagnards** countryfolk, country people; (*péj*) rustics (*péj*)
[NF] **campagnarde** countrywoman

campagne /kɑ̃paɲ/ SYN NF [1] (= *habitat*) country; (= *paysage*) countryside; (*Agr* = *champs ouverts*) open country • **la ville et la campagne** town and country • **la campagne anglaise** the English countryside • **dans la campagne environnante** in the surrounding countryside • **en pleine campagne** right in the middle of the country(side) • **à la campagne** in the country • **auberge/chemin de campagne** country inn/lane • **les travaux de la campagne** farm *ou* agricultural work; → **battre, maison** *etc*
[2] (*Mil*) campaign • **faire campagne** to fight (a campaign) • **les troupes en campagne** the troops on campaign *ou* in the field • **entrer en campagne** to embark on a campaign • **la campagne d'Italie/de Russie** the Italian/Russian campaign • **artillerie/canon de campagne** field artillery/gun
[3] (*Pol, Presse*) campaign (*pour* for; *contre* against) • **campagne électorale** election campaign • **campagne d'affichage** poster campaign • **campagne de propagande** propaganda campaign • **campagne publicitaire** *ou* **de publicité** advertising *ou* publicity campaign • **campagne de vaccination** vaccination programme • **campagne de vente** sales campaign *ou* drive • **campagne de fouilles** series of excavations • **faire campagne pour un candidat** to campaign *ou* canvass for *ou* on behalf of a candidate • **partir en campagne** to launch a campaign (*contre* against) • **mener une campagne pour/contre** to campaign for/against, to lead a campaign for/against • **tout le monde se mit en campagne pour lui trouver une maison** everybody set to work *ou* got busy to find him a house
[4] (= *récolte*) harvest • **campagne sucrière** sugar cane (*ou* sugar beet) harvest • **campagne de pêche** fishing season

campagnol /kɑ̃paɲɔl/ NM vole

campanaire /kɑ̃panɛʀ/ ADJ • **l'art campanaire** campanology • **inscription campanaire** inscription on a bell

Campanie /kɑ̃pani/ N Campagna (di Roma)

campanile /kɑ̃panil/ NM [*d'église*] campanile; (= *clocheton*) bell-tower

campanule /kɑ̃panyl/ NF bellflower, campanula

campêche /kɑ̃pɛʃ/ NM campeachy *ou* campeche tree

campement /kɑ̃pmɑ̃/ SYN NM (= *camp*) camp, encampment • **matériel de campement** camping equipment • **chercher un campement pour la nuit** to look for somewhere to set up camp *ou* a camping place for the night • **établir son campement sur les bords d'un fleuve** to set up (one's) camp on the bank of a river • **campement de nomades/d'Indiens** camp *ou* encampment of nomads/of Indians • **revenir à son campement** (*Mil*) to return to camp

camper /kɑ̃pe/ SYN ► conjug 1 ◄
[VI] to camp • **on campait à l'hôtel/dans le salon** (*hum*) we were camping out *ou* in a hotel/in the lounge; → **position**
[VT] [1] [+ *troupes*] to camp out • **campés pour 2 semaines près du village** camped (out) for 2 weeks by the village
[2] (= *esquisser*) [+ *caractère, personnage*] to portray; [+ *récit*] to construct • **personnage bien campé** vividly sketched *ou* portrayed character
[3] (= *poser*) • **camper sa casquette sur l'oreille** to pull *ou* clap one's cap on firmly over one ear • **se camper des lunettes sur le nez** to plant * a pair of glasses on one's nose
[VPR] **se camper** • **se camper devant qn** to plant o.s. in front of sb * • **se camper sur ses jambes** to stand firm

campeur, -euse /kɑ̃pœʀ, øz/ NM,F camper

camphre /kɑ̃fʀ/ NM camphor

camphré, e /kɑ̃fʀe/ ADJ camphorated; → **alcool**

camphrier /kɑ̃fʀije/ NM camphor tree

camping /kɑ̃piŋ/ SYN NM [1] (= *activité*) • **le camping** camping • **faire du camping** to go camping; → **sauvage**
[2] (= *lieu*) campsite, camping site

camping-car (pl **camping-cars**) /kɑ̃piŋkaʀ/ NM camper, Dormobile ® (*Brit*), motorhome (*US*), RV (*US*)

camping-gaz ® /kɑ̃piŋɡaz/ NM INV camp(ing) stove

campo(s) † * /kɑ̃po/ NM • **demain on a campos** tomorrow is a day off, we've got tomorrow off *ou* free • **on a eu** *ou* **on nous a donné campos à 4 heures** we were free *ou* told to go at 4 o'clock

campus /kɑ̃pys/ NM campus

camus, e /kamy, yz/ ADJ [*nez*] pug (*épith*); [*personne*] pug-nosed

Canaan /kanaã/ NM Canaan

Canada /kanada/ NM Canada

canada /kanada/ NF apple of the pippin variety

Canada Dry ® /kanadadʀaj/ NM Canada Dry ® • **c'est une version Canada Dry** (*fig*) it's a watered-down version

Canadair ® /kanadɛʀ/ NM fire-fighting plane

canadianisme /kanadjanism/ NM Canadianism

canadien, -ienne /kanadjɛ̃, jɛn/
[ADJ] Canadian
[NM,F] **Canadien(ne)** Canadian • **Canadien(ne) français(e)** French Canadian
[NF] **canadienne** (= *veste*) fur-lined jacket; (= *canoë*) (Canadian) canoe; (= *tente*) (ridge) tent

canaille /kanaj/ SYN
[ADJ] [*manières*] cheap, coarse • **sous ses airs canailles, il est sérieux** he might look a bit rough and ready, but he is reliable
[NF] (*péj*) (= *salaud*) bastard *, (= *escroc*) crook, shyster (*US*), chiseler (*US*) ; (*hum* = *enfant*) rascal, (little) devil • **la canaille** (*péj* = *populace*) the rabble (*péj*), the riffraff (*péj*)

canaillerie /kanajʀi/ NF [1] [*d'allure, ton*] vulgarity, coarseness
[2] (= *malhonnêteté*) [*de procédés, personne*] crookedness
[3] (= *action malhonnête*) dirty *ou* low trick

canal (pl **-aux**) /kanal, o/ SYN
[NM] [1] (*artificiel*) canal; (= *détroit*) channel; (= *tuyau, fossé*) conduit, duct; (*Anat*) canal, duct; (TV, *Ordin*) channel • **le canal de Panama/Suez** the Panama/Suez Canal • **le canal du Mozambique** the Mozambique Channel • **canal lacrymal** tear *ou* lacrimal (*SPÉC*) duct • **Canal Plus** + French pay TV channel
[2] (= *intermédiaire*) • **par le canal d'un collègue** through *ou* via a colleague • **par le canal de la presse** through the medium of the press • **par un canal amical** (*littér*) through a friend

COMP canal d'amenée feeder canal
canal biliaire biliary canal, bile duct
canal déférent vas deferens
canal de dérivation diversion canal
canal de distribution distribution channel
canal de fuite tail-race
canal d'irrigation irrigation canal
canal marin ship canal
canal médullaire medullary cavity *ou* canal
canal de navigation ship canal

canalisation /kanalizasjɔ̃/ SYN NF [1] (= *tuyau*) (main) pipe • **canalisations** (= *réseau*) pipes; (*Élec*) cables
[2] (= *aménagement*) [*de cours d'eau*] canalization
[3] [*de demandes, foule*] channelling, funnelling

canaliser /kanalize/ SYN ► conjug 1 ◄ VT [1] [+ *foule, demandes, énergie*] to channel, to funnel
[2] [+ *fleuve*] to canalize; [+ *région*] to provide with a network of canals

cananéen, -enne /kananeɛ̃, ɛn/
[ADJ] Canaanite
[NM] (= *langue*) Canaanite
[NM,F] **Cananéen(ne)** Canaanite

canapé /kanape/ SYN NM [1] (= *meuble*) sofa, settee (*Brit*) • **canapé transformable** *ou* **convertible** sofa bed, bed settee (*Brit*)
[2] (*Culin*) open sandwich; (*pour apéritif*) canapé • **crevettes sur canapé** shrimp canapé, canapé of shrimps

canapé-lit (pl **canapés-lits**) /kanapeli/ NM sofa bed

canaque /kanak/
[ADJ] Kanak
[NM,F] **Canaque** Kanak

canard /kanaʀ/
[NM] [1] (= *oiseau, Culin*) duck; (*mâle*) drake; → **froid, mare, vilain**
[2] * (= *journal*) paper; (*péj*) rag*; (= *fausse nouvelle*) false report, rumour, canard (*frm*)
[3] (= *fausse note*) false note • **faire un canard** to hit a false note
[4] (*terme d'affection*) • **mon (petit) canard** pet, poppet * (*Brit*)
[5] (* = *sucre*) sugar lump dipped in brandy or coffee
COMP canard de Barbarie Muscovy *ou* musk duck
canard boiteux * lame duck
canard laqué Peking duck
canard mandarin mandarin duck
canard à l'orange duck in orange sauce
canard sauvage wild duck
canard siffleur wigeon
canard souchet shoveler

canardeau (pl **canardeaux**) /kanaʀdo/ NM duckling

canarder * /kanaʀde/ ► conjug 1 ◄
[VT] (*au fusil*) to snipe at, to take potshots at; (*avec pierres*) to pelt (*avec* with) • **ça canardait de tous les côtés** there were bullets flying all over the place
[VI] (*Mus*) to hit a false note

canardière /kanaʀdjɛʀ/ NF (= *mare*) duckpond; (= *fusil*) punt gun

canari /kanaʀi/ NM, ADJ INV canary • **(jaune) canari** canary yellow

Canaries /kanaʀi/ NFPL • **les (îles) Canaries** the Canary Islands, the Canaries

canasson /kanasɔ̃/ NM (*péj* = *cheval*) nag (*péj*)

canasta /kanasta/ NF canasta

Canberra /kɑ̃beʀa/ N Canberra

cancan /kɑ̃kɑ̃/ SYN NM [1] (= *raconter*) piece of gossip • **cancans** gossip, tittle-tattle • **faire courir des cancans (sur qn)** to spread gossip *ou* stories (about sb), to tittle-tattle (about sb)
[2] (= *danse*) cancan

cancaner /kɑ̃kane/ ► conjug 1 ◄ VI [1] (= *bavarder, médire*) to gossip
[2] [*canard*] to quack

cancanier, -ière /kɑ̃kanje, jɛʀ/
[ADJ] gossipy, scandalmongering (*épith*), tittle-tattling (*épith*)
[NM,F] gossip, scandalmonger, tittle-tattle

cancer /kɑ̃sɛʀ/ NM [1] (*Méd, fig*) cancer • **avoir un cancer du sein/du poumon** to have breast/lung cancer, to have cancer of the breast/lung • **cancer du sang** leukaemia (*Brit*), leukemia (*US*) • **cancer généralisé** systemic cancer
[2] (*Astron*) • **le Cancer** Cancer • **il est (du signe) du Cancer** he's (a) Cancer; → **tropique**

cancéreux, -euse /kɑ̃seʀø, øz/
[ADJ] [*tumeur*] cancerous; [*personne*] with cancer
[NM,F] person with cancer; (*à l'hôpital*) cancer patient

cancériforme /kɑ̃seʀifɔʀm/ ADJ cancer-like

cancérigène /kɑ̃seʀiʒɛn/ ADJ carcinogenic, cancer-producing

cancérisation /kɑ̃seʀizasjɔ̃/ NF • **on peut craindre la cancérisation de l'organe** there is a risk of the organ becoming cancerous

cancériser (se) /kɑ̃seʀize/ ▸ conjug 1 ◂ VPR to become cancerous ◆ **cellules cancérisées** cancerous cells

cancérogène /kɑ̃seʀɔʒɛn/ ADJ ⇒ **cancérigène**

cancérogenèse /kɑ̃seʀɔʒənɛz/ NF carcinogenesis

cancérologie /kɑ̃seʀɔlɔʒi/ NF (= recherche) cancer research; (= traitement) cancer treatment ◆ **il est hospitalisé en cancérologie** he's in the (ou a) cancer ward

cancérologique /kɑ̃seʀɔlɔʒik/ ADJ [médecine, recherche] cancer (épith)

cancérologue /kɑ̃seʀɔlɔg/ NMF cancer specialist

cancérophobie /kɑ̃seʀɔfɔbi/ NF cancerophobia

canche /kɑ̃ʃ/ NF hair grass

cancre /kɑ̃kʀ/ NM (péj = élève) dunce

cancrelat /kɑ̃kʀəla/ NM cockroach

candela /kɑ̃dela/ NF candela, (standard) candle

candélabre /kɑ̃delɑbʀ/ NM (= chandelier) candelabra, candelabrum

candeur /kɑ̃dœʀ/ SYN NF ingenuousness, naïvety ◆ **avec candeur** naïvely

⚠ **candeur** ne se traduit pas par le mot anglais **candour**, qui a le sens de 'franchise'.

candi /kɑ̃di/ ADJ M → **sucre**

candida /kɑ̃dida/ NM INV candida (albicans)

candidat, e /kɑ̃dida, at/ SYN NM,F (à un concours, une élection) candidate (à at); (à un poste) applicant, candidate (à for) ◆ **candidat sortant** present ou outgoing incumbent ◆ **les candidats à l'examen** the examination candidates, the examinees ◆ **les candidats à l'embauche** job applicants ◆ **être candidat à la députation** to run ou stand (Brit) for the post of deputy ◆ **se porter candidat à un poste** to apply for a job, to put o.s. forward for a job ◆ **être candidat à la présidence** (Pol) to run ou stand (Brit) for president, to run for the presidency ◆ **les candidats à la retraite** candidates for retirement ◆ **les candidats au suicide** those contemplating suicide ◆ **je ne suis pas candidat** (fig) I'm not interested

candidature /kɑ̃didatyʀ/ GRAMMAIRE ACTIVE 19.1 NF (Pol) candidacy, candidature; (à un poste) application (à for) ◆ **candidature officielle** (à un poste) formal application; (Pol) official candidacy ou candidature ◆ **candidature spontanée** (à un poste, action) unsolicited application; (lettre) unsolicited letter of application ◆ **poser sa candidature à un poste** to apply for a job, to submit one's application for a job ◆ **poser sa candidature à une élection** to stand in an election (Brit), to put o.s. forward as a candidate in an election, to run for election (US)

candide /kɑ̃did/ SYN ADJ ingenuous, naïve

⚠ **candide** ne se traduit pas par le mot anglais **candid**, qui a le sens de 'franc', 'sincère'.

candidement /kɑ̃didmɑ̃/ ADV ingenuously, naïvely

candidose /kɑ̃didoz/ NF thrush, candidiasis (SPÉC)

candir /kɑ̃diʀ/ ▸ conjug 2 ◂ VTI ◆ **(faire) candir** to candy

candomblé /kɑ̃dɔ̃ble/ NM candomblé

cane /kan/ NF (female) duck ◆ **œuf de cane** duck egg

canebière /kanbjɛʀ/ NF hemp field

caner /kane/ ▸ conjug 1 ◂ VI (= mourir) to kick the bucket⁂, to snuff it⁂; (= flancher) to chicken out*, to funk it⁂ (Brit), to wimp out* (US) (devant in the face of)

caneton /kantɔ̃/ NM duckling

canette¹ /kanɛt/ NF (= canard) duckling

canette² /kanɛt/ NF [de machine à coudre] spool ◆ **canette (de bière)** (= bouteille) small bottle of beer; (= boîte) can of beer

canevas /kanva/ SYN NM ① [de livre, discours] framework, basic structure
② (Couture) (= toile) canvas; (= ouvrage) tapestry (work)
③ (Cartographie) network

cange /kɑ̃ʒ/ NF cangia

cangue /kɑ̃g/ NF cang(ue)

caniche /kaniʃ/ NM poodle ◆ **caniche nain** toy poodle

caniculaire /kanikylɛʀ/ SYN ADJ [chaleur, jour] scorching ◆ **une journée caniculaire** a scorcher*, a scorching (hot) day

canicule /kanikyl/ SYN NF (= forte chaleur) scorching heat; (= vague de chaleur) heatwave ◆ **la canicule** (spécialement juillet-août) the midsummer heat, the dog days ◆ **aujourd'hui c'est la canicule** it's a scorcher today*

canidé /kanide/ NM canine ◆ **les canidés** the dog family, the Canidae (SPÉC)

canif /kanif/ NM penknife, pocket knife ◆ **donner un coup de canif dans le contrat (de mariage)*** to have a bit on the side*

canin, e /kanɛ̃, in/
ADJ [espèce] canine; [exposition] dog (épith) ◆ **la race canine** dogs, the dog family ◆ **une race canine** a dog breed
NF **canine** (= dent) canine (tooth); (supérieure) eyetooth; [de chien, vampire] fang

caninette /kaninɛt/ NF pooper-scooper motor bike* (used to clean streets of dog mess)

canisses /kanis/ NFPL wattle fence

canitie /kanisi/ NF ◆ **il a eu une canitie précoce** his hair turned white ou grey at an early age

caniveau (pl **caniveaux**) /kanivo/ NM gutter (in roadway etc) ◆ **presse de caniveau** (péj) gutter press ◆ **des procédés de caniveau** (péj) underhand methods

canna /kana/ NM (= fleur) canna

cannabique /kanabik/ ADJ cannabic

cannabis /kanabis/ SYN NM cannabis

cannabisme /kanabism/ NM cannabis addiction

cannage /kanaʒ/ NM (= partie cannée) canework; (= opération) caning

cannaie /kanɛ/ NF [de cannes à sucre] sugar cane plantation; [de roseaux] reed plantation

canne /kan/ SYN
NF ① (= bâton) (walking) stick, cane; [de souffleur de verre] blowpipe
② (* = jambe) leg ◆ **il ne tient pas sur ses cannes** he's not very steady on his pins⁂ ◆ **il a des cannes de serin*** he has spindly little legs; → **sucre**
COMP **canne anglaise** crutch
canne blanche [d'aveugle] white stick
canne à pêche fishing rod
canne à sucre sugar cane

canné, e /kane/ (ptp de **canner**) ADJ [siège] cane (épith)

canneberge /kanbɛʀʒ/ NF cranberry

cannebière /kan(ə)bjɛʀ/ NF hemp field

canne-épée (pl **cannes-épées**) /kanepe/ NF swordstick

cannelé, e /kanle/ (ptp de **canneler**) ADJ [colonne] fluted

canneler /kanle/ ▸ conjug 4 ◂ VT to flute

cannelier /kanəlje/ NM cinnamon tree

cannelle /kanɛl/ NF (= épice) cinnamon; (= robinet) tap, spigot

cannelure /kan(ə)lyʀ/ NF [de meuble, colonne] flute; [de plante] striation ◆ **cannelures** [de colonne] fluting; [de neige] corrugation ◆ **cannelures glaciaires** striae, striations

canner /kane/ ▸ conjug 1 ◂ VT [+ chaise] to cane

canne-siège (pl **cannes-sièges**) /kansjɛʒ/ NF shooting stick

cannetille /kan(ə)tij/ NF purl

cannette /kanɛt/ NF ⇒ **canette²**

canneur, -euse /kanœʀ, øz/ NM,F cane worker, caner

cannibale /kanibal/
ADJ [tribu, animal] cannibal (épith), cannibalistic
NMF cannibal

cannibalisation /kanibalizasjɔ̃/ NF [de machine] cannibalization ◆ **pour éviter la cannibalisation de leurs produits** to prevent their products losing their market share ou the cannibalization (US) of their products

cannibaliser /kanibalize/ ▸ conjug 1 ◂ VT [+ machine] to cannibalize; [+ produit] to eat into the market share of, to cannibalize (US) ◆ **ce produit a été cannibalisé par...** this product has lost (some of its) market share to...

cannibalisme /kanibalism/ NM cannibalism

cannier, -ière /kanje, jɛʀ/ NM,F cane worker, caner

cannisses /kanis/ NFPL ⇒ **canisses**

canoë /kanɔe/ NM (= bateau) canoe; (= sport) canoeing

canoéisme /kanɔeism/ NM canoeing

canoéiste /kanɔeist/ NMF canoeist

canoë-kayak /kanɔekajak/ NM INV ◆ **faire du canoë-kayak** to go canoeing ◆ **descendre une rivière en canoë-kayak** to go down a river in a canoe, to canoe down a river

canon¹ /kanɔ̃/ SYN
NM ① (= arme) gun, cannon; (Hist) cannon ◆ **canon de 75/125** 75/125mm gun ou cannon ◆ **coup de canon** cannon shot ◆ **des coups de canon** (moderne) artillery ou cannon fire; (Hist) cannon fire ◆ **service canon*** (Tennis) cannonball (serve) ◆ **tir canon*** (Football) bullet-like shot; → **chair**
② (= tube) [de revolver] barrel ◆ **fusil à canon scié** sawn-off (Brit) ou sawed-off (US) shotgun ◆ **à deux canons** double-barrelled; → **baïonnette**
③ [de clé, seringue] barrel; [d'arrosoir] spout
④ (= os) [de bœuf, cheval] cannonbone
⑤ (Hist Habillement) canion
⑥ (* = verre) glass (of wine)
COMP **canon antiaérien** anti-aircraft ou A.A. gun
canon antichar anti-tank gun
canon antigrêle anti-hail gun
canon à eau water cannon
canon à électrons electron gun
canon lisse smooth ou unrifled bore
canon de marine naval gun
canon à neige snow cannon
canon à particules particle beam weapon
canon rayé rifled bore

canon² /kanɔ̃/ SYN NM ① (= modèle) model, perfect example ◆ **canons** (= normes) canons ◆ **les canons de la beauté** the canons of beauty ◆ **elle/il est canon***, **c'est un canon*** ou **une fille/un mec canon*** she/he's gorgeous, she's/he's a bit of alright⁂ (Brit)
② (Rel) canon; → **droit³**

canon³ /kanɔ̃/ NM (Mus) canon ◆ **canon à 2 voix** canon for 2 voices ◆ **chanter en canon** to sing in a round ou in canon

cañon /kaɲɔn/ NM canyon, cañon

canonial, e (mpl **-iaux**) /kanɔnjal, jo/ ADJ canonic(al)

canonicat /kanɔnika/ NM canonicate, canonry

canonique /kanɔnik/ ADJ canonical ◆ **forme canonique** (Ling) base form; → **âge**

canonisation /kanɔnizasjɔ̃/ NF canonization

canoniser /kanɔnize/ ▸ conjug 1 ◂ VT to canonize

canonnade /kanɔnad/ NF cannonade ◆ **le bruit d'une canonnade** the noise of a cannonade ou of (heavy) gunfire

canonner /kanɔne/ ▸ conjug 1 ◂ VT to bombard, to shell

canonnier /kanɔnje/ NM gunner

canonnière /kanɔnjɛʀ/ NF gunboat

canope /kanɔp/ NM ◆ **(vase) canope** Canopic jar (ou urn ou vase)

canopée /kanɔpe/ NF (forest) canopy

canot /kano/ SYN NM (= barque) (small ou open) boat, dinghy; (Can) Canadian canoe ◆ **canot automobile** motorboat ◆ **canot pneumatique** rubber ou inflatable dinghy ◆ **canot de sauvetage** lifeboat

canotage /kanɔtaʒ/ NM boating, rowing, canoeing (Can) ◆ **faire du canotage** to go boating ou rowing; (Can) to go canoeing

canoter /kanɔte/ ▸ conjug 1 ◂ VI to go boating ou rowing; (Can) to go canoeing

canoteur, -euse /kanɔtœʀ, øz/ NM,F rower

canotier /kanɔtje/ NM (= personne, chapeau) boater

cantabile /kɑ̃tabile/ NM, ADV cantabile

cantal /kɑ̃tal/ NM ① (= fromage) Cantal (cheese)
② (= région) ◆ **le Cantal** the Cantal

cantaloup /kɑ̃talu/ NM cantaloup(e), muskmelon

cantate /kɑ̃tat/ NF cantata

cantatrice /kɑ̃tatʀis/ NF [d'opéra] (opera) singer, prima donna; [de chants classiques] (professional) singer

canter /kɑ̃tɛʀ/ NM canter

cantharide /kɑ̃taʀid/ NF ① (= mouche) cantharid
② (= poudre) cantharis, cantharides, Spanish fly

cantilène /kɑ̃tilɛn/ NF song, cantilena

cantilever /ˈkætɪləvər/ ADJ INV, NM cantilever

cantine /kɑ̃tin/ SYN NF ① (= réfectoire) [d'entreprise] canteen; [d'école] cafeteria, dining hall (Brit), lunch room (US) ◆ **manger à la cantine** (gén) to eat in the canteen; (Scol) to have school meals ◆ **ticket de cantine** meal voucher ou ticket
② (= malle) tin trunk

cantinière /kɑ̃tinjɛʀ/ NF (Hist Mil) canteen woman

cantique /kɑ̃tik/ NM (= chant) hymn; (Bible) canticle ◆ **le Cantique des cantiques** the Song of Songs, the Song of Solomon

canton /kɑ̃tɔ̃/ NM ① (Pol) (en France) canton, ≈ district; (en Suisse) canton
② (= section) [de voie ferrée, route] section
③ († = région) district; (au Canada) township

 ◦ **CANTON**
 ◦
 ◦ The **cantons** are electoral areas into which
 ◦ France's "arrondissements" are divided for ad-
 ◦ ministration purposes. Each **canton** usually
 ◦ includes several "communes", and corres-
 ◦ ponds to the constituency of a "conseiller gé-
 ◦ néral" who is elected in the "élections canto-
 ◦ nales". The main town in the **canton** has a
 ◦ "gendarmerie", a local tax office and someti-
 ◦ mes a "tribunal d'instance".
 ◦ Of the self-governing **cantons** that make up
 ◦ the Swiss Confederation, six are French-spea-
 ◦ king: Jura, Vaud, Neuchâtel, Genève, Valais
 ◦ (also German-speaking) and Fribourg (also
 ◦ German-speaking). → ARRONDISSEMENT, COM-
 ◦ MUNE, ÉLECTIONS

cantonade /kɑ̃tɔnad/ **à la cantonade** LOC ADV
◆ **parler à la cantonade** (gén) to speak to the company at large; (Théât) to speak (in an aside) to the audience ◆ **c'est à qui ? dit-elle à la cantonade** whose is this? she asked the assembled company

cantonais, e /kɑ̃tɔnɛ, ɛz/
ADJ Cantonese
NM (= langue) Cantonese
NM,F **Cantonais(e)** Cantonese

cantonal, e (mpl -aux) /kɑ̃tɔnal, o/ ADJ (en France) cantonal, ≈ district (épith); (en Suisse) cantonal ◆ **sur le plan cantonal** (en France) at (the) local level; (en Suisse) at the level of the cantons ◆ **les (élections) cantonales** cantonal elections → ÉLECTIONS

cantonnement /kɑ̃tɔnmɑ̃/ NM ① (Mil) (= action) stationing; (chez l'habitant) billeting, quartering; (= lieu) quarters, billet; (= camp) camp ◆ **établir un cantonnement** to set up (a) camp ◆ **troupes en cantonnement** billeted troops ◆ **prendre ses cantonnements** to take up one's quarters
② (= partie d'une ligne de chemin de fer) block system
③ (Admin) [de forêt] range

cantonner /kɑ̃tɔne/ SYN ▸ conjug 1 ◂
VT ① (Mil) (= établir) to station; (chez l'habitant) to quarter, to billet (chez, dans on)
② (= reléguer) to confine ◆ **cantonner qn dans un travail** to confine sb to a job ◆ **cantonner qn à ou dans un rôle** to limit ou restrict sb to a role
VI (Mil) to be stationed (à, dans at); (chez l'habitant) to be quartered ou billetted
VPR **se cantonner** ◆ **se cantonner à ou dans** to confine o.s. to

cantonnier /kɑ̃tɔnje/ NM (= ouvrier) roadmender, roadman

cantonnière /kɑ̃tɔnjɛʀ/ NF (= tenture) pelmet

cantor /kɑ̃tɔʀ/ NM cantor

canular /kanylaʀ/ SYN NM hoax ◆ **monter un canular** to think up ou plan a hoax ◆ **faire un canular à qn** to hoax sb, to play a hoax on sb

canule /kanyl/ NF cannula

canuler* /kanyle/ ▸ conjug 1 ◂ VT (= ennuyer) to bore; (= agacer) to pester

Canut /kanyt/ NM Canute, Knut

canut, -use /kany, yz/ NM,F silk worker (in Lyon)

canyon /kɑ̃jɔ̃, kanjɔ̃/ NM canyon, cañon ◆ **le Grand Canyon** the Grand Canyon

canyoning /kanjɔniŋ/ NM (Sport) canyoning ◆ **faire du canyoning** to go canyoning

CAO /seao/ NF (abrév de **conception assistée par ordinateur**) CAD

caoua* /kawa/ NM ⇒ **kawa**

caouane /kawan/ NF loggerhead (turtle)

caoutchouc /kautʃu/ NM ① (= matière) rubber ◆ **en caoutchouc** rubber (épith) ◆ **caoutchouc mousse** ® foam ou sponge rubber ◆ **balle en caoutchouc mousse** rubber ou sponge ball ◆ **caoutchouc synthétique** synthetic rubber; → **botte¹**
② (= élastique) rubber ou elastic band
③ † (= imperméable) waterproof ◆ **caoutchoucs** (= chaussures) overshoes, galoshes
④ (= plante verte) rubber plant

caoutchouter /kautʃute/ ▸ conjug 1 ◂ VT to rubberize, to coat with rubber

caoutchouteux, -euse /kautʃutø, øz/ ADJ rubbery

CAP /seape/ NM (abrév de **certificat d'aptitude professionnelle**) vocational training certificate ◆ **il a un CAP de menuisier/soudeur** he's a qualified joiner/welder

cap¹ /kap/ SYN NM ① (Géog) cape; (= promontoire) point, headland ◆ **le cap Canaveral** Cape Canaveral ◆ **le cap Horn** Cape Horn ◆ **le cap de Bonne Espérance** the Cape of Good Hope ◆ **passer ou doubler un cap** [bateau] to round a cape ◆ **il a passé le cap** [malade] he's over the worst, he's turned the corner ◆ **il a passé le cap de l'examen** he's got over the hurdle of the exam ◆ **dépasser ou franchir ou passer le cap des 40 ans** to turn 40 ◆ **dépasser ou franchir le cap des 50 millions** to pass the 50-million mark
② (= direction) course ◆ **changer de cap** (lit, fig) to change course ◆ **mettre le cap au vent** to head into the wind ◆ **mettre le cap au large** to stand out to sea ◆ **mettre le cap sur** to head for ◆ **cap magnétique** magnetic course ou heading ◆ **tenir ou maintenir le cap** (fig) to steer a steady course; → **pied**
③ (= ville) ◆ **Le Cap** Cape Town ◆ **la province du Cap** the Cape Province

cap² */kap/ ADJ (abrév de **capable**) ◆ **t'es pas cap de le faire !** (langage enfantin) you couldn't do it if you tried!

capable /kapabl/ GRAMMAIRE ACTIVE 15.4, 16.4 SYN ADJ
① (= compétent) able, capable
② (= apte à) ◆ **capable de faire** capable of doing ◆ **te sens-tu capable de tout manger ?** do you feel you can eat it all?, do you feel up to eating it all? ◆ **tu n'en es pas capable** you're not up to it, you're not capable ◆ **viens te battre si tu en es capable** come and fight if you've got it in you ou if you dare ◆ **cette conférence est capable d'intéresser beaucoup de gens** this lecture is likely to interest a lot of people
③ (= qui fait preuve de) ◆ **capable de** [+ dévouement, courage, incartade] capable of ◆ **il est capable du pire comme du meilleur** he's capable of (doing) the worst as well as the best ◆ **il est capable de tout** he'll stop at nothing, he's capable of anything
④ * ◆ **il est capable de l'avoir perdu/de réussir** he's quite likely to have lost it/to succeed, he's quite capable of having lost it/of succeeding ◆ **il est bien capable d'en réchapper** he may well get over it
⑤ (Jur) competent

capacitaire /kapasitɛʀ/ NMF holder of basic qualifications in law, ≈ lawyer

capacitance /kapasitɑ̃s/ NF (Élec) capacitance

capacité /kapasite/ SYN
NF ① (= aptitude) ability (à to) ◆ **capacités intellectuelles** intellectual abilities ou capacities ◆ **capacités physiques** physical abilities ◆ **en dehors de mes capacités** beyond my capabilities ou capacities ◆ **sa capacité d'analyse/ d'analyser les faits** his capacity for analysis/for analysing facts ◆ **il a une grande capacité d'adaptation** he's very adaptable
② (= contenance, potentiel) capacity; [d'accumulateur] capacitance, capacity ◆ **la capacité d'accueil d'une ville** the total amount of tourist accommodation in a town ◆ **de grande capacité** [avion, stade] with a large seating capacity ◆ **capacité de mémoire/de stockage** (Ordin) memory/disk capacity
③ (Jur) capacity ◆ **avoir capacité pour qch** to be (legally) entitled to sth
COMP **capacité civile** civil capacity
capacité contributive ability to pay tax
capacité en droit basic legal qualification
capacité électrostatique capacitance
capacité légale legal capacity
capacité thoracique (Méd) vital capacity

caparaçon /kapaʀasɔ̃/ NM (Hist) caparison

caparaçonner /kapaʀasɔne/ ▸ conjug 1 ◂ VT (Hist) [+ cheval] to caparison ◆ **caparaçonné de cuir** (hum) all clad in leather

cape /kap/ NF (Habillement) (courte) cape; (longue) cloak ◆ **roman (ou film) de cape et d'épée** swashbuckler; → **rire**

capé, e /kape/ ADJ (Sport) [joueur] capped ◆ **le joueur le plus capé de l'équipe de France** the French team's most capped player

capelan /kaplɑ̃/ NM cap(e)lin

capeler /kaple/ ▸ conjug 4 ◂ VT [+ cordage] to reeve

capeline /kaplin/ NF wide-brimmed hat

CAPES /kapɛs/ NM (abrév de **certificat d'aptitude au professorat de l'enseignement secondaire**) → **certificat**

 ◦ **CAPES**
 ◦
 ◦ The **CAPES** is a competitive examination for the
 ◦ recruitment of French secondary school tea-
 ◦ chers. It is taken after the "licence". Successful
 ◦ candidates become fully-qualified teachers
 ◦ ("professeurs certifiés"). → CONCOURS

capésien, -ienne* /kapesjɛ̃, jɛn/ NM,F holder of the CAPES, ≈ qualified graduate teacher

CAPET /kapɛt/ NM (abrév de **certificat d'aptitude au professorat de l'enseignement technique**) → **certificat**

Capet /kape/ N ◆ **Hugues Capet** Hugh ou Hugues Capet

capétien, -ienne /kapesjɛ̃, jɛn/
ADJ Capetian
NM,F **Capétien(ne)** Capetian

capharnaüm* /kafaʀnaɔm/ SYN
NM (= bric-à-brac, désordre) shambles * ◆ **quel capharnaüm !** what a shambles! *
N **Capharnaüm** Capernaum

cap-hornier (pl **cap-horniers**) /kapɔʀnje/ NM Cape Horner

capillaire /kapilɛʀ/
ADJ (Anat, Bot, Phys) capillary; [soins, lotion] hair (épith); → **vaisseau**
NM ① (Anat) capillary
② (= fougère) maidenhair fern

capillarité /kapilaʀite/ NF capillarity ◆ **par capillarité** by capillary action

capilliculteur, -trice /kapilikyltœʀ, tʀis/ NM,F hair designer

capilliculture /kapilikyltyʀ/ NF hair care

capilotade /kapilɔtad/ **en capilotade** LOC ADJ [fruits, nez] in a pulp; [objet cassable] in smithereens ◆ **j'ai les reins en capilotade** my back's killing me *

capitaine /kapitɛn/
NM ① (armée de terre) captain; (armée de l'air) flight lieutenant (Brit), captain (US); [de grand bateau] captain, master; [de bateau de pêche] captain, skipper; (Sport) captain, skipper *; (littér = chef militaire) (military) leader; → **instructeur**
② (= poisson) threadfin
COMP **capitaine de corvette** lieutenant commander
capitaine de frégate commander
capitaine de gendarmerie captain of the gendarmerie
capitaine d'industrie captain of industry
capitaine au long cours master mariner
capitaine de la marine marchande captain in the merchant navy (Brit) ou in the marine (US)
capitaine des pompiers fire chief, firemaster (Brit), fire marshal (US)
capitaine de port harbour (Brit) ou harbor (US) master
capitaine de vaisseau captain

capitainerie /kapitɛnʀi/ NF harbour (Brit) ou harbor (US) master's office

capital, e (mpl -aux) /kapital, o/ SYN
ADJ ① (= principal) [erreur, question] major (épith); [rôle] cardinal, major (épith) ◆ **d'une importance capitale** of major ou capital importance ◆ **c'est l'œuvre capitale de Gide** it is Gide's major work ◆ **son erreur capitale** his major ou chief mistake; → **péché, sept**
② (= essentiel) essential ◆ **il est capital d'y aller ou que nous y allions** it is of the utmost importance ou it is absolutely essential that we go
③ (Jur) capital; → **peine**
NM ① (Fin = avoirs) capital ◆ **10 millions d'euros de capital** a 10-million-euro capital, a capital

of 10 million euros ◆ **au capital de** with a capital of; → **augmentation**

② (= *placements*) ◆ **capitaux** money, capital ◆ **la circulation/fuite des capitaux** the circulation/flight of capital

③ (= *possédants*) ◆ **le capital** capital ◆ **le capital et le travail** capital and labour ◆ **le grand capital** big investors

④ (= *fonds, richesse*) stock, fund ◆ **le capital de connaissances acquis à l'école** the stock *ou* fund of knowledge acquired at school ◆ **la connaissance d'une langue constitue un capital appréciable** knowing a language is a significant *ou* major asset ◆ **le capital artistique de la région** the artistic wealth *ou* resources of the region ◆ **accroître son capital(-)santé** to build up one's health ◆ **elle a su se bâtir un capital(-)confiance** she managed to gain *ou* win everybody's trust

NF capitale SYN ① (*Typographie*) ◆ **(lettre) capitale** capital (letter) ◆ **en grandes/petites capitales** in large/small capitals ◆ **en capitales d'imprimerie** in block letters *ou* block capitals

② (= *métropole*) capital (city) ◆ **le dimanche, les Parisiens quittent la capitale** on Sundays Parisians leave the capital ◆ **capitale régionale** regional capital ◆ **la capitale du vin** the wine capital ◆ **la capitale des Gaules** (= *Lyon*) Lyon

COMP capital circulant working capital, circulating capital
capital constant constant capital
capital décès death benefit
capital d'exploitation working capital
capitaux fébriles hot money
capital fixe fixed (capital) assets
capitaux flottants floating capital *ou* assets
capital humain human capital
capital initial *ou* **de lancement** seed *ou* start-up money
capitaux propres equity capital
capital social authorized capital, share capital
capitaux spéculatifs ⇒ **capitaux fébriles**
capital variable variable capital

capitalisable /kapitalizabl/ ADJ capitalizable

capitalisation /kapitalizasjɔ̃/ NF capitalization ◆ **capitalisation boursière** market capitalization *ou* valuation

capitaliser /kapitalize/ SYN ▶ conjug 1 ◀
VT ① (= *amasser*) [+ *somme*] to amass; [+ *expériences, connaissances*] to build up, to accumulate ◆ **l'intérêt capitalisé pendant un an** interest accrued *ou* accumulated in a year
② (*Fin* = *ajouter au capital*) [+ *intérêts*] to capitalize
③ (= *calculer le capital de*) [+ *rente*] to capitalize
VI (= *amasser de l'argent*) to save, to put money by ◆ **capitaliser sur** [+ *événement, situation, marque, savoir-faire*] to capitalize on

capitalisme /kapitalism/ NM capitalism

capitaliste /kapitalist/ ADJ, NMF capitalist

capitalistique /kapitalistik/ ADJ capital (*épith*) ◆ **intensité capitalistique** capital intensity ◆ **industrie capitalistique** capital-intensive industry

capital-risque /kapitalʀisk/ NM venture capital

capital-risqueur /kapitalʀiskœʀ/ NM venture capitalist

capitanat /kapitana/ NM captaincy, captainship

capitation /kapitasjɔ̃/ NF (*Hist*) poll tax, capitation

capité, -e /kapite/ ADJ capitate

capiteux, -euse /kapitø, øz/ SYN ADJ [*vin, parfum*] heady; [*femme, beauté*] intoxicating, alluring

Capitole /kapitɔl/ NM ◆ **le Capitole** the Capitol

capitolin, e /kapitɔlɛ̃, in/ ADJ Capitoline ◆ **le (mont) Capitolin** the Capitoline (Hill)

capiton /kapitɔ̃/ NM (= *bourre*) padding; [*de cellulite*] node of fat (SPÉC) ◆ **les capitons** orange-peel skin

capitonnage /kapitɔnaʒ/ NM padding

capitonner /kapitɔne/ ▶ conjug 1 ◀ VT [+ *siège, porte*] to pad (**de** with), to pad (**de with**) ◆ **capitonné de** (*fig*) lined with ◆ **nid capitonné de plumes** nest lined with feathers ◆ **voiture capitonnée de cuir** car with padded leather trim ◆ **porte capitonnée** padded door

capitulaire /kapitylɛʀ/ ADJ (*Rel*) capitular ◆ **salle capitulaire** chapter house

capitulard, e /kapitylaʀ, aʀd/ ADJ, NM,F defeatist

capitulation /kapitylasjɔ̃/ SYN NF (*Mil, fig*) capitulation, surrender; (= *traité*) capitulation (treaty)

◆ **capitulation sans conditions** unconditional surrender

capitule /kapityl/ NM capitulum

capituler /kapityle/ SYN ▶ conjug 1 ◀ VI (*Mil* = *se rendre*) to capitulate, to surrender; (*fig* = *céder*) to surrender, to give in, to capitulate

capo /kapo/ NM Kapo, capo

capodastre /kapodastʀ/ NM (*Mus*) capo

capoeira /kapue(i)ʀa/ NF capoeira

capon, -onne †† /kapɔ̃, ɔn/
ADJ cowardly
NM,F coward

caporal (pl **-aux**) /kapɔʀal, o/ NM ① (*Mil*) lance corporal (*Brit*), private first class (*US*) ◆ **caporal d'ordinaire** mess corporal ◆ **caporal-chef** corporal
② (= *tabac*) caporal

caporalisme /kapɔʀalism/ NM [*de personne, régime*] petty officiousness

capot /kapo/
NM ① [*de véhicule, moteur*] bonnet (*Brit*), hood (*US*)
② (*sur un bateau*) (= *bâche de protection*) cover; (= *trou d'homme*) companion hatch
ADJ INV (*Cartes*) ◆ **être capot** to have lost all the tricks ◆ **il nous a mis capot** he took all the tricks

capotage /kapɔtaʒ/ NM [*de véhicule*] overturning; [*de projet*] failure; [*de négociations*] breakdown

capote /kapɔt/ NF ① [*de voiture*] top, hood (*Brit*)
② (*gén Mil* = *manteau*) greatcoat
③ (* = *préservatif*) condom ◆ **capote anglaise** † French letter †
④ († = *chapeau*) bonnet

capoter /kapɔte/ SYN ▶ conjug 1 ◀ VI [*véhicule*] to overturn; [*négociations*] to founder ◆ **faire capoter** [+ *véhicule*] to overturn; [+ *négociations, projet*] to ruin, to scupper * (*Brit*), to put paid to (*Brit*)

cappa /kapa/ NF cope

cappuccino /kaputʃino/ NM cappuccino

câpre /kapʀ/ NF (*Culin*) caper

Capri /kapʀi/ NF Capri

capriccio /kapʀitʃo, kapʀisjo/ NM (*Mus*) capriccio, caprice

caprice /kapʀis/ SYN NM ① (= *lubie*) whim, caprice; (= *toquade amoureuse*) (passing) fancy ◆ **il a agi par caprice** he acted on a whim ◆ **ne lui cède pas, c'est seulement un caprice** don't give in to him, it's only a whim ◆ **faire un caprice** to throw a tantrum ◆ **cet enfant fait des caprices** the child's being awkward *ou* temperamental
② (= *variations*) ◆ **caprices** [*de vent, marché*] vagaries, caprices ◆ **les caprices de la mode** the vagaries *ou* whims of fashion ◆ **les caprices météorologiques/climatiques** the vagaries of the weather/climate ◆ **les caprices du sort** *ou* **du hasard** the quirks of fate ◆ **une récolte exceptionnelle due à quelque caprice de la nature** an exceptional crop due to some quirk of nature
③ (*Mus*) capriccio, caprice

capricieusement /kapʀisjøzmɑ̃/ ADV capriciously, whimsically

capricieux, -ieuse /kapʀisjø, jøz/ SYN ADJ ① (= *fantasque*) capricious, whimsical; [*appareil*] temperamental; [*météo*] changeable, fickle; [*vent*] changeable
② (= *difficile*) [*enfant*] awkward, temperamental ◆ **ne fais pas le capricieux !** don't be awkward!

capricorne /kapʀikɔʀn/ NM ① (*Astron*) ◆ **le Capricorne** Capricorn ◆ **il est (du signe) du Capricorne** he's (a) Capricorn; → **tropique**
② (= *insecte*) capricorn beetle

câprier /kapʀije/ NM caper bush *ou* shrub

caprin, e /kapʀɛ̃, in/
ADJ [*espèce animale*] goat (*épith*) ◆ **élevage caprin** goat breeding
NM member of the goat family ◆ **les caprins** members of the goat family, the Caprinae (SPÉC)

capriné /kapʀine/ NM ⇒ **caprin**

caprique /kapʀik/ ADJ ◆ **acide caprique** capric acid

caproïque /kapʀɔik/ ADJ ◆ **acide caproïque** caproic acid

caprylique /kapʀilik/ ADJ ◆ **acide caprylique** caprylic acid

capselle /kapsɛl/ NF (= *plante*) shepherd's purse

capside /kapsid/ NF capsid

capsulage /kapsylaʒ/ NM [*de bouteille de vin*] capsuling; [*de bouteille de bière, d'eau*] capping

capsulaire /kapsylɛʀ/ ADJ (*Bot, Anat*) capsulate(d)

capsule /kapsyl/ NF ① (*Anat, Bot, Pharm*) capsule
② [*de bouteille*] cap; (*couvrant le goulot*) capsule
③ [*d'arme à feu*] (*percussion*) cap, primer; [*de pistolet d'enfant*] cap; → **pistolet**
④ ◆ **capsule spatiale** space capsule

capsuler /kapsyle/ ▶ conjug 1 ◀ VT [+ *bouteille de bière, eau*] to put a cap on; [+ *bouteille de vin*] to put a capsule on

capsuleuse /kapsyløz/ NF bottle-capping machine

captage /kaptaʒ/ NM [*de cours d'eau*] harnessing; [*de message, émission*] picking up

captateur, -trice /kaptatœʀ, tʀis/ NM,F (*Jur*) ◆ **captateur d'héritage** *ou* **de succession** legacy hunter

captation /kaptasjɔ̃/ NF ① [*de marché, pouvoir*] capturing; [*de clientèle*] poaching ◆ **captation d'héritage** (*Jur*) captation (SPÉC) *ou* improper solicitation of a legacy
② [*de cours d'eau, source*] harnessing; (*Bio*) [*de substance*] uptake

capter /kapte/ SYN ▶ conjug 1 ◀ VT ① [+ *énergie, cours d'eau*] to harness; [+ *courant*] to tap; [+ *lumière*] to catch; [+ *atmosphère*] to capture
② [+ *attention*] to catch; [+ *confiance, bienveillance, suffrages*] to win, to gain; [+ *clientèle*] to attract ◆ **cette entreprise a capté 12% du marché** this firm has captured 12% of the market
③ (*Téléc*) [+ *message, émission, chaîne*] to pick up ◆ **on capte mal la BBC à Paris** you can't pick up *ou* get the BBC very well in Paris ◆ **je ne te capte plus !** (*au téléphone*) you're breaking up!
④ (* = *comprendre*) to understand, to get *

capteur /kaptœʀ/ NM sensor ◆ **capteur solaire** solar panel

captieux, -ieuse /kapsjø, jøz/ ADJ specious

captif, -ive /kaptif, iv/ SYN
ADJ [*personne, marché, clientèle*] captive; [*nappe d'eau*] confined; → **ballon**[1]
NM,F captive, prisoner

captivant, e /kaptivɑ̃, ɑ̃t/ SYN ADJ [*film, lecture*] gripping, enthralling; [*personne*] fascinating, captivating

captiver /kaptive/ SYN ▶ conjug 1 ◀ VT [+ *personne*] to fascinate, to enthrall, to captivate; [+ *attention, esprit*] to captivate

captivité /kaptivite/ SYN NF captivity ◆ **en captivité** in captivity ◆ **pendant sa captivité** while he was in captivity

capture /kaptyʀ/ SYN NF ① (= *action*) [*de malfaiteur, animal*] catching, capture; [*d'objet*] catching; [*de navire*] capture
② (= *objet*) ◆ **c'est une belle capture** it's a good catch
③ (*Ordin*) capture ◆ **capture d'écran** screenshot
④ (*Phys, Géog*) capture ◆ **capture électronique** electron capture

capturer /kaptyʀe/ SYN ▶ conjug 1 ◀ VT [+ *malfaiteur, animal*] to catch, to capture; [+ *objet*] to catch; [+ *navire*] to capture; (*Ordin*) [+ *images*] to capture

capuce /kapys/ NM capuche, capouch

capuche /kapyʃ/ NF hood

capuchette /kapyʃɛt/ NF rainhood

capuchon /kapyʃɔ̃/ NM ① (*Couture*) hood; (*Rel*) cowl; (= *pèlerine*) hooded raincoat
② [*de stylo, tube, flacon*] cap, top
③ [*de cheminée*] cowl

capucin /kapysɛ̃/ NM (*Rel*) Capuchin; (= *singe*) capuchin; → **barbe**[1]

capucine /kapysin/ NF (= *plante*) nasturtium; (*Rel*) Capuchin nun

cap(-)verdien, -ienne /kapvɛʀdjɛ̃, jɛn/
ADJ Cape Verdean
NM,F **Cap(-)verdien(ne)** Cape Verdean

Cap-Vert /kapvɛʀ/ NM ◆ **le Cap-Vert** Cape Verde ◆ **les îles du Cap-Vert** the Cape Verde Islands

caque /kak/ NF herring barrel ◆ **la caque sent toujours le hareng** (*Prov*) what's bred in the bone will (come) out in the flesh (*Prov*)

caquelon /kaklɔ̃/ NM earthenware or cast-iron fondue dish

caquet* /kakɛ/ NM [de personne] gossip, prattle; [de poule] cackle, cackling ◆ **rabattre** ou **rabaisser le caquet de** ou **à qn*** to bring ou pull sb down a peg or two

caquetage /kaktaʒ/, **caquètement** /kaktmɑ̃/ NM [de poule] cackle, cackling; [de personne] prattle, prattling

caqueter /kakte/ ▸ conjug 4 ◂ VI [personne] to prattle; [poule] to cackle

car[1] /kaʀ/
NM coach (Brit), bus (US)
COMP **car de police** police van
car postal (Helv) post bus
car (de ramassage) scolaire school bus

car[2] /kaʀ/ CONJ because, for (frm)

carabe /kaʀab/ NM carabid

carabin /kaʀabɛ̃/ NM (arg Méd) medical student

carabine /kaʀabin/ NF rifle, gun, carbine (SPÉC); [de stand de tir] rifle ◆ **carabine à air comprimé** air rifle ou gun

carabiné, e* /kaʀabine/ ADJ [fièvre, vent, orage] raging, violent; [cocktail, facture, punition] stiff; [amende] heavy, stiff; [rhume] stinking*, shocking; [migraine] splitting, blinding ◆ **mal de dents carabiné** raging toothache

carabinier /kaʀabinje/ NM (en Espagne) carabinero, customs officer; (en Italie) carabiniere, police officer; (Hist Mil) carabineer ◆ **les carabiniers siciliens** the Sicilian carabinieri

carabosse /kaʀabɔs/ NF → **fée**

caracal /kaʀakal/ NM caracal, desert lynx

Caracas /kaʀakas/ N Caracas

caraco /kaʀako/ NM († = chemisier) (woman's) loose blouse; (= sous-vêtement) camisole

caracoler /kaʀakɔle/ ▸ conjug 1 ◂ VI [cheval] (= évoluer) to prance; (= gambader) to gambol ou caper about; (Dressage) to caracole ◆ **caracoler sur un cheval** to ride proud ◆ **caracoler en tête** [concurrent] to be well ahead of the others ◆ **il caracole en tête des sondages** he's riding high in the polls

caractère /kaʀaktɛʀ/ SYN NM [1] (= tempérament) character, nature ◆ **être d'un** ou **avoir un caractère ouvert** to have an outgoing nature ◆ **être d'un** ou **avoir un caractère fermé** to be withdrawn ◆ **être d'un** ou **avoir un caractère froid/passionné** to be a cold/passionate person ◆ **avoir bon/mauvais caractère** to be good-/bad-tempered, to be good-/ill-natured ◆ **il est très jeune de caractère** [adolescent] he's very immature; [adulte] he has a very youthful outlook ◆ **son caractère a changé** his character has changed, he has changed ◆ **les chats ont un caractère sournois** cats have a sly nature ◆ **il a** ou **c'est un heureux caractère** he has a happy nature ◆ **ce n'est pas dans son caractère de faire**, il n'a pas un caractère à faire it is not in his nature to do ◆ **le caractère méditerranéen/latin** the Mediterranean/Latin character ◆ **il a un sale caractère***, il a un caractère de cochon* he's a difficult ou an awkward so-and-so* ◆ **il a un caractère en or** he's very good-natured, he has a delightful nature
[2] (= nature, aspect) nature ◆ **sa présence confère à la réception un caractère officiel** his being here gives an official character ou flavour to the reception ◆ **la situation n'a aucun caractère de gravité** the situation shows no sign ou evidence of being serious ◆ **mission à caractère humanitaire** humanitarian mission, mission of a humanitarian nature
[3] (= fermeté) character ◆ **il a du caractère** he has ou he's got character ◆ **il n'a pas de caractère** he's got no backbone, he's spineless ◆ **style sans caractère** characterless style
[4] (= cachet, individualité) character ◆ **la maison/cette vieille rue a du caractère** the house/this old street has got character
[5] (littér = personne) character ◆ **ces caractères ne sont pas faciles à vivre** these characters ou people are not easy to live with; → **comique**
[6] (= caractéristique) characteristic ◆ **caractère héréditaire/acquis** hereditary/acquired characteristic
[7] (Écriture, Typographie) character ◆ **caractère gras/maigre** heavy-/light-faced letter ◆ **caractères gras** bold type (NonC) ◆ **en gros/petits caractères** in large/small characters ◆ **en caractères d'imprimerie** in print ◆ **les caractères de ce livre** the print in this book
[8] (Ordin) character ◆ **caractère de commande** control character ◆ **caractère générique** ou **de remplacement** wildcard

caractériel, -elle /kaʀakteʀjɛl/
ADJ [1] [personne] (Psych) emotionally disturbed, maladjusted ◆ **il est un peu caractériel** (= lunatique) he's temperamental ◆ **un enfant caractériel** a problem child
[2] ◆ **traits caractériels** traits of character ◆ **troubles caractériels** emotional problems
NM,F (= adulte) emotionally disturbed person; (= enfant) problem ou maladjusted child

caractérisation /kaʀakteʀizasjɔ̃/ NF characterization

caractérisé, e /kaʀakteʀize/ (ptp de **caractériser**) ADJ [erreur] blatant ◆ **une rubéole caractérisée** a clear ou straightforward case of German measles ◆ **c'est de l'insubordination caractérisée** it's sheer ou downright insubordination

caractériser /kaʀakteʀize/ SYN ▸ conjug 1 ◂ VT to characterize ◆ **avec l'enthousiasme qui le caractérise** with his characteristic enthusiasm ◆ **ça se caractérise par** it is characterized ou distinguished by ◆ **ce qui caractérise ce paysage** the main ou characteristic features of this landscape

caractéristique /kaʀakteʀistik/ GRAMMAIRE ACTIVE 26.1, 26.6 SYN
ADJ characteristic (de of)
NF characteristic, (typical) feature ◆ **caractéristiques signalétiques** (Admin) particulars, personal details ◆ **caractéristiques techniques** design features

caractérologie /kaʀakteʀɔlɔʒi/ NF characterology

caractérologique /kaʀakteʀɔlɔʒik/ ADJ characterological

carafe /kaʀaf/ NF [1] (= récipient) decanter; [d'eau, vin ordinaire] carafe ◆ **une demi-carafe de vin** half a carafe of wine ◆ **tomber en carafe*** to break down ◆ **rester en carafe*** to be left stranded, to be left high and dry ◆ **laisser qn en carafe*** to leave sb high and dry
[2] (* = tête) head, nut*

carafon /kaʀafɔ̃/ NM [1] (= récipient) small decanter; [d'eau, vin ordinaire] small carafe
[2] (* = tête) head, nut*

caraïbe /kaʀaib/
ADJ Caribbean ◆ **les îles Caraïbes** the Caribbean islands ◆ **les Indiens caraïbes** the Carib Indians
NMF **Caraïbe** (= personne) Carib
NF(PL) **Caraïbe(s)** ◆ **la Caraïbe, les Caraïbes** the Caribbean (islands) ◆ **la mer des Caraïbes** the Caribbean (Sea)

carambolage /kaʀɑ̃bɔlaʒ/ SYN NM [d'autos] multiple crash, pile-up; (Billard) cannon (Brit), carom (US)

carambole /kaʀɑ̃bɔl/ NF [1] (Billard) red (ball)
[2] (= fruit) star fruit, carambola

caramboler /kaʀɑ̃bɔle/ SYN ▸ conjug 1 ◂
VT to collide with, to run into ◆ **5 voitures se sont carambolées** there was a 5-car pile-up, 5 cars ran into each other ou collided
VI (Billard) to cannon (Brit), to get ou make a cannon (Brit) ou carom (US)

carambouillage /kaʀɑ̃buja ʒ/ NM, **carambouille** /kaʀɑ̃buj/ NF (Jur) reselling of unlawfully owned goods

caramel /kaʀamɛl/
NM [1] (= sucre fondu) caramel; (= bonbon) (mou) caramel, fudge, chewy toffee; (dur) toffee
[2] (* = tir puissant) (Football) bullet-like shot, belter*; (Tennis) cannonball (serve)
ADJ INV caramel(-coloured)

caramélisation /kaʀamelizasjɔ̃/ NF caramelization

caramélisé, e /kaʀamelize/ (ptp de **caraméliser**) ADJ [aliment] (= enrobé de caramel) coated with caramel, caramel-coated; [moule, plat] caramel-lined; (= très cuit, au goût de caramel) caramelized

caraméliser /kaʀamelize/ ▸ conjug 1 ◂
VT [+ sucre] to caramelize; [+ moule, pâtisserie] to coat with caramel; [+ boisson, aliment] to flavour (Brit) ou flavor (US) with caramel
VI **se caraméliser** VPR [sucre] to caramelize

carapace /kaʀapas/ SYN NF [de crabe, tortue] shell, carapace ◆ **carapace de boue** crust of mud ◆ **sommet recouvert d'une carapace de glace** summit encased in a sheath of ice ◆ **il est difficile de percer sa carapace d'égoïsme** it's difficult to penetrate the armour of his egoism ou his thickskinned self-centredness

carapater (se)* /kaʀapate/ ▸ conjug 1 ◂ VPR to skedaddle*, to run off, to hop it* (Brit)

carat /kaʀa/ NM (Bijouterie) carat ◆ **de l'or 18 carats, du 18 carats** 18-carat gold ◆ **il faut partir à midi, dernier carat*** we have to leave by midday ou noon at the latest

Caravage /kaʀavaʒ/ NM ◆ **le Caravage** Caravaggio

caravane /kaʀavan/ NF (= convoi) caravan; (= véhicule) caravan, trailer (US) ◆ **une caravane de voitures** a procession ou stream of cars ◆ **une caravane de touristes** a stream of tourists ◆ **la caravane du Tour de France** the whole retinue of the Tour de France ◆ **la caravane publicitaire** the publicity caravan; → **chien**

caravanier, -ière /kaʀavanje, jɛʀ/
ADJ [itinéraire, chemin] caravan (épith) ◆ **tourisme caravanier** caravanning (Brit), RV ou camper vacationing (US)
NM [1] (= conducteur de caravane) caravaneer
[2] (= vacancier) caravanner (Brit), person vacationing in an RV ou a camper (US)

caravaning /kaʀavaniŋ/ NM ◆ **faire du caravaning** (Brit) to go on vacation in an RV ou a camper (US) ◆ **camp de caravaning** caravan site, trailer camp (US) ou court (US) ou park (US)

caravansérail /kaʀavɑ̃seʀaj/ NM (lit, fig) caravanserai

caravelle /kaʀavɛl/ NF (Hist = bateau) caravel

carbamate /kaʀbamat/ NM carbamate

carbochimie /kaʀbɔʃimi/ NF organic chemistry

carboglace ® /kaʀbɔglas/ NF carbon dioxide snow

carbohémoglobine /kaʀbɔemɔglɔbin/ NF carbohaemoglobin (Brit), carbohemoglobin (US)

carbonade /kaʀbɔnad/ NF (= viande) char-grilled meat ◆ **carbonade flamande** beef stew

carbonado /kaʀbɔnado/ NM (= diamant) carbonado, black diamond

carbonatation /kaʀbɔnatasjɔ̃/ NF carbonation

carbonate /kaʀbɔnat/ NM carbonate ◆ **carbonate de soude** sodium carbonate, washing soda

carbonater /kaʀbɔnate/ ▸ conjug 1 ◂ VT to carbonate

carbone /kaʀbɔn/ NM (= matière, feuille) carbon ◆ **le carbone 14** carbon-14 ◆ **(papier) carbone** carbon (paper); → **datation**

carboné, e /kaʀbɔne/ ADJ carbonaceous

carbonifère /kaʀbɔnifɛʀ/
ADJ (Minér) carboniferous; (Géol) Carboniferous
NM Carboniferous

carbonique /kaʀbɔnik/ ADJ carbonic; → **gaz**, **neige** etc

carbonisation /kaʀbɔnizasjɔ̃/ NF carbonization

carbonisé, e /kaʀbɔnize/ (ptp de **carboniser**) ADJ
[1] [arbre, restes] charred ◆ **il est mort carbonisé** he was burned to death
[2] (* = exténué) shattered*

carboniser /kaʀbɔnize/ SYN ▸ conjug 1 ◂ VT [+ bois, substance] to carbonize; [+ forêt, maison] to burn to the ground, to reduce to ashes; [+ rôti] to burn to a cinder

carbonnade /kaʀbɔnad/ NF ⇒ **carbonade**

carbonyle /kaʀbɔnil/ NM carbonyl

Carborundum ® /kaʀbɔʀɔ̃dɔm/ NM Carborundum ®

carboxylase /kaʀbɔksilaz/ NF carboxylase

carboxyle /kaʀbɔksil/ NM carboxyl group ou radical

carburant /kaʀbyʀɑ̃/
ADJ M ◆ **mélange carburant** mixture of petrol (Brit) ou gasoline (US) and air (in internal combustion engine)
NM fuel ◆ **les carburants** fuel oils

carburateur /kaʀbyʀatœʀ/ NM carburettor (Brit), carburetor (US)

carburation /kaʀbyʀasjɔ̃/ NF [d'essence] carburation; [de fer] carburization

carbure /kaʀbyʀ/ NM carbide; → **lampe**

carburé, e /kaʀbyʀe/ (ptp de **carburer**) ADJ [air, mélange] carburetted; [métal] carburized

carburéacteur /kaʀbyʀeaktœʀ/ NM jet ou aviation fuel

carburer /kaʀbyʀe/ ▸ conjug 1 ◂
- **VI** ① [*moteur*] ◆ **ça carbure bien/mal** it is well/badly tuned
② (‡ = *fonctionner*) ◆ **il carbure au vin rouge** [*personne*] he drinks red wine as if it was water ◆ **elle carbure aux amphétamines/au café** she lives on amphetamines/on coffee ◆ **ça carbure sec ici !** (*boisson*) they're really knocking it back in here!
③ (‡ = *travailler vite*) ◆ **il va falloir carburer si on veut finir cette semaine** we'll have to work flat out if we want to finish this week
- **VT** [+ *air*] to carburet; [+ *métal*] to carburize

carburol /kaʀbyʀɔl/ NM gasohol

carcajou /kaʀkaʒu/ NM wolverine

carcan /kaʀkɑ̃/ SYN NM (*Hist*) iron collar; (= *contrainte*) yoke, shackles ◆ **ce col est un vrai carcan** this collar is like a vice ◆ **le carcan de la tradition** the straitjacket *ou* the fetters of tradition

carcasse /kaʀkas/ SYN NF ① [*d'animal*] carcass; [*de maison*] shell ◆ **je vais réchauffer ma carcasse au soleil** * I'm going to toast myself in the sun * ◆ **j'ai du mal à traîner ma vieille carcasse** * I'm finding it difficult to drag my old bones around * ◆ **des carcasses de voitures calcinées** burnt-out cars
② (= *armature*) [*d'abat-jour*] frame; [*de bateau*] skeleton; [*d'immeuble*] shell, skeleton ◆ **pneu à carcasse radiale/diagonale** radial/cross-ply tyre

carcéral, e (*mpl* -aux) /kaʀseʀal, o/ ADJ prison (*épith*) ◆ **régime carcéral** prison regime ◆ **l'univers carcéral** prison life

carcinogène /kaʀsinɔʒɛn/ ADJ carcinogenic

carcinogenèse /kaʀsinɔʒənɛz/ NF carcinogenesis

carcinologie /kaʀsinɔlɔʒi/ NF (*Méd*) carcinology

carcinomateux, -euse /kaʀsinɔmatø, øz/ ADJ carcinomatous

carcinome /kaʀsinɔm/ NM carcinoma

cardage /kaʀdaʒ/ NM carding

cardamine /kaʀdamin/ NF cuckooflower, lady's-smock

cardamome /kaʀdamɔm/ NF cardamom

cardan /kaʀdɑ̃/ NM universal joint; → **joint**[1]

carde /kaʀd/ NF (*pour laine, tissus*) card

carder /kaʀde/ ▸ conjug 1 ◂ VT to card ◆ **laine cardée** carded wool

cardère /kaʀdɛʀ/ NF (= *plante*) teasel

cardeur, -euse /kaʀdœʀ, øz/
- NM,F carder
- NF **cardeuse** (= *machine*) carding machine, carder

cardia /kaʀdja/ NM (*Anat*) cardia

cardial, e (*mpl* -iaux) /kaʀdjal, jo/ ADJ (*du cardia*) cardiac

cardialgie /kaʀdjalʒi/ NF cardialgia

cardiaque /kaʀdjak/
- ADJ (*Anat*) cardiac, heart (*épith*) ◆ **malade cardiaque** heart case *ou* patient ◆ **être cardiaque** to suffer from *ou* have a heart condition ◆ **chirurgie cardiaque** heart surgery; → **crise**
- NMF heart case *ou* patient

cardiatomie /kaʀdjatɔmi/ NF incision of the cardia

Cardiff /kaʀdif/ N Cardiff

cardigan /kaʀdigɑ̃/ NM cardigan

cardinal, e (*mpl* -aux) /kaʀdinal, o/
- ADJ [*nombre*] cardinal; (*littér* = *capital*) cardinal; → **point**[1]
- NM ① (*Rel*) cardinal ◆ **cardinal-archevêque** cardinal archbishop
② (= *nombre*) cardinal number
③ (= *oiseau*) cardinal (bird)

cardinalat /kaʀdinala/ NM cardinalate, cardinalship

cardinalice /kaʀdinalis/ ADJ of a cardinal ◆ **conférer à qn la dignité cardinalice** to make sb a cardinal, to raise sb to the purple; → **pourpre**

cardiogramme /kaʀdjɔgʀam/ NM cardiogram

cardiographe /kaʀdjɔgʀaf/ NM cardiograph

cardiographie /kaʀdjɔgʀafi/ NF cardiography

cardiologie /kaʀdjɔlɔʒi/ NF cardiology

cardiologique /kaʀdjɔlɔʒik/ ADJ cardiological

cardiologue /kaʀdjɔlɔg/ NMF cardiologist, heart specialist

cardiopathie /kaʀdjɔpati/ NF cardiopathy

cardio-pulmonaire (*pl* **cardio-pulmonaires**) /kaʀdjɔpylmɔnɛʀ/ ADJ cardiopulmonary

cardiotomie /kaʀdjɔtɔmi/ NF incision of the heart

cardiotonique /kaʀdjɔtɔnik/ NM heart tonic

cardiovasculaire /kaʀdjɔvaskylɛʀ/ ADJ cardiovascular

cardite /kaʀdit/ NF carditis

cardon /kaʀdɔ̃/ NM cardoon

carême /kaʀɛm/ NM (= *jeûne*) fast ◆ **le Carême** (*Rel* = *période*) Lent ◆ **sermon de carême** Lent sermon ◆ **faire carême** to observe *ou* keep Lent, to fast during Lent ◆ **rompre le carême** to break the Lent fast ◆ **le carême qu'il s'imposé** the fast he has undertaken ◆ **face** *ou* **figure** *ou* **mine de carême*** long face (*fig*)

carême-prenant †† (*pl* **carêmes-prenants**) /kaʀɛmpʀənɑ̃/ NM (= *période*) Shrovetide ††; (= *personne*) Shrovetide reveller ††

carénage /kaʀenaʒ/ NM ① [*de bateau*] (= *action*) careening; (= *lieu*) careenage
② [*de véhicule*] (= *action*) streamlining; (= *partie*) fairing

carence /kaʀɑ̃s/ SYN NF ① (*Méd*) deficiency ◆ **carence alimentaire** nutritional deficiency ◆ **carence vitaminique** *ou* **en vitamines** vitamin deficiency ◆ **maladie de** *ou* **par carence** deficiency disease
② (= *manque*) shortage ◆ **une grave carence en personnel qualifié** a serious shortage of qualified staff ◆ **carence affective** emotional deprivation
③ (= *incompétence*) [*de gouvernement*] shortcomings, incompetence; [*de parents*] inadequacy
④ (= *défauts*) ◆ **les carences de** [+ *système, organisation*] the inadequacies *ou* shortcomings of
⑤ (*Jur*) insolvency

carencé, e /kaʀɑ̃se/ ADJ [*personne*] nutritionally deficient, suffering from nutritional deficiency; [*régime*] deficient (*en* in) ◆ **régime carencé en fer** diet deficient in iron, iron-deficient diet ◆ **gravement carencé en vitamine F** seriously deficient in vitamin F

carène /kaʀɛn/ NF ① [*de bateau*] (lower part of the) hull ◆ **mettre en carène** to careen
② [*de fleur*] carina, keel

caréner /kaʀene/ ▸ conjug 6 ◂ VT ① [+ *bateau*] to careen
② [+ *véhicule*] to streamline

carentiel, -ielle /kaʀɑ̃sjɛl/ ADJ deficiency (*épith*), deficiency-related (*épith*)

caressant, e /kaʀɛsɑ̃, ɑ̃t/ SYN ADJ [*enfant, animal*] affectionate; [*regard, voix*] caressing, tender; [*brise*] caressing

caresse /kaʀɛs/ SYN NF ① (= *câlinerie*) caress; (*à un animal*) stroke ◆ **faire des caresses à** [+ *personne*] to caress; [+ *animal*] to stroke, to pet ◆ **la caresse de la brise/des vagues** (*littér*) the caress of the breeze/of the waves
② († † = *flatterie*) cajolery (*NonC*), flattery (*NonC*) ◆ **endormir la méfiance de qn par des caresses** to use cajolery to allay *ou* quieten sb's suspicions

caresser /kaʀese/ SYN ▸ conjug 1 ◂ VT ① [+ *personne*] to caress; [+ *animal*] to stroke, to pet; [+ *objet*] to stroke ◆ **il lui caressait les jambes/les seins** he was stroking *ou* caressing her legs/caressing *ou* fondling her breasts ◆ **il caressait les touches du piano** he stroked *ou* caressed the keys of the piano ◆ **caresser qn du regard** to gaze upon lovingly at sb ◆ **caresser qn dans le sens du poil** to stay on the right side of sb ◆ **il vaut mieux le caresser dans le sens du poil** you'd better not rub him up the wrong way ◆ **je vais lui caresser les côtes*** *ou* **l'échine*** (*hum*) I'm going to give him such a hiding
② [+ *espoir*] to entertain, to toy with ◆ **caresser le projet de faire qch** to toy with the idea of doing sth
③ († † = *flatter*) to flatter, to fawn on

caret /kaʀɛ/ NM (= *tortue*) hawksbill (turtle), hawkbill; (= *dévidoir*) rope yarn

carex /kaʀɛks/ NM (= *plante*) sedge

car-ferry (*pl* **car-ferrys** *ou* **car-ferries**) /kaʀfeʀi/ NM (car) ferry

cargaison /kaʀgɛzɔ̃/ SYN NF cargo, freight ◆ **une cargaison de bananes** a cargo of bananas ◆ **des cargaisons de *** [+ *lettres, demandes*] heaps *ou* piles of ◆ **des cargaisons de touristes *** busloads (*ou* shiploads *ou* planeloads) of tourists

cargo /kaʀgo/ NM cargo boat, freighter ◆ **cargo mixte** cargo and passenger vessel

cargue /kaʀg/ NF (*Naut* = *cordage*) brail

carguer /kaʀge/ ▸ conjug 1 ◂ VT [+ *voiles*] to brail, to furl

cari /kaʀi/ NM ⇒ **curry**

cariacou /kaʀjaku/ NM Virginia deer, white-tailed deer

cariant, e /kaʀjɑ̃, ɑ̃t/ ADJ causing caries

cariatide /kaʀjatid/ NF caryatid

caribou /kaʀibu/ NM caribou

caricatural, e (*mpl* -aux) /kaʀikatyʀal, o/ SYN ADJ (= *ridicule*) [*aspect, traits*] ridiculous, grotesque; (= *exagéré*) [*description, interprétation*] caricatured

caricature /kaʀikatyʀ/ SYN NF ① (= *dessin, description*) caricature; (*politique*) (satirical) cartoon ◆ **faire la caricature de** to make a caricature of, to caricature ◆ **une caricature de procès** a mere mockery of a trial ◆ **une caricature de la vérité** a caricature *ou* gross distortion of the truth ◆ **c'est une caricature de l'Anglais en vacances** he is a caricature of the Englishman on holiday
② (* = *personne laide*) fright *

caricaturer /kaʀikatyʀe/ SYN ▸ conjug 1 ◂ VT to caricature

caricaturiste /kaʀikatyʀist/ NMF caricaturist; (*à intention politique*) (satirical) cartoonist

carie /kaʀi/ NF ① [*de dents, os*] caries (*NonC*) ◆ **la carie dentaire** tooth decay, (dental) caries ◆ **j'ai une carie** I need a filling, I've got a cavity
② [*d'arbre*] blight; [*de blé*] smut, bunt

carié, e /kaʀje/ (*ptp de carier*) ADJ [*dent*] decayed, bad

carier /kaʀje/ ▸ conjug 7 ◂
- VT to decay, to cause to decay ◆ **dent cariée** bad *ou* decayed tooth
- VPR **se carier** to decay

carillon /kaʀijɔ̃/ NM ① [*d'église*] (= *cloches*) (peal *ou* set of) bells; (= *air*) chimes ◆ **on entendait le carillon de St-Pierre/des carillons joyeux** we could hear the chimes of St Pierre/hear joyful chimes
② [*d'horloge*] (= *système de sonnerie*) chime; (= *air*) chimes ◆ **une horloge à carillon, un carillon** a chiming clock
③ [*de sonnette d'entrée*] (door) chime

carillonner /kaʀijɔne/ ▸ conjug 1 ◂
- VI ① [*cloches*] to ring, to chime; (*à toute volée*) to peal out
② (*à la porte*) to ring very loudly ◆ **ça ne sert à rien de carillonner, il n'y a personne** it's no use ringing away on the doorbell like that – there's no one in
- VT [+ *fête*] to announce with a peal of bells; [+ *heure*] to chime, to ring; (*fig*) [+ *nouvelle*] to broadcast

carillonneur /kaʀijɔnœʀ/ NM bell ringer

carinates /kaʀinat/ NMPL ◆ **les carinates** carinate birds

carioca /kaʀjɔka/
- ADJ of *ou* from Rio de Janeiro
- NMF ◆ **Carioca** Carioca(n)

cariogène /kaʀjɔʒɛn/ ADJ causing caries

cariste /kaʀist/ NM fork-lift truck operator

caritatif, -ive /kaʀitatif, iv/ ADJ charitable ◆ **association** *ou* **organisation caritative** charity, charitable organization

carlin /kaʀlɛ̃/ NM pug (dog)

carline /kaʀlin/ NF carline (thistle)

carlingue /kaʀlɛ̃g/ NF [*d'avion*] cabin; [*de bateau*] keelson

carliste /kaʀlist/ ADJ, NMF Carlist

carmagnole /kaʀmaɲɔl/ NF (= *chanson, danse*) carmagnole; (*Hist* = *veste*) short jacket (*worn during the French revolution*)

carme /kaʀm/ NM Carmelite, White Friar

carmel /kaʀmɛl/ NM (= *monastère*) [*de carmes*] Carmelite monastery; [*de carmélites*] Carmelite convent ◆ **le Carmel** (= *ordre*) the Carmelite order

carmélite /kaʀmelit/ NF Carmelite nun

carmin /kaʀmɛ̃/
- **NM** (= colorant) cochineal; (= couleur) carmine, crimson
- **ADJ INV** carmine, crimson

carminatif, -ive /kaʀminatif, iv/ **ADJ** carminative

carminé, e /kaʀmine/ **ADJ** carmine, crimson

carnage /kaʀnaʒ/ SYN **NM** (lit, fig) carnage, slaughter ◆ **quel carnage !** what a massacre! ◆ **faire un carnage** (lit) to cause absolute carnage ◆ **je vais faire un carnage !** (fig) I'm going to murder someone!

carnassier, -ière /kaʀnasje, jɛʀ/
- **ADJ** [animal] carnivorous, flesh-eating; [dent] carnassial
- **NM** carnivore ◆ **carnassiers** carnivores, Carnivora (SPÉC)
- **NF carnassière** SYN (= dent) carnassial; (= gibecière) gamebag

carnation /kaʀnasjɔ̃/ **NF** (= teint) complexion; (Peinture) flesh tint

carnaval (pl **carnavals**) /kaʀnaval/ **NM** (= fête) carnival; (= période) carnival (time) ◆ **Sa Majesté Carnaval** (= mannequin) King Carnival ◆ **de carnaval** [tenue, ambiance] carnival (épith) ◆ « **Le Carnaval des animaux** » (Mus) "The Carnival of Animals"

carnavalesque /kaʀnavalɛsk/ **ADJ** (= grotesque) carnivalesque

carne * /kaʀn/ **NF** (péj = viande) tough ou leathery meat; († = cheval) nag *, hack ◆ **quelle carne !** (homme) what a swine!* ou bastard!**, (femme) what a bitch!**

carné, e /kaʀne/ **ADJ** ① [alimentation] meat (épith) ② [littér] [fleur, ton] flesh-coloured

carneau (pl **carneaux**) /kaʀno/ **NM** (Tech) flue

carnet /kaʀnɛ/ SYN
- **NM** (= calepin) notebook; (= liasse) book; (Helv Scol = carnet de notes) report
- **COMP carnet d'adresses** address book ◆ **avoir un carnet d'adresses bien rempli** to have a lot of (good) contacts
- **carnet de bal** dance card
- **carnet de billets** book of tickets
- **carnet de bord** [de bateau, avion] log(book)
- **carnet de chèques** chequebook (Brit), checkbook (US)
- **carnet de commandes** order book ◆ **nos carnets de commandes sont pleins** we have a full order book
- **carnet à croquis** ou **dessins** sketchbook
- **carnet de maternité** medical record of pregnancy
- **carnet mondain** (Presse) society column
- **carnet de notes** (= calepin) notebook; (Scol) report card, school report (Brit) ◆ **avoir un bon carnet (de notes)** to have a good report
- **carnet rose** (Presse) births column
- **carnet de route** travel diary
- **carnet de santé** health record
- **carnet à souches** counterfoil book
- **carnet de timbres** book of stamps
- **carnet de vol** log(book)

carnier /kaʀnje/ **NM** gamebag

carnification /kaʀnifikasjɔ̃/ **NF** carnification

carnivore /kaʀnivɔʀ/
- **ADJ** [animal] carnivorous, flesh-eating; [insecte, plante] carnivorous ◆ **il est très carnivore** (hum) [personne] he's a big meat-eater, he loves his meat
- **NM** carnivore ◆ **carnivores** carnivores, Carnivora (SPÉC)

carnotzet /kaʀnɔtze/ **NM** (Helv) part of a cellar used to entertain friends

Caroline /kaʀɔlin/ **NF** ◆ **Caroline du Nord** North Carolina ◆ **Caroline du Sud** South Carolina

carolingien, -ienne /kaʀɔlɛ̃ʒjɛ̃, jɛn/
- **ADJ** Carolingian
- **NM,F Carolingien(ne)** Carolingian

caroncule /kaʀɔ̃kyl/ **NF** [de dindon] caruncle, wattle

carotène /kaʀɔtɛn/ **NM** carotene, carotin

carotide /kaʀɔtid/ **ADJ, NF** carotid

carotidien, -ienne /kaʀɔtidjɛ̃, jɛn/ **ADJ** carotid

carottage /kaʀɔtaʒ/ **NM** ① (* = vol) swiping*, pinching* ② (= extraction) core boring

carotte /kaʀɔt/
- **NF** ① (= légume) carrot ◆ **les carottes sont cuites !*** they've (ou we've etc) had it! *, it's all up (Brit) ou over!; → **poil**

② (* = récompense) carrot ◆ **la politique de la carotte et du bâton** the carrot and stick approach ou policy ◆ **manier la carotte et le bâton** to use the carrot and stick approach ◆ **une carotte fiscale** a tax incentive
③ (= échantillon) core
④ [de tabac] plug; (= enseigne) tobacconist's (Brit) ou tobacco shop (US) sign
- **ADJ INV** [cheveux] red, carroty*; [couleur] carroty ◆ **objet (couleur) carotte** carrot-coloured object ◆ **rouge carotte** carrot red

carotter /kaʀɔte/ ▸ conjug 1 ◂
- **VT** ① (* = voler) to swipe*, to pinch* ◆ **carotter qch à qn** to pinch* ou nick* sth from sb ◆ **il m'a carotté (de) 5 €, je me suis fait carotter (de) 5 €** he did* ou diddled* me out of €5
② (= forer) to bore
- **VI** ◆ **il essaie toujours de carotter** he's always trying to fiddle a bit for himself ◆ **elle carotte sur l'argent des commissions** she fiddles the housekeeping money

carotteur, -euse /kaʀɔtœʀ, øz/, **carottier, -ière*** /kaʀɔtje, jɛʀ/ **NM,F** diddler*

caroube /kaʀub/ **NF** (= fruit) carob

caroubier /kaʀubje/ **NM** carob (tree)

carpaccio /kaʀpatʃ(j)o/ **NM** carpaccio

Carpates /kaʀpat/ **NFPL** ◆ **les Carpates** the Carpathians

carpe[1] /kaʀp/ **NF** (= poisson) carp; → **muet, saut**

carpe[2] /kaʀp/ **NM** (Anat) carpus

carpeau (pl **carpeaux**) /kaʀpo/ **NM** young carp

carpelle /kaʀpɛl/ **NF** carpel

carpette /kaʀpɛt/ **NF** (= tapis) rug; (péj = personne servile) fawning ou servile person ◆ **s'aplatir comme une carpette devant qn** to fawn on sb

carpettier /kaʀpɛtje/ **NM** carpet weaver

carpiculteur, -trice /kaʀpikyltœʀ, tʀis/ **NM,F** carp breeder

carpiculture /kaʀpikyltyʀ/ **NF** carp breeding

carpien, -ienne /kaʀpjɛ̃, jɛn/ **ADJ** carpal

carpillon /kaʀpijɔ̃/ **NM** young carp

carpocapse /kaʀpokaps/ **NM** ou **F** codlin(g) moth

carquois /kaʀkwa/ **NM** quiver

carrare /kaʀaʀ/ **NM** (= marbre) Carrara (marble)

carre /kaʀ/ **NF** [de ski] edge ◆ **prendre des carres** to edge, to edge one's skis

Carré /kaʀe/ **N** ◆ **maladie de Carré** canine distemper

carré, e /kaʀe/ SYN
- **ADJ** ① [table, jardin, menton] square ◆ **aux épaules carrées** square-shouldered; → **partie**[2]
② (Math) square ◆ **mètre/kilomètre carré** square metre/kilometre ◆ **il n'y avait pas un centimètre carré de place** there wasn't an inch of room, there wasn't (enough) room to swing a cat (Brit); → **racine**
③ (= franc) [personne] forthright, straightforward; [réponse] straight, straightforward ◆ **être carré en affaires** to be aboveboard ou straightforward in one's (business) dealings
- **NM** ① (gén) square; (= foulard) scarf ◆ **découper qch en petits carrés** to cut sth up into little squares ◆ **carré de soie** silk scarf ◆ **carré de terre** patch ou plot (of land) ◆ **un carré de choux/de salades** a cabbage/lettuce patch ◆ **avoir les cheveux coupés au carré, avoir une coupe au carré** to wear ou have one's hair in a bob ◆ **carré blanc** † (TV) sign indicating that a film is unsuitable for children or sensitive viewers ◆ **carré de service** (Tennis) service court
② (Mil = disposition) square; → **former**
③ (sur bateau = mess, salon) wardroom ◆ **le carré des officiers** the (officers') wardroom
④ (dans un train) group of four seats
⑤ (Math) square ◆ **le carré de 4** 4 squared, the square of 4 ◆ **3 au carré** 3 squared ◆ **élever** ou **mettre** ou **porter un nombre au carré** to square a number
⑥ (Cartes) ◆ **un carré d'as** four aces
⑦ (Culin) ◆ **carré de l'Est** soft, mild, fermented cheese ◆ **carré d'agneau** (Boucherie) loin of lamb
⑧ (= groupe) ◆ **le dernier carré** the last handful
⑨ (arg Scol) student repeating the preparation for the grandes écoles
- **NF carrée** SYN ① (* = chambre) bedroom
② (Hist Mus) breve

carreau (pl **carreaux**) /kaʀo/ SYN **NM** ① (par terre) (floor) tile; (au mur) (wall) tile ◆ **carreau de plâtre** plaster block

② (= carrelage, sol) tiled floor ◆ **le carreau des Halles** the market at les Halles
③ (= vitre) (window) pane ◆ **carreaux*** (= lunettes) glasses, specs* ◆ **faire les carreaux** to clean the windows ◆ **remplacer un carreau** to replace a pane ◆ **regarder au carreau** to look out of the window ◆ **des vandales ont cassé les carreaux** vandals have smashed the windows
④ (sur un tissu) check; (sur du papier) square ◆ **à carreaux** [papier] squared; [mouchoir] check (épith), checked ◆ **veste à grands/petits carreaux** jacket with a large/small check ◆ **laisser 3 carreaux de marge** (Scol) leave 3 squares margin, leave a margin of 3 squares ◆ **mettre un plan au carreau** (Tech) to square a plan
⑤ (Cartes) diamond ◆ **jouer carreau** to play diamonds ◆ **le dix de carreau** the ten of diamonds
⑥ (Pétanque) ◆ **faire un carreau** to hit the bowl nearest the jack and stay on its spot
⑦ [de mine] bank
⑧ (Hist = flèche) bolt
⑨ (* : locutions) ◆ **laisser qn sur le carreau** (bagarre) to lay ou knock sb out* ◆ **il est resté sur le carreau** (bagarre) he was laid ou knocked out *; (examen) he didn't make the grade; (chômage) he's out of a job ◆ **se tenir à carreau** to keep one's nose clean *, to watch one's step

carré-éponge (pl **carrés-éponges**) /kaʀeepɔ̃ʒ/ **NM** face cloth, (face) flannel (Brit), washcloth (US)

carrefour /kaʀfuʀ/ SYN **NM** ① (de routes) crossroads (sg) ◆ **le carrefour de l'Europe/de la drogue** the crossroads of Europe/of drug trafficking ◆ **une science au carrefour de plusieurs disciplines** a science at the junction ou meeting point of several different disciplines ◆ **se trouver à un carrefour (de sa vie/carrière)** to be at a crossroads (in one's life/career)
② (= rencontre, forum) forum, symposium ◆ **carrefour des métiers** careers convention ◆ **carrefour d'idées** forum for ideas

carrelage /kaʀlaʒ/ SYN **NM** (= action) tiling; (= carreaux) tiles, tiling (NonC) ◆ **poser un carrelage** to lay a tiled floor ◆ **laver le carrelage** to wash the floor

carreler /kaʀle/ SYN ▸ conjug 4 ◂ **VT** [+ mur, sol] to tile; [+ papier] to draw squares on

carrelet /kaʀlɛ/ **NM** ① (= poisson) plaice
② (= filet) square fishing net
③ (Tech) [de bourrelier] half-moon needle; [de dessinateur] square ruler

carreleur, -euse /kaʀlœʀ, øz/ **NM,F** tiler

carrément /kaʀemɑ̃/ SYN **ADV** ① (= franchement) bluntly, straight out ◆ **je lui ai dit carrément ce que je pensais** I told him straight out what I thought
② (= sans hésiter) straight ◆ **il a carrément écrit au proviseur** he wrote straight to the headmaster ◆ **vas-y carrément** go right ahead ◆ **j'ai pris carrément à travers champs** I struck straight across the fields
③ (intensif) ◆ **il est carrément timbré*** he's definitely cracked * ◆ **cela nous fait gagner carrément 10 km/2 heures** it saves us 10 whole km ou a full 10 km/a whole 2 hours ou 2 full hours

carrer /kaʀe/ SYN ▸ conjug 1 ◂
- **VT** (Math, Tech) to square
- **VPR se carrer** ◆ **se carrer dans un fauteuil** to settle (o.s.) comfortably ou ensconce o.s. in an armchair ◆ **bien carré dans son fauteuil** comfortably settled ou ensconced in his armchair

carrier /kaʀje/ **NM** (= ouvrier) quarryman, quarrier; (= propriétaire) quarry owner ◆ **maître carrier** quarry master

carrière[1] /kaʀjɛʀ/ **NF** [de sable] (sand)pit; [de roches etc] quarry

carrière[2] /kaʀjɛʀ/ SYN **NF** ① (= profession) career ◆ **en début/fin de carrière** at the beginning/end of one's career ◆ **la carrière** (Pol) the diplomatic service ◆ **embrasser la carrière des armes** † to embark on a career of arms † ◆ **faire carrière dans l'enseignement** to make one's career in teaching ◆ **il est entré dans l'industrie et y a fait (rapidement) carrière** he went into industry and (quickly) made a career for himself ◆ **officier/militaire de carrière** career officer/soldier
② (= cours) course ◆ **le jour achève sa carrière** the day is drawing to a close ou has run its course ◆ **donner (libre) carrière à** to give free rein to

carriérisme /kaʀjeʀism/ **NM** (péj) careerism

carriériste /kaʀjeʀist/ SYN **NMF** (péj) careerist

carriole /kaʀjɔl/ NF ① (= *charrette*) cart ② (*Can*) sleigh, ca(r)riole (US, Can), carryall (US, Can)

carrossable /kaʀɔsabl/ ADJ [*route etc*] suitable for (motor) vehicles

carrossage /kaʀɔsaʒ/ NM (= *action*) fitting a body to; (= *angle*) camber

carrosse /kaʀɔs/ NM (horse-drawn) coach ◆ **carrosse d'apparat** state coach; → **cinquième, rouler**

carrosser /kaʀɔse/ ▶ conjug 1 ◀ VT (= *mettre une carrosserie à*) to fit a body to; (= *dessiner la carrosserie de*) to design a body for ou the body of ◆ **voiture bien carrossée** car with a well-designed body ◆ **elle est bien carrossée**‡ [*personne*] she's got curves in all the right places

carrosserie /kaʀɔsʀi/ NF [*de voiture*] (= *coque*) body(work), coachwork; (= *métier*) coachbuilding (Brit), car-body making (US) ◆ **atelier de carrosserie** body shop

carrossier /kaʀɔsje/ NM (= *constructeur*) coachbuilder (Brit), car-body maker (US); (= *dessinateur*) car designer ◆ **ma voiture est chez le carrossier** my car is in the body shop

carrousel /kaʀuzɛl/ NM ① (*Équitation*) carousel; (*fig* = *succession rapide*) merry-go-round ◆ **le carrousel des voitures officielles** the to-ing and fro-ing of official cars ◆ **un carrousel d'avions dans le ciel** planes weaving patterns ou circling in the sky ② [*de diapositives*] Carousel ® ③ (*Belg, Helv* = *manège*) merry-go-round, roundabout (Brit), carousel (US)

carroyer /kaʀwaje/ ▶ conjug 13 ◀ VT [+ *plan, carte*] to square (off)

carrure /kaʀyʀ/ SYN NF ① (= *largeur d'épaules*) [*personne*] build; [*de vêtement*] breadth across the shoulders ◆ **manteau un peu trop étroit de carrure** coat which is a little tight across the shoulders ◆ **une carrure d'athlète** an athlete's build ◆ **homme de belle/forte carrure** well-built/burly man ② [*de mâchoire*] squareness; [*de bâtiment*] square shape ③ (= *envergure*) calibre (Brit), caliber (US), stature

carry /kaʀi/ NM ⇒ **curry**

cartable /kaʀtabl/ SYN NM (*à poignée*) (school)bag; (*à bretelles*) satchel

carte /kaʀt/ SYN

◼ ① (*gén*) card ◆ **carte (postale)** (post)card ◆ **un décor de carte postale** a picture postcard setting ◆ **carte de visite** (*lit*) visiting card, calling card (US); (*fig* = *expérience*) CV ◆ **ce poste au Japon, c'est une très bonne carte de visite** having worked in Japan looks good on a CV ◆ **carte de visite professionnelle** business card

② (*Jeux*) ◆ **carte (à jouer)** (playing) card ◆ **battre** ou **mêler les cartes** to shuffle the cards ◆ **donner les cartes** to deal (the cards) ◆ **faire** ou **tirer les cartes à qn** to read sb's cards ◆ **avoir toutes les cartes en main** (*lit*) to have all the cards; (*fig*) to hold all the cards ◆ **jouer la carte du charme** to turn on the charm ◆ **jouer la carte de l'Europe** to turn towards Europe ◆ **jouer la carte de la privatisation/la transparence** to opt for privatisation/openness ◆ **pendant sa campagne il a joué la carte nationaliste** he played the nationalist card during his campaign ◆ **carte maîtresse** (*lit*) master (card); (*fig*) trump card ◆ **carte forcée** (*lit*) forced card ◆ **c'est la carte forcée !** (*fig*) we have no choice!, it's Hobson's choice! ◆ **jouer cartes sur table** (*lit, fig*) to put ou lay one's cards on the table; → **brouiller, château**

③ (*Géog*) map; (*Astron, Météo, Naut*) chart ◆ **carte du relief/géologique** relief/geological map ◆ **carte routière** roadmap ◆ **carte du ciel** sky chart ◆ **carte de la lune** chart ou map of the moon ◆ **carte météorologique** ou **du temps** weather chart; → **rayer**

④ (*au restaurant*) menu ◆ **on prend le menu ou la carte ?** shall we have the set menu or shall we eat à la carte? ◆ **une très bonne/très petite carte** a very good/very small menu ou choice of dishes

⑤ (*Fin*) credit card ◆ **payer par carte** to pay by credit card

⑥ (*Ordin*) board

⑦ (*locutions*)

◆ **à la carte** [*repas*] à la carte; [*retraite, plan d'investissement, voyage*] tailor-made ◆ **manger à la carte** to eat à la carte ◆ **programme à la carte** (*Scol*) free-choice curriculum, curriculum allowing pupils a choice of subjects ◆ **télévision à la carte** pay-per-view television ou TV ◆ **avoir un horaire à la carte** to have flexible working hours ◆ **faire du tourisme à la carte** to go on a tailor-made ou an à la carte holiday

◆ **en carte** ◆ **fille** ou **femme** ou **prostituée en carte** registered prostitute

[COMP] **carte d'abonnement** (*train*) season ticket, pass; (*Théât*) season ticket
carte d'alimentation ⇒ **carte de rationnement**
carte d'anniversaire birthday card
carte d'assuré social ≃ National Insurance card (Brit), ≃ social security card (US)
carte bancaire banker's card
carte blanche ◆ **avoir carte blanche** to have carte blanche ou a free hand ◆ **donner carte blanche à qn** to give sb carte blanche ou a free hand
Carte Bleue ® debit card
carte de chemin de fer railway (Brit) ou train (US) season ticket
carte de correspondance (plain) postcard
carte de crédit credit card
carte d'électeur voting card, voter registration card (US)
carte d'état-major Ordnance Survey map (Brit), Geological Survey map (US)
carte d'étudiant student card
carte d'extension de mémoire memory expansion board
carte de famille nombreuse card issued to members of large families, allowing reduced fares etc
carte de fidélité (regular customer's) discount card
carte du génome humain human genome map
carte graphique graphics board
carte grise ≃ (car) registration book (Brit) ou papers (US), ≃ logbook (Brit)
carte d'identité identity ou I.D. card
carte d'identité scolaire pupil's identity card, student I.D. (card)
carte d'interface interface board
carte d'invalidité disability card
carte d'invitation invitation card
carte jeune young persons' discount card
carte journalière (*Ski*) day-pass, day-ticket
carte de lecteur library card, reader's ticket (Brit), library ticket (Brit)
carte magnétique magnetic (strip) card ◆ **cabine téléphonique à carte (magnétique)** cardphone
carte mécanographique ⇒ **carte perforée**
carte (à) mémoire smart card, intelligent card; (*pour téléphone*) phone card
carte mère motherboard
carte de Noël Christmas card
carte orange monthly (ou weekly ou yearly) season ticket (for all types of transport in Paris)
carte de paiement credit card
carte perforée punch card
carte de presse press card
carte privative charge ou store card
carte professionnelle business card
carte à puce smart card, intelligent card
carte de rationnement ration card
carte de résident residence permit
carte santé medical smart card
carte scolaire list of schools (*showing forecasts for regional requirements*)
carte de Sécurité sociale ⇒ **carte d'assuré social**
carte de séjour residence permit
carte SIM SIM card
carte son sound card
carte syndicale union card
carte téléphonique ou **de téléphone** phonecard
carte de travail work permit
carte vermeil ≃ senior citizen's rail pass
carte verte (*pour automobiliste*) green card (Brit), certificate of insurance (US)
carte des vins wine list
carte Vitale electronic health insurance card
carte de vœux greetings card (Brit), greeting card (US)

▪ **CARTES**

French people over the age of eighteen are required to carry a "carte d'identité" that provides proof of identity in France and can also be used instead of a passport for travel to some countries. They also have a "carte d'électeur" (voting card) and a "carte d'assuré social" bearing their social security number. Foreign nationals residing in France for more than three months must have a "carte de séjour", which is issued by their local "préfecture", and a "carte de travail" if they are employed. All car owners must have a "carte grise", which provides proof of ownership and must be shown along with one's driving licence if one is stopped by the police.

cartel /kaʀtɛl/ SYN NM ① (*Pol*) cartel, coalition; (*Écon*) cartel, combine ◆ **cartel de la drogue** drug cartel ② (= *pendule*) wall clock ③ (*Hist* = *défi*) cartel

carte-lettre (pl **cartes-lettres**) /kaʀtəlɛtʀ/ NF letter-card

cartellisation /kaʀtelizasjɔ̃/ NF (*Écon*) formation of combines

carter /kaʀtɛʀ/ NM [*de bicyclette*] chain guard; [*d'huile*] sump, oilpan (US); [*de boîte de vitesses*] (gearbox) casing; [*de différentiel*] cage; [*de moteur*] crankcase

carte-réponse (pl **cartes-réponses**) /kaʀt(ə)ʀepɔ̃s/ NF (*gén*) reply card; [*de concours*] entry form

carterie /kaʀt(ə)ʀi/ NF postcard shop

cartésianisme /kaʀtezjanism/ NM Cartesianism

cartésien, -ienne /kaʀtezjɛ̃, jɛn/ SYN ADJ, NM,F Cartesian ◆ **avoir un esprit (très) cartésien** to be very rational

Carthage /kaʀtaʒ/ N Carthage

carthaginois, e /kaʀtaʒinwa, waz/
[ADJ] Carthaginian
[NM,F] **Carthaginois(e)** Carthaginian

cartilage /kaʀtilaʒ/ NM (*Anat*) cartilage; [*de viande*] gristle

cartilagineux, -euse /kaʀtilaʒinø, øz/ ADJ (*Anat*) cartilaginous; [*viande*] gristly

cartogramme /kaʀtɔgʀam/ NM cartogram

cartographe /kaʀtɔgʀaf/ NMF cartographer

cartographie /kaʀtɔgʀafi/ NF cartography, map-making ◆ **cartographie génique** ou **génétique** gene ou genetic mapping

cartographier /kaʀtɔgʀafje/ ▶ conjug 7 ◀ VT [+ *pays, planète*] to map, to draw a map of; [+ *génome humain*] to map

cartographique /kaʀtɔgʀafik/ ADJ cartographic(al)

cartomancie /kaʀtɔmɑ̃si/ NF fortune-telling (with cards), cartomancy

cartomancien, -ienne /kaʀtɔmɑ̃sjɛ̃, jɛn/ NM,F fortune-teller (*who uses cards*)

carton /kaʀtɔ̃/

[NM] ① (= *matière*) cardboard ◆ **écrit/collé sur un carton** written/pasted on (a piece of) cardboard ◆ **masque de** ou **en carton** cardboard mask

② (= *boîte*) (cardboard) box, carton (US); (= *contenu*) boxful; († = *cartable*) (school)bag; (*à bretelles*) satchel ◆ **carton de lait** (*boîte*) carton of milk; (*plusieurs boîtes*) pack of milk ◆ **carton-repas** pre-packaged meal ◆ **c'est quelque part dans mes cartons** (*fig*) it's somewhere in my files ◆ **le projet a dormi** ou **est resté dans les cartons plusieurs années** the project was shelved ou mothballed for several years

③ (= *cible*) target ◆ **faire un carton** (à la fête) to have a go on the rifle range; (** : sur l'ennemi*) to take a potshot* (*sur* at) ◆ **faire un bon carton** to get a good score ◆ **j'ai fait un carton en anglais*** I did really well in English, I got really good grades in English (US) ◆ **elle fait un carton au hit-parade*** she's riding high ou she's a huge success in the charts ◆ **carton plein pour***... (*fig*) full marks for... (Brit), A+ for... (US) ◆ **prendre un carton*** (= *subir une défaite*) to get a real hammering*

④ (*Peinture*) sketch; (*Géog*) inset map; [*de tapisserie, mosaïque*] cartoon

⑤ (= *carte*) card ◆ **carton d'invitation** invitation card; → **taper**

⑥ (* = *accident*) smash-up*

⑦ (* = *plaquage*) violent tackle

[COMP] **carton à chapeau** hatbox
carton à chaussures shoebox
carton à dessin portfolio
carton gris newsboard
carton jaune (*Sport*) yellow card; (*fig*) warning ◆ **il a reçu un carton jaune** he got a yellow card, he was booked ◆ **les syndicats ont donné un carton jaune au gouvernement** the unions have sent out warning signals to the government
carton ondulé corrugated cardboard

carton pâte pasteboard ◆ **de carton pâte** [décor] cardboard (épith)
carton rouge (Sport) red card ◆ **recevoir un carton rouge** (Sport) to get the red card; (fig) to be sanctioned

cartonnage /kaʁtɔnaʒ/ NM ① (= industrie) cardboard industry
② (= emballage) cardboard (packing)
③ (Reliure) (= action) boarding ◆ **cartonnage pleine toile** (= couverture) cloth binding ◆ **cartonnage souple** limp binding

cartonner /kaʁtɔne/ ▸ conjug 1 ◂
VT ① (= relier) to bind in boards ◆ **livre cartonné** hardback (book)
② (* = heurter) to smash into*
VI * ① (= réussir) to do brilliantly* (en in)
② (en voiture) to have a smash(-up)* ◆ **ça cartonne souvent à ce carrefour** there are quite a few crashes at this crossroads

cartonnerie /kaʁtɔnʁi/ NF (= industrie) cardboard industry; (= usine) cardboard factory

cartonneux, -euse /kaʁtɔnø, øz/ ADJ cardboard-like (épith); [viande] leathery

cartonnier, -ière /kaʁtɔnje, jɛʁ/
NM,F (= artiste) tapestry ou mosaic designer
NM (= meuble) filing cabinet

cartophile /kaʁtɔfil/ NMF postcard collector
cartophilie /kaʁtɔfili/ NF postcard collecting
cartothèque /kaʁtɔtɛk/ NF (= collection) map collection; (= salle) map room

cartouche¹ /kaʁtuʃ/ NF (gén, Mil, Ordin) cartridge; [de cigarettes] carton; → **brûler**

cartouche² /kaʁtuʃ/ NM (Archéol, Archit) cartouche

cartoucherie /kaʁtuʃʁi/ NF (= fabrique) cartridge factory; (= dépôt) cartridge depot

cartouchière /kaʁtuʃjɛʁ/ NF (= ceinture) cartridge belt; (= sac) cartridge pouch

cartulaire /kaʁtylɛʁ/ NM c(h)artulary
carvi /kaʁvi/ NM (= plante, condiment) caraway
caryatide /kaʁjatid/ NF ⇒ **cariatide**
caryocinèse /kaʁjosinɛz/ NF karyokinesis
caryophyllé, e /kaʁjofile/
ADJ caryophyllaceous
NFPL ◆ **les caryophyllées** caryophyllaceous plants, the Caryophyllaceae (SPÉC)

caryopse /kaʁjɔps/ NM caryopsis
caryotype /kaʁjotip/ NM karyotype

cas /kɑ/ GRAMMAIRE ACTIVE 26.5 SYN
NM ① (= situation) case; (= événement) occurrence ◆ **cas tragique/spécial** tragic/special case ◆ **cas urgent** urgent case, emergency ◆ **comme c'est son cas** as is the case with him ◆ **un cas très rare** a very rare occurrence ◆ **exposez-lui votre cas** state your case; (à un médecin) describe your symptoms ◆ **il s'est mis dans un mauvais cas** he's got himself into a tricky situation ou position ◆ **dans le premier cas** in the first case ou instance
② (Jur) case ◆ **cas d'homicide/de divorce** murder/divorce case ◆ **l'adultère est un cas de divorce** adultery is grounds for divorce ◆ **soumettre un cas au juge** to submit a case to the judge ◆ **c'est un cas pendable** (hum) he deserves to be shot (hum)
③ (Méd, Sociol) case ◆ **il y a plusieurs cas de choléra dans le pays** there are several cases of cholera in the country ◆ **cas social** person with social problems, social misfit ◆ **c'est vraiment un cas !** (fig) he's (ou she's) a real case!*
④ (Ling) case
⑤ (locutions) ◆ **dans le cas présent** in this particular case ◆ **mettre qn dans le cas d'avoir à faire qch** to put sb in the situation ou position of having to do sth ◆ **il accepte ou il refuse selon les cas** he accepts or refuses according to the circumstances ◆ **faire (grand) cas de/peu de cas de** to attach great/little importance to, to set great/little store by ◆ **il ne fait jamais aucun cas de nos observations** he never pays any attention to ou takes any notice of our comments ◆ **c'est le cas ou jamais** it's now or never ◆ **c'est le cas ou jamais de réclamer** if ever there was a case for complaint this is it ◆ **c'est (bien) le cas de le dire !** you said it!
◆ **au cas par cas** ◆ **les demandes sont examinées au cas par cas** applications are processed individually ou on an individual basis

◆ **au cas** ou **dans le cas** ou **pour le cas où** ◆ **au cas** ou **dans le cas** ou **pour le cas où il pleuvrait** in case it rains, in case it should rain ◆ **je prends un parapluie au cas où*** I'm taking an umbrella (just) in case
◆ **dans ce cas, en ce cas** in that case ◆ **dans ou en ce cas téléphonez-nous** in that case give us a ring
◆ **le cas échéant** if the need arises, if need be
◆ **en cas de** ◆ **en cas d'absence** in case of ou in the event of absence ◆ **en cas d'urgence** in an emergency
◆ **en aucun cas** ◆ **en aucun cas vous ne devez vous arrêter** on no account ou under no circumstances are you to stop
◆ **en tout cas, en** ou **dans tous les cas** anyway, in any case
COMP **cas de conscience** moral dilemma ◆ **il a un cas de conscience** he's in a moral dilemma ◆ **cas d'école** textbook case, classic example ◆ **cas d'espèce** individual case ◆ **cas de figure** scenario ◆ **dans ce cas de figure** in this case ◆ **cas de force majeure** case of absolute necessity ◆ **cas de légitime défense** case of legitimate self-defence ◆ **c'était un cas de légitime défense** he acted in self-defence ◆ **cas limite** borderline case

Casablanca /kazablɑ̃ka/ N Casablanca

casanier, -ière /kazanje, jɛʁ/ SYN
ADJ [personne, habitudes, vie] stay-at-home* (épith)
NM,F stay-at-home, homebody (US)

casaque /kazak/ NF [de jockey] blouse; † [de femme] overblouse; (Hist) [de mousquetaire] tabard ◆ **tourner casaque** (= fuir) to turn tail, to flee; (= camp) to change sides; (= changer d'opinion) to do a U-turn

casbah /kazba/ NF (en Afrique) kasbah; (* = maison) house, place* ◆ **rentrer à la casbah** to go home

cascade /kaskad/ SYN NF ① [d'eau] waterfall, cascade (littér); [de mots, chiffres] stream; [d'événements] spate; [de réformes, révélations] series; [d'erreurs] string, series; [de rires] peal ◆ **des démissions en cascade** a spate of resignations
② (= acrobatie) stunt ◆ **dans ce film, c'est lui qui fait les cascades** he does the stunts in this film

cascader /kaskade/ ▸ conjug 1 ◂ VI (littér) to cascade

cascadeur /kaskadœʁ/ NM [de film] stuntman; [de cirque] acrobat

cascadeuse /kaskadøz/ NF [de film] stuntwoman; [de cirque] acrobat

cascara /kaskaʁa/ NF cascara (buckthorn), bearwood

cascatelle /kaskatɛl/ NF (littér) small waterfall

cascher /kaʃɛʁ/ ADJ INV ⇒ **casher**

case /kɑz/ SYN NF ① (sur papier) square, space; (sur formulaire) box; [d'échiquier] square ◆ **case (à cocher)** tickbox ◆ **la case départ** (Jeux) the start ◆ **nous voilà revenus à la case départ, retour à la case départ** (fig) (we're) back to square one
② [de pupitre] compartment, shelf; [de courrier] pigeonhole (Brit), mail box (US); [de boîte, tiroir] compartment ◆ **case postale** post-office box ◆ **case de réception** (Ordin) card stacker ◆ **il a une case vide*** ou **en moins*, il lui manque une case*** he has a screw loose*
③ (= hutte) hut ◆ **la Case de l'oncle Tom** » (Littérat) "Uncle Tom's Cabin"

caséation /kazeasjɔ̃/ NF caseation
caséeux, -euse /kazeø, øz/ ADJ caseous
caséification /kazeifikasjɔ̃/ NF caseation
caséine /kazein/ NF casein
casemate /kazmat/ NF blockhouse, pillbox

caser* /kɑze/ SYN ▸ conjug 1 ◂
VT ① (= placer) [+ objets] to shove*, to stuff; (= loger) [+ amis] to put up ◆ **je ne sais pas comment je vais caser tout ce monde** I don't know how I'm going to find space for everyone ou fit everyone in
② (= trouver un moment pour) [+ activité, réunion] to find time for ◆ **je vais voir où je peux te caser dans mon emploi du temps** I'll see when I can fit you in
③ (= marier) [+ fille] to find a husband for; (= pourvoir d'une situation) [+ fils] to find a job for ◆ **ses enfants sont casés maintenant** (emploi) his

children have got jobs now ou are fixed up now; (mariage) his children are (married and) off his hands now

VPR se caser (= vivre ensemble) to settle down; (= trouver un emploi) to find a (steady) job; (= loger) to find a place to live ◆ **il va avoir du mal à se caser** (célibataire) he's going to have a job finding someone to settle down with

caserne /kazɛʁn/ SYN NF (Mil, fig) barracks ◆ **caserne de pompiers** fire station, fire ou station house (US) ◆ **cet immeuble est une vraie caserne** this building looks like a barracks

casernement /kazɛʁnəmɑ̃/ NM (Mil) (= action) quartering in barracks; (= bâtiments) barrack buildings

caserner /kazɛʁne/ ▸ conjug 1 ◂ VT (Mil) to barrack, to quarter in barracks

cash* /kaʃ/ SYN
ADV (= comptant) ◆ **payer cash** to pay cash down ◆ **il m'a donné 5 000 € cash** he gave me €5,000 cash down ou on the nail* (Brit) ou on the barrel* (US) ◆ **il m'a tout dit comme ça, cash*** he told me everything straight out*
NM cash (NonC)

casher /kaʃɛʁ/ ADJ INV kosher
cash-flow (pl cash-flows) /kaʃflo/ NM cash flow
cashmere /kaʃmiʁ/ NM ⇒ **cachemire**

casier /kɑzje/ SYN
NM ① (= compartiment) compartment; (= tiroir) drawer; (fermant à clé) locker; [de courrier] pigeonhole (Brit), mail box (US) ◆ **casier de consigne automatique** luggage locker
② (= meuble) set of compartments ou pigeonholes (Brit) ou (mail)boxes (US); (à tiroirs) filing cabinet
③ (Police) ◆ **casier (judiciaire)** (police ou criminal) record ◆ **avoir un casier judiciaire vierge/chargé** to have a clean (police) record/a long record ◆ **son casier fait état de cinq condamnations** he has five previous convictions
④ (Pêche) (lobster etc) pot ◆ **poser des casiers** to put out lobster pots
COMP **casier à bouteilles** bottle rack ◆ **casier fiscal** tax record ◆ **casier à homards** lobster pot

casino /kazino/ NM casino ◆ **économie de casino** casino economy

casoar /kazɔaʁ/ NM (= oiseau) cassowary; (= plumet) plume

Caspienne /kaspjɛn/ NF ◆ **la (mer) Caspienne** the Caspian Sea

casque /kask/
NM ① [de soldat, alpiniste] helmet; [de motocycliste] crash helmet; [d'ouvrier] hard hat ◆ « **le port du casque est obligatoire** » "this is a hard hat area", "hard hats must be worn at all times" ◆ **j'ai le casque depuis ce matin*** I've had a headache ou a bit of a head* (Brit) since this morning
② (pour sécher les cheveux) (hair-)drier
③ (à écouteurs, gén) headphones, earphones; [de hi-fi] headphones
④ [de bec d'oiseau] casque
⑤ [fleur] helmet, galea
⑥ [cheveux] helmet ◆ **un casque de cheveux blancs** a helmet of white hair
COMP **Casque bleu** blue helmet ou beret ◆ **les Casques bleus** the UN peacekeeping force, the blue helmets ou berets ◆ **casque de chantier** hard hat ◆ **casque colonial** pith helmet, topee ◆ **casque intégral** full-face helmet ◆ **casque à pointe** spiked helmet ◆ **casque de visualisation** helmet-mounted display

casqué, e /kaske/ ADJ [motocycliste, soldat] wearing a helmet, helmeted

casquer* /kaske/ ▸ conjug 1 ◂ VTI (= payer) to cough up*, to fork out*

casquette /kaskɛt/ NF cap ◆ **casquette d'officier** officer's (peaked) cap ◆ **avoir plusieurs casquettes/une double casquette** (fig) to wear several hats/two hats ◆ **il en a sous la casquette*** he's really brainy*

cassable /kɑsabl/ ADJ breakable

Cassandre /kasɑ̃dʁ/ NF (Myth) Cassandra; (fig) doomsayer, doomster ◆ **les Cassandre de l'écologie** the ecological doomsters ou prophets of doom ◆ **jouer les Cassandre** to spread doom and gloom

cassant, e /kasɑ̃, ɑ̃t/ SYN ADJ ① [glace, substance, ongles, cheveux] brittle; [bois] easily broken ou snapped
② [ton, attitude] curt ◆ **d'une voix cassante** curtly
③ (* = difficile) ◆ **ce n'est pas cassant** it's not exactly back-breaking ou tiring work

cassate /kasat/ NF cassata

cassation[1] /kasasjɔ̃/ NF ① (Jur) cassation; → **cour, pourvoir**
② (Mil) reduction to the ranks

cassation[2] /kasasjɔ̃/ NF (Mus) cassation

cassave /kasav/ NF cassava pancake

casse /kas/
NF ① (= action) breaking, breakage; (= objets cassés) damage, breakages ◆ **il y a eu beaucoup de casse pendant le déménagement** a lot of things were broken ou there were a lot of breakages during the move ◆ **payer la casse** to pay for the damage ou breakages ◆ **la casse sociale** (= réduction de prestations) welfare cuts; (= licenciements) compulsory redundancies ◆ **il va y avoir de la casse*** (fig) there's going to be some rough stuff* ◆ **pas de casse !** (lit) don't break anything!; (* : fig) no rough stuff!*
② (* = endroit) scrap yard ◆ **mettre à la casse** to scrap ◆ **vendre à la casse** to sell for scrap ◆ **bon pour la casse** fit for scrap, ready for the scrap heap ◆ **envoyer une voiture à la casse** to send a car to the breakers
③ (Typographie) case ◆ **bas de casse** (= caractère) lower-case letter
④ (= arbre, écorce) cassia
NM (arg Crime = cambriolage) break-in ◆ **faire un casse dans une bijouterie** to break into a jeweller's shop, to do a break-in at a jeweller's shop

cassé, e /kase/ SYN (ptp de **casser**) ADJ ① [voix] broken, cracked; [vieillard] bent; → **blanc, col**
② * (= éreinté) (dead-)beat*, knackered⁂ (Brit)
③ * (= ivre, drogué) high*

casseau /kaso/ NM (Typographie) (= casse) sort case; (= signe) dingbat

casse-burnes⁂ /kasbyʀn/ ADJ INV, NMF ⇒ **casse-couilles**

casse-cou* /kasku/ SYN
ADJ INV [personne] reckless; [opération, entreprise] risky, dangerous
NMF INV (= personne) daredevil, reckless person; (en affaires) reckless person ◆ **crier casse-cou à qn** to warn sb

casse-couilles⁂ /kaskuj/
ADJ INV ◆ **t'es casse-couilles avec tes questions !** you're being a real pain in the arse⁂(Brit) ou ass⁂(US) with all your questions!
NMF INV pain in the arse⁂(Brit) ou ass⁂(US) ou butt⁂(US)

casse-croûte /kaskʀut/ SYN NM INV (= repas) snack, lunch (US); (= sandwich) sandwich (Can = restaurant) snack bar ◆ **manger/emporter un petit casse-croûte** to have/take along a bite to eat* ou a snack

casse-cul⁂ /kasky/ ADJ INV damn ou bloody (Brit) annoying⁂ ◆ **il est casse-cul** he's a pain in the arse⁂(Brit) ou ass⁂(US) ou butt⁂(US)

casse-dalle⁂ (pl **casse-dalle(s)**) /kasdal/ NM (= repas) snack, lunch (US); (= sandwich) sandwich

casse-graine* /kasɡʀɛn/ NM INV (= repas) snack, lunch (US)

casse-gueule⁂ /kasɡœl/
ADJ INV [sentier] dangerous, treacherous; [opération, entreprise] risky, dangerous
NM INV (= opération, entreprise) risky ou dangerous business; (= endroit) dangerous ou nasty spot

casse-noisette(s) (pl **casse-noisettes**) /kasnwazɛt/ NM (pair of) nutcrackers (Brit), nutcracker (US) ◆ « **Casse-Noisette** » (Mus) "The Nutcracker"

casse-noix /kasnwa/ NM INV ⇒ **casse-noisette(s)**

casse-pattes* /kaspat/ NM INV ① (= escalier, côte) ◆ **c'est un vrai casse-pattes** it's a real slog*
② († * = alcool) rotgut*

casse-pieds* /kaspje/ SYN
ADJ INV ◆ **ce qu'elle est casse-pieds !** (= importune) she's a pain in the neck!*; (= ennuyeuse) what a bore ou drag* she is! ◆ **corriger des copies, c'est casse-pieds** it's a real drag* having to correct exam papers

NMF INV (= importun) nuisance, pain in the neck*; (= personne ennuyeuse) bore

casse-pierre(s) (pl **casse-pierres**) /kaspjɛʀ/ NM
① (Tech) stone crusher
② (= plante) pellitory

casse-pipe* /kaspip/ NM INV ◆ **aller au casse-pipe** (= aller à la guerre) to go to the front; (= se faire tuer) to go to be slaughtered ◆ **vouloir faire de la morale en politique, c'est aller au casse-pipe** if you try to preach morality in politics you're courting disaster

◆ ◆ ◆ ◆ ◆ ◆ ◆ ◆ ◆ ◆ ◆ ◆ ◆ ◆ ◆ ◆ ◆ ◆

casser /kɑse/

SYN ▶ conjug 1 ◀

1 - VERBE TRANSITIF
2 - VERBE INTRANSITIF
3 - VERBE PRONOMINAL

◆ ◆ ◆ ◆ ◆ ◆ ◆ ◆ ◆ ◆ ◆ ◆ ◆ ◆ ◆ ◆ ◆ ◆

1 - VERBE TRANSITIF

① [= BRISER] [+ objet] to break; [+ noix] to crack; [+ latte, branche] to snap, to break ◆ **casser une dent/un bras à qn** to break sb's tooth/arm ◆ **casser qch en deux/en morceaux** to break sth in two/into pieces ◆ **casser un morceau de chocolat** to break off ou snap off a piece of chocolate ◆ **casser un carreau** (volontairement) to smash a pane; (accidentellement) to break a pane ◆ **il s'est mis à tout casser autour de lui** he started smashing ou breaking everything in sight ◆ **je casse tout ou beaucoup en ce moment** I break everything I touch at the moment ◆ **qui casse les verres les paye** (Prov) you pay for your mistakes

② [= ENDOMMAGER] [+ appareil] to break, to bust*; [+ volonté, moral] to break; [+ vin] to spoil the flavour of ◆ **cette maladie lui a cassé la voix** this illness has ruined his voice ◆ **je veux casser l'image qu'on a de moi** I want to change the image people have of me

③ [= INTERROMPRE] [+ rythme, grève] to break ◆ **si l'on s'arrête, ça va casser notre moyenne horaire** if we stop, we're going to fall behind on our hourly average

④ [= DÉGRADER] [+ militaire] to reduce to the ranks; [+ fonctionnaire] to demote ◆ **casser qn** (= nuire à) to cause sb's downfall ◆ **ça m'a cassé*** (= ça m'a démoralisé) I was gutted*; (= ça m'a déconcerté) I was gobsmacked*; (= ça m'a fatigué) it wore me out

⑤ [⁂ = ATTAQUER] ◆ **casser du facho/flic** to go fascist-/cop-bashing⁂

⑥ [ADMIN, JUR = ANNULER] [+ jugement] to quash; [+ arrêt] to nullify, to annul ◆ **faire casser un jugement pour vice de forme** to have a sentence quashed on a technicality

⑦ [COMM] ◆ **casser les prix** to slash prices ◆ **casser le marché** to destroy the market

⑧ [LOCUTIONS] ◆ **casser du bois** (= s'écraser en avion) to smash up one's plane ◆ **casser la baraque** (= avoir du succès) to bring the house down ◆ **casser la baraque à qn*** (= tout gâcher) to mess ou foul everything up (for sb) ◆ **casser la croûte*** ou **la graine*** to have a bite to eat*, to have something to eat ◆ **casser la figure*** ou **la gueule**⁂ **à qn** to smash sb's face in⁂, to knock sb's block off⁂ ◆ **casser le morceau**⁂ (= avouer) to spill the beans, to come clean; (= trahir) to give the game away*, to blow the gaff* (Brit) ◆ **casser les pieds à qn*** (= fatiguer) to bore sb stiff; (= irriter) to get on sb's nerves ◆ **il nous casse les pieds*** he's a pain (in the neck)!* ◆ **tu me casses les bonbons !**⁂ you're a pain in the neck!*, you're getting on my nerves (Brit)!* ◆ **casser sa pipe*** to kick the bucket*, to snuff it* (Brit) ◆ **ça/il ne casse pas des briques***, **ça/il ne casse rien***, **ça/il ne casse pas trois pattes à un canard*** it's/he's nothing to write home about* ◆ **casser du sucre sur le dos de qn*** to gossip ou talk about sb behind his back ◆ **il nous casse la tête** ou **les oreilles avec sa trompette*** he makes a terrible racket with that trumpet of his ◆ **il nous casse la tête avec ses histoires*** he bores us stiff with his stories

◆ **à tout casser** (= extraordinaire) [film, repas] stupendous, fantastic; [+ succès] runaway (épith) ◆ **tu en auras pour 20 € à tout casser** (= tout au plus) that'll cost you €20 at the outside ou at the most

2 - VERBE INTRANSITIF

① [SE BRISER] [objet] to break; [baguette, corde, plaque] to break, to snap ◆ **ça casse facilement** it

breaks easily ◆ **ça casse comme du verre** it's very brittle ◆ **le pantalon doit casser sur la chaussure** the trouser (leg) should rest on the shoe

② [* = ENDOMMAGER SA VOITURE, SON BATEAU] to break down ◆ **dans le Paris-Dakar, il a cassé au kilomètre 152** he broke down at kilometre 152 in the Paris-Dakar race ◆ **elle a cassé juste avant l'arrivée** (= démâter) her mast broke just before the end of the race

③ [= ROMPRE] [couple] to break ou split up ◆ **il était avec une actrice, mais il a cassé** he was going out with an actress but he broke up with her

3 - VERBE PRONOMINAL

se casser

① [= SE BRISER] [d'objet] to break ◆ **la tasse s'est cassée en tombant** the cup broke when it fell ◆ **l'anse s'est cassée** the handle came off ou broke (off) ◆ **se casser net** to break ou snap clean off; (en deux morceaux) to snap in two

② [= ENDOMMAGER UNE PARTIE DE SON CORPS] ◆ **se casser la jambe/une jambe/une dent** [personne] to break one's leg/a leg/a tooth ◆ **tu vas te casser le cou !** you'll break your neck! ◆ **se casser la figure*** ou **la gueule**⁂ (= tomber) to fall flat on one's face, to come a cropper* (Brit); (d'une certaine hauteur) to crash down; (= faire faillite) to go bankrupt, to come a cropper* (Brit) ◆ **se casser la figure contre qch** to crash into sth ◆ **se casser le nez** (= trouver porte close) to find no one in; (= échouer) to fail, to come a cropper* (Brit) ◆ **se casser les dents** (fig) to fall flat on one's face, to come a cropper* (Brit)

③ [* = SE FATIGUER] ◆ **il ne s'est rien cassé** ou **il ne s'est pas cassé pour écrire cet article** he didn't strain himself writing this article ◆ **il ne s'est pas cassé la tête*** ou **la nénette*** ou **le tronc**⁂ (fig) he didn't exactly put himself out ou overexert himself ou bust a gut*⁂ ◆ **cela fait deux jours que je me casse la tête sur ce problème** I've been racking my brains over this problem for two days

④ [⁂ = PARTIR] to split* ◆ **casse-toi !** get lost!⁂

casserole /kasʀɔl/ NF ① (= ustensile) saucepan; (= contenu) saucepan(ful) ◆ **du veau à la** ou **en casserole** braised veal ◆ **passer à la casserole**⁂ (sexuellement) to get screwed*⁂ ou laid*⁂, (= être tué) to be bumped off⁂ ◆ **ils passeront tous à la casserole** = devront le faire) they'll all have to go through it; (= seront licenciés) they're all for the chop*
② (péj) ◆ **c'est une vraie casserole*** (piano) it's a tinny piano; (voiture) it's a tinny car ◆ **chanter comme une casserole*** to be a lousy singer* ◆ **faire un bruit de casserole** to clank
③ (* = scandale) scandal ◆ **traîner une casserole** ou **des casseroles** to be haunted by a scandal
④ (arg Ciné) projector

casse-tête (pl **casse-tête(s)**) /kastɛt/ NM (Hist = massue) club ◆ **casse-tête (chinois)** (= problème difficile) headache (fig); (= jeu) puzzle, brain-teaser

cassette /kasɛt/ NF ① [de magnétophone, magnétoscope, ordinateur] cassette ◆ **cassette vidéo** video (cassette) ◆ **cassette audio** audio cassette; → **magnétophone**
② (= coffret) casket; (= trésor) [de roi] privy purse ◆ **il a pris l'argent sur sa cassette personnelle** (hum) he paid out of his own pocket

cassettothèque /kasɛtɔtɛk/ NF cassette library

casseur /kasœʀ/ NM ① (dans une manifestation) rioter, rioting demonstrator
② (* = cambrioleur) burglar
③ (* = bravache) tough guy ◆ **jouer les casseurs*** to play tough*
④ (= ferrailleur) scrap dealer ou merchant (Brit)
⑤ **casseur de pierres** stone breaker

cassier /kasje/ NM cassia

Cassiopée /kasjɔpe/ NF Cassiopeia

cassis /kasis/ NM ① (= fruit) blackcurrant; (= arbuste) blackcurrant bush; (= liqueur) blackcurrant liqueur, cassis
② (* = tête) head, nut*, block*
③ [de route] bump, ridge

cassitérite /kasiteʀit/ NF cassiterite

cassolette /kasɔlɛt/ NF ① (= ustensile) earthenware dish; (= mets) cassolette

casson /kasɔ̃/ NM [de sucre] (rough) lump

cassonade /kasɔnad/ NF brown sugar

cassoulet /kasulɛ/ NM cassoulet (*meat and bean casserole, a specialty of SW France*)

cassure /kɑsyʀ/ SYN NF ⓵ (*lit, fig*) break; [*de col*] fold ◆ **à la cassure du pantalon** where the trousers rest on the shoe
 ⓶ (*Géol*) (*gén*) break; (= *fissure*) crack; (= *faille*) fault

castagne⁑ /kastaɲ/ NF ⓵ (= *action*) fighting ◆ **il aime la castagne** he loves a good fight *ou* punch-up* (*Brit*)
 ⓶ (= *rixe*) fight, punch-up* (*Brit*)

castagner (se)⁑ /kastaɲe/ ▸ conjug 1 ◂ VPR to fight, to have a punch-up* (*Brit*)

castagnettes /kastaɲɛt/ NFPL castanets ◆ **il avait les dents/les genoux qui jouaient des castagnettes*** he could feel his teeth chattering/his knees knocking

caste /kast/ SYN NF (*lit, péj*) caste; → **esprit**

castel /kastɛl/ NM mansion, small castle

castillan, e /kastijɑ̃, an/
 ADJ Castilian
 NM (= *langue*) Castilian
 NM,F **Castillan(e)** Castilian

Castille /kastij/ NF Castile

Castor /kastɔʀ/ NM Castor

castor /kastɔʀ/ NM (= *animal, fourrure*) beaver

castorette /kastɔʀɛt/ NF fake beaver (fur *ou* skin)

castoréum /kastɔʀeɔm/ NM castor

castrat /kastʀa/ NM (= *chanteur*) castrato

castrateur, -trice /kastʀatœʀ, tʀis/ ADJ (*Psych*) castrating

castration /kastʀasjɔ̃/ NF [*d'homme, animal mâle*] castration; [*d'animal femelle*] spaying; [*de cheval*] gelding ◆ **complexe de castration** castration complex ◆ **castration chimique** chemical castration

castrer /kastʀe/ SYN ▸ conjug 1 ◂ VT (*gén*) [+ *homme, animal mâle*] to castrate; [+ *animal femelle*] to spay; [+ *cheval*] to geld

castrisme /kastʀism/ NM Castroism

castriste /kastʀist/
 ADJ Castro (*épith*), Castroist
 NMF supporter *ou* follower of Castro

casuarina /kazyaʀina/ NM casuarina

casuel, -elle /kazɥɛl/
 ADJ ⓵ (*Ling*) ◆ **désinences casuelles** case endings ◆ **système casuel** case system
 ⓶ (*littér*) fortuitous
 NM († = *gain variable*) commission money; [*de curé*] casual offerings

casuiste /kazɥist/ NM (*Rel, péj*) casuist

casuistique /kazɥistik/ NF (*Rel, péj*) casuistry

casus belli /kazysbɛlli/ NM INV casus belli

catabolique /katabɔlik/ ADJ catabolic, katabolic

catabolisme /katabɔlism/ NM catabolism, katabolism

catabolite /katabɔlit/ NM catabolite

catachrèse /katakʀɛz/ NF catachresis

cataclysme /kataklism/ SYN NM cataclysm

cataclysmique /kataklismik/ ADJ cataclysmic

catacombes /katakɔ̃b/ NFPL catacombs

catadioptre /katadjɔptʀ/ NM (*sur voiture*) reflector; (*sur chaussée*) cat's eye, Catseye ® (*Brit*)

catadioptrique /katadjɔptʀik/ ADJ catadioptric

catafalque /katafalk/ NM catafalque

cataire /katɛʀ/ NF catnip, catmint

catalan, e /katalɑ̃, an/
 ADJ Catalan
 NM (= *langue*) Catalan
 NM,F **Catalan(e)** Catalan

catalectique /katalɛktik/ ADJ catalectic

catalepsie /katalɛpsi/ NF catalepsy ◆ **tomber en catalepsie** to have a cataleptic fit

cataleptique /katalɛptik/ ADJ, NMF cataleptic

catalogage /katalɔgaʒ/ NM [*d'articles, objets*] cataloguing, cataloging (US); [*de personne*] categorizing, labelling, pigeonholing (*péj*)

Catalogne /katalɔɲ/ NF Catalonia

catalogne /katalɔɲ/ NF (*Can*) cloth made from woven strips of fabric

catalogue /katalɔg/ SYN NM (*gén*) catalogue, catalog (US); (*Ordin*) directory ◆ **prix catalogue** list price ◆ **faire le catalogue de** to catalogue, to catalog (US) ◆ **acheter qch sur catalogue** to buy sth from a catalogue ◆ **le gouvernement a annoncé un catalogue de mesures sociales** the government has announced a package of social measures

cataloguer /katalɔge/ SYN ▸ conjug 1 ◂ VT to catalogue, to catalog (US), to pigeonhole; * [+ *personne*] to categorize, to label (*comme* as)

catalpa /katalpa/ NM catalpa

catalyse /kataliz/ NF catalysis

catalyser /katalize/ ▸ conjug 1 ◂ VT (*Chim, fig*) to catalyse

catalyseur /katalizœʀ/ NM (*Chim, fig*) catalyst

catalytique /katalitik/ ADJ catalytic; → **pot**

catamaran /katamaʀɑ̃/ NM (= *voilier*) catamaran; [*d'hydravion*] floats

cataphote ® /katafɔt/ NM ⇒ **catadioptre**

cataplasme /kataplasm/ NM (*Méd*) poultice, cataplasm ◆ **cataplasme sinapisé** mustard poultice *ou* plaster ◆ **c'est un véritable cataplasme sur l'estomac** it lies like a lead weight on the stomach

cataplexie /katapleksi/ NF (*Méd*) cataplexy; (*Psych*) catatonia

catapultage /katapyltaʒ/ NM catapulting; (*sur porte-avions*) catapult launch

catapulte /katapylt/ NF catapult

catapulter /katapylte/ SYN ▸ conjug 1 ◂ VT (*lit*) to catapult ◆ **il a été catapulté à ce poste** he was pitchforked *ou* catapulted into this job

cataracte /kataʀakt/ NF ⓵ (= *chute d'eau*) cataract ◆ **des cataractes de pluie** torrents of rain
 ⓶ (*Méd*) cataract ◆ **il a été opéré de la cataracte** he's had a cataract operation, he's been operated on for (a) cataract

catarhiniens /kataʀinjɛ̃/ NMPL ◆ **les catarhiniens** catarrhines

catarrhal, e (mpl -aux) /kataʀal, o/ ADJ catarrhal

catarrhe /kataʀ/ NM catarrh

catarrheux, -euse /kataʀø, øz/ ADJ [*voix*] catarrhal, thick ◆ **vieillard catarrheux** wheezing old man

catastase /katastaz/ NF (*Phon*) on-glide

catastrophe /katastʀɔf/ SYN NF disaster, catastrophe ◆ **catastrophe écologique** ecological disaster ◆ **catastrophe aérienne/ferroviaire** air/rail crash *ou* disaster ◆ **catastrophe naturelle** (*gén*) natural disaster; (*Assurances*) act of God ◆ **catastrophe sanitaire** health disaster ◆ **théorie des catastrophes** (*Phys*) catastrophe theory ◆ **catastrophe ! le prof est arrivé !*** panic stations! the teacher's here! ◆ **catastrophe ! je l'ai perdu !** Hell's bells!* I've lost it! ◆ **atterrir en catastrophe** to make a forced *ou* an emergency landing ◆ **partir en catastrophe** to leave in a terrible *ou* mad rush ◆ **c'est la catastrophe cette voiture/ces chaussures !*** this car is/these shoes are a disaster! ◆ **film catastrophe** disaster movie *ou* film ◆ **scénario catastrophe** (*fig*) doomsday *ou* nightmare scenario

catastrophé, e* /katastʀɔfe/ ADJ [*personne*] shattered*

catastropher* /katastʀɔfe/ SYN ▸ conjug 1 ◂ VT to shatter*

catastrophique /katastʀɔfik/ SYN ADJ disastrous, catastrophic

catastrophisme /katastʀɔfism/ NM ⓵ (*Géol*) catastrophism
 ⓶ (= *pessimisme*) gloom-mongering ◆ **faire du catastrophisme** to spread doom and gloom

catastrophiste /katastʀɔfist/
 ADJ [*vision*] gloomy, (utterly) pessimistic
 NMF ⓵ (*Géol*) catastrophist
 ⓶ (= *pessimiste*) gloom-monger, (utter) pessimist

catatonie /katatɔni/ NF catatonia

catatonique /katatɔnik/ ADJ catatonic

catch /katʃ/ NM (all-in) wrestling ◆ **il fait du catch** he's a wrestler

catcher /katʃe/ ▸ conjug 1 ◂ VI to wrestle

catcheur, -euse /katʃœʀ, øz/ NM,F wrestler

catéchèse /kateʃɛz/ NF catechetics (*sg*), catechesis

catéchisation /kateʃizasjɔ̃/ NF catechization

catéchiser /kateʃize/ ▸ conjug 1 ◂ VT (*Rel*) to catechize; (= *endoctriner*) to indoctrinate, to catechize; (= *sermoner*) to lecture

catéchisme /kateʃism/ NM (= *enseignement, livre, fig*) catechism ◆ **aller au catéchisme** to go to catechism (class), ≈ to go to Sunday school, ≈ to go to CCD* (US)

catéchiste /kateʃist/ NMF catechist; → **dame**

catéchistique /kateʃistik/ ADJ catechistic(al)

catéchuménat /katekymena/ NM catechumenate

catéchumène /katekymɛn/ NMF (*Rel*) catechumen; (*fig*) novice

catégorie /kategɔʀi/ SYN NF (*gén, Philos*) category; (*Boxe, Hôtellerie*) class; (*Admin*) [*de personnel*] grade ◆ **morceaux de première/deuxième catégorie** (*Boucherie*) prime/second cuts ◆ **hors catégorie** exceptional, outstanding ◆ **ranger par catégorie** to categorize ◆ **il est de la catégorie de ceux qui...** he comes in *ou* he belongs to the category of those who... ◆ **catégorie socioprofessionnelle** socio-professional group

catégoriel, -elle /kategɔʀjɛl/ ADJ ⓵ [*intérêts*] sectional; [*avantages, mesures*] that apply to one or more categories of workers; [*revendications*] made by one or more categories of workers
 ⓶ (*Gram*) ◆ **indice catégoriel** category index

catégorique /kategɔʀik/ SYN ADJ ⓵ [*ton, personne*] categorical, adamant; [*démenti, refus*] flat (*épith*), categorical ◆ **ne sois pas si catégorique !** don't make such categorical statements! ◆ **il nous a opposé un refus *ou* un non catégorique** his answer was a categorical no
 ⓶ (*Philos*) categorical

catégoriquement /kategɔʀikmɑ̃/ ADV [*refuser*] point-blank, categorically; [*rejeter, condamner, démentir, nier*] categorically

catégorisation /kategɔʀizasjɔ̃/ NF categorization

catégoriser /kategɔʀize/ ▸ conjug 1 ◂ VT to categorize

catelle /katɛl/ NF (*Helv* = *carreau*) tile

caténaire /katenɛʀ/ ADJ, NF catenary

caténane /katenan/ NF catenane

catergol /katɛʀgɔl/ NM catergol

catgut /katgyt/ NM catgut

cathare /kataʀ/ ADJ, NMF Cathar

catharisme /kataʀism/ NM Catharism

catharsis /kataʀsis/ NF catharsis

cathartique /kataʀtik/ ADJ cathartic

Cathay /katɛ/ NM Cathay

cathédrale /katedʀal/ NF cathedral; → **verre**

cathèdre /katɛdʀ/ NF cathedra

Catherine /katʀin/ NF Catherine ◆ **Catherine la Grande** Catherine the Great; → **coiffer**

catherinette /katʀinɛt/ NF girl of 25 still unmarried by the Feast of St Catherine

> **CATHERINETTES**
>
> The tradition of the **catherinettes** has its origins in the dressmaking trade, where seamstresses still not married on their twenty-fifth birthday would go to a ball called "le bal des catherinettes" on Saint Catherine's Day (25 November) wearing a hat they made specially for the occasion. To wear such a hat was known as "coiffer sainte Catherine", and the expression, though a little old-fashioned, survives as a way of referring to a 25-year-old woman who is still single.

cathéter /katetɛʀ/ NM catheter

cathétérisme /kateteʀism/ NM catheterization

cathétomètre /katetɔmɛtʀ/ NM cathetometre

catho* /kato/ ADJ, NMF abrév de **catholique**

cathode /katɔd/ NF cathode

cathodique /katɔdik/ ADJ (*Phys*) cathodic; → **écran, rayon, tube**

catholicisme /katɔlisism/ NM (Roman) Catholicism

catholicité /katɔlisite/ NF ⓵ (= *fidèles*) ◆ **la catholicité** the (Roman) Catholic Church
 ⓶ (= *orthodoxie*) catholicity

catholique /katɔlik/
 ADJ ⓵ [*foi, dogme*] (Roman) Catholic
 ⓶ * ◆ **pas (très) catholique** a bit fishy*, not very kosher* (US)
 NMF (Roman) Catholic

cati /kati/ NM [*de tissu*] gloss

Catilina /katilina/ NM Catiline

catimini /katimini/ SYN **en catimini** LOC ADV on the sly *ou* quiet ◆ **sortir en catimini** to steal *ou* sneak out ◆ **il me l'a dit en catimini** he whispered it in my ear

catin † /katɛ̃/ NF (= *prostituée*) trollop †, harlot †

cation /katjɔ̃/ NM cation

catir /katir/ ▸ conjug 2 ◀ VT [+ *tissu*] to gloss

catogan /katɔgɑ̃/ NM bow (*tying hair on the neck*)

Caton /katɔ̃/ NM Cato

catoptrique /katɔptrik/
ADJ catoptric
NF catoptrics (sg)

cattleya /katleja/ NM cattleya

Catulle /katyl/ NM Catullus

Caucase /kokaz/ NM ◆ **le Caucase** the Caucasus

caucasien, -ienne /kokazjɛ̃, jɛn/
ADJ Caucasian
NM,F **Caucasien(ne)** Caucasian

cauchemar /koʃmar/ SYN NM nightmare ◆ **faire des cauchemars** to have nightmares ◆ **c'est mon cauchemar** it's a nightmare ◆ **vision de cauchemar** nightmarish sight ◆ **ça tourne au cauchemar** it's turning into a nightmare

cauchemarder /koʃmarde/ ▸ conjug 1 ◀ VI to have nightmares ◆ **faire cauchemarder qn** to give sb nightmares

cauchemardesque /koʃmardɛsk/ ADJ nightmarish

caudal, e (mpl **-aux**) /kodal, o/ ADJ caudal

caudillo /kaodijo/ NM caudillo ◆ **ses manières de caudillo** (péj) his dictatorial style

caulerpe /kolɛrp/ NF caulerpa

caulescent, e /kolesɑ̃, ɑ̃t/ ADJ caulescent

cauri /kɔri/ NM cowrie *ou* cowry (shell)

causal, e (mpl **-aux**) /kozal, o/ ADJ causal ◆ **proposition causale** reason clause

causalgie /kozalʒi/ NF causalgia

causalisme /kozalism/ NM theory of causality

causalité /kozalite/ NF causality

causant, e * /kozɑ̃, ɑ̃t/ SYN ADJ talkative, chatty ◆ **il n'est pas très causant** he doesn't say very much, he's not very forthcoming *ou* talkative

causatif, -ive /kozatif, iv/ ADJ (Gram) [*conjonction*] causal; [*construction, verbe*] causative

cause /koz/ SYN NF ① (= *motif, raison*) cause ◆ **quelle est la cause de l'accident ?** what caused the accident?, what was the cause of the accident? ◆ **on ne connaît pas la cause de son absence** the reason for *ou* the cause of his absence is not known ◆ **être (la) cause de qch** to be the cause of sth ◆ **la chaleur en est la cause** it is caused by the heat ◆ **la cause en demeure inconnue** the cause remains unknown, the reason for it remains unknown ◆ **les causes qui l'ont poussé à agir** the reasons that caused him to act ◆ **à petite cause grands effets** (Prov) great oaks from little acorns grow (Prov); → **relation**

② (Jur) lawsuit, case; (à plaider) brief ◆ **cause civile** civil action ◆ **cause criminelle** criminal proceedings ◆ **la cause est entendue** (lit) both sides have put their case; (fig) there's no doubt about it ◆ **cause célèbre** cause célèbre, famous trial *ou* case ◆ **plaider sa cause** to plead one's case ◆ **avocat sans cause(s)** briefless barrister; → **ayant cause, connaissance**

③ (= *ensemble d'intérêts*) cause ◆ **grande/noble cause** great/noble cause ◆ **pour la bonne cause** for a good cause ◆ **il ment, mais c'est pour la bonne cause** he's lying but it's for a good reason ◆ **cause perdue** lost cause ◆ **faire cause commune avec qn** to make common cause with sb, to side *ou* take sides with sb; → **fait**¹

④ (Philos) cause ◆ **cause première/seconde/finale** primary/secondary/final cause

⑤ (locutions) ◆ **mettre qn hors de cause** to clear *ou* exonerate sb ◆ **fermé pour cause d'inventaire/de maladie** closed for stocktaking (Brit) *ou* inventory (US) /on account of illness ◆ **et pour cause !** and for (a very) good reason! ◆ **non sans cause !** not without (good) cause *ou* reason!

◆ **à cause de** (= *en raison de*) because of, owing to; (= *par égard pour*) because of, for the sake of ◆ **à cause de cet incident technique** because of *ou* owing to this technical failure ◆ **à cause de son**

âge on account of *ou* because of his age ◆ **il est venu à cause de vous** he came for your sake *ou* because of you ◆ **ce n'est pas à cause de lui que j'y suis arrivé !** (iro) it's no thanks to him I managed to do it!

◆ **en cause** ◆ **être en cause** [*personne*] to be involved *ou* concerned; [*intérêts*] to be at stake, to be involved ◆ **son honnêteté n'est pas en cause** there is no question about his honesty, his honesty is not in question ◆ **mettre en cause** [+ *innocence, nécessité, capacité*] to (call into) question; [+ *personne*] to implicate ◆ **mise en cause** [*de personne*] implication ◆ **remettre en cause** [+ *principe, tradition*] to question, to challenge ◆ **sa démission remet tout en cause** his resignation means we're back to square one ◆ **remise en cause** calling into question

causer¹ /koze/ SYN ▸ conjug 1 ◀ VT (= *provoquer*) to cause; (= *entraîner*) to bring about ◆ **causer des ennuis à qn** to get sb into trouble, to bring sb trouble ◆ **causer de la peine à qn** to hurt sb ◆ **l'explosion a causé la mort de dix personnes** ten people died in the explosion ◆ **cette erreur a causé sa perte** this mistake brought about his downfall

causer² /koze/ SYN ▸ conjug 1 ◀
VI ① (= *s'entretenir*) to chat, to talk; (* = *discourir*) to speak, to talk ◆ **causer de qch** to talk about sth; (*propos futiles*) to chat about sth ◆ **on n'a même pas compris de quoi ça causait** * we didn't even understand what it was all about ◆ **causer à qn** * to talk *ou* speak to sb ◆ **assez causé !** that's enough talk! ◆ **cause toujours, tu m'intéresses !** (iro) oh, come off it! * ◆ **il a causé dans le poste** * (hum) he was on the radio
② (= *jaser*) to talk, to gossip (*sur qn* about sb) ◆ **on cause dans le village/le bureau** people are talking in the village/the office
③ (* = *avouer*) to talk ◆ **pour le faire causer** to loosen his tongue, to make him talk
VT to talk ◆ **causer politique/travail** to talk politics/shop ◆ **elles causaient chiffons** they were talking *ou* chatting about clothes

causerie /kozri/ NF (= *discours*) talk; (= *conversation*) chat

causette /kozɛt/ NF chat, natter * (Brit) ◆ **faire la causette, faire un brin de causette** to have a chat *ou* natter * (Brit) (*avec* with)

causeur, -euse /kozœr, øz/ SYN
ADJ talkative, chatty
NM,F talker, conversationalist
NF **causeuse** SYN (= *siège*) causeuse, love seat

causse /kos/ NM causse (*limestone plateau (in south-central France)*)

causticité /kostisite/ NF (lit, fig) causticity

caustique¹ /kostik/ SYN
ADJ (lit, fig) caustic ◆ **surface caustique** caustic (surface)
NM (Chim) caustic

caustique² /kostik/ NF (Opt) caustic

cautèle /kotɛl/ NF (littér) cunning, guile

cauteleux, -euse /kotlø, øz/ ADJ (littér) cunning

cautère /kotɛr/ NM cautery ◆ **c'est un cautère sur une jambe de bois** it's of absolutely no use, it won't do any good at all

cautérisation /koterizasjɔ̃/ NF cauterization

cautériser /koterize/ ▸ conjug 1 ◀ VT to cauterize

caution /kosjɔ̃/ SYN NF ① (= *somme d'argent*) (Fin) guarantee, security; (Jur) bail (bond); (*pour appartement, véhicule loué*) deposit ◆ **caution bancaire** bank guarantee ◆ **caution de soumission** bid bond ◆ **caution solidaire** joint and several guarantee ◆ **il vous faut une caution parentale** your parents have to stand guarantor *ou* surety for you ◆ **verser une caution de 200 €** to put *ou* lay down a security *ou* a guarantee of €200 ◆ **libérer sous caution** to release *ou* free on bail ◆ **libération** *ou* **mise en liberté sous caution** release on bail ◆ **payer la caution de qn** to stand bail for sb, to stand (Brit) *ou* go (US) bail for sb, to put up bail for sb (US)

② (= *appui*) backing, support ◆ **apporter** *ou* **donner sa caution à qn/qch** to lend one's support to sb/sth

③ (= *personne*) guarantor ◆ **se porter caution pour qn, servir de caution à qn** (= *servir de garantie*) to stand surety *ou* security (Brit) for sb ◆ **servir de caution morale à qn/qch** to give sb/sth moral support ◆ **cela ne doit pas servir de caution à la violence aveugle** this must not be seen as an excuse for gratuitous violence; → **sujet**

⚠ **caution** ne se traduit pas par le mot anglais **caution**, qui a le sens de 'prudence' *ou* 'avertissement'.

cautionnement /kosjɔnmɑ̃/ NM (= *somme*) guarantee, security; (= *contrat*) security *ou* surety bond; (= *soutien*) support, backing ◆ **cautionnement électoral** deposit (*required of candidates in an election*)

cautionner /kosjɔne/ SYN ▸ conjug 1 ◀ VT
① (= *répondre de*) (*moralement*) to answer for, to guarantee; (*financièrement*) to guarantee, to stand surety *ou* guarantor for
② (= *soutenir*) [+ *idée, décision, politique, gouvernement*] to support

cavaillon /kavajɔ̃/ NM cavaillon melon

cavalcade /kavalkad/ SYN NF ① (= *course tumultueuse*) stampede; (* = *troupe désordonnée*) stampede, stream
② [*de cavaliers*] cavalcade
③ (= *défilé, procession*) cavalcade, procession

cavalcader /kavalkade/ ▸ conjug 1 ◀ VI (= *courir*) to stream, to stampede; († = *chevaucher*) to cavalcade, to ride in a cavalcade

cavale /kaval/ NF ① (littér = *jument*) mare
② (arg Prison) ◆ **être en cavale** (= *évasion*) to be on the run ◆ **après une cavale de trois jours** after having been on the run for three days

cavaler /kavale/ ▸ conjug 1 ◀
VI ① * (= *courir*) to run; (= *se hâter*) to be on the go * ◆ **j'ai dû cavaler dans tout New York pour le trouver** I had to rush all around New York to find it
② (* = *draguer*) [*homme*] to chase anything in a skirt *; [*femme*] to chase anything in trousers * ◆ **cavaler après qn** to run *ou* chase after sb
VT (* = *énerver*) to piss off *⁎, to tee off * (US) ◆ **il commence à nous cavaler** I'm beginning to get pissed off *⁎ *ou* cheesed off * (Brit) with him
VPR **se cavaler** * (= *se sauver*) [*personne*] to clear off *, to leg it *, to skedaddle *; [*animal*] to run off

cavalerie /kavalri/ NF (Mil) cavalry; [*de cirque*] horses ◆ **cavalerie légère** (Mil) light cavalry *ou* horse ◆ **grosse cavalerie, cavalerie lourde** (Mil) heavy *ou* armoured cavalry ◆ **c'est de la grosse cavalerie** (hum) it's rather heavyhanded; (*nourriture*) it's really stodgy

cavaleur ⁎ /kavalœr/ SYN NM wolf, womanizer ◆ **il est cavaleur** he chases anything in a skirt *

cavaleuse ⁎ /kavaløz/ NF ◆ **c'est une cavaleuse, elle est cavaleuse** she chases anything in trousers *

cavalier, -ière /kavalje, jɛr/ SYN
ADJ ① (= *impertinent*) [*attitude, parole*] cavalier, offhand ◆ **c'est un peu cavalier de sa part (de faire cela)** it's a bit cavalier of him (to do that)
② ◆ **allée** *ou* **piste cavalière** bridle path
NM,F ① (*Équitation*) rider ◆ **les (quatre) cavaliers de l'Apocalypse** the (Four) Horsemen of the Apocalypse ◆ **faire cavalier seul** to go it alone
② [*danseur*] partner ◆ **changez de cavalier !** change partners!
NM ① (Mil) trooper, cavalryman ◆ **une troupe de 20 cavaliers** a troop of 20 horses
② (Échecs) knight
③ (= *accompagnateur*) escort
④ (= *clou*) staple; [*de balance*] rider; [*de dossier*] tab; (Ordin) [*de carte-mère*] jumper
⑤ (Hist Brit) cavalier
⑥ († † = *gentilhomme*) gentleman

cavalièrement /kavaljɛrmɑ̃/ SYN ADV off-handedly

cavatine /kavatin/ NF cavatina

cave¹ /kav/ SYN NF ① (= *pièce*) cellar; (*voûtée*) vault; (= *cabaret*) cellar nightclub ◆ **chercher** *ou* **fouiller de la cave au grenier** to search the house from top to bottom
② (œnol) cellar ◆ **avoir une bonne cave** to have *ou* keep a fine cellar ◆ **cave à vin** (= *armoire*) refrigerated wine cabinet
③ (= *coffret à liqueurs*) liqueur cabinet; (= *coffret à cigares*) cigar box
④ (Can) [*de maison*] basement

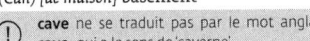
⚠ **cave** ne se traduit pas par le mot anglais **cave**, qui a le sens de 'caverne'.

cave² /kav/ ADJ (= *creux*) [*yeux, joues*] hollow, sunken; → **veine**

cave³☆ /kav/ NM ① (*arg Crime*) straight (*arg*), *someone who does not belong to the underworld* ② (= *imbécile*) sucker☆ ◆ **il est cave** he's a sucker☆

cave⁴ /kav/ NF (*Poker*) bet

caveau (pl **caveaux**) /kavo/ NM ① (= *cave*) (small) cellar ② (= *sépulture*) vault, tomb ◆ **caveau de famille** family vault ③ (= *cabaret*) cellar club

caver /kave/ ▸ conjug 1 ◂ VT, VI (*Poker*) to bet

caverne /kavɛʀn/ SYN NF ① (= *grotte*) cave, cavern ◆ **c'est la caverne d'Ali Baba !** it's an Aladdin's cave!; → **homme** ② (*Anat*) cavity

caverneux, -euse /kavɛʀnø, øz/ SYN ADJ ① [*voix*] hollow, cavernous ② (*Anat, Méd*) [*respiration*] cavernous; [*poumon*] with cavitations, with a cavernous lesion; → **corps** ③ (*littér*) [*montagne, tronc*] cavernous

cavernicole /kavɛʀnikɔl/ ADJ cave-dwelling (*épith*)

cavet /kave/ NM (*Archit*) cavetto

caviar /kavjaʀ/ NM ① (*Culin*) caviar(e) ◆ **caviar rouge** salmon roe ◆ **caviar d'aubergines** aubergine (*Brit*) *ou* eggplant (*US*) dip, aubergine with fromage frais and olive oil ◆ **la gauche caviar** champagne socialists ② (*Presse*) ◆ **passer au caviar** to blue-pencil, to censor

caviarder /kavjaʀde/ ▸ conjug 1 ◂ VT (*Presse*) to blue-pencil, to censor

cavicorne /kavikɔʀn/ ADJ cavicorn

caviste /kavist/ NM (= *responsable de cave*) cellarman; (= *marchand de vin*) wine merchant

cavitation /kavitasjɔ̃/ NF (*Phys*) cavitation

cavité /kavite/ SYN NF cavity ◆ **cavité articulaire** socket (*of bone*) ◆ **cavité pulpaire** (*tooth*) pulp cavity ◆ **cavité buccale** oral cavity

Cayenne /kajɛn/ N Cayenne; → **poivre**

cayeu (pl **cayeux**) /kajø/ NM ⇒ **caïeu**

CB¹ (abrév de **carte bancaire**) → **carte**

C.B., CB² /sibi/ NF (abrév de **Citizens' Band**) ◆ **la C.B.** CB radio

C.C. /sese/ NM ① (abrév de **compte courant**) C/A ② (abrév de **corps consulaires**) → **corps**

CCI /sesei/ NF (abrév de **Chambre de commerce et d'industrie**) → **chambre**

CCP /sesepe/ NM ① (abrév de **centre de chèques postaux**) → **centre** ② (abrév de **compte chèque postal**) → **compte**

CD¹ /sede/ NM INV (abrév de **compact disc**) CD ◆ **CD audio/vidéo** audio/video CD

CD² /sede/ (abrév de **corps diplomatique**) CD

CDD /sedede/ NM (abrév de **contrat à durée déterminée**) → **contrat**

CDDP /sededepe/ NM (abrév de **centre départemental de documentation pédagogique**) → **centre**

CDI¹ /sedei/ NM ① (abrév de **centre de documentation et d'information**) → **centre** ② (abrév de **centre des impôts**) → **centre** ③ (abrév de **contrat à durée indéterminée**) → **contrat**

CD-I, CDI² /sedei/ NM INV (abrév de **compact disc interactif**) CDI ◆ **film sur CD-I** CDI film

CD-R /sedeɛʀ/ NM INV (abrév de **compact disc recordable**) CD-R

CD-ROM /sederɔm/ NM INV (abrév de **compact disc read only memory**) CD-ROM

CD-RW /sedeɛʀ/ NM INV (abrév de **compact disc rewritable**) CD-RW

CDS /sedeɛs/ NM (abrév de **Centre des démocrates sociaux**) *French political party*

CDV /sedeve/ NM INV (abrév de **compact disc video**) CDV

CD-vidéo /sedevideo/ NM INV (abrév de **compact disc video**) CD-video

CE /seə/

Ⅰ NM ① (abrév de **comité d'entreprise**) → **comité** ② (abrév de **Conseil de l'Europe**) → **conseil** ③ (abrév de **cours élémentaire**) → **cours**

Ⅱ NF (abrév de **Communauté européenne**) EC

---

ce¹ /sə/

*Devant voyelle ou **h** muet au masculin = **cet**, féminin = **cette**, pluriel = **ces**.*

ADJECTIF DÉMONSTRATIF

---

① Lorsque **ce** est employé pour désigner quelqu'un ou quelque chose qui est proche, on le traduit par **this** ; lorsqu'il désigne quelqu'un ou quelque chose qui est éloigné, on le traduit généralement par **that** ; **ces** se traduit respectivement par **these** et **those**.

ce chapeau (*tout proche, que je pourrais toucher*) this hat; (*plus loin ou ailleurs*) that hat ◆ **si seulement ce mal de tête s'en allait** if only this headache would go away ◆ **que faisais-tu avec ce type ?**☆ what were you doing with that guy? ◆ **que fais-tu avec ce vélo dans ta chambre ?** what are you doing with that bike in your room? ◆ **je ne monterai jamais dans cette voiture !** I'm never getting into that car!

② Lorsque **ce** se réfère à quelqu'un ou quelque chose dont le locuteur vient de parler ou qu'il a présent à l'esprit, on le traduit souvent par **this** ; si **ce** se réfère à quelqu'un ou quelque chose mentionné par un autre locuteur, on le traduit plutôt par **that** ; **ces** se traduit respectivement par **these** et **those**.

j'aime beaucoup ce concerto (*dont je viens de parler*) I'm very fond of this concerto; (*dont tu viens de parler*) I'm very fond of that concerto ◆ **ces questions ne m'intéressent pas** (*celles que je viens de mentionner*) these questions are of no interest to me

Notez que là où le français pourrait employer l'article défini à la place de **ce**, l'anglais l'utilise régulièrement comme substitut de **this** ou **that**.

◆ **ce petit idiot a perdu son ticket** the *ou* that little twerp☆ has gone and lost his ticket ◆ **il a quitté cette entreprise en 1983** he left the company in 1983 ◆ **je leur ai dit qu'il fallait le vendre mais cette idée ne leur a pas plu** I told them they should sell it but they didn't like the *ou* that idea

Notez l'emploi de **that** ou d'un possessif lorsqu'il y a reprise par un pronom.

◆ **alors, cet examen, il l'a eu ?**☆ so, did he pass that *ou* his exam? ◆ **alors, cette bière, elle arrive ?**☆ where's that *ou* my beer got to?☆ ◆ **et ce rhume/cette jambe, comment ça va ?**☆ how's that *ou* your cold/leg?; → **ci**, **là**

③ Lorsque **ce** est employé pour un événement ou un moment dans le présent ou dans un avenir proche, on le traduit par **this** ; lorsqu'il désigne un événement ou un moment passé ou dans un avenir éloigné, on le traduit généralement par **that** ; **ces** se traduit respectivement par **these** et **those**.

on a bien travaillé ce matin we've worked well this morning ◆ **venez cet après-midi** come this afternoon ◆ **le 8 de ce mois(-ci)** the 8th of this month ◆ **le 8 de ce mois(-là)** the 8th of that month ◆ **il m'a semblé fatigué ces derniers jours** he's been looking tired these past few days ◆ **ces années furent les plus heureuses de ma vie** those were the happiest years of my life MAIS ◆ **cette nuit** (*qui vient*) tonight; (*passée*) last night

④ Lorsque **ce** a une valeur intensive, il peut se traduire par un adjectif.

comment peut-il raconter ces mensonges ! how can he tell such lies! ◆ **cette générosité me semble suspecte** (all) this generosity strikes me as suspicious ◆ **aurait-il vraiment ce courage ?** would he really have that much courage? ◆ **cette idée !** what an idea!, the idea! MAIS ◆ **ah, cette Maud !** that Maud! ◆ **ce Paul Durat est un drôle de personnage !** that Paul Durat is quite a character!

⑤ [FORMULES DE POLITESSE, AUSSI HUM] ◆ **si ces dames veulent bien me suivre** if you ladies will be so kind as to follow me ◆ **ces messieurs sont en réunion** the gentlemen are in a meeting

⑥ *avec* **qui, que** ◆ **cette amie chez qui elle habite est docteur** the friend she lives with is a doctor ◆ **elle n'est pas de ces femmes qui...** she's not one of those *ou* these women who... ◆ **il a cette manie qu'ont les enseignants de...** he has this *ou* that habit teachers have of...

---

ce²
/sə/

*Devant **en** et les formes du verbe **être** commençant par une voyelle = **c'** ; devant **a** = **ç'**.*

▶ *Pour les locutions figées telles que **c'est, ce sont, c'est lui qui, c'est que** etc, reportez-vous à **être**.*

PRONOM DÉMONSTRATIF

◆ **ce** + *pronom relatif* ◆ **ce que/qui** what; (*reprenant une proposition*) which ◆ **ce qui est important c'est...** what really matters is... ◆ **elle fait ce qu'on lui dit** she does what she is told *ou* as she is told ◆ **il ne sait pas ce que sont devenus ses amis** he doesn't know what has become of his friends ◆ **ce qui est dommage, c'est que nous n'ayons pas de jardin** we haven't got a garden, which is a pity ◆ **il faut être diplômé, ce qu'il n'est pas** you have to have qualifications, which he hasn't ◆ **ce à quoi il pense** what he's thinking about ◆ **il a été reçu à son examen, ce à quoi il s'attendait fort peu** he passed his exam, which he wasn't really expecting

Notez la place de la préposition en anglais.

◆ **voilà exactement ce dont j'ai peur** that's just what I'm afraid of ◆ **c'est ce pour quoi ils luttent** that's what they're fighting for ◆ **ce sur quoi il comptait, c'était...** what he was counting on was... MAIS ◆ **ce qu'entendant/que voyant, je...** on hearing/seeing which (*frm*) I...

Notez que **all** n'est jamais suivi de **what** et que **that** peut être omis.

◆ **tout ce que je sais** all (that) I know ◆ **voilà tout ce que j'ai pu savoir** that's all I managed to find out

◆ *préposition* + **ce que** + *indicatif* ◆ **à ce qu'on dit/que j'ai appris** from what they say/what I've heard ◆ **il est resté insensible à ce que je lui ai dit** he remained unmoved by what I said ◆ **je ne crois pas à ce qu'il raconte** I don't believe what he says

◆ *préposition* + **ce que** + *subjonctif* ◆ **on ne s'attendait pas à ce qu'il parle** *ou* **parlât** (*frm*) they were not expecting him *ou* he was not expected to speak ◆ **il se plaint de ce qu'on ne l'ait pas prévenu** he is complaining that no one warned him ◆ **déçue de ce qu'il ait oublié** disappointed that he had forgotten

◆ **ce que** (*valeur intensive*) ◆ **ce que ce train est lent !** this train is so slow! ◆ **ce que les gens sont bêtes !** people are so stupid!, how stupid people are! ◆ **ce qu'on peut s'amuser !** isn't this fun! ◆ **ce qu'il parle bien !** he's a wonderful speaker!, isn't he a wonderful speaker! ◆ **ce qu'elle joue bien !** doesn't she play well!, what a good player she is! ◆ **ce que c'est que le destin !** that's fate for you! ◆ **ce qu'il m'agace !** he's so annoying! ◆ **ce qu'il ne faut pas entendre tout de même !** the things you hear sometimes!, the things people say! ◆ **ce qu'il ne faut pas faire pour la satisfaire !** the things you have to do to keep her happy!

◆ **ce disant** so saying, saying this

◆ **ce faisant** in so doing, in doing so ◆ **il a démissionné et, ce faisant, il a pris un gros risque** he resigned, and by *ou* in doing so, he took a big risk

◆ **et ce** (*frm*) ◆ **j'y suis arrivé, et ce grâce à toi** I managed it, and it was all thanks to you ◆ **elle a tout jeté, et ce sans me le dire** she threw everything away without asking me ◆ **il a refusé, et ce malgré notre insistance** he refused despite our urging

◆ **pour ce faire** to do this, to this end ◆ **il veut développer son entreprise, et pour ce faire il doit emprunter** he wants to develop his company, and to do this *ou* to this end he will have to borrow money ◆ **on utilise pour ce faire une pince minuscule** to do this you use a tiny pair of pliers

---

CEA /seəa/

Ⅰ NM (abrév de **compte d'épargne en actions**) → **compte**

Ⅱ NF (abrév de **Commissariat à l'énergie atomique**) ≈ AEA (*Brit*), ≈ AEC (*US*)

céans †† /seɑ̃/ ADV here, in this house; → **maître**

cébiste /sebist/ NMF CB user, CBer (US)

ceci /səsi/ PRON DÉM this ◆ **ce cas a ceci de surprenant que...** this case is surprising in that..., the surprising thing about this case is that... ◆ **à ceci près que...** except that..., with the ou this exception that... ◆ **ceci compense cela** one thing makes up for another; → **dire**

cécité /sesite/ NF blindness ◆ **cécité des neiges** snow-blindness ◆ **cécité verbale** word blindness ◆ **être frappé** ou **atteint de cécité** to go blind ◆ **la cécité politique de ce parti** the party's blinkered approach

cédant, e /sedã, ãt/ (Jur)
ADJ assigning
NM,F assignor

céder /sede/ SYN ▶ conjug 6 ◀
VT ① (= donner) [+ part, place, tour] to give up ◆ **céder qch à qn** to let sb have sth, to give sth up to sb ◆ **je m'en vais, je vous cède ma place** ou **je cède la place** I'm going so you can have my place ou I'll let you have my place ◆ **céder le pouvoir à qn** to hand over ou yield power to sb ◆ **et maintenant je cède l'antenne à notre correspondant à Paris** and now (I'll hand you) over to our Paris correspondent ◆ **céder ses biens** (Jur) to make over ou transfer one's property; → **parole**
② (= vendre) [+ commerce] to sell, to dispose of ◆ **céder qch à qn** to let sb have sth, to sell sth to sb ◆ **le fermier m'a cédé un litre de lait** the farmer let me have a litre of milk ◆ **céder à bail** to lease ◆ « **bail à céder** » "lease for sale" ◆ « **cède maison avec jardin** » (petite annonce) "house with garden for sale" ◆ **il a bien voulu céder un bout de terrain** he agreed to part with a plot of land
③ (locutions) ◆ **céder le pas à qn** to give way to sb ◆ **son courage ne le cède en rien à son intelligence** he's as brave as he is intelligent ◆ **il ne le cède à personne en égoïsme** he's as selfish as they come ◆ **il ne lui cède en rien** he is every bit his equal; → **terrain**
VI ① (= capituler) to give in ◆ **céder par faiblesse/lassitude** to give in out of weakness/tiredness ◆ **aucun ne veut céder** no one wants to give in ou give way ◆ **sa mère lui cède en tout** his mother always gives in to him
② ◆ **céder à** (= succomber à) [+ force, tentation] to give way to, to yield to; (= consentir) [+ caprice, prière] to give in to ◆ **céder à qn** (à ses raisons, ses avances) to give in ou yield to sb ◆ **il cède facilement à la colère** he loses his temper easily
③ (= se rompre) [digue, chaise, branche] to give way; (= fléchir) [+ fièvre, colère] to subside ◆ **la glace a cédé sous le poids** the ice gave (way) under the weight

cédétiste /sedetist/
ADJ CFDT (épith)
NMF member of the CFDT

Cedex /sedɛks/ NM (abrév de **courrier d'entreprise à distribution exceptionnelle**) express postal service (for bulk users)

cédille /sedij/ NF cedilla

cédraie /sedʀɛ/ NF cedar forest

cédrat /sedʀa/ NM (= fruit) citron; (= arbre) citron (tree)

cédratier /sedʀatje/ NM citron (tree)

cèdre /sɛdʀ/ NM (= arbre) cedar (tree); (Can = thuya) cedar, arbor vitae; (= bois) cedar (wood) ◆ **le pays du cèdre** (= Liban) Lebanon

cédrière /sedʀijɛʀ/ NF (Can) cedar grove

CEE /seəə/ NF (abrév de **Communauté économique européenne**) EEC

CEEA /seəəa/ NF (abrév de **Communauté européenne de l'énergie atomique**) EAEC

CEGEP, Cegep /seʒɛp/ NM (abrév de **Collège d'enseignement général et professionnel** (Can)) → **collège**

cégépien, -ienne /seʒepjɛ̃, jɛn/ NM,F (Can) ≈ student at a sixth-form (Brit) ou junior college (US)

cégétiste /seʒetist/
ADJ CGT (épith)
NMF member of the CGT

CEI /seai/ NF (abrév de **Communauté des États indépendants**) CIS

ceindre /sɛ̃dʀ/ SYN ▶ conjug 52 ◀ VT (littér) ① (= entourer) ◆ **ceindre sa tête d'un bandeau** to put a band round one's head ◆ **la tête ceinte d'un diadème** wearing a diadem ◆ **une ville de murailles** to encircle a town with walls ◆ **se ceindre les reins** (Bible) to gird one's loins
② (= mettre) [+ armure, insigne d'autorité] to don, to put on ◆ **ceindre son épée** to buckle ou gird on one's sword ◆ **ceindre l'écharpe municipale** ≃ to put on ou don the mayoral chain ◆ **ceindre la couronne** to assume the crown

ceinture /sɛ̃tyʀ/
NF ① [de manteau, pantalon] belt; [de pyjama, robe de chambre] cord; (= écharpe) sash; (= gaine) girdle ◆ **se serrer la ceinture*** to tighten one's belt (fig) ◆ **elle a tout, et nous, ceinture !*** she's got everything and we've got zilch ⚠!; ou sweet FA⚠! (Brit) ou nix⚠! (US) ◆ **faire ceinture*** to have to go without ◆ **personne ne lui arrive à la ceinture** no one can hold a candle to him*, no one can touch him*
② (Couture = taille) [de pantalon, jupe] waistband
③ (de sécurité) seat belt ◆ **attacher** ou **mettre sa ceinture** (en voiture) to put on one's seat belt; (en avion) to fasten one's seat belt
④ (= taille) waist ◆ **nu jusqu'à la ceinture** stripped to the waist ◆ **l'eau lui arrivait (jusqu')à la ceinture** the water came up to his waist, he was waist-deep in ou up to his waist in water
⑤ (Arts martiaux = niveau) belt ◆ **(prise de) ceinture** waistlock ◆ **ceinture noire/blanche** black/white belt ◆ **elle est ceinture bleue** she's a blue belt ◆ **coup au-dessous de la ceinture** (lit, fig) blow below the belt ◆ **il a fait des blagues très au-dessous de la ceinture** the jokes he told were well below the belt
⑥ [de fortifications, murailles] ring; [d'arbres, montagnes] belt
⑦ (= métro, bus) circle line ◆ **petite/grande ceinture** inner/outer circle
COMP **ceinture de chasteté** chastity belt ◆ **ceinture explosive** bomb belt ◆ **ceinture de flanelle** flannel binder ◆ **ceinture fléchée** (Can) arrow sash ◆ **ceinture de grossesse** maternity girdle ou support ◆ **ceinture herniaire** truss ◆ **ceinture médicale** ⇒ **ceinture orthopédique** ◆ **ceinture de natation** swimmer's float belt ◆ **ceinture orthopédique** surgical corset ◆ **ceinture pelvienne** pelvic girdle ◆ **ceinture rouge** working-class suburbs around Paris which have traditionally voted Communist ◆ **ceinture de sauvetage** lifebelt (Brit), life preserver (US) ◆ **ceinture scapulaire** pectoral girdle ◆ **ceinture de sécurité** seat belt ◆ **ceinture de sécurité à enrouleur** inertia reel seat ou safety belt ◆ **ceinture verte** green belt

ceinturer /sɛ̃tyʀe/ ▶ conjug 1 ◀ VT [+ personne] (gén) to grasp ou seize round the waist; (Sport) to tackle (round the waist); [+ ville] to surround, to encircle

ceinturon /sɛ̃tyʀɔ̃/ NM (gén) (wide) belt; [d'uniforme] belt

CEL /seəɛl/ NM (abrév de **compte d'épargne logement**) → **compte**

cela /s(ə)la/ PRON DÉM ① (gén, en opposition à ceci) that ◆ **qu'est-ce que cela veut dire ?** what does that ou this mean? ◆ **on ne s'attendait pas à cela** that was (quite) unexpected, we weren't expecting that ◆ **cela n'est pas très facile** that's not very easy ◆ **cela m'agace de l'entendre se plaindre** it annoys me to hear him complain ◆ **cela vaut la peine qu'il essaie** it's worth his trying ◆ **cela me donne du souci** it gives me a lot of worry ◆ **faire des études, cela ne le tentait guère** studying did not really appeal to him
② (forme d'insistance) ◆ **il ne veut pas venir – pourquoi cela ?** he won't come – why not? ou why won't he? ◆ **comment cela ?** what do you mean? ◆ **j'ai vu Marie – qui cela ?/quand cela ?/où cela ?** I've seen Marie – who (do you mean?)/when was that?/where was that?
③ (dans le temps) ◆ **il y a deux jours de cela, il y a de cela deux jours** two days ago ◆ **cela fait dix jours/longtemps qu'il est parti** it is ten days/a long time since he left, he has been gone ten days/a long time, he left ten days/a long time ago
④ (locutions) ◆ **voyez-vous cela !** did you ever hear of such a thing! ◆ **cela ne fait rien** it ou that doesn't matter ◆ **et en dehors de** ou **à part cela ?** apart from that? ◆ **à cela près que...** except that..., with the exception that... ◆ **avec eux, il y a de bien qu'ils...** there's one thing to their credit and that's that they..., I'll say this for them, they... ◆ **et moi dans tout cela, je deviens quoi ?** and what about me in all this?; → **dire**

céladon /seladɔ̃/ NM, ADJ INV ◆ **(vert) céladon** celadon

Célèbes /selɛb/ NFPL Celebes, Sulawesi

célébrant /selebʀã/ (Rel)
ADJ M officiating
NM celebrant

célébration /selebʀasjɔ̃/ SYN NF celebration

célèbre /selɛbʀ/ SYN ADJ famous (pour, par for) ◆ **cette ville est célèbre pour son festival** this town is famous for its festival ◆ **cet escroc, tristement célèbre par ses vols** this crook, notorious for his robberies ou whose robberies have won him notoriety ◆ **se rendre célèbre par** to achieve celebrity for ou on account of

célébrer /selebʀe/ GRAMMAIRE ACTIVE 24.3 SYN ▶ conjug 6 ◀ VT ① [+ anniversaire, fête] to celebrate; [+ cérémonie] to hold; [+ mariage] to celebrate, to solemnize ◆ **célébrer la messe** to celebrate mass
② (= glorifier) [+ exploit] to celebrate, to extol ◆ **célébrer les louanges de qn** to sing sb's praises

célébrité /selebʀite/ SYN NF (= renommée) fame, celebrity; (= personne) celebrity ◆ **parvenir à la célébrité** to rise to fame

celer /səle/ ▶ conjug 5 ◀ VT († ou littér) to conceal (à qn from sb)

céleri /sɛlʀi/ NM ◆ **céleri (en branches)** celery ◆ **céleri(-rave)** celeriac ◆ **céleri rémoulade** celeriac in remoulade (dressing); → **pied**

célérité /seleʀite/ NF promptness, swiftness ◆ **avec célérité** promptly, swiftly

célesta /selɛsta/ NM celesta, celesta

céleste /selɛst/ ADJ celestial, heavenly ◆ **colère/puissance céleste** celestial anger/power, anger/power of heaven ◆ **le Céleste Empire** the Celestial Empire

célibat /seliba/ NM [d'homme] single life, bachelorhood; [de femme] single life; (par abstinence) (period of) celibacy; [de prêtre] celibacy ◆ **vivre dans le célibat** [prêtre] to be celibate

célibataire /selibatɛʀ/
ADJ (gén) single, unmarried; [prêtre] celibate; (Admin) single ◆ **mère célibataire** unmarried ou single mother ◆ **père célibataire** single father
NM (= homme) single man, bachelor; (Admin) single man ◆ **la vie de célibataire** the life of a bachelor ◆ **club pour célibataires** singles club
NF (= femme) single woman, unmarried woman; (Admin) single woman ◆ **la vie de célibataire** the life of a single woman

⚠ L'adjectif **célibataire** se traduit par **celibate** uniquement quand on parle d'un prêtre.

célioscopie /seljɔskɔpi/ NF ⇒ **cœlioscopie**

cella /sela/ NF (Archit) cella

celle /sɛl/ PRON DÉM → **celui**

cellier /selje/ NM storeroom (for wine and food)

cellophane ® /selɔfan/ NF Cellophane ® ◆ **sous cellophane** [aliment] Cellophane-wrapped, wrapped in Cellophane

cellulaire /selylɛʀ/ ADJ ① (Bio) cellular ◆ **béton cellulaire** air-entrained concrete; → **téléphone**
② (= pénitentiaire) ◆ **régime cellulaire** confinement ◆ **voiture** ou **fourgon cellulaire** prison van

cellular /selylaʀ/ NM cellular fabric

cellulase /selylaz/ NF cellulase

cellule /selyl/ SYN NF (Bio, Bot, Jur, Mil, Photo, Pol) cell; (Constr = module) unit; [d'avion] airframe ◆ **6 jours de cellule** (Mil) 6 days in the cells ◆ **cellule familiale** family unit ◆ **cellule de réflexion** think tank ◆ **réunir une cellule de crise** to convene an emergency committee ◆ **cellule photo-électrique** electric eye, photoelectric cell ◆ **cellule photovoltaïque** photovoltaic cell ◆ **cellule de lecture** cartridge ◆ **cellule souche** (Méd) stem cell

cellulite /selylit/ NF (= graisse) cellulite; (= inflammation) cellulitis ◆ **avoir de la cellulite** to have cellulite

celluloïd /selyloid/ NM celluloid

cellulose /selyloz/ NF cellulose ◆ **cellulose végétale** dietary fibre

cellulosique /selylozik/ ADJ cellulose (épith)

Celsius /sɛlsjys/ N ◆ **degré Celsius** degree Celsius

celte /sɛlt/
ADJ Celtic
NMF Celte Celt

celtique /sɛltik/ ADJ, NM Celtic

celtitude /sɛltityd/ NF Celtic identity

celui /səlɥi/, **celle** /sɛl/ (mpl **ceux** /sø/, fpl **celles** /sɛl/) PRON DÉM ① (fonction démonstrative) ◆ **celui-ci, celle-ci** this one ◆ **ceux-ci, celles-ci** these (ones) ◆ **celui-là, celle-là** that one ◆ **ceux-là, celles-là** those (ones) ◆ **vous avez le choix, celle-ci est plus élégante, mais celle-là est plus confortable** you can choose, this one's more elegant, but that one's more comfortable ◆ **une autre citation, plus littéraire celle-là** another quotation, this time a more literary one *ou* this one more literary

② (référence à un antécédent) ◆ **j'ai rendu visite à mon frère et à mon oncle, celui-ci était malade** I visited my brother and my uncle and the latter was ill ◆ **elle écrivit à son frère : celui-ci ne répondit pas** she wrote to her brother, who did not answer *ou* but he did not answer ◆ **ceux-là, ils auront de mes nouvelles !** as for them *ou* that lot* (Brit), I'll give them a piece of my mind! ◆ **il a vraiment de la chance, celui-là !** that guy* certainly has a lot of luck! ◆ **elle est forte** *ou* **bien bonne, celle-là !** that's a bit much! *ou* steep! * *ou* stiff!*

③ (locutions)

◆ **celui/celle/ceux de** ◆ **je n'aime pas cette pièce, celle de Labiche est meilleure** I don't like this play, Labiche's is better ◆ **il n'a qu'un désir, celui de devenir ministre** he only wants one thing - (that's) to become a minister ◆ **s'il cherche un local, celui d'en dessous est libre** if he's looking for a place, the one below is free ◆ **c'est celui des 3 frères que je connais le mieux** he's the one of the 3 brothers I know (the) best

◆ **celui/celle/ceux d'entre** ◆ **ce livre est pour celui d'entre vous que la peinture intéresse** this book is for whichever one of you is interested in painting ◆ **pour ceux d'entre vous qui...** for those of *ou* among you who...

◆ **celui/celle/ceux dont** ◆ **celui dont je t'ai parlé** the one I told you about

◆ **celui/celle/ceux que** ◆ **c'est celle que l'on accuse** she is the one who is being accused ◆ **donnez-lui le ballon jaune, c'est celui qu'il préfère** give him the yellow ball - it's *ou* that's the one he likes best

◆ **celui/celle/ceux qui** ◆ **ses romans sont ceux qui se vendent le mieux** his novels are the ones *ou* those that sell best ◆ **il a fait celui qui ne voyait pas** he acted as if he didn't see

④ (avec adj, participe) ◆ **cette marque est celle recommandée par les fabricants de machines à laver** this brand is the one recommended by washing machine manufacturers, this is the brand recommended by washing machine manufacturers ◆ **celui proche de la fontaine** the one near the fountain ◆ **tous ceux ayant le même âge** all those of the same age

cément /semɑ̃/ NM (Métal) cement; [de dents] cementum, cement

cémentation /semɑ̃tasjɔ̃/ NF cementation

cémenter /semɑ̃te/ ► conjug 1 ◄ VT [+ métal] to cement

cénacle /senakl/ SYN NM (frm = cercle) (literary) coterie *ou* set; (Rel) cenacle ◆ **pénétrer dans le cénacle des décideurs** to penetrate the inner sanctums of the decision-makers

cendre /sɑ̃dR/ NF ① (= substance) ash, ashes ◆ **cendre(s)** [de charbon] ash, ashes, cinders ◆ **cendre de bois** wood ash ◆ **cendres volcaniques** volcanic ash ◆ **des cendres** *ou* **la cendre (de cigarette)** (cigarette) ash ◆ **réduire en cendres** to reduce to ashes ◆ **cuire qch sous la cendre** to cook sth in (the) embers ◆ **couleur de cendre** ashen, ash-coloured ◆ **goût de cendre** (littér) bitter taste; → **couver**

② [de mort] ◆ **cendres** ashes ◆ **le jour** *ou* **le mercredi des Cendres, les Cendres** Ash Wednesday; → **renaître**

cendré, e /sɑ̃dRe/
ADJ (= couleur) ashen ◆ **gris/blond cendré** ash grey/blond ◆ **chèvre cendré** goat's cheese coated in wood ash
NF cendrée (Sport = piste) cinder track ◆ **de la cendrée** (Chasse) dust shot

cendrer /sɑ̃dRe/ ► conjug 1 ◄ VT (= couvrir de cendres) to cover with ashes; (= couvrir de cendrée) to cover with cinders; (= rendre grisâtre) to make ashen

cendreux, -euse /sɑ̃dRø, øz/ ADJ [terrain, substance] ashy; [couleur] ash (épith), ashy; [teint] ashen

cendrier /sɑ̃dRije/ NM [de fumeur] ashtray; [de poêle] ash pan ◆ **cendrier de foyer** [de locomotive] ash box

Cendrillon /sɑ̃dRijɔ̃/ NF Cinderella ◆ **la cendrillon de la compétition** the Cinderella of the competition

cène /sɛn/ NF ① (Peinture, Bible) ◆ **la Cène** the Last Supper
② (= communion protestante) (Holy) Communion, Lord's Supper, Lord's Table

cenelle /sənɛl/ NF haw

cenellier /sənelje/ NM hawthorn, may (tree)

cénesthésie /senɛstezi/ NF coen(a)esthesia

cénesthésique /senɛstezik/ ADJ cenesthesic, cenesthetic

cénobite /senɔbit/ NM cenobite

cénotaphe /senɔtaf/ NM cenotaph

cénozoïque /senɔzɔik/
ADJ Cenozoic
NM ◆ **le cénozoïque** the Cenozoic

cens /sɑ̃s/ NM (Hist) ① (= quotité imposable) taxable quota *ou* rating (as an electoral qualification)
② (= redevance féodale) rent (paid by tenant of a piece of land to feudal superior)
③ (= recensement) census ◆ **cens électoral** ≈ poll tax

censé, e /sɑ̃se/ GRAMMAIRE ACTIVE 10.2, 10.4 SYN ADJ ◆ **être censé faire qch** to be supposed to do sth ◆ **je suis censé travailler** I'm supposed to be working ◆ **nul n'est censé ignorer la loi** ignorance of the law is no excuse

censément /sɑ̃semɑ̃/ ADV (= en principe) supposedly; (= pratiquement) virtually; (= pour ainsi dire) to all intents and purposes

censeur /sɑ̃sœR/ NM ① (Ciné, Presse) censor
② (fig = critique) critic
③ († : Scol) ≈ deputy *ou* assistant head (Brit), ≈ assistant *ou* vice-principal (US)
④ (Hist) censor

censitaire /sɑ̃sitɛR/ (Hist)
ADJ ◆ **suffrage** *ou* **système censitaire** voting system based on the poll tax
NM ◆ **(électeur) censitaire** eligible voter (through payment of the poll tax)

censorial, e (mpl **-iaux**) /sɑ̃sɔRjal, jo/ ADJ censorial

censurable /sɑ̃syRabl/ ADJ censurable

censure /sɑ̃syR/ SYN NF ① (Ciné, Presse) (= examen) censorship; (= censeurs) (board of) censors; (Psych) censor
② († = critique) censure; (Jur, Pol = réprimande) censure ◆ **les censures de l'Église** the censure of the Church; → **motion**

censurer /sɑ̃syRe/ SYN ► conjug 1 ◄ VT
① (= interdire) [+ spectacle, journal, souvenirs] to censor; [+ sentiments] to suppress
② (Jur, Pol, Rel = critiquer) to censure

⚠ Attention en traduisant **censurer** à bien distinguer **to censure** et **to censor**.

cent¹ /sɑ̃/
ADJ ① (cardinal : gén) a hundred; (100 exactement) one hundred, a hundred (multiplié par un nombre) ◆ **quatre cents** four hundred ◆ **quatre cent un/treize** four hundred and one/thirteen ◆ **cent/deux cents chaises** a hundred/two hundred chairs ◆ **il a eu cent occasions de le faire** he has had hundreds of opportunities to do it ◆ **courir un cent mètres** to run a one-hundred-metre race *ou* sprint *ou* dash (US) ◆ **piquer un cent mètres*** (pour rattraper qn) to sprint; (pour s'enfuir) to leg it *; → **mot**

② (ordinal) ◆ **en l'an treize cent** (inv) in the year thirteen hundred

③ (locutions) ◆ **il est aux cent coups** he's frantic, he doesn't know which way to turn ◆ **faire les cent pas** to pace up and down ◆ **course de quatre cents mètres haies** (Sport) 400 metres hurdles ◆ **tu ne vas pas attendre cent sept ans** * you can't wait for ever ◆ **la guerre de Cent Ans** (Hist) the Hundred Years' War ◆ **les Cent-Jours** (Hist) the Hundred Days ◆ **s'ennuyer** *ou* **s'emmerder** ⁑ **à cent sous (de) l'heure*** to be bored to tears *, to be bored out of one's mind * ◆ **il vit à cent à l'heure*** he leads a very hectic life; → **donner, quatre**

NM ① (= nombre) a hundred ◆ **il y a cent contre un à parier que...** it's a hundred to one that...; → **gagner**

◆ **pour cent** per cent ◆ **argent placé à cinq pour cent** money invested at five per cent ◆ **j'en suis à quatre-vingt-dix pour cent sûr** I'm ninety per cent certain of it

◆ **cent pour cent** a hundred per cent ◆ **j'en suis sûr à cent pour cent** I'm a hundred per cent certain ◆ **être à cent pour cent de ses capacités** [sportif] to be on top form ◆ **je te soutiens à cent pour cent** I'm *ou* one hundred per cent behind you

◆ **cent fois** a hundred times ◆ **je te l'ai dit cent fois** I've told you a hundred times, if I've told you once I've told you a hundred times ◆ **il a cent fois raison** he's absolutely right ◆ **cent fois mieux/pire** a hundred times better/worse ◆ **je préférerais cent fois faire votre travail** I'd far rather do your job, I'd rather do your job any day * ◆ **c'est cent fois trop grand** it's far too big ◆ **une promesse cent fois répétée** an oft-repeated promise ◆ **cette réforme cent fois annoncée** this oft-proclaimed reform

② (Comm) ◆ **un cent** *ou* one hundred ◆ **un cent de billes/d'œufs** a *ou* one hundred marbles/eggs ◆ **c'est 2 € le cent** they're €2 a hundred ; *pour autres loc voir* **six**

cent² /sɛnt, (Can) sɛn/ NM (aux USA, au Canada = monnaie) cent; (= partie de l'euro) cent

centaine /sɑ̃tɛn/ NF ① (= environ cent) ◆ **une centaine de** about a hundred, a hundred *ou* so ◆ **la centaine de spectateurs qui...** the hundred or so spectators who... ◆ **plusieurs centaines (de)** several hundred ◆ **des centaines de personnes** hundreds of people ◆ **ils vinrent par centaines** they came in their hundreds
② (= cent unités) hundred ◆ **10 € la centaine** €10 a hundred ◆ **atteindre la centaine** [collection] to reach the (one) hundred mark ◆ **la colonne des centaines** (Math) the hundreds column

Centaure /sɑ̃tɔR/ NF (Astron) Centaurus

centaure /sɑ̃tɔR/ NM (Myth) centaur

centaurée /sɑ̃tɔRe/ NF centaury

centenaire /sɑ̃t(ə)nɛR/
ADJ hundred-year-old (épith) ◆ **cet arbre est centenaire** this tree is a hundred years old, this is a hundred-year-old tree ◆ **cette maison est plusieurs fois centenaire** this house is several hundred years old
NMF (= personne) centenarian
NM (= anniversaire) centenary

centenier /sɑ̃tənje/ NM (Hist) centurion

centésimal, e (mpl **-aux**) /sɑ̃tezimal, o/ ADJ centesimal

centiare /sɑ̃tjaR/ NM centiare

centième /sɑ̃tjɛm/
ADJ, NMF hundredth ◆ **je n'ai pas retenu le centième de ce qu'il a dit** I can hardly remember a single word of what he said ◆ **je ne touche pas le centième de ce que tu touches** I don't get a fraction of what you earn ; *pour autres loc voir* **sixième**
NF (Théât) hundredth performance

centigrade /sɑ̃tigRad/ ADJ centigrade

centigramme /sɑ̃tigRam/ NM centigramme (Brit), centigram (US)

centile /sɑ̃til/ NM (per)centile

centilitre /sɑ̃tilitR/ NM centilitre (Brit), centiliter (US)

centime /sɑ̃tim/ NM centime ◆ **je n'ai pas un centime** (fig) I haven't got a penny *ou* a cent (US) ◆ **centime additionnel** ≈ additional tax ◆ **ça ne m'a pas coûté un centime** it didn't cost me a thing *ou* a penny (Brit) ◆ **être au centime près** (= avare) to be stingy

centimètre /sɑ̃timɛtR/ NM (= mesure) centimetre (Brit), centimeter (US); (= ruban) tape measure, measuring tape

centon /sɑ̃tɔ̃/ NM cento

centrafricain, e /sɑ̃tRafRikɛ̃, ɛn/
ADJ of *ou* from the Central African Republic ◆ **la République centrafricaine** the Central African Republic
NM,F Centrafricain(e) Central African

centrage /sɑ̃tRaʒ/ NM centring (Brit), centering (US)

central, e (mpl **-aux**) /sɑ̃tRal, o/ SYN
ADJ ① (= du centre) [quartier] central; [partie, point] central, centre (Brit) (épith), center (US) (épith) ◆ **mon bureau occupe une position très cen-**

trale my office is very central; → **chauffage, unité**

② (= *le plus important*) [*problème, idée, bureau, comité*] central

③ (*Jur*) [*pouvoir, administration*] central

④ [*voyelle*] centre (*épith*) (Brit), center (*épith*) (US)

NM ① (*Téléc*) ◆ **central (téléphonique)** (telephone) exchange

② (*Tennis = court*) centre (Brit) ou center (US) court

NF centrale ① (*Phys, Élec*) ◆ **centrale électrique** power station ou plant (US) ◆ **centrale thermique au charbon/au fioul** coal-fired/oil-fired power station ou plant (US) ◆ **centrale nucléaire** nuclear power station ou plant (US)

② (= *groupement*) ◆ **centrale syndicale** ou **ouvrière** group of affiliated trade unions

③ ◆ **centrale d'achat(s)** central buying office

④ (= *prison*) prison, ≈ county jail (US), ≈ (state) penitentiary (US)

⑤ ◆ **Centrale** (Univ) → **école**

centralien, -ienne /sɑ̃tʀaljɛ̃, jɛn/ **NM,F** student (ou former student) of the École centrale

centralisateur, -trice /sɑ̃tʀalizatœʀ, tʀis/ **ADJ** centralizing (*épith*)

centralisation /sɑ̃tʀalizasjɔ̃/ **SYN NF** centralization

centraliser /sɑ̃tʀalize/ **SYN** ▸ conjug 1 ◂ **VT** to centralize ◆ **économie centralisée** centralized economy

centralisme /sɑ̃tʀalism/ **NM** centralism

centraliste /sɑ̃tʀalist/
ADJ centralist(ic)
NMF centralist

centre /sɑ̃tʀ/ **SYN**
NM ① (*gén*) centre (Brit), center (US) ◆ **le centre (de la France)** central France ◆ **il habite en plein centre (de la ville)** he lives right in the centre (of town) ◆ **il se croit le centre du monde** he thinks the universe ou the world revolves around him ◆ **au centre du débat** at the centre of the debate ◆ **mot centre** key word ◆ **idée centre** central idea

② (= *lieu d'activités, bâtiment, services*) centre (Brit), center (US) ◆ **les grands centres urbains/industriels/universitaires** the great urban/industrial/academic centres

③ (*Pol*) centre (Brit), center (US) ◆ **centre gauche/droit** centre left/right ◆ **député du centre** deputy of the centre

④ (= *joueur de football*) centre (Brit), center (US); (= *passe*) centre (Brit) ou center (US) pass

COMP centre d'accueil reception centre
centre aéré (school's) outdoor centre
centre d'animation youth centre
centre anti-douleur pain clinic
centre d'appels call centre
centre d'attraction centre of attraction
centre de chèques postaux postal banking organization, ≈ National Girobank (Brit)
centre commercial shopping centre ou arcade, shopping mall (US)
centre de contrôle (*Espace*) mission control
centre de coûts cost centre
centre culturel arts centre
centre départemental de documentation pédagogique local teachers' resource centre
centre de dépression (*Météo*) depression, low pressure area
centre de détention préventive remand centre ou prison
centre de documentation resource centre, reference library
centre de documentation et d'information school library
centre d'éducation surveillée reformatory, reform school
centre d'études research centre
centre de formation professionnelle professional training centre
centre de gravité centre of gravity
centre de haute pression (*Météo*) high pressure area
centre d'hébergement reception centre
centre hospitalier hospital
centre hospitalier régional regional hospital
centre hospitalier spécialisé psychiatric hospital
centre hospitalier universitaire teaching ou university hospital
centre des impôts tax collection office (Brit), Internal Revenue Service office (US)
centre d'influence centre of influence
centre d'information et de documentation de la jeunesse careers advisory centre
centre d'information et d'orientation careers advisory centre
centre d'intérêt centre of interest
centre de loisirs leisure centre
centre médical medical ou health centre
Centre national de cinématographie French national film institute, ≈ British Film Institute (Brit), ≈ Academy of Motion Picture Arts and Sciences (US)
Centre national de documentation pédagogique national teachers' resource centre
Centre national d'enseignement à distance national centre for distance learning, ≈ Open University (Brit)
Centre national de la recherche scientifique ≈ Science and Engineering Research Council (Brit), ≈ National Science Foundation (US)
centres nerveux (*Physiol, fig*) nerve centres
Centre régional de documentation pédagogique regional teachers' resource centre
Centre régional des œuvres universitaires et scolaires students' welfare office
centre de rétention (administrative) detention centre (*for illegal immigrants*)
centre de tri (*Poste*) sorting office
centres vitaux (*Physiol*) vital organs, vitals; [*d'entreprise*] vital organs; → **serveur**

centré, e /sɑ̃tʀe/ (*ptp de* **centrer**) **ADJ** ◆ **centré sur** [*débat, texte, politique*] centered on, focused on ◆ **le reportage est trop centré sur la politique** the report focuses ou concentrates too much on politics

centrer /sɑ̃tʀe/ **SYN** ▸ conjug 1 ◂ **VT** to centre (Brit), to center (US) ◆ **le sujet est mal/bien centré** (*sur photo*) the subject is off-centre (Brit) ou off-center (US) /right in the centre (Brit) ou center (US) ◆ **il n'a pas pu centrer** (*Sport*) he was unable to centre the ball ◆ **centrer une pièce/une discussion sur** to focus a play/a discussion (up)on

centreur /sɑ̃tʀœʀ/ **NM** centring apparatus

centre-ville (pl **centres-villes**) /sɑ̃tʀəvil/ **NM** town ou city centre (Brit) ou center (US), downtown (US) ◆ **au** ou **en centre-ville** in the town ou city centre, downtown (US)

centrifugation /sɑ̃tʀifygasjɔ̃/ **NF** centrifugation

centrifuge /sɑ̃tʀifyʒ/ **ADJ** centrifugal

centrifuger /sɑ̃tʀifyʒe/ ▸ conjug 3 ◂ **VT** to centrifuge

centrifugeur /sɑ̃tʀifyʒœʀ/ **NM**, **centrifugeuse** /sɑ̃tʀifyʒøz/ **NF** (*Tech*) centrifuge; (*Culin*) juice extractor

centriole /sɑ̃tʀijɔl/ **NM** centriole

centripète /sɑ̃tʀipɛt/ **ADJ** centripetal

centrisme /sɑ̃tʀism/ **NM** (*Pol*) centrism, centrist policies

centriste /sɑ̃tʀist/ **ADJ, NMF** centrist

centromère /sɑ̃tʀɔmɛʀ/ **NM** centromere

centrosome /sɑ̃tʀozom/ **NM** centrosome

centrosphère /sɑ̃tʀɔsfɛʀ/ **NF** centrosphere

centuple /sɑ̃typl/
ADJ a hundred times as large (*de* as) ◆ **mille est un nombre centuple de dix** a thousand is a hundred times ten
NM ◆ **le centuple de 10** a hundred times 10 ◆ **au centuple** a hundredfold ◆ **on lui a donné le centuple de ce qu'il mérite** he was given a hundred times more than he deserves

centupler /sɑ̃typle/ ▸ conjug 1 ◂ **VTI** to increase a hundred times ou a hundredfold ◆ **centupler un nombre** to multiply a number by a hundred

centurie /sɑ̃tyʀi/ **NF** (*Hist Mil*) century

centurion /sɑ̃tyʀjɔ̃/ **NM** centurion

cénure /senyʀ/ **NM** coenurus

CEP /seape/ **NM** (abrév de **certificat d'études primaires**) → **certificat**

cep /sɛp/ **NM** ① ◆ **cep (de vigne)** (vine) stock
② [*de charrue*] stock

cépage /sepaʒ/ **NM** (type of) vine

cèpe /sɛp/ **NM** (= *champignon*) (edible) boletus; (*cuisiné*) cep, porcini mushroom

cependant /s(ə)pɑ̃dɑ̃/ **GRAMMAIRE ACTIVE 26.3 SYN CONJ** ① (= *pourtant*) nevertheless, however, yet ◆ **ce travail est dangereux, nous allons cependant essayer de le faire** it's a dangerous job – we shall try to do it nevertheless ou but we'll try to do it all the same ◆ **c'est incroyable et cependant c'est vrai** it's incredible and yet it's true

② (*littér*) (= *pendant ce temps*) meanwhile, in the meantime ◆ **cependant que** (= *tandis que*) while

céphalée /sefale/ **NF** cephalalgia (SPÉC), headache

céphalique /sefalik/ **ADJ** cephalic

céphalocordés /sefalokɔʀde/ **NMPL** ◆ **les céphalocordés** cephalochordates

céphalopode /sefalopɔd/ **NM** cephalopod ◆ **céphalopodes** cephalopods, Cephalopoda (SPÉC)

céphalo-rachidien, -ienne /sefalɔʀaʃidjɛ̃, jɛn/ **ADJ** cephalo-rachidian (SPÉC), cerebrospinal

céphalosporine /sefalospɔʀin/ **NF** cephalosporin

céphalothorax /sefalotɔʀaks/ **NM** cephalothorax

céphéide /sefeid/ **NF** (*Astron*) Cepheid variable

cérambyx /seʀɑ̃biks/ **NM** longhorned beetle, longicorn beetle, cerambyx cerda (SPÉC)

cérame /seʀam/
ADJ ◆ **grès cérame** glazed stoneware
NM (= *vase*) Grecian urn

céramide /seʀamid/ **NM** (*Cosmétique*) ceramide

céramique /seʀamik/
ADJ ceramic
NF (= *matière, objet*) ceramic ◆ **la céramique** (= *art*) ceramics, pottery ◆ **vase en céramique** ceramic ou pottery vase ◆ **céramique dentaire** dental ceramics

céramiste /seʀamist/ **NMF** ceramic artist, ceramist

céraste /seʀast/ **NM** cerastes

cérat /seʀa/ **NM** cerate

cerbère /sɛʀbɛʀ/ **NM** ① (*péj*) fierce doorkeeper ou doorman; (*hum* = *concierge*) janitor
② ◆ **Cerbère** (*Myth*) Cerberus

cercaire /sɛʀkɛʀ/ **NF** cercaria(n)

cerceau (pl **cerceaux**) /sɛʀso/ **SYN NM** [*d'enfant, tonneau, crinoline*] hoop; [*de capote, tonnelle*] half-hoop ◆ **jouer au cerceau** to play with a hoop, to bowl a hoop ◆ **avoir les jambes en cerceau** to be bandy-legged, to have bandy ou bow legs

cerclage /sɛʀklaʒ/ **NM** (= *action*) hooping ◆ **cerclage du col de l'utérus** cervical cerclage

cercle /sɛʀkl/ **SYN**
NM ① (= *forme, figure*) circle, ring; (*Géog, Géom*) circle ◆ **l'avion décrivait des cercles** the plane was circling (overhead) ◆ **itinéraire décrivant un cercle** circular route ◆ **entourer d'un cercle le chiffre correct** to circle ou ring ou put a circle ou a ring round the correct number ◆ **faire cercle (autour de qn/qch)** to gather round (sb/sth) in a circle ou ring, to form a circle ou ring (round sb/sth) ◆ **cercles imprimés sur la table par les (fonds de) verres** rings left on the table by the glasses ◆ **un cercle de badauds/de chaises** a circle ou ring of onlookers/chairs; → **arc, quadrature**

② (= *étendue*) [*d'activités*] scope, range ◆ **étendre le cercle de ses relations/de ses amis** to widen the circle of one's acquaintances/one's circle of friends

③ (= *groupe*) circle ◆ **le cercle de famille** the family circle ◆ **un cercle d'amis** a circle of friends ◆ **cercle de qualité** quality circle

④ (= *club*) society, club ◆ **cercle littéraire** literary circle ou society ◆ **aller dîner au cercle** to go and dine at the club

⑤ (= *cerceau*) hoop, band ◆ **cercle de tonneau** barrel hoop ou band ◆ **cercle de roue** tyre (Brit) ou tire (US) (*made of metal*)

⑥ (= *instrument*) protractor

COMP cercle horaire horary circle
cercle polaire polar circle ◆ **cercle polaire arctique** Arctic Circle ◆ **cercle polaire antarctique** Antarctic Circle
cercle vertueux virtuous circle
cercle vicieux vicious circle

cercler /sɛʀkle/ **SYN** ▸ conjug 1 ◂ **VT** (*gén*) to ring; [+ *tonneau*] to hoop; [+ *roue*] to tyre (Brit), to tire (US) (*de* with) ◆ **lunettes cerclées d'écaille** horn-rimmed spectacles

cercueil /sɛʀkœj/ **SYN NM** coffin, casket (US)

céréale /seʀeal/ **NF** cereal ◆ **céréales (pour petit-déjeuner)** (breakfast) cereal

céréaliculture /seʀealikyltyʀ/ **NF** cereal growing

céréalier, -ière /seʀealje, jɛʀ/
ADJ cereal (*épith*)

NM (= *producteur*) cereal grower ◆ **(navire) céréalier** grain carrier *ou* ship

cérébelleux, -euse /serebelø, øz/ ADJ cerebellar

cérébral, e (mpl **-aux**) /serebral, o/ SYN ADJ (*Méd*) [*hémisphère, lobe*] cerebral; (= *intellectuel*) [*travail*] mental ◆ **c'est un cérébral** he's quite cerebral

cérébro-spinal, e (mpl **-aux**) /serebrospinal, o/ ADJ cerebrospinal

cérémonial (pl **cérémonials**) /seremɔnjal/ SYN NM ceremonial

cérémonie /seremɔni/ SYN NF ceremony ◆ **sans cérémonie** [*manger*] informally; [*proposer*] without ceremony, unceremoniously; [*réception*] informal ◆ **avec cérémonie** ceremoniously ◆ **faire des cérémonies** to stand on ceremony ◆ **ne fais pas tant de cérémonies** there's no need to stand on ceremony ◆ **tenue** *ou* **habit de cérémonie** formal dress (*NonC*), ceremonial dress (*NonC*) ◆ **tenue de cérémonie** (*Mil*) dress uniform; → **maître**

cérémoniel, -ielle /seremɔnjɛl/ ADJ ceremonial

cérémonieusement /seremɔnjøzmɑ̃/ ADV ceremoniously, formally

cérémonieux, -ieuse /seremɔnjø, jøz/ SYN ADJ [*ton, accueil, atmosphère*] ceremonious, formal; [*personne*] formal ◆ **il est très cérémonieux** he has a very formal manner

cerf /sɛr/ NM stag

cerfeuil /sɛrfœj/ NM chervil

cerf-volant (pl **cerfs-volants**) /sɛrvɔlɑ̃/ NM
[1] (= *jouet*) kite ◆ **jouer au cerf-volant** to fly a kite
[2] (= *insecte*) stag beetle

cerisaie /s(ə)rizɛ/ NF cherry orchard

cerise /s(ə)riz/
NF cherry ◆ **la cerise sur le gâteau** (*fig*) the icing on the cake ◆ **se refaire la cerise** * (= *se renflouer*) (*dans jeu d'argent*) to get back in the game; (*dans une entreprise*) to get back on one's feet
ADJ INV cherry(-red), cerise; → **rouge**

cerisier /s(ə)rizje/ NM (= *arbre*) cherry (tree); (= *bois*) cherry (wood)

cérite /serit/ NF (*Minér*) cerite

cérithe /serit/ NM (= *coquillage*) cerite

cérium /serjɔm/ NM cerium

CERN /sɛrn/ NM (abrèv de **Conseil européen pour la recherche nucléaire**) CERN

cerne /sɛrn/ SYN NM [*d'yeux, lune*] ring; (= *tache*) ring, mark; [*d'arbre*] annual ring ◆ **les cernes de** *ou* **sous ses yeux** the (dark) rings *ou* shadows under his eyes

cerné, e /sɛrne/ ADJ ◆ **avoir les yeux cernés** to have (dark) rings *ou* shadows under one's eyes ◆ **ses yeux cernés trahissaient sa fatigue** the (dark) rings *ou* shadows under his eyes showed how tired he was

cerneau (pl **cerneaux**) /sɛrno/ NM unripe walnut ◆ **cerneaux (de noix)** (*Culin*) shelled walnuts

cerner /sɛrne/ SYN ▸ conjug 1 ◂ VT [1] (= *entourer*) to encircle, to surround; (*Peinture*) [*+ visage, silhouette*] to outline (*de* with, in) ◆ **ils étaient cernés de toute(s) part(s)** they were surrounded on all sides, they were completely surrounded
[2] (= *comprendre*) [*+ problème*] to define; [*+ personne*] to work out, to figure out
[3] [*+ noix*] to shell (*while unripe*); [*+ arbre*] to ring

certain, e /sɛrtɛ̃, ɛn/ GRAMMAIRE ACTIVE 15.1, 16.1, 26.6 SYN
ADJ [1] (*après nom* = *incontestable*) [*fait, succès, événement*] certain; [*indice*] sure; [*preuve*] positive, sure; [*cause*] undoubted, sure ◆ **c'est la raison certaine de son départ** it's undoubtedly the reason he's going ◆ **ils vont à une mort certaine** they're heading for certain death ◆ **il a fait des progrès certains** he has made definite progress ◆ **la victoire est certaine** victory is assured *ou* certain ◆ **c'est une chose certaine** it's absolutely certain ◆ **c'est certain** there's no doubt about it ◆ **c'est un crétin ! – c'est certain !** he's a moron! * – that's for sure! * ◆ **il est maintenant certain qu'elle ne reviendra plus** it's now (quite) certain that she won't come back, she's sure *ou* certain not to come back now ◆ **je le tiens pour certain !** I'm certain *ou* sure of it!, I know it for a fact! ◆ **il est certain que ce film ne convient guère à des enfants** this film is definitely unsuitable for children
[2] (= *convaincu, sûr*) [*personne*] sure, certain ◆ **es-tu certain de rentrer ce soir ?** are you sure *ou* certain you'll be back this evening? ◆ **il est certain de leur honnêteté** he's convinced of their honesty, he's certain *ou* sure they are honest ◆ **on n'est jamais certain du lendemain** you can never be sure what tomorrow will bring ◆ **elle est certaine qu'ils viendront** she's sure *ou* certain *ou* convinced they'll come; → **sûr**
[3] (*Comm* = *déterminé*) [*date, prix*] definite

ADJ INDÉF (*avant nom*) [1] (= *plus ou moins défini*) ◆ **un certain** a certain, some ◆ **elle a un certain charme** there's something quite attractive about her, she has a certain charm ◆ **dans une certaine mesure** to a certain extent, to some extent ◆ **il y a un certain village où** there is a certain *ou* some village where ◆ **dans un certain sens, je le comprends** in a way *ou* in a certain sense I can see his point ◆ **jusqu'à un certain point** up to a (certain) point ◆ **il a manifesté un certain intérêt** he showed a certain (amount of) *ou* some interest ◆ **un certain nombre d'éléments font penser que...** a (certain) number of things lead one to think that...
[2] (*parfois péj* = *personne*) ◆ **un certain** a (certain) ◆ **un certain M. Leblanc vous a demandé** a Mr Leblanc asked for you ◆ **un certain ministre disait même que...** a certain minister even said that...
[3] (*intensif*) some ◆ **c'est à une certaine distance d'ici** it's quite a *ou* some distance from here ◆ **cela demande une certaine patience/un certain courage** it takes a fair amount of patience/some *ou* a fair amount of courage ◆ **au bout d'un certain temps** after a while *ou* some time ◆ **il a un certain âge** he's getting on (in years) ◆ **une personne d'un certain âge** an elderly person ◆ **il est d'un âge certain** (*hum*) he's past his prime
[4] (*pl* = *quelques*) ◆ **certains** some, certain ◆ **dans certains cas** in some *ou* certain cases ◆ **certaines personnes ne l'aiment pas** some people don't like him ◆ **certaines fois, à certains moments** at (certain) times ◆ **sans certaines notions de base** without some *ou* certain (of the) basic notions

PRON INDÉF PL **certains** SYN (= *personnes*) some (people); (= *choses*) some ◆ **dans certains de ces cas** in certain *ou* some of these cases ◆ **parmi ses récits certains sont amusants** some of his stories are amusing ◆ **pour certains** for some (people) ◆ **certains disent que...** some (people) say that... ◆ **certains d'entre vous** some of you ◆ **il y en a certains qui...** there are some (people) *ou* there are those who...

NM (*Fin*) fixed *ou* direct rate of exchange

certainement /sɛrtɛnmɑ̃/ SYN ADV (= *très probablement*) most probably, most likely; (= *sans conteste*) certainly; (= *bien sûr*) certainly, of course ◆ **il va certainement venir ce soir** he'll most probably *ou* most likely come tonight ◆ **il est certainement le plus intelligent** he's certainly *ou* without doubt the most intelligent ◆ **il y a certainement un moyen de s'en tirer** there must be some way out ◆ **puis-je emprunter votre stylo ? – certainement** can I borrow your pen? – certainly *ou* of course

certes /sɛrt/ ADV [1] (*de concession*) (= *sans doute*) certainly, admittedly; (= *bien sûr*) of course, certainly ◆ **il est certes le plus fort, mais...** he is admittedly *ou* certainly the strongest, but... ◆ **certes je n'irai pas jusqu'à le renvoyer mais...** of course I wouldn't *ou* I certainly wouldn't go as far as dismissing him but...
[2] (*d'affirmation*) indeed, most certainly ◆ **l'avez-vous apprécié ? – certes** did you like it? – I did indeed *ou* I most certainly did

certif * /sɛrtif/ NM (abrèv de **certificat d'études (primaires)**) → **certificat**

certifiant, e /sɛrtifjɑ̃, ɑ̃t/ ADJ ◆ **formation certifiante** training that leads to a qualification

certificat /sɛrtifika/
NM (= *attestation*) certificate, attestation; (= *diplôme*) certificate, diploma; (= *recommandation*) [*de domestique*] testimonial; (*fig*) guarantee

COMP **certificat d'aptitude professionnelle** vocational training certificate
certificat d'aptitude au professorat de l'enseignement du second degré *secondary school teacher's diploma*
certificat d'aptitude au professorat de l'enseignement technique *technical teaching diploma*
certificat d'authenticité certificate of authenticity
certificat de bonne vie et mœurs character reference
certificat de concubinage *document certifying that an unmarried couple are living together as husband and wife*
certificat de décès death certificate
certificat de dépôt (*Fin*) certificate of deposit
certificat d'études primaires *certificate formerly obtained by pupils at the end of primary school*
certificat d'hébergement proof of residence
certificat d'investissement non-voting preferred share
certificat de licence † (*Univ*) *part of first degree*
certificat de mariage marriage certificate
certificat médical medical *ou* doctor's certificate
certificat de naissance birth certificate
certificat de navigabilité [*de bateau*] certificate of seaworthiness; [*d'avion*] certificate of airworthiness
certificat d'origine (*Comm*) certificate of origin
certificat prénuptial prenuptial medical certificate
certificat de résidence (*Admin*) certificate of residence *ou* domicile
certificat de scolarité attestation of attendance at school *ou* university
certificat de travail attestation of employment

certificateur /sɛrtifikatœr/
ADJ [*personne*] who acts as a guarantor *ou* as surety ◆ **organisme certificateur** certification body
NM (*Jur*) guarantor, certifier ◆ **certificateur de caution** countersurety, countersecurity

certification /sɛrtifikasjɔ̃/ NF [1] (*Jur* = *assurance*) attestation, witnessing ◆ **certification de signature** attestation of signature
[2] [*d'entreprise, produit*] certification ◆ **certification ISO 9000** ISO 9000 certification

certifié, e /sɛrtifje/ (ptp de **certifier**) NM,F (qualified) secondary school (*Brit*) *ou* high-school (*US*) teacher (*holder of the CAPES*)

certifier /sɛrtifje/ SYN ▸ conjug 7 ◂ VT [1] (= *assurer*) ◆ **certifier qch à qn** to assure sb of sth, to guarantee sb sth *ou* sth to sb ◆ **je te certifie qu'ils vont avoir affaire à moi !** I can assure you *ou* I'm telling you * they'll have me to reckon with!
[2] (*Jur* = *authentifier*) [*+ document*] to certify, to guarantee; [*+ signature*] to attest, to witness; [*+ caution*] to counter-secure ◆ **copie certifiée conforme à l'original** certified copy of the original

certitude /sɛrtityd/ GRAMMAIRE ACTIVE 15.1 SYN NF certainty ◆ **c'est une certitude absolue** it's absolutely certain *ou* an absolute certainty ◆ **avoir la certitude de qch/de faire qch** to be certain *ou* sure of sth/of doing sth ◆ **j'ai la certitude d'être le plus fort** I am certain of being *ou* that I am the strongest ◆ **je peux vous dire avec certitude que...** I can tell you with certainty that...

céruléen, -enne /seryleɛ̃, ɛn/ ADJ (*littér*) cerulean

cérumen /serymɛn/ NM (ear) wax, cerumen (*SPÉC*)

cérumineux, -euse /seryminø, øz/ ADJ ceruminous

céruse /seryz/ NF ceruse; → **blanc**

cérusé, e /seryze/ ADJ [*bois, meuble*] white-leaded

Cervantes /sɛrvɑ̃tɛs/ NM Cervantes

cerveau (pl **cerveaux**) /sɛrvo/ SYN
NM [1] (*Anat*) brain; (*fig* = *intelligence*) brain(s), mind ◆ **le cerveau humain** the human brain ◆ **avoir le cerveau dérangé** *ou* (*hum*) **fêlé** to be deranged *ou* (a bit) touched * *ou* cracked * ◆ **fais travailler ton cerveau** use your brain; → **rhume, transport**
[2] (= *personne intelligente*) brain, mind ◆ **c'est un grand cerveau** he has a great mind ◆ **les grands cerveaux de l'humanité** the great minds of history ◆ **la fuite** *ou* **l'exode des cerveaux** the brain drain
[3] (= *organisateur*) brains ◆ **c'était le cerveau de l'affaire** he was the brains behind the job, he masterminded the job ◆ **le cerveau de la bande** the brains of the gang

COMP **cerveau antérieur** forebrain
cerveau électronique electronic brain
cerveau moyen midbrain
cerveau postérieur hindbrain

cervelas /sɛrvəla/ NM saveloy

cervelet /sɛrvəlɛ/ NM cerebellum

cervelle /sɛʀvɛl/ SYN NF (*Anat*) brain; (*Culin*) brains ◆ **cervelle d'agneau** (*Culin*) lamb's brains ◆ **cervelle de canut** (*Culin*) fromage blanc with chopped chives (Lyons speciality) ◆ **se brûler** *ou* **se faire sauter la cervelle** to blow one's brains out ◆ **quand il a quelque chose dans la cervelle** when he gets something into his head ◆ **sans cervelle** brainless ◆ **il n'a rien dans la cervelle*** he's completely brainless, he's as thick as two short planks* (*Brit*) ◆ **avoir une cervelle d'oiseau** *ou* **de moineau** to be featherbrained *ou* bird-brained ◆ **toutes ces cervelles folles** all these scatterbrains; → **creuser, trotter**

cervical, e (mpl **-aux**) /sɛʀvikal, o/ ADJ cervical

cervicalgie /sɛʀvikalʒi/ NF neck pain

cervidé /sɛʀvide/ NM member of the deer family, cervid (*SPÉC*) ◆ **cervidés** the deer family, Cervidae (*SPÉC*)

Cervin /sɛʀvɛ̃/ NM ◆ **le Cervin** the Matterhorn

cervoise /sɛʀvwaz/ NF barley beer

CES /seɛs/ NM ① (abrév de **collège d'enseignement secondaire**) → **collège**
② (abrév de **contrat emploi-solidarité**) → **contrat**

ces /se/ PRON DÉM → **ce¹**

César /sezaʀ/ NM ① (*Hist*) Caesar ◆ **il faut rendre à César ce qui appartient à César** (*Prov*) render unto Caesar the things which are Caesar's (*Prov*)
② (*Ciné*) French film award, ≈ Oscar, ≈ BAFTA award (*Brit*)

Césarée /sezaʀe/ NF Caesarea

césarien, -ienne /sezaʀjɛ̃, jɛn/
ADJ (*Hist*) Caesarean
NF **césarienne** (*Méd*) Caesarean (section) ◆ **elle a eu** *ou* **on lui a fait une césarienne** she had a Caesarean (birth *ou* delivery)

césarisé, e /sezaʀize/ ADJ ① (*Ciné*) [*comédien*] who has won a César; [*film*] that has won a César
② (*Méd*) ◆ **les femmes césarisées** women who have had Caesareans *ou* Caesarean births *ou* deliveries

césariser /sezaʀize/ ▶ conjug 1 ◀ VT (*Méd*) to perform a Caesarean (section) on

césium /sezjɔm/ NM ⇒ **cæsium**

cespiteux, -euse /sɛspitø, øz/ ADJ caespitose (*Brit*), cespitose (*US*)

cessant, e /sesɑ̃, ɑ̃t/ ADJ → **affaire**

cessation /sesasjɔ̃/ SYN NF (*frm*) [*d'activité, pourparlers*] cessation; [*d'hostilités*] cessation, suspension; [*de paiements*] suspension ◆ **être en cessation des paiements** to be insolvent, to be unable to meet one's financial obligations

cesse /sɛs/ SYN NF ① ◆ **sans cesse** (= *tout le temps*) continually, constantly, incessantly; (= *sans interruption*) continuously, incessantly ◆ **il est sans cesse après lui** she's continually *ou* constantly nagging (at) him, she's forever nagging (at) him ◆ **la pluie tombe sans cesse depuis hier** it has been raining continuously *ou* nonstop since yesterday
② (*frm*) ◆ **il n'a de cesse que...** he will not rest until... ◆ **il n'a eu de cesse qu'elle ne lui cède** he gave her no peace *ou* rest until she gave in to him

cesser /sese/ SYN ▶ conjug 1 ◀
VT ① [+ *bavardage, bruit, activité*] to stop; [+ *relations*] to (bring to an) end, to break off ◆ **nous avons cessé la fabrication de cet article** we have stopped making this item, this line has been discontinued ◆ **cesser ses fonctions** to leave office ◆ **cesser ses paiements** to stop *ou* discontinue payment ◆ **cesser le combat** to stop *ou* cease fighting ◆ **cesser le travail** to stop work *ou* working
② ◆ **cesser de faire qch** to stop doing sth ◆ **il a cessé de fumer** he's given up *ou* stopped *ou* quit* smoking ◆ **il a cessé de venir il y a un an** he stopped coming a year ago ◆ **il n'a pas cessé de pleuvoir de toute la journée** it hasn't stopped raining all day, the rain hasn't let up all day ◆ **la compagnie a cessé d'exister en 1943** the company ceased to exist *ou* ceased trading in 1943 ◆ **quand cesseras-tu** *ou* **tu vas bientôt cesser de faire le clown ?** when are you going to stop *ou* quit* *ou* leave off* acting the fool? ◆ **son effet n'a pas cessé de se faire sentir** its effects are still being felt
③ (*frm* : *répétition fastidieuse*) ◆ **ne cesser de** ◆ **il ne cesse de m'importuner** he's constantly *ou* forever bothering me ◆ **il ne cesse de dire que...** he's constantly *ou* continually saying that...
VI ① [*bavardage, bruit, activités, combat*] to stop, to cease; [*relations, fonctions*] to come to an end; [*douleur*] to stop; [*fièvre*] to pass, to die down ◆ **le vent a cessé** the wind has stopped (blowing) ◆ **tout travail a cessé** all work has stopped *ou* come to a halt *ou* a standstill
② ◆ **faire cesser** [+ *bruit*] to put a stop to, to stop; [+ *scandale*] to put an end *ou* a stop to ◆ **pour faire cesser les poursuites** (*Jur*) in order to have the proceedings dropped

cessez-le-feu /sese(ə)fø/ NM INV ceasefire

cessibilité /sesibilite/ NF transferability

cessible /sesibl/ ADJ (*Jur*) transferable, assignable

cession /sesjɔ̃/ SYN NF [*de bail, biens, droit*] transfer ◆ **faire cession de** to transfer, to assign ◆ **cession-bail** lease-back

cessionnaire /sesjɔnɛʀ/ NMF [*de bien, droit*] transferee, assignee

c'est-à-dire /sɛtadiʀ/ SYN CONJ ① (= *à savoir*) that is (to say), i.e ◆ **un lexicographe, c'est-à-dire quelqu'un qui fait un dictionnaire** a lexicographer, that is (to say), someone who compiles a dictionary
② ◆ **c'est-à-dire que** (= *en conséquence*) ◆ **l'usine a fermé, c'est-à-dire que son frère est maintenant en chômage** the factory has shut down, which means that his brother is unemployed now ◆ **viendras-tu dimanche ? - c'est-à-dire que j'ai du travail** (*manière d'excuse*) will you come on Sunday? - well actually *ou* well the thing is I've some work to do ◆ **je suis fatigué - c'est-à-dire que tu as trop bu hier** (*rectification*) I'm tired - you mean *ou* what you mean is you had too much to drink yesterday

cestodes /sɛstɔd/ NMPL ◆ **les cestodes** cestodes, the Cestoda (*SPÉC*)

césure /sezyʀ/ NF caesura

CET /seate/ NM (abrév de **collège d'enseignement technique**) → **collège**

cet /sɛt/ ADJ DÉM → **ce¹**

cétacé /setase/ NM cetacean

cétane /setan/ NM cetane

cétérac(h) /seteʀak/ NM ceterach

cétoine /setwan/ NF rose chafer *ou* beetle

cétone /setɔn/ NF ketone

cétonémie /setɔnemi/ NF ketonaemia (*Brit*), ketonemia (*US*)

cétonique /setɔnik/ ADJ ketonic

cétonurie /setɔnyʀi/ NF presence of ketone bodies in the urine, ketonuria (*SPÉC*)

ceux /sø/ PRON DÉM → **celui**

Ceylan /sɛlɑ̃/ NM Ceylon

cf /seɛf/ (abrév de **confer**) cf

CFA /seɛfa/ (abrév de **Communauté financière africaine**) → **franc²**

CFAO /seɛfao/ NF (abrév de **conception et fabrication assistées par ordinateur**) CADCAM

CFC /seɛfse/ NMPL (abrév de **chlorofluorocarbures**) CFCs

CFDT /seɛfdete/ NF (abrév de **Confédération française démocratique du travail**) French trade union

CFF /seɛfɛf/ NMPL (abrév de **Chemins de fer fédéraux** (*Helv*)) → **chemin**

CFP /seɛfpe/ NM (abrév de **centre de formation professionnelle**) → **centre**

CFTC /seɛftese/ NF (abrév de **Confédération française des travailleurs chrétiens**) French trade union

cg (abrév de **centigramme**) cg

CGC /segese/ NF (abrév de **Confédération générale des cadres**) French management union

CGT /seʒete/ NF (abrév de **Confédération générale du travail**) French trade union

ch (abrév de **cheval-vapeur**) HP, h.p.

chablis /ʃabli/ NM ① (= *vin*) Chablis (dry white Burgundy wine)
② (= *bois*) windfall

chabot /ʃabo/ NM bullhead

chacal (pl **chacals**) /ʃakal/ NM (= *animal*) jackal; (*péj*) vulture

cha-cha(-cha) /tʃatʃa(tʃa)/ NM INV cha-cha(-cha)

chacun, e /ʃakœ̃, yn/ PRON INDÉF ① (*d'un ensemble bien défini*) each (one) ◆ **chacun d'entre eux** each (one) of them, every one of them ◆ **chacun des deux** each *ou* both of them, each of the two ◆ **ils me donnèrent chacun 2 €/leur chapeau** they each (of them) gave me €2/their hat, each (one) of them gave me €2/their hat ◆ **il leur donna (à) chacun 5 €, il leur donna 5 € (à) chacun** he gave them €5 each, he gave them each €5, he gave each (one) of them €5 ◆ **il remit les livres chacun à sa** *ou* **leur place** he put each of the books back in its place ◆ **nous sommes entrés chacun à notre tour** we each went in in turn
② (*d'un ensemble indéfini*) everyone, everybody ◆ **comme chacun le sait** as everyone *ou* everybody knows ◆ **chacun son tour !** wait your turn!, everyone's got to have a turn! ◆ **chacun son goût** *ou* **ses goûts** each to his own ◆ **chacun ses idées** everyone has a right to their (own) opinion, each to his own ◆ **chacun pour soi (et Dieu pour tous !)** every man for himself (and God for us all!) ◆ **chacun voit midi à sa porte** people always act in their own interests ◆ **(à) chacun son métier(, les vaches seront bien gardées)** (*Prov*) each man to his own trade; → **tout**

chafouin, e /ʃafwɛ̃, in/ ADJ [*visage, mine, personne*] sly

chagrin¹, e /ʃagʀɛ̃, in/ SYN
ADJ (*littér*) (= *triste*) [*air, humeur, personne*] despondent, dejected; (= *bougon*) [*personne*] ill-humoured (*Brit*) *ou* -humored (*US*), morose ◆ **les esprits chagrins disent que...** disgruntled people say that...
NM ① (= *affliction*) sorrow; (*dans le deuil*) grief ◆ **avoir du chagrin** to be sad ◆ **alors, on a un gros chagrin !** (*à un enfant*) well, you're looking sorry for yourself! ◆ **avoir un chagrin d'amour** to have an unhappy love affair, to be disappointed in love ◆ **faire du chagrin à qn** to upset sb ◆ **plonger qn dans un profond chagrin** to plunge sb deep in grief; → **noyer**
② († = *mélancolie*) ill-humour (*Brit*) *ou* -humor (*US*)

chagrin² /ʃagʀɛ̃/ NM (= *cuir*) shagreen; → **peau**

chagrinant, e /ʃagʀinɑ̃, ɑ̃t/ ADJ distressing

chagriner¹ /ʃagʀine/ SYN ▶ conjug 1 ◀ VT (= *désoler*) to distress, to upset; (= *tracasser*) to worry, to bother

chagriner² /ʃagʀine/ ▶ conjug 1 ◀ VT [+ *peau*] to grain

chah /ʃa/ NM ⇒ **shah**

chahut /ʃay/ SYN NM (= *tapage*) uproar ◆ **faire du chahut** to make *ou* create an uproar

chahuter /ʃayte/ SYN ▶ conjug 1 ◀
VI (*Scol*) (= *faire du bruit*) to make *ou* create an uproar; (= *faire les fous*) to mess around, to lark around* (*avec with*)
VT ① [+ *professeur*] to play up; † [+ *fille*] to tease; [+ *ministre*] to heckle ◆ **un professeur chahuté** a teacher who can't control his pupils ◆ **il se fait chahuter par ses élèves** his pupils create mayhem in his class
② (* = *cahoter*) [+ *objet*] to knock about
③ (*Bourse*) [+ *valeur, monnaie*] to put under pressure

chahuteur, -euse /ʃaytœʀ, øz/
ADJ rowdy, unruly
NM,F rowdy

chai /ʃɛ/ NM wine and spirit store(house)

chaînage /ʃenaʒ/ NM ① (*Ordin*) chaining
② (*Constr*) clamp ◆ **poutre de chaînage** (wall) tie

chaîne /ʃɛn/ SYN
NF ① (*de métal, ornementale*) chain ◆ **chaîne de bicyclette/de montre** bicycle/watch chain ◆ **attacher un chien à une chaîne** to chain up a dog, to put a dog on a chain ◆ **chaînes** [*de voiture*] (snow) chains
② (= *esclavage*) ◆ **chaînes** chains, bonds, fetters, shackles ◆ **briser ses chaînes** to cast off one's chains *ou* bonds *ou* shackles
③ (= *suite*) (*gén, Anat, Chim, Méd*) chain; [*de montagnes*] chain, range ◆ **la chaîne des Alpes** the Alpine range ◆ **faire la chaîne, former une chaîne** (*humaine*) to form a (human) chain ◆ **en chaîne** [*catastrophes, faillites*] a series of; → **réaction**
④ (= *méthode de production*) ◆ **chaîne (de fabrication)** production line ◆ **produire qch à la chaîne** to mass-produce sth, to make sth on an assembly line *ou* a production line ◆ **travailler à la chaîne** to work on an assembly line *ou* a production line ◆ **il produit des romans à la chaîne** he churns out one novel after another

chaîner | chambre

♦ **en bout de chaîne** (fig) at the end of the chain; → **travail**¹

[5] (TV) channel ♦ **chaîne culturelle/musicale** cultural/music channel ♦ **sur la première/deuxième chaîne** on the first/second channel

[6] (Radio) music system ♦ **chaîne hi-fi/stéréo** hi-fi/stereo system ♦ **chaîne compacte** mini-system, music centre (Brit)

[7] [de journaux] string; [de magasins] chain

[8] [de tissage] warp

[9] (= lettre) chain letter

COMP **chaîne alimentaire** food chain ♦ **chaîne d'arpenteur** (surveyor's) chain, chain measure ♦ **chaîne câblée** cable channel ♦ **chaîne de caractères** (Ordin) character string ♦ **chaîne de commandement** chain of command ♦ **chaîne du froid** cold chain ♦ **respecter la chaîne du froid** to make sure the recommended low temperature is maintained ♦ **chaîne logistique** supply chain ♦ **chaîne de montage** assembly line ♦ **la chaîne parlée** (Ling) connected speech ♦ **chaîne payante** ou **à péage** (TV) pay TV channel ♦ **chaîne privée** (TV) private channel ♦ **chaîne publique** (TV) publicly-owned channel, public service channel (US) ♦ **chaîne sans fin** endless chain ♦ **chaîne de solidarité** support network ♦ **chaîne de sûreté** (gén) safety chain; [de porte] door ou safety chain

chaîner /ʃene/ ▸ conjug 1 ◂ VT (Ordin) to chain; (Constr) to clamp

chaînette /ʃenɛt/ NF (small) chain ♦ **courbe** ou **arc en chaînette** (Math) catenary curve; → **point**²

chaînon /ʃenɔ̃/ NM (lit, fig) [de chaîne] link; [de filet] loop; (Géog) secondary range (of mountains) ♦ **le chaînon manquant** the missing link ♦ **chaînon de données** (Ordin) data link

chaintre /ʃɛtr/ NF ou M (Agr) headland

chair /ʃɛr/

NF [1] [d'homme, animal, fruit] flesh ♦ **en chair et en os** in the flesh, as large as life (hum) ♦ **ce n'est pas qu'un être de chair et de sang** he's only flesh and blood, he's only human ♦ **donner chair à** [+ personnage, pièce] to give life to ♦ **être ni chair ni poisson** (indécis) to be indecisive; (indéfinissable) to be neither fish nor fowl ♦ **l'ogre aime la chair fraîche** the ogre likes a diet of warm young flesh ♦ **il aime la chair fraîche** (hum : des jeunes femmes) he likes firm young flesh ♦ **entrer dans les chairs** to penetrate the flesh ♦ **(à saucisse)** sausage meat ♦ **je vais en faire de la chair à pâté** ou **à saucisse*** I'm going to make mincemeat of him ♦ **bien en chair** well-padded (hum), plump

[2] (littér, Rel = opposé à l'esprit) flesh ♦ **souffrir dans/mortifier sa chair** to suffer in/mortify the flesh ♦ **fils/parents selon la chair** natural son/parents ♦ **sa propre chair, la chair de sa chair** his own flesh and blood ♦ **la chair est faible** the flesh is weak; → **péché**

[3] (Peinture) ♦ **chairs** flesh tones ou tints

ADJ INV ♦ **(couleur) chair** flesh-coloured (Brit) ou -colored (US)

COMP **chair à canon** cannon fodder ♦ **chair de poule** ♦ **avoir/donner la chair de poule** (froid) to have/give goosepimples ou gooseflesh ♦ **ça vous donne ou en a la chair de poule** (chose effrayante) it makes your flesh creep, it gives you gooseflesh

chaire /ʃɛr/ NF [1] (= estrade) [de prédicateur] pulpit; [de professeur] rostrum ♦ **monter en chaire** to go up into ou ascend the pulpit

[2] (= poste) (Scol) post; (Univ) chair ♦ **créer une chaire de français** to create a chair of French

[3] ♦ **la chaire pontificale** the papal throne

chaise /ʃɛz/

NF chair ♦ **faire la chaise** (pour porter un blessé) to link arms to make a seat ou chair ♦ **être assis** ou **avoir le cul**‡ **entre deux chaises** to be caught between two stools, to be on the horns of a dilemma; → **politique**

COMP **chaise de bébé** highchair ♦ **chaise berçante** ou **berceuse** (Can) rocking chair ♦ **chaise de cuisine** kitchen chair ♦ **chaise électrique** electric chair ♦ **chaise haute** highchair ♦ **chaise de jardin** garden chair ♦ **chaise longue** (= siège pliant) deckchair; (= canapé) chaise longue ♦ **faire la chaise longue**

to lie back ou relax in a deckchair; (= se reposer) to put one's feet up ♦ **chaises musicales** (= jeu, fig) musical chairs ♦ **chaise percée** commode ♦ **chaise (à porteurs)** sedan(-chair) ♦ **chaise de poste** poste chaise ♦ **chaise roulante** wheelchair, bathchair † (Brit)

chaisier, -ière /ʃezje, jɛr/ NM,F [1] (= loueur) chair attendant

[2] (= fabricant) chair maker

chaland¹ /ʃalɑ̃/ NM (= bateau) barge

chaland², **e** † /ʃalɑ̃, ɑ̃d/ NM,F (= client) customer

chalandage /ʃalɑ̃daʒ/ NM shopping

chalandise /ʃalɑ̃diz/ NF ♦ **zone de chalandise** customer catchment area

chalaze /ʃalaz, kalaz/ NF chalaza

chalazion /ʃalazjɔ̃/ NM (Méd) sty(e)

chalcographie /kalkɔgrafi/ NF (= gravure) chalcography; (= salle) chalcography room

chalcolithique /kalkɔlitik/ ADJ chalcolithic

chalcopyrite /kalkɔpirit/ NF chalcopyrite, copper pyrites

chalcosine /kalkozin/ NF chalcocite

Chaldée /kalde/ NF Chaldea

chaldéen, -enne /kaldeɛ̃, ɛn/
ADJ Chaldean, Chaldee
NM (= langue) Chaldean
NM,F **Chaldéen(ne)** Chaldean, Chaldee

châle /ʃal/ SYN NM shawl; → **col**

chalet /ʃalɛ/ NM chalet; (Can) summer cottage ♦ **chalet de nécessité** †† public convenience

chaleur /ʃalœr/ SYN NF [1] (gén, Phys) heat; (modérée, agréable) warmth ♦ **quelle chaleur !** it's hot!, it's boiling!* ♦ **il fait une chaleur accablante** the heat's oppressive, it's oppressively hot ♦ **il faisait une chaleur lourde** the air was sultry, it was very close ♦ **les grandes chaleurs (de l'été)** the hot (summer) days ou weather ♦ **« craint la chaleur »** (sur étiquette) "keep in a cool place" ♦ **four à chaleur tournante** convection oven ♦ **chaleur massique** ou **spécifique/latente** specific/latent heat ♦ **chaleur animale** body heat

[2] [de discussion, passion] heat; [d'accueil, voix, couleur] warmth; [de convictions] fervour (Brit), fervor (US) ♦ **manquer de chaleur humaine** to lack the human touch ♦ **chercher un peu de chaleur humaine** to look for a bit of company ♦ **prêcher avec chaleur** to preach with fire ou fervour ♦ **défendre une cause/un ami avec chaleur** to put up a passionate defence of a cause/a friend

[3] [d'animal femelle] ♦ **la période des chaleurs** the heat ♦ **en chaleur** on (Brit) ou in (US) heat

[4] († = malaise) flush ♦ **éprouver des chaleurs** to have hot flushes (Brit) ou flashes (US); → **bouffée**

chaleureusement /ʃalœrøzmɑ̃/ SYN ADV warmly

chaleureux, -euse /ʃalœrø, øz/ SYN ADJ [personne, accueil, applaudissements, remerciements] warm; [félicitations] hearty, warm ♦ **il parla de lui en termes chaleureux** he spoke of him very warmly

châlit /ʃali/ NM bedstead

challenge /ʃalɑ̃ʒ/ SYN NM (= épreuve) contest, tournament (in which a trophy is at stake); (= trophée) trophy; (= gageure, défi) challenge

challenger /ʃalɑ̃ʒɛr/, **challengeur** /ʃalɑ̃ʒœr/ NM challenger

chaloir /ʃalwar/ VI → **chaut**

chaloupe /ʃalup/ NF launch; (* : Can) rowing boat (Brit), rowboat (US, Can) ♦ **chaloupe de sauvetage** lifeboat

chaloupé, e /ʃalupe/ ADJ [danse, rythme] swaying; [démarche] rolling

chalumeau (pl **chalumeaux**) /ʃalymo/ NM [1] (= outil) blowtorch, blowlamp (Brit) ♦ **chalumeau oxyacétylénique** oxyacetylene torch ♦ **ils ont découpé le coffre-fort au chalumeau** they used a blowtorch to cut through the safe

[2] (Mus) pipe

[3] († = paille) (drinking) straw

[4] (Can) spout (fixed on the sugar maple tree for collecting maple sap)

chalut /ʃaly/ NM trawl (net) ♦ **pêcher au chalut** to trawl

chalutage /ʃalytaʒ/ NM trawling

chalutier /ʃalytje/ NM (= bateau) trawler; (= pêcheur) trawlerman

chamade /ʃamad/ NF → **battre**

chamaille /ʃamaj/ NF squabble, (petty) quarrel

chamailler (se) /ʃamaje/ SYN ▸ conjug 1 ◂ VPR to squabble, to bicker

chamaillerie /ʃamajri/ SYN NF squabble, (petty) quarrel ♦ **chamailleries** squabbling (NonC), bickering (NonC)

chamailleur, -euse /ʃamajœr, øz/
ADJ quarrelsome
NM,F quarrelsome person

chaman /ʃaman/ NM shaman

chamanisme /ʃamanism/ NM shamanism

chamarré, e /ʃamare/ (ptp de **chamarrer**) ADJ [étoffe, rideaux, vêtements] richly coloured (Brit) ou colored (US) ♦ **chamarré d'or/de pourpre** bedecked with gold/purple

chamarrer /ʃamare/ ▸ conjug 1 ◂ VT (littér = orner) to bedeck, to adorn

chamarrure /ʃamaryr/ NF (gén pl) [d'étoffe] vivid ou loud (péj) combination of colours; [d'habit, uniforme] rich trimming

chambard* /ʃɑ̃bar/ NM (= vacarme) racket*, rumpus*, row* (Brit); (= protestation) rumpus*, row* (Brit); (= bagarre) scuffle, brawl; (= désordre) shambles (sg), mess; (= bouleversement) upheaval ♦ **faire du chambard** (= protester) to kick up a rumpus* ou a row* (Brit) ♦ **ça va faire du chambard !** it's bound to cause a rumpus* ou row* (Brit)

chambardement* /ʃɑ̃bardəmɑ̃/ NM (= bouleversement) upheaval; (= nettoyage) clear-out ♦ **un grand chambardement gouvernemental** a major government reshuffle

chambarder* /ʃɑ̃barde/ ▸ conjug 1 ◂ VT (= bouleverser) [+ objets, pièce] to turn upside down; [+ projets, habitudes] to turn upside down, to upset; (= se débarrasser de) to chuck out*, to throw out

chambellan /ʃɑ̃belɑ̃/ NM chamberlain

chamboulement* /ʃɑ̃bulmɑ̃/ SYN NM (= désordre) chaos, confusion; (= bouleversement) upheaval

chambouler* /ʃɑ̃bule/ SYN ▸ conjug 1 ◂ VT (= bouleverser) [+ objets, pièce] to turn upside down ♦ **cela a chamboulé nos projets** that messed up* our plans ou threw our plans right out* ♦ **il a tout chamboulé dans la maison** he has turned the (whole) house upside down

chamboule-tout /ʃɑ̃bultu/ NM INV (= jeu) fairground game in which balls are thrown to knock down a pyramid of tins ♦ **c'est une vraie partie de chamboule-tout** (fig) it's a complete shake-up

chambranle /ʃɑ̃brɑ̃l/ NM [de porte] frame, casing; [de fenêtre] (window) frame, casing; [de cheminée] mantelpiece ♦ **il s'appuya au chambranle** he leant against the doorpost

chambray /ʃɑ̃brɛ/ NM (= tissu) chambray

chambre /ʃɑ̃br/ SYN

NF [1] (pour dormir) bedroom; († = pièce) chamber †, room ♦ **chambre à un lit/à deux lits** single-/twin-bedded room ♦ **chambre double** ou **pour deux personnes** double room ♦ **chambre individuelle** single room ♦ **chambre seule** (à l'hôpital) private room ♦ **va dans ta chambre !** go to your (bed)room! ♦ **faire chambre à part** to sleep apart ou in separate rooms; → **femme, musique, orchestre, robe, valet**

[2] (Pol) House, Chamber ♦ **à la Chambre** in the House ♦ **système à deux chambres** two-house ou -chamber system ♦ **Chambre haute/basse** Upper/Lower House ou Chamber ♦ **ce n'est plus qu'une simple chambre d'enregistrement** it simply rubber-stamps the government's decisions

[3] (Jur = section judiciaire) division; (Admin = assemblée, groupement) chamber

[4] [de fusil, mine, canon] chamber

[5] (locutions)
♦ **en chambre** ♦ **travailler en chambre** to work at home, to do outwork ♦ **couturière en chambre** dressmaker working at home ♦ **stratège/alpiniste en chambre** (péj) armchair strategist/mountaineer ♦ **ces vidéos permettent de voyager en chambre** with these videos, you can travel without leaving the comfort of your armchair

COMP **chambre d'accusation** court of criminal appeal

chambre à air (inner) tube ◆ **sans chambre à air** tubeless
chambre d'amis spare *ou* guest room
chambre de bonne (*lit*) maid's room; (*sous les toits*) garret
chambre à bulles bubble chamber
chambre des cartes (*Naut*) charthouse
chambre claire (*Opt*) camera lucida
chambre de combustion combustion chamber
chambre de commerce (et d'industrie) Chamber of Commerce (and Industry)
la Chambre des communes the House of Commons
chambre de compensation clearing house
chambre correctionnelle ≈ magistrates' *ou* district court
chambre à coucher (= *pièce*) bedroom; (= *mobilier*) bedroom furniture
chambre criminelle court of criminal appeal (*in the Cour de Cassation*)
la Chambre des députés the Chamber of Deputies
chambre d'enfant child's (bed)room, nursery
chambre d'étudiant student room
chambre d'explosion ⇒ **chambre de combustion**
chambre forte strongroom
chambre frigorifique, **chambre froide** cold room
chambre à gaz gas chamber
chambre d'hôpital hospital room
chambre d'hôte ≈ bed and breakfast
chambre d'hôtel hotel room
la Chambre des lords the House of Lords
chambre des machines engine room
chambre des métiers guild chamber, chamber of trade
chambre meublée furnished room, bed-sitter (*Brit*)
chambre noire (*Photo*) darkroom
les chambres de l'œil the aqueous chambers of the eye
la Chambre des représentants the House of Representatives
chambre des requêtes (preliminary) civil appeal court
chambre sourde anechoic chamber
chambre de sûreté [*de prison*] lockup
chambre syndicale employers' federation

chambrée /ʃɑ̃bʁe/ NF (= *pièce, occupants*) room; [*de soldats*] barrack-room ◆ **camarades** *ou* **compagnons de chambrée** army buddies (*quartered in the same barrack room*)

chambrer /ʃɑ̃bʁe/ ▸ conjug 1 ◂ VT ① [+ *vin*] to bring to room temperature, to chambré; [+ *personne*] (= *prendre à l'écart*) to corner, to collar*; (= *tenir enfermé*) to keep in, to confine ◆ **les organisateurs ont chambré l'invité d'honneur** the organisers kept the V.I.P. guest out of circulation *ou* to themselves
② (* = *taquiner*) to tease ◆ **tu me chambres ?** (*canular*) are you having me on?*, are you pulling my leg?*

chambrette /ʃɑ̃bʁɛt/ NF small bedroom

chambrière /ʃɑ̃bʁijɛʁ/ NF ① (= *béquille de charrette*) cart-prop; († = *servante*) chambermaid

chambriste /ʃɑ̃bʁist/ NMF chamber-music player

chameau (pl **chameaux**) /ʃamo/ NM ① (= *animal*) camel; → **poil**
② (* : *péj*) (= *enfant*) little beast*; (= *femme*) cow*; (= *homme*) swine* ◆ **elle devient chameau avec l'âge** the older she gets the nastier she is ◆ **quel vieux chameau !** (= *femme*) old bag!*; (= *homme*) nasty old man!

chamelier /ʃaməlje/ NM camel driver

chamelle /ʃamɛl/ NF female camel

chamelon /ʃam(ə)lɔ̃/ NM young camel

chamérops /kameʁɔps/ NM palmetto

chamito-sémitique (pl **chamito-sémitiques**) /kamitosemitik/
ADJ Afro-Asiatic, Semito-Hamitic
NM (= *langues*) Afro-Asiatic *ou* Semito-Hamitic languages

chamois /ʃamwa/
NM (= *animal*) chamois; (*Ski*) skiing badge (*marking degree of proficiency*); → **peau**
ADJ INV fawn, buff(-coloured (*Brit*) *ou* -colored (US))

chamoiser /ʃamwaze/ ▸ conjug 1 ◂ VT to chamois

chamoiserie /ʃamwazʁi/ NF (= *industrie*) chamois-leather industry

chamoisine /ʃamwazin/ NF shammy leather

champ[1] /ʃɑ̃/ SYN
① (*Agr*) field ◆ **champ de blé** wheatfield, field of corn (*Brit*) *ou* wheat ◆ **champ d'avoine/de trèfle** field of oats/clover ◆ **travailler aux champs** to work in the fields ◆ **on s'est retrouvé en plein(s) champ(s)** we found ourselves in the middle of *ou* surrounded by fields ◆ **la vie aux champs** life in the country, country life ◆ **fleurs des champs** wild flowers; → **clé, travers**[2]
② (= *domaine*) field, area ◆ **élargir le champ de ses recherches/de ses investigations** to broaden the scope of one's research/one's investigations
③ (*Élec, Ling, Ordin, Phys*) field
④ (*Ciné, Photo*) ◆ **dans le champ** in (the) shot *ou* the picture ◆ **être dans le champ** to be in shot ◆ **sortir du champ** to go out of shot ◆ **pas assez de champ** not enough depth of focus ◆ **hors champ** off-camera (*attrib*); → **profondeur**
⑤ (*locutions*) ◆ **avoir du champ** to have elbow-room *ou* room to move ◆ **laisser du champ à qn** to leave sb room to manoeuvre ◆ **laisser le champ libre à qn** to leave sb a clear field ◆ **vous avez le champ libre** you're free to do as you please ◆ **prendre du champ** (*lit*) to step back, to draw back; (*fig*) to stand back ◆ **sonner aux champs** (*Mil*) to sound the general salute
COMP **champ d'action** *ou* **d'activité** sphere of activity
champ d'aviation airfield
champ de bataille battlefield
champ clos combat area ◆ **en champ clos** (*fig*) behind closed doors
champ de courses racecourse
champ électrique electric field
les Champs Élysées (*Myth*) the Elysian Fields; (*à Paris*) the Champs Élysées
champ de foire fairground
champ d'honneur field of honour ◆ **mourir** *ou* **tomber au champ d'honneur** to be killed in action
champ d'investissement ◆ **ils ont élargi leur champ d'investissement** they've widened their field of investment
champ lexical lexical field
champ magnétique magnetic field
champ de manœuvre parade ground
champ de Mars ≈ military esplanade
champ de mines minefield
champ de neige snowfield
champ opératoire operative field
champ optique optical field
champ ouvert (*Agr*) open field
champ sémantique semantic field
champ de tir (= *terrain*) rifle *ou* shooting range, practice ground; (= *angle de vue*) field of fire
champ visuel *ou* **de vision** field of vision *ou* view, visual field

champ[2] * /ʃɑ̃p/ NM (abrév de **champagne**) bubbly*, champers* (*Brit*)

champagne /ʃɑ̃paɲ/
ADJ INV champagne
NM champagne ◆ **elle a réussi ses examens, champagne !** she passed her exams, let's get out the champagne to celebrate! ◆ **champagne rosé** pink champagne
NF **Champagne** ◆ **la Champagne** Champagne, the Champagne region; → **fine**[2]

champagnisation /ʃɑ̃paɲizasjɔ̃/ NF champagnization

champagniser /ʃɑ̃paɲize/ ▸ conjug 1 ◂ VT to champagnize

champenois, e /ʃɑ̃pənwa, waz/
ADJ of *ou* from Champagne ◆ **vin méthode champenoise** champagne-type *ou* sparkling wine
NM,F **Champenois(e)** inhabitant *ou* native of Champagne

champêtre /ʃɑ̃pɛtʁ/ SYN ADJ (*gén*) rural; [*vie*] country (*épith*), rural; [*odeur, route*] country (*épith*); [*bal, fête*] village (*épith*) ◆ **fleurs champêtres** wild flowers ◆ **dans un cadre** *ou* **décor champêtre** in a rural setting ◆ **un déjeuner champêtre** an al fresco lunch; → **garde**[2]

champignon /ʃɑ̃piɲɔ̃/ NM ① (*gén*) mushroom; (*terme générique*) fungus; (*vénéneux*) toadstool, poisonous mushroom *ou* fungus; (= *mycose*) fungus ◆ **aller aux champignons** to go mushroom-picking, to go collecting mushrooms ◆ **champignon comestible** (edible) mushroom, edible fungus ◆ **certains champignons sont comestibles** some fungi are edible ◆ **champignon de Paris** *ou* **de couche** cultivated mushroom ◆ **champignon hallucinogène** hallucinogenic mushroom, magic mushroom* ◆ **ces nouvelles industries ont proliféré comme des champignons** these new industries have sprung up *ou* sprouted like mushrooms *ou* have mushroomed; → **pousser, ville**
② (= *nuage*) ◆ **champignon (atomique)** mushroom cloud
③ (* = *accélérateur*) accelerator; → **appuyer**

champignonnière /ʃɑ̃piɲɔnjɛʁ/ NF mushroom bed

champignonniste /ʃɑ̃piɲɔnist/ NMF mushroom grower

champion, -ionne /ʃɑ̃pjɔ̃, jɔn/ SYN
ADJ * A1, first-rate ◆ **c'est champion !** that's great!* *ou* first-rate!
NM,F (*Sport* = *défenseur*) champion ◆ **champion du monde de boxe** world boxing champion ◆ **se faire le champion d'une cause** to champion a cause ◆ **c'est le champion de la gaffe** (*hum*) there's no one to beat him for tactlessness

championnat /ʃɑ̃pjɔna/ NM championship ◆ **championnat du monde/d'Europe** world/European championship

champlever /ʃɑ̃l(ə)ve/ ▸ conjug 5 ◂ VT to chase, to chamfer ◆ **émaux champlevés** champlevé (enamels)

chamsin /xamsin/ NM ⇒ **khamsin**

chançard, e * /ʃɑ̃saʁ, aʁd/
ADJ lucky
NM,F lucky devil*, lucky dog*

chance /ʃɑ̃s/ GRAMMAIRE ACTIVE 15.2, 15.3, 16.3, 23.5 SYN NF ① (= *bonne fortune*) (good) luck ◆ **avec un peu de chance** with a bit of luck ◆ **quelle chance !** what a bit *ou* stroke of (good) luck!, how lucky! ◆ **c'est une chance que...** it's lucky *ou* fortunate that..., it's a bit of *ou* a stroke of luck that... ◆ **coup de chance** stroke of luck ◆ **il était là, une chance !** *ou* **un coup de chance !** he was there, luckily ◆ **jour de chance !** lucky day! ◆ **ce n'est pas mon jour de chance !** it's not my day! ◆ **la chance a voulu qu'il y eût un médecin** by a stroke of luck *ou* luckily there was a doctor ◆ **par chance** luckily, fortunately ◆ **pas de chance !** hard *ou* bad *ou* tough* luck!, hard lines!* (*Brit*) ◆ **c'est bien ma chance !** (*iro*) (that's) just my luck! ◆ **tu as de la chance d'y aller** you're lucky *ou* fortunate to be going ◆ **il a la chance d'y aller** he's lucky *ou* fortunate enough to be going, he has the good luck *ou* good fortune to be going
② (= *hasard, fortune*) luck, chance ◆ **courir** *ou* **tenter sa chance** to try one's luck ◆ **la chance a tourné** his (*ou* her *etc*) luck has changed ◆ **la chance lui sourit** fortune smiles on him ◆ **mettre toutes les chances de son côté** to take no chances ◆ **sa mauvaise chance le poursuit** he is dogged by bad luck *ou* ill-luck; → **bon**[1]
③ (= *possibilité de succès*) chance ◆ **donner sa chance** *ou* **ses chances à qn** to give sb his chance ◆ **quelles sont ses chances (de réussir** *ou* **de succès) ?** what are his chances *ou* what chance has he got (of success *ou* of succeeding)? ◆ **il/son tir n'a laissé aucune chance au gardien de but** he/his shot didn't give the goalkeeper a chance ◆ **les chances d'un accord...** the chances of a settlement...
◆ **avoir + chance(s)** ◆ **elle a ses** *ou* **des chances (de gagner)** she stands a good chance (of winning) ◆ **il n'a aucune chance** he hasn't got *ou* doesn't stand a (dog's) chance ◆ **elle a une chance sur deux de s'en sortir** she's got a fifty-fifty chance of pulling through ◆ **ils ont des chances égales** they have equal chances *ou* an equal chance ◆ **il y a peu de chances (pour) qu'il la voie** there's little chance (that) he'll see her, there's little chance of his seeing her, the chances of his seeing her are slim ◆ **il y a toutes les chances que...** there's every chance that..., the chances *ou* odds are that... ◆ **il y a de grandes** *ou* **fortes chances pour qu'il vienne** there's a strong *ou* good chance he'll come, he's very likely to come ◆ **il y a des chances** * it's very likely, I wouldn't be surprised ◆ **il y a une chance sur cent (pour) que...** there's one chance in a hundred *ou* a one-in-a-hundred chance that...

chancelant, e /ʃɑ̃s(ə)lɑ̃, ɑ̃t/ SYN ADJ [*objet*] wobbly, unsteady; [*démarche*] unsteady; [*mémoire, santé*] failing; [*autorité*] flagging; [*régime*] tottering

chanceler /ʃɑ̃s(ə)le/ SYN ▸ conjug 4 ◂ **VI** *[personne]* to totter; *[ivrogne]* to reel; *[objet]* to wobble, to totter; *[autorité]* to flag; *[régime]* to totter; *[mémoire]* to fail ◆ **sa santé chancelle** he's in failing health, his health is failing ◆ **il s'avança en chancelant** he tottered forward ◆ **une société qui chancelle sur ses bases** a society which is tottering upon its foundations

chancelier, -ière [1] /ʃɑ̃səlje, jɛʀ/ **NM,F** *(en Allemagne, Autriche)* chancellor; *[d'ambassade]* secretary; *(Hist)* chancellor ◆ **le chancelier de l'Échiquier** the Chancellor of the Exchequer ◆ **grand chancelier de la Légion d'honneur** *high-ranking officer in the French Legion of Honour* → **recteur**

chancelière [2] /ʃɑ̃səljɛʀ/ **NF** footwarmer

chancellerie /ʃɑ̃sɛlʀi/ **NF** *[d'ambassade, consulat]* chancellery, chancery; *(Hist)* chancellery

chanceux, -euse /ʃɑ̃sø, øz/ SYN **ADJ** lucky, fortunate; *(†† = hasardeux)* hazardous

chancre /ʃɑ̃kʀ/ **NM** *(Bot, Méd, fig)* canker ◆ **chancre syphilitique** chancre ◆ **chancre mou** chancroid, soft chancre ◆ **manger** *ou* **bouffer comme un chancre*** to make a pig of oneself*

chancrelle /ʃɑ̃kʀɛl/ **NF** chancroid

chandail /ʃɑ̃daj/ **NM** (thick) sweater, (thick) jumper *(Brit)*

Chandeleur /ʃɑ̃dlœʀ/ **NF** ◆ **la Chandeleur** Candlemas

chandelier /ʃɑ̃dəlje/ SYN **NM** *(à une branche)* candlestick, candleholder; *(à plusieurs branches)* candelabra

(!) **chandelier** ne se traduit pas par le mot anglais **chandelier**, qui a le sens de 'lustre'.

chandelle /ʃɑ̃dɛl/ SYN **NF** 1 *(= bougie)* (tallow) candle ◆ **un dîner aux chandelles** a dinner by candlelight, a candlelit dinner ◆ **chandelle romaine** roman candle

2 *(en avion)* chandelle; *(Rugby)* up-and-under; *(Tennis)* lob; *(Gym)* shoulder stand; *(* = morve)* trickle of snot*

3 *(locutions)* ◆ **tenir la chandelle** *(hum)* to play gooseberry *(Brit)*, to be a third wheel *(US)* ◆ **je ne tenais pas la chandelle !** I wasn't there at the time! ◆ **monter en chandelle** *[avion]* to climb vertically ◆ **lancer en chandelle** *(Golf)* to loft ◆ **voir trente-six chandelles** to see stars; → **brûler, économie, jeu**

chanfrein /ʃɑ̃fʀɛ̃/ **NM** 1 *(= surface)* bevelled edge; *(à 45°)* chamfer

2 *[de cheval]* nose

chanfreiner /ʃɑ̃fʀene/ ▸ conjug 1 ◂ **VT** to bevel; *(à 45°)* to chamfer

change /ʃɑ̃ʒ/ **NM** 1 *(Fin) [de devises]* exchange ◆ **faire le change** *(Banque)* to exchange money ◆ **opération de change** (foreign) exchange transaction; → **agent, bureau** *etc*

2 *(Fin = taux d'échange)* exchange rate ◆ **le change est avantageux** the exchange rate is favourable ◆ **la cote des changes** the (list of) exchange rates ◆ **au cours actuel du change** at the current rate of exchange

3 *(Can = petite monnaie)* change

4 ◆ **change (complet)** (disposable) nappy *(Brit)* *ou* diaper *(US)*

5 *(locutions)* ◆ **gagner/perdre au change** *(Fin)* to gain/lose money on the exchange; *(fig)* to gain/lose on the exchange *ou* deal ◆ **donner le change** to allay suspicion ◆ **donner le change à qn** to put sb off the scent *ou* off the track

changeable /ʃɑ̃ʒabl/ **ADJ** *(= transformable)* changeable, alterable

changeant, e /ʃɑ̃ʒɑ̃, ɑ̃t/ SYN **ADJ** *[personne, fortune, humeur]* changeable, fickle, changing *(épith)*; *[couleur, paysage]* changing *(épith)*; *[temps]* changeable, unsettled ◆ **son humeur est changeante** he's a man of many moods *ou* of uneven temper

changement /ʃɑ̃ʒmɑ̃/ SYN **NM** 1 *(= remplacement)* changing ◆ **le changement de la roue nous a coûté 20 €** the wheel change cost us €20 ◆ **le changement de la roue nous a pris une heure** it took us an hour to change the wheel ◆ **j'ai besoin d'un changement d'air** I need a change of air ◆ « **changement de direction** » *(sur un écriteau)* "under new management" ◆ **il y a eu un changement de propriétaire** it has changed hands, it has come under new ownership ◆ **changement de décor** *(paysage)* change of scene; *(Théât)* scene-change ◆ **changement à vue** *(Théât)* transformation (scene); *(fig)* (sudden) transformation

2 *(= fait de se transformer)* change *(de in)* ◆ **le changement soudain de la température/de la direction du vent** the sudden change in temperature/wind direction

3 *(= modification)* change ◆ **changement d'adresse** change of address ◆ **changement climatique** climate change ◆ **changement de programme** *[de projet]* change of plan *ou* in the plan(s); *[de spectacle]* change of programme *ou* in the programme ◆ **il n'aime pas le(s) changement(s)** he doesn't like change(s) ◆ **elle a trouvé de grands changements dans le village** she found the village greatly changed *ou* altered ◆ **il y a eu du changement** *(situation)* things have changed ◆ **il y a eu du changement dans cette pièce** there have been a few changes (made) in this room ◆ **la situation reste sans changement** there has been no change in the situation, the situation remains unchanged ◆ **changement en bien** *ou* **en mieux** change for the better

4 *(Admin = mutation)* transfer ◆ **demander son changement** to apply for a transfer

5 ◆ **changement de vitesse** *[de voiture] (= dispositif)* gears, gear change *(Brit)*, gear stick *ou* lever *(Brit)*; *(= action)* change of gears, gear change *(Brit)*, gearshift *(US)*; *[de bicyclette]* gear(s)

6 *(Transport)* change ◆ **il y a deux changements pour aller de Paris à Lamballe** you have to change twice *ou* make two changes to get from Paris to Lamballe

changer /ʃɑ̃ʒe/ SYN ▸ conjug 3 ◂

VT 1 *(= modifier) [+ projets, personne]* to change ◆ **on ne le changera pas** nothing will change him *ou* make him change, you'll never change him ◆ **on ne change pas une équipe qui gagne** *(Prov)* you don't change a winning team ◆ **ce chapeau la change** that hat makes her look different ◆ **ça change tout !** that makes all the difference!, that changes everything! ◆ **une promenade lui changera les idées** a walk will take his mind off things ◆ **il n'a pas changé une virgule au rapport** he hasn't changed *ou* altered a single comma in the report ◆ **il ne veut rien changer à ses habitudes** he doesn't want to change *ou* alter his habits in any way ◆ **je ne vois pas ce que ça change** I don't see what difference that makes ◆ **ça ne change rien (à l'affaire)** it doesn't make the slightest difference, it doesn't alter things one bit ◆ **ça ne change rien au fait que...** it doesn't change *ou* alter the fact that... ◆ **vous n'y changerez rien !** there's nothing you can do (about it)!

2 *(= remplacer, échanger)* to change; *(Théât) [+ décor]* to change, to shift; *[+ argent, billet]* to change; *(Can) [+ chèque]* to cash ◆ **changer 20 € contre des livres** to change 20 euros into pounds, to exchange 20 euros for pounds ◆ **changer les draps/une ampoule** to change the sheets/a bulb ◆ **il a changé sa voiture** he changed his car ◆ **ce manteau était trop petit, j'ai dû le changer** that coat was too small – I had to change *ou* exchange it ◆ **je changerais bien ma place pour la sienne** I'd like to change *ou* swap* places with him ◆ **il a changé sa montre contre celle de son ami** he exchanged his watch for his friend's, he changed *ou* swapped* watches with his friend

3 *(= déplacer)* ◆ **changer qn de poste** to move sb to a different job ◆ **changer qn/qch de place** to move sb/sth (to a different place), to shift sb/sth ◆ **ils ont changé tous les meubles de place** they've changed *ou* moved all the furniture around; → **fusil**

4 *(= transformer)* ◆ **changer qch/qn en** to change *ou* turn sth/sb into ◆ **la citrouille fut changée en carrosse** the pumpkin was changed *ou* turned into a carriage

5 *(= mettre d'autres vêtements à)* ◆ **changer un enfant/malade** to change a child/patient ◆ **changer un bébé** to change a baby's nappy *(Brit)* *ou* diaper *(US)*

6 *(= procurer un changement à)* ◆ **des voisins silencieux, ça nous change** it makes a change for us to have quiet neighbours, having quiet neighbours makes a change for us ◆ **ça m'a changé agréablement de ne plus entendre de bruit** it was a pleasant *ou* nice change for me not to hear any noise ◆ **ils vont en Italie, ça les changera de l'Angleterre !** they're going to Italy – it will be *ou* make a change for them after England!

VT INDIR **changer de** 1 *(= remplacer)* to change; *(= modifier)* to change, to alter ◆ **changer d'adresse/de nom/de voiture** to change one's address/name/car ◆ **changer de domicile** to move (house) ◆ **changer d'appartement** to move (into a new flat *(Brit)* *ou* apartment *(surtout US)*) ◆ **changer de vêtements** to change (one's clothes) ◆ **elle a changé de coiffure** she's changed her hairstyle, she's got a new hairstyle ◆ **changer de sexe** to have a sex change ◆ **changer de peau** *[animal]* to shed its skin; *[personne]* to become a different person ◆ **changer d'avis** *ou* **d'idée/de ton** to change one's mind/tune ◆ **il change d'avis comme de chemise*** he's always changing his mind ◆ **elle a changé de couleur quand elle m'a vu** *(= elle a blêmi)* she went pale *ou* she blanched when she saw me; *(= elle a rougi)* she coloured visibly when she saw me ◆ **la rivière a changé de cours** the river has altered *ou* shifted its course ◆ **elle a changé de visage** her face has changed *ou* altered; *(d'émotion)* her expression changed *ou* altered ◆ **change de disque !*** put another record on!*, don't keep (harping) on *ou* don't go on about it!*

2 *(= passer dans une autre situation)* ◆ **changer de train/compartiment** to change trains/compartments ◆ **changer de vitesse** *(en conduisant, à vélo)* to change gear ◆ **changeons de crémerie*** *ou* **d'auberge*** let's take our business *ou* custom *(Brit)* elsewhere ◆ **pour mieux voir, change de place** move to another seat if you want a better view ◆ **changer de position** to alter *ou* shift *ou* change one's position ◆ **j'ai besoin de changer d'air** I need a change of air ◆ **pour changer d'air** for a change of air, to get a change of air ◆ **changer de côté** *(gén)* to go over *ou* across to the other side, to change sides; *(dans la rue)* to cross over (to the other side) ◆ **changer de propriétaire** *ou* **de mains** to change hands ◆ **changeons de sujet** let's change the subject ◆ **il a changé de chemin pour m'éviter** he went a different way to avoid me; → **camp, cap**[1]

3 *(= échanger)* to exchange, to change, to swap* *(avec qn* with sb*)* ◆ **changer de place avec qn** to change *ou* exchange *ou* swap* places with sb ◆ **j'aime bien ton sac, tu changes avec moi ?*** I like your bag – will you swap* (with me)? *ou* will you exchange *ou* do a swap* (with me)?

VI 1 *(= se transformer)* to change, to alter ◆ **changer en bien** *ou* **en mieux/en mal** *ou* **en pire** to change for the better/the worse ◆ **il n'a pas du tout changé** he hasn't changed *ou* altered at all *ou* a bit ◆ **il a changé du tout au tout** he's transformed ◆ **les temps ont bien changé !** *ou* **sont bien changés !** (how) times have changed! ◆ **le vent a changé** the wind has changed (direction)

2 *(Transport)* to change ◆ **j'ai dû changer à Rome** I had to change at Rome

3 *(locutions)* ◆ **pour changer !** *(iro)* that makes a change! ◆ **et pour (pas*) changer, c'est nous qui faisons le travail** and as per usual* *ou* and just for a change *(iro)* we'll be doing the work

4 *(= procurer un changement)* ◆ **ça change des films à l'eau de rose** it makes a change from sentimental films

VPR **se changer** 1 *(= mettre d'autres vêtements)* to change (one's clothes) ◆ **va te changer avant de sortir** go and change (your clothes) before you go out

2 *(= se transformer)* ◆ **se changer en** to change *ou* turn into

changeur, -euse /ʃɑ̃ʒœʀ, øz/

NM,F *(= personne)* moneychanger

NM *(= machine)* ◆ **changeur (de disques)** record changer ◆ **changeur de monnaie** change machine

chanoine /ʃanwan/ **NM** *(Rel)* canon *(person)*; → **gras**

chanoinesse /ʃanwanɛs/ **NF** *(Rel)* canoness

chanson /ʃɑ̃sɔ̃/ SYN

NF song ◆ **chanson d'amour/à boire/de marche/populaire** love/drinking/marching/popular song ◆ **chanson enfantine/d'étudiant** children's/student song ◆ **c'est toujours la même chanson** *(fig)* it's always the same old story ◆ **l'air ne fait pas la chanson** do not judge by appearances, appearances are deceptive ◆ **chansons que tout cela !** †† fiddle-de-dee! †, poppycock! † ◆ **ça, c'est une autre chanson** that's quite a different matter *ou* quite another story; → **connaître**

COMP **chanson folklorique** folksong
chanson de geste chanson de geste
chanson de marins (sea) shanty
chanson de Noël (Christmas) carol
« la Chanson de Roland » *(Littérat)* "the Chanson de Roland", "the Song of Roland"

chanson de toile chanson de toile, weaving song

• **CHANSON FRANÇAISE**

The term **la chanson française** refers to a very diverse popular musical genre. Traditional French "chansons" gained international renown in the forties thanks to stars like Édith Piaf and Charles Trenet, and in the fifties and sixties thanks to Yves Montand, Charles Aznavour and Juliette Gréco. **La chanson française** has always been characterized by the quality of its lyrics, exemplified by the work of singer-poets like Jacques Brel, Georges Brassens, Léo Ferré and Barbara.

chansonnette /ʃɑ̃sɔnɛt/ NF ditty, light-hearted song

chansonnier /ʃɑ̃sɔnje/ NM (= *artiste*) chansonnier, cabaret singer *(specializing in political satire)*; (= *livre*) song-book

chant¹ /ʃɑ̃/ SYN NM ① (= *sons*) [*de personne*] singing; [*d'oiseau*] singing, warbling; (= *mélodie habituelle*) song; [*d'insecte*] chirp(ing); [*de coq*] crow(ing); [*de mer, vent, instrument*] sound, song (littér) ◆ **entendre des chants mélodieux** to hear melodious singing ◆ **au chant du coq** at cockcrow ◆ **le chant du cygne d'un artiste** an artist's swan song ◆ **écouter le chant des sirènes** to let o.s. be led astray ② (= *chanson*) song ◆ **chant patriotique/populaire** patriotic/popular song ◆ **chant de Noël** (Christmas) carol ◆ **chant religieux** ou **sacré** ou **d'Église** hymn ◆ **chant de guerre** battle song ③ (= *action de chanter, art*) singing ◆ **nous allons continuer par le chant d'un cantique** we shall continue by singing a hymn ◆ **cours/professeur de chant** singing lessons/teacher ◆ **apprendre le chant** to learn to sing ◆ **j'aime le chant choral** I like choral ou choir singing ◆ **chant grégorien** Gregorian chant ◆ **chant à une/à plusieurs voix** song for one voice/several voices ④ (= *mélodie*) melody ⑤ (Poésie) (= *genre*) ode; (= *division*) canto ◆ **chant funèbre** funeral lament ◆ **chant nuptial** nuptial song ou poem ◆ **épopée en douze chants** epic in twelve cantos ◆ **le chant désespéré de ce poète** (fig) the despairing song of this poet

chant² /ʃɑ̃/ NM (= *côté*) edge ◆ **de** ou **sur chant** on edge, edgewise

chantage /ʃɑ̃taʒ/ NM blackmail ◆ **se livrer à un** ou **exercer un chantage sur qn** to blackmail sb ◆ **faire du chantage** to use blackmail ◆ **chantage affectif** emotional blackmail ◆ **il (nous) a fait le chantage au suicide** he threatened suicide to blackmail us, he blackmailed us with suicide ou by threatening suicide

chantant, e /ʃɑ̃tɑ̃, ɑ̃t/ ADJ ① (= *mélodieux*) [*accent, voix*] singsong, lilting ② (= *qui se chante aisément*) [*air*] tuneful, catchy

chantefable /ʃɑ̃t(ə)fabl/ NF chantefable

chantepleure /ʃɑ̃t(ə)plœʀ/ NF [*de tonneau*] tap; [*de mur*] weeper

chanter /ʃɑ̃te/ SYN ► conjug 1 ◄
[VT] ① [+ *chanson, opéra, messe*] to sing ◆ **l'oiseau chante ses trilles** the bird sings ou warbles its song ◆ **chante-nous quelque chose !** sing us a song!, sing something for us! ② (= *célébrer*) to sing of, to sing ◆ **chanter les exploits de qn** to sing (of) sb's exploits ◆ **chanter l'amour** to sing of love ◆ **chanter les louanges de qn** to sing sb's praises; → **victoire** ③ * (= *raconter*) ◆ **qu'est-ce qu'il nous chante là ?** what's this he's telling us?, what's he (going) on about now? ◆ **j'ai eu beau le chanter sur tous les tons** no matter how many times I've said it ◆ **il ne l'a pas chanté sur les toits** he didn't shout it from the rooftops

[VI] ① [*personne*] to sing; (* : *de douleur*) to howl; [*oiseau*] to sing, to warble; [*coq*] to crow; [*poule*] to cackle; [*insecte*] to chirp; [*ruisseau*] to babble; [*bouilloire*] to sing; [*eau qui bout*] to hiss, to sing ◆ **chanter juste/faux** to sing in tune/out of tune ou flat ◆ **chanter pour endormir un enfant** to sing a child to sleep ◆ **chantez donc plus fort !** sing up! (Brit) ou out! (US) ◆ **c'est comme si on chantait** * it's like talking to a brick wall, it's a waste of breath ◆ **il chante en parlant** he's got a lilting ou singsong voice ◆ « **Chantons sous la pluie** » (Mus) "Singing in the Rain" ② [*par chantage*] ◆ **faire chanter qn** to blackmail sb

③ (* = *plaire*) ◆ **vas-y si le programme te chante** (you) go if the programme appeals to you ou if you fancy (Brit) the programme ◆ **cela ne me chante guère de sortir ce soir** I don't really feel like ou fancy (Brit) going out tonight ◆ **il vient quand** ou **si** ou **comme ça lui chante** he comes when ou if ou as the fancy takes him

chanterelle /ʃɑ̃tʀɛl/ NF ① (= *champignon*) chanterelle ② (Mus) E-string; → **appuyer** ③ (= *oiseau*) decoy (bird)

chanteur, -euse /ʃɑ̃tœʀ, øz/ NM,F singer ◆ **chanteur de charme** crooner ◆ **chanteur de(s) rues** street singer, busker (Brit); → **maître, oiseau**

chantier /ʃɑ̃tje/ SYN
[NM] ① (Constr) building site; [*de plombier, peintre*] job; (Can) [*de bûcherons*] lumber camp (US, Can), shanty (Can) ◆ **le matin il est au chantier** he's on (the) site in the mornings ◆ **j'ai laissé mes pinceaux sur le chantier** I left my brushes at the job ◆ « **chantier interdit au public** » "no entry ou admittance (to the public)" ◆ « **fin de chantier** » (sur une route) "road clear", "end of roadworks"

◆ **en chantier** ◆ **à la maison nous sommes en chantier depuis deux mois** we've had work ou alterations going on in the house for two months now ◆ **il a deux livres en chantier** he has two books on the go, he's working on two books ◆ **mettre en chantier** [+ *projet*] to get started ou going

② (= *entrepôt*) depot, yard ③ (* = *désordre*) shambles* ◆ **quel chantier dans ta chambre !** what a shambles* ou mess in your room!

[COMP] **chantier de construction** building site **chantier de démolition** demolition site **chantier d'exploitation** (Min) opencast working **chantier d'exploitation forestière** tree-felling ou lumber (US, Can) site **chantier naval** shipyard **chantier de réarmement** refit yard

chantilly /ʃɑ̃tiji/ NF ◆ (**crème) chantilly** ≈ whipped cream

chantonnement /ʃɑ̃tɔnmɑ̃/ NM (soft) singing

chantonner /ʃɑ̃tɔne/ ► conjug 1 ◄
[VI] [*personne*] to sing to oneself; [*eau qui bout*] to hiss, to sing ◆ **chantonner pour endormir un bébé** to sing a baby to sleep
[VT] to sing, to hum ◆ **chantonner une berceuse à un bébé** to sing a lullaby to a baby

chantoung /ʃɑ̃tuŋ/ NM Shantung (silk)

chantourner /ʃɑ̃tuʀne/ ► conjug 1 ◄ VT to jig-saw; → **scie**

chantre /ʃɑ̃tʀ/ NM (Rel) cantor; (fig littér) (= *poète*) bard, minstrel; (= *laudateur*) exalter, eulogist ◆ **premier chantre** (Rel) precentor ◆ **le grand chantre de** (fig) the high priest of

chanvre /ʃɑ̃vʀ/ SYN NM hemp ◆ **de chanvre** hemp (épith) ◆ **chanvre du Bengale** jute ◆ **chanvre indien** Indian hemp ◆ **chanvre de Manille** Manila hemp, abaca; → **cravate**

chanvrier, -ière /ʃɑ̃vʀije, ijɛʀ/
[ADJ] hemp (épith)
[NM,F] (= *cultivateur*) hemp grower; (= *ouvrier*) hemp dresser

chaos /kao/ SYN NM (lit, fig) chaos ◆ **dans le chaos** in (a state of) chaos

chaotique /kaɔtik/ SYN ADJ chaotic ◆ **carrière** ou **parcours chaotique** chequered (Brit) ou checkered (US) career

chap. (abrév de **chapitre**) chap.

chapardage /ʃapaʀdaʒ/ SYN NM petty theft, pilfering (NonC)

chaparder* /ʃapaʀde/ SYN ► conjug 1 ◄ VTI to pinch, to pilfer (à from)

chapardeur, -euse* /ʃapaʀdœʀ, øz/
[ADJ] light-fingered
[NM,F] pilferer, petty thief

chape /ʃap/ NF ① (Rel) cope ② [*de pneu*] tread; [*de bielle*] strap; [*de poulie*] shell; [*de voûte*] coating; (sur béton) screed ◆ **chape de béton** (concrete) screed ◆ **comme une chape de plomb** like a lead weight ◆ **la chape de plomb qui continue à peser sur l'affaire** = silence) the leaden silence that continues to shroud the affair ③ (Héraldique) chape

chapeau (pl **chapeaux**) /ʃapo/ SYN
[NM] ① (= *coiffure*) hat ◆ **saluer qn chapeau bas** (lit) to doff one's hat to sb; (fig) to take one's hat off to sb ◆ **tirer son chapeau à qn*** to take one's hat off to sb ◆ **il a réussi ?** **eh bien chapeau !** * he managed it? hats off to him! ou well, you've got to hand it to him! ◆ **chapeau, mon vieux !*** well done ou jolly good (Brit), old man!* ◆ **il a dû manger son chapeau en public** he had to eat his words in public ◆ **je ne peux pas sortir de l'argent de mon chapeau** I can't just pull money out of a hat ◆ **son nom qui est sorti du chapeau** (= *tiré au sort*) his name was first out of the hat ◆ **il est sorti du chapeau des entraîneurs à la dernière minute** the trainers pulled his name out of the hat at the last minute; → **porter, travailler**

◆ **coup de chapeau** ◆ **saluer qn d'un coup de chapeau** to raise one's hat to sb ◆ **ça mérite un coup de chapeau** it's quite an achievement ◆ **coup de chapeau à Paul pour sa nouvelle chanson** hats off to Paul for his new song

② (Tech) [*de palier*] cap ◆ **chapeau de roue** hub cap ◆ **démarrer sur les chapeaux de roues*** [*véhicule, personne*] to shoot off at top speed, to take off like a shot; [*affaire, soirée*] to get off to a good start ◆ **prendre un virage sur les chapeaux de roues** to screech round a corner ③ (Presse) [*d'article*] introductory paragraph ④ [*de champignon*] cap; [*de vol-au-vent*] lid, top

[COMP] **chapeau de brousse** safari hat **chapeau chinois** (Mus) crescent, jingling Johnny; (= *coquillage*) limpet **chapeau cloche** cloche hat **chapeau de gendarme** (en papier) (folded) paper hat **chapeau haut-de-forme** top hat **chapeau melon** bowler (hat) (Brit), derby (US) **chapeau mou** trilby (hat) (Brit), fedora (US) **chapeau de paille** straw hat **chapeau de plage** ou **de soleil** sun hat **chapeau tyrolien** Tyrolean hat

chapeauté, e /ʃapote/ (ptp de **chapeauter**) ADJ with a hat on, wearing a hat

chapeauter /ʃapote/ SYN ► conjug 1 ◄ VT (= *superviser*) to head (up), to oversee

chapelain /ʃaplɛ̃/ NM chaplain

chapelet /ʃaplɛ/ SYN NM ① (= *objet*) rosary, beads; (= *prières*) rosary ◆ **réciter** ou **dire son chapelet** to say the rosary, to tell ou say one's beads † ◆ **le chapelet a lieu à cinq heures** the rosary is at five o'clock ◆ **dévider** ou **défiler son chapelet*** to recite one's grievances ② (= *succession*) ◆ **chapelet de** [*d'oignons, injures, îles*] string of; [*d'images, conflits, déclarations*] series of ◆ **chapelet de bombes** stick of bombs ◆ **chapelet hydraulique** bucket drain

chapelier, -ière /ʃapəlje, jɛʀ/
[ADJ] hat (épith)
[NM,F] hatter

chapelle /ʃapɛl/ NF (Rel = *lieu*) chapel; (Mus = *chœur*) chapel ◆ **chapelle absidiale/latérale** absidial/side chapel ◆ **chapelle de la Sainte Vierge** Lady Chapel ◆ **chapelle ardente** (dans une église) chapel of rest ◆ **l'école a été transformée en chapelle ardente** the school was turned into a temporary morgue; → **maître** ② (= *coterie*) coterie, clique

chapellenie /ʃapɛlni/ NF chaplaincy, chaplainship

chapellerie /ʃapɛlʀi/ NF (= *magasin*) hat shop, hatter('s); (= *commerce*) hat trade, hat industry

chapelure /ʃaplyʀ/ NF (dried) breadcrumbs

chaperon /ʃapʀɔ̃/ NM ① (= *personne*) chaperon ② (Constr) [*de mur*] coping ③ († = *capuchon*) hood ◆ **petit adj**

chaperonner /ʃapʀɔne/ ► conjug 1 ◄ VT ① [+ *personne*] to chaperon ② (Constr) [+ *mur*] to cope

chapiteau (pl **chapiteaux**) /ʃapito/ NM ① [*de colonne*] capital; [*de niche*] canopy ② [*de cirque*] big top, marquee ◆ **sous le chapiteau** under the big top ◆ **sous le plus grand chapiteau du monde** in the biggest circus in the world ③ [*d'alambic*] head

chapitre /ʃapitʀ/ SYN NM ① [*de livre, traité*] chapter; [*de budget, statuts*] section, item ◆ **inscrire un nouveau chapitre au budget** to make out a new budget head ◆ **un nouveau chapitre de sa vie** a new chapter of his life ② (fig = *sujet*) subject, matter ◆ **il est imbattable sur ce chapitre** he's unbeatable on that subject ou score ◆ **il est très strict sur le chapitre de la discipline** he's very strict in matters of discipline ou about discipline ◆ **au chapitre des faits divers** under the heading of news in brief

③ [Rel = assemblée] chapter; → **salle, voix**

chapitrer /ʃapitʀe/ ▸ conjug 1 ◂ VT ① (= réprimander) to admonish, to reprimand; (= faire la morale à) to lecture (sur on, about) ◆ **dûment chapitré par sa mère** duly coached by his mother

② [+ texte] to divide into chapters; [+ budget] to divide into headings, to itemize

chapka /ʃapka/ NF Russian fur hat

chapon /ʃapɔ̃/ NM capon

chaptalisation /ʃaptalizasjɔ̃/ NF [de vin] chaptalization

chaptaliser /ʃaptalize/ ▸ conjug 1 ◂ VT [+ vin] to chaptalize

chaque /ʃak/ ADJ ① (ensemble défini) each, every ◆ **chaque élève (de la classe)** each ou every pupil (in the class) ◆ **ils coûtent 2 € chaque*** they're €2 each ou apiece

② (ensemble indéfini) every ◆ **chaque homme naît libre** every man is born free ◆ **il m'interrompt à chaque instant** he interrupts me every other second, he keeps interrupting me ◆ **chaque 10 minutes, il éternuait*** he sneezed every 10 minutes ◆ **chaque chose à sa place/en son temps** everything in its place/in its own time; → **à**

char¹ /ʃaʀ/

NM ① (Mil) tank ◆ **régiment de chars** tank regiment

② [de carnaval] (carnival) float ◆ **le défilé des chars fleuris** the procession of flower-decked floats

③ († = charrette) wagon, cart

④ (* : Can) car, automobile (US)

⑤ (Antiq) chariot ◆ **le char de l'Aurore** (littér) the chariot of the dawn ◆ **le char de l'État** the ship of state

⑥ (locution) ◆ **arrête ton char !*** (raconter des histoires) shut up!*, belt up!* (Brit); (se vanter) stop showing off!

COMP **char d'assaut** tank
char à banc horse-drawn wagon with seats
char à bœufs oxcart
char de combat ⇒ **char d'assaut**
char funèbre hearse
char à voile sand yacht, land yacht ◆ **faire du char à voile** to go sand-yachting ou land-yachting

char²* /ʃaʀ/ NM (= bluff) ◆ **c'est du char tout ça !** he's (ou they're etc) just bluffing, he's (ou they're etc) just trying it on * (Brit) ◆ **sans char !** no kidding!*

charabia* /ʃaʀabja/ SYN NM gibberish, gobbledygook*

charade /ʃaʀad/ NF (parlée) riddle, word puzzle; (mimée) charade

charançon /ʃaʀɑ̃sɔ̃/ NM weevil

charançonné, e /ʃaʀɑ̃sɔne/ ADJ weevily, weevilled

charbon /ʃaʀbɔ̃/

NM ① (= combustible) coal (NonC); (= escarbille) speck of coal dust, piece of grit ◆ **être sur des charbons ardents** to be like a cat on hot bricks ou on a hot tin roof (US) ◆ **aller au charbon*** (travail) to go to work; (tâche ingrate, risquée) to stick one's neck out ◆ **il faut aller au charbon** (se démener) we've got to get out there and do what's got to be done

② ◆ **(maladie du) charbon** [de blé] smut, black rust; [de bête, homme] anthrax

③ (Art) (= instrument) piece of charcoal; (= dessin) charcoal drawing

④ (Pharm) charcoal ◆ **pastilles au charbon** charcoal tablets

⑤ (Élec) [d'arc électrique] carbon

COMP **charbon actif** ou **activé** active ou activated carbon
charbon animal animal black
charbon de bois charcoal ◆ **cuit au charbon de bois** char-grilled, charcoal-grilled
charbon de terre †† coal

charbonnage /ʃaʀbɔnaʒ/ NM (gén pl = houillère) colliery, coalmine ◆ **les Charbonnages (de France)** the French Coal Board

charbonner /ʃaʀbɔne/ ▸ conjug 1 ◂

VT [+ inscription] to scrawl in charcoal ◆ **charbonner un mur de dessins** to scrawl (charcoal) drawings on a wall ◆ **avoir les yeux charbonnés** to have eyes heavily rimmed with eyeliner ◆ **se charbonner le visage** to blacken ou black one's face

VI [lampe, poêle, rôti] to char, to go black; [bateau] to take on coal

charbonneux, -euse /ʃaʀbɔnø, øz/ ADJ

① [apparence, texture] coal-like; (littér = noirci, souillé) sooty; [yeux, regard] dark

② (Méd) ◆ **tumeur charbonneuse** anthracoid ou anthrasic tumour ◆ **mouche charbonneuse** anthrax-carrying fly

charbonnier, -ière /ʃaʀbɔnje, jɛʀ/

ADJ coal (épith) ◆ **navire charbonnier** collier, coaler; → **mésange**

NM (= personne) coalman; († † = fabriquant de charbon de bois) charcoal burner ◆ **charbonnier est maître dans sa maison** ou **chez soi** (Prov) a man is master in his own home, an Englishman's home is his castle (Brit), a man's home is his castle (US); → **foi**

NF **charbonnière** (= four) charcoal kiln ou oven

charcutage /ʃaʀkytaʒ/ NM (péj) ◆ **charcutage électoral** gerrymandering

charcuter* /ʃaʀkyte/ ▸ conjug 1 ◂

VT [+ personne] (dans une rixe) to hack about*; (= opérer) to butcher*; [+ rôti, volaille] to mangle, to hack to bits; [+ texte] to hack ◆ **il va se faire charcuter** he's going to go under the (surgeon's) knife

VPR **se charcuter** to cut o.s. to ribbons ◆ **ils se sont charcutés** (bagarre) they cut each other to ribbons, they hacked each other to bits

charcuterie /ʃaʀkytʀi/ NF (= magasin) pork butcher's shop and delicatessen; (= produits) cooked pork meats; (= commerce) pork meat trade; (de traiteur) delicatessen trade

> **CHARCUTERIE**
>
> This is a generic term referring to a wide variety of products made with pork, such as pâté, "rillettes", ham and sausages. The terms **charcuterie** or "boucherie-charcuterie" also refer to the shop where these products are sold. The "charcutier-traiteur" sells ready-prepared dishes to take away as well as **charcuterie**.

charcutier, -ière /ʃaʀkytje, jɛʀ/ NM,F pork butcher; (= traiteur) delicatessen dealer (* : péj = chirurgien) butcher* (fig)

chardon /ʃaʀdɔ̃/ NM ① (= plante) thistle

② (= pointe) ◆ **chardons** [de grille, mur] spikes

chardonnay /ʃaʀdɔne/ NM (= vin) Chardonnay

chardonneret /ʃaʀdɔnʀɛ/ NM goldfinch

charentais, e /ʃaʀɑ̃tɛ, ɛz/

ADJ of ou from Charente

NM,F **Charentais(e)** inhabitant ou native of Charente

NF **charentaise** carpet slipper

charge /ʃaʀʒ/ SYN

NF ① (= fardeau lit) load, burden; (fig) burden; [de véhicule] load; [de navire] freight, cargo; (Archit = poussée) load ◆ **charge maximale** [de camion] maximum ◆ **fléchir** ou **plier sous la charge** to bend under the load ou burden ◆ **charge de travail** workload ◆ **c'est une grosse charge de travail** it's an awful lot of work ◆ **l'éducation des enfants est une lourde charge pour eux** educating the children is a heavy burden for them ◆ **leur mère infirme est une charge pour eux** their invalid mother is a burden to ou on them

② (= rôle, fonction) responsibility; (Admin) office; (Jur) practice ◆ **charge publique/élective** public/elective office ◆ **avoir une charge d'avocat** to have a lawyer's practice ◆ **les hautes charges qu'il occupe** the high office that he holds ◆ **les devoirs de la charge** the duties of (the) office ◆ **on lui a confié la charge de (faire) l'enquête** he was given the responsibility of (carrying out) the inquiry ◆ **il a la charge de faire, il a pour charge de faire** the onus is upon him to do, he is responsible for doing; → **femme**

③ (envers qn) ◆ **avoir la charge de qn** to be responsible for sb, to have charge of sb ◆ **les enfants dont j'ai la charge** the children (who are) in my care ◆ **avoir charge d'âmes** [prêtre] to be responsible for people's spiritual welfare, to have the cure of souls; [personne] to be responsible for people's welfare

④ (= obligations financières) ◆ **charges** [de commerçant] expenses, costs, outgoings; [de locataire] maintenance ou service charges ◆ **charges familiales** family expenses ou outgoings ◆ **la charge fiscale** the tax burden ◆ **charges fiscales** taxes, taxation ◆ **dans ce commerce, nous avons de lourdes charges** we have heavy expenses ou costs ou our overheads are high in this trade ◆ **les charges de l'État** government expenditure; → **cahier**

⑤ (Jur) charge ◆ **les charges qui pèsent contre lui** the charges against him; → **témoin**

⑥ (Mil = attaque) charge ◆ **charge irrégulière** (Sport) illegal tackle; → **pas¹, revenir, sonner**

⑦ (Tech) [de fusil] (= action) loading, charging; (= explosifs) charge; (Élec) (= action) charging; (= quantité) charge ◆ **charge électrique** electric charge

⑧ (= caricature) caricature; → **portrait**

⑨ (= chargement de bateau) loading

⑩ (locutions)

◆ **à + charge** ◆ **il a sa mère à (sa) charge** he has a dependent mother, he has his mother to support ◆ **enfants à charge** dependent children ◆ **personnes à charge** dependents ◆ **à charge pour lui de payer** on condition that he meets the costs ◆ **être à la charge de qn** [frais, réparations] to be chargeable to sb, to be payable by sb; [personne] to be dependent upon sb, to be supported by sb ◆ **les frais sont à la charge de l'entreprise** the costs will be borne by the firm, the firm will pay the expenses ◆ **j'accepte ton aide à charge de revanche** I'll let you help me but on condition that you let me return the favour sometime

◆ **en charge** ◆ **conducteur en charge** (Élec) live conductor ◆ **mettre une batterie en charge** to charge a battery, to put a battery on charge (Brit) ◆ **la batterie est en charge** the battery is being charged ou is on charge (Brit) ◆ **montée en charge** [d'effectifs] increase [de secteur] growth ◆ **prendre en charge** [+ dossier, frais, remboursement] to take care of; [+ passager] to take on ◆ **prendre un enfant en charge** (gén) to take charge of a child; [Assistance publique] to take a child into care (Brit), to take a child into court custody (US) ◆ **l'adolescent doit se prendre en charge** the adolescent must take responsibility for himself ◆ **prise en charge** (par un taxi) (= action) picking up; (= prix) minimum (standard) fare; (par la Sécurité sociale) undertaking to reimburse medical expenses ◆ **être en charge de** (= responsable) to be in charge of ◆ **le juge en charge de ce dossier** the judge in charge of the case

COMP **charge affective** (Psych) emotive power
charge creuse (Mil) hollow-charge
charge émotionnelle ⇒ **charge affective**
charges de famille dependents
charges locatives maintenance ou service charges
charges patronales employers' contributions
charges sociales social security contributions
charge utile live load
charge à vide weight (when) empty, empty weight
charge virale (Méd) viral load

chargé, e /ʃaʀʒe/ SYN (ptp de **charger**)

ADJ ① (lit) [personne, véhicule] loaded, laden (de with) ◆ **table chargée de mets appétissants** table laden ou loaded with mouth-watering dishes ◆ **chargé comme un mulet*** ou **un baudet*** ou **une mule** loaded ou laden (down) like a mule

② (= responsable de) ◆ **être chargé de** [+ travail, enfants] to be in charge of

③ (= rempli de) ◆ **chargé d'honneurs** laden with honours ◆ **chargé d'ans** ou **d'années** (littér) weighed down by (the) years ◆ **c'est un lieu chargé d'histoire** the place is steeped in history ◆ **mot chargé de sens** word full of ou pregnant with meaning ◆ **regard chargé de menaces** menacing ou baleful look ◆ **nuage chargé de neige** snow-laden cloud, cloud laden ou heavy with snow ◆ **air chargé de parfums** air heavy with scent ou fragrance (littér)

④ (= occupé) [emploi du temps] full, heavy ◆ **notre programme est très chargé** we have a very busy schedule ou a very full programme

⑤ (= lourd) [conscience] troubled; [ciel] overcast, heavy; [style] overelaborate, intricate ◆ **c'est un homme qui a un passé chargé** he is a man with a past; → **hérédité**

⑥ (Méd) [estomac] overloaded; [langue] coated, furred ◆ **il a l'haleine chargée** his breath smells

⑦ (Tech) [arme, appareil] loaded

⑧ * (= ivre) plastered* (attrib), sloshed* (attrib); (= drogué) stoned* (attrib), spaced (out)* (attrib)

COMP **chargé d'affaires** NM chargé d'affaires
chargé de cours NM junior lecturer *ou* fellow
chargé de famille ◆ **être chargé de famille** to have family responsibilities
chargé de mission *(gén)* project leader; *(Pol)* (official) representative
chargé de recherches researcher

chargement /ʃaʀʒəmɑ̃/ SYN NM 1 *(= action) [de camion, bagages]* loading
2 *(= marchandises)* load; *[de navire]* freight, cargo ◆ **le chargement a basculé** the load toppled over
3 *(Comm) (= remise)* registering; *(= paquet)* registered parcel
4 *[d'arme, caméra, logiciel]* loading; *[de chaudière]* stoking

charger /ʃaʀʒe/ SYN ▸ conjug 3 ◂
VT 1 *[+ animal, personne, véhicule, étagère]* to load ◆ **charger qn de paquets** to load sb up *ou* weigh sb down with parcels ◆ **je vais charger la voiture** I'll go and load the car (up) ◆ **on a trop chargé cette voiture** this car has been overloaded ◆ **charger le peuple d'impôts** to burden the people with *ou* weigh the people down with taxes ◆ **charger sa mémoire (de faits)/un texte de citations** to overload one's memory (with facts)/a text with quotations ◆ **plat qui charge l'estomac** dish that lies heavy on the stomach
2 *(= placer, prendre) [+ objet, bagages]* to load *(dans* into) ◆ **il a chargé le sac/le cageot sur son épaule** he loaded the sack/the crate onto his shoulder, he heaved the sack over/the crate onto his shoulder ◆ **charger un client** *[taxi]* to pick up a passenger *ou* a fare
3 *[+ fusil, caméra, logiciel]* to load; *[+ batterie]* to charge; *[+ chaudière]* to stoke, to fire; *(Couture) [+ bobine, canette]* to load *ou* fill with thread
4 *(= donner une responsabilité)* ◆ **charger qn de qch** to put sb in charge of sth ◆ **charger qn de faire qch** to give sb the responsibility *ou* job of doing sth, to ask sb to do sth ◆ **être chargé de faire qch** to be put in charge of doing sth, to be made responsible for doing sth ◆ **il m'a chargé d'un petit travail** he gave me a little job to do ◆ **on l'a chargé d'une mission importante** he was given an important job to do ◆ **on l'a chargé de la surveillance des enfants** *ou* **de surveiller les enfants** he was put in charge of the children, he was given the job of looking after the children ◆ **il m'a chargé de mettre une lettre à la poste** he asked me to post a letter ◆ **on m'a chargé d'appliquer le règlement** I've been instructed to apply the rule ◆ **il m'a chargé de m'occuper de la correspondance** he gave me the responsibility *ou* job of seeing to the correspondence ◆ **il m'a chargé de ses amitiés pour vous** *ou* **de vous transmettre ses amitiés** he asked me to give you his regards
5 *(= accuser) [+ personne]* to bring all possible evidence against ◆ **charger qn de** *[+ crime]* to charge sb with
6 *(= attaquer) (Mil)* to charge (at); *(Sport)* to charge, to tackle ◆ **chargez !** charge! ◆ **il a chargé dans le tas** * he charged into them
7 *(= caricaturer) [+ portrait]* to make a caricature of; *[+ description]* to overdo, to exaggerate; *(Théât) [+ rôle]* to overact, to ham it up * ◆ **il a tendance à charger** he has a tendency to overdo it *ou* to exaggerate
VPR **se charger** 1 ◆ **se charger de** *[+ tâche]* to see to, to take care *ou* charge of, to take on; *[+ enfant, prisonnier]* to see to, to attend to, to take care of; *(iro) [+ ennemi]* to see to, to attend to ◆ **se charger de faire qch** to undertake to do sth, to take it upon o.s. to do sth ◆ **il s'est chargé des enfants** he is seeing to *ou* taking care *ou* charge of the children ◆ **d'accord je m'en charge** OK, I'll see to it *ou* I'll take care of it ◆ **je me charge de le faire venir** I'll make sure *ou* I'll see to it that he comes, I'll make it my business to see that he comes
2 ‡ *(= se soûler)* to get plastered ‡; *(= se droguer)* to get stoned ‡

chargeur /ʃaʀʒœʀ/ NM 1 *(= personne) (gén, Mil)* loader; *(Naut) (= négociant)* shipper; *(= affréteur)* charterer
2 *(= dispositif) [d'arme à feu]* magazine, cartridge clip; *(Photo)* cartridge ◆ **il vida son chargeur sur les gendarmes** he emptied his gun *ou* magazine into the police officers ◆ **chargeur de batterie** (battery) charger

chargeuse /ʃaʀʒøz/ NF *(Tech)* loader

Chari /ʃaʀi/ NM Shari, Chari

charia /ʃaʀja/ NF sharia, sheria

chariot /ʃaʀjo/ SYN NM *(= charrette)* wagon, waggon *(Brit)*; *(plus petit)* truck, cart; *(= table, panier à roulettes)* trolley *(Brit)*, cart *(US)*; *(= appareil de manutention)* truck, float *(Brit)*; *[de machine à écrire, machine-outil]* carriage; *[d'hôpital]* trolley ◆ **chariot (à bagages)** (baggage *ou* luggage) trolley *(Brit) ou* cart *(US)* ◆ **chariot (de caméra)** *(Ciné)* dolly ◆ **chariot élévateur (à fourche)** fork-lift truck ◆ **le Petit/Grand Chariot** *(Astron)* the Little/Great Bear

charismatique /kaʀismatik/ ADJ charismatic

charisme /kaʀism/ SYN NM charisma

charitable /ʃaʀitabl/ SYN ADJ 1 *(= qui fait preuve de charité)* charitable *(envers* towards) ◆ **organisation charitable** charitable organization, charity
2 *(= gentil)* kind *(envers* to, towards) ◆ **ce n'est pas très charitable de votre part** that's rather uncharitable *ou* unkind of you ◆ **merci de tes conseils charitables** *(iro)* thanks for your kind advice *(iro)*; → **âme**

charitablement /ʃaʀitabləmɑ̃/ ADV *(= avec charité)* charitably; *(= gentiment)* kindly ◆ **je vous avertis charitablement que la prochaine fois...** *(iro)* let me give you a friendly warning that next time...

charité /ʃaʀite/ SYN NF 1 *(= bonté, amour)* charity; *(= gentillesse)* kindness; *(Rel)* charity, love ◆ **il a eu la charité de faire** he was kind enough to do ◆ **faites-moi la charité de..., ayez la charité de...** be so kind as to... ◆ **ce serait une charité à lui faire que de...** it would be doing him a kindness *ou* a good turn to... ◆ **faire preuve de charité chrétienne** to show Christian charity; → **dame, sœur**
2 *(= aumône)* charity ◆ **demander la charité** *(lit)* to ask *ou* beg for charity; *(fig)* to come begging ◆ **faire la charité** to give to charity ◆ **faire la charité à** *[+ mendiants]* to give (something) to ◆ **je ne veux pas qu'on me fasse la charité** I don't want charity ◆ **la charité, ma bonne dame !** could you spare me some change? ◆ **vivre de la charité publique** to live on (public) charity ◆ **vivre des charités de ses voisins** to live on the charity of one's neighbours ◆ **charité bien ordonnée commence par soi-même** *(Prov)* charity begins at home *(Prov)* ◆ **fête de charité** charity fête; → **vente**

charivari /ʃaʀivaʀi/ SYN NM hullabaloo

charlatan /ʃaʀlatɑ̃/ SYN NM *(péj) (= médecin)* quack, charlatan; *(= pharmacien, vendeur)* crook, mountebank *(littér)*; *(= plombier, maçon)* cowboy *; *(= politicien)* charlatan, phoney *

charlatanerie /ʃaʀlatanʀi/ NF ⇒ **charlatanisme**

charlatanesque /ʃaʀlatanɛsk/ ADJ *(de guérisseur) [méthodes, remède]* quack *(épith)*; *(de démagogue, d'escroc) [méthodes]* phoney *, bogus

charlatanisme /ʃaʀlatanism/ NM *[de guérisseur]* quackery, charlatanism; *[de politicien]* charlatanism, trickery

Charlemagne /ʃaʀləmaɲ/ NM Charlemagne

Charles /ʃaʀl/ NM Charles ◆ **Charles le Téméraire** Charles the Bold ◆ **Charles Quint** Charles the Fifth (of Spain) ◆ **Charles Martel** Charles Martel

charleston /ʃaʀlɛstɔn/ NM *(= danse)* charleston

charlot /ʃaʀlo/ NM 1 *(Ciné)* ◆ **Charlot** *(= personnage)* Charlie Chaplin; *(= film)* Charlie Chaplin film
2 *(péj) (= peu sérieux)* phoney *; *(= paresseux)* shirker, skiver *

charlotte /ʃaʀlɔt/ NF *(= gâteau)* charlotte; *(= coiffure)* mobcap

charmant, e /ʃaʀmɑ̃, ɑ̃t/ SYN ADJ 1 *(= aimable) [hôte, jeune fille, employé]* charming; *[enfant]* sweet, delightful; *[sourire, manières]* charming, engaging ◆ **il s'est montré charmant** he was charming ◆ **c'est un collaborateur charmant** he is a charming *ou* delightful man to work with; → **prince**
2 *(= agréable) [séjour, soirée]* delightful, lovely ◆ **eh bien c'est charmant !** *(iro)* charming! *(iro)* ◆ **charmante soirée !** *(iro)* great evening! *(iro)*
3 *(= ravissant) [robe, village, jeune fille, sourire]* lovely, charming

charme[1] /ʃaʀm/ NM *(= arbre)* hornbeam

charme[2] /ʃaʀm/ SYN
NM 1 *(= attrait) [de personne, musique, paysage]* charm ◆ **elle a beaucoup de charme** she has great charm ◆ **ça lui donne un certain charme** that gives him a certain charm *ou* appeal ◆ **cette vieille maison a son charme** this old house has its charm ◆ **c'est ce qui en fait (tout) le charme** that's where its attraction lies, that's what is so delightful about it ◆ **ça ne manque pas de charme** it's not without (a certain) charm ◆ **ça a peut-être du charme pour vous, mais...** it may appeal to you but... ◆ **je suis assez peu sensible aux charmes d'une promenade sous la pluie** *(hum)* a walk in the rain holds few attractions for me
◆ **de charme** ◆ **chanteur de charme** crooner ◆ **émission/photos de charme** soft porn programme/photographs ◆ **magazine de charme** *(euph)* girlie * magazine ◆ **hôtel de charme** *attractive privately-run hotel* ◆ **il nous a fait son petit numéro de charme** he turned on the charm * ◆ **opération** *ou* **offensive de charme** charm offensive
2 *(= envoûtement)* spell ◆ **subir** *ou* **être sous le charme de qn** to be under sb's spell ◆ **exercer un charme sur qn** to have sb under one's spell ◆ **il est tombé sous son charme** he has fallen under her spell ◆ **tenir qn sous le charme (de)** to captivate sb (with), to hold sb spellbound (with) ◆ **le charme est rompu** the spell is broken ◆ **le public était sous le charme** the audience was spellbound
3 *(locutions)* ◆ **faire du charme** to turn *ou* switch on the charm ◆ **faire du charme à qn** to try to charm sb, to use one's charm on sb ◆ **aller** *ou* **se porter comme un charme** to be *ou* feel as fit as a fiddle
NMPL **charmes** *(hum = attraits d'une femme)* charms *(hum)* ◆ **il doit avoir des charmes cachés** he must have hidden talents; → **commerce**

charmé, e /ʃaʀme/ SYN (ptp de **charmer**) ADJ ◆ **être charmé de faire qch** to be delighted to do sth

charmer /ʃaʀme/ SYN ▸ conjug 1 ◂ VT *[+ public]* to charm, to enchant; *[+ serpents]* to charm; *(†, littér) [+ peine, douleur]* to charm away ◆ **elle a des manières qui charment** she has charming *ou* delightful ways ◆ **spectacle qui charme l'oreille et le regard** performance that charms *ou* enchants both the ear and the eye

charmeur, -euse /ʃaʀmœʀ, øz/ SYN
ADJ *[sourire, manières]* winning, engaging; *[style]* charming
NM,F *(= séducteur)* charmer ◆ **charmeur de serpent** snake charmer

charmille /ʃaʀmij/ NF arbour *(Brit)*, arbor *(US)*; *(= allée d'arbres)* tree-covered walk

charnel, -elle /ʃaʀnɛl/ SYN ADJ *(frm) [amour, désir]* carnal ◆ **l'acte charnel, l'union charnelle** the carnal act *(frm)* ◆ **le contact charnel** physical contact ◆ **enveloppe charnelle** mortal coil ◆ **liens charnels** blood ties

charnellement /ʃaʀnɛlmɑ̃/ ADV *(frm, littér) [convoiter]* sexually ◆ **connaître charnellement** to have carnal knowledge of *(littér)* ◆ **pécher charnellement** to commit the sin of the flesh *(littér)*

charnier /ʃaʀnje/ NM *[de victimes]* mass grave; *(†† = ossuaire)* charnel house

charnière /ʃaʀnjɛʀ/ NF 1 *[de porte, fenêtre, coquille]* hinge; *[de timbre de collection]* (stamp) hinge; → **nom**
2 *(= transition)* turning point ◆ **époque/rôle charnière** pivotal period/role ◆ **moment charnière** turning point *(de* in) ◆ **un parti charnière** a party that occupies the middle ground ◆ **un roman charnière** a novel that marks a turning point *ou* a transition ◆ **à la charnière de deux époques** at the cusp of two eras ◆ **la ville est située à la charnière de l'Occident et l'Orient** it's a city where East meets West
3 *(Mil)* pivot

charnu, e /ʃaʀny/ SYN ADJ *[lèvres]* fleshy, thick; *[fruit, bras]* plump, fleshy; *[voix, timbre]* rich ◆ **les parties charnues du corps** the fleshy parts of the body ◆ **sur la partie charnue de son individu** *(hum)* on the fleshy part of his person *(hum)*

charognard /ʃaʀɔɲaʀ/ NM *(lit)* carrion eater; *(fig)* vulture

charogne /ʃaʀɔɲ/ NF *(= cadavre)* carrion *(NonC)*, decaying carcass; *(‡ = salaud) (femme)* bitch *‡; *(homme)* bastard *‡, sod *‡ *(Brit)*

charolais, e /ʃaʀɔlɛ, ɛz/
ADJ of *ou* from Charolais
NM **Charolais** 1 ◆ **le Charolais** *(= région)* Charolais
2 *(= viande)* ◆ **charolais** Charolais beef
NM,F *(= bétail)* Charolais

charpentage /ʃaʀpɑ̃taʒ/ NM carpentry

charpente /ʃaʀpɑ̃t/ SYN NF 1 *[de bâtiment]* frame(work), skeleton; *[de toit]* (roof) structure ◆ **charpente en bois/métallique** timber/steel frame(work); → **bois**
2 *[de feuille]* skeleton; *[de roman]* structure, framework ◆ **le squelette est la charpente du corps** the skeleton is the framework of the body
3 *(= carrure)* build, frame ◆ **quelle solide charpente !** he's well-built! ◆ **charpente fragile/épaisse** fragile/stocky build

charpenté, e /ʃaʀpɑ̃te/ ADJ *[vin]* robust ◆ **bien/solidement charpenté** *[personne]* well/solidly built; *[texte, argumentation]* well/solidly structured

charpenterie /ʃaʀpɑ̃tʀi/ NF *(= technique)* carpentry

charpentier /ʃaʀpɑ̃tje/ NM *(Constr)* carpenter ◆ **charpentier de marine** shipwright

charpie /ʃaʀpi/ SYN NF 1 *(Hist = pansement)* shredded linen *(used to dress wounds)*
2 *(locutions)* ◆ **c'est de la charpie** *[viande]* it's been cooked to shreds; *[vêtements]* they're (all) in shreds *ou* ribbons, they're falling to pieces ◆ **mettre** *ou* **réduire en charpie** *[+ papier, vêtements] (= déchirer)* to tear to shreds; *[+ viande] (= hacher menu)* to mince ◆ **je vais le mettre en charpie !** I'll tear him to shreds!, I'll make mincemeat of him! ◆ **il s'est fait mettre en charpie par le train** he was mangled by the train

charre ‡ /ʃaʀ/ NM ⇒ char²

charretée /ʃaʀte/ NF *(lit)* cartload *(de* of) ◆ **une charretée de** *, **des charretées de** * *(= grande quantité de)* loads * *ou* stacks * of

charretier, -ière /ʃaʀtje, jɛʀ/ NM,F carter ◆ **de charretier** *(péj) [langage, manières]* coarse; → **chemin, jurer**

charrette /ʃaʀɛt/ SYN NF 1 *(lit)* cart ◆ **charrette à bras** handcart, barrow ◆ **charrette anglaise** dogcart ◆ **charrette des condamnés** tumbril ◆ « **La Charrette de foin** » *(Art)* "The Haywain" ◆ **il a fait partie de la dernière charrette** *(= licenciements)* he went in the last round of redundancies *(Brit) ou* lay-offs
2 *(= travail urgent)* urgent job *ou* piece of work ◆ **faire une charrette** * to work flat out * ◆ **être (en pleine) charrette** * to be working against the clock

charriage /ʃaʀjaʒ/ NM 1 *(= transport)* carriage, cartage
2 *(Géol = déplacement)* overthrusting; → **nappe**

charrier /ʃaʀje/ ► conjug 7 ◄
VT 1 *(= transporter) (dans une brouette, sur le dos)* to cart (along); *[camion]* to carry, to cart ◆ **on a passé des heures à charrier du charbon** we spent hours heaving *ou* carting coal
2 *(= entraîner) [fleuve, coulée, avalanche]* to carry *ou* sweep along ◆ **le ciel** *ou* **le vent charriait de lourds nuages** *(littér)* the wind sent heavy clouds scudding across the sky ◆ **l'idéologie qu'il charrie** *(péj)* the ideology he propounds ◆ **les obscénités charriées par ses romans** the obscenities with which his novels are littered
3 ◆ **charrier qn** * *(= taquiner qn)* to tease sb, to take the mickey out of sb * *(Brit)*; *(= raconter des histoires à qn)* to kid sb *, to have sb on * *(Brit)*, to put sb on * *(US)*
VI ‡ *(= abuser)* to go too far, to overstep the mark; *(= plaisanter)* to be kidding *, to be joking * ◆ **tu charries, elle n'est pas si vieille !** come on * *ou* come off it * *(Brit)* – she's not that old! ◆ **faut pas** *ou* **faudrait pas charrier !** that's a bit much! *ou* rich! * *(Brit)*

charrieur, -euse ‡ /ʃaʀjœʀ, øz/ NM,F ◆ **c'est un charrieur** *(= il abuse)* he's always going too far *ou* overstepping the mark; *(= il plaisante)* he's always having *(Brit) ou* putting *(US)* people on * ◆ **il est un peu charrieur** he's a bit of a joker *

charroi †† /ʃaʀwa/ NM *(= transport)* cartage

charron /ʃaʀɔ̃/ NM cartwright, wheelwright

charroyer /ʃaʀwaje/ ► conjug 8 ◄ VT *(littér) (par charrette)* to cart; *(laborieusement)* to cart (along), to heave (along)

charrue /ʃaʀy/ NF plough *(Brit)*, plow *(US)* ◆ **mettre la charrue devant** *ou* **avant les bœufs** *(fig)* to put the cart before the horse

charte /ʃaʀt/ SYN NF *(Hist, Pol = convention)* charter; *(Hist = titre, contrat)* title, deed ◆ **accorder une charte à** to grant a charter to, to charter ◆ **la Charte des Nations unies** the United Nations Charter ◆ **l'École (nationale) des chartes, les Chartes** the École des Chartes *(French national school of archival studies and palaeography)*

charter /ʃaʀtɛʀ/
NM *(= vol)* charter flight; *(= avion)* charter(ed) plane
ADJ INV *[vol, billet, prix]* charter *(épith)* ◆ **avion charter** charter(ed) plane

chartériser /ʃaʀteʀize/ ► conjug 1 ◄ VT to charter

chartisme /ʃaʀtism/ NM *(Pol Brit)* Chartism

chartiste /ʃaʀtist/
ADJ *(Pol Brit)* Chartist
NMF *(= élève)* student of the École des Chartes; *(Pol Brit)* Chartist; *(= analyste)* chartist

chartreuse /ʃaʀtʀøz/ NF *(= liqueur)* chartreuse; *(= couvent)* Charterhouse, Carthusian monastery; *(= religieuse)* Carthusian nun ◆ « **La Chartreuse de Parme** » *(Littérat)* "The Charterhouse of Parma"

chartreux /ʃaʀtʀø/ NM *(= religieux)* Carthusian monk; *(= chat)* Chartreux

chartrier /ʃaʀtʀije/ NM *(= recueil, salle)* c(h)artulary

Charybde /kaʀibd/ NM Charybdis ◆ **tomber de Charybde en Scylla** to jump out of the frying pan into the fire

chas /ʃɑ/ NM eye *(of needle)*

chasse¹ /ʃas/ SYN
NF 1 *(gén)* hunting; *(au fusil)* shooting, hunting ◆ **aller à la chasse** *(gén)* to go hunting; *(avec fusil)* to go shooting *ou* hunting ◆ **aller à la chasse aux papillons** to go catching butterflies ◆ **chasse au faisan** pheasant shooting ◆ **chasse au lapin** rabbit shooting, rabbiting ◆ **chasse au renard/au chamois/au gros gibier** fox/chamois/big game hunting ◆ **air/habits de chasse** hunting tune/clothes; → **chien, cor¹, fusil** *etc*
2 *(= période) (gén)* hunting season; *(au fusil)* hunting season, shooting season ◆ **la chasse est ouverte/fermée** it's the open/close season *(Brit)*, it's open/closed season *(US)*
3 *(= gibier)* game ◆ **manger/partager la chasse** to eat/share the game ◆ **faire (une) bonne chasse** to get a good bag ◆ **bonne chasse !** *(lit)* have a good day's shooting!; *(fig)* happy hunting!
4 *(= domaine)* shoot, hunting ground ◆ **louer une chasse** to rent a shoot, to rent land to shoot *ou* hunt on ◆ **une chasse giboyeuse** a well-stocked shoot
5 *(= chasseurs)* ◆ **la chasse** the hunt
6 ◆ **la chasse** *(= avions)* the fighters; → **avion, pilote**
7 *(= poursuite)* chase ◆ **une chasse effrénée dans les rues** a frantic chase through the streets
8 *(locutions)* ◆ **faire la chasse à** *[+ souris, moustiques]* to hunt down, to chase; *[+ abus, erreurs]* to hunt down, to track down ◆ **faire la chasse aux appartements/occasions** to go flat- *(Brit) ou* apartment- *(US)* /bargain-hunting ◆ **faire la chasse au mari** to be searching *ou* looking for a husband, to be in search of a husband ◆ **prendre en chasse, donner la chasse à** *[+ fuyard, voiture]* to give chase to, to chase after; *[+ avion, navire, ennemi]* to give chase to ◆ **donner la chasse** to give chase ◆ **se mettre en chasse pour trouver qch** to go hunting for sth ◆ **être en chasse** *[chienne]* to be on *(Brit) ou* in *(US)* heat; *[chien]* to be on the trail ◆ **qui va à la chasse perd sa place** *(Prov)* he who leaves his place loses it
COMP **chasse à l'affût** hunting (from a hide *(Brit) ou* blind *(US)*)
chasse au chevreuil deer hunting, deer-stalking
chasse à courre *(= sport)* hunting with hounds; *(= partie de chasse)* hunt
chasse au furet ferreting
chasse gardée *(lit)* private hunting (ground), private shoot; *(fig)* exclusive preserve *ou* domain ◆ **elle est mignonne – attention, c'est chasse gardée !** she's cute – hands off! she's already spoken for *ou* taken * ◆ « **chasse gardée** » *(panneau)* "private, poachers will be prosecuted"
chasse à l'homme manhunt
chasse aux sorcières witch hunt ◆ **faire la chasse aux sorcières** to conduct a witch hunt
chasse sous-marine harpooning, harpoon fishing
chasse de têtes headhunting
chasse à tir shooting
chasse au trésor treasure hunt

chasse² /ʃas/ NF 1 ◆ **chasse (d'eau** *ou* **des cabinets)** (toilet) flush ◆ **actionner** *ou* **tirer la chasse** to flush the toilet; *(avec chaîne)* to pull the chain
2 *(Typographie)* body (width), set (width)

chassé /ʃase/ NM *(= danse)* chassé

châsse /ʃɑs/ NF *(= reliquaire)* reliquary, shrine; *(‡ = œil)* eye, peeper *; *(= monture) [de bague, bijou]* setting; *[de lancette]* handle

chasse-clou (pl **chasse-clous**) /ʃasklu/ NM nail punch

chassé-croisé (pl **chassés-croisés**) /ʃasekʀwaze/ NM 1 *(Danse)* chassé-croisé, set to partners
2 *(fig)* ◆ **avec tous ces chassés-croisés nous ne nous sommes pas vus depuis six mois** with all these to-ings and fro-ings we haven't seen each other for six months ◆ **une période de chassés-croisés sur les routes** a period of heavy two-way traffic ◆ **les ferries vont et viennent en un chassé-croisé régulier** the ferries ply to and fro continuously

chasselas /ʃasla/ NM chasselas grape

chasse-mouche (pl **chasse-mouches**) /ʃasmuʃ/ NM flyswatter, fly whisk *(Brit)*

chasse-neige (pl **chasse-neige(s)**) /ʃasnɛʒ/ NM *(= instrument)* snowplough *(Brit)*, snowplow *(US)*; *(= position du skieur)* snowplough *(Brit)*, snowplow *(US)*, wedge ◆ **chasse-neige à soufflerie** snow-blower ◆ **descendre une pente en chasse-neige** to snowplough *(Brit) ou* snowplow *(US)* down a slope

chasse-pierres /ʃaspjɛʀ/ NM INV cowcatcher

chassepot /ʃaspo/ NM *(Hist)* chassepot (rifle)

chasser /ʃase/ SYN ► conjug 1 ◄
VT 1 *(gén)* to hunt; *(au fusil)* to shoot, to hunt ◆ **chasser à l'affût/au filet** to hunt from a hide *(Brit) ou* blind *(US)* /with a net ◆ **chasser le faisan/le cerf** to go pheasant-shooting/deer hunting ◆ **il chasse le lion en Afrique** he is shooting lions *ou* lion-shooting in Africa ◆ **il chasse de race** *(il est dans la lignée)* it runs in the family, he is carrying on the family tradition; → **chien**
2 *(= faire partir) [+ importun, animal, ennemi]* to drive *ou* chase out *ou* away; *[+ domestique, fils indigne]* to turn out; *[+ immigrant]* to drive out, to expel; *[+ touristes, clients]* to drive away, to chase away ◆ **chassant de la main les insectes** brushing away *ou* driving off (the) insects with his hand ◆ **il a chassé les gamins du jardin** he chased *ou* drove the kids out of the garden ◆ **mon père m'a chassé de la maison** my father has turned *ou* thrown me out of the house ◆ **le brouillard nous a chassés de la plage** we were driven off the beach by the fog ◆ **ces touristes, ils vont finir par nous chasser de chez nous** these tourists will end up driving us away from our own homes ◆ **il a été chassé de son pays par le nazisme** he was forced to flee his country because of the Nazis, Nazism drove him from his country ◆ **chassez le naturel, il revient au galop** *(Prov)* what's bred in the bone comes out in the flesh *(Prov)*; → **faim**
3 *(= dissiper) [+ odeur]* to dispel, to drive away; *[+ idée]* to dismiss, to chase away; *[+ souci, doute]* to dispel, to drive away, to chase away; *[+ brouillard]* to dispel ◆ **essayant de chasser ces images obsédantes** trying to chase away *ou* dismiss these haunting images ◆ **il faut chasser cette idée de ta tête** you must get that idea out of your head *ou* dismiss that idea from your mind ◆ **le soleil a chassé les nuages** the sun has chased the clouds away
4 *[+ clou]* to drive in
5 *(= éjecter) [+ douille, eau d'un tuyau]* to drive out; → **clou**
VI 1 *(= aller à la chasse) (gén)* to go hunting; *(au fusil)* to go shooting *ou* hunting ◆ **chasser sur les terres de qn** *(fig)* to poach on sb's territory
2 *(= déraper) [véhicule, roues]* to skid; *[ancre]* to drag ◆ **chasser sur ses ancres** to drag its anchors

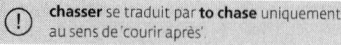

> ⓘ **chasser** se traduit par **to chase** uniquement au sens de 'courir après'.

chasseresse /ʃasʀɛs/ NF *(littér)* huntress *(littér)*; → **Diane**

chasseur /ʃasœʀ/ SYN
NM 1 *(gén)* hunter; *(à courre)* hunter, huntsman ◆ **chasseur-cueilleur** *(Anthropologie)* hunter-gatherer ◆ **chasseur de baleines** whaler ◆ **chasseur de phoques** sealer ◆ **chasseur de papillons** butterfly catcher ◆ **c'est un très bon chasseur** *(gén)* he's a very good hunter; *(au fusil)*

he's an excellent shot ◆ **c'est un grand chasseur de renards** he's a great one for foxhunting, he's a great foxhunter

2 (Mil) (= soldat) chasseur; (= avion) fighter ◆ **le 3ᵉ chasseur** (= régiment) the 3rd (regiment of) chasseurs

3 (= garçon d'hôtel) page (boy), messenger (boy), bellboy (US)

4 (Culin) ◆ **poulet/lapin chasseur** chicken/rabbit chasseur (chicken/rabbit cooked with mushrooms and white wine)

COMP chasseur alpin mountain infantryman ◆ **les chasseurs alpins** the mountain infantry, the alpine chasseurs
chasseur d'autographes autograph hunter
chasseur à cheval (Hist Mil) cavalryman ◆ **les chasseurs à cheval** the cavalry
chasseur d'images roving amateur photographer
chasseur de mines minesweeper
chasseur à pied (Hist Mil) infantryman ◆ **les chasseurs à pied** the infantry
chasseur de primes bounty hunter
chasseur à réaction jet fighter
chasseur de sous-marins submarine chaser
chasseur de têtes (lit, fig) headhunter

chasseur-bombardier (pl **chasseurs-bombardiers**) /ʃasœrbɔ̃bardje/ NM fighter-bomber

chasseuse /ʃasøz/ NF huntswoman, hunter, huntress (littér)

chassie /ʃasi/ NF [d'yeux] sticky matter (in eye), sleep*

chassieux, -ieuse /ʃasjø, jøz/ ADJ [yeux] sticky, gummy; [personne, animal] gummy- ou sticky-eyed ◆ **avoir les yeux chassieux** to have sleep* in one's eyes

châssis /ʃɑsi/ SYN NM 1 [de véhicule] chassis; [de machine] sub- ou under-frame

2 (= encadrement) [de fenêtre] frame; [de toile, tableau] stretcher; (Typographie) chase; (Photo) (printing) frame ◆ **châssis mobile/dormant** opening/fixed frame

3 (**‡** = corps féminin) body, figure, chassis**‡** (US) ◆ **elle a un beau châssis !** she's got a hell of a figure!**‡**

4 (pour cultures) cold frame

chaste /ʃast/ SYN ADJ chaste; (hum) [oreilles] delicate ◆ **de chastes jeunes filles** chaste young girls ◆ **mener une vie chaste** to lead a celibate life, to live the life of a nun (ou a monk)

chastement /ʃastəmɑ̃/ ADV chastely

chasteté /ʃastəte/ SYN NF chastity; → **ceinture**

chasuble /ʃazybl/ NF chasuble; → **robe**

chat ¹ /ʃa/ SYN

NM 1 (= animal) cat ◆ **chat persan/siamois** Persian/Siamese cat ◆ **petit chat** kitten ◆ **mon petit chat** (terme d'affection) (à un enfant) pet*, poppet* (Brit); (à une femme) sweetie* ◆ « **Le Chat Botté** » (Littérat) "Puss in Boots"

2 (= jeu) tag, tig (Brit) ◆ **jouer à chat** to play tag ou tig (Brit), to have a game of tag ou tig (Brit) ◆ **(c'est toi le) chat !** you're it!

3 (locutions) ◆ **il n'y avait pas un chat dehors** there wasn't a soul outside ◆ **avoir un chat dans la gorge** to have a frog in one's throat ◆ **il a acheté cette voiture chat en poche** he bought a pig in a poke when he got that car, he hardly even looked at the car before buying it ◆ **jouer au chat et à la souris** to play cat and mouse ◆ **j'ai d'autres chats à fouetter** I've other fish to fry ◆ **il n'y a pas de quoi fouetter un chat** it's nothing to make a fuss about ◆ **chat échaudé craint l'eau froide** (Prov) once bitten, twice shy (Prov) ◆ **quand le chat n'est pas là les souris dansent** (Prov) when the cat's away the mice will play (Prov) ◆ **à bon chat bon rat** (Prov) tit for tat; → **appeler, chien** etc

COMP chat de gouttière ordinary cat, alley cat
chat à neuf queues cat-o'-nine-tails
chat perché (= jeu) off-ground tag ou tig (Brit)
chat sauvage wildcat

chat ² /tʃat/ NM (Internet) chat ◆ **sur le chat** on a chatline

châtaigne /ʃatɛɲ/ NF 1 (= fruit) (sweet) chestnut ◆ **châtaigne d'eau** water chestnut

2 (**‡** = coup de poing) punch, clout* (Brit) ◆ **flanquer une châtaigne à qn** to punch ou clout* (Brit) sb, to give sb a clout* (Brit)

3 (**‡** = décharge électrique) (electric) shock

châtaigner*‡* /ʃatɛɲe/ ▸ conjug 1 ◂ VT to bash around*, to clout*, to biff*

châtaigneraie /ʃatɛɲʀɛ/ NF chestnut grove

châtaignier /ʃatɛɲe/ NM (= arbre) (sweet) chestnut tree; (= bois) chestnut

châtain /ʃatɛ̃/

NM chestnut brown

ADJ M [cheveux] chestnut (brown); [personne] brown-haired ◆ **elle est châtain clair/roux** she has light brown hair/auburn hair

chataire /ʃatɛʀ/ NF catnip, catmint

château (pl **châteaux**) /ʃato/

NM 1 (= forteresse) castle; (= résidence royale) palace, castle; (= gentilhommière) mansion, stately home; (en France) château; (= vignoble) château ◆ **les châteaux de la Loire** the châteaux of the Loire ◆ **le château de Versailles** the Palace of Versailles ◆ **bâtir** ou **faire des châteaux en Espagne** (fig) to build castles in the air ou in Spain ◆ **il est un peu château branlant** he's not very steady on his legs, he's a bit wobbly on his pins* (Brit); → **vie**

2 (* : Culin) chateaubriand

COMP château d'arrière [de bateau] aftercastle
château d'avant [de bateau] forecastle, fo'c'sle
château de cartes (Cartes, fig) house of cards
château d'eau water tower
château fort stronghold, fortified castle
château de sable sand castle

chateaubriand, châteaubriant /ʃatobʀijɑ̃/ NM (Culin) chateaubriand, chateaubriant

Château-la-Pompe /ʃatolapɔ̃p/ NM INV (hum) water

châtelain /ʃat(ə)lɛ̃/ NM 1 (Hist = seigneur) (feudal) lord ◆ **le châtelain** the lord of the manor

2 (= propriétaire) (d'ancienne date) squire; (nouveau riche) owner of a manor

châtelaine /ʃat(ə)lɛn/ NF 1 (= propriétaire) owner of a manor

2 (= épouse) lady (of the manor), chatelaine

3 (= ceinture) chatelaine, châtelaine

chat-huant (pl **chats-huants**) /ʃaɥɑ̃/ NM screech owl, barn owl

châtié, e /ʃɑtje/ SYN (ptp de **châtier**) ADJ [style] polished, refined; [langage] refined

châtier /ʃɑtje/ SYN ▸ conjug 7 ◂ VT 1 (littér = punir) [+ coupable] to chastise (littér), to castigate (littér), to punish; [+ faute] to punish; (Rel) [+ corps] to chasten, to mortify ◆ **châtier l'insolence de qn** to chastise ou punish sb for his insolence; → **qui**

2 (= soigner) [+ style] to polish, to refine; [+ langage] to refine

chatière /ʃatjɛʀ/ NF (= porte) cat-flap; (= trou d'aération) (air-)vent, ventilation hole; (= piège) cat-trap

châtiment /ʃɑtimɑ̃/ SYN NM (littér) chastisement (littér), castigation (littér), punishment ◆ **châtiment corporel** corporal punishment

chatoiement /ʃatwamɑ̃/ NM [de vitraux] glistening; [de reflet, étoffe] shimmer(ing); [de bijoux, plumage] glistening, shimmer(ing); [de couleurs, style] sparkle

chaton¹ /ʃatɔ̃/ NM 1 (= petit chat) kitten

2 (= fleur) catkin ◆ **chatons de poussière** balls of fluff

chaton² /ʃatɔ̃/ NM 1 (= monture) bezel, setting; (= pierre) stone

chatouille* /ʃatuj/ NF tickle ◆ **faire des chatouilles à qn** to tickle sb ◆ **craindre les chatouilles** ou **la chatouille** to be ticklish

chatouillement /ʃatujmɑ̃/ SYN NM (gén) tickling (NonC); (dans le nez, la gorge) tickle

chatouiller /ʃatuje/ SYN ▸ conjug 1 ◂ VT 1 (lit) to tickle ◆ **arrête, ça chatouille !** don't, that tickles! ou you're tickling!

2 [+ amour-propre, curiosité] to tickle, to titillate; [+ palais, odorat] to titillate

3 († ou hum) ◆ **chatouiller les côtes à qn** to tan sb's hide

chatouilleux, -euse /ʃatujø, øz/ SYN ADJ 1 (lit) ticklish

2 (= susceptible) [personne, caractère] touchy ◆ **il est un peu chatouilleux sur le sujet** he's a bit touchy about it

chatouillis* /ʃatuji/ NM light ou gentle tickling ◆ **faire des chatouillis à qn** to tickle sb lightly ou gently

chatoyant, e /ʃatwajɑ̃, ɑ̃t/ SYN ADJ [reflet, étoffe, bijoux, plumage] shimmering; [couleurs, style] sparkling ◆ **l'éclat chatoyant des pierreries** the way the gems sparkle in the light

chatoyer /ʃatwaje/ ▸ conjug 8 ◂ VI [vitraux] to glisten; [reflet, étoffe] to shimmer; [bijoux, plumage] to glisten, to shimmer; [couleurs, style] to sparkle

châtré* /ʃɑtʀe/ NM (lit, fig) eunuch ◆ **voix de châtré** squeaky little voice

châtrer /ʃɑtʀe/ ▸ conjug 1 ◂ VT [+ taureau, cheval] to castrate, to geld; [+ chat] to neuter, to castrate, to fix (US); [+ homme] to castrate, to emasculate; (littér) [+ texte] to mutilate, to bowdlerize

chatte /ʃat/ NF (= animal) (female) cat; (**‡** = vagin) pussy**‡** ◆ **ma (petite) chatte** (terme d'affection) (my) pet*, sweetie(-pie)* ◆ « **La Chatte sur un toit brûlant** » (Littérat) "Cat on a Hot Tin Roof"

chattemite /ʃatmit/ NF ◆ **faire la chattemite** to be a bit of a coaxer

chatter /tʃate/ VI to chat (on the Net)

chatteur, -euse /tʃatœʀ, øz/ NM,F chatter

chatterie /ʃatʀi/

NF (= friandise) titbit, dainty morsel ◆ **aimer les chatteries** to love a little delicacy ou a dainty morsel

NFPL **chatteries** † (= caresses) playful attentions ou caresses; (= minauderies) kittenish ways ◆ **faire des chatteries à qn** to make a fuss of sb

chatterton /ʃatɛʀtɔn/ NM (adhesive) insulating tape

chat-tigre (pl **chats-tigres**) /ʃatigʀ/ NM tiger cat

chaud, chaude /ʃo, ʃod/ SYN

ADJ 1 [température] warm; (très chaud) hot ◆ **les climats chauds** warm climates; (très chaud) hot climates ◆ **l'eau du lac n'est pas assez chaude pour se baigner** the lake isn't warm enough for bathing ◆ **bois ton thé pendant qu'il est chaud** drink your tea while it's hot ◆ **repas chaud** hot meal ◆ **tous les plats étaient servis très chauds** all the dishes were served up piping hot ◆ **cela sort tout chaud du four** it's (piping) hot from the oven ◆ **il a des nouvelles toutes chaudes** he's got some news hot from the press ou some hot news ◆ **sa place est encore chaude et il y en a déjà qui se pressent pour le remplacer** he's only just left and some people can't wait to step into his shoes; → **battre, main** etc

2 [couverture, vêtement] warm

3 (= vif, passionné) [félicitations] warm, hearty; (littér) [amitié] warm; [partisan] keen, ardent; [admirateur] warm, ardent; [recommandation] wholehearted, enthusiastic; [discussion] heated ◆ **la bataille a été chaude** it was a fierce battle, the battle was fast and furious ◆ **être chaud (pour faire/pour qch)*** to be enthusiastic (about doing/about sth), to be keen (on doing/on sth) (Brit) ◆ **il n'est pas très chaud pour conduire de nuit*** he doesn't much like driving at night, he is not very ou too keen (Brit) on driving at night

4 (= difficile) ◆ **les endroits chauds de la ville** the city's trouble spots ◆ **les points chauds du globe** the world's hot spots ou flashpoints ◆ **la rentrée sera chaude** there's going to be a lot of social unrest in the autumn ◆ **l'alerte a été chaude** it was a near ou close thing

5 [voix, couleur] warm

6 (**‡** = sensuel) [personne, tempérament] hot, randy* (Brit) ◆ **quartier chaud** red-light district ◆ **c'est un chaud lapin !** he's a bit of a skirt chaser!*, he's a randy devil* (Brit)

7 (Phys Nucl) [produits, zone] hot

NM (= chaleur) ◆ **le chaud** (the) heat ◆ **elle souffre autant du chaud que du froid** she suffers as much from the heat as from the cold

◆ **au chaud** ◆ **restez donc au chaud** stay in the warm ◆ **garder** ou **tenir qch au chaud** (lit,fig) to keep sth warm ou hot ◆ **garder un enfant enrhumé au chaud** to keep a child with a cold (indoors) in the warmth

◆ **à chaud** ◆ **travailler à chaud** (lit) to work under heat; (fig) to work on the spot ◆ **réaction à chaud** knee-jerk reaction ◆ **reportage à chaud** on-the-spot report ◆ **il a été opéré à chaud** he had an emergency operation; → **souder**

ADV ◆ **avoir chaud** to be warm, to feel warm; (très chaud) to be hot, to feel hot ◆ **avez-vous assez chaud ?** are you warm enough? ◆ **on a trop chaud ici** it's too hot in here ◆ **j'ai eu chaud !*** (= de la chance) I had a lucky ou narrow escape, it was a close shave ◆ **il fait chaud** it's hot ou warm ◆ **il fera chaud le jour où il voudra bien travailler*** that'll be the day when he decides to work ◆ **ça ne me fait ni chaud ni froid** I couldn't care less, it makes no difference to me ◆ **ça fait chaud au cœur** it's heart-warming

◆ **manger chaud** to have a hot meal, to eat something hot ◆ **boire chaud** to have ou take hot drinks ◆ **il a fallu tellement attendre qu'on n'a pas pu manger chaud** we had to wait so long the food had gone cold ◆ « **servir chaud** » "serve hot" ◆ **chaud devant !** mind your back (ou backs)! ◆ **une robe qui tient chaud** a warm dress ◆ **tenir trop chaud à qn** to make sb too hot ◆ **ça m'a donné chaud** [course] it made me really hot; → **souffler**

NF chaude († = flambée) blaze

COMP chaud et froid (Méd) chill

chaudement /ʃodmɑ̃/ **ADV** [s'habiller] warmly; [féliciter, recommander] warmly, heartily; [argumenter] heatedly, hotly ◆ **chaudement disputé** hotly disputed ◆ **comment ça va ? – chaudement !** (hum) how are you? – (I'm) hot!

chaude-pisse‡ (pl **chaudes-pisses**) /ʃodpis/ **NF** clap*‡

chaud-froid (pl **chauds-froids**) /ʃofʀwɑ/ **NM** (Culin) chaudfroid

chaudière /ʃodjɛʀ/ **NF** [de locomotive, chauffage central] boiler ◆ **chaudière à gaz** gas-fired boiler

chaudron /ʃodʀɔ̃/ **NM** cauldron

chaudronnerie /ʃodʀɔnʀi/ **NF** 1 (= métier) boilermaking, boilerwork; (= industrie) boilermaking industry
2 (= boutique) coppersmith's workshop; (= usine) boilerworks
3 (= produits) ◆ **grosse chaudronnerie** industrial boilers ◆ **petite chaudronnerie** pots and pans

chaudronnier, -ière /ʃodʀɔnje, jɛʀ/ **NM,F** (= artisan) coppersmith; (= ouvrier) boilermaker

chauffage /ʃofaʒ/ **NM** (= action) heating; (= appareils) heating (system) ◆ **il y a le chauffage ?** is there any heating?, is it heated? ◆ **avoir un bon chauffage** to have a good heating system ◆ **chauffage au charbon/au gaz/à l'électricité** solid fuel/gas/electric heating ◆ **chauffage central** central heating ◆ **chauffage par le sol** underfloor heating ◆ **chauffage urbain** urban ou district heating system ◆ **mets le chauffage** (maison) put the heating on; (voiture) put the heater on; → **bois**

chauffagiste /ʃofaʒist/ **NM** heating engineer ou specialist

chauffant, e /ʃofɑ̃, ɑ̃t/ **ADJ** [surface, élément] heating (épith); → **couverture, plaque**

chauffard‡ /ʃofaʀ/ **NM** (péj) reckless driver; (qui s'enfuit) hit-and-run driver ◆ **(espèce de) chauffard !** roadhog!‡ ◆ **c'est un vrai chauffard** he's a real menace ou maniac on the roads ◆ **tué par un chauffard** killed by a reckless driver ◆ **on n'a pas retrouvé le chauffard responsable de l'accident** the driver responsible for the accident has not yet been found

chauffe /ʃof/ **NF** 1 (= lieu) fire-chamber; (= processus) stoking ◆ **surface de chauffe** heating-surface, fire surface ◆ **chambre de chauffe** [de bateau] stokehold ◆ **tour de chauffe** [de voiture de course] warm-up lap; [de candidat, sportif] practice run; → **bleu**

chauffe-assiette(s) (pl **chauffe-assiettes**) /ʃofasjɛt/ **NM** plate-warmer

chauffe-bain (pl **chauffe-bains**) /ʃofbɛ̃/ **NM** water-heater

chauffe-biberon (pl **chauffe-biberons**) /ʃofbibʀɔ̃/ **NM** bottle-warmer

chauffe-eau /ʃofo/ **NM INV** (gén) water-heater; (électrique) immersion heater

chauffe-pieds /ʃofpje/ **NM INV** foot-warmer

chauffe-plat (pl **chauffe-plats**) /ʃofpla/ **NM** dish-warmer, chafing dish

chauffer /ʃofe/ **SYN** ► conjug 1 ◄
VT 1 ◆ **(faire) chauffer** [+ soupe] to warm up, to heat up; [+ assiette] to warm; [+ eau du bain] to heat (up); [+ eau du thé] to boil, to heat up ◆ **chauffer qch au four** to heat sth up in the oven, to put sth in the oven to heat up ◆ **mets l'eau à chauffer** (gén) put the water on; (dans une bouilloire) put the water on to boil, put the kettle on ◆ **faites chauffer la colle !** (hum :quand on casse qch) get the glue out! ◆ **je vais te chauffer les oreilles !** I'll box your ears!, you'll get a clip round the ear!‡ (Brit)
2 [+ appartement] to heat ◆ **on va chauffer un peu la pièce** we'll heat (up) the room a bit
3 [soleil] to warm, to make warm; [soleil brûlant] to heat, to make hot
4 [+ métal, verre, liquide] to heat; [+ chaudière, locomotive] to stoke (up), to fire ◆ **chauffer qch à blanc** (lit, fig) to make sth white-hot ◆ **chauffer qn à blanc** to galvanize sb into action ◆ **le public était chauffé à blanc** excitement in the audience had reached fever pitch
5 (* = préparer) [+ candidat] to cram; [+ commando] to train up; [+ salle, public] to warm up
6 [+ muscle] to warm up
7 (* = énerver) ◆ **tu commences à me chauffer sérieusement !** you're really starting to get on my nerves!
8 (‡ = draguer) ◆ **elle l'a chauffé toute la soirée** she spent the whole evening trying to pick him up*
9 († * = voler) to pinch*, to swipe*
VI 1 (= être sur le feu) [aliment, eau du bain] to be heating up, to be warming up; [assiette] to be warming (up); [eau du thé] to be heating up
2 (= devenir chaud) [moteur, télévision] to warm up; [four] to heat up; [chaudière, locomotive] to get up steam
3 (= devenir trop chaud) [freins, appareil, moteur] to overheat
4 (= donner de la chaleur) ◆ **le soleil chauffe** the sun's really hot ◆ **le poêle chauffe bien** the stove gives out a lot of heat ◆ **ils chauffent au charbon** they use coal for heating, their house is heated by coal ◆ **le mazout chauffe bien** oil gives out a lot of heat
5 (* : locutions) ◆ **ça chauffe** (il y a de la bagarre) things are getting heated; (il y a de l'ambiance) things are livening up ◆ **ça va chauffer !** sparks will fly! ◆ **le but/l'essai chauffe !** there must be a goal/try now!, they're on the brink of a goal/try! ◆ **tu chauffes !** (cache-tampon) you're getting warm(er)!
VPR **se chauffer** 1 (près du feu) to warm o.s.; (* : en faisant des exercices) to warm up ◆ **se chauffer au soleil** to warm o.s. in the sun ◆ **se chauffer la voix** to warm up
2 (= avoir comme chauffage) ◆ **se chauffer au bois/charbon** to burn wood/coal, to use wood/coal for heating ◆ **se chauffer à l'électricité** to have electric heating, to use electricity for heating; → **bois**

chaufferette /ʃofʀɛt/ **NF** (= chauffe-pieds) foot-warmer; (= réchaud) plate warmer

chaufferie /ʃofʀi/ **NF** [de maison, usine] boiler room; [de navire] stokehold

chauffeur /ʃofœʀ/ **SYN**
NM 1 (= conducteur) (gén) driver; (privé) chauffeur ◆ **chauffeur d'autobus** bus driver ◆ **voiture avec/sans chauffeur** chauffeur-driven/self-drive car
2 [de chaudière] fireman, stoker
COMP **chauffeur de camion** lorry (Brit) ou truck (US) driver
chauffeur du dimanche (hum) Sunday driver
chauffeur livreur delivery driver
chauffeur de maître chauffeur
chauffeur de taxi taxi driver, cab driver

chauffeuse /ʃoføz/ **NF** low armless chair, unit chair

chaulage /ʃolaʒ/ **NM** [de sol, arbre, raisins] liming; [de mur] whitewashing

chauler /ʃole/ ► conjug 1 ◄ **VT** [+ sol, arbre, raisins] to lime; [+ mur] to whitewash

chaume /ʃom/ **NM** 1 (= reste des tiges) stubble ◆ **les chaumes** (littér = champs) the stubble fields
2 (= toiture) thatch ◆ **couvrir de chaume** to thatch; → **toit**

chaumer /ʃome/ ► conjug 1 ◄
VT to clear stubble from
VI to clear stubble

chaumière /ʃomjɛʀ/ **NF** (littér ou hum) (little) cottage; (à toit de chaume) thatched cottage ◆ **on en parlera encore longtemps dans les chaumières** people will talk about it for a long time to come ◆ **ça fait pleurer dans les chaumières** [feuilleton, film] it's a real tear-jerker ◆ **il ne rêve que d'une chaumière et d'un cœur** he only dreams of the simple life

chaumine /ʃomin/ **NF** (littér ou vieilli) small (thatched) cottage

chaussant, e /ʃosɑ̃, ɑ̃t/ **ADJ** (= confortable) well-fitting, snug-fitting ◆ **articles chaussants** footwear (NonC) ◆ **ces souliers sont très chaussants** these shoes are a very good fit ou fit very well

chausse /ʃos/
NF (= entonnoir) linen funnel
NFPL **chausses** (Hist) hose

chaussée /ʃose/ **SYN NF** 1 (= route, rue) road, roadway ◆ **traverser la chaussée** to cross the road ◆ **ne reste pas sur la chaussée** don't stay in ou on the road ou on the roadway ◆ **l'entretien de la chaussée** road maintenance ◆ **chaussée pavée** (= rue) cobbled street; (= route) cobbled ou flagged road ◆ **chaussée bombée** cambered road ◆ « **chaussée glissante** » "slippery road" ◆ « **chaussée déformée** » "uneven road surface"; → **pont**
2 (= chemin surélevé) causeway; (= digue) embankment ◆ **la chaussée des Géants** the Giants' Causeway

chausse-pied (pl **chausse-pieds**) /ʃospje/ **NM** shoehorn

chausser /ʃose/ ► conjug 1 ◄
VT 1 (= mettre des chaussures à) [+ personne] to put shoes on; (= acheter des chaussures à) to buy shoes for ◆ **chausse les enfants pour sortir** put the children's shoes on ou help the children on with their shoes and we'll go out ◆ **chaussé de bottes/sandales** wearing boots/sandals, with boots/sandals on; → **cordonnier**
2 (= mettre) [+ chaussures, lunettes, skis] to put on ◆ **chausser les étriers** (Équitation) to put one's feet into the stirrups
3 (= fournir en chaussures) ◆ **ce marchand nous chausse depuis 10 ans** this shoemaker has been supplying us with shoes for 10 years
4 (= convenir à) to fit ◆ **ces chaussures vous chaussent bien** those shoes fit you well ou are a good fit
5 [+ arbre] to earth up
6 [+ voiture] to fit tyres (Brit) ou tires (US) on ◆ **voiture bien chaussée** car with good tyres (Brit) ou tires (US)
VI ◆ **chausser du 40** to take size 40 in shoes, to take a (size) 40 shoe ◆ **ces chaussures chaussent grand** ou **large** these shoes are wide-fitting ◆ **chaussures qui chaussent bien le pied** well-fitting shoes
VPR **se chausser** (= mettre ses chaussures) to put one's shoes on ◆ **se (faire) chausser chez...** (= acheter des chaussures) to buy ou get one's shoes at... ◆ **se (faire) chausser sur mesure** to have one's shoes made to measure

chausse-trap(p)e (pl **chausse-trap(p)es**) /ʃostʀap/ **NF** (lit, fig) trap ◆ **tomber dans/éviter une chausse-trappe** to fall into/avoid a trap

chaussette /ʃosɛt/ **NF** sock ◆ **j'étais en chaussettes** I was in my socks ◆ **chaussettes russes** foot-bindings ◆ **chaussettes tombantes** slouch socks ◆ **elle m'a laissé tomber comme une vieille chaussette** * she ditched * ou jilted me

chausseur /ʃosœʀ/ **NM** (= fabricant) shoemaker; (= fournisseur) footwear specialist

chausson /ʃosɔ̃/ **NM** 1 (= pantoufle) slipper; [de bébé] bootee; [de danseur] ballet shoe ou pump ◆ « **chausson à pointe** » blocked shoe ◆ **chaussons d'escalade** climbing shoes; → **point²**
2 (Culin) turnover ◆ **chausson aux pommes** apple turnover

chaussure /ʃosyʀ/ **SYN**
NF 1 (= soulier) shoe ◆ **rayon chaussures** shoe ou footwear department ◆ **trouver chaussure à son pied** to find a suitable match
2 ◆ **la chaussure** (= industrie) the shoe industry; (= commerce) the shoe trade ou business
COMP **chaussures basses** flat shoes
chaussures cloutées ou **à clous** hobnailed boots
chaussures montantes ankle boots
chaussures de ski ski boots
chaussures de sport sports shoes
chaussures à talon haut high-heeled shoes, (high) heels*
chaussures vernies patent leather shoes
chaussures de ville smart shoes

chaut /ʃo/ **VI** († ou hum) ◆ **peu me chaut** it matters little to me, it is of no import ou matter to me

chauve /ʃov/ **SYN ADJ** [personne, crâne] bald; (littér) [colline, sommet] bare ◆ **chauve comme un œuf** * ou **une bille** * ou **mon genou** * as bald as a coot

chauve-souris (pl **chauves-souris**) /ʃovsuʀi/ **NF** bat

chauvin, e /ʃovɛ̃, in/ **SYN**
ADJ (= nationaliste) chauvinistic; (en temps de guerre) jingoistic; (en sport, dans ses goûts) biased, prejudiced
NM,F (= nationaliste) chauvinist; (en temps de guerre) jingoist

chauvinisme /ʃovinism/ NM (= nationalisme) chauvinism; (en temps de guerre) jingoism; (en sport, dans ses goûts) bias, prejudice

chaux /ʃo/ NF lime ◆ **chaux éteinte** slaked lime ◆ **chaux vive** quicklime ◆ **blanchi** ou **passé à la chaux** whitewashed ◆ **bâti à chaux et à sable** (littér) [maison] as solid as a rock; [personne] as strong as an ox

chavirage /ʃaviraʒ/ NM [de bateau] capsizing, keeling over, overturning

chavirement /ʃavirmã/ NM upheaval (de in)

chavirer /ʃavire/ SYN ▸ conjug 1 ◂
VI ① [bateau] to capsize, to keel over, to overturn; [gouvernement] to founder ◆ **faire chavirer un bateau** to capsize a boat
② [pile d'objets] to keel over; [charrette] to overturn, to tip over; [yeux] to roll; [paysage, chambre] to reel, to spin; [esprit] to reel ◆ **mon cœur a chaviré** (de dégoût) my stomach heaved; (d'émotion) my heart leapt
VT ① (= renverser) [+ bateau] [vagues] to capsize, to overturn; (en cale sèche) to keel over; [+ meubles] to overturn
② (= bouleverser) ◆ **j'en étais tout chaviré** (ému) I was quite overcome; (affligé) I was quite shaken ◆ **musique qui chavire l'âme** music that tugs at the heartstrings

chébec /ʃebɛk/ NM xebec, zebec(k)

chéchia /ʃeʃja/ NF tarboosh, fez

check-list (pl **check-lists**) /(t)ʃɛklist/ NF check list

check-point (pl **check-points**) /(t)ʃɛkpɔjnt/ NM checkpoint

check-up /(t)ʃɛkœp/ NM INV check-up

cheddite /ʃedit/ NF cheddite

chef¹ /ʃɛf/ SYN
NMF ① (= patron, dirigeant) head, boss*; [de tribu] chief(tain), headman ◆ **chef indien** Indian chief ◆ **il a l'estime de ses chefs** he is highly thought of by his superiors ou bosses ◆ **la chef*** the boss* ◆ **grand chef*** big chief ou boss* ◆ **faire le** ou **jouer au petit chef** (péj) to throw one's weight around ◆ **c'est qui le chef ici ?** who's in charge around here?
② [d'expédition, révolte, syndicat] leader ◆ **chef spirituel** spiritual leader ◆ **avoir une âme** ou **un tempérament de chef** to be a born leader
③ (* = champion) ◆ **tu es un chef** you're the greatest*, you're the tops* ◆ **elle se débrouille comme un chef** she is doing a first-class job
④ (Mil) ◆ **oui, chef !** yes, Sir!
⑤ (Culin) chef ◆ **spécialité du chef** chef's speciality ◆ **pâté du chef** chef's special pâté ◆ **chef de cuisine** head chef ◆ **grand chef** master chef
⑥ (locutions)
◆ **en chef** ◆ **commandant en chef** commander-in-chief ◆ **général en chef** general-in-chief ◆ **ingénieur/économiste en chef** chief engineer/economist ◆ **le général commandait en chef les troupes alliées** the general was the commander-in-chief of the allied troops
ADJ INV ◆ **gardien/médecin chef** chief warden/consultant
COMP chef d'antenne branch manager
chef d'atelier (shop) foreman
chef de bande gang leader
chef de bataillon major (in the infantry)
chef de bureau head clerk
chef de cabinet principal private secretary (de to)
chef de campagne (Pol) campaign leader
chef de chantier (works (Brit) ou site) foreman
chef des chœurs choirmaster
chef de classe ≈ class monitor ou prefect (Brit) ou president (US)
chef de clinique ≈ senior registrar
chef comptable chief accountant
chef de dépôt shed ou yard master
chef d'école (Art, Littérat) leader of a school
chef d'entreprise company director
chef d'équipe foreman
chef d'escadron major (in the cavalry)
chef d'État head of state ◆ **le chef de l'État** the Head of State
chef d'état-major chief of staff ◆ **chefs d'état-major** Joint Chiefs of Staff
chef de famille head of the family ou household; (Admin) householder
chef de file (gén, Art) leader; (Pol) party leader; (Naut) leading ship; (Banque) lead bank
chef de gare station master
chef de gouvernement head of government
chef de guerre warlord
chef mécanicien chief mechanic; [de train] head driver (Brit), chief engineer (US)

chef de musique bandmaster
chef de nage stroke (oar)
chef d'orchestre (gén) conductor, director (US); (jazz etc) (band) leader
chef de parti party leader
chef de patrouille patrol leader
chef de pièce (Mil) captain of a gun
chef de produit product manager, brand manager
chef de projet project manager
chef de rayon department(al) supervisor, departmental manager
chef scout scout leader
chef de service section ou departmental head; (Méd) consultant
chef de train guard (Brit), conductor (US)

chef² /ʃɛf/ NM ① († ou hum = tête) head
② (Jur) ◆ **chef d'accusation** ou **d'inculpation** (= charge) charge
③ (locutions) ◆ **posséder qch de son chef** (Jur) to own sth in one's own right ◆ **de son propre chef** (frm) on his own initiative, off his own bat ◆ **au premier chef** (littér) greatly, exceedingly ◆ **cela m'intéresse au premier chef** it's of the greatest ou utmost interest to me ◆ **de ce chef** (littér) accordingly, hence

chef-d'œuvre (pl **chefs-d'œuvre**) /ʃɛdœvʀ/ SYN NM masterpiece, chef-d'œuvre ◆ **c'est un chef-d'œuvre d'hypocrisie/d'ironie** (fig) it is the ultimate hypocrisy/irony

chefferie /ʃɛfʀi/ NM (Anthropologie) chieftainship; (Méd) consultancy

chef-lieu (pl **chefs-lieux**) /ʃɛfljø/ NM ≈ county town

cheftaine /ʃɛftɛn/ NF [de louveteaux] cubmistress (Brit), den mother (US); [de jeunes éclaireuses] Brown Owl (Brit), troop leader (US); [d'éclaireuses] (guide) captain, guider

cheik /ʃɛk/ NM sheik

chéiroptères /keirɔpter/ NMPL ◆ **les chéiroptères** chiropters, the Chiroptera (SPÉC)

chélate /kelat/ NM chelate

chélateur /kelatœʀ/ ADJ M, NM chelating ◆ **(agent) chélateur** chelating agent

chelem /ʃlɛm/ NM (Cartes) slam ◆ **petit/grand chelem** small/grand slam ◆ **faire le grand chelem** (Sport) to do the grand slam

chélicère /keliser/ NF chelicera

chélidoine /kelidwan/ NF greater celandine, swallowwort

chéloïde /kelɔid/ NF keloid, cheloid

chéloniens /kelɔnjɛ̃/ NMPL ◆ **les chéloniens** chelonians

chemin /ʃ(ə)mɛ̃/ SYN
NM ① (gén) path; (= route) lane; (= piste) track; → **croisée², voleur**
② (= parcours, trajet, direction) way (de, pour to) ◆ **demander/trouver le** ou **son chemin** to ask/find the ou one's way ◆ **montrer le chemin à qn** to show sb the way ◆ **il y a bien une heure de chemin** it takes a good hour to get there ◆ **quel chemin a-t-elle pris ?** which way did she go? ◆ **de bon matin, ils prirent le chemin de la côte** they set out ou off for the coast early in the morning ◆ **le chemin le plus court entre deux points** the shortest distance between two points ◆ **ils ont fait tout le chemin à pied/en bicyclette** they walked/cycled all the way ou the whole way ◆ **on a fait du chemin depuis une heure** we've come quite a way in an hour ◆ **se mettre en chemin** to set out ou off ◆ **poursuivre son chemin** to carry on ou continue on one's way ◆ **passez votre chemin** (littér) go your way (littér), be on your way ◆ **chemin faisant, en chemin** on the way ◆ **pour venir, nous avons pris le chemin des écoliers** we came the long way round ◆ **aller son chemin** (fig) to go one's own sweet way ◆ **être toujours sur les chemins** to be always on the road ◆ **tous les chemins mènent à Rome** (Prov) all roads lead to Rome (Prov); → **rebrousser**
③ (fig) path, way, road ◆ **le chemin de l'honneur/de la gloire** the path ou way of honour/of glory ◆ **le chemin de la ruine** the road to ruin ◆ **nos chemins se sont croisés** our paths crossed; → **droit²**
④ (locutions) ◆ **il a encore du chemin à faire** he's still got a long way to go ◆ **faire son chemin dans la vie** to make one's way in life ◆ **il a fait du chemin !** (arriviste, jeune cadre) he has come up in the world; (savant, chercheur) he has come a long way ◆ **cette idée a fait son chemin** this idea has gained ground ◆ **faire la moitié du chemin** to meet sb half-way ◆ **faire un bout de chemin ensemble** (couple) to be together for a while ◆ **se mettre dans** ou **sur le chemin de qn** to stand ou get in sb's way, to stand in sb's path ◆ **il est toujours sur mon chemin** he turns up wherever I go; (comme obstacle) he always stands in my way ◆ **montrer le chemin** to lead the way ◆ **l'aîné est un délinquant et le cadet suit le même chemin** the eldest child is a delinquent and his younger brother is going the same way ◆ **être sur le bon chemin** to be on the right track ◆ **ne t'arrête pas en si bon chemin !** don't stop now when you're doing so well ou after such a good start ◆ **trouver des difficultés sur son chemin** to meet with difficulties ◆ **cela n'en prend pas le chemin** it doesn't look very likely ◆ **est-ce qu'il va réussir ? – il n'en prend pas le chemin** will he succeed? – not if he goes about it like that ◆ **le chemin de Damas** (Rel) the road to Damascus ◆ **trouver son chemin de Damas** to see the light

COMP chemin d'accès (Ordin) access path
chemin charretier cart track
chemin creux sunken lane
chemin critique (Ordin) critical path
le chemin de croix (du Christ) the Way of the Cross; (dans une église) the Stations of the Cross ◆ **son long chemin de croix dans les élections européennes** his long, hard battle in the European elections ◆ **la réforme de l'éducation sera le chemin de croix de ce gouvernement** it will be a long, hard road to education reform for this government
chemin de fer railway (Brit), railroad (US); (= moyen de transport) rail ◆ **par chemin de fer** by rail ◆ **employé des chemins de fer** railway (Brit) ou railroad (US) worker
Chemins de fer fédéraux Swiss Railways
chemin de halage towpath
chemin optique optical path
chemin de ronde parapet ou rampart walk
chemin de table table runner
chemin de terre dirt track
chemin de traverse path across ou through the fields
chemin vicinal country road ou lane, minor road

chemineau (pl **chemineaux**) /ʃ(ə)mino/ NM (littér ou archaïque = vagabond) vagabond

cheminée /ʃ(ə)mine/
NF ① (extérieure) [de maison, usine] chimney (stack); [de paquebot, locomotive] funnel, smokestack
② (intérieure) fireplace; (= foyer) fireplace, hearth; (= encadrement) mantelpiece, chimney piece ◆ **un feu crépitait dans la cheminée** a fire was crackling in the hearth ou fireplace ou grate; → **feu¹**
③ [de volcan] vent; (Alpinisme) chimney; [de lampe] chimney
COMP cheminée d'aération ventilation shaft
cheminée des fées earth pillar
cheminée prussienne (closed) stove
cheminée d'usine factory chimney

cheminement /ʃ(ə)minmã/ NM (= progression) [de caravane, marcheurs] progress, advance; [de troupes] advance (under cover); [de sentier, itinéraire, eau] course, way; [d'idées, pensée] development, progression ◆ **il est difficile de suivre son cheminement intellectuel** it is difficult to follow his reasoning ou line of thought

cheminer /ʃ(ə)mine/ ▸ conjug 1 ◂ **VI** (littér)
① (= marcher) to walk (along); (Mil = avancer à couvert) to advance (under cover) ◆ **cheminer péniblement** to trudge (wearily) along ◆ **après avoir longtemps cheminé** having plodded along for ages ◆ **nous cheminions vers la ville** we wended (littér) ou made our way towards the town
② [sentier] to make its way (dans along); [eau] to make its way, to follow its course (dans along); [idées] to follow their course ◆ **l'idée cheminait lentement dans sa tête** the idea was slowly taking root in his mind, he was slowly coming round to the idea ◆ **sa pensée cheminait de façon tortueuse** his thoughts followed a tortuous course ◆ **les eaux de la Durance cheminent entre des falaises** the waters of the Durance flow between cliffs ou make their way between cliffs

cheminot /ʃ(ə)mino/ NM railwayman (Brit), railroad man (US)

chemisage /ʃ(ə)mizaʒ/ NM (intérieur) lining; (extérieur) jacketing

chemise /ʃ(ə)miz/ SYN

NF [1] *(Habillement)* *[d'homme]* shirt; †† *[de femme]* chemise †, shift †; *[de bébé]* vest *(Brit)*, undershirt *(US)* • **chemise de soirée/de sport** dress/sports shirt • **être en manches ou bras de chemise** to be in one's shirt sleeves • **col/manchette de chemise** shirt collar/cuff • **je m'en moque comme de ma première chemise** * I couldn't care less *, I don't care a hoot * *ou* two hoots *

[2] *(= dossier)* folder; *(Tech)* *(= revêtement intérieur)* lining; *(= revêtement extérieur)* jacket • **chemise de cylindre** *(dans moteur)* cylinder liner

COMP **chemise (américaine)** (woman's) vest *(Brit) ou* undershirt *(US)*
chemises brunes *(Hist)* Brown Shirts
chemise d'homme man's shirt
chemise de maçonnerie facing
chemises noires *(Hist)* Blackshirts
chemise de nuit *[de femme]* nightdress, nightie *; *[d'homme]* nightshirt
chemises rouges *(Hist)* Redshirts

chemiser /ʃ(ə)mize/ ▸ conjug 1 ◂ **VT** *[+ intérieur]* to line; *[+ extérieur]* to jacket

chemiserie /ʃ(ə)mizʀi/ **NF** *(= magasin)* (men's) shirt shop; *(= rayon)* shirt department; *(= commerce)* shirt(-making) trade *ou* business

chemisette /ʃ(ə)mizɛt/ **NF** *[d'homme]* short-sleeved shirt; *[de femme]* short-sleeved blouse

chemisier, -ière /ʃ(ə)mizje, jɛʀ/ SYN

NM,F *(= marchand)* (gentlemen's) shirtmaker; *(= fabricant)* shirtmaker

NM *(= vêtement)* blouse; → **col, robe**

chémorécepteur /ʃemoʀesɛptœʀ/ **NM** ⇒ **chimiorécepteur**

chênaie /ʃɛnɛ/ **NF** oak grove

chenal (pl **-aux**) /ʃənal, o/

NM *(= canal)* channel, fairway; *(= rigole)* channel; *[de moulin]* millrace; *[de forge, usine]* flume

COMP **chenal de coulée** *(en fonderie)* gate, runner
chenal pro-glaciaire glaciated valley

chenapan /ʃ(ə)napɑ̃/ SYN **NM** *(hum = garnement)* scallywag *(hum)*, rascal *(hum)*; *(péj = vaurien)* scoundrel, rogue

chêne /ʃɛn/

NM *(= arbre)* oak (tree); *(= bois)* oak

COMP **chêne pubescent** pubescent oak
chêne rouvre *ou* **sessile** durmast *ou* sessile oaktree
chêne vert holm oak, ilex

chéneau (pl **chéneaux**) /ʃeno/ **NM** *[de toit]* gutter

chêne-liège (pl **chênes-lièges**) /ʃɛnljɛʒ/ **NM** cork oak

chenet /ʃ(ə)nɛ/ **NM** firedog, andiron

chènevière /ʃɛnvjɛʀ/ **NF** hemp field

chènevis /ʃɛnvi/ **NM** hempseed

chenil /ʃ(ə)nil/ **NM** [1] *(pour chiens)* kennels *(Brit)*, kennel *(US)* • **mettre son chien dans un chenil** to put one's dog in kennels

[2] *(Helv = désordre)* mess

chenille /ʃ(ə)nij/

NF [1] *(= larve, partie d'un véhicule)* caterpillar • **véhicule à chenilles** tracked vehicle

[2] *(= tissu)* chenille

[3] *(= danse)* conga

COMP **chenille du mûrier** silkworm
chenille processionnaire processionary caterpillar

chenillé, e /ʃ(ə)nije/ **ADJ** *[véhicule]* with caterpillar tracks, tracked

chenillette /ʃ(ə)nijɛt/ **NF** *(= véhicule)* tracked vehicle

chénopode /kenɔpɔd/ **NM** *(= plante)* goosefoot

chenu, e /ʃəny/ **ADJ** *(littér)* *[vieillard, tête]* hoary; *[arbre]* leafless with age

Chéops /keɔps/ **NM** Cheops

Chephren /kefʀɛn/ **NM** Khafre, Chephren

cheptel /ʃɛptɛl/ SYN

NM *(= bétail)* livestock; *(Jur)* livestock *(leased)* • **cheptel ovin d'une région** sheep population of an area

COMP **cheptel mort** farm implements
cheptel vif livestock

chèque /ʃɛk/

NM [1] *(Banque)* cheque *(Brit)*, check *(US)* • **faire/toucher un chèque** to write *ou* make out/cash a cheque • **chèque de 20 €** cheque for €20; → **barrer**

[2] *(= bon)* voucher • **chèque-déjeuner** ® *ou* **-repas** *ou* **-restaurant** ® luncheon voucher *(Brit)*, meal ticket *(US)* • **chèque-cadeau** gift token • **chèque-essence** petrol *(Brit) ou* gasoline *(US)* coupon *ou* voucher

COMP **chèque bancaire** cheque
chèque de banque banker's *ou* cashier's cheque
chèque en blanc *(lit, fig)* blank cheque
chèque en bois * dud cheque * *(Brit)*, rubber cheque *
chèque de caution *cheque given as deposit*
chèque certifié certified cheque
chèque de dépannage loose cheque *(supplied by bank when customer does not have his own chequebook)*
chèque emploi service *automatic welfare deduction system for pay cheques for domestic help*
chèque à ordre cheque to order, order cheque
chèque au porteur bearer cheque
chèque postal *cheque drawn on a post office account* • **les chèques postaux** *(= service)* the banking departments of the post office
chèque sans provision bad cheque
chèque de voyage traveller's cheque

chéquier /ʃekje/ **NM** chequebook *(Brit)*, checkbook *(US)*

cher, chère[1] /ʃɛʀ/ SYN

ADJ [1] *(gén après nom = aimé)* *[personne, souvenir, vœu]* dear (à to) • **ceux qui** *ou* **les êtres qui nous sont chers** our nearest and dearest, our loved ones • **des souvenirs chers** fond memories • **des souvenirs chers à mon cœur** memories dear to my heart • **c'est mon vœu le plus cher** it's my fondest *ou* dearest wish • **mon désir le plus cher** *ou* **mon plus cher désir est de...** my greatest *ou* most cherished desire is to... • **l'honneur est le bien le plus cher** honour is one's most precious possession, one's honour is to be treasured above all else • **selon une formule chère au président** as a favourite saying of the president goes, to quote a favourite expression of the president

[2] *(avant nom)* dear • **(mes) chers auditeurs** dear listeners • **mes bien chers frères** *(Rel)* my dear(est) brethren • **Monsieur et cher collègue** dear colleague • **ce cher (vieux) Louis !** * dear old Louis! * • **le cher homme n'y entendait pas malice** *(hum)* the dear man didn't mean any harm by it • **il était content de retrouver ses chers livres** he was glad to be back with his beloved books • **elle a retrouvé ses chères habitudes** she slipped back into the old habits she holds so dear • **chers tous** *(sur lettre)* dear all

[3] *(après nom = coûteux)* expensive, dear *(Brit)* • **un petit restaurant pas cher** an inexpensive *ou* a reasonably priced little restaurant • **c'est vraiment pas cher !** it's really cheap! • **la vie est chère à Paris** the cost of living is high in Paris, Paris is an expensive place to live • **c'est moins cher qu'en face** it's cheaper than *ou* less expensive than in the shop opposite • **cet épicier est trop cher** this grocer is too expensive *ou* too dear *(Brit) ou* charges too much • **c'est trop cher pour ce que c'est** it's overpriced; → **vie**

NM,F *(frm ou hum)* • **mon cher, ma chère** my dear • **oui, très cher** yes, dearest • **son cher et tendre** her other *ou* better half *(hum)*

ADV *[valoir, coûter, payer]* a lot (of money), a great deal (of money) • **article qui vaut** *ou* **coûte cher** expensive item, item that costs a lot *ou* a great deal • **as-tu payé cher ton costume ?** did you pay much *ou* a lot for your suit?, was your suit (very) expensive? • **il se fait payer cher, il prend cher** he charges a lot, he's expensive • **il vend cher** his prices are high, he charges high prices • **ça s'est vendu cher** it went for *ou* fetched a high price *ou* a lot (of money) • **je ne l'ai pas acheté cher, je l'ai eu pour pas cher** * I didn't pay much for it, I got it cheap * • **je donnerais cher pour savoir ce qu'il fait** * I'd give anything to know what he's doing • **je ne donne pas cher de sa vie/de sa réussite** I wouldn't like to bet on his chances of survival/succeeding, I wouldn't rate his chances of survival/succeeding very highly • **il ne vaut pas cher** he's a good-for-nothing • **tu ne vaux pas plus cher que lui** you're no better than he is *ou* than him, you're just as bad as he is • **son imprudence lui a coûté cher** his rashness cost him dear *(Brit) ou* a great deal *(US)* • **il a payé cher son imprudence** he paid dearly *ou* heavily for his rashness • **c'est un peu cher payé !** * that's a bit steep! *

chercher /ʃɛʀʃe/ SYN ▸ conjug 1 ◂

VT [1] *(= essayer de trouver)* *[+ personne, chose égarée, emploi]* to look for, to search for, to try to find; *[+ solution, moyen]* to look for, to seek, to try to find; *[+ ombre, lumière, tranquillité]* to seek; *[+ citation, heure de train]* to look up; *[+ nom, terme]* to try to remember; *[+ raison, excuse]* to cast about for, to try to find, to look for • **chercher un mot dans un dictionnaire** to look up a word in a dictionary • **chercher qn du regard** *ou* **des yeux** to look *ou* glance around for sb • **chercher qch à tâtons** to grope *ou* fumble for sth • **attends, je cherche** wait a minute, I'm trying to think • **il n'a pas bien cherché** he didn't look very hard • **chercher partout qch/qn** to search *ou* hunt everywhere for sth/sb • **chercher sa voie** to look for *ou* seek a path in life • **il cherchait ses mots** he was struggling to find the right words • **cherche ! cherche !** *(à un chien)* fetch! • **ce n'est pas la peine de chercher bien loin, c'est lui qui l'a fait** you don't have to look too far, he's the one who did it

[2] *(= viser à)* *[+ gloire, succès]* to seek (after); *(= rechercher)* *[+ alliance, faveur]* to seek • **il ne cherche que son intérêt** he's only out for himself

[3] *(= provoquer)* *[+ danger, mort]* to court • **chercher la difficulté** to look for difficulties • **chercher la bagarre** to be looking *ou* spoiling for a fight • **tu l'auras cherché !** you've been asking for it! • **il l'a bien cherché** he asked for it, he had it coming to him • **si on me cherche, on me trouve** * if anyone asks for it they'll get it * • **tu me cherches ?** * are you looking for trouble? • **chercher le contact avec l'ennemi** to try to engage the enemy in combat

[4] *(= prendre, acheter)* • **aller chercher qch/qn** to go for sth/sb, to go and get *ou* fetch *(Brit)* sth/sb • **il est venu chercher Paul** he called *ou* came for Paul, he came to get *ou* to fetch *(Brit)* Paul • **il est allé me chercher de la monnaie** he's gone to get me some change • **va me chercher mon sac** go and get *ou* fetch *(Brit)* my bag • **qu'est-ce que tu vas chercher ? je n'ai rien dit !** what do you mean? I didn't say a thing! • **où est-ce qu'il va chercher toutes ces idées idiotes !** where does he get all those stupid ideas from! • **monter/descendre chercher qch** to go up/down for sth *ou* to get sth • **aller chercher qch dans un tiroir** to go and get sth out of a drawer • **il est allé/venu le chercher à la gare** he went/came to meet *ou* collect him at the station • **aller chercher les enfants à l'école** to go to get *ou* collect *ou* fetch *(Brit)* the children from school • **envoyer chercher le médecin** to send for the doctor • **envoyer qn chercher le médecin** to send sb to get the doctor • **ça va chercher dans les 50 €** it'll come to around €50 • **ça va chercher dans les 5 ans de prison** it will mean something like 5 years in prison • **ça peut aller chercher loin** *(amende)* it could mean a heavy fine

[5] • **chercher à faire** to try to do, to attempt to do • **chercher à comprendre** to try to understand • **faut pas chercher à comprendre** * don't even try and understand • **chercher à faire plaisir à qn** to try *ou* endeavour to please sb • **chercher à obtenir qch** to try to get *ou* obtain sth • **chercher à savoir qch** to try *ou* attempt to find out sth

[6] *(locutions)* • **chercher midi à quatorze heures** to complicate the issue • **chercher la petite bête** to split hairs • **chercher une aiguille dans une botte** *ou* **meule de foin** to look for a needle in a haystack • **chercher des poux dans la tête de qn** * to try to make trouble for sb • **chercher querelle à qn** to try to pick a quarrel with sb • **cherchez la femme !** cherchez la femme!; → **crosse, fortune, histoire, noise, salut**

VPR **se chercher** *(= chercher sa voie)* to search for an identity • **il se cherche encore** he hasn't found himself yet

chercheur, -euse /ʃɛʀʃœʀ, øz/

ADJ *[esprit]* inquiring; → **tête**

NM *[de télescope]* finder; *[de détecteur à galène]* cat's whisker • **chercheur de fuites** gas-leak detector

NM,F [1] • **chercheur de** *(gén)* seeker of • **chercheur d'or** gold digger • **chercheur de trésors** treasure hunter • **chercheur d'aventure(s)** adventure seeker, seeker after adventure

[2] *(= scientifique)* researcher, research worker • **chercheur en biologie** biology researcher

chère[2] /ʃɛʀ/ **NF** (†† *ou hum*) food, fare, cheer † • **faire bonne chère** to eat well, to have a good meal • **aimer la bonne chère** to love one's food

chèrement /ʃɛʀmɑ̃/ SYN **ADV** [1] *(= durement)* dearly • **chèrement acquis** *ou* **payé** *[avantage,* *victoire]* dearly bought *ou* won ◆ **chèrement défendu** vigorously defended ◆ **vendre** *ou* **faire payer chèrement sa vie** to sell one's life dearly

2 *(= avec affection) [aimer]* dearly

3 *(† = au prix fort) [vendre]* at a high price, dearly †

chergui /ʃɛʀgi/ NM ≈ sirocco *(in Morocco)*

chéri, e /ʃeʀi/ SYN (ptp de **chérir**)

ADJ *(= bien-aimé)* beloved, dear(est) ◆ **quand il a revu son fils chéri** when he saw his beloved son again ◆ **c'est l'enfant chéri du parti** he's the darling of the party ◆ **maman chérie** mother dear, mother darling ◆ **« à notre père chéri »** *(sur tombe)* "to our dearly beloved father"

NM,F 1 *(terme d'affection)* darling ◆ **mon chéri** (my) darling ◆ **bonjour mes chéris** *(hum)* hullo darlings *(hum)*

2 *(péj = préféré)* ◆ **c'est le chéri à sa maman*** he's mummy's *(Brit)* *ou* mommy's *(US)* little darling *ou* blue-eyed boy ◆ **c'est la chérie de ses parents** she's the apple of her parents' eye, her parents dote on her

chérif /ʃeʀif/ NM sherif

chérir /ʃeʀiʀ/ SYN ► conjug 2 ◄ VT *(littér)* *[+ personne]* to cherish, to love dearly; *[+ liberté, idée]* to cherish, to hold dear; *[+ souvenir]* to cherish, to treasure

Cherokee /ʃeʀoki/ NMF Cherokee

chérot* /ʃeʀo/ ADJ M *(= coûteux)* pricey* *(Brit)*, expensive

cherry /ʃeʀi/, **cherry brandy** /ʃeʀibʀɑ̃di/ NM cherry brandy

cherté /ʃɛʀte/ NF *[d'article]* high price, dearness *(Brit)*; *[d'époque, région]* high prices *(de* in) ◆ **la cherté de la vie** the high cost of living, the cost of things*

chérubin /ʃeʀybɛ̃/ NM *(lit, fig)* cherub ◆ **chérubins** *(Art)* cherubs; *(Rel)* cherubim

chétif, -ive /ʃetif, iv/ SYN ADJ 1 *(= malingre) [personne]* puny, sickly; *[plante]* scrawny, stunted; *[voix]* reedy ◆ **enfant à l'aspect chétif** weedy-looking *ou* puny-looking child

2 *(= minable) [récolte]* meagre *(Brit)*, meager *(US)*, poor; *[existence]* meagre *(Brit)*, meager *(US)*, mean; *[repas]* skimpy, scanty; *[raisonnement]* paltry, feeble

chétivement /ʃetivmɑ̃/ ADV *[pousser]* punily

chétivité /ʃetivite/ NF *[de personne]* sickliness, puniness; *[de plante]* puniness, stuntedness

chevaine /ʃ(ə)vɛn/ NM ⇒ **chevesne**

cheval (pl **-aux**) /ʃ(ə)val, o/ SYN

NM 1 *(= animal)* horse; *(= viande)* horsemeat ◆ **carrosse à deux/à six chevaux** coach and pair/and six ◆ **faire du cheval** to go horse-riding ◆ **tu sais faire du cheval ?** can you ride (a horse)? ◆ **c'est un grand cheval, cette fille** *(péj)* she's a strapping lass ◆ **au travail, c'est un vrai cheval** he works like a Trojan ◆ **ce n'est pas le mauvais cheval** he's not a bad sort *ou* soul ◆ **tu as mangé** *ou* **bouffé*** **du cheval !** you're full of beans!* ◆ **c'est changer un cheval borgne pour un aveugle** it's jumping out of the frying pan into the fire ◆ **ça ne se trouve pas sous le pas** *ou* **le sabot d'un cheval** it doesn't grow on trees ◆ **on ne change pas de cheval au milieu du gué** you don't change horses in midstream; → **miser, monter**[1], **petit**

2 *(= unité de puissance)* horsepower *(NonC)* ◆ **elle fait combien de chevaux ?** how many cc's is it?, what horsepower is it? ◆ **c'est une 6 chevaux** it's a 6 horsepower car

3 *(arg Drogue)* horse, (big) H

4 *(locutions)* ◆ **monter sur ses grands chevaux** to get on one's high horse ◆ **de cheval*** *[remède]* drastic; *[fièvre]* raging

◆ **à cheval** on horseback ◆ **se tenir bien à cheval** to have a good seat, to sit well on horseback

◆ **à cheval sur** ◆ **être à cheval sur une chaise** to be (sitting) astride a chair, to be straddling a chair ◆ **village à cheval sur deux départements** village straddling two departments ◆ **à cheval sur deux mois** overlapping two (different) months, running from one month into the next ◆ **être à cheval sur deux cultures** *[ville, pays]* to be at the crossroads of two cultures; *[personne]* to have roots in two cultures; *[œuvre]* to be rooted in *ou* to span two cultures ◆ **être (très) à cheval sur le règlement/les principes** to be a (real) stickler for the rules/for principles

COMP **cheval d'arçons** pommel horse

cheval d'attelage plough *(Brit)* *ou* plow *(US)* horse

cheval à bascule rocking horse

cheval de bataille *(Mil)* battle horse, charger ◆ **il a ressorti son cheval de bataille** *(fig)* he's back on his hobby-horse *ou* his favourite theme again ◆ **l'opposition en a fait son cheval de bataille** the opposition have made it their key issue *ou* main concern

cheval de bois wooden horse ◆ **monter** *ou* **aller sur les chevaux de bois** to go on the merry-go-round *ou* roundabout *(Brit)* *(† ou hum)* ◆ **manger avec les chevaux de bois** to miss a meal, to go dinnerless

cheval de chasse hunter

cheval de cirque circus horse

cheval de course racehorse

cheval de fiacre carriage horse

cheval fiscal horsepower *(for tax purposes)*

chevaux de frise chevaux-de-frise

cheval de labour carthorse, plough *(Brit)* *ou* plow *(US)* horse

cheval de manège school horse

cheval marin *ou* **de mer** sea horse

cheval de poste *ou* **de relais** post horse

(vieux) cheval de retour recidivist, old lag* *(Brit)*

cheval de saut vaulting horse

cheval de selle saddle horse

cheval de trait draught horse *(Brit)*, draft horse *(US)*

le cheval de Troie *(lit, fig)* the Trojan horse, the Wooden Horse of Troy

chevalement /ʃ(ə)valmɑ̃/ NM *[de mur]* shoring; *[de galerie]* (pit)head frame

chevaler /ʃ(ə)vale/ ► conjug 1 ◄ VT *[+ mur]* to shore up

chevaleresque /ʃ(ə)valʀɛsk/ ADJ *[caractère, conduite]* chivalrous, gentlemanly; *[amour]* courtly ◆ **règles chevaleresques** rules of chivalry ◆ **l'honneur chevaleresque** the honour of a knight, knightly honour

chevalerie /ʃ(ə)valʀi/ NF *(Hist = institution)* chivalry; *(= dignité, chevaliers)* knighthood; → **roman**[1]

chevalet /ʃ(ə)valɛ/ NM 1 *[de peintre]* easel; *(Menuiserie)* trestle, sawhorse *(Brit)*, sawbuck *(US)*; *[de violon]* bridge; *(à feuilles mobiles)* flip chart

2 *(Hist)* ◆ **le chevalet** *(= torture)* the rack

chevalier /ʃ(ə)valje/

NM 1 *(Hist)* knight ◆ **faire qn chevalier** to knight sb, to dub sb knight ◆ **« je te fais chevalier »** "I dub you knight"

2 *(= membre) [d'ordre français]* chevalier; *[d'ordre britannique]* knight ◆ **chevalier de la Légion d'honneur** Knight of the Legion of Honour ◆ **chevalier des Arts et des Lettres** *person honoured for outstanding achievement in the arts*

3 *(= oiseau)* sandpiper

COMP **chevalier aboyeur** *(= oiseau)* greenshank

chevalier blanc *(Fin)* white knight; *(= personne généreuse)* defender of good causes

chevalier du ciel pilot

chevalier errant knight-errant

chevalier gambette *(= oiseau)* redshank

chevalier gris *(Fin)* grey knight

chevalier d'industrie crook, swindler

chevalier noir *(Fin)* black knight

chevalier servant (attentive) escort

chevalier de la Table ronde Knight of the Round Table

chevaliers teutoniques Teutonic Knights

le chevalier de la Triste Figure the Knight of the Sorrowful Countenance

chevalière /ʃ(ə)valjɛʀ/ NF signet ring

chevalin, e /ʃ(ə)valɛ̃, in/ ADJ *[race]* of horses, equine; *[visage, œil]* horsy ◆ **la race chevaline** horses; → **boucherie**

cheval-vapeur (pl **chevaux-vapeur**) /ʃ(ə)valvapœʀ/ NM horsepower

chevauchée /ʃ(ə)voʃe/ NF *(= course)* ride; *(= cavaliers, cavalcade)* cavalcade ◆ **« La Chevauchée fantastique »** *(Ciné)* "Stagecoach"

chevauchement /ʃ(ə)voʃmɑ̃/ NM *(gén)* overlapping; *(Géol)* thrust fault

chevaucher /ʃ(ə)voʃe/ ► conjug 1 ◄

VT 1 *[+ cheval, âne]* to be astride; *[+ chaise]* to sit astride, to straddle ◆ **de grosses lunettes lui chevauchaient le nez** a large pair of glasses sat on his nose ◆ **le pont chevauche l'abîme** the bridge spans the abyss

2 *[+ tuiles]* to overlap, to lap over

VPR **se chevaucher** *[dents, tuiles, lettres, vacances]* to overlap (each other); *(Géol)* *[couches]* to overthrust, to override

VI 1 *(† ou littér = aller à cheval)* to ride (on horseback)

2 ⇒ **se chevaucher**

chevau-léger (pl **chevau-légers**) /ʃ(ə)voleʒe/ NM *(Hist = soldat)* member of the Household Cavalry ◆ **chevau-légers** *(= troupe)* Household Cavalry

chevêche /ʃ(ə)vɛʃ/ NF little owl

chevelu, e /ʃəv(ə)ly/ ADJ *[personne]* long-haired; *[tête]* hairy; *[épi]* tufted; *[racine]* bearded; → **cuir**

chevelure /ʃəv(ə)lyʀ/ SYN NF 1 *(= cheveux)* hair *(NonC)* ◆ **une chevelure malade/terne** unhealthy/dull hair ◆ **elle avait une chevelure abondante/une flamboyante chevelure rousse** she had thick hair *ou* a thick head of hair/a shock of flaming red hair ◆ **sa chevelure était magnifique** her hair was magnificent

2 *[de comète]* tail

chevesne /ʃ(ə)vɛn/ NM chub

chevet /ʃ(ə)vɛ/ NM 1 *[de lit]* bedhead ◆ **au chevet de qn** at sb's bedside ◆ **un nouvel entraîneur a été appelé au chevet de l'équipe** a new trainer has been brought in to sort the team out; → **lampe, livre**[1], **table**

2 *(Archit)* *[d'église]* chevet

cheveu (pl **cheveux**) /ʃ(ə)vø/ SYN

NM 1 *(gén pl)* hair ◆ **cheveux** *(= chevelure)* hair *(NonC)* ◆ **il a le cheveu rare** *(collectif)* he's balding, his hair is thinning ◆ **une femme aux cheveux blonds/frisés** a fair-haired/curly-haired woman, a woman with fair/curly hair ◆ **avoir les cheveux en désordre** *ou* **en bataille** *ou* **hirsutes** to have untidy *ou* dishevelled hair ◆ **(les) cheveux au vent** hair streaming in the wind ◆ **elle s'est trouvé 2 cheveux blancs** she has found 2 white hairs ◆ **en cheveux** † hatless, bareheaded ◆ **il n'a pas un cheveu sur la tête** *ou* **le caillou*** he hasn't a (single) hair on his head; → **coupe**[2], **brosse, épingle, filet**

2 *(locutions)* ◆ **leur survie n'a tenu qu'à un cheveu, il s'en est fallu d'un cheveu qu'ils ne se tuent** they escaped death by a whisker ◆ **son accord n'a tenu qu'à un cheveu** it was touch and go whether he would agree ◆ **il s'en faut d'un cheveu qu'il ne change d'avis** it's touch and go whether he'll change his mind ◆ **si vous osez toucher à un cheveu de cet enfant** if you dare touch *ou* if you so much as touch a hair of this child's head ◆ **avoir mal aux cheveux*** to have a hangover ◆ **avoir un cheveu (sur la langue)*** to have a lisp ◆ **se faire des cheveux (blancs)*** to worry o.s. sick* ◆ **arriver comme un cheveu sur la soupe*** *[personne]* to turn up at the most awkward moment; *[remarque]* to be completely irrelevant ◆ **tiré par les cheveux** *[histoire]* far-fetched ◆ **il y a un cheveu*** there's a hitch* *ou* snag* ◆ **il va y trouver un cheveu*** he's not going to like it one bit ◆ **se prendre aux cheveux** to come to blows; → **arracher, couper**

COMP **cheveux d'ange** *(= vermicelle)* angel hair pasta; *(= décoration)* Christmas floss

cheveux de Vénus maidenhair (fern)

chevillard /ʃ(ə)vijaʀ/ NM wholesale butcher

cheville /ʃ(ə)vij/ NF 1 *(Anat)* ankle ◆ **l'eau lui venait** *ou* **arrivait à la cheville** *ou* **aux chevilles** he was ankle-deep in water, the water came up to his ankles ◆ **aucun ne lui arrive à la cheville** *(fig)* he's head and shoulders above the others, there's no one to touch him ◆ **avoir les chevilles qui enflent*** *(péj)* to be full of oneself, to have a swollen *ou* swelled head* *(US)* ◆ **t'as pas les chevilles qui enflent ?*** *(péj)* you're very full of yourself, aren't you? ◆ **ça va les chevilles ?*** *(péj)* bighead!*

2 *(= fiche) (pour joindre)* dowel, peg, pin; *(pour vis)* plug; *[d'instrument à cordes]* peg; *(Boucherie = crochet)* hook ◆ **vendre de la viande à la cheville** to sell meat wholesale ◆ **cheville ouvrière** *(lit)* kingpin; *(fig)* kingpin, mainspring

3 *(Littérat)* *[de poème]* cheville; *(péj = remplissage)* padding *(NonC)*

4 *(locution)* ◆ **être en cheville avec qn pour faire qch** to be in cahoots* with sb to do sth, to collude with sb in doing sth

cheviller /ʃ(ə)vije/ ► conjug 1 ◄ VT *(Menuiserie)* to peg ◆ **avoir l'âme chevillée au corps** to have nine lives ◆ **avoir l'espoir chevillé au cœur** *ou* **au corps** to refuse to give up hope, to have a never-say-die attitude ◆ **avoir la méchanceté chevillée au corps** to be nasty through and through, to be downright nasty *ou* malicious

chevillette /ʃ(ə)vijɛt/ NF (small) peg

cheviotte /ʃəvjɔt/ NF Cheviot wool

chèvre /ʃɛvʀ/
NF [1] (= *animal*) (*gén*) goat; (*femelle*) nanny-goat ◆ **devenir chèvre** * to go crazy ◆ **je deviens chèvre moi avec tous ces formulaires/enfants !** * all these forms/these children are driving me up the wall! * ◆ **rendre** *ou* **faire devenir qn chèvre** * to drive sb up the wall *; → **fromage**
[2] (*Tech*) (= *treuil*) hoist, gin; (= *chevalet*) sawhorse, sawbuck (*US*), trestle
NM (= *fromage*) goat('s) cheese, goat's-milk cheese

chevreau (pl **chevreaux**) /ʃəvʀo/ NM (= *animal, peau*) kid ◆ **bondir comme un chevreau** to gambol like a lamb

chèvrefeuille /ʃɛvʀəfœj/ NM honeysuckle

chevrette /ʃəvʀɛt/ NF [1] (= *jeune chèvre*) kid, young she-goat
[2] (= *chevreuil femelle*) roe, doe; (= *fourrure*) goatskin
[3] (= *trépied*) (metal) tripod

chevreuil /ʃəvʀœj/ NM roe deer; (*mâle*) roebuck; (*Can* = *cerf de Virginie*) deer; (*Culin*) venison

chevrier /ʃəvʀije/ NM (= *berger*) goatherd; (= *haricot*) (type of) kidney bean

chevrière /ʃəvʀijɛʀ/ NF goatherd

chevron /ʃəvʀɔ̃/ NM (= *poutre*) rafter; (= *galon*) stripe, chevron; (= *motif*) chevron, V(-shape) ◆ **chevrons** (*petits*) herringbone (pattern); (*grands*) chevron pattern ◆ **à chevrons** (*petits*) herringbone; (*grands*) chevron-patterned

chevronné, e /ʃəvʀɔne/ SYN ADJ experienced

chevrotant, e /ʃəvʀɔtɑ̃, ɑ̃t/ ADJ [*voix*] quavering, shaking; [*vieillard*] with a quavering voice

chevrotement /ʃəvʀɔtmɑ̃/ NM [*de voix*] quavering, shaking; [*de vieillard*] quavering (voice)

chevroter /ʃəvʀɔte/ ► conjug 1 ◄ VI [*personne*] to quaver; [*voix*] to quaver, to shake

chevrotine /ʃəvʀɔtin/ NF buckshot (*NonC*)

chewing-gum (pl **chewing-gums**) /ʃwiŋgɔm/ NM chewing gum (*NonC*) ◆ **un chewing-gum** a piece of chewing-gum

Cheyenne /ʃejɛn/ NMF Cheyenne ◆ **les Cheyennes** the Cheyenne

chez /ʃe/ PRÉP [1] (*à la maison*) ◆ **chez soi** at home ◆ **être/rester chez soi** to be/stay at home, to be/stay in ◆ **est-ce qu'elle sera chez elle aujourd'hui ?** will she be at home *ou* in today? ◆ **venez chez moi** come to my place ◆ **nous rentrons chez nous** we are going home ◆ **j'ai des nouvelles de chez moi** I have news from home ◆ **faites comme chez vous** make yourself at home ◆ **on n'est plus chez soi avec tous ces touristes !** it doesn't feel like home any more with all these tourists around! ◆ **nous l'avons trouvée chez elle** we found her at home
[2] ◆ **chez qn** (*maison*) at sb's house *ou* place; (*appartement*) at sb's place *ou* flat (*Brit*) *ou* apartment (*US*); (*famille*) in sb's family *ou* home ◆ **chez moi nous sommes 6** there are 6 of us in my *ou* our family ◆ **près de/devant/de chez qn** near/in front of/from sb's place *ou* house ◆ **de/près de chez nous** from/near (our) home *ou* our place *ou* our house ◆ **chez Robert/le voisin** at Robert's (house)/the neighbour's (house) ◆ **chez moi/son frère, c'est tout petit** my/his brother's place is tiny ◆ **je vais chez lui/Robert** I'm going to his place/to Robert's (place) ◆ **il séjourne chez moi** he is staying at my place *ou* with me ◆ **la personne chez qui je suis allé** the person to whose house I went ◆ **passons par chez eux/mon frère** let's drop in on them/my brother, let's drop by their place/my brother's place ◆ **chez M. Lebrun** (*sur une adresse*) c/o Mr Lebrun ◆ **chez Rosalie** (*enseigne de café*) Rosalie's, chez Rosalie ◆ **chez nous** (*pays*) in our country, at home, back home *; (*région*) at home, back home *; (*maison*) in our house, at home ◆ **chez nous au Canada/en Bretagne** (*là-bas*) back (home) in Canada/Brittany; (*ici*) here in Canada/Brittany ◆ **c'est une coutume/paysanne (bien) de chez nous** it/she is one of our typical local customs/country girls ◆ **chez eux/vous, il n'y a pas de parlement** in their/your country there's no parliament ◆ **il a été élevé chez les Jésuites** he was brought up in a Jesuit school *ou* by the Jesuits
[3] (*avec nom de métier*) ◆ **chez l'épicier/le coiffeur** at the grocer's/the hairdresser's ◆ **je vais chez le boucher** I'm going to the butcher's ◆ **il va chez le dentiste/le médecin** he's going to the dentist('s)/the doctor('s)
[4] (*avec groupe humain ou animal*) among ◆ **chez les Français/les Romains** among the French/the Romans ◆ **chez les fourmis/le singe** in ants/monkeys ◆ **on trouve cet instinct chez les animaux** you find this instinct in animals ◆ **chez les politiciens** among politicians ◆ **chez les hommes/les femmes** (*Sport*) in the men's/women's
[5] (*avec personne, œuvre*) ◆ **chez Balzac/Picasso on trouve de tout** in Balzac/Picasso you find a bit of everything ◆ **c'est rare chez un enfant de cet âge** it's rare in a child of that age ◆ **chez lui, c'est une habitude** it's a habit with him ◆ **chez lui c'est le foie qui ne va pas** it's his liver that gives him trouble
[6] (* : *intensif*) ◆ **c'est un abruti de chez abruti** he's a complete fool ◆ **c'est nul de chez nul** it's complete rubbish *

chez-soi /ʃeswa/ NM INV home (of one's own) ◆ **avoir un chez-soi** to have a home of one's own *ou* a home to call one's own

chiadé, e ⁑ /ʃjade/ (ptp de **chiader**) ADJ (= *difficile*) [*problème*] tough *, stiff *; (= *approfondi*) [*exposé*] thorough; (= *perfectionné*) [*appareil*] clever, nifty *

chiader ⁑ /ʃjade/ ► conjug 1 ◄
VT [+ *leçon*] to swot up * (*Brit*), to cram; [+ *examen*] to cram for *, to swot for * (*Brit*); [+ *exposé*] to work on, to swot up * for (*Brit*) ◆ **il a chiadé sa lettre** he worked on his letter till it was perfect
VI (= *travailler*) to swot * (*Brit*), to slog away * (*Brit*), to grind away (*US*)

chialer * /ʃjale/ ► conjug 1 ◄ VI (= *pleurer*) to blubber *

chialeur, -euse * /ʃjalœʀ, øz/ NM,F crybaby *

chiant, chiante ⁑ /ʃjɑ̃, ʃjɑ̃t/ ADJ [*personne, problème*] damn ⁑ *ou* bloody ⁑ (*Brit*) annoying ◆ **ce roman est chiant** this novel's damn ⁑ *ou* bloody ⁑ (*Brit*) boring ◆ **c'est chiant** it's a damn ⁑ *ou* bloody ⁑ (*Brit*) nuisance, it's damn ⁑ *ou* bloody ⁑ (*Brit*) annoying ◆ **chiant comme la pluie** *ou* **un lundi** as boring as hell ⁑ ◆ **tu es chiant avec tes questions !** you're a pain in the arse *⁑ (*Brit*) *ou* ass *⁑ (*US*) with all your questions!

chianti /kjɑ̃ti/ NM chianti

chiard ⁑ /ʃjaʀ/ NM brat

chiasma /kjasma/ NM (*Anat*) chiasm(a)

chiasme /kjasm/ NM (*Littérat*) chiasmus

chiasse /ʃjas/
NF ⁑ [1] (= *colique*) ◆ **avoir/attraper la chiasse** (*lit*) to have/get the runs * *ou* the trots *; (*peur*) to have/get the willies *, to be/get scared witless *ou* shitless *⁑ ◆ **ça lui donne la chiasse** (*lit*) it gives him the runs *; (*peur*) it scares him witless *ou* shitless *⁑
[2] (= *poisse*) ◆ **c'est la chiasse, quelle chiasse** what a damn ⁑ *ou* bloody ⁑ (*Brit*) pain
COMP **chiasse de mouche** fly speck

chiatique ⁑ /ʃjatik/ ADJ [*personne, problème*] damn ⁑ *ou* bloody ⁑ (*Brit*) annoying

chic /ʃik/ SYN
NM [1] (= *élégance*) [*de toilette, chapeau*] stylishness; [*de personne*] style ◆ **avoir du chic** [*toilette, chapeau*] to have style, to be stylish; [*personne*] to have (great) style ◆ **être habillé avec chic** to be stylishly dressed; → **bon**[1]
[2] (*locutions*) ◆ **avoir le chic pour faire qch** to have the knack of doing sth ◆ **de chic** [*peindre, dessiner*] without a model, from memory ◆ **traduire/écrire qch de chic** to translate/write sth off the cuff
ADJ INV [1] (= *élégant*) [*chapeau, toilette, personne*] stylish, smart ◆ **chic et choc** smart and stylish
[2] (= *de la bonne société*) [*dîner*] smart, posh * ◆ **deux messieurs chic** two smart(-looking) gentlemen ◆ **les gens chic** the smart set, posh * people
[3] (* = *gentil, généreux*) decent *, nice ◆ **c'est une chic fille** she's a nice girl ◆ **c'est un chic type** he's a decent sort *ou* a nice guy * *ou* a nice bloke * (*Brit*) ◆ **elle a été très chic avec moi** she's been very nice *ou* decent to me ◆ **c'est très chic de sa part** that's very decent *ou* nice of him
EXCL ◆ **chic (alors) !** * great! *

chicane /ʃikan/ NF [1] (= *zigzag*) [*de barrage routier*] ins and outs, twists and turns; [*de circuit automobile*] chicane; [*de gymkhana*] in and out, zigzag ◆ **des camions stationnés en chicane gênaient la circulation** lorries parked at intervals on both sides of the street held up the traffic
[2] († : *Jur*) (= *objection*) quibble; (= *querelle*) squabble, petty quarrel ◆ **aimer la chicane, avoir l'esprit de chicane** (*disputes*) to enjoy picking quarrels with people, to enjoy bickering; (*procès*) to enjoy bickering over points of procedure ◆ **chercher chicane à qn, faire des chicanes à qn** to pick petty quarrels with sb ◆ **gens de chicane** pettifoggers

chicaner /ʃikane/ ► conjug 1 ◄
VT [1] († *ou littér*) ◆ **chicaner qch à qn** (= *mesurer*) to quibble with sb about *ou* over sth ◆ **nul ne lui chicane son courage** (= *contester*) no one disputes his courage *ou* calls his courage into question
[2] († *ou littér* = *chercher querelle à*) ◆ **chicaner qn (sur** *ou* **au sujet de qch)** to quibble *ou* squabble with sb (over sth) ◆ **ils se chicanent continuellement** they're constantly bickering
VI [1] (= *ergoter*) ◆ **chicaner sur** to quibble about
[2] († : *Jur*) to pettifog †

chicanerie † /ʃikanʀi/ NF (= *disputes*) wrangling, petty quarrelling (*NonC*); (= *tendance à ergoter*) (constant) quibbling ◆ **toutes ces chicaneries** all this quibbling

chicaneur, -euse /ʃikanœʀ, øz/
ADJ argumentative, pettifogging
NM,F quibbler

chicanier, -ière /ʃikanje, jɛʀ/ SYN
ADJ quibbling
NM,F quibbler

chicano /ʃikano/
ADJ Chicano (*souvent injurieux*)
NMF **Chicano** Chicano (*souvent injurieux*)

chiche[1] /ʃiʃ/ ADJ → **pois**

chiche[2] /ʃiʃ/ SYN ADJ [1] (= *mesquin*) [*personne*] niggardly, mean; [*rétribution*] niggardly, paltry, mean; [*repas*] scanty, meagre (*Brit*), meager (*US*); [*existence*] meagre; [*lumière*] pale ◆ **comme cadeau, c'est un peu chiche** it's not much of a gift ◆ **être chiche de paroles/compliments** to be sparing with one's words/compliments
[2] (* = *capable*) ◆ **être chiche de faire qch** to be able to do sth *ou* capable of doing sth ◆ **tu n'es pas chiche (de le faire)** you couldn't (do that) ◆ **chiche que je le fais !** I bet you I do it!, (I) bet you I will! ◆ **chiche ? – chiche !** are you on? * *ou* are you game? * – you're on! *

chiche-kebab (pl **chiche(s)-kebab(s)**) /ʃiʃkebab/ NM shish kebab

chichement /ʃiʃmɑ̃/ ADV [*récompenser, nourrir*] meanly, meagrely (*Brit*), meagerly (*US*); [*vivre, se nourrir*] (= *pauvrement*) poorly; (= *mesquinement*) meanly

chichi * /ʃiʃi/ NM [1] ◆ **chichi(s)** (= *embarras*) fuss (*NonC*), carry-on * (*NonC*); (= *manières*) fuss (*NonC*) ◆ **faire des chichis** *ou* **du chichi** (*embarras*) to fuss, to make a fuss; (*manières*) to make a fuss ◆ **ce sont des gens à chichi(s)** they're the sort of people who make a fuss ◆ **on vous invite sans chichi(s)** we're inviting you informally ◆ **ce sera sans chichi** it'll be quite informal
[2] (= *beignet*) ≈ doughnut

chichiteux, -euse * /ʃiʃitø, øz/ ADJ (*péj*) (= *faiseur d'embarras*) troublesome; (= *maniéré*) fussy

chicon /ʃikɔ̃/ NM (= *romaine*) cos (lettuce) (*Brit*), romaine (*US*); (*Belg* = *endive*) chicory (*NonC*) (*Brit*), endive (*US*)

chicorée /ʃikɔʀe/ NF (= *salade*) endive (*Brit*), chicory (*US*); (*à café*) chicory ◆ **chicorée frisée** curly endive (*Brit*), escarole (*US*)

chicos * /ʃikos/ ADJ [*personne*] stylish, smart; [*quartier, restaurant*] posh * ◆ **c'est chicos chez toi !** your place is very plush! *

chicot /ʃiko/ NM [*de dent, arbre*] stump ◆ **mes chicots** * (= *mes dents*) my teeth

chicotin /ʃikɔtɛ̃/ NM → **amer**[2]

chié, e[1] ⁑ /ʃje/ ADJ [1] (= *bien*) damn ⁑ *ou* bloody ⁑ (*Brit*) good ◆ **elle est chiée, sa moto !** his motorbike's something else! * *ou* wicked! ⁑
[2] (= *difficile*) tough *, stiff * ◆ **il est chié, ce problème** it's a hell of a problem ⁑
[3] (= *qui exagère*) ◆ **t'es (pas) chié d'arriver toujours en retard !** it's a bit much you always turning up late! ◆ **avoir menti comme ça, c'est chié** what a nerve * to have lied like that

chiée[2] *⁑ /ʃje/ NF ◆ **une chiée de, des chiées de** a hell of a lot of ⁑

chien /ʃjɛ̃/ SYN
NM [1] (= *animal*) dog ◆ **petit chien** (*jeune*) puppy, pup; (*de petite taille*) small dog ◆ **le chien est le meilleur ami de l'homme** a man's best friend is his dog ◆ « **(attention) chien méchant** » "beware of the dog" ◆ **faire le chien fou** to fool about ◆ « **Le Chien des Baskerville** » (*Littérat*) "The Hound of the Baskervilles"

[2] [de fusil] hammer, cock
[3] (injure) ◆ **quel chien !** (you) swine!*
[4] (* = frange) ◆ **chiens** fringe (Brit), bangs (US)
[5] (Naut) ◆ **coup de chien** squall
[6] (locutions) ◆ **coiffée à la chien** wearing a fringe (Brit), wearing bangs (US) ◆ **oh le beau chien-chien !** nice doggy!, good doggy! ◆ **c'est le chien-chien à sa mémère !** (péj) who's mummy's (Brit) ou mommy's (US) little boy then! ◆ **en chien de fusil** curled up ◆ **quel chien de temps !** ou **temps de chien !** what filthy ou foul weather! ◆ **c'est une vie de chien !*** it's a dog's life! ◆ **ce métier de chien** this rotten job* ◆ **comme un chien** [mourir, traiter] like a dog ◆ **elle a du chien** she has a certain something*, she's very attractive ◆ **c'est pas fait pour les chiens !*** it's there to be used ◆ **être** ou **vivre** ou **s'entendre comme chien et chat** to fight like cat and dog, to always be at one another's throats ◆ **ils se sont regardés en chiens de faïence** they just stood ou sat glaring at each other ◆ **arriver comme un chien dans un jeu de quilles** to turn up when least needed ou wanted ◆ **recevoir qn comme un chien dans un jeu de quilles** to give sb a cold reception ◆ **faire les** ou **tenir la rubrique des chiens écrasés*** to write nothing but fillers ◆ **je ne suis pas ton chien !** I'm not your slave ou servant! ◆ **je lui garde** ou **réserve un chien de ma chienne*** I'll get even with him* ◆ **entre chien et loup** at dusk ◆ **un chien regarde bien un évêque** (Prov) a cat may look at a king (Prov) ◆ **les chiens aboient, la caravane passe** (Prov) let the world say what it will ◆ **bon chien chasse de race** (Prov) like father like son (Prov)
ADJ INV [1] (= avare) mean, stingy*
[2] (= méchant) rotten* ◆ **elle n'a pas été chien avec toi** she was quite decent to you
COMP **chien d'appartement** house dog
chien d'arrêt pointer
chien d'attaque attack dog
chien d'avalanche mountain rescue dog
chien d'aveugle guide dog
chien de berger sheepdog
chien de chasse gun dog
chien de combat fighting dog
chien couchant setter ◆ **faire le chien couchant** to kowtow, to toady (auprès de to)
chien courant hound
chien de garde guard dog, watchdog
chien de manchon lapdog
chien de mer dogfish
chien de meute hound
chien policier police dog, tracker dog
chien des Pyrénées Pyrenean mountain dog, Great Pyrenees (US)
chien de race pedigree dog
chien de salon ⇒ **chien de manchon**
chien savant (lit) performing dog; (fig) know-all
chien de traîneau husky

chien-assis (pl **chiens-assis**) /ʃjɛ̃asi/ NM ≈ dormer window (Brit), ≈ dormer (US)

chiendent /ʃjɛ̃dɑ̃/ NM [1] (= plante) couch grass, quitch (grass); → **brosse**
[2] ◆ **le chiendent** †* (= l'ennui) the trouble ou rub

chien-guide (pl **chiens-guides**) /ʃjɛ̃gid/ NM guide dog

chienlit /ʃjɑ̃li/ NF [1] (= pagaille) ◆ **c'est la chienlit** it's havoc ou chaos
[2] († = mascarade) fancy-dress (Brit) ou costume (US) parade

chien-loup (pl **chiens-loups**) /ʃjɛ̃lu/ NM wolfhound

chienne /ʃjɛn/ NF bitch

> Lorsque l'on ne parle pas spécifiquement du sexe de l'animal, **chienne** se traduit par **dog**.

◆ **j'ai sorti la chienne** I took the dog out ◆ **c'est un chien ou une chienne ?** is it a dog or a bitch? ◆ **chienne !*** (= injure) (you) bitch!* ◆ **quelle chienne de vie !*** life's a bitch!*

chier* /ʃje/ ► conjug 7 ◄ VI [1] (= déféquer) to shit*, to crap* ◆ **chier un coup** to have a crap* ou shit*
[2] (locutions) ◆ **faire chier qn** [personne] (= ennuyer) to bore the pants off sb*; (= tracasser, harceler) to bug sb*, to piss sb off*, to get up sb's nose* (Brit) ◆ **ça me fait chier** it pisses me off*, it's a pain in the arse* (Brit) ou ass* (US) ◆ **envoyer chier qn** to tell sb to piss off* ou bugger off* (Brit) ◆ **va chier !** fuck off!* ◆ **je me suis fait chier pendant trois heures à réparer la voiture** I sweated my guts out* for three hours repairing the car ◆ **qu'est-ce qu'on se fait chier à ses conférences !** what a fucking* ou bloody* (Brit) bore his lectures are! ◆ **ça va chier (des bulles) !** there'll be one hell of a row!* ◆ **y a pas à chier, c'est lui le meilleur** say what you damn ou bloody (Brit) well like*, he's the best ◆ **il faut quand même pas chier dans la colle !** you've got a fucking nerve!* ◆ **(nul) à chier** (= mauvais) [film, livre, service] crappy*, crap* (attrib); [personne, appareil] fucking* ou bloody* (Brit) useless; (= laid) fucking* ou bloody* (Brit) hideous ◆ **il a chié dans son froc*** he crapped himself*

chierie* /ʃiʁi/ NF (real) pain in the butt* ou arse** (Brit) ou ass** (US)

chiffe /ʃif/ NF [1] (sans volonté) spineless individual, drip* ◆ **je suis comme une chiffe (molle)** (fatigué) I feel like a wet rag; → **mou**[1]
[2] (= chiffon) rag

chiffon /ʃifɔ̃/
NM [1] (usagé) (piece of) rag; (pour essuyer) duster (Brit), dust cloth (US) ◆ **donner un coup de chiffon à qch, passer un coup de chiffon sur qch** to give sth a wipe ou go over sth with a cloth ◆ **vieux chiffons** old rags ◆ **votre devoir est un vrai chiffon** your homework is a dreadful mess ◆ **mettre ses vêtements en chiffon** to throw down one's clothes in a crumpled heap ◆ **parler chiffons*** to talk about clothes ◆ **agiter le chiffon** ou **un chiffon rouge** (fig) to wave the ou a red rag; → **poupée**
[2] (Papeterie) ◆ **le chiffon** rag ◆ **fait avec du chiffon** made from rags; → **papier**
COMP **chiffon à chaussures** shoe cloth ou rag
chiffon à meubles ⇒ **chiffon à poussière**
chiffon de papier ◆ **écrire qch sur un chiffon de papier** to write sth (down) on a (crumpled) scrap of paper ◆ **ce traité n'est qu'un chiffon de papier** this treaty isn't worth the paper it's written on ou is just a useless scrap of paper
chiffon à poussière duster (Brit), dust cloth (US)

chiffonnade /ʃifɔnad/ NF chiffonnade

chiffonnage /ʃifɔnaʒ/ NM [de papier] crumpling; [d'habits] creasing, rumpling

chiffonné, e /ʃifɔne/ (ptp de **chiffonner**) ADJ
[1] (= fatigué) [visage] worn-looking
[2] (= sympathique) ◆ **un petit nez chiffonné** a pert little nose ◆ **un joli minois chiffonné** a funny little face

chiffonner /ʃifɔne/ SYN ► conjug 1 ◄
VT [1] (lit) [+ papier] to crumple; [+ habits] to crease, to rumple, to crumple; [+ étoffe] to crease, to crumple
[2] (* = contrarier) ◆ **ça me chiffonne** it bothers ou worries me ◆ **qu'est-ce qui te chiffonne ?** what's bothering ou worrying you?
VPR **se chiffonner** ◆ **ce tissu se chiffonne facilement** this material creases easily ou is easily creased

chiffonnier /ʃifɔnje/ NM [1] (= personne) ragman, rag-and-bone man (Brit) ◆ **se battre** ou **se disputer comme des chiffonniers** to fight like cat and dog ◆ **c'est une bataille de chiffonniers** it's no holds barred → **EMMAÜS**
[2] (= meuble) chiffon(n)ier

chiffrable /ʃifʁabl/ ADJ ◆ **ce n'est pas chiffrable** it's impossible to put a figure on it

chiffrage /ʃifʁaʒ/ NM [1] [de message] (en)coding, ciphering; (Ordin) [de données, télégramme] ciphering
[2] [de dépenses, dommages] assessing
[3] [de pages] numbering
[4] [d'effets personnels, linge] marking (with one's ou sb's initials)
[5] (Mus) [d'accord] figuring

chiffre /ʃifʁ/ SYN NM [1] (= caractère) figure, numeral, digit (Math); (= nombre) number ◆ **donne-moi un chiffre entre 1 et 8** give me a number between 1 and 8 ◆ **chiffre arabe/romain** Arab/Roman numeral ◆ **nombre** ou **numéro de 7 chiffres** 7-figure ou 7-digit number ◆ **inflation à deux/trois chiffres** double-/triple-digit inflation, two-/three-figure inflation ◆ **écrire un nombre en chiffres** to write out a number in figures ◆ **science des chiffres** science of numbers ◆ **aligner des chiffres** to draw up columns of figures
[2] (= résultat) figure; (= montant) total ◆ **15 blessés, c'est le chiffre provisoire** there's a total of 15 wounded so far, at the last count there were 15 wounded ◆ **je n'ai pas les chiffres en tête** I can't recall the figures ◆ **ça atteint des chiffres astronomiques** it reaches an astronomical figure ou sum ◆ **selon les chiffres officiels** according to official figures ◆ **les chiffres du chômage** the unemployment ou jobless figures, the number of unemployed ◆ **en chiffres ronds** in round figures
[3] (Comm) ◆ **chiffre (d'affaires)** turnover ◆ **il fait un chiffre (d'affaires) de 3 millions** he has a turnover of 3 million ◆ **ils font du chiffre** they're making money ◆ **je n'ai pas fait mon chiffre cette année** I didn't get the turnover I wanted this year ◆ **chiffre net/brut** net/gross figure ou turnover ◆ **chiffres de vente** sales figures ◆ **ils ont doublé leurs chiffres de vente** they have doubled their sales; → **impôt**
[4] (= code) [de message] code, cipher; [de coffre-fort] combination ◆ **écrire une lettre en chiffres** to write a letter in code ou cipher ◆ **on a trouvé leur chiffre** their code has been broken ◆ **le (service du) chiffre** the cipher office
[5] (= initiales) (set of) initials, monogram ◆ **mouchoir brodé à son chiffre** handkerchief embroidered with one's initials ou monogram
[6] (Mus = indice) figure

chiffré, e /ʃifʁe/ (ptp de **chiffrer**) ADJ [1] (= évalué) [analyse, argument] backed up by figures ◆ **données chiffrées** detailed facts and figures ◆ **le rapport fixe des objectifs chiffrés** the report sets out targets in precise figures ◆ **aucune précision chiffrée n'a été donnée** no figures were given ◆ **faire une proposition chiffrée** to propose a figure
[2] (= codé) ◆ **langage chiffré** code (language), cipher ◆ **message chiffré** coded message, message in code ou cipher
[3] (Mus) ◆ **basse chiffrée** thorough ou figured bass

chiffrement /ʃifʁəmɑ̃/ NM [de texte] (en)coding, ciphering

chiffrer /ʃifʁe/ SYN ► conjug 1 ◄
VT [1] (= coder) [+ message] to (en)code, to cipher; (Ordin) [+ données, télégramme] to encode; → **message**
[2] (= évaluer) [+ dépenses, dommages] to put a figure to, to assess
[3] (= numéroter) [+ pages] to number
[4] (= compter) to count
[5] (= marquer) [+ effets personnels, linge] to mark (with one's ou sb's initials)
[6] (Mus) [+ accord] to figure
VI OU VPR **se chiffrer** ◆ **(se) chiffrer à** to add up to, to amount to, to come to ◆ **ça (se) chiffre à combien ?** what ou how much does that add up to? ou amount to? ou come to? ◆ **ça (se) chiffre par millions** it adds up to ou amounts to ou comes to millions ◆ **ça commence à chiffrer !** it's starting to mount up! ◆ **ça finit par chiffrer*** it all adds up

chiffreur, -euse /ʃifʁœʁ, øz/ NM,F coder

chignole /ʃiɲɔl/ NF (= outil) (à main) (hand) drill; (électrique) (electric) drill; (* = voiture) jalopy* (hum)

chignon /ʃiɲɔ̃/ NM bun, chignon ◆ **chignon banane** French pleat ◆ **se faire un chignon, relever ses cheveux en chignon** to put one's hair into a bun; → **crêper**

chihuahua /ʃiwawa/ NM Chihuahua

chiisme /ʃiism/ NM Shiism

chiite /ʃiit/ ADJ, NMF Shiite

chikungunya /ʃikungunja/ NM chikungunya (fever)

Chili /ʃili/ NM Chile

chilien, -ienne /ʃiljɛ̃, jɛn/
ADJ Chilean
NM,F **Chilien(ne)** Chilean

chimère /ʃimɛʁ/ SYN NF [1] (= illusion) (wild) dream, pipe dream, chim(a)era (frm) ◆ **le bonheur est une chimère** happiness is just a dream ou an illusion ◆ **c'est une chimère que de croire...** it's an illusion to think that... ◆ **tes grands projets, chimères (que tout cela) !** your grand plans are nothing but pipe dreams ou (idle) fancies ◆ **un monde peuplé de vagues chimères** a world filled with vague imaginings ◆ **poursuivre** ou **caresser des chimères** to chase rainbows
[2] (Myth) ◆ **la Chimère** chim(a)era, Chim(a)era
[3] (Bio) chim(a)era
[4] (= poisson) chimaera

chimérique /ʃimeʁik/ SYN ADJ [1] (= utopique) [esprit, projet, idée] fanciful; [rêve] wild (épith), idle (épith) ◆ **c'est un esprit chimérique** he's a real dreamer

chimie | choc

2 (= *imaginaire*) [*personnage*] imaginary, chimerical

chimie /ʃimi/ NF chemistry ◆ **chimie organique/minérale** organic/inorganic chemistry ◆ **cours/expérience de chimie** chemistry class/experiment ◆ **la merveilleuse chimie de l'amour** love's marvellous chemistry

chimio* /ʃimjo/ NF (abrév de **chimiothérapie**) chemo*

chimioluminescence /ʃimjolyminesɑ̃s/ NF chemoluminescence

chimiorécepteur /ʃimjoreseptœʁ/ NM chemo(re)ceptor

chimiosynthèse /ʃimjosɛ̃tɛz/ NF chemosynthesis

chimiotactisme /ʃimjotaktism/ NM chemotaxis

chimiothérapie /ʃimjoteʁapi/ NF chemotherapy

chimiothérapique /ʃimjoteʁapik/ ADJ chemotherapeutic

chimique /ʃimik/ ADJ chemical ◆ **ça a un goût chimique** it tastes synthetic; → **produit**

chimiquement /ʃimikmɑ̃/ ADV chemically

chimiquier /ʃimikje/ NM chemical tanker

chimisme /ʃimism/ NM chemical action

chimiste /ʃimist/ NMF chemist (*scientist*); → **ingénieur**

chimpanzé /ʃɛ̃pɑ̃ze/ NM chimpanzee, chimp*

chinchilla /ʃɛ̃ʃila/ NM (= *animal, fourrure*) chinchilla

Chine /ʃin/ NF China ◆ **Chine populaire/nationaliste** Communist *ou* Red/nationalist China ◆ **la République populaire de Chine** the Chinese People's Republic, the People's Republic of China; → **crêpe²**, **encre**

chine¹ /ʃin/ NM **1** (= *papier*) rice paper
2 (= *vase*) china vase; (= *porcelaine*) china

chine² /ʃin/ NF **1** (= *brocante*) ◆ **faire de la chine** to hunt (around) for antiques
2 (= *porte à porte*) ◆ **vente à la chine** door-to-door selling

chiné, e /ʃine/ (ptp de **chiner**) ADJ [*étoffe*] mottled, chiné (SPÉC)

chiner /ʃine/ ► conjug 1 ◄
VT 1 [+ *étoffe*] to dye the warp of
2 (* = taquiner*) to have on * (Brit), to rag * ◆ **tu ne vois pas qu'il te chine** don't you see he's kidding you *ou* having you on * (Brit) ◆ **je n'aime pas qu'on me chine** I don't like being ragged *
VI * to hunt (around) for antiques

Chinetoque* /ʃintɔk/ NMF (*injurieux* = *Chinois*) Chink*‡ (*injurieux*)

chineur, -euse* /ʃinœʁ, øz/ NM,F (= *brocanteur*) antique dealer; (= *amateur*) antique-hunter

chinois, e /ʃinwa, waz/
ADJ 1 (*de Chine*) Chinese; → **ombre¹**
2 (*péj = pointilleux*) [*personne*] pernickety, fussy; [*règlement*] hair-splitting
NM 1 (= *langue*) Chinese ◆ **c'est du chinois*** (*péj*) it's all Greek to me*, it's double Dutch* (Brit)
2 ◆ **Chinois** Chinese, Chinese man ◆ **les Chinois** the Chinese
3 (* : *péj = maniaque*) hair-splitter
4 (*Culin = passoire*) (small conical) strainer
NF Chinoise Chinese, Chinese woman

chinoiser /ʃinwaze/ ► conjug 1 ◄ VI to split hairs ◆ **chinoiser sur** to quibble over

chinoiserie /ʃinwazʁi/ NF **1** (= *subtilité excessive*) hair-splitting (NonC)
2 (= *complications*) ◆ **chinoiseries** unnecessary complications *ou* fuss ◆ **les chinoiseries de l'administration** red tape ◆ **tout ça, ce sont des chinoiseries** all this is unnecessarily complicated
3 (*Art*) (= *décoration*) chinoiserie; (= *objet*) Chinese ornament, Chinese curio

chintz /ʃints/ NM chintz

chiot /ʃjo/ NM pup(py)

chiotte /ʃjɔt/ NF *ou* M **1** ‡ ◆ **chiottes** (= *WC*) bog‡ (Brit), can‡ (US), john‡ (US) ◆ **aux chiottes l'arbitre !** what a shitty referee!*‡ ◆ **quelle chiotte !, c'est la chiotte !** what a pain in the arse!*‡ (Brit) *ou* ass!*‡ (US) ◆ **quel temps de chiotte !** what shitty weather! ◆ **c'est de la musique de chiotte** it's crap(py) music*‡

◆ **avoir un goût de chiotte** [*personne*] to have crap taste*‡; → **corvée**
2 (‡ = *voiture*) jalopy* (*hum*)

chiper* /ʃipe/ SYN ► conjug 1 ◄ VT (= *voler*) [+ *portefeuille, idée*] to pinch*, to filch*; [+ *rhume*] to catch

chipeur, -euse* /ʃipœʁ, øz/
ADJ [*gamin*] thieving
NM,F thief

chipie* /ʃipi/ NF vixen (*péj*) ◆ **petite chipie !** you little devil! *

chipolata /ʃipɔlata/ NF chipolata

chipotage* /ʃipɔtaʒ/ NM (= *marchandage, ergotage*) quibbling; (*pour manger*) picking *ou* nibbling (at one's food)

chipoter* /ʃipɔte/ ► conjug 1 ◄
VI (= *manger*) to be a fussy eater; (= *ergoter*) to quibble (*sur* about, over); (= *marchander*) to quibble (*sur* over) ◆ **chipoter sur la nourriture** to nibble *ou* pick at one's food ◆ **tu chipotes là !** now you're quibbling! ◆ **vous n'allez pas chipoter pour 2 € !** you're not going to quibble about 2 euros!
VPR se chipoter to squabble (*sur* over)

chipoteur, -euse* /ʃipɔtœʁ, øz/
ADJ (= *marchandeur*) haggling; (= *ergoteur*) quibbling; (*en mangeant*) fussy
NM,F (= *marchandeur*) haggler; (= *ergoteur*) quibbler; (*en mangeant*) fussy eater

chips /ʃips/ NFPL ◆ **(pommes) chips** (potato) crisps (Brit) *ou* chips (US)

(!) **chips** se traduit par **chips** uniquement en anglais américain.

chique /ʃik/ NF (= *tabac*) quid, chew; (* = *enflure*) (facial) swelling, lump (on the cheek); (= *puce*) chigoe, chigger; → **couper**

chiqué* /ʃike/ NM **1** (= *bluff*) pretence (NonC), bluffing (NonC) ◆ **il a fait ça au chiqué** he bluffed it out ◆ **il prétend que cela le laisse froid mais c'est du chiqué** he claims it leaves him cold but it's all put on*
2 (*factice*) sham (NonC) ◆ **ces combats de catch c'est du chiqué** these wrestling matches are all sham *ou* all put on* *ou* are faked ◆ **combat sans chiqué** fight that's for real* ◆ **chiqué !, remboursez !** what a sham!, give us our money back!
3 (= *manières*) ◆ **faire du chiqué** to put on airs (and graces)

chiquement* /ʃikmɑ̃/ ADV [*s'habiller*] smartly, stylishly; [*traiter, accueillir*] kindly, decently

chiquenaude /ʃiknod/ NF (= *pichenette*) flick, flip ◆ **il l'enleva d'une chiquenaude** he flicked *ou* flipped it off ◆ **une chiquenaude suffirait à renverser le gouvernement** it wouldn't take much to overturn the government

chiquer /ʃike/ ► conjug 1 ◄
VT [+ *tabac*] to chew; → **tabac**
VI to chew tobacco

chiqueur, -euse /ʃikœʁ, øz/ NM,F tobacco-chewer

chirographaire /kiʁɔɡʁafɛʁ/ ADJ unsecured

chirographie /kiʁɔɡʁafi/ NF ⇒ **chiromancie**

chiromancie /kiʁɔmɑ̃si/ NF palmistry, chiromancy (SPÉC)

chiromancien, -ienne /kiʁɔmɑ̃sjɛ̃, jɛn/ NM,F palmist, chiromancer (SPÉC)

chiropracteur /kiʁɔpʁaktœʁ/ NM chiropractor

chiropracticien, -ienne /kiʁɔpʁaktisjɛ̃, jɛn/ NM,F chiropractor

chiropractie /kiʁɔpʁakti/, **chiropraxie** /kiʁɔpʁaksi/ NF chiropractic

chiroptères /kiʁɔptɛʁ/ NMPL ◆ **les chiroptères** chiropters, the Chiroptera (SPÉC)

chirurgical, e (mpl **-aux**) /ʃiʁyʁʒikal, o/ ADJ (*lit, fig*) surgical ◆ **acte chirurgical** surgical procedure ◆ **intervention** *ou* **opération chirurgicale** operation ◆ **frappe chirurgicale** (Mil) surgical strike

chirurgie /ʃiʁyʁʒi/ NF surgery (*science*) ◆ **chirurgie esthétique/dentaire/réparatrice** cosmetic/dental/reconstructive surgery

chirurgien, -ienne /ʃiʁyʁʒjɛ̃, jɛn/
NM,F surgeon ◆ **chirurgien-dentiste** dental surgeon ◆ **chirurgien-major** (Mil) army surgeon
NM ◆ **(poisson) chirurgien** surgeonfish

chisel /ʃizɛl/ NM (*Agr*) chisel

Chisinau /ʃizino/ N Kishinev, Chisinau

---

chistera /(t)ʃistera/ NF *ou* M wicker basket (*in game of pelota*)

chitine /kitin/ NF chitin

chiton /kitɔ̃/ NM (= *tunique*) chiton; (= *mollusque*) chiton, coat-of-mail shell

chiure /ʃjyʁ/ NF ◆ **chiure de mouche** fly speck

chlamydia (pl **chlamydiae**) /klamidja/ NF chlamydia

chlâsse‡ /ʃlas/ ADJ → **schlass**

chleuh‡‡ /ʃlø/ (*injurieux*)
ADJ Kraut*‡ (*injurieux*)
NMF ◆ **Chleuh** Kraut*‡ (*injurieux*)

chlinguer ‡ /ʃlɛ̃ɡe/ VI to stink

chloasma /klɔasma/ NM chloasma

chloral /klɔʁal/ NM chloral ◆ **chloral hydraté, hydrate de chloral** chloral (hydrate)

chlorate /klɔʁat/ NM chlorate

chlore /klɔʁ/ NM chlorine

chloré, e /klɔʁe/ (ptp de **chlorer**) ADJ chlorinated

chlorelle /klɔʁɛl/ NF chlorella

chlorer /klɔʁe/ ► conjug 1 ◄ VT to chlorinate

chloreux /klɔʁø/ ADJ M ◆ **acide chloreux** chlorous acid

chlorhydrate /klɔʁidʁat/ NM hydrochloride

chlorhydrique /klɔʁidʁik/ ADJ hydrochloric

chlorique /klɔʁik/ ADJ chloric

chlorite /klɔʁit/ NM chlorite

chlorofluorocarbone /klɔʁoflyɔʁokaʁbɔn/ NM chlorofluorocarbon

chlorofluorocarbure /klɔʁoflyɔʁokaʁbyʁ/ NM chlorofluorocarbon

chloroforme /klɔʁofɔʁm/ NM chloroform

chloroformer /klɔʁofɔʁme/ ► conjug 1 ◄ VT to chloroform

chlorométrie /klɔʁometʁi/ NF chlorometry

chlorophylle /klɔʁofil/ NF chlorophyll

chlorophyllien, -ienne /klɔʁofiljɛ̃, jɛn/ ADJ chlorophyllous

chloropicrine /klɔʁopikʁin/ NF chloropicrin

chloroplaste /klɔʁoplast/ NM chloroplast

chloroquine /klɔʁokin/ NF chloroquine

chlorose /klɔʁoz/ NF (*Méd*) chlorosis, greensickness (NonC); (= *maladie des plantes*) chlorosis

chlorotique /klɔʁotik/ ADJ chlorotic

chlorpromazine /klɔʁpʁomazin/ NF chlorpromazine

chlorure /klɔʁyʁ/ NM chloride ◆ **chlorure de sodium** sodium chloride ◆ **chlorure de chaux** chloride of lime

chlorurer /klɔʁyʁe/ ► conjug 1 ◄ VT to chlorinate

chnoque* /ʃnɔk/ NM (*péj*) ◆ **quel vieux chnoque !** what an old fart!*‡ ◆ **eh ! du chnoque !** hey! you!

chnouf † /ʃnuf/ NF (*arg Drogue*) dope *

choc /ʃɔk/ SYN
NM 1 (= *heurt*) [*d'objets*] impact; [*de vagues*] crash ◆ **la carrosserie s'est déformée sous le choc** the coachwork twisted with *ou* under the impact ◆ **les barrières de sécurité absorbent les chocs** safety barriers absorb shocks ◆ **cela se brise au moindre choc** it breaks at the slightest bump *ou* knock ◆ « **résiste au(x) choc(s)** » "shock-resistant" ◆ **la résistance au choc d'un matériau** a material's resistance to shock ◆ **la corde s'est rompue sous le choc** the sudden wrench made the rope snap *ou* snapped the rope
2 (= *collision*) [*de véhicules*] crash; [*de personnes*] blow; (*plus léger*) bump ◆ **le choc entre les véhicules fut très violent** the vehicles crashed together with tremendous force ◆ **choc meurtrier** fatal crash ◆ **il tituba sous le choc** the blow *ou* bump threw him off balance
3 (= *bruit*) (*violent*) crash, smash; (*sourd*) thud, thump; (*métallique*) clang, clash; (*cristallin*) clink, chink; [*de gouttes, grêlons*] drumming (NonC) ◆ **le choc sourd des obus** the thud of shellfire
4 (= *affrontement*) [*de troupes, émeutiers, équipes, intérêts, cultures, passions*] clash ◆ **il y a eu un choc sanglant entre la police et les émeutiers** there has been a violent clash between police and rioters ◆ **la petite armée ne put résister au choc** the little army could not stand up to the onslaught

[5] *(= émotion)* shock ◆ **le choc est rude** it comes as *ou* it's quite a shock ◆ **il ne s'est pas remis du choc** he hasn't got over *ou* recovered from the shock ◆ **ça m'a fait un drôle de choc de le voir dans cet état** it gave me a nasty shock *ou* quite a turn* to see him in that state ◆ **il est encore sous le choc** *(à l'annonce d'une nouvelle)* he's still in a state of shock; *(après un accident)* he's still in shock ◆ **tenir le choc*** *[personne]* to cope; *[machine]* to hold out ◆ **après la mort de sa femme il n'a pas tenu le choc** he couldn't cope after his wife's death ◆ **encaisser le choc*** to cope; → **état**

◆ **de choc** *[troupe, unité, traitement, thérapeutique, tactique]* shock; *[évêque, patron]* high-powered ◆ **duo** *ou* **tandem de choc** dynamic duo

ADJ INV *(= à sensation)* ◆ **argument/discours/formule(-)choc** shock argument/speech/formula ◆ **film/photo(-)choc** shock film/photo ◆ **mesures(-)choc** shock measures ◆ « **notre prix-choc : 15 €** » "our special price: €15"

COMP **choc anesthésique** shock due to anaesthetics
choc culturel culture shock
choc électrique electric shock
choc émotionnel emotional shock
choc nerveux (nervous) shock
choc opératoire post-operative shock
choc pétrolier oil crisis
choc psychologique psychological shock
choc en retour *(Élec)* return shock; *(fig)* backlash
choc septique toxic shock ◆ **faire un choc septique** to suffer from toxic shock
choc thermique thermal shock

> (!) Attention à ne pas traduire automatiquement **choc** par l'anglais **shock**, qui a des emplois spécifiques.

chochotte* /ʃɔʃɔt/
NF *(= femme chichiteuse)* fusspot* *(Brit)*, fussbudget *(US)*; *(= homme : mauviette)* sissy*; *(= homme efféminé)* namby-pamby* ◆ **arrête de faire la** *ou* **ta chochotte !** stop making such a fuss (about nothing)!*
ADJ INV ◆ **elle est très chochotte** she fusses too much ◆ **il est très chochotte** *(mauviette)* he's a real sissy*; *(efféminé)* he's a real namby-pamby*

choco* /ʃɔko/ (abrèv de **chocolat**) NM chocolate

chocolat /ʃɔkɔla/
NM [1] *(= substance, boisson, bonbon)* chocolate ◆ **mousse/crème au chocolat** chocolate mousse/cream ◆ **chocolat au lait/aux noisettes** milk/hazelnut chocolate; → **barre, plaque**
[2] *(= couleur)* chocolate (brown)
[3] ◆ **être chocolat** †* to be thwarted *ou* foiled
ADJ INV chocolate(-brown)
COMP **chocolat amer** bitter chocolate; *(poudre)* cocoa powder
chocolat blanc white chocolate
chocolat chaud hot chocolate
chocolat à croquer plain dark chocolate
chocolat à cuire cooking chocolate
chocolat fondant fondant chocolate
chocolat liégeois chocolate sundae
chocolat de ménage ⇒ **chocolat à cuire**
chocolat noir dark chocolate
chocolat à pâtisser ⇒ **chocolat à cuire**
chocolat en poudre drinking chocolate

chocolaté, e /ʃɔkɔlate/ ADJ *(= additionné de chocolat)* chocolate-flavoured *(Brit) ou* -flavored *(US)*, chocolate *(épith)*; *(= au goût de chocolat)* chocolate-flavoured *(Brit) ou* -flavored *(US)*, chocolat(e)y*

chocolaterie /ʃɔkɔlatʀi/ NF *(= fabrique)* chocolate factory; *(= magasin)* chocolate shop

chocolatier, -ière /ʃɔkɔlatje, jɛʀ/
ADJ chocolate *(épith)*
NM,F *(= fabricant)* chocolate maker; *(= commerçant)* chocolate seller

chocolatine /ʃɔkɔlatin/ NF pain au chocolat, chocolate croissant

chocottes‡ /ʃɔkɔt/ NFPL ◆ **avoir les chocottes** to have the jitters* *ou* the heebie-jeebies* ◆ **ça m'a filé les chocottes** it gave me the jitters* *ou* the heebie-jeebies*

chœur /kœʀ/ NM [1] *(= chanteurs : gén, Rel)* choir; *[d'opéra, oratorio]* chorus
[2] *(Théât = récitants)* chorus
[3] *(fig)* ◆ **un chœur de récriminations** *(= concert)* a chorus of recriminations ◆ **le chœur des mécontents** *(= groupe)* the band of malcontents
[4] *(Archit)* choir, chancel; → **enfant**
[5] *(Mus)* *(= composition)* chorus; *(= hymne)* chorale; *(Théât = texte)* chorus ◆ **chœur à 4 parties** *(opéra)* 4-part chorus; *(Rel)* 4-part chorale
◆ **en chœur** *(Mus)* in chorus; *(fig = ensemble)* *[chanter]* in chorus; *[répondre, crier]* in chorus *ou* unison ◆ **on s'ennuyait en chœur** *(hum)* we were all getting bored together ◆ **tous en chœur !** all together now!

choir /ʃwaʀ/ VI *(littér ou vieilli ou hum)* to fall ◆ **faire choir** to cause to fall ◆ **laisser choir qch** to drop sth ◆ **laisser choir ses amis** *(fig)* to let one's friends down ◆ **se laisser choir dans un fauteuil** to drop into an armchair

choisi, e /ʃwazi/ SYN (ptp de **choisir**) ADJ
[1] *(= sélectionné)* *[morceaux, passages]* selected
[2] *(= raffiné)* *[langage, termes]* carefully chosen; *[clientèle, société]* select

choisir /ʃwaziʀ/ SYN ► conjug 2 ◄ VT [1] *(gén)* to choose *(entre* between) ◆ **des deux solutions, j'ai choisi la première** I chose *ou* picked the first of the two solutions, I opted *ou* plumped* *(Brit)* for the first of the two solutions ◆ **choisissez une carte/un chiffre** pick a card/a number ◆ **il faut savoir choisir ses amis** you must know how to pick *ou* choose your friends ◆ **dans les soldes, il faut savoir choisir** in the sales, you've got to know what to choose *ou* how to be selective ◆ **se choisir un mari** to choose a husband ◆ **on l'a choisi parmi des douzaines de candidats** he was picked (out) *ou* selected *ou* chosen from among dozens of applicants ◆ **tu as (bien) choisi ton moment !** *(iro)* you really choose your moments, don't you? ◆ **tu as mal choisi ton moment si tu veux une augmentation** you picked the wrong time to ask for a rise
[2] ◆ **choisir de faire qch** to choose to do sth ◆ **à toi de choisir si et quand tu veux partir** it's up to you to choose if and when you want to leave

choix /ʃwa/ GRAMMAIRE ACTIVE 10.1 SYN NM
[1] *(= décision)* choice ◆ **je n'avais pas le choix** *ou* **d'autre choix** I had no choice, I had no other option ◆ **de ton choix** of your (own) choosing ◆ **le choix d'un cadeau est souvent difficile** choosing a gift is often difficult, it's often difficult to choose a gift ◆ **avoir le choix** to have a *ou* the choice ◆ **faire son choix** to take *ou* make one's choice, to take one's pick ◆ **mon choix est fait** I've made my choice ◆ **c'est un choix à faire** it's a choice you have (*ou* he has *etc*) to make ◆ **faire un choix de société** to choose the kind of society one wants to live in ◆ **choix de vie** life choice ◆ **faire choix de qch** *(frm)* to select sth ◆ **laisser le choix à qn** to leave sb (free) to choose *(de faire* to do) ◆ **donner le choix à qn** to give sb the choice *(de faire* of doing) ◆ **arrêter** *ou* **fixer** *ou* **porter son choix sur qch** to fix one's choice on sth, to settle on sth; → **embarras**
[2] *(= variété)* choice, selection, variety ◆ **ce magasin offre un grand choix** this shop has a wide *ou* large selection (of goods) ◆ **il y a du choix** there is a choice ◆ **il n'y a pas beaucoup de choix** there isn't a great deal of *ou* much choice, there isn't a great selection (to choose from)
[3] *(= échantillonnage)* ◆ **choix de** selection of ◆ **il avait apporté un choix de livres** he had brought a selection of books
[4] *(locutions)*
◆ **de + choix** ◆ **de choix** *(= de qualité)* choice *(épith)* ◆ **cible de choix** prime target ◆ **morceau de choix** *(viande)* prime cut ◆ **c'est un morceau de choix** *[prestation, poème]* it's first-rate ◆ **de premier choix** *[fruits]* class *ou* grade one; *[agneau, bœuf]* prime *(épith)* ◆ **il n'achète que du premier choix** he only buys top-quality products ◆ **de second choix** *(gén)* low-quality, low-grade; *[fruits, viande]* class *ou* grade two *(Brit)*, market grade *(US)* ◆ **articles de second choix** seconds
◆ **au choix** ◆ **vous pouvez prendre, au choix, fruits ou fromages** you have a choice between *ou* of fruit or cheese ◆ « **dessert au choix** » "choice of desserts" ◆ **avancement au choix** *(Admin)* promotion on merit *ou* by selection ◆ **au choix du client** as the customer chooses, according to (the customer's) preference

choke* /(t)ʃɔk/ NM *(Helv = starter)* choke

cholagogue /kɔlagɔg/
ADJ cholagogic
NM cholagogue

cholécystectomie /kɔlesistɛktɔmi/ NF cholecystectomy

cholécystite /kɔlesistit/ NF cholecystitis

cholédoque /kɔledɔk/ ADJ M *(Anat)* ◆ **canal cholédoque** common bile duct

choléra /kɔleʀa/ NM cholera

cholériforme /kɔleʀifɔʀm/ ADJ choleriform

cholérine /kɔleʀin/ NF cholerine

cholérique /kɔleʀik/
ADJ *(gén)* choleroid; *[patient]* cholera *(épith)*
NMF cholera patient *ou* case

cholestérol /kɔlɛsteʀɔl/ NM cholesterol

cholestérolémie /kɔlɛsteʀɔlemi/ NF cholestorolaemia *(Brit)*, cholestorolemia *(US)*

choliambe /kɔljɑ̃b/ NM choliamb

choline /kɔlin/ NF choline

cholinestérase /kɔlinɛsteʀaz/ NF cholinesterase

cholique /kɔlik/ ADJ cholic ◆ **acide cholique** cholic acid

cholurie /kɔlyʀi/ NF choluria

chômage /ʃomaʒ/
NM unemployment ◆ **le chômage des cadres** executive unemployment, unemployment among executives ◆ **le chômage des jeunes** youth unemployment ◆ **le taux de chômage** the unemployment *ou* jobless rate ◆ **chômage saisonnier/chronique** seasonal/chronic unemployment ◆ **toucher le chômage*** to get unemployment benefit *(Brit)*, to be on the dole* *(Brit)*, to be on welfare *(US)* ; → **allocation, indemnité**
◆ **au chômage** ◆ **être au chômage** to be unemployed *ou* out of work ◆ **s'inscrire au chômage** to apply for unemployment benefit *(Brit) ou* welfare *(US)*, to sign on the dole* *(Brit)* ◆ **mettre qn au chômage** to lay sb off, to make sb redundant *(Brit)* ◆ **beaucoup ont été mis au chômage** there have been many layoffs *ou* redundancies *(Brit)*
COMP **chômage frictionnel** frictional unemployment
chômage de longue durée long-term unemployment
chômage partiel short-time working
chômage structurel structural unemployment
chômage technique ◆ **mettre en chômage technique** to lay off *(temporarily)* ◆ **le nombre de travailleurs en chômage technique** the number of workers laid off, the number of layoffs ◆ **l'ordinateur est en panne, on est en chômage technique** the computer is down so we can't do any work

chômé, e /ʃome/ (ptp de **chômer**) ADJ ◆ **jour chômé** *(férié)* public holiday, ≃ bank holiday *(Brit)*; *(pour chômage technique)* shutdown day; *(de grève)* strike day ◆ **fête chômée** public holiday, ≃ bank holiday *(Brit)*

chômedu‡ /ʃomdy/ NM *(= inactivité)* unemployment; *(= indemnités)* dole* *(Brit)*, unemployment *(US)* ◆ **être au chômedu** to be on the dole* *(Brit) ou* on unemployment *(US)*

chômer /ʃome/ ► conjug 1 ◄
VI [1] *(fig = être inactif)* *[capital, équipements]* to lie idle; *[esprit, imagination]* to be idle, to be inactive ◆ **on n'a pas chômé** we didn't just sit around doing nothing
[2] *(= être sans travail)* *[travailleur]* to be unemployed, to be out of work *ou* out of a job; *[usine]* to be *ou* stand idle, to be at a standstill; *[industrie]* to be at a standstill
[3] *(†† = être en congé)* to be on holiday *(Brit) ou* vacation *(US)*
VT †† *[+ jour férié]* to keep

chômeur, -euse /ʃomœʀ, øz/ NM,F *(gén)* unemployed person *ou* worker; *(mis au chômage)* redundant worker *(Brit)*, laid-off worker *(US)* ◆ **les chômeurs (de longue durée)** the (long-term) unemployed ◆ **le nombre des chômeurs** the number of unemployed *ou* of people out of work ◆ **3 millions de chômeurs** 3 million unemployed *ou* people out of work

chondroblaste /kɔ̃dʀoblast/ NM chondral cell

chope /ʃɔp/ NF *(= récipient)* tankard, mug; *(= contenu)* pint

choper /ʃɔpe/ ► conjug 1 ◄ VT [1] *(* = voler)* to pinch*, to nick* *(Brit)*
[2] *(* = attraper)* *[+ balle, personne, maladie]* to catch ◆ **se faire choper par la police** to get nabbed* by the police
[3] *(Tennis)* to chop ◆ **balle chopée** chop

chopine /ʃɔpin/ NF *(* = bouteille)* bottle (of wine); *(†† = mesure)* half-litre *(Brit) ou* -liter *(US)* , ≃ pint; *(Can = 0,568 l)* pint ◆ **on a été boire une chopine*** we went for a drink

chopper /(t)ʃɔpœʀ/ NM (= *moto*) chopper

choquant, e /ʃɔkɑ̃, ɑ̃t/ SYN ADJ (= *qui heurte le goût*) shocking, appalling; (= *injuste*) outrageous, scandalous; (= *indécent*) shocking, offensive

choquer /ʃɔke/ SYN ▸ conjug 1 ◂
VT 1 (= *scandaliser*) to shock; (*plus fort*) to appal; (= *blesser*) to offend, to shock ✦ **ça m'a choqué de le voir dans cet état** I was shocked ou appalled to see him in that state ✦ **ce roman risque de choquer** some people may find this novel offensive ou shocking ✦ **j'ai été vraiment choqué par son indifférence** I was really shocked ou appalled by his indifference ✦ **ne vous choquez pas de ma question** don't be shocked ou by my question ✦ **il a été très choqué de ne pas être invité** he was most offended at not being invited ✦ **cette scène m'a beaucoup choqué** I was deeply shocked by that scene
2 (= *aller à l'encontre de*) [+ *délicatesse, pudeur, goût*] to offend (against); [+ *raison*] to offend against, to go against; [+ *vue*] to offend; [+ *oreilles*] [*son, musique*] to jar on, to offend; [*propos*] to shock, to offend ✦ **cette question a choqué sa susceptibilité** the question offended his sensibilities
3 (= *commotionner*) [*chute*] to shake (up); [*accident*] to shake (up), to shock; [*deuil, maladie*] to shake ✦ **être choqué** (*Méd*) to be in shock ✦ **il sortit du véhicule, durement choqué** he climbed out of the vehicle badly shaken ou shocked ✦ **la mort de sa mère l'a beaucoup choqué** the death of his mother has shaken him badly
4 (= *heurter*) (*gén*) to knock (against); [+ *verres*] to clink ✦ **choquant son verre contre le mien** clinking his glass against mine
5 [+ *cordage, écoute*] to slacken

VPR **se choquer** (= *s'offusquer*) to be shocked ✦ **il se choque facilement** he's easily shocked

choral, e (mpl **chorals**) /kɔʀal/
ADJ choral
NM choral(e)
NF **chorale** SYN choral society, choir

chorée /kɔʀe/ NF (*Méd*) ✦ **chorée (de Huntington)** Huntington's chorea

chorégraphe /kɔʀegʀaf/ NMF choreographer

chorégraphie /kɔʀegʀafi/ NF choreography

chorégraphier /kɔʀegʀafje/ ▸ conjug 7 ◂ VT (*lit, fig*) to choreograph

chorégraphique /kɔʀegʀafik/ ADJ choreographic

choréique /kɔʀeik/ ADJ choreal, choreic

choreute /kɔʀøt/ NM chorist (*in ancient Greece*)

chorion /kɔʀjɔ̃/ NM (*Bio*) chorion

choriste /kɔʀist/ NMF [*d'église*] choir member, chorister; [*d'opéra, théâtre antique*] member of the chorus ✦ **les choristes** the choir, the chorus

chorizo /ʃɔʀizo/ NM chorizo

choroïde /kɔʀɔid/ ADJ, NF choroid

choroïdien, -ienne /kɔʀɔidjɛ̃, jɛn/ ADJ chor(i)oid

chorus /kɔʀys/ NM ✦ **faire chorus** to chorus ou voice one's agreement ou approval ✦ **faire chorus avec qn** to voice one's agreement with sb ✦ **ils ont fait chorus avec lui pour condamner ces mesures** they joined with him in voicing their condemnation of the measures

chose /ʃoz/
NF 1 (= *truc*) thing ✦ **je viens de penser à une chose** I've just thought of something ✦ **il a un tas de choses à faire à Paris** he has a lot of things ou lots to do in Paris ✦ **il n'y a pas une seule chose de vraie là-dedans** there isn't a (single) word of truth in it ✦ **critiquer est une chose, faire le travail en est une autre** criticizing is one thing, doing the work is another ✦ **ce n'est pas chose facile ou aisée de...** it's not an easy thing to... ✦ **chose étrange ou curieuse, il a accepté** strangely ou curiously enough, he accepted, the strange ou curious thing is (that) he accepted ✦ **c'est une chose admise que...** it's an accepted fact that...
2 (= *événements, activités*) ✦ **les choses** things ✦ **les choses se sont passées ainsi** it (all) happened like this ✦ **les choses vont mal** things are going badly ✦ **dans l'état actuel des choses, au point où en sont les choses** as things ou matters stand (at present), the way things are at the moment ✦ **ce sont des choses qui arrivent** it's just one of those things, these things happen ✦ **regarder les choses en face** to face up to things ✦ **prendre les choses à cœur** to take things to heart ✦ **mettons les choses au point** let's get things clear ou straight ✦ **en mettant les choses au mieux/au pire** at best/worst ✦ **parler de chose(s) et d'autre(s)** to talk about this and that ✦ **elle a fait de grandes choses** she has done great things; → **force, ordre**¹
3 (= *ce dont il s'agit*) ✦ **la chose est d'importance** it's no trivial matter, it's a matter of some importance ✦ **la chose dont j'ai peur, c'est que...** what ou the thing I'm afraid of is that... ✦ **il va vous expliquer la chose** he'll tell you all about it ou what it's all about ✦ **la chose en question** the matter in hand ✦ **la chose dont je parle** the thing I'm talking about ✦ **il a très bien pris la chose** he took it all very well ✦ **c'est la chose à ne pas faire** that's the one thing ou the very thing not to do
4 (= *réalités matérielles*) ✦ **les choses** things ✦ **les choses de ce monde** the things of this world ✦ **quand ils reçoivent, ils font bien les choses** when they have guests they really do things properly ✦ **elle ne fait pas les choses à demi** ou **à moitié** she doesn't do things by halves
5 (= *mot*) thing ✦ **j'ai plusieurs choses à vous dire** I've got several things to tell you ✦ **vous lui direz bien des choses de ma part** give him my regards
6 (= *objet*) thing ✦ **ils vendent de jolies choses** they sell some nice things
7 (= *personne, animal*) thing ✦ **pauvre chose !** poor thing! ✦ **c'est une petite chose si fragile encore** he (ou she) is still such a delicate little thing ✦ **être la chose de qn** to be sb's plaything
8 ✦ **la chose jugée** (*Jur*) the res judicata, the final decision ✦ **la chose publique** (*Pol*) the state ou nation ✦ **la chose imprimée** († *ou hum*) the printed word
9 (*locutions*) ✦ **c'est chose faite** it's done ✦ **voilà une bonne chose de faite** that's one thing out of the way ✦ **c'est bien peu de chose** it's nothing really ✦ **(très) peu de chose** nothing much, very little ✦ **avant toute chose** above all (else) ✦ **toutes choses égales** all (other) things being equal, all things considered ✦ **de deux choses l'une : soit..., soit...** there are two possibilities: either..., or... ✦ **chose promise, chose due** (*Prov*) promises are made to be kept; → **porté**

NM * 1 (= *truc, machin*) thing, thingumajig* ✦ **qu'est-ce que c'est que ce chose ?** what's this thing here?, what's this thingumajig?*
2 (= *personne*) what's-his-name*, thingumajig* ✦ **j'ai vu le petit chose** I saw young what's-his-name * ✦ **Monsieur Chose** Mr what's-his-name * ✦ **eh ! Chose** hey, you!

ADJ INV ✦ ✦ **être/se sentir tout chose** (*bizarre*) to be/feel not quite oneself, to feel a bit peculiar; (*malade*) to be/feel out of sorts ou under the weather ✦ **ça l'a rendu tout chose d'apprendre cette nouvelle** it made him go all funny when he heard the news

chosifier /ʃozifje/ ▸ conjug 7 ◂ VT to reify

chou¹ (pl **choux**) /ʃu/
NM 1 (= *plante*) cabbage
2 (= *ruban*) rosette
3 (= *gâteau*) choux bun; → **pâte**
4 (* = *tête*) ✦ **il n'a rien dans le chou** he's got nothing up top* ✦ **elle en a dans le chou** she's really brainy*
5 (* *locutions*) ✦ **être dans les choux** [*projet*] to be up the spout* (*Brit*), to be a write-off; (*Sport*) to be right out of the running; [*candidat*] to have had it ✦ **faire chou blanc** to draw a blank ✦ **le gouvernement va faire ses choux gras de la situation** the government will cash in on ou capitalize on the situation ✦ **ils vont faire leurs choux gras de ces vieux vêtements** they'll be only too glad to make use of these old clothes; → **bout**

COMP **chou de Bruxelles** Brussels sprout ✦ **chou cabus** white cabbage ✦ **chou chinois** Chinese cabbage ✦ **chou chou** chayote ✦ **chou à la crème** cream-puff ✦ **chou frisé** kale ✦ **chou palmiste** cabbage tree ✦ **chou rouge** red cabbage ✦ **chou vert** green cabbage

chou², **-te** * (mpl **choux**) /ʃu, ʃut, ʃu/
NM,F (= *amour*) darling ✦ **c'est un chou** he's a darling ou a dear ✦ **oui ma choute** yes, darling ou honey (*US*) ou poppet* (*Brit*)

ADJ INV (= *ravissant*) delightful, cute* (*surtout US*) ✦ **ce qu'elle est chou** ou **c'est d'un chou, cette robe !** what a lovely ou cute* little dress! ✦ **ce qu'elle est chou dans ce manteau !** doesn't she look just adorable in that coat?

chouan /ʃwɑ̃/ NM *18th century French counter-revolutionary in the Vendée*

Chouannerie /ʃwan(ə)ʀi/ NF *18th century French counter-revolutionary movement in the Vendée*

choucas /ʃuka/ NM jackdaw

chouchou, -te /ʃuʃu, ut/
NM,F (* = *favori*) darling, blue-eyed boy (ou girl) ✦ **le chouchou du prof** the teacher's pet * ✦ **c'est le chouchou du chef** he's the boss's blue-eyed boy
NM (= *élastique*) scrunchy

chouchoutage* /ʃuʃutaʒ/ NM (= *favoritisme*) pampering

chouchouter* /ʃuʃute/ ▸ conjug 1 ◂ VT to pamper, to coddle

choucroute /ʃukʀut/ NF 1 (*Culin*) sauerkraut ✦ **choucroute garnie** sauerkraut with meat ✦ **ça n'a rien à voir avec la choucroute*** it has nothing to do with anything *
2 (* = *coiffure*) beehive (*hairstyle*)

chouette¹ * /ʃwɛt/
ADJ 1 (= *beau*) [*objet, personne*] great *
2 (= *gentil*) nice; (= *sympathique*) great * ✦ **sois chouette, prête-moi 25 €** be a dear ou an angel * and lend me €25
EXCL ✦ **chouette (alors)** ! great!*

chouette² /ʃwɛt/ NF (= *oiseau*) owl ✦ **chouette chevêche** little owl ✦ **chouette effraie** barn owl, screech owl ✦ **chouette hulotte** tawny owl ✦ **quelle vieille chouette !** (*péj*) silly old bag!*

chou-fleur (pl **choux-fleurs**) /ʃuflœʀ/ NM cauliflower ✦ **oreilles en chou-fleur** cauliflower ears ✦ **nez en chou-fleur** swollen nose

chouïa* /ʃuja/ NM [*de sucre, bonne volonté, impatience, place*] smidgin ✦ **c'est pas chouïa** that's not much ✦ **un chouïa trop grand/petit** (just) a shade too big/small ✦ **il manque un chouïa pour que tu puisses te garer** there's not quite enough room for you to park

chouiner* /ʃwine/ ▸ conjug 1 ◂ VI (= *pleurer*) to whine

chouleur /ʃulœʀ/ NM power shovel

chou-navet (pl **choux-navets**) /ʃunavɛ/ NM swede (*Brit*), rutabaga (*US*)

choupette /ʃupɛt/ NF [*de cheveux*] top-knot ✦ **ça va choupette ?** * are you alright, sweetie?*

chouquette /ʃukɛt/ NF ball of choux pastry sprinkled with sugar

chou-rave (pl **choux-raves**) /ʃuʀav/ NM kohlrabi

chouraver* /ʃuʀave/ ▸ conjug 1 ◂ VT ⇒ **chourer**

choure* /ʃuʀ/ NF (= *vol*) theft

chourer* /ʃuʀe/ ▸ conjug 1 ◂ VT to pinch*, to swipe*, to nick* (*Brit*)

chow-chow (pl **chows-chows**) /ʃoʃo/ NM chow (*dog*)

choyer /ʃwaje/ SYN ▸ conjug 8 ◂ VT (*frm = dorloter*) to cherish; (*avec excès*) to pamper; [+ *idée*] to cherish

CHR /seaʃɛʀ/ NM (*abrév* **centre hospitalier régional**) → **centre**

chrême /kʀɛm/ NM chrism, holy oil

chrestomathie /kʀɛstɔmati/ NF chrestomathy

chrétien, -ienne /kʀetjɛ̃, jɛn/ ADJ, NM,F Christian

chrétien-démocrate, chrétienne-démocrate (mpl **chrétiens-démocrates**) /kʀetjɛ̃demɔkʀat, kʀetjɛndemɔkʀat/ ADJ, NM,F Christian Democrat

chrétiennement /kʀetjɛnmɑ̃/ ADV [*agir*] in a Christian way; [*mourir, élever un enfant*] as a Christian ✦ **être enseveli chrétiennement** to have a Christian burial

chrétienté /kʀetjɛ̃te/ NF Christendom

chrisme /kʀism/ NM (*Rel*) chi-rho, chrismon

christ /kʀist/ NM 1 ✦ **le Christ** Christ
2 (*Art*) crucifix, Christ (*on the cross*) ✦ **peindre un christ** to paint a figure of Christ

christiania /kʀistjanja/ NM (*Ski*) (parallel) christie, christiania

christianisation /kʀistjanizasjɔ̃/ NF conversion to Christianity

christianiser /kʀistjanize/ ▸ conjug 1 ◂ VT to convert to Christianity

christianisme /kʀistjanism/ NM Christianity

christique /kʀistik/ ADJ Christlike ◆ **la parole christique** the words of Christ

Christmas /kʀistmas/ N ◆ **île Christmas** Christmas Island

Christologie /kʀistɔlɔʒi/ NF Christology

chromage /kʀɔmaʒ/ NM chromium-plating

chromate /kʀɔmat/ NM chromate

chromatide /kʀɔmatid/ NF chromatid

chromatine /kʀɔmatin/ NF chromatin

chromatique /kʀɔmatik/ ADJ ① (Mus, Peinture, Opt) chromatic ② (Bio) chromosomal

chromatisme /kʀɔmatism/ NM (Mus) chromaticism; (Opt) (= aberration) chromatic aberration; (= coloration) colourings (Brit), colorings (US)

chromatogramme /kʀɔmatɔgʀam/ NM chromatogram

chromatographie /kʀɔmatɔgʀafi/ NF chromatography

chromatopsie /kʀɔmatɔpsi/ NF (Physiol) colour vision; (Méd) chromatopsy

chrome /kʀom/ NM (Chim) chromium ◆ **jaune/ vert de chrome** (Peinture) chrome yellow/ green ◆ **faire les chromes*** (d'une voiture, d'une moto) to polish the chrome

chromé, e /kʀome/ (ptp de **chromer**) ADJ [métal, objet] chrome (épith), chromium-plated

chromer /kʀome/ ► conjug 1 ◄ VT to chromium-plate

chrominance /kʀominɑ̃s/ NF (TV) chrominance

chromique /kʀɔmik/ ADJ chromic

chromiste /kʀɔmist/ NMF colourist

chromite /kʀɔmit/ NF chromite

chromo /kʀomo/ NM chromo

chromogène /kʀomoʒɛn/ ADJ chromogenic

chromolithographie /kʀomolitɔgʀafi/ NF (= procédé) chromolithography; (= image) chromolithograph

chromoprotéine /kʀomopʀotein/ NF chromoprotein

chromosome /kʀomozom/ NM chromosome ◆ **chromosome X/Y** X/Y chromosome

chromosomique /kʀomozomik/ ADJ [anomalie] chromosomal; [analyse] chromosome (épith), chromosomal

chromosphère /kʀomosfɛʀ/ NF chromosphere

chronaxie /kʀonaksi/ NF chronaxy, chronaxie

chronicité /kʀonisite/ NF chronicity

chronique /kʀonik/ SYN
 ADJ chronic
 NF (Littérat) chronicle; (Presse) column, page ◆ **chronique financière** financial column ou page ou news ◆ **chronique locale** local news and gossip ◆ **chronique mondaine** society news ◆ **chronique familiale** family saga ◆ **c'est la chronique d'une catastrophe annoncée** it's the story of an inevitable disaster ◆ **le livre des Chroniques** (Bible) the Book of Chronicles → **défrayer**

chroniquement /kʀonikmɑ̃/ ADV chronically

chroniqueur, -euse /kʀonikœʀ, øz/ NM,F (Littérat) chronicler; (Presse, gén) columnist ◆ **chroniqueur parlementaire/sportif** parliamentary/sports editor

chrono* /kʀono/ NM (abrév de **chronomètre**) stopwatch ◆ **faire du 80 (km/h) chrono** ou **au chrono** to be timed ou clocked at 80 ◆ **faire un bon chrono** (temps chronométré) to do a good time

chronobiologie /kʀonobjolɔʒi/ NF chronobiology

chronographe /kʀonogʀaf/ NM chronograph

chronologie /kʀonolɔʒi/ NF chronology

chronologique /kʀonolɔʒik/ ADJ chronological

chronologiquement /kʀonolɔʒikmɑ̃/ ADV chronologically

chronométrage /kʀonometʀaʒ/ NM (Sport) timing

chronomètre /kʀonometʀ/ NM (= montre de précision) chronometer; (Sport) stopwatch ◆ **chronomètre de marine** marine ou box chronometer

chronométrer /kʀonometʀe/ ► conjug 6 ◄ VT to time

chronométreur, -euse /kʀonometʀœʀ, øz/ NM,F (Sport) timekeeper

chronométrie /kʀonometʀi/ NF (= science) chronometry; (= fabrication) chronometer manufacturing

chronométrique /kʀonometʀik/ ADJ chronometric

chronophage /kʀonofaʒ/ ADJ time-consuming

chronophotographie /kʀonofotogʀafi/ NF time-lapse photography

chrysalide /kʀizalid/ NF chrysalis ◆ **sortir de sa chrysalide** (fig) to blossom, to come out of one's shell

chrysanthème /kʀizɑ̃tɛm/ NM chrysanthemum

chryséléphantin, e /kʀizelefɑ̃tɛ̃, in/ ADJ chryselephantine

chrysobéryl /kʀizobeʀil/ NM chrysoberyl

chrysocale /kʀizokal/ NM pinchbeck

chrysolithe /kʀizolit/ NF chrysolite, olivine

chrysomèle /kʀizomɛl/ NF leaf beetle

chrysope /kʀizop/ NF green lacewing

chrysoprase /kʀizopʀaz/ NF chrysoprase

CHS /seaʃɛs/ NM (abrév de **centre hospitalier spécialisé**) → **centre**

chtarbé, e* /ʃtaʀbe/ ADJ crazy

chtimi, ch'timi* /ʃtimi/
 ADJ of ou from northern France
 NM (= dialecte) dialect spoken in northern France
 NMF native ou inhabitant of northern France

chtonien, -ienne /ktɔnjɛ̃, jɛn/ ADJ chtonian, chthonic

chtouille* /ʃtuj/ NF (= blennorragie) clap*; (= syphilis) pox*

CHU /seaʃy/ NM (abrév de **centre hospitalier universitaire**) → **centre**

chu /ʃy/ ptp de **choir**

chuchotement /ʃyʃɔtmɑ̃/ SYN NM [de personne, vent, feuilles] whisper, whispering (NonC); [de ruisseau] murmur

chuchoter /ʃyʃɔte/ SYN ► conjug 1 ◄ VTI [personne, vent, feuilles] to whisper; [ruisseau] to murmur ◆ **chuchoter qch à l'oreille de qn** to whisper sth in sb's ear

chuchoterie /ʃyʃɔtʀi/ NF whisper ◆ **chuchoteries** whisperings

chuchoteur, -euse /ʃyʃɔtœʀ, øz/
 ADJ whispering
 NM,F whisperer

chuchotis /ʃyʃɔti/ NM ⇒ **chuchotement**

chuintant, e /ʃɥɛ̃tɑ̃, ɑ̃t/ ADJ, NF (Ling) ◆ **(consonne) chuintante** palato-alveolar fricative, hushing sound

chuintement /ʃɥɛ̃tmɑ̃/ NM (Ling) pronunciation of s sound as sh; (= bruit) soft ou gentle hiss

chuinter /ʃɥɛ̃te/ ► conjug 1 ◄ VI ① (Ling) to pronounce s as sh ② [chouette] to hoot, to screech ③ (= siffler) to hiss softly ou gently

chut /ʃyt/ EXCL sh!, shush!

chute /ʃyt/ SYN NF ① [de pierre] fall; (Théât) [de rideau] fall ◆ **faire une chute** [de personne] to (have a) fall; [de chose] to fall ◆ **faire une chute de 3 mètres/mortelle** to fall 3 metres/to one's death ◆ **faire une chute de cheval/de vélo** to fall off ou come off a horse/bicycle ◆ **faire une mauvaise chute** to have a bad fall ◆ **loi de la chute des corps** law of gravity ◆ **chute libre** (en parachutisme) free fall ◆ **être en chute libre** [économie, ventes] to plummet, to take a nose dive ◆ **de fortes chutes de pluie/neige** heavy falls of rain/snow, heavy rainfall/snowfalls ◆ « **attention, chute de pierres** » "danger, falling rocks"; → **point**[1]
 ② [de cheveux] loss; [de feuilles] fall(ing) ◆ **lotion contre la chute des cheveux** hair restorer
 ③ (= ruine) [d'empire] fall, collapse; [de commerce] collapse; [de roi, ministère] (down)fall; [de ville] fall; [de monnaie, cours] fall, drop (de in); [de pièce, auteur] failure ◆ **la chute** (Rel) the Fall ◆ **la chute du mur de Berlin** the fall of the Berlin Wall ◆ **il a entraîné le régime dans sa chute** he dragged the régime down with him (in his fall) ◆ **plus dure sera la chute** the harder they fall ◆ « **La Chute de la Maison Usher** » (Littérat) "The Fall of the House of Usher"
 ④ ◆ **chute d'eau** waterfall ◆ **les chutes du Niagara/Zambèze** the Niagara/Victoria Falls ◆ **barrage de basse/moyenne/haute chute** dam with a low/medium/high head
 ⑤ (= baisse) [de température, pression] drop, fall (de in); ⇒ **tension**
 ⑥ (= déchet) [de papier, tissu] offcut, scrap; [de bois] offcut
 ⑦ (= fin) [de toit] pitch, slope; [de vers] cadence; [d'histoire drôle] punch line ◆ **la chute des reins** the small of the back ◆ **chute du jour** nightfall
 ⑧ (Cartes) ◆ **faire 3 (plis) de chute** to be 3 (tricks) down

chuter /ʃyte/ SYN ► conjug 1 ◄ VI ① (= tomber) [personne] to fall, to fall flat on one's face, to come a cropper* (Brit); [prix, bourse] to fall, to drop ◆ **faire chuter qn** (lit, fig) to bring sb down ② (= échouer) to fail, to come a cropper* (Brit) ◆ **chuter de deux (levées)** (Cartes) to go down two

chva /ʃva/ NM schwa

chyle /ʃil/ NM (Physiol) chyle

chylifère /ʃilifɛʀ/
 ADJ chyliferous
 NM chyliferous vessel

chyme /ʃim/ NM (Physiol) chyme

Chypre /ʃipʀ/ NF Cyprus ◆ **à Chypre** in Cyprus

chypriote /ʃipʀijɔt/
 ADJ Cypriot
 NMF **Chypriote** Cypriot

ci /si/ ADV ① (dans l'espace) ◆ **celui-ci, celle-ci** this one ◆ **ceux-ci** these (ones) ◆ **ce livre-ci** this book ◆ **cette table-ci** this table ◆ **cet enfant-ci** this child ◆ **ces livres-/tables-ci** these books/tables
 ② (dans le temps) ◆ **à cette heure-ci** (= à une heure déterminée) at this time; (= à une heure indue) at this hour of the day, at this time of night; (= à l'heure actuelle) by now, at this moment ◆ **ces jours-ci** (avenir) in the next few days; (passé) these past few days, in the last few days; (présent) these days ◆ **ce dimanche-ci/cet après-midi-ci je ne suis pas libre** I'm not free this Sunday/this afternoon ◆ **non, je pars cette nuit-ci** no, I'm leaving tonight
 ③ ◆ **de ci de là** here and there; → **comme, par-ci par-là**

CIA /seia/ NF (abrév de **Central Intelligence Agency**) CIA

ci-après /siapʀɛ/ ADV (gén) below; (Jur) hereinafter

cibiche* /sibiʃ/ NF (= cigarette) ciggy*, fag* (Brit)

cibiste /sibist/ NMF CB user, CBer (US)

ciblage /siblaʒ/ NM targeting ◆ **ciblage des prix** target pricing

cible /sibl/ SYN NF target ◆ **cible mouvante** moving target ◆ **être la cible de, servir de cible à** to be a target for, to be the target of ◆ **prendre qch pour cible** to take sth as one's target; → **langue**

cibler /sible/ SYN ► conjug 1 ◄ VT [+ catégorie d'acheteurs] to target ◆ **produit mal ciblé** product not targeted at the right market ◆ **campagne électorale bien ciblée** well-targeted election campaign

ciboire /sibwaʀ/ NM (Rel) ciborium (vessel)

ciboule /sibul/ NF spring onion

ciboulette /sibulɛt/ NF (smaller) chive; (employée en cuisine) chives

ciboulot* /sibulo/ NM (= tête) head, nut*; (= cerveau) brain ◆ **il s'est mis dans le ciboulot de…** he got it into his head ou nut* to… ◆ **il n'a rien dans le ciboulot** he's got nothing up top*

cicatrice /sikatʀis/ SYN NF (lit, fig) scar

cicatriciel, -ielle /sikatʀisjɛl/ ADJ cicatricial (SPÉC), scar (épith); → **tissu**

cicatricule /sikatʀikyl/ NF (Bio) cicatricle

cicatrisant, e /sikatʀizɑ̃, ɑ̃t/
 ADJ healing
 NM healing substance

cicatrisation /sikatʀizasjɔ̃/ NF [d'égratignure] healing; [de plaie profonde] closing up, healing

cicatriser /sikatʀize/ ► conjug 1 ◄
 VT (lit, fig) to heal (over) ◆ **sa jambe est cicatrisée** his leg has healed
 VI [plaie] to heal (up), to form a scar; [personne] to heal (up) ◆ **je cicatrise mal** I don't heal very easily
 VPR **se cicatriser** to heal (up), to form a scar

cicéro /siseʀo/ NM (Typographie) cicero

Cicéron /siseʀɔ̃/ NM Cicero

cicérone /siseʀon/ NM (hum) guide, cicerone ◆ **faire le cicérone** to act as a guide ou cicerone

cichlidé /siklide/ NM (Zool) cichlid ◆ **les cichlidés** cichlids, Cichlidae (SPÉC)

ciclosporine /siklɔspɔʀin/ NF cyclosporin-A

ci-contre /sikɔtʀ/ ADV opposite

CICR /seiseɛʀ/ NM (abrév de **Comité international de la Croix-Rouge**) → **comité**

ci-dessous /sidəsu/ ADV below

ci-dessus /sidəsy/ ADV above

ci-devant /sidəvɑ̃/
  ADV (†† ou hum) formerly ◆ **mes ci-devant collègues** my erstwhile ou former colleagues
  NMF (Hist) ci-devant (aristocrat who lost his title in the French Revolution)

CIDEX /sidɛks/ NM (abrév de **courrier individuel à distribution exceptionnelle**) special post office sorting service for individual clients

CIDJ /seideʒi/ NM (abrév de **centre d'information et de documentation de la jeunesse**) → **centre**

cidre /sidʀ/ NM cider ◆ **cidre bouché** fine bottled cider ◆ **cidre doux** sweet cider

cidrerie /sidʀəʀi/ NF (= industrie) cider-making; (= usine) cider factory

cidrier /sidʀije/ NM cider producer

Cie (abrév de **compagnie**) Co

ciel /sjɛl/ SYN
  NM [1] (pl littér **cieux**) (= espace) sky, heavens (littér) ◆ **les bras tendus vers le ciel** with his arms stretched out heavenwards ou skywards ◆ **les yeux tournés vers le ciel** eyes turned heavenwards ou skywards, gazing heavenwards ou skywards ◆ **haut dans le ciel** ou **dans les cieux** (littér) high (up) in the sky, high in the heavens ◆ **suspendu entre ciel et terre** [personne, objet] suspended in mid-air; [village] suspended between sky and earth ◆ **tomber du ciel** (fig) to be a godsend, to be heaven-sent ◆ **le ciel s'éclaircit** (fig) things are looking up ◆ **ça a été un coin de ciel bleu dans sa vie** it was a happy time in his life ◆ **sous un ciel plus clément, sous des cieux plus cléments** (littér : climat) beneath more clement skies ou a more clement sky; (hum : endroit moins dangereux) in healthier climes ◆ **sous d'autres cieux** in other climes ◆ **sous le ciel de Paris/de Provence** beneath the Parisian/Provençal sky ◆ **le ciel ne va pas te tomber sur la tête !** the sky isn't going to fall (in)!, it's not the end of the world!
  ◆ **à ciel ouvert** [égout] open; [piscine, théâtre, musée] open-air; [mine] opencast (Brit), open cut (US)
  [2] (pl **ciels**) (Peinture = paysage) sky ◆ **les ciels de Grèce** the skies of Greece ◆ **les ciels de Turner** Turner's skies
  [3] (pl **cieux**) (Rel) heaven ◆ **il est au ciel** he is in heaven ◆ **le royaume des cieux** the kingdom of heaven ◆ **notre Père qui es aux cieux** our Father who ou which art in heaven
  [4] (= providence) heaven ◆ **le ciel a écouté leurs prières** heaven heard their prayers ◆ **(juste) ciel !** good heavens! ◆ **le ciel m'est témoin que...** heaven knows that... ◆ **le ciel soit loué !** thank heavens! ◆ **c'est le ciel qui vous envoie !** you're heaven-sent!
  COMP **ciel de carrière** quarry ceiling ◆ **ciel de lit** canopy, tester

cierge /sjɛʀʒ/ SYN NM (= bougie) candle; → **brûler**

cieux /sjø/ pl de **ciel**

CIF /seif/ (abrév de **cost, insurance, freight**) CIF

cigale /sigal/ NF cicada

cigare /sigaʀ/ NM (lit) cigar; (* = tête) head, nut * ◆ **cigare (des mers)*** (= bateau) powerboat

cigarette /sigaʀɛt/ SYN NF [1] (à fumer) cigarette ◆ **cigarette (à) bout filtre** filter tip, filter(-)tipped cigarette ◆ **la cigarette du condamné** the condemned man's last smoke ou cigarette ◆ **cigarette russe** (= biscuit) rolled sweet biscuit often served with ice cream
  [2] (* = bateau) Cigarette ®, cigarette boat

cigarettier /sigaʀetje/ NM cigarette manufacturer, tobacco producer

cigarière /sigaʀjɛʀ/ NF cigar-maker

cigarillo /sigaʀijo/ NM cigarillo

ci-gît /siʒi/ ADV here lies

cigogne /sigɔɲ/ NF [1] (= oiseau) stork
  [2] (= levier) crank brace

cigogneau (pl **cigogneaux**) /sigɔɲo/ NM young stork

ciguë /sigy/ NF (= plante, poison) hemlock ◆ **grande ciguë** giant hemlock

ci-inclus, e /siɛ̃kly, yz/
  ADJ ◆ **l'enveloppe ci-incluse** the enclosed envelope
  ADV enclosed ◆ **ci-inclus une enveloppe** envelope enclosed

ci-joint, e (mpl **ci-joints**) /siʒwɛ̃, ɛ̃t/ GRAMMAIRE ACTIVE 19.3, 20.1
  ADJ enclosed ◆ **les papiers ci-joints** the enclosed papers
  ADV enclosed ◆ **vous trouverez ci-joint...** you will find enclosed..., please find enclosed...

cil /sil/ NM (Anat) eyelash ◆ **cils vibratiles** (Bio) cilia

ciliaire /siljɛʀ/ ADJ (Anat) ciliary

cilice /silis/ NM hair shirt

cilié, e /silje/
  ADJ ciliate(d)
  NMPL **les ciliés** ciliates, the Ciliata (SPÉC)

cillement /sijmɑ̃/ NM blinking

ciller /sije/ ▸ conjug 1 ◂ VI ◆ **ciller (des yeux)** to blink (one's eyes) ◆ **il n'a pas cillé** (fig) he didn't bat an eyelid

cimaise /simɛz/ NF (Peinture) picture rail, picture moulding (Brit) ou molding (US); (Archit) cyma ◆ **sur les cimaises** (fig = dans un musée d'art) in a gallery; → **honneur**

cime /sim/ SYN NF [de montagne] summit; (= pic) peak; [d'arbre] top; (fig) [de gloire] peak, height

ciment /simɑ̃/ NM cement ◆ **ciment armé** reinforced concrete ◆ **ciment prompt** ou **(à prise) rapide** quick-setting cement ◆ **ciment colle** glue cement

cimentation /simɑ̃tasjɔ̃/ NF cementing

cimenter /simɑ̃te/ SYN ▸ conjug 1 ◂ VT [1] (Constr) [+ sol] to cement, to cover with concrete; [+ bassin] to cement, to line with cement; [+ piton, anneau, pierres] to cement
  [2] (fig) [+ amitié, accord, paix] to cement ◆ **l'amour qui cimente leur union** the love which binds them together

cimenterie /simɑ̃tʀi/ NF cement works

cimentier, -ière /simɑ̃tje, jɛʀ/
  ADJ cement (épith)
  NM cement manufacturer

cimeterre /simtɛʀ/ NM scimitar

cimetière /simtjɛʀ/ SYN NM [de ville] cemetery; [d'église] graveyard, churchyard ◆ **cimetière des chiens** pet cemetery ◆ **cimetière de voitures** scrapyard ◆ **cimetière des éléphants** elephant's graveyard ◆ **aller au cimetière** to visit the cemetery

cimier /simje/ NM [de casque] crest; [d'arbre de Noël] decorative bauble for the top of the Christmas tree

cinabre /sinabʀ/ NM cinnabar

cinchonine /sɛ̃kɔnin/ NF cinchonine

ciné /sine/ NM * (abrév de **cinéma**) (= art, procédé) cinema; (= salle) cinema, movie theater (US) ◆ **aller au ciné** to go to the cinema ou the movies (US)

cinéaste /sineast/ NMF (gén) film-maker, moviemaker (US); (= réalisateur connu) (film) director ◆ **cinéaste-auteur** auteur

ciné-club (pl **ciné-clubs**) /sineklœb/ NM film society ou club

cinéma /sinema/ SYN
  NM [1] (= procédé, art, industrie) cinema; (= salle) cinema, movie theater (US) ◆ **roman adapté pour le cinéma** novel adapted for the cinema ou the screen ◆ **faire du cinéma** to be a film ou movie (US) actor (ou actress) ◆ **de cinéma** [technicien, studio] film (épith); [projecteur, écran] cinema (épith) ◆ **acteur/vedette de cinéma** film ou movie (US) actor/star ◆ **être dans le cinéma** to be in the film ou movie (US) business ou in films ou movies (US) ◆ **le cinéma français/italien** French/Italian cinema ◆ **le cinéma de Carné** Carné films ◆ **aller au cinéma** to go to the cinema ou movies (US) ◆ **elle se fait du cinéma*** she's deluding herself
  [2] (* = simagrées) ◆ **c'est du cinéma** it's all put on *, it's all an act ◆ **arrête ton cinéma !** give it a rest! ◆ **faire tout un cinéma** to put on a great act *
  [3] (* = complication) fuss ◆ **c'est toujours le même cinéma** it's always the same old to-do * ou business ◆ **tu ne vas pas nous faire ton cinéma !** you're not going to make a fuss ou a great scene ou a song and dance * about it!
  COMP **cinéma d'animation** (= technique) animation; (= films) animated films ◆ **cinéma d'art et d'essai** avant-garde ou experimental films ou cinema; (= salle) art house ◆ **cinéma d'auteur** art-house cinema ou films ◆ **cinéma muet** silent films ou movies (US) ◆ **cinéma parlant** talking films ou pictures, talkies ◆ **cinéma permanent** continuous performance ◆ **cinéma de plein air** open-air cinema ◆ **cinéma à salles multiples** multiplex cinema

Cinémascope ® /sinemaskɔp/ NM Cinemascope ®

cinémathèque /sinematɛk/ NF film archive ou library; (= salle) film theatre (Brit), movie theater (US)

cinématique /sinematik/ NF kinematics (sg)

cinématographe /sinematɔgʀaf/ NM cinematograph

cinématographie /sinematɔgʀafi/ NF film-making, movie-making (US), cinematography

cinématographier /sinematɔgʀafje/ ▸ conjug 7 ◂ VT to film

cinématographique /sinematɔgʀafik/ ADJ film (épith), cinema (épith)

cinéma-vérité /sinemaveʀite/ NM INV cinéma-vérité, ciné vérité

ciné-parc, cinéparc (pl **ciné(-)parcs**) /sinepaʀk/ NM (Can) drive-in (cinema)

cinéphile /sinefil/
  ADJ [public] cinema-going (épith)
  NMF film ou cinema enthusiast, film buff*, movie buff* (US)

cinéraire /sineʀɛʀ/
  ADJ [vase] cinerary
  NF (= plante) cineraria

Cinérama ® /sineʀama/ NM Cinerama ®

cinérite /sineʀit/ NF tuff deposit

ciné-roman (pl **ciné-romans**) /sineʀɔmɑ̃/ NM film story

cinéthéodolite /sineteɔdɔlit/ NM kinetheodolite

cinétique /sinetik/
  ADJ kinetic
  NF kinetics (sg)

cing(h)alais, e /sɛ̃galɛ, ɛz/
  ADJ Sin(g)halese
  NM (= langue) Sin(g)halese
  NM,F **Cing(h)alais(e)** Sin(g)halese

cinglant, e /sɛ̃glɑ̃, ɑ̃t/ SYN ADJ [vent] biting, bitter; [pluie] lashing, driving; [propos, ironie, humour] biting, scathing; [échec] bitter

cinglé, e* /sɛ̃gle/ (ptp de **cingler**)
  ADJ screwy *, cracked *
  NM,F crackpot *, nut *

cingler /sɛ̃gle/ SYN ▸ conjug 1 ◂
  VT [personne] to lash; [vent, branche] to sting, to whip (against); [pluie] to lash (against); (fig) to lash, to sting ◆ **il cingla l'air de son fouet** he lashed the air with his whip
  VI (Naut) ◆ **cingler vers** to make for

cinnamome /sinamɔm/ NM cinnamon

cinoche* /sinɔʃ/ NM [1] (= salle) cinema, movie theater (US) ◆ **aller au cinoche** to go to the cinema ou movies (US)
  [2] (* = simagrées) ◆ **arrête de faire du cinoche !** stop making such a fuss!

cinoque*, ‡ /sinɔk/ ADJ ⇒ **sinoque**

cinq /sɛ̃k/ ADJ INV, NM INV five ◆ **dire les cinq lettres** ou **le mot de cinq lettres** to use a rude word ou a four-letter word ◆ **je lui ai dit les cinq lettres** I told him where to go * ◆ **en cinq sec** * in a flash ◆ **cinq à sept** (= rendez-vous) afternoon tryst; → **recevoir**; pour autres loc voir **six**

cinq-dix-quinze †,* /sɛ̃disdiskɛ̃z/ NM (Can) cheap store, dime store (US, Can), five-and-ten (US, Can)

cinquantaine /sɛ̃kɑ̃tɛn/ NF (= âge, nombre) about fifty

cinquante /sɛ̃kɑ̃t/ ADJ INV, NM INV fifty ; pour loc voir **six**

cinquantenaire /sɛ̃kɑ̃tnɛʀ/
  ADJ [arbre, objet] fifty-year-old (épith) ◆ **il est cinquantenaire** it (ou he) is fifty years old
  NM (= anniversaire) fiftieth anniversary, golden jubilee

cinquantième /sɛ̃kɑ̃tjɛm/ ADJ, NMF fiftieth ; pour loc voir **sixième**

cinquantièmement /sɛ̃kɑ̃tjɛmɑ̃/ ADV in the fiftieth place

cinquième /sɛ̃kjɛm/
[ADJ] fifth ◆ **la cinquième semaine (de congés payés)** the fifth week of paid holiday (Brit) ou vacation (US) ◆ **je suis la cinquième roue du carrosse*** I feel like a spare part* (Brit), I feel like a fifth wheel (US) ◆ **cinquième colonne** fifth column ; *pour autres loc voir* **sixième**
[NMF] fifth
[NF] ① (Scol) ≈ second form ou year (Brit), ≈ seventh grade (US)
② (= vitesse) fifth gear
③ (TV) ◆ **la Cinquième** French cultural TV channel broadcasting in the afternoon

cinquièmement /sɛ̃kjɛmɑ̃/ ADV in the fifth place

cintrage /sɛ̃tʀaʒ/ NM [de tôle, bois] bending

cintre /sɛ̃tʀ/ NM ① (Archit) arch; → **voûte**
② (= porte-manteau) coathanger
③ (Théât) ◆ **les cintres** the flies

cintré, e /sɛ̃tʀe/ (ptp de **cintrer**) ADJ ① [porte, fenêtre] arched; [galerie] vaulted, arched
② [veste] fitted ◆ **chemise cintrée** close-fitting ou slim-fitting shirt
③ (‰ = fou) nuts*, crackers*

cintrer /sɛ̃tʀe/ ▸ conjug 1 ◂ VT ① (Archit) [+ porte] to arch, to make into an arch; [+ galerie] to vault, to give a vaulted ou arched roof to
② [+ vêtement] to take in at the waist
③ [+ barre, rails, pièce en bois] to bend, to curve

CIO /seio/ NM ① (abrév de **centre d'information et d'orientation**) → **centre**
② (abrév de **Comité international olympique**) IOC

cipolin /sipɔlɛ̃/ NM cipolin

cippe /sip/ NM (small) stele, cippus

cirage /siʀaʒ/ NM ① (= produit) (shoe) polish
② (= action) [de chaussures] polishing; [de parquets] polishing, waxing
③ ◆ **être dans le cirage*** (après anesthésie) to be a bit groggy* ou whoozy*; (= être mal réveillé) to be a bit whoozy*; (arg) [de pilotes] to be flying blind ◆ **quand il est sorti du cirage*** when he came to ou round; → **noir**

circa /siʀka/ ADV circa

circadien, -ienne /siʀkadjɛ̃, jɛn/ ADJ circadian

circaète /siʀkaɛt/ NM short-toed eagle

circoncire /siʀkɔ̃siʀ/ ▸ conjug 37 ◂ VT to circumcise

circoncis /siʀkɔ̃si/ (ptp de **circoncire**) ADJ circumcised

circoncision /siʀkɔ̃sizjɔ̃/ NF circumcision

circonférence /siʀkɔ̃feʀɑ̃s/ SYN NF circumference

circonflexe /siʀkɔ̃flɛks/ ADJ ◆ **accent circonflexe** circumflex

circonlocution /siʀkɔ̃lɔkysjɔ̃/ NF circumlocution ◆ **employer des circonlocutions pour annoncer qch** to announce sth in a roundabout way

circonscription /siʀkɔ̃skʀipsjɔ̃/ NF (Admin, Mil) district, area ◆ **circonscription (électorale)** [de député] constituency (Brit), district (US)

circonscrire /siʀkɔ̃skʀiʀ/ SYN ▸ conjug 39 ◂ VT [+ feu, épidémie] to contain, to confine; [+ territoire] to mark out; [+ sujet] to define, to delimit ◆ **circonscrire un cercle/carré à** to draw a circle/square round ◆ **le débat s'est circonscrit à** ou **autour de cette seule question** the debate limited ou restricted itself to ou was centred round ou around that one question ◆ **les recherches sont circonscrites au village** the search is being limited ou confined to the village

circonspect, e /siʀkɔ̃spɛ(kt), ɛkt/ SYN ADJ [personne] circumspect, cautious; [silence, remarque] prudent, cautious ◆ **observer qch d'un œil circonspect** to look at sth cautiously

circonspection /siʀkɔ̃spɛksjɔ̃/ SYN NF caution, circumspection ◆ **faire preuve de circonspection** to be cautious

circonstance /siʀkɔ̃stɑ̃s/ SYN NF ① (= occasion) occasion ◆ **en la circonstance** in this case, on this occasion ◆ **en pareille circonstance** in such a case, in such circumstances ◆ **il a profité de la circonstance pour me rencontrer** he took advantage of the occasion to meet me; → **concours**
② (= situation) ◆ **circonstances** circumstances ◆ **circonstances économiques** economic circumstances ◆ **être à la hauteur des circonstances** to be equal to the occasion ◆ **en raison des circonstances, étant donné les circonstances** in view of ou given the circumstances ◆ **dans ces circonstances** under ou in these circumstances ◆ **dans les circonstances présentes** ou **actuelles** in the present circumstances
③ [de crime, accident] circumstance ◆ **circonstances atténuantes** (Jur) mitigating ou extenuating circumstances ◆ **circonstance aggravante** (Jur) aggravating circumstance, aggravation ◆ **circonstances exceptionnelles** (Jur) exceptional circumstances ◆ **il y a une circonstance troublante** there's one disturbing circumstance ou point ◆ **dans des circonstances encore mal définies** in circumstances which are still unclear
④ (locution)
◆ **de circonstance** [parole, mine, conseil] appropriate, apt; [œuvre, poésie] occasional (épith); [habit] appropriate, suitable; [union, coalition] of convenience

circonstancié, e /siʀkɔ̃stɑ̃sje/ ADJ [rapport, aveux] detailed

circonstanciel, -ielle /siʀkɔ̃stɑ̃sjɛl/ ADJ (Gram) adverbial ◆ **complément circonstanciel de lieu/temps** adverbial phrase of place/time

circonvenir /siʀkɔ̃v(ə)niʀ/ SYN ▸ conjug 22 ◂ VT (frm) [+ personne, opposition] to circumvent (frm), to get round; [+ danger] to avoid

circonvoisin, e /siʀkɔ̃vwazɛ̃, in/ ADJ (littér) surrounding, neighbouring (Brit), neighboring (US)

circonvolution /siʀkɔ̃vɔlysjɔ̃/ SYN NF [de rivière, itinéraire] twist ◆ **décrire des circonvolutions** [rivière, route] to twist and turn ◆ **circonvolution cérébrale** cerebral convolution

circuit /siʀkɥi/ SYN
[NM] ① (= itinéraire touristique) tour, (round) trip ◆ **circuit d'autocar** bus trip, coach (Brit) tour ou trip ◆ **il y a un très joli circuit (à faire) à travers bois** there's a very nice trip (you can do) through the woods ◆ **faire le circuit (touristique) des volcans d'Auvergne** to tour ou go on a tour of the volcanoes in Auvergne
② (= parcours compliqué) roundabout ou circuitous route ◆ **il faut emprunter un circuit assez compliqué pour y arriver** you have to take a rather circuitous ou roundabout route to get there ◆ **j'ai dû refaire tout le circuit en sens inverse** I had to go right back round the way I'd come ou make the whole journey back the way I'd come
③ (Sport) circuit ◆ **circuit automobile** (motor)racing circuit ◆ **course sur circuit** circuit racing ◆ **circuit féminin** (Tennis) women's circuit ◆ **sur le circuit international** on the international circuit
④ (Élec) circuit ◆ **couper/rétablir le circuit** to break/restore the circuit ◆ **mettre qch en circuit** to connect sth up ◆ **mettre hors circuit** [+ appareil] to disconnect; [+ personne] to push aside ◆ **tous les circuits ont grillé** (machine) all the fuses have blown, there's been a burnout
⑤ (Écon) ◆ **circuit des capitaux** circulation of capital
⑥ (= enceinte) [de ville] circumference
⑦ (Ciné) circuit
⑧ (locutions) ◆ **être dans le circuit** to be around ◆ **est-ce qu'il est toujours dans le circuit ?** is he still around? ◆ **se remettre dans le circuit** to get back into circulation ◆ **mettre qch dans le circuit** to put sth into circulation, to feed sth into the system
[COMP] **circuit de distribution** (Comm) distribution network ou channels
circuit électrique electric(al) circuit; [de jouet] (electric) track
circuit fermé (Élec, fig) closed circuit ◆ **vivre en circuit fermé** to live in a closed world ◆ **ces publications circulent en circuit fermé** this literature has a limited ou restricted circulation
circuit hydraulique hydraulic circuit
circuit imprimé printed circuit
circuit intégré integrated circuit
circuit de refroidissement cooling system

circulaire /siʀkyleʀ/ SYN ADJ, NF circular ◆ **circulaire d'application** decree specifying how a law should be enforced

circulairement /siʀkylɛʀmɑ̃/ ADV in a circle

circulant, e /siʀkylɑ̃, ɑ̃t/ ADJ ① (Fin) circulating ◆ **actif circulant** current assets ◆ **capitaux circulants** circulating capital
② (Bio) [molécule] circulating in the bloodstream ◆ **sang circulant** circulating blood

circularité /siʀkylaʀite/ NF circularity

circulation /siʀkylasjɔ̃/ SYN NF [d'air, sang, argent] circulation; [de marchandises] movement; [de nouvelle] spread; [de trains] running; [de voitures] traffic ◆ **la circulation (du sang)** the circulation ◆ **avoir une bonne/mauvaise circulation** (Méd) to have good/bad circulation ◆ **la libre circulation des travailleurs** the free movement of labour ◆ **la circulation des idées** the free flow of ideas ◆ **pour rendre la circulation plus fluide** (sur la route) to improve traffic flow ◆ **route à grande circulation** major road, main highway (US) ◆ **mettre en circulation** [+ argent] to put into circulation; [+ livre, produit] to put on the market, to bring out; [+ voiture] to put on the road; [+ fausse nouvelle] to circulate, to spread (about) ◆ **mise en circulation** [d'argent] circulation; [de livre, produit] putting on the market, bringing out ◆ **retirer de la circulation** [+ argent] to take out of ou withdraw from circulation; [+ médicament, produit, livre] to take off the market, to withdraw; (euph) [+ personne] to get rid of ◆ **circulation aérienne** air traffic ◆ **circulation générale** (Anat) systemic circulation ◆ **circulation monétaire** money ou currency circulation ◆ **« circulation interdite »** (sur la route) "no vehicular traffic" ◆ **disparaître de la circulation** (fig) to drop out of sight, to disappear from the scene; → **accident, agent**

circulatoire /siʀkylatwaʀ/ ADJ circulation (épith), circulatory ◆ **troubles circulatoires** circulatory disorders

circuler /siʀkyle/ SYN ▸ conjug 1 ◂ VI ① [sang, air, marchandise, argent] to circulate; [rumeur] to circulate, to go around ou about ◆ **l'information circule mal entre les services** communication between departments is poor ◆ **il circule bien des bruits à son propos** there's a lot of gossip going around about him, there's a lot being said about him ◆ **faire circuler** [+ air, sang, argent, document] to circulate; [+ marchandises] to put into circulation; [+ bruits] to spread
② [voiture] to go, to move; [train] to go, to run; [passant] to walk; [foule] to move (along) ◆ **un bus sur trois circule** one bus in three is running ◆ **circuler à droite/à gauche** to drive on the right/on the left ◆ **circulez !** move along! ◆ **faire circuler** [+ voitures, piétons] to move on ◆ **il est difficile de circuler à Paris** driving in Paris is difficult ◆ **on circule très bien en dehors des heures de pointe** driving is fine except during the rush hour ◆ **ça circule bien sur l'autoroute** traffic is moving freely on the motorway
③ [plat, bonbons, lettre] to be passed ou handed round; [pétition] to circulate ◆ **faire circuler** [+ plat] to hand ou pass round; [+ pétition] to circulate, to pass round

circumduction /siʀkɔmdyksjɔ̃/ NF circumduction

circumnavigation /siʀkɔmnavigasjɔ̃/ NF circumnavigation

circumpolaire /siʀkɔmpɔlɛʀ/ ADJ circumpolar

cire /siʀ/
[NF] (gén) wax; (pour meubles, parquets) polish; [d'oreille] (ear)wax ◆ **cire d'abeille** beeswax ◆ **cire à cacheter/à épiler** sealing/depilatory wax ◆ **cire liquide** liquid wax ◆ **s'épiler les jambes à la cire** to wax one's legs ◆ **personnage en cire** waxwork dummy; → **musée**
[COMP] **cire anatomique** wax anatomical model
cire perdue cire perdue, lost wax

ciré /siʀe/ NM (= vêtement) oilskin

cirer /siʀe/ ▸ conjug 1 ◂ VT to polish ◆ **j'en ai rien à cirer**‡ I don't give a damn*‡ ◆ **cirer les bottes** ou **pompes de qn*** to lick sb's boots*, to suck up to sb*‡; → **toile**

cireur, -euse /siʀœʀ, øz/
[NM,F] (= personne) [de chaussures] shoe-shiner, bootblack †; [de planchers] (floor) polisher ◆ **cireur de bottes** ou **pompes*** bootlicker*
[NF] **cireuse** (= appareil) floor polisher

cireux, -euse /siʀø, øz/ ADJ [matière] waxy; [teint] waxen

cirier, -ière /siʀje, jɛʀ/
[NM,F] (= artisan) wax worker; (= commerçant) candle seller
[NM] (= arbre) wax tree
[NF] **cirière** ◆ **(abeille) cirière** wax bee

ciron /siʀɔ̃/ NM (littér) mite

cirque /siʀk/ NM 1 (= chapiteau) big top; (= spectacle) circus ◆ **on est allé au cirque** we went to the circus
2 (Antiq = arène) circus, amphitheatre (Brit), amphitheater (US); → **jeu**
3 (Géog) cirque
4 (* = embarras) ◆ **quel cirque pour garer sa voiture ici !** it's such a performance * ou to-do * finding a place to park around here! ◆ **quel cirque il a fait quand il a appris la nouvelle !** what a scene he made when he heard the news! ◆ **arrête ton cirque !** (= comédie) give it a rest! *
5 (* = désordre) chaos ◆ **c'est le cirque ici aujourd'hui** it's absolute chaos here today, the place is a real circus today (US) ◆ **cirque médiatique** media circus

cirrhose /siʀoz/ NF cirrhosis ◆ **cirrhose du foie** cirrhosis of the liver

cirrocumulus /siʀokymylys/ NM cirrocumulus

cirrostratus /siʀostʀatys/ NM cirrostratus

cirrus /siʀys/ NM cirrus

cisaille(s) /sizaj/ NF(PL) [de pour métal] shears; [de pour fil métallique] wire cutters; [de jardinier] (gardening) shears

cisaillement /sizajmɑ̃/ NM 1 [de métal] cutting; [de branches] clipping, pruning
2 [de rivet, boulon] shearing off

cisailler /sizaje/ SYN ▸ conjug 1 ◂
VT 1 (= couper) [+ métal] to cut; [+ branches] to clip, to prune; (fig) [+ carrière] to cripple
2 (= user) [+ rivet, boulon] to shear off
3 (* = tailler maladroitement) [+ tissu, planche, cheveux] to hack at
VPR se cisailler (= se couper) to cut o.s.

cisalpin, e /sizalpɛ̃, in/ ADJ Cisalpine

ciseau (pl **ciseaux**) /sizo/ NM 1 ◆ **(paire de) ciseaux** (pour tissu, papier) (pair of) scissors; (pour métal, laine) shears; (pour fil métallique) wire cutters ◆ **ciseaux de brodeuse** embroidery scissors ◆ **ciseaux de couturière** dressmaking shears ou scissors ◆ **ciseaux à ongles** nail scissors ◆ **en un coup de ciseaux** with a snip of the scissors ◆ **donner des coups de ciseaux dans un texte** * to make cuts in a text
2 (= outil de maçon, de sculpteur) chisel ◆ **ciseau à froid** cold chisel
3 (Sport = prise) scissors (hold ou grip) ◆ **montée en ciseaux** (Ski) herringbone climb ◆ **ciseau de jambes** (Catch) leg scissors ◆ **faire des ciseaux** to do scissor kicks; → **sauter**

ciselage /siz(ə)laʒ/ NM chiselling

ciseler /siz(ə)le/ SYN ▸ conjug 5 ◂ VT [+ pierre] to chisel, to carve; [+ métal] to chase, to chisel; [+ persil] to chop finely; [+ style] to polish ◆ **les traits finement ciselés de son visage** his finely chiselled features

ciselet /siz(ə)lɛ/ NM (small) graver

ciseleur, -euse /siz(ə)lœʀ, øz/ NM, F [de bois, marbre] carver; (en orfèvrerie) engraver

ciselure /siz(ə)lyʀ/ NF 1 [de bois, marbre] carving, chiselling; [d'orfèvrerie] engraving, chasing
2 (= dessin) [de bois] carving; [d'orfèvrerie] engraved ou chased pattern ou design, engraving

Cisjordanie /sisʒɔʀdani/ NF ◆ **la Cisjordanie** the West Bank

ciste¹ /sist/ NM (= arbrisseau) cyst, rockrose

ciste² /sist/ NF (Antiq) cist; (= coffre) cist, kist

cistercien, -ienne /sistɛʀsjɛ̃, jɛn/ ADJ, NM,F Cistercian

cis-trans /sistʀɑ̃s/ ADJ (Bio) ◆ **test cis-trans** cis-trans test

cistre /sistʀ/ NM (Mus) cittern, cither(n)

cistron /sistʀɔ̃/ NM cistron

cistude /sistyd/ NF ◆ **cistude d'Europe** European pond turtle

citadelle /sitadɛl/ SYN NF (lit, fig) citadel

citadin, e /sitadɛ̃, in/
ADJ (gén) town (épith), urban; [de grande ville] city (épith), urban
NM,F city dweller, urbanite (US)
NF citadine (= voiture) city car

citateur, -trice /sitatœʀ, tʀis/ NM,F citer

citation /sitasjɔ̃/ SYN NF 1 [d'auteur] quotation ◆ **« fin de citation »** "unquote", "end of quotation"
2 (Jur) summons ◆ **citation à comparaître** (à accusé) summons to appear; (à témoin) subpoena
3 (= mention) citation ◆ **citation à l'ordre du jour** ou **de l'armée** (Mil) mention in dispatches

cité /site/ SYN
NF 1 (littér, Antiq = grande ville) city; (= petite ville) town ◆ **cité balnéaire** seaside town ◆ **cité industrielle** industrial town ◆ **la cité des Papes** Avignon ◆ **la Cité du Vatican** Vatican City ◆ **la cité des Doges** Venice
2 (= quartier) (housing) estate (Brit), project (US) ◆ **le problème des cités** the problem of social unrest in deprived estates (Brit) ou projects (US) ◆ **cité parlementaire** (à Québec) Parliament buildings; → **droit³**
COMP
◆ **cité ouvrière** ≃ (workers') housing estate (Brit) ou development (US)
◆ **cité scolaire** complex housing several different schools
◆ **cité de transit** ≃ halfway house ou hostel, ≃ (temporary) hostel for homeless families
◆ **cité universitaire** (student) hall(s) of residence

ⓘ Le mot **cité** se traduit par **city** uniquement quand il désigne une grande ville.

cité-dortoir (pl **cités-dortoirs**) /sitedɔʀtwaʀ/ NF dormitory (Brit) ou bedroom (US) town

cité-jardin (pl **cités-jardins**) /siteʒaʀdɛ̃/ NF garden city

citer /site/ SYN ▸ conjug 1 ◂ VT 1 (= rapporter) [+ texte, exemples, faits] to quote, to cite ◆ **il n'a pas pu citer 3 pièces de Sartre** he couldn't name 3 plays by Sartre
2 ◆ **citer (en exemple)** [+ personne] to hold up as an example (pour for) ◆ **citer un soldat (à l'ordre du jour** ou **de l'armée)** to mention a soldier in dispatches
3 (Jur) ◆ **citer (à comparaître)** [+ accusé] to summon to appear; [+ témoin] to subpoena

citerne /sitɛʀn/ NF tank; (à eau) water tank

cithare /sitaʀ/ NF zither; (Antiq) cithara

cithariste /sitaʀist/ NMF zitherist; (Antiq) cithara player

citoyen, -yenne /sitwajɛ̃, jɛn/ SYN
ADJ (= faisant preuve de civisme) [entreprise, personne] socially aware ◆ **une nation citoyenne** a nation where the notion of citizenship is central; → **rendez-vous**
NM,F citizen ◆ **citoyen/citoyenne d'honneur d'une ville** freeman/freewoman of a town ◆ **citoyen du monde** citizen of the world
NM † (* = type) guy*, bloke* (Brit) ◆ **drôle de citoyen** oddbod*, oddball* (US)

citoyenneté /sitwajɛnte/ NF citizenship

citrate /sitʀat/ NM citrate

citrin, e /sitʀɛ̃, in/
ADJ citrine-coloured
NF citrine (= pierre) citrine

citrique /sitʀik/ ADJ citric

citron /sitʀɔ̃/
NM (= fruit) lemon ◆ **un** ou **du citron pressé** a (fresh) lemon juice ◆ **citron vert** lime ◆ **il n'a vraiment rien dans le citron !** * he's got nothing between his ears!; → **thé**
ADJ INV lemon(-coloured (Brit) ou -colored (US)) ◆ **jaune citron** lemon-yellow

citronnade /sitʀɔnad/ NF lemon squash (Brit), still lemonade (Brit), lemonade (US)

citronné, e /sitʀɔne/ ADJ [goût, odeur] lemony; [gâteau] lemon-flavoured (Brit) ou -flavored (US); [liquide] with lemon juice added, lemon-flavoured (Brit) ou -flavored (US); [eau de toilette] lemon-scented

citronnelle /sitʀɔnɛl/ NF (= graminée) lemon grass; (= mélisse) lemon balm; (= verveine) lemon verbena; (= huile) citronella (oil); (= liqueur) lemon liqueur

citronnier /sitʀɔnje/ NM lemon tree

citrouille /sitʀuj/ NF pumpkin ◆ **j'ai la tête comme une citrouille** * I feel like my head's going to explode

citrus /sitʀys/ NM citrus

cive /siv/ NF (Culin) spring onions

civet /sivɛ/ NM stew ◆ **lièvre en civet, civet de lièvre** ≃ jugged hare

civette¹ /sivɛt/ NF (= animal) civet (cat); (= parfum) civet

civette² /sivɛt/ NF (= plante) chive; (employée en cuisine) chives

civière /sivjɛʀ/ NF stretcher

civil, e /sivil/
ADJ 1 (= entre citoyens) [guerre, mariage] civil ◆ **personne de la société civile** (Pol) lay person; → **code, partie²**
2 (= non militaire) civilian
3 (littér = poli) civil, courteous
NM 1 (= non militaire) civilian ◆ **se mettre en civil** [soldat] to dress in civilian clothes, to wear civvies *; [policier] to dress in plain clothes ◆ **policier en civil** plain-clothes policeman, policeman in plain clothes ◆ **soldat en civil** soldier in civvies * ou in mufti ou in civilian clothes ◆ **dans le civil** in civilian life, in civvy street * (Brit)
2 (Jur) ◆ **poursuivre qn au civil** to take civil action against sb, to sue sb in the (civil) courts

civilement /sivilmɑ̃/ ADV 1 (Jur) ◆ **poursuivre qn civilement** to take civil action against sb, to sue sb in the (civil) courts ◆ **être civilement responsable** to be legally responsible ◆ **se marier civilement** to have a civil wedding, ≃ to get married in a registry office (Brit), ≃ to be married by a judge (US)
2 (littér = poliment) civilly

civilisable /sivilizabl/ ADJ civilizable

civilisateur, -trice /sivilizatœʀ, tʀis/
ADJ civilizing
NM,F civilizer

civilisation /sivilizasjɔ̃/ SYN NF civilization

civilisationnel, -elle /sivilizasjɔnɛl/ ADJ civilizational ◆ **le problème de l'identité européenne n'est pas uniquement civilisationnel** the problem of European identity is not only a matter of culture and history

civilisé, e /sivilize/ SYN (ptp de **civiliser**) ADJ civilized

civiliser /sivilize/ SYN ▸ conjug 1 ◂
VT to civilize
VPR se civiliser [peuple] to become civilized; * [personne] to become more civilized

civiliste /sivilist/ NMF specialist in civil law

civilité /sivilite/ SYN NF (= politesse) civility ◆ **civilités** (frm = compliments) civilities ◆ **faire** ou **présenter ses civilités à** to pay one's compliments to

civique /sivik/ SYN ADJ civic ◆ **avoir le sens civique** to be public-spirited; → **éducation, instruction**

civisme /sivism/ SYN NM public-spiritedness ◆ **cours de civisme** civics (sg) ◆ **faire preuve de civisme** to be civic-minded ◆ **le civisme sanitaire** ecological ou environmental awareness

cl (abrév de **centilitre**) cl

clabaudage /klaboda3/ NM (littér) [de personne] moaning, whingeing; [de chien] yapping

clabauder /klabode/ ▸ conjug 1 ◂ VI (littér) [personne] to moan, to whinge (contre about); [chien] to yap ◆ **clabauder contre qn** to make denigrating remarks about sb

clabauderie /klabodʀi/ NF (littér) ⇒ **clabaudage**

clabaudeur, -euse /klabodœʀ, øz/ (littér)
ADJ (= médisant) gossiping; (= aboyant) yapping
NM,F (= cancanier) gossip

clac /klak/ EXCL [de porte] slam!; [d'élastique, stylo] snap!; [de fouet] crack!

clade /klad/ NM (Bio) clade

cladisme /kladism/ NM cladism

cladistique /kladistik/
ADJ cladistic
NF cladistics (sg)

cladogramme /kladɔgʀam/ NM cladogram

clafoutis /klafuti/ NM clafoutis (tart made with fruit set in batter)

claie /klɛ/ NF [de fruit, fromage] rack; (= crible) riddle; (= clôture) hurdle

clair, e¹ /klɛʀ/ GRAMMAIRE ACTIVE 15.1, 26.6 SYN
ADJ 1 (= lumineux) [pièce] bright, light; [ciel] clear; [couleur, flamme] bright ◆ **par temps clair** on a clear day, in clear weather
2 (= pâle) [teint, couleur] light; [tissu, robe] light-coloured (Brit) ou -colored (US) ◆ **bleu/vert clair** light blue/green
3 (= limpide) [eau, son, voyelle] clear ◆ **d'une voix claire** in a clear voice
4 (= peu consistant) [sauce, soupe] thin; [tissu] thin; [blés] sparse
5 (= sans ambiguïté) [exposé, pensée, position] clear ◆ **cette affaire n'est pas claire** there's something slightly suspicious about all this ◆ **avoir un esprit clair** to be a clear thinker ◆ **je serai**

clair avec vous I'll be frank with you ◆ **que ce soit bien clair...** I want this to be perfectly clear... ◆ **c'est clair et net** it's perfectly clear ◆ **son message était clair et net** his message was loud and clear ◆ **je ne ferai jamais ça, c'est clair et net !** I'll never do that, there's no question *ou* no two ways * about it!
6 *(= évident)* clear, obvious ◆ **il est clair qu'il se trompe** it is clear *ou* obvious that he's mistaken ◆ **son affaire est claire, il est coupable** it's quite clear *ou* obvious that he's guilty ◆ **c'est clair comme le jour** *ou* **comme de l'eau de roche** it's as clear as daylight, it's crystal-clear
◆ **le plus clair de** ◆ **il passe le plus clair de son temps à rêver** he spends most of his time daydreaming ◆ **le plus clair de son argent** the better part of his money
ADV ◆ **il fait clair** it's light ◆ **il ne fait guère clair dans cette pièce** it's not very light in this room ◆ **il fait aussi clair** *ou* **on voit aussi clair qu'en plein jour** it's as bright as daylight ◆ **parlons clair** let's be frank ◆ **voir clair** *(lit)* to see well ◆ **voir clair dans un problème/une situation** to have a clear understanding of a problem/a situation, to grasp a problem/situation clearly ◆ **maintenant j'y vois plus clair** now I've got a better idea ◆ **je vois clair dans son jeu** I can see what his game is, I know exactly what he's up to *
◆ **au clair** ◆ **tirer qch au clair** to clear sth up, to clarify sth ◆ **il faut tirer cette affaire au clair** we must get to the bottom of this business, we must sort this business out ◆ **être au clair sur qch** to be clear about *ou* on sth ◆ **mettre ses idées au clair** to organize one's thoughts ◆ **mettre les choses au clair** to make things clear ◆ **mettre les choses au clair avec qn** to get things straight with sb
◆ **en clair** *(= c'est-à-dire)* to put it plainly; *(= non codé)* *[message]* in clear; *[émission]* unscrambled
NM 1 *(† = partie usée)* ◆ **clairs** worn parts, thin patches
2 ◆ **clairs** *(Art)* light *(NonC)*, light areas ◆ **les clairs et les ombres** the light and shade
COMP **clair de lune** moonlight ◆ **au clair de lune** in the moonlight ◆ **promenade au clair de lune** stroll in the moonlight
clair de terre earthshine, earthlight

clairance /klɛʀɑ̃s/ NF *(Aviat, Méd)* clearance

claire² /klɛʀ/ NF *(= parc)* oyster bed ◆ **(huître de) claire** fattened oyster; → **fine²**

clairement /klɛʀmɑ̃/ SYN ADV clearly

clairet, -ette /klɛʀɛ, ɛt/
ADJ *[soupe]* thin; *[voix]* high-pitched ◆ **(vin) clairet** light red wine
NF **clairette** light sparkling wine

claire-voie (pl **claires-voies**) /klɛʀvwa/ NF *(= clôture)* openwork fence; *[d'église]* clerestory ◆ **à claire-voie** openwork *(épith)*

clairière /klɛʀjɛʀ/ NF clearing, glade

clair-obscur (pl **clairs-obscurs**) /klɛʀɔpskyʀ/ NM *(Art)* chiaroscuro; *(gén)* twilight

clairon /klɛʀɔ̃/ NM *(= instrument)* bugle; *(= joueur)* bugler; *[d'orgue]* clarion (stop)

claironnant, e /klɛʀɔnɑ̃, ɑ̃t/ ADJ *[voix]* strident, resonant

claironner /klɛʀɔne/ SYN ► conjug 1 ◄
VT *[+ succès, nouvelle]* to trumpet, to shout from the rooftops
VI *(= parler fort)* to speak at the top of one's voice

clairsemé, e /klɛʀsəme/ SYN ADJ *[arbres, maisons, applaudissements, auditoire]* scattered; *[blés, gazon, cheveux]* thin, sparse; *[population]* sparse, scattered

clairvoyance /klɛʀvwajɑ̃s/ SYN NF *[de personne]* clear-sightedness, perceptiveness; *[d'esprit]* perceptiveness

clairvoyant, e /klɛʀvwajɑ̃, ɑ̃t/ SYN
ADJ 1 *(= perspicace)* *[personne]* clear-sighted, perceptive; *[œil, esprit]* perceptive; *[politique]* far-sighted
2 *(† = doué de vision)* sighted
NM,F *(† : doué de vision)* sighted person; *(= médium)* clairvoyant

clam /klam/ NM clam

clamecer‡ /klamse/ ► conjug 3 ◄ VI *(= mourir)* to kick the bucket‡, to snuff it‡ *(Brit)*

clamer /klame/ SYN ► conjug 1 ◄ VT to shout out, to proclaim ◆ **clamer son innocence/son indignation** to proclaim one's innocence/one's indignation

clameur /klamœʀ/ SYN NF clamour ◆ **les clameurs de la foule** the clamour of the crowd ◆ **les clameurs des mécontents** *(fig)* the protests of the discontented

clamp /klɑ̃p/ NM *(= pince)* clamp

clamper /klɑ̃pe/ ► conjug 1 ◄ VT to clamp

clampin‡ /klɑ̃pɛ̃/ NM person ◆ **il y avait trois clampins à la soirée** there was hardly anybody at the party

clamser‡ /klamse/ ► conjug 1 ◄ VI ⇒ **clamecer**

clan /klɑ̃/ SYN NM *(lit, fig)* clan ◆ **esprit de clan** clannishness

clandé /klɑ̃de/ NM *(arg Crime)* *(= maison close)* brothel, knocking-shop‡ *(Brit)*; *(= maison de jeu)* gambling joint

clandestin, e /klɑ̃dɛstɛ̃, in/ SYN
ADJ *[réunion]* secret, clandestine; *[revue, organisation, imprimerie]* underground *(épith)*; *[mouvement]* underground *(épith)*, clandestine; *[commerce]* clandestine, illicit; *[travailleur, travail, immigration, avortement]* illegal
NM *(= ouvrier)* illegal worker ◆ **(passager) clandestin** stowaway

clandestinement /klɑ̃dɛstinmɑ̃/ SYN ADV *(= secrètement)* secretly; *(= illégalement)* illegally ◆ **faire entrer qn clandestinement dans un pays** to smuggle sb into a country

clandestinité /klɑ̃dɛstinite/ SYN NF 1 *[d'activité]* secret nature ◆ **dans la clandestinité** *(= en secret)* *[travailler]* in secret, clandestinely; *(= en se cachant)* *[vivre]* underground ◆ **entrer dans la clandestinité** to go underground ◆ **le journal interdit a continué de paraître dans la clandestinité** the banned newspaper went on being published underground *ou* clandestinely
2 ◆ **la clandestinité** *(Hist = la Résistance)* the Resistance

clanique /klanik/ ADJ *[rivalité, société]* clan *(épith)* ◆ **guerre clanique** clan warfare

clap /klap/ NM *(Ciné)* clapperboard

clapet /klapɛ/ NM 1 *(= soupape)* valve; *(Élec)* rectifier ◆ **clapet d'admission/d'échappement** *[de moteur]* induction/exhaust valve
2 *(‡ = bouche)* ◆ **ferme ton clapet** hold your tongue *, shut up * ◆ **quel clapet !** what a chatterbox! *

clapier /klapje/ NM 1 *(= cabane à lapins)* hutch; *(péj = logement surpeuplé)* dump‡, hole *
2 *(= éboulis)* scree

clapman /klapman/ NM clapper boy

clapotement /klapɔtmɑ̃/ NM lap(ping) *(NonC)*

clapoter /klapɔte/ ► conjug 1 ◄ VI *[eau]* to lap

clapotis /klapɔti/ NM lap(ping) *(NonC)*

clappement /klapmɑ̃/ NM click(ing) *(NonC)*

clapper /klape/ ► conjug 1 ◄ VI ◆ **clapper de la langue** to click one's tongue

claquage /klakaʒ/ NM *(= action)* pulling *ou* straining (of a muscle); *(= blessure)* pulled *ou* strained muscle ◆ **se faire un claquage** to pull *ou* strain a muscle

claquant, e * /klakɑ̃, ɑ̃t/ ADJ *(= fatigant)* killing *, exhausting

claque¹ /klak/ SYN NF 1 *(= gifle)* slap ◆ **donner** *ou* **flanquer** * *ou* **filer** * **une claque à qn** to slap sb, to give sb a slap *ou* clout * *(Brit)* ◆ **il a pris une claque aux dernières élections** * *(= humiliation)* the last election was a slap in the face for him ◆ **elle a pris une claque quand son mari est parti** * *(= choc)* it was a real blow to her when her husband left ◆ **mes économies ont pris une claque pendant les vacances** the holidays made a hole in my savings; → **tête**
2 *(locutions)* ◆ **j'en ai ma claque** * *(excédé)* I'm fed up to the back teeth * *(Brit)* *ou* to the teeth * *(US)*; *(épuisé)* I'm dead beat * *ou* all in *
3 *(Théât)* claque ◆ **faire la claque** to cheer
4 *(Can = protection)* galosh, overshoe

claque² /klak/ ADJ, NM ◆ **(chapeau) claque** opera hat

claque³‡ /klak/ NM brothel, whorehouse † *, knocking-shop‡ *(Brit)*

claqué, e * /klake/ (ptp de **claquer**) ADJ *(= fatigué)* all in *, dead beat *, knackered * *(Brit)*

claquement /klakmɑ̃/ NM 1 *(= bruit répété)* *[de porte]* banging *(NonC)*, slamming *(NonC)*; *[de fouet]* cracking *(NonC)*; *[de langue]* clicking *(NonC)*; *[de doigts]* snap(ping) *(NonC)*; *[de talons]* click(ing) *(NonC)*; *[de dents]* chattering *(NonC)*; *[de drapeau]* flapping *(NonC)*
2 *(= bruit isolé)* *[de porte]* bang, slam; *[de fouet]* crack; *[de langue]* click ◆ **la corde cassa avec un claquement sec** the rope broke with a sharp snap

claquemurer /klakmyʀe/ ► conjug 1 ◄
VT to coop up ◆ **il reste claquemuré dans son bureau toute la journée** he stays cooped up *ou* shut up *ou* shut away in his office all day
VPR **se claquemurer** to shut o.s. away *ou* up

claquer /klake/ SYN ► conjug 1 ◄
VI 1 *[porte, volet]* to bang; *[drapeau]* to flap; *[fouet]* to crack; *[coup de feu]* to ring out ◆ **faire claquer** *[+ porte]* to bang, to slam; *[+ fouet]* to crack
2 *(= produire un bruit)* ◆ **claquer des doigts, faire claquer ses doigts** to click *ou* snap one's fingers ◆ **claquer des talons** to click one's heels ◆ **claquer du bec‡** *(= avoir faim)* to be famished * ◆ **il claquait des dents** his teeth were chattering ◆ **faire claquer sa langue** to click one's tongue
3 *(= casser)* *[ficelle]* to snap
4 * *[télévision, moteur, lampe]* to conk out‡, to pack in *; *(‡ = mourir)* to kick the bucket‡, to snuff it‡ *(Brit)* ◆ **il a claqué d'une crise cardiaque** a heart attack finished him off ◆ **claquer dans les mains** *ou* **les doigts de qn** *[malade]* to die on sb; *[entreprise]* to go bust on sb * ◆ **le sèche-cheveux m'a claqué entre les mains** *ou* **les doigts** the hair-drier packed in on me * *ou* died on me *
VT 1 *(= gifler)* *[+ enfant]* to slap
2 *(= refermer avec bruit)* *[+ livre]* to snap shut ◆ **claquer la porte** *(lit)* to slam the door; *(fig)* to storm out ◆ **il a claqué la porte du gouvernement** he left the government in high dudgeon ◆ **il m'a claqué la porte au nez** *(lit)* he slammed the door in my face; *(fig)* he refused to listen to me
3 *(* = fatiguer)* *[travail]* to exhaust, to tire out ◆ **le voyage m'a claqué** I felt dead tired * *ou* knackered‡ *(Brit)* after the journey ◆ **ne travaille pas tant, tu vas te claquer** don't work so hard or you'll wear yourself out
4 *(* = casser)* *[+ élastique, fermeture éclair]* to bust *
5 *(‡ = dépenser)* *[+ argent]* to blow * ◆ **j'ai beaucoup claqué à Noël** I blew * a lot of cash at Christmas
6 *(Tennis)* *[+ balle, volée]* to slam ◆ **claquer un but** *(Ftbl)* to drive the ball home *ou* into goal
VPR **se claquer** *(Sport)* ◆ **se claquer un muscle** to pull *ou* strain a muscle

claquette /klakɛt/ NF 1 *(Danse)* ◆ **claquettes** tap-dancing ◆ **faire des claquettes** to tap-dance; → **danseur**
2 *(= claquoir)* clapper; *(Ciné)* clapperboard
3 *(= sandale)* *(en plastique)* beach mule; *(en bois)* exercise sandal

claquoir /klakwaʀ/ NM clapper

clarification /klaʀifikasjɔ̃/ SYN NF clarification

clarifier /klaʀifje/ SYN ► conjug 7 ◄
VT to clarify
VPR **se clarifier** *[situation]* to become clearer, to be clarified

clarine /klaʀin/ NF cowbell

clarinette /klaʀinɛt/ NF clarinet

clarinettiste /klaʀinetist/ NMF clarinettist

clarisse /klaʀis/ NF (Poor) Clare

clarté /klaʀte/ SYN NF 1 *(= lumière)* light ◆ **la clarté de la lune** the light of the moon, the moonlight ◆ **à la clarté de la lampe** in the lamplight, in *ou* by the light of the lamp
2 *(= luminosité)* *[de flamme, pièce, jour, ciel]* brightness; *[d'eau, son, verre]* clearness; *[de teint]* *(= pureté)* clearness; *(= pâleur)* lightness
3 *[d'explication, pensée, attitude, conférencier]* clarity ◆ **clarté d'esprit** clear thinking ◆ **pour plus de clarté** to be perfectly *ou* absolutely clear
4 *(= précisions)* ◆ **avoir des clartés sur une question** to have some (further *ou* bright) ideas on a subject ◆ **cela projette quelques clartés sur la question** this throws some light on the subject

clash /klaʃ/ SYN NM clash

classable /klɑsabl/ ADJ *[document, plante]* classifiable ◆ **elle est difficilement classable** it's hard to know how to categorize her

classe /klɑs/ SYN
NF 1 *(= catégorie sociale)* class ◆ **classes creuses** *(Démographie)* age groups depleted by war deaths or low natality ◆ **les classes moyennes** the middle classes ◆ **les basses/hautes classes (sociales)** the lower/upper (social) classes ◆ **la classe la-**

borieuse *ou* **ouvrière** the working class ◆ **la classe politique** the political community ◆ **selon sa classe sociale** according to one's social status *ou* social class ◆ **société sans classe** classless society

[2] *(gén = espèce)* class; *(Admin = rang)* grade ◆ **toutes les classes d'utilisateurs** every category of user ◆ **il est vraiment à mettre dans une classe à part** he's really in a class of his own *ou* a class apart ◆ **hôtel de première classe** first-class hotel ◆ **classe grammaticale** *ou* **de mots** grammatical category, part of speech ◆ **classe d'âge** age group ◆ **établissement de classe** high-class establishment ◆ **de classe internationale** world-class ◆ **hors classe** exceptional

[3] *(Transport)* class ◆ **compartiment/billet de 1re/2e classe** 1st/2nd class compartment/ticket ◆ **voyager en 1re classe** to travel 1st class ◆ **classe affaires/club/économique** business/club/economy class

[4] *(gén, Sport = valeur)* class ◆ **liqueur/artiste de grande classe** liqueur/artist of great distinction ◆ **c'est un acteur/joueur de première classe** he's a first-class *ou* first-rate actor/player ◆ **de classe internationale** of international class ◆ **elle a de la classe** she's got class ◆ **ils n'ont pas la même classe** they're not in the same class ◆ **c'est une robe qui a de la classe** it's a stylish *ou* chic dress ◆ **ils sont descendus au Ritz – la classe quoi !*** they stayed at the Ritz – classy, eh?*; → **enterrement**

[5] *(Scol) (= ensemble d'élèves)* class, form *(Brit)*, grade *(US)*; *(= année d'études secondaires)* year ◆ **les grandes/petites classes** the senior/junior classes ◆ **il est en classe de 6e** ≈ he is in year 7 *(Brit) ou* 5th grade *(US)* ◆ **monter de classe** to go up a class ◆ **il est (le) premier/(le) dernier de la classe** he is top/bottom of the class ◆ **classe enfantine** playschool; → **préparatoire, redoubler**

[6] *(Scol) (= cours)* class ◆ **la classe** *(= l'école)* school ◆ **la classe d'histoire/de français** the history/French class ◆ **classe de solfège/de danse** musical theory/dancing lesson ◆ **aller en classe** to go to school ◆ **pendant/après la classe** *ou* **les heures de classe** during/after school *ou* school hours ◆ **la classe se termine** *ou* **les élèves sortent de classe à 16 heures** school finishes *ou* classes finish at 4 o'clock ◆ **il est en classe** *(en cours) [professeur]* he is in class, he is teaching; *[élève]* he is in class; *(à l'école) [élève]* he is at school ◆ **c'est M. Renan qui leur fait la classe** *(habituellement)* Mr Renan is their (primary school) teacher, Mr Renan takes them at (primary) school; *(en remplacement)* Mr Renan is their replacement (primary school) teacher

[7] *(Scol = salle)* classroom; *(d'une classe particulière)* form room *(Brit)*, homeroom *(US)* ◆ **il est turbulent en classe** he's disruptive in class *ou* in the classroom ◆ **les élèves viennent d'entrer en classe** the pupils have just gone into class

[8] *(Mil = rang)* ◆ **militaire** *ou* **soldat de 1re classe** *(armée de terre)* ≈ private *(Brit)*, ≈ private first class *(US)*; *(armée de l'air)* ≈ leading aircraftman *(Brit)*, ≈ airman first class *(US)* ◆ **militaire** *ou* **soldat de 2e classe** *(terre)* private (soldier); *(air)* aircraftman *(Brit)*, airman basic *(US)* ◆ **la classe de 1997** *(= contingent)* the class of '97 ◆ **ils sont de la même classe** they were called up at the same time ◆ **faire ses classes** *(lit)* to do one's recruit training; *(fig)* to learn the ropes*

ADJ INV * *[personne, vêtements, voiture]* classy* ◆ **ça fait classe** it adds a touch of class* ◆ **il a vraiment été classe avec moi** he was really nice to me

COMP **classe de mer** ◆ **partir en classe de mer** to go on a school study trip to the seaside
classe de nature ⇒ **classe verte**
classe de neige ◆ **partir en classe de neige** to go on a skiing and study trip with the school
classe(-)relais *class for special needs or problem pupils*
classe de transition *transitional school year designed to help weaker pupils catch up*
classe verte ◆ **partir en classe verte** to go on a school study trip to the countryside

classé, e /klase/ **ADJ** *[bâtiment, monument]* listed *(Brit)*, with a preservation order on it; *[vins]* classified ◆ **joueur classé** *(Tennis)* ≈ ranked player; *(Bridge)* graded *ou* master player

classement /klasmɑ̃/ SYN **NM** [1] *(= rangement) [de papiers, documents]* filing; *[de livres]* classification; *[de fruits]* grading ◆ **classement alphabétique** alphabetical classification ◆ **j'ai fait du classement toute la journée** I've spent all day filing ◆ **j'ai fait un peu de classement dans mes factures** I've put my bills into some kind of order

[2] *(= classification) [de fonctionnaire, élève]* grading; *[de joueur]* grading, ranking; *[d'hôtel]* grading, classification

[3] *(= rang) [d'élève]* place *(Brit) ou* rank *(US)* (in class), position in class; *[de coureur]* placing ◆ **avoir un bon/mauvais classement** *[élève]* to get a high/low place in class *(Brit)*, to be ranked high/low in class *(US)*; *[coureur]* to be well/poorly placed ◆ **le classement des coureurs à l'arrivée** the placing of the runners at the finishing line

[4] *(= liste) [d'élèves]* class list (in order of merit); *[de coureurs]* finishing list; *[d'équipes]* league table ◆ **je vais vous lire le classement** I'm going to read you your (final) placings *(Brit)* (in class) *ou* rankings *(US)* ◆ **classement général** *(Cyclisme)* overall placings *(Brit) ou* rankings *(US)* ◆ **premier au classement général/au classement de l'étape** first overall/for the stage ◆ **il est second au classement mondial** he's ranked second in the world ◆ **elle est troisième au classement provisoire** she's third in the provisional rankings

[5] *(= clôture) [d'affaire, dossier]* closing

classer /klɑse/ SYN ▸ conjug 1 ◂

VT [1] *(= ranger) [+ papiers]* to file; *[+ livres]* to classify; *[+ documents]* to file, to classify ◆ **classer des livres par sujet** to classify books by *ou* according to subject (matter) ◆ **classer des factures par année/client** to file invoices according to the year/the customer's name

[2] *(= classifier) [+ animaux, plantes]* to classify

[3] *(= hiérarchiser) [+ employé, élève, joueur, copie]* to grade; *[+ hôtel]* to grade, to classify ◆ **classer un édifice monument historique** to list a building *(Brit)*, to put a building on the historical register *(US)* ◆ **Jean Suchet, que l'on classe parmi les meilleurs violonistes** Jean Suchet, who ranks *ou* is rated among the top violinists

[4] *(= clore) [+ affaire, dossier]* to close ◆ **c'est une affaire classée maintenant** the matter is closed now

[5] *(péj = cataloguer) [+ personne]* to categorize ◆ **celui-là, je l'ai classé dès que je l'ai vu** I sized him up* as soon as I saw him

VPR **se classer** ◆ **se classer premier/parmi les premiers** to come *(Brit) ou* come in *(US)* first/among the first ◆ **ce livre se classe au nombre des grands chefs-d'œuvre littéraires** this book ranks among the great works of literature

classeur /klɑsœʀ/ **NM** *(= meuble)* filing cabinet; *(= dossier)* (loose-leaf) file; *(à tirette)* binder ◆ **classeur à anneaux** ring binder ◆ **classeur à rideau** roll-top cabinet

classicisme /klasisism/ **NM** *(Art)* classicism; *(= conformisme)* conventionality

classieux, -ieuse* /klasjø, jøz/ **ADJ** classy*

classificateur, -trice /klasifikatœʀ, tʀis/

ADJ *[procédé, méthode]* classifying; *(= méthodique) [esprit]* methodical, orderly ◆ **obsession classificatrice** mania for categorizing *ou* classifying things

NM,F classifier

classification /klasifikasjɔ̃/ SYN **NF** classification

classificatoire /klasifikatwaʀ/ **ADJ** classificatory

classifier /klasifje/ SYN ▸ conjug 7 ◂ **VT** to classify

classique /klasik/ SYN

ADJ [1] *[auteur, genre, musique, langue]* classical

[2] *(= sobre) [coupe, vêtement, décoration]* classic, classical

[3] *(= habituel) [argument, réponse, méthode, maladie]* classic, standard; *[conséquence]* usual; *[symptôme]* classic, usual; *[produit]* ordinary, regular *(US)* ◆ **c'est classique !** it's classic! ◆ **c'est le coup classique !*** it's the usual story ◆ **c'est la question/la plaisanterie classique** it's the classic question/joke ◆ **le cambriolage s'est déroulé suivant le plan classique** the burglary followed the standard *ou* recognized pattern ◆ **grâce à une opération maintenant classique** thanks to an operation which is now quite usual *ou* standard

[4] *(Scol = littéraire)* ◆ **faire des études classiques** to study classics, to do classical studies ◆ **il est en section classique** he's in the classics stream *(Brit)*, he's in the classic program *(US)*; → **lettre**

NM [1] *(= auteur) (Antiq)* classical author; *(classicisme français)* classic, classicist ◆ **(auteur) classique** *(= grand écrivain)* classic (author)

[2] *(= ouvrage)* classic ◆ **un classique du cinéma** a cinema classic, a classic film ◆ **c'est un classique du genre** it's a classic of its kind ◆ **je connais mes classiques !*** *(hum)* I know my classics!

[3] *(= genre)* ◆ **le classique** *(= musique)* classical music; *(= style)* the classic *ou* classical style

NF *(Sport)* classic; *(Cyclisme)* one-day road race

classiquement /klasikmɑ̃/ **ADV** classically

claudication /klodikasjɔ̃/ **NF** *(littér)* limp

claudiquer /klodike/ ▸ conjug 1 ◂ **VI** *(littér)* to limp

clause /kloz/ **NF** *(Gram, Jur)* clause ◆ **clause abusive** unfair condition ◆ **clause de conscience** conscience clause ◆ **clause dérogatoire** *ou* **échappatoire** escape clause, get-out clause ◆ **clause de la nation la plus favorisée** most-favoured-nation trading status ◆ **clause pénale** penalty clause ◆ **clause sociale** social chapter ◆ **clause de style** standard *ou* set clause ◆ **clause résolutoire** resolutive clause; → **sauvegarde**[1]

claustral, e (mpl **-aux**) /klostʀal, o/ **ADJ** monastic

claustration /klostʀasjɔ̃/ **NF** confinement

claustrer /klostʀe/ ▸ conjug 1 ◂

VT *(= enfermer)* to confine

VPR **se claustrer** to shut o.s. up *ou* away ◆ **se claustrer dans** *(fig)* to wrap *ou* enclose o.s. in

claustro* /klostʀo/ **ADJ** abrév de **claustrophobe**

claustrophobe /klostʀɔfɔb/ **ADJ, NMF** claustrophobic

claustrophobie /klostʀɔfɔbi/ **NF** claustrophobia

clausule /klozyl/ **NF** clausula

claveau (pl **claveaux**) /klavo/ **NM** *(Archit)* voussoir

clavecin /klav(ə)sɛ̃/ **NM** harpsichord ◆ « **Le Clavecin bien tempéré** » *(Mus)* "The Well-tempered Klavier"

claveciniste /klav(ə)sinist/ **NMF** harpsichordist

clavelée /klav(ə)le/ **NF** sheep pox

clavette /klavɛt/ **NF** *[de boulon]* key, cotter pin

clavicorde /klavikɔʀd/ **NM** clavichord

claviculaire /klavikylɛʀ/ **ADJ** clavicular, claviculate

clavicule /klavikyl/ **NF** collarbone, clavicle *(SPÉC)*

clavier /klavje/ **NM** keyboard ◆ **à un/deux clavier(s)** *[orgue, clavecin]* single-/double-manual *(épith)* ◆ **clavier AZERTY/QWERTY** AZERTY/QWERTY keyboard ◆ **clavier étendu** extended keyboard ◆ **au clavier, Joey !** on keyboards, Joey!

claviériste /klavjeʀist/ **NMF** keyboard player

claviste /klavist/ **NMF** keyboard operator, keyboarder

clayère /klɛjɛʀ/ **NF** oyster bed *ou* bank *ou* park

clayette /klɛjɛt/ **NF** *(= étagère)* wicker *ou* wire rack; *(= cageot à fruits)* tray; *[de réfrigérateur]* shelf

clayon /klɛjɔ̃/ **NM** *(= étagère)* rack; *(= plateau)* tray

clé /kle/ SYN

NF [1] *[de serrure, pendule, boîte de conserve]* key; *[de poêle]* damper ◆ **la clé de la porte d'entrée** the (front) door key ◆ **la clé est sur la porte** the key is in the door ◆ **Avignon, clé de la Provence** Avignon, the gateway to Provence ◆ **les clés du Paradis** the keys to the Kingdom ◆ **les clés de saint Pierre** St Peter's keys; → **fermer, tour**[2]

[2] *(= outil)* spanner *(Brit)*, wrench *(surtout US)* ◆ **un jeu de clés** a set of spanners *ou* wrenches

[3] *[de guitare, violon]* peg; *[de clarinette]* key; *[de gamme]* clef; *[d'accordeur]* key ◆ **clé de fa/de sol/d'ut** bass *ou* F/treble *ou* G/alto *ou* C clef ◆ **il y a trois dièses à la clé** the key signature has 3 sharps ◆ **avec une altération à la clé** with a change in the key signature

[4] *[de mystère, réussite, code, rêve]* key (de to) ◆ **la préface nous fournit quelques clés** the preface offers a few clues

[5] *(Lutte)* lock ◆ **il lui a fait une clé au bras** he got him in an armlock

[6] *(locutions)* ◆ **mettre sous clé** to put under lock and key ◆ **mettre la clé sous la porte** *ou* **le paillasson** *(= faire faillite)* to shut up shop; *(= s'enfuir)* to clear out, to do a bunk‡ *(Brit)* ◆ **prendre la clé des champs** to run away *ou* off

◆ **à clés** ◆ **personnage à clés** real-life character disguised under a fictitious name ◆ **roman à clés** *novel in which actual persons appear as fictitious characters*

◆ **à la clé** ◆ **il y a une récompense à la clé** a reward is being offered ◆ **je vais les mettre en retenue, avec un devoir à la clé** I'll keep them behind and give them an exercise to do as well

◆ **clé(s) en main** ◆ **acheter un appartement clés en main** to buy an apartment ready for immediate occupation *ou* with immediate entry

◆ **prix clés en main** *[voiture]* price on the road, on-the-road price (Brit), sticker price (US); *[appartement]* price with immediate entry *ou* possession *ou* occupation ◆ **projet/solution/usine clés en main** turnkey project/solution/factory

ADJ INV *[industrie, mot, position, rôle]* key *(épith)*

COMP **clé Allen** Allen wrench *ou* key (Brit)
clé anglaise ⇒ **clé à molette**
clé à bougie spark plug swivel
clé de bras (Lutte) hammerlock
clé de contact ignition key
clé à crémaillère monkey wrench, shifting spanner *ou* wrench
clé crocodile alligator spanner *ou* wrench
clé en croix wheel brace
clé dynamométrique torque wrench
clé à ergot spanner wrench
clé à fourche ⇒ **clé plate**
clé mixte combination spanner *ou* wrench
clé à molette monkey wrench, adjustable spanner *ou* wrench
clé à pipe box *ou* socket spanner, socket wrench
clé plate open-end spanner *ou* wrench
clé polygonale ring spanner *ou* wrench
clé RIB personal code *(that appears on official slip giving bank account details)*
clé en tube hex key (wrench)
clé universelle adjustable spanner *ou* wrench
clé USB (Ordin) USB key
clé de voûte (Archit, fig) keystone

clean * /klin/ **ADJ INV** ① (= propre) clean ◆ **c'est pas très clean chez lui** his place isn't very clean
② (= soigné) *[homme]* wholesome-looking, clean-cut; *[femme]* wholesome-looking; *[vêtements]* smart; *[décor]* stark
③ (arg Drogue) clean
④ (= sympathique) ◆ **c'était clean de sa part** that was really nice of him

clearing /kliriŋ/ **NM** (Comm, Fin) clearing ◆ **accord de clearing** clearing agreement ◆ **clearing des changes** foreign currency clearing

clébard * /klebar/, **clebs** * /klɛps/ **NM** (péj = chien) dog, mutt*

clef /kle/ **NF** = **clé**

clématite /klematit/ **NF** clematis

clémence /klemɑ̃s/ **SYN NF** (= douceur) *[de temps]* mildness, clemency (frm); (= indulgence) *[de juge]* clemency, leniency

clément, e /klemɑ̃, ɑ̃t/ **SYN ADJ** (= doux) *[temps]* mild, clement (frm); (= indulgent) *[personne]* lenient ◆ **se montrer clément** to show clemency (envers towards); → **ciel**

clémentine /klemɑ̃tin/ **NF** clementine

clémentinier /klemɑ̃tinje/ **NM** clementine tree

clenche /klɑ̃ʃ/ **NF** latch

Cléopâtre /kleɔpɑtr/ **NF** Cleopatra

cleptomane /klɛptɔman/ **NMF** ⇒ **kleptomane**

cleptomanie /klɛptɔmani/ **NF** ⇒ **kleptomanie**

clerc /klɛr/ **NM** ① ◆ **clerc (de notaire)** clerk; → **pas¹**
② (Rel) cleric
③ († † = lettré) (learned) scholar ◆ **être (grand) clerc en la matière** to be an expert on the subject ◆ **on n'a pas besoin d'être grand clerc pour deviner ce qui s'est passé !** you don't need to be a genius to guess what happened!

clergé /klɛrʒe/ **NM** clergy ◆ **le bas/haut clergé** the lower/higher clergy

clérical, e (mpl -aux) /klerikal, o/
ADJ (Rel) clerical
NM,F clerical, supporter of the clergy

cléricalisme /klerikalism/ **NM** clericalism

clic /klik/ **NM** ① (= bruit, Ordin) click ◆ **le menu s'ouvre d'un clic de souris** the menu opens with a mouse click
② (TV) ◆ **clics** sparkles, sparklies*

clic-clac /klikklak/
EXCL *[d'appareil-photo]* click!; *[de pas]* clickety-clack!; *[de sabots]* clip(pety)-clop!
NM INV ① (= bruit) *[de sabots]* clip(pety)-clop; *[de talons]* click
② ◆ **(canapé ou convertible) clic-clac** sofa bed (with reclining back)

clichage /kliʃaʒ/ **NM** stereotype, stereotypy

cliché /kliʃe/ **SYN NM** (= lieu commun) cliché; (Photo) negative; (Typographie) plate

clicher /kliʃe/ ▸ conjug 1 ◂ **VT** to stereotype

clicheur, -euse /kliʃœr, øz/ **NM,F** stereotyper, stereotypist

client, cliente /klijɑ̃, klijɑ̃t/ **SYN NM,F** ① *[de magasin, restaurant]* customer; *[de coiffeur]* client, customer; *[d'avocat]* client; *[d'hôtel]* guest, patron; *[de médecin]* patient; *[de taxi]* fare ◆ **être client d'un magasin** to patronize a shop, to be a regular customer at a shop ◆ **le boucher me sert bien parce que je suis (une) cliente** the butcher gives me good service because I'm a regular customer (of his) ou I'm one of his regulars ◆ **le client est roi** the customer is always right ◆ **la France est un gros client de l'Allemagne** (Écon) France is a large trading customer of Germany ◆ **je ne suis pas client** (fig) it's not my thing * ou my cup of tea *
② (* : péj = individu) guy*, bloke* (Brit) ◆ **c'est un drôle de client** he's an odd customer ou bloke* (Brit) ◆ **pour le titre de champion du monde, Suard est un client sérieux** Suard is a hot contender for ou is making a strong bid for the world championship
③ (Ordin) client
④ (Antiq = protégé) client

clientèle /klijɑ̃tɛl/ **NF** ① (= ensemble des clients) *[de restaurant, hôtel, coiffeur]* clientele; *[de magasin]* customers, clientele; *[d'avocat, médecin]* practice; *[de taxi]* fares; *[de parti politique]* supporters ◆ **le boucher a une nombreuse clientèle** the butcher has many customers ◆ **le candidat a conservé sa clientèle électorale au deuxième tour** the candidate held on to his voters in the second round
② (= fait d'être client) custom, business ◆ **accorder sa clientèle à qn** to give sb one's custom ou business, to patronize sb ◆ **retirer sa clientèle à qn** to withdraw one's custom from sb, to take one's business away from sb
③ (Antiq = protégés) clients

clientélisme /klijɑ̃telism/ **NM** (péj) vote-catching, clientelism ◆ **c'est du clientélisme** it's just a vote-catching gimmick

clientéliste /klijɑ̃telist/ **ADJ** *[système, tradition]* based on patronage, clientelist ◆ **il y a un risque de pressions clientélistes** there is a danger of pressure being exerted by influential voters

clignement /kliɲ(ə)mɑ̃/ **NM** blinking (NonC) ◆ **cela l'obligeait à des clignements d'yeux continuels** it made him blink continually ◆ **un clignement d'œil** a wink

cligner /kliɲe/ **SYN** ▸ conjug 1 ◂ **VT, VT INDIR** ◆ **cligner les** ou **des yeux** (clignoter) to blink; (fermer à moitié) to screw up one's eyes ◆ **cligner de l'œil** to wink (en direction de at)

clignotant, e /kliɲɔtɑ̃, ɑ̃t/
NM *[de voiture]* indicator; (fig = indice de danger) warning light (fig) ◆ **mettre son clignotant** (en voiture) to put one's turn signal on (US) ◆ **tous les clignotants sont allumés** (fig) all the warning signs ou danger signals are flashing
ADJ *[lumière]* (= vacillant) flickering; (= intermittent, pour signal) flashing, winking

clignotement /kliɲɔtmɑ̃/ **NM** *[d'yeux]* blinking; *[d'étoile, guirlande]* twinkling; *[de phares]* flashing; *[de lumière]* (vacillante) flickering; (vue de loin) twinkling; *[de signal]* flashing ◆ **les clignotements de la lampe** the flickering of the lamplight

clignoter /kliɲɔte/ ▸ conjug 1 ◂ **VI** *[yeux]* to blink; *[étoile, guirlande]* to twinkle; *[phares]* to flash; *[lumière]* (= vaciller) to flicker; (vue de loin) to twinkle; (= signal) to flash, to wink ◆ **clignoter des yeux** to blink

clim * /klim/ **NF** abrév de **climatisation**

climat /klima/ **SYN NM** (lit, fig) climate; (littér = contrée) clime (littér) ◆ **dans ou sous nos climats** in our climate ◆ **climat économique/politique** economic/political climate ◆ **le climat social est très mauvais en ce moment** the public mood is very bad at the moment ◆ **pour améliorer le climat social dans cette profession/cette usine** to improve relations between management and workers in this profession/this factory

climatère /klimatɛr/ **NM** (Physiol) climacteric

climatique /klimatik/ **ADJ** climatic ◆ **changement climatique** climate change; → **station**

climatisation /klimatizasjɔ̃/ **NF** air conditioning

climatiser /klimatize/ ▸ conjug 1 ◂ **VT** *[+ pièce, atmosphère]* to air-condition; (Tech) *[+ appareil]* to adapt for use in severe conditions ◆ **bureau climatisé** air-conditioned office

climatiseur /klimatizœr/ **NM** air conditioner

climatologie /klimatɔlɔʒi/ **NF** climatology

climatologique /klimatɔlɔʒik/ **ADJ** climatological

climatologiste /klimatɔlɔʒist/, **climatologue** /klimatɔlɔg/ **NMF** climatologist

climax /klimaks/ **NM** (Écol) climax

clin /klɛ̃/ **NM** ◆ **clin d'œil** (pl **clins d'œil** ou **d'yeux**) (lit) wink; (fig : dans un roman, un film) allusion, veiled reference ◆ **c'est un clin d'œil aux Marx Brothers** (fig) it's a nod in the direction of the Marx Brothers ◆ **c'est un clin d'œil au lecteur** it is a veiled message to the reader ◆ **faire un clin d'œil** (lit) to wink (à at); (fig) to make a veiled reference (à to) ◆ **en un clin d'œil** in a flash, in the twinkling of an eye

clinfoc /klɛ̃fɔk/ **NM** flying jib

clinicat /klinika/ **NM** ≈ registrarship

clinicien, -ienne /klinisjɛ̃, jɛn/ **NM,F** clinician

clinique /klinik/
NF ① (= établissement) private hospital, private clinic; (= section d'hôpital) clinic ◆ **clinique d'accouchement** maternity hospital, maternity home (Brit); → **chef¹**
② (= enseignement) clinic
ADJ clinical; → **mort¹**

cliniquement /klinikmɑ̃/ **ADV** clinically

clinomètre /klinɔmɛtr/ **NM** clinometer

clinquant, e /klɛ̃kɑ̃, ɑ̃t/ **SYN**
ADJ *[bijoux, décor, langage]* flashy
NM (= lamelles brillantes) tinsel; (= faux bijoux) tawdry jewellery (Brit) ou jewelery (US); *[d'opéra, style]* flashiness

Clio /klijo/ **NF** (muse) Clio

clip /klip/ **NM** ① (= broche) brooch
② (= boucle d'oreille) clip-on
③ ◆ **clip (vidéo)** (pop) video, (music) video clip; (promotionnel) (promo) video
④ (en chirurgie) clamp

clipper /klipœr/ **NM** (= bateau) clipper

cliquable /klikabl/ **ADJ** clickable

clique /klik/ **SYN NF** ① (péj = bande) clique, set
② (Mil = orchestre) drum and bugle band
③ ◆ **prendre ses cliques et ses claques (et s'en aller)** * to pack up and go, to pack one's bags and leave

cliquer /klike/ ▸ conjug 1 ◂ **VI** (Ordin) to click (sur on) ◆ **cliquer deux fois** to double-click

cliquet /klikɛ/ **NM** pawl

cliquètement /klikɛtmɑ̃/ **NM** ⇒ **cliquetis**

cliqueter /klik(ə)te/ ▸ conjug 4 ◂ **VI** *[monnaie]* to jingle, to clink, to chink; *[clés]* to rattle; *[vaisselle]* to clatter; *[verres]* to clink, to chink; *[chaînes]* to clank; *[ferraille]* to jangle; *[mécanisme]* to go clickety-clack; *[armes]* to clash; *[moteur]* to pink, to knock ◆ **j'entends quelque chose qui cliquette** I can hear something clinking

cliquetis /klik(ə)ti/, **cliquettement** /klikɛtmɑ̃/ **NM** *[de clés]* jingle (NonC), clink (NonC), jingling (NonC); *[de vaisselle]* clatter (NonC); *[de verres]* clink (NonC), clinking (NonC); *[de chaînes]* clank (NonC), clanking (NonC); *[de ferraille]* jangle (NonC), jangling (NonC); *[de mécanisme]* clickety-clack (NonC); *[d'armes]* clash (NonC); *[de moteur]* pinking ou knocking sound, pinking (NonC); *[de machine à écrire]* rattle (NonC), clicking (NonC) ◆ **on entendait un cliquetis** ou **des cliquetis de vaisselle** we could hear the clatter of dishes ◆ **des cliquetis se firent entendre** clinking noises could be heard

clisse /klis/ **NF** ① *[de fromage]* wicker tray
② *[de bouteille]* wicker covering

clisser /klise/ ▸ conjug 1 ◂ **VT** *[+ bouteille]* to cover with wicker(work)

clitocybe /klitosib/ **NM** agaric

clitoridectomie /klitɔridɛktɔmi/ **NF** clitoridectomy

clitoridien, -ienne /klitɔridjɛ̃, jɛn/ **ADJ** clitoral

clitoris /klitɔris/ **NM** clitoris

clivage /klivaʒ/ **SYN NM** ① (Géol = fissure) cleavage
② (Minér) (= action) cleaving; (= résultat) cleavage
③ *[de groupes]* split, division; *[d'idées]* distinction, split (de in) ◆ **clivage politique** political split ◆ **il existe un important clivage entre le nord et le sud** there is a huge divide between north and south

cliver VT, se cliver VPR /klive/ ▸ conjug 1 ◂ (Minér) to cleave

cloaque | clouterie

cloaque /klɔak/ SYN NM 1 [d'animal] cloaca
2 (= lieu de corruption) cesspool, cesspit; (= endroit sale) pigsty, dump*, tip* (Brit)

clochard, e /klɔʃaʀ, aʀd/ SYN NM,F down-and-out, tramp, bum* (US)

clochardisation /klɔʃaʀdizasjɔ̃/ NF ◆ les hommes sont plus touchés par la clochardisation que les femmes men are more liable than women to become down-and-outs ou to end up living on the streets ◆ marginaux en voie de clochardisation drop-outs on the road to vagrancy

clochardiser /klɔʃaʀdize/ ► conjug 1 ◄
VT [+ personne] to turn into a down-and-out ou a tramp ou a bum* (US) ◆ les toxicomanes clochardisés down-and-out drug addicts
VPR se clochardiser [personne] to become a down-and-out ou a tramp ou a bum* (US) ◆ la ville se clochardise there are more and more down-and-outs ou tramps ou bums* (US) in the town

cloche /klɔʃ/ SYN
NF 1 [d'église] bell ◆ en forme de cloche bell-shaped ◆ courbe en cloche bell curve ◆ il a été élevé sous cloche he had a very sheltered upbringing, he was wrapped in cotton wool as a child (Brit) ◆ il ne faut pas mettre nos entreprises sous cloche we shouldn't cosset our companies; → son²
2 (= couvercle) [de plat] lid; [de plantes, légumes] cloche
3 * (= imbécile) idiot, clot* (Brit); (= clochard) down-and-out, tramp, bum* (US) ◆ la cloche (= les clochards) down-and-outs, tramps, bums* (US); (= style de vie) the life of a tramp
4 [de Chim] bell jar
ADJ 1 (= évasé) [jupe] bell-shaped; → chapeau
2 (* = idiot) idiotic, silly ◆ qu'il est cloche ce type ! what an idiot ou a clot!* (Brit)
COMP cloche à fromage cheese cover
cloche à plongeur ou de plongée diving bell

Clochemerle /klɔʃmɛʀl/ NM (hum) ◆ c'est un peu Clochemerle ici there's a touch of parish-pump politics about this place, a lot of petty small-town squabbling goes on here

◆ **CLOCHEMERLE**
◦ This term is an allusion to the title of a humorous novel, written in 1934 by Gabriel Chevallier, describing the pandemonium that erupts in a French village community following the decision to erect a public urinal next to the local church.

cloche-pied (à) /klɔʃpje/ LOC ADV hopping ◆ arriver à cloche-pied to come hopping in, to hop in ◆ il est parti (en sautant) à cloche-pied he hopped away ou off

clocher¹ /klɔʃe/ NM 1 (Archit) (en pointe) steeple; (carré) church tower
2 (fig = village) village ◆ revoir son clocher to see one's home town again ◆ de clocher [mentalité] parochial, small-town (épith); [querelles] local, parochial; → esprit

clocher² /klɔʃe/ ► conjug 1 ◄ VI (= être défectueux) [raisonnement] to be cockeyed * ◆ qu'est-ce qui cloche ? what's up (with you)? * ◆ pourvu que rien ne cloche provided nothing goes wrong ou there are no hitches ◆ il y a quelque chose qui cloche (dans ce qu'il dit) there's something which doesn't quite fit ou something not quite right (in what he says) ◆ il y a quelque chose qui cloche dans le moteur there's something wrong ou there's something up* with the engine

clocheton /klɔʃtɔ̃/ NM (Archit) pinnacle

clochette /klɔʃɛt/ NF (small) bell; (= partie de fleur) bell ◆ clochettes (= campanules) bellflowers ◆ clochettes bleues (= jacinthes des bois) bluebells

clodo* /klodo/ NM tramp, bum* (US)

cloison /klwazɔ̃/ SYN NF 1 (Constr) partition (wall)
2 (Anat, Bot) septum, partition ◆ cloison nasale nasal septum
3 (sur bateau) bulkhead ◆ cloison étanche watertight compartment
4 (fig) barrier ◆ les cloisons entre les différentes classes sociales the barriers between the different social classes

cloisonné, e /klwazɔne/ (ptp de cloisonner)
ADJ ◆ être cloisonné [sciences, services administratifs] to be isolated ou cut off from one another ◆ nous vivons dans un monde cloisonné we live in a compartmentalized world
NM (Art) cloisonné

cloisonnement /klwazɔnmɑ̃/ SYN NM [de société, système] compartmentalization ◆ le cloisonnement des services the fact that the departments work in isolation (from one another) ◆ à cause du cloisonnement culturel et social because of cultural and social barriers

cloisonner /klwazɔne/ SYN ► conjug 1 ◄ VT [+ pièce] to divide up, to partition off; [+ tiroir] to divide up; [+ société] to divide, to compartmentalize; [+ secteurs] to isolate

cloisonnisme /klwazɔnism/ NM (Art) synthetism

cloître /klwatʀ/ NM cloister

cloîtrer /klwatʀe/ SYN ► conjug 1 ◄
VT (= enfermer) to shut away (dans in); (Rel) to cloister ◆ cloîtrer une jeune fille (lit) to put a girl in a convent; (fig) to keep a girl shut away (from the rest of society) ◆ religieuse cloîtrée nun belonging to an enclosed order
VPR se cloîtrer (= s'enfermer) to shut o.s. up ou away, to cloister o.s. (dans in); (Rel) to enter a convent ou monastery ◆ il est resté cloîtré dans sa chambre pendant 2 jours he stayed shut up ou away in his room for 2 days ◆ ils vivent cloîtrés chez eux sans jamais voir personne they cut themselves off from the world ou they lead cloistered lives and never see anyone

clonage /klɔnaʒ/ NM (lit, fig) cloning ◆ clonage thérapeutique therapeutic cloning

clone /klɔn/ NM (lit, fig) clone

cloner /klɔne/ ► conjug 1 ◄ VT (lit, fig) to clone

cloneur /klɔnœʀ/ NM cloner

clonique /klɔnik/ ADJ clonic

clonus /klɔnys/ NM clonus

clope* /klɔp/
NF (= cigarette) cig*, smoke*, fag* (Brit)
NM (= mégot) butt, dog end *

cloper* /klɔpe/ ► conjug 1 ◄ VI to smoke ◆ il était en train de cloper he was having a smoke, he was smoking

clopin-clopant /klɔpɛ̃klɔpɑ̃/ ADV ◆ marcher clopin-clopant to hobble ou limp along ◆ il vint vers nous clopin-clopant he hobbled towards us ◆ sortir/entrer clopin-clopant to hobble out/in ◆ les affaires allaient clopin-clopant business was struggling along ou was just ticking over ◆ comment ça va ? – clopin-clopant how are things? – so-so*

clopiner /klɔpine/ SYN ► conjug 1 ◄ VI (= boitiller) to hobble ou limp along ◆ clopiner vers to hobble ou limp towards

clopinettes* /klɔpinɛt/ NFPL ◆ travailler pour/gagner des clopinettes to work for/earn peanuts*

cloporte /klɔpɔʀt/ NM (= animal) woodlouse; (péj) creep*

cloque /klɔk/ SYN NF [de peau, peinture] blister; (= maladie des arbres) leaf curl ou blister ◆ être en cloque‡ to be pregnant, to be in the club‡ (Brit) ◆ il l'a mise en cloque‡ he knocked her up‡, he put her in the club‡ (Brit)

cloqué, e /klɔke/
ADJ [feuilles, peinture] blistered ◆ étoffe cloquée seersucker (NonC)
NM (= tissu) seersucker

cloquer /klɔke/ ► conjug 1 ◄ VI [peau, peinture] to blister

clore /klɔʀ/ GRAMMAIRE ACTIVE 26.4 SYN ► conjug 45 ◄
VT 1 (= clôturer) [+ liste, débat] to close; [+ livre, discours, spectacle] to end, to conclude; (Fin) [+ compte] to close ◆ la séance est close the meeting is closed ou finished ◆ l'incident est clos the matter is closed ◆ les inscriptions sont closes depuis hier yesterday was the closing date for registration ◆ une description clôt le chapitre the chapter closes ou ends ou concludes with a description ◆ le débat s'est clos sur cette remarque the discussion ended ou closed with that remark
2 († ou littér = conclure) [+ accord, marché] to conclude
3 (littér = entourer) [+ terrain, ville] to enclose (de with)
4 (littér = fermer) [+ porte, volets] to close, to shut; [+ lettre] to seal; [+ chemin, passage] to close off, to seal off; → bec

clos, close /klo, kloz/ (ptp de clore)
ADJ [système, ensemble] closed; [espace] enclosed ◆ les yeux clos ou les paupières closes, il… with his eyes closed ou shut, he…; → huis, maison
NM (= pré) (enclosed) field; (= vignoble) vineyard ◆ un clos de pommiers an apple orchard

closeau (pl closeaux) /klozo/ NM, **closerie** /klozʀi/ NF small (enclosed) field

clostridies /klɔstʀidi/ NFPL ◆ les clostridies the Clostridia (SPÉC)

clôture /klotyʀ/ SYN NF 1 (= enceinte) (en planches) fence, paling; (en fil de fer) (wire) fence; (d'arbustes) hedge; (en ciment) wall ◆ mur/grille de clôture outer ou surrounding wall/railings; → bris
2 (= fermeture) [de débat, liste, compte] closing, closure; [de bureaux, magasins] closing; [d'inscriptions] closing date (de for) ◆ clôture annuelle (Ciné, Théât) annual closure ◆ il faut y aller avant la clôture (du festival) we must go before it ends ou is over; (d'une pièce) we must go before it closes ou ends; (du magasin) we must go before it closes ou shuts ◆ séance/date de clôture closing session/date ◆ cours de clôture (Bourse) closing price ◆ combien valait le dollar en clôture ? what did the dollar close at? ◆ débat de clôture adjournment debate

clôturer /klotyʀe/ SYN ► conjug 1 ◄
VT 1 [+ jardin, champ] to enclose, to fence
2 [+ débats, liste, compte] to close; [+ inscriptions] to close (the list of)
VI (Bourse) to close ◆ la séance a clôturé en baisse prices were down at the close (of dealing), prices closed down ◆ le dollar a clôturé à 1 € the dollar closed at 1 euro

clou /klu/
NM 1 (gén) nail; (décoratif) stud ◆ fixe-le avec un clou nail it up (ou down ou on) ◆ pendre son chapeau à un clou to hang one's hat on a nail
2 [de chaussée] stud ◆ traverser dans les clous, prendre les clous (pour traverser) to cross at the pedestrian ou zebra (Brit) crossing, to cross at the crosswalk (US) ◆ être dans les clous (fig) to be on target ◆ il a vécu sa vie dans les clous he led a very conventional life
3 (Méd) boil
4 (= attraction principale) [de spectacle] star attraction ou turn ◆ le clou de la soirée the highlight ou the star turn of the evening
5 (* = mont-de-piété) ◆ mettre sa montre au clou to pawn one's watch, to put one's watch in hock *
6 (* = instrument) ancient machine ou implement ◆ (vieux) clou (= voiture) old jalopy * ou banger* (Brit); (= vélo) rickety old bike, old boneshaker * (Brit)
7 (locutions) ◆ des clous !* no way!*, nothing doing! ◆ il lui a tout expliqué mais des clous !* he explained everything to him but he was just wasting his breath! ◆ je l'ai fait pour des clous* I did it all for nothing, I was just wasting my time ◆ j'y suis allé pour des clous* it was a wild-goose chase ◆ un clou chasse l'autre (Prov) one man goes and another steps in ou another takes his place; → valoir
COMP clou à béton masonry nail
clou de girofle (Culin) clove
clou de tapissier (upholstery) tack
clou sans tête brad
clou à tête homme veneer pin
clou à tête plate flat-headed nail

clouer /klue/ ► conjug 1 ◄ VT 1 [+ planches, couvercle, caisse] to nail down; [+ tapis] to tack ou nail down; [+ tapisserie] to nail up ◆ il l'a cloué au sol d'un coup d'épée he pinned him to the ground with a thrust of his sword
2 (= immobiliser) [+ ennemi] to pin down ◆ ça l'a cloué sur place [étonnement, peur] it left him rooted to the spot ◆ clouer qn au lit to keep sb stuck in bed * ou confined to bed ◆ clouer au sol [+ personne] to pin down (to the ground); [+ avion] to ground ◆ clouer une pièce (Échecs) to pin a piece ◆ être ou rester cloué de stupeur to be glued ou rooted to the spot with amazement; → bec

cloué, e /klue/ (ptp de clouer) ADJ [ceinture, porte] studded; [chaussures] hobnailed; → passage

clouter /klute/ ► conjug 1 ◄ VT [+ ceinture, porte] to stud; [+ souliers] to put hobnails on

clouterie /klutʀi/ NF nail factory

cloutier, -ière /klutje, jɛʀ/ **NM,F** (= *fabricant*) nail (*ou* stud) maker; (= *commerçant*) nail (*ou* stud) seller

Clovis /klɔvis/ **NM** Clovis

clovisse /klɔvis/ **NF** clam

clown /klun/ SYN **NM** clown ◆ **faire le clown** to clown (about), to play the fool ◆ **c'est un vrai clown** he's a real comic ◆ **clown blanc** white-face clown

clownerie /klunʀi/ **NF** clowning (NonC), silly trick ◆ **faire des clowneries** to clown (about), to play the fool ◆ **arrête tes clowneries** stop your (silly) antics

clownesque /klunɛsk/ **ADJ** [*comportement*] clownish; [*situation*] farcical

cloyère /klwajɛʀ/ **NF** hamper, basket

club /klœb/ SYN
NM ① (= *association*) club ◆ **le club des pays riches** the club of rich nations ◆ **bienvenue au club !** (*hum*) welcome to the club!
② (= *crosse de golf*) club
ADJ ◆ **sandwich club** ham salad sandwich, ≈ club sandwich, ◆ **cravate club** (diagonally) striped tie; → **fauteuil**
COMP **club de gymnastique** gym
club d'investissement investment club
club de jazz jazz club
club privé exclusive night club
club de rencontre(s) singles club
club sportif sports club
club du troisième âge club for retired people, Darby and Joan club (*Brit*)
club de vacances holiday (*Brit*) *ou* vacation (*US*) village

clubiste /klybist/ **NMF** [*d'association*] club member

clupéiformes /klypeifɔʀm/ **NMPL** ◆ **les clupéiformes** clupeoids, the Clupeoidea (SPÉC)

cluse /klyz/ **NF** (*Géog*) transverse valley (in the Jura), cluse (SPÉC)

cluster /klœstœʀ/ **NM** cluster ◆ **cluster d'un A.D.N.** DNA cluster

clystère /klistɛʀ/ **NM** (*Hist Méd*) clyster

Clytemnestre /klitɛmnɛstʀ/ **NF** Clytemnestra

CM /seɛm/ **NM** (abrév de **cours moyen**) → **cours**

cm (abrév de **centimètre**) cm ◆ **cm²** cm², sq. cm ◆ **cm³** cm³, cu. cm

CMU NF (abrév de **couverture maladie universelle**) *free health care for people on low incomes*

CNAM /knam/
NM (abrév de **Conservatoire national des arts et métiers**) → **conservatoire**
NF (abrév de **Caisse nationale d'assurance maladie**) → **caisse**

CNC /seɛnse/ **NM** ① (abrév de **Centre national de cinématographie**) ≈ BFI (*Brit*), ≈ Academy of the Movie Picture (*US*)
② (abrév de **Comité national de la consommation**) ≈ National Consumer Council (*Brit*), ≈ CA (*Brit*), ≈ CPSC (*US*)

CNDP /seɛndepe/ **NM** (abrév de **Centre national de documentation pédagogique**) → **centre**

CNE /seɛnə/ **NF** (abrév de **Caisse nationale d'épargne**) → **caisse**

CNED /knɛd/ **NM** (abrév de **Centre national d'enseignement à distance**) → **centre**

cnidaires /knidɛʀ/ **NMPL** ◆ **les cnidaires** cnidarians

CNIL /knil/ **NF** (abrév de **Commission nationale de l'informatique et des libertés**) → **commission**

CNIT /knit/ **NM** (abrév de **Centre national des industries et des techniques**) *exhibition centre in Paris*

Cnossos /knɔsɔs/ **N** Knossos, Cnossos

CNPF /seɛnpeɛf/ **NM** (abrév de **Conseil national du patronat français**) *national council of French employers*, ≈ CBI (*Brit*)

CNRS /seɛnɛʀɛs/ **NM** (abrév de **Centre national de la recherche scientifique**) ≈ SERC (*Brit*), ≈ NSF (*US*)

coaccusé, e /kɔakyze/ **NM,F** codefendant, co-accused

coacervat /kɔasɛʀva/ **NM** coacervate

coacquéreur /kɔakeʀœʀ/ **NM** joint purchaser

coadaptateur, -trice /kɔadaptatœʀ, tʀis/ **NM,F** coadapter, coadaptor

coadaptation /kɔadaptasjɔ̃/ **NF** coadaptation

coadjuteur /kɔadʒytœʀ/ **NM** coadjutor

coadjutrice /kɔadʒytʀis/ **NF** coadjutress

coadministrateur, -trice /kɔadministʀatœʀ, tʀis/ **NM,F** (*Comm*) co-director; (*Jur*) co-trustee

coagulant, e /kɔagylɑ̃, ɑ̃t/
ADJ coagulative
NM coagulant

coagulateur, -trice /kɔagylatœʀ, tʀis/ **ADJ** coagulative

coagulation /kɔagylasjɔ̃/ **NF** coagulation

coaguler, se coaguler **VPR** /kɔagyle/ SYN ► conjug 1 ◄ [*sang*] to coagulate (SPÉC), to clot, to congeal; [*lait*] to curdle

coagulum /kɔagylɔm/ **NM** coagulum

coalescence /kɔalesɑ̃s/ **NF** coalescence

coalescent, e /kɔalesɑ̃, ɑ̃t/ **ADJ** coalescent

coalisé, e /kɔalize/ (ptp de **coaliser**)
ADJ (= *allié*) [*pays*] allied; (= *conjoint*) [*efforts*] united
NMPL ◆ **les coalisés** the members of the coalition

coaliser /kɔalize/ SYN ► conjug 1 ◄
VT to unite (in a coalition)
VPR **se coaliser** (= *se liguer*) (*gén*) to unite; [*pays*] to form a coalition ◆ **deux des commerçants se sont coalisés contre un troisième** two of the shopkeepers joined forces *ou* united against a third

coalition /kɔalisjɔ̃/ SYN **NF** coalition ◆ **gouvernement de coalition** coalition government

coaltar /koltaʀ/ **NM** (*lit*) coal tar ◆ **être dans le coaltar**⁕ (*après anesthésie*) to be a bit groggy* *ou* whoozy*; (= *être mal réveillé*) to be a bit whoozy*, to be half-asleep

coaptation /kɔaptasjɔ̃/ **NF** coaptation

coarctation /kɔaʀktasjɔ̃/ **NF** coarctation

coassement /kɔasmɑ̃/ **NM** croaking (NonC)

coasser /kɔase/ ► conjug 1 ◄ **VI** to croak

coassocié, e /kɔasɔsje/ **NM,F** copartner

coassurance /kɔasyʀɑ̃s/ **NF** mutual assurance

coati /kɔati/ **NM** coati

coauteur /kootœʀ/ **NM** ① (*Littérat*) co-author, joint author
② (*Jur*) accomplice

coaxial, e /kɔaksjal, jo/ (mpl **-aux**) **ADJ** coaxial

COB /kɔb/ **NF** (abrév de **Commission des opérations de Bourse**) *French stock exchange regulatory body*, ≈ SIB (*Brit*), ≈ SEC (*US*)

cob /kɔb/ **NM** (= *cheval*) cob

cobalt /kɔbalt/ **NM** cobalt; → **bombe**

cobaltine /kɔbaltin/, **cobaltite** /kɔbaltit/ **NF** cobaltine, cobaltite

cobaye /kɔbaj/ **NM** (*lit, fig*) guinea-pig ◆ **servir de cobaye à** to act as *ou* be used as a guinea-pig for

cobelligérant, e /kɔbeliʒeʀɑ̃, ɑ̃t/
ADJ cobelligerent
NMPL ◆ **les cobelligérants** the cobelligerent nations

Cobol /kɔbɔl/ **NM** (*Ordin*) COBOL

cobra /kɔbʀa/ **NM** cobra

coca /kɔka/
NM (abrév de **Coca-Cola** ®) Coke ® ◆ **un whisky coca** a whisky and Coke ®
NF (= *substance*) coca extract
NM OU NF (= *plante*) coca

cocagne /kɔkaɲ/ **NF** → **mât, pays¹**

cocaïne /kɔkain/ **NF** cocaine

cocaïnisation /kɔkainizasjɔ̃/ **NF** cocainization

cocaïnomane /kɔkainɔman/ **NMF** cocaine addict

cocaïnomanie /kɔkainɔmani/ **NF** cocaine addiction, cocainism

cocard⁕ /kɔkaʀ/ **NM** black eye, shiner*

cocarde /kɔkaʀd/ **NF** (*en tissu*) rosette; (*Hist : sur la coiffure*) cockade; [*d'avion*] roundel ◆ **cocarde (tricolore)** (*sur voiture officielle*) ≈ official sticker

cocardier, -ière /kɔkaʀdje, jɛʀ/ SYN
ADJ jingoistic, chauvinistic
NM,F jingoist, chauvinist

cocasse /kɔkas/ SYN **ADJ** comical, funny

cocasserie /kɔkasʀi/ **NF** comicalness, funniness ◆ **c'était d'une cocasserie !** it was so funny! *ou* comical!

coccidie /kɔksidi/ **NF** coccid

coccinelle /kɔksinɛl/ **NF** (= *insecte*) ladybird, ladybug (*US*); (⁕ = *voiture*) beetle (*Brit*), bug (*US*)

coccus /kɔkys/ **NM** coccus

coccygien, -ienne /kɔksiʒjɛ̃, jɛn/ **ADJ** coccygeal

coccyx /kɔksis/ **NM** coccyx

coche /kɔʃ/ **NM** (= *diligence*) (stage)coach ◆ **coche d'eau** (*Hist*) horse-drawn barge ◆ **louper** *ou* **manquer** *ou* **rater le coche** (*fig*) to miss the boat * *ou* one's chance; → **mouche**

cochenille /kɔʃnij/ **NF** (*gén*) mealybug; (*pour teinture*) cochineal insect

cocher¹ /kɔʃe/ ► conjug 1 ◄ **VT** (*au crayon*) to check off, to tick (off) (*Brit*); (*d'une entaille*) to notch ◆ **cochez la bonne réponse** tick (*Brit*) *ou* check (*US*) the correct answer

cocher² /kɔʃe/ **NM** (*gén*) coachman, coach driver; [*de fiacre*] cabman, cabby*

côcher /koʃe/ ► conjug 1 ◄ **VT** [*oiseau*] to tread

cochère /kɔʃɛʀ/ **ADJ F** → **porte**

Cochinchine /kɔʃɛ̃ʃin/ **NF** Cochin China

cochléaire /kɔkleɛʀ/ **ADJ** (*Anat*) cochlear

cochlée /kɔkle/ **NF** cochlea

cochon, -onne /kɔʃɔ̃, ɔn/ SYN
NM ① (= *animal*) pig, hog (*US*); (⁕ = *viande*) pork (NonC) ◆ **cochon d'Inde** guinea-pig ◆ **cochon de lait** (*gén*) piglet; (*Culin*) suck(l)ing-pig
② (⁕ : *péj* = *personne*) (*sale, vicieux*) dirty pig⁕; (= *goujat*) swine⁕ ◆ **manger/écrire comme un cochon** to be a messy eater/writer ◆ **vieux cochon** dirty old man ◆ **petit cochon !** you messy thing! ◆ **ce cochon de voisin** that swine⁕ of a neighbour ◆ **eh bien, mon cochon !** (*terme amical*) you old devil!*
③ (*locutions*) ◆ **quel temps de cochon !** what lousy *ou* filthy weather!* ◆ **(et) cochon qui s'en dédit** * (*hum*) let's shake (hands) on it, cross my heart (and hope to die)* ◆ **un cochon n'y retrouverait pas ses petits** it's like a pigsty in there, it's a real mess in there ◆ **si les petits cochons ne te mangent pas** (*hum*) if the bogeyman doesn't get you ◆ **elle ira loin si les petits cochons ne la mangent pas avant** (*hum*) she'll go far if nothing gets in her way ◆ **tout homme a dans son cœur un cochon qui sommeille** there's a bit of the animal in every man; → **confiture, copain**
ADJ ① (⁕ = *obscène*) [*chanson, histoire*] dirty, smutty; [*personne*] dirty-minded
② (⁕ = *sale*) ◆ **il est cochon** (*sur lui*) he's filthy; (*dans son travail*) he's a messy worker ◆ **c'est pas cochon !** it's not at all bad!
NF **cochonne** (= *personne*) (*sale*) dirty pig⁕; (*vicieuse*) dirty cow⁕

cochoncetés⁕ /kɔʃɔ̃ste/ **NFPL** (= *obscénités*) filth (NonC), smut (NonC); (= *plaisanteries*) smutty *ou* dirty jokes ◆ **faire des cochoncetés** (*saletés*) to make a mess ◆ **arrête de dire des cochoncetés** stop talking dirty*

cochonnaille⁕ /kɔʃɔnaj/ **NF** (= *charcuterie*) pork products ◆ **assiette de cochonnaille** selection of cold pork *ou* ham

cochonner⁕ /kɔʃɔne/ SYN ► conjug 1 ◄ **VT** (= *mal faire*) [+ *travail*] to botch (up), to bungle; (= *salir*) [+ *vêtements*] to mess up*, to make filthy

cochonnerie⁕ /kɔʃɔnʀi/ SYN **NF** (= *nourriture*) disgusting *ou* foul food, pigswill* (NonC); (= *marchandise*) rubbish (NonC), trash (NonC); (= *plaisanterie*) smutty *ou* dirty joke; (= *tour*) dirty *ou* low trick; (= *saleté*) filth (NonC) ◆ **manger des cochonneries** to eat junk food ◆ **faire une cochonnerie à qn** to play a dirty trick on sb ◆ **le chien a fait des cochonneries dans la cuisine** the dog has made a mess in the kitchen ◆ **ne regarde pas ces cochonneries !** don't look at that filth!

cochonnet /kɔʃɔnɛ/ **NM** ① (= *petit cochon*) piglet
② (*Boules*) jack

cocker /kɔkɛʀ/ **NM** cocker spaniel ◆ **son regard** *ou* **ses yeux de cocker** his doleful eyes

cockpit /kɔkpit/ SYN **NM** cockpit

cocktail /kɔktɛl/ **NM** (= *réunion*) cocktail party; (= *boisson*) cocktail; (*fig*) mixture, potpourri ◆ **cocktail de fruits/crevettes** fruit/prawn cocktail ◆ **cocktail Molotov** Molotov cocktail, petrol bomb ◆ **cocktail explosif** (*fig*) explosive cocktail *ou* mixture

coco¹ /koko/ **NM** ① (*langage enfantin* = *œuf*) egg
② (*terme d'affection*) pet, darling, poppet* (*Brit*) ◆ **oui, mon coco** yes, darling
③ (⁕ : *péj* = *type*) guy*, bloke* (*Brit*) ◆ **un drôle de coco** an odd guy* *ou* bloke* (*Brit*), an odd-

ball* *ou* oddbod* *(Brit)* ◆ **toi mon coco, tu vas voir !** you've got it coming to you, buster *ou* mate!*

[4] (* : *péj* = *communiste*) commie*

[5] (= *réglisse*) liquorice powder; (= *boisson*) liquorice water

[6] († = *noix*) coconut ◆ **beurre de coco** coconut butter ◆ **tapis en (fibre de) coco** coconut *ou* coir mat *ou* matting (NonC); → **lait, noix**

[7] (= *haricot*) small white haricot bean

coco² † /kɔko/ **NF** (*arg Drogue* = *cocaïne*) coke*, snow (*arg*)

cocon /kɔkɔ̃/ **NM** (*lit, fig*) cocoon ◆ **sortir du cocon familial** to leave the nest

cocontractant, e /kokɔ̃traktɑ̃, ɑ̃t/ **NM,F** contracting partner

cocooner /kokune/ **VI** ▸ conjug 1 ◂ to stay at home ◆ **je vais cocooner ce soir** I'm going to have a quiet night in

cocooning /kɔkuniŋ/ **NM** staying at home, cocooning (US) ◆ **j'ai envie d'une petite soirée cocooning** I feel like spending a nice cosy evening at home

cocorico /kɔkɔriko/

NM [*de coq*] cock-a-doodle-do; (*fig*) cheer of victory ◆ **pousser un cocorico, faire cocorico** [*coq*] to crow; (*fig*) to crow (over one's victory) ◆ **ils ont fait cocorico un peu trop tôt** their victory celebrations were premature, they started celebrating a bit too soon

EXCL [*de coq*] cock-a-doodle-do! ◆ **cocorico ! on a gagné !** hooray! we won!

cocoter* /kɔkɔte/ ▸ conjug 1 ◂ **VI** (= *sentir mauvais*) to stink, to pong* (*Brit*)

cocoteraie /kɔkɔtrɛ/ **NF** (*naturelle*) coconut grove; (*cultivée*) coconut plantation

cocotier /kɔkɔtje/ **NM** coconut palm *ou* tree ◆ **sous les cocotiers** under the palm trees; → **secouer**

cocotte /kɔkɔt/

NF [1] (*langage enfantin* = *poule*) hen, cluck-cluck (*langage enfantin*)

[2] (* : *péj* = *femme*) tart* ◆ **ça sent** *ou* **pue la cocotte** it smells like a perfume factory

[3] (*à un cheval*) ◆ **allez cocotte !, hue cocotte !** gee up!

[4] (* : *terme d'affection*) ◆ **(ma) cocotte** pet, sweetie ◆

[5] (= *marmite*) casserole ◆ **faire un poulet à la** *ou* **en cocotte** to casserole a chicken ◆ **poulet/veau (à la) cocotte** chicken/veal casserole

COMP **Cocotte Minute** ® pressure cooker ◆ **cocotte en papier** paper hen

cocotter* /kɔkɔte/ ▸ conjug 1 ◂ **VI** ⇒ cocoter

cocu, e* /kɔky/ **SYN**

ADJ deceived, cuckolded † ◆ **elle l'a fait cocu** she was unfaithful to him, she cuckolded him †

NM deceived husband, cuckold †; → **veine**

NF **cocue** deceived wife

cocufier* /kɔkyfje/ **SYN** ▸ conjug 7 ◂ **VT** to be unfaithful to, to cuckold †

cocyclique /kosiklik/ **ADJ** concyclic

coda /kɔda/ **NF** (*Mus*) coda

codage /kɔdaʒ/ **SYN NM** coding, encoding

code /kɔd/ **SYN**

NM [1] (*Jur*) code ◆ **le code civil** the civil code, ≈ common law ◆ **code pénal** *ou* **de procédure pénale** penal code ◆ **le code maritime/de commerce** maritime/commercial law ◆ **code de la nationalité** nationality law ◆ **code du travail** labour regulations *ou* laws ◆ **code de la route** highway code ◆ **il a eu le code, mais pas la conduite** he passed on the highway code but not on the driving

[2] (= *règles*) code ◆ **code de la politesse/de l'honneur** code of politeness/honour ◆ **code de bonne conduite** code of good practice ◆ **code vestimentaire** dress code

[3] (= *écriture, message*) (*gén, en sciences*) code ◆ **code secret** secret code ◆ **écrire qch en code** to write sth in code

[4] [*de voiture*] ◆ **phares code, codes** dipped (head)lights (*Brit*), low beams (*US*) ◆ **mettre ses codes** *ou* **ses phares en code(s), se mettre en code(s)** to dip one's (head)lights (*Brit*), to put on the low beams (*US*) ◆ **rouler en code(s)** to drive with dipped (head)lights (*Brit*) *ou* on low beams (*US*)

COMP **code d'accès** (*à un immeuble*) entry code; (*à une base de données*) access code

code ASCII ASCII code
code à barres bar code
code confidentiel PIN (number)
code d'entrée entry code
code génétique genetic code
code personnel ⇒ **code confidentiel**
code postal postcode (*Brit*), zip code (*US*)

codé, e /kɔde/ (*ptp de* **coder**) **ADJ** (*Ordin*) [*message*] coded; (*TV*) [*émission*] scrambled, coded ◆ **le langage codé de certains milieux** (*fig*) the secret language used by certain social groups ◆ **c'est une société très codée** it's a society where everything is very coded ◆ **je n'aime pas les tailleurs, c'est trop codé** I don't like wearing suits, they're too bound up with a certain image

code-barre(s) (pl **codes-barres**) /kɔdbar/ **NM** bar code

codébiteur, -trice /kɔdebitœr, tris/ **NM,F** joint debtor

codec /kɔdɛk/ **NM** (*Ordin*) codec

codécision /kɔdesizjɔ̃/ **NF** joint decision

codéine /kɔdein/ **NF** codeine

codemandeur, -eresse /kɔd(ə)mɑ̃dœr, drɛs/ **NM,F** joint plaintiff

CODER /seodeaer/ **NF** (*abrév de* **Commission de développement économique régional**) → **commission**

coder /kɔde/ **SYN** ▸ conjug 1 ◂ **VT** to code

codétenteur, -trice /kɔdetɑ̃tœr, tris/ **NM,F** (*Jur, Sport*) joint holder

codétenu, e /kɔdet(ə)ny/ **NM,F** prisoner, inmate ◆ **avec ses codétenus** with his fellow prisoners *ou* inmates

codeur /kɔdœr/ **NM** encoder

CODEVI /kɔdevi/ **NM** (*abrév de* **compte pour le développement industriel**) → **compte**

codex /kɔdɛks/ **NM** (officially approved) pharmacopoeia

codicillaire /kɔdisilɛr/ **ADJ** (*Jur*) codicillary

codicille /kɔdisil/ **NM** (*Jur*) codicil

codification /kɔdifikasjɔ̃/ **NF** codification

codifier /kɔdifje/ **SYN** ▸ conjug 7 ◂ **VT** (*Jur* = *systématiser*) to codify

codirecteur, -trice /kɔdirɛktœr, tris/ **NM,F** co-director, joint manager (*ou* manageress)

codirection /kɔdirɛksjɔ̃/ **NF** [*d'entreprise*] joint management

codominance /kɔdɔminɑ̃s/ **NF** codominance

codon /kɔdɔ̃/ **NM** codon

coéditer /koedite/ ▸ conjug 1 ◂ **VT** to co-publish

coéditeur, -trice /koeditœr, tris/ **NM,F** co-publisher

coédition /koedisjɔ̃/ **NF** co-edition

coef(f) * /kɔef/ **NM** *abrév de* **coefficient**

coefficient /kɔefisjɑ̃/ **SYN**

NM (*Math, Phys*) coefficient ◆ **cette matière est affectée d'un coefficient trois** (*Scol*) marks (*Brit*) *ou* grades (*US*) in this subject are weighted by a factor of three

COMP **coefficient de dilatation** coefficient of expansion
coefficient d'élasticité modulus of elasticity
coefficient d'erreur margin of error
coefficient de marée tidal range
coefficient d'occupation des sols planning density
coefficient de pénétration dans l'air drag coefficient *ou* factor
coefficient de sécurité safety margin

cœlacanthe /selakɑ̃t/ **NM** coelacanth

cœlentérés /selɑ̃tere/ **NMPL** ◆ **les cœlentérés** coelenterates, the Coelenterata (*SPÉC*)

cœlialgie /seljalʒi/ **NF** coeliac disease

cœliaque /seljak/ **ADJ** coeliac (*Brit*), celiac (*US*)

cœliochirurgie /seljɔʃiryrʒi/ **NF** abdominal surgery, coeliosurgery (*Brit*), celiosurgery (*US*)

cœlioscopie /seljɔskɔpi/ **NF** laparoscopy

cœlostat /selɔsta/ **NM** coelostat

cœnesthésie /senɛstezi/ **NF** ⇒ **cénesthésie**

coentreprise /koɑ̃trəpriz/ **NF** (*Écon*) joint venture

cœnure /senyr/ **NM** coenurus

coenzyme /koɑ̃zim/ **NM** coenzyme

coépouse /koepuz/ **NF** co-wife

coéquipier, -ière /koekipje, jɛr/ **NM,F** team mate

coercibilité /kɔɛrsibilite/ **NF** coercibility

coercible /kɔɛrsibl/ **ADJ** coercible

coercitif, -ive /kɔɛrsitif, iv/ **SYN ADJ** coercive

coercition /kɔɛrsisjɔ̃/ **SYN NF** coercion

---

cœur /kœr/ **SYN**

1 - NOM MASCULIN
2 - COMPOSÉS

---

1 - NOM MASCULIN

[1] [ANAT] (= *organe*) heart; (= *poitrine*) heart, breast ◆ **avoir le cœur malade** to have a weak heart *ou* a heart condition ◆ **heureusement que j'ai le cœur solide** (*aussi hum*) it's a good thing I haven't got a weak heart ◆ **serrer qn contre** *ou* **sur son cœur** to hold *ou* press sb to one's heart *ou* breast ◆ **cœur de bœuf/de poulet** (*Boucherie*) ox/chicken heart ◆ **opération à cœur ouvert** open-heart surgery ◆ **on l'a opéré à cœur ouvert** he had open-heart surgery; → **battement, greffe¹**

[2] [= ESTOMAC] ◆ **il faut avoir le cœur bien accroché pour être ambulancier** you need a strong stomach to be an ambulance man ◆ **j'avais le cœur au bord des** *ou* **sur les lèvres** I thought I was going to be sick (any minute); → **mal², soulever**

[3] [= SIÈGE DE L'AMOUR] heart ◆ **donner son cœur à qn** to lose one's heart to sb, to give sb one's heart ◆ **je ne le porte pas dans mon cœur** I am not exactly *ou* overly fond of him ◆ **mon cœur** (*forme d'adresse*) sweetheart ◆ **c'est un homme selon mon cœur** he's a man after my own heart ◆ **c'est un film/un paysage selon mon cœur** it's the kind of film/landscape I love ◆ **avoir un** *ou* **le cœur sensible** to be sensitive *ou* tender-hearted

◆ **coup de cœur** ◆ **avoir un coup de cœur pour qch** to fall in love with sth ◆ **nos coups de cœur parmi les livres du mois** our favourites among this month's new books

[4] [= BONTÉ, GÉNÉROSITÉ] ◆ **avoir bon cœur** to be kind-hearted *ou* good-hearted, to have one's heart in the right place ◆ **à votre bon cœur (m'sieurs-dames) !** thank you kindly! ◆ **homme/femme de cœur** kind-hearted *ou* good-hearted man/woman ◆ **avoir le cœur sur la main** to be open-handed ◆ **manquer de cœur** to be unfeeling *ou* heartless ◆ **il a** *ou* **c'est un cœur d'or** he has a heart of gold ◆ **elle a un cœur gros comme ça*** she's really big-hearted ◆ **héros au grand cœur** big-hearted hero ◆ **il a un cœur de pierre, il a une pierre** *ou* **un caillou à la place du cœur** he has a heart of stone ◆ **c'est un homme sans cœur, il n'a pas de cœur** he's really heartless

[5] [= HUMEUR] ◆ **avoir le cœur à faire qch** to feel like doing sth ◆ **je n'ai pas le cœur à rire/à sortir** I don't feel like laughing/going out, I'm not in the mood for laughing/going out ◆ **il n'a plus le cœur à rien** his heart isn't in anything any more ◆ **si le cœur vous en dit** if you feel like it, if you're in the mood ◆ **avoir le cœur joyeux** *ou* **gai** to feel happy ◆ **d'un cœur léger** light-heartedly ◆ **il est parti le cœur léger** he left in a light-hearted mood ◆ **il avait le cœur lourd** his heart was heavy, he was heavy-hearted ◆ **il est parti le cœur lourd** he left with a heavy heart ◆ **avoir le cœur gros** *ou* **serré** to have a heavy heart ◆ **mon cœur se serre à cette pensée** my heart sinks at the thought

◆ **de bon cœur** [*manger, rire*] heartily; [*faire, accepter*] willingly, readily

[6] [= ÂME, PENSÉES INTIMES] ◆ **c'est un cœur pur** he is a candid soul ◆ **ouvrir son cœur à qn** to open one's heart to sb ◆ **ça vient du cœur !** it comes *ou* is straight from the heart! ◆ **des paroles venues du cœur** words from the heart, heartfelt words ◆ **je veux en avoir le cœur net** I want to be clear in my own mind (about it) ◆ **ce geste/ce discours lui est allé (droit) au cœur** he was (deeply) moved *ou* (very) touched by this gesture/these words, this gesture/these words went straight to his heart; → **cri**

◆ **à cœur** ◆ **avoir à cœur de faire qch** to be very keen to do sth ◆ **prendre les choses à cœur** to take things to heart ◆ **ce voyage me tient à cœur** I've set my heart on this trip ◆ **cette cause me tient à cœur** this cause is close to my

heart ✦ c'est un sujet qui me tient vraiment à cœur it's an issue I feel very strongly about
✦ à cœur ouvert ✦ il m'a parlé à cœur ouvert he opened his heart to me ✦ nous avons eu une conversation à cœur ouvert we had a heart-to-heart (talk)
✦ avoir qch sur le cœur ✦ ce qu'il m'a dit, je l'ai sur le cœur ou ça m'est resté sur le cœur what he said to me still rankles with me, I still feel sore about what he said to me ✦ je vais lui dire ce que j'ai sur le cœur (gén) I'm going to tell him what's on my mind; (ce que je pense de lui) I'm going to give him a piece of my mind
✦ cœur à cœur ✦ on s'est parlé cœur à cœur we had a heart-to-heart (talk)
✦ de tout (son) cœur [remercier, souhaiter] with all one's heart, from the bottom of one's heart ✦ être de tout cœur avec qn dans la joie/une épreuve to share (in) sb's happiness/sorrow ✦ je suis de tout cœur avec vous my thoughts are with you
[7] [= COURAGE, ARDEUR] heart, courage ✦ comment peut-on avoir le cœur de refuser ? how can one have ou find the heart to refuse? ✦ le cœur lui manqua (pour...) his courage failed him (when it came to...) ✦ mettre tout son cœur dans qch/à faire qch to put all one's heart into sth/into doing sth ✦ avoir du cœur au ventre* to have guts* ✦ donner du cœur au ventre à qn* to buck sb up* ✦ avoir du cœur à l'ouvrage to put one's heart into one's work ✦ il travaille mais le cœur n'y est pas he does the work but his heart isn't in it ✦ redonner du cœur à qn to give sb new heart
✦ à cœur joie ✦ s'en donner à cœur joie (= s'amuser) to have a tremendous time, to have a whale of a time*; (= critiquer) to have a field day, to go to town ✦ les pillards s'en sont donné à cœur joie the looters really went to town
[8] [= PARTIE CENTRALE] [de chou] heart; [d'arbre, poutre] heart, core; [de fruit, pile atomique] core; [de problème, ville] heart ✦ cœur de rumsteck/de filet (Boucherie) prime cut of rumsteak/of fillet ✦ c'est notre cœur de cible (Comm) it is our main ou key target group ✦ l'édition est notre cœur d'activité publishing is our core activity
✦ à cœur ✦ fromage fait à cœur fully ripe cheese ✦ viande cuite à cœur medium-cooked meat ✦ viande tendre à cœur very tender meat
✦ au cœur de [de région, ville, forêt] in the heart of ✦ au cœur de l'été at the height of summer ✦ au cœur de l'hiver in the depths ou heart of winter ✦ ce problème est au cœur du débat this problem is a central issue
[9] [= OBJET] heart ✦ en (forme de) cœur heart-shaped ✦ volets percés de cœurs shutters with heart-shaped holes; → bouche
[10] [CARTES] heart ✦ roi/as de cœur king/ace of hearts ✦ avez-vous du cœur ? have you got any hearts?; → atout
[11] [LOCUTIONS]
✦ par cœur [réciter, apprendre] by heart ✦ connaître par cœur [+ poème, formule] to know (off) by heart; [+ endroit] to know like the back of one's hand ✦ il connaît Racine par cœur he knows (the works of) Racine inside out ✦ je te connais par cœur I know you inside out, I know you like the back of my hand ✦ tes arguments, je les connais par cœur ! I've heard all your arguments before!, I know your arguments by heart! ✦ savoir par cœur [+ leçon] to know (off) by heart

2 - COMPOSÉS

cœur d'artichaut (lit) artichoke heart ✦ c'est ou il a un cœur d'artichaut (fig) he falls in love with every girl he meets
cœur de céleri celery heart
cœur de palmier heart of palm

cœur-de-pigeon (pl cœurs-de-pigeon) /kœʀdəpiʒɔ̃/ NM variety of red cherry

coexistence /kɔɛgzistɑ̃s/ SYN NF coexistence ✦ coexistence pacifique peaceful coexistence

coexister /kɔɛgziste/ ▸ conjug 1 ◂ VI to coexist

coextensif, -ive /kɔɛkstɑ̃sif, iv/ ADJ coextensive

cofacteur /kofaktœʀ/ NM (Math) cofactor, signed minor; (Chim) cofactor

coffrage /kofʀaʒ/ NM (pour protéger, cacher) boxing (NonC); [de galerie, tranchée] (= dispositif, action) coffering (NonC); (en béton) (= dispositif) form, formwork (NonC), shuttering (NonC); (= action) framing

coffre /kofʀ/ SYN
[NM] [1] (= meuble) chest ✦ coffre à linge/à outils linen/tool chest
[2] [de voiture] boot (Brit), trunk (US) ✦ coffre avant/arrière front/rear boot (Brit) ou trunk (US)
[3] (= coffrage) (gén) case; [de piano] case; [de radio] cabinet
[4] [de banque, hôtel] safe; (= compartiment) safe- ou safety-deposit box; (Hist, fig = cassette) coffer ✦ les coffres de l'État the coffers of the state ✦ la salle des coffres (Banque) the strongroom, the (bank) vault
[5] (* = poitrine) ✦ le coffre the chest ✦ il a du coffre he's got a lot of blow* ou puff* (Brit)
COMP coffre à bagages overhead luggage locker
coffre à bijoux jewellery (Brit) ou jewelry (US) box
coffre à jouets toybox
coffre de nuit night safe
coffre de voyage † trunk

coffre-fort (pl coffres-forts) /kofʀəfɔʀ/ NM safe

coffrer /kofʀe/ ▸ conjug 1 ◂ VT [1] (* = emprisonner) to throw ou put inside* ✦ se faire coffrer to get put inside*
[2] (Tech) [+ béton] to place a frame ou form for; [+ tranchée, galerie] to coffer

coffret /kofʀɛ/ SYN NM (gén) casket; [de disques, livres] (= contenant) box; (= contenu) boxed set ✦ coffret à bijoux jewel box, jewellery case ✦ coffret-cadeau presentation box

cofinancement /kofinɑ̃smɑ̃/ NM co-financing

cofinancer /kofinɑ̃se/ ▸ conjug 3 ◂ VT to finance jointly, to co-finance

cofondateur, -trice /kofɔ̃datœʀ, tʀis/ NM,F co-founder

cogérant /koʒeʀɑ̃/ NM joint manager

cogérante /koʒeʀɑ̃t/ NF joint manageress

cogérer /koʒeʀe/ ▸ conjug 6 ◂ VT to manage jointly

cogestion /koʒɛstjɔ̃/ NF co-management, joint management

cogitation /koʒitasjɔ̃/ NF (hum) cogitation

cogiter /koʒite/ ▸ conjug 1 ◂
[VI] (hum = réfléchir) to cogitate
[VT] [+ histoire] to think about; [+ problème] to mull over ✦ qu'est-ce qu'il cogite ? what's he thinking about?

cogito /koʒito/ NM (Philos) cogito ✦ le cogito cartésien Descartes's cogito

cognac /kɔɲak/
[NM] cognac, (French) brandy
[ADJ INV] brandy-coloured (Brit) ou -colored (US)

cognassier /kɔɲasje/ NM quince (tree), japonica

cognat /kɔɲa/ NM (Jur) cognate

cognation /kɔɲasjɔ̃/ NF cognation

cogne †* /kɔɲ/ NM (= policier) cop* ✦ les cognes the cops*, the fuzz*

cognée /kɔɲe/ NF felling axe ou ax (US); → manche²

cognement /kɔɲmɑ̃/ NM (= bruit, action) banging; [de moteur] knocking

cogner /kɔɲe/ SYN ▸ conjug 1 ◂
[VT] [1] (= heurter) to knock ✦ fais attention à ne pas cogner les verres mind you don't knock the glasses against anything ✦ quelqu'un m'a cogné en passant somebody knocked (into) me as they went by
[2] (* = battre) to beat up
[VI] [1] [personne] ✦ cogner sur [+ clou, piquet] to hammer on; [+ mur] to bang ou knock on; (fort) to hammer on ✦ cogner du poing sur la table to bang ou thump one's fist on the table ✦ cogner à la porte/au plafond to knock at the door/on the ceiling; (fort) to bang ou rap at the door/on the ceiling
[2] [volet, battant, branche] to bang; [grêle] to hammer, to pound (contre against) ✦ cogner contre [projectile] to hit; to strike ✦ un caillou est venu cogner contre le pare-brise a stone hit the windscreen ✦ il y a un volet qui cogne (contre le mur) there's a shutter banging (against the wall) ✦ le moteur cogne the engine's knocking
[3] * [boxeur, bagarreur] to hit out ✦ ça va cogner à la manif* there's going to be some rough stuff at the demo* ✦ ce boxeur-là, il cogne dur that boxer's a hard hitter, that boxer packs a mean punch ✦ cogner sur qn to lay into sb*

[4] * [soleil] to beat down ✦ ça cogne !* it's scorching!
[5] * (* = sentir mauvais) to stink to high heaven*, to pong* (Brit)
[VPR] se cogner [1] ✦ se cogner contre un mur to bump into a wall ✦ se cogner la tête/le genou contre un poteau to bang one's head/knee on a post ✦ c'est à se cogner la tête contre les murs (fig) it's like banging your head against a brick wall
[2] ✦ se cogner (dessus)* (= se battre) to lay into each other*
[3] ✦ je m'en cogne* I couldn't give a damn*

cogneur* /kɔɲœʀ/ NM (= bagarreur, boxeur) bruiser*

cogniticien, -ienne /kɔgnitisjɛ̃, jɛn/ NM,F cognitive scientist

cognitif, -ive /kɔgnitif, iv/ ADJ cognitive

cognition /kɔgnisjɔ̃/ NF cognition

cognitiviste /kɔgnitivist/ NMF cognitive scientist

cohabitant, e /kɔabitɑ̃, ɑ̃t/
[ADJ] ✦ couple cohabitant couple who are living together, cohabiting couple
[NM,F] cohabitee; (euph = concubin) live-in lover

cohabitation /kɔabitasjɔ̃/ NF [de couple] living together, cohabitation; [de plusieurs personnes] living under the same roof; (Pol) cohabitation ✦ la cohabitation avec mon mari était devenue impossible it had become impossible for me and my husband to carry on living together ou living under the same roof

COHABITATION

The situation which occurs when, as a result of a presidential or general election, the French people find themselves with a president who represents one political party and a government which represents another. A recent example of **cohabitation** is the combination of a Socialist Prime Minister, Lionel Jospin, with a Gaullist President, Jacques Chirac.

cohabiter /kɔabite/ ▸ conjug 1 ◂ VI [couple] to live together, to cohabit; [plusieurs personnes] to live under the same roof; (Pol) to cohabit ✦ ils cohabitent avec leurs parents they live with their parents ✦ faire cohabiter deux cultures to reconcile two cultures

cohérence /kɔeʀɑ̃s/ SYN NF [1] (= logique) [d'arguments, politique] coherence; [de conduite] consistency ✦ le manque de cohérence de sa politique the incoherence of his policy ✦ la cohérence d'ensemble du projet the overall coherence of the project
[2] (= homogénéité) [de groupe] cohesion ✦ pour améliorer la cohérence de cette gamme to make the range more comprehensive ✦ la cohérence de l'équipe laisse à désirer the team is not as well-knit as it could be
[3] (Phys) coherence

cohérent, e /kɔeʀɑ̃, ɑ̃t/ SYN ADJ [1] (= logique) [arguments] coherent; [politique] coherent; [conduite] consistent ✦ sois cohérent (avec toi-même) be true to yourself
[2] (= homogène) [équipe] well-knit; [groupe] cohesive; [gamme de produits] comprehensive, complete
[3] (Phys) coherent

cohéritier /kɔeʀitje/ NM joint heir, coheir

cohéritière /kɔeʀitjɛʀ/ NF joint heiress, coheiress

cohésif, -ive /kɔezif, iv/ ADJ cohesive

cohésion /kɔezjɔ̃/ SYN NF cohesion

cohorte /kɔɔʀt/ NF (= groupe) troop; (Hist Mil) cohort

cohue /kɔy/ SYN NF (= foule) crowd; (= bousculade) crush ✦ c'était la cohue à l'entrée du cinéma there was such a crush at the entrance to the cinema

coi, coite /kwa, kwat/ SYN ADJ ✦ se tenir coi, rester coi to remain silent ✦ en rester coi to be rendered speechless

coiffage /kwafaʒ/ NM hairdressing ✦ produit de coiffage hairstyling product

coiffant, e /kwafɑ̃, ɑ̃t/ ADJ → gel, mousse¹

coiffe /kwaf/ NF [1] [de costume régional, religieuse] headdress
[2] [de chapeau] lining; (Tech) [de fusée] cap; (Anat) [de nouveau-né] caul

coiffé | colimaçon

coiffé, e /kwafe/ (ptp de **coiffer**) ADJ 1 (= peigné) ◆ **est-ce que tu es coiffé ?** have you done your hair? ◆ **comment était-elle coiffée ?** what was her hair like?, how did she have her hair? ◆ **il est toujours bien/mal coiffé** his hair always looks nice/a mess ◆ **être coiffé en brosse** to have a crew-cut ◆ **être coiffé en chien fou** to have dishevelled hair ◆ **il était coiffé en arrière** he had his hair brushed ou combed back; → **naître**

2 (= couvert) ◆ **être coiffé d'un béret** to be wearing a beret ◆ **le clown entra coiffé d'une casserole** the clown came in with a saucepan on his head

coiffer /kwafe/ SYN ► conjug 1 ◄

VT 1 (= peigner) ◆ **coiffer qn** to do sb's hair ◆ **il coiffe bien** he's a good hairdresser ◆ **cheveux difficiles à coiffer** unmanageable hair ◆ (aller) **se faire coiffer** to go and) have one's hair done

2 (= couvrir la tête de) ◆ **coiffer (la tête d')un bébé d'un bonnet** to put a bonnet on a baby's head ◆ **ce chapeau la coiffe bien** that hat suits her ou looks good on her ◆ **le béret qui la coiffait** the beret she had on ou was wearing

3 (= mettre) [+ chapeau] to put on ◆ **coiffer la mitre/la tiare** to be mitred/made Pope ◆ **coiffer la couronne** to be crowned (king ou queen) ◆ **elle allait bientôt coiffer sainte Catherine** she would soon be 25 and still unmarried → CATHERINETTES

4 (= surmonter) ◆ **des nuages coiffaient le sommet** clouds covered the summit, the summit was topped with clouds ◆ **pic coiffé de neige** snow-capped peak

5 (= diriger) [+ services] to head up, to have overall responsibility for

6 (* = dépasser) ◆ **coiffer qn à l'arrivée ou au poteau** to nose sb out*, to pip sb at the post* (Brit) ◆ **se faire coiffer** to be nosed out*, to be pipped at the post* (Brit)

VPR **se coiffer** 1 (= se peigner) to do one's hair ◆ **elle se coiffe toujours mal** she never manages to do anything nice with her hair ◆ **tu t'es coiffé avec un râteau** ou **un clou** (hum) you look like you've been dragged through a hedge backwards ◆ **tu t'es coiffé avec un pétard** your hair's all sticking up

2 (= mettre comme coiffure) ◆ **se coiffer d'une casquette** to put on a cap ◆ **d'habitude, elle se coiffe d'un chapeau de paille** she usually wears a straw hat

3 (= acheter ses chapeaux) ◆ **se coiffer chez Legrand** to buy one's hats from Legrand

coiffeur /kwafœʀ/ NM [de dames] hairdresser; [d'hommes] hairdresser, barber ◆ **les grands coiffeurs parisiens** top Paris hairstylists

coiffeuse /kwaføz/ NF (= personne) hairdresser; (= meuble) dressing table

coiffure /kwafyʀ/ NF (= façon d'être peigné) hairstyle, hairdo*; (= chapeau) hat, headgear* (NonC) ◆ **la coiffure** (métier) hairdressing; → **salon**

coin /kwɛ̃/ SYN NM 1 (= angle) [d'objet, chambre] corner ◆ **armoire/place de coin** corner cupboard/seat ◆ **va au coin !** (Scol) go and stand in the corner! ◆ **envoyer** ou **mettre un enfant au coin** (Scol) to send a child to stand in the corner, to put a child in the corner ◆ **coin(-)fenêtre (-)couloir** (dans un train) window/aisle seat, seat by the window/on the aisle

2 [de rue] corner ◆ **le boucher du coin** the butcher's on the corner ◆ **la blanchisserie fait le coin** the laundry is right on the corner ◆ **à tous les coins de rue** on every street corner

3 [d'yeux, bouche] corner ◆ **sourire en coin** half smile ◆ **regard en coin** sidelong glance ◆ **regarder/surveiller qn du coin de l'œil** to look at/watch sb out of the corner of one's eye

4 (= espace restreint) [de village, maison] part ◆ **un coin de terre/ciel bleu** a patch of land/blue sky ◆ **un coin de plage** a spot on the beach ◆ **le coin du bricoleur** (dans un magasin) the DIY department (Brit), the home improvement department (US); (dans un journal) DIY tips (Brit), home improvement tips (US) ◆ **coin-bureau/-repas** work/dining area ◆ **coin-cuisine** kitchenette ◆ **rester dans son coin** to keep to oneself ◆ **laisser qn dans son coin** to leave sb alone ◆ **dans un coin de ma mémoire** in the recesses of my mind ou memory ◆ **dans quel coin l'as-tu mis ?** where did you put it? ◆ **je l'ai mis dans un coin** I put it somewhere ◆ **j'ai cherché dans tous les coins (et recoins)** I looked in every nook and cranny; → **petit**

5 (= région) area ◆ **dans quel coin habitez-vous ?** whereabouts do you live? ◆ **les gens du coin** the local people, the locals ◆ **vous êtes du coin ?** do you live locally? ou around here? ou in the area? ◆ **je ne suis pas du coin** I'm not from around here, I'm a stranger here ◆ **le supermarché du coin** the local supermarket ◆ **un coin perdu** ou **paumé*** a place miles from anywhere ◆ **un coin de Paris/de la France que je connais bien** an area of Paris/of France that I know well ◆ **on a trouvé un petit coin pas cher/tranquille pour le week-end** we found somewhere nice and cheap/nice and quiet for the weekend, we found a nice inexpensive/quiet little spot for the weekend ◆ **de tous les coins du monde** from every corner of the world ◆ **de tous les coins du pays** from all over the country

6 (= objet triangulaire) [de reliure, cartable, sous-main] corner (pièce); (pour coincer, écarter) wedge; (pour graver) die; (= poinçon) hallmark ◆ **coin (de serrage)** (Typographie) quoin ◆ **être frappé** ou **marqué au coin du bon sens** to bear the stamp of commonsense

7 (locutions) ◆ **je n'aimerais pas le rencontrer au coin d'un bois** I wouldn't like to meet him on a dark night ◆ **au coin du feu** by the fireside ◆ **causerie/rêverie au coin du feu** fireside chat/daydream ◆ **rédigé sur un coin de table** written on the back of an envelope (fig); → **boucher¹, quatre**

coinçage /kwɛ̃saʒ/ NM wedging

coincé, e* /kwɛ̃se/ SYN ADJ (= complexé) [personne] hung up*, uptight* ◆ **il est très coincé** he has a lot of hang-ups*, he's very uptight*; → aussi **coincer**

coincement /kwɛ̃smɑ̃/ NM jamming (NonC)

coincer /kwɛ̃se/ SYN ► conjug 3 ◄

VT 1 (= bloquer) (intentionnellement) to wedge; (accidentellement) [+ tiroir, fermeture éclair] to jam ◆ **le tiroir est coincé** the drawer is stuck ou jammed ◆ **le vélo était coincé sous le camion** the bike was wedged under the lorry ◆ **il s'est trouvé coincé contre un mur par la foule** he was pinned against a wall by the crowd ◆ **il m'a coincé entre deux portes pour me dire...** he cornered me to tell me... ◆ **nous étions coincés dans le couloir/dans l'ascenseur** we were stuck ou jammed in the corridor/in the lift ◆ **je suis coincé à la maison/au bureau** (fig) I'm stuck at home/at the office ◆ **ils ont coincé l'armoire en voulant la faire passer par la porte** they got the wardrobe jammed ou stuck trying to get it through the door ◆ **coincer la bulle*** to bum around*

2 (* = attraper) [+ voleur] to nab*; [+ faussaire, fraudeur] to catch up with

3 (* = mettre dans une position difficile) to put sb in a tight corner ◆ **nous sommes coincés, nous ne pouvons rien faire** we're stuck ou we're in a tight corner and can't do anything ◆ **je me suis fait coincer** ou **ils m'ont coincé sur cette question** they got me on ou caught me out on that question, I was caught out on that question ◆ **coincé entre son désir et la peur** caught between his desire and fear

VI [porte] to stick ◆ **ça coince au niveau de la direction*** there are problems at management level

VPR **se coincer** [fermeture, tiroir] to jam, to stick, to get jammed ou stuck ◆ **se coincer le doigt dans une porte** to catch one's finger in a door ◆ **se coincer un nerf*** to trap ou pinch a nerve ◆ **se coincer une vertèbre*** to trap a nerve in one's spine

coinceur /kwɛ̃sœʀ/ NM (Alpinisme) nut

coïncidence /kɔɛ̃sidɑ̃s/ SYN NF (gén, Géom) coincidence

coïncident, e /kɔɛ̃sidɑ̃, ɑ̃t/ SYN ADJ [surfaces, faits] coincident

coïncider /kɔɛ̃side/ SYN ► conjug 1 ◄ VI [surfaces, opinions, dates] to coincide (avec with); [témoignages] to tally ◆ **nous sommes arrivés à faire coïncider nos dates de vacances** we've managed to get our holidays to coincide

coin-coin /kwɛ̃kwɛ̃/ NM INV [de canard] quack ◆ **coin-coin !** quack! quack!

coïnculpé, e /kɔɛ̃kylpe/ NM,F co-defendant, co-accused

coing /kwɛ̃/ NM quince

coït /kɔit/ NM coitus ◆ **coït interrompu** coitus interruptus

coite /kwat/ ADJ F → **coi**

coke¹ /kɔk/ NM (= combustible) coke

coke² /kɔk/ NF (arg Drogue = cocaïne) coke*

cokéfaction /kɔkefaksjɔ̃/ NF coking

cokéfier /kɔkefje/ ► conjug 7 ◄ VT to coke

cokerie /kɔkʀi/ NF cokeworks, coking works

col /kɔl/ SYN

NM 1 [de chemise, manteau] collar ◆ **ça bâille du col** it gapes at the neck ◆ **pull à col rond** round-neck pullover; → **faux²**

2 (Géog) pass ◆ **le col du Simplon** the Simplon pass

3 (= partie étroite) [de carafe, vase] neck ◆ **col du fémur/de la vessie** neck of the thighbone/of the bladder ◆ **elle s'est cassé le col du fémur** she has broken her hip ◆ **col de l'utérus** neck of the womb, cervix

4 († ou littér = cou) neck ◆ **un homme au col de taureau** a man with a bull neck, a bull-necked man

COMP **col blanc** (= personne) white-collar worker ◆ **la criminalité en col blanc** white-collar crime

col bleu (= ouvrier) blue-collar worker; (= marin) bluejacket

col cassé wing collar

col châle shawl collar

col cheminée high round neck, turtleneck (Brit)

col chemisier shirt collar

col Claudine Peter Pan collar

col dur stiff collar

col Mao Mao collar

col marin sailor's collar

col mou soft collar

col officier mandarin collar

col polo polo shirt collar

col ras du cou round neck, crew neck (Brit)

col roulé roll neck (Brit), polo neck (Brit), turtleneck

col tailleur tailored collar

col (en) V V-neck

cola /kɔla/ NM (= arbre) cola ou kola (tree) ◆ **(noix de) cola** cola ou kola nut

colatier /kɔlatje/ NM cola ou kola (tree)

colature /kɔlatyʀ/ NF colature

colback* /kɔlbak/ NM ◆ **attraper** ou **prendre qn par le colback** to grab sb by the collar

colbertisme /kɔlbɛʀtism/ NM economic policy based on a high degree of state control (an allusion to Colbert, chief minister under Louis XIV)

colbertiste /kɔlbɛʀtist/ ADJ [pays, modèle] with a policy of strong state intervention in the economy

colchicine /kɔlʃisin/ NF colchicine

colchique /kɔlʃik/ NM autumn crocus, meadow saffron, colchicum (SPÉC)

colcotar /kɔlkɔtaʀ/ NM colcothar, crocus

col-de-cygne (pl **cols-de-cygne**) /kɔldəsiɲ/ NM [de plomberie, mobilier] swan neck

colégataire /kolegatɛʀ/ NMF joint legatee

coléoptère /koleɔptɛʀ/ NM beetle, coleopterous insect (SPÉC) ◆ **coléoptères** Coleoptera (SPÉC)

colère /kɔlɛʀ/ SYN

NF 1 (= irritation) anger ◆ **la colère est mauvaise conseillère** anger is a bad counsellor ◆ **être/se mettre en colère** to be/get angry ou cross ◆ **mettre qn en colère** to make sb angry ou cross ◆ **passer sa colère sur qn** to work off ou take out one's anger on sb ◆ **en colère contre moi-même** angry ou cross with myself, mad at myself ◆ **dit-il avec colère** he said angrily

2 (= accès d'irritation) (fit of) rage ◆ **il fait des colères terribles** he has terrible fits of anger ou rage ◆ **il est entré dans une colère noire** he flew into a terrible rage ◆ **faire** ou **piquer une colère** to throw a tantrum

3 (littér) wrath ◆ **la colère divine** divine wrath ◆ **la colère des flots** the rage ou wrath of the sea

ADJ INV † (= coléreux) irascible; (= en colère) irate

coléreux, -euse /kɔleʀø, øz/, **colérique** /kɔleʀik/ SYN ADJ [caractère] quick-tempered, irascible; [enfant] quick-tempered, easily angered

colibacille /kɔlibasil/ NM colon bacillus

colibacillose /kɔlibasiloz/ NF colibacillosis

colibri /kɔlibʀi/ NM hummingbird

colifichet /kɔlifiʃɛ/ NM (= bijou) trinket, bauble; (= babiole) knickknack

coliforme /kɔlifɔʀm/ ADJ coliform

colimaçon /kɔlimasɔ̃/ NM † snail; → **escalier**

colin¹ /kɔlɛ̃/ NM (= merlu) hake; (= lieu noir) coley

colin² /kɔlɛ̃/ NM (= oiseau) bobwhite

colineau (pl **colineaux**) /kɔlino/ NM ⇒ **colinot**

colin-maillard (pl **colin-maillards**) /kɔlɛ̃majaʀ/ NM blind man's buff

colinot /kɔlino/ NM (= merlu) small hake; (= lieu noir) small coley

colin-tampon* (pl **colin-tampons**) /kɔlɛ̃tɑ̃pɔ̃/ NM ◆ **il s'en soucie** ou **s'en moque comme de colin-tampon** he doesn't give ou care a fig* about it

colique /kɔlik/
  NF ① (= diarrhée) diarrhoea ◆ **avoir la colique** (lit) to have diarrhoea; (fig = avoir peur) to be scared stiff*
  ② (gén pl = douleur) stomach pain, colic pain, colic (NonC) ◆ **être pris de violentes coliques** to have violent stomach pains ◆ **colique hépatique/néphrétique** biliary/renal colic ◆ **quelle colique !*** (personne) what a pain in the neck!*; (chose) what a drag!*
  ADJ (Anat) colonic

colis /kɔli/ NM parcel ◆ **envoyer/recevoir un colis postal** to send/receive a parcel through the post ou mail ◆ **par colis postal** by parcel post

Colisée /kɔlize/ NM ◆ **le Colisée** the Coliseum ou Colosseum

colistier, -ière /kɔlistje, jɛʀ/ NM,F (Pol) fellow candidate

colite /kɔlit/ NF colitis

collabo* /kɔ(l)labo/ NMF (abrév de **collaborateur, -trice** (péj :Hist Pol)) collaborator, collaborationist

collaborateur, -trice /kɔ(l)labɔʀatœʀ, tʀis/ SYN NM,F [de collègue] colleague; [de journal] contributor; [de livre] collaborator; (Hist Pol) [d'ennemi] collaborator, collaborationist

collaboration /kɔ(l)labɔʀasjɔ̃/ SYN NF (Pol, à un travail, un livre) collaboration (à on); (à un journal) contribution (à to) ◆ **la collaboration** (Hist) the Collaboration ◆ **s'assurer la collaboration de qn** to enlist the services of sb ◆ **en collaboration (étroite) avec** in (close) collaboration with

collaborationniste /kɔ(l)labɔʀasjɔnist/
  ADJ [groupe, journal, politique] collaborationist (épith)
  NMF collaborator, collaborationist, quisling

collaborer /kɔ(l)labɔʀe/ SYN ▸ conjug 1 ◂ VI
  ① ◆ **collaborer avec qn** to collaborate ou work with sb ◆ **collaborer à** [+ travail, livre] to collaborate on; [+ journal] to contribute to
  ② (Pol) to collaborate

collage /kɔlaʒ/ NM ① (à la colle forte) sticking, gluing; (à la colle blanche) pasting; [d'étiquettes] sticking ◆ **collage de papiers peints** paperhanging ◆ **collage d'affiches** billposting
  ② (Art) collage
  ③ (= apprêt) [de vin] fining; [de papier] sizing
  ④ († péj = concubinage) affair ◆ **c'est un collage** they're living together

collagène /kɔlaʒɛn/ NM collagen

collant, e /kɔlɑ̃, ɑ̃t/ SYN
  ADJ (= ajusté) [vêtement] skintight, tight-fitting, clinging; (= poisseux) sticky ◆ **être collant*** [importun] to cling, to stick like a leech; → **papier**
  NM ① (= maillot) [de femme] body stocking; [de danseur, acrobate] leotard
  ② (= bas) (gén) tights (Brit), pantyhose (US); [de danseuse] tights
  NF **collante** (arg Scol) (= convocation) notification; (= feuille de résultats) results slip

collapsus /kɔlapsys/ NM [de malade, organe] collapse

collatéral, e (mpl **-aux**) /kɔ(l)lateʀal, o/ ADJ [parent, artère] collateral ◆ **(nef) collatérale** (side) aisle ◆ **les collatéraux** (= parents) collaterals; (Archit) (side) aisles ◆ **dommages collatéraux** (Mil) collateral damage

collation /kɔlasjɔ̃/ SYN NF ① (= repas) light meal; (= en-cas) snack
  ② (= comparaison) [de manuscrit] collation; (= vérification) [de liste] checking; (Typographie) collation
  ③ (frm) [de titre, grade] conferment

collationnement /kɔlasjɔnmɑ̃/ NM (= comparaison) [de manuscrits] collation; (= vérification) [de liste] checking; (Typographie) collation

collationner /kɔlasjɔne/ ▸ conjug 1 ◂ VT (= comparer) [+ manuscrits] to collate (avec with); (= vérifier) [+ liste] to check; (Typographie) to collate

colle /kɔl/ NF ① (gén) glue; [de papiers peints] wallpaper paste; (= apprêt) size ◆ **colle (blanche** ou **d'écolier** ou **de pâte)** paste ◆ **colle (forte)** (strong) glue, adhesive ◆ **colle à bois** wood glue ◆ **colle de poisson** fish glue ◆ **ce riz, c'est de la vraie colle (de pâte)** this rice is like paste ou is a gluey ou sticky mass; → **chauffer, pot**
  ② (* = question) teaser, poser* (Brit) ◆ **poser une colle à qn** to set sb a poser* ◆ **là, vous me posez une colle** you've stumped me there*
  ③ (arg Scol) (= examen blanc) mock oral exam; (= retenue) detention ◆ **mettre une colle à qn** to give sb a detention ◆ **j'ai eu trois heures de colle** I got a three-hour detention, I was kept back for three hours
  ④ ◆ **vivre** ou **être à la colle**‡ to live together, to be shacked up together*

collecte /kɔlɛkt/ NF ① (= quête) [de vêtements, verre, sang] collection ◆ [d'informations, données] collection, gathering ◆ **collecte de fonds** fund-raising event
  ② (Rel = prière) collect

collecter /kɔlɛkte/ SYN ▸ conjug 1 ◂ VT (gén) to collect; [+ informations, données] to collect, to gather

collecteur, -trice /kɔlɛktœʀ, tʀis/
  ADJ [canal] collecting ◆ **égout collecteur** main sewer ◆ **organisme collecteur** collection agency
  NM,F (= personne) collector ◆ **collecteur d'impôts** tax collector ◆ **collecteur de fonds** fund-raiser
  NM [de moteur] manifold ; (Élec) commutator ◆ **collecteur d'ondes** (Radio) aerial ◆ **collecteur d'égouts, (grand) collecteur** main sewer

collectif, -ive /kɔlɛktif, iv/ SYN
  ADJ [travail, responsabilité, punition] collective; [sport] team (épith); [billet, réservation] group (épith); [hystérie, licenciements] mass (épith); [installations] public; (Ling) [terme, sens] collective ◆ **faire une démarche collective auprès de qn** to approach sb collectively ou as a group ◆ **immeuble collectif** (large) block (of flats) (Brit), apartment building (US); → **convention, ferme²**
  NM (= mot) collective noun; (= groupe de travail) collective ◆ **collectif budgétaire** minibudget

collection /kɔlɛksjɔ̃/ SYN NF ① [de timbres, papillons] collection; (Comm) [d'échantillons] line; (hum = groupe) collection ◆ **objet/timbre de collection** collector's item/stamp ◆ **faire (la) collection de** to collect ◆ **voiture de collection** classic car; (de l'entre-deux-guerres) vintage car
  ② (Mode) collection
  ③ (Édition = série) series, collection ◆ **notre collection « jeunes auteurs »** our "young authors" series ou collection ◆ **il a toute la collection des œuvres de Larbaud** he's got the complete collection ou set of Larbaud's works
  ④ (Méd) ◆ **collection de pus** gathering of pus

collectionner /kɔlɛksjɔne/ ▸ conjug 1 ◂ VT (gén, hum) to collect

collectionneur, -euse /kɔlɛksjɔnœʀ, øz/ NM,F collector

collectionnite /kɔlɛksjɔnit/ NF collecting mania, collectionitis

collectivement /kɔlɛktivmɑ̃/ ADV (gén) collectively; [démissionner, protester] in a body, collectively

collectivisation /kɔlɛktivizasjɔ̃/ NF collectivization

collectiviser /kɔlɛktivize/ ▸ conjug 1 ◂ VT to collectivize

collectivisme /kɔlɛktivism/ NM collectivism ◆ **collectivisme d'État** state collectivism

collectiviste /kɔlɛktivist/ ADJ, NMF collectivist

collectivité /kɔlɛktivite/ NF ① (= groupement) group ◆ **la collectivité** (= le public) the community ◆ **la collectivité nationale** the nation (as a community) ◆ **la collectivité des citoyens** the citizens as a whole ou a body ◆ **les collectivités locales/publiques** the local/public authorities ◆ **collectivités professionnelles** professional bodies ou organizations
  ② (= vie en communauté) ◆ **la collectivité** community life ou living ◆ **vivre en collectivité** to live in a community
  ③ (= possession commune) collective ownership

collector /kɔlɛktɔʀ/ NM (Mus) collector's edition

collège /kɔlɛʒ/ NM ① (= école) school; (privé) private school ◆ **collège (d'enseignement secondaire)** secondary school (Brit), junior high school (US) ◆ **collège (d'enseignement) technique** technical school ◆ **le Collège de France** prestigious state-run institution of higher education which does not grant diplomas ◆ **Collège d'enseignement général et professionnel** (Can) general and vocational college (Can) ; ≈ sixth-form college (Brit), ≈ junior college (US)
  ② (Pol, Rel = assemblée) college ◆ **collège électoral** electoral college ; → **sacré¹**

COLLÈGE

The term **collège** refers to the type of state secondary school French children attend between the ages of 11 and 15 (ie after "école primaire" and before "lycée"). **Collège** covers the school years referred to as "sixième", "cinquième", "quatrième" and "troisième". At the end of "troisième", pupils take the examination known as the "brevet des collèges".
→ **Lycée**

COLLÈGE DE FRANCE

The **Collège de France** in Paris is an unusual higher education establishment in that it neither organizes examinations nor confers diplomas. Professors at this prestigious place of learning are appointed by the French President and give lectures that are open to all. **Collège de France** professors in recent times have included such major intellectual figures as Roland Barthes, Michel Foucault and Claude Lévi-Strauss.

collégial, e (mpl **-iaux**) /kɔleʒjal, jo/
  ADJ (Rel) collegiate; (Pol) collegial, collegiate ◆ **décision collégiale** group ou collective decision
  NF **collégiale** collegiate church

collégialement /kɔleʒjalmɑ̃/ ADV collectively

collégialité /kɔleʒjalite/ NF (Pol) collegial administration; (Rel) collegiality

collégien /kɔleʒjɛ̃/ SYN NM schoolboy ◆ **c'est un collégien** (= novice) he's an innocent, he's a bit green

collégienne /kɔleʒjɛn/ NF schoolgirl

collègue /kɔ(l)lɛg/ SYN NMF colleague ◆ **un collègue de travail/bureau** a colleague from work/ the office; → **Monsieur**

collenchyme /kɔlɑ̃ʃim/ NM collenchyma

coller /kɔle/ SYN ▸ conjug 1 ◂
  VT ① (à la colle forte) to stick, to glue; (à la colle blanche) to paste; [+ étiquette, timbre] to stick; [+ affiche] to stick (up) (à, sur on); [+ enveloppe] to stick down; [+ papier peint] to hang; [+ film] to splice; (Ordin) [+ texte, image] to paste ◆ **coller deux morceaux (ensemble)** to stick ou glue ou paste two pieces together ◆ **coller qch à** ou **sur qch** to stick sth on(to) sth ◆ **les cheveux collés de sang** his hair stuck together ou matted with blood ◆ **les yeux encore collés de sommeil** his eyes still half-shut with sleep
  ② (= appliquer) ◆ **coller son oreille à la porte/son nez contre la vitre** to press one's ear to ou against the door/one's nose against the window ◆ **il colla l'armoire contre le mur** he stood the wardrobe right against the wall ◆ **ils l'ont collé au mur** (Mil) they stuck him up against the wall
  ③ (* = mettre) to stick, to shove* ◆ **colle tes valises dans un coin** stick ou shove* ou dump* your bags in a corner ◆ **il en colle des pages** he writes reams* ◆ **dans ses devoirs il colle n'importe quoi** he puts ou sticks ou shoves* any old thing (down) in his homework ◆ **il se colla devant moi** he plonked* ou planted himself in front of me ◆ **ils se collent devant la télé dès qu'ils rentrent** they plonk themselves* in front of the TV as soon as they come in ◆ **se coller un chapeau sur la tête** to stick ou shove a hat on one's head* ◆ **ils l'ont collé ministre** they've gone and made him a minister*; → **poing**
  ④ (* = donner) to give ◆ **il m'a collé une contravention/une punition/une gifle** he gave me a fine/a punishment/a slap ◆ **on m'a collé une fausse pièce** I've been palmed off with a false coin ◆ **on lui a collé trois ans de prison** they've stuck him in prison ou sent him down* for three years, they've given him three years ◆ **on lui a collé la responsabilité/la belle-mère**

collerette | coloquinte

he's got (himself) stuck* *ou* lumbered* (*Brit*) with the responsibility/his mother-in-law
⑤ (*arg Scol*) (= *consigner*) to put in detention, to keep back; (= *recaler*) to fail, to flunk* (*US*) ◆ **se faire coller** (*en retenue*) to be put in detention; (*à l'examen*) to be failed, to be flunked* (*US*)
⑥ (* = *embarrasser par une question*) to catch out
⑦ (* = *suivre*) [+ *personne*] to cling to ◆ **la voiture qui nous suit nous colle de trop près** the car behind is sitting right on our tail* ◆ **il m'a collé (après) toute la journée** he clung to me all day
⑧ (= *apprêter*) [+ *vin*] to fine; [+ *papier*] to size
VI ① (= *être poisseux*) to be sticky; (= *adhérer*) to stick (*à* to)
② (* = *bien marcher*) ◆ **ça colle ?** OK?* ◆ **ça ne colle pas entre eux** they aren't hitting it off* *ou* getting on (*Brit*) *ou* getting along (together) ◆ **il y a quelque chose qui ne colle pas** there's something wrong *ou* not right here ◆ **ça ne colle pas, je ne suis pas libre** that's no good *ou* that won't do, I'm not free ◆ **son histoire ne colle pas** his story doesn't hold together *ou* doesn't gibe (*US*)
③ (*jeux d'enfants*) ◆ **c'est à toi de coller** it's your turn to be it, you're it now
VT INDIR ◆ **coller à** (= *être près de*) to cling to ◆ **coller au peloton** to stick close to the pack ◆ **robe qui colle au corps** tight-fitting *ou* clinging dress ◆ **ils nous collent au derrière** they're right on our tail* ◆ **voiture qui colle à la route** car that grips the road ◆ **un rôle qui lui colle à la peau** a part tailor-made for him, a part which fits him like a glove ◆ **depuis, cette réputation lui colle à la peau** he's been stuck with this reputation ever since ◆ **coller au sujet** to stick to the subject ◆ **ce roman colle à la réalité** this novel is very faithful to reality ◆ **mot qui colle à une idée** word which fits an idea closely
VPR se coller ① (= *s'appuyer*) ◆ **il s'est collé contre le mur pour les laisser passer** he pressed himself against the wall to let them pass
② (* = *subir*) [+ *tâche*, *personne*] to be *ou* get stuck* *ou* landed with* *ou* lumbered with* (*Brit*) ◆ **il va falloir se coller la belle-mère pendant trois jours !** we'll have to put up with my mother-in-law for three days!
③ ◆ **se coller à (faire) qch** * (= *se mettre à*) to get down to (doing) sth, to set about (doing) sth ◆ **allez, on s'y colle ?** right, shall we get down to it?
④ (= *s'accrocher*) ◆ **se coller à qn** [*danseur*] to press o.s. against sb, to cling to sb; [*importun*] to stick to sb like glue *ou* like a leech ◆ **elle dansait collée à** *ou* **contre lui** she was dancing tightly pressed against him *ou* clinging tightly to him ◆ **ces deux-là sont toujours collés ensemble**⁑ those two *ou* that pair always go around together *ou* are never apart
⑤ ◆ **se coller ensemble** †⁑ (= *vivre ensemble*) to live together, to shack up together⁑

collerette /kɔlʀɛt/ NF ① (= *col*) collar; (*Hist* = *fraise*) ruff
② [*de champignon*] ring, annulus; [*de tuyau*] flange

collet /kɔlɛ/ NM (= *piège*) snare, noose; (= *petite cape*) short cape; [*de dent*, *animal de boucherie*, *plante*] neck; [*de pièce métallique*] collar, flange ◆ **prendre** *ou* **saisir qn au collet** to seize sb by the collar ◆ **mettre la main au collet de qn** to get hold of sb, to collar sb* ◆ **elle est très collet monté** she's very strait-laced *ou* stuffy

colleter /kɔlte/ SYN ► conjug 4 ◄
VT [+ *adversaire*] to seize by the collar ◆ **il s'est fait colleter par la police*** he was collared* by the police
VPR se colleter* (= *se battre*) to have a tussle, to tussle ◆ **se colleter avec** to wrestle *ou* grapple *ou* tussle with ◆ **je me suis colleté tout le travail** I had to do all the work

colleteur /kɔltœʀ/ NM snarer

colleur, -euse /kɔlœʀ, øz/
NM,F ① ◆ **colleur d'affiches** billsticker, billposter
② (*arg Scol*) mock oral examiner
NF colleuse (*Ciné*) splicer; (*Photo*) mounting press

colley /kɔlɛ/ NM collie

collier /kɔlje/ NM ① [*de femme*] necklace; [*de chevalier*, *maire*] chain; [*de chien*, *cheval*, *chat*] (= *courroie*, *pelage*) collar; [*Boucherie*] neck ◆ **collier de perles** pearl necklace ◆ **collier de fleurs** garland ◆ **collier de chien** *ou* **ras du cou** (= *bijou*) choker ◆ **collier antipuces** flea collar ◆ **reprendre le collier*** to get back into harness ◆ **donner un coup de collier** to put one's back into it*; → **franc¹** ◆ **le supplice du collier** necklace killing
② (= *barbe*) ◆ **collier (de barbe)** beard (*along the line of the jaw*)
③ [*de pièce métallique*] ◆ **collier de serrage** clamp collar

colliger /kɔliʒe/ ► conjug 3 ◄ VT (*littér*) [+ *textes*] to collect, to compile; [+ *observations*] to colligate

collimateur /kɔlimatœʀ/ NM (= *lunette*) collimator ◆ **avoir qn/qch dans son** *ou* **le collimateur** (*lit*) to have sb/sth in one's sights; (*fig*) to have one's eye on sb/sth

collimation /kɔlimasjɔ̃/ NF collimation

colline /kɔlin/ SYN NF hill

collision /kɔlizjɔ̃/ SYN NF [*de véhicules*, *bateaux*] collision; (*Phys*, *Géog*) collision; (*fig*) [*d'intérêts*, *manifestants*] clash ◆ **entrer en collision** to collide (*avec* with) ◆ **collision en chaîne** (= *voitures*) pile-up

collisionneur /kɔlizjɔnœʀ/ NM collider

collocation /kɔlɔkasjɔ̃/ NF (*Jur*) classification of creditors in order of priority; (*Ling*) collocation

collodion /kɔlɔdjɔ̃/ NM collodion

colloïdal, e (mpl **-aux**) /kɔlɔidal, o/ ADJ colloidal ◆ **solution colloïdale** colloidal solution *ou* suspension

colloïde /kɔlɔid/ NM colloid

colloque /kɔ(l)lɔk/ NM colloquium, symposium; (*hum*) confab*

colloquer /kɔ(l)lɔke/ ► conjug 1 ◄
VT (*Jur*) to classify
VI * to participate in a conference

collusion /kɔlyzjɔ̃/ SYN NF (= *complicité*) collusion (*avec* with; *entre* between)

collusoire /kɔlyzwaʀ/ ADJ (*Jur*) collusive

collutoire /kɔlytwaʀ/ NM oral medication (*NonC*); (*en bombe*) throat spray

collyre /kɔliʀ/ NM eye lotion, collyrium (SPÉC)

colmatage /kɔlmataʒ/ NM ① [*de fuite*] sealing(-off), plugging; [*de fissure*, *trou*] filling-in, plugging; [*de déficit*] making good
② (*Agr*) [*de terrain*] warping

colmater /kɔlmate/ SYN ► conjug 1 ◄ VT ① [+ *fuite*] to seal (off), to plug; [+ *fissure*, *trou*] to fill in, to plug; [+ *déficit*, *manque*] to make good, to make up ◆ **la fissure s'est colmatée toute seule** the crack has filled itself in *ou* sealed itself in ◆ **colmater une brèche** to close a gap
② (*Agr*) [+ *terrain*] to warp

colo* /kɔlo/ NF (*abrév de* **colonie de vacances**) → **colonie**

coloc* /kɔlɔk/
NMF *abrév de* **colocataire**
NF *abrév de* **colocation**

colocase /kɔlɔkaz/ NF (= *plante*) taro, elephant's-ear

colocataire /kɔlɔkatɛʀ/ NMF [*d'immeuble*] fellow tenant, co-tenant (*Admin*); [*d'appartement*] flatmate (*Brit*), roommate (*US*); [*de maison*] housemate

colocation /kɔlɔkasjɔ̃/ NF (*dans un appartement*) flat-sharing; (*dans une maison*) house-sharing ◆ **ils sont en colocation** they rent a flat (*ou* a house) together

colog /kɔlɔg/ NM (*abrév de* **cologarithme**) colog

cologarithme /kɔlɔgaʀitm/ NM cologarithm

Cologne /kɔlɔɲ/ N Cologne; → **eau**

Colomb /kɔlɔ̃/ NM ◆ **Christophe Colomb** Christopher Columbus

colombage /kɔlɔ̃baʒ/ NM half-timbering ◆ **maison à colombage(s)** half-timbered house

colombe /kɔlɔ̃b/ NF (= *oiseau*, *pacifiste*) dove

Colombie /kɔlɔ̃bi/ NF Colombia ◆ **Colombie britannique** British Columbia

colombien, -ienne /kɔlɔ̃bjɛ̃, jɛn/
ADJ Colombian
NM,F Colombien(ne) Colombian

colombier /kɔlɔ̃bje/ NM dovecote

colombin¹ /kɔlɔ̃bɛ̃/ NM ◆ **(pigeon) colombin** stockdove

colombin² /kɔlɔ̃bɛ̃/ NM [*d'argile*] clay coil; (* = *étron*) turd*⁑

Colombine /kɔlɔ̃bin/ NF (*Théât*) Columbine

Colombo /kɔlɔ̃bo/ N Colombo

colombophile /kɔlɔ̃bɔfil/
ADJ ◆ **société colombophile** pigeon-fanciers' club
NMF pigeon fancier

colombophilie /kɔlɔ̃bɔfili/ NF pigeon fancying

colon /kɔlɔ̃/ NM ① (= *pionnier*) settler, colonist
② (*en vacances*) child (*at a children's holiday camp*)
③ (*arg Mil*) colonel ◆ **eh bien, mon colon !*** heck!*, blimey! (*Brit*)

côlon /kolɔ̃/ NM (*Anat*) colon

colonel /kɔlɔnɛl/ NM [*d'armée de terre*] colonel; [*d'armée de l'air*] group captain (*Brit*), colonel (*US*)

colonelle /kɔlɔnɛl/ NF ① (= *officier*) [*d'armée de terre*] colonel; [*d'armée de l'air*] group captain (*Brit*), colonel (*US*)
② († = *épouse*) [*d'armée de terre*] colonel's wife; [*d'armée de l'air*] group captain's wife (*Brit*), colonel's wife (*US*)

colonial, e (mpl **-iaux**) /kɔlɔnjal, jo/
ADJ colonial; → **casque**
NM (= *soldat*) soldier of the colonial troops; (= *habitant*) colonial
NF coloniale ◆ **la coloniale** the (French) Colonial Army

colonialisme /kɔlɔnjalism/ NM colonialism ◆ **colonialisme culturel** cultural imperialism

colonialiste /kɔlɔnjalist/ ADJ, NMF colonialist

colonie /kɔlɔni/ SYN NF colony; (= *communauté ethnique*) community ◆ **vivre aux colonies** to live in the colonies ◆ **colonie de vacances** ≈ (children's) holiday camp (*Brit*), ≈ summer camp (*US*) ◆ **colonie pénitentiaire** penal settlement *ou* colony

● **COLONIE DE VACANCES**

The **colonie de vacances** or "colo" is an important part of life for many French children. **Colonies de vacances** are residential centres in the countryside, in the mountains or at the seaside where children, supervised by trained "moniteurs" and "monitrices", can participate in a range of open-air activities. The **colonie de vacances** helps break up the two-month summer holiday for parents and children alike.

colonisateur, -trice /kɔlɔnizatœʀ, tʀis/
ADJ colonizing (*épith*)
NM,F colonizer

colonisation /kɔlɔnizasjɔ̃/ NF colonization

colonisé, e /kɔlɔnize/ (*ptp de* **coloniser**)
ADJ colonized
NMPL ◆ **les colonisés** colonized peoples, those who have been subjected to colonization

coloniser /kɔlɔnize/ ► conjug 1 ◄ VT to colonize

colonnade /kɔlɔnad/ NF colonnade

colonne /kɔlɔn/ SYN
NF (*gén*) column; (*Archit*) column, pillar ◆ **en colonne par deux** [*enfants*] in twos, in a crocodile* (*Brit*); [*soldats*] in twos ◆ **mettez-vous en colonne par quatre** line up four abreast ◆ **titre sur cinq colonnes à la une** (*Presse*) headline splashed across the front page ◆ **ils ont largement ouvert leurs colonnes à ce problème** (*journal*) they have given many column inches *ou* a lot of coverage to this problem ◆ **colonne des unités/dizaines** [*de nombre*] unit/tens column; → **cinquième, titre, titrer**
COMP colonne d'air airstream
colonne barométrique barometric column
colonne blindée armoured column
colonne de direction [*de voiture*] steering column
les Colonnes d'Hercule the Pillars of Hercules
colonne montante rising main
colonne Morris (pillar-shaped) billboard
colonne de rangement [*de CD*] CD tower
colonne sèche dry riser
colonne de secours rescue party
colonne vertébrale spine, spinal *ou* vertebral column (SPÉC)

colonnette /kɔlɔnɛt/ NF small column

colopathie /kɔlɔpati/ NF colitis, colonitis

colophane /kɔlɔfan/ NF rosin

coloquinte /kɔlɔkɛ̃t/ NF ① bitter apple; (*décorative*) gourd
② († ⁑ = *tête*) head, nut*, bonce⁑ (*Brit*)

Colorado /kɔlɔradɔ/ NM Colorado

colorant, e /kɔlɔrɑ̃, ɑ̃t/
- **ADJ** colouring (Brit) ou coloring (US); → shampooing
- **NM** (gén) colouring (Brit) ou coloring (US) agent, colorant; (pour textiles) dye ◆ « **sans colorants artificiels** » (sur étiquette) "(contains) no artificial colouring" ◆ **colorants vitaux** vital stains

coloration /kɔlɔrasjɔ̃/ SYN NF ① (= teinture) [de substance] colouring (Brit), coloring (US) [de tissu] dyeing; [de bois] staining ◆ **coloration naturelle ou artificielle** natural ou artificial colouring
② (pour les cheveux) colour (Brit), color (US) ◆ **se faire faire une coloration** to have one's hair coloured (Brit) ou colored (US)
③ (= couleur, nuance) shade, colour(ing) (Brit), color(ing) (US); [de peau] colouring (Brit), coloring (US)
④ (fig) [de voix, ton] coloration; [de discours] complexion ◆ **coloration politique** [de journal, mouvement] political complexion ◆ **à ou de coloration socialiste** with socialist leanings ◆ **les éclairages donnent à ce film une coloration fantastique** the lighting gives the film an element of fantasy

colorature /kɔlɔratyʀ/ NF coloratura

coloré, e /kɔlɔʀe/ SYN (ptp de **colorer**) ADJ [teint] florid, ruddy; [objet] coloured (Brit), colored (US); [foule] colourful (Brit), colorful (US); [style, récit] vivid, colourful (Brit), colorful (US)

colorectal, e (mpl **-aux**) /kɔlɔʀɛktal, o/ ADJ colorectal

colorer /kɔlɔʀe/ SYN ► conjug 1 ◄
- **VT** ① (= teindre) [+ substance] to colour (Brit), to color (US); [+ tissu] to dye; [+ bois] to stain ◆ **colorer qch en bleu** to colour (ou dye ou stain) sth blue ◆ **le soleil colore les cimes neigeuses** (littér) the sun tinges the snowy peaks with colour ◆ **faire colorer la viande dans le beurre** (Culin) brown the meat in butter
② (littér = enjoliver) [+ récit, sentiments] to colour (Brit), to color (US) (de with)
- **VPR se colorer** ① (= prendre de la couleur) [fruit] to turn red (ou yellow ou orange etc), to colour (Brit), to color (US) ◆ **le ciel se colore de rose** the sky takes on a rosy tinge ou hue ◆ **son teint se colora** her face became flushed, her colour rose
② (= être empreint de) ◆ **se colorer de** to be coloured (Brit) ou colored (US) ou tinged with

coloriage /kɔlɔʀjaʒ/ NM (= action) colouring (NonC) (Brit), coloring (NonC) (US); (= dessin) coloured (Brit) ou colored (US) drawing

colorier /kɔlɔʀje/ ► conjug 7 ◄ VT [+ carte, dessin] to colour (Brit) ou color (US) (in) ◆ **images à colorier** pictures to colour (in)

colorimètre /kɔlɔʀimɛtʀ/ NM colorimeter, tintometer

colorimétrie /kɔlɔʀimetʀi/ NF colorimetry

colorimétrique /kɔlɔʀimetʀik/ ADJ colorimetric

coloris /kɔlɔʀi/ SYN NM (gén) colour (Brit), color (US), shade; [de visage, peau] colouring (Brit), coloring (US) ◆ **carte de coloris** (Comm) shade card

colorisation /kɔlɔʀizasjɔ̃/ NF colourization (Brit), colorization (US)

coloriser /kɔlɔʀize/ ► conjug 1 ◄ VT to colourize (Brit), to colorize (US)

coloriste /kɔlɔʀist/
- **NMF** (= peintre) colourist (Brit), colorist (US); (= enlumineur) colourer (Brit), colorer (US)
- **NF** (= coiffeuse) hairdresser (specializing in tinting and rinsing)

coloscope /kɔlɔskɔp/ NM colonoscope

coloscopie /kɔlɔskɔpi/ NF colonoscopy

colossal, e (mpl **-aux**) /kɔlɔsal, o/ SYN ADJ colossal, huge

colossalement /kɔlɔsalmɑ̃/ ADV colossally, hugely

colosse /kɔlɔs/ NM (= personne) giant (fig); (= institution, État) colossus, giant ◆ **le colosse de Rhodes** the Colossus of Rhodes ◆ **colosse aux pieds d'argile** idol with feet of clay

colostrum /kɔlɔstʀɔm/ NM colostrum

colportage /kɔlpɔʀtaʒ/ NM [de marchandises, ragots] hawking, peddling; → **littérature**

colporter /kɔlpɔʀte/ SYN ► conjug 1 ◄ VT [+ marchandises, ragots] to hawk, to peddle

colporteur, -euse /kɔlpɔʀtœʀ, øz/ NM,F (= vendeur) hawker, pedlar ◆ **colporteur de rumeurs ou ragots*** gossipmonger

colposcope /kɔlpɔskɔp/ NM colposcope

colposcopie /kɔlpɔskɔpi/ NF colposcopy

colt ® /kɔlt/ NM (= revolver) gun, Colt ®

coltiner /kɔltine/ ► conjug 1 ◄
- **VT** [+ fardeau] to carry, to lug* ou hump* (Brit) around
- **VPR se coltiner*** [+ colis] to lug* ou hump* (Brit) around, to carry; *[+ travail, personne] to be ou get landed* ou lumbered* (Brit) with ◆ **il va falloir se coltiner ta sœur** we'll have to put up with your sister

columbarium /kɔlɔ̃baʀjɔm/ NM (= cimetière) columbarium

columelle /kɔlymɛl/ NF columella

colvert /kɔlvɛʀ/ NM mallard; (Culin) wild duck

colza /kɔlza/ NM rape, colza

colzatier /kɔlzatje/ NM rape ou colza farmer

COM /kɔm/ NF (abrév de **collectivité d'outre-mer**) French overseas territory (formerly "Territoire d'outre-mer")

coma /kɔma/ NM coma ◆ **être/tomber dans le coma** to be in/go into a coma ◆ **dans un coma dépassé** brain-dead ◆ **coma diabétique** diabetic coma

comateux, -euse /kɔmatø, øz/
- **ADJ** comatose ◆ **état comateux** comatose state
- **NM,F** patient in a coma, comatose patient

combat /kɔ̃ba/ SYN
- **NM** ① (Mil) battle, fight ◆ **le combat, les combats** the fighting (NonC) ◆ **combat aérien** air battle, dogfight ◆ **combat naval** naval action ◆ **ils s'entraînent au combat aérien/naval** they're training in aerial/naval combat ◆ **combat d'arrière-garde** (lit, fig) rearguard action ◆ **les combats continuent** the fighting goes on ◆ **le combat cessa faute de combattants** the fight stopped for lack of fighters
- ♦ **de combat** [avion] combat (épith); [troupes] combat (épith), fighting; [zone] combat (épith), battle (épith) ◆ **chien de combat** fighting dog; → **branle-bas, char¹, sport**
- ♦ **au combat** ◆ **aller au combat** to go into battle, to enter the fray (littér) ◆ **mort au combat** killed in action
- ♦ **hors de combat** ◆ **mettre hors de combat** [+ soldat] to put out of action; [+ adversaire politique] to put out of the running; (Sport) to put out of the fight ou contest
② (fig) fight (contre against; pour for) ◆ **des combats continuels entre parents et enfants** endless fighting between parents and children ◆ **le combat contre la vie chère** the fight against the high cost of living ◆ **la vie est un combat de tous les jours** life is a daily struggle ◆ « **étudiants, professeurs : même combat !** » "students and teachers fighting together!", "students and teachers united!" ◆ **quel combat pour le faire manger !** it's such a struggle getting him to eat! ◆ **discours de combat** fighting speech
③ (Sport) match, fight ◆ **combat de boxe/de catch** boxing/wrestling match
- **COMP combat de coqs** cockfight ◆ **les combats de coqs ont été interdits** cockfighting has been banned
- **combat de gladiateurs** gladiatorial combat ou contest
- **combat rapproché** close combat
- **combat de rues** street fighting (NonC), street battle
- **combat singulier** single combat

combatif, -ive /kɔ̃batif, iv/ SYN ADJ [troupes] ready to fight; [personne] with a fighting spirit; [esprit, humeur] fighting (épith)

combativité /kɔ̃bativite/ NF [de troupe] readiness to fight; [de personne] fighting spirit

combattant, e /kɔ̃batɑ̃, ɑ̃t/ SYN
- **ADJ** [troupe] fighting (épith), combatant (épith)
- **NM,F** [de guerre] combatant; [de bagarre] brawler; → **ancien**
- **NM** (= oiseau) (mâle) ruff; (femelle) reeve; (= poisson) fighting fish

combattre /kɔ̃batʀ/ SYN ► conjug 41 ◄
- **VT** [+ incendie, adversaire] to fight; [+ théorie, politique, inflation, vice] to combat, to fight (against); [+ maladie] [malade] to fight against; [médecin] to fight, to combat
- **VI** to fight (contre against; pour for)

⚠ Attention à ne pas traduire automatiquement **combattre** par **to combat**, qui s'utilise surtout au sens figuré.

combe /kɔ̃b/ NF (Géog) coomb, comb(e)

combien /kɔ̃bjɛ̃/
- **ADV** ① ◆ **combien de** (quantité) how much; (nombre) how many ◆ **combien de lait/de bouteilles veux-tu ?** how much milk/how many bottles do you want? ◆ **combien y en a-t-il en moins ?** (quantité) how much less is there (of it)?; (nombre) how many fewer are there (of them)? ◆ **tu en as pour combien de temps ?** how long will you be? ◆ **depuis combien de temps travaillez-vous ici ?** how long have you been working here? ◆ **combien de fois** (nombre) how many times?; (fréquence) how often?
② ◆ **combien (d'entre eux)** how many (of them) ◆ **combien n'ouvrent jamais un livre !** just think of how many people there are who never open a book! ◆ **combien sont-ils ?** how many (of them) are there?, how many are they?
③ (frm = à quel point) ◆ **si tu savais combien/combien plus je travaille maintenant !** if you only knew how much/how much more I work now! ◆ **tu vois combien il est paresseux** you can see how lazy he is ◆ **c'est étonnant de voir combien il a changé** it's surprising to see how changed he is ou how (much) he has changed ◆ **combien vous avez raison !** how right you are!
④ (= tellement) ◆ **combien peu de gens/d'argent** how few people/little money ◆ **combien plus/moins de gens** how many more/fewer people ◆ **combien plus d'argent** how much more money ◆ **c'est plus long à faire mais combien meilleur !** it takes longer to do but it's so much better! ◆ **il est bête, ô combien !** († ou hum) he is stupid, (oh) so stupid! ◆ **combien d'ennui je vous cause** what a lot of trouble I'm causing you
⑤ (= avec mesure) ◆ **combien est-ce ?, combien ça coûte ?, ça fait combien ?*** how much is it? ◆ **combien pèse ce colis ?** how much does this parcel weigh?, how heavy is this parcel? ◆ **combien mesure-t-il ?** (personne) how tall is he?; (colis) how big is it?; (en longueur) how long is it?, what length is it? ◆ **vous le voulez en combien de large ?** what width do you want (it)? ◆ **ça va augmenter de combien ?** how much more will it go up? ou be? ◆ **ça va faire une différence de combien ?** what will the difference be? ◆ **combien y a-t-il d'ici à la ville ?** how far is it from here to the town? ◆ **ça fait combien de haut ?** how high is it?, what height is it? ◆ **il a fait combien aux essais ?** (Sport) what was his time in the trials?
- **NM * ◆ le combien êtes-vous ?** (rang) where did you come?, where were you placed? ◆ **le combien sommes-nous ?** (date) what's the date?, what date is it? ◆ **il y en a tous les combien ?** (fréquence) [de trains, bus] how often do they run?

combientième* /kɔ̃bjɛ̃tjɛm/
- **ADJ** ◆ **Lincoln était le combientième président ?** what number president was Lincoln? ◆ **c'est la combientième fois que ça arrive !** how many times has that happened now!
- **NMF** ① (= rang) ◆ **il est le combientième ?** where did he come?, where was he placed? ◆ **ce coureur est arrivé le combientième ?** where did this runner come (in)?
② (= énumération) ◆ **encore un attentat, c'est le combientième ?** another attack, how many does that make ou is that? ◆ **donne-moi le troisième – le combientième ?** give me the third one – which one did you say?

combinaison /kɔ̃binɛzɔ̃/ SYN NF ① (= action) combining; [d'éléments, sons, chiffres] combination ◆ **combinaison (ministérielle)** government ◆ **combinaison (chimique)** (entre plusieurs corps) combination; (= corps composé) compound
② [de coffre-fort, loto] combination
③ (= vêtement) [de femme] slip; [d'aviateur] flying suit; [de motard] leathers; [de mécanicien] boiler suit (Brit), (one-piece) overalls (US) ; (Ski) ski-suit ◆ **combinaison de plongée (sous-marine)** (underwater) diving suit ◆ **combinaison spatiale** space suit
④ (= astuce) device, trick; (= manigance) scheme ◆ **des combinaisons louches** shady schemes ou scheming (NonC)

combinaison-short (pl **combinaisons-shorts**) /kɔ̃binɛzɔ̃ʃɔʀt/ NF culotte suit

combinard, e* /kɔ̃binaʀ, aʀd/ ADJ, NM,F ◆ **il est combinard, c'est un combinard** (péj) (astuces) he knows all the tricks; (manigances) he's a schemer

combinat /kɔ̃bina/ NM (industrial) complex

combinateur /kɔ̃binatœʀ/ NM control switch

combinatoire | commande

combinatoire /kɔ̃binatwaʀ/
- **ADJ** (Ling) combinative; (Math) combinatorial, combinatory
- **NF** (= analyse) combinatorial analysis, combinatorics (sg)

combine* /kɔ̃bin/ **NF** (= astuce) trick (pour faire to do) ◆ **la combine** (péj = manigance) scheming ◆ **il est dans la combine** he knows (all) about it, he's in on it* ◆ **entrer dans la combine** to play the game ◆ **ça sent la combine** I smell a rat, it sounds a bit fishy* ◆ **toutes leurs combines** all their little schemes

combiné /kɔ̃bine/ **NM** (Chim) compound; [de téléphone] receiver, handset ◆ **combiné (gaine-soutien-gorge)** corselette ◆ **combiné (batteur-mixeur)** mixer and liquidizer ou blender ◆ **combiné (avion-hélicoptère)** convertible helicopter, convertiplane ◆ **combiné alpin/nordique** (Ski) alpine/nordic combination ◆ **il est 3ᵉ au combiné** (Ski) he's 3rd overall

combiner /kɔ̃bine/ SYN ▸ conjug 1 ◂
- **VT** ① (= grouper) [+ éléments, sons, chiffres] to combine (à, avec with) ◆ **opération combinée** joint ou combined operation ◆ **l'oxygène et l'hydrogène combinés** oxygen and hydrogen combined ◆ **l'inquiétude et la fatigue combinées** a combination of anxiety and tiredness
- ② (= élaborer) [+ mauvais coup, plan] to devise, to think up; [+ horaire, emploi du temps] to devise, to plan ◆ **c'est eux qui ont combiné l'affaire** they thought the whole thing up ◆ **bien combiné** well thought out
- **VPR se combiner** [éléments] to combine (avec with)

combinette /kɔ̃binɛt/ **NF** slip

comblanchien /kɔ̃blɑ̃ʃjɛ̃/ **NM** limestone (used for paving and construction)

comble /kɔ̃bl/ SYN
- **ADJ** [pièce, autobus] packed (full), jam-packed*; → **mesure, salle**
- **NM** ① (= degré extrême) height ◆ **c'est le comble du ridicule !** that's the height of absurdity! ◆ **au comble de la joie** overjoyed ◆ **au comble du désespoir** in the depths of despair ◆ **être (porté) à son comble** [joie, colère] to be at its peak ou height ◆ **ceci mit le comble à sa fureur** this brought his anger to its climax ou a peak
- ② (locutions) ◆ **c'est le comble !, c'est un comble !** that's the last straw!, that takes the biscuit!* (Brit) ou cake!* (US) ◆ **le comble, c'est qu'il est parti sans payer** and to cap it all* he left without paying ◆ **pour comble (de malheur) il...** to cap ou crown (Brit) it all he...
- ③ (= charpente) roof trussing (SPÉC), roof timbers ◆ **les combles** the attic, the loft ◆ **loger (dans une chambre) sous les combles** to live in a garret ou an attic ◆ **faux comble, comble perdu** inconvertible (part of the) attic; → **fond**

combler /kɔ̃ble/ SYN ▸ conjug 1 ◂ **VT** ① (= boucher) [+ trou, fente] to fill in ◆ **ça comblera un trou dans nos finances** that'll fill a gap in our finances
- ② (= résorber) [+ déficit] to make good, to make up; [+ lacune, vide] to fill ◆ **combler son retard** to make up lost time
- ③ (= satisfaire) [+ désir, espoir] to fulfil; [+ besoin] to fulfil, to fill; [+ personne] to gratify ◆ **parents comblés par la naissance d'un enfant** parents overjoyed at the birth of a child ◆ **c'est une femme comblée** she has all that she could wish for
- ④ (= couvrir) ◆ **combler qn de** [+ cadeaux, honneurs] to shower sb with ◆ **il mourut comblé d'honneurs** he died laden with honours ◆ **vous me comblez d'aise** ou **de joie** you fill me with joy ◆ **vraiment, vous nous comblez !** really, you're too good to us!

combo /kɔ̃bo/ **NM** (Mus) combo

comburant, e /kɔ̃byʀɑ̃, ɑ̃t/
- **ADJ** combustive
- **NM** oxidizer, oxidant

combustibilité /kɔ̃bystibilite/ **NF** combustibility

combustible /kɔ̃bystibl/
- **ADJ** combustible
- **NM** fuel ◆ **les combustibles** fuels, kinds of fuel ◆ **combustible fossile/irradié/nucléaire** fossil/spent/nuclear fuel ◆ **combustible organique** biofuel, organic fuel

combustion /kɔ̃bystjɔ̃/ **NF** combustion ◆ **poêle à combustion lente** slow-burning stove

come-back /kɔmbak/ **NM INV** comeback ◆ **faire son come-back** to make a comeback

COMECON /kɔmekɔn/ **NM** (abrév de Council for Mutual Economic Assistance) COMECON

comédie /kɔmedi/ SYN
- **NF** ① (Théât) comedy ◆ **jouer la comédie** to act ◆ **comédie de mœurs/d'intrigue** comedy of manners/of intrigue ◆ **comédie de caractères** character comedy ◆ **comédie de situation** situation comedy ◆ **comédie dramatique** (Théât, Ciné) drama ◆ **de comédie** [personnage, situation] (Théât) comedy (épith); (fig) comical ◆ **cours de comédie** acting course ◆ « **La Comédie humaine** » (Littérat) "The Human Comedy"
- ② (fig = simulation) playacting ◆ **c'est de la comédie** it's all an act, it's all a sham ◆ **jouer la comédie** to put on an act, to put it on*
- ③ (* = caprice, histoires) palaver, fuss ◆ **faire la comédie** to make a fuss ou a scene ◆ **allons, pas de comédie** come on, no nonsense ou fuss ◆ **c'est toujours la même comédie** it's always the same palaver
- COMP **comédie de boulevard** light comedy ◆ **comédie musicale** musical

Comédie-Française /kɔmedifʀɑ̃sɛz/ **NF** ◆ **la Comédie-Française** the Comédie-Française (the French National Theatre)

● **COMÉDIE-FRANÇAISE**
● This historic theatre company, also known as
● "le Théâtre-Français" or just "le Français", is
● particularly famous for its association with
● Molière. It was founded in 1680. It has a
● mainly classical repertoire, though contem-
● porary plays are also staged. Members of the
● company belong to a traditional hierarchy of
● "sociétaires" and "pensionnaires". The theatre
● itself, known as "la salle Richelieu", is part of
● the "Palais-Royal".

comédien, -ienne /kɔmedjɛ̃, jɛn/ SYN
- **NM** actor; (= comique) comedy actor, comedian
- **NM,F** ① (= hypocrite) sham ◆ **quel comédien tu fais !** you're always putting it on!*
- ② (= pitre) show-off
- **NF comédienne** (= actrice) actress; (= comique) comedy actress, comedienne

(!) **comédien** se traduit par **comedian** uniquement au sens de 'acteur comique'.

comédogène /kɔmedɔʒɛn/ **ADJ** blackhead-forming, comedogenic (SPEC)

comédon /kɔmedɔ̃/ **NM** blackhead, comedo (SPÉC)

comestibilité /kɔmɛstibilite/ **NF** edibility, edibleness

comestible /kɔmɛstibl/ SYN
- **ADJ** edible
- **NMPL comestibles** (fine) foods, delicatessen ◆ **magasin de comestibles** ≈ delicatessen

cométaire /kɔmetɛʀ/ **ADJ** cometary, cometic

comète /kɔmɛt/ **NF** (Astron) comet; → **plan¹**

cométique /kɔmetik/ **NM** (Can) Eskimo sled, komatik (US, Can)

comice /kɔmis/
- **NM** ◆ **comice(s) agricole(s)** † agricultural show ou meeting
- **NF** Comice pear

coming-out /kɔmiŋaut/ **NM** ◆ **faire son coming-out** [homosexuel] to come out

comique /kɔmik/ SYN
- **ADJ** (Théât) [acteur, film, genre] comic; (fig) [incident, personnage] comical
- **NM** ① [de tenue, aspect physique] comic look ou appearance ◆ **le comique de la situation** the funny side of the situation ◆ **d'un comique irrésistible** hilariously ou irresistibly funny ◆ **le comique de la chose, c'est que...** the funny ou amusing thing about it is that...
- ② (Littérat) ◆ **le comique** comedy ◆ **comique de caractère/de situation** character/situation comedy ◆ **comique de répétition** comedy of repetition ◆ **le comique de boulevard** light comedy ◆ **comique troupier** coarse comedy ◆ **avoir le sens du comique** to have a sense of the comic
- **NM,F** (= artiste) comic; (= dramaturge) comedy writer ◆ **t'es un petit comique toi !** (iro) quite a little joker, aren't you?

comiquement /kɔmikmɑ̃/ **ADV** comically

comité /kɔmite/ SYN
- **NM** (gén) committee; (permanent, élu) board, committee ◆ **comité consultatif/exécutif/restreint** advisory/executive/select committee ◆ **comité de défense/soutien** protection/support committee ◆ **se réunir en petit comité** (gén) to meet in a select group; (petite réception) to have a small get-together
- COMP **comité central** central committee ◆ **comité directeur** ou **de direction** management committee ◆ **Comité économique et social** French regional commission on economic and social affairs ◆ **comité d'entreprise** workers' ou works council ◆ **comité des fêtes** ≈ recreation committee ◆ **comité de gestion** board of management ◆ **comité interministériel** interministerial committee ◆ **Comité international de la Croix-Rouge** International Committee of the Red Cross ◆ **Comité international olympique** International Olympic Committee ◆ **comité de lecture** reading panel ou committee ◆ **comité de liaison** liaison committee ◆ **comité monétaire (européen)** (European) monetary committee ◆ **Comité national de la consommation** ≈ National Consumer Council (Brit), ≈ Consumers' Association (Brit), ≈ Consumer Product Safety Council (US) ◆ **Comité national d'éthique** national research ethics committee in France ◆ **comité de pilotage** steering committee

● **COMITÉ D'ENTREPRISE**
● All French companies with more than fifty
● employees must have a **comité d'entreprise**,
● whose members are elected by the staff and
● whose budget is a mandatory percentage of
● the wage bill. The "CE" liaises with manage-
● ment on issues relating to staff welfare, sala-
● ries etc, and participates in discussions
● concerning the general running of the com-
● pany. In practice, its main function is to ar-
● range company-subsidized benefits for the
● staff such as canteen lunches, cutprice ci-
● nema tickets, holidays and even Christmas
● presents for employees' children.

comma /kɔ(m)ma/ **NM** (Mus) comma

commandant /kɔmɑ̃dɑ̃/
- **NM** [d'armée de terre] major; [d'armée de l'air] squadron leader (Brit), major (US); [d'avion civil, bateau] captain; (gén : dans toute fonction de commandement) commander, commandant ◆ « **oui mon commandant** » "yes Sir" ◆ **commandant suprême** supreme commander
- COMP **commandant de bord** [d'avion] captain ◆ **commandant en chef** commander-in-chief ◆ **commandant en second** second in command

commandante /kɔmɑ̃dɑ̃t/ **NF** major's (ou captain's etc) wife

commande /kɔmɑ̃d/ GRAMMAIRE ACTIVE 20.2, 20.3, 20.4 SYN **NF** ① (Comm) order ◆ **passer (une) commande** to put in ou place an order (de for) ◆ **prendre la commande** to take the order ◆ **on vous livrera vos commandes jeudi** your order will be delivered to you on Thursday ◆ **payable à la commande** cash with order ◆ **cet article est en commande** the item is on order ◆ **carnet/bulletin de commandes** order book/form ◆ **les commandes publiques** state ou government orders
- ② (Littérat, Art) commission ◆ **passer une commande à qn** to commission sb
- ③ [d'appareil] control (NonC) ◆ **les commandes** (= dispositif) the controls ◆ **commande à distance** remote control ◆ **commande numérique** numerical ou digital control ◆ **à commande vocale** voice-activated ◆ **à commande par effleurement** touch-controlled ◆ **véhicule à double commande** dual control vehicle, vehicle with dual controls ◆ **se mettre aux commandes, prendre les commandes** (lit) to take control, to take (over) the controls; (fig) to take control ◆ **passer les commandes à qn** (lit, fig) to hand over control ou the controls to sb ◆ **être aux commandes, tenir les commandes** (lit) to be in control, to be at the controls; (fig) to be in control; → **poste², tableau**
- ④ (locutions)
- ◆ **sur commande** ◆ **fait sur commande** made to order ◆ **travailler sur commande** to work to commission ◆ **ouvrage écrit/composé sur commande** commissioned work/composition ◆ **agir sur commande** to act on orders ◆ **je ne peux pas pleurer/m'amuser sur commande** I can't cry/enjoy myself to order

FRANÇAIS-ANGLAIS

- **de commande** [sourire] forced, affected; [optimisme] fake ◆ **film/livre de commande** commissioned film/book ◆ **câble de commande** control cable ◆ **les organes** ou **leviers de commande** the controls

commandement /kɔmɑ̃dmɑ̃/ SYN NM
1 (= direction) [d'armée, navire] command ◆ **avoir/prendre le commandement de** to be in ou have/take command of ◆ **sur un ton de commandement** in a commanding tone ◆ **avoir l'habitude du commandement** to be used to being in command; → **poste**²
2 (= état-major) command ◆ **le commandement a décidé que...** it has been decided at higher command that...; → **haut**
3 (Rel) commandment
4 (= ordre) command ◆ **à mon commandement, marche !** (Mil) on my command, march! ◆ **avoir commandement de faire qch** † to have orders to do sth
5 (Jur) ◆ **commandement d'huissier** court order to pay

commander /kɔmɑ̃de/ GRAMMAIRE ACTIVE 20.2 SYN
▸ conjug 1 ◂
VT 1 (= demander) [+ marchandise, repas] to order; [+ œuvre d'art] to commission ◆ **avez-vous déjà commandé ?** (au café) have you ordered?, has somebody taken your order? ◆ **qu'as-tu commandé pour Noël ?** what have you asked for for Christmas? ◆ **nous avons commandé le soleil !** we've ordered some sunshine!
2 (= diriger) [+ armée, navire, expédition, attaque] to command; (emploi absolu) to be in command, to be in charge ◆ **commander le feu** to give the order to shoot ou to (open) fire ◆ **c'est lui qui commande ici** he's in charge here ◆ **je n'aime pas qu'on me commande** I don't like to be ordered about ou to be given orders ◆ **à la maison, c'est elle qui commande** she's the boss at home, she's the one who gives the orders at home
3 (= contrôler) to control ◆ **ce bouton commande la sirène** this switch controls the siren ◆ **forteresse qui commande l'entrée du détroit** fortress which commands the entrance to the straits
4 (= ordonner) [+ obéissance, attaque] to order, to command ◆ **commander à qn de faire qch** to order ou command sb to do sth ◆ **il me commanda le silence** he ordered ou commanded me to keep quiet ◆ **sans vous commander, pourriez-vous taper cette lettre ?** if it's no trouble, could you type this letter?
5 (= imposer) [+ respect, admiration] to command
6 (= requérir) [événements, circonstances] to demand ◆ **la prudence commande que...** prudence demands that...

VT INDIR **commander à** [+ passions, instincts] to have command ou control over ◆ **il ne commande plus à sa jambe gauche** he no longer has any control over his left leg ◆ **il ne sait pas se commander** he can't control himself

VPR **se commander** 1 (au négatif) ◆ **l'amitié ne se commande pas** you can't make friends to order ◆ **l'amour ne se commande pas** you don't choose who you love ◆ **je ne peux pas le sentir, ça ne se commande pas** I can't stand him – you can't help these things
2 (= communiquer) [pièces] to connect, to lead into one another

commanderie /kɔmɑ̃dʀi/ NF (Hist) (= bénéfice) commandership; (= maison) commander's residence

commandeur /kɔmɑ̃dœʀ/ NM commander (of an Order) ◆ **la statue du commandeur** (Littérat) the statue of the Commendatore

commanditaire /kɔmɑ̃ditɛʀ/ NM (Comm) limited ou sleeping (Brit) ou silent (US) partner; [d'exposition] sponsor ◆ **les commanditaires d'un meurtre** the people behind a murder

commandite /kɔmɑ̃dit/ NF (Comm = fonds) share (of limited partner) ◆ **(société en) commandite** limited partnership

commandité, e /kɔmɑ̃dite/ NM,F active ou acting ou ordinary partner

commanditer /kɔmɑ̃dite/ ▸ conjug 1 ◂ VT (Comm = financer) to finance; [+ exposition] to sponsor; [+ crime] to be behind

commando /kɔmɑ̃do/ NM commando (group) ◆ **les membres du commando** the commando members, the commandos ◆ **commando(-)suicide** suicide squad

◆ ◆ ◆ ◆ ◆ ◆ ◆ ◆ ◆ ◆ ◆ ◆ ◆ ◆ ◆ ◆ ◆

comme /kɔm/
GRAMMAIRE ACTIVE 17.1 SYN

1 - CONJONCTION
2 - LOCUTION ADVERBIALE
3 - ADVERBE

◆ ◆ ◆ ◆ ◆ ◆ ◆ ◆ ◆ ◆ ◆ ◆ ◆ ◆ ◆ ◆ ◆

1 - CONJONCTION

1 [TEMPS] as ◆ **elle entra (juste) comme le rideau se levait** she came in (just) as the curtain was rising
2 [CAUSE] as, since ◆ **comme il pleuvait, j'ai pris la voiture** as ou since it was raining I took the car ◆ **comme il est lâche, il n'a pas osé parler** being a coward ou coward that he is, he didn't dare speak out
◆ **comme quoi**
(= disant que) to the effect that ◆ **j'ai reçu une lettre comme quoi j'étais licencié** I got a letter to the effect that ou telling me I was fired
(= d'où il s'ensuit que) which goes to show that ◆ **comme quoi tout le monde peut se tromper** which (just) goes to show that anybody can make a mistake ◆ **comme quoi !** it just goes to show!
3 [COMPARAISON] as, like (devant n et pron); (avec idée de manière) as, the way* ◆ **elle a soigné son chien comme elle aurait soigné un enfant** she nursed her dog as she would have done a child ◆ **il pense comme nous** he thinks as we do ou like us ◆ **c'est un homme comme lui qu'il nous faut** we need a man like him ou such as him ◆ **un homme comme lui, on n'en fait plus** they don't make men like that any more ◆ **ce pantalon est pratique pour le travail comme pour les loisirs** these trousers are practical for work as well as leisure ◆ **il s'ennuie en ville comme à la campagne** he gets bored both in town and in the country, he gets bored in town as he does in the country ◆ **il écrit comme il parle** he writes as ou the way he speaks ◆ **c'est une excuse comme une autre** it's as good an excuse as any ◆ **c'est un client comme un autre** he's just another customer ◆ **c'est une façon comme une autre de résoudre les problèmes** that's one way of solving problems ◆ **il voudrait une moto comme celle de son frère/la mienne** he would like a motorbike like his brother's/mine ◆ **il voudrait une moto, comme son frère** he would like a motorbike (just) like his brother ◆ **le héros du film n'agit pas comme dans la pièce** the hero in the film does not act as he does ou the way he does in the play ◆ **si, comme nous le pensons, il a oublié** if he has forgotten, as we think he has ◆ **faites comme vous voulez** do as you like ◆ **choisissez comme pour vous** choose as you would for yourself, choose as if it were for yourself ◆ **comme pour faire** as if to do ◆ **il fit un geste comme pour la frapper** he made as if to hit her ou as if he was going to hit her ◆ **il y a comme un problème** there's a bit of a problem ; → **dire, hasard, juste, plaire, tout** etc

◆ **comme ça** ou **cela**
(= ainsi) like that ◆ **il est comme ça, tu ne le changeras pas** that's the way he is, you won't change him ◆ **vous aimeriez une robe comme ça ?** would you like a dress like that? ◆ **des choses comme ça** things like that, that sort of thing ◆ **il a pêché un saumon comme ça !** he caught a salmon (that was) this big!
(* : admiratif) great!*, fantastic!*, terrific!* ◆ **on a vu un film comme ça !** we saw a great ou fantastic* ou terrific* film!

2 - LOCUTION ADVERBIALE

1 [INTENSIF] ◆ **alors, comme ça, vous nous quittez ?** so you're leaving us just like that? ◆ **le docteur m'a dit comme ça***, **prenez des calmants** the doctor just told me to take some tranquillizers
2 [= DE CETTE MANIÈRE] ◆ **je l'ai enfermé, comme ça il ne peut pas nous suivre** I locked him in – that way he can't follow us ◆ **c'est comme ça et pas autrement** ou **un point c'est tout** that's just the way it is, that's all there is to it ◆ **c'est comme ça que je m'y prendrais** that's how I'd do it ◆ **puisque** ou **si c'est comme ça, je m'en vais !** if that's how ou the way it is, I'm leaving!

◆ **comme ci comme ça** so-so*, fair to middling ◆ **comment ça va ? – comme ci comme ça** how are you? – so-so* ou fair to middling
◆ **comme il faut** († ou hum = convenablement) properly ◆ **mange/tiens-toi comme il faut** eat/sit up properly (= convenable) ◆ **une dame très comme il faut** a fine upstanding woman
◆ **comme les autres** (= ordinaire) ◆ **c'est un jour/métier comme les autres** it's just like any other day/job ◆ **il n'est pas comme les autres** he's not like everybody else, he's different ◆ **un roman/une grève pas comme les autres** a different kind of novel/strike ◆ **faire comme les autres** to do as everybody else does ou like everybody else
◆ **comme si** as if, as though ◆ **il se conduit comme si de rien n'était** he behaves as if ou as though nothing had happened ◆ **comme si nous ne savions pas !** as if we didn't know! ◆ **ce n'est pas comme si on ne l'avait pas prévenu !** it's not as if ou as though he hadn't been warned! ◆ **tu n'es pas content mais tu peux faire comme si*** you're not happy but you can pretend (to be)
◆ adjectif + **comme tout** ◆ **elle est gentille comme tout** she's so nice, she's as nice as can be ◆ **c'est facile comme tout** it's as easy as can be ◆ **c'était amusant comme tout** it was so ou terribly funny ◆ **il est menteur comme tout** he's such a liar, he's a terrible ou dreadful liar
◆ **comme tout le monde** like everybody else ◆ **il a applaudi pour faire comme tout le monde** he clapped to be like everybody else ◆ **je veux vivre comme tout le monde** I want to lead a normal life
3 [= EN TANT QUE] as ◆ **nous l'avons eu comme président** we had him as (our) president ◆ **comme étudiant, il est assez médiocre** as a student, he is rather poor
4 [= TEL QUE] like, such as ◆ **les fleurs comme la rose et l'iris sont fragiles** flowers such as ou like roses and irises are fragile ◆ **bête comme il est...** stupid as he is... ◆ **elle n'a jamais vu de maison comme la nôtre** she's never seen a house like ours ou such as ours
5 **comme** + adjectif ou participe as though, as if ◆ **il était comme fasciné par ces oiseaux** it was as though ou as if he were fascinated by these birds, he was as though ou as if fascinated by these birds ◆ **il était comme fou** he was behaving like a madman ◆ **il était comme perdu dans cette foule** it was as though ou as if he were lost in this crowd ◆ **comme se parlant à lui-même** as if ou as though talking to himself

3 - ADVERBE

how ◆ **comme ces enfants sont bruyants !** how noisy those children are!, those children are so noisy! ◆ **comme il fait beau !** what a lovely day (it is)!, what lovely weather! ◆ **tu sais comme elle est** you know what she's like ou how she is ◆ **écoute comme elle chante bien** listen (to) how beautifully she sings ◆ **comme vous y allez, vous !*** (now) hold on a minute!*, don't get carried away!; → **voir**

---

commémoraison /kɔmemɔʀɛzɔ̃/ NF (Rel) commemoration

commémoratif, -ive /kɔmemɔʀatif, iv/ ADJ [cérémonie, plaque] commemorative (épith), memorial (épith); [service] memorial (épith) ◆ **discours commémoratif** commemorative address ◆ **monument commémoratif** memorial

commémoration /kɔmemɔʀasjɔ̃/ NF commemoration ◆ **en commémoration de** in commemoration of

commémorer /kɔmemɔʀe/ ▸ conjug 1 ◂ VT to commemorate

commençant, e /kɔmɑ̃sɑ̃, ɑ̃t/
ADJ beginning (épith)
NM,F (= débutant) beginner ◆ **grand commençant** absolute beginner

commencement /kɔmɑ̃smɑ̃/ SYN NM 1 (= début) beginning, commencement (frm); (= départ) start ◆ **il y a eu un commencement d'incendie** a small fire broke out ◆ **commencement d'exécution** (Jur) initial steps in the commission of a crime ◆ **commencement de preuve** (Jur) prima facie evidence ◆ **au/dès le commencement** in/from the beginning, at/from the outset ou start ◆ **du commencement à la fin** from beginning to end, from start to finish ◆ **c'est le commencement de la fin** it's the beginning of the end ◆ **il y a un commencement à tout** you've (always) got to start somewhere
2 ◆ **commencements** [de science, métier] (= premiers temps) beginnings; (= rudiments) basic knowledge ◆ **les commencements ont été durs** the beginning was hard

commencer /kɔmɑ̃se/ SYN ▶ conjug 3 ◀
VT ① (= entreprendre) [+ travail, opération, repas] to begin, to start, to commence (frm) ◆ **ils ont commencé les travaux de l'autoroute** they've started ou begun work on the motorway ◆ **j'ai commencé un nouveau chapitre** I've started ou begun (on) a new chapter ◆ **je vais commencer le judo/le violon** I'm going to take up judo/the violin ◆ **quelle façon de commencer l'année !** what a way to begin ou start the (new) year!
② (= entamer) [+ bouteille, produit] to open
③ [chose] ◆ **mot/phrase qui commence un chapitre** word/sentence which begins a chapter, opening word/sentence of a chapter ◆ **une heure de méditation commence la journée** the day begins ou starts with an hour of meditation
VI ① (= débuter) to begin, to start, to commence (frm) ◆ **le concert va commencer** the concert is about to begin ou start ou commence (frm) ◆ **tu ne vas pas commencer !*, ne commence pas !*** don't start!* ◆ **ça commence bien !** (lit ou iro) that's a good start!, we're off to a good start! ◆ **ça commence mal !** that's a bad start!, that's not a very good start! ◆ **pour commencer** (lit) to begin ou start with; (fig) to begin ou start with, for a start ◆ **elle commence demain chez Legrand** she starts (work) tomorrow at Legrand's ◆ **c'est lui qui a commencé !** he started it! ◆ **leurs jupes commencent à 15 €** they've got skirts from €15 upwards
② ◆ **commencer à** (ou **de**) **faire** to begin ou start to do, to begin ou start doing ◆ **il commençait à neiger** it was beginning ou starting to snow ◆ **il commençait à s'inquiéter/à s'impatienter** he was getting ou beginning to get nervous/impatient ◆ **j'en commence à en avoir assez*** I've had just about enough (of it) ◆ **ça commence à bien faire*** it's getting a bit much*
③ ◆ **commencer par qch/par faire qch** to start ou begin with sth/by doing sth ◆ **par quoi voulez-vous commencer ?** what would you like to begin ou start with? ◆ **commençons par le commencement** let's begin at the beginning ◆ **commence par faire tes devoirs, on verra après** do your homework for a start, and then we'll see ◆ **ils m'ont tous déçu, à commencer par Jean** they all let me down, especially Jean ◆ **il faut apporter du changement, à commencer par trouver de nouveaux locaux** we have to make some changes, and the first thing to do is to find new premises

commende /kɔmɑ̃d/ **NF** (Rel) commendam

commensal, e (mpl **-aux**) /kɔmɑ̃sal, o/ **NM,F** (littér = personne) companion at table, table companion; (Bio) commensal

commensalisme /kɔmɑ̃salism/ **NM** (Bio) commensalism

commensurable /kɔmɑ̃syrabl/ **ADJ** commensurable

comment /kɔmɑ̃/
ADV ① (= de quelle façon) how ◆ **comment a-t-il fait ?** how did he do it?, how did he manage that? ◆ **je ne sais pas comment il a fait cela** I don't know how he did it ◆ **comment s'appelle-t-il ?** what's his name?, what's he called? ◆ **comment appelles-tu cela ?** what do you call that? ◆ **comment allez-vous ?** ou **vas-tu ?** how are you? ◆ **comment est-il, ce type ?*** what sort of guy* is he?, what's he like? ◆ **comment va-t-il ?** how is he? ◆ **comment faire ?** how shall we do it? ou go about it? ◆ **comment se fait-il que...** ? how is it that...?, how come...?* ◆ **comment se peut-il que... ?** how can it be that...?
② (excl) ◆ **comment ?** (I beg your) pardon?, pardon me? (US), sorry?, what?* ◆ **comment ça ?** what do you mean? ◆ **comment, il est mort ?** what? he's dead? ◆ **tu as assez mangé ? – et comment !** have you had enough to eat? – I (most) certainly have! ou I should say so! ou and how! ◆ **avez-vous bien travaillé ? – et comment !** did you work well? – I should say so! ou not half!* (Brit) ou and how! ◆ **comment donc ?** by all means!, of course! ◆ **Dieu sait comment !** goodness* ou God* knows how!
NM ◆ **le comment** the how ◆ **les comment(s)** the hows; → **pourquoi**

commentaire /kɔmɑ̃tɛʀ/ SYN **NM** ① (= remarque) comment ◆ **faire des commentaires sur qch** to comment on ou about sth ◆ **quels ont été ses commentaires sur ce qui s'est passé ?** what did he say about what happened? ◆ **commentaires de presse** press comments ◆ **je vous dispense de vos commentaires** I can do without your comments ou remarks ◆ **tu feras comme je te l'ordonne, et pas de commentaires !** you will do as I say and no arguments! ◆ **son attitude se passe de commentaires** his attitude speaks for itself ◆ **vous avez entendu ce qu'il a dit ! – sans commentaire !** did you hear him! – no comment! ◆ **sa conduite donne lieu à bien des commentaires !** his behaviour has really set people talking!
② (= exposé) commentary (de on); (Radio, TV) commentary ◆ **commentaires sportifs** sports commentary ◆ **« Les Commentaires »** (Littérat) "Commentaries" ◆ **un bref commentaire de la séance** some brief comments on the meeting
③ (Littérat = explication) commentary ◆ **faire le commentaire d'un texte** to do ou give a commentary on a text ◆ **édition avec commentaire(s)** annotated edition
④ (Ordin, Ling) comment

commentateur, -trice /kɔmɑ̃tatœʀ, tʀis/ SYN **NM,F** (gén, Radio, TV) commentator

commenter /kɔmɑ̃te/ SYN ▶ conjug 1 ◀ **VT**
① [+ texte, conduite, événement, actualité] to comment on
② (Radio, TV) [+ match] to commentate on; [+ cérémonie officielle] to provide the commentary for ◆ **le match sera commenté par André Leduc** André Leduc will be commentating on the match

commérage /kɔmeʀaʒ/ **NM** piece of gossip ◆ **commérages** gossip (NonC), gossiping (NonC)

commerçant, e /kɔmɛʀsɑ̃, ɑ̃t/ SYN
ADJ ① [nation] trading (épith), commercial; [quartier] shopping (épith); [ville, activité] commercial ◆ **rue très commerçante** busy shopping street, street with many shops
② (= habile) [procédé] commercially shrewd ◆ **il est très commerçant** he's got good business sense ◆ **ce n'est pas très commerçant** it's not a very good way to do business
NM shopkeeper, tradesman, merchant (US), storekeeper (US) ◆ **commerçant en gros** wholesale dealer ◆ **les commerçants du quartier** (the) local tradesmen ou shopkeepers ou merchants
NF **commerçante** shopkeeper, storekeeper (US)

commerce /kɔmɛʀs/ SYN **NM** ① ◆ **le commerce** (= activité) trade, commerce; (= affaires) business, trade ◆ **le commerce n'y est pas encore très développé** commerce ou trade isn't very highly developed there yet ◆ **depuis quelques mois le commerce ne marche pas très bien** business ou trade has been bad for a few months ◆ **opération/maison/traité de commerce** commercial operation/firm/treaty ◆ **commerce en** ou **de gros/détail** wholesale/retail trade ◆ **commerce extérieur/international** foreign/international trade ou commerce ◆ **commerce électronique** e-commerce ◆ **commerce équitable** fair trade ◆ **commerce intégré** corporate chain, combined trade ◆ **faire du commerce (avec)** to trade (with) ◆ **être dans le commerce** to be in trade ◆ **faire commerce de** † to trade in ◆ **faire commerce de ses charmes/son nom** to trade on one's charms/name; → **effet**
② (= circuit commercial) ◆ **dans le commerce** [objet] in the shops ou stores (US) ◆ **hors commerce** for restricted sale only (attrib) ◆ **exemplaires hors commerce** privately printed copies
③ (= commerçants) ◆ **le commerce** shopkeepers, merchants (US) ◆ **le petit commerce** small shopkeepers ou traders ◆ **le grand commerce** large ou big retailers ◆ **le monde du commerce** the commercial world, trading ou commercial circles
④ (= boutique) business ◆ **tenir** ou **avoir un commerce d'épicerie** to have a grocery business ◆ **un gros/petit commerce** a big/small business; → **proximité**
⑤ († ou littér) (= fréquentation) (social) intercourse; (= compagnie) company; (= rapport) dealings ◆ **être d'un commerce agréable** to be pleasant company ◆ **avoir commerce avec qn** to have dealings with sb

commercer /kɔmɛʀse/ GRAMMAIRE ACTIVE 26.1, 26.2 ▶ conjug 3 ◀ **VI** to trade (avec with)

commercial, e (mpl **-iaux**) /kɔmɛʀsjal, jo/
ADJ (gén) commercial; [activité, société, port] commercial, trading (épith); [déficit, stratégie, guerre] trade (épith) ◆ **accord commercial** trade ou trading agreement ◆ **service commercial** (d'entreprise) sales department ◆ **chaîne de télévision commerciale** commercial television channel ◆ **anglais commercial** business English ◆ **sourire commercial** (péj) phoney professional smile
NM marketing man; (= représentant) rep ◆ **l'un de nos commerciaux** one of our marketing people
NF **commerciale** ① (= véhicule) estate car (Brit), station wagon (US)
② (= femme) marketing woman

commercialement /kɔmɛʀsjalmɑ̃/ **ADV** commercially

commercialisable /kɔmɛʀsjalizabl/ **ADJ** marketable

commercialisation /kɔmɛʀsjalizasjɔ̃/ **NF** marketing

commercialiser /kɔmɛʀsjalize/ ▶ conjug 1 ◀ **VT** to market

commère /kɔmɛʀ/ SYN **NF** (péj = bavarde) gossip

commérer † /kɔmeʀe/ ▶ conjug 6 ◀ **VI** to gossip

commettant /kɔmetɑ̃/ **NM** (Jur, Fin) principal

commettre /kɔmɛtʀ/ SYN ▶ conjug 56 ◀
VT ① (= perpétrer) [+ crime, injustice] to commit; [+ erreur] to make ◆ **il a commis 2 ou 3 romans** (hum) he's responsible for 2 or 3 novels (hum); → **faute**
② (littér = confier) ◆ **commettre qch à qn** to commit sth to sb, to entrust sth to sb
③ (frm = nommer) [+ arbitre] to appoint, to nominate ◆ **commettre qn à une charge** to appoint ou nominate sb to an office ◆ **avocat commis d'office** lawyer ou barrister (Brit) appointed by the court
VPR **se commettre** (péj, frm) to endanger one's reputation, to lower o.s. ◆ **se commettre avec des gens peu recommandables** to associate with rather undesirable people

comminatoire /kɔminatwaʀ/ **ADJ** [ton, lettre] threatening; (Jur) appointing a penalty for non-compliance

comminutif, -ive /kɔminytif, iv/ **ADJ** [fracture] comminuted

commis /kɔmi/ **NM** (= vendeur) (shop ou store (US)) assistant; (= employé de bureau) office clerk ◆ **commis aux écritures** book-keeper ◆ **commis-greffier** assistant to the clerk of the court ◆ **commis de cuisine/de salle** apprentice chef/waiter ◆ **commis aux vivres** (sur un bateau) ship's steward ◆ **commis voyageur** commercial traveller, travelling salesman ◆ **un grand commis (de l'État)** a top-ranking ou senior civil servant

commisération /kɔmizeʀasjɔ̃/ **NF** commiseration

commissaire /kɔmisɛʀ/
NM ① ◆ **commissaire (de police)** ≈ (police) superintendent (Brit), ≈ (police) captain (US) ◆ **commissaire principal, commissaire divisionnaire** ≈ chief superintendent (Brit), ≈ police chief (US) ◆ **commissaire de police judiciaire** detective superintendent (Brit), (police) captain (US)
② (= responsable) [de rencontre sportive, fête] steward; [d'exposition] organizer ◆ **commissaire de courses** [de course automobile] marshal
③ (= envoyé) representative
④ [de commission] commission member, commissioner
COMP **commissaire de l'Air** chief administrator (in Air Force)
commissaire du bord purser
commissaire aux comptes auditor
commissaire européen European Commissioner
commissaire du gouvernement government commissioner
Commissaire aux langues officielles (Can) Commissioner of Official Languages (Can)
commissaire de la Marine chief administrator (in the Navy)
commissaire au Plan planning commissioner
commissaire politique political commissioner
commissaire de la République ≈ prefect

commissaire-priseur (pl **commissaires-priseurs**) /kɔmisɛʀpʀizœʀ/ **NM** auctioneer

commissariat /kɔmisaʀja/ **NM** ① (= poste) ◆ **commissariat (de police)** police station ◆ **commissariat central** police headquarters
② (Admin = fonction) commissionership ◆ **commissariat du bord** pursership ◆ **commissariat aux comptes** auditorship

commission

3 (= *commission*) commission ◆ **Commissariat à l'énergie atomique** Atomic Energy Commission ◆ **Commissariat général du Plan** State Planning Commission

4 (= *corps*) ◆ **commissariat de la Marine** ≈ Admiralty Board (Brit), ≈ Naval Command (US)

5 (= *service*) ◆ **commissariat hôtelier** catering service (*for rail companies and airlines*)

commission /kɔmisjɔ̃/ SYN

NF **1** (= *comité restreint*) committee; (= *bureau nommé*) commission ◆ **la commission du budget** ou **budgétaire** (Pol) the Budget committee ◆ **les membres sont en commission** the members are in committee ◆ **travail en commission** work in committee ◆ **renvoi d'un texte en commission** (Pol) committal of a bill

2 (= *message*) message ◆ **est-ce qu'on vous a fait la commission ?** did you get ou were you given the message?

3 (= *course*) errand ◆ **faire des commissions** to run errands (*pour for*) ◆ **on l'a chargé d'une commission** he was sent on an errand

4 (= *emplettes*) ◆ **commissions** shopping ◆ **faire les/des commissions** to do the/some shopping ◆ **partir en commissions** to go shopping ◆ **l'argent des commissions** the shopping money

5 (*langage enfantin*) ◆ **faire la petite/grosse commission** to do number one/two (*langage enfantin*)

6 (= *pourcentage*) commission ◆ **toucher 10% de commission** ou **une commission de 10%** to get 10% commission (*sur on*) ◆ **travailler à la commission** to work on commission

7 (Comm, Jur = *mandat*) commission ◆ **avoir la commission de faire** to be empowered ou commissioned to do ◆ **commission d'office** court appointment of a barrister (Brit) ou counselor (US)

COMP **commission d'arbitrage** arbitration committee
commission d'armistice armistice council
commission bancaire national banking commission, banking watchdog
Commission de développement économique régional French commission for regional economic development
commission d'enquête committee ou commission of inquiry
Commission européenne European Commission
commission d'examen board of examiners
commission exécutive executive commission
commission des finances finance committee
commission interparlementaire ≈ joint (parliamentary) committee
commission des lois law commission
commission militaire army exemption tribunal
Commission nationale de l'informatique et des libertés French data protection watchdog
Commission des opérations de Bourse French stock exchange regulatory body, ≈ Securities and Investment Board (Brit), ≈ Securities and Exchange Commission (US)
commission paritaire joint commission (with equal representation of both sides)
commission parlementaire parliamentary commission ou committee
commission permanente standing committee, permanent commission
commission rogatoire letters rogatory
commission de surendettement commission that assesses cases of overindebtedness
commission temporaire ad hoc committee

commissionnaire /kɔmisjɔnɛʀ/ NM **1** (= *livreur*) delivery boy; (*adulte*) delivery man; (= *messager*) messenger boy; (*adulte*) messenger ◆ (= *chasseur*) page (boy); (*adulte*) commissionaire

2 (= *intermédiaire*) agent, broker ◆ **commissionnaire en douane** customs agent ou broker ◆ **commissionnaire de transport** forwarding agent ◆ **commissionnaire de roulage** carrier, haulage contractor (Brit), haulier (Brit)

commissionner /kɔmisjɔne/ ▶ conjug 1 ◀ VT (Comm, Jur = *mandater*) to commission

commissoire /kɔmiswaʀ/ ADJ ◆ **clause commissoire** cancellation clause

commissure /kɔmisyʀ/ NF (Anat, Bot) commissure ◆ **la commissure des lèvres** the corner of the mouth

commodat /kɔmɔda/ NM commodate

commode /kɔmɔd/ SYN

ADJ **1** (= *pratique*) [*appartement, meuble*] convenient; [*outil*] handy (*pour* for; *pour faire* for doing); [*itinéraire*] handy, convenient ◆ **ce pinceau n'est pas très commode pour les coins** this brush isn't very practical for doing corners

2 (= *facile*) easy ◆ **ce n'est pas commode** it's not easy (*à faire* to do) ◆ **ce serait trop commode !** that would be too easy!

3 († = *souple*) [*morale, caractère*] easy-going ◆ **commode à vivre** easy to get along with ou get on (Brit) with ◆ **il n'est pas commode** (= *sévère*) he's so strict; (= *difficile*) he's really awkward ou difficult

NF (= *meuble*) chest of drawers

commodément /kɔmɔdemɑ̃/ ADV [*porter*] conveniently; [*s'asseoir, vivre*] comfortably

commodité /kɔmɔdite/ NF **1** (= *confort*) convenience ◆ **pour plus de commodité** for greater convenience ◆ **les commodités de la vie moderne** the conveniences ou comforts of modern life

2 (= *facilité*) ◆ **commodité d'accès** ease of access

3 ◆ **commodités** († † = *toilettes*) toilet

commotion /kɔmosjɔ̃/ SYN NF (= *secousse*) shock ◆ **commotion cérébrale** concussion ◆ **les grandes commotions sociales** the great social upheavals

commotionner /kɔmosjɔne/ SYN ▶ conjug 1 ◀ VT [*secousse, nouvelle*] ◆ **commotionner qn** to give sb a shock, to shake sb ◆ **être fortement commotionné par qch** to be badly ou severely shocked ou shaken by sth

commuable /kɔmɥabl/ ADJ [*peine*] commutable

commuer /kɔmɥe/ ▶ conjug 1 ◀ VT [+ *peine*] to commute (*en* to)

commun, e¹ /kɔmœ̃, yn/ GRAMMAIRE ACTIVE 5.5 SYN

ADJ **1** (= *collectif, de tous*) common; (= *fait ensemble*) [*décision, effort, réunion*] joint (*épith*) ◆ **pour le bien commun** for the common good ◆ **dans l'intérêt commun** in the common interest ◆ **ils ont une langue commune qui est l'anglais** they have English as a common language ◆ **d'un commun accord** of a common accord, of one accord; → **sens**

◆ **en commun** in common ◆ **faire la cuisine/les achats en commun** to share (in) the cooking/the shopping ◆ **vivre en commun** to live communally ◆ **faire une démarche en commun** to take joint steps ◆ **mettre ses ressources en commun** to share ou pool one's resources ◆ **tout mettre en commun** to share everything ◆ **lui et moi avons en commun une passion pour les chevaux** he and I share a love of horses ◆ **ces plantes ont en commun de pousser sur les hauteurs** a feature that these plants have in common is that they grow at high altitudes

2 (= *partagé*) [*élément*] common; [*pièce, cuisine*] communal, shared; [*dénominateur, facteur, angle*] common (*à* to) ◆ **ces deux maisons ont un jardin commun** the two houses share the same garden ◆ **le jardin est commun aux deux maisons** the garden is shared by the two houses ◆ **les parties communes de l'immeuble** the communal parts of the building ◆ **tout est commun entre eux** they share everything ◆ **un ami commun** a mutual friend ◆ **la vie commune** [*de couple*] conjugal life, life together; [*de communauté*] communal life ◆ **ils ont beaucoup de points communs** they have a lot in common

3 (= *comparable*) [*goût, intérêt, caractère*] common (*épith*) ◆ **ils n'ont rien de commun** they have nothing in common ◆ **ce métal n'a rien de commun avec l'argent** this metal has nothing in common with ou is nothing like silver ◆ **il n'y a pas de commune mesure entre eux** there's no possible comparison between them; → **nom**

4 (= *ordinaire*) [*accident, erreur*] common; [*opinion*] commonly held, widespread; [*métal*] common ◆ **peu commun** out of the ordinary, uncommon ◆ **d'une force peu commune** unusually ou uncommonly strong ◆ **il est commun de voir...** it is quite common ou quite a common thing to see...; → **lieu¹**

5 (*péj* = *vulgaire*) [*manières, voix, personne*] common

NM (= *le peuple*) ◆ **le commun des mortels** ordinary mortals, the common run of people ◆ **le commun, les gens du commun** † (*péj*) the common people ou herd

◆ **hors du commun** [*personne, destin*] extraordinary

NMPL **les communs** (= *bâtiments*) the outbuildings, the outhouses

communal, e (mpl **-aux**) /kɔmynal, o/ ADJ [*dépenses*] council (*épith*) (Brit), community (*épith*) (US); [*fête, aménagements*] local (*épith*) ◆ **l'école communale, la communale*** (= *bâtiment*) the local (primary) school, the local grade ou elementary school (US); (= *éducation*) state education ◆ **les (terrains) communaux** common land ◆ **la maison communale** (Belg) the Town Hall

communard, e /kɔmynaʀ, aʀd/
ADJ (Hist) of the Commune
NM,F (Hist) communard; (*péj* = *communiste*) red (*péj*), commie* (*péj*)

communautaire /kɔmynotɛʀ/ ADJ community (*épith*); (Pol) [*droit, politique*] Community (*épith*) ◆ **le repli communautaire** communitarism

communautariser /kɔmynotaʀize/ ▶ conjug 1 ◀ VT [+ *politique*] to Europeanize

communautarisme /kɔmynotaʀism/ NM communitarianism

communautariste /kɔmynotaʀist/ ADJ [*modèle, politique*] communitarian

communauté /kɔmynote/ SYN NF **1** (= *similitude*) [*d'intérêts, culture*] community ◆ **communauté d'idées/de sentiments** shared ideas/feelings ◆ **communauté de langue** common ou shared language

2 (*gén, Rel = groupe*) community ◆ **la communauté internationale/scientifique** the international/scientific community ◆ **communauté urbaine** urban community ◆ **communauté linguistique** speech community ◆ **vivre en communauté** to live in a commune ◆ **mettre qch en communauté** to pool sth

3 (Jur : *entre époux*) ◆ **biens qui appartiennent à la communauté** joint estate (*of husband and wife*) ◆ **mariés sous le régime de la communauté (des biens)** married with a communal estate settlement ◆ **communauté légale** communal estate ◆ **communauté réduite aux acquêts** communal estate comprising only property acquired after marriage

4 (Pol) ◆ **la Communauté économique européenne** the European Economic Community ◆ **la Communauté européenne de l'énergie atomique** the European Atomic Energy Community ◆ **les pays de la Communauté** the members of the Community ◆ **la Communauté des États indépendants** the Commonwealth of Independent States

commune² /kɔmyn/ NF **1** (= *ville*) town; (= *village*) village; (= *administration*) town (*ou* village) council, municipality (Admin) ◆ **sur toute l'étendue de la commune** (*territoire*) throughout the entire district

2 (Hist) ◆ **la Commune** the Commune

3 (Pol) ◆ **la Chambre des communes, les Communes** the (House of) Commons

> **COMMUNE**
>
> The **commune** is the smallest administrative subdivision in France. There are 38,000 **communes** in all, 90% of them having less than 2,000 inhabitants. Several small villages may make up a single **commune**. Each **commune** is administered by a "maire", who is elected by the "conseil municipal". The inhabitants of the **commune** vote for the "conseil municipal" in the "élections municipales". → **ARRONDISSEMENT, CANTON, DÉPARTEMENT, ÉLECTIONS, MAIRE**

communément /kɔmynemɑ̃/ SYN ADV commonly

communiant, e /kɔmynjɑ̃, jɑ̃t/ NM,F (Rel) communicant ◆ **(premier) communiant** young boy making his first communion ◆ **me voici en première communiante** this is me in my communion dress

communicabilité /kɔmynikabilite/ NF [*d'expérience, sentiment*] communicability; [*de personne*] communicativeness

communicable /kɔmynikabl/ ADJ [*expérience, sentiment*] which can be communicated; [*droit*] transferable; [*dossier*] which may be made available ◆ **ces renseignements ne sont pas communicables par téléphone** this information cannot be given over the telephone

communicant, e /kɔmynikɑ̃, ɑ̃t/
ADJ **1** [*pièces*] communicating (*épith*); → **vase¹**

communicateur | comparaison

communicateur, -trice /kɔmynikatœʀ, tʀis/
ADJ [fil, pièce] connecting (épith)
NM,F communicator

communicatif, -ive /kɔmynikatif, iv/ SYN **ADJ**
[rire, ennui] infectious; [personne] communicative

communication /kɔmynikasjɔ̃/ GRAMMAIRE ACTIVE 27.3, 27.6, 27.7 SYN **NF** 1 (gén, Philos = relation) communication ◆ **il a des problèmes de communication** he has trouble ou problems communicating ◆ **être en communication avec** [+ ami, société savante] to be in communication ou contact with; [+ esprit] to communicate ou be in communication with ◆ **entrer en communication avec** [+ esprit, extraterrestre] to communicate with; [+ personne] to get in touch ou contact with ◆ **mettre qn en communication avec qn** to put sb in touch ou in contact with sb
2 (= transmission) [de fait, nouvelle] communication; [de dossier] transmission ◆ **avoir communication d'un fait** to be informed of a fact ◆ **demander communication d'un dossier** to ask for a file ◆ **donner communication d'une pièce** to communicate a document (à qn to sb) ◆ **communication interne** (en entreprise) internal communications
3 (= message) message, communication; (à une conférence) paper ◆ **j'ai une communication importante à vous faire** I have an important announcement to make ◆ **faire une communication** [conférencier] to read ou give a paper
4 (Téléc) ◆ **communication (téléphonique)** (telephone ou phone) call ◆ **être en communication** to be on the (tele)phone (avec qn to sb) ◆ **entrer en communication avec qn** to get through to sb (on the phone) ◆ **mettre qn en communication** to put sb through (avec to), to connect sb (avec with) ◆ **communication interurbaine** inter-city call, trunk call (Brit) ◆ **communication à longue distance** long-distance call ◆ **communication en PCV** reverse charge call (Brit), collect call (US) ◆ **communication avec préavis** personal call (Brit), person-to-person call (US) ◆ **vous avez la communication** you're through, I'm connecting you now ◆ **je n'ai pas pu avoir la communication** I couldn't get through
5 (= moyen de liaison) communication ◆ **les grands axes de communication** the major communication routes ◆ **porte de communication** communicating door ◆ **moyens de communication** means of communication ◆ **toutes les communications ont été coupées** all communications ou all lines of communication were cut off; → **voie**
6 (= relations publiques) ◆ **la communication** public relations ◆ **conseil(ler) en communication** media ou communications consultant ◆ **action** ou **opération de communication** public relations exercise ◆ **agence/groupe de communication** communications firm/group ◆ **campagne de communication** publicity campaign ou drive ◆ **groupe de communication** communications group ◆ **le service de communication** the PR department ◆ **un homme de communication** a communicator

communicationnel, -elle /kɔmynikasjɔnɛl/ **ADJ** communication (épith)

communier /kɔmynje/ ▸ conjug 7 ◂ **VI** (Rel) to receive communion ◆ **communier sous les deux espèces** to receive communion under both kinds ◆ **communier dans** [+ sentiment] to be united in ◆ **communier avec** [+ sentiment] to share

communion /kɔmynjɔ̃/ SYN **NF** (Rel, fig) communion ◆ **faire sa (première) communion** ou **sa communion privée** to make one's first communion ◆ **communion solennelle** † solemn communion ◆ **être en communion avec** [+ personne] to be in communion with; [+ sentiments] to be in sympathy with ◆ **il vit en communion avec la nature** he is at one with nature ◆ **être en communion d'esprit avec qn** to be of the same intellectual outlook as sb ◆ **la communion des saints** the communion of the saints

communiqué /kɔmynike/ SYN **NM** communiqué ◆ **communiqué de presse** press release ◆ **selon un communiqué officiel,...** according to an official communiqué,...

communiquer /kɔmynike/ SYN ▸ conjug 1 ◂
VT 1 [+ nouvelle, renseignement, demande] to pass on (à to); [+ dossier, document] (= donner) to give (à to); (= envoyer) to send (à to) ◆ **communiquer un fait à qn** to inform sb of a fact ◆ **se communiquer des renseignements** to exchange information
2 [+ enthousiasme, peur] to communicate, to pass on (à to); (Méd) [+ maladie] to pass on, to give (à qn to sb)
3 [+ mouvement] to communicate, to transmit, to impart (à to); [+ lumière, chaleur] to transmit (à to)
VI 1 (= correspondre) to communicate (avec with) ◆ **communiquer avec qn par lettre/téléphone** to communicate with sb by letter/phone ◆ **il communique bien** he's a good ou an effective communicator
2 [pièces, salles] to communicate (avec with) ◆ **pièces qui communiquent** connecting rooms, rooms which communicate with one another ◆ **couloir qui fait communiquer les chambres** corridor that links ou connects the rooms
VPR ◆ **se communiquer** [feu, maladie] ◆ **se communiquer à** to spread to ◆ **son rire s'est communiqué aux autres** his laughter set the others off

communisant, e /kɔmynizɑ̃, ɑ̃t/
ADJ communistic
NM,F communist sympathizer

communisme /kɔmynism/ **NM** communism

communiste /kɔmynist/ **ADJ, NMF** communist

• **COMMUNISTE**
The Communist Party has played a far more influential role in French politics than in most other democracies. Evidence of the French Communist Party's importance can be seen in the "banlieues rouges" (Paris suburbs with communist mayors), in the party's annual festival (la "fête de l'Humanité") which continues to draw huge crowds, and in its newspaper, "L'Humanité", which still has a wide circulation.

commutable /kɔmytabl/ **ADJ** ⇒ **commuable**

commutateur /kɔmytatœʀ/ **NM** (Élec) (changeover) switch, commutator; (Téléc) commutation switch; (= bouton) (light) switch

commutatif, -ive /kɔmytatif, iv/ **ADJ** (Jur, Ling, Math) commutative

commutation /kɔmytasjɔ̃/ **NF** (Jur, Math) commutation; (Ling) substitution, commutation; (Élec) commutation, switching ◆ **commutation de peine** commutation of sentence ou penalty ◆ **commutation des messages** (Ordin) message switching

commutativité /kɔmytativite/ **NF** [d'élément] commutative property, commutability; [d'addition] commutative nature

commuter /kɔmyte/ ▸ conjug 1 ◂ **VT** (Math) [+ éléments] to commute; (Ling) [+ termes] to substitute, to commute

Comores /kɔmɔʀ/ **NFPL** ◆ **les (îles) Comores** the Comoro Islands, the Comoros

comorien, -ienne /kɔmɔʀjɛ̃, jɛn/
ADJ of ou from the Comoros
NM,F ◆ **Comorien(ne)** inhabitant ou native of the Comoros

compacité /kɔ̃pasite/ **NF** [de foule] density; [de véhicule, appareil] compactness

compact, e /kɔ̃pakt/ SYN
ADJ (= dense) [foule, substance] dense; [brouillard] dense, thick; [quartier] closely ou densely built-up; (= de faible encombrement) [véhicule, appareil, meuble] compact; [poudre] pressed ◆ **disque compact, Compact Disc ®** compact disc; → **chaîne**
NM 1 (= chaîne hi-fi) compact music system; (= disque) compact disc, CD ◆ **réédition en compact** CD re-release
2 [de poudre] powder compact
3 (= appareil photo) compact camera
NF ◆ **compacte** (= voiture) compact car

compactage /kɔ̃paktaʒ/ **NM** [de sol, ordures] compaction; (Ordin) compressing

compacter /kɔ̃pakte/ ▸ conjug 1 ◂ **VT** (gén) to compact; [+ données] to compress

compacteur /kɔ̃paktœʀ/ **NM** (de voirie) roadroller ◆ **compacteur d'ordures ménagères** rubbish (Brit) ou trash (US) compactor

compagne /kɔ̃paɲ/ SYN **NF** (= camarade) friend; († = épouse) companion; (= concubine) partner; [d'animal] mate ◆ **compagne de classe** classmate ◆ **compagne de jeu** playmate

compagnie /kɔ̃paɲi/ SYN
NF 1 (= présence, société) company ◆ **il n'a pour toute compagnie que sa vieille maman** he has only his old mother for company ◆ **ce n'est pas une compagnie pour lui** he (ou she) is no company for him ◆ **en compagnie de** [+ personne] in the company of, in company with; [+ chose] alongside, along with ◆ **il n'est heureux qu'en compagnie de ses livres** he's only happy when (he's) surrounded by his books ◆ **en bonne/mauvaise/joyeuse compagnie** in good/bad/cheerful company ◆ **tenir compagnie à qn** to keep sb company ◆ **être d'une compagnie agréable** ou **de bonne compagnie** to be pleasant ou good company ◆ **voyager de compagnie** to travel together ◆ **aller de compagnie avec** to go hand in hand with; → **fausser**
2 (= réunion) gathering, party ◆ **bonsoir la compagnie !** goodnight all!
3 (= entreprise) company; (= groupe de savants, écrivains) body ◆ **compagnie d'assurances/théâtrale** insurance/theatrical company ◆ **compagnie aérienne/maritime** airline/shipping company ◆ **compagnie de chemin de fer** rail company ◆ **la banque X et compagnie** the X and company bank, the bank of X and company ◆ **tout ça, c'est voleurs et compagnie** * they're all a bunch * of thieves
4 (Mil) company
COMP **compagnie de discipline** punishment company (made up of convicted soldiers)
la Compagnie des Indes (Hist) the East India Company
la Compagnie de Jésus the Society of Jesus
compagnie de perdreaux covey of partridges
compagnies républicaines de sécurité state security police force in France

compagnon /kɔ̃paɲɔ̃/ SYN
NM 1 (= camarade, littér = époux) companion; (= concubin) partner; († = écuyer) companion ◆ **compagnon d'études** fellow student ◆ **compagnon de travail** workmate ◆ **compagnon d'exil/de misère/d'infortune** companion in exile/in suffering/in misfortune
2 (= ouvrier) journeyman ◆ **il a deux compagnons** he has two employees ou two people working for him
3 (= franc-maçon) companion
COMP **compagnon d'armes** companion- ou comrade-in-arms
compagnon de bord shipmate
compagnon de jeu playmate
Compagnon de la Libération French Resistance fighter
compagnon de route (lit, Pol) fellow traveller
compagnon de table companion at table, table companion
compagnon du Tour de France, compagnon du voyage journeyman (touring France after his apprenticeship)
compagnon de voyage travelling companion, fellow traveller (lit)

compagnonnage /kɔ̃paɲɔnaʒ/ **NM** (Hist) ≈ (trade) guilds

comparabilité /kɔ̃paʀabilite/ **NF** comparability, comparableness

comparable /kɔ̃paʀabl/ GRAMMAIRE ACTIVE 5.3 SYN
ADJ [grandeur, élément, situation] comparable (à to; avec with) ◆ **je n'avais jamais rien vu de comparable** I'd never seen anything like it ◆ **ce n'est pas comparable** there's (just) no comparison

comparaison /kɔ̃paʀɛzɔ̃/ GRAMMAIRE ACTIVE 26.5 SYN **NF** 1 (gén) comparison (à to; avec with) ◆ **mettre qch en comparaison avec** to compare sth with ◆ **faire une comparaison entre X et Y** to compare X and Y, to make a comparison between X and Y ◆ **vous n'avez qu'à faire la comparaison** you only need to compare them ◆ **et c'est mieux ? – aucune comparaison !** is it better? – (there's) no comparison! ◆ **ça ne soutient** ou **ne souffre pas la comparaison** that doesn't bear ou stand comparison ◆ **nous ne disposons d'aucun élément de comparaison** we have no point of comparison ◆ **comparaison n'est pas raison** (Prov) comparisons are odious
2 (Gram) comparison ◆ **adjectif/adverbe de comparaison** comparative adjective/adverb
3 (Littérat) simile, comparison
4 (locutions)
◆ **en comparaison (de)** in comparison (with)
◆ **par comparaison** by comparison (avec, à with)

♦ **sans comparaison** ♦ **il est sans comparaison le meilleur** he is far and away the best ♦ **c'est sans comparaison avec...** it cannot be compared with...

comparaître /kɔ̃paʀɛtʀ/ ► conjug 57 ◀ VI (Jur) to appear in court ♦ **comparaître devant un juge** to appear before a judge ♦ **refus de comparaître** refusal to appear in court → citation, citer

comparant, e /kɔ̃paʀɑ̃, ɑ̃t/ NM,F (Jur) party (appearing in court)

comparatif, -ive /kɔ̃paʀatif, iv/
ADJ [publicité, étude] comparative ♦ **essai comparatif** comparison test
NM ① (Gram) comparative ♦ **au comparatif** in the comparative ♦ **comparatif d'infériorité/de supériorité/d'égalité** comparative of lesser/greater/similar degree
② (= essai) comparison test

comparatisme /kɔ̃paʀatism/ NM comparative studies, comparat(iv)ism

comparatiste /kɔ̃paʀatist/ ADJ, NMF comparatist

comparativement /kɔ̃paʀativmɑ̃/ ADV comparatively, by comparison ♦ **comparativement à** in comparison to ou with, compared to ou with

comparé, e /kɔ̃paʀe/ GRAMMAIRE ACTIVE 5.1, 26.5 (ptp de **comparer**) ADJ [étude, littérature] comparative

comparer /kɔ̃paʀe/ GRAMMAIRE ACTIVE 5.1, 5.4, 5.5 SYN ► conjug 1 ◀ VT ① (= confronter) to compare (à, avec with) ♦ **comparer deux choses (entre elles)** to compare two things ♦ **vous n'avez qu'à comparer** you've only to compare ♦ **comparé à** compared to ou with
② (= identifier) to compare, to liken (à to) ♦ **Molière peut se comparer** ou **être comparé à Shakespeare** Molière can be compared ou likened to Shakespeare ♦ **c'est un bon écrivain mais il ne peut quand même pas se comparer à X** he's a good writer but he still can't compare with X ♦ **il ose se comparer à Picasso** he dares to compare himself with Picasso ♦ **ça ne se compare pas** there's no comparison, they can't be compared

comparse /kɔ̃paʀs/ NMF (Théât) supernumerary, walk-on; (péj) associate, stooge * ♦ **rôle de comparse** (Théât) walk-on part; (péj) minor part ♦ **nous n'avons là que les comparses, il nous faut le vrai chef** these are only the small fry, we want the real leader

compartiment /kɔ̃paʀtimɑ̃/ SYN NM (gén, dans un train) compartment; [de damier] square; (Bourse) section ♦ **compartiment à bagages** luggage compartment ♦ **compartiment à glace** freezer compartment ♦ **dans tous les compartiments du jeu** in every area of the game

compartimentage /kɔ̃paʀtimɑ̃taʒ/ NM, **compartimentation** /kɔ̃paʀtimɑ̃tasjɔ̃/ NF [d'armoire] partitioning, compartmentalization; [d'administration, problème] compartmentalization

compartimenter /kɔ̃paʀtimɑ̃te/ SYN ► conjug 1 ◀ VT [+ armoire] to put compartments in; [+ problème, administration] to compartmentalize

comparution /kɔ̃paʀysjɔ̃/ NF (Jur) appearance in court ♦ **il sera jugé en comparution immédiate** he'll be tried immediately

compas /kɔ̃pa/
NM (Géom) (pair of) compasses; (= boussole de marine) compass ♦ **tracer qch au compas** to draw sth with (a pair of) compasses ♦ **avoir le compas dans l'œil** to have an accurate eye; → naviguer
COMP **compas à balustre** bow compass
compas d'épaisseur callipers (Brit), calipers (US)
compas à pointes sèches dividers
compas quart de cercle wing compass
compas de réduction proportional dividers
compas à verge beam compass (Brit)

compassé, e /kɔ̃pase/ SYN ADJ (= guindé) formal, starchy

compassion /kɔ̃pasjɔ̃/ SYN NF compassion ♦ **avec compassion** compassionately

compatibilité /kɔ̃patibilite/ SYN NF compatibility (entre between) ♦ **compatibilité ascendante/descendante** (Ordin) upward/downward compatibility

compatible /kɔ̃patibl/ SYN
ADJ compatible (avec with) ♦ **difficilement/parfaitement compatibles** hardly/perfectly ou fully compatible
NM (Ordin) compatible (computer)

compatir /kɔ̃patiʀ/ SYN ► conjug 2 ◀ VI to sympathize ♦ **compatir à la douleur de qn** to share sb's grief

compatissant, e /kɔ̃patisɑ̃, ɑ̃t/ SYN ADJ compassionate, sympathetic

compatriote /kɔ̃patʀijɔt/
NM compatriot, fellow countryman
NF compatriot, fellow countrywoman

compendium /kɔ̃pɛ̃djɔm/ NM compendium

compensable /kɔ̃pɑ̃sabl/ ADJ ① [perte] that can be compensated for (par by)
② [chèque] ♦ **compensable à Paris** to be cleared in Paris

compensateur, -trice /kɔ̃pɑ̃satœʀ, tʀis/
ADJ [indemnité, élément, mouvement] compensatory, compensating (épith) ♦ **repos compensateur** time off in lieu
NM compensator ♦ **(pendule) compensateur** compensation pendulum

compensation /kɔ̃pɑ̃sasjɔ̃/ SYN NF
① (= dédommagement) compensation ♦ **donner qch en compensation d'autre chose** to give sth in compensation for sth else, to make up for sth with sth else ♦ **en compensation (des dégâts), à titre de compensation (pour les dégâts)** in compensation ou by way of compensation (for the damage) ♦ **c'est une piètre** ou **maigre compensation de le savoir** it's not much (of a) compensation to know that ♦ **il y en a peu mais en compensation c'est bon** there's not much of it but on the other hand ou but to make up for that it's good ♦ **avec une compensation salariale intégrale** pay fully made up to previous level ♦ **sans compensation salariale** without pay being made up to previous level
② (= équilibre) balance; (= neutralisation) balancing; (Phys) [de forces] compensation; [de maladie, infirmité] compensation; [de compas] correction; (Psych) compensation; [de dette] set-off (Brit), offsetting; [de chèques] clearing ♦ **loi de compensation** (Math) law of large numbers ♦ **compensation des dépens** (Jur) division ou sharing of the costs ♦ **compensation carbone** carbon offset ou offsetting; → chambre

compensatoire /kɔ̃pɑ̃satwaʀ/ ADJ compensatory, compensating ♦ **droits compensatoires** (Fin) countervailing duties; → montant

compensé, e /kɔ̃pɑ̃se/ ADJ (ptp de **compenser**) [gouvernail] balanced; [horloge] compensated ♦ **chaussures à semelles compensées** platform shoes, shoes with platform soles

compenser /kɔ̃pɑ̃se/ SYN ► conjug 1 ◀
VT [+ perte, dégâts, baisse, effets négatifs] to compensate for, to make up for, to offset; [+ absence, handicap] to make up for, to compensate for; [+ compas] to correct ♦ **ceci devrait vous permettre de compenser le retard accumulé** this should allow you to make up for lost time ♦ **cette perte a été largement compensée par les gains ultérieurs** this loss was largely offset by later gains ♦ **pour compenser** to compensate, to make up for it ♦ **compenser les dépens** (Jur) to divide ou share the costs, to tax each party for its own costs
VPR **se compenser** ♦ **ses qualités et ses défauts se compensent** his qualities compensate for ou make up for his faults

⚠ Attention à ne pas traduire automatiquement **compenser** par **to compensate**, qui est d'un registre plus soutenu.

♦ **les gains et les pertes se compensent** the gains and losses cancel each other out ♦ **forces qui se compensent** (Phys) compensating forces; → ceci

compère /kɔ̃pɛʀ/ NM ① (gén = complice) accomplice; (aux enchères) puffer
② † (= ami) crony *, comrade; (= personne, type) fellow

compère-loriot (pl **compères-loriots**) /kɔ̃pɛʀlɔʀjo/ NM ① (= orgelet) sty(e)
② (= oiseau) golden oriole

compète * /kɔ̃pɛt/ NF ⇒ **compétition**

compétence /kɔ̃petɑ̃s/ SYN NF ① (= expérience) competence (en in) ♦ **faire qch avec compétence** to do sth competently ♦ **avoir des compétences** to be competent ♦ **faire appel à la compétence** ou **aux compétences d'un spécialiste** to call (up)on the skills of a specialist ♦ **savoir utiliser les compétences** to know how to put people's skills ou abilities to the best use
② (= personne) specialist, expert

③ (= rayon d'activité) scope of activities, domain; (Jur) competence ♦ **compétence territoriale** (Jur) jurisdiction ♦ **c'est de la compétence de ce tribunal** it's within the competence of this court ♦ **champ de compétence** area of competence ♦ **ce n'est pas de ma compétence, cela n'entre pas dans mes compétences** that's not (in) my sphere ou domain

compétent, e /kɔ̃petɑ̃, ɑ̃t/ SYN ADJ ① (= capable) competent, capable ♦ **compétent en** competent in ♦ **très compétent en législation du travail** very well-versed in ou conversant with labour legislation ♦ **je ne suis pas compétent pour vous répondre** I'm not qualified to answer ♦ **elle est tout à fait compétente en la matière** she's well qualified to deal with this
② (= concerné) [service] relevant, concerned (attrib); (Jur) competent ♦ **adressez-vous à l'autorité compétente** apply to the authority concerned ♦ **être compétent pour faire qch** [tribunal] to have the jurisdiction to do sth

compétiteur, -trice /kɔ̃petitœʀ, tʀis/ SYN NM,F competitor

compétitif, -ive /kɔ̃petitif, iv/ SYN ADJ competitive

compétition /kɔ̃petisjɔ̃/ NF SYN ① (Sport = activité) ♦ **la compétition** competitive sport ♦ **faire de la compétition** to go in for competitive sports ♦ **la compétition automobile** motor racing ♦ **abandonner la compétition** to retire from competitive sport ♦ **sport de compétition** competitive sport
② (Sport = épreuve) event ♦ **compétition sportive** sporting event ♦ **une compétition automobile** a motor-racing event ♦ **film présenté hors compétition** film presented out of competition
③ (= rivalité) competition (NonC) ♦ **entrer en compétition avec** to compete with ♦ **être en compétition** to be competing, to be in competition

compétitivité /kɔ̃petitivite/ NF competitiveness

compil * /kɔ̃pil/ NF abrév de **compilation**

compilateur, -trice /kɔ̃pilatœʀ, tʀis/
NM,F (souvent péj) compiler
NM (Ordin) compiler ♦ **compilateur croisé** cross compiler

compilation /kɔ̃pilasjɔ̃/ SYN NF ① (= action) compiling, compilation; [de textes, chansons] compilation; (péj = plagiat) plagiarism ♦ **une compilation des meilleures chansons de Brel** the best of Brel
② (Ordin) [de programme] compilation

compiler /kɔ̃pile/ SYN ► conjug 1 ◀ VT [+ documents, chansons, ouvrage, programme informatique] to compile

complainte /kɔ̃plɛ̃t/ NF (Littérat, Mus) lament

complaire /kɔ̃plɛʀ/ ► conjug 54 ◀
VT INDIR **complaire à** to (try to) please
VPR **se complaire** ♦ **se complaire dans qch/à faire qch** to take pleasure in sth/in doing sth, to delight ou revel in sth/in doing sth

complaisamment /kɔ̃plɛzamɑ̃/ ADV (avec obligeance) obligingly, kindly; (avec indulgence) indulgently; (avec fatuité) complacently, smugly

complaisance /kɔ̃plɛzɑ̃s/ SYN NF ① (= obligeance) kindness (envers to, towards); (= esprit accommodant) accommodating attitude ♦ **il a eu la complaisance de m'accompagner** (frm) he was kind ou good enough to accompany me ♦ **par complaisance** out of kindness
② (= indulgence coupable) indulgence, leniency; (= connivence malhonnête) connivance; (= servilité) servility, subservience; [de conjoint trompé] tacit consent ♦ **avoir des complaisances pour qn** to treat sb indulgently ♦ **on a reproché à ce pays une certaine complaisance à l'égard des terroristes** the country has been criticized for taking a soft line on terrorism ♦ **la commission d'enquête a fait son travail sans complaisance** the commission of enquiry has done its job very thoroughly ♦ **sourire de complaisance** polite smile ♦ **certificat** ou **attestation de complaisance** medical ou doctor's certificate (issued for non-genuine illness to oblige a patient) ♦ **billet de complaisance** (Comm) accommodation bill; → pavillon
③ (= fatuité) self-satisfaction, complacency ♦ **il parlait avec complaisance de ses succès** he spoke smugly about his successes

complaisant, e /kɔ̃plɛzɑ̃, ɑ̃t/ SYN ADJ ① (= obligeant) kind, obliging; (= arrangeant) accommodating

[2] (= *trop indulgent*) indulgent, lenient; (= *trop arrangeant*) over-obliging; (= *servile*) servile, subservient ◆ **c'est un mari complaisant** he turns a blind eye to his wife's goings-on ◆ **prêter une oreille complaisante à qn/qch** to listen to sb/sth readily, to lend a willing ear to sb/sth

[3] (= *fat*) smug, complacent

complément /kɔ̃plemɑ̃/ SYN NM [1] (*gén, Bio, Math, Ordin*) complement; (= *reste*) rest, remainder ◆ **complément d'information** further *ou* additional information (*NonC*) ◆ **en complément de** in addition to

[2] (*Gram*) (*gén*) complement; (= *complément d'objet*) object ◆ **complément circonstanciel de lieu/de temps** adverbial phrase of place/time ◆ **complément (d'objet) direct/indirect** direct/indirect object ◆ **complément d'agent** agent ◆ **complément de nom** possessive phrase

complémentaire /kɔ̃plemɑ̃tɛʀ/ SYN

ADJ (*gén, Math*) complementary; (= *additionnel*) supplementary ◆ **nos caractères sont complémentaires** we complement each other ◆ **couleurs complémentaires** complementary colours ◆ **pour tout renseignement complémentaire** for any further *ou* additional information; → **cours**

NM [1] (*Math*) complement

[2] (*Admin*) ◆ **complémentaire santé** complementary health benefit

complémentarité /kɔ̃plemɑ̃taʀite/ NF complementarity, complementary nature

complet, -ète /kɔ̃plɛ, ɛt/ SYN

ADJ [1] (= *exhaustif, entier*) (*gén*) complete, full; [*rapport, analyse*] comprehensive, full ◆ **procéder à un examen complet de qch** to make a full *ou* thorough examination of sth ◆ **il reste encore trois tours/jours complets** there are still three complete *ou* full laps/three full *ou* whole days to go ◆ **pour vous donner une idée complète de la situation** to give you a fuller idea of the situation ◆ **les œuvres complètes de Voltaire** the complete works of Voltaire ◆ **le dossier est-il complet ?** is the file complete? ◆ **une collection très complète** a very comprehensive *ou* full collection ◆ **la lecture complète de ce livre prend deux heures** it takes two hours to read this book right through *ou* from cover to cover; → **aliment, pension, riz**

[2] (= *total*) [*échec, obscurité*] complete, total, utter; [*découragement*] complete, total ◆ **dans la misère la plus complète** in the most abject poverty ◆ **l'aviron est un sport très complet** rowing exercises your whole body ◆ **c'est complet !** * that's all we needed!

[3] (*après nom* = *consommé*) [*homme*] complete ◆ **c'est un athlète complet** he's an all-round athlete

[4] (= *plein*) [*autobus, train*] full, full up (*attrib*) ◆ « **complet** » (*écriteau*) [*hôtel*] "no vacancies"; [*parking*] "full"; [*cinéma*] "sold out"; [*match*] "ground full" ◆ **le théâtre affiche complet tous les soirs** the theatre has a full house every evening

NM (= *costume*) ◆ **complet(-veston)** suit

LOC ADV **au (grand) complet** ◆ **maintenant que nous sommes au complet** now that we are all here ◆ **le groupe/bureau au grand complet** the whole *ou* entire group/office

complètement /kɔ̃plɛtmɑ̃/ SYN ADV [1] (= *en entier*) [*démonter, nettoyer, repeindre*] completely; [*lire*] right through, from cover to cover; [*citer*] in full ◆ **complètement nu** completely *ou* stark naked ◆ **complètement trempé/terminé** completely soaked/finished ◆ **complètement équipé** fully equipped ◆ **écouter complètement un CD** to listen to a CD right through, to listen to the whole of a CD

[2] (= *absolument*) [*fou*] completely, absolutely; [*faux*] completely, absolutely, utterly; [*découragé*] completely, totally ◆ **je suis complètement d'accord avec vous** I totally agree with you

[3] (= *à fond*) [*étudier, faire une enquête*] fully, thoroughly

compléter /kɔ̃plete/ SYN ► conjug 6 ◄

VT [1] (= *terminer, porter au total voulu*) [+ *somme, effectifs*] to make up; [+ *mobilier, collection, dossier*] to complete ◆ **pour compléter votre travail/l'ensemble...** to complete your work/the whole... ◆ **il compléta ses études en suivant un cours d'informatique** he completed *ou* finished off his studies by taking a computing course ◆ **et pour compléter le tableau, il arriva en retard !** and to crown *ou* top it all, he arrived late!

[2] (= *augmenter*) [+ *formation*] to complement, to supplement; [+ *connaissances, documentation, collection*] to supplement, to add to; [+ *mobilier, garde-robe*] to add to ◆ **sa collection se complète lentement** his collection is slowly building up

VPR **se compléter** [*caractères, personnes, fonctions*] to complement one another

complétif, -ive /kɔ̃pletif, iv/

ADJ substantival

NF **complétive** ◆ **(proposition) complétive** noun *ou* substantival clause

complétude /kɔ̃pletyd/ NF completeness

complexe /kɔ̃plɛks/ SYN

ADJ complex

NM [1] (*Psych*) complex ◆ **complexe d'Œdipe/d'infériorité/de supériorité** Oedipus/inferiority/superiority complex ◆ **faire des complexes, être bourré de complexes** * to have loads of hang-ups * ◆ **elle fait un complexe sur la taille de sa poitrine** she's got a complex about the size of her breasts ◆ **il est vraiment sans complexe** (*hum*) he's got a nerve * ◆ **c'est une équipe de France sans complexe qui va jouer ce soir** the French team are in a very relaxed frame of mind for tonight's match

[2] (*Écon* : *industriel, universitaire, touristique*) complex ◆ **complexe routier** road network ◆ **complexe hôtelier/sportif** hotel/sports complex

[3] (*Chim, Math*) complex

complexer /kɔ̃plɛkse/ SYN ► conjug 1 ◄ VT ◆ **ça le complexe terriblement** he's very hung-up * about it ◆ **être très complexé** to be very hung-up * *ou* mixed up * (*par* about)

complexification /kɔ̃plɛksifikasjɔ̃/ NF increasing complexity ◆ **cela entraîne une complexification des rapports sociaux** this makes social relationships more and more complex *ou* increasingly complex

complexifier /kɔ̃plɛksifje/ ► conjug 7 ◄

VT to make more complex, to complicate

VPR **se complexifier** to become more complex *ou* complicated

complexion †† /kɔ̃plɛksjɔ̃/ NF (= *constitution*) constitution; (= *teint*) complexion; (= *humeur*) disposition, temperament

complexité /kɔ̃plɛksite/ NF complexity

complication /kɔ̃plikasjɔ̃/ SYN NF (= *ennui*) complication; (= *complexité*) complexity ◆ **complications** (*Méd*) complications ◆ **faire des complications** to make life difficult *ou* complicated

complice /kɔ̃plis/ SYN

ADJ [1] ◆ **être complice de qch** to be (a) party to sth

[2] [*regard, sourire*] knowing (*épith*), of complicity (*attrib*); [*attitude*] conniving ◆ **la nuit complice protégeait leur fuite** (*littér*) the friendly night conspired to shelter their flight (*littér*) ◆ **on est très complices** [*amis*] we're very close, we understand each other completely

NMF [1] (= *criminel*) accomplice ◆ **être (le) complice de qn** to be sb's accomplice, to be in collusion with sb ◆ **être complice d'un meurtre** to be an accessory *ou* an accomplice to murder ◆ **complice par instigation/par assistance** accessory before/after the fact

[2] (*dans un adultère*) (*Jur*) co-respondent; (= *amant*) lover; (= *maîtresse*) mistress

[3] (= *compère*) [*de farce, projet*] partner ◆ **mon vieux complice** (*hum*) my old partner-in-crime (*hum*)

complicité /kɔ̃plisite/ SYN NF [1] (*pour un crime, un forfait*) complicity ◆ **agir en complicité avec** to act in complicity *ou* collusion with ◆ **accusé de complicité de vol** accused of aiding and abetting a theft *ou* of being an accessory to theft

[2] (= *bonne entente*) closeness, complicity ◆ **grâce à la complicité qui existe entre eux** because they're so close, because of the complicity between them

complies /kɔ̃pli/ NFPL compline

compliment /kɔ̃plimɑ̃/ SYN NM [1] (= *louange*) compliment ◆ **elle rougit sous le compliment** she blushed at the compliment ◆ **faire un compliment à qn** to pay sb a compliment ◆ **faire des compliments à qn sur sa bonne mine, faire compliment à qn de sa bonne mine** to compliment sb on how well they look ◆ **il lui fait sans cesse des compliments** he's always paying her compliments

[2] (= *félicitations*) ◆ **compliments** congratulations ◆ **recevoir les compliments de qn** to receive sb's congratulations, to be congratulated by sb ◆ **faire des compliments à qn** to congratulate sb (*pour* on) ◆ **(je vous fais) mes compliments !** (*lit ou iro*) congratulations!, well done!

[3] (= *formule de politesse*) ◆ **compliments** compliments ◆ **avec les compliments de la direction** with the compliments of the management ◆ **faites-lui mes compliments** give him my regards

[4] (= *petit discours*) congratulatory speech

complimenter /kɔ̃plimɑ̃te/ SYN ► conjug 1 ◄ VT

[1] (= *louanger*) to compliment (*pour, sur, de* on)

[2] (= *féliciter*) to congratulate (*pour, sur, de* on)

compliqué, e /kɔ̃plike/ SYN (ptp de **compliquer**) ADJ [1] (= *complexe*) complicated ◆ **ne sois pas si compliqué !** don't make life so difficult! ◆ **puisque tu refuses, ce n'est pas compliqué, moi je pars** since you refuse, that makes it easy *ou* that simplifies things– I'm leaving ◆ **il ne m'écoute jamais, c'est pas compliqué !** * it's quite simple, he never listens to a word I say! ◆ **cette histoire est d'un compliqué !** what a complicated story!

[2] [*fracture*] compound (*épith*)

compliquer /kɔ̃plike/ SYN ► conjug 1 ◄

VT to complicate ◆ **il nous complique l'existence** *ou* **la vie** he makes life difficult *ou* complicated for us ◆ **compliquer les choses** to complicate matters

VPR **se compliquer** [1] [*situation, problème*] to become *ou* get complicated ◆ **ça se complique** things are getting more and more complicated

[2] [*personne*] ◆ **se compliquer l'existence** to make life difficult *ou* complicated for o.s.

complot /kɔ̃plo/ SYN NM plot ◆ **complot contre la sûreté de l'État** plot to destabilize national security ◆ **mettre qn dans le complot** * to let sb in on the plot ◆ **c'est un véritable complot contre moi !** it's a conspiracy!

comploter /kɔ̃plɔte/ SYN ► conjug 1 ◄ VTI to plot (*de faire* to do; *contre* against) ◆ **qu'est-ce que vous complotez ?** * what are you up to?

comploteur, -euse /kɔ̃plɔtœʀ, øz/ NM,F plotter

componction /kɔ̃pɔ̃ksjɔ̃/ NF (*péj*) (affected) gravity; (*Rel*) contrition ◆ **avec componction** solemnly, with a great show of dignity

componé, e /kɔ̃pɔne/ ADJ (*Héraldique*) compony

comportement /kɔ̃pɔʀtəmɑ̃/ SYN NM behaviour (*Brit*), behavior (*US*) (*envers, avec* towards); [*de matériel, pneus, monnaie*] performance ◆ **comportement d'achat** buying patterns ◆ **comportement alimentaire** eating habits ◆ **troubles du comportement alimentaire** eating disorder ◆ **comportement politique** (= *habitudes de vote*) voting behaviour ◆ **comportement sexuel** sexual behaviour

comportemental, e (mpl **-aux**) /kɔ̃pɔʀtəmɑ̃tal, o/ ADJ behavioural (*Brit*), behavioral (*US*)

comportementalisme /kɔ̃pɔʀtəmɑ̃talism/ NM behaviourism (*Brit*), behaviorism (*US*)

comportementaliste /kɔ̃pɔʀtəmɑ̃talist/ ADJ, NMF behaviourist (*Brit*), behaviorist (*US*)

comporter /kɔ̃pɔʀte/ SYN ► conjug 1 ◄

VT [1] (= *consister en*) to be composed of, to be made up of, to consist of, to comprise ◆ **ce roman comporte deux parties** this novel is in two parts ◆ **la maison comporte 5 pièces et une cuisine** the house comprises 5 rooms and a kitchen ◆ **l'exposition comporte 35 tableaux** the exhibition consists of 35 paintings

[2] (= *être muni de*) to have, to include ◆ **son livre comporte une préface** his book has *ou* includes a preface ◆ **cette machine ne comporte aucun dispositif de sécurité** this machine has no safety mechanism ◆ **cette règle comporte des exceptions** there are certain exceptions to this rule

[3] (= *impliquer*) [+ *risques*] to entail, to involve ◆ **je dois accepter avec tout ce que cela comporte (de désavantages)** I must accept with all (the disadvantages) that it entails *ou* involves

VPR **se comporter** [1] (= *se conduire*) to behave ◆ **se comporter en** *ou* **comme un enfant gâté** to behave *ou* act like a spoilt child ◆ **il s'est comporté d'une façon odieuse** he behaved horribly (*avec* towards)

[2] (= *réagir*) [*personne*] to behave; [*machine, voiture*] to perform ◆ **comment s'est-il comporté après l'accident ?** how did he behave after the accident? ◆ **notre équipe s'est très bien comportée** our team played *ou* acquitted itself very well, our team put up a good performance ◆ **comment le matériel s'est-il comporté en altitude ?** how did the equipment perform at

high altitude? ◆ **ces pneus se comportent très bien sur chaussée glissante** these tyres perform very well on slippery roads ◆ **l'euro se comporte bien aujourd'hui** (*Bourse*) the euro is performing *ou* doing well today

composant, e /kɔ̃pozɑ̃, ɑ̃t/
ADJ, NM component, constituent ◆ **composants électroniques** electronic components
NF composante (*gén*, *Phys*) component ◆ **les diverses composantes du parti** (*Pol*) the various elements in the party

composé, e /kɔ̃poze/ SYN ptp de **composer**
ADJ ① (*Chim*, *Gram*, *Math*, *Mus*) compound (*épith*); (*Bot*) [*fleur*] composite (*épith*); [*feuille*] compound (*épith*); [*bouquet*, *salade*] mixed; → **passé**
② (= *guindé*) [*maintien*, *attitude*] studied
NM (*Chim*, *Gram*) compound; (*fig*) combination, mixture
NF composée (= *plante*) composite ◆ **composées** composites, Compositae (SPÉC)

composer /kɔ̃poze/ SYN conjug 1
VT ① (= *confectionner*) [+ *plat*, *médicament*] to make (up); [+ *équipe sportive*] to select, to put together; [+ *assemblée*, *équipe scientifique*] to form, to set up
② (= *élaborer*) [+ *poème*, *lettre*] to write, to compose; [+ *musique*] to compose; [+ *tableau*] to paint; [+ *programme*] to work out, to draw up
③ [+ *numéro de téléphone*] to dial; [+ *code*] to enter
④ (= *disposer*) [+ *bouquet*] to arrange, to make up; [+ *vitrine*] to arrange, to lay out
⑤ (= *constituer*) [+ *ensemble*, *produit*, *groupe*] to make up; [+ *assemblée*] to form, to make up ◆ **pièces qui composent une machine** parts which (go to) make up a machine ◆ **ces objets composent un ensemble harmonieux** these objects form *ou* make a harmonious group ◆ **être composé de** to be composed of, to be made up of, to consist of ◆ **notre équipe est composée à 70% de femmes** our team is 70% women, 70% of our team are women ◆ **composé à 50% de papier recyclé** made of 50% recycled paper
⑥ (*Typographie*) to set
⑦ (*frm* = *étudier artificiellement*) ◆ **composer son visage** to compose one's features ◆ **composer ses gestes** to use affected gestures ◆ **il s'était composé un personnage de dandy** he had established his image as that of a dandy ◆ **se composer un visage de circonstance** to assume a suitable expression
VI ① (*Scol*) to do a test ◆ **composer en anglais** to take *ou* sit (*surtout Brit*) an English test
② (= *traiter*) to compromise ◆ **composer avec** [+ *adversaire*] to come to terms with, to compromise with
VPR se composer (= *consister en*) ◆ **se composer de** ◆ **l'exposition se compose principalement de photographies** the exhibition consists mainly of photographs

composeuse /kɔ̃pozøz/ **NF** typesetter

composite /kɔ̃pozit/ SYN
ADJ ① (= *hétérogène*) [*éléments*, *mobilier*, *matériau*, *groupe*] composite; [*public*] mixed; [*foule*] motley (*épith*)
② (*Archit*) composite
NM (*Archit*) composite order; (= *matériau*) composite

compositeur, -trice /kɔ̃pozitœʀ, tʀis/ **NM,F** (*Mus*) composer; (*Typographie*) typesetter, compositor; → **amiable**

composition /kɔ̃pozisjɔ̃/ SYN **NF** ① (= *confection*) [*de plat*, *médicament*] making(-up); [*d'assemblée*] formation, setting-up; [*d'équipe sportive*] selection; [*d'équipe de chercheurs*] setting-up; [*de bouquet*, *vitrine*] arranging ◆ **les boissons qui entrent dans la composition du cocktail** the drinks that go into the cocktail; → **rôle**
② (= *élaboration*) [*de lettre*, *poème*] writing, composition; [*de symphonie*] composition; [*de tableau*] painting ◆ **une œuvre de ma composition** a work of my own composition
③ (*œuvre*) (*musicale*, *picturale*) composition; (*architecturale*) structure ◆ **composition florale** flower arrangement
④ (= *structure*) [*de plan*, *ensemble*] structure ◆ **quelle est la composition du passage ?** what is the structure of the passage? ◆ **la répartition des masses dans le tableau forme une composition harmonieuse** the distribution of the masses in the picture makes for a harmonious composition

⑤ (= *constituants*) [*de mélange*] composition; [*d'équipe*, *assemblée*] composition, line-up ◆ **quelle est la composition du gâteau ?** what is the cake made of?, what ingredients go into the cake? ◆ **la nouvelle composition du Parlement européen** the new line-up in the European Parliament
⑥ (*Scol* = *examen*) test ◆ **composition de français** (*en classe*) French test *ou* exam; (*à l'examen*) French paper ◆ **composition française** (= *rédaction*) French essay *ou* composition
⑦ (*Typographie*) typesetting, composition
⑧ (*locutions*) ◆ **venir à composition** to come to terms ◆ **amener qn à composition** to get sb to come to terms ◆ **être de bonne composition** to be good-natured

compost /kɔ̃pɔst/ **NM** compost

compostage /kɔ̃pɔstaʒ/ **NM** ① (*pour mettre une date*) (date) stamping; (= *poinçonnage*) punching
② (*Agr*) composting

composter /kɔ̃pɔste/ conjug 1 **VT** ① (= *dater*) to (date) stamp; (= *poinçonner*) to punch ◆ **n'oubliez pas de composter votre billet** don't forget to punch your ticket
② (*Agr*) to compost

composteur /kɔ̃pɔstœʀ/ **NM** (= *timbre dateur*) date stamp; (= *poinçon*) ticket punching machine; (*Typographie*) composing stick

compote /kɔ̃pɔt/ **NF** stewed fruit, compote ◆ **compote de pommes/de poires** stewed apples/pears, compote of apples/pears ◆ **j'ai les jambes en compote** * (*de fatigue*) my legs are killing me *; (*par l'émotion*, *la maladie*) my legs are like jelly *ou* cotton wool (*Brit*) ◆ **il a le visage en compote** * his face is black and blue *ou* is a mass of bruises

compotier /kɔ̃pɔtje/ **NM** fruit dish *ou* bowl

compréhensibilité /kɔ̃pʀeɑ̃sibilite/ **NF** [*de texte*] comprehensibility

compréhensible /kɔ̃pʀeɑ̃sibl/ SYN **ADJ** (= *clair*) comprehensible, easily understood; (= *concevable*) understandable

compréhensif, -ive /kɔ̃pʀeɑ̃sif, iv/ SYN **ADJ**
① (= *tolérant*) understanding
② (*Logique*) comprehensive

⚠ Au sens de 'tolérant', **compréhensif** ne se traduit pas par **comprehensive**, qui a le sens de 'complet'.

compréhension /kɔ̃pʀeɑ̃sjɔ̃/ SYN **NF**
① (= *indulgence*) understanding
② (= *fait ou faculté de comprendre*) understanding, comprehension ◆ **pour faciliter la compréhension du formulaire** to make it easier to understand the form ◆ **compréhension orale/écrite** (*Scol*) listening *ou* aural/reading comprehension ◆ **exercice de compréhension** comprehension exercise
③ (= *clarté*) understanding, intelligibility
④ (*Logique*, *Ling*, *Math*) comprehension

comprendre /kɔ̃pʀɑ̃dʀ/ GRAMMAIRE ACTIVE 26.1 SYN conjug 58 **VT** ① [+ *problème*, *langue*] to understand; [+ *plaisanterie*] to understand, to get *; [+ *personne*] (*ce qu'elle dit ou écrit*) to understand ◆ **je ne le comprends pas/je ne comprends pas ce qu'il dit, il parle trop vite** I can't understand him/I can't make out *ou* understand what he says, he speaks too quickly ◆ **vous m'avez mal compris** you've misunderstood me ◆ **il comprend mal ce qu'on lui dit** he doesn't understand what he is told ◆ **il ne comprend pas l'allemand** he doesn't understand German ◆ **comprendre la vie/les choses** to understand life/things ◆ **il ne comprend pas la plaisanterie** he can't take a joke ◆ **il ne comprend rien à rien** he hasn't a clue about anything, he doesn't understand a thing (about anything) ◆ **c'est à n'y rien comprendre** it's completely baffling, it's beyond me ◆ **tu n'as rien compris au film !** * you haven't got a clue ! ◆ **dois-je comprendre que... ?** am I to take it *ou* understand that...? ◆ **oui, enfin, je me comprends** well, I know what I mean ◆ **il comprend vite** he's quick, he catches on fast ◆ **tu comprends, ce que je veux c'est...** you see, what I want is... ◆ **il a bien su me faire comprendre que je le gênais** he made it quite clear *ou* plain to me that I was annoying him
◆ **se faire comprendre** to make o.s. understood ◆ **il est difficile de bien se faire comprendre** it's difficult to get one's ideas across (*de qn to sb*) ◆ **j'espère que je me suis bien fait comprendre** I hope I've made myself quite clear

② (= *être compréhensif envers*) [+ *personne*] to understand ◆ **j'espère qu'il comprendra** I hope he'll understand ◆ **comprendre les jeunes/les enfants** to understand young people/children ◆ **je le comprends, il en avait assez** I can understand him *ou* I know just how he felt – he'd had enough
③ (= *concevoir*) [+ *attitude*, *point de vue*] to understand ◆ **je comprends mal son attitude** I find it hard to understand his attitude ◆ **c'est comme ça que je comprends les vacances** that's what I think of as a holiday ◆ **c'est comme ça que je comprends le rôle de Hamlet** that's how I see *ou* understand the role of Hamlet ◆ **ça se comprend, il voulait partir** it's quite understandable *ou* it's perfectly natural, he wanted to go ◆ **nous comprenons vos difficultés mais nous ne pouvons rien faire** we understand *ou* appreciate your difficulties but there's nothing we can do
④ (= *se rendre compte de*) to realize, to understand (*pourquoi* why; *comment* how) ◆ **il n'a pas encore compris la gravité de son acte** he hasn't yet understood *ou* grasped the seriousness of what he did ◆ **j'ai compris ma douleur** * I realized what I'd let myself in for * ◆ **il m'a fait comprendre que je devais faire attention** he made me realize that I should be careful ◆ **il a enfin compris qu'elle ne voulait pas revenir** he finally understood that she didn't want to come back
⑤ (= *être composé de*) to be composed of, to be made up of, to consist of, to comprise; (= *être muni de*, *inclure*) to include ◆ **ce manuel comprend 3 parties** this textbook is composed of *ou* is made up of *ou* comprises 3 parts ◆ **cet appareil comprend en outre un flash** this camera also has *ou* comes with a flash ◆ **le loyer ne comprend pas le chauffage** the rent doesn't include *ou* cover heating, the rent is not inclusive of heating ◆ **je n'ai pas compris là-dedans les frais de déménagement** I haven't included the removal expenses

comprenette * /kɔ̃pʀənɛt/ **NF** ◆ **il est dur *ou* lent à la comprenette, il a la comprenette difficile** he's slow on the uptake *, he's slow to catch on *

compresse /kɔ̃pʀɛs/ **NF** compress

compresser /kɔ̃pʀese/ SYN conjug 1 **VT** (*gén*) to squash; [+ *bois*, *gaz*] to compress; [+ *images*, *données*, *signaux*] to compress; [+ *coûts*, *dépenses*] to cut, to reduce ◆ **des vêtements compressés dans une valise** clothes squashed *ou* crammed into a suitcase

compresseur /kɔ̃pʀesœʀ/ **NM** compressor; → **rouleau**

compressibilité /kɔ̃pʀesibilite/ **NF** (*Phys*) compressibility ◆ **la compressibilité des dépenses** (*Fin*) the extent to which expenses can be reduced *ou* cut

compressible /kɔ̃pʀesibl/ **ADJ** (*Phys*) compressible; [*dépenses*] reducible ◆ **ces dépenses ne sont pas compressibles à l'infini** these costs cannot be reduced *ou* cut down indefinitely ◆ **20 ans de prison non compressibles** a 20 year jail sentence without remission

compressif, -ive /kɔ̃pʀesif, iv/ **ADJ** [*pansement*] compressive

compression /kɔ̃pʀesjɔ̃/ **NF** [*de gaz*, *substance*, *fichier*, *image*] compression; [*de dépenses*, *personnel*] reduction, cutback, cutting-down (*de* in) ◆ **compression numérique** digital compression ◆ **procéder à des compressions de crédits** to set up credit restrictions *ou* a credit squeeze ◆ **compressions budgétaires** cutbacks in spending, budget restrictions *ou* cuts ◆ **compression des profits** squeeze on profits, reduction in profits ◆ **compression des coûts** cost-cutting (*NonC*) ◆ **des mesures de compression sont nécessaires** restrictions *ou* cutbacks are needed ◆ **pompe de compression** compression pump ◆ **meurtri par compression** bruised by crushing ◆ **point de compression** (*Méd*) pressure point

comprimé /kɔ̃pʀime/ SYN **NM** (= *pilule*) tablet ◆ **médicament en comprimés** medicine in tablet form

comprimer /kɔ̃pʀime/ SYN conjug 1 **VT** ① (= *presser*) [+ *air*, *gaz*, *artère*] to compress; [+ *substance à emballer*] to press *ou* pack tightly together ◆ **sa ceinture lui comprimait l'estomac** his belt was pressing *ou* digging into his stomach ◆ **ces chaussures me compriment les pieds** these shoes pinch my feet ◆ **nous étions tous comprimés dans la voiture** we were all jammed together* *ou* packed tightly together in the car; → **air**[1]

2 *(= réduire) [+ dépenses, personnel]* to cut down *ou* back, to reduce; *[+ fichier]* to compress

3 *(= contenir) [+ larmes, colère, sentiments]* to hold back, to hold in check

compris, e /kɔ̃pʀi, iz/ (ptp de **comprendre**) ADJ

1 *(= inclus)* ◆ **10 € emballage compris** €10 inclusive of *ou* including packaging, €10 packaging included ◆ **10 € emballage non compris** €10 exclusive of *ou* excluding *ou* not including packaging ◆ **service compris** service included ◆ **service non compris** service not included, service extra ◆ **tout compris** all inclusive, everything included ◆ **c'est 20 € tout compris** it's €20 all inclusive *ou* all in* ◆ **il va vendre ses terres, la ferme comprise/non comprise** he's selling his land including/excluding the farm

2 ◆ **100 € y compris l'électricité** *ou* **électricité comprise** €100 including electricity *ou* electricity included ◆ **y compris moi** myself included, including me *ou* myself

3 *(= situé)* ◆ **être compris entre** to be contained between *ou* by, to be bounded by ◆ **la zone comprise entre les falaises et la mer** the area (lying) between the cliffs and the sea, the area bounded by the cliffs and the sea ◆ **tous les chapitres qui sont compris entre les pages 12 et 145** all the chapters (which are) contained *ou* included in pages 12 to 145

4 *(= d'accord)* ◆ **(c'est) compris !** (it's) agreed! ◆ **alors c'est compris, on se voit demain** so it's agreed then, we'll see each other tomorrow ◆ **tu t'y mets tout de suite, compris !** start right away, understand? *ou* is that understood?

compromettant, e /kɔ̃pʀɔmetɑ̃, ɑ̃t/ SYN ADJ compromising ◆ **signer cette pétition, ce n'est pas très compromettant** you won't commit yourself to very much by signing this petition, there's no great commitment involved in signing this petition ◆ **un homme compromettant** *(péj)* an undesirable associate

compromettre /kɔ̃pʀɔmɛtʀ/ SYN ▸ conjug 56 ◂

VT *[+ personne, réputation]* to compromise; *[+ avenir, chances, santé]* to compromise, to jeopardize

VPR **se compromettre** *(= s'avancer)* to commit o.s.; *(= se discréditer)* to compromise o.s. ◆ **se compromettre dans une affaire louche** to get mixed up *ou* involved in a shady deal

compromis, e /kɔ̃pʀɔmi, iz/ SYN (ptp de **compromettre**)

ADJ ◆ **être compromis** *[personne, réputation]* to be compromised; *[avenir, projet, chances]* to be jeopardized *ou* in jeopardy ◆ **notre sortie/collaboration me semble bien** *ou* **très compromise** our trip/continuing collaboration looks very doubtful to me ◆ **un ministre serait compromis dans cette affaire** a minister is alleged to be involved in the affair

NM compromise ◆ **solution de compromis** compromise solution ◆ **compromis de vente** (provisional) sales agreement ◆ **trouver un compromis (entre)** to find *ou* reach a compromise (between)

compromission /kɔ̃pʀɔmisjɔ̃/ NF dishonest compromise ◆ **c'est là une compromission avec votre conscience** now you're compromising with your conscience

compromissoire /kɔ̃pʀɔmiswaʀ/ ADJ *(Jur)* ◆ **clause compromissoire** arbitration clause

compta* /kɔ̃ta/ NF abrèv de **comptabilité**

comptabilisation /kɔ̃tabilizasjɔ̃/ NF *(Fin)* posting

comptabiliser /kɔ̃tabilize/ ▸ conjug 1 ◂ VT *(= compter)* to count; *(Fin)* to post ◆ **tous les chômeurs ne sont pas comptabilisés dans les statistiques** not all the unemployed are included in the statistics

comptabilité /kɔ̃tabilite/ NF *(= science)* accountancy, accounting; *(d'une petite entreprise)* book-keeping; *(= comptes)* accounts, books; *(= bureau, service)* accounts office *ou* department; *(= profession)* accountancy, accounting ◆ **il s'occupe de la comptabilité de notre entreprise** he does the accounting *ou* keeps the books for our firm ◆ **comptabilité analytique** cost accounting ◆ **comptabilité publique** public finance ◆ **comptabilité à partie simple/double** single-/double-entry book-keeping

comptable /kɔ̃tabl/

NMF accountant ◆ **comptable agréé** chartered accountant *(Brit)*, certified accountant *(Brit)*, certified public accountant *(US)* ◆ **comptable du Trésor** *local Treasury official* ◆ **chèque adressé au comptable du Trésor** cheque addressed to the Treasury; → **chef**[1]

ADJ 1 *(Fin) [+ règles etc]* accounting, book-keeping ◆ **il manque une pièce comptable** one of the accounts is missing

2 ◆ **nom comptable** *(Ling)* countable *ou* count noun

3 *(= responsable)* accountable *(de* for)

comptage /kɔ̃taʒ/ NM *(= action)* counting ◆ **faire un comptage rapide** to do a quick count *(de* of)

comptant /kɔ̃tɑ̃/

ADV *[payer]* cash, in cash; *[acheter, vendre]* for cash ◆ **verser 25 € comptant** to pay €25 down, to put down €25

NM *(= argent)* cash ◆ **au comptant** *[payer]* cash; *[acheter, vendre]* for cash ◆ **achat/vente au comptant** cash purchase/sale; → **argent**

◆◆◆◆◆◆◆◆◆◆◆◆◆◆◆◆◆◆◆◆◆◆◆◆◆◆◆◆◆

compte /kɔ̃t/ SYN

1 - NOM MASCULIN

2 - COMPOSÉS

◆◆◆◆◆◆◆◆◆◆◆◆◆◆◆◆◆◆◆◆◆◆◆◆◆◆◆◆◆

1 - NOM MASCULIN

1 [= CALCUL] count ◆ **faire le compte des visiteurs/erreurs** to count (up) the visitors/mistakes, to make a count of the visitors/mistakes ◆ **faire le compte des dépenses/de sa fortune** to calculate *ou* work out the expenditure/one's wealth ◆ **comment as-tu fait ton compte pour arriver si tard ?** *(fig)* how did you manage to arrive so late? ◆ **l'as-tu inclus dans le compte ?** have you counted *ou* included him? ◆ **prendre qch en compte** to take sth into account ◆ **ils exigent la prise en compte des préoccupations écologiques** they're demanding that ecological considerations be taken into account

◆ **à ce compte(-là)** *(= dans ce cas)* in that case; *(= à ce train-là)* at this *ou* that rate

◆ **tout compte fait, tous comptes faits** all things considered, when all's said and done

2 [= NOMBRE EXACT] (right) number ◆ **le compte y est** *(paiement)* that's the right amount; *(inventaire)* that's the right number, they're all there ◆ **ça ne fait pas le compte** *(paiement)* that's not enough *ou* the right amount; *(inventaire)* there's (still) something missing, they're not all there ◆ **j'ai ajouté 3 cuillerées/5 € pour faire le compte** I've added 3 spoonfuls/€5 to make up the full amount ◆ **ça devrait faire (largement) le compte** that should be (more than) enough ◆ **avez-vous le bon compte** *ou* **votre compte de chaises ?** have you got the right number of chairs? *ou* the number of chairs you want? ◆ **je n'arrive jamais au même compte** I never get the same figure *ou* number *ou* total twice ◆ **pour faire bon compte** *(Comm)* to make up the amount; → **loin, rond**

3 [COMPTABILITÉ] account ◆ **les comptes de la nation** the national accounts ◆ **faire ses comptes** to do one's accounts *ou* books ◆ **tenir les comptes du ménage** to keep the household accounts ◆ **tenir les comptes d'une entreprise** to keep the books *ou* accounts of a firm ◆ **publier à compte d'auteur** to publish at the author's expense ◆ **passer en compte** to place *ou* pass to account ◆ **nous sommes en compte** we have business to settle; → **apothicaire, ligne**[1]

◆ **de compte à demi** ◆ **ils sont de compte à demi dans cette affaire** they're equal partners in this venture

◆ **être laissé pour compte** *[question, aspect]* to be neglected *ou* overlooked; *[personne]* to be left by the wayside; → **laissé-pour-compte**

4 [BANQUE] ◆ **compte (en banque** *ou* **bancaire)** (bank) account ◆ **compte rémunéré** interest-bearing account ◆ **compte non rémunéré** non-interest-bearing account ◆ **avoir un compte dans une banque/à la Banque de France** to have an account with a bank/with the Banque de France ◆ **avoir de l'argent en compte** to have money in an account

5 [ORDIN] account ◆ **compte utilisateur** user account

6 [= DÛ] ◆ **donner** *ou* **régler son compte à un employé** *(lit)* to settle up with an employee; *(fig = renvoyer)* to give an employee his cards* *(Brit) ou* pink slip* *(US)* ◆ **demander son compte** *[employé]* to hand in one's notice ◆ **il a son compte*** *(fig) (épuisé, mort)* he's had it*, he's done for*; *(ivre)* he's had more than he can hold *ou* take ◆ **son compte est bon** *(fig)* his number's up*, he's had it*; → **régler**

7 [= FACTURE, ADDITION] *(gén)* account, invoice, bill; *[d'hôtel, restaurant]* bill *(Brit)*, check *(US)* ◆ **pourriez-vous me faire mon compte ?** would you make me out my bill? ◆ **mettez-le sur mon compte** *(au restaurant, à l'hôtel)* put it on my bill; *(dans un magasin)* charge it to *ou* put it on my account

8 [= AVANTAGE] ◆ **cela fait mon compte** that suits me ◆ **il y a trouvé son compte** he's got something out of it, he did well out of it ◆ **chacun y trouve son compte** there's something in it for everybody ◆ **si cette situation continue, c'est parce que le gouvernement y trouve son compte** if this situation continues, it's because it's to the government's advantage *ou* because it suits the government

◆ **à bon compte** *[obtenir]* (on the) cheap, for very little ◆ **s'en tirer à bon compte** to get off lightly

9 [= EXPLICATIONS, JUSTIFICATIONS] ◆ **demander** *ou* **réclamer des comptes à qn** to ask sb for an explanation ◆ **il me doit des comptes à propos de cette perte** he owes me an explanation for this loss ◆ **rendre des comptes à qn** to explain o.s. to sb ◆ **il va bien falloir qu'il me rende des comptes** he's going to have to explain himself to me ◆ **je n'ai de comptes à rendre à personne** I'm accountable to nobody, I don't owe anybody any explanations ◆ **rendre compte de qch à qn** to give sb an account of sth ◆ **il doit rendre compte de tous ses déplacements** he has to account for all his movements ◆ **elle rendra compte de la réunion à ses collègues** she will brief her colleagues on the meeting

10 [LOCUTIONS]

◆ **se rendre compte** ◆ **se rendre compte que...** to realize that..., to be aware that... ◆ **rendez-vous compte !** just imagine! *ou* think! ◆ **il a osé me dire ça, à moi, tu te rends compte !** he dared say that to me – can you believe it!

◆ **se rendre compte de qch** *(= réaliser)* to realize sth, to be aware of sth ◆ **je me rends très bien compte de la situation** I am very well aware of the situation ◆ **est-ce que tu te rends vraiment compte de ce que tu dis/fais ?** do you realize *ou* do you really know what you are saying/doing? ◆ **tu ne te rends pas compte du travail que ça représente** you have no idea *ou* you just don't realize how much work that represents

◆ **tenir compte de qch/qn** to take sth/sb into account ◆ **il n'a pas tenu compte de nos avertissements** he didn't take any notice of our warnings, he disregarded *ou* ignored our warnings ◆ **tenir compte à qn de son dévouement** to take sb's devotion into account ◆ **on lui a tenu compte de son passé** they took his past into account *ou* consideration

◆ **compte tenu de** considering

◆ **au compte de qn** *ou* **qch** ◆ **mettre qch au compte de** *(= attribuer à)* to put sth down to, to attribute *ou* ascribe sth to ◆ **prendre qch à son compte** *(responsabilité financière)* to pay for sth; *(responsabilité morale)* to take responsibility for sth ◆ **je reprends cette maxime à mon compte** I shall make that saying my motto ◆ **il a repris la boutique à son compte** he's taken over the shop in his own name ◆ **être/s'établir** *ou* **se mettre** *ou* **s'installer à son compte** to be/set up in business for o.s., to have/set up one's own business ◆ **travailler à son compte** to be self-employed

◆ **pour le compte de qn** *(= au nom de)* on behalf of ◆ **pour mon compte (personnel)** *(= en ce qui me concerne)* personally; *(= pour mon propre usage)* for my own use; *(= à mon profit)* for my own benefit ◆ **chacun négocie pour son propre compte** everybody negotiates for himself ◆ **la banque agit pour son propre compte** the bank is acting on its own behalf

◆ **sur le compte de qn** *ou* **qch** *(= à propos de)* about ◆ **on m'en a raconté de belles sur son compte !** I was told a few interesting stories about him! ◆ **mettre qch sur le compte de** *(= attribuer à)* to put sth down to, to attribute sth to ◆ **je mets son attitude sur le compte de la fatigue** I put his attitude down to tiredness

◆ **pour le compte** ◆ **aller au tapis pour le compte** *(Boxe)* to be out for the count ◆ **tes sarcasmes l'ont envoyé au tapis pour le compte** *(hum)* your sarcastic remarks really knocked him for six*

2 - COMPOSÉS

compte bloqué escrow account
compte chèque postal post office account, ≃ National Girobank account *(Brit)*
compte(-)chèques ⇒ **compte courant**
compte commun joint account
compte courant current *ou* checking *(US)* account
compte d'épargne en actions stock market investment savings account
compte d'épargne logement *house purchase savings account giving the saver a reduced mortgage rate,* ≃ building society account *(Brit)*
compte d'exploitation trading *ou* operating *ou* working account
compte joint joint account
compte numéroté *ou* **à numéro** numbered account
compte pour le développement industriel industrial development savings account
compte des profits et pertes profit and loss account
compte à rebours *(Espace, fig)* countdown
compte rendu *(= rapport) (gén)* account, report; *[de livre, film]* review; *(sur travaux en cours)* progress report ◆ **compte rendu d'audience** court record ◆ **faire le compte rendu d'un match/d'une réunion** to give an account of *ou* a report on a match/meeting, to give a rundown on a match/meeting
compte sur livret deposit account

compte-fils /kɔ̃tfil/ **NM INV** *(Tech)* linen tester

compte-gouttes /kɔ̃tgut/ **NM INV** *(= pipette)* dropper ◆ **au compte-gouttes** *[distribuer, dépenser]* sparingly; *[rembourser, entrer, sortir]* in dribs and drabs ◆ **injecter de l'argent au compte-gouttes dans qch** to drip-feed money into sth

compter /kɔ̃te/

GRAMMAIRE ACTIVE 8.2

SYN ▸ conjug 1 ◂

1 - VERBE TRANSITIF
2 - VERBE INTRANSITIF

1 - VERBE TRANSITIF

[1] [= CALCULER] *[+ choses, personnes, argent, jours]* to count ◆ **combien en avez-vous compté ?** how many did you count?, how many did you make it? ◆ **40 cm ? j'avais compté 30** 40 cm? I made it 30 ◆ **il a 50 ans bien comptés** he's a good 50 (years old) ◆ **on peut compter (sur les doigts de la main) ceux qui comprennent vraiment** you can count on (the fingers of) one hand the number of people who really understand ◆ **on ne compte plus ses gaffes, ses gaffes ne se comptent plus** we've lost count of his blunders, he's made countless blunders ◆ **compter les jours/les minutes** to count the days/the minutes ◆ **compter les points** *(lit)* to count (up) the points ◆ **pendant qu'ils se disputaient moi je comptais les points** *(fig)* I just sat back and watched while they argued ◆ **pendant qu'ils se battaient je comptais les coups** I just sat back and watched while they fought ◆ **il a été compté 7** *(Boxe)* he took a count of 7; → **mouton**

[2] [= ESCOMPTER, PRÉVOIR] to reckon, to allow ◆ **combien as-tu compté qu'il nous fallait de chaises ?** how many chairs did you reckon we'd need? ◆ **j'ai compté qu'il nous en fallait 10** I reckoned we'd need 10 ◆ **combien de temps/d'argent comptez-vous pour finir les travaux ?** how much time/money do you reckon it'll take to finish the work?, how much time/money are you allowing to finish the work? ◆ **il faut (bien) compter 10 jours/10 €** you must allow (a good) 10 days/€10, you must reckon on it taking (a good) 10 days/costing (a good) €10 ◆ **j'ai compté 90 cm pour le frigo, j'espère que ça suffira** I've allowed 90 cm for the fridge, I hope that'll do

[3] [= INCLURE] to include ◆ **cela fait un mètre en comptant l'ourlet** that makes one metre counting *ou* including the hem ◆ **t'es-tu compté ?** did you count *ou* include yourself? ◆ **ne me comptez pas** don't include me

♦ **sans compter** ◆ **nous étions dix, sans compter l'instituteur** there were ten of us, not counting the teacher ◆ **ils nous apportèrent leurs connaissances, sans compter leur bonne volonté** they gave us their knowledge, not to mention *ou* to say nothing of their helpfulness → see also **verbe intransitif 2**

[4] [= TENIR COMPTE DE] to take into account ◆ **ta bonne volonté te sera comptée** your helpfulness will be taken into account

♦ **sans compter que**
(= et de plus) not to mention that
(= d'autant plus que) especially since *ou* as ◆ **il aurait dû venir, sans compter qu'il n'avait rien à faire** he ought to have come especially since *ou* as he had nothing to do

♦ **tout bien compté** *(frm)* all things considered, all in all

[5] [= FACTURER] to charge for ◆ **compter qch à qn** to charge sb for sth, to charge sth to sb ◆ **ils n'ont pas compté le café** they didn't charge for the coffee ◆ **combien vous ont-ils compté le café ?** how much did they charge you for the coffee? ◆ **ils nous l'ont compté trop cher/10 €/au prix de gros** they charged us too much/€10/the wholesale price (for it)

[6] [= AVOIR] to have ◆ **la ville compte quelques très beaux monuments** the town has some very beautiful monuments ◆ **il compte 2 ans de règne/de service** he has been on the throne/in the firm for 2 years ◆ **il ne compte pas d'ennemis** he has no enemies ◆ **cette famille compte trois musiciens** there are three musicians in the family

[7] [= CLASSER, RANGER] to consider ◆ **on compte ce livre parmi les meilleurs de l'année** this book is considered (to be) *ou* ranks among the best of the year ◆ **il le compte au nombre de ses amis** he considers him one of his friends, he numbers him among his friends

[8] [= VERSER] to pay ◆ **le caissier va vous compter 100 €** the cashier will pay you €100 ◆ **vous lui compterez 150 € pour les heures supplémentaires** you will pay him 150 euros' overtime

[9] [= DONNER AVEC PARCIMONIE] ◆ **il compte chaque sou qu'il nous donne** he counts every penny he gives us ◆ **les permissions leur sont comptées** their leave is rationed ◆ **il ne compte pas sa peine** he spares no trouble ◆ **ses jours sont comptés** his days are numbered ◆ **le temps m'est compté** my time is precious

[10] [= AVOIR L'INTENTION DE] to intend, to plan; *(= s'attendre à)* to expect, to reckon ◆ **ils comptent partir demain** they intend *ou* plan to go tomorrow ◆ **je compte recevoir la convocation demain** I'm expecting (to receive) the summons tomorrow ◆ **je ne compte pas qu'il vienne aujourd'hui** I'm not expecting *ou* I don't expect him to come today

2 - VERBE INTRANSITIF

[1] [= CALCULER] to count ◆ **il sait compter (jusqu'à 10)** he can count (up to 10) ◆ **comment est-ce que tu as compté ?** how did you work it out? ◆ **compter sur ses doigts** to count on one's fingers ◆ **compter de tête** to count in one's head ◆ **tu as mal compté** you counted wrong, you miscounted

♦ **à compter de** (starting *ou* as) from ◆ **cette loi prendra effet à compter du 1er mai** this law will take effect (as) from 1 May

[2] [= ÊTRE ÉCONOME] to economize ◆ **avec la montée des prix, il faut compter sans cesse** with the rise in prices you have to watch every penny (you spend) ◆ **dépenser sans compter** *(= être dépensier)* to spend extravagantly; *(= donner généreusement)* to give without counting the cost ◆ **il s'est dépensé sans compter pour cette cause** he spared no effort in supporting the cause, he gave himself body and soul to the cause

[3] [= AVOIR DE L'IMPORTANCE] to count, to matter ◆ **c'est le résultat qui compte** it's the result that counts *ou* matters ◆ **c'est le geste qui compte** it's the thought that counts ◆ **35 ans de mariage, ça compte !** 35 years of marriage, that's quite something! ◆ **c'est un succès qui compte** it's an important success ◆ **ce qui compte c'est de savoir dès maintenant** the main thing is to find out right away ◆ **sa mère compte beaucoup pour lui** his mother is very important to him ◆ **ça ne compte pas** that doesn't count

[4] [= VALOIR] to count ◆ **pour la retraite, les années de guerre comptent double** for the purposes of retirement, war service counts double ◆ **après 60 ans les années comptent double** after 60 every year counts double

[5] [= FIGURER] ◆ **compter parmi** to be *ou* rank among ◆ **compter au nombre de** to be one of ◆ **il compte pour deux** he's worth two men ◆ **il compte pour quatre quand il s'agit de bagages/manger** he takes enough luggage/eats enough for four ◆ **ça compte pour beaucoup dans sa réussite/dans sa décision** that has a lot to do with his success/his decision, that is a major factor in his success/his decision ◆ **ça ne compte pour rien dans sa réussite/dans sa décision** that has nothing to do with his success/his decision ◆ **ça compte pour du beurre*** that counts for nothing, that doesn't count ◆ **et moi alors ? je compte pour du beurre ?** what am I? chopped liver?*

[6] [LOCUTIONS]

♦ **compter avec** *(= tenir compte de)* to take account of, to allow for ◆ **il faut compter avec l'opinion** you've got to take account of public opinion ◆ **il faut compter avec le temps incertain** you have to allow for changeable weather ◆ **un nouveau parti avec lequel il faut compter** a new party to be reckoned with ◆ **il faudra compter avec lui** you'll have him to reckon with

♦ **compter sans** ◆ **on avait compté sans la grève** we hadn't reckoned on there being a strike, we hadn't allowed for the strike ◆ **c'était compter sans son formidable courage** that was to ignore how very brave he was

♦ **compter sur** *(= se fier à)* to count on, to rely on ◆ **compter sur la discrétion/la bonne volonté de qn** to count on *ou* rely on sb's discretion/goodwill ◆ **nous comptons sur vous (pour) demain** we're expecting you (to come) tomorrow ◆ **j'y compte bien !** I should hope so! ◆ **n'y comptez pas trop, ne comptez pas trop là-dessus** don't bank on it, don't count on it ◆ **je compte sur vous** I'm counting *ou* relying on you ◆ **vous pouvez compter là-dessus** you can depend upon it ◆ **ne comptez pas sur moi** (you can) count me out ◆ **tu peux compter sur lui pour le répéter partout !** you can bet (your life) he'll go and tell everyone!, you can count on him to go and tell everyone! ◆ **compte (là-)dessus et bois de l'eau (fraîche) !**‡ you'll be lucky!

compte-tours /kɔ̃ttuʀ/ **NM INV** rev *ou* revolution counter; *[de voiture]* rev *ou* revolution counter, tachometer

compteur /kɔ̃tœʀ/ **NM** meter ◆ **compteur d'eau/électrique/à gaz** water/electricity/gas meter ◆ **compteur Geiger** Geiger counter ◆ **compteur (kilométrique)** milometer *(Brit)*, odometer *(US)* ◆ **compteur (de vitesse)** speedometer ◆ **remettre un compteur à zéro** to reset a meter at *ou* to zero ◆ **remettre les compteurs à zéro** *(fig)* to wipe the slate clean; → **relever**

comptine /kɔ̃tin/ **NF** *(= chanson)* nursery rhyme; *(= pour compter)* counting rhyme *ou* song

comptoir /kɔ̃twaʀ/ **NM** [1] *[de magasin]* counter; *[de bar]* bar ◆ **discussion/philosophie de comptoir** barroom discussion/philosophy ◆ **psychologie de comptoir** pop psychology
[2] *(colonial)* trading post
[3] *(= cartel)* syndicate *(for marketing)*
[4] *(Fin = agence)* branch

compulsation /kɔ̃pylsasjɔ̃/ **NF** consultation

compulser /kɔ̃pylse/ ▸ conjug 1 ◂ **VT** to consult

compulsif, -ive /kɔ̃pylsif, iv/ **ADJ** compulsive

compulsion /kɔ̃pylsjɔ̃/ **NF** compulsion

compulsionnel, -elle /kɔ̃pylsjɔnɛl/ **ADJ** compulsive

comput /kɔ̃pyt/ **NM** *(Rel) reckoning of the dates of movable feasts in the religious calendar*

computation /kɔ̃pytasjɔ̃/ **NF** calculation, computation ◆ **cela échappe aux computations** this is impossible to calculate

computationnel, -elle /kɔ̃pytasjɔnɛl/ **ADJ** computational ◆ **linguistique computationnelle** computational linguistics

comte /kɔ̃t/ **NM** count; *(britannique)* earl ◆ **« Le Comte de Monte Cristo »** *(Littérat)* "The Count of Monte Cristo"

comté /kɔ̃te/ **NM** [1] *(Hist)* earldom; *(Admin Brit, Can)* county
[2] *(= fromage)* comté *(kind of gruyère cheese)*

comtesse /kɔ̃tɛs/ **NF** countess

con, conne[1] /kɔ̃, kɔn/
ADJ *(f aussi inv : ‡ = stupide)* stupid ◆ **qu'il est con !** what a stupid bastard*ⁱ*‡ *ou* bloody‡ *(Brit)* fool (he is)! ◆ **qu'elle est con ! ou conne !** silly bitch!*‡, silly cow!‡ *(Brit)* ◆ **il est con comme la lune** *ou* **comme un balai** he's a damn‡ *ou* bloody‡ *(Brit)* fool *ou* idiot ◆ **c'est pas con comme idée** it's not a bad idea

con [1] (*‡ = crétin*) damn fool*‡, bloody (*Brit*) idiot*‡, schmuck*‡ (*US*) ◆ **petit con !**‡ stupid little bastard!*‡ ◆ **sale con !**‡ bastard!*‡ ◆ **bande de cons** load of cretins‡ *ou* bloody idiots‡ (*Brit*) ◆ **faire le con** to mess around *, to muck about * (*Brit*), to piss about*‡ ◆ **voiture/gouvernement à la con** lousy*‡ *ou* crummy*‡ car/government ◆ **comme un con** like a damn fool*‡ *ou* bloody idiot*‡ (*Brit*)
[2] (*‡ = vagin*) cunt*‡

Conakry /kɔnakri/ N Conakry

conard‡ /kɔnaʀ/ NM ⇒ connard

conarde‡ /kɔnaʀd/ NF ⇒ connarde

conasse‡ /kɔnas/ NF ⇒ connasse

conatif, -ive /kɔnatif, iv/ ADJ (*Ling*) conative

conation /kɔnasjɔ̃/ NF (*Philos, Psych*) conation

concassage /kɔ̃kasaʒ/ NM crushing

concasser /kɔ̃kase/ ▸ conjug 1 ◂ VT to crush ◆ **poivre concassé** crushed peppercorns

concasseur /kɔ̃kasœʀ/
ADJ M crushing
NM crusher

concaténation /kɔ̃katenasjɔ̃/ NF concatenation

concave /kɔ̃kav/ ADJ concave

concavité /kɔ̃kavite/ NF (*Opt*) concavity; (*gén = cavité*) hollow, cavity ◆ **les concavités d'un rocher** the hollows *ou* cavities in a rock

concédant /kɔ̃sedɑ̃/ NM (*Écon*) licensor

concéder /kɔ̃sede/ SYN ▸ conjug 6 ◂ VT [*+ privilège, droit, exploitation*] to grant; [*+ point*] to concede; [*+ but, corner*] to concede, to give away ◆ **je vous concède que...** I'll grant you that...

concélébrant /kɔ̃selebʀɑ̃/ NM concelebrant

concélébrer /kɔ̃selebʀe/ ▸ conjug 6 ◂ VT to concelebrate

concentration /kɔ̃sɑ̃tʀasjɔ̃/ SYN NF [1] (*gén, Chim*) concentration ◆ **les grandes concentrations urbaines des Midlands** the great conurbations of the Midlands; → **camp**
[2] (*= fusion*) ◆ **la concentration des entreprises** the merging of businesses ◆ **concentration horizontale/verticale** horizontal/vertical integration
[3] ◆ **concentration (d'esprit)** concentration

concentrationnaire /kɔ̃sɑ̃tʀasjɔnɛʀ/ ADJ [*système*] concentration camp (*épith*)

concentré, e /kɔ̃sɑ̃tʀe/ SYN (ptp de **concentrer**)
ADJ [1] [*acide*] concentrated; [*lait*] condensed
[2] [*candidat*] concentrating hard (*attrib*); [*athlète*] focused ◆ **je n'étais pas assez concentré** I wasn't concentrating
NM (*chimique*) concentrated solution; (*= bouillon*) concentrate, extract ◆ **concentré de tomates** tomato purée ◆ **ce film est un concentré de sexe et de violence** the film is overloaded with sex and violence

concentrer /kɔ̃sɑ̃tʀe/ SYN ▸ conjug 1 ◂
VT (*gén*) to concentrate ◆ **concentrer son attention sur qch** to concentrate *ou* focus one's attention on sth
VPR **se concentrer** [*foule, troupes*] to concentrate ◆ **le candidat se concentra avant de répondre** the candidate gathered his thoughts *ou* thought hard before replying ◆ **je me concentre !** I'm concentrating! ◆ **se concentrer sur un problème** to concentrate on a problem ◆ **les regards se concentrèrent sur moi** everybody's gaze was fixed *ou* focused on me

concentrique /kɔ̃sɑ̃tʀik/ ADJ [*cercle*] concentric

concept /kɔ̃sɛpt/ SYN NM concept

conceptacle /kɔ̃sɛptakl/ NM conceptacle

concepteur, -trice /kɔ̃sɛptœʀ, tʀis/ SYN NM,F designer ◆ **concepteur graphique** graphic designer ◆ **concepteur-projeteur** project manager ◆ **concepteur de réseaux** network designer ◆ **concepteur(-rédacteur) publicitaire** advertising copywriter

conception /kɔ̃sɛpsjɔ̃/ SYN NF [1] (*Bio*) conception; → **immaculé**
[2] [*d'objet, machine, décor*] design ◆ **« conception, réalisation : Jean Roudo »** "designed and made by Jean Roudo" ◆ **un avion d'une conception révolutionnaire** a plane of revolutionary design ◆ **conception assistée par ordinateur** computer-aided *ou* computer-assisted design
[3] [*d'idée*] conception ◆ **notre conception de la justice** our conception of justice ◆ **voilà quelle est ma conception de la chose** this is how I see it ◆ **la conception d'un tel plan est géniale** it is a brilliantly conceived plan

conceptisme /kɔ̃sɛptism/ NM conceptism

conceptualisation /kɔ̃sɛptɥalizasjɔ̃/ NF conceptualization

conceptualiser /kɔ̃sɛptɥalize/ ▸ conjug 1 ◂ VT to conceptualize

conceptualisme /kɔ̃sɛptɥalism/ NM conceptualism

conceptuel, -elle /kɔ̃sɛptɥɛl/ ADJ conceptual ◆ **art conceptuel** conceptual art

concernant /kɔ̃sɛʀnɑ̃/ PRÉP [1] (*= se rapportant à*) concerning, relating to, regarding ◆ **des mesures concernant ce problème seront bientôt prises** steps will soon be taken concerning *ou* regarding this problem
[2] (*= quant à*) with regard to, as regards ◆ **concernant ce problème, des mesures seront bientôt prises** with regard to this problem, steps will soon be taken *ou* as regards this problem *ou* as far as this problem is concerned, steps will soon be taken

concerner /kɔ̃sɛʀne/ GRAMMAIRE ACTIVE 6.2 SYN ▸ conjug 1 ◂ VT to concern ◆ **cela ne vous concerne pas** (*= ce n'est pas votre affaire*) it's no concern of yours; (*= on ne parle pas de vous*) it doesn't concern you; (*= ça n'a pas d'incidence sur vous*) it doesn't affect you ◆ **en ce qui concerne cette question** with regard to this question, concerning this question, as far as this question is concerned ◆ **en ce qui me concerne** as far as I'm concerned ◆ **pour affaire vous concernant** (*Admin*) to discuss a matter which concerns you ◆ **je ne me sens pas concerné par sa remarque/son rapport** his remark/report doesn't apply to *ou* concern me

concert /kɔ̃sɛʀ/ NM [1] (*Mus*) concert ◆ **concert spirituel** concert of sacred music ◆ **concert de louanges/de lamentations/d'invectives** chorus of praise/lamentation(s)/invective ◆ **on entendit un concert d'avertisseurs** a chorus of horns started up ◆ **en concert** in concert; → **salle**
[2] (*littér*) (*= harmonie*) chorus; (*= accord*) entente, accord ◆ **un concert de voix** a chorus of voices ◆ **le concert des grandes puissances** the entente *ou* accord between the great powers
[3] (*locutions*)
◆ **de concert** (*= ensemble*) [*partir, décider*] together; [*rire*] in unison; [*agir*] together, in concert, in unison ◆ **ils ont agi de concert pour éviter...** they took concerted action to avoid...
◆ **de concert avec** (*= en accord avec*) in cooperation *ou* conjunction with; (*= ensemble*) together with

concertant, e /kɔ̃sɛʀtɑ̃, ɑ̃t/ ADJ → **symphonie**

concertation /kɔ̃sɛʀtasjɔ̃/ SYN NF (*= échange de vues, dialogue*) dialogue (*= rencontre*) meeting ◆ **sans concertation préalable** without preliminary consultation(s)

concerté, e /kɔ̃sɛʀte/ (ptp de **concerter**) ADJ concerted

concerter /kɔ̃sɛʀte/ SYN ▸ conjug 1 ◂
VT (*= organiser*) [*+ plan, entreprise, projet*] to devise
VPR **se concerter** (*= délibérer*) to consult (each other)

concertina /kɔ̃sɛʀtina/ NM concertina

concertino /kɔ̃sɛʀtino/ NM concertino

concertiste /kɔ̃sɛʀtist/ NMF concert artiste *ou* performer

concerto /kɔ̃sɛʀto/ NM concerto ◆ **concerto pour piano (et orchestre)** piano concerto, concerto for piano and orchestra ◆ **concerto grosso** concerto grosso ◆ **« Concertos brandebourgeois »** (*Mus*) "Brandenburg Concertos"

concessif, -ive /kɔ̃sesif, iv/ (*Gram*)
ADJ concessive
NF **concessive** concessive clause

concession /kɔ̃sesjɔ̃/ SYN NF [1] (*= faveur*) concession (*à* to) ◆ **faire des concessions** to make concessions
◆ **sans concession** [*analyse, tableau, récit, personne*] uncompromising; [*débat*] ruthless
[2] (*= cession*) [*de terrain, exploitation*] concession ◆ **faire la concession d'un terrain** to grant a piece of land
[3] (*= exploitation, terrain, territoire*) concession; [*de cimetière*] burial plot ◆ **concession minière** mining concession ◆ **concession à perpétuité** burial plot held in perpetuity

concessionnaire /kɔ̃sesjɔnɛʀ/
NMF (*= marchand agréé*) agent, dealer; (*= bénéficiaire d'une concession*) concessionaire, concessionary ◆ **concessionnaire automobile** car dealer ◆ **disponible chez votre concessionnaire** available from your dealer
ADJ [*entreprise, service*] concessionary ◆ **société concessionnaire** (*travaux publics*) contractor

concetti /kɔnʃetti/ NMPL [*de style*] conceits

concevable /kɔ̃s(ə)vabl/ ADJ conceivable ◆ **il est très concevable que...** it's quite conceivable that...

concevoir /kɔ̃s(ə)vwaʀ/ SYN ▸ conjug 28 ◂ VT
[1] (*= penser*) to imagine; [*+ fait, idée*] to conceive of ◆ **je n'arrive pas à concevoir que c'est fini** I can't believe that it's finished ◆ **il ne conçoit pas qu'on puisse souffrir de la faim** he cannot imagine *ou* conceive that people can suffer from starvation
[2] (*= élaborer, étudier*) [*+ voiture, maison, produit*] to design; [*+ solution, projet, moyen*] to conceive, to devise, to think up ◆ **bien/mal conçu** [*projet, livre*] well/badly thought out; [*voiture, maison*] well/badly designed
[3] (*= envisager*) [*+ question*] to see, to view ◆ **voilà comment je conçois la chose** that's how I see it *ou* view it *ou* look at it
[4] (*= comprendre*) to understand ◆ **je conçois sa déception** *ou* **qu'il soit déçu** I can understand his disappointment *ou* his being disappointed ◆ **cela se conçoit facilement** it's quite understandable, it's easy to understand ◆ **on concevrait mal qu'il puisse refuser** a refusal on his part would be difficult to understand ◆ **ce qui se conçoit bien s'énonce clairement** what is clearly understood can be clearly expressed
[5] (*= rédiger*) [*+ lettre, réponse*] to compose ◆ **ainsi conçu, conçu en ces termes** expressed *ou* couched in these terms
[6] (*littér* = *éprouver*) to conceive ◆ **je conçois des doutes quant à son intégrité** I have some doubts as to his integrity ◆ **il conçut une terrible jalousie** he conceived a terrible feeling of jealousy ◆ **il conçut de l'amitié pour moi** he took a liking to me
[7] (*= engendrer*) to conceive

conchoïdal, e (mpl **-aux**) /kɔ̃kɔidal, o/ ADJ [*forme*] conchoidal

conchoïde /kɔ̃kɔid/ ADJ, NF ◆ **(courbe) conchoïde** conchoid

conchylicole /kɔ̃kilikɔl/ ADJ ◆ **entreprise conchylicole** shellfish farm ◆ **produits conchylicoles** shellfish

conchyliculteur, -trice /kɔ̃kilikyltœʀ, tʀis/ NM,F shellfish farmer

conchyliculture /kɔ̃kilikyltyʀ/ NF shellfish farming

conchylien, -ienne /kɔ̃kiljɛ̃, jɛn/ ADJ conchiferous

conchyliologie /kɔ̃kiljɔlɔʒi/ NF conchology

concierge /kɔ̃sjɛʀʒ/ SYN NMF [*d'immeuble*] caretaker, manager (of an apartment building) (*US*); [*d'hôtel*] porter; (*en France*) concierge ◆ **c'est un(e) vrai(e) concierge** (*fig*) he (*ou* she) is a real gossip

▪ **CONCIERGE**

Many apartment buildings in French cities still have a "loge" near the entrance where the **concierge** lives with his or her family. The stereotypical image of the **concierge** is that of an amiable busybody with a tendency to spread gossip about tenants. Nowadays the term is considered slightly demeaning, and the words "gardien/gardienne d'immeuble" are often thought more acceptable.

conciergerie /kɔ̃sjɛʀʒəʀi/ NF [*de lycée, château*] caretaker's lodge; (*Can*) apartment house ◆ **la Conciergerie** (*Hist*) the Conciergerie

concile /kɔ̃sil/ NM (*Rel*) council ◆ **concile œcuménique** ecumenical council ◆ **le concile de Trente** the Council of Trent

conciliable /kɔ̃siljabl/ ADJ (*= compatible*) [*opinions*] reconcilable ◆ **ce n'est pas conciliable avec...** it's not compatible with...

conciliabule /kɔ̃siljabyl/ NM [1] (*= entretien*) consultation, confab * ◆ **tenir de grands conciliabules** (*iro*) to have great consultations *ou* confabs *
[2] († *= réunion*) secret meeting

conciliaire /kɔ̃siljɛʀ/ ADJ conciliar ◆ **les pères conciliaires** the fathers of the council

conciliant, e /kɔ̃siljɑ̃, jɑ̃t/ SYN ADJ conciliatory, conciliating

conciliateur, -trice /kɔ̃siljatœʀ, tʀis/ SYN
[ADJ] conciliatory, conciliating
[NM,F] (= médiateur) conciliator

conciliation /kɔ̃siljasjɔ̃/ SYN NF (gén) conciliation, reconciliation; (entre époux) reconciliation ◆ **esprit de conciliation** spirit of conciliation ◆ **comité de conciliation** arbitration committee ◆ **la conciliation d'intérêts opposés** the reconciliation ou reconciling of conflicting interests ◆ **tentative de conciliation** (gén, Pol) attempt at (re)conciliation; (entre époux) attempt at reconciliation; → **procédure**

conciliatoire /kɔ̃siljatwaʀ/ ADJ (Jur) conciliatory

concilier /kɔ̃silje/ SYN ▸ conjug 7 ◂
[VT] [1] (= rendre compatible) [+ exigences, opinions, sentiments] to reconcile (avec with)
[2] (= attirer) to win, to gain ◆ **son charisme lui a concilié les électeurs** his charisma won him the support of the voters ou won over the voters
[3] (littér, Jur = réconcilier) [+ ennemis] to reconcile, to conciliate
[VPR] **se concilier** (= s'attirer) to win, to gain ◆ **se concilier les bonnes grâces de qn** to win ou gain sb's favour

concis, e /kɔ̃si, iz/ SYN ADJ concise ◆ **en termes concis** concisely

concision /kɔ̃sizjɔ̃/ SYN NF concision, conciseness ◆ **avec concision** concisely

concitoyen, -yenne /kɔ̃sitwajɛ̃, jɛn/ SYN NM,F fellow citizen

conclave /kɔ̃klav/ NM (Rel, Pol) conclave ◆ **les cardinaux/ministres étaient réunis en conclave** the cardinals/ministers met in conclave

conclaviste /kɔ̃klavist/ NM conclavist

concluant, e /kɔ̃klyɑ̃, ɑ̃t/ SYN ADJ conclusive ◆ **peu concluant** inconclusive

conclure /kɔ̃klyʀ/ GRAMMAIRE ACTIVE 26.4 SYN ▸ conjug 35 ◂
[VT] [1] (= signer) [+ affaire, accord] to conclude ◆ **conclure un marché** to conclude ou clinch a deal ◆ **marché conclu !** it's a deal!
[2] (= terminer) [+ débat, discours, texte] to conclude, to end ◆ **et pour conclure** and to conclude ◆ **je vous demande de conclure** will you please conclude ◆ **il conclut par ces mots/en disant...** he concluded with these words/by saying... ◆ **conclure sa plaidoirie** to rest one's case
[3] (= déduire) to conclude (qch de qch sth from sth) ◆ **j'en conclus que...** I therefore conclude that...
[VI] [1] (Sport) to score ◆ **il a conclu** * (avec une fille) he scored*
[2] (Jur) ◆ **conclure contre qn** [témoignage] to convict sb ◆ **conclure contre/en faveur de qn** [personne] to find against/in favour (Brit) ou favor (US) of sb
[VT INDIR] **conclure à** ◆ **ils ont conclu à son innocence** they concluded that he was innocent ◆ **les juges ont conclu à l'acquittement** the judges decided on an acquittal ◆ **l'enquête a conclu à un accident** the investigation concluded that it was an accident

conclusif, -ive /kɔ̃klyzif, iv/ ADJ concluding (épith)

conclusion /kɔ̃klyzjɔ̃/ GRAMMAIRE ACTIVE 26.4 SYN
[NF] (gén) conclusion; [de discours] close ◆ **en conclusion** in conclusion ◆ **conclusion, il n'est pas venu*** the net result was that he didn't come ◆ **conclusion, on s'était trompé*** in other words, we had made a mistake
[NFPL] **conclusions** (Jur) [de demandeur] pleadings, submissions; [d'avocat] summing-up; [de jury] findings, conclusions ◆ **déposer des conclusions auprès d'un tribunal** to file submissions with a court

concocter* /kɔ̃kɔkte/ ▸ conjug 1 ◂ VT to concoct

concoction* /kɔ̃kɔksjɔ̃/ NF concoction

concombre /kɔ̃kɔ̃bʀ/ NM cucumber

concomitamment /kɔ̃kɔmitamɑ̃/ ADV concomitantly

concomitance /kɔ̃kɔmitɑ̃s/ SYN NF concomitance

concomitant, e /kɔ̃kɔmitɑ̃, ɑ̃t/ SYN ADJ [événements, expériences] concomitant (à with)

concordance /kɔ̃kɔʀdɑ̃s/ SYN NF [1] (gén) agreement ◆ **la concordance de deux témoignages** the agreement of two testimonies, the fact that two testimonies tally ou agree ◆ **la concordance de deux résultats/situations** the similarity of ou between two results/situations ◆ **mettre ses actes en concordance avec ses principes** to act in accordance with one's principles
[2] (= index) (Bible) concordance; (Géol) conformability ◆ **concordance des temps** (Gram) sequence of tenses ◆ **concordance de phases** (Phys) synchronization of phases

concordant, e /kɔ̃kɔʀdɑ̃, ɑ̃t/ SYN ADJ [faits] corroborating; (Géol) conformable ◆ **deux témoignages concordants** two testimonies which agree ou which are in agreement ou which tally

concordat /kɔ̃kɔʀda/ NM (Rel) concordat; (Comm) composition; [de faillite] winding-up arrangement

concorde /kɔ̃kɔʀd/ SYN NF (littér = harmonie) concord

concorder /kɔ̃kɔʀde/ SYN ▸ conjug 1 ◂ VI [faits, dates, témoignages] to agree, to tally; [idées] to coincide, to match [caractères] to match ◆ **faire concorder des chiffres** to make figures agree ou tally ◆ **ses actes concordent-ils avec ses idées ?** is his behaviour in accordance with his ideas?

concourant, e /kɔ̃kuʀɑ̃, ɑ̃t/ ADJ (= convergent) [droites] convergent; [efforts] concerted (épith), united

concourir /kɔ̃kuʀiʀ/ SYN ▸ conjug 11 ◂
[VI] [1] [concurrent] to compete (pour for) ◆ **les films qui concourent au festival** the films competing at the festival
[2] (Math = converger) to converge (vers towards, on)
[VT INDIR] **concourir à** ◆ **concourir à qch/à faire qch** [personnes] to work towards sth/towards doing sth; [circonstances] to contribute to sth/to doing sth ◆ **tout concourt à notre réussite** everything is working in our favour ◆ **son intransigeance a concouru à son échec** his inflexibility contributed to ou was a factor in his failure

concouriste /kɔ̃kuʀist/ NMF contestant

concours /kɔ̃kuʀ/ SYN NM [1] (= jeu, compétition) competition; (= examen) competitive examination ◆ **concours agricole** agricultural show ◆ **concours hippique** (= sport) show-jumping ◆ **un concours hippique** (= épreuve) a horse show ◆ **concours complet** (= sport équestre) three-day event ◆ **promotion par (voie de) concours** promotion by (competitive) examination ◆ **concours de beauté** beauty contest ◆ **concours d'entrée (à)** (competitive) entrance examination (for) ◆ **concours de recrutement** competitive entry examination ◆ **concours général** competitive examination with prizes, open to secondary school children ◆ **être présenté hors concours** to be shown outside the competition (because of outstanding merit) ◆ **être mis hors concours** to be declared ineligible to compete, to be disqualified ◆ **il est hors concours** (fig) he's in a class of his own
[2] (= participation) aid, help ◆ **prêter son concours à qch** to lend one's support to sth ◆ **avec le concours de** (participation) with the participation of; (aide) with the support ou help ou assistance of ◆ **il a fallu le concours des pompiers** the firemen's help was needed
[3] (= rencontre) ◆ **concours de circonstances** combination of circumstances ◆ **un grand concours de peuple** † a large concourse † ou throng of people

■ **CONCOURS**
In France, the cultural significance of competitive examinations with a predetermined quota of successful candidates is considerable. Gruelling "classes préparatoires" after secondary school level are designed to prepare high-flying students for the "grandes écoles" entrance exams, and have tended to promote a competitive and elitist approach to learning in these schools. Other examples of the importance of **concours** are the competitive recruitment procedures for public sector teaching posts ("CAPES" and "agrégation"), civil service appointments in ministries, and even jobs in the Post Office.

concrescence /kɔ̃kʀesɑ̃s/ NF (Bot, Méd) concrescence

concrescent, e /kɔ̃kʀesɑ̃, ɑ̃t/ ADJ (Bot, Méd) concrescent

concret, -ète /kɔ̃kʀɛ, ɛt/ SYN
[ADJ] [situation, détail, objet] concrete ◆ **esprit concret** practical mind ◆ **il en a tiré des avantages concrets** it gave him certain real ou positive advantages; → **musique**
[NM] ◆ **le concret et l'abstrait** the concrete and the abstract ◆ **ce que je veux, c'est du concret** I want something concrete

concrètement /kɔ̃kʀɛtmɑ̃/ SYN ADV (gén) in concrete terms; (= pratiquement) in practical terms ◆ **je me représente très concrètement la situation** I can visualize the situation very clearly ◆ **concrètement, à quoi ça va servir ?** what practical use will it have?, in concrete terms, what use will it be?

concrétion /kɔ̃kʀesjɔ̃/ NF (Géol, Méd) concretion

concrétisation /kɔ̃kʀetizasjɔ̃/ NF [de promesse] realization

concrétiser /kɔ̃kʀetize/ SYN ▸ conjug 1 ◂
[VT] to give concrete expression to
[VI] (Sport = marquer) to score ◆ **concrétiser avec qn** * (= sortir avec qn) to go out with sb
[VPR] **se concrétiser** [espoir, projet] to materialize ◆ **ses promesses/menaces ne se sont pas concrétisées** his promises/threats didn't come to anything ou didn't materialize ◆ **le projet commence à se concrétiser** the project is beginning to take shape

concubin, e /kɔ̃kybɛ̃, in/
[NM,F] [1] (Jur) cohabitant, cohabitee, common-law husband (ou wife)
[2] (vieilli ou hum) lover
[NF] **concubine** (Hist) concubine

concubinage /kɔ̃kybinaʒ/ NM cohabitation ◆ **ils vivent en concubinage** they're living together ou as husband and wife ◆ **concubinage notoire** (Jur) common-law marriage

concupiscence /kɔ̃kypisɑ̃s/ NF concupiscence

concupiscent, e /kɔ̃kypisɑ̃, ɑ̃t/ ADJ concupiscent

concurremment /kɔ̃kyʀamɑ̃/ ADV [1] (= conjointement) conjointly ◆ **il agit concurremment avec le président** he acts conjointly with ou in conjunction with the president
[2] (= en même temps) concurrently

concurrence /kɔ̃kyʀɑ̃s/ SYN NF [1] (gén) competition ◆ **prix défiant toute concurrence** absolutely unbeatable price, rock-bottom price ◆ **concurrence déloyale** unfair trading ou competition ◆ **faire concurrence à qn** to be in competition with sb ◆ **être en concurrence avec qn** to be in competition with sb, to compete with sb
[2] (= limite) ◆ **(jusqu')à concurrence de...** up to...

concurrencer /kɔ̃kyʀɑ̃se/ SYN ▸ conjug 3 ◂ VT to compete with ◆ **il nous concurrence dangereusement** he is a serious threat ou challenge to us ◆ **leurs produits risquent de concurrencer les nôtres** their products could well pose a serious threat ou challenge to ours

concurrent, e /kɔ̃kyʀɑ̃, ɑ̃t/ SYN
[ADJ] [1] (= rival) rival, competing
[2] († = concourant) [forces, actions] concurrent, co-operative
[NM,F] (Comm, Sport) competitor; (Scol) [de concours] candidate

concurrentiel, -elle /kɔ̃kyʀɑ̃sjɛl/ ADJ [secteur, produit, prix] competitive

concussion /kɔ̃kysjɔ̃/ NF misappropriation of public funds

concussionnaire /kɔ̃kysjɔnɛʀ/
[ADJ] embezzling (épith)
[NMF] embezzler of public funds

condamnable /kɔ̃danabl/ SYN ADJ [action, opinion] reprehensible, blameworthy ◆ **il n'est pas condamnable d'avoir pensé à ses intérêts** he cannot be blamed for having thought of his own interests

condamnation /kɔ̃danasjɔ̃/ SYN NF [1] (Jur) [de coupable] (= action) sentencing (à to; pour for); (= peine) sentence ◆ **il a 3 condamnations à son actif** he already has 3 convictions ◆ **condamnation à mort** death sentence, sentence of death ◆ **condamnation à une amende** imposition of a fine ◆ **condamnation à 5 ans de prison** 5-year (prison) sentence ◆ **condamnation (aux travaux forcés) à perpétuité** life sentence (of hard labour) ◆ **condamnation aux dépens** order to pay costs ◆ **condamnation pour meurtre** sentence for murder

[2] *[de livre, délit, conduite, idée]* condemnation

[3] *(= faillite) [d'espoir, théorie, projet]* end ◆ **c'est la condamnation du petit commerce** it means the end of *ou* it spells the end for the small trader

[4] *(dans voiture) (= action)* locking; *(= système)* locking device ◆ **condamnation centralisée des portes** central-locking device

condamnatoire /kɔ̃danatwaʀ/ ADJ *(Jur)* condemnatory

condamné, e /kɔ̃dane/ SYN (ptp de **condamner**) NM,F sentenced person, convict; *(à mort)* condemned person ◆ **un condamné à mort s'est échappé** a man under sentence of death *ou* a condemned man has escaped ◆ **les malades condamnés** the terminally ill; → **cigarette**

condamner /kɔ̃dane/ GRAMMAIRE ACTIVE 14 SYN ▸ conjug 1 ◂ VT [1] *[+ coupable]* to sentence *(à* to; *pour* for) ◆ **condamner à mort** to sentence to death ◆ **condamner qn à une amende** to fine sb, to impose a fine on sb ◆ **condamner qn à 5 ans de prison** to sentence sb to 5 years' imprisonment, to pass a 5-year (prison) sentence on sb ◆ **être condamné aux dépens** to be ordered to pay costs ◆ **condamner qn par défaut/par contumace** to sentence sb by default/in his absence *ou* in absentia ◆ **condamner pour meurtre** to sentence for murder ◆ **Serge Despins, plusieurs fois condamné pour vol...** Serge Despins, several times convicted of theft...

[2] *(= interdire) [+ délit, livre]* to condemn ◆ **la loi condamne l'usage de stupéfiants** the law condemns the use of drugs ◆ **ces délits sont sévèrement condamnés** these offences carry heavy sentences *ou* penalties

[3] *(= blâmer) [+ action, idées, impropriété]* to condemn ◆ **il ne faut pas le condamner d'avoir fait cela** you mustn't condemn *ou* blame him for doing that

[4] *(= accuser)* to condemn ◆ **sa rougeur le condamne** the fact that he's blushing points to his guilt

[5] *[+ malade]* to give up hope for; *[+ théorie, espoir]* to put an end to ◆ **ce projet est maintenant condamné** this project is now doomed ◆ **il était condamné depuis longtemps** there had been no hope for him *ou* he had been doomed for a long time ◆ **il est condamné par les médecins** the doctors have given up hope (for him)

[6] *(= obliger, vouer)* ◆ **condamner à** *[+ silence]* to condemn to ◆ **je suis condamné** *ou* **ça me condamne à me lever tôt** I'm obliged to get up early ◆ **condamné à sombrer dans l'oubli** doomed to sink into oblivion

[7] *[+ porte, fenêtre] (gén)* to fill in, to block up; *(avec briques)* to brick up; *(avec planches)* to board up; *[+ pièce]* to lock up; *[+ portière de voiture]* to lock ◆ **condamner sa porte à qn** *(fig)* to bar one's door to sb

condé /kɔ̃de/ NM *(arg Police = policier)* cop*; *(= accord)* deal *(which allows one to pursue illegal activities in exchange for information)*

condensable /kɔ̃dɑ̃sabl/ ADJ condensable

condensateur /kɔ̃dɑ̃satœʀ/ NM *(Élec)* capacitor, condenser; *(Opt)* condenser

condensation /kɔ̃dɑ̃sasjɔ̃/ NF condensation

condensé, e /kɔ̃dɑ̃se/ (ptp de **condenser**)

ADJ *[gaz, vapeur, lait]* condensed; *[exposé, pensée]* condensed, compressed

NM *(gén)* summary; *(Presse)* digest

condenser /kɔ̃dɑ̃se/ SYN ▸ conjug 1 ◂

VT *[+ gaz, vapeur]* to condense; *[+ exposé, pensée]* to condense, to compress

VPR **se condenser** *[vapeur]* to condense

condenseur /kɔ̃dɑ̃sœʀ/ NM *(Opt, Phys)* condenser

condescendance /kɔ̃desɑ̃dɑ̃s/ SYN NF condescension ◆ **avec condescendance** condescendingly

condescendant, e /kɔ̃desɑ̃dɑ̃, ɑ̃t/ SYN ADJ condescending

condescendre /kɔ̃desɑ̃dʀ/ SYN ▸ conjug 41 ◂ **condescendre à** VT INDIR to condescend to ◆ **condescendre à faire qch** to condescend *ou* deign to do sth

condiment /kɔ̃dimɑ̃/ SYN NM condiment *(including pickles, spices, and any other seasoning)*

condisciple /kɔ̃disipl/ NMF *(Scol)* schoolmate; *(Univ)* fellow student

condition /kɔ̃disjɔ̃/ SYN NF [1] *(= circonstances)* ◆ **conditions** conditions ◆ **conditions atmosphériques/sociologiques** atmospheric/sociological conditions ◆ **conditions de travail/vie** working/living conditions ◆ **dans ces conditions, je refuse** under these conditions, I refuse ◆ **dans les conditions actuelles** in *ou* under (the) present conditions ◆ **améliorer la condition des travailleurs émigrés** to improve the lot of foreign workers

[2] *(= stipulation) [de traité]* condition; *(= exigence) [d'acceptation]* condition, requirement ◆ **condition préalable** prerequisite ◆ **la condition nécessaire et suffisante pour que...** the necessary and sufficient condition for... ◆ **condition sine qua non** sine qua non, necessary condition ◆ **l'honnêteté est la condition du succès** honesty is the (prime) requirement for *ou* condition of success ◆ **dicter/poser ses conditions** to state/lay down one's conditions ◆ **il ne remplit pas les conditions requises (pour le poste)** he doesn't fulfil the requirements (for the job) ◆ **conditions d'admission** terms *ou* conditions of admission *ou* entry *(dans* to) ◆ **sans condition(s)** *[capitulation]* unconditional; *[capituler]* unconditionally

[3] *(Comm)* term ◆ **conditions de vente/d'achat** terms of sale/of purchase ◆ **conditions de paiement** terms (of payment) ◆ **obtenir des conditions intéressantes** to get favourable terms ◆ **faire ses conditions** to make *ou* name one's (own) terms ◆ **acheter/envoyer à** *ou* **sous condition** to buy/send on approval ◆ **dans les conditions normales du commerce** in the ordinary course of business

[4] *(= état)* condition

◆ **en + condition** ◆ **en bonne condition** *[aliments, envoi]* in good condition ◆ **en bonne** *ou* **grande condition (physique)** in good condition, fit ◆ **en mauvaise condition (physique)** out of condition, unfit ◆ **mettre en condition** *[+ sportif]* to make *ou* get fit; *[+ candidat]* to prepare (mentally); *[+ spectateurs]* to condition ◆ **la mise en condition des téléspectateurs** the conditioning of television viewers ◆ **se mettre en condition** *(avant un examen)* to prepare o.s. mentally ◆ **entrer/être en condition chez qn** †† to enter sb's service/be in service with sb

[5] *(= rang social)* station, condition ◆ **vivre selon sa condition** to live according to one's station ◆ **étudiant de condition modeste** student from a modest home *ou* background ◆ **personne de condition** †† person of quality ◆ **la condition féminine** women's position in society ◆ **la condition ouvrière** the conditions of working-class life ◆ **la condition de prêtre** the priesthood ◆ **la condition d'artisan/d'intellectuel** the situation of the craftsman/intellectual

[6] *(locutions)* ◆ **à une condition** on one condition ◆ **je le ferai, à la seule condition que toi aussi tu fasses un effort** I'll do it but only on one condition - you have to make an effort as well ◆ **tu peux rester, à condition d'être sage** *ou* **à condition que tu sois sage** you can stay provided (that) *ou* so long as you're good ◆ **sous condition** conditionally

conditionné, e /kɔ̃disjɔne/ (ptp de **conditionner**) ADJ [1] *(= emballé)* packaged; *(= sous vide)* vacuum-packed

[2] *(= influencé)* conditioned ◆ **réflexe conditionné** conditioned response *ou* reflex

[3] *(= climatisé)* → **air¹**

conditionnel, -elle /kɔ̃disjɔnɛl/ ADJ, NM *(gén)* conditional ◆ **réflexe conditionnel** conditioned response *ou* reflex ◆ **au conditionnel** *(Ling)* in the conditional ◆ **cette information est à mettre au conditionnel** this information has still to be confirmed; → **liberté**

conditionnellement /kɔ̃disjɔnɛlmɑ̃/ ADV conditionally

conditionnement /kɔ̃disjɔnmɑ̃/ SYN NM *(= emballage)* packaging; *[d'air, personne, textile, blé]* conditioning

conditionner /kɔ̃disjɔne/ SYN ▸ conjug 1 ◂ VT *(= emballer)* to package; *(= influencer)* to condition; *[+ textiles, blé]* to condition ◆ **ceci conditionne notre départ** our departure is dependent on *ou* is conditioned by this

conditionneur, -euse /kɔ̃disjɔnœʀ, øz/

NM,F *(= emballeur)* packer

NM *[de denrées]* packaging machine; *[d'air]* air conditioner; *(pour cheveux)* conditioner

condoléances /kɔ̃doleɑ̃s/ GRAMMAIRE ACTIVE 24.4 NFPL condolences ◆ **offrir** *ou* **faire ses condoléances à qn** to offer sb one's sympathy *ou* condolences ◆ **toutes mes condoléances** (please accept) all my condolences *ou* my deepest sympathy ◆ **lettre de condoléances** letter of condolence

condominium /kɔ̃dɔminjɔm/ NM *(= souveraineté, logement)* condominium

condor /kɔ̃dɔʀ/ NM condor

conductance /kɔ̃dyktɑ̃s/ NF conductance

conducteur, -trice /kɔ̃dyktœʀ, tʀis/ SYN

ADJ *(Élec)* conductive, conducting; → **fil**

NM,F *[de voiture, train]* driver; *[de machine]* operator ◆ **conducteur d'engins** heavy plant driver ◆ **conducteur d'hommes** leader ◆ **conducteur de travaux** clerk of works

NM *(Élec)* conductor; *(TV)* continuity

> Quand il désigne une personne, le mot **conducteur** ne se traduit pas par l'anglais **conductor**, qui a le sens de « chef d'orchestre » ou 'contrôleur'.

conductibilité /kɔ̃dyktibilite/ NF conductivity

conductible /kɔ̃dyktibl/ ADJ conductive

conduction /kɔ̃dyksjɔ̃/ NF conduction

conductivité /kɔ̃dyktivite/ NF conductivity

conduire /kɔ̃dɥiʀ/ SYN ▸ conjug 38 ◂

VT [1] *(= emmener)* ◆ **conduire qn quelque part** to take sb somewhere; *(en voiture)* to take *ou* drive sb somewhere ◆ **conduire un enfant à l'école/chez le médecin** to take a child to school/to the doctor ◆ **conduire la voiture au garage** to take the car to the garage ◆ **conduire les bêtes aux champs** to take *ou* drive the animals to the fields ◆ **conduire qn à la gare** *(en voiture)* to take *ou* drive sb to the station; *(à pied)* to walk *ou* see sb to the station ◆ **il me conduisit à ma chambre** he showed me *ou* took me to my room

[2] *(= guider)* to lead ◆ **il conduisit les hommes à l'assaut** he led the men into the attack ◆ **le guide nous conduisait** the guide was leading us ◆ **il nous a conduits à travers Paris** he guided us through Paris

[3] *(= piloter) [+ véhicule]* to drive; *[+ embarcation]* to steer; *[+ avion]* to pilot; *[+ cheval] [cavalier]* to ride; *[cocher]* to drive ◆ **conduire un cheval par la bride** to lead a horse by the bridle

[4] *(en voiture : emploi absolu)* to drive ◆ **il conduit bien/mal** he is a good/bad driver, he drives well/badly; → **permis**

[5] *(= mener)* ◆ **conduire qn quelque part** *[véhicule]* to take sb somewhere; *[route, traces]* to lead *ou* take sb somewhere; *[études, événement]* to lead sb somewhere ◆ **où cela va-t-il nous conduire ?** where will all this lead us? ◆ **cela nous conduit à penser que...** this leads us to believe that... ◆ **cet escalier conduit à la cave** this staircase leads (down) to the cellar ◆ **où ce chemin conduit-il ?** where does this road lead *ou* go? ◆ **conduire ses pas vers** *(littér)* to bend one's steps towards ◆ **cet article conduit en prison** the article landed him in prison

[6] *(= diriger) [+ affaires]* to run, to manage; *[+ travaux]* to supervise; *[+ pays]* to run, to lead; *[+ négociations, enquête]* to lead, to conduct; *[+ orchestre] [chef d'orchestre]* to conduct; *[premier violon]* to lead ◆ **les fouilles sont conduites par P. Brunel** the excavation is being led *ou* directed by P. Brunel

[7] *(= transmettre) [+ chaleur, électricité]* to conduct; *(= transporter)* to carry ◆ **un aqueduc conduit l'eau à la ville** an aqueduct carries water to the town

VPR **se conduire** to behave ◆ **il sait se conduire (en société)** he knows how to behave (in polite company) ◆ **ce ne sont pas des façons de se conduire** that's no way to behave ◆ **conduisez-vous comme il faut !** behave properly! ◆ **il s'est mal conduit** he behaved badly

conduit /kɔ̃dɥi/ SYN

NM [1] *(= tuyau)* conduit, pipe ◆ **conduit de fumée** flue ◆ **conduit d'air** *ou* **de ventilation** ventilation shaft ◆ **conduit d'alimentation** supply pipe ◆ **conduit d'aération** air duct

[2] *(Anat)* duct, canal, meatus *(SPÉC)*

COMP **conduit auditif** auditory canal
conduit lacrymal tear duct
conduit urinaire ureter, urinary canal

conduite /kɔ̃dɥit/ SYN

NF [1] *(= pilotage) [de véhicule]* driving; *[d'embarcation]* steering; *[d'avion]* piloting ◆ **la conduite d'un gros camion demande de l'habileté** driving a big truck takes a lot of skill ◆ **conduite accompagnée** *driving as a learner accompanied by an experienced driver* ◆ **conduite en état d'ivresse** drunk driving, driving while under the influence (of alcohol) ◆ **en Angleterre la conduite est à gauche** in England you drive on the left ◆ **voiture avec conduite à gauche/à droite** left-hand-drive/right-hand-drive car ◆ **faire un brin de conduite à qn** * to go *ou* walk part of the way with sb, to walk along with sb for a bit *

[2] *(= direction) [d'affaires]* running, management; *[de travaux]* supervision; *[de pays]* running, leading; *[de négociations, enquête]* leading, conducting; *(Littérat) [d'intrigue]* conducting ◆ **sous la conduite de** *[+ homme politique, capitaine]* under the leadership of; *[+ guide]* accompanied by; *[+ instituteur]* under the supervision of; *[+ chef d'orchestre]* under the baton *ou* leadership of

[3] *(= comportement)* behaviour *(Brit)*, behavior *(US)*; *(Scol)* conduct ◆ **avoir une conduite bizarre** to behave strangely ◆ **quelle conduite adopter ?** what course of action shall we take? ◆ **zéro de conduite** zero *ou* no marks *(Brit)* for conduct ◆ **relâché** *ou* **libéré pour bonne conduite** *(Prison)* released for good behaviour; → **acheter, écart, ligne**[1]

[4] *(= tuyau)* pipe ◆ **conduite d'eau/de gaz** water/gas main

COMP **conduite d'échec** defeatist behaviour
conduite forcée *(Hydro-Élec)* pressure pipeline
conduite intérieure *(= voiture)* saloon (car) *(Brit)*, sedan *(US)*
conduite montante rising main

condyle /kɔ̃dil/ NM *(Anat)* condyle

condylien, -ienne /kɔ̃diljɛ̃, jɛn/ ADJ condylar

condylome /kɔ̃dilom/ NM condyloma, genital wart

cône /kon/ NM *(gén)* cone ◆ **en forme de cône** cone-shaped ◆ **cône de déjection** alluvial cone ◆ **cône d'ombre/de lumière** cone of shadow/light

conf * /kɔ̃f/ NF abrév de **conférence**

confection /kɔ̃fɛksjɔ̃/ NF [1] *(= exécution) [d'appareil, vêtement]* making; *[de repas]* making, preparation, preparing ◆ **un plat de ma confection** a dish that I made *ou* prepared myself

[2] *(Habillement)* ◆ **la confection** the clothing industry ◆ **être dans la confection** to be in the clothing business ◆ **vêtement de confection** ready-made garment ◆ **il achète tout en confection** he buys everything ready-to-wear *ou* off-the-peg *(Brit) ou* off-the-rack *(US)*; → **magasin**

confectionner /kɔ̃fɛksjɔne/ SYN ► conjug 1 ◄ VT *[+ mets]* to prepare, to make; *[+ appareil, vêtement]* to make

confectionneur, -euse /kɔ̃fɛksjɔnœʀ, øz/ NM,F clothes manufacturer

confédéral, e (mpl **-aux**) /kɔ̃fedeʀal, o/ ADJ confederal

confédération /kɔ̃fedeʀasjɔ̃/ NF *(Pol)* confederation, confederacy; *(= syndicats)* confederation ◆ **la Confédération helvétique** the Swiss Confederation ◆ **la Confédération générale des cadres** French management union ◆ **la Confédération générale du travail** French trade union

confédéré, e /kɔ̃fedeʀe/ (ptp de **confédérer**)

ADJ *[nations]* confederate

NMPL *(Hist US)* ◆ **les Confédérés** the Confederates

confédérer /kɔ̃fedeʀe/ ► conjug 6 ◄ VT to confederate

confer /kɔ̃fɛʀ/ confer

conférence /kɔ̃feʀɑ̃s/ SYN NF [1] *(= discours, exposé) (gén)* lecture, talk; *(Univ)* lecture ◆ **faire une conférence sur qch** to lecture on sth, to give a lecture on sth; → **salle, maître**

[2] *(= colloque)* conference, meeting ◆ **être en conférence** to be in conference *ou* in a *ou* at a meeting ◆ **conférence au sommet** summit (meeting *ou* conference) ◆ **conférence de presse** press conference

[3] *(= poire)* conference pear

> ⓘ Au sens de 'discours', **conférence** ne se traduit par **conference**.

conférencier, -ière /kɔ̃feʀɑ̃sje, jɛʀ/ NM,F speaker, lecturer

conférer /kɔ̃feʀe/ SYN ► conjug 6 ◄

VT *(= décerner) [+ dignité]* to confer (*à* on); *[+ baptême, ordres sacrés]* to give; *(frm = donner) [+ prestige, autorité]* to impart; *[+ droit]* to give (*à* to) ◆ **conférer un certain sens/aspect à qch** to endow sth with a certain meaning/look, to give sth a certain meaning/look ◆ **ce titre lui confère un grand prestige** the title confers great prestige on him

VI *(= s'entretenir)* to confer (*sur* on, about)

confesse /kɔ̃fɛs/ NF ◆ **être/aller à confesse** to be at/go to confession

confesser /kɔ̃fese/ SYN ► conjug 1 ◄

VT [1] *(= avouer) [+ péchés, erreur]* to confess ◆ **confesser que...** to confess that... ◆ **confesser sa foi** to confess one's faith

[2] ◆ **confesser qn** *(Rel)* to hear sb's confession, to confess sb; (* *= faire parler qn)* to draw the truth out of sb, to make sb talk ◆ **l'abbé X confesse de 4 à 6** Father X hears confession from 4 to 6

VPR **se confesser** *(Rel)* to go to confession ◆ **se confesser à** *[+ prêtre]* to confess to, to make confession to; *[+ ami]* to confess to ◆ **se confesser de** *[+ péchés, méfait]* to confess

confesseur /kɔ̃fesœʀ/ NM confessor

confession /kɔ̃fesjɔ̃/ SYN NF *(= aveu)* confession; *(= acte du prêtre)* hearing of confession; *(= religion)* denomination ◆ « **Confessions** » *(Littérat)* "Confessions" → **dieu**

confessionnal (pl **-aux**) /kɔ̃fesjɔnal, o/ NM confessional

confessionnalisme /kɔ̃fesjɔnalism/ NM denominationalism; *(au Liban)* confessionalism

confessionnel, -elle /kɔ̃fesjɔnɛl/ ADJ denominational ◆ **école confessionnelle** denominational *ou* sectarian school ◆ **non confessionnel** nondenominational, nonsectarian

confetti /kɔ̃feti/ NM piece of confetti ◆ **des confettis** confetti *(NonC)* ◆ **tu peux en faire des confettis !** * *[+ contrat, chèque]* it's not worth the paper it's written on!

confiance /kɔ̃fjɑ̃s/ NF *(en l'honnêteté de qn)* confidence, trust; *(en la valeur de qn, le succès de qch, la solidité d'un appareil)* confidence, faith (*en* in) ◆ **avoir confiance en** *ou* **dans, faire confiance à** to have confidence *ou* faith in, to trust ◆ **quelqu'un en qui on peut avoir confiance** someone you can rely on *ou* trust ◆ **je l'aurai, tu peux me faire confiance !** I'll get it – believe me! ◆ **voter la confiance (au gouvernement)** to pass a vote of confidence (in the government) ◆ **restaurer** *ou* **rétablir la confiance** to restore peoples' *ou* public confidence ◆ **il faut avoir confiance** one must have confidence ◆ **je n'ai pas confiance dans leur matériel** I have no faith *ou* confidence in their equipment ◆ **il a toute ma confiance** he has my complete trust *ou* confidence ◆ **mettre qn en confiance** to win sb's trust ◆ **placer** *ou* **mettre sa confiance dans** to place *ou* put one's trust in ◆ **avec confiance** *[se confier]* trustingly; *[espérer]* confidently ◆ **en (toute) confiance, de confiance** *[acheter]* with confidence ◆ **de confiance** *[personne, maison]* trustworthy, reliable ◆ **c'est l'homme de confiance du ministre** he's the minister's right-hand man ◆ **poste de confiance** position of trust ◆ **confiance en soi** self-confidence ◆ **la confiance règne !** *(iro)* I can see you really trust me!; → **abus, inspirer, question**

confiant, e /kɔ̃fjɑ̃, jɑ̃t/ SYN ADJ [1] *(= assuré, plein d'espoir)* confident; *(en soi-même)* (self-)confident

[2] *(= sans défiance) [caractère, regard]* confiding

confidence /kɔ̃fidɑ̃s/ SYN NF *(= secret)* confidence, little (personal) secret ◆ **je vais vous faire une confidence** let me tell you a secret ◆ **faire des confidences à qn** to confide in sb ◆ **confidence pour confidence, je ne l'aime pas non plus** since we're speaking frankly, I don't like him either ◆ **en confidence** in confidence ◆ **mettre qn dans la confidence** to let sb into the secret ◆ **sur le ton de la confidence** in a confidential tone (of voice) ◆ **confidences sur l'oreiller** pillow talk

confident /kɔ̃fidɑ̃/ NM *(= personne)* confidant; *(= siège)* tête-à-tête, confidante

confidente /kɔ̃fidɑ̃t/ NF confidante

confidentialité /kɔ̃fidɑ̃sjalite/ NF confidentiality

confidentiel, -ielle /kɔ̃fidɑ̃sjɛl/ SYN ADJ *(= secret)* confidential; *(sur une enveloppe)* private (and confidential); *(pour public limité) [roman]* for a narrow readership; *[film]* for a limited audience

confidentiellement /kɔ̃fidɑ̃sjɛlmɑ̃/ ADV confidentially

confier /kɔ̃fje/ SYN ► conjug 7 ◄

VT [1] *(= dire en secret)* to confide (*à* to) ◆ **il me confie ses projets** he confides his plans to me, he tells me his plans ◆ **il me confie tous ses secrets** he shares all his secrets with me, he tells me all his secrets ◆ **dans ce livre il confie ses joies et ses peines** in this book he tells of *ou* reveals his sorrows and his joys

[2] *(= laisser aux soins de qn)* to entrust, to confide (*à* to) ◆ **confier qn/qch aux soins de qn** to leave sb/sth in sb's care, to entrust sb/sth to sb's care ◆ **confier qn/qch à la garde de qn** to leave sb to look after sb/sth, to entrust sb/sth to sb's safekeeping ◆ **je vous confie le soin de le faire** I'll leave you to do it, I entrust you with the task of doing it

VPR **se confier** [1] *(= dire un secret)* ◆ **se confier à qn** to confide in sb ◆ **ils se confièrent l'un à l'autre leur chagrin** they confided their grief to each other

[2] *(frm = se fier à)* ◆ **se confier à** *ou* **en qn** to place o.s. in sb's hands

configuration /kɔ̃figyʀasjɔ̃/ NF [1] *(= aspect général)* (general) shape, configuration ◆ **la configuration des lieux** the layout of the premises ◆ **suivant la configuration du terrain** following the lie of the land

[2] *(Ordin)* configuration ◆ **configuration multipostes** multi-user system

configurer /kɔ̃figyʀe/ ► conjug 1 ◄ VT *(Ordin)* to configure

confiné, e /kɔ̃fine/ (ptp de **confiner**) ADJ

[1] *(= enfermé)* ◆ **vivre confiné chez soi** to live shut away in one's own home

[2] *(= renfermé) [atmosphère]* enclosed; *[air]* stale

confinement /kɔ̃finmɑ̃/ SYN NM *[de malade]* confining; *[de déchets, site]* containment; *(Phys)* containment, confinement

confiner /kɔ̃fine/ SYN ► conjug 1 ◄

VT *(= enfermer)* ◆ **confiner qn à** *ou* **dans** to confine sb to *ou* in

VT INDIR **confiner à** *(= toucher à) (lit)* to border on, to adjoin; *(fig)* to border *ou* verge on

VPR **se confiner** to confine o.s. (*à* to) ◆ **se confiner chez soi** to confine o.s. to the house, to shut o.s. up at home

confins /kɔ̃fɛ̃/ SYN NMPL *(= frontières)* borders; *(= partie extrême)* fringes ◆ **aux confins de la Bretagne et de la Normandie/du rêve et de la réalité** on the borders of Brittany and Normandy/dream and reality ◆ **aux confins de la Bretagne/la science** at the outermost *ou* furthermost bounds of Brittany/science ◆ **aux confins de l'univers** in the far reaches of the universe

confire /kɔ̃fiʀ/ ► conjug 37 ◄ VT *(au sucre)* to preserve, to candy; *(au vinaigre)* to pickle; *(dans de la graisse)* to preserve; *(= cuire longtemps)* to slow-cook; → **confit**

confirmand, e /kɔ̃fiʀmɑ̃, ɑ̃d/ NM,F confirmand *(SPÉC)*, confirmation candidate

confirmatif, -ive /kɔ̃fiʀmatif, iv/ ADJ *(Jur)* confirmatory, confirmative

confirmation /kɔ̃fiʀmasjɔ̃/ GRAMMAIRE ACTIVE 20.3 SYN NF *(gén, Rel)* confirmation ◆ **en confirmation de** confirming, in confirmation of ◆ **apporter confirmation de** to confirm, to provide confirmation of ◆ **c'est la confirmation de** it provides *ou* is confirmation of ◆ **j'en attends confirmation** I'm waiting for confirmation

confirmer /kɔ̃fiʀme/ GRAMMAIRE ACTIVE 19.5, 20.3, 21.3 SYN ► conjug 1 ◄ VT *(gén, Rel)* to confirm ◆ **il m'a confirmé que...** he confirmed that... ◆ **je souhaite confirmer ma réservation du...** *(dans une lettre)* I wish to confirm my reservation of... ◆ **cela l'a confirmé dans ses idées** it confirmed *ou* strengthened him in his ideas ◆ **confirmer qn dans ses fonctions** to confirm sb's appointment ◆ **la nouvelle se confirme** the news has been confirmed, there is some confirmation of the news; → **exception**

confiscable /kɔ̃fiskabl/ ADJ liable to confiscation *ou* seizure

confiscation /kɔ̃fiskasjɔ̃/ NF confiscation, seizure

confiscatoire /kɔ̃fiskatwaʀ/ ADJ confiscatory ◆ **taux confiscatoire de l'impôt** confiscatory rate of taxation

confiserie /kɔ̃fizʀi/ NF *(= magasin)* confectioner's (shop), sweetshop *(Brit)*, candy store *(US)*; *(= métier)* confectionery; *(= bonbons)* confectionery *(NonC)*, sweets *(Brit)*, candy *(NonC) (US)* ◆ **une confiserie** a sweet *(Brit)*, a candy *(US)*

confiseur, -euse /kɔ̃fizœʀ, øz/ NM,F confectioner

confisquer /kɔ̃fiske/ SYN ▸ conjug 1 ◂ VT *(gén, Jur)* to confiscate, to seize

confit, e /kɔ̃fi, it/ (ptp de **confire**)

ADJ *[fruit]* crystallized, candied; *[cornichon]* pickled; *[viande]* slow-cooked ◆ **gésiers confits** gizzards preserved in fat ◆ **la salade est confite** the salad has gone soggy ◆ **confit de** *ou* **en dévotion** steeped in piety

NM ◆ **confit d'oie/de canard** goose/duck confit

confiteor /kɔ̃fiteɔʀ/ NM INV Confiteor

confiture /kɔ̃fityʀ/ NF jam ◆ **confiture de prunes/d'abricots** plum/apricot jam ◆ **confiture d'oranges** (orange) marmalade ◆ **confiture de citrons** lemon marmalade ◆ **confiture de lait** *confectionery made of milk and sugar reduced to a thick cream* ◆ **faire des confitures** to make jam ◆ **donner de la confiture aux cochons** to throw pearls before swine

confiturerie /kɔ̃fityʀʀi/ NF jam factory

confiturier, -ière /kɔ̃fityʀje, jɛʀ/

NM,F jam *ou* preserves *(Brit)* maker

NM (= *pot)* jam jar

conflagration /kɔ̃flagʀasjɔ̃/ NF *(frm = conflit)* cataclysm

conflictualité /kɔ̃fliktɥalite/ NF conflict, conflictual situations

conflictuel, -elle /kɔ̃fliktɥɛl/ SYN ADJ *[pulsions, intérêts]* conflicting ◆ **situation conflictuelle** situation of conflict ◆ **avoir des rapports conflictuels avec qn** to have a conflictual relationship with sb

conflit /kɔ̃fli/ SYN NM conflict; (= *grève)* dispute ◆ **pour éviter le conflit** to avoid (a) conflict *ou* a clash ◆ **entrer en conflit avec qn** to come into conflict with sb, to clash with sb ◆ **être en conflit avec qn** to be in conflict with sb, to clash with sb ◆ **conflit d'intérêts** conflict *ou* clash of interests ◆ **le conflit des générations** the generation gap ◆ **conflit armé** armed conflict ◆ **conflit social, conflit du travail** industrial dispute ◆ **conflits internes** infighting ◆ **conflit de juridiction** *(Jur)* jurisdictional dispute

confluence /kɔ̃flyɑ̃s/ NF *[de cours d'eau]* confluence, flowing together; *(fig)* mingling, merging

confluent /kɔ̃flyɑ̃/ NM *(Géog)* confluence ◆ **au confluent de deux cultures** at the bridge of two cultures, where two cultures meet ◆ **au confluent du rêve et de la réalité** where dream meets reality

confluer /kɔ̃flye/ ▸ conjug 1 ◂ VI *[cours d'eau]* to join, to flow together; *(littér) [foule, troupes]* to converge *(vers* on) ◆ **confluer avec** to flow into, to join

confondant, e /kɔ̃fɔ̃dɑ̃, ɑ̃t/ ADJ astounding

confondre /kɔ̃fɔ̃dʀ/ SYN ▸ conjug 41 ◂

VT 1 (= *mêler) [+ choses, dates]* to mix up, to confuse ◆ **on confond toujours ces deux frères** people always mix up *ou* confuse the two brothers *ou* get the two brothers mixed up ◆ **les deux sœurs se ressemblent au point qu'on les confond** the two sisters are so alike that you take *ou* mistake one for the other ◆ **confondre qch/qn avec qch/qn d'autre** to mistake sth/sb for sth/sb else ◆ **elle a confondu sa valise avec la mienne** she mistook my suitcase for hers ◆ **j'ai dû confondre** I must have made a mistake, I must have been mistaken ◆ **mes réserves ne sont pas de la lâcheté, il ne faudrait pas confondre** my reservations aren't cowardice, let there be no mistake about that *ou* you shouldn't confuse the two

2 (= *déconcerter)* to astound ◆ **il me confondit par l'étendue de ses connaissances** he astounded me with the extent of his knowledge ◆ **son insolence a de quoi vous confondre** his insolence is astounding *ou* is enough to leave you speechless ◆ **je suis confondu devant** *ou* **de tant d'amabilité** I'm overcome *ou* overwhelmed by such kindness ◆ **être confondu de reconnaissance** to be overcome with gratitude

3 (= *démasquer) [+ ennemi, menteur]* to confound

4 (= *réunir, fusionner)* to join, to meet ◆ **deux rivières qui confondent leurs eaux** two rivers which flow together *ou* join ◆ **toutes classes d'âge/dépenses confondues** all age groups/expenses taken into account ◆ **les députés, toutes appartenances confondues** the deputies, irrespective of which party they belong to

VPR **se confondre** 1 (= *ne faire plus qu'un)* to merge; (= *se rejoindre)* to meet; (= *s'embrouiller)* to become confused ◆ **les silhouettes se confondaient dans la brume** the silhouettes merged (together) in the mist ◆ **les couleurs se confondent de loin** the colours merge in the distance ◆ **tout se confondait dans sa mémoire** everything became confused in his memory ◆ **nos intérêts se confondent** our interests are one and the same ◆ **les deux fleuves se confondent à cet endroit** the two rivers flow together *ou* join here

2 ◆ **se confondre en excuses** to apologize profusely ◆ **il se confondit en remerciements** he thanked me (*ou* them *etc)* profusely *ou* effusively

conformateur /kɔ̃fɔʀmatœʀ/ NM *[de chapeau]* conformator

conformation /kɔ̃fɔʀmasjɔ̃/ NF conformation; → **vice**

conforme /kɔ̃fɔʀm/ SYN ADJ 1 (= *semblable)* true *(à* to) ◆ **conforme à l'original/au modèle** true to the original/pattern ◆ **c'est conforme à l'échantillon** it matches the sample ◆ **c'est peu conforme à ce que j'ai dit** it bears little resemblance to what I said ◆ **ce n'est pas conforme à l'original** it does not match the original; → **copie**

2 (= *fidèle)* ◆ **être conforme à** *[+ norme, règle, commande]* to be in accordance with, to comply with; *[+ loi]* to be in accordance *ou* conformity with ◆ **l'exécution des travaux est conforme au plan prévu** the work is being carried out in accordance with the agreed plan ◆ **être conforme aux normes de sécurité** to conform to *ou* meet safety standards

3 (= *en harmonie avec)* ◆ **conforme à** *[+ promesse]* in keeping with, consonant with *(frm)* ◆ **un niveau de vie conforme à nos moyens** a standard of living in keeping *ou* consonant with *(frm)* our means ◆ **il a des vues conformes aux miennes** his views are in keeping with my own ◆ **ces mesures sont conformes à notre politique** these measures are in line with our policy ◆ **c'est conforme à ce que j'espérais** it is as I hoped

conformé, e /kɔ̃fɔʀme/ (ptp de **conformer**) ADJ *[corps, enfant]* ◆ **bien/mal conformé** well-/ill-formed ◆ **bizarrement conformé** strangely shaped *ou* formed

conformément /kɔ̃fɔʀmemɑ̃/ SYN **conformément à** LOC ADV 1 (= *en respectant) [+ loi]* in accordance *ou* conformity with; *[+ plan]* in accordance with, according to ◆ **ce travail a été exécuté conformément au modèle/à l'original** this piece of work was done to conform to the pattern/original *ou* to match the pattern/original exactly

2 (= *suivant)* in accordance with ◆ **conformément à ce que j'avais promis/prédit** in accordance with what I had promised/predicted

conformer /kɔ̃fɔʀme/ SYN ▸ conjug 1 ◂

VT (= *calquer)* ◆ **conformer qch à** to model sth on ◆ **conformer sa conduite à celle d'une autre personne** to model one's (own) conduct on somebody else's ◆ **conformer sa conduite à ses principes** to match one's conduct to one's principles

VPR **se conformer** ◆ **se conformer à** to conform to

conformisme /kɔ̃fɔʀmism/ NM *(gén, Rel)* conformism

conformiste /kɔ̃fɔʀmist/ SYN ADJ, NMF *(gén, Rel)* conformist

conformité /kɔ̃fɔʀmite/ SYN NF 1 (= *identité)* similarity, correspondence *(à* to) ◆ **la conformité de deux choses** the similarity of *ou* between two things, the close correspondence of *ou* between two things

2 (= *fidélité)* faithfulness *(à* to) ◆ **conformité à la règle/aux ordres reçus** compliance with the rules/orders received ◆ **en conformité avec le plan prévu/avec les ordres reçus** in accordance *ou* conformity with the proposed plan/orders received ◆ **en conformité avec le modèle** in accordance with the pattern ◆ **certificat de conformité** certificate of compliance

3 (= *harmonie)* conformity, agreement *(avec* with) ◆ **la conformité de nos vues sur la question, notre conformité de vues sur la question** the convergence of our views on the question ◆ **sa conduite est en conformité avec ses idées** his conduct is in keeping *ou* in conformity with his ideas

confort /kɔ̃fɔʀ/ SYN NM comfort ◆ **villa tout confort** *ou* **avec (tout) le confort moderne** villa with all modern conveniences *ou* mod cons *(Brit)* ◆ **il aime le** *ou* **son confort** he likes his creature comforts *ou* his comfort ◆ **dès que ça dérange son confort personnel il refuse de nous aider** as soon as it inconveniences him *ou* puts him out he refuses to help us ◆ **pour notre confort intellectuel** for our peace of mind ◆ **confort psychologique** psychological well-being ◆ **améliorer le confort d'écoute** to improve the sound quality ◆ **cette présentation apporte un grand confort de lecture** this presentation makes for easy reading

confortable /kɔ̃fɔʀtabl/ SYN ADJ 1 (= *douillet) [appartement]* comfortable, cosy; *[vêtement, vie]* comfortable, comfy* ◆ **peu confortable** *[fauteuil]* rather uncomfortable; *[situation]* rather uncomfortable, awkward

2 (= *opulent) [fortune, retraite, situation, vie]* comfortable

3 (= *important) [majorité, marge]* comfortable ◆ **il dispose d'une avance confortable sur ses rivaux** he has a comfortable lead over his rivals

confortablement /kɔ̃fɔʀtabləmɑ̃/ ADV comfortably ◆ **vivre confortablement** *(dans le confort)* to live in comfort; *(dans la richesse)* to live very comfortably, to lead a comfortable existence

conforter /kɔ̃fɔʀte/ SYN ▸ conjug 1 ◂ VT *[+ thèse]* to reinforce, to back up; *[+ détermination]* to reinforce ◆ **ceci me conforte dans mon analyse** this backs up *ou* reinforces my analysis

confortique /kɔ̃fɔʀtik/ NF *part of ergonomics related to office comfort*

confraternel, -elle /kɔ̃fʀatɛʀnɛl/ ADJ *[relations, amitié]* between colleagues

confrère /kɔ̃fʀɛʀ/ NM *[de profession]* colleague; *[d'association]* fellow member ◆ **selon notre confrère Le Monde** (= *journal)* according to Le Monde

confrérie /kɔ̃fʀeʀi/ NF brotherhood

confrontation /kɔ̃fʀɔ̃tasjɔ̃/ NF 1 *[d'opinions, personnes]* confrontation; *[de textes]* comparison, collation ◆ **au cours de la confrontation des témoins** when the witnesses were brought face to face

2 (= *conflit)* clash, confrontation

confronter /kɔ̃fʀɔ̃te/ SYN ▸ conjug 1 ◂ VT (= *opposer) [+ opinions, personnes]* to confront; (= *comparer) [+ textes]* to compare, to collate ◆ **être confronté à** to be confronted with

confucianisme /kɔ̃fysjanism/ NM Confucianism

confucianiste /kɔ̃fysjanist/

ADJ Confucian

NMF Confucian, Confucianist

Confucius /kɔ̃fysjys/ NM Confucius

confus, e /kɔ̃fy, yz/ SYN ADJ 1 (= *peu clair) [bruit, texte, souvenir, mélange]* confused; *[esprit, personne, affaire]* confused, muddled

2 (= *honteux) [personne]* ashamed, embarrassed ◆ **il était confus d'avoir fait cela/de son erreur** he was embarrassed at having done that/about his mistake ◆ **vous avez fait des folies, nous sommes confus !** you've been far too kind, we're quite overwhelmed!

> (!) Au sens de 'honteux', **confus** ne se traduit pas par **confused**.

confusément /kɔ̃fyzemɑ̃/ ADV *[distinguer]* vaguely; *[comprendre, ressentir]* vaguely, in a confused way; *[parler]* unintelligibly, confusedly

confusion /kɔ̃fyzjɔ̃/ SYN NF 1 (= *honte)* embarrassment, confusion ◆ **à ma grande confusion** to my great embarrassment ◆ **rouge de confusion** red *ou* blushing with embarrassment

2 (= *erreur) [de noms, personnes, dates]* mix-up, confusion *(de* in) ◆ **vous avez fait une confusion** *(sur la personne)* you've made a mistake; *(sur des choses)* you've got things confused *ou* mixed up ◆ **cela peut prêter à confusion** this could be confusing ◆ **pour éviter la confusion des genres entre économique et politique** to avoid bundling economics and politics together ◆ **ce genre d'émission entretient la confusion des genres entre divertissement et information** this kind of programme blurs the distinction between entertainment and news

3 (= *désordre) [d'esprits, idées]* confusion; *[d'assemblée, pièce, papiers]* confusion, disorder *(de* in) ◆ **ses idées sont dans la plus grande confusion** his ideas are extremely confused ◆ **c'était dans une telle confusion** it was in such confusion *ou* disorder ◆ **mettre** *ou* **jeter la confusion dans**

les esprits/l'assemblée to throw people/the audience into confusion ou disarray ◆ **confusion mentale** mental confusion

[4] (Jur) ◆ **confusion des dettes** confusion ◆ **confusion de part** ou **de paternité** doubt over paternity ◆ **confusion des peines** concurrency of sentences ◆ **confusion des pouvoirs** non-separation of legislative, executive and judicial powers

confusionnel, -elle /kɔ̃fyzjɔnɛl/ ADJ (Psych) [délire, état] confusional

confusionnisme /kɔ̃fyzjɔnism/ NM (Psych) confused thinking of a child; (Pol) policy of spreading confusion in people's minds

conga /kɔ̃ga/ NF (= danse, tambour) conga

congé /kɔ̃ʒe/ SYN
[NM] [1] (= vacances) holiday (Brit), vacation (US); (= arrêt momentané de travail) leave (NonC); (Mil = permission) leave (NonC) ◆ **c'est son jour de congé** it's his day off ◆ **avoir congé le mercredi** to have Wednesdays off, to be off on Wednesdays ◆ **quel jour avez-vous congé ?** which day do you have off?, which day are you off? ◆ **j'ai pris deux semaines de congé pour** ou **à Noël** I took two weeks off ou two weeks' leave at Christmas, I took two weeks' holiday (Brit) ou vacation (US) at Christmas ◆ **il me reste trois jours de congé à prendre** I've got three days' holiday (Brit) ou vacation (US) still to come ◆ **congé sans solde** unpaid leave

[2] ◆ **en congé** [écolier] on holiday (Brit) ou vacation (US); [salarié] on holiday (Brit) ou vacation (US), on leave; [soldat] on leave ◆ **se mettre en congé de son parti** (fig) to leave the party temporarily

[3] (= avis de départ) notice; (= renvoi) notice (to quit ou leave) ◆ **mon locataire m'a donné son congé** my tenant gave me notice that he was leaving ◆ **donner (son) congé à un locataire/ employé** to give a tenant/an employee (his) notice ◆ **donner congé huit jours à l'avance** to give a week's notice ◆ **il a demandé son congé** he has asked to leave

[4] (= adieu) ◆ **prendre congé** to take one's leave (de qn to of sb) ◆ **donner congé à qn** (en fin d'un entretien) to dismiss sb

[5] (Admin = autorisation) clearance certificate; [de transports d'alcool] release (of alcohol from bond) ◆ **congé (de navigation)** clearance

[COMP] **congé annuel** annual holiday (Brit) ou vacation (US) ou leave
congé pour convenance personnelle ≈ compassionate leave
congé de conversion retraining period
congé (individuel) de formation (personal) training leave
congé de longue durée extended ou prolonged leave of absence
congé (de) maladie sick leave ◆ **congé de longue maladie** prolonged ou extended sick leave
congé (de) maternité maternity leave
congé parental (d'éducation) (unpaid) extended maternity (ou paternity) leave
les congés payés (= vacances) (annual) paid holidays (Brit) ou vacation (US) ou leave; (péj = vacanciers) riff-raff (péj) on holiday (Brit) ou on vacation (US)
congés scolaires school holidays (Brit) ou vacation (US) ; → **sabbatique**

congédier /kɔ̃ʒedje/ SYN ▸ conjug 7 ◂ VT to dismiss

congel* /kɔ̃ʒɛl/ NM abrév de **congélateur**

congelable /kɔ̃ʒlabl/ ADJ suitable for freezing

congélateur /kɔ̃ʒelatœʀ/ NM (= meuble) freezer, deep-freeze; (= compartiment) freezer compartment ◆ **congélateur armoire** upright freezer ◆ **congélateur bahut** chest freezer

congélation /kɔ̃ʒelasjɔ̃/ NF [d'eau, aliment, embryon] freezing; [d'huile] congealing ◆ **sac de congélation** freezer bag; → **point¹**

congeler /kɔ̃ʒ(ə)le/ ▸ conjug 5 ◂
[VT] [+ eau] to freeze; [+ aliments] to (deep-)freeze; [+ huile] to congeal ◆ **produits congelés** frozen foods
[VPR] **se congeler** to freeze

congélo* /kɔ̃ʒelo/ NM abrév de **congélateur**

congénère /kɔ̃ʒenɛʀ/
[ADJ] congeneric
[NMF] (= semblable) fellow, fellow creature ◆ **toi et tes congénères** you and your like ou kind

congénital, e (mpl **-aux**) /kɔ̃ʒenital, o/ SYN ADJ congenital ◆ **elle est optimiste, c'est congénital** (hum) she's a born optimist

congère /kɔ̃ʒɛʀ/ NF snowdrift

congestif, -ive /kɔ̃ʒɛstif, iv/ ADJ congestive

congestion /kɔ̃ʒɛstjɔ̃/ NF congestion ◆ **congestion (cérébrale)** stroke ◆ **congestion (pulmonaire)** congestion of the lungs

congestionner /kɔ̃ʒɛstjɔne/ ▸ conjug 1 ◂ VT [+ rue] to congest; [+ personne, visage] to make flushed ◆ **être congestionné** [personne, visage] to be flushed; [rue] to be congested

conglomérat /kɔ̃glɔmeʀa/ NM (Écon, Géol) conglomerate; (fig = amalgame) conglomeration

conglomération /kɔ̃glɔmeʀasjɔ̃/ NF conglomeration

conglomérer /kɔ̃glɔmeʀe/ ▸ conjug 6 ◂ VT to conglomerate

Congo /kɔ̃go/ NM ◆ **le Congo** (= fleuve) the Congo ◆ **au Congo** in the Congo ◆ **la République démocratique du Congo** the Democratic Republic of (the) Congo

congolais, e /kɔ̃gɔlɛ, ɛz/
[ADJ] Congolese
[NM,F] **Congolais(e)** Congolese
[NM] (= gâteau) coconut cake

congratulations /kɔ̃gʀatylasjɔ̃/ NFPL († ou hum) congratulations

congratuler /kɔ̃gʀatyle/ SYN ▸ conjug 1 ◂ VT († ou hum) to congratulate

congre /kɔ̃gʀ/ NM conger (eel)

congréer /kɔ̃gʀee/ ▸ conjug 1 ◂ VT (Naut) [+ cordage] to worm

congréganiste /kɔ̃gʀeganist/
[ADJ] congregational
[NMF] member of a congregation

congrégation /kɔ̃gʀegasjɔ̃/ NF (Rel) congregation; (fig) assembly

congrégationalisme /kɔ̃gʀegasjɔnalism/ NM Congregationalism

congrès /kɔ̃gʀɛ/ SYN NM (gén) congress; (Pol = conférence) conference ◆ **le Congrès** (Pol US) Congress ◆ **membre du Congrès** (gén) member of Congress; (homme) congressman; (femme) congresswoman

congressiste /kɔ̃gʀesist/ NMF (gén) participant at a congress; (Pol) participant at a conference

congru, e /kɔ̃gʀy/ ADJ [1] → **portion**
[2] ⇒ **congruent**

congruence /kɔ̃gʀyɑ̃s/ NF (Math) congruence

congruent, e /kɔ̃gʀyɑ̃, ɑ̃t/ ADJ (Math) congruent

conicité /kɔnisite/ NF conicity

conidie /kɔnidi/ NF conidium

conifère /kɔnifɛʀ/ NM conifer

conique /kɔnik/
[ADJ] conical ◆ **de forme conique** cone-shaped, conical
[NF] conic (section)

conirostre /kɔniʀɔstʀ/
[ADJ] conirostral, conical-billed (épith)
[NM] coniroster

conjecture /kɔ̃ʒɛktyʀ/ SYN NF conjecture ◆ **se perdre en conjectures quant à qch** to lose o.s. in conjectures about sth ◆ **nous en sommes réduits aux conjectures** we can only conjecture ou guess (about this)

conjecturer /kɔ̃ʒɛktyʀe/ SYN ▸ conjug 1 ◂ VT (frm) [+ causes, résultat] to conjecture, to speculate about ◆ **conjecturer que...** to conjecture ou surmise that...

conjoint, e /kɔ̃ʒwɛ̃, wɛ̃t/ SYN
[ADJ] [démarche, action, débiteurs, legs] joint (épith); [problèmes] linked, related ◆ **financement conjoint** joint financing ◆ **degrés conjoints** (Mus) conjunct degrees
[NM,F] (Admin = époux) spouse ◆ **lui et sa conjointe** he and his spouse ◆ **le maire a félicité les conjoints** the mayor congratulated the couple ◆ **les (deux) conjoints** the husband and wife ◆ **les futurs conjoints** the bride and groom to be

conjointement /kɔ̃ʒwɛ̃tmɑ̃/ SYN ADV jointly ◆ **conjointement avec** together with ◆ **la notice explicative vous sera expédiée conjointement (avec l'appareil)** the explanatory leaflet will be enclosed (with the machine) ◆ **conjointement et solidairement** (Jur) jointly and severally

conjoncteur /kɔ̃ʒɔ̃ktœʀ/ NM (Téléc) phone socket

conjoncteur-disjoncteur (pl **conjoncteurs-disjoncteurs**) /kɔ̃ʒɔ̃ktœʀdisʒɔ̃ktœʀ/ NM circuit-breaker

conjonctif, -ive /kɔ̃ʒɔ̃ktif, iv/
[ADJ] (Gram) conjunctive; (Anat) [tissu] connective
[NF] **conjonctive** (Anat) conjunctiva

conjonction /kɔ̃ʒɔ̃ksjɔ̃/ NF [1] (Astron, Gram) conjunction ◆ **conjonction de coordination/de subordination** coordinating/subordinating conjunction
[2] (frm = union) union, conjunction

conjonctival, e (mpl **-aux**) /kɔ̃ʒɔ̃ktival, o/ ADJ (Méd) conjunctival

conjonctivite /kɔ̃ʒɔ̃ktivit/ NF conjunctivitis

conjoncture /kɔ̃ʒɔ̃ktyʀ/ SYN NF (= circonstances) situation, circumstances ◆ **dans la conjoncture (économique) actuelle** in the present (economic) situation ou circumstances ◆ **crise de conjoncture** economic crisis ◆ **enquête de conjoncture** study of the overall economic climate ou of the present state of the economy ◆ **institut de conjoncture** economic(s) research institute

conjoncturel, -elle /kɔ̃ʒɔ̃ktyʀɛl/ ADJ [phénomène, reprise] linked to the present economic climate; [situation, tendance, prévisions] economic ◆ **chômage conjoncturel** cyclical unemployment ◆ **fluctuations conjoncturelles** current economic fluctuations

conjoncturiste /kɔ̃ʒɔ̃ktyʀist/ NMF economic analyst

conjugable /kɔ̃ʒygabl/ ADJ which can be conjugated

conjugaison /kɔ̃ʒygɛzɔ̃/ NF (Bio, Gram) conjugation; (frm = union) union, uniting ◆ **grâce à la conjugaison de nos efforts** thanks to our joint efforts

conjugal, e (mpl **-aux**) /kɔ̃ʒygal, o/ ADJ [amour, union] conjugal ◆ **devoir conjugal** conjugal duty ◆ **vie conjugale** married ou conjugal life; → **domicile**

conjugalement /kɔ̃ʒygalmɑ̃/ ADV ◆ **vivre conjugalement** to live (together) as a (lawfully) married couple

conjugalité /kɔ̃ʒygalite/ NF conjugality

conjugué, e /kɔ̃ʒyge/ (ptp de **conjuguer**)
[ADJ] (Bot, Math) conjugate; [efforts, actions] joint, combined
[NFPL] **conjuguées** (= algues) conjugatae

conjuguer /kɔ̃ʒyge/ SYN ▸ conjug 1 ◂
[VT] [1] (Gram) to conjugate
[2] (= combiner) to combine ◆ **cette réforme, conjuguée avec une baisse des prix, devrait relancer l'économie** this reform, combined with a drop in prices, should kick-start the economy
[VPR] **se conjuguer** [1] [efforts, qualités] to combine
[2] (Gram) ◆ **ce verbe se conjugue avec 'avoir'** this verb is conjugated with 'avoir'

conjuration /kɔ̃ʒyʀasjɔ̃/ NF (= complot) conspiracy; (= rite) conjuration ◆ **c'est une véritable conjuration !*** it's a conspiracy!, it's all a big plot!

conjuré, e /kɔ̃ʒyʀe/ (ptp de **conjurer**) NM,F conspirator

conjurer /kɔ̃ʒyʀe/ SYN ▸ conjug 1 ◂
[VT] [1] (= éviter) [+ danger, échec] to avert
[2] (littér = exorciser) [+ démons] to ward off, to cast out ◆ **essayer de conjurer le sort** to try to ward off ill fortune
[3] (= implorer) ◆ **conjurer qn de faire qch** to beseech ou entreat ou beg sb to do sth ◆ **je vous en conjure** I beseech ou entreat ou beg you
[4] († † = conspirer) [+ mort, perte de qn] to plot ◆ **conjurer contre qn** to plot ou conspire against sb
[VPR] **se conjurer** (= s'unir) [circonstances] to conspire; [conspirateurs] to plot, to conspire (contre against) ◆ **vous vous êtes tous conjurés contre moi !** (frm ou hum) you're all conspiring against me!, you're all in league against me!

connaissable /kɔnɛsabl/ ADJ knowable

connaissance /kɔnɛsɑ̃s/ GRAMMAIRE ACTIVE 19.2
SYN NF [1] (= savoir) ◆ **la connaissance** knowledge ◆ **la connaissance intuitive/expérimentale** intuitive/experimental knowledge ◆ **sa connaissance de l'anglais** his knowledge of English ◆ **il a une bonne connaissance des affaires** he has a good ou sound knowledge of business matters ◆ **une profonde connais-**

sance du cœur humain a deep understanding of *ou* insight into the human heart ◆ **la connaissance de soi** self-knowledge
[2] *(= choses connues, science)* ◆ **connaissances** knowledge ◆ **faire étalage de ses connaissances** to display one's knowledge *ou* learning ◆ **approfondir/enrichir ses connaissances** to deepen *ou* broaden/enhance one's knowledge ◆ **avoir** *ou* **posséder des connaissances en** to have some knowledge of ◆ **c'est un garçon qui a des connaissances** he's a knowledgeable fellow ◆ **il a de bonnes/vagues connaissances en anglais** he has a good command of/a smattering of English ◆ **il a de vagues connaissances en physique** he has a vague knowledge of *ou* a nodding acquaintance with physics
[3] *(= personne)* acquaintance ◆ **c'est une vieille/simple connaissance** he is an old/a mere acquaintance ◆ **faire de nouvelles connaissances** to make new acquaintances, to meet new people
[4] *(= conscience, lucidité)* consciousness ◆ **être sans connaissance** to be unconscious ◆ **perdre connaissance** to lose consciousness ◆ **reprendre connaissance** to regain consciousness, to come to, to come round *(Brit)*
[5] *(locutions)* ◆ **à ma/sa/leur connaissance** to (the best of) my/his/their knowledge, as far as I know/he knows/they know ◆ **pas à ma connaissance** not to my knowledge, not as far as I know ◆ **venir à la connaissance de qn** to come to sb's knowledge ◆ **donner connaissance de qch à qn** to inform *ou* notify sb of sth ◆ **porter qch à la connaissance de qn** to notify sb of sth, to bring sth to sb's attention ◆ **avoir connaissance d'un fait** to be aware of a fact ◆ **en (toute) connaissance de cause** with full knowledge of the facts ◆ **nous sommes parmi gens de connaissance** we are among familiar faces ◆ **un visage de connaissance** a familiar face ◆ **en pays de connaissance** *(personnes)* among familiar faces; *(sujet)* on familiar ground *ou* territory ◆ **il avait amené quelqu'un de sa connaissance** he had brought along an acquaintance of his *ou* someone he knew ◆ **faire connaissance avec qn, faire la connaissance de qn** *(rencontrer)* to meet sb, to make sb's acquaintance; *(apprendre à connaître)* to get to know sb ◆ **(je suis) heureux de faire votre connaissance** (I am) pleased to meet you ◆ **prendre connaissance de** *[+ lettre]* to read; *[+ faits]* to become acquainted with, to be informed of ◆ **nous avons fait connaissance à Paris** we met in Paris ◆ **je leur ai fait faire connaissance** I introduced them (to each other)

connaissement /kɔnɛsmɑ̃/ **NM** bill of lading ◆ **connaissement sans réserves** clean bill of lading

connaisseur, -euse /kɔnɛsœʀ, øz/ SYN
ADJ *[coup d'œil, air]* expert
NM,F connoisseur ◆ **être connaisseur en vins** to be a connoisseur of wines ◆ **il juge en connaisseur** his opinion is that of a connoisseur

connaître /kɔnɛtʀ/ SYN ▸ conjug 57 ◂
VT [1] *[+ date, nom, adresse]* to know; *[+ fait]* to know, to be acquainted with; *[+ personne] (gén)* to know, to be acquainted with; *(= rencontrer)* to meet ◆ **connaît-il la nouvelle ?** has he heard *ou* does he know the news? ◆ **vous connaissez la dernière (nouvelle) ?** have you heard the latest (news)? ◆ **connais-tu un bon restaurant ?** do you know of a good restaurant? ◆ **connaître qn de vue/nom/réputation** to know sb by sight/by name/by reputation ◆ **chercher à connaître qn** to try to get to know sb ◆ **apprendre à connaître qn** to get to know sb ◆ **il l'a connu à l'université** he met *ou* knew him at university ◆ **je l'ai connu enfant** *ou* **tout petit** I knew him when he was a child; *(= je le vois encore)* I have known him since he was a child ◆ **si tu te conduis comme ça je ne te connais plus !** *(hum)* if you behave like that (I'll pretend) I'm not with you ◆ **je ne lui connaissais pas ce chapeau/ces talents** I didn't know he had that hat/these talents ◆ **je ne lui connais pas de défauts/d'ennemis** I'm not aware of his having any faults/enemies ◆ **tu le connais mal, c'est mal le connaître** you're underestimating *ou* misjudging him
[2] *[+ langue, science]* to know; *[+ méthode, auteur, texte]* to know, to be acquainted with ◆ **connaître les oiseaux/les plantes** to know about birds/plants ◆ **tu connais la mécanique/la musique ?** do you know anything *ou* much about engineering/music? ◆ **connaître un texte** to know a text, to be familiar with a text ◆ **il connaît son affaire** he knows what he's talking about ◆ **elle connaît son métier** she (really) knows her job ◆ **il en connaît un bout** * *ou* **un rayon** * he knows a thing or two about it * ◆ **un poète qui connaît la vie/l'amour** a poet who knows what life/love is *ou* knows (about) life/love ◆ **tu connais ce village ? – si je connais ! j'y suis né !** * do you know this village? – do I know it! I was born here! ◆ **il ne connaît pas grand-chose à cette machine** he doesn't know (very) much about this machine ◆ **il n'y connaît rien** he doesn't know anything *ou* a thing about it, he doesn't have a clue about it * ◆ **je ne connais pas bien les coutumes du pays** I'm not really familiar with *ou* I'm not (very) well acquainted with *ou* I'm not very well up on * the customs of the country ◆ **je connais la chanson** *ou* **la musique** * I've heard it all before ◆ **il ne connaît pas sa force** he doesn't know *ou* realize his own strength ◆ **il ne connaît pas son bonheur** *ou* **sa chance** he doesn't know how lucky he is ◆ **il ne connaît que son devoir** duty first is his motto
[3] *(= éprouver) [+ faim, privations]* to know, to experience; *[+ crise, événement]* to experience; *[+ humiliations]* to experience, to suffer, to go through ◆ **il ne connaît pas la pitié** he knows no pity ◆ **ils ont connu des temps meilleurs** they have known *ou* seen better days ◆ **nous connaissons de tristes heures** we are going through sad times ◆ **le pays connaît une crise économique grave** the country is going through *ou* experiencing a serious economic crisis
[4] *(= avoir) [+ succès]* to enjoy, to have; *[+ sort]* to experience ◆ **connaître un échec** to fail ◆ **sa patience ne connaît pas de bornes** his patience knows no bounds ◆ **cette règle ne connaît qu'une exception** there is only one exception to this rule ◆ **l'histoire de ce pays ne connaît qu'une tentative de coup d'État** in the history of this country there has only been one attempted coup
[5] ◆ **faire connaître** *[+ idée, sentiment]* to make known; *[+ décision]* to announce, to make public ◆ **faire connaître qn à qn** to introduce sb to sb ◆ **cette pièce/ce traducteur l'a fait connaître en Angleterre** this play/translator brought him to the attention of the English public ◆ **il m'a fait connaître les joies de la pêche** he introduced me to *ou* initiated me in(to) the joys of fishing ◆ **se faire connaître** *(par le succès)* to make a name for o.s., to make one's name; *(aller voir qn)* to introduce o.s., to make o.s. known
[6] *(locutions)* ◆ **ça le/me connaît !** * he knows/I know all about it! ◆ **je ne connais que lui/que ça !** do I know him/it! *, don't I know him/it! * ◆ **une bonne tasse de café après le repas, je ne connais que ça** there's nothing like a good cup of coffee after a meal ◆ **je ne le connais ni d'Ève ni d'Adam** I don't know him from Adam ◆ **je te connais comme si je t'avais fait** I know you inside out
VPR **se connaître** [1] ◆ **se connaître (soi-même)** to know o.s. ◆ **connais-toi toi-même** know thyself ◆ **il ne se connaît plus** *(fig)* he's beside himself *(with joy or rage etc)*
[2] *(= se rencontrer)* to meet ◆ **ils se sont connus en Grèce** they met *ou* became acquainted in Greece
[3] ◆ **s'y connaître en qch** to know (a lot) about sth, to be well up on * *ou* well versed in sth ◆ **il s'y connaît en voitures** he knows (all) about cars, he's an expert on cars ◆ **c'est de l'or ou je ne m'y connais pas** * unless I'm very much mistaken, this is gold ◆ **quand il s'agit d'embêter les autres, il s'y connaît !** * when it comes to annoying people he's an expert! *
VT INDIR **connaître de** *(Jur)* to take cognizance of

connard ** /kɔnaʀ/ **NM** bloody *(Brit)* idiot **, schmuck ** *(US)*

connarde ** /kɔnaʀd/, **connasse** ** /kɔnas/ **NF** (silly) bitch *** *ou* cow ** *(Brit)*

conne[2] ** /kɔn/ **NF** (silly) bitch *** *ou* cow ** *(Brit)* ◆ **quelle conne je fais !** shit, what an idiot I am! ** ◆ **et comme une conne, j'ai accepté !** and like a bloody idiot *(Brit) ou* like a dumb bitch *(US)* I said yes! **

connecter /kɔnɛkte/ SYN ▸ conjug 1 ◂
VT *(Élec, Ordin)* to connect *(à* to; *avec* with)
VPR **se connecter** *(Ordin) (à la prise)* to get connected, to connect *(à* to); *(à un serveur)* to log on ◆ **se connecter sur Internet** to log onto *ou* into the Internet

connecteur /kɔnɛktœʀ/ **NM** *(Logique, Ling)* connective; *(Élec)* connector

connecticien, -ienne /kɔnɛktisjɛ̃, jɛn/ **NM,F** connector engineer

Connecticut /kɔnɛktikət/ **NM** Connecticut

connectif, -ive /kɔnɛktif, iv/ **ADJ, NM** *(Anat, Bot)* connective

connectique /kɔnɛktik/ **NF** *(= industrie)* connector industry; *(= connexions)* connections, wiring

connectivité /kɔnɛktivite/ **NF** connectivity

connement ** /kɔnmɑ̃/ **ADV** stupidly ◆ **j'ai dit ça un peu connement** it was a bit stupid of me to say that

connerie ** /kɔnʀi/ **NF** [1] *(NonC)* damned *ou* bloody *(Brit)* stupidity **
[2] *(= remarque, acte)* damned *ou* bloody *(Brit)* stupid thing to say *ou* do **; *(= livre, film)* bullshit *** *(NonC)*, bloody rubbish ** *(Brit) (NonC)* ◆ **arrête de dire des conneries** stop talking bullshit *** *ou* such bloody rubbish ** *(Brit)* ◆ **il a encore fait une connerie** he's gone and done another damned stupid thing ** ◆ **c'est de la connerie !** that's (a load of) bullshit! *** *ou* cobblers! ** *(Brit)*

connétable /kɔnetabl/ **NM** *(Hist)* constable

connexe /kɔnɛks/ SYN **ADJ** (closely) related

connexion /kɔnɛksjɔ̃/ SYN **NF** *(gén)* link, connection; *(Élec)* connection *(entre* between; *avec* with) ◆ **connexion Internet** Internet connection ◆ **le nombre d'heures de connexion sur le réseau** the number of hours people spend on the network ◆ **temps de connexion** connection time

connexionnisme /kɔnɛksjɔnism/ **NM** connectionism

connexité /kɔnɛksite/ **NF** *[de choses, concepts]* relation(ship)

connivence /kɔnivɑ̃s/ SYN **NF** connivance ◆ **être/agir de connivence avec qn** to be/act in connivance with sb ◆ **un sourire de connivence** a smile of complicity ◆ **ils sont de connivence** they're in league with each other

connivent, e /kɔnivɑ̃, ɑ̃t/ **ADJ** *(Bot, Anat)* connivent

connotatif, -ive /kɔ(n)nɔtatif, iv/ **ADJ** *(Ling) [sens]* connotative

connotation /kɔ(n)nɔtasjɔ̃/ **NF** connotation

connoter /kɔ(n)nɔte/ ▸ conjug 1 ◂ **VT** to connote, to imply; *(Ling)* to connote

connu, e /kɔny/ SYN (ptp de **connaître**) **ADJ** *(= non ignoré) [terre, animal]* known; *(= célèbre) [idée, méthode, auteur, livre]* well-known *(épith)* ◆ **(bien) connu** well-known *(épith)* ◆ **très connu** very well known, famous ◆ **ces faits sont mal connus** these facts are not well *ou* widely known ◆ **il est connu comme le loup blanc** everybody knows him ◆ **chiffres non encore connus** *(Stat)* figures not yet available; → **ni**

conoïde /kɔnɔid/
ADJ conoid(al)
NM conoid

conopée /kɔnɔpe/ **NM** *[de tabernacle]* canopy

conque /kɔ̃k/ **NF** *(= coquille)* conch; *(Anat)* concha

conquérant, e /kɔ̃keʀɑ̃, ɑ̃t/
ADJ *[pays, peuple]* conquering; *[ardeur]* masterful; *[air, regard]* swaggering
NM,F conqueror

conquérir /kɔ̃keʀiʀ/ SYN ▸ conjug 21 ◂ **VT** *[+ pays, place forte, montagne]* to conquer; *[+ part de marché]* to capture; *(littér) [+ femme, cœur]* to conquer *(littér)*, to win; *[+ estime, respect]* to win, to gain; *[+ supérieur, personnage influent, public]* to win over ◆ **conquis à une doctrine** won over *ou* converted to a doctrine; → **pays**[1]

conquête /kɔ̃kɛt/ SYN **NF** conquest ◆ **faire la conquête de** *[+ pays, montagne]* to conquer; *[+ femme]* to conquer *(littér)*, to win; *[+ supérieur, personnage influent, électeurs]* to win over ◆ **s'élancer** *ou* **partir à la conquête de** *(gén)* to set out to conquer; *[+ record]* to set out to break ◆ **faire des conquêtes** *(hum)* to break a few hearts, to make a few conquests

conquis, e /kɔ̃ki, iz/ ptp de **conquérir**

conquistador /kɔ̃kistadɔʀ/ **NM** conquistador

consacrant /kɔ̃sakʀɑ̃/
ADJ M consecrating
NM consecrator

consacré, e /kɔ̃sakʀe/ (ptp de **consacrer**) **ADJ**
[1] *(= béni) [hostie, église]* consecrated; *[lieu]* consecrated, hallowed
[2] *(= habituel, accepté) [coutume]* established, accepted; *[itinéraire, visite]* traditional; *[écrivain]* es-

tablished, recognized ◆ **c'est l'expression consacrée** it's the accepted way of saying it ◆ **selon la formule consacrée** as the expression goes

[3] *(= destiné à)* ◆ **consacré à** given over to ◆ **talents consacrés à faire le bien** talents given over to *ou* dedicated to doing good

consacrer /kɔ̃sakʀe/ SYN ► conjug 1 ◄ VT

[1] ◆ **consacrer à** *(= destiner, dédier à)* to devote to, to dedicate to; *(= affecter à, utiliser pour)* to devote to, to give (over) to ◆ **consacrer son temps à faire qch** to devote one's time to doing sth ◆ **consacrer sa vie à Dieu** to devote *ou* dedicate one's life to God ◆ **il consacre toutes ses forces/tout son temps à son travail** he devotes all his energies/time to his work, he gives all his energies/time (over) to his work ◆ **pouvez-vous me consacrer un instant ?** can you spare me a moment? ◆ **se consacrer à une profession/à Dieu** to dedicate *ou* devote o.s. to a profession/God, to give o.s. to a profession/God ◆ **il a consacré plusieurs articles à ce sujet** he devoted several articles to this subject

[2] *(Rel)* *[+ reliques, lieu]* to consecrate, to hallow *(littér)*; *[+ église, évêque, hostie]* to consecrate ◆ **temple consacré à Apollon** temple dedicated to Apollo ◆ **leur mort a consacré cette terre** *(littér)* their death has made this hallowed ground

[3] *(= entériner)* *[+ coutume, droit]* to establish; *[+ abus]* to sanction ◆ **expression consacrée par l'usage** expression sanctioned by use *ou* which has become accepted through use ◆ **consacré par le temps** time-honoured *(épith)* ◆ **la fuite de l'ennemi consacre notre victoire** the enemy's flight makes our victory complete

consanguin, e /kɔ̃sɑ̃gɛ̃, in/

ADJ ◆ **frère consanguin** half-brother *(on the father's side)* ◆ **mariage consanguin** intermarriage, marriage between blood relations ◆ **les mariages consanguins sont à déconseiller** marriages between blood relations *ou* intermarrying should be discouraged

NM,F ◆ **les consanguins** blood relations

consanguinité /kɔ̃sɑ̃g(ɥ)inite/ NF *(du même père, d'ancêtre commun)* consanguinity; *(= union consanguine)* intermarrying

consciemment /kɔ̃sjamɑ̃/ SYN ADV consciously, knowingly

conscience /kɔ̃sjɑ̃s/ SYN NF [1] *(= faculté psychologique) (gén)* awareness, consciousness *(de of)*; *(Philos, Psych)* consciousness ◆ **conscience de soi** self-awareness ◆ **conscience individuelle/collective/nationale/de classe** individual/collective/national/class consciousness ◆ **conscience politique/écologique** ecological/political awareness ◆ **avoir conscience que...** to be aware *ou* conscious that... ◆ **avoir conscience de sa faiblesse/de l'importance de qch** to be aware *ou* conscious of one's own weakness/of the importance of sth ◆ **avoir une conscience claire/aiguë de ses responsabilités** to be fully/keenly aware of one's responsibilities ◆ **prendre conscience de qch** to become aware of sth, to realize sth ◆ **il prit soudain conscience d'avoir dit ce qu'il ne fallait pas** he was suddenly aware that *ou* he suddenly realized that he had said something he shouldn't have ◆ **cela lui a donné** *ou* **fait prendre conscience de son importance** it made him aware of his importance, it made him realize how important he was ◆ **prise de conscience** awareness, realization ◆ **il faut qu'il y ait une prise de conscience du problème** people must be made aware of the problem

[2] *(= éveil)* consciousness ◆ **perdre/reprendre conscience** to lose/regain consciousness

[3] *(= faculté morale)* conscience ◆ **avoir la conscience tranquille/chargée, avoir bonne/mauvaise conscience** to have a clear/guilty conscience ◆ **il n'a pas la conscience tranquille** he has a guilty *ou* an uneasy conscience, his conscience is troubling him ◆ **j'ai ma conscience pour moi** I have a clear conscience ◆ **avoir qch sur la conscience** to have sth on one's conscience ◆ **donner bonne conscience à qn** to ease sb's conscience ◆ **donner mauvaise conscience à qn** to give sb a guilty *ou* bad conscience ◆ **se donner bonne conscience** to salve *ou* ease one's conscience ◆ **agir selon sa conscience** to act according to one's conscience *ou* as one's conscience dictates ◆ **étouffer les consciences** to stifle consciences *ou* people's conscience ◆ **en (toute) conscience** in all conscience *ou* honesty ◆ **sans conscience** without conscience ◆ **il a plusieurs morts/un mensonge sur la conscience** he has several deaths/a lie on his conscience ◆ **son déjeuner lui est resté sur la conscience*** his lunch is lying heavy on his stomach; → **acquit, objecteur**

[4] ◆ **conscience (professionnelle)** conscientiousness ◆ **faire un travail avec beaucoup de conscience** to do a piece of work very conscientiously

consciencieusement /kɔ̃sjɑ̃sjøzmɑ̃/ ADV conscientiously

consciencieux, -ieuse /kɔ̃sjɑ̃sjø, jøz/ SYN ADJ conscientious

conscient, e /kɔ̃sjɑ̃, jɑ̃t/ SYN

ADJ *(= non évanoui)* conscious; *(= lucide)* *[personne]* lucid; *[mouvement, décision]* conscious ◆ **conscient de/que** conscious *ou* aware of/that

NM *(Psych)* ◆ **le conscient** the conscious

conscientiser /kɔ̃sjɑ̃tize/ ► conjug 1 ◄ VT ◆ **conscientiser qn** to raise sb's consciousness

conscription /kɔ̃skʀipsjɔ̃/ NF conscription, draft *(US)*

conscrit /kɔ̃skʀi/ NM conscript, draftee *(US)*

consécration /kɔ̃sekʀasjɔ̃/ SYN NF [1] *(Rel)* *[de personne]* consecration; *[de temple]* consecration, dedication *(à to)*

[2] *[de coutume, droit, artiste]* establishment; *[d'abus]* sanctioning ◆ **la consécration du temps** time's sanction ◆ **cette exposition fut la consécration de son œuvre** this exhibition established his reputation as an artist ◆ **ce traité fut la consécration de sa politique** this treaty was the apotheosis of his policy ◆ **la consécration ultime** the ultimate accolade

consécutif, -ive /kɔ̃sekytif, iv/ ADJ *(= successif)* consecutive; *(= résultant)* consequential ◆ **pendant trois jours consécutifs** for three days running, for three consecutive days ◆ **elle a eu trois succès consécutifs** she had three hits in a row ◆ **sa blessure est consécutive à un accident** his injury is the result of an accident; → **proposition**

consécution /kɔ̃sekysjɔ̃/ NF consecution

consécutivement /kɔ̃sekytivmɑ̃/ ADV consecutively ◆ **elle eut consécutivement deux accidents** she had two consecutive accidents, she had two accidents in a row *ou* one after the other ◆ **consécutivement à** following

conseil /kɔ̃sɛj/ GRAMMAIRE ACTIVE 1.1, 2.2, 2.3, 11.3 SYN

NM [1] *(= recommandation)* piece of advice, advice *(NonC)*, counsel *(frm)*; *(= simple suggestion)* hint ◆ **donner des conseils à qn** to give sb some advice ◆ **écouter/suivre le conseil** *ou* **les conseils de qn** to listen to/follow sb's advice ◆ **demander conseil à qn** to ask *ou* seek sb's advice, to ask sb for advice ◆ **prendre conseil de qn** to take advice from sb ◆ **je lui ai donné le conseil d'attendre** I advised him to wait ◆ **un petit conseil** a word *ou* a few words *ou* a bit of advice ◆ **ne pars pas, c'est un conseil d'ami** don't go – that's (just) a friendly piece of advice ◆ **écoutez mon conseil** take my advice, listen to my advice ◆ **un bon conseil** a good *ou* sound piece of advice ◆ **un bon conseil : reposez-vous** a bit of advice: get some rest ◆ **ne suivez pas les conseils de la colère** don't let yourself be guided by anger ◆ **il est de bon conseil** he gives good *ou* sound advice ◆ **un homme de bon conseil** *(frm)* a man of sound advice ◆ **conseils à...** *(Admin, Comm)* advice to... ◆ **conseils à la ménagère/au débutant** hints *ou* tips for the housewife/the beginner; → **nuit**

[2] *(= activité professionnelle)* consultancy ◆ **cabinet** *ou* **société de conseil** consultancy *ou* consulting firm, firm of consultants ◆ **activité de conseil** consultancy

[3] *(= personne)* consultant, adviser *(en in)* ◆ **conseil en brevets d'invention** patent engineer ◆ **conseil fiscal** tax consultant ◆ **conseil juridique** legal consultant *ou* adviser ◆ **conseil en communication** communications *ou* media consultant ◆ **conseil en propriété industrielle** patent lawyer *ou* attorney *(US)* ◆ **ingénieur(-)conseil** consulting engineer, engineering consultant ◆ **avocat-/esthéticienne-conseil** legal/beauty consultant

[4] *(= assemblée)* *[d'entreprise]* board; *[d'organisme politique ou professionnel]* council, committee; *(= séance)* meeting ◆ **tenir conseil** *(= se réunir)* to hold a meeting; *(= délibérer)* to deliberate

COMP **conseil d'administration** *[de société anonyme]* board of directors; *[d'hôpital, école]* board of governors

conseil de classe *(Scol)* staff meeting *(to discuss the progress of individual members of a class)*

conseil communal *(Belg)* ≃ local council

Conseil constitutionnel Constitutional Council

conseil départemental council of a (*ou* the) département

conseil de discipline *(Scol, Univ)* disciplinary committee

Conseil économique et social Economic and Social Council

conseil d'établissement *(Scol)* ≃ governing board *(Brit)*, ≃ board of education *(US)*

Conseil d'État Council of State; *(Helv)* cantonal government

Conseil des États *(Helv) one of the two chambers of the Swiss federal government*

Conseil de l'Europe Council of Europe

Conseil européen European Council

conseil exécutif executive council

conseil de famille board of guardians

Conseil fédéral *(Helv) the executive of the Swiss federal government*

conseil général (French) departmental council, ≃ county council *(Brit)*, ≃ county commission *(US)*

conseil de guerre *(= réunion)* war council; *(= tribunal)* court-martial ◆ **passer en conseil de guerre** to be court-martialled ◆ **faire passer qn en conseil de guerre** to court-martial sb

conseil législatif legislative council

Conseil des ministres *(= personnes) (en Grande-Bretagne)* Cabinet; *(en France)* (French) Cabinet, council of ministers; *(= réunion)* Cabinet meeting

conseil municipal town council

Conseil national *(Helv) one of the two chambers of the Swiss federal government*

Conseil national du patronat français *French national employers' federation*, ≃ Confederation of British Industry *(Brit)*

Conseil œcuménique des Églises World Council of Churches

le conseil de l'Ordre *[d'avocats] lawyers' governing body*, ≃ the Bar Council *(Brit)*, ≃ the Bar *(US)*; *[de médecins] doctors' governing body*, ≃ British Medical Association *(Brit)*

conseil des prud'hommes industrial arbitration court, ≃ industrial tribunal

conseil régional regional council

conseil de révision *(Mil)* recruiting board, draft board *(US)*

Conseil de sécurité Security Council

Conseil supérieur de l'audiovisuel *French broadcasting regulatory body*, ≃ Independent Broadcasting Authority *(Brit)*, ≃ Federal Communications Commission *(US)*

Conseil supérieur de la magistrature *French magistrates' council (which also hears appeals)*

conseil de surveillance supervisory board

conseil d'UFR *(Univ)* departmental (management) committee

conseil d'université university management committee, ≃ governing body *(Brit)*, ≃ Board of Trustees *ou* Regents *(US)*

CONSEIL

The **Conseil constitutionnel** is made up of nine appointed members and the surviving former presidents of France. It ensures that the constitution is respected in matters of legislation and during elections.

The **Conseil d'État** examines bills before they are submitted to the **Conseil des ministres**. It is also the highest administrative court in the land, dealing with legal irregularities within public bodies and at government level.

The **Conseil régional**, **Conseil général**, **Conseil municipal** and **Conseil d'arrondissement** are elected local councils, respectively at the level of the "région", the "département", the "commune" and (in Paris, Lyons and Marseilles) the "arrondissement". → **ARRONDISSEMENT, COMMUNE, DÉPARTEMENT, MAIRE, RÉGION**

conseiller[1] /kɔ̃seje/ GRAMMAIRE ACTIVE 2 SYN ► conjug 1 ◄ VT [1] *(= recommander)* *[+ méthode, bonne adresse]* to recommend *(à qn to sb)* ◆ **prix conseillé** recommended price ◆ **il conseille la prudence/le silence** he recommends *ou* counsels caution/silence ◆ **il m'a conseillé ce médecin** he advised me to go to this doctor, he recommended this doctor to me ◆ **conseiller à qn de faire qch** to advise sb to do sth ◆ **je vous conseille vivement de...** I strongly advise you to... ◆ **la peur/prudence lui conseilla de...**

fear/prudence prompted him to... ◆ **il est conseillé de s'inscrire à l'avance** it is advisable to enrol in advance ◆ **il est conseillé aux parents de...** parents are advised to...

2 *(= guider)* to advise, to give advice to ◆ **conseiller un étudiant dans ses lectures** to advise a student in his reading ◆ **il a été bien/mal conseillé** he has been given good/bad advice, he has been well/badly advised

conseiller², -ère /kɔ̃seje, ɛʀ/ SYN

NM,F 1 *(= expert)* consultant, adviser *(en* in); *(= personne d'expérience)* counsellor, adviser ◆ **conseiller diplomatique/économique/technique** diplomatic/economic/technical adviser ◆ **conseiller financier** financial consultant *ou* adviser ◆ **il est conseiller auprès du président** he is an adviser to the president ◆ **que ta conscience soit ta conseillère** may your conscience be your guide; → **colère**

2 *(Admin, Pol = fonctionnaire)* council member, councillor

COMP **conseiller conjugal** marriage counsellor
conseiller d'État senior member of the Council of State
conseiller général (French) departmental councillor
conseiller en image image consultant
conseiller matrimonial marriage guidance counsellor
conseiller municipal town councillor *(Brit)*, city council man *(US)*
conseiller d'orientation *(Scol)* careers adviser *(Brit)*, (school) counselor *(US)*, guidance counselor *(US)*
conseiller pédagogique educational adviser
conseiller (principal) d'éducation year head *(Brit)*, dean *(US)*
conseiller régional regional councillor
conseiller spécial special adviser

conseilleur, -euse /kɔ̃sɛjœʀ, øz/ NM,F *(péj)* dispenser of advice ◆ **les conseilleurs ne sont pas les payeurs** *(Prov)* givers of advice don't pay the price

consensuel, -elle /kɔ̃sɑ̃sɥɛl/ ADJ *[programme, gouvernement, solution]* consensus *(épith)*; *[volonté, point de vue, société]* consensual; *[patron]* who seeks consensus; *[accord]* consensual ◆ **dans un esprit consensuel** in a spirit of consensus

consensus /kɔ̃sɛ̃sys/ SYN NM consensus (of opinion) ◆ **consensus politique/social/national** political/social/national consensus ◆ **cette évolution fait l'objet d'un très large consensus** there is a broad consensus on this development ◆ **consensus mou** *(hum, péj)* loose consensus

consentant, e /kɔ̃sɑ̃tɑ̃, ɑ̃t/ ADJ *[partenaire sexuel, otage, victime]* willing; *(Jur) [personnes, parties]* in agreement, agreeable ◆ **(entre) adultes consentants** (between) consenting adults ◆ **ce mariage ne peut avoir lieu que si les parents sont consentants** this marriage can only take place with the parents' consent *ou* if the parents consent to it

consentement /kɔ̃sɑ̃tmɑ̃/ SYN NM consent ◆ **divorce par consentement mutuel** divorce by mutual consent ◆ **donner son consentement à qch** to consent to sth, to give one's consent to sth ◆ **le consentement universel** *(littér)* universal *ou* common assent

consentir /kɔ̃sɑ̃tiʀ/ GRAMMAIRE ACTIVE 9.2 SYN ▸ conjug 16 ◂

VI *(= accepter)* to agree, to consent *(à* to) ◆ **consentir à faire qch** to agree to do(ing) sth ◆ **je consens à ce qu'il vienne** I consent *ou* agree to his coming ◆ **espérons qu'il va (y) consentir** let's hope he'll agree *ou* consent to it; → **mot**

VT *(= accorder) [+ permission, délai, prêt]* to grant *(à* to)

conséquemment /kɔ̃sekamɑ̃/ ADV *(littér = donc)* consequently; († *ou littér = avec cohérence)* consequentially ◆ **conséquemment à** as a result of

conséquence /kɔ̃sekɑ̃s/ SYN NF 1 *(= effet, résultat)* consequence, outcome ◆ **cela pourrait avoir** *ou* **entraîner des conséquences graves pour...** this could have serious consequences for... ◆ **cela a eu pour conséquence de l'obliger à réfléchir** the result *ou* consequence of this was that he was forced to think again, he was forced to think again as a result ◆ **accepter/subir les conséquences de ses actions** *ou* **de ses actes** to accept/suffer the consequences of one's actions ◆ **c'est une erreur grosse** *ou* **lourde de conséquences** this mistake will have serious consequences *ou* repercussions ◆ **avoir d'heureuses conséquences** to have a happy outcome

2 *(Philos = suite logique)* consequence; → **proposition, voie**

3 *(= conclusion, déduction)* inference, conclusion *(de* to be drawn from) ◆ **tirer les conséquences** to draw conclusions *ou* inferences *(de* from)

4 *(locutions)* ◆ **cela ne tire** *ou* **ne porte** *ou* **ne prête pas à conséquence** *(= sans importance)* it's of no consequence; *(= sans suites fâcheuses)* it's unlikely there will be any repercussions

◆ **de conséquence** *[affaire, personne]* of (some) consequence *ou* importance

◆ **en conséquence** *(= donc)* consequently; *(= comme il convient)* accordingly

◆ **en conséquence de** *(= par suite de)* in consequence of, as a result of; *(= selon)* according to ◆ **en conséquence de quoi,...** as a result of which,...

◆ **sans conséquence** *(= sans suite fâcheuse)* without repercussions; *(= sans importance)* of no consequence *ou* importance

conséquent, e /kɔ̃sekɑ̃, ɑ̃t/ GRAMMAIRE ACTIVE 17.1 SYN

ADJ 1 *(= logique)* logical, rational; *(= doué d'esprit de suite)* consistent ◆ **conséquent à** *(littér)* consistent with, in keeping *ou* conformity with ◆ **être conséquent avec soi-même** to be consistent ◆ **conséquent dans ses actions** consistent in one's actions

2 *(* = important)* sizeable

3 *(Géol) [rivière, percée]* consequent

4 *(Mus)* ◆ **partie conséquente** answer

NM *(Ling, Logique, Math)* consequent

◆ **par conséquent** consequently, therefore

NF **conséquente** *(Mus)* answer

conservateur, -trice /kɔ̃sɛʀvatœʀ, tʀis/ SYN

ADJ *(gén)* conservative; *(Pol Brit)* Conservative, Tory ◆ **le parti conservateur** *(Can)* the Progressive-Conservative Party *(Can)*

NM,F 1 *(= gardien) [de musée]* curator; *[de bibliothèque]* librarian ◆ **conservateur du patrimoine** heritage conservation officer ◆ **conservateur des eaux et forêts** ≈ forestry commissioner ◆ **conservateur des hypothèques** ≈ land registrar

2 *(Pol)* conservative; *(Pol Brit)* Conservative, Tory; *(Can)* Conservative *(Can)*

NM *(= produit chimique)* preservative; *(= réfrigérateur)* freezer compartment

conservation /kɔ̃sɛʀvasjɔ̃/ SYN NF 1 *(= action) [d'aliments]* preserving; *[de monuments]* preserving, preservation; *[d'archives, accent, souplesse]* keeping; *[d'habitudes]* keeping up ◆ **date limite de conservation** *(gén)* use-by date; *[d'aliments]* best-before date; → **instinct, long**

2 *(= état) [d'aliments, monuments]* preservation ◆ **en bon état de conservation** *[fruits]* well-preserved; *[monument]* well-preserved, in a good state of preservation

3 *(Admin = charge)* ◆ **conservation des eaux et forêts** ≈ Forestry Commission ◆ **conservation des hypothèques** ≈ Land Registry

conservatisme /kɔ̃sɛʀvatism/ NM conservatism

conservatoire /kɔ̃sɛʀvatwaʀ/

ADJ *(Jur)* protective; → **saisie**

NM school, academy *(of music, drama etc)* ◆ **le Conservatoire (de musique et de déclamation)** the (Paris) Conservatoire ◆ **le Conservatoire national des arts et métiers** *national school of engineering and technology*

conserve /kɔ̃sɛʀv/ NF 1 ◆ **les conserves** *(en boîtes)* canned *ou* tinned *(Brit)* food(s); *(en bocaux)* preserves ◆ **conserves de viande/poisson** canned *ou* tinned *(Brit)* meat/fish ◆ **l'industrie de la conserve** the canning industry ◆ **se nourrir de conserves** to live out of cans *ou* tins *(Brit)* ◆ **faire des conserves de haricots** to bottle beans ◆ **tu ne vas pas en faire des conserves !*** *(fig)* you're not going to hoard it away for ever!

◆ **en conserve** ◆ **légumes en conserve** tinned *(Brit) ou* canned vegetables ◆ **mettre en conserve** to can; → **boîte**

2 *(locution)*

◆ **de conserve** *(= ensemble) [naviguer]* in convoy; *[agir]* in concert

conserver /kɔ̃sɛʀve/ SYN ▸ conjug 1 ◂

VT 1 *(= garder dans un endroit) [+ objets, papiers]* to keep ◆ **« conserver à l'abri de la lumière »** "keep *ou* store away from light" ◆ **« à conserver au froid »** "keep refrigerated"

2 *(= ne pas perdre) (gén)* to keep, to retain; *[+ usage, habitude]* to keep up; *[+ espoir]* to retain; *[+ qualité, droits]* to conserve, to retain; *(Sport) [+ titre]* to retain, to hold on to ◆ **conserver son calme** to keep *ou* remain calm, to keep cool ◆ **ça conserve tout son sens** it retains its full meaning ◆ **conserver la vie** to conserve life ◆ **il a conservé toute sa tête** he still has his wits about him, he's still all there * ◆ **conserver l'allure** *(en bateau)* to maintain speed ◆ **conserver sa position** *(en bateau)* to hold one's position ◆ **conserver ses positions** *(Mil)* to hold its *(ou* their) positions

3 *(= maintenir en bon état) [+ aliments, santé, monument]* to preserve ◆ **la vie au grand air, ça conserve !*** the open-air life keeps you young ◆ **bien conservé pour son âge** well-preserved for one's age

4 *(Culin)* to preserve, to can; *(dans du vinaigre)* to pickle; *(en bocal)* to bottle

VPR **se conserver** *[aliments]* to keep

conserverie /kɔ̃sɛʀvəʀi/ NF *(= usine)* canning factory; *(= industrie)* canning industry

conserveur, -euse /kɔ̃sɛʀvœʀ, øz/ NM,F manufacturer of tinned *(Brit) ou* canned *(US)* foods

considérable /kɔ̃sideʀabl/ SYN ADJ *(gén)* considerable; *[somme]* considerable, sizeable; *[foule]* sizeable; *[succès, changement, risque, dégâts, progrès]* considerable, significant; *[rôle]* major, significant; *[personnage]* eminent, important

considérablement /kɔ̃sideʀabləmɑ̃/ SYN ADV considerably ◆ **ceci nous a considérablement retardés** this delayed us considerably ◆ **ceci a considérablement modifié la situation** this has changed things considerably

considérant /kɔ̃sideʀɑ̃/ NM *[de loi, jugement]* preamble

considération /kɔ̃sideʀasjɔ̃/ SYN NF 1 *(= examen) [d'argument, problème]* consideration ◆ **ceci mérite considération** this is worth considering *ou* consideration *ou* looking into

◆ **en considération** ◆ **prendre qch en considération** to take sth into consideration *ou* account ◆ **la prise en considération de qch** taking sth into consideration *ou* account ◆ **il faut prendre les enfants en considération** we must consider the children

◆ **en considération de** *(= en raison de)* ◆ **en considération de son âge** because of *ou* given his age ◆ **en considération de ce qui aurait pu se passer** *(= par rapport à)* considering what could have happened ◆ **en considération des services rendus** for services rendered

2 *(= motif, aspect)* consideration, issue ◆ **n'entrons pas dans ces considérations** let's not go into these considerations ◆ **c'est une considération dont nous n'avons pas à nous préoccuper** it's a question *ou* an issue we don't need to bother ourselves with ◆ **considérations d'ordre personnel** personal considerations

3 *(= remarques, observations)* ◆ **considérations** reflections ◆ **il se lança dans des considérations interminables sur la crise** he launched into lengthy reflections on the crisis

4 *(= respect)* esteem, respect ◆ **jouir de la considération de tous** to enjoy everyone's esteem *ou* respect ◆ **par considération pour** out of respect *ou* regard for; → **agréer**

◆ **sans considération** ◆ **sans considération des conséquences** heedless *ou* regardless of the consequences ◆ **sans considération d'âge ni de sexe** regardless of age or sex ◆ **ils agissent sans considération pour l'opinion publique** they act with no thought for public opinion ◆ **des plans d'urbanisme sans considération pour l'environnement** town planning that takes no account of the environment

considérer /kɔ̃sideʀe/ GRAMMAIRE ACTIVE 26.1 SYN ▸ conjug 6 ◂ VT 1 *(= envisager) [+ problème, situation]* to consider, to think about ◆ **il faut considérer (les) avantages et (les) inconvénients** one must consider *ou* take into account the advantages and disadvantages ◆ **considère bien ceci** think about this carefully ◆ **il ne considère que son intérêt** he only thinks about *ou* considers his own interests ◆ **tout bien considéré** all things considered, taking everything into consideration *ou* account ◆ **c'est à considérer** *(pour en tenir compte)* this has to be considered *ou* borne in mind *ou* taken into account; *(à étudier)* this has to be gone into *ou* examined

2 ◆ **considérer comme** *(= juger)* to consider (to be); *(= assimiler à)* to look upon as, to regard as, to consider (to be) ◆ **je le considère comme mon fils** I look upon him as *ou* regard him as my son, I consider him (to be) my son ◆ **je le considère comme intelligent** I consider him intelligent, I deem him to be intelligent *(frm)* ◆ **il se considère comme un personnage important** he

sees himself as an important person, he considers himself (to be) an important person

[3] (= *juger*) to consider, to deem (*frm*) ◆ **je le considère intelligent** I consider him intelligent, I deem him to be intelligent (*frm*) ◆ **je considère qu'il a raison** I consider that he is right ◆ **c'est très mal considéré (d'agir ainsi)** that's not an acceptable way to act, it's very bad form (to act like that) (*Brit*) ◆ **considérant que...** (*gén*) considering that...; (*Jur*) whereas...

[4] (*frm* = *regarder*) to consider, to study

[5] (= *respecter : gén ptp*) to respect, to have a high regard for ◆ **il est très considéré** he is highly regarded *ou* respected, he is held in high regard *ou* high esteem ◆ **métier peu considéré** profession held in low esteem *ou* regard ◆ **le besoin d'être considéré** the need to have people's respect *ou* esteem

consignataire /kɔ̃siɲatɛʀ/ NM [*de biens, marchandises*] consignee; [*de navire*] consignee, forwarding agent; [*de somme*] depositary

consignation /kɔ̃siɲasjɔ̃/ NF (= *dépôt d'argent*) deposit; (= *dépôt de marchandise*) consignment ◆ **la consignation d'un emballage** charging a deposit on a container ◆ **marchandises en consignation** goods on consignment ◆ **consignation à bord** [*de clandestins*] detention on board; → caisse

consigne /kɔ̃siɲ/ SYN NF [1] (= *instructions*) instructions ◆ **c'est la consigne** those are our instructions ◆ **la consigne c'est la consigne** * orders are orders ◆ **donner/observer la consigne** to give/follow instructions ◆ **j'ai reçu (la) consigne de ne laisser entrer personne** I've been given instructions not to let anyone in ◆ **ils n'ont pas donné de consigne de vote** they didn't give their supporters guidance on how to vote in the second round

[2] (*pour les bagages*) left-luggage (office) (*Brit*), checkroom (*US*) ◆ **consigne automatique** (left-luggage) lockers

[3] (= *somme remboursable*) deposit ◆ **il y a 50 cents de consigne** *ou* **une consigne de 50 cents sur la bouteille** there's a 50-cent deposit *ou* a deposit of 50 cents on the bottle, you get 50 cents back on the bottle

[4] (= *punition*) (*Mil*) confinement to barracks; († : *Scol*) detention

consigné, e /kɔ̃siɲe/ (ptp de **consigner**) ADJ [*bouteille, emballage*] returnable ◆ **non consigné** non-returnable

consigner /kɔ̃siɲe/ SYN ▸ conjug 1 ◂ VT [1] [+ *fait, pensée, incident*] to record ◆ **consigner qch par écrit** to put sth down in writing *ou* on paper

[2] (= *interdire de sortir à*) [+ *troupe*] to confine to barracks; [+ *élève*] to give detention to, to keep in (after school); [+ *enfant*] to ground *; (= *interdire l'accès de*) [+ *salle, établissement*] to bar entrance to ◆ **consigné à la caserne** confined to barracks ◆ **établissement consigné aux militaires** establishment out of bounds to troops

[3] (= *mettre en dépôt*) [+ *somme, marchandise*] to deposit; [+ *navire*] to consign; [+ *bagages*] to deposit *ou* put in the left-luggage (office) (*Brit*) *ou* checkroom (*US*)

[4] (= *facturer provisoirement*) [+ *emballage, bouteille*] to put a deposit on ◆ **les bouteilles sont consignées 50 cents** there is a deposit of 50 cents on the bottles ◆ **je vous le consigne** I'm giving it to you on a deposit

consistance /kɔ̃sistɑ̃s/ SYN NF [*de sauce, neige, terre*] consistency; [*de caractère*] strength ◆ **consistance sirupeuse/élastique** syrupy/elastic consistency ◆ **manquer de consistance** [*sauce*] to lack consistency; [*idée, personnage, texte, film*] to lack substance; [*rumeur*] to be unsupported by evidence ◆ **donner de la consistance à** [+ *pâte*] to give body to; [+ *rumeur*] to give strength to; [+ *idée, théorie*] to give substance to ◆ **prendre consistance** [*liquide*] to thicken; [*idée, projet, texte, personnage*] to take shape ◆ **sans consistance** [*caractère*] spineless, colourless; [*rumeur*] ill-founded, groundless; [*substance*] lacking in consistency (*attrib*) ◆ **cette rumeur prend de la consistance** this rumour is gaining ground

consistant, e /kɔ̃sistɑ̃, ɑ̃t/ SYN ADJ [*repas*] solid (*épith*), substantial; [*nourriture*] solid (*épith*); [*mélange, peinture, sirop*] thick; [*argument*] solid, sound ◆ **système consistant** (*Logique*) consistent system

> ⓘ **consistant** se traduit rarement par le mot anglais **consistent**, qui a le sens de 'cohérent'.

consister /kɔ̃siste/ SYN ▸ conjug 1 ◂ VI [1] (= *se composer de*) ◆ **consister en** to consist of, to be made up of ◆ **le village consiste en 30 maisons et une église** the village consists of *ou* is made up of 30 houses and a church ◆ **en quoi consiste votre travail ?** what does your work consist of?

[2] (= *résider dans*) ◆ **consister dans** to consist in ◆ **leur salut consistait dans l'arrivée immédiate de renforts** their salvation lay in the immediate arrival of reinforcements ◆ **consister à faire** to consist in doing

consistoire /kɔ̃sistwaʀ/ NM consistory

consistorial, e (mpl -iaux) /kɔ̃sistɔʀjal, jo/

ADJ consistorial, consistorian

NM consistorian

conso * /kɔ̃so/ NF (abrèv de **consommation**) (= *boisson*) drink

consœur /kɔ̃sœʀ/ NF (*hum*) (female) colleague

consolable /kɔ̃sɔlabl/ ADJ consolable

consolant, e /kɔ̃sɔlɑ̃, ɑ̃t/ SYN ADJ consoling, comforting

consolateur, -trice /kɔ̃sɔlatœʀ, tʀis/

ADJ consolatory

NM,F (*littér*) comforter

consolation /kɔ̃sɔlasjɔ̃/ SYN NF (= *action*) consoling, consolation; (= *réconfort*) consolation (*NonC*), comfort (*NonC*), solace (*NonC*)(*littér*) ◆ **nous prodiguant ses consolations** offering us comfort ◆ **paroles de consolation** words of consolation *ou* comfort ◆ **elle est sa consolation** she is his consolation *ou* comfort *ou* solace (*littér*) ◆ **il n'y a pas de dégâts, c'est une consolation** there's no damage, that's one consolation ◆ **lot** *ou* **prix de consolation** consolation prize

console /kɔ̃sɔl/ NF [1] (= *table*) console (table); (*Archit*) console

[2] [*de harpe*] neck; [*d'orgue*] console; (*d'enregistrement*) console ◆ **console de jeu** games console ◆ **console de jeu vidéo** video game console ◆ **console de mixage** mixing desk

consoler /kɔ̃sɔle/ SYN ▸ conjug 1 ◂

VT [+ *personne*] to console; [+ *chagrin*] to soothe ◆ **ça me consolera de mes pertes** that will console me for my losses ◆ **je ne peux pas le consoler de sa peine** I cannot console *ou* comfort him in his grief ◆ **si ça peut te consoler...** if it is of any consolation *ou* comfort to you... ◆ **le temps console** time heals

VPR **se consoler** to console o.s., to find consolation ◆ **se consoler d'une perte/de son échec** to be consoled for *ou* to get over a loss/one's failure ◆ **il s'est vite consolé avec une autre** (*hum*) he soon consoled himself with another woman ◆ **il ne s'en consolera jamais** he'll never get over it

consolidation /kɔ̃sɔlidasjɔ̃/ SYN NF [1] (*gén*) [*de maison, table, mur*] strengthening, reinforcement; (*Méd*) [*de fracture*] setting

[2] [*d'accord, acquis, amitié, parti, fortune*] consolidation; [*de monnaie*] strengthening ◆ **consolidation de l'unité européenne** strengthening of European unity

[3] (*Fin*) funding ◆ **consolidation de la dette** debt funding *ou* consolidation

consolidé, e /kɔ̃sɔlide/ (ptp de **consolider**)

ADJ [1] (*Fin*) [*bénéfice, bilan, chiffre d'affaires*] consolidated ◆ **dette consolidée** (*gén*) consolidated debt; (*comptabilité publique*) funded debt ◆ **rente consolidée** consolidated government stock, consols

[2] (*Méd*) ◆ **la fracture est consolidée** the fracture has healed, the bone has set ◆ **l'état du patient est consolidé** the patient's condition has stabilized *ou* is stable

NMPL **consolidés** (*Fin*) consols

consolider /kɔ̃sɔlide/ SYN ▸ conjug 1 ◂

VT [1] [+ *maison, table*] to strengthen, to reinforce; [+ *mur*] to reinforce; (*Méd*) [+ *fracture*] to set

[2] [+ *accord, amitié, parti, fortune*] to consolidate; (*Écon*) [+ *monnaie*] to strengthen ◆ **consolider sa position** to consolidate one's position ◆ **consolider son avance** to extend one's lead

[3] (*Fin*) [+ *rente, emprunt*] to guarantee; [+ *dette*] to fund

VPR **se consolider** [*régime, parti*] to strengthen *ou* consolidate its position; [*fracture*] to set, to knit ◆ **la position de la gauche/droite s'est encore consolidée** the position of the left/right has been further consolidated *ou* strengthened

consommable /kɔ̃sɔmabl/

ADJ [*solide*] edible; [*liquide*] drinkable ◆ **cette viande n'est consommable que bouillie** this meat can only be eaten boiled

NM (*gén, Ordin*) consumable

consommateur, -trice /kɔ̃sɔmatœʀ, tʀis/

NM,F (= *acheteur*) consumer; (= *client d'un café*) customer ◆ **les plus grands** *ou* **gros consommateurs de thé** the biggest *ou* largest consumers of tea ◆ **ce sont de gros consommateurs d'énergie/de médicaments** they consume a lot of energy/medicines ◆ **c'est un grand consommateur de romans** he reads a lot of novels ◆ **défense/information des consommateurs** consumer protection/information

ADJ ◆ **industrie consommatrice d'énergie/de pétrole** energy-consuming/oil-consuming industry ◆ **le premier pays consommateur d'eau** the country with the highest water consumption

consommation /kɔ̃sɔmasjɔ̃/ SYN NF [1] [*de nourriture, gaz, matière première, essence*] consumption ◆ **faire une grande consommation de** to get through *ou* use a lot of ◆ **consommation aux 100 km** (fuel) consumption per 100 km, ≃ miles per gallon, ≃ gas mileage (*US*) ◆ **ampoule basse consommation** low-energy light bulb

[2] (*Écon*) ◆ **la consommation** consumption ◆ **la consommation des ménages** household *ou* private consumption ◆ **la consommation intérieure** domestic consumption ◆ **consommation ostentatoire** conspicuous consumption ◆ **de consommation** [*biens, société*] consumer (*épith*) ◆ **produits de consommation** consumables, consumer goods ◆ **article** *ou* **produit de consommation courante** *ou* **de grande consommation** staple

[3] (*dans un café*) (= *boisson*) drink; (= *commande*) order

[4] (*frm*) [*de mariage*] consummation; [*de ruine*] confirmation; [*de crime*] perpetration ◆ **jusqu'à la consommation des siècles** (*littér*) until the end of time

consommé, e /kɔ̃sɔme/ (ptp de **consommer**)

ADJ [*habileté*] consummate (*épith*); [*écrivain, artiste*] accomplished ◆ **tableau qui témoigne d'un art consommé** picture revealing consummate artistry

NM (*Culin*) consommé ◆ **consommé de poulet** chicken consommé, consommé of chicken

consommer /kɔ̃sɔme/ SYN ▸ conjug 1 ◂ VT [1] [+ *nourriture*] to eat, to consume (*frm*); [+ *boissons*] to drink, to consume (*frm*) ◆ **on consomme beaucoup de fruits chez nous** we eat a lot of fruit in our family ◆ **la France est le pays où l'on consomme** *ou* **où il se consomme le plus de vin** France is the country with the greatest wine consumption *ou* where the most wine is consumed *ou* drunk ◆ **il est interdit de consommer de l'alcool dans les bureaux** alcohol is not allowed *ou* may not be consumed in the office ◆ « **à consommer de préférence avant le** » "best before" ◆ « **à consommer avec modération** » "to be drunk in moderation"

[2] [+ *combustible, matière première*] to use, to consume ◆ **cette machine consomme beaucoup d'eau** this machine uses (up) a lot of water ◆ **combien consommez-vous aux 100 km ?** how much do you use per 100 km?, what's your petrol (*Brit*) *ou* gas (*US*) consumption?, ≃ how many miles per gallon do you get? (*Brit*), ≃ what's your gas mileage? (*US*) ◆ **elle consomme beaucoup d'huile** [*voiture*] it's heavy on oil, it uses a lot of oil

[3] (*frm* = *accomplir*) [+ *acte sexuel*] to consummate; [+ *crime*] to perpetrate, to commit ◆ **le mariage n'a pas été consommé** the marriage has not been consummated ◆ **cela a consommé sa ruine** this finally confirmed his downfall ◆ **ce qui a consommé la rupture...** what put the seal on the break-up... ◆ **la rupture est consommée** the break-up is complete

consomptible /kɔ̃sɔ̃ptibl/ ADJ (*Jur*) consumable

consomptif, -ive /kɔ̃sɔ̃ptif, iv/ ADJ (*vieilli ou littér*) wasting (*épith*)

consomption /kɔ̃sɔ̃psjɔ̃/ NF († *ou littér* = *dépérissement*) wasting; († = *tuberculose*) consumption †

consonance /kɔ̃sɔnɑ̃s/ NF consonance (*NonC*) ◆ **nom aux consonances étrangères/douces** foreign-sounding/sweet-sounding name

consonant, e /kɔ̃sɔnɑ̃, ɑ̃t/ ADJ consonant

consonantique /kɔ̃sɔnɑ̃tik/ ADJ consonantal, consonant *(épith)* ◆ **groupe consonantique** consonant cluster

consonantisme /kɔ̃sɔnɑ̃tism/ NM consonant system

consonne /kɔ̃sɔn/ NF consonant ◆ **consonne d'appui** intrusive consonant ◆ **consonne de liaison** linking consonant

consort /kɔ̃sɔʀ/
ADJ → **prince**
NMPL *(péj)* ◆ **Pierre Renaud et consorts** *(= acolytes)* Pierre Renaud and company, Pierre Renaud and his bunch* *(péj)*; *(= pareils)* Pierre Renaud and his like *(péj)*

consortial, e (mpl **-iaux**) /kɔ̃sɔʀsjal, jo/ ADJ *[prêt]* syndicated

consortium /kɔ̃sɔʀsjɔm/ NM consortium ◆ **former un consortium (de prêt)** to syndicate a loan, to form a loan consortium

consoude /kɔ̃sud/ NF comfrey

conspirateur, -trice /kɔ̃spiʀatœʀ, tʀis/
ADJ conspiratorial
NM,F conspirator, plotter

conspiration /kɔ̃spiʀasjɔ̃/ SYN NF conspiracy, plot ◆ **c'est une véritable conspiration !** it's a plot! ◆ **la Conspiration des poudres** *(Hist)* the Gunpowder Plot

conspirer /kɔ̃spiʀe/ ► conjug 1 ◄
VI *(= comploter)* to conspire, to plot *(contre* against*)*
VT INDIR **conspirer à** *(= concourir à)* ◆ **conspirer à faire qch** to conspire to do sth ◆ **tout semblait conspirer à notre succès** everything seemed to be conspiring to bring about our success
VT † *[+ mort, ruine de qn]* to conspire †, to plot

conspuer /kɔ̃spɥe/ ► conjug 1 ◄ VT to boo, to shout down

constamment /kɔ̃stamɑ̃/ SYN ADV *(= sans trêve)* constantly, continuously; *(= très souvent)* constantly, continually

Constance /kɔ̃stɑ̃s/ N *(Géog)* Constance ◆ **le lac de Constance** Lake Constance

constance /kɔ̃stɑ̃s/ SYN NF [1] *(= permanence)* consistency, constancy
[2] *(littér = persévérance, fidélité)* constancy, steadfastness ◆ **travailler avec constance** to work steadfastly ◆ **vous avez de la constance !** *(iro)* you don't give up easily!
[3] († = courage) fortitude, steadfastness

constant, e /kɔ̃stɑ̃, ɑ̃t/ SYN
ADJ [1] *(= invariable)* constant; *(= continu)* constant, continuous; *(= très fréquent)* constant, continual ◆ **francs constants** inflation-adjusted francs, constant francs
[2] *(littér = persévérant)* *[effort]* steadfast; *[travail]* constant ◆ **être constant dans ses efforts** to be steadfast ou constant in one's efforts
NF **constante** [1] *(Math, Phys)* constant
[2] *(= caractéristique)* permanent feature ◆ **une constante de son caractère/sa politique** an abiding feature of his character/policies

constantan /kɔ̃stɑ̃tɑ̃/ NM constantan

Constantin /kɔ̃stɑ̃tɛ̃/ NM *(= empereur)* Constantine

Constantinople /kɔ̃stɑ̃tinɔpl/ N Constantinople

constat /kɔ̃sta/ NM [1] *(= procès-verbal)* ◆ **constat (d'huissier)** affidavit drawn up by a bailiff ◆ **constat (d'accident)** (accident) report ◆ **constat (à l')amiable** jointly-agreed statement for insurance purposes ◆ **constat d'adultère** recording of adultery ◆ **constat de décès** death certificate
[2] *(= constatation)* ◆ **constat d'échec/d'impuissance** acknowledgment of failure/impotence ◆ **ce n'est pas une supposition, c'est un constat** it's not a supposition, it's a statement of fact ◆ **je suis forcé de faire le triste constat que...** I regret to have to say that...

constatation /kɔ̃statasjɔ̃/ GRAMMAIRE ACTIVE 26.2 SYN NF [1] *(NonC)* *[de fait]* noting, noticing; *[d'erreur]* seeing, noticing; *(frm)* *[d'effraction, état de fait, authenticité]* recording; *[de décès]* certifying
[2] *(= observation)* observation ◆ **constatations** *[d'enquête]* findings ◆ **c'est une simple constatation et non un reproche** it's just a statement of fact ou an observation, not a criticism ◆ **faire une constatation** to make an observation ◆ **procéder aux constatations d'usage** *(Police)* to make a routine report

constater /kɔ̃state/ SYN ► conjug 1 ◄ VT
[1] *(= remarquer)* *[+ fait]* to note, to notice; *[+ erreur]* to see ◆ **il constata la disparition de son carnet** he noticed ou saw that his notebook had disappeared ◆ **je ne critique pas, je ne fais que constater** I'm not criticizing, I'm merely stating a fact ◆ **je constate que vous n'êtes pas pressé de tenir vos promesses** I see ou notice that you aren't in a hurry to keep your promises ◆ **vous pouvez constater par vous-même les erreurs** you can see the mistakes for yourself
[2] *(frm = consigner)* *[+ effraction, état de fait, authenticité, dégâts]* to record; *[+ décès]* to certify ◆ **le médecin a constaté le décès** the doctor certified that death had taken place ou occurred

constellation /kɔ̃stelasjɔ̃/ NF *(Astron)* constellation ◆ **constellation de** *(littér)* *[+ lumières, poètes]* constellation ou galaxy of ◆ **constellations de satellites** satellite constellations

constellé, e /kɔ̃stele/ *(ptp de* **consteller***)* ADJ ◆ **constellé (d'étoiles)** star-studded, star-spangled ◆ **constellé de** *[+ astres, joyaux, lumières]* spangled ou studded with; *[+ taches]* spotted ou dotted with

consteller /kɔ̃stele/ ► conjug 1 ◄ VT ◆ **des lumières constellaient le ciel** the sky was studded with lights ◆ **des taches constellaient le tapis** the carpet was spotted ou dotted with marks

consternant, e /kɔ̃stɛʀnɑ̃, ɑ̃t/ SYN ADJ distressing ◆ **d'une bêtise consternante** incredibly stupid

consternation /kɔ̃stɛʀnasjɔ̃/ SYN NF consternation, dismay

consterner /kɔ̃stɛʀne/ SYN ► conjug 1 ◄ VT to dismay, to fill with dismay ◆ **avoir l'air consterné** to look dismayed ◆ **je suis absolument consterné par son attitude** his attitude fills me with dismay

constipation /kɔ̃stipasjɔ̃/ NF constipation

constipé, e /kɔ̃stipe/ *(ptp de* **constiper***)* ADJ *(Méd)* constipated ◆ **avoir l'air constipé** *(péj = guindé)* to look stiff ou ill-at-ease

constiper /kɔ̃stipe/ ► conjug 1 ◄ VT to constipate

constituant, e /kɔ̃stitɥɑ̃, ɑ̃t/ SYN
ADJ [1] *[élément]* constituent
[2] *(Pol)* ◆ **assemblée constituante** constituent assembly ◆ **l'Assemblée constituante** *(Hist)* the Constituent Assembly
NM [1] *(Jur, Fin)* settlor; *(Gram)* constituent ◆ **constituant immédiat** immediate constituent ◆ **analyse en constituants immédiats** constituent analysis ◆ **constituant ultime** ultimate constituent
[2] *(Hist)* ◆ **les constituants** the members of the Constituent Assembly
NF **constituante** [1] *(au Québec)* *[d'université]* branch
[2] *(Hist)* ◆ **la Constituante** the Constituent Assembly

constitué, e /kɔ̃stitɥe/ *(ptp de* **constituer***)* ADJ
[1] *(Méd)* ◆ **bien/mal constitué** of sound/unsound constitution
[2] *(Pol)* → **corps**

constituer /kɔ̃stitɥe/ SYN ► conjug 1 ◄
VT [1] *(= fonder)* *[+ comité, ministère, gouvernement, société anonyme]* to set up, to form; *[+ bibliothèque]* to build up; *[+ collection]* to build up, to put together; *[+ dossier]* to make up, to put together
[2] *(= composer)* to make up, to constitute, to compose ◆ **les pièces qui constituent cette collection** the pieces that (go to) make up ou that constitute this collection ◆ **sa collection est surtout constituée de porcelaines** his collection is made up ou is composed ou consists mainly of pieces of porcelain
[3] *(= être, représenter)* to constitute ◆ **ceci constitue un délit/ne constitue pas un motif** that constitutes an offence/does not constitute a motive ◆ **ceci constitue toute ma fortune** this constitutes ou represents my entire fortune ◆ **ils constituent un groupe homogène** they make ou form a well-knit group
[4] *(Jur = établir)* *[+ rente, pension, dot]* to settle *(à* on*)* ◆ **constituer qn son héritier** to appoint sb one's heir
VPR **se constituer** ◆ **se constituer prisonnier** to give o.s. up ◆ **se constituer en société** to form o.s. into a company ◆ **se constituer un capital** to build (up) capital

constitutif, -ive /kɔ̃stitytif, iv/ ADJ constituent, component

constitution /kɔ̃stitysjɔ̃/ SYN NF [1] *(NonC = création)* *[de comité, ministère, gouvernement, société anonyme]* setting-up, forming; *[de bibliothèque]* building-up; *[de collection]* building-up, putting together; *[de dossier]* making-up, putting together; *(Jur)* *[de rente, pension, dot]* settlement, settling; *[d'avocat]* retaining ◆ **constitution de stocks** stockpiling
[2] *(= éléments)* *[de substance, ensemble, organisation]* make-up, composition; *[d'équipe, comité]* composition
[3] *(= santé)* constitution ◆ **être de constitution délicate** to have a delicate constitution ◆ **il a une robuste constitution** he has a sturdy constitution
[4] *(Pol)* constitution ◆ **la Constitution française** the French constitution ◆ **c'est contraire à la constitution** it's unconstitutional, it's against the constitution

constitutionnaliser /kɔ̃stitysjɔnalize/ ► conjug 1 ◄ VT to constitutionalize

constitutionnalité /kɔ̃stitysjɔnalite/ NF constitutionality

constitutionnel, -elle /kɔ̃stitysjɔnɛl/ ADJ constitutional; → **droit**[3]

constitutionnellement /kɔ̃stitysjɔnɛlmɑ̃/ ADV constitutionally

constricteur /kɔ̃stʀiktœʀ/ ADJ M, NM ◆ (muscle) constricteur constrictor (muscle) ◆ **boa constricteur** boa constrictor

constrictif, -ive /kɔ̃stʀiktif, iv/ ADJ *(Phon)* constricted

constriction /kɔ̃stʀiksjɔ̃/ NF constriction

constrictor /kɔ̃stʀiktɔʀ/ ADJ M, NM ◆ (boa) constrictor (boa) constrictor

constructeur /kɔ̃stʀyktœʀ/ NM SYN
[1] *(= fabricant)* manufacturer ◆ **constructeur automobile** ou **d'automobiles** car manufacturer ou maker ◆ **constructeur de téléphones portables** mobile phone manufacturer ◆ **constructeur de navires** shipbuilder
[2] *(= bâtisseur)* builder

constructible /kɔ̃stʀyktibl/ ADJ ◆ **terrain constructible** building land ◆ **zone/terrain non constructible** area/land where no building is permitted

constructif, -ive /kɔ̃stʀyktif, iv/ SYN ADJ constructive

construction /kɔ̃stʀyksjɔ̃/ SYN NF [1] *(= action)* *[de machine, bâtiment, route, navire, chemin de fer]* building, construction; *[de théorie, phrase, intrigue]* construction ◆ **la construction européenne** European construction ◆ **la construction de l'immeuble/du navire a pris deux ans** building the flats/ship ou the construction of the flats/ship took two years, it took two years to build the flats/ship ◆ **la construction automobile/navale/aéronautique est menacée** the car/shipbuilding/aircraft industry is under threat ◆ **ça va bien dans la construction** things are going well in the building trade *(Brit)* ou construction business ◆ **entreprise de construction** construction company ◆ **matériaux de construction** building materials ◆ **maison de construction récente** newly ou recently built house ◆ **voiture de construction française** French-built car ◆ **en (cours de) construction** under construction; → **jeu**
[2] *(= structure)* *[de roman, thèse]* construction; *[de phrase]* structure ◆ **c'est une simple construction de l'esprit** it's pure hypothesis
[3] *(= édifice, bâtiment)* building, construction
[4] *(= expression, tournure)* construction, structure
[5] *(Géom = figure)* figure, construction

constructivisme /kɔ̃stʀyktivism/ NM constructivism

constructiviste /kɔ̃stʀyktivist/ ADJ, NMF constructivist

construire /kɔ̃stʀɥiʀ/ SYN ► conjug 38 ◄
VT [1] *[+ machine, bâtiment, route, navire, chemin de fer]* to build, to construct ◆ **ils font construire à la campagne** they're having a house built in the countryside
[2] *[+ théorie, phrase, intrigue]* to construct, to put together; *[+ équipe]* to put together, to make up; *[+ famille]* to start ◆ **construire un couple** to build a relationship ◆ **construire l'Europe** to build Europe ◆ **devoir bien construit** well-structured essay
[3] *[+ figure géométrique]* to construct
VPR **se construire** [1] *(= être bâti)* ◆ **ça s'est beaucoup construit ici depuis la guerre** there's been a lot of building here since the war ◆ **le quartier s'est construit en quelques mois** the district was built in a few months ◆ **l'Europe se construit peu à peu** Europe is gradu-

ally taking shape ✦ **le film se construit autour de deux personnages** the film is built around two characters

[2] *[personnalité]* ✦ **un parent doit aider son enfant à se construire** parents should help children develop their personality

[3] *(= créer)* ✦ **l'oiseau s'est construit un nid** the bird built itself a nest ✦ **il s'est construit un personnage** he created a personality for himself ✦ **ils se construisent une vie virtuelle** they are creating a virtual life for themselves

[4] *(Gram)* ✦ **ça se construit avec le subjonctif** it takes the subjunctive, it takes a subjunctive construction

consubstantialité /kɔ̃sypstɑ̃sjalite/ **NF** consubstantiality

consubstantiation /kɔ̃sypstɑ̃sjasjɔ̃/ **NF** consubstantiation

consubstantiel, -elle /kɔ̃sypstɑ̃sjɛl/ **ADJ** consubstantial *(à, avec* with)

consul /kɔ̃syl/ **NM** consul ✦ **consul général** consul general ✦ **consul de France** French Consul

consulaire /kɔ̃sylɛʀ/ **ADJ** consular

consulat /kɔ̃syla/ **NM** [1] *(= bureaux)* consulate; *(= charge)* consulate, consulship
[2] *(Hist)* ✦ **le Consulat** the Consulate

consultable /kɔ̃syltabl/ **ADJ** *(= disponible)* [*ouvrage, livre*] available for consultation, which may be consulted ✦ **cette carte est trop grande pour être aisément consultable** *(= utilisable)* this map is too big to be used easily

consultant, e /kɔ̃syltɑ̃, ɑ̃t/
ADJ [*avocat*] consultant *(épith)* ✦ **médecin consultant** consulting physician
NM,F [1] *(= conseiller)* consultant ✦ **consultant en relations publiques** public relations consultant
[2] *(= patient)* patient

consultatif, -ive /kɔ̃syltatif, iv/ **ADJ** consultative, advisory ✦ **à titre consultatif** in an advisory capacity

consultation /kɔ̃syltasjɔ̃/ **SYN NF** [1] *(= action)* consulting, consultation ✦ **pour faciliter la consultation du dictionnaire/de l'horaire** to make the dictionary/timetable easier to consult ✦ **après consultation de son agenda** having consulted his diary ✦ **d'une consultation difficile** [*livre*] difficult to use *ou* consult ✦ **consultation électorale** *(= élection)* election; *(= référendum)* referendum ✦ **faire une consultation électorale** to ask the electorate's opinion, to go to the country (Brit)
[2] *(= séance : chez le médecin, un expert)* consultation ✦ **aller à la consultation** (Méd) to go to the surgery (Brit) *ou* doctor's office (US) ✦ **donner une consultation** to give a consultation ✦ **les heures de consultation** (Méd) consulting *ou* surgery (Brit) hours ✦ **service (hospitalier) de consultation externe** outpatients' department
[3] *(= échange de vues)* consultation ✦ **être en consultation avec des spécialistes** to be in consultation with specialists
[4] *(frm = avis donné)* professional advice (NonC)

consulte /kɔ̃sylt/ **NF** state council in Corsica

consulter /kɔ̃sylte/ **SYN** ▸ conjug 1 ◂
VT [+ *médecin, astrologue, base de données*] to consult; [+ *expert, avocat, ami, parents*] to consult, to seek advice from; [+ *dictionnaire, documents*] to consult, to refer to; [+ *courrier électronique, répondeur*] to check; [+ *boussole, baromètre, horaire*] to look at, to check ✦ **la population a été consultée par référendum** the people's opinion was canvassed in a referendum ✦ **ne consulter que sa raison/son intérêt** (littér) to be guided only by one's reason/self-interest, to look only to one's reason/self-interest
VI [*médecin*] *(= recevoir)* to hold surgery (Brit), to be in (the office) (US); *(= conférer)* to hold a consultation
VPR se consulter *(= s'entretenir)* to confer, to consult each other ✦ **ils se consultèrent du regard** they looked questioningly at each other

consulteur /kɔ̃syltœʀ/ **NM** *(Rel)* consultor

consumer /kɔ̃syme/ **SYN** ▸ conjug 1 ◂
VT [1] *(= brûler)* to consume, to burn ✦ **l'incendie a tout consumé** the fire consumed *ou* wiped out everything ✦ **des débris à demi consumés** charred debris
[2] *(= dévorer)* [*fièvre, mal*] to consume, to devour ✦ **consumé par l'ambition** consumed with *ou* devoured by ambition

[3] *(littér = dépenser)* [+ *forces*] to expend; [+ *fortune*] to squander ✦ **il consume sa vie en plaisirs frivoles** he fritters away his life in idle pleasures
VPR se consumer [1] *(= brûler)* ✦ **une bûche se consumait dans l'âtre** a log was burning away in the hearth
[2] *(littér = dépérir)* to waste away ✦ **se consumer de chagrin/de désespoir** to waste away with sorrow/despair ✦ **il se consume à petit feu** he is slowly wasting away

consumérisme /kɔ̃symeʀism/ **NM** consumerism

consumériste /kɔ̃symeʀist/ **ADJ, NMF** consumerist

contact /kɔ̃takt/ **SYN NM** [1] *(= toucher)* contact ✦ **le contact de deux surfaces** contact between two surfaces ✦ **ça s'attrape par (le) contact** it can be caught through physical contact ✦ **le contact de la soie est doux** silk is soft to the touch ✦ **au point de contact des deux lignes** at the point of contact *ou* the meeting point of the two lines; → **lentille, verre**
[2] *(électrique)* contact ✦ **mettre/couper le contact** *(en voiture)* to switch on/switch off the ignition ✦ **contact électrique** electrical contact ✦ **appuyer sur le contact** to press the contact button *ou* lever ✦ **contact !** *(en avion)* contact!; *(auto-école)* switch on the ignition!; *(machine)* switch on! ✦ **il y a un faux contact** there's a bad connection, there's a wire loose; → **clé**
[3] *(= rapport)* contact ✦ **il a beaucoup de contacts (avec l'étranger)** he has got a lot of contacts *ou* connections (abroad) ✦ **notre contact à Moscou** our contact in Moscow ✦ **dès le premier contact, ils...** from their first meeting, they... ✦ **garder le contact avec qn** to keep in touch *ou* contact with sb ✦ **elle a besoin de contact humain** she needs human contact ✦ **j'ai un bon/mauvais contact avec eux** my relations with them are good/bad, I have a good/bad relationship with them ✦ **« bon contact »** *(dans une offre d'emploi)* "ability to get on well with people" ✦ **être de contact facile/difficile** to be easy/not very easy to talk to ✦ **établir/rompre le contact** *(Mil)* to make/break off contact *(avec* with) ✦ **faire des contacts** to network
[4] *(locutions)*
✦ **au contact de** ✦ **au contact de sa main** at the touch of his hand ✦ **métal qui s'oxyde au contact de l'air/de l'eau** metal that oxidizes on contact with air/water ✦ **il est sans cesse au contact des malades** he is in constant contact with patients ✦ **au contact de ces jeunes gens il a acquis de l'assurance** through his contact *ou* association with these young people he has gained self-assurance ✦ **j'ai beaucoup appris au contact de ces gens** I've learned a lot from being with those people
✦ **en contact** ✦ **entrer/être en contact** [*objets*] to come into/be in contact; [*fils électriques*] to make/be making contact ✦ **mettre en contact** [+ *objets*] to bring into contact ✦ **en contact étroit avec** in close touch *ou* contact with ✦ **rester/être en contact** *(Radio)* to remain in/be in contact *(avec* with); [*client, ami*] to keep in/be in touch *(avec* with), to remain in/be in contact *(avec* with) ✦ **être en contact radio avec qn** to be in radio contact with sb ✦ **mettre en contact** [+ *relations d'affaires*] to put in touch; *(Radio)* to put in contact ✦ **se mettre en contact avec** to make contact with, to contact
✦ **prendre contact, entrer en contact** *(Radio)* to make contact *(avec* with); [+ *ami, clients*] to get in touch *ou* contact *(avec* with)
✦ **prise de contact** *(= première entrevue)* first meeting; *(Mil)* first contact
✦ **perdre (le) contact** *(Radio)* to lose contact *(avec* with); [+ *client, ami*] to lose touch *ou* contact *(avec* with) ✦ **il a perdu le contact avec la réalité** he's lost touch with reality

contacter /kɔ̃takte/ **GRAMMAIRE ACTIVE 21.2 SYN** ▸ conjug 1 ◂ **VT** to contact, to get in touch with

contacteur /kɔ̃taktœʀ/ **NM** *(Élec)* contactor

contage /kɔ̃taʒ/ **NM** contagium, contagion

contagieux, -ieuse /kɔ̃taʒjø, jøz/ **SYN ADJ**
[1] [*maladie*] *(gén)* infectious, catching *(attrib)*; [*personne*] infectious
[2] [*enthousiasme, peur, rire*] infectious, contagious; [*bonne humeur, optimisme*] infectious

⚠ Attention à ne pas traduire automatiquement **contagieux** par **contagious**, qui a le sens de 'communiqué par contact direct'.

contagion /kɔ̃taʒjɔ̃/ **NF** *(Méd)* contagion, contagiousness; *(fig)* infectiousness ✦ **pour éviter**

tout risque de contagion to avoid any risk of contagion ✦ **ils n'ont pas pu résister à la contagion de la crise financière** they couldn't escape the effects of the financial crisis ✦ **pour éviter la contagion de la violence dans les grandes villes** to prevent violence spreading further in the big cities

contagiosité /kɔ̃taʒjozite/ **NF** contagiousness

container /kɔ̃tɛnɛʀ/ **NM** ⇒ **conteneur**

contaminant, e /kɔ̃taminɑ̃, ɑ̃t/ **ADJ** infectious *(pour* to)

contaminateur, -trice /kɔ̃taminatœʀ, tʀis/
ADJ [*agent*] infectious; [*aiguille*] causing infection
NM,F *(Méd)* contaminator

contamination /kɔ̃taminasjɔ̃/ **SYN NF**
[1] *(= contagion)* [*de personne*] infection, contamination; *(= pollution)* [*de cours d'eau, zone*] contamination ✦ **contamination radioactive** radioactive contamination
[2] *(littér : morale)* pollution
[3] *(Ling)* contamination

contaminer /kɔ̃tamine/ **SYN** ▸ conjug 1 ◂ **VT**
[1] *(= infecter)* [+ *personne, animal*] to infect, to contaminate; [+ *aliment, linge*] to contaminate; *(= polluer)* [+ *cours d'eau, zone*] to contaminate
[2] *(= influencer)* to corrupt ✦ **il s'est laissé contaminer par le pessimisme ambiant** he gave in to the prevailing mood of pessimism

conte /kɔ̃t/ **SYN**
NM *(= récit)* tale, story; († *ou littér = histoire mensongère)* (tall) story ✦ **les contes pour enfants** children's stories ✦ **les contes d'Andersen/de Grimm** Andersen's/Grimm's fairy tales ✦ « **Conte d'hiver** » *(Littérat)* "The Winter's Tale" ✦ « **Un Conte de deux villes** » *(Littérat)* "A Tale of Two Cities"
COMP conte de fée *(lit, fig)* fairy tale *ou* story ✦ **conte de Noël** Christmas tale

contemplateur, -trice /kɔ̃tɑ̃platœʀ, tʀis/ **NM,F** contemplator

contemplatif, -ive /kɔ̃tɑ̃platif, iv/ **SYN**
ADJ [*air, esprit*] contemplative, meditative; *(Rel)* [*ordre*] contemplative
NM *(Rel)* contemplative

contemplation /kɔ̃tɑ̃plasjɔ̃/ **SYN NF** *(= action)* contemplation ✦ **la contemplation** *(Philos)* contemplation, meditation; *(Rel)* contemplation ✦ **rester en contemplation devant qch** to stand gazing at sth

contempler /kɔ̃tɑ̃ple/ **SYN** ▸ conjug 1 ◂
VT *(= regarder)* to contemplate, to gaze at
VPR se contempler ✦ **se contempler dans un miroir** to gaze at o.s. in a mirror

contemporain, e /kɔ̃tɑ̃pɔʀɛ̃, ɛn/ **SYN**
ADJ [1] *(= de la même époque)* [*personne*] contemporary; [*événement*] contemporaneous, contemporary *(de* with)
[2] *(= actuel)* [*problème*] contemporary, present-day *(épith)*; [*art, mobilier, histoire*] contemporary
NM,F contemporary *(de* of)

contemporanéité /kɔ̃tɑ̃pɔʀaneite/ **NF** contemporaneousness

contempteur, -trice /kɔ̃tɑ̃ptœʀ, tʀis/ **NM,F** *(littér)* denigrator

contenance /kɔ̃t(ə)nɑ̃s/ **SYN NF** [1] *(= capacité)* [*de bouteille, réservoir*] capacity; [*de navire*] (carrying) capacity ✦ **avoir une contenance de 45 litres** to have a capacity of 45 litres, to hold 45 litres
[2] *(= attitude)* bearing, attitude ✦ **contenance humble/fière** humble/proud bearing ✦ **contenance gênée** embarrassed attitude ✦ **il fumait pour se donner une contenance** he was smoking to give an impression of composure *ou* to disguise his lack of composure ✦ **faire bonne contenance (devant)** to put on a bold front (in the face of) ✦ **perdre contenance** to lose one's composure

contenant /kɔ̃t(ə)nɑ̃/ **NM** ✦ **le contenant (et le contenu)** the container (and the contents)

conteneur /kɔ̃t(ə)nœʀ/ **NM** container

conteneurisation /kɔ̃t(ə)nœʀizasjɔ̃/ **NF** containerization

conteneuriser /kɔ̃t(ə)nœʀize/ ▸ conjug 1 ◂ **VT** to containerize

contenir /kɔ̃t(ə)niʀ/ **SYN** ▸ conjug 22 ◂
VT [1] *(= avoir une capacité de)* [*récipient*] to hold, to take; [*cinéma, avion, autocar*] to seat, to hold

2 (= renfermer) [récipient, livre, minerai] to contain • **ce minerai contient beaucoup de fer** this ore contains a lot of iron *ou* has a lot of iron in it

3 (= maîtriser) [+ surprise] to contain; [+ colère] to contain, to suppress; [+ sanglots, larmes] to contain, to hold back; [+ foule] to contain, to restrain; [+ inflation] to control, to curb • **contenir l'ennemi** (Mil) to contain the enemy, to hold the enemy in check

VPR **se contenir** to contain o.s., to control one's emotions

content, e /kɔ̃tɑ̃, ɑ̃t/ SYN

ADJ 1 (= heureux) pleased, glad, happy • **avoir l'air content** to look happy *ou* pleased • **je serais content que vous veniez** I'd be pleased *ou* glad *ou* happy if you came • **je suis content d'apprendre cela** I'm pleased to hear that • **il était très content de ce changement** he was very pleased *ou* glad about the change • **je suis très content ici** I'm very happy *ou* contented here • **voilà, c'est cassé, tu es content ?** there, it's broken, are you happy *ou* satisfied now?

2 • **content de** (= satisfait de) [+ élève, voiture, situation] pleased *ou* happy with • **être content de peu** to be content with little, to be easily satisfied • **être content de soi** to be pleased with o.s.

3 • **non content d'être/d'avoir fait...** not content with being/with having done...

NM • **avoir (tout) son content de qch** to have had one's fill of sth

contentement /kɔ̃tɑ̃tmɑ̃/ SYN NM 1 (= état) contentment, satisfaction • **éprouver un profond contentement à la vue de...** to feel great contentment *ou* deep satisfaction at the sight of... • **contentement de soi** self-satisfaction • **il a eu un sourire de contentement** he smiled contentedly to himself • **contentement passe richesse** (Prov) happiness is worth more than riches

2 (= action de contenter) satisfaction, satisfying

contenter /kɔ̃tɑ̃te/ GRAMMAIRE ACTIVE 26.2 SYN ▸ conjug 1 ◂

VT [+ personne, besoin, envie, curiosité] to satisfy • **facile à contenter** easy to please, easily pleased *ou* satisfied • **cette explication l'a contenté** he was satisfied *ou* happy with this explanation, this explanation satisfied him • **il est difficile de contenter tout le monde** it's difficult to please everyone

VPR **se contenter** • **se contenter de qch/de faire qch** to content o.s. with sth/with doing sth • **se contenter de peu/de ce qu'on a** to make do *ou* be content with very little/with what one has • **il a dû se contenter d'un repas par jour/de manger les restes** he had to content himself *ou* make do with one meal a day/with eating the left-overs • **contentez-vous d'écouter/de regarder** just listen/watch • **il se contenta d'un sourire/de sourire** he merely gave a smile/smiled

contentieux, -ieuse /kɔ̃tɑ̃sjø, jøz/

ADJ (Jur) contentious

NM (= litige) dispute, disagreement; (Comm) litigation; (= service) legal department • **contentieux administratif/commercial** administrative/commercial actions *ou* litigation

contentif, -ive /kɔ̃tɑ̃tif, iv/ ADJ (Méd) support (épith)

contention /kɔ̃tɑ̃sjɔ̃/ NF (Méd) (= procédé) [de membre, dents] support; (= appareil) brace • **de contention** [collants, chaussettes] support (épith)

contenu, e /kɔ̃t(ə)ny/ SYN (ptp de **contenir**)

ADJ [colère, sentiments] restrained, suppressed

NM [de récipient, dossier] contents; [de loi, texte] content; (Ling) content • **la table des matières indique le contenu du livre** the contents page shows what's in the book • **le contenu subversif de ce livre** the subversive content of this book

conter /kɔ̃te/ SYN ▸ conjug 1 ◂ VT (frm) [+ histoire] to recount, to relate • **contez-nous vos malheurs** (hum) let's hear your problems, tell us all about your problems • **que me contez-vous là ?** what are you trying to tell me? • **il lui en a conté de belles !** he really spun him some yarns! * *ou* told him some incredible stories! • **elle ne s'en laisse pas conter** she's not easily taken in, she doesn't let herself be taken in (easily) • **il ne faut pas lui en conter** don't bother trying those stories on him, it's no use trying it on with him * (Brit) • **conter fleurette à qn** (vieilli *ou* hum) to whisper sweet nothings in sb's ear

contestable /kɔ̃tɛstabl/ SYN ADJ [théorie, idée] questionable, disputable; [raisonnement] questionable, doubtful; [attitude] questionable

contestataire /kɔ̃tɛstatɛʀ/

ADJ [journal, étudiants, tendances] anti-establishment

NMF • **c'est un contestataire** he's anti-establishment *ou* anti-authority • **les contestataires ont été expulsés** the protesters were made to leave

contestateur, -trice /kɔ̃tɛstatœʀ, tʀis/ ADJ contentious

contestation /kɔ̃tɛstasjɔ̃/ SYN NF 1 (NonC = dénégation) [de succession, droit, compétence, résultats] contesting; [légitimité, bien-fondé] questioning, challenging; [de fait] questioning, disputing, contesting; [de décision] challenging, disputing, contesting • **il a été condamné pour contestation de crimes contre l'humanité** (Jur) he was sentenced for denying the existence of crimes against humanity

2 (= objection) dispute • **il y a matière à contestation** there are grounds for contention *ou* dispute • **c'est sans contestation possible, il n'y a aucune contestation possible** it's beyond dispute

3 • **la contestation** (gén, Pol) (= opposition) protest • **mouvement de contestation** protest movement

conteste /kɔ̃tɛst/ **sans conteste** LOC ADV unquestionably, indisputably

contester /kɔ̃tɛste/ SYN ▸ conjug 1 ◂

VT [+ succession, droit, compétence] (Jur) to contest; [+ légitimité, bien-fondé] to question, to challenge; [+ fait] to question, to dispute, to contest; [+ décision] to challenge, to dispute, to contest • **contester les résultats électoraux** to contest *ou* challenge the election results • **je ne conteste pas que vous ayez raison** I don't dispute that you're right • **je ne lui conteste pas ce droit** I don't question *ou* dispute *ou* contest his right • **ce roman/cet écrivain est très contesté** this novel/writer is very controversial

VI (gén) to take issue (sur over); (Pol) to protest • **il ne conteste jamais** he never takes issue over anything • **il conteste toujours sur des points de détail** he's always taking issue over points of detail • **les jeunes ne pensent qu'à contester** all young people think about is protesting

conteur, -euse /kɔ̃tœʀ, øz/ NM,F (= écrivain) storywriter; (= narrateur) storyteller

contexte /kɔ̃tɛkst/ SYN NM context • **pris hors contexte** taken out of context

contextuel, -elle /kɔ̃tɛkstɥɛl/ ADJ (Ling) contextual; (Ordin) [aide en ligne] context-sensitive

contexture /kɔ̃tɛkstyʀ/ NF [d'organisme] texture; [d'œuvre] structure

contigu, -uë /kɔ̃tigy/ SYN ADJ [maison, pièce, jardin] adjoining, adjacent, contiguous (frm); [domaines, sujets] (closely) related • **être contigu à qch** to be adjacent *ou* next to sth

contiguïté /kɔ̃tigɥite/ SYN NF [de choses] proximity, contiguity (frm); (fig) [de sujets] relatedness • **la contiguïté de ces deux sujets** the fact that the two subjects are (closely) related

continence /kɔ̃tinɑ̃s/ NF continence, continency

continent¹, e /kɔ̃tinɑ̃, ɑ̃t/ ADJ continent

continent² /kɔ̃tinɑ̃/ NM (gén, Géog) continent; (par rapport à une île) mainland • **le continent noir** the dark continent

continental, e (mpl **-aux**) /kɔ̃tinɑ̃tal, o/

ADJ [région, climat] continental; (opposé à côtier, insulaire) mainland (épith) • **petit déjeuner continental** continental breakfast

NM,F (gén) mainlander; (= Européen) Continental

continentalité /kɔ̃tinɑ̃talite/ NF continental character

contingence /kɔ̃tɛ̃ʒɑ̃s/ NF 1 (Philos) contingency

2 • **les contingences** contingencies • **il ne se soucie pas des contingences matérielles** he doesn't bother with the routine *ou* the chores of everyday life • **les contingences de la vie** the (little) chance happenings of life • **tenir compte des contingences** to take account of all contingencies *ou* eventualities

contingent, e /kɔ̃tɛ̃ʒɑ̃, ɑ̃t/

ADJ contingent

NM 1 (Mil = groupe) contingent • **le contingent** (en France) the conscripts called up for national service, the draft (US)

2 (Comm, Jur = quota) quota

3 (= part, contribution) share

contingentement /kɔ̃tɛ̃ʒɑ̃tmɑ̃/ NM • **le contingentement des exportations/importations** the fixing *ou* establishing of export/import quotas, the placing of quotas on exports/imports

contingenter /kɔ̃tɛ̃ʒɑ̃te/ ▸ conjug 1 ◂ VT [+ importations, exportations] to place *ou* fix a quota on; [+ produits, matière première] to distribute by a system of quotas

continu, e /kɔ̃tiny/ SYN

ADJ [mouvement, série, bruit] continuous; [ligne, silence] unbroken, continuous; [effort] continuous, unremitting; [souffrance] endless; (Math) continuous • **papier continu** (Ordin) continuous stationery; → **jet¹, journée**

NM (Math, Philos, Phys) continuum; (Élec) direct current

♦ **en continu** • **utilisation en continu** continuous use • **faire qch en continu pendant cinq heures** to do sth continuously *ou* non-stop for five hours, to do sth for five hours non-stop • **papier en continu** (Ordin) continuous stationery

NF **continue** (Phon) continuant

continuateur, -trice /kɔ̃tinɥatœʀ, tʀis/ SYN NM,F (= successeur) successor; [d'œuvre littéraire] continuator • **les continuateurs de cette réforme** those who carried on (*ou* carry on *etc*) the reform

continuation /kɔ̃tinɥasjɔ̃/ SYN NF continuation • **nous comptons sur la continuation de cette entente** we count on the continuation of this agreement; → **bon¹**

continuel, -elle /kɔ̃tinɥɛl/ SYN ADJ (= continu) continuous; (= très fréquent) continual, constant • **il lui fait des reproches continuels** he's always *ou* forever criticizing her

continuellement /kɔ̃tinɥɛlmɑ̃/ SYN ADV (= sans interruption) continuously; (= très fréquemment) continually, constantly • **elle se plaint continuellement** she's always *ou* she never stops complaining

continuer /kɔ̃tinɥe/ SYN ▸ conjug 1 ◂

VT 1 (= poursuivre) [+ démarches, politique] to continue (with), to carry on with; [+ tradition] to continue, to carry on; [+ travaux, études] to continue (with), to carry on with, to go on with • **continuer son chemin** to continue on *ou* along one's way, to go on one's way • **continuer l'œuvre de son maître** to carry on *ou* continue the work of one's master • **Pompidou continua de Gaulle** Pompidou carried on *ou* continued where de Gaulle left off

2 (= prolonger) [+ droite, route] to continue

VI 1 [bruit, spectacle, guerre] to continue, to go on; [voyageur] to go on, to continue on one's way • **je continuerai par le saumon** I'll have the salmon to follow • **« mais » continua-t-il** "but", he went on *ou* continued • **dis-le, continue !** go on, say it! • **s'il continue, je vais...** * if he goes on *ou* keeps on *ou* continues, I'm going to... • **si ça continue, je vais...** if this keeps up *ou* continues, I'm going to... • **la route (se) continue jusqu'à la gare** the road goes (on) *ou* continues as far as the station • **le chemin (se) continue par un sentier** the road turns into a path

2 • **continuer de *ou* à marcher/lire** to go on *ou* keep on *ou* continue walking/reading, to continue to walk/read, to walk/read on

continuité /kɔ̃tinɥite/ SYN NF [de politique, tradition] continuation; [d'action] continuity • **la continuité de l'État** the continuity of the state • **assurer la continuité d'une politique** to ensure continuity in applying a policy, to ensure the continuation of a policy; → **solution**

continûment /kɔ̃tinymɑ̃/ ADV continuously

continuum /kɔ̃tinɥɔm/ NM continuum • **le continuum espace-temps** the space-time continuum

contondant, e /kɔ̃tɔ̃dɑ̃, ɑ̃t/ ADJ [instrument] blunt • **arme contondante** blunt instrument

contorsion /kɔ̃tɔʀsjɔ̃/ NF contortion

contorsionner (se) /kɔ̃tɔʀsjɔne/ ▸ conjug 1 ◂ VPR [acrobate] to contort o.s.; (péj) to contort o.s. • **il se contorsionnait pour essayer de se détacher** he was writhing about *ou* contorting himself in an attempt to get free

contorsionniste /kɔ̃tɔʁsjɔnist/ NMF contortionist

contour /kɔ̃tuʁ/ SYN NM ⓵ [d'objet] outline; [de montagne, visage, corps] outline, contour ◆ **crayon contour des yeux** eyeliner
⓶ ◆ **contours** [de route, rivière] windings

contourné, e /kɔ̃tuʁne/ (ptp de **contourner**) ADJ (péj) [raisonnement, style] tortuous; [colonne, pied de table] (over)elaborate

contournement /kɔ̃tuʁnəmɑ̃/ NM [d'obstacle] bypassing; [de règle, difficulté] circumventing, bypassing ◆ **le contournement de la ville** driving round ou skirting (round) ou bypassing the town ◆ **autoroute de contournement** bypass

contourner /kɔ̃tuʁne/ SYN ▶ conjug 1 ◀ VT
⓵ [+ ville] to skirt (round), to bypass; [+ montagne] to skirt (round), to walk (ou drive etc) round; [+ mur, véhicule] to walk (ou drive etc) round; [+ règle] to circumvent ; [+ difficulté] to get round
⓶ (= façonner) [+ arabesques] to trace (out); [+ vase] to fashion
⓷ (= déformer) to twist, to contort

contra /kɔ̃tʁa/ NM contra

contraceptif, -ive /kɔ̃tʁaseptif, iv/ ADJ, NM contraceptive

contraception /kɔ̃tʁasepsjɔ̃/ NF contraception ◆ **moyens de contraception** methods of contraception, contraceptive methods ◆ **être sous contraception orale** to use oral contraception

contractant, e /kɔ̃tʁaktɑ̃, ɑ̃t/
 ADJ (Jur) contracting
 NM,F contracting party

contracte /kɔ̃tʁakt/ ADJ (Ling) contractive

contracté, e /kɔ̃tʁakte/ SYN (ptp de **contracter**)
 ADJ ⓵ (Ling) contracted
 ⓶ [personne, muscle] tense

contracter¹ /kɔ̃tʁakte/ SYN ▶ conjug 1 ◀
 VT ⓵ (= raidir) [+ muscle] to tense, to contract; (fig) [+ personne] to make tense ◆ **la peur lui contracta la gorge** fear gripped his throat ◆ **l'émotion lui contracta la gorge** his throat tightened with emotion ◆ **les traits contractés par la souffrance** his features contorted with pain ◆ **un sourire forcé contracta son visage** his face stiffened into a forced smile
 ⓶ (Phys) ◆ **contracter un corps/fluide** (= réduire) to make a body/fluid contract
 VPR **se contracter** ⓵ [muscle] to tense (up) to contract; [gorge] to tighten; [traits, visage] to tense (up); [cœur] to contract; (Phys) [corps] to contract
 ⓶ [personne] to become tense ◆ **ne te contracte pas, sinon ça va te faire mal** don't tense up or it'll hurt
 ⓷ [mot, syllabe] to be (able to be) contracted

contracter² /kɔ̃tʁakte/ SYN ▶ conjug 1 ◀ VT
 ⓵ [+ dette, obligation] to contract, to incur; [+ alliance] to contract, to enter into ◆ **contracter une assurance** to take out an insurance policy ◆ **contracter un emprunt** to take out a loan ◆ **contracter mariage avec** (Admin) to contract (a) marriage with
 ⓶ [+ maladie] to contract; [+ manie] to acquire, to contract

contractile /kɔ̃tʁaktil/ ADJ contractile

contractilité /kɔ̃tʁaktilite/ NF contractility

contraction /kɔ̃tʁaksjɔ̃/ SYN NF ⓵ (= action) [de corps, liquide] contraction; [de muscle] tensing, contraction
 ⓶ (= état) [de muscles, traits, visage] tenseness
 ⓷ (= spasme) contraction ◆ **elle a des contractions** [de femme enceinte] she's having contractions
 ⓸ (= résumé) ◆ **contraction de texte** summary

contractualisation /kɔ̃tʁaktɥalizasjɔ̃/ NF [d'accord, rapports] formalization by contract ◆ **une politique de contractualisation des universités** a policy of setting up contract-based links between universities and the state

contractualiser /kɔ̃tʁaktɥalize/ ▶ conjug 1 ◀ VT
 ⓵ [+ personne] to put on contract (in a department of the public services)
 ⓶ [+ accord, rapports] to formalize by contract; [+ université] to set up contract-based links with

contractuel, -elle /kɔ̃tʁaktɥɛl/
 ADJ [obligation] contractual; [emploi] under contract (attrib); [clause] contract (épith), in the contract (attrib)
 NM ◆ **(agent) contractuel** (gén) contract worker (in the public sector); (stationnement) ≈ traffic warden (Brit), ≈ traffic policeman (US); (sortie d'école) ≈ lollipop man * (Brit), ≈ crossing guard (US)
 NF **contractuelle** (gén) contract worker (working for local authority); (stationnement) ≈ traffic warden (Brit), ≈ meter maid * (US); (sortie d'école) ≈ lollipop lady * (Brit), ≈ crossing guard (US)

contractuellement /kɔ̃tʁaktɥɛlmɑ̃/ ADV by contract, contractually

contracture /kɔ̃tʁaktyʁ/ SYN NF (Archit) contracture; (Physiol) spasm, (prolonged) contraction ◆ **contracture musculaire** cramp

contradicteur /kɔ̃tʁadiktœʁ/ NM opponent, contradictor

contradiction /kɔ̃tʁadiksjɔ̃/ SYN NF ⓵ (NonC = contestation) ◆ **porter la contradiction dans un débat**, to introduce counter-arguments in a debate, to add a dissenting voice to a debate ◆ **je ne supporte pas la contradiction** I can't bear to be contradicted; → **esprit**
 ⓶ (= discordance) contradiction, inconsistency ◆ **texte plein de contradictions** text full of contradictions ou inconsistencies ◆ **le monde est plein de contradictions** the world is full of contradictions ◆ **contradiction dans les termes** contradiction in terms ◆ **il y a une contradiction entre...** there is a contradiction between... ◆ **être en contradiction avec soi-même** to contradict o.s. ◆ **il est en contradiction avec ce qu'il a dit précédemment** he's contradicting what he said before ◆ **leurs témoignages sont en contradiction** their testimonies contradict each other

contradictoire /kɔ̃tʁadiktwaʁ/ SYN ADJ [idées, théories, récits, sentiments] contradictory, conflicting ◆ **débat contradictoire** debate ◆ **réunion politique contradictoire** political meeting with an open debate ◆ **contradictoire à** in contradiction to, in conflict with ◆ **arrêt/jugement contradictoire** (Jur) order/judgement given after due hearing of the parties

contradictoirement /kɔ̃tʁadiktwaʁmɑ̃/ ADV (Jur) after due hearing of the parties

contragestif, -ive /kɔ̃tʁaʒɛstif, iv/
 ADJ progesterone-inhibiting (épith)
 NM progesterone inhibitor

contraignant, e /kɔ̃tʁɛɲɑ̃, ɑ̃t/ SYN ADJ [mesures, législation, normes, règlement, système] restrictive ◆ **des horaires de travail très contraignants** very inconvenient working hours ◆ **mon travail est très contraignant** my work doesn't allow me much freedom ◆ **tu n'es pas contraignant toi au moins !** you're very easy-going!

contraindre /kɔ̃tʁɛ̃dʁ/ ▶ conjug 52 ◀
 VT ◆ **contraindre qn à faire qch** to force ou compel sb to do sth ◆ **contraint à** ou **de démissionner** forced ou compelled to resign ◆ **il/cela m'a contraint au silence/au repos** he/this forced ou compelled me to be silent/to rest ◆ **contraindre par voie de justice** to constrain by law (to pay debt)
 VPR **se contraindre** to restrain o.s. ◆ **se contraindre à être aimable** to force o.s. to be polite, to make o.s. be polite

contraint, e¹ /kɔ̃tʁɛ̃, ɛ̃t/ GRAMMAIRE ACTIVE 10.1, 21.3 (ptp de **contraindre**) ADJ ⓵ (= gêné) constrained, forced ◆ **d'un air contraint** with an air of constraint, constrainedly
 ⓶ ◆ **contraint et forcé** under duress ou compulsion

contrainte² /kɔ̃tʁɛ̃t/ SYN NF ⓵ (= pression) ◆ **elle ne m'a imposé aucune contrainte** she didn't put any pressure on me ◆ **pour moi ce n'est pas une contrainte, mais une volonté** it's not something I have to do, it's something I want to do ◆ **mon nouveau travail est bien payé, mais il y a beaucoup plus de contraintes** my new job is well paid, but I have a lot less freedom ◆ **l'entreprise est soumise à une contrainte de rentabilité par ses actionnaires** the company is under obligation to make a profit for its shareholders ◆ **par contrainte** ou **sous la contrainte** under duress ◆ **agir sous la contrainte** to act under duress ◆ **vivre dans la contrainte** (littér) to live in bondage
 ⓶ (= règle obligatoire) constraint ◆ **contrainte administrative/budgétaire/juridique** administrative/budgetary/legal constraint ◆ **double contrainte** double bind ◆ **la seule contrainte est qu'il faut payer d'avance** the only stipulation is that you have to pay in advance
 ⓷ (= gêne) constraint ◆ (Ling) constraint ◆ **sans contrainte** unrestrainedly, without restraint ou constraint
 ⓸ (Jur) ◆ **contrainte par corps** civil imprisonment
 ⓹ (Phys) stress

> ⓘ Au sens de 'pression', **contrainte** ne se traduit pas par **constraint**.

contraire /kɔ̃tʁɛʁ/ GRAMMAIRE ACTIVE 26.3 SYN
 ADJ ⓵ (= inverse) [sens, effet, mouvement] opposite; [vent] contrary, adverse ◆ **dans le cas contraire** otherwise; → **avis**
 ◆ **contraire à** [+ loi] against ◆ **c'est contraire à mes principes/intérêts** it is ou goes against my principles/interests ◆ **contraire à la santé** bad for the health ◆ **l'alcool m'est contraire** alcohol doesn't agree with me ◆ **le sort lui fut contraire** fate was against him
 ⓶ (= contradictoire) [opinions, propositions, intérêts] conflicting
 ⓷ (= nuisible) [forces, action] contrary; [destin] adverse
 NM [de mot, concept] opposite ◆ **c'est le contraire de son frère** he's the opposite of his brother ◆ **et pourtant c'est tout le contraire** and yet it's just the reverse ou opposite ◆ **il fait toujours le contraire de ce qu'on lui dit** he always does the opposite of what he's told ◆ **je ne vous dis pas le contraire** I'm not saying anything to the contrary, I'm not disputing ou denying it ◆ **il dit/promet tout et son contraire** he says/promises anything and everything
 ◆ **au contraire** on the contrary ◆ **je ne te reproche rien, (bien** ou **tout) au contraire** I'm not criticising you at all, quite the reverse ou the opposite
 ◆ **au contraire de** unlike ◆ **au contraire des autres** unlike the others

contrairement à LOC ADV [+ idées, apparences] contrary to ◆ **contrairement à qn** unlike sb ◆ **contrairement aux autres** unlike the others

contralto /kɔ̃tʁalto/ NM contralto

contrapontique /kɔ̃tʁapɔ̃tik/ ADJ ⇒ **contrapuntique**

contrapontiste /kɔ̃tʁapɔ̃tist/ NMF ⇒ **contrapuntiste**

contrapuntique /kɔ̃tʁapɔ̃tik/ ADJ (Mus) contrapuntal

contrapuntiste /kɔ̃tʁapɔ̃tist/ NMF contrapunt(al)ist

contrariant, e /kɔ̃tʁaʁjɑ̃, jɑ̃t/ SYN ADJ [personne] perverse, contrary; [incident] tiresome, annoying ◆ **tu n'es pas contrariant !** you're very easy-going!

contrarier /kɔ̃tʁaʁje/ GRAMMAIRE ACTIVE 18.3 SYN ▶ conjug 7 ◀ VT ⓵ (= irriter) to annoy; (= ennuyer) to bother ◆ **il cherche à vous contrarier** he's trying to annoy you
 ⓶ (= gêner) [+ projets] to frustrate, to thwart; [+ amour] to thwart ◆ **contrarier la marche d'un bateau** to impede a ship's progress ◆ **contrarier les mouvements de l'ennemi** to impede the enemy's movements ◆ **forces qui se contrarient** forces which act against each other ◆ **pour lui, la cuisine a été un don contrarié** his gift for cooking was never given a chance to develop
 ⓷ (= contraster) to alternate (for contrast)
 ⓸ [+ gaucher] to force to write with his (ou her) right hand

contrariété /kɔ̃tʁaʁjete/ SYN NF (= irritation) annoyance, vexation ◆ **éprouver une contrariété** to feel annoyed ou vexed ◆ **un geste de contrariété** a gesture of annoyance ◆ **toutes ces contrariétés l'ont rendu furieux** all these annoyances ou vexations made him furious

contrastant, e /kɔ̃tʁastɑ̃, ɑ̃t/ ADJ [couleurs, figures, effets] contrasting (épith)

contraste /kɔ̃tʁast/ GRAMMAIRE ACTIVE 5.1 SYN NM (gén, TV) contrast ◆ **par contraste** by contrast ◆ **faire contraste avec** to contrast with ◆ **en contraste avec** in contrast to ◆ **mettre en contraste** to contrast

contrasté, e /kɔ̃tʁaste/ (ptp de **contraster**) ADJ [composition, image, style] full of contrasts; [bilan, résultats] uneven, mixed ◆ **une photographie trop/pas assez contrastée** a photograph with too much/not enough contrast ◆ **couleurs très contrastées** strongly contrasting colours ◆ **les marchés ont connu des évolutions très contrastées** the markets have developed in very different ways

contraster /kɔ̃tʀaste/ ▸ conjug 1 ◂
- **VT** [+ *photographie*] to give contrast to, to put contrast into ◆ **ce peintre contraste à peine son sujet** this painter hardly brings out his subject (at all) *ou* hardly makes his subject stand out ◆ **éléments contrastés** contrasting elements
- **VI** to contrast (*avec* with)

contrastif, -ive /kɔ̃tʀastif, iv/ **ADJ** (*Ling*) contrastive

contrat /kɔ̃tʀa/ SYN
- **NM** ① (= *convention, document*) contract, agreement ◆ **passer un contrat (avec qn)** to sign a contract (with sb) ◆ **contrat de confiance** contract of trust
  - ◆ **sous contrat** ◆ **être sous contrat** [*employé*] to be under contract (*avec* to) ◆ **être employé sous contrat** to be employed on contract ◆ **établissement privé (placé) sous contrat (d'association)** ≈ grant-aided school
- ② (= *accord, pacte*) agreement ◆ **nous allons passer un contrat ensemble : si tu as ton examen, je te laisse partir en Afrique** let's make a deal: if you pass your exam, I'll let you go to Africa ◆ **réaliser** *ou* **remplir son contrat** (*Bridge*) to make one's contract; (*fig*) to fulfil one's pledges ◆ **notre équipe a rempli son contrat, elle a remporté tous ses matches** our team made good its promise and won all its matches
- ③ (*arg Crime*) contract ◆ **lancer un contrat contre qn** to take a contract out on sb; → **bridge¹**
- **COMP** **contrat d'achat** purchase contract
- **contrat administratif** public service contract
- **contrat aléatoire** aleatory contract
- **contrat d'apprentissage** apprenticeship contract
- **contrat d'assurance** insurance contract
- **contrat collectif** collective agreement
- **contrat conclu dans les conditions normales du commerce** arm's length agreement
- **contrat à durée déterminée** fixed-term contract
- **contrat à durée indéterminée** permanent *ou* open-ended contract
- **contrat emploi-solidarité** government-sponsored work contract for the unemployed which includes professional training
- **contrat de garantie** guarantee, warranty
- **contrat initiative-emploi** incentive scheme to encourage employers to hire the long-term unemployed
- **contrat de location** (*pour locaux*) tenancy agreement (*Brit*), rental agreement (*US*); (*pour voiture*) rental agreement
- **contrat de louage de services** contract for services
- **contrat de mariage** marriage contract
- **contrat de qualification** short-term employment contract for 16-26 year olds with on-the-job training
- **contrat de retour à l'emploi** former incentive scheme to encourage employers to hire the long-term unemployed
- **contrat social** (*Hist, Pol*) social contract *ou* compact ◆ « **Du contrat social** » (*Littérat*) "The Social Contract"
- **contrat de travail** work contract
- **contrat de vente** sales contract
- **contrat verbal** verbal agreement
- **contrat de ville** urban development programme

contravention /kɔ̃tʀavɑ̃sjɔ̃/ SYN **NF** ① (*pour infraction au code*) fine; (*pour stationnement interdit*) (= *amende*) parking fine; (= *procès-verbal*) parking ticket ◆ **dresser contravention (à qn)** (*stationnement interdit*) to issue a parking ticket (to sb); (*autres infractions*) to fine sb, to book sb (*Brit*) ◆ **prendre une contravention** * to get a fine
- ② (*Jur* = *infraction*) ◆ **contravention à** contravention *ou* infraction of ◆ **être en (état de) contravention** to be contravening the law ◆ **être en contravention à** to be in contravention of

contre /kɔ̃tʀ/ GRAMMAIRE ACTIVE 12.2, 26.4 SYN
- **PRÉP**
  > Pour des expressions comme **être furieux contre qn, joue contre joue** etc, cherchez aussi sous l'autre mot.
- ① (*contact, juxtaposition*) against ◆ **se mettre contre le mur** to stand against the wall ◆ **s'appuyer contre un arbre** to lean against a tree ◆ **(la) face contre terre** face downwards ◆ **pousse la table contre la fenêtre** push the table (up) against the window ◆ **son garage est juste contre notre maison** his garage is built onto our house ◆ **elle s'assit (tout) contre lui** she sat down (right) next to *ou* beside him ◆ **il s'est cogné la tête contre le mur** he banged his head against *ou* on the wall ◆ **les voitures étaient pare-chocs contre pare-chocs** the cars were bumper to bumper
- ② (*opposition, hostilité*) against ◆ **se battre/voter contre qn** to fight/vote against sb ◆ **Poitiers contre Lyon** (*Sport*) Poitiers versus Lyon ◆ **jeter une pierre contre la fenêtre** to throw a stone at the window ◆ **agir contre l'avis/les ordres de qn** to act against *ou* contrary to *ou* counter to sb's advice/orders ◆ **aller/nager contre le courant** to go/swim against the current ◆ **acte contre nature** unnatural act, act contrary to *ou* against nature ◆ **je n'ai rien contre (cela)** *ou* **là contre** (*frm*) I have nothing against it ◆ **il a les ouvriers contre lui** he's got the workers against him; → **envers¹, gré, vent**
- ③ (*défense, protection*) ◆ **s'abriter contre le vent/la pluie** to take shelter from the wind/rain ◆ **des comprimés contre la grippe** flu tablets, tablets for flu ◆ **s'assurer contre les accidents/l'incendie** to insure (o.s.) against accidents/fire
- ④ (*échange*) (in exchange) for ◆ **échanger** *ou* **troquer qch contre** to exchange *ou* swap* sth for ◆ **donner qch contre** to give sth (in exchange) for ◆ **il a cédé contre la promesse/l'assurance que...** he agreed in return for the promise/assurance that...
- ⑤ (*proportion, rapport*) ◆ **il y a un étudiant qui s'intéresse contre neuf qui bâillent** for every one interested student there are nine who are bored ◆ **9 voix contre 4** 9 votes to 4 ◆ **à 100 contre 1** at 100 to 1
- ⑥ (*locution*)
  - ◆ **par contre** on the other hand ◆ **il est beau, mais qu'il est bête par contre !** he's handsome, but he's so stupid!
- **ADV** ① (= *opposé à*) ◆ **je suis (tout à fait) contre !** I'm (completely) against it!
- ② (= *sur*) ◆ **appuyez-vous contre** lean against *ou* on it
- **NM** ① → **pour**
- ② (= *riposte*) counter, retort; (*Billard*) rebound; (*Sport*) (= *contre-attaque*) counterattack; (= *blocage*) block; (*Cartes*) double ◆ **faire un contre** (*Rugby*) to charge down a kick ◆ **l'art du contre** the art of repartee
- **PRÉF** (*le préfixe reste invariable dans les mots composés à trait d'union*) ◆ **contre-** counter-, anti-

contre-accusation /kɔ̃tʀakyzasjɔ̃/ **NF** countercharge, counter-accusation

contre-alizé /kɔ̃tʀalize/ **NM** anti-trade (wind)

contre-allée /kɔ̃tʀale/ **NF** (*en ville*) service road (*Brit*), frontage road (*US*); (*dans un parc*) side path (*running parallel to the main drive*)

contre-amiral (pl **contre-amiraux**) /kɔ̃tʀamiʀal, o/ **NM** rear admiral

contre-analyse /kɔ̃tʀanaliz/ **NF** second analysis, counter-analysis

contre-attaque /kɔ̃tʀatak/ **NF** counter-attack

contre-attaquer /kɔ̃tʀatake/ SYN ▸ conjug 1 ◂ **VI** to counter-attack

contrebalancer /kɔ̃tʀəbalɑ̃se/ SYN ▸ conjug 3 ◂
- **VT** ① [*poids*] to counterbalance
- ② (= *égaler, compenser*) to offset
- **VPR** **se contrebalancer** ◆ **je m'en contrebalance** * I don't give a damn

contrebande /kɔ̃tʀəbɑ̃d/ **NF** (= *activité*) smuggling; (= *marchandises*) contraband, smuggled goods ◆ **faire de la contrebande** to be involved in smuggling ◆ **faire la contrebande du tabac** to smuggle tobacco ◆ **produits de contrebande** contraband (goods), smuggled goods

contrebandier, -ière /kɔ̃tʀəbɑ̃dje, jɛʀ/ **NM,F** smuggler ◆ **navire contrebandier** smugglers' ship

contrebas /kɔ̃tʀəba/ **en contrebas** LOC ADV (down) below ◆ **en contrebas de** below

contrebasse /kɔ̃tʀəbas/ **NF** (= *instrument*) (double) bass; (= *musicien*) (double) bass player

contrebassiste /kɔ̃tʀəbasist/ **NMF** (double) bass player

contrebasson /kɔ̃tʀəbasɔ̃/ **NM** contrabassoon, double bassoon

contrebatterie /kɔ̃tʀəbatʀi/ **NF** counterattack (*on the enemy's artillery*)

contre-boutant /kɔ̃tʀəbutɑ̃/ **NM** (*en bois*) shore; (*en pierre*) buttress

contrebraquage /kɔ̃tʀəbʀakaʒ/ **NM** (*en dérapage*) steering into the skid (NonC) ◆ **grâce à ce contrebraquage instantané** because he immediately steered into the skid

contrebraquer /kɔ̃tʀəbʀake/ ▸ conjug 1 ◂ **VI** (*en dérapant*) to steer into the skid; (*pour se garer*) to steer in the opposite direction

contrebutement /kɔ̃tʀəbytmɑ̃/ **NM** ⇒ **contreboutant**

contrebuter /kɔ̃tʀəbyte/ ▸ conjug 1 ◂ **VT** (*Archit*) to prop up

contrecarrer /kɔ̃tʀəkaʀe/ SYN ▸ conjug 1 ◂ **VT** [+ *projets*] to thwart, to foil; † [+ *personne*] to thwart

contrechamp /kɔ̃tʀəʃɑ̃/ **NM** (*Ciné*) reverse angle (shot)

contrechant, contre-chant /kɔ̃tʀəʃɑ̃/ **NM** (*Mus*) descant, discant

contrechâssis /kɔ̃tʀəʃɑsi/ **NM** double (window) frame

contrechoc /kɔ̃tʀəʃɔk/ **NM** repercussions, after-effects ◆ **contrechoc pétrolier** impact of the oil slump

contreclef /kɔ̃tʀəkle/ **NF** stone adjoining the keystone

contrecœur¹ /kɔ̃tʀəkœʀ/ **à contrecœur** LOC ADV reluctantly

contrecœur² /kɔ̃tʀəkœʀ/ **NM** ① (= *fond de cheminée*) fire-back
- ② (*sur voie ferrée*) guardrail

contrecollé, e /kɔ̃tʀəkɔle/ **ADJ** [*cuir, laine*] foam-backed ◆ **bois contrecollé** plywood

contrecoup /kɔ̃tʀəku/ SYN **NM** ① (= *ricochet*) [*de balle*] ricochet
- ② (= *répercussion*) repercussions ◆ **ce pays subit le contrecoup de la crise** this country is suffering from the (after-)effects of the crisis ◆ **par contrecoup** as an indirect consequence

contre-courant /kɔ̃tʀəkuʀɑ̃/ **NM** [*de cours d'eau*] counter-current
- ◆ **à contre-courant** (*lit*) upstream, against the current; (*fig*) against the current *ou* tide ◆ **aller à contre-courant de la tendance générale** to go against the (general) trend ◆ **ramer à contre-courant** (*fig*) to swim against the tide

contre-courbe /kɔ̃tʀəkuʀb/ **NF** (*Archit*) counter-curve; [*de voie ferrée*] reverse curve

contre-culture /kɔ̃tʀəkyltyʀ/ **NF** counterculture

contredanse /kɔ̃tʀədɑ̃s/ **NF** ① * (*gén*) fine; (*pour stationnement interdit*) (parking) ticket
- ② (†† = *danse*) quadrille

contre-digue /kɔ̃tʀədig/ **NF** counterdyke

contredire /kɔ̃tʀədiʀ/ SYN ▸ conjug 37 ◂
- **VT** [*personne*] to contradict; [*faits*] to be at variance with, to refute
- **VPR** **se contredire** [*personne*] to contradict o.s.; [*témoins, témoignages*] to contradict each other

contredit /kɔ̃tʀədi/ **NM** (*frm*) ◆ **sans contredit** unquestionably, without question

contrée /kɔ̃tʀe/ SYN **NF** (*littér*) (= *pays*) land; (= *région*) region

contre-écrou (pl **contre-écrous**) /kɔ̃tʀekʀu/ **NM** lock nut

contre-électromotrice /kɔ̃tʀelɛktʀomotʀis/ **ADJ F** → **force**

contre-emploi /kɔ̃tʀɑ̃plwa/ **NM** ◆ **il joue** *ou* **est utilisé à contre-emploi** [*acteur*] he's cast against type

contre-empreinte /kɔ̃tʀɑ̃pʀɛ̃t/ **NF** fossil imprint

contre-enquête /kɔ̃tʀɑ̃kɛt/ **NF** counter-inquiry

contre-épaulette /kɔ̃tʀepolɛt/ **NF** (*Mil*) epaulette (*without fringe*)

contre-épreuve /kɔ̃tʀepʀœv/ **NF** (*Typographie*) counter-proof; (= *vérification*) countercheck

contre-espionnage /kɔ̃tʀɛspjɔnaʒ/ **NM** counter-espionage

contre-essai /kɔ̃tʀesɛ/ **NM** control test, counter test

contre-étude /kɔ̃tʀetyd/ **NF** control study

contre-exemple /kɔ̃tʀɛgzɑ̃pl/ **NM** counterexample

contre-expert /kɔ̃tʀɛkspɛʀ/ **NM** [*de dommages*] second assessor; [*d'antiquité, bijou*] second valuer

contre-expertise /kɔ̃tʀɛkspɛʀtiz/ **NF** [*de dommages*] second assessment; [*d'antiquité, bijou*] second valuation

contre-extension /kɔ̃tʀɛkstɑ̃sjɔ̃/ **NF** counter-extension

contrefaçon /kɔ̃tʁəfasɔ̃/ SYN NF ① (NonC = falsification) [d'argent, signature] counterfeiting, forgery; [de produits, édition] counterfeiting; [de disques compacts] pirating ♦ **contrefaçon involontaire d'un brevet** innocent infringement of a patent ♦ **poursuivre qn en contrefaçon** to take legal action against sb for counterfeiting ou forgery
② (= faux) [d'édition] unauthorized ou pirated edition; [de produit] imitation; [de disque compact] pirate copy; [de billets, signature] forgery, counterfeit ♦ **méfiez-vous des contrefaçons** beware of imitations

contrefacteur /kɔ̃tʁəfaktœʁ/ NM forger, counterfeiter

contrefaire /kɔ̃tʁəfɛʁ/ SYN ▸ conjug 60 ◂ VT
① (littér = imiter) to imitate; († = parodier) to mimic, to imitate
② (= déguiser) [+ voix, écriture] to disguise
③ (= falsifier) [+ argent, signature] to counterfeit, to forge; [+ produits, édition] to counterfeit; [+ brevet] to infringe
④ († = feindre) [+ douleur, folie] to feign
⑤ (= déformer) to distort

contrefait, e /kɔ̃tʁəfɛ, ɛt/ (ptp de **contrefaire**) ADJ (= difforme) misshapen, deformed

contre-fenêtre /kɔ̃tʁəfənɛtʁ/ NF inner window (of a double window)

contre-fer /kɔ̃tʁəfɛʁ/ NM iron cap

contre-feu (pl **contre-feux**) /kɔ̃tʁəfø/ NM (= plaque) fire-back; (= feu) backfire

contre(-)fiche /kɔ̃tʁəfiʃ/ NF [de charpente] brace, strut

contreficher (se)* /kɔ̃tʁəfiʃe/ ▸ conjug 1 ◂ VPR ♦ **je m'en contrefiche** I don't give a damn*

contrefil, contre-fil /kɔ̃tʁəfil/ NM (Menuiserie) ♦ **à contrefil** against the grain

contre-filet /kɔ̃tʁəfilɛ/ NM (= morceau) sirloin; (= tranche) sirloin steak

contrefort /kɔ̃tʁəfɔʁ/ NM ① (Archit) [de voûte, terrasse] buttress
② [de chaussure] stiffener
③ (Géog) [d'arête] spur ♦ **contreforts** [de chaîne] foothills

contrefoutre (se)* /kɔ̃tʁəfutʁ/ VPR ♦ **je m'en contrefous** I don't give a damn*

contre-fugue /kɔ̃tʁəfyg/ NF counterfugue

contre-gouvernement /kɔ̃tʁəguvɛʁnəmɑ̃/ NM shadow government, shadow cabinet (surtout Brit)

contre-haut /kɔ̃tʁəo/ **en contre-haut** LOC ADV above

contre-hermine /kɔ̃tʁɛʁmin/ NF counter ermine

contre-indication /kɔ̃tʁɛ̃dikasjɔ̃/ NF (Méd, Pharm) contraindication

contre-indiquer /kɔ̃tʁɛ̃dike/ ▸ conjug 1 ◂ VT (Méd) to contraindicate ♦ **c'est contre-indiqué** (gén) it is not recommended

contre-insurrection /kɔ̃tʁɛ̃syʁɛksjɔ̃/ NF counterinsurgency

contre-interrogatoire /kɔ̃tʁɛ̃teʁɔgatwaʁ/ NM cross-examination ♦ **faire subir un contre-interrogatoire à qn** to cross-examine sb

contre-jour /kɔ̃tʁəʒuʁ/ NM (= éclairage) backlighting (NonC), contre-jour (NonC); (= photographie) backlit ou contre-jour shot
♦ **à contre-jour** [se profiler, se détacher] against the sunlight; [photographier] into the light; [travailler, coudre] with one's back to the light

contre-lettre /kɔ̃tʁəlɛtʁ/ NF (Jur) defeasance

contremaître /kɔ̃tʁəmɛtʁ/ NM foreman

contremaîtresse /kɔ̃tʁəmɛtʁɛs/ NF forewoman

contre-manifestant, e /kɔ̃tʁəmanifɛstɑ̃, ɑ̃t/ NM,F counter demonstrator

contre-manifestation /kɔ̃tʁəmanifɛstasjɔ̃/ NF counter demonstration

contre-manifester /kɔ̃tʁəmanifɛste/ ▸ conjug 1 ◂ VI to hold a counter demonstration

contremarche /kɔ̃tʁəmaʁʃ/ NF ① (Mil) countermarch
② [de marche d'escalier] riser

contremarque /kɔ̃tʁəmaʁk/ NF ① (Comm = marque) countermark
② (Ciné, Théât = ticket) ≈ voucher

contre-mesure /kɔ̃tʁəm(ə)zyʁ/ NF ① (= action) countermeasure
② (Mus) ♦ **à contre-mesure** against the beat, offbeat

contre-offensive /kɔ̃tʁɔfɑ̃siv/ NF counter-offensive

contre-offre /kɔ̃tʁɔfʁ/ NF counterbid, counter offer

contre-OPA /kɔ̃tʁɔpea/ NF INV counterbid, counter offer (in a takeover battle)

contre-ordre, contrordre /kɔ̃tʁɔʁdʁ/ NM counter order, countermand ♦ **ordres et contre-ordres** orders and counter orders ♦ **il y a contre-ordre** there has been a change of orders ♦ **sauf contre-ordre** unless otherwise directed

contrepartie /kɔ̃tʁəpaʁti/ SYN NF ① (gén = compensation) compensation ♦ **contrepartie valable** (Jur, Fin) ≈ for a good and valuable consideration ♦ **obtenir de l'argent en contrepartie** to get money in compensation ♦ **prendre qch sans contrepartie** to take sth without offering compensation
♦ **en contrepartie** (= en échange, en retour) in return; (= en revanche) in compensation, to make up for it
② (littér = contre-pied) opposing view
③ (Comm) (= registre) duplicate register; (= écritures) counterpart entries

contre-passation /kɔ̃tʁəpasasjɔ̃/ NF
① (Comptab) (= action) writing back, reversal, reversing; (= résultat) contra entry
② (Fin) (= traite) re-endorsement

contre-passer /kɔ̃tʁəpase/ ▸ conjug 1 ◂ VT
① (Comptab) to write back, to reverse, to transfer, to contra
② (Fin) [+ lettre d'échange] to endorse back

contrepente, contre-pente /kɔ̃tʁəpɑ̃t/ NF opposite slope

contre-performance /kɔ̃tʁəpɛʁfɔʁmɑ̃s/ NF poor performance ♦ **sa contre-performance aux élections** his poor performance ou showing in the elections

contrepet /kɔ̃tʁəpɛ/ NM, **contrepèterie** /kɔ̃tʁəpɛtʁi/ NF spoonerism

contre-pied /kɔ̃tʁəpje/ NM ① (d'opinion, attitude) (exact) opposite ♦ **prendre le contre-pied** (d'une opinion) to take the opposing ou opposite view; (d'une action) to take the opposite course ♦ **il a pris le contre-pied de ce qu'on lui demandait** he did the exact opposite of what he was asked
② (Chasse) ♦ **prendre le contre-pied** to (run) heel
③ (locution)
♦ **à contre-pied** (Sport) on the wrong foot ♦ **prendre qn à contre-pied** (lit) to wrong-foot sb; (fig) to wrong-foot sb, to catch sb off-guard ♦ **les électeurs ont pris à contre-pied les instituts de sondage** the voters foiled the predictions of the pollsters

contreplacage /kɔ̃tʁəplakaʒ/ NM (= fabrication) plywood manufacturing; (= bois) plywood

contreplaqué /kɔ̃tʁəplake/ NM plywood

contre-plongée /kɔ̃tʁəplɔ̃ʒe/ NF low-angle shot ♦ **filmer en contre-plongée** to film from below

contrepoids /kɔ̃tʁəpwa/ NM (lit) counterweight, counterbalance; [d'acrobate] balancing-pole ♦ **faire contrepoids** (lit, fig) to act as a counterbalance ♦ **porter un panier à chaque main pour faire contrepoids** to carry a basket in each hand to balance oneself ♦ **servir de contrepoids à, apporter un contrepoids à** to counterbalance

contre-poil /kɔ̃tʁəpwal/ ♦ **à contre-poil** LOC ADV (lit, fig) the wrong way

contrepoint /kɔ̃tʁəpwɛ̃/ NM (Mus) counterpoint ♦ **en contrepoint** (lit, fig) in counterpoint ♦ **thème joué en contrepoint** theme played in counterpoint, contrapuntal theme ♦ **en contrepoint de** as a counterpoint to

contre-pointe /kɔ̃tʁəpwɛ̃t/ NF [de sabre] back edge; (Tech) tailstock

contrepoison /kɔ̃tʁəpwazɔ̃/ NM antidote, counterpoison

contre-porte /kɔ̃tʁəpɔʁt/ NF [de voiture] inner door ♦ **dans la contre-porte du réfrigérateur** in the inside of the fridge door

contre-pouvoir /kɔ̃tʁəpuvwaʁ/ NM opposition force ♦ **les syndicats doivent jouer leur rôle de contre-pouvoir** the unions should fulfil their role in challenging established authority

contre-productif, -ive /kɔ̃tʁəpʁɔdyktif, iv/ ADJ counter-productive

contre-projet /kɔ̃tʁəpʁɔʒɛ/ NM counterplan

contre-propagande /kɔ̃tʁəpʁɔpagɑ̃d/ NF counter-propaganda

contre-proposition /kɔ̃tʁəpʁɔpozisjɔ̃/ NF counterproposal

contre-publicité /kɔ̃tʁəpyblisite/ NF adverse publicity ♦ **ça leur fait de la contre-publicité** it's bad ou adverse publicity for them

contrer /kɔ̃tʁe/ SYN ▸ conjug 1 ◂
VT ① [+ personne, menées] to counter ♦ **se faire contrer** to be countered (par by)
② (Cartes) to double ♦ **contrer un coup de pied** (Rugby) to charge down a kick
VI (Cartes) to double

contre-rail (pl **contre-rails**) /kɔ̃tʁəʁaj/ NM check-rail (Brit), guard-rail

Contre-Réforme /kɔ̃tʁəʁefɔʁm/ NF (Hist) ♦ **la Contre-Réforme** the Counter-Reformation

contre-révolution /kɔ̃tʁəʁevɔlysjɔ̃/ NF counter-revolution

contre-révolutionnaire /kɔ̃tʁəʁevɔlysjɔnɛʁ/ ADJ, NMF counter-revolutionary

contrescarpe /kɔ̃tʁɛskaʁp/ NF counterscarp

contreseing /kɔ̃tʁəsɛ̃/ NM countersignature

contresens /kɔ̃tʁəsɑ̃s/ NM (= erreur) misinterpretation; (de traduction) mistranslation; (= absurdité) nonsense (NonC), piece of nonsense ♦ **faire un contresens** (en traduction) to mistranslate a word (ou a phrase); (sur les intentions de qn) to misinterpret sb totally
♦ **à contresens** (sur la route) the wrong way; (Couture) against the grain ♦ **à contresens de** against ♦ **il a pris mes paroles à contresens** he misinterpreted what I said

contresigner /kɔ̃tʁəsiɲe/ ▸ conjug 1 ◂ VT to countersign

contretemps /kɔ̃tʁətɑ̃/ SYN NM ① (= complication, retard) hitch, contretemps (fml) (aussi hum)
② (Mus) off-beat rhythm
♦ **à contretemps** (Mus) off the beat; (fig) at an inopportune moment

contre-ténor /kɔ̃tʁətenɔʁ/ NM countertenor

contre-terrorisme /kɔ̃tʁəteʁɔʁism/ NM counterterrorism

contre-terroriste /kɔ̃tʁəteʁɔʁist/ ADJ, NMF counterterrorist

contre-torpilleur /kɔ̃tʁətɔʁpijœʁ/ NM destroyer

contre-transfert /kɔ̃tʁətʁɑ̃sfɛʁ/ NM counter-transference

contretype /kɔ̃tʁətip/ NM contact copy ou print

contre-ut /kɔ̃tʁyt/ NM INV top ou high C

contre-vair /kɔ̃tʁəvɛʁ/ NM (Héraldique) counter-vair

contre-valeur /kɔ̃tʁəvalœʁ/ NF (Fin, Écon) exchange value

contrevenant, e /kɔ̃tʁəv(ə)nɑ̃, ɑ̃t/ (Jur)
ADJ offending
NM,F offender

contrevenir /kɔ̃tʁəv(ə)niʁ/ ▸ conjug 22 ◂ **contrevenir à** VT INDIR (Jur, littér) [+ loi, règlement] to contravene

contrevent /kɔ̃tʁəvɑ̃/ NM ① (= volet) shutter
② [de charpente] brace, strut

contrevérité /kɔ̃tʁəveʁite/ NF untruth, falsehood

contrevirage /kɔ̃tʁəviʁaʒ/ NM (Ski) counter-turn

contre-visite /kɔ̃tʁəvizit/ NF (gén) follow-up inspection; (Méd) second examination

contre-voie /kɔ̃tʁəvwa/ NF opposite track (of a railway line) ♦ **à contre-voie** (= en sens inverse) on the wrong track; (= du mauvais côté) on the wrong side (of the train)

contribuable /kɔ̃tʁibɥabl/ NMF taxpayer ♦ **aux frais du contribuable** at the taxpayer's expense

contribuer /kɔ̃tʁibɥe/ SYN ▸ conjug 1 ◂ **contribuer à** VT INDIR [+ résultat, effet] to contribute to(wards); [+ effort, dépense] to contribute towards ♦ **de nombreux facteurs ont contribué au déclin de.../à réduire le...** numerous factors contributed to(wards) the decline in.../to(wards) the reduction in the... ou to reducing the...

contributeur, -trice /kɔ̃tʁibytœʁ, tʁis/
ADJ contributing ♦ **les pays contributeurs de** ou **en troupes** the countries contributing troops

NM,F contributor ◆ **contributeurs de** *ou* **en troupes/de fonds** contributors of troops/funds ◆ **contributeurs de l'ONU** UN contributors

contributif, -ive /kɔ̃tʀibytif, iv/ ADJ *(Jur)* *[part]* contributory ◆ **logiciel contributif** shareware

contribution /kɔ̃tʀibysjɔ̃/ SYN NF
1 *(= participation)* contribution ◆ **apporter sa contribution à qch** to make one's contribution to sth ◆ **mettre qn à contribution** to call upon sb's services, to make use of sb ◆ **mettre qch à contribution** to make use of sth ◆ **tous les employés ont été mis à contribution pour terminer le projet** the entire staff were called on so the project would be finished on time
2 *(= impôts)* ◆ **contributions** *(à la commune)* local taxes; *(à l'État)* taxes ◆ **contributions directes/indirectes** direct/indirect taxation ◆ **contribution sociale généralisée** *supplementary social security contribution in aid of the underprivileged* ◆ **ça ne durera pas autant que les contributions** * *(hum)* it won't last forever
3 *(= administration)* ◆ **contributions** tax office, ≈ Inland Revenue *(Brit)*, ≈ Internal Revenue Service *(US)* ◆ **travailler aux contributions** to work in the tax office, to work for *ou* in the Inland Revenue *(Brit) ou* Internal Revenue *(US)*

contrister /kɔ̃tʀiste/ ► conjug 1 ◄ VT *(littér)* to grieve, to sadden

contrit, e /kɔ̃tʀi, it/ ADJ contrite

contrition /kɔ̃tʀisjɔ̃/ NF contrition; → **acte**

contrôlabilité /kɔ̃tʀolabilite/ NF *[d'affirmation]* verifiableness; *[de sentiment]* controllability, controllableness

contrôlable /kɔ̃tʀolabl/ ADJ *[opération]* that can be checked; *[affirmation]* that can be checked *ou* verified, verifiable; *[sentiment, inflation]* controllable ◆ **un billet contrôlable à l'arrivée** a ticket that is inspected *ou* checked on arrival ◆ **le débat était difficilement contrôlable** it was difficult to control the discussion

contrôle /kɔ̃tʀol/ SYN NM 1 *(= vérification)* checking *(NonC)*, check ◆ **contrôle antidopage** dope test ◆ **contrôle des comptes** audit ◆ **contrôle d'identité** identity check ◆ **contrôle de police** police check ◆ **contrôle de vitesse** speed check ◆ **contrôle fiscal** tax inspection ◆ **le contrôle des passeports** passport control ◆ **contrôle des passeports !** passports please! ◆ **le contrôle des billets s'effectue à bord** tickets are checked *ou* inspected on board ◆ **contrôle de qualité** quality control ◆ **contrôle sanitaire** health check ◆ **contrôle automatique de gain** *(Élec)* automatic gain control ◆ **opérer** *ou* **faire des contrôles** to do *ou* run checks *(ou* tests); → **visite**
2 *(= surveillance)* *[d'opérations, agissements, gestion]* controlling, supervising, supervision; *[de prix, loyers]* monitoring, controlling ◆ **exercer un contrôle sévère sur les agissements de qn** to maintain strict control over sb's actions ◆ **sous contrôle judiciaire** ≈ on probation ◆ **sous contrôle médical** under medical supervision ◆ **contrôle des changes/des prix** exchange/price control ◆ **contrôle des naissances** birth control ◆ **contrôle radar** *(sur route)* radar speed trap ◆ **contrôle technique** *[de voiture]* MOT (test) *(Brit)*, inspection *(US)*
3 *(= maîtrise)* control ◆ **contrôle de soi** self-control ◆ **garder/perdre le contrôle de son véhicule** to remain in/lose control of one's vehicle ◆ **prendre le contrôle d'une entreprise** to take control of *ou* take over a firm ◆ **prise de contrôle** *[d'entreprise]* takeover ◆ **sous contrôle étranger** *[firme]* foreign-owned; *[territoire]* under foreign control ◆ **sous contrôle militaire** under military control ◆ **avoir une région sous son contrôle** to be in control of a region, to have a region under one's control ◆ **ne t'inquiète pas, tout est sous contrôle** don't worry, everything's under control
4 *(Scol = épreuve)* (written) test ◆ **le contrôle continu** continuous assessment ◆ **le contrôle des connaissances** pupil *ou* student assessment ◆ **avoir un contrôle de chimie** to have a chemistry test
5 *(= bureau)* *(gén)* office; *(Théât)* booking office *(surtout Brit)*, reservation office *(US)*
6 *(Mil = registres)* ◆ **contrôles** rolls, lists ◆ **rayé des contrôles de l'armée** removed from the army lists
7 *(= poinçon)* hallmark

> (!) Attention à ne pas traduire automatiquement **contrôle** par le mot anglais **control**, qui a le sens de 'surveillance'.

contrôler /kɔ̃tʀole/ SYN ► conjug 1 ◄
VT 1 *(= vérifier)* *[+ billets, passeports]* to inspect, to check; *[+ comptes]* to check, to inspect; *[+ texte, traduction]* to check *(sur* against); *[+ régularité de qch]* to check; *[+ qualité]* to control, to check; *[+ affirmations, alibi]* to check, to verify; *[+ connaissances]* to test ◆ **contrôler le bon fonctionnement d'un appareil** to check that a machine is working properly ◆ **il a été contrôlé positif** *(contrôle antidopage)* he failed a dope test, he returned a positive dope test
2 *(= surveiller)* *[+ opérations, agissements, gestion]* to control, to supervise; *[+ employés, travail]* to supervise; *[+ prix, loyers]* to monitor, to control
3 *(= maîtriser)* *[+ colère, réactions, nerfs, respiration]* to control; *[+ véhicule]* to control, to be in control of; *[+ situation]* to be in control of; *[+ zone, pays]* to be in control of; *[+ secteur, firme]* to control; *[+ ballon, skis, jeu]* to control ◆ **les rebelles contrôlent l'aéroport** the rebels have taken control of the airport ◆ **nous contrôlons cette société à 80%** we have an 80% (controlling) stake in this company
4 *(Orfèvrerie)* to hallmark
VPR **se contrôler** to control o.s. ◆ **il ne se contrôlait plus** he was no longer in control of himself

> (!) Attention à ne pas traduire automatiquement **contrôler** par **to control**, notamment au sens de 'vérifier'.

contrôleur, -euse /kɔ̃tʀolœʀ, øz/
NM,F 1 *(dans le train, le métro, le bus)* (ticket) inspector; *(sur le quai)* ticket collector ◆ **contrôleur aérien, contrôleur de la navigation aérienne** air-traffic controller
2 *[de comptabilité]* auditor; *[de contributions]* inspector ◆ **contrôleur de gestion** financial controller, management *ou* cost accountant
3 *[de mécanisme]* regulator; *[d'ordinateur]* controller ◆ **contrôleur de ronde** time-clock

contrordre /kɔ̃tʀɔʀdʀ/ NM ⇒ **contre-ordre**

controuvé, e /kɔ̃tʀuve/ ADJ *(littér)* *[fait, nouvelle]* fabricated; *[histoire, anecdote]* fabricated, concocted

controverse /kɔ̃tʀɔvɛʀs/ SYN NF controversy ◆ **prêter à controverse** to be debatable

controversé, e /kɔ̃tʀɔvɛʀse/ SYN ADJ ◆ **(très) controversé** *[théorie, question]* much debated; *[personne, article, film]* controversial

contumace /kɔ̃tymas/
ADJ absconding
NF *(Jur)* contumacy, failure to appear in court ◆ **par contumace** in absentia, in his *(ou* her *etc)* absence ◆ **il a été condamné à mort par contumace** he was sentenced to death in absentia
NMF absconder

contumax /kɔ̃tymaks/ NMF *person who fails to appear in court*

contus, e /kɔ̃ty, yz/ ADJ *(Méd)* *[membre]* bruised, contused

contusion /kɔ̃tyzjɔ̃/ SYN NF bruise, contusion *(SPÉC)*

contusionner /kɔ̃tyzjɔne/ ► conjug 1 ◄ VT to bruise, to contuse *(SPÉC)* ◆ **son corps était tout contusionné** his body was covered in bruises

conurbation /kɔnyʀbasjɔ̃/ NF conurbation

convaincant, e /kɔ̃vɛ̃kɑ̃, ɑ̃t/ GRAMMAIRE ACTIVE 26.4 SYN ADJ convincing

convaincre /kɔ̃vɛ̃kʀ/ SYN ► conjug 42 ◄ VT
1 *[+ personne sceptique]* to convince *(de qch* of sth); *[+ personne hésitante]* to persuade *(de faire qch* to do sth) ◆ **je ne suis pas convaincu par son explication** I'm not convinced by his explanation ◆ **il m'a convaincu de renoncer à cette idée** he persuaded *ou* convinced me to give up the idea, he talked me into giving up the idea ◆ **se laisser convaincre** to let o.s. be persuaded ◆ **je ne demande qu'à me laisser convaincre** I'm open to persuasion
2 *(= déclarer coupable)* ◆ **convaincre qn de meurtre/trahison** to prove sb guilty of *ou* convict sb of murder/treason

convaincu, e /kɔ̃vɛ̃ky/ GRAMMAIRE ACTIVE 6.2, 16.1, 26.6 SYN (ptp de **convaincre**) ADJ convinced ◆ **d'un ton convaincu** with conviction ◆ **c'est un européen convaincu** he's strongly pro-European

convalescence /kɔ̃valesɑ̃s/ NF convalescence ◆ **période de convalescence** (period of) convalescence ◆ **maison de convalescence** convalescent home
◆ **en convalescence** ◆ **être en convalescence** to be convalescing ◆ **entrer en convalescence** to start one's convalescence ◆ **une économie en convalescence** a recovering economy ◆ **le pays est en convalescence** the country is still recovering *ou* getting back on its feet

convalescent, e /kɔ̃valesɑ̃, ɑ̃t/ ADJ, NM,F convalescent

convecteur /kɔ̃vɛktœʀ/ NM convector (heater)

convection /kɔ̃vɛksjɔ̃/ NF convection

convenable /kɔ̃vnabl/ SYN ADJ 1 *(= approprié)* *[parti]* fitting, suitable; *[moment, endroit]* fitting, suitable, appropriate
2 *(= décent)* *[manières]* acceptable, correct; *[vêtements]* decent, respectable; *[personne, famille]* respectable ◆ **peu convenable** *[manières]* improper, unseemly; *[vêtements]* unsuitable ◆ **ne montre pas du doigt, ce n'est pas convenable** don't point – it's not polite, it's bad manners to point
3 *(= acceptable)* *[devoir]* adequate, passable; *[salaire, logement]* decent, acceptable, adequate ◆ **des conditions de vie à peine convenables** barely adequate living conditions

convenablement /kɔ̃vnabləmɑ̃/ SYN ADV *[placé, choisi]* suitably, appropriately; *[s'exprimer]* properly; *[payé, logé]* decently ◆ **je vous demande de travailler convenablement** I'm asking you to do your work properly ◆ **s'habiller convenablement** *(décemment)* to dress respectably *ou* properly; *(en fonction du temps)* to dress appropriately

convenance /kɔ̃vnɑ̃s/ SYN NF 1 *(frm = ce qui convient)* ◆ **trouver qch à sa convenance** to find sth to one's liking, to find sth suitable ◆ **la chambre est-elle à votre convenance ?** is the room to your liking? ◆ **le service est-il à votre convenance ?** is the service to your satisfaction? ◆ **choisissez un jour à votre convenance** choose a day to suit you *ou* to suit your convenience ◆ **pour des raisons de convenance(s) personnelle(s), pour convenances personnelles** for personal reasons; → **mariage**
2 *(= étiquette)* ◆ **les convenances** propriety, the proprieties ◆ **contraire aux convenances** contrary to the proprieties
3 *(littér = harmonie)* *[de goûts, caractères]* affinity; *(† = caractère adéquat)* *[de terme, équipement]* appropriateness, suitability

convenir /kɔ̃vniʀ/ GRAMMAIRE ACTIVE 9.1 SYN ► conjug 22 ◄
VT INDIR **convenir à** *(= être approprié à)* to suit, to be suitable for; *(= être utile à)* to suit, to be convenient for; *(= être agréable à)* to be agreeable to, to suit ◆ **ce chapeau ne convient pas à la circonstance** this hat is not suitable for the occasion *ou* does not suit the occasion ◆ **le climat ne lui convient pas** the climate doesn't suit him *ou* doesn't agree with him ◆ **oui, cette chambre me convient très bien** yes, this room suits me very well ◆ **cette maison convient à une personne seule** this house is suitable for a person living on their own ◆ **j'irai si cela me convient** I'll go if it is convenient (for me); *(ton péremptoire)* I'll go if it suits me ◆ **si l'heure/la date vous convient** if the time/date is convenient for you *ou* suits you ◆ **c'est tout à fait ce qui me convient** this is exactly what I need *ou* want ◆ **j'espère que cela vous conviendra** I hope you will find this acceptable, I hope this will be acceptable to you
VT INDIR **convenir de** 1 *(= avouer)* to admit (to), to acknowledge ◆ **tu as eu tort, conviens-en** you were wrong, admit it
2 *(= s'accorder sur)* to agree on ◆ **convenir d'une date/d'un lieu** to agree on a date/place ◆ **une date a été convenue** a date has been agreed ◆ **nous en avons convenu ensemble** we agreed on it together
VT **convenir que** *(= avouer)* to admit that, to acknowledge the fact that; *(= s'accorder sur)* to agree that ◆ **il est convenu que nous nous réunissons demain** it is agreed that we should meet tomorrow
VB IMPERS ◆ **il convient de faire** *(= il vaut mieux)* it is advisable to do; *(= il est bienséant de)* it would be proper to do ◆ **il convient d'être prudent** caution is advised, it is advisable to be cautious ◆ **il convient qu'elle remercie ses hôtes de leur hospitalité** it is proper *ou* right for her to thank her host and hostess for their hospitality ◆ **il convient de faire remarquer...** *(frm)* we should point out...
VPR **se convenir** *[personnes]* to be well-suited (to each other)

convent /kɔ̃vɑ̃/ NM general assembly of Freemasons

convention /kɔ̃vɑ̃sjɔ̃/ SYN NF ① (= pacte) (gén) agreement, covenant (frm); (Pol) convention ◆ **convention collective** collective agreement ◆ **cela n'entre pas dans nos conventions** that doesn't enter into our agreement
② (= accord tacite) (gén) understanding; (Art, Littérat) convention ◆ **les conventions (sociales)** convention, social conventions ◆ **décor/personnage/langage de convention** (Littérat, Théât) conventional set/character/language ◆ **mots/amabilité de convention** conventional words/kindness
③ (= assemblée) (Pol US) convention ◆ **la Convention** (Hist) the Convention

conventionnalisme /kɔ̃vɑ̃sjɔnalism/ NM conventionalism

conventionné, e /kɔ̃vɑ̃sjɔne/ ADJ [établissement, médecin] linked to the state health scheme, ≃ National Health (Brit) (épith); [prix] government-regulated; [prêt] subsidized, low-interest (épith)

conventionnel, -elle /kɔ̃vɑ̃sjɔnɛl/ SYN
ADJ (gén) conventional; (Jur) [acte, clause] contractual
NM (Hist) ◆ **les conventionnels** the members of the Convention

conventionnellement /kɔ̃vɑ̃sjɔnɛlmɑ̃/ ADV conventionally

conventionnement /kɔ̃vɑ̃sjɔnmɑ̃/ NM state health service contract, ≃ National Health (Brit) contract

conventionner (se) /kɔ̃vɑ̃sjɔne/ ▶ conjug 1 ◀ VPR [médecin] to register as a practitioner within the state health scheme

conventuel, -elle /kɔ̃vɑ̃tɥɛl/ ADJ [vie, règle, monde, bâtiment] [de moines] monastic; [de nonnes] convent (épith), conventual; [simplicité, paix] monastic

convenu, e /kɔ̃vny/ (ptp de **convenir**) ADJ
① (= décidé) [heure, prix, mot] agreed ◆ **comme convenu** as agreed ◆ **il a été convenu de se réunir toutes les semaines** it was agreed that we should meet every week ◆ **ce qu'il est convenu d'appeler la politesse** what people call politeness
② (péj = conventionnel) conventional

convergence /kɔ̃vɛʁʒɑ̃s/ NF convergence ◆ **point de convergence** (Sci, Math) point of convergence; (Pol) point of agreement ◆ **nous avons des points de convergence** there are points on which we agree ◆ **le point de convergence entre les deux théories** the meeting point between the two theories ◆ **objectif/programme de convergence** convergence target/programme; → **critère**

convergent, e /kɔ̃vɛʁʒɑ̃, ɑ̃t/ SYN ADJ convergent

converger /kɔ̃vɛʁʒe/ SYN ▶ conjug 3 ◀ VI [lignes, rayons, routes] to converge ◆ **converger sur** [regards] to focus on ◆ **nos pensées convergent sur le sujet** we think along the same lines on the subject

convers, e /kɔ̃vɛʁ, ɛʁs/ ADJ (Rel) lay (épith)

conversation /kɔ̃vɛʁsɑsjɔ̃/ SYN NF ① (= entretien) (gén) conversation; (politique, diplomatique) talk ◆ **la conversation tournait court** ◆ **conversation téléphonique** (tele)phone conversation ◆ **en (grande) conversation avec** (deep) in conversation with ◆ **faire la conversation à** to make conversation with; → **frais²**
② (= art de parler) conversation ◆ **avoir de la conversation** to be a good conversationalist ◆ **il n'a pas de conversation** he's got no conversation ◆ **elle a de la conversation** † she's well-stacked*, she has big breasts
③ (= langage familier) ◆ **dans la conversation courante** in informal ou conversational ou everyday speech ◆ **employer le style de la conversation** to use a conversational style

conversationnel, -elle /kɔ̃vɛʁsasjɔnɛl/ ADJ (Ordin) conversational

converser /kɔ̃vɛʁse/ SYN ▶ conjug 1 ◀ VI to converse (avec with)

conversion /kɔ̃vɛʁsjɔ̃/ NF ① (à une religion) conversion (à to; en into); (à une théorie) winning over (à to), conversion (à to)
② (Écon = reconversion) (professionnelle) retraining; (industrielle) conversion ◆ **convention de conversion** retraining scheme
③ [de chiffres, mesures, devises] conversion ◆ **taux de conversion** conversion rate ◆ **conversion de dollars en euros** conversion of dollars into euros ◆ **faire une conversion de fractions en...** to convert fractions into...
④ (= demi-tour) (Mil) wheel; (Ski) kick turn
⑤ (Ordin) conversion
⑥ (Psych) conversion

converti, e /kɔ̃vɛʁti/ (ptp de **convertir**)
ADJ converted
NM,F convert; → **prêcher**

convertibilité /kɔ̃vɛʁtibilite/ NF convertibility

convertible /kɔ̃vɛʁtibl/
ADJ convertible (en into)
NM (= avion) convertiplane; (= canapé) sofa bed, bed-settee (Brit)

convertir /kɔ̃vɛʁtiʁ/ SYN ▶ conjug 2 ◀
VT ① (= rallier) (à une religion) to convert (à to); (à une théorie) to win over, to convert (à to)
② (= transformer) to convert (en into) ◆ **convertir une terre en blés** to turn a field over to wheat
VPR **se convertir** (= devenir croyant, changer de religion) to convert; (à une théorie) to be converted (à to) ◆ **il s'est converti à l'islam** he converted to Islam

convertissage /kɔ̃vɛʁtisaʒ/ NM (Métal) conversion

convertissement /kɔ̃vɛʁtismɑ̃/ NM (Fin) conversion

convertisseur /kɔ̃vɛʁtisœʁ/ NM converter ◆ **convertisseur Bessemer** Bessemer converter ◆ **convertisseur d'images** image converter ◆ **convertisseur de couple** torque converter ◆ **convertisseur numérique** (Ordin) digitizer ◆ **convertisseur numérique analogique** digital-analogue converter ◆ **convertisseur francs-euros** franc-euro currency converter

convexe /kɔ̃vɛks/ ADJ convex

convexion /kɔ̃vɛksjɔ̃/ NF ⇒ **convection**

convexité /kɔ̃vɛksite/ NF convexity

conviction /kɔ̃viksjɔ̃/ SYN NF ① (= certitude) conviction, (firm) belief ◆ **j'en ai la conviction** I'm convinced of it ◆ **parler avec conviction** to speak with conviction
② (= sérieux, enthousiasme) conviction ◆ **faire qch avec/sans conviction** to do sth with/without conviction ◆ **manquer de conviction** to lack conviction
③ (= opinions) ◆ **convictions** beliefs, convictions
④ → **pièce**

convier /kɔ̃vje/ GRAMMAIRE ACTIVE 25.1 SYN ▶ conjug 7 ◀ VT (frm) ◆ **convier à** [+ soirée, concert] to invite to ◆ **convier qn à faire qch** (pousser) to urge sb to do sth; (inviter) to invite sb to do sth ◆ **la chaleur conviait à la baignade** the hot weather made it very tempting to swim

convive /kɔ̃viv/ SYN NMF guest (at a meal)

convivial, e (mpl **-iaux**) /kɔ̃vivjal, jo/ ADJ (gén) [ambiance, lieu] friendly, convivial; (Ordin) user-friendly

convivialiser /kɔ̃vivjalize/ ▶ conjug 1 ◀ VT [+ lieu] to make (more) friendly ou convivial; [+ logiciel] to make (more) user-friendly

convivialité /kɔ̃vivjalite/ NF (= rapports) social interaction; (= jovialité) friendliness, conviviality; (Ordin) user-friendliness

convoc* /kɔ̃vɔk/ NF abrév de **convocation**

convocation /kɔ̃vɔkɑsjɔ̃/ SYN NF ① (NonC) [d'assemblée] convening, convoking; [de membre de club] inviting; [de témoin, prévenu, subordonné] summoning ◆ **la convocation des membres doit se faire longtemps à l'avance** members must be invited a long time in advance ◆ **cette convocation chez le directeur l'intriguait** he was intrigued to know why the chairman had asked to see him ◆ **la convocation des membres/candidats doit se faire par écrit** members/candidates must be given written notification to attend
② (= lettre, carte) (written) notification to attend; (Jur) summons ◆ **je n'ai pas encore reçu ma convocation** I haven't had notification yet

convoi /kɔ̃vwa/ NM ① (= cortège funèbre) funeral procession
② (= train) train ◆ **convoi de marchandises** goods train
③ [de véhicules, navires, prisonniers] convoy
④ ◆ **convoi exceptionnel** ≃ wide (ou long ou dangerous) load

convoiement /kɔ̃vwamɑ̃/ NM (= escorte) escorting; [de troupes, navires] escorting, convoying; (= transport) conveying

convoiter /kɔ̃vwate/ SYN ▶ conjug 1 ◀ VT [+ héritage, objet, poste] to covet; [+ personne] to lust after ◆ **poste très convoité** highly-coveted job

convoitise /kɔ̃vwatiz/ SYN NF (= désir) (gén) covetousness; (pour une personne) lust, desire ◆ **la convoitise des richesses** the lust for wealth ◆ **la convoitise de la chair** the lusts of the flesh ◆ **l'objet de sa convoitise** the object of his desire ◆ **regarder avec convoitise** [+ objet] to cast covetous looks at; [+ personne] to look ou gaze lustfully at ◆ **regard brillant de convoitise** covetous (ou lustful) look ◆ **l'objet des convoitises de tous** the object of everyone's desire

convoler /kɔ̃vɔle/ ▶ conjug 1 ◀ VI († ou hum) ◆ **convoler (en justes noces)** to be wed † (aussi hum)

convolvulacées /kɔ̃vɔlvylase/ NFPL ◆ **les convolvulacées** convolvulaceous plants

convolvulus /kɔ̃vɔlvylys/ NM convolvulus, bindweed

convoquer /kɔ̃vɔke/ SYN ▶ conjug 1 ◀ VT [+ assemblée] to convene, to convoke; (= convier) to invite (à to); [+ témoin, prévenu, subordonné] to summon ◆ **convoquer qn (pour une entrevue)** to call ou invite sb for an interview ◆ **convoquer un candidat (à un examen)** to send a candidate written notification (of an exam) ◆ **il va falloir convoquer les membres** we're going to have to call a meeting of the members ou call the members together ◆ **as-tu été convoqué à la réunion ?** have you been invited to (attend) the meeting ? ◆ **le président a convoqué la presse pour annoncer...** the president called a press conference to announce... ◆ **j'ai été convoqué à dix heures (pour mon oral)** I've been asked to attend at ten o'clock (for my oral) ◆ **le chef m'a convoqué** the boss sent for me ou asked to see me ◆ **le chef m'a convoqué dans son bureau** the boss called ou summoned me to his office ◆ **le juge m'a convoqué** I was summoned to appear before the judge, I was called before the judge

convoyage /kɔ̃vwajaʒ/ NM ⇒ **convoiement**

convoyer /kɔ̃vwaje/ ▶ conjug 8 ◀ VT (= escorter) to escort; [+ troupes, navires] to escort, to convoy; (= transporter) to convey

convoyeur /kɔ̃vwajœʁ/ NM (= navire) convoy, escort ship; (= personne) escort; (= tapis roulant) conveyor ◆ **convoyeur de fonds** security guard, Securicor ® guard (Brit)

convulser /kɔ̃vylse/ ▶ conjug 1 ◀ VT [+ visage] to convulse, to distort; [+ corps] to convulse ◆ **la douleur lui convulsa le visage** his face was distorted ou convulsed with pain ◆ **son visage se convulsait** his face was distorted

convulsif, -ive /kɔ̃vylsif, iv/ ADJ convulsive

convulsion /kɔ̃vylsjɔ̃/ NF (gén, Méd, fig) convulsion ◆ **le pays est en proie à des convulsions politiques** the country is in political turmoil

convulsionnaire /kɔ̃vylsjɔnɛʁ/ NMF convulsionary

convulsionner /kɔ̃vylsjɔne/ ▶ conjug 1 ◀ VT to convulse ◆ **visage convulsionné** distorted ou convulsed face

convulsivement /kɔ̃vylsivmɑ̃/ ADV convulsively

coobligé, e /kɔɔbliʒe/ NM,F (Jur) joint obligor

cooccupant, e /kɔɔkypɑ̃, ɑ̃t/ NM,F co-occupier, co-occupant

cooccurrence /kɔɔkyʁɑ̃s/ NF (Ling) co-occurrence

Cook /kuk/ N ◆ **les îles Cook** the Cook Islands

cookie /kuki/ NM (Internet, Culin) cookie

cool* /kul/ ADJ (f inv) cool*

coolie /kuli/ NM coolie

coopé /kɔpe/ NF ① abrév de **coopération**
② (abrév de **coopérative**) co-op

coopérant, e /kɔɔpeʁɑ̃, ɑ̃t/
ADJ cooperative
NM ≃ VSO volunteer, ≃ Peace Corps volunteer (US)

coopérateur, -trice /k(ɔ)ɔpeʁatœʁ, tʁis/
ADJ cooperative
NM,F ① (= associé) collaborator, cooperator
② (= membre d'une coopérative) member of a cooperative, cooperator

coopératif, -ive /k(ɔ)ɔpeʁatif, iv/
ADJ cooperative
NF **coopérative** SYN (= organisme) cooperative; (= magasin) co-op ◆ **coopérative scolaire** school fund

coopération /kɔɔpeʀasjɔ̃/ SYN NF ① (gén = collaboration) cooperation ◆ **apporter sa coopération à une entreprise** to cooperate ou collaborate in an undertaking
② (Pol) ≃ Voluntary Service Overseas (Brit), ≃ VSO (Brit), ≃ Peace Corps (US) (usually as form of military service) ◆ **il a été envoyé en Afrique comme professeur au titre de la coopération** ≃ he was sent to Africa as a VSO teacher (Brit), ≃ he was sent to Africa by the Peace Corps to be a teacher (US)

  COOPÉRATION
  The French government, through the "ministère de la **Coopération**", provides aid to developing countries by setting up and supporting educational and training schemes abroad. → **SERVICE MILITAIRE**

coopératisme /k(ɔ)ɔperatism/ NM (Écon) cooperation

coopérer /kɔɔpeʀe/ SYN ▸ conjug 6 ◂
  VI to cooperate
  VT INDIR **coopérer à** to cooperate in

cooptation /kɔɔptasjɔ̃/ NF coopting, cooptation

coopter /kɔɔpte/ ▸ conjug 1 ◂ VT to coopt

coordinateur, -trice /kɔɔʀdinatœʀ, tʀis/ NM, F ⇒ coordonnateur

coordination /kɔɔʀdinasjɔ̃/ SYN NF (gén, Ling) coordination ◆ **coordination ouvrière/étudiante** workers'/students' committee; → conjonction

coordinence /kɔɔʀdinɑ̃s/ NF (Chim) coordination number

coordonnant /kɔɔʀdɔnɑ̃/ NM (Ling) coordinating conjunction

coordonnateur, -trice /kɔɔʀdɔnatœʀ, tʀis/
  ADJ coordinating
  NM,F coordinator

coordonné, e /kɔɔʀdɔne/ (ptp de **coordonner**)
  ADJ coordinated ◆ **(proposition) coordonnée** (Ling) coordinate clause ◆ **papiers peints coordonnés** matching wallpapers ◆ **vêtements coordonnés** coordinating separates
  NMPL **coordonnés** (Habillement) coordinates
  NFPL **coordonnées** SYN (Math) coordinates ◆ **donnez-moi vos coordonnées** can I have your name and address ou your contact details please?

coordonner /kɔɔʀdɔne/ SYN ▸ conjug 1 ◂ VT to coordinate

copain */kɔpɛ̃/ SYN NM (= ami) friend, mate* (surtout Brit), buddy* (surtout US) ◆ **son copain** (= amoureux) her boyfriend ◆ **de bons copains** good friends, great pals* ◆ **copain de régiment** army pal* ou buddy* ◆ **il est très copain avec le patron** he's really in with the boss*, he's very pally* (Brit) with the boss ◆ **avec eux, c'est ou on est copain copain** we're very chummy* ou dead pally‡ (Brit) with them ◆ **ils ont fait copain-copine** they really hit it off* ◆ **ils sont copains comme cochons** they are great buddies*, they're as thick as thieves ◆ **les meilleurs postes sont toujours pour les petits copains** (péj) they always give the best jobs to their cronies*, it's always jobs for the boys*

copal /kɔpal/ NM copal

coparent /kɔpaʀɑ̃/ NM co-parent

coparentalité /kɔpaʀɑ̃talite/ NF co-parenting

copartage /kɔpaʀtaʒ/ NM (Jur) (co)parcenary, coparceny

copartageant, e /kɔpaʀtaʒɑ̃, ɑ̃t/ NM,F (Jur) (co)parcener

copartager /kɔpaʀtaʒe/ ▸ conjug 3 ◂ VT to be (co)parcener in

coparticipant, e /kɔpaʀtisipɑ̃, ɑ̃t/ (Jur)
  ADJ in copartnership ou joint account
  NM,F copartner

coparticipation /kɔpaʀtisipasjɔ̃/ NF (Jur) copartnership ◆ **coparticipation aux bénéfices** profit-sharing

copayer /kɔpaje/ NM copaiba ou copaiva tree

copeau (pl **copeaux**) /kɔpo/ NM [de bois] shaving; [de métal] turning ◆ **brûler des copeaux** to burn wood shavings ◆ **copeaux de chocolat/de parmesan** shaved chocolate/parmesan

Copenhague /kɔpənag/ N Copenhagen

copépodes /kɔpepɔd/ NMPL ◆ **les copépodes** copepods, the Copepoda (SPÉC)

Copernic /kɔpɛʀnik/ NM Copernicus

copernicien, -ienne /kɔpɛʀnisjɛ̃, jɛn/ ADJ, NM,F Copernican ◆ **révolution copernicienne** Copernican revolution

copiage /kɔpjaʒ/ NM (gén) copying; (Scol) copying, cribbing

copie /kɔpi/ SYN NF ① (= reproduction, exemplaire) [de diplôme, film] copy; [de tableau] copy, reproduction; [de sculpture, bijou] copy, reproduction, replica ◆ **copie certifiée conforme** (Admin) certified copy ◆ **pour copie conforme** (Admin) certified accurate ◆ **copie d'écran** (Ordin) screenshot ◆ **copie étalon** (Ciné, TV) master print ◆ **copie d'exploitation** (Ciné) release print ◆ **copie neuve** (Ciné) new copy ◆ **copie papier** (Ordin) hard copy ◆ **copie de sauvegarde** (Ordin) backup copy ◆ **prendre copie de qch** to make a copy of sth ◆ **je vous ai mis en copie** I've copied it to you
② (= action de copier) copying
③ (= reproduction frauduleuse) copy, imitation ◆ **pâle copie** pale imitation
④ (Scol) (= feuille de papier) sheet (of paper), paper; (= devoir) exercise; (= composition, examen) paper, script ◆ **copie simple/double** single/double sheet (of paper) ◆ **copie d'examen** examination script ◆ **rendre** ou **remettre copie blanche** to hand in a blank sheet of paper ◆ **rendre** ou **remettre sa copie** (lit) to hand in one's paper; (fig) to turn in one's report ◆ **revoir sa copie** (fig) to go back to the drawing board; → mal²
⑤ (Typographie) copy
⑥ (Presse) copy; → pisseur

copier /kɔpje/ SYN ▸ conjug 7 ◂
  VT ① (= reproduire légalement) [+ écrit, texte, acte] to copy, to make a copy of; (Ordin) to copy; [+ tableau, sculpture] to copy, to reproduce ◆ **copier qch au propre** to make a fair copy of sth, to copy sth out neatly ◆ **copier une leçon trois fois** to copy out a lesson three times ◆ **vous me la copierez !** I won't forget that in a hurry! * ◆ **copier coller** (Ordin) to copy and paste
② (= reproduire frauduleusement) [+ tableau, sculpture, bijou, logiciel] to copy, to make a copy of; (Scol = tricher) to copy, to crib ◆ **copier le voisin** to copy ou crib from one's neighbour
③ (= imiter) [+ style, démarche, auteur] to copy
  VI (Scol = tricher) to copy, to crib (sur from)

copier-coller /kɔpjekɔle/ NM (Ordin) ◆ **faire un copier-coller** to copy and paste

copieur, -ieuse /kɔpjœʀ, jøz/
  NM,F (Scol) copier, cribber
  NM (machine) copier

copieusement /kɔpjøzmɑ̃/ SYN ADV [manger, boire] copiously, heartily; [illustré, annoté] copiously ◆ **repas copieusement arrosé** meal generously washed down with wine ◆ **on s'est fait copieusement arroser/engueuler** * we got well and truly soaked/told off* ◆ **il s'est fait copieusement siffler après son discours** the crowd booed and whistled loudly when he finished his speech

copieux, -ieuse /kɔpjø, jøz/ SYN ADJ [repas] copious, hearty; [portion] generous; [notes, exemples] copious

copilote /kɔpilɔt/ NMF [d'avion] co-pilot; [de voiture] navigator

copin */kɔpɛ̃/ NM ⇒ copain

copinage */kɔpinaʒ/ SYN NM (péj) pally* (Brit) ou buddy-buddy* (surtout US) relationship ◆ **obtenir qch par copinage** to get sth through friendly contacts

copine */kɔpin/ SYN NF (= amie) friend; (= amoureuse) girlfriend ◆ **une copine de ma mère** one of my mother's friends ou girlfriends ◆ **copine de classe** school friend ou mate ◆ **elles sont très copines** they're great friends ◆ **elle est très copine avec le voisin** she's very friendly ou pally* (Brit) with the next-door neighbour

copiner */kɔpine/ ▸ conjug 1 ◂ VI to be pally‡ (Brit) ou great buddies * (surtout US) (avec with)

copiste /kɔpist/ NMF (Hist, Littérat) copyist, transcriber

coplanaire /kɔplanɛʀ/ ADJ coplanar

copolymère /kɔpɔlimɛʀ/ NM copolymer

coposséder /kɔpɔsede/ ▸ conjug 6 ◂ VT to own jointly

copossession /kɔpɔsesjɔ̃/ NF co-ownership, joint ownership

copra(h) /kɔpʀa/ NM copra

coprésidence /kɔpʀezidɑ̃s/ NF co-presidency, co-chairmanship

coprésident /kɔpʀezidɑ̃/ NM co-president, co-chairman

coprésidente /kɔpʀezidɑ̃t/ NF co-president, co-chairwoman

coprin /kɔpʀɛ̃/ NM ink cap, coprinus (SPÉC)

coprocesseur /kɔpʀɔsesœʀ/ NM coprocessor

coproculture /kɔpʀɔkyltyʀ/ NF faecal (Brit) ou fecal (US) culture

coproducteur, -trice /kɔpʀɔdyktœʀ, tʀis/ NM,F co-producer

coproduction /kɔpʀɔdyksjɔ̃/ NF (Ciné, TV) coproduction, joint production ◆ **une coproduction franco-italienne** a French-Italian co-production, a joint French-Italian production

coproduire /kɔpʀɔdɥiʀ/ ▸ conjug 38 ◂ VT to co-produce

coprolalie /kɔpʀɔlali/ NF coprolalia

coprolithe /kɔpʀɔlit/ NM coprolite

coprologie /kɔpʀɔlɔʒi/ NF coprology

coprophage /kɔpʀɔfaʒ/ ADJ coprophagous

coprophile /kɔpʀɔfil/ ADJ coprophilous, coprophilic

copropriétaire /kɔpʀɔpʀijetɛʀ/ NMF co-owner, joint owner

copropriété /kɔpʀɔpʀijete/ NF (= statut) co-ownership, joint ownership; (= propriétaires) co-owners ◆ **immeuble en copropriété** block of flats (Brit) ou apartment building (US) in co-ownership, condominium (US)

copte /kɔpt/
  ADJ Coptic
  NM (= langue) Coptic
  NMF **Copte** Copt

copulatif, -ive /kɔpylatif, iv/ ADJ (Ling) copulative

copulation /kɔpylasjɔ̃/ NF copulation

copule /kɔpyl/ NF (Ling) copulative verb, copula

copuler /kɔpyle/ ▸ conjug 1 ◂ VI to copulate

copyright /kɔpiʀajt/ NM copyright

coq¹ /kɔk/
  NM [de basse-cour] cock, rooster; (= girouette) weather cock ou vane ◆ **coq faisan/de perdrix** (= oiseau mâle) cock pheasant/partridge ◆ **jeune coq** cockerel ◆ **coq, poids coq** (Boxe) bantamweight ◆ **être comme un coq en pâte** to be in clover, to live the life of Riley ◆ **jambes** ou **mollets de coq** wiry legs ◆ **sauter** ou **passer du coq à l'âne** to jump from one subject to another; → chant¹, rouge
  COMP **coq de bruyère** (grand) capercaillie; (petit) black grouse
  coq de combat fighting cock
  le coq gaulois the French cockerel (emblem of the French fighting spirit)
  coq nain bantam cock
  coq de roche cock-of-the-rock
  coq de village (fig) local ladykiller
  coq au vin coq au vin

coq² /kɔk/ NM (Naut = cuisinier) (ship's) cook

coq-à-l'âne /kɔkalɑn/ NM INV abrupt change of subject ◆ **faire un coq-à-l'âne** to jump from one subject to another

coquard‡, coquart‡ /kɔkaʀ/ NM black eye, shiner‡

coque /kɔk/ NF ① [de bateau] hull; [d'avion] fuselage; [d'auto] shell, body
② [de noix, amande] shell; † [d'œuf] shell ◆ **œuf (à la) coque** (Culin) (soft-)boiled egg ◆ **coque de noix** (= embarcation) cockleshell
③ (= mollusque) cockle

coquelet /kɔklɛ/ NM (Culin) cockerel

coquelicot /kɔkliko/ NM poppy; → rouge

coqueluche /kɔklyʃ/ NF ① (Méd) whooping cough
② (fig) **être la coqueluche de** to be the idol ou darling of

coquemar /kɔkmaʀ/ NM cauldron, big kettle

coqueret /kɔkʀɛ/ NM Chinese lantern, winter ou ground cherry

coquerico /kɔk(ə)ʀiko/ NM, EXCL ⇒ cocorico

coquerie /kɔkʀi/ NF (à bord d'un bateau) (ship's) galley, caboose (Brit); (à terre) cookhouse

coqueron /kɔkʀɔ̃/ NM [de bateau] peak; (Can = habitation) ramshackle house

coquet, -ette /kɔkɛ, ɛt/ SYN
- ADJ ① (= *bien habillé*) smart, well turned-out; (= *soucieux de son apparence*) appearance-conscious, clothes-conscious ◆ **il est trop coquet** he takes too much interest in his appearance, he is too clothes-conscious ◆ **il n'est pas coquet** he doesn't take much interest in his appearance
- ② († = *flirteur*) flirtatious
- ③ [*ville*] pretty, charming; [*logement*] charming; [*robe*] smart, stylish
- ④ (* : *intensif*) [*somme d'argent, revenu*] tidy * (*épith*)
- NF **coquette** ◆ **c'est une coquette** she's a coquette *ou* a flirt, she's very coquettish *ou* flirtatious ◆ **faire sa coquette** to play hard to get* ◆ **jouer les grandes coquettes** (*fig*) to flirt a lot, to be very coquettish

coquetier /kɔk(ə)tje/ NM egg cup ◆ **gagner** *ou* **décrocher le coquetier** †* to hit the jackpot*

coquetière /kɔk(ə)tjɛʀ/ NF *utensil used to make soft-boiled eggs*

coquettement /kɔkɛtmɑ̃/ ADV [*s'habiller*] smartly, stylishly; [*sourire*] coquettishly ◆ **un appartement coquettement meublé** an elegantly furnished apartment

coquetterie /kɔkɛtʀi/ SYN NF ① (= *élégance*) [*de personne*] interest in one's appearance, consciousness of one's appearance; [*de toilette, coiffure*] smartness, stylishness
- ② (= *galanterie*) coquetry, flirtatiousness (*NonC*) ◆ **il mettait sa coquetterie à marcher sans canne/parler sans notes** (*littér* = *amour propre*) he prided himself on *ou* made a point of walking without a stick/talking without notes
- ③ (*hum*) ◆ **avoir une coquetterie dans l'œil** * to have a cast in one's eye

coquillage /kɔkijaʒ/ NM (= *mollusque*) shellfish (*NonC*); (= *coquille*) shell

coquillard‡ /kɔkijaʀ/ NM → **tamponner**

coquille /kɔkij/
- NF ① [*de mollusque, œuf, noix*] shell ◆ **rentrer dans/sortir de sa coquille** (*fig*) to go *ou* withdraw into/come out of one's shell
- ② (= *récipient*) (shell-shaped) dish, scallop ◆ **coquille de poisson/crabe** (= *mets*) scallop of fish/crab, fish/crab served in scallop shells
- ③ (= *décoration*) scallop; [*d'épée*] coquille, shell
- ④ (*Typographie*) misprint
- ⑤ (*Sport* = *protection*) box
- ⑥ (*Méd* = *plâtre*) spinal bed
- COMP **coquille de beurre** shell of butter ◆ **coquille de noix*** (= *embarcation*) cockleshell ◆ **coquille d'œuf** (= *couleur*) eggshell (*épith*) ◆ **coquille Saint-Jacques** (= *animal*) scallop; (= *carapace*) scallop shell

coquillettes /kɔkijɛt/ NFPL pasta shells

coquillier, -ière /kɔkije, jɛʀ/
- ADJ conchiferous (SPÉC)
- NM † shell collection

coquin, e /kɔkɛ̃, in/ SYN
- ADJ ① (= *malicieux*) [*enfant, air*] mischievous ◆ **coquin de sort !*** the devil!*, the deuce! †*
- ② (= *polisson*) [*histoire, regard*] naughty, suggestive
- NM,F (= *enfant*) rascal, mischief ◆ **tu es un petit coquin !** you little monkey! *ou* rascal!
- NM († = *gredin*) rascal, rogue
- NF **coquine** †† (= *débauchée*) loose woman, strumpet †

coquinerie /kɔkinʀi/ NF ① (= *caractère*) [*d'enfant*] mischievousness; [*de gredin*] roguery
- ② (= *action*) [*d'enfant*] mischievous trick; [*de personne peu honnête*] low-down trick

cor¹ /kɔʀ/
- NM (*Mus*) horn ◆ **premier cor** principal horn ◆ **à cor et à cri** ◆ **réclamer** *ou* **demander qch/qn à cor et à cri** to clamour for sth/sb ◆ **chasser à cor et à cri** to hunt with the hounds
- COMP **cor anglais** cor anglais (*Brit*), English horn (*US*)
- **cor de basset** basset horn
- **cor de chasse** hunting horn
- **cor d'harmonie** French horn
- **cor à pistons** valve horn

cor² /kɔʀ/ NM (*Méd*) ◆ **cor (au pied)** corn

cor³ /kɔʀ/ NM [*de cerf*] tine ◆ **un (cerf) 10 cors** a 10-point stag, a 10-pointer

coracoïde /kɔʀakɔid/ ADJ coracoid

corail (pl **-aux**) /kɔʀaj, o/
- NM coral ◆ **la mer de Corail** the Coral Sea
- ADJ INV ① (= *couleur*) coral (pink)
- ② ◆ **(train) Corail** ® ≈ express (train), ≈ intercity train (*Brit*)
- ③ ◆ **serpent corail** coral snake

corailleur, -euse /kɔʀajœʀ, øz/ NM,F (= *pêcheur*) coral fisher; (= *travailleur*) coral worker

corallien, -ienne /kɔʀaljɛ̃, jɛn/ ADJ coralline (*littér*), coral (*épith*)

corallifère /kɔʀalifɛʀ/ ADJ coralliferous

corallin, e /kɔʀalɛ̃, in/ ADJ (*littér*) [*lèvre, coquille*] coralline (*littér*), coral (red)

Coran /kɔʀɑ̃/ NM ◆ **le Coran** the Koran

coranique /kɔʀanik/ ADJ Koranic

corbeau (pl **corbeaux**) /kɔʀbo/ NM ① (= *oiseau*) (*terme générique*) crow ◆ **(grand) corbeau** raven ◆ **corbeau freux** rook
- ② († *péj* = *prêtre*) black-coat † (*péj*), priest
- ③ (*Archit*) corbel
- ④ (* = *diffamateur*) writer of poison-pen letters

corbeille /kɔʀbɛj/ SYN
- NF ① (= *panier*) basket; (*pour courrier*) tray; (*Ordin*) trash ◆ **vider la corbeille** (*Ordin*) to empty the trash ◆ **corbeille de fleurs/de fruits** basket of flowers/fruit ◆ **corbeille arrivée/départ** in/out tray ◆ **soutien-gorge corbeille** push-up bra
- ② (*Théât*) (dress) circle
- ③ (*Archit*) [*de chapiteau*] bell, basket
- ④ ◆ **la corbeille** † (*Bourse*) the trading floor *ou* pit (*in Paris Stock Exchange*)
- ⑤ (= *parterre*) (round *ou* oval) flowerbed
- COMP **corbeille d'argent** (= *plante*) sweet alyssum
- **corbeille à courrier** mail tray
- **corbeille de mariage** wedding presents ◆ **sa femme a apporté une fortune dans la corbeille de mariage** his wife brought him a fortune when she married him ◆ **dans cette fusion, leur société apporte 10 millions d'euros dans la corbeille de mariage** their company brings (a dowry of) 10 million euros to this merger
- **corbeille d'or** (= *plante*) golden alyssum
- **corbeille à ouvrage** workbasket
- **corbeille à pain** breadbasket
- **corbeille à papier(s)** wastepaper basket *ou* bin

corbillard /kɔʀbijaʀ/ NM hearse

cordage /kɔʀdaʒ/ SYN NM ① (= *corde, lien*) rope ◆ **cordages** (*gén*) ropes, rigging; [*de voilure*] rigging
- ② [*de raquette de tennis*] stringing

corde /kɔʀd/ SYN
- NF ① (*gén* = *câble, cordage*) rope ◆ **attacher qn avec une corde** *ou* **de la corde** to tie sb up with a (piece of) rope ◆ **attacher** *ou* **lier qn à un arbre avec une corde** to rope sb to a tree, to tie a tree with a (piece of) rope ◆ **en corde, de corde** [*tapis*] whipcord (*épith*) ◆ **à semelle de corde** rope-soled ◆ **grimper** *ou* **monter à la corde** to climb a rope, to pull o.s. up a rope; → **danseur, sauter**
- ② (*Mus*) string ◆ **instruments à cordes** stringed instruments ◆ **les cordes** the strings ◆ **orchestre/quatuor à cordes** string orchestra/quartet ◆ **corde à vide** open string ◆ **instrument à cordes pincées/frottées** plucked/bowed instrument ◆ **à cordes croisées** [*piano*] overstrung
- ③ (*Sport*) [*de raquette, arc*] string ◆ **être envoyé dans les cordes** (*Boxe*) to be thrown against the ropes
- ④ [*de funambule*] tightrope, high wire
- ⑤ (*Courses*) rails ◆ **à la corde** (*gén* : *sur piste*) on the inside; (*Courses*) on the rails *ou* inside ◆ **prendre un virage à la corde** to hug a bend, to take a bend on the inside ◆ **prendre/tenir la corde** (*gén* : *sur piste*) to get on/be on the inside; (*Courses*) to get close to/be on the rails, to get on/be on the inside ◆ **c'est lui qui tient la corde** (*fig*) he's in with the best chance (of winning)
- ⑥ (= *trame d'un tissu*) thread; → **user**
- ⑦ (*Math*) chord
- ⑧ († = *mesure*) cord
- ⑨ (*locutions*) ◆ **mériter la corde** † to deserve to hang *ou* be hanged ◆ **il s'est mis la corde au cou** (= *il s'est marié*) he's tied the knot, he's got hitched* ◆ **il a dû y aller la corde au cou** (*humble, soumis*) he had to go cap in hand ◆ **être** *ou* **marcher** *ou* **danser sur la corde raide** to walk a tightrope ◆ **politique de la corde raide** brinkmanship ◆ **parler de (la) corde dans la maison du pendu** to bring up a sore point, to make a tactless remark ◆ **avoir plus d'une corde** *ou* **plusieurs cordes à son arc** to have more than one string to one's bow ◆ **c'est dans ses cordes** it's right up his street (*Brit*) *ou* alley (*US*) ◆ **est-ce que c'est dans ses cordes ?** is he up to it? ◆ **ce n'est pas dans mes cordes** it's not my line (of country) ◆ **tirer sur la corde** to push one's luck a bit*, to go too far ◆ **toucher** *ou* **faire vibrer la corde sensible** to touch the right chord ◆ **il pleut** *ou* **il tombe des cordes*** it's raining cats and dogs* *ou* bucketing (down)* (*Brit*); → **sac¹**
- COMP **corde cervicale** cervical nerve
- **corde dorsale** spinal cord
- **corde à linge** clothes line, washing line
- **corde lisse** (climbing) rope
- **corde à nœuds** knotted climbing rope
- **corde à** *ou* **de piano** piano wire
- **corde de rappel** abseiling rope
- **corde à sauter** skipping rope, jump rope (*US*)
- **corde du tympan** chorda tympani
- **cordes vocales** vocal cords

cordé, e /kɔʀde/ ADJ cordate

cordeau (pl **cordeaux**) /kɔʀdo/ NM ① (= *corde*) string, line ◆ **cordeau de jardinier** gardener's line ◆ **fait** *ou* **tiré au cordeau** (*fig*) as straight as a die
- ② (= *mèche*) fuse ◆ **cordeau Bickford** Bickford fuse, safety fuse ◆ **cordeau détonant** detonator fuse
- ③ (*Pêche*) ledger line

cordée /kɔʀde/ NF ① [*d'alpinistes*] climbers roped together ◆ **premier de cordée** leader
- ② [*de bois*] cord

cordeler /kɔʀdəle/ ◆ conjug 4 ◆ VT to twist into a cord

cordelette /kɔʀdəlɛt/ NF cord

Cordelier /kɔʀdəlje/ NM (= *religieux*) Cordelier

cordelière /kɔʀdəljɛʀ/ NF ① (= *corde*) cord
- ② (*Archit*) cable moulding (*Brit*) *ou* molding (*US*)
- ③ (= *religieuse*) ◆ **Cordelière** Franciscan nun

corder /kɔʀde/ ◆ conjug 1 ◆ VT ① [+ *chanvre, tabac*] to twist
- ② (= *lier*) [+ *malle*] to tie up (with rope), to rope up
- ③ (= *mesurer*) [+ *bois*] to cord
- ④ [+ *raquette*] to string

corderie /kɔʀd(ə)ʀi/ NF (= *industrie*) ropemaking industry; (= *atelier*) rope factory

cordial, e (mpl **-iaux**) /kɔʀdjal, jo/ SYN
- ADJ [*accueil*] hearty, warm, cordial; [*sentiment, personne*] warm; [*manières*] cordial; [*antipathie, haine*] cordial, hearty; → **entente**
- NM heart tonic, cordial

cordialement /kɔʀdjalmɑ̃/ ADV ① (*gén*) ◆ **se serrer la main cordialement** to shake hands warmly ◆ **ils nous ont reçus très cordialement** they gave us a hearty *ou* very warm welcome ◆ **vous êtes tous cordialement invités** you are all cordially invited ◆ **il la déteste cordialement** he cordially *ou* heartily detests her
- ② (*en fin de lettre*) ◆ **cordialement (vôtre)** kind regards ◆ **bien cordialement** kindest regards

cordialité /kɔʀdjalite/ SYN NF [*d'accueil*] warmth, cordiality; [*de sentiment, personne*] warmth; [*de manières*] cordiality ◆ **tout s'est passé dans la plus parfaite cordialité** it all went off in the most cordial fashion

cordier /kɔʀdje/ NM ① (= *fabricant*) ropemaker
- ② (*Mus*) tailpiece

cordiforme /kɔʀdifɔʀm/ ADJ cordiform

cordillère /kɔʀdijɛʀ/ NF mountain range, cordillera ◆ **la cordillère des Andes** the Andes cordillera ◆ **la cordillère australienne** the Great Dividing Range

cordite /kɔʀdit/ NF cordite

cordon /kɔʀdɔ̃/ SYN
- NM ① [*de sonnette, rideau*] cord; [*de tablier*] tie; [*de sac, bourse*] string; [*de chaussures*] lace ◆ **cordon de sonnette** bell-pull ◆ **tenir/délier/resserrer les cordons de la bourse** to hold/loosen/tighten the purse strings ◆ **tenir les cordons du poêle** to be a pallbearer
- ② [*de soldats*] cordon
- ③ (*Mus*) string-course, cordon
- ④ (= *décoration*) sash ◆ **cordon du Saint-Esprit** ribbon of the order of the Holy Ghost ◆ **cordon de la Légion d'honneur** sash *ou* cordon of the Légion d'Honneur

cordon-bleu | **corps**

COMP **cordon Bickford** Bickford fuse, safety fuse
cordon bleu (= *cuisinier*) cordon-bleu cook; (= *décoration*) cordon bleu
cordon littoral offshore bar
cordon médullaire spinal cord
cordon ombilical (*lit, fig*) umbilical cord ◆ **couper** *ou* **rompre le cordon (ombilical)** (*fig*) to cut *ou* sever the umbilical cord
cordon sanitaire (*Méd, Pol*) quarantine line, cordon sanitaire

cordon-bleu (pl **cordons-bleus**) /kɔʀdɔ̃blø/ **NM** → cordon

cordonner /kɔʀdɔne/ ▶ conjug 1 ◀ **VT** [+ *soie, cheveux*] to twist

cordonnerie /kɔʀdɔnʀi/ **NF** (= *boutique*) shoe-repair shop, cobbler's †; (= *métier*) shoe-repairing

cordonnet /kɔʀdɔnɛ/ **NM** (= *petit cordon*) braid (*NonC*), cord (*NonC*); (*pour boutonnière*) buttonhole twist (*NonC*)

cordonnier, -ière /kɔʀdɔnje, jɛʀ/ **NM,F** (= *réparateur*) shoe-repairer, cobbler †; († = *fabricant*) shoemaker ◆ **les cordonniers sont toujours les plus mal chaussés** (*Prov*) the shoemaker's children always go barefoot (*Prov*)

Cordoue /kɔʀdu/ **N** Cordoba

coréalisateur, -trice /kɔʀealizatœʀ, tʀis/ **NM,F** (*Ciné, TV*) codirector

Corée /kɔʀe/ **NF** Korea ◆ **Corée du Sud/du Nord** South/North Korea

coréen, -enne /kɔʀeɛ̃, ɛn/
ADJ Korean
NM (= *langue*) Korean
NM,F Coréen(ne) Korean

coreligionnaire /kɔʀ(ə)liʒjɔnɛʀ/ **NMF** co-religionist

coréopsis /kɔʀeɔpsis/ **NM** coreopsis, calliopsis

coresponsabilité /kɔʀɛspɔ̃sabilite/ **NF** joint responsibility

coresponsable /kɔʀɛspɔ̃sabl/
ADJ [*personne*] co-responsible, jointly responsible (*de for*)
NMF person sharing responsibility (*de for*)

Corfou /kɔʀfu/ **N** Corfu

coriace /kɔʀjas/ **SYN ADJ** (*lit, fig*) tough ◆ **il est coriace en affaires** he's a hard-headed *ou* tough businessman

coriandre /kɔʀjɑ̃dʀ/ **NF** coriander

coricide /kɔʀisid/ **NM** corn remover

corindon /kɔʀɛ̃dɔ̃/ **NM** corundum

Corinthe /kɔʀɛ̃t/ **N** Corinth; → **raisin**

corinthien, -ienne /kɔʀɛ̃tjɛ̃, jɛn/ **ADJ** Corinthian

Coriolan /kɔʀjɔlɑ̃/ **NM** Coriolanus

cormier /kɔʀmje/ **NM** (= *arbre*) service tree; (= *bois*) service wood

cormoran /kɔʀmɔʀɑ̃/ **NM** cormorant ◆ **cormoran huppé** shag

cornac /kɔʀnak/ **NM** [*d'éléphant*] mahout, elephant driver

cornage /kɔʀnaʒ/ **NM** (*Méd*) cornage

cornaline /kɔʀnalin/ **NF** carnelian

cornaquer* /kɔʀnake/ ▶ conjug 1 ◀ **VT** to show around ◆ **il m'a cornaqué à travers la ville** he showed me round the town

cornard* /kɔʀnaʀ/ **NM** cuckold †

corne /kɔʀn/
NF 1 [*d'escargot, vache*] horn; [*de cerf*] antler; [*de narval*] tusk ◆ **à cornes** horned ◆ **donner un coup de corne à qn** to butt sb ◆ **blesser qn d'un coup de corne** to gore sb ◆ **avoir** *ou* **porter des cornes*** (*fig*) to be a cuckold † ◆ **sa femme lui fait porter des cornes*** his wife is unfaithful to him ◆ **faire les cornes à qn** to make a face at sb, to make a jeering gesture at sb; → **bête, taureau**
2 (= *substance*) horn
3 (= *instrument*) horn; (*Chasse*) hunting horn; († = *avertisseur*) hooter, horn
4 (= *coin*) [*de page*] dog-ear ◆ **faire une corne à la page d'un livre** to turn down the corner of the page in a book
5 (* = *peau dure*) ◆ **avoir de la corne** to have patches of hard skin, to have calluses
COMP **corne d'abondance** horn of plenty, cornucopia
la corne de l'Afrique the Horn of Africa
corne de brume foghorn
corne à chaussures shoehorn

cornes de gazelle (*Culin*) sugar-covered shortbread crescents

cornée /kɔʀne/ **NF** cornea

cornéen, -enne /kɔʀneɛ̃, ɛn/ **ADJ** corneal; → **lentille**

corneille /kɔʀnɛj/ **NF** crow ◆ **corneille mantelée** hooded crow ◆ **corneille noire** carrion crow; → **bayer**

cornélien, -ienne /kɔʀneljɛ̃, jɛn/ **ADJ** (*Littérat*) Cornelian; (*fig*) [*situation*] where love and duty conflict; [*héros*] who puts duty before everything

cornemuse /kɔʀnəmyz/ **NF** bagpipes ◆ **joueur de cornemuse** piper, bagpiper

cornemuseur /kɔʀnəmyzœʀ/ **NM** (bag)piper

corner¹ /kɔʀne/ ▶ conjug 1 ◀
VT 1 [+ *livre, carte*] to make *ou* get dog-eared; [+ *page*] to turn down the corner of
2 (†† = *claironner*) [+ *nouvelle*] to blare out ◆ **arrête de nous corner (ça) aux oreilles !*** stop shouting about it!
VI [*chasseur*] to sound a horn; † [*automobiliste*] to hoot (*Brit*) *ou* sound one's horn; [*sirène*] to sound

corner² /kɔʀnɛʀ/ **NM** (*Football*) corner (kick) ◆ **tirer un corner** to take a corner (kick) ◆ **sortir en corner** to go out of play for a corner (kick)

cornet /kɔʀnɛ/
NM 1 (= *récipient*) ◆ **cornet (de papier)** paper cone ◆ **cornet de dragées/de frites** cornet *ou* paper cone of sweets/chips, ≈ bag of sweets/chips ◆ **cornet de glace** ice-cream cone *ou* cornet (*Brit*) ◆ **mettre sa main en cornet** to cup one's hand to one's ear
2 (*Belg* = *combiné téléphonique*) handset, receiver
3 (*Helv* = *sachet*) (paper *ou* plastic) bag
4 (*Mus*) [*d'orgue*] cornet stop
COMP **cornet acoustique** ear trumpet
cornet à dés dice cup
cornets du nez turbinate bones
cornet (à pistons) cornet
cornet de poste *ou* **de postillon** posthorn

cornette /kɔʀnɛt/ **NF** [*de religieuse*] cornet; (= *pavillon maritime*) burgee

cornettiste /kɔʀnetist/ **NMF** cornet player

corniaud /kɔʀnjo/ **NM** (= *chien*) mongrel; (* = *imbécile*) nitwit*, twit* (*Brit*)

corniche /kɔʀniʃ/ **NF** 1 (*Archit* = *moulure*) cornice; [*de piédestal*] entablement
2 (*Alpinisme*) ledge ◆ **(route en) corniche** coast road, cliff road
3 [*de neige*] cornice

cornichon /kɔʀniʃɔ̃/ **NM** 1 (= *concombre*) gherkin; (*en condiment*) gherkin (*Brit*), pickle (*US*)
2 (* = *personne*) nitwit*, nincompoop*
3 (*arg Scol*) pupil in the class preparing for Saint-Cyr

cornière /kɔʀnjɛʀ/ **NF** (= *pièce métallique*) corner iron; (= *pièce d'écoulement*) valley

cornique /kɔʀnik/
ADJ Cornish
NM (= *langue*) Cornish

corniste /kɔʀnist/ **NMF** horn player

Cornouaille /kɔʀnwaj/ **NF** ◆ **la Cornouaille** Cornouaille (area of Brittany)

Cornouailles /kɔʀnwaj/ **NF** ◆ **les Cornouailles** Cornwall

cornouille /kɔʀnuj/ **NF** dogwood berry

cornouiller /kɔʀnuje/ **NM** dogwood

cornu, e /kɔʀny/
ADJ [*animal, démon*] horned
NF cornue SYN (= *récipient*) retort; (*Tech* = *four*) retort

corollaire /kɔʀɔlɛʀ/ **SYN NM** (*Logique, Math*) corollary; (*gén* = *conséquence*) consequence, corollary ◆ **et ceci a pour corollaire…** and this has as a consequence…, and the corollary of this is…

corolle /kɔʀɔl/ **NF** corolla

coron /kɔʀɔ̃/ **NM** (= *maison*) mining cottage; (= *quartier*) mining village

coronaire /kɔʀɔnɛʀ/ **ADJ** (*Anat*) coronary

coronal, e (mpl **-aux**) /kɔʀɔnal, o/ **ADJ** (*Astron*) coronal

coronarien, -ienne /kɔʀɔnaʀjɛ̃, jɛn/ **ADJ** (*Méd*) coronary

coronarite /kɔʀɔnaʀit/ **NF** coronaritis

coronarographie /kɔʀɔnaʀɔgʀafi/ **NF** coronarography

coronavirus /kɔʀɔnavirys/ **NM** coronavirus

coronelle /kɔʀɔnɛl/ **NF** smooth snake

coronille /kɔʀɔnij/ **NF** scorpion senna

coronographe /kɔʀɔnɔgʀaf/ **NM** coronograph, coronagraph

corossol /kɔʀɔsɔl/ **NM** soursop

corozo /kɔʀɔzo/ **NM** corozo oil

corporal (pl **-aux**) /kɔʀpɔʀal, o/ **NM** (*Rel*) corporal(e)

corporatif, -ive /kɔʀpɔʀatif, iv/ **ADJ** [*mouvement, système*] corporative; [*esprit*] corporate

corporation /kɔʀpɔʀasjɔ̃/ **SYN NF** [*de notaires, médecins*] corporate body; (*Hist*) guild ◆ **dans notre corporation** in our profession

corporatisme /kɔʀpɔʀatism/ **NM** corporatism

corporatiste /kɔʀpɔʀatist/ **ADJ** corporatist

corporel, -elle /kɔʀpɔʀɛl/ **SYN ADJ** [*châtiment*] corporal; [*sévices*] physical; [*intégrité*] physical, bodily; [*accident*] involving physical injury; [*besoin*] bodily ◆ **lait corporel** body lotion *ou* milk ◆ **bien corporel** (*Jur*) corporeal property

corporellement /kɔʀpɔʀɛlmɑ̃/ **ADV** corporally

corps /kɔʀ/ **SYN**
NM 1 (*Anat*) body; (= *cadavre*) corpse, (dead) body ◆ **le corps humain** the human body ◆ **frissonner** *ou* **trembler de tout son corps** to tremble all over ◆ **jusqu'au milieu du corps** up to the waist ◆ **je n'ai rien dans le corps** I've had nothing to eat ◆ **robe près du corps** close-fitting dress; → **contrainte², diable**
2 (*Astron, Chim, Phys* = *objet, substance*) body ◆ **corps simples/composés** simple/compound bodies; → **chute**
3 (= *partie essentielle*) [*de bâtiment, lettre, article, ouvrage*] (main) body; [*de meuble*] main part, body; [*de pompe*] barrel; (*Typographie*) body
4 [*de vêtement*] bodice; [*d'armure*] cors(e)let
5 (= *consistance*) [*d'étoffe, papier, vin*] body ◆ **ce vin a du corps** this wine is full-bodied *ou* has (got) body
6 (= *groupe*) body, corps; (*Mil*) corps ◆ **corps de sapeurs-pompiers** fire brigade ◆ **les grands corps de l'État** the senior branches of the civil service; → **esprit**
7 (= *recueil de textes*) corpus, body ◆ **corps de doctrines** body of doctrines
8 (*locutions*) ◆ **se donner corps et âme à qch** to give o.s. body and soul to sth ◆ **sombrer corps et biens** [*bateau*] to go down with all hands; [*entreprise*] to sink without trace ◆ **perdu corps et biens** lost with all hands ◆ **s'élancer** *ou* **se jeter à corps perdu dans une entreprise/la mêlée** to throw o.s. wholeheartedly *ou* headlong into a venture/into the fray ◆ **donner corps à qch** to give substance to sth ◆ **faire corps** (*idées*) to form one body (*avec* with); [*choses concrètes*] to be joined (*avec* to) ◆ **prendre corps** to take shape ◆ **s'ils veulent faire cela, il faudra qu'ils me passent sur le corps** if they want to do that, it'll be over my dead body ◆ **pour avoir ce qu'il veut, il vous passerait sur le corps** he'd trample you underfoot to get his own way ◆ **faire qch à son corps défendant** to do sth against one's will *ou* unwillingly ◆ **mais qu'est-ce qu'il a dans le corps ?** whatever's got into him? ◆ **j'aimerais bien savoir ce qu'il a dans le corps** I'd like to know what makes him tick ◆ **tenir au corps** [*aliment*] to be filling
COMP **corps d'armée** army corps
corps de ballet corps de ballet
corps de bâtiment main body (of a building)
corps caverneux erectile tissue (of the penis)
corps céleste celestial *ou* heavenly body
corps constitués constitutional bodies (of the state)
corps consulaire consular corps
corps à corps clinch ◆ **se battre (au) corps à corps** to fight hand-to-hand
corps du délit (*Jur*) corpus delicti
le Corps diplomatique the Diplomatic Corps, the Foreign Service (*US*)
corps électoral electorate
le corps enseignant (*gén*) the teaching profession, teachers; [*de lycée, collège*] the teaching staff
corps d'état ⇒ **corps de métier**
corps étranger (*Méd*) foreign body
le Corps européen the Eurocorps
corps expéditionnaire task force
corps franc irregular force
corps de garde (*local*) guardroom; (= *troupe*) guard ◆ **plaisanteries de corps de garde** (*péj*) barrack-room *ou* guardroom jokes
corps gras greasy substance, glyceride (*SPÉC*)

corps jaune (Physiol) yellow body, corpus luteum (SPÉC)
corps législatif legislative body
corps de logis main building, central building
le corps médical the medical profession
corps de métier trade association, guild
corps noir (Phys) black body
corps politique body politic
corps préfectoral prefects
corps social (= société, acteurs sociaux) society
corps strié (Anat) striate body
corps de troupe unit (of troops)
corps vitré (Anat) vitreous body

corps-mort (pl **corps-morts**) /kɔʀmɔʀ/ **NM** mooring

corpulence /kɔʀpylɑ̃s/ **NF** stoutness, corpulence ◆ **(être) de forte/moyenne corpulence** (to be) of stout/medium build

corpulent, e /kɔʀpylɑ̃, ɑ̃t/ SYN **ADJ** stout, corpulent

corpus /kɔʀpys/ **NM** (gén, Jur, Ling) corpus

corpusculaire /kɔʀpyskyleʀ/ **ADJ** (Anat, Phys) corpuscular

corpuscule /kɔʀpyskyl/ **NM** (Anat, Phys) corpuscle

corrasion /kɔʀazjɔ̃/ **NF** corrasion

correct, e /kɔʀɛkt/ SYN **ADJ** ① (= exact) [plan, copie] accurate; [phrase] correct, right; [emploi, fonctionnement] proper, correct ◆ **correct !** (en réponse) correct!, right!
② (= convenable) [tenue] proper, correct
③ (= courtois) [conduite] correct; [personne] polite ◆ **ce n'est pas très correct de sa part** that's a bit rude of him
④ (= honnête) correct ◆ **il est correct en affaires** he's very correct in business matters
⑤ (= acceptable) [repas, hôtel, salaire] reasonable, decent; → **politiquement**

correctement /kɔʀɛktəmɑ̃/ SYN **ADV** [fonctionner, se nourrir, s'habiller] properly; [parler, écrire] properly, correctly; [évaluer] accurately; [rémunérer] decently, reasonably well ◆ **vivre correctement** to live reasonably well

correcteur, -trice /kɔʀɛktœʀ, tʀis/
ADJ [dispositif] corrective; → **verre**
NM,F [d'examen] examiner, marker (Brit), grader (US); (Typographie) proofreader
NM ① (Tech = dispositif) corrector ◆ **correcteur de tonalité** tone control ◆ **correcteur d'orthographe** ou **orthographique** (Ordin) spellchecker ◆ **correcteur liquide** correcting fluid
② (= substance) ◆ **correcteur d'acidité** acidity regulator

correctif, -ive /kɔʀɛktif, iv/ SYN
ADJ [gymnastique, substance] corrective
NM ① (lit, fig = médicament) corrective (à to)
② (= mise au point) qualifying statement ◆ **apporter un correctif à qch** (= corriger) to rectify ou correct an error in sth; (= ajouter une précision à) to qualify sth
③ (Ordin) patch

correction /kɔʀɛksjɔ̃/ SYN **NF** ① (NonC = action) [d'erreur, abus] correction, putting right; [de manuscrit] correction, emendation; [de mauvaise habitude] correction; [de compas] correction; [de trajectoire] correction; [d'examen] (gén) correcting; (en notant) marking (Brit), grading (US); (Ordin) [de programme] patching; [de mise au point] debugging ◆ **correction d'épreuves** (Édition) proofreading ◆ **apporter une correction aux propos de qn** to amend what sb has said ◆ **la correction des copies lui a pris toute la soirée** it took him all evening to correct ou mark the homework ◆ **j'ai fait la correction du devoir avec les élèves** I went through the pupils' essays with them ◆ **après correction des variations saisonnières** after seasonal adjustments; → **maison**
② (= surcharge, rature) correction ◆ **corrections d'auteur** author's corrections ou emendations
③ (- châtiment) (corporal) punishment, thrashing ◆ **recevoir une bonne correction** to get a good hiding ou thrashing
④ (NonC = exactitude) [de plan, copie] accuracy; [de phrase] correctness; [d'emploi, fonctionnement] propriety, correctness
⑤ (= bienséance) [de tenue] propriety, correctness; [de honnêteté] [de conduite, personne] correctness; (= courtoisie) good manners ◆ **il a fait preuve d'une parfaite correction** he behaved impeccably ◆ **je l'ai fait par correction** it was the polite thing to do, it was only good manners

correctionnalisation /kɔʀɛksjɔnalizasjɔ̃/ **NF** committing to a magistrate's court (Brit) ou to a criminal court (US)

correctionnaliser /kɔʀɛksjɔnalize/ ► conjug 1 ◄
VT [+ délit] to commit to a magistrate's court (Brit) ou to a criminal court (US)

correctionnel, -elle /kɔʀɛksjɔnɛl/
ADJ ◆ **peine correctionnelle** penalty (imposed by courts) ◆ **tribunal (de police) correctionnel** ≈ magistrate's court (dealing with criminal matters)
NF correctionnelle ≈ magistrate's court ◆ **passer en correctionnelle** to go before the magistrate ◆ **il a frisé la correctionnelle** he almost ended up in court

Corrège /kɔʀɛʒ/ **N** ◆ **le Corrège** Correggio

corrélat /kɔʀela/ **NM** correlate

corrélatif, -ive /kɔʀelatif, iv/ **ADJ, NM** correlative

corrélation /kɔʀelasjɔ̃/ SYN **NF** correlation ◆ **être en corrélation étroite avec** to be closely related to ou connected with, to be in close correlation with ◆ **mettre en corrélation** to correlate

corréler /kɔʀele/ ► conjug 6 ◄ **VT** to correlate

correspondance /kɔʀɛspɔ̃dɑ̃s/ SYN **NF**
① (= conformité) correspondence, conformity; (Archit = symétrie) balance ◆ **correspondance de goûts/d'idées entre deux personnes** conformity of two people's tastes/ideas ◆ **être en parfaite correspondance d'idées avec qn** to have ideas that correspond perfectly to sb's ou that are perfectly in tune with sb's
② (Math) relation ◆ **correspondance biunivoque** one-to-one mapping, bijection
③ (= échange de lettres) correspondence ◆ **avoir** ou **entretenir une longue correspondance avec qn** to engage in ou keep up a lengthy correspondence with sb ◆ **être en correspondance commerciale avec qn** to have a business correspondence with sb ◆ **nous avons été en correspondance** we have corresponded, we have been in correspondence ◆ **être en correspondance téléphonique avec qn** to be in touch by telephone with sb ◆ **cours par correspondance** correspondence course ◆ **il a appris le latin par correspondance** he learned Latin through a ou by correspondence course
④ (= ensemble de lettres) mail, post (surtout Brit), correspondence; (Littér) [d'auteur] correspondence; (Presse) letters to the Editor ◆ **il reçoit une volumineuse correspondance** he receives large quantities of mail ◆ **dépouiller/lire sa correspondance** to go through/read one's mail ou one's correspondence
⑤ (= transports) connection ◆ **correspondance ferroviaire/d'autobus** rail/bus connection ◆ **attendre la correspondance** to wait for the connection ◆ **l'autobus n'assure pas la correspondance avec le train** the bus does not connect with the train ◆ **« correspondance pour Paris, voie 3 »** "connecting service to Paris, platform 3"

correspondancier, -ière /kɔʀɛspɔ̃dɑ̃sje, jɛʀ/ **NM,F** correspondence clerk

correspondant, e /kɔʀɛspɔ̃dɑ̃, ɑ̃t/ SYN
ADJ (gén : qui va avec, par paires) corresponding; (Géom) [angles] corresponding ◆ **ci-joint un chèque correspondant à la facture** enclosed a cheque in the amount of ou in respect of (Brit) the invoice
NM,F ① (gén, Presse) correspondent; (épistolaire) penfriend; (Banque) correspondent bank ◆ **correspondant de guerre/à l'étranger** war/foreign correspondent ◆ **de notre correspondant permanent à Londres** from our correspondent in London ◆ **(membre) correspondant** [de société savante] corresponding member
② (Téléc) ◆ **mon correspondant** (= appelé) the person I was calling; (= appelant) the caller ◆ **le numéro de votre correspondant a changé** the number you dialled has been changed ◆ **nous recherchons votre correspondant** we are trying to connect you ou to put you through
③ (Scol = responsable d'un interne) guardian (for child at boarding school)

correspondre /kɔʀɛspɔ̃dʀ/ GRAMMAIRE ACTIVE 5.4 SYN ► conjug 41 ◄
VT INDIR correspondre à ① (= s'accorder avec) [+ goûts] to suit; [+ capacités] to fit; [+ description] to correspond to, to fit ◆ **sa version des faits ne correspond pas à la réalité** his version of the facts doesn't square ou tally with what happened in reality
② (= être l'équivalent de) [+ système, institutions, élément symétrique] to correspond to ◆ **le yard correspond au mètre** the yard corresponds to the metre
VI ① (= écrire) to correspond (avec with)
② (= communiquer) [mers] to be linked; [chambres] to communicate (avec with)
③ (Transport) ◆ **correspondre avec** to connect with
VPR se correspondre [chambres] to communicate (with one another); [éléments d'une symétrie] to correspond

corrida /kɔʀida/ **NF** bullfight ◆ **ça va être la corrida !** * all hell will break loose! *

corridor /kɔʀidɔʀ/ SYN **NM** corridor, passage ◆ **corridor humanitaire** humanitarian corridor ◆ **corridor ferroviaire** rail corridor ◆ **corridor de fluctuation** [de monnaie] fluctuation margin ◆ **le corridor polonais** (Géog, Hist) the Polish Corridor

corrigé /kɔʀiʒe/ **NM** (Scol) [d'exercice] correct version; [de traduction] fair copy ◆ **corrigés** (en fin de manuel) key to exercises; (livre du professeur) answer book; [d'examens] past papers

corriger /kɔʀiʒe/ SYN ► conjug 3 ◄
VT ① (= repérer les erreurs de) [+ manuscrit] to correct, to emend; (Typographie) [+ épreuves] to correct, to (proof)read; (Scol) [+ examen, dictée] to correct; (en notant) to mark (Brit), to grade (US)
② (= rectifier) [+ erreur, défaut] to correct, to put right; [+ théorie] to put right; [+ abus] to remedy, to put right; [+ manières] to improve; [+ compas] to correct, to adjust; [+ trajectoire, vue, vision] to correct ◆ **corriger ses actions** to mend one's ways ◆ **j'ai corrigé mon jugement sur lui** I've changed my opinion of him ◆ **corriger l'injustice du sort** (frm) to mitigate the injustice of fate, to soften the blows of unjust Fate (littér) ◆ **corrigé des variations saisonnières** seasonally adjusted; → **tir**
③ (= guérir) ◆ **corriger qn de** [+ défaut] to cure ou rid sb of ◆ **tu ne le corrigeras pas à son âge** it's too late to make him change his ways now
④ (= punir) to thrash
VPR se corriger (= devenir raisonnable) to mend one's ways ◆ **se corriger de** [+ défaut] to cure ou rid o.s. of

corrigible /kɔʀiʒibl/ **ADJ** rectifiable, which can be put right

corroboration /kɔʀɔbɔʀasjɔ̃/ **NF** corroboration

corroborer /kɔʀɔbɔʀe/ GRAMMAIRE ACTIVE 11.1 SYN ► conjug 1 ◄ **VT** to corroborate

corrodant, e /kɔʀɔdɑ̃, ɑ̃t/ **ADJ, NM** corrosive

corroder /kɔʀɔde/ SYN ► conjug 1 ◄
VT [+ métal] to corrode, to eat into; (littér) [+ sentiments] to erode
VPR se corroder [métal] to corrode

corroi /kɔʀwa/ **NM** [de cuir] currying

corrompre /kɔʀɔ̃pʀ/ SYN ► conjug 41 ◄
VT ① (= soudoyer) [+ témoin, fonctionnaire] to bribe, to corrupt
② (frm = pervertir) [+ mœurs, esprit, jeunesse] to corrupt; [+ langage] to debase ◆ **mots corrompus par l'usage** words corrupted ou debased by usage
③ [+ air, eau, aliments] to taint; (Méd) [+ sang] to contaminate
VPR se corrompre [mœurs, jeunesse] to become corrupt; [goût] to become debased; [aliments] to go off (Brit), to go bad

corrompu, e /kɔʀɔ̃py/ SYN (ptp de **corrompre**) **ADJ** corrupt

corrosif, -ive /kɔʀozif, iv/ SYN
ADJ [acide, substance] corrosive; [ironie, œuvre, écrivain] caustic, scathing
NM corrosive

corrosion /kɔʀozjɔ̃/ **NF** [de métaux] corrosion; [de rochers] erosion; [de volonté, bon sens] erosion

corroyage /kɔʀwajaʒ/ **NM** [de cuir] currying; [de métal] welding

corroyer /kɔʀwaje/ ► conjug 8 ◄ **VT** [+ cuir] to curry; [+ métal] to weld; [+ bois] to trim

corroyeur /kɔʀwajœʀ/ **NM** currier

corrupteur, -trice /kɔʀyptœʀ, tʀis/
ADJ (littér) [spectacle, journal] corrupting
NM,F (= qui soudoie) briber; (littér = qui déprave) corrupter

corruptible /kɔʀyptibl/ ADJ (littér) [personne] corruptible; †[matière] perishable

corruption /kɔʀypsjɔ̃/ SYN NF ① (gén) corruption; (en soudoyant) bribery, corruption ◆ **corruption active** bribery ◆ **corruption passive** accepting bribes ◆ **corruption de fonctionnaire** bribery of a public official
② (= dépravation) [de mœurs, esprit, jeunesse, texte] corruption; [de langage] debasement
③ (= décomposition) [d'aliments] decomposition; [de sang] contamination

corsage /kɔʀsaʒ/ SYN NM (= chemisier) blouse; [de robe] bodice

corsaire /kɔʀsɛʀ/ NM ① (Hist = marin, navire) privateer
② (= pirate) pirate, corsair
③ ◆ **(pantalon) corsaire** breeches

corse /kɔʀs/
ADJ Corsican
NM (= langue) Corsican
NMF **Corse** Corsican
NF **Corse** Corsica

corsé, e /kɔʀse/ SYN (ptp de **corser**) ADJ ① [vin] full-bodied; [café = parfumé] full-flavoured (Brit) ou -flavored (US); (= fort) strong; [mets, sauce] spicy
② (= scabreux) [histoire] spicy
③ (*intensif) [addition] high, steep* (attrib); [exercice, problème] tough

corselet /kɔʀsəlɛ/ NM (= cuirasse) cors(e)let; (= vêtement) corselet

corser /kɔʀse/ SYN ▶ conjug 1 ◄
VT ① [+ repas] to make spicier, to pep up*; [+ vin] to strengthen; [+ boisson] to spike; [+ assaisonnement] to pep up*
② [+ difficulté] to intensify, to aggravate; [+ histoire, intrigue] to liven up
VPR **se corser** ◆ **l'histoire** ou **l'affaire se corse !** the plot thickens! (hum) ◆ **le premier exercice est facile mais après ça se corse** the first exercise is easy but then it gets much tougher ◆ **les choses ont commencé à se corser quand il a voulu discuter le prix** things started to get heated when he tried to haggle ◆ **ça se corse entre lui et sa femme** things are getting really tense between him and his wife

corset /kɔʀsɛ/ NM (= sous-vêtement) corset; (= pièce de costume) bodice ◆ **corset orthopédique** ou **médical** surgical corset

corseter /kɔʀsəte/ ▶ conjug 5 ◄ VT (lit) to corset; (fig = enserrer) to constrain, to constrict

corsetier, -ière /kɔʀsətje, jɛʀ/ NM,F corset-maker

corso /kɔʀso/ NM ◆ **corso (fleuri)** procession of floral floats

cortège /kɔʀtɛʒ/ SYN NM [de fête] procession; [de président] cortège, retinue ◆ **cortège nuptial** bridal procession ◆ **cortège funèbre** funeral procession ou cortège ◆ **cortège de** [+ manifestants, grévistes] procession of; (littér) [+ malheurs, faillites] trail of; [+ visions, souvenirs] succession of ◆ **la faillite et son cortège de licenciements** bankruptcy and the accompanying lay-offs

cortex /kɔʀtɛks/ NM cortex

cortical, e (mpl -aux) /kɔʀtikal, o/ ADJ (Anat, Bot) cortical

corticoïde /kɔʀtikɔid/ NM corticoid

corticostéroïde /kɔʀtikostɛʀɔid/ NM corticosteroid

corticosurrénale /kɔʀtikosyʀenal/
ADJ F adrenocortical
NF adrenal cortex

corticothérapie /kɔʀtikoteʀapi/ NF corticosteroid ou corticoid therapy

cortisone /kɔʀtizɔn/ NF cortisone

corvéable /kɔʀveabl/ ADJ (Hist) liable to the corvée, required to do unpaid labour ◆ **ils sont corvéables à merci** they can be exploited at will; → **taillable**

corvée /kɔʀve/ NF ① (Mil) (= travail) fatigue (duty); (= soldats) fatigue party ◆ **être de corvée** to be on fatigue (duty) ◆ **corvée de chiottes**‡ latrine duty ◆ **corvée de vaisselle** (Mil) cookhouse fatigue; (hum) dishwashing fatigue ◆ **corvée de ravitaillement** supply duty ◆ **corvée de pommes de terre** ou **de patates*** spud-bashing (arg Mil) ◆ **être de corvée de pommes de terre** ou **de patates*** to be on spud duty*
② (= tâche pénible) chore, drudgery (NonC) ◆ **quelle corvée !** what drudgery!, what a chore! ◆ **quelle corvée ce type !** * that guy's such a pain!*
③ (Hist) corvée (statute labour)
④ (Can) voluntary work, bee* (US, Can)

corvette /kɔʀvɛt/ NF corvette; → **capitaine**

corvidés /kɔʀvide/ NMPL ◆ **les corvidés** corvine birds, the Corvidae (SPÉC)

corymbe /kɔʀɛ̃b/ NM corymb

coryphée /kɔʀife/ NM (Théât) coryphaeus

coryza /kɔʀiza/ NM (Méd) coryza (SPÉC), head cold

COS /kos/ NM (abrév de **coefficient d'occupation des sols**) → **coefficient**

cosaque /kozak/ NM cossack

coscénariste /kosenaʀist/ NMF co-writer (of film script)

cosécante /kosekɑ̃t/ NF cosecant

cosignataire /kosiɲatɛʀ/ ADJ, NMF cosignatory

cosigner /kosiɲe/ ▶ conjug 1 ◄ VT [+ document] [une personne] to be a joint signatory to (frm); [deux personnes] to be joint signatories to (frm), to sign jointly ◆ **un document cosigné par X et Y** a document signed jointly by X and Y

cosinus /kosinys/ NM cosine

cosmétique /kosmetik/
ADJ, NM cosmetic
NF ◆ **la cosmétique** the cosmetics industry

cosmétologie /kosmetɔlɔʒi/ NF beauty care

cosmétologue /kosmetɔlɔg/ NMF cosmetics expert

cosmique /kosmik/ ADJ cosmic; → **rayon**

cosmogonie /kosmɔgɔni/ NF cosmogony

cosmogonique /kosmɔgɔnik/ ADJ cosmogonic(al), cosmogonal

cosmographie /kosmɔgʀafi/ NF cosmography

cosmographique /kosmɔgʀafik/ ADJ cosmographic

cosmologie /kosmɔlɔʒi/ NF cosmology

cosmologique /kosmɔlɔʒik/ ADJ cosmological

cosmologiste /kosmɔlɔʒist/ NMF cosmologist

cosmonaute /kosmonot/ NMF cosmonaut

cosmopolite /kosmɔpɔlit/ ADJ cosmopolitan

cosmopolitisme /kosmɔpɔlitism/ NM cosmopolitanism

cosmos /kosmos/ NM (= univers) cosmos; (= espace) (outer) space

cossard, e* /kɔsaʀ, aʀd/
ADJ lazy
NM,F lazybones

cosse /kɔs/ NF ① [de pois, haricots] pod, hull
② (Élec) terminal spade tag ◆ **cosse de batterie** [de voiture] battery lead connection
③ (* = flemme) lazy mood ◆ **avoir la cosse** to feel as lazy as anything, to be in a lazy mood

cossu, e /kɔsy/ SYN ADJ [personne] well-off, well-to-do; [maison] rich-looking, opulent(-looking)

cossus /kɔsys/ NM goat moth

costal, e (mpl -aux) /kostal, o/ ADJ (Anat) costal

costar(d) * /kostaʀ/ NM suit ◆ **les costards-cravates** (= cadres) the men in suits; → **tailler**

Costa Rica /kostaʀika/ NM Costa Rica

costaricain, e /kostaʀikɛ̃, ɛn/, **costaricien, -ienne** /kostaʀisjɛ̃, jɛn/
ADJ Costarican
NM,F **Costaricain(e), Costaricien(ne)** Costarican

costaud, e* /kosto, od/ SYN
ADJ [personne] strong, sturdy; [vin, tissu] strong ◆ **une voiture costaud** ou **costaude** a sturdy car
NM (= homme) strong ou sturdy ou strapping man
② ◆ **c'est du costaud** [alcool, tissu] it's strong stuff; [maison] it's strongly built
NF **costaude** strong ou sturdy ou strapping woman

costume /kostym/ SYN
NM ① (régional, traditionnel) costume, dress ◆ **costume national** national costume ou dress ◆ **en costume d'Adam/d'Ève** (hum) in his/her birthday suit (hum)
② (Ciné, Théât) costume
③ (= complet) suit ◆ **costume deux/trois pièces** two-/three-piece suit ◆ **en costume-cravate** in a suit and tie

COMP ◆ **costume de bain** bathing suit ou costume (Brit)
costume de cérémonie ceremonial dress (NonC)
costume de chasse hunting gear (NonC)
costume civil ordinary clothes
costume marin sailor suit

⚠ Au sens de 'complet', **costume** ne se traduit pas par le mot anglais **costume**.

costumé, e /kostyme/ SYN (ptp de **costumer**) ADJ [personne] (dans un bal) in costume, in fancy dress (Brit); (au théâtre) in costume; → **bal**

costumer /kostyme/ ▶ conjug 1 ◄
VT ◆ **costumer qn en monstre/en Zorro** to dress sb up as a monster/as Zorro
VPR **se costumer** (= porter un déguisement) to put on a costume ou fancy dress (Brit); [acteur] to get into costume ◆ **se costumer en fée** to dress up as a fairy

costumier /kostymje/ NM (= fabricant, loueur) costumier, costumer; (Théât = employé) wardrobe master

costumière /kostymjɛʀ/ NF (Théât) wardrobe mistress

cosy /kozi/ ADJ [atmosphère, confort, appartement] cosy, snug

cosy(-corner) (pl **cosys** ou **cosy-corners**) /kozi(kɔʀnœʀ)/ NM corner divan (with shelves attached)

cotangente /kotɑ̃ʒɑ̃t/ NF cotangent

cotation /kotasjɔ̃/ NF [de valeur boursière] listing, quotation [de timbre, voiture] valuation; [de devoir scolaire] marking (Brit), grading (US) ◆ **cotation en Bourse/au second marché/à New York** listing ou quotation on the stock exchange/on the second market/in New York ◆ **cotation électronique** e-listing

cote /kot/ SYN
NF ① (= fixation du prix) [de valeur boursière] quotation; [de timbre, voiture d'occasion] quoted value ◆ **cote officielle** (Bourse = liste) official list ◆ **consulter la cote** to look at the share prices ◆ **inscrit à la cote** quoted (Brit) ou listed (US) on the stock exchange list
② (= évaluation) [de devoir scolaire] mark (Brit), grade (US); (Courses) [de cheval] odds (de on) ◆ **la cote de Banjo est de 3 contre 1** the odds on Banjo are 3 to 1
③ (= popularité) rating, standing ◆ **avoir une bonne** ou **grosse cote** to be (very) highly thought of, to be highly rated (auprès de by) ◆ **avoir la cote*** to be very popular (auprès de with), to be very well thought of ou highly rated (auprès de by) ◆ **elle a/n'a pas la cote*** **auprès du patron** she is/isn't in the boss's good books ◆ **cote de popularité** ou **de confiance** popularity ou approval rating ◆ **la cote du président** the president's popularity rating
④ (sur une carte = altitude) spot height; (sur un croquis = dimension) dimension ◆ **il y a une cote qui est effacée** one of the dimensions has been rubbed out ◆ **l'ennemi a atteint la cote 215** the enemy reached hill 215 ◆ **les explorateurs ont atteint la cote 4.550/-190** the explorers reached the 4,550-metre mark above sea level/190-metre mark below ground
⑤ (= marque de classement) (gén) classification mark, serial number ou mark; [de livre de bibliothèque] class(ification) mark (Brit), call number (US)
⑥ (= part) ◆ **cote mobilière/foncière** (Fin) property/land assessment

COMP ◆ **cote d'alerte** [de rivière] danger mark ou level, flood level ◆ **atteindre la cote d'alerte** [de chômage, épidémie] to reach ou hit crisis point
cote d'amour ◆ **sa cote d'amour remonte/baisse** his popularity rating is rising/falling
cote mal taillée rough-and-ready solution

coté, e /kote/ SYN (ptp de **coter**) ADJ ◆ **être très coté** to be highly thought of ou rated ◆ **il est mal coté** he's not very highly thought of ◆ **vin (très) coté** highly-rated wine

côte /kot/ SYN NF ① (Anat) rib ◆ **côtes flottantes** floating ribs ◆ **vraie/fausse côte** true/false rib ◆ **on peut lui compter les côtes, on lui voit les côtes** he's all skin and bone ◆ **avoir les côtes en long** (fig) to feel stiff ◆ **se tenir les côtes (de rire)** (fig) to split one's sides (with laughter) ◆ **côte à côte** side by side; → **caresser**
② (Boucherie) [de bœuf] rib; [de veau, agneau, mouton, porc] chop ◆ **côte première** loin chop; → **faux²**

[3] *(= nervure)* *[de chou, coupole]* rib; *[de tissu]* rib, wale *(US)* ◆ **veste à côtes** ribbed jacket ◆ **velours à larges côtes** wide rib *ou* wide wale *(US)* corduroy, elephant cord ◆ **faire les poignets en côtes** *(Tricot)* to do the cuffs in rib(bing)

[4] *(= pente)* *[de colline]* slope, hillside; *[de route]* hill ◆ **il a dû s'arrêter dans la côte** he had to stop on the hill ◆ **ne pas dépasser au sommet d'une côte** do not overtake when approaching the top of a hill *ou* on the brow of a hill *(Brit)* ◆ **en côte** *[démarrer]* on a hill; → **course, démarrage**

[5] *(= littoral)* coast; *(= ligne du littoral)* coastline ◆ **les côtes de France** the French coast(s) *ou* coastline ◆ **la Côte (d'Azur)** the (French) Riviera ◆ **la côte d'Émeraude** the northern coast of Brittany ◆ **la Côte-d'Ivoire** the Ivory Coast ◆ **côte rocheuse/découpée/basse** rocky/indented/low coastline ◆ **sur la côte** *ou* **les côtes, il fait plus frais** it is cooler along *ou* on *ou* at the coast ◆ **la route qui longe la côte** the coast road ◆ **aller à la côte** *[bateau]* to run ashore

côté /kote/ GRAMMAIRE ACTIVE 5.2, 26.3, 26.5 SYN NM

[1] *(= partie du corps)* side ◆ **être blessé au côté** to be wounded in the side ◆ **l'épée au côté** with his sword by his side ◆ **être couché sur le côté** to be lying on one's side ◆ **à son côté** at his side, beside him ◆ **aux côtés de** by the side of; → **point[1]**

[2] *(= face, partie latérale)* *[d'objet, route, feuille]* side ◆ **le côté fermé, le petit côté** *(Sport)* the inside ◆ **le côté ouvert, le grand côté** *(Sport)* the outside ◆ **changer de côté** *(Tennis)* to change ends ◆ **un navire sur le côté** a ship on her beam-ends

[3] *(= aspect)* side, point ◆ **le côté pratique/théorique** the practical/theoretical side ◆ **les bons et les mauvais côtés** *(de qn)* the good and bad sides *ou* points; *(de qch)* the pros and cons ◆ **il a un côté sympathique** there's a likeable side to him ◆ **son attitude/ce film a un côté pervers** there's something perverse about his attitude/this film ◆ **prendre qch du bon/mauvais côté** to take sth well/badly ◆ **par certains côtés** in some respects *ou* ways ◆ **d'un côté... d'un autre côté...** *(alternative)* on (the) one hand... on the other hand...; *(hésitation)* in one respect *ou* way... in another respect *ou* way... ◆ **d'un côté comme de l'autre** on both sides ◆ **(du) côté santé tout va bien*** healthwise* *ou* as far as health is concerned everything is fine ◆ **côté argent, tout va bien*** all's well on the money side, moneywise* everything is fine

[4] *(= parti, branche familiale)* side ◆ **de mon côté** on my side (of the family) ◆ **du côté paternel** on his father's side

[5] ◆ **côté du vent** windward side ◆ **côté sous le vent** leeward side ◆ **ils ne sont pas partis du bon côté** they didn't go the right way *ou* in the right direction

[6] *(Théât)* ◆ **côté cour** stage left, prompt side *(Brit)* ◆ **côté jardin** stage right, opposite prompt side *(Brit)* ◆ **une chambre côté rue** a bedroom overlooking the street

[7] *(locutions)*

♦ **à côté** *(proximité)* near; *(= pièce ou maison adjacente)* next door; *(= en comparaison)* in comparison ◆ **la maison/les gens (d')à côté** the house/the people next door ◆ **nos voisins d'à côté** our next-door neighbours ◆ **l'hôtel est (tout) à côté** the hotel is near *ou* close by ◆ **elle a été très malade, ton rhume n'est rien à côté** she's been very ill, your cold is nothing in comparison ◆ **ils ont mal visé, les bombes sont tombées à côté** their aim was bad and the bombs went astray *ou* fell wide ◆ **je suis tombé à côté** *(= me suis trompé)* I got it all wrong

♦ **à côté de** *(= à proximité de)* next to, beside; *(= en comparaison de)* compared to, by comparison with, beside ◆ **on passe à côté de beaucoup de choses en ne voyageant pas** you miss a lot by not travelling ◆ **il est à côté de la plaque*** he hasn't got a clue* ◆ **à côté de la cible** off target, wide of the target ◆ **il a répondu à côté de la question** *(sans le faire exprès)* his answer was off the point; *(intentionnellement)* he avoided the question ◆ **leur maison est grande à côté de la nôtre** their house is big compared to ours ◆ **il est paresseux, à côté de ça il aime son travail*** he's lazy, but on the other hand he does like his work

♦ **de côté** *(= de biais)* *[marcher, regarder, se tourner]* sideways; *(= en réserve)* *[mettre, garder]* aside ◆ **regard de côté** sidelong look ◆ **porter son chapeau de côté** to wear one's hat (tilted) to *ou* on one side ◆ **mettre de l'argent de côté** to put money by *ou* aside ◆ **se jeter de côté** to leap aside *ou* to the *ou* to one side ◆ **laisser qn/qch de côté** to leave sb/sth to one side *ou* out ◆ **de côté et d'autre** here and there

♦ **de + côté** ◆ **de ce côté-ci/-là** this/that way ◆ **de ce côté(-là)** *(fig)* in that respect ◆ **de l'autre côté** the other way, in the other direction ◆ **voir de quel côté vient le vent** *(fig)* to see which way the wind is blowing ◆ **je l'ai entendu dire de divers côtés** I've heard it from several quarters *ou* sources ◆ **de chaque côté** *ou* **des deux côtés de la cheminée** on each side *ou* on both sides of the fireplace ◆ **il a sauté de l'autre côté du mur/du ruisseau** he jumped over the wall/across the stream ◆ **le bruit vient de l'autre côté de la rivière/de la pièce** the sound is coming from across *ou* from over the river *ou* from the other side of the river/from the other side of the room ◆ **de l'autre côté de la forêt il y a des prés** on the other side of the forest *ou* beyond the forest there are meadows ◆ **de l'autre côté de la barricade** *ou* **de la barrière** on the other side of the fence

♦ **de mon/ton/son** *etc* **côté** ◆ **de mon côté, je ferai tout pour l'aider** for my part, I'll do everything I can to help him ◆ **renseigne-toi de ton côté, je me renseignerai du mien** you find out what you can and I'll do the same

♦ **de tous côtés** ◆ **venir de tous côtés** to come from all directions ◆ **assiégé de tous côtés** besieged on *ou* from all sides ◆ **chercher qn de tous côtés** to look for sb everywhere *ou* all over the place, to search high and low for sb

♦ **du côté de** ◆ **nous habitons du côté de la poste** we live over by the post office ◆ **le vent vient du côté de la mer/du côté opposé** the wind is blowing from the sea/from the opposite direction ◆ **ils se dirigeaient du côté des prés/du côté opposé** they were heading towards the meadows/in the opposite direction ◆ **se ranger** *ou* **se mettre du côté du plus fort** to side with the strongest ◆ **nous pourrions regarder du côté de la littérature médiévale** we could take a look at medieval literature ◆ « **Du côté de chez Swann** » *(Littérat)* "Swann's Way"

coteau (pl **coteaux**) /kɔto/ SYN NM *(= colline)* hill; *(= versant)* slope, hillside; → **flanc**

côtelé, e /kot(ə)le/ ADJ ribbed; → **velours**

côtelette /kotlɛt/ NF *(Culin)* cutlet ◆ **côtelettes découvertes** middle neck chops ◆ **côtelettes*** *(= côtes, flanc)* ribs, side

coter /kɔte/ SYN ► conjug 1 ◄

VT [1] *[+ valeur boursière]* to quote, to list; *[+ timbre-poste, voiture d'occasion]* to quote the market price of; *[+ cheval]* to put odds on; *(Scol)* *[+ devoir]* to mark *(Brit)*, to grade *(US)*; *[+ film, roman]* to rate ◆ **coté en Bourse/au comptant** quoted *ou* listed on the stock exchange/on the spot market ◆ **être coté à l'Argus** to be listed *(in the second-hand car book)*

[2] *[+ carte]* to put spot heights on; *[+ croquis]* to mark in the dimensions on

[3] *[+ pièce de dossier]* to put a classification mark *ou* serial number *ou* serial mark on; *[+ livre de bibliothèque]* to put a class(ification) mark *(Brit)* *ou* call number *(US)* *ou* shelf-mark *ou* pressmark *(Brit)* on

VI *(Bourse)* ◆ **valeur qui cote 50 €** share quoted *ou* listed at €50

coterie /kɔtʀi/ NF *(gén péj)* set ◆ **coterie littéraire** literary coterie *ou* clique *ou* set

cothurne /kɔtyʀn/ NM buskin

cotice /kɔtis/ NF cotise

cotidal, e (mpl **-aux**) /kɔtidal, o/ ADJ cotidal

côtier, -ière /kotje, jɛʀ/ ADJ *[pêche]* inshore; *[navigation, région, fleuve, ville]* coastal *(épith)* ◆ **(bateau) côtier** coaster

cotignac /kɔtiɲak/ NM *(= confiture)* quince preserves *(Brit)* *ou* jam

cotillon /kɔtijɔ̃/ NM [1] *(serpentins etc)* ◆ **cotillons** party novelties *(confetti, streamers, paper hats etc)*

[2] *(†† = jupon)* petticoat; → **courir**

[3] *(= danse)* cotillion, cotillon

cotinga /kɔtɛ̃ga/ NM cotinga, chatterer

cotisant, e /kɔtizɑ̃, ɑ̃t/ NM,F *[de club, syndicat]* subscriber, contributor *(à to)*; *[de Sécurité sociale, pension]* contributor *(à to)* ◆ **seuls les cotisants y ont droit** only those who pay their subscriptions *(ou* dues *ou* contributions*)* qualify

cotisation /kɔtizasjɔ̃/ SYN NF *(= quote-part)* *[de club]* subscription; *[de syndicat]* subscription, dues; *[de Sécurité sociale, pension, mutuelle]* contributions ◆ **la cotisation est obligatoire** there is a mandatory subscription charge

cotiser /kɔtize/ SYN ► conjug 1 ◄

VI *(dans un club)* to subscribe, to pay one's subscription; *(à la Sécurité sociale)* to pay one's contributions *(à to)* ◆ **tu as cotisé pour le cadeau ?** did you chip in* for the present?

VPR **se cotiser** to club together ◆ **ils se sont cotisés pour lui faire un cadeau** they clubbed together to get him a present

côtoiement /kotwamɑ̃/ NM *(= contact)* *[de danger, artistes]* contact *(de with)*

coton /kɔtɔ̃/ NM [1] *(= plante, fil)* cotton ◆ **coton à broder** embroidery thread ◆ **coton à repriser** darning thread *ou* cotton ◆ **coton hydrophile** cotton wool *(Brit)*, absorbent cotton *(US)* ◆ **robe de** *ou* **en coton** cotton dress

[2] *(= tampon)* (cotton-wool *(Brit)* *ou* cotton *(US)*) swab ◆ **mets un coton dans ton nez** put some *ou* a bit of cotton wool *(Brit)* *ou* cotton *(US)* in your nose

[3] *(locutions)* ◆ **avoir du coton dans les oreilles*** to be deaf, to have cloth ears* *(Brit)* ◆ **j'ai les bras/jambes en coton** my arms/legs feel like jelly *ou* cotton wool *(Brit)* ◆ **c'est coton*** it's tricky*; → **élever, filer**

cotonnade /kɔtɔnad/ NF cotton (fabric)

cotonnerie /kɔtɔnʀi/ NF *(= culture)* cotton growing; *(= champ)* cotton plantation; *(= fabrique)* cotton mill

cotonneux, -euse /kɔtɔnø, øz/ SYN ADJ [1] *[fruit, feuille]* downy

[2] *[brouillard]* wispy; *[nuage]* fluffy, fleecy, cotton-wool *(Brit)* *(épith)*; *[bruit]* muffled

cotonnier, -ière /kɔtɔnje, jɛʀ/

ADJ cotton *(épith)*

NM *(= plante)* cotton plant

coton-poudre (pl **cotons-poudres**) /kɔtɔ̃pudʀ/ NM gun cotton

Coton-tige ® (pl **Cotons-tiges**) /kɔtɔ̃tiʒ/ NM cotton bud *(Brit)*, Q-tip ®

côtoyer /kotwaje/ SYN ► conjug 8 ◄

VT [1] *(= être à côté de)* to be next to; *(= fréquenter)* to mix with, to rub shoulders with ◆ **côtoyer le danger** to flirt with danger

[2] *(= longer)* *(en voiture, à pied etc)* to drive *(ou* walk *etc)* along *ou* alongside; *[rivière]* to run *ou* flow alongside; *[route]* to skirt, to run along *ou* alongside

[3] *(= frôler)* *[procédé, situation]* to be bordering *ou* verging on ◆ **cela côtoie la malhonnêteté** that is bordering *ou* verging on dishonesty ◆ **il aime à côtoyer l'illégalité** he likes to do things that verge on illegality *ou* that come close to being illegal

VPR **se côtoyer** *[individus]* to mix, to rub shoulders; *[genres, extrêmes]* to meet, to come close

cotre /kɔtʀ/ NM *(= bateau)* cutter

cottage /kɔtɛdʒ/ NM cottage

cotte /kɔt/ NF [1] *(Hist)* ◆ **cotte de mailles** coat of mail ◆ **cotte d'armes** *(= tunique)* coat of arms *(surcoat)*

[2] *(= salopette)* overalls, (pair of) dungarees *(Brit)*; *(†† = jupe)* petticoat

cotutelle /kotytɛl/ NF joint guardianship

cotuteur, -trice /kotytœʀ, tʀis/ NM,F joint guardian

cotyle /kɔtil/ NM *ou* F *(Anat)* acetabulum

cotylédon /kɔtiledɔ̃/ NM *(Anat, Bot)* cotyledon

cotyloïde /kɔtilɔid/ ADJ cotyloid(al)

cou /ku/ NM *(Anat, Couture)* *[de bouteille]* neck ◆ **porter qch au cou** *ou* **autour du cou** to wear sth round one's neck ◆ **elle a un vrai cou de girafe** she's got a neck like a giraffe ◆ **avoir mal au cou** *(Helv :à la gorge)* to have a sore throat ◆ **jusqu'au cou** *(lit)* up to one's neck ◆ **endetté jusqu'au cou** up to one's eyes in debt ◆ **être impliqué jusqu'au cou dans un scandale** to be heavily implicated in a scandal ◆ **il est impliqué jusqu'au cou** he's in it up to his neck* ◆ **sauter** *ou* **se jeter au cou de qn** to throw one's arms around sb's neck, to fall on sb's neck; → **bride, casser, taureau** *etc*

couac /kwak/ NM *(Mus)* *[d'instrument]* false note, goose note *(Brit)*; *[de voix]* false note ◆ **il y a eu des couacs pendant les discussions avec les syndicats** *(fig)* there were moments of friction during the talks with the unions

couard, couarde /kwaʀ, kwaʀd/ SYN *(frm)*

ADJ cowardly ◆ **il est trop couard pour cela** he's too cowardly *ou* too much of a coward for that

NM,F coward

couardise /kwaʀdiz/ SYN NF (frm) cowardice

couchage /kuʃaʒ/ NM (= matelas, draps) bedding (NonC) ◆ **il faudra organiser le couchage en route** (= installation) we'll have to organize our sleeping arrangements on the way ◆ **matériel de couchage** sleeping equipment, bedding ◆ **pour couchage 90/135** (= matelas) for mattress size 90/135 cm; → **sac¹**

couchailler* /kuʃaje/ ► conjug 1 ◄ VI (péj) to sleep around*

couchant /kuʃɑ̃/
ADJ ◆ **soleil couchant** setting sun ◆ **au soleil couchant** at sunset ou sundown (US); → **chien**
NM (= ouest) west; (= aspect du ciel, à l'ouest) sunset, sundown (US)

couche /kuʃ/ SYN
NF ① (gén) layer; [de peinture] coat ◆ **ils avaient une couche épaisse de crasse** they were covered in ou coated with dirt, they were covered in a thick layer of dirt ◆ **en tenir** ou **avoir une couche*** to be really thick* ou dumb* ◆ **la couche d'ozone** the ozone layer ◆ **couches de l'atmosphère** layers ou strata of the atmosphere ◆ **couches ligneuses** woody ou ligneous layers
② (= catégorie sociale) level, stratum ◆ **dans toutes les couches de la société** at all levels of society
③ (pour cultures) hotbed; → **champignon**
④ [de bébé] nappy (Brit), diaper (US) ◆ **couche-culotte** disposable nappy (Brit) ou diaper (US)
⑤ (littér = lit) bed ◆ **une couche de feuillage** a bed of leaves
NFPL **couches** (Méd = accouchement) confinement † ◆ **mourir en couches** to die in childbirth ◆ **femme en couches** woman in labour ◆ **elle a eu des couches pénibles** she had a difficult confinement † ou labour; → **faux²**, **relever**, **retour**

couché, e /kuʃe/ (ptp de **coucher**) ADJ
① (= étendu) lying (down); (au lit) in bed ◆ **Rex, couché!** lie down, Rex! ◆ **couché sur son guidon** bent over his handlebars
② (= penché) [écriture] sloping, slanting
③ → **papier**

couche-dehors* /kuʃdəɔʀ/ NM INV down-and-out, homeless person

coucher /kuʃe/ SYN ► conjug 1 ◄
VT ① (= mettre au lit) to put to bed; (= donner un lit à) to put up ◆ **on peut vous coucher** we can put you up, we can offer you a bed ◆ **nous pouvons coucher 4 personnes** we can put up ou sleep 4 people; → **nom**
② (= étendre) [+ blessé] to lay out; [+ échelle] to lay down; [+ bouteille] to lay on its side ◆ **il y a un arbre couché en travers de la route** there's a tree lying across the road ◆ **la rafale a couché le bateau** the gust of wind made the boat keel over ou keeled the boat over ◆ **le vent a couché les blés** the wind has flattened the corn; → **joue**
③ (frm = inscrire) to inscribe ◆ **coucher qn dans un testament** to name sb in a will ◆ **coucher qn sur une liste** to inscribe ou include sb's name on a list ◆ **coucher un article dans un contrat** to insert a clause into a contract
④ [+ branches pour clôtures] to layer
VI ① (= passer la nuit, séjourner) to sleep ◆ **nous avons couché à l'hôtel/chez des amis** we spent the night at a hotel/with friends ◆ **nous couchions à l'hôtel/chez des amis** we were staying in a hotel/with friends ◆ **coucher sous la tente** to sleep under canvas ◆ **il faudra qu'il couche par terre** he'll have to sleep on the floor ◆ **on peut coucher à 5 dans le bateau** the boat sleeps 5 ◆ **ma voiture couche dehors*** my car stays outside at night; → **étoile**
② (* = se coucher) to go to bed ◆ **cela nous a fait coucher très tard** that kept us up very late
③ (* = avoir des rapports sexuels) to sleep ◆ **coucher avec qn** to sleep ou go to bed with sb ◆ **ils couchent ensemble** they're sleeping together ◆ **avant le mariage, je ne couche pas** I don't believe in (having) sex before marriage ◆ **coucher à droite à gauche** ‡ to sleep around
VPR **se coucher** ① (= aller au lit) to go to bed ◆ **se coucher comme les poules** to go to bed early ou when the sun goes down ◆ **va te coucher !*** (fig) clear off!*; → **comme**
② (= s'étendre) to lie down ◆ **il s'est couché sur l'enfant pour le protéger** he lay on top of the child to protect him ◆ **le gardien s'est couché sur le ballon** the goalkeeper smothered the ball ◆ **se coucher sur les avirons/le guidon** (Sport) to bend over the oars/the handlebars ◆ **un poteau s'est couché au travers de la route** there's a telegraph pole lying across the road ◆ **se coucher devant qn*** (péj) to crawl to sb, to grovel before sb
③ [soleil, lune] to set, to go down
④ [bateau] to keel over
⑤ (Cartes = s'incliner) (gén) to throw in one's hand; (Poker) to fold
NM ① (= moment) ◆ **surveiller le coucher des enfants** to see the children into bed ◆ **le coucher était toujours à 9 heures** bedtime was always at 9 o'clock ◆ **le coucher du roi** (Hist) the king's going-to-bed ceremony
② († = logement) accommodation ◆ **le coucher et la nourriture** board and lodging
③ (= tombée de la nuit) ◆ **(au) coucher du soleil** (at) sunset ou sundown (US) ◆ **le soleil à son coucher** the setting sun

coucherie /kuʃʀi/ NF (gén pl : péj) sleeping around (NonC)

couche-tard* /kuʃtaʀ/ NMF INV night owl*

couche-tôt* /kuʃto/ NMF INV ◆ **c'est un couche-tôt** he always goes to bed early

couchette /kuʃɛt/ NF (dans un train) couchette, berth; (sur un bateau) [de voyageur] couchette, berth; [de marin] bunk

coucheur /kuʃœʀ/ NM → **mauvais**

couci-couça* /kusikusa/ ADV so-so*

coucou /kuku/
NM ① (= oiseau) cuckoo; (= pendule) cuckoo clock ◆ **maigre comme un coucou*** as thin as a rake
② (péj = avion) (old) crate*
③ (= fleur) cowslip
④ (* = bonjour) ◆ **faire un petit coucou** to say hello (à to) ◆ **elle a fait un coucou à la caméra** she waved to the camera
EXCL (à cache-cache) peek-a-boo!; (= bonjour) cooey!, hello! ◆ **coucou, c'est moi !** hi! ou hello!, it's me!

coude /kud/ SYN NM ① (Anat = partie de la manche) elbow ◆ **coudes au corps** (lit) with one's elbows in; [courir] at the double ◆ **se tenir** ou **serrer les coudes** to stick together ◆ **coup de coude** nudge ◆ **prendre un coup de coude dans la figure** to get an elbow in the face ◆ **écarter qn d'un coup de coude** to elbow sb out of the way ◆ **d'un coup de coude il attira son attention** he nudged him to attract his attention ◆ **donner un coup de coude à qn** (légèrement) to give sb a nudge, to nudge sb; (plus brutalement) to elbow sb ◆ **coude à coude** [travailler] shoulder to shoulder, side by side ◆ **être au coude à coude** [coureurs, candidats] to be neck and neck (avec with) ◆ **j'ai** ou **je garde votre dossier sous le coude** I am holding on to your file ◆ **j'ai toujours ce dictionnaire sous le coude** I always keep this dictionary handy; → **doigt**, **huile** etc
② [de rivière] bend, elbow; [de route, tuyau, barre] bend

coudé, e /kude/ (ptp de **couder**) ADJ [tuyau, barre] angled, bent at an angle, with a bend in it

coudée /kude/ NF († † = mesure) cubit † ◆ **avoir ses** ou **les coudées franches** (lit) to have elbow room; (fig) to have complete freedom of action ◆ **laisser les coudées franches à qn** to give sb complete freedom of action ◆ **dépasser qn de cent coudées** † to stand head and shoulders above sb, to be worth a hundred times more than sb

cou-de-pied (pl **cous-de-pied**) /kud(ə)pje/ NM instep

couder /kude/ ► conjug 1 ◄ VT [+ tuyau, barre de fer] to put a bend in, to bend (at an angle)

coudière /kudjɛʀ/ NF elbow pad

coudoyer /kudwaje/ SYN ► conjug 8 ◄ VT [+ gens] to rub shoulders with, to mix with, to come into contact with ◆ **dans cet article, la stupidité coudoie la mesquinerie** in this article, stupidity stands side by side with pettiness

coudraie /kudʀɛ/ NF hazel tree grove

coudre /kudʀ/ SYN ► conjug 48 ◄ VT [+ pièces de tissu] to sew (together); [+ bouton] to sew on; [+ vêtement] to sew up, to stitch up; (Reliure) [+ cahiers] to stitch; (Méd) [+ plaie] to sew up, to stitch (up) ◆ **coudre un bouton/une pièce à une veste** to sew a button/patch on a jacket ◆ **coudre une semelle (à l'empeigne)** to stitch a sole (to the upper) ◆ **coudre à la main/à la machine** to sew by hand/by machine; → **dé**, **machine**

coudrier /kudʀije/ NM hazel tree

Coué /kwe/ N ◆ **méthode Coué** autosuggestion, Couéism (SPÉC) ◆ **il faut pratiquer** ou **utiliser la méthode Coué** you need to try self-persuasion

couenne /kwan/ NF ① [de lard] rind; (Helv) [de fromage] rind
② (‡ = peau) hide*
③ (Méd) [de peau] membrane

couenneux, -euse /kwanø, øz/ ADJ → **angine**

couette /kwɛt/ NF ① (= couverture) continental quilt, duvet, comforter (US) ◆ **se mettre sous la couette** to go to bed, to turn in*
② [de cheveux] ◆ **couettes** bunches
③ (Tech) bearing; (Naut pour lancer un bateau) ways

couffin /kufɛ̃/ NM [de bébé] Moses basket; († = cabas) (straw) basket

coufique /kufik/ ADJ, NM Kufic, Cufic

coug(o)uar /kugwaʀ/ NM cougar

couic /kwik/ EXCL erk!, squeak! ◆ **je n'y comprends que couic** † * I don't understand a blooming* (Brit) ou darn* (US) thing ◆ **faire couic*** (= mourir) to croak*, to snuff it*

couille‡ /kuj/ NF ① (= testicule) ball*‡ ◆ **couilles** balls*‡, bollocks*‡ (Brit) ◆ **avoir des couilles** (courage) to have balls*‡ ◆ **c'est une couille molle** he has no balls*‡ ◆ **se faire des couilles en or** to get filthy rich‡ ◆ **tenir qn par les couilles** to have sb by the balls*‡
② (= erreur, problème) balls-up*‡ (Brit), cock-up‡ (Brit), ball-up*‡(US) ◆ **faire une couille** to screw up‡, to fuck up*‡ ◆ **je n'ai eu que des couilles cette semaine** it's been one cock-up*‡ (Brit) ou balls-up*‡ (Brit) ou ball-up*‡(US) after another this week ◆ **partir en couille** to go down the drain*

couillon‡ /kujɔ̃/
ADJ M ◆ damn‡ ou bloody‡ (Brit) stupid
NM ◆ damn‡ ou bloody‡ (Brit) idiot ou cretin‡

couillonnade‡ /kujɔnad/ NF bullshit*‡ (NonC) ◆ **c'est de la couillonnade** it's a load of bullshit*‡

couillonner‡ /kujɔne/ ► conjug 1 ◄ VT to con* ◆ **on t'a couillonné, tu t'es fait couillonner** you've been had* ou conned*

couinement /kwinmɑ̃/ NM [de porc, freins] squealing (NonC), squeal; [de souris etc] squeaking (NonC), squeak; [de porte, ressort] creaking (NonC); (péj) [de personne] whining (NonC), whine ◆ **pousser un couinement** [porc] to squeal; [souris etc] to squeak

couiner* /kwine/ ► conjug 1 ◄ VI [porc, freins] to squeal; [souris etc] to squeak; [porte, ressort] to creak; (péj) [personne] to whine

coulage /kulaʒ/ NM ① [de cire, ciment] pouring; [de statue, cloche] casting
② (Écon) (= gaspillage) waste; (= vol) pilferage

coulant, e /kulɑ̃, ɑ̃t/
ADJ ① [pâte] runny; [vin] smooth; [style] (free-)flowing, smooth; → **nœud**
② (* = indulgent) [personne] easy-going
NM ① [de ceinture] sliding loop
② [de plante] runner

coule /kul/ NF (= capuchon) cowl ◆ **être à la coule** † * to know the ropes, to know the tricks of the trade

coulé, e /kule/ (ptp de **couler**)
ADJ (jeu de bataille navale) ◆ **(touché) coulé !** she's gone under!; → **brasse**
NM (Mus) slur; (Danse) glide; (Billard) follow
NF **coulée** [de métal] casting ◆ **coulée de lave** lava flow ◆ **coulée de boue** mudslide ◆ **coulée de neige** snowslide ◆ **il y a une coulée** [de peinture] the paint has run ◆ **il y a des deux/trois coulées** the paint has run (in several places)/in three places ◆ **coulée verte** pedestrian zone (bordered with trees and grass)

coulemelle /kulmɛl/ NF parasol mushroom

couler /kule/ SYN
VI ① [liquide] to run, to flow; [sang, larmes] to flow; [fromage, bougie] to run; [rivière] to flow ◆ **la sueur coulait sur son visage** he had sweat running down his face; (plus fort) he had sweat pouring down his face ◆ **ton rimmel a coulé** your mascara has run ◆ **couler à flots** [vin, champagne] to be flowing freely ◆ **le sang a coulé** (fig) blood has been shed
② ◆ **faire couler** [+ eau] to run ◆ **faire couler un bain** to run a bath, to run water for a bath ◆ **faire couler le sang** (fig) to cause bloodshed ◆ **ça a fait couler beaucoup d'encre** (fig) it has

caused a lot of ink to flow ◆ **ça fera couler de la salive** that'll set (the) tongues wagging

3 *[robinet]* to run; *(= fuir)* to leak; *[récipient, stylo]* to leak ◆ **ne laissez pas couler les robinets** don't leave the taps *(Brit)* *ou* faucets *(US)* running *ou* on ◆ **il a le nez qui coule** his nose is running, he has a runny nose

4 *[paroles]* to flow; *[roman, style]* to flow (along) ◆ **couler de source** *(= être clair)* to be obvious; *(= s'enchaîner)* to follow naturally

5 *[vie, temps]* to slip by, to slip past

6 *[bateau, personne]* to sink; *[entreprise]* to go under, to fold ◆ **couler à pic** to sink straight to the bottom

VT 1 *[+ cire, ciment]* to pour; *[+ métal, statue, cloche]* to cast ◆ **couler une bielle** *(en voiture)* to run a big end

2 *(= passer)* ◆ **couler une existence paisible/des jours heureux** to enjoy a peaceful existence/happy days

3 *[+ bateau]* to sink, to send to the bottom; *(= discréditer)* *[+ personne]* to discredit; *(* = faire échouer)* *[+ candidat]* to bring down; *[+ entrepreneur, firme]* to wreck, to ruin ◆ **c'est son accent/l'épreuve de latin qui l'a coulé*** it was his accent/the Latin test that brought him down

4 *(= glisser)* *[+ regard, sourire]* to steal; *[+ pièce de monnaie]* to slip

5 *(= filtrer)* *[+ liquide]* to pour

VPR se couler 1 *(= se glisser)* ◆ **se couler dans/à travers** to slip into/through ◆ **se couler dans un moule** *[personne]* to conform to a norm

2 ◆ **se la couler douce*** *(= avoir la belle vie)* to have it easy*, to have an easy time (of it)*; *(= paresser)* to take it easy

couleur /kulœʀ/ SYN

NF 1 *(= coloris)* colour *(Brit)*, color *(US)*; *(= nuance)* shade, tint, hue *(littér)* ◆ **couleurs fondamentales/complémentaires** primary/complementary colours ◆ **une robe de couleur bleue** a blue dress ◆ **de couleur claire/sombre** light-/dark-coloured ◆ **une belle couleur rouge** a beautiful shade of red, a beautiful red colour ◆ **aux couleurs délicates** delicately coloured, with delicate colours ◆ **film/cartes en couleurs** colour film/postcards ◆ **vêtements noirs ou de couleur** dark or colourful clothes ◆ **la couleur, les couleurs** *(= linge de couleur)* coloureds ◆ **je n'aime pas les couleurs de la chambre** I don't like the colour scheme *ou* the colours in the bedroom ◆ **les feuilles prenaient une couleur dorée** the leaves were turning golden-brown *ou* taking on a golden-brown colour ◆ **se faire faire sa ou une couleur** to have one's hair coloured; → **goût**

2 *(= peinture)* paint ◆ **couleurs à l'eau** watercolours ◆ **couleurs à l'huile** oil colours, oil paint ◆ **boîte de couleurs** paintbox, box of paints; → **crayon, marchand**

3 *(= carnation)* ◆ **couleurs** colour *(Brit)*, color *(US)* ◆ **avoir des couleurs** to have a good colour ◆ **perdre ses/(re)prendre des couleurs** to lose/get back one's colour ◆ **tu as pris des couleurs** *(bronzage)* you've caught the sun; → **changer, haut**

4 *(= vigueur)* colour *(Brit)*, color *(US)* ◆ **ce récit a de la couleur** this tale is very vivid *ou* colourful ◆ **sans couleur** colourless

5 *(= caractère)* colour *(Brit)*, color *(US)*, flavour *(Brit)*, flavor *(US)* ◆ **le poème prend soudain une couleur tragique** the poem suddenly takes on a tragic colour *ou* note

6 *(Pol = étiquette)* colour *(Brit)*, color *(US)* ◆ **couleur politique** political persuasion

7 *(Cartes)* suit; → **annoncer**

8 *(Sport)* ◆ **couleurs** *[de club, écurie]* colours *(Brit)*, colors *(US)* ◆ **les couleurs** *(drapeau)* the colours *(Brit)* *ou* colors *(US)*

9 ◆ **couleur locale** local colour ◆ **ces costumes font très couleur locale** these costumes give plenty of local colour

10 *(locutions)* ◆ **homme/femme de couleur** coloured man/woman ◆ **sous couleur de qch** under the guise of sth ◆ **sous couleur de faire** while pretending to do ◆ **montrer/présenter qch sous de fausses couleurs** to show/present sth in a false light ◆ **décrire** *ou* **peindre qch sous les plus sombres/vives couleurs** to paint the darkest/rosiest picture of sth, to paint sth in the darkest/rosiest colours ◆ **l'avenir se présente sous les plus sombres couleurs** the future looms very dark *ou* looks very gloomy ◆ **elle n'a jamais vu la couleur de son argent*** she's never seen the colour of his money* ◆ **il m'a promis un cadeau mais je n'en ai jamais vu la couleur*** he promised me a present but I've yet to see it ◆ **c'est la même chose en couleurs*** it's the same old thing in a different wrapper*; → **voir**

ADJ INV ◆ **yeux couleur d'azur** sky-blue eyes ◆ **tissu couleur cyclamen/mousse** cyclamen-coloured/moss-green material ◆ **couleur chair** flesh-coloured, flesh *(épith)* ◆ **couleur paille** straw-coloured

couleuvre /kulœvʀ/ **NF** ◆ **couleuvre (à collier)** grass snake ◆ **couleuvre lisse** smooth snake ◆ **couleuvre vipérine** viperine snake; → **avaler**

couleuvrine /kulœvʀin/ **NF** *(Hist)* culverin

coulis /kuli/

ADJ M → **vent**

NM 1 *(Culin)* coulis ◆ **coulis de framboise/de cassis/de tomates** raspberry/blackcurrant/tomato coulis ◆ **coulis d'écrevisses** crayfish bisque

2 *(Tech)* *(= mortier)* grout; *(= métal)* molten metal *(filler)*

coulissant, e /kulisɑ̃, ɑ̃t/ **ADJ** *[porte, panneau]* sliding *(épith)* ◆ **ceinture coulissante** drawstring belt

coulisse /kulis/ **NF** 1 *(Théât : gén pl)* wings ◆ **en coulisse, dans les coulisses** *(Théât)* in the wings; *(fig)* behind the scenes ◆ **les coulisses de la politique** what goes on behind the political scenes ◆ **les coulisses du pouvoir** the corridors of power ◆ **rester dans la coulisse** to work behind the scenes

2 *[de porte, tiroir]* runner; *[de rideau]* top hem; *[de robe]* casing; *(= panneau mobile)* sliding door; *(Tech = glissière)* slide ◆ **porte à coulisse** sliding door ◆ **regard en coulisse** sidelong glance *ou* look; → **pied, trombone**

3 *(† : Bourse)* unofficial Stock Market

coulisseau (pl **coulisseaux**) /kuliso/ **NM** *[de tiroir]* runner; *(Tech)* slide

coulisser /kulise/ ► conjug 1 ◄

VT *[+ tiroir, porte]* to provide with runners; *[+ rideau]* to hem (the top of) ◆ **jupe coulissée** skirt with a drawstring waist

VI *[porte, rideau, tiroir]* to slide, to run

coulissier † /kulisje/ **NM** unofficial broker

couloir /kulwaʀ/ SYN **NM** *[de bâtiment]* corridor, passage; *[de wagon]* corridor; *[d'avion, train]* aisle; *[d'appareil de projection]* channel, track; *(Athlétisme, Natation)* lane; *(Tennis)* tramlines *(Brit)*, alley *(surtout US)*; *(Géog)* gully, couloir *(SPÉC)*; *(Ski)* corridor; *(pour bus, taxi)* lane ◆ **couloir aérien** air (traffic) lane ◆ **couloir humanitaire** safe *ou* humanitarian corridor ◆ **couloir de navigation** shipping lane ◆ **couloir d'avalanches** *(Géog)* avalanche corridor ◆ **le couloir rhodanien** *(Géog)* the Rhône corridor ◆ **bruits de couloir(s)** *(Pol etc)* rumours ◆ **intrigues de couloir(s)** *(Pol etc)* backstage manoeuvring

coulomb /kulɔ̃/ **NM** coulomb

coulommiers /kulɔmje/ **NM** Coulommiers cheese *(soft cheese)*

coulpe /kulp/ **NF** *(littér ou hum)* ◆ **battre sa coulpe** to beat one's breast

coulure /kulyʀ/ **NF** 1 *[de vigne]* failure to set fruit

2 *(= trace)* *[de métal]* runoff ◆ **il y a des coulures** *[de peinture]* the paint has run (in several places)

coumarine /kumaʀin/ **NF** c(o)umarin

◆ ◆

coup /ku/ SYN

► Lorsque **coup** est suivi d'un complément de nom désignant une partie du corps ou un instrument (**coup de main/pied/balai/marteau/téléphone, coup d'œil** etc), cherchez à ce nom.

NOM MASCULIN

◆ ◆

1 [= HEURT, CHOC] knock, blow; *(affectif)* blow, shock; *(marquant l'agression)* blow ◆ **il a pris un coup sur la tête** *(= il s'est cogné)* he knocked *ou* hit *ou* banged his head, he was hit on the head; *(= on l'a frappé)* he was hit on the head, he got a blow on the head ◆ **la voiture a reçu un coup** the car has had a knock *(Brit)* *ou* bump ◆ **donner des coups dans la porte** to bang *ou* hammer at the door ◆ **donner un coup sec pour dégager qch** to give sth a sharp knock to release it ◆ **ça a porté un coup sévère à leur moral** it dealt a severe blow to their morale ◆ **en prendre un (bon** *ou* **sacré** *ou* **sérieux) coup*** *[carrosserie]* to have a (nasty) bash* *(Brit)* *ou* bang; *[personne, confiance, moral]* to take a (nasty) blow *ou* a (real) knock ◆ **ça lui a fait** *ou* **fichu un coup*** it's given him a (bit of a) shock, it was a bit of a blow (for him) ◆ **coup dur** hard blow ◆ **il m'a donné un coup** he hit me ◆ **en venir aux coups** to come to blows ◆ **les coups tombaient dru** *ou* **pleuvaient** the blows rained down ◆ **coups et blessures** *(Jur)* assault and battery, aggravated assault; → **accuser, marquer**

2 [SPORT = GESTE] *(Cricket, Golf, Tennis)* stroke; *(Boxe)* blow, punch; *(Tir)* shot; *(Échecs)* move; *(aux dés)* throw ◆ **il a fait 421 en deux coups** he got 421 in two throws ◆ **coup droit** *(Tennis)* drive ◆ **coup droit croisé** *(Tennis)* cross-court drive ◆ **renvoyer la balle en coup droit** to do a forehand drive ◆ **coup bas** *(Boxe)* blow *ou* punch below the belt; *(fig)* blow below the belt ◆ **c'était un coup bas** that was below the belt ◆ **coup franc** *(Football, Rugby)* free kick; *(Basket)* free-throw shot ◆ **tous les coups sont permis** no holds barred ◆ **un coup pour rien** *(lit)* a go for nothing, a free go ◆ **c'était un coup pour rien** *(fig)* it was all for nothing; → **discuter, marquer**

3 [= HABILETÉ] ◆ **avoir le coup** to have the knack ◆ **attraper** *ou* **prendre le coup** to get the knack; → **main**

4 [EFFORT] ◆ **en mettre un coup*** to pull out all the stops* ◆ **il en met un sacré coup*** he's really going at it

5 [= DÉCHARGE, DÉTONATION] *[d'arme à feu]* shot ◆ **à six coups** six-shot *(épith)* ◆ **il jouait avec le fusil quand le coup est parti** he was playing with the rifle when it went off ◆ **faire coup double** *(Chasse)* to do a right and left; *(fig)* to kill two birds with one stone; → **feu[1], grâce, tirer**

6 [= BRUIT DE CHOC] knock; *(sec)* rap ◆ **il y eut un coup à la porte** there was a knock at the door ◆ **sonner 3 coups** to ring 3 times ◆ **les douze coups de midi** the twelve strokes of noon ◆ **sur le coup de minuit** at *ou* on the stroke of midnight ◆ **sur le coup des 10-11 heures** around 10 or 11; → **frapper**

7 [= ÉVÉNEMENT FORTUIT] ◆ **coup du sort** *ou* **du destin** blow dealt by fate ◆ **coup de chance** *ou* **de veine*, coup de pot*** *ou* **de bol*** stroke *ou* piece of luck ◆ **coup de malchance** rotten luck; → **sale**

8 [* = ACTION CONCERTÉE, HASARDEUSE] *[de cambrioleurs]* job* ◆ **coup médiatique** media stunt ◆ **il est sur un coup** he's up to something ◆ **elle voulait cette maison, mais ils étaient plusieurs sur le coup** she wanted that house but there were several people after it ◆ **c'est un coup à faire** *ou* **tenter** it's worth (having) a go* *ou* a bash* *(Brit)* ◆ **réussir un beau coup** to pull it off ◆ **il a manqué** *ou* **raté son coup** he blew it*, he didn't pull it off* ◆ **c'est un coup à se tuer !*/à se faire virer !*** you could get yourself killed doing that!/fired for doing that! ◆ **c'est encore un coup de 100 €*** that'll be another €100 to fork out*; → **cent[1], quatre**

◆ **dans le coup** ◆ **être dans le coup** *(impliqué)* to be in on it*; *(au courant)* to know all about it; *(expert)* to know what's what; *(à la page)* to be with it* ◆ **une grand-mère dans le coup** a with-it* *ou* hip* grandmother ◆ **mettre qn dans le coup** to get sb involved, to bring sb in ◆ **pendant le match, il n'était pas dans le coup** he wasn't really with it* during the match

◆ **valoir le coup** ◆ **ça vaut le coup** it's worth it ◆ **c'est un film qui vaut le coup** the film is worth seeing ◆ **cela valait le coup d'essayer** it was worth trying *ou* a try ◆ **ça ne vaut pas le coup de partir pour 2 jours** it's not worth going just for 2 days ◆ **elle vaut vraiment le coup qu'on la forme*** it's really worth our while to train her

9 [= ACTION CONTRE QN] trick ◆ **coup monté** setup ◆ **c'est bien un coup à lui** that's just like him *ou* typical of him ◆ **tu ne vas pas nous faire le coup d'être malade** you're not going to go and be ill on us* ◆ **il nous fait le coup chaque fois** he always does that ◆ **un coup en vache*** a dirty trick* ◆ **faire un coup en vache à qn*** to do the dirty on sb*, to pull a dirty trick on sb* ◆ **un coup en traître** a stab in the back; → **mauvais, panne[1], sale**

10 [* = FOIS] time ◆ **à chaque coup, à tous (les) coups, à tout coup** every time ◆ **à tous les coups on gagne !** every one a winner! ◆ **du même coup** at the same time ◆ **pleurer/rire un bon coup** to have a good cry/laugh

◆ **au coup par coup** *[agir]* on an ad hoc basis; *[embaucher, acheter]* as and when the need arises ◆ **nous réglerons ce problème au coup par coup** we'll deal with this problem as we go along

◆ **coup sur coup** in quick succession ◆ **deux victoires coup sur coup, c'est bon pour**

l'équipe ! two wins one after the other *ou* two successive wins, that's good for the team!

♦ **d'un seul coup** ♦ **d'un seul coup, les lumières s'éteignirent** all at once *ou* all of a sudden the lights went out ♦ **il a sauté 4 marches d'un seul coup** he leaped *ou* took 4 steps in one go *ou* at a time

♦ **du premier coup, au premier coup** straight away, right away ♦ **il a eu son permis de conduire du premier coup** he got his driving licence first time round *ou* first go *

11 [* = QUANTITÉ BUE] ♦ **boire un coup** to have a drink *ou* something to drink ♦ **aller boire un coup** *(gén)* to go and have something to drink; *(au café)* to go for a drink ♦ **je te paie un coup (à boire)** I'll buy you a drink ♦ **vous boirez bien un coup de rouge avec nous ?** come and have a glass of red wine with us ♦ **il a bu un coup de trop, il a un coup dans le nez** * he's had one too many *, he's had one over the eight *

12 [*** = PARTENAIRE SEXUEL] ♦ **être un bon coup** to be a good screw *** *ou* fuck ***

13 [LOCUTIONS]

♦ **à coup(s) de** *(= au moyen de)* ♦ **la société boucle son budget à coups de subventions** the firm manages to balance its budget by using *ou* through subsidies ♦ **réussir à coup de publicité** to succeed through advertising

♦ **à coup sûr** *(= sûrement)* definitely

♦ **après coup** afterwards, after the event

♦ **du coup** as a result

♦ **pour le coup** ♦ **c'est pour le coup qu'il se fâcherait** then he'd really get angry ♦ **là, pour le coup, il m'a étonné** he really surprised me there

♦ **sous le coup de**
(= sous l'effet de) *[+ surprise, colère]* in the grip of ♦ **sous le coup d'une forte émotion** in a highly emotional state, in the grip of a powerful emotion ♦ **être sous le coup d'une condamnation** to have a current conviction ♦ **être sous le coup d'une mesure d'expulsion** to be under an expulsion order ♦ **il est sous le coup d'un mandat d'arrêt** there is a warrant out for his arrest ♦ **tomber sous le coup de la loi** *[activité, acte]* to be a statutory offence

♦ **sur le coup** *(= instantanément)* outright ♦ **mourir sur le coup** *(assassinat)* to be killed outright; *(accident)* to die *ou* be killed instantly ♦ **sur le coup je n'ai pas compris** at the time I didn't understand

♦ **tout à coup, tout d'un coup** all of a sudden, suddenly, all at once

---

coupable /kupabl/ SYN

ADJ 1 *(= fautif)* *[personne]* guilty *(de* of) ♦ **il s'est rendu coupable de corruption** he was guilty of corruption; → **non, plaider**

2 *(= blâmable)* *[désirs, amour]* guilty *(épith)*; *[action, négligence]* culpable, reprehensible; *[faiblesse]* reprehensible

NMF culprit, guilty party *(hum)* ♦ **le grand coupable c'est le jeu** the real culprit is gambling, gambling is chiefly to blame

coupage /kupaʒ/ NM *[de vin]* *(avec un autre vin)* blending *(NonC)*; *(avec de l'eau)* dilution *(NonC)*, diluting *(NonC)* ♦ **ce sont des coupages, ce sont des vins de coupage** these are blended wines

coupant, e /kupɑ̃, ɑt/ SYN ADJ *[lame, brin d'herbe]* sharp(-edged); *[ton, réponse]* sharp

coup-de-poing (pl **coups-de-poing**) /kud(ə)pwɛ̃/ NM 1 *(Archéol)* biface, biracial flint

2 *(= arme)* knuckle-duster(s), brass knuckles

coupe[1] /kup/ NF 1 *(à dessert, à glace)* dish, bowl; *(= contenu)* dish(ful), bowl(ful); *(à boire)* goblet ♦ **une coupe de champagne** a glass of champagne ♦ **coupe à fruits** *(= saladier)* fruit bowl; *(individuelle)* fruit dish, coupe ♦ **la coupe est pleine** *(fig)* I've had enough, that's the limit; → **boire, loin**

2 *(Sport = objet, épreuve)* cup ♦ **coupe d'Europe/du monde** European/World cup ♦ **la coupe de France de football** the French football *(Brit)* *ou* soccer *(US)* cup ♦ **la Coupe des Coupes** the Cupwinners' Cup

coupe[2] /kup/

NF 1 *(Couture) (= action)* cutting(-out); *(= pièce de tissu)* length; *(= façon d'être coupé)* cut ♦ **robe de belle coupe/de coupe sobre** beautifully/simply cut dress ♦ **coupe nette** *ou* **franche** clean cut

2 *(Sylviculture) (= action)* cutting (down); *(= étendue de forêt)* felling area; *(= surface, tranche)* section

3 *[d'herbe]* cutting; *[de gâteau]* cutting up, slicing; *[de rôti]* carving, cutting up ♦ **fromage/beurre vendu à la coupe** cheese/butter sold loose

4 *[de cheveux]* cutting ♦ **coupe (de cheveux)** (hair)cut ♦ **coupe au rasoir** razor-cut ♦ **faites-moi une coupe toute simple** just do something simple

5 *(pour examen au microscope)* section ♦ **coupe histologique** histological section

6 *(= dessin, plan)* section ♦ **le navire vu en coupe** a (cross) section of the ship ♦ **coupe transversale** cross *ou* transversal section ♦ **coupe longitudinale** longitudinal section

7 *(Littérat) [de vers]* break, caesura

8 *(Cartes)* cut, cutting *(NonC)* ♦ **jouer sous la coupe de qn** to lead (after sb has cut)

9 *(= réduction)* cut ♦ **faire des coupes dans qch** to make cuts in sth

10 *(locutions)* ♦ **être sous la coupe de qn** *[personne] (= être dominé)* to be under sb's thumb; *(hiérarchiquement)* to be under sb; *[entreprise, organisation]* to be under sb's control ♦ **tomber sous la coupe de qn** to fall prey to sb, to fall into sb's clutches

COMP **coupe claire** clear-cutting, clear-felling ♦ **faire des coupes claires dans qch** *(fig)* to make drastic cuts in sth

coupe d'ensemencement thinning (out) *(to allow space for sowing new trees)*

coupe réglée periodic felling ♦ **mettre en coupe réglée** *(fig)* to bleed systematically

coupe sombre (slight) thinning (out) ♦ **faire des coupes sombres dans** to make drastic cuts in ♦ **coupes sombres dans le personnel** severe staff reductions *ou* cutbacks

coupé, e[1] /kupe/ (ptp de **couper**)

ADJ 1 *[vêtement]* ♦ **bien/mal coupé** well/badly cut

2 *[communications, routes]* cut off *(attrib)*

3 *[vin]* blended

4 *(= castré)* neutered

NM *(= voiture, pas de danse)* coupé

coupe-chou(x) * (pl **coupe-choux**) /kupʃu/ NM *(= épée)* short sword; *(= rasoir)* open razor

coupe-cigare (pl **coupe-cigares**) /kupsigaʀ/ NM cigar cutter

coupe-circuit (pl **coupe-circuits**) /kupsiʀkɥi/ NM cutout, circuit breaker ♦ **procédure de coupe-circuit** *(Bourse)* circuit-breaker procedure

coupe-coupe /kupkup/ NM INV machete

coupée[2] /kupe/ NF *[de bateau]* gangway *(opening, with ladder)*; → **échelle**

coupe-faim (pl **coupe-faim(s)**) /kupfɛ̃/ NM appetite suppressant ♦ **le tabac a un effet coupe-faim** smoking takes away your appetite

coupe-feu (pl **coupe-feu(x)**) /kupfø/ NM *(= espace)* firebreak; *(= chose)* fireguard ♦ **porte coupe-feu** fire door

coupe-file (pl **coupe-files**) /kupfil/ NM *(= carte de priorité)* pass

coupe-frites /kupfʀit/ NM INV chip-cutter *ou* -slicer *(Brit)*, French-fry-cutter *ou* -slicer *(US)*

coupe-gorge (pl **coupe-gorge(s)**) /kupgɔʀʒ/ NM *(= quartier)* dangerous *ou* no-go area; *(= rue)* dangerous back-alley ♦ **ce café/cette banlieue est un vrai coupe-gorge !** you take your life in your hands when you go into that café/area!

coupe-jarret (pl **coupe-jarrets**) /kupʒaʀɛ/ NM († *ou hum*) cutthroat

coupe-légume(s) (pl **coupe-légumes**) /kuplegym/ NM vegetable-cutter

coupelle /kupɛl/ NF 1 *(= petite coupe)* (small) dish

2 *(Chim)* cupel

coupe-œufs /kupø/ NM INV egg-slicer

coupe-ongle(s) (pl **coupe-ongles**) /kupɔ̃gl/ NM *(= pince)* nail clippers; *(= ciseaux)* nail scissors

coupe-papier /kuppapje/ NM INV paper knife

couper /kupe/ GRAMMAIRE ACTIVE 27.7 SYN ▸ conjug 1 ◂

VT 1 *(= sectionner)* to cut; *[+ bois]* to chop; *[+ arbre]* to cut down, to fell; *(= séparer)* to cut off; *(= découper) [+ rôti]* to carve, to cut up; *(= partager) [+ gâteau]* to cut, to slice; *(= entailler)* to slit; *(fig) [vent]* to sting ♦ **couper qch en (petits) morceaux** to cut sth up, to cut sth into (little) pieces ♦ **couper qch en tranches** to slice sth, to cut sth into slices ♦ **couper qch en deux** *(lit)* to cut sth in two *ou* in half ♦ **le parti/l'électorat est coupé en deux** the party is/the voters are split down the middle ♦ **le pays sera coupé en deux** *(Météo)* the country will be split in two ♦ **couper coller** *(Ordin)* to cut and paste ♦ **couper la gorge à qn** to slit *ou* cut sb's throat ♦ **couper la tête** *ou* **le cou à qn** to cut *ou* chop sb's head off ♦ **couper (les pages d')un livre** to slit open *ou* cut the pages of a book ♦ **livre non coupé** book with uncut pages ♦ **coupez-lui une tranche de pain** cut him a slice of bread ♦ **se faire couper les cheveux** to get *ou* have one's hair cut, to have a haircut; → **six, tête, vif**

2 *(Couture) [+ vêtement]* to cut out; *[+ étoffe]* to cut

3 *(= retrancher) [+ passages inutiles]* to cut (out), to take out, to delete; *(= raccourcir) [+ émission]* to cut (down)

4 *(= arrêter) [+ eau, gaz, courant]* to cut off; *(au compteur)* to turn off; *[+ communications, route, pont]* to cut off; *[+ relations diplomatiques]* to cut off, to break off; *(Téléc)* to cut off; *[+ crédits]* to cut off; *(Ciné) [+ prise de vues]* to cut ♦ **coupez !** *(Ciné)* cut! ♦ **couper le contact** *ou* **l'allumage** *(en voiture)* to switch off the ignition ♦ **couper l'appétit à qn** *(un peu)* to take the edge off sb's appetite; *(complètement)* to spoil sb's appetite, to take away sb's appetite ♦ **couper la faim à qn** to take the edge off sb's hunger ♦ **couper la fièvre à qn** to bring down sb's fever ♦ **couper les ponts avec qn** *(fig)* to break off communications with sb ♦ **couper la retraite à qn** to cut *ou* block off sb's line of retreat ♦ **couper la route à qn** to cut sb off, to cut in front of sb ♦ **couper la route d'un véhicule** to cut a vehicle off ♦ **la route était coupée net par le bombardement** the road was completely cut off by the bombing ♦ **couper le vent** to cut out the wind ♦ **couper les vivres à qn** to cut off sb's means of subsistence

5 *(= interrompre)* ♦ **couper qn** to interrupt sb ♦ **couper la parole à qn** *[personne]* to cut sb short; *[émotion]* to leave *ou* render sb speechless ♦ **couper le sifflet** * *ou* **la chique** ** **à qn** to shut sb up *, to take the wind out of sb's sails ♦ **ça te la coupe !** ** that's shut you up! *

6 *(= rompre la continuité de) [+ voyage]* to break; *[+ journée]* to break up ♦ **nous nous arrêterons à Caen pour couper le voyage** we'll stop at Caen to break the journey, we'll break the journey at Caen

7 *(= isoler)* ♦ **couper qn de qch** to cut sb off from sth

8 *(= traverser) [ligne]* to intersect, to cut; *[route]* to cut across, to cross ♦ **le chemin de fer coupe la route en 2 endroits** the railway cuts across *ou* crosses the road at 2 points

9 *(Cartes) [+ jeu]* to cut; *(= prendre avec l'atout)* to trump

10 *(Sport) [+ balle]* to slice, to undercut

11 *(= mélanger) [+ lait, vin] (à table)* to dilute, to add water to; *[+ vin] (à la production)* to blend ♦ **vin coupé d'eau** wine diluted with water

12 *(= castrer)* to neuter

13 *(locutions)* ♦ **couper les bras** *ou* **bras et jambes à qn** *[travail]* to wear sb out; *[nouvelle]* to knock sb for six * *(Brit)* *ou* for a loop * *(US)* ♦ **j'en ai les jambes coupées** I'm stunned ♦ **coupons la poire en deux** let's meet halfway ♦ **couper les cheveux en quatre** to split hairs, to quibble ♦ **couper la respiration à qn** *(lit)* to wind sb; *(fig)* to take sb's breath away; → **couteau, effet, herbe, souffle** *etc*

VT INDIR **couper à** *(= échapper à) [+ corvée]* to get out of ♦ **tu n'y couperas pas d'une amende** you won't get away without paying a fine, you won't get out of paying a fine ♦ **tu n'y couperas pas** you won't get out of it; → **court[1]**

VI 1 *(= être tranchant) [couteau, verre]* to cut; *[vent]* to be biting ♦ **ce couteau coupe bien** this knife cuts well *ou* has a good cutting edge

2 *(= prendre un raccourci)* ♦ **couper à travers champs** to cut across country *ou* the fields ♦ **couper au plus court** to go the quickest way ♦ **couper par un sentier/la forêt** to cut along a path/through the forest

3 *(Cartes) (= diviser le jeu)* to cut; *(= jouer atout)* to trump ♦ **couper à trèfle/à carreau** *etc* to trump with a club/diamond *etc*

VPR **se couper** 1 *(= s'entailler la peau)* to cut o.s.

2 *(= retrancher une partie de son corps)* ♦ **se couper les cheveux/les ongles** to cut one's hair/nails

3 *(= être usé) [tissu]* to come apart; *[cuir]* to crack

4 *(= perdre contact)* ♦ **se couper de** *[+ amis, famille, pays]* to cut o.s. off from, to cut all ties with

5 *(= se trahir)* to give o.s. away

couper-coller /kupekɔle/ NM *(Ordin)* ♦ **faire un couper-coller** to cut and paste

couperet /kupʀɛ/ NM [*de boucher*] chopper, cleaver; [*de guillotine*] blade, knife ▸ **la décision est tombée comme un couperet** the decision came as a bombshell *ou* was a bolt from the blue ▸ **date couperet** cut-off date ▸ **match couperet** decider, deciding match

couperose /kupʀoz/ NF blotches (*on the face*), rosacea (SPÉC)

couperosé, e /kupʀoze/ ADJ blotchy, affected by rosacea (SPÉC)

coupeur, -euse /kupœʀ, øz/ NM,F (*Couture*) cutter ▸ **coupeur de tête** headhunter ▸ **coupeur de cheveux en quatre** hairsplitter, quibbler

coupe-vent (pl **coupe-vent(s)**) /kupvɑ̃/ NM (= *haie*) windbreak; (= *vêtement*) windcheater (*Brit*), windbreaker (*US*)

couplage /kuplaʒ/ NM coupling

couple /kupl/ SYN
■ NM ① (= *époux, amoureux, danseurs*) couple; (= *patineurs, animaux*) pair ▸ **le couple Martin** the Martins ▸ **ils ont des problèmes de couple, leur couple a des problèmes** they have problems with their relationship ▸ **l'épreuve en** *ou* **par couples** (*Patinage*) the pairs (event)
② (*Phys*) couple ▸ **couple moteur** torque ▸ **couple de torsion** torque
③ [*de navire*] (square) frame; [*d'avion*] frame ▸ **s'amarrer à couple** to moor alongside another boat; → **nage, nager**
■ NF ou NM † ▸ **un** *ou* **une couple de** (= *deux*) a couple of
■ NF (*Chasse*) couple

couplé /kuple/ NM ▸ **(pari) couplé** first and second place double (*on two horses in the same race*)

coupler /kuple/ SYN ▸ conjug 1 ▸ VT ① (= *combiner*) to combine (à with) ▸ **la baisse des prix, couplée à l'augmentation de la puissance des ordinateurs** falling prices combined with increased computer power
② [+ *chiens de chasse*] to couple (together), to leash together
③ [+ *machines*] to couple together *ou* up; [+ *ordinateurs*] to interface (*avec* with) ▸ **télémètre couplé** (*Photo*) coupled rangefinder ▸ **bielles couplées** coupling rods

couplet /kuplɛ/ SYN NM (= *strophe*) verse; (*péj*) tirade ▸ **couplets satiriques** (= *chanson*) satirical song ▸ **y aller de son couplet sur qch** to give a little speech about sth

coupleur /kuplœʀ/ NM (*Élec*) coupler ▸ **coupleur acoustique** (*Ordin*) acoustic coupler

coupoir /kupwaʀ/ NM cutter

coupole /kupɔl/ NF ① (*Archit*) dome ▸ **petite coupole** cupola, small dome ▸ **être reçu sous la Coupole** to become *ou* be made a member of the Académie française → **ACADÉMIE FRANÇAISE**
② (*Mil*) [*de char d'assaut*] revolving gun turret

coupon /kupɔ̃/ NM ① (= *reste de tissu*) remnant; (= *rouleau*) roll
② (*Fin*) ▸ **coupon (de dividende)** coupon ▸ **avec coupon attaché/détaché** cum-/ex-dividend ▸ **coupon de rente** income coupon ▸ **coupon zéro** zero coupon
③ (= *billet, ticket*) coupon ▸ **coupon de théâtre** theatre ticket ▸ **coupon hebdomadaire/mensuel** (*Transport*) ≈ weekly/monthly season ticket
④ (*Comm*) coupon, voucher ▸ **coupon de réduction** coupon, cash premium voucher

couponnage /kupɔnaʒ/ NM couponing ▸ **couponnage croisé** cross couponing

coupon-réponse (pl **coupons-réponse**) /kupɔ̃ʀepɔ̃s/ NM reply coupon

coupure /kupyʀ/ SYN NF ① (= *blessure, brèche*) cut
② ▸ **coupure (de presse** *ou* **de journal)** (newspaper) cutting, (newspaper) clipping
③ (= *suppression : dans un film, livre*) cut
④ (= *billet de banque*) note, bill (*US*) ▸ **petites/grosses coupures** small/big notes, notes of small/large denomination
⑤ (= *interruption*) ▸ **coupure (de courant)** power cut ▸ **il y aura des coupures ce soir** (*électricité*) there'll be power cuts tonight; (*gaz, eau*) the gas (*ou* water) will be cut off tonight
⑥ (= *arrêt, pause*) break ▸ **la coupure estivale** the summer break ▸ **coupure publicitaire** commercial break
⑦ (= *division*) divide (*entre* between) ▸ **la coupure droite-gauche** (*Pol*) the left-right divide

cour /kuʀ/ SYN
■ NF ① [*de bâtiment*] yard, courtyard ▸ **être sur (la) cour** to look onto the (back)yard ▸ **la cour de la caserne** the barracks square ▸ **cour de cloître** cloister garth ▸ **cour d'école** schoolyard, playground ▸ **cour de ferme** farmyard ▸ **la cour de la gare** the station forecourt ▸ **cour d'honneur** main courtyard ▸ **cour d'immeuble** courtyard of a block of flats (*Brit*) *ou* an apartment building (*US*) ▸ **cour intérieure** inner courtyard ▸ **cour de récréation** playground ▸ **la cour des grands** (*lit*) the older children's playground ▸ **jouer dans la cour des grands** (*fig*) to play with the big boys * *ou* in the major league (*US*); → **côté**
② (*Jur*) court ▸ **Messieurs, la Cour !** = all rise!, ≈ be upstanding in court! (*Brit*) ▸ **la Cour suprême** the Supreme Court; → **haut**
③ [*de roi*] court; [*de personnage puissant, célèbre*] following ▸ **vivre à la cour** to live at court ▸ **faire sa cour à** [+ *roi*] to pay court to; [+ *supérieur, femme*] to pay one's respects to ▸ **être bien/mal en cour** to be in/out of favour (*auprès de qn* with sb) ▸ **homme/habit de cour** court gentleman/clothes ▸ **gens de cour** courtiers, people at court ▸ **c'est la cour du roi Pétaud** it's absolute bedlam *
④ [*de femme*] (= *soupirants*) following; (= *essai de conquête*) wooing (NonC), courting (NonC) ▸ **faire la cour à une femme** to woo *ou* court a woman ▸ **faire un brin de cour à une femme** * to flirt a little with a woman
■ COMP **cour d'appel** ≈ Court of Appeal, ≈ appellate court (*US*)
cour d'assises ≈ Crown Court (*Brit*), ≈ Court of Assizes
cour de cassation Court of Cassation; (*final*) Court of Appeal
cour des comptes revenue court, ≈ Government Accounting Office (*US*)
cour de discipline budgétaire Budgetary and Financial Disciplinary Court
Cour européenne des droits de l'homme European Court of Human Rights
Cour européenne de justice European Court of Justice
Cour internationale de justice International Court of Justice
cour de justice court of justice
cour martiale court martial ▸ **passer en cour martiale** to be court-martialled
la Cour des Miracles (*Hist*) area of Paris famed for its disreputable population ▸ **chez eux c'est une vraie cour des miracles** (*fig*) their place is always full of shady characters ▸ **ce quartier est une vraie cour des miracles** this is a very unsavoury area
Cour pénale internationale International Criminal Court
Cour de sûreté de l'État state security court

courage /kuʀaʒ/ SYN NM ① (= *bravoure*) courage, bravery, guts * ▸ **avoir du courage** to be brave *ou* courageous, to have guts * ▸ **courage physique/moral** physical/moral courage ▸ **se battre avec courage** to fight courageously *ou* with courage *ou* bravely ▸ **s'il y va, il a du courage !** if he goes, it means he has guts! * ▸ **je n'ai pas eu le courage de lui refuser** I didn't have the heart to refuse
② (= *ardeur*) will, spirit ▸ **entreprendre une tâche/un travail avec courage** to undertake a task/job with a will ▸ **je voudrais finir ce travail, mais je ne m'en sens pas** *ou* **je n'en ai pas le courage** I'd like to get this work finished, but I don't feel up to it ▸ **je n'ai pas beaucoup de courage ce soir** I don't feel up to much this evening ▸ **il se lève tous les jours à 5 heures ? – quel courage !/il a du courage !** he gets up at 5am every day ? – what willpower! he must have a lot of willpower! ▸ **un petit verre pour vous donner du courage** * just a little drink to buck you up *
③ (*locutions*) ▸ **courage ! nous y sommes presque !** cheer up! *ou* take heart! we're almost there! ▸ **avoir le courage de ses opinions** to have the courage of one's convictions ▸ **prendre son courage à deux mains** to take one's courage in both hands ▸ **perdre courage** to lose heart, to become discouraged ▸ **reprendre courage** to take fresh heart

courageusement /kuʀaʒøzmɑ̃/ SYN ADV bravely, courageously ▸ **entreprendre courageusement une tâche** to tackle a task with a will

courageux, -euse /kuʀaʒø, øz/ SYN ADJ brave, courageous ▸ **il n'est pas très courageux pour l'étude** he's lazy when it comes to studying, he hasn't got much will for studying ▸ **je ne suis pas très courageux aujourd'hui** I don't feel up to very much today

couramment /kuʀamɑ̃/ SYN ADV ① (= *aisément*) fluently ▸ **parler le français couramment** to speak French fluently *ou* fluent French
② (= *souvent*) commonly ▸ **ce mot s'emploie couramment** this word is in current *ou* common usage ▸ **ça se dit couramment** it's a common *ou* an everyday expression ▸ **cela arrive couramment** it's a common occurrence ▸ **cela se fait couramment** it's quite a common thing to do, it's quite common practice

courant, e /kuʀɑ̃, ɑ̃t/ SYN
■ ADJ ① (= *normal, habituel*) [*dépenses*] everyday, standard, ordinary; [*modèle, taille, marque*] standard ▸ **l'usage courant** everyday *ou* ordinary *ou* standard usage ▸ **en utilisant les procédés courants on gagne du temps** it saves time to use the normal *ou* ordinary *ou* standard procedures ▸ **il nous suffit pour le travail courant** it's OK for routine work; → **vie**
② (= *fréquent*) common ▸ **c'est un procédé courant** it's quite common practice *ou* quite a common procedure, it's quite commonplace ▸ **ce genre d'incident est très courant ici** this kind of incident is very common here, this kind of thing is a common occurrence here
③ (= *en cours, actuel*) [*année, semaine*] current, present; (*Écon*) [*euros, prix*] current ▸ **votre lettre du 5 courant** (*Comm*) your letter of the 5th inst. *ou* instant *ou* of the 5th of this month; → **expédier, monnaie**
④ (= *qui court*) → **chien, compte, eau**
■ NM ① [*de cours d'eau, mer, atmosphère*] current ▸ **courant (atmosphérique)** airstream, current ▸ **courant d'air** draught (*Brit*), draft (*US*) ▸ **plein de courants d'air** very draughty ▸ **courant d'air froid/chaud** (*Météo*) cold/warm airstream ▸ **c'est un vrai courant d'air** (*fig*) one minute he's there, the next he's gone ▸ **il y a trop de courant** the current's too strong ▸ **suivre le courant** (*lit*) to go with the current; (*fig*) to go with the stream, to follow the crowd ▸ **remonter le courant** (*lit*) to go against the current; (*fig*) to get back on one's feet
② (= *déplacement*) [*de population, échanges commerciaux*] movement ▸ **courants de population** movements *ou* shifts of (the) population
③ (= *mouvement*) (*gén*) movement; [*d'opinion, pensée*] trend, current ▸ **les courants de l'opinion** the trends of public opinion ▸ **un courant de scepticisme/de sympathie** a wave of scepticism/sympathy ▸ **le courant romantique/surréaliste** the romantic/surrealist movement
④ (*Élec*) current, power ▸ **courant continu/alternatif** direct/alternating current ▸ **couper le courant** to cut off the power ▸ **rétablir le courant** to put the power back on ▸ **on s'est rencontré un soir et le courant est tout de suite passé** we met one evening and hit it off straight away * ▸ **le courant ne passe pas entre nous** we don't get on ▸ **entre ce chanteur et le public le courant passe très bien** this singer really gets through to his audience *ou* has a really good rapport with his audience; → **coupure, prise²**
⑤ (= *cours*) ▸ **dans le courant de la semaine/du mois** in the course of the week/month ▸ **je dois le voir dans le courant de la semaine** I'm to see him some time during the week ▸ **dans le courant de la conversation** in the course of the conversation ▸ **le projet doit être fini courant mai** the project is due to finish some time in May
⑥ (*locutions*)
▸ **au courant** ▸ **être au courant** (= *savoir la nouvelle*) to know (about it); (= *bien connaître la question*) to be well-informed ▸ **tu m'as l'air très** *ou* **bien au courant de ce qu'il fait !** you seem to know a lot about *ou* to be very well-informed about what he's doing! ▸ **être au courant de** [+ *accident, projet*] to know about; [+ *théories nouvelles*] to be well up on *, to be up to date on ▸ **mettre qn au courant de** [+ *faits, affaire*] to tell sb about, to put sb in the picture about *, to fill sb in on *; [+ *méthodes nouvelles*] to bring sb up to date on ▸ **il s'est vite mis au courant dans son nouvel emploi** he soon got the hang of things * in his new job ▸ **tenir qn au courant de** [+ *faits, affaire*] to keep sb informed of *ou* posted about *; [+ *méthodes*] to keep sb up to date on ▸ **si jamais ça recommence, tenez-moi au courant** if it happens again let me know ▸ **s'abonner à une revue scientifique pour se tenir au courant** to subscribe to a science magazine to keep o.s. up to date

NF **courante** SYN [1] (⁑ = *diarrhée*) ◆ **la courante** the runs⁑
[2] (*Mus* = *danse, air*) courante, courant

courant-jet (pl **courants-jets**) /kuʀɑ̃ʒɛ/ **NM** jet stream

courbaril /kuʀbaʀil/ **NM** courbaril, West Indian locust (tree)

courbatu, e /kuʀbaty/ SYN **ADJ** stiff, aching all over

courbature /kuʀbatyʀ/ **NF** ache ◆ **ce match de tennis m'a donné des courbatures** I'm stiff *ou* aching all over after that game of tennis ◆ **plein de courbatures** stiff *ou* aching all over

courbaturé, e /kuʀbatyʀe/ **ADJ** stiff, aching all over

courbaturer /kuʀbatyʀe/ ► conjug 1 ◄ **VT** to make ache

courbe /kuʀb/ SYN
NF bend ◆ **le fleuve fait une courbe ici** the river curves here ◆ **courbe de niveau** contour line ◆ **courbe de température** temperature curve ◆ **une femme aux courbes très généreuses** a woman with generous curves
ADJ curved

courber /kuʀbe/ SYN ► conjug 1 ◄
VT [1] (= *plier*) [+ *branche, tige*] to bend ◆ **branches courbées sous le poids de la neige** branches bowed down with *ou* bent under the weight of the snow ◆ **l'âge l'avait courbé** he was bowed *ou* bent with age
[2] (= *pencher*) ◆ **courber la tête** to bow *ou* bend one's head ◆ **courbant le front sur son livre** his head bent over a book ◆ **courber la tête** *ou* **le front** *ou* **le dos** (*fig*) to submit (*devant* to); → **échine**
VI to bend ◆ **courber sous le poids** to bend under the weight
VPR **se courber** [1] [*arbre, branche, poutre*] to bend, to curve
[2] [*personne*] (*pour entrer, passer*) to bend (down), to stoop; (*signe d'humiliation*) to bow down; (*signe de déférence*) to bow (down) ◆ **il se courba pour le saluer** he greeted him with a bow ◆ **se courber en deux** to bend (o.s.) double
[3] (*littér* = *se soumettre*) to bow down (*devant* before)

courbette /kuʀbɛt/ **NF** [1] (= *salut*) low bow ◆ **faire des courbettes à** *ou* **devant qn** (*fig*) to kowtow to sb, to bow and scrape to sb
[2] [*de cheval*] curvet

courbure /kuʀbyʀ/ SYN **NF** [*de ligne, surface*] curvature ◆ **courbure rentrante/sortante/en S** inward/outward/S curve ◆ **courbure du nez/des reins** curve of the nose/the back

courcaillet /kuʀkajɛ/ **NM** (= *cri*) quail call

courette /kuʀɛt/ **NF** (small) courtyard

coureur, -euse /kuʀœʀ, øz/
NM,F (= *athlète*) runner; (= *cycliste*) cyclist, competitor; (= *pilote de course*) driver, competitor ◆ **coureur de fond/de demi-fond** long-distance/middle-distance runner ◆ **coureur de 110 mètres haies** 110 metres hurdler
NM [1] ◆ **(oiseaux) coureurs** running birds
[2] (*péj* = *amateur de*) ◆ **c'est un coureur de cafés/de bals** he hangs round (*Brit*) *ou* around cafés/dances ◆ **coureur (de filles** *ou* **femmes** *ou* **jupons)** womanizer, skirt-chaser ◆ **il est assez coureur** he's a bit of a womanizer *ou* a skirt-chaser *ou* a wolf*
NF **coureuse** (*péj* = *débauchée*) manhunter ◆ **elle est un peu coureuse** she's always chasing after men, she's a bit of a manhunter
COMP **coureur automobile** racing(-car) driver
coureur de *ou* **des bois** (*Hist Can*) trapper, coureur de bois (*US, Can*)
coureur cycliste racing cyclist
coureur de dot (*péj*) fortune-hunter
coureur motocycliste motorcycle *ou* motorbike racer

courge /kuʀʒ/ **NF** (= *plante, fruit*) gourd, squash (*US, Can*); (*Culin*) marrow (*Brit*), squash (*US, Can*); (⁑ : *péj*) idiot, berk⁑ (*Brit*)

courgette /kuʀʒɛt/ **NF** courgette (*Brit*), zucchini (*US*)

courir /kuʀiʀ/ SYN ► conjug 11 ◄
VI [1] (*gén, Athlétisme*) to run; (*Courses automobiles, Cyclisme*) to race; (*Courses*) to run, to race ◆ **entrer/sortir en courant** to run in/out ◆ **se mettre à courir** to break into a run, to start to run, to start running ◆ **courir sur Ferrari** to race with Ferrari ◆ **il courait à toutes jambes** *ou* **à perdre haleine** he ran as fast as his legs could carry him ◆ **courir comme un dératé*** *ou* **ventre à terre** to run flat out ◆ **elle court comme un lapin** *ou* **lièvre** she runs *ou* can run like a hare *ou* the wind ◆ **le voleur court encore** *ou* **toujours** the thief is still at large ◆ **faire courir un cheval** to race *ou* run a horse ◆ **il ne fait plus courir** he doesn't race *ou* run horses any more ◆ **un cheval trop vieux pour courir** a horse too old to race *ou* to be raced
[2] (= *se précipiter*) to rush ◆ **courir chez le docteur/chercher le docteur** to rush *ou* run to the doctor's/for the doctor ◆ **je cours l'appeler** I'll go *ou* run and call him straight away (*Brit*) *ou* right away ◆ **ce spectacle fait courir tout Paris** all Paris is rushing to see the show ◆ **faire qch en courant** to do sth in a rush *ou* hurry ◆ **elle m'a fait courir** she had me running all over the place ◆ **elle est toujours en train de courir** she's always rushing about ◆ **un petit mot en courant** just a (quick) note *ou* a few hurried lines ◆ **courir partout pour trouver qch** to hunt everywhere for sth ◆ **tu peux toujours courir !*** you can (go) whistle for it!* ◆ **pour enlever les taches, tu peux toujours courir*** if you think you can get rid of those stains you've got another think coming*
[3] (*avec à, après, sur*) ◆ **courir à l'échec/à une déception** to be heading *ou* headed for failure/a disappointment ◆ **courir à sa perte** *ou* **ruine** to be on the road to ruin ◆ **courir à la catastrophe** to be rushing headlong into disaster ◆ **courir après qch** to chase after sth ◆ **courir après un ballon** to run after a ball ◆ **l'autobus démarra et il courut après** the bus started and he ran after it ◆ **gardez cet argent pour l'instant, il ne court pas après** keep this money for now as he's not in any hurry *ou* rush for it *ou* he's not desperate for it ◆ **les épinards, je ne cours pas après*** I'm not that keen on spinach ◆ **courir après qn** (*lit, fig*) to run after sb ◆ **courir après les femmes** to be a womanizer ◆ **courir sur ses 60/70 ans** to be approaching *ou* pushing* *ou* getting on for 60/70 ◆ **courir sur le système** *ou* **le haricot à qn**⁑ to get on sb's nerves* *ou* wick* (*Brit*)
[4] [*nuages*] to speed, to race, to scud (*littér*); [*ombres, reflets*] to speed, to race; [*eau*] to rush; [*chemin*] to run ◆ **un frisson lui courut par tout le corps** a shiver went *ou* ran through his body ◆ **sa plume courait sur le papier** his pen was racing across the paper ◆ **laisser courir ses doigts sur un clavier** to tinkle away at a piano
[5] (= *se répandre*) ◆ **faire courir une nouvelle** to spread a piece of news ◆ **le bruit court que...** rumour has it that..., there is a rumour that..., the rumour is that... ◆ **le bruit a récemment couru que...** there has been a rumour going around that... ◆ **il court sur leur compte de curieuses histoires** there are some strange stories going around about them
[6] (= *se passer*) ◆ **l'année/le mois qui court** the current *ou* present year/month ◆ **laisser courir*** to let things alone ◆ **laisse courir !*** forget it!*, drop it!*
[7] (*en bateau*) to sail
[8] (*Fin*) [*intérêt*] to accrue; [*bail*] to run
VT [1] (*Sport*) [+ *épreuve*] to compete in ◆ **courir un 100 mètres** to run (in) *ou* compete in a 100 metres race ◆ **courir le Grand Prix** to race in the Grand Prix
[2] (*Chasse*) ◆ **courir le cerf/le sanglier** to hunt stag/boar, to go staghunting/boarhunting; → **lièvre**
[3] (= *rechercher*) [+ *honneurs*] to seek avidly ◆ **courir de grands dangers** (= *s'exposer à*) to be in great danger ◆ **courir les aventures** *ou* **l'aventure** to seek adventure ◆ **courir un (gros) risque** to run a (high *ou* serious) risk ◆ **courir sa chance** to try one's luck ◆ **il court le risque d'être accusé** he runs the risk of being accused ◆ **c'est un risque à courir** it's a risk we'll have to take *ou* run
[4] (= *parcourir*) [+ *mers, monde*] to roam, to rove; [+ *campagne, bois*] to roam *ou* rove (through); (= *faire le tour de*) [+ *magasins, bureaux*] to go round ◆ **j'ai couru les agences toute la matinée** I've been going round the agencies all morning ◆ **courir les rues** (*lit*) to wander *ou* roam the streets; (*fig*) to be run-of-the-mill, to be nothing out of the ordinary ◆ **le vrai courage ne court pas les rues** real courage is hard to find ◆ **des gens comme lui, ça ne court pas les rues*** there aren't many like him
[5] (= *fréquenter*) ◆ **courir les théâtres/les bals** to do the rounds of (all) the theatres/dances ◆ **courir les filles** to chase the girls ◆ **courir la gueuse** † to go wenching † ◆ **courir le guilledou** † *ou* **la prétentaine** † *ou* **le cotillon** to go gallivanting †, to go wenching †
[6] (⁑ = *ennuyer*) ◆ **courir qn** to bug sb⁑, to get up sb's nose⁑ (*Brit*) *ou* on sb's wick* (*Brit*)

courlis /kuʀli/ **NM** curlew

couronne /kuʀɔn/ SYN **NF** [1] [*de fleurs*] wreath, circlet ◆ **couronne funéraire** *ou* **mortuaire** (funeral) wreath ◆ **couronne de fleurs d'oranger** orange-blossom headdress, circlet of orange-blossom ◆ **couronne de lauriers** laurel wreath, crown of laurels ◆ **couronne d'épines** crown of thorns ◆ **en couronne** in a ring; → **fleur**
[2] (= *diadème*) [*de roi, pape*] crown; [*de noble*] coronet
[3] (= *autorité royale*) ◆ **la couronne** the Crown ◆ **la couronne d'Angleterre/de France** the crown of England/of France, the English/French crown ◆ **aspirer/prétendre à la couronne** to aspire to/lay claim to the throne *ou* the crown ◆ **de la couronne** [*joyaux, colonie*] crown (*épith*)
[4] (= *objet circulaire*) crown; (= *pain*) ring-shaped loaf; [*de dent*] crown; (*Archit, Astron*) corona ◆ **couronne dentée** [*de moteur de voiture*] crown wheel ◆ **la grande/petite couronne** the outer/inner suburbs (of Paris)
[5] (= *monnaie*) crown

couronnement /kuʀɔnmɑ̃/ SYN **NM** [1] [*de roi, empereur*] coronation, crowning
[2] [*d'édifice, colonne*] top, crown; [*de mur*] coping; [*de toit*] ridge
[3] [*de carrière, œuvre, recherche*] crowning achievement

couronner /kuʀɔne/ SYN ► conjug 1 ◄
VT [1] [+ *souverain*] to crown ◆ **on le couronna roi** he was crowned king, they crowned him king; → **tête**
[2] [+ *ouvrage, auteur*] to award a prize to; (*Hist*) [+ *lauréat, vainqueur*] to crown with a laurel wreath
[3] (*littér* = *orner, ceindre*) to crown; [*diadème*] [+ *front*] to encircle ◆ **couronné de fleurs** wreathed *ou* encircled with flowers ◆ **remparts qui couronnent la colline** ramparts which crown the hill ◆ **pic couronné de neige** snow-capped peak, peak crowned with snow
[4] (= *parachever*) to crown ◆ **cela couronne son œuvre/sa carrière** that is the crowning achievement of his work/his career ◆ **et pour couronner le tout** (*iro*) and to crown it all ◆ **ses efforts ont été couronnés de succès** his efforts were successful *ou* crowned with success
[5] [+ *dent*] to crown
VPR **se couronner** ◆ **se couronner (le genou)** [*cheval*] to graze its knee; [*personne*] to graze one's knee

courre /kuʀ/ **VT** → **chasse**[1]

courriel /kuʀjɛl/ **NM** e-mail ◆ **envoyer qch par courriel** to e-mail sth

courrier /kuʀje/ **NM** [1] (= *lettres reçues*) mail, post (*Brit*), letters; (= *lettres à écrire*) letters ◆ **le courrier de 11 heures** the 11 o'clock post (*Brit*) *ou* mail ◆ **avoir** *ou* **recevoir un courrier de ministre** to be inundated with mail *ou* letters, to have a huge postbag* (*Brit*) ◆ **« courrier arrivée/départ »** (*sur bac*) "in/out" ◆ **courrier électronique** (*Ordin*) e-mail, electronic mail ◆ **envoyer qch par courrier électronique** to e-mail sth, to send sth by e-mail; → **retour**
[2] † (= *avion, bateau*) mail; (*Mil* = *estafette*) courier; (*de diligence*) post ◆ **l'arrivée du courrier de Bogota** the arrival of the Bogota mail; → **long-courrier**
[3] (*Presse*) (= *rubrique*) column; (= *nom de journal*) ≈ Mail ◆ **courrier du cœur** problem page, agony column (*Brit*) ◆ **courrier des lecteurs** letters to the Editor ◆ **courrier littéraire** literary column ◆ **courrier économique** financial page

> (!) **courrier** se traduit par **courier** uniquement au sens de 'estafette'.

courriériste /kuʀjeʀist/ **NMF** columnist

courroie /kuʀwa/ **NF** (= *attache*) strap; (*dans mécanisme*) belt ◆ **courroie de transmission** driving belt ◆ **je ne suis qu'une simple courroie de transmission** I'm just a cog in the machine *ou* in the wheel ◆ **courroie de ventilateur** fan belt

courroucé, e /kuʀuse/ (ptp de **courroucer**) **ADJ** (*littér*) wrathful, incensed

courroucer /kuʀuse/ ► conjug 3 ◄ (*littér*)
VT to anger, to incense
VPR **se courroucer** to become incensed

courroux /kuʀu/ **NM** (*littér*) ire (*littér*), wrath

cours /kuʀ/ SYN **NM** [1] *(= déroulement, Astron)* course; *[d'événements]* course, run; *[de saisons]* course, progression; *[de guerre, maladie]* progress, course; *[de pensées, idées]* course • **donner (libre) cours à** *[+ imagination]* to give free rein to; *[+ douleur]* to give way to; *[+ joie, sentiment]* to give vent to, to give free expression to • **il donna libre cours à ses larmes** he let his tears flow freely; → **suivre**

[2] *[de rivière]* *(= cheminement)* course; *(= écoulement)* flow • **avoir un cours rapide/régulier** to be fast-/smooth-flowing • **sur une partie de son cours** on *ou* along part of its course • **descendre le cours de la Seine** to go down the Seine • **cours d'eau** *(gén)* watercourse; *(= ruisseau)* stream; *(= rivière)* river

[3] *[de valeurs, matières premières]* price; *[de devises]* rate • **avoir cours** *[monnaie]* to be legal tender; *(fig)* to be current, to be in current use • **avoir cours légal** to be legal tender • **ne plus avoir cours** *[monnaie]* to be no longer legal tender, to be out of circulation; *[expression]* to be obsolete, to be no longer in use *ou* no longer current • **ces plaisanteries n'ont plus cours ici** jokes like that are no longer appreciated here • **cours d'ouverture** *(Bourse)* opening price • **cours de clôture, dernier cours** closing price, latest quotations • **cours des devises** *ou* **du change** foreign exchange rate • **au cours (du jour)** at the price of the day • **au cours du marché** at (the) market price • **le cours des voitures d'occasion** the (selling) price of secondhand cars

[4] *(= leçon)* class; *(Univ = conférence)* lecture; *(= série de leçons)* course; *(= manuel)* coursebook, textbook • **cours de solfège/de danse** musical theory/dancing lesson • **cours de chimie** *(= leçon)* chemistry class *ou* lesson; *(= conférence)* chemistry lecture; *(= enseignement)* chemistry course; *(= manuel)* chemistry coursebook *ou* textbook • **cours de droit** *(= notes)* law (course) notes • **cours de répétition** *(Helv Mil)* two or three weeks of national service done each year • **faire** *ou* **donner un cours sur** to give a class (*ou* lecture *ou* course) on • **il donne des cours en fac*** he lectures at (the) university • **qui vous fait cours en anglais ?** who takes you for English?, who have you got for English? • **je ne ferai pas cours demain** I won't be teaching tomorrow • **j'ai (un) cours d'histoire à quatorze heures** I've got a history class at two o'clock • **cours accéléré** *(Univ)* crash course *(de* in) • **cours du soir** *(pl)* evening classes • **cours par correspondance** correspondence course • **cours de vacances** summer school, holiday course *(Brit)* • **cours intensif** intensive course *(de, en* in) • **donner/prendre des cours particuliers** to give/have private lessons *ou* tuition *(Brit)* • **cours particuliers de piano** private piano lessons

[5] *(Scol = établissement)* school • **cours privé** private school • **cours de jeunes filles** girls' school *ou* college • **cours de danse** dancing school

[6] *(Scol = enseignement primaire)* class • **cours préparatoire/élémentaire/moyen** *first/second or third/fourth or fifth year in primary school* • **cours complémentaire** *(Hist) final year in elementary school*

[7] *(= avenue)* walk

[8] *(locutions)*

♦ **au cours de** in the course of, during

♦ **en cours** *[année]* current *(épith)*; *[affaires]* in hand, in progress; *[essais]* in progress, under way

♦ **en cours de** in the process of • **c'est en cours de réparation/réfection** it's (in the process of) being repaired/rebuilt • **le projet est en cours d'étude** the project is under consideration • **en cours de route** *(lit, fig)* on the way • **brevet en cours d'agrément** *(Jur)* patent pending

course /kuʀs/ SYN

NF [1] *(= action de courir)* running • **prendre sa course** *(littér)* to start running • **le cheval, atteint d'une balle en pleine course** the horse, hit by a bullet in mid gallop • **il le rattrapa à la course** he ran after him and caught up with him • **quelle course pour attraper le bus !** I had to run like mad* to catch the bus! • **la course folle de la voiture s'est terminée dans le ravin** the car careered out of control and ended up in the ravine • **c'est la course*** it's a race against the clock • **depuis que le bébé est né, c'est la course*** we've been run off our feet ever since the baby was born; → **pas¹**

[2] *(= discipline)* racing • **la course (à pied)** running • **faire de la course pour s'entraîner** to go running to get fit • **tu fais de la course ?** do you race? • **la course de fond/demi-fond** long-distance/middle-distance running • **la course sur piste/route** track/road racing • **faire la course avec qn** to race with sb • **allez, on fait la course !** let's have a race!, I'll race you!; → **champ¹, écurie**

[3] *(= compétition)* race • **course de fond/sur piste** long-distance/track race • **course autour du monde (à la voile)** round-the-world (yacht) race • **les courses** *[de chevaux]* horse racing • **aller aux courses** to go to the races • **parier aux courses** to bet on the races • **les courses de lévriers** greyhound racing • **être/ne plus être dans la course** *[candidat]* to be in the running/out of the running • **il n'est plus dans la course*** *(dépassé)* he's out of touch • **pour rester dans la course, les entreprises françaises doivent faire de gros efforts** French companies will have to make a big effort if they want to remain competitive

♦ **hors course** *[pilote, voiture]* out of the race; *[candidat]* out of the running • **il a été mis hors course** *(Sport)* he was disqualified; *[candidat]* he was put out of the running; → **solitaire**

[4] *(pour l'obtention de qch)* race • **la course aux armements** the arms race • **la course à la présidence/à l'Élysée/au pouvoir** the race for the presidency/the Élysée/power • **la course à la productivité** the drive to be ultraproductive • **la course au diplôme** the rush to obtain as many diplomas as possible

[5] *(= voyage) (en autocar)* trip, journey *(Brit)*; *(en taxi)* ride • **payer (le prix de) la course** to pay the fare • **il n'a fait que 3 courses hier** *[taxi]* he only picked up *ou* had 3 fares yesterday

[6] *[de projectile]* flight; *[de navire]* rapid course; *[de nuages, ombres]* racing, swift passage; *[de temps]* swift passage, swift passing *(NonC)*; *[d'étoiles]* path

[7] *(= excursion) (à pied)* hike; *(= ascension)* climb

[8] *(= commission)* errand • **courses** *(dans un magasin)* shopping *(NonC)* • **faire une course** to (go and) get something from the shop(s) *(Brit) ou* store(s) *(US)* • **faire les courses** to do the shopping • **il est sorti faire des courses** he has gone out to do *ou* get some shopping • **j'ai quelques courses à faire** I've got some shopping to do • **les courses sont sur la table** the shopping is on the table • **courses à domicile** home shopping

[9] *(Tech) [de pièce mobile]* movement; *[de piston]* stroke

♦ **à bout de course** *(Tech)* at full stroke

♦ **à** *ou* **en bout de course** *[institution, industrie, machine]* on its last legs*; *[personne]* on one's last legs*

♦ **en bout de course** *(= finalement)* at the end of the day, ultimately • **nous n'intervenons qu'en bout de course** we only intervene in the final stage of the process; → **fin²**

[10] *[de corsaire]* privateering • **faire la course** to privateer, to go privateering

COMP **course attelée** harness race
course automobile motor race
course de chevaux horse-race
course de côte *(dans course automobile)* hill climb
course d'école *(Helv)* school trip
course par étapes stage race
course de haies hurdling • **faire de la course de haies** to hurdle
course hippique ⇒ **course de chevaux**
course d'obstacles *(Sport)* obstacle race; *(Hippisme)* steeplechase; *(fig)* obstacle course *ou* race
course d'orientation orienteering race
course de relais relay race
course en sac sack race
course de taureaux bullfight
course au trésor treasure hunt
course de trot trotting race
course au trot attelé harness race
course de vitesse sprint; → **montre¹**

course-poursuite (pl **courses-poursuites**) /kuʀspuʀsɥit/ **NF** *(Cyclisme)* pursuit; *(après un voleur)* chase

courser* /kuʀse/ ▸ conjug 1 ◂ **VT** to chase *ou* hare* after

coursier¹ /kuʀsje/ **NM** *(littér = cheval)* charger *(littér)*, steed *(littér)*

coursier², -ière /kuʀsje, jɛʀ/ **NM,F** *(gén)* messenger, courier; *(à moto)* dispatch rider • **on vous l'enverra par coursier** we'll send it to you by courier, we'll courier it over to you

coursive /kuʀsiv/ **NF** *(Naut)* gangway *(connecting cabins)*

court¹, e /kuʀ, kuʀt/ SYN

ADJ [1] *(gén)* short; *[introduction, séjour]* short, brief • **de courte durée** *[enthousiasme, ardeur]* short-lived • **il connaît un chemin plus court** he knows a quicker *ou* shorter way • **la journée m'a paru courte** the day seemed to go very quickly *ou* to fly by • **avoir l'haleine** *ou* **la respiration courte** *ou* **le souffle court** to be out of *ou* short of breath; → **idée, manche¹, mémoire¹**

[2] *(= insuffisant) [avance, majorité]* narrow, small • **il lui a donné 10 jours, c'est court** he's given him 10 days, which is (a bit) on the short side *ou* which isn't very long • **10 € pour le faire, c'est court*** €10 for doing that – that's not very much *ou* that's a bit stingy* • **20 minutes, c'est bien court** 20 minutes is a bit tight

[3] *(locutions)* • **tirer à la courte paille** to draw lots *ou* straws *(US)* • **à sa courte honte** to his humiliation • **d'une courte tête** by a short head • **prendre au plus court** to go the shortest way • **aller au plus court** *(fig)* to cut corners

ADV [1] • **elle s'habille très court** she wears very short skirts *(ou* dresses) • **les cheveux coupés court** with short hair

[2] *(locutions)* • **s'arrêter court** to stop short • **couper court à** *[+ débat, rumeur, critiques]* to put a stop to • **il faut faire court*** *(= être concis)* you *(ou* we) need to be brief; *(= être rapide)* you'd *(ou* we'd) better make it quick* • **prendre qn de court** to catch sb unawares *ou* on the hop* *(Brit)* • **rester** *ou* **demeurer court** to be at a loss • **tourner court** *[projet, débat]* to come to a sudden end; → **pendre**

♦ **à court de** short of • **être à court d'argent/d'arguments** to be short of money/arguments • **être à court d'idées** to be short of ideas

♦ **tout court** • **appelez-moi Bob tout court** just call me Bob • **ils veulent l'indépendance tout court** they want independence, nothing more and nothing less • **il n'est pas un peu hypocrite, il est hypocrite tout court** he's not just a bit of a hypocrite - he's a hypocrite full stop *(Brit) ou* he's a hypocrite, period *(US)*

court² /kuʀ/ **NM** *(Sport)* (tennis) court • **court central** centre court

courtage /kuʀtaʒ/ **NM** *(= métier)* brokerage; *(= commission)* commission • **vendre par courtage** to sell through a broker; *[+ livres]* to sell door to door • **maison** *ou* **société de courtage** brokerage company; → **vente**

courtaud, e /kuʀto, od/ **ADJ** [1] *[personne]* dumpy, squat

[2] • **(chien/cheval) courtaud** docked and cropeared dog/horse

courtauder /kuʀtode/ ▸ conjug 1 ◂ **VT** *[+ chien, cheval]* to dock

court-bouillon (pl **courts-bouillons**) /kuʀbujɔ̃/ **NM** *(Culin)* court-bouillon • **faire cuire qch au court-bouillon** to cook sth in a court-bouillon

court-circuit (pl **courts-circuits**) /kuʀsiʀkɥi/ **NM** *(Élec)* short(-circuit)

court-circuitage* (pl **court-circuitages**) /kuʀsiʀkɥitaʒ/ **NM** *[de personne, service]* bypassing

court-circuiter /kuʀsiʀkɥite/ ▸ conjug 1 ◂ **VT** *(Élec)* to short(-circuit); *[+ personne]* to bypass, to go over the head of; *[+ service]* to bypass

courtepointe /kuʀtəpwɛ̃t/ **NF** counterpane

courtier, -ière /kuʀtje, jɛʀ/ **NM,F** broker • **courtier d'assurances** *ou* **en assurances** insurance broker • **courtier en vins** wine broker • **courtier maritime** ship broker

courtilière /kuʀtiljɛʀ/ **NF** mole cricket

courtine /kuʀtin/ **NF** curtain

courtisan /kuʀtizɑ̃/ **NM** *(Hist)* courtier; *(fig)* sycophant • **des manières de courtisan** sycophantic ways

courtisane /kuʀtizan/ **NF** *(Hist, littér)* courtesan

courtiser /kuʀtize/ SYN ▸ conjug 1 ◂ **VT** († *ou littér*) *[+ femme]* to woo, to court, to pay court to; *(= flatter)* to pay court to, to fawn on *(péj)*

court-jus* (pl **courts-jus**) /kuʀʒy/ **NM** short(-circuit)

court-métrage (pl **courts-métrages**) /kuʀmetʀaʒ/ **NM** → **métrage**

courtois, e /kuʀtwa, waz/ SYN **ADJ** courteous; *(Littérat)* courtly

courtoisement /kuʀtwazmɑ̃/ **ADV** courteously

courtoisie /kuʀtwazi/ SYN **NF** courtesy, courteousness • **courtoisie internationale** *(Jur)* comity of nations

court-termiste /kuʀtɛʀmist/ NMF *(Écon)* short-term speculator

court-vêtu, e (mpl **court-vêtus**) /kuʀvety/ ADJ wearing a short skirt *ou* dress

couru, e /kuʀy/ SYN (ptp de **courir**) ADJ
[1] *[restaurant, spectacle]* popular ◆ **ce festival est moins couru que l'autre** this festival is less popular *ou* draws less of a crowd than the other one
[2] ◆ **c'est couru (d'avance)** * it's a foregone conclusion, it's a sure thing*, it's a (dead) cert* *(Brit)*

couscous[1] /kuskus/ NM (= *plat)* couscous

couscous[2] /kuskus/ NM (= *animal)* cuscus

couscoussier /kuskusje/ NM couscous-maker

cousette † /kuzɛt/ NF (= *ouvrière)* dressmaker's apprentice; (= *nécessaire)* sewing kit

couseur, -euse /kuzœʀ, øz/
NM,F (= *personne)* stitcher
NF **couseuse** (= *machine)* (industrial) sewing machine

cousin[1], **e** /kuzɛ̃, in/ NM,F cousin ◆ **cousin germain** first cousin ◆ **cousins issus de germains** second cousins ◆ **cousins au** 3e/4e **degré** 3rd/4th cousins ◆ **ils sont un peu cousins** they are related (in some way) *ou* are distant relations; → **mode**[1], **petit, roi**

cousin[2] /kuzɛ̃/ NM (= *insecte)* cranefly, daddy longlegs *(Brit)*

cousinage † /kuzinaʒ/ NM *(entre germains)* cousinhood, cousinship; (= *vague parenté)* relationship

cousiner † /kuzine/ ► conjug 1 ◄ VI to be on familiar terms *(avec* with)

coussin /kusɛ̃/ NM *[de siège]* cushion; *(Tech) [de collier de cheval]* padding; *(Belg, Helv* = *oreiller)* pillow ◆ **coussin d'air** air cushion

coussinet /kusinɛ/ NM [1] *[de siège, genoux]* (small) cushion; *[d'animal]* pad
[2] *(Tech)* bearing ◆ **coussinet de tête de bielle** *[d'arbre de transmission]* big end bearing; *[de rail]* chair
[3] *(Archit)* (volute) cushion

cousu, e /kuzy/ (ptp de **coudre**) ADJ sewn, stitched ◆ **être (tout) cousu d'or** *(fig)* to be extremely wealthy ◆ **c'est cousu de fil blanc** *(fig)* it's a blatant lie ◆ **cousu main** *(lit)* handsewn, handstitched ◆ **c'est du cousu main** * *(fig)* it's top quality stuff ◆ **cousu machine** machine-sewn; → **bouche, motus**

coût /ku/ SYN NM *(lit, fig)* cost ◆ **le coût de la vie** the cost of living ◆ **coût d'acquisition** original cost ◆ **coûts de base** baseline costs ◆ **coût du crédit** credit charges ◆ **coût de distribution** distribution cost ◆ **coût d'investissement** capital cost ◆ **coût de production** production cost ◆ **coût salarial** wage(s) bill ◆ **coût d'utilisation** cost-in-use; → **indice**

coûtant /kutɑ̃/ ADJ M ◆ **prix coûtant** cost price ◆ **vendre à prix coûtant** to sell at cost (price)

couteau (pl **couteaux**) /kuto/
NM [1] *(pour couper)* knife; *[de balance]* knife edge; (= *coquillage)* razor-shell *(Brit)*, razor clam *(US)* ◆ **couteau à beurre/dessert/fromage** butter/dessert/cheese knife ◆ **couteau à pamplemousse/poisson/huîtres** grapefruit/fish/oyster knife ◆ **des frites (coupées) au couteau** hand-cut chips ◆ **tartare (coupé) au couteau** hand-chopped steak tartare; → **lame**
[2] *(locutions)* ◆ **vous me mettez le couteau sous** *ou* **sur la gorge** you're holding a gun to my head ◆ **être à couteau(x) tiré(s)** to be at daggers drawn *(avec* with) ◆ **remuer** *ou* **retourner le couteau dans la plaie** to twist the knife in the wound, to rub it in* ◆ **second couteau** *(fig)* minor figure ◆ **ce ne sont que des seconds couteaux** they're only the small fry
COMP **couteau de boucher** butcher's knife
couteau de chasse hunting knife
couteau de cuisine kitchen knife
couteau à découper carving knife
couteau à désosser boning knife
couteau électrique electric carving knife
couteau à éplucher, couteau à légumes (potato) peeler
couteau à pain breadknife
couteau à palette *ou* **de peintre** *(Art)* palette knife
couteau suisse Swiss army knife
couteau de table table knife; → **cran**

couteau-scie (pl **couteaux-scies**) /kutosi/ NM serrated knife

coutelas /kutlɑ/ NM (= *couteau)* large (kitchen) knife; (= *épée)* cutlass

coutelier, -ière /kutəlje, jɛʀ/ NM,F (= *fabricant, marchand)* cutler

coutellerie /kutɛlʀi/ NF (= *industrie)* cutlery industry; (= *atelier)* cutlery works; (= *magasin)* cutlery shop, cutler's (shop); (= *produits)* cutlery

coûter /kute/ SYN ► conjug 1 ◄ VTI [1] *(financièrement)* to cost ◆ **combien ça coûte ?** how much is it?, how much does it cost? ◆ **ça coûte cher ?** is it expensive?, does it cost a lot? ◆ **ça m'a coûté 25 €** it cost me €25 ◆ **les vacances, ça coûte !** * holidays *(Brit) ou* vacations *(US)* are expensive *ou* cost a lot! ◆ **ça coûte une fortune** *ou* **les yeux de la tête** * it costs a fortune *ou* the earth * ◆ **ça coûte bonbon** * *ou* **la peau des fesses** ** it costs an arm and a leg * ◆ **ça va lui coûter cher** *(lit)* it'll cost him a lot; *[erreur, impertinence]* he'll pay for that, it will cost him dear(ly) ◆ **ça coûtera ce que ça coûtera** * never mind the expense *ou* cost, hang the expense *
[2] (= *être pénible)* ◆ **cette démarche me coûte** this is a painful step for me (to take) ◆ **il m'en coûte de refuser** it pains *ou* grieves me to have to refuse; → **premier**
[3] (= *causer, valoir)* ◆ **ça m'a coûté bien des mois de travail** it cost me many months' work ◆ **ça lui a coûté la tête/la vie** it cost him his head/life ◆ **ça ne coûte rien d'essayer** it costs nothing to try ◆ **je sais ce qu'il en coûte** I know what it costs ◆ **tu pourrais le faire, pour ce que ça te coûte !** you could easily do it – it wouldn't make any difference to you *ou* it wouldn't put you to any trouble
◆ **coûte que coûte** at all costs, no matter what ◆ **il faut y arriver coûte que coûte** we must get there at all costs *ou* by hook or by crook

coûteux, -euse /kutø, øz/ SYN ADJ *[objet, erreur]* costly, expensive; *[expérience]* painful ◆ **procédé coûteux en temps/énergie** process costly in time/energy

coutil /kuti/ NM *[de vêtements]* drill, twill; *[de matelas]* ticking

coutre /kutʀ/ NM coulter *(Brit)*, colter *(US)*

coutume /kutym/ SYN NF [1] (= *usage : gén, Jur)* custom; *(Jur* = *recueil)* customary
[2] (= *habitude)* ◆ **avoir coutume de** to be in the habit of ◆ **plus/moins que de coutume** more/less than usual ◆ **comme de coutume** as usual ◆ **selon sa coutume** as is his custom *ou* wont; → **fois**

coutumier, -ière /kutymje, jɛʀ/ SYN
ADJ *(gén)* customary, usual; *[loi]* customary ◆ **droit coutumier** (= *concept)* customary law; (= *lois)* common law ◆ **il est coutumier du fait** *(gén péj)* that is what he usually does, that's his usual trick*
NM *(Jur)* customary

couture /kutyʀ/ SYN NF [1] (= *action, ouvrage)* sewing; (= *profession)* dressmaking ◆ **faire de la couture** to sew ◆ **veste/robe (haute) couture** designer jacket/dress; → **haut, maison, point**[2]
[2] (= *suite de points)* seam ◆ **sans couture(s)** seamless ◆ **faire une couture à grands points** to tack *ou* baste a seam ◆ **couture apparente** *ou* **sellier** topstitching, overstitching ◆ **couture anglaise/plate** *ou* **rabattue** French/flat seam ◆ **regarder qch/qn sous toutes les coutures** to examine sth/sb from every angle; → **battre**
[3] (= *cicatrice)* scar
[4] (= *suture)* stitches

couturé, e /kutyʀe/ ADJ *[visage]* scarred

couturier /kutyʀje/ NM [1] (= *personne)* couturier, fashion designer ◆ **grand couturier** top designer
[2] *(Anat)* ◆ **(muscle) couturier** sartorial muscle, sartorius

couturière /kutyʀjɛʀ/ NF [1] (= *personne)* dressmaker; *(en atelier)* dressmaker, seamstress †
[2] *(Théât) rehearsal preceding the full dress rehearsal, when alterations are made to the costumes*

couvain /kuvɛ̃/ NM (= *œufs)* brood; (= *rayon)* brood cells

couvaison /kuvɛzɔ̃/ NF (= *période)* incubation; (= *action)* brooding, sitting

couvée /kuve/ NF *[de poussins]* brood, clutch; *[d'œufs]* clutch; *[d'enfants]* brood; → **naître**

couvent /kuvɑ̃/ NM [1] *[de sœurs]* convent; *[de moines]* monastery ◆ **entrer au couvent** to enter a convent
[2] (= *internat)* convent (school)

couventine /kuvɑ̃tin/ NF (= *religieuse)* conventual; (= *jeune fille élevée au couvent)* convent schoolgirl

couver /kuve/ SYN ► conjug 1 ◄
VT [1] *[+ œufs] [poule]* to sit on; *[appareil]* to hatch ◆ **la poule était en train de couver** the hen was sitting on its eggs *ou* was brooding
[2] *[+ enfant]* to be overcareful with, to cocoon; *[+ maladie]* to be getting, to be coming down with; *[+ vengeance]* to brew, to plot; *[+ révolte]* to plot ◆ **enfant couvé par sa mère** child cosseted by his mother, child brought up by an overcautious *ou* overprotective mother ◆ **couver qn/qch des yeux** *ou* **du regard** *(tendresse)* to gaze lovingly *ou* devotedly at sb/sth; *(convoitise)* to look covetously *ou* longingly at sb/sth
VI *[feu, incendie]* to smoulder; *[haine, passion]* to smoulder, to simmer; *[émeute]* to be brewing; *[complot]* to be hatching ◆ **couver sous la cendre** *(lit)* to smoulder under the embers; *[passion]* to smoulder, to simmer; *[émeute]* to be brewing

couvercle /kuvɛʀkl/ NM *[de casserole, boîte, bocal]* lid; *[d'aérosol]* cap, top; *(qui se visse)* (screw-)cap, (screw-)top; *(Tech) [de piston]* cover

couvert, e[1] /kuvɛʀ, ɛʀt/ SYN (ptp de **couvrir**)
ADJ [1] (= *habillé)* covered (up) ◆ **il est trop couvert pour la saison** he's dressed too warmly for the time of year ◆ **il est resté couvert dans l'église** he kept his hat on inside the church
[2] ◆ **couvert de** *[+ boutons, taches]* covered in *ou* with ◆ **pics couverts de neige** snow-covered *ou* snow-clad *(littér)* peaks ◆ **couvert de chaume** *[toit, maison]* thatched ◆ **le rosier est couvert de fleurs** the rosebush is a mass of *ou* is covered in flowers
[3] (= *voilé) [ciel]* overcast ◆ **par temps couvert** when the sky is overcast; → **mot**
[4] *[rue, cour]* covered; *[piscine, court de tennis]* indoor *(épith)*, indoors *(attrib)*; → **marché**
[5] (= *protégé par un supérieur, une assurance)* covered
[6] *[syllabe]* closed
NM [1] (= *couteau, fourchette, cuillère, verre, assiette)* place setting ◆ **une ménagère de 12 couverts** a canteen of 12 place settings ◆ **couverts** (= *couteaux, fourchettes, cuillères)* cutlery *(Brit)*, flatware *(US)*, silverware *(US)* ◆ **j'ai sorti les couverts en argent** I've brought out the silver *ou* the silver cutlery *(Brit)* ◆ **des couverts en plastique** plastic knives and forks
[2] *(à table)* ◆ **mettre le couvert** to lay *ou* set the table ◆ **mettre 4 couverts** to lay *ou* set 4 places, to lay *ou* set the table for 4 ◆ **table de 4 couverts** table laid *ou* set for 4 ◆ **mets un couvert de plus** lay *ou* set another place ◆ **il a toujours son couvert mis chez nous** there's always a place for him at our table ◆ **remettre le couvert** * *(fig)* to do it again; *(sexuellement)* to be at it again* ◆ **le vivre** *ou* **gîte et le couvert** board *(Brit) ou* food *(US)* and lodging, room *ou* bed *(Brit)* and board
[3] *(au restaurant* = *prix)* cover charge
[4] (= *abri)* ◆ **sous le couvert d'un chêne** *(littér)* under the shelter of an oak tree ◆ **à couvert de la pluie** sheltered from the rain ◆ **être à couvert** *(Mil)* to be under cover ◆ **se mettre à couvert** *(Mil)* to get under *ou* take cover; *(fig)* to cover *ou* safeguard o.s.
[5] (= *prétexte)* ◆ **sous (le) couvert de** under cover of ◆ **ils l'ont fait sous le couvert de leurs supérieurs** they did it by hiding behind the authority of their superiors ◆ **sous (le) couvert de la plaisanterie** under the guise of a joke ◆ **il a parlé sous couvert de l'anonymat** he spoke anonymously ◆ **Monsieur le Ministre sous couvert de Monsieur le Recteur** the Minister through the person of the Director of Education ◆ **sous couvert de lutter contre la corruption, ils éliminent les ennemis du parti** under the pretext of fighting corruption, they are getting rid of the enemies of the party

couverte[2] /kuvɛʀt/ NF (= *émail)* glaze

couverture /kuvɛʀtyʀ/ SYN NF [1] (= *literie)* blanket ◆ **couverture de laine/chauffante** wool *ou* woollen/electric blanket ◆ **couverture de voyage** travelling rug ◆ **tirer la couverture à soi** *(fig)* (= *s'attribuer tout le succès)* to take (all) the credit; (= *monopoliser la parole)* to hog the stage
[2] (= *toiture)* roofing ◆ **couverture de chaume** thatch, thatched roof ◆ **couverture en tuiles** tiles, tiled roof
[3] *[de cahier, livre]* cover; (= *jaquette)* dust cover ◆ **en couverture** on the cover ◆ **première/quatrième de couverture** (outside) front/back cover

4 (Mil) cover; (= prétexte) cover ◆ **troupes de couverture** covering troops ◆ **couverture aérienne** aerial cover

5 (Fin) cover, margin ◆ **couverture sociale** social security cover ou coverage ◆ **couverture médicale** medical ou health cover(age) ◆ **couverture des risques** risk insurance coverage

6 (Journalisme) coverage ◆ **assurer la couverture d'un événement** to provide coverage of an event ◆ **couverture médiatique** media coverage

7 (Police) ◆ **servir de couverture à qn** to cover sb

couveuse /kuvøz/ NF **1** (= poule) broody hen ◆ **couveuse (artificielle)** incubator
2 [de bébé] incubator ◆ **être en couveuse** to be in an incubator

couvrant, e /kuvʀɑ̃, ɑ̃t/
ADJ [peinture, fond de teint] that covers well
NF **couvrante*** blanket, cover

couvre-chef (pl **couvre-chefs**) /kuvʀəʃɛf/ NM (hum) hat, headgear (NonC)(hum)

couvre-feu (pl **couvre-feux**) /kuvʀəfø/ NM curfew

couvre-joint (pl **couvre-joints**) /kuvʀəʒwɛ̃/ NM batten

couvre-lit (pl **couvre-lits**) /kuvʀəli/ NM bedspread, coverlet

couvre-livre (pl **couvre-livres**) /kuvʀəlivʀ/ NM book cover ou jacket

couvre-objet (pl **couvre-objets**) /kuvʀɔbʒɛ/ NM cover glass

couvre-pied(s) (pl **couvre-pieds**) /kuvʀəpje/ NM quilt

couvre-plat (pl **couvre-plats**) /kuvʀəpla/ NM dish cover

couvre-théière (pl **couvre-théières**) /kuvʀətejɛʀ/ NM tea cosy

couvreur /kuvʀœʀ/ NM roofer

couvrir /kuvʀiʀ/ SYN ▶ conjug 18 ◀
VT **1** (gén) [+ livre, sol, chargement] to cover (de, avec with); [+ récipient] to cover (de, avec with), to put the lid on; (Jeux) [+ carte] to cover ◆ **couvrir un toit d'ardoises/de chaume/de tuiles** to slate/thatch/tile a roof ◆ **des tableaux couvraient tout un mur** one whole wall was covered in pictures ◆ **couvrir le feu** to bank up the fire
2 (= habiller) to cover ◆ **couvre bien les enfants** wrap ou cover the children up well ◆ **un châle lui couvrait les épaules** she had a shawl around her shoulders
3 (fig) ◆ **couvrir qch/qn de** to cover sth/sb with ou in ◆ **couvert de bleus** bruised all over, covered in ou with bruises ◆ **couvrir qn de cadeaux** to shower sb with gifts, to shower gifts (up)on sb ◆ **couvrir qn de caresses/baisers** to cover ou shower sb with caresses/kisses ◆ **couvrir qn d'injures/d'éloges** to shower sb with insults/praise, to heap insults/praise on sb ◆ **cette aventure l'a couvert de ridicule** this affair has covered him with ridicule; → **boue**
4 (= masquer) [+ son, voix] to drown (out); [+ énigme] to conceal ◆ **le bruit de la rue couvrait la voix du conférencier** the noise from the street drowned (out) the lecturer's voice ◆ **couvrir son jeu** (lit, fig) to hold ou keep one's cards close to one's chest
5 (= protéger) to cover ◆ **couvrir qn de son corps** to cover ou shield sb with one's body ◆ **couvrir sa retraite** (Mil) to cover one's retreat ◆ **couvrir qn** (fig) to cover up for ou shield sb ◆ **couvrez-moi !** (lors d'une fusillade) cover me! ◆ **couvrir une erreur** to cover up a mistake
6 [+ frais, dépenses] to cover; [assurance] to cover ◆ **pourriez-vous couvrir de la somme de 100 € ?** (Admin) would you remit to us the sum of €100 ? ◆ **couvrir l'enchère de qn** to make a higher bid than sb
7 (= parcourir) [+ kilomètres, distance] to cover
8 [+ animal femelle] to cover
9 (Journalisme) [+ événement] to cover

VPR **se couvrir**
1 (locution)

◆ **se couvrir de** ◆ **se couvrir de fleurs/feuilles** to come into bloom/leaf ◆ **les prés se couvrent de fleurs** the meadows are becoming a mass of flowers ◆ **se couvrir de taches** to get covered with splashes ◆ **se couvrir de boutons** to become covered in ou with spots ◆ **se couvrir de gloire** to cover o.s. with glory ◆ **se couvrir de honte/ridicule** to bring shame/ridicule upon o.s., to cover o.s. with shame/ridicule

2 (= s'habiller) to cover up, to wrap up; (= mettre son chapeau) to put on one's hat ◆ **il fait froid, couvrez-vous bien** it's cold so wrap ou cover (yourself) up well
3 [ciel] to become overcast, to cloud over ◆ **le temps se couvre** it's clouding over, the sky is ou it's becoming (very) overcast
4 (Boxe, Escrime) to cover o.s. ◆ **pour se couvrir** (fig) to cover ou shield himself

covalence /kovalɑ̃s/ NF (Chim) covalency, covalence (US) ◆ **liaison de covalence** covalent bond

covalent, e /kovalɑ̃, ɑ̃t/ ADJ (Chim) covalent

covariance /kovaʀjɑ̃s/ NF (Math) covariance

covariant, e /kovaʀjɑ̃, ɑ̃t/ ADJ (Math) covariant

covelline /kovelin/ NF (Minér) covellite

covendeur, -euse /kovɑ̃dœʀ, øz/ NM,F joint seller

cover-girl (pl **cover-girls**) /kɔvœʀgœʀl/ NF cover girl

covoiturage /kovwatyʀaʒ/ NM car sharing

cow-boy (pl **cow-boys**) /kɔbɔj/ NM cowboy ◆ **jouer aux cow-boys et aux Indiens** to play (at) cowboys and Indians

coxalgie /kɔksalʒi/ NF coxalgia

coxalgique /kɔksalʒik/
ADJ coxalgic
NMF person suffering from coxalgia

coxarthrose /kɔksaʀtʀoz/ NF osteoarthritis of the hip

coyote /kɔjɔt/ NM (= animal) coyote; (fig = trafiquant) dealer

CP /sepe/ NM (abrév de **cours préparatoire**) → **cours**

CPAM /sepeam/ NF (abrév de **caisse primaire d'assurance maladie**) → **caisse**

CQFD /sekyɛfde/ (abrév de **ce qu'il fallait démontrer**) QED

crabe /kʀab/ NM **1** (= crustacé) crab ◆ **marcher en crabe** to walk crabwise ou crabways; → **panier**
2 (= véhicule) caterpillar-tracked vehicle

crabier /kʀabje/ NM (= héron) squacco heron

crabot /kʀabo/ NM (Tech) (= dent) dog

crac /kʀak/ EXCL [de bois, glace] crack; [d'étoffe] rip

crachat /kʀaʃa/ SYN NM **1** (gén) spit (NonC), spittle (NonC) ◆ **il a reçu un crachat dans la figure** someone spat in his face
2 († * = plaque, insigne) decoration

craché, e* /kʀaʃe/ (ptp de **cracher**) ADJ ◆ **c'est son père tout craché** he's the spitting image of his father ◆ **c'est tout craché** that's just like him, that's him all over*

crachement /kʀaʃmɑ̃/ NM **1** (= expectoration) spitting (NonC) ◆ **crachement de sang** spitting of blood ◆ **crachements de sang** spasms of spitting blood ou of blood-spitting
2 (= projection) [de flammes, vapeur] burst; [d'étincelles] shower
3 (= bruit) [de radio, mitrailleuses] crackling (NonC), crackle

cracher /kʀaʃe/ SYN ▶ conjug 1 ◀
VI **1** (avec la bouche) to spit ◆ **rincez-vous la bouche et crachez** rinse your mouth and spit it out ◆ **cracher sur qn** (lit) to spit at sb; (fig) to spit on sb ◆ **il ne crache pas sur le caviar*** he doesn't turn his nose up at caviar ◆ **il ne faut pas cracher sur cette offre*** this offer is not to be sneezed at ◆ **il ne faut pas cracher dans la soupe*** don't bite the hand that feeds you ◆ **c'est comme si je crachais en l'air*** I might as well be whistling in the wind ◆ **cracher au bassinet*** to cough up*
2 [stylo, plume] to splutter, to splotch; [micro] to crackle

VT **1** [personne] [+ sang] to spit; [+ bouchée] to spit out; [+ injures] to spit (out); ‡ [+ argent] to cough up*, to stump up* (Brit) ◆ **cracher ses poumons**‡ to cough up one's lungs‡; → **venin**
2 [canon] [+ flammes] to spit (out); [+ projectiles] to spit out; (fig) [cheminée, volcan, dragon] to belch (out) ◆ **le moteur crachait des étincelles** the engine was sending out showers of sparks ◆ **le tuyau crachait une eau brunâtre** the pipe was spitting out dirty brown water

cracheur, -euse /kʀaʃœʀ, øz/ NM,F ◆ **cracheur de feu** ou **de flammes** fire-eater

crachin /kʀaʃɛ̃/ NM drizzle

crachiner /kʀaʃine/ ▶ conjug 1 ◀ VB IMPERS to drizzle

crachoir /kʀaʃwaʀ/ NM spittoon, cuspidor (US) ◆ **tenir le crachoir*** to hold the floor ◆ **j'ai tenu le crachoir à ma vieille tante tout l'après-midi** I had to sit and listen to my old aunt spouting all afternoon*

crachotement /kʀaʃɔtmɑ̃/ NM [de haut-parleur, téléphone, radio] crackling (NonC), crackle; [de robinet] spluttering (NonC)

crachoter /kʀaʃɔte/ ▶ conjug 1 ◀ VI [haut-parleur, téléphone, radio] to crackle; [robinet] to splutter

crachouiller* /kʀaʃuje/ ▶ conjug 1 ◀ VI [personne] to splutter

crack[1] /kʀak/ NM **1** (= poulain) crack ou star horse
2 (* = as) ace ◆ **un crack en informatique** an ace ou a wizard* at computing ◆ **c'est un crack au saut en longueur** he's a first-class long jumper

crack[2] /kʀak/ NM (Drogue) crack (cocaine)

cracker /kʀakœʀ, kʀakɛʀ/ NM (= biscuit) cracker

cracking /kʀakiŋ/ NM (Chim) cracking

Cracovie /kʀakɔvi/ N Cracow

cracra‡ /kʀakʀa/ ADJ INV, **crade*** /kʀad/, **cradingue**‡ /kʀadɛ̃g/, **crado*** /kʀado/, **cradoque**‡ /kʀadɔk/ ADJ [personne, vêtement] dirty, scuzzy‡; [endroit, meuble] dirty, grotty* (Brit); [blague, remarque] dirty

craie /kʀɛ/ NF (= substance, bâtonnet) chalk ◆ **craie de tailleur** tailor's chalk, French chalk ◆ **écrire qch à la craie sur un mur** to chalk sth up on a wall

craignos‡ /kʀɛɲos/ ADJ INV [personne, quartier] shady*, dodgy* (Brit) ◆ **il est vraiment craignos ce type** he's a really freaky guy*

craindre /kʀɛ̃dʀ/ SYN ▶ conjug 52 ◀
VT **1** (= avoir peur) [personne] to fear, to be afraid ou scared of ◆ **je ne crains pas la mort/la douleur** I'm not afraid of dying/pain ◆ **ne craignez rien** don't be afraid ou frightened ◆ **oui, je le crains** ! yes, I'm afraid so! ◆ **je crains le pire** I fear the worst ◆ **il voulait se faire craindre** he wanted to be feared

◆ **craindre de faire qch** to be afraid of doing sth ◆ **il craint de se faire mal** he's afraid of hurting himself ◆ **je ne crains pas de dire que…** I am not afraid of saying that… ◆ **je crains d'avoir bientôt à partir** I'm afraid ou I fear I may have to leave soon ◆ **craignant de manquer le train** afraid of missing ou afraid (that) he might miss the train

◆ **craindre que** to be afraid that, to fear that ◆ **je crains qu'il (n')attrape froid** I'm afraid (that) he might catch cold ◆ **ne craignez-vous pas qu'il arrive ?** aren't you afraid he'll come? ou he might come? ◆ **je crains qu'il (ne) se soit perdu** I'm afraid that he might ou may have got lost ◆ **il est à craindre que…** it is to be feared that… ◆ **je crains que vous ne vous trompiez** I fear you are mistaken

◆ **craindre pour** [+ vie, réputation, personne] to fear for ◆ **je crains pour mon emploi** I'm afraid I might lose my job

2 (= ne pas supporter) ◆ **craindre le froid** to be easily damaged by (the) cold ◆ **« craint l'humidité/la chaleur »** "keep ou store in a dry place/cool place", "do not expose to a damp atmosphere/to heat" ◆ **vêtement qui ne craint rien** hard-wearing ou sturdy garment ◆ **c'est un vieux tapis, ça ne craint rien** don't worry, it's an old carpet ◆ **ces animaux craignent la chaleur** these animals can't stand the heat

VI * ◆ **il craint, ce type** that guy's really creepy* ◆ **ça craint dans ce quartier** (louche) this is a really shady* ou dodgy (Brit) * area; (dangereux) this is a really dangerous area ◆ **ça craint, leur émission** that programme's the pits‡ ◆ **s'il est élu, ça craint pour la démocratie** if he gets elected, it'll be a bad day for democracy

crainte /kʀɛ̃t/ GRAMMAIRE ACTIVE 17.1 SYN NF
1 (= peur) fear ◆ **la crainte de la maladie** ou **d'être malade l'arrête** fear of illness ou of being ill stops him ◆ **soyez sans crainte, n'ayez crainte** have no fear, never fear ◆ **j'ai des craintes à son sujet** I'm worried about him ◆ **sans crainte** [personne] fearless; [affronter, parler] without fear, fearlessly ◆ **avec crainte** fearfully ◆ **la crainte qu'on ne les entende** the fear that they might be overheard ◆ **la crainte est le commencement de la sagesse** (Prov) only the fool knows no fear

2 (locutions) ◆ **dans la crainte de, par crainte de** for fear of ◆ **de crainte d'une erreur** for fear of (there being) a mistake, lest there be a mistake (frm) ◆ **(par) crainte d'être suivi, il courut**

craintif | crayon

he ran for fear of being followed *ou* fearing that he might be followed ◆ **de crainte que...** for fear that..., fearing that... ◆ **de crainte qu'on ne le suive, il courut** he ran for fear of being followed *ou* fearing that he might be followed

craintif, -ive /kʀɛtif, iv/ SYN ADJ timid

craintivement /kʀɛtivmɑ̃/ ADV timidly

crambe /kʀɑ̃b/ NM sea kale

cramé, e* /kʀame/
ADJ 1 (= *brûlé*) burnt, burned (US)
2 (= *saoul*) pissed*; (= *drogué*) stoned*
NM ◆ **ça sent le cramé** (lit) I (can) smell burning; (fig) there's trouble brewing ◆ **ça a un goût de cramé** it tastes burnt ◆ **ne mange pas le cramé** don't eat the burnt bit(s)

cramer* /kʀame/ ► conjug 1 ◄
VI [maison] to burn down, to go up in flames; [mobilier] to go up in flames *ou* smoke; [tissu, papier] to burn ◆ **ça crame !** (= *il fait chaud*) it's roasting!
VT (gén) to burn; [+ maison] to burn down

cramoisi, e /kʀamwazi/ ADJ crimson

crampe /kʀɑ̃p/ NF cramp ◆ **avoir une crampe au mollet** to have cramp (Brit) *ou* a cramp (US) in one's calf ◆ **crampe d'estomac** stomach cramp ◆ **la crampe de l'écrivain** (hum) writer's cramp (hum)

crampillon /kʀɑ̃pijɔ̃/ NM staple

crampon /kʀɑ̃pɔ̃/ NM 1 (= *outil*) cramp (iron), clamp
2 [de chaussures de rugby] stud; [de chaussures de course] spike; [de fer à cheval] calk ◆ **crampon (à glace)** [d'alpiniste] crampon
3 [de plante] tendril
4 (* = *personne*) leech ◆ **elle est crampon** she clings like a leech, you can't shake her off

cramponnage /kʀɑ̃pɔnaʒ/ NM (Alpinisme) crampon technique, cramponning

cramponner /kʀɑ̃pɔne/ ► conjug 1 ◄
VT 1 (= *fixer*) to cramp (together), to clamp (together)
2 (* : fig) to cling to
VPR **se cramponner** (pour ne pas tomber) to hold on, to hang on; (dans son travail) to stick at it* ◆ **elle se cramponne** (= *ne vous lâche pas*) she clings like a leech, you can't shake her off; (= *ne veut pas mourir*) she's hanging on (to life) ◆ **se cramponner à** [+ branche, volant, bras] to cling (on) to, to clutch, to hold on to; [+ personne] (lit) to cling (on) to; (fig) [+ vie, espoir, personne] to cling to

cran /kʀɑ̃/ SYN NM 1 (pour accrocher, retenir) [de pièce dentée, crémaillère] notch; [d'arme à feu] catch; [de ceinture, courroie] hole ◆ **hausser un rayon de plusieurs crans** to raise a shelf a few notches *ou* holes ◆ **cran de sécurité** *ou* **de sûreté** safety catch ◆ **(couteau à) cran d'arrêt** flick-knife
2 (Couture, Typographie : servant de repère) nick ◆ **cran de mire** bead
3 [de cheveux] wave ◆ **le coiffeur lui avait fait un cran** *ou* **des crans** the hairdresser had put her hair in waves
4 (* = *courage*) guts* ◆ **elle a un drôle de cran*** she's got a lot of guts* *ou* bottle* (Brit) ◆ **il faut un sacré cran pour oser dire ça** it takes a lot of guts* to say something like that
5 (locutions) ◆ **monter/descendre d'un cran** (dans la hiérarchie) to move up/come down a rung *ou* peg ◆ **elle est montée/descendue d'un cran dans mon estime** she's gone up/down a notch *ou* peg in my estimation ◆ **être à cran** to be very edgy ◆ **ne le mets pas à cran** don't make him mad*

crâne¹ /kʀɑn/ NM (Anat) skull, cranium (SPÉC); (fig) head ◆ **avoir mal au crâne*** to have a splitting headache ◆ **avoir le crâne dur*** (fig) to be thick(skulled)* ◆ **il n'a rien dans le crâne** he's really thick* ◆ **crâne d'œuf*** (= *chauve*) bald man, baldy*; (= *intellectuel*) egghead; → **bourrage, bourrer, fracture**

crâne² † /kʀɑn/ ADJ gallant

crânement † /kʀɑnmɑ̃/ ADV gallantly

crâner* /kʀɑne/ SYN ► conjug 1 ◄ VI to swank*, to show off*, to put on the dog* (US) ◆ **ce n'est pas la peine de crâner*** it's nothing to swank* *ou* show off* about

crânerie /kʀɑnʀi/ NF showing off

crâneur, -euse* /kʀɑnœʀ, øz/ SYN NM,F swank*, show-off* ◆ **faire le** *ou* **son crâneur** to swank*

ou show off* ◆ **elle est un peu crâneuse** she's a bit of a show-off*

crânien, -ienne /kʀɑnjɛ̃, jɛn/ ADJ cranial; → **boîte**

craniologie /kʀanjɔlɔʒi/ NF craniology

craniotomie /kʀanjɔtɔmi/ NF craniotomy

cranter /kʀɑ̃te/ ► conjug 1 ◄ VT [+ pignon, roue] to put notches in ◆ **cranter ses cheveux** to put one's hair in waves ◆ **tige crantée** notched stem

crapahuter /kʀapayte/ ► conjug 1 ◄ VI 1 (arg Mil) to yomp ◆ **on a crapahuté dans la montagne toute la journée** we trekked in the mountains all day
2 * (= *faire l'amour*) to bonk*

crapaud /kʀapo/
NM 1 (= *animal*) toad ◆ **quel crapaud ce type !** (= *très laid*) he's as ugly as sin!; → **bave, fauteuil, laid, piano¹**
2 * (= *gamin*) brat*
3 [de diamant] flaw
COMP **crapaud de mer** angler(-fish)

crapaud-buffle (pl **crapauds-buffles**) /kʀapobyfl/ NM buffalo frog

crapaudine /kʀapodin/ NF [de tuyau] grating; [de gond] gudgeon; (= *pierre*) toadstone

crapoter* /kʀapɔte/ ► conjug 1 ◄ VI [fumeur] ◆ **il crapote** he doesn't inhale

crapoteux, -euse* /kʀapɔtø, øz/ ADJ [lieu] murky, gloomy; [personne] grimy-looking

crapouillot /kʀapujo/ NM (Hist Mil) trench mortar

crapule /kʀapyl/ SYN NF (= *escroc*) crook; (†† = *racaille*) riffraff, scum* ◆ **petite crapule !** (à un enfant = *coquin*) you little rascal!

crapulerie /kʀapylʀi/ NF 1 (= *caractère*) villainy
2 (= *acte*) villainy

crapuleux, -euse /kʀapylø, øz/ ADJ [action] villainous; [vie] dissolute; → **crime**

⚠ **crapuleux** ne se traduit pas par **crapulous**, qui a le sens de 'ivre'.

craquage /kʀakaʒ/ NM (Chim) cracking

craquant, e* /kʀakɑ̃, ɑ̃t/ ADJ [biscuit] crunchy; (* = *séduisant*) [objet, personne] gorgeous, lovely

craque* /kʀak/ NF whopper*, whopping lie* ◆ **tu m'as raconté des craques** you've been trying to put one over on me

craquelé, e /kʀakle/ (ptp de **craqueler**) ADJ [terre, chemin] covered with cracks; [glace, peinture, cuir] cracked; [objet en faïence] crackled ◆ **des chaussures toutes craquelées** cracked leather shoes

craquèlement /kʀakɛlmɑ̃/ NM (par usure) cracking; (Tech) crackling

craqueler /kʀakle/ SYN ► conjug 4 ◄
VT [+ vernis, faïence, terre] [usure, âge] to crack; [artisan] to crackle
VPR **se craqueler** [vernis, faïence, terre] to crack

craquellement /kʀakɛlmɑ̃/ NM ⇒ **craquèlement**

craquelure /kʀaklyʀ/ NF (accidentelle) crack ◆ **craquelures** (volontaires) [de porcelaine, verre] crackle (NonC); [de tableau] craqueure (NonC)(SPÉC) ◆ **couvert de craquelures** covered in cracks

craquement /kʀakmɑ̃/ NM (= *bruit*) [d'arbre, branche qui se rompt] crack, snap; [de plancher, boiserie] creak; [de feuilles sèches, neige] crackle, crunch; [de chaussures] squeak ◆ **le craquement continuel des arbres/de la banquise** the constant creak of the trees/icefield

craquer /kʀake/ SYN ► conjug 1 ◄
VI 1 (= *produire un bruit*) [parquet] to creak, to squeak; [feuilles mortes, disque] to crackle; [neige] to crunch; [chaussures] to squeak; [biscuit] to crunch ◆ **faire craquer ses doigts** to crack one's fingers ◆ **faire craquer une allumette** to strike a match
2 (= *céder*) [bas] to rip, to go* (Brit); [bois, couche de glace] to crack; [branche] to crack, to snap ◆ **veste qui craque aux coutures** jacket which is coming apart at the seams ◆ **plein**
3 (= *s'écrouler*) [entreprise, gouvernement] to be falling apart (at the seams), to be on the verge of collapse; [athlète] to collapse; [accusé, malade] to break down, to collapse ◆ **ils ont craqué en deuxième mi-temps** they gave way in the second half ◆ **je craque*** (= *je n'en peux plus*) I've had enough; (= *je deviens fou*) I'm cracking up*; → **nerf**

4 (* = *être séduit*) ◆ **j'ai craqué** I couldn't resist it ◆ **j'ai craqué pour** *ou* **sur lui dès notre première rencontre** I fell for him the first time we met ◆ **il est à craquer !** he's irresistible!
VT 1 [+ pantalon] to rip, to split ◆ **craquer un bas*** to rip *ou* tear a stocking
2 [+ allumette] to strike
3 [+ produit pétrolier] to crack
4 [+ ordinateur] to crack

craqueter /kʀakte/ ► conjug 4 ◄ VI [cigogne] to clatter; [cigale] to chirp

crase /kʀaz/ NF (Ling) crasis ◆ **crase sanguine** (Méd) coagulation *ou* clotting factors

crash* /kʀaʃ/ NM crash

crasher (se) /kʀaʃe/ ► conjug 1 ◄ VPR [voiture, train] to crash; [chauffeur, motard] to have a crash; [avion] (= *s'écraser*) to crash; (= *atterrir*) to crashland ◆ **il s'est crashé contre un arbre** he crashed into *ou* hit a tree ◆ **se crasher en moto/voiture** to crash one's motorbike/car

craspec* /kʀaspɛk/ ADJ INV grotty* (Brit), shabby

crassane /kʀasan/ NF ⇒ **passe-crassane**

crasse /kʀas/ SYN
NF 1 (= *saleté*) grime, filth
2 (* = *sale tour*) dirty trick* ◆ **faire une crasse à qn** to play a dirty trick on sb*, to do the dirty on sb*
3 (Tech) (= *scorie*) dross, scum, slag; (= *résidus*) scale
ADJ [ignorance, bêtise] crass; [paresse] unashamed ◆ **être d'une ignorance crasse** to be abysmally ignorant *ou* pig ignorant*

crasseux, -euse /kʀasø, øz/ ADJ grimy, filthy

crassier /kʀasje/ NM slag heap

cratère /kʀatɛʀ/ NM crater

craterelle /kʀatʀɛl/ NF horn of plenty

cratériforme /kʀateʀifɔʀm/ ADJ crater-shaped (épith)

cravache /kʀavaʃ/ NF (riding crop), quirt (US) ◆ **mener qn à la cravache** to drive sb ruthlessly

cravacher /kʀavaʃe/ ► conjug 1 ◄
VT [+ cheval] to use the crop on, to whip, to quirt (US); [+ personne] to strike with a riding crop; (= *rouer de coups*) to horsewhip
VI (* = *foncer*) to belt along*; (pour finir un travail) to work like mad*, to pull out all the stops*

cravate /kʀavat/ NF 1 [de chemise] tie ◆ **cravate de chanvre** (hum) hangman's rope ◆ **cravate de commandeur de la Légion d'honneur** ribbon of commander of the Legion of Honour → **épingle, jeter**
2 (Lutte) headlock; (Rugby) clothes-line tackle
3 (Naut = *cordage*) sling

cravater /kʀavate/ ► conjug 1 ◄ VT 1 (lit) [+ personne] to put a tie on ◆ **cravaté de neuf** wearing a new tie ◆ **se cravater** to put one's *ou* a tie on
2 (= *prendre au collet*) (gén) to grab round the neck; (Lutte) to put in a headlock; (Rugby) to do a high tackle on ◆ **se faire cravater par un journaliste** to be collared* *ou* buttonholed* by a journalist

crawl /kʀol/ NM (= *nage*) crawl ◆ **nager le crawl** to do *ou* swim the crawl

crawler /kʀole/ ► conjug 1 ◄ VI to do *ou* swim the crawl ◆ **dos crawlé** backstroke

crawleur, -euse /kʀolœʀ, øz/ NM,F crawl stroke swimmer

crayeux, -euse /kʀɛjø, øz/ ADJ [terrain, substance] chalky; [teint] chalk-white

crayon /kʀɛjɔ̃/
NM 1 (pour écrire) pencil ◆ **écrire au crayon** to write with a pencil ◆ **écrivez cela au crayon** write that in pencil ◆ **notes au crayon** pencilled notes ◆ **avoir le crayon facile** to be good at drawing ◆ **coup de crayon** pencil stroke ◆ **avoir un bon coup de crayon** to be good at sketching
2 (= *bâtonnet*) pencil
3 (Art) (= *matière*) crayon; (= *dessin*) crayon (drawing) ◆ **colorier qch au crayon** to crayon sth
COMP **crayon contour des lèvres** ⇒ **crayon à lèvres**
crayon contour des yeux ⇒ **crayon pour les yeux**
crayon de couleur crayon
crayon feutre felt-tip pen
crayon gomme pencil with rubber (Brit) *ou* eraser (US)

crayon gras soft lead pencil
crayon hémostatique styptic pencil
crayon khôl eyeliner (pencil)
crayon à lèvres lip pencil
crayon lithographique litho pen
crayon au nitrate d'argent silver-nitrate pencil, caustic pencil
crayon noir ou **à papier** lead pencil
crayon optique light pen
crayon à sourcils eyebrow pencil
crayon pour les yeux eyeliner (pencil)

crayonnage /kʀɛjɔnaʒ/ NM (= gribouillage) scribble, doodle; (= dessin) (pencil) drawing, sketch

crayonné /kʀɛjɔne/ (ptp de **crayonner**) ADJ M, NM ✦ **(croquis) crayonné** sketch

crayonner /kʀɛjɔne/ SYN ▸ conjug 1 ◂ VT
1 [+ notes] to scribble, to jot down (in pencil); [+ dessin] to sketch
2 (péj = gribouiller) [+ traits] to scribble; [+ dessins] to doodle

CRDP /seɛʀdepe/ NM (abrév de **Centre régional de documentation pédagogique**) → **centre**

CRDS /seɛʀdeɛs/ NF (abrév de **contribution au remboursement de la dette sociale**) → **remboursement**

créance /kʀeɑ̃s/ NF 1 (Fin, Jur) (financial) claim, debt (seen from the creditor's point of view); (= titre) letter of credit ✦ **créance hypothécaire** mortgage loan (seen from the creditor's point of view) ✦ **créances** (Fin) accounts receivable ✦ **créance irrécouvrable** bad debt; → **lettre**
2 († ou littér = crédit, foi) credence (frm) ✦ **donner créance à qch** (= rendre croyable) to lend credibility to sth; (= ajouter foi à) to give credence to sth (frm)

créancier, -ière /kʀeɑ̃sje, jɛʀ/ SYN NM,F creditor ✦ **créancier-gagiste** lienor ✦ **créancier privilégié** preferential creditor

créateur, -trice /kʀeatœʀ, tʀis/ SYN
NM,F 1 (gén, Rel) creator ✦ **les créateurs d'entreprise** people who set up companies ✦ **le Créateur** the Creator
2 (= artiste) designer ✦ **créateur (de mode)** fashion designer ✦ **les grands créateurs de meubles** the great furniture designers ✦ **créateur publicitaire** commercial artist
ADJ 1 (= créatif) creative
2 (= générateur) ✦ **un secteur créateur d'emplois** a sector which generates employment

⚠ Au sens de 'artiste', **créateur** ne se traduit pas par **creator**.

✦ **cette solution sera créatrice d'emplois** this will help create ou generate new jobs

créatif, -ive /kʀeatif, iv/ SYN
ADJ creative
NM,F (Publicité) designer ✦ **c'est une créative (créativité)** she's very creative

créatine /kʀeatin/ NF creatine, creatin

créatinine /kʀeatinin/ NF creatinine

création /kʀeasjɔ̃/ SYN NF 1 (= invention, conception) [de style, produit] creation; (= chose créée) creation ✦ **ses créations les plus originales** his most original creations
2 (= production, fondation) [d'empire, association] creation, founding; [de firme] creation, setting up ✦ **la création d'emplois** job creation ✦ **il y a eu 200 créations d'emplois/de postes** 200 jobs/posts were created ✦ **je travaille dans cette entreprise depuis sa création** I've worked in this company since it was first set up ✦ **il y a eu plusieurs créations d'entreprises** several new companies have been created ✦ **la Création** (Rel) (the) Creation ✦ **depuis la création du monde** since the world began
3 (Théât) [de pièce] first production ✦ **depuis la création du spectacle** since the show first opened
4 (Phys) ✦ **théorie de la création continue** steady-state theory

créationnisme /kʀeasjɔnism/ NM creationism

créationniste /kʀeasjɔnist/
ADJ creationist
NMF creationist

créativité /kʀeativite/ SYN NF creativeness, creativity; (Ling) creativity

créature /kʀeatyʀ/ SYN NF (gén, péj) creature

crécelle /kʀesɛl/ NF rattle; → **voix**

crécerelle /kʀes(ə)ʀɛl/ NF kestrel

crèche /kʀɛʃ/ NF 1 (Rel : de Noël) nativity scene, crib (Brit), crèche (US) ✦ **crèche vivante** living nativity (scene)
2 (= établissement) crèche, day nursery, day-care centre (Brit) ou center (US), child care center (US) ✦ **crèche familiale** crèche in the home of a registered child minder ✦ **crèche parentale** crèche run by parents ✦ **mettre son bébé à la crèche** to put one's baby in a crèche

crécher* /kʀeʃe/ ▸ conjug 6 ◂ VI to hang out*; ✦ **je ne sais pas où crécher cette nuit** I don't know where I'm going to crash* ou kip down* (Brit) tonight ✦ **je crèche à Paris** (= j'y habite) I live in Paris

crédence /kʀedɑ̃s/ NF 1 (= desserte) credence
2 (Rel) credence table, credenza

crédibiliser /kʀedibilize/ ▸ conjug 1 ◂ VT [+ histoire] to back up, to give credibility to; [+ candidature, situation financière] to support ✦ **ceci crédibilise la gauche** this gives credibility to the Left

crédibilité /kʀedibilite/ SYN NF credibility

crédible /kʀedibl/ GRAMMAIRE ACTIVE 26.6 SYN ADJ credible ✦ **peu crédible** [discours, témoin] unconvincing ✦ **il n'est plus très crédible** he's lost his credibility

crédirentier, -ière /kʀediʀɑ̃tje, jɛʀ/ NM,F recipient of an annuity

crédit /kʀedi/ SYN
NM 1 (= paiement différé) credit ✦ **12 mois de crédit** 12 months' credit ✦ **faire crédit à qn** to give sb credit ✦ **faites-moi crédit, je vous paierai la semaine prochaine** let me have (it on) credit – I'll pay you next week ✦ **la maison ne fait pas (de) crédit** "we are unable to give credit to our customers", "no credit is given here" ✦ **« possibilités de crédit »** "credit (terms) available"
✦ **à crédit** ✦ **acheter/vendre qch à crédit** to buy/sell sth on credit ✦ **ces gens qui achètent tout à crédit** these people who buy everything on credit ou on time (US); → **carte**
2 (= prêt) loan, credit ✦ **établissement de crédit** credit institution ✦ **l'ouverture d'un crédit** the granting of credit ✦ **crédit à taux préférentiel** preferential credit ✦ **crédit à taux fixe/révisable** fixed rate/adjustable rate loan ✦ **accorder/obtenir un crédit** to grant/obtain credit ✦ **prendre un crédit sur dix ans** to take out a ten-year loan; → **lettre**
3 (dans une raison sociale) bank
4 (= excédent d'un compte) credit ✦ **porter une somme au crédit de qn** to credit sb ou sb's account with a sum, to credit a sum to sb ou sb's account
5 (Pol : gén pl = fonds) ✦ **crédits** funds ✦ **crédits publics** public funds ✦ **crédits budgétaires** budget allocation ✦ **crédits extraordinaires** extraordinary funds ✦ **débloquer un crédit de 35 millions de francs** to release 35 million francs of funding ✦ **les crédits alloués à la défense** the funds allocated to defence, defence funding
6 (Can Univ = unité de valeur) credit
7 (= confiance) credit; (= réputation) reputation ✦ **firme/client qui a du crédit** creditworthy firm/client ✦ **jouir d'un très grand crédit** to enjoy an excellent reputation ✦ **cette théorie connaît un grand crédit** this theory is very widely accepted (auprès de by) ✦ **ça donne du crédit à ce qu'il affirme** that lends credibility to what he says ✦ **faire crédit à l'avenir** to put one's trust in the future, to have faith in the future ✦ **bonne action à mettre** ou **porter au crédit de qn** good deed which is to sb's credit ou which counts in sb's favour ✦ **perdre tout crédit auprès de qn** to lose all credit with sb, to lose sb's confidence ✦ **trouver crédit auprès de qn** [racontars] to find credence with sb (frm); [personne] to win sb's confidence ✦ **il a utilisé son crédit auprès de lui pour...** he used his influence with him to...
COMP **crédit acheteur** buyer credit
crédit d'appoint standby credit
crédit bancaire bank credit
crédit en blanc loan without security
crédit à la consommation consumer credit
crédit documentaire documentary (letter of) credit
crédits d'enseignement (Admin Scol) government grant (to each school)
crédit à l'exportation export credit
crédit fournisseur supplier credit
crédit gratuit (interest-)free credit
crédit hypothécaire mortgage
crédit immobilier ≈ mortgage
crédit d'impôt tax credit

crédit municipal state-owned pawnshop ou pawnbroker's

crédit-bail (pl **crédits-bails**) /kʀedibaj/ NM (= système) leasing; (= contrat) lease, leasing agreement ou arrangement ✦ **acquérir qch en crédit-bail** to buy sth under a leasing agreement ou arrangement

créditer /kʀedite/ ▸ conjug 1 ◂ VT 1 (Fin) ✦ **créditer qn/un compte de** [+ somme] to credit sb/an account with
2 (Pol) ✦ **il est crédité de 43% des voix** ou **des suffrages** he is expected to win 43% of the vote
3 (= complimenter) ✦ **créditer qn de qch** to give sb credit for sth

créditeur, -trice /kʀeditœʀ, tʀis/
ADJ [banque, pays] creditor (épith) ✦ **compte/solde créditeur** credit account/balance ✦ **leur compte est de nouveau créditeur** their account is in credit ou in the black* again
NM,F customer in credit

crédit-relais (pl **crédits-relais**) /kʀediʀ(ə)lɛ/ NM bridging loan

credo /kʀedo/ SYN NM 1 (Rel) ✦ **le Credo** the (Apostle's) Creed
2 (= principes) credo, creed

crédule /kʀedyl/ SYN ADJ credulous, gullible

crédulité /kʀedylite/ NF credulity, gullibility

créer /kʀee/ SYN ▸ conjug 1 ◂
VT 1 (= inventer, concevoir) [+ vêtement, bijou] to create, to design; [+ style, produit] to create; [+ mot] to coin, to invent ✦ **il a créé cette histoire de toutes pièces** he made up the story from beginning to end ✦ **la joie de créer** the joy of making things ou creating something
2 (= produire, fonder) [+ empire, association] to create, to found; [+ entreprise] to create, to set up, to form; [+ emplois] to create ✦ **créer des ennuis/difficultés à qn** to create problems/difficulties for sb, to cause sb problems/difficulties ✦ **créer la surprise** to cause a surprise; → **événement, fonction, précédent** etc
3 (Théât) [+ rôle] to create; [+ pièce] to produce (for the first time)
VPR **se créer** ✦ **se créer une clientèle** to build up a clientele ✦ **se créer des problèmes** to create ou make problems for o.s.

crémaillère /kʀemajɛʀ/ NF 1 (fête) housewarming party; → **pendre**
2 [de cheminée] trammel
3 (= mécanisme) rack ✦ **chemin de fer à crémaillère** rack railway, cog railway ✦ **engrenage/direction à crémaillère** rack-and-pinion gear/steering

crémant /kʀemɑ̃/ ADJ M, NM cremant (sparkling wine)

crémation /kʀemasjɔ̃/ NF cremation

crématiste /kʀematist/ NMF cremationist

crématoire /kʀematwaʀ/
ADJ crematory; → **four**
NM crematorium, crematory (furnace)

crématorium /kʀematɔʀjɔm/ NM crematorium

crémé, e /kʀeme/ ADJ ✦ **sauce crémée** cream sauce

crème /kʀɛm/ SYN
NF 1 (Culin) (= produit laitier) cream; (= peau sur le lait) skin; (= entremets) cream dessert ✦ **crème d'asperges/de champignons/tomates** (potage) cream of asparagus/of mushroom/of tomato (soup) ✦ **crème de cassis** (= liqueur) crème de cassis ✦ **crème de marron** sweetened chestnut purée ✦ **fraises à la crème** strawberries and cream ✦ **gâteau à la crème** cream cake; → **chou¹, fromage** etc
2 (= produit pour la toilette, le nettoyage) cream ✦ **crème de beauté** beauty cream ✦ **crème pour le visage/de jour/de nuit** face/day/night cream ✦ **crème pour les chaussures** shoe polish ou cream (Brit)
3 (= les meilleurs) ✦ **la crème** the cream of the crop, the crème de la crème ✦ **c'est la crème des pères** he's the best of (all) fathers ✦ **ses amis ce n'est pas la crème** his friends aren't exactly the cream of society ou la crème de la crème ✦ **ce garçon est vraiment une crème** he's such a sweetie*
ADJ INV cream-coloured (Brit) ou -colored (US)
NM (= café au lait) coffee with milk ou cream, white coffee (Brit) ✦ **un grand/petit crème** a large/small cup of white coffee
COMP **crème aigre** sour cream
crème anglaise thin custard made with eggs

crème antirides anti-wrinkle cream
crème au beurre butter cream
crème brûlée crème brûlée
crème (au) caramel crème caramel, caramel cream *ou* custard
crème démaquillante cleansing cream, make-up removing cream
crème épaisse ≃ double cream *(Brit)*, ≃ heavy cream *(US)*
crème fleurette ≃ single cream *(Brit)*, ≃ light cream *(US)*
crème fond de teint fluid foundation *ou* makeup
crème fouettée (sweetened) whipped cream
crème fraîche crème fraîche ◆ **crème fraîche épaisse** ≃ double cream *(Brit)*, ≃ heavy cream *(US)*
crème glacée ice cream
crème grasse dry-skin cream
crème de gruyère ≃ cheese spread
crème hydratante moisturizing cream, moisturizer
crème pâtissière confectioner's custard
crème à raser shaving cream
crème renversée cream mould *(Brit)*, cup custard *(US)*

crémerie /kʀemʀi/ NF (= *magasin*) dairy (shop) ◆ **changeons de crémerie*** let's push off* somewhere else, let's take our custom *(Brit) ou* business *(US)* elsewhere *(hum)*

crémeux, -euse /kʀemø, øz/ ADJ creamy

crémier, -ière /kʀemje, jɛʀ/ NM,F *person working in a dairy*

crémone /kʀemɔn/ NF window catch

créneau (pl **créneaux**) /kʀeno/ NM ① [*de rempart*] crenel, crenelle; *(Mil)* [*de tranchée*] slit ◆ **les créneaux** (= *forme*) the crenelations; (= *chemin de ronde*) the battlements ◆ **monter au créneau pour défendre sa politique** *(fig)* to leap to the defence of one's policies
② *(pour se garer)* ◆ **faire un créneau** to reverse into a parking space *(between two cars) (Brit)*, to parallel park *(US)* ◆ **j'ai raté mon créneau** I've parked badly
③ [*de marché*] gap, niche; [*d'emploi du temps*] gap ◆ **créneau publicitaire** advertising slot ◆ **il y a un créneau pour les voitures économiques** there is a niche ou a ready market for fuel-efficient cars ◆ **créneau de lancement** [*de fusée*] (launch) window ◆ **trouver un bon créneau** to find a good source of income ◆ **le karaoké constitue un créneau porteur pour les bars** karaoke is a good money-maker for bars

crénelage /kʀen(ə)laʒ/ NM *(Tech)* milling; *(Ordin)* aliasing

crénelé, e /kʀen(ə)le/ (ptp de **créneler**) ADJ [*mur, arête*] crenellated; [*feuille, bordure*] scalloped, crenate *(Bot)*

créneler /kʀen(ə)le/ ► conjug 4 ◄ VT ① [+ *muraille*] to crenellate, to crenel; [+ *tranchée*] to make a slit in
② [+ *roue*] to notch; [+ *pièce de monnaie*] to mill

crénelure /kʀen(ə)lyʀ/ NF [*de muraille*] crenellation, crenelation *(US)*; [*de feuille*] crenulation

créner /kʀene/ ► conjug 6 ◄ VT *(Typographie)* [+ *lettre*] to kern

crénom /kʀenɔ̃/ EXCL ◆ **crénom de nom !** † confound it!, dash it all! *(surtout Brit)*

créole /kʀeɔl/
ADJ creole; → **riz**
NM (= *langue*) Creole
NMF Creole
NF (= *boucle d'oreille*) large hoop earring

créolisé, e /kʀeɔlize/ ADJ *(Ling)* creolized

créolité /kʀeɔlite/ NF Creole identity

Créon /kʀeɔ̃/ NM Creon

créosote /kʀeozɔt/ NF creosote

crêpage /kʀepaʒ/ NM ① [*de cheveux*] backcombing
② ◆ **crêpage de chignon*** dust-up*, free-for-all, set-to* *(Brit)*
③ [*de tissu*] crimping

crêpe¹ /kʀɛp/ NF *(Culin)* pancake *(Brit)*, crêpe ◆ **faire sauter une crêpe** to toss a pancake ◆ **crêpe Suzette** crêpe suzette; → **dentelle, pâte, retourner**

crêpe² /kʀɛp/ NM ① (= *tissu*) crepe, crêpe, crape ◆ **crêpe de Chine** crepe de Chine ◆ **crêpe georgette** georgette (crepe) ◆ **crêpe de soie** silk crepe
② (*noir : de deuil*) black mourning crepe ◆ **voile de crêpe** mourning veil ◆ **porter un crêpe** (*au bras*) to wear a black armband; (*autour du chapeau*) to wear a black hatband; (*aux cheveux, au revers*) to wear a black ribbon
③ (= *matière*) ◆ **semelles (de) crêpe** crepe soles

crêpelé, e /kʀɛple/ ADJ [*cheveux*] fuzzy

crêper /kʀepe/ ► conjug 1 ◄
VT ① [+ *cheveux*] to backcomb
② [+ *tissu*] to crimp
VPR **se crêper** ◆ **se crêper les cheveux** to backcomb one's hair ◆ **se crêper le chignon*** to tear each other's hair out, to have a dust-up* *ou* a set-to* *(Brit)*

crêperie /kʀɛpʀi/ NF crêperie, pancake house *ou* restaurant *(Brit)*

crépi, e /kʀepi/ (ptp de **crépir**) ADJ, NM roughcast

crépier, -ière /kʀepje, jɛʀ/
NM,F (= *personne*) pancake *(Brit) ou* crêpe seller
NF **crépière** (= *plaque*) pancake *(Brit) ou* crêpe griddle; (= *poêle*) shallow frying pan *(for making pancakes)*

crépine /kʀepin/ NF ① [*de tuyau*] strainer; [*de passementerie*] fringe
② (= *membrane*) caul

crépinette /kʀepinɛt/ NF flat sausage *(in caul)*

crépir /kʀepiʀ/ ► conjug 2 ◄ VT to roughcast

crépissage /kʀepisaʒ/ NM roughcasting

crépitation /kʀepitasjɔ̃/ NF [*de feu, électricité*] crackling ◆ **crépitation osseuse** *(Méd)* crepitus ◆ **crépitation pulmonaire** crepitations

crépitement /kʀepitmɑ̃/ NM [*de feu, électricité*] crackling (NonC); [*de chandelle, friture*] sputtering (NonC), spluttering (NonC); [*de pluie*] pattering (NonC); [*de mitrailleuse*] rattle (NonC); [*de grésil*] rattle (NonC), patter (NonC) ◆ **sous le crépitement des flashs** with flashguns going off all around

crépiter /kʀepite/ SYN ► conjug 1 ◄ VI [*feu, électricité*] to crackle; [*chandelle, friture*] to sputter, to splutter; [*pluie*] to patter; [*flashs*] to go off; [*mitrailleuse*] to rattle; [*grésil*] to rattle, to patter ◆ **les applaudissements crépitèrent** there was a ripple of applause

crépon /kʀepɔ̃/ NM ◆ seersucker; → **papier**

crépu, e /kʀepy/ ADJ [*cheveux*] frizzy ◆ **elle est toute crépue** her hair's all frizzy

crépusculaire /kʀepyskylɛʀ/ ADJ (= *du crépuscule, qui sort au crépuscule*) crepuscular ◆ **lumière crépusculaire** twilight glow

crépuscule /kʀepyskyl/ SYN NM *(lit)* twilight, dusk; *(fig)* twilight ◆ **au crépuscule** at twilight ◆ **au crépuscule de sa vie** in his twilight years

crescendo /kʀeʃɛndo/
ADV ① *(Mus)* crescendo
② ◆ **aller crescendo** [*vacarme, acclamations*] to rise in a crescendo, to grow louder and louder, to crescendo; [*colère, émotion*] to grow *ou* become ever greater
NM *(Mus)* crescendo ◆ **le crescendo de sa colère/de son émotion** the rising tide of his anger/emotion

crésol /kʀezɔl/ NM cresol, cresylic acid, methylphenol *(SPÉC)*

cresson /kʀesɔ̃/ NM ◆ **cresson (de fontaine)** watercress ◆ **cresson des prés** cardamine, lady's-smock

cressonnette /kʀesɔnɛt/ NF cardamine, lady's-smock

cressonnière /kʀesɔnjɛʀ/ NF watercress bed

Crésus /kʀezys/ NM Croesus ◆ **je ne suis pas Crésus !** I'm not made of money!; → **riche**

crésyl, Crésyl ® /kʀezil/ NM *type of disinfectant containing cresol*

crêt /kʀɛ/ NM [*de combe*] crest

crétacé, e /kʀetase/
ADJ Cretaceous
NM ◆ **le crétacé** the Cretaceous period

crête /kʀɛt/ SYN NF ① [*de coq*] comb; [*d'oiseau*] crest; [*de batracien*] horn ◆ **crête de coq** cockscomb
② [*de mur*] top; [*de toit*] ridge; [*de montagne*] ridge, crest; [*de vague*] crest; [*de graphique*] peak ◆ **la crête du tibia** the edge *ou* crest (SPÉC) of the tibia, the shin ◆ **(ligne de) crête** *(Géog)* watershed

crêté, e /kʀete/ ADJ [*coq, oiseau*] crested; [*batracien*] horned

Crète /kʀɛt/ NF Crete

crétin, e /kʀetɛ̃, in/ SYN
ADJ *(péj)* cretinous*, idiotic, moronic*
NM,F *(péj)* moron*, cretin*

crétinerie* /kʀetinʀi/ SYN NF ① (= *caractère*) idiocy, stupidity
② (= *acte, parole*) idiotic *ou* stupid thing to do *ou* say

crétinisant, e /kʀetinizɑ̃, ɑ̃t/ ADJ mind-numbing

crétiniser /kʀetinize/ ► conjug 1 ◄ VT to turn into a moron* *ou* half-wit

crétinisme /kʀetinism/ NM *(Méd)* cretinism; *(péj)* idiocy, stupidity

crétois, e /kʀetwa, waz/
ADJ Cretan ◆ **régime crétois** Cretan diet
NM (= *langue*) Cretan
NM,F **Crétois(e)** Cretan

cretonne /kʀətɔn/ NF cretonne

creusage /kʀøzaʒ/, **creusement** /kʀøzmɑ̃/ NM [*de fondations*] digging; [*de canal*] digging, cutting

creuser /kʀøze/ SYN ► conjug 1 ◄
VT ① (= *évider*) [+ *bois, falaise*] to hollow (out); [+ *sol, roc*] to make *ou* dig a hole in, to dig out; *(au marteau-piqueur)* to drill a hole in ◆ **creuser la neige de ses mains** to dig out the snow with one's hands
② [+ *puits*] to sink, to bore; [+ *fondations, mine*] to dig; [+ *canal*] to dig, to cut; [+ *tranchée, fosse*] to dig (out); [+ *sillon*] to plough *(Brit)*, to plow *(US)*; [+ *trou*] (*gén*) to dig, to make; *(au marteau-piqueur)* to drill ◆ **creuser un tunnel sous une montagne** to bore *ou* drive a tunnel under a mountain ◆ **creuser un terrier** to burrow, to make a burrow ◆ **la taupe creuse des galeries** moles make *ou* dig tunnels in the soil ◆ **creuser sa propre tombe** to dig one's own grave ◆ **ça a creusé un abîme** *ou* **un fossé entre eux** that has created *ou* thrown a great gulf between them
③ (= *approfondir*) [+ *problème, sujet*] to go into (deeply *ou* thoroughly), to look into (closely) ◆ **c'est une idée à creuser** it's something to be gone into (more deeply *ou* thoroughly), it's an idea worth pursuing ◆ **si on creuse un peu** *(fig)* if you scratch the surface
④ *(fig)* ◆ **la fatigue lui creusait les joues** he was so tired his face was gaunt ◆ **visage creusé de rides** face furrowed with wrinkles ◆ **creuser les reins** to draw o.s. up, to throw out one's chest ◆ **la promenade, ça creuse (l'estomac)*** walking gives you a real appetite ◆ **creuser l'écart** *(lit, fig)* to establish a convincing lead *(par rapport à* over)

VI [*personne*] to dig; [*lapin*] to burrow ◆ **il a fallu creuser beaucoup** *ou* **profond** we had to dig deep *(dans* into)

VPR **se creuser** ① [*joues, visage*] to become gaunt *ou* hollow ◆ **la mer se creuse** there's a swell coming on ◆ **l'écart se creuse entre eux** *(lit, fig)* the gap between them is widening
② * ◆ **se creuser (la cervelle** *ou* **la tête)** [*personne*] to rack *ou* cudgel one's brains ◆ **il ne s'est pas beaucoup creusé !** he didn't exactly put himself out *ou* overexert himself! ◆ **ils ne se sont pas beaucoup creusés pour trouver un cadeau** they didn't look very hard to find a present

creuset /kʀøzɛ/ NM ① (= *récipient*) crucible; [*de haut fourneau*] heart, crucible ◆ **creuset de verrerie** glassmaker's crucible
② (= *lieu de brassage*) melting pot; *(littér = épreuve)* crucible, trial

Creutzfeldt-Jakob /kʀɔjtsfɛldʒakɔb/ N ◆ **maladie de Creutzfeldt-Jakob** Creutzfeldt-Jakob disease, CJD

creux, creuse /kʀø, kʀøz/ SYN
ADJ ① [*arbre, dent*] hollow; [*toux, voix*] hollow, deep; [*son*] hollow; [*estomac*] empty ◆ **j'ai la tête** *ou* **la cervelle creuse** my mind's a blank; → **nez, sonner, ventre**
② (= *concave*) [*surface*] concave, hollow; [*yeux*] deep-set, sunken; [*joue*] gaunt, hollow; [*visage*] gaunt ◆ **aux yeux creux** hollow-eyed; → **assiette, chemin**
③ (= *vide de sens*) [*paroles*] empty, hollow; [*idées*] barren, futile; [*raisonnement*] weak, flimsy
④ (= *sans activité*) ◆ **les jours creux** slack days ◆ **les heures creuses** (*gén*) slack periods; (*métro, électricité, téléphone*) off-peak periods ◆ **période creuse** (*gén*) slack period; *(Tourisme)* low season; → **classe**

NM **1** *(= cavité)* *[d'arbre]* hollow, hole; *[de rocher, dent]* cavity, hole ◆ **avoir un creux (dans l'estomac)** * to feel *ou* be hungry *ou* peckish * *(Brit)*

2 *(= dépression)* hollow ◆ **être plein de creux et de bosses** to be full of bumps and holes *ou* hollows ◆ **le creux de la main** the hollow of one's hand ◆ **ça tient dans le creux de la main** it's small enough to hold in your hand ◆ **des écureuils qui mangent dans le creux de la main** squirrels which eat out of your hand ◆ **le creux de l'aisselle** the armpit ◆ **le creux de l'estomac** the pit of the stomach ◆ **le creux de l'épaule** the hollow of one's shoulder ◆ **au creux des reins** in the small of one's back; → **gravure**

3 *(= activité réduite)* slack period

4 *[de voile]* belly; *[de vague]* trough ◆ **il y avait des creux de 10 mètres** there were 10-metre-high waves, the waves were 10 metres high ◆ **être au** *ou* **dans le creux de la vague** *(fig)* *[marché]* to have hit rock bottom; *[économie]* to be in the doldrums, to be at its lowest ebb; *[entreprise]* to be in the doldrums ◆ **il est au** *ou* **dans le creux de la vague** his fortunes are at their lowest ebb

5 *(Art)* ◆ **graver en creux** to do intaglio engraving ◆ **se définir en creux par rapport à qch** *(fig)* to be defined in relation to sth

crevaison /kʀəvɛzɔ̃/ **NF** *(en voiture)* puncture *(Brit)*, flat

crevant, e * /kʀəvɑ̃, ɑ̃t/ **ADJ** *(= fatigant)* gruelling, killing * *(Brit)*; († *= amusant)* priceless *

crevasse /kʀəvas/ SYN **NF** *[de mur, rocher]* crack, fissure, crevice; *[de sol]* crack, fissure; *[de glacier]* crevasse; *[de peau]* crack ◆ **avoir des crevasses aux mains** to have chapped hands

crevassé, e /kʀəvase/ (ptp de **crevasser**) **ADJ** *[sol]* fissured; *[mains, peau]* chapped ◆ **glacier très crevassé** glacier with a lot of crevasses

crevasser /kʀəvase/ ► conjug 1 ◄

VT *[+ sol]* to cause cracks *ou* fissures in, to crack; *[+ mains]* to chap

VPR **se crevasser** *[sol]* to crack, to become cracked; *[mains]* to chap, to become *ou* get chapped

crevé, e /kʀəve/ (ptp de **crever**)

ADJ **1** *[pneu]* burst, punctured ◆ **j'ai un pneu (de) crevé** I've got a puncture *(Brit)*, I've got a flat tyre *(Brit)* *ou* tire *(US)*, I've got a flat *

2 ‡ *(= mort)* dead; *(= fatigué)* dead beat *, bushed *, exhausted, knackered ‡ *(Brit)*

NM *(Couture)* slash ◆ **des manches à crevés** slashed sleeves

crève ‡ /kʀɛv/ **NF** (bad) cold ◆ **j'ai la crève** I've got a bad cold ◆ **elle a attrapé** *ou* **chopé * la crève** she's caught a bad cold

crève-cœur (pl **crève-cœurs**) /kʀɛvkœʀ/ **NM** heartbreak

crève-la-faim * /kʀɛvlafɛ̃/ **NMF INV** *(péj)* *(= miséreux)* miserable wretch; *(= clochard)* down-and-out

crever /kʀəve/ SYN ► conjug 5 ◄

VT **1** *(= percer)* *[+ pneu]* to burst, to puncture; *[+ ballon]* to burst ◆ **crever les yeux à qn** *(intentionnellement)* to gouge (out) *ou* put out sb's eyes; *(accidentellement)* to blind sb (in both eyes) ◆ **ça crève les yeux** it's as plain as the nose on your face ◆ **ça te crève les yeux !** it's staring you in the face! ◆ **le prix a crevé le plafond** the price has gone through the roof ◆ **crever le cœur à qn** to break sb's heart ◆ **cet acteur crève l'écran** this actor has a tremendous screen presence

2 (* *= exténuer*) ◆ **crever qn** *[personne]* to wear sb out, to work sb to death *; *[tâche, marche]* to wear sb out, to kill sb * ◆ **crever un cheval** to ride *ou* work a horse into the ground *ou* to death

3 ‡ ◆ **crever la faim** *ou* **la dalle** to be starving * *ou* famished * ◆ **on la crève ici !** they starve us here!

4 (‡ *= tuer*) to kill

VI **1** *(= s'ouvrir)* *[fruit, sac, abcès]* to burst ◆ **les nuages crevèrent** the clouds burst, the heavens opened ◆ **faire crever du riz** *(Culin)* to boil rice until the grains burst *ou* split

2 *(péj = être plein de)* ◆ **crever de** *[+ orgueil]* to be bursting *ou* puffed up with; *[+ jalousie]* to be full of, to be bursting with; *[+ dépit]* to be full of ◆ **crever d'envie de faire qch** to be dying to do sth *; → **rire**

3 *(= mourir)* *[animal, plante]* to die (off); ‡ *[personne]* to die, to kick the bucket ‡, to snuff it ‡ *(Brit)* ◆ **un chien crevé** a dead dog ◆ **crever de faim/froid** ‡ to starve/freeze to death ◆ **on crève de froid ici** * *(fig)* it's freezing (cold) in here ◆ **on crève de chaud ici** * it's boiling in here * ◆ **je crève de faim** * I'm starving * *ou* famished * *ou* ravenous ◆ **je crève de soif** * I'm dying of thirst *, I'm parched * ◆ **crever d'ennui** * to be bored to tears *ou* death *, to be bored out of one's mind * ◆ **tu veux nous faire crever !** * do you want to kill us or what! ◆ **faire crever qn de soif** to make sb die of thirst ◆ **tu peux toujours crever !** * get stuffed! ‡ ◆ **qu'ils crèvent !** * they can go and get stuffed! ‡

4 *[pneu, automobiliste]* to have a flat tyre *(Brit)* *ou* tire *(US)*, to have a puncture *(Brit)* ◆ **faire 10 000 km sans crever** to drive 10,000 km without getting a flat * *ou* a puncture *(Brit)*

VPR **se crever** (‡ *= se fatiguer*) to kill o.s. * *(à faire* doing) ◆ **se crever (au travail)** * *(gén)* to work o.s. to death; *[ménagère]* to work one's fingers to the bone * ◆ **se crever le cul** *‡ to slog one's guts out ‡ *(à faire* doing) ◆ **je ne vais pas me crever le cul à transporter toutes ces briques !** *‡ I'm not going to bust a gut ‡ *ou* to kill myself * carrying all those bricks around!

crevette /kʀəvɛt/ **NF** ◆ **crevette (rose)** prawn ◆ **crevette grise** shrimp; → **filet**

crevettier /kʀəvetje/ **NM** *(= filet)* shrimp net; *(= bateau)* shrimp boat

cri /kʀi/ SYN

NM **1** *(= éclat de voix)* *[de personne]* cry, shout; *(très fort)* scream; *(ton aigu)* shriek, screech; *(= pleurs)* cry, scream; *(de douleur, de peur)* scream, cry, yell ◆ **le cri du nouveau-né** the cry of the newborn baby ◆ **pousser des cris de joie/triomphe** to cry out in joy/triumph ◆ **cri de surprise** cry *ou* exclamation of surprise ◆ **cri aigu** *ou* **perçant** piercing cry *ou* scream, shrill cry; *[d'animal]* squeal ◆ **cri sourd** *ou* **étouffé** muffled cry *ou* shout ◆ **pousser un cri de colère** to shout angrily ◆ **pousser un cri de rage** to cry out in rage, to give a cry of rage ◆ **jeter** *ou* **pousser des cris** to shout (out), to cry out ◆ **elle jeta un cri de douleur** she cried out in pain, she gave a cry of pain ◆ **pousser des cris d'orfraie** to scream, to shriek; → **étouffer**

2 *(= exclamation)* cry, shout ◆ **cri d'alarme/d'approbation** cry *ou* shout of alarm/approval ◆ **le cri des marchands ambulants** the hawkers' cries ◆ **marchant au cri de « liberté »** marching to shouts *ou* cries of "freedom" ◆ **le cri des opprimés** *(fig)* the cries of the oppressed ◆ **une tentative de suicide est souvent un cri (de détresse)** *(fig)* a suicide attempt is often a cry for help ◆ **ce poème est un véritable cri d'amour** this poem is a cry of love ◆ **le cri de la conscience** *(fig)* the voice of conscience; → **haut**

3 *(terme générique)* noise; *[d'oiseau]* call; *[de canard]* quack; *[de cochon]* squeal ◆ **le cri d'un animal** *(terme générique)* the noise an animal makes

4 *(littér = crissement)* squeal, screech

5 *(locutions)* ◆ **c'est le dernier cri** it's the (very) latest thing ◆ **un ordinateur dernier cri** a state-of-the-art computer ◆ **à grands cris** vociferously

COMP **cri du cœur** heartfelt cry, cry from the heart, cri de cœur

cri de guerre *(lit)* war cry; *(fig)* slogan, war cry

cri primal primal scream

criaillement /kʀijɑjmɑ̃/ **NM** **1** *(gén pl)* *[d'oie]* squawking *(NonC)*; *[de paon]* squawking *(NonC)*, screeching *(NonC)*; *[de bébé]* bawling *(NonC)*, squalling *(NonC)*

2 ⇒ **criailleries**

criailler /kʀijɑje/ SYN ► conjug 1 ◄ **VI** **1** *[oie]* to squawk; *[paon]* to squawk, to screech; *[bébé]* to bawl, to squall

2 *(= rouspéter)* to grouse *, to grumble ◆ **criailler après qn** *(= houspiller)* to nag (at) sb

criailleries /kʀijɑjʀi/ **NFPL** *(= rouspétance)* grousing * *(NonC)*, grumbling *(NonC)*; *(= houspillage)* nagging *(NonC)*

criailleur, -euse /kʀijɑjœʀ, øz/

ADJ grouchy *

NM,F *(= rouspéteur)* grouch *, grouser *

criant, e /kʀijɑ̃, ɑ̃t/ SYN **ADJ** *[erreur]* glaring *(épith)*; *[injustice]* rank *(épith)*, blatant, glaring *(épith)*; *[preuve]* striking *(épith)*, glaring *(épith)*; *[contraste, vérité]* striking *(épith)* ◆ **portrait criant de vérité** amazingly true-to-life portrait

criard, e /kʀijaʀ, aʀd/ SYN **ADJ** *(péj)* *[enfant]* yelling, squalling; *[oiseau]* squawking; *[son, voix]* piercing; *[couleurs, vêtement]* loud, garish

crib /kʀib/ **NM** *(Agr)* crib

criblage /kʀiblaʒ/ **NM** *(= tamisage)* *[de graines]* sifting; *[de sable]* riddling, sifting; *[de minerai]* screening, jigging; *(= calibrage)* *[de fruits]* grading; *[de charbon]* riddling, screening

crible /kʀibl/ **NM** *(à main)* riddle; *(industriel)* screen, jig, jigger ◆ **crible mécanique** screening machine

◆ **passer au crible** *(lit)* to riddle, to put through a riddle; *[+ idée, proposition]* to examine closely; *[+ déclaration, texte]* to go through with a fine-tooth comb; *[+ établissement]* to do a thorough investigation into

criblé, e /kʀible/ (ptp de **cribler**) **criblé de LOC ADJ** *[+ balles, flèches, trous]* riddled with; *[+ taches]* covered in ◆ **visage criblé de boutons** face covered in spots *ou* pimples, spotty face ◆ **criblé de dettes** crippled with debts, up to one's eyes in debt

cribler /kʀible/ ► conjug 1 ◄ **VT** **1** *(= tamiser)* *[+ graines]* to sift; *[+ sable]* to riddle, to sift; *(= trier)* *[+ minerai]* to screen, to jig; *(= calibrer)* *[+ charbon]* to riddle, to screen; *[+ fruits]* to grade

2 *(= percer)* ◆ **cribler qch/qn de balles/flèches** to riddle sth/sb with bullets/arrows ◆ **cribler qn de questions** *(= accabler)* to bombard sb with questions ◆ **cribler qn d'injures** to heap insults on sb

cribleur, -euse /kʀiblœʀ, øz/

NM,F *(= ouvrier)* *[de graines]* sifter; *[de fruits]* grader; *[de sable]* riddler, sifter; *[de charbon]* riddler, screener; *[de minerai]* screener, jigger

NF **cribleuse** *(= machine)* sifter, sifting machine

cric /kʀik/ **NM** ◆ **cric (d'automobile)** (car) jack ◆ **soulever qch au cric** to jack sth up ◆ **cric hydraulique** hydraulic jack ◆ **cric à vis** screw jack

cric-crac /kʀikkʀak/ **EXCL, NM** *(gén)* creak; *(= bruit de clé)* click

cricket /kʀikɛt/ **NM** *(Sport)* cricket

cricoïde /kʀikɔid/

ADJ *(Anat)* cricoid

NM ◆ **le cricoïde** the cricoid cartilage

cricri **NM**, **cri-cri** **NM INV** /kʀikʀi/ *(= cri du grillon)* chirping; (* *= grillon)* cricket

criée /kʀije/ **NF** **1** ◆ **(vente à la) criée** (sale by) auction ◆ **vendre des poissons à la criée** to auction fish, to sell fish by auction

2 *(= salle)* auction room, salesroom

crier /kʀije/ SYN ► conjug 7 ◄

VI **1** *[personne]* to shout; *(très fort)* to scream; *(ton aigu)* to shriek, to screech; *(= vagir)* to cry, to scream; *(de douleur, peur)* to scream, to cry out, to yell (out) ◆ **crier de douleur** to scream *ou* cry *ou* yell out in pain ◆ **« oh non ! » cria-t-il** "oh no!", he cried ◆ **crier à tue-tête** *ou* **comme un sourd** *ou* **comme un putois** to shout one's head off ◆ **tes parents vont crier** your parents are going to make a fuss ◆ **tu ne peux pas parler sans crier ?** do you have to shout?, can't you talk without shouting?

2 *[oiseau]* to call; *[canard]* to quack; *[cochon]* to squeal; *[dindon]* to gobble; *[hibou, singe]* to call, to screech, to hoot; *[mouette]* to cry; *[oie]* to honk; *[perroquet]* to squawk; *[souris]* to squeak

3 *(= grincer)* *[porte, plancher, roue]* to creak, to squeak; *[frein]* to squeal, to screech; *[chaussure, étoffe]* to squeak; *(fig)* *[couleur]* to scream, to shriek ◆ **faire crier la craie sur le tableau** to make the chalk squeak on the blackboard

4 *(avec prép)* ◆ **crier contre** *ou* **après** * **qn** to nag (at) *ou* scold sb, to go on at sb * ◆ **crier contre qch** to shout about sth ◆ **elle passe son temps à lui crier après** * *ou* **dessus** * she's forever going on at him *, she's always shouting at him ◆ **crier à la trahison/au scandale** to call it treason/a scandal, to start bandying words like treason/scandal about ◆ **crier au miracle** to hail it as a miracle, to call it a miracle ◆ **crier à l'assassin** *ou* **au meurtre** to shout "murder" ◆ **crier au loup/au voleur** to cry wolf/thief ◆ **quand il a demandé une augmentation de 50% son patron a crié au fou** when he asked for a 50% rise his boss called him a madman *ou* said he was crazy

VT **1** *[+ ordre, injures]* to shout (out), to yell (out); *(= proclamer)* *[+ mépris, indignation]* to proclaim; *[+ innocence]* to protest ◆ **crier qch sur (tous) les toits** to shout *ou* proclaim sth from the rooftops *ou* housetops ◆ **elle cria qu'elle en avait assez** she shouted that she had had enough; *(plus fort)* she screamed (out) that she had had enough ◆ **crier à qn de se taire** *ou* **qu'il se taise** to shout at sb to be quiet

2 *(pour vendre)* ◆ **au coin de la rue, un gamin criait les éditions spéciales** at the street corner a kid was shouting out *ou* calling out the special editions

[3] *(pour avertir, implorer)* ◆ **sans crier gare** without a warning ◆ **crier grâce** *(lit)* to beg for mercy; *(fig)* to beg for mercy *ou* a respite ◆ **quand j'ai parlé de me lancer seul dans l'entreprise, ils ont crié casse-cou** when I spoke of going it alone, they said I was crazy; → **victoire**

Attention à ne pas traduire automatiquement **crier** par **to cry**.

crieur, -euse /kʀijœʀ, øz/ **NM,F** ◆ **crieur de journaux** newspaper seller ◆ **crieur public** *(Hist)* town crier

crime /kʀim/ SYN **NM** [1] *(= meurtre)* murder ◆ **il s'agit bien d'un crime** it's definitely (a case of) murder ◆ **retourner sur les lieux du crime** to go back to the scene of the crime ◆ **la victime/l'arme du crime** the murder victim/weapon ◆ **crime de sang** murder ◆ **crime crapuleux** foul crime ◆ **crime passionnel** crime of passion, crime passionnel ◆ **crime sexuel** sex murder *ou* crime ◆ **le crime parfait** the perfect crime ◆ **cherchez à qui profite le crime** find someone with a motive ◆ « **Crime et Châtiment** » *(Littérat)* "Crime and Punishment" ◆ « **Le crime était presque parfait** » *(Ciné)* "Dial M. for Murder"

[2] *(Jur = délit grave)* crime, offence, ≃ felony *(US)* ◆ **crimes et délits** crimes ◆ **crime contre la sûreté de l'État** crime against state security ◆ **crime de lèse-majesté** crime of lèse-majesté ◆ **crime contre les mœurs** sexual offence, offence against public decency ◆ **crime contre la paix** crime against peace ◆ **crime contre un particulier** crime against a private individual ◆ **crime contre nature** unnatural act, crime against nature ◆ **crimes de guerre** war crimes ◆ **crime contre l'humanité** crime against humanity ◆ **le crime ne paie pas** *(Prov)* crime doesn't pay *(Prov)*; → **syndicat**

[3] *(sens affaibli)* crime ◆ **c'est un crime de faire** it's criminal *ou* a crime to do ◆ **il est parti avant l'heure ? ce n'est pas un crime !** he left early? well, that's hardly a crime!

[4] *(† ou littér = péché, faute)* sin, crime

Crimée /kʀime/ **NF** ◆ **la Crimée** the Crimea, the Crimean peninsula ◆ **la guerre de Crimée** the Crimean War

criminalisation /kʀiminalizasjɔ̃/ **NF** criminalization

criminaliser /kʀiminalize/ ► conjug 1 ◄ **VT** *(Jur)* to criminalize

criminaliste /kʀiminalist/ **NMF** criminal lawyer

criminalistique /kʀiminalistik/ **NF** *(Jur)* study of crime detection

criminalité /kʀiminalite/ **NF** *(= actes criminels)* criminality, crime ◆ **la criminalité juvénile** juvenile criminality ◆ **la grande/petite criminalité** serious/petty crime ◆ **la criminalité organisée** organized crime ◆ **la criminalité d'entreprise** corporate crime

criminel, -elle /kʀiminɛl/ SYN

ADJ *(gén, Jur) [acte, personne, procès]* criminal ◆ **ce serait criminel de laisser ces fruits se perdre** *(sens affaibli)* it would be criminal *ou* a crime to let this fruit go to waste; → **incendie**

NM,F *(= meurtrier)* murderer *(ou* murderess); *(Jur = auteur d'un délit grave)* criminal ◆ **criminel de guerre** war criminal ◆ **voilà le criminel** *(hum = coupable)* there's the culprit *ou* the guilty party

NM *(juridiction)* ◆ **avocat au criminel** criminal lawyer ◆ **poursuivre qn au criminel** to take criminal proceedings against sb, to prosecute sb in a criminal court

NF **criminelle** ◆ **la criminelle** *(= police)* the crime *ou* murder squad

criminellement /kʀiminɛlmɑ̃/ **ADV** *[agir]* criminally ◆ **poursuivre qn criminellement** to take criminal proceedings against sb, to prosecute sb in a criminal court

criminogène /kʀiminɔʒɛn/ **ADJ** *[facteur]* encouraging criminality *ou* crime

criminologie /kʀiminɔlɔʒi/ **NF** criminology

criminologiste /kʀiminɔlɔʒist/, **criminologue** /kʀiminɔlɔg/ **NMF** criminologist

crin /kʀɛ̃/ **NM** [1] *(= poil) [de cheval]* hair *(NonC)*; *[de matelas, balai]* horse hair ◆ **crin végétal** vegetable (horse)hair; → **gant**

[2] ◆ **à tous crins, à tout crin** *[conservateur, républicain]* diehard, dyed-in-the-wool ◆ **révolutionnaire à tout crin** out-and-out revolutionary

crincrin * /kʀɛ̃kʀɛ̃/ **NM** *(péj) (= violon)* squeaky fiddle; *(= son)* squeaking, scraping

crinière /kʀinjɛʀ/ **NF** [1] *[d'animal]* mane

[2] * *[de personne]* mane of hair, flowing mane ◆ **elle avait une crinière rousse** she had a mane of red hair

[3] *[de casque]* plume

crinoïdes /kʀinɔid/ **NMPL** ◆ **les crinoïdes** the Crinoidea *(SPÉC)*

crinoline /kʀinɔlin/ **NF** crinoline petticoat ◆ **robe à crinoline** crinoline (dress)

crique /kʀik/ **NF** creek, inlet

criquet /kʀikɛ/ **NM** *(= insecte)* locust

crise /kʀiz/ SYN

NF [1] *(= bouleversement, Pol, Écon)* crisis ◆ **en période de crise** in times of crisis *ou* of trouble ◆ **pays/économie en (état de) crise** country/economy in (a state of) crisis ◆ **la crise de l'immobilier** the property market crisis ◆ **crise financière/politique** financial/political crisis

[2] *(Méd) [de rhumatisme, goutte]* attack; *[d'épilepsie, apoplexie]* fit ◆ **crise de toux** fit *ou* bout of coughing ◆ **cette affection survient par crises** this illness manifests itself in recurrent bouts

[3] *(= accès)* outburst, fit; *(= lubie)* fit ◆ **crise de colère/rage/jalousie** fit of anger/rage/jealousy ◆ **crise de rire** laughing fit ◆ **être pris d'une crise de rire** to be in fits (of laughter) ◆ **la crise (de rire) !** * what a scream! * ◆ **j'ai été pris d'une crise de rangement** I got a sudden urge to tidy the place up ◆ **travailler par crises** to work in fits and starts ◆ **je vais au cinéma/je lis par crises** I go through phases when I go to the cinema/I read a lot

[4] *(* = colère)* rage, tantrum ◆ **piquer** *ou* **faire une** *ou* **sa crise** to throw a tantrum *ou* a fit *, to fly off the handle

[5] *(= pénurie)* shortage ◆ **crise de main-d'œuvre** shortage of manpower

COMP **crise d'appendicite** attack of appendicitis

crise d'asthme asthma attack, attack of asthma

crise cardiaque heart attack

crise de confiance crisis of confidence, breakdown in trust

crise de conscience crisis of conscience

crise économique economic crisis, slump

crise d'épilepsie epileptic fit

crise de foie bilious attack, bad attack of indigestion

crise d'identité identity crisis

crise de larmes crying fit

crise du logement housing shortage

crise ministérielle cabinet crisis

crise morale moral crisis

crise de nerfs *(Méd)* fit of hysterics; *(caprice)* tantrum ◆ **il nous a fait une crise de nerfs parce qu'il ne voulait pas manger sa soupe** he threw a tantrum because he didn't want to eat his soup

crise du pétrole oil crisis

crise du pouvoir leadership crisis

crise de la quarantaine midlife crisis

crise religieuse crisis of belief

crispant, e /kʀispɑ̃, ɑ̃t/ **ADJ** *(= énervant)* irritating, aggravating *, annoying ◆ **ce qu'il est crispant !** * he really gets on my nerves! *, he's a real pain in the neck! *

crispation /kʀispasjɔ̃/ **NF** [1] *(= contraction) [de traits, visage]* tensing; *[de muscles]* contraction; *[de cuir]* shrivelling-up

[2] *(= spasme)* twitch ◆ **des crispations nerveuses** nervous twitches *ou* twitching ◆ **une crispation douloureuse de la main** a painful twitching of the hand ◆ **donner des crispations à qn** *(fig)* to get on sb's nerves *

[3] *(= nervosité)* state of tension ◆ **il y a certaines crispations au sein de l'équipe** there is some tension in the team ◆ **c'est un signe de crispation nationaliste** it shows that there is a resurgence in nationalism

crispé, e /kʀispe/ (ptp de **crisper**) **ADJ** *[sourire]* nervous, tense; *[personne]* tense, on edge *(attrib)*; *[style]* tense, awkward

crisper /kʀispe/ SYN ► conjug 1 ◄

VT [1] *(= contracter) [+ muscles, membres]* to tense, to flex; *[+ poings]* to clench ◆ **la douleur crispait les visages** their faces were contorted with grief ◆ **les mains crispées sur le volant** clutching the wheel

[2] *(= plisser) [+ cuir]* to shrivel (up) ◆ **le froid crispe la peau** the cold makes one's skin feel taut *ou* tight

[3] *(* = agacer)* ◆ **crisper qn** to get on sb's nerves *

VPR **se crisper** *[visage]* to tense; *[sourire]* to become strained *ou* tense; *[poings]* to clench; *[personne]* to get edgy * *ou* tense ◆ **ses mains se crispèrent sur le manche de la pioche** his hands tightened on the pickaxe, he clutched the pickaxe

crispin /kʀispɛ̃/ **NM** ◆ **gants à crispin** gauntlets

criss /kʀis/ **NM** kris, creese

crissement /kʀismɑ̃/ **NM** *[de neige, gravier]* crunch(ing) *(NonC)*; *[de pneus, freins]* screech(ing) *(NonC)*, squeal(ing) *(NonC)*; *[de soie, taffetas]* rustling *(NonC)*, rustle *(NonC)*; *[de cuir]* squeaking *(NonC)*; *[de plume]* scratching *(NonC)* ◆ **s'arrêter dans un crissement de pneus** to screech to a halt ◆ **le crissement de la craie sur le tableau** the squeaking of chalk on the blackboard

crisser /kʀise/ ► conjug 1 ◄ **VI** *[neige, gravier]* to crunch; *[pneus, freins]* to screech, to squeal; *[soie, taffetas]* to rustle; *[cuir]* to squeak; *[plume]* to scratch; *[craie]* to squeak

cristal (pl **-aux**) /kʀistal, o/ **NM** [1] *(Chim, Min)* crystal ◆ **cristal (de roche)** rock crystal *(NonC)*, quartz *(NonC)* ◆ **cristal (de plomb)** (lead) crystal ◆ **cristal de Baccarat** Baccarat crystal ◆ **cristaux de givre** *(sur arbre)* ice crystals; *(sur vitre)* ice patterns ◆ **cristaux liquides** liquid crystals ◆ **écran à cristaux liquides** liquid crystal screen ◆ **de** *ou* **en cristal** crystal *(épith)* ◆ **le cristal de sa voix, sa voix de cristal** *(littér)* his crystal-clear voice ◆ **cristal de Bohême** Bohemian crystal ◆ **cristal d'Islande** Iceland spar; → **boule**

[2] *(= objet)* crystal(ware) *(NonC)*, piece of crystal(ware) *ou* fine glassware ◆ **les cristaux du lustre** the crystal droplets of the chandelier

[3] *(pour le nettoyage)* ◆ **cristaux (de soude)** washing soda

cristallerie /kʀistalʀi/ **NF** *(= fabrication)* crystal (glass-)making; *(= fabrique)* (crystal) glassworks; *(= objets)* crystal(ware), fine glassware

cristallier /kʀistalje/ **NM** *(Hist) (= chercheur)* crystal seeker; *(= ouvrier)* crystal engraver

cristallin, e /kʀistalɛ̃, in/

ADJ *(Min)* crystalline; *[son, voix]* crystal-clear; *[eau]* crystal(-clear), crystalline

NM *(Anat)* crystalline lens

cristallinien, -ienne /kʀistalinjɛ̃, jɛn/ **ADJ** of the crystalline lens

cristallisation /kʀistalizasjɔ̃/ **NF** *(lit, fig)* crystallization ◆ **pour éviter la cristallisation du débat autour de ce sujet** to stop the debate focusing on this issue

cristallisé, e /kʀistalize/ (ptp de **cristalliser**) **ADJ** *[minerai, sucre]* crystallized

cristalliser /kʀistalize/ ► conjug 1 ◄

VTI *(lit, fig)* to crystallize ◆ **cette réorganisation a cristallisé le mécontentement du personnel** this reorganisation has crystallized staff discontent

VPR **se cristalliser** ◆ **le débat s'est cristallisé autour de la question de la sécurité** the debate focused on the issue of security

cristallisoir /kʀistalizwaʀ/ **NM** crystallizing dish

cristallite /kʀistalit/ **NF** *(Minér)* crystallite

cristallogenèse /kʀistalɔʒənɛz/ **NF** crystallogenesis

cristallogénie /kʀistalɔʒeni/ **NF** crystallogeny

cristallographie /kʀistalɔgʀafi/ **NF** crystallography

cristallographique /kʀistalɔgʀafik/ **ADJ** crystallographic

cristalloïde /kʀistalɔid/

NF *(Anat)* capsule of the crystalline lens

NM *(= sel)* crystalloid

cristallomancie /kʀistalɔmɑ̃si/ **NF** crystal-gazing, crystallomancy

criste-marine (pl **cristes-marines**) /kʀist(ə)maʀin/ **NF** (rock) samphire

cristophine /kʀistɔfin/ **NF** christophene, chayote

critère /kʀitɛʀ/ SYN **NM** [1] *(= référence)* criterion ◆ **son seul critère est l'avis du parti** his only criterion is the opinion of the party ◆ **le style n'est pas le seul critère pour juger de la valeur d'un roman** style is not the only yardstick *ou* criterion by which one can judge the value of a novel ◆ **critères de sélection** selection criteria

[2] *(= stipulation)* requirement • **il n'y a pas de critère d'âge** there are no special requirements as far as age is concerned • **critères de qualité** quality requirements • **critères de convergence** *(Europe)* convergence criteria • **critères d'attribution d'un prêt** loan requirements • **quels sont vos critères de choix ?** what do you base your choices on?

[3] *(= preuve)* criterion • **ce n'est pas un critère suffisant pour prouver l'authenticité du document** this is not a good enough criterion on which to prove the document's authenticity • **la richesse n'est pas un critère de succès** wealth is not a criterion *ou* an indication of success

critérium /kʀiteʀjɔm/ **NM** [1] *(Cyclisme)* rally; *(Natation)* gala

[2] † ⇒ **critère**

crithme /kʀitm/ **NM** ⇒ **criste-marine**

criticailler * /kʀitikɑje/ ► conjug 1 ◄ **VT** to criticize, to run down * • **il est toujours en train de criticailler** all he does is criticize

criticisme /kʀitisism/ **NM** *(Philos)* critical approach

critiquable /kʀitikabl/ SYN **ADJ** *[attitude]* reprehensible; *[politique]* open to criticism *(attrib)* • **les aspects les plus critiquables de la procédure** the aspects of the procedure which are most open to criticism

critique¹ /kʀitik/ SYN **ADJ** *(= alarmant) [situation, période]* critical; *(= décisif) [phase, situation, période]* crucial, critical; *[vitesse, masse, point]* critical • **dans les circonstances critiques, il perd la tête** in critical situations *ou* in emergencies *ou* in a crisis he loses his head; → **âge**

critique² /kʀitik/ SYN

ADJ [1] *(= qui analyse) [jugement, notes, édition]* critical; → **apparat, esprit**

[2] *(= sévère)* critical, censorious *(frm)* • **d'un œil critique** with a critical eye • **il s'est montré très critique (au sujet de...)** he was very critical (of...)

NF [1] *(= blâme)* criticism • **il ne supporte pas la critique** *ou* **les critiques** he can't tolerate criticism • **malgré les nombreuses critiques** despite the many criticisms • **faire une critique à (l'endroit de) qch/qn** to criticize sth/sb • **une critique que je lui ferais est qu'il...** one criticism I would make of him is that he... • **la critique est aisée** it's easy to criticize

[2] *(= analyse) [de texte, œuvre]* appreciation, critique; *[de livre, spectacle]* review • **la critique** *(= art de juger)* criticism • **la critique littéraire/musicale** literary/music criticism • **faire la critique de** *[+ livre, film]* to review, to do a write-up on; *[+ poème]* to write an appreciation *ou* a critique of

[3] *(= personnes)* • **la critique** the critics • **la critique a bien accueilli sa pièce** his play was well received by the critics

NMF *(= commentateur)* critic • **critique d'art/de cinéma** art/cinema *ou* film critic • **critique littéraire** literary critic

critiquer /kʀitike/ SYN ► conjug 1 ◄ **VT** [1] *(= blâmer)* to criticize • **il critique tout/tout le monde** he finds fault with *ou* criticizes everything/everybody

[2] *(= juger) [+ livre, œuvre]* to assess, to make an appraisal of; *(= examiner)* to examine (critically)

critiqueur, -euse /kʀitikœʀ, øz/ **NM,F** • **c'est un critiqueur** all he does is criticize • **tais-toi, critiqueur !** shut up instead of criticizing!

croassement /kʀɔasmɑ̃/ **NM** caw, cawing *(NonC)*

croasser /kʀɔase/ ► conjug 1 ◄ **VI** to caw

croate /kʀɔat/

ADJ Croatian

NM *(= langue)* Croat, Croatian

NMF **Croate** Croat, Croatian

Croatie /kʀɔasi/ **NF** Croatia

croato-musulman, e /kʀɔatomyzylmɑ̃, an/ **ADJ** Muslim-Croat *(épith)*

crobard * /kʀɔbaʀ/ **NM** sketch

croc /kʀo/ **NM** [1] *(= dent)* fang • **montrer les crocs** *[animal]* to bare its teeth, to show its teeth *ou* fangs; * *[personne]* to show one's teeth • **avoir les crocs** ‡ to be starving *, to be famished *

[2] *(= objet)* hook • **croc de boucherie/de marinier** meat/boat hook • **croc à fumier** muck rake

croc-en-jambe (pl **crocs-en-jambe**) /kʀɔkɑ̃ʒɑ̃b/ **NM** • **faire un croc-en-jambe à qn** *(lit)* to trip sb (up); *(fig)* to trip sb up, to pull a fast one on sb * • **un croc-en-jambe me fit perdre l'équilibre** I was tripped up and lost my balance

croche /kʀɔʃ/ **NF** *(Mus)* quaver *(Brit)*, eighth (note) *(US)* • **double croche** semiquaver *(Brit)*, sixteenth (note) *(US)* • **triple/quadruple croche** demisemiquaver/hemidemisemiquaver *(Brit)*, thirty-second/sixty-fourth note *(US)*

croche-patte * (pl **croche-pattes**) /kʀɔʃpat/ **NM** ⇒ **croc-en-jambe**

croche-pied (pl **croche-pieds**) /kʀɔʃpje/ **NM** ⇒ **croc-en-jambe**

crocher /kʀɔʃe/ ► conjug 1 ◄ **VT** *(Naut = saisir avec un crochet)* to hook

crochet /kʀɔʃɛ/ SYN **NM** [1] *(= fer recourbé) (gén)* hook; *[de chiffonnier]* spiked stick; *[de patte de pantalon]* fastener, clip, fastening; *[de cambrioleur, serrurier]* picklock • **crochet d'attelage** *[de wagon]* coupling • **crochet de boucherie** *ou* **de boucher** meat hook • **crochet à boutons** *ou* **bottines** buttonhook • **vivre aux crochets de qn** * to live off sb, to sponge off * sb

[2] *(= aiguille)* crochet hook; *(= technique)* crochet • **couverture au crochet** crocheted blanket • **faire du crochet** to crochet • **faire qch au crochet** to crochet sth

[3] *(Boxe)* • **crochet du gauche/du droit** left/right hook

[4] *(= détour) [de véhicule]* sudden swerve; *[de route]* sudden turn; *[de voyage]* detour • **il a fait un crochet pour éviter l'obstacle** he swerved to avoid the obstacle • **faire un crochet par une ville** to make a detour through a town

[5] *(= signe typographique)* • **crochets** square brackets • **entre crochets** in square brackets

[6] *[de serpent]* fang

[7] *(Archit)* crocket

[8] † • **crochet radiophonique** *(Radio)* talent show

crochetage /kʀɔʃtaʒ/ **NM** *[de serrure]* picking

crocheter /kʀɔʃte/ ► conjug 5 ◄ **VT** [1] *[+ serrure]* to pick; *[+ porte]* to pick the lock on

[2] *(= faire tomber)* to trip (up)

[3] *(Tricot)* to crochet

crocheteur /kʀɔʃtœʀ/ **NM** *(= voleur)* picklock

crochu, e /kʀɔʃy/ SYN **ADJ** *[nez]* hooked; *[mains, doigts]* claw-like • **au nez crochu** hook-nosed; → **atome**

croco * /kʀɔko/ **NM** (abrév de **crocodile**) crocodile skin • **en croco** crocodile *(épith)*

crocodile /kʀɔkɔdil/ **NM** *(= animal, peau)* crocodile; *(sur voie ferrée)* contact ramp • **sac en crocodile** crocodile(-skin) handbag; → **larme**

crocodiliens /kʀɔkɔdiljɛ̃/ **NMPL** • **les crocodiliens** crocodilians, the Crocodilia *(SPÉC)*

crocus /kʀɔkys/ **NM** crocus

◆ ◆

croire /kʀwaʀ/

GRAMMAIRE ACTIVE 6.2, 26.5

SYN ► conjug 44 ◄

1 - VERBE TRANSITIF
2 - VERBE INTRANSITIF
3 - VT INDIRECT
4 - VT INDIRECT
5 - VERBE PRONOMINAL

◆ ◆

1 - VERBE TRANSITIF

[= TENIR POUR VRAI OU SINCÈRE] *[+ personne, fait, histoire]* to believe • **auriez-vous cru cela de lui ?** would you have believed that of him? • **le croira qui voudra, mais...** believe it or not (but)... • **je veux bien le croire** I can quite *ou* well believe it • **je n'en crois rien** I don't believe a word of it • **croyez moi** believe me • **non, mais qu'est-ce que vous croyez ?** * what do you imagine? • **je ne suis pas celle que vous croyez !** I'm not that sort of person!; → **fer, parole**

♦ **je te** *ou* **vous crois !** * you bet! *

♦ **croire** + *infinitif ou que (= penser, estimer)* to believe, to think; *(= déduire)* to believe, to assume, to think • **nous croyons qu'il a dit la vérité** we believe *ou* think that he told the truth • **je n'arrive pas à croire qu'il a réussi** I (just) can't believe he has succeeded • **elle croyait avoir perdu son sac** she thought she had lost her bag • **il a bien cru manquer son train** he really thought he would miss his train • **il n'y avait pas de lumière, j'ai cru qu'ils étaient couchés** there was no light on so I thought *ou* assumed they had gone to bed • **il a cru bien faire** he meant well, he thought he was doing the right thing *ou* acting for the best • **je crois que oui** I think so • **je crois que non** I don't think so, I think not • **il n'est pas là ? – je crois que si** isn't he in? – (yes) I think he is • **on ne croyait pas qu'il viendrait** we didn't think he'd come • **elle ne croit pas/elle ne peut pas croire qu'il mente** she doesn't think/can't believe he is lying; → **dire, rêver**

♦ **à croire que** • **(c'est) à croire qu'il est amoureux** you'd *ou* anyone would think he was in love • **il est à croire que...** *(frm)* it is to be supposed *ou* presumed that...

♦ **faut croire que...** * it would seem *ou* appear that... • **j'entends rien, faut croire * que je deviens sourde** I can't hear a thing, I must be going deaf

♦ **faut pas croire !** * make no mistake (about it)!

♦ **croire** + *adjectif, adverbe ou pronom (= juger, estimer)* to think, to believe, to consider; *(= supposer)* to think, to believe • **croyez-vous cette réunion nécessaire ?** do you think *ou* believe this meeting is necessary?, do you consider this meeting (to be) necessary? • **il n'a pas cru utile** *ou* **nécessaire de me prévenir** he didn't think it necessary to warn me • **on a cru préférable de refuser** we thought it preferable for us to refuse, we thought that it would be better for us to refuse • **on l'a cru mort** he was believed *ou* presumed (to be) dead • **on les croyait en France** they were believed *ou* thought to be in France • **je la croyais ailleurs/avec vous** I thought she was somewhere else/with you • **où vous croyez-vous ?** where do you think you are? • **tu ne peux pas croire** *ou* **vous ne sauriez croire** *(frm)* **combien il nous manque** you cannot (begin to) imagine how much we miss him

♦ **on croirait, on aurait cru** • **on croirait une hirondelle** it looks like a swallow • **on aurait cru (voir) un fantôme** he looked like a ghost • **on croirait (entendre) une clarinette** it sounds like *ou* it could be a clarinet (playing) • **on croirait entendre son père** it could (almost) be his father talking, you'd think it was his father talking • **on croirait qu'elle ne comprend pas** she doesn't seem to understand, you might almost think she didn't understand

♦ **en croire qn** *ou* **qch** *(= s'en rapporter à)* • **à l'en croire** to listen to *ou* hear him, if you (were to) go by what he says • **s'il faut en croire les journaux** if we (are to) go by what the papers say, if we are to believe the papers, if the papers are anything to go by • **croyez-m'en** believe me • **vous pouvez m'en croire, croyez-en mon expérience** (you can) take it from me, take it from one who knows • **si vous m'en croyez** if you want my opinion • **il n'en croyait pas ses oreilles/ses yeux** he couldn't believe his ears/his eyes

2 - VERBE INTRANSITIF

[REL = AVOIR LA FOI] to believe, to be a believer

3 - VT INDIRECT

croire à *[+ innocence de qn, vie éternelle, Père Noël]* to believe in; *[+ justice, médecine]* to have faith *ou* confidence in, to believe in; *[+ promesses]* to believe (in), to have faith in • **il ne croit plus à rien** he no longer believes in anything • **ses histoires, je n'y crois plus** I don't believe his stories any more • **on a cru d'abord à un accident** at first they believed *ou* thought it was accident, at first they took it for an accident • **pour faire croire à un suicide** to make people think it was suicide, to give the impression *ou* appearance of (a) suicide • **il ne croit pas à la guerre** *(= il pense qu'elle n'aura pas lieu)* he doesn't think *ou* believe there will be a war; *(= il pense qu'elle ne sert à rien)* he doesn't believe in war • **non, mais tu crois au Père Noël !** you really do live in cloud-cuckoo land! *(Brit)*, you must believe in Santa Claus too! • **c'est à n'y pas croire !** it's beyond belief!, it's unbelievable!, it's hardly credible! • **veuillez croire à mes sentiments dévoués** *(frm :formule épistolaire)* yours sincerely

4 - VT INDIRECT

croire en to believe in • **croire en Dieu** to believe in God • **croire en qn** to believe in sb, to have faith *ou* confidence in sb

5 - VERBE PRONOMINAL

se croire

[1] [= PENSER ÊTRE TEL OU DANS TELLE SITUATION] • **se**

croire fort/malin to think one is strong/clever ◆ **il se croit un génie** he thinks he's a genius ◆ **elle se croit tout permis** she thinks she can do whatever she likes *ou* she can get away with anything ◆ **on se croirait en vacances** I feel as if I'm on holiday ◆ **on se croirait en Bretagne/été** it could almost be Brittany/summer ◆ **le patron lui a dit qu'elle avait un espoir de promotion et elle s'y croit déjà** * the boss told her she had a chance of promotion and she acts as if she'd already got it

2 [= ÊTRE PRÉTENTIEUX] ◆ **qu'est-ce qu'il se croit, celui-là ?** who does he think he is?* ◆ **il s'y croit** * *(péj)* he thinks he's really something *

croisade /kʀwazad/ NF *(Hist, fig)* crusade ◆ **les Croisades** the (Holy) Crusades ◆ **la croisade des Albigeois** the Albigensian Crusade ◆ **partir en croisade** *(lit)* to go on a crusade; *(fig)* to launch *ou* mount a crusade *(contre* against) ◆ **se lancer dans une croisade contre le chômage** to go on a crusade for job creation

croisé[1], **e**[1] /kʀwaze/ (ptp de **croiser**)

ADJ *[veste]* double-breasted; *[rimes, vers]* alternate ◆ **race croisée** crossbreed ◆ **tissu croisé** twill; → **bras, feu**[1], **mot**

NM *(= étoffe)* twill

croisé[2] /kʀwaze/ NM *(Hist)* crusader

croisée[2] /kʀwaze/ NF 1 *(= jonction)* ◆ **croisée de chemins** crossroads, crossing ◆ **à la croisée des chemins** *(fig)* at a crossroads ◆ **croisée d'ogives** ribbed vault ◆ **croisée du transept** transept crossing ◆ **leur musique est à la croisée de plusieurs cultures** their music is a blend of several cultural influences

2 *(littér = fenêtre)* window, casement *(littér)*

croisement /kʀwazmɑ̃/ SYN NM 1 *[de fils, brins]* crossing ◆ **l'étroitesse de la route rendait impossible le croisement des véhicules** the narrowness of the road made it impossible for vehicles to pass (one another); → **feu**[1]

2 *[de races, espèces]* crossing (NonC), crossbreeding (NonC), interbreeding (NonC) *(avec* with) ◆ **faire des croisements de race** to rear *ou* produce crossbreeds, to cross(breed) ◆ **est-ce un croisement ?** *ou* **le produit d'un croisement ?** is it a cross(breed)?

3 *(= carrefour)* crossroads, junction ◆ **au croisement de la route et de la voie ferrée** where the road crosses the railway

croiser /kʀwaze/ SYN ► conjug 1 ◄

VT 1 *[+ bras]* to fold, to cross; *[+ jambes]* to cross; *[+ fils, lignes]* to cross ◆ **elle croisa son châle sur sa poitrine** she folded her shawl across *ou* over her chest ◆ **les jambes croisées** cross-legged ◆ **croiser les doigts** *(lit)* to cross one's fingers; *(fig)* to keep one's fingers crossed, to cross one's fingers ◆ **croisons les doigts !** *(fig)* fingers crossed! ◆ **je croise les doigts pour qu'il fasse beau** I'm keeping my fingers crossed that the weather will be good ◆ **croiser le fer** *(lit, fig)* to cross swords *(avec* with) ◆ **se croiser les bras** *(fig)* to lounge around, to sit around idly

2 *(= couper) [+ route]* to cross, to cut across; *[+ ligne]* to cross, to cut across, to intersect

3 *(= passer à côté de) [+ véhicule, passant]* to pass ◆ **notre train a croisé le rapide** our train passed the express going in the other direction ◆ **son regard croisa le mien** his eyes met mine ◆ **je l'ai croisé plusieurs fois dans des réunions** I've seen him several times at meetings ◆ **j'ai croisé Jean dans la rue** I bumped into Jean in the street

4 *(= accoupler) [+ espèces, races]* to cross(breed), to interbreed *(avec* with) ◆ **l'âne peut se croiser avec le cheval** an ass can crossbred with a horse

5 *(Sport) [+ tir, coup droit]* to angle ◆ **passe croisée** diagonal pass

VI 1 *(Habillement)* ◆ **cette veste croise bien** that jacket has got a nice *ou* good overlap ◆ **cette saison les couturiers font croiser les vestes** this season fashion designers are making jackets double-breasted ◆ **il avait tellement grossi qu'il ne pouvait plus (faire) croiser sa veste** he'd got so fat that he couldn't get his jacket to fasten

2 *(en bateau)* to cruise

VPR **se croiser** 1 *[chemins, lignes]* to cross, to cut (across) each other, to intersect ◆ **se croiser à angle droit** to cross at right angles ◆ **nos regards** *ou* **nos yeux se croisèrent** our eyes met ◆ **il a les yeux qui se croisent** * he's cross-eyed

2 *[personnes, véhicules]* to pass each other ◆ **ma lettre s'est croisée avec la tienne, nos lettres se sont croisées** my letter crossed yours (in the post), our letters crossed (in the post) ◆ **nous nous sommes croisés hier** we bumped *ou* ran into each other yesterday ◆ **nous nous sommes croisés plusieurs fois dans des réunions** we've seen each other several times at meetings

3 *(Hist)* to take the cross, to go on a crusade

croisette /kʀwazɛt/ NF *(petite croix)* small cross; *(= plante)* crosswort, mugwort

croiseur /kʀwazœʀ/ NM *(= bateau)* cruiser

croisière /kʀwazjɛʀ/ NF cruise ◆ **partir en croisière, faire une croisière** to go on a cruise ◆ **être en croisière** to be on a cruise ◆ **ce voilier est idéal pour la croisière** this boat is ideal for cruising ◆ **allure** *ou* **régime** *ou* **rythme** *ou* **vitesse de croisière** cruising speed

croisiériste /kʀwazjeʀist/ NMF *(= passager)* cruise passenger; *(= voyagiste)* cruise company

croisillon /kʀwazijɔ̃/ NM *[de croix, charpente]* crosspiece, crossbar; *[d'église]* transept ◆ **croisillons** *[de fenêtre]* lattice work; *[de tarte]* lattice; → **fenêtre**

croissance /kʀwasɑ̃s/ SYN NF *[d'enfant, ville, industrie]* growth, development; *[de plante]* growth ◆ **croissance économique** economic growth *ou* development ◆ **croissance interne/externe** *[d'entreprise]* internal/external growth ◆ **croissance molle** *(Écon)* soft growth ◆ **croissance négative** *(Écon)* negative growth ◆ **croissance zéro** zero (economic) growth ◆ **arrêté dans sa croissance** stunted ◆ **maladie de croissance** growth disease ◆ **entreprise en pleine croissance** expanding company

croissant[1] /kʀwasɑ̃/ NM 1 *(= forme)* crescent ◆ **croissant de lune** crescent of the moon ◆ **en croissant** crescent-shaped

2 *(Culin)* croissant

croissant[2], **e** /kʀwasɑ̃, ɑ̃t/ ADJ *[nombre, tension]* growing, increasing, rising; *[chaleur]* rising; *[froid]* increasing; *(Math) [fonction]* increasing ◆ **aller croissant** *[peur, enthousiasme]* to grow, to increase; *[bruit]* to grow *ou* get louder ◆ **le rythme croissant des accidents** the increasing number of accidents, the rising accident rate

croissanterie /kʀwasɑ̃tʀi/ NF croissant shop

Croissant-Rouge /kʀwasɑ̃ʀuʒ/ NM ◆ **le Croissant-Rouge** the Red Crescent

croît /kʀwa/ NM *(Agr)* increase in stock

croître /kʀwatʀ/ SYN ► conjug 55 ◄ VI 1 *[enfant, plante]* to grow; *[ville]* to grow, to increase in size ◆ **croître en beauté/sagesse** to grow in beauty/wisdom ◆ **croître dans l'estime de qn** to rise *ou* grow in sb's esteem

2 *[ambition, bruit, quantité]* to grow, to increase ◆ **les jours croissent** the days are getting longer *ou* are lengthening ◆ **croître en nombre/volume** to increase in number/size *ou* volume ◆ **l'inquiétude sur son état de santé ne cessait de croître** there was increasing concern over the state of his health ◆ **son enthousiasme ne cessa de croître** he grew more and more enthusiastic ◆ **la chaleur ne faisait que croître** the heat got more and more intense, the temperature kept on rising

3 *[rivière]* to swell, to rise; *[lune]* to wax; *[vent]* to rise

4 *(locutions)* ◆ **croissez et multipliez !** *(Bible)* go forth and multiply! ◆ **ça ne fait que croître et embellir !** *(iro)* (things are getting) better and better! *(iro)*

croix /kʀwa/

NF 1 *(gén)* cross ◆ **croix ansée** ansate cross ◆ **croix celtique/grecque/latine** Celtic/Greek/Latin cross ◆ **croix de Malte/de Saint-André** Maltese/St Andrew's cross ◆ **croix ancrée/fleuretée** cross moline/fleury *ou* flory ◆ **croix fleuronnée** *ou* **tréflée** cross tréflée ◆ **croix de Jérusalem** cross of Jerusalem ◆ **croix potencée** potent cross ◆ **en croix** crosswise, in the form of a cross ◆ **mettre des bâtons en croix** to lay sticks crosswise ◆ **être disposé en croix** to form a cross *ou* be arranged crosswise ◆ **chemins qui se coupent en croix** paths which cross at right angles (to one another) ◆ **mettre en croix, mettre à mort sur la croix** to crucify ◆ **mise en croix** crucifixion ◆ **mettre les bras en croix** to stretch one's arms out sideways ◆ **pour le faire sortir, c'est la croix et la bannière** * it's the devil's own job *ou* a devil of a job to get him to go out * ◆ **croix de bois croix de fer (, si je mens je vais en enfer)** cross my heart (and hope to die); → **chemin, signe**

2 *(= décoration)* cross; *(Scol = récompense)* prize, medal

3 *(= marque)* cross ◆ **faire** *ou* **mettre une croix devant un nom** to put a cross in front of *ou* by a name ◆ **(appeler) les noms marqués d'une croix** (to call out) the names with a cross against *(Brit) ou* by *(US)* them ◆ **ta prime, tu peux faire une croix dessus** * you might just as well forget all about your bonus *ou* write your bonus off * ◆ **si tu lui prêtes ton livre, tu peux faire une croix dessus !** * if you lend him your book, you can say goodbye to it! * *ou* you can kiss it goodbye! * ◆ **il faut faire une croix à la cheminée** *ou* **sur le calendrier** *(iro)* it's a red-letter day

4 *(= souffrance, épreuve)* cross, burden ◆ **chacun a** *ou* **porte sa croix** we all have our cross to bear

COMP **croix de fer** *(Gym)* crucifix
croix gammée swastika
Croix de guerre *(Mil)* Military Cross
croix de Lorraine cross of Lorraine
Croix-du-Sud Southern Cross

Croix-Rouge /kʀwaʀuʒ/ NF ◆ **la Croix-Rouge** the Red Cross

crolle * /kʀɔl/ NF *(Belg)* curl

crollé, e * /kʀɔle/ ADJ *(Belg)* curly

cromalin ® /kʀɔmalɛ̃/ NM cromalin ®

cromlech /kʀɔmlɛk/ NM cromlech

cromorne /kʀɔmɔʀn/ NF krumhorn

Cronos /kʀɔnɔs/ NM Cronus, Cronos, Kronos

croquant[1] † /kʀɔkɑ̃/ NM *(péj)* yokel, (country) bumpkin

croquant[2], **e** /kʀɔkɑ̃, ɑ̃t/

ADJ crisp, crunchy

NM *[de volaille]* gristle ◆ **le croquant de l'oreille** the cartilage in the ear

croque * /kʀɔk/ NM abrèv de **croque-monsieur**

croque au sel /kʀɔkosɛl/ **à la croque au sel** LOC ADV with salt (and nothing else)

croque-madame /kʀɔkmadam/ NM INV *toasted ham and cheese sandwich with a fried egg on top*

croquembouche /kʀɔkɑ̃buʃ/ NM *pyramid of cream-filled choux pastry balls*

croque-mitaine (pl **croque-mitaines**) /kʀɔkmitɛn/ NM bog(e)y man, ogre ◆ **ce maître est un vrai croque-mitaine** this schoolmaster is a real ogre

croque-monsieur /kʀɔkməsjø/ NM INV *toasted ham and cheese sandwich*

croque-mort * (pl **croque-morts**) /kʀɔkmɔʀ/ NM undertaker's *ou* mortician's *(US)* assistant ◆ **avoir un air de croque-mort** to have a funereal look *ou* a face like an undertaker

croquenot * /kʀɔkno/ NM *(= chaussure)* clodhopper *

croquer /kʀɔke/ SYN ► conjug 1 ◄

VT 1 *(= manger) [+ biscuits, noisettes, bonbons]* to crunch; *[+ fruit]* to bite into ◆ **croquer le marmot** † * to hang around (waiting) *, to kick *ou* cool one's heels * ◆ **Adam croqua la pomme** Adam took a bite out of the apple ◆ **à laisser fondre dans la bouche sans croquer** to be sucked slowly and not chewed *ou* crunched ◆ **je ne peux pas croquer avec mon dentier** I can't bite properly with my dentures ◆ **croquer la vie à pleines dents** to make the most of life; → **chocolat**

2 *(* = dépenser)* to squander ◆ **croquer de l'argent** to squander money, to go through money like water * ◆ **croquer un héritage** to squander *ou* blow * an inheritance

3 *(= dessiner)* to sketch ◆ **être (joli) à croquer** to be as pretty as a picture, to look good enough to eat ◆ **tu es à croquer avec ce chapeau** you look good enough to eat in that hat

4 *(= camper) [+ personnage]* to sketch, to outline, to give a thumbnail sketch of

5 *(arg Crime)* ◆ **il en croque** *[indicateur]* he's a (copper's) nark ‡; *[policier]* he gets paid off *

VI 1 *[fruit]* to be crunchy; *[salade]* to be crisp ◆ **le sucre croque sous la dent** sugar is crunchy

2 *(= mordre)* to bite ◆ **croquer dans une pomme** to bite into an apple

croquet /kʀɔkɛ/ NM *(Sport)* croquet

croquette /kʀɔkɛt/ NF *(Culin)* croquette ◆ **croquettes de chocolat** chocolate croquettes ◆ **croquettes pour chiens/chats** dry dogfood/catfood

croqueuse /kʀɔkøz/ NF ◆ **croqueuse de diamants** gold digger, fortune-hunter

croquignolet, -ette* /kʁɔkiɲɔlɛ, ɛt/ ADJ (= *mignon*) sweet, cute*, dinky* ◆ **ça promet d'être croquignolet** (iro) that sounds like great fun (iro)

croquis /kʁɔki/ SYN NM (= *dessin*) (rough) sketch; (= *description*) sketch ◆ **faire un croquis de qch** to sketch sth, to make a (rough) sketch of sth ◆ **faire un rapide croquis de la situation** to give a rapid outline *ou* thumbnail sketch of the situation ◆ **croquis d'audience** court-room sketches

crosne /kʁon/ NM Chinese artichoke

cross(-country) /kʁɔs(kuntʁi)/ NM (= *course*) (à pied) cross-country race *ou* run; (Équitation) cross-country race; (= *sport*) (à pied) cross-country racing *ou* running; (Équitation) cross-country racing ◆ **faire du cross(-country)** (à pied) to do cross-country running

crosse /kʁɔs/ NF 1 (= *poignée*) [de fusil] butt; [de revolver] grip ◆ **frapper qn à coups de crosse** to hit sb with the butt of one's rifle ◆ **mettre** *ou* **lever la crosse en l'air** (= *se rendre*) to show the white flag, to lay down one's arms; (= *se mutiner*) to mutiny, to refuse to fight

2 (= *bâton*) (Rel) crook, crosier, crozier ◆ **crosse de golf** (Sport) golf club ◆ **crosse de hockey** hockey stick

3 (= *partie recourbée*) [de violon] head, scroll ◆ **crosse de piston** cross-head ◆ **crosse de l'aorte** arch of the aorta, aortic arch ◆ **crosse de fougère** crosier (of fern)

4 * ◆ **chercher des crosses à qn** to pick a quarrel with sb ◆ **s'il me cherche des crosses** if he's looking for a chance to make trouble *ou* to pick a quarrel with me

5 (Culin) ◆ **crosse de bœuf** knuckle of beef

crossé /kʁose/ ADJ M (Rel) having the right to carry the crosier

crossette /kʁosɛt/ NF scion (in the shape of the crosier)

crossoptérygiens /kʁosɔpteʁiʒjɛ̃/ NMPL ◆ **les crossoptérygiens** crossopterygians, the Crossopterygii (SPÉC)

crotale /kʁɔtal/ NM rattlesnake, rattler* (US)

crotchon /kʁɔtʃɔ̃/ NM (Helv = *entame*) crust

croton /kʁɔtɔ̃/ NM croton

crotte /kʁɔt/ SYN

NF 1 (= *excrément*) [de brebis, lapin, souris] dropping ◆ **crotte de nez** bog(e)y* (Brit), booger* (US) ◆ **son chien a déposé une crotte sur le palier** his dog has messed on the landing ◆ **c'est plein de crotte(s) de chien** it's covered in dog mess ◆ **c'est de la crotte*** it's a load of (old) rubbish ◆ **c'est pas de la crotte*** it's not cheap rubbish ◆ **il se prend pas pour une crotte*** he thinks he's God's gift to mankind *ou* the bee's knees* (Brit) ◆ **ma (petite) crotte*** (*terme d'affection*) my little sausage*

2 (= *bonbon*) ◆ **crotte de chocolat** chocolate

3 († = *boue*) mud

EXCL * oh heck!*, blast (it)!* (Brit) ◆ **je te dis crotte !** get lost !*

crotté, e /kʁɔte/ SYN (ptp de crotter) ADJ [chaussure, vêtement] muddy, caked with *ou* covered in mud ◆ **il était tout crotté** he was all covered in mud *ou* all muddy

crotter /kʁɔte/ ► conjug 1 ◆

VT to muddy

VI [chien] to do its business, to mess

crottin /kʁɔtɛ̃/ NM 1 [de cheval, âne] droppings, dung (NonC), manure (NonC)

2 (= *fromage*) small, round goat's milk cheese

crouillat** /kʁuja/, **crouille**** /kʁuj/ NM (*injurieux*) North African

croulant, e /kʁulɑ̃, ɑ̃t/

ADJ [mur] crumbling, tumbledown (épith); [maison] ramshackle, tumbledown (épith), crumbling; [autorité, empire] crumbling, tottering

NM ◆ **vieux croulant*** old fogey*, crumbly (Brit)*

crouler /kʁule/ SYN ► conjug 1 ◆ VI 1 (= *s'écrouler*) [maison, mur] to collapse, to fall down; [masse de neige] to collapse; [terre] to give (way); [empire] to collapse ◆ **le tremblement de terre a fait crouler les maisons** the earthquake has brought the houses down ◆ **nous avons réparé les murs qui croulaient** we've repaired the walls that were crumbling ◆ **la terre croulait sous ses pas** the ground gave (way) beneath *ou* under his feet ◆ **crouler sous le poids de qch** (fig) to collapse under the weight of sth ◆ **la table**

croulait sous les livres the table collapsed under the weight of the books

2 (= *être submergé*) ◆ **ils croulent sous les dettes** they are crippled by debts ◆ **il croule sous l'argent** he's rolling in money* ◆ **les employés croulent sous le travail** the employees are snowed under with work ◆ **nous croulons sous les demandes de réservation** we're snowed under with bookings ◆ **la salle croulait sous les applaudissements** the auditorium resounded with applause

croup /kʁup/ NM (*Méd*) croup ◆ **faux croup** spasmodic croup

croupade /kʁupad/ NF croupade

croupe /kʁup/ SYN NF 1 [de cheval] croup, crupper, rump, hindquarters ◆ **monter en croupe** to ride pillion ◆ **il monta en croupe et ils partirent** he got on behind and off they went ◆ **il avait son ami en croupe** he had his friend behind him (on the pillion)

2 * [de personne] rump*

3 [de colline] hilltop

croupetons /kʁuptɔ̃/ ADV ◆ **se tenir** *ou* **être à croupetons** to be crouching, to be squatting, to be down on one's haunches ◆ **se mettre à croupetons** to crouch *ou* squat down, to go down on one's haunches

croupi, e /kʁupi/ (ptp de croupir) ADJ [eau] stagnant

croupier, -ière[1] /kʁupje, jɛʁ/ NM,F croupier

croupière[2] /kʁupjɛʁ/ NF (= *harnais*) crupper ◆ **tailler des croupières à qn** † to put a spoke in sb's wheel

croupion /kʁupjɔ̃/ NM [d'oiseau] rump; (Culin) parson's nose, pope's nose (US); (* hum) [de personne] rear (end)*, backside* ◆ **parlement/parti croupion** (péj) rump parliament/party

croupir /kʁupiʁ/ SYN ► conjug 2 ◆ VI [eau] to stagnate ◆ **feuilles qui croupissent dans la mare** leaves rotting in the pond ◆ **croupir dans son ignorance/dans le vice** to wallow *ou* remain sunk in one's own ignorance/in vice ◆ **je n'ai pas envie de croupir dans ce bled*** I don't want to stay and rot in this dump* ◆ **croupir en prison** to rot in prison

croupissant, e /kʁupisɑ̃, ɑ̃t/ ADJ [eau] stagnant ◆ **une vie croupissante** a dreary existence

croupon /kʁupɔ̃/ NM butt

CROUS /kʁus/ NM (abrév de centre régional des œuvres universitaires et scolaires) → centre

croustade /kʁustad/ NF croustade

croustillant, e /kʁustijɑ̃, ɑ̃t/ SYN ADJ 1 [pain, pâte] crusty; [croissant, galette, chips] crisp, crunchy

2 (= *grivois*) spicy

croustiller /kʁustije/ ► conjug 1 ◆ VI [pain, pâte] to be crusty; [croissant, galette, chips] to be crisp *ou* crunchy

croûte /kʁut/ SYN

NF 1 [de pain, pâte] crust; [de fromage] rind; [de vol-au-vent] case

◆ **en croûte** ◆ **jambon en croûte** ham en croute ◆ **morue en croûte de pommes de terre** cod baked in a potato crust; → **pâté**

2 (* = *nourriture*) food, grub* ◆ **à la croûte !*** (= *venez manger*) come and get it!*, grub's up!* (Brit), grub's on!* (US); (= *allons manger*) let's go and eat !*; → **casser, gagner**

3 (= *couche*) layer; (sur plaie) scab; (sur pot de peinture) skin ◆ **couvert d'une croûte de glace** crusted with ice, covered with a crust *ou* a layer of ice ◆ **recouvert d'une croûte de boue** caked with mud ◆ **croûte calcaire** *ou* **de tartre** layer of scale *ou* fur ◆ **gratter des croûtes de cire sur une table** to scrape candlewax off a table

4 (= *apparence*) ◆ **croûte de culture** veneer of culture ◆ **croûte de bêtise** (thick) layer of stupidity

5 ◆ **croûte (de cuir)** undressed leather *ou* hide ◆ **sac en croûte** hide bag

6 (péj) [tableau] lousy painting

7 (péj = *personne*) old fossil ◆

COMP **croûte aux champignons** mushrooms on toast ◆ **croûte au fromage** cheese on toast, toasted cheese, ≈ Welsh rarebit *ou* rabbit ◆ **croûte de pain** crust of bread ◆ **croûtes de pain** (péj) old crusts; (*quignons*) hunks *ou* chunks of bread ◆ **la croûte terrestre** (Géol) the earth's crust

croûté, e /kʁute/ ADJ (Ski) ◆ **neige croûtée** crusted snow

croûter* /kʁute/ ► conjug 1 ◆ VI to eat

croûteux, -euse /kʁutø, øz/ ADJ scabby, covered with scabs

croûton /kʁutɔ̃/ NM 1 (= *bout du pain*) crust; (Culin) crouton

2 (péj) ◆ **(vieux) croûton** (= *personne*) fuddy-duddy*, old fossil*

croyable /kʁwajabl/ SYN ADJ ◆ **ce n'est pas croyable !** it's unbelievable!, it's incredible! ◆ **c'est à peine croyable** it's hard to believe

croyance /kʁwajɑ̃s/ SYN NF 1 (= *foi*) ◆ **croyance à** *ou* **en** belief in, faith in

2 (= *religion, opinion*) belief ◆ **croyances religieuses** religious beliefs ◆ **la croyance populaire** folk *ou* conventional wisdom

croyant, e /kʁwajɑ̃, ɑ̃t/ SYN

ADJ ◆ **être croyant** to be a believer ◆ **ne pas être croyant** to be a non-believer

NM,F believer ◆ **les croyants** people who believe in God

CRS /seɛʁɛs/ (abrév de Compagnie républicaine de sécurité)

NM member of the state security police, ≈ member of the riot police ◆ **les CRS** ≈ the riot police

NF company of the state security police, ≈ riot police

cru[1]**, e**[1] /kʁy/ SYN ADJ 1 (= *non cuit*) [aliments] raw, uncooked ◆ **je ne vais pas te manger tout cru** I won't eat you ◆ **je l'aurais avalée** *ou* **mangée toute crue** (= *j'étais furieux*) I could have strangled *ou* murdered her*; (= *elle était belle à croquer*) she looked good enough to eat*; → **lait**

2 (= *non apprêté*) [soie] raw; [chanvre, toile] raw, untreated; [métal] crude, raw ◆ **cuir cru** untreated *ou* raw leather, rawhide

3 [lumière, couleur] harsh

4 (= *franc, réaliste*) [mot] forthright, blunt; [description] raw, blunt; [réponse] straight, blunt, forthright ◆ **je vous le dis tout cru** I'll tell you straight out*, I'll give it to you straight*

5 (= *choquant*) [histoire, chanson, langage] crude, coarse ◆ **parler cru** to speak coarsely *ou* crudely

6 (Helv = *humide et froid*) ◆ **il fait cru** it's cold and damp

7 (*locutions*) ◆ **à cru** ◆ **construire à cru** to build without foundations ◆ **monter à cru** (Équitation) to ride bareback

cru[2] /kʁy/ NM 1 (= *vignoble*) vineyard ◆ **un vin d'un bon cru** a good vintage

2 (= *vin*) wine ◆ **un grand cru** a great wine; → **bouilleur**

3 (*locutions*) ◆ **du cru** local ◆ **les gens du cru** the locals ◆ **de son (propre) cru** of his own invention *ou* devising

cruauté /kʁyote/ SYN NF 1 [de personne, destin] cruelty (envers to); [de bête sauvage] ferocity

2 (= *action*) (act of) cruelty, cruel act

cruche /kʁyʃ/ SYN NF 1 (= *récipient*) jug (Brit), pitcher (US); (= *contenu*) jug(ful) (Brit), pitcher(ful) (US) ◆ **tant va la cruche à l'eau qu'à la fin elle se casse** (Prov) if you keep playing with fire you must expect to get burnt

2 (* = *imbécile*) ass*, twit* (Brit) ◆ **ce qu'il est cruche !** he's such a ninny!*

cruchon /kʁyʃɔ̃/ NM (= *récipient*) small jug (Brit) *ou* pitcher (US); (= *contenu*) small jug(ful) (Brit) *ou* pitcher(ful) (US)

crucial, e (mpl **-iaux**) /kʁysjal, jo/ SYN ADJ crucial

crucifère /kʁysifɛʁ/ ADJ cruciferous

crucifiement /kʁysifimɑ̃/ NM crucifixion ◆ **le crucifiement de la chair** (fig) the crucifying of the flesh

crucifier /kʁysifje/ ► conjug 7 ◆ VT (lit, fig) to crucify

crucifix /kʁysifi/ NM crucifix

crucifixion /kʁysifiksjɔ̃/ NF crucifixion

cruciforme /kʁysifɔʁm/ ADJ cruciform ◆ **tournevis cruciforme** Phillips screwdriver ® ◆ **vis cruciforme** Phillips screw ®

cruciverbiste /kʁysivɛʁbist/ NMF (= *joueur*) crossword enthusiast; (= *inventeur*) crossword compiler

crudité /kʁydite/ NF 1 [de langage] crudeness, coarseness; [de description] bluntness; [de lumière, couleur] harshness, garishness

2 (= *propos*) ◆ **crudités** coarse remarks, coarseness (NonC) ◆ **dire des crudités** to make coarse remarks

3 (Culin) ◆ **crudités** raw vegetables ◆ **salade de crudités** mixed salad, crudités

crue[2] /kʁy/ NF (= *montée des eaux*) rise in the water level; (= *inondation*) flood ◆ **en crue** in spate ◆ **les**

crues du Nil the Nile floods ◆ **la fonte des neiges provoque des crues subites** the spring thaw produces a sudden rise in river levels

cruel, -elle /kʀyɛl/ SYN ADJ ① (= méchant) [personne, acte, paroles] cruel; [animal] ferocious
② (= douloureux) [perte] cruel; [destin, sort, épreuve] cruel, harsh; [remords, froid, nécessité] cruel, bitter; [manque] desperate, severe

cruellement /kʀyɛlmɑ̃/ SYN ADV
① (= méchamment) cruelly ◆ **traiter qn cruellement** to be cruel to sb, to treat sb cruelly
② (= douloureusement) [décevoir] bitterly; [souffrir] terribly ◆ **manquer cruellement de qch** to be desperately short of sth ◆ **l'argent fait cruellement défaut** the lack of money is sorely felt ◆ **cruellement éprouvé par ce deuil** sorely ou grievously distressed by this bereavement

cruenté, e /kʀyɑ̃te/ ADJ [plaie] raw

crûment /kʀymɑ̃/ SYN ADV [dire, parler] (= nettement) bluntly, forthrightly; (= grossièrement) crudely, coarsely ◆ **éclairer crûment** to cast a harsh ou garish light over

crural, e (mpl -aux) /kʀyʀal, o/ ADJ (Anat) crural

crustacé /kʀystase/ NM shellfish (pl inv)(crabs, lobsters and shrimps), crustacean (SPÉC) ◆ **crustacés** (Culin) seafood, shellfish

cruzado /kʀuzado/ NM cruzado

cryobiologie /kʀijɔbjɔlɔʒi/ NF cryobiology

cryochirurgie /kʀijɔʃiʀyʀʒi/ NF cryosurgery

cryoconservation /kʀijɔkɔ̃sɛʀvasjɔ̃/ NF cryogenic preservation

cryogène /kʀijɔʒɛn/ ADJ cryogenic

cryogénie /kʀijɔʒeni/ NF cryogenics (sg)

cryogénique /kʀijɔʒenik/ ADJ cryogenic ◆ **moteur cryogénique** cryogenic (first-stage) engine ◆ **fusée à propulsion cryogénique** cryogenically-powered rocket

cryolit(h)e /kʀijɔlit/ NF cryolite

cryologie /kʀijɔlɔʒi/ NF cryogenics (sg)

cryométrie /kʀijɔmetʀi/ NF cryometry

cryophysique /kʀijɔfizik/ NF cryogenics (sg)

cryoscopie /kʀijɔskɔpi/ NF cryoscopy

cryostat /kʀijɔsta/ NM cryostat

cryotempérature /kʀijɔtɑ̃peʀatyʀ/ NF cryogenic temperature

cryothérapie /kʀijɔteʀapi/ NF cry(m)otherapy

cryotron /kʀijɔtʀɔ̃/ NM cryotron

cryptage /kʀiptaʒ/ NM [de message, émission, données] encryption

crypte /kʀipt/ NF (Archit, Anat) crypt

crypter /kʀipte/ SYN ▶ conjug 1 ◀ VT [+ message, émission, données] to encrypt ◆ **chaîne/émission cryptée** encrypted channel/programme ◆ **données cryptées** encrypted ou scrambled data

cryptique /kʀiptik/ ADJ ① (= secret) cryptic
② (Anat) cryptal

cryptobiose /kʀiptɔbjoz/ NF cryptobiosis

cryptobiotique /kʀiptɔbjɔtik/ ADJ cryptobiotic

cryptocommuniste † /kʀiptɔkɔmynist/ NMF crypto-communist

cryptogame /kʀiptɔgam/
ADJ cryptogamic
NM OU NF cryptogam

cryptogamique /kʀiptɔgamik/ ADJ cryptogamic

cryptogénétique /kʀiptɔʒenetik/ ADJ cryptogenic, cryptogenetic

cryptogramme /kʀiptɔgʀam/ NM cryptogram

cryptographie /kʀiptɔgʀafi/ NF cryptography, cryptology

cryptographier /kʀiptɔgʀafje/ ▶ conjug 7 ◀ VT to write in cryptograph

cryptographique /kʀiptɔgʀafik/ ADJ cryptographic

crypton /kʀiptɔ̃/ NM ⇒ krypton

cryptorchidie /kʀiptɔʀkidi/ NF (Méd) cryptorchidism

CSA /seesa/ NM (abrév de **Conseil supérieur de l'audiovisuel**) → conseil

CSCE /seesee/ NF (abrév de **Conférence sur la Sécurité et la Coopération en Europe**) CSCE

CSG /seesʒe/ NF (abrév de **contribution sociale généralisée**) → contribution

CSM /seesem/ NM (abrév de **Conseil supérieur de la magistrature**) → conseil

CSP /seespe/ NF (abrév de **catégorie socioprofessionnelle**) socio-professional category, SPC

cténaires /ktenɛʀ/, **cténophores** /ktenɔfɔʀ/ NMPL ◆ **les cténaires** comb jellies, ctenophores (SPÉC)

Cuba /kyba/ N Cuba ◆ **à Cuba** in Cuba

cubage /kybaʒ/ NM ① (= action) cubage
② (= volume) cubage, cubature, cubic content ◆ **cubage d'air** air space

cubain, e /kybɛ̃, ɛn/
ADJ Cuban
NM,F **Cubain(e)** Cuban

cubature /kybatyʀ/ NF cubature

cube /kyb/
NM (gén, Géom, Math) cube; [de jeu] building block, (wooden) brick ◆ **le cube de 2 est 8** (Math) 2 cubed is 8, the cube of 2 is 8 ◆ **élever au cube** to cube ◆ **gros cube*** (= moto) big bike*
ADJ **centimètre/mètre cube** cubic centimetre/metre; → **cylindrée**

cubèbe /kybɛb/ NM cubeb

cuber /kybe/ ▶ conjug 1 ◀
VT [+ nombre] to cube; [+ volume, solide] to cube, to measure the volume of; [+ espace] to measure the cubic capacity of
VI [récipient] ◆ **cuber 20 litres** to have a cubic capacity of 20 litres ◆ **avec l'inflation leurs dépenses vont cuber*** (fig) with inflation their expenses are going to mount up

cubilot /kybilo/ NM (Métal) cupola

cubique /kybik/
ADJ cubic; → **racine**
NF (Math = courbe) cubic

cubisme /kybism/ NM Cubism

cubiste /kybist/ ADJ, NMF Cubist

cubitainer ® /kybitenɛʀ/ NM square plastic container (for holding liquids)

cubital, e (mpl -aux) /kybital, o/ ADJ ulnar

cubitière /kybitjɛʀ/ NF [d'armure] cubitiere

cubitus /kybitys/ NM ulna

cuboïde /kybɔid/ NM (Anat) cuboid

Cu Chulainn /ʃuʃulɛ̃/ NM Cuchu(l)lain, Cuchulainn

cucu(l)* /kyky/ ADJ ◆ **cucu(l) (la praline)** [personne] silly; [film, livre] corny*

cuculle /kykyl/ NF (monk's) hood

cucurbitacée /kykyʀbitase/ NF cucurbitaceous plant, cucurbit ◆ **les cucurbitacées** the Cucurbitaceae (SPÉC)

cucurbitain, cucurbitin /kykyʀbitɛ̃/ NM proglottid

cucurbite /kykyʀbit/ NF cucurbit(e)

cueillette /kœjɛt/ NF ① [de fleurs, fraises, mûres] picking, gathering; [de pommes, poires etc] picking; (Ethnologie) gathering ◆ **la cueillette du houblon/des pommes** hop-/apple-picking ◆ **ils vivent de la cueillette et de la chasse** they are hunter-gatherers
② (= récolte) harvest, crop ◆ **elle me montra sa cueillette** she showed me what she'd picked ◆ **quelle cueillette !** what a harvest! ou crop!
③ (Can) [de données] collection

cueilleur, -euse /kœjœʀ, øz/ NM,F [de fruits] gatherer

cueillir /kœjiʀ/ SYN ▶ conjug 12 ◀ VT ① [+ fleurs, fraises, mûres] to pick; (en quantité) to gather; [+ pommes, poires] to pick ◆ **cueillir les lauriers de la victoire** to win ou bring home the laurels (of victory)
② (= attraper) [+ ballon] to catch; [+ baiser] to snatch, to steal ◆ **il est venu nous cueillir à la gare*** he came to collect ou get us ou pick us up at the station ◆ **il m'a cueilli à froid** (= pris au dépourvu) he caught me off guard ou on the hop* (Brit)
③ (* = arrêter) to nab*, to catch ◆ **le voleur s'est fait cueillir par la police*** the thief was ou got nabbed by the police*

cueilloir /kœjwaʀ/ NM (= cisailles) fruit-picker; (= corbeille) basket (for harvesting)

cuesta /kwɛsta/ NF cuesta

cui-cui /kɥikɥi/ EXCL, NM tweet-tweet ◆ **faire cui-cui** to go tweet-tweet

cuiller, cuillère /kɥijɛʀ/
NF ① (= ustensile) spoon; (= contenu) spoonful ◆ **petite cuiller** (à thé, à dessert) teaspoon ◆ **faire manger qn à la cuiller** to spoonfeed sb ◆ **manger son dessert à la ou avec une cuiller** to use a spoon to eat one's dessert ◆ **service à la cuiller** (Tennis) underarm serve ◆ **servir à la cuiller** to serve underarm; → **dos, ramasser**
② (* = main) ◆ **serrer la cuiller à qn** to shake sb's paw*
③ (Pêche) spoon, spoonbait ◆ **cuiller tournante** spinner ◆ **pêche à la cuiller** spoonbait fishing, fishing with a spoon(bait)
④ (Tech) [de grenade] (safety) catch
COMP **cuiller de bois** (gén, Rugby) wooden spoon ◆ **dans ce domaine, la France remporte la cuiller de bois** France is the least successful in this field
cuiller à café coffee spoon, ≈ teaspoon ◆ **prenez une cuiller à café de sirop** take a teaspoonful of cough mixture
cuiller à dessert dessertspoon
cuiller à moka (small) coffee spoon
cuiller à moutarde mustard spoon
cuiller à pot ladle ◆ **en deux ou trois coups de cuiller à pot*** in two shakes of a lamb's tail*, in a flash, in no time (at all)
cuiller à soupe (= ustensile) soup spoon; (pour mesurer) tablespoon
cuiller de verrier (glassblower's) ladle

cuillerée /kɥijʀe/ NF spoonful ◆ **cuillerée à soupe** ≈ tablespoonful ◆ **cuillerée à café** ≈ teaspoonful

cuilleron /kɥijʀɔ̃/ NM [de cuillère] bowl

cuir /kɥiʀ/
NM ① (= peau apprêtée) leather; (= industrie, artisanat) leathercraft, leatherwork; (* = blouson) leather jacket ◆ **ceinture/semelles de cuir** leather belt/soles ◆ **objets ou articles en cuir** leather articles ou goods ◆ **le style cuir** the leather look; → **relier, tanner**
② (sur l'animal vivant, ou avant tannage) hide; * [de personne] hide* ◆ **avoir le cuir dur** (= être résistant) to be as tough ou as hard as nails; (= être insensible à la critique) to be thick-skinned
③ (* = faute de liaison) incorrect liaison (due to an intrusive z- or t-sound)
④ (arg Ftbl) ball
COMP **cuir bouilli** cuir-bouilli
cuir brut rawhide
cuir chevelu (Anat) scalp
cuir de crocodile crocodile skin
cuir en croûte undressed leather
cuir à rasoir (barber's ou razor) strop
cuir suédé suede
cuir de vache cowhide
cuir de veau calfskin
cuir verni patent leather
cuir vert ⇒ cuir brut

cuirasse /kɥiʀas/ SYN NF (Hist) [de chevalier] breastplate; [de navire] armour(-plate ou -plating) (Brit), armor(-plate ou -plating) (US); [d'animal] cuirass; (fig) armour (Brit), armor (US); → **défaut**

cuirassé, e /kɥiʀase/ (ptp de **cuirasser**)
ADJ [soldat] breastplated; [navire] armour-plated (Brit), armor-plated (US), armoured (Brit), armored (US) ◆ **être cuirassé contre qch** (fig) to be hardened against sth, to be proof against sth
NM battleship ◆ **« Le Cuirassé Potemkine »** (Ciné) "The Battleship Potemkine"

cuirassement /kɥiʀasmɑ̃/ NM (= action) armouring, armour-plating; (= cuirasse) armour(-plate)

cuirasser /kɥiʀase/ SYN ▶ conjug 1 ◀
VT [+ chevalier] to put a breastplate on; [+ navire] to armour-plate (Brit), to armor-plate (US); (fig = endurcir) to harden (contre against)
VPR **se cuirasser** ① [chevalier] to put on a breastplate
② (= s'endurcir) to harden o.s. (contre against) ◆ **se cuirasser contre la douleur/l'émotion** to harden o.s. against suffering/emotion

cuirassier /kɥiʀasje/ NM (Hist) cuirassier; (Mil = soldat) (armoured (Brit) ou armored (US)) cavalryman ◆ **le 3ᵉ cuirassier** (= régiment) the 3rd (armoured) cavalry

cuire /kɥiʀ/ SYN ▶ conjug 38 ◀
VT ① ◆ **(faire) cuire** [+ plat, dîner] to cook ◆ **cuire à feu doux ou doucement** to cook gently ou slowly ◆ **cuire à petit feu** to simmer ◆ **laisser ou faire cuire à feu doux ou à petit feu pendant 20 minutes** (allow to) simmer ou cook gently for 20 minutes ◆ **cuire à la broche** to cook ou roast on the spit, to spit-roast ◆ **cuire au four** [+ pain, gâteau, pommes] to bake; [+ viande] to roast; [+ pommes de terre] to roast, to bake ◆ **cuire qch à la vapeur/au gril/à la poêle/à l'eau/à la casserole** to steam/grill/fry/boil/stew sth

◆ **cuire au beurre/à l'huile** to cook in butter/in oil ◆ **faites-le cuire dans son jus** cook *ou* stew it in its own juice ◆ **faire bien/peu cuire qch** to cook sth thoroughly *ou* well/slightly *ou* lightly ◆ **faire trop cuire qch** to overcook sth ◆ **ne pas faire assez cuire qch** to undercook sth ◆ **il l'a fait cuire à point** he cooked it to a turn; → **carotte, cuit, dur, œuf**

◆ **à cuire** *[chocolat]* cooking *(épith)*; *[prunes, poires]* stewing *(épith)* ◆ **pommes à cuire** cooking apples

2 ◆ **four qui cuit mal la viande** oven which cooks *ou* does meat badly *ou* unevenly

3 *[+ briques, porcelaine]* to fire

VI 1 *[aliment]* to cook ◆ **cuire à gros bouillon(s)** to boil hard *ou* fast ◆ **le dîner cuit à feu doux** *ou* **à petit feu** the dinner is cooking gently *ou* is simmering *ou* is on low ◆ **cuire dans son jus** to cook in its own juice, to stew

2 *[personne]* ◆ **cuire au soleil** to roast in the sun ◆ **cuire dans son jus** * *(= avoir très chaud)* to be boiling * *ou* roasting *; *(= se morfondre)* to stew in one's own juice ◆ **on cuit ici !** * it's boiling (hot) * *ou* roasting * *ou* sweltering in here!

3 *(= brûler)* ◆ **les mains/yeux me cuisaient** my hands/eyes were smarting *ou* stinging ◆ **mon dos me cuit** my back is burning

4 *(frm)* ◆ **il lui en a cuit** he suffered for it, he had good reason to regret it ◆ **il vous en cuira** you'll rue the day *(frm)*

cuisant, e /kɥizɑ̃, ɑ̃t/ SYN **ADJ** 1 *[douleur]* smarting, sharp; *[blessure]* burning, stinging; *[froid]* bitter, biting

2 *[remarque]* caustic, stinging; *[échec, regret, défaite, souvenir]* bitter

cuisine /kɥizin/ SYN

NF 1 *(= pièce)* kitchen; *(= mobilier)* kitchen furniture *(NonC)*; *[de bateau]* galley ◆ **les cuisines** the kitchens ◆ **la mère est à la caisse et le fils en cuisine** *(dans un restaurant)* the mother works at the till and the son in the kitchen ◆ **studio avec coin-cuisine** studio flat with kitchen area *ou* kitchenette ◆ **table/couteau de cuisine** kitchen table/knife; → **batterie, intégré, latin, livre[1]**

2 *(= art culinaire)* cookery, cooking; *(= préparation)* cooking; *(= nourriture apprêtée)* cooking, food ◆ **cuisine allégée** *ou* **légère** *ou* **minceur** low-fat *ou* low-calorie foods ◆ **la cuisine chinoise/italienne** Chinese/Italian food ◆ **faire la cuisine au beurre/à l'huile** to cook with butter/oil ◆ **je ne supporte pas la cuisine au beurre/à l'huile** I can't stand things cooked in butter/oil ◆ **apprendre la cuisine** to learn (how) to cook, to learn cookery *ou* cooking ◆ **la cuisine prend du temps** cooking takes time ◆ **une cuisine épicée** hot *ou* spicy dishes *ou* food ◆ **une cuisine soignée** carefully prepared dishes *ou* food ◆ **la bonne cuisine** good cooking *ou* food ◆ **il est en train de faire la cuisine** he's busy cooking *ou* making the meal ◆ **chez eux, c'est le mari qui fait la cuisine** the husband does the cooking *ou* the husband is the cook in their house ◆ **savoir faire la cuisine, faire de la bonne cuisine** to be a good cook, to be good at cooking; → **nouveau**

3 *(= personnel) [de maison privée]* kitchen staff; *[de cantine]* kitchen *ou* catering staff

4 *(fig péj)* ◆ **cuisine électorale** electoral schemings *ou* jiggery-pokery * *(Brit)* ◆ **je n'aime pas beaucoup sa petite cuisine** I'm not very fond of his underhand tricks *ou* his little fiddles *(Brit)* ◆ **faire sa petite cuisine** to do one's own thing

COMP **cuisine américaine** open-plan kitchen
cuisine bourgeoise (good) plain cooking *ou* fare
cuisine de cantine canteen food
la cuisine française French cooking *ou* cuisine
cuisine de restaurant restaurant meals *ou* food
cuisine roulante *(Mil)* field kitchen

cuisiner /kɥizine/ SYN ► conjug 1 ◄

VT 1 *[+ plat]* to cook

2 *(= interroger)* * *[+ personne]* to grill *, to give the third degree to * ◆ **il m'a cuisiné pour savoir avec qui elle était partie** he gave me the third degree trying to find out who she had left with

VI to cook ◆ **il cuisine bien** he's a good cook ◆ **ne la dérange pas quand elle cuisine** don't bother her when she's cooking

cuisinette /kɥizinɛt/ **NF** kitchenette

cuisinier, -ière /kɥizinje, jɛʀ/ SYN

NM,F *(= personne)* cook

NF **cuisinière** SYN *(à gaz, électrique)* stove, cooker *(Brit)*; *(à bois)* (kitchen) range, wood-burning stove ◆ **cuisinière à gaz** gas stove *ou* cooker *(Brit)* ◆ **cuisinière à charbon** solid-fuel stove; *(vieux modèle)* kitchen range *(Brit)*, stove *(US)*

cuisiniste /kɥizinist/ **NMF** kitchen specialist

cuissage /kɥisaʒ/ **NM** → **droit[3]**

cuissard /kɥisaʀ/ **NM** *[d'armure]* cuisse; *[de cycliste]* (cycling) shorts

cuissardes /kɥisaʀd/ **NFPL** *[de pêcheur]* waders; *[de femme]* thigh boots

cuisse /kɥis/ **NF** *(Anat)* thigh ◆ **cuisse de mouton** *(Culin)* leg of mutton *ou* lamb ◆ **cuisse de poulet** chicken leg ◆ **cuisses de grenouilles** frogs' legs ◆ **il se croit sorti de la cuisse de Jupiter** * he thinks he's God's gift to mankind ◆ **elle a la cuisse légère** * she is generous with her favours *(euph)*

cuisseau (pl **cuisseaux**) /kɥiso/ **NM** haunch (of veal)

cuisse-madame (pl **cuisses-madame**) /kɥismadam/ **NF** *(= poire)* cuisse madame pear

cuissettes /kɥisɛt/ **NFPL** *(Helv = shorts)* shorts

cuisson /kɥisɔ̃/ **NF** 1 *[d'aliments]* cooking; *[de pain, gâteau]* baking; *[de gigot]* roasting ◆ **ceci demande une longue cuisson** this needs to be cooked (*ou* baked) for a long time ◆ **temps de cuisson** cooking time ◆ **cuisson à la vapeur/au four** steam/oven cooking ◆ **la pâte gonfle à la cuisson** the dough rises as it bakes *ou* is baked ◆ **quelle cuisson ?** *(au restaurant)* how would you like it cooked?

2 *[de briques, céramique]* firing

3 *(= sensation de brûlure)* stinging *ou* smarting sensation

cuissot /kɥiso/ **NM** haunch (of venison *ou* wild boar)

cuistance ‡ /kɥistɑ̃s/ **NF** *(= préparation)* cooking, preparing the grub ‡; *(= nourriture)* grub ‡, nosh ‡ *(Brit)*

cuistot * /kɥisto/ **NM** cook

cuistre † /kɥistʀ/ **NM** prig, priggish pedant

cuistrerie † /kɥistʀəʀi/ **NF** priggish pedantry

cuit, e[1] /kɥi, kɥit/ (ptp de **cuire**) **ADJ** 1 *[aliment, plat]* cooked; *[viande]* done *(attrib)*; *[pomme]* baked ◆ **bien cuit** well done ◆ **je voudrais une baguette bien cuite** I'd like a nice crisp baguette ◆ **trop cuit** overdone ◆ **pas assez cuit** underdone ◆ **cuit à point** *(= peu saignant)* medium-cooked; *(parfaitement)* done to a turn

2 (* *= perdu)* ◆ **il est cuit** *(= il va se faire prendre)* he's done for *, his goose is cooked *; *(= il va perdre)* it's all up *(Brit)* *ou* over for him, he's had it * ◆ **c'est cuit (pour ce soir)** we've had it (for tonight) *

3 (* *= ivre)* plastered ‡, sloshed ‡

4 *(locutions)* ◆ **c'est du tout cuit** * it's *ou* it'll be a cinch * *ou* a walkover * ◆ **il attend toujours que ça lui arrive** *ou* **tombe tout cuit (dans le bec)** * he expects everything to be handed to him on a plate

cuite[2] /kɥit/ **NF** 1 ‡ ◆ **prendre une cuite** to get plastered ‡ *ou* sloshed ‡ ◆ **il a pris une sacrée cuite** he got really plastered ‡ *ou* roaring drunk *

2 *(Tech = cuisson)* firing

cuiter (se) ‡ /kɥite/ ► conjug 1 ◄ **VPR** to get plastered ‡ *ou* sloshed ‡

cuit-vapeur /kɥivapœʀ/ **NM INV** steamer

cuivre /kɥivʀ/ **NM** 1 ◆ **cuivre (rouge)** copper ◆ **cuivre jaune** brass ◆ **cuivre blanc** white copper ◆ **objets** *ou* **articles en cuivre** copperware ◆ **casseroles à fond (de) cuivre** copper-bottomed pans; → **gravure**

2 *(Art)* copperplate

3 *(= ustensiles)* ◆ **cuivres** *(de cuivre)* copper; *(de cuivre et laiton)* brasses ◆ **faire (briller) les cuivres** to do the brass *ou* the brasses

4 *(Mus)* brass instrument ◆ **les cuivres** the brass (section) ◆ **orchestre de cuivres** brass band

cuivré, e /kɥivʀe/ (ptp de **cuivrer**) **ADJ** *[reflets]* coppery; *[peau, teint]* bronzed; *[voix]* resonant, sonorous ◆ **cheveux aux reflets cuivrés** hair with copper glints *ou* lights in it

cuivrer /kɥivʀe/ ► conjug 1 ◄ **VT** *(Tech)* to copper(plate), to cover with copper; *[+ peau, teint]* to bronze

cuivreux, -euse /kɥivʀø, øz/ **ADJ** *(Chim)* cuprous ◆ **oxyde cuivreux** cuprous oxide, cuprite

cuivrique /kɥivʀik/ **ADJ** *(Chim)* cupric

cul /ky/

NM 1 (** *= fesses)* backside *, bum * *(Brit)*, arse ** *(Brit)*, ass ** *(US)* ◆ **cul nu** bare-bottomed ◆ **il est tombé le cul dans l'eau** he fell arse first in the water ** *(Brit)*, he fell on his ass in the water ** *(US)* ◆ **un coup de pied au cul** a kick *ou* boot up the arse ** *(Brit)*, a kick in the ass ** *(US)* ◆ **gros cul** * *(camion)* heavy truck *ou* lorry *(Brit)*, rig; *(tabac)* ≃ shag; → **faux[1]**, **feu[1]**, **trou** *etc*

2 *(Hist, Habillement)* ◆ **(faux) cul** bustle

3 *[de bouteille]* bottom ◆ **pousser une voiture au cul** * to give a car a shove

4 (** *= amour physique)* ◆ **le cul** sex ◆ **film de cul** porn movie *, skinflick ‡ ◆ **revue** *ou* **magazine de cul** porn mag *; *(montrant des femmes)* girlie mag * ◆ **une histoire de cul** *(= plaisanterie)* a dirty joke ◆ **il nous a raconté ses histoires de cul** he told us all about his sexual exploits

5 *(locutions)* ◆ **on l'a dans le cul** ** that's really screwed us (up) ** ◆ **je suis sur le cul** ‡ *(= surpris)* I'm speechless, I'm gobsmacked ‡ *(Brit)*; *(= fatigué)* I'm dead-beat * *ou* knackered ‡ *(Brit)* ◆ **en tomber** *ou* **rester sur le cul** * to be taken aback, to be gobsmacked ‡ *(Brit)* ◆ **montrer son cul** ** to moon * ◆ **être comme cul et chemise** * to be as thick as thieves *(avec* with) ◆ **tu peux te le mettre** *ou* **foutre au cul !** ** go fuck yourself! ** ◆ **mon cul !** ** my arse! ** *(Brit)*, my ass! ** *(US)* ◆ **avoir le cul bordé de nouilles** **, **avoir du cul** ** to be a lucky *ou* jammy *(Brit)* bastard ‡ ◆ **parle à mon cul, ma tête est malade** ** you don't give a fuck ** about what I'm saying, do you? ◆ **il a fait cul sec** he downed it *ou* his drink in one ◆ **allez, cul sec !** come on, down in one! ◆ **tout était cul par-dessus tête** everything was in a mess ◆ **renverser cul par-dessus tête** to turn head over heels

ADJ (‡ *= stupide)* silly ◆ **qu'il est cul, ce type !** that guy's a real twerp ‡ *ou* wally ‡ *(Brit)*!

culasse /kylas/ **NF** 1 *[de moteur]* cylinder head; → **joint[1]**

2 *[de canon, fusil]* breech ◆ **culasse (mobile)** breechblock; → **bloc**

cul-bénit * (pl **culs-bénits**) /kybeni/ **NM** *(péj)* religious nut *

cul-blanc (pl **culs-blancs**) /kyblɑ̃/ **NM** wheatear

culbute /kylbyt/ SYN **NF** 1 *(= cabriole)* somersault; *(= chute)* tumble, fall ◆ **faire une culbute** *(cabriole)* to (turn a) somersault; *(chute)* to (take a) tumble, to fall (head over heels)

2 (* *fig = faillite) [de ministère]* collapse, fall; *[de banque]* collapse ◆ **faire la culbute** *(= être ruiné) [banque]* to collapse; *[entreprise]* to go bust *; *[spéculateur]* to take a tumble, to come a cropper * *(Brit)*; *(= doubler ses gains)* to double one's money

culbuter /kylbyte/ SYN ► conjug 1 ◄

VI *[personne]* to (take a) tumble, to fall (head over heels); *[chose]* to topple (over), to fall (over); *[voiture]* to somersault, to turn a somersault, to overturn ◆ **il a culbuté dans l'étang** he tumbled *ou* fell into the pond

VT *[+ chaise]* to upset, to knock over; *[+ personne]* to knock over; *[+ ennemi]* to overwhelm; *[+ ministère]* to bring down, to topple; ‡ *[+ femme]* to lay ‡, to screw **

culbuteur /kylbytœʀ/ **NM** 1 *[de moteur]* rocker arm

2 *[de benne]* tipper

3 *(= jouet)* tumbler

culbuto /kylbyto/ **NM** wobbly toy, Weeble ®

cul(-)de(-)basse-fosse (pl **culs-de-basse-fosse**) /kyd(ə)bɑsfos/ **NM** dungeon

cul-de-four (pl **culs-de-four**) /kyd(ə)fuʀ/ **NM** *(Archit)* cul-de-four

cul-de-jatte (pl **culs-de-jatte**) /kyd(ə)ʒat/ **NM** legless cripple

cul-de-lampe (pl **culs-de-lampe**) /kyd(ə)lɑ̃p/ **NM** *(Archit)* cul-de-lampe; *(Typographie)* tailpiece

cul-de-poule /kyd(ə)pul/ **en cul-de-poule** **LOC ADJ** ◆ **avoir la bouche en cul-de-poule** to purse one's lips

cul-de-sac (pl **culs-de-sac**) /kyd(ə)sak/ **NM** *(= rue)* cul-de-sac, dead end; *(fig)* blind alley

culée /kyle/ **NF** abutment

culer /kyle/ ► conjug 1 ◄ **VI** *[bateau]* to go astern; *[vent]* to veer astern ◆ **brasser à culer** to brace aback

culière /kyljɛʀ/ **NF** crupper (strap)

culinaire /kylinɛʀ/ **ADJ** culinary ◆ **l'art culinaire** cookery

culminant, e /kylminɑ̃, ɑ̃t/ ADJ → point¹

culmination /kylminasjɔ̃/ NF (Astron) culmination

culminer /kylmine/ SYN ▸ conjug 1 ◂ VI ① [sommet, massif] to tower (au-dessus de above) ◆ **culminer à** to reach its highest point at ◆ **le Mont-Blanc culmine à 4 807 mètres** Mont Blanc reaches 4,807 metres at its highest point
② [colère, manifestation] to come to a head; [salaire, bénéfice, récession] to peak, to reach a peak (à at) ◆ **la crise culmina avec l'abdication du roi** the crisis culminated in the king's abdication
③ (Astron) to reach its highest point

culot /kylo/ SYN NM ① (* = effronterie) nerve*, cheek* (Brit) ◆ **il a du culot** he's got a nerve* ou cheek* (Brit) ◆ **tu ne manques pas de culot!** you've got a nerve!* ou a cheek!* (Brit) ◆ **il y est allé au culot** he bluffed his way through it
② [d'ampoule] cap; [de cartouche] cap, base; [de bougie] body; [d'obus, bombe] base
③ (= dépôt) [de pipe] dottle; [de creuset] residue ◆ **culot volcanique** (Géog) volcanic cone

culottage /kylɔtaʒ/ NM [de pipe] seasoning

culotte /kylɔt/
NF ① (= slip) [de femme] pants (Brit), knickers (Brit), panties (US); [d'homme] underpants ◆ **petite culotte** [de femme] panties ◆ **trois culottes** three pairs of underpants
② (= pantalon) trousers, pants (US); (Hist) breeches; (= short) shorts
③ (Boucherie) rump
④ (locutions) ◆ **baisser (sa) culotte** (lit) to pull ou take one's knickers (Brit) ou pants (US) down; (* fig) to back down ◆ **c'est elle qui porte la culotte** she wears the trousers ou pants (US) ◆ **prendre une culotte*** (au jeu) to lose one's shirt, to lose heavily ◆ **faire dans sa culotte** (uriner) to wet oneself ou one's pants; (déféquer) to dirty one's pants ◆ **trembler** ou **faire dans sa culotte***, **mouiller sa culotte*** (fig) to wet oneself*, to pee one's pants* ◆ **il n'a rien dans la culotte** (impuissant) he can't get it up*; (lâche) he has no balls**ou no guts*
COMP **culotte de bain** † (swimming ou bathing) trunks
culotte(s) bouffante(s) jodhpurs
culottes de cheval (lit) riding breeches ◆ **avoir une culotte de cheval** (fig) to have jodhpur thighs ou saddlebags
culotte(s) courte(s) short trousers ou pants (US) ◆ **j'étais encore en culotte(s) courte(s)** I was still in short trousers ou short pants (US)
culotte de golf plus fours, knickerbockers
culotte(s) longue(s) long trousers ou pants (US)
culotte de peau (péj Mil) ◆ **une (vieille) culotte de peau** a colonel Blimp

culotté, e /kylɔte/ SYN (ptp de culotter) ADJ ① (* = effronté) cheeky* (Brit), sassy* (US)
② [pipe] seasoned; [cuir] mellowed

culotter /kylɔte/ ▸ conjug 1 ◂
VT ① [+ pipe, théière] to season
② [+ enfant] to put trousers on
VPR **se culotter** ① [pipe] to season
② [enfant] to put one's trousers on

culottier, -ière † /kylɔtje, jɛʀ/ NM,F trouser maker, breeches maker †

culpabilisant, e /kylpabilizɑ̃, ɑ̃t/ ADJ [discours, idée] that induces feelings of guilt ◆ **c'est un peu culpabilisant de laisser les enfants seuls** you feel a bit guilty about leaving the children on their own

culpabilisation /kylpabilizasjɔ̃/ NF (= action) making guilty; (= état) guilt

culpabiliser /kylpabilize/ ▸ conjug 1 ◂
VT ◆ **culpabiliser qn** to make sb feel guilty
VI **se culpabiliser** VPR to feel guilty, to blame o.s.

culpabilité /kylpabilite/ NF (gén) guilt; (Jur) guilt, culpability; → sentiment

cul-rouge (pl **culs-rouges**) /kyʀuʒ/ NM great spotted woodpecker

culte /kylt/ SYN
NM ① (= vénération) worship ◆ **le culte de Dieu** the worship of God ◆ **le culte du feu/du soleil** fire-/sun-worship ◆ **avoir le culte de** [+ justice, tradition] to make a cult ou religion of; [+ argent] to worship ◆ **avoir un culte pour qn** to (hero-)worship sb ◆ **vouer** ou **rendre un culte à qn/à la mémoire de qn** to worship sb/sb's memory ◆ **culte de la personnalité** personality cult ◆ **son culte du secret** his cult of secrecy
② (= pratiques) form of worship; (= religion) religion ◆ **le culte catholique** the Catholic form of worship ◆ **les objets du culte** liturgical objects ◆ **lieu de culte** place of worship; → denier, liberté, ministre
③ (= office protestant) (church) service ◆ **assister au culte** to attend a (church) service
ADJ [film, livre] cult (épith) ◆ **c'est un groupe culte** they're a cult band

cul-terreux* (pl **culs-terreux**) /kytɛʀø/ NM (péj) yokel, country bumpkin, hick* (US)

cultivable /kyltivabl/ ADJ [terre] suitable for cultivation, cultivable

cultivar /kyltivaʀ/ NM cultivar

cultivateur, -trice /kyltivatœʀ, tʀis/
ADJ [peuple] agricultural, farming (épith)
NM,F farmer
NM (= machine) cultivator

cultivé, e /kyltive/ SYN (ptp de cultiver) ADJ (= instruit) cultured, cultivated

cultiver /kyltive/ SYN ▸ conjug 1 ◂
VT ① [+ champ] to cultivate ◆ **cultiver la terre** to cultivate the soil, to farm the land ◆ **terrains cultivés** cultivated land, land under cultivation
② [+ céréales, légumes, vigne] to grow, to cultivate; [+ moules, huîtres] to breed, to farm
③ (= exercer) [+ goût, don, image] to cultivate ◆ **cultiver son esprit** to improve ou cultivate one's mind
④ (= pratiquer) [+ art, sciences, genre] to cultivate ◆ **cultiver l'esprit de famille** to have a strong sense of family ◆ **il cultive la grossièreté/le paradoxe** he goes out of his way to be rude/to do the unexpected
⑤ (= fréquenter) [+ personne, amitié] to cultivate ◆ **c'est une relation à cultiver** it's a connection which should be cultivated
VPR **se cultiver** to improve ou cultivate one's mind

cultuel, -elle /kyltɥɛl/ ADJ ◆ **édifices cultuels** places of worship ◆ **association cultuelle** religious organization

culture /kyltyʀ/ SYN
NF ① ◆ **la culture** (= connaissances) culture ◆ **homme de culture** man of culture, cultured man ◆ **il manque de culture** he's not very cultured ◆ **la culture occidentale** western culture ◆ **culture scientifique** scientific knowledge ou education ◆ **culture générale** general knowledge ◆ **culture classique** classical culture ou education ◆ **culture de masse** mass culture ◆ **culture d'entreprise** corporate culture, house style
② [de champ] cultivation; [de légumes] growing, cultivating, cultivation; [de moules, huîtres] breeding, farming ◆ **méthodes de culture** farming methods, methods of cultivation ◆ **culture mécanique** mechanized farming ◆ **culture intensive/extensive** intensive/extensive farming ◆ **pays de moyenne/grande culture** country with a medium-scale/large-scale farming industry ◆ **culture maraîchère** market gardening ◆ **culture fruitière** fruit farming ◆ **mettre en culture** [+ terre] to bring under cultivation ◆ **j'ai deux cents hectares en culture** I have two hundred hectares of farmland ou land under cultivation
③ (= espèce cultivée) crop ◆ **culture de rapport**, **culture commerciale** cash crop ◆ **culture vivrière** food crop
④ (Bio) culture ◆ **culture microbienne/de tissus** microbe/tissue culture ◆ **mettre des tissus en culture** to put tissue in a culture medium; → bouillon
NFPL **cultures** (= terres cultivées) land under cultivation, arable land
COMP **culture physique** physical culture ou training, PT ◆ **faire de la culture physique** to do physical training

culturel, -elle /kyltyʀɛl/ ADJ cultural

culturellement /kyltyʀɛlmɑ̃/ ADV culturally

culturisme /kyltyʀism/ NM body-building

culturiste /kyltyʀist/ NMF body-builder

cumin /kymɛ̃/ NM (= faux anis) cumin; (= carvi) caraway; (= graines) cumin; (de carvi) caraway seeds

cumul /kymyl/ NM ① [de fonctions] plurality; [de salaires] concurrent drawing ◆ **pour limiter le cumul des mandats** in order to limit the number of mandates that may be held at the same time ou concurrently
② (Jur) [de droits] accumulation ◆ **avec cumul de peines** sentences to run consecutively ◆ **cumul d'infractions** combination of offences

cumulable /kymylabl/ ADJ [fonctions] which may be held concurrently ou simultaneously; [traitements] which may be drawn concurrently ou simultaneously ◆ **les réductions sur ces articles ne sont pas cumulables** not more than one discount can be applied to each item

cumulard, e /kymylaʀ, aʀd/ NM,F (péj) person drawing several salaries at the same time

cumulatif, -ive /kymylatif, iv/ ADJ cumulative

cumulativement /kymylativmɑ̃/ ADV [exercer des fonctions] simultaneously, concurrently; [purger des peines] consecutively

cumuler /kymyle/ SYN ▸ conjug 1 ◂
VT ① [+ fonctions] to hold concurrently ou simultaneously; [+ salaires] to draw concurrently ou simultaneously ◆ **cumuler deux traitements** to draw two separate salaries ◆ **cumuler les fonctions de directeur et de comptable** to act simultaneously as manager and accountant, to hold concurrently the positions of manager and accountant ◆ **cumuler plusieurs handicaps** to suffer from several handicaps
② (Jur) [+ droits] to accumulate ◆ **calcul des intérêts cumulés** calculation of the interests accrued
VPR **se cumuler** [effets, handicaps, facteurs] to accumulate ◆ **cette augmentation se cumulera avec celle de la TVA** this rise will come along on top of the increase in VAT

cumulonimbus /kymylonɛ̃bys/ NM cumulonimbus

cumulostratus /kymylostʀatys/ NM cumulostratus

cumulovolcan /kymylovɔlkɑ̃/ NM cumulovolcano

cumulus /kymylys/ NM ① (= nuage) cumulus ◆ **cumulus de beau temps/d'orage** (pl) fine-weather/storm clouds
② (= chauffe-eau) (electric) water heater

cunéiforme /kyneifɔʀm/ ADJ ① [écriture, caractère] wedge-shaped, cuneiform (SPÉC)
② (Anat) ◆ **les (os) cunéiformes** the cuneiform bones (of the tarsus)

cunnilingus /kynilɛ̃gys/ NM cunnilingus

cupide /kypid/ SYN ADJ [air] greedy; [personne] grasping, greedy, moneygrubbing

cupidement /kypidmɑ̃/ ADV greedily

cupidité /kypidite/ SYN NF greed, greediness, cupidity (littér)

Cupidon /kypidɔ̃/ NM Cupid

cuprifère /kypʀifɛʀ/ ADJ copper-bearing, cupriferous (SPÉC)

cuprique /kypʀik/ ADJ cupreous

cuprite /kypʀit/ NF cuprite

cuproalliage /kypʀoaljaʒ/ NM copper (base) alloy

cupronickel /kypʀonikɛl/ NM cupronickel

cupule /kypyl/ NF (= enveloppe d'un fruit) cupule; [de gland] (acorn) cup

cupulifères /kypylifɛʀ/ NFPL ◆ **les cupulifères** cupuliferous plants, the Cupuliferae (SPÉC)

curabilité /kyʀabilite/ NF curability

curable /kyʀabl/ ADJ curable

curaçao /kyʀaso/ NM curaçao

curage /kyʀaʒ/ NM [de fossé, égout] clearing- ou cleaning-out; [de puits] cleaning-out

curaillon* /kyʀajɔ̃/ NM (péj) priest

curare /kyʀaʀ/ NM curare

curarisant, e /kyʀaʀizɑ̃, ɑ̃t/ ADJ curarizing (épith)

curarisation /kyʀaʀizasjɔ̃/ NF (= traitement) curarization; (= intoxication) intoxication with curare

curatelle /kyʀatɛl/ NF (Jur) [de mineur, aliéné] guardianship; [de succession] trusteeship

curateur, -trice /kyʀatœʀ, tʀis/ NM,F (Jur) [de mineur, aliéné] guardian; [de succession] trustee

curatif, -ive /kyʀatif, iv/ ADJ curative

curcuma /kyʀkyma/ NM turmeric

cure¹ /kyʀ/ NF ① (= traitement) course of treatment ◆ **cure (thermale)** ≈ course of treatment ou a cure at a spa ◆ **faire une cure (thermale) à Vichy, être en cure à Vichy** to take the waters at Vichy ◆ **suivre une cure d'amaigrissement**

to go on a slimming course (Brit), to have reducing treatment (US) ◆ **faire une cure de sommeil** to have sleep therapy ◆ **cure de thalassothérapie** course of thalasstotherapy ◆ **la cure (psychanalytique)** the talking cure; → **désintoxication**

[2] (= consommation) [d'aliments] diet ◆ **j'ai fait une cure de lecture/théâtre** I've done nothing but read/but go to the theatre ◆ **faire une cure de fruits** to eat a lot of fruit, to go on a fruit diet

[3] (littér, hum) ◆ **n'avoir cure de qch** to care little about sth, to pay no attention to sth ◆ **il n'en a cure** he's not worried about that, he pays no attention to that ◆ **je n'ai cure de ces formalités** I've no time for these formalities, I can't be doing with these formalities

cure² /kyʀ/ NF (Rel) (= fonction) cure; (= paroisse) cure, ≈ living (Brit); (= maison) presbytery, ≈ vicarage

curé /kyʀe/ NM parish priest ◆ **curé de campagne** country priest ◆ **se faire curé*** to go in for the priesthood ◆ **les curés** (péj) clerics, priests ◆ **élevé chez les curés** brought up by priests ou clerics; → **bouffer², Monsieur**

cure-dent (pl cure-dents) /kyʀdɑ̃/ NM toothpick

curée /kyʀe/ NF [1] (Chasse) quarry ◆ **donner la curée aux chiens** to give the quarry to the hounds

[2] (fig = ruée) scramble (for the spoils) ◆ **se ruer ou aller à la curée** to scramble for the spoils ◆ **les journalistes ont donné le signal de la curée** (attaque violente) the press had everybody baying for his (ou their etc) blood

cure-ongle (pl cure-ongles) /kyʀɔ̃gl/ NM nail-cleaner

cure-oreille (pl cure-oreilles) /kyʀɔʀɛj/ NM (= coton-tige) cotton bud (Brit), Q-tip® (US)

cure-pipe (pl cure-pipes) /kyʀpip/ NM pipe cleaner

curer /kyʀe/ ▸ conjug 1 ◂ VT [1] [+ fossé, égout] to clear ou clean out; [+ puits] to clean out; [+ pipe] to clean out, to scrape out

[2] ◆ **se curer les dents/le nez** to pick one's teeth/nose ◆ **se curer les ongles/oreilles** to clean one's nails/ears

curetage /kyʀtaʒ/ NM curetting, curettage

cureter /kyʀte/ ▸ conjug 4 ◂ VT to curette

cureton* /kyʀtɔ̃/ NM (péj) priestling

curette /kyʀɛt/ NF (Tech) scraper; (Méd) curette

curie¹ /kyʀi/ NF (Hist romaine) curia; (Rel) Curia

curie² /kyʀi/ NM (Phys) curie

curiethérapie /kyʀiteʀapi/ NF curietherapy

curieusement /kyʀjøzmɑ̃/ SYN ADV (= avec curiosité) curiously; (= étrangement) strangely, curiously, oddly ◆ **curieusement, ils n'ont pas protesté** strangely ou oddly enough, they didn't protest

curieux, -ieuse /kyʀjø, jøz/ SYN

ADJ [1] (= intéressé) interested, curious ◆ **esprit curieux** inquiring mind ◆ **curieux de tout** curious about everything ◆ **curieux de mathématiques** interested in ou keen on (Brit) mathematics ◆ **curieux d'apprendre** interested in learning, keen to learn (Brit) ◆ **je serais curieux de voir/savoir** I'd be interested ou curious to see/know

[2] (= indiscret) curious, inquisitive, nos(e)y* ◆ **jeter un regard curieux sur qch** to glance inquisitively ou curiously at sth

[3] (= bizarre) strange, curious, odd ◆ **ce qui est curieux, c'est que...** the odd ou strange ou curious thing is that...; → **bête, chose**

NM (= étrangeté) ◆ **le curieux/le plus curieux de la chose** the funny ou strange thing/the funniest ou strangest thing about it

NM,F [1] (= indiscret) inquisitive person, nos(e)y parker*, busybody* ◆ **petite curieuse !** little nos(e)y parker!*, nos(e)y little thing!

[2] (gén mpl = badaud) (inquisitive) onlooker, by-stander ◆ **éloigner les curieux** to move the by-standers along ◆ **venir en curieux** to come just for a look ou to have a look

curiosité /kyʀjozite/ SYN NF [1] (= intérêt) curiosity ◆ **cette curiosité de tout** this curiosity about everything ◆ **ayant eu la curiosité d'essayer** having been curious enough to try ◆ **il n'a pas eu la curiosité de vérifier** he didn't even bother to check

[2] (= indiscrétion) curiosity, inquisitiveness, nosiness* ◆ **curiosité malsaine** unhealthy curiosity ◆ **par (pure) curiosité** out of (sheer) curiosity ◆ **avec curiosité** curiously ◆ **la curiosité est un vilain défaut** (Prov) curiosity killed the cat (Prov)

[3] (= site, monument) curious ou unusual sight ou feature; (= bibelot) curio ◆ **les curiosités de la ville** the interesting ou unusual sights of the town ◆ **magasin de curiosités** curio ou curiosity shop ◆ **ce timbre est une curiosité pour les amateurs** this stamp has curiosity value for collectors

[4] (= caractéristique) oddity ◆ **c'est une des curiosités de son esprit** it's one of the quirks ou oddities of his mind

curiste /kyʀist/ NMF person taking the waters (at a spa)

curium /kyʀjɔm/ NM curium

curling /kœʀliŋ/ NM curling

curriculum (vitæ) /kyʀikylɔm(vite)/ NM INV curriculum vitae, résumé (US)

curry /kyʀi/ NM curry ◆ **poulet au curry, curry de poulet** curried chicken, chicken curry

curseur /kyʀsœʀ/ NM (= règle) slide, cursor; [de fermeture éclair] slider; [d'ordinateur] cursor

cursif, -ive /kyʀsif, iv/ ADJ [1] (= lié) [écriture, lettre] cursive ◆ **écrire en cursive** to write in cursive script

[2] (= rapide) [lecture, style] cursory

cursus /kyʀsys/ SYN NM (Univ) ≈ degree course; [de carrière] career path

curule /kyʀyl/ ADJ ◆ **chaise curule** curule chair

curviligne /kyʀviliɲ/ ADJ curvilinear

cuscute /kyskyt/ NF dodder

cuspide /kyspid/ NF cusp

custode /kystɔd/ NF (Rel) pyx; [de voiture] rear side panel

customiser /kœstɔmize/ ▸ conjug 1 ◂ VT [+ produit] to customize

cutané, e /kytane/ ADJ skin (épith), cutaneous (SPÉC) ◆ **affection cutanée** skin trouble

cuti* /kyti/ NF (abrév de cuti-réaction) → **virer**

cuticule /kytikyl/ NF [d'animal, plante, peau] cuticle

cuti-réaction /kytireaksjɔ̃/ NF skin test ◆ **faire une cuti-réaction** to take a skin test

cutter /kœtœʀ/ NM (petit) craft knife; (gros) Stanley knife®

cuvage /kyvaʒ/ NM, **cuvaison** /kyvezɔ̃/ NF [de raisins] fermentation (in a vat)

cuve /kyv/ SYN NF [de fermentation, teinture] vat; [de brasserie] mash tun; [de mazout] tank; [d'eau] cistern, tank; [de blanchissage] laundry vat ◆ **cuve de développement** (Photo) developing tank

cuvée /kyve/ NF (= contenu) vatful; (= cru, année) vintage; [d'étudiants, films] crop ◆ **la cuvée 1937** the 1937 vintage ◆ **une excellente cuvée** (= examen) an excellent crop of graduates; → **tête**

cuver /kyve/ ▸ conjug 1 ◂

VT ◆ **cuver (son vin)*** to sleep it off* ◆ **cuver sa colère** to sleep (ou work ou walk) off one's anger

VI [vin, raisins] to ferment

cuvette /kyvɛt/ SYN NF [1] (= récipient) basin, bowl; (pour la toilette) washbowl; (Photo) dish ◆ **cuvette de plastique** plastic bowl

[2] [de lavabo] washbasin, basin; [d'évier] basin; [de W.-C.] pan

[3] (Géog) basin

[4] [de baromètre] cistern, cup

[5] [de montre] cap

CV /seve/ GRAMMAIRE ACTIVE 19.2 NM [1] (abrév de curriculum vitæ) CV

[2] (abrév de cheval-vapeur) hp

cyan /sjɑ̃/ NM cyan

cyanhydrique /sjanidʀik/ ADJ hydrocyanic

cyanobactéries /sjanobakteʀi/ NFPL cyanobacteria

cyanogène /sjanɔʒɛn/ NM cyanogen

cyanose /sjanoz/ NF cyanosis

cyanosé, e /sjanoze/ ADJ cyanotic (SPÉC) ◆ **avoir le visage cyanosé** to be blue in the face

cyanuration /sjanyʀasjɔ̃/ NF cyanide process, cyaniding

cyanure /sjanyʀ/ NM cyanid(e)

cyber(-) /sibɛʀ/ PRÉF e-, cyber(-) ◆ **cyberboutique** cyberstore ◆ **cybercasino** cybercasino, e-casino ◆ **cyberconsommateur** e-customer, cybercustomer

cybercafé, cyber-café (pl cyber-cafés) /sibɛʀkafe/ NM cybercafé

cybercitoyen, -enne /sibɛʀsitwajɛ̃, ɛn/ NM,F netizen

cybercrime /sibɛʀkʀim/ NM cybercrime

cybercriminalité /sibɛʀkʀiminalite/ NF cybercrime

cyberculture /sibɛʀkyltyʀ/ NF cyberculture

cyberespace /sibɛʀɛspas/ NM cyberspace

cybermonde /sibɛʀmɔ̃d/ NM cyberspace

cybernaute /sibɛʀnot/ NMF cybersurfer, cybernaut

cybernéticien, -ienne /sibɛʀnetisjɛ̃, jɛn/ NM,F cyberneticist

cybernétique /sibɛʀnetik/ NF cybernetics (sg)

cyberpunk* /sibɛʀpœnk/ ADJ, NMF, NM cyberpunk

cyberspace /sibɛʀspas/ NM cyberspace

cybersquatter, cybersquatteur /sibɛʀskwatœʀ/ NM cybersquatter

cybersquatting /sibɛʀskwatiŋ/ NM cybersquatting

cycas /sikas/ NM (= arbre, arbuste) cycad, sago palm

cyclable /siklabl/ ADJ ◆ **piste cyclable** (à la campagne) cycle track ou path (Brit); (en ville) cycle lane

cyclamen /siklamɛn/ NM cyclamen

cycle¹ /sikl/ SYN NM [1] (Astron, Bio, Élec) cycle ◆ **cycle du carbone/de l'azote** carbon/nitrogen cycle ◆ **cycle menstruel ou ovarien** menstrual ou ovarian cycle ◆ **le cycle infernal de la violence** the vicious circle of violence

[2] (Écon) cycle ◆ **cycle de vie d'un produit** product life cycle

[3] (Littérat) cycle ◆ **le cycle arthurien** the Arthurian cycle ◆ **cycle de chansons** song cycle

[4] (Scol) ◆ **cycle (d'études)** academic cycle ◆ **cycle élémentaire** ≈ first five years of primary school (Brit), ≈ grades one through five (US) ◆ **cycle d'orientation** ≈ middle school (transition classes) ◆ **cycle long** studies leading to the baccalauréat ◆ **cycle court** studies leading to vocational training instead of the baccalauréat ◆ **premier/deuxième cycle** middle/upper school

[5] (Univ) ◆ **cycle court** two-year vocational course (taken after the baccalauréat) ◆ **cycle long** higher education course ◆ **premier cycle** ≈ first and second year ◆ **deuxième ou second cycle** ≈ Final Honours ◆ **troisième cycle** ≈ postgraduate studies ◆ **diplôme de troisième cycle** ≈ postgraduate degree, ≈ PhD ◆ **étudiant de troisième cycle** ≈ postgraduate ou PhD student

[6] (= cours) course ◆ **cycle de conférences** course of lectures ◆ **cycle de formation** training course

- **CYCLE**
  - In France, primary and secondary education is split into four broad age-group divisions known as **cycles** (similar to "key stages" in Britain). Le "cycle élémentaire" corresponds to primary school, "le cycle d'observation" covers the first two years of "collège" (referred to as "sixième" and "cinquième"), and "le premier cycle" the final two years of "collège" ("quatrième" and "troisième"). "Second cycle" corresponds to the three years spent at the "lycée" (referred to as "seconde", "première" and "terminale").
  - Higher education in France has three **cycles**: "premier cycle" (up to "DEUG" level), "deuxième cycle" (up to "licence" and "maîtrise"), and "troisième cycle" ("doctorat", "DEA" and "DESS"). → **Collège, Lycée**

cycle² /sikl/ SYN NM (= bicyclette) cycle ◆ **magasin de cycles** cycle shop ◆ **marchand de cycles** bicycle seller ◆ **tarif : cycles 10 €, automobiles 25 €** charge: cycles and motorcycles €10, cars €25

cyclique /siklik/ SYN ADJ cyclic(al)

cyclisme /siklism/ NM cycling

cycliste /siklist/

ADJ ◆ **course/champion cycliste** cycle race/champion ◆ **coureur cycliste** racing cyclist

NMF cyclist

NM (= short) cycling shorts

cyclocross, cyclo-cross /siklokʀos/ NM INV (= sport) cyclo-cross; (= épreuve) cyclo-cross race

cycloïdal, e (mpl -aux) /sikloidal, o/ ADJ cycloid(al)

cycloïde /sikloid/ NF cycloid

cyclomoteur /siklomotœʀ/ NM moped, motorized bike *ou* bicycle

cyclomotoriste /siklomotoʀist/ NMF moped rider

cyclonal, e (mpl -aux) /siklonal, o/ ADJ cyclonic

cyclone /siklon/ SYN NM (= *typhon*) cyclone; (= *basse pression*) zone of low pressure; (= *vent violent*) hurricane; (*fig*) whirlwind ◆ **entrer comme un cyclone** to sweep *ou* come in like a whirlwind; → œil

cyclonique /siklonik/ ADJ ⇒ **cyclonal**

cyclope /siklop/ NM ① (*Myth*) ◆ **Cyclope** Cyclops ② (= *crustacé*) cyclops

cyclopéen, -enne /siklopeɛ̃, ɛn/ ADJ (*Myth*) Cyclopean

cyclopousse /siklopus/ NM INV (bicycle-powered) rickshaw

cyclopropane /siklopʀopan/ NM cyclopropane

cyclosporine /siklospoʀin/ NF ⇒ **ciclosporine**

cyclostome /siklostom/ NM cyclostome

cyclothymie /siklotimi/ NF manic-depression, cyclothymia (SPÉC)

cyclothymique /siklotimik/ ADJ, NMF manic-depressive, cyclo-thymic (SPÉC)

cyclotourisme /siklotuʀism/ NM bicycle touring ◆ **faire du cyclotourisme** (*vacances*) to go on a cycling holiday

cyclotouriste /siklotuʀist/ NMF bicycle tourist

cyclotron /siklotʀɔ̃/ NM cyclotron

cygne /siɲ/ NM swan ◆ **jeune cygne** cygnet ◆ **cygne mâle** male swan, cob; → **chant¹**

cylindre /silɛ̃dʀ/ SYN NM ① (*Géom*) cylinder ◆ **cylindre droit/oblique** right (circular)/oblique (circular) cylinder ◆ **cylindre de révolution** cylindrical solid of revolution

② (= *rouleau*) roller; [*de rouleau-compresseur*] wheel, roller ◆ **cylindre d'impression** printing cylinder; → **bureau, presse**

③ [*de moteur*] cylinder ◆ **moteur à 4 cylindres en ligne** straight-4 engine ◆ **moteur à 6 cylindres en V** V6 engine ◆ **moteur à 2 cylindres opposés** flat-2 engine ◆ **une 6 cylindres** a 6-cylinder (car)

cylindrée /silɛ̃dʀe/ NF capacity ◆ **une cylindrée de 1 600 cm³** a capacity of 1,600 ccs ◆ **une (voiture de) grosse/petite cylindrée** a big-/small-engined car ◆ **grosse cylindrée** (*arg Sport*) (= *personne*) top athlete; (= *équipe*) big-league team

cylindrer /silɛ̃dʀe/ ► conjug 1 ◄ VT (= *rouler*) [+ *métal*] to roll; [+ *papier*] to roll (up); (= *aplatir*) [+ *linge*] to press; [+ *route*] to roll

cylindrique /silɛ̃dʀik/ ADJ cylindrical

cylindroïde /silɛ̃dʀoid/ ADJ cylindroid

cymbalaire /sɛ̃balɛʀ/ NF (= *plante*) mother-of-thousands

cymbale /sɛ̃bal/ NF cymbal

cymbalier /sɛ̃balje/ NM, **cymbaliste** /sɛ̃balist/ NMF cymbalist, cymbale(e)r

cymbalum /sɛ̃balom/ NM dulcimer, cymbalo

cyme /sim/ NF cyme

cynégétique /sineʒetik/
ADJ cynegetic
NF cynegetics (*sg*)

cynips /sinips/ NM gall wasp

cynique /sinik/ SYN
ADJ cynical; (*Philos*) Cynic
NM cynic; (*Philos*) Cynic

cyniquement /sinikmɑ̃/ ADV cynically

cynisme /sinism/ SYN NM cynicism; (*Philos*) Cynicism ◆ **il est d'un cynisme !** he's so cynical!

cynocéphale /sinosefal/ NM dog-faced baboon, cynocephalus (SPÉC)

cynodrome /sinodʀom/ NM greyhound track

cynoglosse /sinoglos/ NF hound's-tongue, dog's-tongue

cynophile /sinofil/
ADJ dog-loving (*épith*)
NMF dog lover

cynor(r)hodon /sinoʀodɔ̃/ NM rosehip

cyphoscoliose /sifoskoljoz/ NF kyphoscoliosis

cyphose /sifoz/ NF kyphosis

cyprès /sipʀɛ/ NM cypress

cyprin /sipʀɛ̃/ NM cyprinid

cypriote /sipʀijot/ ADJ, NMF ⇒ **chypriote**

cyrillique /siʀilik/ ADJ Cyrillic

cystectomie /sistɛktomi/ NF cystectomy

cystéine /sistein/ NF cysteine

cysticerque /sistisɛʀk/ NM cysticercus

cystine /sistin/ NF cystine

cystique /sistik/ ADJ cystic

cystite /sistit/ NF cystitis (NonC)

cystographie /sistogʀafi/ NF cystography

cystoscope /sistoskɔp/ NM cystoscope

cystoscopie /sistoskɔpi/ NF cystoscopy

cystotomie /sistotomi/ NF cystotomy

Cythère /sitɛʀ/ NF Cythera

cytise /sitiz/ NM laburnum

cytodiagnostic /sitodjagnostik/ NM cytodiagnosis

cytogénéticien, -ienne /sitoʒenetisjɛ̃, jɛn/ NM,F cytogenetics specialist

cytogénétique /sitoʒenetik/ NF cytogenetics (*sg*)

cytologie /sitoloʒi/ NF cytology

cytologique /sitoloʒik/ ADJ cytological

cytologiste /sitoloʒist/ NMF cytologist

cytolyse /sitoliz/ NF cytolysis

cytomégalovirus /sitomegaloviʀys/ NM cytomegalovirus, CMV

cytoplasme /sitoplasm/ NM cytoplasm

cytoplasmique /sitoplasmik/ ADJ cytoplasmic

cytosine /sitozin/ NF cytosine

cytosol /sitozol/ NM cytosol

cytosquelette /sitoskəlɛt/ NM cytoskeleton

cytotoxicité /sitotoksisite/ NF cytotoxicity

cytotoxique /sitotoksik/ ADJ cytotoxic

czar /tsaʀ/ NM ⇒ **tsar**

czarewitch /tsaʀevitʃ/ NM ⇒ **tsarévitch**

czariste /tsaʀist/ ADJ ⇒ **tsariste**

D

D, d /de/ NM (= *lettre*) D, d; → **système**

d' /d/ → **de¹, de²**

da /da/ INTERJ → **oui**

DAB /dab/ NM (abrév de **distributeur automatique de billets**) ATM

dab †‡ /dab/ NM (= *père*) old man*, father

d'abord /dabɔʀ/ LOC ADV → **abord**

da capo /dakapo/ ADV da capo

Dacca /daka/ N Dacca

d'accord /dakɔʀ/ LOC ADV, LOC ADJ → **accord**

Dacron ® /dakʀɔ̃/ NM Terylene ® (*Brit*), Dacron ® (*US*)

dactyle /daktil/ NM ⟨1⟩ (*Poésie*) dactyl
⟨2⟩ (= *plante*) cocksfoot

dactylique /daktilik/ ADJ dactylic

dactylo /daktilo/ NF abrév de **dactylographe, dactylographie**

dactylographe † /daktilɔgʀaf/ NF typist

dactylographie /daktilɔgʀafi/ NF typing, typewriting ◆ **elle apprend la dactylographie** she's learning to type

dactylographier /daktilɔgʀafje/ ► conjug 7 ◄ VT to type (out)

dactylographique /daktilɔgʀafik/ ADJ typing (*épith*)

dactyloscopie /daktiloskɔpi/ NF fingerprinting

dada¹ /dada/ NM ⟨1⟩ (*langage enfantin* = *cheval*) horsey (*langage enfantin*), gee-gee (*Brit*) (*langage enfantin*) ◆ **viens faire à dada** come and ride the horsey ou the gee-gee ◆ **jeu de dadas** = ludo (*Brit*), ≈ Parcheesi (*US*)
⟨2⟩ (= *marotte*) hobby-horse (*fig*) ◆ **enfourcher son dada** to get on one's hobby-horse, to launch o.s. on one's pet subject

dada² /dada/ ADJ (*Art, Littérat*) Dada, dada

dadais /dadɛ/ NM (*péj*) ◆ **un grand dadais** a great awkward lump of a man ◆ **espèce de grand dadais !** you great lump!

dadaïsme /dadaism/ NM Dadaism, Dada

dadaïste /dadaist/
ADJ Dadaist
NMF Dadaist

DAF /daf/ NM (abrév de **directeur administratif et financier**) → **directeur**

Dagobert /dagɔbɛʀ/ NM Dagobert

dague /dag/ NF ⟨1⟩ (= *arme*) dagger
⟨2⟩ [*de cerf*] spike

daguerréotype /dageʀeɔtip/ NM daguerréotype

daguet /dagɛ/ NM young stag, brocket

dahlia /dalja/ NM dahlia

dahoméen, -enne /daɔmeɛ̃, ɛn/
ADJ Dahomean
NM,F **Dahoméen(ne)** Dahomean

Dahomey /daɔmɛ/ NM Dahomey

dahu /day/ NM imaginary animal which gullible people are lured into chasing

daigner /deɲe/ SYN ► conjug 1 ◄ VT to deign, to condescend ◆ **il n'a même pas daigné nous regarder** he didn't even deign to look at us ◆ **daignez nous excuser** (*frm*) be so good as to excuse us

daim /dɛ̃/ NM ⟨1⟩ (= *animal*) (*gén*) (fallow) deer; (*mâle*) buck
⟨2⟩ (= *peau*) buckskin, doeskin; (= *cuir suédé*) suede ◆ **chaussures en daim** suede shoes

daine /dɛn/ NF (fallow) doe

dais /dɛ/ NM canopy

Dakar /dakaʀ/ N Dakar

dakin, Dakin /dakɛ̃/ NM ◆ **solution** ou **eau de Dakin** Dakin's solution

Dakota /dakɔta/ NM Dakota ◆ **Dakota du Nord/du Sud** North/South Dakota

dalaï-lama (*pl* **dalaï-lamas**) /dalailama/ NM Dalai Lama

daleau (*pl* **daleaux**) /dalo/ NM ⇒ **dalot**

Dalila /dalila/ NF Delilah

dallage /dalaʒ/ NM (*NonC* = *action*) paving, flagging; (= *surface, revêtement*) paving, pavement

dalle /dal/ NF ⟨1⟩ (= *pavement*) [*de trottoir*] paving stone, flag(stone); (*Constr*) slab ◆ **dalle flottante/de béton** floating/concrete slab ◆ **la dalle de couverture du parking** the concrete slab roof of the car park ◆ **dalle funéraire** tombstone ◆ **dalle de moquette** carpet tile ◆ **couler une dalle** to lay ou pour a concrete floor
⟨2⟩ [*de paroi de rocher*] slab
⟨3⟩ (* = *gosier*) ◆ **avoir la dalle en pente** to be a bit of a boozer‡ ◆ **avoir** ou **crever la dalle** (= *avoir faim*) to be starving * ou famished *; → **rincer**
⟨4⟩ **que dalle**‡ nothing at all, damn all‡ (*Brit*) ◆ **j'y pige** ou **entrave que dalle** I don't get it *, I don't understand a bloody‡ (*Brit*) thing ◆ **je n'y vois que dalle** I can't see a damn‡ ou bloody‡ (*Brit*) thing

daller /dale/ ► conjug 1 ◄ VT to pave, to lay paving stones ou flagstones on ◆ **cour dallée de marbre** courtyard paved with marble, marble courtyard

dalleur /dalœʀ/ NM flag layer, paviour

dalmate /dalmat/
ADJ Dalmatian
NM (= *langue*) Dalmatian
NMF **Dalmate** Dalmatian

Dalmatie /dalmasi/ NF Dalmatia

dalmatien, -ienne /dalmasjɛ̃, jɛn/ NM,F (= *chien*) dalmatian

dalmatique /dalmatik/ NF dalmatic

dalot /dalo/ NM [*de bateau*] scupper; (*Constr*) culvert

dalton /daltɔn/ NM dalton

daltonien, -ienne /daltɔnjɛ̃, jɛn/
ADJ colour-blind (*Brit*), color-blind (*US*)
NM,F colour-blind (*Brit*) ou color-blind (*US*) person

daltonisme /daltɔnism/ NM colour blindness (*Brit*), color-blindness (*US*), daltonism SPÉC

dam /dã, dam/ NM ◆ **au (grand) dam de qn** to sb's great displeasure

damalisque /damalisk/ NM (= *animal*) sassaby

daman /damã/ NM hyrax

Damas /damas/ N Damascus; → **chemin**

damas /dama(s)/ NM (= *tissu*) damask; (= *acier*) Damascus steel, damask; (= *prune*) damson

damasquinage /damaskinaʒ/ NM damascening

damasquiner /damaskine/ ► conjug 1 ◄ VT to damascene

damassé, e /damase/ ADJ, NM damask

dame /dam/
NF ⟨1⟩ (= *femme*) lady; (* = *épouse*) wife ◆ **il y a une dame qui vous attend** there is a lady waiting for you ◆ **votre dame m'a dit que** *... your wife told me that... ◆ **alors ma petite dame !*** now then, dear! ◆ **vous savez, ma bonne dame !*** you know, my dear! ◆ **la dame Dubois** (*Jur*) Mrs Dubois ◆ **coiffeur pour dames** ladies' hairdresser ◆ **de dame** [*sac, manteau*] lady's ◆ **la Dame de fer** the Iron Lady ◆ **une vieille dame indigne** (*hum*) an eccentric old lady ◆ **la finale dames** (*Sport*) the women's final; → **vertu**
⟨2⟩ (*de haute naissance*) lady ◆ **une grande dame** (= *noble*) a highborn ou great lady; (= *artiste*) a great lady (*de* of) ◆ **la grande dame du roman policier** the grande dame ou the doyenne of crime fiction ◆ **jouer les grandes dames** to play the fine lady ◆ **les belles dames des quartiers chic** the fashionable ou fine ladies from the posh districts ◆ **la première dame de France** France's first lady ◆ **la dame de ses pensées** (*hum*) his lady-love (*hum*) ◆ **la Vieille Dame du Quai Conti** the French Academy ◆ « **La Dame aux camélias** » (*Littérat*) "The Lady with the Camelias" ◆ « **La Dame de pique** » (*Mus*) "The Queen of Spades"
⟨3⟩ (*Cartes, Échecs*) queen; (*Dames*) crown; (*Jacquet*) piece, man ◆ **le jeu de dames, les dames** draughts (*sg*) (*Brit*), checkers (*sg*) (*US*) ◆ **jouer aux dames** to play draughts (*Brit*) ou checkers (*US*) ◆ **aller à dame** (*Dames*) to make a crown; (*Échecs*) to make a queen ◆ **la dame de pique** the queen of spades
⟨4⟩ (*Tech* = *hie*) beetle, rammer; (*pour aviron*) rowlock
EXCL ◆ **dame oui/non !** † why yes/no!, indeed yes/no!
COMP **dame blanche** (= *chouette*) barn owl
dame catéchiste catechism mistress, ≈ Sunday school teacher
dame de charité benefactress
dame de compagnie (lady's) companion
Dame Fortune Lady Luck
dame d'honneur lady-in-waiting
Dame Nature Mother Nature
dame patronnesse († ou *péj*) Lady Bountiful
dame pipi * lady toilet attendant

dame-d'onze-heures /damdɔ̃zœʀ/ NF (= *plante*) star-of-Bethlehem

dame-jeanne (*pl* **dames-jeannes**) /damʒan/ NF demijohn

damer /dame/ ► conjug 1 ◄ **VT** 1 *[+ terre, neige, piste de ski]* to pack (down)

2 *[+ pion] (Dames)* to crown; *(Échecs)* to queen ◆ **damer le pion à qn** *(fig)* to get the better of sb, to checkmate sb

dameuse /damøz/ **NF** *(Ski)* snow-grooming machine

damier /damje/ **NM** *(Dames)* draughtboard *(Brit)*, checkerboard *(US)*; *(= dessin)* check (pattern) ◆ **en damier, à damier** *[motif]* chequered *(Brit)*, checkered *(US)* ◆ **tissu/foulard à damiers** checked *ou* check fabric/scarf ◆ **ville/rues en damier** town/streets in a grid pattern ◆ **les champs formaient un damier** the fields were laid out like a draughtboard *(Brit) ou* a checkerboard *(US)*

damnable /dɑnabl/ **ADJ** *(Rel)* damnable; *[passion, idée]* despicable, abominable

damnation /dɑnasjɔ̃/ **NF** damnation ◆ **damnation !** † damnation!, tarnation! † *(US)*; → **enfer**

damné, e /dɑne/ SYN (ptp de **damner**)

ADJ (*, *avant le nom = maudit)* cursed *, confounded * †; → **âme**

NM,F damned person ◆ **les damnés** the damned; → **souffrir**

damner /dɑne/ ► conjug 1 ◄

VT to damn ◆ **faire damner qn** * to drive sb mad * ◆ **c'est bon à faire damner un saint** * *(hum)* it's so good it's wicked * ◆ **elle est belle à faire damner un saint** * *(hum)* she's so lovely she would tempt a saint (in heaven) *

VPR **se damner** to damn o.s. ◆ **être prêt à se damner pour qn** to be prepared to do absolutely anything for sb ◆ **se damner pour qch** to sell one's soul for sth ◆ **à se damner** * *(= merveilleux)* fabulous *

Damoclès /damɔklɛs/ **NM** Damocles; → **épée**

damoiseau (pl **damoiseaux**) /damwazo/ **NM** *(Hist)* page, squire; (†, *hum)* young beau †

damoiselle /damwazɛl/ **NF** *(Hist)* damsel †

dan /dan/ **NM** *(Arts martiaux)* dan ◆ **il est deuxième dan** he's a second dan

danaïde /danaid/ **NF** *(= papillon)* monarch butterfly

Danaïdes /danaid/ **NFPL** → **tonneau**

dancing /dɑ̃siŋ/ **NM** dance hall

(!) **dancing** ne se traduit pas par le mot anglais **dancing**, qui désigne une action et non un lieu.

dandinement /dɑ̃dinmɑ̃/ **NM** *[de canard, personne]* waddle

dandiner (se) /dɑ̃dine/ ► conjug 1 ◄ **VPR** *[canard, personne]* to waddle ◆ **avancer** *ou* **marcher en se dandinant** to waddle along

dandy /dɑ̃di/ SYN **NM** dandy

dandysme /dɑ̃dism/ **NM** dandyism

Danemark /danmark/ **NM** Denmark

danger /dɑ̃ʒe/ SYN **NM** danger ◆ **un grave danger nous menace** we are in serious *ou* grave danger ◆ **courir un danger** to run a risk ◆ **en cas de danger** in case of emergency ◆ **il est hors de danger** he is out of danger, he is safe ◆ **ça ne présente aucun danger, c'est sans danger** it doesn't present any danger *(pour* to), it's quite safe *(pour* for) ◆ **il y aurait (du) danger à faire cela** it would be dangerous to do that ◆ **cet automobiliste est un danger public** that driver is a public menace ◆ **les dangers de la route** road hazards ◆ **attention danger !** look out! ◆ « **danger de mort** » "danger of death" ◆ **(il n'y a) pas de danger !** * no fear! * ◆ **pas de danger qu'il vienne !** * there's no danger that he'll come

◆ **en danger** ◆ **être en danger** to be in danger ◆ **ses jours sont en danger** his life is in danger ◆ **mettre en danger** *[+ personne]* to put in danger; *[+ vie, espèce]* to endanger; *[+ chances, réputation, carrière]* to jeopardize ◆ **adolescents en danger moral** teenagers in danger of being corrupted *ou* led astray ◆ **en danger de** in danger of ◆ **il est en danger de mort** he is in danger *ou* peril of his life ◆ **ce pays est en grand danger de perdre son indépendance** this country is in grave danger of losing its independence

◆ **sans danger** *[opération, expérience]* safe; *[utiliser, agir]* safely

dangereusement /dɑ̃ʒʀøzmɑ̃/ SYN **ADV** dangerously

dangereux, -euse /dɑ̃ʒʀø, øz/ SYN **ADJ** *[route, ennemi, doctrine, animal]* dangerous *(pour* to); *[entreprise]* dangerous, hazardous, risky ◆ **dangereux à manipuler** dangerous to handle ◆ **zone dangereuse** danger zone ◆ **il joue un jeu dangereux** he's playing a dangerous game ◆ « **abus dangereux** » "to be taken in moderation"

dangerosité /dɑ̃ʒʀozite/ **NF** dangerousness

danien, -ienne /danjɛ̃, jɛn/

ADJ late Cretaceous

NM ◆ **le danien** the late Cretaceous (period)

danois, e /danwa, waz/

ADJ Danish

NM 1 *(= langue)* Danish

2 *(= chien)* ◆ **(grand) danois** Great Dane

NM,F **Danois(e)** Dane

dans /dɑ̃/

PRÉPOSITION

1 [SANS CHANGEMENT DE LIEU] in; *(= à l'intérieur de)* in, inside ◆ **il habite dans Londres même/l'Est/le Jura** he lives in London itself/the East/the Jura ◆ **le ministère est dans la rue de Grenelle** the ministry is in the rue de Grenelle ◆ **courir dans l'herbe/les champs** to run around in *ou* run through the grass/fields ◆ **il a plu dans toute la France** there has been rain throughout France ◆ **elle erra dans la ville/les rues/la campagne** she wandered through *ou* round *ou* about the town/the streets/the countryside ◆ **ne marche pas dans l'eau** don't walk in *ou* through the water ◆ **vous êtes dans la bonne direction** you are going the right way *ou* in the right direction ◆ **ils ont voyagé dans le même train/avion** they travelled on the same train/plane ◆ **cherche** *ou* **regarde dans la boîte** look inside *ou* in the box ◆ **dans le fond/le bas/le haut de l'armoire** at *ou* in the back/the bottom/the top of the wardrobe ◆ **il reconnut le voleur dans la foule/l'assistance** he recognized the thief in *ou* among the crowd/among the spectators ◆ **qu'est-ce qui a bien pu se passer dans sa tête ?** what can he have been thinking of? ◆ **il avait dans l'esprit** *ou* **l'idée que...** he had a feeling that... ◆ **elle avait dans l'idée** *ou* **la tête de...** she had a mind to... ◆ **il y a de la tristesse dans son regard/sourire** there's a certain sadness in his eyes/smile; → **fouiller, recevoir, tomber**[1] *etc*

2 [CHANGEMENT DE LIEU] into, to ◆ **s'enfoncer/pénétrer dans la forêt** to plunge deep into/go into *ou* enter the forest ◆ **ils sont partis dans la montagne** they have gone off into the mountains ◆ **mettre qch dans un tiroir** to put sth in *ou* into a drawer ◆ **verser du vin dans un verre** to pour wine into a glass ◆ **jeter l'eau sale dans l'évier** to pour the dirty water down the sink

3 [= DANS DES LIMITES DE] within ◆ **dans le périmètre/un rayon très restreint** within the perimeter/a very restricted radius ◆ **ce n'est pas dans ses projets** he's not planning to do *ou* on doing that

4 [INDIQUANT L'ACTION DE PRÉLEVER] out of, from ◆ **prendre qch dans un tiroir** to take sth out of *ou* from a drawer ◆ **boire du café dans une tasse/un verre** to drink coffee out of *ou* from a cup/glass ◆ **la chèvre lui mangeait dans la main** the goat was eating out of his hand ◆ **le chien a mangé dans mon assiette** the dog ate off my plate ◆ **bifteck dans le filet** fillet steak ◆ **il l'a appris/copié dans un livre** he learnt/copied it from *ou* out of a book

5 [= PENDANT] in ◆ **dans ma jeunesse/mon jeune temps** in my youth/my younger days ◆ **dans les siècles passés** in previous centuries ◆ **dans les mois à venir** in the months to come ◆ **dans le cours** *ou* **le courant de l'année** in the course of the year ◆ **il est dans sa 6e année** he's in his 6th year; → **temps**[1], **vie**

6 [PÉRIODE OU DÉLAI DANS L'AVENIR] in; *(= dans des limites de)* within, inside, in (the course of) ◆ **il part dans deux jours/une semaine** he leaves in two days *ou* two days' time/a week *ou* a week's time ◆ **dans combien de temps serez-vous prêt ?** how long will it be before you are ready? ◆ **il sera là dans une minute** *ou* **un instant** he'll be here in a minute ◆ **cela pourrait se faire dans le mois/la semaine** it could be done within the month/week *ou* inside a month/week ◆ **il mourut dans l'heure qui suivit** he died within the hour ◆ **je l'attends dans la matinée/la nuit** I'm expecting him some time this morning/some time tonight, I'm expecting him some time in the course of the morning/night

7 [ÉTAT, CONDITION, MANIÈRE] in ◆ **être dans les affaires/l'industrie/le textile** to be in business/industry/textiles ◆ **vivre dans la misère/la peur** to live in poverty/fear ◆ **vivre dans l'oisiveté** to live a life of idleness ◆ **dans le brouillard/l'obscurité** in fog/darkness, in the fog/the dark ◆ **il n'est pas dans le complot/le secret** he's not in on * the plot/the secret ◆ **je l'aime beaucoup dans cette robe/ce rôle** I really like her in that dress/that part ◆ **et dans tout cela, qu'est-ce que vous devenez ?** and with all this going on, how are things with you? ◆ **il est difficile de travailler dans ce bruit/ces conditions** it's difficult to work with this noise/in these conditions ◆ **le camion passa dans un bruit de ferraille** the truck rattled past ◆ **elles sortirent dans un froufrou de soie** they left in a rustle of silk ◆ **faire les choses dans les règles** to work within the rules

8 [SITUATION, CAUSE] in, with ◆ **dans son effroi, elle poussa un cri** she cried out in fright ◆ **dans sa hâte il oublia son chapeau** in his haste he forgot his hat ◆ **dans ces conditions** *ou* **ce cas-là, je refuse** in that case *ou* if that's the way it is * I refuse ◆ **elle partit tôt, dans l'espoir de trouver une place** she left early in the hope of getting *ou* hoping to get a seat ◆ **il l'a fait dans ce but** he did it with this aim in view

9 [DESTINATION] ◆ **mettre son espoir dans qn/qch** to pin one's hopes on sb/sth ◆ **avoir confiance dans l'honnêteté de qn/le dollar** to have confidence in sb's honesty/the dollar

10 [LOCUTIONS]

◆ **dans les** + *nombre (= environ) (prix)* (round) about, (something) in the region of; *(temps, grandeur)* (round) about, something like, some ◆ **cela vaut/coûte dans les 10 €** it's worth/it costs in the region of €10 *ou* (round) about €10 ◆ **il faut compter dans les 3 ou 4 mois** we'll have to allow something like 3 or 4 months *ou* some 3 or 4 months ◆ **il vous faut dans les 3 mètres de tissu** you'll need something like 3 metres of fabric *ou* about *ou* some 3 metres of fabric ◆ **cette pièce fait dans les 8 m²** this room is about *ou* some 8 m² ◆ **il a dans les 30 ans** he's about 30, he's 30 or so

dansant, e /dɑ̃sɑ̃, ɑ̃t/ **ADJ** *[mouvement, lueur]* dancing; *[musique]* lively ◆ **thé dansant** tea dance ◆ **soirée dansante** dance

danse /dɑ̃s/ **NF** 1 *(= valse, tango etc)* dance ◆ **la danse** *(= art)* dance; *(= action)* dancing ◆ **la danse folklorique** folk *ou* country dancing ◆ **danse classique** ballet ◆ **danse contemporaine** contemporary dance ◆ **danse de salon** ballroom dance ◆ **danse sportive** DanceSport ◆ **la danse du ventre** belly dancing ◆ **faire la danse du ventre** to belly-dance, to do a belly dance ◆ **danse de guerre** war dance ◆ **danse macabre** danse macabre, dance of death ◆ « **Les Danses slaves** » *(Mus)* "Slavonic Dances" ◆ **ouvrir la danse** to open the dancing ◆ **avoir la danse de Saint-Guy** *(Méd)* to have St Vitus's dance; *(fig)* to have the fidgets ◆ **de danse** *[professeur, leçon]* dancing; *[musique]* dance ◆ **entrer dans la danse** *(lit)* to join in the dance *ou* dancing ◆ **s'il entre dans la danse...** *(fig)* if he decides to get involved *ou* to join in...; → **mener, piste**

2 (⁑ *= volée)* belting ⁑, (good) hiding ◆ **filer** *ou* **flanquer une danse à qn** to belt sb ⁑, to give sb a (good) hiding

danser /dɑ̃se/ SYN ► conjug 1 ◄

VI *(gén)* to dance; *[ombre, flamme]* to flicker, to dance; *[flotteur, bateau]* to bob (up and down), to dance ◆ **elle danse bien** she's a good dancer ◆ **faire danser qn** to (have a) dance with sb ◆ **après dîner il nous a fait danser** after dinner he got us dancing ◆ **voulez-vous danser (avec moi) ?, vous dansez ?** shall we dance?, would you like to dance? ◆ **danser de joie** to dance for joy ◆ **à l'époque, on dansait devant le buffet** * *(fig)* those were lean times ◆ **les lignes dansaient devant mes yeux** the lines were dancing before my eyes ◆ **personne ne savait sur quel pied danser** nobody knew what to do

VT to dance ◆ **danser le tango** to dance the tango ◆ **danser un rock** to jive ◆ **elle danse « le Lac des cygnes »** she's dancing "Swan Lake"

danseur, -euse /dɑ̃sœʀ, øz/
NM,F (gén) dancer; (= partenaire) partner ◆ **danseur classique** ou **de ballet** ballet dancer ◆ **danseur étoile** (Opéra) principal dancer ◆ **danseuse étoile** prima ballerina ◆ **danseur de corde** tightrope walker ◆ **danseur de claquettes** tap dancer ◆ **danseur mondain** professional ballroom dancing host

NF **danseuse** SYN ◆ **danseuse de cabaret** cabaret dancer ◆ **pédaler en danseuse** to pedal standing up ◆ **entretenir une danseuse** (maîtresse) to keep a mistress ◆ **l'État ne peut pas se permettre d'entretenir des danseuses** the state cannot afford to support unprofitable ventures ◆ **les voiliers de course, c'est sa danseuse** he spends all his money on racing yachts

Dante /dɑ̃t/ NM Dante

dantesque /dɑ̃tɛsk/ ADJ Dantesque, Dantean

Danton /dɑ̃tɔ̃/ NM Danton

Danube /danyb/ NM Danube

DAO /deao/ NM (abrév de **dessin assisté par ordinateur**) CAD

daphné /dafne/ NM daphne

daphnie /dafni/ NF daphnia

darce /daʀs/ NF ⇒ darse

dard¹ /daʀ/ NM [d'animal] sting; († , Mil) javelin, spear

dard² /daʀ/ NM (= poisson) dace, chub

Dardanelles /daʀdanɛl/ NFPL ◆ **les Dardanelles** the Dardanelles

darder /daʀde/ ► conjug 1 ◄ VT ① (= lancer) [+ flèche] to shoot ◆ **le soleil dardait ses rayons sur la maison** the sun was beating down on the house ◆ **il darda un regard haineux sur son rival** he shot a look full of hate at his rival ② (= dresser) [+ piquants, épines] to point ◆ **le clocher dardait sa flèche vers le ciel** the church spire thrust upwards into the sky

dare-dare* /daʀdaʀ/ LOC ADV double-quick* ◆ **accourir dare-dare** to come running up double-quick* ou at the double

Dar es-Salaam /daʀɛssalam/ N Dar es Salaam

dariole /daʀjɔl/ NF dariole

darne /daʀn/ NF [de poisson] steak

darse /daʀs/ NF (Naut) harbour basin

dartre /daʀtʀ/ NF dry patch, scurf (NonC)

dartreux, -euse /daʀtʀø, øz/ ADJ [peau] scurfy, flaky

darwinien, -ienne /daʀwinjɛ̃, jɛn/ ADJ Darwinian

darwinisme /daʀwinism/ NM Darwinism

darwiniste /daʀwinist/ ADJ, NMF Darwinist

dasyure /dazjyʀ/ NM dasyure

DAT /deate/ NM (abrév de Digital Audio Tape) DAT

datable /databl/ ADJ dat(e)able ◆ **manuscrit facilement datable** manuscript which can easily be dated

dataire /dateʀ/ NM datary

DATAR /dataʀ/ NF (abrév de **Délégation à l'aménagement du territoire et à l'action régionale**) → délégation

datation /datasjɔ̃/ NF [de contrat, manuscrit] dating ◆ **datation au carbone 14** carbon dating

datcha /datʃa/ NF dacha

date /dat/ NF date ◆ **date de naissance/mariage/paiement** date of birth/marriage/payment ◆ **date d'exigibilité** due ou maturity date ◆ **date de péremption/clôture** expiry/closing date ◆ **date butoir** ou **limite** deadline ◆ **date limite de consommation/de vente** use-by/sell-by date ◆ **date limite de fraîcheur** ou **de conservation** best-before date ◆ **date de valeur** [de chèque] processing date ◆ **pourriez-vous faire ce virement à la date de valeur le 15 juin ?** could you process this payment on 15 June? ◆ **la date à laquelle je vous ai vu** the day I saw you ◆ **j'ai pris date pour le 18 mai** I have set ou fixed a date with him for 18 May ◆ **cet événement fait date dans l'histoire** this event stands out in ou marks a milestone in history ◆ **sans date** undated

◆ **à + date** ◆ **note ce rendez-vous à la date du 12 mai** note down this appointment for 12 May ◆ **à quelle date cela s'est-il produit ?** on what date did that occur? ◆ **à cette date il ne savait pas encore** at that time he did not yet know about it ◆ **à cette date-là il était déjà mort** by that time ou by then he was already dead ◆ **le comité se réunit à date fixe** the committee meets on a fixed ou set date

◆ **en date** ◆ **lettre en date du 23 mai** letter dated 23 May ◆ **le premier en date** the first ou earliest ◆ **le dernier en date** the latest ou most recent

◆ **de longue** ou **vieille date** [amitié] long-standing; [ami] long-standing, long-time ◆ **je le connais de longue date** I've known him for a (very) long time ◆ **nous sommes des amis de longue date** we go back a long way

◆ **de fraîche date** [ami] recent ◆ **arrivé de fraîche date à Paris** newly arrived in Paris

dater /date/ SYN ► conjug 1 ◄

VT [+ lettre, événement] to date ◆ **lettre datée du 6/de Paris** letter dated the 6th/from Paris ◆ **non daté** undated

VI ① ◆ **dater de** (= remonter à) to date back to, to date from ◆ **ça ne date pas d'hier** ou **d'aujourd'hui** [maladie] it has been going a long time; [amitié, situation] it goes back a long way; [objet] it's far from new ◆ **à dater de demain** as from tomorrow, from tomorrow onwards ◆ **de quand date votre dernière rencontre ?** when did you last meet? ② (= être important) ◆ **cet événement a daté dans sa vie** this event marked a milestone in his life ③ (= être démodé) to be dated ◆ **ça commence à dater** it's beginning to date ◆ **le film est un peu daté** the film is a little dated

daterie /datʀi/ NF dataria

dateur /datœʀ/ NM [de montre] date indicator ◆ **(timbre** ou **tampon) dateur** date stamp

datif, -ive /datif, iv/ ADJ, NM dative ◆ **au datif** in the dative

dation /dasjɔ̃/ NF (Jur) payment in kind; [d'œuvres d'art] donation

datte /dat/ NF date

dattier /datje/ NM date palm

datura /datyʀa/ NM datura

DAU /deay/ NM (abrév de **document administratif unique**) SAD

daube /dob/ NF ① (= viande) stew, casserole ◆ **faire une daube** ou **de la viande en daube** to make a stew ou casserole ◆ **bœuf en daube** casserole of beef, beef stew ② (* = nullité) ◆ **c'est de la daube** it's crap⁕

dauber¹ /dobe/ ► conjug 1 ◄ VI ① (littér) ◆ **dauber sur qn/qch** to jeer (at) sb/sth ◆ **il serait facile de dauber sur nos erreurs** it would be easy to sneer ou scoff at our mistakes ② (* = puer) ◆ **ça daube ici !** it stinks in here!

dauber² /dobe/ ► conjug 1 ◄ VT (Culin) to braise

daubière /dobjɛʀ/ NF braising pot

dauphin /dofɛ̃/ NM ① (= animal) dolphin ② (Hist) ◆ **le Dauphin** the Dauphin ③ (= successeur) heir apparent

Dauphine /dofin/ NF Dauphine, Dauphiness

dauphinelle /dofinɛl/ NF delphinium

dauphinois, e /dofinwa, waz/
ADJ of ou from the Dauphiné; → gratin
NM,F **Dauphinois(e)** inhabitant ou native of the Dauphiné

daurade /dɔʀad/ NF gilthead bream, sea bream ◆ **daurade rose** red sea bream ◆ **daurade royale** gilthead bream

davantage /davɑ̃taʒ/ ADV ① (= plus) [gagner, acheter] more; (négatif) any more; (interrogatif) (any) more ◆ **en voulez-vous davantage ?** would you like more? ◆ **bien/encore/même davantage** much/still/even more ◆ **je n'en sais pas davantage** I don't know anything more about it ◆ **il s'approcha davantage** he drew closer ou nearer

◆ **davantage de** (some) more; (négatif) any more ◆ **vouloir davantage de pain/temps** to want (some) more bread/time ◆ **veux-tu davantage de viande ?** do you want (any ou some) more meat? ◆ **il n'en a pas voulu davantage** he didn't want any more (of it)

◆ **davantage que** (= plus) more than; (= plus longtemps) longer than ◆ **tu te crois malin mais il l'est davantage (que toi)** you think you're sharp but he is more so than you ou but he is sharper (than you)

② (= plus longtemps) longer; (négatif, interrogatif) any longer ◆ **sans s'attarder/rester davantage** without lingering/staying any longer ③ (= de plus en plus) more and more ◆ **les prix augmentent chaque jour davantage** prices go up more and more every day

David /david/ NM David ◆ **David et Goliath** David and Goliath

davier /davje/ NM (= forceps) forceps; (Menuiserie) cramp

dazibao /da(d)zibao/ NM dazibao

db (abrév de **décibel**) dB, db

DBO /debeo/ NF (abrév de **demande biochimique en oxygène**) BOD

DCA /desea/ NF (abrév de **défense contre avions**) anti-aircraft defence

DCO /deseo/ NF (abrév de **demande chimique en oxygène**) COD

DDASS /das/ NF (abrév de **Direction départementale de l'action sanitaire et sociale**) local department of social services ◆ **un enfant de la DDASS** (orphelin) a state orphan; (retiré de la garde de ses parents) a child who has been taken into care (Brit), a child in court custody (US)

DDD /dedede/ (abrév de **digital digital digital**) DDD

DDT /dedete/ NM (abrév de **dichloro-diphényl-trichloréthane**) DDT

✦ ✦ ✦ ✦ ✦ ✦ ✦ ✦ ✦ ✦ ✦ ✦ ✦ ✦ ✦

de¹ /də/

Devant une voyelle ou un **h** muet = **d'** ; contraction
de + le = du ; **de + les = des**

▶ Lorsque **de** fait partie d'une locution du type **décider de faire, content de qch, c'est l'occasion de, se nourrir de, s'aider de, de plus en plus** etc., reportez-vous à l'autre mot.

PRÉPOSITION

✦ ✦ ✦ ✦ ✦ ✦ ✦ ✦ ✦ ✦ ✦ ✦ ✦ ✦ ✦

① [DÉPLACEMENT, PROVENANCE] from ◆ **être/provenir/s'échapper de** to be/come/escape from ◆ **sauter du toit** to jump off ou from the roof ◆ **de sa fenêtre elle voit la mer** she can see the sea from her window ◆ **il arrive du Japon** he has just arrived from Japan ◆ **il y a une lettre de Paul** there's a letter from Paul ◆ **nous recevons des amis du Canada** we have friends from Canada staying (with us) ◆ **ce sont des gens de la campagne/la ville** they are people from the country/town ◆ **on apprend de Londres que...** we hear ou it is announced from London that... ◆ **des pommes de notre jardin** apples from our garden ◆ **le train/l'avion de Londres** the train/plane from London, the London train/plane MAIS ◆ **je l'ai vu en sortant de la maison** I saw him as I was coming out of the house

② [LOCALISATION] in ◆ **les magasins de Londres/Paris** the shops in London/Paris, the London/Paris shops ◆ **les gens de ma rue** the people in my street MAIS ◆ **les voisins du 2ᵉ (étage)** the neighbours on the 2nd floor

③ [DESTINATION] for, to ◆ **le train/l'avion de Bruxelles** the Brussels train/plane, the train/plane for ou to Brussels ◆ **la route de Tours** the Tours road, the road for Tours

④ [APPARTENANCE]

> Lorsque **de** sert à exprimer l'appartenance, il peut se traduire par **of** ; on préférera toutefois souvent le génitif lorsque le possesseur est une personne ou un pays, plus rarement une chose.

◆ **la maison de David/de notre ami** David's/our friend's house ◆ **le mari de la reine d'Angleterre** the Queen of England's husband ◆ **la patte du chien** the dog's paw ◆ **le roi de France** the King of France ◆ **l'attitude du Canada** Canada's attitude, the attitude of Canada ◆ **un ami de mon père** a friend of my father's ◆ **c'est le médecin de mes cousins** he's my cousins' doctor ◆ **un ami de la famille** a friend of the family, a family friend MAIS ◆ **un programmeur d'IBM** ou **de chez IBM** a programmer with IBM ◆ **ses collègues de** ou **du bureau** his colleagues at work

> Après un pluriel régulier ou un pluriel irrégulier se terminant par un **s**, l'apostrophe s'utilise toujours seule ; avec un pluriel irrégulier ne se terminant pas par un **s**, **'s** est obligatoire.

◆ **la maison de nos amis** our friends' house ◆ **la loge des actrices** the actresses' dressing-room

• **les amis de nos enfants** our children's friends

*Après un nom commun se terminant par **ss**, **'s** est obligatoire.*

• **la loge de l'actrice** the actress's dressing-room

*Après un nom propre se terminant par **s** ou **ss**, l'apostrophe peut être utilisée seule dans un registre plus soutenu.*

• **la vie de Jésus** Jesus's life, Jesus' life • **la maison de Wells/Burgess** Wells's/Burgess's house, Wells'/Burgess' house

Dans le cas où le possesseur est un inanimé, l'anglais juxtapose parfois les noms.

• **le pied de la table** the leg of the table, the table leg • **le bouton de la porte** the door knob

5 [CARACTÉRISATION]

*Lorsque **de** est utilisé pour la caractérisation, il peut être traduit par **of**, mais l'anglais utilise souvent des tournures adjectivales.*

(caractérisation par le contenu) • **une bouteille de vin/lait** a bottle of wine/milk • **une tasse de thé** a cup of tea • **une pincée/cuillerée de sel** a pinch/spoonful of salt • **une poignée de gens** a handful of people • **une collection de timbres** a stamp collection • **une boîte de bonbons** a box of sweets
(caractérisation par la matière) • **vase de cristal** crystal vase • **robe de soie** silk dress
(caractérisation par la qualité) • **un homme de goût/d'une grande bonté** a man of taste/great kindness • **quelque chose de beau/cher** something lovely/expensive • **rien de neuf/d'intéressant** nothing new/interesting ou of interest
(caractérisation par la fonction) • **il est professeur d'anglais** he's an English teacher ou a teacher of English
(caractérisation par le temps) • **les romanciers du 20ᵉ siècle** 20th-century novelists, novelists of the 20th century • **les journaux d'hier/du dimanche** yesterday's/the Sunday papers
• **de** + *participe passé* • **il y a deux verres de cassés** there are two broken glasses ou glasses broken • **il y a cinq enfants de disparus** five children are missing

6 [VALEUR INTENSIVE] • **et elle de se moquer de nos efforts !** and she made fun of our efforts! • **et lui d'ajouter : « jamais ! »** "never!" he added

*La valeur intensive de **de** + article ou démonstratif est souvent rendue par un adjectif ou un adverbe en anglais.*

• **il est d'une bêtise !** he's so stupid!, he's incredibly stupid! • **il a un de ces appétits !** he's got an incredible appetite • **j'ai de ces douleurs !** I've got this terrible pain • **elle a de ces initiatives !** some of the things she gets up to!
• **tu as de ces idées !** you have the strangest ideas sometimes!

7 *Lorsque **de** introduit un nom en apposition, il est rarement traduit.*

le jour de Noël Christmas Day • **le prénom de Paul est très courant** the name Paul is very common • **le mot de « liberté »** the word "freedom" • **cette saleté de temps nous gâche nos vacances** this rotten weather is spoiling our holiday MAIS • **ton idiot de fils** that stupid son of yours • **la ville de Paris** the city of Paris • **le mois de juin** (the month of) June

8 [SUIVI D'UN NOMBRE] • **de six qu'ils étaient (au départ), ils ne sont plus que deux** of the original six there are only two left

*Lorsque **de** est suivi d'une mesure, d'un poids, d'un âge, d'une durée, d'un montant etc, il est souvent rendu en anglais par une simple apposition.*

• **un rôti de 2 kg** a 2-kilo joint • **une table de 2 mètres de large** a table 2 metres wide ou in width • **un enfant de 5 ans** a 5-year-old (child) • **un bébé de 6 mois** a 6-month(-old) baby, a baby of 6 months • **une attente de 2 heures** a 2-hour wait • **un voyage de trois jours** a three-day journey • **une promenade de 3 km/3 heures** a 3-km/3-hour walk • **une pièce de 6 m²** a room 6 metres square • **une plage de plusieurs kilomètres** a beach several kilometres long • **un bébé de quelques mois** a baby just a few months old • **il y aura une attente de quelques heures** there will be a few hours' wait, you will have to wait a few hours MAIS • **un chèque de 20 €** a cheque for €20 • **elle est plus grande que lui de 5 cm** she is 5 cm taller than he is, she is taller than him by 5 cm

9 [AGENT ANIMÉ] by • **un film de Fellini** a Fellini film, a film by Fellini • **un concerto de Brahms** a concerto by Brahms, a Brahms concerto • **le message a été compris de tous** the message was understood by everybody • **c'est de qui ?** who is it by? MAIS • **le poème n'est pas de moi** I didn't write the poem • **c'est bien de lui de sortir sans manteau** it's just like him ou it's typical of him to go out without a coat

10 [AGENT INANIMÉ]

*Lorsque **de** introduit un agent inanimé, la traduction dépend étroitement du verbe ; reportez-vous à celui-ci.*

• **couvert de boue/d'un drap** covered in mud/with a sheet • **rempli de fumée** filled with smoke

11 [= AVEC, MANIÈRE, CAUSE]

*Lorsque **de** signifie **avec, au moyen de, à l'aide de**, ou exprime la manière ou la cause, la traduction dépend étroitement du contexte ; reportez-vous au verbe ou au nom.*

• **il l'attrapa de la main gauche** he caught it with his left hand • **de rien/d'un bout de bois, il peut faire des merveilles** he can make wonderful things out of nothing/a bit of wood • **il les encourageait de la voix** he cheered them on • **marcher d'un pas lent/d'un bon pas** to walk slowly/briskly • **parler d'une voix émue/ferme** to speak emotionally/firmly ou in an emotional/a firm voice • **regarder qn d'un air tendre** to look at sb tenderly, to give sb a tender look • **rougir de dépit/de honte** to blush with vexation/with ou for shame • **de colère, il la gifla** he slapped her in anger • **être fatigué du voyage/de répéter** to be tired from the journey/of repeating • **elle rit de le voir si maladroit** she laughed to see him ou on seeing him so clumsy • **contrarié de ce qu'il se montre si peu coopératif** annoyed at his being so uncooperative

12 [= PAR, CHAQUE] • **il gagne 15 € de l'heure** he earns €15 an hour ou per hour • **ça coûte 8 € du mètre** it costs €8 a metre

13 [= DURANT] • **de jour/nuit** by day/night, during the day/the night • **3 heures du matin/de l'après-midi** 3 (o'clock) in the morning/afternoon, 3 am/pm

*Notez l'emploi de **all** dans les phrases suivantes.*

• **il n'a rien fait de la semaine/l'année** he hasn't done a thing all week/year • **de (toute) ma vie je n'ai entendu pareilles sottises** I've never heard such nonsense in all my life • **je ne l'avais pas vu de la semaine/de la soirée** I hadn't seen him all week/all evening

14 [VALEUR EMPHATIQUE] • **t'en as une, de moto ?*** have you got a motorbike? • **moi j'en ai vu deux, de lions !*** I saw two lions, I did! • **c'est un, d'imbécile*** he's a real idiot

• **de... à** from... to
(dans l'espace) • **de chez moi à la gare, il y a 5 km** it's 5 km from my house to the station *(dans le temps)* • **je serai là de 6 à 8** I'll be there from 6 to 8 • **du 2 au 7 mai** *(écrit)* from 2 to 7 May; *(parlé)* from the 2nd to the 7th of May • **le magasin est ouvert du mardi au samedi** the shop is open from Tuesday to Saturday MAIS • **d'une minute/d'un jour à l'autre** (= très rapidement) from one minute/day to the next; (= incessamment, n'importe quand) any minute/day now
(avec un âge, une durée, une estimation) • **les enfants de 9 à 12 ans** children from 9 to 12, children between (the ages of) 9 and 12 • **ça peut coûter de 20 à 30 €** it can cost from €20 to €30 ou between €20 and €30
(pour marquer l'exhaustivité) • **ils ont tout pris, des petites cuillères à l'armoire** they took everything, from the teaspoons to the wardrobe;
→ **ici, là**

• **de... en** from... to
(dans l'espace) • **il va de village en village/de porte en porte** he goes from village to village/from door to door
(dans le temps) • **de mois en mois/jour en jour** from month to month/day to day MAIS • **le nombre diminue d'année en année** the number is decreasing year on year ou every year • **de minute en minute, l'espoir s'amenuisait** hope faded as the minutes went by
(dans une succession, une évolution) • **il va d'échec en échec** he goes from one failure to the next MAIS • **nous allions de surprise en surprise** we had one surprise after another

─────────────

de² /də/

1 – ARTICLE PARTITIF
2 – ARTICLE INDÉFINI PLURIEL

*Devant une voyelle ou un **h** muet = **d'** ; contraction **de** + **le** = **du** ; **de** + **les** = **des**.*

─────────────

1 – ARTICLE PARTITIF

1 [DANS UNE AFFIRMATION]

*de se traduit généralement par **some**, mais celui-ci peut être omis.*

• **au déjeuner, nous avons eu du poulet** we had (some) chicken for lunch • **j'ai du travail à faire** I've got (some) work to do • **il but de l'eau au robinet** he drank some water from the tap • **j'ai acheté des pommes/de la viande** I bought some apples/some meat • **j'ai acheté des fruits, des légumes et du vin** I bought (some) fruit, (some) vegetables and (some) wine • **j'ai acheté de la laine** I bought some wool • **il a joué du Chopin/des valses de Chopin** he played (some) Chopin/some Chopin waltzes • **cela demande du courage/de la patience** it takes (some) courage/patience • **c'est du chantage/vol !** that's blackmail/robbery!

de ne se traduit pas lorsque l'on ne veut pas ou ne peut pas préciser la quantité.

• **boire du vin/de la bière/de l'eau** to drink wine/beer/water • **ils vendent des pommes/de la viande** they sell apples/meat • **on peut acheter de la laine chez Dupont** you can buy wool at Dupont's • **il mange des biscuits toute la journée** he eats biscuits all day • **les ânes mangent du foin** donkeys eat hay MAIS • **il y avait de l'agressivité dans ses paroles** there was something aggressive about what he said

*Dans certaines expressions, **de** se traduit par l'article **a, an**.*

• **faire du bruit** to make a noise • **avoir de l'humour** to have a sense of humour

2 [DANS UNE INTERROGATION, UNE HYPOTHÈSE]

*de se traduit généralement par **any** ; **some** est utilisé si l'on s'attend à une réponse positive.*

• **avez-vous du pain/des œufs à me passer ?** do you have any bread/eggs you could let me have?, I wonder if you could let me have some bread/eggs? • **voulez-vous du pain/des œufs ?** would you like some bread/eggs? • **vous ne voulez vraiment pas de vin ?** are you sure you don't want some ou any wine? • **si on prenait de la bière/du vin ?** what about some beer/wine? • **s'il y avait du pain, j'en mangerais** if there was some ou any bread, I'd eat it

*Lorsqu'il s'agit d'une alternative, **de** ne se traduit généralement pas.*

• **voulez-vous du thé ou du café ?** would you like tea or coffee?

3 [DANS UNE NÉGATION]

*de se traduit généralement par **any** ou **no**.*

• **je n'ai pas acheté de pommes/de laine** I didn't buy (any) apples/wool • **il n'y a pas de pain** there's no bread, there isn't any bread

4 [DANS UNE COMPARAISON] • **il y a du poète chez cet homme** he has something of the poet about him • **il y a du puritain chez lui** he has something of the puritan about him, there's something puritanical about him • **il y a du Fellini chez lui** his work is somewhat reminiscent of Fellini

─────────────

2 – ARTICLE INDÉFINI PLURIEL

1 [DANS UNE AFFIRMATION]

*des, de peuvent se traduire par **some** mais ce dernier est souvent omis.*

• **des enfants ont cassé les carreaux** some children have broken the window panes • **il y a des vers dans le fromage** there are (some) maggots in the cheese • **j'ai des voisins charmants** ou **de charmants voisins** I've got (some) lovely neighbours • **il y a des gens qui attendent** there are (some) people waiting • **il y a des gens qui disent que...** some people say that... • **elle a destaches derousseur** she's got freckles • **elle a de petites taches de rousseur**

sur les joues she's got (some) little freckles on her cheeks

Lorsque le nom suivant **de** appartient à un ensemble d'éléments fixes, **some** ne peut être employé.

◆ **elle a de jolies mains/de jolis doigts** she's got lovely hands/lovely fingers ◆ **il a de beaux enfants** he's got beautiful kids ◆ **il portait des lunettes** he was wearing glasses

Dans les oppositions, **de** ne se traduit pas.

◆ **elle élève des chats mais pas de chiens** she breeds cats but not dogs

2 [DANS UNE INTERROGATION]

des, de se traduisent par **any** ; **some** est utilisé lorsque l'on s'attend à une réponse positive.

◆ **as-tu rencontré des randonneurs ?** did you meet any hikers? ◆ **tu veux vraiment des livres pour ton anniversaire ?** do you really want (some) books for your birthday?

3 [DANS UNE NÉGATION]

de se traduit par **any** ou **no**

◆ **je n'ai pas de voisins** I haven't got any neighbours, I have no neighbours ◆ **il n'a pas eu de client ce matin** he hasn't had any customers this morning ◆ **je n'ai jamais vu de loups ici** I have never seen (any) wolves here MAIS ◆ **je n'ai jamais vu de loups** I've never seen a wolf

4 [VALEUR INTENSIVE] ◆ **elle est restée des mois et des mois sans nouvelles** she was without news for months and months, she went for months and months without news ◆ **j'ai attendu des heures** I waited (for) hours ◆ **nous n'avons pas fait des kilomètres** we didn't exactly walk miles ◆ **ils en ont cueilli des kilos (et des kilos)** they picked kilos (and kilos) ◆ **il y en a des qui exagèrent** * some people do exaggerate

dé /de/ NM 1 ◆ **dé (à coudre)** thimble; (= *petit verre*) tiny glass ◆ **ça tient dans un dé à coudre** (*fig*) it will fit into a thimble
2 (*Jeux*) dice ◆ **dés (à jouer)** dice ◆ **jouer aux dés** to play dice ◆ **les dés sont jetés** the die is cast ◆ **couper des carottes en dés** to dice carrots ◆ **sur un coup de dés** (*lit, fig*) on a throw of the dice ◆ **jouer son avenir sur un coup de dés** to risk one's future on a throw of the dice, to (take a) gamble with one's future

DEA /deoa/ NM (abrèv de **diplôme d'études approfondies**) → **diplôme**

deal /dil/ NM 1 (*Drogue*) drug dealing
2 (* = *transaction*) deal ◆ **passer un deal** to do *ou* strike a deal (*avec* with)

dealer[1] /dile/ ► conjug 1 ◄ VI (*Drogue*) to push drugs *

dealer[2] /dilœʀ/ NM (*Drogue*) (drug) dealer *

déambulateur /deɑ̃bylatœʀ/ NM walking frame, walker, zimmer (aid) ®

déambulatoire /deɑ̃bylatwaʀ/ NM ambulatory

déambuler /deɑ̃byle/ SYN ► conjug 1 ◄ VI (*gén*) to wander; [*promeneur*] to stroll ◆ **j'aime déambuler dans les rues de Paris** I like to stroll through the streets of Paris

déb * /dɛb/ NF (abrèv de **débutante**) deb *

débâcher /debaʃe/ ► conjug 1 ◄ VT to remove the canvas sheet (*ou* tarpaulin) from

débâcle /debɑkl/ SYN NF [*d'armée*] debacle, rout; [*de régime*] collapse; [*de glaces*] breaking up, debacle (*SPÉC*) ◆ **c'est une vraie débâcle !** it's a complete disaster! ◆ **la débâcle de la livre (face au dollar)** the collapse of the pound (against the dollar)

déballage /debalaʒ/ NM 1 (= *action*) [*d'objets*] unpacking
2 [*de marchandises*] display (*of loose goods*)
3 (* = *paroles, confession*) revelations ◆ **ce grand déballage** all these revelations, this spate of revelations ◆ **ce déballage de linge sale** this public washing of dirty linen ◆ **ce déballage médiatique** these revelations in the media

déballastage /debalastaʒ/ NM emptying of the ballast tanks

déballer /debale/ SYN ► conjug 1 ◄ VT [+ *objets*] to unpack; [+ *marchandises*] to display, to lay out; * [+ *histoires, souvenirs*] to let out; [+ *sentiments*] to pour out, to give vent to; (* *péj*) [+ *connaissances*] to air (*péj*) ◆ **elle lui a tout déballé** * she poured out her heart to him

déballonner (se) ‡ /debalɔne/ ► conjug 1 ◄ VPR to chicken out *

débanaliser /debanalize/ ► conjug 1 ◄ VT to make less commonplace

débandade /debɑ̃dad/ NF (= *déroute*) frantic retreat; (= *fin*) collapse; (= *confusion*) chaos ◆ **c'était la débandade** it was total chaos ◆ **la débandade allemande devant les Russes** the frantic retreat of the Germans ahead of the Russians ◆ **la débandade de Manchester à Rotterdam** (*Sport*) Manchester's disastrous defeat at Rotterdam ◆ **c'est la débandade dans le camp des réformateurs** the reformist camp is in disarray
◆ **en débandade** ◆ **les soldats en débandade** the fleeing soldiers ◆ **une foule en débandade (dans les rues)** a crowd fleeing in terror (through the streets) ◆ **les places boursières sont en débandade** stock markets are in chaos

débander /debɑ̃de/ ► conjug 1 ◄
VT 1 (*Méd*) to unbandage, to take the bandages off ◆ **débander les yeux de qn** to remove a blindfold from sb's eyes
2 [+ *arc, ressort*] to relax, to slacken (off)
VI (‡ : *sexuellement*) to lose one's hard-on *‡ ◆ **travailler 10 heures sans débander** (*fig*) to work 10 hours without letting up *
VPR **se débander** SYN [*armée, manifestants*] to scatter, to break up; [*arc, ressort*] to relax, to slacken

débaptiser /debatize/ ► conjug 1 ◄ VT to change the name of, to rename

débarbouillage /debaʀbujaʒ/ NM [*de visage*] quick wash, cat-lick * (*Brit*)

débarbouiller /debaʀbuje/ ► conjug 1 ◄
VT [+ *visage*] to give a quick wash *ou* cat-lick * (*Brit*) to
VPR **se débarbouiller** to give one's face a quick wash *ou* a cat-lick * (*Brit*)

débarbouillette /debaʀbujɛt/ NF (*Can*) face cloth, flannel (*Brit*), wash cloth (*US*)

débarcadère /debaʀkadɛʀ/ NM landing stage

débardage /debaʀdaʒ/ NM (*Naut* = *déchargement*) unloading, unlading; (*Sylviculture*) skidding

débarder /debaʀde/ ► conjug 1 ◄ VT (*Naut* = *décharger*) to unload, to unlade; (*Sylviculture*) to skid

débardeur /debaʀdœʀ/ NM 1 (= *docker*) docker, stevedore; (*Sylviculture*) skidder
2 (= *vêtement*)(= *T-shirt*) singlet, sleeveless T-shirt; (*par-dessus une chemise*) tank top, slipover (*Brit*)

débarqué, e /debaʀke/ (ptp de **débarquer**)
NM,F (*lit*) disembarked passenger ◆ **un nouveau débarqué dans le service** * (*fig*) a new arrival in the department
ADJ ◆ **un jeune auteur fraîchement débarqué de sa province** a young writer just up *ou* newly arrived from the provinces

débarquement /debaʀkəmɑ̃/ NM [*de marchandises*] unloading, landing; [*de passagers*] disembarkation, landing; [*de troupes*] landing ◆ **navire** *ou* **péniche de débarquement** landing craft (*inv*) ◆ **le débarquement** (*Hist :en Normandie*) the Normandy landings

débarquer /debaʀke/ ► conjug 1 ◄
VT 1 [+ *marchandises*] to unload, to land; [+ *passagers*] to disembark, to land; [+ *troupes*] to land
2 (* = *congédier*) to fire, to sack * (*Brit*), to kick out * ◆ **se faire débarquer** to get the push * *ou* sack * (*Brit*), to get kicked out *
VI 1 [*passagers*] to disembark (*de* from); [*troupes*] to land
2 (* = *arriver subitement*) to turn up ◆ **il a débarqué chez moi hier soir** he turned up at my place last night ◆ **j'ai débarqué à Paris quand j'avais 20 ans** I arrived in Paris when I was 20
3 (* = *ne pas être au courant*) ◆ **tu débarques !** where have you been? * ◆ **je n'en sais rien, je débarque** I don't know, that's the first I've heard of it

débarras /debaʀɑ/ NM 1 (= *pièce*) junk room, boxroom (*Brit*); (= *placard, soupente*) junk cupboard, junk closet (*US*)
2 * ◆ **bon débarras !** good riddance! ◆ **il est parti, quel débarras !** thank goodness he's gone!

débarrasser /debaʀɑse/ SYN ► conjug 1 ◄
VT 1 [+ *local*] to clear (*de* of) ◆ **débarrasser (la table)** to clear the table ◆ **débarrasse le plancher !** * beat it! *, hop it! * (*Brit*)
2 ◆ **débarrasser qn de** [+ *fardeau, manteau, chapeau*] to relieve sb of; [+ *habitude*] to break *ou* rid sb of; [+ *ennemi, mal*] to rid sb of; [+ *liens*] to release sb from ◆ **écris ces lettres tout de suite, tu en seras débarrassé** write those letters now to get them out of the way ◆ **je peux vous débarrasser ?** can I take your coat (*ou* jacket *etc*)?
VPR **se débarrasser** ◆ **se débarrasser de** [+ *objet, personne*] to get rid of, to rid o.s. of; [+ *mauvaise habitude*] to rid o.s. of; (= *ôter*) [+ *vêtement*] to take off, to remove ◆ **débarrassez-vous !** [+ *objets*] put your things down; [+ *manteau*] take your coat off

débat /deba/ SYN
NM (= *polémique*) debate; (= *discussion*) discussion, debate ◆ **faire débat** to be the subject of debate ◆ **débat intérieur** inner struggle ◆ **dîner-débat** dinner debate ◆ **émission-débat** (*TV*) televised *ou* television debate ◆ **débat de clôture** (*Parl*) ≈ adjournment debate ◆ **débat d'idées** ideological debate ◆ **ouvrir le débat** to open the debate ◆ **un grand débat de société sur l'éthique médicale** a major public debate *ou* controversy about medical ethics ◆ **avec lui, il n'y a pas de débat d'idées possible** with him there is no possibility of a discussion about ideas
NMPL **débats** (*Jur, Pol* = *séance*) proceedings, debates ◆ **débats à huis clos** (*Jur*) hearing in camera

débâter /debɑte/ ► conjug 1 ◄ VT [+ *bête de somme*] to unsaddle

débâtir /debɑtiʀ/ ► conjug 2 ◄ VT (*Couture*) to take out *ou* remove the tacking *ou* basting

débattement /debatmɑ̃/ NM [*de suspension*] clearance

débatteur /debatœʀ/ NM debater

débattre /debatʀ/ SYN ► conjug 41 ◄
VT [+ *problème, question*] to discuss, to debate; [+ *prix, clauses d'un traité*] to discuss ◆ **le prix reste à débattre** the price has still to be discussed ◆ **à vendre 200 € à débattre** (*petite annonce*) for sale: €200 or nearest offer
VT INDIR **débattre de** *ou* **sur** [+ *question*] to discuss, to debate ◆ **les participants au sommet débattront du processus de paix** the participants at the summit will discuss the peace process
VPR **se débattre** (*contre un adversaire*) to struggle (*contre* with); (*contre le courant*) to struggle (*contre* against); (*contre les difficultés*) to struggle (*contre* against; *avec* with), to wrestle (*contre* with) ◆ **se débattre comme un beau diable** *ou* **comme un forcené** to struggle like the very devil *ou* like one possessed

débauchage /deboʃaʒ/ NM (= *licenciement*) laying off, dismissal; [*de salarié d'une autre entreprise*] hiring away, poaching ◆ **il y a eu plusieurs débauchages** (*licenciements*) there were several layoffs, several people were laid off; (*d'autres entreprises*) several people were hired away *ou* poached

débauche /deboʃ/ SYN NF 1 (= *vice*) debauchery ◆ **mener une vie de débauche, vivre dans la débauche** to lead a debauched life *ou* a life of debauchery ◆ **scène de débauche** scene of debauchery ◆ **incitation de mineurs à la débauche** (*Jur*) corruption of minors; → **lieu**[1]
2 (= *abondance*) ◆ **débauche de** profusion *ou* abundance *ou* wealth of ◆ **débauche de couleurs** riot of colour

débauché, e † /deboʃe/ SYN (ptp de **débaucher**)
ADJ [*personne, vie*] debauched
NM,F debauched individual ◆ **c'est un débauché** he leads a debauched life *ou* a life of debauchery

débaucher /deboʃe/ SYN ► conjug 1 ◄
VT 1 (= *embaucher un salarié d'une autre entreprise*) to hire away, to poach (*de* from); [*chasseur de tête*] to head-hunt ◆ **il s'est fait débaucher par un chasseur de tête** he was head-hunted
2 (= *licencier*) to lay off, to make redundant (*Brit*) ◆ **on débauche dans ce secteur** a lot of people are being laid off *ou* made redundant in this sector ◆ **les usines qui débauchent** factories that are laying off workers
3 († = *détourner*) (*du droit chemin*) to debauch, to corrupt; (* : *d'une occupation*) to entice away, to tempt away; (= *inciter à la grève*) to incite to strike
VI (= *sortir du travail*) to stop work for the day, to knock off *

débecter ‡ /debɛkte/ ► conjug 1 ◄ VT (= *dégoûter*) to disgust ◆ **ça me débecte** it makes me sick, it makes me want to throw up * *ou* to puke ‡

débile /debil/ SYN

ADJ 1 (= *stupide* *) *[personne]* moronic *; *[film, discours, raisonnement]* pathetic *, stupid

2 (= *faible*) *[enfant]* sickly, weak; *[corps, membre]* weak, feeble; *[esprit]* feeble; *[santé]* frail, poor

NMF (*Méd*) ◆ **débile mental** (mentally) retarded person ◆ **débile léger/moyen/profond** mildly/moderately/severely (mentally) retarded *ou* handicapped person ◆ **quel débile, celui-là !** (*péj*) what a moron! *

débilitant, e /debilitɑ̃, ɑ̃t/ ADJ (= *anémiant*) *[climat, régime]* debilitating, enervating; (= *déprimant*) *[atmosphère]* demoralizing; (* = *abêtissant*) *[travail]* mind-numbing; *[musique, spectacle]* mindless

débilité /debilite/ NF († = *faiblesse*) debility; (*péj*) *[de propos, attitude]* stupidity ◆ **débilité mentale** mental retardation *ou* deficiency ◆ **enfant atteint d'une débilité légère** mildly (mentally) retarded *ou* handicapped child

débiliter /debilite/ SYN ▸ conjug 1 ◂ VT (= *affaiblir*) *[climat, régime]* to debilitate, to enervate; (= *déprimer*) *[endroit, propos]* to demoralize

débinage * /debinaʒ/ NM knocking *, running down

débine † * /debin/ NF ◆ **être dans la débine** to be hard up, to be on one's uppers * (*Brit*) ◆ **tomber dans la débine** to fall on hard times

débiner * /debine/ ▸ conjug 1 ◂

VT (= *dénigrer*) *[+ personne]* to knock *, to run down

VPR **se débiner** (= *se sauver*) to clear off *

débineur, -euse * /debinœʀ, øz/ NM,F backbiter *

débirentier, -ière /debiʀɑ̃tje, jɛʀ/ NM,F (*Jur*) payer of an annuity

débit /debi/ SYN

NM 1 (*Fin*) debit; *[de relevé de compte]* debit side ◆ **mettre** *ou* **porter 25 € au débit de qn** to debit sb *ou* sb's account with €25, to charge €25 to sb's account ◆ **pouvez-vous me faire le** *ou* **mon débit ?** can I pay for it please?

2 (= *rythme de vente*) turnover (of goods), sales ◆ **cet article a un bon/faible débit** this item sells well/poorly ◆ **n'achète pas ton fromage dans cette boutique, il n'y a pas assez de débit** don't buy your cheese in this shop, there isn't a quick enough turnover

3 *[de fleuve]* (rate of) flow; *[de gaz, électricité]* output; *[de pompe]* flow, outflow; *[de tuyau]* discharge; *[de machine]* output; *[de moyen de transport]* passenger flow; (*Ordin*) *[de données]* output ◆ **il n'y a pas assez de débit au robinet** there is not enough pressure in the tap ◆ **débit cardiaque** (*Méd*) cardiac output ◆ **débit sanguin** blood flow (from the heart) ◆ **le haut débit** high-speed Internet

4 (= *élocution*) delivery ◆ **débit rapide/monotone** rapid/monotonous delivery ◆ **elle a un sacré débit** * she's a real chatterbox, she's a great talker *

5 (*Menuiserie*) cutting up, sawing up

COMP **débit de boissons** (= *petit bar ou café*) bar; (*Admin, terme générique*) drinking establishment
débit de tabac tobacconist's (shop) (*Brit*), tobacco *ou* smoke shop (*US*)

débitable /debitabl/ ADJ *[bois]* which can be sawn *ou* cut up

débitage /debitaʒ/ NM *[de bois]* sawing up, cutting up; *[de viande]* cutting up

débitant, e /debitɑ̃, ɑ̃t/ NM,F ◆ **débitant (de boissons)** ≈ off-license manager (*Brit*), ≈ liquor store manager (*US*) ◆ **débitant (de tabac)** tobacconist (*Brit*), tobacco dealer (*US*)

débiter /debite/ SYN ▸ conjug 1 ◂ VT 1 *[+ personne, compte]* to debit ◆ **j'ai été débité de 300 euros** 300 euros has been debited from my account

2 (*Comm*) *[+ marchandises]* to retail, to sell

3 *[usine, machine]* to produce; (*Ordin*) to output ◆ **ce fleuve/tuyau débite 3 m³/s** the flow of this river/through this pipe is 3 cu m per second

4 (*péj* = *dire*) *[+ sottises, banalités]* to utter, to mouth; *[+ insultes]* to pour forth; *[+ sermon]* to spout, to spiel off * (*US*); *[+ rôle]* to churn out ◆ **il me débita tout cela sans s'arrêter** he poured all that out to me without stopping

5 (= *découper*) *[+ bois]* to cut up, to saw up (*en* into); *[+ viande]* to cut up

débiteur, -trice /debitœʀ, tʀis/

ADJ (*Fin*) *[compte, solde]* debit (*épith*) ◆ **mon compte est débiteur (de 100 €)** my account has a debit balance (of €100) *ou* is (€100) in the red * ◆ **l'organisme débiteur** the organisation that owes the money ◆ **toute personne débitrice paiera des agios** account holders with a debit balance must pay charges

NM,F (*Fin, fig*) debtor ◆ **débiteur-gagiste** (*Jur*) lienee ◆ **être le débiteur de qn** (*lit, fig*) to be indebted to sb, to be in sb's debt

débitmètre /debimɛtʀ/ NM flowmeter

déblai /deblɛ/

NM (= *nettoyage*) clearing; (*Tech* = *terrassement*) earth-moving, excavation

NMPL **déblais** (= *gravats*) rubble, debris (*sg*); (= *terre*) (excavated) earth

déblaiement /deblɛmɑ̃/ NM *[de chemin, espace]* clearing

déblatérer * /deblateʀe/ ▸ conjug 6 ◂ VI to rant and rave (*contre* about) ◆ **déblatérer contre** *ou* **sur** (= *médire*) to go *ou* rant on about *

déblayage /deblɛjaʒ/ NM 1 ⇒ **déblaiement**

2 (*fig*) ◆ **le déblayage d'une question** (doing) the spadework on a question

déblayer /debleje/ SYN ▸ conjug 8 ◂ VT 1 (= *retirer*) *[+ décombres]* to clear away, to remove; *[+ neige]* to clear away; (= *dégager*) *[+ route, porte, espace]* to clear; *[+ pièce]* to clear up, to tidy up; (= *aplanir*) *[+ terrain]* to level off

2 *[+ travail]* to prepare, to do the spadework on ◆ **déblayer le terrain** (*avant des négociations, une réflexion*) to clear the ground *ou* the way ◆ **déblaye (le terrain) !** * (= *déguerpir*) get lost! *, shove off! *, push off! * (*Brit*)

déblocage /deblɔkaʒ/ NM 1 *[de crédits, fonds, aide, marchandises]* releasing; *[de prix, salaires, loyers]* unfreezing; *[de compte]* freeing

2 *[de machine]* unjamming; *[d'écrou, frein]* releasing; *[de route]* unblocking ◆ **ceci a permis le déblocage de la situation/des négociations** this has broken the deadlock in the situation/the negotiations

débloquer /deblɔke/ SYN ▸ conjug 1 ◂

VT 1 *[+ crédits, fonds, aide, marchandises]* to release; *[+ prix, salaires, loyers]* to unfreeze; *[+ compte]* to free

2 *[+ machine]* to unjam; *[+ écrou, freins]* to release; *[+ route]* to unblock; *[+ négociations, situation]* to break the deadlock in

3 ◆ **débloquer qn** (= *le rendre moins timide*) to bring sb out of their shell; (* = *désinhiber*) to rid sb of their complexes *ou* inhibitions

VI * (= *dire des bêtises*) to talk nonsense *ou* rot * (*Brit*); (= *être fou*) to be off one's rocker *

VPR **se débloquer** *[personne]* to loosen up ◆ **la situation commence à se débloquer** things are starting to get moving again

débobiner /debɔbine/ ▸ conjug 1 ◂ VT (*Couture*) to unwind, to wind off; (*Élec*) to unwind, to uncoil

déboguer /debɔge/ ▸ conjug 1 ◂ VT to debug

débogueur /debɔgœʀ/ NM debugger

déboires /debwaʀ/ NMPL (= *déceptions*) disappointments; (= *échecs*) setbacks; (= *ennuis*) trials, difficulties

déboisage /debwazaʒ/, **déboisement** /debwazmɑ̃/ NM *[de montagne, région]* deforestation; *[de forêt]* clearing

déboiser /debwaze/ ▸ conjug 1 ◂ VT *[+ montagne, région]* to deforest; *[+ forêt]* to clear of trees

déboîtement /debwatmɑ̃/ NM 1 (*Méd*) dislocation

2 (*en voiture*) (*du trottoir*) pulling out; (*d'une file*) changing lanes, pulling out

déboîter /debwate/ SYN ▸ conjug 1 ◂

VT *[+ épaule, cheville, mâchoire]* to dislocate; *[+ porte]* to take off its hinges; *[+ tuyaux]* to disconnect; *[+ objet]* to dislodge, to knock out of place ◆ **se déboîter l'épaule** to dislocate one's shoulder

VI (*en voiture*) (*du trottoir*) to pull out; (*d'une file*) to change lanes, to pull out; (*Mil*) to break rank

débonder /debɔ̃de/ SYN ▸ conjug 1 ◂

VT *[+ tonneau]* to remove the bung *ou* stopper from; *[+ baignoire]* to pull the plug out of

VPR **se débonder** *[personne]* to open one's heart, to pour out one's feelings

débonnaire /debɔnɛʀ/ ADJ (= *bon enfant*) easygoing, good-natured; († = *trop bon, faible*) soft, weak ◆ **air débonnaire** kindly appearance

débord /debɔʀ/ NM (= *liseré*) piping (*NonC*)

débordant, e /debɔʀdɑ̃, ɑ̃t/ ADJ 1 *[activité]* exuberant; *[enthousiasme, joie]* overflowing, unbounded; *[imagination]* overactive ◆ **elle était débordante de vie** she was bursting with vitality

2 (*Mil*) ◆ **mouvement débordant** outflanking manoeuvre

débordé, e /debɔʀde/ SYN (ptp de **déborder**) ADJ ◆ **débordé (de travail)** snowed under with work, up to one's eyes in work ◆ **les hôpitaux sont débordés** the hospitals are unable to cope

débordement /debɔʀdəmɑ̃/ SYN

NM 1 *[de rivière, liquide]* overflowing (*NonC*); *[de liquide en ébullition]* boiling over (*NonC*); (*Ordin*) memory overflow; (*Mil, Sport*) outflanking (*NonC*) ◆ **le débordement du parti par la base** the outflanking of the party by the rank and file

2 *[de joie, violence]* outburst; *[d'énergie]* burst; *[de paroles, injures]* torrent, rush; *[d'activité]* explosion ◆ **débordement de vie** bubbling vitality

NMPL **débordements** (= *excès*) excesses ◆ **afin d'éviter les débordements** (*dans une manifestation*) to prevent things from getting out of hand

déborder /debɔʀde/ SYN ▸ conjug 1 ◂

VI 1 *[récipient, liquide]* to overflow; *[fleuve, rivière]* to burst its banks, to overflow; *[liquide bouillant]* to boil over ◆ **les pluies ont fait déborder le réservoir** the rains caused the reservoir to overflow ◆ **faire déborder le lait** to let the milk boil over ◆ **tasse/boîte pleine à déborder** cup/box full to the brim *ou* to overflowing (*de* with) ◆ **l'eau a débordé du vase/de la casserole** the water has overflowed out of the vase/has boiled over ◆ **les vêtements débordaient de la valise** the clothes were spilling out of the suitcase ◆ **la foule débordait sur la chaussée** the crowd was overflowing onto the roadway ◆ **cela a fait déborder le vase, c'est la goutte qui a fait déborder le vase** (*fig*) that was the last straw, that was the straw that broke the camel's back ◆ **son cœur débordait, il fallait qu'il parle** his heart was (full to) overflowing and he just had to speak

2 (*en coloriant, en mettant du rouge à lèvres*) to go over the edge

3 (*fig*) ◆ **déborder de santé** to be bursting with health ◆ **déborder de joie** to be brimming over *ou* bubbling *ou* bursting with joy ◆ **déborder d'activité** *[lieu]* to be bustling *ou* buzzing with activity; *[personne]* to be bursting with vitality ◆ **déborder de vie** to be bursting with vitality ◆ **déborder d'imagination** to be full of imagination ◆ **son cœur débordait de reconnaissance** his heart was overflowing *ou* bursting with gratitude ◆ **il débordait de tendresse pour elle** his heart was overflowing with tenderness for her

VT 1 (= *dépasser*) *[+ enceinte, limites]* to extend beyond; (*Mil, Pol, Sport*) *[+ ennemi]* to outflank ◆ **leur maison déborde les autres** their house juts out from the others ◆ **la nappe doit déborder la table** the tablecloth should hang over the edge of the table ◆ **le conférencier/cette remarque déborde le cadre du sujet** the lecturer/that remark goes beyond the bounds of the subject ◆ **il a débordé (le temps imparti)** he has run over (the allotted time) ◆ **se laisser déborder sur la droite** (*Mil, Pol, Sport*) to allow o.s. to be outflanked on the right ◆ **le service d'ordre s'est laissé déborder** the stewards were unable to cope

2 *[+ couvertures]* to untuck ◆ **déborder qn** to untuck sb *ou* sb's bed

3 (*Couture*) *[+ vêtement]* to remove the border from

VPR **se déborder** ◆ **il s'est débordé en dormant** he *ou* his bed came untucked in his sleep

débosseler /debɔs(ə)le/ ▸ conjug 4 ◂ VT *[+ carrosserie]* to beat *ou* hammer (back) into shape; *[+ chapeau]* (*à coups de poing*) to beat back into shape

débotté /debɔte/ SYN **au débotté** LOC ADV (*littér*) ◆ **je ne peux pas répondre au débotté** I can't answer off the cuff ◆ **prendre qn au débotté** to catch sb unawares, to take sb by surprise ◆ **il m'a reçu au débotté** he received me straight away

débotter /debɔte/ ▸ conjug 1 ◂

VT ◆ **débotter qn** to take off sb's boots

VPR **se débotter** to take one's boots off

débouchage /debuʃaʒ/ NM *[de bouteille]* uncorking, opening; *[de tuyau]* unblocking

débouché /debuʃe/ SYN NM 1 (*gén pl*) (= *marché, créneau*) outlet; (= *carrière*) opening, prospect ◆ **le câble offre de formidables débouchés pour le journalisme d'investigation** cable TV offers great prospects for investigative journalism

2 (= sortie, ouverture) opening ♦ **au débouché de la vallée (dans la plaine)** where the valley opens out (into the plain) ♦ **au débouché de la rue** at the end of the street ♦ **la Suisse n'a aucun débouché sur la mer** Switzerland is landlocked

déboucher /debuʃe/ SYN ► conjug 1 ◄

VT **1** [+ lavabo, tuyau] to unblock

2 [+ bouteille de vin] to uncork, to open; [+ carafe, flacon] to unstopper, to take the stopper out of; [+ tube] to uncap, to take the cap ou top off

VI (= émerger) to emerge, to come out ♦ **déboucher de** [personne, voiture] to emerge from, to come out of ♦ **déboucher sur** ou **dans** [rue] to run into, to open onto ou into; [personne, voiture] to come out onto ou into, to emerge onto ou into ♦ **sur quoi ces études débouchent-elles ?** what does this course lead on to? ♦ **les négociations ont débouché sur une impasse** the talks have reached an impasse ou a dead end ♦ **déboucher sur des mesures concrètes** to result in ou lead to concrete measures ♦ **ne déboucher sur rien** to lead nowhere ♦ **les discussions n'ont pas débouché** the discussions led nowhere

VPR **se déboucher** [bouteille] to come uncorked; [tuyau] to unblock, to come unblocked

déboucheur /debuʃœʀ/ NM caustic cleaner, Liquid Plumber ® (US)

débouchoir /debuʃwaʀ/ NM [de lavabo] plunger, plumber's helper (US)

déboucler /debukle/ ► conjug 1 ◄ VT [+ ceinture] to unbuckle, to undo ♦ **je suis toute débouclée** my hair has all gone straight, the curl has come out of my hair

déboulé /debule/ NM (Danse) déboulé; (Courses) charge ♦ **tirer un lapin au déboulé** (Chasse) to shoot a rabbit as it breaks cover

débouler /debule/ ► conjug 1 ◄

VI **1** [lapin] to bolt

2 (* = surgir) ♦ **attention, les voitures déboulent à toute vitesse ici** watch out, the cars come out of nowhere around here ♦ **le vélo déboula d'une rue adjacente** the bike shot out of a side street ♦ **débouler chez qn** to turn up at sb's home

3 (= dégringoler) to tumble down

VT (* = dévaler) to charge down ♦ **débouler l'escalier** to come charging down the stairs*

déboulonnage /debulɔnaʒ/, **déboulonnement** /debulɔnmɑ̃/ NM **1** (= dévissage) removal of bolts (de from); [de statue] dismantling, taking down

2 * [de personne] (= action de discréditer) discrediting, debunking; (= renvoi) ousting

déboulonner /debulɔne/ ► conjug 1 ◄ VT **1** (= dévisser) to remove the bolts from, to take the bolts out of ♦ **déboulonner la statue de qn** (lit) to dismantle ou take down sb's statue; (fig) to knock sb off their pedestal

2 * [+ personne] (= discréditer) to discredit, to debunk; (= renvoyer) to oust

débouquer /debuke/ ► conjug 1 ◄ VI to emerge from the canal mouth

débourber /debuʀbe/ ► conjug 1 ◄ VT [+ fossé] to clear of mud, to clean out; [+ canal] to dredge; [+ véhicule] to pull out of the mud ♦ **débourber du vin** to decant wine

débourrage /debuʀaʒ/ NM [de cheval] breaking in

débourrement /debuʀmɑ̃/ NM (Agr) opening of buds

débourrer /debuʀe/ ► conjug 1 ◄

VT **1** [+ cheval] to break in

2 [+ cuir] to deburr

3 [+ pipe] to empty

VI [bourgeon] to open out

débours /debuʀ/ NM (= dépense) outlay ♦ **pour rentrer dans ses débours** to recover one's outlay ♦ **sans débours d'argent** without any financial outlay

déboursement /debuʀsəmɑ̃/ NM payment, disbursement (frm)

débourser /debuʀse/ SYN ► conjug 1 ◄ VT to pay out ♦ **sans débourser un sou** without paying out a penny

déboussoler* /debusɔle/ ► conjug 1 ◄ VT to disorientate ♦ **il est complètement déboussolé** he is completely lost ou disorientated

debout /d(ə)bu/ ADV, ADJ INV **1** [personne] (= en position verticale) standing (up); (= levé) up ♦ **être** ou **se tenir debout** to stand ♦ **être debout** (= levé)

to be up; (= guéri) to be up (and about) ♦ **se mettre debout** to stand up, to get up ♦ **il préfère être** ou **rester debout** he prefers to stand ou remain standing ♦ **hier, nous sommes restés debout jusqu'à minuit** yesterday we stayed up till midnight ♦ **il l'aida à se (re)mettre debout** he helped him (back) up, he helped him (back) to his feet ♦ **leur fils se tient debout maintenant** their son can stand (up) now ♦ **le plafond est si bas qu'on ne peut pas se tenir debout** the ceiling is so low that it's impossible to stand upright ♦ **il est très fatigué, il tient à peine debout** he's so tired he can hardly stand ♦ **je ne tiens plus debout** I'm fit ou ready to drop* ♦ **elle est debout toute la journée** she's on her feet all day ♦ **ces gens debout nous empêchent de voir** we can't see because of the people standing in front of us ♦ **debout !** get up!, on your feet! ♦ **debout là-dedans !** * get up, you guys ou you lot! * (Brit) ♦ **il veut mourir debout** (fig) he wants to die on his feet ou with his boots on; → dormir, magistrature, place

2 [bouteille, meuble] (position habituelle) standing up(right); (position inhabituelle) standing (up) on end ♦ **mettre qch debout** to stand sth up(right), to stand sth (up) on end ♦ **les tables, debout le long du mur** the tables, standing (up) on end along the wall ♦ **mets les bouteilles debout** stand the bottles up(right) ♦ **tenir debout** [objet] to stay upright ♦ **je n'arrive pas à faire tenir le livre debout** I can't keep the book upright, I can't make the book stand ou stay up

3 [édifice, mur] standing (attrib) ♦ **ces institutions tiennent** ou **tiennent encore debout** (fig) these institutions are still going ♦ **cette théorie tient debout** this theory holds up ou holds water ♦ **ça ne tient pas debout ce que tu dis** what you say doesn't stand up ♦ **son histoire ne tient pas debout** his story doesn't make sense ou doesn't hold together

débouté /debute/ NM (Jur) ≈ nonsuit

déboutement /debutmɑ̃/ NM (Jur) ≈ nonsuiting

débouter /debute/ ► conjug 1 ◄ VT (Jur) ≈ to nonsuit ♦ **débouter qn de sa plainte** ≈ to nonsuit a plaintiff ♦ **être débouté de sa demande** to be ruled out of court, to see one's case dismissed by the court, ≈ to be nonsuited

déboutonner /debutɔne/ ► conjug 1 ◄

VT to unbutton, to undo

VPR **se déboutonner** SYN **1** [personne] to unbutton ou undo one's jacket (ou coat etc); [vêtement] to come unbuttoned ou undone

2 (* = se confier) to open up*

débraillé, e /debʀaje/ SYN (ptp de **débrailler**)

ADJ [tenue, personne] untidy, slovenly-looking; [manières] slovenly; [style] sloppy, slipshod

NM [de tenue, manières] slovenliness; [de style] sloppiness ♦ **être en débraillé** to be slovenly dressed

débrailler (se)* /debʀaje/ ► conjug 1 ◄ VPR [personne] to loosen one's clothing ♦ **la conversation se débraille** the conversation is getting out of hand

débranchement /debʀɑ̃ʃmɑ̃/ NM (gén) disconnecting; [d'appareil électrique] unplugging, disconnecting; [de wagons] splitting up

débrancher /debʀɑ̃ʃe/ ► conjug 1 ◄

VT [+ appareil électrique] to unplug, to disconnect; [+ prise] to disconnect, to pull out; [+ téléphone, perfusion] to disconnect; [+ wagons] to split up ♦ **ils l'ont débranché** * [+ malade] they switched him off ♦ **quand il commence à en parler, on a du mal à le débrancher** * once he get's going on that subject there's no stopping him

VI * (= ne plus prêter attention) to switch off* ♦ **débranche un peu, tu veux ?** (= arrête de parler, de t'agiter) why don't you give it a break?*

débrayage /debʀɛjaʒ/ NM **1** [de objet] [de voiture] clutch; [d'appareil-photo] release button

2 (= action) [de moteur] disengagement of the clutch, declutching (Brit); [d'appareil-photo] releasing ♦ **faire un double débrayage** to double-declutch

3 (= grève) stoppage

débrayer /debʀeje/ ► conjug 8 ◄

VI **1** (en voiture) to disengage the clutch, to declutch (Brit); (sur une machine) to operate the release mechanism

2 (= faire grève) to stop work, to come out on strike ♦ **le personnel a débrayé à 4 heures** the staff stopped work at 4 o'clock

VT [+ machine] to release

débridé, e /debʀide/ SYN (ptp de **débrider**) ADJ unbridled, unrestrained

débridement /debʀidmɑ̃/ NM [d'instincts] unbridling, unleashing; [de plaie] lancing, incising

débrider /debʀide/ ► conjug 1 ◄ VT [+ cheval] to unbridle; [+ volaille] to untruss; [+ plaie] to lance, to incise ♦ **travailler sans débrider** to work nonstop

débriefer /debʀife/ ► conjug 1 ◄ VT to debrief

débriefing /debʀifiŋ/ NM debriefing ♦ **faire un débriefing** to debrief

débris /debʀi/ SYN NM **1** (pl = morceaux) fragments, pieces; (= décombres) debris (sg); (= détritus) rubbish (NonC) ♦ **des débris de métal** scraps of metal

2 (pl : littér = restes) [de mort] remains; [de plat, repas] left-overs, scraps; [d'armée, fortune] remnants, remnants; [de État] ruins; [d'édifice] ruins, remains

3 (= éclat, fragment) fragment

4 (péj = personne) ♦ **(vieux) débris** old wreck, old dodderer

débrocher /debʀɔʃe/ ► conjug 1 ◄ VT [+ livre] to unbind

débronzer /debʀɔ̃ze/ ► conjug 1 ◄ VI to lose one's tan

débrouillage /debʀujaʒ/ NM [de fils] disentangling, untangling; [d'énigme] unravelling

débrouillard, e /debʀujaʀ, aʀd/ SYN

ADJ (= ingénieux) resourceful; (= malin) smart

NM,F ♦ **c'est un débrouillard** he's resourceful ou smart

débrouillardise /debʀujaʀdiz/, **débrouille*** /debʀuj/ SYN NF (= ingéniosité) resourcefulness; (= astuce) smartness

débrouillement /debʀujmɑ̃/ NM ⇒ **débrouillage**

débrouiller /debʀuje/ SYN ► conjug 1 ◄

VT **1** [+ fils] to disentangle, to untangle; [+ affaire] to sort out; [+ problème] to sort out, to untangle; [+ énigme] to unravel

2 (* = éduquer) ♦ **débrouiller qn** (gén) to teach sb how to look after himself (ou herself); (à l'école) to teach sb the basics ♦ **débrouiller qn en anglais/en informatique** to teach sb the basics ou give sb a grounding in English/computing

VPR **se débrouiller** to manage ♦ **débrouillez-vous** you'll have to manage on your own ou sort things out yourself ♦ **il m'a laissé me débrouiller tout seul** he left me to cope alone ou on my own ♦ **il a fallu qu'il se débrouille tout seul dans la vie** he had to cope on his own, he had to fend for himself ♦ **il s'est débrouillé pour obtenir la permission d'y aller** he somehow managed to get permission to go, he wangled* permission to go ♦ **c'est toi qui as fait l'erreur, maintenant débrouille-toi pour la réparer** you made the mistake so now you can sort it out yourself ♦ **il faudra bien nous en débrouiller** we'll have to sort it out ♦ **pour les boissons, je me débrouillerai avec mon frère** I'll look after ou I'll organize the drinks with my brother ♦ **elle se débrouille en allemand*** she can get by in German ♦ **il se débrouille bien en anglais** * he gets by fairly well in English ♦ **elle se débrouille bien** * (= elle gagne bien sa vie) she does well for herself

débroussaillage /debʀusajaʒ/, **débroussaillement** /debʀusajmɑ̃/ NM [de terrain] clearing (de of); [de problème] spadework (de on)

débroussailler /debʀusaje/ SYN ► conjug 1 ◄ VT [+ terrain] to clear (of brushwood); [+ problème] to do the spadework on

débroussailleuse /debʀusajøz/ NF edge trimmer, Strimmer ® (Brit), weedeater ® (US)

débuché, débucher¹ /debyʃe/ NM [d'animal] break of cover; [sonnerie] sounding of the horn at break of cover

débucher² /debyʃe/ ► conjug 1 ◄

VI [animal] to break cover

VT to force to break cover

débudgétisation /debydʒetizasjɔ̃/ NF debudgeting

débudgétiser /debydʒetize/ ► conjug 1 ◄ VT to debudget

débureaucratiser /debyʀokʀatize/ ► conjug 1 ◄ VT to do away with the bureaucracy of

débusquer /debyske/ ► conjug 1 ◄ VT [+ lièvre, cerf] to drive out (from cover); [+ oiseau] to flush out, to drive out (from cover); [+ personne] to flush out

début | décapuchonner

début /deby/ SYN
- **NM** beginning, start; *[de discours]* beginning, opening ◆ **le chômage augmente, et ce n'est qu'un début** unemployment is getting worse, and it's only the beginning ◆ **ce n'est pas mal pour un début** it's not bad for a first attempt ◆ **j'ai un début de grippe** I've got the beginnings ou first signs of the flu ◆ **l'incident a déclenché un début de panique** the incident caused some initial panic ◆ **trouver un début de solution** to find the beginnings of a solution ◆ **il y a** ou **il faut un début à tout** there's a first time for everything ◆ **début mai** at the beginning of May, in early May ◆ **dès le début** from the outset ou the start ou the (very) beginning ◆ **du début à la fin** from beginning to end, from start to finish ◆ **en début de soirée** early on in the evening ◆ **salaire de début** starting salary ◆ **les scènes du début sont très belles** the opening scenes are very beautiful
- ◆ **au + début** ◆ **au début** at first, in ou at the beginning ◆ **au début du mois prochain** early next month, at the beginning of next month ◆ **au tout début du siècle** right at the beginning of the century, at the very beginning of the century
- **NMPL débuts** ◆ **ses débuts furent médiocres** he made an indifferent start ◆ **à mes débuts (dans ce métier)** when I started (in this job) ◆ **ce projet n'en est qu'à ses débuts** the project is still in its early stages ◆ **faire ses débuts dans le monde** to make one's début in society ◆ **faire ses débuts sur la scène** to make one's début ou one's first appearance on the stage

débutant, e /debytɑ̃, ɑ̃t/ SYN
- **ADJ** novice (épith)
- **NM,F** (gén) beginner, novice; (Théât) debutant actor ◆ **cours pour débutants** beginners' course ◆ **grand/faux débutant en anglais** absolute/false beginner in English
- **NF débutante** (Théât) debutant actress; (dans la haute société) debutante

débuter /debyte/ SYN ► conjug 1 ◄
- **VI** ① *[personne]* to start (out) ◆ **débuter bien/mal** to make a good/bad start, to start well/badly ◆ **il a débuté (dans la vie) comme livreur** he started (life) as a delivery boy ◆ **elle a débuté dans mon film** she made her début ou her first appearance in my film ◆ **il débute (dans le métier), soyez indulgent** he is just starting (in the business) so don't be too hard on him ◆ **l'orateur a débuté par des excuses** the speaker started (off) ou began ou opened by apologizing ◆ **débuter dans le monde** to make one's début in society ◆ **pour débuter** to start (off) with
- ② *[livre, concert, manifestation]* to start, to begin, to open (par, sur with)
- **VT** *[+ semaine, réunion, discours]* to start, to begin, to open (par, sur with) ◆ **il a bien débuté l'année** he has begun ou started the year well

deçà /dəsa/ ADV ◆ **en deçà de** (= de ce côté-ci de) (on) this side of; (= en dessous de) *[+ limite, prévisions]* below ◆ **en deçà du fleuve/de la montagne** this side of the river/of the mountain ◆ **tu vois la rivière, sa maison se trouve en deçà** you see the river – his house is this side of it ◆ **en deçà d'une certaine intensité, on ne peut plus rien entendre** below a certain intensity, one can no longer hear anything ◆ **ce qu'il dit est très** ou **bien en deçà de la vérité** what he says is well short of the truth ◆ **en deçà de ses moyens** within his means ◆ **deçà, delà** †† here and there

déca* /deka/ NM (abrév de **décaféiné**) decaf*

déca- /deka/ PRÉF deca-

décabosser /dekabɔse/ ► conjug 1 ◄ VT *[+ chapeau]* (à coups de poing) to beat back into shape; *[+ carrosserie]* to beat ou hammer (back) into shape

décachetage /dekaʃtaʒ/ NM unsealing, opening

décacheter /dekaʃ(ə)te/ ► conjug 4 ◄ VT *[+ lettre]* to unseal, to open

décade /dekad/ NF (= dix jours) period of ten days; (= décennie) decade

décadenasser /dekadnase/ ► conjug 1 ◄ VT *[+ porte]* to unpadlock, to remove the padlock from

décadence /dekadɑ̃s/ SYN NF (= processus) decline, decadence; (= état) decadence ◆ **la décadence de l'empire romain** the decline of the Roman empire ◆ **tomber en décadence** to fall into decline; → **grandeur**

décadent, e /dekadɑ̃, ɑ̃t/ SYN
- **ADJ** decadent
- **NM,F** decadent

décaèdre /dekaɛdʀ/
- **ADJ** decahedral
- **NM** decahedron

décaféiné, e /dekafeine/ (ptp de **décaféiner**)
- **ADJ** decaffeinated, caffeine-free
- **NM** decaffeinated coffee

décaféiner /dekafeine/ ► conjug 1 ◄ VT to decaffeinate

décagonal, e (mpl -aux) /dekagɔnal, o/ ADJ decagonal

décagone /dekagon/ NM decagon

décagramme /dekagʀam/ NM decagram(me)

décaissement /dekɛsmɑ̃/ NM payment, disbursement

décaisser /dekese/ ► conjug 1 ◄ VT *[+ argent]* to pay out; *[+ objet]* to uncrate, to unpack

décalage /dekalaʒ/
- **NM** ① (= écart) gap, interval; (entre deux concepts) gap, discrepancy; (entre deux actions successives) interval, time-lag (entre between) ◆ **le décalage entre le rêve et la réalité** the gap between dream and reality ◆ **il y a un décalage entre le coup de feu et le bruit de la détonation** there is an interval ou a time-lag between firing and the sound of the shot ◆ **ses créations sont en décalage avec son époque/par rapport aux tendances actuelles** (fig) his designs are out of step with the times/with contemporary trends
- ② (= déplacement) move forward ou back ◆ **il y a eu un décalage d'horaire/de date pour cette réunion** (avance) the time/date of this meeting has been brought forward; (retard) the time/date of this meeting has been put back
- ③ (dans l'espace) (= avancée) jutting out; (= retrait) standing back; (= déplacement) *[de meuble, objet]* shifting forward ou back
- **COMP décalage horaire** time difference ◆ **le décalage horaire entre l'est et l'ouest des USA** the time difference between the east and west of the USA ◆ **décalage horaire (en avion)** jet lag ◆ **mal supporter le décalage horaire** to suffer from jet lag

décalaminage /dekalaminaʒ/ NM decarbonization, decoking (Brit)

décalaminer /dekalamine/ ► conjug 1 ◄ VT to decarbonize, to decoke (Brit)

décalcifiant, e /dekalsifjɑ̃, jɑ̃t/ ADJ decalcifying (épith)

décalcification /dekalsifikasjɔ̃/ NF decalcification

décalcifier VT, **se décalcifier** VPR /dekalsifje/ ► conjug 7 ◄ to decalcify

décalcomanie /dekalkomani/ NF transfer, decal ◆ **faire des décalcomanies** to do transfers

décalé, e /dekale/ (ptp de **décaler**) ADJ ① (= non conventionnel) *[humour]* quirky, off-beat; *[image]* unconventional, off-beat; *[personne]* (marginal) unconventional; (en retard sur son temps) out of touch ◆ **il est complètement décalé par rapport à la réalité** he's completely out of touch with reality
- ② (= irrégulier) *[horaire]* irregular

décaler /dekale/ SYN ► conjug 1 ◄
- **VT** ① *[+ horaire, départ, repas]* (= avancer) to bring ou move forward; (= retarder) to put back ◆ **décalé d'une heure** (= avancé) brought ou moved forward an hour; (= retardé) put back an hour
- ② *[+ pupitre, meuble]* (= avancer) to move ou shift forward; (= reculer) to move ou shift back ◆ **décale le tableau (de 20 cm) vers la droite** move the picture (20 cm) to the right ◆ **une série d'immeubles décalés par rapport aux autres** a row of buildings out of line with ou jutting out from the others
- ③ (= déséquilibrer) ◆ **le buffet est décalé** the sideboard isn't straight
- **VPR se décaler** *[rythme]* to go out of sync* ◆ **décalez-vous d'un rang** move forward (ou back) a row ◆ **décalez-vous d'une place** move up a seat

décalitre /dekalitʀ/ NM decalitre (Brit), decaliter (US)

décalogue /dekalog/ NM Decalogue

décalotter /dekalɔte/ ► conjug 1 ◄ VT (gén) to take the top off ◆ **décalotter le pénis** to pull back the foreskin

décalquer /dekalke/ ► conjug 1 ◄ VT (= reproduire) (avec papier transparent) to trace; (par pression, à chaud) to transfer; (fig = imiter) to copy

décalvant, e /dekalvɑ̃, ɑ̃t/ ADJ causing baldness

décamètre /dekamɛtʀ/ NM decametre (Brit), decameter (US)

décamper* /dekɑ̃pe/ SYN ► conjug 1 ◄ VI (= déguerpir) to clear out* ou off* ◆ **décampez d'ici !** clear off!*, scram!‡ ◆ **faire décamper qn** to chase sb out (de from)

décan /dekɑ̃/ NM (Astrol) decan

décanal, e (mpl -aux) /dekanal, o/ ADJ decanal

décanat /dekana/ NM (= dignité, durée) deanship

décaniller‡ /dekanije/ ► conjug 1 ◄ VI (= partir) to clear out* ou off* ◆ **il nous a fait décaniller** he sent us packing* (de from)

décantation /dekɑ̃tasjɔ̃/ NF *[de liquide, vin]* settling (and decanting) ◆ **bassin de décantation** settling ou sedimentation tank

décanter /dekɑ̃te/ ► conjug 1 ◄
- **VT** *[+ liquide, vin]* to settle, to allow to settle (and decant) ◆ **il faut laisser décanter ce liquide pendant une nuit** this liquid must be allowed to settle overnight ◆ **décanter ses idées** to allow the dust to settle around one's ideas
- **VPR se décanter** *[liquide, vin]* to settle; *[idées]* to become clear ◆ **il faut laisser les choses se décanter, après on verra** we'll have to let things clarify themselves ou we'll have to allow the dust to settle and then we'll see ◆ **attendre que la situation se décante** to wait until the situation becomes clearer

décanteur /dekɑ̃tœʀ/ NM *[de station d'épuration]* settling ou sedimentation tank

décapage /dekapaʒ/ NM (gén) cleaning, cleansing; (à l'abrasif) scouring; (à l'acide) pickling; (à la brosse) scrubbing; (au papier de verre) sanding; (à la sableuse) sandblasting; (au chalumeau) burning off; *[de peinture]* stripping

décapant, e /dekapɑ̃, ɑ̃t/ SYN
- **ADJ** *[produit]* abrasive, caustic; *[humour, critique]* scathing, caustic
- **NM** (= abrasif) scouring agent, abrasive; (pour peinture, vernis) paint stripper; (= acide) pickle, acid solution

décapeler /dekap(ə)le/ ► conjug 4 ◄ VT to unrig

décaper /dekape/ SYN ► conjug 1 ◄ VT (gén) to clean, to cleanse; (à l'abrasif) to scour; (à l'acide) to pickle; (à la brosse) to scrub; (au papier de verre) to sand; (à la sableuse) to sandblast; (au chalumeau) to burn off; (= enlever la peinture) to strip ◆ **décapez d'abord la surface pour enlever la rouille** first scrub the surface to remove the rust ◆ **un savon qui décape la peau** an abrasive soap ◆ **un humour qui décape*** scathing ou caustic humour ◆ **ça décape !*** it's strong stuff!

décapeur, -euse /dekapœʀ, øz/
- **NM,F** (= personne) pickler
- **NM** ◆ **décapeur (thermique)** (thermal) pickling machine
- **NF décapeuse** scraper

décapitation /dekapitasjɔ̃/ NF *[de personne]* beheading

décapiter /dekapite/ SYN ► conjug 1 ◄ VT *[+ personne]* to behead; (accidentellement) to decapitate; *[+ arbre]* to top, to cut the top off ◆ **la police a décapité un réseau terroriste** the police have arrested the ringleaders of a terrorist network ◆ **à la suite de l'attentat le parti s'est trouvé décapité** the party was left leaderless ou without a leader as a result of the attack

décapode /dekapɔd/ NM decapod ◆ **les décapodes** the Decapoda

Décapole /dekapɔl/ NF Decapolis

décapotable /dekapɔtabl/ ADJ, NF ◆ **(voiture) décapotable** convertible

décapoter /dekapɔte/ ► conjug 1 ◄ VT ◆ **décapoter une voiture** to put down the top ou roof (Brit) of a car

décapsulage /dekapsylaʒ/ NM taking the cap ou top off

décapsulation /dekapsylasjɔ̃/ NF decapsulation

décapsuler /dekapsyle/ ► conjug 1 ◄ VT
① *[+ bouteille]* to take the cap ou top off
② (Méd) *[+ rein]* to decapsulate

décapsuleur /dekapsylœʀ/ NM bottle-opener

décapuchonner /dekapyʃɔne/ ► conjug 1 ◄ VT to remove the top ou cap from

décarbonater /dekaʀbɔnate/ ▸ conjug 1 ◂ VT to decarbonate

décarboxylase /dekaʀbɔksilɑz/ NF decarboxylase

décarburant, e /dekaʀbyʀɑ̃, ɑ̃t/ ADJ decarbonizing (épith)

décarburation /dekaʀbyʀasjɔ̃/ NF decarbonization

décarburer /dekaʀbyʀe/ ▸ conjug 1 ◂ VT to decarbonize

décarcasser (se)* /dekaʀkase/ ▸ conjug 1 ◂ VPR to go to a lot of trouble (*pour faire* to do) ◆ **si tu veux des tickets, il faut que tu te décarcasses** if you want to get tickets, you'd better get a move on *

décarreler /dekaʀle/ ▸ conjug 4 ◂ VT to remove the tiles from

décarrer‡ /dekaʀe/ ▸ conjug 1 ◂ VI to split*, to make tracks*, to hit the road*

décartellisation /dekaʀtelizasjɔ̃/ NF decartelization

décasyllabe /dekasi(l)lab/
 ADJ decasyllabic
 NM decasyllable

décasyllabique /dekasi(l)labik/ ADJ decasyllabic

décathlon /dekatlɔ̃/ NM decathlon

décathlonien /dekatlɔnjɛ̃/ NM decathlete

décati, e /dekati/ ADJ (*péj*) [*vieillard*] decrepit; [*visage*] aged; [*beauté*] faded; [*immeuble, façade*] shabby-looking

décatir /dekatiʀ/ ▸ conjug 2 ◂
 VT [+ *étoffe*] to remove the gloss from
 VPR **se décatir** [*personne*] to become decrepit

décauser /dekoze/ ▸ conjug 1 ◂ VT (*Belg*) to denigrate, to run down

decauville /dəkovil/ NM single-track railway (*used in mines*)

décavé, e /dekave/ ADJ ① (= *ruiné*) [*joueur*] ruined, cleaned out *; [*banquier*] ruined
 ② (* = *hâve*) [*visage*] haggard, drawn

decca /deka/ NM Decca navigator

décéder /desede/ SYN GRAMMAIRE ACTIVE 24.4 ▸ conjug 6 ◂ VI (*frm*) to die ◆ **M. Leblanc, décédé le 14 mai** Mr Leblanc, who died on 14 May ◆ **il est décédé depuis 20 ans** he died 20 years ago, he's been dead 20 years ◆ **les biens des personnes décédées** the property of deceased persons *ou* of those who have died

décelable /des(ə)labl/ ADJ detectable

déceler /des(ə)le/ SYN ▸ conjug 5 ◂ VT ① (= *repérer*) to detect ◆ **on a décelé des traces de poison** traces of poison have been detected ◆ **on peut déceler dans ce poème l'influence germanique** the Germanic influence can be discerned *ou* detected in this poem
 ② (= *indiquer*) to indicate, to reveal

décélération /deseleʀasjɔ̃/ NF [*de véhicule*] deceleration ◆ **la décélération de la croissance économique** the slowdown *ou* deceleration of economic growth

décélérer /deseleʀe/ ▸ conjug 1 ◂ VI [*véhicule*] to decelerate; [*investissements, rythme*] to slow down

décembre /desɑ̃bʀ/ NM December ; *pour loc voir* **septembre**

décemment /desamɑ̃/ ADV [*vivre, se nourrir*] decently, properly; [*se conduire*] decently ◆ **je ne peux décemment pas accepter** it wouldn't be right for me *ou* proper of me to accept

décemvir /desɛmviʀ/ NM decemvir

décemvirat /desɛmviʀa/ NM decemvirate

décence /desɑ̃s/ SYN NF (= *bienséance*) decency, propriety; (= *réserve*) (sense of) decency ◆ **il aurait pu avoir la décence de...** he could *ou* might have had the decency to...

décennal, e /desenal, o/ ADJ (mpl -aux) decennial ◆ **garantie décennale** ten-year guarantee

décennie /deseni/ NF decade

décent, e /desɑ̃, ɑ̃t/ SYN ADJ (= *bienséant*) decent, proper; (= *discret, digne*) proper; (= *acceptable*) [*logement, salaire*] decent; [*prix*] reasonable, fair ◆ **je vais mettre une robe pour être un peu plus décente** I'm going to put on a dress to look a bit more decent ◆ **il eût été plus décent de refuser** it would have been more proper to refuse

décentrage /desɑ̃tʀaʒ/ NM (*gén*) decentring (*Brit*), decentering (*US*); (*Opt*) decentration

décentralisateur, -trice /desɑ̃tʀalizatœʀ, tʀis/
 ADJ decentralizing (*épith*), decentralization (*épith*)
 NM,F advocate of decentralization

décentralisation /desɑ̃tʀalizasjɔ̃/ NF (*gén, Pol*) decentralization

décentraliser /desɑ̃tʀalize/ SYN ▸ conjug 1 ◂
 VT [+ *administration, décisions*] to decentralize
 VPR **se décentraliser** [*d'usine*] to be decentralized

décentration /desɑ̃tʀasjɔ̃/ NF, **décentrement** /desɑ̃tʀəmɑ̃/ NM (*Opt*) decentration; (= *action*) decentring (*Brit*), decentering (*US*), throwing off centre

décentrer /desɑ̃tʀe/ ▸ conjug 1 ◂
 VT to decentre (*Brit*), to decenter (*US*), to throw off centre
 VPR **se décentrer** to move off centre

déception /desɛpsjɔ̃/ SYN NF disappointment ◆ **c'est la plus grande déception de ma carrière** it's the worst disappointment of my whole career ◆ **déception sentimentale** unhappy love affair ◆ **j'ai eu la déception de voir que...** I was disappointed to see that...

⚠ **déception** ne se traduit pas par le mot anglais **deception**, qui a le sens de 'duperie'.

décérébration /deseʀebʀasjɔ̃/ NF (*Physiol*) decerebration

décérébrer /deseʀebʀe/ ▸ conjug 6 ◂ VT (*lit*) to decerebrate; (*fig*) to make moronic

décernement /desɛʀnəmɑ̃/ NM awarding

décerner /desɛʀne/ SYN ▸ conjug 1 ◂ VT ① [+ *prix, récompense*] to give, to award; [+ *titre*] to award
 ② (*Jur*) [+ *mandat d'arrêt, de dépôt*] to issue

décervelage /desɛʀvəlaʒ/ NM (= *abrutissement*) making moronic; (= *lavage de cerveau*) brainwashing ◆ **l'entreprise de décervelage menée par la télévision** the way television turns people into morons

décerveler /desɛʀvəle/ ▸ conjug 4 ◂ VT (= *abrutir*) to make moronic; (= *laver le cerveau de*) to brainwash ◆ **machine à décerveler** (*allusion littéraire*) debraining machine; (*péj*) propaganda machine

décès /desɛ/ GRAMMAIRE ACTIVE 24.4 SYN NM death ◆ « **fermé pour cause de décès** » "closed owing to bereavement"; → **acte**

décevant, e /des(ə)vɑ̃, ɑ̃t/ ADJ disappointing

décevoir /des(ə)vwaʀ/ SYN ▸ conjug 28 ◂ VT [+ *personne*] to disappoint ◆ **êtes-vous déçu par le nouveau président ?** are you disappointed in the new president? ◆ **nous avons été très déçus de notre score face à la Nouvelle-Zélande** we were very disappointed by our score against New Zealand ◆ **ils ont été déçus de voir que la France refusait de les accueillir** they were disappointed to find that France would not receive them ◆ **le nouveau gouvernement n'a pas déçu** the new government has not been disappointing ◆ **je ne veux pas décevoir vos espoirs** I don't want to dash your hopes ◆ **le gouvernement a déçu l'attente de l'opinion publique** the government failed to meet the public's expectations ◆ **décevoir en bien** (*Helv*) to turn out better than expected; → **déçu**

⚠ **décevoir** ne se traduit pas par **to deceive**, qui a le sens de 'tromper'.

déchaîné, e /deʃene/ SYN (ptp de **déchaîner**) ADJ [*flots, éléments*] raging; [*passion*] unbridled, raging; [*personne*] wild; [*foule*] raging, wild; [*opinion publique*] furious ◆ **il est déchaîné contre moi** he is furious with me

déchaînement /deʃɛnmɑ̃/ SYN NM ① [*de fureur, passions, haine*] outburst, explosion ◆ **l'événement a provoqué un déchaînement de violence** the incident triggered an outburst of violence
 ② (= *colère, violence*) raging fury ◆ **un tel déchaînement contre son fils** such an outburst of fury at his son ◆ **les déchaînements des médias/du public contre la réforme** angry outbursts from the media/the public against the reform

déchaîner /deʃene/ SYN ▸ conjug 1 ◂
 VT ① [+ *tempête, violence, passions, colère*] to unleash; [+ *enthousiasme*] to arouse; [+ *opinion publique*] to rouse ◆ **déchaîner l'hilarité générale** to cause great *ou* much hilarity ◆ **déchaîner les huées/les cris/les rires** to raise a storm of booing/shouting/laughter ◆ **déchaîner les critiques** to unleash a barrage of criticism
 ② [+ *chien*] to unchain, to let loose
 VPR **se déchaîner** [*fureur, passions*] to explode; [*personne*] to fly into a rage; [*foule*] to go wild ◆ **il s'est déchaîné contre elle** he blew up at her *ou* let fly at her ◆ **la presse se déchaîna contre lui/cette décision** the press railed against him/the decision ◆ **la tempête se déchaînait** the storm was raging furiously

déchant /deʃɑ̃/ NM (*Mus*) descant

déchanter /deʃɑ̃te/ ▸ conjug 1 ◂ VI to become disillusioned *ou* disenchanted ◆ **il commence à déchanter** he is becoming (somewhat) disillusioned *ou* disenchanted

décharge /deʃaʀʒ/ SYN NF ① **décharge (électrique)** electrical discharge ◆ **il a pris une décharge (électrique) dans les doigts** he got an electric shock in his fingers ◆ **décharge d'adrénaline** (*Physiol*) rush of adrenalin ◆ **décharge émotionnelle** (*Psych*) emotional release
 ② (= *salve*) volley of shots, salvo ◆ **on entendit le bruit de plusieurs décharges** a volley of shots was heard ◆ **il a reçu une décharge de chevrotines dans le dos** he was hit in the back by a volley of buckshot
 ③ (= *libération*) (*Jur*) discharge; (*Hôpital*) (= *action*) discharge; (= *document*) discharge form ◆ **décharge (de service)** (*Scol*) reduction in teaching load ◆ **il faut dire à sa décharge que...** (*fig*) it must be said in his defence that...; → **témoin**
 ④ (= *reçu*) receipt ◆ **je vais signer la décharge pour ce colis** I'll sign the receipt for this parcel
 ⑤ (= *dépôt*) ◆ **décharge (publique** *ou* **municipale)** rubbish tip *ou* dump (*Brit*), garbage dump (*US*) ◆ **la mise en décharge des déchets toxiques** the dumping of toxic waste; → **sauvage**
 ⑥ (*Typographie*) offset sheet
 ⑦ (*Archit*) **voûte/arc de décharge** relieving *ou* discharging vault/arch

déchargement /deʃaʀʒəmɑ̃/ NM [*de cargaison, véhicule, arme*] unloading ◆ **commencer le déchargement d'un véhicule** to start unloading a vehicle

décharger /deʃaʀʒe/ SYN ▸ conjug 3 ◂
 VT ① [+ *véhicule, animal*] to unload; [+ *bagages, marchandises*] to unload (*de* from) ◆ **je vais vous décharger : donnez-moi vos sacs/votre manteau** let me take your bags/your coat off you
 ② (= *soulager*) [+ *conscience, cœur*] to unburden, to disburden (*auprès de* to) ◆ **décharger sa colère** *ou* **bile** (*littér*) to vent one's anger *ou* spleen (*sur qn* (up)on sb)
 ③ (*Jur*) ◆ **décharger un accusé** to discharge an accused person
 ④ ◆ **décharger qn de** [+ *dette*] to release sb from; [+ *impôt*] to exempt sb from; [+ *responsabilité, fonction, tâche*] to relieve sb of *ou* from ◆ **le juge a demandé à être déchargé du dossier** the judge asked to be taken off the case
 ⑤ [+ *arme*] (= *enlever le chargeur*) to unload; (= *tirer*) to discharge, to fire ◆ **il déchargea son revolver sur la foule** he emptied his revolver into the crowd
 ⑥ (*Élec*) to discharge
 ⑦ (*Tech*) [+ *bassin*] to drain off the excess from; [+ *support, étai*] to take the load *ou* weight off
 VI ① [*tissu*] to lose its colour
 ② (‡ = *éjaculer*) to come‡, to shoot one's load‡
 VPR **se décharger** ① (*Élec*) [*pile, batterie*] to run down, to go flat
 ② ◆ **se décharger de** [+ *responsabilité, problème*] to offload, to pass off (*sur qn* onto sb) ◆ **il s'est déchargé sur moi du soin de prévenir sa mère** he offloaded the job of telling his mother onto me
 ③ (= *être expulsé*) ◆ **l'excès de vapeur d'eau se décharge dans l'atmosphère** excess steam is released into the atmosphere

décharné, e /deʃaʀne/ (ptp de **décharner**) ADJ [*corps, membre*] all skin and bone (*attrib*), emaciated; [*doigts*] bony, fleshless; [*visage*] fleshless, emaciated; [*squelette*] fleshless; (*fig*) [*paysage*] bare; [*style*] bald

décharner /deʃaʀne/ ▸ conjug 1 ◂ VT (= *amaigrir*) to emaciate ◆ **cette maladie l'a complètement décharné** this illness has left him completely emaciated

déchaumer /deʃome/ ▸ conjug 1 ◂ VT to clear the stubble from

déchaussé, e /deʃose/ (ptp de **déchausser**) ADJ [*personne*] barefoot(ed); [*pied*] bare; [*carmélite*] discalced (*frm*); [*dent, pavé*] loose; [*mur*] exposed

déchaussement /deʃosmɑ̃/ NM *[de dent]* loosening

déchausser /deʃose/ ▸ conjug 1 ◂
VT *[+ arbre]* to expose the roots of; *[+ mur]* to lay bare the foundations of ◆ **déchausser un enfant** to take a child's shoes off ◆ **déchausser ses skis** to take one's skis off
VI *(Ski)* to lose one's skis
VPR **se déchausser** *[personne]* to take one's shoes off; *[skieur]* to take one's skis off; *[dents]* to come *ou* work loose

déchaux /deʃo/ ADJ M *(Rel)* discalced

dèche* /dɛʃ/ NF ◆ **on est dans la dèche, c'est la dèche** we're flat broke*

déchéance /deʃeɑ̃s/ SYN NF 1 *(morale)* decay, decline; *(intellectuelle)* intellectual decline *ou* degeneration; *(physique)* degeneration; *(Rel)* fall; *[de civilisation]* decline, decay
2 *(Pol) [de souverain]* deposition, dethronement ◆ **déchéance de l'autorité parentale** *(Jur)* loss of parental rights
3 *(Fin)* ◆ **remboursement par déchéance du terme** repayment by acceleration

déchet /deʃɛ/ SYN
NM 1 *(= reste) [de viande, tissu, métal]* scrap
2 *(gén, Comm = perte)* waste, loss ◆ **il y a du déchet** *(dans une marchandise)* there is some waste *ou* wastage; *(dans un examen)* there are (some) failures, there is (some) wastage (of students) *(Brit)*; *(viande)* there's a lot of waste ◆ **déchet de route** loss in transit
3 *(péj) (= raté)* failure, wash-out*, dead loss*; *(= épave)* wreck, dead-beat* ◆ **les déchets de l'humanité** the dregs *ou* scum of the earth
NMPL **déchets** *(= restes, résidus) [de viande, métal, tissu]* scraps; *(= épluchures)* peelings; *(= ordures)* waste *(NonC)*, refuse *(NonC)*, rubbish *(NonC)* *(Brit)*; *(Physiol)* waste *(NonC)* ◆ **déchets domestiques/industriels** household/industrial waste *ou* wastes *(US)* ◆ **déchets nucléaires/radioactifs/toxiques** nuclear/radioactive/toxic waste

déchetterie /deʃɛtʀi/ NF waste collection centre *ou* site

déchiffonner /deʃifɔne/ ▸ conjug 1 ◂ VT to smooth out, to uncrease ◆ **sa robe s'est déchiffonnée toute seule** the creases have come out of her dress (on their own)

déchiffrable /deʃifʀabl/ ADJ *[message, écriture]* decipherable; *[code]* decodable, decipherable

déchiffrage /deʃifʀaʒ/, **déchiffrement** /deʃifʀəmɑ̃/ NM *[de message, hiéroglyphe]* deciphering; *[de code]* decoding; *[de code-barres]* scanning; *[d'écriture]* deciphering; *(Mus)* sight-reading

déchiffrer /deʃifʀe/ SYN ▸ conjug 1 ◂ VT *[+ message, hiéroglyphe]* to decipher; *[+ code]* to decode; *[+ code-barres]* to scan; *[+ écriture]* to make out, to decipher; *(Mus)* to sight-read; *[+ énigme]* to unravel, to fathom; *[+ avenir]* to read; *[+ sentiment]* to read, to make out

déchiffreur, -euse /deʃifʀœʀ, øz/ NM,F *[de code]* decoder; *[d'inscriptions, message]* decipherer

déchiqueté, e /deʃikte/ (ptp de **déchiqueter**) ADJ *[montagne, relief, côte]* jagged, ragged; *[feuille]* jagged(-edged); *[corps]* mutilated

déchiqueter /deʃikte/ SYN ▸ conjug 4 ◂ VT *[+ papier, tissu]* to tear to pieces *ou* shreds; *[+ viande, victime]* to pull *ou* tear to pieces ◆ **elle a été déchiquetée par le train/l'explosion** she was mangled by the train/blown to pieces by the explosion ◆ **déchiqueté par un lion** mauled *ou* savaged by a lion

déchiqueteur /deʃiktœʀ/ NM, **déchiqueteuse** /deʃik(ə)tøz/ NF *(= machine)* shredder

déchiqueture /deʃik(ə)tyʀ/ NF *[de tissu]* slash; *[de feuille]* notch ◆ **déchiquetures** *[de côte, montagne]* jagged *ou* ragged outline

déchirant, e /deʃiʀɑ̃, ɑ̃t/ SYN ADJ *[cri, spectacle]* heartrending, harrowing; *[adieux]* heartbreaking

déchiré, e* /deʃiʀe/ (ptp de **déchirer**) ADJ ◆ **il était complètement déchiré** *(= ivre, drogué)* he was completely ripped*

déchirement /deʃiʀmɑ̃/ SYN NM 1 *[de tissu]* tearing, ripping; *[de muscle, tendon]* tearing
2 *(= peine)* wrench, heartbreak ◆ **pour lui, l'exil fut un véritable déchirement** exile was a heartrending experience for him
3 ◆ **déchirements** *(= divisions)* rifts, splits

déchirer /deʃiʀe/ SYN ▸ conjug 1 ◂
VT 1 *(= mettre en morceaux) [+ papier, lettre]* to tear up, to tear to pieces; *(= faire un accroc à) [+ vêtement]* to tear, to rip; *(= arracher) [+ page]* to tear out *(de* from); *(= ouvrir) [+ sac, enveloppe]* to tear open; *[+ bande de protection]* to tear off; *(= mutiler) [+ corps]* to tear to pieces ◆ **déchirer un papier/tissu en deux** to tear a piece of paper/cloth in two *ou* in half
2 *(fig)* ◆ **leurs cris déchirèrent le silence** their cries pierced the silence ◆ **ce bruit me déchire les oreilles** that noise is ear-splitting ◆ **la toux lui déchirait la poitrine** his chest was racked by a terrible cough ◆ **un spectacle qui déchire (le cœur)** a heartrending *ou* harrowing sight ◆ **elle est déchirée par le remords/la douleur** she is torn by remorse/racked by pain ◆ **les dissensions continuent à déchirer le pays** the country continues to be torn (apart) by dissension, dissension is still tearing the country apart ◆ **déchirer qn à belles dents** to tear *ou* pull sb to pieces ◆ **ça déchire !*** *(= c'est génial)* it's great!
VPR **se déchirer** 1 *[vêtement]* to tear, to rip; *[sac]* to burst ◆ **attention, tu vas te déchirer*** be careful, you'll tear your clothes ◆ **se déchirer un muscle** to tear a muscle ◆ **se déchirer les mains** to graze *ou* skin one's hands ◆ **son cœur se déchira** his heart broke ◆ **le pays se déchira en deux camps** the country was split into two camps
2 *(mutuellement)* to tear one another apart ◆ **ils ne cessent de se déchirer** they are constantly tearing each other apart

déchirure /deʃiʀyʀ/ SYN NF *[de tissu]* tear, rip, rent; *[de ciel]* break *ou* gap in the clouds ◆ **déchirure musculaire** torn muscle ◆ **se faire une déchirure musculaire** to tear a muscle ◆ **le chômage fait planer la menace d'une déchirure sociale** unemployment threatens to rip society *ou* the social fabric apart ◆ **ce fut une déchirure quand mon fils est parti** it was a real wrench when my son left

déchoir /deʃwaʀ/ ▸ conjug 25 ◂ *(frm)*
VI 1 *[personne]* to lower o.s., to demean o.s. ◆ **ce serait déchoir que d'accepter** you would be lowering *ou* demeaning yourself if you accepted ◆ **déchoir de son rang** to fall from rank
2 *[réputation, influence]* to decline, to wane
VT ◆ **déchoir qn de sa nationalité/son titre** to strip *ou* deprive sb of their nationality/title ◆ **être déchu de ses droits** to be deprived of one's rights

déchristianisation /dekʀistjanizasjɔ̃/ NF dechristianization

déchristianiser /dekʀistjanize/ ▸ conjug 1 ◂
VT to dechristianize
VPR **se déchristianiser** to become dechristianized

déchu, e /deʃy/ SYN (ptp de **déchoir**) ADJ *[roi]* deposed, dethroned; *[président, champion]* deposed; *(Rel) [ange, humanité]* fallen

déci /desi/ NM *(Helv)* decilitre (of wine) ◆ **2 décis de blanc** two decilitres of white wine

décibel /desibɛl/ NM decibel

décidabilité /desidabilite/ NF decidability

décidable /desidabl/ ADJ decidable

décidé, e /deside/ SYN (ptp de **décider**) ADJ
1 *(= résolu, volontaire)* determined; *[personne]* determined; *(= net, marqué) [goût]* definite, decided ◆ **maintenant je suis décidé** now I have made up my mind ◆ **il est bien décidé à agir** he is determined to act ◆ **il est décidé à tout** he is prepared to do anything ◆ **il était décidé à ce que ça change** he was determined that this should change ◆ **j'y suis tout à fait décidé** I am quite determined (to do it) ◆ **avoir l'air décidé** to look determined ◆ **les mesures sont décidées en comité** the measures are decided in committee
2 *(= fixé) [question]* settled, decided ◆ **bon, c'est décidé** right, that's settled *ou* decided (then) ◆ **c'est une chose décidée** the matter is settled

décidément /desidemɑ̃/ ADV *(= manifestement)* obviously ◆ **oui, c'est décidément une question de chance** yes, obviously it's a matter of luck ◆ **décidément, il est fou** it's obvious he's mad ◆ **décidément, je perds toujours mes affaires !** oh, I'm always losing my things! ◆ **décidément, tu m'ennuies aujourd'hui** oh, you're really annoying me today

> ⓘ **décidément** ne se traduit pas par **decidedly**, qui a le sens de 'nettement', 'tout à fait'.

décider /deside/ GRAMMAIRE ACTIVE 8.2 SYN ▸ conjug 1 ◂
VT 1 *[personne] (= déterminer, établir)* ◆ **décider qch** to decide on sth ◆ **décider que** to decide that ◆ **décider de faire qch** to decide to do sth ◆ **comment décider qui a raison ?** how is one to decide who is right? ◆ **elle décida qu'elle devait démissionner** she decided *ou* came to the decision that she must resign ◆ **ils ont décidé la grève/de faire grève/de ne pas faire grève** they decided on a strike/to go on strike/against a strike *ou* not to go on strike ◆ **c'est à lui de décider** it's up to him to decide ◆ **c'est souvent lui qui décide pour les autres** he often decides for the others
2 *(= persuader) [personne]* to persuade; *[conseil, événement]* to decide, to convince ◆ **décider qn à faire qch** to persuade *ou* induce sb to do sth ◆ **c'est moi qui l'ai décidé à ce voyage** I'm the one who persuaded *ou* induced him to go on this trip ◆ **la bonne publicité décide les clients éventuels** good advertising wins over potential customers
3 *[chose] (= provoquer)* to cause, to bring about ◆ **ces scandales ont finalement décidé son renvoi** these scandals finally brought about *ou* caused his dismissal
VT INDIR **décider de** *(= être l'arbitre de)* to decide; *(= déterminer)* to decide, to determine ◆ **décider de l'importance/de l'urgence de qch** to decide on the *ou* as to the importance/urgency of sth, to decide how important/urgent sth is ◆ **les résultats de son examen décideront de sa carrière** the results of his exam will decide *ou* determine his career ◆ **le sort en a décidé autrement** fate has decided *ou* ordained *ou* decreed otherwise ◆ **ainsi en a décidé le gouvernement** this was the decision the government reached
VPR **se décider** 1 *[personne]* to come to *ou* make a decision, to make up one's mind ◆ **se décider à qch** to decide on sth ◆ **se décider à faire qch** to make up one's mind to do sth, to make the decision to do sth ◆ **je ne peux pas me décider à lui mentir** I cannot bring myself to lie to him ◆ **se décider pour qch** to decide on sth *ou* in favour of sth ◆ **allez, décide-toi !** come on, make up your mind!
2 *[problème, affaire]* to be decided *ou* settled *ou* resolved ◆ **la question se décide aujourd'hui** the question is being decided *ou* settled *ou* resolved today ◆ **leur départ s'est décidé très vite** they very quickly decided to leave
3 *(locutions)** ◆ **est-ce qu'il va se décider à faire beau ?** do you think it'll turn out fine after all? ◆ **ça ne veut pas se décider** it won't make up its mind* ◆ **la voiture ne se décide pas à partir** the car just won't start

décideur, -euse /desidœʀ, øz/ NM,F decision-maker ◆ **avoir un rôle de décideur** to have a decision-making role

décidu, e /desidy/ ADJ *[forêt]* deciduous

décidual, e (mpl **-aux**) /desidɥal, o/
ADJ decidual
NF **déciduale** decidua

décigramme /desigʀam/ NM decigram(me)

décile /desil/ NM decile

décilitre /desilitʀ/ NM decilitre *(Brit)*, deciliter *(US)*

décimal, e (mpl **-aux**) /desimal, o/
ADJ decimal
NF **décimale** decimal place ◆ **nombre à quatre décimales** number given to four decimal places ◆ **jusqu'à la deuxième/troisième décimale** to two/three decimal places

décimalisation /desimalizasjɔ̃/ NF decimalization

décimation /desimasjɔ̃/ NF decimation

décimer /desime/ SYN ▸ conjug 1 ◂ VT to decimate

décimètre /desimɛtʀ/ NM decimetre *(Brit)*, decimeter *(US)*

décimétrique /desimetʀik/ ADJ decimetric

décintrer /desɛ̃tʀe/ ▸ conjug 1 ◂ VT *(Archit)* to dismantle the arches of; *[+ vêtement]* to let out

décisif, -ive /desizif, iv/ SYN ADJ *[argument, combat]* decisive, conclusive; *[intervention, influence]* decisive; *[preuve]* conclusive; *[moment, rôle]* decisive, critical; *[ton]* decisive, authoritative ◆ **tournant décisif** watershed ◆ **le facteur décisif** the deciding factor ◆ **porter un coup décisif au terrorisme** to deal terrorism a decisive blow; → **jeu**

décision /desizjɔ̃/ SYN NF 1 *(= choix)* decision • **prendre une décision** to take *ou* make a decision • **prendre la décision de faire qch** to take *ou* make the decision to do sth • **il n'a pas encore pris sa décision** he hasn't yet made his decision • **le processus de prise de décision dans l'entreprise** the decision-making process in the company • **parvenir à une décision** to come to *ou* reach a decision • **la décision t'appartient** it's your decision, it's for you to decide • **soumettre qch à la décision de qn** to ask sb to make a decision about sth; → **pouvoir²**
2 *(= verdict)* decision • **décision administrative/gouvernementale** administrative/government decision • **par décision judiciaire** *ou* **de justice** by court order • **nommé à un poste de décision** appointed to a decision-making job • **organe de décision** decision-making body • **faire la décision** *(Sport)* to win the match • **leurs trois voix ont fait la décision** their three votes swung the result
3 *(= qualité)* decision, decisiveness • **montrer de la décision** to be decisive • **avoir l'esprit de décision** to be decisive

décisionnaire /desizjɔnɛʀ/
ADJ *[organisme, pouvoir]* decision-making *(épith)* • **il n'est pas décisionnaire** he's not the one who makes the decision
NMF decision-maker

décisionnel, -elle /desizjɔnɛl/ ADJ *[rôle, responsabilité]* decision-making *(épith)*

décisoire /desizwaʀ/ ADJ *(Jur) [serment]* decisive

décitex /desitɛks/ NM decitex

déclamateur, -trice /deklamatœʀ, tʀis/ *(péj)*
ADJ ranting, declamatory
NM,F ranter, declaimer

déclamation /deklamasjɔ̃/ NF *(= art)* declamation *(NonC)*; *(péj)* ranting *(NonC)*, spouting *(NonC)* • **toutes leurs belles déclamations** all their ranting

déclamatoire /deklamatwaʀ/ ADJ 1 *(péj) [ton]* ranting, bombastic, declamatory; *[style]* bombastic, turgid
2 *[rythme]* declamatory

déclamer /deklame/ SYN ▸ conjug 1 ◂
VT to declaim; *(péj)* to spout
VI *(péj)* to rant • **déclamer contre** *(littér)* to inveigh *ou* rail against

déclarable /deklaʀabl/ ADJ *[marchandise]* declarable, dutiable; *[revenus]* declarable

déclarant, e /deklaʀɑ̃, ɑ̃t/ NM,F *(Jur)* informant

déclaratif, -ive /deklaʀatif, iv/ ADJ *(Jur)* declaratory; *(Ling, Ordin)* declarative

déclaration /deklaʀasjɔ̃/ SYN NF 1 *(= discours, commentaire)* statement; *(= aveu)* admission; *(= révélation)* revelation • **dans une déclaration télévisée** in a televised statement • **le ministre n'a fait aucune déclaration** the minister did not make a statement • **je n'ai aucune déclaration à faire** I have no comment to make • **selon sa propre déclaration, il était ivre** by his own admission he was drunk
2 *(= manifeste, proclamation, Ordin)* declaration • **Déclaration (universelle) des droits de l'homme** (Universal) Declaration of Human Rights • **Déclaration d'indépendance** *(Hist US)* Declaration of Independence • **déclaration d'intention** declaration of intent • **déclaration de principe** statement *ou* declaration of principle
3 *(= document) [de naissance, décès]* certificate; *[de vol, perte, changement de domicile]* notification • **envoyer une déclaration de changement de domicile** to send notification of change of address • **faire une déclaration d'accident** *(à l'assurance)* to file an accident claim; *(à la police)* to report an accident • **déclaration en douane** customs declaration • **déclaration de faillite** declaration of bankruptcy • **déclaration de guerre** declaration of war • **déclaration d'impôts** *ou* **de revenus** tax declaration; *(formulaire)* tax return (form) • **faire sa déclaration d'impôts** to fill in one's tax return (form) • **déclaration d'utilité publique** public notice → **IMPÔTS**
4 *(amoureuse)* • **déclaration (d'amour)** declaration of love • **faire une** *ou* **sa déclaration à qn** to make a declaration of love to sb, to declare one's love to sb

> ! Au sens de 'discours', **déclaration** ne se traduit pas par le mot anglais **declaration**.

LA DÉCLARATION DES DROITS DE L'HOMME ET DU CITOYEN

Written in 1789, this document is of great cultural and historical significance in France, reflecting as it does the Republican ideals upon which modern France is founded. Drawing on philosophical ideas that developed during the Enlightenment, it declares the natural and inalienable right of all people to freedom, ownership of property and equality before the law, as well as the universal right of all nations to sovereignty and the separation of powers. It has always been used as a basis for the French Constitution.

déclaratoire /deklaʀatwaʀ/ ADJ *(Jur)* declaratory

déclaré, e /deklaʀe/ (ptp de **déclarer**) ADJ *[opinion]* professed; *[athée, révolutionnaire]* declared, self-confessed; *[ennemi]* sworn, avowed; *[intention]* avowed, declared; *[travailleur]* registered, declared • **revenus non déclarés** undeclared income

déclarer /deklaʀe/ SYN ▸ conjug 1 ◂
VT 1 *(= annoncer)* to announce, to state, to declare; *(= proclamer)* to declare; *(= avouer)* to admit, to confess to; *(= dire)* to say • « **c'est un moment historique** » **déclara le ministre** "it's an historic moment", the minister declared • **déclarer son amour (à qn)** to declare one's love (to sb), to make a declaration of love (to sb) • **déclarer la guerre à une nation/à la pollution** to declare war on a nation/on pollution • **le président déclara la séance levée** the chairman declared the meeting closed • **déclarer qn coupable/innocent** to find sb guilty/innocent
♦ **déclarer que...** to declare *ou* say that... • **je vous déclare que je n'y crois pas** I tell you I don't believe it • **ils ont déclaré que nous avions menti** they claimed that we had lied
2 *(Admin) [+ marchandises, revenus, employés]* to declare; *[+ naissance, décès]* to register, to notify • **le père doit aller déclarer l'enfant à la mairie** the father has to go and register the child at the town hall • **déclarer qn en faillite** to declare sb bankrupt • **avez-vous quelque chose à déclarer ?** *(Douane)* do you have anything to declare? • **déclarer qch au-dessus/au-dessous de sa valeur** to overvalue/undervalue sth • **rien à déclarer** nothing to declare
VPR **se déclarer** 1 *(= se prononcer)* to declare *ou* state one's opinion • **se déclarer en faveur de qch** to declare o.s. *ou* profess o.s. in favour of sth • **se déclarer pour/contre qch** to come out in favour of/against sth • **il s'est déclaré l'auteur de ces poèmes/crimes** he stated that he had written the poems/committed the crimes • **se déclarer satisfait** to declare o.s. satisfied • **il s'est déclaré prêt à signer ce document** he said he was ready *ou* declared himself ready to sign the document • **se déclarer incompétent** *(Jur)* to decline a jurisdiction
2 *(= apparaître) [incendie, épidémie]* to break out
3 *[amoureux]* to make a declaration of one's love, to declare *ou* avow *(littér)* one's love

déclassé, e /deklɑse/ (ptp de **déclasser**) ADJ
1 *[coureur]* relegated *(in the placing)*; *[hôtel, restaurant, vin]* downgraded • **valeurs déclassées** *(Bourse)* displaced stocks *ou* securities
2 *[fiche, livre]* out of order *(attrib)*

déclassement /deklɑsmɑ̃/ NM 1 *(social, dans une hiérarchie)* fall *ou* drop in status
2 *(Sport) [de coureur]* relegation *(in the placing)*; *[de voyageur de train]* change of class; *(Admin) [d'hôtel]* downgrading; *[de monument]* delisting; *(Bourse) [de valeur]* displacement
3 *[de fiches, livres]* • **pour éviter le déclassement** to stop things getting out of order

déclasser /deklɑse/ SYN ▸ conjug 1 ◂ VT
1 *(socialement, dans une hiérarchie)* to lower in status • **il estimait qu'on l'avait déclassé en le mettant dans l'équipe B** he felt that he had suffered a drop in status *ou* that he had been downgraded by being put in the B team • **il se déclassait par de telles fréquentations** he was lowering himself socially *ou* demeaning himself by keeping such company
2 *(= rétrograder) (Sport) [+ coureur]* to relegate *(in the placing)*; *[+ voyageur de train]* to put in second class; *(Admin) [+ hôtel]* to downgrade; *[+ monument]* to delist; *(Bourse) [+ valeur]* to displace
3 *(= déranger) [+ fiches, livres]* to get out of order, to put back in the wrong order

déclassifier /deklasifje/ ▸ conjug 7 ◂ VT *[+ dossier]* to declassify

déclenchement /deklɑ̃ʃmɑ̃/ SYN NM
1 *(= actionnement) [de ressort, mécanisme]* release; *[de sonnerie, alarme]* setting off, activating
2 *(= provocation) [d'insurrection]* launching, starting; *[de catastrophe, guerre, crise, grève, processus, polémique]* triggering *ou* sparking off; *[d'accouchement]* inducement • **le rôle du psychisme dans le déclenchement de certaines maladies** the role of psychological factors in triggering certain illnesses
3 *(Mil) [de tir]* opening; *[d'attaque]* launching

déclencher /deklɑ̃ʃe/ SYN ▸ conjug 1 ◂
VT 1 *(= actionner) [+ ressort, mécanisme]* to release; *[+ sonnerie, alarme]* to set off, to activate • **ce bouton déclenche l'ouverture/la fermeture de la porte** this button opens/closes the door • **faire la mise au point avant de déclencher** *(Photo)* to focus before releasing the shutter
2 *(= provoquer) [+ insurrection]* to launch, to start; *[+ catastrophe, guerre, crise, processus, polémique]* to trigger *ou* spark off; *[+ accouchement]* to induce • **c'est ce mot qui a tout déclenché** this is the word which triggered everything off • **déclencher une grève** *[meneur]* to launch *ou* start a strike; *[incident]* to trigger *ou* spark off a strike • **ça m'a déclenché une sciatique** it gave me sciatica • **quand je me penche ça me déclenche une douleur dans le dos** when I bend down my back hurts *ou* I get backache • **ça a déclenché un fou rire général** it caused great hilarity
3 *(Mil) [+ tir]* to open; *[+ attaque]* to launch • **déclencher l'offensive** to launch the offensive
VPR **se déclencher** *[ressort, mécanisme]* to release itself; *[sonnerie, alarme]* to go off; *[attaque, grève]* to start, to begin; *[catastrophe, crise, réaction nerveuse]* to be triggered off

déclencheur /deklɑ̃ʃœʀ/ NM *(= dispositif)* release mechanism; *[d'appareil photo]* shutter release • **déclencheur souple** cable release • **déclencheur automatique** *ou* **à retardement** self-timer • **cet incident a servi de déclencheur à la crise** this incident sparked off *ou* triggered (off) the crisis

déclic /deklik/ NM *(= bruit)* click; *(= mécanisme)* trigger mechanism • **ça a été le déclic** *(mentalement)* it triggered something off in my *(ou his etc)* mind

déclin /deklɛ̃/ SYN NM 1 *(gén)* decline; *[de malade, santé, vue]* deterioration; *[de talent, forces, beauté, sentiment]* waning, fading • **déclin de la production/de l'activité économique** decline in production/in economic activity • **le déclin du parti** the party's decline, the decline of the party • **le déclin du jour** the close of day • **au déclin de la vie** *(littér)* in the twilight years • **déclin démographique** population decline
2 *(locutions)* • **être à son déclin** *[soleil]* to be setting; *[lune]* to be on the wane, to be waning • **être sur le** *ou* **son déclin** *[malade]* to be going downhill; *[acteur, homme politique]* to be on the decline *ou* on the wane • **être en déclin** *[talent, prestige]* to be on the decline *ou* on the wane; *[forces, intelligence, civilisation, art]* to be in decline *ou* on the wane; *[marché, secteur]* to be in decline • **marché/industrie en déclin** declining market/industry

déclinable /deklinabl/ ADJ 1 *(= adaptable)* • **un espace architectural déclinable à l'infini** an infinitely adaptable architectural space • **une coupe de cheveux déclinable en trois longueurs** a style that can be adapted to three different lengths of hair • **ce produit est facilement déclinable** a whole range can easily be developed from this product
2 *(Gram)* declinable

déclinaison /deklinɛzɔ̃/ NF *(Ling)* declension; *(Astron, Phys)* declination

déclinant, e /deklinɑ̃, ɑ̃t/ ADJ *[pouvoir]* declining; *[santé]* declining, deteriorating; *[vue]* failing; *[prestige, popularité, forces]* waning, declining; *[beauté, sentiment]* fading

déclinatoire /deklinatwaʀ/ NM 1 *(= boussole)* surveyor's compass
2 *(Jur)* • **déclinatoire (de compétence)** *(gén)* challenge to jurisdiction; *(fait par le tribunal)* declining *ou* denial of jurisdiction

décliner /dekline/ SYN ▸ conjug 1 ◂
VT 1 *(frm = refuser) [+ offre, invitation, honneur]* to decline, to turn down, to refuse • **la direction décline toute responsabilité en cas de perte ou de vol** the management accepts no responsibility *ou* refuses to accept responsibility for loss or theft of articles • **décliner la compé-**

déclive /dekliv/ ADJ [terrain] inclined

déclivité /deklivite/ NF slope, incline, declivity (frm)

décloisonnement /deklwazɔnmɑ̃/ NM decompartmentalization

décloisonner /deklwazɔne/ ► conjug 1 ◄ VT to decompartmentalize

déclouer /deklue/ ► conjug 1 ◄ VT [+ caisse] to open; [+ planche] to remove

déco /deko/
  ADJ INV (abrév de **décoratif**) → **art**
  NF * (abrév de **décoration**) ◆ **j'ai refait la déco de ma chambre** I've redecorated my bedroom

décocher /dekɔʃe/ ► conjug 1 ◄ VT 1 [+ flèche] to shoot, to fire; [+ coup de pied] to give, to deliver; [+ coup de poing] to throw; [+ ruade] to let fly
  2 [+ œillade, regard] to shoot, to flash, to dart; [+ sourire] to flash; [+ remarque] to fire, to let fly

décoction /dekɔksjɔ̃/ NF decoction, brew

décodage /dekɔdaʒ/ NM [de code] decoding, cracking; (TV, Ordin, Ling) decoding; [de message] deciphering ◆ **système de décodage numérique** digital decoding system

décoder /dekɔde/ SYN ► conjug 1 ◄ VT [+ code] to decode, to break; (TV, Ordin, Ling) to decode; [+ message] to decipher; (= comprendre) [+ poème, comportement] to understand

décodeur /dekɔdœʀ/ NM [de code] (TV, Ordin, Ling) decoder; [de message] decipherer

décoffrage /dekɔfʀaʒ/ NM (Constr) removal of the formwork; → **brut**

décoffrer /dekɔfʀe/ ► conjug 1 ◄ VT (Constr) to remove the formwork from

décoiffer /dekwafe/ SYN ► conjug 1 ◄ VT 1 (= ébouriffer) ◆ **décoiffer qn** to mess up sb's hair ◆ **il s'est/le vent l'a décoiffé** he/the wind has disarranged ou messed up his hair ◆ **je suis toute décoiffée** my hair is in a mess ou is (all) messed up ◆ **ça décoiffe !** * (fig) it really takes your breath away!
  2 (= ôter le chapeau) ◆ **décoiffer qn** to take sb's hat off ◆ **il se décoiffa** he took his hat off
  3 (Tech) [+ obus] to uncap

décoincement /dekwɛ̃smɑ̃/ NM (gén) unjamming, loosening (de of); (Tech) removal of the wedge (de from)

décoincer /dekwɛ̃se/ ► conjug 3 ◄
  VT (gén) to unjam, to loosen ◆ **décoincer qch** (Tech) to remove the wedge from sth ◆ **décoincer qn* ** to get sb to loosen up*
  VPR **se décoincer** [objet] to come loose; * [personne] to loosen up*

décolérer /dekɔleʀe/ ► conjug 6 ◄ VI ◆ **ne jamais décolérer** to be always in a temper ◆ **il ne décolère pas depuis hier** he hasn't calmed down since yesterday, he's still angry from yesterday

décollage /dekɔlaʒ/ SYN NM 1 [d'avion] takeoff; [de fusée] lift-off ◆ **au décollage** [d'avion] at take off; [de fusée] at lift-off
  2 (fig) ◆ **depuis le décollage économique de la région** since the region's economy took off ◆ **le décollage de l'informatique n'a pas été facile** information technology had difficulty getting off the ground
  3 [de timbre] unsticking; [de papier peint] stripping, peeling off

décollation /dekɔlasjɔ̃/ NF decapitation, beheading

décollectivisation /dekɔlektivizasjɔ̃/ NF [d'agriculture, économie] decollectivization

décollement /dekɔlmɑ̃/ NM [de timbre] unsticking; [de rétine] detachment ◆ **se faire faire un décollement de racines** (Coiffure) to have one's hair volumized

décoller /dekɔle/ SYN ► conjug 1 ◄
  VT 1 (gén) to unstick; (en trempant) [+ timbre, étiquette] to soak off; (à la vapeur) [+ timbre, papier peint] to steam off; [+ lettre] to steam open ◆ **décoller qn de ** * [+ livre, télévision] to drag sb away from
  2 (* = se débarrasser de) [+ créanciers, poursuivants] to shake off, to get rid of ◆ **je ne suis pas arrivé à m'en décoller** ou **le décoller !** I couldn't manage to shake him off ou get rid of him!
  VI 1 [avion, pays] to take off; [fusée] to lift off (de from); [industrie] to take off, to get off the ground
  2 (* = maigrir) to lose weight
  3 (* = partir) [gêneur] to budge, to shift; [drogué] to get off* ◆ **il n'a pas décollé (d'ici) pendant deux heures** he sat ou stayed here for two solid hours without budging* ◆ **décoller du peloton** (Sport) (en avant) to pull away from ou ahead of the pack; (en arrière) to fall ou drop behind the pack ◆ **décoller du réel** to escape from reality
  VPR **se décoller** [timbre] to come unstuck; [papier peint] to peel; (Méd) [rétine] to become detached

décolletage /dekɔltaʒ/ NM 1 (= forme) (low-cut) neckline, décolletage; [de robe] (= action) cutting out of the neck
  2 [de racines] topping
  3 [de pièces métalliques] cutting (from the bar)

décolleté, e /dekɔlte/ (ptp de **décolleter**)
  ADJ [robe] low-necked, low-cut; [femme] wearing a low-cut dress; [chaussure] low-cut ◆ **robe décolletée dans le dos** dress cut low at the back
  NM [de robe] low neck(line); [de femme] (bare) neck and shoulders; (plongeant) cleavage
  COMP **décolleté bateau** bateau ou boat neck ◆ **décolleté en pointe** V-neck ◆ **décolleté rond** round-neck

décolleter /dekɔlte/ ► conjug 4 ◄ VT 1 [+ robe] to cut out the neck of
  2 [+ racines] to top
  3 [+ pièces métalliques] to cut (from the bar)

décolleuse /dekɔløz/ NF [de papier peint] steam stripper

décolonisateur, -trice /dekɔlɔnizatœʀ, tʀis/
  ADJ decolonization (épith), decolonizing (épith)
  NM,F decolonizer

décolonisation /dekɔlɔnizasjɔ̃/ NF decolonization

décoloniser /dekɔlɔnize/ ► conjug 1 ◄ VT to decolonize

décolorant, e /dekɔlɔʀɑ̃, ɑ̃t/
  ADJ decolorizing (épith), bleaching (épith)
  NM bleaching agent

décoloration /dekɔlɔʀasjɔ̃/ NF (gén) discolouration (Brit), discoloration (US); [de tissu] fading; [de cheveux] bleaching, lightening ◆ **se faire faire une décoloration** (gén) to have one's hair lightened; (en blond) to have one's hair bleached

décoloré, e /dekɔlɔʀe/ (ptp de **décolorer**) ADJ [vêtement] faded; [cheveux] bleached, lightened; [teint, lèvres] pale, colourless (Brit), colorless (US) ◆ **une blonde décolorée** a peroxide ou bleached ou bottle* blonde

décolorer /dekɔlɔʀe/ SYN ► conjug 1 ◄
  VT (gén) to discolour (Brit), to discolor (US); [+ tissu] [soleil] to fade; [lavage] to take the colour (Brit) ou color (US) out of, to fade; [+ cheveux] (gén) to lighten; (en blond) to bleach
  VPR **se décolorer** [liquide] to lose its colour (Brit) ou color (US); [tissu] to fade, to lose its colour (Brit) ou color (US) ◆ **elle s'est décolorée, elle s'est décoloré les cheveux** (gén) she has lightened her hair; (en blond) she has bleached her hair

décombres /dekɔ̃bʀ/ SYN NMPL rubble, debris (sg); (fig) ruins ◆ **les décombres de l'empire/de l'économie soviétique** the ruins of the empire/the Soviet economy

décommander /dekɔmɑ̃de/ ► conjug 1 ◄
  VT [+ marchandise] to cancel (an order for); [+ invités] to put off; [+ invitation] to cancel
  VPR **se décommander** to cancel one's appointment

décommuniser (se) /dekɔmynize/ ► conjug 1 ◄ VPR to leave communism behind

décompactage /dekɔ̃paktaʒ/ NM (Ordin) decompressing

décompacter /dekɔ̃pakte/ ► conjug 1 ◄ VT (Ordin) to decompress

décompensation /dekɔ̃pɑ̃sasjɔ̃/ NF (Méd) (physique) decompensation; (nerveuse) (emotional) collapse

décompensé, e /dekɔ̃pɑ̃se/ (ptp de **décompenser**) ADJ (Méd) decompensated

décompenser /dekɔ̃pɑ̃se/ ► conjug 1 ◄ VI (Méd) (physiquement) to decompensate; (nerveusement) to collapse (emotionally)

décomplexer /dekɔ̃plekse/ ► conjug 1 ◄ VT ◆ **décomplexer qn** to rid sb of their complexes ou hang-ups

décomposable /dekɔ̃pozabl(ə)/ ADJ (Math) [nombre] that can be factorized; (Chim) decomposable; (Phys) [lumière] that can be broken up, that can be split up; (Tech) [forces] resoluble

décomposer /dekɔ̃poze/ SYN ► conjug 1 ◄
  VT 1 (= diviser) (gén) to split up ou break up into its component parts; (Ling) [+ phrase] to break down, to split up; [+ problème, idée] to dissect, to break down ◆ **la prof de danse décomposa le mouvement devant nous** the dance teacher broke the movement up for us ou went through the movement slowly for us
  2 (= altérer) [+ visage] to contort, to distort ◆ **la douleur décomposait ses traits** his face was contorted with pain ◆ **il était décomposé** he looked distraught
  3 (= putréfier) [+ viande] to cause to decompose ou rot ◆ **la chaleur décomposait les cadavres** the heat was causing the corpses to decompose ou to decay
  4 (Tech) [+ forces] to resolve; (Math) [+ nombre] to factorize, to express as a product of prime factors; (Chim) to decompose; (Phys) [+ lumière] to break up, to split up
  VPR **se décomposer** 1 (= pourrir) [viande] to decompose, to rot; [cadavre] to decompose, to decay
  2 (= s'altérer) [visage] to become distorted ◆ **à cette nouvelle son visage se décomposa** when he heard this news his face fell
  3 (= se diviser) to be divided ◆ **se décomposer en trois parties** to be divided ou broken up into three parts ◆ **cela se décompose de la façon suivante...** it breaks down ou is divided up in the following way... ◆ **la phrase se décompose en trois propositions** the sentence can be broken down ou split up into three clauses
  4 (= se déstructurer) [société] to break down; [fédération] to break up

 Attention à ne pas traduire automatiquement **décomposer** par **to decompose**, qui a le sens de 'pourrir'.

décomposeur /dekɔ̃pozœʀ/ NM (Bio) decomposer

décomposition /dekɔ̃pozisjɔ̃/ SYN NF 1 (= division) (gén) splitting up, breaking up; (Math) [de nombre] factorization; (Chim) decomposition; (Phys) [de lumière] breaking up, splitting up; (Tech) [de forces] resolution; (Ling) [de phrase] breaking down, splitting up; [de problème, idée] dissection, breaking down ◆ **le calcul de l'impôt nécessite la décomposition du revenu en tranches** income needs to be divided up into bands for tax calculation purposes
  2 (= pourriture) decomposition, decay ◆ **cadavre en décomposition** corpse in a state of decomposition ou decay
  3 (= déstructuration) [de société] breakdown; [de fédération] breakup ◆ **société/système en complète décomposition** society/system in decay

décompresser /dekɔ̃pʀese/ ► conjug 1 ◄
  VT (Tech, Ordin) to decompress
  VI (* = se détendre) to unwind, to relax

décompresseur /dekɔ̃pʀesœʀ/ NM decompression tap; [de voiture] decompressor

décompression /dekɔ̃pʀesjɔ̃/ NF 1 (Tech, Méd, Ordin) decompression ◆ **soupape/chambre de décompression** decompression valve/cham-

ber ♦ **décompression cardiaque** cardiac decompression

② (* = *détente*) relaxation

décomprimer /dekɔ̃pʀime/ ▸ conjug 1 ◂ VT to decompress

décompte /dekɔ̃t/ SYN NM ① (= *calcul*) detailed account, breakdown

② (= *déduction*) deduction ♦ **faire le décompte des points** to count up the points ♦ **faire le décompte des voix** to count the votes ♦ **vous voulez faire mon décompte ?** will you make out my bill (Brit) ou check? (US)

décompter /dekɔ̃te/ SYN ▸ conjug 1 ◂

VT (= *défalquer*) to deduct (*de* from)

VI [*horloge*] to strike ou chime at the wrong time

déconcentration /dekɔ̃sɑ̃tʀasjɔ̃/ NF ① [*de personne*] loss of concentration

② (*Admin, Chim*) deconcentration

déconcentré, e /dekɔ̃sɑ̃tʀe/ (ptp de **déconcentrer**) ADJ ① (*Admin, Chim*) deconcentrated; [*activité industrielle*] dispersed; [*crédits*] regional ♦ **des services déconcentrés** deconcentrated services

② [*personne*] ♦ **être déconcentré** to have lost (one's) concentration ♦ **j'étais un peu/très déconcentré** I wasn't really concentrating/ wasn't concentrating at all

déconcentrer /dekɔ̃sɑ̃tʀe/ ▸ conjug 1 ◂

VT ① [+ *institutions*] to deconcentrate ♦ **le ministre s'est engagé à déconcentrer 200 emplois** the minister is committed to dispersing 200 jobs ♦ **les difficultés surgissent quand il s'agit de déconcentrer les personnels** the difficulties arise when it comes to moving staff

② (= *distraire*) ♦ **ça m'a déconcentré** it made me lose (my) concentration ♦ **tu me déconcentres !** you're putting me off!

VPR **se déconcentrer** ① [*personne*] to lose (one's) concentration

② [*institution*] to deconcentrate

déconcertant, e /dekɔ̃sɛʀtɑ̃, ɑ̃t/ SYN ADJ disconcerting

déconcerter /dekɔ̃sɛʀte/ SYN ▸ conjug 1 ◂ VT (= *décontenancer*) to disconcert; (†† = *déjouer*) to thwart, to frustrate

déconditionnement /dekɔ̃disjɔnmɑ̃/ NM deconditioning

déconditionner /dekɔ̃disjɔne/ ▸ conjug 1 ◂ VT to decondition

déconfit, e /dekɔ̃fi, it/ ADJ ① (= *dépité*) [*personne, air, mine*] crestfallen, downcast ♦ **avoir la mine déconfite** to look downcast ou crestfallen

② († = *battu*) defeated, discomfited †

déconfiture */dekɔ̃fityʀ/* SYN NF (= *déroute*) (*gén*) failure, collapse; [*de parti, armée*] defeat; (*financière*) (financial) collapse, ruin ♦ **cette entreprise est en déconfiture** the company is in a state of collapse

décongélation /dekɔ̃ʒelasjɔ̃/ NF defrosting, unfreezing

décongeler /dekɔ̃ʒ(ə)le/ ▸ conjug 5 ◂

VI [*aliment*] to defrost, to thaw

VT [+ *aliment*] to defrost, to leave to thaw; [+ *sperme*] to thaw

décongestif, -ive /dekɔ̃ʒɛstif, iv/ ADJ, NM decongestant

décongestionnant, e /dekɔ̃ʒɛstjɔnɑ̃, ɑ̃t/ ADJ [*gel, crème*] decongestant; (*pour les jambes*) soothing cream

décongestionner /dekɔ̃ʒɛstjɔne/ SYN ▸ conjug 1 ◂ VT (*Méd*) [+ *poumons, fosses nasales*] to decongest, to relieve congestion in; [+ *malade*] to relieve congestion in; [+ *rue, centre-ville*] to relieve congestion in; [+ *service, aéroport, université, administration*] to relieve the pressure on

déconnade */dekɔnad/* NF ♦ **il aime la franche déconnade** he likes to mess around * ou to fool around * ♦ **il se moquait d'elle pour la déconnade** he was teasing her for a laugh * ou just for the hell of it *

déconnecter /dekɔnɛkte/ SYN ▸ conjug 1 ◂

VT ① (*Élec*) to disconnect

② [+ *problème*] to dissociate (*de* from) ♦ **il est complètement déconnecté de la réalité/de son pays d'origine** he's completely out of touch with reality/with his native country

VI * [*personne*] to switch off *

VPR (*Ordin*) to log off

déconner */dekɔne/* ▸ conjug 1 ◂ VI [*personne*] (= *faire des bêtises*) to mess around *, to fool around *; (= *dire des bêtises*) to talk nonsense; (= *plaisanter*) to joke, to kid *; [*machine*] to act up * ♦ **arrête de déconner !** stop messing around!, quit fooling! ♦ **sans déconner, c'était super !** no joke *, it was great! ♦ **faut pas déconner !** come off it! *

déconneur‡ /dekɔnœʀ/ NM ♦ **c'est un sacré déconneur** he'll do the craziest things for a laugh

déconneuse‡ /dekɔnøz/ NF ♦ **c'est une sacrée déconneuse** she'll do the craziest things for a laugh

déconnexion /dekɔnɛksjɔ̃/ NF disconnection; (*Ordin*) logging off

déconseiller /dekɔ̃seje/ GRAMMAIRE ACTIVE 2.2 ▸ conjug 1 ◂ VT to advise against ♦ **déconseiller qch à qn/à qn de faire qch** to advise sb against sth/sb against doing sth ♦ **c'est déconseillé** it's not advisable, it's inadvisable ♦ **dans ce régime, le beurre est déconseillé** butter is not recommended in this diet

déconsidération /dekɔ̃sideʀasjɔ̃/ NF discredit, disrepute

déconsidérer /dekɔ̃sideʀe/ ▸ conjug 6 ◂

VT to discredit

VPR **se déconsidérer** to discredit o.s. ♦ **il s'est déconsidéré en agissant ainsi** he has discredited himself ou brought discredit upon himself by behaving in this way

déconsigner /dekɔ̃siɲe/ ▸ conjug 1 ◂ VT ① [+ *valise*] to collect from the left luggage office (Brit) ou the baggage checkroom (US); [+ *bouteille*] to return the deposit on

② [+ *troupes*] to release from confinement to barracks

déconsommation /dekɔ̃sɔmasjɔ̃/ NF (*Écon*) drop in consumption (of consumer goods) ♦ **on observe une tendance à la déconsommation des ménages** there is a growing tendency for households to buy less consumer goods

déconstruction /dekɔ̃stʀyksjɔ̃/ NF [*de concept, système*] deconstruction; [*de bâtiment*] dismantling

déconstruire /dekɔ̃stʀɥiʀ/ ▸ conjug 38 ◂ VT [+ *concept, système*] to deconstruct; [+ *bâtiment*] to dismantle

décontamination /dekɔ̃taminasjɔ̃/ NF decontamination

décontaminer /dekɔ̃tamine/ ▸ conjug 1 ◂ VT to decontaminate

décontenancer /dekɔ̃t(ə)nɑ̃se/ SYN ▸ conjug 3 ◂

VT to disconcert

VPR **se décontenancer** to lose one's composure

décontract * /dekɔ̃tʀakt/ ADJ INV laid-back *, cool *

décontractant, e /dekɔ̃tʀaktɑ̃, ɑ̃t/

ADJ [*ambiance, massage, médicament*] relaxing

NM relaxant

décontracté, e /dekɔ̃tʀakte/ SYN (ptp de **décontracter**) ADJ ① [*muscles, corps*] relaxed

② [*personne*] relaxed, laid-back *; (= *sans-gêne*) casual, offhand; [*atmosphère, attitude*] relaxed, laid-back *; [*vêtements, style*] casual

décontracter VT, **se décontracter** VPR /dekɔ̃tʀakte/ SYN ▸ conjug 1 ◂ to relax

décontraction /dekɔ̃tʀaksjɔ̃/ SYN NF ① [*de muscle, corps*] relaxation

② (= *désinvolture*) relaxed ou laid-back * attitude ♦ **sa décontraction m'a étonné** I was amazed that he was so relaxed ou laid-back *

déconventionner /dekɔ̃vɑ̃sjɔne/ ▸ conjug 1 ◂ VT [+ *établissement, médecin*] to strike off the register (for financial misconduct)

déconvenue /dekɔ̃v(ə)ny/ SYN NF (= *déception*) disappointment

décoquiller /dekɔkije/ ▸ conjug 1 ◂ VT [+ *moules, huîtres*] to sort and clean

décor /dekɔʀ/ SYN NM ① ♦ **le décor, les décors** (*Théât*) the scenery (NonC), the décor (NonC) ♦ **décor de cinéma** film set ♦ **on dirait un décor ou des décors de théâtre** it looks like a stage setting ou a theatre set, it looks like scenery for a play ♦ **tourner en décors naturels** to shoot on location ♦ **planter le décor** to set the scene ♦ **faire partie du décor** (*lit, fig*) to be part of the furniture ♦ **aller ou partir dans le décor** * ou **les décors** * [*véhicule, conducteur*] to go off the road ♦ **envoyer qn dans le décor** * ou **les décors** * to force sb off the road; → **changement, envers²**

② (= *paysage*) scenery; (= *arrière-plan*) setting; (= *intérieur de maison*) décor (NonC), decoration ♦ **décor de montagnes** mountain scenery ♦ **dans un décor de verdure** in a green setting ♦ **photographié dans son décor habituel** photographed in his usual surroundings

décorateur, -trice /dekɔʀatœʀ, tʀis/ NM,F ① (*d'intérieurs*) (interior) decorator; → **peintre**

② (*Théât* = *architecte*) stage ou set designer; (*TV, Ciné*) set designer

décoratif, -ive /dekɔʀatif, iv/ ADJ [*ornement*] decorative, ornamental; [*arts, effet*] decorative ♦ **elle a un rôle purement décoratif** (*péj*) she has a purely decorative role

décoration /dekɔʀasjɔ̃/ SYN NF ① (= *action*) decoration

② (*gén pl* = *ornement*) decorations ♦ **décorations de Noël** Christmas decorations

③ (= *médaille*) decoration

décorder (se) /dekɔʀde/ ▸ conjug 1 ◂ VPR (*Alpinisme*) to unrope

décoré, e /dekɔʀe/ (ptp de **décorer**) ADJ ① (= *orné*) decorated ♦ **joliment décoré** prettily decorated ♦ **richement décoré** ornate, richly decorated ♦ **mur décoré de fresques** wall decorated with frescoes ♦ **un vase très décoré** an ornate vase

② (= *récompensé*) wearing a (military) decoration (ou decorations), decorated ♦ **un vieux monsieur très décoré** an old man bedecked with medals and ribbons ♦ **les décorés de la Première Guerre mondiale** soldiers awarded (military) decorations ou decorated during the First World War

décorer /dekɔʀe/ SYN ▸ conjug 1 ◂ VT ① (= *embellir*) (*gén*) to decorate; [+ *robe*] to trim ♦ **décorer une maison pour Noël** to decorate a house for Christmas ♦ **l'ensemblier qui a décoré leur maison** the interior decorator who did their house

② (= *médailler*) to decorate (*de* with) ♦ **on va le décorer** (*gén*) he is to be decorated; (*Légion d'honneur*) he is to be made a member of the Legion of Honour

décorner /dekɔʀne/ ▸ conjug 1 ◂ VT [+ *page*] to smooth out; [+ *animal*] to dehorn; → **vent**

décorticage /dekɔʀtikaʒ/ NM [*de crevettes, amandes*] shelling; [*de riz*] hulling, husking; [*de texte*] dissection

décortication /dekɔʀtikasjɔ̃/ NF (*Méd, Sylviculture*) decortication

décortiquer /dekɔʀtike/ SYN ▸ conjug 1 ◂ VT ① [+ *crevettes, amandes*] to shell; [+ *riz*] to hull, to husk; [+ *texte*] to dissect

② (*Méd*) to decorticate

③ (*Sylviculture*) to remove the bark from

décorum /dekɔʀɔm/ SYN NM ♦ **le décorum** (= *convenances*) decorum; (= *étiquette*) etiquette

décote /dekɔt/ NF (*Fin*) [*de devises, valeur*] below par rating; [*d'impôts*] tax relief

découcher /dekuʃe/ ▸ conjug 1 ◂ VI to spend the night away from home

découdre /dekudʀ/ ▸ conjug 48 ◂

VT ① [+ *vêtement*] to take the stitches out of, to unpick (Brit); [+ *bouton*] to take off; [+ *couture*] to take out, to unpick (Brit)

② ♦ **en découdre** (*littér, hum* = *se battre*) to fight, to do battle (*avec* with)

③ (*Chasse*) to gore, to rip open

VPR **se découdre** [*robe*] to come unstitched; [*bouton*] to come off; [*couture*] to come apart

découenné, e /dekwane/ ADJ ♦ **jambon découenné** rindless bacon

découler /dekule/ GRAMMAIRE ACTIVE 26.4 SYN ▸ conjug 1 ◂ VI (= *dériver*) to ensue, to follow (*de* from) ♦ **il découle de cela que...** it ensues ou follows that... ♦ **les changements qui en découleront seront considérables** the changes which will follow on from this will be considerable ♦ **la partition de l'Empire et les terribles massacres qui en ont découlé** the partition of the Empire and the terrible massacres which followed ♦ **des réductions de dépenses découleront de l'accord** the agreement will lead to a reduction in spending

découpage /dekupaʒ/ NM ① [*de papier, gâteau*] cutting up; [*de viande*] carving; [*d'image, métal*] cutting out

② (= *image*) cut-out ♦ **un cahier de découpages** a cut-out book ♦ **faire des découpages** to make cut-out figures

③ (*Ciné*) cutting

[4] *(Pol)* ◆ **découpage électoral** division into constituencies, distribution of constituencies *(Brit)*, ≈ apportionment *(US)*

découpe /dekup/ NF [1] *(Couture)* *(= coupe)* cut; *(= coupure)* cut-out
[2] *[de bois, verre, carrelage]* cutting to shape ◆ **verre/bois à la découpe** glass/wood cut to order

découpé, e /dekupe/ (ptp de **découper**) ADJ *[relief, sommets, côte]* jagged, indented; *[feuille]* jagged, serrated

découper /dekupe/ SYN ▸ conjug 1 ◂
VT [1] *(Culin)* *[+ viande, volaille]* to carve, to cut; *[+ gâteau]* to cut ◆ **couteau/fourchette à découper** carving knife/fork
[2] *[+ papier, tissu]* to cut up; *[+ bois, verre]* to cut to shape; *[+ images, métal]* to cut out ◆ **découper un article dans un magazine** to cut an article out of a magazine ◆ « **découpez suivant le pointillé** » "cut along the dotted line" ◆ **les indentations qui découpent la côte** the indentations which cut into the coastline; → **scie**
VPR **se découper** [1] *(= se couper)* to be cut out ◆ **les biscuits se découpent avec des emporte-pièce** you cut out the biscuits *(Brit)* *ou* cookies *(US)* with a cutter ◆ **l'identité ne se découpe pas en tranches** one's identity cannot be cut into neat pieces
[2] *(= se détacher)* ◆ **sa silhouette se découpait dans la lumière** his figure stood out *ou* was outlined against the light

découpeur, -euse /dekupœʀ, øz/
NM,F *(= personne)* *[de viande]* carver; *[de métal]* cutter; *[de bois]* jigsaw operator
NF **découpeuse** *(= machine)* *(gén)* cutting machine; *[de bois]* fretsaw, jigsaw

découplage /dekuplaʒ/ NM [1] *(Élec)* decoupling
[2] *(= dissociation)* delinking, separation ◆ **le découplage croissance-emploi** the fact that there is no longer any connection between industrial growth and employment

découplé, e /dekuple/ ADJ ◆ **bien découplé** well-built

découpler /dekuple/ ▸ conjug 1 ◂ VT *(Élec)* to decouple; *(Chasse)* to uncouple; *(= dissocier)* to delink, to separate *(de* from*)* ◆ **le pays n'a pas voulu découpler son économie de celles de ses partenaires** the country did not want to delink its economy from that of its partners

découpure /dekupyʀ/ NF [1] *(= forme, contour)* jagged *ou* indented outline
[2] ◆ **découpures** *(= échancrures)* *[de côte]* indentations; *[d'arête]* jagged *ou* indented edge *ou* outline; *[de dentelle, guirlande]* scalloped edge
[3] *(= morceau)* bit *ou* piece *(that has been cut out)* ◆ **découpures de papier** cut-out bits of paper

décourageant, e /dekuʀaʒɑ̃, ɑt/ SYN ADJ *[nouvelle, situation]* discouraging; *[élève, travail]* unrewarding

découragement /dekuʀaʒmɑ̃/ SYN NM despondency ◆ **un découragement profond** a feeling of deep despondency ◆ **le découragement gagne** there is a growing feeling of despondency ◆ **le découragement des enseignants** the demoralization felt by teachers

décourager /dekuʀaʒe/ SYN ▸ conjug 3 ◂
VT [1] *(= démoraliser)* to discourage, to dishearten ◆ **il ne faut pas se laisser décourager par un échec** one must not be discouraged *ou* disheartened by failure
[2] *(= dissuader)* *[+ personne]* to discourage, to put off; *[+ chose]* to discourage ◆ **le gouvernement a tout fait pour décourager la spéculation** the government has done everything in its power to discourage speculation ◆ **pour décourager les malfaiteurs** to deter criminals ◆ **décourager qn de qch/de faire qch** to discourage sb from sth/from doing sth, to put sb off sth/doing sth ◆ **décourager qn d'une entreprise** to discourage *ou* deter sb from an undertaking, to put sb off an undertaking
VPR **se décourager** to lose heart, to become disheartened *ou* discouraged ◆ **ne nous décourageons pas** let's not lose heart

découronner /dekuʀɔne/ ▸ conjug 1 ◂ VT *[+ roi]* to dethrone, to depose ◆ **arbre découronné par la tempête** tree that has had its topmost branches blown off by the storm

décours /dekuʀ/ NM [1] *(Astron)* wane ◆ **au décours de la lune** when the moon is *(ou* was*)* waning
[2] *(Méd)* regression ◆ **au décours de la maladie** during the regression phase of the illness ◆ **au décours de la fièvre** when the fever is *(ou* was*)* abating

décousu, e /dekuzy/ SYN (ptp de **découdre**)
ADJ [1] *(Couture)* unstitched ◆ **couture décousue** seam that has come unstitched *ou* unsewn ◆ **ourlet décousu** hem that has come down ◆ **ta robe est décousue à la manche** your dress is coming apart at the sleeve
[2] *[style]* disjointed, desultory; *[idées]* disconnected, unconnected; *[dissertation, travail]* scrappy, disjointed; *[paroles, conversation]* disjointed, desultory
NM *[de style]* disjointedness, desultoriness; *[d'idées, raisonnement]* disconnectedness

découvert, e¹ /dekuvɛʀ, ɛʀt/ (ptp de **découvrir**)
ADJ [1] *(= mis à nu)* *[épaules, corps, tête]* bare, uncovered *(attrib)*; → **visage**
[2] *(= sans protection)* *[lieu]* open, exposed; *[piscine]* open-air *(épith)*, outdoor *(épith)* ◆ **en terrain découvert** in open country *ou* terrain ◆ **allée découverte** open avenue
NM *(Fin)* *[de firme, compte]* overdraft; *[de caisse]* deficit; *[d'objet assuré]* uncovered amount *ou* sum ◆ **découvert du Trésor** Treasury deficit ◆ **découvert bancaire** bank overdraft ◆ **découvert budgétaire/de trésorerie** budget/cash deficit ◆ **tirer de l'argent à découvert** to overdraw one's account ◆ **mon compte est/je suis à découvert** my account is/I am overdrawn ◆ **crédit à découvert** unsecured credit ◆ **vendre à découvert** to sell short ◆ **vente à découvert** short sale
◆ **à découvert** ◆ **être à découvert dans un champ** to be exposed *ou* without cover in a field ◆ **la plage laissée à découvert par la marée** the beach left exposed by the tide ◆ **mettre qch à découvert** to expose sth, to bring sth into the open ◆ **parler à découvert** to speak frankly *ou* openly ◆ **agir à découvert** to act openly

découverte² /dekuvɛʀt/ SYN NF [1] *(= action)* discovery; *(= objet)* find, discovery ◆ **aller** *ou* **partir à la découverte de** to go off to explore ◆ **jeune homme, il part à la découverte de l'Amérique** as a young man, he sets off to explore America ◆ **faire une découverte** to make a discovery ◆ **faire la découverte de** to discover ◆ **montre-moi ta découverte** show me what you've found ◆ **ce n'est pas une découverte !*** that's hardly news!, so what's new?*
[2] *(Art, Photo)* background

découvreur, -euse /dekuvʀœʀ, øz/ NM,F discoverer ◆ **découvreur de talents** talent scout

découvrir /dekuvʀiʀ/ SYN ▸ conjug 18 ◂
VT [1] *(= trouver)* *[+ trésor, loi scientifique, terre inconnue]* to discover; *[+ indices, complot]* to discover, to unearth; *[+ cause, vérité]* to discover, to find out, to unearth; *[+ personne cachée]* to discover, to find ◆ **découvrir que...** to discover *ou* find out that... ◆ **il veut découvrir comment/pourquoi c'est arrivé** he wants to find out how/why it happened ◆ **je lui ai découvert des qualités insoupçonnées** I have discovered some unsuspected qualities in him ◆ **il a découvert l'amour à 50 ans** he found love at the age of 50 ◆ **il craint d'être découvert** *(percé à jour)* he is afraid of being found out; *(trouvé)* he is afraid of being found *ou* discovered ◆ **quand ils découvriront le pot aux roses*** when they find out what's been going on
◆ **faire découvrir** ◆ **faire découvrir la musique/la peinture à qn** to introduce sb to music/painting ◆ **ce livre vous fera découvrir un Paris insolite** this book will show you Paris as few people see it ◆ **il m'a fait découvrir un monde que je ne soupçonnais pas** he showed me a world I never knew existed
[2] *(= enlever ce qui couvre, protège)* *[+ plat, casserole]* to take the lid *ou* cover off; *[+ voiture]* to open the roof of; *[+ statue]* to unveil; *(Échecs)* *[+ roi]* to uncover; *(Mil)* *[+ frontière]* to expose, to uncover; *[+ corps]* to uncover; *[+ membres, poitrine, épaules, tête]* to bare, to uncover; *(= mettre à jour)* *[+ ruines]* to uncover ◆ **elle enleva les housses et découvrit les meubles** she removed the dust sheets and uncovered the furniture ◆ **il découvrit son torse/avant-bras** he bared *ou* uncovered his torso/forearm ◆ **il resta découvert devant elle** he kept his hat off in her presence ◆ **ils découvrirent leur aile gauche** *(Mil)* they exposed their left wing, they left their left wing open to attack
[3] *(= laisser voir)* to reveal ◆ **une robe qui découvre le dos** a dress cut low at the back ◆ **son sourire découvre des dents superbes** when he smiles he shows his beautiful teeth
[4] *(= voir)* to see, to have a view of; *(Naut)* *[+ terre]* to sight ◆ **du haut de la falaise on découvre toute la baie** from the top of the cliff you have a view of the whole bay
[5] *(= révéler, dévoiler)* *[+ projets, intentions, motifs]* to reveal, to disclose *(à qn* to sb*)* ◆ **découvrir son cœur** to lay bare *ou* open one's heart ◆ **découvrir son jeu** to show one's hand
VI *[mer]* to recede
VPR **se découvrir** [1] *(= ôter son chapeau)* to take off one's hat; *(= ôter ses habits)* to undress, to take off one's clothes; *(= perdre ses couvertures)* to throw off the bedclothes, to uncover o.s. ◆ **en altitude on doit se découvrir le moins possible** at high altitudes you must keep covered up as much as possible; → **avril**
[2] *(Boxe, Escrime)* to leave o.s. open; *(Mil, fig)* to expose o.s., to leave o.s. open to attack
[3] *[ciel, temps]* to clear ◆ **ça va se découvrir** it will soon clear
[4] *(= trouver)* ◆ **elle s'est découvert un cousin en Amérique/un talent pour la peinture** she found out *ou* discovered she had a cousin in America/a gift for painting ◆ **c'est dans les épreuves qu'on se découvre** one finds *ou* discovers one's true self in testing situations

décrassage /dekʀasaʒ/, **décrassement** /dekʀasmɑ̃/ NM *[d'objet boueux, graisseux]* cleaning; *[de chaudière]* cleaning, cleaning-out; *[de bougie de moteur]* cleaning-up ◆ **un bon décrassage*** *(= toilette)* a good scrubbing-down *ou* clean-up

décrasser /dekʀase/ SYN ▸ conjug 1 ◂ VT
[1] *[+ enfant]* to scrub clean; *[+ objet boueux, graisseux]* to clean, to get the mud *(ou* grease *etc)* off; *(en frottant)* to scrub; *(en trempant)* to soak the dirt out of; *[+ chaudière]* to clean out, to clean; *[+ bougie de moteur]* to clean (up) ◆ **se décrasser** *[personne]* to give o.s. a good scrub, to clean o.s. up ◆ **se décrasser le visage/les mains** to give one's face/hands a good clean ◆ **le bon air, ça décrasse les poumons** fresh air cleans out the lungs ◆ **rouler à cette vitesse, ça décrasse le moteur** driving at that speed gives the engine a good decoking *(Brit)* *ou* cleans the engine out well
[2] *(fig = dégrossir)* to take the rough edges off

décrédibilisation /dekʀedibilizasjɔ̃/ NF loss of credibility

décrédibiliser /dekʀedibilize/ ▸ conjug 1 ◂ VT *[+ personne, organisation]* to undermine the credibility of

décrément /dekʀemɑ̃/ NM decrement

décrêpage /dekʀepaʒ/ NM straightening

décrêper /dekʀepe/ ▸ conjug 1 ◂ VT *[+ cheveux]* to straighten

décrépir /dekʀepiʀ/ ▸ conjug 2 ◂
VT *[+ mur]* to remove the roughcast from ◆ **façade décrépie** peeling façade
VPR **se décrépir** *[mur]* to peel

décrépit, e /dekʀepi, it/ ADJ *[personne]* decrepit; *[maison, mur]* dilapidated, decrepit

décrépitude /dekʀepityd/ SYN NF *[de personne]* decrepitude; *[de nation, institution, civilisation]* decay ◆ **tomber en décrépitude** *[personne]* to become decrepit; *[nation]* to decay

decrescendo /dekʀeʃendo/
ADV *(Mus)* decrescendo ◆ **sa réputation va decrescendo** his reputation is declining *ou* waning
NM *(Mus)* decrescendo

décret /dekʀɛ/ NM *(Pol, Rel)* decree ◆ **décret d'application** *decree specifying how a law should be enforced* ◆ **gouverner par décret** to rule by decree ◆ **décret-loi** government decree ◆ **les décrets de la Providence** *(littér)* the decrees of Providence

décréter /dekʀete/ ▸ conjug 6 ◂ VT *[+ mobilisation]* to order; *[+ état d'urgence]* to declare; *[+ mesure]* to decree ◆ **le président a décrété la nomination d'un nouveau ministre** the president ordered the appointment of a new minister ◆ **décréter que** *[gouvernement, patron]* to decree *ou* order that; *(Rel)* to ordain *ou* decree that ◆ **il a décrété qu'il ne mangerait plus de betteraves** he swore that he wouldn't eat beetroot any more ◆ **j'ai décrété que je n'irai pas** I have decided that I won't go

décrier /dekʀije/ SYN ▸ conjug 7 ◂ VT *[+ œuvre, mesure, principe, auteur]* to decry *(littér)*, to disparage, to downcry *(US)* ◆ **la chasteté, une vertu si décriée de nos jours** chastity, a much disparaged virtue nowadays ◆ **ces auteurs maintenant si**

décriés par la critique these authors now so disparaged by the critics ◆ **il décria fort ma conduite** he (strongly) censured my behaviour

décriminalisation /dekriminalizasjɔ̃/ NF decriminalization

décriminaliser /dekriminalize/ ▸ conjug 1 ◂ VT to decriminalize

décrire /dekriʀ/ SYN ▸ conjug 39 ◂ VT
① (= dépeindre) to describe
② [+ trajectoire] to follow; [+ cercle, ellipse] to describe ◆ **l'oiseau/l'avion décrivait des cercles au-dessus de nos têtes** the bird/plane flew in circles overhead ◆ **la route décrit une courbe** the road makes ou follows a curve ◆ **le satellite décrit une ellipse** the satellite follows ou makes ou describes an elliptical orbit

décrispation /dekrispasjɔ̃/ NF (Pol) easing of tension (entre between) ◆ **il y a des signes de décrispation politique** there are signs that the political tension is easing

décrisper /dekrispe/ ▸ conjug 1 ◂ VT [+ situation] to defuse; [+ personne] to relax ◆ **pour décrisper les relations** to make relations less strained, to ease relations

décrochage /dekrɔʃaʒ/ NM ① [de rideaux] taking down, unhooking; [de wagon] uncoupling
② (Mil) **opérer un décrochage** to disengage, to break off the action
③ (Radio, TV) switchover
④ (Fin) ◆ **le décrochage du franc par rapport au mark** the decoupling ou unpegging of the franc from the mark
⑤ (en avion) stalling ◆ **faire un décrochage** to stall
⑥ (Scol) ◆ **être en situation de décrochage scolaire** to be doing badly at school

décrochement /dekrɔʃmɑ̃/ NM ① [de wagon] uncoupling
② (Géol) thrust fault, slide
③ (Constr) (en retrait) recess; (en saillie) projection ◆ **le mur présente un décrochement** (en retrait) the wall is recessed; (en saillie) the wall juts out
④ (Fin) ⇒ décrochage

décrocher /dekrɔʃe/ SYN ▸ conjug 1 ◂
VT ① (= détacher) [+ tableau] to take down; [+ rideau] to take down, to unhook; [+ vêtement] to take down, to take off the hook ou peg; [+ fermoir] to undo, to unclasp; [+ poisson] to unhook; [+ wagon] to uncouple ◆ **il n'a pas pu décrocher son cerf-volant qui s'était pris dans l'arbre** he couldn't free ou unhook his kite which had got caught in the tree ◆ **décrocher le reste du peloton** (Sport) to leave the pack behind ◆ **décrocher le franc du mark** (Fin) to decouple ou unpeg the franc from the mark
② [+ téléphone] (pour répondre) to pick up, to lift; (pour l'empêcher de sonner) to take off the hook ◆ **ne décroche pas !** don't answer it! ◆ **le téléphone est décroché** the telephone is off the hook
③ (* = obtenir) [+ prix, contrat, poste, récompense] to get, to land* ◆ **il a décroché une belle situation** he's landed a plum job* ◆ **décrocher le gros lot** ou **la timbale** (lit, fig) to hit the jackpot; → **lune, pompon**
VI ① (Mil) to pull back, to break off the action; [coureur] to fall behind
② * (= abandonner, ne pas suivre) to fall by the wayside, to fail to keep up; (= se désintéresser) to drop out, to opt out; (= cesser d'écouter) to switch off*
③ (arg Drogue) to come off
④ (Fin) ◆ **le franc a décroché du mark** (= a perdu du terrain) the franc lost ground against the mark
⑤ (Radio, TV) to go off the air
⑥ [avion] to stall
VPR **se décrocher** [tableau, vêtement] to fall down ou off; [rideau] to fall down, to come unhooked; [fermoir] to come undone; [poisson] to get unhooked; [wagon] to come uncoupled ◆ **le cerf-volant pris dans l'arbre s'est finalement décroché** the kite which had been caught in the tree finally came free; → **bâiller**

décrochez-moi-ça * /dekrɔʃemwasa/ NM INV second-hand clothes shop (Brit) ou store (US)

décroisement /dekrwazmɑ̃/ NM [de jambes] uncrossing; [de bras] unfolding; [de fils] untwining, untwisting

décroiser /dekrwaze/ ▸ conjug 1 ◂ VT [+ jambes] to uncross; [+ bras] to unfold; [+ fils] to untwine, to untwist

décroissance /dekrwasɑ̃s/ NF (= diminution) decline, decrease (de in)

décroissant, e /dekrwasɑ̃, ɑ̃t/ ADJ (gén) decreasing, diminishing, declining; [bruit] fading; [vitesse] decreasing, falling ◆ **par ordre décroissant** in decreasing ou descending order

décroissement /dekrwasmɑ̃/ NM [de jours] shortening; [de lune] waning

décroît /dekrwa/ NM [de lune] ◆ **dans** ou **sur son décroît** in its last quarter

décroître /dekrwatʀ/ SYN ▸ conjug 55 ◂ VI [nombre, population, intensité, pouvoir] to decrease, to diminish, to decline; [eaux, fièvre] to subside, to go down; [popularité] to decline, to drop; [vitesse] to drop; [force] to decline, to diminish, to fail; [revenus] to get less, to diminish; [lune] to wane; [jours] to get shorter; [silhouette] to get smaller and smaller; [bruit] to die away, to fade; [lumière] to fade, to grow fainter ou dimmer ◆ **ses forces vont (en) décroissant** his strength is failing ou gradually diminishing ou declining ◆ **cette ville a beaucoup décru en importance** this town has greatly declined in importance

décrotter /dekrɔte/ ▸ conjug 1 ◂ VT [+ chaussures] to scrape the mud off; (fig) [+ rustre] to take the rough edges off

décrottoir /dekrɔtwaʀ/ NM (= lame) mudscraper, shoescraper; (= paillasson) wire (door) mat

décrue /dekʀy/ NF [d'eaux, rivière] fall ou drop in level (de of); [de taux d'intérêt] drop (de in); [de popularité] decline, drop (de in) ◆ **la décrue des eaux atteint deux mètres** the water level ou flood-level has fallen ou dropped by two metres ◆ **au moment de la décrue** when the water level drops

décryptage /dekriptaʒ/, **décryptement** /dekriptəmɑ̃/ NM deciphering; (Ordin, TV) decryption, unscrambling

décrypter /dekripte/ SYN ▸ conjug 1 ◂ VT (= décoder) [+ message, code, génome] to decipher; (Ordin, TV) to decrypt ◆ **décrypter l'attitude de qn** (= élucider) to work sb out, to understand sb's attitude

déçu, e /desy/ SYN (ptp de décevoir) ADJ disappointed ◆ **j'ai été très déçu d'apprendre que…** I was very disappointed to find out that… ◆ **elle ne va pas être déçue du voyage !*** (iro) she's going to be over the moon!* (iro)

décubitus /dekybitys/ NM decubitus ◆ **être en décubitus dorsal/latéral** to be lying on one's back/side

de cujus /dekyʒys, dekuʒus/ NM INV (Jur) ◆ **le de cujus** the deceased

déculottée ‡ /dekylɔte/ NF (= défaite) clobbering*, hammering* ◆ **prendre** ou **recevoir une déculottée** to get a hammering* ou clobbering*

déculotter /dekylɔte/ ▸ conjug 1 ◂
VT ◆ **déculotter qn** to take down sb's trousers
VPR **se déculotter** (lit) to take down one's trousers; (‡ = s'humilier) to lie down and take it*

déculpabilisation /dekylpabilizasjɔ̃/ NF [de personne] removal of guilt feelings ◆ **la déculpabilisation du divorce** taking away the guilt associated with divorce

déculpabiliser /dekylpabilize/ ▸ conjug 1 ◂ VT ◆ **déculpabiliser qn** to remove sb's guilt feelings ◆ **déculpabiliser le divorce** to take away the guilt associated with divorce

déculturation /dekyltyrasjɔ̃/ NF loss of cultural identity

décuple /dekypl/
ADJ tenfold ◆ **un revenu décuple du mien** an income ten times as large as mine
NM ◆ **20 est le décuple de 2** 20 is ten times 2 ◆ **il gagne le décuple de ce que je gagne** he earns ten times what I earn ◆ **il me l'a rendu au décuple** he paid me back tenfold

décuplement /dekyplǝmɑ̃/ NM (lit) tenfold increase ◆ **grâce au décuplement de nos forces** thanks to our greatly increased strength

décupler /dekyple/ ▸ conjug 1 ◂ VTI to increase tenfold ◆ **la colère décuplait ses forces** anger gave him the strength of ten

décurion /dekyrjɔ̃/ NM decurion

décuver /dekyve/ ▸ conjug 1 ◂ VT [+ raisin, vin] to rack

dédaignable /dedɛɲabl/ ADJ ◆ **ce n'est pas dédaignable** it's not to be sniffed at

dédaigner /dedeɲe/ SYN ▸ conjug 1 ◂ VT
① (= mépriser) [+ personne] to despise, to look down on, to scorn; [+ honneurs, richesse] to scorn, to despise ◆ **il ne dédaigne pas de rire avec ses subordonnés** he doesn't consider it beneath him to joke with his subordinates ◆ **il ne dédaigne pas un verre de vin de temps à autre** he's not averse to the occasional glass of wine
② (= négliger) [+ offre, adversaire] to spurn; [+ menaces, insultes] to disregard, to discount ◆ **ce n'est pas à dédaigner** (honneur, offre) it's not to be sniffed at; (danger, adversaire) it can't just be shrugged off ◆ **il dédaigna de répondre/d'y aller** he did not deign to reply/go

dédaigneusement /dedɛɲøzmɑ̃/ ADV disdainfully, scornfully, contemptuously

dédaigneux, -euse /dedɛɲø, øz/ SYN ADJ [personne, air] scornful, disdainful, contemptuous ◆ **dédaigneux de** contemptuous ou scornful ou disdainful of ◆ **il est dédaigneux de plaire** (littér) he scorns to please

dédain /dedɛ̃/ SYN NM contempt, scorn, disdain (de for) ◆ **sourire de dédain** disdainful ou scornful smile

dédale /dedal/ SYN NM ① [de rues, idées, lois] maze
② (Myth) ◆ **Dédale** Daedalus

dedans /dədɑ̃/
ADV ① (= à l'intérieur) inside; (= pas à l'air libre) indoors, inside ◆ **voulez-vous dîner dehors ou dedans ?** do you want to have dinner outside or inside? ou outdoors or indoors? ◆ **au-dedans** inside ◆ **la maison est laide, mais dedans** ou **au-dedans c'est très joli** it's an ugly-looking house but it's lovely inside ◆ **nous sommes restés dedans toute la journée** we stayed in ou inside ou indoors all day ◆ **elle cherche son sac, tout son argent est dedans** she is looking for her bag, it's got all her money in it ◆ **prenez ce fauteuil, on est bien dedans** have this chair, you'll be comfortable in it ou you'll find it comfortable ◆ **de** ou **du dedans on n'entend rien** you can't hear a sound from inside ◆ **passez par dedans pour aller au jardin** go through the house to get to the garden ◆ **la crise ? on est en plein dedans !** the crisis? we're right in the middle of it!
② (locutions) ◆ **être dedans** (Cartes) to lose (de by) ◆ **mettre** ou **ficher*** ou **foutre**‡ **qn dedans** to get sb confused, to make sb get it wrong ◆ **il s'est fait mettre dedans**‡ he got himself put away* ou **put inside*** ◆ **il s'est fichu*** ou **foutu**‡ **dedans** he got it all wrong ◆ **un bus lui est rentré dedans*** a bus hit him ou ran into him ◆ **il a dérapé, il y avait un arbre, il est rentré** ou **entré dedans*** he skidded, there was a tree and he ran ou went ou crashed straight into it
◆ **en dedans** ◆ **fleur blanche en dehors et jaune en dedans** (= à l'intérieur) a flower that's white (on the) outside and yellow (on the) inside ◆ **ces volets s'ouvrent en dedans** (= vers l'intérieur) these shutters open inwards ◆ **avoir** ou **marcher les pieds en dedans** to be pigeon-toed ◆ **ne marche pas les pieds en dedans** don't walk with your feet turned in
NM [d'objet, bâtiment] inside ◆ **le coup a été préparé du dedans** it's an inside job

dédicace /dedikas/ NF ① (imprimée) dedication; (manuscrite) [de livre, photo] dedication, inscription (à to)
② [d'église] consecration, dedication

dédicacer /dedikase/ ▸ conjug 3 ◂ VT [+ livre, photo] (= signer) to sign, to autograph (à qn for sb); (= dédier) to dedicate (à to)

> ⚠ Au sens de 'signer', **dédicacer** ne se traduit pas par **to dedicate**.

dédicataire /dedikatɛʀ/ NMF dedicatee

dédicatoire /dedikatwaʀ/ ADJ dedicatory, dedicative

dédié, e /dedje/ (ptp de **dédier**) ADJ [équipement, ligne, ordinateur] dedicated

dédier /dedje/ ▸ conjug 7 ◂ **dédier à** VT (Rel) to consecrate to, to dedicate to ◆ **dédier ses efforts à** to devote ou dedicate one's efforts to ◆ **dédier un livre à** to dedicate a book to

dédifférenciation /dediferɑ̃sjasjɔ̃/ NF (Bio) dedifferentiation

dédifférencier (se) /dediferɑ̃sje/ ▸ conjug 7 ◂ VPR (Bio) to undergo dedifferentiation ◆ **cellule dédifférenciée** dedifferentiated cell

dédire (se) /dediʀ/ SYN ▸ conjug 37 ◂ VPR
① (= manquer à ses engagements) to go back on

one's word ◆ **se dédire d'une promesse** to go back on a promise

[2] *(= se rétracter)* to retract, to recant ◆ **se dédire d'une affirmation** to withdraw a statement, to retract (a statement); → **cochon**

dédit /dedi/ NM [1] *(= somme)* forfeit, penalty ◆ **un dédit de 5 000 €** a 5,000 euro penalty

[2] *(= rétractation)* retraction; *(= manquement aux engagements)* failure to keep one's word; *(= non-paiement)* default ◆ **en cas de dédit il faut payer un supplément** in case of default a supplement must be paid

dédommagement /dedɔmaʒmɑ̃/ SYN NM compensation ◆ **en dédommagement, je lui ai donné une bouteille de vin** in compensation *ou* to make up for it, I gave him a bottle of wine ◆ **en dédommagement des dégâts** *ou* **à titre de dédommagement pour les dégâts, on va me donner 100 €** they will give me €100 in compensation for the damage ◆ **en dédommagement du mal que je vous donne** to make up for the trouble I'm causing you

dédommager /dedɔmaʒe/ SYN ▸ conjug 3 ◂ VT *(= indemniser)* ◆ **dédommager qn** to compensate sb *(de* for), to give sb compensation *(de* for) ◆ **je l'ai dédommagé en lui donnant une bouteille de vin** I gave him a bottle of wine in compensation *ou* to make up for it ◆ **dédommager qn d'une perte** to compensate sb for a loss, to make good sb's loss ◆ **comment vous dédommager du dérangement que je vous cause ?** how can I ever make up for the trouble I'm causing? ◆ **le succès le dédommage de toutes ses peines** his success is compensation *ou* compensates for all his troubles

dédoré, e /dedɔʀe/ (ptp de **dédorer**) ADJ *[bijou, tableau]* which has lost its gilt, tarnished; *(fig) [noblesse]* faded

dédorer /dedɔʀe/ ▸ conjug 1 ◂ VT to remove the gilt from

dédouanage /dedwanaʒ/, **dédouanement** /dedwanmɑ̃/ NM *(Comm)* clearing *ou* clearance through customs, customs clearance; * *[de personne]* clearing (the name of), putting in the clear*

dédouaner /dedwane/ ▸ conjug 1 ◂ VT *(Comm)* to clear through customs; *(* = réhabiliter) [+ personne]* to clear (the name of), to put in the clear* ◆ **marchandises dédouanées** duty-paid goods ◆ **se dédouaner** to clear one's name

dédoublage /dedublaʒ/ NM *[de vêtement]* removing the lining of

dédoublement /dedubləmɑ̃/ NM *[de classe]* dividing *ou* splitting in two; *[d'ongles]* splitting ◆ **le dédoublement d'un train** the running of a relief train ◆ **le dédoublement de la personnalité est un trouble grave** *(Psych)* having a split *ou* dual personality is a serious illness ◆ **souffrir d'un dédoublement de la personnalité** to suffer from a split *ou* dual personality

dédoubler /deduble/ ▸ conjug 1 ◂

VT [1] *[+ manteau]* to remove the lining of

[2] *[+ classe]* to split *ou* divide in two; *[+ ficelle]* to separate the strands of ◆ **dédoubler un train** to run *ou* put on a relief train ◆ **pour Noël on a dû dédoubler tous les trains** at Christmas they had to run additional trains on all services

[3] *[+ couverture]* to unfold, to open out

VPR **se dédoubler** *(= se déplier)* to unfold, to open out; *[ongles]* to split ◆ **dans les cas où la personnalité se dédouble** in cases of split *ou* dual personality ◆ **je ne peux pas me dédoubler*** I can't be in two places at once ◆ **l'image se dédoublait dans l'eau** there was a double outline reflected in the water

dédramatisation /dedʀamatizasjɔ̃/ NF *(= minimisation) [événement, situation]* playing down the importance of ◆ **au gouvernement, le ton est à la dédramatisation** the government is trying to play things down ◆ **le patient fait un travail de dédramatisation de sa maladie** the patient tries to come to terms with his illness

dédramatiser /dedʀamatize/ ▸ conjug 1 ◂ VT *[+ examen, opération]* to make less alarming *ou* awesome; *[+ problème]* to play down the importance of; *[+ débat]* to take the heat out of ◆ **il faut dédramatiser la situation** we mustn't overdramatize the situation

déductible /dedyktibl/ ADJ *(Fin) [frais, somme]* deductible *(de* from) ◆ **déductible du revenu imposable** tax-deductible ◆ **dépenses non déductibles** non-deductible expenses

déductif, -ive /dedyktif, iv/ ADJ deductive

déduction /dedyksjɔ̃/ SYN NF [1] *(= abattement)* deduction ◆ **déduction fiscale** tax deduction ◆ **déduction forfaitaire** standard deduction ◆ **déduction faite de** after deducting, after deduction of ◆ **ça entre en déduction de ce que vous nous devez** that's deductible from what you owe us, that'll be taken off what you owe us

[2] *(= forme de raisonnement)* deduction, inference; *(= conclusion)* conclusion, inference

déduire /dedɥiʀ/ SYN ▸ conjug 38 ◂ VT [1] *(= soustraire)* to deduct *(de* from) ◆ **tous frais déduits** after deduction of expenses

[2] *(= conclure)* to deduce, to infer *(de* from)

déesse /deɛs/ NF goddess ◆ **elle a un corps/port de déesse** she's got the body/bearing of a goddess

de facto /defakto/ LOC ADV de facto ◆ **reconnaître qch de facto** to give de facto recognition to sth ◆ **de facto, il devient président** he becomes de facto president

défaillance /defajɑ̃s/ SYN

NF [1] *(= évanouissement)* blackout; *(= faiblesse physique)* feeling of weakness *ou* faintness; *(= faiblesse morale)* weakness, failing ◆ **avoir une défaillance** *(évanouissement)* to faint, to have a blackout; *(faiblesse)* to feel faint *ou* weak ◆ **l'athlète a eu une défaillance au troisième kilomètre** the athlete seemed to be in difficulty *ou* to be weakening at the third kilometre ◆ **il a eu plusieurs défaillances ces derniers jours** he has had several weak spells these last few days ◆ **faire son devoir sans défaillance** to do one's duty without flinching

[2] *(= mauvais fonctionnement)* (mechanical) fault, failure, breakdown *(de* in) ◆ **l'accident était dû à une défaillance de la machine** the accident was caused by a fault in the machine

[3] *(= insuffisance)* weakness ◆ **élève qui a des défaillances (en histoire)** pupil who has certain shortcomings *ou* weak points (in history) ◆ **devant la défaillance du gouvernement** faced with the weakness of the government *ou* the government's failure to act ◆ **mémoire sans défaillance** faultless memory

[4] *(Jur)* default ◆ **défaillance d'entreprise** bankruptcy

COMP **défaillance cardiaque** heart failure
défaillance mécanique mechanical fault
défaillance de mémoire lapse of memory

défaillant, e /defajɑ̃, ɑ̃t/ ADJ [1] *(= affaibli) [forces]* failing, declining; *[santé, mémoire, raison]* failing; *[courage, volonté]* faltering, weakening; *[cœur]* weak

[2] *(= tremblant) [voix, pas]* unsteady, faltering; *[main]* unsteady

[3] *(= près de s'évanouir) [personne]* weak, faint *(de* with)

[4] *[matériel, installation]* faulty; *[pouvoir, gouvernement]* shaky

[5] *(Jur) [partie, témoin]* defaulting ◆ **client défaillant** client who defaults *ou* has defaulted ◆ **candidat défaillant** candidate who fails *(ou* who has failed) to appear

défaillir /defajiʀ/ SYN ▸ conjug 13 ◂ VI [1] *(= s'évanouir)* to faint ◆ **elle défaillait de bonheur/de faim** she felt faint with happiness/hunger

[2] *(= faiblir) [forces]* to weaken, to fail; *[courage, volonté]* to falter, to weaken; *[mémoire]* to fail ◆ **faire son devoir sans défaillir** to do one's duty without flinching

défaire /defɛʀ/ SYN ▸ conjug 60 ◂

VT [1] *(= démonter) [+ échafaudage]* to take down, to dismantle; *[+ installation électrique]* to dismantle; *[+ sapin de Noël]* to take down

[2] *(= découdre, dénouer) [+ couture, tricot]* to undo, to unpick *(Brit)*; *[+ écheveau]* to undo, to unravel, to unwind; *[+ corde, nœud, ruban]* to undo, to untie; *[+ cheveux, nattes]* to undo

[3] *(= ouvrir) [+ courroie, fermeture, robe]* to undo, to unfasten; *[+ valise]* to unpack ◆ **défaire ses bagages** to unpack (one's luggage) ◆ **défaire le lit** *(pour changer les draps)* to strip the bed; *(pour se coucher)* to pull back the sheets; *(mettre en désordre)* to unmake *ou* rumple the bed

[4] *(= détruire) [+ mariage]* to break up; *[+ contrat, traité]* to break ◆ **cela défit tous nos plans** it ruined all our plans ◆ **il (faisait et) défaisait les rois** he (made and) unmade kings ◆ **elle se plaît à défaire tout ce que j'essaie de faire pour elle** she takes pleasure in undoing everything I try to do for her ◆ **la maladie l'avait défait** his illness had left him shattered ◆ **la douleur défaisait ses traits** his face was contorted with pain

[5] *(= battre) (littér) [+ ennemi, armée]* to defeat

[6] *(= débarrasser) (littér)* ◆ **défaire qn de** *[+ liens, gêneur]* to rid sb of, to relieve sb of, to deliver sb from *(littér)*; *[+ habitude]* to break sb of, to cure sb of, to rid sb of; *[+ défaut]* to cure sb of, to rid sb of

VPR **se défaire** [1] *[nœud, ficelle, coiffure]* to come undone; *[couture]* to come undone *ou* apart; *[légumes, viande] (à la cuisson)* to fall to pieces, to disintegrate; *[mariage, amitié]* to break up

[2] *(= se déformer)* ◆ **ses traits se défirent, son visage se défit** his face crumpled, his face twisted with grief *(ou* pain *etc)*

[3] *(locution)*

◆ **se défaire de** *(= se débarrasser de) [+ gêneur, vieillerie, odeur]* to get rid of; *[+ image, idée]* to put *ou* get out of one's mind; *[+ habitude]* to break *ou* cure o.s. of, to get rid of; *[+ défaut]* to cure o.s. of; *[+ souvenir]* to part with

défait, e[1] /defɛ, ɛt/ SYN (ptp de **défaire**) ADJ [1] *[visage]* ravaged, haggard; *[cheveux]* tousled, dishevelled ◆ **il était complètement défait** he looked terribly haggard

[2] *[lit]* unmade, rumpled

[3] *[armée]* defeated

défaite[2] /defɛt/ SYN NF *(Mil)* defeat; *(= échec)* defeat, failure ◆ **la défaite de notre équipe** our team's defeat ◆ **défaite électorale** electoral defeat

défaitisme /defetism/ NM defeatism

défaitiste /defetist/ ADJ, NMF defeatist

défalcation /defalkasjɔ̃/ NF deduction ◆ **défalcation faite des frais** after deduction of expenses

défalquer /defalke/ ▸ conjug 1 ◂ VT to deduct

défatigant, e /defatigɑ̃, ɑ̃t/ ADJ *[lait, lotion]* soothing

défatiguer /defatige/ ▸ conjug 1 ◂

VT to relax, to refresh

VPR **se défatiguer** to relax

défaufiler /defofile/ ▸ conjug 1 ◂ VT to remove the tacking *ou* basting thread from

défausse /defos/ NF *(Cartes)* discarding; *(fig)* prevarication ◆ **il excelle dans l'art de la défausse** he excels the art of prevarication ◆ **pas question d'une défausse de l'État** there is no way the State can prevaricate

défausser (se) /defose/ ▸ conjug 1 ◂ VPR *(Cartes)* to discard, to throw out *ou* away ◆ **se défausser (d'une carte)** to discard ◆ **il s'est défaussé à trèfle** he discarded a club

défaut /defo/ SYN

NM [1] *[de pierre précieuse, métal]* flaw; *[d'étoffe, verre]* flaw, fault; *[de machine]* defect, fault; *[de bois]* blemish; *[de roman, tableau, système]* flaw, defect ◆ **sans défaut** flawless, faultless

[2] *[de personne]* fault, failing; *[de caractère]* defect, fault ◆ **chacun a ses petits défauts** we've all got our little faults *ou* our failings ◆ **il n'a aucun défaut** he's perfect ◆ **la gourmandise n'est pas un gros défaut** greediness isn't such a bad fault; → **curiosité**

[3] *(= désavantage)* drawback ◆ **ce plan/cette voiture a ses défauts** this plan/car has its drawbacks ◆ **le défaut de** *ou* **avec* cette voiture, c'est que...** the trouble *ou* snag* *ou* drawback with this car is that...

[4] *(= manque)* ◆ **défaut de** *[+ raisonnement]* lack of; *[+ main-d'œuvre]* shortage of

[5] *(locutions)*

◆ **faire défaut** *[temps, argent, talent]* to be lacking; *(Jur) [prévenu, témoin]* to default ◆ **la patience/le temps lui fait défaut** he lacks patience/time ◆ **le courage lui a finalement fait défaut** his courage failed him in the end ◆ **ses amis lui ont finalement fait défaut** his friends let him down in the end ◆ **si ma mémoire ne me fait pas défaut** if my memory serves me right

◆ **à défaut** ◆ **à défaut de** for lack *ou* want of ◆ **à défaut de vin, il boira du cidre** if there's no wine, he'll drink cider ◆ **elle cherche une table ovale, ou, à défaut, ronde** she is looking for an oval table, or, failing that, a round one (will do)

◆ **en défaut** ◆ **être en défaut** to be at fault *ou* in the wrong ◆ **c'est votre mémoire qui est en défaut** it's your memory that's at fault ◆ **se mettre en défaut** to put o.s. in the wrong ◆ **prendre qn en défaut** to catch sb out ◆ **mettre les chiens en défaut** *(Chasse)* to put the dogs off the scent

◆ **par défaut** by default ◆ **condamner/juger qn par défaut** *(Jur)* to sentence/judge sb in absentia • **calculer qch par défaut** *(Math)* to calculate sth to the nearest decimal point • **il pèche par défaut** he doesn't try hard enough • **le lecteur par défaut** *(Ordin)* the default drive

COMP **défaut de comparution** *(Jur)* default, non-appearance, failure to appear
le défaut de la cuirasse *(lit, fig)* the chink in the armour
défaut d'élocution ⇒ **défaut de prononciation**
le défaut de l'épaule the hollow beneath the shoulder
défaut de fabrication manufacturing defect
défaut de masse *(Phys)* mass defect
défaut de paiement *(Jur)* default in payment, non-payment
défaut de prononciation speech impediment *ou* defect

défaut-congé (pl **défauts-congés**) /defokɔ̃ʒe/ NM *(Jur) dismissal of case through non-appearance of plaintiff*

défaveur /defavœʀ/ NF disfavour *(Brit)*, disfavor *(US) (auprès de* with) • **être en défaveur** to be out of favour *(Brit) ou* favor *(US)*, to be in disfavour • **s'attirer la défaveur de** to incur the disfavour of

défavorable /defavɔʀabl/ SYN ADJ unfavourable *(Brit)*, unfavorable *(US) (à* to) • **voir qch d'un œil défavorable** to view sth with disfavour *(Brit) ou* disfavor *(US)*

défavorablement /defavɔʀabləmɑ̃/ ADV unfavourably

défavoriser /defavɔʀize/ SYN ▸ conjug 1 ◂ VT (= *désavantager*) *[décision, loi]* to penalize; *[défaut, timidité]* to put at a disadvantage; *[examinateur, patron]* to put at an unfair disadvantage • **il a défavorisé l'aîné** he treated the eldest less fairly (than the others) • **j'ai été défavorisé par rapport aux autres candidats** I was put at an unfair disadvantage with respect to the other candidates • **aider les couches les plus défavorisées de la population** to help the most underprivileged *ou* disadvantaged sections of the population

défécation /defekasjɔ̃/ NF *(Physiol)* defecation; *(Chim)* defecation, purification

défectif, -ive /defɛktif, iv/ ADJ *[verbe]* defective

défection /defɛksjɔ̃/ SYN NF *[d'amis, alliés politiques]* desertion, defection; *[de troupes]* failure to give *ou* lend assistance; *[de candidats]* failure to attend *ou* appear; *[d'invités]* failure to appear • **faire défection** *[partisans]* to fail to lend support; *[invités]* to fail to appear *ou* turn up • **il y a eu plusieurs défections** *(membres d'un parti)* a number of people have withdrawn their support; *(invités, candidats)* several people failed to appear

défectueux, -euse /defɛktɥø, øz/ SYN ADJ *[matériel]* faulty, defective; *[raisonnement]* faulty

défectuosité /defɛktɥozite/ SYN NF (= *état*) defectiveness, faultiness; (= *défaut*) imperfection, (slight) defect *ou* fault *(de* in)

défendable /defɑ̃dabl/ ADJ *(Mil) [ville]* defensible; (= *soutenable*) *[conduite]* defensible, justifiable; *[position]* tenable, defensible • **il n'est pas défendable** *(gén)* he has no excuse; *(Jur)* he cannot be defended

défendant /defɑ̃dɑ̃/ (prp de **défendre**) → **corps**

défendeur, -deresse /defɑ̃dœʀ, dʀɛs/ NM,F *(Jur)* defendant • **défendeur en appel** respondent

défendre /defɑ̃dʀ/ SYN ▸ conjug 41 ◂

VT 1 (= *protéger*) *(gén, Jur, Mil)* to defend; (= *soutenir*) *[+ personne, opinion]* to stand up for, to defend *(contre* against); *[+ cause]* to champion, to defend *(contre* against) • **ville défendue par deux forts** town defended *ou* protected by two forts • **défendre son bifteck*** *(fig)* to stand up for one's rights, to defend one's livelihood

2 (= *interdire*) • **défendre qch à qn** to forbid sb sth • **défendre à qn de faire qch** *ou* **qu'il fasse qch** to forbid sb to do sth • **le médecin lui défend le tabac/la mer** the doctor has forbidden him *ou* won't allow him to smoke/to go to the seaside • **il m'en a défendu l'accès** he forbade me access to it • **défendre sa porte à qn** to bar one's door to sb, to refuse to allow sb in • **ne fais pas ça, c'est défendu** don't do that, it's not allowed *ou* it's forbidden • **il est défendu de fumer** smoking is prohibited *ou* not allowed • **il est défendu de parler** talking is not allowed; → **fruit**[1]

VPR **se défendre** 1 (= *se protéger*) *(gén, Jur, Mil)* to defend o.s. *(contre* against); *(contre brimades, critiques)* to stand up for o.s., to defend o.s. *(contre* against) • **se défendre du froid/de la pluie** to protect o.s. from the cold/rain

2 (* = *se débrouiller*) to manage, to get along *ou* by • **elle se défend au tennis/au piano** she's not bad at tennis/on the piano • **il se défend bien/mal en affaires** he gets on *ou* does quite well/he doesn't do very well in business • **il se défend** he gets along *ou* by, he can hold his own (quite well)

3 (= *se justifier*) • **se défendre d'avoir fait qch** to deny doing *ou* having done sth • **il se défendit d'être vexé/jaloux** he denied being *ou* that he was annoyed/jealous • **sa position/son point de vue se défend** his position/point of view is quite defensible • **ça se défend !** *(raisonnement)* it holds *ou* hangs together • **il dit que ce serait trop cher, ça se défend** he says it would be too expensive and he has a point *ou* it's a fair point

4 • **se défendre de** (= *s'empêcher de*) to refrain from • **il ne pouvait se défendre d'un sentiment de pitié/gêne** he couldn't help feeling pity/embarrassment • **elle ne put se défendre de sourire** she could not refrain from smiling, she couldn't suppress a smile

> ⓘ Au sens de 'interdire', **défendre** ne se traduit pas par **to defend**.

défenestration /defənɛstʀasjɔ̃/ NF defenestration

défenestrer /defənɛstʀe/ ▸ conjug 1 ◂

VT to throw out of the *(ou* a) window, to defenestrate *(frm)*

VPR **se défenestrer** to throw o.s. out of a window

défense[1] /defɑ̃s/ SYN NF 1 *(contre agression)* defence *(Brit)*, defense *(US)* • **défenses** (= *fortifications*) defences • **défense nationale/antiaérienne** *ou* **contre avions/passive** national/anti-aircraft/civil defence • **le budget de la défense (nationale)** the (national) defence budget • **les défenses d'une frontière** border defences • **la défense du pays** the country's defence *ou* protection • **ligne de défense** line of defence • **ouvrage de défense** fortification • **prendre la défense de qn** to stand up for sb, to defend sb

2 (= *protection*) *[de droits, environnement]* protection • **la défense des opprimés** the defence *ou* protection of the oppressed • **la défense de l'emploi** job protection

3 (= *résistance*) defence *(Brit)*, defense *(US)* • **opposer une défense courageuse** to put up a brave defence • **mécanisme/instinct de défense** defence mechanism/instinct • **moyens de défense** means of defence • **défenses immunitaires** immune defence system • **sans défense** (= *trop faible*) defenceless; (= *non protégé*) unprotected • **sans défense contre les tentations** helpless *ou* defenceless against temptation; → **légitime**

4 *(Sport)* defence *(Brit)*, defense *(US)* • **jouer en défense** to play in defence

5 *(Jur)* defence *(Brit)*, defense *(US)*; (= *avocat*) counsel for the defence *(Brit)*, defense attorney *(US)* • **assurer la défense d'un accusé** to conduct the case for the defence • **la parole est à la défense** (the counsel for) the defence may now speak • **qu'avez-vous à dire pour votre défense ?** what have you to say in your defence?

6 (= *interdiction*) • « **défense d'entrer** » "no entrance", "no entry", "no admittance" • « **propriété privée, défense d'entrer** » "private property, no admittance *ou* keep out" • « **danger : défense d'entrer** » "danger – keep out" • « **défense de fumer/stationner** » "no smoking/parking", "smoking/parking prohibited" • « **défense d'afficher** » "(stick *ou* post) no bills" • **défense d'en parler à quiconque** it is forbidden to speak of it to anyone • **il est sorti malgré ma défense** he went out in spite of the fact that I'd told him not to *ou* in spite of my having forbidden him to do so

défense[2] /defɑ̃s/ NF *[d'éléphant, morse, sanglier]* tusk

défenseur /defɑ̃sœʀ/ SYN NM *(gén, Mil, Sport)* defender; *[de cause]* champion, defender; *[de doctrine]* advocate; *(Jur)* counsel for the defence *(Brit)*, defense attorney *(US)* • **l'accusé et son défenseur** the accused and his counsel • **défenseur de l'environnement** conservationist, preservationist; → **veuf**

défensif, -ive /defɑ̃sif, iv/

ADJ *(Mil, fig)* defensive

NF **défensive** • **la défensive** the defensive • **être** *ou* **se tenir sur la défensive** to be on the defensive

déféquer /defeke/ ▸ conjug 6 ◂

VI *(Physiol)* to defecate

VT *(Chim)* to defecate, to purify

déférence /defeʀɑ̃s/ SYN NF deference • **par déférence pour** in deference to

déférent, e /defeʀɑ̃, ɑ̃t/ ADJ deferential, deferent; → **canal**

déférer /defeʀe/ ▸ conjug 6 ◂ VT 1 *(Jur)* • **déférer une affaire** to refer a case to the court • **déférer un coupable à la justice** to hand a guilty person over to the law

2 (= *céder*) to defer *(à* to)

3 († = *conférer*) to confer *(à* on, upon)

déferlante /defɛʀlɑ̃t/ ADJ F, NF • **(vague) déferlante** breaker • **la déferlante de films américains/de produits nouveaux** the flood of American films/of new products

déferlement /defɛʀləmɑ̃/ SYN NM *[de vagues]* breaking; *[de violence]* surge, spread; *[de véhicules, touristes]* flood • **ils étaient impuissants devant le déferlement des troupes** they were powerless before the advancing tide of troops • **ce déferlement d'enthousiasme le surprit** this sudden wave of enthusiasm surprised him • **le déferlement de haine/des sentiments anti-catholiques dans tout le pays** the hatred/anti-Catholic feeling which has engulfed the country *ou* swept through the country

déferler /defɛʀle/ SYN ▸ conjug 1 ◂

VI *[vagues]* to break • **la violence/haine déferla sur le pays** violence/hatred swept through the country • **les touristes déferlaient sur les plages** tourists were streaming onto the beaches • **la foule déferla dans la rue/sur la place** the crowd flooded into the street/over the square

VT *[+ voile, pavillon]* to unfurl

déferrer /defeʀe/ ▸ conjug 1 ◂ VT *[+ cheval]* to unshoe; *[+ porte]* to remove the iron plates from

défet /defɛ/ NM spare sheet

défi /defi/ SYN NM *(gén)* challenge; (= *bravade*) defiance • **lancer un défi à qn** to challenge sb • **relever un défi** to take up *ou* accept a challenge • **mettre qn au défi** to challenge *ou* defy sb *(de faire* to do) • **c'est un défi au bon sens** it defies common sense, it goes against common sense • **d'un air** *ou* **d'un ton de défi** defiantly

défiance /defjɑ̃s/ SYN NF mistrust, distrust • **avec défiance** with mistrust *ou* distrust, mistrustingly, distrustingly • **sans défiance** *[personne]* unsuspecting *[agir, s'abandonner]* unsuspectingly • **mettre qn en défiance** to arouse sb's mistrust *ou* suspicions, to make sb suspicious

défiant, e /defjɑ̃, jɑ̃t/ SYN ADJ mistrustful, distrustful

défibrer /defibʀe/ ▸ conjug 1 ◂ VT to remove the fibres from

défibrillateur /defibʀijatœʀ/ NM defibrillator

défibrillation /defibʀijasjɔ̃/ NF defibrillation

déficeler /defis(ə)le/ ▸ conjug 4 ◂

VT to untie

VPR **se déficeler** *[paquet]* to come untied *ou* undone

déficience /defisjɑ̃s/ SYN NF *(Méd, fig)* deficiency • **déficience musculaire** muscular insufficiency • **déficience immunitaire** immunodeficiency • **déficience de mémoire** lapse of memory • **déficience mentale** *ou* **intellectuelle** mental deficiency • **les déficiences du système de production** the deficiencies in *ou* shortcomings of the production system

déficient, e /defisjɑ̃, jɑ̃t/ SYN

ADJ *[force, intelligence]* deficient; *[raisonnement]* weak; *[matériel]* faulty, defective • **enfant déficient** *(intellectuellement)* mentally deficient child; *(physiquement)* child with a physical disability, physically disabled *ou* handicapped child

NM,F • **déficient mental/visuel** mentally/visually handicapped person • **déficient moteur** person with motor deficiencies

déficit /defisit/ SYN NM 1 *(Fin)* deficit • **être en déficit** to be in deficit • **le déficit budgétaire** the budget deficit • **le déficit de notre commerce extérieur** the deficit in our foreign trade • **déficit de la balance des paiements** balance of payments deficit • **déficit commercial/d'exploitation** trade/operating deficit • **déficit de trésorerie** cash deficit • **les déficits sociaux** the social security budget deficit

2 *[manque]* • **déficit de ressources** resource(s) gap • **déficit en main d'œuvre** labour *(Brit) ou*

labor (*US*) shortage ◆ **déficit en magnésium** (*Méd*) magnesium deficiency ◆ **déficit psychologique/intellectuel** psychological/mental defect ◆ **déficit immunitaire** immunodeficiency

déficitaire /defisitɛʀ/ **ADJ** (*Fin*) in deficit (*attrib*); [*récolte*] poor; [*année*] poor (*en* in), bad (*en* for) ◆ **déficitaire en** [*main-d'œuvre*] short of, deficient in ◆ **année déficitaire en blé** year showing a wheat shortage

défier /defje/ SYN ▸ conjug 7 ◂

VT 1 (= *déclarer trop lâche*) to challenge (*à* to) ◆ **défier qn en combat singulier** to challenge sb to single combat ◆ **défier qn du regard** to give sb a challenging look ◆ **je te défie de sauter du grand plongeoir** I challenge *ou* dare you to jump off the top board ◆ **je t'en défie !** I dare you (to)!

2 (= *braver*) [+ *mort, adversité*] to defy, to brave; [+ *opinion publique*] to fly in the face of, to defy; [+ *autorité*] to defy, to challenge ◆ **je vous défie de faire la différence entre les deux produits** I defy you tell the difference between these two products ◆ **ça défie l'imagination !** it defies the imagination! * ◆ **à des prix qui défient toute concurrence** at absolutely unbeatable prices

VPR se défier (*littér*) ◆ **se défier de** to distrust, to mistrust ◆ **je me défie de moi-même** I don't trust myself ◆ **défie-toi de ton caractère impulsif** beware of your impulsiveness ◆ **défie-toi de lui !** beware of him!, be on your guard against him!

> (!) **défier** se traduit par **to defy** uniquement au sens de 'braver'.

défigurement /defigyʀmɑ̃/ **NM** [*de vérité*] distortion; [*de texte, tableau*] mutilation; [*de visage*] disfigurement

défigurer /defigyʀe/ SYN ▸ conjug 1 ◂ **VT**

1 [*blessure, maladie*] to disfigure; [*bouton, larmes*] [+ *visage*] to spoil ◆ **l'acné qui la défigurait** the acne that spoiled her looks

2 (= *altérer*) [+ *pensée, réalité, vérité*] to distort; [+ *texte, tableau*] to mutilate, to deface; [+ *monument*] to deface; [+ *paysage*] to disfigure, to mar, to spoil

défilé /defile/ SYN **NM** 1 (= *cortège*) procession; (= *manifestation*) march; (*Mil*) march-past, parade ◆ **défilé de mode** *ou* **de mannequins** fashion show ◆ **défilé aérien** (*Mil*) flypast (*Brit*), flyover (*US*)

2 (= *succession*) [*de visiteurs*] procession, stream; [*de voitures*] stream; [*d'impressions, pensées*] stream, succession

3 (*Géog*) (narrow) gorge, defile

défilement /defilmɑ̃/ **NM** [*de film*] projection; [*de bande magnétique*] unreeling, unwinding; (*Ordin*) scrolling ◆ **vitesse de défilement** (*Ciné*) projection speed ◆ **défilement horizontal/vertical** (*Ordin*) horizontal/vertical scrolling

défiler /defile/ SYN ▸ conjug 1 ◂

VT 1 [+ *aiguille, perles*] to unthread; [+ *chiffons*] to shred

2 (*Mil*) [+ *troupes*] to put under cover (*from the enemy's fire*)

VI 1 (*Mil*) to march past, to parade; [*manifestants*] to march (*devant* past)

2 [*bande magnétique*] to unreel, to unwind; [*texte de téléprompteur*] to scroll ◆ **faire défiler un document** (*Ordin*) to scroll a document ◆ **faire défiler une bande magnétique** (*vers l'avant*) to forward a tape; (*vers l'arrière*) to rewind a tape ◆ **les souvenirs défilaient dans sa tête** a stream of memories passed through his mind ◆ **les visiteurs défilaient devant le mausolée** the visitors filed past the mausoleum ◆ **la semaine suivante tous les voisins défilèrent chez nous** the following week we were visited by all the neighbours one after the other ◆ **nous regardions le paysage qui défilait devant nos yeux** we watched the scenery pass by *ou* (*plus vite*) flash by

VPR se défiler 1 [*aiguille*] to come unthreaded; [*perles*] to come unstrung *ou* unthreaded

2 (*Mil*) to take cover (*from the enemy's fire*)

3 (= *s'éclipser*) to slip away *ou* off ◆ **il s'est défilé** (= *s'est dérobé*) he wriggled *ou* ducked out of it

défini, e /defini/ SYN (ptp de **définir**) **ADJ**

1 (= *déterminé*) [*but*] definite, precise ◆ **terme bien défini** well-defined term

2 (*Gram*) [*article*] definite ◆ **passé défini** preterite

définir /definiʀ/ SYN ▸ conjug 2 ◂ **VT** [+ *idée, sentiment, position*] to define; (*Géom, Gram*) to define; [+ *personne*] to define, to characterize; [+ *conditions*] to specify, to define ◆ **il se définit comme un humaniste** he defines himself as a humanist ◆ **notre politique se définit comme étant avant tout pragmatique** our policies can be defined as being essentially pragmatic

définissable /definisabl(ə)/ **ADJ** definable

définitif, -ive /definitif, iv/ GRAMMAIRE ACTIVE 26.4 SYN

ADJ 1 (= *final*) [*résultat, destination, résolution*] final; [*mesure, installation, victoire, fermeture*] permanent, definitive; [*solution*] definitive, final; [*étude, édition*] definitive; [*prix*] set, fixed ◆ **son départ était définitif** he was leaving for good, his departure was final ◆ **les bâtiments provisoires sont vite devenus définitifs** the temporary buildings quickly became permanent

2 (= *sans appel*) [*décision*] final; [*refus*] definite, decisive; [*argument*] conclusive ◆ **un jugement définitif** a final judgment ◆ **et c'est définitif !** and that's that *ou* that's final!

LOC ADV en définitive SYN (= *à la fin*) eventually; (= *somme toute*) in fact, when all is said and done

définition /definisjɔ̃/ SYN **NF** 1 [*de concept, mot*] definition; [*de mots croisés*] clue ◆ **par définition** by definition ◆ **définition de poste** job description

2 (*TV*) definition ◆ **la haute définition** high definition ◆ **(de) haute définition** high-definition (*épith*)

définitionnel, -elle /definisjɔnɛl/ **ADJ** definitional

définitivement /definitivmɑ̃/ SYN **ADV** [*partir, perdre, abandonner*] for good; [*résoudre, décider*] once and for all; [*adopter*] permanently; [*exclure, s'installer*] for good, permanently; [*nommer*] on a permanent basis, permanently

> (!) **définitivement** se traduit rarement par **definitively**, qui a le sens de 'avec certitude'.

définitoire /definitwaʀ/ **ADJ** (*Ling*) [*vocabulaire*] defining (*épith*)

défiscalisation /defiskalizasjɔ̃/ **NF** tax exemption

défiscaliser /defiskalize/ ▸ conjug 1 ◂ **VT** to exempt from tax(ation)

déflagrant, e /deflagʀɑ̃, ɑ̃t/ **ADJ** deflagrating (*épith*)

déflagrateur /deflagʀatœʀ/ **NM** deflagrator

déflagration /deflagʀasjɔ̃/ **NF** (*gén*) explosion; (*Chim*) deflagration

déflagrer /deflagʀe/ ▸ conjug 1 ◂ **VI** to deflagrate

déflateur /deflatœʀ/ **NM** (*Fin*) deflator

déflation /deflasjɔ̃/ **NF** (*Écon, Fin*) deflation; [*d'effectifs*] reduction, cut (*de* in) ◆ **déflation salariale** declining wage trend

déflationniste /deflasjɔnist/

ADJ [*politique, effets*] deflationary; [*économiste*] deflationist

NMF deflationist

défléchir /defleʃiʀ/ ▸ conjug 2 ◂ **VT, VI** to deflect

déflecteur /deflɛktœʀ/ **NM** [*de voiture*] quarterlight (*Brit*), vent (*US*); [*de courant gazeux*] jet deflector; [*de compas*] deflector

défleurir /deflœʀiʀ/ ▸ conjug 2 ◂ (*littér*)

VT [+ *buisson*] to remove the blossom from

VI [*buisson*] to shed its flowers *ou* its blossom

déflexion /deflɛksjɔ̃/ **NF** deflection

déflocage /deflɔkaʒ/ **NM** (*Tech*) removal of asbestos ◆ **le déflocage de l'immeuble a duré 6 mois** it took six months to remove the asbestos from the building

défloquer /deflɔke/ ▸ conjug 1 ◂ **VT** [+ *pièce, bâtiment*] to remove asbestos from

défloraison /deflɔʀɛzɔ̃/ **NF** (*lit, littér*) falling of blossoms

défloration /deflɔʀasjɔ̃/ **NF** [*de jeune fille*] defloration

déflorer /deflɔʀe/ ▸ conjug 1 ◂ **VT** [+ *jeune fille*] to deflower; (*littér*) [+ *sujet, moments*] to spoil the charm of, to deflower (*littér*)

défluent /deflyɑ̃/ **NM** distributary

défoliant /defɔljɑ̃/ **NM** defoliant

défoliation /defɔljasjɔ̃/ **NF** defoliation

défolier /defɔlje/ ▸ conjug 7 ◂ **VT** to defoliate

défonçage /defɔ̃saʒ/, **défoncement** /defɔ̃smɑ̃/ **NM** [*de caisse, barque*] staving in; [*de porte, clôture*] smashing in *ou* down, staving in; [*de sommier, fauteuil*] breaking; [*de route, terrain*] (*par bulldozers, camions*) ripping *ou* ploughing *ou* breaking up; (*Agr*) deep-ploughing

défonce /defɔ̃s/ **NF** (*arg Drogue*) getting high* ◆ **défonce à la colle/aux solvants** getting high on glue/solvents ◆ **il était en pleine défonce** he was completely out of it*

défoncé, e /defɔ̃se/ (ptp de **défoncer**)

ADJ 1 [*canapé, fauteuil*] sagging; [*chemin, route*] full of potholes (*attrib*) ◆ **un vieux fauteuil tout défoncé** an old sunken armchair ◆ **sur des routes défoncées** on roads full of potholes

2 (*arg Drogue*) high* ◆ **il était complètement défoncé** he was completely out of it*, he was as high as a kite*

NM,F (= *drogué*) junkie*, drug addict ◆ **un défoncé au crack** a crack addict

défoncer /defɔ̃se/ SYN ▸ conjug 3 ◂

VT [+ *caisse, barque*] to stave in, to knock *ou* smash the bottom out of; [+ *porte, clôture*] to smash in *ou* down, to stave in; [+ *sommier, fauteuil*] to break *ou* burst the springs of; [+ *route, terrain*] [*bulldozers, camions*] to rip *ou* plough *ou* break up; (*Agr*) to plough deeply, to deep-plough ◆ **il a eu le crâne défoncé** his skull was smashed in

VPR se défoncer 1 (* = *travailler dur*) to work like a dog*, to work flat out* ◆ **se défoncer pour qn/pour faire qch** to work like a dog* for sb/to do sth

2 (*arg Drogue*) to get high* (*à* on)

défonceuse /defɔ̃søz/ **NF** (*Agr*) trench plough

déforcer /defɔʀse/ ▸ conjug 3 ◂ **VT** (*Belg*) to dishearten

déforestation /defɔʀɛstasjɔ̃/ **NF** deforestation

déformant, e /defɔʀmɑ̃, ɑ̃t/ **ADJ** [*miroir, prisme*] distorting; [*rhumatisme*] crippling ◆ **le prisme déformant de...** (*fig*) the distorting prism of...

déformation /defɔʀmasjɔ̃/ SYN **NF** 1 [*d'objet, métal*] bending (out of shape), distortion; [*de bois*] warping; [*de visage, image, vision*] distortion; [*de vérité, pensée*] distortion, misrepresentation; [*d'esprit*] warping ◆ **par une curieuse déformation d'esprit, il...** by a strange twist in his character, he... ◆ **désolé, c'est de la déformation professionnelle** sorry, I can't help it, it's my job ◆ **par déformation professionnelle** as a result of being so conditioned by one's job

2 (*Méd*) deformation ◆ **souffrir d'une déformation de la hanche** to have a hip deformity

déformer /defɔʀme/ SYN ▸ conjug 1 ◂

VT [+ *objet, métal*] to bend (out of shape), to distort; [+ *bois*] to warp; [+ *chaussures, vêtements*] to stretch out of shape; [+ *corps*] to deform; [+ *visage, image, vision*] to distort; [+ *vérité, pensée*] to distort, to misrepresent; [+ *esprit*] to warp ◆ **vieillard au corps déformé** old man with a deformed *ou* misshapen body ◆ **veste déformée** jacket which has lost its shape *ou* has gone out of shape ◆ **pantalon (tout) déformé** trousers that have gone all baggy ◆ **traits déformés par la douleur** features contorted *ou* distorted by pain ◆ **mes propos ont été déformés** (*involontairement*) I've been misquoted; (*volontairement*) my words have been twisted ◆ **il est déformé par son métier** he has been conditioned by his job; → **chaussée**

VPR se déformer [*objet*] to be bent (out of shape), to lose its shape; [*métal*] to be bent (out of shape), to be distorted; [*bois*] to warp; [*vêtement*] to lose its shape

défoulement /defulmɑ̃/ **NM** [*d'instincts, sentiments*] (psychological) release ◆ **moyen de défoulement** (psychological) outlet *ou* means of release ◆ **après les examens on a besoin de défoulement** after the exams you need some kind of (psychological) release *ou* you need to let off steam*

défouler /defule/ ▸ conjug 1 ◂

VT ◆ **j'ai crié des injures, ça m'a défoulé** I shouted some abuse, it helped relieve my feelings *ou* helped me to get it out of my system* ◆ **ça (vous) défoule de courir** running helps you unwind *ou* relax

VPR se défouler (= *se libérer de tensions*) to let off steam*; (= *se relaxer*) to relax, to unwind ◆ **se défouler sur qn/qch** to take it out on sb/sth

défourailler* /defuʀaje/ ▸ conjug 1 ◂ **VI** to draw (one's gun)

défourner /defuʀne/ ▸ conjug 1 ◂ **VT** [+ *pain*] to take out of the oven; [+ *poteries*] to take out of the kiln

défragmentation /defʀagmɑ̃tasjɔ̃/ **NF** (*Ordin*) [*de disque dur*] defragmentation

défragmenter /defʀagmɑ̃te/ ▸ conjug 1 ◂ VT (Ordin) [+ disque dur] to defragment, to defrag

défraîchi, e /defʀeʃi/ (ptp de **défraîchir**) ADJ [article] shopsoiled; [fleur, couleur] faded; [tissu] (= passé) faded; (= usé) worn; [humour, idée] dated, stale (péj)

défraîchir /defʀeʃiʀ/ ▸ conjug 2 ◂
  VT to take the freshness from
  VPR **se défraîchir** [fleur, couleur] to fade; [tissu] (= passer) to fade; (= s'user) to become worn

défraiement /defʀɛmɑ̃/ NM expenses ◆ **vous avez droit à un défraiement** you can claim expenses ◆ **les comédiens ne touchent qu'un défraiement** the actors only get their expenses

défrayer /defʀeje/ ▸ conjug 8 ◂ VT ① (= payer) ◆ **défrayer qn** to pay ou settle sb's expenses
  ② (= être en vedette) ◆ **défrayer la conversation** to be the main topic of conversation ◆ **défrayer la chronique** to be widely talked about, to be in the news

défrichage /defʀiʃaʒ/, **défrichement** /defʀiʃmɑ̃/ NM [de forêt, terrain] clearing (for cultivation) ◆ **le défrichage d'un sujet** the spadework (done) on a subject

défricher /defʀiʃe/ SYN ▸ conjug 1 ◂ VT [+ forêt, terrain] to clear (for cultivation); [+ sujet, question] to open up, to do the spadework on ◆ **défricher le terrain** (fig) to prepare the ground ou way, to clear the way

défricheur /defʀiʃœʀ/ NM (lit) land-clearer; (fig) pioneer

défriper /defʀipe/ SYN ▸ conjug 1 ◂ VT to smooth out

défrisage /defʀizaʒ/, **défrisement** /defʀizmɑ̃/ NM straightening

défriser /defʀize/ ▸ conjug 1 ◂ VT ① [+ cheveux] to straighten
  ② (* = contrarier) [+ personne] to bug* ◆ **ce qui me défrise*** what bugs* ou gets* me ◆ **et alors ! ça te défrise ?*** so (what)?*, what's it to you?*

défroisser /defʀwase/ ▸ conjug 1 ◂ VT to smooth out

défroque /defʀɔk/ NF (= frusques) old cast-offs; (= accoutrement) getup*; [de moine] effects (left by a dead monk)

défroqué, e /defʀɔke/ (ptp de **défroquer**)
  ADJ defrocked, unfrocked
  NM defrocked ou unfrocked priest (ou monk)

défroquer /defʀɔke/ ▸ conjug 1 ◂
  VT to defrock, to unfrock
  VI **se défroquer** VPR to give up the cloth, to renounce one's vows

défruiter /defʀɥite/ ▸ conjug 1 ◂ VT [+ extrait végétal] to remove the fruity taste from

défunt, e /defœ̃, œ̃t/ SYN
  ADJ (frm) [personne] late (épith); (littér) [espoir, année] which is dead and gone; [assemblée, projet] defunct ◆ **son défunt père** his late father
  NM,F deceased

dégagé, e /degaʒe/ SYN (ptp de **dégager**)
  ADJ ① [route] clear; [ciel] clear, cloudless; [espace, site] open, clear; [vue] wide, open; [front, nuque] bare ◆ **c'est un peu trop dégagé autour des oreilles** it's a bit short around the ears
  ② [air, allure, manières] casual, jaunty; [ton] airy, casual
  NM (Danse) dégagé

dégagement /degaʒmɑ̃/ NM ① (= action de libérer) [de personne] freeing, extricating; [d'objet, main] freeing; (Mil) [de troupe, ville] relief; (Fin) [de crédits, titres] release (for a specific purpose); [d'objet en gage] redemption ◆ **ils ont procédé au dégagement des blessés enfouis sous les décombres** they began to free the injured from the rubble ◆ **le dégagement d'une promesse** going back on a promise
  ② (à l'accouchement) expulsion, delivery ◆ **dégagement de la tête** crowning
  ③ (= production) [de fumée, gaz, chaleur] emission, emanation; [d'énergie] release ◆ **un dégagement de vapeurs toxiques** a discharge ou an emission of toxic fumes
  ④ (Escrime) disengagement; (Football, Rugby) clearance ◆ **faire un dégagement au pied/au poing** to kick/knock a ball clear ◆ **coup de pied de dégagement** kick downfield; (en touche) kick to touch
  ⑤ (= espace libre) [de forêt] clearing; [d'appartement] (gén) open space; (= couloir) passage; (Tech) [de camion] clearance, headroom

dégager /degaʒe/ SYN ▸ conjug 3 ◂
  VT ① (= libérer) [+ personne] to free, to extricate; [+ objet, main] to free; (Mil) [+ troupe, ville] to relieve, to bring relief to; (Fin) [+ crédits, titres] to release (for a specific purpose); [+ objet en gage] to redeem, to take out of pawn ◆ **on a dû dégager les blessés au chalumeau** the injured had to be cut loose ou free (from the wreckage) ◆ **dégager qn de sa promesse/d'une obligation** to release ou free sb from his promise/an obligation ◆ **dégager qn d'une dette** to cancel sb's debt ◆ **dégager sa responsabilité d'une affaire** to disclaim ou deny (all) responsibility in a matter ◆ **col/robe qui dégage le cou/les épaules** collar/dress which leaves the neck/shoulders bare
  ② [+ place, passage, table] to clear (de of); (Méd) [+ gorge, nez, poitrine] to clear ◆ **je voudrais que ce soit bien dégagé derrière les oreilles** (chez le coiffeur) cut it nice and short around the ears ◆ **dégagez s'il vous plaît !** move away please! ◆ **dégage !*** clear off!*, buzz off!* ◆ **toutes ces vieilleries, à dégager !*** all these old things can go ou can be chucked out*
  ③ (= exhaler) [+ odeur, fumée, gaz, chaleur] to give off, to emit; [+ enthousiasme] to radiate ◆ **la maison dégageait une impression de tristesse** there was an aura of gloom about the house, the house had a gloomy feel about it ◆ **elle dégage***, **cette voiture !** that's some car!*
  ④ (= extraire) [+ conclusion] to draw; [+ idée, sens] to bring out; [+ bénéfice, marge] to show ◆ **l'entreprise a dégagé de gros profits cette année** the company showed a high profit this year ◆ **l'idée principale qu'on peut dégager de ce rapport** the main idea that can be drawn ou derived from this report ◆ **je vous laisse dégager la morale de cette histoire** I'll let you guess what the moral of the story is ◆ **dégager l'inconnue** (Math) to isolate the unknown quantity
  ⑤ (Escrime) [+ épées] to disengage; (Football, Rugby) [+ ballon] to clear ◆ **dégager (le ballon) en touche** to clear the ball into touch, to kick (the ball) into touch
  ⑥ (Danse) to do a dégagé
  VPR **se dégager** ① [personne] to free ou extricate o.s., to get free; (Mil) [troupe] to extricate itself (de from) ◆ **se dégager de** [+ dette] to free o.s. of; [+ obligation] to free ou release o.s. from; [+ affaire] to get ou back out of; [+ promesse] to go back on ◆ **il s'est dégagé d'une situation très délicate** he extricated himself from a very tricky situation ◆ **j'ai une réunion mais je vais essayer de me dégager** I have a meeting but I'll try to get out of it
  ② [ciel, rue, nez] to clear; [objet] to appear ◆ **le sommet/la silhouette se dégagea du brouillard** the summit/the outline appeared out of the fog
  ③ [odeur, fumée, gaz, chaleur] to emanate, to be given off; [enthousiasme] to emanate, to radiate; [impression] to emanate (de from) ◆ **il se dégage d'elle une telle vitalité** she exudes such vitality
  ④ [conclusion] to be drawn; [impression, idée, sens] to emerge; [morale] to be drawn, to emerge (de from) ◆ **il se dégage de tout cela que...** from all this it emerges that...

dégaine* /degɛn/ SYN NF ◆ **il a une drôle de dégaine** he's got an odd look about him ◆ **je n'aime pas leur dégaine** I don't like the look of them

dégainer /degene/ ▸ conjug 1 ◂
  VT [+ épée] to unsheathe, to draw; [+ pistolet] to draw
  VI to draw one's sword (ou gun)

déganter (se) /degɑ̃te/ ▸ conjug 1 ◂ VPR to take off one's gloves ◆ **main dégantée** ungloved hand

dégarni, e /degaʀni/ SYN (ptp de **dégarnir**) ADJ [front, arbre, salle, rayon] bare; [compte en banque] low; [portefeuille] empty; [magasin] low in stock; [tête, personne] balding ◆ **il est un peu dégarni sur le dessus** he's a bit thin on top

dégarnir /degaʀniʀ/ SYN ▸ conjug 2 ◂
  VT [+ maison, salle, vitrine] to empty, to clear; [+ compte en banque] to drain, to draw heavily on; (Mil) [+ ville, place] to withdraw troops from ◆ **il faut dégarnir un peu le sapin de Noël** we should take some of the decorations off the Christmas tree
  VPR **se dégarnir** [salle] to empty; [personne] to go bald; [arbre] to lose its leaves; [bois] to become sparse; [rayons d'un magasin] to be cleaned out ou cleared; [stock] to run out, to be cleaned out ◆ **il se dégarnit sur le dessus/au niveau des tempes** he's getting a bit thin on top/he has a receding hairline

dégasolinage /degazɔlinaʒ/ NM [de gaz] extraction of hydrocarbons

dégasoliner /degazɔline/ ▸ conjug 1 ◂ VT [+ gaz] to extract the hydrocarbons from

dégât /dega/ SYN NM damage (NonC) ◆ **causer** ou **faire beaucoup de dégâts** [grêle, inondation, personne etc] to cause ou do a lot of damage; [alcool] to do a lot of ou great harm ◆ **dégât des eaux** (Assurances) water damage; → **limiter**

dégauchir /degoʃiʀ/ ▸ conjug 2 ◂ VT [+ bois] to surface; [+ pierre] to dress

dégauchissage /degoʃisaʒ/, **dégauchissement** /degoʃismɑ̃/ NM [de bois] surfacing; [de pierre] dressing

dégauchisseuse /degoʃisøz/ NF surface-planing machine

dégazage /degazaʒ/ NM [de pétrolier] emptying of fuel tanks ◆ **les pétroliers qui pratiquent le dégazage** oil tankers which empty their tanks

dégazer /degaze/ ▸ conjug 1 ◂
  VT to degas
  VI [navire] to empty its tanks

dégazolinage /degazɔlinaʒ/ NM ⇒ **dégasolinage**

dégazoliner /degazɔline/ ▸ conjug 1 ◂ VT ⇒ **dégasoliner**

dégel /deʒɛl/ NM (lit, fig) thaw ◆ **tu attends le dégel ou quoi ?*** what on earth are you waiting for?, are you waiting for Christmas or what?; → **barrière**

dégelée* /deʒ(ə)le/ NF (= coups) thrashing, hiding, beating; (= défaite) thrashing* ◆ **recevoir une dégelée** (coups) to get a hiding; (défaite) to be thrashed*

dégeler /deʒ(ə)le/ SYN ▸ conjug 5 ◂
  VT ① [+ lac, terre] to thaw (out); [+ glace] to thaw, to melt; * [+ pieds, mains] to thaw
  ② * [+ invité, réunion] to thaw (out) ◆ **pour dégeler l'atmosphère** to break the ice
  ③ (Fin) to unfreeze
  VI ① [neige, lac] to thaw (out)
  ② [aliment] ◆ **faire dégeler** to thaw, to leave to thaw
  VB IMPERS ◆ **ça dégèle** it's thawing
  VPR **se dégeler** [personne] (lit) to warm up, to get o.s. warmed up; (fig) to thaw (out); [public] to warm up

dégénératif, -ive /deʒeneʀatif, iv/ ADJ [affection, maladie] degenerative, wasting

dégénéré, e /deʒeneʀe/ (ptp de **dégénérer**)
  ADJ (= abâtardi) degenerate; († : Psych) defective ◆ **t'es complètement dégénéré !*** you're such a moron!*
  NM,F degenerate; († : Psych) defective; (*, péj) moron*

dégénérer /deʒeneʀe/ SYN ▸ conjug 6 ◂ VI ① (= s'abâtardir) [race] to degenerate; [qualité] to deteriorate
  ② (= mal tourner) to degenerate (en into) ◆ **leur dispute a dégénéré en rixe** their quarrel degenerated into a brawl ◆ **un coup de froid qui dégénère en grippe** a chill which develops into flu ◆ **ça a rapidement dégénéré** [débat, manifestation] it soon got out of hand

dégénérescence /deʒeneʀesɑ̃s/ NF ① (physique, mentale) degeneration; (morale) degeneracy
  ② (Méd, Bio, Phys) degeneration

dégénérescent, e /deʒeneʀesɑ̃, ɑ̃t/ ADJ (Méd) degenerating, deteriorating

dégermer /deʒɛʀme/ ▸ conjug 1 ◂ VT to degerm, to remove the germ from

dégingandé, e* /deʒɛ̃gɑ̃de/ ADJ gangling, lanky

dégivrage /deʒivʀaʒ/ NM [de réfrigérateur] defrosting; [d'avion, pare-brise] de-icing ◆ **dégivrage automatique** auto-defrost

dégivrer /deʒivʀe/ ▸ conjug 1 ◂ VT [+ réfrigérateur] to defrost; [+ avion, pare-brise] to de-ice ◆ **rétroviseur dégivrant** heated ou de-icer rearview mirror

dégivreur /deʒivʀœʀ/ NM [de réfrigérateur] defroster; [d'avion, pare-brise] de-icer

déglaçage /deglasaʒ/, **déglacement** /deglasmɑ̃/ NM ① (Culin) deglazing ◆ **déglaçage à la crème** deglazing with cream

déglacer | dégrafer

2 (Tech) [de papier] removal of the glaze (de from)
3 [de route] removal of the ice (de from)

déglacer /deglase/ ▶ conjug 3 ◀ VT 1 (Culin) to deglaze ◆ **déglacez au vinaigre** deglaze with vinegar
2 (Tech) [+ papier] to remove the glaze from
3 [+ route] to remove the ice from

déglaciation /deglasjasjɔ̃/ NF deglaciation

déglingue✽ /deglɛ̃g/ NF dilapidation, decay ◆ **il est au bord de la déglingue** he's on his last legs✽

déglingué, e✽ /deglɛ̃ge/ (ptp de **déglinguer**) ADJ [mécanisme] kaput✽; [valise] battered, broken; [banlieue, ville] dilapidated, run-down ◆ **la chaise était toute déglinguée** the chair was falling apart ◆ **une voiture toute déglinguée** a ramshackle car ◆ **nous vivons dans une société déglinguée** we live in a society that is coming apart at the seams ou that is falling apart

déglinguer✽ /deglɛ̃ge/ ▶ conjug 1 ◀
VT [+ objet, appareil] to bust✽
VPR **se déglinguer** [appareil] to be on the blink✽; [chaise] to fall to pieces, to fall ou come apart; [serrure, robinet] to go bust✽ ◆ **se déglinguer l'estomac/la santé** to ruin one's stomach/one's health

déglutir /deglytiʀ/ ▶ conjug 2 ◀ VTI (Méd) to swallow

déglutition /deglytisjɔ̃/ NF (Méd) swallowing, deglutition (SPÉC)

dégobiller✽ /degɔbije/ ▶ conjug 1 ◀ VTI (= vomir) to puke✽

dégoiser✽ /degwaze/ ▶ conjug 1 ◀
VT [+ boniments, discours] to spout ◆ **qu'est-ce qu'il dégoise ?** what is he rattling on about?
VI (= parler) to rattle on✽, to go on (and on)✽ ◆ **dégoiser sur le compte de qn** (= médire) to gossip about sb

dégommer✽ /degɔme/ ▶ conjug 1 ◀ VT
1 (= dégrader) to demote; (= détrôner) to unseat; (= renvoyer) to give the push to✽, to fire, to sack (Brit) ◆ **se faire dégommer** to get the push✽, to be fired✽ ou sacked (Brit)
2 [+ avion] to down✽; [+ quille] to knock flying✽; [+ bille] to knock out of the way; [+ cible sur écran] to zap✽; [+ cible sur stand de tir] to hit

dégonflage /degɔ̃flaʒ/ NM 1 [de pneu] deflating
2 (✽ = lâcheté) chickening out✽ ◆ **j'appelle ça du dégonflage !** that's what I call being chicken!✽, that's what I call chickening out!✽

dégonflard, e✽ /degɔ̃flaʀ, aʀd/ NM,F (= lâche) chicken✽, yellow-belly✽

dégonflé, e /degɔ̃fle/ SYN (ptp de **dégonfler**)
ADJ 1 [+ pneu] flat
2 (✽ = lâche) chicken✽ (attrib), yellow(-bellied)✽
NM,F yellow-belly✽, chicken✽

dégonflement /degɔ̃fləmɑ̃/ NM [de ballon, pneu] deflation; [d'enflure] reduction

dégonfler /degɔ̃fle/ SYN ▶ conjug 1 ◀
VT [+ pneu] to let down, to let the air out of, to deflate; [+ ballon] to deflate, to let the air out of; [+ enflure] to reduce, to bring down; [+ chiffres, statistiques] to reduce, to bring down; [+ effectif] to reduce; [+ mythe] to debunk
VI [chiffre, effectifs] to go down, to fall ◆ **ses yeux/jambes ont dégonflé** the swelling in his eyes/legs has gone down
VPR **se dégonfler** 1 [ballon, pneu] to deflate, to go down; [enflure] to go down; [stocks] to run out ◆ **se dégonfler comme une baudruche** [espoir, illusion, promesse] to fade (away); [mouvement politique, parti] to fizzle out
2 (✽ = avoir peur) to chicken out✽

dégorgement /degɔʀʒmɑ̃/ NM 1 (= débouchage) [d'évier, égout] clearing out
2 (= évacuation) [d'eau, bile] discharge
3 (= écoulement) [d'égout, rivière] discharge; [de gouttière] discharge, overflow
4 (Tech = lavage) [de cuir] cleaning, cleansing; [de laine] scouring

dégorgeoir /degɔʀʒwaʀ/ NM (= conduit d'évacuation) overflow duct ou pipe; (Pêche) disgorger

dégorger /degɔʀʒe/ ▶ conjug 3 ◀
VT 1 (= déboucher) [+ évier, égout] to clear out
2 (= déverser) [tuyau] [+ eau] to discharge, to pour out; [rue, train] [+ personnes] to disgorge, to pour forth ou out (dans into)
3 (Tech = laver) [+ cuir, étoffe] to clean; [+ laine] to scour
VI [étoffe] to soak (to release impurities); (Culin) [viande] to soak ◆ **faire dégorger** [+ étoffe, viande] to soak; [+ escargots] to clean by soaking in salted water ◆ **faites dégorger le concombre** sprinkle the cucumber with salt and leave to drain
2 ◆ **dégorger dans** [égout, gouttière] to discharge into; [rivière] to discharge itself into
VPR **se dégorger** [eau] to be discharged, to pour out (dans into); [foule] to pour forth ou out (dans into)

dégot(t)er✽ /degɔte/ ▶ conjug 1 ◀ VT (= trouver) to dig up✽, to unearth, to find

dégoulinade /degulinad/ NF trickle

dégoulinement /degulinmɑ̃/ NM (en filet) trickling; (goutte à goutte) dripping

dégouliner /deguline/ ▶ conjug 1 ◀ VI (en filet) to trickle; (goutte à goutte) to drip ◆ **ça me dégouline dans le cou** it's dripping ou trickling down my neck ◆ **je dégoulinais (de sueur)**✽ I was dripping with sweat ◆ **gâteau dégoulinant de crème** cake oozing with cream ◆ **mélodrame dégoulinant de sentimentalité** melodrama full of treacly sentiment, cloyingly sentimental melodrama

dégoulinure /degulinyʀ/ NF ⇒ **dégoulinade**

dégoupiller /degupije/ ▶ conjug 1 ◀ VT [+ grenade] to pull the pin out of ◆ **grenade dégoupillée** unpinned grenade, grenade with the pin pulled out

dégourdi, e /deguʀdi/ SYN (ptp de **dégourdir**)
ADJ (= malin) smart, resourceful, bright ◆ **il n'est pas très dégourdi** he's pretty clueless✽
NM,F ◆ **c'est un dégourdi** he knows what's what✽, he's on the ball ◆ **quel dégourdi tu fais !** (iro) you're a smart one! ou a bright one! ou a bright spark! ✽ (Brit)

dégourdir /deguʀdiʀ/ SYN ▶ conjug 2 ◀
VT [+ membres] (ankylosés) to bring the circulation back to; (gelés) to warm up; (= donner plus d'aisance à) [+ personne] to knock the rough edges off, to teach a thing or two to✽; (= réchauffer) [+ eau] to warm (up) ◆ **le service militaire/habiter à Paris le dégourdira** military service/living in Paris will knock him into shape ou teach him a thing or two ◆ **dégourdir qn en anglais/en physique** to teach sb the basics of English/physics
VPR **se dégourdir** ◆ **il est sorti pour se dégourdir un peu (les jambes)** he went out to stretch his legs a bit ◆ **elle s'est un peu dégourdie depuis l'an dernier** she seems to have learnt a thing or two✽ since last year

dégourdissement /deguʀdismɑ̃/ NM [de membre] bringing the circulation back, warming up

dégoût /degu/ SYN NM 1 (NonC = répugnance) disgust (NonC) (pour, de for) ◆ **j'y repensais sans cesse avec dégoût** I kept thinking back to it with disgust ◆ **par dégoût** out of feelings of revulsion ◆ **cette attitude m'inspire un profond dégoût** I am absolutely disgusted by this attitude ◆ **mon dégoût pour ce type de nourriture** the revulsion I feel for this sort of food ◆ **je peux manger des cerises jusqu'au dégoût** I can eat cherries till they come out of my ears ◆ **ce dégoût de la vie m'étonnait** such world-weariness surprised me
2 (= aversion) dislike ◆ **ses dégoûts** the things he dislikes

dégoûtant, e /degutɑ̃, ɑ̃t/ SYN
ADJ 1 (= sale) disgusting; (= répugnant) [manie, image] revolting
2 (= ignoble, odieux) disgusting ◆ **il a été dégoûtant avec elle** the way he treated her was disgusting
3 (= obscène, vicieux) disgusting ◆ **il est vraiment dégoûtant ce type !** he's so disgusting!
NM,F (dirty) pig✽ ◆ **espèce de vieux dégoûtant !** (vicieux) you dirty old man!✽

dégoûtation✽ /degutasjɔ̃/ NF (= dégoût) disgust ◆ **quelle dégoûtation !** (= saleté) what a disgusting ou filthy mess!

dégoûté, e /degute/ SYN (ptp de **dégoûter**)
ADJ ◆ **je suis dégoûté !** (scandalisé) I'm disgusted!; (lassé) I'm sick and tired ◆ **dégoûté de la vie** weary ou sick of life ◆ **il leur jeta un regard dégoûté** he looked at them in disgust ◆ **il n'est pas dégoûté !** (hum) he's not (too) fussy! ou choosy!✽

NM,F ◆ **il a fait le dégoûté** (devant un mets, une offre) he turned his nose up at it ◆ **ne fais pas le dégoûté !** don't be so fussy!

dégoûter /degute/ SYN ▶ conjug 1 ◀
VT 1 (= écœurer) to disgust ◆ **cet homme me dégoûte** that man disgusts me ou fills me with disgust, I find that man disgusting ou revolting ◆ **ce plat me dégoûte** I find this food disgusting ou revolting ◆ **la vie me dégoûte** I'm weary ou sick of life
2 ◆ **dégoûter qn de qch** (= ôter l'envie de) to put sb (right) off sth; (= remplir de dégoût pour) to make sb feel disgusted with sth ◆ **c'est à vous dégoûter d'être honnête** it's enough to put you (right) off being honest ◆ **si tu n'aimes pas ça, n'en dégoûte pas les autres** if you don't like it, don't put the others off ◆ **je suis dégoûté par ces procédés** I think this is a disgusting way to act ◆ **ça m'a dégoûté de fumer** it put me (right) off smoking
VPR **se dégoûter** ◆ **se dégoûter de qn/qch** to get sick of sb/sth ◆ **elle s'est dégoûtée du tabac** she's gone right off smoking ◆ **je me dégoûte d'avoir dit ça !** I'm disgusted with myself for having said that!

dégoutter /degute/ ▶ conjug 1 ◀ VI to drip ◆ **dégouttant de sueur** dripping with sweat ◆ **l'eau qui dégoutte du toit** the water dripping down from ou off the roof ◆ **dégouttant de pluie** dripping wet

dégradant, e /degradɑ̃, ɑ̃t/ SYN ADJ degrading

dégradation /degradasjɔ̃/ SYN NF
1 (= détérioration) [de mur, bâtiment] (par le vandalisme) damage; [de monument, façade] defacement; (par la pluie) erosion; [de roches] erosion; [de relations, situation, qualité, santé] deterioration; [de valeurs morales, forces] decline; [de personne] (= affaiblissement physique) weakening; [de temps] worsening; [de marché] decline; [de monnaie, pouvoir d'achat] weakening, erosion ◆ **dégradations** (= dégâts) damage (NonC) ◆ **les dégradations causées au bâtiment** the damage caused to the building ◆ **la dégradation des données** the corruption of the data
2 (= avilissement) degradation, debasement; [de qualité] debasement; [de beauté] defiling, debasement
3 (Mil) demotion ◆ **dégradation civique** (Jur) loss of civil rights
4 (Art) [de couleurs] shading-off, gradation; [de lumière] gradation
5 (Phys) ◆ **la dégradation de l'énergie** the degradation of energy

dégradé /degrade/ NM 1 (= nuance) ◆ **dégradé de lumière** (dans un tableau, une photo) shading ◆ **un dégradé de couleurs** shaded colours ◆ **un dégradé de rouges** blended shades of red
2 (Ciné) grading
3 (Coiffure) layers, layered cut ◆ **couper en dégradé** to layer

dégrader /degrade/ SYN ▶ conjug 1 ◀
VT 1 (Mil = destituer) [+ officier] to demote
2 (= avilir) [+ personne] to degrade, to debase; [+ qualité] to debase; [+ beauté] to defile, to debase
3 (= détériorer) [+ mur, bâtiment] [vandales] to damage, to cause damage to; [pluie] to erode, to cause to deteriorate; [+ monument, façade] to deface, to damage; [Géol] [+ roches] to erode, to wear away; [+ relations] to damage ◆ **ils ont dégradé le matériel** they damaged the equipment ◆ **les quartiers dégradés** the rundown areas
4 (Art) [+ couleurs] to shade off; [+ lumière] to subdue ◆ **tons dégradés** shaded tones
5 [+ cheveux] to layer, to cut in layers
VPR **se dégrader** 1 [personne] (= s'avilir moralement) to degrade o.s., to debase o.s.; (= s'affaiblir physiquement) to lose one's physical powers
2 (= empirer) [relations, situation, qualité, santé, bâtiment] to deteriorate; [valeurs morales, forces] to decline; [mémoire] to fail; [marché] to weaken; [monnaie] to grow weaker; [pouvoir d'achat] to shrink ◆ **le temps se dégrade** the weather is deteriorating, there's a change for the worse in the weather
3 (Art) [couleurs] to shade off; [lumière] to become subdued
4 [énergie] to become dissipated ou degraded

dégrafer /degrafe/ ▶ conjug 1 ◀
VT [+ vêtement] to unfasten, to unhook, to undo; [+ bracelet, ceinture, collier] to unfasten, to undo; [+ papiers] to unstaple ◆ **tu peux me dégrafer ?** can you undo me?

se dégrafer (accidentellement) [vêtement, collier] to come undone; [papiers] to come apart; (volontairement) [personne] to unfasten ou unhook ou undo one's dress etc

dégrafeur /degʀafœʀ/ NM staple remover

dégraissage /degʀɛsaʒ/ NM ① ▸ **le dégraissage d'un vêtement** dry-cleaning a garment ▸ **le dégraissage du bouillon** skimming (the fat off) the broth ▸ « **dégraissage et nettoyage à sec** » "dry cleaning"
② (Écon) [d'effectifs] cutback, rundown (de in) ▸ **opérer un dégraissage** ou **des dégraissages** to slim down ou cut back the workforce

dégraissant /degʀɛsɑ̃/ NM (= produit) spot remover

dégraisser /degʀese/ ▸ conjug 1 ◂ VT
① [+ vêtement] to dry-clean
② (Culin) [+ bouillon] to skim (the fat off); [+ viande] to remove the fat from, to cut the fat off ▸ **jambon dégraissé** extra-lean ham
③ (Menuiserie) [+ bois] to trim the edges of
④ (Écon) [+ personnel, effectifs] to cut back, to slim down

degré /dəgʀe/ SYN NM ① (= niveau) degree; (= stade de développement) stage; (Admin = échelon) grade ▸ **c'est le degré zéro de la civilisation/politique** it's civilisation/politics in its most basic form ▸ **haut degré de civilisation** high degree ou level of civilization ▸ **à un degré avancé de** at an advanced stage of ▸ **mur de 6ᵉ degré** (Alpinisme) grade 6 wall ▸ **au plus haut degré** to the highest degree ▸ **avare au plus haut degré** miserly in the extreme ▸ **jusqu'à un certain degré** to some ou a certain extent ou degree, to a degree ▸ **à un degré moindre, à un moindre degré** to a lesser degree ou extent ▸ **par degré(s)** by degrees ▸ **c'est le dernier degré de la perfection/passion** it's the height of perfection/passion ▸ **il s'est montré grossier au dernier degré** he was extremely rude
② (Gram, Mus, Sci) degree ▸ **équation du 1ᵉʳ/2ᵉ degré** equation of the 1st/2nd degree ▸ **il fait 20 degrés dans la chambre** it's 20 degrees (centigrade) in the room ▸ **la température a baissé/est montée de 2 degrés** the temperature has dropped/risen 2 degrees ▸ **degré centigrade/Fahrenheit/Celsius** degree centigrade/Fahrenheit/Celsius
③ (= proportion) ▸ **degré d'alcool d'une boisson** proof of an alcoholic drink ▸ **degré en alcool d'un liquide** percentage of alcohol in a liquid ▸ **alcool à 90 degrés** 90% proof alcohol, surgical spirit (Brit) ▸ **du cognac à 40 degrés** 70° proof cognac ▸ **ce vin fait (du) 11 degrés** this wine is 11° (on Gay-Lussac scale) ▸ **degré Baumé** degree Baumé
④ (dans un classement) degree ▸ **brûlure du premier/deuxième degré** (Méd) first/second degree burn ▸ **degré de parenté** (Sociol) degree of (family) relationship ou of kinship (frm) ▸ **cousins au premier degré** first cousins ▸ **parents au premier/deuxième degré** relatives of the first/second degree ▸ **prendre qch au premier degré** to take sth literally ▸ **prendre qch au deuxième** ou **second degré** to look below the surface of sth ▸ **c'est de l'humour au second degré** it's tongue-in-cheek (humour) ▸ **c'est à prendre au second degré** it's not to be taken literally
⑤ (Scol) ▸ **enseignement du premier/second degré** primary/secondary education ▸ **enseignant du premier/second degré** primary/secondary schoolteacher
⑥ (littér = marche) step ▸ **les degrés de l'échelle sociale** the rungs of the social ladder

dégréer /degʀee/ ▸ conjug 1 ◂ VT to unrig

dégressif, -ive /degʀesif, iv/ ADJ [impôt] degressive ▸ **appliquer un tarif dégressif** to use a sliding scale of charges

dégressivité /degʀesivite/ NF [d'impôt] degression

dégrèvement /degʀɛvmɑ̃/ NM ① (Fin) ▸ **dégrèvement fiscal, dégrèvements fiscaux** tax exemption ou relief ▸ **le dégrèvement d'un produit** reduction of tax(es) on a product ▸ **le dégrèvement d'une industrie** reduction of the tax burden on an industry ▸ **le dégrèvement d'un contribuable** granting tax relief to a taxpayer
② (Jur) [d'hypothèque] disencumbrance

dégrever /degʀəve/ SYN ▸ conjug 5 ◂ VT [+ produit] to reduce the tax(es) on; [+ industrie] to reduce the tax burden on; [+ contribuable] to grant tax relief to; [+ immeuble] to disencumber

dégriffé, e /degʀife/
ADJ ▸ **robe dégriffée** unlabelled designer dress
NM ▸ **magasin de dégriffés** designer seconds store ▸ **ils vendent du dégriffé** they sell designer seconds

dégringolade /degʀɛ̃ɡɔlad/ SYN NF [de personne, objet] fall; [de prix, firme] tumble; (Bourse) [de cours, monnaie] collapse ▸ **pour stopper la dégringolade des prix** to stop prices (from) collapsing ▸ **après son divorce, ça a été la dégringolade** after his divorce he went downhill

dégringoler /degʀɛ̃ɡɔle/ SYN ▸ conjug 1 ◂
VI ① [personne, objet] to tumble (down), to fall ▸ **il a dégringolé jusqu'en bas** he tumbled all the way down, he came ou went tumbling down ▸ **elle a dégringolé du toit** she tumbled ou fell off the roof ▸ **elle a fait dégringoler toute la pile de livres** she toppled the whole pile of books over ou brought the whole pile of books (crashing) down ▸ **ça dégringole !** [pluie] it's pouring (down) ou tipping down* (Brit)
② [monnaie, prix] to collapse, to take a tumble; [firme, réputation] to tumble, to take a tumble ▸ **il a dégringolé (jusqu'à) la 15ᵉ place/dans les sondages** he tumbled to 15th place/in the polls
VT [+ escalier, pente] (en courant) to rush ou tear down; (en tombant) to tumble down

dégrippant /degʀipɑ̃/ NM penetrating oil

dégripper /degʀipe/ ▸ conjug 1 ◂ VT to unblock, to unchoke

dégrisement /degʀizmɑ̃/ NM (lit, fig) sobering up

dégriser /degʀize/ SYN ▸ conjug 1 ◂
VT (lit) to sober up; (fig) to sober up, to bring back down to earth
VPR **se dégriser** (lit) to sober up; (fig) to sober up, to come back down to earth

dégrosser /degʀose/ ▸ conjug 1 ◂ VT [+ lingot] to draw

dégrossir /degʀosiʀ/ SYN ▸ conjug 2 ◂ VT ① [+ bois] to trim, to cut down to size; [+ marbre] to rough-hew
② [+ projet, travail] to rough out, to work out roughly, to do the spadework on
③ [+ personne] to knock the rough edges off, to polish up ▸ **individu mal dégrossi** coarse ou unpolished ou unrefined individual ▸ **il s'est un peu dégrossi** he has lost some of his rough edges

dégrossissage /degʀosisaʒ/ NM [de bois] trimming; [de marbre] rough-hewing

dégrouiller (se) * /degʀuje/ ▸ conjug 1 ◂ VPR (= se dépêcher) to hurry up, to get a move on ▸ **allez, dégrouille(-toi) !** come on, hurry up! ou get a move on!* ▸ **se dégrouiller de** ou **pour faire qch** to hurry to do sth

dégroupement /degʀupmɑ̃/ NM putting ou dividing into groups

dégrouper /degʀupe/ ▸ conjug 1 ◂ VT to put ou divide into groups

déguenillé, e /deɡ(ə)nije/
ADJ ragged, tattered
NM,F ragamuffin

déguerpir* /degɛʀpiʀ/ SYN ▸ conjug 2 ◂ VI (= s'enfuir) to clear off*, to scarper‡ (Brit) ▸ **faire déguerpir** [+ ennemi] to scatter; [+ voleur] to chase ou drive off

dégueu‡ /deɡø/ ADJ abrév de **dégueulasse**

dégueulasse‡ /deɡœlas/
ADJ ① (= crasseux, sale) disgusting, filthy
② (= mauvais, injuste) lousy*, rotten* ▸ **il a fait un temps dégueulasse** the weather was lousy* ▸ **c'est dégueulasse de faire ça** that's a lousy* ou rotten* thing to do ▸ **il a vraiment été dégueulasse avec elle** he was really rotten* to her ▸ **c'est pas dégueulasse** it's not bad at all
③ (= vicieux) disgusting ▸ **il est vraiment dégueulasse, ce type** he's a filthy swine*
NMF [personne] (sale) dirty pig*; (mauvais, vicieux) (homme) swine‡; (femme) bitch‡, cow‡ (Brit) ▸ **c'est un gros dégueulasse** he's a lousy ou rotten swine ▸ **c'est un vieux dégueulasse** he's a dirty old man

dégueulasser‡ /deɡœlase/ ▸ conjug 1 ◂ VT (= salir) to mess up*

dégueuler‡ /deɡœle/ ▸ conjug 1 ◂ VTI (= vomir) to throw up‡, to puke‡ ▸ **c'est à dégueuler** it's enough to make you throw up‡ ou puke‡

dégueulis‡ /deɡœli/ NM puke‡

déguisé, e /deɡize/ (ptp de **déguiser**) ADJ ① (pour tromper) in disguise (attrib), disguised (en as); (pour s'amuser) in fancy dress (Brit), in costume (US) ▸ **déguisé en Zorro** dressed up as Zorro
② [voix, écriture, subvention, chômage] disguised; [ambition, sentiment] disguised, masked, veiled; [prêt, accord] backdoor (épith) ▸ **non déguisé** unconcealed, undisguised ▸ **à peine déguisé** thinly disguised ▸ **il parlait avec une hostilité à peine déguisée** he spoke with thinly disguised hostility ▸ **les taxes ont augmenté sous une forme déguisée** there have been hidden tax increases ▸ **impôt déguisé** hidden tax

déguisement /deɡizmɑ̃/ SYN NM (pour tromper) disguise; (pour s'amuser) disguise, fancy dress (Brit), costume (US) ▸ **sans déguisement** (littér) without disguise, openly

déguiser /deɡize/ SYN ▸ conjug 1 ◂
VT (gén) [+ voix, écriture, visage] to disguise; [+ pensée, ambition, vérité] to disguise, to mask; [+ poupée, enfant] to dress up (en as) ▸ **je ne puis vous déguiser ma surprise** I cannot conceal my surprise from you
VPR **se déguiser** (pour tromper) to disguise o.s.; (pour s'amuser) to dress up, to put on fancy dress (Brit) ▸ **se déguiser en Zorro** to dress up as a Zorro ▸ **se déguiser en courant d'air*** to make o.s. scarce*

⚠ Au sens de 'costumer', **déguiser** ne se traduit pas par **to disguise**.

dégurgitation /deɡyʀʒitasjɔ̃/ NF [de nourriture] vomiting ou bringing back (up); [de leçon] parroting, regurgitation

dégurgiter /deɡyʀʒite/ ▸ conjug 1 ◂ VT [+ nourriture] to vomit ou bring back (up); [+ leçon] to parrot, to regurgitate

dégustateur, -trice /deɡystatœʀ, tʀis/ NM,F [de vin] wine taster

dégustation /deɡystasjɔ̃/ NF [de coquillages, fromages] sampling; [de vin] tasting ▸ « **ici, dégustation d'huîtres à toute heure** » "oysters available at all times"; → **menu**¹

déguster /deɡyste/ SYN ▸ conjug 1 ◂
VT [+ vins] to taste; [+ coquillages, fromages] to sample; [+ repas, café, spectacle] to enjoy, to savour ▸ **as-tu fini ton café ? - non, je le déguste** have you finished your coffee? - no, I'm enjoying it ou savouring it
VI (* = souffrir) ▸ **il a dégusté !** he didn't half have a rough time!* ▸ **j'ai une rage de dents, je déguste !** I've got toothache and I'm in agony* ou and it's killing me!*

déhaler /deale/ ▸ conjug 1 ◂
VT [+ bateau] to warp
VPR **se déhaler** to be warped

déhanché, e /deɑ̃ʃe/ (ptp de **se déhancher**) ADJ [démarche] swaying; [d'infirme] lop-sided ▸ **il se tenait légèrement déhanché** he was standing with his weight on one leg

déhanchement /deɑ̃ʃmɑ̃/ NM (= démarche) swaying walk; [d'infirme] lop-sided walk; (= posture) standing with one's weight on one hip

déhancher (se) /deɑ̃ʃe/ ▸ conjug 1 ◂ VPR ① (en marchant) to sway one's hips
② (immobile) to stand with one's weight on one hip

déharnacher /deaʀnaʃe/ ▸ conjug 1 ◂ VT to unharness

déhiscence /deisɑ̃s/ NF dehiscence

déhiscent, e /deisɑ̃, ɑ̃t/ ADJ dehiscent

dehors /dəɔʀ/ SYN
ADV (= à l'extérieur) outside; (= à l'air libre) outside, outdoors, out of doors; (= pas chez soi) out ▸ **attendez-le dehors** wait for him outside ▸ **je serai dehors toute la journée** I'll be out all day ▸ **par beau temps, les enfants passent la journée dehors** when it's fine, the children spend the day outdoors ou out of doors ou outside ▸ **il fait plus frais dedans que dehors** it is cooler inside than out(side) ou indoors than out(doors) ▸ **cela ne se voit pas de dehors** it can't be seen from (the) outside ▸ **passez par dehors pour aller au jardin** go round the outside (of the house) to get to the garden ▸ **dîner dehors** (dans le jardin) to eat out of doors ou outside; (au restaurant) to eat ou dine out ▸ **jeter** ou **mettre** ou **ficher*** ou **foutre**‡ **qn dehors** (gén) to throw ou kick* ou chuck* sb out; [patron] to sack* ou fire* sb ▸ **mettre le nez** ou **le pied dehors** to set foot outside ▸ **il fait un temps à ne pas mettre le nez dehors** it's weather for staying indoors

♦ **au dehors** *ou* **au-dehors** (= *à l'extérieur*) outside ♦ **au dehors, elle paraît calme, mais c'est une nerveuse** outwardly she looks relaxed, but actually she's quite highly strung ♦ **au dehors, la situation est tendue** (= *à l'étranger*) outside the country, the situation is tense

♦ **en dehors** ♦ **avoir les pieds en dehors** to have turned-out feet, to be splay-footed ♦ **marcher les pieds en dehors** to walk with one's feet *ou* toes turned out, to walk splay-footed

♦ **en dehors de** (*lit*) outside; (= *sans rapport avec*) outside, irrelevant to; (= *excepté*) apart from ♦ **ce passage est en dehors du sujet** this passage is outside the subject *ou* is irrelevant (to the subject) ♦ **en dehors de cela, il n'y a rien de neuf** apart from that *ou* beyond that *ou* otherwise there's nothing new ♦ **cette tâche est en dehors de ses possibilités** this task is beyond his capabilities ♦ **il a voulu rester en dehors de cette affaire** he didn't want to get involved ♦ **en dehors de tout contrôle** [*fabriquer, exporter*] without any form of control

NM (= *extérieur*) outside ♦ **on n'entend pas les bruits du dehors** you can't hear the noise from outside ♦ **l'air du dehors** the fresh air ♦ **les détenus n'avaient aucune communication avec le dehors** the prisoners had no contact with the outside world ♦ **ce sont certainement des gens du dehors qui ont commis ce vol** it must be outsiders *ou* people from outside who are responsible for the theft

NMPL **dehors** (= *apparences*) ♦ **les dehors sont trompeurs** appearances are deceptive ♦ **sous des dehors aimables, il est dur** under his friendly exterior, he's a hard man

déhoussable /deusabl/ **ADJ** with loose covers (*attrib*)

déicide /deisid/
ADJ deicidal
NMF deicide
NM (= *crime*) deicide

déictique /deiktik/ **NM** (*Ling*) deictic

déification /deifikasjɔ̃/ **NF** deification

déifier /deifje/ ▸ conjug 7 ◂ **VT** to deify

déisme /deism/ **NM** deism

déiste /deist/
ADJ deistic, deist
NMF deist

déité /deite/ **NF** (*littér*) deity

déjà /deʒa/ **ADV** [1] (= *dès maintenant, dès ce moment*) already ♦ **il a déjà fini** he has finished already, he has already finished ♦ **est-il déjà parti ?** has he left already? ♦ **à trois heures il avait déjà écrit trois lettres** he'd already written three letters by three o'clock ♦ **déjà à cette époque** even then ♦ **j'aurais déjà fini si tu ne me dérangeais pas tout le temps** I would have finished by now *ou* already if you didn't keep bothering me all the time ♦ **je l'aurais déjà dit si je n'avais pas craint de le vexer** I would have said it before now *ou* by now *ou* already if I hadn't been afraid of offending him

[2] (= *auparavant*) before, already ♦ **je suis sûr de l'avoir déjà rencontré** I'm sure I've met him before, I'm sure I've already met him ♦ **j'ai déjà fait ce genre de travail** I've done that sort of work before, I've already done that sort of work

♦ **déjà-vu** ♦ **c'est du déjà-vu** we've seen it all before, it's old hat* ♦ **impression de déjà-vu** sense *ou* feeling of déjà vu

[3] (*intensif*) ♦ **200 €, c'est déjà pas mal*** €200, that's not bad at all ♦ **30 tonnes, c'est déjà un gros camion** 30 tons, that's quite a big truck *ou* that's a fair-sized truck ♦ **il est déjà assez paresseux** he's lazy enough as it is ♦ **enfin, c'est déjà quelque chose !** anyway, it's better than nothing *ou* it's a start! ♦ **c'est déjà ça** that's something ♦ **déjà que* je ne suis pas riche, s'il faut encore payer une amende...** I'm not rich as it is but if I have to pay a fine as well...

[4] (* : *interrogatif*) ♦ **qu'est-ce qu'il a dit, déjà ?** what was it he said again?, what did he say again? ♦ **c'est combien, déjà ?** how much is it again?, how much did you say it was again?; → ores

déjanté, e* /deʒɑ̃te/ (ptp de **déjanter**) **ADJ** ♦ **tu es complètement déjanté !** you're off your rocker* *ou* trolley* (*Brit*)!

déjanter /deʒɑ̃te/ ▸ conjug 1 ◂
VT [*pneu*] to remove from its rim
VI (* = *devenir fou*) to go crazy* ♦ **non mais tu déjantes !** you must be off your rocker!* *ou* trolley!* (*Brit*)
VPR **se déjanter** [*pneu*] to come off its rim

déjauger /deʒoʒe/ ▸ conjug 3 ◂ **VI** to hydroplane

déjection /deʒɛksjɔ̃/ **NF** [1] (*Méd*) evacuation ♦ **déjections** faeces, excrement ♦ **déjections canines** dog mess
[2] (*Géol*) ♦ **déjections** ejecta (*SPÉC*), ejectamenta (*SPÉC*); → cône

déjeté, e /deʒ(ə)te/ **ADJ** [*position, mur, arbre, infirme*] lop-sided, crooked; [*colonne vertébrale*] twisted ♦ **il est tout déjeté** he's all lop-sided *ou* misshapen

déjeter /deʒ(ə)te/ ▸ conjug 4 ◂ **VT** to bend

déjeuner /deʒœne/ ▸ conjug 1 ◂
VI [1] (*gén : à midi*) to have lunch ♦ **nous avons déjeuné de fromage et de pain** we had bread and cheese for lunch ♦ **inviter qn à déjeuner** to invite sb to lunch ♦ **rester à déjeuner chez qn** to stay and have lunch with sb, to stay for *ou* to lunch at sb's ♦ **viens déjeuner avec nous demain** come and have lunch with us tomorrow, come to lunch with us tomorrow ♦ **nous avons déjeuné sur l'herbe** we had a picnic lunch ♦ **ne pars pas sans déjeuner** don't go before you've had your lunch
[2] (*le matin*) to have breakfast; → pouce
NM [1] (= *repas de midi*) (*gén*) lunch ♦ **déjeuner d'affaires** business lunch ♦ **déjeuner de travail** working lunch ♦ **déjeuner sur l'herbe** picnic lunch ♦ « **Le Déjeuner sur l'herbe** » (*Art*) "The Déjeuner sur l'herbe" ♦ **prendre son déjeuner** to have lunch ♦ **j'ai eu du poulet à déjeuner** I had chicken for lunch ♦ **j'ai ma mère à déjeuner** I've got my mother coming for lunch
[2] (*Belg, Helv : du matin*) breakfast
[3] (= *tasse et soucoupe*) breakfast cup and saucer
[4] (*locution*) ♦ **ça a été un vrai déjeuner de soleil** (*vêtement, tissu*) it didn't take long to fade; (*objet*) it soon gave up the ghost*, it didn't last long; (*résolution*) it was a flash in the pan, it didn't last long

déjouer /deʒwe/ SYN ▸ conjug 1 ◂ **VT** [+ *complot*] to foil, to thwart; [+ *plan*] to thwart, to frustrate; [+ *ruse*] to outsmart; [+ *surveillance*] to elude ♦ **déjouer les plans de l'ennemi** to frustrate the enemy in his plans, to confound the enemy's plans ♦ **j'ai déjoué ses plans** I thwarted his plans, I outwitted him

déjuger (se) /deʒyʒe/ ▸ conjug 3 ◂ **VPR** to go back on *ou* reverse one's decision

de jure /deʒyʀe/ **LOC ADJ, LOC ADV** de jure

delà /dəla/
ADV **au-delà** beyond ♦ **au-delà il y a l'Italie** beyond that is Italy ♦ **il a eu ce qu'il voulait et bien au-delà** he had all he wanted and more (besides) ♦ **vous avez droit à dix bouteilles et pas au-delà/mais au-delà vous payez une taxe** you're entitled to ten bottles and no more/but above that you pay duty ♦ **n'allez pas au-delà** (*somme, prix*) don't go beyond *ou* over that figure (*ou* sum *etc*), don't exceed that figure (*ou* sum *etc*) ♦ **mes connaissances ne vont pas au-delà** that's as far as my knowledge goes, that's the extent of my knowledge

♦ **par(-)delà** beyond ♦ **devant eux il y a le pont et par(-)delà l'ennemi** in front of them is the bridge and beyond that the enemy *ou* and on the other *ou* far side of it, the enemy

♦ **en delà** beyond, outside ♦ **la clôture était à 20 mètres et il se tenait un peu en delà** the fence was 20 metres away and he was standing just beyond it *ou* outside it; → deçà

PRÉP **au delà de** [+ *lieu, frontière*] beyond, on the other side of; [+ *somme, limite*] over, above ♦ **au delà des mers** (*littér*) overseas, beyond *ou* over the seas ♦ **ceci va au delà de tout ce que nous espérions** this goes (far) beyond anything we hoped for ♦ **au delà de la conscience/douleur** beyond consciousness/pain ♦ **aller au delà de ses forces/moyens** to go beyond *ou* exceed one's strength/means

♦ **par delà** beyond ♦ **par delà les mers** overseas, beyond *ou* over the seas ♦ **par delà les apparences** beneath the surface ♦ **par delà les siècles** across the centuries → par-delà

délabialisation /delabjalizasjɔ̃/ **NF** delabialization

délabialiser **VT**, **se délabialiser** **VPR** /delabjalize/ ▸ conjug 1 ◂ to delabialize

délabré, e /delabʀe/ SYN (ptp de **délabrer**) **ADJ** [*maison*] dilapidated, ramshackle (*épith*), tumbledown (*épith*); [*mobilier, matériel*] broken-down; [*santé*] ruined; [*mur*] crumbling, in ruins (*attrib*); [*affaires*] in a poor *ou* sorry state (*attrib*); [*fortune*] depleted

délabrement /delabʀəmɑ̃/ SYN **NM** [*de maison*] dilapidation, decay, ruin; [*de santé, affaires*] poor *ou* sorry state; [*de vêtements*] raggedness; [*de mobilier, matériel, mur*] decay, ruin; [*de fortune*] depletion ♦ **état de délabrement** dilapidated state, state of decay *ou* ruin

délabrer /delabʀe/ SYN ▸ conjug 1 ◂
VT [+ *maison*] to ruin; [+ *mobilier, matériel*] to spoil, to ruin; [+ *santé*] to ruin, to impair
VPR **se délabrer** [*maison, mur, matériel*] to fall into decay; [*santé*] to break down; [*affaires*] to go to rack and ruin

délacer /delase/ ▸ conjug 3 ◂
VT [+ *chaussures*] to undo (the laces of); [+ *corset*] to unlace
VPR **se délacer** [*chaussures*] to come undone

délai /delɛ/ GRAMMAIRE ACTIVE 20.2, 20.3 SYN
NM [1] (= *temps accordé*) time limit ♦ **c'est un délai trop court pour...** it's too short a time for... ♦ **je vous donne trois mois, c'est un délai impératif** I'll give you three months and that's the absolute limit ♦ **avant l'expiration du délai** before the deadline ♦ **dans le délai imparti** *ou* **prescrit** within the allotted *ou* prescribed time, within the time laid down *ou* allotted ♦ **dans un délai de six jours** within (a period of) six days ♦ **livrable dans un délai de quinze jours** (*sur facture*) allow two weeks for delivery ♦ **vous êtes dans les délais** you're within the time limit ♦ **ce sera fait dans les délais** it'll be done within the time limit *ou* allotted time ♦ **observer** *ou* **respecter** *ou* **tenir les délais** [*de travail*] to keep *ou* meet the deadline; [*de livraison*] to keep *ou* meet delivery dates ♦ **prolonger un délai** to extend a time limit *ou* a deadline
[2] (= *période d'attente*) waiting period ♦ **il faut compter un délai de huit jours** you'll have to allow a week
[3] (= *sursis*) extension ♦ **un dernier délai de dix jours** a final extension of ten days ♦ **accorder des délais successifs** to allow further extensions ♦ **il va demander un délai pour achever le travail** he's going to ask for more time to finish the job
[4] (*locutions*) ♦ **à bref délai** [*prévenir*] at short notice; (= *très bientôt*) shortly, very soon ♦ **dans le(s) plus bref(s) délai(s), dans les meilleurs délais** as soon *ou* as quickly as possible ♦ **il faut payer avant le 15, dernier délai** it must be paid by the 15th at the latest, the 15th is the deadline for payment ♦ **15 octobre, dernier délai pour les inscriptions** 15 October is the closing *ou* final date for registration, registration must be completed by 15 October at the latest ♦ **sans délai** without delay, immediately

COMP **délai de carence** (*Fin, Jur*) waiting period (*before receiving social security payments*)
délai d'exécution (*pour un travail*) turnaround time
délai de fabrication production time
délai de garantie guarantee period
délai de grâce (*Fin, Jur*) grace period ♦ **un délai de grâce de cinq jours** five days' grace
délai de livraison delivery time *ou* period
délai de paiement term of payment, time for payment
délai de préavis term *ou* period of notice
délai de prescription (*Jur*) limitation period
délai de réflexion (*avant réponse*) time to think; (*avant date limite de paiement*) cooling-off period
délai de rétractation cooling-off period
délai de rigueur final deadline ♦ **à remettre avant le 15 mai, délai de rigueur** to be handed in before the final deadline of 15 May

(!) **délai** se traduit rarement par **delay**, qui a le sens de 'retard'.

délai-congé (pl **délais-congés**) /delɛkɔ̃ʒe/ **NM** term *ou* period of notice

délaissement /delɛsmɑ̃/ SYN **NM** (= *action*) abandonment, desertion; (= *état*) neglect, state of neglect *ou* abandonment; (*Jur*) relinquishment *ou* renunciation (*of a right*) ♦ **délaissement d'enfant** child neglect

délaisser /delese/ SYN ▸ conjug 1 ◂ **VT**
[1] (= *abandonner*) [+ *famille, ami*] to abandon, to give up; [+ *travail*] to give up, to quit ♦ **épouse délaissée** deserted wife
[2] (= *négliger*) [+ *enfant, famille, ami, travail*] to neglect ♦ **c'est un métier délaissé par les jeunes** young people don't go in for this kind of work

◆ **épouse/fillette délaissée** neglected wife/little girl

3 *(Jur) [+ droit]* to relinquish

délarder /delaʀde/ ► conjug 1 ◄ VT *(Culin)* to remove the lard from; *(Tech)* to trim

délassant, e /delasɑ̃, ɑ̃t/ SYN ADJ *[massage, bain]* relaxing

délassement /delasmɑ̃/ SYN NM *(= état)* relaxation, rest; *(= distraction)* relaxation

délasser /delase/ SYN ► conjug 1 ◄

VT *(= reposer) [+ membres]* to refresh; *(= divertir) [+ personne, esprit]* to entertain ◆ **un bon bain, ça délasse** a good bath is very relaxing ◆ **c'est un livre qui délasse** it's an entertaining sort of book

VPR **se délasser** *(= se détendre)* to relax *(en faisant qch* by doing sth)

délateur, -trice /delatœʀ, tʀis/ SYN NM,F *(frm)* informer

délation /delasjɔ̃/ SYN NF *(frm)* denouncement, informing ◆ **lettre de délation** denunciatory letter

délavage /delavaʒ/ NM 1 *[d'aquarelle]* watering down; *[de tissu, inscription]* fading

2 *[de terre]* waterlogging

délavé, e /delave/ SYN (ptp de **délaver**) ADJ

1 *[tissu]* faded; *[inscription]* washed-out ◆ **jeans délavés** prewashed jeans ◆ **un ciel délavé après la pluie** a watery *ou* washed-out (blue) sky after rain

2 *[terre]* waterlogged

délaver /delave/ ► conjug 1 ◄ VT 1 *[+ aquarelle]* to water down; *[+ tissu, inscription]* to (cause to) fade *(by the action of water)*

2 *[+ terre]* to waterlog

Delaware /dəlawɛʀ/ NM Delaware

délayage /delɛjaʒ/ NM 1 *[de couleur]* thinning down; *[de farine, poudre]* mixing *(to a certain consistency) (dans* with)

2 *(fig péj) [d'idée]* dragging out, spinning out; *[de texte, exposé]* padding out ◆ **faire du délayage** *(péj) [personne, écrivain]* to waffle* ◆ **son commentaire est un pur délayage** his commentary is pure waffle*

délayer /deleje/ SYN ► conjug 8 ◄ VT 1 *[+ couleur]* to thin down; *[+ farine, poudre]* to mix *(to a certain consistency) (dans* with) ◆ **délayer 100 g de farine dans un litre d'eau** mix 100 g of flour with a litre of water

2 *(péj) [+ idée]* to drag out, to spin out; *[+ exposé]* to pad out ◆ **quelques idées habilement délayées** a few ideas cleverly spun out

Delco ® /dɛlko/ NM distributor; → **tête**

deleatur /deleatyʀ/ NM INV delete mark *ou* sign, deleatur *(SPÉC)*

déléaturer /deleatyʀe/ ► conjug 1 ◄ VT to delete

délectable /delɛktabl/ SYN ADJ delectable

délectation /delɛktasjɔ̃/ NF delight, delectation *(littér)*; *(Rel)* delight ◆ **avec délectation** *[écouter]* with delight; *[boire]* with relish ◆ **délectation morose** delectatio morosa

délecter /delɛkte/ ► conjug 1 ◄

VT *(littér)* to delight

VPR **se délecter** SYN ◆ **se délecter de qch/à faire** to delight *ou* revel *ou* take delight in sth/in doing ◆ **il se délectait** he was thoroughly enjoying it

délégant, e /delegɑ̃, ɑ̃t/ NM,F delegator

délégataire /delegatɛʀ/ NMF proxy

délégation /delegasjɔ̃/ NF 1 *(= groupe)* delegation; *(= commission)* commission ◆ **ils sont allés en délégation voir le patron** they went as a delegation to see the boss

2 *(= mandat)* delegation ◆ **quand il est absent, sa secrétaire signe le courrier par délégation** when he is away his secretary signs his letters on his authority ◆ **il agit par délégation** *ou* **en vertu d'une délégation** he is acting on somebody's authority ◆ **délégation rectorale** *special appointment of a teacher by the rectorat* ◆ **délégation de créance** *(Jur)* assignment *ou* delegation of debt ◆ **délégation de pouvoirs** delegation of powers ◆ **délégation de solde** *(Mil)* assignment of pay *(to relatives)*

3 *(Admin = succursale)* branch, office(s) ◆ **Délégation générale pour l'armement** *state organization responsible for armament programmes* ◆ **Délégation à l'aménagement du territoire et à l'action régionale** *state organization for regional development*

délégué, e /delege/ (ptp de **déléguer**)

NM,F *(= représentant) (gén)* representative; *(à une réunion, une conférence)* delegate ◆ **délégué rectoral** *(Scol)* ≈ temporary teacher ◆ **délégué de classe/de parents d'élèves** class/parents' representative ◆ **délégué du personnel** staff representative ◆ **délégué général** *[de parti politique]* deputy leader; *[d'association, organisme]* chief representative ◆ **délégué syndical** union representative, shop steward *(Brit)*

ADJ delegated *(à* to) ◆ **membre délégué** delegate ◆ **producteur délégué** *(Ciné)* associate producer ◆ **délégué à qch** *[adjoint, directeur]* responsible for sth; → **administrateur, juge, ministre**

DÉLÉGUÉS

At the start of the new school year in state "collèges" and "lycées", pupils elect two class representatives known as "délégués de classe", as well as two deputies. The role of the **délégués** is to represent the interest of the class as a whole by liaising with teachers and the school administration. At the end-of-term "conseils de classe", for example, the **délégués** are consulted during discussions on whether borderline pupils should move up to the next year, leave school or repeat the year. The **délégués** of the whole school elect two "délégués d'établissement" who attend the "conseil d'établissement", where they participate in discussions on the general running of the school and vote on decisions to be made.

déléguer /delege/ ► conjug 6 ◄ VT 1 *(= transmettre) [+ compétence, pouvoirs, responsabilité]* to delegate *(à* to); *(Jur) [+ créance]* to assign, to delegate ◆ **il faut savoir déléguer** it's important to be able to delegate

2 *(= mandater) [+ personne]* to (appoint as a) delegate *(à* to)

délestage /delɛstaʒ/ NM *(= coupure de courant)* power cut; *(sur une route)* diversion; *[de ballon, navire]* removal of ballast *(de* from) ◆ **établir un itinéraire de délestage** to signpost an alternative route

délester /delɛste/ ► conjug 1 ◄

VT *[+ navire, ballon]* to remove ballast from, to unballast; *(Élec)* to cut off power from ◆ **on a délesté la N4** a diversion has been signposted on the N4 to relieve congestion ◆ **délester qn d'un fardeau** to relieve sb of a burden ◆ **délester qn de qch*** *(= voler qn)* to relieve sb of sth

VPR **se délester** *[bateau, ballon]* to jettison ballast ◆ **se délester de ses bombes** *[avion] (en cas de panne)* to jettison its bombs; *(sur l'objectif)* to release its bombs ◆ **elle se délesta de ses colis** she put down *ou* dropped her parcels ◆ **se délester de ses responsabilités sur qn** to offload one's responsibilities on sb

délétère /deletɛʀ/ SYN ADJ *[émanations, gaz]* noxious; *[influence, pouvoir]* pernicious, deleterious; *[effet]* deleterious; *[climat, ambiance]* poisonous

délétion /delesjɔ̃/ NF *(Bio)* deletion

Delhi /dɛli/ N Delhi

déliassage /deljasaʒ/ NM *(Ordin)* decollation

déliasser /deljase/ ► conjug 1 ◄ VT *(Ordin)* to decollate

délibérant, e /delibeʀɑ̃, ɑ̃t/ ADJ deliberative

délibératif, -ive /delibeʀatif, iv/ ADJ *[assemblée, conseil]* deliberative ◆ **avoir voix délibérative** to have voting rights

délibération /delibeʀasjɔ̃/ SYN NF 1 *(= débat)* deliberation, debate ◆ **délibérations** proceedings, deliberations ◆ **mettre une question en délibération** to debate *ou* deliberate (over *ou* upon) an issue ◆ **après délibération du jury** after the jury's due deliberation

2 *(= réflexion)* deliberation, consideration

3 *(= décision)* decision, resolution ◆ **délibérations** resolutions ◆ **par délibération du jury** on the jury's recommendation

délibératoire /delibeʀatwaʀ/ ADJ deliberative

délibéré, e /delibeʀe/ SYN (ptp de **délibérer**)

ADJ *(= intentionnel)* deliberate; *(= assuré)* resolute, determined; → **propos**

NM *(Jur)* deliberation *(of court at end of trial)* ◆ **mettre en délibéré** *[+ jugement, affaire, décision, arrêté]* to adjourn for further consultation ◆ **mise en délibéré** deliberation

délibérément /delibeʀemɑ̃/ SYN ADV *(= volontairement)* deliberately, intentionally; *(= après avoir réfléchi)* with due consideration; *(= résolument)* resolutely

délibérer /delibeʀe/ SYN ► conjug 6 ◄

VI *(= débattre) (gén)* to deliberate; *[jury]* to confer, to deliberate; *(= réfléchir)* to deliberate, to consider ◆ **après avoir mûrement délibéré** after having pondered the matter, after duly considering the matter ◆ **délibérer sur une question** to deliberate (over *ou* upon) an issue

VT INDIR **délibérer de** *(= décider)* ◆ **délibérer de qch** to deliberate sth ◆ **délibérer de faire qch** to decide *ou* resolve to do sth (after deliberation)

délicat, e /delika, at/ SYN ADJ 1 *(= fin) [dentelle, parfum, forme, couleur]* delicate; *[fil, voile, facture, travail]* fine; *[mets]* subtle ◆ **un objet gravé de facture délicate** an intricately engraved object

2 *(= fragile) [tissu, fleur, enfant, santé]* delicate ◆ **il a la peau très délicate** he has very delicate *ou* sensitive skin ◆ **lotion pour peaux délicates** lotion for sensitive skins

3 *(= difficile) [situation, question, opération]* delicate, tricky; *[sujet]* delicate, sensitive ◆ **c'est délicat !** it's rather delicate! *ou* tricky! ◆ **c'est délicat de lui dire ça** it's a bit awkward to tell him that

4 *(= scrupuleux)* scrupulous ◆ **des procédés peu délicats** unscrupulous *ou* dishonest methods ◆ **il ne s'est pas montré très délicat envers vous** he hasn't behaved very fairly *ou* decently towards you

5 *(= raffiné) [sentiment, goût, esprit, style]* refined, delicate; *[attention]* thoughtful; *[geste]* delicate, thoughtful ◆ **ces propos conviennent peu à des oreilles délicates** this conversation isn't suitable for delicate *ou* sensitive ears ◆ **avoir le palais délicat** to have a discerning palate

6 *(= précis) [nuance]* subtle, fine, delicate; *[oreille]* sensitive, fine; *[travail]* fine, delicate

7 *(= léger) [toucher, touche]* gentle, delicate ◆ **prendre qch d'un geste délicat** to take sth gently *ou* delicately

8 *(= plein de tact)* tactful *(envers* to, towards)

9 *(= exigeant)* fussy, particular ◆ **il est délicat pour manger** he's fussy *ou* particular about his food ◆ **faire le délicat** *(nourriture)* to be particular *ou* fussy; *(spectacle)* to be squeamish; *(propos)* to act shocked

délicatement /delikatmɑ̃/ SYN ADV 1 *[parfumé, coloré, ouvragé, préparé, exprimé]* delicately

2 *[poser, saisir]* gently; *[prélever]* carefully ◆ **incorporer délicatement la crème fouettée** gently fold in the whipped cream

délicatesse /delikatɛs/ SYN NF 1 *(= finesse) [de dentelle, parfum, couleur, forme]* delicacy; *[de mets]* subtlety; *[de fil, voile, facture, travail]* fineness

2 *(= fragilité) [de peau]* sensitiveness; *[de tissu]* delicacy

3 *(= scrupules) [de personne, procédés]* scrupulousness ◆ **sa manière d'agir manque de délicatesse** his behaviour is somewhat unscrupulous

4 *(= raffinement) [de sentiment, goût, esprit, style, geste]* refinement

5 *(= tact)* tact; *(= attentions)* thoughtfulness ◆ **par délicatesse il se retira** he withdrew tactfully

6 *(= précision) [de nuance]* subtlety ; *[d'oreille]* sensitivity; *[de travail]* fineness

7 *(= légèreté)* gentleness ◆ **il prit le vase avec délicatesse** he picked up the vase gently *ou* delicately

8 *(= caractère complexe) [de situation, question]* awkwardness ◆ **être en délicatesse avec qn/la justice** *(frm)* to be at odds with sb/the law

9 *(gén pl = prévenances)* consideration *(NonC)*, (kind) attentions ◆ **avoir des délicatesses pour qn** to show consideration for sb

délice /delis/ SYN NM *(= plaisir)* delight ◆ **quel délice de s'allonger au soleil !** what a delight to lie in the sun! ◆ **se plonger dans l'eau avec délice** to jump into the water with sheer delight ◆ **ce dessert est un vrai délice** this dessert is quite delightful *ou* delicious

délices /delis/ NFPL *(littér = plaisirs)* delights ◆ **les délices de l'étude** the delights of study ◆ **toutes les délices de la terre se trouvaient réunies là** every earthly delight was to be found there ◆ **faire ses délices de qch** to take delight in sth ◆ **cette vie rustique ferait les délices de mon père** this country life would delight my father

délicieusement /delisjøzmɑ̃/ SYN ADV *(= d'une manière délicieuse)* exquisitely; *(= d'une manière charmante)* delightfully, exquisitely ◆ **s'enfon-**

délicieux | **démailler**

cer **délicieusement dans les couvertures** to snuggle down under the covers with delight

délicieux, -ieuse /delisjø, jøz/ SYN ADJ [fruit] delicious; [goût] delicious, delightful; [lieu, personne, sensation, anecdote] charming, delightful

délictuel, -elle /deliktyɛl/ ADJ [action] criminal

délictueux, -euse /deliktyø, øz/ ADJ (Jur) criminal ◆ **fait délictueux** criminal act

délié, e /delje/ (ptp de délier)
ADJ ① (= agile) [doigts] nimble, agile; [esprit] astute, penetrating ◆ **avoir la langue déliée** to be very talkative
② (= fin) [taille] slender; [fil, écriture] fine
NM [de lettre] (thin) upstroke ◆ **les pleins et les déliés** the downstrokes and the upstrokes (in handwriting) ◆ **avoir un bon délié** (Mus) to have a flowing ou an even touch

délier /delje/ ▶ conjug 7 ◀
VT ① [+ corde, paquet, prisonnier] to untie; [+ gerbe] to unbind ◆ **déliez-lui les mains** untie his hands ◆ **délier la langue de qn** to loosen sb's tongue; → **bourse**
② (= libérer) ◆ **délier qn de** [+ obligation, serment] to free ou release sb from; (Rel) [+ péché] to absolve sb from
VPR **se délier** [lien] to come untied; [prisonnier] to untie o.s, to get (o.s.) free; [langue] to loosen ◆ **sous l'effet de l'alcool les langues se délient** alcohol loosens people's tongues ◆ **se délier d'un serment** to free ou release o.s. from an oath

délimitation /delimitasjɔ̃/ SYN NF [de terrain, frontière] delimitation; [de sujet, rôle] definition, delimitation; [de responsabilités, attributions] determination

délimiter /delimite/ SYN ▶ conjug 1 ◀ VT [+ terrain, frontière] to delimit; [+ sujet, rôle] to define (the scope of), to delimit; [+ responsabilités, attributions] to determine

délimiteur /delimitœʀ/ NM (Ordin) delimiter

délinéament /delineamɑ̃/ NM (littér) contour

délinéarisé, e /delineaʀize/ ADJ [lettres] not aligned

délinéer /delinee/ ▶ conjug 1 ◀ VT (= dessiner) to sketch, to trace; (= faire ressortir) to outline

délinquance /delɛ̃kɑ̃s/ NF criminality ◆ **délinquance juvénile** juvenile delinquency ◆ **délinquance financière** financial crime ◆ **délinquance routière** reckless driving ◆ **la petite/la grande délinquance** petty/serious crime ◆ **acte de délinquance** crime ◆ **il a sombré dans la délinquance** he slid into crime

délinquant, e /delɛ̃kɑ̃, ɑ̃t/
ADJ delinquent ◆ **la jeunesse délinquante** juvenile delinquents ou offenders
NM,F delinquent, offender ◆ **délinquant primaire** first offender ◆ **délinquant en col blanc** white-collar criminal

déliquescence /delikesɑ̃s/ SYN NF ① (Chim = action) deliquescence
② (= décadence) decay ◆ **en déliquescence** [régime, structure] in decline ◆ **société en complète déliquescence** society in a state of total decay ◆ **tomber en déliquescence** to fall into decay ou decline

déliquescent, e /delikesɑ̃, ɑ̃t/ ADJ ① (Chim) deliquescent
② (= décadent) [régime, mœurs, société] decaying; [atmosphère] devitalizing; [esprit] enfeebled; [personne] decrepit

délirant, e /deliʀɑ̃, ɑ̃t/ SYN ADJ ① (= enthousiaste) [foule] delirious; [accueil] rapturous ◆ **un public délirant** a frenzied audience ◆ **tu n'es pas d'un optimisme délirant !** you're not exactly overflowing with optimism!
② (= extravagant) [idée, architecture] extraordinary, wild; [prix, propos] outrageous; [comédie, film] whacky* ◆ **ce projet est complètement délirant !*** this project is completely off the wall!*
③ (Méd) [malade] delirious ◆ **crise délirante** delirious episode

délire /deliʀ/ SYN
NM ① (Méd) delirium ◆ **dans un accès de délire** in a fit of delirium ◆ **être en plein délire** to be totally delirious
② (= frénésie) frenzy ◆ **sa passion allait jusqu'au délire** his passion was almost frenzied ◆ **dans le délire de son imagination** in his wild ou frenzied imagination ◆ **une foule en délire** a frenzied crowd ◆ **quand l'acteur pa-**

rut, ce fut le ou du délire* when the actor appeared the crowd went crazy
③ ◆ **c'est du délire !** (= chose extravagante) it's crazy! ◆ **aux heures de pointe, c'est du délire dans cette ville** it's absolute chaos ou sheer madness in the city at rush hour ◆ **c'est le délire !*** (= c'est super) it's great!*
COMP **délire alcoolique** alcoholic mania
délire de grandeur delusions of grandeur
délire hallucinatoire hallucinatory delirium
délire de persécution persecution mania
délire poétique (Littér) poetic frenzy
délire systématisé systematized delusion

délirer /deliʀe/ SYN ▶ conjug 1 ◀ VI [malade] to be delirious ◆ **délirer de joie** to be delirious with joy ◆ **il délire !*** he's raving!*, he's out of his mind!* ◆ **délirer sur qch** (= en parler) to jabber on* about sth ◆ **il délire complètement sur le rap** he's crazy* about rap music

delirium tremens /deliʀjɔmtʀemɛ̃s/ NM delirium tremens

délit /deli/ SYN NM (gén) crime, offence; (Jur) (criminal) offence, misdemeanor (US) ◆ **commettre un délit** to commit an offence ◆ **délit de fuite** failure to report an accident, hit-and-run offence ◆ **il a été arrêté pour délit de faciès/de sale gueule** they arrested him because of the colour of his skin/because they didn't like the look of him ◆ **délit financier** financial crime ◆ **délit d'ingérence** abuse of office ◆ **délit d'initié** insider dealing ou trading ◆ **délit de presse** violation of the press laws ◆ **délit sexuel** sexual offence ou crime ◆ **être poursuivi pour délit d'opinion** to be prosecuted for one's beliefs ou convictions; → **corps, flagrant**

déliter /delite/ ▶ conjug 1 ◀
VT [+ pierre] to cleave
VPR **se déliter** (lit) to disintegrate (because of exposure to moisture); [certitudes, valeurs] to crumble; [État, structure] to fall apart

délitescence /delitesɑ̃s/ NF (Chim) disintegration; (Méd) delitescence

délitescent, e /delitesɑ̃, ɑ̃t/ ADJ (Chim) disintegrative

délivrance /delivʀɑ̃s/ SYN NF ① [de prisonniers] release; [de pays] deliverance, liberation
② (= soulagement) relief ◆ **il est parti, quelle délivrance !** he's gone - what a relief!
③ [de passeport, reçu] issue, delivery; [d'ordonnance] issue; [de lettre, marchandise] delivery ◆ **délivrance d'un brevet** issue of a patent
④ (littér = accouchement) delivery

délivrer /delivʀe/ SYN ▶ conjug 1 ◀
VT ① (= libérer) [+ prisonnier, esclave] to set free ◆ **délivrer qn de** [+ rival] to relieve ou rid sb of; [+ liens, obligation] to free sb from, to relieve sb of; [+ crainte] to relieve sb of ◆ **être délivré d'un grand poids** to be relieved of a great weight
② (= remettre) [+ passeport, reçu] to issue; [+ lettre, marchandise] to deliver; [+ brevet] to grant; [+ ordonnance] to give, to issue; [+ médicament] [pharmacien] to dispense; (Admin) to sell; → **ordonnance**
VPR **se délivrer** [personne] to free o.s. (de from)

délocalisable /delɔkalizabl/ ADJ [emploi, entreprise] that can be relocated

délocalisation /delɔkalizasjɔ̃/ NF relocation

délocaliser /delɔkalize/ ▶ conjug 1 ◀
VT [+ activités, entreprise, emplois] to relocate
VPR **se délocaliser** ◆ **l'entreprise va se délocaliser à l'étranger** the company is going to relocate abroad

délogement /delɔʒmɑ̃/ NM [de locataire] turning ou throwing out; [de fugitif] flushing out; [de lièvre] starting; [d'objet] dislodging

déloger /delɔʒe/ SYN ▶ conjug 3 ◀
VT [+ locataire] to turn ou throw out; [+ fugitif] to flush out; [+ lièvre] to start; [+ objet, ennemi] to dislodge (de from)
VI ① (= déguerpir) to clear out ◆ **délogez de là !** clear out of there!*
② (Belg = découcher) to spend the night away from home

déloger (se) /delɔʒe/ ▶ conjug 1 ◀ VPR (Ordin = se déconnecter) to log off

déloquer (se)* /delɔke/ ▶ conjug 1 ◀ VPR (= déshabiller) to strip off

déloyal, e (mpl -aux) /delwajal, o/ SYN ADJ [ami] unfaithful, disloyal (envers towards); [adversaire] underhand; [conduite] disloyal, underhand; [procédé] unfair ◆ **concurrence déloyale** unfair competition ◆ **un coup déloyal** (Sport) a foul

déloyalement /delwajalmɑ̃/ ADV disloyally

déloyauté /delwajote/ SYN NF [d'ami, conduite] disloyalty (envers towards); [d'adversaire] underhandedness, unfairness; [de procédé] unfairness ◆ **actes de déloyauté** disloyal acts

Delphes /dɛlf/ N Delphi

delphinarium /dɛlfinaʀjɔm/ NM dolphinarium

delphinidés /dɛlfinide/ NMPL ◆ **les delphinidés** delphinoids, the Delphinidae (SPÉC)

delphinium /dɛlfinjɔm/ NM delphinium

delta /dɛlta/ NM (Géog, Ling) delta ◆ **le delta du Mékong** the Mekong delta ◆ **rayon delta** (Phys) delta ray ◆ **avion à ailes (en) delta** delta-winged aircraft; → **aile**

deltaïque /dɛltaik/ ADJ deltaic, delta (épith)

deltaplane ® /dɛltaplan/ NM (= appareil) hang-glider; (= sport) hang-gliding ◆ **faire du deltaplane** to hang-glide, to go hang-gliding

deltoïde /dɛltɔid/ ADJ, NM deltoid

deltoïdien, -ienne /dɛltɔidjɛ̃, jɛn/ ADJ deltoid

déluge /delyʒ/ SYN NM (= pluie) downpour, deluge; [de larmes, paroles, injures] flood; [de compliments, coups] shower ◆ **le déluge** (Bible) the Flood, the Deluge ◆ **ça date du déluge, ça remonte au déluge** it's ancient history ◆ **après moi le déluge !** I don't care what happens after I'm gone!, après moi le déluge!

déluré, e /delyʀe/ SYN ADJ ① (= débrouillard) smart, resourceful
② (= impertinent) (gén) forward; [fille] saucy, sassy* (US) ◆ **sa sœur est un peu délurée** his sister is a bit wild

délurer /delyʀe/ ▶ conjug 1 ◀
VT (= dégourdir) to make smart ou resourceful, to teach a thing or two to*; (péj) to make forward ou pert
VPR **se délurer** (= se dégourdir) to become smart ou resourceful; (péj) to become forward ◆ **il s'est déluré au régiment** he learnt a thing or two* in the army

délustrer /delystʀe/ ▶ conjug 1 ◀ VT to take the lustre ou shine off

dém* /dɛm/ NF abrév de **démission**

démagnétisation /demaɲetizasjɔ̃/ NF demagnetization

démagnétiser /demaɲetize/ ▶ conjug 1 ◀ VT, **se démagnétiser** VPR to demagnetize

démago* /demago/
ADJ abrév de **démagogique**
NMF abrév de **démagogue**

démagogie /demagɔʒi/ NF ◆ **il se garde de toute démagogie** he makes no attempt to court popularity ◆ **absoudre par démagogie des actes de violence** to excuse acts of violence out of a desire to win popularity ◆ **le magazine s'adresse à un large public sans pour autant tomber dans la démagogie** the magazine addresses a wide readership without dumbing down

 Attention à ne pas traduire automatiquement **démagogie** par **demagogy**, qui a des emplois spécifiques.

démagogique /demagɔʒik/ ADJ ◆ **ce n'est pas réaliste, c'est démagogique** it's not realistic, it's just designed to appeal to the public ◆ **son discours est rassurant, paternaliste, démagogique** what he says is soothing, paternalistic and calculated to appeal to public opinion ◆ **aucun parti n'a intérêt à faire de surenchère démagogique à propos de l'immigration** it's not in the interest of any party to get involved in a demagogic slanging match about immigration

 Attention à ne pas traduire automatiquement **démagogique** par **demagogic**, qui a des emplois spécifiques.

démagogue /demagɔg/
NMF demagogue
ADJ ◆ **être démagogue** to be a demagogue

démaigrir /demegʀiʀ/ ▶ conjug 2 ◀ VT (Tech) to trim

démaillage /demajaʒ/ NM [de bas] laddering (Brit), running (US); [de tricot] undoing, unravelling

démailler /demaje/ ▶ conjug 1 ◀
VT [+ bas] to ladder (Brit), to run (US); [+ filet] to undo (the mesh of); [+ tricot] to undo, to unravel; [+ chaîne] to unlink, to separate the links of ◆ **ses bas sont démaillés** her stockings are lad-

dered *(Brit)* *ou* have got ladders *(Brit)* *ou* have runs *(US)* in them

VPR **se démailler** *[bas]* to ladder *(Brit)*, to run *(US)*; *[tricot, filet]* to unravel, to come unravelled ◆ **la chaîne s'est démaillée** the links of the chain have come apart

démailloter /demajɔte/ ▸ conjug 1 ◂ VT *[+ enfant]* to take the swaddling clothes off

demain /d(ə)mɛ̃/ ADV 1 *(= dans un jour)* tomorrow ◆ **demain matin** tomorrow morning ◆ **demain soir** tomorrow evening *ou* night ◆ **demain en huit/en quinze** a week/two weeks tomorrow ◆ **à dater** *ou* **à partir de demain** (as) from tomorrow, from tomorrow on ◆ **demain il fera jour** tomorrow is another day ◆ **ce n'est pas demain la veille***, **ce n'est pas pour demain*** that won't happen in a hurry ◆ **demain on rase gratis !*** it's jam tomorrow! ◆ **à demain** *(gén)* see you tomorrow; *(= je téléphonerai)* I'll talk to you tomorrow ◆ **d'ici (à) demain tout peut changer** everything might be different by tomorrow; → **remettre**

2 *(= l'avenir)* ◆ **le monde de demain** the world of tomorrow, tomorrow's world ◆ **de quoi demain sera-t-il fait ?** what will tomorrow's world hold for us?

démanché, e /demɑ̃ʃe/ (ptp de **démancher**)

ADJ *[bras]* out of joint *(attrib)*, dislocated; * *[objet]* loose; *[meuble]* rickety ◆ **le marteau est démanché** the hammer has no handle *ou* has lost its handle

NM *(Mus)* shift

démancher /demɑ̃ʃe/ ▸ conjug 1 ◂

VT *[+ outil]* to take the handle off; *(* = disloquer)* *[+ meuble]* to knock a leg off; *[+ bras]* to put out of joint, to dislocate

VI *(Mus)* to shift

VPR **se démancher** *[outil]* to lose its handle; *[bras]* to be put out of joint, to be dislocated; * *[meuble, objet]* to fall to bits *ou* pieces ◆ **se démancher le bras** to dislocate one's shoulder ◆ **se démancher le cou pour voir qch*** to crane one's neck to see sth

demande /d(ə)mɑ̃d/ SYN NF 1 *(= requête)* request *(de qch* for sth); *(= revendication)* claim, demand *(de* for); *(Admin)* *[d'autorisation, naturalisation]* application *(de* for); *[de remboursement, dédommagement]* claim *(de* for); *[de renseignement]* enquiry; *(Cartes)* bid ◆ **faire une demande** *(gén)* to make a request ◆ **faire une demande de remboursement** to make a claim, to claim ◆ **adressez votre demande au ministère** apply to the ministry ◆ **remplir une demande** *(formulaire)* to fill in a claim form *(de* for) ◆ **demande d'adhésion** application for membership ◆ **demande d'asile** request *ou* application for asylum ◆ **demande de rançon** ransom demand ◆ **demande d'emploi** job application ◆ **« demandes d'emploi »** *(rubrique de journal)* "situations wanted" ◆ **demande (en mariage)** proposal (of marriage) ◆ **faire sa demande (en mariage)** to propose ◆ **à** *ou* **sur la demande de qn** at sb's request ◆ **à la demande, sur demande** *(gén)* on request; *(Admin)* on application ◆ **et maintenant, à la demande générale...** and now, by popular request...

2 *(Écon)* ◆ **la demande** demand ◆ **pour répondre à la demande (de pétrole/de fruits)** to meet the demand (for oil/fruit) ◆ **il y a une forte demande de produits importés** imported goods are in great demand, there is a great *ou* high demand for imported goods

3 *(Jur)* ◆ **demande en divorce** divorce petition ◆ **demande en renvoi** request for remittal ◆ **demande principale/accessoire/subsidiaire** chief/secondary/contingency petition

4 *(= besoins)* *[de malade, enfant]* needs ◆ **demande d'affection** need for affection

(!) Attention à ne pas traduire automatiquement **demande** par **demand**.

demandé, e /d(ə)mɑ̃de/ (ptp de **demander**) ADJ *(Comm)* in demand ◆ **cet article est très demandé** this item is very much in demand, there is a great demand for this item ◆ **il est très demandé** *[médecin, chanteur]* he is very much in demand ◆ **c'est une destination très demandée** it's a very popular destination

demander /d(ə)mɑ̃de/ GRAMMAIRE ACTIVE 1.2, 16.1, 26.6 SYN ▸ conjug 1 ◂

VT 1 *(= solliciter)* *[+ chose, conseil, réponse, entrevue, volontaire]* to ask for; *(Admin, Jur)* *[+ délai, emploi, divorce]* to apply for; *[+ indemnité, remboursement]* to claim; *[+ réunion, enquête]* to call for, to ask for ◆ **demander qch à qn** to ask sb for sth ◆ **demander un service** *ou* **une faveur à qn** to ask sb a favour ◆ **demander la paix** to sue for peace ◆ **demander une permission** *(Mil)* to ask for *ou* request *(frm)* leave ◆ **demander la permission de faire qch** to ask *ou* request *(frm)* permission to do sth ◆ **demander aide et assistance** to request aid *(à* from) ◆ **demander à voir qn/à parler à qn** to ask to see sb/to speak to sb ◆ **il a demandé à partir plus tôt** he has asked to leave earlier ◆ **demander à qn de faire** *ou* **qu'il fasse qch** to ask *ou* request *(frm)* sb to do sth ◆ **puis-je vous demander (de me passer) du pain ?** would you mind passing me some bread? ◆ **vous n'avez qu'à demander, il n'y a qu'à demander** you only have to ask ◆ **que demande le peuple ?** *(hum)* what more could you ask for?; → **aumône, charité, pardon**

2 *(= appeler)* *[+ médecin, prêtre, plombier]* to send for ◆ **le blessé demande un prêtre** the injured man is asking *ou* calling for a priest

3 *(au téléphone, au bureau etc)* *[+ personne, numéro]* to ask for ◆ **demandez-moi M. Leblanc** *(au téléphone)* get me Mr Leblanc ◆ **qui demandez-vous ?** who do you wish to speak to? ◆ **on le demande au bureau/au téléphone** he is wanted at the office/on the phone, someone is asking for him at the office/on the phone ◆ **le patron vous demande** *ou* **demande après*** **vous** the boss wants to see you *ou* speak to you, the boss is asking to see you

4 *(= désirer)* to be asking for, to want ◆ **ils demandent 10 € de l'heure et une semaine de congé** they are asking (for) €10 an hour and a week's holiday ◆ **le chat miaule, il demande son lait** the cat's mewing – he's asking for his milk ◆ **je demande à voir !*** I'll believe it when I see it! ◆ **il ne demande qu'à apprendre/à se laisser convaincre** all he wants is to learn/to be convinced, he's more than willing to learn/be convinced ◆ **il demande qu'on le laisse partir** he wants us to *ou* is asking us to let him go ◆ **tout ce que je demande, c'est qu'il vienne** all (that) I ask is that he should come ◆ **je ne demande pas mieux !** *ou* **que ça !** I'll be *ou* I'm only too pleased! ◆ **il ne demandera pas mieux que de vous aider** he'll be only too pleased to help you

5 *(= s'enquérir de)* *[+ heure, nom, chemin]* to ask ◆ **demander l'heure à qn** to ask sb the time ◆ **je lui ai demandé son nom** I asked him his name ◆ **demander un renseignement à qn** to ask sb for some information ◆ **demander quand/comment/pourquoi c'est arrivé** to ask when/how/why it happened ◆ **demander des nouvelles de qn, demander après qn*** to enquire *ou* ask after sb ◆ **« où est-il ? » demanda-t-elle** "where is he?", she asked ◆ **va demander !** go and ask! ◆ **je ne t'ai rien demandé** I didn't ask you ◆ **je ne te demande rien** I'm not asking you ◆ **on ne t'a pas demandé l'heure (qu'il est)*** *ou* **ton avis*** who asked you?, who rattled your cage?* ◆ **je vous le demande !, je vous demande un peu !*** *(excl)* honestly!*

6 *(= nécessiter)* *[travail, décision]* to require, to need ◆ **ça demande un effort** it requires an effort ◆ **ces plantes demandent beaucoup d'eau/à être arrosées** these plants need *ou* require a lot of water/watering ◆ **ce travail va (lui) demander six heures** the job will take (him) 6 hours *ou* will require 6 hours, he'll need 6 hours to do the job ◆ **cette proposition demande réflexion** this proposal needs thinking over ◆ **cette proposition demande toute votre attention** this proposal calls for *ou* requires your full attention

7 *(= exiger)* ◆ **demander qch à** *ou* **de qn** to ask sth of sb ◆ **demander beaucoup à** *ou* **de la vie/ses élèves** to ask a lot of life/of one's pupils ◆ **il ne faut pas trop lui en demander !** you mustn't ask too much of him!

8 *(Comm)* ◆ **ils (en) demandent 100 €** they are asking *ou* want €100 (for it) ◆ **ils m'en ont demandé 100 €** they asked (me) for €100 for it ◆ **ils demandent une vendeuse** *(= ils en cherchent une)* they're looking for a shop assistant ◆ **ils demandent 3 vendeuses** *(par annonce)* they are advertising for *ou* they want 3 shop assistants ◆ **on demande beaucoup de vendeuses en ce moment** shop assistants are very much in demand *ou* are in great demand just now ◆ **« on demande : électricien »** "electrician wanted *ou* required" ◆ **comme vous l'avez demandé dans votre lettre du 25 janvier** as requested in your letter of 25 January

VPR **se demander** 1 *(= hésiter, douter)* to wonder ◆ **on peut vraiment se demander** *ou* **c'est à se demander s'il a perdu la tête** it makes you wonder if he isn't out of his mind ◆ **il se demande où aller/ce qu'il doit faire** he is wondering where to go/what to do ◆ **il se demanda : suis-je vraiment aussi bête ?** he asked himself *ou* wondered: am I really so stupid? ◆ **ils se demandent bien pourquoi il a démissionné** they can't think why he resigned, they really wonder why he resigned

2 *(sens passif)* ◆ **ça ne se demande pas !** that's a stupid question!

(!) Attention à ne pas traduire automatiquement **demander** par **to demand**, qui a le sens de 'exiger'.

demandeur[1], **-deresse** /d(ə)mɑ̃dœʀ, dʀɛs/ NM,F *(Jur)* plaintiff, complainant; *(en divorce)* petitioner ◆ **demandeur en appel** appellant ◆ **la partie demanderesse** the moving party

demandeur[2], **-euse** /d(ə)mɑ̃dœʀ, øz/ NM,F ◆ **demandeur d'emploi** person looking for work, job seeker ◆ **le nombre des demandeurs d'emploi a baissé** the number of job seekers has fallen ◆ **demandeur d'asile** asylum seeker ◆ **demandeur de visa** visa applicant ◆ **ils sont très demandeurs de nos produits** our goods are very popular with them ◆ **s'il existe un bon dictionnaire, je suis demandeur** if there's a good dictionary I'm interested

démangeaison /demɑ̃ʒɛzɔ̃/ SYN NF itching *(NonC)*, itching sensation ◆ **avoir des démangeaisons** to be itching ◆ **j'ai des démangeaisons dans le dos** my back is itching ◆ **j'ai une démangeaison** I've got an itch

démanger /demɑ̃ʒe/ SYN ▸ conjug 3 ◂ VT

1 *(= gratter)* ◆ **son dos/son coup de soleil le** *ou* **lui démange** his back/sunburn itches *ou* is itching ◆ **où est-ce que ça (vous) démange ?** where does it itch? ◆ **ça (me) démange** it itches, it's making me itch

2 *(fig)* ◆ **ses poings le démangent** he's itching* for a fight ◆ **la main me démange** I'm itching* *ou* dying to hit him *(ou her etc)* ◆ **la langue me démange** I'm itching* *ou* dying to say something ◆ **ça me démange de faire..., l'envie me démange de faire...** I'm dying to do... ◆ **ça me démangeait de lui dire** I was itching* to tell him

démantèlement /demɑ̃tɛlmɑ̃/ SYN NM *(Mil)* *[de forteresse]* demolition, demolishing; *[d'armes, missiles, centrale nucléaire, entreprise, service]* dismantling; *[de gang, réseau d'espionnage, de trafiquants]* breaking up; *[d'empire]* dismantling, break-up

démanteler /demɑ̃t(ə)le/ SYN ▸ conjug 5 ◂ VT *(Mil)* *[+ forteresse]* to demolish; *[+ armes, missiles, centrale nucléaire, entreprise, service]* to dismantle; *[+ gang, réseau d'espionnage, de trafiquants]* to break up; *[+ empire]* to dismantle, to break up

démantibuler* /demɑ̃tibyle/ ▸ conjug 1 ◂

VT *[+ objet]* to demolish, to break up

VPR **se démantibuler** to fall apart ◆ **se démantibuler le bras** to dislocate one's shoulder

démaquillage /demakijaʒ/ NM ◆ **elle commença son démaquillage** she started to take off *ou* remove her make-up ◆ **produit de démaquillage** make-up remover ◆ **pour le démaquillage des yeux, ne jamais frotter** when removing eye make-up, don't rub your eyes

démaquillant, e /demakijɑ̃, ɑ̃t/

ADJ ◆ **lait (ou gel) démaquillant** make-up remover

NM make-up remover ◆ **démaquillant pour les yeux** eye make-up remover

démaquiller /demakije/ ▸ conjug 1 ◂

VT *[+ yeux, visage]* to remove the make-up from, to take the make-up off ◆ **démaquiller qn** to take off *ou* remove sb's make-up

VPR **se démaquiller** to take one's make-up off, to remove one's make-up ◆ **se démaquiller les yeux** to remove one's eye make-up

démarcage /demaʀkaʒ/ NM ⇒ **démarquage**

démarcatif, -ive /demaʀkatif, iv/ ADJ demarcating

démarcation /demaʀkasjɔ̃/ SYN NF demarcation *(de, entre* between); → **ligne**[1]

démarchage /demaʀʃaʒ/ NM *(= vente de porte à porte)* door-to-door *ou* doorstep selling ◆ **démarchage téléphonique** cold calling ◆ **démarchage électoral** canvassing ◆ **faire du démarchage** *(de porte à porte)* to do door-to-door selling; *(par téléphone)* to work in telesales; *(Pol)* to canvass

démarche /demaʀʃ/ SYN NF 1 *(= façon de marcher)* walk, gait ◆ **avoir une démarche pesante/gau-**

che to have a heavy/an awkward gait *ou* walk, to walk heavily/awkwardly

2 *(= intervention)* step ◆ **faire une démarche auprès de qn (pour obtenir qch)** to approach sb (to obtain sth) ◆ **entreprendre des démarches auprès d'un service** to apply to a department ◆ **toutes nos démarches ont échoué** everything we tried failed ◆ **les démarches nécessaires pour obtenir un passeport** what you have to do to get a passport ◆ **l'idée de (faire) cette démarche m'effrayait** I was frightened at the idea of doing this ◆ **sa démarche m'a surpris** I was surprised by what he did ◆ **faire le test est une démarche volontaire qui ne peut être imposée à quelqu'un** having the test is voluntary and cannot be forced on anyone ◆ **par une démarche volontaire** voluntarily ◆ **la bonne démarche (consiste à faire qch)** the right approach (is to do sth)

3 *(= attitude)* approach ◆ **sa démarche politique** his political approach

4 *(= raisonnement)* reasoning ◆ **expliquez-moi votre démarche** explain your reasoning to me ◆ **démarche intellectuelle** reasoning

démarcher /demaʀʃe/ ▸ conjug 1 ◂ VT *[+ clients]* to canvass; *[+ produit]* to sell door-to-door

démarcheur, -euse /demaʀʃœʀ, øz/ NM,F *(= vendeur)* door-to-door salesman *(ou* saleswoman); *(Pol)* (door-to-door) canvasser

démarier /demaʀje/ ▸ conjug 7 ◂ VT *(Agr)* to thin out

démarquage /demaʀkaʒ/ NM *[de linge, argenterie]* removal of the identifying mark(s) *(de* on); *[d'auteur, œuvre]* copying *(de* from) ◆ **le démarquage d'un joueur** *(Sport)* the drawing away of a player's marker ◆ **cet ouvrage est un démarquage grossier** this work is a crude plagiarism *ou* copy

démarque /demaʀk/ NF *[d'article]* markdown, marking-down ◆ **démarque inconnue** shortfall *(in stock)* ◆ **« deuxième démarque »** "further reductions"

démarqué, e /demaʀke/ (ptp de **démarquer**) ADJ *(Sport) [joueur]* unmarked ◆ **robe démarquée** unlabelled designer dress

démarquer /demaʀke/ SYN ▸ conjug 1 ◂

VT 1 *(= ôter une marque) [+ linge, argenterie]* to remove the (identifying) mark(s) from; *(Comm) (= solder)* to mark down; *(= retirer l'étiquette de)* to remove the (designer) label from

2 *(= copier) [+ œuvre, auteur]* to plagiarize, to copy

3 *(Sport) [+ joueur]* to draw a marker away from

VPR **se démarquer** 1 *(Sport)* to lose *ou* shake off one's marker

2 ◆ **se démarquer de** *(= marquer sa différence avec)* to distinguish *ou* differentiate o.s. from

démarqueur, -euse /demaʀkœʀ, øz/ NM,F plagiarist

démarrage /demaʀaʒ/ SYN

NM 1 *(= départ) [de véhicule]* moving off *(NonC)* ◆ **démarrage en trombe** shooting off *(NonC)* ◆ **il a calé au démarrage** he stalled as he moved off ◆ **secoués à chaque démarrage du bus** shaken about every time the bus moved off

2 *(= début)* start ◆ **l'excellent/le difficile démarrage de la campagne électorale** the excellent/difficult start to the electoral campaign

3 *(Sport = accélération) [de coureur]* pulling away *(NonC)* ◆ **il a placé un démarrage à 100 m de l'arrivée** he put on a burst of speed *ou* he pulled away 100 metres from the finishing line ◆ **être lent au démarrage** * to be slow to get going

4 *(= largage des amarres)* casting off, unmooring

5 *(= mise en marche) [de véhicule]* starting ◆ **le démarrage d'une affaire/campagne** getting a deal/a campaign off the ground

COMP **démarrage en côte** hill start
démarrage à la manivelle crank-starting

démarrer /demaʀe/ SYN ▸ conjug 1 ◂

VI 1 *[moteur, conducteur]* to start (up); *[véhicule]* to move off; *[affaire, campagne]* to get under way, to get off the ground; *[économie]* to take off; *[élève, débutant]* to start off ◆ **l'affaire a bien démarré** the deal got off to a good start *ou* started off well ◆ **démarrer en trombe** to shoot off ◆ **faire démarrer** *[+ véhicule]* to start, to get started; *[+ affaire, campagne]* to get under way, to get off the ground ◆ **il a bien démarré en latin** he got off to a good start in Latin, he started off well in Latin; → **froid**

2 *(= accélérer) [coureur]* to pull away

3 *(= larguer les amarres)* to cast off, to unmoor

VT INDIR **démarrer de** *(= démordre de) [+ idée, projet]* to let go of ◆ **il ne veut pas démarrer de son idée** he just won't let go of his idea

VT *[+ véhicule]* to start, to get started; *[+ embarcation]* to cast off, to unmoor; * *[+ travail]* to get going on * ◆ **démarrer une affaire/une campagne** to get a deal/a campaign started ◆ **démarrer qn en anglais** to get sb started in English

démarreur /demaʀœʀ/ NM starter

démasquer /demaske/ SYN ▸ conjug 1 ◂

VT 1 *(= dévoiler) [+ imposteur, espion, hypocrisie]* to unmask; *[+ plan]* to unveil, to uncover

2 *(= enlever le masque de)* to unmask

VPR **se démasquer** *[imposteur]* to drop one's mask; *[personne déguisée]* to take off one's mask

démâtage /demɑtaʒ/ NM dismasting

démâter /demɑte/ ▸ conjug 1 ◂

VT *(involontairement)* to dismast; *(volontairement)* to unstep the mast(s) of

VI *[bateau]* to lose its mast(s), to be dismasted ◆ **j'ai démâté** my boat lost its mast(s)

dématérialisation /demateʀjalizasjɔ̃/ NF dematerialization

dématérialiser (se) /demateʀjalize/ ▸ conjug 1 ◂ VPR *[transaction]* to dematerialize ◆ **les frontières de l'Europe se dématérialisent** Europe's borders are becoming less and less visible

démazouter /demazute/ ▸ conjug 1 ◂ VT *[+ plage]* to remove the oil from

d'emblée /dɑ̃ble/ LOC ADV → **emblée**

démédicaliser /demedikalize/ ▸ conjug 1 ◂ VT *[+ pratique, produit]* to divest of its medical character, to demedicalize *(frm)*

démêlage /demɛlaʒ/ NM *(lit, fig)* disentangling, untangling

démêlant, e /demɛlɑ̃, ɑ̃t/

ADJ (hair) conditioning

NM (hair) conditioner

démêlé /demele/ SYN NM *(= dispute)* dispute, quarrel ◆ **démêlés** *(= ennuis)* problems ◆ **il a eu des démêlés avec la justice** he has fallen foul of the law *ou* has had some problems *ou* trouble with the law ◆ **il risque d'avoir des démêlés avec l'administration** he's likely to have some trouble with the authorities

démêlement /demɛlmɑ̃/ NM ⇒ **démêlage**

démêler /demele/ SYN ▸ conjug 1 ◂

VT 1 *[+ ficelle, écheveau]* to disentangle, to untangle; *[+ cheveux]* to untangle; *(avec un peigne)* to comb out

2 *[+ problème, situation]* to untangle, to sort out; *[+ intentions, machinations]* to unravel, to get to the bottom of ◆ **démêler qch d'avec** *ou* **de** to distinguish *ou* tell sth from ◆ **démêler le vrai du faux** to sort the truth out from the lies

3 *(littér = débattre)* ◆ **démêler qch avec qn** to dispute sth with sb ◆ **je ne veux rien avoir à démêler avec lui** I do not wish to have to contend with him

VPR **se démêler de** *(= se tirer de) (littér) [+ embarras, difficultés]* to disentangle o.s. from, to extricate o.s. from

démêloir /demɛlwaʀ/ NM (large-toothed) comb

démêlures /demelyʀ/ NFPL combings

démembrement /demɑ̃bʀəmɑ̃/ SYN NM

1 *[d'animal]* dismemberment

2 *[de pays, empire]* dismemberment, break-up; *[d'entreprise]* asset-stripping

démembrer /demɑ̃bʀe/ SYN ▸ conjug 1 ◂ VT

1 *[+ animal]* to dismember

2 *[+ pays, empire]* to dismember, to break up; *[+ entreprise]* to asset-strip

déménagement /demenaʒmɑ̃/ NM 1 *[de meubles]* moving, removal *(Brit)*; *[de pièce]* emptying (of furniture) *(NonC)* ◆ **camion de déménagement** removal *(Brit) ou* moving *(US)* van ◆ **le déménagement du mobilier s'est bien passé** moving the furniture *ou* the removal of the furniture went well ◆ **le déménagement du laboratoire a posé des problèmes** moving the furniture out of the laboratory *ou* emptying the laboratory of (its) furniture proved to be no easy matter ◆ **ils ont fait quatre déménagements en trois jours** they did four moves *ou* removals *(Brit)* in three days

2 *(= changement de domicile)* move, moving (house) *(NonC)*; *(= changement de bureau)* move, moving (offices) *(NonC)* ◆ **faire un déménagement** to move (house) ◆ **on a dû perdre ça pendant le déménagement** we must have lost it during the move ◆ **trois déménagements en une année, c'est trop** three moves in one year is too much, moving (house) three times in one year is too much

déménager /demenaʒe/ SYN ▸ conjug 3 ◂

VT *[+ meubles, affaires]* to move; *[+ maison, pièce]* to move the furniture out of, to empty (of furniture)

VI 1 *(= changer de maison)* to move (house); *(= changer d'appartement)* to move (into a new flat); *(= changer de locaux)* to move (offices) ◆ **déménager à la cloche de bois** to sneak off in the middle of the night, to do a moonlight flit * *(Brit)*

2 *(* = partir)* to clear off * ◆ **allez, déménage !** buzz *ou* clear off! * ◆ **il nous a fait déménager** he sent us packing * ◆ **avec elle, les dossiers ça déménage** * she gets through files like nobody's business *

3 *(* = être fou)* to be off one's rocker *

4 *(* = être excellent)* ◆ **il/ça déménage !** he's/it's brill! * *(Brit) ou* awesome! * *(US)*

déménageur /demenaʒœʀ/ NM *(= entrepreneur)* furniture remover *(Brit)*, moving company *(US)*; *(= ouvrier)* removal man *(Brit)*, (furniture) mover *(US)* ◆ **il a une carrure de déménageur** he's built like a tank

démence /demɑ̃s/ SYN NF *(Méd)* dementia; *(Jur)* mental disorder; *(gén)* madness, insanity ◆ **c'est de la démence** *(fig)* it's (sheer) madness *ou* lunacy, it's insane ◆ **démence précoce** *(Méd)* dementia praecox ◆ **démence sénile** *(Méd)* senile dementia

démener (se) /dem(ə)ne/ SYN ▸ conjug 5 ◂ VPR *(= se débattre)* to thrash about, to struggle (violently); *(= se dépenser)* to exert o.s. ◆ **se démener comme un beau diable** *(pour se sauver)* to thrash about *ou* struggle violently; *(pour obtenir qch)* to make a tremendous effort, to go to great lengths ◆ **si on se démène un peu on aura fini avant la nuit** if we put our backs into it a bit * we'll finish before nightfall ◆ **ils se démenèrent tant et si bien que...** they exerted themselves to such an extent that..., they made such a great effort that... ◆ **il faut que tu te démènes si tu veux des billets** you'll have to get a move on * if you want tickets

dément, e /demɑ̃, ɑ̃t/

ADJ *(= fou)* mad, insane, crazy; *(= incroyable)* incredible, unbelievable; *(* = extravagant) [type, musique]* way-out *, weird *; *[prix, projet]* mad, crazy

NM,F *(= personne)* lunatic, demented person

démenti /demɑ̃ti/ SYN NM *(= déclaration)* denial, refutation; *(apporté par les faits, les circonstances)* refutation ◆ **opposer un démenti à** *[+ nouvelle, allégations, rumeurs]* to deny formally ◆ **publier un démenti** to publish a denial ◆ **sa version des faits reste sans démenti** his version of the facts remains uncontradicted *ou* unchallenged ◆ **son expression opposait un démenti à ses paroles** his expression belied his words

démentiel, -ielle /demɑ̃sjɛl/ SYN ADJ 1 *(Méd)* dementia *(épith)*

2 *[projet, prix]* mad, crazy

démentir /demɑ̃tiʀ/ SYN ▸ conjug 16 ◂

VT 1 *[personne] [+ nouvelle, rumeur]* to deny, to refute; *[+ personne]* to contradict ◆ **il dément ses principes par son attitude** his attitude contradicts his principles

2 *[+ faits, témoignage]* to refute; *[+ apparences]* to belie; *[+ espoirs]* to disappoint ◆ **la douceur de son sourire est démentie par la dureté de son regard** the hardness in her eyes belies the sweetness of her smile ◆ **les résultats ont démenti les pronostics** the results have contradicted the predictions

VPR **se démentir** *(nég = cesser)* ◆ **son amitié/sa fidélité ne s'est jamais démentie** his friendship/loyalty has never failed ◆ **c'est un roman dont le succès ne s'est jamais démenti** the novel has always maintained its popularity ◆ **leur intérêt pour ces mystères, qui ne s'est jamais démenti** their unfailing *ou* never-failing interest in these mysteries

démerdard, e * /demɛʀdaʀ, aʀd/

NM,F ◆ **c'est un démerdard** he knows how to look after himself

ADJ ◆ **il est démerdard** he's a smart customer *, there are no flies on him *(Brit)* ◆ **il n'est pas démerdard pour deux sous** he's really clueless *, he hasn't (got) a clue * ◆ **dans la vie il faut être démerdard** you have to learn to look out for yourself in life

démerde‡ /demɛʀd/
ADJ ⇒ démerdard
NF ♦ **la démerde** (= ingéniosité) resourcefulness; (= astuce) smartness ♦ **c'est le roi de la démerde** he always knows how to wangle* things

démerder (se)‡ /demɛʀde/ ▶ conjug 1 ◀ **VPR**
[1] (= se débrouiller) to manage ♦ **il sait se démerder dans la vie** he knows how to look after himself all right* ♦ **elle se démerde (pas mal) au ski/en peinture** she's pretty good at skiing/painting ♦ **si je m'étais mieux démerdé, j'aurais gagné** if I'd known how to handle things better, I'd have won ♦ **il s'est démerdé pour avoir une permission** he wangled himself some leave*, he wangled it so that he got some leave*
[2] (= se tirer d'affaire) to get out of a mess ♦ **il a voulu y aller, maintenant qu'il se démerde tout seul** he wanted to go so now he can get out of his own bloody‡ (Brit) ou damn‡ mess

démérite /demeʀit/ **NM** (littér) demerit (littér), fault ♦ **où est son démérite, dans ce cas?** where is he at fault in this matter?, wherein lies his fault in this matter? (littér)

démériter /demeʀite/ ▶ conjug 1 ◀
VT INDIR démériter de [+ patrie, institution] to show o.s. unworthy of
VI (Rel) to deserve to fall from grace ♦ **en quoi a-t-il démérité ?** how was he to blame? ♦ **il n'a pas démérité** he hasn't done anything blameworthy ♦ **l'équipe perdante n'a cependant pas démérité** the losing team nevertheless put up a creditable performance

démesure /dem(ə)zyʀ/ **SYN NF** [de personnage] excessiveness, immoderation; [de propos, exigences, style] outrageousness ♦ **je hais la démesure** I hate excess

démesuré, e /dem(ə)zyʀe/ **SYN ADJ** [orgueil] overweening, excessive; [ambition, prétentions] overweening; [taille] disproportionate; [territoire, distances] vast, enormous; [membres] enormous

démesurément /dem(ə)zyʀemɑ̃/ **SYN ADV** immoderately, inordinately; [augmenter] disproportionately ♦ **démesurément long** disproportionately long

démettre /demɛtʀ/ **SYN** ▶ conjug 56 ◀
VT [1] (= disloquer) [+ articulation] to dislocate
[2] (= révoquer) ♦ **démettre qn de ses fonctions/son poste** to dismiss sb from his duties/post
[3] (Jur) ♦ **démettre qn de son appel** to dismiss sb's appeal
VPR se démettre [1] (frm = démissionner) to resign, to hand in one's resignation ♦ **se démettre de ses fonctions/son poste** to resign (from) one's duties/post
[2] (= se disloquer) ♦ **se démettre le poignet/la cheville** to dislocate one's wrist/ankle, to put one's wrist/ankle out of joint

démeubler /demœble/ ▶ conjug 1 ◀ **VT** to remove the furniture from

demeurant /dəmœʀɑ̃/ ♦ **au demeurant LOC ADV** incidentally, by the way

demeure /dəmœʀ/ **SYN NF** (= maison) residence; (littér = domicile) residence, dwelling place (littér)
♦ **à demeure** [installations] permanent; [domestique] live-in, resident ♦ **s'installer à demeure dans une ville** to make one's permanent home ou settle permanently in a town ♦ **il ne faudrait pas qu'ils y restent à demeure** they mustn't stay there permanently
♦ **en demeure** ♦ **mettre qn en demeure de faire qch** to instruct ou order sb to do sth ♦ **mettre qn en demeure de payer/de partir** (Jur) to give sb notice to pay/to quit ou leave ♦ **mise en demeure** formal demand, notice

demeuré, e /d(ə)mœʀe/ (ptp de demeurer)
ADJ half-witted ♦ **il est complètement demeuré** he's an absolute half-wit
NM,F half-wit

demeurer /d(ə)mœʀe/ **SYN** ▶ conjug 1 ◀ **VI** [1] (avec aux avoir) ♦ **demeurer quelque part** (= habiter) to live somewhere; (= séjourner) to stay somewhere ♦ **il demeure au 24 rue d'Ulm** he lives at number 24 (in the) rue d'Ulm
[2] (frm : avec aux être, avec attrib ou adv de lieu) (= rester, = subsister) to remain ♦ **demeurer fidèle/quelque part** to remain faithful/somewhere ♦ **il lui faut demeurer couché** he must remain in bed ♦ **l'odeur demeurait dans la pièce** the smell lingered in the room ♦ **la conversation en est demeurée là** the conversation was taken no further ou was left at that
[3] († = être transmis) ♦ **demeurer à qn** to be left to sb ♦ **la maison leur est demeurée de leur mère** the house was left to them by their mother, they inherited the house from their mother

demi¹ /d(ə)mi/ **ADV** half ♦ **demi plein/nu** half-full/-naked
♦ **à demi** ♦ **il n'était qu'à demi rassuré** he was only half reassured ♦ **il ne te croit qu'à demi** he only half believes you ♦ **il a fait le travail à demi** he has (only) done half the work, he has (only) half done the work ♦ **je ne fais pas les choses à demi** I don't do things by halves ♦ **ouvrir une porte à demi** to half open a door, to open a door halfway

demi², e /d(ə)mi/
ADJ (après n : avec et, nominal) ♦ **une livre/heure et demie** one and a half pounds/hours, a pound/an hour and a half ♦ **un centimètre/kilo et demi** one and a half centimetres/kilos, one centimetre/kilo and a half ♦ **à six heures et demie** at half past six ♦ **deux fois et demie plus grand/autant** two and a half times greater/as much; → **malin**
ADV, PRÉF [1] (avant n = moitié) ♦ **une demi-livre/-douzaine/-journée** half a pound/dozen/day, a half-pound/half-dozen/half-day ♦ **un demi-tour de clé** half a turn of the key, a half turn of the key ♦ **un demi-paquet** half a packet
[2] (avant n = incomplet) ♦ **c'est un demi-succès** it's a partial success ♦ **une demi-vérité** a half-truth ♦ **demi-cécité** partial blindness ♦ **demi-pouvoir** partial power ♦ **demi-circulaire** [canal] semicircular
NM,F (fonction pronominale) ♦ **un demi** (a) half ♦ **une bouteille ? – non, une demie** one bottle? – no, (a) half ou non, half a bottle ou no, a half-bottle ♦ **deux demis font un entier** two halves make a whole
NM [1] (= bière) glass of beer, ≈ half-pint, ≈ half* (Brit); (Helv = vin) half a litre
[2] (Sport) half-back ♦ **demi gauche/droit** left/right half ♦ **demi de mêlée** (Rugby) scrum half ♦ **demi d'ouverture** (Rugby) stand-off half
NF demie (à l'horloge) ♦ **la demie** the half-hour ♦ **la demie a sonné** the half-hour has struck ♦ **c'est déjà la demie** it's already half past ♦ **on part à la demie** we're leaving at half past ♦ **le bus passe à la demie** the bus comes by at half past (the hour), the bus comes by on the half-hour ♦ **la pendule sonne les heures et les demies** the clock strikes the hours and the halves ou the half-hours

demiard /dəmjaʀ/ **NM** (Can) half-pint, 0.284 litre

demi-botte /d(ə)mibɔt/ **NF** calf-length boot

demi-bouteille /d(ə)mibutɛj/ **NF** half-bottle

demi-canton (pl demi-cantons) /d(ə)mikɑ̃tɔ̃/ **NM** (en Suisse) demicanton (Swiss territorial subdivision)

demi-cercle /d(ə)misɛʀkl/ **NM** (= figure) semicircle; (= instrument) protractor ♦ **en demi-cercle** semicircular ♦ **se mettre en demi-cercle** to make a semicircle, to stand (ou sit) in a semicircle

demi-circulaire (pl demi-circulaires) /d(ə)mi siʀkylɛʀ/ **ADJ** semicircular

demi-colonne /d(ə)mikɔlɔn/ **NF** semi-column, demi-column, half-column

demi-deuil /d(ə)midœj/ **NM** half-mourning ♦ **poularde demi-deuil** (Culin) chicken served in a white sauce with black truffles

demi-dieu (pl demi-dieux) /d(ə)midjø/ **NM** demigod

demi-douzaine /d(ə)miduzɛn/ **NF** ♦ **une demi-douzaine** half-a-dozen, a half-dozen ♦ **une demi-douzaine d'œufs** half-a-dozen eggs, a half-dozen eggs ♦ **une bonne demi-douzaine de voitures** a good half-a-dozen cars ♦ **cette demi-douzaine de joueurs** these half-a-dozen players

demi-droite /d(ə)midʀwat/ **NF** half-line, half-ray

demi-écrémé /dəmiekʀeme/ **ADJ M, NM** (lait) **demi-écrémé** semi-skimmed milk

demi-fin, e /d(ə)mifɛ̃, fin/ **ADJ** [petit pois] small; [aiguille] medium; [or] 12-carat

demi-finale /d(ə)mifinal/ **NF** semifinal ♦ **arriver en demi-finale** to reach the semifinals ♦ **éliminé en demi-finale** eliminated in the semifinal

demi-finaliste /d(ə)mifinalist/ **NMF** semifinalist

demi-fond /d(ə)mifɔ̃/ **NM** (= discipline) ♦ **le demi-fond** medium-distance ou middle-distance running; (= épreuve) medium-distance ou middle-distance race ♦ **coureur de demi-fond** medium-distance ou middle-distance runner

demi-frère /d(ə)mifʀɛʀ/ **NM** half-brother

demi-gros /d(ə)migʀo/ **NM INV** (Comm) retail-wholesale

demi-heure /d(ə)mijœʀ, dəmjœʀ/ **NF** ♦ **une demi-heure** half an hour, a half-hour ♦ **la première demi-heure a passé très lentement** the first half-hour went very slowly

demi-jour (pl demi-jour(s)) /d(ə)miʒuʀ/ **NM** (gén) half-light; (= le soir) twilight

demi-journée /d(ə)miʒuʀne/ **NF** ♦ **une demi-journée** half a day, a half-day ♦ **faire des demi-journées de ménage/couture** to work half-days cleaning/sewing ♦ **il travaille deux demi-journées par semaine** he works two half-days a week

démilitarisation /demilitaʀizasjɔ̃/ **NF** demilitarization

démilitariser /demilitaʀize/ ▶ conjug 1 ◀ **VT** to demilitarize

demi-litre /d(ə)militʀ/ **NM** ♦ **un demi-litre (de)** half a litre (of), a half-litre (of) ♦ **versez ce demi-litre de lait sur…** pour this half-litre of milk over…

demi-longueur /d(ə)milɔ̃gœʀ/ **NF** (Sport) ♦ **une demi-longueur** half a length, a half-length ♦ **la demi-longueur d'avance qui lui a valu le prix** the half-length lead that won him the prize

demi-lune /d(ə)milyn/
NF (Mil) demilune; (= voie ferrée) relief line ♦ **en demi-lune** semicircular, half-moon (épith)
ADJ [table, console] semicircular ♦ **lunettes demi-lunes** half-moon glasses

demi-mal (pl demi-maux) /d(ə)mimal, d(ə)mimo/ **NM** ♦ **il n'y a que** ou **ce n'est que demi-mal** it could have been worse, there's no great harm done

demi-mesure /d(ə)mim(ə)zyʀ/ **NF**
[1] (= compromis) half-measure ♦ **ils ne se contenteront pas de demi-mesures** they won't be satisfied with half-measures ♦ **elle n'aime pas les demi-mesures** she doesn't do things by halves
[2] (Habillement) ♦ **la demi-mesure** semifinished clothing ♦ **s'habiller en demi-mesure** to buy semifinished clothing

demi-mondaine † /dəmimɔ̃dɛn/ **NF** demi-mondaine

demi-monde † /d(ə)mimɔ̃d/ **NM** demi-monde

demi-mot /d(ə)mimo/ ♦ **à demi-mot LOC ADV** without having to spell things out ♦ **se faire comprendre à demi-mot** to make o.s. understood without having to spell it out ♦ **ils se comprenaient à demi-mot** they didn't have to spell things out to each other

déminage /deminaʒ/ **NM** [de terrain] mine clearance; [d'eaux] minesweeping ♦ **équipe de déminage** (pour mines) mine-clearing team; (pour bombes) bomb disposal unit ♦ **opérations de déminage** mine-clearing operations

déminer /demine/ ▶ conjug 1 ◀ **VT** to clear of mines (ou bombs)

déminéralisation /demineʀalizasjɔ̃/ **NF** (Tech) demineralization

déminéraliser /demineʀalize/ ▶ conjug 1 ◀
VT (Tech) to demineralize; (Méd) to make deficient in essential minerals ♦ **eau déminéralisée** distilled ou demineralized water
VPR se déminéraliser (Méd) to become deficient in essential minerals

démineur /deminœʀ/ **NM** [de mines] mine-clearing expert; [de bombes] bomb disposal expert

demi-pause /d(ə)mipoz/ **NF** (Mus) minim (Brit) ou half-note (US) rest

demi-pension /d(ə)mipɑ̃sjɔ̃/ **NF** (à l'hôtel) half-board (Brit), bed and breakfast with an evening meal (Brit), modified American plan (US); (Scol) half-board ♦ **être en demi-pension** to take school lunches

demi-pensionnaire /d(ə)mipɑ̃sjɔnɛʀ/ **NMF** day pupil ♦ **être demi-pensionnaire** to take school lunches

demi-place /d(ə)miplas/ **NF** (Transport) half-fare; (Ciné, Théât etc) half-price ticket ou seat

demi-point (pl demi-points) /d(ə)mipwɛ̃/ **NM** (Écon) half point ♦ **abaisser un taux d'un demi-**

demi-pointe | **démontage**

point to lower a rate by a half point *ou* by half a point

demi-pointe (pl **demi-pointes**) /d(ə)mipwɛ̃t/ NF (*Danse*) (= *position*) demi-pointe ◆ **(chausson de) demi-pointe** ballet shoe ◆ **faire des demi-pointes** to dance on points

demi-portion * /d(ə)mipɔʀsjɔ̃/ NF (*péj*) weed *, weedy person *

demi-queue /d(ə)mikø/ ADJ, NM ◆ **(piano) demi-queue** baby grand (piano)

demi-reliure /d(ə)mirəljyr/ NF half-binding

demi-ronde /d(ə)mirɔ̃d/ ADJ F, NF ◆ **(lime) demi-ronde** half-round file

démis, e /demi, iz/ (ptp de **démettre**) ADJ [*membre*] dislocated

demi-saison /d(ə)misɛzɔ̃/ NF spring (*ou* autumn), cool season ◆ **un manteau de demi-saison** a spring (*ou* an autumn) coat

demi-sang (pl **demi-sang(s)**) /d(ə)misɑ̃/ NM (= *cheval*) half-breed (horse)

demi-sel /d(ə)misɛl/
ADJ INV slightly salted ◆ **(fromage) demi-sel** slightly salted cream cheese
NM († : *arg Crime*) small-time crook *

demi-siècle (pl **demi-siècles**) /d(ə)misjɛkl/ NM half-century ◆ **l'organisation fête son demi-siècle d'existence** the organization is celebrating its fiftieth anniversary ◆ **les grands enjeux médicaux de ce dernier demi-siècle** the big medical issues of the last fifty years *ou* half-century

demi-sœur /d(ə)misœr/ NF half-sister

demi-solde /d(ə)misɔld/ NF (*Mil*) half-pay

demi-sommeil /d(ə)misɔmɛj/ NM half-sleep ◆ **dans un demi-sommeil il entendit des rires** in his half-sleep, he heard laughter ◆ **le marché est en demi-sommeil** the market is rather sluggish

demi-soupir /d(ə)misupiʀ/ NM (*Mus*) quaver (*Brit*) *ou* eighth note (*US*) rest

démission /demisjɔ̃/ SYN NF (*d'un poste*) resignation; (*de ses responsabilités*) abdication ◆ **donner sa démission** to hand in *ou* tender (*frm*) one's resignation ◆ **la démission des politiques/de la police** the politicians'/the police's failure to take responsibility ◆ **la démission des parents** the abdication of parental responsibility

démissionnaire /demisjɔnɛʀ/
ADJ (= *en train de démissionner*) resigning; (= *qui a démissionné*) who has resigned
NMF person resigning

démissionner /demisjɔne/ SYN ▸ conjug 1 ◂
VI 1 [*employé*] to resign, to hand in one's notice ◆ **il a démissionné de ses fonctions de président** he resigned from his post as president
2 (= *abandonner*) [*parents, enseignants*] to give up
VT ◆ **démissionner qn** * to give sb his cards * (*Brit*) *ou* his pink slip * (*US*) ◆ **on l'a démissionné** they persuaded him to resign

demi-tarif /d(ə)mitaʀif/ NM half-price; (*Transport*) half-fare ◆ **billet d'avion (à) demi-tarif** half-price *ou* half-fare plane ticket ◆ **voyager à demi-tarif** to travel (at) half-fare

demi-teinte /d(ə)mitɛ̃t/ NF (*Art*) halftone ◆ **en demi-teinte** (= *nuancé, discret*) [*film, déclaration, humour*] low-key ◆ **notre équipe a eu une saison en demi-teinte** (= *mitigé*) our team had a season with mixed results

demi-tige /d(ə)mitiʒ/ NF (= *arbre*) half standard

demi-ton /d(ə)mitɔ̃/ NM (*Mus*) semitone, half step (*US*), half-tone (*US*)

demi-tonneau (pl **demi-tonneaux**) /d(ə)mitɔno/ NM (*en avion*) half flick roll (*Brit*), snap roll (*US*)

demi-tour /d(ə)mituʀ/ SYN NM 1 (*lit, fig*) about-turn, U-turn; (*en voiture*) U-turn ◆ **faire un demi-tour** to make an about-turn *ou* a U-turn ◆ **faire demi-tour** (*fig*) to do a U-turn, to make an about-turn
2 (= *moitié d'un tour*) ◆ **le coureur a fini dernier, à un demi-tour de ses concurrents** the athlete finished last, half a lap behind the other competitors ◆ **il avait déjà bouclé un demi-tour du monde** he had already travelled halfway round the world

démiurge /demjyrʒ/ NM demiurge

demi-vie /d(ə)mivi/ NF [*de radiation*] half-life

demi-vierge † /d(ə)mivjɛrʒ/ NF virgin in name only

demi-volée /d(ə)mivɔle/ NF half-volley

demi-volte (pl **demi-voltes**) /d(ə)mivɔlt/ NF (*Équitation*) demivolt(e)

démixtion /demikstjɔ̃/ NF (*Phys*) segregation

démo * /demo/ NF abrév de **démonstration**

démobilisateur, -trice /demɔbilizatœʀ, tʀis/ ADJ [*discours, mesure*] demobilizing, disarming

démobilisation /demɔbilizasjɔ̃/ NF (*Mil*) demobilization, demob * (*Brit*); (= *apathie*) apathy

démobiliser /demɔbilize/ SYN ▸ conjug 1 ◂ VT (*Mil*) to demobilize, to demob * (*Brit*); (= *démotiver*) to demobilize ◆ **se démobiliser** to become apathetic

démocrate /demɔkʀat/
ADJ democratic
NMF democrat

démocrate-chrétien, -ienne (mpl **démocrates-chrétiens**) /demɔkʀatkʀetjɛ̃, jɛn/ ADJ, NM,F Christian Democrat

démocratie /demɔkʀasi/ NF democracy ◆ **démocratie directe/représentative** direct/representative democracy ◆ **démocratie libérale/sociale** liberal/social democracy ◆ **démocratie populaire** people's democracy ◆ **démocratie parlementaire/présidentielle** parliamentary/presidential democracy ◆ **démocratie participative** participative democracy ◆ « **De la démocratie en Amérique** » (*Littérat*) "Democracy in America"

démocratique /demɔkʀatik/ SYN ADJ democratic ◆ **le Nouveau Parti Démocratique** (*Can*) the New Democratic Party

démocratiquement /demɔkʀatikmɑ̃/ ADV democratically

démocratisation /demɔkʀatizasjɔ̃/ NF democratization

démocratiser /demɔkʀatize/ SYN ▸ conjug 1 ◂
VT to democratize
VPR **se démocratiser** to become (more) democratic

démodé, e /demɔde/ SYN (ptp de **se démoder**) ADJ [*vêtement, style*] old-fashioned; [*procédé, théorie*] outmoded, old-fashioned

démoder /demɔde/ ▸ conjug 1 ◂
VT [+ *principe*] to make obsolete; [+ *vêtement*] to make old-fashioned
VPR **se démoder** [*vêtement, style*] to go out of fashion, to become old-fashioned; [*procédé, théorie*] to become outmoded *ou* old-fashioned

demodex /demɔdɛks/ NM face mite, demodex (SPÉC)

démodulateur /demɔdylatœʀ/ NM demodulator

démodulation /demɔdylasjɔ̃/ NF demodulation

démoduler /demɔdyle/ ▸ conjug 1 ◂ VT to demodulate

démographe /demɔgʀaf/ NMF demographer

démographie /demɔgʀafi/ NF 1 (= *science*) demography
2 (= *chiffres de population*) population size ◆ **démographie galopante** massive population growth

démographique /demɔgʀafik/ ADJ demographic ◆ **poussée démographique** increase in population, population increase

demoiselle /d(ə)mwazɛl/
NF 1 (*frm, hum*) (*jeune*) young lady; (*d'un certain âge*) single lady, maiden lady ◆ **votre demoiselle** * (*dial* = *fille*) your daughter
2 (*Hist* = *noble*) young noblewoman
3 (= *insecte*) dragonfly
4 (= *outil*) rammer
COMP **demoiselle de compagnie** (lady's) companion
demoiselle d'honneur (*à un mariage*) bridesmaid; (*d'une reine*) maid of honour

démolir /demɔliʀ/ SYN ▸ conjug 2 ◂ VT 1 [+ *maison, quartier*] to demolish, to pull down ◆ **on démolit beaucoup dans le quartier** they are pulling down *ou* demolishing a lot of houses *ou* they are doing a lot of demolition in the area
2 [+ *jouet, radio, voiture*] to wreck, to demolish, to smash up * ◆ **cet enfant démolit tout !** that child wrecks *ou* demolishes everything! ◆ **ces boissons vous démolissent l'estomac/la santé** * these drinks play havoc with *ou* ruin your stomach/health
3 [+ *autorité, influence*] to destroy; [+ *doctrine*] to demolish, to crush; [+ *espoir*] to crush, to shatter; [+ *foi*] to shatter, to destroy

4 * [+ *personne*] (= *épuiser*) to do for *, to do in *; (= *frapper*) to bash up *, to duff up * (*Brit*); (= *critiquer*) to tear to pieces, to slam *, to slate * (*Brit*) ◆ **ce travail/cette maladie l'avait démoli** this work/this illness had just about done for him * ◆ **je vais lui démolir le portrait** I'm going to smash his face in * ◆ **cette marche m'a complètement démoli** I'm whacked * *ou* shattered * (*Brit*) after that walk, that walk has done for me *ou* shattered me * (*Brit*)

démolissage * /demɔlisaʒ/ NM (= *critique*) panning *, slating * (*Brit*)

démolisseur, -euse /demɔlisœʀ, øz/ NM,F (= *ouvrier*) demolition worker; (= *entrepreneur*) demolition contractor; [*de doctrine*] demolisher

démolition /demɔlisjɔ̃/ SYN
NF [*d'immeuble, quartier*] demolition, pulling down; [*de doctrine, idéal*] demolition, crushing ◆ **entreprise de démolition** (*lit*) demolition company; [*de droits, institution*] demolition job (*de* on) ◆ **l'immeuble est en démolition** the building is (in the course of) being demolished; → **chantier**
NFPL **démolitions** (= *décombres*) debris (*sg*), ruins

démon /demɔ̃/ SYN NM 1 (*Rel*) demon, fiend; (= *enfant*) devil, demon ◆ **sa femme est un vrai démon** his wife is a real harpy ◆ **le démon** the Devil ◆ **le démon de midi** middle-aged lust ◆ **le démon du jeu** gambling fever ◆ **le démon de l'alcool** the demon drink ◆ **le démon de la luxure/de la curiosité** the demon of lechery/curiosity ◆ **réveiller les vieux démons du racisme** to reawaken the old demons of racism; → **possédé**
2 (*Myth*) genius, daemon ◆ **écoutant son démon familier/son mauvais démon** listening to his familiar/evil spirit

démonétisation /demɔnetizasjɔ̃/ NF (*Fin*) demonetization, demonetarization

démonétiser /demɔnetize/ ▸ conjug 1 ◂ VT 1 (*Fin*) to demonetize, to demonetarize
2 (*fig*) [+ *théorie*] to devalue, to discredit; [+ *personne*] to discredit

démoniaque /demɔnjak/ SYN
ADJ diabolical, fiendish
NMF person possessed by the devil *ou* by an evil spirit

démonisation /demɔnizasjɔ̃/ NF demonization

démoniser /demɔnize/ ▸ conjug 1 ◂ VT [+ *personne, pays, parti*] to demonize

démonisme /demɔnism/ NM demonism

démonologie /demɔnɔlɔʒi/ NF demonology

démonstrateur, -trice /demɔ̃stratœʀ, tʀis/ NM,F demonstrator (*of commercial products*)

démonstratif, -ive /demɔ̃stratif, iv/ SYN
ADJ 1 [*personne, caractère*] demonstrative ◆ **peu démonstratif** undemonstrative
2 [*argument, preuve*] demonstrative, illustrative
3 (*Gram*) demonstrative
NM (*Gram*) demonstrative

démonstration /demɔ̃strasjɔ̃/ SYN NF 1 (*gén, Math*) [*de vérité, loi*] demonstration; [*de théorème*] proof ◆ **cette démonstration est convaincante** this demonstration is convincing
2 [*de fonctionnement, appareil*] demonstration ◆ **faire une démonstration** to give a demonstration ◆ **faire la démonstration d'un appareil** to demonstrate an appliance ◆ **appareil de démonstration** demonstration model ◆ **disquette de démonstration** (*Ordin*) demo disk
3 (= *manifestation*) [*de joie, tendresse*] demonstration, show, display ◆ **accueillir qn avec des démonstrations d'amitié** to welcome sb with a great show of friendship ◆ **démonstration de force** (*Mil*) show of force ◆ **démonstration aérienne/navale** (*Mil*) display of air/naval strength

démontable /demɔ̃tabl/ ADJ that can be dismantled ◆ **armoire démontable** wardrobe that can be dismantled *ou* taken to pieces, knock-down wardrobe (*US*)

démontage /demɔ̃taʒ/ NM 1 [*d'installation, échafaudage, étagères*] taking down, dismantling; [*de tente*] taking down; [*de moteur, arme*] stripping; [*d'armoire, appareil, horloge*] dismantling, taking to pieces, taking apart ◆ **pièces perdues lors de démontages successifs** parts lost during successive dismantling operations ◆ **le démontage de la tente se fait en 5 minutes** it takes 5 minutes to take the tent down
2 [*de pneu, porte*] taking off

démonté, e /demɔ̃te/ SYN (ptp de **démonter**) ADJ [mer] raging, wild; [personne] (= déconcerté) disconcerted

démonte-pneu (pl **démonte-pneus**) /demɔ̃t(ə)pnø/ NM tyre lever (Brit), tire iron (US)

démonter /demɔ̃te/ SYN ▶ conjug 1 ◀
VT ① [+ installation, échafaudage, étagères] to take down, to dismantle; [+ tente] to take down; [+ moteur, arme] to strip down; [+ armoire, appareil, horloge] to dismantle, to take to pieces, to take apart; [+ circuit électrique] to dismantle
② [+ pneu, porte] to take off
③ (= déconcerter) to disconcert ◆ **ça m'a complètement démonté** I was completely taken aback by that, that really disconcerted me ◆ **il ne se laisse jamais démonter** he never gets flustered, he always remains unruffled
④ [+ argumentation, raisonnement] to dissect, to take apart; (pour contrecarrer) to demolish
⑤ (= désarçonner) [+ cavalier] to throw, to unseat
VPR se démonter ① [assemblage, pièce] (accidentellement) to come apart ou to pieces ◆ **est-ce que ça se démonte ?** can it be dismantled ou taken apart?
② (= perdre son calme : gén nég) to get flustered ◆ **répondre sans se démonter** to reply without getting flustered ou without losing one's cool ◆ **il ne se démonte pas pour si peu** he's not that easily flustered, it takes more than that to ruffle him

démontrable /demɔ̃tʀabl/ ADJ demonstrable

démontrer /demɔ̃tʀe/ GRAMMAIRE ACTIVE 26.4 SYN ▶ conjug 1 ◀ VT (= prouver) [+ loi, vérité] to demonstrate; [+ théorème] to prove; (= expliquer) [+ fonctionnement] to demonstrate; (= faire ressortir) [+ urgence, nécessité] to show, to demonstrate ◆ **démontrer l'égalité de deux triangles** to demonstrate ou prove ou show that two triangles are equal ◆ **sa hâte démontrait son inquiétude** his haste clearly indicated his anxiety ◆ **tout cela démontre l'urgence de ces réformes** all this shows ou demonstrates the urgency of these reforms

démoralisant, e /demɔʀalizɑ̃, ɑ̃t/ SYN ADJ demoralizing

démoralisateur, -trice /demɔʀalizatœʀ, tʀis/ ADJ demoralizing

démoralisation /demɔʀalizasjɔ̃/ NF demoralization

démoraliser /demɔʀalize/ SYN ▶ conjug 1 ◀
VT to demoralize
VPR se démoraliser to lose heart, to become demoralized

démordre /demɔʀdʀ/ ▶ conjug 41 ◀ VI ◆ **il ne démord pas de son avis/sa décision** he is sticking to ou standing by his opinion/decision ◆ **il ne veut pas en démordre** he won't budge an inch, he's sticking to his guns

Démosthène /demɔstɛn/ NM Demosthenes

démotique /demɔtik/
ADJ, NM demotic
NF Demotic

démotivant, e /demɔtivɑ̃, ɑ̃t/ ADJ demotivating

démotivation /demɔtivasjɔ̃/ NF loss of motivation, demotivation

démotiver /demɔtive/ SYN ▶ conjug 1 ◀ VT ◆ **démotiver qn** to demotivate sb, to take sb's motivation away ◆ **je suis totalement démotivé** I've lost all my motivation, I am ou I feel completely demotivated

démoucheté, e /demuʃte/ ADJ [fleuret] unbuttoned

démoulage /demulaʒ/ NM [de statue] removal from the mould; [de flan, gâteau] turning out ◆ **procédez au démoulage du gâteau** turn out the cake

démouler /demule/ ▶ conjug 1 ◀ VT [+ statue] to remove from the mould; [+ flan, gâteau] to turn out

démoustiquer /demustike/ ▶ conjug 1 ◀ VT to clear ou rid of mosquitoes

démultiplexage /demyltipleksaʒ/ NM demultiplexing

démultiplicateur, -trice /demyltiplikatœʀ, tʀis/
ADJ reduction (épith), reducing (épith)
NM reduction system

démultiplication /demyltiplikasjɔ̃/ NF (= procédé) reduction; (= rapport) reduction ratio

démultiplier /demyltiplije/ ▶ conjug 7 ◀ VT [+ force] to reduce, to gear down; [+ moyens] to increase

démuni, e /demyni/ SYN (ptp de **démunir**)
ADJ ① (= sans ressources) destitute ◆ **nous sommes démunis** (sans argent) we are destitute; (sans défense) we are powerless (devant in the face of)
② (= privé de) ◆ **démuni de** without, lacking in ◆ **démuni d'ornements** unornamented, unadorned ◆ **démuni de protection** unprotected ◆ **démuni de talents/d'attraits** without talent/attraction, devoid of talent/charm ◆ **démuni d'intérêt** devoid of ou without interest, uninteresting ◆ **démuni de tout** destitute ◆ **démuni d'argent** penniless, without money ◆ **démuni de papiers d'identité** without identity papers
NMPL les démunis the destitute ◆ **un centre d'hébergement pour les démunis** a hostel for the destitute

démunir /demyniʀ/ SYN ▶ conjug 2 ◀
VT ◆ **démunir qn de** [+ vivres] to deprive sb of; [+ ressources, argent] to divest ou deprive sb of ◆ **démunir qch de** to divest sth of
VPR se démunir (financièrement) to part with one's money ◆ **se démunir de** (= se défaire de) to part with, to give up

démuseler /demyz(ə)le/ ▶ conjug 4 ◀ VT (lit, fig) to unmuzzle

démystifiant, e /demistifjɑ̃, jɑ̃t/ ADJ demystifying

démystificateur, -trice /demistifikatœʀ, tʀis/
ADJ demystifying
NM,F demystifier

démystification /demistifikasjɔ̃/ NF [de personne] enlightenment; (= banalisation) demystification

démystifier /demistifje/ SYN ▶ conjug 7 ◀ VT (= détromper) to enlighten, to disabuse; (= banaliser) to demystify, to take the mystery out of

démythification /demitifikasjɔ̃/ NF demythologization, demystification

démythifier /demitifje/ ▶ conjug 7 ◀ VT to demythologize, to demystify

dénantir /denɑ̃tiʀ/ ▶ conjug 2 ◀ VT (Jur) to deprive of securities

dénasalisation /denazalizasjɔ̃/ NF denasalization

dénasaliser /denazalize/ ▶ conjug 1 ◀ VT to denasalize

dénatalité /denatalite/ NF fall ou decrease in the birth rate

dénationalisation /denasjɔnalizasjɔ̃/ NF denationalization

dénationaliser /denasjɔnalize/ ▶ conjug 1 ◀ VT to denationalize

dénatter /denate/ ▶ conjug 1 ◀ VT [+ cheveux] to unplait

dénaturalisation /denatyʀalizasjɔ̃/ NF denaturalization

dénaturaliser /denatyʀalize/ ▶ conjug 1 ◀ VT to denaturalize

dénaturant, e /denatyʀɑ̃, ɑ̃t/ ADJ denaturing (épith)

dénaturation /denatyʀasjɔ̃/ NF (Tech) denaturation

dénaturé, e /denatyʀe/ (ptp de **dénaturer**) ADJ
① (Tech) [alcool, sel] denatured
② [goût, mœurs, parents] unnatural

dénaturer /denatyʀe/ SYN ▶ conjug 1 ◀ VT
① [+ vérité, faits] to distort, to misrepresent; [+ propos] to distort, to twist; [+ intentions] to misrepresent
② (Tech) [+ alcool, substance alimentaire] to denature; (= altérer) [+ goût, aliment] to alter completely, to change the nature of

dénazification /denazifikasjɔ̃/ NF denazification

dendrite /dɑ̃dʀit, dɛ̃dʀit/ NF (Géol, Anat) dendrite

dendritique /dɑ̃dʀitik, dɛ̃dʀitik/ ADJ dendritic

dendrologie /dɑ̃dʀɔlɔʒi, dɛ̃dʀɔlɔʒi/ NF dendrology

dénébuliser /denebylize/, **dénébuler** /denebyle/ ▶ conjug 1 ◀ VT to dispel the fog from

dénégation /denegasjɔ̃/ SYN NF (gén, Jur) denial

déneigement /denɛʒmɑ̃/ NM snow-clearing (operation), snow removal

déneiger /deneʒe/ ▶ conjug 3 ◀ VT [+ objet] to clear of snow, to clear the snow from

dengue /dɛ̃g/ NF dengue, dandy, breakbone fever

déni /deni/ NM denial ◆ **déni de justice** (Jur) denial of justice ◆ **déni (de la réalité)** (Psych) denial ◆ **être dans le déni** to be in denial

déniaiser /denjeze/ ▶ conjug 1 ◀
VT ◆ **déniaiser qn** (= dégourdir qn) to teach sb a thing or two; (= dépuceler qn) to take away sb's innocence
VPR se déniaiser to learn about life, to lose one's innocence

dénicher /deniʃe/ SYN ▶ conjug 1 ◀
VT ① (* = trouver) [+ objet] to unearth; [+ magasin, restaurant] to discover; [+ personne] to track ou hunt down
② (= débusquer) [+ fugitif, animal] to drive out (of hiding), to flush out
③ (= enlever du nid) [+ œufs, oisillons] to take out of the nest
VI [oiseau] to leave the nest

dénicheur, -euse /deniʃœʀ, øz/ NM,F ① ◆ **c'est un vrai dénicheur d'objets rares** he's really good at finding rare objects ◆ **dénicheur de talents** talent scout
② (d'oiseaux) bird's-nester

dénicotinisation /denikɔtinizasjɔ̃/ NF denicotinizing

dénicotiniser /denikɔtinize/ ▶ conjug 1 ◀ VT to denicotinize ◆ **cigarettes dénicotinisées** nicotine-free cigarettes

dénicotiniseur /denikɔtinizœʀ/ NM cigarette filter

denier /dənje/
NM ① (= monnaie) (Hist romaine) denarius; (Hist française) denier ◆ **ça ne leur a pas coûté un denier** † it didn't cost them a farthing (Brit) ou a cent (US) ◆ **l'ayant payé de ses propres deniers** having paid for it out of his own pocket ◆ **les trente deniers de Judas** Judas's thirty pieces of silver
② (= unité de poids d'un tissu) denier ◆ **bas de 30 deniers** 30-denier stockings
COMP le denier du culte the contribution to parish costs (paid yearly)
les deniers publics ou **de l'État** public moneys ou monies

dénier /denje/ SYN ▶ conjug 7 ◀ VT
① [+ responsabilité] to deny, to disclaim; [+ faute] to deny
② (= refuser) ◆ **dénier qch à qn** to deny ou refuse sb sth

dénigrement /deniɡʀəmɑ̃/ SYN NM denigration, defamation ◆ **ce mot s'emploie par dénigrement** this word is used disparagingly ◆ **campagne de dénigrement** smear campaign

dénigrer /deniɡʀe/ SYN ▶ conjug 1 ◀ VT to denigrate, to run down

denim /dənim/ NM denim

dénitrification /denitʀifikasjɔ̃/ NF denitrification

dénitrifier /denitʀifje/ ▶ conjug 7 ◀ VT to denitrify

dénivelé NM, **dénivelée** NF /deniv(ə)le/ difference in height (entre between)

déniveler /deniv(ə)le/ ▶ conjug 4 ◀ VT (= rendre inégal) to make uneven; (= abaisser) to lower, to put on a lower level

dénivellation /denivelasjɔ̃/ SYN NF, **dénivellement** /denivelmɑ̃/ NM ① (= pente) slope; (= cassis, creux) unevenness (NonC), dip
② (= différence de niveau) difference in level ou altitude
③ (NonC) (= fait de rendre inégal) making uneven; (= abaissement) lowering, putting on a lower level

dénombrable /denɔ̃bʀabl/ ADJ countable ◆ **nom dénombrable** (Ling) countable ou count noun ◆ **non dénombrable** uncountable

dénombrement /denɔ̃bʀəmɑ̃/ SYN NM counting ◆ **dénombrement de la population** population census ou count

dénombrer /denɔ̃bʀe/ SYN ▶ conjug 1 ◀ VT (= compter) to count; (= énumérer) to enumerate, to list ◆ **on dénombre trois morts et cinq blessés** there are three dead and five wounded

dénominateur /denɔminatœʀ/ NM (Math) denominator ◆ **(plus petit) dénominateur commun** (fig, Math) (lowest) common denominator

dénominatif, -ive /denɔminatif, iv/ ADJ, NM denominative

dénomination /denɔminasjɔ̃/ SYN NF (= nom) designation, appellation (frm), denomination (frm); (= action) denomination (frm), naming

dénommé, e /denɔme/ (ptp de **dénommer**) ADJ (parfois péj) ◆ **le dénommé X** a certain X, the man called X ◆ **on m'a présenté un dénommé Dupont** I was introduced to a certain Mr Dupont, I was introduced to someone by the name of Dupont

dénommer /denɔme/ SYN ▸ conjug 1 ◂ VT (frm = donner un nom à) to denominate (frm), to name; (= désigner) to designate, to denote; (Jur) to name

dénoncer /denɔ̃se/ SYN ▸ conjug 3 ◂
VT [1] (= révéler) [+ coupable] to denounce; [+ forfait, abus] to expose ◆ **sa hâte l'a dénoncé** his haste gave him away ou betrayed him ◆ **dénoncer qn à la police** to inform against sb, to give sb away to the police
[2] (= signaler publiquement) [+ danger, injustice] to denounce
[3] (= annuler) [+ contrat, traité] to denounce
[4] (littér = dénoter) to announce, to indicate
VPR se dénoncer [criminel] to give o.s. up, to come forward ◆ **se dénoncer à la police** to give o.s. up to the police

dénonciateur, -trice /denɔ̃sjatœʀ, tʀis/ SYN
ADJ denunciatory, accusatory
NM,F [de criminel] denouncer, informer; [de forfait] exposer ◆ **les dénonciateurs d'injustices/de malhonnêtetés** those who denounce injustices/dishonesty

dénonciation /denɔ̃sjasjɔ̃/ SYN NF [de criminel] denunciation; [de forfait, abus] exposure (NonC); [de traité] denunciation, denouncement; [de contrat] termination ◆ **emprisonné sur la dénonciation de qn** imprisoned on the strength of a denunciation by sb

dénotatif, -ive /denɔtatif, iv/ ADJ denotative

dénotation /denɔtasjɔ̃/ NF denotation

dénoter /denɔte/ SYN ▸ conjug 1 ◂ VT to denote

dénouement /denumɑ̃/ SYN NM (Théât) dénouement; [d'affaire, aventure, intrigue] outcome, conclusion ◆ **dénouement heureux** [de film] happy ending

dénouer /denwe/ SYN ▸ conjug 1 ◂
VT [1] [+ nœud, lien] to untie, to undo; [+ cravate] to undo; [+ cheveux] to let down, to undo ◆ **les cheveux dénoués** with her hair (falling) loose
[2] [+ situation] to untangle, to resolve; [+ difficultés, intrigue] to untangle, to unravel
VPR se dénouer [1] [lien, nœud] to come untied, to come undone; [cheveux] to come undone, to come down; → **langue**
[2] [intrigue, situation] to be resolved

dénoûment /denumɑ̃/ NM ⇒ **dénouement**

dénoyautage /denwajotaʒ/ NM [de fruit] stoning (Brit), pitting (US)

dénoyauter /denwajote/ ▸ conjug 1 ◂ VT [+ fruit] to stone (Brit), to pit (US)

dénoyauteur /denwajotœʀ/ NM stoner (Brit), pitter (US)

denoyer /denwaje/ ▸ conjug 8 ◂ VT [+ mine] to unwater

denrée /dɑ̃ʀe/ SYN NF commodity, foodstuff ◆ **denrées alimentaires** foodstuffs ◆ **denrées de base** basic foods ◆ **denrées de consommation courante** basic consumer goods ◆ **denrées périssables** perishable foods ou foodstuffs ◆ **l'honnêteté devient une denrée rare** honesty is in short supply these days

dense /dɑ̃s/ SYN ADJ [1] (gén, Phys) dense
[2] [circulation] heavy
[3] (= complexe) [texte, livre] complex; [style] compact, condensed

densifier /dɑ̃sifje/ ▸ conjug 7 ◂
VT to make denser
VPR se densifier to get denser

densimètre /dɑ̃simɛtʀ/ NM densimeter

densité /dɑ̃site/ SYN NF (Démographie, Phys) density; [de brouillard] denseness, thickness; [de circulation] heaviness; [de foule] denseness ◆ **région à forte/faible densité de population** densely/sparsely populated area, area with a high/low population density ◆ **densité d'implantation** (Ordin) packing density

dent /dɑ̃/ SYN NF [1] [d'homme, animal] tooth ◆ **dents du haut/du bas/de devant/du fond** upper/lower/front/back teeth ◆ **dent de lait/de sagesse** milk ou baby/wisdom tooth ◆ **dent définitive** ou **de remplacement** permanent ou second tooth ◆ **donner un coup de dent à** to bite into, to take a bite at ◆ « **Les Dents de la mer** » (Ciné) "Jaws" → **arracher, brosse, faux²**
[2] [de herse, fourche, fourchette] prong; [de râteau] tooth, prong; [de scie, peigne] tooth; [de roue, engrenage] tooth, cog; [de feuille] serration; [d'arête rocheuse] jag; [de timbre] perforation
◆ **en dents de scie** [couteau] serrated; [montagne] jagged; [graphique, carrière, évolution] uneven ◆ **évoluer en dents de scie** to make uneven progress
[3] (locutions) ◆ **avoir la dent*** to be hungry ◆ **avoir la dent dure** to be scathing (in one's comments) (envers about) ◆ **avoir/garder une dent contre qn** to have/hold a grudge against sb ◆ **avoir les dents longues** (= être ambitieux) to be very ambitious, to have one's sights fixed high ◆ **avoir les dents qui rayent le parquet** (hum) to have one's sights fixed high, to want it all* ◆ **montrer les dents** (lit, fig) to bare one's teeth ◆ **être sur les dents** (fébrile) to be keyed up; (très occupé) to be under great pressure ◆ **faire** ou **percer ses dents** to teethe, to cut (one's) teeth ◆ **il vient de percer une dent** he has just cut a tooth ◆ **se faire les dents** [animal] to cut its teeth; (fig = s'exercer) to cut one's teeth (sur on) ◆ **croquer/manger qch à belles dents** to bite into sth/eat sth with gusto ◆ **manger du bout des dents** to eat half-heartedly, to pick at one's food ◆ **parler/marmotter entre ses dents** to talk/mumble between one's teeth ◆ **ils n'ont rien à se mettre sous la dent** they have nothing to eat ◆ **on voudrait bien quelque chose à se mettre sous la dent** we wouldn't say no to a bite to eat ou something to eat ◆ **il mange tout ce qui lui tombe sous la dent** he eats everything he can lay his hands on; → **armé, casser**

dentaire¹ /dɑ̃tɛʀ/
ADJ dental ◆ **faire l'école dentaire*** to study dentistry; → **fil, formule, prothèse**
NF ◆ **faire dentaire*** to study dentistry

dentaire² /dɑ̃tɛʀ/ NF (= plante) toothwort

dental, e (mpl **-aux**) /dɑ̃tal, o/ (Ling)
ADJ dental
NF dentale dental

dent-de-lion (pl **dents-de-lion**) /dɑ̃dəljɔ̃/ NF dandelion

denté, e /dɑ̃te/ ADJ [roue] toothed; [feuille] dentate; → **roue**

dentelaire /dɑ̃t(ə)lɛʀ/ NF plumbago, leadwort

dentelé, e /dɑ̃t(ə)le/ (ptp de **denteler**) ADJ [arête] jagged; [timbre] perforated; [contour, côte] indented, jagged; [feuille] dentate; [muscle] serrate

denteler /dɑ̃t(ə)le/ ▸ conjug 4 ◂ VT (Tech) [+ timbre-poste] to perforate ◆ **l'érosion avait dentelé la côte** (fig = découper) erosion had indented the coastline ou had given the coast a jagged outline ◆ **les pics qui dentelaient l'horizon** the peaks that stood in a jagged line along the horizon

dentelle /dɑ̃tɛl/ NF lace (NonC) ◆ **de** ou **en dentelle** lace (épith) ◆ **dentelle à l'aiguille** ou **au point** needle-point lace ◆ **dentelle au(x) fuseau(x)** bobbin lace ◆ **dentelle de papier** lacy paper ◆ **dentelle de pierre** (stone) filigree ◆ **crêpe dentelle** thin pancake ◆ **il ne fait pas dans la dentelle*** he's not particular about details

dentellerie /dɑ̃tɛlʀi/ NF (= fabrication) lacemaking; (Comm) lace manufacture

dentellier, -ière /dɑ̃təlje, jɛʀ/
ADJ [industrie] lace (épith)
NM,F lacemaker ◆ « **La Dentellière** » (Art) "The Lacemaker"
NF dentellière (= machine) lacemaking machine

dentelure /dɑ̃t(ə)lyʀ/ NF [de timbre-poste] perforations; [de feuille] serration; [d'arête] jagged outline ◆ **les dentelures d'une côte** the indentations ou jagged outline of a coastline

denticule /dɑ̃tikyl/ NM (Archit) dentil; (Méd) denticle

denticulé, e /dɑ̃tikyle/ ADJ denticulate

dentier /dɑ̃tje/ NM dentures ◆ **porter un dentier** to wear dentures

dentifrice /dɑ̃tifʀis/
NM toothpaste
ADJ ◆ **eau dentifrice** mouthwash ◆ **poudre dentifrice** tooth powder ◆ **pâte dentifrice** toothpaste

dentine /dɑ̃tin/ NF dentine

dentiste /dɑ̃tist/ NMF dentist; → **chirurgien**

dentisterie /dɑ̃tistəʀi/ NF dentistry

dentition /dɑ̃tisjɔ̃/ NF (= dents) teeth (pl); (= croissance) dentition ◆ **dentition de lait** ou **baby teeth, deciduous dentition** (SPÉC) ◆ **dentition définitive** permanent teeth ou dentition (SPÉC)

denture /dɑ̃tyʀ/ NF (humaine, animale) [1] teeth (pl), set of teeth, dentition (SPÉC)
[2] (Tech) [de roue] teeth (pl), cogs

dénucléarisation /denykleaʀizasjɔ̃/ NF denuclearization

dénucléariser /denykleaʀize/ ▸ conjug 1 ◂ VT to denuclearize ◆ **zone dénucléarisée** nuclear-free zone

dénudation /denydasjɔ̃/ NF (Méd) stripping; [de fil] baring, stripping

dénudé, e /denyde/ SYN (ptp de **dénuder**) ADJ (gén) bare; [crâne] bald; [colline] bare, bald

dénuder /denyde/ SYN ▸ conjug 1 ◂
VT [1] [+ fil] to bare, to strip; [+ os] to strip
[2] [+ arbre, sol, colline] to bare, to strip
[3] [+ bras, dos] [robe] to leave bare; [mouvement] to bare
VPR se dénuder [1] [personne] to strip (off)
[2] [colline, arbre] to become bare, to be bared; [crâne] to be balding, to be going bald

dénudeur /denydœʀ/ NM ◆ **dénudeur de fil** wire stripper

dénué, e /denɥe/ SYN (ptp de **dénuer**) **dénué de** ADJ devoid of ◆ **dénué de sens** unreasonable ◆ **dénué d'intérêt** devoid of interest, uninteresting ◆ **dénué de talent/d'imagination** lacking in ou without talent/imagination, untalented/unimaginative ◆ **il n'est pas dénué d'humour** he is not without a sense of humour ◆ **dénué de tout** destitute ◆ **dénué de tout fondement** completely unfounded ou groundless, entirely without foundation

dénuement /denymɑ̃/ SYN NM [de personne] destitution ◆ **le dénuement de la recherche/du système de soins** the impoverished state of research/of the care system ◆ **dans le dénuement le plus total** in utter destitution

dénuer (se) /denɥe/ ▸ conjug 1 ◂ VPR (littér) to deprive o.s. (de of)

dénûment /denymɑ̃/ NM ⇒ **dénuement**

dénutri, e /denytʀi/ ADJ [enfant] malnourished ◆ **bébé gravement dénutri** severely malnourished baby

dénutrition /denytʀisjɔ̃/ NF undernutrition, undernourishment

déo* /deo/ NM abrév de **déodorant**

déodorant /deodɔʀɑ̃/
NM deodorant
ADJ [spray, stick] deodorant

déontique /deɔ̃tik/ ADJ deontic

déontologie /deɔ̃tɔlɔʒi/ NF professional code of ethics, deontology (SPÉC)

déontologique /deɔ̃tɔlɔʒik/ ADJ ethical, deontological (SPÉC)

déontologue /deɔ̃tɔlɔg/ NMF deontologist

dép. (abrév de **département**) [1] [d'organisme, entreprise] dept
[2] (= division du territoire) → **département**

dépailler /depaje/ ▸ conjug 1 ◂ VT [+ chaise] to remove the straw seating from

dépannage /depanaʒ/ NM [de véhicule, appareil] fixing, repairing ◆ **ils ont fait trois dépannages aujourd'hui** (de véhicules) they've dealt with three breakdowns today; (d'appareils) they've done three repair jobs today ◆ **camion de dépannage** breakdown lorry (Brit), tow truck (US) ◆ **service de dépannage** (pour véhicules) breakdown service; (pour appareils) repair service ◆ **c'est une lampe/une bouilloire de dépannage*** it's a spare lamp/kettle ◆ **solution de dépannage** stopgap solution, temporary fix

dépanner /depane/ SYN ▸ conjug 1 ◂
VT [1] (= réparer) [+ véhicule, appareil] to fix, to repair; [+ automobiliste] to fix the car of ◆ **j'ai dû me faire dépanner sur l'autoroute** I had to call the breakdown service on the motorway
[2] (* = tirer d'embarras) [+ personne] to help out ◆ **dépanner qn d'un ticket restaurant** to help

sb out with a luncheon voucher • **il m'avait donné 20 € pour me dépanner** he gave me €20 to tide me over *ou* to help me out • **tu peux me dépanner d'une cigarette ?** can you spare me a cigarette?

dépanneur /depanœʀ/ **NM** *(gén)* repairman; *(pour voitures)* breakdown mechanic; (TV) television engineer *ou* repairman; *(Can = épicerie)* convenience store

dépanneuse /depanøz/ **NF** breakdown lorry *(Brit)*, tow truck *(US)*, wrecker *(US)*

dépaqueter /depak(ə)te/ ► conjug 4 ◄ **VT** to unpack

déparaffinage /depaʀafinaʒ/ **NM** paraffin extraction

déparasiter /depaʀazite/ ► conjug 1 ◄ **VT** *[+ poste de radio]* to fit a suppressor to; *[+ animal, local]* to rid of parasites

dépareillé, e /depaʀeje/ (ptp de **dépareiller**) **ADJ** *[collection]* incomplete; *[objet]* odd *(épith)* • **articles dépareillés** oddments • **couverts dépareillés** odd cutlery

dépareiller /depaʀeje/ ► conjug 1 ◄ **VT** *[+ collection, service de table]* to make incomplete, to spoil • **en cassant cette assiette tu as dépareillé le service** you've spoilt the set now that you've broken that plate

déparer /depaʀe/ SYN ► conjug 1 ◄ **VT** *[+ paysage]* to spoil, to disfigure, to mar; *[+ visage]* to disfigure; *[+ beauté, qualité]* to detract from, to mar • **cette pièce ne déparerait pas ma collection** this piece would go well in my collection • **cette lampe ne déparerait pas dans la chambre** this lamp wouldn't look bad in the bedroom

déparié, e /depaʀje/ (ptp de **déparier**) **ADJ** *[chaussures, gants]* odd *(épith)*

déparier /depaʀje/ SYN ► conjug 7 ◄ **VT** *[+ chaussures, gants]* to split up

départ¹ /depaʀ/ SYN **NM** [1] *[de voyageur, véhicule, excursion]* departure; *[de fusée]* launch; *(= endroit)* point of departure • **observer le départ du train** to watch the train leave • **le départ est à huit heures** the train (*ou* coach *etc*) leaves at eight o'clock • **fixer l'heure/le jour de son départ** to set a time/day for one's departure • **être sur le départ** to be about to leave *ou* go • **excursions au départ de Chamonix** excursions (departing) from Chamonix, (day) trips from Chamonix • **« départ des grandes lignes »** "main-line departures" • **dès son départ j'ai...** as soon as he had left I... • **peu après mon départ de l'hôtel** soon after I had left the hotel, soon after my departure from the hotel • **c'est bientôt le départ en vacances** we'll soon be off on holiday *(Brit)* *ou* vacation *(US)* • **alors, c'est pour bientôt le grand départ ?** when's the big trip then? • **le départ du train/bateau est imminent** the train/boat will be leaving any time now *ou* is about to depart • **son départ précipité** his hasty departure • **il a essayé de reculer son départ pour Glasgow** he tried to put off his trip to Glasgow, he tried to postpone his departure for Glasgow • **la levée du matin est à sept heures et le départ du courrier se fait à neuf heures** the morning collection is at seven and the mail leaves town at nine o'clock; → **tableau**

[2] *(Sport)* start • **un faux départ** *(lit, fig)* a false start • **départ lancé/arrêté** flying/standing start • **départ décalé** staggered start • **donner le départ aux coureurs** to give the runners the starting signal, to start the race • **les coureurs se rassemblent au départ** the runners are assembling at the start • **être au départ d'une course, prendre le départ d'une course** to take part in a race • **47 concurrents ont pris le départ** 47 competitors took part in the race • **prendre un bon/mauvais départ** *(lit, fig)* to get off to a good/bad start

[3] *[de salarié, ministre]* leaving *(NonC)*, departure • **le ministre annonça son départ** the minister announced that he was going to quit *ou* that he was leaving • **demander le départ d'un fonctionnaire** to demand the resignation of a civil servant • **réduire le personnel par départs naturels** to reduce the staff gradually by natural wastage • **indemnité de départ** severance pay • **départ anticipé** *ou* **en préretraite** early retirement • **départ à la retraite** retirement • **départ volontaire** *ou* **négocié** voluntary redundancy

[4] *(= origine)* *[de processus, transformation]* start • **au départ** at the start *ou* outset • **de départ** *[hypothèse]* initial • **salaire de départ** starting salary • **de la langue de départ à la langue d'arrivée** from the source language to the target language • **il y a eu plusieurs départs de feu** fire broke out in several places; → **point¹**

départ² /depaʀ/ **NM** *(littér)* distinction *(entre* between) • **faire le départ entre le vrai et le faux** to draw *ou* make a distinction between truth and falsehood

départager /depaʀtaʒe/ SYN ► conjug 3 ◄ **VT** *[+ concurrents]* to decide between; *[+ votes]* to settle, to decide; *(littér)* *[+ opinions]* to decide between; *[+ camps opposés]* to separate • **départager l'assemblée** to settle the voting in the assembly

département /depaʀtəmɑ̃/ **NM** *[d'organisme, université, entreprise]* department; *(= division du territoire)* département *(administrative division)* • **département (ministériel)** ministry, department • **le département d'État** *(aux USA)* the State Department • **département d'outre-mer** French overseas département

DÉPARTEMENT

Since 1790, France has been divided into 95 metropolitan **départements** and four overseas **départements**. Each is run by its own local council, the "conseil général", which has its headquarters in the principal town ("le chef-lieu du département"). Every **département** has a code number which appears as the first two figures of postcodes and the last two figures on vehicle registration plates. → **ARRONDISSEMENT, CANTON, COMMUNE, RÉGION, DOM-TOM**

départemental, e (mpl **-aux**) /depaʀtəmɑ̃tal, o/ **ADJ** *(gén)* departmental; *(Admin)* *of a département*; *(= ministériel)* ministerial • **route départementale** secondary road

NF **départementale** secondary road

départementalisation /depaʀtəmɑ̃talizasjɔ̃/ **NF** *(Admin)* *[de territoire]* giving the status of département to; *[de compétence]* devolution to the départements • **la départementalisation des services judiciaires** basing legal services in the départements

départementaliser /depaʀtəmɑ̃talize/ ► conjug 1 ◄ **VT** *[+ territoire]* to give the status of département to

départir /depaʀtiʀ/ SYN ► conjug 16 ◄

VT († , *littér = attribuer*) *[+ tâche]* to assign; *[+ faveur]* to accord *(frm)*

VPR **se départir** • **se départir de** *(gén nég = abandonner)* *[+ ton, attitude]* to abandon, to depart from; *[+ sourire]* to drop • **sans se départir de sa prudence/sa bonne humeur** without abandoning his caution/his good humour • **il a répondu sans se départir de son calme** he answered without losing his composure

départiteur /depaʀtitœʀ/ **NM** • **(juge) départiteur** arbitrator

dépassant /depɑsɑ̃/ **NM** *(Couture)* edging *(NonC)*

dépassé, e /depɑse/ SYN (ptp de **dépasser**) **ADJ** *(= périmé)* outmoded, old-fashioned, out of date; (* *= désorienté*) out of one's depth *(attrib)*

dépassement /depɑsmɑ̃/ **NM** [1] *(en voiture)* passing *(NonC)*, overtaking *(Brit)* *(NonC)* • **tout dépassement est dangereux** overtaking is always dangerous, it is always dangerous to overtake • **« dépassement interdit »** "no overtaking" • **après plusieurs dépassements dangereux...** after perilously overtaking several vehicles...

[2] *[de limite, prix]* *(= action)* exceeding; *(= excès)* excess • **dépassement d'honoraires** charge exceeding the statutory fee • **faire des dépassements d'honoraires** to charge more than the statutory fee • **il a eu une amende pour dépassement de vitesse** *ou* **de la vitesse autorisée** he was fined for speeding *ou* for exceeding the speed limit

[3] *(Fin)* • **dépassement (de crédit)** overspending *(NonC)* • **un dépassement de crédit de 5 millions** overspending by 5 million francs • **dépassement budgétaire** overspend on budget, overspending

[4] • **dépassement (de soi)** setting new targets (for oneself) • **la notion de dépassement de soi** the idea of setting new targets for oneself *ou* of seeking new challenges

dépasser /depɑse/ SYN ► conjug 1 ◄

VT [1] *(= aller plus loin que)* *[+ endroit]* to pass, to go past; *[+ piste d'atterrissage]* to overshoot; *(= distancer)* *[+ véhicule, personne]* to pass, to overtake *(Brit)* • **dépassez les feux et prenez la première rue à gauche** take the first on the left after the lights

[2] *(= déborder de)* *[+ alignement]* *(horizontalement)* to jut out over, to overhang; *(verticalement)* to jut out above, to stand higher than • **son succès a dépassé les frontières** his success has reached beyond *ou* transcended national boundaries

[3] *(= excéder)* *[+ limite, quantité mesurable]* to exceed • **dépasser qch en hauteur/largeur** to be higher *ou* taller/wider than sth, to exceed sth in height/width • **il a dépassé son père (de 10 cm) maintenant** he's (10 cm) taller than his father now • **cette plante a dépassé l'autre** this plant has outgrown the other one *ou* is now taller than the other one • **dépasser en nombre** to outnumber • **tout colis qui dépasse 20 kg/la limite (de poids)** all parcels in excess of *ou* exceeding *ou* over 20 kg/the (weight) limit • **dépasser le nombre prévu** to be more than expected • **la réunion ne devrait pas dépasser trois heures** the meeting shouldn't go on longer than *ou* last longer than three hours, the meeting shouldn't exceed three hours (in length) • **il ne veut pas dépasser 75 €** he won't go above *ou* over €75 • **ça va dépasser 20 €** it'll be more than *ou* over €20 • **elle a dépassé la quarantaine** she is over forty, she has turned forty • **« ne pas dépasser la dose prescrite »** "do not exceed the prescribed dose" • **le prix de cette maison dépasse nos moyens** this house is beyond our means *ou* is more than we can afford

[4] *(= surpasser)* *[+ valeur, prévisions]* to exceed; *[+ réputation]* to outshine; *[+ rival]* to outmatch, to outstrip • **dépasser qn en violence/intelligence** to be more violent/intelligent than sb, to surpass sb in violence/intelligence • **pour la paresse/l'appétit il dépasse tout le monde** he beats everybody for laziness/appetite • **il dépasse tous ses camarades** he is ahead of *ou* he surpasses all his friends • **sa bêtise dépasse tout ce qu'on peut imaginer** his stupidity beggars belief, he's more stupid than you could possibly imagine • **les résultats ont dépassé notre attente** the results exceeded *ou* surpassed our expectations • **cela dépasse toutes mes espérances** it is beyond my wildest dreams, it is better than anything I had ever hoped for

[5] *(= outrepasser)* *[+ moyens, instructions]* to go beyond; *[+ attributions]* to go beyond, to overstep; *[+ crédits]* to exceed • **cela dépasse les bornes** *ou* **les limites** *ou* **la mesure** that's the absolute limit, that's going too far • **il a dépassé les bornes** *ou* **la mesure** he has really gone too far *ou* overstepped the mark *ou* passed over the bounds *(US)* • **cela a dépassé le stade de la plaisanterie** it has gone beyond a joke • **les mots ont dû dépasser sa pensée** he must have got carried away • **cela dépasse mes forces/ma compétence** it's beyond my strength/capabilities • **cela me dépasse** it's beyond me • **il a dépassé ses forces** he has overtaxed himself *ou* overdone it

[6] *(= dérouter)* • **cela/cet argument me dépasse !** it/this argument is beyond me! • **être dépassé (par les événements)** to be overtaken by events

VI [1] *(en voiture)* to overtake *(Brit)*, to pass *(US)* • **« défense de dépasser »** "no overtaking" *(Brit)*, "no passing" *(US)*

[2] *(= faire saillie)* *[bâtiment, tour]* to stick out; *[planche, balcon, rocher]* to stick out, to jut out, to protrude; *[clou]* to stick out; *[jupon]* to show *(de, sous* below); *[chemise]* to be hanging out *(de* of), to be untucked • **il y a quelque chose qui dépasse du tiroir** something's sticking out *ou* hanging out of the drawer • **leur chien a toujours un bout de langue qui dépasse** their dog always has the end of his tongue hanging out

VPR **se dépasser** to surpass o.s., to excel o.s.

dépassionner /depasjɔne/ ► conjug 1 ◄ **VT** *[+ débat]* to take the heat out of

dépatouiller (se)* /depatuje/ ► conjug 1 ◄ **VPR** • **se dépatouiller de** *[+ situation difficile]* to get out of • **laisse-le se dépatouiller !** leave him to *ou* let him get out of it on his own! • **savoir se dépatouiller** to (manage to) get by

dépavage /depavaʒ/ **NM** removal of the cobbles *ou* cobblestones *(de* from)

dépaver /depave/ ► conjug 1 ◄ **VT** to dig up the cobbles *ou* cobblestones from

dépaysant, e /depeizɑ̃, ɑ̃t/ **ADJ** exotic • **un restaurant au décor dépaysant** a restaurant with an exotic décor • **l'Inde est un pays dépaysant** India is so different • **j'ai passé un séjour très**

dépaysant en Inde my stay in India provided me with a complete change of scene

dépaysé, e /depeize/ (ptp de **dépayser**) ADJ *(gén)* disoriented ◆ **je me sens très dépaysé ici** I feel very much like a fish out of water here, I feel very disoriented here, I don't feel at home at all here ◆ **il ne sera pas dépaysé dans notre service** he'll feel quite at home *ou* he won't feel at all out of place in our department

dépaysement /depeizmɑ̃/ NM *(= changement salutaire)* change of scene *ou* scenery; *(= désorientation)* disorientation, feeling of strangeness ◆ **partez en Inde, c'est le dépaysement assuré !** go to India, you're guaranteed exotic new surroundings!

dépayser /depeize/ SYN ▸ conjug 1 ◂ VT *(= désorienter)* to disorientate, to disorient; *(= changer agréablement)* to give a change of scenery to, to give a welcome change of surroundings to ◆ **ce séjour m'a dépaysé** this stay has given me a change of scenery *ou* a welcome change of surroundings

dépeçage /depəsaʒ/, **dépècement** /depɛsmɑ̃/ NM *[d'animal] (par un boucher)* cutting up; *(par un fauve)* dismembering; *[de territoire, état]* carving up, dismembering; *[de groupe, entreprise]* carving up

dépecer /depəse/ SYN ▸ conjug 5 ◂ VT *[+ animal] [boucher]* to cut up; *[fauve]* to dismember, to tear limb from limb; *[+ territoire, état]* to carve up, to dismember; *[+ groupe, entreprise]* to carve up

dépeceur, -euse /depəsœʀ, øz/ NM,F cutter

dépêche /depɛʃ/ SYN NF 1 *(Journalisme)* ◆ **dépêche (d'agence)** dispatch, agency *ou* wire *(US)* story ◆ **je reçois à l'instant une dépêche de notre correspondant** I've just received a dispatch *ou* story from our correspondent

2 *(Admin)* dispatch ◆ **dépêche diplomatique** diplomatic dispatch

3 *(Téléc)* ◆ **dépêche (télégraphique)** telegram, wire *(US)* ◆ **envoyer une dépêche à qn** to send sb a telegram *ou* wire *(US)*, to telegraph sb, to wire sb *(US)*

dépêcher /depeʃe/ SYN ▸ conjug 1 ◂

VT to dispatch, to send *(auprès de* to)

VPR **se dépêcher** to hurry ◆ **il se dépêchait** *(en marchant, courant)* he was hurrying (along); *(en travaillant)* he was hurrying ◆ **dépêche-toi !** hurry (up)!, (be) quick! ◆ **se dépêcher de faire qch** to hurry to do sth ◆ **dépêche-toi de les commander, il n'y en aura bientôt plus** hurry up and order them or there soon won't be any left

dépeigner /depeɲe/ ▸ conjug 1 ◂ VT ◆ **dépeigner qn** to make sb's hair untidy, to ruffle sb's hair ◆ **dépeigné par le vent** with windswept hair ◆ **elle entra toute dépeignée** she came in with tousled *ou* dishevelled hair

dépeindre /depɛ̃dʀ/ SYN ▸ conjug 52 ◂ VT to depict

dépenaillé, e /dep(ə)naje/ SYN ADJ *[personne, vêtements] (= débraillé)* messy; *(= en haillons)* tattered, ragged; *[drapeau, livre]* tattered

dépénalisation /depenalizasjɔ̃/ NF *[de délit, drogue]* decriminalization

dépénaliser /depenalize/ ▸ conjug 1 ◂ VT to decriminalize

dépendance /depɑ̃dɑ̃s/ SYN NF 1 *(= interdépendance)* dependence *(NonC)*, dependency ◆ **la dépendance de qch vis-à-vis de qch d'autre** the dependence of sth (up)on sth else ◆ **un réseau subtil de dépendances** a subtle network of dependencies *ou* interdependencies

2 *(= asservissement, subordination)* subordination *(à l'égard de* to) ◆ **la dépendance de qn vis-à-vis de qn d'autre** the subordination of sb to sb else ◆ **être sous** *ou* **dans la dépendance de qn** to be subordinate to sb

3 *(= bâtiment) [d'hôtel, château, ferme]* outbuilding, outhouse

4 *(Hist, Pol = territoire)* dependency

5 *(à une drogue, à l'alcool)* dependence, dependency *(à* on), addiction *(à* to)

6 *(Ling)* dependency

dépendant, e /depɑ̃dɑ̃, ɑ̃t/ SYN ADJ 1 *(= non autonome)* dependent *(de* (up)on) ◆ **personnes âgées dépendantes** elderly dependants

2 *[drogué]* dependent *(à* on), addicted *(à* to)

dépendeur /depɑ̃dœʀ/ NM *(hum)* ◆ **c'est un grand dépendeur d'andouilles*** he's a good-for-nothing

dépendre /depɑ̃dʀ/ GRAMMAIRE ACTIVE 25.6 SYN ▸ conjug 41 ◂

VT INDIR **dépendre de** 1 *[décision, résultat, phénomène]* to depend (up)on, to be dependent (up)on

◆ **ça dépend** it all depends

◆ **ça dépend de** it depends on ◆ **ça dépend du temps** it depends on the weather ◆ **ça va dépendre du temps** it'll depend on the weather

◆ **il dépend de qn de** *ou* **que** ◆ **il dépend de vous/de ceci que...** it depends (up)on you/this whether... ◆ **il ne dépend que de vous que...** it depends entirely (up)on you whether..., it's entirely up to you whether... ◆ **il dépend de toi de réussir** it depends on you *ou* it's up to you whether you succeed (or not)

2 *(= être sous l'autorité de) [employé]* to be answerable to, to be responsible to; *[organisation]* to be dependent (up)on; *[territoire]* to be dependent (up)on, to be a dependency of ◆ **dépendre (financièrement) de ses parents** to be financially dependent (up)on one's parents ◆ **ce pays dépend économiquement de la France** this country is economically dependent (up)on France ◆ **je ne veux dépendre de personne** I don't wish to be dependent (up)on anyone *ou* to have to depend (up)on anyone ◆ **ce terrain dépend de leur domaine** this piece of land is part of *ou* belongs to their property ◆ **ne dépendre que de soi-même** to be answerable only to oneself

VT *[+ lustre, guirlandes, pendu]* to take down

> ⓘ Au sens de 'être sous l'autorité de', **dépendre de** ne se traduit pas par **to depend on**.

dépens /depɑ̃/ SYN NMPL 1 *(Jur)* costs ◆ **être condamné aux dépens** to be ordered to pay costs, to have costs awarded against one

2 ◆ **aux dépens de** at the expense of ◆ **rire aux dépens de qn** to (have a) laugh at sb's expense ◆ **vivre aux dépens de qn** to live off sb ◆ **je l'ai appris à mes dépens** I learnt this to my cost *ou* at my expense ◆ **notre équipe s'est qualifiée aux dépens de Toulon** our team qualified after *ou* by beating Toulon

dépense /depɑ̃s/ SYN NF 1 *(= argent dépensé, frais)* spending *(NonC)*, expense, expenditure *(NonC)*; *(= sortie)* outlay, expenditure *(NonC)* ◆ **une dépense de 300 €** an outlay *ou* expenditure of €300 ◆ **les dépenses du ménage** household expenses ◆ **contrôler les dépenses de qn** to control sb's expenditure *ou* spending ◆ **je n'aurais pas dû faire cette dépense** I shouldn't have spent that money ◆ **j'hésite, c'est une grosse dépense** I can't decide, it's a large outlay *ou* it's a lot to lay out ◆ **calculer dépenses et recettes** to calculate expenditure and receipts ◆ **dépenses diverses** sundries ◆ **dépenses publiques** public *ou* government expenditure *ou* spending ◆ **les dépenses de santé/militaires** health/military expenditure *ou* spending ◆ **dépense d'investissement** *ou* **d'équipement** capital expenditure *(NonC)* ◆ **pousser qn à la dépense** to make sb spend some money ◆ **faire la dépense d'une voiture** to lay out money *ou* spend money on a car ◆ **ne pas regarder à la dépense** to spare no expense

2 *[d'électricité, essence]* consumption ◆ **dépense physique** (physical) exercise

dépenser /depɑ̃se/ SYN ▸ conjug 1 ◂

VT 1 *[+ argent]* to spend; *[+ électricité, essence]* to use ◆ **dépenser sans compter** to spend without counting the cost, to spend lavishly ◆ **elle dépense peu pour la nourriture** she doesn't spend much on food, she spends little on food

2 *[+ forces, énergie]* to expend, to use up; *[+ temps, jeunesse]* to spend, to use up ◆ **dépenser son trop-plein d'énergie** to use up one's surplus energy ◆ **vous dépensez inutilement votre salive** you're wasting your breath

VPR **se dépenser** *(= faire des efforts)* to exert o.s.; *(= se défouler)* to let off steam* ◆ **se dépenser en démarches inutiles** to waste one's energies in useless procedures ◆ **pour ce projet il s'est dépensé sans compter** he has put all his energy *ou* energies into this project ◆ **les enfants ont besoin de se dépenser physiquement** children need to expend their energy

dépensier, -ière /depɑ̃sje, jɛʀ/ SYN ADJ, NM,F extravagant ◆ **c'est une dépensière, elle est dépensière** she's a spendthrift

déperdition /depɛʀdisjɔ̃/ SYN NF loss

dépérir /depeʀiʀ/ SYN ▸ conjug 2 ◂ VI *[personne]* to fade away, to waste away; *[santé, forces]* to fail, to decline; *[plante]* to wither; *[commerce]* to (be on the) decline, to fall off; *[affaire, région, économie]* to be in decline, to go downhill

dépérissement /depeʀismɑ̃/ SYN NM *[de personne]* fading away, wasting away; *[de santé, forces]* failing, decline; *[de plante]* withering; *[de commerce]* decline, falling off; *[d'affaire, région, économie]* decline

déperlant, e /depɛʀlɑ̃, ɑ̃t/ ADJ *[tissu]* waterproof

dépersonnalisation /depɛʀsɔnalizasjɔ̃/ NF depersonalization

dépersonnaliser /depɛʀsɔnalize/ ▸ conjug 1 ◂

VT to depersonalize

VPR **se dépersonnaliser** *[relations, débat]* to become impersonal *ou* depersonalized; *(Psych)* to become depersonalized

dépêtrer /depetʀe/ SYN ▸ conjug 1 ◂

VT ◆ **dépêtrer qn de** *[+ bourbier, ronces, harnachement]* to extricate sb from, to free sb from; *[+ situation]* to extricate sb from, to get sb out of

VPR **se dépêtrer** *(lit, fig)* to extricate o.s., to free o.s. ◆ **se dépêtrer de** *[+ ronces, situation]* to extricate *ou* free o.s. from, to get out of; *[+ liens]* to free o.s. from; *[+ gêneur]* to get rid of

dépeuplement /depœpləmɑ̃/ SYN NM *[de région, ville]* depopulation ◆ **le dépeuplement de la rivière** the depletion of fish stocks in the river ◆ **le dépeuplement des forêts** the disappearance of wildlife from forests

dépeupler /depœple/ ▸ conjug 1 ◂

VT 1 *[+ région, ville]* to depopulate ◆ **zones rurales dépeuplées** depopulated rural areas

2 *[+ rivière]* to deplete the fish stocks in; *[+ forêt]* to kill off the wildlife in

VPR **se dépeupler** 1 *[région, ville]* to be depopulated ◆ **les campagnes se dépeuplent** the countryside is becoming depopulated

2 *[rivière]* to be depleted of fish; *[région, forêt]* to be emptied of wildlife

déphasage /defɑzaʒ/ NM *(Phys)* phase difference; *(* = perte de contact)* being out of touch ◆ **il y a déphasage entre les syndicats et leurs dirigeants** the unions and their leaders are out of phase *ou* step

déphasé, e /defɑze/ SYN (ptp de **déphaser**) ADJ 1 *(Phys)* out of phase

2 *(* = désorienté)* ◆ **il était déphasé** he was out of step

déphaser /defɑze/ ▸ conjug 1 ◂ VT 1 *(Phys)* to cause a phase difference in

2 *(* = désorienter)* to confuse, to disorientate

déphosphatation /defɔsfatasjɔ̃/ NF removal of phosphates *(de* from)

déphosphater /defɔsfate/ ▸ conjug 1 ◂ VT *[+ eau]* to remove phosphates from

déphosphoration /defɔsfɔʀasjɔ̃/ NF dephosphorization

déphosphorer /defɔsfɔʀe/ ▸ conjug 1 ◂ VT to dephosphorize

dépiauter* /depjote/ SYN ▸ conjug 1 ◂ VT *[+ animal]* to skin; *[+ paquet]* to undo; *[+ texte]* to pull to pieces

dépigmentation /depigmɑ̃tasjɔ̃/ NF depigmentation

dépilation /depilasjɔ̃/ NF *(Méd)* hair loss

dépilatoire /depilatwaʀ/

ADJ depilatory, hair-removing *(épith)*

NM depilatory *ou* hair-removing cream

dépiler[1] /depile/ ▸ conjug 1 ◂ VT *(Méd)* to cause hair loss to; *(Tech) [+ peaux]* to grain

dépiler[2] /depile/ ▸ conjug 1 ◂ VT *(Mines)* to remove the posts from

dépiquer /depike/ ▸ conjug 1 ◂ VT *(Couture)* to unstitch, to unpick *(Brit)*; *(Agr) [+ laitue]* to transplant; *[+ blé]* to thresh; *[+ riz]* to hull

dépistage /depistaʒ/ SYN NM *[de maladie, virus, dopage]* screening *(de* for) ◆ **centre de dépistage du sida** HIV testing centre ◆ **examen** *ou* **test de dépistage** screening test ◆ **test de dépistage du sida** AIDS test

dépister /depiste/ SYN ▸ conjug 1 ◂ VT 1 *(Méd) [+ maladie, virus, dopage]* to detect; *(= faire passer un test à)* to screen

2 *(= détecter) [+ gibier, criminel]* to track down; *[+ influence, cause]* to unearth, to detect

dépit /depi/ SYN NM *(= amertume)* pique, (great) vexation ◆ **causer du dépit à qn** to vex sb greatly ◆ **il en a conçu du dépit** he was very piqued at it ◆ **il l'a fait par dépit** he did it out of pique *ou* in a fit of pique ◆ **par dépit amoureux elle a épousé le premier venu** she married the first man she met on the rebound* ◆ « **Le Dépit amoureux** » *(Littérat)* "The Amorous Quarrel"

◆ **en dépit de** in spite of, despite ◆ **faire qch en dépit du bon sens** to do sth any old how

dépité, e /depite/ SYN (ptp de **dépiter**) ADJ (greatly) vexed, piqued

dépiter /depite/ SYN ▸ conjug 1 ◂ VT to vex

dépitonner /depitɔne/ ▸ conjug 1 ◂ VTI (Alpinisme) to depeg

déplacé, e /deplase/ SYN (ptp de **déplacer**) ADJ [présence] uncalled-for; [intervention, scrupule] misplaced, out of place (attrib); [remarque, propos] uncalled-for, out of place (attrib); → **personne**

déplacement /deplasmɑ̃/ SYN NM ① [d'objet, meuble] moving, shifting

② (Méd) [d'articulation, os] displacement ◆ **déplacement de vertèbre** slipped disc ◆ **déplacement d'organe** organ displacement

③ [d'usine, fonctionnaire] transfer; [de collectivité] moving ◆ **le déplacement forcé des populations** the forced movement ou transfer of people ◆ **j'ai demandé le déplacement du rendez-vous** I asked for the appointment to be changed

④ [de pièce mobile] movement; [de substance] movement, displacement ◆ **déplacement d'air** displacement of air ◆ **déplacement de troupes** movement of troops

⑤ (= voyage) trip ◆ **les déplacements coûtent cher** travelling ou travel is expensive ◆ **être en déplacement (pour affaires)** to be away on business ◆ **ça vaut le déplacement** * it's worth the trip; → **frais²**

⑥ (Naut d'un navire) displacement ◆ **déplacement de 10 000 tonnes** 10,000-ton displacement

⑦ (Psych) displacement

déplacer /deplase/ SYN ▸ conjug 3 ◂

VT ① (= bouger) [+ objet, meuble] to move, to shift ◆ **il déplace beaucoup d'air** (hum) he's all talk (and no action) ◆ **déplacer des montagnes** to move mountains

② (Méd) [+ articulation, os] to displace

③ [+ usine, fonctionnaire] to transfer, to move; [+ collectivité] to move; [+ rendez-vous] to change ◆ **personnes déplacées** (Pol, Mil) displaced persons

④ (= attirer) ◆ **le spectacle a déplacé plus de 60 000 personnes** the show brought in ou drew more than 60,000 people

⑤ [+ problème, question] to shift the emphasis of

⑥ (Naut) [bateau] to displace ◆ **navire qui déplace 10 000 tonnes** ship with a 10,000-ton displacement

VPR **se déplacer** ① [pièce mobile] to move; [air, substance] to move, to be displaced

② [personne] to move; (= circuler) to move (around); [animal] to move (along) ◆ **il ne se déplace qu'avec peine** he has difficulty getting about ◆ **il est interdit de se déplacer pendant la classe** no moving around during class ◆ **pouvez-vous vous déplacer sur la droite ?** can you move (over) to the right?

③ (= se déranger) [médecin] to come out ◆ **avec le téléachat on peut faire ses courses sans se déplacer** teleshopping means you can do your shopping in the comfort of your own home ◆ **il ne s'est même pas déplacé pour le mariage de sa sœur** he didn't even bother to go to his sister's wedding

④ (= voyager) to travel ◆ **il ne se déplace qu'en avion** he only travels by air ◆ **il se déplace fréquemment** he travels a lot, he's a frequent traveller

⑤ (Méd) [os] to be displaced ◆ **se déplacer une articulation** to put a joint out, to displace a joint ◆ **se déplacer une vertèbre** to slip a disc

déplafonnement /deplafɔnmɑ̃/ NM [de crédit] derestriction ◆ **ils réclament le déplafonnement des cotisations** they are asking for the ceiling on contributions to be lifted

déplafonner /deplafɔne/ ▸ conjug 1 ◂ VT [+ crédit] to derestrict; [+ cotisations] to lift the ceiling on

déplaire /deplɛʀ/ GRAMMAIRE ACTIVE 7.3 SYN ▸ conjug 54 ◂

VT INDIR ① (= n'être pas aimé de) ◆ **il déplaît à tout le monde** he is disliked by everyone ◆ **cette mode/ville/femme me déplaît** I dislike ou I don't like ou I am not keen on this fashion/town/woman ◆ **au bout d'un moment, cela risque de déplaire** after a while it can become disagreeable ou unpleasant ◆ **ça ne me déplairait pas de le faire** I wouldn't mind doing it ◆ **il me déplaît de faire...** (frm) I dislike doing... ◆ **il me déplairait d'avoir à vous renvoyer** (frm) I would be sorry to have to dismiss you

② (= irriter) ◆ **déplaire à qn** to displease sb ◆ **il fait tout pour nous déplaire** he does all he can to displease us ◆ **ceci a profondément déplu** this gave profound ou great displeasure ◆ **il cherche à déplaire** he is trying to be disagreeable ou unpleasant

③ († ou hum) ◆ **c'est, ne t'en déplaise, beaucoup plus pratique** whether you like it or not, it's more practical ◆ **j'irai la voir, n'en déplaise à votre père** whatever your father's views on the matter, I shall go and see her

VPR **se déplaire** ① (= être malheureux) ◆ **elle se déplaît ici/à la campagne** she dislikes it ou doesn't like it here/in the country ◆ **se déplaire dans son nouvel emploi** to be unhappy in one's new job, to dislike one's new job

② (mutuellement) ◆ **ils se sont déplu dès leur première rencontre** they disliked each other right from the start

déplaisant, e /deplɛzɑ̃, ɑ̃t/ SYN ADJ disagreeable, unpleasant

déplaisir /deplezir/ SYN NM (= contrariété) displeasure, annoyance ◆ **je le ferai sans déplaisir** I'm quite willing ou happy to do it, I don't mind doing it ◆ **faire qch avec (le plus grand) déplaisir** to do sth with (the greatest) displeasure

déplantage /deplɑ̃taʒ/ NM, **déplantation** /deplɑ̃tasjɔ̃/ NF [de plante] transplanting; [de plate-bande] digging up; [de piquet] pulling out

déplanter /deplɑ̃te/ ▸ conjug 1 ◂ VT ① [+ plante] to transplant; [+ plate-bande] to dig up; [+ piquet] to pull out

② [+ ordinateur] to get going again

déplantoir /deplɑ̃twaʀ/ NM trowel

déplâtrage /deplɑtraʒ/ NM ◆ **le déplâtrage d'un mur** (Constr) stripping the plaster off a wall ◆ **le déplâtrage d'un membre** (Méd) taking a limb out of plaster ou out of its (plaster) cast, taking a (plaster) cast off a limb

déplâtrer /deplɑtre/ ▸ conjug 1 ◂ VT (Constr) to strip the plaster off; (Méd) to take out of plaster, to take the (plaster) cast off ◆ **je me fais déplâtrer lundi** I'm going to have my cast taken off on Monday

déplétion /depleʃjɔ̃/ NF depletion

dépliage /deplijaʒ/ NM [de serviette, vêtement] unfolding; [de carte, journal, canapé-lit] opening out, unfolding

dépliant, e /deplijɑ̃, ijɑ̃t/ SYN

ADJ extendible

NM (= prospectus) leaflet; (= grande page) fold-out page ◆ **dépliant touristique** travel brochure

déplier /deplije/ SYN ▸ conjug 7 ◂

VT ① [+ serviette, vêtement] to unfold; [+ carte routière, journal, canapé-lit] to open out, to unfold ◆ **déplier les jambes** to stretch one's legs out

② († = déballer) [+ paquet] to open out, to open up ◆ **déplier sa marchandise** to spread (out) one's wares

VPR **se déplier** [carte routière] to open out; [feuille d'arbre] to open out, to unfold ◆ **ça peut se déplier, ça se déplie** it unfolds ou opens out, it can be unfolded ◆ **le canapé se déplie pour faire lit** the sofa opens out ou unfolds into a bed

déplissage /deplisaʒ/ NM [d'étoffe plissée] taking the pleats out of; (= défroissage) flattening (out), smoothing (out)

déplisser /deplise/ ▸ conjug 1 ◂

VT (= défaire les plis de) to take the pleats out of; (= défroisser) to flatten (out), to smooth (out); (littér) [+ front] to smooth

VPR **se déplisser** [jupe] to come unpleated, to lose its pleats

déploiement /deplwamɑ̃/ SYN NM [de voile, drapeau] unfurling; [d'ailes] spreading; [de troupes] deployment; [de richesses, forces, amabilité, talents] display ◆ **le déploiement d'une force internationale** the deployment of an international force

déplombage /deplɔ̃baʒ/ NM [de colis] unsealing; [de dent] removing the filling from, taking the filling out of; (Ordin) hacking

déplomber /deplɔ̃be/ ▸ conjug 1 ◂ VT [+ colis, compteur] to unseal; [+ dent] to remove the filling from, to take the filling out of; (Ordin) to hack into, to gain unauthorized access to

déplorable /deplɔrabl/ SYN ADJ ① (= regrettable) [incident, situation] deplorable

② (= très mauvais) [conduite, gestion, notes] appalling, deplorable ◆ **sa chambre est dans un état déplorable** his room is in an appalling ou a terrible state

déplorablement /deplɔrabləmɑ̃/ ADV deplorably

déploration /deplɔrasjɔ̃/ NF (Art) ◆ **déploration du Christ** lamentation

déplorer /deplɔre/ SYN ▸ conjug 1 ◂ VT to lament ◆ **on déplore 5 morts** (unfortunately,) 5 people have died ◆ **on ne déplore aucune victime** there have been no deaths ou victims ◆ **ils déploraient que la presse ne les ait pas soutenus** they lamented the fact that the press had not lent them any support ◆ **nous déplorons le manque d'informations sur les arrestations** we are deeply concerned about the lack of information on the arrests

déployer /deplwaje/ SYN ▸ conjug 8 ◂

VT ① (= ouvrir) [+ carte, tissu] to open out, to spread out; [+ voile, drapeau] to unfurl; [+ ailes] to spread; [+ assortiment, échantillons] to spread out, to lay out

② (Mil) [+ troupes, forces de police] to deploy ◆ **il a déployé ses troupes en éventail** he made his troops fan out

③ (= montrer, manifester) [+ richesses, fastes] to make a display of, to display; [+ talents, ressources, forces] to display, to exhibit ◆ **déployer beaucoup d'activité** to be very active ◆ **déployer beaucoup d'efforts/d'énergie** to expend a lot of effort/energy; → **rire**

VPR **se déployer** [voile, drapeau] to unfurl; [ailes] to spread; [troupes] to deploy; [cortège] to spread out

déplumé, e /deplyme/ (ptp de **déplumer**) ADJ ① [oiseau] featherless, that has lost its feathers

② (* = chauve) bald ◆ **il est un peu déplumé sur le dessus** he's a bit thin on top ◆ **son crâne déplumé** his bald ou hairless head

③ (* = démuni) broke *, skint * (Brit) ◆ **il s'est retrouvé complètement déplumé** he ended up completely skint * (Brit) ou with no money at all

déplumer /deplyme/ ▸ conjug 1 ◂

VT † to pluck

VPR **se déplumer** [oiseau] to moult, to lose its feathers; (* = perdre ses cheveux) to go bald, to lose one's hair

dépoétiser /depɔetize/ ▸ conjug 1 ◂ VT to take the romance out of, to make prosaic

dépoitraillé, e /depwatraje/ ADJ (péj) ◆ **il était tout dépoitraillé** his shirt was open, revealing his chest

dépolarisant, e /depɔlarizɑ̃, ɑ̃t/

ADJ depolarizing

NM depolarizer

dépolarisation /depɔlarizasjɔ̃/ NF depolarization

dépolariser /depɔlarize/ ▸ conjug 1 ◂ VT to depolarize

dépoli, e /depɔli/ (ptp de **dépolir**) ADJ → **verre**

dépolir /depɔliʀ/ ▸ conjug 2 ◂

VT [+ argent, étain] to tarnish; [+ verre] to frost

VPR **se dépolir** to tarnish

dépolissage /depɔlisaʒ/ NM [d'argent, étain] tarnishing; [de verre] frosting

dépolitisation /depɔlitizasjɔ̃/ NF depoliticization

dépolitiser /depɔlitize/ ▸ conjug 1 ◂

VT to depoliticize

VPR **se dépolitiser** to become depoliticized

dépolluant, e /depɔlyɑ̃, ɑ̃t/

ADJ [produit] depolluting, anti-pollutant

NM depollutant, anti-pollutant

dépolluer /depɔlye/ SYN ▸ conjug 1 ◂ VT to clean up, to rid ou clear of pollution

dépollution /depɔlysjɔ̃/ NF getting rid of pollution (de from) ◆ **la dépollution des plages souillées par le mazout** the cleaning (up) of oil-polluted beaches

dépolymériser /depɔlimerize/ ▸ conjug 1 ◂ VT to depolymerize

déponent, e /depɔnɑ̃, ɑ̃t/

ADJ (Ling) deponent

NM deponent (verb)

dépopulation /depɔpylasjɔ̃/ NF depopulation

déport /depɔʀ/ NM ① (Téléc) radar data transmission

② (Fin) backwardation

déportance /depɔʀtɑ̃s/ NF negative lift

déportation /depɔʀtasjɔ̃/ SYN NF (= exil) deportation, transportation; (= internement) imprisonment (in a concentration camp) ◆ **ils sont morts en déportation** they died in the (Nazi) concentration camps

déporté, e /depɔʀte/ (ptp de **déporter**) NM,F (= *exilé*) deportee; (= *interné*) prisoner (in a concentration camp)

déportement /depɔʀtəmɑ̃/ NM 1 (= *embardée*) ◆ **déportement vers la gauche** swerve to the left

2 (*† = écarts de conduite*) ◆ **déportements** misbehaviour (*Brit*), misbehavior (*US*)

déporter /depɔʀte/ SYN ► conjug 1 ◄

VT 1 [*+ personne*] (= *exiler*) to deport, to transport; (= *interner*) to send to a concentration camp

2 (= *faire dévier*) to carry off course ◆ **le vent l'a déporté** the wind carried *ou* blew him off course

VPR **se déporter** (*en voiture*) to swerve ◆ **se déporter sur la gauche** to swerve to the left

déposant, e /depozɑ̃, ɑ̃t/ NM,F 1 (= *épargnant*) depositor

2 (*Jur*) bailor; (= *témoin*) deponent

dépose /depoz/ NF [*de moquette*] lifting, taking up; [*de serrure, moteur*] taking out, removal; [*de rideau*] taking down ◆ « **dépose des passagers** » "setting down only"

déposer /depoze/ SYN ► conjug 1 ◄

VT 1 (= *poser*) to put down, to set down; [*+ ordures*] to dump ◆ « **défense de déposer des ordures** » "no dumping", "no tipping" (*Brit*) ◆ **déposer les armes** to lay down (one's) arms ◆ **déposer un baiser sur le front de qn** (*littér*) to plant a kiss on sb's forehead

2 (= *laisser*) [*+ chose*] to leave; (= *conduire*) [*+ personne*] to drop ◆ **déposer sa carte** to leave one's card ◆ **on a déposé une lettre/un paquet pour vous** somebody left a letter/a parcel for you, somebody dropped a letter/a parcel in for you ◆ **déposer une valise à la consigne** to deposit *ou* leave a suitcase at the left-luggage office (*Brit*) *ou* baggage check (*US*) ◆ **je te dépose à la gare** I'll drop you (off) at the station ◆ **l'autobus le déposa à la gare** the bus dropped him *ou* set him down at the station ◆ **est-ce que je peux vous déposer quelque part ?** can I give you a lift (*Brit*) *ou* ride (*US*) anywhere?, can I drop you anywhere?

3 (*Fin*) [*+ argent, valeur*] to deposit ◆ **déposer de l'argent sur un compte** to put money into an account, to deposit money in an account

4 (*Admin, Jur*) [*+ plainte*] to lodge; [*+ réclamation*] to file; [*+ conclusions*] to present; [*+ brevet, marque de fabrique*] to register; [*+ projet de loi*] to bring in, to table (*Brit*); [*+ rapport*] to send in, to file ◆ **déposer son bilan** to go into (voluntary) liquidation ◆ **déposer un préavis de grève** to give notice of strike action; → **marque**

5 (= *destituer*) [*+ souverain*] to depose

6 [*eau, vin*] [*+ sable, lie*] to deposit

7 (= *démonter*) [*+ tenture*] to take down; [*+ tapis*] to take up, to lift; [*+ serrure, moteur*] to take out, to remove

VI 1 [*liquide*] to form a sediment *ou* a deposit ◆ **laisser déposer** to leave to settle

2 (*Jur*) to give evidence, to testify

VPR **se déposer** [*poussière, lie*] to settle

dépositaire /depozitɛʀ/ NMF 1 [*d'objet confié*] depository; [*de secret, vérité*] possessor, guardian; (*Jur*) bailee ◆ **dépositaire public** (*Jur*) ≈ authorized depository ◆ **dépositaire légal** (*Fin*) escrow agent

2 (*Comm = agent*) agent (*de* for) ◆ **dépositaire exclusif** sole agent (*de* for) ◆ **nous ne sommes pas dépositaires** we are not agents for them, it's not a line we carry

déposition /depozisjɔ̃/ SYN NF 1 (*Jur*) (*à un procès*) evidence (*NonC*); (*écrite*) (sworn) statement, deposition ◆ **faire une déposition** (*à un procès*) to give evidence; (*écrite*) to write a statement ◆ **signer sa déposition** to sign one's statement *ou* deposition

2 [*de souverain*] deposition, deposing

3 (*Art*) ◆ **déposition de croix** Deposition

déposséder /depɔsede/ SYN ► conjug 6 ◄ VT ◆ **déposséder qn de** [*+ terres*] to dispossess sb of; [*+ place, biens*] to deprive sb of; [*+ charge*] to divest *ou* deprive sb of ◆ **ils se sentaient dépossédés** they felt dispossessed

dépossession /depɔsesjɔ̃/ NF (*de terres*) dispossession; (*d'une place, de biens*) deprivation; (*d'une charge*) divesting ◆ **leur sentiment de dépossession** their feeling of being dispossessed ◆ **dépossession de soi** (*littér*) loss of a sense of self

dépôt /depo/ SYN

NM 1 (= *action de déposer*) [*d'argent, valeurs*] deposit(ing) ◆ **le dépôt des manteaux au vestiaire est obligatoire** coats must be left *ou* deposited in the cloakroom ◆ **le dépôt d'une marque de fabrique** the registration of a trademark ◆ **dépôt de bilan** (voluntary) liquidation ◆ **dépôt légal** (*Jur*) registration of copyright ◆ **en dépôt fiduciaire** (*Fin*) in escrow; → **mandat**

2 (= *garde*) ◆ **avoir qch en dépôt** to hold sth in trust ◆ **confier qch en dépôt à qn** to entrust sth to sb

3 (= *chose confiée*) ◆ **restituer un dépôt** to return what has been entrusted to one ◆ **dépôt sacré** sacred trust ◆ **dépôt (bancaire)** (*Fin*) (bank) deposit ◆ **dépôt à vue** (*Fin*) deposit on current account (*Brit*), checking deposit (*US*) ◆ **dépôt à terme** fixed term deposit; → **banque, compte**

4 (= *garantie*) deposit ◆ **dépôt préalable** advance deposit ◆ **verser un dépôt** to put down *ou* pay a deposit

5 (= *sédiment*) [*de liquide, lie*] sediment, deposit ◆ **dépôt de sable** silt (*NonC*) ◆ **dépôt de tartre** layer of sediment, fur (*Brit*) (*NonC*) ◆ **l'eau a formé un dépôt calcaire dans la bouilloire** the water has formed a layer of sediment on the kettle *ou* has furred up the kettle (*Brit*)

6 (= *entrepôt*) warehouse, store; [*d'autobus*] depot, garage; [*de trains*] depot, shed; (*Mil*) depot

7 (*Comm*) ◆ **il y a un dépôt de pain/de lait à l'épicerie** (= *point de vente*) bread/milk can be bought at the grocer's

8 (= *prison*) jail, prison ◆ **il a passé la nuit au dépôt** he spent the night in the cells *ou* in jail

COMP **dépôt d'essence** petrol (*Brit*) *ou* gasoline (*US*) depot

dépôt de marchandises goods (*Brit*) *ou* freight (*US*) depot *ou* station

dépôt de munitions ammunition *ou* munitions dump

dépôt d'ordures (rubbish) dump *ou* tip (*Brit*), garbage dump (*US*)

dépotage /depɔtaʒ/, **dépotement** /depɔtmɑ̃/ NM [*de plante*] transplanting; [*de liquide*] decanting

dépoter /depɔte/ ► conjug 1 ◄ VT [*+ plante*] to take out of the pot; [*+ liquide*] to decant

dépotoir /depɔtwaʀ/ NM 1 (*lit, fig* = *décharge*) dumping ground, (rubbish) dump *ou* tip (*Brit*), garbage dump (*US*) ◆ **classe dépotoir** class of rejects ◆ **c'est devenu une banlieue dépotoir** it's become a suburban dumping ground

2 (= *usine*) sewage works

dépôt-vente (pl **dépôts-ventes**) /depovɑ̃t/ NM second-hand shop (*Brit*) *ou* store (*US*) (*where items are sold on commission*)

dépouille /depuj/ SYN NF 1 (= *peau*) skin, hide; [*de mue d'insecte*] cast; [*de serpent*] slough

2 (*littér = cadavre*) ◆ **dépouille (mortelle)** (mortal) remains

3 (*littér = butin*) ◆ **dépouilles** plunder, spoils

4 (*Pol US*) ◆ **système des dépouilles** spoils system

dépouillé, e /depuje/ SYN (ptp de **dépouiller**) ADJ [*décor, film, style*] unadorned; [*style*] plain; [*vin*] (= *décanté*) decanted ◆ **dépouillé de** [*poésie*] lacking in; [*ornements*] shorn *ou* stripped of ◆ **des vêtements au style simple, pur et dépouillé** clothes that are simple, classic and unadorned ◆ **une maison élégante, au style dépouillé** an elegant, uncluttered house ◆ **les journaux télévisés sont revenus à un style dépouillé et prudent** the style of television news has reverted to being plain and careful

dépouillement /depujmɑ̃/ SYN NM 1 (= *examen*) [*de comptes, journal, documents, courrier*] going through, perusal (*frm*); [*d'auteur*] going through, studying ◆ **le dépouillement du courrier a pris trois heures** it took three hours to go through the mail ◆ **le dépouillement du scrutin** counting the votes ◆ **lors du dépouillement** when the votes are (*ou* were) being counted, during the count ◆ **pendant le dépouillement des données** while sifting through the data

2 (= *ascèse, pauvreté*) asceticism; (= *sobriété*) spareness, sobriety ◆ **vivre dans le dépouillement** to lead an ascetic life ◆ **un film d'un grand dépouillement** a sober, unadorned film

3 (= *spoliation*) stripping

dépouiller /depuje/ SYN ► conjug 1 ◄

VT 1 (= *examiner en détail*) [*+ comptes, documents, courrier*] to go through, to peruse; [*+ auteur*] to go through, to study (in detail) ◆ **dépouiller un scrutin** to count the votes

2 (= *écorcher*) to skin; (= *écorcer*) to bark, to strip the bark from

3 (= *priver*) ◆ **dépouiller qn de** [*+ vêtements*] to strip sb of; [*+ économies, honneurs*] to strip *ou* divest sb of; [*+ droits*] to strip *ou* deprive sb of ◆ **dépouiller qch de** [*+ ornements*] to strip *ou* divest *ou* denude sth of; [*+ feuilles, fleurs*] to strip *ou* denude sth of ◆ **un livre qui dépouille l'amour de son mystère** a book that strips *ou* divests love of its mystery

4 (*littér = dénuder*) to strip, to denude ◆ **le vent dépouille les arbres** the wind strips *ou* denudes the trees (of their leaves) ◆ **l'hiver dépouille les champs** winter lays the fields bare ◆ **dépouiller un autel** to remove the ornaments from an altar, to strip an altar (of its ornaments) ◆ **dépouiller son style** to strip one's style of all ornament

5 (*littér = spolier*) ◆ **dépouiller un voyageur** to despoil (*littér*) *ou* strip a traveller of his possessions ◆ **dépouiller un héritier** to deprive *ou* divest an heir of his inheritance ◆ **il a dépouillé ses enfants** he's deprived *ou* stripped his children of everything ◆ **ils ont dépouillé le pays** they have plundered the country *ou* laid the country bare

VPR **se dépouiller** 1 (*littér*) ◆ **se dépouiller de** [*+ vêtements*] to shed, to divest o.s. of; [*+ possessions*] to divest *ou* deprive o.s. of; [*+ arrogance*] to cast off *ou* aside, to divest o.s. of; [*arbre*] [*+ feuilles, fleurs*] to shed; [*pré*] [*+ verdure, fleurs*] to become stripped *ou* denuded of ◆ **les arbres se dépouillent (de leurs feuilles)** the trees are shedding their leaves ◆ **la campagne se dépouille (de son feuillage *ou* de sa verdure)** the countryside is losing *ou* shedding its greenery ◆ **son style s'était dépouillé de toute redondance** his style had been stripped *ou* shorn of all unnecessary repetition

2 [*animal qui mue*] to shed its skin

dépourvu, e /depuʀvy/

ADJ ◆ **dépourvu de** without ◆ **être dépourvu de qch** to lack sth ◆ **dépourvu de moyens *ou* de ressources** without means *ou* resources ◆ **les organisations humanitaires sont dépourvues de moyens** the humanitarian organizations lack money ◆ **une présence militaire dépourvue de moyens de dissuasion** a military presence which has no means of deterrence ◆ **cet article est totalement dépourvu d'intérêt** this article is not of the slightest interest ◆ **une réponse dépourvue d'ambiguïté** an unambiguous reply ◆ **dépourvu de tout diplôme, il accomplit une carrière brillante** although he had no qualifications he had a very successful career ◆ **ce n'est pas une question totalement dépourvue de sens** this question is not entirely unreasonable ◆ **des gens dépourvus (de tout)** destitute people

NM ◆ **prendre qn au dépourvu** to catch sb off their guard ◆ **il a été pris au dépourvu par cette question inattendue** he was caught off his guard by this unexpected question

dépoussiérage /depusjeʀaʒ/ NM (*lit*) dusting (*de* of); (*fig*) [*d'administration, parti*] revamping (*de* of)

dépoussiérant /depusjeʀɑ̃/ NM anti-static furniture polish

dépoussiérer /depusjeʀe/ ► conjug 6 ◄ VT (*lit*) to dust; (*fig*) [*+ texte, institution*] to blow *ou* brush away the cobwebs from ◆ **dépoussiérer l'image d'un parti** to revamp a party's image, to get rid of a party's old-fashioned image

dépoussiéreur /depusjeʀœʀ/ NM dust remover

dépravant, e /depʀavɑ̃, ɑ̃t/ ADJ depraving

dépravation /depʀavasjɔ̃/ SYN NF (= *état*) depravity

dépravé, e /depʀave/ SYN (ptp de **dépraver**)

ADJ depraved

NM,F depraved person

dépraver /depʀave/ ► conjug 1 ◄ VT to deprave ◆ **les mœurs se dépravent** morals are becoming depraved

déprécation /depʀekasjɔ̃/ NF supplication

dépréciateur, -trice /depʀesjatœʀ, tʀis/ NM,F disparager

dépréciatif, -ive /depʀesjatif, iv/ ADJ [*propos, jugement*] depreciatory, disparaging; [*mot, sens*] derogatory, disparaging

dépréciation /depresjasjɔ̃/ SYN NF depreciation

déprécier /depresje/ SYN ▸ conjug 7 ◂
- VT (= faire perdre de la valeur à) to depreciate; (= dénigrer) to belittle, to disparage, to depreciate
- VPR **se déprécier** [monnaie, objet] to depreciate; [personne] to belittle o.s., to put o.s. down

déprédateur, -trice /depredatœʀ, tʀis/
- ADJ (= voleur) plundering (épith); (= destructeur) [personne] destructive ◆ **insectes déprédateurs** insect pests
- NM,F (= pilleur) plunderer; (= escroc) embezzler; (= vandale) vandal

déprédation /depredasjɔ̃/ SYN NF ① (gén pl) (= pillage) plundering (NonC), depredation (frm); (= dégâts) damage (NonC), depredation (frm) ◆ **commettre des déprédations** to cause damage
② (Jur = détournement) misappropriation, embezzlement

déprendre (se) /depʀɑ̃dʀ/ ▸ conjug 58 ◂ VPR (littér) ◆ **se déprendre de** [+ personne, chose] to lose one's fondness for; [+ habitude] to lose

dépressif, -ive /depresif, iv/ SYN ADJ, NM,F depressive

dépression /depresjɔ̃/ SYN NF ① ◆ **dépression (de terrain)** depression; (petite) dip
② (Météo) ◆ **dépression (atmosphérique)** (atmospheric) depression, low ◆ **une dépression centrée sur le nord** an area of low pressure in the north
③ (Psych = état) depression ◆ **dépression (nerveuse)** (nervous) breakdown ◆ **il a fait une dépression** he had a (nervous) breakdown ◆ **elle fait de la dépression** she suffers from depression
④ (Écon) ◆ **dépression (économique)** (economic) depression ou slump

dépressionnaire /depresjɔnɛʀ/ ADJ (Météo) ◆ **zone dépressionnaire** area of low pressure

dépressurisation /depresyʀizasjɔ̃/ NF depressurization ◆ **en cas de dépressurisation de la cabine** should the pressure drop in the cabin

dépressuriser /depresyʀize/ ▸ conjug 1 ◂ VT to depressurize

déprimant, e /deprimɑ̃, ɑ̃t/ SYN ADJ (moralement) depressing; (physiquement) debilitating

déprime * /deprim/ NF depression ◆ **faire de la déprime** to be depressed ◆ **c'est la déprime dans les milieux financiers** financial circles are depressed ◆ **période de déprime** low period

déprimé, e /deprime/ SYN (ptp de **déprimer**) ADJ
① [personne] (moralement) depressed, low (attrib)
② [terrain] low-lying

déprimer /deprime/ SYN ▸ conjug 1 ◂
- VT ① (moralement) to depress; (physiquement) to debilitate, to enervate
② (= enfoncer) to depress
- VI * to be depressed, to feel down *

déprise /depʀiz/ NF ◆ **déprise (agricole)** abandonment of farmland

De profundis /depʀɔfɔ̃dis/ NM de profundis

déprogrammation /depʀɔɡʀamasjɔ̃/ NF cancellation

déprogrammer /depʀɔɡʀame/ ▸ conjug 1 ◂ VT (TV) (définitivement) to take off the air; (temporairement) to cancel; [+ magnétoscope] to cancel the programming on; [+ rendez-vous, visite] to cancel

déprotéger /depʀɔteʒe/ ▸ conjug 6 et 3 ◂ VT (Ordin) to unprotect

dépucelage * /depys(ə)laʒ/ NM ◆ **dépucelage d'une fille/d'un garçon** taking of a girl's/boy's virginity

dépuceler * /depys(ə)le/ ▸ conjug 4 ◂ VT to take the virginity of ◆ **se faire dépuceler** to lose one's virginity ou one's cherry * ◆ **c'est lui qui l'a dépucelée** she lost it to him *

◆ ◆ ◆ ◆ ◆ ◆ ◆ ◆ ◆ ◆ ◆ ◆ ◆ ◆ ◆ ◆ ◆

depuis /dəpɥi/

1 - PRÉPOSITION
2 - ADVERBE

◆ ◆ ◆ ◆ ◆ ◆ ◆ ◆ ◆ ◆ ◆ ◆ ◆ ◆ ◆ ◆ ◆

1 - PRÉPOSITION

> Notez l'emploi de **for** lorsque l'on parle d'une durée, et de **since** lorsque l'on parle d'un point de départ dans le temps.

> Pour exprimer une durée, le présent français devient un parfait en anglais, et l'imparfait un pluperfect.

① [DURÉE] for ◆ **il est malade depuis une semaine** he has been ill for a week ◆ **il était malade depuis une semaine** he had been ill for a week ◆ **elle cherche du travail depuis plus d'un mois** she's been looking for a job for over ou more than a month ◆ **il est mort depuis deux ans** he has been dead (for) two years ◆ **il dormait depuis une heure quand le réveil a sonné** he had been sleeping ou asleep for an hour when the alarm went off ◆ **mort depuis longtemps** long since dead ◆ **nous n'avons pas été au théâtre depuis des siècles** we haven't been to the theatre for ou in ages

> Dans les questions, **for** est généralement omis.

◆ **depuis combien de temps travaillez-vous ici ? – depuis cinq ans** how long have you been working here? – five years ◆ **tu le connais depuis longtemps ? – depuis toujours** have you known him long? – I've known him all my life

② [POINT DE DÉPART DANS LE TEMPS] since ◆ **depuis le 3 octobre** since 3 October ◆ **il attend depuis hier/ce matin** he has been waiting since yesterday/this morning ◆ **il attendait depuis lundi** he had been waiting since Monday ◆ **depuis leur dispute ils ne se parlent/parlaient plus** they haven't/hadn't spoken to each other since their quarrel ou since they quarrelled ◆ **je ne l'ai pas vue depuis qu'elle/depuis le jour où elle s'est cassé la jambe** I haven't seen her since she/since the day she broke her leg ◆ **elle joue du violon depuis son plus jeune âge** she has played the violin since early childhood ◆ **depuis quand le connaissez-vous ?** how long have you known him? ◆ **depuis quelle date êtes-vous ici ?** when did you arrive here? ◆ **depuis cela** since then ou that time ◆ **depuis lors** (littér) from that time forward (littér) ◆ **depuis quand es-tu (devenu) expert sur la question ?** since when have you been an expert on the matter? ◆ **depuis le matin jusqu'au soir** from morning till night

◆ **depuis peu** ◆ **depuis peu elle a recommencé à sortir** lately ou recently she has started going out again ◆ **je la connaissais depuis peu quand elle est partie** I hadn't known her long ou I had known her (for) only a short time when she left

◆ **depuis que** since ◆ **depuis qu'il habite ici, il n'a cessé de se plaindre** he hasn't stopped complaining since he moved here ◆ **depuis qu'il est ministre il ne nous parle plus** now that he is ou since he became a minister he doesn't speak to us any more ◆ **depuis qu'il avait appris son succès il désirait la féliciter** he'd been wanting to congratulate her ever since he heard of her success ◆ **depuis que le monde est monde** since the beginning of time, from time immemorial

◆ **depuis le temps que** ◆ **depuis le temps qu'il apprend le français, il devrait pouvoir le parler** considering how long he's been learning French, he ought to be able to speak it ◆ **depuis le temps qu'il est ici, il ne nous a jamais dit un mot** in all the time he has been here he has never said a word to us ◆ **depuis le temps qu'on ne s'était pas vus !** it's ages since we (last) saw each other!, long time no see! * ◆ **depuis le temps que je voulais voir ce film !** I had been wanting to see that film for ages! ou for such a long time! ◆ **depuis le temps que je dis que je vais lui écrire !** I've been saying I'll write to him for ages! ◆ **depuis le temps qu'il essaie !** he has been trying long enough! ◆ **depuis le temps que je te le dis !** I've told you often enough!

③ [LIEU] (= à partir de) from ◆ **le concert est retransmis depuis Paris/nos studios** the concert is broadcast from Paris/our studios ◆ **nous roulons/roulions sous la pluie depuis Londres** it's been raining/it rained all the way from London ◆ **depuis Nice il a fait le plein trois fois** he's filled up three times since Nice

④ [RANG, ORDRE] from ◆ **depuis le simple soldat jusqu'au général** from private (right up) to general ◆ **depuis le premier jusqu'au dernier** from the first to the last ◆ **robes depuis 50 € jusqu'à...** dresses from €50 to..., dresses starting at €50 (and) going up to... ◆ **depuis 5 grammes jusqu'à...** from 5 grammes (up) to... ◆ **ils ont toutes les tailles depuis le 36** they have all sizes from 36 upwards

2 - ADVERBE

since then ◆ **depuis, nous sommes sans nouvelles** we've had no news since then ◆ **nous étions en vacances ensemble, je ne l'ai pas revu depuis** we went on holiday together, but I haven't seen him since then

dépuratif, -ive /depyʀatif, iv/ ADJ, NM depurative

dépurer /depyʀe/ ▸ conjug 1 ◂ VT to purify

députation /depytasjɔ̃/ NF (= envoi, groupe) deputation, delegation; (= mandat de député) post of deputy ◆ **candidat à la députation** parliamentary candidate ◆ **se présenter à la députation** to stand (Brit) ou run (US) for parliament

député, e /depyte/ SYN
- NM,F (au parlement) deputy; (en Grande-Bretagne) Member of Parliament, MP; (aux États-Unis) congressman, congresswoman ◆ **elle a été élue député de Metz** she has been elected (as) deputy ou member for Metz ◆ **député au Parlement européen, député européen** Member of the European Parliament, MEP ◆ **le député-maire de Rouen** the deputy and mayor of Rouen ◆ **député en exercice** present incumbent, sitting member (Brit)
- NM (= envoyé d'un prince) envoy; (= envoyé d'une assemblée) delegate

> ⚠ La traduction de **député** varie en fonction du système politique.

DÉPUTÉ

577 **députés**, elected in the "élections législatives" held every five years, make up the lower house of the French parliament (the "Assemblée nationale"). Each **député** represents a constituency ("circonscription"). Their role is comparable to that of Members of Parliament in Britain and Congressmen and women in the United States. → ASSEMBLÉE NATIONALE, ÉLECTIONS, MAIRE

députer /depyte/ ▸ conjug 1 ◂ VT ◆ **députer qn pour faire/aller** to delegate sb to do/go ◆ **députer qn à ou auprès d'une assemblée/auprès de qn** to send sb (as representative) to an assembly/to sb

déqualification /dekalifikasjɔ̃/ NF deskilling ◆ **la déqualification est de plus en plus courante** more and more people are being given jobs for which they are overqualified ou which don't match their qualifications

déqualifié, e /dekalifje/ (ptp de **déqualifier**) ADJ [personnel, emploi] deskilled

déqualifier /dekalifje/ ▸ conjug 7 ◂ VT [+ personnel, emploi] to deskill

der * /dɛʀ/ NF (abrév de **dernière**) ◆ **dix de der** (Cartes) ten points awarded for the last trick taken in belote ◆ **la der des ders** (gén) the very last one; (= guerre de 1914-1918) the war to end all wars

déracinable /deʀasinabl/ ADJ [préjugé] eradicable ◆ **difficilement déracinable** difficult to eradicate

déraciné, e /deʀasine/ (ptp de **déraciner**)
- ADJ [personne] rootless
- NM,F rootless person ◆ **toute ma vie, je serai un déraciné** I'll always feel rootless

déracinement /deʀasinmɑ̃/ SYN NM [d'arbre, personne] uprooting; [d'erreur, préjugé] eradication ◆ **il a souffert de ce déracinement** he suffered as a result of being uprooted like this

déraciner /deʀasine/ SYN ▸ conjug 1 ◂ VT [+ arbre, personne] to uproot; [+ erreur] to eradicate; [+ préjugé] to root out, to eradicate

déraidir /deʀedir/ ▸ conjug 2 ◂ VT [+ membre] to make less stiff

déraillement /deʀajmɑ̃/ NM derailment

dérailler /deʀaje/ ▸ conjug 1 ◂ VI ① [train] to be derailed, to go off ou leave the rails ◆ **faire dérailler un train** to derail a train ◆ **faire dérailler le processus de paix/les négociations** to derail the peace process/the negotiations
② (= divaguer) to talk nonsense ou twaddle * (Brit); (= mal fonctionner) to be on the blink *, to be up the spout * (Brit) ◆ **tu dérailles !** (= tu es fou) you're nuts!*, you're off your rocker! *; (= tu te trompes) you're talking nonsense! ◆ **son père déraille complètement** (= être gâteux) his father is completely gaga * ou has lost his marbles *

dérailleur /deʀajœʀ/ NM [de bicyclette] derailleur; (sur voie ferrée) derailer, derailing stop

déraison /deʀɛzɔ̃/ SYN NF (littér) insanity

déraisonnable /deʀɛzɔnabl/ SYN ADJ unreasonable

déraisonnablement /deʀɛzɔnabləmɑ̃/ ADV unreasonably

déraisonner /deʀɛzɔne/ SYN ▸ conjug 1 ◂ VI (littér) (= dire des bêtises) to talk nonsense; (= être fou) to rave

dérangé, e /deʀɑ̃ʒe/ SYN (ptp de **déranger**)
ADJ 1 (* = fou) crazy ◆ **il est complètement dérangé** ! he's a real head case! *, he's nuts! * ◆ **il a le cerveau** ou **l'esprit dérangé** he's deranged ou unhinged
2 (= malade) ◆ **il a l'estomac dérangé** he has an upset stomach ou a stomach upset ◆ **il est (un peu) dérangé** (= malade) he has (a bit of) diarrhoea, his bowels are (a bit) loose
3 [coiffure] dishevelled, untidy ◆ **mes papiers étaient tout dérangés** my papers were all in a mess
NM,F * nutcase *

dérangeant, e /deʀɑ̃ʒɑ̃, ɑ̃t/ ADJ disturbing

dérangement /deʀɑ̃ʒmɑ̃/ GRAMMAIRE ACTIVE 27.7 SYN NM 1 (= gêne) trouble ◆ **(toutes) mes excuses pour le dérangement** my apologies for the trouble I'm causing ou for the inconvenience
2 (= déplacement) ◆ **pour vous éviter un autre dérangement** to save you another trip ◆ **voilà 10 € pour votre dérangement** here's €10 for coming ou for taking the trouble to come
3 (= bouleversement) [d'affaires, papiers] disorder (de in) ◆ **en dérangement** [machine, téléphone] out of order

déranger /deʀɑ̃ʒe/ GRAMMAIRE ACTIVE 9.1 SYN ▸ conjug 3 ◂
VT 1 (= gêner, importuner) to trouble, to bother; (= surprendre) [+ animal, cambrioleur] to disturb ◆ **je ne vous dérange pas ?** am I disturbing you?, I hope I'm not disturbing you? ◆ **les cambrioleurs ont été dérangés** the burglars were disturbed ◆ **elle viendra vous voir demain, si cela ne vous dérange pas** she'll come and see you tomorrow, if that's all right by you* ou if that's no trouble to you ◆ **elle ne veut pas déranger le médecin inutilement** she doesn't want to bother the doctor unnecessarily ◆ **ne me dérangez pas toutes les cinq minutes** don't come bothering me every five minutes ◆ **déranger qn dans son sommeil** to disturb sb's sleep ◆ **on le dérange toutes les nuits en ce moment** he is disturbed every night at the moment ◆ **ça vous dérange si je fume ?** do you mind ou will it bother you if I smoke? ◆ **cela vous dérangerait-il de venir ?** would you mind coming? ◆ **alors, ça te dérange ?** * what does it matter to you?, what's it to you? * ◆ « **ne pas déranger** » "do not disturb" ◆ **ses films dérangent** his films are disturbing
2 (= déplacer) [+ papiers] to disturb, to mix ou muddle up; [+ coiffure] to ruffle, to mess up; [+ vêtements] to rumple, to disarrange
3 (= dérégler) [+ projets, routine] to disrupt, to upset; [+ machine] to put out of order ◆ **les essais atomiques ont dérangé le temps** the nuclear tests have unsettled ou upset the weather ◆ **ça lui a dérangé l'esprit** this has unsettled his mind
VPR **se déranger** 1 [médecin, réparateur] to come out
2 (pour une démarche, une visite) to go along, to come along ◆ **sans vous déranger, sur simple appel téléphonique, nous vous renseignons** without leaving your home, you can obtain information simply by telephoning us ◆ **je me suis dérangé pour rien, c'était fermé** it was a waste of time going ou it was a wasted trip ou journey (Brit) – it was closed
3 (= changer de place) to move ◆ **il s'est dérangé pour me laisser passer** he moved ou stepped aside to let me pass
4 (= se gêner) ◆ **surtout, ne vous dérangez pas pour moi** please don't put yourself out ou go to any inconvenience on my account

dérapage /deʀapaʒ/ SYN NM 1 [de véhicule] skid; [de skis] sideslipping; [d'avion] sideslip ◆ **faire un dérapage** to skid ◆ **faire un dérapage contrôlé** to do a controlled skid ◆ **descendre une piste en dérapage** (Ski) to sideslip down a slope
2 (fig) [de prix] unexpected increase; (= maladresse) blunder, faux pas ◆ **dérapages budgétaires** overspending ◆ **le dérapage des dépenses publiques** government overspending ◆ **dérapage verbal** slip, verbal faux pas ◆ **pour éviter tout dérapage inflationniste** to prevent inflation from getting out of control

déraper /deʀape/ SYN ▸ conjug 1 ◂ VI 1 [véhicule] to skid; [piéton, semelles, échelle] to slip; (Ski) to sideslip ◆ **ça dérape** [chaussée] it's slippery
2 [ancre] to drag; [bateau] to trip her anchor
3 (fig) [prix, salaires] to get out of hand, to soar; [conversation] to veer onto slippery ground; [personne] to make a faux pas

dératé, e /deʀate/ NM,F → **courir**

dératisation /deʀatizasjɔ̃/ NF rat extermination

dératiser /deʀatize/ ▸ conjug 1 ◂ VT ◆ **dératiser un lieu** to exterminate the rats in a place, to rid a place of rats

derby /dɛʀbi/ NM (Football, Rugby) derby; (Équitation) Derby; (= chaussure) kind of lace-up shoe, blucher (US)

derche ** /dɛʀʃ/ NM arse ***(Brit), ass ***(US) ◆ **c'est un faux derche** he's a two-faced bastard ***

déréalisation /deʀealizasjɔ̃/ NF (Psych) derealization

déréaliser /deʀealize/ ▸ conjug 1 ◂ VT to derealize

derechef /dəʀəʃɛf/ ADV (†† ou littér) once more, once again

déréférencement /deʀefeʀɑ̃smɑ̃/ NM [de produit] withdrawal from sale

déréférencer /deʀefeʀɑ̃se/ ▸ conjug 3 ◂ VT [+ produit] to withdraw from sale

déréglé, e /deʀegle/ SYN (ptp de **dérégler**) ADJ 1 (= détraqué) [mécanisme] out of order (attrib); [esprit] unsettled; [habitudes, temps] upset, unsettled; [estomac, appétit, pouls] upset ◆ **les élucubrations de son imagination déréglée** the ravings of his wild ou disordered imagination
2 (= corrompu) [vie, mœurs] dissolute

dérèglement /deʀɛgləmɑ̃/ SYN NM [de machine, mécanisme] disturbance; [de pouls, estomac, temps] upset; [d'esprit] unsettling (NonC); [de mœurs] dissoluteness (NonC) ◆ **dérèglements** (littér) (= dépravations) dissoluteness ◆ **dérèglement hormonal** hormone imbalance

déréglementation /deʀɛgləmɑ̃tasjɔ̃/ NF deregulation

déréglementer /deʀɛgləmɑ̃te/ ▸ conjug 1 ◂ VT to deregulate

dérégler /deʀegle/ SYN ▸ conjug 6 ◂
VT 1 (= détraquer) [+ mécanisme, machine] to affect the workings of; [+ esprit] to unsettle; [+ habitudes, temps] to upset, to unsettle; [+ estomac, appétit, pouls] to upset; [+ métabolisme] to disrupt, to upset
2 (= corrompre) [+ vie, mœurs] to make dissolute
VPR **se dérégler** 1 [mécanisme, machine, appareil] to go wrong; [pouls, estomac, temps] to be upset; [esprit] to become unsettled ◆ **cette montre se dérègle tout le temps** this watch keeps going wrong
2 (= se corrompre) [mœurs] to become dissolute

dérégulation /deʀegylasjɔ̃/ NF [de marché, secteur] deregulation ◆ **dérégulation économique/sociale** economic/social deregulation

déréguler /deʀegyle/ ▸ conjug 1 ◂ VT [+ marché, secteur] to deregulate

déréliction /deʀeliksjɔ̃/ NF (Rel, littér) dereliction

déremboursement /deʀɑ̃buʀs(ə)mɑ̃/ NM (Admin) ◆ **le déremboursement des médicaments** cutting back on the reimbursement of medicines by the French Social Security system ◆ **le gouvernement a annoncé des mesures de déremboursement** the government have announced measures to cut back on the reimbursement of medicines

dérembourser /deʀɑ̃buʀse/ ▸ conjug 1 ◂ VT [+ médicament] to stop reimbursing the cost of

déresponsabilisation /deʀɛspɔ̃sabilizasjɔ̃/ NF taking away responsibility from

déresponsabiliser /deʀɛspɔ̃sabilize/ ▸ conjug 1 ◂ VT ◆ **déresponsabiliser qn** to take away sb's sense of responsibility ◆ **il est essentiel de ne pas les déresponsabiliser** it's essential not to take away their sense of responsibility ◆ **l'interventionnisme systématique et déresponsabilisant des pouvoirs publics** the authorities' constant interference, which destroys a sense of individual responsibility ◆ **les employés déresponsabilisés deviennent moins productifs** employees become less productive when they have less of a feeling of responsibility

déridage /deʀidaʒ/ NM face-lift

dérider /deʀide/ SYN ▸ conjug 1 ◂
VT [+ personne] to brighten up; [+ front] to uncrease
VPR **se dérider** [personne] to cheer up; [front] to uncrease

dérision /deʀizjɔ̃/ SYN NF derision, mockery ◆ **par dérision** derisively, mockingly ◆ **de dérision** [parole, sourire] of derision, derisive ◆ **esprit de dérision** sense of mockery ou ridicule ◆ **tourner en dérision** (= ridiculiser) to ridicule; (= minimiser) to make a mockery of

dérisoire /deʀizwaʀ/ SYN ADJ (gén) derisory, pathetic, laughable ◆ **pour une somme dérisoire** for a derisory sum

dérisoirement /deʀizwaʀmɑ̃/ ADV pathetically

dérivable /deʀivabl/ ADJ (Math) derivable

dérivant /deʀivɑ̃/ ADJ M ◆ **filet dérivant** drift net

dérivatif, -ive /deʀivatif, iv/ SYN
ADJ derivative
NM distraction ◆ **dans son travail il cherche un dérivatif à sa douleur** he throws himself into his work to try and take his mind off his grief

dérivation /deʀivasjɔ̃/ SYN NF 1 [de rivière] diversion; [de circulation routière] diversion (Brit), detour (US); → **canal**
2 (Ling, Math) derivation ◆ **dérivation régressive** back formation
3 (Élec) shunt
4 [d'avion, bateau] drift, deviation

dérive /deʀiv/ SYN NF 1 (= déviation) drift, leeway; (= errance) drift ◆ **dérive sur bâbord** drift to port ◆ **navire en dérive** ship adrift ◆ **dérive des continents** continental drift ◆ **dérive nord-atlantique** North Atlantic Drift
◆ **à la dérive** adrift ◆ **être à la dérive** [personne] to be adrift, to be drifting ◆ **tout va à la dérive** everything is going to the dogs ou is going downhill ◆ **partir à la dérive** to go drifting off
2 (= dispositif) [d'avion] fin, vertical stabilizer (US); [de bateau] centre-board (Brit), centerboard (US)
3 (= abus) excess, abuse; (= évolution) drift ◆ **dérive droitière/totalitaire** drift towards the right/towards totalitarianism

dérivé, e /deʀive/ (ptp de **dériver**)
ADJ (gén, Chim, Math) derived
NM (Chim, Ling, Math) derivative; (= produit) by-product
NF **dérivée** (Math) derivative

dériver /deʀive/ SYN ▸ conjug 1 ◂
VT 1 [+ rivière, circulation] to divert
2 (Chim, Ling, Math) to derive
3 (Élec) to shunt
4 (Tech = dériveter) to unrivet
VT INDIR **dériver de** to derive ou stem from; (Ling) to derive from, to be derived from, to be a derivative of
VI [avion, bateau] to drift; [orateur] to wander ou drift (away) from the subject; [marginal] to be adrift, to be drifting ◆ **la conversation a dérivé sur...** the conversation drifted onto...

dériveur /deʀivœʀ/ NM (= voile) storm sail; (= bateau) sailing dinghy (with centre-board)

dermabrasion /dɛʀmabʀazjɔ̃/ NF dermabrasion

dermatite /dɛʀmatit/ NF dermatitis

dermato * /dɛʀmato/
NF abrév de **dermatologie**
NMF abrév de **dermatologiste** ou **dermatologue**

dermatoglyphes /dɛʀmatoglif/ NMPL dermatoglyphics

dermatologie /dɛʀmatɔlɔʒi/ NF dermatology

dermatologique /dɛʀmatɔlɔʒik/ ADJ dermatological

dermatologue /dɛʀmatɔlɔg/, **dermatologiste** /dɛʀmatɔlɔʒist/ NMF dermatologist, skin specialist

dermatose /dɛʀmatoz/ NF dermatosis

derme /dɛʀm/ NM dermis

dermeste /dɛʀmɛst/ NM dermestid

dermique /dɛʀmik/ ADJ dermic, dermal

dermite /dɛʀmit/ NF dermatitis

dermographisme /dɛʀmɔgʀafism/ NM dermographia, dermographism

dermopharmacie /dɛʀmofaʀmasi/ NF skincare products (sold in pharmacies)

dernier, -ière /dɛʀnje, jɛʀ/ SYN
ADJ 1 (dans le temps) last ◆ **arriver dernier** to come in last ◆ **arriver bon dernier** to come in a

long way behind the others ◆ **durant les derniers jours du mois** in the last few days of the month ◆ **l'artiste, dans ses dernières œuvres...** the artist, in his final *ou* last works... ◆ **les dernières années de sa vie** the last few years of his life ◆ **après un dernier regard/effort** after one last *ou* final look/effort ◆ **on prend un dernier verre ?** one last drink?, one for the road?

2 *(dans l'espace) [étage]* top *(épith)*; *[rang]* back *(épith)*; *[branche]* upper *(épith)*, highest ◆ **la dernière marche de l'escalier** *(en bas)* the bottom step; *(en haut)* the top step ◆ **le dernier mouchoir de la pile** *(dessus)* the top handkerchief in the pile; *(dessous)* the bottom handkerchief in the pile ◆ **en dernière page** *(Presse)* on the back page ◆ **les 100 dernières pages** the last 100 pages; → **jugement, premier**

3 *(dans une hiérarchie, un ordre) [élève]* bottom, last ◆ **être reçu dernier** to come last *ou* bottom *(à* in) ◆ **il est toujours dernier (en classe)** he's always bottom (of the class), he's always last (in the class) ◆ **c'est bien la dernière personne à qui je demanderais !** he's the last person I'd ask!

4 *(= le plus récent) (gén avant n)* last, latest ◆ **son dernier roman** his latest *ou* last novel ◆ **ces derniers mois/jours** (during) the last *ou* past couple of *ou* few months/days ◆ **ces derniers incidents/événements** these latest *ou* most recent incidents/events; → **temps**[1]

5 *(= précédent)* last, previous ◆ **les derniers propriétaires sont partis à l'étranger** the last *ou* previous owners went abroad ◆ **le dernier détenteur du record était américain** the last *ou* previous record holder was American ◆ **l'an/le mois dernier** last year/month ◆ **samedi dernier** last Saturday

6 *(= extrême)* ◆ **il a protesté avec la dernière énergie** he protested most vigorously *ou* with the utmost vigour ◆ **examiner qch dans les derniers détails** to study sth in the most minute *ou* in the minutest detail ◆ **c'est du dernier ridicule** it's utterly ridiculous, it's ridiculous in the extreme ◆ **c'est du dernier chic** it's the last word in elegance ◆ **c'est de la dernière importance** it is of the utmost importance ◆ **il est du dernier bien avec le patron** he's on the best of terms with his boss

7 *(= pire) [qualité]* lowest, poorest ◆ **c'était la dernière chose à faire !** that was the last thing to do!

8 *(= meilleur) [échelon, grade]* top, highest

9 *(évoquant la mort)* last ◆ **ses derniers moments** *ou* **instants** his last *ou* dying moments ◆ **jusqu'à mon dernier jour** until the day I die, until my dying day ◆ **je croyais que ma dernière heure était venue** I thought my last *ou* final hour had come ◆ **à sa dernière heure** on his deathbed ◆ **dans les derniers temps il ne s'alimentait plus** towards the end he stopped eating ◆ **rendre les derniers devoirs** *(littér, frm)* to pay one's last respects *(à* to) ◆ **accompagner qn à sa dernière demeure** to accompany sb to his final resting place ◆ **les dernières dispositions du défunt** the deceased's last will and testament; → **soupir**

NM,F 1 *(dans le temps)* last (one) ◆ **parler/sortir le dernier** to speak/leave last ◆ **les derniers arrivés n'auront rien** the last ones to arrive *ou* the last arrivals will get nothing ◆ **dernier entré, premier sorti** last in, first out ◆ **tu seras servi le dernier** you'll be served last, you'll be the last to get served ◆ **elle a tendance à gâter son (petit) dernier** she's inclined to spoil her youngest (child)

2 *(dans une hiérarchie, un ordre)* ◆ **il est le dernier de sa classe/de la liste** he's (at the) bottom of the class/list ◆ **il a été reçu dans les derniers** he was nearly bottom among those who passed the exam ◆ **ils ont été tués jusqu'au dernier** they were all killed (right down) to the last man, every single one of them was killed ◆ **c'est la dernière à qui vous puissiez demander un service** she's the last person you can ask a favour of ◆ **il est le dernier à pouvoir** *ou* **qui puisse faire cela** he's the last person to be able to do that ◆ **« Le Dernier des Mohicans »** *(Littérat)* "The Last of the Mohicans"

◆ **ce dernier, cette dernière** the latter ◆ **enseignants et chercheurs étaient présents ; ces derniers...** there were teachers and researchers there; the latter... ◆ **Luc, Marc et Jean étaient là et ce dernier a dit que...** Luc, Marc and Jean were there, and Jean said that... ◆ **Paul, Pierre et Maud sont venus ; cette dernière...** Paul, Pierre and Maud came; she...; → **souci**[2]

3 *(péj : intensif)* ◆ **le dernier des imbéciles** an absolute imbecile, a complete and utter fool ◆ **le dernier des filous** an out-and-out scoundrel ◆ **c'est le dernier des derniers !** he's the lowest of the low!

NM *(= étage)* top floor *ou* storey *(Brit) ou* story *(US)*

◆ **en dernier** last ◆ **j'ai été servi en dernier** I was served last, I was the last to be served

NF dernière 1 *(Théât)* last performance

2 *(* = nouvelle)* ◆ **vous connaissez la dernière ?** have you heard the latest?

dernièrement /dɛʀnjɛʀmɑ̃/ **ADV** *(= il y a peu de temps)* recently; *(= ces derniers temps)* lately, recently, of late

dernier-né, dernière-née (mpl **derniers-nés**) /dɛʀnjene, dɛʀnjɛʀne/ **NM,F** *(= enfant)* last-born, youngest child; *(= œuvre)* latest *ou* most recent creation ◆ **le dernier-né de leurs logiciels** the latest in their line of software

dérobade /deʀɔbad/ SYN **NF** evasion; *(Équitation)* refusal ◆ **dérobade fiscale** tax evasion

dérobé, e /deʀɔbe/ (ptp de **dérober**)

ADJ *[escalier, porte]* secret, hidden

LOC ADV à la dérobée SYN secretly, surreptitiously ◆ **regarder qn à la dérobée** to give sb a surreptitious *ou* stealthy glance

dérober /deʀɔbe/ SYN ▸ conjug 1 ◂

VT 1 *(= voler)* to steal ◆ **dérober qch à qn** to steal sth from sb ◆ **dérober un baiser (à qn)** to steal a kiss (from sb)

2 *(= cacher)* ◆ **dérober qch à qn** to hide *ou* conceal sth from sb ◆ **une haie dérobait la palissade aux regards** a hedge hid *ou* screened the fence from sight, a hedge concealed the fence ◆ **dérober qn à la justice/au danger/à la mort** to shield sb from justice/danger/death

3 *(littér = détourner) [+ regard, front]* to turn away

VPR se dérober 1 *(= refuser d'assumer)* to shy away ◆ **se dérober à son devoir/à ses obligations** to shy away from *ou* shirk one's duty/obligations ◆ **se dérober à une discussion** to shy away from a discussion ◆ **je lui ai posé la question mais il s'est dérobé** I put the question to him but he evaded *ou* side-stepped it

2 *(= se cacher de)* to hide, to conceal o.s. ◆ **se dérober aux regards** to hide from view ◆ **se dérober à la justice** to hide from justice ◆ **pour se dérober à la curiosité dont il était l'objet** in order to escape the curiosity surrounding him

3 *(= se libérer)* to slip away ◆ **se dérober à l'étreinte de qn** to slip out of sb's arms ◆ **il voulut la prendre dans ses bras mais elle se déroba** he tried to take her in his arms but she shrank *ou* slipped away

4 *(= s'effondrer) [sol]* to give way ◆ **ses genoux se dérobèrent (sous lui)** his knees gave way (beneath him)

5 *(Équitation)* to refuse

dérochage /deʀɔʃaʒ/ **NM** *[de métal]* pickling

dérocher /deʀɔʃe/ ▸ conjug 1 ◂

VI se dérocher VPR *[alpiniste]* to fall off (a rock face)

VT *[+ métal]* to pickle; *[+ terrain]* to clear of rocks

dérogation /deʀɔgasjɔ̃/ SYN **NF** (special) dispensation ◆ **ceci constitue une dérogation par rapport à la loi** this constitutes a departure from the law ◆ **aucune dérogation ne sera permise** no exemption will be granted, no special dispensation will be allowed ◆ **il a obtenu ceci par dérogation** he obtained this by special dispensation

dérogatoire /deʀɔgatwaʀ/ **ADJ** dispensatory, exceptional ◆ **appliquer un régime dérogatoire à** to apply exceptional arrangements to *ou* in respect of ◆ **à titre dérogatoire** by special dispensation

déroger /deʀɔʒe/ ▸ conjug 3 ◂ **VI** 1 ◆ **déroger à qch** *(= enfreindre)* to go against sth, to depart from sth ◆ **déroger aux règles** to depart from the rules ◆ **ce serait déroger à la règle établie** that would go against the established order *ou* procedure

2 *(= déchoir) (gén)* to lower o.s., to demean o.s.; *(Hist)* to lose rank and title

dérouillée* /deʀuje/ **NF** thrashing, belting* ◆ **recevoir une dérouillée** *(coups)* to get a thrashing *ou* belting*; *(défaite)* to get a thrashing* *ou* hammering*

dérouiller /deʀuje/ ▸ conjug 1 ◂

VT 1 *[+ métal]* to remove the rust from; *[+ mémoire]* to refresh ◆ **je vais me dérouiller les jambes** I'm going to stretch my legs

2 *(* = battre)* to give a thrashing *ou* belting* to, to thrash

VI *(* = souffrir)* to have a hard time of it, to go through it* *(surtout Brit)*; *(= se faire battre)* to catch it*, to cop it* *(Brit)* ◆ **j'ai une rage de dents, qu'est-ce que je dérouille !** I've got toothache, it's agony!* *ou* it's driving me mad! *ou* it's killing me!*

déroulant /deʀulɑ̃/ **ADJ M** ◆ **menu déroulant** pull-down menu

déroulement /deʀulmɑ̃/ SYN **NM** 1 *(= fait de se passer)* ◆ **déroulement de carrière** career development ◆ **rappelez-moi le déroulement des événements** go over the sequence of events for me again ◆ **pendant le déroulement des opérations** during the course of (the) operations, while the operations were in progress ◆ **pendant le déroulement du film** while the film was on, during the film ◆ **rien n'est venu troubler le déroulement de la manifestation** the demonstration went off *ou* passed off without incident, nothing happened to disturb the course of the demonstration ◆ **veiller au bon déroulement des élections** to make sure the elections go smoothly

2 *[de fil, bobine, film, bande magnétique]* unwinding; *[de cordage]* uncoiling; *[de carte]* unrolling

dérouler /deʀule/ SYN ▸ conjug 1 ◂

VT 1 *[+ fil, bobine, pellicule, ruban]* to unwind; *[+ cordage]* to uncoil; *[+ carte, parchemin]* to unroll; *[+ tapis]* to roll out; *[+ store]* to roll down ◆ **dérouler le tapis rouge à qn** to roll out the red carpet for sb ◆ **la rivière déroule ses méandres** the river snakes *ou* winds along its tortuous course

2 *(Tech) [+ tronc d'arbre]* to peel a veneer from

3 *(= passer en revue)* ◆ **il déroula dans son esprit les événements de la veille** in his mind he went over *ou* through the events of the previous day

VPR se dérouler 1 *(= avoir lieu) (comme prévu)* to take place; *(accidentellement)* to happen, to occur ◆ **la ville où la cérémonie s'est déroulée** the town where the ceremony took place

2 *(= progresser) [histoire]* to unfold, to develop ◆ **à mesure que l'histoire se déroulait** as the story unfolded *ou* developed

3 *(= se passer)* to go (off) ◆ **la manifestation s'est déroulée dans le calme** the demonstration went off peacefully ◆ **comment s'est déroulé le match ?** how did the match go? ◆ **ça s'est bien déroulé** it went well ◆ **son existence se déroulait, calme et morne** his life went on *ou* pursued its course, dreary and uneventful ◆ **c'est là que toute ma vie s'est déroulée** that was where I spent my whole life

4 *[fil, bobine, pellicule, ruban]* to unwind, to come unwound; *[bande magnétique]* to unwind; *[cordage]* to unreel, to uncoil; *[carte, drapeau, parchemin]* to unroll, to come unrolled; *[tapis]* to unroll; *[store]* to roll down ◆ **le paysage se déroulait devant nos yeux** the landscape unfolded before our eyes

dérouleur /deʀulœʀ/ **NM** *[de papier]* holder; *[de papier absorbant]* dispenser

dérouleuse /deʀuløz/ **NF** *(pour bois)* unwinding machine; *(pour câbles)* cable drum

déroutage /deʀutaʒ/ **NM** ⇒ **déroutement**

déroutant, e /deʀutɑ̃, ɑt/ SYN **ADJ** disconcerting

déroute /deʀut/ SYN **NF** *[d'armée, équipe]* rout; *[de régime, entreprise]* collapse ◆ **armée en déroute** routed army ◆ **mettre en déroute** *[+ armée]* to rout, to put to rout *ou* flight; *[+ adversaire]* to rout

déroutement /deʀutmɑ̃/ **NM** *[d'avion, bateau]* rerouting, diversion

dérouter /deʀute/ SYN ▸ conjug 1 ◂ **VT** *[+ avion, navire]* to reroute, to divert; *[+ candidat, orateur]* to disconcert, to throw*; *[+ poursuivants, police]* to throw *ou* put off the scent

derrick /deʀik/ **NM** derrick

derrière /dɛʀjɛʀ/ SYN

PRÉP 1 *(= à l'arrière de, à la suite de)* behind ◆ **il se cache derrière le fauteuil** he's hiding behind the armchair ◆ **il avait les mains derrière le dos** he had his hands behind his back ◆ **sors de derrière le lit** come out from behind the bed ◆ **passe (par) derrière la maison** go round the back of *ou* round behind the house ◆ **marcher l'un derrière l'autre** to walk one behind the other ◆ **il a laissé les autres loin derrière lui** *(lit, fig)* he left the others far *ou* a long way behind (him) ◆ **disparaître derrière une colline** to disappear behind a hill

2 *(fig)* behind ◆ **il faut chercher derrière les apparences** you must look beneath (outward) appearances ◆ **derrière sa générosité se cache l'intérêt le plus sordide** behind his generosity lurks *ou* his generosity hides the most sordid self-interest ◆ **faire qch derrière (le dos de) qn** to do sth behind sb's back ◆ **dire du mal derrière (le dos de) qn** to say (unkind) things behind sb's back ◆ **il a laissé trois enfants derrière lui** he left three children ◆ **le président avait tout le pays derrière lui** the president had the whole country behind him *ou* had the backing of the whole country ◆ **ayez confiance, je suis derrière vous** take heart, I'll support you *ou* back you up *ou* I'm on your side ◆ **il laisse tout le monde derrière (lui) pour le talent/le courage** his talent/courage puts everyone else in the shade ◆ **il laisse tout le monde derrière en chimie** he's head and shoulders above *ou* miles ahead of the others in chemistry ◆ **il faut toujours être derrière lui** *ou* **son dos** you've always got to keep an eye on him ◆ **un vin de derrière les fagots** * an extra-special (little) wine ◆ **une bouteille de derrière les fagots** * a bottle of the best; → **idée**

3 *(Naut) (dans le bateau)* aft, abaft; *(sur la mer)* astern of

ADV 1 *(= en arrière)* behind ◆ **vous êtes juste derrière** you're just *ou* right behind (it *ou* us *etc*) ◆ **on l'a laissé (loin) derrière** we (have) left him (far *ou* a long way) behind ◆ **il est assis trois rangs derrière** he's sitting three rows back *ou* three rows behind (us *ou* them *etc*) ◆ **il a pris des places derrière** he has got seats at the back ◆ **il a préféré monter derrière** *(en voiture)* he preferred to sit in the back ◆ **chemisier qui se boutonne derrière** blouse which buttons up *ou* does up at the back ◆ **passe le plateau derrière** pass the tray back ◆ **regarde derrière, on nous suit** look behind (you) *ou* look back - we're being followed ◆ **il est derrière** he's behind (us *ou* them *etc*) ◆ **regarde derrière** *(au fond de la voiture)* look in the back; *(derrière un objet)* look behind (it) ◆ **arrêtez de pousser, derrière !** stop pushing back there! ◆ **tu peux être sûr qu'il y a quelqu'un derrière** *(fig)* you can be sure that there's somebody behind it (all)

2 *(Naut) (dans le bateau)* aft, abaft; *(sur la mer)* astern

LOC ADV **par-derrière** ◆ **c'est fermé, entre** *ou* **passe par-derrière** it's locked, go in by the back *ou* go in the back way ◆ **attaquer par-derrière** *[+ ennemi]* to attack from behind *ou* from the rear; *[+ adversaire]* to attack from behind ◆ **dire du mal de qn par-derrière** to say (unkind) things behind sb's back ◆ **il fait tout par-derrière** he does everything behind people's backs *ou* in an underhand way

NM 1 *[de personne]* bottom, behind *; *[d'animal]* hindquarters, rump ◆ **donner un coup de pied au derrière** *ou* **dans le derrière de qn** to give sb a kick in the behind * *ou* up the backside * *ou* in the pants * ◆ **quand j'ai eu 20 ans mon père m'a chassé à coups de pied dans le derrière** when I was 20 my father sent me packing *ou* kicked me out *; → **botter**

2 *[d'objet]* back; *[de maison]* back, rear ◆ **le derrière de la tête** the back of the head ◆ **habiter sur le derrière** to live at the back (of the house) ◆ **roue de derrière** back *ou* rear wheel ◆ **porte de derrière** *[de maison]* back door; *[de véhicule]* back *ou* rear door; → **patte**[1]

NMPL **derrières** † *[d'édifice]* back, rear; *[d'armée]* rear

déruralisation /deʀyʀalizasjɔ̃/ **NF** rural depopulation

derviche /dɛʀviʃ/ **NM** dervish ◆ **derviche tourneur** whirling dervish

des /de/ → **de**[1], **de**[2]

dès /dɛ/ **PRÉP** 1 *(dans le temps)* from ◆ **dimanche il a commencé à pleuvoir dès le matin** on Sunday it rained from the morning onwards *ou* it started raining in the morning ◆ **dès le 15 août nous ne travaillerons plus qu'à mi-temps** (as) from 15 August we will only be working part-time ◆ **dès le début** from the (very) start *ou* beginning, right from the start *ou* beginning ◆ **dès son retour il fera le nécessaire** as soon as he's back *ou* immediately upon his return he'll do what's necessary ◆ **dès son retour il commença à se plaindre** as soon as he was back *ou* from the moment he was back he started complaining ◆ **il se précipita vers la sortie dès la fin du spectacle** as soon as *ou* immediately the performance was over he rushed towards the exit ◆ **dès l'époque romaine on connaissait le chauffage central** as early as *ou* as far back as Roman times people used central heating ◆ **dès son enfance il a collectionné les papillons** he has collected butterflies from (his) childhood *ou* ever since he was a child ◆ **on peut dire dès maintenant** *ou* **à présent** it can be said here and now ◆ **dès l'abord/ce moment** from the very beginning *ou* the outset/that moment

2 *(dans l'espace)* ◆ **dès Lyon il se mit à pleuvoir** we ran into rain *ou* it started to rain as *ou* when we got to Lyon ◆ **dès Lyon il a plu sans arrêt** it never stopped raining from Lyon onwards *ou* after Lyon ◆ **dès l'entrée vous êtes accueillis par des slogans publicitaires** advertising slogans hit you as soon as *ou* immediately you walk in the door ◆ **dès le seuil je sentis qu'il se passait quelque chose** as I walked in at the door I sensed that something was going on

3 *(dans une gradation)* ◆ **dès sa première année il brilla en anglais** he was good at English right from the first year ◆ **dès le premier verre il roula sous la table** after the (very) first glass he collapsed under the table ◆ **dès la troisième chanson elle se mit à pleurer** at the third song she started to cry

♦ **dès que** as soon as, immediately ◆ **dès qu'il aura fini il viendra** as soon as *ou* immediately he's finished he'll come

♦ **dès lors** *(= depuis lors)* from that moment *ou* time on, from then on; *(= conséquemment)* that being the case, consequently ◆ **dès lors il ne fuma plus** from that time on he never smoked again ◆ **dès lors il décida de ne plus fumer** at that moment he decided he wouldn't smoke any more ◆ **vous ne pouvez rien prouver contre lui, dès lors vous devez le relâcher** you can prove nothing against him and that being the case *ou* and so you'll have to release him

♦ **dès lors que** *(temporel)* as soon as; *(= si)* if; *(= puisque)* since, as ◆ **dès lors que vous décidez de partir, nous ne pouvons plus rien pour vous** if you choose to go, we can do nothing more for you ◆ **dès lors qu'il a choisi de démissionner, il n'a plus droit à rien** since *ou* as he has decided to hand in his notice he is no longer entitled to anything ◆ **peu m'importe, dès lors qu'ils sont heureux** I don't mind so long as they are happy

désabonnement /dezabɔnmɑ̃/ **NM** non-renewal *ou* cancellation of one's subscription

désabonner /dezabɔne/ ▸ conjug 1 ◂

VT ◆ **désabonner qn d'un journal** to cancel sb's subscription to a newspaper

VPR **se désabonner** to cancel one's subscription, not to renew one's subscription

désabusé, e /dezabyze/ SYN (ptp de **désabuser**) **ADJ** *[personne, air]* disenchanted, disillusioned; († *= détrompé*) disabused, undeceived *(frm)* ◆ **geste désabusé** gesture of disillusion ◆ « **non** » **dit-il d'un ton désabusé** "no" he said in a disillusioned voice

désabusement /dezabyzmɑ̃/ SYN **NM** disillusionment

désabuser /dezabyze/ ▸ conjug 1 ◂ **VT** to disabuse *(de* of), to undeceive *(frm) (de* of)

désacclimater /dezaklimate/ ▸ conjug 1 ◂ **VT** to disacclimatize

désaccord /dezakɔʀ/ SYN **NM** 1 *(= mésentente)* discord ◆ **nous sommes en désaccord** we disagree ◆ **être en désaccord avec sa famille/son temps** to be at odds *ou* at variance with one's family/time

2 *(= divergence) (entre personnes, points de vue)* disagreement; *(entre idées, intérêts)* conflict, clash ◆ **le désaccord qui subsiste entre leurs intérêts** their unresolved conflict *ou* clash of interests ◆ **leurs intérêts sont en désaccord avec les nôtres** their interests conflict *ou* clash with ours

3 *(= contradiction)* discrepancy ◆ **désaccord entre la théorie et la réalité** discrepancy between theory and reality ◆ **les deux versions de l'accident sont en désaccord sur bien des points** the two versions of the accident conflict *ou* diverge on many points ◆ **ce qu'il dit est en désaccord avec ce qu'il fait** he says one thing and does another, there is a discrepancy between what he says and what he does

désaccordé, e /dezakɔʀde/ (ptp de **désaccorder**) **ADJ** *[piano]* out of tune

désaccorder /dezakɔʀde/ ▸ conjug 1 ◂

VT *[+ piano]* to put out of tune

VPR **se désaccorder** to go out of tune

désaccoupler /dezakuple/ ▸ conjug 1 ◂ **VT** *[+ wagons, chiens]* to uncouple; *(Élec)* to disconnect

désaccoutumance /dezakutymɑ̃s/ **NF** ◆ **désaccoutumance de qch** losing the habit of (doing) sth ◆ **méthode utilisée dans les cures de désaccoutumance du tabac** method used in breaking nicotine dependency *ou* to wean smokers off nicotine

désaccoutumer /dezakutyme/ ▸ conjug 1 ◂

VT ◆ **désaccoutumer qn de qch/de faire** to get sb out of the habit of sth/of doing

VPR **se désaccoutumer** ◆ **se désaccoutumer de qch/de faire** to lose the habit of sth/of doing

désacralisation /desakʀalizasjɔ̃/ **NF** ◆ **la désacralisation de la fonction présidentielle** the removal of the mystique surrounding the presidency

désacraliser /desakʀalize/ ▸ conjug 1 ◂ **VT** *[+ institution, profession]* to take away the sacred aura of ◆ **la médecine se trouve désacralisée** medicine has lost its mystique ◆ **il désacralise tout** he debunks everything, nothing escapes his cynicism

désactivation /dezaktivasjɔ̃/ **NF** deactivation

désactiver /dezaktive/ ▸ conjug 1 ◂ **VT** *(= neutraliser) [+ engin explosif]* to deactivate; *[+ réseau d'espionnage]* to break up; *(Chim)* to deactivate; *(Phys Nucl)* to decontaminate; *(Ordin)* to disable

désadapté, e /dezadapte/ ▸ conjug 1 ◂ **ADJ** ◆ **personne désadaptée** misfit ◆ **le système judiciaire est désadapté par rapport à son époque** the legal system has not moved with the times

désaffectation /dezafɛktasjɔ̃/ **NF** *[de lieu]* closing down; *[de somme d'argent]* withdrawal

désaffecté, e /dezafɛkte/ SYN (ptp de **désaffecter**) **ADJ** *[usine, gare]* disused; *[église]* deconsecrated

désaffecter /dezafɛkte/ ▸ conjug 1 ◂ **VT** *[+ lieu]* to close down; *[+ somme d'argent]* to withdraw ◆ **l'école a été désaffectée pour en faire une prison** the school was closed down and converted into a prison

désaffection /dezafɛksjɔ̃/ SYN **NF** *(gén)* loss of interest *(pour* in); *(Pol)* disaffection *(pour* with)

désaffectionner (se) † /dezafɛksjɔne/ ▸ conjug 1 ◂ **VPR** ◆ **se désaffectionner de** to lose one's affection *ou* fondness for

désagrafer /dezagʀafe/ ▸ conjug 1 ◂ **VT** ⇒ **dégrafer**

désagréable /dezagʀeabl/ SYN **ADJ** unpleasant ◆ **ce n'est pas désagréable** it's quite pleasant, it's not unpleasant

désagréablement /dezagʀeabləmɑ̃/ **ADV** unpleasantly

désagrégation /dezagʀegasjɔ̃/ **NF** *[de roche]* crumbling; *[de État]* breakup; *(Psych)* disintegration (of the personality)

désagréger /dezagʀeʒe/ SYN ▸ conjug 3 *et* 6 ◂

VT *[+ roches]* to crumble ◆ **pour désagréger la cellulite** to break down cellulite ◆ **ça a désagrégé leur couple** it was the end of *ou* it broke up their relationship

VPR **se désagréger** 1 *[cachet, sucre]* to break up, to disintegrate; *[roche]* to crumble

2 *[amitié, État]* to break up; *[couple]* to break *ou* split up

désagrément /dezagʀemɑ̃/ SYN **NM** 1 *(gén pl = inconvénient, déboire)* annoyance, inconvenience, trouble *(NonC)* ◆ **malgré tous les désagréments que cela entraîne** despite all the annoyances *ou* trouble it involves ◆ **c'est un des désagréments de ce genre de métier** it's one of the inconveniences of *ou* it's part of the trouble with this kind of job ◆ **cette voiture m'a valu bien des désagréments** this car has given me a great deal of trouble ◆ « **la direction vous prie d'excuser les désagréments causés par les travaux** » "the management apologizes for any inconvenience caused to customers during renovations"

2 *(frm = déplaisir)* displeasure ◆ **causer du désagrément à qn** to cause sb displeasure

désaimantation /dezɛmɑ̃tasjɔ̃/ **NF** demagnetization

désaimanter /dezɛmɑ̃te/ ▸ conjug 1 ◂ **VT** to demagnetize

désaisonnaliser /desɛzɔnalize/ ▸ conjug 1 ◂ **VT** to make seasonal adjustments to ◆ **le chiffre du chômage, en données désaisonnalisées** the seasonally adjusted unemployment figure

désalpe /dezalp/ NF (Helv) process of bringing cattle down from the high alps for winter

désalper /dezalpe/ ▸ conjug 1 ◂ VI (Helv) to bring cattle down from the high mountain pastures

désaltérant, e /dezalterɑ̃, ɑ̃t/ ADJ thirst-quenching

désaltérer /dezaltere/ ▸ conjug 6 ◂
▸ VT to quench the thirst of ◆ **le vin ne désaltère pas** wine does not quench your thirst ou stop you feeling thirsty
▸ VPR **se désaltérer** SYN to quench one's thirst

désambiguïsation /dezɑ̃biɡɥizasjɔ̃/ NF disambiguation

désambiguïser /dezɑ̃biɡɥize/ ▸ conjug 1 ◂ VT to disambiguate

désamiantage /dezamjɑ̃taʒ/ NM removal of asbestos ◆ **le désamiantage du bâtiment a pris 3 mois** it took 3 months to remove the asbestos from the building

désamianter /dezamjɑ̃te/ ▸ conjug 1 ◂ VT [+ bâtiment] to remove asbestos from

désaminase /dezaminaz/ NF deaminase

désaminer /dezamine/ ▸ conjug 1 ◂ VT (Chim) to deaminate

désamorçage /dezamɔrsaʒ/ NM [1] [de fusée, pistolet] removal of the primer (de from); [de bombe, situation, conflit] defusing
[2] [de dynamo] failure

désamorcer /dezamɔrse/ SYN ▸ conjug 3 ◂ VT
[1] [+ fusée, pistolet] to remove the primer from; [+ bombe] to defuse
[2] [+ pompe] to drain
[3] [+ situation explosive, crise] to defuse; [+ mouvement de revendication] to forestall

désamour /dezamur/ NM (gén) disenchantment; (entre deux amoureux) falling out of love ◆ **le désamour des citoyens vis-à-vis de la politique** people's disillusionment ou disenchantment with politics ◆ **il a quitté son amie par désamour** he left his girlfriend because he no longer loved her ou because he had fallen out of love with her

désaper* /desape/ ▸ conjug 1 ◂
▸ VT to undress
▸ VPR **se désaper** to get undressed

désapparié, e /dezaparje/ ptp de **désapparier** ADJ ⇒ **déparié**

désapparier /dezaparje/ ▸ conjug 7 ◂ VT ⇒ **déparier**

désappointé, e /dezapwɛ̃te/ SYN (ptp de **désappointer**) ADJ disappointed

désappointement /dezapwɛ̃tmɑ̃/ SYN NM disappointment

désappointer /dezapwɛ̃te/ SYN ▸ conjug 1 ◂ VT to disappoint

désapprendre /dezaprɑ̃dr/ ▸ conjug 58 ◂ VT (littér) to forget; (volontairement) to unlearn ◆ **désapprendre à faire qch** to forget how to do sth ◆ **ils ont dû désapprendre à être exigeants** they had to learn not to be so demanding

désapprobateur, -trice /dezaprɔbatœr, tris/ ADJ disapproving

désapprobation /dezaprɔbasjɔ̃/ SYN NF disapproval, disapprobation (frm)

désapprouver /dezapruve/ GRAMMAIRE ACTIVE 14 SYN ▸ conjug 1 ◂ VT [+ acte, conduite] to disapprove of ◆ **je le désapprouve de les inviter** I disagree with his inviting them, I disapprove of his inviting them ◆ **elle désapprouve qu'il vienne** she disapproves of his coming ◆ **le public désapprouva** the audience showed its disapproval

désarçonner /dezarsɔne/ SYN ▸ conjug 1 ◂ VT [cheval] to throw, to unseat; [adversaire] to unseat, to unhorse; (= déconcerter) [argument] to throw*, to baffle ◆ **son calme/sa réponse me désarçonna** I was completely thrown* ou nonplussed by his calmness/reply

désargenté, e /dezarʒɑ̃te/ SYN (ptp de **désargenter**) ADJ [1] (= terni) ◆ **couverts désargentés** cutlery with the silver worn off
[2] ◆ (= sans un sou) broke* (attrib), penniless ◆ **je suis désargenté en ce moment** I'm a bit short of cash ou a bit strapped for cash* at the moment

désargenter /dezarʒɑ̃te/ ▸ conjug 1 ◂
▸ VT [1] [+ métal] to rub ou wear the silver off
[2] ◆ **désargenter qn*** to leave sb broke* ou penniless

▸ VPR **se désargenter** ◆ **cette fourchette se désargente** the silver is wearing off this fork

désarmant, e /dezarmɑ̃, ɑ̃t/ SYN ADJ disarming
◆ **désarmant de naïveté** disarmingly naïve

désarmé, e /dezarme/ SYN (ptp de **désarmer**) ADJ
[1] [pays, personne] unarmed
[2] (fig = démuni) helpless (devant before)

désarmement /dezarməmɑ̃/ NM [1] [de personne, forteresse] disarming; [de pays] disarmament
[2] [de navire] laying up

désarmer /dezarme/ SYN ▸ conjug 1 ◂
▸ VT [1] [+ adversaire, pays] to disarm
[2] [+ mine] to disarm, to defuse; [+ fusil] to unload; (= mettre le cran de sûreté) to put the safety catch on
[3] [+ bateau] to lay up
[4] (= émouvoir) [sourire, réponse] to disarm
▸ VI [pays] to disarm; [haine] to yield, to abate ◆ **il ne désarme pas contre son fils** he is unrelenting in his attitude towards his son ◆ **il ne désarme pas et veut intenter un nouveau procès** he won't give in and wants a new trial

désarrimage /dezarimaʒ/ NM shifting (of the cargo)

désarrimer /dezarime/ ▸ conjug 1 ◂ VT to shift, to cause to shift

désarroi /dezarwa/ SYN NM [de personne] (feeling of) helplessness; [d'armée, équipe] confusion
◆ **ceci l'avait plongé dans le désarroi le plus profond** this had left him feeling totally helpless and confused ◆ **être en plein désarroi** [personne] (= être troublé) to be utterly distraught; (= se sentir impuissant) to feel quite helpless; [marché, pays] to be in total disarray ◆ **sa mort laisse le pays en plein désarroi** his death has left the nation numb with grief, the entire nation is deeply distressed by his death

désarticulation /dezartikylasjɔ̃/ NF [de membre] dislocation; (en chirurgie) disarticulation

désarticuler /dezartikyle/ SYN ▸ conjug 1 ◂
▸ VT [+ membre] (= déboîter) to dislocate; (= amputer) to disarticulate; [+ mécanisme] to upset ◆ **il s'est désarticulé l'épaule** he dislocated his shoulder
▸ VPR **se désarticuler** [acrobate] to contort o.s.

désassemblage /dezasɑ̃blaʒ/ NM dismantling

désassembler /dezasɑ̃ble/ SYN ▸ conjug 1 ◂ VT to dismantle, to take apart

désassimilation /dezasimilasjɔ̃/ NF dissimilation

désassimiler /dezasimile/ ▸ conjug 1 ◂ VT to dissimilate

désassorti, e /dezasɔrti/ (ptp de **désassortir**) ADJ [service de table] unmatching, unmatched; [+ assiettes etc] odd (épith); [magasin, marchand] poorly stocked

désassortir /dezasɔrtir/ ▸ conjug 2 ◂ VT [+ service de table] to break up, to spoil

désastre /dezastr/ SYN NM (lit, fig) disaster ◆ **courir au désastre** to be heading (straight) for disaster ◆ **les désastres causés par la tempête** the damage caused by the storm

désastreusement /dezastrøzmɑ̃/ ADV disastrously

désastreux, -euse /dezastrø, øz/ SYN ADJ disastrous; [état] appalling

désavantage /dezavɑ̃taʒ/ SYN NM (= inconvénient) disadvantage, drawback; (= handicap) disadvantage, handicap ◆ **avoir un désavantage sur qn** to be at a disadvantage compared to sb ◆ **cela présente bien des désavantages** it has many disadvantages ou drawbacks ◆ **être/tourner au désavantage de qn** to be/turn to sb's disadvantage ◆ **malgré le désavantage du terrain, ils ont gagné** they won even though the ground put them at a disadvantage

désavantager /dezavɑ̃taʒe/ SYN ▸ conjug 3 ◂ VT to disadvantage, to put at a disadvantage ◆ **cette mesure nous désavantage par rapport aux autres** this measure puts us at a disadvantage compared to the others ◆ **cela désavantage les plus pauvres** this penalizes the very poor ◆ **nous sommes désavantagés par rapport à eux dans le domaine économique** in the economic field we are handicapped at a disadvantage compared to them ◆ **se sentir désavantagé par rapport à son frère** to feel unfavourably treated by comparison with one's brother, to feel one is treated less fairly than one's brother ◆ **les couches sociales les plus désavantagées** the most under-privileged ou disadvantaged sectors of society

désavantageusement /dezavɑ̃taʒøzmɑ̃/ ADV unfavourably, disadvantageously

désavantageux, -euse /dezavɑ̃taʒø, øz/ ADJ unfavourable, disadvantageous

désaveu /dezavø/ SYN NM (= rétractation) retraction; (= reniement) [d'opinion, propos] disowning, disavowal (frm); (= blâme) repudiation, disowning; [de signature] disclaiming, repudiation
◆ **encourir le désaveu de qn** to be disowned by sb ◆ **désaveu de paternité** (Jur) repudiation ou denial of paternity

désavouer /dezavwe/ SYN ▸ conjug 1 ◂ VT
[1] (= renier) [+ livre, opinion, propos] to disown, to disavow (frm); [+ signature] to disclaim; [+ paternité] to disclaim, to deny
[2] (= blâmer) [+ personne, action] to disown

désaxé, e /dezakse/ SYN (ptp de **désaxer**)
▸ ADJ [personne] unhinged
▸ NM,F lunatic ◆ **ce crime est l'œuvre d'un désaxé** this crime is the work of a lunatic ou a psychotic ◆ **« Les Désaxés »** (Ciné) "The Misfits"

désaxer /dezakse/ ▸ conjug 1 ◂ VT [+ roue] to put out of true; [+ personne, esprit] to unbalance, to unhinge

descellement /desɛlmɑ̃/ NM [de pierre] freeing; [de grille] pulling up; [d'acte] unsealing, breaking the seal on ou of

desceller /desele/ ▸ conjug 1 ◂
▸ VT (= arracher) [+ pierre] to (pull) free; [+ grille] to pull up; (= ouvrir) [+ acte] to unseal, to break the seal on ou of
▸ VPR **se desceller** [objet] to come loose

descendance /desɑ̃dɑ̃s/ SYN NF (= enfants) descendants; (= origine) descent, lineage (frm)
◆ **mourir sans descendance** to die without issue

descendant, e /desɑ̃dɑ̃, ɑ̃t/
▸ ADJ [direction, chemin] downward, descending; (Mus) [gamme] falling, descending; (Mil) [garde] coming off duty (attrib); [voie, train] down (épith); [bateau] sailing downstream ◆ **marée descendante** ebb tide ◆ **à marée descendante** when the tide is going out ou on the ebb
▸ NM,F descendant (de of)

descendeur, -euse /desɑ̃dœr, øz/
▸ NM,F (Ski, Cyclisme) downhill specialist ou racer, downhiller
▸ NM (Alpinisme) descender, abseil device

descendre /desɑ̃dr/ SYN ▸ conjug 41 ◂
▸ VI (avec aux être) [1] (= aller vers le bas) [personne] (vu d'en haut) to go down; (vu d'en bas) to come down (à, vers to; dans into); [fleuve] to flow down; [oiseau] to fly down; [avion] to come down, to descend ◆ **descends me voir** come down and see me ◆ **descends le prévenir** go down and warn him ◆ **descendre à pied/à bicyclette/en voiture/en parachute** to walk/cycle/drive/parachute down ◆ **on descend par un sentier étroit** the way down is by a narrow path ◆ **descendre en courant/en titubant** to run/stagger down ◆ **descendre en train/par l'ascenseur** to go down by train/in the lift (Brit) ou elevator (US)
◆ **descendre par la fenêtre** to get down through the window ◆ **nous sommes descendus en 10 minutes** we got down in 10 minutes ◆ **descendre à Marseille** to go down to Marseilles ◆ **descendre en ville** to go into town; → **arène, rappel, rue¹**

[2] (d'un lieu élevé) ◆ **descendre de** [+ toit, rocher, arbre] to climb ou come down from; [+ balançoire, manège] to get off ◆ **il descendait de l'échelle** he was climbing ou coming down the ladder ◆ **il est descendu de sa chambre** he came down from his room ◆ **descendre de la colline** to come ou climb ou walk down the hill ◆ **fais descendre le chien du fauteuil** get the dog (down) off the armchair ◆ **descends de ton nuage !*** come back (down) to earth!

[3] (d'un moyen de transport) ◆ **descendre de voiture/du train** to get out of the car/off ou out of the train, to alight from the car/train (frm)
◆ « **tout le monde descend !** » "all change!"
◆ **vous descendez (à la prochaine) ?** (dans le métro, le bus) are you getting off (at the next stop) ?
◆ **beaucoup de passagers sont descendus à Lyon** a lot of people got off at Lyons ◆ **ça descend pas mal à Châtelet** a lot of people get off at Châtelet ◆ **descendre à terre** to go ashore
◆ **descendre de cheval** to dismount ◆ **descendre de bicyclette** to get off one's bicycle

[4] (= atteindre) ◆ **descendre à ou jusqu'à** [habits, cheveux] to come down to ◆ **son manteau lui**

descenseur | désengagement

descendait jusqu'aux chevilles his coat came down to his ankles

⑤ (= loger) ◆ **descendre dans un hôtel** ou **à l'hôtel** to stay at ou put up at a hotel ◆ **descendre chez des amis** to stay with friends

⑥ (= s'étendre de haut en bas) ◆ **descendre en pente douce** [colline, route] to slope gently down ◆ **descendre en pente raide** to drop ou fall away sharply ◆ **la route descend en tournant** ou **en lacets** the road winds downwards

⑦ (= s'enfoncer) ◆ **le puits descend à 60 mètres** the well goes down 60 metres

⑧ (= tomber) [obscurité, neige] to fall; [soleil] to go down, to sink ◆ **le brouillard descend sur la vallée** the fog is coming down over the valley ◆ **le soleil descend sur l'horizon** the sun is going down on the horizon ◆ **le soir descendait** night was falling ◆ **les impuretés descendent au fond** the impurities fall ou drop to the bottom ◆ **la neige descend en voltigeant** the snow is fluttering down ◆ **qu'est-ce que ça descend !**, **qu'est-ce qu'il descend !*** [pluie] it's pouring, it's tipping it down!* (Brit); [neige] it's snowing really hard

⑨ (= baisser) [baromètre, température] to fall, to drop; [mer, marée] to go out, to ebb; [prix] to come down, to fall, to drop; [valeurs boursières, cote de popularité] to fall ◆ **il est descendu à la dixième place** he's fallen back into tenth position ◆ **l'équipe est descendue en seconde division** the team moved down into the second division ◆ **descendre dans l'échelle sociale** to move down the social scale ◆ **faire descendre le taux d'inflation/le nombre des chômeurs** to bring down the inflation rate/the number of unemployed ◆ **dans le 200 m, il est descendu en dessous de** ou **sous les 21 secondes** in the 200 metres he brought his time down to less than 21 seconds ◆ **ma voix ne descend pas plus bas** my voice doesn't ou won't go any lower

⑩ (= s'abaisser) ◆ **descendre dans l'estime de qn** to go down in sb's estimation ◆ **il est descendu bien bas/jusqu'à mendier** he has stooped very low/to begging

⑪ (= faire irruption) ◆ **la police est descendue dans cette boîte de nuit** the police raided the night club, there was a police raid on the night club

⑫ (* = être avalé ou digéré) ◆ **ça descend bien** [vin, repas] that goes down well, that goes down a treat* (Brit) ◆ **se promener pour faire descendre son déjeuner** to take a walk in order to help digest one's lunch ◆ **il a bu une bière pour faire descendre son sandwich** he washed his sandwich down with a beer

VT INDIR **descendre de** (= avoir pour ancêtre) to be descended from ◆ **l'homme descend du singe** man is descended from the apes

VT (avec aux avoir) ① (= parcourir vers le bas) [+ escalier, colline, pente] to go down, to descend (frm) ◆ **descendre l'escalier/les marches précipitamment** to dash downstairs/down the steps ◆ **la péniche descend le fleuve** the barge goes down the river ◆ **descendre une rivière en canoë** to go down a river in a canoe, to canoe down a river ◆ **descendre la rue en courant** to run down the street ◆ **descendre une piste en slalom** to slalom down a slope ◆ **descendre la gamme** (Mus) to go down the scale

② (= porter, apporter en bas) [+ valise] to get down, to take down, to bring down; [+ meuble] to take down, to bring down ◆ **faire descendre ses bagages** to have one's luggage brought ou taken down ◆ **tu peux me descendre mes lunettes ?** can you bring my glasses down for me? ◆ **il faut descendre la poubelle tous les soirs** the rubbish (Brit) ou garbage (US) has to be taken down every night ◆ **descendre les livres d'un rayon** to reach ou take books down from a shelf ◆ **je descends en ville** I'll take ou drive you into town, I'll give you a lift into town ◆ **le bus me descend à ma porte** the bus drops me right outside my front door

③ (= baisser) [+ étagère, rayon] to lower ◆ **descends les stores** pull the blinds down, lower the blinds ◆ **descendre une étagère d'un cran** to lower a shelf (by) a notch, to take a shelf down a notch

④ * (= abattre) [+ avion] to bring down, to shoot down; (= tuer) [+ personne] to do in*, to bump off* ◆ **le patron du bar s'est fait descendre** the bar owner got himself done in* ou bumped off* ◆ **l'auteur s'est fait descendre en beauté (par la critique)** (fig) the author was shot down in flames (by the critics); → **flamme**

⑤ (* = boire) [+ bouteille] to down* ◆ **qu'est-ce qu'il descend !** he drinks like a fish! *

⚠️ **descendre** se traduit rarement par **to descend** ; l'anglais préfère employer un verbe à particule.

descenseur /desɑ̃sœʀ/ **NM** (Tech) lift (Brit), elevator (US)

descente /desɑ̃t/ SYN

NF ① (= action) going down (NonC), descent; (en avion, d'une montagne) descent ◆ **le téléphérique est tombé en panne dans la descente** the cable-car broke down on the ou its way down ◆ **en montagne, la descente est plus fatigante que la montée** in mountaineering, coming down ou the descent is more tiring than going up ou the climb ◆ **la descente dans le puits est dangereuse** it's dangerous to go down the well ◆ **accueillir qn à la descente du train/bateau** to meet sb off the train/boat ◆ **à ma descente de voiture** as I got out of the car ◆ **descente en feuille morte** (en avion) falling leaf ◆ **descente en tire-bouchon** (en avion) spiral dive ◆ **descente en parachute** parachute drop ◆ **l'épreuve de descente** (Ski) the downhill (race) ◆ **descente en slalom** slalom descent ◆ **descente en rappel** (Alpinisme) abseiling, roping down; → **tuyau**

② (= raid, incursion) raid ◆ **descente de police** police raid ◆ **faire une descente sur** ou **dans** to raid, to make a raid on ◆ **les enfants ont fait une descente dans le frigidaire*** the children have raided the fridge

③ (en portant) ◆ **la descente des bagages prend du temps** it takes time to bring down the luggage ◆ **pendant la descente du tonneau à la cave** while taking the barrel down to the cellar

④ (= partie descendante) (downward) slope, incline ◆ **s'engager dans la descente** to go off on the downward slope ◆ **la descente est rapide** it's a steep (downward) slope ◆ **freiner dans les descentes** to brake going downhill ou on the downhill ◆ **les freins ont lâché au milieu de la descente** the brakes went halfway down (the slope) ◆ **la descente de la cave** the stairs ou steps down to the cellar ◆ **la descente du garage** the slope down to the garage ◆ **il a une bonne descente*** he can really knock it back* ou put it away*

COMP **descente de croix** (Art, Rel) Deposition

descente aux enfers (Rel, fig) descent into hell

descente de lit bedside rug

descente d'organe (Méd) prolapse of an organ

⚠️ Attention à ne pas traduire automatiquement **descente** par le mot anglais **descent**, qui a des emplois spécifiques et d'un registre plus soutenu.

déscolarisation /deskɔlaʀizasjɔ̃/ **NF** ◆ **les enfants en voie de déscolarisation** children who are dropping out of the school system

déscolarisé, e /deskɔlaʀize/ **ADJ** ◆ **un enfant déscolarisé** a child who has dropped out of the school system

déscotcher* /deskɔtʃe/ ▸ conjug 1 ◆ **VT** ◆ **je n'ai pas réussi à le déscotcher de la télévision** I couldn't drag him away from the television

descripteur /dɛskʀiptœʀ/ **NM** (Ordin) (file) descriptor

descriptible /dɛskʀiptibl/ **ADJ** ◆ **ce n'est pas descriptible** it's indescribable

descriptif, -ive /dɛskʀiptif, iv/ SYN
ADJ descriptive
NM (= brochure) explanatory leaflet; [de travaux] specifications, specification sheet; [de projet] outline

description /dɛskʀipsjɔ̃/ SYN **NF** description ◆ **faire la description de** to describe

descriptivisme /dɛskʀiptivism/ **NM** descriptivism

descriptiviste /dɛskʀiptivist/ **NMF** descriptivist

déséchouer /dezeʃwe/ ▸ conjug 1 ◆
VT to refloat, to float off
VPR **se déséchouer** to float off

désectorisation /desɛktɔʀizasjɔ̃/ **NF** (Scol) removal of catchment area (Brit) ou school district (US) boundaries

désectoriser /desɛktɔʀize/ ▸ conjug 1 ◆ **VT** (Scol) ◆ **désectoriser une région** to remove a region's catchment area (Brit) ou school district (US) boundaries

déségrégation /desegʀegasjɔ̃/ **NF** desegregation

désélectionner /deselɛksjɔne/ ▸ conjug 1 ◆ **VT** to deselect

désembobiner /dezɑ̃bɔbine/ ▸ conjug 1 ◆ **VT** (Couture) to unwind, to wind off; (Élec) to unwind, to uncoil

désembourber /dezɑ̃buʀbe/ ▸ conjug 1 ◆ **VT** to get out of the mud

désembourgeoiser /dezɑ̃buʀʒwaze/ ▸ conjug 1 ◆
VT to make less bourgeois
VPR **se désembourgeoiser** to become less bourgeois, to lose some of one's bourgeois habits ou attitudes

désembouteiller /dezɑ̃buteje/ ▸ conjug 1 ◆ **VT** [+ route] to unblock; [+ lignes téléphoniques] to unjam

désembuage /dezɑ̃bɥaʒ/ **NM** demisting

désembuer /dezɑ̃bɥe/ ▸ conjug 1 ◆ **VT** [+ vitre] to demist

désemparé, e /dezɑ̃paʀe/ SYN (ptp de **désemparer**) **ADJ** ① [personne, air] helpless, distraught
② [navire] crippled

désemparer /dezɑ̃paʀe/ ▸ conjug 1 ◆
VI ◆ **sans désemparer** without stopping
VT [+ navire] to cripple

désemplir /dezɑ̃pliʀ/ ▸ conjug 2 ◆
VI to empty
VI ◆ **le magasin ne désemplit jamais** the shop is never empty ou is always full
VPR **se désemplir** to empty (de of)

désencadrer /dezɑ̃kadʀe/ ▸ conjug 1 ◆ **VT** ① [+ tableau] to take out of its frame
② (Écon) ◆ **désencadrer le crédit** to ease credit controls

désenchaîner /dezɑ̃ʃene/ ▸ conjug 1 ◆ **VT** to unchain, to unfetter (frm)

désenchantement /dezɑ̃ʃɑ̃tmɑ̃/ SYN **NM** (= désillusion) disillusionment, disenchantment

désenchanter /dezɑ̃ʃɑ̃te/ ▸ conjug 1 ◆ **VT** ① [+ personne] to disillusion, to disenchant
② (littér) [+ activité] to dispel the charm of; (†† = désensorceler) to free from a ou the spell, to disenchant

désenclavement /dezɑ̃klavmɑ̃/ **NM** [de région, quartier, ville] opening up ◆ **cela a permis le désenclavement de la région** this has opened up the region

désenclaver /dezɑ̃klave/ ▸ conjug 1 ◆ **VT** [+ région, quartier] to open up

désencombrement /dezɑ̃kɔ̃bʀəmɑ̃/ **NM** reduction of congestion

désencombrer /dezɑ̃kɔ̃bʀe/ ▸ conjug 1 ◆ **VT** [+ passage] to clear

désencrasser /dezɑ̃kʀase/ ▸ conjug 1 ◆ **VT** to clean out

désencroûter* /dezɑ̃kʀute/ ▸ conjug 1 ◆
VT ◆ **désencroûter qn** to get sb out of the ou a rut, to shake sb up*
VPR **se désencroûter** to get (o.s.) out of the ou a rut, to shake o.s. up*

désendettement /dezɑ̃dɛtmɑ̃/ **NM** [d'entreprise, pays] reduction in debt ◆ **l'entreprise poursuit son désendettement** the company is progressively clearing its debts ◆ **une politique de désendettement de l'État** a policy of reducing the national debt

désendetter /dezɑ̃dete/ ▸ conjug 1 ◆
VT (= annuler la dette de) to get out of debt; (= réduire la dette de) to reduce the debt of
VPR **se désendetter** to get (o.s.) out of debt

désénerver /dezenɛʀve/ ▸ conjug 1 ◆ **VT** to calm down

désenfiler /dezɑ̃file/ ▸ conjug 1 ◆ **VT** [+ aiguille] to unthread; [+ perles] to unstring ◆ **mon aiguille s'est désenfilée** my needle has come unthreaded

désenfler /dezɑ̃fle/ ▸ conjug 1 ◆ **VI** to go down, to become less swollen

désenfumer /dezɑ̃fyme/ ▸ conjug 1 ◆ **VT** to clear the smoke from

désengagement /dezɑ̃gaʒmɑ̃/ **NM** (gén, Mil) withdrawal; (Fin) disinvestment ◆ **le désengagement progressif des forces militaires** the gradual withdrawal of military forces ◆ **le désengagement de l'État** the withdrawal of state funding

désengager /dezɑ̃gaʒe/ SYN ▸ conjug 3 ◂
  VT [+ troupes] to disengage, to withdraw ◆ **désengager qn d'une obligation** to free sb from an obligation
  VPR se désengager [troupes] to disengage, to withdraw; [entreprise, État] to withdraw, to pull out (de from)

désengorger /dezɑ̃gɔʀʒe/ ▸ conjug 3 ◂ VT [+ tuyau] to unblock; [+ route] to relieve the traffic congestion on; [+ service] to relieve

désenivrer /dezɑ̃nivʀe/ ▸ conjug 1 ◂ VTI to sober up

désennuyer /dezɑ̃nɥije/ ▸ conjug 8 ◂
  VT ◆ **désennuyer qn** to relieve sb's boredom ◆ **la lecture désennuie** reading relieves (one's) boredom
  VPR se désennuyer to relieve the *ou* one's boredom

désenrayer /dezɑ̃ʀeje/ ▸ conjug 8 ◂ VT to unjam

désensabler /dezɑ̃sable/ ▸ conjug 1 ◂ VT [+ voiture] to dig out of the sand; [+ chenal] to dredge

désensibilisant, e /desɑ̃sibilizɑ̃, ɑ̃t/ ADJ [produit] desensitizing

désensibilisation /desɑ̃sibilizasjɔ̃/ NF (Méd, Photo, fig) desensitization

désensibiliser /desɑ̃sibilize/ ▸ conjug 1 ◂ VT (Méd, Photo, fig) to desensitize ◆ **se faire désensibiliser au pollen** (Méd) to be desensitized to pollen ◆ **des enfants totalement désensibilisés à la violence** children totally inured to violence

désensorceler /dezɑ̃sɔʀsəle/ ▸ conjug 4 ◂ VT to free *ou* release from a *ou* the spell

désentoiler /dezɑ̃twale/ ▸ conjug 1 ◂ VT [+ estampe, vêtement] to remove the canvas from

désentortiller /dezɑ̃tɔʀtije/ ▸ conjug 1 ◂ VT to disentangle, to unravel

désentraver /dezɑ̃tʀave/ ▸ conjug 1 ◂ VT to unshackle

désenvaser /dezɑ̃vaze/ ▸ conjug 1 ◂ VT (= sortir) to get out of the mud; (= nettoyer) to clean the mud off; [+ port, chenal] to dredge

désenvenimer /dezɑ̃vnime/ ▸ conjug 1 ◂ VT [+ plaie] to take the poison out of; [+ relations] to take the bitterness out of ◆ **pour désenvenimer la situation** to defuse *ou* take the heat out of the situation

désenverguer /dezɑ̃vɛʀge/ ▸ conjug 1 ◂ VT ⇒ **déverguer**

désenvoûtement /dezɑ̃vutmɑ̃/ NM release from a *ou* the spell

désenvoûter /dezɑ̃vute/ ▸ conjug 1 ◂ VT to free *ou* release from a *ou* the spell

désépaissir /dezepesiʀ/ ▸ conjug 2 ◂ VT [+ cheveux] to thin (out); [+ sauce] to thin (down), to make thinner

désépargne /dezepaʀɲ/ NF ◆ **on enregistre une tendance à la désépargne** there is a tendency for people to save less

désépargner /dezepaʀɲe/ ▸ conjug 1 ◂ VI to save less

déséquilibrant, e /dezekilibʀɑ̃, ɑ̃t/ ADJ destabilizing

déséquilibre /dezekilibʀ/ SYN NM (= manque d'assise) unsteadiness; (dans un rapport de forces, de quantités) imbalance (entre between); (mental, nerveux) unbalance, disequilibrium (frm) ◆ **l'armoire est en déséquilibre** the cupboard is unsteady ◆ **le budget est en déséquilibre** the budget is not balanced ◆ **déséquilibre commercial** trade gap *ou* imbalance

déséquilibré, e /dezekilibʀe/ SYN (ptp de **déséquilibrer**)
  ADJ [budget] unbalanced; [esprit] disordered, unhinged
  NM,F unbalanced *ou* mentally disturbed person

déséquilibrer /dezekilibʀe/ ▸ conjug 1 ◂ VT (lit) to throw off balance; [+ esprit, personne] to unbalance; [+ budget] to create an imbalance in

désert, e /dezɛʀ, ɛʀt/ SYN
  ADJ deserted; → **île**
  NM (Géog) desert; (fig) desert, wilderness ◆ **désert de Gobi/du Kalahari/d'Arabie** Gobi/Kalahari/Arabian Desert ◆ **désert culturel** cultural desert; → **prêcher, traversée**

déserter /dezɛʀte/ SYN ▸ conjug 1 ◂
  VT [+ lieu] to desert, to abandon ◆ **village déserté par ses habitants** village deserted *ou* abandoned by its inhabitants
  VI (Mil, fig) to desert

déserteur /dezɛʀtœʀ/
  NM deserter
  ADJ M deserting

désertification /dezɛʀtifikasjɔ̃/ NF ① (Écol, Géog) desertification
  ② (fig) [de campagnes, région] depopulation ◆ **la désertification rurale** *ou* **des campagnes** rural depopulation

désertifier (se) /dezɛʀtifje/ ▸ conjug 7 ◂ VPR ① (Écol, Géog) to turn into a desert ◆ **zone désertifiée** desertified area
  ② [campagnes, région] to become depopulated ◆ **région désertifiée** depopulated area

désertion /dezɛʀsjɔ̃/ SYN NF (Mil, fig) desertion

désertique /dezɛʀtik/ SYN ADJ [lieu] (= de sable) desert (épith); (= aride) barren; [climat, plante] desert (épith)

désescalade /dezɛskalad/ NF ① (Mil) de-escalation
  ② (Écon) [de taux] de-escalation

désespérance /dezɛspeʀɑ̃s/ NF (littér) desperation, desperateness

désespérant, e /dezɛspeʀɑ̃, ɑ̃t/ SYN ADJ [lenteur, nouvelle, bêtise] appalling; [enfant] hopeless; [temps] depressing ◆ **d'une naïveté désespérante** hopelessly naïve

désespéré, e /dezɛspeʀe/ SYN (ptp de **désespérer**)
  ADJ [personne] in despair (attrib), desperate; [situation] desperate, hopeless; [cas] hopeless; [tentative] desperate ◆ **appel/regard désespéré** cry/look of despair, desperate cry/look ◆ **je suis désespéré d'avoir à le faire** (sens affaibli) I'm desperately sorry to have to do it
  NM,F desperate person, person in despair ◆ **la désespérée s'est jetée dans la Seine** the woman committed suicide by jumping into the Seine

désespérément /dezɛspeʀemɑ̃/ ADV (= avec acharnement) desperately; (= sans espoir de changement) hopelessly ◆ **la salle restait désespérément vide** the room remained hopelessly empty

désespérer /dezɛspeʀe/ SYN ▸ conjug 6 ◂
  VT (= décourager) to drive to despair ◆ **il désespère ses parents** he drives his parents to despair, he is the despair of his parents
  VI (= décourager) to despair, to lose hope, to give up hope ◆ **c'est à désespérer** it's enough to drive you to despair, it's hopeless
  VT INDIR désespérer de to despair of ◆ **je désespère de toi/de la situation** I despair of you/of the situation ◆ **je désespère de son succès** I despair of his (ever) being successful ◆ **désespérer qch** to have lost (all) hope *ou* have given up (all) hope of doing sth, to despair of doing sth ◆ **il désespère de leur faire entendre raison** he has lost all hope of making them see reason, he despairs of (ever) making them see reason ◆ **je ne désespère pas de les amener à signer** I haven't lost hope *ou* given up hope of getting them to sign
  VPR se désespérer to despair ◆ **elle passe ses nuits à se désespérer** her nights are given over to despair

désespoir /dezɛspwaʀ/ SYN
  NM (= perte de l'espoir) despair; (= chagrin) despair ◆ **il fait le désespoir de ses parents** he is the despair of his parents ◆ **sa paresse fait mon désespoir** his laziness drives me to despair *ou* to desperation ◆ **sa supériorité fait le désespoir des autres athlètes** his superiority makes other athletes despair ◆ **être au désespoir** to be in despair ◆ **je suis au désespoir de ne pouvoir venir** (sens affaibli) I'm desperately sorry that I can't come ◆ **en désespoir de cause, on fit appel au médecin** in desperation, we called in the doctor
  COMP désespoir des peintres (= plante) London pride, saxifrage

désétatisation /dezetatizasjɔ̃/ NF denationalization

désétatiser /dezetatize/ ▸ conjug 1 ◂ VT to denationalize

désexcitation /desɛksitasjɔ̃/ NF (Phys) de-energization

désexciter /desɛksite/ ▸ conjug 1 ◂ VT (Phys) to de-energize

désexualiser /desɛksɥalize/ ▸ conjug 1 ◂ VT to desexualize

déshabillage /dezabijaʒ/ NM undressing

déshabillé /dezabije/ NM négligé

déshabiller /dezabije/ SYN ▸ conjug 1 ◂
  VT to undress ◆ **déshabiller Pierre pour habiller Paul** (fig) to rob Peter to pay Paul
  VPR se déshabiller to undress, to take off one's clothes; (* = ôter son manteau, sa veste) to take off one's coat ◆ **déshabillez-vous dans l'entrée** leave your coat *ou* things in the hall

déshabituer /dezabitɥe/ SYN ▸ conjug 1 ◂
  VT ◆ **déshabituer qn de (faire) qch** to get sb out of the habit of (doing) sth, to break sb of the habit of (doing) sth
  VPR se déshabituer ◆ **se déshabituer de qch/de faire qch** (volontairement) to get (o.s.) out of the habit *ou* break o.s. of the habit of sth/of doing sth; (par inaction, inertie) to get out of *ou* lose the habit of sth/of doing sth

désherbage /dezɛʀbaʒ/ NM weeding

désherbant /dezɛʀbɑ̃/ NM weed-killer ◆ **désherbant sélectif** selective weed-killer

désherber /dezɛʀbe/ ▸ conjug 1 ◂ VT to weed

déshérence /dezeʀɑ̃s/ NF escheat ◆ **tomber en déshérence** to escheat

déshérité, e /dezeʀite/ SYN (ptp de **déshériter**)
  ADJ (= désavantagé) [quartier, région] deprived; [famille, population] destitute, deprived, underprivileged ◆ **l'enfance déshéritée** deprived children
  NM,F ◆ **les déshérités** the underprivileged

déshériter /dezeʀite/ SYN ▸ conjug 1 ◂ VT [+ héritier] to disinherit

déshonnête /dezɔnɛt/ ADJ (littér = impudique) unseemly, immodest

déshonnêteté /dezɔnɛtte/ NF (littér = impudeur) unseemliness, immodesty

déshonneur /dezɔnœʀ/ SYN NM disgrace, dishonour (Brit), dishonor (US) ◆ **il n'y a pas de déshonneur à avouer son échec** there's no disgrace in admitting one's failure

déshonorant, e /dezɔnɔʀɑ̃, ɑ̃t/ SYN ADJ dishonourable (Brit), dishonorable (US), degrading

déshonorer /dezɔnɔʀe/ SYN ▸ conjug 1 ◂
  VT ① (= discréditer) [+ profession] to disgrace, to dishonour (Brit), to dishonor (US); [+ personne, famille] to dishonour (Brit), to dishonor (US), to be a disgrace to, to bring disgrace on ◆ **il se croirait déshonoré de travailler** he would think it beneath him to work
  ② † [+ femme] to dishonour (Brit), to dishonor (US)
  VPR se déshonorer to disgrace o.s.

déshumaniser /dezymanize/ ▸ conjug 1 ◂ VT to dehumanize

déshumidificateur /dezymidifikatœʀ/ NM dehumidifier

déshydratation /dezidʀatasjɔ̃/ NF dehydration

déshydraté, e /dezidʀate/ (ptp de **déshydrater**) ADJ [peau, aliment] dehydrated

déshydrater VT, **se déshydrater** VPR /dezidʀate/ SYN ▸ conjug 1 ◂ to dehydrate

déshydrogénation /dezidʀɔʒenasjɔ̃/ NF dehydrogenation, dehydrogenization

déshydrogéner /dezidʀɔʒene/ ▸ conjug 6 ◂ VT to dehydrogenate, to dehydrogenize

déshypothéquer /dezipɔteke/ ▸ conjug 6 ◂ VT to free from mortgage

desiderata /deziderata/ SYN NMPL (= souhaits) wishes, desiderata (frm)

design /dizajn/
  NM ◆ **le design** (= activité) design; (= style) the designer look; (= mobilier) designer furniture ◆ **le design industriel** industrial design
  ADJ INV designer ◆ **un modèle/briquet très design** a designer model/lighter ◆ **un intérieur très design** an interior full of designer furniture

désignation /deziɲasjɔ̃/ SYN NF (= appellation) name, designation (frm); (= élection) naming, appointment, designation

designer /dizajnœʀ/ SYN NM (= décorateur) designer

désigner /deziɲe/ SYN ▸ conjug 1 ◂ VT ① (= montrer) to point out, to indicate ◆ **désigner qn du doigt** to point sb out ◆ **ces indices le désignent clairement comme coupable** these signs point clearly to his guilt ◆ **désigner qch à l'attention de qn** to draw *ou* call sth to sb's attention ◆ **désigner qch à l'admiration de qn** to point sth out for sb's admiration

désillusion | désœuvrement

2 (= *nommer*) to name, to appoint, to designate ◆ **le gouvernement a désigné un nouveau ministre** the government has named ou appointed a new minister ◆ **désigner qn pour remplir une mission** to designate sb to undertake a mission ◆ **désigner qn à un poste** to appoint sb to a post ◆ **que des volontaires se désignent !** volunteers step forward!, could we have some volunteers! ◆ **membre/successeur désigné** member/successor elect ou designate

3 (= *qualifier*) to mark out ◆ **sa hardiesse le désigne pour (faire) cette tentative** his boldness marks him out for this attempt ◆ **c'était le coupable désigné/la victime désignée** he was the classic culprit/victim ◆ **être tout désigné pour faire qch** [*personne*] to be cut out to do sth, to be altogether suited to doing sth ◆ **l'endroit est tout désigné pour ce genre de festival** the place is perfect for this kind of festival

4 (= *dénommer*) to designate, to refer to ◆ **désigner qn par son nom** to refer to sb by (their) name ◆ **on désigne sous ce nom toutes les substances toxiques** this name designates all toxic substances ◆ **ces métaphores désignent toutes le héros** these metaphors all refer to the hero ◆ **les mots qui désignent des objets concrets** the words which denote ou designate concrete objects

désillusion /dezi(l)lyzjɔ̃/ SYN NF disillusion

désillusionnement /dezi(l)lyzjɔnmɑ̃/ NM disillusionment

désillusionner /dezi(l)lyzjɔne/ ▸ conjug 1 ◂ VT to disillusion

désincarcération /dezɛ̃karseRasjɔ̃/ NF ◆ **la désincarcération des victimes a pris deux heures** it took two hours to cut the victims (free) from the wreckage

désincarcérer /dezɛ̃karsere/ ▸ conjug 6 ◂ VT [+ *accidenté*] to free (*from a wrecked vehicle*)

désincarné, e /dezɛ̃karne/ ADJ (Rel) [*âme*] disembodied ◆ **on dirait qu'il est désincarné** you'd think he wasn't flesh and blood

désincrustant, e /dezɛ̃krystɑ̃, ɑ̃t/
ADJ 1 (Tech) (de)scaling
2 [*crème, masque*] (deep) cleansing (*épith*)
NM (Tech) (de)scaling agent

désincruster /dezɛ̃kryste/ ▸ conjug 1 ◂ VT [+ *chaudière*] to descale, to remove the fur (Brit) ou sediment (US) from; [+ *peau*] to cleanse

désindexation /dezɛ̃dɛksasjɔ̃/ NF de-indexation

désindexer /dezɛ̃dɛkse/ ▸ conjug 1 ◂ VT to de-index

désindustrialisation /dezɛ̃dystrijalizasjɔ̃/ NF de-industrialization

désindustrialiser /dezɛ̃dystrijalize/ ▸ conjug 1 ◂ VT to de-industrialize

désinence /dezinɑ̃s/ NF (Ling) ending, inflexion

désinentiel, -ielle /dezinɑ̃sjɛl/ ADJ inflexional

désinfectant, e /dezɛ̃fɛktɑ̃, ɑ̃t/ ADJ, NM disinfectant

désinfecter /dezɛ̃fɛkte/ SYN ▸ conjug 1 ◂ VT to disinfect

désinfection /dezɛ̃fɛksjɔ̃/ SYN NF disinfection

désinflation /dezɛ̃flasjɔ̃/ NF ⇒ **déflation**

désinformation /dezɛ̃fɔrmasjɔ̃/ SYN NF disinformation

désinformer /dezɛ̃fɔrme/ ▸ conjug 1 ◂ VT to give false information to

désinhiber /dezinibe/ SYN ▸ conjug 1 ◂ VT ◆ **désinhiber qn** to rid sb of his (ou her) inhibitions

désinhibition /dezinibisjɔ̃/ NF loss of inhibitions

désinsectisation /dezɛ̃sɛktizasjɔ̃/ NF spraying ou treatment with insecticide, ≈ pest control

désinsectiser /dezɛ̃sɛktize/ ▸ conjug 1 ◂ VT to spray ou treat with insecticide

désinsertion /dezɛ̃sɛrsjɔ̃/ NF ◆ **la désinsertion sociale provoquée par le chômage** the social exclusion caused by unemployment

désinstallation /dezɛ̃stalasjɔ̃/ NF [*de logiciel*] deinstalling

désinstaller /dezɛ̃stale/ ▸ conjug 1 ◂ VT [+ *logiciel*] to deinstall

désintégration /dezɛ̃tegrasjɔ̃/ SYN NF [*de groupe*] splitting-up, breaking-up; [*de État*] disintegration, breakup; [*de roche*] disintegration, breaking-up; [*de fusée*] self-destructing; (Phys Nucl) [*d'atome*] splitting ◆ **la désintégration de la matière** the disintegration of matter

désintégrer /dezɛ̃tegre/ SYN ▸ conjug 6 ◂
VT [+ *groupe*] to split up, to break up; [+ *État, roche*] to break up, to disintegrate; (Phys Nucl) [+ *atome, matière*] to disintegrate
VPR **se désintégrer** [*groupe*] to split up, to break up; [*État*] to break up, to disintegrate; [*roche*] to disintegrate, to crumble, to break up; [*fusée*] to self-destruct; (Phys Nucl) to disintegrate

désintéressé, e /dezɛ̃terese/ SYN (ptp de **désintéresser**) ADJ (= *généreux*) disinterested, unselfish; (= *impartial*) disinterested ◆ **elle n'était pas complètement désintéressée en l'invitant** she had an ulterior motive in inviting him

désintéressement /dezɛ̃terɛsmɑ̃/ SYN NM
1 (= *générosité*) unselfishness, selflessness; (= *impartialité*) disinterestedness ◆ **avec désintéressement** unselfishly
2 (Fin) [*de créancier*] paying off; [*d'associé*] buying out

désintéresser /dezɛ̃terese/ SYN ▸ conjug 1 ◂
VT [+ *créancier*] to pay off; [+ *associé*] to buy out
VPR **se désintéresser** ◆ **se désintéresser de** to lose interest in

désintérêt /dezɛ̃terɛ/ SYN NM disinterest, lack of interest (*pour* in)

désintoxication /dezɛ̃tɔksikasjɔ̃/ NF (Méd) [*d'alcoolique*] detoxification, treatment for alcoholism; [*de drogué*] detoxification, treatment for drug addiction ◆ **il fait une** ou **est en cure de désintoxication** [*alcoolique*] he's undergoing treatment for alcoholism, he's in detox*; [*drogué*] he's undergoing treatment for drug addiction, he's in detox* ◆ **centre de désintoxication** detoxification centre (Brit) ou center (US)

désintoxiqué, e /dezɛ̃tɔksike/ (ptp de **désintoxiquer**) ADJ [*ancien alcoolique*] dried out, detoxed*; [*ancien drogué*] clean, detoxed*

désintoxiquer /dezɛ̃tɔksike/ SYN ▸ conjug 1 ◂ VT
1 (Méd) [+ *alcoolique*] to treat for alcoholism, to detoxify, to dry out*; [+ *drogué*] to treat for drug addiction, to detoxify ◆ **il s'est fait désintoxiquer** [*alcoolique*] he was treated for alcoholism; [*drogué*] he was treated for drug addiction
2 [+ *citadin, gros mangeur*] to cleanse the system of
3 (= *désaccoutumer*) ◆ **tu veux un café ? – non, j'essaie de me désintoxiquer** do you want a coffee? – no, I'm trying to give it up ◆ **pour désintoxiquer les enfants de la télévision** to wean children off ou from the television ◆ **il faut désintoxiquer l'opinion publique** (= *déconditionner*) the record has to be set straight with the public

désinvestir /dezɛ̃vɛstir/ ▸ conjug 2 ◂
VI 1 (Écon) to disinvest (*dans* in) ◆ **la société a désinvesti dans le secteur immobilier** the company has disinvested in ou withdrawn its investments from the real estate market
2 (Psych) to cease to invest o.s.
VT (Mil) to lift the siege of
VPR **se désinvestir** to lose interest (*de* in) ◆ **elle s'est complètement désinvestie de sa relation amoureuse/de son travail** she has completely lost interest in her relationship/her work, she no longer puts anything into her relationship/her work

désinvestissement /dezɛ̃vɛstismɑ̃/ NM 1 (Écon) disinvestment, withdrawal of investments ◆ **la société a procédé à des désinvestissements dans ces secteurs** the company began to disinvest in ou to withdraw its investments from these areas
2 (Psych) loss of interest ◆ **on note chez certains cadres un grand désinvestissement** some managers are putting less and less of themselves into their jobs ou are less and less committed to their jobs

désinvolte /dezɛ̃vɔlt/ SYN ADJ (= *sans gêne*) casual, offhand, airy; (= *à l'aise*) casual, relaxed

désinvolture /dezɛ̃vɔltyr/ SYN NF casualness ◆ **avec désinvolture** casually, in an offhand way

désir /dezir/ SYN NM 1 (= *souhait*) wish, desire (*de qch* for sth) ◆ **le désir de faire qch** the desire to do sth ◆ **vos désirs sont des ordres** your wish is my command ◆ **selon le désir de qn** in accordance with sb's wishes ◆ **prendre ses désirs pour des réalités** to indulge in wishful thinking, to delude o.s.

2 (= *convoitise, sensualité*) desire (*de qch* for sth) ◆ **yeux brillants de désir** eyes burning with desire ◆ **éprouver du désir pour qn** to feel desire for sb

désirabilité /dezirabilite/ NF desirability

désirable /dezirabl/ SYN ADJ desirable ◆ **peu désirable** undesirable

Désirade /dezirad/ NF ◆ **la Désirade** Desiderada

désirer /dezire/ GRAMMAIRE ACTIVE 21.1 SYN
▸ conjug 1 ◂ VT 1 (= *vouloir*) to want ◆ **désirer faire qch** to want ou wish to do sth ◆ **que désirez-vous ?** (*dans un magasin*) what would you like?, what can I do for you? ◆ **désirez-vous prendre du café ?** would you care for ou would you like some coffee? ◆ **Madame désire ?** (*dans une boutique*) can I help you, madam?; (*domestique*) yes, madam? ◆ **il désire que tu viennes tout de suite** he wants you to come at once ◆ **désirez-vous qu'on vous l'envoie ?** would you like it sent to you?

◆ **laisser à désirer** ◆ **la cuisine/son travail laisse à désirer** the food/his work leaves something to be desired ou is not (quite) up to the mark* (Brit) ◆ **ça laisse beaucoup à désirer** it leaves much ou a lot to be desired ◆ **la décoration ne laisse rien à désirer** the decor is all that one could wish for ou leaves nothing to be desired

2 (*sexuellement*) to desire ◆ **se faire désirer** * to play hard-to-get*

désireux, -euse /dezirø, øz/ ADJ ◆ **désireux de faire** anxious to do, desirous of doing (*frm*) ◆ **il est très désireux de faire votre connaissance** he is most anxious to make your acquaintance ◆ **ils sont peu désireux d'entamer les négociations** they aren't very eager to ou they are reluctant to start negotiations ◆ **désireux de qch** avid for sth, desirous of sth (*frm*)

désistement /dezistəmɑ̃/ SYN NM (Jur, Pol) withdrawal

désister (se) /deziste/ SYN ▸ conjug 1 ◂ VPR 1 (Pol) to withdraw, to stand down (Brit) (*en faveur de qn* in sb's favour)
2 (Jur) ◆ **se désister de** [+ *action, appel*] to withdraw

desman /dɛsmɑ̃/ NM desman

désobéir /dezɔbeir/ SYN ▸ conjug 2 ◂ VI to disobey ◆ **désobéir à qn/à un ordre** to disobey sb/an order ◆ **il désobéit tout le temps** he never does what he's told

désobéissance /dezɔbeisɑ̃s/ SYN NF disobedience (NonC) (*à* to) ◆ **désobéissance civile** civil disobedience

désobéissant, e /dezɔbeisɑ̃, ɑ̃t/ SYN ADJ disobedient

désobligeamment /dezɔbliʒamɑ̃/ ADV (*frm*) [*répondre, se conduire*] disagreeably

désobligeance /dezɔbliʒɑ̃s/ NF (*frm*) disagreeableness

désobligeant, e /dezɔbliʒɑ̃, ɑ̃t/ SYN ADJ rude ◆ **désobligeant à l'égard de** ou **pour qn/qch** offensive to sb/sth

désobliger /dezɔbliʒe/ ▸ conjug 3 ◂ VT (*frm*) to offend

désobstruer /dezɔpstrye/ ▸ conjug 1 ◂ VT to unblock

désocialisation /desɔsjalizasjɔ̃/ NF ◆ **la désocialisation des chômeurs de longue durée** the social exclusion of the long-term unemployed

désocialiser /desɔsjalize/ ▸ conjug 1 ◂ VT [+ *personne*] to turn into a social misfit ou outcast

désodé, e /desɔde/ ADJ [*régime*] sodium-free

désodorisant, e /dezɔdɔrizɑ̃, ɑ̃t/ SYN
ADJ [*savon*] deodorizing (*épith*), deodorant (*épith*); [*filtre*] deodorizing (*épith*) ◆ **bombe désodorisante** air freshener
NM (*pour le corps*) deodorant; (*pour l'air*) air freshener

désodoriser /dezɔdɔrize/ ▸ conjug 1 ◂ VT to deodorize

désœuvré, e /dezœvre/ SYN
ADJ idle ◆ **il restait désœuvré pendant des heures** he did nothing ou he sat idle for hours on end ◆ **le voyant désœuvré, elle lui a demandé de l'aider** seeing that he was at a loose end, she asked him to help her
NM,F ◆ **pour occuper les désœuvrés** to occupy people with nothing to do

désœuvrement /dezœvrəmɑ̃/ SYN NM idleness ◆ **lire par désœuvrement** to read for something to do ou for want of anything better to do

désolant, e /dezɔlɑ̃, ɑ̃t/ SYN ADJ [nouvelle, situation, spectacle] distressing ◆ **cet enfant est vraiment désolant** this child is absolutely hopeless ◆ **ce serait désolant qu'elle ne puisse pas venir** it would be a terrible shame ou such a pity if she couldn't come ◆ **il est désolant de bêtise/paresse** he's hopelessly ou desperately stupid/lazy

désolation /dezɔlasjɔ̃/ SYN NF ① (= consternation) distress, grief ◆ **être plongé dans la désolation** to be plunged in grief ◆ **il fait la désolation de sa mère** he causes his mother great distress, he breaks his mother's heart
② (= dévastation) desolation, devastation

désolé, e /dezɔle/ SYN GRAMMAIRE ACTIVE 12.2, 18.1, 18.3, 21.1, 25.5 (ptp de **désoler**) ADJ ① [personne, air] (= contrit) sorry ◆ **(je suis) désolé de vous avoir dérangé** (I'm) sorry to have disturbed you ◆ **désolé, je dois partir** sorry, I have to go ◆ **je suis désolé d'avoir appris que vous avez perdu votre mari** I am sorry to hear that you have lost your husband
② [endroit] desolate

désoler /dezɔle/ SYN ► conjug 1 ◄
VT ① (= affliger) to distress, to grieve, to sadden; (= contrarier) to upset ◆ **cet enfant me désole !** I despair of that child!
② (littér = dévaster) to desolate, to devastate
VPR **se désoler** to be upset ◆ **inutile de vous désoler** it's no use upsetting yourself

désolidariser /desɔlidaRize/ SYN ► conjug 1 ◄
VT (gén) to divide; [+ parties d'un mécanisme] to separate
VPR **se désolidariser** [syndicats] to go in different directions ◆ **se désolidariser de** to dissociate o.s. from

désoperculer /dezɔpɛRkyle/ ► conjug 1 ◄ VT [+ alvéole] to remove the operculum from

désopilant, e /dezɔpilɑ̃, ɑ̃t/ SYN ADJ hilarious

désordonné, e /dezɔRdɔne/ SYN ADJ ① [pièce, personne] untidy; [mouvements] uncoordinated; [combat, fuite] disorderly; [esprit] muddled, disorganized ◆ **être désordonné dans son travail** to be disorganized in one's work
② (littér) [vie] disorderly; [dépenses, imagination] reckless, wild

désordre /dezɔRdR/ SYN
NM ① (= état) [de pièce, vêtements, cheveux] untidiness; [d'affaires publiques, service] disorderliness, disorder ◆ **il ne supporte pas le désordre** he can't bear disorder ou untidiness ◆ **quel désordre !** what a mess! ◆ **il régnait dans la pièce un désordre indescriptible** the room was in a terrible mess ◆ **les mauvaises herbes sur la terrasse, ça fait désordre*** the weeds on the terrace are rather unsightly, the terrace looks messy with weeds growing all over it ◆ **un service sans chef, ça fait désordre*** it doesn't look good, having a department without a manager ◆ **dans le désordre** in no particular order ◆ **mettre du désordre dans une pièce** to mess up a room
◆ **en désordre** ◆ **être en désordre** [pièce, affaires] to be untidy ou in disorder ou in a mess; [cheveux, vêtements] to be untidy ou in a mess ◆ **mettre une pièce en désordre** to mess up a room, to make a room untidy ◆ **jeter quelques idées en désordre sur le papier** to jot down a few random ideas; → **tiercé**
② (= agitation) disorder ◆ **des agitateurs ont semé le désordre dans l'armée** agitators spread unrest in the army ◆ **faire du désordre (dans la classe/dans un lieu public)** to cause a commotion ou a disturbance (in class/in a public place) ◆ **arrêté pour désordre sur la voie publique** arrested for disorderly conduct ◆ **jeter le désordre dans les esprits** to throw people's minds into confusion ◆ **c'est un facteur de désordre** it's a disruptive influence
③ (littér = débauche) dissoluteness, licentiousness ◆ **mener une vie de désordre** to lead a dissolute ou licentious life ◆ **regretter les désordres de sa jeunesse** to regret the dissolute ou licentious ways of one's youth
④ (Méd) ◆ **désordre fonctionnel/hépatique** functional/liver disorder

NMPL **désordres** (= émeutes) disturbances, disorder (NonC) ◆ **de graves désordres ont éclaté** serious disturbances have broken out, there have been serious outbreaks of violence ◆ **désordres monétaires/politiques** (= perturbations) monetary/political chaos

désorganisation /dezɔRganizasjɔ̃/ SYN NF disorganization

désorganiser /dezɔRganize/ SYN ► conjug 1 ◄ VT (gén) to disorganize; [+ projet, service] to disrupt, to disorganize ◆ **à cause de la grève, nos services sont désorganisés** our services have been disrupted by the strike

désorientation /dezɔRjɑ̃tasjɔ̃/ NF disorientation

désorienté, e /dezɔRjɑ̃te/ (ptp de **désorienter**) ADJ (= égaré) disorientated; (= déconcerté) bewildered, confused (par by)

désorienter /dezɔRjɑ̃te/ SYN ► conjug 1 ◄ VT (= égarer) to disorientate; (= déconcerter) to bewilder, to confuse

désormais /dezɔRmɛ/ ADV (au présent) from now on, henceforth (frm); (au passé) from then on, henceforth (frm)

désorption /desɔRpsjɔ̃/ NF desorption

désossé, e /dezɔse/ (ptp de **désosser**) ADJ [viande] boned; (fig) [personne] supple

désossement /dezɔsmɑ̃/ NM [de viande] boning

désosser /dezɔse/ ► conjug 1 ◄
VT [+ viande] to bone; [+ objet, texte] to take to pieces; [+ voiture] to strip (down)
VPR **se désosser** ◆ **acrobate qui se désosse** acrobat who can twist himself in every direction

désoxydant, e /dezɔksidɑ̃, ɑ̃t/
ADJ deoxidizing
NM deoxidizer

désoxyder /dezɔkside/ ► conjug 1 ◄ VT to deoxidize

désoxygéner /dezɔksiʒene/ ► conjug 6 ◄ VT to deoxygenate, to deoxygenize

désoxyribonucléase /dezɔksiRibɔnykleaz/ NF deoxyribonuclease

désoxyribonucléique /dezɔksiRibɔnykleik/ ADJ desoxyribonucleic

désoxyribose /dezɔksiRiboz/ NF deoxyribose

desperado /dɛspeRado/ NM desperado

despote /dɛspɔt/ SYN
ADJ despotic
NM (lit, fig) despot, tyrant

despotique /dɛspɔtik/ SYN ADJ despotic

despotiquement /dɛspɔtikmɑ̃/ ADV despotically

despotisme /dɛspɔtism/ SYN NM (lit, fig) despotism, tyranny

desquamation /dɛskwamasjɔ̃/ NF desquamation

desquamer /dɛskwame/ ► conjug 1 ◄
VT to remove (in scales)
VI **se desquamer** VPR to flake off, to desquamate (SPÉC)

desquels, desquelles /dekɛl/ → **lequel**

DESS /deɛsɛs/ NM (abrév de diplôme d'études supérieures spécialisées) → **diplôme**

dessabler /desable/ ► conjug 1 ◄ VT to remove the sand from

dessaisir /desezir/ SYN ► conjug 2 ◄
VT (Jur) ◆ **dessaisir un tribunal d'une affaire** to remove a case from a court ◆ **être dessaisi du dossier** to be taken off the case
VPR **se dessaisir** ◆ **se dessaisir de** to give up, to part with, to relinquish

dessaisissement /desezismɑ̃/ NM ◆ **dessaisissement d'un tribunal/juge (d'une affaire)** removal of a case from a court/judge

dessalage /desalaʒ/ NM ① (= chavirement) capsizing, turning turtle*
② ⇒ **dessalement**

dessalaison /desalɛzɔ̃/ NF [d'eau de mer] desalination; [de poisson] soaking

dessalé, e* /desale/ (ptp de **dessaler**) ADJ (= déluré) ◆ **il est drôlement dessalé depuis qu'il a fait son service militaire** he has really learnt a thing or two* since he did his military service

dessalement /desalmɑ̃/ NM [d'eau de mer] desalination; [de poisson] soaking

dessaler /desale/ SYN ► conjug 1 ◄
VT ① [+ eau de mer] to desalinate; [+ poisson] to soak (to remove the salt) ◆ **faire dessaler** ou **mettre à dessaler de la viande** to put meat to soak
② (* = délurer) ◆ **dessaler qn** to teach sb a thing or two*, to teach sb about life
VI [bateau] to capsize, to turn turtle*

VPR **se dessaler** ◆ **il s'était dessalé au contact de ses camarades** he had learnt a thing or two* ou learnt about life through contact with his friends

dessangler /desɑ̃gle/ ► conjug 1 ◄ VT [+ cheval] to ungirth; [+ paquetage] to unstrap

dessaouler* /desule/ ► conjug 1 ◄ VTI ⇒ **dessoûler**

desséchant, e /deseʃɑ̃, ɑ̃t/ ADJ [vent] parching, drying; [travail] soul-destroying

dessèchement /deseʃmɑ̃/ SYN NM (= action) drying (out ou up), parching; (= état) dryness; (= amaigrissement) emaciation

dessécher /deseʃe/ SYN ► conjug 6 ◄
VT ① [+ terre, végétation] to dry out, to parch; [+ plante, feuille] to wither, to dry out ◆ **le vent dessèche la peau** the wind dries (out) the skin ◆ **la soif me dessèche la bouche** my mouth is dry ou parched ◆ **lèvres desséchées** parched lips ◆ **cheveux desséchés** dry and damaged hair
② (volontairement) [+ aliments] to dry, to dehydrate, to desiccate
③ (= racornir) [+ cœur] to harden ◆ **l'amertume/la vie lui avait desséché le cœur** bitterness/life had hardened his heart ou left him stony-hearted ◆ **desséché par l'étude** fossilized by years of study
VPR **se dessécher** [terre] to dry out, to become parched; [plante, feuille] to wither, to dry out; [aliments] to dry out, to go dry; [bouche, lèvres] to go dry, to become parched; [peau] to dry out

dessein /desɛ̃/ SYN NM (littér) (= intention) intention, design; (= projet) plan ◆ **le dessein intelligent** intelligent design ◆ **son dessein est** ou **il a le dessein de faire** he intends ou means to do ◆ **former le dessein de faire qch** to make up one's mind to do sth, to form a plan to do sth ◆ **avoir des desseins sur qn** to have designs on sb ◆ **c'est dans ce dessein que** it is with this in mind ou with this intention that ◆ **il est parti dans le dessein de** ou **à dessein de faire fortune** he went off meaning ou intending to make his fortune ou with the intention of making his fortune ◆ **faire qch à dessein** to do sth intentionally ou deliberately ou on purpose

desseller /desele/ ► conjug 1 ◄ VT to unsaddle

desserrage /deseRaʒ/ NM [de vis, écrou] unscrewing, undoing, loosening; [de câble] loosening, slackening; [de frein] releasing; [de crédit] relaxation

desserré, e /desere/ (ptp de **desserrer**) ADJ [vis, écrou] loose, undone (attrib); [ficelle] loose, slack; [cravate, ceinture, nœud] loose; [frein] off (attrib), released (attrib)

desserrement /desɛRmɑ̃/ NM [de ficelle, câble] loosening, slackening; [de nœud, écrou, étau] loosening; [de frein] releasing; [d'étreinte, contrainte] relaxation ◆ **desserrement de la politique monétaire** relaxation of ou in monetary policy

desserrer /desere/ SYN ► conjug 1 ◄
VT ① [+ nœud, ceinture, ficelle, écrou] to loosen; [+ poing, dents] to unclench; [+ frein] to release, to take off; [+ étreinte] to relax, to loosen; [+ objets alignés, mots, lignes] to space out ◆ **desserrer sa ceinture de 2 crans** to let one's belt out 2 notches ◆ **desserrer les cordons de la bourse** (fig) to loosen the purse strings ◆ **il n'a pas desserré les dents de toute la soirée** he didn't say a word ou open his mouth all evening ◆ **desserrer l'étau** (lit) to loosen the vice; (fig) to loosen one's grip (autour de on)
② (Écon) [+ contrainte, politique monétaire] to relax, to ease
VPR **se desserrer** [ficelle, câble] to come loose, to slacken; [nœud] to come loose; [écrou] to work ou come loose; [frein] to release itself; [étreinte] to relax

dessert /desɛR/ NM dessert, pudding (Brit), sweet (Brit) ◆ **ils en sont au dessert** they're on to the dessert

desserte /desɛRt/ NF ① (= meuble) sideboard
② (Transport) ◆ **la desserte d'une localité par bateau** the servicing of an area by water transport ◆ **la desserte de la ville est assurée par un car** there is a bus service to the town ◆ **cette compagnie aérienne assure une desserte quotidienne entre ces deux villes** the airline operates a daily scheduled flight between these two cities
③ [de prêtre] cure

dessertir /desɛRtiR/ ► conjug 2 ◄ VT to unset, to remove from its setting

dessertissage /desɛRtisaʒ/ NM unsetting

desservant /desɛʀvɑ̃/ NM priest in charge

desservir¹ /desɛʀviʀ/ SYN ▸ conjug 14 ◂ VT
[1] *[+ repas, plat]* to clear away ◆ **vous pouvez desservir (la table)** you can clear away, you can clear the table
[2] *(= nuire à) [+ personne, cause]* to do a disservice to; *[+ intérêts]* to harm ◆ **son mauvais caractère le dessert** his bad temper goes against him *ou* doesn't do him any favours ◆ **il m'a desservi auprès de mes amis** he turned my friends against me

desservir² /desɛʀviʀ/ SYN ▸ conjug 14 ◂ VT
[1] *(Transport)* to serve ◆ **le village est desservi par 3 autobus chaque jour** there is a bus service from the village *ou* a bus runs from the village 3 times daily ◆ **le village est desservi par 3 lignes d'autobus** the village is served by *ou* has 3 bus services ◆ **ville bien desservie** town well served by public transport
[2] *[porte, couloir]* to lead to
[3] *[prêtre]* to serve ◆ **desservir une paroisse** to minister to a parish

dessiccateur /desikatœʀ/ NM desiccator, dryer

dessiccatif, -ive /desikatif, iv/
ADJ desiccative
NM desiccant

dessiccation /desikasjɔ̃/ NF *(Chim)* desiccation; *[d'aliments]* drying, desiccation

dessiller /desije/ ▸ conjug 1 ◂ VT *(fig)* ◆ **dessiller les yeux de** *ou* **à qn** to open sb's eyes ◆ **mes yeux se dessillèrent** my eyes were opened, the scales fell from my eyes *(Brit)*

dessin /desɛ̃/ SYN NM [1] *(= image)* drawing ◆ **il a fait un (joli) dessin** he drew a (nice) picture, he did a (nice) drawing ◆ **il passe son temps à faire des dessins** he spends his time drawing ◆ **il fait toujours des petits dessins sur son cahier** he's always doodling on his exercise book ◆ **dessin à la plume/au fusain/au trait** pen-and-ink/charcoal/line drawing ◆ **dessin animé** cartoon (film) ◆ **dessin humoristique** cartoon *(in a newspaper or magazine)* ◆ **dessin publicitaire/de mode** advertisement/fashion drawing ◆ **il n'a rien compris, fais lui donc un dessin !*** *(hum)* he hasn't understood a word – explain it in words of one syllable *ou* you'll have to spell it out for him; → **carton**
[2] *(= art)* ◆ **le dessin** drawing ◆ **il est doué pour le dessin** he has a gift for drawing ◆ **école de dessin** *(Art)* art school; *(technique)* technical college (for draughtsmen) ◆ **professeur de dessin** art teacher ◆ **dessin technique** technical drawing ◆ **dessin de mode** fashion design ◆ **dessin industriel** draughtsmanship *(Brit)*, draftsmanship *(US)* ◆ **table/planche à dessin** drawing table/board ◆ **dessin assisté par ordinateur** computer-aided design
[3] *(= motif)* pattern, design ◆ **tissu avec des dessins jaunes** material with a yellow pattern on it ◆ **le dessin des veines sur la peau** the pattern of the veins on the skin
[4] *(= contour)* outline, line ◆ **la bouche a un joli dessin** the mouth has a good line *ou* is finely delineated

dessinateur, -trice /desinatœʀ, tʀis/ SYN NM,F *(= artiste)* artist *(who draws)*; *(= technicien)* draughtsman *(Brit)*, draftsman *(US)*; *(= technicienne)* draughtswoman *(Brit)*, draftswoman *(US)* ◆ **son talent de dessinateur** his skill at drawing; *(professionnel)* his skill as a draughtsman ◆ **dessinateur humoristique** cartoonist ◆ **dessinateur de mode** fashion designer ◆ **dessinateur industriel** draughtsman *(Brit)*, draftsman *(US)* ◆ **dessinateur de publicité** commercial artist ◆ **dessinateur-cartographe** cartographic designer, cartographer ◆ **dessinateur concepteur** designer

dessiner /desine/ SYN ▸ conjug 1 ◂
VT [1] *(Art)* to draw ◆ **il dessine bien** he's good at drawing, he draws well ◆ **dessiner qch à grands traits** to draw a broad outline of sth ◆ **dessiner au pochoir** to stencil ◆ **dessiner au crayon/à l'encre** to draw in pencil/ink
[2] *(= faire le plan, la maquette de) [+ véhicule, meuble]* to design; *[+ plan d'une maison]* to draw; *[+ jardin]* to lay out, to landscape ◆ **une bouche/oreille bien dessinée** *(fig)* a finely delineated mouth/ear
[3] *[chose]* to make, to form ◆ **les champs dessinent un damier** the fields form *ou* are laid out like a checkerboard *ou* (a) patchwork ◆ **un vêtement qui dessine bien la taille** a garment that shows off the waist well

VPR **se dessiner** [1] *[contour, forme]* to stand out, to be outlined ◆ **des collines se dessinaient à l'horizon** hills stood out on the horizon
[2] *[tendance]* to become apparent; *[projet]* to take shape ◆ **on voit se dessiner une tendance à l'autoritarisme** a tendency towards authoritarianism is becoming apparent *ou* is emerging ◆ **un sourire se dessina sur ses lèvres** a smile played *ou* formed on his lips

dessolement /desɔlmɑ̃/ NM changing the rotation of crops

dessoler /desɔle/ ▸ conjug 1 ◂ VT to change the rotation of crops in

dessouder /desude/ ▸ conjug 1 ◂
VT [1] *[+ pièces métalliques]* to unsolder
[2] (* = *tuer*) to bump off*, to do in*
VPR **se dessouder** *[pièces métalliques]* to come unsoldered ◆ **leur couple s'est dessoudé** they broke up

dessoûler* /desule/ SYN ▸ conjug 1 ◂ VTI to sober up ◆ **il n'a pas dessoûlé depuis 2 jours** he's been drunk for the past 2 days, he's been on a bender* for the past 2 days

dessous /d(ə)su/
ADV *(= sous) [placer, passer, suspendre]* underneath; *(= plus bas)* below ◆ **mettez votre valise dessous** put your suitcase underneath (it) *ou* under it ◆ **soulevez ces dossiers, la liste est dessous** lift up those files – the list is underneath (them) *ou* under them *ou* beneath them ◆ **passez (par) dessous** go underneath (it) *ou* under it ◆ **tu as mal lu, il y a une note dessous** you misread it – there's a note underneath ◆ **retirer qch de dessous le lit/la table** to get sth from under(neath) *ou* beneath the bed/table ◆ **ils ont pris le buffet par (en) dessous** they took hold of the sideboard from underneath
◆ **au-dessous** below ◆ **ils habitent au-dessous** they live downstairs ◆ **des articles à 15 € et au-dessous** items at 15 euros and less *ou* below
◆ **au-dessous de** *(lit)* below, underneath; *[+ possibilités, limite]* below; *(= indigne de)* beneath ◆ **sa jupe lui descend au-dessous du genou** her skirt comes down to below her knees *ou* reaches below her knees ◆ **les enfants au-dessous de 7 ans ne paient pas** children under 7 don't pay, the under-sevens don't pay ◆ **20° au-dessous de zéro** 20° below (zero) ◆ **il considère que c'est au-dessous de lui de faire la vaisselle** he considers it beneath him to do the dishes ◆ **il est au-dessous de sa tâche** *(incapable)* he's not up to the job ◆ **il est au-dessous de tout !** he's the absolute limit!, he's the end! ◆ **le service est au-dessous de tout** the service is hopeless *ou* a disgrace
◆ **en dessous** *(= sous)* underneath; *(= plus bas)* below; *(= hypocritement)* in an underhand *ou* underhanded *(US)* manner ◆ **en dessous de** below ◆ **il s'est glissé en dessous** he slid underneath ◆ **les locataires d'en dessous** the people who rent the flat below *ou* downstairs ◆ **jeter un coup d'œil en dessous à qn, regarder qn en dessous** to give sb a shifty look ◆ **faire qch en dessous** to do sth in an underhand *ou* underhanded *(US)* manner ◆ **il est très en dessous de la moyenne** he's well below (the) average
NM [1] *[d'objet]* bottom, underside; *[de pied]* sole; *[d'avion, voiture, animal]* underside; *[de tissu]* wrong side; *[de tapis]* back ◆ **le dessous de la table est poussiéreux** the table is dusty underneath ◆ **avoir le dessous** to get the worst of it, to come off worst
◆ **du dessous** *[feuille, drap]* bottom ◆ **les voisins du dessous** the downstairs neighbours, the people below (us *ou* them *etc*), the people downstairs (from us *ou* them *etc*) ◆ **à l'étage du dessous** on the floor below ◆ **les fruits du dessous sont moisis** the fruit at the bottom *ou* the fruit underneath is mouldy
[2] *(= côté secret)* ◆ **le dessous de l'affaire** *ou* **l'histoire** the hidden side of the affair ◆ **les dessous de la politique** the unseen *ou* hidden side of politics ◆ **connaître le dessous des cartes** to have inside information
[3] *(Habillement)* undergarment ◆ **les dessous** underwear, undies*
COMP **dessous de caisse** *[de voiture]* underbody
dessous de robe slip, petticoat
dessous de verre coaster

dessous-de-bouteille /d(ə)sud(ə)butɛj/ NM INV bottle mat

dessous-de-bras /d(ə)sud(ə)bʀɑ/ NM INV dress shield

dessous-de-plat /d(ə)sud(ə)pla/ NM INV table mat *(for hot serving dishes)*, hot pad *(US)*

dessous-de-table /d(ə)sud(ə)tabl/ SYN NM INV bribe, under-the-counter payment, backhander*

dessuinter /desɥɛ̃te/ ▸ conjug 1 ◂ VT *[+ laine]* to scour

dessus /d(ə)sy/ GRAMMAIRE ACTIVE 16.4
ADV *(= sur) [placer, poser, monter]* on top (of it); *[coller, écrire, fixer]* on it; *[passer, lancer]* over it; *(= plus haut)* above ◆ **mettez votre valise dessus** put your suitcase on top (of it) ◆ **regardez ces dossiers, la liste doit être dessus** have a look at those files - the list must be on top (of them) ◆ **il n'y a pas de timbre dessus** there's no stamp on it ◆ **c'est écrit dessus** it's written on it ◆ **montez dessus** *[+ tabouret, échelle]* get up on it ◆ **passez (par) dessus** go over it ◆ **il a sauté par dessus** he jumped over it ◆ **ôter qch de dessus la table** to take sth (from) off the table ◆ **il n'a même pas levé la tête de dessus son livre** he didn't even look up from his book, he didn't even take his eyes off his book ◆ **il lui a tapé/tiré dessus** he hit him/shot at him ◆ **il nous sont arrivés** *ou* **tombés dessus à l'improviste** they dropped in on us unexpectedly
◆ **au-dessus** above; *(= à l'étage supérieur)* upstairs; *(= posé sur)* on top; *(= plus cher)* over, above ◆ **pour le confort, il n'y a rien au-dessus** there's nothing to beat it for comfort
◆ **au-dessus de** *(= plus haut que)* above; *(= sur)* on top of; *[+ prix, limite]* over, above; *[+ possibilités]* beyond ◆ **la valise est au-dessus de l'armoire** the suitcase is on top of the wardrobe ◆ **les enfants au-dessus de 7 ans paient** children over 7 pay, the over-sevens pay ◆ **20° au-dessus de zéro** 20° above zero ◆ **il n'y a pas d'articles au-dessus de 25 €** there are no items over €25 ◆ **c'est au-dessus de ce que je peux mettre** *(prix)* it's beyond my means, it's more than I can afford ◆ **cette tâche est au-dessus de ses capacités** this task is beyond his capabilities ◆ **c'est au-dessus de mes forces** it's too much for me ◆ **il ne voit rien au-dessus de son fils** he thinks no one can hold a candle to his son ◆ **il est au-dessus de ces petites mesquineries** he's above this kind of pettiness ◆ **être au-dessus de tout soupçon/reproche** to be above suspicion/beyond reproach
◆ **en dessus** above ◆ **leur plumage est fauve en dessus, blanc en dessous** their feathers are reddish brown above and white below ◆ **en dessus de** above ◆ **la France se situe un peu en dessus de la moyenne européenne** France is slightly above the European average
NM [1] *[d'objet, pied, tête]* top; *[de tissu]* right side ◆ **le dessus de la table est en marbre** the table-top *ou* the top of the table is marble ◆ **le dessus du panier** *(= les meilleurs)* the pick of the bunch; *(= l'élite sociale)* the upper crust
◆ **du dessus** *[feuille, drap]* top ◆ **les voisins du dessus** the upstairs neighbours, the people above (us *ou* them *etc*) *ou* upstairs (from us *ou* them *etc*) ◆ **à l'étage du dessus** on the floor above ◆ **les fraises du dessus sont plus belles** the strawberries on top are nicer ◆ **elle portait deux pulls, celui du dessus était bleu** she was wearing two jumpers and the top one was blue
[2] *(locutions)* ◆ **avoir/prendre le dessus** to have/get the upper hand ◆ **reprendre le dessus** to get over it ◆ **il a été très malade/déprimé mais il a repris le dessus rapidement** he was very ill/depressed but he soon got over it
COMP **dessus de cheminée** *(= tablette)* mantelpiece; *(= bibelots)* mantelpiece ornaments
dessus de table table runner

dessus-de-lit /d(ə)syd(ə)li/ NM INV bedspread

dessus-de-plat /d(ə)syd(ə)pla/ NM INV dish cover

dessus-de-porte /d(ə)syd(ə)pɔʀt/ NM INV overdoor

DEST /deəeste/ NM (abrév de **diplôme d'études supérieures techniques**) → **diplôme**

déstabilisant, e /destabilizɑ̃, ɑ̃t/, **déstabilisateur, -trice** /destabilizatœʀ, tʀis/ ADJ *[influence, événement]* destabilizing

déstabilisation /destabilizasjɔ̃/ NF destabilization

déstabiliser /destabilize/ SYN ▸ conjug 1 ◂ VT to destabilize

déstalinisation /destalinizasjɔ̃/ NF destalinization

déstaliniser /destalinize/ ▸ conjug 1 ◂ VT to destalinize

destin /dɛstɛ̃/ SYN NM *(= fatalité, sort)* fate; *(= existence, vocation)* destiny; *(= avenir)* future ◆ **le des-**

tin de l'Europe the future of Europe ◆ **le destin contraire** ill-fortune ◆ **elle connut un destin tragique** she met with a tragic end ◆ **c'est le destin !** it was meant to be!

destinataire /dɛstinatɛʀ/ NMF *[de lettre]* addressee; *[de marchandise]* consignee; *[de mandat]* payee; *(Ling)* person addressed ◆ **remettre une lettre à son destinataire** to hand a letter to the person it is addressed to

destinateur /dɛstinatœʀ/ NM *(Ling)* speaker

destination /dɛstinasjɔ̃/ SYN NF 1 *(= direction)* destination ◆ **à destination de** *[avion, train, bateau]* to, bound for; *[voyageur]* travelling to; *[lettre]* sent to ◆ **arriver à destination** to reach one's *ou* its destination, to arrive (at one's *ou* its destination) ◆ **train/vol 702 à destination de Paris** train number 702/flight (number) 702 to *ou* for Paris ◆ **partir pour une destination inconnue/lointaine** to leave for an unknown/a faraway destination

2 *(= usage)* *[d'appareil, édifice, somme d'argent]* purpose ◆ **quelle destination comptez-vous donner à cette somme/pièce ?** to what purpose do you intend to put this money/room?, what do you intend to use this money/room for? ◆ **on a rendu à ce local sa destination première** these premises have been restored to their original purpose

destiné, e[1] /dɛstine/ (ptp de **destiner**) ADJ 1 *(= prévu pour)* ◆ **destiné à faire qch** intended *ou* meant to do sth ◆ **ces mesures sont destinées à freiner l'inflation** these measures are intended *ou* meant to curb inflation ◆ **cette pommade est destinée à guérir les brûlures** this ointment is intended for healing burns ◆ **livre destiné aux enfants** book (intended *ou* meant) for children ◆ **édifice destiné au culte** building intended for worship

2 *(= voué à)* ◆ **destiné à qch** destined for sth ◆ **destiné à faire** destined to do ◆ **il était destiné à une brillante carrière** he was destined for a brilliant career ◆ **elle était destinée à mourir jeune** she was destined *ou* fated *ou* doomed to die young

destinée[2] /dɛstine/ SYN NF *(= fatalité, sort)* fate; *(= existence, avenir, vocation)* destiny ◆ **unir sa destinée à celle de qn** to unite one's destiny with sb's ◆ **promis à de hautes destinées** destined for great things

destiner /dɛstine/ SYN ▸ conjug 1 ◂ VT 1 *(= attribuer)* ◆ **destiner sa fortune à qn** to intend *ou* mean sb to have one's fortune, to intend that sb should have one's fortune ◆ **il vous destine ce poste** he intends *ou* means you to have this post ◆ **destiner une allusion à qn** to intend an allusion for sb ◆ **destiner un coup à qn** to aim a blow at sb ◆ **nous destinons ce livre à tous ceux qui souffrent** this book is intended *ou* meant for all who are suffering, we have written this book with all those who are suffering in mind ◆ **il ne put attraper le ballon qui lui était destiné** he couldn't catch the ball thrown to him ◆ **sans deviner le sort qui lui était destiné** not knowing what fate had in store for him ◆ **cette lettre t'était/ne t'était pas destinée** this letter was/was not (meant *ou* intended) for you

2 *(= affecter)* ◆ **destiner une somme à l'achat de qch** to intend to use a sum to buy sth, to earmark a sum for sth ◆ **destiner un local à un usage précis** to intend a place to be used for a specific purpose, to have a specific use in mind for a place ◆ **les fonds seront destinés à la recherche** the money will be devoted to *ou* used for research

3 *(= vouer)* to destine ◆ **destiner qn à une fonction** to destine sb for a post ◆ **sa famille la destinait à être médecin/à un vicomte** her family wanted her to be a doctor/wanted to marry her off to a viscount ◆ **sa bravoure le destinait à mourir de mort violente** his boldness marked him out *ou* destined him to die a violent death ◆ **je vous destine ma fille** *(littér)* I intend that my daughter should marry you ◆ **il se destine à l'enseignement/à être ingénieur** he intends to go into teaching/to be an engineer, he has set his sights on teaching/being an engineer

destituer /dɛstitɥe/ SYN ▸ conjug 1 ◂ VT *[+ ministre]* to dismiss; *[+ roi]* to depose; *[+ officier]* to discharge ◆ **destituer un officier de son commandement** to relieve an officer of his command ◆ **destituer qn de ses fonctions** to relieve sb of his duties

destitution /dɛstitysjɔ̃/ SYN NF *[de ministre, fonctionnaire]* dismissal; *[d'officier]* discharge; *[de roi]* deposition

déstockage /destɔkaʒ/ NM destocking ◆ **« déstockage massif »** *(dans une vitrine)* "massive clearance sale"

déstocker /destɔke/ ▸ conjug 1 ◂

VT *[+ produit, or]* to sell off ◆ **vêtements déstockés** end-of-line garments

VI to reduce stocks, to destock

déstresser /destʀese/ ▸ conjug 1 ◂ VTI, **se déstresser** VPR to relax

destrier /dɛstʀije/ NM *(Hist)* charger

destroy※ /dɛstʀɔj/ ADJ INV *[musique]* wild ◆ **il avait une allure complètement destroy** he looked wild and wasted ◆ **l'égérie la plus destroy du rock américain** the grunge-queen of American rock

destroyer /dɛstʀwaje/ NM *(= navire)* destroyer

destructeur, -trice /dɛstʀyktœʀ, tʀis/ SYN

ADJ destructive ◆ **produits destructeurs d'ozone** products that deplete *ou* destroy the ozone layer, ozone-depleting *ou* -destroying products

NM,F destroyer

destructible /dɛstʀyktibl/ ADJ destructible

destructif, -ive /dɛstʀyktif, iv/ ADJ destructive

destruction /dɛstʀyksjɔ̃/ SYN NF *(gén)* destruction *(NonC)*; *[de rats, insectes]* extermination *(NonC)* ◆ **les destructions causées par la guerre** the destruction caused by the war

destructivité /dɛstʀyktivite/ NF *(Psych)* destructiveness, destructivity

déstructuration /destʀyktyʀasjɔ̃/ NF *[de texte]* taking apart, deconstruction ◆ **pour empêcher la déstructuration de l'esprit** *(Psych)* to prevent the mind from becoming destructured ◆ **la déstructuration de la société** the breakdown of social structures

déstructurer /destʀyktyʀe/ ▸ conjug 1 ◂

VT *[+ société, organisation]* to dismantle the structure of; *[+ texte]* to take apart, to deconstruct ◆ **veste déstructurée** unstructured jacket ◆ **déstructurer l'emploi** to dismantle traditional job structures ◆ **des gens déstructurés par le chômage** people who have been devastated by unemployment

VPR **se déstructurer** *[société]* to disintegrate, to come apart at the seams; *[esprit, personnalité]* to become destructured

désuet, -ète /dezɥɛ, ɛt/ SYN ADJ *(gén)* outdated, antiquated, outmoded; *[charme]* old-fashioned, quaint; *[vêtement]* old-fashioned; *[mode]* outdated

désuétude /desɥetyd/ NF disuse, obsolescence, desuetude *(littér)* ◆ **tomber en désuétude** *[loi]* to fall into abeyance; *[expression, coutume]* to become obsolete, to fall into disuse

désulfiter /desylfite/ ▸ conjug 1 ◂ VT *[+ moût, vin]* to remove the sulphuric anhydride from

désulfurer /desylfyʀe/ ▸ conjug 1 ◂ VT to desulphurize

désuni, e /dezyni/ (ptp de **désunir**) ADJ *[couple, famille]* divided, disunited; *[mouvements]* uncoordinated; *[coureur, cheval]* off his stride *(attrib)* ◆ **l'équipe était un peu désunie** the team wasn't really working together

désunion /dezynjɔ̃/ SYN NF *[de couple, parti]* disunity, dissension *(de in)*

désunir /dezyniʀ/ SYN ▸ conjug 2 ◂

VT *[+ famille, couple]* to divide, to disunite, to break up; *[+ pierres, planches]* to separate

VPR **se désunir** *[athlète]* to lose one's stride; *[cheval]* to lose its stride; *[équipe]* to lose its coordination

désurchauffe /desyʀʃof/ NF desuperheating

désurchauffer /desyʀʃofe/ ▸ conjug 1 ◂ VT to desuperheat

désynchronisation /desɛ̃kʀɔnizasjɔ̃/ NF desynchronization

désynchroniser /desɛ̃kʀɔnize/ ▸ conjug 1 ◂ VT to desynchronize

désyndicalisation /desɛ̃dikalizasjɔ̃/ NF decrease in union membership

détachable /detaʃabl/ ADJ detachable

détachage /detaʃaʒ/ NM *(= nettoyage)* stain removal

détachant /detaʃɑ̃/

ADJ stain-removing *(épith)*

NM stain remover

détaché, e /detaʃe/ SYN (ptp de **détacher**) ADJ 1 *(= indifférent)* detached ◆ **« peut-être », dit-il d'un ton détaché** "maybe", he said with detachment ◆ **elle prit un air détaché** she assumed an indifferent air

2 *[fonctionnaire]* on temporary assignment *(auprès de* to), on secondment *(Brit)* *(auprès de* to)

3 *(Mus)* detached; → **pièce**

détachement /detaʃmɑ̃/ SYN NM

1 *(= indifférence)* detachment *(envers, à l'égard de* from) ◆ **regarder/dire qch avec détachement** to look at/say sth with (an air of) detachment ◆ **le détachement qu'il montrait pour les biens matériels** the disregard he showed for material goods

2 *(Mil)* detachment

3 *[de fonctionnaire]* temporary assignment, secondment *(Brit)*

◆ **en détachement** ◆ **être en détachement** to be on a temporary assignment *ou* on secondment *(Brit)* ◆ **en détachement à l'ambassade de France** on a temporary assignment at *ou* on secondment *(Brit)* to the French embassy

détacher[1] /detaʃe/ SYN ▸ conjug 1 ◂

VT 1 *(= délier)* *[+ chien, cheval]* to untie, to let loose; *[+ prisonnier]* to untie, to unbind; *[+ paquet, objet]* to undo, to untie; *[+ wagon, remorque]* to take off, to detach ◆ **détacher un wagon d'un convoi** to detach a carriage *(Brit)* *ou* car *(US)* from a train ◆ **il détacha la barque/le prisonnier de l'arbre** he untied the boat/the prisoner from the tree

2 *(= dénouer)* *[+ vêtement, ceinture]* to undo, to unfasten; *[+ lacet, nœud]* to undo, to untie; *[+ chaussure, chaîne]* to unfasten, to undo ◆ **il détacha la corde du poteau** he untied *ou* removed the rope from the post

3 *(= ôter)* *[+ peau, écorce]* to remove *(de* from), to take off; *[+ papier collé]* to remove, to unstick *(de* from); *[+ rideau, tableau]* to take down *(de* from); *[+ épingle]* to take out *(de* of), to remove; *[+ reçu, bon]* to tear out *(de* of), to detach *(de* from) ◆ **l'humidité avait détaché le papier** the paper had come unstuck because of the damp ◆ **détacher des feuilles d'un bloc** to tear *ou* take some sheets out of a pad, to detach some sheets from a pad ◆ **détacher un morceau de plâtre du mur** to remove a piece of plaster from the wall, to take a piece of plaster from *ou* off the wall ◆ **il détacha une pomme de l'arbre** he took an apple from the tree, he picked an apple off the tree ◆ **détachez bien les bras du corps** keep your arms well away from your body ◆ **il ne pouvait détacher son regard du spectacle** he could not take his eyes off the sight ◆ **« partie à détacher »** *(sur un coupon)* "tear off (this section)" ◆ **« détacher suivant le pointillé »** "tear off along the dotted line"

4 *(= envoyer)* *[+ personne]* to send, to dispatch; *(= affecter : à un ministère, une organisation)* to assign temporarily, to second *(Brit)* *(à* to) ◆ **il a été détaché auprès du Premier ministre** he was temporarily assigned *ou* he was seconded *(Brit)* to work with the Prime Minister

5 *(= mettre en relief)* *[+ lettres]* to separate; *[+ syllabes, mots]* to articulate, to separate; *(Peinture)* *[+ silhouette, contour]* to bring out, to make stand out; *(Mus)* *[+ notes]* to detach

6 *(= éloigner)* ◆ **détacher qn de qch/qn** to turn sb away from sth/sb ◆ **son cynisme a détaché de lui tous ses amis** his cynicism has turned his friends away from him

VPR **se détacher** 1 *(= se délier)* *[chien]* to free itself, to get loose *(de* from); *[prisonnier]* to free o.s., to get loose *(de* from); *[paquet]* to come undone *ou* untied; *[barque]* to come untied, to loose itself *(de* from); *[wagon]* to come off, to detach itself *(de* from) ◆ **la boule s'était détachée de l'arbre de Noël** the bobble had fallen off the Christmas tree

2 *(= se dénouer)* *[ceinture, chaussure]* to come undone *ou* unfastened; *[lacet, ficelle]* to come undone *ou* untied

3 *(= se séparer)* *[fruit, ficelle]* to come off; *[page]* to come loose, to come out; *[peau, écorce]* to come off; *[papier collé]* to come unstuck, to come off; *[épingle]* to come out, to fall out; *[rideau]* to come down ◆ **le papier s'était détaché à cause de l'humidité** the paper had come unstuck because of the damp ◆ **un bloc de pierre se détacha du rocher** a block of stone broke away from *ou* detached itself from the rock ◆ **l'écorce se détachait de l'arbre** the bark was coming off

the tree *ou* was coming away from the tree ♦ **la capsule spatiale s'est détachée de la fusée** the space capsule has separated from *ou* come away from the rocket

[4] *(Sport) [coureur]* to pull *ou* break away *(de* from) ♦ **un petit groupe se détacha du reste des manifestants** a small group broke away from *ou* detached itself from the rest of the demonstrators

[5] *(= ressortir)* to stand out ♦ **la forêt se détache sur le ciel clair** the forest stands out against the clear sky

[6] *(fig)* ♦ **se détacher de** *(= renoncer à)* to turn one's back on, to renounce; *(= se désintéresser de)* to grow away from ♦ **se détacher des plaisirs de la vie** to turn one's back on *ou* renounce the pleasures of life ♦ **ils se sont détachés l'un de l'autre** they have grown apart

détacher² /detaʃe/ SYN ▸ conjug 1 ◂ VT to remove the stains from, to clean ♦ **donner une robe à détacher** to take a dress to be cleaned *ou* to the cleaner's ♦ **détacher au savon/à la benzine** to clean with soap/benzine

détail /detaj/ SYN NM [1] *(= particularité)* detail ♦ **dans les (moindres) détails** in (minute) detail ♦ **se perdre dans les détails** to lose o.s. in details ♦ **entrer dans les détails** to go into detail(s) *ou* particulars ♦ **je n'ai pas remarqué ce détail** I didn't notice that detail *ou* point ♦ **c'est un détail !** that's just a minor detail!; → **revue**

[2] *(= description précise) [de facture, compte]* breakdown ♦ **examiner le détail d'un compte** to examine a breakdown of *ou* the particulars of an account ♦ **pourriez-vous nous faire le détail de la facture/de ce que l'on vous doit ?** could you give us a breakdown of the invoice/of what we owe you? ♦ **il nous a fait le détail de ses aventures** he gave us a detailed account *ou* a rundown* of his adventures ♦ **en détail, dans le détail** in detail ♦ **il ne fait pas de *ou* le détail !*** he doesn't make any exceptions!, he doesn't discriminate!

[3] *(Comm)* retail ♦ **commerce/magasin/prix de détail** retail business/shop *ou* store/price ♦ **vendre au détail** *[+ marchandise, vin]* to (sell) retail; *[+ articles, couverts]* to sell separately ♦ **il fait le gros et le détail** he deals in wholesale and retail

> **détail** se traduit par **detail** uniquement au sens de 'particularité'.

détaillant, e /detajɑ̃, ɑ̃t/ NM,F retailer, retail dealer

détaillé, e /detaje/ SYN (ptp de **détailler**) ADJ *[récit, plan, explications]* detailed; *[facture]* itemized

détailler /detaje/ SYN ▸ conjug 1 ◂ VT [1] *(Comm) [+ articles]* to sell separately; *[+ marchandise]* to (sell) retail ♦ **nous détaillons les services de table** we sell dinner services in separate pieces ♦ **est-ce que vous détaillez cette pièce de tissu ?** do you sell lengths of this piece of material?

[2] *(= passer en revue) [+ plan]* to detail, to explain in detail; *[+ facture]* to itemize; *[+ récit]* to tell in detail; *[+ incidents, raisons]* to detail, to give details of ♦ **il m'a détaillé (de la tête aux pieds)** he examined me *ou* looked me over (from head to foot)

détaler /detale/ SYN ▸ conjug 1 ◂ VI *[lapin]* to bolt; * *[personne]* to take off*, to clear off* ♦ **il a détalé comme un lapin** he bolted*, he skedaddled*

détartrage /detaʀtʀaʒ/ NM *[de dents]* scaling; *[de chaudière]* descaling; *[de lave-vaisselle, WC]* removal of limescale from ♦ **se faire faire un détartrage** to have one's teeth scaled (and polished)

détartrant, e /detaʀtʀɑ̃/

ADJ descaling

NM descaling agent

détartrer /detaʀtʀe/ ▸ conjug 1 ◂ VT *[+ dents]* to scale (and polish); *[+ chaudière]* to descale; *[+ lave-vaisselle, WC]* to remove limescale from

détaxation /detaksasjɔ̃/ NF *(= réduction)* reduction in tax; *(= suppression)* removal of tax *(de* from)

détaxe /detaks/ NF *(= réduction)* reduction in tax; *(= suppression)* removal of tax *(de* from); *(= remboursement)* tax refund ♦ **détaxe à l'exportation** duty-free for export ♦ **marchandises en détaxe** duty-free *ou* tax-free goods

détaxer /detakse/ ▸ conjug 1 ◂ VT *(= réduire)* to reduce the tax on; *(= supprimer)* to remove the tax on, to take the tax off ♦ **produits détaxés** duty-free *ou* tax-free goods

détectable /detɛktabl/ ADJ detectable, detectible

détecter /detɛkte/ SYN ▸ conjug 1 ◂ VT to detect

détecteur, -trice /detɛktœʀ, tʀis/

ADJ *[dispositif]* detecting *(épith)*, detector *(épith)*; *[lampe, organe]* detector *(épith)*

NM detector ♦ **détecteur d'approche** intrusion-detection device ♦ **détecteur de faux billets** forged banknote detector ♦ **détecteur de fumée/de métaux** smoke/metal detector ♦ **détecteur de mensonges** polygraph, lie detector ♦ **détecteur de mines/particules** mine/particle detector

détection /detɛksjɔ̃/ NF detection ♦ **détection sous-marine/électromagnétique** underwater/electromagnetic detection

détective /detɛktiv/ NM ♦ **détective (privé)** private detective *ou* investigator, private eye*

déteindre /detɛ̃dʀ/ SYN ▸ conjug 52 ◂

VI *(au lavage) [étoffe]* to run, to lose its colour; *[couleur]* to run, to come out; *(par l'humidité) [couleur]* to come off; *(au soleil) [étoffe]* to fade, to lose its colour; *[couleur]* to fade

♦ **déteindre sur** *[couleur]* to run into; *(= influencer) [trait de caractère]* to rub off on ♦ **le pantalon a déteint sur la chemise** some of the colour has come out of the trousers onto the shirt ♦ **elle a déteint sur sa fille** something of her character rubbed off on her daughter

VT *[personne, produit]* to take the colour out of; *[soleil]* to fade, to take the colour out of

dételer /det(ə)le/ SYN ▸ conjug 4 ◂

VT *[+ bœufs]* to unyoke; *[+ chevaux]* to unharness; *[+ voiture]* to unhitch; *[+ wagon]* to uncouple, to unhitch

VI (* = *arrêter de travailler)* to knock off* ♦ **sans dételer** *[travailler, faire qch]* without a break, non-stop

détendeur /detɑ̃dœʀ/ NM *[de bouteille de gaz, installation frigorifique]* regulator

détendre /detɑ̃dʀ/ SYN ▸ conjug 41 ◂

VT [1] *(= relâcher) [+ ressort]* to release; *[+ corde]* to slacken, to loosen; *(Phys) [+ gaz]* to release the pressure of; *[+ corps, esprit]* to relax ♦ **détendre ses jambes** to unbend one's legs ♦ **je vais me détendre les jambes** I'm going to stretch my legs

[2] *(= décontracter)* ♦ **ces vacances m'ont détendu** this holiday has relaxed me ♦ **pour détendre un peu ses nerfs** to calm *ou* soothe his nerves a little ♦ **pour détendre la situation/les relations** to relieve *ou* ease the situation/the tension in relations ♦ **il n'arrivait pas à détendre l'atmosphère** he couldn't ease the strained *ou* tense atmosphere ♦ **détendre le climat social** to reduce social tensions

VPR **se détendre** [1] *[ressort]* to lose its tension; *[corde]* to become slack, to slacken; *(Phys) [gaz]* to be reduced in pressure

[2] *[visage, esprit, corps]* to relax; *[nerfs]* to calm down; *[atmosphère]* to become less tense ♦ **aller à la campagne pour se détendre** to go to the country to relax *ou* to unwind ♦ **détendez-vous !** relax! ♦ **la situation internationale s'est détendue** the international situation has grown less tense *ou* has relaxed ♦ **pour que leurs rapports se détendent** to make their relations less strained

détendu, e /detɑ̃dy/ SYN (ptp de **détendre**) ADJ *[personne, visage, atmosphère]* relaxed; *[câble]* slack; *[ressort]* unextended

détenir /det(ə)niʀ/ SYN ▸ conjug 22 ◂ VT [1] *[+ record, grade, titres]* to hold; *[+ secret, objets volés]* to hold, to be in possession of, to have in one's possession; *[+ moyen]* to have (in one's possession) ♦ **détenir le pouvoir** to be in power, to have *ou* hold the power ♦ **il détient la clé de l'énigme** he holds the key to the enigma ♦ **il détient 25% du capital de l'entreprise** he holds 25% of the company's capital

[2] *[+ prisonnier]* to detain; *[+ otage]* to hold ♦ **il a été détenu dans un camp** he was held prisoner in a camp

détente /detɑ̃t/ SYN NF [1] *(= délassement)* relaxation ♦ **avoir besoin de détente** to need to relax *ou* unwind ♦ **ce voyage a été une (bonne) détente** this trip has been (very) relaxing

[2] *(= décrispation) [de relations]* easing *(dans* of) ♦ **la détente** *(Pol)* détente

[3] *(= élan) [de sauteur]* spring; *[de lanceur]* thrust ♦ **ce sauteur a de la détente** *ou* **une bonne détente** this jumper has plenty of spring *ou* a powerful spring ♦ **d'une détente rapide, il bondit sur sa victime** with a swift bound he leaped upon his victim

[4] *(= relâchement) [de ressort, arc]* release; *[de corde]* slackening, loosening

[5] *(lit, fig = gâchette)* trigger; → **dur**

[6] *(= dispositif) [de pendule]* catch; *[de gaz]* reduction in pressure; *[de moteur à explosion]* expansion

détenteur, -trice /detɑ̃tœʀ, tʀis/ SYN NM,F *[de secret]* keeper; *[de record, objet volé]* holder ♦ **le détenteur du titre** the title-holder ♦ **les détenteurs de titres** the shareholders ♦ **un homme puissant, détenteur de bien des secrets d'État** a powerful man, keeper of many state secrets

détention /detɑ̃sjɔ̃/ SYN NF [1] *(= possession) [d'armes, drogue, faux passeport]* possession; *[de titres]* holding; *(Jur) [de bien]* holding

[2] *(= captivité)* detention ♦ **en détention provisoire** *ou* † **préventive** remanded in custody, on remand ♦ **mettre** *ou* **placer qn en détention provisoire** to remand in custody, to put on remand ♦ **détention abusive** false imprisonment

détenu, e /det(ə)ny/ SYN (ptp de **détenir**) NM,F prisoner ♦ **détenu politique/de droit commun** political/ordinary prisoner ♦ **jeune détenu** young offender *(in prison)*

détergence /detɛʀʒɑ̃s/ NF detergency, detergence

détergent, e /detɛʀʒɑ̃, ɑ̃t/ SYN ADJ, NM detergent

déterger /detɛʀʒe/ ▸ conjug 3 ◂ VT to clean (with a detergent)

détérioration /deteʀjɔʀasjɔ̃/ SYN NF *[d'objet]* damaging *(de* of), damage *(de* to); *[de matériel, bâtiment, santé, temps]* deterioration *(de* in); *[de relations, situation]* deterioration *(de* in), worsening *(de* in) ♦ **la détérioration irréversible des muscles** the progressive wasting of the muscles ♦ **la détérioration du niveau de vie** the deterioration *ou* decline in living standards ♦ **la détérioration du climat économique** the deterioration in the economic climate

détériorer /deteʀjɔʀe/ SYN ▸ conjug 1 ◂

VT *[+ objet]* to damage, to spoil; *[+ santé, bâtiment, relations]* to damage

VPR **se détériorer** to deteriorate; *[relations, situation, climat économique]* to deteriorate, to worsen

déterminable /detɛʀminabl/ ADJ determinable

déterminant, e /detɛʀminɑ̃, ɑ̃t/ SYN

ADJ *(= décisif)* determining *(épith)*; *(= prépondérant)* decisive ♦ **la taille est-elle un facteur déterminant dans votre secteur ?** is size a determining factor in your line of business? ♦ **la qualité de la direction est l'élément déterminant du succès d'une entreprise** the quality of the management is the decisive factor in a company's success ♦ **l'influence déterminante d'une enfance perturbée** the decisive influence of a troubled childhood ♦ **ça a été déterminant** that was the decisive factor

NM *(Ling)* determiner; *(Math, Bio)* determinant

déterminatif, -ive /detɛʀminatif, iv/

ADJ determinative; *[proposition]* defining *(épith)*

NM determiner, determinative

détermination /detɛʀminasjɔ̃/ SYN NF [1] *[de cause, sens]* determining, establishing; *[de date, quantité]* determining, fixing

[2] *(= résolution)* decision, resolution

[3] *(= fermeté)* determination ♦ **il le regarda avec détermination** he looked at him determinedly *ou* with (an air of) determination

[4] *(Philos)* determination

déterminé, e /detɛʀmine/ GRAMMAIRE ACTIVE 8.2 SYN (ptp de **déterminer**)

ADJ [1] *[personne, air]* determined, resolute

[2] *(= précis) [but, intentions]* specific, definite; *(= spécifique) [quantité, distance, date]* determined, given *(épith)*

[3] *(Philos) [phénomènes]* predetermined

NM *(Gram)* determinatum

déterminer /detɛʀmine/ SYN ▸ conjug 1 ◂ VT

[1] *(= préciser) [+ cause, distance, sens d'un mot]* to determine, to establish; *[+ date, lieu, quantité]* to determine, to fix ♦ **déterminer par des calculs où une météorite va tomber** to calculate *ou* work out where a meteorite will fall

[2] *(= décider)* to decide, to determine ♦ **déterminer qn à faire qch** to decide *ou* determine sb to do sth ♦ **ils se sont déterminés à agir** they have made up their minds *ou* resolved to act

[3] *(= motiver) [+ chose]* to determine ♦ **c'est ce qui a déterminé mon choix** that's what de-

cided me ◆ **ceci a déterminé d'importants retards** this brought about *ou* caused long delays
[4] (*Gram*) to determine

déterminisme /detɛʀminism/ NM determinism

déterministe /detɛʀminist/
ADJ determinist(ic)
NMF determinist

déterré, e /deteʀe/ (ptp de **déterrer**) NM,F (*péj*) ◆ **avoir une tête** *ou* **une mine de déterré** to look deathly pale *ou* like death warmed up* (*Brit*) *ou* warmed over* (*US*)

déterrement /detɛʀmɑ̃/ NM [*d'objet enfoui*] digging up, unearthing; [*d'arbre*] uprooting, digging up; [*de mort*] digging up, disinterring

déterrer /deteʀe/ SYN ▸ conjug 1 ◂ VT [*+ objet enfoui*] to dig up, to unearth; [*+ arbre*] to uproot, to dig up; [*+ mort*] to dig up, to disinter; * [*+ vieil objet, bouquin*] to dig out*, to unearth

détersif, -ive /detɛʀsif, iv/ ADJ, NM detergent, detersive

détersion /detɛʀsjɔ̃/ NF cleaning

détestable /detɛstabl/ SYN ADJ [*personne*] detestable; [*attitude*] appalling, dreadful; [*habitude, caractère*] foul ◆ **leur image de marque est détestable** their public image is appalling ◆ **cela a fait une impression détestable** it made a dreadful impression

détestablement /detɛstabləmɑ̃/ ADV [*jouer, chanter*] appallingly *ou* dreadfully badly

détestation /detɛstasjɔ̃/ NF (*littér*) (= *haine*) abhorrence ◆ **avoir de la détestation pour qn/qch** to abhor sb/sth

détester /detɛste/ GRAMMAIRE ACTIVE 7.3 SYN ▸ conjug 1 ◂ VT to hate ◆ **il déteste la peinture/le fromage** he hates painting/cheese ◆ **elle déteste attendre/les enfants** she hates *ou* can't stand waiting/children ◆ **il déteste qu'on range son bureau/qu'on l'appelle Michou** he hates *ou* can't stand people tidying his desk/being called Michou ◆ **il ne déteste pas le chocolat** he's partial to chocolate ◆ **il ne déteste pas (de) faire parler de lui** he's not averse to having people talk about him

> (!) Attention à ne pas traduire automatiquement **détester** par **to detest**, qui est d'un registre plus soutenu.

déthéiné, e /deteine/ ADJ decaffeinated

détonant, e /detɔnɑ̃, ɑ̃t/ ADJ ◆ **cocktail** *ou* **mélange détonant** (*lit, fig*) explosive mixture

détonateur /detɔnatœʀ/ NM detonator ◆ **être le détonateur de** (*fig*) to trigger off

détonation /detɔnasjɔ̃/ SYN NF [*de bombe, obus*] detonation, explosion; [*de fusil*] report, bang

détoner /detɔne/ ▸ conjug 1 ◂ VI to detonate, to explode

détonner /detɔne/ SYN ▸ conjug 1 ◂ VI [1] [*couleurs*] to clash (with each other); [*meuble, bâtiment, personne*] to be out of place ◆ **ses manières vulgaires détonnent dans ce milieu raffiné** his vulgar manners are out of place in this refined milieu
[2] (*Mus*) (= *sortir du ton*) to go out of tune; (= *chanter faux*) to sing out of tune

détordre /detɔʀdʀ/ ▸ conjug 41 ◂ VT to untwist ◆ **le câble s'est détordu** the cable came untwisted

détors, e /detɔʀ, ɔʀs/ ADJ untwisted, unwound

détortiller /detɔʀtije/ ▸ conjug 1 ◂ VT to untwist

détour /detuʀ/ SYN NM [1] (= *sinuosité*) bend, curve ◆ **la rivière fait des détours** the river meanders ◆ **ce sentier est plein de détours** this path is full of twists and turns, it's a very winding path

◆ **au détour de** ◆ **au détour du chemin** at the bend in the path ◆ **on devine au détour d'une phrase...** you begin to guess as you are reading... ◆ **au détour de la conversation** in the course of the conversation ◆ **des personnes rencontrées au détour de son enquête** people he met during the course of his investigation
[2] (= *déviation*) detour ◆ **faire un détour** to make a detour (*par* via) ◆ **le musée valait le détour** the museum was worth the detour *ou* was worth seeing; → **tour²**
[3] (= *moyen indirect*) roundabout means; (= *circonlocution*) circumlocution ◆ **explique-toi sans détour(s)** just say straight out what you mean ◆ **user de longs détours** *ou* **prendre beaucoup de détours pour demander qch** to ask for sth in a very roundabout way ◆ **il ne s'embarrasse pas de détours pour arriver à ses fins** he doesn't shilly-shally when it comes to getting what he wants

détourer /detuʀe/ ▸ conjug 1 ◂ VT to cut out (*fig*) to outline

détourné, e /detuʀne/ SYN (ptp de **détourner**) ADJ [*chemin*] roundabout (*épith*); [*moyen*] roundabout (*épith*), indirect; [*reproche*] indirect, oblique ◆ **je l'ai appris de façon détournée** I heard it in a roundabout way *ou* indirectly

détournement /detuʀnəmɑ̃/ SYN NM [*de rivière*] diversion, rerouting ◆ **détournement d'avion** hijacking, skyjacking* ◆ **détournement de fonds** embezzlement, misappropriation of funds ◆ **détournement de mineur** corruption of a minor ◆ **détournement de pouvoir** abuse of power

détourner /detuʀne/ SYN ▸ conjug 1 ◂
VT [1] (= *dévier*) [*+ route, ruisseau, circulation, convoi*] to divert, to reroute; [*+ bus*] [*pirate*] to hijack; [*+ avion*] [*pirate de l'air*] to hijack, to skyjack*; [*+ soupçon*] to divert (*sur* on to); [*+ coup*] to parry, to ward off; (*Sport*) [*+ ballon, tir au but*] to deflect ◆ **détourner l'attention de qn** to divert *ou* distract sb's attention ◆ **détourner la conversation** to change the subject ◆ **pour détourner leur colère** to ward off *ou* avert their anger
[2] (= *tourner d'un autre côté*) to turn away ◆ **détourner les yeux** *ou* **le regard** to look away, to avert one's gaze ◆ **détourner la tête** to turn one's head away
[3] (= *écarter*) to divert ◆ **détourner qn de sa route** *ou* **de son chemin** to divert sb, to take sb out of his way ◆ **si ça ne te détourne pas (de ton chemin)...** (*à un conducteur*) if it's not out of your way... ◆ **détourner qn d'un projet/de faire qch** to dissuade sb from a plan/from doing sth, to put sb off a plan/off doing sth ◆ **détourner qn de qn** to put sb off sb, to turn sb away from sb ◆ **détourner qn du droit chemin** to lead sb astray, to lead sb off the straight and narrow ◆ **détourner qn de son devoir** to lead sb away *ou* divert sb from his duty ◆ **pour le détourner de ses soucis** to divert him from his worries, to take his mind off his worries
[4] (= *modifier l'objectif de*) [*+ loi, réglementation*] to twist ◆ **elle a détourné le sens de mes paroles** she twisted my words ◆ **il a su détourner le système à son profit** he managed to work the system to his advantage ◆ **détourner un médicament de son usage normal** to use a drug for something it wasn't meant for
[5] (= *voler*) [*+ fonds*] to embezzle, to misappropriate; [*+ marchandises*] to misappropriate
VPR **se détourner** to turn away (*de* from) ◆ **se détourner de sa route** (*pour aller ailleurs*) to make a detour *ou* diversion; (*par erreur*) to go off the right road ◆ **il s'est détourné de tous ses amis** he has turned away *ou* aside from all his friends ◆ **le public s'est détourné de ce produit** the public have turned their backs on *ou* spurned this product

détoxication /detɔksikasjɔ̃/ NF detoxication, detoxification

détoxiquer /detɔksike/ ▸ conjug 1 ◂ VT to detoxicate, to detoxify

détracteur, -trice /detʀaktœʀ, tʀis/ SYN
NM,F critic, detractor (*frm*)
ADJ disparaging

détraqué, e /detʀake/ SYN (ptp de **détraquer**) ADJ [*machine*] broken down; * [*personne*] unhinged, cracked*; [*temps*] unsettled; [*nerfs, santé*] shaky; [*imagination*] unbalanced ◆ **cette horloge est détraquée** this clock is on the blink* *ou* is bust* ◆ **il a l'estomac détraqué** he's got an upset stomach ◆ **avoir le cerveau détraqué*** to be unhinged *ou* cracked*, to have a screw loose‡
◆ **c'est un détraqué*** he's a headcase‡, he's off his head‡ ◆ **c'est un détraqué sexuel** he's a pervert

détraquement /detʀakmɑ̃/ NM [*de machine*] breakdown; [*de santé, nerfs*] shakiness; [*d'économie*] shakiness, instability

détraquer /detʀake/ SYN ▸ conjug 1 ◂
VT [*+ machine*] to put out of order; [*+ personne*] (*physiquement*) to put out of sorts; [*+ estomac*]* to upset [*+ nerfs*]* to shake up, to upset ◆ **ces orages ont détraqué le temps** these storms have unsettled the weather ◆ **ce drame lui a détraqué le cerveau*** *ou* **l'a détraqué*** this tragedy unhinged him *ou* sent him out of his mind*
VPR **se détraquer** [*machine*] to go wrong, to break down; [*estomac*] to be upset; [*économie*] to become unstable ◆ **le temps se détraque*** the weather is becoming unsettled ◆ **tout, dans sa vie, s'est soudain détraqué** suddenly everything started going wrong for him

détrempe¹ /detʀɑ̃p/ NF (*Peinture*) (= *substance*) (*gén*) distemper; (*à base d'œuf*) tempera; (= *tableau*) distemper *ou* tempera painting ◆ **peindre en** *ou* **à la détrempe** to paint in tempera *ou* distemper

détrempe² /detʀɑ̃p/ NF [*d'acier*] softening

détremper¹ /detʀɑ̃pe/ ▸ conjug 1 ◂ VT (= *délayer*) [*+ terre, pain*] to soak; [*+ couleurs*] to dilute, to water down; [*+ chaux*] to mix with water, to slake; [*+ mortier*] to mix with water, to temper ◆ **chemins détrempés** sodden *ou* waterlogged paths ◆ **ma chemise est détrempée** my shirt is soaking (wet) *ou* soaked

détremper² /detʀɑ̃pe/ ▸ conjug 1 ◂ VT [*+ acier*] to soften

détresse /detʀɛs/ SYN NF [1] (= *sentiment*) distress ◆ **son cœur en détresse** his anguished heart
[2] (= *situation*) distress ◆ **être dans la détresse** to be in distress ◆ **bateau/avion en détresse** boat/plane in distress ◆ **entreprise en détresse** business in dire straits ◆ **envoyer un appel/un signal de détresse** to send out a distress call/signal; → **feu¹**

détricotage /detʀikɔtaʒ/ NM (= *démantèlement*) dismantling

détricoter /detʀikɔte/ ▸ conjug 1 ◂ VT [*+ pull, manche*] to unpick

détriment /detʀimɑ̃/ SYN **au détriment de** LOC PRÉP to the detriment of

détritique /detʀitik/ ADJ [*roche*] detrital

détritivore /detʀitivɔʀ/ ADJ [*bactérie, insecte*] detritivorous

détritus /detʀity(s)/ SYN NMPL litter (*NonC*), rubbish (*NonC*) (*Brit*); (*Méd*) detritus (*NonC*)

détroit /detʀwa/ NM (*Géog*) strait ◆ **le détroit de Gibraltar/du Bosphore** the Strait of Gibraltar/of the Bosphorus ◆ **le détroit de Magellan** the Magellan Strait

détromper /detʀɔ̃pe/ SYN ▸ conjug 1 ◂
VT [*+ personne*] to disabuse (*de* of) ◆ **je croyais à cette histoire mais son frère m'a détrompé** I believed that story but his brother put me right
VPR **se détromper** ◆ **détrompez-vous, il n'est pas venu** you're quite mistaken, he didn't come ◆ **si tu crois que je vais accepter, détrompe-toi !** if you think I'm going to accept, you'll have to think again!

détrôner /detʀone/ SYN ▸ conjug 1 ◂ VT [*+ souverain*] to dethrone, to depose; (= *supplanter*) [*+ champion*] to oust, to dethrone; [*+ mode, produit*] to supplant

détroquer /detʀɔke/ ▸ conjug 1 ◂ VT [*+ huîtres*] to detach

détrousser /detʀuse/ SYN ▸ conjug 1 ◂ VT († *ou hum*) ◆ **détrousser qn** to rob sb

détrousseur /detʀusœʀ/ NM († *ou hum*) robber

détruire /detʀɥiʀ/ SYN ▸ conjug 38 ◂
VT [1] (= *ravager*) to destroy ◆ **un incendie a détruit l'hôtel** the hotel was destroyed by fire ◆ **la ville a été complètement détruite** the town was wiped out *ou* razed to the ground *ou* completely destroyed ◆ **cet enfant détruit tout** this child wrecks *ou* ruins everything *ou* smashes everything up ◆ **la tempête a détruit les récoltes** the storm has ruined the crops
[2] (= *tuer*) [*+ animaux, insectes*] to destroy, to exterminate; [*+ armée*] to wipe out
[3] (= *ruiner*) [*+ empire*] to destroy; [*+ santé, réputation*] to ruin, to wreck; [*+ sentiment*] to destroy, to kill; [*+ espoir, théorie, projet*] to ruin, to wreck, to put paid to (*Brit*) ◆ **cela détruit tous ses beaux arguments** that destroys *ou* puts paid to (*Brit*) all his fine arguments
VPR **se détruire** [1] (*soi-même*) ◆ **il a essayé de se détruire** he tried to do away with himself
[2] (*mutuellement*) [*personnes*] to destroy one another ◆ **les effets se détruisent** the effects cancel each other out

dette /dɛt/ SYN NF [1] (*Fin*) debt ◆ **avoir des dettes** to be in debt, to have debts ◆ **faire des dettes** to get into debt, to run up debts ◆ **avoir 2 000 € de dettes** to be €2,000 in debt, to be in debt to the tune of €2,000 ◆ **dette de jeu, dette d'honneur** a gambling *ou* gaming debt is a debt of honour ◆ **la dette publique** *ou* **de l'État/extérieure** the national/foreign debt; → **reconnaissance**
[2] (*morale*) debt ◆ **dette d'amitié/de reconnaissance** debt of friendship/gratitude ◆ **je suis en dette envers vous** I am indebted to you ◆ **il a payé sa dette envers la société** he has paid his

debt to society ♦ **j'ai une dette de reconnaissance envers vous** I am eternally grateful to you

détumescence /detymesɑ̃s/ **NF** detumescence

DEUG /døg/ **NM** (abrèv de **diplôme d'études universitaires générales**) → **diplôme**

> **DEUG, DEUST**
>
> French students sit their **DEUG** or their **DEUST** after two years of university study. Students can leave university after the **DEUG** or **DEUST**, which may be awarded with distinction, or proceed to the "licence". The certificate obtained specifies the principal subject area studied → **DIPLÔMES**

deuil /dœj/ SYN **NM** [1] *(= perte)* bereavement ♦ **il a eu un deuil récemment** he was recently bereaved, he recently suffered a bereavement *(frm)*, there has recently been a death in his family
[2] *(= affliction)* mourning *(NonC)*, grief ♦ **cela nous a plongés dans le deuil** it has plunged us into mourning *ou* grief ♦ **si nous pouvons vous réconforter dans votre deuil** if we can comfort you in your grief *ou* sorrow ♦ **décréter un deuil national de trois jours** to declare three days of national mourning
[3] *(= vêtements)* mourning (clothes) ♦ **quitter le deuil** to come out of mourning ♦ **prendre/porter le deuil d'un ami** to go into/be in mourning for a friend ♦ **porter le deuil de ses espoirs/illusions** to grieve for one's lost hopes/illusions
♦ **en + deuil** ♦ **être/se mettre en deuil** to be in/go into mourning ♦ **en grand deuil** in deep mourning
♦ **faire son deuil de qch** to kiss sth goodbye*, to say goodbye to sth* ♦ **il n'arrive pas à faire le deuil de cette relation** he hasn't come to terms with the fact that they have split up ♦ **les vacances sont annulées, j'en ai fait mon deuil** the holidays have been cancelled but I'm resigned to it *ou* it's no use crying about it
[4] *(= durée)* mourning ♦ **le deuil du président dura un mois** the mourning for the president lasted a month
[5] *(= cortège)* funeral procession ♦ **conduire** *ou* **mener le deuil** to head the funeral procession, to be (the) chief mourner

deus ex machina /deusɛksmakina/ **NM** deus ex machina

deusio* /døzjo/ **ADV** secondly

DEUST /døst/ **NM** (abrèv de **diplôme d'études universitaires scientifiques et techniques**) → **diplôme**

deutérium /døteʀjɔm/ **NM** deuterium

deutérocanonique /døteʀokanɔnik/ **ADJ** Apocryphal ♦ **les livres deutérocanoniques** the Apocrypha

deutéron /døteʀɔ̃/ **NM** ⇒ **deuton**

Deutéronome /døteʀɔnɔm/ **NM** Deuteronomy

deuton /døtɔ̃/ **NM** deuteron

deux /dø/
ADJ INV [1] *(= nombre)* two ♦ **les deux yeux/mains** *etc* both eyes/hands *etc* ♦ **ses deux jambes** both his legs, his two legs ♦ **montrez-moi les deux** show me both (of them) *ou* the two of them ♦ **deux fois** twice, two times *(US)* ♦ **il ne peut être en deux endroits/aux deux endroits à la fois** he can't be in two places/in both places at once ♦ **je les ai vus tous (les) deux** I saw them both, I saw both of them, I saw the two of them ♦ **inflation à deux chiffres** double-figure *ou* two-figure inflation ♦ **des deux côtés de la rue** on both sides *ou* on either side of the street ♦ **tous les deux jours/mois** every other *ou* every second day/month, every two days/months ♦ **habiter** *ou* **vivre à deux** to live together *ou* as a couple ♦ **deux t/l** *(gén)* two t's/l's; *(en épelant)* double t/l
[2] *(= quelques)* a couple, a few ♦ **c'est à deux pas/à deux minutes d'ici** it's only a short distance/just a few minutes from here, it's only a stone's throw/only a couple of minutes from here ♦ **pouvez-vous attendre deux (ou trois) minutes ?** could you wait two (or three) minutes? *ou* a couple of minutes? ♦ **vous y serez en deux secondes** you'll be there in no time (at all) ♦ **j'ai deux mots à vous dire** I want to have a word with you
[3] *(= deuxième)* second ♦ **volume/acte deux** volume/act two ♦ **le deux janvier** the second of January ♦ **Jacques II** James the Second ; *pour autres loc voir* **six**
[4] *(Mus)* ♦ **mesure à deux-deux/à deux-quatre/à deux-huit** two-two/two-four/two-eight time
[5] *(locutions)* ♦ **un homme entre deux âges** a middle-aged man ♦ **pris entre deux feux** caught in the crossfire ♦ **faire** *ou* **avoir deux poids deux mesures** to have double standards *ou* two sets of rules ♦ **être assis** *ou* **avoir le cul**** **entre deux chaises** to be caught between two stools ♦ **deux précautions valent mieux qu'une** *(Prov)* better safe than sorry *(Prov)* ♦ **deux avis valent mieux qu'un** two heads are better than one *(Prov)* ♦ **en deux temps, trois mouvements il l'a réparé*** he repaired it in no time *ou* before you could say Jack Robinson* *(hum)* ♦ **il ne reste pas les deux pieds dans le même sabot** he doesn't just sit back and wait for things to happen
♦ **ça fait deux** ♦ **lui et les maths, ça fait deux !*** he hasn't got a clue about maths ♦ **lui et la tendresse, ça fait deux !*** he doesn't know the meaning of tenderness ♦ **essayer et réussir, ça fait deux** to try is one thing but to succeed is another thing altogether, to try and to succeed are two (entirely) different things
NM INV *(= chiffre)* two ♦ **le deux** *(Cartes, Dés)* the two, the deuce ♦ **couper en deux** to cut in two *ou* in half ♦ **marcher deux par deux** *ou* **à deux** to walk two by two *ou* in pairs *ou* two abreast ♦ **à nous deux** *(= parlons sérieusement)* let's talk; *(= je m'occupe de vous)* I'm all yours; *(à un ennemi)* now let's fight it out!; *(à un appareil à réparer)* now let's see what we can do with you, now let's get you fixed ♦ **quand il y en a pour deux, il y en a pour trois** there's always enough to go around ♦ **il cuisine comme pas deux*** he's a hell of a cook* ♦ **elle est rapide comme pas deux*** she's damn quick* ♦ **quel bricoleur/gardien de but de mes deux !**** what a crap** *ou* lousy* handyman/goalie!; *pour autres loc voir* **six** *et* **moins, pas**[1]

deuxième /døzjɛm/
ADJ, NMF second ; *pour loc voir* **sixième**
COMP **le Deuxième Bureau** *(Admin)* the intelligence branch *ou* service

deuxièmement /døzjɛmmɑ̃/ GRAMMAIRE ACTIVE 26.5 **ADV** second(ly)

deux-mâts /døma/ **NM INV** *(= bateau)* two-master

deux-pièces /døpjɛs/ **NM INV** [1] *(= ensemble)* two-piece suit; *(= maillot)* two-piece (swimsuit)
[2] *(= appartement)* two-room flat *(Brit) ou* apartment *(US)* ♦ **« à louer : deux-pièces cuisine »** "for rent: two-room flat with separate kitchen"

deux-points /døpwɛ̃/ **NM INV** colon

deux-ponts /døpɔ̃/ **ADJ, NM INV** *(= bateau)* two-decker; *(= avion)* double-decker

deux-roues /døʀu/ **NM INV** two-wheeled vehicle ♦ **deux-roues motorisé** motorcycle

deux-temps /døtɑ̃/
ADJ INV *[moteur]* two-stroke
NM INV *(= moteur)* two-stroke (engine); *(Mus)* half-common time

deuzio* /døzjo/ **ADV** secondly

dévaler /devale/ SYN ► conjug 1 ◄
VT *(en courant)* to tear down, to hurtle down; *(en tombant)* to tumble down ♦ **il dévala les escaliers quatre à quatre** he tore *ou* hurtled down the stairs four at a time, he came tearing *ou* hurtling down the stairs four at a time
VI *[rochers]* to hurtle down; *[lave]* to rush down, to gush down; *[terrain]* to fall away sharply ♦ **il a dévalé dans les escaliers et s'est cassé le bras** he tumbled down the stairs and broke his arm

dévaliser /devalize/ SYN ► conjug 1 ◄ **VT** *[+ maison]* to burgle, to burglarize *(US)*; *[+ banque]* to rob ♦ **dévaliser qn** to strip sb of what he has on him ♦ **dévaliser un magasin** *[voleurs]* to burgle *ou* burglarize *(US)* a shop; *[clients]* to buy up a shop ♦ **dévaliser le réfrigérateur** to raid the fridge

dévalorisant, e /devalɔʀizɑ̃, ɑt/ **ADJ** *[emploi, tâche]* demeaning ♦ **cette expérience a été très dévalorisante pour lui** this experience was very damaging to his sense of self-worth

dévalorisation /devalɔʀizasjɔ̃/ SYN **NF** depreciation

dévaloriser /devalɔʀize/ SYN ► conjug 1 ◄
VT *[+ marchandises, collection]* to reduce the value of; *[+ monnaie, diplôme]* to undermine the value of ♦ **son patron le dévalorise sans cesse** his boss is forever running *ou* putting him down ♦ **ce type de publicité dévalorise les femmes** this type of advertising degrades women ♦ **cette situation le dévalorise aux yeux de sa famille** this situation undermines his standing *ou* status in the eyes of his family
VPR **se dévaloriser** *[monnaie, marchandise]* to fall in value, to depreciate; *[personne]* to run o.s. down ♦ **ce métier s'est dévalorisé** this profession has lost its prestige

dévaluation /devalɥasjɔ̃/ SYN **NF** devaluation

dévaluer /devalɥe/ SYN ► conjug 1 ◄
VT *[+ monnaie, métier, diplôme]* to devalue, to devaluate *(US)*; *[+ rôle, statut]* to undermine
VPR **se dévaluer** *[monnaie]* to devalue, to be devalued, to fall in value

devanagari /devanagaʀi/ **NF** Devanagari

devancement /d(ə)vɑ̃smɑ̃/ **NM** ♦ **devancement d'une échéance** payment in advance *ou* before time ♦ **devancement d'appel** *(Mil)* enlistment before call-up

devancer /d(ə)vɑ̃se/ SYN ► conjug 3 ◄ **VT**
[1] *(= distancer)* *[+ coureur]* to get ahead of, to get in front of; *[+ concurrent, rival]* to get ahead of, to forestall ♦ **il m'a devancé de 3 minutes/de 3 points** he beat me by 3 minutes/3 points, he was 3 minutes/3 points ahead of me
[2] *(= précéder)* to arrive before, to arrive ahead of ♦ **il m'a devancé au carrefour** he got to the crossroads before me ♦ **devancer son siècle** to be ahead of *ou* in advance of one's time
[3] *(= aller au-devant de)* *[+ question, objection, désir]* to anticipate ♦ **j'allais le faire mais il m'a devancé** I was going to do it but he did it first *ou* got there first
[4] *(= faire qch en avance)* ♦ **devancer l'appel** *(Mil)* to enlist before call-up ♦ **devancer la date d'un paiement** to make a payment before it is due

devancier, -ière /d(ə)vɑ̃sje, jɛʀ/ **NM,F** predecessor

devant /d(ə)vɑ̃/ SYN
PRÉP [1] *(position = en face de)* in front of, before *(littér)*; *(mouvement = le long de)* past ♦ **ma voiture est devant la porte** my car is (just) outside *ou* at the door ♦ **devant nous se dressait un vieux chêne** before us *ou* in front of us stood an old oak tree ♦ **le bateau est ancré devant le port** the boat is anchored outside the port ♦ **il est passé devant moi sans me voir** he walked past me *ou* he passed me *ou* he went right by me without seeing me ♦ **elle était assise devant la fenêtre** she was sitting at *ou* by the window ♦ **il est passé** *ou* **a filé devant nous comme une flèche** he shot past us (like an arrow), he flashed past us ♦ **va-t-en de devant la vitrine** move away from (in front of) the window ♦ **va-t-en de devant la lumière** get out of the *ou* my light
[2] *(= en avant de)* *(proximité)* in front of; *(distance)* ahead of ♦ **il marchait devant moi** he was walking in front of *ou* ahead of me ♦ **il est loin devant nous** he is a long way ahead of us ♦ **regarde devant toi** look in front of you *ou* straight ahead (of you) ♦ **il est devant moi en classe** *(banc)* he sits in front of me at school; *(résultats)* he is ahead of me at *ou* in school ♦ **fuir devant qn** to flee before *ou* from sb ♦ **(droit) devant nous se dressait la muraille** the wall rose up (straight) in front of *ou* ahead of us ♦ **allez droit devant vous, vous trouverez le village** go straight on *ou* ahead and you'll come to the village ♦ **aller droit devant soi (sans s'occuper des autres)** *(fig)* to go straight on (regardless of others) ♦ **passe devant moi si tu es pressé** you go first *ou* in front of me if you're in a hurry ♦ **elle est passée devant moi chez le boucher** she pushed (in) in front of me at the butcher's ♦ **avoir du temps/de l'argent devant soi** to have time/money to spare ♦ **il avait du temps devant lui** he had time to spare, he had time on his hands ♦ **il a toute la vie devant lui** he has his whole life ahead of him
[3] *(= en présence de)* before, in front of ♦ **s'incliner devant qn** to bow before sb ♦ **comparaître devant ses juges** to appear before one's judges ♦ **ne dis pas cela devant les enfants/tout le monde** don't say that in front of the children/everyone ♦ **cela s'est passé juste devant nous** *ou* **nos yeux** it happened before *ou* in front of our very eyes ♦ **imperturbable devant le malheur d'autrui** unmoved by *ou* in the face of other people's misfortune ♦ **reculer devant ses responsabilités** to shrink from one's responsibilities ♦ **par-devant notaire/Maître Durand** *(Jur)* in the presence of a notary/Maître Durand
[4] *(= face à)* faced with, in the face of; *(= étant donné)* in view of, considering ♦ **devant la gra-**

vité de la situation in view of *ou* considering the gravity of the situation • **rester ferme devant le danger** to stand fast in the face of danger • **il ne sut quelle attitude prendre devant ces faits** he did not know what line to adopt when faced *ou* confronted with these facts • **tous égaux devant la loi** everyone (is) equal in the eyes of the law

ADV 1 *(position)* in front • **vous êtes juste devant** you're right in front of it • **vous êtes passé devant** you came past *ou* by it • **je suis garé juste devant** I'm parked just out at the front *ou* just outside • **en passant devant, regarde si la boutique est ouverte** see if the shop is open as you go past • **corsage qui se boutonne (par-)devant** blouse which buttons up *ou* does up at the front • **tu as mis ton pull devant derrière** you've put your sweater on back-to-front *(Brit)* *ou* backwards *(US)* • **entre par-devant, la grille du jardin est fermée** go in the front, the garden gate is locked

2 *(= en avant)* ahead, in front • **il est parti devant** he went on ahead *ou* in advance • **il est loin devant** he's a long way ahead • **attention, obstacle (droit) devant !** *(en bateau)* stand by, hazard ahead! • **il est assis 3 rangs devant** he's sitting 3 rows in front (of us) • **fais passer le plateau devant** pass the tray forward • **il a pris des places devant** he has got front seats *ou* seats at the front *ou* up front* • **il a préféré monter devant** *(en voiture)* he preferred to sit in (the) front • **marchez devant, les enfants** walk in front, children • **passe devant, je te rejoindrai** go on ahead and I'll catch up with you • **passe devant, il roule trop lentement** go past him *ou* overtake him *(Brit)*, he's going too slowly • **passez devant, je ne suis pas pressé** after you *ou* you go first *ou* you go in front of me, I'm in no hurry

NM *[de maison, voiture, objet]* front; *[de bateau]* fore, bow(s) • **habiter sur le devant** to live at the front (of the house *etc*) • **de devant** *[roue, porte]* front

♦ **au-devant** • **je l'ai vu de loin et je suis allé au-devant de lui** I saw him in the distance and went (out) to meet him • **aller au-devant des désirs de qn** to anticipate sb's wishes • **courir au-devant du danger** to court danger • **aller au-devant des ennuis** *ou* **difficultés** to be asking for trouble • **nous avons bien assez de problèmes sans aller au-devant** we've got enough problems as it is without asking for more

♦ **prendre les devants** • **voyant qu'il hésitait, j'ai pris les devants pour lui parler** as he was hesitating I made the first move *ou* took the initiative and spoke to him • **nous étions plusieurs sur cette affaire, j'ai dû prendre les devants en offrant un contrat plus intéressant** there were several of us after the job so I had to pre-empt *ou* forestall the others and offer a more competitive contract • **prendre les devants en attaquant** *(Mil)* to launch a pre-emptive strike *ou* attack

devanture /d(ə)vɑ̃tyʀ/ **NF** 1 *(= étalage)* display; *(= vitrine)* shop *ou* store *(US)* window • **à la** *ou* **en devanture** on display; *(dans la vitrine)* in the window

2 *(= façade)* (shop *ou* store) front

dévastateur, -trice /devastatœʀ, tʀis/ SYN **ADJ** *[torrent, orage]* devastating; *[passion]* destructive

dévastation /devastasjɔ̃/ SYN **NF** devastation • **les dévastations de la guerre/de la tempête** the ravages of war/the storm, the devastation *ou* havoc wreaked by war/the storm

dévasté, e /devaste/ (ptp de **dévaster**) **ADJ** *[pays, ville, cultures]* devastated; *[maison]* ruined; *[visage]* ravaged

dévaster /devaste/ SYN ► conjug 1 ◄ **VT** *[+ pays, ville, cultures]* to devastate, to lay waste; *[+ esprit, cœur]* to devastate, to ravage

déveine* /devɛn/ SYN **NF** rotten luck* • **être dans la déveine** to be down on one's luck *ou* out of luck • **avoir la déveine de** to have the rotten luck to* • **quelle déveine !** what rotten luck!*

développable /dev(ə)lɔpabl/ **ADJ** *(gén, Géom)* developable

développante /dev(ə)lɔpɑ̃t/ **NF** *(Math)* involute

développé, e /dev(ə)lɔpe/ SYN (ptp de **développer**)

ADJ *[pays]* developed; *[sens, intuition, musculature]* well-developed • **bien/peu développé** well-developed/underdeveloped • **sens olfactif très développé** highly developed sense of smell

NM *(Haltérophilie)* press; *(Danse)* développé

développée /dev(ə)lɔpe/ **NF** *(Math)* evolute

développement /dev(ə)lɔpmɑ̃/ SYN **NM**

1 *(= croissance) [d'intelligence, corps, science, maladie]* development; *[d'économie, affaire, commerce, région]* development, expansion, growth; *[de chômage]* growth • **une affaire en plein développement** a fast-expanding *ou* fast-developing business • **l'entreprise a connu un développement important** the firm has expanded *ou* developed greatly *ou* has undergone a sizeable expansion • **la crise a connu un développement inattendu** the crisis has taken an unexpected turn, there has been an unexpected development in the crisis • **principe du développement durable** *(Écol)* principle of sustainable development; → **pays**[1]

2 *(= prolongement)* • **développements** *[d'affaire, enquête]* developments • **cette affaire pourrait connaître de nouveaux développements** there could be some new developments in this affair

3 *[de sujet]* exposition; *(Mus) [de thème]* development • **entrer dans des développements inutiles** to go into unnecessary details, to develop the subject unnecessarily

4 *(= mise au point)* development • **on évalue le développement de ce missile à 1 milliard d'euros** it is estimated that it will cost 1 billion euros to develop this missile

5 *(Photo)* developing, development, processing • **appareil/photo à développement instantané** instant camera/photograph

6 *(Cyclisme)* • **choisir un grand/petit développement** to choose a high/low gear

7 *(Géom) [de solide]* development; *(Algèbre) [de fonction]* development; *[d'expression algébrique]* simplification

développer /dev(ə)lɔpe/ GRAMMAIRE ACTIVE 26.2 SYN ► conjug 1 ◄

VT 1 *[+ corps, muscle, intelligence, stratégie]* to develop; *[+ commerce, industrie]* to develop, to expand • **développer le goût de l'aventure chez les enfants** to bring out *ou* develop adventurousness in children • **il faut développer les échanges entre les pays** exchanges between countries must be developed

2 *[+ récit, argument, projet]* to develop, to enlarge (up)on, to elaborate upon • **il faut développer ce paragraphe** this paragraph needs developing *ou* expanding

3 *(Photo) [+ film]* to develop • **envoyer une pellicule à développer** to send a film to be developed *ou* processed

4 *(Méd) [+ maladie]* to develop

5 *(= déballer) [+ paquet]* to unwrap

6 *(= déployer) [+ parchemin]* to unroll; *[+ coupon]* to unfold; *[+ armée, troupes]* to deploy

7 *(Math) [+ solide, fonction, série]* to develop; *[+ expression algébrique]* to simplify

8 • **vélo qui développe 6 mètres** bicycle which moves forward 6 metres for every complete revolution of the pedal

VPR **se développer** 1 *[personne, intelligence, plante]* to develop, to grow; *[entreprise]* to expand, to develop, to grow; *[pays, région]* to develop

2 *[armée]* to spread out

3 *[habitude]* to spread

4 *[maladie, symptôme]* to develop

développeur /dev(ə)lɔpœʀ/ **NM** *(Photo, Ordin)* developer

devenir /dəv(ə)niʀ/ SYN ► conjug 22 ◄

VI 1 *(= passer d'un état à un autre)* to become • **devenir capitaine/médecin** to become a captain/a doctor • **cet enfant maladif est devenu un homme solide** that sickly child has turned out *ou* turned into *ou* has become a strong man • **il est devenu tout rouge** he turned *ou* went quite red • **il devient de plus en plus agressif** he's becoming *ou* growing *ou* getting more and more aggressive • **devenir vieux/grand** to grow *ou* get old/tall • **arrête, tu deviens grossier** stop it, you're starting to be rude • **c'est à devenir fou !** it's enough to drive you mad!

2 *(pour demander des nouvelles)* • **bonjour, que devenez-vous ?*** hullo, how are you doing* *ou* getting on? *(Brit)* • **et Chantal, qu'est-ce qu'elle devient ?** how's Chantal these days? • **qu'étais-tu devenu ? nous te cherchions partout** where were you? we were looking for you everywhere • **que sont devenues mes lunettes ?** where have my glasses gone *ou* got to? *(Brit)* • **que sont devenus tes grands projets ?** what has become of your great plans? • **que deviendrais-je sans toi ?** what(ever) would I do *ou* what(ever) would become of me without you? • **qu'allons-nous devenir ?** what is going to happen to us?, what will become of us?

NM *(= progression)* evolution; *(= futur)* future • **quel est le devenir de l'homme ?** what is man's destiny? • **en devenir** constantly evolving

déverbal (pl **-aux**) /devɛʀbal, o/ **NM** deverbal *(noun formed from verb)*

dévergondage /devɛʀgɔ̃daʒ/ **NM** licentious *ou* loose living

dévergondé, e /devɛʀgɔ̃de/ SYN (ptp de **se dévergonder**)

ADJ *[femme]* shameless, loose; *[homme]* wild; *[conversation]* licentious, bawdy • **vie dévergondée** licentious *ou* loose living

NM,F • **c'est une dévergondée** she's a shameless hussy • **c'est un dévergondé** he leads a wild life

dévergonder /devɛʀgɔ̃de/ ► conjug 1 ◄

VT *[+ personne]* to debauch

VPR **se dévergonder** to run wild, to get into bad ways

déverguer /devɛʀge/ ► conjug 1 ◄ **VT** *(Naut)* to remove the yards from

déverrouillage /deveʀujaʒ/ **NM** 1 *[de porte]* unbolting

2 *[de mécanisme, arme à feu]* unlocking

déverrouiller /deveʀuje/ ► conjug 1 ◄ **VT**

1 *[+ porte] (avec un verrou)* to unbolt; *(avec une serrure)* to unlock

2 *[+ mécanisme]* to unlock, to release; *[+ arme à feu]* to release the bolt of; *[+ train d'atterrissage]* to release • **ils déverrouillent la grille des salaires** they are introducing greater flexibility into the salary structure • **pour tenter de déverrouiller le débat** to try and break the deadlock in the debate

devers /dəvɛʀ/ → **par-devers**

dévers /devɛʀ/ **NM** *[de route]* banking; *[de mur]* slant

déversement /devɛʀsəmɑ̃/ **NM** *[de liquide]* pouring (out); *[de sable, ordures]* tipping (out); *[de bombes]* unloading • **déversement accidentel de pétrole** oil spill • **le déversement en mer de déchets toxiques** the dumping of toxic waste at sea • **le déversement de produits sur le marché européen** the dumping of goods onto the European market

déverser /devɛʀse/ SYN ► conjug 1 ◄

VT 1 *[+ liquide]* to pour (out) • **la rivière déverse ses eaux dans le lac** the river flows into the lake • **une fenêtre ouverte déversait des flots de musique** strains of music wafted from an open window

2 *[+ sable, ordures]* to tip (out); *[+ bombes]* to unload • **déverser des produits sur un marché** to dump *ou* unload products onto a market • **le train déversa des milliers de banlieusards** the train disgorged *ou* discharged thousands of commuters • **des tonnes de pommes de terre ont été déversées sur la route** tons of potatoes were dumped on the road

3 *(= épancher)* • **il déversa toute sa colère sur moi** he poured out *ou* vented his anger on me • **déverser des injures sur qn** to shower abuse on sb • **déverser sa bile sur qn** to vent one's spleen on sb

VPR **se déverser** to pour (out) • **la rivière se déverse dans le lac** the river flows into the lake • **du trou se déversaient des torrents d'eaux boueuses** torrents of muddy water poured out of the hole • **les produits qui se déversent sur le marché européen** the products being dumped *ou* unloaded onto the European market

déversoir /devɛʀswaʀ/ **NM** *[de canal]* overflow; *[de réservoir]* spillway, overflow; *(fig)* outlet

dévêtir /devetiʀ/ ► conjug 20 ◄

VT *[+ personne, poupée]* to undress • **dévêtir un enfant** to undress a child, to take a child's clothes off

VPR **se dévêtir** SYN to undress, to get undressed, to take one's clothes off

déviance /devjɑ̃s/ **NF** *(Psych)* deviancy, deviance

déviant, e /devjɑ̃, jɑ̃t/

ADJ *[comportement]* deviant; *[discours, opinion]* dissenting

NM,F deviant • **déviant sexuel** sexual deviant

déviateur, -trice /devjatœʀ, tʀis/

ADJ *[+ force]* deviatory

NM *(Phys)* deflector • **déviateur (de jet)** jet vane

déviation /devjasjɔ̃/ SYN NF ① *[de circulation]* diversion (Brit), detour (US)

② (= écart) deviation ◆ **déviation par rapport à la norme** deviation from the norm ◆ **le parti l'a accusé de déviation** he was accused of deviating from the party line ◆ **il n'admettra aucune déviation par rapport à ses objectifs** he will not be deflected from his goals

③ (Méd) *[d'organe]* inversion; *[d'utérus]* displacement; *[de colonne vertébrale]* curvature

> ⚠ **déviation** se traduit par le mot anglais **deviation** uniquement au sens de 'écart'.

déviationnisme /devjasjɔnism/ NM deviationism ◆ **faire du déviationnisme de droite** to veer to the right

déviationniste /devjasjɔnist/ ADJ, NMF deviationist

dévidage /devidaʒ/ NM (= déroulement) *[de pelote, bobine]* unwinding; (= mise en pelote) *[de fil]* reeling

dévider /devide/ ▸ conjug 1 ◂ VT ① (= dérouler) *[+ pelote, bobine]* to unwind; *[+ cordage, câble]* to unreel ◆ **dévider son chapelet** (lit) to tell one's beads ◆ **dévider un chapelet de clichés** to reel off a string of clichés ◆ **elle m'a dévidé tout son chapelet*** she gave me a catalogue of her woes
② (= mettre en pelote) *[+ fil]* to wind into a ball *ou* skein; *[+ écheveau]* to wind up

dévideur /devidœʀ/ NM, **dévideuse** /devidøz/ NF *[de ruban adhésif]* dispenser

dévidoir /devidwaʀ/ NM *[de fil, tuyau]* reel; *[de câbles]* drum, reel

dévier /devje/ SYN ▸ conjug 7 ◂
VI ① *[aiguille magnétique]* to deviate; *[ballon, bateau, projectile]* to veer (off course), to turn (off course) ◆ **le ballon a dévié vers la gauche** the ball veered to the left ◆ **le poteau a fait dévier le ballon** the post deflected the ball ◆ **le vent nous a fait dévier (de notre route)** the wind blew us off course *ou* made us veer off course ◆ **nous avons dévié par rapport à notre route** we've gone off course, we're off course

② (fig) *[doctrine]* to alter; *[conversation]* to turn (sur (on)to) ◆ **voyant que la conversation déviait dangereusement** seeing that the conversation was taking a dangerous turn ◆ **il fit dévier la conversation vers des sujets plus neutres** he turned *ou* diverted the conversation onto more neutral subjects ◆ **nous avons dévié par rapport au projet initial** we have moved away *ou* departed from the original plan ◆ **on m'accuse de dévier de ma ligne politique** I'm accused of straying from my political principles ◆ **rien ne me fera dévier de mes principes** nothing will turn me away from my principles

VT *[+ route, circulation]* to divert (Brit), to detour (US); *[+ projectile, coup]* to deflect, to divert ◆ **avoir la colonne vertébrale déviée** to have curvature of the spine

devin, devineresse /dəvɛ̃, dəvin(ə)ʀɛs/ SYN NM,F soothsayer, seer ◆ **je ne suis pas devin** I don't have second sight, I can't see into the future

devinable /d(ə)vinabl/ ADJ *[résultat]* foreseeable; *[énigme]* solvable; *[secret, raison]* that can be guessed, guessable

deviner /d(ə)vine/ SYN ▸ conjug 1 ◂ VT ① *[+ secret, raison]* to guess; *[+ énigme]* to solve; *[+ avenir]* to foresee, to foretell ◆ **devine pourquoi/qui** guess why/who ◆ **vous ne devinez pas ?** can't you guess? ◆ **tu devines le reste** you can imagine the rest ◆ **deviner qn** to read sb's mind ◆ **je crois deviner où il veut en venir** I think I know *ou* I think I can guess what he's getting at ◆ **rien ne laissait deviner leur liaison** nothing hinted that they were having an affair

② (= apercevoir) to make out ◆ **je devinais son sourire dans la pénombre** I could make out his smile in the darkness ◆ **sa robe laissait deviner son corps souple** you could make out the contours of her lithe body through her dress ◆ **une silhouette se devinait à la place du conducteur** you could just make out a figure in the driver's seat ◆ **ses véritables sentiments se devinaient derrière son apparente indifférence** his true feelings showed through his apparent indifference

devineresse /dəvin(ə)ʀɛs/ NF → devin

devinette /d(ə)vinɛt/ SYN NF riddle, conundrum ◆ **poser une devinette à qn** to ask *ou* set sb a riddle ◆ **jouer aux devinettes** to play at riddles ◆ **arrête de jouer aux devinettes*** stop playing guessing games *ou* talking in riddles

déviriliser /deviʀilize/ ▸ conjug 1 ◂ VT ◆ **déviriliser qn** to emasculate sb

devis /d(ə)vi/ SYN NM estimate, quotation, quote ◆ **devis descriptif/estimatif** detailed/preliminary estimate ◆ **faire faire des réparations sur devis** to have repairs carried out on the basis of an estimate ◆ **il a établi un devis de 3 000 €** he drew up *ou* made out an estimate for €3,000

dévisager /devizaʒe/ SYN ▸ conjug 3 ◂ VT to stare at, to look hard at

devise /dəviz/ SYN NF ① (= monnaie) currency ◆ **devise forte** hard *ou* strong currency ◆ **devise faible** soft *ou* weak currency ◆ **devises étrangères** foreign currency ◆ **devise convertible** convertible currency ◆ **payer en devises** to pay in foreign currency; → **cours**

② *[de maison de commerce]* slogan; *[de parti]* motto, slogan ◆ **simplicité est ma devise** simplicity is my motto

③ (Héraldique) (= formule) motto; (= figure emblématique) device

deviser /dəvize/ SYN ▸ conjug 1 ◂ VI (littér) to converse (de about, on)

dévissage /devisaʒ/ NM ① *[de bouchon, couvercle, boulon]* unscrewing, undoing; *[d'ampoule électrique]* unscrewing
② *[d'alpiniste]* fall

dévisser /devise/ ▸ conjug 1 ◂
VT *[+ bouchon, couvercle, boulon]* to unscrew, to undo; *[+ ampoule électrique]* to unscrew ◆ **se dévisser la tête** *ou* **le cou** to crane one's neck
VI *[alpiniste]* to fall

de visu /devizy/ LOC ADV ◆ **constater qch de visu** to see sth for oneself ◆ **vérifier qch de visu** to check sth personally

dévitalisation /devitalizasjɔ̃/ NF ◆ **dévitalisation d'une dent** removal of a nerve from a tooth, devitalization (SPÉC) of a tooth

dévitaliser /devitalize/ ▸ conjug 1 ◂ VT *[+ dent]* to remove the nerve from, to devitalize (SPÉC)

dévitaminé, e /devitamine/ ADJ *[aliment]* which has lost its vitamins

dévitrifier /devitʀifje/ ▸ conjug 7 ◂ VT to devitrify

dévoiement /devwamɑ̃/ NM (littér) *[de personne]* leading astray; *[d'idéal, principe]* corruption ◆ **ils réprouvaient les dévoiements du régime établi** they condemned the corrupt behaviour of the regime in power ◆ **il voit dans cette expérience un dévoiement pervers de la science** he regards this experiment as a perverse misuse of science

dévoilement /devwalmɑ̃/ NM ① *[de statue, plaque commémorative]* unveiling
② *[d'intentions, secret, vérité, identité, date]* revelation, disclosure; *[de projet]* unveiling, revealing; *[de complot, scandale]* exposure

dévoiler /devwale/ SYN ▸ conjug 1 ◂
VT ① *[+ statue, plaque commémorative]* to unveil ◆ **dévoiler ses charmes** (hum) to reveal one's charms
② *[+ intentions, secret, vérité, identité, date]* to reveal, to disclose; *[+ projet]* to unveil, to reveal; *[+ complot, scandale]* to expose, to uncover ◆ **dévoiler son vrai visage** to show one's true face

VPR **se dévoiler** *[femme]* to take off one's veil ◆ **le mystère s'est dévoilé** the mystery has been revealed *ou* unfolded

---

devoir /d(ə)vwaʀ/

GRAMMAIRE ACTIVE 1.1, 1.2, 2, 9.3, 10.1, 10.2, 10.4, 14, 15.2

SYN ▸ conjug 28 ◂

1 - VERBE TRANSITIF
2 - VERBE AUXILIAIRE
3 - VERBE PRONOMINAL
4 - NOM MASCULIN
5 - NOM MASCULIN PLURIEL

---

1 - VERBE TRANSITIF

① = AVOIR À PAYER *[+ chose, somme d'argent]* to owe ◆ **devoir qch à qn** to owe sb sth ◆ **elle (lui) doit 50 €/2 jours de travail** she owes (him) €50/2 days' work ◆ **il réclame seulement ce qui lui est dû** he is asking only for what he's owed *ou* for what is owing to him

② = ÊTRE REDEVABLE DE ◆ **devoir qch à qn** to owe sth to sb, to owe sb sth ◆ **c'est à son courage qu'elle doit la vie** she owes her life to his courage, it's thanks to his courage that she's alive ◆ **je dois à mes parents d'avoir réussi** I have my parents to thank for my success, I owe my success to my parents ◆ **c'est à lui que l'on doit cette découverte** we have him to thank for this discovery, it is to him that we owe this discovery MAIS ◆ **à qui doit-on ce délicieux gâteau ?** who do we have to thank for this delicious cake? ◆ **à qui doit-on la découverte du radium ?** who discovered radium? ◆ **il ne veut rien devoir à personne** he doesn't want to be indebted to anyone ◆ **sa réussite ne doit rien au hasard** his success has nothing to do with luck

③ [= ÊTRE TENU À] ◆ **devoir (l')obéissance à qn** to owe sb obedience ◆ **les enfants doivent le respect à leurs parents** children ought to respect their parents ◆ **il lui doit bien cela !** it's the least he can do for him! ◆ **avec les honneurs dus à son rang** with honours befitting his rank

2 - VERBE AUXILIAIRE

① [OBLIGATION]

> Lorsque **devoir** exprime une obligation, il se traduit généralement par **have to** ou la forme plus familière **have got to** lorsqu'il s'agit de contraintes extérieures ; notez que **have got to** ne s'utilise qu'au présent. Le verbe **must** a généralement une valeur plus impérative ; **must** étant défectif, on utilise **have to** aux temps où il ne se conjugue pas.

◆ **elle doit (absolument) partir ce soir** she (really) has to *ou* she (really) must go tonight, she's (really) got to go tonight ◆ **il avait promis, il devait le faire** he'd promised, so he had to do it ◆ **dois-je lui écrire tout de suite ?** must I *ou* do I have to *ou* have I got to write to him immediately? ◆ **vous ne devez pas entrer sans frapper** you are not to *ou* must not come in without knocking MAIS ◆ **il a cru devoir accepter** he thought he should accept ◆ **dois-je comprendre par là que...** am I to understand from this that...

② [CONSEIL, SUGGESTION]

> Lorsque **devoir** est au conditionnel et qu'il a donc un sens proche du conseil, de la suggestion ou qu'il introduit ce qu'il est raisonnable de supposer, il se traduit par **should** ou **ought to**.

◆ **tu devrais t'habiller plus chaudement** you should *ou* ought to dress more warmly ◆ **il aurait dû la prévenir** he should have *ou* ought to have warned her ◆ **il devrait maintenant connaître le chemin** he ought to *ou* should know the way by now

③ [FATALITÉ]

> Lorsque **devoir** exprime une fatalité ou le caractère très vraisemblable d'un événement, il se traduit généralement par **have to** ou **be bound to**.

◆ **nos chemins devaient se croiser un jour ou l'autre** our paths were bound to *ou* had to cross some time ◆ **cela devait arriver !** it was bound to happen!, it (just) had to happen! ◆ **on doit tous mourir un jour** we all have to die some time MAIS ◆ **les choses semblent devoir s'arranger/empirer** things seem to be sorting themselves out/getting worse

> Notez l'emploi de **be to** dans les exemples suivants.

◆ **elle ne devait pas les revoir vivants** she was never to see them alive again ◆ **il devait devenir premier ministre trois mois plus tard** he was to become prime minister three months later

④ [PRÉVISION]

> Lorsque **devoir** exprime une prévision, il est souvent traduit par **be going to**.

◆ **elle doit vous téléphoner demain** she's going to ring you tomorrow ◆ **il devait acheter une moto mais c'était trop cher** he was going to buy a motorbike but it was too expensive

> Notez l'emploi de **be due to** et **be supposed to** dans les contextes où la notion de temps est importante.

◆ **son train doit ou devrait arriver dans cinq minutes** his train is due to arrive in five minutes ◆ **il devait partir à 6 heures mais...** he was supposed to be leaving at 6 but... ◆ **elle doit nous rejoindre ce soir** she's supposed to be joining us this evening ◆ **nous ne devions pas arriver avant 8 heures** we weren't supposed to come before 8

⑤ [PROBABILITÉ, HYPOTHÈSE]

> Lorsque **devoir** exprime une probabilité, une hypothèse, il se traduit généralement par **must** dans les phrases affirmatives.

- **il doit faire froid ici en hiver** it must be cold here in winter ◆ **vous devez vous tromper** you must be mistaken ◆ **il a dû se tromper** *ou* **il doit s'être trompé de chemin** he must have lost his way ◆ **il devait être 6 heures quand il est sorti** it must have been 6 when he went out

> Au conditionnel, on utilise **should** *ou* **ought to**.

◆ **ça devrait pouvoir se faire** it should be *ou* ought to be feasible ◆ **ça devrait tenir dans le coffre** it should go *ou* ought to go in the boot

> Dans les phrases négatives, on utilise généralement **can't**.

◆ **elle ne doit pas être bête, vous savez** she can't be stupid, you know ◆ **il ne devait pas être loin du sommet quand il a abandonné** he can't have been far from the top when he gave up

⑥ [SUPPOSITION] ◆ **dussé-je** *(frm)* **perdre de l'argent, j'irai jusqu'au procès** I'll go to court even if it means losing money

> Notez l'emploi possible de **be to**.

◆ **même s'il devait** *ou* **dût-il** *(littér)* **être condamné, il refuserait de parler** even if he were (to be) found guilty he would refuse to talk

3 - VERBE PRONOMINAL

se devoir

① [RÉCIPROQUE] ◆ **les époux se doivent (mutuellement) fidélité** husband and wife have a duty to be faithful to one another ◆ **nous nous devons la vérité** we owe it to each other to tell the truth

② [LOCUTIONS]
◆ **se devoir à qn/qch** ◆ **il se doit à sa famille** he has a duty to his family ◆ **quand on gagne un salaire pareil, on se doit à son métier** when you earn that much, you've got to be committed to your job
◆ **se devoir de** + *infinitif* (= *être obligé de*) ◆ **nous nous devons de le lui dire** it is our duty *ou* we are duty bound to tell him ◆ **l'ONU se devait de réagir/prendre des sanctions** the UN was duty bound to react/to introduce sanctions ◆ **je me devais de la prévenir** I owed it to myself to warn her ◆ **je me devais d'essayer** I had to try for my own sake ◆ **nos deux pays se doivent de coopérer davantage** our two countries must cooperate more ◆ **nous nous devons de satisfaire nos clients** we must satisfy our customers ◆ **pour être acceptée, la nouvelle procédure se devait d'être simple** the new procedure had to be simple if it was going to be accepted
◆ **comme il se doit/se devait** ◆ **j'en ai informé mon chef, comme il se doit** I informed my boss, of course ◆ **il a convié le ministre, comme il se devait** he invited the minister to attend, as was right and proper ◆ **on a fêté l'événement, comme il se doit** and naturally *ou* of course, we celebrated the event ◆ **le premier tome est consacré, comme il se doit, au Moyen Âge** not surprisingly, the first volume is devoted to the Middle Ages ◆ **comme il se doit en pareil cas, on a procédé à un vote** as is usual in these cases, we put it to a vote ◆ **ils ont été punis comme il se doit** they were duly punished ◆ **et il est arrivé en retard, comme il se doit !** *(hum)* and naturally he arrived late!

4 - NOM MASCULIN

① [= OBLIGATION] duty ◆ **agir par devoir** to act from a sense of duty ◆ **un homme de devoir** a man of conscience *ou* with a sense of duty ◆ **accomplir** *ou* **remplir son devoir** to carry out *ou* do one's duty *(envers towards)* ◆ **le sentiment du devoir accompli** the feeling that one has done one's duty ◆ **les devoirs du citoyen/d'une charge** the duties of a citizen/a post ◆ **se faire un devoir de faire qch** to make it one's duty to do sth ◆ **il est de mon/ton/son** *etc* **devoir de...** it is my/your/his *etc* duty to... ◆ **croire de son devoir de faire qch** to think *ou* feel it one's duty to do sth ◆ **devoirs religieux** religious duties
◆ **se mettre en devoir de** + *infinitif (frm)* ◆ **il se mit en devoir de répondre à la lettre** he proceeded to reply to the letter ◆ **il se mit immédiatement en devoir de le faire** he set about doing it immediately

② [SCOL] (= *dissertation*) essay, paper; (= *exercice*) *(fait à la maison)* homework (NonC); *(fait en classe)* exercise ◆ **faire ses devoirs** to do one's homework ◆ **devoirs de vacances** holiday homework ◆ **devoir (à la maison)** homework (NonC) ◆ **devoir sur table** *ou* **surveillé** (written) test

5 - NOM MASCULIN PLURIEL

devoirs (*vieilli ou hum = hommages*) respects ◆ **présenter ses devoirs à qn** to pay one's respects to sb

dévoisé, e /devwaze/ ADJ (Ling) [*consonne*] devoiced

dévoisement /devwazmɑ̃/ NM (Ling) devoicing

dévolter /devɔlte/ ► conjug 1 ◄ VT to reduce the voltage of

dévolu, e /devɔly/
ADJ ◆ **être dévolu à qn** [*succession, droits*] to be devolved upon *ou* to sb; [*charge*] to be handed down *ou* passed on to sb ◆ **le budget qui a été dévolu à la recherche** the funds that have been allotted *ou* granted to research ◆ **la part de gâteau qui m'avait été dévolue** the piece of cake that had been allotted to me ◆ **c'est à moi qu'il a été dévolu de commencer** it fell to me to start ◆ **le sort qui lui sera dévolu** the fate that is in store for him
NM ◆ **jeter son dévolu sur qn/qch** to set one's heart on sb/sth

dévolutif, -ive /devɔlytif, iv/ ADJ devolutionary

dévolution /devɔlysjɔ̃/ NF devolution

dévonien, -ienne /devɔnjɛ̃, jɛn/
ADJ Devonian
NM ◆ **le dévonien** the Devonian

dévorant, e /devɔrɑ̃, ɑ̃t/ SYN ADJ [*faim*] raging (*épith*); [*curiosité, soif*] burning (*épith*); [*passion*] devouring (*épith*), consuming (*épith*); *(littér)* [*flammes*] all-consuming

dévorateur, -trice /devɔratœr, tris/ ADJ [*passion*] devouring (*épith*)

dévorer /devɔre/ SYN ► conjug 1 ◄ VT ① (= *manger*) [*fauve*] to devour; [*personne*] to devour, to wolf down* ◆ **des limaces ont dévoré mes laitues** my lettuces have been eaten by slugs ◆ **cet enfant dévore !** this child has a huge appetite! ◆ **on est dévoré par les moustiques !** we're being eaten alive by mosquitoes! ◆ **dévorer un livre** to devour a book ◆ **dévorer qch à belles dents** to wolf sth down* ◆ **dévorer qn/qch du regard** *ou* **des yeux** to eye sb/sth greedily *ou* hungrily ◆ **dévorer qn de baisers** to smother sb with kisses ◆ **la barbe qui lui dévorait les joues** the beard that covered his face; → **loup**

② (= *consumer*) to consume ◆ **le feu dévore le bâtiment** the building is being consumed by fire ◆ **il a dévoré sa fortune** he has consumed his (whole) fortune ◆ **voiture qui dévore les kilomètres** *ou* **la route** car which eats up the miles ◆ **c'est une tâche qui dévore tous mes loisirs** it's a task which takes up *ou* swallows up all my free time

③ (*littér = tourmenter*) [*jalousie, remords, soucis*] to consume, to devour; [*maladie*] to consume ◆ **la soif le dévorait** he had a burning *ou* raging thirst ◆ **être dévoré de remords/jalousie** to be eaten up with *ou* consumed with *ou* devoured by remorse/jealousy ◆ **dévoré par l'ambition** consumed with ambition

④ (*frm = cacher*) ◆ **dévorer ses larmes** to choke back *ou* gulp back one's tears

> ⚠ Attention à ne pas traduire automatiquement **dévorer** par **to devour**, qui est d'un registre plus soutenu.

dévoreur, -euse /devɔrœr, øz/ NM,F devourer ◆ **un dévoreur de livres** an avid reader ◆ **ce projet est un gros dévoreur de crédits** this project eats up money *ou* is a great drain on funds

dévot, e /devo, ɔt/ SYN
ADJ (*gén*) devout, pious; (*péj = bigot*) sanctimonious, churchy*
NM,F (*gén*) deeply religious person; (*péj*) sanctimonious person ◆ **une vieille dévote** (*péj*) a churchy* *ou* sanctimonious old woman; → **faux²**

dévotement /devɔtmɑ̃/ SYN ADV devoutly, piously

dévotion /devɔsjɔ̃/ SYN
NF ① (= *piété*) devoutness, religious devotion; → **faux²**
② (= *culte*) devotion ◆ **avoir une dévotion pour qn** to worship sb ◆ **être à la dévotion de qn** to be totally devoted to sb ◆ **il avait à sa dévotion plusieurs employés** he had several totally devoted employees

NFPL **dévotions** devotions ◆ **faire ses dévotions** to perform one's devotions

dévoué, e /devwe/ SYN (ptp de **se dévouer**) [*employé*] devoted, dedicated; [*époux, ami*] devoted ◆ **être dévoué à qn/qch** to be devoted to sb/sth ◆ **votre dévoué serviteur** †† (*formule de lettre*) your devoted servant; → **croire**

dévouement /devumɑ̃/ SYN NM [*de mère, ami, voisin*] devotion; [*d'infirmière, sauveteur, soldat*] devotion, dedication ◆ **dévouement à un parti** devotion to a party ◆ **avec dévouement** devotedly ◆ **avoir un dévouement aveugle pour qn** to be blindly devoted to sb ◆ **elle a fait preuve d'un grand dévouement pour lui/à leur cause** she showed great devotion to him/to their cause

dévouer (se) /devwe/ SYN ► conjug 1 ◄ VPR ① (= *se sacrifier*) to sacrifice o.s. ◆ **il se dévoue pour les autres** he sacrifices himself for others ◆ **c'est toujours moi qui me dévoue !** it's always me who makes the sacrifices! ◆ **personne ne veut le manger ? bon, je me dévoue** (*hum*) so nobody wants to eat it? all right, I'll be a martyr (*hum*)
② (= *se consacrer à*) ◆ **se dévouer à qn/qch** to devote *ou* dedicate o.s. to sb/sth

dévoyé, e /devwaje/ SYN (ptp de **dévoyer**)
ADJ [*personne*] depraved ◆ **un nationalisme dévoyé** warped nationalism
NM,F corrupt individual ◆ **une bande de jeunes dévoyés** a gang of young delinquents

dévoyer /devwaje/ ► conjug 8 ◄
VT to lead astray
VPR **se dévoyer** to go astray

dextérité /dɛksterite/ SYN NF skill, dexterity ◆ **avec dextérité** skilfully, dextrously, with dexterity

dextre /dɛkstr/
ADJ [*coquille*] dextral; (*Héraldique*) dexter
NF (††, *hum*) right hand

dextrine /dɛkstrin/ NF dextrin(e)

dextrocardie /dɛkstrokardi/ NF dextrocardia

dextrogyre /dɛkstrɔʒir/ ADJ dextrogyrate, dextrogyre

dextrorsum /dɛkstrɔrsɔm/ ADJ INV dextrorse, dextrorsal

dey /dɛ/ NM dey

dézinguer* /dezɛ̃ge/ ► conjug 1 ◄ VT (= *tuer*) to kill

dézipper /dezipe/ ► conjug 1 ◄ VT [+ *fichier*] to unzip

dézonage /dezɔnaʒ/ NM [*de DVD*] dezoning

dézoner /dezɔne/ ► conjug 1 ◄ VT [+ *DVD*] to dezone

DG /deʒe/
NM (abrév de **directeur général**) CEO
NF (abrév de **direction générale**) (= *siège social*) head office; (*de l'UE*) DG

dg (abrév de **décigramme**) dg

DGA /deʒea/
NM (abrév de **directeur général adjoint**) → **directeur**
NF abrév de **Délégation générale pour l'armement** → **délégation**

DGE /deʒeə/ NF (abrév de **dotation globale d'équipement**) *state contribution to local government budget*

DGI /deʒei/ NF abrév de **Direction générale des impôts**

DGSE /deʒeɛsə/ NF (abrév de **Direction générale de la sécurité extérieure**) ≈ MI6 (*Brit*), ≈ CIA (*US*)

Dhaka /daka/ N Dhaka

dia /dja/ EXCL → **hue**

diabète /djabɛt/ NM diabetes (*sg*) ◆ **avoir du diabète** to have diabetes ◆ **diabète insipide/sucré** diabetes insipidus/mellitus ◆ **diabète gras** maturity-onset diabetes ◆ **diabète maigre** insulin-dependent *ou* juvenile-onset diabetes

diabétique /djabetik/ ADJ, NMF diabetic

diabétologie /djabetɔlɔʒi/ NF study of diabetes

diabétologue /djabetɔlɔg/ NMF diabetes specialist

diable /djabl/ NM ① (*Myth, Rel*) devil ◆ **le diable** the Devil ◆ **s'agiter comme un beau diable** to thrash about like the (very) devil ◆ **j'ai protesté comme un beau diable** I protested for all I was worth *ou* as loudly as I could ◆ **il a le diable au corps** he's the very devil ◆ **faire le diable à quatre** to create the devil* of a rumpus ◆ **que le diable l'emporte !** the devil take him!* ◆ **le diable m'emporte si j'y comprends quelque**

chose! the devil take me † *ou* the deuce † if I understand any of it!, I'll be damned if I understand it!* ◆ **c'est bien le diable si on ne trouve pas à les loger** it would be most surprising if we couldn't find anywhere to stay ◆ **ce n'est pas le diable** it's not that bad ◆ **(fait) à la diable** (done) any old how ◆ **tirer le diable par la queue** to live from hand to mouth, to be on one's uppers (Brit) ◆ **se démener comme un diable dans un bénitier** to be like a cat on a hot tin roof *ou* on hot bricks (Brit) ◆ **envoyer qn à tous les diables** † to tell sb to go to the devil*; → **avocat¹, île**

[2] (*dans excl*) ◆ **Diable!** † **c'est difficile!** it's dashed *ou* deuced difficult! † ◆ **diable oui/non!** good gracious yes/no! ◆ **du diable si je le sais!** the devil take me † *ou* the deuce † if I know! ◆ **allons, du courage que diable!** cheer up, dash it!* † ◆ **où/quand/qui/pourquoi diable...?** where/when/who/why the blazes* *ou* the devil*...?

[3] (*locutions*)
◆ **au diable** ◆ **être situé/habiter au diable (vauvert)** to be/live miles from anywhere *ou* at the back of beyond (Brit) ◆ **envoyer qn au diable** to tell sb to go to the devil* ◆ **il peut aller au diable!, qu'il aille au diable!** he can go to the devil! ◆ **au diable l'avarice!** hang the expense! ◆ **au diable le percepteur!** the devil take the tax collector!*

[4] (* = *enfant*) devil, rogue ◆ **pauvre diable*** (= *personne*) poor devil *ou* wretch ◆ **grand diable*** tall fellow ◆ **c'est un bon/ce n'est pas un mauvais diable*** he's a nice/he's not a bad sort* *ou* fellow

[5] (*en intensif*) ◆ **il fait un froid du diable** *ou* **de tous les diables** it's fearfully *ou* fiendishly cold ◆ **il faisait un vent du diable** *ou* **de tous les diables** there was the *ou* a devil* of a wind ◆ **on a eu un mal du diable à le faire avouer** we had the *ou* a devil* of a job making him own up ◆ **il est menteur en diable** he is a deuced † *ou* damned* liar ◆ **il est courageux/robuste en diable** he is devilishly brave/strong ◆ **ce diable d'homme** that wretched fellow ◆ **cette diable d'affaire** this wretched business ◆ **avec ce diable de temps on ne peut pas sortir** we can't go out in this wretched weather

[6] (= *chariot*) hand truck ◆ **diable (à ressort)** (= *jouet*) jack-in-the-box

[7] (= *casserole*) earthenware braising pot

[8] (*Culin*) ◆ **à la diable** in a piquant sauce, à la diable

diablement* /djɑbləmɑ̃/ ADV (= *très*) darned* ◆ **il y a diablement longtemps que...** it's a heck* of a long time since... ◆ **il m'a diablement surpris** he gave me a heck* of a surprise

diablerie /djɑbləʀi/ NF [1] (= *espièglerie*) roguishness; (= *acte*) mischief (NonC) ◆ **leurs diableries me feront devenir folle** their mischief will drive me mad

[2] († † = *machination*) machination, evil intrigue

[3] († † = *sorcellerie*) devilry

[4] (*Théât*) mystery play featuring devils

diablesse /djɑbles/ NF (= *diable femelle*) she-devil; († = *mégère*) shrew, vixen; (* = *bonne femme*) wretched woman ◆ **cette enfant est une vraie diablesse** that child is a little devil

diablotin /djɑblɔtɛ̃/ NM (*lit, fig*) imp; (= *pétard*) (Christmas) cracker (Brit), favor (US)

diabolique /djɑbɔlik/ SYN ADJ diabolic(al), devilish

diaboliquement /djɑbɔlikmɑ̃/ ADV diabolically

diabolisation /djɑbɔlizasjɔ̃/ NF [*d'adversaire, ennemi*] demonization ◆ **la diabolisation du cannabis** the way cannabis is portrayed as an evil *ou* dangerous drug

diaboliser /djɑbɔlize/ ► conjug 1 ◄ VT [+ *personne, État*] to demonize

diabolo /djɑbɔlo/ NM (= *jouet*) diabolo ◆ **diabolo grenadine/menthe** (= *boisson*) grenadine/mint (cordial) and lemonade

diacétylmorphine /djasetilmɔʀfin/ NF diacetylmorphine

diachronie /djakʀɔni/ NF diachrony

diachronique /djakʀɔnik/ ADJ diachronic

diachylon /djakilɔ̃/ NM diachylon

diaclase /djaklɑz/ NF (*Géol*) joint (*in rock*)

diaconal, e (mpl -aux) /djakɔnal, o/ ADJ diaconal

diaconat /djakɔna/ NM diaconate

diaconesse /djakɔnes/ NF deaconess

diacre /djakʀ/ NM deacon

diacritique /djakʀitik/
ADJ diacritic(al) ◆ **signe diacritique** diacritic, diacritical mark
NM diacritic, diacritical mark

diadème /djadɛm/ NM (*lit, fig* = *couronne*) diadem; (= *bijou*) tiara

diagnose /djagnoz/ NF (*Bio*) diagnosis

diagnostic /djagnɔstik/ SYN NM [*de médecin, expert*] diagnosis ◆ **diagnostic prénatal** prenatal *ou* antenatal diagnosis ◆ **faire** *ou* **établir** *ou* **poser un diagnostic** to make a diagnosis ◆ **erreur de diagnostic** error in diagnosis ◆ **il a un bon diagnostic** he's a good diagnostician ◆ **le diagnostic des économistes est pessimiste** the economists' diagnosis *ou* prognosis is pessimistic

diagnostique /djagnɔstik/ ADJ diagnostic

diagnostiquer /djagnɔstike/ SYN ► conjug 1 ◄ VT (*lit, fig*) to diagnose

diagonal, e (mpl -aux) /djagɔnal, o/
ADJ diagonal
NF **diagonale** diagonal ◆ **couper un tissu dans la diagonale** to cut a fabric on the bias *ou* on the cross (Brit)
◆ **en diagonale** diagonally, crosswise ◆ **tirer un trait en diagonale** to draw a line across the page ◆ **lire** *ou* **parcourir en diagonale** to skim through

diagonalement /djagɔnalmɑ̃/ ADV diagonally

diagramme /djagʀam/ SYN NM (= *schéma*) diagram; (= *courbe, graphique*) chart, graph ◆ **diagramme à barres** *ou* **à bâtons** *ou* **en tuyaux d'orgue** bar chart *ou* graph ◆ **diagramme sagittal/en arbre** sagittal/tree diagram ◆ **diagramme en secteurs** pie chart

diagraphe /djagʀaf/ NM diagraph

dialcool /djalkɔl/ NM dihydric alcohol, diol, glycol

dialectal, e (mpl -aux) /djalɛktal, o/ ADJ dialectal

dialectalisme /djalɛktalism/ NM dialectal variation

dialecte /djalɛkt/ SYN NM dialect; (*Helv* = *suisse allemand*) Swiss German

dialecticien, -ienne /djalɛktisjɛ̃, jɛn/ NM,F dialectician

dialectique /djalɛktik/ SYN
ADJ dialectic(al)
NF dialectics (*sg*)

dialectiquement /djalɛktikmɑ̃/ ADV dialectically

dialectiser /djalɛktize/ ► conjug 1 ◄ VT to dialectalize

dialectologie /djalɛktɔlɔʒi/ NF dialectology

dialectologue /djalɛktɔlɔg/ NMF dialectologist

dialogique /djalɔʒik/ ADJ dialogic

dialogue /djalɔg/ SYN NM (*gén*) dialogue, dialog (US) ◆ **le dialogue social** the dialogue between employers (*ou* government) and trade unions ◆ **c'est un dialogue de sourds** it's a dialogue of the deaf ◆ **c'est un dialogue de sourds entre le syndicat et la direction** the union and the management are not listening to each other ◆ **sa volonté de dialogue** his willingness to engage in dialogue ◆ **c'est un homme de dialogue** he is a man who is open to dialogue *ou* who is prepared to discuss matters ◆ **il faut établir un dialogue entre parents et enfants** it's important to get parents and children to talk to each other *ou* to get a dialogue going between parents and children ◆ **« Le Dialogue des Carmélites »** (*Littérat*) "The Fearless Heart" ◆ **dialogue homme-machine** (*Ordin*) dialogue between man and machine

dialoguer /djalɔge/ SYN ► conjug 1 ◄
VI to have talks, to enter into dialogue (Brit) *ou* dialog (US) ◆ **dialoguer avec un ordinateur** to interact with a computer ◆ **il veut faire dialoguer syndicats et patronat** he wants to get unions and employers to enter into dialogue
VT [+ *roman*] to put into dialogue (form)

dialoguiste /djalɔgist/ NMF dialogue writer, screen writer

dialypétale /djalipetal/
ADJ dypetalous
NFPL **dialypétales** ◆ **les dialypétales** dypetalous flowers

dialyse /djaliz/ NF dialysis ◆ **dialyse rénale** kidney dialysis ◆ **dialyse péritonéale** peritoneal dialysis ◆ **être en dialyse** to be on dialysis ◆ **subir une dialyse** to have dialysis ◆ **patient sous dialyse** dialysis patient

dialysé, e /djalize/ (ptp de **dialyser**)
ADJ ◆ **patient dialysé** dialysis patient
NM,F dialysis patient

dialyser /djalize/ ► conjug 1 ◄ VT to dialyse (Brit), to dialyze (US)

dialyseur /djalizœʀ/ NM dialyser (Brit), dialyzer (US)

diam* /djam/ NM (abrév de **diamant**) diamond

diamagnétisme /djamaɲetism/ NM diamagnetism

diamant /djamɑ̃/ NM (*gén*) diamond ◆ **le diamant noir** (*fig*) the truffle; → **croqueuse**

diamantaire /djamɑ̃tɛʀ/ NM (= *tailleur*) diamond-cutter; (= *vendeur*) diamond merchant

diamanté, e /djamɑ̃te/ ADJ [*outil*] diamond (*épith*); (*littér*) [*eau, lumière*] glittering

diamantifère /djamɑ̃tifɛʀ/ ADJ diamond-bearing, diamantiferous (SPÉC)

diamétral, e (mpl -aux) /djametʀal, o/ ADJ diametral, diametric(al)

diamétralement /djametʀalmɑ̃/ ADV (*Géom*) diametrally, diametrically ◆ **points de vue diamétralement opposés** diametrically opposite *ou* opposed views

diamètre /djamɛtʀ/ NM diameter ◆ **10 m de diamètre** 10 m in diameter

diamine /djamin/ NF diamine

diaminophénol /djaminofenɔl/ NM diaminophenol

Diane /djan/ NF Diane, Diana ◆ **Diane chasseresse** Diana the Huntress

diane /djan/ NF († *Mil*) reveille ◆ **sonner/battre la diane** to sound/beat the reveille

diantre † /djɑ̃tʀ/ EXCL (*aussi hum*) by Jove *ou* gad! ◆ **qui/pourquoi/comment diantre...?** who/why/how the deuce *ou* the devil...?

diantrement /djɑ̃tʀəmɑ̃/ ADV († *, hum*) devilish †, deuced †

diapason /djapazɔ̃/ NM [1] (*Mus*) (= *registre*) compass, range, diapason; (= *instrument*) (*en métal*) tuning fork, diapason; (*à vent*) pitch pipe, diapason ◆ **diapason de Scheibler** tonometer

[2] (*fig*) ◆ **être au diapason d'une situation** to be in tune with a situation ◆ **se mettre au diapason de qn** to get in tune with sb, to get onto sb's wavelength ◆ **il s'est vite mis au diapason** he soon fell *ou* got in step with the others

diapédèse /djapedɛz/ NF diapedesis

diaphane /djafan/ SYN ADJ [*tissu, vêtement*] see-through; [*parchemin, porcelaine*] translucent; [*mains*] diaphanous

diaphanoscopie /djafanɔskɔpi/ NF diaphanoscopy

diaphonie /djafɔni/ NF crosstalk

diaphragme /djafʀagm/ NM diaphragm; [*d'appareil photo*] aperture ◆ **ouvrir de deux diaphragmes** to open two stops

diaphragmer /djafʀagme/ ► conjug 1 ◄ VI (*Photo*) to adjust the aperture

diaphyse /djafiz/ NF (*Anat*) shaft

diapo* /djapo/ NF abrév de **diapositive**

diaporama /djapɔʀama/ NM slide show

diapositive /djapozitiv/ NF slide, transparency (Brit) ◆ **passer** *ou* **projeter des diapositives** to show slides *ou* transparencies (Brit)

diapré, e /djapʀe/ (ptp de **diaprer**) ADJ mottled, variegated

diaprer /djapʀe/ ► conjug 1 ◄ VT (*littér*) to mottle, to variegate

diaprure /djapʀyʀ/ NF (NonC, *littér*) variegation, mottled effect

diarrhée /djaʀe/ SYN NF diarrhoea (Brit) (NonC), diarrhea (US) (NonC) ◆ **avoir la diarrhée** *ou* **des diarrhées** to have diarrhoea (Brit) *ou* diarrhea (US) ◆ **diarrhée verbale** (*péj*) verbal diarrhoea*

diarrhéique /djaʀeik/ ADJ diarrh(o)eal, diarrh(o)eic

diarthrose /djaʀtʀoz/ NF (*Anat*) hinge joint ◆ **diarthrose rotatoire** pivot joint

diascope /djaskɔp/ NM [*de blindé*] periscope; (= *projection*) diascope

diascopie /djaskɔpi/ NF diascopy

diaspora /djaspɔʀa/ **NF** (gén) diaspora ◆ **la Diaspora (juive)** the (Jewish) Diaspora

diastase /djastaz/ **NF** diastase

diastasique /djastazik/ **ADJ** diastatic, diastasic

diastole /djastɔl/ **NF** diastole

diastolique /djastɔlik/ **ADJ** diastolic

diathèque /djatɛk/ **NF** (= collection) slide *ou* transparency (Brit) collection; (= salle) slide *ou* transparency (Brit) room

diathermane /djatɛʀman/**, diatherme** /djatɛʀm/ **ADJ** diathermic

diathermie /djatɛʀmi/ **NF** diathermy, diathermia

diathermique /djatɛʀmik/ **ADJ** diathermic

diathèse /djatez/ **NF** diathesis

diatomée /djatɔme/ **NF** diatom

diatomique /djatɔmik/ **ADJ** diatomic

diatomite /djatɔmit/ **NF** diatomite

diatonique /djatɔnik/ **ADJ** diatonic

diatribe /djatʀib/ **SYN NF** diatribe ◆ **se lancer dans une longue diatribe contre qn** to launch into a long diatribe against sb

diazoïque /djazɔik/ **ADJ** diazoic

dibasique /dibazik/ **ADJ** dibasic

dichotomie /dikɔtɔmi/ **NF** dichotomy

dichotomique /dikɔtɔmik/ **ADJ** ◆ **cela perpétue une vision dichotomique du monde** this perpetuates the view that the world is a dichotomy

dichroïque /dikʀɔik/ **ADJ** dichroic

dichroïsme /dikʀɔism/ **NM** dichroism

dichromatique /dikʀɔmatik/ **ADJ** dichromatic

dicline /diklin/ **ADJ** diclinous

dico * /diko/ **NM** abrév de **dictionnaire**

dicotylédone /dikɔtiledɔn/
ADJ dicotyledonous
NF dicotyledon

dicrote /dikʀɔt/ **ADJ M** [pouls] dicrotic

dictame /diktam/ **NM** (= plante) dictamnus

Dictaphone ® /diktafɔn/ **NM** Dictaphone ®

dictateur /diktatœʀ/ **SYN NM** dictator ◆ **ton/allure de dictateur** dictatorial tone/manner ◆ **« Le Dictateur »** (Ciné) "The Great Dictator"

dictatorial, e (mpl **-iaux**) /diktatɔʀjal, jo/ **SYN ADJ** dictatorial

dictature /diktatyʀ/ **SYN NF** dictatorship ◆ **la dictature du prolétariat** dictatorship of the proletariat ◆ **dictature militaire** military dictatorship ◆ **sous la dictature de** under the dictatorship of ◆ **c'est de la dictature !** (fig) this is tyranny!

dictée /dikte/ **NF** (= action) dictating, dictation; (= exercice) dictation ◆ **écrire qch sous la dictée de qn** to take down a dictation of sth ◆ **écrire sous la dictée de qn** to take down sb's dictation *ou* what sb dictates ◆ **dictée musicale** musical dictation ◆ **les dictées de son cœur** (littér) the dictates of his heart

dicter /dikte/ **SYN** ► conjug 1 ◄ **VT** [+ lettre, action] to dictate ◆ **ils nous ont dicté leurs conditions** they laid down *ou* dictated their conditions to us ◆ **les mesures que nous dicte la situation** the steps that the situation imposes upon us ◆ **il m'a dicté sa volonté** he imposed his will upon me ◆ **sa réponse (lui) est dictée par sa femme/par la peur** his reply was dictated by his wife/by fear ◆ **je n'aime pas qu'on me dicte ce que je dois faire !** I won't be dictated to! ◆ **une paix dictée par l'ennemi** peace on the enemy's terms

diction /diksjɔ̃/ **SYN NF** (= débit) diction; (= art) speech ◆ **professeur/leçons de diction** speech lesson/speech teacher

dictionnaire /diksjɔnɛʀ/ **SYN NM** dictionary ◆ **dictionnaire analogique** thesaurus ◆ **dictionnaire de langue/de rimes** language/rhyme dictionary ◆ **dictionnaire de données** (Ordin) data directory *ou* dictionary ◆ **dictionnaire électronique** electronic dictionary ◆ **dictionnaire encyclopédique/étymologique** encyclopaedic/etymological dictionary ◆ **dictionnaire géographique** gazetteer ◆ **dictionnaire des synonymes** dictionary of synonyms ◆ **c'est un vrai dictionnaire** *ou* **un dictionnaire vivant** he's a walking encyclopaedia

dictionnairique /diksjɔnɛʀik/ **ADJ** dictionary (épith)

dictionnariste /diksjɔnaʀist/ **NMF** lexicographer

dicton /diktɔ̃/ **SYN NM** saying, dictum ◆ **il y a un dicton qui dit…** there's a saying that goes…

didacticiel /didaktisjɛl/ **NM** educational software (NonC), piece of educational software ◆ **des didacticiels** educational software

didactique /didaktik/ **SYN**
ADJ ① (= destiné à instruire) [ouvrage] educational; [exposé, style] didactic ◆ **matériel didactique** teaching aids
② (= savant) [mot, terme] technical
③ (Psych) ◆ **psychanalyse didactique** training analysis
NF didactics (sg)

didactiquement /didaktikmɑ̃/ **ADV** didactically

didactisme /didaktism/ **NM** didacticism

didascalie /didaskali/ **NF** (Théât) stage direction

Didon /didɔ̃/ **NF** Dido

dièdre /djɛdʀ/
ADJ [angle] dihedral
NM dihedron, dihedral; (Alpinisme) dièdre, corner

diélectrique /djelɛktʀik/ **ADJ, NM** dielectric

diencéphale /djɑ̃sefal/ **NM** diencephalon

diencéphalique /djɑ̃sefalik/ **ADJ** diencephalic

diérèse /djeʀɛz/ **NF** (Ling) di(a)eresis

diergol /djɛʀgɔl/ **NM** diergol

dièse /djɛz/ **NM** (gén) hash mark *ou* sign; (Mus) sharp ◆ **fa/sol dièse** F/G sharp

diesel /djezɛl/
NM diesel; (= moteur) diesel engine; (= camion) diesel lorry (Brit) *ou* truck
ADJ diesel

diéséliste /djezelist/ **NM** (= mécanicien) diesel engineer

diéser /djeze/ ► conjug 6 ◄ **VT** (Mus) to sharpen, to make sharp

Dies irae /djesiʀe/ **NM INV** Dies Irae

diète[1] /djɛt/ **SYN NF** (Méd) (= jeûne) starvation diet; (= régime) diet ◆ **diète lactée/végétale** milk/vegetarian diet ◆ **mettre qn à la diète** to put sb on a starvation diet ◆ **il est à la diète** he has been put on a starvation diet

diète[2] /djɛt/ **NF** (Hist) diet

diététicien, -ienne /djetetisjɛ̃, jɛn/ **NM,F** dietician, dietitian

diététique /djetetik/ **SYN**
ADJ [restaurant, magasin] health-food (épith)
NF dietetics (sg)

diététiste /djetetist/ **NMF** (Can) dietician, dietitian

dieu (pl **dieux**) /djø/ **SYN NM** ① (= divinité, idole) god ◆ **les dieux de l'Antiquité** the gods of Antiquity ◆ **le dieu Chronos** the god Chronos
② (dans le monothéisme) ◆ **Dieu** God ◆ **le Dieu des chrétiens/musulmans** the God of the Christians/Muslims ◆ **Dieu le père** God the Father ◆ **c'est Dieu le père dans l'entreprise** (hum) he's God *ou* he's the big white chief in the company ◆ **une société/génération sans Dieu** a godless society/generation ◆ **le bon Dieu** the good *ou* dear Lord ◆ **donner/recevoir le bon Dieu** to offer/receive the Host (in Sacrament) ◆ **on lui donnerait le bon Dieu sans confession** he looks as if butter wouldn't melt in his mouth ◆ **faire de qn son dieu** to idolize *ou* worship sb, to put sb on a pedestal ◆ **il n'a ni dieu ni maître** he has neither lord nor master;
→ **âme, homme**
③ (locutions) ◆ **mon Dieu !** my God!, my goodness! ◆ **(grand) Dieu ! grands Dieux !** good God!, good heavens! ◆ **Dieu qu'il est beau/bête !** he's so good-looking/stupid! ◆ **mon Dieu oui, on pourrait...** well, yes, we could... ◆ **Dieu vous bénisse !** God bless you! ◆ **que Dieu vous assiste !** may God be with you! ◆ **à Dieu ne plaise !, Dieu m'en garde !** God forbid! ◆ **Dieu vous entende/aide !** may God hear your prayer/help you! ◆ **Dieu seul le sait** God only *ou* alone knows ◆ **Dieu sait s'il est généreux/si nous avons essayé !** God knows he's generous/we've tried! ◆ **Dieu sait pourquoi elle l'a épousé** heaven *ou* God (only) knows why she married him ◆ **Dieu merci, Dieu soit loué !** (frm) thank God!, praise the Lord! ◆ **Dieu merci, il n'a pas plu** it didn't rain, thank goodness *ou* thank God *ou* thank heaven(s) ◆ **c'est pas Dieu possible !** * that's just not possible ◆ **à-Dieu-vat !** † (entreprise risquée) it's in God's hands; (départ) Godspeed ◆ **Dieu m'est témoin que je n'ai jamais...** as God is my witness I have never... ◆ **tu vas te taire bon Dieu !** * for Christ's sake * *ou* sakes * (US) will you be quiet!;
→ **amour, grâce, plaire**

diffamant, e /difamɑ̃, ɑ̃t/ **SYN ADJ** [propos] slanderous, defamatory; [écrits] libellous, defamatory

diffamateur, -trice /difamatœʀ, tʀis/
ADJ [propos] slanderous, defamatory; [écrit] libellous, defamatory
NM,F slanderer

diffamation /difamasjɔ̃/ **SYN NF** ① (NonC) (gén) defamation (of character); (en paroles) slander; (par écrit) libel ◆ **campagne de diffamation** smear campaign ◆ **procès en diffamation** action for slander (*ou* libel) ◆ **engager des poursuites en diffamation contre qn** to sue sb for slander (*ou* libel) ◆ **il a été condamné pour diffamation envers X** he was found guilty of slander (*ou* libel) against X *ou* of slandering (*ou* libelling) X
② (= propos) slander (NonC); (= pamphlet) libel (NonC) ◆ **les diffamations des journaux** the libellous reports in the newspapers

diffamatoire /difamatwaʀ/ **SYN ADJ** (gén) defamatory; [propos] slanderous; [écrit] libellous ◆ **avoir un caractère diffamatoire** to be slanderous (*ou* libellous)

diffamer /difame/ **SYN** ► conjug 1 ◄ **VT** (en paroles) to slander, to defame; (par écrit) to libel, to defame

différé, e /difeʀe/ (ptp de **différer**)
ADJ (TV) (pre-)recorded
NM ◆ **(émission en) différé** (pre-)recorded programme, recording ◆ **le match sera retransmis en différé** the match will be broadcast at a later time

différemment /difeʀamɑ̃/ **ADV** differently

différence /difeʀɑ̃s/ **GRAMMAIRE ACTIVE 5.1, 5.4, 26.5 SYN NF** ① (gén) difference ◆ **différence d'opinion** difference of opinion ◆ **différence d'âge/de prix** difference in age/price, age/price difference ◆ **ils ont neuf ans de différence** there are nine years between them ◆ **quelle différence avec les autres !** what a difference from the others! ◆ **ne pas faire de différence** to make no distinction (entre between) ◆ **ils savent faire la différence entre vérité et mensonge** they can tell the difference *ou* distinguish between truth and falsehood ◆ **c'est son service qui a fait la différence** (Tennis) it was his serve that made all the difference ◆ **il fait des différences entre ses enfants** he doesn't treat all his children in the same way *ou* equally ◆ **tu auras à payer la différence** you will have to make up *ou* pay the difference ◆ **différence de buts** (Football) goal difference
② (= identité) ◆ **marquer sa différence** to assert one's (*ou* its) distinctive identity ◆ **il fait entendre sa différence au sein du parti** he voices his dissent in the party
③ (locutions) ◆ **à la différence de** unlike ◆ **à la différence** *ou* **à cette différence que** except (for the fact) that

différenciateur, -trice /difeʀɑ̃sjatœʀ, tʀis/ **ADJ** differentiating, differential

différenciation /difeʀɑ̃sjasjɔ̃/ **SYN NF** differentiation

différencié, e /difeʀɑ̃sje/ (ptp de **différencier**) **ADJ** (Bio) [cellule, tissu] differentiated; (Sociol) [groupe ethnique] diverse; (Scol) [enseignement, filières] specialized

différencier /difeʀɑ̃sje/ **GRAMMAIRE ACTIVE 5.1 SYN** ► conjug 7 ◄
VT to differentiate
VPR se différencier (= être différent de) to differ (de from); (= devenir différent) to become differentiated (de from); (= se rendre différent) to differentiate o.s. (de from)

différend /difeʀɑ̃/ **SYN NM** difference of opinion, disagreement; (Jur, Fin) controversy ◆ **avoir un différend avec qn** to have a difference of opinion with sb

différent, e /difeʀɑ̃, ɑ̃t/ **GRAMMAIRE ACTIVE 26.3 SYN ADJ** ① (= dissemblable) different (de from) ◆ **dans des circonstances différentes, je vous aurais aidé** if things had been different *ou* in other *ou* different circumstances, I would have helped you ◆ **chercher des solutions différentes** to try to find alternative *ou* other solutions
② (pl, gén avant n) (= divers) different, various ◆ **à différentes reprises** on several different *ou* various occasions ◆ **à différentes heures de la journée** at different times of the day ◆ **pour**

différentes raisons for various ou diverse (frm) reasons

différentialisme /difeʀɑ̃sjalism/ NM differentialism

différentiation /difeʀɑ̃sjasjɔ̃/ NF (Math) differentiation

différentiel, -ielle /difeʀɑ̃sjɛl/
 ADJ, NM (gén) differential ◆ **différentiel d'inflation** inflation differential
 NF **différentielle** differential

différentier /difeʀɑ̃sje/ ▸ conjug 7 ◂ VT (Math) to differentiate

différer /difeʀe/ SYN ▸ conjug 6 ◂
 VI 1 (= être dissemblable) to differ, to be different (de from; en, par in) ◆ **leur politique ne diffère en rien de celle de leurs prédécesseurs** their policy is no different ou is in no way different from their predecessors
 2 (= diverger) to differ ◆ **elle et moi différons sur ou en tout** she and I differ about everything
 3 (= varier) to differ, to vary ◆ **la mode diffère de pays à pays** fashions differ ou vary from one country to the next
 VT [+ travail] to postpone, to put off; [+ jugement, paiement, départ] to defer, to postpone ◆ **différer une décision** to defer ou postpone making ou put off making a decision ◆ **à quoi bon différer plus longtemps ?** why delay any longer? ◆ **différer de ou à faire qch** (frm) to delay ou defer ou postpone doing sth; → **crédit**

difficile /difisil/ GRAMMAIRE ACTIVE 6.3, 16.4 SYN ADJ
 1 (= ardu) [travail, problème] difficult ◆ **il nous est difficile de prendre une décision tout de suite** it is difficult ou hard for us ou we find it difficult ou hard to make a decision straight away ◆ **il a eu un moment difficile lorsque sa femme est morte** he went through a difficult ou hard time when his wife died ◆ **il a trouvé l'expédition difficile** he found the expedition hard going ou heavy going ◆ **difficile à faire** difficult ou hard to do ◆ **morceau difficile (à jouer) ou d'exécution difficile** difficult ou hard piece to play
 2 (= délicat) [position, situation] difficult, awkward ◆ **ils ont des fins de mois difficiles** they have a hard time making ends meet
 3 [personne] (= contrariant) difficult, trying; (= exigeant) hard ou difficult to please (attrib), fussy ◆ **un enfant difficile** a difficult ou a problem child ◆ **elle a un caractère difficile** she's difficult ou awkward ◆ **elle est difficile pour ce qui est de ou en ce qui concerne la propreté** she's a stickler for cleanliness, she's very fussy ou particular about cleanliness ◆ **être ou se montrer difficile sur la nourriture** to be difficult ou fussy ou finicky about one's food ◆ **il ne faut pas être trop difficile ou (trop) faire le difficile** it's no good being too fussy ou overfussy ◆ **cette chambre ne vous plaît pas ? vous êtes vraiment difficile !** don't you like this room? you really are hard ou difficult to please! ◆ **elle est difficile dans le choix de ses amis** she's very selective ou choosy* about her friends; → **vivre¹**
 4 [banlieue, quartier] tough

difficilement /difisilmɑ̃/ SYN ADV [marcher, s'exprimer] with difficulty ◆ **c'est difficilement visible/croyable** it's difficult ou hard to see/believe ◆ **il gagne difficilement sa vie** he finds it difficult ou hard to earn a living ◆ **je vois difficilement comment tu vas y arriver** I find it difficult to see how you're going to manage it

difficulté /difikylte/ SYN NF 1 (NonC) difficulty ◆ **selon la difficulté du travail** depending on how difficult the work is, according to the difficulty of the work ◆ **faire qch avec difficulté** to do sth with difficulty ◆ **avoir ou éprouver de la difficulté à faire qch** to have difficulty (in) doing sth, to find it difficult ou hard to do sth ◆ **j'ai eu beaucoup de difficulté à trouver des arguments** I had great difficulty finding ou I was hard put to find any arguments
 ◆ **en difficulté** ◆ **être ou se trouver en difficulté** [personne] to find o.s. in difficulty, to be in difficulties ou in trouble; [entreprise] to be having difficulties ◆ **avion/navire en difficulté** aircraft/ship in distress ◆ **couple en difficulté** couple with problems ◆ **enfant en difficulté** (Scol) child with learning difficulties ◆ (Psych) child with emotional difficulties ◆ **mettre qn en difficulté** to put sb in a difficult position ◆ **notre gardien de but a été plusieurs fois en difficulté** our goalkeeper ran into trouble several times

 2 (= embarras, obstacle) difficulty, problem; [de texte, morceau de musique] difficult passage, difficulty ◆ **il s'est heurté à de grosses difficultés** he has come up against grave difficulties ◆ **cela ne fait ou ne présente aucune difficulté** that presents ou poses no problem ◆ **il y a une difficulté** there's a problem ou hitch* ou snag* ◆ **c'est là la difficulté** that's where the trouble lies, that's the difficulty ◆ **il a fait des difficultés pour accepter nos conditions** he made ou raised difficulties about accepting our conditions ◆ **il n'a pas fait de difficultés pour nous suivre** he followed us without protest ou fuss ◆ **sans difficulté** easily, without any difficulty ◆ **en cas de difficulté** in case of difficulty
 ◆ **avoir des difficultés** ◆ **avoir des difficultés pour faire qch** to have some difficulty (in) doing sth ◆ **enfant qui a des difficultés (à l'école/en orthographe)** child who has difficulty ou difficulties (at school/with spelling) ◆ **avoir des difficultés financières** to be in financial difficulties ou straits ◆ **ils ont des difficultés avec leurs enfants** they have problems ou trouble with their children

difficultueux, -euse † /difikyltɥø, øz/ ADJ difficult, awkward

diffluence /diflyɑ̃s/ NF (Géog) diffluence

diffluent, e /diflyɑ̃, ɑ̃t/ ADJ flowing (épith)

difforme /difɔʀm/ SYN ADJ [corps, membre, visage] deformed, misshapen; [arbre] twisted

difformité /difɔʀmite/ SYN NF deformity ◆ **présenter des difformités** to have deformities, to be deformed

diffracter /difʀakte/ ▸ conjug 1 ◂ VT to diffract

diffraction /difʀaksjɔ̃/ NF diffraction; → **réseau**

diffus, e /dify, yz/ SYN ADJ (gén) diffuse; [douleur] diffuse, not localized

diffuser /difyze/ SYN ▸ conjug 1 ◂
 VT 1 [+ lumière, chaleur] to diffuse
 2 [+ rumeur, idée, nouvelle] to spread; [+ connaissances] to disseminate, to spread ◆ **la police a diffusé le signalement du ravisseur** the police have issued a description of the kidnapper
 3 (Radio, TV) [+ émission] to broadcast ◆ **le concert était diffusé en direct/en différé** the concert was broadcast live/was pre-recorded ◆ **des slogans diffusés par haut-parleur** slogans broadcast over a loudspeaker
 4 (= distribuer) [+ livres, revues] to distribute; [+ tracts] to distribute, to circulate ◆ **hebdomadaire diffusé à 80 000 exemplaires** weekly magazine with a circulation of 80,000
 VI (= se répandre) to diffuse
 VPR **se diffuser** [chaleur, lumière] to be diffused; [rumeur, idée, nouvelle, phénomène] to spread

diffuseur /difyzœʀ/ NM 1 [de parfum] diffuser (for room fragrance) ◆ **diffuseur d'insecticide** electric mosquito killer
 2 (Presse = distributeur) distributor
 3 (TV) broadcaster
 4 (= personne qui propage un art etc) publicist
 5 [de moteur] diffuser

diffusion /difyzjɔ̃/ SYN NF 1 [de lumière, chaleur] diffusion
 2 [de rumeur, idée, nouvelle] spreading; [de connaissances] dissemination, diffusion
 3 [d'émission] broadcasting ◆ **des films en première diffusion** films being shown ou broadcast for the first time on television ◆ **diffusion numérique** digital broadcasting
 4 (= distribution) [de livres, revues] distribution; [de tracts] distribution, circulation ◆ **journal de grande diffusion** large ou wide circulation paper ◆ **pour diffusion restreinte** [rapport] (gén) restricted; (secret d'État) classified
 5 [de maladie, virus] spread, spreading

diffusionnisme /difyzjɔnism/ NM diffusionism

digamma /diga(m)ma/ NM digamma

digérer /diʒeʀe/ SYN ▸ conjug 6 ◂ VT 1 [+ aliment, connaissance] to digest ◆ **je l'ai bien/mal digéré** I had no trouble/I had trouble digesting it ◆ **c'est du Marx mal digéré** it's ill-digested Marx
 2 (* = supporter) [+ insulte, attitude] to stomach*, to put up with; [+ échec, choc] to accept, to come to terms with ◆ **je ne peux plus digérer son insolence** I won't put up with ou stand for his insolence any longer

digest /dajʒɛst, diʒɛst/ NM digest

digeste /diʒɛst/ ADJ [aliment] easily digested, easily digestible ◆ **c'est un livre peu digeste*** this book's rather heavy going

digesteur /diʒɛstœʀ/ NM (Chim) digester

digestibilité /diʒɛstibilite/ NF digestibility

digestible /diʒɛstibl/ ADJ easily digested, easily digestible

digestif, -ive /diʒɛstif, iv/
 ADJ digestive; → **tube**
 NM (Méd) digestive; (= liqueur) liqueur

digestion /diʒɛstjɔ̃/ NF digestion ◆ **j'ai une digestion difficile** I have trouble digesting, I have digestive problems

digicode ® /diʒikɔd/ NM (press-button) door-entry system ◆ **y a-t-il un digicode pour entrer chez toi ?** do you have a door code?

digit /diʒit/ NM (Ordin) (= chiffre) digit; (= caractère) character

digital, e¹ (mpl -aux) /diʒital, o/ ADJ (gén) digital; → **empreinte²**

digitale² /diʒital/ NF digitalis ◆ **digitale pourprée** foxglove

digitaline /diʒitalin/ NF digitalin

digitalisation /diʒitalizasjɔ̃/ NF digitalisation

digitaliser /diʒitalize/ ▸ conjug 1 ◂ VT [+ données, images] to digitize ◆ **son digitalisé** digital sound

digitaliseur /diʒitalizœʀ/ NM digitizer

digité, e /diʒite/ ADJ digitate(d)

digitiforme /diʒitifɔʀm/ ADJ digitiform

digitigrade /diʒitigʀad/ ADJ, NM digitigrade

diglossie /diglɔsi/ NF diglossia

digne /diɲ/ SYN ADJ 1 (= auguste) dignified ◆ **il avait un air très digne** he had a very dignified air (about him)
 2 ◆ **digne de** (= qui mérite) [+ admiration, intérêt] worthy of, deserving (of) ◆ **digne de ce nom** worthy of the name ◆ **digne d'être remarqué** noteworthy ◆ **digne d'éloges** praiseworthy ◆ **digne de foi** trustworthy ◆ **digne de pitié** pitiable ◆ **digne d'envie** enviable ◆ **vous devez vous montrer dignes de représenter la France** you must show that you are fit ou worthy to represent France ◆ **livre à peine digne d'être lu** book which is scarcely worth reading ou which scarcely deserves to be read ◆ **il n'est pas digne de vivre** he's not fit to live ◆ **je ne suis pas digne que vous m'offriez votre soutien** I am not worthy of your offering me your support (littér)
 3 (= à la hauteur) worthy ◆ **son digne fils/père/représentant** his worthy son/father/representative ◆ **tu es le digne fils ou tu es le digne de ton père** (lit, péj) you're fit to be your father's son, you take after your father ◆ **avoir un adversaire digne de soi** to have an opponent worthy of oneself ◆ **œuvre digne de son auteur** work worthy of its author ◆ **avec une attitude peu digne d'un juge** with an attitude little befitting a judge ou unworthy of a judge ◆ **un dessert digne d'un si fin repas** a fitting dessert for such a fine meal

dignement /diɲ(ə)mɑ̃/ SYN ADV 1 (= noblement) with dignity ◆ **garder dignement le silence** to maintain a dignified silence
 2 (= justement) fittingly, justly ◆ **être dignement récompensé** to receive a fitting ou just reward, to be fittingly ou justly rewarded

dignitaire /diɲitɛʀ/ SYN NM dignitary

dignité /diɲite/ SYN NF 1 (= noblesse) dignity ◆ **la dignité du travail** the dignity of labour ◆ **la dignité de la personne humaine** human dignity ◆ **avoir de la dignité** to be dignified, to have dignity ◆ **manquer de dignité** to be lacking in dignity, to be undignified ◆ **c'est contraire à sa dignité** (hum) it is beneath his dignity ◆ **elle entra, pleine de dignité** she came in with great dignity
 2 (= fonction) dignity ◆ **être élevé à la dignité de juge** to be promoted to the dignity ou rank of judge

digramme /digʀam/ NM digraph

digression /digʀesjɔ̃/ SYN NF digression ◆ **faire une digression** to digress, to make a digression

digue /dig/ SYN NF (gén) dyke, dike; (pour protéger la côte) sea wall; (fig) barrier ◆ **élever des digues contre qch** to erect barriers against sth

diholoside /diɔlozid/ NM disaccharide

diktat /diktat/ NM diktat

dilapidateur, -trice /dilapidatœʀ, tʀis/ SYN
 ADJ wasteful
 NM,F spendthrift, squanderer ◆ **dilapidateur des fonds publics** embezzler of public funds

dilapidation /dilapidasjɔ̃/ SYN **NF** *[d'héritage, fortune]* squandering; *[de fonds publics, biens]* embezzlement, misappropriation

dilapider /dilapide/ SYN ▸ conjug 1 ◂ **VT** *[+ héritage, fortune]* to squander; *[+ énergie]* to waste; *[+ fonds publics, biens]* to embezzle, to misappropriate

dilatabilité /dilatabilite/ **NF** dilatability

dilatable /dilatabl/ **ADJ** *[corps]* dilatable

dilatant, e /dilatɑ̃, ɑ̃t/
ADJ dilative
NM dilat(at)or

dilatateur, -trice /dilatatœʀ, tʀis/
ADJ dilative ◆ **muscle dilatateur** dilatator
NM *(Méd)* dilator

dilatation /dilatasjɔ̃/ SYN **NF** *[de pupille, narine, vaisseau, col de l'utérus]* dilation, dilatation; *[d'estomac]* distension; *[de métal, gaz, liquide]* expansion; *[de pneu]* swelling, distension ◆ **avoir une dilatation d'estomac** to have a distended stomach ◆ **dilatation cardiaque** cardiac dila(ta)tion

dilater /dilate/ SYN ▸ conjug 1 ◂
VT *[+ pupille, narine, vaisseau, col de l'utérus, cœur]* to dilate; *[+ estomac]* to distend; *[+ métal, gaz, liquide]* to cause to expand; *[+ pneu]* to cause to swell
VPR **se dilater** *[pupille, narine]* to dilate; *[estomac]* to distend; *[métal, gaz, liquide]* to expand; *[pneu]* to swell ◆ **se dilater les poumons** to open one's lungs ◆ **pupilles dilatées** dilated pupils ◆ **pores dilatés** enlarged pores ◆ **se dilater la rate** † to split one's sides (laughing) *

dilatoire /dilatwaʀ/ **ADJ** ◆ **manœuvres** *ou* **moyens dilatoires** delaying *ou* stalling tactics ◆ **donner une réponse dilatoire** to play for time

dilatomètre /dilatɔmɛtʀ/ **NM** dilatometer

dilemme /dilɛm/ **NM** dilemma ◆ **sortir du dilemme** to resolve the dilemma ◆ **enfermer qn dans un dilemme** to put sb in a dilemma

dilettante /dilettɑ̃t/ SYN **NMF** *(= amateur d'art)* dilettante; *(péj = amateur)* dilettante, dabbler ◆ **faire qch en dilettante** *(en amateur)* to dabble in sth; *(péj)* to do sth in an amateurish way

dilettantisme /dilettɑ̃tism/ **NM** amateurishness ◆ **faire qch avec dilettantisme** to do sth in an amateurish way *ou* amateurishly

diligemment /diliʒamɑ̃/ **ADV** *(littér) (= avec soin)* diligently; *(= avec célérité)* promptly, speedily

diligence /diliʒɑ̃s/ SYN **NF** [1] *(littér = soin)* diligence, conscientiousness ◆ **à la diligence du ministre** *(Jur)* at the minister's behest *(littér) ou* request
[2] *(†, littér = empressement)* haste, dispatch ◆ **faire diligence** to make haste, to hasten ◆ **en diligence** posthaste †, speedily
[3] *(Hist = voiture)* diligence, stagecoach

diligent, e /diliʒɑ̃, ɑ̃t/ SYN **ADJ** *(littér)* [1] *(= actif)* *[serviteur]* prompt
[2] *(= assidu) [employé, travail]* diligent, conscientious; *[soins, attention]* diligent, sedulous *(frm)*

diligenter /diliʒɑ̃te/ ▸ conjug 1 ◂ **VT** *(Admin)* ◆ **diligenter une enquête** to launch an immediate inquiry ◆ **diligenter une inspection** to carry out an (immediate) assessment

diluant /dilɥɑ̃/ **NM** thinner

diluer /dilɥe/ SYN ▸ conjug 1 ◂ **VT** [1] *[+ liquide]* to dilute; *[+ peinture]* to thin (down); *(péj) [+ discours]* to pad out ◆ **alcool dilué** alcohol diluted with water ◆ **ce médicament se dilue dans l'eau** this medicine should be diluted with water
[2] *[+ force, pouvoir]* to dilute, to weaken
[3] *(Fin) [+ participation, capital, bénéfice]* to dilute ◆ **capital dilué** diluted capital

dilution /dilysjɔ̃/ **NF** [1] *[de liquide]* dilution; *[de peinture]* thinning (down); *(péj) [de discours]* padding out ◆ **à haute dilution** highly diluted
[2] *[de force, pouvoir]* dilution, weakening
[3] *(Fin)* dilution

diluvien, -ienne /dilyvjɛ̃, jɛn/ **ADJ** *[pluie]* torrential; *(Bible) [époque]* diluvian

diluvium /dilyvjɔm/ **NM** diluvium

dimanche /dimɑ̃ʃ/ **NM** Sunday ◆ **le dimanche des Rameaux/de Pâques** Palm/Easter Sunday ◆ **le dimanche de Noël** the Sunday after Christmas ◆ **les dimanches de l'Avent/de Carême** the Sundays in Advent/Lent ◆ **mettre son costume** *ou* **ses habits du dimanche** to put on one's Sunday clothes *ou* one's Sunday best ◆ **promenade/journal du dimanche** Sunday walk/(news)paper ◆ **peintre/sportif du dimanche** *(péj)* amateur *ou* spare-time painter/sportsman ◆ **chauffeur du dimanche** Sunday driver ◆ **sauf dimanche et jours fériés** Sundays and holidays excepted ◆ **ici, c'est pas tous les jours dimanche !** life isn't always much fun here! ◆ **allez, encore un verre, c'est pas tous les jours dimanche !** go on, have another, it's not every day we have an excuse for celebrating! ; *pour autres loc voir* **samedi**

dîme /dim/ **NF** *(Hist)* tithe ◆ **lever une dîme sur qch** to tithe sth ◆ **payer la dîme du vin/des blés** to pay tithes *ou* the tithe on wine/corn ◆ **le grossiste/l'État prélève sa dîme (sur la marchandise)** *(fig)* the wholesaler takes his/the State takes its cut (on the goods)

dimension /dimɑ̃sjɔ̃/ SYN **NF** [1] *(= taille) [de pièce, terrain]* size ◆ **avoir la même dimension** to be the same size, to have the same dimensions ◆ **de grande/petite dimension** large/small-sized, of large/small dimensions ◆ **faire une étagère à la dimension d'un recoin** to make a shelf to fit (into) an alcove
[2] *(= mesure)* ◆ **dimensions** dimensions ◆ **quelles sont les dimensions de la pièce ?** what are the dimensions *ou* measurements of the room?, what does the room measure? ◆ **ce placard est fait aux dimensions du mur** the cupboard has been built to the dimensions of the wall *ou* built to fit the wall ◆ **mesurez-le dans la plus grande dimension** measure it at the widest *ou* longest point ◆ **prendre la dimension de qn/d'un problème** to size sb/a problem up
[3] *(= importance)* ◆ **une entreprise de dimension internationale** a company of international standing ◆ **une erreur de cette dimension** a mistake of this magnitude ◆ **un repas à la dimension de son appétit** a meal commensurate with one's appetite ◆ **une tâche à la dimension de son talent** a task equal to *ou* commensurate with one's talent ◆ **il n'a pas la dimension d'un premier ministre** he hasn't got what it takes to be a prime minister
[4] *(Philos, Phys)* dimension ◆ **la troisième/quatrième dimension** the third/fourth dimension ◆ **à** *ou* **en 2/3 dimensions** 2-/3-dimensional

dimensionnel, -elle /dimɑ̃sjɔnɛl/ **ADJ** dimensional

dimensionnement /dimɑ̃sjɔnmɑ̃/ **NM** *[d'objet]* proportioning

dimensionner /dimɑ̃sjɔne/ ▸ conjug 1 ◂ **VT** to proportion ◆ **objet bien dimensionné** well-proportioned object

dimère /dimɛʀ/ **NM** dimer

diminué, e /diminɥe/ (ptp de **diminuer**) **ADJ** [1] *(= affaibli)* ◆ **il est (très)** *ou* **c'est un homme (très) diminué depuis son accident** he's not (at all) the man he was since his accident ◆ **très diminué physiquement** in very poor health ◆ **très diminué mentalement** mentally much less alert
[2] *(Mus)* diminished; *(Tricot) [vêtement]* fully-fashioned; *[rang de tricot]* decreased

diminuer /diminɥe/ SYN ▸ conjug 1 ◂
VT [1] *(= réduire)* to reduce; *[+ durée, volume, nombre]* to reduce, to decrease; *[+ son]* to lower, to turn down; *[+ ardeur]* to dampen; *[+ chances de succès, intérêt]* to lessen, to reduce, to diminish ◆ **diminuer les effectifs** to cut staff ◆ **diminuer le plaisir de qn** to lessen sb's pleasure ◆ **diminuer les forces de qn** to diminish sb's strength
[2] *(= affaiblir) [+ personne]* to weaken ◆ **ça l'a beaucoup diminué physiquement/moralement** it greatly weakened him physically/mentally
[3] *(= rabaisser) [+ personne]* to belittle; *[+ mérite, talent]* to belittle, to depreciate
[4] *(Tricot)* to decrease
VI [1] *[violence, intensité]* to diminish, to lessen; *[lumière]* to fade; *[bruit]* to die down; *[pluie]* to let up; *[orage]* to die down, to subside; *[intérêt, ardeur]* to decline, to decrease ◆ **le bruit diminue d'intensité** the noise is dying down ◆ **les combats diminuent d'intensité** the fighting is subsiding
[2] *[effectifs, nombre, valeur, pression]* to decrease, to diminish, to fall; *[provisions]* to diminish, to run low; *[forces]* to decline, to diminish ◆ **diminuer de longueur/largeur** to grow shorter/narrower, to decrease in length/width ◆ **le (prix du) beurre a diminué** butter has gone *ou* come down *ou* dropped in price ◆ **ça a diminué de volume** it has got smaller ◆ **les jours diminuent** the days are growing shorter *ou* drawing in *(Brit)*
VPR **se diminuer** *(= se rabaisser)* ◆ **il cherche toujours à se diminuer** he's always putting himself down

> (!) Attention à ne pas traduire automatiquement **diminuer** par **to diminish** qui a des emplois spécifiques.

diminutif, -ive /diminytif, iv/
ADJ *[suffixe]* diminutive
NM *(Ling)* diminutive; *(= petit nom)* pet name *(de* for), diminutive *(de* of)

diminution /diminysjɔ̃/ SYN **NF** [1] *[de longueur, largeur, vitesse]* reduction, decreasing; *[de durée, volume, nombre, quantité]* reduction, decreasing; *[de prix, impôts, consommation, valeur]* reduction, bringing down, cutting back ◆ **il nous a consenti une petite diminution** he gave us a small reduction ◆ **une diminution très nette du nombre des accidents** a marked decrease *ou* drop *ou* fall-off in the number of accidents ◆ **être en nette diminution** to be falling rapidly
[2] *[de chances de succès, plaisir, intérêt]* lessening, reduction; *[de violence, intensité]* diminishing, lessening
[3] *[de lumière, bruit]* fading, diminishing; *[de circulation]* dying down; *[de pluie]* letting up, diminishing; *[d'orage]* dying down, dying away, subsiding; *[d'ardeur]* dying down, diminishing, decrease *(de* in)
[4] *(Tricot)* decreasing ◆ **faire une diminution** to decrease ◆ **commencer les diminutions** to begin decreasing

dimorphe /dimɔʀf/ **ADJ** dimorphous, dimorphic

dimorphisme /dimɔʀfism/ **NM** dimorphism

DIN /din/ **NM INV** (abrèv de **Deutsche Industrie Norm**) DIN ◆ **les DIN et les ASA** DIN and ASA standards

dinanderie /dinɑ̃dʀi/ **NF** *(= commerce)* copperware trade; *(= articles)* copperware

dinandier /dinɑ̃dje/ **NM** copperware manufacturer and retailer

dinar /dinaʀ/ **NM** dinar

dînatoire /dinatwaʀ/ **ADJ** *(frm)* ◆ **goûter dînatoire** substantial afternoon meal, ≈ high tea *(Brit)* ◆ **buffet dînatoire** ≈ buffet dinner

dinde /dɛ̃d/ **NF** [1] *(= oiseau)* turkey hen; *(Culin)* turkey ◆ **dinde rôtie/de Noël** roast/Christmas turkey
[2] *(péj = fille stupide)* silly little goose

dindon /dɛ̃dɔ̃/ **NM** [1] *(gén)* turkey; *(mâle)* turkey cock
[2] *(* = homme sot)* ◆ **être le dindon (de la farce)** to be the fall guy *; → **se pavaner**

dindonneau (pl **dindonneaux**) /dɛ̃dɔno/ **NM** *(= oiseau)* turkey poult; *(Culin)* turkey

dîner /dine/ ▸ conjug 1 ◂
VI [1] *(le soir)* to have dinner, to dine *(frm)* ◆ **dîner aux chandelles** to have dinner *ou* to dine by candlelight ◆ **dîner d'une tranche de pain** to have a slice of bread for dinner ◆ **avoir qn à dîner** to have sb to dinner; → **dormir**
[2] *(Can, Helv, Belg)* to have lunch
NM [1] *(= repas du soir)* dinner ◆ **ils donnent un dîner demain** they are having a dinner party tomorrow ◆ **dîner de famille/d'affaires** family/business dinner ◆ **dîner en ville** (formal) dinner party ◆ **avant le dîner** before dinner
[2] *(Can, Helv, Belg)* lunch

dînette /dinɛt/ **NF** [1] *(= jeu d'enfants)* doll's tea party ◆ **jouer à la dînette** to play at having a tea party ◆ **venez à la maison, on fera (la) dînette** * come round and we'll have a bite to eat
[2] *(= jouet)* ◆ **dînette de poupée** doll's tea set, toy tea set

dîneur, -euse /dinœʀ, øz/ **NM,F** diner

ding /diŋ/ **EXCL** ding ◆ **ding dong !** ding dong!

dingo[1] /dɛ̃go/ **NM** *(= chien)* dingo

dingue * /dɛ̃g/, **dingo**[2] * † /dɛ̃go/
ADJ *[personne]* nuts *, crazy *, barmy * *(Brit)* ◆ **il y avait un bruit dingue** it was incredibly noisy ◆ **tu verrais les prix, c'est dingue !** you should see the prices, they're crazy *ou* incredible! ◆ **un film dingue** a really way-out * film ◆ **un vent dingue** a hell of * a wind, an incredible wind ◆ **il est dingue de cette fille/de ce chanteur** he's crazy * *ou* mad * about that girl/singer
NMF nutcase *, loony * ◆ **on devrait l'envoyer chez les dingues** he ought to be locked up *ou* to be sent to the loony bin ‡ ◆ **c'est un dingue de**

dinguer* /dɛ̃ge/ ▸ conjug 1 ◂ VI ◆ **aller dinguer** [personne] to fall flat on one's face, to go sprawling; [chose] to go crashing down, to go flying* ◆ **envoyer dinguer qn** (= faire tomber) to send sb flying*; (= chasser) to tell sb to buzz off* ou push off* ◆ **envoyer dinguer qch** to send sth flying*

dinguerie* /dɛ̃gʀi/ NF craziness, stupidity ◆ **toutes ces dingueries** all these stupidities

dinoflagellés /dinoflaʒele/ NMPL ◆ **les dinoflagellés** dinoflagellates, the Dinoflagellata (SPÉC)

dinosaure /dinɔzɔʀ/ NM (lit, fig) dinosaur

dinosauriens /dinɔsɔʀjɛ̃/ NMPL ◆ **les dinosauriens** dinosaurians

diocésain, e /djɔsezɛ̃, ɛn/ ADJ, NM,F diocesan

diocèse /djɔsɛz/ NM diocese

diode /djɔd/ NF diode

Diogène /djɔʒɛn/ NM Diogenes

dioïque /djɔik/ ADJ dioecious (Brit), diecious (US)

dionée /djɔne/ NF Venus's-flytrap, Venus flytrap

dionysiaque /djɔnizjak/ ADJ Dionysian, Dionysiac ◆ **les dionysiaques** the Dionysia

Dionysos /djɔnizɔs/ NM Dionysus, Dionysos

dioptre /djɔptʀ/ NM dioptre

dioptrie /djɔptʀi/ NF dioptre

dioptrique /djɔptʀik/
  ADJ dioptric(al)
  NF dioptrics (sg)

diorama /djɔʀama/ NM diorama

diorite /djɔʀit/ NF diorite

dioxine /djɔksin/ NF dioxin

dioxyde /djɔksid/ NM dioxide

dipétale /dipetal/ ADJ dipetalous

diphasé, e /difɑze/ ADJ diphase, diphasic, two-phase

diphénol /difenɔl/ NM biphenol, diphenol

diphényle /difenil/ NM biphenyl, diphenyl

diphtérie /diftéʀi/ NF diphtheria

diphtérique /difteʀik/ ADJ diphther(it)ic, diphtherial

diphtongaison /diftɔ̃gɛzɔ̃/ NF diphthongization

diphtongue /diftɔ̃g/ NF diphthong

diphtonguer VT, **se diphtonguer** VPR /diftɔ̃ge/ ▸ conjug 1 ◂ to diphthongize

diplocoque /diplɔkɔk/ NM diplococcus

diplodocus /diplɔdɔkys/ NM diplodocus

diploé /diplɔe/ NM diploë

diploïde /diplɔid/ ADJ diploid

diplômant, e /diplɔmɑ̃, ɑ̃t/ ADJ ◆ **formation diplômante** course leading to a qualification, ≈ certificate course

diplomate /diplɔmat/ SYN
  ADJ diplomatic
  NMF (= ambassadeur, personne habile) diplomat
  NM (Culin) ≈ trifle ◆ **diplomate au chocolat** ≈ chocolate charlotte russe

diplomatie /diplɔmasi/ SYN NF (lit, fig) diplomacy ◆ **le personnel de la diplomatie** the diplomatic staff ◆ **entrer dans la diplomatie** to enter the diplomatic service ◆ **le chef de la diplomatie allemande** the head of the German diplomatic staff ◆ **faire preuve de diplomatie envers qn** to treat sb diplomatically, to be diplomatic towards sb ◆ **il a déployé des trésors de diplomatie** he showed wonderful diplomatic skills

diplomatique /diplɔmatik/ SYN ADJ diplomatic ◆ **c'est une maladie diplomatique** it's a case of diplomatic toothache; → **valise**

diplomatiquement /diplɔmatikmɑ̃/ ADV (Pol, fig) diplomatically

diplôme /diplom/ SYN NM (= titre) (gén) diploma, certificate; (Univ) ≈ degree ◆ **avoir des diplômes** to have qualifications ◆ **diplôme d'études universitaires générales** diploma taken after two years at university ◆ **diplôme d'études approfondies** post-graduate diploma taken before completing a PhD ◆ **diplôme d'études supérieures spécialisées** one-year post-graduate diploma in an applied subject ◆ **diplôme d'études supérieures techniques** university post-graduate technical degree ◆ **diplôme d'études universitaires scientifiques et techniques** qualification in science taken after two years at university ◆ **diplôme universitaire de technologie** two-year qualification taken at a technical college after the baccalauréat

▪ **DIPLÔMES**

The initial university qualifications in France are the DEUG or DEUST (taken after two years, the latter in science and technology), and the "licence", taken after three years. The "maîtrise" follows the "licence", and is assessed mainly on the basis of a written dissertation known as a "mémoire". Higher postgraduate study usually begins with a "DEA", a preparatory research qualification that precedes the "doctorat".

diplômé, e /diplome/ (ptp de **diplômer**)
  ADJ qualified
  NM,F holder of a diploma ◆ **il est diplômé d'Harvard** he has a Harvard degree, he has a degree from Harvard ◆ **jeune diplômé(e)** graduate

diplômer /diplome/ ▸ conjug 1 ◂ VT to award a diploma to

diplopie /diplɔpi/ NF double vision, diplopia (SPÉC)

diplopodes /diplɔpɔd/ NMPL ◆ **les diplopodes** diplopods, the Diplopoda (SPÉC)

dipneustes /dipnøst/ NMPL ◆ **les dipneustes** dipnoans, the Dipnoi (SPÉC)

dipode /dipɔd/
  ADJ biped(al)
  NM biped

dipolaire /dipɔlɛʀ/ ADJ dipolar ◆ **moment dipolaire** dipole moment

dipôle /dipol/ NM (Phys) dipole; (Élec) dipole (aerial)

dipsomane /dipsɔman/
  ADJ dipsomaniacal
  NMF dipsomaniac

dipsomanie /dipsɔmani/ NF dipsomania

diptère /diptɛʀ/
  ADJ [temple] dipteral; [insecte] dipterous, dipteran
  NM (= insecte) dipteran ◆ **les diptères** dipterans, the Diptera (SPÉC)

diptyque /diptik/ NM (Hist, Art = tablette) diptych; (= roman, film) work in two parts

dir. abrév de **direction**

dircom* /diʀkɔm/ NMF abrév de **directeur, -trice de la communication**

◆ ◆ ◆ ◆ ◆ ◆ ◆ ◆ ◆ ◆ ◆ ◆ ◆ ◆

dire /diʀ/

GRAMMAIRE ACTIVE 1.1, 3, 26.1, 26.5

SYN ▸ conjug 37 ◂

1 - VERBE TRANSITIF
2 - VERBE PRONOMINAL
3 - NOM MASCULIN

◆ ◆ ◆ ◆ ◆ ◆ ◆ ◆ ◆ ◆ ◆ ◆ ◆ ◆

1 - VERBE TRANSITIF

1 [GÉN = DÉCLARER] to say ◆ **avez-vous quelque chose à dire ?** have you got anything to say? ◆ **« j'ai froid », dit-il** "I'm cold", he said ◆ **on peut commencer ? – elle a dit oui** can we start? – she said yes ou she said we could ◆ **dire bonjour/quelques mots à qn** to say hello/a few words to sb ◆ **il m'a dit : « je comprends »** he said to me, "I understand" ◆ **que dites-vous ?, qu'est-ce que vous dites ?** (I beg your) pardon?, what did you say? ◆ **comment dit-on ça en anglais ?** what's the English for that?, how do you say that in English? ◆ **comme disent les spécialistes** as the experts say ◆ **dire ce que l'on pense** to speak one's mind, to say what one thinks ◆ **je ne fais que dire tout haut ce que tout le monde pense tout bas** I'm only saying aloud what everyone else is thinking ◆ **je ne savais plus quoi dire** I was at a loss for words ◆ **il n'a pas dit un mot** he didn't say ou utter a (single) word ◆ **l'argent ne fait pas le bonheur, dit-on** money can't buy you happiness, as the saying goes ou as they say ◆ **qu'est-ce que les gens vont dire ?, qu'en dira-t-on ?** whatever will people ou they say? ◆ **il sait ce qu'il dit** he knows what he's talking about ◆ **il ne sait pas ce qu'il dit** (= il déraisonne) he doesn't know what he's saying; (= il ne sait pas de quoi il parle) he doesn't know what he's talking about ◆ **à ou d'après ce qu'il dit** according to him, according to what he says ◆ **tu ne crois pas si bien dire !** you don't know how right you are! ◆ **ce n'est pas une chose à dire** some things are better left unsaid ◆ **où va-t-il ? – il ne l'a pas dit** where's he going? – he didn't say ◆ **c'est à vous de dire** (Cartes) your call; → **bien, mal², parler**

◆ **dire que** to say that ◆ **dire à qn que...** to tell sb that..., to say to sb that... ◆ **il dit qu'il nous a écrit** he says that he wrote to us ◆ **il a bien dit qu'il ne rentrerait pas** he did say that he was not coming home ◆ **est-ce qu'il doit venir ? – elle dit que oui/que non** is he coming? – she says he is/he isn't ou she says so/not ◆ **la radio et les journaux avaient dit qu'il pleuvrait** the radio and the papers had said it would rain ◆ **vous nous dites dans votre lettre que...** you tell us ou you say in your letter that... ◆ **votre lettre/la loi dit clairement que...** your letter/the law says clearly that ou clearly states that... ◆ **qu'est-ce qui me dit que c'est vrai ?** how can I tell it's the truth?, how am I to know ou how do I know it's the truth?

◆ **on dit que...** rumour has it that..., they say that...

◆ **que dis-je** ◆ **il a au moins 70 ans, que dis-je, plutôt 80** he must be at least 70 – what am I saying? -- more like 80 ◆ **il est très économe, que dis-je, il est avare !** he's very thrifty, not to say mean!

◆ **ceci ou cela dit** (avec restriction) nevertheless, having said this; (= à ces mots) thereupon, having said this

◆ **cela va sans dire** it goes without saying

◆ **il va sans dire que...** needless to say...

◆ **comme on dit, comme dit ou dirait l'autre*** as they say, so to speak

◆ **comme qui dirait*** as you might say ◆ **j'entends comme qui dirait des grognements** I can hear what sounds like groans ◆ **cette maison c'est comme qui dirait un énorme cube** the house looks a bit like a huge cube

◆ **comment dirais-je ?** how shall I put it?

◆ **je ne te ou vous dis que ça !** that's all I can say! ◆ **il nous a fait un dîner, je ne te dis que ça !** (admiratif) he made us one hell of a dinner!*

◆ **pour ne pas dire** ◆ **il est gros, pour ne pas dire obèse** he's fat, not to say obese

◆ **soit dit en passant** by the way, let me say in passing, incidentally

2 [= COMMUNIQUER] [+ mensonges, nouvelle, adresse, nom] to tell; [+ sentiment] to tell of, to express ◆ **dire qch à qn** to tell sb sth ◆ **il m'a dit quelque chose qui m'a fait rire** he told me something ou he said something to me that made me laugh ◆ **j'ai quelque chose à vous dire** there's something I want to tell you ou say to you ◆ **dire des bêtises** to talk nonsense ◆ **il nous a dit sa joie/son soulagement** he told us how happy/how relieved he was ◆ **je ne te le dirai pas deux fois** I won't tell you again ◆ **je suis sûr, je te dis !** I'm certain, I tell you! ◆ **je vous l'avais bien dit !** I told you so!, didn't I tell you? ◆ **quelque chose me dit que...** something tells me (that)..., I've got the feeling (that)... ◆ **rien ne dit que...** there's nothing to say that...; → **aventure**

◆ **entre nous soit dit, soit dit entre nous** (just) between the two of us, between you and me

◆ **pour mieux dire** ◆ **sa franchise, ou pour mieux dire son manque de tact** his frankness, or rather his tactlessness

◆ **pour tout dire** actually, in fact ◆ **pour tout dire, ce film m'a paru sans intérêt** actually, I found the film totally uninteresting ◆ **il n'est pas bricoleur, pour tout dire il a horreur des travaux manuels** he's not much of a handyman - in fact he hates manual work

3 [= ORDONNER, PRÉVENIR] to tell ◆ **dites-lui de partir/qu'il parte ce soir** tell him to go/that he must leave tonight ◆ **il a dit de venir tôt** he said we were to come ou he said to come* early, he told us to come early ◆ **fais ce qu'on te dit !** do as ou what you are told! ◆ **ça suffit, j'ai dit !** I said that's enough! ◆ **on nous a dit de l'attendre** we were told to wait for him; → **envoyer**

4 [= OBJECTER] to say (à, contre against) ◆ **que veux-tu que je dise à ou contre ça ?** what can I say against that? ◆ **je n'ai rien à dire sur son travail** I can't complain about his work ◆ **tu n'as rien à dire, tu aurais fait la même chose !** you can talk! you would have done exactly the same thing! ◆ **tais-toi, tu n'as rien à dire !** be quiet, you're in no position to com-

ment! ◆ **tu n'as rien à dire, tu es bien servi** you can't complain, you've done very well out of it

◆ **c'est pas pour dire*** ◆ **c'est pas pour dire, mais je l'ai bien réussi, ce gâteau !** I don't mean to boast, but I made a really good job of that cake! ◆ **c'est pas pour dire, mais il aurait pu m'inviter !** I don't mean to complain, but he could have invited me!

◆ **il n'y a pas à dire*, on ne peut pas dire*** there's no doubt about it, there's no getting away from it

5 [= RÉCITER] *[+ poèmes]* to say, to recite; *[+ prière]* to say; *[+ rôle]* to speak ◆ **dire la messe** to say mass ◆ **l'acteur a très mal dit ce passage** the actor spoke the lines very badly; → **chapelet**

6 [= PLAIRE] ◆ **ça vous dit de sortir ?** do you feel like going out?, do you fancy *(Brit)* going out? ◆ **ça ne me dit rien** I don't feel like it at all, it doesn't appeal to me at all, I don't fancy *(Brit)* it at all ◆ **il y a des fraises mais ça ne me dit pas** there are strawberries but I don't fancy them *(Brit)* *ou* I'm not in the mood for them ◆ **rien ne me dit en ce moment** I'm not in the mood for anything *ou* I don't feel like doing anything just now ◆ **si le cœur vous en dit** if you feel like it, if you feel so inclined

7 [= PENSER] to think ◆ **qu'est-ce que tu dis de ma robe ?** what do you think of *ou* how do you like my dress? ◆ **qu'est-ce que vous dites de ça ?** what do you think *ou* how do you feel about it?, what are your feelings on the subject? ◆ **qu'est-ce que vous diriez d'une promenade ?** what would you say to a walk?, how about a walk? ◆ **on dirait qu'il n'aime pas cette ville** he doesn't seem to like this town ◆ **on dirait qu'il le fait exprès !** you'd almost think he does it on purpose! ◆ **qui aurait dit qu'elle allait gagner ?** who would have thought (that) she would win? ◆ **on dirait qu'il va pleuvoir** it looks like rain ◆ **on dirait qu'il va pleurer** he looks as though he is going to cry ◆ **cette eau est noire, on dirait de l'encre** this water is black – it looks like ink ◆ **on dirait du poulet** it tastes like *ou* it's like chicken ◆ **on dirait du Brahms** it sounds like *ou* it's like Brahms ◆ **on dirait du parfum** it's like *ou* it smells like perfume ◆ **on dirait de la soie** it's like *ou* it feels like silk ◆ **qui l'eût dit !** who'd have thought it!

◆ **dire que… !** *(dans une phrase exclamative)* ◆ **et dire qu'il aurait pu se tuer !** to think he might have killed himself!

8 [= SUPPOSER, PRÉTENDRE] ◆ **on le dit malade/à Londres** he's rumoured to be ill/in London ◆ **des gens dits cultivés** supposedly educated people

9 [= DÉCIDER] ◆ **venez bientôt, disons demain** come soon, let's make it tomorrow *ou* (let's) say tomorrow ◆ **tout n'est pas dit** the last word has not been said, it isn't all over yet ◆ **il est dit** *ou* **il a été dit que je ne gagnerai jamais** I'm destined *ou* fated never to win ◆ **bon, c'est dit** *ou* **voilà qui est dit** right, that's settled *ou* it's all arranged ◆ **ce qui est dit est dit** what's said is said ◆ **à l'heure dite** at the appointed time *ou* hour ◆ **au jour dit** on the appointed day; → **aussitôt, facile, tenir**

10 [= ADMETTRE] to say, to admit ◆ **il faut bien dire que…** I must say *ou* admit that… ◆ **disons-le, il nous ennuie** let's be frank *ou* let's face it*, we find him boring

11 [= ÉVOQUER] ◆ **ce nom me dit quelque chose** this name rings a bell ◆ **ça ne me dit rien du tout** that doesn't mean a thing to me

12 [* = AVOIR TEL ASPECT] ◆ **et tes plantations, qu'est-ce que ça dit ?** how are your plants doing? ◆ **pour l'instant, ça ne dit rien †, mais attendez que ce soit fini !** for the moment it doesn't look up to much*, but just wait until it's finished!

13 [= INDIQUER] to say, to show ◆ **ma montre dit 6 heures** my watch says 6 o'clock, it's 6 o'clock by my watch ◆ **son visage disait sa déception** his face gave away his disappointment, disappointment was written all over his face; → **long**

14 [LOCUTIONS] ◆ **tu me l'envoies, dis, cette lettre ?** you will send me that letter, won't you? ◆ **dis Papa, quand est-ce qu'on part ?** hey daddy, when are we going? ◆ **dis** *ou* **dites donc !** (= *à propos*) by the way; (= *holà*) hey!, say! *(US)* ◆ **c'est joli dis donc !** oh, isn't that pretty! ◆ **ça lui a rapporté 10 000 € – ben dis donc !*** that earned him €10,000 – goodness me *ou* well I never!* *(Brit)* ◆ **tu l'as dit (bouffi*) !** how right you are!, you said it! ◆ **quand je vous le disais !** I told you so!, what did I tell you! ◆ **c'est moi qui vous le dis** take my word for it ◆ **c'est vous qui le dites** that's what YOU say ◆ **c'est (vous) dire s'il est content/s'il a eu peur** that just shows you how pleased he is/how frightened he was ◆ **c'est beaucoup/trop dire** that's saying a lot/too much ◆ **c'est peu dire** that's an understatement ◆ **et ce n'est pas peu dire !, ce qui n'est pas peu dire !** and that's really saying something! ◆ **c'est une superproduction hollywoodienne, c'est tout dire !** it's a Hollywood spectacular, which says it all! ◆ **est-ce à dire que… ?** does that mean (that)…? ◆ **qu'est-ce à dire ?** *(frm)* what does that mean? ◆ **que tu dis** *(ou* **qu'il dit** *etc)* **!*** that's YOUR *(ou* HIS *etc)* story!, that's what YOU say *(ou* HE says *etc)*! ◆ **qui dit argent, dit problèmes** money means problems ◆ **à qui le dites-vous !** don't I know it!*, you're telling me!* ◆ **qui dit mieux ?** *(aux enchères)* any advance? ◆ **il a fait 50% de bénéfice, qui dit mieux ?** he made a 50% profit, you can't get much better than that, can you?

◆ **faire dire** ◆ **faire dire qch à qn** to send word of sth to sb ◆ **faire dire à qn de venir** to send for sb ◆ **faire dire à qn qu'on a besoin de lui** to let sb know that he is needed ◆ **faire dire à qn des choses (qu'il n'a pas dites)** to put words in sb's mouth ◆ **je ne vous le fais pas dire !** you said it! ◆ **il ne se l'est pas fait dire deux fois** he didn't need *ou* have to be told twice ◆ **elle partit sans se le faire dire deux fois** she left without having to be told twice ◆ **sous la torture, on fait dire aux gens ce qu'on veut** people can be made to say *ou* you can make people say anything under torture

◆ **laisser dire** to let people talk ◆ **laisse dire !** let them talk!, never mind what they say! ◆ **je me suis laissé dire que…** I heard that…, I was told that…

◆ **vouloir dire** (= *signifier*) to mean ◆ **qu'est-ce que ça veut dire ?** *[mot, texte]* what does that mean?; *[attitude de qn]* what does that imply? *ou* mean? ◆ **cette phrase ne veut rien dire** this sentence doesn't mean a thing ◆ **que veux-tu dire par là ?** what do you mean? ◆ **ça ne veut pas dire qu'il viendra** it doesn't mean (to say) that *ou* it doesn't follow that he'll come ◆ **ça veut tout dire !** that says it all! ◆ **ça dit bien ce que ça veut dire** it means exactly *ou* just what it says ◆ **non mais, qu'est-ce que ça veut dire de crier comme ça ?** what on earth is all this shouting about?

2 - VERBE PRONOMINAL

se dire

1 [= PENSER] to say to o.s ◆ **il se dit qu'il était inutile de rester** he said to himself that there was no point in staying ◆ **je me dis que j'aurais dû l'acheter** I feel now *ou* I'm thinking now that I should have bought it ◆ **il faut bien se dire que…** one has to realize *ou* accept that…

2 [= SE PRÉTENDRE] to claim to be ◆ **il se dit malade** he claims to be ill *ou* that he is ill ◆ **elle se dit sa cousine** she claims to be his cousin, she says she is his cousin

3 [= SE CROIRE] ◆ **on se dirait en Grèce/au Moyen Âge** you'd think we were in Greece/back in the Middle Ages

4 [MUTUELLEMENT] ◆ **elles se dirent au revoir** they said goodbye (to each other)

5 [= ÊTRE DIT] ◆ **ça ne se dit pas** *(inusité)* you don't say that; *(impoli)* it's not polite ◆ **cela ne se dit plus en français** the expression is no longer used *ou* in use in French ◆ **ça se dit de la même façon en anglais et en français** it's the same in English and in French ◆ **comment ça se dit en français ?** how do you say that in French? ◆ **se dit d'un objet/d'une personne** *etc (dans un dictionnaire)* of an object/a person *etc*

3 - NOM MASCULIN

[= DÉCLARATION] statement ◆ **d'après** *ou* **selon ses dires** according to him *ou* to what he says ◆ **au dire de, aux dires de** according to ◆ **au dire de** *ou* **selon le dire de tous** by all accounts ◆ **leurs dires ne concordent pas** *(Jur)* their statements do not agree

direct, e /diʀɛkt/ SYN

ADJ 1 (= *sans détour*) *[route, personne, reproche, regard]* direct; *[question]* direct, straight; *[allusion]* direct, pointed *(épith)* ◆ **c'est le chemin le plus direct** it's the most direct route ◆ **c'est direct en bus** there's a bus that goes direct ◆ **il m'a parlé de manière très directe, il a été très direct** he spoke to me in a very direct *ou* straightforward way, he didn't beat about the bush

2 (= *sans intermédiaire*) *(gén)* direct; *[cause, conséquence]* immediate, direct; *(Jur)* *[action]* direct ◆ **ses chefs directs** his immediate superiors ◆ **vente directe** direct selling ◆ **ligne téléphonique directe** *(privée)* private *ou* direct line; *(automatique)* automatic dialling system ◆ **être en rapport** *ou* **en contact direct** *ou* **en relations directes avec** to deal directly *ou* be in direct contact with ◆ **se mettre en rapport direct avec qn** to contact sb *ou* make contact with sb directly ◆ **il n'y a pas de rapport** *ou* **lien direct entre les deux faits** there is no direct connection *ou* link between the two facts ◆ **il a pris une part très directe à cette affaire** he was directly involved in the deal

3 (= *absolu*) ◆ **en contradiction/opposition directe avec** in direct contradiction/opposition to

4 *(Astron)* direct; *(Ling)* *[style, discours, objet]* direct; *(Logique)* *[proposition]* positive; → **complément**

5 *(Transport)* *[train]* through *(épith)*, non-stop *(épith)*; *[vol]* direct, non-stop *(épith)* ◆ **ce train est direct jusqu'à Paris** this is a through *ou* non-stop train to Paris

NM 1 (= *train*) express (train), fast *ou* non-stop train ◆ **le direct Paris-Dijon** the Paris-Dijon express

2 *(Boxe)* jab ◆ **direct du gauche/du droit** straight left/right, left/right jab ◆ **il lui a envoyé un direct dans l'estomac** he delivered a punch straight to his stomach

3 *(Radio, TV)* ◆ **c'est du direct** it's live ◆ **émission en direct** live broadcast ◆ **parler/faire un reportage en direct de New York** to be speaking/reporting live from New York ◆ **ce sont les risques du direct** those are the risks of live broadcasting *ou* of broadcasting live

ADV * straight ◆ **tu fais la traduction direct ?** do you translate straight off? ◆ **on l'a emmené direct à l'hôpital** he was taken straight to hospital

directement /diʀɛktəmɑ̃/ SYN ADV

1 (= *immédiatement*) straight, right away, straight away *(Brit)* ◆ **il est allé se coucher directement** he went straight *ou* directly to bed, he went to bed right *ou* straight *(Brit)* away ◆ **en rentrant il est allé directement au réfrigérateur** when he came home he went straight to the fridge *ou* he made a beeline for the fridge

2 (= *sans détour*) straight, directly ◆ **cette rue mène directement à la gare** this street leads straight to the station ◆ **cet escalier communique directement avec la cave** this staircase leads straight *ou* directly to the cellar ◆ **il est entré directement dans le vif du sujet** he came straight to the point

3 (= *personnellement*) directly ◆ **il m'a très directement accusé de ce crime** he accused me of the crime straight out ◆ **sa bonne foi est directement mise en cause** it's a direct challenge to his good faith ◆ **tout ceci ne me concerne pas directement mais…** none of this concerns me directly *ou* personally but…, none of this is of any direct *ou* immediate concern to me but… ◆ **les secteurs les plus directement touchés par la crise** the sectors most directly *ou* immediately affected by the crisis

4 (= *sans intermédiaire*) direct, straight ◆ **adressez-vous directement au patron** apply to the boss direct *ou* in person, go straight to the boss ◆ **j'ai été directement le trouver pour le lui demander** I went straight to him to ask him about it ◆ **directement du producteur au consommateur** direct *ou* straight from the producer to the consumer ◆ **colis expédié directement à l'acheteur** parcel sent direct to the buyer

5 (= *diamétralement*) *(lit)* directly; *(fig)* completely, utterly, directly ◆ **la maison directement en face** the house directly *ou* straight opposite

directeur, -trice /diʀɛktœʀ, tʀis/ SYN

ADJ (= *dirigeant*) directing; (= *principal*) *[idée]* principal, main; *[principe]* guiding; *[force]* guiding, driving; *(Tech)* *[bielle]* driving; *[roue]* front ◆ **le taux directeur de la Banque de France** the Bank of France's key interest rate; → **comité, ligne[1], plan[1]**

NM 1 (= *responsable, gérant*) *[de banque, usine]* manager; *(Admin)* head; *(Police)* ≃ chief constable *(Brit)*, ≃ police chief *(US)*; *(Ciné, TV)* director ◆ **directeur général** *[d'entreprise]* general manager; *(au conseil d'administration)* managing director, chief executive officer ; *[d'organisme international]* director general ◆ **directeur général adjoint** assistant general manager ◆ **le directeur**

de l'UFR d'anglais the head of the English department ◆ **directeur des achats** *ou* **d'achat** chief buyer, purchasing manager
[2] *(= administrateur, propriétaire)* director
[3] ◆ **directeur (d'école)** headmaster, principal *(US)*
NF **directrice** [1] *[d'entreprise]* manageress; *(= propriétaire)* director; *(Admin)* head
[2] ◆ **directrice (d'école)** headmistress, principal *(US)*
[3] *(Math)* directrix
COMP **directeur administratif et financier** financial and administrative director
directeur artistique artistic director
directeur de cabinet *(d'un ministre)* principal private secretary
directeur commercial commercial manager
directeur de la communication head of communications
directeur de conscience spiritual adviser
directeur financier financial director, chief financial officer
directeur gérant managing director
directeur de journal newspaper editor
directeur de la photographie director of photography
directeur de prison prison governor *(Brit)*, head warden *(US)*
directeur des programmes *(Radio, TV)* programme *(Brit) ou* program *(US)* director
directeur des ressources humaines human resources manager
directeur spirituel ⇒ **directeur de conscience**
directeur de théâtre theatre *(Brit) ou* theater *(US)* manager
directeur de thèse *(Univ)* supervisor *(Brit)*, (dissertation) director *(US)*
directeur des ventes sales manager

directif, -ive[1] /diʀɛktif, iv/ SYN **ADJ** directive ◆ **il est très directif** he's very directive, he's always telling people what to do ◆ **ne soyez pas trop directif** try not to exert too much control

direction /diʀɛksjɔ̃/ SYN **NF** [1] *(= sens)* direction; *(= route, chemin)* direction, way ◆ **vous n'êtes pas dans** *ou* **vous n'avez pas pris la bonne direction** you're not going the right way, you're going in the wrong direction ◆ **dans quelle direction est-il parti ?** which way did he go? ◆ **aller dans la direction de** *ou* **en direction de Paris, prendre la direction de Paris** to go towards *ou* in the direction of Paris ◆ **prendre la direction Châtelet** *(en métro)* take the line that goes to Châtelet ◆ **train/avion en direction de...** train/plane for *ou* going to... ◆ **bateau en direction de...** ship bound *ou* heading for... ◆ **nous devons chercher dans une autre direction** we must look in some other *ou* a different direction ◆ **l'enquête a pris une nouvelle direction** the inquiry has taken a new turn ◆ **dans toutes les directions** in all directions ◆ « **autres directions** » *(panneau)* "all other routes" ◆ « **toutes directions** » "all routes"
[2] *(= action de diriger) [d'entreprise, usine, théâtre]* management, running; *[de journal, pays, gouvernement, parti]* running; *[d'orchestre]* conducting; *(Ciné, Théât, TV) [d'acteurs]* directing; *[d'opération, manœuvre]* supervision ◆ **il a été chargé de** *ou* **on lui a confié la direction de l'enquête/des travaux** he has been put in charge of the inquiry/the work ◆ **prendre la direction de** *[+ service]* to become head of, to take over the running of; *[+ usine, entreprise]* to become manager of, to take over the running *ou* management of; *[+ équipe, travaux]* to take charge of, to take over the supervision of; *[+ mouvement, pays]* to become leader of, to take over the leadership of; *[+ débats]* to take control of; *[+ journal]* to take over the editorship of ◆ **direction par objectifs** management by objectives ◆ **prendre la direction des opérations** to take charge *ou* control (of operations) ◆ **sous sa direction** under his leadership (*ou* management *etc*) ◆ **il a travaillé sous la direction d'un spécialiste** he has worked under the supervision of an expert ◆ **il a fait ses études sous la direction de M. Borel** he studied under M. Borel ◆ **orchestre (placé) sous la direction de Luc Petit** orchestra conducted by Luc Petit
[3] *(= fonction de responsable)* post of manager, managership; *(= fonction d'administrateur)* post of director, directorship; *[d'école]* headship, post of head *ou* principal *(US)*; *[de journal]* editorship, post of editor; *[de pays, gouvernement, parti]* leadership ◆ **on lui a offert la direction de l'usine/d'une équipe de chercheurs** he was offered the post of factory manager/of head of a research team ◆ **on lui a donné la direction générale** he was given the director-generalship
[4] *(= personnel dirigeant) [d'usine, service, équipe]* management; *[de journal]* editorial board ◆ **la direction générale/commerciale** the general/sales management ◆ **se plaindre à la direction** to make a complaint to the board *ou* the management ◆ **la direction décline toute responsabilité** the management accepts no responsibility; → **changement**
[5] *(= bureau) [d'usine]* manager's (*ou* director's) office; *[d'école]* headmaster's (*ou* headmistress's) office, principal's office *(US)*; *[de journal]* editor's office
[6] *(= service)* department ◆ **la direction des ressources humaines** the human resources department ◆ **adressez-vous à la direction du personnel** apply to the personnel department ◆ **notre direction générale est à Paris** our head office is in Paris ◆ **Direction générale** *(de l'UE)* Directorate General ◆ **la Direction de la surveillance du territoire** the counter-espionage services, ≈ MI5 *(Brit)*, ≈ the CIA *(US)* ◆ **Direction départementale de l'action sanitaire et sociale** ≈ social services ◆ **Direction générale des impôts** *government tax authority*
[7] *(= mécanisme)* steering ◆ **direction assistée** power steering ◆ **il n'y a plus de direction** the steering has gone; → **rupture**

> ⓘ Dans le monde des affaires, **direction** ne se traduit pas par le mot anglais **direction**.

directionnel, -elle /diʀɛksjɔnɛl/ **ADJ** directional

directive[2] /diʀɛktiv/ SYN **NF** *(gén pl)* directive ◆ **directive communautaire/européenne** Community/European directive

directivisme /diʀɛktivism/ **NM** authoritarian leadership

directivité /diʀɛktivite/ **NF** *[de personne]* authoritarianism; *(Tech)* directivity

directoire /diʀɛktwaʀ/ **NM** [1] *[d'entreprise]* board of directors ◆ **membre/président du directoire** member/chairman of the board (of directors)
[2] *(Hist)* ◆ **le Directoire** the (French) Directory, the Directoire ◆ **fauteuil/table directoire** Directoire chair/table

directorat /diʀɛktɔʀa/ **NM** *[d'administration]* directorship; *[d'entreprise]* managership; *[d'école]* headship, principalship *(US)*

directorial, e (mpl **-iaux**) /diʀɛktɔʀjal, jo/ **ADJ** *[fonction, responsabilité]* managerial; *(= du directoire)* of directors; *(Scol)* of headmaster (*ou* headmistress), of principal *(US)* ◆ **fauteuil/bureau directorial** manager's (*ou* director's *ou* head's *ou* principal's *(US)*) chair/office

directrice /diʀɛktʀis/ **NF** → **directeur**

dirham /diʀam/ **NM** dirham

dirigeable /diʀiʒabl/ **ADJ, NM** ◆ **(ballon) dirigeable** dirigible, airship

dirigeant, e /diʀiʒɑ̃, ɑ̃t/ SYN
NM,F *[de parti, syndicat, pays]* leader; *(= monarque, dictateur)* ruler ◆ **dirigeant d'entreprise** company director; *(salarié)* company manager
ADJ *[classe]* ruling

diriger /diʀiʒe/ SYN ► conjug 3 ◄
VT [1] *[+ service]* to run, to be in charge of; *[+ entreprise, usine, théâtre]* to manage, to run; *[+ journal]* to run, to edit; *[+ pays] (gén)* to lead; *[dictateur, monarque]* to rule; *[+ mouvement, parti]* to lead; *[+ orchestre]* to conduct ◆ **mal diriger une entreprise** to mismanage a business, to run a business badly ◆ **savoir diriger** to be a good manager *ou* leader ◆ **équipe bien/mal dirigée** team under good/poor leadership *ou* management, well-/badly-run team; → **économie**
[2] *(= superviser) [+ opération, manœuvre]* to direct, to be in charge of; *[+ recherches, travaux]* to supervise, to oversee, to be in charge of
[3] *(= mener) [+ enquête, procès]* to conduct; *[+ débat]* to conduct, to lead ◆ **a-t-il bien su diriger sa vie ?** did he manage to run his life properly? ◆ **cette idée dirige toute notre politique** this idea guides *ou* determines our whole policy ◆ **l'ambition dirige tous ses actes** he is entirely ruled by ambition
[4] *(Mil)* ◆ **diriger le tir** to direct the firing
[5] *(= piloter) [+ voiture]* to steer; *[+ avion]* to pilot, to fly; *[+ bateau]* to steer, to navigate; *(= guider) [+ cheval] (de trait)* to steer; *(de selle)* to guide ◆ **bateau qui se dirige facilement** boat which is easy to steer
[6] *(= acheminer) [+ marchandises, convoi]* to send *(vers, sur* to)
[7] *(= orienter) [+ personnes]* to direct, to send *(sur, vers* to) ◆ **on m'a mal dirigé** I was misdirected *ou* sent the wrong way ◆ **diriger ses pas vers un lieu** to make for *ou* make one's way to *ou* head for a place ◆ **la flèche est dirigée vers la gauche** the arrow is pointing left *ou* to(wards) the left ◆ **on devrait diriger ce garçon vers les sciences** we should advise this boy to specialize in science, we should guide this boy towards the sciences ◆ **cet élève a été mal dirigé** this pupil has been badly advised *ou* guided ◆ **nous dirigeons notre enquête/nos travaux dans une voie nouvelle** we are conducting *ou* directing our inquiry/carrying out *ou* directing our work along new lines ◆ **diriger un article/une allusion contre qn/qch** to aim *ou* direct an article/an allusion at sb/sth ◆ **diriger une critique contre qn/qch** to aim *ou* direct *ou* level a criticism at sb/sth ◆ **les poursuites dirigées contre lui** the proceedings brought against him
[8] *(= braquer)* ◆ **diriger une arme sur** to point *ou* level *ou* aim a weapon at ◆ **diriger un canon/télescope sur** to train a gun/telescope on, to point a gun/telescope at ◆ **diriger une lampe de poche/lumière sur** to shine a torch/light on ◆ **le pompier dirigea sa lance vers les flammes** the fireman aimed *ou* pointed his hose at *ou* trained his hose on the flames ◆ **diriger son attention sur qn/qch** to turn one's attention to *ou* on sb/to sth ◆ **diriger son regard** *ou* **ses yeux sur** *ou* **vers qch** to look towards *ou* in the direction of sth ◆ **son regard se dirigea vers elle** he turned his gaze towards *ou* on her
[9] *(Ciné, Théât, TV) [+ acteurs]* to direct
VPR **se diriger** SYN [1] ◆ **se diriger vers** *(= aller, avancer vers)* to make for, to head for, to make one's way towards ◆ **il se dirigea vers la sortie** he made his way towards *ou* made for the exit ◆ **le bateau/la voiture semblait se diriger vers le port** the boat/car seemed to be heading *ou* making for the harbour ◆ **l'avion se dirigea vers le nord** the plane flew *ou* headed northwards ◆ **se diriger droit sur qch/qn** to make a beeline *ou* make straight for sth/sb ◆ **nous nous dirigeons vers une solution/un match nul** we seem to be heading towards a solution/a draw ◆ **se diriger vers les sciences** *(Scol)* to specialize in science ◆ **se diriger vers une carrière juridique** to opt for *ou* be headed for a career in law
[2] *(= se guider)* to find one's way ◆ **se diriger sur les étoiles/le soleil** to navigate by the stars/the sun ◆ **se diriger au radar** to navigate by radar ◆ **il n'est pas facile de se diriger dans le brouillard** it isn't easy to find one's way in the fog

dirigisme /diʀiʒism/ **NM** *(Écon)* interventionism, state intervention

dirigiste /diʀiʒist/ **ADJ, NMF** interventionist

dirlo /diʀlo/ **NMF** (abrév de **directeur, -trice** *(arg Scol)*) head

disaccharide /disakaʀid/ **NM** disaccharide

disant /dizɑ̃/ → **soi-disant**

discal, e (mpl **-aux**) /diskal, o/ **ADJ** *(Méd)* of the intervertebral discs; → **hernie**

discarthrose /diskaʀtʀoz/ **NF** intervertebral disc arthrosis

discernable /disɛʀnabl/ **ADJ** discernible, detectable

discernement /disɛʀnəmɑ̃/ SYN **NM** [1] *(= sagesse)* judgment, discernment ◆ **manquer de discernement** to be lacking in judgment *ou* discernment
◆ **sans discernement** *(= distinction)* without (making a) distinction ◆ **agir sans discernement** *(à la légère)* to act without proper judgment
[2] *(= action)* distinguishing, discriminating, distinction

discerner /disɛʀne/ SYN ► conjug 1 ◄ **VT**
[1] *(= distinguer) [+ forme]* to discern, to make out, to perceive; *[+ bruit]* to detect, to hear, to make out; *[+ nuance]* to discern, to detect
[2] *(= différencier)* to distinguish, to discriminate *(entre* between) ◆ **discerner une couleur d'une** *ou* **d'avec une autre/le vrai du faux** to distinguish *ou* tell one colour from another/truth from falsehood

disciple /disipl/ SYN **NM** *(= élève)* disciple; *(= adepte)* follower, disciple

disciplinable /disiplinabl/ **ADJ** disciplinable

disciplinaire /disiplinɛʀ/ **ADJ** disciplinary ◆ **au quartier disciplinaire** in the punishment cells

disciplinairement /disiplinɛʀmɑ̃/ **ADV** ◆ **poursuivre qn disciplinairement** to take dis-

discipline / disiplin/ SYN NF ① (= règle) discipline ✦ **une discipline de fer** an iron discipline ✦ **discipline de vote d'un parti** party discipline; (Pol Brit) party whip ✦ **elle n'a aucune discipline** she has no self-discipline ✦ **il s'entraîne tous les matins avec discipline** he makes himself train every morning ✦ **il fait régner la discipline dans sa classe** he imposes discipline on his class ✦ **s'imposer une discipline alimentaire** to be very strict ou careful about what one eats; → **compagnie**, **conseil**
② (= matière) (Scol, Univ) subject, discipline; (Sport) sport ✦ **discipline olympique** Olympic sport ✦ **c'est le meilleur dans sa discipline** he's the best in his field

discipliné, e /disipline/ SYN (ptp de **discipliner**) ADJ [soldat] well-disciplined; [citoyen, peuple] law-abiding; [parti] disciplined; [enfant, élève] well-behaved

discipliner /disipline/ SYN ► conjug 1 ◄ VT [+ soldats, élèves] to discipline; [+ impulsions] to discipline, to control; [+ cheveux] to control, to keep tidy ✦ **cheveux difficiles à discipliner** unruly ou unmanageable hair ✦ **il faut apprendre à se discipliner** one must learn self-discipline ou to discipline oneself

disc-jockey (pl **disc-jockeys**) /disk(ə)ʒɔkɛ/ NM disc jockey, DJ

disco /disko/
ADJ [musique] disco
NM ✦ **le disco** disco music

discobole /diskɔbɔl/ NM discus thrower; (Antiq) discobolus

discographie /diskɔgrafi/ NF discography ✦ **sa discographie est abondante** he's made a lot of records

discoïdal, e (mpl **-aux**) /diskɔidal, o/ ADJ discoid(al)

discoïde /diskɔid/ ADJ discoid(al), disc- ou disk-shaped

discomycètes /diskomisɛt/ NMPL ✦ **les discomycètes** the Discomycetes (SPÉC)

discontinu, e /diskɔ̃tiny/ SYN
ADJ (Ling, Math) discontinuous; (= intermittent) [trait] broken; [bruit, effort] intermittent ✦ **bande ou ligne blanche discontinue** (sur route) broken white line
NM (Philos) discontinuity ✦ **en discontinu** intermittently

discontinuer /diskɔ̃tinɥe/ ► conjug 1 ◄ VI (littér) to discontinue, to cease, to stop ✦ **sans discontinuer** without stopping, without a break ✦ **pendant deux heures sans discontinuer** for two hours at a stretch ou without stopping ou without a break

discontinuité /diskɔ̃tinɥite/ NF discontinuity

disconvenance /diskɔ̃v(ə)nɑ̃s/ NF (littér) incompatibility

disconvenir /diskɔ̃v(ə)niʀ/ ► conjug 22 ◄ VI (littér = nier) ✦ **je n'en disconviens pas** I don't deny it ✦ **il ne peut disconvenir que ce soit vrai** he cannot deny the truth of it ou that it's true

discopathie /diskɔpati/ NF discopathy

discophile /diskɔfil/ NMF record collector

discophilie /diskɔfili/ NF discophilia

discordance /diskɔʀdɑ̃s/ SYN NF ① [de caractères] conflict, clash; [d'opinions] difference, conflict; [de sons] discord (NonC), discordance, dissonance; [de couleurs] clash(ing) ✦ **leurs déclarations présentent des discordances graves** there were major discrepancies between their statements
② (Géol) unconformability, discordance

discordant, e /diskɔʀdɑ̃, ɑ̃t/ SYN ADJ ① [caractères, opinions, témoignages] conflicting; [sons, cris, bruits] discordant, harsh; [instruments] out of tune; [couleurs] clashing, discordant ✦ **elle a une voix discordante** she has a harsh ou grating voice, her voice grates
② (Géol) unconformable, discordant

discorde /diskɔʀd/ SYN NF (littér) discord, dissension ✦ **mettre ou semer la discorde** to sow discord, to cause dissension (chez, parmi among); → **pomme**

discorder /diskɔʀde/ ► conjug 1 ◄ VI [sons] to be discordant; [couleurs] to clash; [témoignages] to conflict

discothécaire /diskɔtekɛʀ/ NMF record librarian

discothèque /diskɔtɛk/ SYN NF ① (= club) discotheque
② (= collection) record collection
③ (= bâtiment) record library
④ (= meuble) record cabinet

discount /diskunt/ SYN NM (= rabais) discount ✦ **billets/vols en discount** discount tickets/flights ✦ **(magasin) discount** discount store ou shop ✦ **à des prix discount** at discount prices

discounter[1] /diskunte/ ► conjug 1 ◄ VT to discount, to sell at a discount ✦ **tout est discounté** everything is cut-price ou is at a discount price

discounter[2], **discounteur** /diskuntœʀ/ NM discount dealer

discoureur, -euse /diskuʀœʀ, øz/ NM,F (péj) speechifier, windbag *

discourir /diskuʀiʀ/ SYN ► conjug 11 ◄ VI ① (= faire un discours) to discourse (frm), to expatiate (frm) (sur, de (up)on); (péj) to hold forth (sur, de on), to speechify
② (= bavarder) to talk (away)

discours /diskuʀ/ SYN NM ① (= allocution) speech ✦ **discours d'ouverture/de clôture** opening/closing speech ou address ✦ **discours inaugural** inaugural address ou speech ✦ **discours d'investiture** nomination speech ✦ **discours-programme** keynote speech ✦ **discours du trône** Queen's (ou King's) speech, speech from the throne ✦ **discours sur l'état de l'Union** (Pol US) State of the Union Address ✦ **faire ou prononcer un discours** to make ou deliver a speech ✦ **prononcer un discours sur la tombe de qn** to deliver a funeral oration for sb
② (péj) talking (NonC), chatter (NonC) ✦ **tous ces beaux discours n'y changeront rien** all these fine words ou all this fine talk won't make any difference ✦ **suis-moi sans faire de discours !** follow me and don't argue! ✦ **que de discours !** what a lot of fuss (about nothing)! ✦ **perdre son temps en discours** to waste one's time talking ✦ **assez de discours, des faits !** that's enough talk, let's see some action! ✦ **elle me tenait des discours sans fin sur la morale/la politique** she gave me endless lectures on morality/politics, she lectured me endlessly on morality/politics ✦ **il aime tenir de grands discours** he likes to hold forth ✦ **elle m'a tenu des discours à n'en plus finir** she went on and on as if she was never going to stop ✦ **un dessin vaut mieux qu'un long discours** a picture is worth a thousand words
③ (= idées exprimées) views ✦ **le discours des intellectuels/des extrémistes** the views expressed by intellectuals/extremists ✦ **le discours dominant** the prevailing attitude ou view ✦ **c'est le discours officiel** it's the official line ✦ **leur discours rassurant/optimiste** their reassuring/optimistic words ✦ **changer de discours** to change one's position ✦ **il tient rarement ce discours en public** he seldom expresses these views in public ✦ **ce parti tient un discours nouveau** the party is taking a new line ✦ **il m'a déjà tenu ce discours** he's already told me that ✦ **ils tiennent tous le même discours** they all say the same thing
④ ✦ **le discours** (= expression verbale) speech; (Ling, Rhétorique) discourse; (Philos = raisonnement) discursive reasoning ou thinking ✦ **(au) discours direct/indirect** (Ling) (in) direct/indirect ou reported speech ✦ **les parties du discours** (Ling) the parts of speech; (Rhétorique) the parts of discourse
⑤ (Philos = traité) discourse, treatise ✦ **« Le Discours de la méthode »** (Littérat) "the Discourse on Method"

discourtois, e /diskuʀtwa, waz/ SYN ADJ discourteous

discourtoisie /diskuʀtwazi/ NF (littér) discourtesy

discrédit /diskʀedi/ SYN NM [de personne] discredit, disfavour; [d'idée, théorie, œuvre] discredit, disrepute ✦ **tomber dans le discrédit** to fall into disrepute ✦ **être en discrédit** to be discredited ou in disrepute ✦ **jeter le discrédit sur qch/qn** to discredit sth/sb

discréditer /diskʀedite/ SYN ► conjug 1 ◄
VT [+ personne] to discredit; [+ théorie, œuvre] to discredit, to bring into disrepute ✦ **c'est une opinion tout à fait discréditée de nos jours** it is an opinion which has gone right out of favour ou which is quite discredited nowadays
VPR **se discréditer** [idée, théorie] to become discredited, to fall into disrepute; [personne] to bring discredit upon o.s., to discredit o.s. (aux yeux de qn, auprès de qn in sb's eyes)

discret, -ète /diskʀɛ, ɛt/ SYN ADJ ① (= réservé, retenu) discreet ✦ **soyez discret, ne lui parlez pas de sa défaite** mind what you say - don't mention his defeat to him
② (= qui n'attire pas l'attention) [personne, manière] unobtrusive; [parfum, maquillage] discreet, light; [vêtement] plain, simple; [endroit, couleur] quiet; [lumière] subdued; [parole, regard] discreet ✦ **il lui remit un paquet sous emballage discret** he handed her a parcel wrapped in plain paper ✦ **envoi sous pli discret** "sent under plain cover" ✦ **n'y a-t-il pas une façon plus discrète de m'avertir ?** couldn't you have told me in a more discreet way?
③ (= qui garde les secrets) discreet
④ (Math) [quantité] discrete; (Phys) [fonction] discontinuous; (Ling) [unité] discrete

discrètement /diskʀɛtmɑ̃/ SYN ADV ① (= avec tact) [se tenir à l'écart, parler, reprocher] discreetly, quietly ✦ **il a discrètement fait allusion à...** he gently hinted at..., he made a discreet allusion to...
② (= pour ne pas se faire remarquer) discreetly; [se maquiller] lightly; [s'habiller] plainly, simply ✦ **il s'est éclipsé discrètement** he made a discreet exit, he slipped away ou out quietly ✦ **parler discrètement à l'oreille de qn** to have a quiet word in sb's ear, to have a discreet word with sb

discrétion /diskʀesjɔ̃/ SYN NF ① (= fait de garder un secret) discretion ✦ **« discrétion assurée »** "discretion assured" ✦ **j'aimerais que vous gardiez la plus grande discrétion sur le sujet** I'd appreciate it if you could be as discreet as possible about this ✦ **ils se sont mariés dans la plus grande discrétion** they had a very quiet wedding
② (= réserve) [de personne] discretion, tact ✦ **sa discrétion est exemplaire** he's a model of discretion ou tact
③ (= modération) [de maquillage, parfum] lightness; [de vêtement] plainness, simpleness ✦ **avec discrétion** [s'habiller] soberly, plainly, simply; [se conduire] discreetly, unobtrusively; [parler] discreetly
④ (littér = discernement) discretion
⑤ (locutions) ✦ **vin/pain à discrétion** unlimited wine/bread, as much wine/bread as you want ✦ **être à la discrétion de qn** (littér) to be in sb's hands

discrétionnaire /diskʀesjɔnɛʀ/ ADJ discretionary

discriminant, e /diskʀiminɑ̃, ɑ̃t/
ADJ discriminating, distinguishing
NM (Math) discriminant

discriminateur /diskʀiminatœʀ/ NM (Élec) discriminator

discriminatif, -ive /diskʀiminatif, iv/ ADJ discriminatory, discriminative

discrimination /diskʀiminasjɔ̃/ SYN NF discrimination (contre, à l'égard de, envers against) ✦ **discrimination raciale/sexuelle** race ou racial/sex ou sexual discrimination ✦ **discrimination à l'embauche** employment discrimination ✦ **sans discrimination d'âge ni de sexe** regardless of age or sex ✦ **ce métier est accessible à tous sans discrimination** this profession is open to everyone without discrimination ✦ **tirer sans discrimination (dans la foule)** to fire indiscriminately (into the crowd) ✦ **discrimination positive** affirmative action

discriminatoire /diskʀiminatwaʀ/ ADJ [mesures] discriminatory, discriminating

discriminer /diskʀimine/ SYN ► conjug 1 ◄ VT ① (littér = distinguer) to distinguish ✦ **apprendre à discriminer les méthodes** to learn how to discriminate ou distinguish between methods
② (surtout ptp) [+ personnes] to discriminate against

disculpation /diskylpasjɔ̃/ NF exoneration, exculpation (frm)

disculper /diskylpe/ SYN ► conjug 1 ◄
VT to exonerate, to exculpate (frm) (de from)
VPR **se disculper** to exonerate o.s., to vindicate o.s., to exculpate o.s. (frm) (auprès de qn in sb's eyes)

discursif, -ive /diskyʀsif, iv/ ADJ discursive

discussion /diskysjɔ̃/ SYN NF ① [de problème] discussion (de of); [de projet de loi] debate (de on), discussion (de of) ✦ **mettre une question en discussion** to bring a matter up for discussion ✦ **le**

projet de loi est en discussion the bill is being debated *ou* is under discussion

2 *(= débat)* discussion, debate; *(= pourparlers, échanges de vues)* discussion(s), talks; *(= conversation)* discussion, talk • **les délégués sont en discussion** the delegates are in conference • **sans discussion possible** indisputably, undoubtedly • **de la discussion jaillit la lumière** *(Prov)* truth is reached through discussion

3 *(= querelle)* argument, quarrel • **avoir une violente discussion avec qn** to have a violent disagreement *ou* quarrel *ou* argument with sb • **suis-moi et pas de discussions** follow me and don't argue *ou* no argument

discutable /diskytabl/ SYN **ADJ** 1 *(= contestable)* debatable, questionable, arguable • **il est compétent – c'est tout à fait discutable** he's competent – that's debatable

2 *(= mauvais, douteux)* *[goût]* doubtful, questionable

discutailler* /diskytɑje/ ▸ conjug 1 ◂ **VI** *(péj)* *(= bavarder)* to chat (away), to natter (away)* *(Brit)*; *(= débattre sans fin)* to argue *(sur* over), to go on* *(sur* about); *(= ergoter)* to wrangle, to quibble *(sur* over) • **discutailler dans le vide** to argue *ou* quibble over nothing

discute‡ /diskyt/ **NF** • **taper la discute** to have a chin-wag*

discuté, e /diskyte/ SYN (ptp de **discuter**) **ADJ** *(= contesté)* • **ministre très discuté** very controversial minister • **question très discutée** vexed question, much debated *ou* disputed question • **théorie très discutée** very *ou* highly controversial theory

discuter /diskyte/ SYN ▸ conjug 1 ◂

VT 1 *(= débattre)* *[+ problème]* to discuss; *[+ projet de loi]* to debate, to discuss; *[+ prix]* to argue about, to haggle over • **cette question se discute actuellement au Parlement** this issue is now being debated *ou* discussed in Parliament • **discuter le coup*** *ou* **le bout de gras** * *(= bavarder)* to have a chat *ou* natter* *(Brit)*; *(= parlementer)* to argue away

2 *(= contester)* *[+ ordre, droits de qn]* to question, to dispute • **ça se discute, ça peut se discuter** that's debatable • **cela ne se discute pas** the question doesn't even arise

VI 1 *(= être en conférence)* to have a discussion, to confer *(avec* with); *(= parler)* to talk *(avec* with); *(= parlementer)* to argue *(avec* with) • **discuter de** *ou* **sur qch** to discuss sth • **discuter (de) politique/(d') affaires** to discuss *ou* talk politics/business • **on ne peut pas discuter avec lui !** you just can't argue with him!, there's no arguing with him!

2 *(= protester)* to argue • **suivez-moi sans discuter** follow me and don't argue *ou* no argument • **il a obéi sans discuter** he obeyed without question • **pour moi c'est décidé, il n'y a pas à discuter** my mind's made up about it and that's that *ou* and that's final *ou* and there's nothing further to be said

3 *(= débattre)* • **discuter de** *ou* **sur** *[+ question, problème]* to discuss, to debate • **ensuite, nous avons discuté du prix** then we discussed the price • **discuter sur le cas de qn** to discuss *ou* debate sb's case • **j'en ai discuté avec lui et il est d'accord** I have discussed the matter *ou* talked the matter over with him and he agrees • **vous discutez sur des points sans importance** you are arguing about *ou* niggling over trifles • **discuter du sexe des anges** *(hum)* to discuss futilities, to discuss how many angels can dance *ou* sit on the head of a pin *(hum)*

disert, e /dizɛʀ, ɛʀt/ SYN **ADJ** *(frm, hum)* talkative • **il s'est montré peu disert sur ses intentions** he was less than *ou* not very forthcoming about his intentions

disette /dizɛt/ **NF** 1 *(= manque)* *[de vivres, idées]* scarcity, shortage, dearth

2 *(= famine)* food shortage, scarcity (of food)

diseur, -euse /dizœʀ, øz/ **NM,F** • **diseuse de bonne aventure** fortune-teller • **diseur de bons mots** wit, wag

disfonctionnement /disfɔ̃ksjɔnmɑ̃/ **NM** ⇒ **dysfonctionnement**

disgrâce /disgʀɑs/ SYN **NF** 1 *(= défaveur, déchéance)* disgrace • **encourir** *ou* **mériter la disgrâce de qn** to incur sb's disfavour *(Brit)* *ou* disfavor *(US)* *ou* displeasure • **être en disgrâce auprès de** to be out of favour *(Brit)* *ou* favor *(US)* with • **tomber en disgrâce** to fall into disgrace

2 *(† = malheur)* misfortune • **pour comble de disgrâce** most unfortunately of all

disgracié, e /disgʀasje/ (ptp de **disgracier**) **ADJ** *(= en disgrâce)* in disgrace, disgraced; *(frm = laid)* ill-favoured *(Brit)* *ou* -favored *(US)*, ugly

disgracier /disgʀasje/ ▸ conjug 7 ◂ **VT** to disgrace, to dismiss from favour *(Brit)* *ou* favor *(US)*

disgracieux, -ieuse /disgʀasjø, jøz/ SYN **ADJ** *[geste]* inelegant, awkward; *[démarche]* inelegant, awkward, ungainly; *[visage]* ugly; *[forme, objet]* unsightly

disharmonie /dizaʀmɔni, disaʀmɔni/ **NF** disharmony

disjoindre /disʒwɛ̃dʀ(ə)/ SYN ▸ conjug 49 ◂

VT *[+ planches, tôles, tuiles]* to take apart, to separate; *[+ tuyaux]* to disconnect, to take apart; *[+ pierres]* to break apart; *[+ problèmes]* to separate, to split; *(Jur)* *[+ causes]* to deal with *ou* hear separately

VPR **se disjoindre** *[planches, tôles, tuiles]* to come apart *ou* loose, to separate; *[tuyaux, pierres]* to come apart

disjoint, e /disʒwɛ̃, wɛ̃t/ SYN (ptp de **disjoindre**) **ADJ** • **ces deux questions sont disjointes** these two matters are not connected • **planches/tuiles disjointes** planks/tiles which are coming apart *ou* loose, loose planks/tiles • **tuyaux disjoints** pipes which have come apart *ou* undone

disjoncter /disʒɔ̃kte/ ▸ conjug 1 ◂

VT *[+ courant]* to cut off, to disconnect

VI 1 *(Élec)* • **ça a disjoncté** the trip-switch has gone

2 * *[personne]* to crack up*, to lose it* • **cette musique la fait carrément disjoncter** she really goes crazy* when she listens to that music

disjoncteur /disʒɔ̃ktœʀ/ **NM** *(Élec)* circuit-breaker, cutout

disjonctif, -ive /disʒɔ̃ktif, iv/

ADJ disjunctive

NF **disjonctive** disjunctive

disjonction /disʒɔ̃ksjɔ̃/ **NF** *(gén, Logique)* disjunction; *(Jur)* separation

dislocation /dislɔkasjɔ̃/ SYN **NF** 1 *(Méd)* *[d'articulation]* dislocation

2 *[de machine, meuble]* *(= démontage)* dismantling; *(= casse)* smashing, breaking up

3 *[de rassemblement, cortège]* dispersal, breaking up; *[de troupes]* dispersal, scattering

4 *[de pays, empire]* dismantling, breaking up • **dislocation de la cellule familiale** breakdown of the family unit

5 *(Géol)* fault

disloquer /dislɔke/ SYN ▸ conjug 1 ◂

VT 1 *(Méd)* *[+ articulation]* to dislocate, to put out of joint • **avoir l'épaule disloquée** to have a dislocated shoulder

2 *(= démonter)* *[+ machine, meuble]* to dismantle, to take apart *ou* to pieces; *(= casser)* to smash, to break up • **la chaise est toute disloquée** the chair's completely broken

3 *(= disperser)* *[+ rassemblement, cortège]* to disperse, to break up; *[+ troupes]* to disperse, to scatter

4 *(= démembrer)* *[+ pays, empire]* to dismantle, to break up • **les familles disloquées par la guerre** families broken up *ou* torn apart by war

VPR **se disloquer** 1 • **se disloquer le bras** to dislocate one's arm, to put one's arm out of joint • **son épaule s'est disloquée** he has dislocated his shoulder

2 *[meuble]* to come apart, to fall to pieces

3 *[troupes]* to disperse, to scatter; *[cortège]* to disperse, to break *ou* split up

4 *[empire]* to break up, to disintegrate

disparaître /dispaʀɛtʀ/ SYN ▸ conjug 57 ◂ **VI**

1 *(= s'en aller, devenir invisible)* to disappear, to vanish • **il disparut au coin de la rue/dans la foule** he disappeared *ou* vanished round the corner of the street/into the crowd • **disparaître discrètement** to slip away quietly • **disparaître furtivement** to sneak away *ou* out • **je ne veux pas le voir, je disparais** I don't want to see him so I'll just slip away *ou* so I'll be off • **le voilà, disparais !** there he is, make yourself scarce!* • **disparaître aux regards** to vanish out of sight, to disappear from view • **disparaître à l'horizon** *[soleil]* to disappear *ou* vanish *ou* sink below the horizon; *[bateau]* to vanish *ou* disappear over the horizon • **l'arbre disparut dans le brouillard** the tree vanished *ou* was swallowed up in the fog • **le bâtiment disparaît sous le lierre** the building is (half-)hidden under the ivy

♦ **faire disparaître** *[+ objet]* *(gén)* to remove, to hide away *ou* out of sight; *[prestidigitateur]* to make vanish *ou* disappear; *[+ document]* to dispose of, to get rid of; *[+ tache, trace, obstacle, difficulté]* to remove; *[+ personne]* to eliminate, to get rid of, to do away with*; *[+ crainte]* to dispel, to eliminate • **cela a fait disparaître la douleur/la rougeur** it made the pain/red mark go away, it got rid of the pain/all trace of the red mark • **le voleur fit disparaître le bijou dans sa poche** the thief concealed the jewel *ou* hid the jewel in his pocket • **il prenait de gros morceaux de pain qu'il faisait disparaître dans sa bouche** he was taking large hunks of bread and cramming them into his mouth • **ils firent disparaître toute trace de leur passage** they destroyed *ou* removed all trace of their visit • **faire disparaître une inscription** *[temps]* to erase *ou* efface *ou* wear away an inscription; *[personne]* to erase *ou* wipe out *ou* remove an inscription

2 *(= être porté manquant)* *[personne]* to disappear, to go missing *(Brit)*; *[objet]* to disappear • **il a disparu de son domicile** he is missing *ou* has gone missing *(Brit)* *ou* has disappeared from home • **trois voitures ont disparu (du garage)** three cars have disappeared *ou* are missing *ou* have gone (from the garage) • **disparaître sans laisser de traces** to disappear *ou* vanish without trace • **il a disparu de la circulation*** he dropped out of circulation

3 *(= passer, s'effacer)* *[joie, crainte, sourire]* to disappear, to vanish, to evaporate; *[rougeur, douleur, cicatrice]* to disappear, to vanish, to go away; *(graduellement)* to fade; *[jeunesse]* to vanish, to be lost; *[brouillard]* to lift

4 *(= mourir)* *[race, civilisation]* to die (out), to vanish; *[coutume]* to die out, to disappear; *[personne]* to die; *(= se perdre)* *[navire]* to sink, to be lost • **si je venais à disparaître, tu n'aurais pas de soucis matériels** if I were to die, you wouldn't have any financial worries • **tout le charme de la Belle Époque disparaît avec elle** all the charm of the Belle Époque dies *ou* vanishes with her • **disparaître en mer** to be lost at sea • **disparaître corps et biens** *[bateau]* to go down with all hands

disparate /dispaʀat/ SYN **ADJ** *[éléments]* disparate; *[objets, mobilier]* disparate, ill-assorted; *[couple, couleurs]* ill-assorted, badly matched

disparité /dispaʀite/ SYN **NF** *[d'éléments, salaires]* disparity *(de* in); *[d'objets, couleurs]* mismatch (NonC) *(de* of)

disparition /dispaʀisjɔ̃/ SYN **NF** 1 *[de personne]* disappearance; *[de cicatrice, rougeur]* *(gén)* disappearance; *(graduelle)* fading; *[de brouillard]* lifting; *[de soleil]* sinking, setting; *[de tache, obstacle]* disappearance, removal • **la disparition de la douleur sera immédiate** the pain will be relieved *ou* will go away *ou* vanish immediately

2 *(= mort, perte)* *[de personne]* death; *[d'espèce]* extinction, disappearance; *[de coutume, langue]* disappearance, dying out; *[d'objet, bateau]* loss, disappearance • **menacé** *ou* **en voie de disparition** *[espèce]* endangered; *[civilisation, langue, tradition]* dying, fast disappearing; *[emploi, métier]* dying • **cette espèce est en voie de disparition** *(animaux)* this species is becoming extinct *ou* is dying out, this is an endangered species; *(fig)* they're a dying breed

disparu, e /dispaʀy/ SYN (ptp de **disparaître**)

ADJ 1 *(= révolu)* *[monde, époque]* bygone *(épith)*, vanished; *[bonheur, jeunesse]* lost

2 *(= effacé)* • **une lueur menaçante, aussitôt disparue, brilla dans ses yeux** a dangerous gleam flickered and died in his eyes, his eyes glinted dangerously for a brief moment • **un sentiment d'espoir, bientôt disparu, l'anima un court instant** hope filled him for a brief moment only to fade again

3 *(= mort)* *[personne]* dead, deceased; *[espèce]* extinct; *[race, coutume, langue]* vanished, dead, extinct; *(= dont on est sans nouvelles)* *[victime]* missing • **il a été porté disparu** *(Mil)* he has been reported missing; *(dans une catastrophe)* he is missing, believed dead • **marin disparu en mer** sailor lost at sea

NM,F *(= mort)* dead person; *(= dont on a perdu la trace)* missing person • **le cher disparu** the dear departed • **l'incendie a fait cinq morts et trois disparus** the fire left five people dead and three unaccounted for *ou* missing

dispatcher[1] /dispatʃe/ SYN ▸ conjug 1 ◂ **VT** to dispatch

dispatcher[2], **dispatcheur** /dispatʃœʀ/ **NM** dispatcher

dispatching /dispatʃiŋ/ **NM** *(gén)* dispatching; *[de courrier]* routing, dispatching

dispendieusement /dispɑ̃djøzmɑ̃/ **ADV** *(frm) [vivre]* extravagantly, expensively

dispendieux, -ieuse /dispɑ̃djø, jøz/ SYN **ADJ**
1 *(frm) [goûts, luxe]* extravagant, expensive
2 *(Can)* (= *cher*) expensive

dispensaire /dispɑ̃sɛʀ/ **NM** community *(Brit)* ou free *(US)* clinic, health centre *(Brit)* ou center *(US)*, people's dispensary

dispensateur, -trice /dispɑ̃satœʀ, tʀis/ *(littér)*
ADJ dispensing
NM,F dispenser

dispense /dispɑ̃s/ SYN **NF** 1 (= *exemption, Rel*) exemption *(de* from), dispensation *(de* from)
2 (= *permission*) special permission ♦ **dispense d'âge pour passer un examen** permission to sit an exam under the statutory age limit ♦ **dispense de recherche d'emploi** *(pour un chômeur)* exemption from the actively seeking work rule ♦ **dispense du service militaire/d'un examen** exemption from military service/from an exam

dispenser /dispɑ̃se/ SYN ▸ conjug 1 ◂
VT 1 (= *exempter*) to exempt, to excuse *(de faire* from doing; *de qch* from sth) ♦ **dispenser qn d'un vœu** *(Rel)* to release sb from a vow ♦ **je vous dispense de vos réflexions** I can do without your comments, you can spare me your comments ♦ **dispensez-moi d'en dire plus** *(frm)* spare me the necessity of saying any more ♦ **se faire dispenser** to get exempted ♦ **il est dispensé de gymnastique** he's excused from gym
2 *(littér* = *distribuer) [+ bienfaits]* to dispense; *[+ charme]* to radiate; *[+ lumière]* to dispense, to give out ♦ **dispenser des soins à un malade** to give medical care to a patient
VPR se dispenser ♦ **se dispenser de** *[+ corvée]* to avoid, to get out of; *[+ remarque]* to refrain from ♦ **se dispenser de faire qch** to get out of doing sth, not to bother doing sth ♦ **il peut se dispenser de travailler** he doesn't need to work, he has no need to work ♦ **je me dispenserais bien d'y aller** I'd gladly save myself the bother of going if I could ♦ **il s'est dispensé de s'excuser** *(iro)* he didn't see any necessity for excusing himself

dispersant, e /dispɛʀsɑ̃, ɑ̃t/
ADJ dispersive
NM dispersant

dispersé, e /dispɛʀse/ (ptp de **disperser**) **ADJ** *[habitat, famille]* scattered ♦ **en ordre dispersé** in a disorganised manner ♦ **leur actionnariat est très dispersé** they have many small shareholders ♦ **nos efforts sont trop dispersés** our efforts aren't focused enough ♦ **il est trop dispersé** *[élève]* he tries to do too many things at once

disperser /dispɛʀse/ SYN ▸ conjug 1 ◂
VT 1 *[+ papiers, feuilles]* to scatter; *[+ brouillard, pétrole]* to disperse, to break up; *[+ collection]* to break up ♦ **disperser les cendres de qn** to scatter sb's ashes
2 *[+ forces]* to dissipate; *[+ foule, ennemi]* to scatter, to disperse ♦ **disperser l'attention de qn** to distract sb ♦ **il ne faut pas disperser tes efforts** you shouldn't spread yourself too thin ♦ **tous nos amis sont maintenant dispersés** all our friends are now scattered
VPR se disperser *[foule]* to scatter, to disperse, to break up; *[élève, artiste]* to overdiversify ♦ **ne vous dispersez pas trop !** don't spread yourself too thin!, don't attempt to do too many things at once!

dispersif, -ive /dispɛʀsif, iv/ **ADJ** dispersive

dispersion /dispɛʀsjɔ̃/ SYN **NF** 1 *(Chim, Phys, Stat)* dispersion; *[de papiers, feuilles]* scattering; *[de brouillard, pétrole]* dispersal, breaking up; *[de collection]* breaking up
2 *[de forces]* dissipation; *[de foule, ennemi]* scattering, dispersal ♦ **évitez la dispersion dans votre travail** don't attempt to do too many things at once

disponibilité /disponibilite/ SYN **NF** 1 *[de choses]* availability ♦ **disponibilité des biens** *(Jur) (faculté du possesseur)* ability to transfer one's property; *(caractère des possessions)* transferability of property ♦ **en fonction des disponibilités** ou **de la disponibilité de chacun** depending on each person's availability ♦ **disponibilités** *(Fin)* available funds, liquid assets
♦ **mettre en disponibilité** *[+ fonctionnaire]* to free from duty temporarily, to grant leave of absence to; *[+ officier]* to place on reserve
♦ **mise en disponibilité** *[de fonctionnaire]* leave of absence; *[d'officier]* transfer to reserve duty
2 *[d'élève, esprit, auditoire]* alertness, receptiveness ♦ **disponibilité d'esprit** alertness ou receptiveness of mind

disponible /disponibl/ GRAMMAIRE ACTIVE 19.3 SYN
ADJ 1 *[appartement, fonds, produit]* available ♦ **avez-vous des places disponibles pour ce soir ?** are there any seats (available) for this evening? ♦ **il n'y a plus une seule place disponible** there's not a single seat left ou not one spare seat ♦ **je ne suis pas disponible ce soir** I'm not free tonight ♦ **elle est toujours disponible pour écouter ses amis** she's always ready to listen to her friends ♦ **biens disponibles** *(Jur)* transferable property
2 *(Admin)* ♦ **fonctionnaire disponible** civil servant on leave of absence ou temporarily freed from duty ♦ **officier disponible** officer on reserve
3 *[élève, esprit, auditoire]* alert, receptive
NM *(Fin)* available assets ou funds

dispos, e /dispo, oz/ SYN **ADJ** *[personne]* refreshed, in good form *(attrib)*, full of energy *(attrib)* ♦ **avoir l'esprit dispos** to have a fresh mind; → **frais**[1]

disposant, e /dispozɑ̃, ɑ̃t/ **NM,F** *(Jur)* donor

disposé, e /dispoze/ SYN (ptp de **disposer**) **ADJ**
1 (= *prêt*) ♦ **être disposé à faire qch** to be willing ou prepared to do sth ♦ **être peu disposé à faire** to be unwilling to do, not to be prepared to do
2 ♦ **bien/mal disposé** in a good/bad mood ♦ **bien/mal disposé à l'égard de** ou **pour** ou **envers qn** well-disposed/ill-disposed towards sb
3 *[terrain]* situated, sited ♦ **bâtiments disposés face à la mer** buildings facing the sea ♦ **pièces bien/mal disposées** well/badly laid-out rooms

disposer /dispoze/ SYN ▸ conjug 1 ◂
VT 1 (= *arranger*) *[+ personnes, meubles, fleurs]* to arrange; *[+ couverts]* to set, to lay ♦ **disposer des troupes sur le terrain** to draw up ou range troops on the battlefield ♦ **disposer des objets en ligne/en cercle** to place ou lay ou arrange things in a row/in a circle ♦ **on avait disposé le buffet dans le jardin** they had laid out ou set out the buffet in the garden
2 (= *engager*) ♦ **disposer qn à faire/à qch** to incline ou dispose *(frm)* sb to do/towards sth; *(frm* = *préparer à)* to prepare sb to do/for sth ♦ **cela ne dispose pas à l'optimisme** it doesn't exactly make you feel optimistic
VI *(frm* = *partir)* to leave ♦ **vous pouvez disposer** you may leave ou go (now), that will be all
VT INDIR disposer de (= *avoir l'usage de*) to have at one's disposal; (= *avoir*) to have ♦ **disposer d'une voiture** to have a car (at one's disposal) ♦ **disposer d'une somme d'argent** to have a sum of money at one's disposal ou available ♦ **il disposait de quelques heures pour visiter Lille** he had a few hours to visit Lille ♦ **je ne dispose que de quelques minutes** I've only got a few minutes ♦ **il peut disposer de son temps** his time is his own, he can do what he likes with his time ♦ **avec les moyens dont il dispose** with the means at his disposal ou available to him ♦ **si vous voulez vous pouvez en disposer** if you wish you can use it ♦ **disposer d'un domaine (par testament)** *(Jur)* to dispose of an estate (in one's will) ♦ **il se croit autorisé à disposer de ses amis** he thinks his friends are just there to do his bidding ♦ **droit des peuples à disposer d'eux-mêmes** right of nations to self-determination ♦ **le droit de chacun à disposer de son corps** *(pendant sa vie)* the individual's right to own and control his own body; *(après sa mort)* the individual's right to determine what shall be done to his body
VPR se disposer ♦ **se disposer à faire** (= *se préparer à*) to prepare to do, to be about to do ♦ **il se disposait à quitter le bureau** he was about to ou was preparing to ou was getting ready to leave the office

(!) **disposer de** se traduit rarement par **to dispose of**, qui veut dire 'se débarrasser de'.

dispositif /dispozitif/ SYN **NM** 1 (= *mécanisme*) device, mechanism ♦ **dispositif d'alarme** alarm ou warning device ♦ **dispositif de contrôle** control mechanism ♦ **dispositif de sécurité** safety device ♦ **dispositif scénique** *(Opéra, Théât)* set ♦ **dispositif intra-utérin** *(Méd)* intra-uterine (contraceptive) device, IUD
2 (= *moyens prévus*) plan (of action) ♦ **dispositif d'attaque** *(Mil)* plan of attack ♦ **dispositif de combat** *(Mil)* fighting plan ♦ **dispositif de contrôle** control system ♦ **dispositif de défense** *(Mil)* defence *(Brit)* ou defense *(US)* system ♦ **dispositif législatif** legislation, laws ♦ **dispositif de lutte contre le chômage** measures to combat unemployment ♦ **dispositif de lutte contre l'incendie** fire-fighting system ou arrangements ♦ **renforcer/alléger le dispositif militaire** to increase/decrease the military presence ♦ **un important dispositif de sécurité a été mis en place à la frontière** a major security operation has been mounted on the border ♦ **dispositif de surveillance** surveillance ou monitoring system
3 *(Jur) [de jugement]* pronouncement; *[de loi]* purview

disposition /dispozisjɔ̃/ GRAMMAIRE ACTIVE 19.3 SYN
NF 1 (= *arrangement, action*) arrangement, arranging, placing; (= *résultat*) arrangement, layout ♦ **selon la disposition des pions/des joueurs** according to how the pawns/players are placed ♦ **ils ont changé la disposition des objets dans la vitrine** they have changed the arrangement ou layout of the things in the window ♦ **la disposition des lieux/pièces** the layout of the premises/rooms
2 (= *usage*) disposal ♦ **avoir la libre disposition de qch** *(Jur)* to have free disposal of sth, to be free to dispose of sth ♦ **mettre qch/être à la disposition de qn** to put sth/be at sb's disposal ♦ **la maison/la bibliothèque est à votre disposition** the house/library is at your disposal, you can have the run of the house/library ♦ **les moyens (mis) à notre disposition sont insuffisants** we have insufficient means at our disposal ♦ **je me mets** ou **tiens à votre entière disposition pour de plus amples renseignements** I am entirely at your disposal ou service should you require further information ♦ **il a été mis à la disposition de la justice** *(Jur)* he was handed over to the law
3 (= *mesure*) measure ♦ **dispositions** (= *préparatifs*) arrangements, preparations; (= *précautions*) measures, precautions, steps ♦ **prendre des** ou **ses dispositions pour que qch soit fait** to make arrangements ou take steps to have sth done ou for sth to be done ♦ **prendre ses dispositions pour partir** to make arrangements for ou prepare for one's departure ♦ **nous avons prévu des dispositions spéciales** we have arranged for special steps ou measures ou precautions to be taken
4 (= *manière d'être*) mood, humour, frame of mind ♦ **être dans de bonnes/mauvaises dispositions** to be in a good/bad mood, to be in (a) good/bad humour ♦ **être dans de bonnes dispositions pour faire qch** to be in the right mood to do sth, to be in the right frame of mind for doing sth ♦ **être dans les meilleures dispositions** to be in the best of moods ♦ **être dans de bonnes/de mauvaises/les meilleures dispositions à l'égard de qn** to feel well-disposed/ill-disposed/very well-disposed towards sb ♦ **est-il toujours dans les mêmes dispositions à l'égard de ce projet/candidat ?** does he still feel the same way about this plan/candidate? ♦ **disposition d'esprit** mood, state ou frame of mind
5 (= *tendance*) *[de personne]* predisposition, tendency; *[d'objet]* tendency *(à* to) ♦ **avoir une disposition au rhumatisme** to have a tendency to rheumatism ♦ **ce bateau a une curieuse/fâcheuse disposition à...** this boat has a strange/an annoying tendency to...
6 *(Jur)* clause ♦ **dispositions testamentaires** provisions of a will, testamentary provisions; → **dernier**
NFPL dispositions (= *inclinations, aptitudes*) bent, aptitude, natural ability ♦ **avoir des dispositions pour la musique/les langues/le tennis** to have a special aptitude for ou a gift for music/languages/tennis

disproportion /dispʀɔpɔʀsjɔ̃/ SYN **NF** disproportion *(entre* between; *de* in)

disproportionné, e /dispʀɔpɔʀsjɔne/ SYN **ADJ** disproportionate *(par rapport à, avec* to), out of (all) proportion *(par rapport à, avec* to, with) ♦ **il a une tête disproportionnée** his head is out of proportion with his body

dispute /dispyt/ SYN **NF** 1 (= *querelle*) argument, quarrel ♦ **dispute d'amoureux** lovers' tiff ou quarrel ♦ **tu cherches la dispute !** you're looking for an argument! ♦ **c'est leur principal**

sujet de dispute it's a major bone of contention between them
2 (†† = *débat polémique*) debate, dispute

disputé, e /dispyte/ (ptp de **disputer**) ADJ ◆ **très disputé** *[course, élection, siège]* hotly *ou* closely contested; *[match]* close, closely fought; *[marché]* competitive

disputer /dispyte/ SYN ▸ conjug 1 ◂
VT 1 *(= contester)* ◆ **disputer qch/qn à qn** to fight with sb for *ou* over sth/sb ◆ **disputer la victoire/la première place à son rival** to fight for victory/for first place with one's rival, to fight one's rival for victory/first place ◆ **elle essaya de lui disputer la gloire de son invention** she tried to rob him of the glory of his invention ◆ **le disputer en beauté/en grandeur à qn** *(littér)* to vie with *ou* rival sb in beauty/greatness ◆ **disputer le terrain** *(Mil)* to fight for every inch of ground; *(fig)* to fight every inch of the way
2 *(= livrer)* *[+ combat]* to fight; *[+ match]* to play ◆ **le match a été disputé** *ou* **s'est disputé en Angleterre** the match was played *ou* took place in England
3 *(= gronder)* to tell off*, to tick off* *(Brit)* ◆ **se faire disputer par son père** to get a telling-off* *ou* ticking-off* *(Brit)* from one's father
VPR **se disputer** 1 *(= se quereller)* to quarrel, to argue, to have a quarrel *ou* an argument *(avec* with) ◆ **il s'est disputé avec son oncle** *(= s'est querellé avec lui)* he quarrelled *ou* had a quarrel *ou* an argument with his uncle; *(= s'est brouillé avec lui)* he fell out with his uncle
2 *(= se battre pour)* ◆ **se disputer qch** to fight over sth, to contest sth ◆ **deux chiens se disputent un os** two dogs are fighting over a bone ◆ **deux candidats se disputent un siège à l'Académie** there are two contenders for *ou* two candidates are contesting a seat at the Academy

disquaire /diskɛʀ/ NMF *(= commerçant)* record dealer

disqualification /diskalifikasjɔ̃/ NF *(Sport)* disqualification

disqualifier /diskalifje/ SYN ▸ conjug 7 ◂ VT
1 *(Sport = exclure)* to disqualify
2 *(= discréditer)* to dishonour *(Brit)*, to dishonor *(US)*, to bring discredit on ◆ **il s'est disqualifié aux yeux de l'opinion** he has destroyed people's trust in him *ou* people's good opinion of him

disque /disk/ SYN NM 1 *(gén, Méd, Photo)* disc, disk *(surtout US)* ◆ **disque d'embrayage** clutch plate ◆ **disque de stationnement** parking disc ◆ **disque à démaquiller** make-up remover pad; → **frein**
2 *(Sport)* discus
3 *(Mus) (gén, en vinyle)* record ◆ **disque compact** compact disc, CD ◆ **disque (compact) audio/interactif/laser/vidéo** audio (compact)/interactive/laser/video disc ◆ **disque d'or/de platine** gold/platinum disc ◆ **mettre/passer un disque** *(compact)* to put on/play a CD; *(vinyle)* to put on/play a record ◆ **ça vient de sortir en disque compact** it's just come out on compact disc *ou* CD; → **changer**
4 *(Ordin)* disk, disc ◆ **disque dur/souple/optique** hard/floppy/optical disk ◆ **disque optique compact** compact optical disk ◆ **disque optique numérique** digital optical disk

disque-jockey (pl **disques-jockeys**) /disk(ə)ʒɔkɛ/ NM disc jockey, DJ

disquette /diskɛt/ NF *(Ordin)* floppy (disk *ou* disc), diskette

disruptif, -ive /disʀyptif, iv/ ADJ *(Élec)* disruptive

dissection /disɛksjɔ̃/ NF dissection ◆ **de dissection** *[instrument, table]* dissecting, dissection

dissemblable /disɑ̃blabl/ ADJ dissimilar, different *(de* from, to)

dissemblance /disɑ̃blɑ̃s/ NF dissimilarity, difference *(de* in)

dissémination /diseminasjɔ̃/ NF 1 *(= action) [de graines]* scattering; *[de troupes, maisons, usines]* scattering, spreading; *[d'idées]* dissemination
2 *(= état) [de maisons, points de vente]* scattered layout *ou* distribution ◆ **à cause de la dissémination de notre famille** because our family is scattered

disséminer /dissemine/ SYN ▸ conjug 1 ◂
VT *[+ graines]* to scatter; *[+ troupes, maisons]* to scatter, to spread (out); *[+ idées]* to disseminate ◆ **les points de vente sont très disséminés** the (sales) outlets are widely scattered *ou* thinly distributed ◆ **des milliers de familles de réfugiés sont disséminées dans les villages** thousands of refugee families are dispersed among the villages
VPR **se disséminer** *[graines]* to scatter; *[personnes]* to spread (out) ◆ **les pique-niqueurs se disséminèrent aux quatre coins de la forêt** the picnickers spread out *ou* scattered to the four corners of the forest

dissension /disɑ̃sjɔ̃/ SYN NF dissension *(entre, au sein de* between, within)

dissentiment /disɑ̃timɑ̃/ NM disagreement, difference of opinion

disséquer /diseke/ SYN ▸ conjug 6 ◂ VT *[+ cadavre, plante]* to dissect; *[+ texte, problème]* to dissect, to analyze minutely

dissert * /disɛʀt/ NF (abrèv de **dissertation**) essay

dissertation /disɛʀtasjɔ̃/ SYN NF *(Scol, hum)* essay; *(péj : †† = traité)* dissertation

disserter /disɛʀte/ SYN ▸ conjug 1 ◂ VI 1 *(Scol)* ◆ **disserter sur** *(= parler)* to speak on; *(= écrire)* to write an essay on
2 *(péj)* to hold forth *(de, sur* about, on)

dissidence /disidɑ̃s/ SYN NF *(= sécession) (Pol)* dissidence, rebellion; *(Rel)* dissent; *(= dissidents)* dissidents, rebels; *(littér = divergence)* disagreement, dissidence ◆ **entrer en dissidence contre** *[+ régime]* to rebel against; *[+ parti]* to break away from ◆ **rejoindre la dissidence** to join the dissidents *ou* the rebels

dissident, e /disidɑ̃, ɑ̃t/ SYN
ADJ *(Pol)* dissident; *(Rel)* dissenting ◆ **groupe dissident** breakaway *ou* splinter group ◆ **une fraction dissidente de cette organisation terroriste** a dissident minority in this terrorist organization ◆ **une voix dissidente à l'intérieur du parti** a dissenting voice within the party ◆ **un candidat socialiste dissident** a socialist candidate who has broken away from the party
NM,F *(Pol)* dissident, rebel; *(Rel)* dissenter

dissimilitude /disimilityd/ NF dissimilarity

dissimulateur, -trice /disimylatœʀ, tʀis/ SYN
ADJ dissembling
NM,F dissembler

dissimulation /disimylasjɔ̃/ SYN NF *(NonC) (= duplicité)* dissimulation, dissembling; *(= cachotterie)* dissimulation *(NonC)*, dissembling *(NonC)*; *(= action de cacher)* concealment ◆ **agir avec dissimulation** to act in an underhand way ◆ **dissimulation d'actif** *(Jur)* (fraudulent) concealment of assets ◆ **dissimulation de salariés** *(Jur)* non-declaration of workers ◆ **dissimulation de preuve(s)** withholding of evidence

dissimulé, e /disimyle/ SYN (ptp de **dissimuler**) ADJ ◆ **sentiments mal dissimulés** ill-concealed feelings ◆ **avec un plaisir non dissimulé** with undisguised glee *ou* pleasure

dissimuler /disimyle/ SYN ▸ conjug 1 ◂
VT *(= cacher) [+ objet, personne, sentiment, difficulté]* to conceal, to hide *(à qn* from sb); *(Fin) [+ bénéfices]* to conceal ◆ **son visage dissimulé par un foulard** her face hidden by a scarf ◆ **ces arbustes dissimulent la cabane** the shrubs hide the shed from view ◆ **il sait bien dissimuler** he's good at pretending *ou* dissembling *(frm)* ◆ **il parvenait mal à dissimuler son impatience/son envie de rire** he had great difficulty concealing *ou* hiding his annoyance/his urge to laugh ◆ **je ne vous dissimulerai pas qu'il y a de gros problèmes** I won't disguise *ou* conceal the fact that there are serious problems
VPR **se dissimuler** to conceal *ou* hide o.s. ◆ **il essaie de se dissimuler la vérité/qu'il a tort** he's trying to close his eyes to the truth/to the fact that he's wrong, he's trying to conceal the truth from himself/to conceal from himself the fact that he's wrong

dissipateur, -trice /disipatœʀ, tʀis/ NM,F *(littér)* spendthrift, squanderer *(Brit)*

dissipatif, -ive /disipatif, iv/ ADJ dissipative

dissipation /disipasjɔ̃/ SYN NF 1 *(= indiscipline)* misbehaviour *(Brit)*, misbehavior *(US)*, unruliness; *(littér = débauche)* dissipation ◆ **une vie de dissipation** a dissipated life, a life of dissipation
2 *(= dilapidation) [de fortune]* squandering, dissipation; *(= folle dépense)* extravagance
3 *[de fumée, nuages]* dissipation, dispersal; *[de brouillard]* clearing, lifting; *[de craintes]* dispelling ◆ **après dissipation des brouillards matinaux** after the early morning fog has lifted *ou* cleared

dissipé, e /disipe/ SYN (ptp de **dissiper**) ADJ *[élève]* undisciplined, unruly; *[vie]* dissolute, dissipated

dissiper /disipe/ SYN ▸ conjug 1 ◂
VT 1 *(= chasser) [+ brouillard, fumée]* to dispel, to disperse, to clear away; *[+ nuages]* to break up, to disperse; *[+ soupçon, crainte]* to dissipate, to dispel; *[+ malentendu]* to clear up
2 *(= dilapider) [+ fortune]* to squander, to fritter away, to dissipate; *(littér) [+ jeunesse]* to waste, to dissipate, to idle away
3 ◆ **dissiper qn** to lead sb astray *ou* into bad ways ◆ **il dissipe ses camarades en classe** he is a distracting influence on *ou* he distracts his classmates
4 *(= dégager, produire)* to dissipate
VPR **se dissiper** 1 *(= disparaître) [fumée]* to drift away, to disperse; *[nuages]* to break (up), to disperse; *[brouillard]* to clear, to lift, to disperse; *[inquiétude]* to vanish, to melt away; *[malaise, fatigue]* to disappear, to go away, to wear off
2 *[élève]* to become undisciplined *ou* unruly, to misbehave

dissociabilité /disɔsjabilite/ NF *[de molécules]* dissociability; *[de problèmes]* separability, separableness

dissociable /disɔsjabl/ ADJ *[molécules]* dissociable, separable; *[problèmes]* separable

dissociation /disɔsjasjɔ̃/ SYN NF *[de molécules, problèmes]* dissociation, separation

dissocier /disɔsje/ SYN ▸ conjug 7 ◂
VT *[+ molécules, problèmes]* to dissociate
VPR **se dissocier** *[éléments, groupe, équipe]* to break up, to split up ◆ **nous tenons à nous dissocier de ces groupes/vues** we are anxious to dissociate ourselves from these groups/views

dissolu, e /disɔly/ SYN ADJ dissolute

dissolution /disɔlysjɔ̃/ SYN NF 1 *(Jur) [d'assemblée, gouvernement, mariage]* dissolution; *[d'association, groupe, parti]* dissolution, disbanding ◆ **prononcer la dissolution de** *[+ mariage]* to dissolve; *[+ parti, groupement]* to disband
2 *(= désagrégation) [de groupe, association]* breaking-up, splitting-up; *[d'empire]* crumbling, decay, dissolution ◆ **l'unité nationale est en pleine dissolution** national unity is crumbling *ou* disintegrating *ou* falling apart
3 *[de sucre]* dissolving ◆ **jusqu'à dissolution complète du cachet** until the tablet has completely dissolved
4 *(= colle)* rubber solution
5 *(littér = débauche)* dissoluteness, dissipation

dissolvant, e /disɔlvɑ̃, ɑ̃t/
ADJ solvent
NM *(= produit)* solvent ◆ **dissolvant (gras)** *(pour les ongles)* nail polish *ou* varnish remover

dissonance /disɔnɑ̃s/ SYN NF *(Mus = intervalle)* dissonance, discord; *[de couleurs, styles]* mismatch; *(fig)* clash; *(= manque d'harmonie)* discord, dissonance ◆ **des dissonances de tons dans un tableau** clashes of colour in a painting

dissonant, e /disɔnɑ̃, ɑ̃t/ SYN ADJ *[sons, accord]* dissonant, discordant; *[couleurs]* clashing *(épith)*

dissoner /disɔne/ ▸ conjug 1 ◂ VI *(frm) [sons]* to be discordant; *[couleurs]* to clash

dissoudre /disudʀ/ SYN ▸ conjug 51 ◂
VT 1 *[+ sel]* to dissolve ◆ **(faire) dissoudre du sucre** to dissolve sugar
2 *(Jur, Pol) [+ assemblée, gouvernement]* to dissolve; *[+ parti, groupement, association]* to disband; *[+ mariage]* to dissolve
VPR **se dissoudre** 1 *[sel, sucre]* to dissolve, to be dissolved
2 *[association]* to disband

dissuader /disɥade/ SYN ▸ conjug 1 ◂ VT ◆ **dissuader qn de faire qch** to persuade sb not to do sth; *[circonstances]* to deter sb from doing sth ◆ **il m'a dissuadé d'y aller** he talked me out of going, he persuaded me not to go ◆ **rien ne pouvait l'en dissuader** nothing could dissuade him

dissuasif, -ive /disɥazif, iv/ ADJ deterrent *(épith)* ◆ **avoir un effet dissuasif sur** to have a deterrent effect on ◆ **à un prix dissuasif** at a prohibitive price

dissuasion /disɥazjɔ̃/ NF *(gén)* dissuasion; *(Mil)* deterrence ◆ **la dissuasion nucléaire** nuclear deterrence ◆ **de dissuasion** *[mesures, force, stratégie]* deterrent

dissyllabe /disi(l)lab/
ADJ disyllabic
NM disyllable

dissyllabique /disi(l)labik/ **ADJ** disyllabic

dissymétrie /disimetʀi/ SYN **NF** dissymmetry

dissymétrique /disimetʀik/ SYN **ADJ** dissymmetric(al)

distal, e (mpl **-aux**) /distal, o/ **ADJ** distal

distance /distɑ̃s/ SYN **NF** [1] (*= éloignement, intervalle, trajet*) distance • **distance focale** (*Photo*) focal length • **distance de freinage** braking distance • **respectez les distances (de freinage)** keep your distance • **parcourir de grandes/petites distances** to cover great/small distances • **il est meilleur sur les grandes distances** (*Sport*) he's better over long distances • **quelle distance parcourue depuis son dernier roman !** what a long way *ou* how far he has come since his last novel!
[2] (*= écart*) gap • **la distance qui sépare deux générations/points de vue** the gap between *ou* which separates two generations/points of view • **la guerre a mis une grande distance entre ces deux peuples** the war has left a great gulf between these two nations
[3] (*locutions*) • **garder ses distances** to keep one's distance (*vis à vis de* from) • **prendre ses distances** (*Mil*) to form open order; (*Scol etc*) to space out; (*fig*) to stand aloof (*à l'égard de* from), to distance o.s. (*par rapport à* from) • **les syndicats ont pris leurs distances vis-à-vis du gouvernement** the unions have distanced themselves from the government • **tenir la distance** [*coureur*] to go *ou* do *ou* cover the distance, to last *ou* stay the course; [*conférencier*] to stay *ou* last the course • **à deux ou trois ans de distance je m'en souviens encore** two or three years later I can still remember it • **nés à quelques années de distance** born within a few years of one another, born a few years apart • **de distance en distance** at intervals, here and there • **téléphone/communication/vol longue distance** long-distance (tele)phone/call/flight
• **à distance** (*dans l'espace*) at *ou* from a distance, from afar; (*dans le temps*) at *ou* from a distance • **le prestidigitateur fait bouger des objets à distance** the conjurer moves objects from a distance • **mettre en marche à distance** [*+ appareil*] to switch on by remote control • **tenir qn à distance** to keep sb at a distance *ou* at arm's length • **se tenir à distance** to keep one's distance, to stand aloof
• **à + distance** • **à quelle distance est la gare ?** how far (away) is the station?, what's the distance to the station? • **se tenir à une distance respectueuse de** to keep *ou* stay a respectful distance from • **habiter à une grande distance/à quelques kilomètres de distance** to live a great distance away *ou* a long way away/a few kilometres away (*de* from) • **à grande distance** [*détection*] long-range (*épith*), at long range; [*apercevoir*] from a long way off *ou* away • **entendre un bruit/distinguer qch à une distance de 30 mètres** to hear a noise/make out sth from a distance of 30 metres *ou* from 30 metres away

distancer /distɑ̃se/ SYN ► conjug 3 ◄ **VT**
[1] [*+ coureur*] to outrun, to outdistance, to leave behind; [*+ voiture*] to outdistance, to leave behind; [*+ concurrent, élève*] to outstrip, to outclass, to leave behind • **se laisser** *ou* **se faire distancer** to be left behind, to be outdistanced (*par* by) • **ne nous laissons pas distancer** let's not fall behind *ou* be left behind
[2] (*Sport = disqualifier*) to disqualify

distanciation /distɑ̃sjasjɔ̃/ **NF** distance • **sa distanciation par rapport aux événements** the way he has distanced himself from events

distancier (se) /distɑ̃sje/ ► conjug 7 ◄ **VPR** to distance o.s. (*de* from)

distant, e /distɑ̃, ɑ̃t/ SYN **ADJ** [1] [*lieu*] far-off, faraway, distant; [*événement*] distant, far-off • **distant de la gare** far away from the station • **une ville distante de 10 km** a town 10 km away • **deux villes distantes de 10 km (l'une de l'autre)** two towns 10 km apart *ou* 10 km away from one another
[2] [*attitude*] distant, aloof; [*voix*] distant • **il s'est montré très distant** he was very standoffish

distendre /distɑ̃dʀ/ SYN ► conjug 41 ◄
VT [*+ peau*] to distend; [*+ corde, pull, col*] to stretch
VPR **se distendre** [*lien*] to slacken, to become looser; [*ventre, peau*] to distend, to become distended *ou* bloated

distendu, e /distɑ̃dy/ (ptp de **distendre**) **ADJ** [*ventre*] distended, bloated; [*corde*] slack, loose; [*élastique, ressort*] slack

distension /distɑ̃sjɔ̃/ **NF** [*de peau, estomac*] distension; [*de corde*] slackening, loosening

distillat /distila/ **NM** (*Chim*) distillate

distillateur /distilatœʀ/ **NM** (*= personne*) distiller

distillation /distilasjɔ̃/ **NF** distillation, distilling

distiller /distile/ SYN ► conjug 1 ◄
VT [*+ alcool*] to distil; [*+ suc*] to elaborate; [*+ ennui*] to exude • **eau distillée** distilled water
VI to distil

distillerie /distilʀi/ **NF** (*= usine*) distillery; (*= industrie*) distilling

distinct, e /distɛ̃(kt), ɛ̃kt/ SYN **ADJ**
[1] (*= indépendant*) distinct, separate (*de* from)
[2] (*= net*) distinct, clear

distinctement /distɛ̃ktəmɑ̃/ **ADV** distinctly, clearly

distinctif, -ive /distɛ̃ktif, iv/ SYN **ADJ** distinctive → **signe**

distinction /distɛ̃ksjɔ̃/ SYN **NF** [1] (*= différentiation*) distinction • **faire la distinction entre** to make a distinction between • **sans distinction** without distinction • **sans distinction de race/d'âge** irrespective of race/age, without distinction of race/age
[2] (*= décoration, honneur*) distinction
[3] (*= raffinement*) distinction, refinement • **il a de la distinction** he is very distinguished *ou* refined, he has great distinction
[4] (*= éminence*) distinction, eminence • **un pianiste de la plus haute distinction** (*frm*) a pianist of the highest distinction

distinguable /distɛ̃gabl/ **ADJ** distinguishable (*de* from)

distingué, e /distɛ̃ge/ SYN (ptp de **distinguer**) **ADJ**
[1] (*= élégant, bien élevé*) [*personne*] distinguished; [*allure*] elegant, refined, distinguished • **il a l'air très distingué** he looks very distinguished, he has a very distinguished look about him • **ça fait très distingué** it's very distinguished; → **agréer**
[2] (*= illustre*) distinguished, eminent • **notre distingué collègue, le professeur Campbell** our distinguished *ou* eminent colleague, Professor Campbell

distinguer /distɛ̃ge/ SYN ► conjug 1 ◄
VT [1] (*= percevoir*) [*+ objet, bruit*] to make out, to distinguish • **distinguer qn dans la foule** to pick out *ou* spot sb in the crowd • **on commença à distinguer les collines à travers la brume** the hills began to be visible through the mist • **il distingue mal sans lunettes** he can't see very well without his glasses
[2] (*= différencier*) to distinguish • **distinguer une chose d'une autre** *ou* **d'avec une autre** to distinguish *ou* tell one thing from another • **savoir distinguer les oiseaux/plantes** to be able to distinguish different species of birds/plants • **les deux sœurs sont difficiles à distinguer (l'une de l'autre)** the two sisters are difficult to tell apart • **distinguer le bien du mal/un Picasso d'un** *ou* **d'avec un Braque** to tell good from evil/a Picasso from a Braque, to distinguish between good and evil/between a Picasso and a Braque • **tu la distingueras à sa veste rouge** you will recognize her *ou* pick her out by her red jacket • **distinguons, il y a chanteur et chanteur** we must make a distinction, there are good singers and bad singers
[3] (*= rendre différent*) to distinguish, to set apart (*de* from), to mark off • **c'est son accent qui le distingue des autres** it is his accent which distinguishes him from *ou* makes him different from the others *ou* which sets him apart
[4] (*frm*) (*= choisir*) to single out; (*= honorer*) to honour (*Brit*), to honor (*US*) • **on l'a distingué pour faire le discours d'adieu** he was singled out to make the farewell speech • **l'Académie française a distingué X pour son œuvre poétique** the Académie Française has honoured X for his works of poetry
VPR **se distinguer** [1] (*= différer*) to distinguish o.s., to be distinguished (*de* from) • **ces objets se distinguent par** *ou* **grâce à leur couleur** these objects can be distinguished by their colour • **les deux frères se distinguent (l'un de l'autre) par leur taille** you can tell the two brothers apart by their (different) height • **il se distingue par son accent/sa démarche** his accent/his walk makes him stand out *ou* makes him seem quite different
[2] (*= se signaler, réussir*) to distinguish o.s. • **se distinguer (pendant une guerre) par son courage** to distinguish o.s. (in a war) by one's courage • **il s'est distingué par ses découvertes en physique** he has become famous for *ou* from his discoveries in physics, he's made a name for himself by his discoveries in physics • **il se distingue par son absence** (*hum*) he is noticeable *ou* conspicuous by his absence • **il s'est particulièrement distingué en latin** he has done particularly well *ou* he has particularly distinguished himself in Latin

distinguo /distɛ̃go/ **NM** (*= nuance*) distinction • **faire le distinguo entre l'homme et l'animal** to make a distinction between humans and animals

distique /distik/ **NM** distich

distomatose /distɔmatoz/ **NF** distomatosis, distomiasis

distome /distɔm/ **NM** (*Bio*) fluke

distordre **VT**, **se distordre** **VPR** /distɔʀdʀ/ ► conjug 41 ◄ to twist, to distort

distorsion /distɔʀsjɔ̃/ SYN **NF** [1] (*gén, Anat, Téléc*) distortion • **la distorsion des faits/de la réalité** distortion of the facts/of reality • **distorsion de concurrence** (*Écon*) distortion of competition • **distorsion du temps** time warp
[2] (*= déséquilibre : entre des chiffres, salaires, taux*) imbalance (*entre* between) • **la distorsion entre les textes et la réalité** (*= décalage*) the discrepancy between the texts and reality

distractif, -ive /distʀaktif, iv/ **ADJ** entertaining

distraction /distʀaksjɔ̃/ SYN **NF** [1] (*= inattention*) absent-mindedness, lack of attention • **j'ai eu une distraction** my concentration lapsed, my attention wandered • **cette distraction lui a coûté la vie** this one lapse in concentration cost him his life • **les distractions proverbiales des savants** the proverbial absent-mindedness of scientists
[2] (*= passe-temps*) leisure *ou* recreational activity, pastime • **ça manque de distraction** there's not much in the way of entertainment • **c'est sa seule distraction** it's his only form of entertainment
[3] (*Jur = vol*) abstraction • **distraction de fonds** misappropriation of funds

distraire /distʀɛʀ/ SYN ► conjug 50 ◄
VT [1] (*= divertir*) to entertain, to amuse
[2] (*= déranger*) to distract, to divert (*de* from) • **distraire l'attention de qn** to distract sb's attention • **il distrait ses camarades** he distracts his friends • **se laisser facilement distraire de son travail** to be easily distracted from one's work • **distraire qn de ses soucis** to take sb's mind off his worries
[3] (*frm = voler*) to abstract (*de* from) • **distraire des fonds** to misappropriate funds
VPR **se distraire** to amuse o.s., to enjoy o.s. • **je vais au cinéma, j'ai besoin de me distraire** I'm going to the cinema, I need a break • **je lis des romans pour me distraire** I read novels for entertainment

distrait, e /distʀɛ, ɛt/ SYN (ptp de **distraire**) **ADJ** [*personne, caractère*] absent-minded • **d'un air distrait** distractedly • **il n'y a prêté qu'une attention distraite** he wasn't giving it his full attention • **d'une oreille distraite** with only half an ear, abstractedly • **je l'ai lu d'un œil distrait** I glanced through it

distraitement /distʀɛtmɑ̃/ SYN **ADV** absent-mindedly, distractedly

distrayant, e /distʀɛjɑ̃, ɑ̃t/ SYN **ADJ** entertaining • **les romans policiers sont d'une lecture distrayante** detective stories are entertaining

distribuable /distʀibɥabl/ **ADJ** distributable

distribuer /distʀibɥe/ SYN ► conjug 1 ◄ **VT**
[1] (*= donner*) [*+ objets*] to distribute, to give out, to hand out; [*+ vivres*] to distribute, to share out; [*+ courrier*] to deliver; [*+ récompense*] to present; (*Fin*) [*+ actions*] to allot; [*+ travail*] to distribute; [*+ argent, dividendes*] to distribute, to hand out; [*+ cartes*] to deal (out); [*+ ordres*] to hand out, to deal out; [*+ coups*] to deal, to deliver; [*+ saluts, sourires, enseignement*] to dispense (*à* to) • **distribuer les rôles d'une pièce** to cast a play • **distribuer des claques à qn** to slap sb
[2] (*= répartir*) to distribute, to arrange; (*Typographie*) [*+ caractères*] to distribute • **on distribue ces plantes en quatre espèces** these plants are divided into four species • **savoir distribuer son temps** to know how to allocate *ou* divide (up) one's time • **comment les pièces sont-elles distribuées ?** how are the rooms set out? *ou*

distributaire | division

laid out? ◆ **distribuer les masses dans un tableau** to arrange ou distribute the masses in a picture ◆ **mon emploi du temps est mal distribué** my schedule is badly arranged

[3] (= amener) to distribute, to carry ◆ **distribuer l'eau dans les villages** to distribute ou carry ou supply water to villages ◆ **le sang est distribué dans tout le corps par le cœur** blood is pumped ou carried round the body by the heart ◆ **chaîne de télévision distribuée par câble** cable television channel

[4] [+ film, produit] to distribute

distributaire /distribytɛʀ/ NMF distributee (esp US), beneficiary of an estate

distributeur, -trice /distribytœʀ, tʀis/ SYN
ADJ [compagnie, entreprise] distributing ◆ **société distributrice de films** film distribution company, film distributor
NM,F (= agent commercial) distributor ◆ **distributeur d'essence** petrol company ◆ **distributeur de films** film distributor
NM (= appareil) machine; [de savon, papier absorbant] dispenser; (dans moteur) distributor ◆ **distributeur (automatique)** vending machine ◆ **distributeur de boissons/préservatifs** drinks/condom(-vending) machine, drinks/condom dispenser ◆ **distributeur (automatique) de billets** (Banque) cash dispenser ou machine, automatic ou automated teller machine; [de billets de train] (automatic) ticket machine ◆ **distributeur d'engrais** (Agr) manure- ou muck-spreader

distributif, -ive /distribytif, iv/ ADJ distributive

distribution /distribysjɔ̃/ SYN NF [1] [d'objets] distribution, giving out, handing out; [de vivres] distribution, sharing out; [d'argent, dividendes] distribution; [de cartes] deal; [de courrier] delivery; (Fin) [d'actions] allotment ◆ **la distribution du travail sera faite suivant l'âge** the work will be shared out ou allotted ou allocated according to age ◆ **distribution gratuite** free gifts ◆ **(jour de la) distribution des prix** prize giving (day)

[2] (= répartition) distribution, arrangement; (Ling) distribution ◆ **la distribution des mots dans une phrase** the distribution of words in a sentence ◆ **la distribution des meubles dans une pièce** the arrangement of the furniture in a room ◆ **cet appartement a une bonne/mauvaise distribution (des pièces)** the flat is well/badly laid out ◆ **ce résultat a conduit à une nouvelle distribution des cartes** this result has shifted ou altered the balance of power ou has put a new complexion on the situation

[3] (= acteurs) cast ◆ **distribution par ordre d'entrée en scène** cast by order of appearance ◆ **qui est responsable de la distribution de cette pièce ?** who's in charge of casting this play?

[4] [d'eau, électricité] supply ◆ **distribution par câble/par satellite** (TV) cable/satellite distribution

[5] [de livres, films] distribution ◆ **réseau de distribution** distribution network ◆ **la grande distribution** mass marketing

[6] (dans moteur) distribution

distributionnalisme /distribysjɔnalism/ NM distributionalism

distributionnaliste /distribysjɔnalist/ ADJ, NMF distributionalist

distributionnel, -elle /distribysjɔnɛl/ ADJ distributional

distributivement /distribytivmɑ̃/ ADV distributively

distributivité /distribytivite/ NF distributiveness

district /distrikt/ NM district ◆ **district urbain** urban district

dit, e /di, dit/ (ptp de dire)
ADJ [1] (= appelé) ◆ **Louis XIV, dit le Roi Soleil** Louis XIV, known as the Sun King ◆ **Jean Petit, dit le Chacal** Jean Petit, also known as the Jackal ou aka ou alias the Jackal ◆ **une émission dite culturelle** a so-called cultural programme
[2] (= fixé) ◆ **à l'heure dite** at the appointed time ou hour ◆ **le jour dit** on the appointed day
NM (Psych) ◆ **le dit et le non-dit** what is said and what is left unsaid

dithyrambe /ditiʀɑ̃b/ NM [1] (= poème) dithyramb
[2] (= éloge) panegyric, eulogy

dithyrambique /ditiʀɑ̃bik/ SYN ADJ [paroles] laudatory, eulogistic; [éloges] extravagant; (Littérat) dithyrambic ◆ **une critique dithyrambique** a rave review

dito /dito/ ADV (Comm) ditto

DIU /deiy/ NM (abrév de **dispositif intra-utérin**) IUD

diurèse /djyʀɛz/ NF (Physiol) diuresis

diurétique /djyʀetik/ ADJ, NM diuretic

diurnal (pl -aux) /djyʀnal, o/ NM (Rel) diurnal

diurne /djyʀn/ ADJ diurnal

diva /diva/ NF († , aussi hum) diva, prima donna ◆ **elle a des caprices de diva** she's a bit of a prima donna

divagation /divagasjɔ̃/ SYN NF (gén pl) (= délire) wandering, rambling; (= bêtises) raving

divaguer /divage/ SYN ▶ conjug 1 ◀ VI (= délirer) to ramble; (= dire des bêtises) to rave ◆ **il commence à divaguer** he's beginning to ramble ◆ **tu divagues !** you're off your head!*

divalent, e /divalɑ̃, ɑ̃t/ ADJ divalent, bivalent

divan /divɑ̃/ NM ◆ **le divan du psychanalyste** the psychoanalyst's couch

dive /div/ ADJ F ◆ **la dive bouteille** the bottle, drink ◆ **il aime la dive bouteille** he likes his drink

divergence /divɛʀʒɑ̃s/ SYN NF [1] [d'opinions] divergence, difference; [de témoignages] discrepancy
[2] (Opt, Phys Nucl) divergence

divergent, e /divɛʀʒɑ̃, ɑ̃t/ SYN ADJ [1] [opinions] divergent, differing; [témoignages] differing
[2] (Opt, Phys Nucl) divergent; → **strabisme**

diverger /divɛʀʒe/ GRAMMAIRE ACTIVE 12.1 SYN ▶ conjug 3 ◀ VI [1] [opinions] to diverge, to differ; [témoignages] to differ
[2] [chemins, rayons] to diverge
[3] (Phys Nucl) to go critical

divers, e /divɛʀ, ɛʀs/ SYN ADJ [1] (pl) (= varié) [couleurs, opinions] various; [coutumes] diverse; (= différent) [sens d'un mot, moments, occupations] different, various ◆ **frais divers, dépenses diverses** sundries, miscellaneous expenses ◆ **ses dons/écrits divers et variés** his many and various talents/writings ◆ **elle a suivi des traitements divers et variés** (hum) she has undergone all manner of treatments; → **fait¹**
[2] (pl = plusieurs) various, several ◆ **diverses personnes m'en ont parlé** various ou several people have spoken to me about it
[3] (littér = changeant) [spectacle] varied, changing (épith)

diversement /divɛʀsəmɑ̃/ ADV in various ways ◆ **son livre a été diversement accueilli** his book has had a mixed reception ◆ **son discours a été diversement apprécié** there were mixed reactions to his speech

diversification /divɛʀsifikasjɔ̃/ NF diversification ◆ **l'entreprise poursuit la diversification de ses activités** the company is continuing to diversify (its activities)

diversifier /divɛʀsifje/ SYN ▶ conjug 7 ◀
VT [+ méthodes, exercices] to vary; [+ activités, centres d'intérêt, production] to diversify ◆ **une économie/une gamme de produits diversifiée** a varied ou diversified economy/range of products
VPR **se diversifier** [entreprise] to diversify; [activités] to be diversified; [clientèle, public] to become more diverse ◆ **nous devons nous diversifier davantage** we must diversify more

diversiforme /divɛʀsifɔʀm/ ADJ diversiform

diversion /divɛʀsjɔ̃/ SYN NF (Mil, littér) diversion ◆ **faire diversion** to create a diversion

diversité /divɛʀsite/ SYN NF (= grand nombre) range, variety; (= variété) variety, diversity

diverticule /divɛʀtikyl/ NM (Méd) diverticulum

diverticulose /divɛʀtikyloz/ NF diverticulosis

divertimento /divɛʀtimento/ NM divertimento

divertir /divɛʀtiʀ/ SYN ▶ conjug 2 ◀
VT [1] (= amuser) to amuse, to entertain
[2] (Jur) ◆ **divertir des fonds/une succession** (= détourner) to misappropriate funds/an inheritance
VPR **se divertir** (= se distraire) to amuse o.s.; (= prendre du bon temps) to enjoy o.s. ◆ **se divertir de qn** (littér) to make fun of sb, to laugh at sb

divertissant, e /divɛʀtisɑ̃, ɑ̃t/ SYN ADJ (= qui fait rire) amusing; (= qui occupe agréablement) entertaining

divertissement /divɛʀtismɑ̃/ SYN NM [1] (NonC = action de distraire) entertainment ◆ **la boxe est un divertissement populaire** boxing is a popular form of entertainment ◆ **le spectacle est organisé pour le divertissement des touristes** the show is put on to entertain the tourists ◆ **émission de divertissement** light-entertainment programme
[2] (= distraction, passe-temps) entertainment ◆ **le jazz était considéré d'abord comme un divertissement** jazz was considered as being primarily entertainment ◆ **les divertissements sont rares dans ce village** there isn't much to do in this village, there's not much by way of entertainment in this village
[3] (Mus) divertimento, divertissement
[4] (††, Philos) distraction

dividende /dividɑ̃d/ NM (Fin, Math) dividend ◆ **dividende sous forme d'actions** share ou stock dividend ◆ **dividende prioritaire** preferential ou preference dividend ◆ **avec dividende** cum div(idend), dividend on (US) ◆ **sans dividende** ex div(idend), dividend off (US)

divin, e /divɛ̃, in/ SYN ADJ [1] [caractère, justice, service] divine ◆ **la loi divine** divine law, the law of God ◆ **le divin Achille** the divine Achilles ◆ **la divine Providence** divine Providence ◆ « **La Divine Comédie** » (Littérat) "The Divine Comedy" ◆ **notre divin Sauveur** our Divine Saviour ◆ **notre divin Père** our heavenly Father ◆ **l'amour divin** divine ou heavenly love ◆ **le sens du divin** the sense of the divine; → **bonté**, **droit³**
[2] (= excellent) [poésie, beauté, mets, robe, temps] divine, heavenly

divinateur, -trice /divinatœʀ, tʀis/
ADJ divining, foreseeing
NM,F †† diviner, soothsayer

divination /divinasjɔ̃/ SYN NF divination

divinatoire /divinatwaʀ/ ADJ [science] divinatory

divinement /divinmɑ̃/ ADV divinely

divinisation /divinizasjɔ̃/ NF deification

diviniser /divinize/ SYN ▶ conjug 1 ◀ VT to deify

divinité /divinite/ SYN NF (= essence divine) divinity; (lit, fig = dieu) deity, divinity

divis, e /divi, iz/ (Jur)
ADJ divided
NM division

diviser /divize/ SYN ▶ conjug 1 ◀
VT [1] (= fractionner) (gén) to divide; [+ tâche, ressources] to share out, to split up; [+ gâteau] to cut up, to divide up ◆ **diviser une somme en trois/en trois parties** to divide ou split a sum of money in three/into three parts ◆ **diviser une somme entre plusieurs personnes** to share (out) ou divide (out) a sum among several people ◆ **le pays est divisé en deux par des montagnes** the country is split ou divided in two by mountains ◆ **diviser un groupe en plusieurs équipes** to split a group up into several teams
[2] (= désunir) [+ famille, adversaires] to divide, to set at variance ◆ « **diviser pour (mieux) régner** » "divide and rule" ◆ **une famille divisée** a broken family ◆ **les historiens sont très divisés à ce sujet** historians are very divided on this subject ◆ **l'opinion est divisée en deux par cette affaire** opinion is split ou divided over this affair
[3] († = séparer) to divide, to separate ◆ **un rideau divise la chambre d'avec le salon** ou **du salon** a curtain separates the bedroom (off) from the drawing room
[4] (Math) to divide ◆ **diviser 4 par 2** to divide 4 by 2
VPR **se diviser** [1] (= se scinder) [groupe, cellules] to split up, to divide (en into)
[2] (= se ramifier) [route] to fork, to divide; [tronc d'arbre] to fork ◆ **ce livre se divise en plusieurs chapitres** this book is divided into several chapters

diviseur /divizœʀ/ NM [1] (Math) divisor ◆ **nombre/fraction diviseur** divisor number/fraction ◆ **plus grand commun diviseur** highest common factor ◆ **diviseur de fréquence** (Élec) frequency divider
[2] (= personne) divisive force ou influence

divisibilité /divizibilite/ NF divisibility

divisible /divizibl/ ADJ divisible ◆ **le nombre est divisible par 2** the number is divisible by ou can be divided by 2

division /divizjɔ̃/ SYN NF [1] (Math) division ◆ **faire une division** to do a division (sum)

2 (= désaccord) division ◆ **il y a une division au sein du parti** there's a split ou rift within the party ◆ **semer la division** to sow discord (entre among)

3 (Football etc) division ◆ **division d'honneur** 4th division ◆ **club de première/deuxième division** first/second division club ◆ **ils sont montés en première division** they've gone up to ou have been promoted to the first division

4 (Mil, Admin) division ◆ **division blindée/d'infanterie** armoured/infantry division; → **général²**

5 (= fractionnement) division; (= partage) sharing out, division (en into) ◆ **division du travail** division of labour ◆ **division cellulaire** cellular division

6 (= graduation) division

7 (= partie, compartiment) division; (= branche) [de science] division

divisionnaire /divizjɔnɛʁ/
  ADJ divisional
  NM († Mil) major-general ◆ **(commissaire) divisionnaire** (Police) ≈ chief superintendent (Brit), ≈ police chief (US)

divisionnisme /divizjɔnism/ NM divisionism

divisionniste /divizjɔnist/ ADJ, NMF divisionist

divorce /divɔʁs/ SYN NM (lit, fig) divorce (avec, d'avec from; entre between) ◆ **demander le divorce** (gén) to ask for a divorce; (Jur) to sue for (a) divorce ◆ **obtenir le divorce** to obtain ou get a divorce ◆ **divorce par consentement mutuel** divorce by consent (Brit), no-fault divorce (US) ◆ **les enfants du divorce** children of divorced parents ou of divorce

divorcé, e /divɔʁse/ (ptp de **divorcer**)
  ADJ (lit, fig) divorced (de from)
  NM,F divorcee

divorcer /divɔʁse/ SYN ▶ conjug 3 ◀ VI **1** [personne] to get a divorce; [couple] to get divorced ◆ **divorcer d'avec sa femme/son mari** to divorce one's wife/one's husband
  2 (fig) to break (d'avec, de with)

divortialité /divɔʁsjalite/ NF divorce rate

divulgateur, -trice /divylɡatœʁ, tʁis/ NM,F divulger

divulgation /divylɡasjɔ̃/ NF disclosure

divulguer /divylɡe/ SYN ▶ conjug 1 ◀ VT to divulge, to disclose

divulsion /divylsjɔ̃/ NF divulsion

dix /dis/ ADJ INV, NM INV ten ◆ **les dix commandements** the Ten Commandments ◆ **elle a eu dix sur dix** (Scol) she got ten out of ten, she got full marks (Brit) ◆ **avoir dixièmes à chaque œil** to have twenty-twenty vision ◆ **répéter/recommencer dix fois la même chose** to repeat/start the same thing over and over (again) ; pour autres loc voir **six**

dix-huit /dizɥit/ ADJ INV, NM INV eighteen ◆ **un (golf) dix-huit trous** an eighteen-hole golf course

dix-huitième /dizɥitjɛm/ ADJ, NMF eighteenth ◆ **un fauteuil fin dix-huitième** a late eighteenth-century armchair

dixième /dizjɛm/ ADJ, NMF tenth ◆ **je ne sais pas le dixième de ce qu'il sait** I don't know one tenth ou a tenth of the things he knows

dixièmement /dizjɛmmɑ̃/ ADV tenthly, in (the) tenth place

dixit /diksit/ LOC VERB dixit

dix-neuf /diznœf/ ADJ INV, NM INV nineteen

dix-neuvième /diznœvjɛm/ ADJ, NMF nineteenth ◆ **les romans du dix-neuvième** nineteenth-century novels

dix-sept /di(s)sɛt/ ADJ INV, NM INV seventeen

dix-septième /di(s)sɛtjɛm/ ADJ, NMF seventeenth ◆ **les auteurs du dix-septième** seventeenth-century writers

dizain /dizɛ̃/ NM ten-line poem

dizaine /dizɛn/ NF (= dix) ten; (= quantité voisine de dix) about ten, ten or so ◆ **des dizaines de fois** dozens of times, over and over again ◆ **les dizaines** (= colonne) the tens column

dizygote /dizigɔt/
  ADJ fraternal, dizygotic (SPÉC)
  NM fraternal ou dizygotic twin

DJ /didʒi/ NM (abrév de **disque-jockey**) DJ

Djakarta /dʒakaʁta/ N Jakarta, Djakarta

djebel /dʒebɛl/ NM jebel

Djeddah /dʒeda/ N Jidda, Jedda

djellaba /dʒe(l)laba/ NF jellaba

djembé /dʒɛmbe/ NM djembe (African hand drum)

Djibouti /dʒibuti/ NM Djibouti, Djibouti

djiboutien, -ienne /dʒibusjɛ̃, jɛn/
  ADJ of ou from Djibouti
  NM,F **Djiboutien(ne)** inhabitant ou native of Djibouti

djihad /dʒi(j)ad/ NF jihad, jehad ◆ **le Djihad islamique** Islamic Jihad

djihadiste /dʒi(j)adist/ NMF jihadist

djinn /dʒin/ NM jinn, djinn

dl (abrév de **décilitre**) dl

DM (abrév de **Deutsche Mark**) DM

dm (abrév de **décimètre**) dm

do /do/ NM INV (Mus) (= note) C; (en chantant la gamme) doh ◆ **le do du milieu du piano** middle C

doberman /dɔbɛʁman/ NM Doberman pinscher

DOC /dɔk/ NM (abrév de **disque optique compact**) CD-ROM

doc* /dɔk/ NF abrév de **documentation**

docétisme /dɔsetism/ NM Docetism

docile /dɔsil/ SYN ADJ [personne, caractère] docile, obedient; [animal] docile; [cheveux] manageable

docilement /dɔsilmɑ̃/ ADV docilely, obediently

docilité /dɔsilite/ SYN NF docility, obedience

docimologie /dɔsimɔlɔʒi/ NF (statistical) analysis of test ou exam results

dock /dɔk/ NM **1** (= bassin) dock; (= cale de construction) dockyard ◆ **dock de carénage/flottant** dry/floating dock
  2 (= hangar, bâtiment) warehouse

docker /dɔkɛʁ/ NM docker, stevedore

docte /dɔkt/ SYN ADJ (littér, hum) learned

doctement /dɔktəmɑ̃/ ADV (littér, hum) learnedly

docteur /dɔktœʁ/ NM **1** (Méd) doctor ◆ **docteur en médecine** doctor of medicine ◆ **aller chez le docteur** to go to the doctor's ◆ **le docteur Lebrun** Dr Lebrun ◆ **« Docteur Jekyll et Mr Hyde »** (Littérat) "(The Strange Case of) Doctor Jekyll and Mister Hyde"
  2 (Univ) doctor (ès, en of) ◆ **maintenant que tu es docteur** (Univ) now you've got your doctorate ou PhD ◆ **Monsieur Leroux, docteur ès lettres** Dr Leroux, PhD ◆ **les docteurs de l'Église** (Rel) the Doctors of the Church

doctoral, e (mpl -aux) /dɔktɔʁal, o/ ADJ **1** (Univ) doctoral ◆ **école doctorale** graduate school (US)
  2 (péj = pédant) [ton, air] pompous

doctorant, e /dɔktɔʁɑ̃, ɑ̃t/ NM,F PhD student (Brit), doctoral student (US)

doctorat /dɔktɔʁa/ NM doctorate (ès, en in) ◆ **doctorat de 3ᵉ cycle, doctorat d'État** doctorate, PhD → **DIPLÔMES**

doctoresse /dɔktɔʁɛs/ NF woman ou lady doctor

doctrinaire /dɔktʁinɛʁ/ SYN
  ADJ (= dogmatique) doctrinaire; (= sentencieux) pompous, sententious
  NMF doctrinarian

doctrinal, e (mpl -aux) /dɔktʁinal, o/ ADJ doctrinal

doctrine /dɔktʁin/ SYN NF doctrine

docu* /dɔky/ NM (abrév de **documentaire**) documentary ◆ **docu-soap** docu-soap

docudrame /dɔkydʁam/ NM docudrama

document /dɔkymɑ̃/ SYN NM document ◆ **nous avons des documents le prouvant** we have documentary evidence, we have documents to prove it ◆ **documents de travail** working documents ◆ **document de référence** ou **d'information** background paper ◆ **documents d'expédition** dispatch documents ◆ **documents d'archives** archives; (Ciné, TV) archive footage (NonC) ou material (NonC) ◆ **document administratif unique** Single Administrative Document

documentaire /dɔkymɑ̃tɛʁ/
  ADJ [intérêt, pays] documentary ◆ **à titre documentaire** for your (ou his etc) information ◆ **logiciel documentaire** documentation software (NonC)
  NM (= film) documentary (film)

documentaliste /dɔkymɑ̃talist/ NMF (Presse, TV) researcher; (Scol) librarian; (dans une entreprise) archivist

documentariste /dɔkymɑ̃taʁist/ NMF documentary maker

documentation /dɔkymɑ̃tasjɔ̃/ SYN NF (= brochures) information, literature; (Presse, TV = service) research department

documenter /dɔkymɑ̃te/ SYN ▶ conjug 1 ◀
  VT [+ situation, conditions, conflit] to document ◆ **bien documenté** [rapport, cas] well-documented; [article, livre] well-researched; [+ personne] well-informed
  VPR **se documenter** to gather information ou material (sur on, about)

dodécaèdre /dɔdekaɛdʁ/ NM dodecahedron

dodécagonal, e (mpl -aux) /dɔdekagɔnal, o/ ADJ dodecagonal

dodécagone /dɔdekagɔn/ NM dodecagon

dodécaphonique /dɔdekafɔnik/ ADJ dodecaphonic

dodécaphonisme /dɔdekafɔnism/ NM dodecaphony

dodécaphoniste /dɔdekafɔnist/
  ADJ [compositeur, œuvre] dodecaphonic
  NMF dodecaphonist

dodécasyllabe /dɔdekasi(l)lab/
  ADJ dodecasyllabic
  NM dodecasyllable

dodeliner /dɔd(ə)line/ SYN ▶ conjug 1 ◀ VI ◆ **il dodelinait de la tête** his head was nodding gently ◆ **sa tête dodelinait par instants** his head would nod every now and again

dodo¹ /dodo/ NM (langage enfantin) (= sommeil) sleep, beddy-byes (langage enfantin) ◆ **faire dodo** to be asleep ◆ **il est temps d'aller au dodo** ou **d'aller faire dodo** it's time to go to beddy-byes (langage enfantin) ◆ **(fais) dodo !** come on, sleepytime! ◆ **un bon gros/un petit dodo** a nice long/a short sleep

dodo² /dodo/ NM (= oiseau) dodo

Dodoma /dodoma/ N Dodoma

dodu, e /dɔdy/ SYN ADJ [personne, poule, bras] plump; [enfant, joue] chubby

doge /dɔʒ/ NM doge

dogger /dɔgœʁ/ NM ◆ **le dogger** the middle Jurassic period

dogmatique /dɔgmatik/ SYN ADJ dogmatic

dogmatiquement /dɔgmatikmɑ̃/ ADV dogmatically

dogmatiser /dɔgmatize/ ▶ conjug 1 ◀ VI to dogmatize

dogmatisme /dɔgmatism/ NM dogmatism

dogme /dɔgm/ SYN NM (lit, fig) dogma ◆ **le dogme** (Rel) the dogma

dogon /dɔɡɔ̃/
  ADJ [art, pays] Dogon
  NMF **Dogon** Dogon ◆ **les Dogons** the Dogon people

dogue /dɔg/ NM (= chien) ◆ **dogue (anglais)** mastiff ◆ **dogue allemand** great Dane, German mastiff

doigt /dwa/ NM **1** [de main, gant] finger; [d'animal] digit ◆ **doigt de pied** toe ◆ **le petit doigt** the little finger ◆ **se mettre** ou **se fourrer*** **les doigts dans le nez** to pick one's nose ◆ **le doigt de Dieu** the hand of God ◆ **montrer qn du doigt** (lit) to point sb out; (fig) to point the finger at sb ◆ **désigner qn d'un doigt accusateur** to point an accusing finger at sb; → **bague, bout, compter etc.**
  2 (= mesure) ◆ **raccourcir une jupe de 2/3 doigts** to shorten a skirt by 1 inch/2 inches ◆ **un doigt de vin** a drop of wine ◆ **un doigt de whisky/vodka** a finger of whisky/vodka
  3 (locutions) ◆ **avoir des doigts de fée** [couturière, tricoteuse] to have nimble fingers; [infirmière] to have gentle hands ◆ **il ne fait rien de ses dix doigts** he's an idle ou a lazy good-for-nothing, he's bone idle (Brit) ◆ **il ne sait rien faire de ses dix doigts** he's useless ◆ **faire marcher** ou **mener qn au doigt et à l'œil** to keep a tight rein on sb ◆ **avec lui, ils obéissent au doigt et à l'œil** with him, they have to toe the line ◆ **le (petit) doigt sur la couture du pantalon** (lit) standing to attention ◆ **c'est devenu un employé modèle, le petit doigt sur la couture du pantalon** he's become a model employee, always ready to jump to attention ◆ **mon petit doigt me l'a dit** a little bird told me ◆ **se mettre**

ou **se fourrer* le doigt dans l'œil (jusqu'au coude)** to be kidding o.s.* ◆ **là tu te mets** *ou* **te fourres* le doigt dans l'œil** you've got another think coming* ◆ **il n'a pas levé** *ou* **bougé** *ou* **remué le petit doigt pour nous aider** he didn't lift a finger to help us ◆ **mettre le doigt sur le problème** to put one's finger on the problem ◆ **mettre le doigt sur la plaie** *(fig)* to touch a raw nerve ◆ **toucher du doigt** *(lit)* to touch sth (with one's finger); *[+ réalité, sentiment, difficulté]* to grasp fully ◆ **faire toucher du doigt qch (à qn)** *(fig)* to bring sth home (to sb) ◆ **mettre le doigt dans l'engrenage** to get involved ◆ **filer** *ou* **glisser entre les doigts de qn** to slip through sb's fingers ◆ **ils sont unis comme les (deux) doigts de la main** they're joined at the hip*, they're very close ◆ **je le ferais les doigts dans le nez*** I could do it standing on my head *ou* with my eyes closed ◆ **il a gagné les doigts dans le nez*** he won hands down* ◆ **avoir un morceau de musique dans les doigts** to know a piece of music like the back of one's hand ◆ **avoir les doigts de pied en éventail*** to have one's feet up ◆ **être à deux doigts** *ou* **un doigt de faire** to come very close to doing ◆ **il a été à deux doigts de la mort/de réussir** he was within an ace *ou* an inch of death/of succeeding ◆ **la balle est passée à un doigt de sa tête** the bullet passed within a hairbreadth *ou* an inch of his head ◆ **c'est la pratique du doigt mouillé** it's guess work

doigté /dwate/ SYN NM 1 *(Mus)* *(= jeu des doigts)* fingering technique; *(= position des doigts)* fingering

2 *[de chirurgien, dactylo, pianiste]* touch; *(= tact)* diplomacy, tact ◆ **avoir du doigté** *(lit)* to be nimble-fingered; *(fig)* to be tactful ◆ **manquer de doigté** to be heavy-handed ◆ **il faudra du doigté pour mener à bien cette négociation** a certain amount of diplomacy will be needed to bring these negotiations to a successful conclusion

doigter /dwate/ ▸ conjug 1 ◂ VTI *(Mus)* to finger

doigtier /dwatje/ NM fingerstall

doit /dwa/ NM debit ◆ **doit et avoir** debit and credit

dojo /dɔʒo/ NM dojo

dol /dɔl/ NM *(Jur)* fraud, wilful misrepresentation *(SPÉC)*

dolby ® /dɔlbi/ NM Dolby ® ◆ **dolby stéréo** Dolby stereo ◆ **procédé/système dolby** Dolby process/system ◆ **son dolby** Dolby sound

dolce /dɔltʃe/ ADV dolce

dolce vita /dɔltʃevita/ NF dolce vita

dolcissimo /dɔltʃisimo/ ADV dolcissimo

doléances /doleɑ̃s/ SYN NFPL *(= plaintes)* complaints; *(= réclamations)* grievances

dolent, e /dɔlɑ̃, ɑ̃t/ ADJ *(littér)* doleful, mournful

dolic /dɔlik/ NM dolichos ◆ **dolic d'Égypte** hyacinth bean

dolichocéphale /dɔlikosefal/ ADJ dolicocephalic

doline /dɔlin/ NF doline

dolique /dɔlik/ NM ⇒ **dolic**

dollar /dɔlaʀ/ NM dollar ◆ **dollar australien/canadien** Australian/Canadian dollar ◆ **dollar titre** security dollar

dollarisation /dɔlaʀizasjɔ̃/ NF *[d'économie, échanges]* dollarization

dolman /dɔlmɑ̃/ NM *(Hist = veste)* dolman

dolmen /dɔlmɛn/ NM dolmen

dolomie /dɔlɔmi/, **dolomite** /dɔlɔmit/ NF dolomite ◆ **les Dolomites** the Dolomites

dolomitique /dɔlɔmitik/ ADJ dolomitic

dolosif, -ive /dɔlozif, iv/ ADJ *(Jur)* fraudulent

DOM /dɔm/ NM (abrèv de **département d'outre-mer**) → **département**

Dom /dɔ̃/ NM *(= titre)* Dom

domaine /dɔmɛn/ SYN NM 1 *(= propriété)* estate, property ◆ **le domaine de la couronne** Crown lands *ou* property ◆ **le domaine (de l'État)** *(Jur)* *(= propriété)* state(-owned) property; *(= service)* the state property department ◆ **dans le domaine public/privé** in the public/private domain, in public/private ownership ◆ **ses œuvres sont maintenant tombées dans le domaine public** his works are now out of copyright ◆ **la salle de jeux est le domaine des enfants** the playroom belongs to the children; → **skiable**

2 *(= sphère)* field, domain, sphere ◆ **ce n'est pas (de) mon domaine** it's not my field *ou* sphere ◆ **dans tous les domaines** in every domain *ou* field ◆ **domaine d'activité stratégique** *(Gestion)* strategic business unit ◆ **domaine réservé** *(fig)* preserve

3 *(dans un dictionnaire)* field ◆ **indication de domaine** field label

domanial, e (mpl **-iaux**) /dɔmanjal, jo/ ADJ *(= d'un domaine privé)* belonging to a private estate; *(= d'un domaine public)* national *(épith)*, state *(épith)*

dôme /dom/ NM *(= voûte)* dome; *(= cathédrale)* cathedral ◆ **le dôme du ciel** *(littér)* the vault of heaven ◆ **un dôme de verdure** a canopy of foliage *ou* greenery ◆ **dôme volcanique** volcanic dome

domestication /dɔmɛstikasjɔ̃/ NF *(= action)* domestication, domesticating; *(= résultat)* domestication

domesticité /dɔmɛstisite/ NF 1 *(= condition de domestique)* domestic service

2 *(= personnel)* (domestic) staff, household ◆ **une nombreuse domesticité** a large staff of servants

3 *[d'animal]* domesticity

domestique /dɔmɛstik/ SYN

NMF servant ◆ **les domestiques** the servants, the staff (of servants) ◆ **je ne suis pas ton domestique !** I'm not your servant!

ADJ 1 *(= ménager)* *[travaux]* domestic, household *(épith)*; *[soucis, querelle]* domestic, family *(épith)* ◆ **accidents domestiques** accidents in the home ◆ **déchets domestiques** kitchen waste *ou* wastes *(US)* ◆ **les dieux domestiques** the household gods

2 *[marché, consommation]* domestic, home *(épith)*

3 *[animal]* domestic ◆ **les animaux domestiques** *(gén)* domestic animals; *(= animaux de compagnie)* pets

domestiquer /dɔmɛstike/ SYN ▸ conjug 1 ◂ VT *[+ animal]* to domesticate; *[+ peuple]* to subjugate; *[+ énergie solaire, marée, vent]* to harness

domicile /dɔmisil/ SYN NM place of residence, home; *(sur formulaire)* address; *[de société]* domicile ◆ **domicile légal** official domicile ◆ **domicile conjugal/parental** marital/parental home ◆ **dernier domicile connu** last known address ◆ **sans domicile fixe** of no fixed abode

◆ **à domicile** ◆ **je vous l'apporterai à domicile** I'll bring it to your home ◆ **le travail** *ou* **l'emploi à domicile** homeworking ◆ **il cherche du travail à domicile** he's looking for work at home ◆ **travailler à domicile** to work at *ou* from home ◆ **« réparations à domicile »** "home repairs carried out" ◆ **service de courses à domicile** home delivery service ◆ **la banque à domicile** home banking ◆ **le cinéma à domicile** home cinema ◆ **jouer à domicile** *(Sport)* to play at home

domiciliaire /dɔmisiljɛʀ/ ADJ domiciliary, house *(épith)*

domiciliataire /dɔmisiljatɛʀ/ NM paying agent

domiciliation /dɔmisiljasjɔ̃/ NF *[de personne, données]* address; *[de société]* registered address ◆ **leurs domiciliations bancaires** the address of their banks

domicilier /dɔmisilje/ ▸ conjug 7 ◂ VT *[+ facture]* to pay by banker's order ◆ **être domicilié** to be domiciled *(Admin)*, to have one's home *(à* in) ◆ **je me suis fait domicilier à Lyon** I gave Lyons as my official address *ou* place of residence ◆ **faire domicilier ses factures** to have one's bills paid by banker's order

domien, -ienne /dɔmjɛ̃, jɛn/ NM,F

ADJ from the French overseas departments

NM,F **Domien(ne)** person from the French overseas departments

dominance /dɔminɑ̃s/ NF *[de gène]* dominance

dominant, e /dɔminɑ̃, ɑ̃t/ SYN

ADJ *[pays, rôle]* dominant; *[idéologie, opinion, vent]* prevailing *(épith)*; *[idée, trait]* dominant, main *(épith)*; *[passion]* ruling *(épith)*; *[problème, préoccupation]* main *(épith)*, chief *(épith)*; *[position]* dominating *(épith)*, leading *(épith)*; *(Bio, Jur)* dominant

NF **dominante** *(= caractéristique)* dominant characteristic; *(= couleur)* dominant *ou* predominant colour; *(Mus)* dominant ◆ **tableau à dominante rouge** painting with red as the dominant *ou* predominant colour ◆ **septième de dominante** *(Mus)* dominant seventh chord

dominateur, -trice /dɔminatœʀ, tʀis/ SYN

ADJ *[personne, caractère]* domineering, overbearing; *[voix, geste, regard]* imperious; *[pays]* dominating *(épith)*; *[passion]* ruling *(épith)*

NM,F *(littér)* ruler

domination /dɔminasjɔ̃/ SYN NF 1 *(Pol = autorité)* domination; *(fig = emprise)* domination, influence ◆ **la domination de la Gaule (par Rome)** the domination of Gaul (by Rome) ◆ **la domination de Rome (sur la Gaule)** Roman rule *ou* domination (over Gaul) ◆ **les pays sous (la) domination britannique** countries under British rule *ou* domination *ou* dominion ◆ **tomber sous la domination de** to fall *ou* come under the domination of ◆ **exercer sa domination sur qn** to exert one's influence on sb, to hold sway over sb ◆ **exercer une domination morale sur qn** to exert a moral influence on sb ◆ **un besoin insatiable de domination** an insatiable need to dominate ◆ **domination de soi-même** self-control, self-possession

2 *(Rel)* ◆ **dominations** dominations

dominer /dɔmine/ SYN ▸ conjug 1 ◂

VT 1 *(= être maître de)* *[+ personne, pays]* to dominate ◆ **il voulait dominer le monde** he wanted to rule the world ◆ **ces enfants sont dominés par leur père** these children are kept down *ou* dominated by their father ◆ **il se laisse dominer par sa femme** he's dominated by his wife, he's under his wife's sway ◆ **se laisser dominer par ses passions** to let o.s. be ruled by one's passions ◆ **elle ne sait pas dominer ses élèves** she can't keep her pupils in order *ou* under control, she can't keep control over her pupils

2 *(= surpasser)* *[+ adversaire, concurrent]* to outclass, to tower above ◆ **il domine de loin les autres étudiants** he is way ahead of the other students ◆ **écrivain qui domine son siècle** writer who dominates his century ◆ **se faire dominer par l'équipe adverse** to be dominated *ou* outclassed by the opposing team ◆ **parler fort pour dominer le bruit de la rue** to speak loudly to be heard above the noise from the street ◆ **chez lui cette passion domine toutes les autres** this is his overriding passion ◆ **le problème de la pollution domine tous les autres** the problem of pollution overshadows all others

3 *(= être le meilleur dans)* *[+ course, match, marché]* to dominate

4 *(= maîtriser)* *[+ sentiment]* to control, to master, to overcome; *[+ problème]* to overcome, to master; *[+ sujet]* to master; *[+ situation]* to dominate, to master ◆ **elle ne put dominer son trouble** she couldn't overcome her confusion

5 *(= diriger, gouverner)* to dominate, to govern ◆ **l'idée maîtresse/la préoccupation qui domine toute son œuvre** the key idea/the main concern which dominates his whole work

6 *(= surplomber)* to tower above, to dominate ◆ **rocher/terrasse qui domine la mer** rock/terrace which overlooks the sea ◆ **la tour domine la ville** the tower dominates the town ◆ **il dominait la foule de sa haute taille** he towered above the crowd with his great height ◆ **de là-haut on domine la vallée** from up there you look down over the whole valley

VI 1 *(= être le meilleur)* *[nation]* to hold sway; *[orateur, concurrent]* to be in the dominant position; *(Sport)* *[équipe]* to be in the dominant position, to be on top; *[coureur]* to be in a commanding position ◆ **l'Angleterre a dominé sur les mers pendant des siècles** England ruled the seas *ou* held dominion over the seas for centuries ◆ **dans les débats, il domine nettement** in debates, he clearly has the edge on everyone else *ou* he's definitely the strongest speaker ◆ **leur équipe a dominé pendant tout le match** their team was on top throughout the match ◆ **ce coureur a dominé pendant les premiers kilomètres** this runner was out in front for the first few kilometres ◆ **dominer de la tête et des épaules** *(fig)* to be head and shoulders above the others

2 *(= prédominer)* *[caractère, défaut, qualité]* to predominate; *[idée, théorie]* to prevail; *[préoccupation, intérêt]* to be dominant, to predominate; *[parfum]* to predominate; *[couleur]* to stand out, to predominate ◆ **c'est l'ambition qui domine chez lui** ambition is his dominant characteristic ◆ **c'est le jaune qui domine** it is yellow which stands out *ou* which is the predominant colour

se dominer to control o.s., to keep o.s. under control ◆ **il ne sait pas se dominer** he has no self-control

dominicain, e /dɔminikɛ̃, ɛn/
ADJ (*Géog, Rel*) Dominican ◆ **République dominicaine** Dominican Republic
NM,F **Dominicain(e)** 1 (*Rel*) Dominican
2 (*Géog*) Dominican

dominical, e (mpl **-aux**) /dɔminikal, o/ ADJ Sunday (*épith*); → **repos**

dominion /dɔminjɔn/ NM (*Pol Brit*) dominion (of the British Commonwealth)

Dominique /dɔminik/ NF (*Géog*) ◆ **la Dominique** Dominica

domino /dɔmino/ NM 1 (= *jeu*) domino ◆ **les dominos** dominoes (*sg*) ◆ **un jeu de dominos** a domino set ◆ **la théorie des dominos** (*Pol*) the domino theory ◆ **l'effet domino** the domino effect
2 (= *costume*) domino
3 (*Élec*) connecting block

dommage /dɔmaʒ/ GRAMMAIRE ACTIVE 18.3 SYN
NM 1 (= *préjudice*) harm (*NonC*), injury ◆ **causer un dommage à qn** to cause *ou* do sb harm ◆ **pour réparer le dommage que je vous ai causé** to repair the injury I've done you ◆ **s'en tirer sans dommage(s)** to emerge *ou* escape unscathed ◆ **dommage causé avec intention de nuire** (*Jur*) malicious damage
2 (*locutions*) ◆ **c'est dommage !, quel dommage !** what a pity! *ou* shame! ◆ **il est vraiment dommage que...** it's such a pity *ou* it's a great pity that... ◆ **(c'est ou quel) dommage que tu ne puisses pas venir** it's a *ou* what a pity *ou* shame (that) you can't come ◆ **le spectacle était formidable, dommage pour les absents !** the show was fantastic, too bad for those who missed it! ◆ **ça ne te plaît pas ? c'est bien dommage !** (*iro*) you don't like it? well, that really is a shame! (*iro*)
NMPL **dommages** (= *ravages*) damage (*NonC*) ◆ **causer des dommages aux récoltes** to damage *ou* cause damage to the crops ◆ **les dommages sont inestimables** there is incalculable damage
COMP **dommage(s) corporel(s)** physical injury ◆ **dommages de guerre** war damages ◆ **dommages et intérêts** damages ◆ **il réclame 1 000 € de dommages et intérêts** he is claiming €1,000 (in) damages ◆ **dommage(s) matériel(s)** material damage

dommageable /dɔmaʒabl/ SYN ADJ harmful (**à** to)

dommages-intérêts /dɔmaʒɛ̃teʀɛ/ NMPL (*Jur*) damages

domotique /dɔmɔtik/ NF home automation

domptable /dɔ̃(p)tabl/ ADJ tam(e)able

domptage /dɔ̃(p)taʒ/ NM taming

dompter /dɔ̃(p)te/ ▶ conjug 1 ◀ VT [+ *fauve*] to tame; [+ *cheval*] to break in; [+ *enfant insoumis*] to subdue; [+ *rebelles*] to put down, to subdue; [+ *sentiments, passions*] to master, to control, to overcome; [+ *nature, fleuve*] to tame

dompteur, -euse /dɔ̃(p)tœʀ, øz/ NM,F (*gén*) tamer, trainer ◆ **dompteur (de lions)** liontamer

DOM-TOM /dɔmtɔm/ NMPL (abrév de **départements et territoires d'outre-mer**) French overseas departments and territories

▪ **DOM-TOM, ROM AND COM**
▪ There are four "Départements d'outre-mer": Guadeloupe, Martinique, La Réunion and French Guyana ("Guyane"). They are run in the same way as metropolitan "départements" and their inhabitants are French citizens. In administrative terms they are also "Régions", and in this regard are also referred to as ROM ("Régions d'outre-mer").
▪ The term "Dom-Tom" is still commonly used, but the term "Territoires d'outre-mer" has been superseded by that of "Collectivité d'outre-mer" (COM). The COM include French Polynesia, Wallis-and-Futuna, Saint-Pierre-and-Miquelon and Mayotte. They are independent, but each is supervised by a representative of the French government.

DON /deoɛn/ NM (abrév de **disque optique numérique**) → **disque**

Don /dɔ̃/ NM 1 (*Géog*) Don

don /dɔ̃/ SYN NM 1 (= *aptitude*) gift, talent ◆ **dons littéraires** literary gifts *ou* talents ◆ **avoir un don pour** to have a gift *ou* talent for ◆ **avoir le don des maths** to have a gift for maths ◆ **avoir des dons** to be gifted *ou* talented ◆ **elle a le don de m'énerver** she has a knack *ou* a genius for getting on my nerves ◆ **cette proposition n'a pas eu le don de lui plaire** this proposal was not destined to *ou* didn't happen to please him
2 (= *cadeau*) gift; (= *offrande*) donation ◆ **don en argent** cash donation ◆ **don en nature** donation in kind ◆ **don d'organes** donation of organs ◆ **les dons de la terre** (*littér*) the gifts of the earth ◆ **faire don de** [+ *fortune, maison*] to donate ◆ **je lui ai fait don de ce livre** I made him a present *ou* gift of that book, I gave him that book as a gift ◆ **cette tâche exige le don de soi** this task demands real self-sacrifice ◆ **faire (le) don de sa vie pour sauver qn** to give one's life to save sb, to lay down one's life for sb ◆ **c'est un don du ciel** (*fig*) it's a godsend

Doña /dɔɲa/ NF Doña

donacie /dɔnasi/ NF reed beetle

donataire /dɔnatɛʀ/ NMF donee

donateur, -trice /dɔnatœʀ, tʀis/ NM,F donor

donation /dɔnasjɔ̃/ NF (*Jur*) ≈ settlement ◆ **faire une donation à qn** to make a settlement on sb ◆ **donation entre vifs** donation inter vivos

donation-partage (pl **donations-partages**) /dɔnasjɔ̃paʀtaʒ/ NF (*Jur*) inter vivos settlement, deed of gift

donc /dɔ̃k/ en tête de proposition *ou* devant voyelle ; ailleurs /dɔ̃/ GRAMMAIRE ACTIVE 17.1 CONJ 1 (= *par conséquent*) therefore, so, thus; (= *après une digression*) so, then ◆ **il partit donc avec ses amis et...** so he left with his friends and... ◆ **je n'étais pas d'accord, donc j'ai refusé** I didn't agree (and) so I refused *ou* and I therefore refused ◆ **j'ai raté le train, donc je n'ai pas pu venir** I missed the train and was thus not able to come *ou* and so I couldn't come ◆ **si ce n'est pas la variole c'est donc la rougeole** if it's not smallpox then it's measles
2 (*intensif : marque la surprise*) then, so ◆ **c'était donc un espion ?** he was a spy then?, so he was a spy? ◆ **voilà donc ce dont il s'agissait** that's what it was (all) about then, so that's what it was (all) about
3 (*de renforcement*) ◆ **allons donc !** come on!, come now! ◆ **écoute-moi donc** do listen to me ◆ **demande-lui donc** go on, ask him ◆ **tais-toi donc !** do be quiet! ◆ **regardez donc ça comme c'est joli** just look at that, isn't it pretty? ◆ **pensez donc !** just imagine *ou* think! ◆ **comment donc ?** how do you mean? ◆ **quoi donc ?** what was that?, what did you say? ◆ **dis donc, dites donc** (*introduit un avertissement, une injonction*) tell me, I say; (*introduit une question*) look (here)...; (*ton indigné*) well really... ◆ **non mais dis donc, ne te gêne pas !** well, don't mind me! ◆ **dites donc, où l'avez-vous mis ?** I say, where did you put it? ◆ **tiens donc !** well, well!, I say! ◆ **et moi donc !** me too!

dondon* /dɔ̃dɔ̃/ NF big *ou* fat woman (*ou* girl) ◆ **une grosse dondon** a big lump* of a woman (*ou* girl)

donf /dɔ̃f/ ◆ **à donf*** LOC ADJ ◆ **rouler à donf** to drive like crazy* ◆ **on s'est éclaté à donf** we had a fantastic time ◆ **elle est jolie ? – à donf !** is she pretty? – fantastic!*

donjon /dɔ̃ʒɔ̃/ NM keep, donjon

don Juan /dɔ̃ʒɥɑ̃/ SYN NM Don Juan

donjuanesque /dɔ̃ʒɥanɛsk/ ADJ of Don Juan, typical of Don Juan ◆ **un vieux marquis donjuanesque** an elderly marquis and Don Juan

donjuanisme /dɔ̃ʒɥanism/ NM Don Juanism

donnant-donnant, donnant, donnant /dɔnɑ̃dɔnɑ̃/
NM quid pro quo ◆ **stratégie/principe du donnant-donnant** strategy/principle of quid pro quo ◆ **les belligérants ont insisté sur le donnant-donnant** the belligerents insisted on a quid pro quo arrangement
LOC ADV ◆ **avec lui, c'est donnant, donnant** he always wants something in return ◆ **donnant, donnant : je te prête mon livre, tu me prêtes ton stylo** fair's fair - I lend you my book and you lend me your pen

donne /dɔn/ NF (*Cartes*) deal; (*fig*) (= *situation*) order ◆ **à vous la donne pour votre deal** ◆ **faire la donne** to deal (out) the cards ◆ **il y a fausse donne** it's a misdeal ◆ **la nouvelle donne politique** the new political order ◆ **cela change complètement la donne** it puts a new light on everything

donné, e /dɔne/ GRAMMAIRE ACTIVE 17.1 (ptp de **donner**)
ADJ 1 (= *déterminé*) [*lieu, date*] given, fixed; → **moment**
◆ **étant donné la situation** in view of *ou* given *ou* considering the situation ◆ **étant donné que tu es parti** seeing *ou* given that you left
2 (= *pas cher* *) (dirt) cheap*
NF **donnée** 1 (*mathématique, scientifique*) [*de problème*] datum ◆ **données** data ◆ **selon les données corrigées des variations saisonnières** (*Écon*) according to the seasonally adjusted figures ◆ **le taux de chômage en données corrigées des variations saisonnières** the seasonally adjusted unemployment rate
2 (= *chose connue*) piece of information ◆ **données** facts, particulars ◆ **manquer de données** to be short of facts ◆ **modifier les données du problème** to redefine the problem
NM ◆ **le donné, c'est...** the facts of the situation are...

donner /dɔne/
SYN ▶ conjug 1 ◀

1 - VERBE TRANSITIF
2 - VERBE INTRANSITIF
3 - VT INDIRECT
4 - VT INDIRECT
5 - VERBE PRONOMINAL

1 - VERBE TRANSITIF

1 [= OFFRIR] ◆ **donner qch à qn** to give sth to sb, to give sb sth ◆ **je le lui ai donné** I gave it to him ◆ **donner son cœur/son amitié (à qn)** to give one's heart/one's friendship (to sb) ◆ **donner à manger/boire à qn** to give sb something to eat/drink ◆ **donner son corps à la science** to donate one's body to science ◆ **il a donné ses tableaux au Louvre** he donated his paintings to the Louvre ◆ **donner sa vie/son temps pour une cause** to give (up) one's life/one's time for a cause ◆ **donner qch pour** *ou* **contre qch d'autre** to give sth in exchange for sth else, to exchange sth for sth else ◆ **en donner à qn pour son argent** to give sb their money's worth ◆ **on ne les vend pas, on les donne** we're not selling them, we're giving them away ◆ **j'ai déjà donné !** (*hum* = on ne m'y reprendra plus !) I've been there! ◆ **donner c'est donner (, reprendre c'est voler)** (*Prov*) a gift is a gift ◆ **qui donne aux pauvres prête à Dieu** (*Prov*) charity will be rewarded in heaven; → **change, matière, sang**

2 [= REMETTRE, CONFIER] to give, to hand; [+ *copie d'examen*] to hand in, to give in ◆ **donner quelque chose à faire à qn** to give sb something to do ◆ **je donnerai la lettre au concierge** I shall give the letter to the caretaker ◆ **donnez-moi les outils** give me *ou* hand me *ou* pass me the tools ◆ **donnez-moi un kilo d'oranges** I'd like a kilo of oranges ◆ **donner ses chaussures à ressemeler/au cordonnier** to take one's shoes (in) to be resoled/to the shoe-repair shop

3 [= ACCORDER] [+ *moyen, occasion*] to give; [+ *permission, interview*] to grant, to give; [+ *prix, décoration, subvention*] to award, to give ◆ **donnez-moi le temps d'y réfléchir** give me time to think about it ◆ **on lui a donné 24 heures pour quitter le pays** he was given 24 hours to leave the country ◆ **le médecin lui donne trois mois (à vivre)** the doctor has given him three months (to live) ◆ **donner sa fille en mariage à qn** to give one's daughter to sb in marriage ◆ **il m'a été donné d'assister à cet événement historique** I was privileged enough to be at this historic event took place ◆ **il** *ou* **ça n'est pas donné à tout le monde de...** not everyone is lucky *ou* fortunate enough to... ◆ **l'intelligence n'est pas donnée à tout le monde** not everyone is gifted with intelligence ◆ **je vous le donne en cent** *ou* **en mille !*** you'll never guess (in a million years)!; → **dieu**

4 [= ADMINISTRER] [+ *médicament, bain*] to give; (*Rel*) [+ *communion*] to give; [+ *sacrement*] to administer ◆ **donner une punition à qn** to punish sb ◆ **donner un baiser/un coup de pied à qn** to give sb a kiss/a kick ◆ **donner un coup de balai**

à la pièce to give the room a quick sweep ♦ **donner un coup de chiffon à la pièce** to flick a duster over the room, to give the room a quick dust

5 [= CÉDER] *[+ vieux vêtements]* to give away ♦ **donner sa place à une dame** to give up one's seat to a lady ♦ **je donnerais beaucoup pour savoir** I would give a lot to know; → **langue**

6 [= DISTRIBUER] to hand out, to give out; *[+ cartes]* to deal (out) ♦ **c'est à vous de donner** *(Cartes)* it's your deal

7 [= COMMUNIQUER, INDIQUER] *[+ description, détails, idée, avis]* to give; *[+ sujet de devoir]* to set ♦ **il lui a donné l'ordre de partir** he has ordered him to go ♦ **pouvez-vous me donner l'heure ?** can you tell me the time?; → **alarme, alerte**

8 [= CAUSER] *[+ plaisir, courage]* to give *(à* to); *[+ peine, mal]* to cause, to give *(à* to) ♦ **ça donne chaud/froid/soif/faim** it makes you (feel) hot/cold/thirsty/hungry ♦ **donner le vertige/le mal de mer (à qn)** to make sb (feel) giddy/seasick ♦ **ça donne des maux de tête** it causes headaches *ou* gives you headaches ♦ **mangez ça, ça va vous donner des forces** eat this, it'll give you some energy *ou* it'll make you feel stronger ♦ **rajoute des fines herbes, ça donnera du goût** add some herbs to give it some flavour; → **appétit**

9 [= ORGANISER] *[+ réception, bal]* to give, to hold *(à* for); *[+ film]* to show; *[+ pièce]* to perform, to put on

10 [= CONFÉRER] *[+ poids, valeur]* to add, to give; *[+ importance]* to give ♦ **le brouillard donne un air triste à la ville** the fog makes the town look really dismal

11 [= ATTRIBUER] ♦ **quel âge lui donnez-vous ?** how old would you say he was? ♦ **je lui donne 50 ans** I'd say he was 50; → **raison, tort**

12 [LOCUTIONS]

♦ **donner à** + *infinitif (= faire)* ♦ **cela m'a donné à penser que...** it made me think that... ♦ **tout donne à croire que...** everything points to the fact that... ♦ **ces événements nous ont donné (beaucoup) à réfléchir** these events have given us (much) food for thought *ou* have really set us thinking ♦ **c'est ce qu'on m'a donné à entendre** that's what I was given to understand *ou* led to believe ♦ **donner à rire** to be laughable

♦ **donner qch/qn pour** *(= présenter comme)* ♦ **donner un fait pour certain** to present a fact as a certainty ♦ **on le donne pour un homme habile** he is said *ou* made out to be a clever man ♦ **il se donne pour un tireur d'élite** he makes himself out *ou* claims to be a crack shot ♦ **on l'a donné pour mort** he was given up for dead ♦ **on m'a dit qu'il démissionnait, je te le donne pour ce que ça vaut*** for what it's worth, somebody told me he's resigning

13 [MUS] *[+ le la, la note, le ton]* to give

14 [= PRODUIRE] *[+ fruits, récolte]* to yield; *[+ résultat]* to produce ♦ **cette vigne donne un très bon vin** this vine produces a very good wine ♦ **elle lui a donné un fils** she gave *ou* bore him a son ♦ **cet écrivain donne un livre tous les ans** this writer produces a book every year ♦ **cette méthode ne donne rien** this method is totally ineffective ♦ **j'ai essayé de le convaincre, mais ça n'a pas donné grand-chose** I tried to convince him, but without much success ♦ **qu'est-ce que ça donne ?*** *(= qu'en penses-tu)* how's that?, what do you think?; *(= comment ça se passe)* how's it going? ♦ **essaie la robe, pour que je voie ce que ça donne** try the dress on so I can see what it looks like

15 [* = DÉNONCER] *[+ complice]* to squeal *ou* grass on*, to shop* *(Brit)*

2 - VERBE INTRANSITIF

1 [= FRAPPER] ♦ **le voilier est allé donner sur les rochers** the boat ran onto *ou* struck the rocks ♦ **le soleil donne en plein sur la voiture** the sun is beating down on *ou* shining right onto the car ♦ **donner de la tête contre une porte** to knock *ou* bump one's head against a door ♦ **je ne sais plus où donner de la tête** I don't know which way to turn

2 [= ATTAQUER] to attack ♦ **l'artillerie va donner** the artillery is going to fire ♦ **faites donner la garde !** send in the guards!

3 [= PRODUIRE] to yield ♦ **les pommiers ont bien donné cette année** the apple trees have produced a good crop *ou* given a good yield this year ♦ **cet arbre ne donnera pas avant trois ans** this tree won't bear fruit for three years ♦ **les tomates donnent à plein** it is the height of the tomato season ♦ **la radio donne à plein** *(fig)* the radio is turned right up ♦ **ça donne !*** *(= l'ambiance est fantastique)* it's cool* *ou* magic* *ou* brill!*

3 - VT INDIRECT

donner dans ♦ **donner dans le piège de la propagande communiste** to fall for communist propaganda ♦ **elle a donné dans le roman à la fin de sa vie** she took to writing novels at the end of her life ♦ **si vous donnez dans le luxueux, optez pour...** if luxury is what you're after, go for... ♦ **donner dans le snobisme** to be rather snobbish, to have a tendency to be snobbish; → **panneau**

4 - VT INDIRECT

donner sur *(= s'ouvrir sur) [pièce, porte]* to give onto, to open onto; *[fenêtre]* to overlook, to open onto, to look onto ♦ **la maison donne sur la mer** the house faces *ou* looks onto the sea

5 - VERBE PRONOMINAL

se donner

1 [= SE CONSACRER] ♦ **se donner à** *[+ cause, parti, travail]* to devote o.s. to

2 [= AGIR AVEC ÉNERGIE] ♦ **il s'est donné à fond** he gave his all ♦ **il se donne pour réussir dans la vie** he works hard to succeed in life

3 [SEXUELLEMENT] ♦ **elle s'est donnée à lui** † she gave herself to him

4 [= DONNER À SOI-MÊME] ♦ **donne-toi un coup de peigne** give your hair a quick comb, run a comb through your hair ♦ **se donner bien du mal** *ou* **de la peine** to go to a lot of trouble ♦ **il s'est donné la peine de me prévenir** he took the trouble to warn me ♦ **se donner bonne conscience** to ease *ou* soothe one's conscience ♦ **elle se donne des airs de jeune fille naïve** she makes herself out to be an innocent young thing ♦ **se donner un maire/un président** to choose a mayor/a president ♦ **il s'est donné 6 mois pour fonder son entreprise** he gave *ou* allowed himself 6 months to set up the company ♦ **s'en donner (à cœur joie)** to have a whale of a time*, to have the time of one's life ♦ **se la donner** to show off; → **cœur**

5 [= ÉCHANGER] ♦ **ils se donnaient des baisers** they were kissing each other ♦ **ils se sont donné des coups/des nouvelles** they exchanged blows/news; → **main, rendez-vous** *etc*

6 [= ÊTRE JOUÉ, MONTRÉ] *[pièce]* to be on; *[film]* to be on, to be showing

---

donneur, -euse /dɔnœʀ, øz/ SYN NM,F 1 *(gén)* giver ♦ **donneur de leçons** *(péj)* sermonizer *(péj)* ♦ **donneur de conseils** person who hands out advice ♦ **donneur d'ordre** *(Comm)* principal ♦ **le tribunal a condamné l'un des donneurs d'ordres de la purification ethnique** the court sentenced one of the people who gave the order for ethnic cleansing *ou* who ordered ethnic cleansing

2 *[d'organe]* donor ♦ **donneur de sang/de sperme** blood/sperm donor ♦ **donneur universel** universal donor

3 *(Cartes)* dealer

4 *(* = dénonciateur)* squealer*, grass*, informer

Don Quichotte /dɔ̃kiʃɔt/ NM Don Quixote

don-quichottisme /dɔ̃kiʃɔtism/ NM quixotism

dont /dɔ̃/ PRON REL 1 *(provenant d'un complément de nom : indique la possession, la qualité etc)* whose, of which; *(antécédent humain)* whose ♦ **la femme dont vous apercevez le chapeau** the woman whose hat you can see ♦ **c'est un pays dont j'aime le climat** it's a country whose climate I like *ou* which has a climate I like ♦ **un vagabond dont les chaussures laissaient voir les doigts de pied** a tramp whose toes showed through his shoes ♦ **les enfants dont la mère travaille sont plus indépendants** children whose mothers go out to work *ou* children with working mothers are more independent ♦ **l'histoire, dont voici l'essentiel, est...** the story, of which these are the main points, is...

2 *(indiquant la partie d'un tout)* ♦ **il y a eu plusieurs blessés, dont son frère** there were several casualties, among which *ou* among whom was his brother *ou* including his brother ♦ **des livres dont j'ai lu une dizaine environ/dont une dizaine sont reliés** books of which I have read about ten/of which about ten are bound ♦ **ils ont trois filles dont deux sont mariées** they have three daughters, two of whom are married *ou* of whom two are married, they have three daughters, two of them married ♦ **il a écrit deux romans dont un est autobiographique** he has written two novels one of which is autobiographical

3 *(indique la manière, la provenance)* ♦ **la façon dont elle marche/s'habille** the way (in which) she walks/dresses, her way of walking/dressing ♦ **la pièce dont il sort** the room (which) he is coming out of *ou* out of which he is coming ♦ **mines dont on extrait de l'or** mines from which gold is extracted, mines (that) gold is extracted from ♦ **la classe sociale dont elle est issue** the social class (which) she came from; → aussi **de**[1]

4 *(provenant d'un complément prépositionnel d'adjectif, de verbe : voir aussi les adjectifs et verbes en question)* ♦ **l'outil dont il se sert** the tool (which) he is using ♦ **la maladie dont elle souffre** the illness she suffers from *ou* from which she suffers ♦ **le vase dont la maison m'a fait cadeau** the vase (which) the firm gave me, the vase with which the firm presented me ♦ **le film/l'acteur dont elle parle tant** the film/actor she talks so much about *ou* about which/whom she talks so much ♦ **voilà ce dont il faut vous assurer** that is what you must make sure of *ou* about ♦ **l'accident dont il a été responsable** the accident he was responsible for *ou* for which he was responsible ♦ **le collier/l'enfant dont elle est si fière** the necklace/child she is so proud of *ou* of which/whom she is so proud

donzelle /dɔ̃zɛl/ NF *(péj)* young madam *(péj)*

dopage /dɔpaʒ/ NM doping ♦ **l'athlète a été disqualifié pour dopage** the athlete was disqualified for a doping offence *ou* for failing a dope test

dopamine /dɔpamin/ NF dopamine

dopant, e /dɔpɑ̃, ɑ̃t/ SYN

ADJ ♦ **produit dopant** drug

NM drug

dope /dɔp/ NF *(arg Drogue)* dope *(arg)*

doper /dɔpe/ SYN ► conjug 1 ◄

VT *[+ athlète, cheval]* to dope; *[+ économie, ventes]* to boost ♦ **semi-conducteur dopé** doped semiconductor

VPR **se doper** to take drugs ♦ **il se dope aux amphétamines** he takes amphetamines

dopeur /dɔpœʀ/ NM drug pusher *(who pushes to athletes)*

doping /dɔpiŋ/ NM ⇒ **dopage**

Doppler /dɔplɛʀ/ NM Doppler test ♦ **se faire faire un Doppler** to have a Doppler test ♦ **effet Doppler(-Fizeau)** Doppler effect

dorade /dɔʀad/ NF ⇒ **daurade**

Dordogne /dɔʀdɔɲ/ NF ♦ **la Dordogne** the Dordogne

doré, e /dɔʀe/ SYN (ptp de **dorer**)

ADJ 1 *(= couvert d'une dorure)* gilt, gilded ♦ **doré sur tranche** gilt-edged, with gilded edges

2 *(= couleur d'or) [peau]* bronzed, tanned; *[blé, cheveux, lumière]* golden; *[gâteau, viande]* browned ♦ **des rêves dorés** *(fig)* golden dreams ♦ **doré comme les blés** golden-blond, flaxen; → **jeunesse**

NM 1 *(= dorure)* gilt, gilding ♦ **le doré du vase s'en va** the gilt *ou* gilding is coming off the vase

2 *(Can = poisson)* yellow pike, wall-eyed pike

NF **dorée** John Dory, dory

dorénavant /dɔʀenavɑ̃/ ADV *(dans le futur)* from now on, henceforth *(frm)*; *(dans le passé)* from then on

dorer /dɔʀe/ SYN ► conjug 1 ◄

VT 1 *(= couvrir d'or) [+ objet]* to gild ♦ **faire dorer un cadre** to have a frame gilded ♦ **dorer la pilule à qn*** *(fig)* to sugar *ou* sweeten the pill for sb

2 *(Culin) [+ gâteau]* to glaze *(with egg yolk)* ♦ **le four dore bien la viande** the oven browns the meat well

3 *[soleil] [+ peau]* to bronze, to tan ♦ **le soleil dore les blés** *(littér)* the sun turns the corn gold ♦ **le soleil dore les dunes** the sun tinges the dunes with gold

VI *(Culin) [rôti]* to brown ♦ **faire dorer un poulet** to brown a chicken

VPR **se dorer** *(= bronzer)* ♦ **se dorer au soleil, se dorer la pilule*** to lie (and get brown) in the sun, to sunbathe

d'ores et déjà /dɔʀzedeʒa/ ADV → **ores**

doreur, -euse /dɔʀœʀ, øz/ NM,F gil...

dorien, -ienne /dɔʀjɛ̃, jɛn/
ADJ (Géog) Dorian, Doric; [dialecte] Doric; (Mus) [mode] Dorian
NM (= dialecte) Doric (dialect)

dorique /dɔʀik/ **ADJ, NM** Doric

doris[1] /dɔʀis/ **NF** (= animal) dory

doris[2] /dɔʀis/ **NM** (Naut) dory

dorlotement /dɔʀlɔtmɑ̃/ **NM** pampering, (molly)coddling, cosseting

dorloter /dɔʀlɔte/ SYN ► conjug 1 ◄
VT to pamper ◆ **il est trop dorloté** he's mollycoddled ◆ **se faire dorloter** to be pampered ou cosseted
VPR **se dorloter** to pamper o.s.

dormance /dɔʀmɑ̃s/ **NF** (= arrêt de croissance) dormancy ◆ **la dormance cancéreuse** dormancy of cancer cells

dormant, e /dɔʀmɑ̃, ɑ̃t/
ADJ [eau] still; (Tech) [châssis] fixed ◆ **compte dormant** (Jur, Fin) dormant account ◆ **agent dormant** (Espionnage) sleeper
NM [de porte, châssis] casing, frame; [de bateau] standing end

dormeur, -euse /dɔʀmœʀ, øz/
NM,F sleeper ◆ **c'est un gros** ou **grand dormeur** he likes his sleep, he's a real sleepyhead *
NM (= crabe) (common ou edible) crab
NF dormeuse († = boucle d'oreille) stud (earring)
ADJ [poupée] with eyes that shut

dormir /dɔʀmiʀ/ SYN ► conjug 16 ◄ **VI** [1] (gén) to sleep; (= être en train de dormir) to be asleep, to be sleeping ◆ **dormir d'un sommeil léger/lourd** to sleep lightly/heavily ◆ **parler en dormant** to talk in one's sleep ◆ **il dormait d'un sommeil agité** he was tossing and turning in his sleep ◆ **je n'ai pas dormi de la nuit/de trois jours** I haven't slept a wink (all night)/for three days ◆ **avoir envie de dormir** to feel sleepy ◆ **essayez de dormir un peu** try to get some sleep ◆ **ça m'empêche de dormir** [café] it keeps me awake; [soucis] I'm losing sleep over it ◆ **ce n'est pas ça qui va m'empêcher de dormir** I'm not going to lose any sleep over that ◆ **il n'en dort pas** ou **plus** he's losing sleep over it, he can't sleep for thinking of it
[2] (= rester inactif) [eau] to be still; [argent, capital] to lie idle; [machines] to be ou lie idle; [nature, forêt] to be still, to be asleep ◆ **tout dormait dans la maison/ville** everything was quiet ou still in the house/town ◆ **la brute qui dormait en lui** the beast within ou inside ◆ **investis ton capital plutôt que de le laisser dormir** invest your capital rather than leave it idle ◆ **ce n'est pas le moment de dormir !** this is no time for slacking ou idling! ◆ **il dormait sur son travail** he wasn't concentrating on his work ◆ **voilà six ans que le projet dort dans un tiroir** the project has been lying dormant ou has been in mothballs * for six years; → **pire**
[3] (locutions) ◆ **je dors debout** I'm asleep on my feet, I can't keep my eyes open ◆ **une histoire à dormir debout** a cock-and-bull story ◆ **dormir (de) son dernier sommeil** (frm) to sleep one's last sleep ◆ **dormir comme un bienheureux** to sleep like a baby ◆ **dormir comme un loir** ou **une marmotte** ou **une souche** ou **un sonneur** to sleep like a log ◆ **ne dormir que d'un œil** to sleep with one eye open ◆ **il dort à poings fermés** he is sound ou fast asleep, he's dead to the world * ◆ **cette nuit je vais dormir à poings fermés** I'm going to sleep very soundly tonight ◆ **dormir du sommeil du juste** to sleep the sleep of the just ◆ **dormir tranquille** ou **sur ses deux oreilles** (sans soucis) to sleep soundly; (sans danger) to sleep safely (in one's bed) ◆ **qui dort dîne** (Prov) he who sleeps forgets his hunger

dormitif, -ive /dɔʀmitif, iv/ **ADJ** soporific

dormition /dɔʀmisjɔ̃/ **NF** Dormition of the Blessed Virgin

dorsal, e (mpl **-aux**) /dɔʀsal, o/
ADJ (gén) dorsal; [douleur] back (épith); → **épine, parachute**
NF dorsale [1] (Ling) dorsal consonant
[2] (Géog) ridge ◆ **dorsale barométrique** (Météo) ridge of high pressure

dorsalgie /dɔʀsalʒi/ **NF** back pain

dorsolombaire /dɔʀsɔlɔ̃bɛʀ/ **ADJ** dorsolumbar

dortoir /dɔʀtwaʀ/ **NM** dormitory ◆ **banlieue(-)dortoir** dormitory ou bedroom (US) suburb

dorure /dɔʀyʀ/ **NF** [1] (= couche d'or) gilt, gilding ◆ **uniforme couvert de dorures** uniform covered in gold decorations
[2] (= action) gilding

doryphore /dɔʀifɔʀ/ **NM** Colorado beetle

DOS, Dos ® /dɔs/ **NM** (abrév de Disc Operating System) DOS ®

dos /do/ SYN
NM [1] [d'être animé, main, vêtement, siège, page] back; [de livre] spine; [de lame, couteau] blunt edge ◆ **avoir le dos rond** to be round-shouldered ◆ **couché sur le dos** lying on one's (ou its) back ◆ **écrire au dos d'une lettre/enveloppe** to write on the back of a letter/an envelope ◆ **robe décolletée dans le dos** low-backed dress ◆ **« voir au dos »** "see over ou overleaf" ◆ **aller à dos d'âne/de chameau** to ride on a donkey/a camel ◆ **les vivres sont portés à dos de chameau/d'homme** the supplies are carried by camel/men ◆ **ils partirent, sac au dos** they set off, (with) their rucksacks on their backs ◆ **avoir les cheveux dans le dos** to wear one's hair loose ◆ **(vu) de dos il a une allure jeune** (seen) from behind ou from the back he looks quite young ◆ **le chat fait le gros dos** the cat is arching its back
[2] (= nage) ◆ **dos (crawlé)** backstroke
[3] (locutions) ◆ **il s'est mis tout le monde à dos** he has turned everybody against him ◆ **être dos à dos** to be back to back ◆ **renvoyer deux adversaires dos à dos** to send away ou dismiss two opponents without pronouncing in favour of either ◆ **le train/ta mère a bon dos** * (fig) (that's right) blame the train/your mother (iro) ◆ **il n'y va pas avec le dos de la cuiller** * he certainly doesn't go in for half-measures*, there are no half-measures with him ◆ **faire qch dans** ou **derrière le dos de qn** to do sth behind sb's back ◆ **nous avions la mer/l'ennemi dans le dos** we had the sea/the enemy behind us ou at our back(s) ◆ **on l'a dans le dos!** ‡ we've had it! ◆ **j'ai toujours mon patron sur le dos** my boss is always breathing down my neck ou is always standing over me ◆ **mettre qch sur le dos de qn** [+ responsabilité] to saddle sb with sth, to make sb shoulder the responsibility for sth; [+ accusation] to pin sth on sb ◆ **il s'est mis une sale affaire sur le dos** he has got himself mixed up in a nasty bit of business ◆ **faire des affaires sur le dos de qn** to do a bit of business at sb's expense ◆ **il a tout pris sur le dos** * he bore the brunt of the whole thing ◆ **je n'ai rien à me mettre sur le dos** I haven't a thing to wear ◆ **tomber sur le dos de qn** (= arriver à l'improviste) to drop in on sb, to pay sb an unexpected visit; (= attaquer) (physiquement) to fall on sb, to go for sb; (en paroles) to jump down sb's throat, to go for sb ◆ **tourner le dos à** to turn one's back on ◆ **avoir le dos tourné à la mer/à la porte** to have one's back to the sea/door ◆ **dès qu'il a le dos tourné** as soon as his back is turned; → **froid, laine, plein**
COMP dos brisé (Reliure) hollow ou open ou loose back

dosage /dozaʒ/ SYN **NM** [1] [de mélange] correct proportioning, mixture ◆ **se tromper dans le dosage d'un cocktail/d'une solution chimique** to mix a cocktail/a chemical solution in the wrong proportions
[2] (= équilibre) ◆ **tout est question de dosage** it's all a matter of striking a balance ou the right balance ◆ **un savant dosage de prudence et d'audace** a judicious combination of caution and audacity
[3] (= action) [d'ingrédient, élément] measuring out; [de remède] dosage

dos-d'âne /dodan/ **NM INV** hump ◆ **pont en dos-d'âne** humpback bridge

dose /doz/ SYN **NF** [1] (Pharm) dose ◆ **dose mortelle** lethal dose ◆ **absorber une dose excessive de barbituriques** to take an overdose of barbiturates ◆ **s'en tenir à la dose prescrite** to keep to the prescribed dose ou dosage
[2] (= proportion) [d'ingrédient, élément] amount, quantity ◆ **il a eu sa dose quotidienne** (hum) he has had his daily dose ou fix * (hum) ◆ **forcer la dose** (fig) to overdo it, to overstep the mark ◆ **introduire une petite dose d'ironie dans un récit** to introduce a touch of irony into a story ◆ **pour faire cela, il faut une dose de courage peu commune** you need an extraordinary amount of courage to do that ◆ **affligé d'une forte dose de stupidité** afflicted with more than one's fair share of stupidity ◆ **j'aime bien la poésie/ce chanteur mais seulement par petites doses** ou **à petites doses** I like poetry/that singer but only in small doses ◆ **le travail, c'est bien mais à doses homéopathiques** (hum) work's fine but only in small doses ◆ **en avoir sa dose** * to have had more than one's share ◆ **les mecs, elle en a eu sa dose** * she's had enough of men ◆ **les ennuis, elle en aura sa dose !** she'll have more than her share of trouble!

doser /doze/ SYN ► conjug 1 ◄ **VT** [1] (= mesurer) [+ ingrédient, élément] to measure out; [+ remède] to measure out a dose of
[2] (= proportionner) [+ mélange] to proportion correctly, to mix in the correct proportions ◆ **mal doser un cocktail/une solution chimique** to mix a cocktail/a chemical solution in the wrong proportions ◆ **gélules dosées à 100 mg** 100 mg capsules ◆ **pilule faiblement dosée (en œstrogènes)** low-dose (oestrogen) pill
[3] (= équilibrer) to strike a balance between; [+ exercices, difficultés] to grade ◆ **il faut savoir doser compréhension et sévérité** you must strike a balance ou the right balance between understanding and severity ◆ **doser ses efforts** to pace o.s. ◆ **cet auteur sait doser l'ironie** this author has a gift for using irony in just the right amounts

dosette /dozɛt/ **NF** [de moutarde, sauce] sachet

doseur /dozœʀ/ **NM** measure ◆ **bouchon doseur** measuring cap ◆ **flacon doseur** pump dispenser

dosimètre /dozimɛtʀ/ **NM** dosimeter

dossard /dosaʀ/ **NM** (Sport) number (worn by competitor) ◆ **avec le dossard numéro 9** wearing number 9

dosseret /dosʀɛ/ **NM** headboard

dossier /dosje/ SYN **NM** [1] [de siège] back
[2] (= documents) file, dossier ◆ **dossier d'inscription** (Scol, Univ) registration forms ◆ **dossier médical** medical file ou records ◆ **dossier de presse** press kit ◆ **dossier scolaire** school record, student file (US) ◆ **constituer un dossier sur qn** to draw up a file on sb ◆ **connaître** ou **posséder ses dossiers** to know what one is about, to know what's what ◆ **être sélectionné sur dossier** to be selected on the basis of one's application
[3] (Jur) (= affaire) case; (= papiers) case file ◆ **il n'y a rien dans le dossier** the case has no substance ◆ **ils ont fermé le dossier** they closed the case ◆ **verser une pièce au dossier** to add a piece of evidence to the case file
[4] (= question à traiter) issue, question; (Scol, Univ = travail de recherche) project ◆ **le dossier agricole** the agriculture issue ◆ **le dossier brûlant de l'immigration** the burning ou highly sensitive issue of immigration ◆ **ils ont un dossier à faire sur les ours** they've got to do a project on bears
[5] (Presse = article) special report (sur on), survey (sur of) ◆ **dossier spécial sur la Mafia** (TV) special programme (Brit) ou program (US) on the Mafia
[6] (= classeur) file, folder

dot /dɔt/ **NF**
[1] [de mariage] dowry ◆ **apporter qch en dot** to bring a dowry of sth, to bring sth as one's dowry; → **coureur**
[2] (Rel) (spiritual) dowry

dotal, e (mpl **-aux**) /dɔtal, o/ **ADJ** dotal, dowry (épith)

dotation /dɔtasjɔ̃/ SYN **NF** (Jur) [d'institution] endowment; (Hist) [de fonctionnaire, dignitaire] emolument; (Admin = allocation) grant ◆ **l'État a diminué les dotations en capital des entreprises publiques** the government has reduced subsidies to state-owned companies

doter /dɔte/ SYN ► conjug 1 ◄ **VT** [1] (= pourvoir) ◆ **doter qn/qch de** to equip sb/sth with ◆ **la nature l'avait doté d'un grand talent** nature had endowed him with great talent, nature had bestowed great talent upon him ◆ **doté de** [équipement, matériel, dispositif] equipped with; [talent, courage, pouvoir] endowed with
[2] (Jur) [+ fille à marier] to provide with a dowry; [+ institution] to endow; (Hist) [+ fonctionnaire, dignitaire] to endow with an emolument; (Admin) [+ université, organisme] to grant money to, to give a grant to ◆ **richement dotée** [fille] with a handsome dowry; [compétition] with big prize-money

douaire /dwɛʀ/ **NM** dower

douairière /dwɛʀjɛʀ/ **NF** dowager

douane /dwan/ NF 1 (= service) Customs ◆ **les douanes britanniques** British Customs ◆ **il est employé aux douanes** ou **à la douane** he's employed in the Customs department ◆ **marchandises (entreposées) en douane** bonded goods, goods in bond ◆ **zone/port sous douane** zone/port under the authority of the Customs
2 (= lieu) customs ◆ **poste** ou **bureau de douane** customs house ◆ **passer (à) la douane** (à l'aéroport etc) to go through customs ◆ **la visite de la douane** (dans le train) the customs check ◆ **il s'est fait contrôler à la douane** he was stopped by customs (officers) ou at customs, he had his baggage checked ou examined by customs (officers)
3 (= argent) ◆ **(droits de) douane** customs duty ou dues, duty ◆ **exempté de douane** duty-free, non-dutiable

douanier, -ière /dwanje, jɛʀ/
  NM,F customs officer
  ADJ customs (épith); → **barrière, union**

douar /dwaʀ/ NM doyar

doublage /dublaʒ/ NM 1 [de film] dubbing ◆ **le doublage d'un acteur** (voix) dubbing an actor; (rôle) using a double for an actor
2 [de vêtement, paroi, boîte, tableau] lining; (Naut) [de coque] sheathing
3 [de somme, quantité, lettre] doubling
4 [de fil] doubling; [de revêtement] doubling, laying double; [de couverture] doubling, folding (in half)

double /dubl/ SYN
  ADJ 1 (gén) double; [inconvénient, avantage] double, twofold ◆ **feuille double** double sheet (of paper) ◆ **double whisky** double ou large whisky ◆ **le prix est double de ce qu'il était** the price is double ou twice what it was ◆ **vous avez fait une double erreur** you have made two mistakes ◆ **faire qch en double exemplaire** to make two copies of sth, to do sth in duplicate ◆ **double action** [rasoir] dual-action; [crème] double-acting; [shampooing] two-in-one ◆ **ustensile à double usage** dual-purpose utensil ◆ **faire double emploi** to be redundant ◆ **cet appareil fait maintenant double emploi avec l'ancien** this appliance makes the old one redundant ◆ « **à vendre voiture, cause double emploi** » "for sale: car, surplus to requirements" ◆ **fermer une porte à double tour** to double-lock a door ◆ **enfermer qn à double tour** to put sb under lock and key ◆ **à double tranchant** (lit, fig) double-edged, two-edged ◆ **boîte/valise à double fond** box/case with a false bottom ◆ **foyer à double revenu** dual-income ou double-income household ◆ **mettre un fil (en) double** to use a double thread ◆ **mettre une couverture (en) double** to put a blanket on double ◆ **en double aveugle** double-blind (épith); → **bouchée², coup**
  2 (= qui a des aspects opposés) [vie, aspect] double ◆ **à double face** [tissu] reversible; [adhésif] double-sided ◆ **accusé de jouer un double jeu** accused of double-dealing ou of playing a double game (Brit) ◆ **phrase à double sens** ou **entente** sentence with a double meaning ◆ **mener une double vie** to lead a double life ◆ **personnage à personnalité double** person with a dual personality ou a Jekyll-and-Hyde personality; → **agent**
  NM 1 (= quantité) ◆ **manger/gagner le double (de qn)** to eat/earn twice as much (as sb) ou double the amount (that sb does) ◆ **il pèse le double de vous** he's twice your weight, he weighs twice as much as you do ◆ **4 est le double de 2** 4 is two times ou twice 2 ◆ **c'est le double du prix normal** it is twice ou double the normal price ◆ **c'est le double de la distance Paris-Lyon** it's twice ou double the distance from Paris to Lyons ◆ **hier il a mis le double de temps à faire ce travail** yesterday he took twice as long ou double the time to do this job ◆ **nous attendons le double de gens** we expect twice as many people ou double the number of people ◆ **plier qch en double** to fold sth in half ou in two; → **quitte**
  2 (= copie, duplicata) [de facture, acte] copy; [de timbre] duplicate, double; [de personne] double; [d'objet d'art] replica, exact copy ◆ **se faire faire un double de clé** to have a second key cut ◆ **avoir des timbres en double** to have duplicates ou doubles ou two of a stamp ◆ **il a tous les documents/toutes les photos en double** he has copies of all the documents/all the photos ◆ **on a tout en double, pour plus de sûreté** we have two of everything to be on the safe side

  3 (Sport) doubles ◆ **le double dames/messieurs/mixte** the ladies'/men's/mixed doubles ◆ **faire un double, jouer en double** to play a doubles match
  4 (Jeux) [de dés, dominos] double ◆ **faire un double** to throw a double ◆ **double-six** double six ◆ **double-blanc** double blank
  ADV [payer, compter] double
  COMP **double allumage** (Tech) NM dual ignition
  double barre (Mus) NF double bar
  doubles cordes (Mus) NFPL double stopping
  double dièse (Mus) NM double sharp
  double fenêtre NF double window
  double nœud NM double knot
  double page NF double page (spread)
  doubles rideaux NMPL double curtains (Brit) ou drapes (US)

doublé, e /duble/ (ptp de **doubler**)
  ADJ 1 [vêtement] lined (de with) ◆ **doublé de cuir/cuivre** [boîte, paroi] lined with leather/copper ◆ **non doublé** unlined ◆ **doublé de fourrure** fur-lined ◆ **doublé (de) coton/nylon** cotton/nylon-lined, lined with cotton/nylon
  2 ◆ **doublé de** (= qui est aussi) as well as ◆ **c'est un savant doublé d'un pédagogue** he's a teacher as well as a scholar
  NM 1 (Sport, fig = victoire, réussite) double; (Chasse = coup double) right and left
  2 (Orfèvrerie) rolled gold
  3 (Mus) turn

doubleau (pl **doubleaux**) /dublo/ NM joist

double-cliquer /dubləklike/ ▸ conjug 1 ◂ VI to double-click (**sur** on)

double-crème (pl **doubles-crèmes**) /dubləkʀɛm/ NM cream cheese

double-croche (pl **doubles-croches**) /dubləkʀɔʃ/ NF semiquaver (Brit), sixteenth note (US)

double-décimètre (pl **doubles-décimètres**) /dublədesimɛtʀ/ NM (20 cm) rule

doublement /dubləmɑ̃/
  ADV (= pour deux raisons) for two reasons; (= à un degré double) doubly
  NM 1 [de somme, quantité, lettre] doubling
  2 [de feuille] doubling, folding (in half); [de fil] doubling
  3 [de véhicule] passing, overtaking (Brit)

double-mètre (pl **doubles-mètres**) /dubləmɛtʀ/ NM two-metre (Brit) ou -meter (US) rule

doubler /duble/ SYN ▸ conjug 1 ◂
  VT 1 (= augmenter) [+ fortune, dose, longueur, salaire] to double ◆ **doubler le pas** to quicken one's pace, to speed up ◆ **il a doublé son poids** he has doubled in weight
  2 (= mettre en double) [+ fil, ficelle] to double; [+ vêtement] to line, to lay double; [+ couverture] to double, to fold (in half)
  3 (Scol) [+ classe, année] to repeat
  4 [+ film, acteur] to dub ◆ **doubler (la voix de) qn** to dub sb, to do sb's voice
  5 (Théât, Ciné = remplacer) to understudy, to act as an understudy for; (dans une scène dangereuse) to stand in for ◆ **il s'est fait doubler par un cascadeur** a stuntman stood in for him
  6 (= revêtir) [+ boîte, paroi, tableau, veste] to line (de with) ◆ **doubler une veste de fourrure** to line a jacket with fur
  7 (= dépasser) [+ véhicule] to pass, to overtake (Brit); (Naut) [+ cap] to round ◆ **il a doublé ce cap important** (fig) he has got over this important hurdle ou turned this important corner ◆ **doubler le cap des 50 ans** to turn 50, to pass the 50 mark
  8 * (= tromper) ◆ **doubler qn** to pull a fast one on sb*, to double-cross sb
  VI 1 [nombre, quantité, prix] to double, to increase twofold ◆ **doubler de poids/valeur** to double in weight/value ◆ **le nombre des crimes a doublé** the number of crimes has doubled ou increased twofold
  2 [automobiliste] to pass, to overtake (Brit)
  VPR **se doubler** ◆ **se doubler de** to be coupled with ◆ **chez lui le sens de l'honneur se double de courage** with him a sense of honour is coupled with ou goes hand in hand with courage ◆ **ce dispositif se double d'un système d'alarme** this device works ou functions in conjunction with an alarm system

doublet /dublɛ/ NM (Ling, Orfèvrerie) doublet

doubleur, -euse /dublœʀ, øz/ NM,F (Ciné) dubber

  doublon /dublɔ̃/ NM 1 (= monnaie) doubloon
  2 (= redondance) duplication
  3 (Typographie) double

doublonner /dublɔne/ ▸ conjug 1 ◂ VI ◆ **doublonner avec** to duplicate

doublure /dublyʀ/ NF 1 (= étoffe) lining
  2 (Théât) understudy; (Ciné) stand-in; (pour scènes dangereuses) stuntman (ou stuntwoman)

douçâtre /dusɑtʀ/ ADJ ⇒ **douceâtre**

douce /dus/ ADJ F, NF → **doux**

douceâtre /dusɑtʀ/ SYN ADJ [odeur] sickly sweet

doucement /dusmɑ̃/ SYN
  ADV 1 (= légèrement) [toucher, prendre, soulever] gently; [frapper, parler] gently, softly; [éclairer] softly ◆ **marcher doucement** to tread carefully ou softly ◆ **allez-y doucement !*** easy ou gently does it!*, go easy!*
  2 (= graduellement) [monter, progresser] gently, gradually; (= lentement) [rouler, avancer] slowly; [démarrer] smoothly ◆ **la route monte/descend doucement** the road climbs/descends gradually ou goes gently up/down ◆ **la température monte/descend doucement** the temperature is slowly ou gradually rising/falling
  3 (* = plus ou moins bien) so-so* ◆ **comment allez-vous ? – (tout) doucement** how are you? – so-so*
  4 (* = en cachette) ◆ **s'amuser doucement de voir qn dans l'embarras** to have a quiet laugh* (to o.s.) at seeing sb in difficulties ◆ **ça me fait doucement rigoler !** it makes me want to laugh!
  EXCL gently!, easy! ◆ **doucement avec le whisky !** go easy on the whisky!*, careful with the whisky! ◆ **doucement les basses !*** take it easy!*, go easy!*

doucereux, -euse /dus(ə)ʀø, øz/ SYN ADJ [goût, saveur] sickly sweet; (péj) [ton, paroles] sugary, honeyed; [personne, manières] suave, smooth*

doucet, -ette /dusɛ, ɛt/
  ADJ † meek, mild
  NF **doucette** SYN (= plante) corn-salad, lamb's lettuce

doucettement* /dusɛtmɑ̃/ ADV [commencer, avancer] gently; [vivre] quietly

douceur /dusœʀ/ SYN
  NF 1 [de peau, tissu] softness, smoothness; [de matelas, brosse, suspension] softness
  2 [de temps, climat, température, saison] mildness; [de brise] gentleness
  3 [de goût sucré] [de fruit, liqueur, saveur] sweetness; [de goût faible] [de fromage, tabac, moutarde, piment] mildness
  4 [de son, musique, voix] sweetness, gentleness; [de parfum] sweetness; [de lumière, couleur] softness
  5 (= modération) [de pente] gentleness
  6 (= affabilité, gentillesse) [de caractère, personne, sourire, geste] gentleness ◆ **c'est un homme d'une grande douceur** he's a very gentle man ◆ **elle est d'une douceur angélique** she's as sweet as an angel ◆ **prendre qn par la douceur** to deal gently with sb; (pour convaincre) to use gentle persuasion on sb ◆ **douceur de vivre** gentle way of life
  7 (gén pl) (= sucrerie) sweet; (= flatterie) sweet talk (NonC) ◆ **les douceurs de l'amitié** the (sweet) pleasures of friendship
  LOC ADJ, LOC ADV **en douceur** [démarrage] smooth; [démarrer] smoothly; [commencer, manœuvrer] gently ◆ **il faut y aller en douceur** we must go about it gently ◆ **ça s'est passé en douceur** it went off smoothly; → **atterrissage**

Douchanbe /duʃabe/ N Dushanbe

douche /duʃ/
  NF 1 (= jet, système) shower ◆ **prendre une douche** to have ou take a shower ◆ **passer à la douche** to go for a shower ◆ **il est sous la douche** he's in the ou having a shower
  2 (= salle) ◆ **douches** shower room, showers
  3 * (= déception) let-down*, bummer*; (= réprimande) (good) telling-off* ou ticking-off* (Brit); (= averse, arrosage) soaking, drenching ◆ **on a pris une bonne douche** we got drenched ou soaked ◆ **ça nous a fait l'effet d'une douche (froide) quand nous l'avons appris** it was a real let-down* when we found out
  COMP **douche écossaise** (lit) alternately hot and cold shower ◆ **ça a été la douche écossaise*** (fig) it came as a bit of a blow ou shock

doucher /duʃe/ SYN ► conjug 1 ◄

VT 1 ◆ **doucher qn** to give sb a shower ◆ **se faire doucher** *(par l'averse)* to get a soaking, to get soaked *ou* drenched; († * = *se faire réprimander)* to get a (good) telling-off * *ou* ticking-off * *(Brit)*

2 *[+ espoirs, enthousiasme]* to dampen ◆ **ce qu'il m'a dit, ça m'a douché** * what he said really knocked me back *

VPR **se doucher** to have *ou* take a shower

douchette /duʃɛt/ NF *[de douche]* shower rose; *(pour codes-barres)* bar-code reader *ou* scanner

doucheur, -euse /duʃœʀ, øz/ NM,F shower attendant

doucine /dusin/ NF (= *rabot)* moulding plane; *(Archit)* double-curved moulding ◆ **doucine droite** cyma recta, ogee moulding ◆ **doucine renversée** cyma reversa, reverse ogee moulding

doucir /dusiʀ/ ► conjug 2 ◄ VT to polish

doudou¹ * /dudu/ NF *(terme des Antilles)* (= *femme)* woman; (= *jeune fille)* girl

doudou² /dudu/ NM *(langage enfantin)* ≃ security blanket

doudoune /dudun/ NF 1 (= *anorak)* down jacket

2 (* = *sein)* boob ✱, breast

doué, e /dwe/ SYN (ptp de **douer**) ADJ 1 (= *talentueux)* gifted, talented *(en* in) ◆ **être doué pour** to have a gift for ◆ **il n'est pas doué** * *(iro)* he's not exactly bright *ou* clever ◆ **doué sur le plan scolaire** academically able

2 (= *pourvu)* ◆ **doué de** *[+ vie, raison]* endowed with; *[+ intelligence, talent, mémoire]* blessed with, endowed with

douelle /dwɛl/ NF *(Archit)* curved face ◆ **douelle intérieure** intrados ◆ **douelle extérieure** extrados

douer /dwe/ SYN ► conjug 1 ◄ VT **douer qn de** *[+ vie, raison]* to endow sb with; *[+ intelligence, talent, mémoire]* to bless sb with, to endow sb with

douille /duj/ NF *[de cartouche]* (cartridge) case, cartridge; *[de fil électrique]* (electric light) socket; *[de manche]* socket; *(Culin)* piping socket ◆ **douille à vis/à baïonnette** *(Élec)* screw/bayonet socket

douiller ✱ /duje/ ► conjug 1 ◄ VI (= *payer cher)* to pay through the nose *, to fork out * a lot ◆ **ça douille** it's damn expensive *ou* pricey ✱

douillet, -ette /dujɛ, ɛt/ SYN

ADJ 1 (= *sensible à la douleur) [personne]* soft *(péj)* ◆ **je suis douillet** I can't stand pain ◆ **je ne suis pas douillet** I can take it

2 (= *confortable) [maison, atmosphère]* cosy, snug; *[nid, lit, vie]* soft, cosy

NF **douillette** † SYN *[d'ecclésiastique]* (clerical) overcoat; *[de bébé]* quilted coat

douillettement /dujɛtmɑ̃/ ADV cosily, snugly

douleur /dulœʀ/ GRAMMAIRE ACTIVE 24.4 SYN NF

1 *(physique)* pain ◆ **douleurs rhumatismales** rheumatic pains ◆ **douleurs dorsales** backache *(NonC)*, back pains ◆ **les douleurs (de l'accouchement)** labour *(Brit) ou* labor *(US)* pains ◆ **j'ai une douleur dans le bras** I have a sore arm, I have a pain in my arm, my arm hurts ◆ **mes vieilles douleurs me font souffrir** my old aches and pains are bothering me; → **accouchement**

2 *(morale)* grief, distress ◆ **il a eu la douleur de perdre son frère** he had the distress of *ou* had to suffer the grief of losing his brother ◆ « **nous avons la douleur de vous faire part du décès de...** » "it is our sad duty to tell you *ou* it is with great sorrow that we have to tell you of the death of..." ◆ « **nous avons la douleur d'apprendre que...** » "it is with great sorrow that we've learned that..." ◆ **j'ai compris ma douleur** * *(fig)* I realized my mistake, I could have kicked myself * ◆ **les grandes douleurs sont muettes** *(Prov)* great sorrow is often silent

douloureusement /duluʀøzmɑ̃/ ADV painfully ◆ **une perte de pouvoir d'achat douloureusement ressentie** the loss of purchasing power that makes itself painfully felt

douloureux, -euse /duluʀø, øz/ SYN

ADJ 1 *[sensation, maladie, opération, membre]* painful

2 *[perte]* grievous, distressing; *[décision, spectacle]* painful, distressing, harrowing; *[séparation, circonstances, moment]* painful, distressing; *[regard, expression]* sorrowful

NF **douloureuse** * *(hum)* (= *addition)* bill *(Brit)*, check *(US)*; (= *facture)* bill ◆ **apportez-nous la douloureuse** what's the damage? *, let's hear the worst *

doum /dum/ NM doum palm

douma /duma/ NF duma

dourine /duʀin/ NF dourine

doute /dut/ GRAMMAIRE ACTIVE 15.1, 16.1, 26.6 SYN NM

1 (= *état d'incertitude)* doubt, uncertainty; *(Philos, Rel)* doubt ◆ **être dans le doute** to be doubtful *ou* uncertain ◆ **laisser qn dans le doute** to leave sb in a state of uncertainty ◆ **être dans le doute au sujet de qch** to be in doubt *ou* doubtful *ou* uncertain about sth ◆ **le doute l'envahit** he was overcome by doubt ◆ **le doute n'est plus permis quant à...** there is no more room for doubt concerning... ◆ **un air de doute** a doubtful air

2 (= *soupçon, perplexité)* doubt ◆ **je n'ai pas le moindre doute à ce sujet** I haven't the slightest doubt about it ◆ **avoir des** *ou* **ses doutes sur** *ou* **au sujet de qch/qn** to have misgivings *ou* (one's) doubts about sth/sb ◆ **malgré tout, j'ai des doutes** nevertheless, I have my doubts ◆ **il a émis des doutes à propos de...** he expressed (his) doubts *ou* misgivings about... ◆ **un doute plane sur l'affaire** a certain amount of *ou* an element of doubt hangs over the matter

3 *(locutions)* ◆ **dans le doute, abstiens-toi** *(Prov)* when in doubt, don't! ◆ **il ne fait aucun doute que...** there is (absolutely) no doubt that..., there is no question that... ◆ **ceci ne fait aucun doute** there is no doubt *ou* question about it ◆ **il est hors de doute qu'il a raison** he's undoubtedly right, it's beyond doubt that he's right ◆ **mettre hors de doute** *[+ authenticité]* to prove beyond doubt ◆ **nul doute que...** (there is) no doubt that...

♦ **sans doute** (= *vraisemblablement)* doubtless, no doubt, probably ◆ **sans doute s'est-il trompé** he's doubtless *ou* no doubt mistaken ◆ **tu viendras demain ? – sans doute** are you coming tomorrow ? – yes, probably *ou* most likely ◆ **sans (aucun** *ou* **nul) doute** (= *incontestablement)* without (a) doubt, undoubtedly

♦ **en doute** ◆ **mettre en doute** *[+ affirmation, honnêteté de qn]* to question, to challenge, to cast doubt on ◆ **mettre en doute que...** to question whether...

douter /dute/ GRAMMAIRE ACTIVE 16.1 SYN ► conjug 1 ◄

VT INDIR **douter de** 1 *(sentiment d'incertitude) [+ identité, authenticité, existence de qch]* to doubt, to question, to have doubts as to; *[+ réussite]* to be doubtful of ◆ **au début il le croyait, maintenant il doute** at first he believed it, but now he's not so sure ◆ **il le dit mais j'en doute** he says so but I have my doubts *ou* but I doubt it ◆ **il a dit la vérité, n'en doutez pas** he's telling the truth, you can be sure of that *ou* there's no doubt about that ◆ **je doute d'avoir jamais fait/dit cela** I doubt that I ever did/said that ◆ **je n'ai jamais douté du résultat** I never had any doubts about *ou* as to the result ◆ **je doute qu'il vienne** I doubt (if *ou* whether) he'll come ◆ **je ne doute pas qu'il le fera** *ou* **ne le fasse** I don't doubt *ou* I dare say that he'll do it ◆ **à n'en pas douter** (= *sans aucun doute)* without (a) doubt; (= *vraisemblablement)* doubtless, no doubt ◆ **douter si** *(littér)* to doubt whether

2 *(Philos, Rel : esprit de réfutation)* ◆ **douter de** *[+ dogme]* to have *ou* entertain *(frm)* doubts about, to doubt ◆ **mieux vaut douter que tout accepter** it is better to doubt than to accept everything

3 *(sentiment de méfiance)* ◆ **douter de** *[+ allié, sincérité de qn]* to have (one's) doubts about, to doubt ◆ **je n'ai jamais douté de vous** I never doubted you, I never had any doubts about you ◆ **douter de la parole de qn** to doubt sb's word ◆ **il ne doute de rien !** * he's got some nerve! * ◆ **il doute de lui(-même)** he has feelings of self-doubt ◆ **je te dis que c'était lundi – ah, tu me fais douter de moi, j'étais sûr que c'était mardi** I tell you it was Monday – oh, I was sure it was Tuesday, but now you're making me wonder

VPR **se douter** ◆ **se douter de qch** to suspect sth ◆ **je me doute de son inquiétude quand il apprendra la nouvelle** I can (just) imagine his anxiety when he learns the news ◆ **je ne m'en suis jamais douté** I never guessed *ou* suspected it for a moment ◆ **ça, je m'en doutais depuis longtemps** I've thought so *ou* thought as much for a long time ◆ **j'étais (bien) loin de me douter que...** little did I know that... ◆ **se douter que** to suspect that, to have an idea that ◆ **il ne se doutait pas qu'elle serait là** he had no idea *ou* hadn't suspected (that) she would be there ◆ **je me doute qu'il a dû accepter** I expect *ou* imagine that he must have accepted ◆ **qu'il soit fâché, je m'en doute** I can well imagine that he's angry ◆ **on s'en serait douté !** * surprise, surprise! *(iro)*

douteur, -euse /dutœʀ, øz/ *(littér)*

ADJ sceptical

NM,F sceptic

douteux, -euse /dutø, øz/ SYN ADJ 1 (= *incertain) [fait]* doubtful, questionable, uncertain; *[résultat, issue]* doubtful, uncertain; *[sens, date, réponse]* doubtful ◆ **il est douteux que...** it is doubtful *ou* questionable that *ou* whether... ◆ **il n'est pas douteux que...** there is no doubt that... ◆ **d'origine douteuse** of uncertain *ou* doubtful origin

2 *(péj)* (= *médiocre) [raisonnement, propreté, qualité, mœurs]* doubtful, dubious, questionable; (= *peu solide ou peu propre) [vêtements, individu, aliment]* dubious-looking; *[amarrage, passerelle]* shaky, dubious-looking ◆ **d'un goût douteux** *[décoration, cravate, plaisanterie]* in doubtful *ou* questionable *ou* dubious taste

douve /duv/ NF 1 *(Agr)* drainage ditch; *(Équitation)* water jump ◆ **douve(s)** *[de château]* moat

2 *[de tonneau]* stave

3 (= *parasite)* fluke ◆ **douve du foie** liver fluke

Douvres /duvʀ/ N Dover

doux, douce /du, dus/ SYN

ADJ 1 (= *lisse, souple) [peau, tissu]* soft, smooth; *[matelas, suspension, brosse]* soft; → **fer, lime**

2 *[eau]* (= *non calcaire)* soft; (= *non salé)* fresh

3 (= *clément) [temps, climat, température]* mild; *[brise, chaleur]* gentle ◆ **il fait doux aujourd'hui** it's mild today

4 *(au goût)* (= *sucré) [fruit, saveur, liqueur]* sweet; (= *pas fort) [moutarde, fromage, tabac, piment]* mild ◆ **doux comme le miel** as sweet as honey; → **orange, patate**

5 *(à l'ouïe, la vue) [son, musique, accents]* sweet, gentle; *[voix]* soft, gentle; *[lumière, couleur]* soft, mellow, subdued ◆ **un nom aux consonances douces** a mellifluous *ou* sweet-sounding name

6 (= *modéré) [pente, montée]* gentle, gradual ◆ **en pente douce** gently sloping ◆ **nous pratiquons des prix très doux** our prices are easy on the pocket; → **drogue, feu¹, médecine** *etc*

7 (= *non brutal, gentil) [caractère, manières, reproche]* mild, gentle; *[personne, sourire]* gentle; *[punition]* mild ◆ **il a l'air doux** he looks gentle ◆ **elle a eu une mort douce** she died peacefully ◆ **il est doux comme un agneau** he's as gentle as *ou* meek *(Brit)* as a lamb ◆ **d'un geste très doux** very gently; → **œil**

8 *(gén avant nom)* (= *agréable) [victoire, revanche, repos, tranquillité]* sweet; *[parfum, souvenirs, pensées]* sweet, agreeable, pleasant ◆ **cette pensée lui était douce** this thought gave him great pleasure ◆ **qu'il m'était doux de repenser à ces moments** what pleasure it gave me *ou* how pleasant *ou* agreeable for me to think over those moments; → **billet, couler, folie**

LOC ADV **en douce** * on the quiet, on the q.t. *

LOC ADV **tout doux** ◆ **ça va tout doux** * things are going so-so * ◆ **tout doux !** († *ou hum)* gently (now)!, careful (now)!; → **filer**

NM,F *(parfois péj)* (= *personne douce)* mild(-natured) person

NF **douce** (†, *aussi hum* = *amoureuse)* sweetheart †

doux-amer, douce-amère (mpl **doux-amers**, fpl **douces-amères**) /du(z)amɛʀ, dusamɛʀ/

ADJ *(lit, fig)* bittersweet

NF **douce-amère** (= *plante)* woody nightshade, bittersweet

douzain /duzɛ̃/ NM *(Poésie)* twelve-line poem; *(Hist* = *monnaie)* douzain

douzaine /duzɛn/ NF (= *douze)* dozen ◆ **une douzaine** (= *environ douze)* about twelve, a dozen (or so) ◆ **une douzaine d'huîtres/d'œufs** a dozen oysters/eggs ◆ **il y a une douzaine d'années** about twelve years ago, twelve or so years ago ◆ **elle a une douzaine d'années** she's about twelve ◆ **vendre qch à la douzaine** to sell sth by the dozen ◆ **il y en a à la douzaine** *(fig)* there are dozens of them; → **treize**

douze /duz/

ADJ INV twelve ◆ **douze douzaines** *(Comm)* a gross, twelve dozen ; *pour autres loc voir* **six**

NM INV twelve ◆ **les Douze** *(Hist)* the Twelve; *pour autres loc voir* **six**

douzième /duzjɛm/ ADJ, NMF twelfth ; *pour loc voir* **sixième**

douzièmement /duzjɛmmɑ̃/ ADV in twelfth place, twelfthly

Dow Jones /dodʒɔns/ NM (*Bourse*) ◆ **le Dow Jones, l'indice Dow Jones** the Dow Jones (index)

doxologie /dɔksɔlɔʒi/ NF doxology

doyen, -enne /dwajɛ̃, jɛn/ NM,F (*Rel, Univ*) ≈ dean; *[d'équipe, groupe]* most senior member ◆ **doyen (d'âge)** *[d'assemblée, corps constitué]* most senior member, doyen ◆ **la doyenne des Français** France's oldest citizen

doyenné /dwajene/
NM (*Rel*) (= *circonscription*) deanery; (= *charge*) deanery, deanship
NF (= *poire*) ◆ **doyenné (du comice)** comice (pear)

dpi /depei/ NMPL (abrév de *dots per inch*) dpi

DPLG /depeɛlʒe/ ADJ (abrév de *diplômé par le gouvernement*) ◆ **ingénieur DPLG** (state) certified engineer

Dr (abrév de **docteur**) Dr

dracéna /dʀasena/ NM dracaena

drachme /dʀakm/ NF drachma

draconien, -ienne /dʀakɔnjɛ̃, jɛn/ SYN ADJ *[loi]* draconian; *[mesure]* drastic, draconian; *[régime alimentaire]* strict

dragage /dʀagaʒ/ NM (*pour nettoyer*) dredging; (*pour trouver qch*) dragging ◆ **dragage des mines** minesweeping

dragée /dʀaʒe/ NF 1 (= *friandise*) sugared almond; (*Méd*) sugar-coated pill
2 (= *plomb de chasse*) small shot; (* = *balle*) slug *, bullet
3 (*Agr*) dredge
4 (*locution*) ◆ **tenir la dragée haute à qn** to hold out on sb

dragéifier /dʀaʒeifje/ ► conjug 7 ◄ VT to sugar, to coat with sugar ◆ **comprimé dragéifié** sugared *ou* sugar-coated tablet

drageoir /dʀaʒwaʀ/ NM sweet (*Brit*) *ou* candy (*US*) jar

drageon /dʀaʒɔ̃/ NM *[de plante]* sucker

drageonner /dʀaʒɔne/ ► conjug 1 ◄ VI *[plante]* to produce suckers

dragline /dʀaglin, dʀaglajn/ NF dragline

dragon /dʀagɔ̃/ NM 1 (*Myth, fig*) dragon ◆ **dragon volant** flying lizard *ou* dragon ◆ **dragon de Komodo** Komodo dragon ◆ **dragon de Patagonie** Patagonian dragon ◆ **un dragon de vertu** a dragon of virtue
2 (*Hist Mil*) dragoon

dragonnade /dʀagɔnad/ NF (*Hist*) dragonnade

dragonne /dʀagɔn/ NF *[d'épée]* sword-knot; *[de parapluie]* loop (for wrist); *[de bâton de ski]* wriststrap; (*Alpinisme*) wrist loop

dragonnier /dʀagɔnje/ NM dragon tree

dragster /dʀagstɛʀ/ NM dragster

drague /dʀag/ NF 1 (*Pêche*) dragnet
2 (*Tech*) (= *machine*) dredge; (= *navire, ponton*) dredger
3 (* : *pour séduire*) ◆ **la drague** trying to pick people up *, chatting people up * (*Brit*)

draguer /dʀage/ SYN ► conjug 1 ◄
VT 1 (* : *pour séduire*) ◆ **draguer qn** to try and pick sb up *, to chat sb up * (*Brit*) ◆ **elle s'est fait draguer par un mec** some guy tried to pick her up *
2 *[+ rivière, port, canal]* (*pour nettoyer*) to dredge; (*pour trouver qch*) to drag; *[+ mines]* to sweep
3 (*Pêche*) to dredge for
4 ◆ **draguer (le fond)** *[ancre]* to drag
VI * to try and pick up * girls (*ou* guys), to chat up * (*Brit*) girls (*ou* guys), to be on the pull * (*Brit*) *ou* make * (*US*) ◆ **draguer en voiture** to go cruising *, to go kerb-crawling ◆ **draguer dans les boîtes** (*Brit*) to go to night-clubs to try and pick somebody up; *[homosexuel]* to go cruising (in nightclubs) *

dragueur¹ /dʀagœʀ/ NM (= *pêcheur*) dragnet fisherman; (= *ouvrier*) dredger; (= *bateau*) dredger ◆ **dragueur de mines** minesweeper

dragueur², -euse * /dʀagœʀ, øz/ SYN NM,F ◆ **c'est un sacré dragueur** he's a great one for trying to pick up * girls *ou* women ◆ **quelle dragueuse !** she's always trying to pick up guys

draille /dʀaj/ NF (*Naut* = *cordage*) stay

drain /dʀɛ̃/ NM (*Agr*) (underground) drain; (*Méd, Élec*) drain ◆ **poser un drain à qn** to insert a drain in sb

drainage /dʀɛnaʒ/ NM 1 *[de marais, sol]* drainage
2 (*Méd*) drainage ◆ **drainage lymphatique** lymphatic drainage
3 *[de main-d'œuvre, capitaux]* drain

draine /dʀɛn/ NF mistlethrush

drainer /dʀene/ SYN ► conjug 1 ◄ VT 1 *[+ marais, sol]* to drain
2 (*Méd*) *[+ plaie, rein]* to drain
3 (= *attirer*) *[+ main-d'œuvre, capitaux]* to bring in; *[+ public, clientèle]* to attract ◆ **drainer l'épargne vers l'immobilier** to encourage savers to invest in real estate

draisienne /dʀɛzjɛn/ NF (*Hist*) dandy horse

draisine /dʀɛzin/ NF track motorcar (*Brit*), gang car (*US*), handcar (*US*)

drakkar /dʀakaʀ/ NM longship

Dralon ® /dʀalɔ̃/ NM Dralon ®

dramatique /dʀamatik/ SYN
ADJ 1 (= *grave*) tragic ◆ **ce n'est pas dramatique !** it's not the end of the world! ◆ **la situation est dramatique** it's a terrible situation
2 (*Théât*) ◆ **artiste dramatique** stage actor (*ou* actress) ◆ **auteur dramatique** playwright, dramatist ◆ **centre dramatique** drama school ◆ **critique dramatique** drama critic; → **art, comédie**
3 (= *épique*) *[récit, puissance, intensité]* dramatic
NF (*TV*) ◆ **dramatique** (television) play *ou* drama

⚠ Au sens de 'grave', 'terrible', **dramatique** ne se traduit pas par **dramatic**.

dramatiquement /dʀamatikmɑ̃/ ADV
1 (= *beaucoup*) dramatically
2 (= *de façon épique*) dramatically; (= *tragiquement*) tragically

dramatisation /dʀamatizasjɔ̃/ NF dramatization

dramatiser /dʀamatize/ SYN ► conjug 1 ◄ VT to dramatize ◆ **il ne faut pas dramatiser (la situation)** you shouldn't dramatize things

dramaturge /dʀamatyʀʒ/ NMF dramatist, playwright

dramaturgie /dʀamatyʀʒi/ NF (= *art*) dramatic art; (= *traité*) treatise on dramatic art

drame /dʀam/ SYN NM 1 (*Théât*) (= *genre littéraire*) drama; (= *œuvre*) play, drama
2 (= *événement tragique*) tragedy ◆ **le drame du tunnel du Mont-Blanc** the tragedy in the Mont-Blanc tunnel ◆ **drame de la jalousie** drama of jealousy, crime of passion ◆ **la farce tournait au drame** the joke was going tragically wrong ◆ **faire un drame de qch** to make a drama out of sth ◆ **n'en faites pas un drame** don't make such a fuss *ou* to-do * about it ◆ **ce n'est pas un drame !** it's not the end of the world!

⚠ Au sens de 'événement tragique', **drame** ne se traduit pas par l'anglais **drama**.

drap /dʀa/ NM 1 (= *pièce de tissu*) ◆ **drap (de lit)** sheet ◆ **draps de soie/nylon** silk/nylon sheets ◆ **drap de dessus/dessous** top/bottom sheet ◆ **drap de bain** bath sheet ◆ **drap de plage** beach towel ◆ **drap mortuaire** *ou* **funéraire** pall ◆ **être dans les draps** to be between the sheets ◆ **être dans de beaux** *ou* **sales draps** (*fig*) to be in a right fix * *ou* mess * ◆ **tu m'as mis dans de beaux draps** you got me in a right fix *, you really landed me in it *
2 (= *tissu*) woollen cloth

drapé, e /dʀape/ (ptp de **draper**)
ADJ draped ◆ **tambours drapés** muffled drums
NM ◆ **le drapé d'un rideau** *etc* the hang *ou* drape of a curtain *etc*

drapeau (pl **drapeaux**) /dʀapo/ SYN NM 1 (= *gén*) flag ◆ **le drapeau tricolore** the (French) tricolour ◆ **le drapeau blanc/rouge** the white/red flag ◆ **hisser le drapeau blanc** to wave the white flag ◆ **drapeau à damier** (*Courses*) chequered (*Brit*) *ou* checkered (*US*) flag ◆ **drapeau de trou** (*Golf*) pin ◆ **le respect du drapeau** respect for the flag ◆ **être sous les drapeaux** (*Mil*) to be doing one's military service ◆ **le drapeau de la liberté** the flag of liberty ◆ **mettre son drapeau dans sa poche** (*fig*) to keep one's views well hidden
2 (*Aviat, Naut*) ◆ **en drapeau** feathered ◆ **mettre une hélice en drapeau** to feather a propeller

drapement /dʀapmɑ̃/ NM (= *action*) draping; (= *résultat*) hang ◆ **je n'aime pas le drapement de cette robe** I don't like the way this dress hangs

draper /dʀape/ SYN ► conjug 1 ◄
VT 1 (= *habiller*) to drape ◆ **un foulard de soie drapait ses épaules** a silk scarf was draped over her shoulders, her shoulders were draped in a silk scarf
2 *[+ étoffe de laine]* to process
VPR **se draper** ◆ **se draper dans** to drape o.s. in ◆ **se draper dans sa dignité** to stand on one's dignity ◆ **se draper dans sa vertu/son honnêteté** to cloak o.s. in one's virtue/one's honesty

draperie /dʀapʀi/ SYN NF (= *tenture*) drapery, hanging; (*Comm*) drapery, cloth; (*Art*) drapery

drap-housse (pl **draps-housses**) /dʀaus/ NM fitted sheet

drapier, -ière /dʀapje, jɛʀ/
ADJ ◆ **industrie drapière** clothing industry ◆ **ouvrier drapier** cloth-worker
NM (= *fabricant*) (woollen) cloth manufacturer ◆ (*marchand*) clothier, draper (*Brit*)

drastique /dʀastik/ SYN ADJ (*Méd, gén*) drastic

drave * /dʀav/ NF (*Can Hist*) *[de bois]* drive, rafting

draver * /dʀave/ ► conjug 1 ◄ VT (*Can Hist*) *[+ bois]* to drive, to raft

draveur * /dʀavœʀ/ NM (*Can Hist*) (log *ou* timber) driver, raftsman

dravidien, -ienne /dʀavidjɛ̃, jɛn/ ADJ, NM Dravidian

dreadlocks /dʀɛdlɔks/ NFPL dreadlocks

drêche /dʀɛʃ/ NF (*Tech*) spent grain

drège /dʀɛʒ/ NF (= *filet*) dragnet

drépanocytose /dʀepanositoz/ NF sickle-cell anaemia (*Brit*) *ou* anemia (*US*)

Dresde /dʀɛzd/ N Dresden

dressage /dʀesaʒ/ NM 1 *[d'animal sauvage*] taming; *[de jeune cheval]* breaking in; (*pour le cirque*) training; * *[de recrue]* knocking *ou* licking into shape * ◆ **épreuve de dressage** (*Équitation*) dressage event
2 *[de tente]* pitching; *[d'échafaudage]* erection, putting up
3 *[de pierre, planche, tôle]* dressing

dresser /dʀese/ SYN ► conjug 1 ◄
VT 1 (= *établir*) *[+ inventaire, liste]* to draw up, to make out; *[+ plan, carte]* to draw up ◆ **dresser un acte** (*Jur*) to draw up a deed ◆ **il a dressé un bilan encourageant de la situation** he gave an encouraging review of the situation *ou* an encouraging run-down * on the situation
2 (= *ériger*) *[+ monument, statue, échafaudage]* to put up, to erect; *[+ barrière, échelle]* to put up, to set up; *[+ tente]* to pitch, to put up; *[+ mât]* to raise, to put up, to erect; *[+ lit]* to put up ◆ **nous avons dressé un buffet dans le jardin** we laid out a buffet in the garden ◆ **dresser le couvert** *ou* **la table** to lay *ou* set the table ◆ **dressez les filets sur un plat** (*Culin*) arrange the fillets on a dish
3 (= *lever*) *[+ tête]* to raise, to lift; *[+ menton]* to stick out ◆ **dresser l'oreille** (*fig*) to prick up one's ears ◆ **dresser l'oreille** *ou* **ses oreilles** *[chien]* to prick up *ou* cock (up) its ears ◆ **faire dresser les cheveux sur la tête à qn** to make sb's hair stand on end ◆ **une histoire à faire dresser les cheveux sur la tête** a spine-chilling *ou* spine-tingling tale, a tale to make your hair stand on end
4 (= *braquer*) ◆ **dresser qn contre** to set sb against
5 (= *dompter*) *[+ animal sauvage]* to tame; *[+ jeune cheval]* to break (in); (*pour le cirque*) *[+ chien, cheval]* to train ◆ **dresser un chien à rapporter** to train a dog to retrieve
6 (* = *mater*) *[+ recrue]* to knock *ou* lick into shape * ◆ **ça le dressera !** that will knock *ou* lick him into shape * ◆ **dresser un enfant** to teach a child his place ◆ **les enfants/les élèves, ça se dresse !** children/pupils should be taught their place! ◆ **enfant mal dressé** badly brought-up child
7 (*Tech*) *[+ pierre, planche, tôle]* to dress
VPR **se dresser** *[personne]* (*debout*) to stand up; (*assis*) to sit up (straight) ◆ **se dresser sur la pointe des pieds** to stand on tiptoe ◆ **se dresser de toute sa taille** to draw o.s. up to one's full height ◆ **se dresser sur ses pattes de derrière**

[cheval] to rear (up); [autre animal] to stand up on its hind legs; → **ergot**
2 [cheveux] to stand on end; [oreille] to prick up
3 [statue, bâtiment, obstacle] to stand; (de façon imposante, menaçante) to tower (up) ◆ **un navire se dressa soudain dans le brouillard** a ship suddenly loomed (up) out of the fog
4 *s'insurger* to rise up (contre, face à against)

dresseur, -euse /dʀesœʀ, øz/ NM,F (gén) trainer; [d'animaux sauvages] tamer ◆ **dresseur de lions** lion tamer ◆ **dresseur de chevaux** (débourrage) horse-breaker; (dans un cirque) horse-trainer

dressing /dʀesiŋ/, **dressing-room** (pl dressing-rooms) /dʀesiŋʀum/ NM dressing room

dressoir /dʀeswaʀ/ NM dresser

dreyfusard, e /dʀefyzaʀ, aʀd/
ADJ (Hist) supporting ou defending Dreyfus
NM,F supporter ou defender of Dreyfus

dreyfusisme /dʀefyzism/ NM Dreyfusism

DRH /deɛʀaʃ/
NF (abrév de **direction des ressources humaines**) → **direction**
NMF (abrév de **directeur, -trice des ressources humaines**) → **directeur, -trice**

dribble /dʀibl/ NM (Sport) dribble

dribbler /dʀible/ ► conjug 1 ◄ (Sport)
VI to dribble
VT [+ ballon] to dribble; [+ joueur] to dribble past ou round

dribbleur, -euse /dʀiblœʀ, øz/ NM,F (Sport) dribbler

drifter /dʀiftœʀ/ NM (Naut) drifter

drill¹ /dʀil/ NM (= singe) drill

drill² /dʀil/ NM (Scol etc. = exercice) drill

drille¹ /dʀij/ NM † ◆ **bon** ou **joyeux drille** jolly fellow, cheerful character

drille² /dʀij/ NF (= outil) hand-drill

dring /dʀiŋ/ EXCL, NM ding, ding-a-ling

dringuelle /dʀɛ̃gɛl/ NF (Belg = pourboire) tip

drisse /dʀis/ NF (Naut) halyard

drive /dʀajv/ NM (Golf, Ordin) drive

driver¹ /dʀajve, dʀive/ ► conjug 1 ◄
VT [jockey] to drive
VI (Golf) to drive

driver², driveur /dʀajvœʀ, dʀivœʀ/ NM (Équitation, Golf, Ordin) driver

drogue /dʀɔg/ SYN NF 1 (= stupéfiant) drug ◆ **la drogue** drugs ◆ **une drogue dure/douce** a hard/soft drug; → **trafic**
2 (fig, o.f) (Pharm) drug; (péj) patent medicine, quack remedy (péj) ◆ **le café est une drogue** coffee is a drug

drogué, e /dʀɔge/ SYN (ptp de **droguer**) NM,F drug addict

droguer /dʀɔge/ SYN ► conjug 1 ◄
VT 1 (péj) [+ malade] to dose up (péj); († Méd) to give drugs to
2 [+ victime] to drug
VPR **se droguer** 1 (péj : de médicaments) to dose o.s. (up) (de with)
2 (de stupéfiants) to take drugs ◆ **il se drogue** he's on drugs, he's a drug user ◆ **se droguer à la cocaïne** to be on ou take cocaine

droguerie /dʀɔgʀi/ NF (= magasin) hardware shop; (= commerce) hardware trade

droguet /dʀɔgɛ/ NM (= étoffe) drugget

droguiste /dʀɔgist/ NMF owner ou keeper of a hardware shop

droit¹, e¹ /dʀwa, dʀwat/ SYN
ADJ (après nom : opposé à gauche) [main, bras, jambe] right; [poche, chaussure] right(-hand) ◆ **du côté droit** on the right-hand side; → **bras, centre, main**
NM (Boxe = coup) right ◆ **direct du droit** (= poing) straight right ◆ **crochet du droit** right hook
NF **droite¹** SYN 1 (opposé à la gauche) ◆ **la droite** the right (side), the right-hand side ◆ **à droite** on the right; (direction) to the right ◆ **troisième rue à droite** third street on the right ◆ **à ma/sa droite** on my/his right (hand), on my/his right(-hand) side ◆ **le tiroir/chemin de droite** the right-hand drawer/path ◆ **il ne connaît pas sa droite de sa gauche** he can't tell (his) right from (his) left ◆ **à droite de la fenêtre** to the right of the window ◆ **de droite à gauche** from right to left ◆ **à droite et à gauche, de droite et de gauche** this way and that ◆ **il a couru à droite et à gauche pour se renseigner** he tried everywhere ou all over the place to get some information ◆ **c'est ce qu'on entend dire de droite et de gauche** that's what one hears from all sides ou quarters
2 (sur une route) ◆ **la droite** the right ◆ **rouler à droite** to drive on the right (-hand side of the road) ◆ **garder** ou **tenir sa droite** to keep to the right; → **conduite**
3 (Pol) ◆ **la droite** the right (wing) ◆ **candidat/idées de droite** right-wing candidate/ideas ◆ **un homme de droite** a man of the right ◆ **membre de la droite** right-winger ◆ **elle est très à droite** she's very right-wing ◆ **la droite est divisée** the right wing is split; → **extrême**
4 (Boxe = coup) right

droit², e² /dʀwa, dʀwat/ SYN
ADJ 1 (= sans déviation, non courbe) [barre, ligne, route, nez] straight ◆ **ça fait 4 km en ligne droite** it's 4 km as the crow flies ◆ **cela vient en droite ligne de...** (fig) that comes straight ou direct from... ◆ **le droit chemin** (Rel) the straight and narrow ◆ **droit fil** (Couture) straight grain ◆ **cette décision s'inscrit dans le droit fil de leur politique** this decision is totally in keeping with ou in line with their policy; → **coup**
2 (= vertical, non penché) [arbre, mur] upright, straight; (Géom) [prisme, cylindre, cône] right; [écriture] upright ◆ **ce tableau n'est pas droit** this picture isn't (hanging) straight ◆ **est-ce que mon chapeau est droit ?** is my hat (on) straight? ◆ **jupe droite** straight skirt ◆ **veston droit** single-breasted jacket ◆ **tiens ta tasse droite** hold your cup straight ◆ **être droit comme un pieu** ou **un piquet** (péj, hum) to be as stiff as a poker ou ramrod (péj) ◆ **être droit comme un i** to have a very upright posture, to hold o.s. very erect ◆ **se tenir droit comme un i** to stand bolt upright ou very erect ◆ **tiens-toi droit** (debout) stand up (straight); (assis) sit up (straight); → **angle**
3 (= honnête, loyal) [personne] upright, straight-(forward)
4 (= sensé) [jugement] sound, sane
NF **droite²** (Géom) straight line
ADV [viser, couper, marcher] straight ◆ **aller/marcher droit devant soi** to go/walk straight ahead ◆ **écrire droit** to have upright handwriting ◆ **c'est droit devant vous** it's straight ahead of you ou right in front of you ◆ **aller droit à la faillite** to be heading ou headed straight for bankruptcy ◆ **aller droit au but** ou **au fait** (fig) to go straight to the point ◆ **cela lui est allé droit au cœur** (fig) it went straight to his heart; → **marcher**

droit³ /dʀwa/ GRAMMAIRE ACTIVE 9, 10.4 SYN
NM 1 (= prérogative) right ◆ **droit de pêche/chasse** fishing/hunting rights ◆ **droit du sang/du sol** right to nationality based on parentage/on place of birth ◆ **les droits du sang** (fig) rights of kinship ◆ **le droit des peuples à disposer d'eux-mêmes** the right of peoples to self-determination ◆ **le droit à l'enfant** the right to have a child ◆ **le droit du plus fort** the law of the jungle ◆ **avoir le droit de faire** (gén : simple permission, possibilité) to be allowed to do; (Admin, Jur : autorisation) to have the right to do ◆ **avoir le droit pour soi** to have right on one's side ◆ **avoir droit à** [+ allocation] to be entitled to, to be eligible for; [+ critique] to come in for ◆ **il a eu droit à une bonne raclée*/réprimande** (hum) he got ou earned himself a good hiding/telling-off* ◆ **avoir (le) droit de vie ou de mort sur** to have (the) power of life and death over ◆ **avoir droit de regard sur** [+ documents] to have the right to examine ou to inspect; [+ affaires, choix, décision] to have a say in ◆ **avoir droit de regard dans la comptabilité** (Fin, Jur) to be entitled to have access to the books and records ◆ **avoir des droits sur** to have rights over ◆ **il n'a aucun droit sur ce terrain** he has no right to this land ◆ **cette carte vous donne droit à des places gratuites** this card entitles you to free seats ◆ **être en droit de faire** to have a ou the right to do, to be entitled to do ◆ **on est en droit de se demander pourquoi...** (fig) one has every right ou one is entitled to wonder why... ◆ **être dans son (bon) droit** to be (quite) within one's rights ◆ **faire droit à** [+ requête] to grant, to accede to ◆ **l'humour ne perd jamais ses droits** there is always a place for humour ◆ **c'est (bien) votre droit** you've every right to do so, you are perfectly entitled to do so, you're perfectly within your rights ◆ **à bon droit** with good reason, legitimately ◆ **membre de droit** ex officio member ◆ **monarque de droit divin** monarch by divine right ◆ **cela lui revient de droit** it's his by right(s), it is rightfully his ◆ **de quel droit est-il entré ?** what right did he have ou what gave him the right to come in? ◆ **de droit comme de fait** both legitimately and effectively ◆ **être membre de plein droit** to be a fully-fledged member ◆ **réclamer qch de plein droit** to claim sth as one's right; → **force, qui**
2 ◆ **le droit** (Jur) law ◆ **faire son droit** (Univ) to study law ◆ **droit civil/pénal** civil/criminal law ◆ **droit constitutionnel/international** constitutional/international law ◆ **droit canon** canon law ◆ **droit romain** Roman law ◆ **droit privé/public** private/public law ◆ **droit coutumier** (= concept) customary law; (= lois) common law ◆ **droit écrit** statute law ◆ **droit administratif/commercial/fiscal/du travail** administrative/commercial/tax/employment law ◆ **droit des affaires** company ou corporate law ◆ **le droit des gens** the law of nations ◆ **droit de la famille** family law ◆ **une société de droit anglais** a firm that comes under English law
3 (gén pl = taxe) duty, tax; (d'inscription etc) fee(s) ◆ **droit d'entrée** entrance (fee) ◆ **droits d'inscription/d'enregistrement** enrolment/registration fee(s) ◆ **droits portuaires** ou **de port** harbour fees ou dues ◆ **exempt de droits** duty-free ◆ **passible de droits** liable to duty, dutiable

COMP **droit d'aînesse** birthright
droit d'asile right of asylum
droit d'auteur (= propriété artistique, littéraire) copyright ◆ **droits d'auteur** (= rémunération) royalties
droit de cité (fig) ◆ **avoir droit de cité parmi/dans** to be established among/in
droits civils civil rights
droits civiques civic rights
droit commun ◆ **condamné/délit de droit commun** common law criminal/crime
droits compensatoires (Fin) countervailing duties
droit de cuissage (Hist) droit du seigneur; (hum) right to subject employees to sexual harassment
droits de douane customs duties
les droits de la femme women's rights ◆ **les droits de la femme mariée** the rights of married women ou a married woman
droit de gage (Jur) lien
droit de garde [d'enfant] custody
droit de grâce right of reprieve
le droit de grève the right to strike
les droits de l'homme human rights
droit d'initiative (Pol) citizens' right to initiate legislation (in Switzerland etc)
droit de mutation (Fin) transfer tax
les droits naturels natural rights
droit de passage right of way, easement (US)
droit de propriété right of property ◆ **nous avons un droit de propriété sur notre corps** we should have jurisdiction over our own bodies
droit réel (Jur) title
droit de réponse right of reply
droits de reproduction reproduction rights ◆ « **tous droits (de reproduction) réservés** » "all rights reserved"
droit de souscription application right
droits de succession inheritance tax
droit de timbre stamp duty
droits de tirage spéciaux special drawing rights
droit d'usage (Jur) right of user
droit de visite (Jur) (right of) access
le droit de vote the right to vote, the vote, franchise

droitement /dʀwatmɑ̃/ ADV [agir, parler] uprightly, honestly; [juger] soundly

droitier, -ière /dʀwatje, jɛʀ/
ADJ (= non gaucher) right-handed; (Pol) right-wing
NM,F right-handed person; (Pol) right-winger ◆ **c'est un droitier** (Tennis etc) he's a right-handed player ou a right-hander

droitisme /dʀwatism/ NM right-wing tendency, rightism

droitiste /dʀwatist/
ADJ right-wing
NMF right-winger, rightist

droiture /dʀwatyʀ/ SYN NF [de personne] uprightness, honesty; [de conscience] honesty ◆ **droiture de caractère** uprightness, rectitude (of character)

drolatique /dʀɔlatik/ SYN ADJ (littér) comical, droll

drôle /dʁol/ SYN
- **ADJ** ① (= amusant) [situation, accoutrement] funny, comical, amusing; (= spirituel) [personne] funny, amusing ◆ **je ne trouve pas ça drôle** I don't find that funny ou amusing ◆ **la vie n'est pas drôle** life's no joke ◆ **tu es drôle, je ne pouvais pourtant pas l'insulter !*** you must be joking ou kidding – I could hardly insult him!; → **histoire**
- ② (= bizarre) funny, strange ◆ **c'est drôle, j'aurais juré l'avoir rangé** that's funny ou strange, I could have sworn I had put it away ◆ **avoir un drôle d'air** to look funny ou peculiar ou strange ◆ **un drôle de type** a strange ou peculiar fellow, an oddbod * ◆ **c'est un drôle de numéro** he's a bit of a character ◆ **une drôle d'idée/d'odeur** a funny ou strange ou peculiar idea/smell ◆ **il a fait une drôle de tête !** he pulled a wry ou funny face! ◆ **la drôle de guerre** (Hist) the Phoney War ◆ **se sentir tout drôle** to feel funny ou strange ou peculiar ◆ **ça me fait (tout) drôle (de le voir)*** it gives me a funny ou strange ou odd feeling (to see him)
- ③ (* : intensif) ◆ **un drôle d'orage** a fantastic* ou terrific* storm ◆ **de drôles de muscles/progrès** fantastic* ou terrific* muscles/progress ◆ **une drôle de correction** a hell of a punishment* ◆ **on en a vu de drôles pendant la guerre** we had a hard time (of it) during the war
- **NM** (dial = gamin) child, kid*; († péj = coquin) scamp, rascal

drôlement /dʁolmɑ̃/ SYN ADV ① (= bizarrement) strangely ◆ **il m'a regardé drôlement** he gave me a strange ou funny look
- ② (* = extrêmement) ◆ **drôlement bon/sage** awfully ou terribly good/well-behaved ◆ **il fait drôlement froid** it's awfully ou terribly cold, it isn't half cold * ◆ **il est drôlement musclé** he's really muscular, he's got a lot of muscle* ◆ **il est drôlement culotté** he's got some cheek*, he hasn't half got a cheek* (Brit) ◆ **il a drôlement changé** he really has changed, he's changed an awful lot* ◆ **ça lui a fait drôlement plaisir** it pleased him no end*
- ③ (= spirituellement) funnily, comically, amusingly

drôlerie /dʁolʁi/ SYN NF ① (NonC) funniness, drollness ◆ **la drôlerie de la situation m'échappe** I don't see ou I fail to see what's so funny ou amusing ◆ **c'est d'une drôlerie !** it's so funny ou comical!
- ② (= propos, action) funny ou amusing thing (to say ou do)

drôlesse † /dʁolɛs/ NF (péj) hussy † (péj)

drôlet, -ette /dʁolɛ, ɛt/ ADJ (littér) funny, amusing

dromadaire /dʁɔmadɛʁ/ NM dromedary

drome /dʁɔm/ NF [de bateau] spare equipment

drone /dʁon/ NM drone (plane)

dronte /dʁɔ̃t/ NM dodo

drop /dʁɔp/, **drop-goal** (pl **drop-goals**) /dʁɔpgol/ NM (= coup de pied) drop kick; (= but) drop goal ◆ **passer un drop** to score a drop goal

dro(p)per /dʁɔpe/ ▸ conjug 1 ◂ VT (Mil) to drop

droppage /dʁɔpaʒ/ NM (Mil) drop ◆ **zone de droppage** drop zone

droséra /dʁozeʁa/ NM type of sundew, drosera rotundifolia (SPÉC)

drosophile /dʁozɔfil/ NF fruit fly, drosophila (SPÉC)

drosse /dʁɔs/ NF (Naut) (= cordage) rudder cable; (= chaîne) rudder chain

drosser /dʁɔse/ ▸ conjug 1 ◂ VT (Naut) [vent, courant] to drive (contre onto, against)

dru, e /dʁy/ SYN
- **ADJ** [herbe] thick; [barbe] thick, bushy; [haie] thick, dense; [pluie] heavy
- **ADV** [pousser] thickly, densely; [tomber] [pluie] heavily, fast; [coups] thick and fast

drug(-)store (pl **drug(-)stores**) /dʁœgstɔʁ/ NM drugstore

druide /dʁɥid/ NM druid

druidesse /dʁɥidɛs/ NF druidess

druidique /dʁɥidik/ ADJ druidic

druidisme /dʁɥidism/ NM druidism

drumlin /dʁœmlin/ NM drumlin

drupe /dʁyp/ NF drupe

druze /dʁyz/
- **ADJ** Drusean, Drusian
- **NMPL** **Druzes** ◆ **les Druzes** the Druse ou Druze

dryade /dʁijad/ NF (Myth) dryad, wood-nymph; (= plante) dryas

DST /deɛste/ NF (abrév de **Direction de la surveillance du territoire**) ≃ MI5 (Brit), ≃ CIA (US)

DT /dete/ NM (abrév de **diphtérie, tétanos**) vaccine against diphtheria and tetanus

du /dy/
- ART PARTITIF → **de²**
- PRÉP + ART DÉF PRÉP + art déf → **de¹**

dû, due /dy/ GRAMMAIRE ACTIVE 20.5 (ptp de **devoir**)
- **ADJ** (= à restituer) owing, owed; (= arrivé à échéance) due ◆ **la somme due** the sum owing ou owed, the sum due ◆ **la somme qui lui est due** the sum owing ou owed ou due to him; → **chose, port²**
- ◆ **dû à** due to ◆ **ces troubles sont dus à...** these troubles are due to...
- ◆ **en (bonne et) due forme** in due form
- **NM** due; (= somme d'argent) dues

dual, e /dɥal/ ADJ [économie, système] dual ◆ **société duale** two-tier society

dualisme /dɥalism/ NM dualism

dualiste /dɥalist/
- **ADJ** dualistic
- **NMF** dualist

dualité /dɥalite/ NF duality

Dubaï, Dubay /dybaj/ N Dubai

dubitatif, -ive /dybitatif, iv/ ADJ doubtful ◆ **d'un air dubitatif** doubtfully

dubitativement /dybitativmɑ̃/ ADV doubtfully

Dublin /dyblɛ̃/ N Dublin

dublinois, e /dyblinwa, waz/
- **ADJ** of ou from Dublin
- **NM,F** **Dublinois(e)** Dubliner

duc /dyk/ NM duke

ducal, e (mpl -aux) /dykal, o/ ADJ ducal

ducasse /dykas/ NF (Belg) fair

ducat /dyka/ NM ducat

duché /dyʃe/ NM (= fonction) dukedom; (= territoire) dukedom, duchy

duchesse /dyʃɛs/ NF ① (= noble) duchess ◆ **elle fait la ou sa duchesse** (péj) she's playing the grand lady ou putting on airs
- ② ◆ **(poire) duchesse** Duchesse pear

ductile /dyktil/ ADJ ductile

ductilité /dyktilite/ NF ductility

dudit /dydi/, **de ladite** /dəladit/ (mpl **desdits** /dedi/) (fpl **desdites** /dedit/) /dy, dym, də/ (Jur, hum) of the aforementioned, of the said ◆ **le propriétaire dudit édifice/chien** the owner of the aforementioned ou said building/dog

duègne /dɥɛɲ/ NF duenna

duel¹ /dɥɛl/ SYN NM duel ◆ **provoquer qn en duel** to challenge sb to a duel ◆ **se battre en duel** to fight a duel (avec with) ◆ **deux malheureux bouts de viande se battaient en duel au fond du plat** (péj) there were just two measly bits of meat on the plate ◆ **duel oratoire** verbal duel ou battle ◆ **duel d'artillerie** artillery battle

duel² /dɥɛl/ NM (Ling) dual (number)

duelliste /dɥelist/ NM duellist

duettiste /dɥetist/ NMF duettist

duffle-coat (pl **duffle-coats**), **duffel-coat** (pl **duffel-coats**) /dœfœlkot/ NM duffel coat

dugong /dygɔ̃g/ NM dugong

dulçaquicole /dylsakikɔl/ ADJ freshwater (épith)

dulcinée /dylsine/ NF († aussi hum) lady-love † (aussi hum)

dulie /dyli/ NF dulia

dum-dum /dumdum/ NF INV ◆ **(balle) dum-dum** dum-dum (bullet)

dûment /dymɑ̃/ ADV duly

dumper /dœmpœʁ/ NM (= engin) dumper

dumping /dœmpiŋ/ NM (Écon) dumping ◆ **faire du dumping** to dump sth ◆ **dumping fiscal** fiscal dumping ◆ **dumping social** social dumping

dundee /dœndi/ NM ketch

dune /dyn/ SYN NF dune ◆ **dune de sable** sand dune

dunette /dynɛt/ NF [de bateau] poop deck

Dunkerque /dœkɛʁk/ N Dunkirk

duo /dɥo/ SYN NM (Mus) duet; (Théât) double act, duo; [de plaisantins] pair, duo; (= dialogue) exchange ◆ **chanter en duo** to sing a duet ◆ **duo de poissons sur lit de poireaux** (sur menu) two types of fish on a bed of leeks

⚠ Au sens musical, **duo** ne se traduit pas par le mot anglais **duo**.

duodécimal, e (mpl -aux) /dɥodesimal, o/ ADJ duodecimal

duodénal, e (mpl -aux) /dɥodenal, o/ ADJ duodenal

duodénite /dɥodenit/ NF duodenitis

duodénum /dɥodenɔm/ NM duodenum

duopole /dɥopɔl/ NM duopoly

dupe /dyp/ SYN
- **NF** dupe ◆ **prendre pour dupe** to fool, to take in, to dupe ◆ **être la dupe de qn** to be fooled in ou fooled by sb; → **jeu, marché**
- **ADJ** ◆ **être dupe (de)** to be taken in (by), to be fooled (by) ◆ **je ne ou n'en suis pas dupe** I'm not taken in (by it), he (ou it etc) doesn't fool me

duper /dype/ SYN ▸ conjug 1 ◂
- **VT** to dupe, to deceive, to fool
- **VPR** **se duper** ◆ **se duper (soi-même)** to deceive o.s.

duperie /dypʁi/ SYN NF (= tromperie) dupery (NonC), deception

duplex /dyplɛks/
- **ADJ INV** (Téléc) duplex, two-way
- **NM** (= appartement) split-level apartment, duplex (US); (Can) duplex (house), maisonette ◆ **(émission en) duplex** (Téléc) link-up

duplexage /dyplɛksaʒ/ NM setting up a link-up

duplexer /dyplɛkse/ ▸ conjug 1 ◂ VT [+ émission] to set up a link-up to

duplicata /dyplikata/ SYN NM INV (Admin, Jur) duplicate

duplicateur /dyplikatœʁ/ NM duplicator, duplicating machine

duplication /dyplikasjɔ̃/ NF (Math) duplication; (Bio) doubling; [de ADN] replication; [d'enregistrement] duplication

duplicité /dyplisite/ SYN NF duplicity

dupliquer /dyplike/ SYN ▸ conjug 1 ◂ VT to duplicate

duquel /dykɛl/ → **lequel**

dur, e /dyʁ/ SYN
- **ADJ** ① [roche, métal, lit, crayon, sol] hard; [carton, col, brosse] stiff; [viande] tough; [porte, serrure, levier] stiff ◆ **être dur d'oreille, être dur de la feuille***, **avoir l'oreille dure** † to be hard of hearing ◆ **dur comme le roc** as hard as (a) rock, rock-hard; → **blé, œuf, pain** etc
- ② [problème, travail, parcours] hard, stiff, tough ◆ **dur à manier/digérer/croire** hard to handle/digest/believe ◆ **leur fils est un enfant très dur** their son is a very difficult child ◆ **être dur à la détente** * (= avare) to be tight-fisted *; (= difficile à persuader) to be pigheaded; (= obtus) to be slow on the uptake *
- ③ [climat, lumière, punition, combat] harsh, hard; [couleur, épreuve] harsh; [leçon] hard; (= âpre) [vin, cidre] harsh; (= calcaire) [eau] hard ◆ **il lui est dur d'avoir à partir** it's hard for him to have to leave ◆ **ce sont des vérités dures à avaler ou digérer** * these are hard truths to take ◆ **la vie est dure** it's a hard life, life's no bed of roses ◆ **dur !* ou dur, dur !*** not easy! ◆ **les temps sont durs** (souvent hum) times are hard ◆ **il nous mène la vie dure** he makes life difficult for us, he gives us a hard time ◆ **le plus dur est passé** the worst is over; → **coup**
- ④ (= sévère) [personne, voix, regard, traits, visage] hard, harsh, severe; [loi, critique] harsh, severe ◆ **être dur avec ou pour ou envers qn** to be harsh with sb, to be hard on sb; → **dent, école**
- ⑤ (= insensible, cruel) [personne] hard(-hearted) ◆ **il a le cœur dur** he's a hard-hearted man, he has a heart of stone
- ⑥ (= endurant) ◆ **être dur au mal ou à la douleur** to be tough ◆ **être dur à la peine ou à l'ouvrage** to be a tireless ou hard worker; → **peau**
- ⑦ (= sans concession) uncompromising ◆ **le gouvernement adopte une ligne dure sur le commerce international** the government is taking a hard line ou a hardline stance on international trade; → **pur**

ADV *[travailler, frapper]* hard ◆ **le soleil tape dur** the sun is beating down ◆ **le vent souffle dur** the wind is blowing hard ou strongly ◆ **croire à qch dur comme fer** to have a blind belief in sth

NM ⓵ (*= résistant*) tough one; (*= meneur, casseur*) tough nut*, tough guy*; (*gén, Pol = intransigeant*) hard-liner ◆ **c'est un dur au cœur tendre** his bark is worse than his bite ◆ **c'est un dur à cuire** ou **un dur de dur*** he's a hard nut to crack* ◆ **jouer les durs** to act the tough guy*, to act tough

⓶ (*locution*) ◆ **c'est du dur*** it's solid ou tough stuff, it's sturdy

◆ **en dur** ◆ **construire en dur** to build a permanent structure ◆ **une construction en dur** a permanent structure ◆ **un court (de tennis) en dur** a hard court

⓷ *[de corde]* tension ◆ **dur !** (*Alpinisme*) pull tight!

NF dure ⓵ * ◆ **c'est une dure** (*= résistante*) she's a tough one; (*= meneuse*) she's a hard one

⓶ (*locutions*) ◆ **coucher sur la dure** to sleep on the ground, to sleep rough (*surtout Brit*)

◆ **à la dure** ◆ **être élevé à la dure** to be brought up the hard way ◆ **vivre à la dure** to live rough

⓷ (* *: locutions*) ◆ **en dire de dures à qn** to give sb a good telling-off* (*Brit*) ◆ **en entendre de dures** (= *reproches*) to get a good telling-off* ou ticking-off* (*Brit*) ◆ **en voir de dures** to have a hard time (of it)* ◆ **en faire voir de dures à qn** to give sb a hard time (of it)*

durabilité /dyrabilite/ **NF** (*gén*) durability; *[de produit]* life span

durable /dyrabl/ SYN **ADJ** *[croissance, développement, reprise]* lasting; *[solution, paix]* lasting, durable; *[bonheur, monument, souvenir, succès]* lasting, enduring; *[emploi]* long-term (*épith*); → **bien**

durablement /dyrabləmɑ̃/ **ADV** *[s'installer]* on a long-term basis ◆ **bâtir durablement** to build something to last ◆ **bâti durablement** built to last

duraille* /dyraj/ **ADJ** *[problème]* tough, hard; *[matelas, viande]* hard

duralumin ® /dyralymɛ̃/ **NM** Duralumin ®

duramen /dyramɛn/ **NM** duramen

durant /dyrɑ̃/ **PRÉP** ⓵ (= *pendant*) for ◆ **il peut rêvasser durant des heures** ou **des heures durant** he can daydream for hours (on end) ◆ **deux heures durant** for (a full ou whole) two hours ◆ **des années durant** for years (and years) ◆ **sa vie durant** throughout his life, for as long as he lived (ou lives)

⓶ (= *au cours de*) during, in the course of ◆ **durant le spectacle** during the show ◆ **il a plu durant la nuit** it rained in (the course of) ou during the night

duratif, -ive /dyratif, iv/ **ADJ** durative

durcir /dyrsir/ SYN ► conjug 2 ◄

VT *[+ attitude]* to harden; *[+ contrôle, embargo, sanctions]* to tighten ◆ **durcir ses positions** to take a tougher stand ◆ **durcir un mouvement de grève** to step up strike action ◆ **il a durci son discours** he has taken a tougher stand

VI se durcir **VPR** *[sol, colle, visage, attitude, ton]* to harden; *[mouvement de grève]* to become more firmly entrenched; *[conflit]* to become more serious

durcissement /dyrsismɑ̃/ SYN **NM** *[d'attitude, positions]* hardening; *[de sanctions, embargo]* tightening ◆ **durcissement des mouvements de grève** stepping up of strike action

durcisseur /dyrsisœr/ **NM** hardener

durée /dyre/ SYN **NF** ⓵ *[de spectacle, opération]* duration, length; *[de bail]* term; *[de prêt]* period; *[de matériau, pile, ampoule]* life; (*Mus*) *[de note]* value ◆ **la durée d'une mode dépend de...** how long a fashion lasts depends on... ◆ **je m'étonne de la durée de ce spectacle** I'm amazed at how long this show is ◆ **pour une durée illimitée** for an unlimited length of time, for an unlimited period ◆ **pendant une durée d'un mois** for (the period of) one month ◆ **pour la durée des négociations** while negotiations continue, for the duration of the negotiations ◆ **pendant la durée des réparations** for the duration of repairs, while repairs are being carried out ◆ **de courte durée** *[séjour]* short; *[bonheur, répit]* short-lived ◆ **(de) longue durée** *[effet]* long-lasting (*épith*); *[contrat, chômage, visa]* long-term (*épith*); *[pile]* long-life (*épith*), long-lasting (*épith*) ◆ **durée de vie utile** useful life

⓶ (= *permanence*) continuance ◆ **il n'osait croire à la durée de cette prospérité** he didn't dare to believe that this prosperity would last ou to believe in the continuance of this prosperity

⓷ (*Philos*) duration

> ⚠ Attention à ne pas traduire automatiquement **durée** par **duration** ; l'anglais préfère des tournures verbales.

durement /dyrmɑ̃/ SYN **ADV** ⓵ (= *sévèrement*) harshly, severely; (= *brutalement*) harshly ◆ **élever qn durement** to bring sb up the hard way ◆ **parler durement à qn** to speak harshly ou severely to sb ◆ **la manifestation a été durement réprimée** the demonstration was suppressed using force

⓶ (= *cruellement*) *[éprouvé, ressenti]* sorely ◆ **région durement touchée par la crise** region hard hit by the recession

dure-mère (pl **dures-mères**) /dyrmɛr/ **NF** (*Anat*) dura mater

durer /dyre/ SYN ► conjug 1 ◄ **VI** ⓵ (= *avoir une durée de*) to last ◆ **combien de temps cela dure-t-il ?** how long does it last? ◆ **l'effet dure deux minutes/mois** the effect lasts (for) two minutes/months ◆ **le festival dure (pendant) deux semaines** the festival lasts (for) two weeks

⓶ (= *se prolonger*) *[mode, maladie, tempête]* to last ◆ **la fête a duré toute la nuit/jusqu'au matin** the party went on ou lasted all night/until morning ◆ **sa maladie dure depuis deux mois** he has been ill for two months (now), his illness has lasted for two months (now) ◆ **ça fait deux mois que ça dure** it has been going on ou it has lasted for two months (now) ◆ **ça n'a que trop duré !** it's gone on too long already! ◆ **ça va durer longtemps, cette plaisanterie ?** how much longer is this joke going to go on? ou continue? ◆ **ça durera ce que ça durera** I don't know if it'll last, it might last and it might not ◆ **ça ne peut plus durer !** this can't go on (any longer)! ◆ **elle dure, leur conversation !** they've been talking for ages! ◆ **faire durer un travail** to prolong ou spin out* (*Brit*) a job ◆ **faire durer le plaisir** (*iro*) to prolong the agony ◆ **le temps me dure** (*littér*) time hangs heavy on my hands ◆ **l'inaction me dure** (*littér*) I am growing impatient at this inactivity; → **pourvu²**

⓷ (*littér* = *subsister*) *[coutume]* to linger on; (*péj*) *[mourant]* to hang on (*péj*), to linger on

⓸ (= *se conserver*) *[matériau, vêtement, outil]* to last ◆ **faire durer des chaussures** to make shoes last ◆ **cette somme doit te durer un mois** this money will have to last you a month

dureté /dyrte/ SYN **NF** ⓵ *[de roche, métal, lit, crayon]* hardness; *[de carton, col, brosse]* stiffness; *[de viande]* toughness

⓶ *[de problème, travail, parcours]* hardness, stiffness, toughness ◆ **la dureté des temps** the hard times we live in ◆ **la dureté de la vie quotidienne** the harshness of daily life

⓷ *[de climat, lumière, punition, combat]* harshness, hardness; *[de vin, cidre]* harshness

⓸ (= *sévérité*) *[de personne, voix, regard, traits, visage]* hardness, harshness, severity; *[de loi, critique]* harshness, severity ◆ **sa dureté de ton m'a surprise** his harsh tone surprised me

⓹ (= *insensibilité, cruauté*) ◆ **dureté (de cœur)** hard-heartedness ◆ **traiter qn avec dureté** to treat sb harshly

⓺ *[d'eau]* hardness ◆ **tester la dureté de l'eau** to test how hard the water is

durian /dyrjɑ̃, dyrjan/ **NM** (= *arbre*) durian; (= *fruit*) durian (fruit)

durillon /dyrijɔ̃/ SYN **NM** (*aux mains*) callus, hard skin (*NonC*); (*aux pieds*) callus, corn

durit, durite ® /dyrit/ **NF** (radiator) hose ◆ **il a pété une durite*** (*fig*) he flipped his lid*

DUT /deyte/ **NM** (abrév de **diplôme universitaire de technologie**) → **diplôme**

duty-free /djutifri/

ADJ duty-free

NM duty-free (shop) ◆ **en duty-free** duty-free ◆ **j'ai acheté du parfum en duty-free** I bought some duty-free perfume, I bought some perfume in the duty-free

duvet /dyvɛ/ **NM** ⓵ *[d'oiseau, fruit, joues]* down

⓶ (= *sac de couchage*) (down-filled) sleeping bag

⓷ (*Helv* = *couette*) duvet

duveté, e /dyv(ə)te/ **ADJ** *[pêche, joue]* downy ◆ **elle avait la lèvre duvetée** she had a faint moustache

duveter (se) /dyv(ə)te/ ► conjug 5 ◄ **VPR** to become downy

duveteux, -euse /dyv(ə)tø, øz/ **ADJ** downy

DVD /devede/ **NM** (abrév de **digital versatile disc**) DVD ◆ **lecteur DVD** DVD drive ◆ **DVD multiangle** multi-angle DVD ◆ **DVD-A** DVD-A ◆ **DVD-HD** ou **DVD HD** DVD-HD ◆ **DVD musical** music DVD ◆ **DVD-RAM** DVD-RAM ◆ **DVD-ROM** DVD-ROM ◆ **DVD-RW** DVD-RW

dyarchie /djarʃi/ **NF** diarchy

dyke /dik, dajk/ **NM** (*Géol*) dyke

dynamicien, -ienne /dinamisjɛ̃, jɛn/ **NM,F** dynamic psychologist

dynamique /dinamik/ SYN

ADJ (*Phys, gén*) dynamic; → **cadre**

NF ⓵ (*Phys, Mus*) dynamics (sg) ◆ **la dynamique de groupe** (*Sociol*) group dynamics

⓶ (= *processus*) ◆ **nous sommes dans une dynamique de croissance** we are in a growth phase ◆ **relancer la dynamique de croissance** to get (the process of) growth going ◆ **créer une dynamique de croissance** to create growth ◆ **accélérer la dynamique de paix** to speed up the peace process ◆ **la dynamique en cours** the current state of affairs

dynamiquement /dinamikmɑ̃/ **ADV** dynamically

dynamisant, e /dinamizɑ̃, ɑ̃t/ **ADJ** *[effet, changement]* stimulating

dynamisation /dinamizasjɔ̃/ **NF** *[de secteur, marché]* stimulation

dynamiser /dinamize/ SYN ► conjug 1 ◄ **VT** *[+ économie, marché]* to stimulate, to give a boost to; *[+ personnel]* to energize; *[+ affiche, image de marque]* to make more dynamic; (*Méd*) *[+ médicament]* to potentiate (SPÉC)

dynamisme /dinamism/ SYN **NM** (*Philos, gén*) dynamism

dynamitage /dinamitaʒ/ **NM** dynamiting

dynamite /dinamit/ SYN **NF** dynamite ◆ **faire sauter qch à la dynamite** to blow sth up with dynamite ◆ **c'est de la dynamite !*** (*fig*) it's dynamite!

dynamiter /dinamite/ ► conjug 1 ◄ **VT** (*lit*) to dynamite, to blow up with dynamite; *[+ certitudes, mythe]* to explode

dynamiteur, -euse /dinamitœr, øz/ **NM,F** dynamiter

dynamo /dinamo/ **NF** dynamo

dynamoélectrique /dinamoelɛktrik/ **ADJ** dynamoelectric

dynamogène /dinamɔʒɛn/, **dynamogénique** /dinamɔʒenik/ **ADJ** dynamogenic

dynamographe /dinamɔɡraf/ **NM** dynamograph

dynamomètre /dinamɔmɛtr/ **NM** dynamometer

dynamométrique /dinamɔmetrik/ **ADJ** dynamometric; → **clé**

dynastie /dinasti/ **NF** dynasty

dynastique /dinastik/ **ADJ** dynastic

dyne /din/ **NF** dyne

dysacousie /dizakuzi/ **NF** dysacusis, dysacusia

dysarthrie /dizartri/ **NF** dysarthria

dysbarisme /disbarism/ **NM** dysbarism

dyscalculie /diskalkyli/ **NF** dyscalculia

dyschromatopsie /diskrɔmatɔpsi/ **NF** dyschromatopsia

dyscrasie /diskrazi/ **NF** dyscrasia

dysenterie /disɑ̃tri/ **NF** dysentery

dysentérique /disɑ̃terik/ **ADJ** dysenteric

dysfonction /disfɔ̃ksjɔ̃/ **NF** dysfunction ◆ **de très graves dysfonctions sont apparues dans le département** serious failures have been apparent in the department

dysfonctionnel, -elle /disfɔ̃ksjɔnɛl/ **ADJ** dysfunctional

dysfonctionnement /disfɔ̃ksjɔnmɑ̃/ **NM** (*Méd*) dysfunction ◆ **il n'y a pas eu de dysfonctionnement dans les procédures d'alerte** no failure was found in the warning systems, the warning systems were found to be functioning properly ◆ **il y a des dysfonctionnements dans la gestion du service** there are problems in the management of the department ◆ **chaque fois qu'il y a un dysfonctionnement, on demande**

la démission d'un ministre every time something goes wrong there are calls for a minister to resign

dysfonctionner /disfɔksjɔne/ ▸ conjug 1 ◂ **VI** to become dysfunctional

dysgénique /disʒenik/ **ADJ** dysgenic

dysgraphie /disgʀafi/ **NF** dysgraphia

dysharmonie /disaʀmɔni/ **NF** ⇒ **disharmonie**

dyshidrose, dysidrose /dizidʀoz/ **NF** dyshidrosis

dyskinésie /diskinezi/ **NF** dyskinesia

dyslexie /disleksi/ **NF** dyslexia

dyslexique /disleksik/ **ADJ, NMF** dyslexic

dyslogie /dislɔʒi/ **NF** dyslogia

dysménorrhée /dismenɔʀe/ **NF** dysmenorrhoea, painful periods

dysmnésie /dismnezi/ **NF** dysmnesia

dysmorphie /dismɔʀfi/ **NF** deformity

dysorexie /dizɔʀeksi/ **NF** dysorexia

dysorthographie /dizɔʀtɔgʀafi/ **NF** difficulty in spelling

dyspareunie /dispaʀøni/ **NF** dyspareunia

dyspepsie /dispɛpsi/ **NF** dyspepsia

dyspepsique /dispɛpsik/, **dyspeptique** /dispɛptik/ **ADJ, NMF** dyspeptic

dysphagie /disfaʒi/ **NF** dysphagia

dysphasie /disfazi/ **NF** dysphasia

dysphorie /disfɔʀi/ **NF** dysphoria

dysplasie /displazi/ **NF** (Méd) dysplasia

dyspnée /dispne/ **NF** dyspnoea (Brit), dyspnea (US)

dyspraxie /dispʀaksi/ **NF** dyspraxia

dysprosium /dispʀozjɔm/ **NM** dysprosium

dystasie /distɑzi/ **NF** dystasia

dystocie /distɔsi/ **NF** dystocia

dystonie /distɔni/ **NF** dystonia

dystrophie /distʀɔfi/ **NF** ◆ **dystrophie musculaire progressive** muscular dystrophy

dysurie /dizyʀi/ **NF** dysuria

dytique /ditik/ **NM** dytiscid

E

E¹, e /ə/ NM (= *lettre*) E, e ◆ **e dans l'o** o and e joined together, o and e ligature

E² (abrév de **Est**) E

e- /i/ PRÉF (= *électronique*) e- ◆ **e-entreprise** e-business

EAO /əao/ NM (abrév de **enseignement assisté par ordinateur**) CAI, CAL

EAU /əay/ NMPL (abrév de **Émirats arabes unis**) UAE

eau (pl **eaux**) /o/ SYN

NF ⓵ (*gén*) water; (= *pluie*) rain ◆ **sans eau** [*alcool*] neat, straight ◆ **cuire à l'eau** to boil ◆ **se passer les mains à l'eau** to rinse one's hands, to give one's hands a quick wash ◆ **passer qch sous l'eau** to give sth a quick rinse ◆ **laver à grande eau** [+ *sol*] to wash *ou* sluice down; (*avec un tuyau*) to hose down; [+ *légumes*] to wash thoroughly ◆ **port en eau profonde** deep-water port ◆ **que d'eau, que d'eau !** (*hum*) it's coming down in buckets * *ou* in torrents!
⓶ (*Bijouterie*) water ◆ **diamant de la plus belle eau** diamond of the first water ◆ **un escroc de la plus belle eau** an out-and-out crook ◆ **de la même eau** (*fig*) of the same ilk
⓷ (*locutions*) ◆ **tout cela apporte de l'eau à son moulin** it's all grist to his mill ◆ **aller sur l'eau** (= *flotter*) to be buoyant; (= *naviguer*) to sail ◆ **aller à l'eau** to go for a dip * ◆ **j'en avais l'eau à la bouche** my mouth was watering, it made my mouth water ◆ **être en eau** to be bathed in perspiration *ou* sweat ◆ **faire de l'eau** (*en bateau, en train*) to take on (a supply of) water ◆ **faire eau (de toutes parts)** to leak (like a sieve) ◆ **mettre à l'eau** [+ *bateau*] to launch ◆ **mise à l'eau** launch, launching ◆ **se mettre à l'eau** (= *nager*) to get into the water; (= *être sobre*) to go on the wagon *, to keep off alcohol ◆ **mettre de l'eau dans son vin** (*lit*) to water down one's wine; (= *modérer ses prétentions*) to climb down; (= *faire des concessions*) to make concessions ◆ **prendre l'eau** [*chaussures, objet*] to let in water; [*projet*] to founder ◆ **il passera** *ou* **coulera beaucoup d'eau sous les ponts avant que...** it will be a long time before... ◆ **porter de l'eau à la rivière** (*Prov*) to carry coals to Newcastle (*Prov*) ◆ **l'eau va à la rivière** (*Prov*) money makes money, to him that has shall more be given ◆ **s'en aller** *ou* **tourner en eau de boudin** * to flop ◆ **notre projet est (tombé) à l'eau** our project has fallen through ◆ **il y a de l'eau dans le gaz** * things aren't running too smoothly ◆ **ils sont comme l'eau et le feu** they're as different as night and day *ou* as chalk and cheese (*Brit*)

NFPL **eaux** ⓵ [*de fleuve*] ◆ **hautes eaux** high water ◆ **basses eaux** (*lit*) low water ◆ **pendant les basses eaux** when the waters are low, when the water level is low ◆ **en période de basses eaux** (*fig*) when the economy is at a low ebb, during a period of economic stagnation ◆ **être dans les eaux d'un navire** to be in the wake of a ship ◆ **nager** *ou* **naviguer en eaux troubles** (*fig*) to move in shady circles ◆ **dans ces eaux-là** * or thereabouts ◆ **entre deux eaux** just below the surface ◆ **nager entre deux eaux** (*fig*) to keep a foot in both camps, to run with the hare and hunt with the hounds
⓶ (*Méd*) ◆ **elle a perdu les eaux** her waters have broken
⓷ (*station thermale*) ◆ **prendre les eaux** † to take the waters; → **ville**
⓸ (*Admin*) ◆ **la Compagnie des Eaux et de l'Ozone** the French water utility

COMP **eau bénite** holy water
eau blanche lead acetate, sugar of lead
eau de Cologne eau de Cologne, cologne
eau courante running water
eau de cuisson cooking water
eau douce fresh water
eau écarlate ® (liquid) stain remover
eau d'érable maple sap (*Can*)
eau de fleur d'oranger orange-flower water
les Eaux et Forêts ≃ the Forestry Commission (*Brit*), ≃ the Forest Service (*US*)
eau gazeuse sparkling (mineral) water
eaux grasses swill, slops
eaux internationales international waters
eau de Javel bleach
eau lourde heavy water
eau de mélisse melissa water
eaux ménagères (household) waste water
eau de mer sea water
eaux mères mother liquids
eau minérale mineral water
eau oxygénée hydrogen peroxide
eau de parfum eau de parfum
eau plate plain *ou* still water
eau de pluie rainwater
eau potable drinking water
eaux profondes deep waters
eau de refroidissement cooling water
eaux résiduaires waste water
eau du robinet tap water
eau de rose rose water ◆ **roman/histoire à l'eau de rose** sentimental *ou* schmaltzy * novel/story
eau rougie wine and water
eaux de ruissellement run-off water
eau salée salt water
eau savonneuse soapy water
eau de Seltz soda (water), seltzer water (*US*)
eau de source spring water
eaux superficielles, eaux de surface surface water(s)
eaux territoriales territorial waters ◆ **dans les eaux territoriales françaises** in French (territorial) waters
eaux thermales thermal springs *ou* waters
eau de toilette eau de toilette, toilet water
eaux usées waste water
eau de vaisselle dishwater, washing-up (*Brit*) water

eau-de-vie (pl **eaux-de-vie**) /od(ə)vi/ NF ≃ brandy ◆ **eau-de-vie de prune/poire** plum/pear brandy ◆ **cerises à l'eau-de-vie** cherries in brandy

eau-forte (pl **eaux-fortes**) /ofɔʀt/ NF (*Art*) etching; (*Chim*) aqua fortis

eaux-vannes /ovan/ NFPL effluent (*NonC*)

ébahi, e /ebai/ SYN (ptp de **ébahir**) ADJ astounded

ébahir /ebaiʀ/ ► conjug 2 ◄
VT to astound
VPR **s'ébahir** to wonder (*de voir* at seeing)

ébahissement /ebaismɑ̃/ NM astonishment, amazement

ébarber /ebaʀbe/ ► conjug 1 ◄ VT [+ *papier, poisson*] to trim; [+ *métal*] to (de)burr, to trim; [+ *plante*] to clip, to trim

ébarbeur /ebaʀbœʀ/ NM, **ébarbeuse** /ebaʀbøz/ NF [*de plantes*] clipping *ou* trimming machine

ébarboir /ebaʀbwaʀ/ NM trimming machine

ébarbure /ebaʀbyʀ/ NF trimming, clipping

ébats /eba/ NMPL frolics ◆ **ébats amoureux** *ou* **sexuels** lovemaking

ébattre (s') /ebatʀ/ SYN ► conjug 41 ◄ VPR [*animaux*] to frolic, to frisk, to gambol (about); [*enfants*] to play *ou* romp about, to frolic

ébaubi, e /ebobi/ (ptp de **s'ébaubir**) ADJ (†, *hum*) bowled over, flabbergasted (*de at*) ◆ **être tout ébaubi** to be agog (*devant* at)

ébaubir (s') /ebobiʀ/ ► conjug 2 ◄ VPR (†, *hum*) to wonder (*de voir* at seeing)

ébauche /eboʃ/ SYN NF [*de livre*] skeleton, outline; [*de tableau, dessin*] draft, sketch; [*de statue*] rough shape; [*de projet, roman*] (rough) outline ◆ **une ébauche de sourire** the ghost of a smile ◆ **l'ébauche d'un geste** a slight movement ◆ **ce n'est que la première ébauche** this is just a rough draft ◆ **c'est encore à l'état d'ébauche** it's still in the early stages ◆ **l'ébauche d'une amitié** the beginnings of a friendship ◆ **il a proposé l'ébauche d'une solution** he offered the beginnings of a solution

ébaucher /eboʃe/ SYN ► conjug 1 ◄
VT ⓵ (= *esquisser*) [+ *livre, plan, tableau*] to sketch out; [+ *statue*] to rough out; [+ *programme, solution*] to outline
⓶ (= *commencer*) [+ *amitié, conversation*] to start up; [+ *relations*] to open up ◆ **ébaucher un sourire** to give a faint smile ◆ **ébaucher un geste** to start to make a movement
⓷ (= *dégrossir*) [+ *poutre*] to rough-hew; [+ *pierre*] to rough-hew, to boast; [+ *diamant*] to begin to cut

VPR **s'ébaucher** [*plan*] to form, to take shape *ou* form; [*livre*] to take shape *ou* form; [*amitié*] to form; [*conversation*] to start; [*relations*] to open up ◆ **une solution s'ébauche lentement** a solution is gradually taking shape ◆ **une idée à peine ébauchée** the bare bones *ou* the mere outline of an idea

ébaucheur /eboʃœʀ/ NM [*de pierres*] rough-hewer, rougher

ébauchoir /eboʃwaʀ/ NM [*de pierres*] boasting chisel

ébaudir VT, **s'ébaudir** VPR /ebodiʀ/ ► conjug 2 ◄ (†, *hum*) to rejoice (*de, à* over, at)

ébavurer /ebavyʀe/ ► conjug 1 ◄ VT to (de)burr, to trim

ébène /eben/ NF ebony ◆ **cheveux/table d'ébène** ebony hair/table; → **bois**

ébénier /ebenje/ NM ebony (tree); → **faux²**

ébéniste /ebenist/ NMF cabinetmaker

ébénisterie /ebenist(ə)ʀi/ NF (= *métier*) cabinet-making; (= *façon, meuble*) cabinetwork

éberlué, e /ebɛʀlye/ SYN (ptp de **éberluer**) ADJ flabbergasted, dumbfounded ◆ **il avait un regard éberlué** he looked dazed

éberluer /ebɛʀlɥe/ ► conjug 1 ◄ VT to flabbergast, to dumbfound

ébiseler /ebizle/ ► conjug 4 ◄ VT to bevel; (à 45°) to chamfer

éblouir /ebluiʀ/ SYN ► conjug 2 ◄ VT (*lit, fig*) to dazzle

éblouissant, e /ebluisɑ̃, ɑ̃t/ SYN ADJ (*lit, fig*) dazzling ◆ **éblouissant de talent/de beauté** dazzlingly talented/beautiful

éblouissement /ebluismɑ̃/ SYN NM ① [*de lampe*] dazzle
② (= *émerveillement*) bedazzlement; (= *spectacle*) dazzling sight
③ (*Méd*) ◆ **avoir un éblouissement** to have a dizzy spell

ébonite /ebɔnit/ NF vulcanite, ebonite

éborgner /ebɔʀɲe/ ► conjug 1 ◄ VT ① ◆ **éborgner qn** to blind sb in one eye, to put *ou* poke sb's eye out ◆ **j'ai failli m'éborgner contre la cheminée**∗ I nearly put *ou* poked my eye out on the corner of the mantelpiece
② (*Agr*) to disbud

éboueur /ebwœʀ/ NM dustman (*Brit*), refuse collector (*Brit*) (*Admin*), garbage man *ou* collector (*US*), sanitation man (*US*) (*Admin*)

ébouillanter /ebujɑ̃te/ ► conjug 1 ◄
VT (*gén*) to scald; [+ *légumes*] to scald, to blanch; [+ *théière*] to warm
VPR **s'ébouillanter** to scald o.s.

éboulement /ebulmɑ̃/ SYN NM ① [*de falaise*] (*progressif*) crumbling; (*soudain*) collapsing; [*de mur, toit*] falling in, caving in ◆ **éboulement de rochers** rock fall ◆ **éboulement de terrain** landslide, landslip
② (= *éboulis*) heap of rocks (*ou* earth)

ébouler /ebule/ ► conjug 1 ◄
VT to cause to collapse *ou* crumble, to bring down
VI **s'ébouler** SYN VPR [*pente, falaise*] (*progressivement*) to crumble; (*soudainement*) to collapse; [*mur, toit*] to fall in, to cave in; [*terre*] to slip, to slide

éboulis /ebuli/ NM mass of fallen rocks (*ou* earth) ◆ **pente couverte d'éboulis** scree-covered slope

ébourgeonner /ebuʀʒɔne/ ► conjug 1 ◄ VT to disbud

ébouriffant, e /ebuʀifɑ̃, ɑ̃t/∗ ADJ [*vitesse, prix*] hair-raising

ébouriffé, e /ebuʀife/ (ptp de **ébouriffer**) ADJ [*cheveux*] tousled, dishevelled; [*plumes, poils*] ruffled; [*personne*] dishevelled ◆ **il était tout ébouriffé** his hair was all tousled *ou* dishevelled

ébouriffer /ebuʀife/ SYN ► conjug 1 ◄ VT
① [+ *cheveux*] to tousle, to ruffle; [+ *plumes, poil*] to ruffle
② (∗ = *surprendre*) to amaze, to astound

ébouter /ebute/ ► conjug 1 ◄ VT [+ *haricots*] to top and tail

ébranchage /ebʀɑ̃ʃaʒ/, **ébranchement** /ebʀɑ̃ʃmɑ̃/ NM pruning, lopping

ébrancher /ebʀɑ̃ʃe/ ► conjug 1 ◄ VT to prune, to lop (the branches off)

ébranchoir /ebʀɑ̃ʃwaʀ/ NM billhook

ébranlement /ebʀɑ̃lmɑ̃/ NM ① (= *tremblement*) shaking
② (= *affaiblissement*) [*de confiance, gouvernement*] weakening
③ (= *choc*) shock ◆ **l'ébranlement provoqué par cette nouvelle** the shock caused by the news

ébranler /ebʀɑ̃le/ SYN ► conjug 1 ◄
VT ① (= *faire trembler*) [+ *vitres, mur, sol*] to shake
② (= *secouer*) to shake ◆ **le monde entier a été ébranlé par cette nouvelle** the whole world was shaken by the news ◆ **la nouvelle a ébranlé les esprits** people were shaken by the news ◆ **ces paroles l'ont ébranlé** he was very shaken by what he heard ◆ **se laisser ébranler par qch** to allow o.s. to be swayed by sth
③ (= *affaiblir*) [+ *résolution, confiance, gouvernement*] to shake; [+ *santé*] to affect; [+ *conviction, marché*] to undermine ◆ **ça a fortement ébranlé ses nerfs** it has shattered his nerves
VPR **s'ébranler** [*train, véhicule, cortège*] to move off, to set off; [*cloche*] to start swinging

ébrasement /ebʀɑzmɑ̃/ NM (= *action*) splaying; (= *biais*) splay

ébraser /ebʀɑze/ ► conjug 1 ◄ VT to splay

ébrécher /ebʀeʃe/ SYN ► conjug 6 ◄ VT [+ *assiette*] to chip; [+ *lame*] to nick; [+ *fortune*] [*personne*] to break into; [*achat*] to make a hole *ou* a dent in

ébréchure /ebʀeʃyʀ/ NF [*d'assiette*] chip; [*de lame*] nick

ébriété /ebʀijete/ NF (*frm*) intoxication, inebriation ◆ **en état d'ébriété** intoxicated, inebriated

ébrouement /ebʀumɑ̃/ NM [*de cheval*] snort

ébrouer (s') /ebʀue/ SYN ► conjug 1 ◄ VPR
① [*cheval*] to snort
② [*personne, chien, oiseau*] to shake o.s.

ébruitement /ebʀɥitmɑ̃/ NM [*de nouvelle, rumeur*] spreading; [*de secret*] divulging, disclosing

ébruiter /ebʀɥite/ ► conjug 1 ◄
VT [+ *nouvelle, rumeur*] to spread; [+ *secret*] to divulge, to disclose
VPR **s'ébruiter** ◆ **il ne faut pas que ça s'ébruite** people mustn't get to know about this ◆ **pour que rien ne s'ébruite** so that nothing leaks out ◆ **l'affaire s'est ébruitée** news of the affair got out

ébulliomètre /ebyljɔmɛtʀ/ NM ebulliometer

ébulliométrie /ebyljɔmetʀi/ NF ebulliometry

ébullioscope /ebyljɔskɔp/ NM ebullioscope

ébullioscopie /ebyljɔskɔpi/ NF ebullioscopy

ébullition /ebylisjɔ̃/ SYN NF [*d'eau*] boiling; (= *agitation*) turmoil ◆ **au moment de/avant l'ébullition** as/before boiling point is reached, as/before it begins to boil ◆ **porter à ébullition** (*dans une recette*) to bring to the boil ◆ **maintenir à ébullition trois minutes** boil for three minutes
◆ **en ébullition** ◆ **être en ébullition** [*liquide*] to be boiling; [*ville, pays, maison*] to be in turmoil; [*personne*] (*par la surexcitation*) to be bubbling over with excitement; (*par la colère*) to be seething (with anger)

éburnéen, -enne /ebyʀneɛ̃, ɛn/ ADJ (*littér*) ivory-like (*épith*)

écaillage /ekajaʒ/ NM ① [*de poisson*] scaling
② [*d'huîtres*] opening
③ [*de peinture*] flaking, peeling

écaille /ekaj/ SYN NF [*de poisson, reptile, bourgeon, pomme de pin*] scale; [*de tortue, huître*] shell; [*d'oignon*] layer, scale; [*de peinture sèche*] flake ◆ **lunettes (à monture) d'écaille** tortoiseshell *ou* horn-rimmed glasses ◆ **en écaille** tortoiseshell (*épith*) ◆ **les écailles lui sont tombées des yeux** (*frm*) the scales fell from his eyes ◆ **chat écaille** tortoiseshell (cat)

écaillé, e /ekaje/ (ptp de **écailler**¹) ADJ [*peinture, surface*] chipped, flaking; [*façade*] peeling, flaking; [*baignoire*] chipped; [*poisson*] scaled

écailler¹ /ekaje/ SYN ► conjug 1 ◄
VT ① [+ *poisson*] to scale
② [+ *huîtres*] to open
③ [+ *peinture*] to chip
VPR **s'écailler** [*peinture*] to flake (off), to peel (off), to chip; [*vernis à ongles*] to chip

écailler², **-ère** /ekaje, jɛʀ/ NM,F (= *marchand*) oyster seller; (= *restaurateur*) owner of an oyster bar

écailleur /ekajœʀ/ NM [*de poisson*] scaler

écailleux, -euse /ekajø, øz/ ADJ [*poisson, peau*] scaly; [*peinture, ardoise*] flaky, flaking

écaillure /ekajyʀ/ NF ① (= *morceau de peinture*) chip, flake; (= *surface écaillée*) chipped *ou* flaking patch
② [*de poisson*] scales

écale /ekal/ NF [*de noix*] husk

écaler /ekale/ ► conjug 1 ◄ VT [+ *noix*] to husk; [+ *œuf dur*] to peel

écalure /ekalyʀ/ NF husk

écang /ekɑ̃/ NM scutch(er)

écanguer /ekɑ̃ge/ ► conjug 1 ◄ VT to scutch

écarlate /ekaʀlat/
ADJ scarlet ◆ **devenir écarlate** (*de honte*) to turn scarlet *ou* crimson (*de* with); → **eau**
NF scarlet

écarquiller /ekaʀkije/ ► conjug 1 ◄ VT ◆ **écarquiller les yeux** to stare wide-eyed (*devant* at)

écart /ekaʀ/ SYN
NM ① [*d'objets*] distance, space, gap; [*de dates*] interval, gap; [*de chiffres, températures*] difference; [*d'opinions*] difference, divergence; [*d'explications*] discrepancy, disparity (*entre* between) ◆ **écart par rapport à la règle** deviation *ou* departure from the rule ◆ **il y a un écart important de prix entre...** there's a big difference in price between... ◆ **il y a un gros écart d'âge entre eux** there's a big age gap *ou* age difference between them ◆ **ils ont 11 ans d'écart** there are 11 years between them ◆ **réduire l'écart entre** (*lit, fig*) to narrow *ou* close the gap between ◆ **réduire l'écart à la marque** (*Sport*) to narrow *ou* close the gap ◆ **faire un écart** [*cheval apeuré*] to shy; [*voiture*] to swerve; [*personne surprise*] to jump out of the way, to leap aside ◆ **faire un écart de régime** to allow o.s. a break *ou* a lapse in one's diet ◆ **grand écart** (*Gym, Danse*) splits (*sg*); (*fig*) balancing act ◆ **faire le grand écart** (*lit*) to do the splits; (*fig*) to do a balancing act
② (*Cartes*) discard
③ (*Admin* = *hameau*) hamlet
④ (*locutions*)

◆ **à l'écart** ◆ **être à l'écart** [*hameau*] to be out of the way *ou* isolated ◆ **tirer qn à l'écart** to take sb aside *ou* to one side ◆ **mettre** *ou* **tenir qn à l'écart** (= *empêcher de participer*) to keep sb in the background, to keep sb out of things; (= *empêcher d'approcher*) to keep *ou* hold sb back ◆ **se tenir** *ou* **rester à l'écart** (= *s'isoler*) to stand *ou* remain aloof, to stand apart; (= *ne pas approcher*) to stay in the background, to keep out of the way; (= *ne pas participer*) to stay on the sidelines, to keep out of things

◆ **à l'écart de** ◆ **la maison est à l'écart de la route** the house is (well) off the road ◆ **ils habitent un peu à l'écart du village** they live just outside the village ◆ **tenir qn à l'écart d'un lieu** to keep sb (well) away from a place ◆ **tenir qn à l'écart d'une affaire** to keep sb out of a deal ◆ **se tenir** *ou* **rester à l'écart des autres** to keep out of the way of the others ◆ **se tenir** *ou* **rester à l'écart d'une affaire/de la politique** to steer clear of *ou* keep out of an affair/out of politics

COMP **écart de conduite** misdemeanour
écart d'inflation inflation differential
écart de jeunesse youthful misdemeanour
écart de langage strong *ou* bad language (NonC) ◆ **faire un écart de langage** to use unacceptable language
écart type standard deviation

écarté, e /ekaʀte/ (ptp de **écarter**)
ADJ [*lieu, hameau*] remote, isolated, out-of-the-way; [*yeux*] set far apart ◆ **avoir les dents écartées** to have gap(py) teeth, to have gaps between one's teeth ◆ **il se tenait debout, les jambes écartées/les bras écartés** he stood with his feet apart/with his arms outspread
NM (*Cartes*) écarté

écartelé, e /ekaʀtəle/ (ptp de **écarteler**) ADJ (*Héraldique*) [*écu*] quartered

écartèlement /ekaʀtɛlmɑ̃/ NM (*Hist* = *supplice*) quartering; (= *tiraillement*) agonizing struggle

écarteler /ekaʀtəle/ SYN ► conjug 5 ◄ VT (*Hist* = *supplicier*) to quarter; (= *tirailler*) to tear apart ◆ **écartelé entre ses obligations familiales et professionnelles** torn between family and professional obligations

écartelure /ekaʀtəlyʀ/ NF (*Héraldique*) quartering

écartement /ekaʀtəmɑ̃/ SYN NM space, distance, gap (*de, entre* between) ◆ **écartement (des rails)** [*de voie ferrée*] gauge ◆ **écartement des essieux** [*de véhicule*] wheelbase

écarter /ekaʀte/ SYN ► conjug 1 ◄
VT ① (= *séparer*) [+ *objets*] to move apart, to move away from each other; [+ *bras, jambes*] to open, to spread; [+ *doigts*] to spread (open), to part; [+ *rideaux*] to draw (back) ◆ **il écarta la foule pour passer** he pushed his way through the crowd
② (= *exclure*) [+ *objection, solution*] to dismiss, to set *ou* brush aside; [+ *idée*] to dismiss, to rule out; [+ *candidature*] to dismiss, to turn down; [+ *personne*] (*d'une liste*) to remove, to strike off; (*d'une équipe*) to remove, to exclude (*de* from)
③ (= *éloigner*) [+ *meuble*] to move away, to push away *ou* back; [+ *foule, personne*] to push back (*de* from), to push aside ◆ **elle essaie d'écarter son mari de ses parents** (= *brouiller*) she's trying to cut her husband off from his parents ◆ **écarter qn de la tentation** to keep sb (away) from temptation ◆ **tout danger est maintenant écarté** the danger's passed now ◆ **ce chemin nous écarte du village** this road takes *ou* leads us away from the village ◆ **ça nous écarte de notre propos** this is getting us off the subject

♦ **ça l'écarte de l'étude** it distracts him from his studies

4 *(Cartes)* to discard

VPR **s'écarter** 1 *(= se séparer)* *[foule]* to draw aside, to part; *[nuages]* to part ♦ **la foule s'écarta pour le laisser passer** the crowd drew aside *ou* parted to let him through

2 *(= s'éloigner)* to withdraw, to move away, to step back *(de* from) ♦ **la foule s'écarta du lieu de l'accident** the crowd moved away from the scene of the accident ♦ **écartez-vous !** (move) out of the way! ♦ **s'écarter de sa route** to stray *ou* wander from one's path ♦ **avec ce chemin nous nous écartons** this path is taking us out of our way ♦ **les deux routes s'écartent l'une de l'autre** the two roads diverge ♦ **s'écarter du droit chemin** *(fig)* to wander from the straight and narrow ♦ **le mur s'écarte dangereusement de la verticale** the wall is dangerously out of plumb ♦ **s'écarter de la norme** to deviate *ou* depart from the norm ♦ **s'écarter d'un sujet** to stray *ou* wander from a subject ♦ **nous nous écartons !** we are getting away from the point!

écarteur /ekaʀtœʀ/ NM *(Méd)* retractor

ecballium /ɛkbaljɔm/ NM squirting cucumber

Ecce homo /ɛkseomo/ NM INV Ecce Homo

eccéité /ɛkseite/ NF *(Philos)* Dasein, there-being

ecchymose /ekimoz/ SYN NF bruise, ecchymosis *(SPÉC)*

ecchymotique /ekimɔtik/ ADJ ecchymotic

ecclésial, e (mpl -iaux) /eklezjal, jo/ ADJ church *(épith)*

Ecclésiaste /eklezjast/ NM ♦ **(le livre de) l'Ecclésiaste** (the Book of) Ecclesiastes

ecclésiastique /eklezjastik/

ADJ *[vie, charge]* ecclesiastical; *[revenus]* church *(épith)*; → **habit**

NM ecclesiastic, clergyman

ecdysone /ɛkdizɔn/ NF ecdysone

écervelé, e /esɛʀvəle/ SYN

ADJ *(= étourdi)* scatterbrained, birdbrained

NM,F scatterbrain, birdbrain

ECG /əseʒe/ NM (abrèv de **encéphalocardiogramme**) ECG

échafaud /eʃafo/ NM 1 *(pour l'exécution)* scaffold ♦ **monter à l'échafaud** to mount the scaffold ♦ **finir sur l'échafaud** to die on the scaffold ♦ **tu finiras sur l'échafaud** † you'll end up on the gallows ♦ **il risque l'échafaud** he's risking his neck

2 (†† = *estrade)* platform, stand

échafaudage /eʃafodaʒ/ SYN NM 1 *(Constr)* scaffolding *(NonC)* ♦ **ils ont mis un échafaudage** they have put up scaffolding

2 *(= pile) [d'objets]* heap, pile

3 *(= élaboration) [de fortune]* building up, amassing; *[de théorie]* building up, construction ♦ **l'échafaudage financier de cette affaire** the financial framework of the deal

échafauder /eʃafode/ SYN ▸ conjug 1 ◂

VT 1 *[+ fortune]* to build (up), to amass; *[+ projet]* to construct, to build; *[+ théorie]* to construct, to build up ♦ **il a échafaudé toute une histoire pour ne pas venir** he made up *ou* fabricated a whole story so he wouldn't have to come

2 *(= empiler)* to pile up, to stack up

VI *(= ériger des échafaudages)* to put up *ou* erect scaffolding

échalas /eʃalɑ/ NM *(= perche)* stake, pole; *(* = personne)* beanpole *

échalasser /eʃalɑse/ ▸ conjug 1 ◂ VT *(Agr)* to stake, to pole

échalier /eʃalje/ NM *(= échelle)* stile; *(= clôture)* gate

échalote /eʃalɔt/ NF shallot

échancré, e /eʃɑ̃kʀe/ (ptp de **échancrer**) ADJ *[côte]* indented, jagged; *[feuille]* serrated, jagged ♦ **robe échancrée dans le dos** dress cut low in the back ♦ **robe très échancrée sur le devant** dress with a plunging neckline

échancrer /eʃɑ̃kʀe/ SYN ▸ conjug 1 ◂ VT *[+ robe] (devant)* to cut (out) a neckline in; *(dans le dos)* to cut (out) the back of; *[+ manche]* to widen the top of, to widen at the top

échancrure /eʃɑ̃kʀyʀ/ SYN NF *[de robe]* neckline; *[de côte]* indentation; *[de feuille]* serration

échange /eʃɑ̃ʒ/ GRAMMAIRE ACTIVE 17.1 SYN

NM 1 *(gén)* exchange *(avec* with); *(= troc)* swap, trade off *(entre* between) ♦ **échange de prisonniers** exchange of prisoners ♦ **programme d'échange de seringues** needle *ou* syringe exchange scheme ♦ **échange de vues** exchange of views ♦ **échanges de coups avec la police** scuffles with the police ♦ **de vifs échanges entre des orateurs** heated exchanges between speakers ♦ **nous avons de bons échanges entre collègues** there's good communication between colleagues here ♦ **c'est un échange de bons procédés** it's an exchange of favours, one good turn deserves another ♦ **échange standard** standard part replacement ♦ **faire l'échange standard d'un moteur** to replace an engine by a standard one

2 *(locutions)* ♦ **faire (l')échange de qch** to swap *ou* exchange sth ♦ **on a fait échange** we've done a swap *ou* an exchange ♦ **ils ont fait (l')échange de leurs maisons** they've swapped houses ♦ **faire échange** *(Échecs)* to exchange pieces

♦ **en échange** *(= par contre)* on the other hand; *(= en guise de troc)* in exchange; *(= pour compenser)* to make up for it

♦ **en échange de** in exchange for, in return for

3 *(= relations)* exchange ♦ **échange culturel** cultural exchange ♦ **échange scolaire/universitaire** school/university *ou* academic exchange

4 *(Tennis, Ping-Pong)* rally ♦ **faire des échanges** to have a knock-up, to knock up

NMPL *(Écon)* ♦ **échanges (commerciaux)** trade, trading ♦ **le volume des échanges** the volume of trade ♦ **échanges extérieurs/internationaux** foreign/international trade ♦ **dès les premiers échanges entre banques** as soon as trading between banks got under way

échangeabilité /eʃɑ̃ʒabilite/ NF exchangeability

échangeable /eʃɑ̃ʒabl/ ADJ exchangeable *(contre* for)

échanger /eʃɑ̃ʒe/ SYN ▸ conjug 3 ◂ VT 1 *(= troquer)* to exchange, to swap *(contre* for; *avec* with) ♦ « **articles ni repris ni échangés** » "goods can neither be returned nor exchanged" ♦ **ce titre s'échange à 200 dollars** *(Bourse)*

2 *[+ idées, regards, lettres, coups]* to exchange; *[+ injures]* to trade, to exchange ♦ **ils ont échangé des remerciements** they thanked one another ♦ **échanger des balles** *(Tennis, Ping-Pong)* to have a knock-up, to knock up

échangeur /eʃɑ̃ʒœʀ/ NM 1 *(= route)* interchange

2 *(Tech)* ♦ **échangeur (de chaleur** *ou* **thermique)** heat exchanger ♦ **échangeur d'ions** *(Chim)* ion exchanger

échangisme /eʃɑ̃ʒism/ NM *(gén)* partner-swapping; *(d'épouses)* wife-swapping

échangiste /eʃɑ̃ʒist/

ADJ *[club, soirée]* partner-swapping ♦ **couples échangistes** couples who engage in partner-swapping, swingers *

NMF partner-swapper, swinger *

échanson /eʃɑ̃sɔ̃/ NM *(Hist)* cupbearer; *(hum)* wine waiter

échantillon /eʃɑ̃tijɔ̃/ SYN NM *(Stat, Ordin)* sample; *[de parfum, crème] (pour tester)* tester; *(en cadeau)* sample; *(fig)* example ♦ **échantillon de tissu** fabric sample, swatch (of material) ♦ **choisir un tissu sur échantillon** to choose a material from a sample *ou* swatch ♦ **catalogue** *ou* **livre d'échantillons** swatch book ♦ **échantillon de sang** *(Méd)* blood sample *ou* specimen ♦ **échantillon représentatif** *[de personnes sondées]* cross-section, representative sample ♦ **prendre** *ou* **prélever des échantillons de** to take samples of, to sample

échantillonnage /eʃɑ̃tijɔnaʒ/ NM 1 *(= collection)* range *ou* selection of samples ♦ **échantillonnage d'outils** selection of tools ♦ **échantillonnage de tissus** swatch ♦ **le festival représente un échantillonnage intéressant du jeune cinéma français** the festival brings together an interesting cross-section of young French film directors

2 *(Stat, Ordin, Mus)* sampling ♦ **échantillonnage par couches** *ou* **par strates** stratified sampling ♦ **échantillonnage au hasard** random sampling ♦ **l'échantillonnage de la population a été fait de manière rigoureuse** the population samples were very carefully selected

échantillonner /eʃɑ̃tijɔne/ ▸ conjug 1 ◂ VT *(Stat, Ordin, Mus)* to sample; *[+ population à sonder]* to take a sample of

échantillonneur /eʃɑ̃tijɔnœʀ/ NM sampler

échappatoire /eʃapatwaʀ/ SYN NF *(= faux-fuyant)* way out ♦ **sa réponse n'était qu'une échappatoire** his answer was just a way of evading the issue ♦ **il nous faut trouver une échappatoire** we need to find a way out ♦ **il n'y a pas d'échappatoire à la guerre** there's no way of avoiding war; → **clause**

échappé, e /eʃape/ (ptp de **échapper**)

NM,F 1 *(Sport)* breakaway ♦ **les échappés** the breakaway group

2 (†† *ou hum)* ♦ **échappé de l'asile** bedlamite †

NF **échappée** 1 *(Sport)* breakaway ♦ **échappée solitaire** solo breakaway ♦ **il ne faisait pas partie de l'échappée** he wasn't in the breakaway group ♦ **faire une échappée de 100 km** to be ahead of the pack for 100 km

2 *(= vue)* vista; *(= rayon de soleil)* gleam

3 *[d'escalier]* headroom

échappement /eʃapmɑ̃/ NM 1 *[de véhicule]* exhaust (system) ♦ **rouler en échappement libre** to drive without a silencer *(Brit) ou* a muffler *(US)* ♦ **soupape d'échappement** exhaust valve; → **pot**

2 *[de mécanisme]* escapement

3 *(Ordin)* escape

échapper /eʃape/ SYN ▸ conjug 1 ◂

VI **échapper à** ♦ **un cri de douleur lui échappa** he let out *ou* gave a cry of pain ♦ **un gros mot lui a échappé** he let slip *ou* let out a swearword ♦ **je ne voulais pas le dire mais ça m'a échappé** I didn't mean to say it but it just slipped out

♦ **échapper de** ♦ **échapper des mains de qn** to slip out of *ou* slip from sb's hands ♦ **échapper des lèvres de qn** *[cri, parole]* to burst from sb's lips

♦ **laisser échapper** *[+ gros mot]* to let out, to let slip; *[+ cri]* to let out, to give; *[+ objet]* to drop; *[+ secret]* to let out; *[+ occasion]* to let slip, to let go; *[+ détail, faute]* to overlook ♦ **laisser échapper un prisonnier** to let a prisoner escape *ou* get away

♦ **faire échapper** ♦ **faire échapper un prisonnier** to help a prisoner (to) escape *ou* get out ♦ **il a fait échapper l'oiseau** he let the bird out

♦ **l'échapper belle** ♦ **il l'a échappé belle** he had a narrow escape, it was a close shave (for him)

VT INDIR **échapper à** 1 *[+ danger, destin, punition, mort]* to escape; *[+ poursuivants] (en fuyant)* to escape (from), to get away from; *(par ruse)* to evade, to elude; *[+ obligations, responsabilités]* to evade; *[+ corvée]* to get out of; *[+ ennuis]* to avoid ♦ **échapper aux recherches** to escape detection ♦ **échapper à l'impôt** *(Écon) (par privilège)* to be exempt from tax; *(illégalement)* to evade *ou* dodge * tax, to avoid paying tax ♦ **échapper à la règle** to be an exception to the rule ♦ **cela échappe à toute tentative de définition** it defies definition ♦ **il échappe à tout contrôle** he is beyond (any) control ♦ **cela échappe à notre juridiction** *(Jur)* it is outside *ou* beyond our jurisdiction ♦ **tu ne m'échapperas pas !** *(lit)* you won't get away from me!; *(fig)* you won't get off as easily as that!, I'll get you yet! ♦ **son fils lui échappe** *(gén)* her son is slipping from her clutches; *(en grandissant)* her son is growing away from her ♦ **essaie d'échapper pour quelques jours à ton travail** try and get away from work for a few days ♦ **échapper à la vue** *ou* **aux regards de qn** to escape sb's notice ♦ **nous n'échapperons pas à une tasse de thé** *(hum)* we won't get away without having a cup of tea

2 *(= être oublié)* ♦ **échapper à l'esprit de qn** to escape sb ♦ **son nom m'échappe** his name escapes me *ou* has slipped my mind ♦ **ce détail m'avait échappé** this detail had escaped my attention, I had overlooked this detail ♦ **ce détail ne lui a pas échappé** this detail was not lost on him ♦ **ce qu'il a dit m'a échappé** *(= je n'ai pas entendu)* I didn't catch what he said; *(= je n'ai pas compris)* I didn't understand what he said ♦ **ça a échappé à mon attention** it escaped my notice ♦ **l'opportunité d'une telle mesure m'échappe** I can't see *ou* I fail to see the point of such a measure ♦ **l'intérêt de la chose m'échappe** I don't see the point ♦ **rien ne lui échappe** *(= il voit tout)* nothing escapes him, he doesn't miss a thing

VPR **s'échapper** 1 *[prisonnier]* to escape *(de* from), to break out *(de* of); *[cheval]* to get out *(de* of); *[oiseau]* to fly away; *[cri]* to escape, to burst *(de* from) ♦ **l'oiseau s'est échappé de la cage** the bird got out of *ou* escaped from the cage ♦ **la voiture réussit à s'échapper malgré la foule** the car got away in spite of the crowd ♦ **je**

écharde / eʃaʀd/ NF splinter

échardonner / eʃaʀdɔne/ ▶ conjug 1 ◀ VT to clear the thistles from

écharner / eʃaʀne/ ▶ conjug 1 ◀ VT to flesh

écharpe / eʃaʀp/ NF (= cache-nez) scarf; (= bandage) sling; [de maire] sash ◆ **porter** ou **avoir le bras en écharpe** to have one's arm in a sling ◆ **prendre une voiture en écharpe** to hit a car broadside ou sideways on (Brit)

écharper / eʃaʀpe/ SYN ▶ conjug 1 ◀ VT (lit, fig) to tear to pieces ◆ **se faire écharper** to be torn to pieces

échasse / eʃas/ NF (= objet, oiseau) stilt ◆ **marcher avec des échasses** to walk on stilts ◆ **être monté sur des échasses** (hum) to have long legs

échassier / eʃasje/ NM wading bird, wader (Brit)

échauder / eʃode/ ▶ conjug 1 ◀ VT ① (= faire réfléchir) ◆ **échauder qn** to teach sb a lesson ◆ **se faire échauder** to burn one's fingers, to get one's fingers burnt; → **chat**
② (= laver à l'eau chaude) to wash in hot water; (= ébouillanter) to scald; [+ théière] to warm

échaudoir / eʃodwaʀ/ NM (= cuve) scalding tub; (= local) scalding room

échauffant, e † / eʃofɑ̃, ɑ̃t/ ADJ (= constipant) constipating

échauffement / eʃofmɑ̃/ SYN NM ① (Sport) warm-up ◆ **exercices/séance d'échauffement** warm-up exercises/session
② [de terre] heating; [de moteur] overheating
③ († = constipation) constipation; (= inflammation) inflammation, overheating

échauffer / eʃofe/ SYN ▶ conjug 1 ◀
VT ① [+ moteur, machine] to overheat ◆ **il était échauffé par la course, la course l'avait échauffé** he was hot after the race
② [+ imagination] to fire, to excite ◆ **cette remarque a échauffé le débat** this remark made for a heated discussion ◆ **après une heure de discussion les esprits étaient très échauffés** after arguing for an hour people were getting very heated ou worked up* ◆ **tu commences à m'échauffer*** (**les oreilles** ou **la bile** †) you're getting on my nerves ou wick* (Brit)
③ († : Méd) ◆ **échauffer la peau** to inflame the skin ◆ **je suis un peu échauffé** I'm a bit constipated

VPR **s'échauffer** ① (Sport) to warm up
② (= s'animer) [personne] to become heated, to get worked up*; [conversation] to become heated

échauffourée / eʃofuʀe/ SYN NF (avec la police) brawl, clash; (Mil) skirmish

échauguette / eʃoɡɛt/ NF bartizan, watchtower

èche / ɛʃ/ NF (Pêche) bait

échéance / eʃeɑ̃s/ SYN NF ① (= date limite) [de délai] expiration ou expiry (Brit) date; [de bon, action] maturity date; [de traite, emprunt] redemption date; [de loyer] date of payment; [de facture, dette] due date, settlement day; (Bourse) settling day ◆ **échéances politiques** elections ◆ **payable à l'échéance** payable when due ◆ **venir à échéance** to fall due
② (= règlements à effectuer) ◆ **l'échéance de fin de mois** the end-of-month payments ◆ **faire face à ses échéances** to meet one's financial obligations ou commitments ◆ **avoir de lourdes échéances** to be heavily committed, to have heavy financial commitments
③ (= laps de temps) term ◆ **à longue échéance** in the long run ou term ◆ **à courte** ou **brève échéance** before long ◆ **à plus ou moins brève échéance** sooner or later ◆ **à longue/courte échéance** [traite] long-/short-term (épith); [bon] long-/short-dated

échéancier / eʃeɑ̃sje/ NM [d'effets] billbook; [d'emprunt] schedule of repayments; [de travaux] schedule

échéant / eʃeɑ̃, ɑ̃t/ ADJ M → **cas**

échec¹ / eʃɛk/ SYN NM ① (= insuccès) failure; (= défaite) defeat; (= revers) setback ◆ **subir un échec** (gén) to suffer a setback; (Mil) to suffer a defeat ◆ **son troisième échec dans une élection** his third defeat in an election ◆ **l'échec des pourparlers** the breakdown in ou the failure of the talks ◆ **après l'échec des négociations** after negotiations broke down ◆ **sa tentative s'est soldée par un échec** his attempt has failed ou has ended in failure ◆ **voué à l'échec** bound to fail, doomed to failure ◆ **avoir une conduite d'échec** (Psych) to be self-defeating ◆ **être/mettre qn en situation** ou **position d'échec** to be in/put sb in a hopeless ou no-win situation ◆ **l'échec scolaire** academic failure ◆ **des élèves en situation d'échec scolaire** children who perform poorly at school
② (locutions) ◆ **tenir qn en échec** to hold sb in check ◆ **faire échec à qn** to foil sb

échec² / eʃɛk/ NM (Jeux) ◆ **les échecs** chess ◆ **jeu d'échecs** (= échiquier) chessboard; (= pièces) chessmen ◆ **jouer aux échecs** to play chess ◆ **mettre/être en échec** to put/be in check ◆ **faire échec au roi** to put the king in check ◆ **échec au roi!** check! ◆ **échec et mat** checkmate ◆ **faire échec et mat** to checkmate

échelette / eʃ(ə)lɛt/ NF (= oiseau) wall creeper

échelier / eʃəlje/ NM peg-ladder

échelle / eʃɛl/ SYN
NF ① (= objet) ladder ◆ **courte échelle** (= appui) leg up, boost (US) ◆ **faire la courte échelle à qn** to give sb a leg up ou a boost (US) ◆ **la grande échelle (des pompiers)** (the firemen's) turntable ladder ◆ **faire grimper qn à l'échelle** (= le faire marcher) to pull sb's leg*, to have sb on* (Brit) ◆ **il a grimpé à** ou **est monté à l'échelle*** he fell for it, he was taken in (by it) ◆ **il n'y a plus qu'à tirer l'échelle** (= renoncer) we may as well give it up ◆ **après lui, il n'y a plus qu'à tirer l'échelle** nobody can hold a candle to him, he's the best by a long shot
② (= dimension) scale ◆ **à l'échelle (de) 1/100 000** on a scale of 1 to 100,000 ◆ **croquis à l'échelle** scale drawing ◆ **le dessin est/n'est pas à l'échelle** the drawing is/is not to scale ◆ **carte à grande/petite échelle** large-/small-scale map ◆ **sur une grande échelle** on a large scale ◆ **à l'échelle nationale/mondiale** on a national/world(wide) scale ◆ **un monde à l'échelle de l'homme** a world on a human scale ◆ **à l'échelle de la firme** (et non d'une seule usine) at the level of the firm as a whole; (en rapport avec son importance) in proportion to the firm's size (ou requirements etc)
③ [de bas, collant] run, ladder (Brit)
④ (dans les cheveux) ◆ **faire des échelles à qn** to cut sb's hair all unevenly
⑤ (= gradation, Mus) scale; (= hiérarchie) ladder, scale ◆ **être au sommet de l'échelle** [poste] to be at the top of the ladder; [salaire] to be at the top of the scale

COMP **les échelles de Barbarie** the Ports of the Barbary Coast
échelle de Beaufort Beaufort scale
échelle chromatique chromatic scale
échelle de corde rope ladder
échelle coulissante extending ou extension ladder
échelle de coupée accommodation ladder
échelle double high stepladder
échelle de gravité [d'accidents nucléaires] international nuclear event scale
échelle d'incendie fire escape
l'échelle de Jacob (Bible) Jacob's ladder
les échelles du Levant the Ports of the Levant
échelle de meunier (wooden) step ladder
échelle mobile [de pompiers] extending ladder; (Écon) sliding scale
échelle de Richter Richter scale
échelle des salaires salary scale
échelle à saumons salmon ladder
échelle sociale social scale ou ladder
échelle des traitements ⇒ **échelle des salaires**
échelle des valeurs scale of values

échelon / eʃ(ə)lɔ̃/ SYN NM ① [d'échelle] rung; [d'hiérarchie] step, grade ◆ **fonctionnaire au 8ᵉ échelon** official on grade 8 (of the salary scale) ◆ **être au dernier/premier échelon** (Admin) to be on the highest/lowest grade ◆ **monter d'un échelon dans la hiérarchie** to go up one step in the hierarchy ◆ **grimper rapidement les échelons** to climb the career ladder quickly
② (= niveau) level ◆ **à l'échelon national** at the national level ◆ **à tous les échelons** at every level
③ (Mil = troupe) echelon

échelonnement / eʃ(ə)lɔnmɑ̃/ NM ① [d'objets] spacing out, spreading out
② [de paiements] spreading (sur over); [de congés, vacances] staggering (sur over)
③ [d'exercices] (dans la complexité) grading; (dans le temps) gradual introduction

échelonner / eʃ(ə)lɔne/ SYN ▶ conjug 1 ◀ VT
① [+ objets] to space out, to spread out, to place at intervals (sur over) ◆ **les bouées sont échelonnées à 50 mètres l'une de l'autre** the buoys are spaced ou placed 50 metres apart ◆ **les membres du service d'ordre sont échelonnés tout au long du parcours** the police are positioned ou stationed at intervals all along the route ◆ **les bâtiments s'échelonnent sur 3 km** the buildings are spaced out over 3 km
② [+ paiements] to spread (sur over); [+ congés, vacances] to stagger (sur over)
③ [+ exercices, difficultés] (dans la complexité) to grade; (dans le temps) to introduce gradually
④ (Mil) to place in echelon, to echelon

échenilloir / eʃ(ə)nijwaʀ/ NM billhook, pruning hook

écheveau (pl **écheveaux**) / eʃ(ə)vo/ SYN NM skein, hank; (fig) tangle, web

échevelé, e / eʃəv(ə)le/ SYN (ptp de **écheveler**) ADJ [course, danse, rythme] wild, frenzied ◆ **il était tout échevelé** his hair was all dishevelled

écheveler / eʃəv(ə)le/ ▶ conjug 4 ◀ VT (littér) [+ personne] to dishevel the hair of

échevin / eʃ(ə)vɛ̃/ NM (Hist) alderman, principal county magistrate; (en Belgique) deputy burgomaster; (au Canada) municipal councillor, alderman

échevinage / eʃ(ə)vinaʒ/ NM (Hist) aldermanry, aldermanship; (en Belgique) body of deputy burgomasters; (au Canada) municipal councillorship, aldermanry, aldermanship

échevinat / eʃ(ə)vina/ NM (en Belgique) (= fonction) office of a deputy burgomaster; (= services) deputy burgomaster's offices

échidné / ekidne/ NM spiny anteater, echidna (SPÉC)

échiffer* / eʃife/ ▶ conjug 1 ◀ VT (Can) to tease, to unravel

échine / eʃin/ NF ① (Anat) backbone, spine; (Culin) loin, chine ◆ **côte de porc dans l'échine** pork loin chop ◆ **il a l'échine souple** (fig) he kowtows to his superiors, he's a bit of a doormat ◆ **plier** ou **courber l'échine** to submit (devant to)
② (Archit) echinus

échiner (s') / eʃine/ SYN ▶ conjug 1 ◀ VPR (= travailler dur) to work o.s. to death ou into the ground (à faire qch doing sth) ◆ **je m'échine à lui dire que c'est impossible** I've told him time and time again it can't be done

échinocactus / ekinokaktys/ NM hedgehog cactus

échinococcose / ekinɔkɔkoz/ NF echinococciasis

échinocoque / ekinɔkɔk/ NM echinococcus

échinodermes / ekinɔdɛʀm/ NMPL ◆ **les échinodermes** echinoderms, the Echinodermata (SPÉC)

échiquéen, -enne / eʃikeɛ̃, ɛn/ ADJ chess (épith)

échiqueté, e / eʃikte/ ADJ (Héraldique) checky

échiquier / eʃikje/ NM (Échecs) chessboard ◆ **l'échiquier politique/économique** the political/economic scene ◆ **notre place sur l'échiquier mondial** our place in the field ou on the scene of world affairs ◆ **en échiquier** in a chequered pattern ◆ **l'Échiquier** (Pol Brit) the Exchequer

écho / eko/ SYN NM ① (= son) echo ◆ **écho simple** echo ◆ **écho multiple** multiple echo ◆ **il y a de l'écho** (lit, fig) there's an echo ◆ **« toujours », répondit-il en écho** "always", he echoed
② (= nouvelle, réponse) ◆ **avez-vous eu des échos de la réunion ?** did you get any inkling of what went on at the meeting?, did anything come back to you from the meeting? ◆ **se faire l'écho de** [+ souhaits, opinions, inquiétudes] to echo, to repeat; [+ rumeurs] to repeat, to spread ◆ **sa proposition est restée sans écho** his suggestion

wasn't taken up, nothing further came of his suggestion ◆ **l'écho donné par les médias à cette nouvelle** the coverage *ou* publicity given to this news item by the media ◆ **cette nouvelle n'a eu aucun écho dans la presse** this item got no coverage *ou* was not mentioned in the press ◆ **trouver un écho (chez)** to find an echo (among)

3 *(Presse = nouvelle)* miscellaneous news item, item of gossip ◆ **(rubrique des) échos** gossip column

échocardiogramme /ekokaʀdjɔgʀam/ NM echocardiogram

échographie /ekogʀafi/ NF *(= technique)* ultrasound; *(= examen)* ultrasound (scan), sonogram *(US)* ◆ **passer une échographie** to have an ultrasound (scan) *ou* a sonogram *(US)* ◆ **à l'échographie** on the ultrasound, on the sonogram *(US)*

> Attention à ne pas traduire automatiquement **échographie** par le mot anglais **echography**, qui est d'un emploi peu courant.

échographier /ekogʀafje/ ▸ conjug 1 ◂ VT ◆ **échographier qn** to give sb an ultrasound (scan)

échographique /ekogʀafik/ ADJ *[étude, compte rendu]* ultrasound *(épith)*, ultrasonographic ◆ **guidage échographique** ultrasound guidance

échographiste /ekogʀafist/ NMF ultrasonographer

échoir /eʃwaʀ/ VI 1 *(littér)* ◆ **échoir (en partage) à qn** to fall to sb's share *ou* lot ◆ **il vous échoit de...** it falls to you to...

2 *[loyer, dettes]* to fall due; *[délai]* to expire

écholalie /ekolali/ NF echolalia

écholocation /ekolɔkasjɔ̃/ NF echolocation

échoppe[1] † /eʃɔp/ NF *(= boutique)* workshop; *(sur un marché)* stall, booth

échoppe[2] /eʃɔp/ NF *(= burin)* burin

échopper /eʃɔpe/ ▸ conjug 1 ◂ VT to grave, to gouge

échotier, -ière /ekɔtje, jɛʀ/ NM,F gossip columnist

échouage /eʃwaʒ/, **échouement** /eʃumɑ̃/ NM *[de bateau] (= état)* state of being aground; *(= action)* grounding, running aground

échouer /eʃwe/ SYN ▸ conjug 1 ◂

VI 1 *[personne]* to fail ◆ **échouer à un examen/dans une tentative** to fail an exam/in an attempt

2 *[tentative]* to fail; *[plan]* to fail, to fall through

◆ **faire échouer** *[+ complot]* to foil; *[+ projet]* to wreck, to ruin ◆ **faire échouer les plans de l'ennemi** to foil the enemy's plans, to thwart the enemy in his plans ◆ **on a fait échouer leur tentative** they were foiled in their attempt

3 *(= aboutir)* to end up ◆ **nous avons échoué dans un petit hôtel** we ended up *ou* landed up in a small hotel

4 *[bateau]* to run aground; *[débris d'épave]* to be washed up; *[baleine]* to be beached ◆ **le bateau s'est échoué** *ou* **a échoué sur un écueil** the boat ran onto a reef ◆ **le bateau s'est échoué** *ou* **a échoué sur un banc de sable** the boat ran aground on *ou* ran onto a sandbank ◆ **bateau échoué** boat lying high and dry

VT *[+ bateau] (accidentellement)* to ground; *(volontairement)* to beach ◆ **il a échoué sa barque sur un écueil** he ran his boat onto a reef

VPR **s'échouer** → vi 4

échu, e /eʃy/ (ptp de **échoir**) ADJ *(Fin)* due, outstanding ◆ **intérêts échus** outstanding interest ◆ **billets échus** bills overdue ◆ **obligations échues** matured bonds ◆ **effet non échu** unmatured bill ◆ **à terme échu** at the expiry date, when the fixed period has expired ◆ **les loyers sont versés à terme échu** rents are paid at the end of each rental period

écimer /esime/ ▸ conjug 1 ◂ VT *[+ arbre]* to pollard, to poll

éclaboussement /eklabusmɑ̃/ NM splash

éclabousser /eklabuse/ SYN ▸ conjug 1 ◂ VT

1 *(= salir)* to splash, to spatter ◆ **éclabousser de sang** to spatter with blood ◆ **éclabousser qn de son luxe** *(éblouir)* to dazzle sb with a show of wealth; *(humilier)* to overwhelm sb with a show of wealth

2 *(moralement)* ◆ **éclabousser qn** *[affaire, scandale]* to tarnish sb's reputation ◆ **ils ont été éclaboussés par le scandale** they have been tainted by the scandal, their reputations have been tarnished by the scandal

éclaboussure /eklabusyʀ/ SYN NF *[de boue]* splash; *[de sang]* spatter; *(sur la réputation)* stain, smear, blot ◆ **il y a des éclaboussures sur la glace** there are smears *ou* spots on the mirror

éclair /eklɛʀ/ SYN

NM 1 *(= foudre)* flash of lightning; *(Photo)* flash ◆ **il y a des éclairs** there's lightning, there are flashes of lightning ◆ **éclairs de chaleur** summer lightning ◆ **éclair de magnésium** magnesium flash

2 *[d'intelligence, génie]* flash, spark ◆ **éclair de malice** mischievous glint ◆ **dans un éclair de lucidité** in a moment *ou* flash of lucidity ◆ **ses yeux lançaient des éclairs (de colère)** her eyes blazed with anger

3 *(locutions)* ◆ **comme un éclair** like a flash, like greased lightning* ◆ **passer comme un éclair** *[coureur]* to flash past *ou* by; *[moment]* to fly by ◆ **en un éclair** in a flash, in a split second; → **rapide**

4 *(= pâtisserie)* éclair

ADJ INV *[attaque, victoire]* lightning *(épith)*; *[visite]* lightning *(épith)*, flying *(épith)*; *(Échecs) [partie]* lightning *(épith)* ◆ **voyage éclair** flying visit ◆ **raid éclair** *(en avion)* blitz raid; *(par militaires)* hit-and-run raid ◆ **son passage éclair au pouvoir** his brief spell in power; → **fermeture, guerre**

éclairage /eklɛʀaʒ/ SYN NM 1 *(artificiel)* lighting; *(= niveau de luminosité)* light (level) ◆ **sous cet éclairage** in this light ◆ **éclairage à l'électricité** electric lighting ◆ **éclairage au néon** neon lighting ◆ **éclairage direct/indirect/d'ambiance** direct/indirect *ou* concealed/subdued lighting ◆ **l'éclairage est insuffisant pour faire une bonne photo** there isn't enough light to take a good photograph ◆ **les éclairages** *(Théât, Ciné) (= projecteurs)* the lights; *(= effets de lumière)* the lighting effects ◆ **l'éclairage** *ou* **les éclairages du Tintoret** *(Art)* Tintoretto's use of light

2 *(= action d'éclairer)* lighting ◆ **l'éclairage public** *ou* **des rues** street lighting

3 *(= point de vue)* light ◆ **sous cet éclairage** in this light ◆ **donner** *ou* **apporter un nouvel éclairage à qch** to shed *ou* cast new light on sth ◆ **apporter un éclairage intéressant/différent sur qch** to give an interesting/different perspective to sth ◆ **ces informations apportent un premier éclairage sur ce qui s'est passé** this information provides us with a first indication of what happened

éclairagisme /eklɛʀaʒism/ NM lighting techniques *ou* engineering

éclairagiste /eklɛʀaʒist/ NMF *(Théât)* electrician; *(Ciné)* lighting engineer

éclairant, e /eklɛʀɑ̃, ɑ̃t/ ADJ *(lit) [pouvoir, propriétés]* lighting *(épith)*; *(fig)* illuminating, enlightening; → **fusée**

éclaircie /eklɛʀsi/ SYN NF 1 *(Météo)* bright interval, sunny spell

2 *(dans la vie)* bright spot; *(dans une situation)* upturn, upswing

3 *[d'arbres]* thinning

éclaircir /eklɛʀsiʀ/ SYN ▸ conjug 2 ◂

VT 1 *[+ teinte]* to lighten; *[+ pièce]* to brighten up, to make brighter ◆ **cela éclaircit le teint** it brightens the complexion

2 *(= désépaissir) [+ soupe]* to make thinner, to thin (down); *[+ plantes]* to thin (out); *[+ arbres, cheveux]* to thin

3 *[+ mystère]* to clear up, to solve; *[+ question, pensée, situation]* to clarify, to make clear; *[+ meurtre]* to solve ◆ **pouvez-vous nous éclaircir sur ce point ?** can you enlighten us on this point?

VPR **s'éclaircir** 1 *[ciel]* to clear; *[temps]* to clear up ◆ **s'éclaircir la voix** *ou* **la gorge** to clear one's throat

2 *[arbres, foule]* to thin out; *[cheveux]* to thin, to get thinner ◆ **les rangs de leurs alliés se sont éclaircis** their allies are getting thin on the ground

3 *[idées, situation]* to become clearer; *[mystère]* to be solved *ou* explained

éclaircissant, e /eklɛʀsisɑ̃, ɑ̃t/ ADJ ◆ **shampooing éclaircissant** shampoo for lightening the hair

éclaircissement /eklɛʀsismɑ̃/ SYN NM 1 *[de mystère]* solving, clearing up; *[de texte obscur]* clarification; *(= explication)* explanation ◆ **j'exige des éclaircissements sur votre attitude** I demand some explanation of your attitude ◆ **demande d'éclaircissement** *(Jur)* request for clarification

2 *[de cheveux]* ◆ **se faire faire un éclaircissement** to have one's hair lightened

éclairé, e /eklɛʀe/ SYN (ptp de **éclairer**) ADJ *[public, minorité, avis, despote]* enlightened; *[conseil]* knowledgeable ◆ **un amateur éclairé** an informed amateur ◆ **l'opération réclame le consentement éclairé du patient** the operation requires the patient's informed consent

éclairement /eklɛʀmɑ̃/ NM *(Phys)* illumination

éclairer /eklɛʀe/ SYN ▸ conjug 1 ◂

VT 1 *[lampe]* to light (up); *[soleil]* to shine (down) on ◆ **une seule fenêtre était éclairée** there was a light in only one window, only one window was lit up ◆ **café éclairé au néon** café with neon lights ◆ **une grande baie éclairait l'entrée** a large bay window brought light into the hall ◆ **ce papier peint éclaire le couloir** this wallpaper makes the passage look lighter *ou* brighter ◆ **deux grands yeux éclairaient son visage** *(littér)* her large eyes seemed to light up her face ◆ **un sourire éclaira son visage** a smile lit up his face ◆ **bien/mal éclairé** well-/badly-lit

2 *[+ problème, situation]* to throw *ou* shed light on, to clarify; *[+ auteur, texte]* to throw light on ◆ **éclairer qch d'un jour nouveau** to shed *ou* cast new light on sth

3 ◆ **éclairer qn** *(= montrer le chemin)* to light the way for sb; *(= renseigner)* to enlighten sb *(sur* about) ◆ **éclairer la lanterne de qn** to put sb in the picture*

4 *(Mil)* ◆ **éclairer le terrain** to reconnoitre *(Brit) ou* reconnoiter *(US)* the area, to scout the area ◆ **éclairer un régiment** to reconnoitre *(Brit) ou* reconnoiter *(US)* for a regiment ◆ **éclairer la route** to scout out the route

VI ◆ **éclairer bien/mal** to give a good/poor light

VPR **s'éclairer** 1 *[rue]* to be lit; *[visage]* to light up, to brighten (up)

2 *[situation]* to get clearer ◆ **tout s'éclaire !** it's all becoming clear!

3 ◆ **s'éclairer à l'électricité** to have electric light ◆ **s'éclairer à la bougie** to use candlelight ◆ **prends une lampe pour t'éclairer** take a lamp to light the way

éclaireur /eklɛʀœʀ/ NM 1 *(Mil)* scout ◆ **avion éclaireur** reconnaissance plane ◆ **partir en éclaireur** *(lit)* to go and scout around; *(fig)* to go on ahead

2 *(Scoutisme)* (boy) scout

éclaireuse /eklɛʀøz/ NF (girl) guide *(Brit)*, girl scout *(US)*

éclampsie /eklɑ̃psi/ NF eclampsia

éclamptique /eklɑ̃ptik/ ADJ eclamptic

éclat /ekla/ SYN NM 1 *[d'os, verre]* splinter, fragment; *[de bois]* splinter, sliver; *[de grenade, pierre]* fragment ◆ **éclat d'obus** piece of shrapnel ◆ **des éclats d'obus** shrapnel; → **voler**[1]

2 *[de lumière, métal, soleil]* brightness, brilliance; *(aveuglant)* glare; *[de diamant, pierreries]* flash, brilliance, sparkle; *[de couleur]* brightness, vividness; *[de braise]* glow; *[de vernis]* shine, gloss; *[de satin, bronze]* sheen; *[de perle]* lustre ◆ **l'éclat des phares** the glare of the headlights ◆ **l'éclat (des lumières) de la rampe** *(Théât)* the blaze *ou* glare of the footlights

3 *[d'yeux]* brightness, sparkle; *[de teint, beauté]* radiance ◆ **dans tout l'éclat de sa jeunesse** in the full radiance *ou* bloom of her youth ◆ **perdre son éclat** *[personne]* to lose one's sparkle ◆ **pour retrouver l'éclat de votre sourire** to put the sparkle back into your smile

4 *[de cérémonie]* glamour *(Brit)*, glamor *(US)*, splendour *(Brit)*, splendor *(US)*; *[de nom]* fame; *[de richesse, époque]* brilliance, glamour *(Brit)*, glamor *(US)*; *[de personnage]* glamour *(Brit)*, glamor *(US)* ◆ **donner de l'éclat à qch** to lend glamour to sth ◆ **réception donnée avec éclat** sumptuous *ou* dazzling reception ◆ **ça s'est déroulé sans éclat** it passed off quietly *ou* without fuss ◆ **sans éclat** *[personnalité, interprétation]* lacklustre *(Brit)*, lackluster *(US)* ◆ **coup** *ou* **action d'éclat** *(= exploit)* (glorious) feat

5 *(= scandale)* fuss *(NonC)*, commotion *(NonC)* ◆ **faire un éclat** *ou* **un coup d'éclat** to make *ou* cause a fuss, to create a commotion

6 *(= bruit)* ◆ **éclats de voix** shouts ◆ **sans éclat de voix** without voices being raised ◆ **avec un soudain éclat de colère** in a sudden blaze of anger ◆ **éclat de rire** roar *ou* burst of laughter ◆ **on l'accueillit avec des éclats de rire** his arrival was greeted with roars *ou* shouts of laugh-

ter ◆ « **oui », dit-il dans un éclat de rire** "yes", he said with a peal of laughter

éclatant, e /eklatɑ̃, ɑ̃t/ SYN ADJ 1 *[lumière]* bright, brilliant; *(= aveuglant)* glaring; *[couleur]* bright, vivid; *[feu, soleil]* blazing; *[blancheur]* dazzling ◆ **des murs éclatants de blancheur** dazzling white walls
2 *[teint]* radiant; *[beauté, sourire]* dazzling ◆ **éclatant de santé** radiant with health ◆ **la santé éclatante de l'économie** the excellent state of health of the economy
3 *[succès]* dazzling, resounding; *[revanche]* shattering, devastating; *[victoire]* resounding; *[gloire]* shining; *[vérité]* manifest, self-evident; *[exemple]* striking, shining; *[mensonge]* blatant ◆ **cela démontre de façon éclatante que…** this provides striking proof that…
4 *[rire, bruit]* loud; *[voix]* loud, ringing; *[musique]* blaring *(péj)*, loud
5 ⁑ *[fête, musique]* super, fab * *(Brit)*

éclate⁑ /eklat/ NF ◆ **c'est l'éclate totale** it's brilliant *

éclaté, e /eklate/
ADJ 1 *[initiatives, marché]* fragmented; *[paysage politique]* confused, fragmented ◆ **des enfants issus de familles éclatées** children from broken homes
2 ◆ **j'étais éclaté (de rire)** * I was splitting my sides (with laughter) *
NM exploded view

éclatement /eklatmɑ̃/ NM *[de bombe, mine]* explosion; *[d'obus]* bursting, explosion; *[de pneu, ballon]* bursting; *[de veine]* rupture; *[de parti, fédération, coalition]* break-up, split *(de* in*)*; *[de marché]* fragmentation ◆ **à cause de l'éclatement d'un pneu** as a result of a burst tyre ◆ **l'éclatement d'une bombe/d'un obus le couvrit de terre** an exploding bomb/shell covered him with earth ◆ **au moment de l'éclatement du conflit** when the conflict broke out ◆ **l'éclatement des familles favorise la délinquance** broken homes contribute to delinquency

éclater /eklate/ SYN ► conjug 1 ◄
VI 1 *[mine, bombe]* to explode, to blow up; *[obus]* to burst, to explode; *[veine]* to rupture; *[bourgeon]* to burst open; *[pneu, chaudière]* to burst; *[verre]* to splinter, to shatter; *[parti, ville, services, structures familiales]* to break up ◆ **j'ai cru que ma tête allait éclater** I thought my head was going to burst
2 *[crise, dispute, incendie, épidémie, guerre, polémique]* to break out; *[orage, scandale, nouvelle]* to break ◆ **des troubles ont éclaté dans la capitale** unrest has broken out in the capital ◆ **la nouvelle a éclaté comme un coup de tonnerre** the news came as *ou* was a bolt from the blue, the news was a real bombshell
3 *(= retentir)* ◆ **des cris ont éclaté** shouts were raised ◆ **une détonation éclata** there was an explosion ◆ **une fanfare éclata** there was a sudden flourish of trumpets ◆ **un coup de fusil a éclaté** there was the crack of a rifle ◆ **un coup de tonnerre éclata** there was a sudden peal of thunder ◆ **des rires/des applaudissements ont éclaté** there was a roar of laughter/a burst of applause, laughter/applause broke out
4 *(= se manifester)* *[vérité, bonne foi]* to shine out, to shine forth *(littér)*; *[mauvaise foi]* to be blatant ◆ **sa joie** *ou* **la joie éclate dans ses yeux/sur son visage** his eyes are/face is shining with joy
5 ◆ **éclater de rire** to burst out laughing ◆ **il éclata (de rage)** he exploded (with rage) ◆ **éclater en menaces** *ou* **en reproches** to inveigh *(contre* against*)*, to rail *(contre* at, against*)* ◆ **éclater en sanglots** to burst into tears ◆ **nous avons éclaté en protestations devant sa décision** we protested angrily at his decision
6 ◆ **faire éclater** *[+ mine]* to detonate, to blow up; *[+ bombe, obus]* to explode; *[+ poudrière]* to blow up; *[+ pétard]* to let *ou* set off; *[+ ballon]* to burst; *[+ tuyau]* to burst, to crack; *[+ verre]* to shatter, to splinter ◆ **cette remarque l'a fait éclater (de colère)** he exploded at this remark ◆ **faire** *ou* **laisser éclater sa joie** to give free rein to one's joy ◆ **faire** *ou* **laisser éclater sa colère** to give vent to one's anger
VT * ◆ **je vais l'éclater, je vais lui éclater la tête** *(= frapper)* I'm going to smash his face in ⁑
VPR **s'éclater⁑** *(= se défouler)* to have a ball * ◆ **s'éclater à faire** *ou* **en faisant qch** to get one's kicks * doing sth

éclateur /eklatœʀ/ NM *(Élec)* spark gap

éclectique /eklɛktik/ SYN ADJ eclectic

éclectisme /eklɛktism/ NM eclecticism

éclimètre /eklimɛtʀ/ NM clinometer

éclipse /eklips/ NF *(Astron, fig)* eclipse ◆ **éclipse partielle/totale (de soleil/lune)** partial/total eclipse (of the sun/moon) ◆ **éclipse annulaire** annular eclipse ◆ **carrière à éclipses** career with ups and downs ◆ **personnalité à éclipses** public figure who comes and goes, figure who is in and out of the public eye

éclipser /eklipse/ SYN ► conjug 1 ◄
VT *(Astron)* to eclipse; *[événement, gloire]* to eclipse, to overshadow; *[personne]* to eclipse, to overshadow, to outshine
VPR **s'éclipser** *[personne]* to slip away, to slip out

écliptique /ekliptik/ ADJ, NM ecliptic

éclisse /eklis/ NF *(Méd)* splint; *(sur voie ferrée)* fishplate; *[de violon]* rib; *(à fromage)* wicker tray

éclisser /eklise/ ► conjug 1 ◄ VT *(Méd)* to splint, to put in splints; *[+ rail, aiguillage]* to join with fishplates

éclopé, e /eklɔpe/ SYN
ADJ *[personne]* limping, lame; *[cheval]* lame
NM,F *(hum)* *(dans une bagarre)* (slightly) wounded person; *(dans un accident)* (slightly) injured person

éclore /eklɔʀ/ SYN ► conjug 45 ◄ VI 1 *[œuf]* to hatch; *[poussin, larve]* to hatch (out) ◆ **faire éclore** *[+ œuf]* to hatch
2 *[plan, idée]* to take form; *[association, secte]* to appear
3 *[fleur]* to open; *(littér)* *[amour, talent, jour]* to be born ◆ **fleur à peine éclose/fraîche éclose** budding/fresh-blown flower ◆ **faire éclore** *[+ sentiment]* to kindle; *[+ qualités]* to draw forth

écloserie /eklozʀi/ NF hatchery

éclosion /eklozjɔ̃/ SYN NF 1 *[d'œuf, poussin, larve]* hatching
2 *[d'idée]* forming; *[d'association, secte]* appearance
3 *[de fleur]* opening; *(littér)* *[d'amour, talent, jour]* birth, dawn

écluse /eklyz/ NF lock *(on waterway)* ◆ **porte d'écluse** lock gate ◆ **lâcher** *ou* **ouvrir les écluses** * *(fig)* to turn on the waterworks *

éclusée /eklyze/ NF sluice *(amount of water contained in a lock)*

écluser /eklyze/ ► conjug 1 ◄ VT 1 (⁑ = boire) to down *, to knock back ⁑ ◆ **qu'est-ce qu'il a éclusé !** he really knocked it back! ⁑
2 *[+ canal]* to lock, to sluice; *[+ bateau]* to lock

éclusier, -ière /eklyzje, jɛʀ/ NM,F lock keeper

écobilan /ekobilɑ̃/ NM life-cycle analysis

écobuage /ekɔbyaʒ/ NM burnbeating

écobuer /ekɔbɥe/ ► conjug 1 ◄ VT to burnbeat

écocide /ekosid/ NM ecocide

écodéveloppement /ekodevlɔpmɑ̃/ NM ecodevelopment

écoemballage /ekoɑ̃balaʒ/ NM eco-packaging

écœurant, e /ekœʀɑ̃, ɑ̃t/ SYN ADJ 1 *[gâteau, boisson, goût, odeur]* sickly ◆ **les sauces à la crème, je trouve ça écœurant** I find cream sauces too rich
2 *[conduite]* disgusting, sickening; *[personne]* loathsome; *[richesse]* obscene; *[talent, succès]* sickening ◆ **elle a une chance écœurante** she is so lucky it makes you sick *ou* it's sickening

écœurement /ekœʀmɑ̃/ SYN NM *(= dégoût)* *(lit)* nausea; *(fig)* disgust; *(= lassitude)* disillusionment, discouragement ◆ **manger/boire jusqu'à écœurement** to eat/drink until one feels sick

écœurer /ekœʀe/ SYN ► conjug 1 ◄ VT ◆ **écœurer qn** *[gâteau, boisson]* to make sb feel sick; *[conduite, personne]* to disgust sb, to nauseate sb, to make sb sick; *[avantage, chance]* to make sb sick, to sicken sb; *[échec, déception]* to discourage sb, to sicken sb ◆ **le foie gras m'écœure un peu** I find foie gras a bit too rich

écogarde /ekɔgaʀd/ NMF environment warden

écoinçon /ekwɛ̃sɔ̃/ NM *(Constr)* quoin ◆ **meuble en écoinçon** corner unit

éco-industrie (pl **éco-industries**) /ekoɛ̃dystʀi/ NF green-technology industry

écolabel /ekolabɛl/ NM eco-label

écolage /ekɔlaʒ/ NM *(Helv)* (school) fees *(Brit)*, tuition *(US)*

école /ekɔl/ SYN
NF 1 *(= établissement)* school ◆ **avion-/navire-école** training plane/ship ◆ **ferme-école** teaching farm ◆ **l'école reprend dans une semaine** school starts again in a week's time ◆ **aller à l'école** *[élève]* to go to school; *[visiteur]* to go to the school ◆ **envoyer** *ou* **mettre un enfant à l'école** to send a child to school ◆ **grande école** *(Univ)* *prestigious higher education institute with competitive entrance examination* ◆ **il va/est à la grande école** * *(école primaire)* he goes to/is at primary school ◆ « **L'École des Femmes** » *(Littérat)* "The School for Wives"
2 *(= enseignement)* schooling; *(= système scolaire)* school system ◆ **l'école gratuite** free education ◆ **l'école en France** the French school system ◆ **les partisans de l'école laïque** the supporters of secular state education ◆ **elle fait l'école depuis 15 ans** † she's been teaching for 15 years
3 *(Art, Philos)* school ◆ **un tableau/peintre de l'école florentine** a painting/painter of the Florentine School ◆ **querelle d'écoles** petty quarrel between factions ◆ **son œuvre est une école de courage/de vertu** his work presents us with an inspiring model of courage/virtue ◆ **la lexicographie est une école de rigueur** you learn to be very rigorous when doing lexicography
4 *(locutions)* ◆ **être à bonne école** to be in good hands ◆ **il a été à dure** *ou* **rude école** he learned about life the hard way ◆ **à l'école de qn** under sb's guidance ◆ **apprendre la vie à l'école de la pauvreté** to be schooled by poverty ◆ **faire l'école buissonnière** to play truant *(Brit)* *ou* hooky *(US)* ◆ **faire école** *[personne]* to acquire a following; *[théorie]* to gain widespread acceptance ◆ **il est de la vieille école** he belongs to *ou* is one of the old school
COMP **école de l'air** flying school
école d'application *(Mil)* officers' training school
école des Beaux-Arts ≃ art college
École centrale (des arts et manufactures) *prestigious college of engineering*
école de commerce business school ◆ **elle a fait une école de commerce** she went to business school
école de conduite driving school
école de danse *(gén)* dancing school; *(classique)* ballet school
école de dessin art school
école élémentaire elementary school
école enfantine *(Helv)* nursery school
école hôtelière catering school, hotel management school
école libre sectarian *ou* denominational school
école militaire military academy
École nationale d'administration *prestigious college training senior civil servants*
École nationale supérieure de chimie *national college of chemical engineering*
École nationale supérieure d'ingénieurs *national college of engineering*
école de neige ski school
École normale ≃ teacher training college
École normale supérieure *grande école for training of teachers*
école de pensée school of thought
école de police police academy
école de recrues *(Helv Mil)* military service
école secondaire *(Helv)* secondary school
école de secrétariat secretarial college;
→ **haut** ; → **Grandes Écoles**

École nationale d'administration

The "École nationale d'administration" or "ENA", in Strasbourg (formerly in Paris), is a competitive-entrance college training top civil servants such as diplomats, "préfets" and "inspecteurs des finances". Because so many ministers and high-ranking decision-makers are "énarques" (ex-students of ENA), the school has often been criticized for exercising too much influence, and French political life is perceived by some as being monopolised by the so-called "énarchie". → **Concours**

écolier /ekɔlje/ NM schoolboy; *(= novice)* novice ◆ **papier (format) écolier** exercise (book) paper; → **chemin**

écolière /ekɔljɛʀ/ NF schoolgirl

écolo * /ekɔlo/
ADJ (abrév de **écologique, écologiste**) ◆ **il est très écolo** he's very ecology-minded, he's an eco-freak *
NMF (abrév de **écologiste**) ecologist

écologie /ekɔlɔʒi/ NF ecology

écologique /ekɔlɔʒik/ ADJ ① [catastrophe] ecological, environmental; [équilibre] ecological ② [produit] eco-friendly, environmentally friendly ③ (Pol) [association] ecological, environmentalist; [discours, politique] on ecological issues; [conscience, préoccupation] ecological ◆ **mouvement écologique** ecological ou ecology ou green movement, ecomovement ◆ **la cause écologique** the green cause

écologisme /ekɔlɔʒism/ NM environmentalism

écologiste /ekɔlɔʒist/
ADJ [candidat] green (épith), ecological (épith), ecologist (épith) [vote] green (épith); [action, idée] green (épith), ecologist (épith), ecology (épith) ◆ **militant écologiste** green ou ecology activist ◆ **mouvement écologiste** ecological ou ecology ou green movement, ecomovement
NMF (= spécialiste d'écologie) ecologist, environmentalist; (Pol) ecologist; (= partisan) environmentalist

écologue /ekɔlɔg/ NMF ecology expert, ecologist ◆ **ingénieur écologue** ecological engineer

écomusée /ekomyze/ NM eco-museum

éconduire /ekɔ̃dɥiʀ/ SYN ▸ conjug 38 ◂ VT [+ visiteur] to dismiss; [+ soupirant] to reject; [+ solliciteur] to turn away

éconocroques* /ekɔnɔkʀɔk/ NFPL savings

économat /ekɔnɔma/ NM (= fonction) bursarship, stewardship; (= bureau) bursar's office, steward's office; (= magasin) staff cooperative ou store

économe /ekɔnɔm/ SYN
ADJ thrifty ◆ **elle est très économe** she's very careful with money ◆ **être économe de son temps/ses efforts** to be sparing of one's time/efforts ◆ **il n'est jamais économe de conseils** he's always full of advice ◆ **une production de plus en plus économe de main-d'œuvre** a system of production which requires less and less manpower ◆ **une gestion économe des ressources énergétiques** careful management of energy resources
NMF bursar, steward
NM ◆ **(couteau) économe** (vegetable) peeler, paring knife

économètre /ekɔnɔmetʀ/ NMF, **économétricien, -ienne** /ekɔnɔmetʀisjɛ̃, jɛn/ NM,F econometrician

économétrie /ekɔnɔmetʀi/ NF econometrics (sg)

économétrique /ekɔnɔmetʀik/ ADJ econometric

économie /ekɔnɔmi/ SYN
NF ① (= science) economics (sg) ◆ **elle fait des études d'économie** she's studying economics ◆ **il est étudiant en économie** he's an economics student ◆ **économie domestique** (Scol) home economics
② (Pol = système) economy ◆ **économie politique/monétaire** political/cash economy ◆ **économie de troc** barter economy ◆ **économie dirigée** state-controlled ou centrally-planned economy ◆ **économie de marché** free market ou free enterprise economy ◆ **nouvelle économie** new economy ◆ **économie souterraine** underground economy ◆ **économie formelle/informelle** formal/informal economy
③ (NonC = épargne) economy, thrift ◆ **par économie** for the sake of economy ◆ **il a le sens de l'économie** he's careful with money, he's thrifty
④ (= gain) saving ◆ **faire une économie de temps/d'argent** to save time/money ◆ **représenter une économie de temps** to represent a saving in time ◆ **procédé permettant une économie de temps/de main-d'œuvre** time-saving/labour-saving process ◆ **elle fait l'économie d'un repas par jour** she goes ou does without one meal a day ◆ **on aurait pu faire l'économie de ces négociations** we could have dispensed with the negotiations ◆ **j'ai fait l'économie d'une visite** I've saved myself a visit ◆ **avec une grande économie de moyens** with very restricted ou limited means ◆ **économie d'échelle** economy of scale
⑤ [de livre] arrangement; [de projet] organization
NFPL **économies** (= gains) savings ◆ **avoir des économies** to have (some) savings, to have some money saved up ◆ **faire des économies** to save up, to put money by ◆ **faire des économies de chauffage** to economize on heating ◆ **les économies d'énergie sont nécessaires** energy conservation is essential ◆ **réaliser d'importantes économies d'énergie** to make significant energy savings ◆ **économies budgétaires** budget savings ◆ **il n'y a pas de petites économies** every little helps, look after the pennies and the pounds will look after themselves (Brit) (Prov) ◆ **faire des économies de bouts de chandelle** (péj) to make cheeseparing economies

⚠ Au sens de 'science économique', **économie** ne se traduit pas par le mot anglais **economy**.

économique /ekɔnɔmik/ SYN ADJ ① (Écon) economic
② (= bon marché) economical; [voiture] fuel-efficient ◆ **cycle économique** [de machine à laver] economy cycle ◆ **classe économique** economy class

économiquement /ekɔnɔmikmɑ̃/ ADV economically ◆ **les économiquement faibles** the lower-income groups

économiser /ekɔnɔmize/ SYN ▸ conjug 1 ◂ VT [+ électricité] to economize on, to save on; [+ énergie] to conserve, to save; [+ temps] to save; [+ argent] to save up, to put aside ◆ **économiser ses forces** to save one's strength ◆ **économiser sur le chauffage** to economize on ou cut down on heating ◆ **économise ta salive** ou **tes paroles** don't waste your breath

économiseur /ekɔnɔmizœʀ/ NM ◆ **économiseur (de carburant)** fuel-saving device ◆ **économiseur d'écran** screen saver

économisme /ekɔnɔmism/ NM economism

économiste /ekɔnɔmist/ NMF economist

écope /ekɔp/ NF (pour vider l'eau) bailer, baler, scoop

écoper /ekɔpe/ ▸ conjug 1 ◂ VTI ① (= vider l'eau) to bail ou bale (out)
② (*= prendre) ◆ **écoper (d')une punition** to catch it*, to get it*, to cop it* (Brit) ◆ **écoper de trois ans de prison** to get a three-year sentence, to be sent down for three years* ◆ **c'est moi qui ai écopé** I was the one that took the rap* ◆ **il a écopé pour les autres** he took the rap for the others*

écoperche /ekɔpeʀʃ/ NF (= perche) scaffold pole ou standard; (avec poulie) derrick

écoproduit /ekopʀɔdɥi/ NM environmentally-friendly ou eco-friendly product

écorce /ekɔʀs/ SYN NF [d'arbre] bark; [d'orange] peel, skin ◆ **l'écorce terrestre** (Géol) the earth's crust ◆ **canot d'écorce** (Can) bark canoe

écorcer /ekɔʀse/ ▸ conjug 3 ◂ VT [+ fruit] to peel; [+ arbre] to bark, to strip the bark from

écorceur, -euse /ekɔʀsœʀ, øz/
NM,F (= personne) barker
NF **écorceuse** (= machine) barker

écorché /ekɔʀʃe/ NM [de corps] écorché; (= dessin technique) cut-away (diagram) ◆ **c'est un écorché vif** (fig) he's a tormented soul

écorchement /ekɔʀʃəmɑ̃/ NM [d'animal] skinning

écorcher /ekɔʀʃe/ SYN ▸ conjug 1 ◂ VT ① (= dépecer) [+ animal] to skin ◆ **écorché vif** flayed alive
② (= égratigner) [+ peau, visage] to scratch, to graze; [+ genoux] to graze, to scrape ◆ **il s'est écorché les genoux** he grazed his knees
③ (par frottement) to chafe, to rub; [+ cheval] to gall
④ [+ mot, nom] to mispronounce ◆ **il écorche l'allemand** his German's terrible
⑤ († = escroquer) ◆ **écorcher le client** to fleece* one's customers
⑥ ◆ **écorcher les oreilles de qn** [bruit] to grate on sb's ears; [personne] to hurt sb's ears ◆ **ça t'écorcherait la gueule*** **de dire merci ?** would it kill you to say thank you?

écorchure /ekɔʀʃyʀ/ SYN NF [de peau, visage] scratch, graze; [de genou] graze

éco-recharge (pl **éco-recharges**) /ekoʀ(ə)ʃaʀʒ/ NF eco-refill

écorner /ekɔʀne/ SYN ▸ conjug 1 ◂ VT [+ meuble] to chip the corner of; [+ livre] to turn down the corner of; [+ économies, fortune] to make a hole ou a dent in ◆ **livre tout écorné** dog-eared book

écornifler* † /ekɔʀnifle/ ▸ conjug 1 ◂ VT to cadge, to scrounge (chez qn from sb)

écornifleur, -euse † /ekɔʀniflœʀ, øz/ NM,F cadger, scrounger

écornure /ekɔʀnyʀ/ NF chip

écossais, e /ekɔsɛ, ɛz/
ADJ (gén) Scottish, Scots (épith); [whisky] Scotch; [tissu] tartan; → **douche**
NM ① ◆ **Écossais** Scot, Scotsman ◆ **les Écossais** the Scots
② (= dialecte anglais) Scots; (= dialecte gaélique) Gaelic
③ (= tissu) tartan (cloth)
NF **Écossaise** Scot, Scotswoman

Écosse /ekɔs/ NF Scotland

écosser /ekɔse/ ▸ conjug 1 ◂ VT to shell, to pod ◆ **petits pois à écosser** peas in the pod; → **haricot**

écosystème /ekosistɛm/ NM ecosystem

écot /eko/ NM (= quote-part) share (of a bill) ◆ **chacun de nous a payé son écot** we all paid our share

écotaxe /ekotaks/ NF eco(-)tax

écoté, e /ekɔte/ ADJ (Héraldique) lopped

écotoxicologie /ekotɔksikɔlɔʒi/ NF ecotoxicology

écotype /ekotip/ NM ecotype

écoulement /ekulmɑ̃/ SYN NM ① [d'eau] flow ◆ **tuyau/fossé d'écoulement** drainage pipe/ditch ◆ **écoulement d'air** air flow
② [d'humeur, pus] discharge ◆ **écoulement de sang** flow of blood, bleeding
③ [de foule] dispersal; [de temps] passage, passing ◆ **l'écoulement des voitures** the flow of traffic
④ (= vente) selling ◆ **articles d'écoulement facile** quick-selling ou fast-moving articles

écouler /ekule/ SYN ▸ conjug 1 ◂
VT (= vendre) to sell ◆ **écouler des faux billets** to dispose of counterfeit money ◆ **on n'arrive pas à écouler ce stock** this stock isn't moving ou selling, we can't shift this stock ◆ **nous avons écoulé tout notre stock** we've cleared all our stock
VPR **s'écouler** ① [liquide] (= suinter) to seep ou ooze (out); (= fuir) to leak (out); (= couler) to flow (out); [pus] to ooze out ◆ **s'écouler à grands flots** to pour out
② [temps] to pass (by), to go by; [argent] to disappear, to melt away; [foule] to disperse, to drift away ◆ **en réfléchissant sur sa vie écoulée** thinking over his past life ◆ **10 ans s'étaient écoulés** 10 years had passed ou had elapsed ou had gone by ◆ **les fonds s'écoulent vite** funds are rapidly disappearing
③ (= se vendre) to sell ◆ **marchandise qui s'écoule bien** quick-selling ou fast-moving item ◆ **nos produits se sont bien écoulés** our products have sold well

écoumène /ekumɛn/ NM ⇒ **œkoumène**

écourter /ekuʀte/ SYN ▸ conjug 1 ◂ VT [+ bâton] to shorten; [+ visite, attente, supplice, adieux] to cut short, to shorten; [+ texte, discours] to shorten, to cut down; [+ queue] to dock

écoutant, e /ekutɑ̃, ɑ̃t/ NM,F telephone counsellor

écoute /ekut/ NF ① (= attention) ◆ **ces personnes recherchent un réconfort, une écoute** what these people are looking for is some consolation and a sympathetic ear ◆ **une écoute attentive du patient peut…** listening attentively to what the patient has to say can…
② ◆ **être aux écoutes** † to be listening (de to) (= épier) to listen in, to eavesdrop (de on); (= être aux aguets) to be on the look-out (de for), to keep one's ears open (de for)
③ (Radio) listening (de to) ◆ **se mettre à** ou **prendre l'écoute** to tune in ◆ **nous restons à l'écoute** we are staying tuned ◆ **reprendre l'écoute** to retune ◆ **heures de grande écoute** (Radio) peak listening hours; (TV) prime time, peak viewing hours ◆ **avoir une grande écoute** (Radio, TV) to have a large audience ◆ **avoir une grande écoute féminine** to have a large female audience ou a large number of women listeners ou viewers ◆ **indice d'écoute** audience ratings
④ (Mil, Police) ◆ **écoutes téléphoniques** phone-tapping ◆ **ils sont sur écoute(s)** their phone is being tapped ◆ **mettre qn sur écoute(s)** to tap sb's phone ◆ **la mise sur écoute(s) du ministre** tapping the minister's phone; → **table**
⑤ (Mus) ◆ **pour une meilleure écoute** for better sound quality; → **confort**
⑥ [de voile] sheet
⑦ [de sanglier] ◆ **écoutes** ears
⑧ (locution)
◆ **être à l'écoute de** [+ radio] to be tuned in to, to be listening to; [+ opinion publique, pays] to be in

touch with, to listen to; *[+ enfant, revendications]* to listen to; *[+ marché]* to have one's finger on the pulse of • **il faut être à l'écoute de son corps** you should listen to what your body is telling you • **soyez à l'écoute de votre partenaire** be in touch with your partner's needs

écouter /ekute/ SYN ► conjug 1 ◄

VT 1 *[+ discours, chanteur, radio, disque]* to listen to • **écoute !** listen! • **(allô, oui) j'écoute** hello! • **j'ai été écouter sa conférence** I went to hear his lecture • **écoutons ce qu'il dit** let's listen to *ou* hear what he has to say • **écouter qn jusqu'au bout** to hear sb out • **écouter qch/qn secrètement** to eavesdrop on sth/sb • **écouter qn parler** to hear sb speak • **savoir écouter** to be a good listener • **écouter aux portes** to eavesdrop • **écouter de toutes ses oreilles** to be all ears, to listen with both ears • **n'écouter que d'une oreille** to listen with only half an ear • **faire écouter un disque/une chanson à qn** to play sb a record/a song

2 *[+ justification, confidence]* to listen to; *(Jur, Rel)* to hear • **écoute-moi au moins !** at least listen to *ou* hear what I have to say!

3 *[+ conseil]* to listen to, to take notice of • **écoute-moi** listen to me • **refuser d'écouter un conseil** to turn a deaf ear to advice, to disregard a piece of advice • **bon, écoute !** look!, listen! • **aide-moi, écoute !** come on – help me! • **écoute, c'est bien simple** look *ou* listen – it's quite simple • **il se fait écouter du ministre** he has the ear of the minister • **c'est quelqu'un de très écouté** his opinion is highly valued • **ses conseils sont très écoutés** his advice is greatly valued *ou* greatly sought after

4 *(= obéir à)* to listen to • **écouter ses parents** to listen to *ou* obey one's parents • **vas-tu (m')écouter !** will you listen to me! • **faire écouter qn** to get sb to listen • **son père saura le faire écouter** his father will get him to do as he's told • **il sait se faire écouter** he's good at getting people to do what he says • **écouter ses envies/son cœur** to be guided by one's desires/one's heart • **il faut apprendre à écouter son corps** you must listen to what your body is telling you • **n'écoutant que son courage** letting (his) courage be his only guide

VPR **s'écouter** *[malade]* • **elle s'écoute trop** she coddles herself • **si je m'écoutais je n'irais pas** if I were to take my own advice I wouldn't go • **s'écouter parler** to savour one's words • **il aime s'écouter parler** he loves the sound of his own voice

écouteur, -euse /ekutœʀ, øz/

NM,F *(littér = personne) (attentif)* listener; *(indiscret)* eavesdropper

NM *[de téléphone]* earpiece • **écouteurs** *(Radio)* earphones, headphones

écoutille /ekutij/ NF hatch(way)

écouvillon /ekuvijɔ̃/ NM *[de fusil]* swab; *[de bouteille]* (bottle-)brush; *[de boulanger]* scuffle

écouvillonner /ekuvijɔne/ ► conjug 1 ◄ VT *[+ fusil]* to swab; *[+ bouteille, four]* to clean

écovillage /ekovilaʒ/ NM eco-village

écrabouiller* /ekʀabuje/ ► conjug 1 ◄ VT to squash, to crush • **se faire écrabouiller par une voiture** to get flattened *ou* crushed by a car

écran /ekʀɑ̃/ SYN NM 1 *(gén)* screen • **ce mur fait écran et nous isole du froid/du bruit** this wall screens *ou* shields us from the cold/noise, this wall acts as a screen *ou* shield against the cold/noise • **faire écran à qn** *(= abriter)* to screen *ou* shelter sb; *(= gêner)* to get in sb's way; *(= éclipser)* to stand in sb's way • **son renom me fait écran** he puts me in the shade because he's so famous • **écran de fumée/de protection** smoke/protective screen • **écran de verdure** screen of foliage • **écran publicitaire** advertising slot • **écran solaire** *(= crème)* sun screen • **écran total** total sunblock

2 *(Ordin, TV)* screen • **télévision grand écran** large-screen television • **écran cathodique** cathode-ray screen • **écran de contrôle** monitor (screen) • **écran plasma** plasma screen • **écran plat** flat screen • **écran pleine page** *(Ordin)* full page display • **écran réflectif** reflective screen • **écran vidéo** video screen • **écran de visualisation** (visual) display screen • **écran tactile** touch-sensitive screen • **écran 16/9e** wide screen • **le petit écran** *(= télévision)* the small screen, television • **une vedette du petit écran** a television *ou* TV star • **travailler sur écran** *(Ordin)* to work on screen

3 *(Ciné)* • **écran (de cinéma)** *(= toile)* screen • **écran de projection** projector screen • **sur écran géant** on a giant screen • **porter un roman à l'écran** to adapt a novel for the screen • **prochainement sur vos écrans** coming soon to a cinema near you • **ce film sera la semaine prochaine sur les écrans londoniens** this film will open *ou* be showing next week in London • **le grand écran** *(= le cinéma)* the big *ou* silver screen • **sur grand écran** on the big screen • **une vedette de l'écran** *ou* **du grand écran** a star of the silver screen, a film *ou* movie (US) star

écrasant, e /ekʀazɑ̃, ɑ̃t/ SYN ADJ *[impôts, mépris, poids]* crushing; *[preuve, responsabilité, nombre]* overwhelming; *[travail]* gruelling, back-breaking; *[défaite, supériorité]* crushing, overwhelming; *[chaleur]* overpowering, overwhelming • **majorité/victoire écrasante** *(Pol)* landslide *ou* crushing majority/victory

écrasé, e /ekʀaze/ (ptp de **écraser**) ADJ *[nez]* flat, squashed; *[perspective, relief]* dwarfed

écrasement /ekʀazmɑ̃/ SYN NM 1 *[d'objet, révolte, ennemi]* crushing

2 *(Ordin) [de données, fichier]* overwriting

écrase-merde *‡* (pl **écrase-merdes**) /ekʀazmɛʀd/ NM clodhopper *

écraser /ekʀaze/ SYN ► conjug 1 ◄

VT 1 *(gén)* to crush; *[+ mouche]* to squash; *[+ mégot]* to stub out; *(en purée)* to mash; *(en poudre)* to grind *(en* to); *(au pilon)* to pound; *(pour le jus)* to squeeze; *(en aplatissant)* to flatten (out); *(en piétinant)* to trample down; *(Tennis) [+ balle]* to flatten, to kill • **écraser sous la dent** *[+ biscuit]* to crunch; *[+ noix]* to crush between one's teeth • **écrasé par la foule** squashed *ou* crushed in the crowd • **aïe, vous m'écrasez les pieds !** ouch, you're standing *ou* treading on my feet! • **écraser la pédale d'accélérateur** * to step on it *

2 *(= tuer) [voiture, train]* to run over; *[avalanche]* to crush • **il s'est fait écraser par une voiture** he was run over by a car

3 *(= accabler)* to crush • **nous sommes écrasés d'impôts** we are overburdened *ou* crushed by taxation • **il nous écrase de son mépris** he crushes us with his scornful attitude • **écrasé de chaleur** overcome by the heat • **écrasé de sommeil/de douleur** overcome by sleep/with grief • **écrasé de travail** snowed under with * *ou* overloaded with work

4 *(= vaincre) [+ ennemi]* to crush; *[+ rébellion]* to crush, to suppress, to put down • **notre équipe a été écrasée** *ou* **s'est fait écraser** we were hammered * *ou* we were beaten hollow (Brit)

5 *(Ordin) [+ données, fichiers]* to overwrite

VI 1 *(* = ne pas insister)* to drop the subject • **oh écrase !** oh shut up! * *ou* belt up! *‡* *(Brit)*

2 *(= dormir)* • **en écraser** *‡* to sleep like a log *

VPR **s'écraser** 1 *[avion, voiture]* to crash *(contre* into, against; *sur* on); *[objet, corps]* to be crushed *(contre* on, against)

2 *[foule]* to be *ou* get crushed *(dans* in) • **on s'écrase pour en acheter** they're falling over each other *ou* they're rushing to buy them • **on s'écrase devant les cinémas** there's a great crush to get into the cinemas

3 *(‡ = ne pas protester)* to pipe down * • **il s'écrase toujours devant son chef** he never says a word when the boss is around • **il a intérêt à s'écraser !** he'd better keep quiet!

écraseur, -euse* /ekʀazœʀ, øz/ NM,F *(= chauffard)* roadhog *

écrémage /ekʀemaʒ/ NM 1 *[de lait]* skimming

2 *(fig)* creaming off

écrémer /ekʀeme/ ► conjug 6 ◄ VT 1 *[+ lait]* to skim • **lait écrémé** skimmed milk

2 *[+ candidats]* to cream off the best from

écrémeuse /ekʀemøz/ NF creamer, (cream) separator

écrêter /ekʀete/ ► conjug 1 ◄ VT *(= niveler)* to lop

écrevisse /ekʀəvis/ NF (freshwater) crayfish (Brit), crawfish (US); → **rouge**

écrier (s') /ekʀije/ SYN ► conjug 7 ◄ VPR to exclaim, to cry out

écrin /ekʀɛ̃/ SYN NM *(= coffret)* case, box • **niché dans un écrin de verdure** *(littér)* nestling in a green setting • **le musée est un merveilleux écrin pour ces œuvres** the museum is a wonderful showcase for these works

écrire /ekʀiʀ/ GRAMMAIRE ACTIVE 21.1, 21.2 SYN ► conjug 39 ◄

VT 1 *(gén) [+ mots, livres]* to write; *(= orthographier)* to spell; *(= inscrire, marquer)* to write down • **je lui ai écrit que je viendrais** I wrote and told him I would be coming • **écrire des commentaires au crayon** to pencil in comments, to make notes *ou* comments in pencil

2 *(locutions)* • **c'était écrit** it was bound to happen, it was inevitable • **il est écrit que je ne pourrai jamais y arriver !** I'm fated *ou* doomed never to succeed! • **c'est écrit sur sa figure** it's written all over his face • **c'est écrit noir sur blanc** *ou* **en toutes lettres** it's written in black and white

VI *(gén)* to write; *(= être écrivain)* to be a writer, to write • **vous écrivez très mal** your writing is really bad • **écrire gros/fin** *[personne]* to have large/small (hand)writing; *[stylo]* to have a thick/fine nib • **écrire au crayon/à l'encre** to write in pencil/in ink

VPR **s'écrire** *[personnes]* to write to each other • **comment ça s'écrit ?** how do you spell it? • **ça s'écrit comme ça se prononce** it's spelt how it sounds, you write it the same way as you pronounce it

écrit, e /ekʀi, it/ SYN (ptp de **écrire**)

ADJ • **épreuve écrite** *(Scol)* written exam *ou* paper • **le texte/scénario est très écrit** it's a very carefully written *ou* crafted text/script

NM *(= ouvrage)* piece of writing, written work; *(= examen)* written exam *ou* paper; *(Jur)* document • **par écrit** in writing • **être bon à l'écrit** *(Scol)* to do well in the written papers

écriteau (pl **écriteaux**) /ekʀito/ SYN NM notice, sign

écritoire /ekʀitwaʀ/ NF writing case

écriture /ekʀityʀ/ SYN

NF 1 *(à la main)* (hand)writing *(NonC)* • **il a une belle écriture** he has beautiful (hand)writing • **écriture de chat** spidery (hand)writing

2 *(= alphabet)* writing *(NonC)*, script • **écriture hiéroglyphique** hieroglyphic writing • **écriture phonétique** phonetic script

3 *(fig = composition)* composition • **écriture chorégraphique** choreographic composition • **écriture scénique** stage composition

4 *(littér = style)* writing *(NonC)*

5 *(= rédaction)* writing • **se consacrer à l'écriture (de romans)** to devote one's time to writing (novels) • **écriture automatique** *(Littérat)* automatic writing

6 *(Fin)* entry • **passer une écriture** to make an entry

7 *(Rel)* • **les (Saintes) Écritures, l'Écriture (sainte)** Scripture, the Scriptures, (the) Holy Writ

NFPL **écritures** *(= comptes)* accounts, books • **employé aux écritures** ledger clerk • **tenir les écritures** to keep the books

écrivailler /ekʀivaje/ ► conjug 1 ◄ VI *(péj)* to scribble

écrivailleur, -euse /ekʀivajœʀ, øz/ NM,F, **écrivaillon** /ekʀivajɔ̃/ NM *(péj)* scribbler

écrivain /ekʀivɛ̃/ SYN NM writer • **femme-écrivain** woman writer • **écrivain public** (public) letter-writer

écrivasser /ekʀivase/ ► conjug 1 ◄ VT *(péj)* to scribble

écrivassier, -ière /ekʀivasje, jɛʀ/ NM,F ⇒ **écrivailleur, -euse**

écrou /ekʀu/ NM 1 *(à visser)* nut • **écrou à ailettes** wing nut

2 *(Jur)* commitment, committal, mittimus *(SPÉC)* • **mettre qn sous écrou** to enter sb on the prison register • **mise sous écrou** entering on the prison register • **sous les écrous** in prison; → **levée²**

écrouelles †† /ekʀuɛl/ NFPL scrofula

écrouer /ekʀue/ SYN ► conjug 1 ◄ VT *(= incarcérer)* to imprison • **il a été écroué sous le numéro 3489** he was entered on the prison register under the number 3489

écrouir /ekʀuiʀ/ ► conjug 2 ◄ VT *(Tech) (= frapper)* to cold hammer; *(= étirer)* to cold roll

écroulé, e /ekʀule/ (ptp de **s'écrouler**) ADJ

1 *[maison, mur]* ruined • **à moitié écroulé** half-ruined, tumbledown *(épith)*, dilapidated

2 • **être écroulé*** **(de rire)** to be doubled up with laughter

écroulement /ekʀulmɑ̃/ SYN NM collapse • **l'explosion a provoqué l'écroulement du toit** the explosion caused the roof to collapse *ou* cave in

écrouler (s') /ekʀule/ SYN ► conjug 1 ◄ VPR 1 *[mur]* to fall (down), to collapse; *[rocher]* to fall; *[toit]* to collapse, to cave in, to fall in; *(Rugby) [mêlée]* to collapse

écru | effacé

② [empire] to collapse, to crumble; [entreprise] to collapse, to crash; [prix, cours] to collapse, to plummet; [espoir, théorie] to collapse ✦ **tous nos projets se sont écroulés** all our plans have fallen through

③ [personne] (= tomber) to collapse; (* = s'endormir) to fall fast asleep; [coureur, candidat] to collapse ✦ **s'écrouler de sommeil/de fatigue** to be overcome with ou collapse with sleepiness/weariness ✦ **il s'écroula dans un fauteuil *** he flopped down ou collapsed into an armchair ✦ **être près de s'écrouler** to be on the verge of collapse

écru, e /ekʀy/ ADJ [tissu] raw, in its natural state; [vêtement] ecru ✦ **couleur écrue** ecru ✦ **toile écrue** unbleached linen ✦ **soie écrue** raw silk (before dyeing)

ecstasy /ɛkstazi/ NF ecstasy

ecthyma /ɛktima/ NM ecthyma

ectoblaste /ɛktɔblast/ NM ectoblast

ectoderme /ɛktɔdɛʀm/ NM ectoderm

ectodermique /ɛktɔdɛʀmik/ ADJ ectodermal, ectodermic

ectoparasite /ɛktɔpaʀazit/
ADJ ectoparasitic
NM ectoparasite

ectopie /ɛktɔpi/ NF ectopia

ectoplasme /ɛktɔplasm/ NM ectoplasm

écu /eky/ NM (= monnaie ancienne, papier) crown (= ancienne monnaie européenne) ecu; (Hist = bouclier) shield

écubier /ekybje/ NM hawse-hole

écueil /ekœj/ SYN NM (lit) reef, shelf; (= pierre d'achoppement) stumbling block; (= piège, danger) pitfall

écuelle /ekɥɛl/ NF (= assiette creuse) (pour chien) bowl; (= contenu) bowlful; (Hist) platter

écuisser /ekɥise/ ▸ conjug 1 ◂ VT [+ arbre] to split

éculé, e /ekyle/ (ptp de **éculer**) ADJ [chaussure] down-at-heel; [plaisanterie] hackneyed, worn; [mot] overused

éculer /ekyle/ ▸ conjug 1 ◂
VT [+ chaussure] to wear down at the heel
VPR s'éculer [plaisanterie] to wear thin; [mot] to be overused

écumage /ekymaʒ/ NM skimming

écumant, e /ekymɑ̃, ɑ̃t/ ADJ [mer, torrent, vague] foamy; [lait] frothy; [bouche] foaming

écume /ekym/ SYN NF [de mer] foam; [de bouche, bière] foam, froth; [de métal] dross; [de confiture, bouillon] scum; [de savon, cheval] lather ✦ **pipe en écume de mer** meerschaum pipe ✦ **l'écume de la société** (péj) the scum ou dregs of society

écumer /ekyme/ SYN ▸ conjug 1 ◂
VT ① [+ bouillon] to skim; [+ confiture] to take the scum off, to skim; [+ métal] to scum
② (= piller) to clean out, to plunder ✦ **écumer les mers** to scour the seas ✦ **écumer la ville à la recherche de** to scour the town in search of
VI [mer, confiture] to foam; [métal] to scum; [bouche, liquide] to froth, to foam; [cheval] to lather ✦ **écumer (de rage)** to foam ou froth at the mouth (fig), to foam with rage

écumeur /ekymœʀ/ NM (Hist) ✦ **écumeur des mers** (hum) pirate, buccaneer

écumeux, -euse /ekymø, øz/ ADJ foamy, frothy

écumoire /ekymwaʀ/ NF skimmer ✦ **troué comme une écumoire** riddled with holes

écureuil /ekyʀœj/ NM squirrel ✦ **écureuil roux/gris** red/grey squirrel ✦ **écureuil de Corée** chipmunk ✦ **écureuil volant** flying squirrel

écurie /ekyʀi/ NF [de chevaux, cyclistes etc] stable; (péj = endroit sale) pigsty ✦ **mettre un cheval à l'écurie** to stable a horse ✦ **écurie de course** racing stable ✦ **nettoyer les écuries d'Augias** to clean the Augean stables; → **sentir**

écusson /ekysɔ̃/ NM (= insigne) badge; (Mil) tab; (Héraldique) escutcheon; [de serrure] escutcheon; [d'insecte] scutellum ✦ **(greffe en) écusson** (Agr) shield-graft

écussonner /ekysɔne/ ▸ conjug 1 ◂ VT (Agr) to shield-graft; [uniforme] to put a tab on

écuyer /ekɥije/ NM ① (= cavalier) rider, horseman; (= professeur d'équitation) riding master ✦ **écuyer de cirque** circus rider
② (Hist) (d'un chevalier) squire; (à la cour) equerry

écuyère /ekɥijɛʀ/ NF rider, horsewoman ✦ **écuyère de cirque** circus rider ✦ **bottes à l'écuyère** riding boots

eczéma /ɛgzema/ NM eczema ✦ **avoir** ou **faire de l'eczéma** to have eczema

eczémateux, -euse /ɛgzematø, øz/ ADJ eczematous, eczema (épith)

édam /edam/ NM (= fromage) Edam

edelweiss /edɛlvɛs/ /edɛlvajs/ NM edelweiss

Éden /edɛn/ NM ✦ **l'Éden, le jardin d'Éden** (the garden of) Eden

édénique /edenik/ ADJ (littér) Edenic

édenté, e /edɑ̃te/ (ptp de **édenter**)
ADJ (totalement) toothless; (partiellement) gap-toothed
NM **edentate mammal** ✦ **les édentés** edentate mammals, the Edentata (SPÉC)

édenter /edɑ̃te/ ▸ conjug 1 ◂ VT to break the teeth of

EDF /ədeɛf/ NF (abrév de **Électricité de France**) ✦ **l'EDF** the French Electricity Board ✦ **l'EDF-GDF** the French Electricity and Gas Board

édicter /edikte/ SYN ▸ conjug 1 ◂ VT [+ loi] to enact, to decree; [+ peine] to decree

édicule /edikyl/ NM (hum = cabinets) public lavatory ou convenience (Brit), (public) rest room (US); (= kiosque) kiosk

édifiant, e /edifjɑ̃, jɑ̃t/ SYN ADJ [livre, conduite, histoire] edifying; [exemple] salutary

édification /edifikasjɔ̃/ SYN NF [de bâtiment] erection, construction; [de personne] edification (frm), enlightenment

édifice /edifis/ SYN NM building, edifice (frm) ✦ **édifice public** public building ✦ **l'édifice social** the social structure ou fabric

édifier /edifje/ SYN ▸ conjug 7 ◂ VT ① [+ maison] to build, to construct, to erect; [+ fortune, empire] to build (up); [+ système] to build, to develop
② (moralement) to edify (frm), to enlighten

édile /edil/ NM (frm, hum) (town) councillor

Édimbourg /edɛ̃buʀ/ N Edinburgh

édit /edi/ NM (Hist) edict ✦ **l'Édit de Nantes** the Edict of Nantes

éditer /edite/ ▸ conjug 1 ◂ VT (= publier) to publish; [+ disques] to produce; (= annoter, présenter) to edit

éditeur, -trice /editœʀ, tʀis/
NM,F (= annotateur) editor
NM ① (= personne ou entreprise qui publie) publisher ✦ **éditeur de disques** record producer
② (Ordin) ✦ **éditeur de textes** text editor

⚠ Au sens de 'personne ou entreprise qui publie', **éditeur** ne se traduit pas par le mot anglais **editor**.

édition /edisjɔ̃/ NF ① (= action de publier) publishing; [de disques] production ✦ **travailler dans l'édition** to be in publishing ou in the publishing business ✦ **l'édition électronique** electronic publishing
② (= livre, journal) edition ✦ **édition spéciale** (= journal) special edition; (= magazine) special issue ✦ **« édition spéciale ! »** (cri du vendeur) "extra! extra!" ✦ **édition de 5 heures** (= journal) five o'clock edition ✦ **notre édition de 13 heures** (Radio, TV = informations) our 1 o'clock news bulletin ✦ **dernière édition** (Presse) late edition; (TV) late news bulletin ✦ **deuxième/troisième édition !** * (hum) for the second/third time!
③ (= annotation) editing; (= texte) edition ✦ **établir l'édition critique d'un texte** to produce a critical edition of a text ✦ **édition revue et corrigée/revue et augmentée** revised/revised and enlarged edition
④ (Ordin) editing

⚠ Au sens de 'action de publier', **édition** ne se traduit pas par le mot anglais **edition**.

édito * /edito/ NM abrév de **éditorial**

éditorial, e (mpl -**iaux**) /editɔʀjal, jo/
ADJ [comité, politique, projet] editorial ✦ **il y a un superbe travail éditorial** it's beautifully edited
NM leading article, leader, editorial

éditorialiste /editɔʀjalist/ NMF leader ou editorial writer

Édouard /edwaʀ/ NM Edward ✦ **Édouard le Confesseur** Edward the Confessor

édredon /edʀədɔ̃/ NM eiderdown

éducable /edykabl/ ADJ educable, teachable

éducateur, -trice /edykatœʀ, tʀis/ SYN
ADJ educational
NM,F (gén) teacher; (en prison) tutor, instructor; (= théoricien) educationalist ✦ **éducateur spécialisé** (gén) teacher of children with special needs; [de maison de jeunes] youth worker ✦ **éducateur sportif** sports teacher

éducatif, -ive /edykatif, iv/ ADJ [rôle, valeur, processus] educational, educative; [chaîne, programme, jeu] educational ✦ **système éducatif** education system ✦ **équipe éducative** (Scol) teaching staff; [de services sociaux] (social services) support team

éducation /edykasjɔ̃/ SYN NF ① (= enseignement) education ✦ **les problèmes de l'éducation** educational problems ✦ **j'ai fait mon éducation à Paris** I was educated ou I went to school in Paris ✦ **j'ai fait mon éducation musicale à Paris** I studied music in Paris ✦ **il a reçu une bonne éducation** he had a good education ✦ **il a reçu une éducation religieuse** he had a religious upbringing ✦ **toute une éducation à refaire !** (hum) you've got a few things to learn! ✦ **éducation manuelle et technique** technical education (Brit), industrial arts (US) ✦ **l'Éducation nationale** (= système) state education; (= ministère) the Ministry (Brit) ou Department (US) of Education ✦ **éducation religieuse** religious education ✦ **éducation civique** civic education, civics (sg) ✦ **éducation permanente** continuing education ✦ **éducation physique et sportive** physical training ou education, PE ✦ **éducation sexuelle** sex education ✦ **le roman raconte l'éducation sentimentale d'un jeune homme** the novel recounts a young man's first experience of love; → **maison, ministère** etc
② (= discipline familiale) upbringing
③ (= bonnes manières) ✦ **avoir de l'éducation** to be well brought up ✦ **manquer d'éducation** to be badly brought up, to be ill-mannered ✦ **sans éducation** ill-mannered
④ [de goût, volonté] training

> **ÉDUCATION NATIONALE**
>
> The French state education system is the responsibility of the "Ministre de l'Éducation nationale". Schools administration at local level is the responsibility of the "recteur d'académie".
>
> State education in France is divided into four levels: "maternelle" (for children 2-6 years old), "primaire" (including "école élémentaire" and "école primaire", for 7 to 11-year-olds), "secondaire" (including "collège" and "lycée", for 12 to 18-year-olds) and "supérieur" (universities and other higher education establishments).
>
> State education as a whole is designed to follow key republican principles, the concept of "laïcité" (secular education) being of particular significance. Private education (mainly in Catholic schools) is structured in a similar way to the state system. → **ACADÉMIE, COLLÈGE, CONCOURS, DIPLÔMES, LYCÉE**

éducationnel, -elle /edykasjɔnɛl/ ADJ educational

édulcorant, e /edylkɔʀɑ̃, ɑ̃t/
ADJ sweetening
NM sweetener ✦ **sans édulcorant** unsweetened

édulcorer /edylkɔʀe/ SYN ▸ conjug 1 ◂ VT ① (= expurger) [+ doctrine, propos] to water down; [+ texte osé] to tone down ✦ **ils ont adopté une version édulcorée des thèses de l'extrême droite** they have adopted a toned-down version of the ideas of the far right ✦ **il a beaucoup édulcoré les passages violents du livre** he has really toned down the violent parts of the book
② (Pharm) to sweeten

éduquer /edyke/ SYN ▸ conjug 1 ◂ VT [+ enfant] (à l'école) to educate; (à la maison) to bring up, to raise; [+ peuple] to educate; [+ goût, volonté, œil, oreille] to train ✦ **bien éduqué** well-mannered, well-bred, well brought up ✦ **mal éduqué** ill-mannered, ill-bred, badly brought up

EEE /əəə/ NM (abrév de **espace économique européen**) EEA

EEG /eeʒe/ NM (abrév de **électro-encéphalogramme**) EEG

effaçable /efasabl/ ADJ [inscription] erasable

effacé, e /efase/ SYN (ptp de **effacer**) ADJ ① [couleur] (= qui a passé) faded; (= sans éclat) subdued

2 *[personne, manières]* unassuming, self-effacing; *[vie]* retiring; *[rôle]* unobtrusive

3 *[menton]* receding; *[poitrine]* flat ◆ **en position effacée** *(Escrime)* sideways (on)

effacement /efasmɑ̃/ **NM** 1 *[d'inscription, faute, souvenir]* obliteration, effacing; *[de bande magnétique]* erasing; *[de craintes]* dispelling; *(Ling)* deletion ◆ **effacement du corps/des épaules** *(Escrime)* drawing o.s./one's shoulders in ◆ **l'effacement progressif des frontières** the gradual elimination of borders

2 *[de personne] (par modestie)* unassuming *ou* self-effacing manner ◆ **son effacement progressif au profit du jeune sous-directeur** the way in which he was gradually being eclipsed by the young deputy director

effacer /efase/ SYN ▸ conjug 3 ◂

VT 1 *(= enlever) [+ inscription, traces]* to erase, to obliterate, to efface; *[+ bande magnétique, fichier]* to erase; *[+ tableau noir]* to clean, to wipe; *(à la gomme)* to erase, to rub out *(Brit)*; *(à l'éponge)* to wipe off, to sponge off; *(en lavant)* to wash off *ou* out; *(au chiffon)* to wipe off, to rub out; *(Ling)* to delete ◆ **cette gomme efface bien** this is a good rubber *(Brit) ou* eraser *(US)*, this rubber *(Brit) ou* eraser *(US)* works well ◆ **prends un chiffon pour effacer** use a cloth to rub it out *ou* wipe it off ◆ **un chemin à demi effacé** a barely distinguishable track

2 *[+ mauvaise impression, souvenir]* to erase, to efface; *[+ faute]* to erase, to obliterate; *[+ craintes]* to dispel ◆ **pour effacer vos rides** to smooth out your wrinkles ◆ **on efface tout et on recommence** *(on oublie le passé)* we'll let bygones be bygones, we'll wipe the slate clean; *(on reprend à zéro)* let's go back to square one, let's make a fresh start ◆ **tenter d'effacer son passé** to try to blot out one's past ◆ **le temps efface tout** everything fades in *ou* with time ◆ **ce moyen de communication efface les frontières** this means of communication cuts across borders

3 *(= éclipser)* to outshine, to eclipse

4 *(Sport) [+ adversaire]* to smash

5 ◆ **effacer le corps** *(Escrime)* to stand sideways on; *(gén)* to draw o.s. in ◆ **effacez les épaules !** shoulders back! ◆ **effacez le ventre !** stomach in!

VPR s'effacer 1 *[inscription]* to wear away; *[couleurs]* to fade; *[sourire]* to fade, to die ◆ **le crayon s'efface mieux que l'encre** it is easier to erase *ou* rub out *(Brit)* pencil than ink, pencil erases *ou* rubs out *(Brit)* more easily than ink ◆ **les frontières s'effacent** borders are coming down *ou* disappearing

2 *[crainte, impression, souvenir]* to fade, to diminish ◆ **tout s'efface avec le temps** everything fades in *ou* with time ◆ **un mauvais souvenir qui s'efface difficilement** an unpleasant memory that is hard to forget *ou* that is slow to fade

3 *(= s'écarter)* to move aside, to step back *ou* aside; *(= se faire discret)* to keep in the background; *(= se retirer)* to withdraw ◆ **l'auteur s'efface derrière ses personnages** the author hides behind his characters ◆ **elle s'efface le plus possible** she keeps (herself) in the background as much as possible ◆ **s'effacer devant** *ou* **au profit de qn** to step aside in favour of sb ◆ **le romantisme s'efface devant** *ou* **derrière le réalisme** romanticism is giving way to realism

effaceur /efasœʀ/ **NM** ◆ **effaceur d'encre** (ink) eraser pen

effarant, e /efaʀɑ̃, ɑ̃t/ SYN **ADJ** *[prix]* outrageous; *[vitesse]* alarming, breathtaking; *[bêtise]* astounding, incredible

effaré, e /efaʀe/ (ptp de **effarer**) **ADJ** alarmed *(attrib) (de* by, at), aghast *(attrib) (de* at) ◆ **son regard effaré** his wild eyes, his look of alarm

effarement /efaʀmɑ̃/ SYN **NM** alarm, trepidation

effarer /efaʀe/ SYN ▸ conjug 1 ◂ **VT** *(= alarmer)* to alarm ◆ **cette bêtise/hausse des prix m'effare** *(= stupéfier)* I find such stupidity/this rise in prices most alarming

effarouchement /efaʀuʃmɑ̃/ **NM** *[d'animal]* frightening away *ou* off, scaring away *ou* off; *[de personne timide]* frightening, scaring; *(= choc)* shocking, upsetting; *(= effroi)* fright; *(= état de choc)* shock, upset

effaroucher /efaʀuʃe/ SYN ▸ conjug 1 ◂

VT *(= alarmer) [+ animal]* to frighten away *ou* off, to scare away *ou* off; *[+ personne timide]* to frighten, to scare; *(= choquer)* to shock, to upset

VPR s'effaroucher *(par timidité) [animal, personne]* to shy *(de* at), to take fright *(de* at); *(par pudeur)* to be shocked *ou* upset *(de* by)

effarvatte /efaʀvat/ **NF** reed warbler

effecteur /efɛktœʀ/ **ADJ, NM** ◆ **(organe) effecteur** effector

effectif, -ive /efɛktif, iv/ SYN

ADJ *[aide]* real *(épith)*, positive *(épith)*; *[travail]* actual *(épith)*, real *(épith)*; *(Fin) [capital]* real *(épith)* ◆ **le couvre-feu sera effectif à partir de 22 heures** the curfew will take effect *ou* become effective as from 10pm

NM *[d'armée]* strength *(NonC)*; *[de classe]* size, (total) number of pupils; *[de parti]* size; *[d'entreprise]* staff, workforce ◆ **effectifs** *(Mil)* numbers, strength ◆ **l'école n'a jamais atteint son effectif** *ou* **l'effectif prévu** the school has never reached its full complement ◆ **l'effectif de la classe a triplé en deux ans** the (total) number of pupils in the class has *ou* the (size of the) class has trebled in two years ◆ **l'effectif est au complet** *(Mil)* we are at full strength *ou* up to strength ◆ **augmenter ses effectifs** *[parti, lycée]* to increase its numbers; *[entreprise]* to increase its workforce ◆ **l'usine a un effectif de 70 personnes** the factory has 70 people on the payroll *ou* has a workforce of 70 ◆ **maintenir le niveau des effectifs** to keep up manning levels

effectivement /efɛktivmɑ̃/ **ADV** 1 *(= réellement)* actually, really ◆ **cet incident s'est effectivement produit** the incident really did happen *ou* actually happened ◆ **heures effectivement travaillées** hours actually worked

2 *(= en effet)* actually, in fact; *(dans une réponse = oui)* quite, indeed ◆ **c'est effectivement plus rapide** it's true that it's faster ◆ **n'y a-t-il pas risque de conflit ? – effectivement !** isn't there a risk of conflict? – there is indeed! ◆ **effectivement, quand ce phénomène se produit...** indeed *ou* in fact, when this phenomenon occurs...

> (!) **effectivement** ne se traduit pas par **effectively**, qui veut dire 'efficacement'.

effectivité /efɛktivite/ **NF** *(frm) [d'action, démarche, aide, travail]* effectiveness, efficacy

effectuer /efɛktɥe/ SYN ▸ conjug 1 ◂

VT *[+ manœuvre, opération, mission, réparation]* to carry out; *[+ expérience]* to carry out, to perform; *[+ mouvement, geste]* to make; *[+ paiement]* to make, to effect; *[+ trajet]* to make, to complete; *[+ reprise économique]* to undergo, to stage ◆ **le franc/le coureur a effectué une remontée spectaculaire** the franc/the runner made *ou* staged a spectacular recovery

VPR s'effectuer ◆ **le trajet s'effectue en 2 heures** the journey takes 2 hours (to complete) ◆ **le paiement peut s'effectuer de deux façons** payment may be made in two ways ◆ **le rapatriement des prisonniers s'est effectué sans incident** the repatriation of the prisoners went off without a hitch ◆ **la rentrée scolaire s'est effectuée dans de bonnes conditions** the new school year got off to a good start

efféminé, e /efemine/ **ADJ** effeminate

efféminer /efemine/ ▸ conjug 1 ◂ **VT** *[+ personne]* to make effeminate; *[+ peuple, pensée]* to emasculate ◆ **s'efféminer** to become effeminate

efférent, e /efeʀɑ̃, ɑ̃t/ **ADJ** efferent

effervescence /efɛʀvesɑ̃s/ SYN **NF** *(lit)* effervescence; *(fig)* agitation ◆ **mettre la ville en effervescence** to plunge the town into a turmoil ◆ **être en effervescence** to be bubbling with excitement ◆ **l'effervescence révolutionnaire** the stirrings of revolution

effervescent, e /efɛʀvesɑ̃, ɑ̃t/ **ADJ** *(lit)* effervescent; *(fig)* agitated, in turmoil *(attrib)*

◆ ◆

effet /efɛ/ SYN

1 - NOM MASCULIN
2 - NOM MASCULIN PLURIEL
3 - LOCUTION ADVERBIALE
4 - COMPOSÉS

◆ ◆

1 - NOM MASCULIN

1 [= RÉSULTAT] *[d'action, médicament]* effect ◆ **effet pervers** pernicious effect ◆ **c'est un effet de son inexpérience** it is because of *ou* a result of his inexperience ◆ **c'est l'effet du hasard** it's pure chance, it is the result of chance ◆ **avoir** *ou* **produire beaucoup d'effet/l'effet voulu** to have *ou* produce a considerable effect/the desired effect ◆ **ces livres ont un effet nocif sur la jeunesse** these books have a harmful effect on young people ◆ **créer un effet de surprise** to create a surprise ◆ **il espérait créer un effet de surprise** he was hoping to surprise them *(ou* us *etc)* ◆ **avoir pour effet de faire qch** to have the effect of doing sth ◆ **avoir pour effet une augmentation/diminution de** to result in an increase/a decrease in ◆ **faire effet** *[médicament]* to take effect ◆ **le médicament (me) fait de l'effet/a fait son effet** the medicine works (on me)/has worked ◆ **la bière me fait beaucoup d'effet** beer goes straight to my head ◆ **la bière ne me fait aucun effet** beer has no effect on me ◆ **être** *ou* **rester sans effet** to be ineffective, to have no effect ◆ **ces mesures sont demeurées sans effet** these measures had no effect *ou* were ineffective; → **relation**

2 [= IMPRESSION] impression ◆ **faire** *ou* **produire un effet considérable/déplorable (sur qn)** to make a great/dreadful impression (on sb) ◆ **il a fait** *ou* **produit son petit effet** he managed to cause a bit of a stir *ou* a minor sensation ◆ **il aime faire de l'effet** he likes to create a stir ◆ **c'est tout l'effet que ça te fait ?** is that all it means to you?, is that all you feel about it? ◆ **quel effet ça te fait d'être revenu ?** what does it feel like *ou* how does it feel to be back? ◆ **ça m'a fait un drôle d'effet de le revoir après si longtemps** I found it strange seeing him again after so long ◆ **cela m'a fait de l'effet de le voir dans cet état** it really affected me *ou* it gave me quite a turn to see him in that state ◆ **faire bon/mauvais effet sur qn** to make a good/bad impression on sb ◆ **il m'a fait bon effet** he made a good impression on me, I was favourably impressed by him ◆ **ce tableau fait bon effet/beaucoup d'effet ici** this picture is quite/very effective here ◆ **il me fait l'effet d'(être) une belle crapule** he strikes me as being a real crook, he seems like a real crook to me; → **bœuf**

3 [= ARTIFICE, PROCÉDÉ] effect ◆ **effet de contraste/de style/comique** contrasting/stylistic/comic effect ◆ **effet d'optique** visual effect ◆ **effet facile** facile effect ◆ **effets de lumière** *(au théâtre)* lighting effects; *(naturels, sur l'eau)* play of light *(NonC)* ◆ **effets spéciaux** *(Ciné)* special effects ◆ **rechercher les effets** *ou* **l'effet** to strive for effect ◆ **soigner ses effets** to take great trouble over one's effects ◆ **elle lui a coupé ses effets** she stole his thunder ◆ **manquer** *ou* **rater son effet** *[personne]* to spoil one's effect; *[plaisanterie]* to fall flat, to misfire ◆ **faire des effets de voix** to use one's voice to dramatic effect, to make dramatic use of one's voice ◆ **il fait des effets de manches** *[avocat]* he waves his arms about in a most dramatic fashion

4 [PHYS, TECH] effect ◆ **machine à simple/double effet** single-/double-effect machine; → **boomerang, larsen, placebo, secondaire**

5 [SPORT] spin ◆ **donner de l'effet à une balle** to put spin on a ball ◆ **tu as mis trop d'effet** you've put too much spin on the ball

6 [ADMIN, JUR] ◆ **augmentation de salaire avec effet rétroactif au 1er janvier** payrise backdated to 1 January, retrospective payrise from 1 January ◆ **prendre effet à la date de** to take effect from, to be operative from ◆ **à l'effet de** in order to

7 [COMM = VALEUR] ◆ **effet bancaire, effet de commerce** bill of exchange ◆ **effet à vue** sight bill, demand note ◆ **effet au porteur** bill payable to bearer ◆ **effets à payer** notes payable ◆ **effets à recevoir** bills receivable ◆ **effets publics** government securities

8 [LOCUTIONS] ◆ **mettre à effet** to put into operation *ou* effect

◆ **à cet effet** ◆ **utilisez la boîte prévue à cet effet** use the box provided ◆ **un bâtiment construit à cet effet** a building designed for that purpose

◆ **pour cet effet** † for this purpose, to this effect *ou* end

◆ **sous l'effet de** *[+ alcool]* under the effect(s) *ou* influence of; *[+ drogue]* under the effect(s) of ◆ **sous l'effet de la colère il me frappa** in his anger he hit me ◆ **il était encore sous l'effet de la colère** his anger hadn't worn off yet, he was still angry

2 - NOM MASCULIN PLURIEL

effets *(= affaires, vêtements)* things, clothes ◆ **effets personnels** personal effects

3 - LOCUTION ADVERBIALE

en effet

[1] [INTRODUIT UNE EXPLICATION] because ◆ **cette voiture me plaît beaucoup, en effet, elle est rapide et confortable** I like this car very much because it's fast and comfortable

[2] [= EFFECTIVEMENT] ◆ **cela me plaît beaucoup, en effet** yes (indeed), I like it very much ◆ **c'est en effet plus rapide** it's true that it's faster

[3] [DANS UNE RÉPONSE] ◆ **étiez-vous absent mardi dernier ? - en effet, j'avais la grippe** were you absent last Tuesday? - yes (I was) ou that's right, I had flu ◆ **tu ne travaillais pas ? - en effet** you weren't working? - no, I wasn't as it happens

4 - COMPOSÉS

effet d'annonce ◆ **c'est un effet d'annonce** it's hype ◆ **créer un effet d'annonce** to create hype
effet papillon butterfly effect
effet retard [de médicament] delayed action
effet de serre greenhouse effect
effet de souffle blast ◆ **bombe à effet de souffle** blast bomb
effet tunnel tunnel effect; → **domino, gaz, levier**

---

effeuillage /efœjaʒ/ NM (Agr) thinning-out of leaves; (hum) striptease

effeuillaison /efœjɛzɔ̃/ NF, **effeuillement** /efœjmɑ̃/ NM fall of the leaves

effeuiller /efœje/ ► conjug 1 ◄
■ [+ arbre, branche] [arboriculteur] to thin out the leaves of; [vent] to blow the leaves off ◆ **effeuiller une branche/une fleur** (par jeu) to pull ou pick the leaves off a branch/the petals off a flower ◆ **effeuiller la marguerite** to play "she-loves-me, she-loves-me-not"
■ **s'effeuiller** [arbre] to shed ou lose its leaves

effeuilleuse /efœjøz/ NF (hum = strip-teaseuse) stripper

efficace /efikas/ SYN ADJ [remède, mesure] effective; [personne, machine] efficient; → **grâce**

efficacement /efikasmɑ̃/ ADV efficiently, effectively

efficacité /efikasite/ SYN NF [de remède, mesure] effectiveness; [de personne, machine] efficiency

efficience /efisjɑ̃s/ NF efficiency

efficient, e /efisjɑ̃, jɑ̃t/ ADJ efficient

effigie /efiʒi/ SYN NF effigy ◆ **à l'effigie de** depicting ◆ **des autocollants à l'effigie de Céline Dion** Celine Dion stickers ◆ **à l'effigie du logo de l'entreprise** bearing the company logo ◆ **en effigie** in effigy

effilé, e /efile/ SYN
■ [doigt, silhouette] slender; [pointe, outil] highly-sharpened; [carrosserie] streamlined; [tissu] frayed ◆ **amandes effilées** flaked almonds ◆ **poulet effilé** oven-ready chicken
■ [de jupe, serviette] fringe

effiler /efile/ ► conjug 1 ◄
■ [1] [+ objet] to taper; [+ lignes, forme] to streamline
[2] [+ étoffe] to fray; [+ cheveux] to thin (out)
■ **s'effiler** [objet] to taper; [étoffe] to fray

effilochage /efilɔʃaʒ/ NM fraying

effilocher /efilɔʃe/ SYN ► conjug 1 ◄
■ [+ tissu] to fray
■ **s'effilocher** to fray ◆ **veste effilochée** frayed jacket

effilochure /efilɔʃyʀ/ NF fray

efflanqué, e /eflɑ̃ke/ SYN ADJ raw-boned ◆ **c'était un cheval efflanqué** the horse was just skin and bones

effleurage /eflœʀaʒ/ NM [de cuir] buffing; (= massage) effleurage

effleurement /eflœʀmɑ̃/ SYN NM (= frôlement) light touch; (Ordin) touch ◆ **elle sentit sur son bras l'effleurement d'une main** she felt the light touch of a hand on her arm, she felt a hand brush against her arm ◆ **massage par effleurement** effleurage ◆ **écran/touche à effleurement** touch-sensitive screen/key

effleurer /eflœʀe/ SYN ► conjug 1 ◄ VT [1] (= frôler) to touch lightly, to brush (against); (= érafler) to graze; [+ sujet] to touch (lightly) on ou upon, to skim over; (Ordin) to touch ◆ **les oiseaux effleuraient l'eau** the birds skimmed (across) the water ◆ **une idée lui effleura l'esprit** an idea crossed his mind ◆ **ça ne m'a pas effleuré** it didn't cross my mind, it didn't occur to me ◆ **ayant oublié le désir qui l'avait effleuré** having forgotten his fleeting desire
[2] [+ cuir] to buff

effleurir /eflœʀiʀ/ ► conjug 2 ◄ VI to effloresce

efflorescence /eflɔʀesɑ̃s/ NF (Bot, Chim) efflorescence

efflorescent, e /eflɔʀesɑ̃, ɑ̃t/ ADJ (Bot, Chim) efflorescent

effluent, e /eflyɑ̃, ɑ̃t/
■ ADJ effluent
■ NM (Géog) effluent ◆ **effluent urbain** urban effluent ◆ **effluents radioactifs** radioactive effluent (NonCt) ou discharges

effluves /eflyv/ NMPL (littér) (agréables) fragrance; (désagréables) smell, effluvia (frm)

effondré, e /efɔ̃dʀe/ (ptp de **s'effondrer**) ADJ (gén = abattu) shattered, crushed (de by) ◆ **effondré de douleur** prostrate with grief ◆ **les parents effondrés** the grief-stricken parents

effondrement /efɔ̃dʀəmɑ̃/ SYN NM [1] [de mur, édifice] collapse ◆ **ça a provoqué l'effondrement du plancher** it caused the floor to cave in ou collapse
[2] [d'empire, entreprise] collapse, fall; [de prix, marché] collapse
[3] (= abattement) utter dejection

effondrer /efɔ̃dʀe/ ► conjug 1 ◄
■ VT (Rugby) [+ mêlée] to collapse
■ **s'effondrer** SYN [1] [toit, plancher] to collapse, to cave in, to fall in; [mur] to collapse, to fall down; [terre] to fall away, to collapse; [pont] to collapse; (Rugby) [mêlée] to collapse
[2] [empire, projet] to collapse; [prix, marché] to collapse, to plummet; [argument] to collapse, to fall to pieces; [espoirs] to be dashed; [rêves] to come to nothing
[3] [personne] to collapse; (fig) [accusé] to break down ◆ **elle s'est effondrée en larmes** she dissolved ou collapsed into tears, she broke down and wept ◆ **effondré sur sa chaise** slumped on his chair

efforcer (s') /efɔʀse/ SYN ► conjug 3 ◄ VPR ◆ **s'efforcer de faire qch** to try hard ou endeavour to do sth, to do one's best to do sth ◆ **il s'efforçait à une politesse dont personne n'était dupe** (littér) he was striving to remain polite but he convinced nobody ◆ **ils s'efforçaient en vain** (littér) they were striving in vain

effort /efɔʀ/ SYN NM [1] (physique, intellectuel) effort ◆ **après bien des efforts** after much exertion ou effort ◆ **la récompense de nos efforts** the reward for our efforts ◆ **nécessiter un (gros) effort financier** to require a (large) financial outlay ◆ **l'effort financier de la France dans le domaine de l'énergie** France's investment in the field of energy ◆ **effort de guerre** war effort ◆ **effort de volonté** effort of will ◆ **cela demande un effort de réflexion** that requires careful thought ◆ **cela demande un effort d'attention** you have to make an effort to concentrate ◆ **faire un effort** to make an effort ◆ **faire un effort de mémoire** to make an effort ou try hard to remember ◆ **tu dois faire un effort d'imagination** you should try to use your imagination ◆ **faire de gros efforts pour réussir** to make a great effort ou great efforts to succeed, to try very hard to succeed ◆ **faire un effort sur soi-même pour rester calme** to make an effort ou force o.s. to stay calm ◆ **faire un effort financier en faveur des petites entreprises** to give financial help to small businesses ◆ **tu dois faire un peu plus d'efforts** you must try a bit harder ◆ **faire l'effort de** to make the effort to ◆ **faire porter son** ou **l'effort sur** to concentrate one's efforts on ◆ **plier sous l'effort** to bend with the effort ◆ **il est resté en deçà de son effort** (Sport) he didn't go all out, he didn't stretch himself to his limit ◆ **encore un effort** just a little more effort ◆ **sans effort** effortlessly, easily ◆ **avec effort** with some effort; → **moindre**
[2] (Tech) stress, strain ◆ **effort de torsion** torsional stress ◆ **effort de traction** traction, pull ◆ **l'effort que subissent les fondations** the strain on the foundations

effraction /efʀaksjɔ̃/ NF (Jur) breaking and entering ◆ **entrer par effraction** to break in ◆ **ils sont entrés par effraction dans la maison** they broke into the house ◆ **effraction informatique** (computer) hacking; → **vol²**

effraie /efʀɛ/ NF ◆ **(chouette) effraie** barn-owl

effrangé, e /efʀɑ̃ʒe/ (ptp de **effranger**) ADJ fringed; (= effiloché) frayed

effranger /efʀɑ̃ʒe/ ► conjug 3 ◄
■ VT to fringe (by fraying)
■ **s'effranger** to fray ◆ **ces manches s'effrangent** these sleeves are fraying (at the edges)

effrayant, e /efʀɛjɑ̃, ɑ̃t/ SYN ADJ (= qui fait peur) frightening; (= alarmant) alarming

effrayé, e /efʀɛje/ (ptp de **effrayer**) ADJ frightened, scared ◆ **il me regarda d'un air effrayé** he looked at me in alarm

effrayer /efʀɛje/ SYN ► conjug 8 ◄
■ VT (= faire peur à) to frighten, to scare
■ **s'effrayer** to be frightened ou scared ou afraid (de of)

effréné, e /efʀene/ SYN ADJ [spéculation] rampant ◆ **la consommation effrénée** rampant consumerism ◆ **ils se sont engagés dans une course effrénée à la productivité** they went all out to increase productivity ◆ **la recherche effrénée du profit** the reckless pursuit of profit ◆ **se livrer à une concurrence effrénée** to compete savagely ◆ **à un rythme effréné** at a furious pace ◆ **les fusions se sont succédé à un rythme effréné** it was just one merger after another

effritement /efʀitmɑ̃/ SYN NM [de roche] crumbling; [de valeurs morales, majorité] crumbling; [de monnaie] erosion; [de fortune, valeurs boursières] dwindling; [de relation] disintegration

effriter /efʀite/ SYN ► conjug 1 ◄
■ VT [+ biscuit, sucre] to crumble; [+ roche, falaise] to cause to crumble
■ **s'effriter** [roche] to crumble; [valeurs, marché] to decline; [majorité électorale] to crumble; [fortune] to dwindle; [consensus] to crack; [relation] to disintegrate, to fall apart ◆ **son avance s'effrite** (Sport) he's losing his lead ◆ **la livre s'effrite face au dollar** (Bourse) sterling is falling against the dollar ◆ **Radio Soleil voit son audience s'effriter** Radio Soleil is losing listeners

effroi /efʀwa/ SYN NM (littér) terror, dread ◆ **saisi d'effroi** terror-stricken

effronté, e /efʀɔ̃te/ SYN
■ ADJ [personne, air, réponse] insolent, impudent, cheeky (Brit), sassy (US); [mensonge, menteur] barefaced (épith), shameless
■ NM,F insolent ou impudent person ◆ **petit effronté !** you cheeky (Brit) ou sassy (US) little thing!

effrontément /efʀɔ̃temɑ̃/ ADV [mentir] brazenly; [sourire] impudently, cheekily (Brit)

effronterie /efʀɔ̃tʀi/ SYN NF [de réponse, personne] insolence, impudence, cheek (Brit); [de mensonge] shamelessness, effrontery

effroyable /efʀwajabl/ SYN ADJ appalling, horrifying

effroyablement /efʀwajabləmɑ̃/ ADV appallingly, horrifyingly

effusion /efyzjɔ̃/ SYN NF [de tendresse] outpouring ◆ **après ces effusions** after all this effusiveness ◆ **remercier qn avec effusion** to thank sb effusively ◆ **effusion de sang** bloodshed

éfrit /efʀit/ NM efreet

égagropile /egagʀɔpil/ NM ⇒ **ægagropile**

égailler (s') /egaje/ ► conjug 1 ◄ VPR to scatter, to disperse

égal, e (mpl **-aux**) /egal, o/ GRAMMAIRE ACTIVE 7.5 SYN
■ ADJ [1] (= de même valeur) equal (à to) ◆ **de poids égal** of equal weight ◆ **à poids égal** weight for weight ◆ **à nombre/prix égal** for the same number/price ◆ **égaux en nombre** equal in numbers ◆ **à égale distance de deux points** equidistant ou exactly halfway between two points ◆ **Orléans est à égale distance de Tours et de Paris** Orléans is equidistant from Tours and Paris ou is the same distance from Tours as from Paris ◆ **Tours et Paris sont à égale distance d'Orléans** Tours and Paris are the same distance from ou are equidistant from Orléans ◆ **d'adresse/d'audace égale** of equal skill/boldness, equally skilful/bold ◆ **toutes choses égales par ailleurs** all ou other things being equal; → **signe**
[2] (= sans variation) [justice] even, unvarying; [climat] equable, unchanging; [terrain] even, level; [bruit, rumeur, vent] steady ◆ **de caractère égal** even-tempered ◆ **marcher d'un pas égal** to walk with a regular ou an even step
[3] (locutions) ◆ **ça m'est égal** (= je n'y attache pas d'importance) I don't mind, it's all one ou the

égalable / egalabl/ ADJ ◆ **difficilement égalable** difficult to equal ou match

également /egalmɑ̃/ SYN ADV ① (= aussi) also, too, as well ◆ **elle lui a également parlé** (elle aussi) she also ou too spoke to him; (à lui aussi) she spoke to him as well ou too
② (= sans aspérités) evenly; (= sans préférence) equally

égaler /egale/ SYN ► conjug 1 ◄
VT ① [+ personne, record] to equal (en in) ◆ **2 plus 2 égalent 4** (Math) 2 plus 2 equals 4 ◆ **personne ne l'a encore égalé en adresse** so far there has been no one to equal ou match his skill, so far no one has matched him for skill ◆ **son intégrité égale sa générosité** his generosity is matched ou equalled by his integrity, his integrity matches ou equals his generosity
② (= comparer) ◆ **égaler qn à** to rank sb with ◆ **c'est un bon compositeur mais je ne l'égalerais pas à Ravel** he's a good composer but I wouldn't rank him with ou put him beside Ravel
③ († = rendre égal) ◆ **la mort égale tous les êtres** death is the great leveller
VPR **s'égaler** ◆ **s'égaler à** (= se montrer l'égal de) to equal, to be equal to; (= se comparer à) to liken o.s. to, to compare o.s. to

égalisateur, -trice /egalizatœʀ, tʀis/ ADJ equalizing (Brit), tying (US) ◆ **le but égalisateur** (Sport) the equalizer (Brit), the tying goal (US) ◆ **le jeu égalisateur** (Tennis) the game which evened (up) the score

égalisation /egalizasjɔ̃/ NF (Sport) equalization (Brit), tying (US); [de sol, revenus] levelling ◆ **c'est l'égalisation** (Sport) they've scored the equalizer (Brit) ou the tying goal (US), they've equalized (Brit) ou tied (US)

égaliser /egalize/ SYN ► conjug 1 ◄
VT [+ chances] to equalize, to make equal; [+ cheveux] to straighten up; [+ sol, revenus] to level (out)
VI (Sport) to equalize (Brit), to tie (US)
VPR **s'égaliser** [chances] to become (more) equal; [sol] to level (out), to become (more) level

égaliseur /egalizœʀ/ NM ◆ **égaliseur graphique** graphic equalizer

égalitaire /egalitɛʀ/ ADJ egalitarian

égalitarisme /egalitaʀism/ NM egalitarianism

égalitariste /egalitaʀist/ ADJ, NMF egalitarian

égalité /egalite/ GRAMMAIRE ACTIVE 5.4 SYN NF
① [d'hommes] equality; (Math) identity ◆ **comparatif d'égalité** (Gram) comparative of similar degree ◆ **égalité des chances** equal opportunities, equality of opportunity
② [de climat] equableness, equability; [de pouls] regularity; [de surface] evenness, levelness ◆ **égalité d'humeur** evenness of temper, equableness ◆ **égalité d'âme** equanimity
③ (Tennis) ◆ « **égalité !** » "deuce!"
◆ **à égalité** ◆ **être à égalité** (après un but) to be equal; (fin du match) to draw (Brit), to tie (US); (Tennis : à 40/40) to be at deuce ◆ **ils sont à égalité** (Sport) the score is ou the scores are even ◆ **à égalité de qualification** on prend le plus âgé in the case of equal qualifications we take the oldest

égard /egaʀ/ SYN NM ① (= respect) ◆ **égards** consideration ◆ **il le reçut avec de grands égards** he welcomed her with every ou great consideration ◆ **être plein d'égards pour qn, avoir beaucoup d'égards pour qn** to be very considerate towards sb, to show great consideration for sb ◆ **manquer d'égards envers qn** to be inconsiderate to(wards) sb, to show a lack of consideration for sb ◆ **vous n'avez aucun égard pour votre matériel** you have no respect for your equipment
② (locutions) ◆ **avoir égard à qch** to take sth into account ou consideration ◆ **par égard pour** out of consideration for ◆ **sans égard pour** without regard for, without consideration for ◆ **à bien des égards, à maints égards** in many respects ◆ **à tous (les) égards** in all respects
◆ **eu égard à** in view of, considering
◆ **à l'égard de** ◆ **aimable à l'égard des enfants** (envers) friendly towards children ◆ **des mesures ont été prises à son égard** (contre) measures have been taken against him ◆ **à l'égard de ce que vous me dites...** (en ce qui concerne) concerning ou regarding ou with regard to what you're saying...

égaré, e /egaʀe/ (ptp de **égarer**) ADJ ① [voyageur] lost; [animal] stray (épith), lost; → **brebis**
② [air, regard] distraught, wild

égarement /egaʀmɑ̃/ SYN
NM (littér = trouble affectif) distraction ◆ **dans un moment d'égarement** in a moment of distraction
NMPL **égarements** (littér = dérèglements) aberrations ◆ **elle est revenue de ses égarements** she's seen the error of her ways

égarer /egaʀe/ SYN ► conjug 1 ◄
VT ① [+ voyageur] to lead out of his way; [+ enquêteurs] to mislead; (moralement) [+ jeunes, esprits] to lead astray ◆ **la douleur vous égare** (frm) you are distraught ou distracted with grief
② [+ objet] to mislay
VPR **s'égarer** SYN ① [voyageur] to lose one's way, to get lost; [animal] (gén) to get lost; (du troupeau) to stray; [colis, lettre] to get lost, to go astray; [discussion, auteur] to wander from the point ◆ **ne nous égarons pas !** let's stick to the point! ◆ **il s'égare dans des détails** he loses himself ou he gets lost in details ◆ **une espèce d'original égaré dans notre siècle** an eccentric individual who seems out of place in the age we live in ◆ **s'égarer du droit chemin** (fig, Rel) to wander ou stray from the straight and narrow ◆ **quelques votes d'extrême droite se sont égarés sur ce candidat socialiste** a few votes from the far right have been lost to the socialist candidate
② (= perdre la raison) to lose one's reason ◆ **mon esprit s'égare à cette pensée** the thought of it makes me feel quite distraught

égayer /egeje/ SYN ► conjug 8 ◄
VT [+ personne] to cheer up; [+ pièce] to brighten up; [+ conversation] to enliven
VPR **s'égayer** to have fun ◆ **s'égayer aux dépens de qn** to amuse o.s. at sb's expense ◆ **s'égayer à voir...** to be highly amused ou entertained at seeing...

Égée /eʒe/ ADJ ◆ **la mer Égée** the Aegean Sea ◆ **les îles de la mer Égée** the Aegean Islands

égéen, -enne /eʒeɛ̃, ɛn/ ADJ [peuples] Aegean

égérie /eʒeʀi/ NF ① [de poète] muse ◆ **c'est la nouvelle égérie de Chanel** (= mannequin) she's Chanel's new icon ◆ **une égérie du cinéma américain** an American movie queen ◆ **elle est l'égérie du président** the president looks to her for inspiration ◆ **la police a arrêté l'égérie de la bande** the police have arrested the woman who was the brains behind the gang
② ◆ **Égérie** (Hist) Egeria

égide /eʒid/ SYN **sous l'égide de** LOC PRÉP under the aegis of

églantier /eglɑ̃tje/ NM wild ou dog rose (plant)

églantine /eglɑ̃tin/ NF wild ou dog rose (flower), eglantine

églefin /egləfɛ̃/ NM haddock

église /egliz/ NF ① (= bâtiment) church ◆ **aller à l'église** to go to church ◆ **il est à l'église** (pour l'office) he's at ou in church; (en curieux) he's in the church ◆ **se marier à l'église** to get married in church, to have a church wedding ◆ **à l'église Ste Marie** at St Mary's (church)
② ◆ **l'Église** (= secte, clergé) the Church ◆ **l'Église anglicane** the Church of England, the Anglican Church ◆ **l'Église catholique** the Church of Rome, the Roman Catholic Church ◆ **l'Église réformée** the Reformed Church ◆ **l'Église orthodoxe** the Orthodox Church ◆ **l'Église de France/Rome** The Church of France/Rome ◆ **l'Église militante/triomphante** the Church militant/triumphant; → **gens¹, homme**

églogue /eglɔg/ NF eclogue

ego /ego/ NM (Philos, Psych) ego ◆ **il a un ego démesuré** he has an inflated ego

égocentrique /egosɑ̃tʀik/ SYN
ADJ egocentric, self-centred
NMF egocentric ou self-centred person

égocentrisme /egosɑ̃tʀism/ NM (gén) egocentricity, self-centredness; (Psych) egocentricity

égocentriste /egosɑ̃tʀist/ ADJ, NMF ⇒ **égocentrique**

égoïne /egɔin/ NF ◆ **(scie) égoïne** handsaw

égoïsme /egɔism/ SYN NM selfishness, egoism

égoïste /egɔist/ SYN
ADJ selfish, egoistic
NMF selfish person, egoist

égoïstement /egɔistmɑ̃/ ADV selfishly, egoistically

égorgement /egɔʀʒəmɑ̃/ NM ◆ **l'égorgement d'un mouton** slitting ou cutting a sheep's throat

égorger /egɔʀʒe/ ► conjug 3 ◄ VT (lit) to slit ou cut the throat of; * [+ débiteur, client] to bleed white

égorgeur, -euse /egɔʀʒœʀ, øz/ NM,F cut-throat

égosiller (s') /egozije/ SYN ► conjug 1 ◄ VPR (= crier) to shout o.s. hoarse; (= chanter fort) to sing at the top of one's voice ou lungs (US)

égotisme /egotism/ NM egotism

égotiste /egotist/ (littér)
ADJ egotistic(al)
NMF egotist

égout /egu/ NM sewer ◆ **réseau ou système d'égouts** sewerage system ◆ **eaux d'égout** sewage ◆ **aller à l'égout** [d'eaux usées] to go down the drain ◆ **égout pluvial** storm drain ou sewer

égoutier /egutje/ NM sewer worker

égouttage /eguta3/ NM (avec passoire) straining; [de linge] wringing out; [de fromage] draining

égouttement /egutmɑ̃/ NM [de vaisselle] draining; [de linge, eau] dripping

égoutter /egute/ SYN ► conjug 1 ◄
VT [+ légumes] (avec une passoire) to strain; [+ linge] (en le tordant) to wring out; [+ fromage] to drain
VI [vaisselle] to drain; [linge, eau] to drip ◆ **faire égoutter l'eau** to drain off the water ◆ **mettre le linge à égoutter** to hang up the washing to drip ◆ **ne l'essore pas, laisse-le égoutter** don't wring it out, leave it to drip dry
VPR **s'égoutter** [arbre, linge, eau] to drip; [vaisselle] to drain

égouttoir /egutwaʀ/ NM [de vaisselle] (intégré dans l'évier) draining (Brit) ou drain (US) board; (mobile) draining rack (Brit), drainer (US), dish rack (US); [de légumes] strainer, colander

égoutture /egutyʀ/ NF drippings, drops

égrapper /egʀape/ ► conjug 1 ◄ VT [+ fruit] to stem

égratigner /egʀatiɲe/ SYN ► conjug 1 ◄ VT [+ peau] to scratch, to graze; [+ genou] to graze, to scrape; (fig) [+ adversaire] to have a dig at ◆ **il s'est égratigné le genou** he grazed his knee ◆ **le film/l'auteur s'est fait égratigner par la critique** the film/the author was given a bit of a rough ride by the critics

égratignure /egʀatiɲyʀ/ SYN NF [de peau] scratch, graze; [de genou] graze, scrape ◆ **il s'en est sorti sans une égratignure** he came out of it without a scratch ◆ **ce n'était qu'une égratignure faite à son amour-propre** it just dented his self-esteem

égrènement /egʀɛnmɑ̃/ NM ◆ **l'égrènement des heures/minutes** marking out the hours/minutes ◆ **l'égrènement des hameaux le long de la vallée** (littér) the hamlets dotted along the valley

égrener /egʀəne/ ► conjug 5 ◄
VT ① [+ pois] to shell, to pod; [+ blé, maïs, épi] to shell; [+ coton] to gin; [+ grappe] to pick grapes off ◆ **égrener des raisins** to pick grapes off the bunch
② (fig) ◆ **égrener son chapelet** to tell one's beads † (aussi littér), to say the rosary ◆ **la pendule égrène les heures** the clock marks out the hours ◆ **égrener la liste de ses succès** to go through a list of one's successes
VPR **s'égrener** [raisins] to drop off the bunch; [blé] to drop off the stalk; [rire] to break out ◆ **les maisons s'égrenaient le long de la route** the houses were dotted along the road ◆ **les notes du piano s'égrenaient dans le silence** the notes of the piano fell one by one in the silence

égreneuse /egʀənøz/ NF [de céréales] corn-sheller; [de coton] gin

égrillard, e /egʀijaʀ, aʀd/ SYN ADJ [ton, regard] ribald; [plaisanterie, rire, propos] ribald, bawdy

égrisé /egʀize/ NM, **égrisée** /egʀize/ NF bo(a)rt, bortz

égriser /egʀize/ ► conjug 1 ◄ VT [+ gemme, glace] to grind

égrugeoir /egʀyʒwaʀ/ NM mortar

égruger /egʀyʒe/ ► conjug 3 ◄ VT to pound, to crush

égueuler /egœle/ ► conjug 1 ◄ VT to break the opening of

Égypte /eʒipt/ NF Egypt ◆ **la basse/haute Égypte** Lower/Upper Egypt ◆ **la République arabe d'Égypte** the Arab Republic of Egypt

égyptien, -ienne /eʒipsjɛ̃, jɛn/
ADJ Egyptian
NM,F Égyptien(ne) Egyptian

égyptologie /eʒiptɔlɔʒi/ NF Egyptology

égyptologue /eʒiptɔlɔg/ NMF Egyptologist

eh /e/ EXCL hey! ◆ **eh oui !/non !** I'm afraid so!/ not! ◆ **eh bien** well

éhonté, e /eɔ̃te/ SYN ADJ [action] shameless, brazen; [menteur, mensonge] shameless, barefaced, brazen

eider /ɛdɛʀ/ NM eider

eidétique /ejdetik/ ADJ eidetic

Eiffel /ɛfɛl/ N ◆ **la tour Eiffel** the Eiffel Tower

einsteinien, -ienne /ɛnstajnjɛ̃, jɛn/ ADJ Einsteinian

einsteinium /ɛnstɛnjɔm/ NM einsteinium

Eire /ɛʀ/ NF Eire

éjaculateur /eʒakylatœʀ/ NM ◆ **être un éjaculateur précoce** to suffer from premature ejaculation, to be a premature ejaculator

éjaculation /eʒakylasjɔ̃/ NF ejaculation ◆ **éjaculation précoce** premature ejaculation

éjaculatoire /eʒakylatwaʀ/ ADJ (Physiol) ejaculatory

éjaculer /eʒakyle/ ► conjug 1 ◄ VI to ejaculate

éjectable /eʒɛktabl/ ADJ → **siège**[1]

éjecter /eʒɛkte/ SYN ► conjug 1 ◄
VT [1] to eject ◆ **il a été éjecté de la voiture** he was thrown out of the car
[2] * (= congédier) to sack*; (= expulser) to kick out * ◆ **se faire éjecter** (de son travail) to get the sack*; (d'une boîte de nuit) to get kicked out *
VPR s'éjecter [pilote] to eject

éjecteur /eʒɛktœʀ/ NM [de fluide, pièce] ejector

éjection /eʒɛksjɔ̃/ NF ejection; (* = licenciement) sacking*

élaboration /elabɔʀasjɔ̃/ SYN NF [de plan, système], working-out, elaboration; [de bile, sève, aliments] elaboration

élaboré, e /elabɔʀe/ (ptp de **élaborer**) ADJ (= sophistiqué) [théorie, savoir] elaborate; [cuisine, coiffure, système] elaborate, sophisticated

élaborer /elabɔʀe/ ► conjug 1 ◄ VT [+ plan, système, solution] to work out, to elaborate; [+ document] to draw up; [+ bile, sève, aliments] to elaborate

élæis /eleis/ NM ⇒ **éléis**

élagage /elagaʒ/ NM (lit, fig) pruning

élaguer /elage/ SYN ► conjug 1 ◄ VT (lit, fig) to prune

élagueur, -euse /elagœʀ, øz/ NM,F pruner

élan[1] /elɑ̃/ NM (= animal) elk, moose

élan[2] /elɑ̃/ SYN NM [1] (= vitesse acquise) momentum; [de sauteur, joueur] run up ◆ **prendre son élan** to take a run up ◆ **prendre de l'élan** [sauteur, joueur] to take a run up; [coureur] to gather speed; [mouvement, campagne] to gather momentum ◆ **perdre son élan** to lose one's (ou its) momentum ◆ **saut avec/sans élan** running/ standing jump ◆ **il a continué dans ou sur son élan** he continued to run at the same pace ou speed ◆ **emporté par son élan, il n'a pas pu s'arrêter à temps** he was going so fast he couldn't stop ◆ **emportée par son élan, elle a eu des paroles malheureuses** she got carried away and said some unfortunate things ◆ **rien ne peut l'arrêter dans son élan** (= dans sa carrière, son projet) nothing can stop him now ◆ **je vais te donner de l'élan !** * you're going to get a slap! ◆ **l'élan du clocher vers le ciel** (littér) the thrust of the steeple towards the sky

[2] (= accès) ◆ **dans un élan d'enthousiasme/de générosité/de colère** in a fit of enthusiasm/of generosity/of anger ◆ **il eut un élan de tendresse pour elle** he felt a surge of affection for her ◆ **les élans lyriques de l'orateur** the lyrical outbursts of the speaker ◆ **maîtriser les élans de son cœur** to control the impulses of one's heart ◆ **'bien sûr !' dit-il avec élan** 'of course!', he exclaimed

[3] (= ardeur) fervour (Brit), fervor (US) ◆ **élan patriotique/révolutionnaire** patriotic/revolutionary fervour

[4] (= dynamisme) boost ◆ **redonner de l'élan** ou **donner un nouvel élan à une politique/ une institution/l'économie** to give new impetus to a policy/an institution/the economy ◆ **l'élan vital** the life force

élancé, e /elɑ̃se/ SYN (ptp de **élancer**) ADJ [clocher, colonne, taille, personne] slender

élancement /elɑ̃smɑ̃/ NM (Méd) shooting ou sharp pain

élancer /elɑ̃se/ ► conjug 3 ◄
VT (littér) ◆ **le clocher élance sa flèche vers le ciel** the church steeple soars ou thrusts upwards into the sky
VI [blessure] to give shooting ou sharp pains ◆ **mon doigt m'élance** I get shooting ou sharp pains in my finger
VPR s'élancer SYN [1] (= se précipiter) to rush forward; (= prendre son élan) to take a run up ◆ **s'élancer au-dehors** to rush ou dash outside ◆ **s'élancer comme une flèche vers** to dart towards ◆ **s'élancer d'un bond sur** to leap onto ◆ **s'élancer au secours de qn** to rush ou dash to help sb ◆ **s'élancer à la poursuite de qn** to rush off in pursuit of sb, to dash after sb ◆ **s'élancer vers qn** to leap ou dash towards sb ◆ **s'élancer sur qn** to hurl ou throw o.s. at sb, to rush at sb ◆ **s'élancer à l'assaut d'une montagne/forteresse** to launch an attack on a mountain/fortress
[2] (littér = se dresser) to soar ou thrust (upwards) ◆ **la tour s'élance vers le ciel** the tower soars ou thrusts up into the sky

élargir /elaʀʒiʀ/ SYN ► conjug 2 ◄
VT [1] (pour agrandir) [+ rue] to widen; [+ robe] to let out; [+ chaussures] to stretch, to widen; (= déformer) [+ vêtement, chaussures] to stretch ◆ **ça lui élargit la taille** it makes her look bigger round the waist ◆ **une veste qui élargit les épaules** a jacket that makes the shoulders look broader ou wider
[2] [+ débat, connaissances] to broaden, to widen ◆ **majorité élargie** (Pol) increased majority ◆ **élargir son horizon** to enlarge ou widen one's horizons ◆ **élargir son champ d'action** to extend one's field of operations
[3] (Jur = libérer) to release, to free
VPR s'élargir [vêtement] to stretch; [route] to widen, to get wider; [esprit, débat] to broaden; [idées] to broaden, to widen

élargissement /elaʀʒismɑ̃/ SYN NM
[1] (= agrandissement) [de rue] widening; [de robe] letting out; [de chaussures] stretching, widening
[2] [de débat, connaissances] broadening, widening ◆ **elle réclame un élargissement de ses pouvoirs** she wants her powers to be extended
[3] (Jur = libération) release, freeing

élasthanne /elastan/ NM spandex ®, elastane ® (Brit)

élasticimétrie /elastisimetʀi/ NF elastometry

élasticité /elastisite/ SYN NF [1] [d'objet] elasticity; [de démarche] springiness; (Écon) [d'offre, demande] elasticity
[2] [de sens, esprit, principes] flexibility; (péj) [de conscience] accommodating nature; [de règlement] elasticity, flexibility

élastine /elastin/ NF elastin

élastique /elastik/ SYN
ADJ [1] [objet] elastic; [démarche] springy; (Écon) [offre, demande] elastic ◆ **taille élastique** (Couture) elasticated (Brit) ou elasticized (US) waist
[2] [sens, esprit, principes] flexible; (péj) [conscience] accommodating; [règlement] elastic, flexible
NM [1] [de bureau] elastic ou rubber band; → **lâcher**
[2] (pour couture, jeu etc) elastic (NonC); (Sport) bungee cord ◆ **en élastique** elasticated, elastic; → **saut**

élastiqué, e /elastike/ ADJ [encolure, ceinture, manche, taille] elasticated (Brit), elasticized (US); [pantalon] with an elasticated (Brit) ou elasticized (US) waist

élastomère /elastɔmɛʀ/ NM elastomer ◆ **en élastomère** [chaussures] man-made

Elbe /ɛlb/ N ◆ **l'île d'Elbe** (the island of) Elba ◆ **l'Elbe** (le fleuve) the Elbe

Eldorado /ɛldɔʀado/ NM El Dorado

éléatique /eleatik/ ADJ Eleatic

électeur, -trice /elɛktœʀ, tʀis/ NM,F [1] (Pol, gén) voter, elector; (dans une circonscription) constituent ◆ **le député et ses électeurs** ≈ the member of parliament and his constituents ◆ **les électeurs** (corps électoral) the electorate, the voters ◆ **grand électeur** (en France) elector who votes in the elections for the French Senate; (aux USA) presidential elector
[2] (Hist) ◆ **Électeur** Elector ◆ **Électrice** Electress → **Sénat**

électif, -ive /elɛktif, iv/ ADJ (Pol) elective

élection /elɛksjɔ̃/ NF [1] (Pol, gén) election ◆ **jour des élections** polling ou election day ◆ **se présenter aux élections** to stand (Brit) ou run (US) as a candidate (in the election) ◆ **élection présidentielle** presidential election ◆ **élection partielle** ≈ by(e)-election ◆ **élections législatives** legislative elections, ≈ general election ◆ **élections municipales/cantonales** municipal/cantonal elections ◆ **élections régionales** regional elections
[2] (littér = choix) choice ◆ **lieu/patrie d'élection** place/country of one's (own) choosing ou choice ◆ **la France est une patrie** ou **terre d'élection pour les poètes** France is a country much favoured by poets ◆ **élection de domicile** (Jur) choice of residence

● **ÉLECTIONS**

Presidential elections and legislative elections (for the "députés" who make up the "Assemblée nationale") take place every five years in France. Elections for one third of the "Sénat" are held every three years, but these are collegiate and only "grands électeurs" (high-ranking officials and party representatives) vote in them.
There are two kinds of local election in France, and both are held every six years. They are the "élections cantonales" in which people vote for the "Conseil régional" and "Conseil général", and the "élections municipales" for the "Conseil municipal" (or the "Conseil d'arrondissement" in Paris, Marseille and Lyons).
All public elections take place on a Sunday in France, usually in school halls and "mairies".
→ **Canton**, **Commune**, **Département**

électoral, e (mpl -aux) /elɛktɔʀal, o/ ADJ [affiche, réunion] election (épith) ◆ **campagne électorale** election ou electoral campaign ◆ **pendant la période électorale** during election time, during the run-up to the election ◆ **il m'a promis son soutien électoral** he promised me his backing in the election; → **agent**, **circonscription**, **corps**

électoralisme /elɛktɔʀalism/ NM electioneering

électoraliste /elɛktɔʀalist/ ADJ electioneering

électorat /elɛktɔʀa/ NM [1] (= électeurs) electorate; (dans une circonscription) constituency; (= droit de vote) franchise ◆ **l'électorat socialiste** the voters for the socialist party, the socialist vote
[2] (Hist = principauté) electorate

Électre /elɛktʀ/ NF Electra

électret /elɛktʀɛ(t)/ NM electret

électricien, -ienne /elɛktʀisjɛ̃, jɛn/ NM,F electrician

électricité /elɛktʀisite/ SYN NF electricity ◆ **allumer l'électricité** to turn the light on ◆ **ça marche à l'électricité** it runs on electricity, it's electrically operated ◆ **refaire l'électricité** to rewire the house (ou shop etc) ◆ **être sans électricité** (gén) to have no electricity; (suite à une panne, à une grève) to be without power ◆ **électricité statique** static electricity ◆ **l'électricité d'origine nucléaire** nuclear(-generated) electricity ◆ **électricité atmosphérique** atmospherics ◆ **il y a de l'électricité dans l'air** * the atmosphere is electric; → **panne**[1]

électrification /elɛktʀifikasjɔ̃/ NF electrification

électrifier /elɛktʀifje/ ► conjug 7 ◄ VT to electrify ◆ **électrifier un village** to bring electricity ou electric power to a village

électrique /elɛktʀik/ ADJ (lit) electric(al); (fig) electric ◆ **atmosphère électrique** highly-charged atmosphere ◆ **bleu électrique** electric blue ◆ **j'ai les cheveux électriques*** I've got static (electricity) in my hair

électriquement /elektrikmɑ̃/ ADV electrically

électrisable /elektrizabl/ ADJ [foule] easily roused; [substance] chargeable, electrifiable

électrisant, e /elektrizɑ̃, ɑ̃t/ ADJ [discours, contact] electrifying

électrisation /elektrizasjɔ̃/ NF [de substance] charging, electrifying

électriser /elektrize/ SYN ▸ conjug 1 ◂ VT [+ substance] to charge, to electrify; [+ public] to electrify

électroacousticien, -ienne /elektroakustisjɛ̃, jɛn/
- ADJ acoustoelectronic, electroacoustic
- NM,F acoustoelectronic ou electroacoustic engineer

électroacoustique, électro-acoustique (pl **électro-acoustiques**) /elektroakustik/
- ADJ electroacoustic
- NF acoustoelectronics (sg), electroacoustics (sg)

électro-aimant (pl **électro-aimants**) /elektroɛmɑ̃/ NM electromagnet

électrocardiogramme /elektrokardjogram/ NM electrocardiogram ◆ **faire un électrocardiogramme à qn** to give sb an electrocardiogram ou an ECG

électrocardiographe /elektrokardjograf/ NM electrocardiograph

électrocardiographie /elektrokardjografi/ NF electrocardiography

électrocardiographique /elektrokardjografik/ ADJ electrocardiographic

électrocautère /elektrokotɛr/ NM electrocautery, galvanocautery

électrochimie /elektroʃimi/ NF electrochemistry

électrochimique /elektroʃimik/ ADJ electrochemical

électrochoc /elektroʃɔk/ NM (= procédé) electric shock treatment, electroconvulsive therapy (SPÉC) ◆ **on lui a fait des électrochocs** he was given electric shock treatment ou ECT ◆ **sa proposition a provoqué un électrochoc** his proposal sent shock waves through the country

électrocinétique /elektrosinetik/
- ADJ electrokinetic
- NF electrokinetics (sg)

électrocoagulation /elektrokɔagylasjɔ̃/ NF electrocoagulation

électrocuter /elektrokyte/ ▸ conjug 1 ◂
- VT to electrocute
- VPR **s'électrocuter** to electrocute o.s.

électrocution /elektrokysjɔ̃/ NF electrocution

électrode /elektrɔd/ NF electrode

électrodéposition /elektrodepozisjɔ̃/ NF electrodeposition

électrodiagnostic /elektrodjagnɔstik/ NM electrodiagnosis

électrodynamique /elektrodinamik/
- ADJ electrodynamic
- NF electrodynamics (sg)

électrodynamomètre /elektrodinamɔmɛtr/ NM electrodynamometer

électro-encéphalogramme (pl **électro-encéphalogrammes**) /elektroɑ̃sefalogram/ NM electroencephalogram

électro-encéphalographie (pl **électro-encéphalographies**) /elektroɑ̃sefalografi/ NF electroencephalography

électrofaible /elektrofɛbl/ ADJ electroweak

électrogène /elektrɔʒɛn/ ADJ [animal, organe] electrogenic; → **groupe**

électroluminescence /elektrolyminesɑ̃s/ NF electroluminescence

électroluminescent, e /elektrolyminesɑ̃, ɑ̃t/ ADJ electroluminescent

électrolyse /elektroliz/ NF electrolysis

électrolyser /elektrolize/ ▸ conjug 1 ◂ VT to electrolyse

électrolyseur /elektrolizœr/ NM electrolyser

électrolyte /elektrolit/ NM electrolyte

électrolytique /elektrolitik/ ADJ electrolytic(al)

électromagnétique /elektromaɲetik/ ADJ electromagnetic

électromagnétisme /elektromaɲetism/ NM electromagnetism

électromécanicien, -ienne /elektromekanisjɛ̃, jɛn/ NM,F electromechanical engineer

électromécanique /elektromekanik/
- ADJ electromechanical
- NF electromechanical engineering

électroménager /elektromenaʒe/
- ADJ ◆ **appareil électroménager** (household ou domestic) electrical appliance
- NM ◆ **l'électroménager** (= appareils) (household ou domestic) electrical appliances; (= industrie) the electrical goods industry ◆ **le petit/gros électroménager** small/large electrical appliances ◆ **magasin d'électroménager** electrical goods shop (Brit) ou store (US)

électroménagiste /elektromenaʒist/ NMF dealer in household ou domestic (electrical) appliances

électrométallurgie /elektrometalyrʒi/ NF electrometallurgy

électrométallurgique /elektrometalyrʒik/ ADJ electrometallurgical

électromètre /elektrometr/ NM electrometer

électrométrie /elektrometri/ NF electrometry

électromoteur, -trice /elektromɔtœr, tris/
- ADJ electromotive
- NM electric motor, electromotor

électron /elektrɔ̃/ NM electron

électronégatif, -ive /elektronegatif, iv/ ADJ electronegative

électronicien, -ienne /elektronisjɛ̃, jɛn/ NM,F electronics engineer

électronique /elektronik/
- ADJ (gén) electronic; [microscope] electron (épith) ◆ **groupe/industrie électronique** electronics group/industry; → **adresse¹, autoroute, courrier, dictionnaire**
- NF electronics (sg)

électronucléaire /elektronykleɛr/
- ADJ nuclear power (épith)
- NM ◆ **l'électronucléaire** nuclear power

électronvolt /elektrɔ̃vɔlt/ NM electronvolt

électrophile /elektrofil/ ADJ electrophilic

électrophone /elektrofɔn/ NM record player

électrophorèse /elektroforɛz/ NF electrophoresis, cataphoresis

électrophysiologie /elektrofizjɔlɔʒi/ NF electrophysiology

électroponcture /elektropɔ̃ktyr/ NF electropuncture

électropositif, -ive /elektropozitif, iv/ ADJ electropositive

électropuncture /elektropɔ̃ktyr/ NF ⇒ **électroponcture**

électroscope /elektroskɔp/ NM electroscope

électrostatique /elektrostatik/
- ADJ electrostatic
- NF electrostatics (sg)

électrostriction /elektrostriksjɔ̃/ NF electrostriction

électrotechnicien, -ienne /elektroteknisjɛ̃, jɛn/ NM,F electrotechnician

électrotechnique /elektroteknik/
- ADJ electrotechnical ◆ **institut électrotechnique** institute of electrical engineering ou of electrotechnology
- NF (= science) electrical engineering, electrotechnology, electrotechnics (sg); (= secteur) electrical engineering

électrothérapie /elektroterapi/ NF electrotherapy

électrothermie /elektrotɛrmi/ NF (= science) electrothermics (sg)

électrothermique /elektrotɛrmik/ ADJ electrothermal, electrothermic

électrovalence /elektrovalɑ̃s/ NF electrovalency, electrovalence

électrovanne /elektrovan/ NF electromagnetic valve

électrum /elektrɔm/ NM electrum

élégamment /elegamɑ̃/ ADV elegantly

élégance /elegɑ̃s/ SYN NF 1 [de personne, toilette] elegance, stylishness ◆ **l'élégance féminine** feminine elegance

2 [de conduite] generosity; [de solution] elegance, neatness ◆ **élégances (de style)** ornaments (of style) ◆ **perdre avec élégance** to be a good loser ◆ **concours d'élégance** parade of elegant women in beautiful cars ◆ **il aurait pu avoir l'élégance de s'excuser** he might have had the good grace to apologize

élégant, e /elegɑ̃, ɑ̃t/ SYN
- ADJ 1 [personne, toilette] elegant, stylish ◆ **tu es très élégant habillé comme ça** you're looking very elegant

2 [conduite] generous; [solution] elegant, neat ◆ **user de procédés peu élégants** to use crude methods ◆ **c'était une façon élégante de le remettre à sa place** it was a neat way of putting him in his place

- NM († = dandy) elegant ou stylish man, man of fashion
- NF **élégante** † elegant lady, woman of fashion

élégiaque /eleʒjak/ ADJ elegiac

élégie /eleʒi/ NF elegy

élégir /eleʒir/ ▸ conjug 2 ◂ VT to fine (down)

éléis /eleis/ NM oil palm

élément /elemɑ̃/ SYN
- NM 1 [de structure, ensemble] element, component; [de problème] element; [de mélange] ingredient, element; [de réussite] factor, element; [d'appareil] part, component ◆ **élément comique (d'un roman)** comic element (of a novel)

2 (= meuble) unit ◆ **éléments de rangement** storage units ◆ **éléments de cuisine/de bibliothèque** kitchen/bookshelf units

3 (Mil) ◆ **éléments blindés/aéroportés** armoured/airborne units

4 (Chim) element ◆ **l'élément hydrogène** the element hydrogen

5 [de pile, batterie] cell

6 (= fait) fact ◆ **nous manquons d'éléments** we lack information ou facts ◆ **aucun élément nouveau n'est survenu** there have been no new developments, no new facts have come to light ◆ **éléments de tir** (Mil) range data

7 (Comptabilité, Fin) item ◆ **après/hors éléments exceptionnels** after/before extraordinary items

8 (= individu) ◆ **c'est le meilleur élément de ma classe** he's the best pupil in my class ◆ **bons et mauvais éléments** good and bad elements ◆ **éléments subversifs/ennemis** subversive/hostile elements

9 (= milieu) element ◆ **les quatre éléments** the four elements ◆ **les éléments (naturels)** the elements ◆ **l'élément liquide** the liquid element ◆ **quand on parle d'électronique il est dans son élément*** when you talk about electronics he's in his element ◆ **parmi ces artistes il ne se sentait pas dans son élément** he didn't feel at home ou he felt like a fish out of water among those artists

- NMPL **éléments** (= rudiments) basic principles, rudiments, elements ◆ **il a quelques éléments de chimie** he has some elementary knowledge of chemistry ◆ **« Éléments de Mécanique »** (titre d'ouvrage) "Elementary Mechanics"

élémentaire /elemɑ̃tɛr/ SYN ADJ 1 (= facile) [problème] elementary; (= de base) [notion] elementary, basic; [forme] rudimentary, basic; (Scol) [cours, niveau] elementary; (= évident) [précaution] elementary, basic ◆ **c'est élémentaire !** it's elementary! ◆ **élémentaire, mon cher Watson !** elementary, my dear Watson! ◆ **cela relève de la plus élémentaire courtoisie** it's only good manners

2 (Chim) elemental ◆ **particules élémentaires** elementary ou fundamental particles

Éléonore /eleɔnɔr/ NF Eleanor

éléphant /elefɑ̃/ NM elephant ◆ **éléphant femelle** cow elephant ◆ **éléphant d'Asie/d'Afrique** Indian/African elephant ◆ **éléphant de mer** sea elephant, elephant seal ◆ **comme un éléphant dans un magasin de porcelaine** like a bull in a china shop ◆ **les éléphants du parti** (fig) the party old guard

éléphanteau (pl **éléphanteaux**) /elefɑ̃to/ NM elephant calf, baby elephant

éléphantesque /elefɑ̃tɛsk/ ADJ (= énorme) elephantine, gigantic

éléphantiasique /elefɑ̃tjazik/ ADJ elephantiasic

éléphantiasis /elefɑ̃tjazis/ NM elephantiasis

éléphantin, e /elefɑ̃tɛ̃, in/ ADJ elephantine

élevage /el(ə)vaʒ/ **NM** 1 *[de bétail]* rearing, breeding; *[de chiens, porcs, chevaux, vers à soie]* breeding; *[de volailles]* farming ◆ **l'élevage (du bétail)** cattle breeding *ou* rearing ◆ **l'élevage des abeilles** beekeeping ◆ **élevage intensif de porcs/poulets** intensive farming of pigs/chickens ◆ **faire de l'élevage** to breed *ou* rear cattle ◆ **faire l'élevage de** *[+ bétail]* to rear, to breed; *[+ chiens, porcs, chevaux, vers à soie]* to breed; *[+ abeilles]* to keep ◆ **région** *ou* **pays d'élevage** cattle-rearing *ou* -breeding area ◆ **truite/saumon d'élevage** farmed trout/salmon
2 *(= ferme) [de bétail]* cattle farm ◆ **élevage de poulets/de truites** poultry/trout farm ◆ **élevage de chiens** breeding kennels

élévateur, -trice /elevatœʀ, tʀis/ **ADJ, NM,F** ◆ **(muscle) élévateur** elevator ◆ **(appareil) élévateur** elevator ◆ **(appareil** *ou* **transformateur) élévateur de tension** *(Élec)* step-up transformer; → **chariot**

élévation /elevasjɔ̃/ SYN **NF** 1 *(= action d'élever) [de rempart, statue]* putting up, erection; *[d'objet, niveau]* raising; *[de pensée, âme]* elevation ◆ **élévation d'un nombre au carré** *(Math)* squaring of a number ◆ **élévation d'un nombre à une puissance** *(Math)* raising of a number to a power ◆ **son élévation au rang de capitaine** his being raised *ou* elevated to the rank of captain, his elevation to the rank of captain
2 *(= action de s'élever) [de température, niveau]* rise *(de* in)
3 *(Rel)* ◆ **l'élévation** the Elevation
4 *(= tertre)* elevation, mound ◆ **élévation de terrain** rise
5 *(Archit, Géom = coupe, plan)* elevation
6 *(= noblesse) [de pensée, style]* elevation, loftiness

élévatoire /elevatwaʀ/ **ADJ** lifting *(épith)*

élevé, e /el(ə)ve/ SYN (ptp de **élever**) **ADJ** 1 *[prix, niveau, température]* high; *[pertes]* heavy ◆ **peu élevé** *[prix, niveau]* low; *[pertes]* slight ◆ **dommages-intérêts élevés** *(Jur)* substantial damages
2 *[cime, arbre]* tall; *[colline]* high
3 *[rang, grade]* high, elevated ◆ **être de condition élevée** *(frm)* to be of high birth ◆ **occuper une position élevée** to hold a high position, to be high-ranking
4 *(= noble) [pensée, style]* elevated, lofty; *[principes]* high ◆ **avoir une conception élevée de qch** to have a lofty view of sth
5 *(= éduqué)* ◆ **bien élevé** well-mannered ◆ **mal élevé** *(= rustre)* bad-mannered, ill-mannered; *(= impoli)* rude, impolite ◆ **espèce de mal élevé !** you rude thing! ◆ **c'est mal élevé de parler en mangeant** it's bad manners *ou* it's rude to talk with your mouth full

élève /elɛv/ SYN **NMF** *(gén)* pupil, student; *(Grande École)* student; *(Mil)* cadet ◆ **élève professeur** student teacher, trainee teacher ◆ **élève infirmière** student nurse ◆ **élève officier** officer cadet ◆ **élève-officier de réserve** officer cadet

élever /el(ə)ve/ SYN ▸ conjug 5 ◂
VT 1 *(= éduquer) [+ enfant]* to bring up, to raise ◆ **il a été élevé dans du coton** he had a sheltered upbringing, he was wrapped (up) in cotton wool as a child *(Brit)* ◆ **elle a été élevée selon des principes stricts** she had a strict upbringing ◆ **son fils est élevé maintenant** his son is grown-up now
2 *(= faire l'élevage de) [+ bétail]* to rear, to breed; *[+ chiens, porcs, chevaux, vers à soie]* to breed; *[+ abeilles]* to keep; *[+ volailles]* to farm; *[+ vin]* to produce ◆ **vin élevé dans nos chais** wine matured in our cellars
3 *(= dresser) [+ rempart, mur, statue]* to put up, to erect, to raise ◆ **la maison élevait sa masse sombre** *(littér)* the dark mass of the house rose up *ou* reared up *(littér)* ◆ **élever des objections/des protestations** to raise objections/a protest ◆ **élever des critiques** to make criticisms
4 *(= hausser) [+ édifice]* to raise, to make higher ◆ **élever une maison d'un étage** to raise a house by one storey, to make a house one storey higher
5 *(= lever, mettre plus haut) [+ poids, objet]* to lift (up), to raise; *[+ niveau, taux, prix]* to raise; *[+ voix]* to raise; *(littér) [+ yeux, bras]* to raise, to lift (up) ◆ **pompe qui élève l'eau** pump which raises water
6 *[+ débat]* to raise the tone of ◆ **musique qui élève l'âme** elevating *ou* uplifting music ◆ **élevons nos cœurs vers le Seigneur** *(Rel)* let us lift up our hearts unto the Lord
7 *(= promouvoir)* to raise, to elevate ◆ **il a été élevé au grade de capitaine** he was raised *ou* elevated to the rank of captain ◆ **chez eux l'abstinence est élevée à la hauteur d'une institution** they've given abstinence the status of an institution, they have made abstinence a way of life
8 *(Math)* ◆ **élever une perpendiculaire** to raise a perpendicular ◆ **élever un nombre à la puissance 5** to raise a number to the power of 5 ◆ **élever un nombre au carré** to square a number
VPR s'élever 1 *(= augmenter) [température, niveau, prix]* to rise, to go up ◆ **le niveau des élèves/de vie s'est élevé** the standard of the pupils/of living has risen *ou* improved
2 *(= se dresser) [montagne, tour]* to rise ◆ **la tour s'élève à 50 mètres au-dessus du sol** the tower is 50 metres tall ◆ **un mur s'élevait entre ces deux jardins** a wall stood between the two gardens ◆ **la cime s'élève majestueusement au-dessus des forêts** the peak rises (up) *ou* towers majestically above the forests
3 *(= monter) [avion]* to go up, to ascend; *[oiseau]* to fly up, to ascend ◆ **l'avion s'élevait régulièrement** the plane was climbing *ou* ascending steadily ◆ **la pensée s'élève vers l'absolu** thought soars *ou* ascends towards the absolute ◆ **l'âme s'élève vers Dieu** the soul ascends to(wards) God ◆ **le ton s'élève, les voix s'élèvent** voices are beginning to rise ◆ **s'élever au-dessus des querelles** to rise above petty quarrels
4 *[objections, doutes]* to be raised, to arise ◆ **sa voix s'éleva dans le silence** his voice broke the silence ◆ **aucune voix ne s'éleva en sa faveur** not a (single) voice was raised in his favour
5 *(dans la société)* to rise ◆ **s'élever jusqu'au sommet de l'échelle** to climb to the top of the ladder ◆ **s'élever à la force du poignet/par son seul travail** to work one's way up unaided/by the sweat of one's brow
6 *(= protester)* ◆ **s'élever contre** to rise up against
7 *(= se bâtir)* to go up, to be put up *ou* erected ◆ **la maison s'élève peu à peu** the house is going up bit by bit *ou* is gradually going up
8 *(= se monter)* ◆ **s'élever à** *[prix, pertes]* to total, to add up to, to amount to

éleveur, -euse /el(ə)vœʀ, øz/
NM,F *(Agr)* stockbreeder; *[de vin]* producer ◆ **éleveur (de bétail)** cattle breeder *ou* rearer ◆ **éleveur de chiens/chevaux/porcs** dog/horse/pig breeder ◆ **éleveur de volailles** poultry farmer ◆ **éleveur de vers à soie** silkworm breeder, sericulturist *(SPÉC)* ◆ **éleveur d'abeilles** beekeeper; → **propriétaire**
NF éleveuse *(pour poussins)* brooder

elfe /ɛlf/ **NM** elf

élider **VT**, **s'élider** **VPR** /elide/ ▸ conjug 1 ◂ to elide ◆ **article élidé** elided article

Élie /eli/ **NM** Elijah

éligibilité /eliʒibilite/ **NF** eligibility *(à* for)

éligible /eliʒibl/ **ADJ** eligible *(à* for)

élimé, e /elime/ SYN (ptp de **élimer**) **ADJ** *[vêtement, tissu]* threadbare, worn ◆ **manteau un peu élimé** rather worn overcoat ◆ **chemise élimée au col/aux poignets** shirt with a frayed collar/with frayed cuffs

élimer /elime/ ▸ conjug 1 ◂
VT *[+ vêtement, tissu]* to wear thin
VPR s'élimer *[vêtement, tissu]* to wear thin, to become threadbare

élimination /eliminasjɔ̃/ SYN **NF** *(gén)* elimination ◆ **procéder par élimination** to work by a process of elimination

éliminatoire /eliminatwaʀ/
ADJ *[match, épreuve]* qualifying *(épith)*; *[note, temps]* disqualifying *(épith)* ◆ **les phases éliminatoires de la Coupe du monde** the qualifying stages of the World Cup
NFPL éliminatoires *(Sport)* qualifying heats

éliminer /elimine/ SYN ▸ conjug 1 ◂ **VT** *(gén, Math, Méd)* to eliminate; *[+ possibilité]* to rule out, to eliminate; *[+ données secondaires]* to discard, to eliminate ◆ **éliminé au second tour** *(Pol)* eliminated in the second ballot ◆ **être éliminé à l'oral** to be eliminated in *ou* to fail (in) the oral ◆ **éliminé !** *(Jeux)* you're out! ◆ **éliminé en quart de finale** knocked out *ou* eliminated in the quarter finals ◆ **les petits exploitants seront éliminés du marché** small farmers will be forced out of the market ◆ **boire de l'eau minérale fait éliminer** drinking mineral water cleans out the system

élingue /elɛ̃g/ **NF** *(Naut)* sling

élinguer /elɛ̃ge/ ▸ conjug 1 ◂ **VT** *(Naut)* to sling

élire /eliʀ/ SYN ▸ conjug 43 ◂ **VT** to elect ◆ **il a été élu président** he was elected president, he was voted in as president ◆ **élire domicile** to take up residence *(à, dans* in)

Élisabeth /elizabɛt/ **NF** Elizabeth

élisabéthain, e /elizabetɛ̃, ɛn/
ADJ Elizabethan
NM,F Élisabéthain(e) Elizabethan

Élisée /elize/ **NM** Elisha

élision /elizjɔ̃/ **NF** elision

élitaire /elitɛʀ/ **ADJ** *[club, festival]* exclusive

élite /elit/ SYN **NF** 1 *(= groupe)* elite, élite ◆ **l'élite de** the cream *ou* elite of ◆ **les élites (de la nation)** the elite (of the nation) ◆ **être** *ou* **personnalité d'élite** exceptional person ◆ **corps/cavalerie d'élite** *(Mil)* crack corps/cavalry ◆ **soldat d'élite** elite soldier ◆ **joueur/pilote d'élite** ace player/pilot ◆ **tireur d'élite** crack shot ◆ **troupes d'élite** elite *ou* crack troops ◆ **école d'élite** elite school
2 *(Imprim)* ◆ **caractères élite** elite (type)

élitisme /elitism/ **NM** elitism ◆ **faire de l'élitisme** to be elitist

élitiste /elitist/ **ADJ, NMF** elitist

élixir /eliksiʀ/ **NM** elixir ◆ **élixir de longue vie** elixir of life ◆ **élixir d'amour** love potion, elixir of love ◆ **élixir parégorique** paregoric (elixir)

elle /ɛl/ **PRON PERS F** 1 *(fonction sujet) (personne)* she; *(chose)* it; *(nation)* it, she; *(animal, bébé)* she, it ◆ **elles** they ◆ **elle est couturière** she is a dressmaker ◆ **prends cette chaise, elle est plus confortable** have this chair - it's more comfortable ◆ **je me méfie de sa chienne, elle mord** I don't trust his dog - she *ou* it bites ◆ **elle, furieuse, a refusé** furious, she refused ◆ **la Suisse a décidé qu'elle resterait neutre** Switzerland decided that it *ou* she would remain neutral ◆ **qu'est-ce qu'ils ont dit ? – elle, rien** what did they say? – she said nothing ◆ **il est venu mais pas elle/elles** he came but she/they didn't, he came but not her/them ◆ **elle partie, j'ai pu travailler** with her gone *ou* after she had gone I was able to work ◆ **elle, elle n'aurait jamais fait ça** she would never have done that ◆ **elle, renoncer ? ce n'est pas son genre** her give up? it wouldn't be like her; → aussi **même**
2 *(fonction objet, souvent emphatique) (personne)* her; *(chose)* it; *(nation)* it, her; *(animal)* her, it ◆ **elles** them ◆ **il n'admire qu'elle** he only admires her, she's the only one he admires ◆ **je les ai bien vus, elle et lui** I definitely saw both *ou* the two of them ◆ **la revoir elle ? jamais !** see her again? never!
3 *(emphatique avec qui, que)* ◆ **c'est elle qui me l'a dit** she was the one who *ou* that told me ◆ **ce fut elle qui lança le mouvement** she was the one *ou* it was her that launched the movement ◆ **voilà la pluie, et elle qui est sortie sans manteau !** here comes the rain and to think she has gone out without a coat! *ou* and there she is out without a coat! ◆ **chasse cette chienne, c'est elle qui m'a mordu** chase that dog away, it's the one that bit me ◆ **c'est elle que j'avais invitée** it was her I had invited ◆ **c'est à elle que je veux parler** it's her I want to speak to, I want to speak to her ◆ **il y a une chouette dans le bois, c'est elle que j'ai entendue cette nuit** there's an owl in the wood - that's what I heard last night
4 *(avec prép) (personne)* her; *(animal)* her, it; *(chose)* it ◆ **ce livre est à elle** this book belongs to her *ou* is hers ◆ **ces livres sont à elles** these books belong to them *ou* are theirs ◆ **c'est à elle de décider** it's up to her to decide, it's her decision ◆ **c'est gentil à elle d'avoir écrit** it was kind of her to write ◆ **un ami à elle** a friend of hers, one of her friends ◆ **elle ne pense qu'à elle** she only thinks of herself ◆ **elle a une maison à elle** she has a house of her own ◆ **ses enfants à elle** her children ◆ **qu'est-ce qu'il ferait sans elle ?** what would he do without her? ◆ **ce poème n'est pas d'elle** this poem is not by her ◆ **il veut une photo d'elle** he wants a photo of her
5 *(dans comparaisons) (sujet)* she; *(objet)* her ◆ **il est plus grand qu'elle/elles** he is taller than she is/they are *ou* than her/them ◆ **je le connais aussi bien qu'elle** *(aussi bien que je la connais)* I know him as well as (I know) her; *(aussi bien qu'elle le connaît)* I know him as well as she does ◆ **ne faites pas comme elle** don't do as *ou* what she does, don't do like her*
6 *(interrog, emphatique : gén non traduit)* ◆ **Alice est-elle rentrée ?** is Alice back? ◆ **sa lettre est-**

elle arrivée ? has his letter come? ◆ **les infirmières sont-elles bien payées ?** are nurses well paid? ◆ **tu sais, ta tante, elle n'est pas très aimable !** you know, your aunt isn't very nice!

ellébore /elebɔʀ/ NM hellebore

elle-même (pl **elles-mêmes**) /ɛlmɛm/ PRON → **même**

ellipse /elips/ NF *(Géom)* ellipse; *(Ling)* ellipsis

ellipsoïdal, e (mpl **-aux**) /elipsɔidal, o/ ADJ ellipsoidal

ellipsoïde /elipsɔid/
NM ellipsoid
ADJ *(Géom)* elliptical

elliptique /eliptik/ SYN ADJ *(Géom)* elliptic(al); *(Ling)* elliptical ◆ **il a fait une réponse assez elliptique** he gave a somewhat succinct reply ◆ **il a été très elliptique à ce propos** he was tight-lipped about the matter

elliptiquement /eliptikmɑ̃/ ADV *(Ling)* elliptically

élocution /elɔkysjɔ̃/ SYN NF (= *débit*) delivery; (= *clarté*) diction ◆ **défaut d'élocution** speech impediment ou defect ◆ **professeur d'élocution** elocution teacher

élodée /elɔde/ NF elodea

éloge /elɔʒ/ SYN NM 1 (= *louange*) praise ◆ **couvert d'éloges** showered with praise ◆ **digne d'éloge** praiseworthy, commendable ◆ **faire des éloges à qn** to praise sb; → **tarir**
2 (= *apologie*) praise ◆ **faire l'éloge de** to praise, to speak (very) highly of ◆ **son éloge n'est plus à faire** I do not need to add to the praise he has already received ◆ **c'est le plus bel éloge à lui faire** it's the highest praise one can give him ◆ **faire son propre éloge** to sing one's own praises, to blow one's own trumpet* *(Brit)* ou horn* *(US)* ◆ **l'éloge que vous avez fait de cette œuvre** your praise ou commendation of this work
3 *(littér* = *panégyrique)* eulogy ◆ **prononcer l'éloge funèbre de qn** to deliver a funeral oration for sb ◆ « **L'Éloge de la folie** » *(Littérat)* "In Praise of Folly"

élogieusement /elɔʒjøzmɑ̃/ ADV ◆ **parler élogieusement de qn** to speak very highly ou most favourably of

élogieux, -ieuse /elɔʒjø, jøz/ SYN ADJ laudatory, eulogistic(al) ◆ **parler de qn/qch en termes élogieux** to speak very highly of sb/sth, to speak of sb/sth in the most laudatory terms

éloigné, e /elwaɲe/ SYN (ptp de **éloigner**) ADJ
1 *(dans l'espace)* distant, remote ◆ **les deux écoles ne sont pas très éloignées (l'une de l'autre)** the two schools are not very far away from each other ou not very far apart ◆ **est-ce très éloigné de la gare ? – oui, c'est très éloigné** is it a long way from the station? – yes, it's a long way ◆ **éloigné de 3 km** 3 km away ◆ **le village est trop éloigné pour qu'on puisse y aller à pied** the village is too far away to walk ou isn't within walking distance
2 *(dans le temps) [époque, événement, échéance]* distant (de from), remote (de from) ◆ **dans un avenir peu éloigné** in the not-too-distant future, in the near future
3 *[parent]* distant; *[ancêtre]* remote ◆ **la famille éloignée** distant relatives
4 *(locutions)*
◆ **être éloigné de** (= *être sans rapport avec*) to be far from, to be a long way from ◆ **sa version est très éloignée de la vérité** his version is very far from the truth ◆ **les prévisions étaient très éloignées de la réalité** the forecasts were a long way off the mark ◆ **ces statistiques sont très éloignées de la réalité** these statistics bear no relation to reality ou do not reflect reality ◆ **un sentiment pas très éloigné de la haine** a feeling not far removed from hatred ◆ **rien n'est plus éloigné de mes pensées** nothing is ou could be further from my thoughts ◆ **je suis fort éloigné de ses positions** my point of view is very far removed from his ◆ **certains hommes politiques sont très éloignés des préoccupations des gens** some politicians have little idea of people's real concerns ◆ **je ne suis pas très éloigné de le croire** I almost believe him, I'm not far from believing him
◆ **tenir éloigné de** to keep away from ◆ **cette conférence m'a tenu éloigné de chez moi** the conference kept me away from home ◆ **se tenir éloigné du feu** to keep away from ou clear of the fire ◆ **se tenir éloigné du danger/des querelles** to steer ou keep clear of danger/of quarrels

éloignement /elwaɲmɑ̃/ SYN NM 1 (= *action d'éloigner) [de personne indésirable]* taking away, removal; *[de soupçons]* removal, averting; *[d'échéance]* putting off, postponement ◆ **leur éloignement de la cour, ordonné par le roi** their having been ordered away ou their banishment from the court by the king ◆ **éloignement du territoire** expulsion ◆ **il prône l'éloignement des délinquants** he advocates the forcible removal of young offenders
2 (= *action de s'éloigner) [d'être aimé]* estrangement ◆ **son éloignement des affaires** his progressive disinvolvement with business
3 (= *état spatial, temporel)* distance ◆ **l'éloignement rapetisse les objets** distance makes objects (look) smaller ◆ **notre éloignement de Paris complique le travail** our being so far from Paris makes the work more complicated ◆ **la région souffre de cet éloignement géographique** the region suffers from being so remote ◆ **en amour, l'éloignement rapproche** absence makes the heart grow fonder *(Prov)* ◆ **avec l'éloignement, on juge mieux les événements** it is easier to judge events from a distance

éloigner /elwaɲe/ SYN ► conjug 1 ◄
VT 1 *[+ objet]* to move away, to take away (de from) ◆ **éloigne ce coussin du radiateur** move ou take that cushion away from the radiator ◆ **la lentille éloigne les objets** the lens makes objects look further away than they really are
2 *[+ personne]* ◆ **éloigner qn de** *[+ endroit, activité, tentations]* to take sb away from, to remove sb from; *[+ être aimé, compagnons]* to estrange sb from; (= *exiler, écarter*) to send sb away from ◆ **éloigner les curieux du lieu d'un accident** to move onlookers ou bystanders away from the scene of an accident ◆ **ce chemin nous éloigne du village** this path takes ou leads us away from the village ◆ **il veut éloigner les jeunes délinquants de leurs cités** he wants to forcibly remove young offenders from the areas where they live ◆ **allumer du feu pour éloigner les bêtes sauvages** to light a fire to keep off the wild animals ◆ **son penchant pour la boisson a éloigné ses amis** his drinking lost him his friends ou made his friends drift away from him
3 *[+ souvenir, idée]* to banish, to dismiss; *[+ crainte]* to remove, to dismiss; *[+ danger]* to ward off, to remove; *[+ soupçons]* to remove, to avert (de from) ◆ **ces résultats ont éloigné la perspective d'une baisse des taux d'intérêt** these figures have made the prospect of a cut in interest rates less likely
4 (= *espacer*) *[+ visites]* to make less frequent, to space out
VPR **s'éloigner** 1 *[objet, véhicule en mouvement]* to move away; *[cycliste]* to ride away; *[orage]* to go away, to pass; *[bruit]* to go away, to grow fainter ◆ **le village s'éloignait et finit par disparaître dans la brume** the village got further (and further) away ou grew more and more distant and finally disappeared in the mist
2 *[personne] (par prudence)* to go away (de from); *(par pudeur, discrétion)* to go away, to withdraw (de from) ◆ **s'éloigner de** *[+ être aimé, compagnons]* to become estranged from, to grow away from; *[+ sujet traité]* to wander from; *[+ position, objectif]* to move away from ; *[+ devoir]* to swerve ou deviate from ◆ **éloigne-toi du feu** come away from the fire ◆ **s'éloigner en courant/en hâte** to run/hurry away ou off ◆ **éloignez-vous, ça risque d'éclater !** move away ou stand back, it might explode! ◆ **ne t'éloigne pas trop** don't go (too) far (away) ◆ **il suffit de s'éloigner de quelques kilomètres pour se retrouver à la campagne** the countryside is just a few kilometres away, you only have to go a few kilometres to get to the countryside ◆ **là vous vous éloignez du sujet** you're wandering from ou getting off the point ou subject ◆ **je la sentais s'éloigner de moi** I felt her growing away from me ◆ **le gouvernement s'éloigne des objectifs qu'il s'était fixés** the government is retreating from the targets it set itself ◆ **s'éloigner du droit chemin** to stray ou wander from the straight and narrow ◆ **s'éloigner de la vérité** to wander from the truth
3 *[souvenir, échéance]* to grow more (and more) distant ou remote; *[danger]* to pass, to go away; *[craintes]* to go away

élongation /elɔ̃gasjɔ̃/ NF 1 *(Méd)* strained ou pulled muscle ◆ **les élongations font très mal** straining ou pulling a muscle is very painful, a pulled muscle is very painful ◆ **se faire une élongation** to strain ou pull a muscle ◆ **je me suis fait une élongation à la jambe** I've strained ou pulled a muscle in my leg
2 *(Astron)* elongation; *(Phys)* displacement

élonger /elɔ̃ʒe/ ► conjug 3 ◄ VT *(Naut) [+ câble]* to stretch out; *(Méd)* to strain, to pull

éloquemment /elɔkamɑ̃/ ADV eloquently

éloquence /elɔkɑ̃s/ SYN NF eloquence ◆ **avec éloquence** eloquently ◆ **il m'a fallu toute mon éloquence pour la convaincre** I needed all the eloquence I could muster to convince her ◆ **l'éloquence de ces chiffres rend tout commentaire superflu** these figures speak for themselves ou need no comment

éloquent, e /elɔkɑ̃, ɑt/ SYN ADJ *[orateur, discours, geste]* eloquent; *[exemple]* clear ◆ **ces chiffres sont éloquents** these figures speak for themselves ◆ **une étreinte plus éloquente que toute parole** an embrace that spoke louder than any words, an embrace more eloquent ou meaningful than any words ◆ **un silence éloquent** a silence that speaks volumes, a meaningful ou an eloquent silence

élu, e /ely/ SYN (ptp de **élire**)
ADJ *(Rel)* chosen; *(Pol)* elected
NM,F 1 *(Pol)* (= *député*) elected member, ≃ member of parliament, ≃ M.P. *(Brit)*; (= *conseiller*) elected representative, councillor ◆ **les nouveaux élus** the newly elected members, the newly elected councillors ◆ **les élus locaux** the local ou town councillors ◆ **les citoyens et leurs élus** the citizens and their elected representatives
2 *(hum = fiancé)* ◆ **l'élu de son cœur** her beloved ◆ **quelle est l'heureuse élue ?** who's the lucky girl?
3 *(Rel)* ◆ **les Élus** the Chosen ones, the Elect ◆ **être l'élu de Dieu** to be chosen by God

élucidation /elysidasjɔ̃/ NF elucidation

élucider /elyside/ SYN ► conjug 1 ◄ VT to clear up, to elucidate

élucubrations /elykybʀasjɔ̃/ NFPL *(péj)* wild imaginings

élucubrer /elykybʀe/ ► conjug 1 ◄ VT *(péj)* to dream up

éluder /elyde/ SYN ► conjug 1 ◄ VT *[+ difficulté]* to evade, to elude; *[+ loi, problème]* to evade, to dodge

élusif, -ive /elyzif, iv/ ADJ *(frm)* elusive

élution /elysjɔ̃/ NF elution

éluvial, e (mpl **-iaux**) /elyvjal, jo/ ADJ eluvial

éluvion /elyvjɔ̃/ NF eluvium

Élysée /elize/ NM ◆ **l'Élysée** *(Myth)* the Elysium ◆ **(le palais de) l'Élysée** the Élysée palace *(official residence of the French President)*; → **champ**[1]

élyséen, -enne /elizeɛ̃, ɛn/ ADJ *(Myth)* Elysian; *(Pol française)* of the Élysée palace

élytre /elitʀ/ NM wing case, elytron *(SPÉC)*

elzévir /ɛlzeviʀ/ NM Elzevir

elzévirien, -ienne /ɛlzeviʀjɛ̃, jɛn/ ADJ Elzevirian

émaciation /emasjasjɔ̃/ NF emaciation

émacié, e /emasje/ SYN (ptp de **émacier**) ADJ *[corps, visage]* emaciated, wasted; *[personne]* emaciated

émacier /emasje/ ► conjug 7 ◄
VT to emaciate
VPR **s'émacier** to become emaciated ou wasted

émail (pl **-aux**) /emaj, o/ NM (= *substance*) enamel; (= *objet*) piece of enamel, enamel; *(Héraldique)* colour ◆ **en ou d'émail** enamel(led) ◆ **cendrier en émaux** enamelled ashtray ◆ **peinture sur émail** enamel painting ◆ **faire des émaux** to do enamel work

e-mail /imɛl/ NM e-mail ◆ **envoyer qch par e-mail** to e-mail sth

émaillage /emajaʒ/ NM enamelling

émaillé, e /emaje/ (ptp de **émailler**) ADJ 1 *(lit)* enamelled
2 ◆ **émaillé de** (= *parsemé de*) *[+ étoiles]* spangled ou studded with; *[+ fautes, citations]* peppered ou dotted with ◆ **voyage émaillé d'incidents** journey punctuated by unforeseen incidents

émailler /emaje/ SYN ► conjug 1 ◄ VT 1 *(lit)* to enamel
2 (= *parsemer*) *[étoiles]* to stud, to spangle ◆ **émailler un texte de citations/d'erreurs** to pepper a text with quotations/errors

émaillerie /emajʀi/ NF enamelwork

émailleur, -euse /emajœʀ, øz/ **NM,F** enameller, enamellist

émanation /emanasjɔ̃/ SYN **NF** [1] ◆ **émanations** *(= odeurs)* smells, emanations ◆ **émanations fétides** fetid emanations ◆ **émanations volcaniques** volatiles ◆ **émanations toxiques** toxic fumes
[2] *(= produit)* product ◆ **le pouvoir est l'émanation du peuple** power issues from the people, power is a product of the will of the people
[3] *(Phys)* emanation; *(Rel)* procession

émancipateur, -trice /emɑ̃sipatœʀ, tʀis/
ADJ liberating, emancipatory
NM,F liberator, emancipator

émancipation /emɑ̃sipasjɔ̃/ SYN **NF** *(Jur)* emancipation; *[de colonie, femme]* liberation, emancipation

émancipé, e /emɑ̃sipe/ (ptp de **émanciper**) **ADJ** emancipated, liberated

émanciper /emɑ̃sipe/ SYN ▸ conjug 1 ◂
VT *(Jur)* to emancipate; *[+ femme]* to emancipate, to liberate; *[+ esprit]* to liberate, to (set) free
VPR **s'émanciper** *[femme]* to become emancipated *ou* liberated, to liberate o.s.; *[esprit, art]* to become liberated, to liberate *ou* free itself

émaner /emane/ ▸ conjug 1 ◂ **émaner de VT INDIR** *(Pol, Rel) [pouvoir]* to issue from; *[ordres, note]* to come from, to be issued by; *[chaleur, lumière, odeur]* to emanate *ou* issue *ou* come from; *[charme]* to emanate from

émargement /emaʀʒəmɑ̃/ **NM** [1] *(NonC)* signing; *(= annotation)* annotating ◆ **feuille d'émargement** *(= feuille de paye)* paysheet; *(= feuille de présence)* attendance sheet
[2] *(= signature)* signature; *(= annotation)* annotation

émarger /emaʀʒe/ ▸ conjug 3 ◂
VT [1] *(frm) (= signer)* to sign; *(= mettre ses initiales)* to initial
[2] *(= annoter)* to annotate
[3] *(Typographie)* to trim
VI [1] *(† = toucher son salaire)* to draw one's salary ◆ **à combien émarge-t-il par mois ?** what is his monthly salary?
[2] *(= recevoir)* ◆ **émarger d'une certaine somme à un budget** to receive a certain sum out of a budget

émasculation /emaskylasjɔ̃/ **NF** *(lit, fig)* emasculation

émasculer /emaskyle/ ▸ conjug 1 ◂ **VT** *(lit, fig)* to emasculate

emballage /ɑ̃balaʒ/ SYN **NM** [1] *(= action d'emballer) (dans un carton)* packing(-up), packaging; *(dans du papier)* wrapping(-up)
[2] *(Comm) (= boîte, carton)* package, packaging *(NonC)*; *(= papier)* wrapping *(NonC)* ◆ **carton d'emballage, emballage carton** cardboard packaging ◆ **emballage perdu** throwaway packaging ◆ **produit sous emballage (plastique)** plastic-wrapped product

emballagiste /ɑ̃balaʒist/ **NMF** *(= concepteur)* packaging designer; *(= fabricant)* packaging maker

emballant, e * /ɑ̃balɑ̃, ɑ̃t/ **ADJ** *(gén au nég)* thrilling ◆ **ce n'est pas un film/un projet très emballant** it's not a very inspiring film/project

emballement /ɑ̃balmɑ̃/ SYN **NM** [1] * *(= enthousiasme)* flight of enthusiasm; *(= colère)* flash of anger ◆ **méfiez-vous de ses emballements** *(= passade)* beware of his (sudden) crazes *
[2] *[de moteur]* racing; *[de cheval]* bolting
[3] *(Écon)* ◆ **cela a provoqué l'emballement du dollar/de l'économie** it caused the dollar/the economy to race out of control

emballer /ɑ̃bale/ SYN ▸ conjug 1 ◂
VT [1] *(= empaqueter) (dans un carton, de la toile)* to pack (up); *(dans du papier)* to wrap (up) ◆ **emballé sous vide** vacuum-packed ◆ **emballez, c'est pesé !** * *(fig)* it's a deal! *
[2] *(* = arrêter)* to run in *, to nick * *(Brit)*
[3] *[+ moteur]* to race
[4] *(* = enthousiasmer)* ◆ **ça m'a emballé** I loved it ◆ **l'idée n'avait pas l'air de l'emballer** he didn't seem too keen on the idea ◆ **je n'ai pas été très emballé par ce film** the film didn't do much for me *, I didn't go a bundle on the film * *(Brit)*
[5] *(* = séduire) [+ personne]* to pick up *, to get off with *
VPR **s'emballer** [1] * *[personne] (enthousiasme)* to get *ou* be carried away *; *(colère)* to fly off the handle *
[2] *[moteur]* to race; *[cheval]* to bolt ◆ **cheval emballé** runaway *ou* bolting horse
[3] *[économie, monnaie]* to race out of control

emballeur, -euse /ɑ̃balœʀ, øz/ **NM,F** packer

embarcadère /ɑ̃baʀkadɛʀ/ **NM** landing stage, pier

embarcation /ɑ̃baʀkasjɔ̃/ SYN **NF** (small) boat, (small) craft *(pl inv)*

embardée /ɑ̃baʀde/ **NF** *(en voiture)* swerve; *(en bateau)* yaw ◆ **faire une embardée** *(en voiture)* to swerve; *(en bateau)* to yaw

embargo /ɑ̃baʀgo/ **NM** embargo *(à l'encontre de, contre* against) ◆ **embargo économique/commercial/total** economic/trade/total embargo ◆ **embargo pétrolier/militaire** oil/military embargo ◆ **imposer un embargo sur qch, mettre l'embargo sur qch** to impose *ou* put an embargo on sth, to embargo sth ◆ **lever l'embargo (mis sur qch/un pays)** to lift *ou* raise the embargo (on sb/a country) ◆ **pays/marchandises sous embargo** country/goods (placed) under embargo

embarqué, e /ɑ̃baʀke/ **ADJ** *[équipement automobile]* in-car ◆ **multimédia embarqué** in-car multimedia

embarquement /ɑ̃baʀkəmɑ̃/ **NM** *[de marchandises]* loading; *[de passagers] (en bateau)* embarkation, boarding; *(en avion, en train)* boarding ◆ **vol 134, embarquement porte 9** flight 134 now boarding at gate 9 ◆ **carte d'embarquement** boarding pass *ou* card ◆ « **L'Embarquement pour Cythère** » *(Art)* "The Embarkation for Cythère"

embarquer /ɑ̃baʀke/ SYN ▸ conjug 1 ◂
VT [1] *[+ passagers]* to embark, to take on board ◆ **je l'ai embarqué dans le train** * I saw him onto the train, I put him on the train
[2] *[+ cargaison] (en train, gén)* to load; *(en bateau)* to load, to ship ◆ **le navire embarque des paquets d'eau** the boat is taking in *ou* shipping water
[3] * *(= emporter)* to cart off *, to lug off *; *(= voler)* to pinch *, to nick * *(Brit)*; *(pour emprisonner)* to cart off * *ou* away * ◆ **se faire embarquer par la police** to get picked up by the police *
[4] *(* = entraîner)* ◆ **embarquer qn dans** to get sb mixed up in *ou* involved in, to involve sb in ◆ **il s'est laissé embarquer dans une sale histoire** he has got (himself) mixed up in *ou* involved in a nasty bit of business ◆ **une affaire bien/mal embarquée** an affair that has got off to a good/bad start
VI [1] *(= partir en voyage)* to embark ◆ **il a embarqué** *ou* **il s'est embarqué hier pour le Maroc** he sailed for Morocco yesterday
[2] *(= monter à bord)* to board, to go aboard *ou* on board
[3] *(Naut)* ◆ **le navire embarque, la mer embarque** we are *ou* the boat is shipping water
VPR **s'embarquer** [1] → vi 1
[2] ◆ **s'embarquer dans** * *[+ aventure, affaire]* to embark (up)on, to launch into; *[+ affaire louche]* to get mixed up in *ou* involved in

embarras /ɑ̃baʀa/ SYN **NM** [1] *(= ennui)* trouble ◆ **cela constitue un embarras supplémentaire** that's yet another problem ◆ **je ne veux pas être un embarras pour vous** I don't want to be a nuisance to you, I don't want to bother you ◆ **causer** *ou* **faire toutes sortes d'embarras à qn** to give *ou* cause sb no end * of trouble *ou* bother ◆ **ne vous mettez pas dans l'embarras pour moi** don't put yourself out *ou* go to any trouble for me
[2] *(= gêne)* confusion, embarrassment ◆ **dit-il avec embarras** he said in some confusion *ou* with (some) embarrassment ◆ **il remarqua mon embarras pour répondre** he noticed that I was at a loss for a reply *ou* that I was stuck * for a reply
[3] *(= situation délicate)* ◆ **mettre** *ou* **plonger qn dans l'embarras** to put sb in an awkward position *ou* on the spot * ◆ **tirer qn d'embarras** to get *ou* help sb out of an awkward position *ou* out of a predicament ◆ **être dans l'embarras** *(en mauvaise position)* to be in a predicament *ou* an awkward position; *(dans un dilemme)* to be in a quandary *ou* in a dilemma
[4] *(= gêne financière)* ◆ **embarras (d'argent** *ou* **financiers)** financial difficulties, money worries ◆ **être dans l'embarras** to be in financial straits *ou* difficulties, to be short of money
[5] *(Méd)* ◆ **embarras gastrique** upset stomach, stomach upset
[6] *(† = encombrement)* ◆ **embarras de circulation** *ou* **de voitures** (road) congestion *(NonC)*, traffic holdup ◆ **les embarras de Paris** the congestion in the streets of Paris
[7] *(= chichis, façons)* ◆ **faire des embarras** to make a fuss ◆ **c'est un faiseur d'embarras** he's a fusspot *, he's always making a fuss
[8] *(locution)* ◆ **avoir l'embarras du choix, n'avoir que l'embarras du choix** to be spoilt for choice

embarrassant, e /ɑ̃baʀasɑ̃, ɑ̃t/ SYN **ADJ** [1] *[situation]* embarrassing, uncomfortable; *[problème]* awkward, thorny ◆ **c'est embarrassant de devoir lui dire** it's embarrassing to have to tell him
[2] *[paquets]* cumbersome, awkward ◆ **ce que cet enfant peut être embarrassant !** that child is always in the way!

embarrassé, e /ɑ̃baʀase/ SYN (ptp de **embarrasser**) **ADJ** [1] *(= gêné) [personne]* embarrassed, ill-at-ease *(attrib)*; *[sourire]* embarrassed, uneasy ◆ **être embarrassé de sa personne** to feel self-conscious ◆ **je serais bien embarrassé de choisir entre les deux** I'd really be at a loss *ou* I'd be hard put to choose between the two
[2] *(= peu clair) [explication, phrase]* muddled, confused
[3] *(Méd)* ◆ **avoir l'estomac embarrassé** to have an upset stomach ◆ **j'ai la langue embarrassée** my tongue is coated
[4] *(= encombré) [table, corridor]* cluttered (up) ◆ **j'ai les mains embarrassées** my hands are full ◆ **embarrassée dans sa longue jupe** entangled in her long dress

embarrasser /ɑ̃baʀase/ SYN ▸ conjug 1 ◂
VT [1] *(= encombrer) [paquets]* to clutter (up); *[vêtements]* to hinder, to hamper ◆ **enlève ce manteau qui t'embarrasse** take that coat off – you'll be more comfortable without it ◆ **je ne t'embarrasse pas au moins ?** are you sure I'm not bothering you? *ou* I'm not in your way?
[2] *(= désorienter)* ◆ **embarrasser qn par des questions indiscrètes** to embarrass sb with indiscreet questions ◆ **sa demande m'embarrasse** his request puts me in a predicament *ou* an awkward position *ou* on the spot * ◆ **ça m'embarrasse de te le dire mais...** I don't like to tell you this but... ◆ **il y a quelque chose qui m'embarrasse là-dedans** there's something about it that bothers *ou* worries me
[3] *(Méd)* ◆ **embarrasser l'estomac** to lie heavy on the stomach
VPR **s'embarrasser** [1] *(= s'encombrer)* ◆ **s'embarrasser de** *[+ paquets, compagnon]* to burden o.s. with ◆ **il s'embarrasse dans ses explications** *(fig)* he gets in a muddle with his explanations, he ties himself in knots * trying to explain things
[2] *(= se soucier)* to trouble o.s. *(de* about), to be troubled *(de* by) ◆ **sans s'embarrasser des détails** without troubling *ou* worrying about the details ◆ **il ne s'embarrasse pas de scrupules** he doesn't let scruples get in his way

embase /ɑ̃baz/ **NF** *[d'enclume]* base

embastillement /ɑ̃bastijmɑ̃/ **NM** *(††, hum)* imprisonment

embastiller /ɑ̃bastije/ ▸ conjug 1 ◂ **VT** *(††, hum)* to imprison

embat(t)re /ɑ̃batʀ/ ▸ conjug 4 ◂ **VT** *[+ roue]* to shoe

embauche /ɑ̃boʃ/ SYN **NF** *(= action d'embaucher)* taking on, hiring; *(= travail disponible)* vacancy ◆ **ils devront recourir à l'embauche cet été** they will have to start taking people on *ou* hiring new staff this summer ◆ **la surqualification peut être un obstacle à l'embauche** being overqualified can be an obstacle to finding employment ◆ **est-ce qu'il y a de l'embauche ?** are there any vacancies?, are you taking anyone on? *ou* hiring anyone? ◆ **il n'y a pas d'embauche (chez eux)** they're not hiring, they're not taking anybody on ◆ **bureau d'embauche** employment office ◆ **salaire d'embauche** starting salary ◆ **quelles sont les conditions d'embauche ?** what kind of package are you *(ou* are they) offering? ◆ **aide(s)** *ou* **prime(s) à l'embauche** employment incentive(s) ◆ **le questionnaire leur est remis à l'embauche** they are given the questionnaire when they start work *ou* on their first day at work

embaucher /ɑ̃boʃe/ SYN ▸ conjug 1 ◂
VT to take on, to hire ◆ **il s'est fait embaucher par l'entreprise** he was taken on *ou* hired by the company ◆ **je t'embauche pour écosser les petits pois** I'll put you to work shelling the peas, you've got yourself a job shelling the peas ◆ **s'embaucher comme peintre** to get o.s. taken on *ou* hired as a painter ◆ **on embauche**

embaucheur | **embrigadement**

[entreprise] we are recruiting new staff, we have vacancies (for new staff) ◆ **le nouvel embauché** the new recruit *ou* employee
VI (= *commencer le travail*) to start work

embaucheur, -euse /ɑ̃boʃœʀ, øz/ **NM,F** employment *ou* labour (Brit) contractor

embauchoir /ɑ̃boʃwaʀ/ **NM** shoetree

embaumé, e /ɑ̃bome/ (ptp de **embaumer**) **ADJ** *[air]* fragrant, balmy (*littér*)

embaumement /ɑ̃bommɑ̃/ **NM** embalming

embaumer /ɑ̃bome/ SYN ► conjug 1 ◄
VT 1 *[+ cadavre]* to embalm
2 (= *parfumer*) ◆ **le lilas embaumait l'air** the scent of lilac hung heavy in the air
3 (= *avoir l'odeur de*) to smell of ◆ **l'air embaumait le lilas** the air was fragrant *ou* balmy (*littér*) with the scent of lilac
VI *[fleur]* to give out a fragrance, to be fragrant; *[jardin]* to be full of fragrance; *[mets]* to fill the air with a nice smell; *[fromage]* to smell strong ◆ **ça n'embaume pas !** * it doesn't smell too sweet!

embaumeur, -euse /ɑ̃bomœʀ, øz/ **NM,F** embalmer

embellie /ɑ̃beli/ SYN **NF** *[de temps]* slight improvement (*de in*); *[d'économie]* slight improvement *ou* upturn (*de in*)

embellir /ɑ̃beliʀ/ SYN ► conjug 2 ◄
VT *[+ personne, jardin]* to beautify, to make more attractive; *[+ ville]* to smarten up (Brit), to give a face-lift to *; *[+ vérité, récit]* to embellish
VI *[personne]* to grow lovelier *ou* more attractive, to grow in beauty (*littér*)

embellissement /ɑ̃belismɑ̃/ SYN **NM** *[de récit, vérité]* embellishment ◆ **les récents embellissements de la ville** the recent improvements to the town, the recent face-lift the town has been given *

embellisseur /ɑ̃belisœʀ/ **ADJ M** ◆ **shampooing embellisseur** beauty shampoo

emberlificoter * /ɑ̃bɛʀlifikɔte/ ► conjug 1 ◄
VT (= *enjôler*) to get round *; (= *embrouiller*) to mix up *, to muddle (up); (= *duper*) to hoodwink *, to bamboozle *
VPR **s'emberlificoter** (*dans un vêtement*) to get tangled *ou* caught up (*dans in*) ◆ **il s'emberlificote dans ses explications** he gets in a terrible muddle *ou* he gets himself tied up in knots with his explanations *

embêtant, e /ɑ̃bɛtɑ̃, ɑ̃t/ SYN **ADJ** (*gén*) annoying; *[situation, problème]* awkward, tricky ◆ **c'est embêtant !** (*ennuyeux*) what a nuisance!, how annoying!; (*alarmant*) it's worrying! ◆ **j'ai oublié de lui dire – embêtant !** I forgot to tell him – oh dear!

embêté, e /ɑ̃bete/ (ptp de **embêter**) **ADJ** ◆ **je suis très embêté** (= *je ne sais pas quoi faire*) I'm in a real state, I just don't know what to do ◆ **elle a eu l'air embêté quand je lui ai demandé ça** she looked embarrassed when I asked her that ◆ **je suis très embêté, je ne pourrai vous donner la réponse que dans trois jours** I'm really sorry, I can't give you an answer for another three days

embêtement /ɑ̃bɛtmɑ̃/ SYN **NM** problem, trouble ◆ **causer des embêtements à qn** to make trouble for sb ◆ **ce chien/four ne m'a causé que des embêtements** this dog/oven has brought me nothing but trouble

embêter /ɑ̃bete/ SYN ► conjug 1 ◄
VT (= *gêner, préoccuper*) to bother, to worry; (= *importuner*) to pester, to bother; (= *irriter*) to annoy; (= *lasser*) to bore
VPR **s'embêter** 1 (= *se morfondre*) to be bored, to be fed up * ◆ **qu'est-ce qu'on s'embête ici !** it's so boring *ou* such a drag * here!
2 (= *s'embarrasser*) to bother o.s. (*à faire doing*) ◆ **ne t'embête pas avec ça** don't bother *ou* worry about that ◆ **pourquoi s'embêter à le réparer ?** why go to all the trouble *ou* bother of repairing it?, why bother yourself repairing it? ◆ **il ne s'embête pas !** (= *il a de la chance*) he does all right for himself! *; (= *il ne se gêne pas*) he's got a nerve! *

embeurrée /ɑ̃bœʀe/ **NF** ◆ **embeurrée de choux** cabbage cooked in butter

emblaver /ɑ̃blave/ ► conjug 1 ◄ **VT** to sow (*with a cereal crop*)

emblavure /ɑ̃blavyʀ/ **NF** field (*sown with a cereal crop*)

emblée /ɑ̃ble/ SYN **d'emblée** LOC ADV straightaway, right away, at once ◆ **détester qn d'emblée** to detest sb on sight, to take an instant dislike to sb

emblématique /ɑ̃blematik/ **ADJ** (*lit*) emblematic; (*fig*) symbolic ◆ **c'est la figure emblématique de l'opposition** he's the figurehead of the opposition ◆ **un personnage emblématique du football français** a French football icon

emblème /ɑ̃blɛm/ SYN **NM** (*lit*) emblem; (*fig*) symbol, emblem

embobiner * /ɑ̃bɔbine/ ► conjug 1 ◄ **VT** (= *enjôler*) to get round *; (= *embrouiller*) to mix up *, to muddle (up); (= *duper*) to hoodwink *, to bamboozle * ◆ **elle sait embobiner son père** she can twist her father round her little finger, she knows how to get round her father

emboîtable /ɑ̃bwatabl/ **ADJ** *[pièces]* which fit together

emboîtage /ɑ̃bwataʒ/ **NM** *[de livre]* (= *action*) casing; (= *étui*) case

emboîtement /ɑ̃bwatmɑ̃/ **NM** fitting, interlocking

emboîter /ɑ̃bwate/ SYN ► conjug 1 ◄
VT 1 *[+ pièces, parties]* to fit together, to fit into each other; *[+ livre]* to case ◆ **emboîter qch dans** to fit sth into
2 ◆ **emboîter le pas à qn** (*lit*) to follow close behind sb *ou* close on sb's heels; (= *imiter*) to follow suit
VPR **s'emboîter** *[pièces]* to fit together, to fit into each other ◆ **ces deux pièces s'emboîtent exactement** these two parts fit together exactly ◆ **des chaises qui peuvent s'emboîter pour le rangement** chairs that can be stacked (together) when not in use

emboîture /ɑ̃bwatyʀ/ **NF** (Tech) fit

embolie /ɑ̃bɔli/ **NF** embolism ◆ **embolie gazeuse/pulmonaire** air/pulmonary embolism ◆ **faire une embolie** to have an embolism

embonpoint /ɑ̃bɔ̃pwɛ̃/ SYN **NM** stoutness, portliness ◆ **avoir/prendre de l'embonpoint** to be/become rather stout

embossage /ɑ̃bɔsaʒ/ **NM** fore and aft mooring

embosser /ɑ̃bɔse/ ► conjug 1 ◄ **VT** 1 *[+ navire]* to moor fore and aft
2 *[+ carte]* to emboss

embossure /ɑ̃bɔsyʀ/ **NF** (= *amarre*) fore and aft mooring rope (*ou* line *ou* cable)

embouché, e /ɑ̃buʃe/ (ptp de **emboucher**) **ADJ** ◆ **mal embouché** (= *grossier*) foul-mouthed; (= *de mauvaise humeur*) in a foul mood

emboucher /ɑ̃buʃe/ ► conjug 1 ◄ **VT** *[+ instrument]* to raise to one's lips ◆ **emboucher un cheval** to put the bit in a horse's mouth ◆ **emboucher les trompettes de la victoire/du nationalisme** (*fig*) to launch into triumphalist/nationalist rhetoric

embouchoir /ɑ̃buʃwaʀ/ **NM** *[de canon]* barrel clamp

embouchure /ɑ̃buʃyʀ/ **NF** *[de fleuve]* mouth; *[de mors]* mouthpiece; (*Mus*) mouthpiece, embouchure

embouquer /ɑ̃buke/ ► conjug 1 ◄ **VTI** ◆ **embouquer (un canal)** to enter a canal

embourber /ɑ̃buʀbe/ SYN ► conjug 1 ◄
VT ◆ **embourber une voiture** to get a car stuck in the mud
VPR **s'embourber** *[voiture]* to get stuck in the mud, to get bogged down (in the mud) ◆ **notre voiture s'est embourbée dans le marais** our car got stuck in *ou* got bogged down in the marsh ◆ **s'embourber dans** *[+ détails]* to get bogged down in; *[+ monotonie]* to sink into

embourgeoisement /ɑ̃buʀʒwazmɑ̃/ **NM** *[de personne, parti]* adoption of middle-class attitudes

embourgeoiser /ɑ̃buʀʒwaze/ ► conjug 1 ◄
VPR **s'embourgeoiser** *[parti, personne]* to become middle-class, to adopt a middle-class outlook; *[quartier]* to become middle-class
VT *[+ personne]* to make middle-class (in outlook)

embourrure /ɑ̃buʀyʀ/ **NF** hessian (*used for covering chair stuffing*)

embout /ɑ̃bu/ **NM** *[de canne]* tip, ferrule; *[de tuyau]* nozzle

embouteillage /ɑ̃butɛjaʒ/ SYN **NM** 1 (*sur route*) traffic jam, (traffic) holdup
2 († = *mise en bouteilles*) bottling

embouteiller /ɑ̃buteje/ ► conjug 1 ◄ **VT** *[+ circulation]* to jam, to block; *[+ lignes téléphoniques]* to block; † *[+ vin, lait]* to bottle ◆ **les routes sont très embouteillées** the roads are very congested

emboutir /ɑ̃butiʀ/ SYN ► conjug 2 ◄ **VT** *[+ métal]* to stamp; *[+ véhicule]* to crash *ou* run into ◆ **avoir une aile emboutie** to have a dented *ou* damaged wing ◆ **il s'est fait emboutir par une voiture** he was hit by another car

emboutissage /ɑ̃butisaʒ/ **NM** *[de métal]* stamping

emboutisseur, -euse /ɑ̃butisœʀ, øz/
NM,F (= *personne*) stamper
NF **emboutisseuse** (= *machine*) stamping press *ou* machine

emboutissoir /ɑ̃butiswaʀ/ **NM** stamping hammer

embranchement /ɑ̃bʀɑ̃ʃmɑ̃/ SYN **NM** 1 *[de voies, routes, tuyaux]* junction ◆ **à l'embranchement des deux routes** where the road forks
2 (= *route*) side road, branch road; (= *voie ferrée*) branch line; (= *tuyau*) branch pipe; (= *rivière*) embranchment
3 (= *catégorie d'animaux ou de plantes*) branch

embrancher /ɑ̃bʀɑ̃ʃe/ ► conjug 1 ◄
VT *[+ tuyaux, voies]* to join (up) ◆ **embrancher qch sur** to join sth (up) to
VPR **s'embrancher** *[tuyaux, voies]* to join (up) ◆ **s'embrancher sur** to join (up) to

embraquer /ɑ̃bʀake/ ► conjug 1 ◄ **VT** *[cordage]* to tighten

embrasement /ɑ̃bʀazmɑ̃/ SYN **NM** 1 (*littér = incendie*) fire, conflagration (*frm*) ◆ **ce qui a provoqué l'embrasement de la maison** what set the house on fire ◆ **l'embrasement du ciel au couchant** the blazing *ou* fiery sky at sunset ◆ **des embrasements soudains** (*lueurs*) sudden blazes of light
2 *[de pays]* unrest ◆ **l'embrasement des esprits** the stirring *ou* rousing of people's passions

embraser /ɑ̃bʀaze/ SYN ► conjug 1 ◄
VT 1 (*littér*) *[+ maison, forêt]* to set ablaze, to set fire to; *[+ ciel]* to set aglow *ou* ablaze
2 *[+ pays]* to cause unrest in
VPR **s'embraser** 1 (*littér*) *[maison]* to blaze up, to flare up; *[ciel]* to flare up, to be set ablaze (*de* with); *[cœur]* to become inflamed, to be fired (*de* with)
2 *[pays]* to be thrown into a state of unrest

embrassade /ɑ̃bʀasad/ SYN **NF** (*gén pl*) hugging and kissing (*NonC*)

embrasse /ɑ̃bʀas/ **NF** tieback ◆ **rideaux à embrasses** curtains with tiebacks

embrassement /ɑ̃bʀasmɑ̃/ **NM** (*littér*) ⇒ **embrassade**

embrasser /ɑ̃bʀase/ GRAMMAIRE ACTIVE 21.2 SYN ► conjug 1 ◄
VT 1 (= *donner un baiser à*) to kiss ◆ **embrasser qn à pleine bouche** to kiss sb (full) on the lips ◆ **je t'embrasse** (*en fin de lettre*) with love; (*au téléphone*) big kiss
2 († *ou frm* = *étreindre*) to embrace ◆ **qui trop embrasse mal étreint** (*Prov*) you shouldn't bite off more than you can chew; → **rime**
3 (*frm* = *choisir*) *[+ doctrine, cause]* to embrace, to espouse (*frm*); *[+ carrière]* to take up, to enter upon
4 (= *couvrir*) *[+ problèmes, sujets]* to encompass, to embrace ◆ **il embrassa la plaine du regard** (*littér*) he surveyed the plain
VPR **s'embrasser** to kiss (each other)

⚠ Au sens de 'donner un baiser à', **embrasser** ne se traduit pas par **to embrace**.

embrasure /ɑ̃bʀazyʀ/ **NF** (*Constr* = *créneau*) embrasure ◆ **il se tenait dans l'embrasure de la porte/la fenêtre** he stood in the doorway/the window

embrayage /ɑ̃bʀɛjaʒ/ **NM** 1 (= *mécanisme*) clutch
2 (= *action*) engaging *ou* letting out (*Brit*) the clutch, clutching (*US*)

embrayer /ɑ̃bʀeje/ SYN ► conjug 8 ◄
VT *[+ véhicule, mécanisme]* to put into gear
VI *[automobiliste]* to engage *ou* let out (*Brit*) the clutch, to clutch (*US*) ◆ **embrayer sur** *[+ sujet]* to switch to

embrigadement /ɑ̃bʀigadmɑ̃/ **NM** (= *endoctrinement*) indoctrination; (= *recrutement*) recruitment (*dans* into)

embrigader /ɑ̃bʀigade/ SYN ▶ conjug 1 ◄ VT (péj) (= endoctriner) to indoctrinate; (= recruter) to recruit (dans into)

embringuer* /ɑ̃bʀɛ̃ge/ ▶ conjug 1 ◄ VT to mix up, to involve ◆ **il s'est laissé embringuer dans une sale histoire** he got (himself) mixed up ou involved in some nasty business

embrocation /ɑ̃bʀɔkasjɔ̃/ NF embrocation

embrocher /ɑ̃bʀɔʃe/ ▶ conjug 1 ◄ VT (Culin) (sur broche) to spit, to put on a spit; (sur brochette) to skewer ◆ **embrocher qn** (fig :avec une épée) to run sb through ◆ **il m'a embroché avec son parapluie** he ran into me with his umbrella

embrouillage /ɑ̃bʀuja ʒ/ NM ⇒ embrouillement

embrouillamini* /ɑ̃bʀujamini/ SYN NM muddle, jumble

embrouille* /ɑ̃bʀuj/ NF ◆ **il y a de l'embrouille là-dessous** there's something funny at the bottom of this ◆ **toutes ces embrouilles** all this carry-on* ◆ **il y a eu une embrouille administrative** there was an administrative mix-up*

embrouillé, e /ɑ̃bʀuje/ SYN (ptp de embrouiller) ADJ [style, problème, idées] muddled, confused; [papiers] muddled, mixed-up

embrouillement /ɑ̃bʀujmɑ̃/ NM muddle ◆ **l'embrouillement de ses explications** his muddled explanations

embrouiller /ɑ̃bʀuje/ SYN ▶ conjug 1 ◄
  VT [1] [+ fils] to tangle (up), to snarl up; [+ affaire, problème] to muddle (up), to confuse
  [2] [+ personne] to muddle, to confuse, to mix up
  VPR **s'embrouiller** [1] [idées, style, situation] to become muddled ou confused
  [2] [personne] to get in a muddle, to become confused ou muddled ◆ **s'embrouiller dans un discours/ses explications** to get in a muddle with a speech/with one's explanations

embroussaillé, e /ɑ̃bʀusaje/ ADJ [chemin] overgrown; [barbe, sourcils, cheveux] bushy, shaggy

embrumer /ɑ̃bʀyme/ ▶ conjug 1 ◄ VT (littér) to mist over, to cloud over (de with); (fig) to cloud (de with) ◆ **à l'horizon embrumé** on the misty ou hazy horizon ◆ **l'esprit embrumé par l'alcool** his mind fuddled ou clouded with drink

embruns /ɑ̃bʀœ̃/ NMPL sea spray (NonC), spindrift (NonC)

embryogenèse /ɑ̃bʀijoʒənɛz/ NF embryogeny, embryogenesis

embryogénique /ɑ̃bʀijoʒenik/ ADJ embryogenic

embryologie /ɑ̃bʀijoloʒi/ NF embryology

embryologique /ɑ̃bʀijoloʒik/ ADJ embryologic(al)

embryologiste /ɑ̃bʀijoloʒist/ NMF embryologist

embryon /ɑ̃bʀijɔ̃/ SYN NM (lit, fig) embryo ◆ **à l'état d'embryon** (fig) in embryo, in an embryonic state ◆ **un embryon de réseau/gouvernement** an embryonic network/government

embryonnaire /ɑ̃bʀijɔnɛʀ/ SYN ADJ (Méd, fig) embryonic ◆ **à l'état embryonnaire** (fig) in embryo, in an embryonic state

embryopathie /ɑ̃bʀijopati/ NF embryopathy

embûche /ɑ̃byʃ/ SYN NF pitfall, trap ◆ **semé d'embûches** treacherous, full of pitfalls ou traps

embuer /ɑ̃bɥe/ ▶ conjug 1 ◄ VT to mist (up), to mist over ◆ **vitre embuée** misted(-up) window pane ◆ **yeux embués de larmes** eyes misted (over) ou clouded with tears

embuscade /ɑ̃byskad/ SYN NF ambush ◆ **être** ou **se tenir en embuscade** to lie in ambush ◆ **tendre une embuscade à qn** to set (up) ou lay an ambush for sb ◆ **tomber dans une embuscade** (Mil) to fall into an ambush; (tendue par des brigands) to fall into an ambush, to be waylaid

embusqué, e /ɑ̃byske/ (ptp de embusquer)
  ADJ ◆ **être embusqué** [soldats] to lie ou wait in ambush; → **tireur**
  NM (arg Mil) shirker

embusquer (s') /ɑ̃byske/ SYN ▶ conjug 1 ◄ VPR to lie ou wait in ambush

éméché, e* /emeʃe/ SYN ADJ tipsy*, merry*

émécher /emeʃe/ ▶ conjug 6 ◄ VT to make tipsy* ou merry*

émeraude /em(ə)ʀod/ NF, ADJ INV emerald

émergence /emɛʀʒɑ̃s/ SYN NF (gén) emergence ◆ **(point d')émergence d'une source** source of a spring

émergent, e /emɛʀʒɑ̃, ɑ̃t/ ADJ [1] (= en développement) [marché, économie, démocratie, besoins] emerging ◆ **pays émergents** emerging countries
  [2] (Géol, Opt, Phys) emergent

émerger /emɛʀʒe/ SYN ▶ conjug 3 ◄ VI
  [1] (= apparaître) to emerge ◆ **il émergea de sa chambre** he emerged from his room ◆ **le sommet émergea du brouillard** the summit rose out of ou emerged from the fog
  [2] (* = se réveiller) to surface
  [3] (= faire saillie) [rocher, fait, artiste] to stand out
  [4] (d'une situation difficile) to begin to see light at the end of the tunnel

émeri /em(ə)ʀi/ NM emery ◆ **toile** ou **papier émeri** emery paper; → **bouché**

émerillon /em(ə)ʀijɔ̃/ NM [1] (= oiseau) merlin
  [2] (= dispositif) swivel

émeriser /em(ə)ʀize/ ▶ conjug 1 ◄ VT to cover with emery powder

éméritat /emeʀita/ NM emeritus status

émérite /emeʀit/ SYN ADJ (= chevronné) highly skilled, outstanding ◆ **professeur émérite** professor emeritus, emeritus professor

émersion /emɛʀsjɔ̃/ NF emersion

émerveillement /emɛʀvɛjmɑ̃/ SYN NM (= sentiment) wonder; (= vision, sons) wonderful thing, marvel

émerveiller /emɛʀveje/ SYN ▶ conjug 1 ◄
  VT to fill with wonder
  VPR **s'émerveiller** to be filled with wonder ◆ **s'émerveiller de** to marvel at, to be filled with wonder at

émétine /emetin/ NF emetin(e)

émétique /emetik/ ADJ, NM emetic

émetteur, -trice /emetœʀ, tʀis/
  ADJ [1] (Radio) transmitting; → **poste²**, **station**
  [2] (Fin) issuing (épith) ◆ **banque émettrice** issuing bank
  NM (Radio) transmitter ◆ **émetteur-récepteur** transmitter-receiver, transceiver
  NM,F (Fin) issuer

émettre /emɛtʀ/ SYN ▶ conjug 56 ◄ VT [1] [+ lumière] [lampe] to give (out), to send out; (Phys) to emit; [+ son, radiation, liquide] to give out, to send out, to emit; [+ odeur] to give off
  [2] (Radio, TV) to transmit; [+ avion, bateau] to send out ◆ **son bateau n'émet plus** he's no longer sending out signals ◆ **émettre sur ondes courtes** to broadcast ou transmit on shortwave
  [3] (Fin) [+ monnaie, actions] to issue; [+ emprunt] to issue, to float; [+ chèque] to draw
  [4] [+ idée, hypothèse, doute] to voice, to put forward

émeu /emø/ NM emu

émeute /emøt/ SYN NF riot ◆ **émeutes** riots, rioting

émeutier, -ière /emøtje, jɛʀ/ NM,F rioter

émiettement /emjɛtmɑ̃/ NM [de pain, terre] crumbling; [de territoire] breaking up, splitting up; [de pouvoir, responsabilités] dispersion; [d'énergie, effort, temps] dissipation; [de fortune] frittering away

émietter /emjete/ SYN ▶ conjug 1 ◄
  VT [+ pain, terre] to crumble; [+ territoire] to break up, to split up; [+ pouvoir, responsabilités] to disperse; [+ énergie, effort, temps] to dissipate
  VPR **s'émietter** [pain, terre] to crumble; [pouvoir] to disperse; [énergie, existence] to dissipate; [fortune] to be frittered ou whittled away

émigrant, e /emigʀɑ̃, ɑ̃t/ NM,F emigrant

émigration /emigʀasjɔ̃/ SYN NF emigration

émigré, e /emigʀe/ SYN (ptp de émigrer) NM,F (Hist) émigré; (Pol) expatriate, émigré ◆ **(travailleur) émigré** migrant worker

émigrer /emigʀe/ SYN ▶ conjug 1 ◄ VI [personnes] to emigrate; [animaux] to migrate

émincé /emɛ̃se/ NM (= plat) émincé; (= tranche) sliver, thin slice ◆ **émincé de veau/de foie de veau** émincé of veal/calves' liver

émincer /emɛ̃se/ ▶ conjug 3 ◄ VT to slice thinly, to cut into slivers ou thin slices

éminemment /eminamɑ̃/ ADV eminently

éminence /eminɑ̃s/ SYN NF [1] [de terrain] knoll, hill; (Méd) protuberance
  [2] [de qualité, rang] distinction, eminence
  [3] (= cardinal) Eminence ◆ **Son/Votre Éminence** his/your Eminence ◆ **l'éminence grise** (fig) the power behind the throne, the éminence grise

éminent, e /eminɑ̃, ɑ̃t/ SYN ADJ distinguished, eminent ◆ **mon éminent collègue** (frm) my learned ou distinguished colleague

éminentissime /eminɑ̃tisim/ ADJ (hum) most distinguished ou eminent; (Rel) most eminent

émir /emiʀ/ NM emir

émirat /emiʀa/ NM emirate ◆ **les Émirats arabes unis** the United Arab Emirates

émissaire¹ /emisɛʀ/ NM (= personne) emissary; → **bouc**

émissaire² /emisɛʀ/
  ADJ (Anat) [+ veines] emissary
  NM (Tech) overflow

émissif, -ive /emisif, iv/ ADJ emissive ◆ **pouvoir émissif** emissivity

émission /emisjɔ̃/ SYN NF [1] (Phys) [de son, lumière, signaux] emission ◆ **source d'émission (de lumière/chaleur)** (emitting) source (of light/heat) ◆ **émissions de carbone** carbon emissions
  [2] (Radio, TV) (= transmission de sons, d'images) broadcasting; (= programme) broadcast, programme (Brit), program (US) ◆ **émission télévisée/radiophonique** television/radio programme ou broadcast ◆ **émission (de télévision) par câble** cablecast ◆ **les émissions de la semaine** this week's programmes ◆ **« nos émissions sont terminées »** "that's the end of today's broadcasts ou programmes ou broadcasting"
  [3] [de monnaie, actions, emprunt] issue, flotation; [de chèque] drawing ◆ **monopole d'émission** monopoly of issue ◆ **cours d'émission** issue par ◆ **prix d'émission** offering price; → **banque**
  [4] [d'idée, hypothèse] voicing, putting forward
  [5] (Physiol) ◆ **émission d'urine/de sperme** emission of urine/semen
  [6] (Phon) ◆ **émission de voix** utterance

émissole /emisɔl/ NF smooth dogfish, smooth hound

emmagasinage /ɑ̃magazinaʒ/ NM storing up, accumulation; [de chaleur] storing; [de souvenirs, connaissances] amassing, accumulation; (Comm) storing, warehousing

emmagasiner /ɑ̃magazine/ SYN ▶ conjug 1 ◄ VT (gén = amasser) to store up, to accumulate; [+ chaleur] to store; [+ souvenirs, connaissances] to amass, to accumulate; (= stocker) to store, to put into store, to warehouse

emmailloter /ɑ̃majote/ ▶ conjug 1 ◄ VT [+ doigt, pied] to bind (up), to bandage; [+ enfant] to wrap up

emmanché, e†* /ɑ̃mɑ̃ʃe/ (ptp de emmancher) NM,F (= crétin) twit*, jerk*, berk* (Brit)

emmanchement /ɑ̃mɑ̃ʃmɑ̃/ NM [d'outil] fitting of a handle (de to, on, onto)

emmancher /ɑ̃mɑ̃ʃe/ ▶ conjug 1 ◄ VT [+ pelle] to fix ou put a handle on ◆ **emmancher une affaire*** to get a deal going, to set up a deal ◆ **l'affaire s'emmanche mal*** things are getting off to a bad start ◆ **l'affaire est bien/mal emmanchée*** the deal has got off to a good/bad start

emmanchure /ɑ̃mɑ̃ʃyʀ/ NF armhole

Emmaüs /emays/ N Emmaus

  ⁘ **EMMAÜS**
  ⁘
  ⁘ This is the name of a well-known charity
  ⁘ founded in 1949 by l'abbé Pierre that provides
  ⁘ help for homeless people. It is partly financed
  ⁘ by the proceeds of jumble sales organized by
  ⁘ a community of volunteers known as "les
  ⁘ chiffonniers d'Emmaüs".

emmêlement /ɑ̃mɛlmɑ̃/ NM (= action) tangling; (= état) tangle, muddle

emmêler /ɑ̃mele/ SYN ▶ conjug 1 ◄
  VT [+ cheveux] to tangle (up), to knot; [+ fil] to tangle (up), to entangle, to muddle up; [+ affaire] to confuse, to muddle ◆ **tes cheveux sont tout emmêlés** your hair is all tangled ◆ **tu emmêles tout** you're getting everything mixed up ou muddled (up) ou confused
  VPR **s'emmêler** [corde, cheveux] to tangle, to get in a tangle ◆ **s'emmêler les pieds dans le tapis** to get one's feet caught in the carpet ◆ **s'emmêler dans ses explications** to get in a muddle with one's explanations ◆ **s'emmêler les**

pieds* *ou* **crayons*** *ou* **pinceaux*** *ou* **pédales*** to get all confused, to get in a right muddle* *(Brit)* ◆ **tout s'emmêle dans ma tête** everything's muddled up *ou* confused in my head

emménagement /ɑ̃menaʒmɑ̃/ NM moving in *(NonC)* ◆ **au moment de leur emménagement dans la nouvelle maison** when they moved into the new house

emménager /ɑ̃menaʒe/ ▸ conjug 3 ◂ VI to move in ◆ **emménager dans** to move into

emménagogue /ɑ̃menagɔg, emenagɔg/
ADJ emmenagogue, emmenagogic
NM emmenagogue

emmener /ɑ̃m(ə)ne/ SYN ▸ conjug 5 ◂ VT
1 *[+ personne] (comme otage)* to take away; *(comme invité, compagnon)* to take (along) ◆ **emmener qn au cinéma** to take sb to the cinema ◆ **emmener qn en prison** to take sb (away *ou* off) to prison ◆ **emmener qn en promenade** *ou* **faire une promenade** to take sb (off) for a walk ◆ **emmener déjeuner qn** to take sb out to *ou* for lunch ◆ **voulez-vous que je vous emmène (en voiture) ?** shall I give you *ou* would you like a lift *(Brit) ou* ride *(US)*?
2 *(* = emporter) [+ chose]* to take ◆ **tu vas emmener cette grosse valise ?** are you going to take that huge suitcase (with you)?
3 *(Mil, Sport = guider) [+ équipe, troupe]* to lead

emment(h)al /emɛtal/ NM Emmenthal (cheese)

emmerdant, e⁑ /ɑ̃mɛʀdɑ̃, ɑt/ ADJ 1 *(= irritant, gênant)* damned *ou* bloody *(Brit)* annoying⁑ ◆ **elle n'est pas trop emmerdante** she isn't too much of a pain*
2 *(= ennuyeux)* damned *ou* bloody *(Brit)* boring⁑ ◆ **qu'est-ce qu'il est emmerdant avec ses histoires** what a damned *ou* bloody *(Brit)* bore *ou* pain (in the neck) he is with his stories⁑

emmerde⁑ /ɑ̃mɛʀd/ NF ⇒ **emmerdement**

emmerdement⁑ /ɑ̃mɛʀdəmɑ̃/ NM hassle* ◆ **quel emmerdement !** what a damned *ou* bloody *(Brit)* nuisance!⁑ ◆ **j'ai eu tellement d'emmerdements avec cette voiture** that car has given me so much damned *ou* bloody *(Brit)* trouble⁑ ◆ **je n'ai que des emmerdements en ce moment** it's just one damned *ou* bloody *(Brit)* hassle after the other at the moment⁑ ◆ **ça risque de m'attirer des emmerdements** it's likely to get me into hot water* *ou* to land me in the shit⁂

emmerder⁑ /ɑ̃mɛʀde/ ▸ conjug 1 ◂
VT ◆ **emmerder qn** *(= irriter)* to bug sb*, to get on sb's nerves; *(= préoccuper, contrarier)* to bug sb*, to bother sb; *(= lasser)* to bore the pants off sb⁑, to bore sb stiff* *ou* to death*; *(= mettre dans l'embarras)* to get sb into trouble, to land sb in it* ◆ **on n'a pas fini d'être emmerdé avec ça** we haven't heard the last of it ◆ **je suis drôlement emmerdé** I'm in deep trouble*, I'm really in the shit⁂ ◆ **il m'emmerde à la fin, avec ses questions** he really bugs me* *ou* gets up my nose⁑ *(Brit)* with his questions ◆ **ça m'emmerde qu'il ne puisse pas venir** it's a damned nuisance⁑ *ou* a hell of a nuisance⁑ that he can't come ◆ **je les emmerde !** to hell with them!⁑, bugger them!⁂ *(Brit)*
VPR **s'emmerder** *(= s'ennuyer)* to be bored stiff* *ou* to death*; *(= s'embarrasser)* to put o.s. out ◆ **ne t'emmerde pas avec ça** don't bother *ou* worry about that ◆ **je me suis drôlement emmerdé à réparer ce poste !** I really put myself out repairing that damned⁑ radio! ◆ **on ne s'emmerde pas avec eux !** there's never a dull moment with them! ◆ **tu ne t'emmerdes pas !** you've got a damn⁑ nerve *ou* cheek! ◆ **elle a trois voitures – dis donc, elle ne s'emmerde pas !** she has three cars – (it's) all right for some!*

emmerdeur, -euse⁑ /ɑ̃mɛʀdœʀ, øz/ NM,F damned nuisance⁑, pain in the neck*

emmétrope /ɑ̃metʀɔp, emetʀɔp/
ADJ emmetropic
NMF emmetropic person

emmétropie /ɑ̃metʀɔpi, emetʀɔpi/ NF emmetropia

emmieller /ɑ̃mjele/ ▸ conjug 1 ◂ VT 1 *[+ tisane]* to sweeten with honey
2 *(* = ennuyer)* ◆ **emmieller qn** to bug sb* ◆ **je suis drôlement emmiellé** I'm in a bit of a fix*, I've run into a spot of bother* *(Brit)*
3 *(= enjôler) [+ personne]* to soft-soap*, to cajole

emmitoufler /ɑ̃mitufle/ ▸ conjug 1 ◂ VT to wrap up (warmly), to muffle up ◆ **s'emmitoufler (dans un manteau)** to wrap o.s. up (in a coat)

emmouscailler *† /ɑ̃muskaje/ ▸ conjug 1 ◂ VT ◆ **emmouscailler qn** *(= irriter)* to bug sb*; *(= préoccuper)* to bother sb; *(= mettre dans l'embarras)* to land sb in the soup* ◆ **être bien emmouscaillé** to be in deep trouble* *ou* in a real mess ◆ **s'emmouscailler à faire qch** to go to the bother of doing sth

emmurer /ɑ̃myʀe/ ▸ conjug 1 ◂ VT *(lit)* to wall up, to immure *(frm)* ◆ **emmuré vivant** walled up alive ◆ **s'emmurer dans** *[+ silence, sentiment]* to retreat into ◆ **emmuré dans ses convictions** entrenched in his convictions

émoi /emwa/ SYN NM *(littér) (= trouble)* agitation, emotion; *(de joie)* excitement; *(= tumulte)* commotion ◆ **doux émoi** pleasant agitation ◆ **l'affaire a suscité un grand émoi dans le pays** the affair plunged the country into turmoil ◆ **dit-elle non sans émoi** she said with some confusion ◆ **en émoi** *[cœur]* in a flutter *(attrib)*; *[sens]* agitated, excited ◆ **la rue était en émoi** the street was in turmoil

émollient, e /emɔljɑ̃, jɑt/ ADJ, NM emollient

émoluments /emɔlymɑ̃/ SYN NMPL *(Admin) [d'officier ministériel]* fees, emoluments *(frm)*; *[d'employé]* remuneration, emoluments *(frm)*

émonctoire /emɔ̃ktwaʀ/ NM emunctory

émondage /emɔ̃daʒ/ NM *[d'arbre]* pruning, trimming

émonder /emɔ̃de/ ▸ conjug 1 ◂ VT *[+ arbre]* to prune, to trim; *[+ amandes]* to blanch

émondes /emɔ̃d/ NFPL prunings

émondeur, -euse /emɔ̃dœʀ, øz/ NM,F *(= personne)* pruner

émondoir /emɔ̃dwaʀ/ NM pruning hook

émorfiler /emɔʀfile/ ▸ conjug 1 ◂ VT to remove the wire edge from

émoticone, émoticône /emɔtikɔn/ NM emoticon

émotif, -ive /emɔtif, iv/ SYN
ADJ 1 *[personne, choc, réaction]* emotional ◆ **charge émotive** emotional charge
2 *(Ling)* emotive
NM,F emotional person ◆ **c'est un émotif** he's very emotional

émotion /emosjɔ̃/ SYN NF 1 *(= sentiment)* emotion; *(= peur)* fright ◆ **ils ont évité l'accident mais l'émotion a été grande** they avoided an accident but it gave them a bad fright ◆ **ce scandale a suscité une vive émotion dans le pays** this scandal has caused a real stir in the country ◆ **pour nous remettre de nos émotions...** to get over all the excitement *ou* commotion... ◆ **pour les amateurs d'émotions fortes** for those who are looking for thrills, for thrill-seekers ◆ **grand moment d'émotion** very *ou* highly emotional moment ◆ **c'est avec une grande émotion que nous recevons...** it is with great pleasure that we welcome...
2 *(= sensibilité)* emotion, feeling ◆ **parler avec émotion** to speak with emotion *ou* feeling, to speak feelingly *(de* about*)* ◆ **se laisser gagner par l'émotion** to get emotional

émotionnel, -elle /emosjɔnɛl/ ADJ emotional

émotionner* /emosjɔne/ ▸ conjug 1 ◂
VT to upset ◆ **j'en suis encore tout émotionné** it gave me quite a turn*, I'm still upset about it
VPR **s'émotionner** to get worked up*, to get upset *(de* about*)*

émotivité /emɔtivite/ NF emotionalism

émotter /emɔte/ ▸ conjug 1 ◂ VT to break up the clods in

émotteuse /emɔtøz/ NF rotary harrow

émouchette /emuʃɛt/ NF fly-net

émoulu, e /emuly/ ADJ → **frais**[1]

émoussé, e /emuse/ (ptp de **émousser**) ADJ *[couteau]* blunt; *[goût, sensibilité]* blunted, dulled

émousser /emuse/ SYN ▸ conjug 1 ◂
VT *[+ couteau]* to blunt; *[+ appétit]* to take the edge off; *[+ souvenir, désir]* to dull
VPR **s'émousser** *[intérêt, enthousiasme]* to wane; *[talent]* to lose its fine edge

émoustillant, e* /emustijɑ̃, ɑt/ ADJ *[présence]* tantalizing, titillating; *[propos]* titillating

émoustiller* /emustije/ SYN ▸ conjug 1 ◂ VT to titillate, to tantalize

émouvant, e /emuvɑ̃, ɑt/ SYN ADJ *(nuance de compassion)* moving, touching; *(nuance d'admiration)* stirring

émouvoir /emuvwaʀ/ SYN ▸ conjug 27 ◂
VT 1 *[+ personne] (gén)* to move, to stir; *(= perturber)* to disturb; *(= indigner)* to rouse (the indignation of); *(= effrayer)* to disturb, to worry, to upset ◆ **leur attitude ne l'émut/leurs menaces ne l'émurent pas le moins du monde** their attitude/threats didn't disturb *ou* worry *ou* upset him in the slightest ◆ **plus ému qu'il ne voulait l'admettre par ce baiser** more aroused than he wished to admit by this kiss ◆ **leur misère l'émouvait profondément** their wretchedness moved him deeply *ou* upset him greatly ◆ **émouvoir qn jusqu'aux larmes** to move sb to tears ◆ **se laisser émouvoir par des prières** to be moved by entreaties, to let o.s. be swayed by entreaties ◆ **encore tout ému d'avoir frôlé l'accident/de cette rencontre** still very shaken *ou* greatly upset at having been so close to an accident/over that encounter
2 *(littér) [+ colère]* to arouse ◆ **émouvoir la pitié de qn** to move sb to pity, to arouse sb's pity
VPR **s'émouvoir** *(gén)* to be moved, to be stirred; *(= être perturbé)* to be disturbed; *(= s'inquiéter)* to be *ou* get worried, to be *ou* get upset ◆ **il ne s'émeut de rien** nothing upsets him ◆ **dit-il sans s'émouvoir** he said calmly *ou* impassively ◆ **s'émouvoir à la vue de qch** to be moved at the sight of sth ◆ **le pays entier s'est ému de l'affaire** the affair aroused the indignation of the whole country ◆ **le gouvernement s'en est ému** the government was roused to action

empailler /ɑ̃paje/ ▸ conjug 1 ◂ VT *[+ animal]* to stuff; *[+ chaise]* to bottom (with straw); *[+ bouteille]* to put in a straw case ou wrapping; *[+ semis]* to mulch

empailleur, -euse /ɑ̃pajœʀ, øz/ NM,F *[de chaise]* chair-bottomer; *[d'animal]* taxidermist

empalement /ɑ̃palmɑ̃/ NM impalement

empaler /ɑ̃pale/ ▸ conjug 1 ◂
VT *(= supplicier)* to impale; *(= embrocher)* to put on a spit
VPR **s'empaler** to impale o.s. *(sur* on*)*

empan /ɑ̃pɑ̃/ NM *(Hist = mesure)* span

empanaché, e /ɑ̃panaʃe/ ADJ plumed

empanner /ɑ̃pane/ ▸ conjug 1 ◂ VI *(Naut = virer de bord)* to gibe *(Brit)*, to jibe *(US)*

empaquetage /ɑ̃paktaʒ/ NM *(gén)* wrapping (up); *(Comm = conditionnement)* packing, packaging

empaqueter /ɑ̃pakte/ SYN ▸ conjug 4 ◂ VT *(gén)* to wrap (up); *(Comm = conditionner)* to pack, to package

empaqueteur, -euse /ɑ̃pak(ə)tœʀ, øz/ NM,F packer

emparer (s') /ɑ̃paʀe/ SYN ▸ conjug 1 ◂ VPR
1 ◆ **s'emparer de** *[+ objet]* to seize *ou* grab (hold of); *[+ butin]* to seize, to grab; *[+ otage]* to seize; *[+ conversation, sujet]* to take over; *[+ prétexte]* to seize (up)on; *(Mil) [+ ville, territoire, ennemi, pouvoir]* to seize ◆ **s'emparer des moyens de production/d'information** to take over *ou* seize the means of production/the information networks ◆ **ils se sont emparés du caissier** they grabbed (hold of) the cashier ◆ **s'emparer du ballon** *(Rugby)* to get possession (of the ball) ◆ **les journaux se sont emparés de l'affaire** the papers picked up the story
2 ◆ **s'emparer de** *[jalousie, colère, remords]* to take possession of, to take *ou* lay hold of ◆ **cette obsession s'empara de son esprit** his mind was taken over by this obsession ◆ **une grande peur s'empara d'elle** she suddenly became very afraid

empâté, e /ɑ̃pɑte/ SYN (ptp de **empâter**) ADJ *[visage]* fleshy, bloated; *[personne, silhouette]* heavy; *[langue]* coated; *[voix]* slurred

empâtement /ɑ̃pɑtmɑ̃/ SYN NM 1 *[de personne, silhouette, visage]* thickening-out, fattening-out; *[de traits]* thickening
2 *(Peinture)* impasto

empâter /ɑ̃pɑte/ ▸ conjug 1 ◂
VT *[+ langue, bouche]* to coat, to fur (up) *(Brit)*; *[+ traits]* to thicken, to coarsen ◆ **la maladie l'a empâté** his illness has made him put on weight
VPR **s'empâter** *[personne, silhouette, visage]* to thicken out, to fatten out; *[traits]* to thicken, to grow fleshy; *[voix]* to become thick

empathie /ɑ̃pati/ NF empathy

empathique /ɑ̃patik/ ADJ empath(et)ic

empattement /ɑ̃patmɑ̃/ NM *(Constr)* footing; *[de voiture]* wheelbase; *(Typographie)* serif

empatter /ɑ̃pate/ ▸ conjug 1 ◂ VT [+ mur] to give footing to

empaumer* /ɑ̃pome/ ▸ conjug 1 ◂ VT (= duper) to con*, to swindle

empaumure /ɑ̃pomyʀ/ NF [de cerf] palm

empêché, e /ɑ̃peʃe/ (ptp de **empêcher**) ADJ
1 (= retenu) detained, held up ◆ **empêché par ses obligations, il n'a pas pu venir** because of his commitments he was prevented from coming
2 (= embarrassé) ◆ **avoir l'air empêché** to look ou seem embarrassed ou ill-at-ease
3 † ◆ **tu es bien empêché de me le dire** you seem at a (complete) loss to know what to tell me ◆ **je serais bien empêché de vous le dire** I'd be hard put (to it) to tell you, I'd be at a loss to know what to tell you

empêchement /ɑ̃peʃmɑ̃/ SYN NM (= obstacle) (unexpected) obstacle ou difficulty, hitch; (Jur) impediment ◆ **il n'est pas venu, il a eu un empêchement** he couldn't come – something cropped up ◆ **en cas d'empêchement** if there's a hitch, if something crops up

empêcher /ɑ̃peʃe/ SYN ▸ conjug 1 ◂
VT 1 [+ chose, action] to prevent, to stop ◆ **empêcher que qch (ne) se produise, empêcher qch de se produire** to prevent sth from happening, to stop sth happening ◆ **empêcher que qn (ne) fasse qch** to prevent sb from doing sth, to stop sb (from) doing sth
2 ◆ **empêcher qn de faire qch** to prevent sb from doing sth, to stop sb (from) doing sth ◆ **rien ne nous empêche de partir** there's nothing stopping us (from) going ou preventing us from going ◆ **empêcher qn de sortir/d'entrer** to prevent sb from ou stop sb going out/coming in, to keep sb in/out ◆ **s'il veut le faire, on ne peut pas l'en empêcher** ou **l'empêcher** if he wants to do it, we can't prevent him (from doing it) ou stop him (doing it) ◆ **ça ne m'empêche pas de dormir** (lit) it doesn't prevent me from sleeping ou stop me sleeping ou keep me awake; (fig) I don't lose any sleep over it
3 (locutions) ◆ **qu'est-ce qui empêche (qu'on le fasse) ?** what's there to stop us (doing it)? ou to prevent us (from doing it)?, what's stopping us (doing it)?* ◆ **qu'est-ce que ça empêche ?*** what odds* ou difference does that make? ◆ **ça n'empêche rien**, it makes no odds* ou no difference ◆ **(il) n'empêche qu'il a tort** all the same ou be that as it may, he's wrong ◆ **j'ai peut-être tort, n'empêche, il a un certain culot !*** maybe I'm wrong, but all the same ou even so he's got a nerve!*
VPR **s'empêcher** 1 (littér) ◆ **s'empêcher de faire qch** to stop (from) doing sth, to refrain from doing sth ◆ **par politesse, il s'empêcha de bâiller** out of politeness he stifled a yawn ou he stopped himself yawning
2 ◆ **il n'a pas pu s'empêcher de rire** he couldn't help laughing, he couldn't stop himself (from) laughing ◆ **je ne peux m'empêcher de penser que...** I cannot help thinking that... ◆ **je n'ai pu m'en empêcher** I couldn't help it, I couldn't stop myself

empêcheur, -euse /ɑ̃peʃœʀ, øz/ NM,F ◆ **empêcheur de danser** ou **de tourner en rond** (= trouble-fête) spoilsport; (= gêneur) troublemaker

empeigne /ɑ̃pɛɲ/ NF [de chaussure] upper ◆ **quelle gueule** ou **face d'empeigne !***ⁱ (péj) what a jerk*ⁱ ou a prat*ⁱ (Brit)!

empennage /ɑ̃pɛnaʒ/ NM [d'avion] stabilizer, tailplane (Brit); [de flèche] (= action) feathering; (= plumes) feathers, fletchings

empenne /ɑ̃pɛn/ NF [de flèche] feathers, fletchings

empenner /ɑ̃pene/ ▸ conjug 1 ◂ VT [+ flèche] to feather, to fledge

empereur /ɑ̃pʀœʀ/ NM emperor ◆ **l'empereur à la barbe fleurie** Charlemagne

empesé, e /ɑ̃paze/ SYN (ptp de **empeser**) ADJ [col] starched; (péj) [personne, air] stiff, starchy

empeser /ɑ̃paze/ ▸ conjug 5 ◂ VT to starch

empester /ɑ̃pɛste/ SYN ▸ conjug 1 ◂ VT (= sentir) [+ odeur, fumée] to stink of, to reek of; (= empuantir) [+ pièce] to stink out (de with), to make stink (de of); (littér = empoisonner) to poison, to taint (de with) ◆ **ça empeste ici** it stinks in here, there's a foul smell in here

empêtrer (s') /ɑ̃petʀe/ SYN ▸ conjug 1 ◂ VPR ◆ **s'empêtrer dans** (lit) to get tangled up in, to get entangled in, to get caught up in; [+ mensonges] to get o.s. tangled up in; [+ affaire] to get (o.s.) involved in, to get (o.s.) mixed up in ◆ **s'empêtrer dans des explications** to tie o.s. up in knots trying to explain*, to get tangled up in one's explanations

emphase /ɑ̃faz/ SYN NF 1 (= pompe) bombast, pomposity ◆ **avec emphase** bombastically, pompously ◆ **sans emphase** in a straightforward manner, simply
2 († = force d'expression) vigour

emphatique /ɑ̃fatik/ SYN ADJ 1 (= grandiloquent) bombastic, pompous
2 (Ling) emphatic

emphysémateux, -euse /ɑ̃fizematø, øz/ ADJ emphysematous
NM,F emphysema sufferer

emphysème /ɑ̃fizɛm/ NM emphysema

emphytéose /ɑ̃fiteoz/ NF (Jur) long lease

emphytéote /ɑ̃fiteot/ NMF long leaseholder

emphytéotique /ɑ̃fiteotik/ ADJ ◆ **bail emphytéotique** long lease

empiècement /ɑ̃pjɛsmɑ̃/ NM [de corsage] yoke

empierrement /ɑ̃pjɛʀmɑ̃/ NM 1 (= action) [de route] metalling (Brit), gravelling (US); [de voie de chemin de fer] ballasting; [de bassin, cour, fossé] lining with stones
2 (= pierres) [de route] roadbed, road metal (Brit); [de chemin de fer] ballast

empierrer /ɑ̃pjeʀe/ ▸ conjug 1 ◂ VT [+ route] to metal (Brit), to gravel (US); [+ voie de chemin de fer] to ballast; [+ bassin, cour, fossé] to line with stones

empiètement /ɑ̃pjɛtmɑ̃/ NM (sur territoire, mer, route) encroachment (sur on); (sur droits, libertés) infringement (sur of), encroachment (sur on); (sur des attributions) trespassing (sur on)

empiéter /ɑ̃pjete/ SYN ▸ conjug 6 ◂ **empiéter sur**
VT INDIR [+ territoire, mer, route] to encroach (up)on; [+ droit, liberté] to infringe, to encroach (up)on; [+ domaine, attributions] to encroach (up)on, to trespass on ◆ **empiéter sur un couloir** (Athlétisme) to run into a lane

empiffrer (s')*ⁱ /ɑ̃pifʀe/ ▸ conjug 1 ◂ VPR to stuff one's face*, to stuff o.s. (de with)

empilable /ɑ̃pilabl/ ADJ [siège] stackable

empilage /ɑ̃pilaʒ/, **empilement** /ɑ̃pilmɑ̃/ NM (= action) piling up, stacking up; (= pile) pile, stack

empile /ɑ̃pil/ NF (Pêche) trace, leader

empiler /ɑ̃pile/ SYN ▸ conjug 1 ◂
VT 1 (= mettre en pile) to pile (up), to stack (up)
2 (* = voler) to rook*, to do* (Brit) ◆ **se faire empiler** to be had* ou done* (Brit) (de out of)
VPR **s'empiler** 1 (= s'amonceler) to be piled up (sur on)
2 (= s'entasser) ◆ **s'empiler dans** [+ local, véhicule] to squeeze ou pile into

empire /ɑ̃piʀ/ SYN
NM 1 (Pol, fig) empire ◆ **empire colonial/industriel/financier** colonial/industrial/financial empire ◆ **pas pour un empire !** not for all the tea in China!, not for all the world! ◆ **premier/second Empire** First/Second Empire ◆ **pendule Empire** Empire clock
2 (= autorité, emprise) influence, authority ◆ **avoir de l'empire sur** to have influence ou a hold on ou over, to hold sway over ◆ **prendre de l'empire sur** to gain influence ou a hold over ◆ **exercer son empire sur** to exert one's authority over, to use one's influence on ou over ◆ **empire sur soi-même** self-control
◆ **sous l'empire de** [+ peur, colère] in the grip of; [+ jalousie] possessed by ◆ **sous l'empire de la boisson** under the influence of alcohol
COMP **l'Empire byzantin** the Byzantine Empire ◆ **l'Empire du Milieu** the Middle Kingdom ◆ **l'Empire romain d'Occident/d'Orient** the Western/Eastern Roman Empire ◆ **l'Empire du Soleil-Levant** the Land of the Rising Sun

empirer /ɑ̃piʀe/ SYN ▸ conjug 1 ◂
VI to get worse, to deteriorate
VT to make worse, to worsen

empiriocriticisme /ɑ̃piʀjokʀitisism/ NM empirio-criticism

empirique /ɑ̃piʀik/
ADJ (Philos, Phys) empirical; († † Méd) empiric
NM († † Méd) empiric

empiriquement /ɑ̃piʀikmɑ̃/ ADV empirically

empirisme /ɑ̃piʀism/ NM empiricism

empiriste /ɑ̃piʀist/ ADJ, NMF (Philos, Phys) empiricist; († † Méd) empiric

emplacement /ɑ̃plasmɑ̃/ SYN NM (= endroit) place; (= site) site; (pour construire) site, location; [de parking] parking space ◆ **à** ou **sur l'emplacement d'une ancienne cité romaine** on the site of an ancient Roman city ◆ **pour indiquer l'emplacement du chemin** to show the location of the path ◆ **emplacement publicitaire** (sur un mur) advertising site ou space (NonC); (dans un journal) advertising space (NonC)

emplafonner*ⁱ /ɑ̃plafɔne/ ▸ conjug 1 ◂ VT to slam* ou smash* into ◆ **il s'est fait emplafonner par un camion** a lorry slammed* ou smashed* into his car ou him

emplâtre /ɑ̃platʀ/ NM (Méd) plaster; (* = personne) (great) lump*, clot* ◆ **ce plat vous fait un emplâtre sur l'estomac*** this kind of food lies heavy on your stomach; → **jambe**

emplette † /ɑ̃plɛt/ SYN NF purchase ◆ **faire l'emplette de qch** to purchase sth ◆ **faire des** ou **quelques emplettes** to do some shopping, to make some purchases

emplir /ɑ̃pliʀ/ SYN ▸ conjug 2 ◂
VT 1 († , littér) [+ verre, récipient] to fill (up) (de with)
2 [foule, meubles] to fill
VPR **s'emplir** ◆ **s'emplir de** to fill with ◆ **la pièce s'emplissait de lumière/de gens** the room was filling with light/people

emploi /ɑ̃plwa/ SYN
NM 1 (= poste, travail) job ◆ **l'emploi** (Écon) employment ◆ **créer de nouveaux emplois** to create new jobs ◆ **la situation de l'emploi** the employment situation ◆ **plein(-)emploi** full employment ◆ **emplois de service** service jobs; → **demande, offre, proximité**
2 (= mode d'utilisation) [d'appareil, produit] use; [de mot, expression] use, usage ◆ **un emploi nouveau de cet appareil** a new use for this piece of equipment ◆ **divers emplois d'un mot** different uses of a word ◆ **c'est un emploi très rare de cette expression** it's a very rare use ou usage of this expression; → **mode²**
3 (= usage) use ◆ **je n'en ai pas l'emploi** I have no use for it ◆ **l'emploi qu'il fait de son argent/temps** how he uses his money/time, the use he makes of his money/time; → **double**
4 (Théât = rôle) role, part ◆ **avoir le physique** ou **la tête de l'emploi** to look the part
5 (locutions)
◆ **sans emploi** (= sans travail) unemployed; (= inutilisé) unused
COMP **emploi-jeune** ◆ **la création de 3 500 emplois-jeunes** the creation of 3,500 jobs for young people ◆ **emploi du temps** timetable, schedule; (Scol) timetable ◆ **emploi du temps chargé** heavy ou busy timetable, busy schedule

employabilité /ɑ̃plwajabilite/ NF [de personne] employability

employable /ɑ̃plwajabl/ ADJ [appareil, produit] usable, employable; [personne] employable

employé, e /ɑ̃plwaje/ SYN (ptp de **employer**) NM,F employee ◆ **employé de banque** bank employee ou clerk ◆ **employé de commerce** business employee ◆ **employé de bureau** office worker ou clerk ◆ **employé municipal** council worker ou employee ◆ **employé des postes/des chemins de fer/du gaz** postal/railway (Brit) ou railroad (US) /gas worker ◆ **on a sonné, c'est l'employé du gaz** there's someone at the door – it's the gasman* ◆ **employé de maison** domestic employee ◆ **les employés de cette firme** the staff ou employees of this firm

employer /ɑ̃plwaje/ SYN ▸ conjug 8 ◂
VT 1 (= utiliser) to use, to employ ◆ **employer toute son énergie à faire qch** to apply ou devote all one's energies to doing sth ◆ **employer son temps à faire qch/à qch** to spend one's time doing sth/on sth ◆ **employer son argent à faire qch/à qch** to spend ou use one's money doing sth/on sth ◆ **bien employer** [+ temps, argent] to put to good use, to make good use of; [+ mot, expression] to use properly ou correctly ◆ **mal employer** [+ temps, argent] to misuse; [+ mot, expression] to misuse, to use wrongly ou incorrectly ◆ **ce procédé emploie énormément de matières premières** this process uses (up) huge amounts of raw materials
2 (= faire travailler) [+ main-d'œuvre] to employ ◆ **ils l'emploient comme vendeur/à trier le**

courrier they employ him as a salesman/to sort the mail ◆ **il est mal employé à ce poste** he has been given the wrong sort of job *ou* is not suited to the post ◆ **il est employé par cette société** he is employed by that firm, he is on the staff of that firm

VPR **s'employer** ◆ **s'employer à faire qch/à qch** to apply *ou* devote o.s. to doing sth/to sth ◆ **s'employer pour** † *ou* **en faveur de** † to go to great lengths *ou* exert o.s. on behalf of

employeur, -euse /ɑ̃plwajœʀ, øz/ GRAMMAIRE ACTIVE 19.3 NM,F employer

emplumé, e /ɑ̃plyme/ ADJ feathered, plumed

empocher* /ɑ̃pɔʃe/ SYN ▸ conjug 1 ◂ VT (= *mettre en poche*) to pocket; (= *obtenir*) [+ *argent*] to pocket; [+ *prix*] to carry off; [+ *médaille*] to win

empoignade /ɑ̃pwaɲad/ NF (= *bagarre*) fight; (= *altercation*) argument, row (*Brit*)

empoigne /ɑ̃pwaɲ/ NF → **foire**

empoigner /ɑ̃pwaɲe/ SYN ▸ conjug 1 ◂

VT 1 (= *saisir*) to grasp, to grab (hold of)

2 (= *émouvoir*) to grip

VPR **s'empoigner*** (= *se battre*) to fight, to have a go at one another*

empointure /ɑ̃pwɛ̃tyʀ/ NF [*de voile*] peak

empois /ɑ̃pwa/ NM starch (*for linen etc*)

empoisonnant, e* /ɑ̃pwazɔnɑ̃, ɑ̃t/ ADJ (= *irritant*) irritating; (= *contrariant*) annoying, aggravating* ◆ **il est empoisonnant avec ses questions** he's so irritating *ou* he's such a nuisance *ou* such a pain* with his questions

empoisonnement /ɑ̃pwazɔnmɑ̃/ NM (*Méd*) poisoning

empoisonner /ɑ̃pwazɔne/ SYN ▸ conjug 1 ◂

VT 1 (= *intoxiquer, tuer*) ◆ **empoisonner qn** [*assassin*] to poison sb; [*aliments avariés*] to give sb food poisoning ◆ **empoisonné à la strychnine** poisoned with strychnine ◆ **flèches empoisonnées** poisoned arrows ◆ **propos empoisonnés** poisonous words; → **cadeau**

2 (= *altérer*) [+ *relations, vie politique*] to poison; [+ *air*] to stink out ◆ **elle empoisonne la vie de ses proches** she's making her family's life a misery

3 (* = *ennuyer*) ◆ **empoisonner qn** [*gêneur*] to get on sb's nerves; [*contretemps*] to annoy sb, to bug sb* ◆ **il m'empoisonne avec ses jérémiades** his constant complaints really get on my nerves ◆ **il est bien empoisonné maintenant** he's in a real mess now*

VPR **s'empoisonner** 1 (*lit*) to poison o.s.; (*par intoxication alimentaire*) to get food poisoning

2 (* = *s'ennuyer*) to be bored stiff* *ou* to death* ◆ **qu'est-ce qu'on s'empoisonne** this is such a drag* ◆ **s'empoisonner (l'existence) à faire qch** (= *s'embarrasser*) to go to the trouble *ou* bother of doing sth

empoisonneur, -euse /ɑ̃pwazɔnœʀ, øz/ SYN NM,F 1 (*lit*) poisoner

2 (* = *gêneur*) pain in the neck*

empoissonner /ɑ̃pwasɔne/ ▸ conjug 1 ◂ VT to stock with fish

emport /ɑ̃pɔʀ/ NM ◆ **capacité d'emport** (*d'un avion*) maximum payload

emporté, e /ɑ̃pɔʀte/ SYN (ptp de **emporter**) ADJ [*caractère, personne*] quick-tempered, hot-tempered; [*ton, air*] angry

emportement /ɑ̃pɔʀtəmɑ̃/ SYN NM fit of anger, rage, anger (*NonC*) ◆ **avec emportement** angrily ◆ **aimer qn avec emportement** (*littér*) to love sb passionately, to be madly in love with sb

emporte-pièce /ɑ̃pɔʀt(ə)pjɛs/ NM INV (= *outil*) punch; (*Culin*) pastry cutter

◆ **à l'emporte-pièce** [*déclaration, jugement*] cut-and-dried

emporter /ɑ̃pɔʀte/ SYN ▸ conjug 1 ◂

VT 1 (= *prendre comme bagage*) [+ *vivres, vêtements*] to take ◆ **emportez des vêtements chauds** take warm clothes (with you) ◆ **j'emporte de quoi écrire** I'm taking something to write with ◆ **si vous gagnez, vous pouvez l'emporter (avec vous)** if you win, you can take it away (with you) ◆ **plats chauds/boissons à emporter** *ou* (*Helv*) **à l'emporter** take-away (*Brit*) *ou* take-out (*US*) hot meals/drinks, hot meals/drinks to go (*US*) ◆ **emporter un secret dans la tombe** to take *ou* carry a secret to the grave ◆ **il ne l'emportera pas en** *ou* **au paradis !** he'll soon be smiling on the other side of his face!

2 (= *enlever*) [+ *objet inutile*] to take away, to remove; [+ *prisonniers*] to take away; [+ *blessés*] to carry *ou* take away; (* = *dérober*) to take ◆ **emportez ces papiers/vêtements, nous n'en avons plus besoin** take those papers/clothes away, we don't need them any more ◆ **ils ont emporté l'argenterie !** they've made off with* *ou* taken the silver!; → **diable**

3 (= *entraîner*) [*courant, vent*] to sweep along, to carry along; [*navire, train*] to carry along; [*imagination, colère*] to carry away; [*enthousiasme*] to carry away *ou* along, to sweep along ◆ **le courant emportait leur embarcation** the current swept *ou* carried their boat along ◆ **emporté par son élan** carried *ou* borne along by his own momentum ◆ **emporté par son imagination/enthousiasme** carried away by his imagination/enthusiasm ◆ **se laisser emporter par la colère** to lose one's temper ◆ **le train qui m'emportait vers de nouveaux horizons** the train which carried *ou* bore me away towards new horizons

4 (= *arracher*) [+ *jambe, bras*] to take off; [+ *cheminée, toit*] to blow away *ou* off; [+ *pont, berge*] to wash away, to carry away; (*euph* = *tuer*) [*maladie*] to carry off ◆ **l'obus lui a emporté le bras gauche** the shell blew off *ou* took off his left arm ◆ **pont emporté par le torrent** bridge swept *ou* carried away by the flood ◆ **la vague a emporté trois passagers** the wave washed *ou* swept three passengers overboard ◆ **ça emporte la bouche** *ou* **la gueule**‡ it takes the roof of your mouth off*

5 (= *gagner*) [+ *prix*] to carry off; (*Mil*) [+ *position*] to take, to win ◆ **emporter la décision** to carry *ou* win the day ◆ **emporter l'adhésion de qn** to win sb over

6 (*locutions*) ◆ **l'emporter (sur)** [*personne*] to gain *ou* get the upper hand (over); [*solution, méthode*] to prevail (over) ◆ **il a fini par l'emporter** he finally gained *ou* got the upper hand, he finally came out on top ◆ **il l'a emporté (sur Sampras) 6-4/7-5/6-2** (*Tennis*) he won (against Sampras) 6-4/7-5/6-2 ◆ **il va l'emporter sur son adversaire** he's going to get the better of his opponent ◆ **la modération/cette solution finit par l'emporter** moderation/this solution prevailed in the end *ou* finally won the day ◆ **cette méthode l'emporte sur l'autre** this method has the edge on the other one *ou* is more satisfactory than the other one ◆ **cette voiture l'emporte sur ses concurrents sur tous les plans** this car outperforms its competitors on every score ◆ **il l'emporte sur ses concurrents en adresse** he outmatches his opponents in skill, his opponents can't match *ou* rival him for skill

VPR **s'emporter** 1 (= *s'irriter*) to lose one's temper (*contre* with), to blow up* (*contre* at)

2 (= *s'emballer*) [*cheval*] to bolt ◆ **faire (s')emporter son cheval** to make one's horse bolt

empoté, e* /ɑ̃pɔte/ SYN

ADJ awkward, clumsy

NM,F (*péj*) awkward lump*

empoter /ɑ̃pɔte/ ▸ conjug 1 ◂ VT (*Agr*) to pot

empourprer /ɑ̃puʀpʀe/ ▸ conjug 1 ◂

VT [+ *visage, ciel*] to turn crimson

VPR **s'empourprer** [*visage*] to flush, to turn crimson; [*ciel*] to turn crimson

empoussiérer /ɑ̃pusjeʀe/ ▸ conjug 6 ◂ VT to cover with dust, to make dusty

empreindre /ɑ̃pʀɛ̃dʀ/ ▸ conjug 52 ◂ (*littér*)

VT (= *imprimer*) to imprint; (*fig*) (= *marquer*) to stamp; (= *nuancer*) to tinge (*de* with)

VPR **s'empreindre** ◆ **s'empreindre de** [+ *mélancolie*] to be tinged with

empreint, e[1] /ɑ̃pʀɛ̃, ɛ̃t/ (ptp de **empreindre**) ADJ **empreint de** [*nostalgie, tristesse, regret, jalousie*] tinged with; [*autorité*] marked *ou* stamped with; [*menaces*] fraught *ou* heavy with ◆ **empreint de mystère/poésie** with a certain mysterious/poetic quality ◆ **d'un ton empreint de gravité** in a somewhat solemn voice ◆ **dire qch d'un ton empreint de respect** to say sth respectfully

empreinte[2] /ɑ̃pʀɛ̃t/ SYN NF 1 (*lit, gén*) imprint, impression; [*d'animal*] track ◆ **empreinte (de pas)** footprint ◆ **empreintes (digitales)** (finger)prints ◆ **empreinte carbone** carbon footprint ◆ **empreinte génétique** genetic fingerprint ◆ **empreinte vocale** voiceprint ◆ **prendre l'empreinte d'une dent** to take an impression of a tooth ◆ **relever** *ou* **prendre des empreintes digitales** to take fingerprints

2 (= *influence*) stamp, mark ◆ **laisser une empreinte indélébile sur qn** to make a lasting impression on sb ◆ **son œuvre laissera son empreinte dans ce siècle** his work will leave its mark on this century

empressé, e /ɑ̃pʀese/ SYN (ptp de **s'empresser**) ADJ 1 (= *prévenant*) [*infirmière, serveur*] attentive; [*aide*] willing; (*gén péj*) [*admirateur, prétendant*] assiduous, overattentive; [*subordonné*] overanxious to please (*attrib*), overzealous ◆ **faire l'empressé (auprès d'une femme)** to be overattentive (towards a woman)

2 (*littér* = *marquant de la hâte*) eager ◆ **empressé à faire qch** eager *ou* anxious to do sth

empressement /ɑ̃pʀɛsmɑ̃/ SYN NM 1 (= *prévenance*) [*d'infirmière, serveur*] attentiveness; [*d'aide*] willingness; (*gén péj*) [*d'admirateur, prétendant*] overzealousness, overattentiveness; [*de subordonné*] overzealousness ◆ **son empressement auprès des femmes** the way he fusses around women, his overattentiveness towards women ◆ **il me servait avec empressement** he waited upon me attentively

2 (= *hâte*) eagerness, anxiousness ◆ **son empressement à partir me paraît suspect** his eagerness *ou* anxiousness to leave seems suspicious to me ◆ **il montrait peu d'empressement à...** he seemed in no hurry to..., he was obviously not anxious to... ◆ **il s'exécuta avec empressement** he complied eagerly

empresser (s') /ɑ̃pʀese/ SYN ▸ conjug 1 ◂ VPR 1 (= *s'affairer*) to bustle about; (*péj*) to fuss about *ou* around, to bustle about *ou* around ◆ **s'empresser auprès** *ou* **autour de** [+ *blessé, invité*] to surround with attentions; [+ *femme courtisée*] to dance attendance upon, to fuss around ◆ **ils s'empressèrent autour de la victime** they rushed to help *ou* assist the victim ◆ **ils s'empressaient auprès de l'actrice** they surrounded the actress with attentions

2 (= *se hâter*) ◆ **s'empresser de faire qch** to hasten to do sth

emprésurer /ɑ̃pʀezyʀe/ ▸ conjug 1 ◂ VT to add rennet to

emprise /ɑ̃pʀiz/ SYN NF 1 (= *influence*) hold, ascendancy (*sur* over) ◆ **avoir beaucoup d'emprise sur qn** to hold sway over sb

◆ **sous l'emprise de** ◆ **sous l'emprise de la colère** in the grip of anger, gripped by anger ◆ **sous l'emprise de l'alcool/de la drogue** under the influence of alcohol/of drugs

2 (*Jur* = *mainmise*) expropriation

emprisonnement /ɑ̃pʀizɔnmɑ̃/ SYN NM imprisonment ◆ **condamné à 10 ans d'emprisonnement** sentenced to 10 years in prison, given a 10-year prison sentence

emprisonner /ɑ̃pʀizɔne/ SYN ▸ conjug 1 ◂ VT 1 (*en prison*) to imprison, to put in prison *ou* jail, to jail; (*dans une chambre, un couvent*) to shut up, to imprison

2 [*vêtement*] to confine; [*doctrine, milieu*] to trap ◆ **ce corset lui emprisonne la taille** this corset grips her too tightly around the waist ◆ **emprisonner qn dans un système/un raisonnement** to trap sb within a system/by a piece of reasoning ◆ **emprisonné dans ses habitudes/la routine** imprisoned within *ou* a prisoner of his habits/routine

emprunt /ɑ̃pʀœ̃/ SYN NM 1 (= *action d'emprunter*) [*d'argent, objet*] borrowing ◆ **ce n'était pas un vol, mais seulement un emprunt** it wasn't really stealing, only borrowing ◆ **recourir à l'emprunt** (*Fin*) to resort to borrowing *ou* to a loan

2 (= *demande, somme*) loan ◆ **ses emprunts successifs l'ont mis en difficulté** successive borrowing has *ou* his successive loans have put him in difficulty ◆ **emprunt d'État/public** government/public loan ◆ **emprunt du Trésor (américain)** (American *ou* US) Treasury bond ◆ **emprunt à 5%** loan at 5% (interest) ◆ **emprunts russes** Soviet loans ◆ **faire un emprunt d'un million à une banque** to take out a loan of one million from a bank, to borrow a million from a bank ◆ **faire un emprunt pour payer sa voiture** to borrow money *ou* take out a loan to pay for one's car

3 (*Littérat, Ling*) borrowing; (= *terme*) loan word, borrowed word, borrowing ◆ **c'est un emprunt à l'anglais** it's a loan word *ou* borrowing from English

4 ◆ **d'emprunt** [*nom, autorité*] assumed; [*matériel*] borrowed

emprunté, e /ɑ̃pʀœ̃te/ SYN (ptp de **emprunter**) ADJ 1 (= *gauche*) [*air, personne*] ill-at-ease (*attrib*), self-conscious, awkward

2 (= *artificiel*) [*gloire, éclat*] sham, feigned

emprunter /ɑ̃pʀœ̃te/ SYN ▸ conjug 1 ◂ VT 1 [+ *argent, objet*] to borrow (*à* from)

2 *[+ mot, expression] (directement)* to borrow, to take (*à* from); *(par dérivation)* to derive, to take (*à* from); *[+ nom, autorité]* to assume, to take on; *[+ idée]* to borrow, to take (*à* from) ◆ **cette pièce emprunte son sujet à l'actualité** this play is based on a topical subject ◆ **métaphores empruntées à la musique** metaphors derived from music ◆ **mot emprunté à l'anglais** loan word from English

3 *[+ escalier, route]* to take; *[+ itinéraire]* to follow ◆ **« empruntez le passage souterrain »** "use the underpass" ◆ **les trains n'empruntent plus cette ligne** trains don't run on this line any more

emprunteur, -euse /ɑ̃pʀœtœʀ, øz/ **NM,F** borrower

empuantir /ɑ̃pɥɑ̃tiʀ/ SYN ► conjug 2 ◄ **VT** to stink out (*de* with)

empyème /ɑ̃pjɛm/ **NM** empyema

empyrée /ɑ̃piʀe/ **NM** empyrean

EMT † /əɛmte/ **NF** (abrèv de **éducation manuelle et technique**) → **éducation**

ému, e /emy/ (ptp de **émouvoir**) **ADJ** *[personne] (compassion)* moved; *(gratitude)* touched; *(joie)* excited; *(timidité, peur)* nervous, agitated; *[air]* filled with emotion; *[voix]* emotional, trembling with emotion; *[souvenirs]* tender, touching ◆ **ému jusqu'aux larmes** moved to tears (*devant* by) ◆ **très ému lors de la remise des prix** very excited *ou* agitated at the prize giving ◆ **encore tout ému, il la remercia** still quite overcome *ou* still (feeling) very touched, he thanked her ◆ **dit-il d'une voix émue** he said with emotion ◆ **trop ému pour les remercier/leur annoncer la nouvelle** too overcome to thank them/announce the news to them

émulateur /emylatœʀ/ **NM** *(Ordin)* emulator

émulation /emylasjɔ̃/ SYN **NF** *(gén, Ordin)* emulation ◆ **esprit d'émulation** spirit of competition, competitive spirit

émule /emyl/ SYN **NMF** *(littér)* (= *imitateur*) emulator; (= *égal*) equal ◆ **ce fripon et ses émules** *(péj)* this scoundrel and his like ◆ **être l'émule de qn** to emulate sb ◆ **il fait des émules** people emulate him

émuler /emyle/ ► conjug 1 ◄ **VT** *(Ordin)* to emulate

émulseur /emylsœʀ/ **NM** emulsifier

émulsif, -ive /emylsif, iv/
ADJ *(Pharm)* emulsive; *(Chim)* emulsifying
NM emulsifier

émulsifiable /emylsifjabl/ **ADJ** emulsifiable

émulsifiant, e /emylsifjɑ̃, jɑ̃t/
ADJ emulsifying
NM emulsifier

émulsine /emylsin/ **NF** emulsin

émulsion /emylsjɔ̃/ **NF** emulsion

émulsionner /emylsjɔne/ ► conjug 1 ◄ **VT** to emulsify

EN (abrèv de **Éducation nationale**) → **éducation**

en¹ /ɑ̃/

► Lorsque **en** se trouve dans des expressions figées telles que **avoir confiance en qn, se mettre en tête de, couper qch en dés** etc, reportez-vous à l'autre mot.

PRÉPOSITION

1 [DANS L'ESPACE] *(lieu où l'on est)* in; *(lieu où l'on va)* to ◆ **vivre en France/Normandie** to live in France/Normandy ◆ **aller** *ou* **partir en Angleterre/Normandie** to go to England/Normandy ◆ **il habite en banlieue/ville** he lives in the suburbs/the town ◆ **être en ville** to be in town ◆ **aller en ville** to go (in)to town ◆ **les objets en vitrine** the items in the window ◆ **il voyage en Grèce/Corse** he's travelling around Greece/Corsica

◆ **en** + *pronom personnel* ◆ **en lui-même, il n'y croit pas** deep down *ou* in his heart of hearts he doesn't believe it ◆ **je me disais en moi-même que...** I was thinking to myself that... ◆ **ce que j'aime en lui, c'est son courage** what I like about him is his courage ◆ **on voit en lui un futur champion du monde** they see him as a future world champion

2 [DANS LE TEMPS] in ◆ **en semaine** in *ou* during the week ◆ **en soirée** in the evening ◆ **en automne/été/mars/1999** in autumn/summer/March/1999 ◆ **il peut le faire en 3 jours** he can do it in 3 days ◆ **en 6 ans je lui ai parlé deux fois** in (all of) 6 years I've spoken to him twice; → **de¹**

3 [AVEC MOYEN DE TRANSPORT] ◆ **en taxi/train/avion** by taxi/train *ou* rail/air ◆ **faire une promenade en bateau/voiture** to go for a trip in a boat/car, to go for a boat-/car-trip ◆ **ils y sont allés en voiture** they went by car ◆ **ils y sont allés en Rolls-Royce** they went in a Rolls-Royce ◆ **ils sont arrivés en voiture** they arrived in a car ◆ **je suis malade en bateau/en voiture** I get seasick/carsick ◆ **il y est allé en pousse-pousse** he went there in a *ou* by rickshaw

Notez que l'anglais emploie souvent un verbe spécifique.

◆ **aller à Londres en avion** to fly to London ◆ **ils ont remonté le fleuve en pirogue** they canoed up the river, they rowed up the river in a canoe

4 [= HABILLÉ DE] in ◆ **être en noir/blanc** to be (dressed) in black/white, to be wearing black/white ◆ **elle est arrivée en manteau de fourrure** she arrived wearing *ou* in a fur coat ◆ **la femme en manteau de fourrure** the woman in the fur coat *ou* with a fur coat on ◆ **il était en chemise/pyjama** he was wearing a shirt/wearing pyjamas ◆ **être en chaussettes** to be in one's stockinged feet ◆ **elle était en bergère** she was disguised *ou* dressed as a shepherdess

5 [DESCRIPTION, PRÉSENTATION] in ◆ **en cercle/rang** in a circle/row ◆ **enregistré en stéréo** recorded in stereo ◆ **ils y vont en groupe** they are going in a group ◆ **l'œuvre de Proust en six volumes** Proust's works in six volumes ◆ **une pièce en trois actes** a three-act play, a play in three acts ◆ **ça se vend en boîtes de douze** they are sold in boxes of twelve ◆ **c'est écrit en anglais/vers/prose/lettres d'or** it's written in English/verse/prose/gold letters ◆ **image en trois dimensions** 3-D image, image in 3-D

◆ **en** + *adjectif* ◆ **nous avons le même article en vert** we have the same item in green

◆ **en** + *comparatif* ◆ **c'est son frère en mieux** he's like his brother, only better ◆ **c'est son père en plus jeune/petit** he's just like his father only younger/smaller, he's a younger/smaller version of his father ◆ **je veux la même valise en plus grand** I want the same suitcase only bigger *ou* only in a bigger size

6 [= COMPOSÉ DE, FAIT DE] ◆ **le plat est en or/argent** the dish is made of gold/silver ◆ **l'escalier sera en marbre** the staircase will be (in *ou* made of) marble ◆ **en quoi est-ce** *ou* **c'est fait ?, c'est en quoi ?** * what's it made of?

Notez qu'en anglais le substantif est souvent utilisé en apposition comme adjectif.

◆ **une bague en or/argent** a gold/silver ring ◆ **une table en acajou** a mahogany table ◆ **une jupe en soie imprimée** a printed silk skirt, a skirt made (out) of printed silk

7 [TRANSFORMATION] into ◆ **se changer en** to change into ◆ **convertir/transformer qch en** to convert/transform sth into ◆ **traduire en italien** to translate into Italian ◆ **casser qch en morceaux** to break sth in(to) pieces

8 [= COMME] ◆ **agir en tyran/lâche** to act like a tyrant/coward ◆ **c'est en expert qu'il en a parlé** he spoke as an expert ◆ **en bon politicien (qu'il est), il...** good politician that he is, he..., being the skilled politician he is, he... ◆ **je le lui ai donné en cadeau/souvenir** I gave it to him as a present/souvenir

9 [= CONCERNANT] ◆ **en politique/art/musique** in politics/art/music ◆ **en affaires, il faut de l'audace** you have to take risks in business ◆ **je n'y connais rien en informatique** I don't know anything about computers ◆ **ce que je préfère en musique, c'est...** what I like best in the way of music is... ◆ **être bon** *ou* **fort en géographie** to be good at geography ◆ **diplôme en droit/histoire** law/history degree

10 [MESURE] in ◆ **mesurer en mètres** to measure in metres ◆ **compter en euros** to count in euros ◆ **ce tissu se fait en 140 (cm)** this material comes in 140 cm width ◆ **nous avons ce manteau en trois tailles** we have this coat in three sizes

11 [LOCUTIONS]

◆ **en** + *participe présent*

(manière) ◆ **il me regarda en fronçant les sourcils** he looked at me with a frown ◆ **« je ne sais pas », dit-il en haussant les épaules** "I don't know" he said with a shrug ◆ **endormir un enfant en le berçant/chantant** to rock/sing a child to sleep

Avec un verbe de mouvement ou d'énonciation, l'anglais préférera souvent un verbe suivi éventuellement d'une préposition.

◆ **monter/entrer en courant** to run up/in ◆ **sortir en rampant/boitant** to crawl/limp out ◆ **dire qch en murmurant/criant** to murmur/shout sth

Là où le français emploie **en** suivi d'un verbe au participe présent pour exprimer la simultanéité, l'anglais utilise une proposition temporelle ou une forme en **ing**.

◆ **fermez la porte en sortant** shut the door as *ou* when you go out ◆ **elle est arrivée en chantant** she was singing when she arrived ◆ **j'ai écrit une lettre (tout) en vous attendant** I wrote a letter while I was waiting for you ◆ **il s'est endormi en lisant le journal** he fell asleep (while) reading the newspaper, he fell asleep over the newspaper ◆ **il s'est coupé en essayant d'ouvrir une boîte** he cut himself trying to open a tin ◆ **en apprenant la nouvelle, elle s'est évanouie** she fainted when she heard the news ◆ **il a buté en montant dans l'autobus** he tripped as he got onto *ou* getting onto the bus MAIS ◆ **il a fait une folie en achetant cette bague** it was very extravagant of him to buy this ring

(nuance causale) by ◆ **en disant cela, il s'est fait des ennemis** he made enemies by saying that ◆ **en refusant de coopérer, vous risquez de tout perdre** by refusing to cooperate, you risk losing everything

◆ **en être à**

(= *avoir atteint*) ◆ **en être à la page 9** to be at page 9, to have reached page 9 ◆ **où en est-il de** *ou* **dans ses études ?** how far has he got with his studies?, what point has he reached in his studies? ◆ **il en est à sa troisième année de médecine** he has reached his third year in medicine ◆ **l'affaire en est là** that's how the matter stands, that's as far as it's got ◆ **je ne sais plus où j'en suis** I feel totally lost

(= *se voir réduit à*) ◆ **j'en suis à me demander si** I'm beginning to wonder if, I've come to wonder if, I've got to wondering if * ◆ **il en est à mendier** he has come down to *ou* stooped to begging, he has been reduced to begging

en² /ɑ̃/ **PRON** 1 *(lieu)* ◆ **quand va-t-il à Nice ? – il en revient** when is he off to Nice? – he's just (come) back ◆ **elle était tombée dans une crevasse, on a eu du mal à l'en sortir** she had fallen into a crevasse and they had difficulty *ou* trouble (in) getting her out (of it) ◆ **le bénéfice qu'il en a tiré** the profit he got out of it *ou* from it ◆ **il faut en tirer une conclusion** we must draw a conclusion (from it) ◆ **où en sommes-nous ?** *(livre, leçon)* where have we got (up) to?, where are we?; *(situation)* where do we stand?

2 *(cause, agent, instrument)* ◆ **je suis si inquiet que je n'en dors pas** I can't sleep for worrying, I am so worried that I can't sleep ◆ **il saisit sa canne et l'en frappa** he seized his stick and struck her with it ◆ **ce n'est pas moi qui en perdrai le sommeil** I won't lose any sleep over it ◆ **quelle histoire ! nous en avons beaucoup ri** what a business! we had a good laugh over *ou* about it ◆ **en mourir** *(maladie)* to die of it; *(blessure)* to die because of it *ou* as a result of it ◆ **elle en est aimée** she is loved by him

3 *(complément de vb, d'adj, de n)* ◆ **rendez-moi mon stylo, j'en ai besoin** give me back my pen – I need it ◆ **qu'est-ce que tu en feras ?** what will you do with it (*ou* them)? ◆ **c'est une bonne classe, les professeurs en sont contents** they are a good class and the teachers are pleased with them ◆ **elle, mentir ? elle en est incapable** she couldn't lie if she tried ◆ **elle a réussi et elle n'en est pas peu fière** she has been successful and she is more than a little proud of herself *ou* of it ◆ **il ne fume plus, il en a perdu l'habitude** he doesn't smoke any more – he has got out of *ou* has lost the habit ◆ **sa décision m'inquiète car j'en connais tous les dangers** her decision worries me because I am aware of all the dangers *ou* of all its possible dangers ◆ **je t'en donne/offre 5 €** I'll give/offer you €5 for it

4 *(quantitatif, indéf)* of it, of them *(souvent omis)* ◆ **si vous aimez les pommes, prenez-en plusieurs** if you like apples, take several ◆ **il avait bien des lettres à écrire mais il n'en a pas écrit la moitié/beaucoup** he had a lot of letters to write but he hasn't written half of them/many (of them) ◆ **le vin est bon mais il n'y en a pas beaucoup** the wine is good but there isn't

much (of it) ◆ **si j'en avais** if I had any ◆ **voulez-vous du pain/des pommes ? il y en a encore** would you like some bread/some apples? we have still got some (left) ◆ **il n'y en a plus** (pain) there isn't any left, there's none left; (pommes) there aren't any left, there are none left ◆ **si vous cherchez un crayon, vous en trouverez des douzaines/un dans le tiroir** if you are looking for a pencil you will find dozens (of them)/one in the drawer ◆ **élevé dans le village, j'en connaissais tous les habitants** having been brought up in the village I knew all its inhabitants ◆ **a-t-elle des poupées ? – oui, elle en a deux/trop/de belles** has she any dolls? – yes, she has two/too many/some lovely ones ◆ **nous avons du vin, j'en ai acheté une bouteille hier** we have some wine, I bought a bottle yesterday ◆ **des souris ici ? nous n'en avons jamais vu** mice here? we've never seen any ◆ **il en aime une autre** he loves another (littér, he loves somebody else

[5] (renforcement : non traduit) ◆ **il s'en souviendra de cette réception** he'll certainly remember that party ◆ **je n'en vois pas, moi, de places libres** well (I must say), I don't see any empty seats ◆ **tu en as eu de beaux jouets à Noël !** well you did get some lovely toys ou what lovely toys you got for Christmas!; → **accroire, aussi, entendre, venir** etc

ENA /ena/ NF (abrév de **École nationale d'administration**) → **école**

enamouré, e /enamuRe/ (ptp de **s'enamourer**) ADJ [regard] adoring

enamourer (s') †† /enamuRe/ /ɑ̃namuRe/ ▸ conjug 1 ◀ VPR ◆ **s'enamourer de** to become enamoured of

énanthème /enɑ̃tɛm/ NM enanthema

énantiomorphe /enɑ̃tjɔmɔRf/ ADJ enantiomorphic

énantiotrope /enɑ̃tjɔtRɔp/ ADJ enantiotropic

énarchie /enaRʃi/ NF power of the énarques

énarque /enaRk/ NMF énarque (student or former student of the École nationale d'administration)

énarthrose /enaRtRoz/ NF socket joint

en-avant /ɑ̃navɑ̃/ NM INV (Rugby) forward pass, knock on

en-but /ɑ̃by(t)/ NM INV (Rugby) in-goal area

encablure /ɑ̃kablyR/ NF cable's length ◆ **à 3 encablures de...** 3 cables' length away from...

encadré /ɑ̃kadRe/ (ptp de **encadrer**) NM box

encadrement /ɑ̃kadRəmɑ̃/ SYN NM [1] (NonC) [de tableau] framing ◆ « **tous travaux d'encadrement** » "all framing (work) undertaken"

[2] (NonC) [d'étudiants, débutants, recrues] training, supervision

[3] (= embrasure) [de porte, fenêtre] frame ◆ **il se tenait dans l'encadrement de la porte** he stood in the doorway

[4] (= cadre) frame ◆ **cet encadrement conviendrait mieux au sujet** this frame would be more appropriate to the subject

[5] (Admin) (= instructeurs) training personnel; (= cadres) managerial staff

[6] (Écon) ◆ **encadrement du crédit** credit restriction

encadrer /ɑ̃kadRe/ SYN ▸ conjug 1 ◀

VT [1] [+ tableau] to frame ◆ **c'est à encadrer !** (iro) that's priceless!, that's one to remember!

[2] (= instruire) [+ étudiants, débutants, recrues] to train (and supervise); (= contrôler) [+ enfant] to take in hand; [+ équipe sportive, employés] to manage; (Écon) [+ crédit] to restrict; [+ prix, loyers] to control

[3] (= entourer) [+ cour, plaine, visage] to frame, to surround; [+ prisonnier] to surround; (par deux personnes) to flank ◆ **les collines qui encadrent la plaine** the hills surrounding the plain ◆ **encadré de ses gardes du corps** surrounded by his bodyguards ◆ **l'accusé, encadré de deux gendarmes** the accused, flanked by two policemen

[4] (*, gén nég = supporter) ◆ **je ne peux pas l'encadrer** I can't stick * ou stand * him

[5] (Mil) [+ objectif] to straddle

[6] (* = heurter) [+ véhicule, maison] to smash into ◆ **il s'est fait encadrer** * someone smashed into his car

VPR **s'encadrer** [1] (= apparaître) [visage, silhouette] to appear

[2] * (en voiture) to crash one's car (dans into)

encadreur, -euse /ɑ̃kadRœR, øz/ NM,F (picture) framer

encager /ɑ̃kaʒe/ ▸ conjug 3 ◀ VT [+ animal, oiseau] to cage (up); (fig) [+ personne] to cage in, to cage up

encagoulé, e /ɑ̃kagule/ ADJ [moine] cowled; [pénitent] hooded, cowled; [bandit, visage] hooded, masked

encaissable /ɑ̃kɛsabl/ ADJ cashable, encashable (Brit)

encaisse /ɑ̃kɛs/ NF cash in hand, cash balance ◆ **encaisse métallique** gold and silver reserves ◆ **encaisse or** gold reserves

encaissé, e /ɑ̃kese/ SYN (ptp de **encaisser**) ADJ [vallée] deep, steep-sided; [rivière] hemmed in by steep banks ou hills; [route] hemmed in by steep hills

encaissement /ɑ̃kɛsmɑ̃/ NM [1] [d'argent, loyer] collection, receipt; [de facture] receipt of payment (de for); [de chèque] cashing; [d'effet de commerce] collection

[2] [de vallée] depth, steep-sidedness ◆ **l'encaissement de la route/rivière faisait que le pont ne voyait jamais le soleil** the steep hills hemming in the road/river stopped the sun from ever reaching the bridge

encaisser /ɑ̃kese/ SYN ▸ conjug 1 ◀ VT [1] [+ argent, loyer] to collect, to receive; [+ facture] to receive payment for; [+ chèque] to cash; [+ effet de commerce] to collect

[2] * [+ coups, affront, défaite] to take ◆ **savoir encaisser** [boxeur] to be able to take a lot of beating ou punishment; (dans la vie) to know how to roll with the punches ◆ **qu'est-ce qu'il a encaissé !** (coups) what a hammering he got!*, what a beating he took!; (injures, réprimande) what a hammering he got!*, he certainly got what for! ◆ **qu'est-ce qu'on encaisse avec ces cahots !** we're taking a real hammering on these bumps!*

[3] (*, gén nég = supporter) ◆ **je ne peux pas encaisser ce type** I can't stand * that guy ◆ **il n'a pas encaissé cette décision** he couldn't stomach * the decision ◆ **il n'a pas encaissé cette remarque** he didn't appreciate that remark one little bit *

[4] (Tech) [+ route, fleuve, voie ferrée] to embank ◆ **les montagnes qui encaissent la vallée** the mountains on either side of the valley ◆ **la route s'encaisse entre les collines** the road is hemmed in by the hills

[5] [+ objets] to pack in(to) boxes; [+ plantes] to plant in boxes ou tubs

encaisseur /ɑ̃kɛsœR/ NM collector (of debts etc)

encalminé, e /ɑ̃kalmine/ ADJ [navire] becalmed

encan /ɑ̃kɑ̃/ NM ◆ **mettre ou vendre à l'encan** to sell off by auction

encanaillement /ɑ̃kanajmɑ̃/ NM mixing with the riffraff

encanailler (s') /ɑ̃kanaje/ ▸ conjug 1 ◀ VPR (hum) to mix with the riffraff, to slum it * ◆ **son style/langage s'encanaille** his style/language is becoming vulgar

encapsuler /ɑ̃kapsyle/ ▸ conjug 1 ◀ VT (Tech) to encapsulate

encapuchonner /ɑ̃kapyʃɔne/ ▸ conjug 1 ◀ VT ◆ **encapuchonner un enfant** to put a child's hood up ◆ **la tête encapuchonnée** hooded ◆ **un groupe de bambins encapuchonnés** a group of toddlers snug in their hoods

encaquer /ɑ̃kake/ ▸ conjug 1 ◀ VT [+ harengs] to put into a barrel (ou barrels)

encart /ɑ̃kaR/ NM (Typographie) insert, inset ◆ **encart publicitaire** publicity ou advertising insert

encarté, e /ɑ̃kaRte/ ADJ (Pol) [militant] card-carrying (épith) ◆ **être encarté à un parti** to be a card-carrying member of a party

encarter /ɑ̃kaRte/ ▸ conjug 1 ◀ VT (Typographie) to insert, to inset ◆ **le supplément télé est encarté dans le magazine** the TV listings are enclosed as an insert in the magazine

encarteuse /ɑ̃kaRtøz/ NF inserter, insetter

en-cas /ɑ̃kɑ/ NM INV (= nourriture) snack

encaserner /ɑ̃kazɛRne/ ▸ conjug 1 ◀ VT to quarter ou lodge in barracks

encastelure /ɑ̃kastəlyR/ NF (= maladie du cheval) navicular disease

encastrable /ɑ̃kastRabl/ ADJ [four, lave-vaisselle] slot-in (Brit) (épith), ready to be installed (US) (attrib)

encastré, e /ɑ̃kastRe/ (ptp de **encastrer**) ADJ [four, placard] built-in ◆ **spot encastré dans le plafond** recessed spotlight ◆ **baignoire encastrée** (dans le sol) sunken bath ◆ **une église encastrée entre deux gratte-ciel** a church hemmed ou boxed in between two skyscrapers ◆ **de gros blocs encastrés dans la neige/le sol** great blocks sunk in ou embedded in the snow/ground

encastrement /ɑ̃kastRəmɑ̃/ NM [d'interrupteur] flush fitting; [d'armoire, rayonnage] recessed fitting

encastrer /ɑ̃kastRe/ SYN ▸ conjug 1 ◀ VT (dans un mur) to embed (dans in(to)), to sink (dans into); [+ interrupteur] to fit flush (dans with); [+ rayonnages, armoire] to recess (dans into), to fit (dans into); (dans un boîtier) [+ pièce] to fit (dans into) ◆ **tous les boutons sont encastrés dans le mur** all the switches are flush with the wall ◆ **l'aquarium est encastré dans le mur** the aquarium is built into the wall ◆ **la voiture s'est encastrée sous le train** the car jammed itself underneath the train ◆ **ces pièces s'encastrent l'une dans l'autre/dans le boîtier** these parts fit exactly into each other/into the case

encaustique /ɑ̃kostik/ NF wax polish

encaustiquer /ɑ̃kostike/ ▸ conjug 1 ◀ VT to polish, to wax

encaver /ɑ̃kave/ ▸ conjug 1 ◀ VT [+ vin] to put in a cellar

enceindre /ɑ̃sɛ̃dR/ ▸ conjug 52 ◀ VT (gén ptp) to encircle, to surround (de with) ◆ **enceint de** encircled ou surrounded by

enceinte¹ /ɑ̃sɛ̃t/ SYN ADJ F pregnant, expecting * (attrib) ◆ **tomber/se retrouver enceinte** to get ou become/find o.s. pregnant ◆ **femme enceinte** pregnant woman, expectant mother ◆ **enceinte de cinq mois** five months pregnant ◆ **j'étais enceinte de Paul** (= Paul était le bébé) I was pregnant with ou was expecting Paul; (= Paul était le père) I was pregnant by Paul ◆ **il l'a mise enceinte** he got ou made her pregnant ◆ **enceinte jusqu'aux yeux** * very pregnant *

enceinte² /ɑ̃sɛ̃t/ SYN NF [1] (= mur) wall; (= palissade) enclosure, fence ◆ **une enceinte de fossés défendait la place** the position was surrounded by defensive ditches ou was defended by surrounding ditches ◆ **mur d'enceinte** outer walls

[2] (= espace clos) enclosure; [de couvent] precinct ◆ **dans l'enceinte de la ville** within ou inside the town ◆ **dans l'enceinte du tribunal** in(side) the court room ◆ **dans l'enceinte de cet établissement** within ou in(side) this establishment ◆ **enceinte militaire** military area ou zone ◆ **enceinte de confinement** (Phys) protective shield

[3] ◆ **enceinte (acoustique)** speaker

encens /ɑ̃sɑ̃/ NM incense ◆ **l'or, l'encens et la myrrhe** (Bible) gold, frankincense and myrrh ◆ **l'encens des louanges/de leur flatterie** the heady wine of praise/of their flattery

encensement /ɑ̃sɑ̃smɑ̃/ NM [1] (Rel) incensing

[2] (= louanges) praising (NonC) to the skies

encenser /ɑ̃sɑ̃se/ SYN ▸ conjug 1 ◀ VT [1] (= louanger) to heap ou shower praise (up)on, to praise to the skies

[2] (Rel) to incense

encenseur, -euse /ɑ̃sɑ̃sœR, øz/ NM,F (Rel) thurifer, censer-bearer; (fig, †) flatterer

encensoir /ɑ̃sɑ̃swaR/ NM censer, thurible ◆ **manier l'encensoir** (péj) to pour out flattery, to heap on the praise ◆ **coups d'encensoir** (fig) excessive flattery

encépagement /ɑ̃sepaʒmɑ̃/ NM vineyard's vines

encéphale /ɑ̃sefal/ NM encephalon

encéphaline /ɑ̃sefalin/ NF encephalin

encéphalique /ɑ̃sefalik/ ADJ encephalic

encéphalite /ɑ̃sefalit/ NF encephalitis

encéphalogramme /ɑ̃sefalɔgRam/ NM encephalogram

encéphalographie /ɑ̃sefalɔgRafi/ NF encephalography

encéphalomyélite /ɑ̃sefalɔmjelit/ NF encephalomyelitis

encéphalopathie /ɑ̃sefalɔpati/ NF encephalopathy ◆ **encéphalopathie bovine spongiforme** BSE, bovine spongiform encephalopathy (SPÉC)

encerclement /ɑ̃sɛRkləmɑ̃/ NM (par des murs) surrounding, encircling; (par l'armée, la police) surrounding

encercler /ɑ̃sɛʀkle/ SYN ► conjug 1 ◄ VT *[murs]* to surround, to encircle; *[armée, police]* to surround

enchaîné /ɑ̃ʃene/ NM *(Ciné)* change; → **fondu**

enchaînement /ɑ̃ʃɛnmɑ̃/ SYN NM 1 *(= suite logique) [d'épisodes, preuves]* linking • **l'enchaînement de la violence** the spiral of violence
2 *[de scènes, séquences] (= action)* linking; *(= résultat)* link
3 *(= série) [de circonstances]* sequence, series, string • **enchaînement d'événements** chain *ou* series *ou* string *ou* sequence of events
4 *(Danse)* enchaînement • **faire un enchaînement** *(Gym)* to do a sequence of movements • **un bel enchaînement** a fluid sequence of movements • **enchaînement des accords** *(Mus)* chord progression

enchaîner /ɑ̃ʃene/ SYN ► conjug 1 ◄
VT 1 *(= lier) [+ animal]* to chain up; *[+ prisonnier]* to put in chains, to chain up • **enchaîner qn à un arbre** to chain sb to a tree • **enchaînés l'un à l'autre** chained together
2 *(littér) [secret, souvenir, sentiment]* to bind • **l'amour enchaîne les cœurs** love binds hearts (together) • **ses souvenirs l'enchaînaient à ce lieu** his memories tied *ou* bound *ou* chained him to this place
3 *(= asservir) [+ peuple]* to enslave; *[+ presse]* to muzzle, to gag • **enchaîner la liberté** to put freedom in chains
4 *(= assembler) [+ faits, épisodes, séquences]* to connect, to link (together *ou* up); *[+ paragraphes, pensées, mots]* to link (together *ou* up), to string together • **incapable d'enchaîner deux pensées** incapable of stringing two thoughts together • **elle enchaînait réunion sur réunion** she had meeting after meeting *ou* one meeting after another • **enchaîner (la scène suivante)** *(Ciné)* to change to *ou* move on to the next scene • **on va enchaîner les dernières scènes** *(Ciné)* we'll carry on with the last scenes, we'll go on to the last scenes
VI *(Ciné, Théât)* to move on *ou* carry on *(Brit)* (to the next scene) • **sans laisser à Anne le temps de répondre, Paul enchaîna : « d'abord... »** without giving Anne the time to reply, Paul went on *ou* continued: "first..." • **on enchaîne, enchaînons** *(Théât)* let's keep going *ou* carry on; *(Ciné)* let's keep rolling; (* *: dans un débat)* let's go on *ou* carry on, let's continue
VPR **s'enchaîner** *[épisodes, séquences]* to follow on from each other, to be linked (together) *[preuves, faits]* to be linked (together) • **tout s'enchaîne** it's all linked *ou* connected, it all ties up • **paragraphes/raisonnements qui s'enchaînent bien** well-linked paragraphs/pieces of reasoning

enchanté, e /ɑ̃ʃɑ̃te/ GRAMMAIRE ACTIVE 11.3 SYN (ptp de **enchanter**) ADJ 1 *(= ravi)* enchanted *(de* by), delighted *(de* with) • **enchanté (de vous connaître)** how do you do?, (I'm) very pleased to meet you
2 *(= magique) [forêt, demeure]* enchanted

enchantement /ɑ̃ʃɑ̃tmɑ̃/ SYN NM 1 *(= action)* enchantment; *(= effet)* (magic) spell, enchantment • **comme par enchantement** as if by magic
2 *(= ravissement)* delight, enchantment • **ce spectacle fut un enchantement** it was an enchanting *ou* a delightful sight • **être dans l'enchantement** to be enchanted *ou* delighted

enchanter /ɑ̃ʃɑ̃te/ SYN ► conjug 1 ◄
VT 1 *(= ensorceler)* to enchant, to bewitch
2 *(= ravir)* to enchant, to delight • **ça ne m'enchante pas beaucoup** I'm not exactly taken with it, it doesn't exactly thrill me
VPR **s'enchanter** *(littér)* to rejoice *(de* at)

enchanteur, -teresse /ɑ̃ʃɑ̃tœʀ, tʀɛs/ SYN
ADJ enchanting, bewitching
NM *(= sorcier)* enchanter; *(fig)* charmer
NF **enchanteresse** enchantress

enchâssement /ɑ̃ʃɑsmɑ̃/ NM 1 *[de pierre]* setting *(dans* in)
2 *(Ling)* embedding

enchâsser /ɑ̃ʃɑse/ SYN ► conjug 1 ◄
VT *(gén)* to set *(dans* in); *(Ling)* to embed • **enchâsser une citation dans un texte** *(littér)* to insert a quotation into a text
VPR **s'enchâsser** *(l'un dans l'autre)* to fit exactly together • **s'enchâsser dans** to fit exactly into

enchausser /ɑ̃ʃose/ ► conjug 1 ◄ VT *(Agr)* to mulch

enchemiser /ɑ̃ʃ(ə)mize/ ► conjug 1 ◄ VT *[+ projectile]* to jacket; *[+ livre]* to cover, to jacket

enchère /ɑ̃ʃɛʀ/
NF bid • **faire une enchère** to bid, to make a bid • **faire monter les enchères** *(lit)* to raise *ou* push up the bidding; *(fig)* to raise *ou* up the stakes *ou* the ante • **les deux entreprises le veulent mais il laisse monter les enchères** the two companies want him but he's waiting for the highest possible bid • **le système des enchères** *(Cartes)* the bidding system
NFPL **enchères** • **mettre qch aux enchères (publiques)** to put sth up for auction • **le tableau a été mis aux enchères** the picture was put up for auction *ou* went under the hammer • **vendre aux enchères** to sell by auction • **acheté aux enchères** bought at an auction (sale); → **vente**

enchérir /ɑ̃ʃeʀiʀ/ ► conjug 2 ◄ VI 1 *(lit)* • **enchérir sur une offre** to make a higher bid • **enchérir sur qn** to bid higher than sb, to make a higher bid than sb • **enchérir sur (l'offre d') une somme** to go higher than *ou* go above *ou* go over an amount
2 *(fig)* • **enchérir sur** to go further than, to go beyond, to go one better than
3 († *= augmenter)* to become more expensive

enchérissement † /ɑ̃ʃeʀismɑ̃/ NM ⇒ **renchérissement**

enchérisseur, -euse /ɑ̃ʃeʀisœʀ, øz/ NM,F bidder

enchevaucher /ɑ̃ʃ(ə)voʃe/ ► conjug 1 ◄ VT *(Tech)* to overlap

enchevauchure /ɑ̃ʃ(ə)voʃyʀ/ NF *(Tech)* overlap

enchevêtrement /ɑ̃ʃ(ə)vɛtʀəmɑ̃/ SYN NM *[de ficelles, branches]* entanglement; *[de situation]* confusion • **l'enchevêtrement de ses idées** the confusion *ou* muddle his ideas were in • **un enchevêtrement de branches barrait la route** a tangle of branches blocked the way

enchevêtrer /ɑ̃ʃ(ə)vetʀe/ ► conjug 1 ◄
VT *[+ ficelle]* to tangle (up), to entangle, to muddle up; *[+ idées, intrigue]* to confuse, to muddle
VPR **s'enchevêtrer** 1 *[ficelles]* to get in a tangle, to become entangled, to tangle; *[branches]* to become entangled • **s'enchevêtrer dans des cordes** to get caught up *ou* tangled up in ropes
2 *[situations, paroles]* to become confused *ou* muddled • **mots qui s'enchevêtrent les uns dans les autres** words that run into each other • **s'enchevêtrer dans ses explications** to tie o.s. up in knots* explaining (something), to get tangled up in one's explanations

enchifrené, e † /ɑ̃ʃifʀəne/ ADJ *[nez]* blocked up

enclave /ɑ̃klav/ NF *(lit, fig)* enclave

enclavement /ɑ̃klavmɑ̃/ NM *(= action)* enclosing, hemming in • **l'enclavement de la région par les montagnes** *(= état)* the way the region is enclosed by *ou* hemmed-in by mountains • **cette province souffre de son enclavement** this province suffers from its isolation *ou* from its hemmed-in position

enclaver /ɑ̃klave/ ► conjug 1 ◄ VT 1 *(= entourer)* to enclose, to hem in • **terrain complètement enclavé dans un grand domaine** piece of land completely enclosed within *ou* hemmed in by a large property • **pays enclavé** landlocked country
2 *(= encastrer)* • **enclaver l'un dans l'autre** to fit together, to interlock • **enclaver dans** to fit into
3 *(= insérer)* • **enclaver entre** to insert between

enclenche /ɑ̃klɑ̃ʃ/ NF *(Tech)* slot

enclenchement /ɑ̃klɑ̃ʃmɑ̃/ NM 1 *(Tech) (= action)* engaging; *(= état)* engagement; *(= dispositif)* interlock
2 *(= début)* start • **l'enclenchement du processus de paix** the start of the peace process • **cela a provoqué l'enclenchement d'une spirale déflationniste** this has set off a deflationary spiral

enclencher /ɑ̃klɑ̃ʃe/ SYN ► conjug 1 ◄
VT *[+ mécanisme]* to engage; *[+ affaire, processus]* to get under way, to set in motion • **j'ai laissé une vitesse enclenchée** I left the car in gear • **l'affaire est enclenchée** things are under way
VPR **s'enclencher** *[mécanisme]* to engage; *[processus]* to get under way

enclin, e /ɑ̃klɛ̃, in/ SYN ADJ • **enclin à qch/à faire qch** inclined *ou* prone to sth/to do sth

encliquetage /ɑ̃klik(ə)taʒ/ NM ratchet

encliqueter /ɑ̃klik(ə)te/ ► conjug 4 ◄ VT *[mécanisme]* to stop with a ratchet

enclitique /ɑ̃klitik/ NM enclitic

enclore /ɑ̃klɔʀ/ SYN ► conjug 45 ◄ VT to enclose, to shut in • **enclore qch d'une haie/d'une palissade/d'un mur** to hedge/fence/wall sth in

enclos /ɑ̃klo/ SYN NM *(= terrain, clôture)* enclosure; *[de chevaux]* paddock; *[de moutons]* pen, fold

enclouer /ɑ̃klue/ ► conjug 1 ◄ VT *(Méd)* to pin together; *[cheval]* to injure while shoeing

enclume /ɑ̃klym/ NF anvil; *[de voiture]* engine block; *(Anat)* anvil (bone), incus *(SPÉC)*

encoche /ɑ̃kɔʃ/ SYN NF *(gén)* notch; *[de flèche]* nock • **faire une encoche à** *ou* **sur qch** to notch sth, to make a notch in sth

encocher /ɑ̃kɔʃe/ ► conjug 1 ◄ VT *(gén)* to notch; *[+ flèche]* to nock

encodage /ɑ̃kɔdaʒ/ NM encoding

encoder /ɑ̃kɔde/ SYN ► conjug 1 ◄ VT to encode

encodeur /ɑ̃kɔdœʀ/ NM encoder

encoignure /ɑ̃kɔɲyʀ/ NF 1 *(= coin)* corner
2 *(= meuble)* corner cupboard

encoller /ɑ̃kɔle/ ► conjug 1 ◄ VT to paste

encolleur, -euse /ɑ̃kɔlœʀ, øz/
NM,F sizer
NF **encolleuse** sizing machine

encolure /ɑ̃kɔlyʀ/ NF *[de cheval, personne, robe]* neck; *(= tour de cou)* collar size • **battre d'une encolure** *(Équitation)* to beat by a neck

encombrant, e /ɑ̃kɔ̃bʀɑ̃, ɑ̃t/ SYN ADJ *[paquet]* cumbersome, unwieldy, bulky; *[présence]* burdensome, inhibiting • **cet enfant est très encombrant** this child is a real nuisance • **c'est devenu un collaborateur encombrant** he's become a bit of a liability

encombre /ɑ̃kɔ̃bʀ/ **sans encombre** LOC ADV without mishap *ou* incident

encombré, e /ɑ̃kɔ̃bʀe/ (ptp de **encombrer**) ADJ
1 *[pièce]* cluttered (up); *[passage]* obstructed; *[lignes téléphoniques]* jammed, overloaded; *[profession]* overcrowded; *[marché]* glutted • **table encombrée de papiers** table cluttered *ou* littered with papers • **les bras encombrés de paquets** his arms laden with parcels • **j'ai les bronches encombrées** my chest is congested • **le parking est très encombré** the car park is very full
2 *(= embouteillé) [espace aérien, route]* congested

encombrement /ɑ̃kɔ̃bʀəmɑ̃/ GRAMMAIRE ACTIVE 27.5 SYN NM 1 *(= obstruction) [de bronches]* congestion • **à cause de l'encombrement des lignes téléphoniques** because the telephone lines are jammed *ou* overloaded • **l'encombrement du couloir rendait le passage malaisé** all the clutter in the corridor made it difficult to get through • **un encombrement de vieux meubles** a clutter *ou* jumble of old furniture
2 *(= embouteillage)* traffic jam, congestion *(NonC)* • **être pris dans un encombrement** to be stuck in a traffic jam
3 *(= volume)* bulk; *(= taille)* size; *[d'ordinateur]* footprint • **objet de faible encombrement** compact *ou* small objet • **l'encombrement au sol de la tente est de 10 m²** the surface area of this tent is 10m² • **l'encombrement sur le disque/de la mémoire** *(Ordin)* the amount of space used on the disk/in the memory

encombrer /ɑ̃kɔ̃bʀe/ SYN ► conjug 1 ◄
VT 1 *[+ pièce]* to clutter (up) *(de* with); *[+ couloir]* to obstruct *(de* with); *[+ rue]* to congest; *[+ lignes téléphoniques]* to jam; *[+ marché]* to glut *(de* with) • **ces fichiers encombrent le disque** *(Ordin)* these files are using up too much space on the disk • **encombrer le passage** to block the way, to be in the way • **toutes ces informations inutiles encombrent ma mémoire** my mind is cluttered (up) with all this useless information
2 *[personne]* • **il m'encombre plus qu'il ne m'aide** he's more of a hindrance than a help (to me) • **je ne veux pas vous encombrer** *(être à votre charge)* I don't want to be a burden to you; *(empiéter sur votre espace)* I don't want to get in your way • **ces boîtes m'encombrent** *(je les porte)* I'm loaded down with these boxes; *(elles gênent le passage)* these boxes are in my way
VPR **s'encombrer** • **s'encombrer de** *[+ paquets]* to load o.s. down with; *[+ enfants]* to burden *ou* saddle* o.s. with • **il ne s'encombre pas de scrupules** he's not overburdened with scruples, he's quite unscrupulous

encontre /ɑ̃kɔ̃tʀ/
LOC PRÉP **à l'encontre de** *(= contre)* against, counter to; *(= au contraire de)* contrary to • **aller à l'encontre de** *[+ décision, faits]* to go against, to run counter to • **je n'irai pas à l'encontre de ce qu'il veut/fait** I won't go against his wishes/

what he does ◆ **cela va à l'encontre du but recherché** it's counterproductive, it defeats the purpose ◆ **action qui va à l'encontre du but recherché** self-defeating *ou* counterproductive action ◆ **à l'encontre de ce qu'il dit, mon opinion est que...** contrary to what he says, my opinion is that...

LOC ADV **à l'encontre** in opposition, against it ◆ **je n'irai pas à l'encontre** I won't go against it

encor /ɑ̃kɔʀ/ ADV (††, *Poésie*) ⇒ **encore**

encorbellement /ɑ̃kɔʀbɛlmɑ̃/ NM (*Archit*) corbelled construction ◆ **fenêtre en encorbellement** oriel window ◆ **balcon en encorbellement** corbelled balcony

encorder /ɑ̃kɔʀde/ ▸ conjug 1 ◂

VT to rope up

VPR **s'encorder** to rope up ◆ **les alpinistes s'encordent** the climbers are roping themselves together *ou* are roping up

encore /ɑ̃kɔʀ/ ADV 1 (= *toujours*) still ◆ **il restait encore quelques personnes** there were still a few people left ◆ **il en était encore au brouillon** he was still working on the draft ◆ **tu en es encore là !** (*péj*) haven't you got beyond *ou* past that yet! ◆ **il n'est encore qu'en première année/que caporal** he's still only in the first year/a corporal ◆ **il n'est encore que 8 heures** it's (still) only 8 o'clock ◆ **le malfaiteur court encore** the criminal is still at large ◆ **ça ne s'était encore jamais vu** it had never happened before ◆ **il reste une question non encore résolue** one thing remains to be settled

◆ **pas encore** not yet ◆ **il n'est pas encore prêt** he's not ready yet, he's not yet ready ◆ **ça ne s'était pas encore vu** it had never happened before

2 (= *pas plus tard que*) only ◆ **encore ce matin** *ou* **ce matin encore, il semblait bien portant** only this morning he seemed quite well ◆ **il me le disait encore hier** *ou* **hier encore** he was saying that to me only yesterday

3 (= *de nouveau*) again ◆ **encore une fois** (once) again, once more, one more time ◆ **encore une fois, je n'affirme rien** but there again, I'm not absolutely positive about it ◆ **encore une fois non !** how many times do I have to tell you - no! ◆ **ça s'est encore défait** it has come undone (yet) again ◆ **il a encore laissé la porte ouverte** he has left the door open (yet) again ◆ **elle a encore acheté un nouveau chapeau** she has bought yet another new hat ◆ **encore vous !** (not) you again! ◆ **c'était Léo au téléphone – encore !** it was Léo on the phone – again! ◆ **quoi encore ?, qu'y a-t-il encore ?** what's the matter with you this time?, what is it this time *ou* now?

◆ **encore et encore** again and again

4 (= *de plus, en plus*) more ◆ **encore un !** yet another!, one more! ◆ **encore un rhume** (yet) another cold ◆ **encore une tasse ?** another cup? ◆ **vous prendrez bien encore quelque chose ?** *ou* **quelque chose encore ?** surely you'll have something more? *ou* something else? ◆ **encore un peu de thé ?** a little more tea?, (any) more tea? ◆ **encore quelques gâteaux ?** (some *ou* any) more cakes? ◆ **j'en veux encore** I want some more ◆ **encore un mot, avant de terminer** (just) one more word before I finish ◆ **que te faut-il encore ?** what else *ou* more do you want? ◆ **qu'est-ce que j'oublie encore ?** what else have I forgotten? ◆ **qui y avait-il encore ?** who else was there? ◆ **pendant encore deux jours** for another two days, for two more days ◆ **il y a encore quelques jours avant de partir** there are a few (more) days to go before we leave ◆ **encore un fou du volant !** (yet) another roadhog! ◆ **en voilà encore deux** here are two more *ou* another two ◆ **mais encore ?** is that all?, what else?

5 (*avec compar*) even ◆ **il fait encore plus froid qu'hier** it's even *ou* still colder than yesterday ◆ **il fait encore moins chaud qu'hier** it's even cooler than it was yesterday ◆ **il est encore plus grand que moi** he is even taller than I am ◆ **ils veulent l'agrandir encore (plus)** they want to make it even *ou* still larger, they want to enlarge it even further ◆ **encore pire, pire encore** even *ou* still worse, worse and worse ◆ **encore autant** as much again (*que* as)

6 (= *aussi*) too, also, as well ◆ **ce n'est pas seulement triste, mais encore ridicule** it's not just sad, it's also ridiculous

7 (*valeur restrictive*) even then, even at that ◆ **encore ne sait-il pas tout** even then he doesn't know everything, and he doesn't even know everything (at that) ◆ **il en est sûrement capable, encore faut-il le faire** he's obviously capable, but whether he does it or not is another matter ◆ **encore une chance** *ou* **encore heureux qu'il ne se soit pas plaint au patron** (still) at least he didn't complain to the boss, let's think ourselves lucky that he didn't complain to the boss

◆ **et encore** ◆ **on t'en donnera peut-être 10 €, et encore** they might give you €10 for it, if that ◆ **c'est passable, et encore !** it's passable but only just! ◆ **et encore, ça n'a pas été sans mal** and even that wasn't easy

◆ **si encore** if only ◆ **si encore je savais où ça se trouve, j'irais bien** if only I knew where it was, I would willingly go

◆ **encore que** (*littér* = *quoique*) even though ◆ **encore que je n'en sache rien** though I don't really know ◆ **ça devrait être faisable, encore que...** * it should be feasible, though come to think of it...

encorner /ɑ̃kɔʀne/ ▸ conjug 1 ◂ VT to gore

encornet /ɑ̃kɔʀnɛ/ NM squid

encoubler (s') /ɑ̃kuble/ VPR (*Helv* = *trébucher*) to trip

encourageant, e /ɑ̃kuʀaʒɑ̃, ɑ̃t/ SYN ADJ encouraging

encouragement /ɑ̃kuʀaʒmɑ̃/ SYN NM

1 (= *soutien*) encouragement ◆ **message/mot d'encouragement** message/word of encouragement ◆ **il est arrivé sur scène sous les encouragements du public** he came on stage to shouts of encouragement from *ou* to the cheers of the audience

2 (*Pol, Écon* = *avantage financier*) encouragement, incentive ◆ **mesures d'encouragement** incentive measures ◆ **multiplier les encouragements à l'épargne** to offer more incentives for people to save

encourager /ɑ̃kuʀaʒe/ SYN ▸ conjug 3 ◂ VT 1 (*gén*) to encourage (*à faire* to do); [+ *équipe*] to cheer ◆ **encourager qn au meurtre** to encourage sb to commit murder, to incite sb to murder ◆ **encourager qn du geste et de la voix** to cheer sb on ◆ **encouragé par ses camarades, il a joué un vilain tour au professeur** egged on *ou* encouraged by his classmates, he played a nasty trick on the teacher

2 (*Pol, Écon*) [+ *emploi, investissement, production*] to encourage

encourir /ɑ̃kuʀiʀ/ SYN ▸ conjug 11 ◂ VT [+ *amende, frais*] to incur; [+ *mépris, reproche, punition*] to bring upon o.s., to incur

encours, en-cours /ɑ̃kuʀ/ NM INV (= *effets*) outstanding discounted bills; (= *dettes*) outstanding debt

encrage /ɑ̃kʀaʒ/ NM inking

encrassement /ɑ̃kʀasmɑ̃/ NM [*d'arme*] fouling (up); [*de cheminée, bougie de moteur*] sooting up; [*de piston, poêle, tuyau, machine*] clogging (up), fouling up

encrasser /ɑ̃kʀase/ SYN ▸ conjug 1 ◂

VT 1 [+ *arme*] to foul (up); [+ *cheminée, bougie de moteur*] to soot up; [+ *piston, poêle, tuyau, machine*] to clog (up), to foul up

2 (= *salir*) to make filthy, to (make) dirty ◆ **ongles encrassés de cambouis** nails encrusted *ou* filthy with engine grease

VPR **s'encrasser** (*gén*) to get dirty; [*arme*] to foul (up); [*cheminée, bougie de moteur*] to soot up; [*piston, poêle, tuyau, machine*] to clog (up), to foul up; [*filtre*] to clog up

encre /ɑ̃kʀ/

NF 1 (*pour écrire*) ink; (*en poudre, pour imprimante*) toner ◆ **écrire à l'encre** to write in ink ◆ **d'un noir d'encre** as black as ink, ink(y) black ◆ **de sa plus belle encre** (*littér*) in his best style; → **bouteille, couler, sang**

2 [*de calamar, pieuvre*] ink ◆ **calmars à l'encre** (*Culin*) squid cooked in ink

COMP **encre blanche** white ink

encre de Chine Indian ink (*Brit*), India ink (*US*)

encre électronique electronic ink

encre d'imprimerie printing ink

encre sympathique invisible ink

encrer /ɑ̃kʀe/ ▸ conjug 1 ◂ VT to ink

encreur /ɑ̃kʀœʀ/

ADJ M [*rouleau, tampon*] inking

NM inker

encrier /ɑ̃kʀije/ NM (= *bouteille*) inkpot (*Brit*), ink bottle (*US*); (*décoratif*) inkstand; (*encastré*) inkwell

encroûté, e * /ɑ̃kʀute/ (ptp de **encroûter**) ADJ ◆ **être encroûté** to stagnate, to be in a rut ◆ **quel encroûté tu fais !** you're really stagnating!, you're really in a rut!

encroûtement /ɑ̃kʀutmɑ̃/ NM 1 [*de personne*] getting into a rut ◆ **essayons de le tirer de son encroûtement** let's try and get him out of his rut

2 [*d'objet*] encrusting, crusting over

encroûter /ɑ̃kʀute/ ▸ conjug 1 ◂

VT (= *entartrer*) to encrust, to crust over

VPR **s'encroûter** SYN 1 * [*personne*] to stagnate, to get into a rut ◆ **s'encroûter dans** [+ *habitudes, préjugés*] to become entrenched in ◆ **s'encroûter dans la vie de province** to get into the rut of provincial life

2 [*objet*] to crust over, to form a crust

encryptage /ɑ̃kʀiptaʒ/ NM [*de données*] encrypting

encrypter /ɑ̃kʀipte/ ▸ conjug 1 ◂ VT [+ *données*] to encrypt

enculé** /ɑ̃kyle/ NM dickhead**

enculer** /ɑ̃kyle/ ▸ conjug 1 ◂ VT to fuck** (*implying anal sex*) ◆ **va te faire enculer !** fuck off!** ◆ **ils enculent les mouches** they're nit-picking*

encyclique /ɑ̃siklik/ ADJ, NF ◆ **(lettre) encyclique** encyclical

encyclopédie /ɑ̃siklɔpedi/ NF encyclopedia, encyclopaedia (*Brit*)

encyclopédique /ɑ̃siklɔpedik/ ADJ encyclopedic, encyclopaedic (*Brit*)

encyclopédiste /ɑ̃siklɔpedist/ NMF (*Hist*) encyclopedist, encyclopaedist (*Brit*)

endémie /ɑ̃demi/ NF endemic disease

endémique /ɑ̃demik/ ADJ (*Méd, fig*) endemic

endenté, e /ɑ̃dɑ̃te/ ADJ (*Héraldique*) indented

endenter /ɑ̃dɑ̃te/ ▸ conjug 1 ◂ VT [*roue*] to tooth; (= *assembler*) to mesh (together)

endetté, e /ɑ̃dete/ (ptp de **endetter**) ADJ in debt (*attrib*) ◆ **l'entreprise est endettée à hauteur de 3 millions d'euros** the company has a debt amounting to 3 million euros ◆ **très endetté** heavily *ou* deep in debt ◆ **l'un des pays les plus endettés** one of the biggest *ou* largest debtor countries ◆ **(très) endetté envers qn** (*frm*) (greatly) indebted to sb

endettement /ɑ̃dɛtmɑ̃/ NM (= *dette*) debt ◆ **notre endettement extérieur** our foreign debt ◆ **causer l'endettement d'une l'entreprise** to put a company in debt ◆ **le fort endettement des ménages** the high level of household debt ◆ **notre endettement envers la banque** our indebtedness to the bank

endetter /ɑ̃dete/ ▸ conjug 1 ◂

VT to put into debt

VPR **s'endetter** [*particulier, entreprise*] to get into debt ◆ **s'endetter sur dix ans** to take out a loan over ten years *ou* a ten-year loan

endeuiller /ɑ̃dœje/ SYN ▸ conjug 1 ◂ VT [+ *personne, pays*] (= *toucher par une mort*) to plunge into mourning; (= *attrister*) to plunge into grief; [+ *épreuve sportive, manifestation*] to cast a pall over; (*littér*) [+ *paysage*] to make (look) dismal, to give a dismal aspect to

endiablé, e /ɑ̃djable/ SYN ADJ [*danse, rythme*] boisterous, furious; [*course*] furious, wild; [*personne*] boisterous

endiguer /ɑ̃dige/ SYN ▸ conjug 1 ◂ VT 1 [+ *fleuve*] to dyke (up)

2 [+ *foule, invasion*] to hold back, to contain; [+ *révolte*] to check, to contain; [+ *sentiments, progrès*] to check, to hold back; [+ *inflation, chômage*] to curb

endimanché, e /ɑ̃dimɑ̃ʃe/ (ptp de **s'endimancher**) ADJ [*personne*] (all done up) in one's Sunday best; [*style*] fancy, florid ◆ **il a l'air endimanché** (*péj*) he's terribly overdressed

endimancher (s') /ɑ̃dimɑ̃ʃe/ ▸ conjug 1 ◂ VPR to put on one's Sunday best

endive /ɑ̃div/ NF chicory (*Brit*) (*NonC*), endive (*US*) ◆ **cinq endives** five pieces *ou* heads of chicory (*Brit*), five endives (*US*) ◆ **espèce d'endive !** * you idiot!

endoblaste /ɑ̃dɔblast/ NM endoblast

endocarde /ɑ̃dɔkaʀd/ NM endocardium

endocardite /ɑ̃dɔkaʀdit/ NF endocarditis

endocarpe /ɑ̃dɔkaʀp/ NM endocarp

endocrine /ɑ̃dɔkʁin/ ADJ ♦ **glande endocrine** endocrine (gland)

endocrinien, -ienne /ɑ̃dɔkʁinjɛ̃, jɛn/ ADJ endocrinal, endocrinous

endocrinologie /ɑ̃dɔkʁinɔlɔʒi/ NF endocrinology

endocrinologue /ɑ̃dɔkʁinɔlɔɡ/, **endocrinologiste** /ɑ̃dɔkʁinɔlɔʒist/ NMF endocrinologist

endoctrinement /ɑ̃dɔktʁinmɑ̃/ NM indoctrination

endoctriner /ɑ̃dɔktʁine/ SYN ▸ conjug 1 ◂ VT to indoctrinate

endoderme /ɑ̃dɔdɛʁm/ NM endoderm

endodermique /ɑ̃dɔdɛʁmik/ ADJ endodermal, endodermic

endogame /ɑ̃dɔɡam/ ADJ endogamous, endogamic

endogamie /ɑ̃dɔɡami/ NF endogamy

endogène /ɑ̃dɔʒɛn/ ADJ endogenous

endolori, e /ɑ̃dɔlɔʁi/ ADJ painful, aching, sore

endolorissement /ɑ̃dɔlɔʁismɑ̃/ NM pain, aching

endomètre /ɑ̃dɔmɛtʁ/ NM endometrium

endométriose /ɑ̃dɔmetʁijoz/ NF endometriosis

endométrite /ɑ̃dɔmetʁit/ NF endometritis

endommagement /ɑ̃dɔmaʒmɑ̃/ NM damaging

endommager /ɑ̃dɔmaʒe/ SYN ▸ conjug 3 ◂ VT to damage

endomorphine /ɑ̃dɔmɔʁfin/ NF ⇒ **endorphine**

endomorphisme /ɑ̃dɔmɔʁfism/ NM endomorphism

endoparasite /ɑ̃dɔpaʁazit/ NM endoparasite

endoplasme /ɑ̃dɔplasm/ NM endoplasm

endoréique /ɑ̃dɔʁeik/ ADJ endor(h)eic

endoréisme /ɑ̃dɔʁeism/ NM endor(h)eism

endormant, e /ɑ̃dɔʁmɑ̃, ɑ̃t/ ADJ (deadly) boring, deadly dull, deadly *

endormeur, -euse /ɑ̃dɔʁmœʁ, øz/ NM,F (péj = trompeur) beguiler

endormi, e /ɑ̃dɔʁmi/ SYN (ptp de **endormir**) ADJ
① (lit) [personne] sleeping, asleep (attrib)
② (= apathique) sluggish; (= engourdi) numb; (= assoupi) [passion] dormant; [facultés] dulled; [ville, rue] sleepy, drowsy ♦ **j'ai la main tout endormie** my hand has gone to sleep ou is completely numb ♦ **à moitié endormi** half asleep ♦ **quel endormi !** what a sleepyhead!

endormir /ɑ̃dɔʁmiʁ/ SYN ▸ conjug 16 ◂
VT ① [somnifère, discours] to put ou send to sleep; (en berçant) to send ou lull to sleep ♦ **elle chantait pour l'endormir** she used to sing him to sleep
② (* = ennuyer) to send to sleep *, to bore stiff *
③ (= anesthésier) to put to sleep, to put under *, to anaesthetize; (= hypnotiser) to hypnotise, to put under *
④ (= dissiper) [+ douleur] to deaden; [+ soupçons] to allay, to lull
⑤ (= tromper) to take in ♦ **se laisser endormir par des promesses** to let o.s. be taken in by promises ♦ **n'essaie pas de m'endormir !** don't try to pull the wool over my eyes!
VPR **s'endormir** ① [personne] to go to sleep, to fall asleep, to drop off to sleep
② (= se relâcher) to let up, to slacken off ♦ **ce n'est pas le moment de nous endormir** now is not the time to slow up ou slacken off ♦ **allons, ne vous endormez pas !** come on, don't go to sleep on the job! *; → **laurier**
③ [rue, ville] to fall asleep; [passion, douleur] to subside, to die down; [facultés] to go to sleep *
④ (euph = mourir) to go to sleep, to pass away

endormissement /ɑ̃dɔʁmismɑ̃/ NM ♦ **médicament qui facilite l'endormissement** medicine which helps one to sleep, sleep-inducing medicine ♦ **au moment de l'endormissement** as one falls asleep

endorphine /ɑ̃dɔʁfin/ NF endorphin

endos /ɑ̃do/ NM endorsement

endoscope /ɑ̃dɔskɔp/ NM endoscope

endoscopie /ɑ̃dɔskɔpi/ NF endoscopy

endoscopique /ɑ̃dɔskɔpik/ ADJ endoscopic

endosmose /ɑ̃dɔsmoz/ NF endosmosis

endossable /ɑ̃dosabl/ ADJ (Fin) endorsable

endossataire /ɑ̃dosatɛʁ/ NMF endorsee

endossement /ɑ̃dosmɑ̃/ NM endorsement ♦ **endossement en blanc** blank ou general endorsement

endosser /ɑ̃dose/ SYN ▸ conjug 1 ◂ VT ① (= revêtir) [+ vêtement] to put on ♦ **endosser l'uniforme/la soutane** (= devenir soldat/prêtre) to enter the army/the Church
② (= assumer) [+ responsabilité] to take, to shoulder (de for) ♦ **il a voulu me faire endosser son erreur** he wanted me to take ou shoulder the responsibility for his mistake
③ (Fin) to endorse

endosseur /ɑ̃dosœʁ/ NM endorser

endothélial, e (mpl -iaux) /ɑ̃dɔteljal, jo/ ADJ endothelial

endothélium /ɑ̃dɔteljɔm/ NM endothelium

endothermique /ɑ̃dɔtɛʁmik/ ADJ endothermic

endotoxine /ɑ̃dɔtɔksin/ NF endotoxin

endroit /ɑ̃dʁwa/ SYN NM ① (= localité, partie du corps) place, spot; (= lieu de rangement, partie d'objet) place ♦ **un endroit idéal pour le pique-nique/une usine** an ideal spot ou place for a picnic/a factory ♦ **je l'ai mis au même endroit** I put it in the same place ♦ **manteau usé à plusieurs endroits** coat worn in several places, coat with several worn patches ♦ **à ou en quel endroit ?** where(abouts)?, where exactly? ♦ **les gens de l'endroit** the local people, the locals *; → **petit**
② [de livre, récit] passage, part ♦ **à quel endroit du récit t'es-tu arrêté ?** what part of the story did you stop at? ♦ **il arrêta sa lecture à cet endroit** he stopped reading at that point
③ (locutions) ♦ **à l'endroit où** (= à l'lieu) (at the place) where; (dans un livre, un film) at the part ou bit where ♦ **de/vers l'endroit où** from/to (the place) where ♦ **en quelque endroit que ce soit** wherever it may be ♦ **en plusieurs endroits** in several places ♦ **par endroits** in places ♦ **au bon endroit** in ou at the right place
(littér) ♦ **à l'endroit de** (= à l'égard de) towards ♦ **ses sentiments à mon endroit** his feelings about me
④ (= bon côté) right side ♦ **faites les diminutions sur l'endroit** (Tricot) decrease on the knit row
♦ **à l'endroit** [vêtement] the right way round; [objet posé] the right way round; (verticalement) the right way up ♦ **remets tes chaussettes à l'endroit** put your socks on the right way out ♦ **une maille à l'endroit, une maille à l'envers** (Tricot) knit one - purl one, one plain - one purl ♦ **tout à l'endroit** (Tricot) knit every row

enduction /ɑ̃dyksjɔ̃/ NF [de textile] coating

enduire /ɑ̃dɥiʁ/ SYN ▸ conjug 38 ◂ VT ① [personne, appareil] ♦ **enduire une surface de** [+ peinture, vernis, colle] to coat a surface with; [+ huile, boue] to coat ou smear a surface with ♦ **enduire ses cheveux de brillantine** to grease one's hair with brilliantine, to plaster brilliantine on one's hair ♦ **surface enduite d'une substance visqueuse** surface coated ou smeared with a sticky substance ♦ **s'enduire de crème** to cover o.s. with cream
② [substance] to coat ♦ **la colle qui enduit le papier** the glue coating the paper

enduit /ɑ̃dɥi/ NM (pour recouvrir, lisser) coating; (pour boucher) filler

endurable /ɑ̃dyʁabl/ ADJ endurable, bearable

endurance /ɑ̃dyʁɑ̃s/ SYN NF (moral) endurance; (physique) stamina, endurance ♦ **coureur qui a de l'endurance** runner with stamina ou staying power

endurant, e /ɑ̃dyʁɑ̃, ɑ̃t/ SYN ADJ tough, hardy ♦ **peu** ou **pas très endurant** † (= patient) not very patient (avec with)

endurci, e /ɑ̃dyʁsi/ SYN (ptp de **endurcir**) ADJ [cœur] hardened; [personne] hardened, hardhearted ♦ **criminel endurci** hardened criminal ♦ **célibataire endurci** confirmed bachelor

endurcir /ɑ̃dyʁsiʁ/ SYN ▸ conjug 2 ◂
VT (physiquement) to toughen; (psychologiquement) to harden
VPR **s'endurcir** (physiquement) to become tough; (moralement) to harden, to become hardened ♦ **s'endurcir à la douleur** to become tough ou inured to pain

endurcissement /ɑ̃dyʁsismɑ̃/ NM ① (= action) [de corps] toughening; [d'âme] hardening
② (= état) [de corps] toughness; [d'âme] hardness ♦ **endurcissement à la douleur** resistance to pain

endurer /ɑ̃dyʁe/ SYN ▸ conjug 1 ◂ VT to endure, to bear ♦ **endurer de faire qch** to bear to do sth ♦ **il fait froid, on endure un pull** it's cold, you need a pullover

enduro /ɑ̃dyʁo/ NM enduro, trial

endymion /ɑ̃dimjɔ̃/ NM bluebell

Énée /ene/ NM Aeneas

Énéide /eneid/ NF ♦ **l'Énéide** the Aeneid

énergéticien, -ienne /enɛʁʒetisjɛ̃, jɛn/ NM,F energetics specialist

énergétique /enɛʁʒetik/
ADJ ① (Écon, Phys) [besoins, politique, ressources] energy (épith) ♦ **nos dépenses énergétiques** our fuel ou energy bill
② (Physiol) [aliment] energy-giving, energizing; [valeur] energy (épith) ♦ **aliment très énergétique** high-energy food ♦ **dépense énergétique** energy expenditure
NF energetics (sg)

énergie /enɛʁʒi/ SYN
NF ① (= force physique) energy ♦ **dépenser beaucoup d'énergie à faire qch** to expend ou use up a great deal of energy doing sth ♦ **j'ai besoin de toute mon énergie** I need all my energy ♦ **nettoyer/frotter avec énergie** to clean/rub energetically ♦ **être** ou **se sentir sans énergie** to be ou feel lacking in energy, to be ou feel unenergetic ♦ **avec l'énergie du désespoir** with the strength born of despair
② (= fermeté, ressort moral) spirit, vigour (Brit), vigor (US) ♦ **protester/refuser avec énergie** to protest/refuse energetically ou vigorously ou forcefully ♦ **mobiliser toutes les énergies d'un pays** to mobilize all a country's resources ♦ **l'énergie de son style/d'un terme** (littér) the vigour ou energy of his style/of a term
③ (Écon, Phys) energy; (Tech) power, energy ♦ **réaction qui libère de l'énergie** reaction that releases energy ♦ **l'énergie fournie par le moteur** the power supplied by the motor ♦ **consommation d'énergie** [de moteur, véhicule] power consumption; [d'industrie, pays] energy consumption ♦ **source d'énergie** source of energy
COMP ♦ **énergie atomique** atomic energy
♦ **énergie cinétique** kinetic energy
♦ **les énergies douces** alternative energy
♦ **énergie électrique** electrical power ou energy
♦ **énergie éolienne** wind power ou energy
♦ **les énergies fossiles** fossil fuels
♦ **énergie mécanique** mechanical power ou energy
♦ **énergies nouvelles** new energy sources
♦ **énergie nucléaire** nuclear power ou energy
♦ **énergie potentielle** potential energy
♦ **énergie psychique** psychic energy
♦ **énergies renouvelables** renewable energy sources ♦ **énergies non renouvelables** non-renewable energy sources
♦ **énergie solaire** solar energy ou power
♦ **les énergies de substitution** substitute fuels
♦ **énergie thermique** thermal energy
♦ **énergie vitale** vital energy ou force

énergique /enɛʁʒik/ SYN ADJ ① (physiquement) [personne] energetic; [mouvement, geste, effort] vigorous, energetic
② (moralement) [personne, style] vigorous, energetic; [intervention] forceful, vigorous; [protestation] vigorous, fierce; [mesures] drastic, stringent [punition] severe, harsh; [médicament] powerful, strong

énergiquement /enɛʁʒikmɑ̃/ SYN ADV [agir, parler] energetically; [refuser] emphatically; [condamner] vigorously

énergisant, e /enɛʁʒizɑ̃, ɑ̃t/
ADJ energizing ♦ **boisson énergisante** energy drink
NM energizer, tonic

énergivore /enɛʁʒivɔʁ/ ADJ [secteur, activité, produit] energy-guzzling

énergumène /enɛʁɡymɛn/ SYN NMF (gén) bizarre individual; (= fou) maniac ♦ **qu'est-ce que c'est que cet énergumène ?** who's that nutcase? *

énervant, e /enɛʁvɑ̃, ɑ̃t/ SYN ADJ (= agaçant) irritating, annoying

énervation /enɛʁvasjɔ̃/ NF (Méd) enervation

énervé, e /enɛʁve/ SYN (ptp de **énerver**) ADJ (= agacé) irritated, annoyed; (= agité) nervous, edgy * (Brit)

énervement /enɛʁvəmɑ̃/ SYN NM (= agacement) irritation, annoyance; (= agitation) nervousness, edginess * (Brit) ♦ **après les énervements du départ** after the upsets of the departure

énerver /enɛʀve/ SYN ▸ conjug 1 ◂

VT ♦ **énerver qn** (= *agiter*) to overexcite sb; (= *agacer*) to irritate sb, to annoy sb, to get on sb's nerves* ♦ **ça m'énerve** it really gets on my nerves* ♦ **le vin blanc énerve** white wine is bad for your nerves**

VPR **s'énerver** to get excited*, to get worked up* ♦ **ne t'énerve pas !*** don't get all worked up!*, take it easy! ♦ **ne t'énerve pas pour cela** don't let it get to you*

enfaîteau (pl **enfaîteaux**) /ɑ̃feto/ NM ridge tile

enfaîtement /ɑ̃fɛtmɑ̃/ NM ridge piece

enfaîter /ɑ̃fete/ ▸ conjug 1 ◂ VT to cover with ridge tiles (*ou* pieces)

enfance /ɑ̃fɑ̃s/ SYN NF 1 (= *jeunesse*) childhood; [*de garçon*] boyhood; [*de fille*] girlhood; (= *début*) infancy ♦ **petite enfance** infancy ♦ **science encore dans son enfance** science still in its infancy ♦ **c'est l'enfance de l'art** it's child's play *ou* kid's stuff*; → **retomber**

2 (= *enfants*) children (*pl*) ♦ **la naïveté de l'enfance** the naivety of children *ou* of childhood ♦ **l'enfance déshéritée** deprived children

enfant /ɑ̃fɑ̃/ SYN

NMF 1 (*gén*) child; (= *garçon*) (little) boy; (= *fille*) (little) girl ♦ **quand il était enfant** when he was a child, as a child ♦ **il se souvenait que, tout enfant, il avait une fois...** he remembered that, while still *ou* only a child, he had once... ♦ **c'est un grand enfant** (*fig*) he's such a child, he's a big kid* ♦ **il est resté très enfant** he has remained very childlike ♦ **faire l'enfant** to behave childishly, to behave like a child ♦ **ne faites pas l'enfant** don't be (so) childish, stop behaving like a child; → **bon**[1], **bonne**[2], **jardin**

2 (= *descendant*) child ♦ **sans enfant** childless ♦ **M. Leblanc, décédé sans enfant** Mr Leblanc who died childless *ou* without issue (*frm*) ♦ **faire un enfant à une femme*** to get a woman pregnant ♦ **elle a fait un enfant dans le dos à son mari*** she got pregnant without telling her husband; (= *lui a fait un mauvais coup*) she did the dirty on her husband* ♦ **ce livre est son enfant** this book is his baby; → **attendre**

3 (= *originaire*) ♦ **c'est un enfant du pays/de la ville** he's a native of these parts/of the town ♦ **enfant de l'Auvergne/de Paris** child of the Auvergne/of Paris ♦ **un enfant du peuple** a (true) child of the people

4 (* = *adulte*) ♦ **les enfants !** folks*, guys* ♦ **bonne nouvelle, les enfants !** good news, folks!* *ou* guys!*

COMP **enfant de l'amour** love child

enfant de la balle child of the theatre (*ou* circus *etc*)

enfant bleu (*Méd*) blue baby

enfant de chœur (*Rel*) altar boy ♦ **il me prend pour un enfant de chœur !*** (*ingénu*) he thinks I'm still wet behind the ears!* ♦ **ce n'est pas un enfant de chœur !*** he's no angel!*

enfant gâté spoilt child ♦ **c'était l'enfant gâté du service** he was the blue-eyed boy of the department

l'Enfant Jésus (*Rel*) the baby Jesus

enfants de Marie (*Rel*) children of Mary ♦ **c'est une enfant de Marie** (*lit*) she's in the children of Mary; (* : *ingénue*) she's a real innocent ♦ **ce n'est pas une enfant de Marie !** she's no cherub!*, she's no innocent!

enfant naturel natural child

enfant prodige child prodigy

enfant prodigue (*Bible, fig*) prodigal son

enfant terrible (*lit*) unruly child; (*fig*) enfant terrible

enfant de troupe child reared by the army

enfant trouvé foundling

enfant unique only child ♦ **famille à enfant unique** one-child family, family with one child

enfantement /ɑ̃fɑ̃tmɑ̃/ NM († , *Bible* = *accouchement*) childbirth; (*littér*) [*d'œuvre*] giving birth (*de* to)

enfanter /ɑ̃fɑ̃te/ SYN ▸ conjug 1 ◂

VT († , *Bible* = *mettre au monde*) to give birth to, to bring forth (*littér*) (*Bible*); (*littér*) (= *élaborer*) to give birth to (*littér*)

VI to give birth, to be delivered (*littér*) (*Bible*)

enfantillage /ɑ̃fɑ̃tijaʒ/ SYN NM childishness (*NonC*) ♦ **se livrer à des enfantillages** to do childish things, to behave childishly ♦ **c'est de l'enfantillage** you're just being childish ♦ **arrête ces enfantillages !** don't be so childish!

enfantin, e /ɑ̃fɑ̃tɛ̃, in/ SYN ADJ (= *typique de l'enfance*) [*joie, naïveté, confiance*] childlike, childish; (= *puéril*) [*attitude, réaction*] childish, infantile ♦ **c'est enfantin** (*facile*) it's simple, it's child's play*, it's dead easy* (*Brit*) ♦ **rire/jeu enfantin** (*propre à l'enfant*) child's laugh/game ♦ **ses amours enfantines** his childhood loves; → **classe, langage**

enfariné, e /ɑ̃faʀine/ ADJ (*lit*) dredged with flour ♦ **arriver la gueule enfarinée*** *ou* **le bec enfariné*** to breeze in*

enfer /ɑ̃fɛʀ/

NM 1 (*Rel*) ♦ **l'enfer** hell, Hell ♦ **les Enfers** (*Myth*) Hell, the Underworld ♦ **l'enfer est pavé de bonnes intentions** (*Prov*) the road to hell is paved with good intentions (*Prov*)

♦ **d'enfer** [*bruit, vision*] hellish, infernal; [*vie, rythme*] hellish ♦ **feu d'enfer** raging fire ♦ **jouer un jeu d'enfer** to play for very high stakes ♦ **chevaucher à un train d'enfer** to ride hell (*Brit*) *ou* hellbent (*US*) for leather* ♦ **rouler à un train d'enfer** to tear along at breakneck speed ♦ **la pièce est menée à un rythme d'enfer** the play goes along at a furious pace ♦ **c'est d'enfer !** it's magic!* ♦ **sa copine est d'enfer*** his girlfriend is a real stunner*

2 (*fig*) hell ♦ **cette usine est un enfer** this factory is (absolute) hell ♦ **cette vie est un enfer** it's a hellish life ♦ **l'enfer de l'alcoolisme** the hellish world of alcoholism ♦ **vivre un véritable enfer** to go through a living hell

3 [*de bibliothèque*] forbidden books department

EXCL ♦ **enfer et damnation !*** hell and damnation!*

enfermement /ɑ̃fɛʀməmɑ̃/ SYN NM (*lit*) confinement ♦ **son enfermement dans le silence** (*volontaire*) his retreat into silence; (*involontaire*) his silent isolation

enfermer /ɑ̃fɛʀme/ SYN ▸ conjug 1 ◂

VT 1 (= *mettre sous clé*) [+ *enfant puni, témoin gênant*] to shut up, to lock up; (*par erreur*) to lock in; [+ *prisonnier*] to shut up *ou* away, to lock up; * [+ *aliéné*] to lock up*; [+ *animaux*] to shut up (*dans* in) ♦ **enfermer qch dans** [+ *coffre*] to lock sth away *ou* up in; [+ *boîte, sac*] to shut sth up *ou* away in ♦ **il est bon à enfermer*** he ought to be locked up* *ou* certified*, he's certifiable* ♦ **ils ont dû l'enfermer à clé** they had to lock him in ♦ **ne reste pas enfermé par ce beau temps** don't stay indoors *ou* inside in this lovely weather

2 (= *emprisonner*) to imprison; (*dans un dilemme*) to trap ♦ **l'école enferme la créativité dans un carcan de conventions** school traps *ou* imprisons *ou* confines creativity in a straitjacket of convention ♦ **enfermer le savoir dans des livres inaccessibles** to shut *ou* lock knowledge away in inaccessible books

3 (*littér* = *contenir, entourer*) to enclose, to shut in ♦ **les collines qui enfermaient le vallon** the hills that shut in *ou* enclosed the valley

4 (*Sport*) [+ *concurrent*] to hem *ou* box in

VPR **s'enfermer** 1 (*lit*) to shut o.s. up *ou* in ♦ **il s'est enfermé dans sa chambre** he shut himself away *ou* up in his room ♦ **zut, je me suis enfermé !** (*à l'intérieur*) damn, I've locked myself in!; (*à l'extérieur*) damn, I've locked myself out! ♦ **il s'est enfermé à clé dans son bureau** he has locked himself (away) in his office ♦ **ils se sont enfermés dans le bureau pour discuter** they have closeted themselves in the office *ou* shut themselves away in the office to have a discussion ♦ **elle s'enferme toute la journée** she stays shut up indoors all day long

2 ♦ **s'enfermer dans** [+ *mutisme*] to retreat into; [+ *rôle, attitude*] to stick to ♦ **s'enfermer dans sa décision** to keep *ou* stick stubbornly *ou* rigidly to one's decision ♦ **s'enfermer dans un système** to lock o.s. into a rigid pattern of behaviour

enferrer (s') /ɑ̃feʀe/ SYN ▸ conjug 1 ◂ VPR 1 (= *s'embrouiller*) to tie o.s. up in knots* ♦ **s'enferrer dans ses contradictions/ses mensonges** to tie *ou* tangle o.s. up in one's own contradictions/one's lies, to ensnare o.s. in the mesh of one's own contradictions/lies ♦ **s'enferrer dans une analyse/une explication** to tie o.s. up in knots* trying to make an analysis/trying to explain ♦ **il s'enferre de plus en plus** he's getting himself in more and more of a mess *ou* into deeper and deeper water

2 (= *s'empaler*) to spike o.s. (*sur* on)

enfeu /ɑ̃fø/ NM funereal recess

enfichable /ɑ̃fiʃabl/ ADJ (*Élec*) plug-in (*épith*)

enficher /ɑ̃fiʃe/ ▸ conjug 1 ◂ VT (*Élec*) to plug in

enfiévré, e /ɑ̃fjevʀe/ (ptp de **enfiévrer**) ADJ [*atmosphère*] feverish; [*paroles*] impassioned

enfiévrer /ɑ̃fjevʀe/ ▸ conjug 6 ◂ VT 1 [+ *imagination*] to fire, to stir up; [+ *esprits*] to rouse; [+ *assistance*] to inflame, to rouse

2 [+ *malade*] to make feverish; [+ *visage, joues*] to inflame

enfilade /ɑ̃filad/ SYN NF (= *série*) ♦ **une enfilade de** [*maisons*] a row *ou* string of; [*colonnes, couloirs*] a row *ou* series of ♦ **pièces/couloirs en enfilade** series of linked rooms/corridors ♦ **maisons en enfilade** houses in a row ♦ **prendre en enfilade** (*Mil*) to rake, to enfilade (*SPÉC*) ♦ **prendre les rues en enfilade** [*conducteur*] to go from one street to the next ♦ **tir d'enfilade** (*Mil*) raking, enfilading (*SPÉC*)

enfiler /ɑ̃file/ SYN ▸ conjug 1 ◂

VT 1 [+ *aiguille*] to thread; [+ *perles*] to string, to thread ♦ **on n'est pas là pour enfiler des perles*** let's get on with it*, let's get down to it* *ou* to business ♦ **enfiler des anneaux sur une tringle** to slip rings onto a rod

2 (* = *passer*) [+ *vêtement*] to slip on, to put on

3 (* = *fourrer*) ♦ **enfiler qch dans qch** to stick* *ou* shove* sth into sth

4 (= *s'engager dans*) [+ *ruelle, chemin*] to take; [+ *corridor*] to enter, to take ♦ **il tourna à gauche et enfila la rue de la Gare** he turned left into Rue de la Gare, he turned left and took the Rue de la Gare

5 (*** : *sexuellement*) to screw**, to shag** (*Brit*)

VPR **s'enfiler** 1 (= *s'engager dans*) ♦ **s'enfiler dans** [+ *escalier, couloir, ruelle*] to disappear into

2 (** = *consommer*) [+ *verre de vin*] to knock back**, to down*; [+ *nourriture*] to wolf down*; [+ *corvée*] to land o.s. with*, to get lumbered with* *ou* landed with*

enfileur, -euse /ɑ̃filœʀ, øz/ NM,F [*d'aiguille*] threader; [*de perles*] stringer, threader

enfin /ɑ̃fɛ̃/ GRAMMAIRE ACTIVE 26.2, 26.5 ADV 1 (= *à la fin, finalement*) at last, finally ♦ **il y est enfin arrivé** he has finally succeeded, he has succeeded at last ♦ **quand va-t-il enfin y arriver ?** when on earth is he going to manage it? ♦ **enfin, après bien des efforts, ils y arrivèrent** eventually, after much effort, they managed it, after much effort they finally *ou* eventually managed it ♦ **enfin seuls !** alone at last! ♦ **enfin, ils se sont décidés !** they've made up their minds at last! ♦ **enfin ça va commencer !** at long last it's going to begin!

2 (= *en dernier lieu*) lastly, finally ♦ **on y trouvait des noisetiers, des framboisiers, enfin des champignons de toutes sortes** there were hazel trees, raspberry bushes and all kinds of mushrooms as well ♦ **enfin, je voudrais te remercier pour...** finally, I'd like to thank you for... ♦ **... ensuite des manuels et des ouvrages de référence, enfin et surtout, des dictionnaires** ... and next manuals and reference works, and last but not least *ou* and last but by no means least, dictionaries

3 (= *en conclusion*) in short, in a word ♦ **rien n'était prêt, enfin (bref), la vraie pagaille !** nothing was ready – in actual fact, it was absolute chaos! *ou* it was absolute chaos, in fact!

4 (*restrictif* = *disons, ou plutôt*) well ♦ **elle était assez grosse, enfin, potelée** she was rather fat, well, chubby ♦ **pas exactement, enfin, dans un sens, oui** not exactly, well – in a way, yes

5 (= *somme toute*) after all ♦ **c'est un élève qui, enfin, n'est pas bête** he's not a stupid pupil after all ♦ **c'est une méthode qui, enfin, a fait ses preuves** it's a well-tried method after all

♦ **car enfin** because (after all) ♦ **on va lui donner l'argent, car enfin il l'a bien mérité** we're going to give him the money because he deserves it

6 (= *toutefois*) still ♦ **enfin, si ça vous plaît/si vous le voulez, prenez-le** still, if you like it/if you want it, take it ♦ **moi je veux bien, enfin...** ! I don't mind, but...!

♦ **mais enfin** but ♦ **j'irai, mais enfin ce ne sera pas de gaieté de cœur** I'll go, but not willingly

7 (*valeur exclamative*) ♦ **enfin ! que veux-tu y faire !** anyway *ou* still, what can you do! ♦ **enfin, tu aurais pu le faire !** all the same *ou* even so, you could have done it! ♦ **(mais) enfin ! je viens de te le dire !** but I've just told you!, (but) for goodness sake*, I've just told you! ♦ **enfin ! un grand garçon comme toi !** oh, come on, a big boy like you! ♦ **c'est son père, enfin !** he is his father, after all! ♦ **enfin quoi ! ce n'est pas si difficile !** oh come on, it's not that difficult!

enflammé, e /ɑ̃flame/ SYN (ptp de **enflammer**) ADJ 1 [*allumette, torche*] burning, blazing, ablaze (*attrib*); [*ciel*] ablaze (*attrib*), blazing, flaming

339 FRANÇAIS-ANGLAIS

enflammer | engager

2 *[visage, yeux]* blazing, ablaze *(attrib)*; *[caractère]* fiery, ardent, passionate; *[esprit]* afire *(attrib)*, burning, on fire *(attrib)*; *[paroles]* inflamed, fiery, ardent; *[déclaration]* impassioned, passionate, ardent

3 *[plaie]* inflamed

enflammer /ɑ̃flame/ SYN ▸ conjug 1 ◂

VT 1 *(= mettre le feu à) [+ bois]* to set on fire, to set fire to; *[+ allumette]* to strike; *(littér) [+ ciel]* to set ablaze

2 *(= exciter) [+ visage, regard]* to set ablaze; *[+ colère, désir, foule]* to inflame; *[+ imagination]* to fire, to kindle; *[+ esprit]* to set on fire

3 *[+ plaie]* to inflame

VPR s'enflammer 1 *(= prendre feu)* to catch fire, to ignite ◆ **le bois sec s'enflamme bien** dry wood catches fire *ou* ignites *ou* kindles easily

2 *[visage, regard]* to blaze; *[sentiment, désir]* to flare up; *[imagination]* to be fired; *[orateur]* to become inflamed *ou* impassioned ◆ **s'enflammer (de colère)** to flare up (in anger)

enflé, e /ɑ̃fle/ SYN (ptp de **enfler**)

ADJ *[membre]* swollen; *[style]* bombastic, turgid

NM,F *(* = imbécile)* jerk *, twit * *(Brit)*, clot * *(Brit)*

enfler /ɑ̃fle/ SYN ▸ conjug 1 ◂

VT 1 *[+ membre]* to cause to swell (up), to make swell (up); *(littér) [+ voiles]* to fill, to swell; *[+ fleuve]* to (cause to) swell; *[+ voix]* to raise; *[+ addition, facture]* to inflate ◆ **enfler son style** to adopt a bombastic *ou* turgid style

2 *(* = voler)* ◆ **enfler qn** to diddle * *ou* do * sb *(de* out of) ◆ **se faire enfler de 10 €** * to be done out of 10 euros *

VI *(lit) [membre]* to become swollen, to swell (up); *(* = prendre du poids)* to fill out

VPR s'enfler 1 *[voix]* to rise; *[style]* to become bombastic *ou* turgid; *[son]* to swell

2 *(littér) [fleuve]* to swell, to become swollen; *[vagues]* to surge, to swell; *[voiles]* to fill (out), to swell (out)

enfleurage /ɑ̃flœʀaʒ/ **NM** enfleurage

enfleurer /ɑ̃flœʀe/ ▸ conjug 1 ◂ **VT** to treat with enfleurage

enflure /ɑ̃flyʀ/ SYN **NF** 1 *(Méd)* swelling

2 *[de style]* turgidity

3 *(* = imbécile)* jerk *, twit *, clot * *(Brit)*

enfoiré, e * /ɑ̃fwaʀe/ **NM,F** *(= homme)* bastard **; *(= femme)* bitch **

enfoncé, e /ɑ̃fɔ̃se/ SYN (ptp de **enfoncer**) **ADJ** *[yeux]* deep-set; *[recoin]* deep ◆ **il avait la tête enfoncée dans les épaules** his head was sunk between his shoulders

enfoncement /ɑ̃fɔ̃smɑ̃/ SYN **NM** 1 *(= action d'enfoncer) [de pieu]* driving in; *[de porte]* breaking down *ou* open; *[de lignes ennemies]* breaking through ◆ **il souffre d'un enfoncement de la cage thoracique/de la boîte crânienne** *(Méd)* he has crushed ribs/a fractured skull

2 *(= action de s'enfoncer) [de sol]* giving way; *[de fondations]* sinking ◆ **cet enfoncement progressif dans le vice/la misère** this gradual slide into vice/poverty

3 *(= recoin) [de mur]* recess, nook ◆ **dissimulé dans un enfoncement de la muraille** hidden in a recess *ou* nook in the wall ◆ **chalet enfoui dans un enfoncement du vallon** chalet tucked away in a corner of the valley

enfoncer /ɑ̃fɔ̃se/ SYN ▸ conjug 3 ◂

VT 1 *(= faire pénétrer) [+ pieu, clou]* to drive (well) in; *[+ épingle, punaise]* to stick (well) in, to push (well) in ◆ **enfoncer un pieu dans** to drive a stake in(to) ◆ **enfoncer une épingle dans** to stick *ou* push a pin in(to) ◆ **enfoncer un couteau dans** to thrust *ou* plunge a knife into ◆ **enfoncer qch à coups de marteau** to hammer sth in, to knock sth in with a hammer ◆ **enfoncer le clou** *(fig)* to hammer it in, to drive the point home

2 *(= mettre)* ◆ **enfoncer les mains dans ses poches** to thrust *ou* dig one's hands (deep) into one's pockets ◆ **enfoncer son chapeau jusqu'aux yeux** to ram *ou* pull one's hat (right) down over one's eyes ◆ **il lui enfonça sa canne dans les côtes** he prodded *ou* poked *ou* stuck him in the ribs with his walking stick ◆ **qui a bien pu lui enfoncer ça dans le crâne ?** *ou* **la tête ?** who on earth put that idea into his head? ◆ **ça les a enfoncés davantage dans les frais** it involved them in even greater expense

3 *(= défoncer) [+ porte]* to break open *ou* down; *[+ véhicule]* to smash in; *[+ lignes ennemies]* to break through ◆ **enfoncer le plancher** to make the floor give way *ou* cave in, to cause the floor to give way *ou* cave in ◆ **le choc lui a enfoncé les côtes** the blow smashed his rib cage *ou* his ribs ◆ **il a eu les côtes enfoncées** he had his ribs broken, his ribs were broken *ou* smashed ◆ **le devant de sa voiture a été enfoncé** the front of his car has been smashed *ou* bashed * in ◆ **enfoncer une porte ouverte** *ou* **des portes ouvertes** *(fig)* to state the obvious ◆ **c'est enfoncer une porte ouverte que d'affirmer...** it's stating the obvious to say...

4 * *(= battre)* to beat hollow *, to hammer *; *(= surpasser)* to lick * ◆ **ils se sont fait enfoncer !** they got beaten hollow! *, they got hammered! * ◆ **il les enfonce tous** he's got them all licked * ◆ **enfoncer son complice** *(causer la perte de)* to put all the blame on one's accomplice ◆ **enfoncer un candidat** to destroy a candidate

VI 1 *(= pénétrer)* to sink in ◆ **attention, on enfonce ici** careful, you'll sink in here ◆ **on enfonçait dans la neige jusqu'aux cuisses** we sank up to our thighs in the snow

2 *(= céder) [sol]* to yield, to give way ◆ **ça enfonce sous le poids du corps** it yields beneath the weight of the body

VPR s'enfoncer 1 *[lame, projectile]* ◆ **s'enfoncer dans** to plunge *ou* sink into ◆ **l'éclat d'obus s'est enfoncé dans le mur** the shell fragment embedded itself in the wall ◆ **j'ai une épine enfoncée sous l'ongle** I've got a thorn stuck under my nail

2 *(= disparaître) (dans l'eau, la vase etc)* to sink *(dans* into, in) ◆ **s'enfoncer dans** *[+ forêt, rue, brume]* to disappear into; *[+ fauteuil, coussins]* to sink deep into, to sink back in(to); *[+ misère]* to sink into, to be plunged into; *[+ vice, rêverie]* to plunge into, to sink into ◆ **chemin qui s'enfonce dans les bois** path which disappears into the woods ◆ **je le regardais s'enfoncer, impuissant à le secourir** I watched him sinking (in), powerless to help him ◆ **s'enfoncer sous les couvertures** to bury o.s. under *ou* snuggle down under the covers ◆ **il s'est enfoncé jusqu'au cou dans une sale histoire** he's up to his neck in a nasty bit of business ◆ **à mentir, tu ne fais que t'enfoncer davantage** by lying, you're just getting yourself into deeper and deeper water *ou* into more and more of a mess

3 *(= céder)* to give way ◆ **le sol s'enfonce sous nos pas** the ground is giving way *ou* caving in beneath us ◆ **les coussins s'enfoncèrent sous son poids** the cushions sank under his weight

4 *(= faire pénétrer)* ◆ **s'enfoncer une arête dans la gorge** to get a bone stuck in one's throat ◆ **s'enfoncer une aiguille dans la main** to stick *ou* run a needle into one's hand ◆ **enfoncez-vous bien ça dans le crâne** * now get this firmly into your head

enfonceur, -euse /ɑ̃fɔ̃sœʀ, øz/ **NM,F** *(hum)* ◆ **c'est un enfonceur de porte(s) ouverte(s)** he's always stating the obvious

enfouir /ɑ̃fwiʀ/ SYN ▸ conjug 2 ◂

VT *(gén)* to bury *(dans* in) ◆ **il l'a enfoui dans sa poche** he tucked it (away) in his pocket ◆ **chalet enfoui dans la neige** chalet buried beneath the snow ◆ **la photo était enfouie sous des livres** the photo was buried under *ou* beneath a pile of books

VPR s'enfouir ◆ **s'enfouir dans/sous** to bury o.s. *(ou* itself) in/under ◆ **s'enfouir sous les draps** to bury o.s. *ou* burrow beneath the covers

enfouissement /ɑ̃fwismɑ̃/ **NM** burying ◆ **site d'enfouissement de déchets industriels** landfill site for industrial waste

enfourchement /ɑ̃fuʀʃəmɑ̃/ **NM** *(Constr)* forked mortise and tenon joint

enfourcher /ɑ̃fuʀʃe/ ▸ conjug 1 ◂ **VT** *[+ cheval, bicyclette]* to mount, to get on ◆ **enfourcher son dada** to get on one's hobby-horse

enfourner /ɑ̃fuʀne/ ▸ conjug 1 ◂

VT 1 *[+ plat]* to put in the oven; *[+ poterie]* to put in the kiln

2 *(* = avaler)* to guzzle down, to gulp down, to wolf down

3 *(* = enfoncer)* ◆ **enfourner qch dans qch** to shove * *ou* stuff * sth into sth

VPR s'enfourner ◆ **s'enfourner dans** *[personne]* to dive into; *[foule]* to rush into

enfreindre /ɑ̃fʀɛ̃dʀ/ SYN ▸ conjug 52 ◂ **VT** *(frm)* to infringe, to break

enfuir (s') /ɑ̃fɥiʀ/ SYN ▸ conjug 17 ◂ **VPR** *(= se sauver)* to run away, to run off, to flee *(chez, dans* to); *(= s'échapper)* to run away, to escape *(de* from); *(littér) [temps, souffrance]* to fly away *(littér)*, to flee *(littér)*

enfumage /ɑ̃fymaʒ/ **NM** *[de ruche]* smoking out

enfumer /ɑ̃fyme/ ▸ conjug 1 ◂ **VT** *[+ pièce]* to fill with smoke; *[+ personne, renard, ruche]* to smoke out ◆ **atmosphère/pièce enfumée** smoky atmosphere/room ◆ **tu nous enfumes avec ta cigarette** you're smoking us out

enfutailler /ɑ̃fytaje/, **enfûter** /ɑ̃fyte/ ▸ conjug 1 ◂ **VT** to cask

engagé, e /ɑ̃gaʒe/ (ptp de **engager**)

ADJ 1 *[écrivain, littérature]* (politically) committed ◆ **non engagé** *(Pol)* uncommitted

2 *(Archit) [colonne]* engaged

3 *[match]* hard-fought

NM 1 *(= soldat)* enlisted man ◆ **engagé volontaire** volunteer

2 *(Sport) (= coureur)* entrant, competitor; *(= cheval)* runner

engageant, e /ɑ̃gaʒɑ̃, ɑt/ SYN **ADJ** *[air, sourire]* engaging, winning, appealing; *[proposition]* attractive, appealing, tempting; *[repas, gâteau]* tempting, inviting ◆ **elle a eu des paroles engageantes** what she said sounded most appealing

engagement /ɑ̃gaʒmɑ̃/ SYN **NM** 1 *(= promesse)* commitment, promise; *(= accord)* agreement, undertaking ◆ **sans engagement de votre part** without obligation *ou* commitment on your part ◆ **signer un engagement** to sign an undertaking *ou* agreement ◆ **prendre l'engagement de** to make a commitment to, to undertake to ◆ **manquer à ses engagements** to fail to honour one's commitments, to fail to keep one's promises ◆ **faire face à/tenir** *ou* **honorer ses engagements** to fulfil/honour one's commitments *ou* promises

2 *(= embauche) [d'ouvrier]* taking on, engaging; *(= recrutement) [de soldats]* enlistment ◆ **lettre d'engagement** letter of appointment

3 *(Théât = contrat)* engagement; *(Sport = inscription pour un match, un combat)* entry ◆ **artiste sans engagement** out-of-work actor

4 *(Fin) [de capitaux]* investing; *[de dépenses]* incurring ◆ **engagements financiers** financial commitments *ou* liabilities ◆ **cela a nécessité l'engagement de nouveaux frais** this incurred further expenses ◆ **faire face à ses engagements (financiers)** to meet one's (financial) commitments

5 *(= amorce) [de débat, négociations]* opening, start

6 *(Sport) (= coup d'envoi)* kick-off; *(Boxe)* attack; *(Escrime)* engagement; *(Ping-Pong)* service

7 *(Mil) [de combat]* engaging; *[de troupes fraîches]* throwing in, engaging ◆ **tué dans un engagement** killed in an engagement

8 *(= prise de position)* commitment *(dans* to) ◆ **engagement personnel/politique/militaire** personal/political/military commitment ◆ **politique de non-engagement** policy of non-commitment

9 *(= mise en gage) [de montre]* pawning

10 *(= encouragement)* encouragement ◆ **c'est un engagement à persévérer** it encourages one to persevere

11 *(= introduction) [de clé]* introduction, insertion *(dans* in, into); *[de voiture]* entry *(dans* into)

12 *(Méd) [de fœtus]* engagement

engager /ɑ̃gaʒe/ GRAMMAIRE ACTIVE 6.3, 25.6 SYN ▸ conjug 3 ◂

VT 1 *(= lier)* to bind, to commit ◆ **nos promesses nous engagent** we are bound to honour our promises, we are bound by our promises ◆ **ça l'engagerait trop** that would commit him too far ◆ **ça n'engage à rien** it doesn't commit you to anything ◆ **engager sa parole** *ou* **son honneur** to give *ou* pledge one's word (of honour)

2 *(= embaucher) [+ ouvrier]* to take on, to hire; *[+ artiste]* to engage ◆ **je vous engage (à mon service)** you've got the job, you're hired

3 *(= entraîner)* to involve ◆ **ça l'a engagé dans de gros frais/dans une affaire louche** it involved him in great expense/in a shady deal ◆ **le pays est engagé dans une politique d'inflation** the country is pursuing an inflationary policy

4 *(= encourager)* ◆ **engager qn à faire qch** to urge *ou* encourage sb to do sth ◆ **je vous engage à la circonspection** I advise you to be very cautious

5 *(= introduire)* to insert *(dans* in, into); *(Naut) [+ ancre]* to foul ◆ **il engagea sa clé dans la serrure** he fitted *ou* inserted his key into the lock ◆ **engager sa voiture dans une ruelle** to enter a lane, to drive into a lane ◆ **c'était à lui de pas-**

engainer | énigme

ser puisqu'il était engagé [automobiliste] it was up to him to go since he had already pulled out ◆ **engager le fer** (Escrime) to engage, to cross blades

⑥ (= amorcer) [+ discussion] to open, to start (up); [+ négociations] to enter into; [+ procédure] to instigate (contre against) ◆ **engager la conversation** to engage in conversation, to start up a conversation (avec with) ◆ **l'affaire semble bien/mal engagée** things seem to have got off to a good/bad start ◆ **engager le combat contre l'ennemi** to engage the enemy, to join battle with the enemy †

⑦ (= mettre en gage) to pawn, to put in pawn; (= investir) to invest, to lay out ◆ **les frais engagés** the expenses incurred

⑧ (Sport) [+ concurrents] to enter ◆ **15 chevaux sont engagés dans cette course** 15 horses are running in this race ◆ **engager la partie** to begin the match ◆ **la partie est bien engagée** the match is well under way

⑨ (Mil) [+ recrues] to enlist; [+ troupes fraîches] to throw in, to bring in, to engage ◆ **engager toutes ses forces dans la bataille** to throw all one's troops into the battle

VPR **s'engager** ① (= promettre) to commit o.s. ◆ **s'engager à faire qch** to commit o.s. to doing sth, to undertake ou promise to do sth ◆ **il n'a pas voulu s'engager trop** he didn't want to commit himself (too far) ou to stick his neck out too far* ◆ **sais-tu à quoi tu t'engages ?** do you know what you're letting yourself in for? ou what you're committing yourself to?

② (= s'embaucher) to take a job (chez with) ◆ **il s'est engagé comme garçon de courses** he took a job as an errand boy, he got himself taken on as an errand boy

③ (= se lancer) **s'engager dans** [+ frais] to incur; [+ discussion, pourparlers] to enter into; [+ affaire, entreprise] to become involved in ◆ **le pays s'engage dans une politique dangereuse** the country is embarking on a dangerous policy ou is steering a dangerous course ◆ **le pays s'est engagé dans la voie des réformes/du capitalisme** the country is on the road to reform/to capitalism ◆ **ne nous engageons pas dans cette voie-là** let's not go down that particular road

④ (= s'emboîter) ◆ **s'engager dans** to engage into, to fit into ◆ **s'engager dans** (= pénétrer) [véhicule] to enter, to turn into; [piéton] to take, to turn into ◆ **s'engager sur la chaussée** to step (out) onto the road ◆ **la voiture s'engagea sous le pont** the car drove under the bridge ◆ **j'avais la priorité puisque je m'étais engagé (dans la rue)** I had (the) right of way since I had already pulled out (into the street)

⑤ (= s'amorcer) [pourparlers] to begin, to start (up), to get under way ◆ **une conversation s'engagea entre eux** they struck up a conversation

⑥ (Sport) to enter (one's name) (dans for)

⑦ (Mil) [recrues] to enlist ◆ **s'engager dans l'armée de l'air** to join the air force ◆ **le combat s'engagea avec vigueur** the fight began briskly ◆ **s'engager dans la bataille** to join in the fighting

⑧ (Littérat, Pol = prendre position) to commit o.s.

engainer /ɑ̃ɡene/ ▶ conjug 1 ◀ **VT** [poignard] to sheathe

engazonnement /ɑ̃ɡazɔnmɑ̃/ **NM** (= recouvrement) turfing; (= ensemencement) planting with grass

engazonner /ɑ̃ɡazɔne/ ▶ conjug 1 ◀ **VT** (= recouvrir) to turf; (= ensemencer) to plant with grass

engeance † /ɑ̃ʒɑ̃s/ **NF** (péj) mob, crew ◆ **quelle engeance !** they're such a pain!*

engelure /ɑ̃ʒ(ə)lyʀ/ **NF** chilblain

engendrement /ɑ̃ʒɑ̃dʀəmɑ̃/ **NM** [d'enfant] begetting, fathering

engendrer /ɑ̃ʒɑ̃dʀe/ SYN ▶ conjug 1 ◀ **VT**
① [+ colère, problèmes, tensions, violence] to cause ◆ **ils n'engendrent pas la mélancolie** they're (always) a good laugh*
② (frm) [+ enfant] to beget, to father
③ (Ling, Math, Phys) to generate

engin /ɑ̃ʒɛ̃/ SYN
NM (= machine) machine; (= outil) instrument, tool; (= véhicule) heavy vehicle; (= avion) aircraft; (* = objet) contraption*, gadget; (= bombe) bomb, device ◆ « **attention : sortie d'engins** » "heavy plant crossing", "beware – lorries turning" (Brit)

COMP **engin balistique** ballistic missile ◆ **engin blindé** armoured vehicle ◆ **engin explosif** explosive device ◆ **engins de guerre** † engines of war (vieilli) (aussi littér) ◆ **engin spatial** space vehicle ◆ **engins (spéciaux)** missiles ◆ **engin de terrassement** earth-mover

englober /ɑ̃ɡlɔbe/ SYN ▶ conjug 1 ◀ **VT** (= inclure) to include, to encompass (dans in); (= annexer) to take in, to incorporate

engloutir /ɑ̃ɡlutiʀ/ SYN ▶ conjug 2 ◀
VT [+ nourriture] to gobble up, to gulp ou wolf down; [+ navire] to engulf, to swallow up; [+ fortune] [personne] to squander; [dépenses] to eat ou swallow up ◆ **qu'est-ce qu'il peut engloutir !** * it's amazing what he puts away! * ◆ **la ville a été engloutie par un tremblement de terre** the town was swallowed up ou engulfed by an earthquake
VPR **s'engloutir** [navire] to be engulfed

engloutissement /ɑ̃ɡlutismɑ̃/ **NM** [de nourriture] gobbling up; [de navire] engulfing; [de fortune] squandering

engluage /ɑ̃ɡlyaʒ/, **engluement** /ɑ̃ɡlymɑ̃/ **NM** [d'oiseau, arbre] liming

engluer /ɑ̃ɡlye/ ▶ conjug 1 ◀
VT [+ arbre, oiseau] to lime
VPR **s'engluer** [oiseau] to get caught ou stuck in (bird) lime ◆ **s'engluer les doigts** to get one's fingers sticky ◆ **s'engluer dans ses problèmes/ une situation** to get bogged down in one's problems/a situation

engobe /ɑ̃ɡɔb/ **NM** (= enduit) slip

engober /ɑ̃ɡɔbe/ ▶ conjug 1 ◀ **VT** to cover with slip

engommer /ɑ̃ɡɔme/ ▶ conjug 1 ◀ **VT** to gum

engoncer /ɑ̃ɡɔ̃se/ ▶ conjug 3 ◀ **VT** to restrict, to cramp ◆ **ce manteau l'engonce** he looks cramped in that coat, that coat restricts his movements ◆ **engoncé dans ses vêtements** (looking) cramped in his clothes ◆ **le cou engoncé dans un gros col** his neck (stiffly) encased in a big collar ◆ **engoncé dans cette petite vie bourgeoise** cooped up in this petty middle-class life

engorgement /ɑ̃ɡɔʀʒəmɑ̃/ SYN **NM** [de tuyau] obstruction, clogging, blocking (de of); (Méd) engorgement; [de marché] glut (de in)

engorger /ɑ̃ɡɔʀʒe/ ▶ conjug 3 ◀
VT [+ tuyau] to obstruct, to clog, to block; (Méd) to engorge; [+ marché] to glut, to saturate
VPR **s'engorger** [tuyau] to become blocked; [route] to get congested; [marché] to become glutted ou saturated

engouement /ɑ̃ɡumɑ̃/ SYN **NM** (pour qn) infatuation, fancy (pour for); (pour qch) fad, craze (pour for) ◆ **engouement passager** passing fancy, brief craze

engouer (s') /ɑ̃ɡwe/ SYN ▶ conjug 1 ◀ **VPR** ◆ **s'engouer de** ou **pour qch** to develop a passion for sth ◆ **s'engouer de qn** to become infatuated with sb

engouffrer /ɑ̃ɡufʀe/ ▶ conjug 1 ◀
VT [+ charbon] to shovel (dans into); * [+ fortune] to swallow up, to devour; [+ nourriture] to gobble up, to gulp down, to wolf down ◆ **qu'est-ce qu'il peut engouffrer !** * it's amazing what he puts away! *
VPR **s'engouffrer** SYN [vent] to rush, to sweep; [flot, foule] to surge, to rush; [personne] to rush, to dive; [navire] to sink (dans into) ◆ **s'engouffrer dans la brèche** to step into the breach

engoulevent /ɑ̃ɡul(ə)vɑ̃/ **NM** ◆ **engoulevent (d'Europe)** nightjar, goatsucker (US) ◆ **engoulevent (d'Amérique)** nighthawk

engourdi, e /ɑ̃ɡuʀdi/ SYN (ptp de engourdir) **ADJ** [membre] numb; [esprit] dull, dulled ◆ **j'ai la main engourdie** my hand is numb ou has gone to sleep ou gone dead

engourdir /ɑ̃ɡuʀdiʀ/ SYN ▶ conjug 2 ◀
VT ① [+ membres] to numb, to make numb ◆ **être engourdi par le froid** to be numb with cold; [+ animal] to be sluggish with the cold
② [+ esprit] to dull, to blunt; [+ douleur] to deaden, to dull ◆ **la chaleur et le vin l'engourdissaient** the heat and the wine were making him sleepy ou drowsy
VPR **s'engourdir** [corps] to become ou go numb; [bras, jambe] to become ou go numb, to go to sleep, to go dead; [esprit] to grow dull ou sluggish

engourdissement /ɑ̃ɡuʀdismɑ̃/ SYN **NM**
① (= état) [de membre, corps] numbness; [d'esprit] (= torpeur) sleepiness, drowsiness; (= affaiblissement) dullness
② (= action) [de membre] numbing; [d'esprit] dulling

engrais /ɑ̃ɡʀɛ/ **NM** ① (chimique) fertilizer; (animal) manure ◆ **engrais vert** green manure ◆ **engrais azoté** nitrogen fertilizer
② (= engraissement) ◆ **mettre un animal à l'engrais** to fatten up an animal

engraissement /ɑ̃ɡʀesmɑ̃/, **engraissage** /ɑ̃ɡʀesaʒ/ **NM** [de bœufs] fattening (up); [de volailles] cramming

engraisser /ɑ̃ɡʀese/ SYN ▶ conjug 1 ◀
VT [+ animal] to fatten (up); [+ terre] to manure, to fertilize; * [+ personne] to fatten up ◆ **quel pique-assiette, c'est nous qui devons l'engraisser** * we seem to be expected to feed this scrounger* ou provide for this scrounger* ◆ **engraisser l'État** * to enrich the state
VI * [personne] to get fat(ter), to put on weight
VPR **s'engraisser** ◆ **l'État s'engraisse sur le dos du contribuable** the state grows fat at the taxpayer's expense

engraisseur /ɑ̃ɡʀesœʀ/ **NM** [d'animaux] fattener

engramme /ɑ̃ɡʀam/ **NM** engram

engrangement /ɑ̃ɡʀɑ̃ʒmɑ̃/ **NM** [de foin] gathering in, garnering (littér)

engranger /ɑ̃ɡʀɑ̃ʒe/ SYN ▶ conjug 3 ◀ **VT** [+ foin, moisson] to gather ou get in, to garner (littér); [+ bénéfices] to reap, to rake in*; [+ connaissances] to amass, to store (up)

engrenage /ɑ̃ɡʀənaʒ/ **NM** gears, gearing; [d'événements] chain ◆ **engrenage à chevrons** double helical gearing ◆ **quand on est pris dans l'engrenage** (fig) when one is caught up in the system ◆ **l'engrenage de la violence** the spiral of violence; → **doigt**

engrener /ɑ̃ɡʀəne/ ▶ conjug 5 ◀
VT ① [+ roues dentées] to engage; (fig) [+ personne] to catch up (dans in), to draw (dans into) ◆ **engrener l'affaire** to set things in motion
② (= remplir de grain) to feed ou fill with grain
VPR **s'engrener** [roues dentées] to mesh (dans with), to gear (dans into)

engrois /ɑ̃ɡʀwa/ **NM** (Tech) wedge

engrosser /ɑ̃ɡʀose/ ▶ conjug 1 ◀ **VT** ◆ **engrosser qn** to knock sb up*‡, to get sb pregnant ◆ **se faire engrosser** to get (o.s.) knocked up*‡, to get (o.s.) pregnant (par by)

engueulade /ɑ̃ɡœlad/ **NF** (= dispute) row, slanging match * (Brit); (= réprimande) bawling out‡, rocket‡ (Brit) ◆ **passer une engueulade à qn** to bawl sb out‡, to give sb a rocket‡ (Brit) ◆ **avoir une engueulade avec qn** to have a screaming match ou a row ou slanging match * (Brit) with sb ◆ **lettre d'engueulade** stinking letter‡

engueuler‡ /ɑ̃ɡœle/ ▶ conjug 1 ◀
VT ◆ **engueuler qn** to bawl sb out‡, to give sb a rocket‡ (Brit) ◆ **se faire engueuler** to get bawled out‡, to get a rocket‡ (Brit); → **poisson**
VPR **s'engueuler** to have a row ou slanging match * (Brit) (avec with)

enguirlander /ɑ̃ɡiʀlɑ̃de/ ▶ conjug 1 ◀ **VT** ① (* = disputer) ◆ **enguirlander qn** to give sb a telling-off * ou ticking-off * (Brit), to tear sb off a strip * (Brit) ◆ **se faire enguirlander** to get a telling-off * ou ticking-off * (Brit), to get torn off a strip * (Brit)
② (= orner) to garland

enhardir /ɑ̃aʀdiʀ/ SYN ▶ conjug 2 ◀
VT to make bolder ◆ **enhardi par** emboldened by
VPR **s'enhardir** to become ou get bolder ◆ **s'enhardir (jusqu')à dire** to make so bold as to say, to be bold enough to say

enharmonie /ɑ̃naʀmɔni/ **NF** (= genre) enharmonic music; (= rapport) enharmonic interval

enharmonique /ɑ̃naʀmɔnik/ **ADJ** enharmonic

enherber /ɑ̃nɛʀbe/ ▶ conjug 1 ◀ **VT** to (plant with) grass

énième /ɛnjɛm/ **ADJ** ⇒ **n-ième**

énigmatique /enigmatik/ SYN **ADJ** enigmatic

énigmatiquement /enigmatikmɑ̃/ **ADV** enigmatically

énigme /enigm/ SYN **NF** (= mystère) enigma, riddle; (= jeu) riddle, puzzle ◆ **tu es une énigme pour moi** you are an enigma to ou for me

enivrant, e /ɑ̃nivʀɑ̃, ɑ̃t/ SYN ADJ [parfum, vin, succès] heady, intoxicating; [beauté] intoxicating; [vitesse] intoxicating, dizzying

enivrement /ɑ̃nivʀəmɑ̃/ SYN NM († = *ivresse*) intoxication; (*fig* = *exaltation*) exhilaration ◆ **l'enivrement du succès** the intoxication of success

enivrer /ɑ̃nivʀe/ SYN ► conjug 1 ◄
▪ VT (*lit*) to intoxicate, to make drunk; (*fig*) to intoxicate ◆ **le parfum m'enivrait** I was intoxicated by the perfume
▪ VPR **s'enivrer** (*lit*) to get drunk (*de* on), to become intoxicated (*de* with); (*fig*) to become intoxicated (*de* with) ◆ **il passe son temps à s'enivrer** he spends all his time getting drunk ◆ **s'enivrer de mots** to get drunk on words ◆ **enivré de succès** intoxicated with *ou* by success

enjambée /ɑ̃ʒɑ̃be/ NF stride ◆ **d'une enjambée** in a stride ◆ **faire de grandes enjambées** to stride out, to take big *ou* long strides ◆ **il allait à grandes enjambées vers...** he was striding (along) towards...

enjambement /ɑ̃ʒɑ̃bmɑ̃/ NM [*Littérat*] enjambement; (*Bio*) crossing-over

enjamber /ɑ̃ʒɑ̃be/ SYN ► conjug 1 ◄ VT [+ obstacle] to stride *ou* step over; [+ fossé] to step *ou* stride across; [pont] to span, to straddle, to stretch across ◆ **il enjamba la rampe et s'assit dessus** he sat down astride the banister

enjeu (pl **enjeux**) /ɑ̃ʒø/ NM [de pari] stake, stakes (de in); (*fig*) issue ◆ **quel est le véritable enjeu de ces élections ?** what is the real issue in these elections? ◆ **c'est un match sans enjeu** nothing is at stake in this match ◆ **les OGM constituent des enjeux économiques considérables** the economic stakes involved in GMOs are huge ◆ **la sécurité est devenue un enjeu politique de taille** security has become an important political issue

enjoindre /ɑ̃ʒwɛ̃dʀ/ SYN ► conjug 49 ◄ VT (*frm*) ◆ **enjoindre à qn de faire** to enjoin *ou* charge sb to do (*frm*)

enjôlement /ɑ̃ʒolmɑ̃/ NM bewitching

enjôler /ɑ̃ʒole/ SYN ► conjug 1 ◄ VT (= *ensorceler*) to bewitch; (= *amadouer*) to get round ◆ **elle a si bien su l'enjôler qu'il a accepté** she coaxed *ou* wheedled *ou* cajoled him into accepting it

enjôleur, -euse /ɑ̃ʒolœʀ, øz/
▪ ADJ [sourire, paroles] coaxing, wheedling, winning
▪ NM,F (= *charmeur*) coaxer, wheedler; (= *escroc*) twister
▪ NF **enjôleuse** (= *séductrice*) wily woman

enjolivement /ɑ̃ʒɔlivmɑ̃/ NM ① (= *action*) [d'objet] embellishment; [de réalité, récit] embroidering, embellishment
② (= *ornement*) embellishment, adornment ◆ **les enjolivements apportés aux faits par le narrateur** the narrator's embellishment of the facts

enjoliver /ɑ̃ʒɔlive/ SYN ► conjug 1 ◄ VT [+ objet] to embellish; [+ réalité, récit] to embroider, to embellish

enjoliveur /ɑ̃ʒɔlivœʀ/ NM [de roue] hub cap, wheel trim

enjolivure /ɑ̃ʒɔlivyʀ/ NF ⇒ enjolivement

enjoué, e /ɑ̃ʒwe/ SYN ADJ cheerful ◆ **d'un ton enjoué** cheerfully, in a cheerful way

enjouement /ɑ̃ʒumɑ̃/ SYN NM cheerfulness

enjuguer /ɑ̃ʒyge/ ► conjug 1 ◄ VT (*Agr*) to yoke

enképhaline /ɑ̃kefalin/ NF enkephalin

enkystement /ɑ̃kistəmɑ̃/ NM encystment

enkyster (s') /ɑ̃kiste/ ► conjug 1 ◄ VPR to encyst ◆ **ça s'est enkysté** it's turned into a cyst

enlacement /ɑ̃lɑsmɑ̃/ SYN NM (= *étreinte*) embrace; (= *enchevêtrement*) intertwining, interlacing

enlacer /ɑ̃lɑse/ SYN ► conjug 3 ◄
▪ VT ① (= *étreindre*) to embrace, to clasp, to hug ◆ **le danseur enlaça sa cavalière** the dancer put his arm round his partner's waist
② (= *enchevêtrer*) [+ fils] to intertwine, to interlace
③ (= *entourer*) [lianes] to wind round, to enlace, to entwine
▪ VPR **s'enlacer** ① [amants] to embrace, to hug each other; [lutteurs] to take hold of each other, to clasp each other ◆ **amoureux enlacés** lovers clasped in each other's arms *ou* clasped in a fond embrace
② (= *s'entrecroiser*) to intertwine, to interlace ◆ **fils inextricablement enlacés** hopelessly tangled threads
③ [lianes] ◆ **s'enlacer autour de** to twine round, to wind round

enlaidir /ɑ̃ledir/ SYN ► conjug 2 ◄
▪ VT [+ personne] to make look ugly; [+ paysage] to deface, to ruin ◆ **cette coiffure l'enlaidit** that hair style makes her look very plain *ou* rather ugly
▪ VI [personne] to become ugly
▪ VPR **s'enlaidir** to make o.s. look ugly

enlaidissement /ɑ̃ledismɑ̃/ NM ◆ **l'enlaidissement du paysage** the way the countryside is being defaced *ou* ruined

enlevé, e /ɑ̃l(ə)ve/ (ptp de **enlever**) ADJ [récit] spirited; [scène, morceau de musique] played with spirit *ou* brio; → **trot**

enlèvement /ɑ̃lɛvmɑ̃/ SYN NM ① [de personne] kidnapping, abduction ◆ **enlèvement de bébé** baby snatching ◆ **l'Enlèvement des Sabines** » (*Art*) "the Rape of the Sabine Women" ◆ **« L'Enlèvement au Sérail »** (*Mus*) "The Abduction from the Seraglio"
② [de meuble, objet] removal, taking *ou* carrying away; [de tache] removal; [d'organe] removal; [d'ordures] collection, clearing (away); [de bagages, marchandises] collection; [de voiture en infraction] towing away
③ (*Mil*) [de position] capture, taking

enlever /ɑ̃l(ə)ve/ SYN ► conjug 5 ◄
▪ VT ① (*gén*) to remove; [+ couvercle] to remove, to lift (off); [+ meuble] to remove, to take away; [+ étiquette, housse] to remove, to take off; [+ tache] to remove; (en frottant *ou* lavant etc) to brush *ou* wash etc out *ou* off; [+ tapis] to take up, to remove; [+ lustre, tableau] to take down; [+ peau de fruit] to take off, to peel off, to remove; [+ mauvaises herbes] to clear, to remove; [+ organe] to remove, to take out ◆ **se faire enlever une dent** to have a tooth out ◆ **enlève tes mains de tes poches/de là** take your hands out of your pockets/off there, remove your hands from your pockets/from there ◆ **enlever le couvert** to clear the table ◆ **enlève tes coudes de la table** take your elbows off the table
② [+ vêtements] to take off, to remove ◆ **il enleva son chapeau pour dire bonjour** he raised his hat in greeting ◆ **j'enlève ma robe pour mettre quelque chose de plus confortable** I'll just slip out of this dress into something more comfortable, I'll just take off this dress and put on something more comfortable
③ ◆ **enlever à qn** [+ objet, argent] to take (away) from sb ◆ **on lui a enlevé son commandement** he was relieved of his command ◆ **on lui a enlevé la garde de l'enfant** the child was taken *ou* removed from his care ◆ **ça lui enlèvera peut-être le goût de recommencer** perhaps that'll cure him of trying that again, perhaps that'll make him think twice before he does it again ◆ **ça n'enlève rien à son mérite** that doesn't in any way detract from his worth ◆ **pour vous enlever tout scrupule** in order to dispel your misgivings ◆ **enlève-toi cette idée de la tête** get that idea out of your head ◆ **cela lui a enlevé son dernier espoir** it took away his last hope
④ (= *emporter*) [+ objet, meuble] to take away, to carry away, to remove; [+ ordures] to collect, to clear (away); [+ voiture en infraction] to tow away ◆ **il a fait enlever ses vieux meubles** he had his old furniture taken away ◆ **il fut enlevé dans les airs** he was borne (up) *ou* lifted (up) into the air ◆ **il a été enlevé par un mal foudroyant** (*frm*) he was borne off by a sudden illness ◆ **la mort nous l'a enlevé** (*littér*) death has snatched *ou* taken him from us
⑤ (= *kidnapper*) to kidnap, to abduct ◆ **se faire enlever par son amant** to elope with one's lover, to be carried off by one's lover ◆ **je vous enlève votre femme pour quelques instants** (*hum*) I'll just steal *ou* borrow your wife for a moment (if I may)
⑥ (= *remporter*) [+ siège d'élu, victoire] to win; [+ titre de champion] to win, to take; (*Mil*) [+ position] to capture, to take ◆ **il a facilement enlevé la course** he won the race easily ◆ **elle enlève tous les suffrages** she wins everyone's sympathies, she wins everyone over ◆ **enlever la décision** to carry the day ◆ **enlever une affaire** (*traction*) to pull off a deal; (*commande*) to get *ou* secure an order; (*marchandise*) to carry off *ou* get away with a bargain ◆ **ça a été vite enlevé** (*marchandise*) it sold *ou* went quickly, it was snapped up; (* : *travail*) it was done in no time *ou* in a jiffy*
⑦ (*Mus*) [+ morceau, mouvement] to play with spirit *ou* brio
⑧ (*Sport*) [+ cheval] to urge on
⑨ (= *enthousiasmer*) [+ public] to fill with enthusiasm
▪ VPR **s'enlever** ① [tache] to come out, to come off; (en brossant *ou* lavant etc) to brush *ou* wash etc out *ou* off; [peinture, peau, écorce] to peel off, to come off ◆ **enlève-toi de là** * get out of the way*, mind out of the way! * (*Brit*) ◆ **comment est-ce que ça s'enlève ?** [étiquette, housse] how do you remove it *ou* take it off?; [vêtement] how do you get out of it *ou* take it off?
② (*Sport*) ◆ **le cheval s'enlève sur l'obstacle** (= *sauter*) the horse takes off to clear the obstacle
③ († = *se vendre*) to sell

enliasser /ɑ̃ljase/ ► conjug 1 ◄ VT [+ billets, papiers] to bundle, to wad

enlier /ɑ̃lje/ ► conjug 7 ◄ VT [+ briques] to bond

enlisement /ɑ̃lizmɑ̃/ NM ◆ **causer l'enlisement d'un bateau** to cause a ship to get stuck in the mud (*ou* sand etc)

enliser /ɑ̃lize/ ► conjug 1 ◄
▪ VT ◆ **enliser sa voiture** to get one's car stuck in the mud (*ou* sand etc)
▪ VPR **s'enliser** SYN ① (dans le sable) to sink (dans into), to get stuck (dans in)
② (dans les détails) to get bogged down (dans in) ◆ **s'enliser (dans la monotonie)** to sink into *ou* get bogged down in a monotonous routine ◆ **en mentant, tu t'enlises davantage** you're getting in deeper and deeper (water) with your lies

enluminer /ɑ̃lymine/ ► conjug 1 ◄ VT [+ manuscrit] to illuminate

enlumineur, -euse /ɑ̃lyminœʀ, øz/ NM,F illuminator

enluminure /ɑ̃lyminyʀ/ NF illumination

ennéade /enead/ NF ennead

ennéagonal, e (mpl **-aux**) /eneagɔnal, o/ ADJ nonagonal

ennéagone /eneagɔn/
▪ ADJ nonagonal
▪ NM nonagon

enneigé, e /ɑ̃neʒe/ ADJ [pente, montagne] snowy, snow-covered; [sommet] snow-capped; [maison] snowbound, snowed up (*attrib*); [col, route] blocked by snow, snowed up (*attrib*), snowbound

enneigement /ɑ̃nɛʒmɑ̃/ NM snow coverage ◆ **à cause du faible enneigement** because of the poor snow coverage ◆ **bulletin d'enneigement** snow report ◆ **conditions d'enneigement** snow conditions

ennemi, e /ɛn(ə)mi/ SYN
▪ ADJ (*Mil*) enemy (*épith*); (= *hostile*) hostile ◆ **en pays ennemi** in enemy territory
▪ NM,F ① (= *adversaire*) enemy, foe † (*aussi littér*) ◆ **se faire des ennemis** to make enemies (for o.s.) ◆ **se faire un ennemi de qn** to make an enemy of sb ◆ **passer à l'ennemi** to go over to the enemy ◆ **ennemi public numéro un** public enemy number one
② ◆ **être ennemi de qch** to be opposed to sth, to be against sth ◆ **être ennemi de la poésie/de la musique** to be strongly averse to poetry/music ◆ **la hâte est l'ennemie de la précision** speed and accuracy don't mix *ou* don't go together, more haste less speed (*Prov*); → **mieux**

ennoblir /ɑ̃nɔbliʀ/ ► conjug 2 ◄ VT (*moralement*) to ennoble

ennoblissement /ɑ̃nɔblismɑ̃/ NM (*moral*) ennoblement

ennuager (s') /ɑ̃nɥaʒe/ ► conjug 3 ◄ VPR (*littér*) [ciel] to cloud over ◆ **ennuagé** cloudy, clouded

ennui /ɑ̃nɥi/ SYN NM ① (= *désœuvrement*) boredom; (*littér* = *spleen*) ennui (*littér*), world-weariness; (= *monotonie*) tedium, tediousness ◆ **écouter avec ennui** to listen wearily ◆ **c'est à mourir d'ennui** it's enough to bore you to tears *ou* death* *ou* to bore you stiff*
② (= *tracas*) trouble, worry, problem ◆ **avoir des ennuis** to have problems, to be in difficulty ◆ **il a eu des ennuis avec la police** he's been in trouble with the police ◆ **avoir des ennuis de santé** to be troubled with bad health, to have problems with one's health ◆ **ennuis d'argent** money worries ◆ **elle a des tas d'ennuis** she

has a great many worries, she has more than her share of troubles ◆ **faire** *ou* **créer** *ou* **causer des ennuis à qn** to make trouble for sb ◆ **ça peut lui attirer des ennuis** that could get him into trouble *ou* hot water* ◆ **j'ai eu un ennui avec mon vélo** I had some trouble *ou* bother with my bike, something went wrong with my bike ◆ **si ça vous cause le moindre ennui** if it is in any way inconvenient to you ◆ **l'ennui, c'est que...** the trouble *ou* the hitch is that...

3 *(littér, †† = peine)* grief

ennuyant, e /ɑ̃nɥijɑ̃, ɑt/ ADJ *(†, Can)* ⇒ **ennuyeux**

ennuyé, e /ɑ̃nɥije/ SYN (ptp de **ennuyer**) ADJ *(= préoccupé)* worried, bothered *(de* about); *(= contrarié)* annoyed, put out *(de* at, about)

ennuyer /ɑ̃nɥije/ GRAMMAIRE ACTIVE 9.1 SYN ► conjug 8 ◄

VT 1 *(= lasser)* to bore, to weary ◆ **ce spectacle m'a profondément ennuyé** I was thoroughly bored by the show ◆ **cela (vous) ennuie à force** it palls (on you) *ou* it gets boring in the long run

2 *(= préoccuper)* to worry; *(= importuner)* to bother, to put out ◆ **il y a quelque chose qui m'ennuie là-dedans** there's something that worries *ou* bothers me about it ◆ **ça m'ennuierait beaucoup de te voir fâché** I'd be really upset to see you cross ◆ **ça m'ennuie de te le dire, mais...** I'm sorry to have to tell you but..., I hate to say it but... ◆ **ça m'ennuierait beaucoup d'y aller** it would really put me out to go ◆ **si cela ne vous ennuie pas trop** if you wouldn't mind ◆ **je ne voudrais pas vous ennuyer** I don't want to put you to any trouble *ou* inconvenience, I don't want to bother you *ou* put you out ◆ **ça m'ennuie, ce que tu me demandes de faire** what you're asking me to do is a bit awkward

3 *(= irriter)* ◆ **ennuyer qn** to annoy sb, to get on sb's nerves ◆ **tu m'ennuies avec tes jérémiades** I'm tired of your constant complaints, you're getting on my nerves with your constant complaints

VPR **s'ennuyer** 1 *(= se morfondre)* to be bored *(de, à* with) ◆ **il s'ennuie à faire un travail monotone** he's getting bored doing a humdrum job ◆ **s'ennuyer à mourir** to be bored to tears *ou* to death*, to be bored stiff* ◆ **on ne s'ennuie jamais avec lui** there's never a dull moment when he's around

2 ◆ **s'ennuyer de qn** to miss sb

ennuyeux, -euse /ɑ̃nɥijø, øz/ SYN ADJ

1 *(= lassant) [personne, spectacle, livre]* boring, tedious; *[travail]* boring, tedious, wearisome ◆ **ennuyeux comme la pluie** deadly dull, dull as ditchwater *(Brit)*

2 *(= qui importune)* annoying, tiresome; *(= préoccupant)* worrying ◆ **ce qui t'arrive est bien ennuyeux** this is a very annoying *ou* tiresome thing to happen to you

énoncé /enɔ̃se/ NM 1 *(= termes) [de sujet scolaire]* wording; *[de problème]* terms; *[de loi]* terms, wording ◆ **pendant l'énoncé du sujet** while the subject is being read out

2 *(Ling)* utterance

énoncer /enɔ̃se/ SYN ► conjug 3 ◄ VT *[+ idée]* to express; *[+ faits, conditions]* to state, to set out, to set forth ◆ **pour m'énoncer plus clairement** *(†, littér)* to express myself more clearly, to put it more clearly; → **concevoir**

énonciatif, -ive /enɔ̃sjatif, iv/ ADJ *(Ling) [phrase]* enunciative

énonciation /enɔ̃sjasjɔ̃/ NF *[de faits]* statement; *(Ling)* enunciation

enorgueillir /ɑ̃nɔʀgœjiʀ/ ► conjug 2 ◄

VT to make proud

VPR **s'enorgueillir** SYN ◆ **s'enorgueillir de** *(= être fier de)* to pride o.s. on, to boast about; *(= avoir)* to boast ◆ **la ville s'enorgueillit de deux opéras** the town boasts two opera houses

énorme /enɔʀm/ SYN ADJ 1 *(= très grand)* enormous, huge; *(Météo) [mer]* phenomenal ◆ **mensonge énorme** enormous *ou* whopping* lie, whopper* ◆ **ça lui a fait un bien énorme** it's done him a great deal *ou* a world *ou* a power* *(Brit)* of good

2 *(= exceptionnel)* amazing ◆ **c'est un type énorme !*** he's an amazing guy! ◆ **c'est énorme ce qu'ils ont fait !** what they've done is absolutely amazing! ◆ **il a accepté, c'est déjà énorme** he has accepted and that's quite something

énormément /enɔʀmemɑ̃/ SYN ADV *(= beaucoup)* enormously, tremendously, hugely ◆ **ça m'a énormément amusé** I was greatly *ou* hugely amused by it ◆ **ça m'a énormément déçu** it greatly disappointed me, I was tremendously *ou* greatly disappointed by it ◆ **il boit énormément** he drinks an enormous *ou* a huge amount

◆ **énormément de** *[d'argent, eau, bruit]* an enormous *ou* a huge amount of, a great deal of ◆ **énormément de gens** a great many people

énormité /enɔʀmite/ SYN NF 1 *[de poids, somme]* hugeness; *[de demande, injustice]* enormity

2 *(= propos inconvenant)* outrageous remark; *(= erreur)* big blunder, howler*

énostose /enɔstoz/ NF enostosis

énouer /enwe/ ► conjug 1 ◄ VT *[+ tissu]* to burl

enquérir (s') /ɑ̃keʀiʀ/ SYN ► conjug 21 ◄ VPR to inquire, to enquire, to ask *(de* about) ◆ **s'enquérir (de la santé) de qn** to ask *ou* inquire after sb *ou* after sb's health ◆ **je m'en suis enquis à la mairie** I inquired at the town hall about it ◆ **je m'en suis enquis auprès de lui** I asked him about it

enquête /ɑ̃kɛt/ SYN NF *(gén, Jur)* inquiry, enquiry; *(après un décès)* inquest; *(Police)* investigation; *(Comm, Sociol = sondage)* survey, (opinion) poll ◆ **ouvrir une enquête** *(Jur)* to set up *ou* open an inquiry ◆ **faire une enquête** *(Police)* to make an investigation, to make investigations, to investigate; *(Comm, Sociol)* to do *ou* conduct a survey *(sur* on) ◆ **mener** *ou* **conduire une enquête** *(Police)* to be in charge of *ou* lead an investigation ◆ **j'ai fait** *ou* **mené ma petite enquête** I've done a little investigating (myself), I've done a little private investigation ◆ **enquête administrative** public inquiry *(into planning proposals etc)* ◆ **enquête parlementaire** parliamentary inquiry *(by parliamentary committee)* ◆ **enquête statistique** statistical survey ◆ **enquête préliminaire** preliminary inquiry ◆ **commission d'enquête** commission of inquiry ◆ « **notre grande enquête** » *(Presse)* "our big investigation *ou* survey *ou* inquiry"

enquêter /ɑ̃kete/ SYN ► conjug 1 ◄ VI *(Jur)* to hold an inquiry *(sur* on); *(Police)* to investigate; *(Comm, Sociol)* to conduct a survey *(sur* on) ◆ **ils vont enquêter sur l'origine de ces fonds** they'll investigate the origin of these funds *ou* carry out an investigation into the origin of these funds

enquêteur /ɑ̃kɛtœʀ/ NM 1 *(Police)* officer in charge of *ou* leading the investigation ◆ **les enquêteurs poursuivent leurs recherches** the police are continuing their investigations ◆ **les enquêteurs sont aidés par la population du village** the police are being helped in their inquiries *ou* investigations by the villagers ◆ **un des enquêteurs a été abattu** one of the officers involved in the investigation was shot dead

2 *(Comm, Sociol)* investigator; *(pour sondages)* pollster, interviewer ◆ **des enquêteurs sont venus dans le village** some people doing *ou* conducting a survey came to the village

enquêteuse /ɑ̃kɛtøz/ NF *(Police)* officer in charge of *ou* leading an investigation; *(Sociol)* ⇒ **enquêtrice**

enquêtrice /ɑ̃kɛtʀis/ NF *(Comm, Sociol)* investigator; *(pour sondages)* pollster, interviewer; → aussi **enquêteur**

enquiquinant, e* /ɑ̃kikinɑ̃, ɑ̃t/ ADJ *(= qui importune)* annoying, irritating; *(= préoccupant)* worrying; *(= lassant)* boring

enquiquinement* /ɑ̃kikinmɑ̃/ NM ◆ **quel enquiquinement !** what a darned *ou* flipping *(Brit)* nuisance!* ◆ **j'ai eu tellement d'enquiquinements avec cette voiture** I had so many darned *ou* flipping *(Brit)* problems with that car*

enquiquiner* /ɑ̃kikine/ ► conjug 1 ◄

VT *(= importuner)* to annoy, to bother; *(= préoccuper)* to worry; *(= lasser)* to bore

VPR **s'enquiquiner** *(= se morfondre)* to be fed up*, to be bored ◆ **s'enquiquiner à faire** *(= se donner du mal)* to go to a heck of a lot of trouble to do*, to put o.s. out to do ◆ **ne t'enquiquine pas avec ça** don't bother (yourself) with that

enquiquineur, -euse* /ɑ̃kikinœʀ, øz/ NM,F pest*, pain in the neck*

enracinement /ɑ̃ʀasinmɑ̃/ NM 1 *[d'idée, arbre]* taking root

2 *[d'immigrant]* settling

enraciner /ɑ̃ʀasine/ SYN ► conjug 1 ◄

VT *[+ arbre]* to root; *[+ idée]* to fix, to cause to take root ◆ **solidement enraciné** *[+ préjugé]* deep-rooted, firmly *ou* deeply entrenched; *[+ famille]* firmly rooted *ou* fixed; *[+ arbre]* well-rooted

VPR **s'enraciner** *[arbre, préjugé]* to take root; *[importun]* to settle o.s. down; *[immigrant]* to put down roots, to settle

enragé, e /ɑ̃ʀaʒe/ SYN (ptp de **enrager**) ADJ 1 *(* = passionné) [chasseur, joueur]* keen ◆ **être enragé de** to be mad* *ou* crazy about*, to be mad keen on* *(Brit)* ◆ **un enragé de la voiture** a car fanatic

2 *(= en colère)* furious ◆ **les enragés de Mai 68** the rebels of May '68

3 *[animal]* rabid; → **vache**

enrageant, e /ɑ̃ʀaʒɑ̃, ɑ̃t/ ADJ annoying, infuriating ◆ **c'est vraiment enrageant de devoir partir si tôt** it's a real pain* *ou* it's really annoying having to leave so early

enrager /ɑ̃ʀaʒe/ SYN ► conjug 3 ◄ VI 1 ◆ **faire enrager qn*** *(= taquiner)* to tease sb; *(= importuner)* to pester sb

2 *(frm)* to be furious, to be in a rage ◆ **j'enrage d'avoir fait cette erreur** I'm furious at having made this mistake ◆ **il enrageait dans son coin** he was fretting and fuming

enraiement /ɑ̃ʀɛmɑ̃/ NM ⇒ **enrayement**

enrayage /ɑ̃ʀɛjaʒ/ NM *[de machine, arme]* jamming

enrayement /ɑ̃ʀɛjmɑ̃/ NM *[de maladie, évolution]* checking; *[de chômage, inflation]* checking, curbing

enrayer /ɑ̃ʀeje/ SYN ► conjug 8 ◄

VT 1 *[+ maladie, évolution]* to check; *[+ chômage, inflation]* to check, to curb; *[+ machine, arme]* to jam

2 *[+ roue]* to spoke

VPR **s'enrayer** *[machine, arme]* to jam

enrayure /ɑ̃ʀejyʀ/ NF *(Agr)* first furrow

enrégimenter /ɑ̃ʀeʒimɑ̃te/ SYN ► conjug 1 ◄ VT

1 *(péj : dans un parti)* to enlist, to enrol ◆ **se laisser enrégimenter dans** *[+ parti]* to let o.s. be dragooned into

2 *(† Mil)* to enlist

enregistrable /ɑ̃ʀ(ə)ʒistʀabl/ ADJ *[CD, disquette]* recordable; *[CD-ROM]* writeable

enregistrement /ɑ̃ʀ(ə)ʒistʀəmɑ̃/ SYN NM 1 *[de fait, son, souvenir]* recording

2 *(= disque, bande)* recording ◆ **enregistrement vidéo/magnétique** video/tape recording

3 *(Jur) [d'acte]* registration ◆ **l'Enregistrement** the Registration Department *(for legal transactions)* ◆ **droits** *ou* **frais d'enregistrement** registration fees

4 *(Transport)* ◆ **enregistrement des bagages** *(à l'aéroport)* check-in; *(à la gare)* registration of luggage ◆ **se présenter à l'enregistrement** to go to the check-in desk ◆ **comptoir d'enregistrement** check-in desk

enregistrer /ɑ̃ʀ(ə)ʒistʀe/ SYN ► conjug 1 ◄ VT 1 *(sur bande)* to record, to tape; *(sur CD, en studio)* to record; *(sur magnétoscope)* to record, to video (-tape); *[+ fichier]* to save ◆ **vous écoutez un message enregistré** this is a recorded message

2 *(Jur) [+ acte, demande]* to register; *(Comm) [+ commande]* to enter, to book

3 *[+ profit, perte]* to show ◆ **nous avons enregistré de bonnes ventes** we've had good sales ◆ **ils ont enregistré un bénéfice de 5 millions** they showed a profit of 5 million ◆ **le PIB a enregistré une hausse de 12%** the GDP has shown *ou* recorded an increase of 12%

4 *(= constater)* ◆ **on enregistre une progression de l'épidémie** the epidemic is spreading ◆ **on enregistre une amélioration de la situation** we have seen *ou* there has been an improvement in the situation ◆ **la plus forte hausse enregistrée** the biggest rise recorded *ou* on record

5 *(= mémoriser) [+ information]* to take in ◆ **d'accord, j'enregistre*** *ou* **c'est enregistré*** all right, I'll make *ou* I've made a mental note of it *ou* I'll bear it in mind

6 *(Transport)* ◆ **(faire) enregistrer ses bagages** *(à l'aéroport)* to check in (one's luggage); *(à la gare)* to register one's luggage

enregistreur, -euse /ɑ̃ʀ(ə)ʒistʀœʀ, øz/

ADJ *[appareil]* recording; → **caisse**

NM *(= instrument)* recorder, recording device ◆ **enregistreur de vol** flight recorder ◆ **enregistreur de temps** time recorder

enrésiner /ɑ̃ʀezine/ ► conjug 1 ◄ VT to plant with conifers

enrhumé, e /ɑ̃ʁyme/ (ptp de **enrhumer**) ADJ ◆ **être enrhumé** to have a cold ◆ **je suis un peu/très enrhumé** I have a bit of a cold/a terrible ou bad cold

enrhumer /ɑ̃ʁyme/ ▶ conjug 1 ◀
[VT] to give a cold to
[VPR] **s'enrhumer** to catch a cold

enrichi, e /ɑ̃ʁiʃi/ (ptp de **enrichir**) ADJ ① (péj) nouveau riche
② [pain] enriched; [lessive] improved (de with) ◆ **shampooing formule enrichie** enriched formula shampoo; → **uranium**

enrichir /ɑ̃ʁiʃiʁ/ SYN ▶ conjug 2 ◀
[VT] [+ œuvre, esprit, langue, collection] to enrich; [+ catalogue] to expand; (financièrement) to make rich
[VPR] **s'enrichir** (financièrement) to get ou grow rich; [esprit] to grow richer (de in); [collection] to be enriched (de with) ◆ **leur collection s'enrichit d'année en année** their collection is becoming richer from year to year ◆ **notre catalogue s'est enrichi de cent nouveaux titres** a hundred new titles have been added to our catalogue

enrichissant, e /ɑ̃ʁiʃisɑ̃, ɑ̃t/ SYN ADJ [expérience] rewarding ◆ **ce stage a été très enrichissant pour moi** I got a lot out of the course ◆ **j'ai trouvé ça très enrichissant** it was very rewarding

enrichissement /ɑ̃ʁiʃismɑ̃/ SYN NM enrichment (NonC)

enrobage /ɑ̃ʁɔbaʒ/, **enrobement** /ɑ̃ʁɔbmɑ̃/ NM coating ◆ **l'enrobage au bitume des déchets radioactifs** bitumen coating of radioactive waste

enrobé, e /ɑ̃ʁɔbe/ SYN (ptp de **enrober**)
[ADJ] (= empâté) [personne] plump
[NM] [revêtement] asphalt

enrober /ɑ̃ʁɔbe/ SYN ▶ conjug 1 ◀ VT [+ bonbon, comprimé] to coat (de with); [+ paroles] to wrap up (de in)

enrobeuse /ɑ̃ʁɔbøz/ NF coating machine

enrochement /ɑ̃ʁɔʃmɑ̃/ NM rip-rap

enrocher /ɑ̃ʁɔʃe/ ▶ conjug 1 ◀ VT to build on rip-rap

enrôlé /ɑ̃ʁole/ NM recruit

enrôlement /ɑ̃ʁolmɑ̃/ SYN NM (Mil) enlistment; (dans un parti) enrolment, signing up

enrôler VT, **s'enrôler** VPR /ɑ̃ʁole/ SYN ▶ conjug 1 ◀ (Mil) to enlist; (dans un parti) to enrol, to sign up

enroué, e /ɑ̃ʁwe/ SYN (ptp de **enrouer**) ADJ ◆ **être enroué** to be hoarse, to have a hoarse ou husky voice ◆ **j'ai la voix enrouée** my voice is hoarse ou husky

enrouement /ɑ̃ʁumɑ̃/ NM hoarseness, huskiness

enrouer /ɑ̃ʁwe/ ▶ conjug 1 ◀
[VT] [froid, cris] to make hoarse
[VPR] **s'enrouer** (par le froid) to go hoarse ou husky; (en criant) to make o.s. hoarse ◆ **s'enrouer à force de chanter** to sing o.s. hoarse

enroulement /ɑ̃ʁulmɑ̃/ NM ① (NonC) [de tapis] rolling up; [de cheveux] coiling; [de corde, ruban, fil] winding (sur, autour de round); [de bobine] winding
② (Archit, Art) volute, scroll, whorl
③ (Élec) coil

enrouler /ɑ̃ʁule/ SYN ▶ conjug 1 ◀
[VT] [+ tapis] to roll up; [+ cheveux] to coil; [+ corde, ruban, fil] to wind (sur, autour de round); [+ bobine] to wind ◆ **enrouler une feuille autour de/dans** to roll a sheet of paper round/up in
[VPR] **s'enrouler** [serpent] to coil up; [film, fil] to wind ◆ **s'enrouler dans une couverture** to wrap ou roll o.s. up in a blanket

enrouleur, -euse /ɑ̃ʁulœʁ, øz/
[ADJ] [mécanisme, cylindre] winding
[NM] [de tuyau d'arrosage] drum ◆ **(galet) enrouleur** idle pulley, idler ◆ **enrouleur (automatique) de cordon** automatic cord winder ◆ **laisse à enrouleur** retractable lead; → **ceinture**

enrubanner /ɑ̃ʁybane/ ▶ conjug 1 ◀ VT to decorate ou trim with ribbon(s); (en attachant) to tie up ou do up with (a) ribbon

ENS /ɛɛnɛs/ NF (abrév de **École normale supérieure**) → **école**

ensablement /ɑ̃sɑblǝmɑ̃/ NM ① [de port] silting-up; [de tuyau] choking ou blocking (with sand); [de bateau] stranding; [de voiture] getting stuck (in the sand)
② (= tas de sable) (formé par le vent) (sand) dune; (formé par l'eau) sandbank

ensabler /ɑ̃sɑble/ ▶ conjug 1 ◀
[VT] [+ port] to silt up, to sand up; [+ tuyau] to choke ou block with sand; [+ bateau] to strand (on a sandbank); [+ voiture] to get stuck (in the sand)
[VPR] **s'ensabler** [port] to silt up; [bateau, voiture] to get stuck in the sand ◆ **je m'étais ensablé jusqu'aux essieux** my car had sunk into the sand up to the axles

ensacher /ɑ̃saʃe/ ▶ conjug 1 ◀ VT to bag, to pack (into bags)

ensanglanter /ɑ̃sɑ̃glɑ̃te/ ▶ conjug 1 ◀ VT [+ visage] to cover with blood; [+ vêtement] to soak with blood ◆ **manche ensanglantée** blood-soaked sleeve ◆ **ensanglanter un pays** to bathe a country in blood ◆ **l'accident qui a ensanglanté la course** the accident which cast a tragic shadow over the race ◆ **l'attentat qui a ensanglanté la visite du président** the terrorist attack which brought an element of bloodshed to the president's visit

enseignant, e /ɑ̃sɛɲɑ̃, ɑ̃t/ SYN
[ADJ] teaching; → **corps**
[NM,F] teacher ◆ **enseignant-chercheur** teacher and researcher ◆ **poste d'enseignant** teaching position ou post ou job ◆ **les enseignants de l'école** the teaching staff ou the teachers at the school

enseigne /ɑ̃sɛɲ/ SYN
[NF] ① (Comm) (shop) sign ◆ **enseigne lumineuse** neon sign ◆ « **à l'enseigne du Lion Noir** » (restaurant) "the Black Lion" ◆ **loger à l'enseigne du Lion Noir** †† to put up at (the sign of) the Black Lion †
② (dans l'armée, la marine) ensign ◆ **(défiler) enseignes déployées** (to march) with colours flying
③ (littér) ◆ **à telle(s) enseigne(s) que...** so much so that...
[NM] ① (Hist) ensign
② ◆ **enseigne de vaisseau** (de 1ʳᵉ classe) lieutenant; (de 2ᵉ classe) sub-lieutenant (Brit), ensign (US)

enseignement /ɑ̃sɛɲ(ǝ)mɑ̃/ SYN NM ① (= cours, leçons) education, instruction ◆ **recevoir un enseignement dans une discipline** to receive instruction in a subject ◆ **enseignement assisté par ordinateur** computer-aided instruction ◆ **enseignement général** general education ◆ **enseignement obligatoire** compulsory education ◆ **enseignement musical** musical education ◆ **enseignement agricole** agricultural training ◆ **enseignement des langues** language teaching ◆ **enseignement ménager** home economics (sg) ◆ **enseignement mixte** coeducation ◆ **enseignement par correspondance** correspondence courses ◆ **enseignement à distance** distance learning ◆ **enseignement professionnel** professional ou vocational training ◆ **enseignement programmé** programmed learning ◆ **enseignement spécialisé** special education ou schooling ◆ **enseignement technique** technical education, industrial arts (US)
② (= système scolaire) education ◆ **l'enseignement en France** (the system of) education in France ◆ **enseignement primaire** ou **du premier degré/secondaire** ou **du second degré** primary/secondary education ◆ **enseignement supérieur/universitaire** higher/university education ◆ **enseignement libre/privé/public** denominational/private/state education ◆ **l'enseignement public et gratuit** free public education → **ÉDUCATION NATIONALE**
③ (= art d'enseigner) teaching ◆ **enseignement moderne** modern (methods of) teaching
④ (= carrière) ◆ **l'enseignement** the teaching profession, teaching ◆ **entrer dans l'enseignement** to enter the teaching profession, to go into teaching ◆ **être dans l'enseignement** to be a teacher, to be a member of the teaching profession
⑤ (= leçon donnée par l'expérience) teaching, lesson ◆ **on peut en tirer plusieurs enseignements** it has taught us several things, we can draw several lessons from it ◆ **les enseignements du Christ** the teachings of Christ

enseigner /ɑ̃seɲe/ SYN ▶ conjug 1 ◀ VT to teach ◆ **enseigner qch à qn** to teach sb sth ◆ **enseigner à qn à faire qch** to teach sb (how) to do sth

ensellé, e /ɑ̃sele/ ADJ [cheval] sway-backed

ensellement /ɑ̃sɛlmɑ̃/ NM (Géol) col, saddle

ensellure /ɑ̃selyʁ/ NF (Méd) hollow back (NonC), lordosis (SPÉC); [de cheval] sway-back

ensemble¹ /ɑ̃sɑ̃bl/ SYN ADV ① (= l'un avec l'autre) together ◆ **ils sont partis ensemble** they left together ◆ **tous ensemble** all together
② (= simultanément) (deux personnes) together, both at once; (plusieurs) together, at the same time ◆ **ils ont répondu ensemble** (deux) they both answered together ou at once; (plusieurs) they all answered together ou at the same time, they answered all together
③ (littér = à la fois) ◆ **tout ensemble** (deux) both, at once; (plus de deux) at (one and) the same time ◆ **il était tout ensemble triste et joyeux** he was both ou at once sad and happy
④ ◆ **aller ensemble** [objets] to go together; [idées] to go together ou hand in hand ◆ **aller bien ensemble** [couple] to be well-matched; [escrocs] to make a pretty ou a fine pair; (plus de deux) to make a fine bunch ◆ **l'armoire et la table ne vont pas (bien) ensemble** the wardrobe and the table don't go (very well) together
⑤ [personnes] ◆ **être bien ensemble** to get along ou on (Brit) well (together) ◆ **ils sont mal ensemble** they don't get along ou on (Brit) (well) (together)

ensemble² /ɑ̃sɑ̃bl/ SYN NM ① (= totalité) whole ◆ **former un ensemble harmonieux** to form a harmonious whole ◆ **l'ensemble du personnel** the entire ou whole staff ◆ **on reconnaît cette substance à l'ensemble de ses propriétés** you can identify this substance from all its various properties
② (= groupement) [de personnes] set, group, body; [d'objets, poèmes] set, collection; [de faits] set, series; [de meubles] suite; [de lois] body, corpus ◆ **tout un ensemble de choses** a whole combination of things ◆ **bel ensemble architectural** fine architectural grouping ◆ **ensemble immobilier de 500 logements** residential complex with 500 housing units ◆ **grand ensemble** high-rise estate
③ (Mus) ensemble ◆ **ensemble instrumental/vocal** instrumental/vocal ensemble
④ (Math) set ◆ **ensemble vide** empty set ◆ **théorie des ensembles** set theory
⑤ (Couture) outfit, suit, ensemble ◆ **ensemble de ville** town suit ◆ **ensemble de voyage** travelling outfit ◆ **ensemble de plage** beach ensemble ou outfit ◆ **ensemble pantalon** trouser suit, pantsuit
⑥ (locutions) ◆ **d'ensemble** [vue, étude] overall, comprehensive, general; [impression] overall, general ◆ **mouvement d'ensemble** ensemble movement

◆ **dans + ensemble** ◆ **les spectateurs dans leur ensemble** the audience as a whole ◆ **examiner la question dans son ensemble** to examine the question in its entirety ou as a whole

◆ **dans l'ensemble** on the whole, in the main, by and large ◆ **dans l'ensemble nous sommes d'accord** basically we agree

◆ **avec ensemble** [répondre] as one, with one accord

ensemblier /ɑ̃sɑ̃blije/ NM (= décorateur) interior designer; (Ciné) assistant (set) designer; (= entreprise) factory design consultancy

ensemencement /ɑ̃sǝmɑ̃smɑ̃/ NM sowing

ensemencer /ɑ̃s(ǝ)mɑ̃se/ SYN ▶ conjug 3 ◀ VT (Agr) to sow (de, en with); (Bio) to culture

enserrer /ɑ̃seʁe/ SYN ▶ conjug 1 ◀ VT [vêtement] to hug tightly; (dans ses bras) to hold, to clasp ◆ **vallée enserrée par des montagnes** valley shut in ou hemmed in by mountains

ensevelir /ɑ̃sǝv(ǝ)liʁ/ SYN ▶ conjug 2 ◀ VT (frm = enterrer) to bury; (d'un linceul) to shroud (de in); [+ peine, honte] to hide, to bury; [avalanche, décombres] to bury ◆ **enseveli sous la neige/la lave** buried beneath the snow/lava

ensevelissement /ɑ̃sǝv(ǝ)lismɑ̃/ NM (gén) burying; (dans un linceul) shrouding

ENSI /ɛnsi/ NF (abrév de **École nationale supérieure d'ingénieurs**) → **école**

ensiforme /ɑ̃sifɔʁm/ ADJ (Bio) ensiform

ensilage /ɑ̃silaʒ/ NM (= aliment) silage; (= processus) silage-making

ensiler /ɑ̃sile/ ▶ conjug 1 ◀ VT to ensilage, to ensile

en-soi /ɑ̃swa/ NM (Philos) en-soi

ensoleillé, e /ɑ̃sɔleje/ SYN (ptp de **ensoleiller**) ADJ sunny

ensoleillement /ɑ̃sɔlɛjmɑ̃/ NM (= durée) period ou hours of sunshine ◆ **ce versant jouit d'un**

ensoleillement exceptionnel this side of the mountain gets a lot of sunshine ◆ **'ensoleillement moyen'** *(sur étiquette de plantes)* 'moderate sunlight'

ensoleiller /ɑ̃sɔleje/ ► conjug 1 ◄ **VT** *(lit)* to fill with *ou* bathe in sunshine *ou* sunlight; *(fig)* to brighten, to light up

ensommeillé, e /ɑ̃sɔmeje/ **ADJ** sleepy, drowsy ◆ **il a les yeux ensommeillés** he is heavy-eyed with sleep, he is drowsy- *ou* sleepy-eyed

ensorcelant, e /ɑ̃sɔʀsəlɑ̃, ɑ̃t/ **ADJ** *[regard, sourire]* bewitching; *[personne]* bewitching, captivating; *[paroles, roman, œuvre, rythme, musique]* spellbinding

ensorceler /ɑ̃sɔʀsəle/ SYN ► conjug 4 ◄ **VT** *(lit, fig)* to bewitch, to put *ou* cast a spell on *ou* over

ensorceleur, -euse /ɑ̃sɔʀsəlœʀ, øz/
ADJ bewitching, spellbinding
NM *(lit)* sorcerer, enchanter; *(fig)* charmer
NF **ensorceleuse** *(lit)* witch, enchantress, sorceress; *(fig = femme)* enchantress; *(hum = enfant)* charmer

ensorcellement /ɑ̃sɔʀsɛlmɑ̃/ **NM** *(= action)* bewitching, bewitchment; *(= charme)* charm, enchantment

ensouple /ɑ̃supl/ **NF** *[de métier à tisser]* beam, roller

ensuite /ɑ̃sɥit/ GRAMMAIRE ACTIVE 26.2 SYN **ADV** *(= puis)* then, next; *(= par la suite)* afterwards, later ◆ **il nous dit ensuite que...** then *ou* next he said that... ◆ **d'accord mais ensuite ?** all right but what now? *ou* what next? *ou* then what? ◆ **il se mit à crier, ensuite de quoi il claqua la porte** he started shouting, after which *ou* and after that he slammed the door ◆ **je le reçois d'abord et je vous verrai ensuite** I'll meet him first and I'll see you after *ou* afterwards

ensuivre (s') /ɑ̃sɥivʀ/ SYN ► conjug 40 ◄ **VPR** to follow, to ensue ◆ **il s'ensuit que** it follows that ◆ **et tout ce qui s'ensuit** and all that goes with it ◆ **torturé jusqu'à ce que mort s'ensuive** tortured to death

ensuqué, e* /ɑ̃syke/ **ADJ** droopy

entablement /ɑ̃tabləmɑ̃/ **NM** entablature

entacher /ɑ̃taʃe/ SYN ► conjug 1 ◄ **VT** *[+ honneur]* to soil, to sully, to taint; *[+ joie]* to taint, to blemish ◆ **entaché de nullité** *(Jur)* null and void ◆ **entaché d'erreurs** spoilt *ou* marred by mistakes

entaille /ɑ̃taj/ SYN **NF** 1 *(sur le corps) (gén)* cut; *(profonde)* gash; *(petite)* nick ◆ **se faire une entaille** to cut o.s.
2 *(sur un objet)* notch; *(allongée)* groove; *(dans une falaise)* gash

entailler /ɑ̃taje/ SYN ► conjug 1 ◄ **VT** *[+ corps] (gén)* to cut; *(profondément)* to gash; *(légèrement)* to nick; *[+ objet]* to notch ◆ **carrière qui entaille la colline** quarry which cuts a gash in the hill ◆ **s'entailler la main** to cut *ou* gash one's hand

entame /ɑ̃tam/ **NF** *(= tranche)* first slice; *(Cartes)* first card

entamer /ɑ̃tame/ SYN ► conjug 1 ◄ **VT** 1 *[+ pain, jambon]* to start (on); *[+ tonneau]* to broach, to tap; *[+ bouteille, boîte, sac]* to start, to open; *[+ tissu]* to cut into; *[+ patrimoine]* to make a hole in, to dip into ◆ **mes économies sont bien entamées** it has made a big dent *ou* hole in my savings ◆ **la boîte est à peine entamée** the box has hardly been touched
2 *(= inciser) [+ chair, tissu]* to cut (into); *[+ métal]* to cut *ou* bite into
3 *(= amorcer) [+ journée, livre]* to start; *[+ travail]* to start on; *[+ négociations, discussion]* to start, to open; *[+ poursuites]* to institute, to initiate ◆ **la journée est déjà bien entamée** we are already well into the day, the day is already quite far advanced
4 *(= ébranler) [+ résistance]* to wear down, to break down; *[+ conviction]* to shake, to weaken; *[+ optimisme, moral]* to wear down
5 *(= salir) [+ réputation]* to damage, to harm, to cast a slur on
6 *(Cartes = commencer)* ◆ **entamer la partie** to open the game ◆ **c'est à toi d'entamer** it's you to lead ◆ **entamer d'un pique** *(enchères)* to open (with) one spade; *(partie)* to lead a spade

entartage /ɑ̃taʀtaʒ/ **NM** custard pie attack

entarter /ɑ̃taʀte/ ► conjug 1 ◄ **VT** *[+ personne]* to throw a custard pie at

entarteur /ɑ̃taʀtœʀ/ **NM** *prankster who throws custard pies at celebrities*

entartrage /ɑ̃taʀtʀaʒ/ **NM** *[de chaudière, tuyau, bouilloire]* scaling, furring-up (Brit); *[de dents]* scaling

entartrer /ɑ̃taʀtʀe/ ► conjug 1 ◄
VT *[+ chaudière, tuyau, bouilloire]* to scale, to fur up (Brit); *[+ dents]* to scale
VPR **s'entartrer** *[chaudière, tuyau, bouilloire]* to scale, to fur up (Brit); *[dents]* to get covered in tartar

entassement /ɑ̃tasmɑ̃/ SYN **NM** 1 *(= action) [d'objets]* piling up, heaping up; *[de personnes]* cramming in, packing together
2 *(= tas)* pile, heap

entasser /ɑ̃tase/ SYN ► conjug 1 ◄
VT 1 *(= amonceler) [+ objets, arguments]* to pile up, to heap up *(sur* onto)
2 *(= tasser) [+ personnes, objets]* to cram, to pack *(dans* into)
VPR **s'entasser** *(= s'amonceler) [déchets, erreurs]* to pile up; *[personnes]* to cram, to pack *(dans* into) ◆ **ils s'entassent à 10 dans cette pièce** there are 10 of them crammed *ou* packed into that room ◆ **s'entasser sur la plage** to pack onto the beach

ente /ɑ̃t/ **NF** *(Agr)* graft ◆ **prune d'ente** *kind of plum used to make prunes*

entéléchie /ɑ̃teleʃi/ **NF** entelechy

entendant, e /ɑ̃tɑ̃dɑ̃, ɑ̃t/ **NM,F** hearing person

entendement /ɑ̃tɑ̃dmɑ̃/ SYN **NM** *(Philos)* understanding ◆ **cela dépasse l'entendement** that's beyond all understanding *ou* comprehension ◆ **perdre l'entendement** *(frm)* to lose one's reason

entendeur /ɑ̃tɑ̃dœʀ/ **NM** ◆ **à bon entendeur, salut** a word to the wise is enough

entendre /ɑ̃tɑ̃dʀ/ SYN ► conjug 41 ◄
VT 1 *(= percevoir) [+ voix, bruit]* to hear ◆ **il entendit du bruit** he heard a noise ◆ **il entend mal de l'oreille droite** he can't hear very well with his right ear ◆ **il ne l'entend pas de cette oreille** *(fig)* he's not prepared to accept that ◆ **il entendit parler quelqu'un** he heard somebody speak ◆ **j'entendais quelqu'un parler** *ou* **parler quelqu'un** I heard *ou* could hear somebody talking ◆ **faire entendre un son** to make a sound ◆ **elle fit entendre sa voix mélodieuse, sa voix mélodieuse se fit entendre** her sweet voice was heard ◆ **faire entendre sa voix** *ou* **se faire entendre dans un débat** to make oneself heard in a debate ◆ **qu'est-ce que j'entends ?** what did you say?, am I hearing right? ◆ **tu vas être sage, tu entends !** *(menace)* you're to be good, do you hear (me)! ◆ **ce qu'il faut entendre tout de même !*** really – the things you hear! *ou* the things people say! ◆ **il vaut mieux entendre ça que d'être sourd !*** really, the things you hear! *; → **voler**[1]
2 *(par ouï-dire)* ◆ **entendre parler de qn/qch** to hear of *ou* about sb/sth ◆ **j'en ai vaguement entendu parler** I did vaguely hear something about *ou* of it ◆ **on n'entend plus parler de lui** you don't hear anything of him these days, you never hear of him any more ◆ **il ne veut pas en entendre parler** *(fig)* he won't hear of it ◆ **entendre dire que...** to hear it said that... ◆ **d'après ce que j'ai entendu dire** from what I have heard, by all accounts ◆ **on entend dire que...** it is said *ou* rumoured that..., rumour has it that... ◆ **on entend dire des choses étranges** there are strange rumours going about ◆ **je l'ai entendu dire que...** I heard him say that...
3 *(= écouter)* to hear, to listen to ◆ **le patron a entendu les syndicats pendant une heure** the boss listened to *ou* heard the unions for an hour ◆ **j'ai entendu son discours jusqu'au bout** I listened right to the end of his speech ◆ **entendre les témoins** *(Jur)* to hear the witnesses ◆ **à l'entendre, c'est lui qui a tout fait** to hear him talk *ou* to listen to him you'd think he had done everything ◆ **il ne veut rien entendre** he doesn't want to hear *ou* know about it, he just won't listen ◆ **il raconte à qui veut l'entendre que c'est lui qui l'a quittée** he tells anyone who'll listen that he's the one who left her ◆ **si ça continue, il va m'entendre !** *(menace)* if he doesn't stop I'll give him a piece of my mind!; → **messe, raison**
4 *(frm = comprendre)* to understand ◆ **oui, j'entends bien, mais...** yes, I fully *ou* quite understand but... ◆ **je vous entends** I see what you mean, now I understand (you) ◆ **il n'entend rien à la musique** he doesn't know the first thing *ou* he doesn't have the first idea about music ◆ **il n'entend pas la plaisanterie** † he can't take a joke, he doesn't know how to take a joke ◆ **laisser entendre à qn que..., donner à entendre à qn que...** *(= faire comprendre)* to give sb to understand that...; *(= donner l'impression que...)* to let it be understood that..., to give sb the impression that...; → **malice, pire**
5 *(frm avec infin = vouloir)* to intend, to mean ◆ **j'entends bien y aller** I certainly intend *ou* mean to go ◆ **faites comme vous l'entendez** do as you see fit *ou* think best ◆ **j'entends être obéi** *ou* **qu'on m'obéisse** I intend *ou* mean to be obeyed, I will be obeyed ◆ **j'entends ne pas céder, je n'entends pas céder** I have no intention of giving in
6 *(= vouloir dire)* to mean ◆ **qu'entendez-vous par là ?** what do you mean by that? ◆ **entendez-vous par là que... ?** are you trying to say that...?, do you mean that...?
VPR **s'entendre** 1 *(soi-même)* ◆ **je me suis entendu à la radio** I heard myself on the radio ◆ **tu ne t'entends pas !** you don't know what you're saying!
2 *(= être d'accord, s'accorder)* to agree ◆ **ils se sont entendus sur plusieurs points** they have agreed on several points ◆ **hier tu m'as dit le contraire, il faudrait s'entendre !** yesterday you told me exactly the opposite, make up your mind!
3 *(= sympathiser)* to get on ◆ **ils ne s'entendent pas** they don't get along *ou* on (Brit) (together *ou* with each other) ◆ **ils s'entendent à merveille** they get along *ou* on (Brit) extremely well (together *ou* with each other), they get on like a house on fire (Brit); → **larron**
4 *(= s'y connaître)* ◆ **s'y entendre pour** *ou* **s'entendre à** *(frm)* **faire qch** to be very good at doing sth ◆ **il s'y entend !** he knows what he's doing!, he knows his onions! * (Brit) *ou* stuff! *
5 *(= se comprendre)* ◆ **quand je dis magnifique, je m'entends, disons que c'est très joli** when I say it's magnificent, what I really mean is that it's very attractive ◆ **il le fera, moyennant finances, (cela) s'entend** he will do it – for a fee, of course *ou* naturally ◆ **entendons-nous bien !** let's be quite clear about *ou* on this, let's make quite sure we understand one another ◆ **ça peut s'entendre différemment suivant les contextes** that can be taken to mean different things depending on the context
6 *(= être entendu)* ◆ **le bruit s'entendait depuis la route** the noise could be heard *ou* was audible from the road ◆ **cette expression ne s'entend plus guère** *(fig)* that phrase is hardly ever used *ou* heard nowadays, you hardly ever hear that phrase nowadays ◆ **on ne s'entend plus ici** you can't hear yourself think in here

entendu, e /ɑ̃tɑ̃dy/ SYN (ptp de **entendre**) **ADJ**
1 *(= convenu)* agreed ◆ **étant entendu que** it being understood *ou* agreed that, since ◆ **il est bien entendu que vous n'en dites rien** of course it's understood *ou* it must be understood that you make no mention of it ◆ **c'est (bien) entendu, n'est-ce pas ?** that's (all) agreed, isn't it? ◆ **(c'est) entendu !** right!, agreed!, right-oh! * (Brit)
◆ **bien entendu** *(= évidemment)* of course ◆ **(comme de) bien entendu, tu dormais !** as I might have known *ou* expected (you to be), you were asleep!
2 *(concessif)* all right, granted, so we all agree ◆ **c'est entendu** *ou* **c'est une affaire entendue, il t'a poussé** all right, so he pushed you
3 *(= complice) [sourire, air]* knowing ◆ **d'un air entendu** with a knowing look, knowingly
4 *(†† = habile)* competent

enténébrer /ɑ̃tenebʀe/ ► conjug 6 ◄ **VT** *(littér)* *[+ salle]* to make dark *ou* gloomy; *[+ vie, voyage]* to cast a shadow over

entente /ɑ̃tɑ̃t/ SYN **NF** 1 *(= amitié)* harmony, understanding; *(= alliance)* understanding ◆ **politique d'entente avec un pays** policy of friendship with a country ◆ **l'Entente cordiale** the Entente Cordiale ◆ **la Triple Entente** the Triple Alliance ◆ **vivre en bonne entente** to live in harmony *ou* harmoniously ◆ **vivre en bonne entente avec les voisins** to be on good terms with the neighbours
2 *(= accord)* agreement, understanding; *(Écon = cartel)* combine ◆ **ententes illicites** illegal agreements *ou* arrangements ◆ **faire une demande d'entente préalable** *to request the Social Security to agree to help with costs before one is treated*
3 *(= connaissance)* grasp, understanding; *(= habileté)* skill; → **double**

enter /ɑ̃te/ ► conjug 1 ◄ **VT** *(Agr)* to graft

entéralgie /ɑ̃teʀalʒi/ **NF** enteralgia

entérinement / ɑ̃teʀinmɑ̃ / NM ratification, confirmation

entériner / ɑ̃teʀine / SYN ▸ conjug 1 ◂ VT to ratify, to confirm

entérique / ɑ̃teʀik / ADJ enteric, enteral

entérite / ɑ̃teʀit / NF enteritis

entérobactérie / ɑ̃teʀɔbakteʀi / NF enterobacterium

entérocolite / ɑ̃teʀokɔlit / NF enterocolitis

entérocoque / ɑ̃teʀokɔk / NM streptococcus faecalis *(present in the intestine)*

entérokinase / ɑ̃teʀokinɑz / NF enterokinase

enterrement / ɑ̃tɛʀmɑ̃ / SYN NM 1 *(= action) [de mort]* burial; *[d'espoir]* end, death
2 *(= cérémonie)* funeral, burial (service); *(= convoi)* funeral procession ◆ **enterrement civil/religieux** non-religious/religious burial (service) *ou* funeral ◆ **faire** *ou* **avoir une tête ou mine d'enterrement*** to look down in the mouth*, to look gloomy *ou* glum ◆ **il a eu un enterrement de première classe** *(hum) [politicien, cadre]* he was shunted off into the wings

enterrer / ɑ̃teʀe / SYN ▸ conjug 1 ◂ VT 1 *(= inhumer)* to bury, to inter *(frm)* ◆ **hier il a enterré sa mère** yesterday he attended his mother's burial *ou* funeral ◆ **on l'enterre ce matin** he is being buried this morning ◆ **tu nous enterreras tous !** you'll outlive us all! ◆ **s'enterrer dans un trou perdu** to bury o.s. in the sticks *ou* in the back of beyond *(Brit)*
2 *(= enfouir) [+ os, trésor]* to bury
3 *(= oublier) [+ projet]* to lay aside, to forget about; *[+ scandale]* to hush up; *[+ espoir]* to forget about ◆ **enterrons cette querelle** (let's) let bygones be bygones ◆ **c'est une querelle enterrée depuis longtemps** that quarrel has long since been (dead and) buried ◆ **enterrer son passé** to put one's past behind one ◆ **enterrer sa vie de garçon** to have *ou* throw a stag party (before one's wedding)

entêtant, e / ɑ̃tɛtɑ̃, ɑ̃t / SYN ADJ *[vin, parfum]* heady *(épith)*, which goes to the head

en-tête (pl **en-têtes**) / ɑ̃tɛt / NM heading; *(Ordin)* header ◆ **papier à lettres à en-tête** headed notepaper

entêté, e / ɑ̃tete / SYN (ptp de **entêter**)
ADJ stubborn, pigheaded*
NM,F mule, stubborn individual ◆ **quel entêté tu fais !** you're so stubborn!

entêtement / ɑ̃tɛtmɑ̃ / SYN NM *(= obstination)* stubbornness, pigheadedness*; *(= persévérance)* doggedness

entêter / ɑ̃tete / SYN ▸ conjug 1 ◂
VT *[vin, parfum]* to go to the head of ◆ **ce parfum entête** this perfume goes to your head
VPR **s'entêter** to persist *(dans qch* in sth; *à faire qch* in doing sth)

enthalpie / ɑ̃talpi / NF enthalpy, heat content, total heat

enthousiasmant, e / ɑ̃tuzjasmɑ̃, ɑ̃t / SYN ADJ *[spectacle, livre, idée]* exciting, exhilarating

enthousiasme / ɑ̃tuzjasm / GRAMMAIRE ACTIVE 13.2 SYN NM enthusiasm ◆ **avec enthousiasme** enthusiastically, with enthusiasm ◆ **avoir des enthousiasmes soudains** to have sudden fits of enthusiasm *ou* sudden crazes

enthousiasmer / ɑ̃tuzjasme / GRAMMAIRE ACTIVE 7.3 SYN ▸ conjug 1 ◂
VT to fill with enthusiasm
VPR **s'enthousiasmer** to be *ou* get enthusiastic *(pour* about, over) ◆ **il s'enthousiasma tout de suite pour...** he was immediately enthusiastic about *ou* over..., he was immediately filled with enthusiasm for... ◆ **c'est quelqu'un qui s'enthousiasme facilement** he's easily carried away *(pour* by)

enthousiaste / ɑ̃tuzjast / SYN
ADJ enthusiastic *(de* about, over)
NMF enthusiast

enthymème / ɑ̃timɛm / NM enthymeme

entichement / ɑ̃tiʃmɑ̃ / NM *(pour une personne)* infatuation *(pour, de* for, with); *(pour une chose)* passion, craze *(de, pour* for)

enticher (s') / ɑ̃tiʃe / SYN ▸ conjug 1 ◂ VPR *(frm, péj)* ◆ **s'enticher de** *[+ personne]* to become infatuated *ou* besotted *(Brit)* with; *[+ activité, théorie]* to get completely hooked* on

entier, -ière / ɑ̃tje, jɛʀ / SYN
ADJ 1 *(= total) [quantité, prix]* whole, full; *[surface, endroit, année]* whole, entire ◆ **boire une bouteille entière** to drink a whole *ou* full *ou* an entire bottle ◆ **payer place entière** *(au théâtre)* to pay the full price; *(dans le train)* to pay the full fare *ou* price ◆ **une heure entière** a whole hour ◆ **des heures entières** for hours (on end *ou* together) ◆ **dans le monde entier** in the whole *ou* entire world, throughout the world ◆ **dans la France entière** throughout France, in the whole of France; → **nombre**
◆ **tout entier** *(= complètement)* entirely, completely ◆ **je m'y suis consacré tout entier** I devoted all my energies to it ◆ **le pays tout entier** the whole country
2 *(= intact) [objet, vertu]* intact; *(= non châtré)* entire ◆ **aucune assiette n'était entière** there wasn't one unbroken plate ◆ **la question reste entière** the question still remains unresolved ◆ **c'est un miracle qu'il en soit sorti entier** it's a miracle he escaped unscathed *ou* in one piece
3 *(= absolu) [liberté, confiance]* absolute, complete ◆ **mon accord plein et entier** my full *ou* entire (and) wholehearted agreement ◆ **donner entière satisfaction** to give complete satisfaction
4 *(= sans demi-mesure) [personne, caractère]* uncompromising; *[opinion]* strong
5 *[lait]* whole, full cream
NM *(Math)* whole, integer; *(Ordin)* integer ◆ **deux demis font un entier** two halves make a whole ◆ **la nation dans son entier** the nation as a whole, the entire nation
◆ **en entier** totally, in its entirety ◆ **occupé en entier par des bureaux** totally occupied by offices, occupied in its entirety by offices ◆ **boire une bouteille en entier** to drink a whole *ou* a full *ou* an entire bottle ◆ **lire/voir qch en entier** to read/see the whole of sth, to read/watch sth right through

entièrement / ɑ̃tjɛʀmɑ̃ / SYN ADV completely ◆ **je suis entièrement d'accord avec vous** I fully *ou* entirely agree with you ◆ **la ville a été entièrement détruite** the town was wholly *ou* entirely destroyed ◆ **c'est entièrement fait main** it's completely hand-made ◆ **ce site Internet est entièrement consacré au bricolage** this website is devoted exclusively to home improvements ◆ **je m'y suis entièrement consacré** I devoted all my energies to it

entièreté / ɑ̃tjɛʀte / NF entirety

entité / ɑ̃tite / NF entity

entoilage / ɑ̃twalaʒ / NM *[d'estampe]* mounting on canvas; *[de vêtement]* stiffening (with canvas); *(= toile)* canvas

entoiler / ɑ̃twale / ▸ conjug 1 ◂ VT *[+ estampe]* to mount on canvas; *[+ vêtement]* to stiffen (with canvas)

entoir / ɑ̃twaʀ / NM grafting knife

entôler* / ɑ̃tole / ▸ conjug 1 ◂ VT to con*, to fleece* *(de* of), to do* *(Brit) (de* out of)

entomologie / ɑ̃tɔmɔlɔʒi / NF entomology

entomologique / ɑ̃tɔmɔlɔʒik / ADJ entomological

entomologiste / ɑ̃tɔmɔlɔʒist / NMF entomologist

entomophage / ɑ̃tɔmɔfaʒ / ADJ entomophagous

entomophile / ɑ̃tɔmɔfil / ADJ entomophilous

entonnage / ɑ̃tɔnaʒ / NM, **entonnaison** / ɑ̃tɔnɛzɔ̃ / NF, **entonnement** / ɑ̃tɔnmɑ̃ / NM casking, barrelling

entonner / ɑ̃tɔne / ▸ conjug 1 ◂ VT ◆ **entonner une chanson** to break into song, to strike up a song, to start singing ◆ **entonner des louanges au sujet de qn** to start singing sb's praises ◆ **entonner un psaume** to strike up a psalm, to start singing a psalm

entonnoir / ɑ̃tɔnwaʀ / NM *(Culin)* funnel; *(Géog)* swallow hole, doline; *(= trou) [d'obus]* shell-hole; *[de bombe]* crater ◆ **en entonnoir** *[forme, conduit]* funnel-shaped

entorse / ɑ̃tɔʀs / SYN NF 1 *(Méd)* sprain ◆ **se faire une entorse au poignet** to sprain one's wrist
2 *[de loi]* infringement *(à* of) ◆ **faire une entorse à** *[+ vérité]* to twist; *[+ habitudes, régime]* to break ◆ **faire une entorse au règlement** to bend *ou* stretch the rules

entortillement / ɑ̃tɔʀtijmɑ̃ / NM *(= action)* twisting, winding, twining; *(= état)* entwinement

entortiller / ɑ̃tɔʀtije / SYN ▸ conjug 1 ◂
VT 1 *[+ ruban]* to twist, to twine, to wind; *[+ bonbons]* to wrap (up)
2 * *(= enjôler)* to get round, to wheedle, to cajole; *(= embrouiller)* to mix up, to muddle (up); *(= duper)* to hoodwink*
VPR **s'entortiller** *[liane]* to twist, to wind, to twine ◆ **s'entortiller dans ses réponses** to tie o.s. in knots* with one's answers ◆ **s'entortiller dans les couvertures** *(volontairement)* to wrap *ou* roll o.s. up in the blankets; *(involontairement)* to get caught up *ou* tangled up *ou* entangled in the blankets

entour / ɑ̃tuʀ / NM *(littér)* ◆ **les entours de qch** the surroundings of sth ◆ **à l'entour de qch** around sth

entourage / ɑ̃tuʀaʒ / SYN NM 1 *(= famille)* family circle; *(= compagnie) (gén)* set, circle; *[de roi, président]* entourage ◆ **les gens de son entourage/dans l'entourage du président** people around him/around the president
2 *(= bordure) [de fenêtre]* frame, surround *(Brit)*; *[de massif floral]* border, surround *(Brit)*

entouré, e / ɑ̃tuʀe / (ptp de **entourer**) ADJ
1 *(= admiré)* popular ◆ **cette jeune femme est très entourée** this young woman is the centre of attraction ◆ **pendant cette épreuve il était très entouré** during this difficult time many people rallied around (him) ◆ **c'est un titre très entouré** *(Bourse)* everyone's rallying around that stock
2 *(= encerclé)* ◆ **entouré de** surrounded with *ou* by

entourer / ɑ̃tuʀe / SYN ▸ conjug 1 ◂
VT 1 *(= mettre autour)* ◆ **entourer de** to surround with ◆ **entourer un champ d'une clôture** to put a fence round a field, to surround a field with a fence ◆ **il entoura ses épaules d'un châle** he put *ou* wrapped a shawl (a)round her shoulders ◆ **entourer qn de ses bras** to put one's arms (a)round sb
2 *(= être autour) (gén)* to surround; *[cadre]* to frame, to surround; *[couverture, écharpe]* to be round; *[soldats]* to surround, to encircle ◆ **le monde qui nous entoure** the world around *ou* about us, the world that surrounds us
3 *(= soutenir) [+ personne souffrante]* to rally round ◆ **entourer qn de son affection** to surround sb with love
VPR **s'entourer** ◆ **s'entourer de** *[+ amis, gardes du corps, luxe]* to surround o.s. with ◆ **s'entourer de mystère** to surround o.s. with *ou* shroud o.s. in mystery ◆ **s'entourer de précautions** to take elaborate precautions ◆ **nous voulons nous entourer de toutes les garanties** we wish to have *ou* avail ourselves of all possible guarantees

entourloupe* / ɑ̃tuʀlup /, **entourloupette*** / ɑ̃tuʀlupɛt / NF mean *ou* rotten* trick ◆ **faire une entourloupe à qn** to play a (rotten* *ou* mean) trick on sb

entournure / ɑ̃tuʀnyʀ / NF armhole; → **gêné**

entracte / ɑ̃tʀakt / SYN NM 1 *(= pause) (Théât)* interval, interlude, intermission *(US)*; *(Ciné)* interval, intermission; *(fig = interruption)* interlude, break
2 *(Théât = divertissement)* entr'acte, interlude

entraide / ɑ̃tʀɛd / SYN NF mutual aid ◆ **entraide judiciaire internationale** international judicial cooperation ◆ **service d'entraide** *(Admin)* support service

entraider (s') / ɑ̃tʀede / SYN ▸ conjug 1 ◂ VPR to help one another *ou* each other

entrailles / ɑ̃tʀɑj / SYN NFPL 1 *[d'animaux]* entrails, guts
2 *(littér) [de personne]* entrails; *(= ventre maternel)* womb ◆ **sans entrailles** *(fig)* heartless, unfeeling ◆ **la faim le mordait aux entrailles** hunger gnawed at him *ou* at his guts ◆ **spectacle qui vous prend aux entrailles** *ou* **qui vous remue les entrailles** sight that shakes your very soul *ou* shakes you to the core
3 *(littér) [d'édifice, terre]* bowels, depths

entrain / ɑ̃tʀɛ̃ / SYN NM *[de personne]* spirit, drive; *[de réunion]* spirit, liveliness, go ◆ **avec entrain** *[répondre, travailler]* enthusiastically; *[manger]* with gusto, heartily ◆ **sans entrain** *[travailler]* half-heartedly, unenthusiastically ◆ **être plein d'entrain, avoir de l'entrain** to have plenty of *ou* be full of drive *ou* go* ◆ **ça manque d'entrain** *(soirée)* it's not exactly lively, it's a bit dead*

entraînant, e / ɑ̃tʀɛnɑ̃, ɑ̃t / SYN ADJ *[paroles, musique]* stirring, rousing; *[rythme]* brisk, lively

entraînement / ɑ̃tʀɛnmɑ̃ / SYN NM 1 *(= action) [de roue, bielle]* driving; *[d'athlète]* training, coaching; *[de cheval]* training ◆ **entraînement à chaîne** chain drive ◆ **effet d'entraînement** *(Écon)* ratchet effect

[2] *(= impulsion, force) [de passions]* (driving) force, impetus; *[d'habitude]* force ◆ **des entraînements dangereux** dangerous impulses

[3] *(Sport = préparation, exercice)* training *(NonC)* ◆ **deux heures d'entraînement chaque matin** two hours of training every morning ◆ **course/terrain d'entraînement** training race/ground ◆ **manquer d'entraînement** to be out of training ◆ **il a de l'entraînement** he's highly trained ◆ **il est à l'entraînement** he's in a training session, he's training ◆ **il est à l'entraînement de rugby** he's at rugby practice ◆ **il s'est blessé à l'entraînement** he hurt himself at *ou* while training *ou* during a training session ◆ **j'ai de l'entraînement !** *(hum)* I've had lots of practice!

entraîner /ɑ̃tʀene/ SYN ▸ conjug 1 ◂

VT [1] *(lit) (= charrier) [+ épave, objets arrachés]* to carry *ou* drag along; *(Tech = mouvoir) [+ machine]* to drive; *(= tirer) [+ wagons]* to pull ◆ **le courant les entraîna vers les rapides** the current carried *ou* dragged *ou* swept them along towards the rapids ◆ **le poids de ses habits l'entraîna vers le fond** the weight of his clothes dragged him (down) towards the bottom ◆ **il entraîna son camarade dans sa chute** he pulled *ou* dragged his friend down in his fall

[2] *(= emmener) [+ personne]* to take (off) *(vers* towards) ◆ **il m'entraîna vers la sortie/dans un coin** he dragged *ou* took me (off) towards the exit/into a corner ◆ **il les entraîna à sa suite vers...** he took them (along *ou* off) with him towards...

[3] *(= influencer)* to lead ◆ **entraîner qn à voler qch** to get sb to steal sth ◆ **entraîner ses camarades à boire/dans la débauche** to lead one's friends into drinking/bad ways ◆ **se laisser entraîner par ses camarades** to let o.s. be led by one's friends ◆ **cela l'a entraîné à de grosses dépenses** that meant great expense for him, that led him into great expense

[4] *(= causer)* to bring about, to lead to; *(= impliquer)* to entail, to mean ◆ **ceci a entraîné des compressions budgétaires** this has brought about *ou* led to budgetary restraints ◆ **si je vous comprends bien, ceci entraîne la perte de nos avantages** if I understand you, this will mean *ou* will entail the loss of our advantages

[5] *(= emporter) [rythme]* to carry along; *[passion, enthousiasme]* to carry away ◆ **son enthousiasme l'a entraîné trop loin** his enthusiasm carried him too far ◆ **se laisser entraîner (par ses passions)** to (let o.s.) get *ou* be carried away (by one's passions)

[6] *(= préparer) [+ athlète]* to train, to coach; *[+ cheval]* to train *(à* for)

VPR **s'entraîner** to practise; *(Sport)* to train ◆ **où est-il ? – il s'entraîne au stade** where is he? – he's (doing some) training at the stadium ◆ **s'entraîner à la course/pour le championnat** to get in training *ou* to train for running/for the championship ◆ **s'entraîner à faire qch** to practise doing sth ◆ **s'entraîner à faire un certain mouvement** to practise a certain movement, to work on a certain movement ◆ **entraînez-vous à respirer lentement** practise breathing slowly

entraîneur /ɑ̃tʀɛnœʀ/ SYN NM *[de cheval]* trainer; *[d'équipe, coureur, boxeur]* coach, trainer ◆ **un entraîneur d'hommes** *(littér)* a leader of men

entraîneuse /ɑ̃tʀɛnøz/ NF *[de bar]* hostess; *(Sport)* coach, trainer

entrait /ɑ̃tʀɛ/ NM tie beam

entrant, e /ɑ̃tʀɑ̃, ɑ̃t/ NM,F *(gén pl)* ◆ **les entrants** the people coming *(ou* going) in

entrapercevoir /ɑ̃tʀapɛʀsəvwaʀ/ ▸ conjug 28 ◂ VT to catch a (brief) glimpse of

entrave /ɑ̃tʀav/ SYN NF [1] *(= obstacle)* hindrance *(à* to) ◆ **entrave à la circulation** hindrance to traffic ◆ **entrave à la liberté d'expression** constraint upon *ou* obstacle to freedom of expression ◆ **sans entrave** *[liberté, bonheur]* total ◆ **vivre sans entraves** to lead an unfettered existence

[2] *[d'animal]* hobble, fetter, shackle ◆ **entraves** *[de prisonnier]* chains, fetters *(littér)* ◆ **se débarrasser des entraves de la rime** *(littér)* to free o.s. from the shackles *ou* fetters of rhyme *(littér)*

entravé, e /ɑ̃tʀave/ (ptp de **entraver**) ADJ *[voyelle]* checked ◆ **jupe entravée** pencil skirt

entraver /ɑ̃tʀave/ SYN ▸ conjug 1 ◂ VT [1] *(= gêner) [+ circulation]* to hold up; *[+ mouvements]* to hamper, to hinder; *[+ action, plans, processus]* to hinder, to hamper, to impede ◆ **ses pas entravés par les chaînes/sa jupe** her steps hampered ou hindered by the chains/her skirt ◆ **entraver la carrière de qn** to hinder sb in his career

[2] *[+ animal]* to hobble, to shackle, to fetter; *[+ prisonnier]* to chain (up), to fetter *(littér)*

[3] *(✻ = comprendre)* to get✻ ◆ **je n'y entrave que couic** *ou* **que dalle** I just don't get it✻, I don't twig (it) at all✻ *(Brit)*

entre /ɑ̃tʀ/ PRÉP [1] *(= à mi-chemin de, dans l'intervalle de) [+ objets, dates, opinions]* between ◆ **entre le vert et le jaune** between green and yellow ◆ **entre la vie et la mort** between life and death ◆ **entre ciel et terre** between heaven and earth ◆ **vous l'aimez saignant, à point ou entre les deux ?** do you like it rare, medium or between the two? *ou* or in-between? ◆ **la vérité est entre les deux** the truth is somewhere between the two *ou* somewhere in between; → **lire**[1]

[2] *(= entouré par) [+ murs]* within, between; *[+ montagnes]* among, between ◆ **enfermé entre quatre murs** *(fig)* shut in ◆ **encaissé entre les hautes parois** enclosed between the high walls

[3] *(= au milieu de, parmi) [+ objets épars, personnes]* among, amongst ◆ **il aperçut un objet brillant entre les pierres** he saw an object shining among(st) the stones ◆ **choisir entre plusieurs choses** to choose from among *ou* between several things ◆ **il hésita entre plusieurs routes** he hesitated between several roads ◆ **je le compte entre mes amis** *(frm)* I number him among my friends ◆ **l'un d'entre eux** one of them ◆ **plusieurs d'entre nous** several of us, several of our number *(frm)* ◆ **intelligent entre tous** supremely intelligent ◆ **problème difficile entre tous** inordinately *ou* particularly difficult problem ◆ **cette heure entre toutes** this (hour) of all hours ◆ **je le reconnaîtrais entre tous** I would know *ou* recognize him anywhere ◆ **c'est le meilleur entre tous mes amis** he's the best friend I have ◆ **il l'a partagé entre tous ses amis** he shared it out among all his friends

♦ **entre autres** ◆ **lui, entre autres, n'est pas d'accord** he, for one *ou* among others, doesn't agree ◆ **entre autres (choses)** among other things ◆ **entre autres (personnes)** among others ◆ **il est, entre autres, musicien et poète** he is, among other things, a musician and a poet ◆ **il m'a dit entre autres que le projet avait été abandonné** one of the things he told me was that the project had been abandoned

[4] *(= dans)* in, into ◆ **j'ai eu ce livre entre les mains** I had that book in my (very) hands ◆ **prendre entre ses bras** to take in one's arms ◆ **ma vie est entre vos mains** my life is *ou* lies in your hands ◆ **tomber entre les mains de l'ennemi/d'escrocs** to fall into the hands of the enemy/of crooks

[5] *(= à travers)* through, between ◆ **je l'ai aperçu entre les branches** I saw it through *ou* between the branches

[6] *(indiquant une relation) (deux choses)* between; *(plus de deux)* among ◆ **rapports entre deux personnes/choses** relationship between two people/things ◆ **nous sommes entre nous** *ou* **entre amis** we're all friends here, we're among friends ◆ **entre nous** between you and me, between ourselves ◆ **entre nous c'est à la vie, à la mort** we are *ou* shall be friends for life ◆ **entre eux 4** among the 4 of them ◆ **qu'y a-t-il exactement entre eux ?** what exactly is there between them? ◆ **il n'y a rien de commun entre eux** they have nothing in common *ou* no common ground ◆ **ils se marient entre eux** they intermarry ◆ **ils préfèrent rester entre eux** they prefer to keep (themselves) to themselves *ou* to be on their own ◆ **ils se sont entendus entre eux** they reached a mutual agreement ◆ **entendez-vous entre vous** sort it out among yourselves ◆ **ils se sont disputés entre eux** they have quarrelled (with each other *ou* with one another) ◆ **laissons-les se battre entre eux** let's leave them to fight it out (between *ou* among themselves) ◆ **on ne va pas se battre entre nous** we're not going to fight (among ourselves)

entrebâillement /ɑ̃tʀəbɑjmɑ̃/ NM ◆ **dans/par l'entrebâillement de la porte** in/through the half-open door

entrebâiller /ɑ̃tʀəbɑje/ ▸ conjug 1 ◂ VT to half-open ◆ **la porte est entrebâillée** the door is ajar *ou* half-open

entrebâilleur /ɑ̃tʀəbɑjœʀ/ NM door chain

entrechat /ɑ̃tʀəʃa/ NM *(Danse)* entrechat; *(hum = saut)* leap, spring ◆ **faire des entrechats** *(Danse)* to do entrechats; *(hum)* to leap about

entrechoquement /ɑ̃tʀəʃɔkmɑ̃/ NM *(gén)* knocking, banging; *[de verres]* clinking; *[de dents]* chattering; *[d'épées]* clashing

entrechoquer /ɑ̃tʀəʃɔke/ SYN ▸ conjug 1 ◂

VT *(gén)* to knock *ou* bang together; *[+ verres]* to clink *ou* chink (together)

VPR **s'entrechoquer** *(gén)* to knock *ou* bang together; *[verres]* to clink *ou* chink (together); *[dents]* to chatter; *[épées]* to clash *ou* clang together; *[idées, mots]* to jostle together

entrecôte /ɑ̃tʀəkot/ NF entrecôte steak, rib steak

entrecouper /ɑ̃tʀəkupe/ ▸ conjug 1 ◂

VT ◆ **entrecouper de** *[+ citations]* to intersperse *ou* pepper with; *[+ rires, sarcasmes]* to interrupt with; *[+ haltes]* to interrupt with, to break with ◆ **voix entrecoupée de sanglots** voice broken with sobs ◆ **parler d'une voix entrecoupée** to speak in a broken voice, to have a catch in one's voice as one speaks

VPR **s'entrecouper** *[lignes]* to intersect, to cut across each other

entrecroisement /ɑ̃tʀəkʀwazmɑ̃/ NM *[de fils, branches]* intertwining; *[de lignes, routes]* intersecting

entrecroiser VT, **s'entrecroiser** VPR /ɑ̃tʀəkʀwaze/ ▸ conjug 1 ◂ *[fils, branches]* to intertwine; *[lignes, routes]* to intersect

entre-déchirer (s') /ɑ̃tʀədeʃiʀe/ ▸ conjug 1 ◂ VPR *(littér)* to tear one another *ou* each other to pieces

entre(-)détruire (s') /ɑ̃tʀədetʀɥiʀ/ ▸ conjug 38 ◂ VPR to destroy each other

entre-deux /ɑ̃tʀədø/ NM INV [1] *(= intervalle)* intervening period, period in between

[2] *(Sport)* jump ball

[3] *(Couture)* ◆ **entre-deux de dentelle** lace insert

entre-deux-guerres /ɑ̃tʀədøɡɛʀ/ NM INV ◆ **l'entre-deux-guerres** the interwar years *ou* period ◆ **pendant l'entre-deux-guerres** between the wars, in *ou* during the interwar years *ou* period

entre-dévorer (s') /ɑ̃tʀədevɔʀe/ ▸ conjug 1 ◂ VPR *(littér)* to tear one another *ou* each other to pieces

entrée /ɑ̃tʀe/ SYN

NF [1] *(= arrivée) [de personne] (gén)* entry, entrance; *(dans pays, ville)* entry; *[de véhicule, bateau, armée occupante]* entry ◆ **à son entrée, tous se sont tus** as he came *ou* walked in *ou* entered, everybody fell silent ◆ **à son entrée dans le salon** as he came *ou* walked into *ou* entered the lounge ◆ **elle a fait une entrée remarquée** she made quite an entrance, she made a dramatic entrance ◆ **faire son entrée dans le salon** to enter the lounge ◆ **l'entrée en gare du train** the train's entry into the station ◆ **l'entrée au port du navire** the ship's entry into the port ◆ **entrée illégale dans un pays** illegal entry into a country

[2] *(Théât)* ◆ **faire son entrée** to make one's entry *ou* entrance ◆ **rater son entrée** *(sur scène)* to miss one's entrance; *(première réplique)* to miss one's cue

[3] *(= accès)* entry, admission *(de, dans* to) ◆ « **entrée** » *(sur pancarte)* "way in" ◆ « **entrée libre** » *(dans boutique)* "come in and look round"; *(dans musée)* "admission free" ◆ « **entrée interdite** » "no admittance", "no entry" ◆ « **entrée interdite à tout véhicule** » "vehicles prohibited" ◆ **l'entrée est gratuite/payante** there is no admission charge/there is an admission charge ◆ **on lui a refusé l'entrée de l'amphithéâtre** he was refused admission *ou* entrance *ou* entry to the lecture hall

[4] *[de marchandises]* entry; *[de capital]* inflow ◆ **droits d'entrée** import duties

[5] *(dans un domaine, un milieu)* entry; *(dans un club)* entry, admission ◆ **l'entrée de la Finlande dans l'Union européenne** Finland's entry into *ou* admission to the European Union ◆ **se voir refuser son entrée dans un club/une école** to be refused admission *ou* entry to a club/school, to be rejected by a club/school ◆ **l'entrée des jeunes dans la vie active est souvent difficile** young people often find it difficult to enter the job market ◆ **ce parti a fait une entrée fracassante sur la scène politique** this party burst onto the political scene ◆ **ce produit/l'entreprise a fait une entrée discrète sur le marché** the product/company has crept onto the market ◆ **il a fait une entrée discrète au gouvernement** he entered the government unobtrusively ◆ **faire son entrée dans le monde** †

[débutante] to come out †, to make one's début in society; → **concours, examen**

6 *(= billet)* ticket ◆ **j'ai pris 2 entrées** I got 2 tickets ◆ **billet d'entrée** entrance ticket ◆ **les entrées couvriront tous les frais** the receipts *ou* takings will cover all expenses ◆ **ils ont fait 10 000 entrées** they sold 10,000 tickets ◆ **le film a fait 200 000 entrées** 200,000 people went to see the film

7 *(= porte, portail)* entry, entrance; *[de tunnel, port, grotte]* entry, entrance, mouth ◆ **entrée principale** main entrance

8 *(= vestibule)* entrance (hall)

9 *(Tech) [de fluide, air]* entry

10 *(= début)* outset; *(Mus = motif)* entry ◆ **à l'entrée de l'hiver/de la belle saison** as winter/the warm weather set (*ou* sets *etc*) in, at the onset *ou* beginning of winter/the warm weather ◆ **produit d'entrée de gamme** entry-level product

◆ **d'entrée de jeu** from the outset

11 *(Culin) (= mets)* first course, starter *(Brit)*; *(sur menu)* starter *(Brit)*, entrée *(Brit)*, appetizer *(US)*

12 *(Comm, Stat)* entry; *(Lexicographie = mot)* headword *(Brit)*, entry word *(US)* ◆ **tableau à double entrée** double-entry table

13 *(Ordin)* input ◆ **entrée-sortie** input-output

NFPL **entrées** ◆ **avoir ses entrées auprès de qn** to have free *ou* easy access to sb ◆ **il a ses entrées au gouvernement** he has privileged access to government ministers

COMP **entrée d'air** *(Tech)* air inlet
entrée des artistes stage door
entrée de service *[d'hôtel]* service *ou* tradesmen's entrance; *[de villa]* tradesmen's entrance

entre-égorger (s') /ɑ̃tʀegɔʀʒe/ ▸ conjug 3 ◂ **VPR** to cut each other's *ou* one another's throats

entrefaites /ɑ̃tʀəfɛt/ **sur ces entrefaites LOC ADV** *(= à ce moment-là)* at that moment, at this juncture

entrefer /ɑ̃tʀəfɛʀ/ **NM** air-gap

entrefilet /ɑ̃tʀəfilɛ/ **NM** *(= petit article)* paragraph

entregent /ɑ̃tʀəʒɑ̃/ SYN **NM** savoir-faire ◆ **avoir de l'entregent** to have a good manner with people

entrejambe /ɑ̃tʀəʒɑ̃b/ **NM** *(Couture, euph)* crotch

entrelacement /ɑ̃tʀəlasmɑ̃/ **NM** *(= action, état)* intertwining, interlacing ◆ **un entrelacement de branches** a network *ou* crisscross of branches

entrelacer VT, s'entrelacer VPR /ɑ̃tʀəlase/ SYN ▸ conjug 3 ◂ to intertwine, to interlace ◆ **lettres entrelacées** intertwined *ou* interlaced letters ◆ **intrigues entrelacées** intertwined *ou* interwoven plots ◆ **voluptueusement entrelacés** locked in a sensual embrace ◆ **écran à balayage entrelacé/non entrelacé** *(Ordin)* screen with interleaved *ou* interlaced scanning/non-interleaved *ou* non-interlaced scanning

entrelacs /ɑ̃tʀəlɑ/ **NM** *(Archit)* interlacing *(NonC)*; *(Peinture)* interlace *(NonC)*

entrelardé, e /ɑ̃tʀəlaʀde/ (ptp de **entrelarder**) **ADJ** *(= gras) [viande]* streaked with fat

entrelarder /ɑ̃tʀəlaʀde/ ▸ conjug 1 ◂ **VT** *(Culin)* to lard ◆ **entrelarder de citations** to (inter)lard *ou* intersperse with quotations

entremêlement /ɑ̃tʀəmɛlmɑ̃/ **NM** *[de choses]* (inter)mingling, intermixing; *[de branches]* entanglement; *[d'idées]* intermingling

entremêler /ɑ̃tʀəmele/ SYN ▸ conjug 1 ◂

VT 1 *[+ choses]* to (inter)mingle, to intermix ◆ **entremêler des scènes tragiques et des scènes comiques** to (inter)mingle *ou* intermix tragic and comic scenes

2 *(= truffer de)* ◆ **entremêler un récit de** to intersperse *ou* pepper a tale with

VPR **s'entremêler** *[branches, cheveux]* to become entangled *(à* with); *[idées]* to become intermingled

entremets /ɑ̃tʀəmɛ/ **NM** dessert *(made with cream)*

entremetteur /ɑ̃tʀəmɛtœʀ/ **NM** 1 *(péj) (gén)* go-between; *(= proxénète)* procurer, go-between

2 *(= intermédiaire)* mediator, go-between

entremetteuse /ɑ̃tʀəmɛtøz/ **NF** *(péj) (gén)* go-between; *(= proxénète)* procuress, go-between

entremettre (s') /ɑ̃tʀəmɛtʀ/ SYN ▸ conjug 56 ◂ **VPR** 1 *(dans une querelle)* to act as mediator, to mediate, to intervene *(dans* in); *(péj)* to interfere *(dans* in)

2 *(= intercéder)* to intercede *(auprès de* with)

entremise /ɑ̃tʀəmiz/ SYN **NF** intervention ◆ **offrir son entremise** to offer to act as mediator *ou* to mediate ◆ **grâce à son entremise** thanks to his intervention ◆ **apprendre qch par l'entremise de qn** to hear about sth through sb

entre-nœud (pl **entre-nœuds**) /ɑ̃tʀənø/ **NM** *[de tige végétale]* internode

entrepont /ɑ̃tʀəpɔ̃/ **NM** *[de bateau]* steerage ◆ **dans l'entrepont** in steerage

entreposage /ɑ̃tʀəpozaʒ/ **NM** storing, storage

entreposer /ɑ̃tʀəpoze/ SYN ▸ conjug 1 ◂ **VT** *(gén)* to store, to put into storage; *(en douane)* to put in a bonded warehouse

entreposeur /ɑ̃tʀəpozœʀ/ **NM** *(gén)* storage operator; *(Douane)* bonder

entrepositaire /ɑ̃tʀəpozitɛʀ/ **NMF** *(gén)* owner of stored goods; *(Douane)* owner of bonded goods

entrepôt /ɑ̃tʀəpo/ SYN **NM** *(gén)* warehouse; *(Douane)* bonded warehouse; *(= ville, port)* entrepôt

entreprenant, e /ɑ̃tʀəpʀənɑ̃, ɑ̃t/ SYN **ADJ** *(gén)* enterprising; *(sexuellement)* forward

entreprendre /ɑ̃tʀəpʀɑ̃dʀ/ SYN ▸ conjug 58 ◂ **VT**

1 *(= commencer)* to begin *ou* start (upon); *[+ travail, démarche]* to set about; *[+ voyage]* to set out (up)on; *[+ procès]* to start up

2 *(= se lancer dans) [+ voyage, travail, recherches]* to undertake, to embark upon, to launch upon ◆ **entreprendre de faire qch** to undertake to do sth ◆ **la peur d'entreprendre** the fear of undertaking things

3 *[+ personne](† = courtiser)* to woo †, to court †; *(pour raconter une histoire)* to buttonhole, to collar *; *(pour poser des questions)* to tackle ◆ **il m'entreprit sur le sujet de...** he tackled me on the question of...

entrepreneur, -euse /ɑ̃tʀəpʀənœʀ, øz/ **NM,F**

1 *(= patron)* businessman; *(en menuiserie etc)* contractor ◆ **entrepreneur (en** *ou* **de bâtiment)** building contractor ◆ **entrepreneur de travaux publics** civil engineering contractor ◆ **entrepreneur de transports** haulage contractor *(Brit)*, trucking firm *(US)* ◆ **entrepreneur de pompes funèbres** undertaker, funeral director *(Brit)*, mortician *(US)*

2 *(= brasseur d'affaires)* entrepreneur

entrepreneurial, e (mpl **-iaux**) /ɑ̃ntʀəpʀənøʀjal, jo/ **ADJ** entrepreneurial

entreprise /ɑ̃tʀəpʀiz/ GRAMMAIRE ACTIVE 19.1 SYN **NF**

1 *(= firme)* firm, company ◆ **la grande entreprise se porte mieux en France** big companies *ou* firms are doing better in France ◆ **entreprise agricole/familiale** farming/family business ◆ **entreprise de construction** building firm ◆ **entreprise de camionnage** *ou* **de transport** haulage firm *(Brit)*, trucker *(US)* ◆ **entreprise de déménagement** removal *(Brit) ou* moving *(US)* firm ◆ **entreprise de pompes funèbres** undertaker's *(Brit)*, funeral director's *(Brit)*, funeral parlor *(US)* ◆ **entreprise publique** state-owned company ◆ **entreprise de service public** public utility ◆ **entreprise de travaux publics** civil engineering firm ◆ **dirigeant d'entreprise** company director ◆ **accords d'entreprise** company agreements ◆ **financement des entreprises** corporate financing; → **chef[1], culture**

2 *(= secteur d'activité)* ◆ **l'entreprise** business ◆ **le monde de l'entreprise** the business world

3 *(= dessein)* undertaking, venture, enterprise ◆ **se livrer à une entreprise de démoralisation** to set out to demoralize sb; → **esprit, libre**

4 *(hum : envers une femme)* ◆ **entreprises** advances

entrer /ɑ̃tʀe/

SYN ▸ conjug 1 ◂

1 - VERBE INTRANSITIF
2 - VERBE TRANSITIF

1 - VERBE INTRANSITIF

[AVEC AUXILIAIRE ÊTRE]

1 [GEN] *(vu du dehors)* to go in, to enter; *(vu du dedans)* to come in, to enter; *(à pied)* to walk in; *(en voiture)* to drive in; *[véhicule]* to drive in, to go *ou* come in, to enter ◆ **entrer dans** *[+ pièce, jardin]* to go *ou* come into, to enter; *[+ voiture]* to get in(to); *[+ région, pays] [voyageurs]* to go *ou* come into, to enter; *[armée]* to enter ◆ **entrez !** come in! ◆ **entre donc !** come on in! ◆ **qu'il entre !** tell him to come in, show him in ◆ **entrons voir** let's go in and see ◆ **je ne fais qu'entrer et sortir** I can't stop ◆ **les gens entraient et sortaient** people were going *ou* coming in and out ◆ **c'est à gauche en entrant** it's on the left as you go in ◆ **il entra discrètement** he came in *ou* entered discreetly, he slipped in ◆ **entrer chez qn** to come (*ou* go) into sb's house ◆ **je suis entré chez eux en passant** I called in *ou* dropped in at their house ◆ **je suis entré chez le fleuriste** I went to *ou* I called in at the florist's ◆ **entrer en courant** to run in, to come running in ◆ **entrer en boitant** to limp in, to come limping in, to come in limping ◆ **ils sont entrés par la porte de la cave/par la fenêtre** they got in *ou* entered by the cellar door/the window ◆ **entrer sans payer** to get in without paying ◆ **entrez sans frapper** come *ou* go *ou* walk straight in (without knocking); → **gare[1], scène,** *etc*

◆ **laisser entrer** *[+ visiteur, intrus]* to let in; *[+ lumière, air]* to let in, to allow in; *(involontairement) [+ eau, air, poussière]* to let in ◆ **ne laisse entrer personne** don't let anybody in ◆ **laisser entrer qn dans** *[+ pièce]* to let sb into; *[+ pays]* to let sb into *ou* enter, to allow sb into *ou* to enter ◆ **on l'a laissé entrer au parti/club/dans l'armée** they've let him into *ou* let him join the party/club/army

◆ **faire entrer** *(= introduire) [+ invité, visiteur, client]* to show in; *[+ pièce, tenon, objet à emballer]* to fit in; *(en fraude) [+ marchandises, immigrants]* to smuggle in, to take *ou* bring in; *[+ accusé, témoin]* to bring in, to call ◆ **faire entrer la voiture dans le garage** to get the car into the garage ◆ **il me fit entrer dans la cellule** he showed me into the cell ◆ **faire entrer une clé dans la serrure** to insert *ou* fit a key in the lock ◆ **il m'a fait entrer dans leur club/au jury** *(m'a persuadé)* he had me join *ou* got me to join their club/the panel; *(a fait jouer son influence)* he got me into their club/onto the panel, he helped me join their club/the panel; *(m'a contraint)* he made me join their club/the panel ◆ **on l'a fait entrer comme serveur/livreur** they got him taken on as a waiter/delivery boy ◆ **faire entrer qch de force dans un emballage** to force *ou* stuff sth into a package ◆ **son roman nous fait entrer dans un univers fantastique** his novel takes us into a fantasy world

2 [COMM] *[marchandises, devises]* to enter ◆ **tout ce qui entre (dans le pays) est soumis à une taxe** everything entering (the country) is subject to duty ◆ **entrer sur un marché** *[entreprise]* to enter a market ◆ **entrer dans un fichier** *(Ordin) (légalement)* to enter a file, to get into a file; *(illégalement)* to hack into a file ◆ **appuyez sur (la touche) « entrer »** *(sur ordinateur)* press "enter" *ou* "return"

3 [= S'ENFONCER] ◆ **la boule est entrée dans le trou** the ball went into the hole ◆ **le tenon entre dans la mortaise** the tenon fits into the mortice ◆ **la balle est entrée dans le poumon gauche/le montant de la porte** the bullet went into *ou* lodged itself in the left lung/the doorframe ◆ **son coude m'entrait dans les côtes** his elbow was digging into my ribs ◆ **l'eau entre (à l'intérieur) par le toit** the water gets *ou* comes in through the roof ◆ **l'air/la lumière entre dans la pièce** air/light comes into *ou* enters the room ◆ **pour que l'air/la lumière puisse entrer** to allow air/light to enter *ou* get in ◆ **le vent entre de partout** the wind blows in everywhere ◆ **entrer dans l'eau** *[baigneur]* to get into the water; *(en marchant)* to wade into the water; *[embarcation]* to enter the water ◆ **entrer dans le bain** to get into the bath ◆ **entrer dans le brouillard** *[randonneurs, avion]* to enter *ou* hit * fog ◆ **la rage/jalousie est entrée dans son cœur** his heart filled with rage/jealousy ◆ **l'argent entre dans les caisses** money is coming in ◆ **à force d'explications ça finira par entrer** * explain it for long enough and it'll sink in ◆ **alors ces maths, ça entre ?** * are you getting the hang of maths then? *; → **beurre**

4 [= TENIR] ◆ **ça n'entre pas dans la boîte** it won't go *ou* fit into the box ◆ **ça n'entre pas** it won't go *ou* fit in ◆ **nous n'entrerons jamais tous dans ta voiture** we're never all get *ou* fit into your car ◆ **il faut que je perde 3 kg pour entrer dans cette robe** I'll have to lose 3 kilos if I want to get *ou* fit into this dress

5 [= DEVENIR MEMBRE DE] ◆ **entrer dans** *[+ club, parti, entreprise]* to join; *[+ groupe]* to go *ou* come into; *[+ métier]* to go into ◆ **entrer dans l'Union européenne** to join the European Union ◆ **entrer dans la magistrature** to become a magistrate, to enter the magistracy ◆ **entrer dans l'armée** to join the army ◆ **entrer dans les affaires** to go into business ◆ **entrer à l'hôpital/en maison de retraite** to go into hospital/a retirement home ◆ **entrer en religion** to become a monk

(*ou* a nun) ◆ **elle entre en dernière année** (*Scol*) she's just going into her final year ◆ **entrer à l'université/au lycée** to go to university *ou* college/secondary school ◆ **entrer au service de qn** to enter sb's service ◆ **entrer dans l'histoire** to go down in history ◆ **il veut entrer dans le livre Guinness des records** he wants to get into the Guinness Book of Records; → **jeu, légende, scène, usage**

6 [= HEURTER] ◆ **entrer dans** [*+ arbre, poteau*] to go *ou* crash into

7 [= ÊTRE UNE COMPOSANTE DE] ◆ **entrer dans** [*+ catégorie*] to fall into, to come into; [*+ mélange*] to go into ◆ **les substances qui entrent dans ce mélange** the substances which go into *ou* make up this mixture ◆ **tous ces frais entrent dans le prix de revient** all these costs (go to) make up the cost price ◆ **ces chiffres n'entrent pas dans nos statistiques** these figures are not included in our statistics ◆ **il y entre un peu de jalousie** a bit of jealousy comes into it ◆ **ça n'entre pas du tout dans son mode de réflexion** that's not something he thinks about ◆ **ça n'entre pas dans mes intentions** I don't have any intention of doing so; → **ligne**[1]

8 [= COMMENCER] ◆ **entrer dans** [*+ phase, période*] to enter (into) ◆ **entrer dans une profonde rêverie/une colère noire** to go (off) into a deep daydream/a towering rage ◆ **entrer dans la vie active, entrer dans le monde du travail** to begin one's working life ◆ **entrer dans la cinquantaine** to turn fifty; → **danse, contact, fonction, guerre, relation, vigueur**

9 [= ABORDER] ◆ **entrer dans** [*+ sujet, discussion*] to enter into ◆ **sans entrer dans les détails/ces considérations** without going into details/these considerations ◆ **il est entré dans des considérations futiles** he raised some trivial points ◆ **je n'arrive pas à entrer dans ce roman** I can't get into this novel ◆ **en quelques phrases, on entre dans la psychologie du héros** in just a few sentences you get right into the main character's mind; → **vif**

2 - VERBE TRANSITIF

[AVEC AUXILIAIRE AVOIR]

1 [ORDIN] [*+ données*] to key in ◆ **entrez votre code secret** key in *ou* enter your PIN (number)

2 [*+ marchandises*] (*par la douane*) to take *ou* bring in, to import; (*en contrebande*) to take *ou* bring in, to smuggle in

3 [= FAIRE PÉNÉTRER] ◆ **entrer les bras dans les manches** to put one's arms into the sleeves

4 [= FAIRE S'AJUSTER] [*+ pièce*] to make fit (*dans qch* in sth) ◆ **comment allez-vous entrer cette armoire dans la chambre ?** how are you going to get that wardrobe into the bedroom?

entre-rail (pl **entre-rails**) /ɑ̃tʀəʀaj/ **NM** gauge

entre(-)regarder (s') /ɑ̃tʀəʀ(ə)gaʀde/ ► conjug 1 ◄ **VPR** to look at each other

entresol /ɑ̃tʀəsɔl/ **NM** entresol, mezzanine (*between ground floor and first floor*)

entre-temps /ɑ̃tʀətɑ̃/

ADV meanwhile, (in the) meantime

NM ◆ **dans l'entre-temps** meanwhile, (in the) meantime

entretenir /ɑ̃tʀət(ə)niʀ/ SYN ► conjug 22 ◄

VT 1 (*= conserver en bon état*) [*+ propriété, bâtiment*] to maintain, to see to the upkeep of, to look after; [*+ vêtement*] to look after; [*+ route, machine*] to maintain ◆ **entretenir un jardin** to look after a garden ◆ **maison difficile à entretenir** house which is difficult to clean

2 (*= faire vivre*) [*+ famille*] to support, to keep, to maintain; [*+ maîtresse*] to keep, to support; [*+ armée*] to keep, to maintain; [*+ troupe de théâtre*] to support ◆ **se faire entretenir par qn** to be kept *ou* supported by sb

3 (*= faire durer*) [*+ souvenir*] to keep alive; [*+ amitié*] to keep alive, to keep going; [*+ haine*] to fuel ◆ **j'entretiens de grands espoirs** I have high hopes ◆ **entretenir l'inquiétude de qn** to keep sb feeling uneasy, to keep sb in a state of anxiety ◆ **entretenir des rapports suivis avec qn** to be in constant contact with sb ◆ **entretenir une correspondance suivie avec qn** to keep up a regular correspondence with sb, to correspond regularly with sb ◆ **entretenir l'illusion que...** to maintain the illusion that... ◆ **l'air marin entretient une perpétuelle humidité** the sea air maintains a constant level of humidity ◆ **entretenir le feu** to keep the fire going *ou* burning ◆ **il m'a entretenu dans l'erreur** he didn't disabuse me (of it) ◆ **j'entretiens des craintes à son sujet** I am somewhat anxious about him ◆ **entretenir sa forme** to keep o.s. in (good) shape, to keep (o.s.) fit

4 (*frm = converser*) ◆ **entretenir qn** to converse with *ou* speak to sb ◆ **il m'a entretenu pendant une heure** we conversed for an hour, he conversed with me for an hour ◆ **il a entretenu l'auditoire de ses voyages** he addressed the audience *ou* spoke to the audience about his travels

VPR **s'entretenir** 1 (*= converser*) ◆ **s'entretenir avec qn** to converse with *ou* speak to sb (*de* about) ◆ **ils s'entretenaient à voix basse** they were conversing in hushed tones

2 (*= pourvoir à ses besoins*) to support o.s., to be self-supporting ◆ **il s'entretient tout seul maintenant** he is completely self-supporting now, he supports himself entirely on his own now

3 (*= prendre soin de soi*) ◆ **s'entretenir (en bonne forme)** to keep o.s. in (good) shape, to keep (o.s.) fit

> ⓘ **entretenir** se traduit rarement par **to entertain**, qui a le sens de 'amuser' ou 'recevoir'.

entretenu, e /ɑ̃tʀət(ə)ny/ (ptp de **entretenir**) **ADJ** [*personne*] kept (*épith*) ◆ **jardin bien/mal entretenu** well-/badly-kept garden, well-/badly-tended garden ◆ **maison bien entretenue** (*propre et rangée*) well-kept house; (*en bon état*) house in a good state of repair, well-maintained house ◆ **maison mal entretenue** (*sale et mal rangée*) badly-kept house; (*en mauvais état*) house in a bad state of repair, badly-maintained house

entretien /ɑ̃tʀətjɛ̃/ GRAMMAIRE ACTIVE 19.3, 19.5 SYN

NM 1 (*= conservation*) [*de jardin, maison*] upkeep; [*de route*] maintenance, upkeep; [*de machine*] maintenance ◆ **cher à l'entretien** expensive to maintain ◆ **d'un entretien facile** [*vêtement*] easy to look after; [*surface*] easy to clean; [*voiture, appareil*] easy to maintain ◆ **visite d'entretien** service ◆ **agent d'entretien** cleaning operative ◆ **l'entretien, le service d'entretien** (*maintenance*) the maintenance services; (*nettoiement*) the cleaning service; → **produit**

2 (*= aide à la subsistance*) [*de famille, étudiant*] keep, support; [*d'armée, corps de ballet*] maintenance, keep ◆ **pourvoir à l'entretien de** [*+ famille*] to keep, to support, to maintain; [*+ armée*] to keep, to maintain

3 (*= conversation*) conversation; (*= entrevue*) interview; (*= discussion*) discussion ◆ **entretien(s)** (*Pol*) talks, discussions ◆ **entretien télévisé** televised interview ◆ **entretien téléphonique** telephone conversation ◆ **entretien d'embauche** job interview ◆ **passer un entretien** to have an interview ◆ **nous aurons un entretien à Francfort avec nos collègues** we shall be having discussions in Frankfurt with our colleagues ◆ **il est en entretien** (*gén*) he's seeing someone , he's with someone; (*avec un candidat*) he's interviewing ◆ **entretien de sortie** exit interview

entretoise /ɑ̃tʀətwaz/ **NF** [*de charpente*] diagonal *ou* angle brace, cross strut *ou* tie; [*de machine*] cross arm

entretoisement /ɑ̃tʀətwazmɑ̃/ **NM** (cross-)bracing, (cross-)strutting, (cross-)tying

entretoiser /ɑ̃tʀətwaze/ ► conjug 1 ◄ **VT** to (cross-)brace, to (cross-)strut, to (cross-)tie

entre(-)tuer (s') /ɑ̃tʀətɥe/ ► conjug 1 ◄ **VPR** to kill one another *ou* each other

entrevoie /ɑ̃tʀəvwa/ **NF** space between tracks

entrevoir /ɑ̃tʀəvwaʀ/ SYN ► conjug 30 ◄ **VT** 1 (*= voir indistinctement*) to make out; (*= pressentir*) [*+ objections, solutions, complications*] to foresee, to anticipate; [*+ amélioration*] to glimpse ◆ **je commence à entrevoir la vérité** I'm beginning to see the truth, I'm beginning to have an inkling of the truth ◆ **entrevoir la lumière au bout du tunnel** (*lit, fig*) to see (the) light at the end of the tunnel

2 (*= apercevoir brièvement*) (*gén*) to catch a glimpse of, to catch sight of; [*+ visiteur*] to see briefly ◆ **vous n'avez fait qu'entrevoir les difficultés** you have only half seen the difficulties

entrevue /ɑ̃tʀəvy/ SYN **NF** (*= discussion*) meeting; (*= audience*) interview; (*Pol*) talks, discussions, meeting ◆ **se présenter à** *ou* **pour une entrevue** to come for *ou* to an interview

entrisme /ɑ̃tʀism/ **NM** entryism

entriste /ɑ̃tʀist/ **ADJ, NMF** entryist

entropie /ɑ̃tʀɔpi/ **NF** entropy

entropion /ɑ̃tʀɔpjɔ̃/ **NM** entropion

entroque /ɑ̃tʀɔk/ **NM** entrochus

entrouvert, e /ɑ̃tʀuvɛʀ, ɛʀt/ (ptp de **entrouvrir**) **ADJ** (*gén*) half-open; [*fenêtre, porte*] ajar (*attrib*), half-open ◆ **ses lèvres entrouvertes** her parted lips

entrouvrir /ɑ̃tʀuvʀiʀ/ ► conjug 18 ◄

VT to half-open

VPR **s'entrouvrir** (*gén*) to half-open; [*lèvres*] to part

entuber* /ɑ̃tybe/ ► conjug 1 ◄ **VT** (*= duper*) to con*, to do* (*Brit*) ◆ **se faire entuber** to be conned* *ou* be done* (*Brit*) ◆ **il m'a entubé de 10 €** he did *ou* diddled* me out of €10

enturbanné, e /ɑ̃tyʀbane/ **ADJ** turbaned

enture /ɑ̃tyʀ/ **NF** [*de greffe*] cleft; (*= cheville*) peg; [*de pièces de bois*] joint

énucléation /enykleasjɔ̃/ **NF** (*Méd*) enucleation; [*de fruit*] pitting, stoning (*Brit*)

énucléer /enyklee/ ► conjug 1 ◄ **VT** (*Méd*) to enucleate; [*+ fruit*] to pit, to stone

énumératif, -ive /enymeʀatif, iv/ **ADJ** enumerative

énumération /enymeʀasjɔ̃/ SYN **NF** enumeration, listing

énumérer /enymeʀe/ SYN ► conjug 6 ◄ **VT** to enumerate, to list

énurésie /enyʀezi/ **NF** enuresis

énurétique /enyʀetik/

ADJ enuretic

NMF enuretic person

env. (abrév de **environ**) approx.

envahir /ɑ̃vaiʀ/ SYN ► conjug 2 ◄ **VT** 1 (*Mil, gén*) to invade, to overrun; [*douleur, sentiment*] to overcome, to sweep through ◆ **le sommeil l'envahissait** he was overcome by sleep, sleep was creeping *ou* stealing over him ◆ **le jardin est envahi par les orties** the garden is overrun *ou* overgrown with nettles ◆ **la foule envahit la place** the crowd swarmed *ou* swept into the square ◆ **cette mode a déjà envahi le pays** this fashion has already swept across the country *ou* taken the country by storm ◆ **leurs produits envahissent notre marché** our market is becoming flooded *ou* overrun with their products

2 (*gén hum*) ◆ **envahir qn** (*= déranger*) to invade sb's privacy, to intrude on sb's privacy

envahissant, e /ɑ̃vaisɑ̃, ɑ̃t/ SYN **ADJ** [*personne, présence*] intrusive; [*enfant*] demanding; [*passion*] all-consuming; [*odeur, goût*] strong, pervasive

envahissement /ɑ̃vaismɑ̃/ **NM** invasion

envahisseur /ɑ̃vaisœʀ/

ADJ M invading

NM invader

envasement /ɑ̃vɑzmɑ̃/ **NM** [*de port*] silting up

envaser /ɑ̃vɑze/ ► conjug 1 ◄

VT [*+ port*] to silt up

VPR **s'envaser** [*port*] to silt up; [*bateau*] to stick in the mud; [*épave*] to sink in(to) the mud

enveloppant, e /ɑ̃v(ə)lɔpɑ̃, ɑ̃t/ **ADJ** enveloping (*épith*); (*Mil*) surrounding (*épith*), encircling (*épith*) ◆ **mouvement enveloppant** encircling movement

enveloppe /ɑ̃v(ə)lɔp/ SYN **NF** 1 (*= pli postal*) envelope ◆ **enveloppe gommée/autocollante** *ou* **auto-adhésive** stick-down/self-seal envelope ◆ **enveloppe rembourrée** *ou* **matelassée** padded bag ◆ **enveloppe à fenêtre** window envelope ◆ **sous enveloppe** [*envoyer*] under cover ◆ **mettre une lettre sous enveloppe** to put a letter in an envelope

2 (*= emballage*) (*gén*) covering; (*en papier, toile*) wrapping; (*= gaine*) [*de graine*] husk; [*d'organe*] covering membrane; [*de pneu*] cover, casing; [*de dirigeable*] envelope; [*de chaudière*] lagging, jacket ◆ **dans une enveloppe de métal** in a metal casing

3 (*= apparence*) outward appearance, exterior ◆ **un cœur d'or sous une rude enveloppe** a heart of gold beneath a rough exterior

4 (*littér = corps*) ◆ **il a quitté son enveloppe mortelle** he has shuffled off *ou* shed his mortal coil (*littér*)

5 (*Math*) envelope

6 (*= somme d'argent*) sum of money; (*= crédits*) budget ◆ **toucher une enveloppe** (*pot-de-vin*) to get a bribe; (*gratification*) to get a bonus; (*départ en retraite*) to get a golden handshake ◆ **enveloppe de départ** gratuity ◆ **enveloppe budgétaire** budget ◆ **l'enveloppe de la recherche** the research budget ◆ **le projet a reçu une enveloppe de 10 millions** the project was budgeted at 10 million

enveloppement /ɑ̃v(ə)lɔpmɑ̃/ NM [1] *(Méd)* (= *action*) packing; (= *emplâtre*) pack ◆ **enveloppement d'algues** seaweed wrap
[2] *(Mil)* *[d'ennemi]* surrounding, encirclement ◆ **manœuvre d'enveloppement** pincer *ou* encircling movement

envelopper /ɑ̃v(ə)lɔpe/ SYN ▸ conjug 1 ◂
VT [1] *[+ objet, enfant]* to wrap (up) ◆ **voulez-vous que je vous l'enveloppe ?** shall I wrap it up for you? ◆ **elle est assez enveloppée** *(hum)* she's well-padded* ◆ **c'était très bien enveloppé*** *(propos)* it was phrased nicely
[2] (= *voiler*) *[+ pensée, parole]* to veil
[3] *(gén littér* = *entourer)* *[brume]* to envelop, to shroud ◆ **le silence enveloppe la ville** the town is wrapped *ou* shrouded in silence ◆ **la lumière enveloppe la campagne** the countryside is bathed in light ◆ **événement enveloppé de mystère** event shrouded *ou* veiled in mystery ◆ **envelopper qn du regard** to gaze at sb ◆ **il l'enveloppa d'un regard tendre** he gave her a long loving look ◆ **il enveloppa la plaine du regard** he took in the plain with his gaze, his eyes swept the plain ◆ **envelopper qn de son affection** to envelop sb in one's affection, to surround sb with one's affection ◆ **envelopper dans sa réprobation** † to include in one's disapproval
[4] *(Mil)* *[+ ennemi]* to surround, to encircle
VPR **s'envelopper** *(dans une couverture, un châle)* to wrap o.s. (*dans* in) ◆ **il s'enveloppa dans une cape** he wrapped *ou* swathed himself in a cape ◆ **il s'enveloppa dans sa dignité** *(hum)* he assumed an air of dignity

envenimement /ɑ̃v(ə)nimmɑ̃/ NM *[de plaie]* poisoning; *[de querelle]* embittering; *[de situation]* worsening

envenimer /ɑ̃v(ə)nime/ SYN ▸ conjug 1 ◂
VT *[+ plaie]* to make septic, to poison; *[+ querelle]* to inflame, to fan the flames of; *[+ situation]* to inflame, to aggravate
VPR **s'envenimer** *[plaie]* to go septic, to fester; *[querelle, situation]* to grow more bitter *ou* acrimonious

envergure /ɑ̃vɛʀɡyʀ/ SYN NF [1] *[d'oiseau, avion]* wingspan; *[de voile]* breadth
[2] *[de personne]* calibre; *[d'entreprise]* scale, scope; *[d'intelligence]* scope, range ◆ **prendre de l'envergure** *[entreprise, projet]* to expand ◆ **ce projet manque d'envergure** this project is not far-reaching enough ◆ **personnage sans envergure** insignificant figure ◆ **il a l'envergure d'un chef d'État** he has the calibre *ou* stature of a head of state ◆ **d'envergure, de grande envergure** *[entreprise]* large-scale *(épith)*; *[auteur, politicien]* of great stature; *[projet, réforme]* far-reaching; *[opération]* large-scale *(épith)*, ambitious ◆ **projet d'envergure européenne** project of European dimensions

envers[1] /ɑ̃vɛʀ/ PRÉP towards, to ◆ **cruel/traître envers qn** cruel/a traitor to sb ◆ **envers et contre tous** *ou* **tout** in the face of *ou* despite all opposition ◆ **son attitude envers moi** his attitude towards *ou* to me ◆ **son dédain envers les biens matériels** his disdain for *ou* of material possessions ◆ **sa patience envers elle** his patience with her

envers[2] /ɑ̃vɛʀ/ SYN NM *[d'étoffe]* wrong side; *[de vêtement]* wrong side, inside; *[de papier]* back; *[de médaille]* reverse (side); *[de feuille d'arbre]* underside; *[de peau d'animal]* inside ◆ **sur l'envers** *(Tricot)* on the wrong side ◆ **l'envers et l'endroit** the wrong (side) and the right side ◆ **quand on connaît l'envers du décor** *ou* **du tableau** *(fig)* when you know what is going on underneath it all, when you know the other side of the picture
◆ **à l'envers** *(verticalement)* upside down, wrong side up; *(dans l'ordre inverse)* backwards ◆ **mettre sa chemise à l'envers** *(devant derrière)* to put one's shirt on back to front; *(dedans dehors)* to put one's shirt on inside out ◆ **il a mis la maison à l'envers*** he turned the house upside down *ou* inside out ◆ **tout marche** *ou* **va à l'envers** everything is haywire *ou* is upside down *ou* is going wrong ◆ **faire qch à l'envers** *(fig)* *(à rebours)* to do sth the wrong way round; *(mal)* to do sth all wrong ◆ **elle avait la tête à l'envers** *(fig)* her mind was in a whirl; → **maille, monde**

envi /ɑ̃vi/ **à l'envi** LOC ADV *(littér)* *[répéter]* over and over again ◆ **ils dénoncent ces abus à l'envi** they ceaselessly condemn these abuses ◆ **je pourrais multiplier les exemples à l'envi** I could reel off a whole string of examples

enviable /ɑ̃vjabl/ ADJ enviable ◆ **peu enviable** unenviable

envie /ɑ̃vi/ GRAMMAIRE ACTIVE 8.4 SYN NF [1] (= *désir*) desire (*de qch* for sth); *(plus fort)* craving, longing (*de qch* for sth) ◆ **cette envie de changement lui passa vite** he soon lost this desire *ou* longing for change ◆ **avoir envie de qch/qn** to want sth/sb ◆ **j'ai envie de ce livre** I want *ou* would like that book ◆ **je n'ai pas envie de lui** I don't want him ◆ **avoir une envie de chocolat** to have a craving *ou* longing for chocolate ◆ **avoir des envies de vacances** to feel like a holiday ◆ **j'ai des envies de meurtre** I could kill somebody, I feel like killing somebody ◆ **des envies de femme enceinte** pregnant woman's cravings ◆ **elle a des envies de femme enceinte** *(fig)* she has sudden cravings ◆ **ce gâteau me fait envie** I like the look of that cake, I fancy *(Brit)* that cake ◆ **si ça te fait envie** if you like, if you feel like it ◆ **je vais lui faire passer l'envie de recommencer*** I'll make sure he won't feel like doing that again in a hurry ◆ **l'envie l'a pris de** *ou* **il lui a pris l'envie d'y aller** he suddenly felt like *ou* fancied *(Brit)* going there, he suddenly felt the urge to go there
[2] ◆ **avoir envie de faire qch** to want to do sth, to feel like doing sth ◆ **j'ai envie d'y aller** I feel like going, I would like to go ◆ **je n'ai aucune envie de le revoir** I have absolutely no desire to see him again ◆ **avoir bien/presque envie de faire qch** to have a good *ou* great mind/half a mind to do sth ◆ **avoir envie de rire** to feel like laughing ◆ **avoir envie de vomir** to feel sick, to feel like vomiting ◆ **cela lui a donné (l')envie de rire** it made him want to laugh ◆ **j'ai envie qu'il s'en aille** I would like him to go away, I wish he would go away; → **mourir**
[3] *(euph)* ◆ **avoir envie*** to need the toilet *ou* the loo* *(Brit)* ◆ **être pris d'une envie pressante** to have a sudden urge to go to the toilet, to be taken short* *(Brit)*; → **pisser**
[4] (= *convoitise*) envy ◆ **mon bonheur lui fait envie** he envies my happiness, my happiness makes him envious (of me) ◆ **ça fait envie** it makes you envious ◆ **regarder qch avec (un œil d')envie, jeter des regards d'envie sur qch** to look enviously at sth, to cast envious eyes *ou* glances at sth ◆ **digne d'envie** enviable ◆ **il vaut mieux faire envie que pitié** *(Prov)* *(gén)* it's better to be envied than pitied; *(pour personne grosse)* it's better to be a bit on the plump side than too thin
[5] *(Anat)* *(sur la peau)* birthmark; *(autour des ongles)* hangnail

envier /ɑ̃vje/ SYN ▸ conjug 7 ◂ VT *[+ personne, bonheur]* to envy, to be envious of ◆ **je vous envie votre maison** I envy you your house, I wish I had a house like yours ◆ **je vous envie (de pouvoir le faire)** I envy you *ou* I'm envious of you (being able to do it) ◆ **ce pays n'a rien à envier au nôtre** *(il est mieux)* that country has no cause to be jealous of us; *(il est aussi mauvais)* that country is just as badly off as we are, there's nothing to choose between that country and ours

envieusement /ɑ̃vjøzmɑ̃/ ADV enviously

envieux, -ieuse /ɑ̃vjø, jøz/ SYN
ADJ envious ◆ **être envieux de** to be envious of, to envy
NM,F envious person ◆ **faire des envieux** to excite *ou* arouse envy

enviné, e /ɑ̃vine/ ADJ smelling of wine

environ /ɑ̃viʀɔ̃/ SYN
ADV about, or thereabouts, or so ◆ **c'est à 100 km environ d'ici** it's about 100 km from here, it's 100 km or so from here ◆ **il était environ 3 heures** it was about 3 o'clock, it was 3 o'clock or thereabouts
NMPL **les environs** SYN *[de ville]* surroundings; (= *la banlieue*) outskirts ◆ **les environs sont superbes** the surrounding area is gorgeous
◆ **dans les environs, aux environs** in the vicinity *ou* neighbourhood ◆ **qu'y a-t-il à voir dans les environs ?** what is there to see around here?
◆ **aux environs de** ◆ **il habite aux environs de Lille** he lives in the Lille area ◆ **aux environs de 3 heures** 3 o'clock or thereabouts, some time around 3 o'clock, (round) about *(Brit)* 3 o'clock ◆ **aux environs de 1 000 €** in the region of €1,000

environnant, e /ɑ̃viʀɔnɑ̃, ɑ̃t/ SYN ADJ surrounding

environnement /ɑ̃viʀɔnmɑ̃/ SYN NM *(gén, Écol, Ordin)* environment ◆ **environnement économique/international/fiscal** economic/international/tax environment ◆ **environnement familial** family background

environnemental, e (pl -aux) /ɑ̃viʀɔnmɑ̃tal, o/ ADJ environmental

environnementaliste /ɑ̃viʀɔnmɑ̃talist(ə)/ NMF environmentalist

environner /ɑ̃viʀɔne/ SYN ▸ conjug 1 ◂ VT to surround, to encircle ◆ **s'environner d'experts** to surround o.s. with experts

envisageable /ɑ̃vizaʒabl/ ADJ conceivable

envisager /ɑ̃vizaʒe/ GRAMMAIRE ACTIVE 8.3, 26.3 SYN ▸ conjug 3 ◂ VT [1] (= *considérer*) to view, to envisage, to contemplate ◆ **il envisage l'avenir de manière pessimiste** he views *ou* contemplates the future with pessimism, he has a pessimistic view of the future
[2] (= *prévoir*) to envisage, to consider ◆ **envisager de faire** to be thinking of doing, to consider *ou* contemplate doing ◆ **nous envisageons des transformations** we are thinking of *ou* envisaging changes ◆ **nous n'avions pas envisagé cela** we hadn't envisaged that ◆ **on ne peut raisonnablement envisager qu'il accepte** he cannot reasonably be expected to accept

envoi /ɑ̃vwa/ SYN NM [1] *(NonC)* *[de colis, lettre]* sending (off); *[de vœux, amitiés, message radio]* sending; *[de marchandises]* dispatching, sending off; *(par bateau)* shipment; *[d'argent]* sending, remittance ◆ **faire un envoi de vivres** to send (a consignment of) supplies ◆ **faire un envoi de fonds** to remit cash ◆ **envoi contre remboursement** cash on delivery ◆ **l'envoi des couleurs** the hoisting of the colours ◆ **coup d'envoi** *(Sport)* kick-off; *[de festival]* start, opening; *[de série d'événements]* start, beginning ◆ **le spectacle qui donnera le coup d'envoi du festival** the show which will kick off* *ou* open the festival
[2] (= *colis*) parcel ◆ **envoi de bouteilles** consignment of bottles ◆ **« envoi en nombre »** "mass mailing"
[3] *(Littérat)* envoi

envoiler (s') /ɑ̃vwale/ ▸ conjug 1 ◂ VPR *[de pièce de métal]* to warp

envol /ɑ̃vɔl/ SYN NM *[d'oiseau]* taking flight *ou* wing; *[d'avion]* takeoff; *[d'âme, pensée]* flight ◆ **prendre son envol** *[d'oiseau]* to take flight *ou* wing; *[d'avion]* to take off; *[de pensée]* to soar, to take off

envolée /ɑ̃vɔle/ SYN NF [1] *(dans un discours, un texte)* flight ◆ **envolée oratoire/poétique** flight of oratory/poetry ◆ **dans une belle envolée lyrique, il a décrit les vertus du système** he waxed lyrical about the virtues of the system
[2] (= *augmentation*) *[de chômage, prix, monnaie]* surge (*de* in) ◆ **l'envolée de leur parti dans les sondages** their party's dramatic *ou* meteoric rise in the polls
[3] *[d'oiseaux]* flight

envoler (s') /ɑ̃vɔle/ SYN ▸ conjug 1 ◂ VPR [1] *[oiseau]* to fly away; *[avion]* to take off ◆ **je m'envole pour Tokyo dans deux heures** my flight leaves *ou* I fly off for Tokyo in two hours
[2] (= *être emporté*) *[chapeau]* to blow off, to be blown off; *[fumée, feuille, papiers]* to blow away
[3] (= *passer*) *[temps]* to fly (past *ou* by); *[espoirs]* to vanish (into thin air); (* = *disparaître*) *[portefeuille, personne]* to disappear *ou* vanish (into thin air)
[4] (= *augmenter*) *[prix, cours, chômage]* to soar ◆ **il s'est envolé dans les sondages** his popularity rating has soared in the opinion polls

envoûtant, e /ɑ̃vutɑ̃, ɑ̃t/ SYN ADJ entrancing, bewitching, spellbinding

envoûtement /ɑ̃vutmɑ̃/ SYN NM bewitchment

envoûter /ɑ̃vute/ SYN ▸ conjug 1 ◂ VT to bewitch, to cast a spell on ◆ **être envoûté par qn** to be under sb's spell

envoûteur /ɑ̃vutœʀ/ NM sorcerer

envoûteuse /ɑ̃vutøz/ NF witch, sorceress

envoyé, e /ɑ̃vwaje/ SYN (ptp de **envoyer**)
ADJ *[remarque, réponse]* ◆ **(bien) envoyé** well-aimed, sharp ◆ **ça, c'est envoyé !** well said!, well done!
NM,F *(gén)* messenger; *(Pol)* envoy; *(Presse)* correspondent ◆ **notre envoyé spécial** *(Presse)* our special correspondent ◆ **un envoyé du ministère** a government official ◆ **vous êtes l'envoyé du ciel !** you're heaven-sent!

envoyer /ɑ̃vwaje/ GRAMMAIRE ACTIVE 20.1, 21.1 SYN ▸ conjug 8 ◂
VT [1] *[+ colis, lettre]* to send (off); *[+ vœux, amitiés, message radio]* to send; *[+ marchandises]* to dis-

patch, to send off; *(par bateau)* to ship; *[+ argent]* to send, to remit *(Admin)* ◆ **envoyer sa démission** to send in one's resignation ◆ **envoyer sa candidature** to send in one's *ou* an application ◆ **n'envoyez pas d'argent par la poste** do not send money by post ◆ **envoie-moi un mot** drop me a line*

2 *[+ personne] (gén)* to send; *(en vacances, en courses)* to send (off) *(chez, auprès de* to); *(en mission) [+ émissaire, troupes]* to dispatch, to send out; *(de médecin à médecin)* to refer ◆ **envoie David à l'épicerie/aux nouvelles** send David to the grocer's/to see if there's any news ◆ **ils l'avaient envoyé chez sa grand-mère pour les vacances** they had sent him (off) to his grandmother's for the holidays ◆ **envoyer qn à la mort** to send sb to their death; → **monde**

3 *(= lancer) [+ objet]* to throw, to fling; *(avec force)* to hurl; *[+ obus]* to fire; *[+ signaux]* to send (out); *(Sport) [+ ballon]* to send ◆ **envoyer des baisers à qn** to blow sb kisses ◆ **envoyer des sourires à qn** to smile at sb ◆ **envoyer des coups de pied/poing à qn** to kick/punch sb ◆ **ne m'envoie pas ta fumée dans les yeux** don't blow (your) smoke in(to) my eyes ◆ **il le lui a envoyé dans les dents**‡ *ou* **les gencives**‡ he really let him have it!* ◆ **envoyer le ballon au fond des filets** *(Football)* to put *ou* send the ball into the back of the net ◆ **envoyer qn à terre** *ou* **au tapis** to knock sb down, to knock sb to the ground, to floor sb ◆ **envoyer un homme sur la Lune** to send a man to the moon ◆ **envoyer par le fond** *[+ bateau]* to send down *ou* to the bottom

4 *(Mil)* ◆ **envoyer les couleurs** to run up *ou* hoist the colours

5 *(locutions)* ◆ **envoyer chercher qn/qch** to send for sb/sth ◆ **envoyer promener qn*** *ou* **balader qn***, **envoyer qn coucher***, **envoyer qn sur les roses*** to send sb packing*, to send sb about their business ◆ **envoyer valser** *ou* **dinguer qch*** to send sth flying* ◆ **il a tout envoyé promener*** he chucked the whole thing in ◆ **il ne le lui a pas envoyé dire*** he gave it to him straight*, he told him straight to his face

VPR **s'envoyer**‡ *(= subir, prendre) [+ corvée]* to get stuck* *ou* landed* with; *[+ bouteille]* to knock back*; *[+ nourriture]* to scoff* ◆ **je m'enverrais des gifles*** I could kick myself* ◆ **s'envoyer une fille/un mec** to have it off *(Brit) ou* get off *(US)* with a girl/a guy‡, to make it with a girl/a guy‡ ◆ **s'envoyer en l'air** to have it off‡ *(Brit)*, to get some‡ *(US)*

envoyeur, -euse /ɑ̃vwajœʀ, øz/ NM,F sender; → **retour**

enzootie /ɑ̃zɔɔti, ɑ̃zooti/ NF enzootic (disease)

enzymatique /ɑ̃zimatik/ ADJ enzymatic, enzymic

enzyme /ɑ̃zim/ NM *ou* NF enzyme ◆ **enzyme de restriction** restriction enzyme

enzymologie /ɑ̃zimɔlɔʒi/ NF enzymology

éocène /eɔsɛn/

ADJ Eocene

NM ◆ **l'éocène** the Eocene

Éole /eɔl/ NM Aeolus

éolien, -ienne /eɔljɛ̃, jɛn/

ADJ wind *(épith)*, aeolian *(littér)*; → **énergie, harpe**

NF **éolienne** windmill, windpump

éolithe /eɔlit/ NM eolith

éon /eɔ̃/ NM *(Hist, Philos)* Aeon

EOR /eɔɛʀ/ NM (abrèv de **élève officier de réserve**) → **élève**

éosine /eozin/ NF eosin

éosinophile /eozinɔfil/

ADJ eosinophilic, eosinophilous

NMF eosinophil(e)

éosinophilie /eozinɔfili/ NF eosinophilia

épacte /epakt/ NF epact

épagneul, e /epaɲœl/ NM,F spaniel ◆ **épagneul breton** Brittany spaniel

épais, -aisse /epɛ, ɛs/ SYN

ADJ 1 *(gén) [chevelure, peinture]* thick; *[neige]* thick, deep; *[barbe]* bushy, thick; *[silence]* deep; *[personne, corps]* thickset; *[nuit]* pitch-black ◆ **cloison épaisse de 5 cm** partition 5 cm thick ◆ **j'ai la langue épaisse** my tongue is coated *ou* furred up *(Brit)* ◆ **au plus épais de la forêt** in the depths of the forest ◆ **tu n'es pas bien épais** you're not exactly fat

2 *(péj = inhabile) [esprit]* dull; *[personne]* dense, thick(headed); *[mensonge, plaisanterie]* clumsy

ADV ◆ **semer épais** to sow thick *ou* thickly ◆ **il n'y en a pas épais !**‡ there's not much of it!

épaisseur /epɛsœʀ/ SYN NF 1 *(gén)* thickness; *[de neige, silence]* depth ◆ **la neige a un mètre d'épaisseur** there is a metre of snow, the snow is a metre deep ◆ **creuser une niche dans l'épaisseur d'un mur** to hollow out a niche in a wall

2 *(= couche)* layer, thickness ◆ **prenez deux épaisseurs de tissu** take two thicknesses *ou* a double thickness of material ◆ **plier une couverture en double épaisseur** to fold a blanket double

3 *(= richesse) [d'œuvre]* substance, depth; *[de personne]* depth ◆ **ce personnage manque d'épaisseur** this character lacks depth *ou* is rather flat

épaissir /epesiʀ/ SYN ▸ conjug 2 ◂

VT *[+ substance]* to thicken; *[+ mystère]* to deepen ◆ **l'air était épaissi par les fumées** the air was thick with smoke ◆ **l'âge lui épaissit les traits** his features are becoming coarse with age ◆ **ce manteau m'épaissit beaucoup** this coat makes me look much broader *ou* fatter

VI to get thicker, to thicken ◆ **il a beaucoup épaissi** he has filled out a lot

VPR **s'épaissir** *[substance, brouillard]* to thicken, to get thicker; *[chevelure, feuillage]* to get thicker; *[ténèbres]* to deepen ◆ **sa taille s'épaissit** his waist is getting thicker, he's getting stouter around the waist ◆ **le mystère s'épaissit** the mystery deepens, the plot thickens

épaississant, e /epesisɑ̃, ɑ̃t/

ADJ thickening

NM thickener

épaississement /epesismɑ̃/ NM thickening

épaississeur /epesisœʀ/ NM thickener

épamprer /epɑ̃pʀe/ ▸ conjug 1 ◂ VT *[+ vigne]* to thin out

épanchement /epɑ̃ʃmɑ̃/ NM *[de sang]* effusion; *[de sentiments]* outpouring ◆ **avoir un épanchement de synovie** *(Méd)* to have water on the knee

épancher /epɑ̃ʃe/ SYN ▸ conjug 1 ◂

VT *[+ sentiments] (irrités)* to give vent to, to vent; *(tendres)* to pour forth

VPR **s'épancher** *[personne]* to open one's heart, to pour out one's feelings *(auprès de* to); *[sang]* to pour out

épandage /epɑ̃daʒ/ NM *(Agr)* manure spreading, manuring

épandeur /epɑ̃dœʀ/ NM *[d'engrais, fumier]* spreader

épandre /epɑ̃dʀ/ SYN ▸ conjug 41 ◂

VT († , *littér*) *[+ liquide, tendresse]* to pour forth *(littér)*; *(Agr) [+ fumier]* to spread

VPR **s'épandre** *(littér)* to spread

épanoui, e /epanwi/ SYN (ptp de **épanouir**) ADJ *[fleur]* in full bloom *(attrib)*; *[visage, sourire]* radiant, beaming *(épith)*; *[personne]* totally fulfilled *(attrib)* ◆ **c'est quelqu'un de très épanoui** he's very much at one with himself *ou* with the world

épanouir /epanwiʀ/ SYN ▸ conjug 2 ◂

VT *(littér) [+ fleur]* to open out; *[+ branches, pétales]* to open *ou* spread out; *[+ visage]* to light up ◆ **la maternité l'a épanouie** she really blossomed when she became a mother

VPR **s'épanouir** *[fleur]* to bloom, to come out, to open up *ou* out; *[visage]* to light up; *[personne]* to blossom, to bloom; *[vase]* to open out, to curve outwards ◆ **à cette nouvelle il s'épanouit** his face lit up at the news ◆ **s'épanouir dans sa profession** to find one's profession very fulfilling

épanouissant, e /epanwisɑ̃, ɑ̃t/ ADJ totally fulfilling

épanouissement /epanwismɑ̃/ SYN NM *[de fleur]* blooming, coming out, opening up *ou* out; *[de visage]* lighting up; *[de personne]* blossoming, blooming ◆ **c'est une industrie en plein épanouissement** it's a booming industry

épar /epaʀ/ NM *[de porte]* cross-bar

éparchie /epaʀʃi/ NF eparchy

épargnant, e /epaʀɲɑ̃, ɑ̃t/ NM,F saver, investor ◆ **petits épargnants** small savers *ou* investors

épargne /epaʀɲ/ SYN NF *(= somme)* savings ◆ **l'épargne** *(= action d'épargner)* saving ◆ **épargne de temps/d'argent** saving of time/money ◆ **épargne forcée/longue/liquide** forced/long-term/liquid savings ◆ **épargne-logement** home-buyers' savings scheme ◆ **épargne-retraite** retirement savings scheme ◆ **épargne salariale** employee savings plan; → **caisse, compte, plan**[1]

épargner /epaʀɲe/ SYN ▸ conjug 1 ◂ VT 1 *(= économiser) [+ argent, nourriture, temps, forces]* to save ◆ **épargner 10 € sur une somme** to save €10 out of a sum ◆ **épargner sur la nourriture** to save *ou* make a saving on food ◆ **ils n'ont pas épargné le poivre !*** they haven't stinted *ou* skimped on the pepper! ◆ **épargner pour ses vieux jours** to save (up) for one's old age, to put something aside for one's old age ◆ **je n'épargnerai rien pour le faire** I'll spare nothing to get it done ◆ **il n'a pas épargné sa peine** he spared no effort *(pour* to)

2 *(= éviter)* ◆ **épargner qch à qn** to spare sb sth ◆ **je vous épargne les détails** I'll spare you the details ◆ **pour t'épargner des explications inutiles** to spare you useless explanations ◆ **pour m'épargner la peine de venir** to save *ou* spare myself the bother of coming

3 *(= ménager) [+ ennemi]* to spare ◆ **l'épidémie a épargné cette région** that region was spared the epidemic

éparpillement /epaʀpijmɑ̃/ NM *(= action) [d'objets]* scattering; *[de troupes]* dispersal; *[de points de vente]* distribution, scattering; *[d'efforts, talent]* dissipation; *(= état) [de troupes, succursales]* dispersal ◆ **l'éparpillement des maisons rendait les communications très difficiles** the fact that the houses were so scattered made communications difficult

éparpiller /epaʀpije/ SYN ▸ conjug 1 ◂

VT *[+ objets, cendres]* to scatter; *[+ troupes]* to disperse; *[+ points de vente]* to distribute, to scatter; *[+ efforts, talent]* to dissipate

VPR **s'éparpiller** 1 *[feuilles, foule]* to scatter ◆ **maisons qui s'éparpillent dans la campagne** houses dotted about the countryside

2 *[personne]* ◆ **il s'éparpille beaucoup trop** he spreads himself too thin ◆ **tu t'es trop éparpillé dans tes lectures/recherches** you've spread yourself too thin in your reading/research

épars, e /epaʀ, aʀs/ SYN ADJ *(littér)* scattered

épart /epaʀ/ NM ⇒ **épar**

éparvin /epaʀvɛ̃/, **épervin** /epɛʀvɛ̃/ NM bony spavin

épatant, e* /epatɑ̃, ɑ̃t/ SYN ADJ great*

épate* /epat/ SYN NF *(péj)* ◆ **l'épate** showing off* ◆ **faire de l'épate** to show off*

épaté, e /epate/ SYN (ptp de **épater**) ADJ *[vase]* flat-bottomed; *[nez]* flat

épatement /epatmɑ̃/ NM 1 *[de nez]* flatness

2 *(* = surprise)* amazement

épater /epate/ SYN ▸ conjug 1 ◂

VT * *(= étonner)* to amaze, to stagger*; *(= impressionner)* to impress ◆ **pour épater le bourgeois** to shake *ou* shock middle-class attitudes ◆ **ça t'épate, hein !** how about that!*, what do you think of that!; → **galerie**

VPR **s'épater** *[objet, colonne]* to spread out

épaufrer /epofʀe/ ▸ conjug 1 ◂ VT *(= érafler)* to scratch, to graze; *(= écorner)* to spall

épaufrure /epofʀyʀ/ NF spall

épaulard /epolaʀ/ NM killer whale

épaule /epol/ NF shoulder ◆ **large d'épaules** broad-shouldered ◆ **épaule d'agneau** shoulder of lamb ◆ **donner un coup d'épaule à qn** to knock *ou* bump sb with one's shoulder ◆ **tout repose sur vos épaules** everything rests on your shoulders ◆ **il n'ont pas les épaules assez larges** *ou* **solides** *(financièrement)* they are not in a strong enough financial position; → **hausser, tête**

épaulé-jeté (pl **épaulés-jetés**) /epoleʒ(ə)te/ NM clean-and-jerk ◆ **il soulève 150 kg à l'épaulé-jeté** he can do a clean-and-jerk using 150 kg

épaulement /epolmɑ̃/ NM *(= mur)* retaining wall; *(= rempart)* breastwork, epaulement; *(Géol)* escarpment

épauler /epole/ SYN ▸ conjug 1 ◂ VT 1 *[+ personne]* to back up, to support ◆ **il faut s'épauler dans la vie** people must help *ou* support each other in life ◆ **il a été bien épaulé par son frère** his brother gave him a lot of help *ou* support

2 *[+ fusil]* to raise (to the shoulder) ◆ **il épaula puis tira** he took aim *ou* he raised his rifle and fired

3 *[+ mur]* to support, to retain

4 *[+ vêtement]* to add shoulder pads to

épaulette /epolɛt/ NF (Mil) epaulette; (= bretelle) shoulder strap; (= rembourrage d'un vêtement) shoulder pad

épaulière /epoljɛʀ/ NF [d'armure] shoulder piece

épave /epav/ SYN NF ① (= navire, voiture) wreck; (= débris) piece of wreckage, wreckage (NonC); (= déchets) flotsam (and jetsam) (NonC)
② (Jur = objet perdu) derelict
③ (= restes) ruins; (= loque humaine) human wreck

épaviste /epavist/ NMF scrap merchant (Brit) ou dealer

épée /epe/ NF ① (= arme) sword; (Escrime) épée ◆ **épée de Damoclès** Sword of Damocles ◆ **l'épée nue** ou **à la main** with drawn sword ◆ **c'est un coup d'épée dans l'eau** it's a complete waste of time; → cape, noblesse, rein
② (= escrimeur) swordsman; (= escrimeuse) swordswoman

épeiche /epɛʃ/ NF great spotted woodpecker

épeichette /epɛʃɛt/ NF lesser-spotted woodpecker

épeire /epɛʀ/ NF garden spider

épéisme /epeism/ NM épée fencing

épéiste /epeist/ NMF épéeist

épeler /ep(ə)le/ ▸conjug 4◂ VT [+ mot] to spell; [+ texte] to spell out

épépiner /epepine/ ▸conjug 1◂ VT to deseed, to seed ◆ **raisins épépinés** seedless grapes

éperdu, e /epɛʀdy/ SYN ADJ ① [personne] distraught, overcome ◆ **éperdu de douleur/de terreur** distraught ou frantic ou out of one's mind with grief/terror ◆ **éperdu de joie** overcome ou beside o.s. with joy
② [gratitude] boundless; [regard] wild, distraught; [amour] passionate; [fuite] headlong, frantic ◆ **désir/besoin éperdu de bonheur** frantic desire for/need of happiness

éperdument /epɛʀdymɑ̃/ ADV [crier, travailler] frantically, desperately; [aimer] passionately, madly ◆ **je m'en moque éperdument** I couldn't care less

éperlan /epɛʀlɑ̃/ NM smelt ◆ **friture d'éperlans** fried whitebait

éperon /ep(ə)ʀɔ̃/ NM [de cavalier, coq, montagne] spur; [de galère] ram; [de pont] cutwater ◆ **éperon rocheux** rocky outcrop ou spur

éperonner /ep(ə)ʀɔne/ ▸conjug 1◂ VT [+ cheval] to spur (on); [+ navire] to ram; [+ personne] to spur on

épervier /epɛʀvje/ NM ① (= oiseau) sparrowhawk
② (= filet) cast(ing) net

éphèbe /efɛb/ NM (Hist) ephebe; (iro, péj) beautiful young man

éphémère /efemɛʀ/ SYN
 ADJ [bonheur, succès] fleeting, short-lived, ephemeral (frm); [moment] fleeting; [mouvement, règne, publication] short-lived ◆ **le caractère éphémère de la gloire** the transient nature of fame ◆ **éphémère ministre, il...** having made a brief appearance as a minister, he...
 NM mayfly, ephemera (SPÉC)

éphéméride /efemeʀid/ NF ① (= calendrier) block calendar, tear-off calendar
② (Astron) ◆ **éphémérides** (= tables) ephemeris (sg)

Éphèse /efɛz/ N Ephesus

épi /epi/ NM ① [de blé, maïs] ear; [de fleur] spike; [de cheveux] tuft ◆ **les blés sont en épis** the corn is in the ear
② (= jetée) breakwater, groyne, groin
③ ◆ **être garé en épi** to be parked at an angle to the kerb
④ ◆ **épi de faîtage** finial

épice /epis/ NF spice ◆ **quatre épices** allspice; → **pain**

épicé, e /epise/ SYN (ptp de **épicer**) ADJ [viande, plat] highly spiced, spicy; [goût] spicy; [histoire] spicy, juicy*

épicéa /episea/ NM spruce

épicentre /episɑ̃tʀ/ NM epicentre

épicer /epise/ ▸conjug 3◂ VT [+ mets] to spice; [+ histoire] to add spice to

épicerie /episʀi/ NF (= magasin) grocery, grocer's (shop (Brit) ou store (US)); (= nourriture) groceries; (= métier) grocery trade ◆ **rayon épicerie** grocery

stand ou counter ◆ **aller à l'épicerie** to go to the grocer's ou grocery ◆ **épicerie fine** = delicatessen

épicier, -ière /episje, jɛʀ/ NM,F (gén) grocer; (en fruits et légumes) greengrocer (Brit), grocer (US) (péj) ◆ **d'épicier** [idées, mentalité] small-town (épith), parochial

Épicure /epikyʀ/ NM Epicurus

épicurien, -ienne /epikyʀjɛ̃, jɛn/ SYN ADJ, NM,F (= gourmet) epicurean; (Philos) Epicurean

épicurisme /epikyʀism/ NM epicureanism

Épidaure /epidoʀ/ N Epidaurus

épidémie /epidemi/ NF epidemic ◆ **épidémie de grippe** flu epidemic

épidémiologie /epidemjɔlɔʒi/ NF epidemiology

épidémiologique /epidemjɔlɔʒik/ ADJ epidemiological

épidémique /epidemik/ ADJ (lit) epidemic; (fig) contagious, catching (attrib)

épiderme /epidɛʀm/ NM epidermis (SPÉC), skin ◆ **elle a l'épiderme délicat** she has delicate skin

épidermique /epidɛʀmik/ SYN ADJ ① (Anat) skin (épith), epidermal (SPÉC), epidermic (SPÉC) ◆ **blessure épidermique** (surface) scratch, skin wound
② (fig) [réaction] instinctive, visceral ◆ **je le déteste, c'est épidermique** I hate him, I just can't help it

épididyme /epididim/ NM epididymis

épier /epje/ ▸conjug 7◂ VT [+ personne] to spy on; [+ geste] to watch closely; [+ bruit] to listen out for; [+ occasion] to be on the look-out for, to look (out) for, to watch for

épierrer /epjeʀe/ ▸conjug 1◂ VT [+ champ] to remove stones from

épierreuse /epjeʀøz/ NF stone remover

épieu /epjø/ NM spear

épigastre /epigastʀ/ NM epigastrium

épigastrique /epigastʀik/ ADJ epigastric, epigastrial

épigé, e /epiʒe/ ADJ epigeal, epigean, epigeous

épigenèse /epiʒənɛz/, **épigénèse** /epiʒenɛz/ NF (Bio) epigenesis

épigénie /epiʒeni/ NF (Minér) epigenesis

épiglotte /epiglɔt/ NF epiglottis

épigone /epigɔn/ NM (Littérat) epigone

épigrammatique /epigʀamatik/ ADJ epigrammatic

épigramme /epigʀam/ NF epigram

épigraphe /epigʀaf/ NF epigraph ◆ **mettre un vers en épigraphe** to use a line as an epigraph

épigraphie /epigʀafi/ NF epigraphy

épigraphique /epigʀafik/ ADJ epigraphic

épigraphiste /epigʀafist/ NMF epigraphist, epigrapher

épigyne /epiʒin/ ADJ epigynous

épilateur /epilatœʀ/ NM hair remover

épilation /epilasjɔ̃/ NF removal of (unwanted) hair; [de sourcils] plucking ◆ **épilation à la cire** waxing ◆ **épilation électrique** hair removal by electrolysis

épilatoire /epilatwaʀ/ ADJ depilatory, hair-removing (épith)

épilepsie /epilɛpsi/ NF epilepsy

épileptiforme /epilɛptifɔʀm/ ADJ epileptiform, epileptoid

épileptique /epilɛptik/ ADJ, NMF epileptic

épiler /epile/ ▸conjug 1◂
 VT [+ jambes] to remove the hair from; [+ sourcils] to pluck ◆ **se faire épiler les aisselles** to have one's underarm hair removed
 VPR **s'épiler** ◆ **elle s'épilait les jambes** she was removing the hair(s) from her legs ◆ **s'épiler les jambes à la cire** to wax one's legs ◆ **s'épiler les sourcils** to pluck one's eyebrows

épilogue /epilɔg/ NM (Littérat) epilogue; (fig) conclusion, dénouement

épiloguer /epilɔge/ SYN ▸conjug 1◂ VI (parfois péj) to hold forth (sur on), to go on* (sur about), to expatiate (frm) (sur upon)

épinard /epinaʀ/ NM (= plante) spinach ◆ **épinards** (Culin) spinach (NonC); → **beurre**

épine /epin/ SYN NF ① [de buisson, rose] thorn; [de hérisson, oursin] spine, prickle; [de porc-épic]

quill ◆ **épine dorsale** backbone ◆ **vous m'enlevez une belle épine du pied** you have got me out of a spot *
② (= arbre) thorn bush ◆ **épine blanche** hawthorn ◆ **épine noire** blackthorn

épinette /epinɛt/ NF ① (Mus) spinet
② (Can) spruce ◆ **épinette blanche/noire** white/black spruce ◆ **épinette rouge** tamarack, hackmatack
③ (Agr) coop

épineux, -euse /epinø, øz/ SYN
 ADJ [plante] thorny, prickly; [problème] thorny, tricky, ticklish; [situation] tricky, ticklish, sensitive; [caractère] prickly, touchy
 NM prickly shrub ou bush

épinglage /epɛ̃glaʒ/ NM pinning

épingle /epɛ̃gl/ NF pin ◆ **épingle à chapeau** hatpin ◆ **épingle à cheveux** hairpin ◆ **virage en épingle à cheveux** hairpin bend (Brit) ou curve (US) ◆ **épingle de cravate** tie clip, tiepin ◆ **épingle à linge** clothes peg (Brit) ou pin (US) ◆ **épingle de nourrice** ou **de sûreté** safety pin; (grand modèle) nappy (Brit) ou diaper (US) pin ◆ **tirer son épingle du jeu** (= bien manœuvrer) to play one's game well; (= s'en sortir à temps) to extricate o.s.; → **monter², quatre**

épingler /epɛ̃gle/ SYN ▸conjug 1◂ VT ① (= attacher) to pin (on) (à, sur to) ◆ **épingler ses cheveux** to pin up one's hair ◆ **épingler une robe** (Couture) to pin up a dress
② (* = arrêter) to nab*, to nick⁂ (Brit) ◆ **se faire épingler** to get nabbed * ou nicked⁂ (Brit)
③ (= dénoncer) to slam*, to criticize (severely) ◆ **il a épinglé le gouvernement** he laid into* ou slammed* the government, he took a swipe at the government

épinglerie /epɛ̃gləʀi/ NF (= usine) pin factory; (= industrie) pin industry

épinglette /epɛ̃glɛt/ NF lapel badge

épinglier /epɛ̃glije/ NM pin case

épinière /epinjɛʀ/ ADJ F → **moelle**

épinoche /epinɔʃ/ NF stickleback

épinochette /epinɔʃɛt/ NF ten-spined stickleback

Épiphanie /epifani/ NF ◆ **l'Épiphanie** Epiphany, Twelfth Night ◆ **à l'Épiphanie** at Epiphany, on ou at Twelfth Night

épiphénomène /epifenɔmɛn/ NM epiphenomenon ◆ **c'est un épiphénomène** (= non essentiel) it's purely incidental

épiphénoménisme /epifenɔmenism/ NM epiphenomenalism

épiphonème /epifɔnɛm/ NM epiphonema

épiphylle /epifil/ ADJ epiphyllous

épiphyse /epifiz/ NF epiphysis

épiphyte /epifit/
 ADJ epiphytic(al), epiphytal
 NM epiphyte

épiphytie /epifiti/ NF epiphytotic disease

épiploon /epiplɔɔ̃/ NM (Anat) omentum

épique /epik/ ADJ (lit, fig) epic; (hum) epic, dramatic

Épire /epiʀ/ NF Epirus

épirogenèse /epiʀɔʒənɛz/ NF ep(e)irogeny, epeirogenesis

épirogénique /epiʀɔʒenik/ ADJ epeirogen(et)ic, epirogenetic

épiscopal, e (mpl **-aux**) /episkɔpal, o/ ADJ episcopal ◆ **palais épiscopal** Bishop's ou episcopal palace

épiscopalien, -ienne /episkɔpaljɛ̃, jɛn/ ADJ episcopalian ◆ **l'Église épiscopalienne** the Episcopal Church

épiscopalisme /episkɔpalism/ NM episcopal(ian)ism

épiscopat /episkɔpa/ NM episcopate, episcopacy

épiscope /episkɔp/ NM episcope (Brit), opaque projector (US)

épisiotomie /epizjɔtɔmi/ NF episiotomy

épisode /epizɔd/ SYN NM ① (gén) episode ◆ **roman/film à épisodes** serial ◆ **ce nouvel épisode de l'affaire Paloma** the latest development in the Paloma case ◆ **j'ai dû rater un épisode** * I must have missed something
② (Méd) ◆ **épisode dépressif/infectieux** depressive/infectious phase

épisodique /epizɔdik/ SYN ADJ 1 (= occasionnel) [événement] occasional; [rôle] fleeting, transitory ◆ **de façon épisodique** occasionally ◆ **nous avons eu une relation épisodique pendant deux ans** we had an on-off relationship for two years ◆ **faire des apparitions épisodiques** to show up from time to time ou once in a while ◆ **sa présence épisodique au sein de la commission** his occasional presence on the committee
2 (= secondaire) [événement] minor, of secondary importance; [personnage] minor, secondary

épisodiquement /epizɔdikmɑ̃/ ADV occasionally

épisome /epizom/ NM episome

épispadias /epispadjas/ NM epispadias

épisser /epise/ ▸ conjug 1 ◂ VT to splice

épissoir /episwaʀ/ NM marlin(e) spike, splicing fid

épissure /episyʀ/ NF splice ◆ **on a dû faire une épissure** we had to splice the two bits together

épistasie /epistazi/ NF epistasis, hypostasis

épistaxis /epistaksis/ NF nosebleed, epistaxis (SPÉC)

épistémè /epistemɛ, episteme/ NF episteme

épistémologie /epistemɔlɔʒi/ NF (Philos) epistemology; (= science) epistemics (sg)

épistémologique /epistemɔlɔʒik/ ADJ epistemological

épistémologiste /epistemɔlɔʒist/, **épistémologue** /epistemɔlɔg/ NMF epistemologist

épistolaire /epistɔlɛʀ/ ADJ [style] epistolary ◆ **être en relations épistolaires avec qn** to correspond with sb, to be in correspondence with sb

épistolier, -ière /epistɔlje, jɛʀ/ NM,F (littér) letter writer

épistyle /epistil/ NM epistyle

épitaphe /epitaf/ NF epitaph

épithalame /epitalam/ NM epithalamium, epithalamion

épithélial, e (mpl -iaux) /epiteljal, jo/ ADJ épithelial

épithélioma /epiteljoma/ NM epithelioma

épithélium /epiteljɔm/ NM épithelium

épithète /epitɛt/ NF 1 (Gram) attribute ◆ **adjectif épithète** attributive adjective
2 (= qualificatif) epithet

épitoge /epitɔʒ/ NF (= écharpe) sash; (Antiq) garment worn over a toga

épitomé /epitome/ NM epitome

épître /epitʀ/ NF epistle

épizootie /epizɔɔti, epizooti/ NF epizootic (disease)

épizootique /epizɔɔtik, epizootik/ ADJ epizootic

éploré, e /eplɔʀe/ SYN ADJ (littér) [visage] bathed in tears; [personne] tearful, weeping, in tears (attrib); [voix] tearful

éployer /eplwaje/ ▸ conjug 8 ◂ VT (littér) [ailes] to spread

épluchage /eplyʃaʒ/ NM 1 [de fruits, légumes, crevettes] peeling; [de salade, radis] cleaning
2 [de journaux, comptes] dissection

épluche-légumes /eplyʃlegym/ NM INV (potato) peeler

éplucher /eplyʃe/ SYN ▸ conjug 1 ◂ VT 1 [+ fruits, légumes, crevettes] to peel; [+ salade, radis] to clean
2 [+ journaux, comptes] to go over with a fine-tooth comb, to dissect

épluchette /eplyʃɛt/ NF (Can) corn-husking bee ou party

éplucheur, -euse /eplyʃœʀ, øz/
ADJ, NM ◆ **(couteau) éplucheur** (potato) peeler
NM,F (= personne) peeler; (péj) faultfinder
NF **éplucheuse** (= machine) potato-peeler

épluchure /eplyʃyʀ/ SYN NF ◆ **épluchure de pomme de terre** etc piece of potato etc peeling ◆ **épluchures** peelings

EPO /əpeo/ NM (abrév de **érythropoïétine**) EPO

épode /epɔd/ NF epode

époi /epwa/ NM [de cerf] tine

épointer /epwɛ̃te/ ▸ conjug 1 ◂ VT [+ aiguille] to blunt ◆ **crayon épointé** blunt pencil

éponge /epɔ̃ʒ/ NF 1 (gén) sponge ◆ **passer un coup d'éponge sur qch** to give sth a (quick) sponge, to wipe sth with a sponge ◆ **passons l'éponge !** (fig) let's let bygones be bygones!, let's forget all about it! ◆ **passons l'éponge sur cette vieille querelle !** let's forget all about that old quarrel!, let's put that old quarrel behind us! ◆ **jeter l'éponge** (Boxe, fig) to throw in the sponge ou towel ◆ **éponge métallique** scouring pad, scourer ◆ **éponge végétale** loofah (Brit), luffa (US); → **boire**
2 ◆ **(tissu) éponge** (terry) towelling
3 (* = ivrogne) drunk *, drunkard
4 (Tech) ◆ **éponge de platine** platinum sponge

éponger /epɔ̃ʒe/ SYN ▸ conjug 3 ◂ VT [+ liquide] to mop ou sponge up; [+ plancher, visage] to mop; [+ dette] to soak up, to absorb ◆ **s'éponger le front** to mop one's brow

épontille /epɔ̃tij/ NF (Naut) pillar

éponyme /epɔnim/
ADJ (frm) eponymous (frm) ◆ **le héros éponyme de la pièce** the play's eponymous hero ◆ **la chanson éponyme de l'album** the title track of the album
NM eponym

épopée /epɔpe/ NF (lit, fig) epic

époque /epɔk/ SYN NF 1 (gén) time ◆ **les chansons de l'époque** the songs of the time ou day ◆ **j'étais jeune à l'époque** I was young at the time ◆ **à cette époque(-là)** at that time ◆ **à l'époque où nous sommes** in this day and age ◆ **être de son époque** to be in tune with one's time ◆ **quelle époque !** what times these are! ◆ **nous vivons une drôle d'époque** these are strange times we're living in ◆ **l'accordéon, les bals populaires, c'était une époque !** accordions, open-air dances - a bygone era!
2 (Hist) age, era, epoch ◆ **chaque époque a ses problèmes** every era has its problems ◆ **l'époque révolutionnaire** the revolutionary era ou age ou epoch ◆ **à l'époque des Grecs** at the time of ou in the age of the Greeks ◆ **la Belle Époque** the Belle Époque, ≈ the Edwardian era ◆ **cette invention a fait époque** it was an epoch-making invention ◆ **il s'est trompé d'époque** he was born in the wrong century ◆ **à toutes les époques** in every era ◆ **documents d'époque** contemporary (historical) documents ◆ **sur instruments d'époque** (Mus) on period ou authentic instruments
3 (Géol) period ◆ **à l'époque glaciaire** in the ice age
4 (Art = style) period ◆ **tableaux de la même époque** pictures of ou from the same period ◆ **meubles d'époque** antique ou period furniture ◆ **ce vase n'est pas d'époque** this vase isn't a genuine antique

épouiller /epuje/ ▸ conjug 1 ◂ VT to delouse

époumoner (s') /epumɔne/ ▸ conjug 1 ◂ VPR to shout o.s. hoarse ◆ **il s'époumonait à chanter** he was singing himself hoarse

épousailles /epuzaj/ NFPL († ou hum) nuptials (vieilli) (aussi hum)

épouse /epuz/ SYN NF wife, spouse (frm ou hum) ◆ **voulez-vous prendre pour épouse Jeanne Dumont ?** do you take Jeanne Dumont to be your lawful wedded wife?

épousée /epuze/ NF († ou dial) bride

épouser /epuze/ SYN ▸ conjug 1 ◂
VT 1 [+ personne] to marry, to wed †; [+ idée] to embrace, to espouse (frm); [+ cause] to espouse (frm), to take up ◆ **épouser une grosse fortune** to marry into money
2 [vêtement] to mould, to hug; [route, tracé] to follow; (étroitement) to hug ◆ **cette robe épouse parfaitement les formes du corps** this dress moulds the curves of the body perfectly
VPR **s'épouser** (littér) [personnes] to marry, to wed (littér)

époussetage /epustaʒ/ NM dusting

épousseter /epuste/ SYN ▸ conjug 4 ◂ VT (= nettoyer) to dust; (= enlever) to dust ou flick off

époustouflant, e * /epustuflɑ̃, ɑ̃t/ ADJ staggering, amazing

époustoufler * /epustufle/ SYN ▸ conjug 1 ◂ VT to stagger, to flabbergast

époutir /eputiʀ/ ▸ conjug 2 ◂ VT [+ étoffe] to burl

épouvantable /epuvɑ̃tabl/ SYN ADJ (gén) terrible, dreadful; (très choquant) appalling ◆ **il a un caractère épouvantable** he has a foul temper

épouvantablement /epuvɑ̃tabləmɑ̃/ ADV terribly, dreadfully

épouvantail /epuvɑ̃taj/ NM 1 (à oiseaux) scarecrow
2 (= spectre) spectre ◆ **l'épouvantail de la guerre/du chômage** the spectre of war/unemployment ◆ **ils se servaient du communisme comme d'un épouvantail** they were raising the bogeyman of communism
3 (péj = personne) scruff * ◆ **j'ai l'air d'un épouvantail dans cette robe** I look a fright (Brit) ou like a scarecrow in this dress

épouvante /epuvɑ̃t/ SYN NF terror, (great) fear ◆ **saisi d'épouvante** terror-stricken ◆ **il voyait arriver ce moment avec épouvante** he saw with dread the moment approaching ◆ **roman/film d'épouvante** horror story/film

épouvanter /epuvɑ̃te/ SYN ▸ conjug 1 ◂ VT to terrify, to appal, to frighten ◆ **s'épouvanter de qch** to be appalled ou horrified by sth

époux /epu/ SYN NM husband, spouse (frm ou hum) ◆ **les époux** the (married) couple, the husband and wife ◆ **les époux Durand** Mr and Mrs Durand ◆ **voulez-vous prendre pour époux Jean Legrand ?** do you take Jean Legrand to be your lawful wedded husband?

époxy /epɔksi/ ADJ INV epoxy ◆ **résine époxy** epoxy resin

époxyde /epɔksid/ NM epoxide

épreintes /eprɛ̃t/ NFPL (Méd) tenesmus (sg)

éprendre (s') /eprɑ̃dʀ/ SYN ▸ conjug 58 ◂ VPR (littér) ◆ **s'éprendre de** to fall in love with, to become enamoured of (littér)

épreuve /eprœv/ SYN NF 1 (= essai) test ◆ **épreuve de résistance** strength test ◆ **épreuve de résistance au choc/à la chaleur** impact/heat test ◆ **épreuve de force** trial of strength, confrontation ◆ **épreuve de vérité** litmus ou acid test (fig) ◆ **faire l'épreuve d'un métal** to test a metal; → **rude**
2 (= malheur) ordeal, trial, hardship ◆ **subir de rudes épreuves** to suffer great hardships, to undergo great trials ou ordeals ◆ **savoir réagir dans l'épreuve** to cope well in the face of adversity
3 (Scol) test ◆ **corriger les épreuves d'un examen** to mark the examination papers ◆ **épreuve orale** oral test ◆ **épreuve écrite** written test ou paper
4 (Sport) event ◆ **épreuve de sélection** heat ◆ **épreuve contre la montre** time trial ◆ **épreuves sur piste** track events ◆ **épreuve d'endurance** [de personne] test of endurance, endurance test; (en voiture) endurance test
5 (Typographie) proof ◆ **premières/secondes épreuves** first/second proofs ◆ **corriger les épreuves d'un livre** to proofread a book, to correct the proofs of a book
6 (Photo) print; (= gravure) proof ◆ **épreuve (par) contact** contact print ◆ **épreuves (de tournage)** (Ciné) rushes
7 (Hist : initiatique) ordeal ◆ **épreuve du feu** ordeal by fire
8 (locutions)
◆ **à l'épreuve** ◆ **mettre à l'épreuve** to put to the test ◆ **mise à l'épreuve** (Jur) ≈ probation
◆ **à l'épreuve de** ◆ **gilet à l'épreuve des balles** bulletproof vest ◆ **à l'épreuve du feu** fireproof ◆ **résister à l'épreuve du temps** to stand the test of time
◆ **à toute épreuve** [amitié, foi] staunch; [mur] solid as a rock ◆ **il a un courage à toute épreuve** he has unfailing courage, his courage is equal to anything

épris, e /epʀi, iz/ SYN ADJ (ptp de **s'éprendre**) (frm) (d'une personne) smitten (de with), enamoured (littér) (de of), in love (de with) ◆ **être épris de justice/liberté** to have a great love of justice/liberty ◆ **épris d'histoire** enamoured of history

EPROM /epʀɔm/ NF (abrév de **Erasable Programmable Read Only Memory**) EPROM.

éprouvant, e /epʀuvɑ̃, ɑ̃t/ SYN ADJ [travail, climat] trying, testing ◆ **éprouvant pour les nerfs** nerve-racking

éprouvé, e /epʀuve/ SYN ADJ (ptp de **éprouver**) (= sûr) [moyen, remède] well-tried, proven; [spécialiste, qualités] (well-)proven; [ami] staunch, true, steadfast

éprouver /epʀuve/ SYN ▸ conjug 1 ◂ VT 1 (= ressentir) [+ sensation, sentiment] to feel, to experience
2 (= subir) [+ perte] to suffer, to sustain; [+ difficultés] to meet with, to experience

3 (= tester) [+ métal] to test; [+ personne] to put to the test, to test

4 (frm = affliger) to afflict, to distress ◆ **très éprouvé par la maladie** sorely afflicted by illness (frm) ◆ **la ville a été durement éprouvée pendant la guerre** the city suffered greatly during the war

éprouvette /epʀuvɛt/ NF test tube; → **bébé**

EPS /əpeɛs/ NF (abrév de **éducation physique et sportive**) PE, PT

epsilon /ɛpsilɔn/ NM epsilon

epsomite /ɛpsɔmit/ NF Epsom salts

épucer /epyse/ ▸ conjug 3 ◂ VT to rid of fleas

épuisable /epyizabl/ ADJ exhaustible

épuisant, e /epyizɑ̃, ɑ̃t/ SYN ADJ exhausting

épuisé, e /epyize/ SYN (ptp de **épuiser**) ADJ [personne, cheval, corps] exhausted, worn-out; [article vendu] sold out (attrib); [stocks] exhausted (attrib); [livre] out of print ◆ **épuisé de fatigue** exhausted, tired out, worn-out

épuisement /epyizmɑ̃/ SYN NM exhaustion ◆ **devant l'épuisement de ses finances** seeing that his money had run out ◆ **jusqu'à épuisement des stocks** while stocks last ◆ **jusqu'à l'épuisement du filon** until the seam is (ou was) worked out ◆ **faire marcher qn jusqu'à (l')épuisement** to make sb walk till he drops (with exhaustion) ◆ **dans un grand état d'épuisement** in a completely ou an utterly exhausted state, in a state of complete ou utter exhaustion

épuiser /epyize/ SYN ▸ conjug 1 ◂

VT [+ personne] to exhaust, to tire out, to wear out; [+ terre, sujet] to exhaust; [+ réserves, munitions] to use up, to exhaust; [+ filon] to exhaust, to work out; [+ patience] to wear out, to exhaust

VPR s'épuiser [réserves] to run out; [source] to dry up; [personne] to exhaust o.s., to wear o.s. out, to tire o.s. out (à faire qch doing sth) ◆ **les stocks s'étaient épuisés** the stocks had run out ◆ **ses forces s'épuisent peu à peu** his strength is gradually failing ◆ **je m'épuise à vous le répéter** I'm sick and tired of telling you

épuisette /epyizɛt/ NF (Pêche) landing net; (à crevettes) shrimping net

épulide /epylid/, **épulie** /epyli/, **épulis** /epylis/ NF epulis

épulpeur /epylpœʀ/ NM pulp extractor

épurateur /epyʀatœʀ/ NM purifier

épuration /epyʀasjɔ̃/ NF [d'eau, huile] purification; [de langue, goût, style] refinement, refining; (Pol) purge ◆ **station d'épuration des eaux** water purification plant

épure /epyʀ/ NF working drawing

épuré, e /epyʀe/ ADJ [style, décor] uncluttered; [lignes] clean ◆ **la forme épurée de la sculpture** the sculpture's clean lines

épurer /epyʀe/ SYN ▸ conjug 1 ◂ VT [+ eau, huile] to purify; [+ langue, goût, style] to refine; (Pol) to purge

épurge /epyʀʒ/ NF caper spurge

épyornis /epjɔʀnis/ NM ⇒ **æpyornis**

équanimité /ekwanimite/ NF (frm) equanimity

équarrir /ekaʀiʀ/ ▸ conjug 2 ◂ VT **1** [+ pierre, tronc] to square (off) ◆ **poutre mal équarrie** rough-hewn beam

2 [+ animal] to cut up

équarrissage /ekaʀisaʒ/ NM **1** [de pierre, tronc] squaring (off)

2 [d'animal] quartering, cutting up ◆ **envoyer un animal à l'équarrissage** to send an animal to the abattoir

équarrisseur /ekaʀisœʀ/ NM (gén) renderer; [de chevaux] knacker (Brit)

équarrissoir /ekaʀiswaʀ/ NM (= couteau) knacker's knife; (= lieu) knacker's yard

Équateur /ekwatœʀ/ NM (= pays) ◆ **(la république de l') Équateur** (the Republic of) Ecuador

équateur /ekwatœʀ/ NM equator ◆ **sous l'équateur** at ou on the equator

équation /ekwasjɔ̃/ NF **1** (Math) equation ◆ **équation du premier/second degré** simple/quadratic equation ◆ **mettre en équation** to put in an equation

2 (fig) equation ◆ **l'équation politique** the political equation ◆ **équation personnelle** (Psych) personal equation

équatorial, e (mpl **-iaux**) /ekwatɔʀjal, jo/ ADJ equatorial

NM (Astron) equatorial (telescope)

équatorien, -ienne /ekwatɔʀjɛ̃, jɛn/ ADJ Ecuadorian, Ecuadoran

NM,F **Équatorien(ne)** Ecuadorian, Ecuadoran

équerre /ekɛʀ/ NF (pour tracer) (set) square; (de soutien) brace ◆ **double équerre** T-square ◆ **en équerre** at right angles ◆ **ce tableau n'est pas d'équerre** this picture isn't straight ou level

équestre /ekɛstʀ/ ADJ [statue, activités] equestrian ◆ **centre équestre** riding school ◆ **le sport équestre** equestrian sport, horse-riding

équeuter /ekøte/ ▸ conjug 1 ◂ VT [+ cerises] to remove the stalk from, to pull the stalk off; [+ fraises] to hull

équi(-) /ekɥi/ PRÉF equi(-) ◆ **équi possible** equally possible

équiangle /ekɥiɑ̃gl/ ADJ equiangular

équidé /ekide/ NM member of the horse family ◆ **les équidés** the Equidae (SPÉC)

équidistance /ekɥidistɑ̃s/ NF equidistance ◆ **à équidistance de Paris et de Dijon** half-way between Paris and Dijon

équidistant, e /ekɥidistɑ̃, ɑ̃t/ ADJ equidistant (de between)

équilatéral, e (mpl **-aux**) /ekɥilateʀal, o/ ADJ (lit) equilateral ◆ **ça m'est complètement équilatéral** ǂ I don't give a damn ǂ

équilatère /ekɥilateʀ/ ADJ ◆ **hyperbole équilatère** equilateral hyperbola

équilibrage /ekilibʀaʒ/ NM [de roues] balancing

équilibrant, e /ekilibʀɑ̃, ɑ̃t/ ADJ stabilizing (épith) ◆ **shampooing équilibrant** shampoo which restores the hair's natural balance

équilibration /ekilibʀasjɔ̃/ NF balancing, equilibration

équilibre /ekilibʀ/ SYN NM **1** (gén) [de corps, objet] balance, equilibrium ◆ **perdre/garder l'équilibre** to lose/keep one's balance ◆ **avoir le sens de l'équilibre** to have a (good) sense of balance ◆ **équilibre stable/instable** stable/unstable equilibrium ◆ **exercice/tour d'équilibre** balancing exercise/act

◆ **en équilibre** ◆ **se tenir** ou **être en équilibre (sur)** [personne] to balance (on); [objet] to be balanced (on) ◆ **mettre qch en équilibre** to balance sth (sur on) ◆ **en équilibre instable sur le bord du verre** precariously balanced on the edge of the glass

2 (Psych) ◆ **équilibre (mental)** (mental) equilibrium, (mental) stability ◆ **il manque d'équilibre** he's rather unstable

3 (= harmonie) [de couple] harmony; [d'activités] balance, equilibrium ◆ **préserver les grands équilibres économiques** to keep the economy on a sound footing

4 (Écon, Pol) balance ◆ [de course aux armements] parity ◆ **équilibre budgétaire/économique** balance in the budget/economy ◆ **budget en équilibre** balanced budget ◆ **atteindre l'équilibre financier** to break even (financially) ◆ **équilibre des pouvoirs** balance of power ◆ **équilibre politique** political balance ◆ **l'équilibre du monde** world balance of power ◆ **équilibre de la terreur** balance of terror

5 (Sci) equilibrium ◆ **solution en équilibre** (Chim) balanced solution

6 (Archit, Mus, Peinture) balance

équilibré, e /ekilibʀe/ SYN (ptp de **équilibrer**) ADJ [personne] stable, well-balanced, level-headed; [régime alimentaire] (well-)balanced; [esprit] well-balanced; [vie] well-regulated, regular ◆ **mal équilibré** unstable, unbalanced

équilibrer /ekilibʀe/ SYN ▸ conjug 1 ◂ VT

1 (= contrebalancer) [+ forces, poids, poussée] to counterbalance ◆ **les avantages et les inconvénients s'équilibrent** the advantages and the disadvantages counterbalance each other ou cancel each other out

2 (= mettre en équilibre) [+ balance] to equilibrate, to balance; [+ charge, embarcation, avion, roues] to balance; (Archit, Art) to balance

3 (= harmoniser) [+ emploi du temps, budget, pouvoirs] to balance ◆ **équilibrer qn** (fig) to restore sb's mental equilibrium

équilibreur /ekilibʀœʀ/ NM [d'avion] stabilizer

équilibriste /ekilibʀist/ NMF (= funambule) tightrope walker

équille /ekij/ NF sand eel

équimolaire /ekɥimɔlɛʀ/ ADJ equimolar

équimoléculaire /ekɥimɔlekylɛʀ/ ADJ equimolecular

équimultiple /ekɥimyltipl/ NM equimultiple

équin, e /ekɛ̃, in/ ADJ (gén) equine ◆ **pied bot équin** (Méd) talipes equinus

équinisme /ekinism/ NM (Méd) talipes equinus

équinoxe /ekinɔks/ NM equinox ◆ **marée d'équinoxe** equinoctial tide ◆ **équinoxe de printemps/d'automne** spring/autumn equinox

équinoxial, e (mpl **-iaux**) /ekinɔksjal, jo/ ADJ equinoctial

équipage /ekipaʒ/ SYN NM **1** [d'avion] (air)crew; [de bateau] crew; → **homme, rôle**

2 (* = attirail) gear* (NonC)

3 † [de seigneur, chevaux] equipage † ◆ **équipage à deux/à quatre chevaux** carriage and pair/and four ◆ **en grand équipage** in state, in grand ou great style

4 (Tech) equipment (NonC), gear (NonC)

équipartition /ekɥipaʀtisjɔ̃/ NF equipartition

équipe /ekip/ SYN NF **1** (Sport) team; [de rameurs] crew ◆ **jeu** ou **sport d'équipe** team game ◆ **jouer en** ou **par équipes** to play in teams ◆ **il joue en équipe de France** he plays for the French team; → **esprit**

2 (= groupe) team ◆ **équipe de chercheurs** research team, team of researchers ◆ **équipe de secours** ou **de sauveteurs** ou **de sauvetage** rescue party ou squad ou team ◆ **équipe pédagogique** teaching staff ◆ **l'équipe de jour/de 8 heures** (dans une usine) the day/8 o'clock shift ◆ **travailler en** ou **par équipes** to work in teams; (sur un chantier) to work in gangs; (dans une usine) to work in shifts ◆ **on travaille en équipe** we work as a team ◆ **faire équipe avec** to team up with; → **chef**[1]

3 (* = bande) team; (péj) bunch*, crew* ◆ **c'est la fine équipe** they're a right bunch*

équipée /ekipe/ NF [de prisonnier] escape, flight; [d'aventurier] undertaking, venture; [de promeneur, écolier] jaunt ◆ **aller là-bas, c'est tout une équipée** it's quite a palaver getting there ◆ **la folle équipée des terroristes** the mad dash of the terrorists

équipement /ekipmɑ̃/ SYN NM **1** (= matériel) equipment ◆ **l'équipement complet du skieur** a complete set of skiing equipment

2 (= aménagement) ◆ **équipement électrique** electrical fittings ◆ **équipement hôtelier** hotel facilities ou amenities ◆ **équipement industriel** industrial plant ◆ **équipements collectifs** (Admin) community facilities ou amenities ◆ **prime** ou **subvention d'équipement** equipment grant

3 (= action) equipping ◆ **assurer l'équipement de qch** to equip sth

équipementier /ekipmɑ̃tje/ NM components manufacturer ◆ **équipementier automobile** car ou auto (US) parts manufacturer

équiper /ekipe/ SYN ▸ conjug 1 ◂

VT [+ troupe] to equip (de with); [+ local] to equip, to fit out (de with); [+ usine] to tool up; [+ ville, pays] to equip, to provide (de with); [+ sportif] to equip, to fit out, to kit out (Brit) (de with) ◆ **cuisine tout équipée** fully equipped kitchen ◆ **équiper une machine d'un dispositif de sécurité** to fit a machine with a safety device

VPR s'équiper [usine] to tool up; [personne] to equip o.s. (de, en with); [sportif] to equip o.s., to kit o.s. out (Brit), to get o.s. kitted out (Brit) ◆ **l'école s'équipe en micro-ordinateurs** the school is acquiring some computers

équipier, -ière /ekipje, jɛʀ/ NM,F (Sport) team member; (= rameur) crew member; (dans la restauration rapide) fast food worker

équipollence /ekɥipɔlɑ̃s/ NF equipollence

équipollent, e /ekɥipɔlɑ̃, ɑ̃t/ ADJ equipollent

équipotentiel, -ielle /ekɥipɔtɑ̃sjɛl/ ADJ equipotential

équiprobable /ekɥipʀɔbabl/ ADJ equiprobable

équisétinées /ekɥisetine/ NFPL ◆ **les équisétinées** equisetums, the Equiseta (SPÉC)

équitable /ekitabl/ SYN ADJ [partage, jugement] equitable, fair; [personne] impartial, fair(-minded)

équitablement /ekitabləmɑ̃/ ADV equitably, fairly

équitant, e /ekitɑ̃, ɑ̃t/ ADJ equitant

équitation /ekitasjɔ̃/ NF (horse-)riding, equitation (frm) ◆ **faire de l'équitation** to go horse-riding ◆ **école d'équitation** riding school

équité /ekite/ SYN NF equity ◆ **avec équité** equitably, fairly

équivalence /ekivalɑ̃s/ NF (gén) equivalence ◆ **diplômes étrangers admis en équivalence**

équivalent (Univ) recognized foreign diplomas ◆ **demande d'équivalence** request for an equivalent rating of one's degree ◆ **j'ai eu ma licence par équivalence** I obtained my degree by being granted an equivalent rating of my qualifications *ou* by transfer of credits

équivalent, e /ekivalɑ̃, ɑ̃t/ GRAMMAIRE ACTIVE 5.4 SYN
ADJ equivalent (à to) ◆ **ces solutions sont équivalentes** these solutions are equivalent ◆ **à prix équivalent, ce produit est meilleur** for the same *ou* equivalent price this is the better product
NM (= chose semblable, mot) equivalent (de of) ◆ **vous ne trouverez l'équivalent nulle part** you won't find the *ou* its like *ou* equivalent anywhere ◆ **équivalent pétrole** fuel oil equivalent ◆ **équivalent clavier** (Ordin) keyboard equivalent

équivaloir /ekivalwaʀ/ SYN ▸ conjug 29 ◂
VI (lit) [quantité] to be equivalent (à to); [effet] to be equivalent (à to), to amount (à to) ◆ **ça équivaut à dire que...** it amounts to *ou* is equivalent *ou* tantamount to saying that...
VPR s'équivaloir to be the same ◆ **ça s'équivaut** it amounts to the same thing

équivoque /ekivɔk/ SYN
ADJ (= ambigu) equivocal, ambiguous; (= louche) dubious, questionable
NF (= ambiguïté) equivocation, ambiguity; (= incertitude) doubt; (= malentendu) misunderstanding ◆ **conduite sans équivoque** unequivocal *ou* unambiguous behaviour ◆ **pour lever l'équivoque** to remove any doubt (on the matter)

équivoquer /ekivɔke/ ▸ conjug 1 ◂ **VI** to equivocate

érable /eʀabl/ **NM** maple (tree) ◆ **érable du Canada** *ou* **à sucre** silver maple

érablière /eʀablijɛʀ/ **NF** maple grove

éradication /eʀadikasjɔ̃/ **NF** eradication

éradiquer /eʀadike/ SYN ▸ conjug 1 ◂ **VT** to eradicate

éraflement /eʀafləmɑ̃/ **NM** scratching

érafler /eʀafle/ SYN ▸ conjug 1 ◂ **VT** [+ peau, genou] to scratch, to graze; [+ surface] to scratch, to scrape

éraflure /eʀaflyʀ/ SYN **NF** (sur peau) scratch, graze; (sur objet) scratch, scrape (mark)

éraillé, e /eʀaje/ (ptp de **érailler**) **ADJ** [voix] rasping, hoarse, croaking (épith)

éraillement /eʀajmɑ̃/ **NM** [de voix] hoarseness

érailler /eʀaje/ ▸ conjug 1 ◂ **VT** [+ voix] to make hoarse; (= rayer) [+ surface] to scratch ◆ **s'érailler la voix** to ruin one's voice

Érasme /eʀasm/ **NM** ◆ **Érasme (de Rotterdam)** Erasmus

erbine /ɛʀbin/ **NF** erbia

erbium /ɛʀbjɔm/ **NM** erbium

ère /ɛʀ/ SYN **NF** era ◆ **400 avant notre ère** 400 BC ◆ **en l'an 1600 de notre ère** in the year of our Lord 1600, in the year 1600 AD ◆ **l'ère chrétienne** the Christian era ◆ **les ères secondaire/tertiaire** secondary/tertiary era ◆ **les ères géologiques** the geological eras ◆ **une ère nouvelle commence** it's the beginning *ou* dawn of a new era ◆ **l'ère Mitterrand/Thatcher** the Mitterrand/Thatcher era ◆ **l'ère atomique/glaciaire/spatiale** the atomic/ice/space age

érecteur /eʀɛktœʀ/ **ADJ M, NM** ◆ **(muscle) érecteur** erector

érectile /eʀɛktil/ **ADJ** erectile

érectilité /eʀɛktilite/ **NF** erectility

érection /eʀɛksjɔ̃/ **NF** ①[de monument] erection, raising; (fig) establishment, setting-up
② (Physiol) erection ◆ **avoir une érection** to have an erection

éreintage /eʀɛ̃taʒ/ **NM** (= critique) savage attack (de on), slating * (Brit), panning *

éreintant, e /eʀɛ̃tɑ̃, ɑ̃t/ SYN **ADJ** [travail] exhausting, backbreaking

éreintement /eʀɛ̃tmɑ̃/ **NM** (= épuisement) exhaustion; (= critique) savage attack (de on), panning *, slating * (Brit)

éreinter /eʀɛ̃te/ SYN ▸ conjug 1 ◂ **VT** ① (= épuiser) [+ animal] to exhaust; * [+ personne] to shatter *, to wear out ◆ **être éreinté** to be shattered * *ou* all in * *ou* worn out ◆ **s'éreinter à faire qch** to wear o.s. out doing sth
② (= critiquer) [+ auteur, œuvre] to pull to pieces, to pan *, to slate * (Brit)

érémiste /eʀemist/ **NMF** person receiving welfare payment, ≃ person on income support (Brit), ≃ person on welfare (US)

érémitique /eʀemitik/ **ADJ** hermetic(al) ◆ **vie érémitique** hermetic(al) life, life of a hermit

érésipèle /eʀezipɛl/ **NM** ⇒ **érysipèle**

éréthisme /eʀetism/ **NM** (Méd) erethism

éreuthophobie /eʀøtɔfɔbi/ **NF** ereuthophobia

Erevan /eʀəvɑ̃/ **N** Yerevan

erg /ɛʀɡ/ **NM** (Géog, Phys) erg

ergastoplasme /ɛʀɡastɔplasm/ **NM** endoplasmic reticulum, ergastoplasm

ergastule /ɛʀɡastyl/ **NM** (Antiq) underground prison

ergatif, -ive /ɛʀɡatif, iv/ **ADJ, NM** (Gram) ergative

ergographie /ɛʀɡɔɡʀafi/ **NM** ergograph

ergol /ɛʀɡɔl/ **NM** propellant

ergologie /ɛʀɡɔlɔʒi/ **NF** ergology

ergométrique /ɛʀɡɔmetʀik/ **ADJ** ergometric

ergonome /ɛʀɡɔnɔm/ **NMF** ergonomist

ergonomie /ɛʀɡɔnɔmi/ **NF** ergonomics (sg)

ergonomique /ɛʀɡɔnɔmik/ **ADJ** ergonomic(al)

ergonomiste /ɛʀɡɔnɔmist/ **NMF** ergonomist

ergot /ɛʀɡo/ **NM** ①[de coq] spur; [de chien] dewclaw ◆ **monter** *ou* **se dresser sur ses ergots** (fig) to get one's hackles up
② [de blé] ergot
③ (Tech) lug

ergotage /ɛʀɡɔtaʒ/ **NM** quibbling (NonC), cavilling (NonC), petty argument

ergotamine /ɛʀɡɔtamin/ **NF** ergotamine

ergoté, e /ɛʀɡɔte/ **ADJ** [oiseau] spurred; [blé] ergoted

ergoter /ɛʀɡɔte/ SYN ▸ conjug 1 ◂ **VI** to quibble (sur about), to cavil (sur at)

ergoteur, -euse /ɛʀɡɔtœʀ, øz/ **NM,F** quibbler, hairsplitter

ergothérapeute /ɛʀɡɔteʀapøt/ **NMF** occupational therapist

ergothérapie /ɛʀɡɔteʀapi/ **NF** occupational therapy

ergotisme /ɛʀɡɔtism/ **NM** ergotism, Saint Anthony's fire

éricacées /eʀikase/ **NFPL** ◆ **les éricacées** ericaceous plants, the Ericaceae (SPÉC)

Éridan /eʀidɑ̃/ **N** Eridanus

Érié /eʀje/ **N** ◆ **le lac Érié** Lake Erie

ériger /eʀiʒe/ SYN ▸ conjug 3 ◂ **VT** (frm) [+ monument, bâtiment] to erect; [+ société] to set up, to establish ◆ **ériger le dogmatisme en vertu** to make a virtue of dogmatism ◆ **ériger un criminel en héros** to set a criminal up as a hero ◆ **il s'érige en maître/juge** he sets himself up as a master/judge

érigéron /eʀiʒeʀɔ̃/ **NM** fleabane

érigne /eʀiɲ/ **NF** (Chirurgie) tenaculum

Érinyes /eʀini/ **NFPL** ◆ **les Érinyes** the Erinyes

éristale /eʀistal/ **NM** drone-fly

ermitage /ɛʀmitaʒ/ **NM** (d'ermite) hermitage; (fig) retreat

ermite /ɛʀmit/ **NM** hermit

éroder /eʀɔde/ SYN ▸ conjug 1 ◂ **VT** to erode

érogène /eʀɔʒɛn/ **ADJ** erogenous

Éros /eʀɔs/ **NM** (Myth) Eros ◆ **l'éros** (Psych) Eros

érosif, -ive /eʀɔzif, iv/ **ADJ** erosive

érosion /eʀozjɔ̃/ SYN **NF** (lit, fig) erosion ◆ **érosion monétaire** (monetary) depreciation

érotique /eʀɔtik/ SYN **ADJ** erotic

érotiquement /eʀɔtikmɑ̃/ **ADV** erotically

érotisation /eʀɔtizasjɔ̃/ **NF** eroticization

érotiser /eʀɔtize/ ▸ conjug 1 ◂ **VT** to eroticize

érotisme /eʀɔtism/ **NM** eroticism

érotologie /eʀɔtɔlɔʒi/ **NF** erotology

érotologique /eʀɔtɔlɔʒik/ **ADJ** erotological

érotologue /eʀɔtɔlɔɡ/ **NMF** erotologist

érotomane /eʀɔtɔman/ **NMF** erotomaniac

érotomanie /eʀɔtɔmani/ **NF** erotomania

erpétologie /ɛʀpetɔlɔʒi/ **NF** herpetology

erpétologique /ɛʀpetɔlɔʒik/ **ADJ** herpetologic(al)

erpétologiste /ɛʀpetɔlɔʒist/ **NMF** herpetologist

errance /ɛʀɑ̃s/ **NF** (littér) wandering, roaming

errant, e /ɛʀɑ̃, ɑ̃t/ SYN **ADJ** (gén) wandering ◆ **chien errant** stray dog; → **chevalier, juif**

errata /ɛʀata/ **NM PL** errata

erratique /ɛʀatik/ **ADJ** (Géol, Méd) erratic

erratum /ɛʀatɔm/ (pl **errata** /ɛʀata/) **NM** erratum

erre /ɛʀ/ **NF** ① [de bateau] headway (made after the engines have stopped) ◆ **se laisser glisser sur son erre, courir sur son erre** (fig) to drift along
② (Vénerie) ◆ **erres** tracks

errements /ɛʀmɑ̃/ SYN **NMPL** (littér) erring ways, bad habits

errer /ɛʀe/ SYN ▸ conjug 1 ◂ **VI** (littér) ① [voyageur] to wander, to roam; [regard] to rove, to roam, to wander (sur over); [pensée] to wander, to stray ◆ **un sourire errait sur ses lèvres** a smile played on his lips
② (= se tromper) to err

erreur /eʀœʀ/ GRAMMAIRE ACTIVE 18.2, 18.4 SYN **NF**
① (gén) mistake, error; (Stat) error ◆ **erreur matérielle** technical error ◆ **erreur d'écriture** clerical error ◆ **erreur de calcul** mistake in calculation, miscalculation ◆ **faire une erreur de date** to make a mistake in dating *ou* be mistaken about the date ◆ **erreur d'impression, erreur typographique** misprint, typographical error ◆ **erreur de sens** wrong meaning ◆ **erreur de traduction** mistranslation ◆ **erreur (de) tactique** tactical error ◆ **erreur de jugement** error of judgment ◆ **erreur système** (Ordin) system error
② (locutions) ◆ **par suite d'une erreur** due to an error *ou* a mistake ◆ **sauf erreur** unless I'm (very much) mistaken ◆ **sauf erreur ou omission** errors and omissions excepted ◆ **par erreur** by mistake ◆ **cherchez l'erreur !** (hum) spot the deliberate mistake! ◆ **erreur profonde !, grave erreur !** not at all!, absolutely not! ◆ **commettre** *ou* **faire une erreur, tomber dans l'erreur** to make a mistake *ou* an error (sur about) ◆ **faire erreur, être dans l'erreur** to be wrong *ou* mistaken ◆ **vous faites erreur** (Téléc) you've got the wrong number ◆ **il y a erreur** there's been a mistake *ou* there's some mistake ◆ **il n'y a pas d'erreur (possible)** there's no mistake! ◆ **ce serait une erreur de croire que...** it would be a mistake *ou* be wrong to think that..., you would be mistaken in thinking that... ◆ **il n'a pas droit à l'erreur** he's got to get it right ◆ **l'erreur est humaine** to err is human ◆ **il y a erreur sur la personne** you've *etc* got the wrong person ◆ **cherchez l'erreur !** (hum) spot the deliberate mistake!
③ (= dérèglements) ◆ **erreurs** errors, lapses ◆ **erreurs de jeunesse** youthful indiscretions ◆ **retomber dans les erreurs du passé** to lapse (back) into bad habits
④ (Jur) ◆ **erreur judiciaire** miscarriage of justice

erroné, e /ɛʀɔne/ SYN **ADJ** erroneous

erronément /ɛʀɔnemɑ̃/ **ADV** erroneously

ersatz /ɛʀzats/ **NM** (lit, fig) ersatz, substitute ◆ **ersatz de café** ersatz coffee

erse[1] /ɛʀs/ **NM, ADJ** (= langue) Erse

erse[2] /ɛʀs/ **NF** (Naut = anneau) grommet

érubescence /eʀybesɑ̃s/ **NF** erubescence

érubescent, e /eʀybesɑ̃, ɑ̃t/ **ADJ** erubescent

éruciforme /eʀysifɔʀm/ **ADJ** eruciform

érucique /eʀysik/ **ADJ** ◆ **acide érucique** erucic acid

éructation /eʀyktasjɔ̃/ **NF** (frm) eructation (frm)

éructer /eʀykte/ ▸ conjug 1 ◂ **VI** (frm) to eructate (frm)

érudit, e /eʀydi, it/ SYN
ADJ erudite, learned, scholarly
NM,F erudite *ou* learned person, scholar

érudition /eʀydisjɔ̃/ SYN **NF** erudition, scholarship

éruptif, -ive /eʀyptif, iv/ **ADJ** eruptive

éruption /eʀypsjɔ̃/ SYN **NF** ① (Géol) eruption ◆ **éruption (solaire)** solar flare ◆ **volcan en éruption** erupting volcano ◆ **entrer en éruption** to erupt
② (Méd) ◆ **éruption de boutons** outbreak of spots ◆ **éruption cutanée** (skin) rash
③ (= manifestation) ◆ **éruption de violence** outbreak *ou* outburst of violence

érysipélateux, -euse /eʀizipelatø, øz/ **ADJ** erysipelatous

érysipèle /eʀizipɛl/ **NM** erysipelas

érythème /eʀitɛm/ NM rash ◆ **érythème fessier** nappy (Brit) ou diaper (US) rash ◆ **érythème solaire** sunburn

Érythrée /eʀitʀe/ NF Eritrea

érythrine /eʀitʀin/ NF (= arbre) erythrina; (Chim) erythrine

érythroblaste /eʀitʀoblast/ NM erythroblast

érythroblastose /eʀitʀoblastoz/ NF erythroblastosis

érythrocyte /eʀitʀɔsit/ NM erythrocyte

érythromycine /eʀitʀɔmisin/ NF erythromycin

érythropoïèse /eʀitʀɔpɔjez/ NF erythropoiesis

érythropoïétine /eʀitʀɔpɔjetin/ NF erythropoietin

érythrosine /eʀitʀozin/ NF erythrosine

ès /ɛs/ PRÉP ◆ **licencié ès lettres/sciences** ≃ Bachelor of Arts/Science ◆ **docteur ès lettres** ≃ PhD ◆ **ès qualités** [agir, être invité] in one's official capacity ◆ **membre ès qualités** ex officio member

Ésaü /ezay/ NM Esau

esbigner (s') ‡ † /ɛsbiɲe/ ▸ conjug 1 ◂ VPR to skedaddle *, to clear off *

esbroufe * /ɛsbʀuf/ SYN NF ◆ **faire de l'esbroufe** to show off ◆ **il essaie de nous la faire à l'esbroufe** he's shooting us a line ‡, he's bluffing

esbroufer * /ɛsbʀufe/ ▸ conjug 1 ◂ VT ◆ **esbroufer qn** to shoot sb a line ‡

esbroufeur, -euse * /ɛsbʀufœʀ, øz/ NM,F big talker *

escabeau (pl **escabeaux**) /ɛskabo/ NM (= tabouret) (wooden) stool; (= échelle) stepladder, pair of steps (Brit) ◆ **tu me prêtes ton escabeau ?** can I borrow your stepladder? ou your steps (Brit)?

escadre /ɛskadʀ/ NF (= force navale) squadron ◆ **escadre (aérienne)** wing

escadrille /ɛskadʀij/ NF flight, ≃ squadron ◆ **escadrille de chasse** fighter squadron

escadron /ɛskadʀɔ̃/ NM (Mil) squadron; (= bande) bunch *, crowd ◆ **escadron de gendarmerie** platoon of gendarmes ◆ **escadron de la mort** death squad

escagasser * /ɛskagase/ ▸ conjug 1 ◂ VT (terme du Midi) (= assommer) to knock senseless, to stun; (= ennuyer, agacer) to bore to death ◆ **ils l'ont escagassé d'un grand coup sur la tête** they landed him a blow to the head that knocked him senseless ◆ **tu m'escagasses avec tes questions** you're being a real pain * with your questions

escalade /ɛskalad/ NF ① (= action) [de montagne, rocher] climbing; [de mur] climbing, scaling; (Hist) [de forteresse] scaling ◆ **partir faire l'escalade d'une montagne** to set off to climb a mountain
② (Sport) ◆ **l'escalade** (rock) climbing ◆ **escalade libre** free climbing ◆ **escalade artificielle** aid ou peg ou artificial climbing ◆ **une belle escalade** a beautiful climb ◆ **faire de l'escalade** to go (rock) climbing
③ (= aggravation) escalation ◆ **on craint une escalade de la violence en France** an escalation of violence is feared in France ◆ **pour éviter l'escalade** to stop things getting out of control

escalader /ɛskalade/ SYN ▸ conjug 1 ◂ VT [+ montagne, rocher] to climb; [+ mur] to climb, to scale; (Hist) [+ forteresse] to scale

escalator /ɛskalatɔʀ/ NM escalator

escale /ɛskal/ SYN NF ① (= endroit) (en bateau) port of call; (en avion) stop ◆ **faire escale à** (en bateau) to call at, to put in at; (en avion) to stop over at ② (= temps d'arrêt) (en bateau) call; (en avion) stop(over); (brève) touchdown ◆ **vol sans escale** nonstop flight ◆ **faire une escale à Marseille** (en bateau) to put in at Marseilles; (en avion) to stop (over) at Marseilles ◆ **escale technique** (en avion) refuelling stop

escalier /ɛskalje/ SYN NM
NM ① (= marches) stairs; (à l'extérieur) stairs, steps; (= cage) staircase, stairway ◆ **assis dans l'escalier** sitting on the stairs ◆ **grand escalier** main staircase ◆ **escalier en colimaçon** spiral staircase ◆ **montée en escalier** (Ski) side-stepping (NonC) ◆ **il m'a fait des escaliers dans les cheveux** * he's cut my hair all unevenly; → **esprit**
COMP **escalier d'honneur** grand staircase ◆ **escalier mécanique** ou **roulant** escalator ◆ **escalier de secours** fire escape ◆ **escalier de service** [de maison] backstairs, servants' stairs; [d'hôtel] service stairs

escalope /ɛskalɔp/ NF escalope ◆ **escalope cordon-bleu** breaded veal escalope or turkey breast stuffed with ham and cheese

escaloper /ɛskalɔpe/ ▸ conjug 1 ◂ VT [+ volaille, poisson] to cut into escalopes

escamotable /ɛskamɔtabl/ ADJ [train d'atterrissage, antenne] retractable; [lit, siège] collapsible, foldaway (épith); [escalier] foldaway (épith)

escamotage /ɛskamɔtaʒ/ NM ① [de cartes] conjuring away
② [de difficulté] evading, getting ou skirting round; [de question] dodging, evading; [de mot] skipping
③ * [de portefeuille] filching *, pinching *
④ [de train d'atterrissage] retraction

escamoter /ɛskamɔte/ SYN ▸ conjug 1 ◂ VT
① (= faire disparaître) [+ cartes etc] to conjure away
② [+ difficulté] to evade, to get round, to skirt round; [+ question] to dodge, to evade; [+ mot, repas] to skip
③ (* = voler) [+ portefeuille] to filch *, to pinch *
④ [+ train d'atterrissage] to retract

escamoteur, -euse † /ɛskamɔtœʀ, øz/ NM,F (= prestidigitateur) conjurer

escampette * /ɛskɑ̃pɛt/ NF → **poudre**

escapade /ɛskapad/ SYN NF ◆ **faire une escapade** [d'écolier] to run away ou off, to do a bunk ‡ (Brit) ◆ **on a fait une petite escapade ce week-end** we went for a little trip this weekend ◆ **escapade de trois jours** (Tourisme) three-day break

escape /ɛskap/ NF (= partie inférieure) apophyge, hypophyge; (= fût) shaft

escarbille /ɛskaʀbij/ NF bit of grit

escarboucle /ɛskaʀbukl/ NF (= pierre) carbuncle

escarcelle /ɛskaʀsɛl/ NF (†† = portefeuille) moneybag ◆ **tomber dans l'escarcelle de qn** (hum) [argent, prime] to wind up in sb's pocket; [entreprise] to get caught in sb's net

escargot /ɛskaʀgo/ NM (= animal) snail; (* = lambin) slowcoach * (Brit), slowpoke * (US) ◆ **avancer comme un escargot** ou **à une allure d'escargot** to go at a snail's pace ◆ **escargot de mer** whelk ◆ **opération escargot** (= manifestation) go-slow (Brit), slow-down (US)

escargotière /ɛskaʀgɔtjɛʀ/ NF (= parc) snail farm; (= plat) snail-dish

escarmouche /ɛskaʀmuʃ/ SYN NF (lit, fig) skirmish

escarpe /ɛskaʀp/ NF escarp

escarpé, e /ɛskaʀpe/ SYN ADJ steep

escarpement /ɛskaʀpəmɑ̃/ SYN NM (= côte) steep slope, escarpment (SPÉC); (= raideur) steepness ◆ **escarpement de faille** (Géol) fault scarp

escarpin /ɛskaʀpɛ̃/ NM low-fronted shoe, court shoe (Brit), pump (US)

escarpolette † /ɛskaʀpɔlɛt/ NF (= balançoire) swing; (Alpinisme) etrier (Brit), stirrup (US)

escarre /ɛskaʀ/ NF bedsore

escarrification /ɛskaʀifikasjɔ̃/ NF formation of a bedsore ou a decubitus ulcer (SPÉC)

Escaut /ɛsko/ NM ◆ **l'Escaut** the Scheldt

eschatologie /ɛskatɔlɔʒi/ NF eschatology

esche /ɛʃ/ NF bait

escher /eʃe/ ▸ conjug 1 ◂ VT to bait

Eschyle /eʃil/ NM Aeschylus

escient /ɛsjɑ̃/ NM
◆ **à bon escient** advisedly ◆ **utiliser qch à bon escient** to use sth wisely
◆ **à mauvais escient** ill-advisedly ◆ **les statistiques peuvent être utilisées à mauvais escient** statistics can be misused

esclaffer (s') /ɛsklafe/ SYN ▸ conjug 1 ◂ VPR to burst out laughing, to guffaw

esclandre /ɛsklɑ̃dʀ/ SYN NM (= scandale) scene; (public) scandal ◆ **faire** ou **causer un esclandre** (scandale) to make a scene; (public) to cause ou create a scandal

esclavage /ɛsklavaʒ/ SYN NM slavery, bondage (littér) ◆ **réduire en esclavage** to enslave ◆ **tomber en esclavage** to become enslaved ◆ **c'est de l'esclavage !** (fig) it's sheer slavery!

esclavagisme /ɛsklavaʒism/ NM proslavery

esclavagiste /ɛsklavaʒist/
ADJ proslavery (épith) ◆ **États esclavagistes** slave states
NMF person in favour of slavery; (fig) slave driver

esclave /ɛsklav/ SYN NMF slave (de qn/qch to sb/sth) ◆ **vie d'esclave** slave's life, life of slavery ◆ **être esclave de la mode/d'une habitude** to be a slave of fashion/to habit ◆ **devenir l'esclave de qn** to become enslaved to sb ◆ **se rendre esclave de qch** to become a slave to sth

escogriffe /ɛskɔgʀif/ NM ◆ **(grand) escogriffe** (great) beanpole *, string bean * (US)

escomptable /ɛskɔ̃tabl/ ADJ (Banque) discountable

escompte /ɛskɔ̃t/ NM (Banque) discount ◆ **présenter à l'escompte** to tender ou remit for discount ◆ **présenter une traite à l'escompte** to have a bill discounted

escompter /ɛskɔ̃te/ SYN ▸ conjug 1 ◂ VT (Banque) to discount; (fig) to expect ◆ **escompter faire qch** to expect to do sth, to reckon ou count on doing sth

escompteur /ɛskɔ̃tœʀ/ NM discounter

escopette † /ɛskɔpɛt/ NF blunderbuss

escorte /ɛskɔʀt/ SYN NF (gén) escort; (= suite) escort, retinue ◆ **(toute) une escorte de** (fig) a whole train ou suite of ◆ **sous bonne escorte** under escort ◆ **faire escorte à** to escort

escorter /ɛskɔʀte/ SYN ▸ conjug 1 ◂ VT to escort ◆ **il est toujours escorté de jolies femmes** he's always surrounded by pretty women

escorteur /ɛskɔʀtœʀ/ NM ◆ **(navire) escorteur** escort (ship)

escouade /ɛskwad/ NF (Mil) squad; [d'ouvriers] gang, squad; (= groupe de gens) group, squad

escourgeon /ɛskuʀʒɔ̃/ NM winter barley

escrime /ɛskʀim/ NF fencing ◆ **faire de l'escrime** to fence

escrimer (s') * /ɛskʀime/ SYN ▸ conjug 1 ◂ VPR ◆ **s'escrimer à faire qch** to wear ou knock * o.s. out doing sth ◆ **s'escrimer sur qch** to struggle away at sth

escrimeur, -euse /ɛskʀimœʀ, øz/ NM,F (Sport) fencer

escroc /ɛskʀo/ SYN NM crook, swindler, con man *

escroquer /ɛskʀɔke/ SYN ▸ conjug 1 ◂ VT to swindle, to con * ◆ **escroquer qn de qch** to swindle sb out of sth, to swindle ou con * sth out of sb ◆ **se faire escroquer par qn** to be swindled ou conned * by sb

escroquerie /ɛskʀɔkʀi/ SYN NF (gén) swindle, swindling (NonC); (Jur) fraud ◆ **être victime d'une escroquerie** (gén) to be swindled; (Jur) to be a victim of fraud ◆ **8 € pour un café, c'est de l'escroquerie** €8 for a coffee, that's a rip-off * ou that's daylight (Brit) ou highway (US) robbery ◆ **escroquerie intellectuelle** intellectual fraud

escudo /ɛskydo/ NM escudo

Esculape /ɛskylap/ NM Aesculapius

esculine /ɛskylin/ NF esculin

ésérine /ezeʀin/ NF physostigmin(e), eserine

esgourde † ‡ /ɛsguʀd/ NF ear, lug * (Brit) ◆ **ouvre bien tes esgourdes** pin back your lugholes * (Brit), listen up

Ésope /ezɔp/ NM Aesop

ésotérique /ezɔteʀik/ SYN ADJ esoteric

ésotérisme /ezɔteʀism/ NM esotericism

espace¹ /ɛspas/ SYN
NM ① (gén) space ◆ **espace-temps** space-time ◆ **espace disque** (Ordin) disk space ◆ **c'est un bel espace** (musée, salle) it's a beautiful space ◆ **l'espace public/urbain** public/urban space ◆ **l'espace publicitaire** advertising space ◆ **la musique est pour moi un espace de liberté** music is an area in which I can express myself freely
② (= zone géographique) area ◆ **l'espace monétaire européen** the European monetary area, Euroland ◆ **l'espace francophone** French-speaking countries
③ (= place) space, room ◆ **avoir assez d'espace pour bouger/vivre** to have enough room to move/live ◆ **manquer d'espace** to lack space, to be short of space ou room
④ (= intervalle) space ◆ **espace de temps** space of time ◆ **espace parcouru** distance covered, interval (of time) ◆ **laisser de l'espace** to leave some space ◆ **laisser un espace** to leave a space ou gap (entre between)
◆ **en l'espace de** ◆ **en l'espace de trois minutes** within (the space of) three minutes ◆ **en l'espace d'un instant** in no time at all

espace | esquinter

COMP l'espace aérien air space
l'Espace économique européen the European Economic Area
l'espace Schengen the Schengen area
espace vert park
espace vital (Hist) lebensraum; (fig) personal space

espace² /ɛspas/ NF (Typographie) (= tige) quad; (= blanc) space

espacé, e /ɛspase/ SYN (ptp de espacer) ADJ [arbres, objets] spaced (out) ◆ elle a mis des bibelots sur l'étagère, bien espacés she placed ornaments on the shelves, setting them neatly apart ◆ des crises assez régulièrement espacées attacks occurring at fairly regular intervals ◆ ses visites sont très espacées ces temps-ci his visits are few and far between these days ◆ réunions espacées de huit à dix jours meetings taking place every eight to ten days

espacement /ɛspasmɑ̃/ NM (= action) spacing out; (= résultat) spacing ◆ devant l'espacement de ses visites in view of the growing infrequency of his visits

espacer /ɛspase/ SYN ▶ conjug 3 ◀
VT [+ objets] to space out; [+ visites] to space out, to make less frequent
VPR s'espacer [visites, symptômes] to become less frequent

espadon /ɛspadɔ̃/ NM swordfish

espadrille /ɛspadrij/ NF espadrille

Espagne /ɛspaɲ/ NF Spain; → château, grand

espagnol, e /ɛspaɲɔl/
ADJ Spanish
NM [1] (= langue) Spanish
[2] ◆ **Espagnol** Spanish man, Spaniard ◆ **les Espagnols** the Spanish, the Spaniards
NF Espagnole Spanish woman, Spaniard

espagnolette /ɛspaɲɔlɛt/ NF (window) catch ◆ fenêtre fermée à l'espagnolette window resting on the catch

espalier /ɛspalje/ NM (Agr) espalier; (Sport) wall bars ◆ arbre en espalier espaliered tree

espar /ɛspaʀ/ NM (Naut) spar

espèce /ɛspɛs/ SYN NF [1] (Bio) species ◆ espèces species ◆ espèce humaine human race ◆ espèce animale/végétale animal/plant species; → propagation
[2] (= sorte) sort, kind, type ◆ de toute espèce of all kinds ou sorts ou types ◆ ça n'a aucune espèce d'importance that is of absolutely no importance ou not of the slightest importance ◆ c'est une espèce de boîte it's a kind ou sort of box ◆ de la pire espèce of the worst kind ou sort; → cas
[3] (*, péj) ◆ une ou un espèce d'excentrique est venu some eccentric turned up ◆ qu'est-ce que c'est que cette ou cet espèce de crétin ? who's this stupid twit?* ou idiot? ◆ espèce de maladroit ! you clumsy oaf!* ou clot!* (Brit)
[4] (Fin) ◆ espèces cash ◆ versement en espèces payment in cash ou in specie (SPÉC) ◆ en espèces sonnantes et trébuchantes († hum) in coin of the realm (hum)
[5] (Philos, Rel) species ◆ les Saintes Espèces the Eucharistic ou sacred species; → communier
[6] (locutions)
◆ en l'espèce in the case in point
◆ sous les espèces de in the form of

espérance /ɛspeʀɑ̃s/ SYN NF [1] (= espoir) hope (de for), expectation(s) ◆ l'espérance (Rel, gén) hope ◆ au delà de toute espérance beyond all expectations ◆ ça a dépassé toutes nos espérances it was far more than we'd hoped for ◆ contre toute espérance against all expectations ou hope, contrary to expectation(s) ◆ avoir ou nourrir de grandes espérances to have ou cherish great hopes ◆ bâtir ou fonder des espérances sur to build ou base one's hopes on ◆ mettre son espérance ou ses espérances en ou dans to pin one's hopes on ◆ « Les Grandes Espérances » (Littérat) "Great Expectations"
[2] (= sujet d'espoir) hope ◆ c'est là toute mon espérance that is my greatest hope, it's what I hope for most
[3] (Sociol) ◆ espérance de vie life expectancy
[4] († ou hum = héritage) ◆ espérances expectations ◆ il a de belles espérances du côté de sa tante he has great expectations of an inheritance from his aunt

espérantiste /ɛspeʀɑ̃tist/ ADJ, NMF Esperantist

espéranto /ɛspeʀɑ̃to/ NM Esperanto

espérer /ɛspeʀe/ GRAMMAIRE ACTIVE 4, 8.2 SYN ▶ conjug 6 ◀
VT (= souhaiter) [+ succès, récompense, aide] to hope for ◆ **espérer réussir** to hope to succeed ◆ j'espère qu'il viendra I hope he'll come ◆ nous ne vous espérions plus we'd given up (all) hope of seeing you, we'd given up on you ◆ je n'en espérais pas tant I wasn't hoping ou I hadn't dared to hope for as much ◆ viendra-t-il ? – je l'espère (bien) ou j'espère (bien) will he come? – I (certainly) hope so ◆ ceci (nous) laisse ou fait espérer un succès rapide this gives us hope ou makes us hopeful of quick success ◆ n'espérez pas qu'il change d'avis there is no point in hoping he'll change his mind ◆ j'espère bien n'avoir rien oublié I hope I haven't forgotten anything ◆ il n'est pas nécessaire d'espérer pour entreprendre ni de réussir pour persévérer (Prov) success is not everything (Prov)
VI (= avoir confiance) to have faith ◆ il faut espérer you must have faith ◆ espérer en [+ Dieu, honnêteté de qn, bienfaiteur] to have faith in, to trust in

esperluette /ɛspɛʀlɥɛt/ NF ampersand

espiègle /ɛspjɛgl/ SYN
ADJ [enfant] mischievous, impish; [air] roguish, mischievous
NMF imp, monkey*

espièglerie /ɛspjɛgləʀi/ NF [1] (= caractère) [d'enfant] mischievousness, impishness; [d'air] roguishness, mischievousness
[2] (= tour) piece of mischief, prank

espingole /ɛspɛ̃gɔl/ NF blunderbuss

espion, -ionne /ɛspjɔ̃, jɔn/ SYN NM,F spy

espionite /ɛspjɔnit/ NF spy mania

espionnage /ɛspjɔnaʒ/ NM espionage, spying ◆ film/roman d'espionnage spy film/novel ou thriller ◆ espionnage industriel industrial espionage

espionner /ɛspjɔne/ SYN ▶ conjug 1 ◀ VT [+ personne, actions] to spy on ◆ **espionner pour le compte de qn** to spy for sb

espionnite /ɛspjɔnit/ NF ⇒ espionite

esplanade /ɛsplanad/ NF esplanade

espoir /ɛspwaʀ/ SYN NM [1] (= espérance) hope ◆ espoirs chimériques wild hopes ◆ dans l'espoir de vous voir bientôt hoping to see you soon, in the hope of seeing you soon ◆ avoir l'espoir/le ferme espoir que to be hopeful/very hopeful that ◆ il n'y a plus d'espoir all hope is lost ou there's no longer any hope ◆ avoir bon espoir de faire/que to have great hopes of doing/that, to be confident of doing/that ◆ reprendre espoir to (begin to) feel hopeful again, to take heart once more ◆ sans espoir [amour, situation] hopeless ◆ aimer sans espoir to love without hope ◆ l'espoir fait vivre (gén) hope keeps us going; (hum) there's always hope ◆ tous les espoirs sont permis there's no limit to what we can hope for; → lueur, rayon
[2] (= personne) hope ◆ vous êtes mon dernier espoir you are my last hope ◆ les jeunes espoirs du ski/de la chanson the young hopefuls of the skiing/singing world ◆ un des grands espoirs de la boxe française one of the great hopes in French boxing, one of France's great boxing hopes

espressivo /ɛspresivo/ ADJ, ADV espressivo

esprit /ɛspʀi/ SYN
NM [1] (gén, = pensée) mind ◆ l'esprit humain the mind of man, the human mind ou intellect ◆ se reporter en esprit ou par l'esprit à to cast one's mind back to ◆ avoir l'esprit large/étroit to be broad-/narrow-minded ◆ avoir l'esprit vif/lent to be quick-/slow-witted ◆ vivacité/lenteur d'esprit quickness/slowness of wit ou mind ◆ avoir l'esprit clair to have a clear head ou mind ◆ avoir l'esprit mal tourné to have a dirty mind, to have that sort of mind (Brit) ◆ il a l'esprit ailleurs his mind is elsewhere ou on other things ◆ où ai-je l'esprit ? what am I thinking of? ◆ j'ai l'esprit plus libre maintenant my mind is freer now ◆ il n'a pas l'esprit à ce qu'il fait his mind is not on what he's doing ◆ je n'ai pas l'esprit à rire I'm not in the mood for laughing ◆ dans mon esprit ça voulait dire... to my mind it meant... ◆ l'esprit est fort ou prompt, mais la chair est faible (hum) the spirit is willing but the flesh is weak ◆ il m'est venu à l'esprit que... it crossed my mind that..., it occurred to me that... ◆ un esprit sain dans un corps sain (Prov) a healthy ou sound mind in a healthy body; → aventure, disposition, état, faible
[2] (= humour) wit ◆ avoir de l'esprit to be witty ◆ faire de l'esprit to try to be witty ou funny ◆ manquer d'esprit to lack sparkle ou wit; → femme, mot, trait
[3] (= être humain) ◆ son pouvoir sur les esprits/jeunes esprits his power over people's minds/young minds ◆ il joue les esprits forts he claims to be a rational man ◆ c'est un esprit subtil he is a shrewd man, he has a shrewd mind ◆ un des plus grands esprits du siècle one of the greatest minds of the century ◆ bel esprit will ◆ faire le bel esprit to show off one's wit ◆ les grands ou beaux esprits se rencontrent great minds think alike
[4] (Rel, Spiritisme) spirit ◆ esprit, es-tu là ? is (there) anybody there? ◆ je ne suis pas un pur esprit I'm flesh and blood (and I have to eat)
[5] [de loi, époque, texte] spirit ◆ « De l'esprit des lois » (Littérat) "The Spirit of Laws"
[6] (= aptitude) ◆ avoir l'esprit mathématique/d'analyse/d'entreprise to have a mathematical/an analytical/an enterprising mind ◆ avoir l'esprit critique to be critical, to have a critical mind ◆ avoir l'esprit de critique to like criticizing for its own sake ◆ avoir l'esprit de synthèse to have a global approach ◆ avoir le bon esprit de to have enough sense to, to have the (good) sense to
[7] (= attitude) spirit ◆ l'esprit de cette classe ou qui règne dans cette classe the (general) attitude of this class ◆ esprit de révolte/sacrifice spirit of rebellion/sacrifice ◆ dans un esprit de conciliation in a spirit of conciliation ◆ comprenez l'esprit dans lequel je le dis you must understand the spirit in which I say it ◆ avoir mauvais esprit to be negative about things ◆ faire du mauvais esprit to make snide remarks
[8] (Ling) ◆ esprit doux/rude smooth/rough breathing

COMP esprits animaux († Méd) animal spirits
esprit de caste class consciousness
esprits chagrins (péj) fault-finders ◆ il y aura toujours des esprits chagrins pour critiquer there'll always be miserable people who'll find fault
esprit de chapelle cliquishness
esprit de clan clannishness
esprit de clocher parochialism ◆ avoir l'esprit de clocher to have a small-town mentality
esprit de compétition competitive spirit
esprit de contradiction argumentativeness ◆ il a l'esprit de contradiction he likes to contradict people just for the sake of it
esprit de corps esprit de corps
esprit d'équipe team spirit
esprit d'escalier ◆ tu as l'esprit d'escalier you never think of an answer until it's too late
esprit de famille family feeling; (péj) clannishness
esprit frappeur poltergeist
esprit malin ou du mal evil spirit
l'Esprit saint (Rel) the Holy Spirit ou Ghost
esprit de suite consistency (of thought)
esprit de système methodical ou systematic mind; → conquête, initiative, ouverture

esprit-de-bois /ɛspʀidbwa/ NM wood alcohol

esprit-de-sel /ɛspʀidsɛl/ NM spirits of salt

esprit-de-vin /ɛspʀidvɛ̃/ NM spirits of wine

esquif /ɛskif/ NM (littér) boat ◆ frêle esquif frail barque (littér)

esquille /ɛskij/ NF splinter (of bone)

esquimau, -aude (mpl esquimaux) /ɛskimo, od/
ADJ Eskimo ◆ chien esquimau husky
NM [1] (= langue) Eskimo
[2] (® = glace) choc-ice (Brit), ice-cream bar (US)
NM,F Esquimau(de) Eskimo

esquimautage /ɛskimotaʒ/ NM (Kayak) (Eskimo) roll

esquintant, e* /ɛskɛ̃tɑ̃, ɑ̃t/ ADJ exhausting

esquinter* /ɛskɛ̃te/ SYN ▶ conjug 1 ◀
VT [1] (= abîmer) [+ objet] to mess up*; [+ yeux] to do in*, to ruin; [+ santé] to ruin; [+ adversaire] to beat up, to bash up*; [+ voiture] to smash up ◆ se faire esquinter par une voiture [automobiliste] to have ou get one's car bashed* ou smashed into by another; [cycliste, piéton] to get badly bashed up* by a car ◆ aile esquintée [de voiture] damaged ou dented wing ◆ vieux râteau tout esquinté battered old rake
[2] (= critiquer) [+ film, livre] to pull to pieces, to pan*, to slate (Brit)

VPR **s'esquinter** (= *se fatiguer*) to tire *ou* knock* o.s. out; (= *se blesser*) to hurt o.s. ◆ **s'esquinter le bras** to hurt one's arm ◆ **s'esquinter à travailler** to work o.s. to death, to work o.s. into the ground ◆ **s'esquinter à étudier** to wear o.s. out studying, to work o.s. into the ground studying ◆ **s'esquinter les yeux (à lire)** to strain one's eyes (reading)

esquisse /ɛskis/ SYN NF (*Peinture*) sketch; [*de projet*] outline, sketch; [*de geste, sourire*] beginnings, suggestion

esquisser /ɛskise/ SYN ► conjug 1 ◄ VT (*Peinture*) to sketch (out); [+ *projet*] to outline, to sketch ◆ **esquisser un geste** to make a slight *ou* vague gesture, to half-make a gesture ◆ **esquisser un pas de danse** to have a quick dance ◆ **un sourire à peine esquissé** the ghost of a smile, the faintest of smiles ◆ **un certain progrès commence à s'esquisser** one can begin to detect some progress

esquive /ɛskiv/ NF (*Boxe*) dodge; (*en politique*) evasion, sidestepping (*NonC*) ◆ **il est passé maître dans l'art de l'esquive** he's a past master in the art of sidestepping *ou* dodging his opponents (*ou* the issue)

esquiver /ɛskive/ SYN ► conjug 1 ◄

VT [+ *difficulté, piège, danger, responsabilité*] to evade; [+ *coup, question*] to dodge, to evade; [+ *personne*] to elude, to evade; [+ *obligation*] to shirk, to dodge

VPR **s'esquiver** to slip *ou* sneak away

essai /esɛ/ SYN NM 1 (= *mise à l'épreuve*) [*de produit*] testing; [*de voiture*] trying out, testing ◆ **faire l'essai de** [+ *produit*] to try out; [+ *nouvelle voiture*] to test drive, to try (out) ◆ **nous avons procédé par essais et erreurs** we did it by trial and error; → **banc, bout**

2 (= *test*) test ◆ **essais nucléaires** nuclear tests ◆ **essais** (= *tests techniques de voiture ou d'avion*) trials ◆ **essais de résistance** resistance tests

3 (= *tentative*) attempt, try; (*Sport*) attempt ◆ **faire plusieurs essais** to have several tries, to make *ou* have several attempts ◆ **faire des essais infructueux** to make fruitless attempts ◆ **où en sont tes essais de plantations ?** how are your efforts at growing things *ou* your attempts at gardening progressing? ◆ **ce n'est pas mal pour un premier essai** that's not bad for a first try *ou* attempt *ou* go ◆ **se livrer à des forages d'essai** [*compagnie pétrolière*] to test drill

◆ **coup d'essai** first attempt ◆ **huit ans après ce coup d'essai, il écrit un second roman** eight years after this first attempt, he wrote a second novel ◆ **il n'en est pas à son coup d'essai** it's not a novice

◆ **à l'essai** ◆ **être à l'essai** [*personne*] to be on trial ◆ **c'est à l'essai** [*procédé*] it's being tried out *ou* tested ◆ **prendre qn à l'essai** to take sb on for a trial period *ou* on a trial basis ◆ **mettre à l'essai** to test (out), to put to the test ◆ **mise à l'essai** [*de procédé*] test; → **ballon**[1], **bout, période**

4 (*Rugby*) try ◆ **marquer un essai** to score a try

5 (*Littérat*) essay

6 (SPEC) [*d'or, argent*] assay

essaim /esɛ̃/ SYN NM (*lit, fig*) swarm ◆ **essaim de jeunes filles** bevy *ou* gaggle of girls

essaimage /esɛmaʒ/ NM [*d'abeilles*] swarming; [*de famille*] scattering; [*de firme*] (= *développement*) spreading, expansion; (= *séparation*) hiving off

essaimer /eseme/ ► conjug 1 ◄ VI [*abeilles*] to swarm; [*famille*] to scatter; [*firme*] (= *se développer*) to spread, to expand; (= *se séparer*) to hive off

essart /esaʀ/ NM cleared land

essartage /esaʀtaʒ/, **essartement** /esaʀt(ə)mɑ̃/ NM (*Agr*) clearing (*by grubbing ou by using the slash-and-burn method*)

essarter /esaʀte/ ► conjug 1 ◄ VT [*champ*] to clear (*by grubbing ou by using the slash-and-burn method*)

essayage /esɛjaʒ/ NM (*Couture*) fitting, trying on; → **cabine, salon**

essayer /eseje/ SYN ► conjug 8 ◄

VT 1 (= *mettre à l'épreuve*) [+ *produit*] to test (out), to try (out); [+ *médicament, vaccin*] to try out; [+ *voiture*] to test ◆ **venez essayer notre nouveau modèle** come and test drive *ou* try (out) our new model ◆ **essayer sa force/son talent** to try *ou* test one's strength/skill

2 (= *utiliser pour la première fois*) [+ *voiture, produit*] to try (out) ◆ **avez-vous essayé le nouveau boucher ?*** have you tried the new butcher('s)?; → **adopter**

3 [+ *vêtement*] to try on ◆ **il faut que je vous l'essaie** I must try it on you

4 (= *tenter*) [+ *méthode*] to try ◆ **essayer de faire** to try *ou* attempt to do ◆ **as-tu essayé les petites annonces ?** have you tried the classified ads? ◆ **essaie de le faire** try to do it, try and do it ◆ **il a essayé de s'échapper** he attempted *ou* tried to run away ◆ **je vais essayer** I'll try, I'll have a go *ou* a try *ou* a shot (at it) ◆ **essaie un coup*** have a crack at it*, have a bash (at it)* ◆ **essaie un peu pour voir** (*si tu y arrives*) have a try *ou* a go and see; (* *si tu l'oses*) just you try!*, just let me see you try it! ◆ **n'essaie pas de ruser avec moi** don't try being clever with me, don't try it on with me* (*Brit*)

5 (SPEC) [+ *or, argent*] to assay

VPR **s'essayer** ◆ **s'essayer à qch/à faire** to try one's hand at sth/at doing, to have a go at sth/at doing

essayeur, -euse /esɛjœʀ, øz/ NM,F (*Couture*) fitter; [*d'or, argent*] assayer

essayiste /esejist/ NMF essayist

esse /ɛs/ NF (= *crochet*) hook; (= *goupille*) linchpin; [*de violon*] sound-hole

ESSEC /esɛk/ NF (abrèv de **École supérieure des sciences économiques et commerciales**) *grande école for management and business students*

essence /esɑ̃s/ SYN NF 1 (= *carburant*) petrol (*Brit*), gas(oline) (*US*); (= *solvant*) spirit ◆ **essence minérale** mineral oil ◆ **essence ordinaire** two-star petrol (*Brit*), regular gas (*US*) ◆ **essence sans plomb** unleaded petrol (*Brit*), unleaded gas (*US*) ◆ **essence de térébenthine** turpentine ◆ **à essence** petrol-driven (*Brit*), gasoline-powered (*US*) ◆ **prendre** *ou* **faire* de l'essence** to get petrol (*Brit*) *ou* gas (*US*), to fill up with petrol (*Brit*) *ou* gas (*US*); → **distributeur, panne**[1]

2 (= *extrait*) [*de plantes*] essential oil, essence; [*d'aliments*] essence ◆ **essence de vanille/de violette/de café** vanilla/violet/coffee essence ◆ **essence de citron/de rose** lemon/rose oil ◆ **essence de lavande** lavender essence *ou* oil

3 (= *fondement*) [*de conversation, question, doctrine*] gist, essence; [*de livre*] gist; (*Philos*) essence (*littér*) ◆ **par essence** in essence, essentially

4 (= *espèce*) [*d'arbres*] species ◆ **essence à feuilles persistantes** evergreen species ◆ **se croire d'une essence supérieure** (*littér*) to think of o.s. as a superior being *ou* as of a superior species

essentialisme /esɑ̃sjalism/ NM essentialism

essentialiste /esɑ̃sjalist/ ADJ essentialist

essentiel, -elle /esɑ̃sjɛl/ GRAMMAIRE ACTIVE 10.1, 26.2 SYN

ADJ 1 (= *indispensable*) essential ◆ **ces formalités sont essentielles** these formalities are essential (*à* to; *pour* for)

2 (= *de base*) essential, basic, main (*épith*) ◆ **essentiel à** essential to; → **huile**

NM 1 ◆ **l'essentiel** (= *objets nécessaires*) the basic essentials; (= *points principaux*) the essentials, the essential *ou* basic points ◆ **c'est l'essentiel** that's the main thing ◆ **l'essentiel est de...** the main *ou* important thing is to... ◆ **vous avez oublié l'essentiel : le coût** you've forgotten the most important thing: the cost ◆ **je suis passé à côté de l'essentiel** (*dans ma vie, ma carrière*) I've missed out on the most important things

2 ◆ **l'essentiel de** [+ *conversation*] the main part of; [+ *fortune*] the best *ou* main part of, the bulk of ◆ **l'essentiel de ce qu'il dit** most of what he says ◆ **l'essentiel de leur temps** the best part of their time

essentiellement /esɑ̃sjɛlmɑ̃/ SYN ADV (*gén*) basically, essentially, mainly; (= *en majorité*) essentially, mainly; (*Philos*) essentially ◆ **c'est essentiellement grâce à.../dû à...** it is basically *ou* essentially thanks to.../due to...

esseulé, e /esœle/ ADJ (*littér*) forsaken (*littér*), forlorn (*littér*)

essieu (pl **essieux**) /esjø/ NM axle(-tree)

essor /esɔʀ/ SYN NM (*frm* = *envol*) [*d'oiseau, imagination*] flight; (= *croissance*) [*d'entreprise, pays*] rapid development *ou* expansion; [*d'art, civilisation*] blossoming ◆ **entreprise en plein essor** firm in full expansion ◆ **prendre son essor** [*d'oiseau*] to soar up into the sky; [*de société*] to develop *ou* expand rapidly ◆ **le cinéma connaît un nouvel essor** the cinema is enjoying a new boom

essorage /esɔʀaʒ/ NM (*avec essoreuse à rouleaux*) wringing; (*à la main*) wringing out; (*par la force centrifuge*) spin-drying ◆ **mettre sur la position « essorage »** to put on "spin" ◆ **essorage court/doux** *ou* **léger** short/gentle spin

essorer /esɔʀe/ ► conjug 1 ◄ VT (*avec essoreuse à rouleaux*) to wring; (*à la main*) to wring out; (*par la force centrifuge*) to spin-dry

2 (*Héraldique*) ◆ **oiseau essoré** soaring bird

essoreuse /esɔʀøz/ NF (*à rouleaux*) wringer, mangle; (*à tambour*) spin-dryer ◆ **essoreuse à salade** salad spinner

essoriller /esɔʀije/ ► conjug 1 ◄ VT [+ *chien*] to crop

essoucher /esuʃe/ ► conjug 1 ◄ VT to stump

essoufflement /esufləmɑ̃/ NM breathlessness (*NonC*), shortness of breath (*NonC*); [*de mouvement*] running out of steam

essouffler /esufle/ ► conjug 1 ◄

VT to make breathless, to wind ◆ **il était essoufflé** he was out of breath *ou* winded *ou* puffed* (*Brit*)

VPR **s'essouffler** SYN [*coureur*] to get out of breath, to get puffed* (*Brit*); [*roman, travail*] to tail off, to fall off; [*romancier*] to exhaust o.s. *ou* one's talent, to dry up*; [*reprise économique, mouvement de grève*] to run out of steam

essuie /esɥi/ NM (*Belg*) (*pour les mains*) hand towel; (= *serviette de bain*) bath towel; (= *torchon*) cloth

essuie-glace (pl **essuie-glaces**) /esɥiglas/ NM windscreen (*Brit*) *ou* windshield (*US*) wiper ◆ **essuie-glace arrière** rear windscreen wiper ◆ **essuie-glace à balayage intermittent** intermittent wiper

essuie-mains /esɥimɛ̃/ NM INV hand towel

essuie-meuble(s) (pl **essuie-meubles**) /esɥimœbl/ NM duster

essuie-phare(s) (pl **essuie-phares**) /esɥifaʀ/ NM headlight *ou* headlamp wiper

essuie-pieds /esɥipje/ NM INV doormat

essuie-tout /esɥitu/ NM INV kitchen paper (*Brit*), paper towels (*US*), Scott towels ® (*US*)

essuie-verre(s) (pl **essuie-verres**) /esɥivɛʀ/ NM glass cloth

essuyage /esɥijaʒ/ NM [*d'objet mouillé, assiettes*] wiping, drying; [*de sol, surface mouillée*] wiping, mopping; [*de tableau noir*] cleaning, wiping; [*de surface poussiéreuse*] dusting; [*de liquide*] wiping up, mopping up

essuyer /esɥije/ SYN ► conjug 8 ◄

VT 1 (= *nettoyer*) [+ *objet mouillé, assiettes*] to wipe, to dry; [+ *sol, surface mouillée*] to wipe, to mop; [+ *tableau noir*] to clean, to wipe; [+ *surface poussiéreuse*] to dust; [+ *liquide*] to wipe up, to mop up ◆ **essuie-toi les pieds** *ou* **essuie tes pieds avant d'entrer** wipe your feet before you come in ◆ **essuyer la vaisselle** to dry the dishes, to do the drying-up (*Brit*) ◆ **le tableau est mal essuyé** the blackboard hasn't been cleaned *ou* wiped properly ◆ **nous avons essuyé les plâtres*** we had all the initial problems to put up with

2 (= *subir*) [+ *pertes, reproches, échec, insultes*] to endure; [+ *refus*] to meet with; [+ *tempête*] to weather, to ride out ◆ **essuyer le feu de l'ennemi** to come under enemy fire ◆ **essuyer un coup de feu** to be shot at

VPR **s'essuyer** [*personne*] to dry o.s. ◆ **s'essuyer les mains** to dry one's hands ◆ **s'essuyer la bouche** to wipe one's mouth ◆ **s'essuyer les pieds** (= *sécher*) to dry one's feet; (= *nettoyer*) to wipe one's feet

essuyeur, -euse /esɥijœʀ, øz/ NM,F (= *personne*) wiper

est /ɛst/

NM INV 1 (= *point cardinal*) east ◆ **le vent d'est** the east wind ◆ **un vent d'est** an east(erly) wind, an easterly (*Naut*) ◆ **le vent tourne/est à l'est** the wind is veering east(wards) *ou* towards the east/is blowing from the east ◆ **regarder vers l'est** to look east(wards) *ou* towards the east ◆ **le soleil se lève à l'est** the sun rises in the east ◆ **à l'est de** east of, to the east of ◆ **la maison est exposée plein est** the house faces *ou* looks due east ◆ **d'est en ouest** from east to west ◆ **« À l'est d'Éden »** (*Ciné*) "East of Eden"

2 (= *régions orientales*) east ◆ **l'Est** (*Pol*) the East ◆ **la France de l'Est, l'est (de la France)** the East (of France) ◆ **les pays/le bloc de l'Est** the Eastern countries/bloc ◆ **l'Europe de l'Est** Eastern Europe

ADJ INV [*région, partie*] eastern; [*entrée, paroi*] east; [*versant, côte*] east(ern); [*côté*] east(ward); [*direction*] eastward, easterly; → **longitude**

estacade /ɛstakad/ NF landing stage

estafette /ɛstafɛt/ NF (*Mil*) courier; (= *camionnette*) van

estafilade /ɛstafilad/ NF gash, slash

est-allemand, e (mpl **est-allemands**) /ɛstalmɑ̃, ɑ̃d/ (Hist)
  ADJ East German
  NM,F **Est-Allemand(e)** East German

estaminet † /ɛstaminɛ/ NM tavern; (péj) pothouse † (péj), (low) dive (péj)

estampage /ɛstɑ̃paʒ/ NM ① († * = escroquerie) fleecing, swindling ◆ **c'est de l'estampage** it's a plain swindle
  ② (Tech) stamping

estampe /ɛstɑ̃p/ NF (= image) engraving, print; (= outil) stamp ◆ **estampe japonaise** Japanese print ◆ **venez voir mes estampes japonaises** (euph, hum) you must let me show you my etchings (hum)

estamper /ɛstɑ̃pe/ ▸ conjug 1 ◂ VT ① († * = voler) to fleece, to swindle ◆ **se faire estamper** to be fleeced ou swindled
  ② (Tech) to stamp

estampeur, -euse /ɛstɑ̃pœʀ, øz/ NM,F ① * swindler, shark *
  ② (Tech) stamper

estampillage /ɛstɑ̃pijaʒ/ NM stamping, marking

estampille /ɛstɑ̃pij/ SYN NF stamp

estampiller /ɛstɑ̃pije/ ▸ conjug 1 ◂ VT to stamp

estancia /ɛstɑ̃sja/ NF estancia

estarie /ɛstaʀi/ NF (Naut) lay-days

ester[1] /ɛste/ VI (s'emploie uniquement à l'infinitif) ◆ **ester en justice** [plaignant] to go to court; [accusé] to appear

ester[2] /ɛstɛʀ/ NM (Chim) ester ◆ **ester de colza** rape methyl ester

estérase /ɛsteʀaz/ NF esterase

estérification /ɛsteʀifikasjɔ̃/ NF esterification

estérifier /ɛsteʀifje/ ▸ conjug 7 ◂ VT to esterify

esthésie /ɛstezi/ NF aesthesia, esthesia (US)

esthète /ɛstɛt/ NMF aesthete (Brit), esthete (US)

esthéticien, -ienne /ɛstetisjɛ̃, jɛn/ NM,F (de salon de beauté) beautician; (Art) aesthetician (Brit), esthetician (US)

esthétique /ɛstetik/ SYN
  ADJ ① (= beau) attractive ◆ **ce bâtiment n'a rien d'esthétique** there is nothing attractive about this building; → **chirurgie, soin**
  ② [jugement, sentiment] aesthetic (Brit), esthetic (US) ◆ **sens esthétique** aesthetic sense
  NF [de visage, pose] aesthetic (Brit) ou esthetic (US) quality, attractiveness ◆ **l'esthétique** (= discipline) aesthetics (sg), esthetics (US) (sg) ◆ **l'esthétique industrielle** industrial design ◆ **juste pour l'esthétique** just for overall effect

esthétiquement /ɛstetikmɑ̃/ ADV aesthetically (Brit), esthetically (US)

esthétisant, e /ɛstetizɑ̃, ɑ̃t/ ADJ (péj) [caractère, film] mannered

esthétiser /ɛstetize/ ▸ conjug 1 ◂
  VI to favour aestheticism
  VT to make more aesthetic

esthétisme /ɛstetism/ NM ① (= doctrine, discours) aestheticism (Brit), estheticism (US)
  ② (= qualités esthétiques) aesthetic (Brit) ou esthetic (US) qualities ◆ **l'esthétisme du film** the film's aesthetic qualities ◆ **l'esthétisme japonais** the Japanese aesthetic
  ③ (= formalisme) formalism ◆ **d'un esthétisme excessif** too formalistic

estimable /ɛstimabl/ SYN ADJ ① (frm = digne d'estime) respectable, estimable (frm), worthy (frm)
  ② (= déterminable) assessable, calculable ◆ **ces dégâts sont difficilement estimables** it is difficult to assess the extent of this damage

estimatif, -ive /ɛstimatif, iv/ ADJ [coût, valeur] estimated, appraised ◆ **état estimatif** estimated statement

estimation /ɛstimasjɔ̃/ SYN NF ① (= évaluation) [d'objet] appraisal, valuation; [de dégâts, prix] assessment, estimation; [de distance, quantité] estimation, reckoning; [de propriété] valuation, assessment
  ② (= chiffre donné) estimate, estimation ◆ **d'après mes estimations** according to my estimations ou reckonings ◆ **estimation des coûts** cost estimate
  ③ (= sondage d'opinion, prévision) ◆ **estimations** projections

estime /ɛstim/ GRAMMAIRE ACTIVE 13.4 SYN NF (= considération) esteem, respect, regard ◆ **jouir d'une grande estime** to be highly respected ou regarded, to be held in high esteem ou regard ◆ **il a baissé dans mon estime** he has gone down in my estimation ou in my esteem ◆ **ce succès mérite l'estime de tous** this success deserves the respect of everyone ◆ **avoir de l'estime pour** to have (a) great esteem ou respect ou great regard for ◆ **tenir en piètre estime** to have little regard ou respect for
  ◆ **à l'estime** ◆ **naviguer à l'estime** (lit) to sail by dead reckoning; (fig) to sail in the dark ◆ **calculer à l'estime** to make a rough estimate; → **succès**

estimer /ɛstime/ SYN ▸ conjug 1 ◂ VT ① (= expertiser) [+ objet, propriété] to appraise, to value, to assess; [+ dégâts] to assess, to estimate, to evaluate (à at) ◆ **faire estimer un bijou** to have a piece of jewellery valued ou appraised ◆ **cette bague est estimée à 3 000 €** this ring is valued at €3,000
  ② (= calculer approximativement) [+ prix] to assess, to estimate, to evaluate (à at); [+ distance, quantité] to estimate, to reckon ◆ **les pertes sont estimées à 2 000 morts** 2,000 people are estimated to have died, an estimated 2,000 people have died, the number of those dead is estimated at ou put at 2,000 ◆ **j'estime sa vitesse à 80 km/h** I reckon his speed to be 80 km/h, I would put his speed at 80 km/h
  ③ (= respecter) [+ personne] to esteem, to hold in esteem ou high esteem ou regard, to respect ◆ **estimé de tous** respected ou esteemed ou highly regarded by everyone ◆ **notre estimé collègue** our esteemed colleague ◆ **savoir se faire estimer** to know how to win people's respect ou regard ou esteem
  ④ (= faire cas de) [+ qualité] to appreciate ◆ **j'estime beaucoup sa loyauté** I greatly value his loyalty ◆ **c'est un plat très estimé** this dish is considered a great delicacy
  ⑤ (= considérer) ◆ **estimer que...** to consider ou judge ou reckon that... ◆ **j'estime qu'il est de mon devoir de...** I consider it ou judge it ou deem it † (to be) my duty to... ◆ **il estime que vous avez tort de faire cela** he considers it wrong for you to do that ◆ **il estime avoir raison** he considers he is right ou in the right ◆ **nous estimons nécessaire de dire/que** we consider it ou judge it ou deem it † necessary to say/that ◆ **estimer inutile de faire** to see no point in doing, to consider it pointless to do ◆ **s'estimer heureux d'avoir/que** to consider o.s. fortunate to have/that

estivage /ɛstivaʒ/ NM summering of cattle on mountain pastures

estival, e (mpl **-aux**) /ɛstival, o/ ADJ (lit) summer (épith); (= agréable) [temps, température] summery ◆ **station estivale** summer resort ◆ **la période estivale** the summer season ou months

estivant, e /ɛstivɑ̃, ɑ̃t/ NM,F holiday-maker (Brit), vacationer (US), summer visitor

estivation /ɛstivasjɔ̃/ NF aestivation (Brit), estivation (US)

estive /ɛstiv/ NF (Agr) summer pasture

est-nord-est /ɛstnɔʀɛst/ ADJ INV, NM INV east-north-east

estoc /ɛstɔk/ NM → **frapper**

estocade /ɛstɔkad/ NF (Tauromachie) death-blow, final thrust ◆ **donner l'estocade à un taureau** to deal a bull the death-blow ◆ **donner l'estocade à une personne/un projet** to give ou deal the finishing blow to a person/a plan

estomac /ɛstɔma/ SYN NM ① (= organe) stomach ◆ **avoir mal à l'estomac** to have (a) stomach ache ou tummy ache * ◆ **partir l'estomac creux** ou **vide** to set off on an empty stomach ◆ **avoir l'estomac plein** ou **bien rempli** to be full (up), to have eaten one's fill ◆ **j'ai l'estomac dans les talons** I'm starving ou famished ◆ **avoir un estomac d'autruche** to have a cast-iron stomach ◆ **prendre de l'estomac** * to develop a paunch; → **aigreur, creux, rester**
  ② * ◆ **avoir de l'estomac** (= avoir du culot) to have a nerve; (= avoir du courage) to have guts * ◆ **il la lui a fait à l'estomac** he bluffed him

estomaquer * /ɛstɔmake/ SYN ▸ conjug 1 ◂ VT to flabbergast, to stagger

estompage /ɛstɔ̃paʒ/ NM [de dessin] stumping, shading off; [de contours, souvenirs] blurring, dimming, softening

estompe /ɛstɔ̃p/ NF (Art) stump

estompé, e /ɛstɔ̃pe/ (ptp de **estomper**) ADJ (= voilé) [couleurs, image] blurred, soft

estomper /ɛstɔ̃pe/ SYN ▸ conjug 1 ◂
  VT (Art) [+ dessin] to stump (SPÉC), to shade off (with a stump); (= voiler) [+ contours, souvenir] to blur, to dim, to soften
  VPR **s'estomper** [contours, souvenir] to fade; [différences] to become less marked ◆ **la côte s'estompait dans la brume** the coastline faded into the mist

Estonie /ɛstɔni/ NF Estonia

estonien, -ienne /ɛstɔnjɛ̃, jɛn/
  ADJ Estonian
  NM (= langue) Estonian
  NM,F **Estonien(ne)** Estonian

estoquer /ɛstɔke/ ▸ conjug 1 ◂ VT [+ taureau] to deal the death-blow to

estouffade /ɛstufad/ NF ◆ **estouffade de bœuf** (Culin) ≈ beef stew ◆ **c'est de l'estouffade** (fig) it's very stodgy

estourbir * /ɛstuʀbiʀ/ ▸ conjug 2 ◂ VT (= assommer) to stun; (= tuer) to do in *, to bump off *

estrade /ɛstʀad/ NF platform

estradiol /ɛstʀadjɔl/ NM ⇒ **œstradiol**

estradiot /ɛstʀadjo/ NM (Hist) (e)stradiot

estragon /ɛstʀagɔ̃/ NM tarragon

estramaçon /ɛstʀamasɔ̃/ NM double-edged sword

estran /ɛstʀɑ̃/ NM foreshore

estrapade /ɛstʀapad/ NF strappado

estrapasser /ɛstʀapase/ ▸ conjug 1 ◂ VT [+ cheval] to exhaust

estrogène /ɛstʀɔʒɛn/ NM → **œstrogène**

estrone /ɛstʀon/ NF ⇒ **œstrone**

estrope /ɛstʀɔp/ NF strop

estropié, e /ɛstʀɔpje/ SYN (ptp de **estropier**) NM,F cripple, maimed person

estropier /ɛstʀɔpje/ ▸ conjug 7 ◂ VT ① [+ personne] to cripple, to disable, to maim
  ② [+ texte, citation] to twist, to distort, to mangle; [+ nom] to mutilate, to mangle; [+ langue étrangère, morceau de musique] to mangle, to murder

est-sud-est /ɛstsydɛst/ ADJ INV, NM INV east-south-east

estuaire /ɛstɥɛʀ/ NM estuary; (en Écosse) firth ◆ **l'estuaire de la Seine** the Seine estuary

estuarien, -ienne /ɛstɥaʀjɛ̃, jɛn/ ADJ estuarial

estudiantin, e /ɛstydjɑ̃tɛ̃, in/ ADJ student (épith)

esturgeon /ɛstyʀʒɔ̃/ NM sturgeon

et /e/ CONJ ① (lie des termes) and ◆ **c'est vert et rouge** it's green and red ◆ **pour piano et orchestre** for piano and orchestra ◆ **je n'ai rien vu, et toi ?** I didn't see anything, did you? ou what about you? ◆ **j'aime beaucoup ça, et vous ?** I'm very fond of that, aren't you? ou what about you?, I like that very much – do you? ◆ **je n'aime pas ça et lui non plus** I don't like that and nor does he ou and he doesn't either ◆ **Chantal y alla, et Madeleine** (littér) Chantal went, as did Madeleine ◆ **une belle et grande maison** a beautiful, big house ◆ **il y a mensonge et mensonge** (littér) there are lies and lies, there's lying and lying ◆ **je suis né à Genève et mes parents aussi** I was born in Geneva and so were my parents, I was born in Geneva, as were my parents
  ② (lie des propositions) and ◆ **j'ai payé et je suis parti** I paid and left ◆ **il est travailleur et ne boit pas** he works hard and (he) doesn't drink ◆ **lui et moi nous nous entendons bien** he and I get along well ◆ **et lui et vous l'avez dit** he and you have both said so, both he and you have said so ◆ **2 et 2 font 4** 2 and 2 make 4 ◆ **il ne peut et ne doit pas y aller** he cannot and must not go ◆ **il a ri et ri/pleuré et pleuré** (répétition) he laughed and laughed/cried and cried ◆ **je ne l'approuve pas et ne l'approuverai jamais** I don't approve of it and (I) never shall ou will ◆ **plus j'en mange et plus j'en ai envie** the more of it I eat the more I want
  ③ (valeur emphatique) ◆ **et alors/ensuite/après ?** and so/then/afterwards? ◆ **et alors ?** (= peu importe) so (what)? ◆ **et moi alors ?** (and) what about me then? ◆ **et puis** and then ◆ **et puis (après) ?** * so (what)? * ◆ **et moi, je peux venir ?** can I come too? ◆ **et vous osez revenir ?** (indignation) and you dare (to) come back? ◆ **et lui alors qu'est-ce qu'il va dire ?** what's he going to say? ◆ **et ces livres que tu devais me prêter ?** what about these books (then) ou and what's happened to these books that you were

supposed to lend me? • **et vous, vous y allez ?** and what about you, are you going? • **et si nous y allions aussi ?** what about (us) going as well?, why don't we go too? • **et voilà !** and there you are! • **et voilà que le voisin revient...** and then the next-door neighbour comes back... • **et voici qu'arrive notre ami** (and) along comes our friend • **et alors eux, voyant cela, ils sont partis** (and) so, seeing that, they left • **et lui de sourire/se fâcher** *(littér)* whereupon he smiled/grew angry • **et d'un il est paresseux, et de deux il est menteur** for one thing he's lazy, and for another thing he's a liar

[4] • **vingt/trente et un** twenty-/thirty-one • **à midi/deux heures et quart** at (a) quarter past twelve/two • **le vingt et unième** the twenty-first; → **mille**[1]

ETA /ətea/ **NF** (abrèv de **Euzkadi Ta Azkatasunra**) ETA

êta /ɛta/ **NM** eta

étable /etabl/ **NF** cowshed

établi /etabli/ SYN **NM** work bench

établir /etabliʀ/ SYN ► conjug 2 ◄

VT [1] *(= installer dans un lieu) [+ immeuble]* to put up, to erect; *[+ usine]* to set up; *[+ liaisons, communications]* to establish, to set up; *[+ empire]* to build, to found • **établir son domicile** *ou* **sa demeure à** to set up house in, to make one's home in • **l'ennemi a établi son camp/son quartier général dans le village** the enemy has pitched camp/has set up its headquarters in the village

[2] *(= instaurer) [+ usage]* to establish, to institute; *[+ gouvernement]* to form, to set up; *[+ impôt]* to introduce, to bring in; *[+ règlement]* to lay down, to establish; *[+ normes]* to establish

[3] *(= asseoir) [+ démonstration]* to base *(sur* on); *[+ réputation]* to found, to base *(sur* on); *[+ droits]* to establish; *[+ fortune]* to found *(sur* on) • **établir son pouvoir sur la force** to found *ou* base one's power on force

[4] *(= faire régner) [+ autorité, paix]* to establish *(sur* over) • **établir son pouvoir sur un pays** to get control of a country, to establish control over a country

[5] *(= dresser) [+ liste, devis]* to draw up, to make out; *[+ programme]* to arrange; *[+ facture, chèque]* to make out; *[+ plans]* to draw up, to draft; *[+ prix]* to fix, to work out

[6] *(= montrer) [+ fait, comparaison]* to establish • **établir l'innocence de qn** to establish sb's innocence • **il est établi que...** it's an established fact that...

[7] *(= nouer) [+ relations]* to establish • **ils ont établi une amitié solide** they have established a firm friendship

[8] *(Sport)* • **établir un record** to set (up) *ou* establish a record

[9] † *[+ personne]* • **il a cinq enfants à établir** he has five children to set up in life • **il a établi son fils médecin** he has set his son up *ou* established his son in medical practice

VPR s'établir [1] *(= s'installer dans un lieu) [jeune couple]* to settle • **une usine s'est établie dans le village** a factory has been set up *ou* they've set up a factory in the village • **l'ennemi s'est établi sur la colline** the enemy has taken up position on the hill

[2] *(= s'instaurer)* • **l'usage s'est établi de...** it has become customary to...

[3] *(= prendre un emploi)* • **s'établir boulanger** to set o.s. up as a baker • **il s'est établi médecin** he has established himself *ou* set himself up in medical practice • **s'établir à son compte** to set up one's own business

[4] *(= régner) [pouvoir, régime]* to become established • **son pouvoir s'est établi sur le pays** his rule has become (firmly) established throughout the country • **un grand silence s'établit, il s'établit un grand silence** there was a great silence, a great silence fell • **un consensus a fini par s'établir** a consensus was eventually reached

[5] *(= se nouer) [amitié, contacts]* to develop, to be established • **une amitié solide s'est établie entre eux** a firm friendship has developed *ou* has been established between them

établissement /etablismɑ̃/ SYN **NM**

[1] *(= bâtiment)* establishment; *(= société)* establishment, firm, company; *(= institution)* institution; *(= hôtel)* hotel • **établissement (scolaire)** school • **établissement hospitalier** hospital • **établissement pénitentiaire** prison • **établissement religieux** religious institution • **établissement bancaire** bank • **avec les compliments des établissements Minot** with the compliments of Minot and Co.

[2] *(= mise en place) [d'immeuble]* putting up, erecting; *[d'empire]* building, founding; *[de programme]* arranging; *[de relations, autorité]* establishing *(sur* over); *[de fortune]* founding *(sur* on); *[d'usine, liaisons, communications]* setting up, establishing, institution; *[de gouvernement]* setting up, forming; *[de règlement]* laying down, establishing, institution; *[de droits]* establishing; *[de liste]* drawing up, making out; *[de facture, chèque]* making out; *[de plans]* drawing up, drafting; *[de prix]* fixing, working out; *[de fait, comparaison]* establishing; *[personne] (dans un emploi)* setting up, establishing; *(dans un lieu)* settling; *[de pouvoir, régime]* establishment; *[d'amitié, contacts]* development, establishment • **ils préconisent l'établissement de relations diplomatiques** they call for the establishment of diplomatic relations, they wish to establish diplomatic relations • **l'établissement d'une paix durable dans la région** the establishment of a lasting peace in the area

[3] *(= colonie)* settlement

étage /etaʒ/ SYN **NM** [1] *[de bâtiment]* floor, storey *(Brit)*, story *(US)* • **au premier étage** *(en France)* on the first floor *(Brit)*, on the second floor *(US)*; *(au Canada)* on the ground floor *(Brit)*, on the first floor *(US)* • **maison à** *ou* **de deux étages** three-storeyed *(Brit) ou* -storied *(US)* house, house with three floors • **monter à l'étage** to go upstairs • **monter à l'étage supérieur** to go to the next floor up • **il grimpa trois étages** he went up *ou* walked up three floors *ou* flights • **les trois étages de la tour Eiffel** the three levels of the Eiffel Tower • **étage noble** piano nobile *(second floor)*

[2] *[de fusée]* stage; *[de mine]* level; *[de jardin]* terrace, level; *[de gâteau]* tier • **étages de végétation** *(Géog)* levels of vegetation • **étage de pression** *(Tech)* pressure stage

[3] • **de bas étage** († *= humble)* lowborn; *(péj = médiocre)* poor, second-rate • **ce sont des trafiquants de bas étage** they are low-level *ou* common dealers

étagement /etaʒmɑ̃/ **NM** *[de vignobles]* terracing

étager /etaʒe/ ► conjug 3 ◄

VT *[+ objets]* to set out in tiered rows, to lay out in tiers

VPR s'étager *[jardins, maisons]* to rise in tiers *ou* terraces • **la foule s'étage sur les gradins** the crowd is gathered on the terraces *ou* the steps • **vignobles étagés sur la colline** vines in terraced rows on the hillside

étagère /etaʒɛʀ/ SYN **NF** *(= tablette, rayon)* shelf • **étagères** *(= meuble)* shelves

étai /etɛ/ **NM** *(= support)* stay, prop, strut; *(Naut = cordage)* stay

étaiement /etɛmɑ̃/ **NM** ⇒ **étayage**

étain /etɛ̃/ **NM** *(Min)* tin; *(Orfèvrerie) (= matière)* pewter; *(= objet)* piece of pewterware, pewterware *(NonC)* • **pot en** *ou* **d'étain** pewter pot; → **papier**

étal (pl **étals**) /etal/ **NM** *[de boucherie, marché]* stall

étalage /etalaʒ/ SYN **NM** [1] *(Comm) (= action)* display, displaying; *(= devanture)* shop window, show window, display window; *(= tréteaux)* stall, stand; *(= articles exposés)* display • **présentation de l'étalage** window dressing • **disposer l'étalage** to dress the window, to do the window display • **chemise qui a fait l'étalage** shop-soiled shirt • **droit d'étalage** stallage; → **vol**[2]

[2] *(= déploiement) [de luxe, connaissances]* display, show • **faire étalage de** *[+ luxe, savoir]* to flaunt, to show off, to parade; *[+ malheurs]* to make a show of

[3] *(Métal)* • **étalages** bosh

[4] *[de fibres textiles]* roving

étalager /etalaʒe/ ► conjug 3 ◄ **VT** *(Comm)* to display

étalagiste /etalaʒist/ **NMF** *(= décorateur)* window dresser; († *= marchand)* stallkeeper

étale /etal/

ADJ *[mer]* slack; *[vent, situation]* steady • **navire étale** becalmed ship

NF *[de mer]* slack (water)

étalement /etalmɑ̃/ SYN **NM** [1] *[de papiers, objets]* spreading *(sur* over); *[de journal, tissu]* spreading out *(sur* on); *(Comm) [de marchandise]* displaying, laying out, spreading out *(sur* on)

[2] *[de beurre]* spreading *(sur* on); *[de peinture, crème solaire]* application

[3] *[de paiements]* spreading, staggering *(sur* over); *[de vacances]* staggering *(sur* over); *[de travaux, opération]* spreading *(sur* over)

étaler[1] /etale/ SYN ► conjug 1 ◄

VT [1] *(= déployer) [+ papiers, objets]* to spread *(sur* over); *[+ journal, tissu]* to spread out *(sur* on); *[+ marchandise]* to display, to lay out, to spread out *(sur* on) • **étaler son jeu** *ou* **ses cartes** *(Cartes)* to display *ou* lay down one's hand *ou* one's cards

[2] *(= étendre) [+ beurre, colle]* to spread *(sur* on); *[+ peinture]* to apply, to put on; *[+ crème solaire]* to apply, to smooth on; *(Culin) [+ pâte]* to roll out • **une peinture qui s'étale bien** paint that is easy to apply

[3] *(= répartir) [+ paiements]* to spread, to stagger *(sur* over); *[+ vacances]* to stagger *(sur* over); *[+ travaux, opération]* to spread *(sur* over) • **étalez vos envois** *(Poste)* space out your consignments • **les vacances/paiements s'étalent sur quatre mois** holidays/payments are staggered *ou* spread over a period of four months

[4] *[+ luxe, savoir, richesse]* to parade, to flaunt, to show off; *[+ malheurs]* to make a show of; *[+ secrets]* to give away, to disclose • **il faut toujours qu'il étale sa science** he doesn't miss an opportunity to display his knowledge • **il aime à en étaler** * he likes to cause a stir

[5] (* *= frapper)* to floor, to lay out • **se faire étaler à un examen** to flunk * an exam • **on s'est fait étaler** *(Sport)* we got a real hammering *

VPR s'étaler [1] *[plaine, cultures]* to stretch out, to spread out • **le titre s'étale sur trois colonnes** the headline is spread *ou* splashed across three columns

[2] *[richesse, vanité]* to be flaunted; *[vaniteux]* to flaunt o.s. • **son ignominie s'étale au grand jour** his ignominy is plain for all to see

[3] *(= se vautrer)* • **s'étaler sur un divan** to sprawl *ou* lounge on a divan • **étalé sur le tapis** sprawling on *ou* stretched out on the carpet • **tu t'étales ! je n'ai plus de place sur la table !** stop spreading yourself, you're not leaving me any room

[4] (* *= tomber)* • **s'étaler (par terre)** to fall flat on the ground, to come a cropper * *(Brit)* • **attention, tu vas t'étaler !** look out, you're going to fall flat on your face! *

[5] (* *= échouer)* • **s'étaler à un examen/en chimie** to flunk * an exam/one's chemistry exam

étaler[2] /etale/ ► conjug 1 ◄

VT *(Naut)* • **étaler la marée** to ride out the tide

VI *[de mer, marée]* to become slack

étaleuse /etaløz/ **NF** spreader

étalon[1] /etalɔ̃/ **NM** *(= cheval)* stallion; (* *fig = homme)* stud *

étalon[2] /etalɔ̃/ SYN **NM** *(= mesure)* standard; *(fig)* yardstick • **kilogramme/balance étalon** standard kilogram/scales • **étalon-or** *(Écon)* gold standard • **c'est devenu l'étalon de la beauté** it has become the yardstick by which we measure beauty • **copie étalon** *(Ciné)* master print; → **mètre**

étalonnage /etalɔnaʒ/, **étalonnement** /etalɔnmɑ̃/ **NM** [1] *(= graduation)* calibration

[2] *(= vérification)* standardization

étalonner /etalɔne/ ► conjug 1 ◄ **VT** [1] *(= graduer)* to calibrate

[2] *(= vérifier)* to standardize

[3] *[+ test]* to set the standards for

étamage /etamaʒ/ **NM** → **étamer** tinning, tinplating, silvering

étambot /etɑ̃bo/ **NM** stern-post

étamer /etame/ ► conjug 1 ◄ **VT** *(gén)* to tin, to tinplate; *[+ glace]* to silver • **cuivre étamé** tinned copper

étameur /etamœʀ/ **NM** tinsmith

étamine /etamin/ **NF** *[de plante]* stamen; *(= tissu)* muslin; *(pour laitage)* cheesecloth, butter muslin *(Brit)*

étampe /etɑ̃p/ **NF** *(= matrice)* stamp, die

étamper /etɑ̃pe/ ► conjug 1 ◄ **VT** to stamp

étamperche /etɑ̃pɛʀʃ/ **NF** scaffold pole *ou* standard

étampeur, -euse /etɑ̃pœʀ, øz/ **NM,F** *(Tech)* stamper

étamure /etamyʀ/ **NF** *(= couche) [de métal]* layer of tin; *[de miroir]* layer of silver

étanche /etɑ̃ʃ/ SYN **ADJ** *[vêtements, chaussures, montre]* waterproof; *[bateau, compartiment]* watertight; *[cuve]* leakproof; *[toit, mur]* impervious, impermeable; *(fig)* watertight ◆ **étanche à l'air** airtight ◆ **enduit étanche** sealant ◆ **la montre est étanche à 30 mètres** the watch is waterproof to a depth of 30 metres, the watch is water-resistant to 30 metres; → **cloison**

étanchéité /etɑ̃ʃeite/ **NF** *(à l'eau) [de bateau, compartiment]* watertightness ◆ **pour assurer son étanchéité** *[de vêtement, montre]* to make sure it is waterproof ◆ **tester l'étanchéité d'une montre** to test how waterproof *ou* water-resistant a watch is ◆ **étanchéité (à l'air)** airtightness

étancher /etɑ̃ʃe/ SYN ▸ conjug 1 ◂ **VT** 1 *[+ sang]* to staunch, to stem; *(littér) [+ larmes]* to dry, to stem; *[+ soif]* to quench, to slake; *[+ voie d'eau]* to stop (up)

2 *(= rendre étanche)* to make watertight; *[+ écoulement, source]* to dam up, to stem

étançon /etɑ̃sɔ̃/ **NM** stanchion, shore, prop

étançonner /etɑ̃sɔne/ ▸ conjug 1 ◂ **VT** to shore up, to prop up

étang /etɑ̃/ SYN **NM** pond; *(grand)* lake

étant /etɑ̃/ **NM** *(Philos)* being

étape /etap/ SYN **NF** 1 *(= trajet) (gén, Sport)* stage, leg; *(= lieu d'arrêt) (gén)* stop, stopping place; *(Sport)* stopover point, staging point ◆ **faire étape à** to stop off at, to break the journey at *(Brit)* ◆ **par petites étapes** in easy stages ◆ **étape de ravitaillement** staging post ◆ **ville-étape** *(Cyclisme)* stopover town ◆ **Valence est une ville-étape entre Lyon et Nice** Valence is a stopping-off point *ou* place between Lyons and Nice

2 *(= phase)* stage; *(= palier)* stage, step ◆ **les étapes de sa vie** the various stages of his life; → **brûler**

étarquer /etaʀke/ ▸ conjug 1 ◂ **VT** *[+ voile]* to hoist home

étasunien, -ienne /etazynjɛ̃, jɛn/

ADJ of *ou* from the United States, American

NM,F **Étasunien(ne)** American

état /eta/ SYN

NM 1 *(= condition physique)* state, condition ◆ **dans un tel état d'épuisement** in such a state of exhaustion ◆ **bon état général** good general state of health ◆ **état (de santé)** health ◆ **en état d'ivresse** *ou* **d'ébriété** under the influence (of alcohol) ◆ **il n'est pas en état de le faire** he's in no condition *ou* (fit) state to do it ◆ **dans quel état es-tu ! tu saignes !** what a state you're in! you're bleeding! ◆ **être dans un triste état** to be in a sad *ou* sorry state

2 *(= condition psychique)* state ◆ **être dans un grand état de nervosité** to be in a state of extreme nervousness, to be extremely nervous ◆ **il ne faut pas te mettre dans un état pareil** *ou* **des états pareils** you mustn't get yourself into such a state ◆ **être dans tous ses états** to be beside o.s. (with anger *ou* anxiety *etc*), to be all worked up*, to be in a terrible state ◆ **ça l'a mis dans tous ses états** that got him all worked up* *ou* into a terrible state ◆ **il n'était pas dans son état normal** he wasn't his usual *ou* normal self ◆ **être dans un état second** to be in a trance, to be spaced out* ◆ **je ne suis pas en état de le recevoir** I'm in no fit state to receive him

3 *[de chose abstraite]* state; *(Chim) [de corps]* state ◆ **état liquide/solide/gazeux** liquid/solid/gaseous state ◆ **dans l'état actuel de nos connaissances** in the present state of our knowledge, as our knowledge stands at (the) present ◆ **dans l'état actuel des choses** as things stand at present ◆ **réduit à l'état de cendres** reduced to cinders ◆ **quel est l'état de la question ?** how do things stand?

4 *[d'objet, article d'occasion]* condition, state ◆ **en bon/mauvais état** in good/poor *ou* bad condition ◆ **en état** in (working) order ◆ **en état de naviguer** sea-worthy ◆ **en (parfait) état de marche** in (perfect) working order ◆ **remettre en état** *[+ voiture]* to repair, to do up*; *[+ maison]* to renovate, to do up* ◆ **tenir en état** *[+ voiture]* to maintain in good order, to keep in good repair; *[+ maison]* to keep in good repair, to look after ◆ **sucre/pétrole à l'état brut** sugar/oil in its raw *ou* unrefined *ou* crude state ◆ **à l'état (de) neuf** as good as new ◆ **remettre qch en l'état** to put sth back *ou* leave sth as it was

5 *(= nation)* ◆ **État** state ◆ **un État de droit** a constitutional state ◆ **être un État dans l'État** to be a law unto itself ◆ **les États pontificaux** *ou* **de l'Église** the Papal States ◆ **coup d'État** coup (d'État) ◆ **l'État-patron** the state as an employer ◆ **l'État-providence** the welfare state; → **affaire, chef**[1]

6 † *(= métier)* profession, trade; *(= statut social)* station ◆ **l'état militaire** the military profession ◆ **boucher/tailleur de son état** a butcher/tailor by trade ◆ **donner un état à qn** to set sb up in a trade ◆ **honteux de son état** ashamed of his station in life †

7 *(= registre, comptes)* statement, account; *(= inventaire)* inventory ◆ **faire un état des recettes** to draw up a statement *ou* an account of the takings ◆ **état appréciatif** evaluation, estimation ◆ **état vérifié des comptes** audited statement of accounts

8 *(locutions)* ◆ **faire état de** *[+ ses services]* to instance; *[+ craintes, intentions]* to state; *[+ conversation, rumeur]* to report ◆ **en tout état de cause** anyway, in any case ◆ **c'est un état de fait** it is an established *ou* irrefutable fact ◆ **dans un état intéressant** *(hum)* in an interesting condition, in the family way* ◆ **à l'état latent** in a latent state ◆ **en état de péché (mortel)** *(Rel)* in a state of (mortal) sin

COMP **état d'alerte** *(Mil)* state of alert

état d'âme mood, frame of mind ◆ **avoir des états d'âme** *(scrupules)* to have scruples *ou* qualms; *(hésitation)* to have doubts

état d'apesanteur weightlessness ◆ **être en état d'apesanteur** to be weightless ◆ **expérience en état d'apesanteur** experiment carried out under conditions of weightlessness

état de choc ◆ **être en état de choc** to be in (a state of) shock

état de choses state of affairs, situation

état civil civil status ◆ **(le bureau de) l'état civil** the registry office *(Brit)*, the Public Records Office *(US)*

état de conscience *(Psych)* state of consciousness

état de crise state of crisis

état d'esprit frame *ou* state of mind

les états *ou* **États généraux** *(Hist)* the States General ◆ **réunir les États généraux de l'université/de la santé** to organize a convention on university/health issues

état de grâce *(Rel)* state of grace ◆ **en état de grâce** *(fig)* inspired

état de guerre state of war

état des lieux inventory of fixtures

l'état de nature the natural state

états de service service record

état de siège state of siege

état d'urgence state of emergency ◆ **décréter l'état d'urgence** to declare a state of emergency

état de veille waking state

étatique /etatik/ **ADJ** state *(épith)* ◆ **système étatique** system of state control ◆ **l'appareil étatique** the state apparatus

étatisation /etatizasjɔ̃/ **NF** *(= doctrine)* state control ◆ **étatisation d'une entreprise** placing of a concern under direct state control, takeover of a concern by the state

étatiser /etatize/ ▸ conjug 1 ◂ **VT** to establish state control over, to put *ou* bring under state control ◆ **économie/entreprise étatisée** state-controlled economy/firm

étatisme /etatism/ **NM** state socialism, state *ou* government control

étatiste /etatist/

ADJ *[système, doctrine]* of state control

NMF partisan of state control, state socialist

état-major (pl **états-majors**) /etamaʒɔʀ/ **NM** 1 *(Mil) (= officiers)* staff; *(= bureaux)* staff headquarters ◆ **officier d'état-major** staff officer; → **chef**[1]

2 *[de parti politique]* administrative staff; *[d'entreprise]* top *ou* senior management

état-nation (pl **états-nations**) /etanasjɔ̃/ **NM** nation-state

états-unien, -ienne (mpl **états-uniens**) /etazynjɛ̃, jɛn/ ⇒ **étasunien, -ienne**

États-Unis /etazyni/ **NMPL** ◆ **les États-Unis (d'Amérique)** the United States (of America) ◆ **les États-Unis d'Europe** the United States of Europe

étau (pl **étaux**) /eto/ **NM** *(= outil)* vice ◆ **étau limeur** shaper ◆ **l'étau se resserre (autour des coupables)** the noose is tightening (around the guilty men) ◆ **se trouver pris (comme) dans un étau** to find o.s. caught in a stranglehold ◆ **j'ai la tête comme dans un étau** I feel like my head's in a vice

étayage /etɛjaʒ/, **étayement** /etɛjmɑ̃/ **NM**

1 *[de mur]* propping up, shoring up

2 *[de théorie]* support(ing), backing up

3 *[de régime, société]* support(ing), propping up

étayer /eteje/ SYN ▸ conjug 8 ◂ **VT** 1 *[+ mur]* to prop up, to shore up

2 *[+ argumentation, hypothèse, théorie]* to support, to back up; *[+ accusations]* to substantiate, to back up; *[+ soupçons]* to confirm ◆ **pour étayer ses dires, il a pris plusieurs exemples** he used several examples to back up what he said ◆ **les preuves nécessaires pour étayer le dossier de l'accusation** the evidence required to back up *ou* support the prosecution's case

etc /ɛtsetera/ **LOC** (abrèv de **et cætera**) etc

et cætera, et cetera /ɛtsetera/ **LOC** etcetera, and so on (and so forth)

été /ete/ **NM** summer(time) ◆ **été de la Saint-Martin, été indien, été des Indiens** *(Can)* Indian summer ◆ **été comme hiver** summer and winter alike ◆ **en été** in (the) summer(time) ◆ **jour d'été** summer's day ◆ **mois d'été** summer month ◆ **résidence d'été** summer residence

éteignoir /etɛɲwaʀ/ **NM** 1 *[de bougie]* extinguisher

2 *(† = rabat-joie)* wet blanket, killjoy

éteindre /etɛ̃dʀ/ GRAMMAIRE ACTIVE 24.4 SYN ▸ conjug 52 ◂

VT 1 *[+ incendie, poêle]* to put out, to extinguish; *[+ bougie]* to blow out; *(avec éteignoir)* to snuff out; *[+ cigarette]* to put out, to extinguish *(frm)*; *(en l'écrasant)* to stub out

2 *[+ gaz, lampe]* to switch off, to put out, to turn off; *[+ électricité, chauffage, radio]* to turn off, to switch off ◆ **éteins dans la cuisine** switch off the light(s) in the kitchen

3 *[+ pièce, endroit]* to put out *ou* turn off the lights in ◆ **sa fenêtre était éteinte** his window was dark, there was no light at *ou* in his window

4 *[+ colère]* to subdue, to quell; *[+ amour, envie]* to kill; *[+ soif]* to quench, to slake

5 *[+ dette]* to extinguish

VPR **s'éteindre** 1 *[cigarette, feu, gaz]* to go out ◆ **la fenêtre s'est éteinte** the light at the window went out, the window went dark

2 *[agonisant]* to pass away, to die ◆ **famille qui s'est éteinte** family which has died out

3 *[colère]* to abate, to evaporate; *[amour, envie]* to die, to fade

éteint, e /etɛ̃, ɛt/ SYN (ptp de **éteindre**) **ADJ** *[couleur]* faded; *[race, volcan]* extinct; *[regard]* dull, lacklustre; *[voix]* feeble, faint, dying; *(* = épuisé)* exhausted, tired out ◆ **chaux éteinte** slaked lime ◆ **c'est un homme éteint maintenant** his spirit is broken now, he's a broken man now

étemperche /etɑ̃pɛʀʃ/ **NF** ⇒ **étamperche**

étendage /etɑ̃daʒ/ **NM** *[de linge]* hanging out ◆ **dix mètres d'étendage** ten metres of clothes line

étendard /etɑ̃daʀ/ SYN **NM** 1 *(= drapeau, fig)* standard ◆ **brandir** *ou* **lever l'étendard de la révolte** to raise the standard of revolt

2 *[de fleur]* standard, vexillum *(SPÉC)*

étendoir /etɑ̃dwaʀ/ **NM** *(= corde)* clothes *ou* washing line; *(sur pied)* clotheshorse

étendre /etɑ̃dʀ/ SYN ▸ conjug 41 ◂

VT 1 *(= étaler) [+ journal, tissu]* to spread out, to open out; *[+ tapis]* to roll out; *[+ beurre]* to spread; *[+ pâte]* to roll out; *[+ bras, jambes, blessé]* to stretch out; *[+ ailes]* to spread; *(Ling) [+ sens]* to stretch, to extend ◆ **étendre le linge** *(sur un fil)* to hang out the washing ◆ **veux-tu étendre le bras pour me passer...** would you mind reaching out and passing me...

2 * *[+ adversaire] (= frapper)* to floor, to lay out; *(= vaincre)* to thrash*, to knock out; *[+ candidat] (Scol)* to fail, to clobber*; *(Pol)* to hammer* ◆ **se faire étendre** *[adversaire]* to be laid out cold, to be flattened*; *[candidat] (Scol)* to flunk it*; *(Pol)* to be hammered* ◆ **il s'est fait étendre en anglais** he flunked* his English exam

3 *(= agrandir) [+ pouvoirs]* to extend *(sur* over); *[+ fortune]* to increase; *[+ connaissances, cercle d'amis, recherches]* to broaden ◆ **étendre ses activités** *[firme]* to expand ◆ **étendre son action à d'autres domaines** to extend *ou* widen one's action to other fields ◆ **étendre une idée à une autre** to extend one idea to (cover) another, to apply one idea to another

4 *(= diluer) [+ vin]* to dilute; *[+ sauce]* to thin *(de* with) ◆ **étendu d'eau** watered down

VPR **s'étendre** 1 *(= s'allonger)* to stretch out *(sur* on); *(= se reposer)* to lie down, to have a lie down

(Brit); (en expliquant) to elaborate ◆ **s'étendre sur son lit** to stretch out ou lie down on one's bed

2 (= insister) ◆ **s'étendre sur un sujet** to elaborate on ou enlarge on a subject ◆ **ne nous étendons pas là-dessus** let's not dwell on that ◆ **si je m'étends un peu là-dessus, c'est que c'est important** if I'm going on about it a bit, it's because it's important

3 (= occuper un espace, une période) [côte, forêt] to stretch (out), to extend; [cortège] to stretch (out) (jusqu'à as far as, to); [vacances, travaux] to stretch, to extend (sur over) ◆ **la plaine s'étendait à perte de vue** the plain stretched (away) as far as the eye could see

4 (= augmenter) [brouillard, épidémie] to spread; [parti politique] to expand; [ville] to spread, to expand; [pouvoirs, domaine, fortune] to increase, to expand; [cercle d'amis] to expand, to widen; [recherches] to broaden in scope; [connaissances, vocabulaire] to increase, to widen

5 (= s'appliquer) [loi, avis] to apply (à to) ◆ **sa bonté s'étend à tous** his kindness extends to everyone ◆ **cette mesure s'étend à tous les citoyens** this measure applies ou is applicable to ou covers all citizens ◆ **la domination romaine s'est étendue sur tout le monde méditerranéen** Roman rule spread ou expanded throughout the Mediterranean world

6 (= s'étaler) [substance] to spread ◆ **cette peinture s'étend facilement** this paint goes on ou spreads easily

étendu, e[1] /etɑ̃dy/ SYN (ptp de **étendre**) ADJ **1** (= vaste) [ville] sprawling (épith), spread out (attrib); [domaine] extensive, large; [connaissances, pouvoirs] extensive, wide, wide-ranging; [vue] wide, extensive; [vocabulaire] wide, large, extensive; [sens d'un mot] broad (épith), wide; [dégâts] extensive, widespread; [famille] extended

2 (= allongé) [personne, jambes] stretched out ◆ **étendu sur l'herbe** lying on the grass ◆ **étendu les bras en croix** spread-eagled ◆ **le cadavre, étendu sur le sol** the corpse, stretched (out) on the ground

étendue[2] /etɑ̃dy/ SYN NF **1** (= surface) area, expanse ◆ **pays d'une grande étendue** country with a large surface area ou which covers a large area ◆ **sur une étendue de 16 km** over an expanse ou area of 16 km ◆ **sur toute l'étendue de la province** throughout the whole province, throughout the length and breadth of the province ◆ **grande étendue de sable** large stretch ou expanse of sand ◆ **surpris par l'étendue de ce territoire** amazed at the sheer size ou extent of the territory

2 (= durée) [de vie] duration, length ◆ **sur une étendue de trois ans** over a period of three years

3 (= importance) [de pouvoir, dégâts] extent; [de connaissances, recherches] range, scope, extent ◆ **pouvoir/culture d'une grande étendue** wide ou wide-ranging ou extensive power/culture ◆ **devant l'étendue du désastre** faced with the scale of the disaster

4 (Mus) [de voix] compass, range; [d'instrument] range

5 (Philos) [de matière] extension, extent

Étéocle /eteɔkl/ NM Eteocles

éternel, -elle /etɛʁnɛl/ SYN
ADJ **1** (Philos, Rel) eternal ◆ **je ne suis pas éternel !** I won't live forever! ◆ **la vie éternelle** eternal ou everlasting life
2 (= sans fin) eternal, everlasting, endless ◆ **ma reconnaissance sera éternelle** I'll be eternally grateful to you; → **neige**
3 (= perpétuel) perpetual, eternal ◆ **c'est un éternel insatisfait** he's never happy with anything, he's perpetually ou eternally dissatisfied ◆ **c'est l'éternel problème de...** it's the eternal problem of...
4 (* = inamovible : avant n) inevitable ◆ **il était là, son éternel chapeau sur la tête** there he was, wearing the same old hat
NM **1** (Rel) ◆ **l'Éternel** the Eternal, the Everlasting; (Bible) the Lord ◆ **grand joueur devant l'Éternel** (hum) inveterate gambler
2 ◆ **l'éternel féminin** the eternal feminine ou woman

éternellement /etɛʁnɛlmɑ̃/ SYN ADV eternally; [attendre, durer, rester] forever ◆ **éternellement jeune** forever young

éterniser /etɛʁnize/ SYN ▸ conjug 1 ◂
VT **1** [+ débats, supplice, situation] to drag out, to draw out
2 (littér) [+ nom, mémoire] to immortalize, to perpetuate

VPR **s'éterniser** [situation, débat, attente] to drag on, to go on and on; [visiteur] to stay ou linger too long, to linger on ◆ **le jury s'éternise** the jury is taking ages ◆ **on ne peut pas s'éterniser ici** we can't stay here for ever ◆ **ne nous éternisons pas sur ce sujet** let's not dwell forever on that subject

éternité /etɛʁnite/ NF eternity ◆ **cela fait une éternité ou des éternités que je ne l'avais rencontré** it's ages ou I haven't met him in donkey's years* (Brit) since I'd met him, I hadn't met him in ages ◆ **il y a des éternités que tu m'as promis cela** you promised me that ages ago, it's ages since you promised me that ◆ **ça a duré une éternité** it lasted for ages ◆ **ça va durer une éternité** it'll take forever ◆ **de toute éternité** from the beginning of time, from time immemorial ◆ **pour l'éternité** for all eternity, eternally

éternuement /etɛʁnymɑ̃/ NM sneeze

éternuer /etɛʁnɥe/ ▸ conjug 1 ◂ VI to sneeze

étésien /etezjɛ̃/ ADJ M [vent] etesian

étêtage /etetaʒ/, **étêtement** /etetmɑ̃/ NM [d'arbre] pollarding, polling; [de clou, poisson] cutting the head off

étêter /etete/ SYN ▸ conjug 1 ◂ VT [+ arbre] to pollard, to poll; [+ clou, poisson] to cut the head off

éteule /etœl/ NF (Agr) stubble

éthane /etan/ NM ethane

éthanol /etanɔl/ NM ethanol

éther /etɛʁ/ NM (Chim) ether

éthéré, e /etere/ SYN ADJ (Chim, littér) ethereal

éthérifier /eterifje/ ▸ conjug 7 ◂ VT to etherify

éthérisme /eterism/ NM ether intoxication

Ethernet /etɛʁnɛt/ NM Ethernet

éthéromane /eterɔman/ NMF ether addict

éthéromanie /eterɔmani/ NF addiction to ether

Éthiopie /etjɔpi/ NF Ethiopia

éthiopien, -ienne /etjɔpjɛ̃, jɛn/
ADJ Ethiopian
NM,F **Éthiopien(ne)** Ethiopian

éthique /etik/ SYN
ADJ ethical
NF (Philos) ethics (sg); (= code moral) moral code, code of ethics

ethmoïdal, e (mpl -aux) /ɛtmɔidal, o/ ADJ ethmoid(al)

ethmoïde /ɛtmɔid/ NM ethmoid

ethnarchie /ɛtnaʁʃi/ NF ethnarchy

ethnarque /ɛtnaʁk/ NM ethnarch

ethniciser /ɛtnisize/ ▸ conjug 1 ◂ VT to make ethnic

ethnicité /ɛtnisite/ NF ethnicity

ethnie /ɛtni/ NF ethnic group

ethnique /ɛtnik/ ADJ ethnic ◆ **minorité ethnique** ethnic minority ◆ **nettoyage ou purification ethnique** ethnic cleansing

ethnocentrisme /ɛtnɔsɑ̃tʁism/ NM ethnocentrism

ethnocide /ɛtnɔsid/ NM genocide of an ethnic group

ethnographe /ɛtnɔgʁaf/ NMF ethnographer

ethnographie /ɛtnɔgʁafi/ NF ethnography

ethnographique /ɛtnɔgʁafik/ ADJ ethnographic(al)

ethnolinguistique /ɛtnɔlɛ̃gɥistik/ NF ethnolinguistics (sg)

ethnologie /ɛtnɔlɔʒi/ NF ethnology

ethnologique /ɛtnɔlɔʒik/ ADJ ethnologic(al)

ethnologue /ɛtnɔlɔg/ NMF ethnologist

ethnomédecine /ɛtnɔmedsin/ NF ethnomedicine

ethnomusicologie /ɛtnɔmyzikɔlɔʒi/ NF ethnomusicology

ethnomusicologue /ɛtnɔmyzikɔlɔg/ NMF ethnomusicologist

ethnopsychologie /ɛtnɔpsikɔlɔʒi/ NF psychological anthropology

éthogramme /etɔgʁam/ NM ethogram

éthologie /etɔlɔʒi/ NF ethology

éthologique /etɔlɔʒik/ ADJ ethological

éthologiste /etɔlɔʒist/ NMF ethologist

éthologue /etɔlɔg/ NMF ethologist

éthyle /etil/ NM ethyl

éthylène /etilɛn/ NM ethylene

éthylique /etilik/
ADJ [coma] alcoholic; [délire] alcohol-induced ◆ **alcool éthylique** ethyl alcohol ◆ **gastrite éthylique** alcoholic gastritis
NMF alcoholic

éthylisme /etilism/ NM alcoholism ◆ **crise d'éthylisme** alcoholic fit

éthylomètre /etilɔmɛtʁ/ NM ⇒ **éthylotest**

éthylotest /etilotɛst/ NM Breathalyser ® (Brit), Breathalyzer ® (US)

étiage /etjaʒ/ NM (= baisse) low water (NonC) (of a river); (= niveau) low-water level; (= marque) low-water mark

étincelage /etɛ̃s(ə)laʒ/ NM (Méd) fulguration; (Tech) spark erosion

étincelant, e /etɛ̃s(ə)lɑ̃, ɑ̃t/ SYN ADJ **1** [lame, métal] gleaming; [étoile] glittering, twinkling; [diamant] sparkling, glittering ◆ **étincelant de propreté** sparkling clean
2 [yeux] (de colère) flashing; (de joie) shining
3 [conversation] scintillating, brilliant; [beauté] dazzling ◆ **il a été étincelant** he was brilliant

étinceler /etɛ̃s(ə)le/ SYN ▸ conjug 4 ◂ VI **1** [lame, métal] to gleam; [étoile] to glitter, to twinkle; [diamant] to sparkle, to glitter ◆ **la mer étincelle au soleil** the sea is sparkling ou glittering in the sun ◆ **étinceler de mille feux** (littér) [soleil, nuit, bague] to glitter with a myriad lights (littér)
2 [yeux] ◆ **étinceler de colère** to glitter ou flash with anger ◆ **étinceler de joie** to sparkle ou shine with joy
3 [conversation, esprit, intelligence] to sparkle; [beauté] to sparkle, to shine

étincelle /etɛ̃sɛl/ SYN NF **1** (= parcelle incandescente) spark ◆ **étincelle électrique** electric spark ◆ **jeter des étincelles** to throw out sparks ◆ **c'est l'étincelle qui a mis le feu aux poudres** (fig) it was this which sparked off ou touched off the incident ◆ **faire des étincelles*** (= se distinguer) to scintillate, to shine ◆ **ça va faire des étincelles*** (= exploser) sparks will fly
2 [de lame, regard] flash, glitter ◆ **jeter ou lancer des étincelles** [diamant, regard] to flash
3 [de raison, intelligence] gleam, flicker, glimmer ◆ **étincelle de génie** spark ou flash of genius

étincellement /etɛ̃sɛlmɑ̃/ NM **1** [de lame] gleam (NonC); [d'étoile] glitter (NonC), twinkling (NonC); [de diamant] sparkle (NonC), glitter (NonC)
2 [d'yeux] (de colère) flashing (NonC); (de joie) sparkle (NonC), shining (NonC)

étiolement /etjɔlmɑ̃/ NM **1** [de plante] blanching, etiolation (SPÉC)
2 [de personne, intelligence] decline

étioler /etjɔle/ ▸ conjug 1 ◂
VT **1** [+ plante] to blanch, to etiolate (SPÉC)
2 [+ personne] to weaken, to make sickly
VPR **s'étioler** SYN **1** [plante] to wilt
2 [personne] to languish, to decline; [intelligence] to decline

étiologie /etjɔlɔʒi/ NF etiology

étiologique /etjɔlɔʒik/ ADJ etiological

étiopathe /etjɔpat/ NMF ≈ osteopath

étiopathie /etjɔpati/ NF ≈ osteopathy

étique /etik/ SYN ADJ skinny, bony

étiquetage /etik(ə)taʒ/ NM [de paquet] labelling; [de prix] marking, labelling

étiqueter /etik(ə)te/ SYN ▸ conjug 4 ◂ VT [+ paquet] to label; [+ prix] to mark, to label; [+ personne] to label, to classify (comme as) ◆ **il étiquette toujours les gens** he's always putting people in little boxes, he's always pigeonholing people (Brit)

étiqueteur, -euse /etik(ə)tœʁ, øz/
NM,F (pour poser des étiquettes) labeller
NM (Ordin) tagger
NF **étiqueteuse** labelling machine

étiquette /etikɛt/ SYN NF **1** (sur paquet, Ordin) label; (de prix) price tag ◆ **étiquette autocollante** self-stick ou self-adhesive ou stick-on label ◆ **étiquette politique** political label ◆ **les sans étiquette** (Pol) the independents ◆ **mettre une étiquette à qn** (fig) to label sb, to stick a label on sb, to pigeonhole sb (Brit)
2 (= protocole) ◆ **l'étiquette** etiquette

étirable /etiʁabl/ ADJ → **film**

étirage /etiʁaʒ/ NM [de métal, verre] drawing out

étirement /etiʀmɑ̃/ SYN NM stretching ◆ **exercice d'étirement** stretching exercise ◆ **faire des étirements** to do stretching exercises *ou* stretches

étirer /etiʀe/ SYN ► conjug 1 ◄
VT *[+ peaux]* to stretch; *[+ métal, verre]* to draw (out) ◆ **étirer ses membres** to stretch one's limbs
VPR **s'étirer** *[personne]* to stretch; *[vêtement]* to stretch; *[convoi]* to stretch out; *[route]* to stretch out *ou* away

étireur, -euse /etiʀœʀ, øz/
NM,F *[de peaux]* stretcher; *[de métal, verre]* drawer
NF **étireuse** *[de peaux]* stretcher; *[de métal]* drawing machine

Etna /ɛtna/ NM ◆ **l'Etna** Etna, Mount Etna

étoffe /etɔf/ SYN NF 1 *(= tissu)* material, fabric; *[de livre]* material, stuff
2 *(fig)* ◆ **avoir l'étoffe de** to have the makings of, to be cut out to be ◆ **avoir l'étoffe d'un héros** to be of the stuff heroes are made of, to have the makings of a hero ◆ **il a de l'étoffe** *[personne]* he has a strong personality; *[roman]* it's really meaty ◆ **manquer d'étoffe** *[personne]* to lack personality; *[roman]* to lack substance

étoffé, e /etɔfe/ (ptp de **étoffer**) ADJ *[personne]* fleshy; *[discours]* meaty; *[catalogue, bibliothèque, palmarès]* substantial; *[équipe]* beefed up*, strengthened ◆ **carnet de commandes bien étoffé** full order book ◆ **volumes (de transactions) étoffés** *(Bourse)* heavy trading ◆ **dans un marché étoffé de 404 600 titres** in a market buoyed up *ou* bolstered by 404,600 bonds

étoffer /etɔfe/ SYN ► conjug 1 ◄
VT *[+ style]* to enrich; *[+ discours, personnage]* to fill out, to flesh out; *[+ répertoire]* to extend; *[+ équipe]* to beef up*, to strengthen *(de* with); *[+ carnet de commandes]* to fill out ◆ **étoffer ses sourcils au crayon** to fill out one's eyebrows with eyebrow pencil
VPR **s'étoffer** *[personne]* to fill out, to thicken, to get thicker; *[carnet de commandes]* to fill up

étoile /etwal/ SYN
NF 1 *(Astron)* star ◆ **étoile filante** shooting star ◆ **étoile polaire** pole star, north star ◆ **étoile du berger** *ou* **du soir** evening star ◆ **étoile du matin** morning star, daystar ◆ **étoile de David** star of David ◆ **étoile double/à neutrons** double/neutron star ◆ **étoile jaune** *(Hist)* yellow star ◆ **semé d'étoiles** starry, star-studded ◆ **sans étoile** starless ◆ **à la clarté des étoiles** by starlight ◆ **dormir** *ou* **coucher à la belle étoile** to sleep out in the open, to sleep under the stars
2 *(= dessin, objet)* star; *(= fêlure)* crack ◆ **général à deux étoiles** two-star general ◆ **trois étoiles** *[cognac, restaurant]* three-star *(épith)* ◆ **un trois étoiles** *(= restaurant)* a three-star restaurant; *(= hôtel)* a three-star hotel ◆ **moteur en étoile** radial engine
3 *(Ciné, Danse)* star ◆ **étoile du cinéma** film star, movie star *(US)* ◆ **étoile de la danse** dancing star ◆ **étoile montante** rising *ou* up-and-coming star ◆ « **Une étoile est née** » *(Ciné)* "A Star is Born"
4 *(= destinée)* ◆ **avoir foi en son étoile** to trust one's lucky star, to trust to one's luck ◆ **être né sous une bonne/mauvaise étoile** to be born under a lucky/an unlucky star ◆ **son étoile a pâli** his star has faded
COMP **étoile d'argent** *(= plante)* edelweiss
étoile de mer starfish

étoiler /etwale/ ► conjug 1 ◄ VT 1 *(= parsemer)* to stud *(de* with) ◆ **nuit étoilée** starry *ou* starlit night ◆ **ciel étoilé** starry *ou* star-studded sky
2 *(= fêler) (gén)* to crack; *[+ pare-brise]* to craze

étole /etɔl/ NF *(Rel, gén)* stole

étonnamment /etɔnamɑ̃/ ADV surprisingly; *(plus fort)* amazingly, astonishingly

étonnant, e /etɔnɑ̃, ɑ̃t/ SYN
ADJ 1 *(= surprenant)* surprising; *(plus fort)* amazing, astonishing ◆ **rien d'étonnant à cela, cela n'a rien d'étonnant** no wonder, there's nothing (so) surprising about that
2 *(= remarquable) [personne]* amazing, incredible ◆ **vous êtes étonnant !** you're incredible *ou* amazing!
NM ◆ **l'étonnant est que** the astonishing *ou* amazing thing *ou* fact is that, what's astonishing *ou* amazing is that

étonné, e /etɔne/ SYN (ptp de **étonner**) ADJ surprised; *(plus fort)* amazed, astonished ◆ **il a pris un air étonné** *ou* **a fait l'étonné quand je lui ai dit** he acted surprised when I told him ◆ **je ne serais pas autrement étonné** I wouldn't be that surprised ◆ **j'ai été très étonné de l'apprendre** I was really surprised *ou* I was amazed to hear that ◆ **sous les yeux étonnés du public** before the astonished gaze of the audience ◆ **il a été le premier étonné de sa réussite/de réussir** nobody was more surprised than he was at his success/to have succeeded

étonnement /etɔnmɑ̃/ SYN NM surprise; *(plus fort)* amazement, astonishment *(devant* at) ◆ **à mon grand étonnement** to my amazement *ou* astonishment ◆ **quel ne fut pas mon étonnement quand je le vis !** imagine my surprise when I saw him!

étonner /etɔne/ SYN ► conjug 1 ◄
VT to surprise; *(plus fort)* to amaze, to astonish ◆ **ça m'étonne que...** I am surprised that..., it surprises me that... ◆ **ça ne m'étonne pas** I'm not surprised, it doesn't surprise me *(que* that) ◆ **vous serez étonnés du résultat** you'll be surprised by *ou* at the result ◆ **ça m'étonnerait** I should be very surprised ◆ **tu m'étonnes !** * *(iro)* you don't say! * *(iro)*
VPR **s'étonner** to be surprised; *(plus fort)* to be amazed *(de qch* at sth; *de voir qch* at seeing sth) ◆ **je m'étonne que...** I am surprised that..., it surprises me that... ◆ **il ne faut pas s'étonner si...** it's hardly surprising that...

étouffant, e /etufɑ̃, ɑ̃t/ SYN ADJ stifling

étouffe-chrétien * /etufkʀetjɛ̃/ NM INV ◆ **c'est de l'étouffe-chrétien** *ou* **un étouffe-chrétien** it's stodgy

étouffée /etufe/ **à l'étouffée**
LOC ADV ◆ **cuire à l'étouffée** *[poisson, légumes, viande]* to braise
LOC ADJ *[poisson, légumes, viande]* braised

étouffement /etufmɑ̃/ SYN NM 1 *(= mort)* suffocation ◆ **tuer qn par étouffement** to kill sb by suffocating *ou* smothering him ◆ **mourir d'étouffement** to die of suffocation
2 *(Méd)* ◆ **sensation d'étouffement** feeling of suffocation *ou* breathlessness ◆ **avoir des étouffements** to have fits of breathlessness
3 *(= action) [de scandale]* hushing-up; *[de rumeurs]* suppression, stifling; *[de révolte]* quelling, suppression; *[de scrupules]* stifling, overcoming
4 *[de pas]* muffling

étouffer /etufe/ SYN ► conjug 1 ◄
VT 1 *[assassin]* to suffocate, to smother; *[chaleur, atmosphère]* to suffocate, to stifle; *[sanglots, colère, aliment]* to choke; *(fig)* to stifle, to suffocate ◆ **mourir étouffé** to die of suffocation, to suffocate to death ◆ **étouffer qn de baisers** to smother sb with kisses ◆ **les scrupules ne l'étouffent pas** he isn't hampered *ou* overburdened by scruples, he doesn't let scruples cramp his style ◆ **ce n'est pas la politesse qui l'étouffe !** * politeness is not his forte! *ou* his strong suit! ◆ **ça l'étoufferait de dire merci** it would kill him to say thank you ◆ **plantes qui étouffent les autres** plants which choke *ou* smother others
2 *[+ bruit]* to muffle, to deaden; *[+ bâillement]* to stifle, to smother, to suppress; *[+ sanglots, cris]* to smother, to choke back, to stifle ◆ **étouffer un juron** to stop o.s. swearing ◆ **rires étouffés** suppressed *ou* smothered laughter ◆ **dit-il d'une voix étouffée** he said in a low *ou* hushed tone ◆ **voix étouffées** *(discrètes)* subdued voices; *(confuses)* muffled voices
3 *[+ scandale, affaire]* to hush up, to keep quiet; *[+ rumeurs, scrupules, sentiments]* to smother, to suppress, to stifle; *[+ révolte]* to put down, to quell, to suppress
4 *[+ flammes]* to smother, to extinguish, to quench *(littér)* ◆ **étouffer un feu** to put out *ou* smother a fire
VI *(= mourir étouffé)* to die of suffocation, to suffocate to death; *(= être mal à l'aise)* to feel stifled, to suffocate ◆ **étouffer de colère/de rire** to choke with anger/with laughter ◆ **étouffer de chaleur** to be stifled, to be overcome with the heat ◆ **on étouffe dans cette pièce** it's stifling in here, the heat is suffocating *ou* overpowering in here
VPR **s'étouffer** *(gén)* to suffocate ◆ **s'étouffer en mangeant** to choke on something

étouffoir /etufwaʀ/ NM *(Mus)* damper ◆ **quel étouffoir ici !** * it's very stuffy in here!

étoupe /etup/ NF *(de lin, chanvre)* tow; *(de cordages)* oakum

étoupille /etupij/ NF *(= amorce)* fuse

étourderie /etuʀdəʀi/ SYN NF *(= caractère)* absentmindedness ◆ **(faute d')étourderie** *(= bévue)* careless mistake *ou* blunder ◆ **agir par étourderie** to act without thinking *ou* carelessly

étourdi, e /etuʀdi/ SYN (ptp de **étourdir**)
ADJ *[personne, action]* scatterbrained, absentminded
NM,F scatterbrain ◆ **agir en étourdi** to act without thinking *ou* carelessly

étourdiment /etuʀdimɑ̃/ ADV carelessly, rashly

étourdir /etuʀdiʀ/ SYN ► conjug 2 ◄
VT 1 *(= assommer)* to stun, to daze
2 ◆ **étourdir qn** *[bruit]* to deafen sb; *[succès, parfum, vin]* to go to sb's head ◆ **l'altitude m'étourdit** heights make me dizzy *ou* giddy, I've no head for heights *(Brit)* ◆ **ce vacarme m'étourdit** this row is deafening ◆ **ce mouvement m'étourdit** this movement makes my head spin *ou* makes me feel quite dizzy
VPR **s'étourdir** ◆ **il s'étourdit par la boisson** he drowns his sorrows in drink ◆ **il s'étourdit par les plaisirs** he tries to forget *ou* to deaden his sorrows by living a life of pleasure ◆ **il s'étourdit pour oublier** he keeps up a whirl of activity to forget ◆ **s'étourdir de paroles** to get drunk on words, to be carried away by the sound of one's own voice

étourdissant, e /etuʀdisɑ̃, ɑ̃t/ SYN ADJ *[bruit]* deafening, earsplitting; *[succès]* staggering, stunning; *[beauté]* stunning ◆ **à un rythme étourdissant** at a tremendous *ou* breakneck pace ◆ **étourdissant de beauté** stunningly beautiful

étourdissement /etuʀdismɑ̃/ SYN NM
1 *(= syncope)* blackout; *(= vertige)* dizzy spell, fit of giddiness ◆ **ça me donne des étourdissements** it makes me feel dizzy, it makes my head swim * *ou* spin
2 *(littér = surprise)* surprise
3 *(littér = griserie)* exhilaration, intoxication

étourneau (pl **étourneaux**) /etuʀno/ NM
1 *(= oiseau)* starling
2 (* *= distrait)* scatterbrain, featherbrain *(Brit)*, birdbrain *(US)*

étrange /etʀɑ̃ʒ/ SYN
ADJ strange, odd, peculiar ◆ **et chose étrange** strangely *ou* funnily enough, the odd thing is ◆ **aussi étrange que cela puisse paraître** strange as it may seem ◆ **cela n'a rien d'étrange** there is nothing strange about *ou* in that
NM ◆ **l'étrange** the bizarre ◆ **l'étrange dans tout cela, c'est que...** the odd *ou* strange *ou* funny thing is that...

étrangement /etʀɑ̃ʒmɑ̃/ ADV *(= bizarrement)* strangely, oddly; *(= étonnamment)* surprisingly, amazingly ◆ **ressembler étrangement à** to be surprisingly *ou* amazingly *ou* suspiciously like

étranger, -ère /etʀɑ̃ʒe, ɛʀ/ SYN
ADJ 1 *(= d'un autre pays)* foreign; *(Pol) [politique, affaires]* foreign ◆ **être étranger au pays** to be a foreigner ◆ **visiteurs étrangers** foreign visitors, visitors from abroad
2 *(= d'un autre groupe)* strange, unknown *(à* to) ◆ **être étranger à un groupe** not to belong to a group, be an outsider ◆ **il est étranger à notre famille** he is not a relative of ours, he is not a member of our family ◆ « **entrée interdite à toute personne étrangère à l'établissement** *ou* **au service** » "no entry for unauthorized persons", "no unauthorized entry"
3 *(= inconnu) [nom, usage, milieu]* strange, unfamiliar *(à* to); *[idée]* strange, odd ◆ **son nom/son visage ne m'est pas étranger** his name/face is not unknown *ou* not unfamiliar to me ◆ **cette personne/technique lui est étrangère** this person/technique is unfamiliar *ou* unknown to him, he is unfamiliar *ou* unacquainted with this person/technique ◆ **ce sentiment ne lui est pas étranger** this feeling is not unknown to him; → **corps**
4 *(= extérieur) [donnée, fait]* extraneous *(à* to) ◆ **étranger au sujet** irrelevant (to the subject), beside the point ◆ **il est étranger au complot** he is not involved *ou* mixed up in the plot, he has nothing to do with the plot
NM,F 1 *(d'un autre pays)* foreigner; *(péj, Admin)* alien ◆ **une étrangère** a foreign woman ◆ **c'est une étrangère** she's a foreigner
2 *(= inconnu)* stranger; *(à un groupe)* outsider, stranger
NM *(= pays)* ◆ **l'étranger** foreign countries, foreign parts ◆ **vivre/voyager à l'étranger** to live/travel abroad ◆ **rédacteur pour l'étranger** for-

eign editor • **nouvelles de l'étranger** *(Journalisme)* news from abroad • **« L'Étranger »** *(Littérat)* "The Outsider"

étrangeté /etʀɑ̃ʒte/ **NF** (= *caractère*) *[de conduite]* strangeness, oddness; (= *fait ou événement bizarre*) odd *ou* strange fact (*ou* event *etc*)

étranglé, e /etʀɑ̃gle/ (ptp de **étrangler**) **ADJ**
1 *[voix]* tight, strangled • **elle a poussé un petit cri étranglé** she let out a strangled little cry
2 (= *resserré*) • **taille étranglée** tightly constricted waist

étranglement /etʀɑ̃gləmɑ̃/ SYN **NM** 1 *[de victime]* strangulation; *(Hist* = *supplice)* garotting; *[de presse, libertés]* stifling
2 *[de vallée]* neck; *[de rue]* bottleneck, narrowing; *[de taille, tuyau]* constriction
3 *[de voix]* strain, tightness
4 *(Méd)* strangulation
5 *(Sport)* stranglehold • **faire un étranglement à qn** to get sb in a stranglehold

étrangler /etʀɑ̃gle/ SYN ► conjug 1 ◄
VT 1 (= *tuer*) *[+ personne]* to strangle, to choke, to throttle; *[+ poulet]* to wring the neck of; *(Hist* = *supplicier)* to garotte • **mourir étranglé (par son écharpe)** to be strangled (by one's scarf) • **cette cravate m'étrangle** this tie is choking *ou* throttling me; → **hernie**
2 *[rage]* to choke • **la fureur l'étranglait** he was choking with rage • **voix étranglée par l'émotion** voice choked with emotion
3 *[+ presse, libertés]* to stifle • **taxes qui étranglent les commerçants** taxes which cripple shopkeepers
4 (= *resserrer*) to squeeze (tightly)
VPR **s'étrangler** 1 *[personne]* to strangle o.s. • **elle s'est étranglée accidentellement** she was strangled accidentally, she accidentally strangled herself • **s'étrangler de rire/colère** to choke with laughter/anger • **s'étrangler en mangeant** to choke on something
2 *[voix, sanglots]* to catch in one's throat • **un cri s'étrangla dans sa gorge** a cry caught *ou* died in his throat
3 *[rue, couloir]* to narrow (down), to make a bottleneck

étrangleur, -euse /etʀɑ̃glœʀ, øz/
ADJ M • **collier étrangleur** choke chain
NM,F strangler

étrangloir /etʀɑ̃glwaʀ/ **NM** *(Naut)* compressor

étrave /etʀav/ **NF** *(Naut)* *[de bateau]* stem

◆ ◆

être /ɛtʀ/

SYN ► conjug 61 ◄

1 - VERBE COPULE
2 - VERBE AUXILIAIRE
3 - VERBE INTRANSITIF
4 - VERBE IMPERSONNEL
5 - NOM MASCULIN

► Pour les expressions figées telles que **être sur le point de, être en colère, étant donné que, il est de règle de** etc, reportez-vous au nom ou au verbe ; pour les expressions telles que **c'est à relire, être en robe, en être à, être pour faire qch** etc, reportez-vous à la préposition.

◆ ◆

1 - VERBE COPULE

1 [POUR QUALIFIER] to be • **le ciel est bleu** the sky is blue • **elle veut être médecin** she wants to be a doctor • **soyez sages !** be good! • **tu n'es qu'un enfant** you are only a child • **si j'étais vous, je lui parlerais** if I were you I'd speak to her • **il est tout pour elle** he's everything to her, he means the world to her • **il n'est plus rien pour moi** he doesn't mean anything to me any more • **nous sommes dix à vouloir partir** ten of us want to go

2 [POUR INDIQUER LA DATE] • **nous sommes** *ou* **on est le 12 janvier** it's the 12 January • **on était en juillet** it was (in) July • **quel jour sommes-nous ?** *(date)* what's the date today?, what's today's date?; *(jour)* what day is it (today)?

3 [APPARTENANCE, PARTICIPATION À UNE ACTIVITÉ]

◆ **être de** • **nous sommes de la même religion** we are of the same faith • **être de la fête/de l'expédition** to take part in the celebration/in the expedition • **être de noce/de baptême** to be at a wedding/christening • **je ne serai pas du voyage** I won't be going • **elle est des nôtres** (= *elle vient avec nous*) she's coming with us; (= *elle appartient à notre groupe, à la même communauté d'esprit*) she's one of us • **je ne pourrai pas être des vôtres jeudi** I won't be able to come on Thursday • **serez-vous des nôtres demain ?** will you be coming tomorrow?

◆ **en être** • **vous en êtes ?** are you taking part? • **il y avait une conférence, et bien sûr elle en était** there was a conference, and of course she was there • **il en est*, c'en est une** (* *(péj)* = *homosexuel*) he's one of them* *(péj)*

2 - VERBE AUXILIAIRE

être se traduit par **have** pour former les temps composés de verbes intransitifs ou pronominaux ; ne pas oublier toutefois qu'un passé composé peut être rendu par un prétérit en anglais.

• **est-il déjà passé ?** has he been already? • **nous étions montés** we had gone upstairs • **il est passé hier** he came yesterday • **elle serait tombée** she would *ou* might have fallen • **il s'est assis** he sat down • **ils s'étaient écrit** they had written to each other

être se traduit par **be** pour former le passif ; notez l'emploi du present perfect pour rendre certains présents français.

• **être donné/fabriqué par...** to be given/made by... • **il est soutenu par son patron** he is backed up by his boss • **l'eau est changée tous les jours** the water is changed every day • **il a été blessé dans un accident** he was injured in an accident • **elle n'a pas été invitée** she hasn't been invited • **le contrat est signé** the contract has been signed • **la maison est vendue** the house has been sold

3 - VERBE INTRANSITIF

1 [= EXISTER] to be • **je pense, donc je suis** I think, therefore I am • **elle n'est plus** she is no more • **le temps n'est plus où...** the time is past when... • **que la lumière soit** let there be light • **un menteur s'il en est** a liar if ever there was one • **le meilleur homme qui soit** the kindest man imaginable

2 [= SE TROUVER] to be • **il est maintenant à Lille/au Japon** he is now in Lille/in Japan • **le village est à 10 km d'ici** the village is 10 km from here • **les verres étaient dans le placard** the glasses were in the cupboard • **où étais-tu ?** where were you? • **je suis à la page 25** I've got to *ou* reached page 25, I'm up to page 25

3 La tournure familière **avoir été** signifiant **être allé** est rendue par **be** sauf lorsque l'on a un prétérit en anglais ; dans ce cas, on utilise **go**.

il n'avait jamais été à Londres he'd never been to London • **as-tu déjà été à l'étranger ? – oui j'ai été en Italie l'an dernier** have you ever been abroad? – yes I went to Italy last year • **elle a été lui téléphoner** *(elle est partie)* she's gone to phone him; *(elle est revenue)* she's been to phone him • **elle a été lui téléphoner à 3 heures** she went to phone him at 3 o'clock • **il a été dire que c'était de ma faute** he went and said that it was my fault

4 [LITTÉR] • **il s'en fut la voir** he went to see her • **elle s'en fut, furieuse** she left in a terrible rage

4 - VERBE IMPERSONNEL

1 [GÉN] to be

◆ **il est** + *adjectif* • **il est étrange que...** it's odd that... • **il fut facile de le convaincre** it was easy to convince him • **il serait très agréable de voyager** it would be very nice to travel

2 [POUR DIRE L'HEURE] • **quelle heure est-il ?** what time is it? • **il est 10 heures** it's 10 o'clock • **il n'était pas encore 8 heures quand il est arrivé** it wasn't (even) 8 o'clock when he arrived • **il n'était pas encore 10 heures que la place était pleine de monde** it wasn't (even) 10 o'clock and the square was already full of people

3 *(littér* = *il y a)* **il est** + *nom singulier* there is

◆ **il est** + *nom pluriel* there are • **il est un pays où...** there is a country where... • **il est des gens qui...** there are people who... • **il n'est pas un jour sans que...** not a single day passes without... • **il était une fois...** once upon a time there was...

4 [AUTRES LOCUTIONS]

◆ **c'est, ce sont** + *nom ou pronom* • **c'est le médecin** *(en désignant)* he's *ou* that's the doctor; *(au téléphone, à la porte)* it's the doctor • **c'est la plus intelligente de la classe** she's the most intelligent girl in the class • **c'est la camionnette du boucher** it's *ou* that's the butcher's van • **c'est une voiture rapide** it's a fast car • **ce sont des mannequins/de bons souvenirs** they are models/happy memories

Notez l'emploi possible d'un auxiliaire en anglais pour traduire les propositions tronquées. Pour la forme **qui est-ce qui**, reportez-vous à **qui**.

• **qui a crié ? – c'est lui** who shouted? – he did *ou* it was him • **qui le fera ? – c'est moi** who'll do it? – I will

◆ **c'est** + *adjectif* it is • **c'est impossible** it's impossible • **c'était bruyant/formidable** it was noisy/wonderful • **c'est vrai** it's *ou* that's true • **ça c'est vrai !** that's true • **c'est vrai que...** it's true that...

Pour traduire des tournures emphatiques mettant en relief un sujet ou un complément, on peut employer soit un pronom suivi d'une relative, soit l'accent tonique.

◆ **c'est... qui** • **c'est le vent qui a emporté la toiture** it was the wind that blew the roof off • **c'est eux*** *ou* **ce sont eux** *ou* **c'étaient eux qui mentaient** they are the ones who *ou* it's they who were lying • **c'est toi qui le dis !** that's what YOU say! • **c'est lui qui me l'a dit** he's the one who told me, he told me • **c'est elle qui a voulu** SHE wanted it

◆ **c'est... que** • **c'est une bonne voiture que vous avez là** that's a good car you've got there • **c'est ici que je l'ai trouvé** this is where I found it • **c'était elle que je voulais rencontrer** she was the one I wanted to meet • **ne partez pas, c'est à vous que je veux parler** don't go, it's you I want to talk to • **c'est moi qu'on attendait** I was the one they were waiting for, it was me they were waiting for

Notez que l'anglais n'emploie pas de tournure avec le sujet réel antéposé.

• **voler, c'est quelque chose que je ne ferai jamais** stealing is something I'll never do

◆ **c'est que** *(pour expliquer)* • **quand il écrit, c'est qu'il a besoin d'argent** when he writes, it's because he needs money • **c'est qu'elle n'entend rien, la pauvre !** but the poor woman can't hear a thing!, but she can't hear, poor woman! • **c'est que je le connais bien !** I know him so well! • **c'est qu'elle n'a pas d'argent** it's because *ou* just that she has no money; *(exclamatif)* but she has no money!

◆ **ce n'est pas que** • **ce n'est pas qu'il soit beau !** it's not that he's good-looking! • **ce n'est pas qu'elle soit bête, mais elle est paresseuse** it's not that she's stupid, she's just lazy

◆ **est-ce que**

La forme interrogative **est-ce que** est rendue en anglais par l'auxiliaire suivi du pronom.

• **est-ce que tu m'entends ?** can you hear me? • **est-ce que c'est/c'était vrai ?** is/was it true? • **est-ce que vous saviez ?** did you know? • **est-ce que c'est toi qui l'as battu ?** was it you who beat him? • **quand est-ce que ce sera réparé ?** when will it be fixed? • **où est-ce que tu l'as mis ?** where have you put it?

◆ **n'est-ce pas**

La forme interrogative **n'est-ce pas**, qui demande une confirmation, est rendue en anglais par l'auxiliaire suivi du pronom ; cette tournure est négative si la proposition est affirmative et inversement.

• **vous viendrez, n'est-ce pas ?** you will come, won't you?, you are coming, aren't you? • **n'est-ce pas qu'il a promis ?** he did promise, didn't he? • **il fait beau, n'est-ce pas ?** it's a lovely day, isn't it? • **elle n'est pas partie, n'est-ce pas ?** she hasn't left, has she?

Notez les traductions possibles de la valeur intensive de **n'est-ce pas**.

• **le problème, n'est-ce pas, reste entier** you see the problem still hasn't been solved • **ce n'est pas moi, n'est-ce pas, qui vais lui dire** I'm certainly not going to tell him • **mais moi, n'est-ce pas, je ne suis qu'un raté** but I'm just a failure, aren't I?

5 [POUR EXPRIMER LA SUPPOSITION] • **si ce n'était** were it not for, if it were not for, but for • **n'était son orgueil** *(littér)* were it not for *ou* but for his pride, if it were not for his pride • **ne serait-ce que pour quelques jours** if (it were) only for a few days • **ne serait-ce que pour nous ennuyer** if only to annoy us

étreindre | euphorisant

5 - NOM MASCULIN

1 [GÉN] (Sci) being ◆ **être humain/animé/vivant** human/animate/living being

2 [= INDIVIDU] person ◆ **les êtres qui nous sont chers** our loved ones, those who are dear to us ◆ **un être cher** a loved one ◆ **c'était un être merveilleux** he was a wonderful person

3 [= ÂME] ◆ **il l'aimait de tout son être** he loved her with all his heart ◆ **au plus profond de notre être** deep down in our hearts ◆ **tout son être se révoltait** his whole being rebelled

4 [PHILOS] ◆ **l'être** being ◆ « **L'Être et le Néant** » (Littérat) "Being and Nothingness" ◆ **l'Être suprême** the Supreme Being

étreindre /etʀɛ̃dʀ/ SYN ▶ conjug 52 ◀ VT 1 (frm) (dans ses bras) [+ ami] to embrace, to hug, to clasp in one's arms; [+ ennemi] to seize, to grasp; (avec les mains) to clutch, to grip, to grasp ◆ **les deux amis s'étreignirent** the two friends embraced each other; → **embrasser**

2 [douleur] to grip

étreinte /etʀɛ̃t/ SYN NF (frm) [d'ami] embrace, hug; [d'ennemi] stranglehold, grip; [de main, douleur] clutch, grip, grasp ◆ **l'armée resserre son étreinte autour de...** the army is tightening its grip round...

étrenner /etʀene/ ▶ conjug 1 ◀

VT to use (ou wear etc) for the first time

VI († * = écoper) to catch it*, to cop it* (Brit), to get it*

étrennes /etʀɛn/ NFPL (à un enfant) New Year's gift, Christmas present; (au facteur etc) ≈ Christmas box ◆ **que veux-tu pour tes étrennes ?** what would you like for Christmas? ou as a Christmas present? ◆ **donner ses étrennes à la femme de ménage** to give a Christmas box to the cleaning lady

étrésillon /etʀezijɔ̃/ NM brace, strut, prop

étrésillonner /etʀezijɔne/ ▶ conjug 1 ◀ VT to brace, to strut, to prop

étrier /etʀije/ NM (Équitation, Constr, Méd) stirrup; (Anat) stirrup bone, stapes (SPÉC); (Alpinisme) étrier (Brit), stirrup (US) ◆ **boire le coup de l'étrier** * (gén) to have one for the road *; [cavalier] to have a stirrup cup; → **pied**, **vider**

étrille /etʀij/ NF (= brosse) currycomb; (= crabe) velvet swimming crab

étriller /etʀije/ SYN ▶ conjug 1 ◀ VT 1 [+ cheval] to curry(-comb)

2 († hum = rosser) to trounce †; (* = escroquer) to con*, to swindle

étripage /etʀipaʒ/ NM gutting

étriper /etʀipe/ SYN ▶ conjug 1 ◀

VT [+ lapin] to disembowel, to gut; [+ volaille] to draw; [+ poisson] to gut; * [+ adversaire] to cut open, to hack about (Brit)

VPR **s'étriper*** to make mincemeat of each other*, to tear each other's guts out*

étriqué, e /etʀike/ SYN (ptp de **étriquer**) ADJ [vêtement, budget] tight; [esprit, conception, victoire, vision, vie] narrow; [marché] tiny ◆ **il fait tout étriqué dans son manteau** his coat looks far too small for him ◆ **le cadre étriqué de ce domaine d'études** the narrow confines of this field (of study)

étriquer /etʀike/ ▶ conjug 1 ◀ VT ◆ **ce vêtement l'étrique** this garment is too tight-fitting for him

étrive /etʀiv/ NF (Naut) throat seizing

étrivière /etʀivjɛʀ/ NF stirrup leather

étroit, e /etʀwa, wat/ SYN

ADJ 1 [rue, fenêtre, ruban] narrow; [espace] narrow, cramped, confined; [vêtement, chaussure] tight ◆ **nous avons une marge de manœuvre très étroite** we have very little room for manoeuvre ◆ **être étroit des hanches ou du bassin** to have narrow hips

2 (= borné) [vues] narrow, limited ◆ **être étroit d'esprit** to be narrow-minded

3 (= intime) [amitié] close (épith); [liens] close (épith), intimate (épith) ◆ **en collaboration étroite avec...** in close collaboration with...

4 (= strict) [surveillance] close (épith); [coordination, subordination] strict (épith)

5 (Ling) [acception] narrow (épith), strict (épith), restricted ◆ **au sens étroit du terme** in the narrow ou strict sense of the term

6 (= serré) [nœud, étreinte] tight

LOC ADV **à l'étroit** cramped ◆ **vivre ou être logé à l'étroit** to live in cramped ou confined conditions ◆ **être à l'étroit dans ses vêtements** to be wearing clothes that are too small, to be bursting out of one's clothes ◆ **il se sent un peu à l'étroit** (dans un département, un parti) he feels a bit cramped

étroitement /etʀwatmɑ̃/ SYN ADV [lier, unir] closely; [obéir] strictly; [surveiller] closely, strictly; [tenir] tightly ◆ **être étroitement logé** to live in cramped ou confined conditions

étroitesse /etʀwatɛs/ NF 1 [de rue, fenêtre, espace, hanches] narrowness ◆ **à cause de l'étroitesse de ce logement** because of the cramped accommodation here

2 [de vues] narrowness ◆ **étroitesse (d'esprit)** narrow-mindedness

étron /etʀɔ̃/ NM (hum) (piece of) excrement, turd*

Étrurie /etʀyʀi/ NF Etruria

étrusque /etʀysk/

ADJ Etruscan

NM (= langue) Etruscan

NMF **Étrusque** Etruscan

étude /etyd/ SYN NF 1 (= action) (gén) study ◆ **l'étude d'un instrument** (Mus) the study of an instrument, learning to play an instrument ◆ **ce projet est à l'étude** this project is under consideration ou is being studied ◆ **mettre un projet à l'étude, procéder à l'étude d'un projet** to investigate ou go into ou study a project ◆ **avoir le goût de l'étude** to like study ou studying ◆ **une étude gratuite de vos besoins** a free assessment of your needs ◆ **voyage/frais d'étude** study trip/costs ◆ **étude de marché** (Écon) market research (NonC) ◆ **étude de cas** case study ◆ **étude complémentaire** (Fin) follow-up study; → **bureau**

2 (Scol, Univ) ◆ **études** studies ◆ **études secondaires/supérieures** secondary/higher education ◆ **faire ses études à Paris** to study in Paris, to be educated in Paris ◆ **travailler pour payer ses études** to work to pay for one's education ◆ **faire des études de droit** to study law ◆ **quand je faisais mes études** when I was studying

3 (= ouvrage) study; (Écon, Sci) paper, study; (Littérat) study, essay ◆ **études de fleurs** (Art) studies of flowers ◆ **études pour piano** (Mus) studies ou études for (the) piano

4 (Scol) ◆ **(salle d')étude** study ou prep room, private study room (Brit), study hall (US) ◆ **l'étude (du soir)** preparation, prep* (Brit) ◆ **étude surveillée** (supervised) study period (Brit), study hall (US) ◆ **être en étude** to have a study period ◆ **mettre des élèves en étude** to leave pupils to study on their own

5 (Jur) (= bureau) office; (= charge, clientèle) practice

étudiant, e /etydjɑ̃, jɑ̃t/

ADJ [vie, problèmes, allures] student (épith)

NM,F student ◆ **étudiant en médecine/en lettres** medical/arts student ◆ **étudiant de première année** first-year student ou undergraduate, fresher (Brit), freshman (US) ◆ **étudiant de troisième cycle** post-graduate (student)

étudié, e /etydje/ SYN (ptp de **étudier**) ADJ

1 (= calculé) [jeu de scène] studied; [coupe, conception] carefully designed; [prix] competitive, keen (épith) (Brit) ◆ **à des prix étudiés** at the lowest possible ou the keenest (Brit) prices ◆ **maison d'une conception très étudiée** very carefully ou thoughtfully designed house

2 (= affecté) [allure] studied; [sentiments] affected, assumed

étudier /etydje/ GRAMMAIRE ACTIVE 26.2 SYN ▶ conjug 7 ◀

VT 1 (= apprendre) [+ matière] (gén) to study; (Univ) to study, to read (Brit); [+ instrument] to study, to learn to play; (Scol) [+ leçon] to learn; [+ texte, auteur] to study ◆ **s'amuser au lieu d'étudier** to have a good time instead of studying

2 (= examiner) [+ projet, possibilités] to study, to examine, to go into; [+ dossier, cas] to study, to examine ◆ **étudier une proposition sous tous ses aspects** to study a proposal from every angle ◆ **étudier qch de près** to study sth closely, to make a close study of sth, to take a close look at sth

3 (= observer) [+ terrain, adversaire] to study, to observe closely; [+ visage] to study, to examine ◆ **je sentais qu'il m'étudiait constamment** I sensed that he was observing me all the time

4 (= concevoir) [+ procédé, dispositif] to devise; [+ machine, coupe] to design ◆ **c'est étudié pour*** that's what it's for

5 (= calculer) [+ gestes, ton, effets] to study, to calculate

VPR **s'étudier** (= s'analyser) to analyse o.s., to be introspective; (= se regarder) to study o.s. ou one's appearance ◆ **les deux adversaires s'étudiaient** the two opponents studied ou observed each other closely

étui /etɥi/ SYN NM [de violon, cigares] case; [de parapluie] cover; [de revolver] holster ◆ **étui à lunettes** spectacle ou glasses case

étuve /etyv/ NF (= bains) steamroom; (de désinfection) sterilizer; (= incubateur) incubator ◆ **quelle étuve !** (fig) it's like a sauna in here!

étuvée /etyve/ **à l'étuvée**

LOC ADV ◆ **cuire à l'étuvée** [+ poisson, légumes, viande] to braise

LOC ADJ [poisson, légumes, viande] braised

étuver /etyve/ ▶ conjug 1 ◀ VT 1 [+ poisson, légumes] to steam; [+ viande] to braise

2 (= stériliser) to sterilize

étuveur /etyvœʀ/ NM, **étuveuse** /etyvøz/ NF steamer

étymologie /etimɔlɔʒi/ NF etymology

étymologique /etimɔlɔʒik/ ADJ etymological

étymologiquement /etimɔlɔʒikmɑ̃/ ADV etymologically

étymologiste /etimɔlɔʒist/ NMF etymologist

étymon /etimɔ̃/ NM etymon

eu, e /y/ ptp de **avoir**

E.-U.(A.) NMPL (abrév de **États-Unis (d'Amérique)**) US(A)

eubactéries /øbakteʀi/ NFPL eubacteria

eubage /øbaʒ/ NM Celtic priest

eucalyptol /økaliptɔl/ NM eucalyptol, cineol(e)

eucalyptus /økaliptys/ NM eucalyptus

eucharistie /økaʀisti/ NF ◆ **l'Eucharistie, l'eucharistie** the Eucharist

eucharistique /økaʀistik/ ADJ eucharistic

Euclide /øklid/ NM Euclid

euclidien, -ienne /øklidjɛ̃, jɛn/ ADJ Euclidean

eucologe /økɔlɔʒ/ NM euchology

eudémis /ødemis/ NM eudemis moth

eudémonisme /ødemɔnism/ NM eudaemonism (Brit), eudemonism (US)

eudiomètre /ødjɔmɛtʀ/ NM eudiometer

eudiométrie /ødjɔmetʀi/ NF eudiometry

eudiométrique /ødjɔmetʀik/ ADJ eudiometric(al)

eudiste /ødist/ NM Eudist father

eugénique /øʒenik/

NF eugenics (sg)

ADJ eugenic

eugénisme /øʒenism/ NM eugenics (sg)

eugéniste /øʒenist/ NMF eugenist

eugénol /øʒenɔl/ NM eugenol

euglène /øglɛn/ NF euglena

euh /ø/ EXCL er

eunuque /ønyk/ NM eunuch

eupatoire /øpatwaʀ/ NF ◆ **eupatoire à feuilles de chanvre** hemp agrimony

eupeptique /øpɛptik/ ADJ eupeptic

euphémique /øfemik/ ADJ euphemistic(al)

euphémiquement /øfemikmɑ̃/ ADV euphemistically

euphémisme /øfemism/ NM euphemism

euphonie /øfɔni/ NF euphony

euphonique /øfɔnik/ ADJ euphonious, euphonic

euphoniquement /øfɔnikmɑ̃/ ADV euphoniously, euphonically

euphonium /øfɔnjɔm/ NM euphonium

euphorbe /øfɔʀb/ NF euphorbia, spurge

euphorie /øfɔʀi/ SYN NF euphoria

euphorique /øfɔʀik/ SYN ADJ euphoric

euphorisant, e /øfɔʀizɑ̃, ɑ̃t/

ADJ [effet, nouvelle] exhilarating

NM ◆ **(médicament) euphorisant** anti-depressant, pep pill*

euphoriser /øfɔʀize/ ▸ conjug 1 ◂ VT to make exhilarated

Euphrate /øfʀat/ NM ◆ **l'Euphrate** the Euphrates

euphuisme /øfɥism/ NM euphuism

eurafricain, e /øʀafʀikɛ̃, ɛn/
- ADJ Eurafrican
- NM,F **Eurafricain(e)** Eurafrican

eurasiatique /øʀazjatik/
- ADJ Eurasian
- NMF **Eurasiatique** Eurasian

Eurasie /øʀazi/ NF Eurasia

eurasien, -ienne /øʀazjɛ̃, jɛn/
- ADJ Eurasian
- NM,F **Eurasien(ne)** Eurasian

EURATOM /øʀatɔm/ NF (abrév de European Atomic Energy Commission) EURATOM

eurêka /øʀeka/ EXCL eureka!

Euripide /øʀipid/ NM Euripides

euristique /øʀistik/ ADJ, NF ⇒ heuristique

euro /øʀo/ NM (= monnaie) euro

euro-américain, e (pl euro-américains) /øʀoameʀikɛ̃, ɛn/ ADJ Euro-American ◆ **alliance de défense euro-américaine** Euro-American defence alliance

eurocentrisme /øʀosɑ̃tʀism/ NM (péj) Eurocentrism ◆ **nous sommes accusés d'eurocentrisme** we are accused of being Eurocentric ou of Eurocentrism

eurochèque /øʀoʃɛk/ NM Eurocheque

eurocommunisme /øʀokɔmynism/ NM Eurocommunism

Eurocorps /øʀokɔʀ/ NM ◆ **l'Eurocorps** the Eurocorps

eurocrate /øʀokʀat/ NMF Eurocrat

eurocratie /øʀokʀasi/ NF Eurocracy

eurodéputé /øʀodepyte/ NM Euro-MP

eurodevise /øʀodəviz/ NF Eurocurrency

eurodollar /øʀodɔlaʀ/ NM Eurodollar

Euroland /øʀolɑ̃d/ NM Euroland

euromissile /øʀomisil/ NM European missile

euro-obligations /øʀoɔbligasjɔ̃/ NF Euro-bond

Europe /øʀɔp/ NF Europe ◆ **l'Europe centrale/occidentale** central/Western Europe ◆ **l'Europe de l'est** Eastern Europe ◆ **l'Europe des quinze** the fifteen countries of the European Union ◆ **l'Europe politique** political union in Europe ◆ **l'Europe verte** European agriculture ◆ **il faut construire l'Europe sociale** we must strive to build a Europe with a common social policy

européanisation /øʀɔpeanizasjɔ̃/ NF Europeanization

européaniser /øʀɔpeanize/ ▸ conjug 1 ◂
- VT to Europeanize
- VPR **s'européaniser** to become Europeanized

européanisme /øʀɔpeanism/ NM Europeanism

européen, -enne /øʀɔpeɛ̃, ɛn/
- ADJ European ◆ **les (élections) européennes** the European elections
- NM,F **Européen(ne)** (Géog) European; (= partisan de l'Union européenne) European, pro-European

européisme /øʀɔpeism/ NM ⇒ européanisme

europessimisme /øʀopesimism/ NM Euro-pessimism

europhile /øʀofil/ ADJ, NMF Europhile

Europol /øʀopɔl/ N Europol

euroscepticisme /øʀoseptisism/ NM Euroscepticism

eurosceptique /øʀoseptik/
- ADJ Eurosceptic(al)
- NMF Eurosceptic

Eurostar ® /øʀostaʀ/ NM Eurostar ® ◆ **voyager en Eurostar** to travel by Eurostar

Eurotunnel /øʀotynɛl/ NM Eurotunnel, the Channel Tunnel, the Chunnel*

Eurovision /øʀovizjɔ̃/ NF Eurovision

Eurydice /øʀidis/ NF Eurydice

euryhalin, e /øʀialɛ̃, in/ ADJ euryhaline

eurythmie /øʀitmi/ NF (Mus) eurhythmy; (Méd) eurhythmia

eurythmique /øʀitmik/ ADJ eurhythmic(al), eurythmic(al)

Eustache /østaʃ/ NM Eustace; → **trompe**

eustasie /østazi/ NF eustasy

eustatique /østatik/ ADJ eustatic

eustatisme /østatism/ NM eustasy

eutectique /øtɛktik/ ADJ eutectic

eutexie /øtɛksi/ NF ◆ **point d'eutexie** eutectic

euthanasie /øtanazi/ NF euthanasia

euthanasique /øtanazik/ ADJ euthanasia (épith)

eutrophisation /øtʀɔfizasjɔ̃/ NF eutrophication

eux /ø/ PRON PERS ⓵ (sujet) they ◆ **si j'étais eux** if I were ou was them, if I were they (frm) ◆ **nous y allons, eux non** ou **pas eux** we are going but they aren't ou they're not ou not them ◆ **eux mentir ? ce n'est pas possible** them tell a lie? I can't believe it ◆ **ce sont eux qui répondront** they are the ones who will reply, they'll reply ◆ **eux ils n'ont rien à dire** they've got nothing to say ◆ **ils l'ont bien fait, eux** they did it all right ◆ **eux, pauvres innocents, ne l'ont jamais su** they, poor fools, never knew; → **même**
⓶ (objet) them ◆ **il n'obéit qu'à eux** they are the only ones he obeys, he'll only obey them ◆ **les aider, eux ? jamais !** help them? never!
⓷ (avec prép) ◆ **à eux tout seuls, ils ont tout acheté** they bought everything all on their own ◆ **cette maison est-elle à eux ?** does this house belong to them?, is this house theirs? ◆ **ils ont cette grande maison pour eux seuls** they have this big house all to themselves ◆ **ils ne pensent qu'à eux, ces égoïstes** these selfish people only think of themselves

eux-mêmes /ømɛm/ PRON → **même**

E.V. † /ave/ (abrév de **en ville**) by hand

évacuant, e /evakɥɑ̃, ɑ̃t/ ADJ, NM evacuant

évacuateur, -trice /evakɥatœʀ, tʀis/
- ADJ evacuation (épith)
- NM sluice

évacuation /evakɥasjɔ̃/ SYN NF [de pays, personnes] evacuation; [de liquide] draining; (Méd) evacuation ◆ **procéder à l'évacuation de** to evacuate

évacué, e /evakɥe/ (ptp de **évacuer**) NM,F evacuee

évacuer /evakɥe/ SYN ▸ conjug 1 ◂ VT [+ pays, ville, population] to evacuate; [+ salle, maison] to evacuate, to clear; (Méd) to evacuate, to discharge; [+ liquide] to drain (off); * [+ problème] to dispose of ◆ **faire évacuer** [+ salle, bâtiment] to clear

évadé, e /evade/ (ptp de **s'évader**) NM,F escapee, escaped prisoner

évader (s') /evade/ SYN ▸ conjug 1 ◂ VPR
⓵ [prisonnier] to escape (de from) ◆ **faire évader qn** to help sb (to) escape
⓶ (pour se distraire) ◆ **s'évader de la réalité** to escape from reality ◆ **la musique me permet de m'évader** music is an escape for me ◆ **j'ai besoin de m'évader** (= partir) I need to get away from it all

évagination /evaʒinasjɔ̃/ NF evagination

évaluable /evalɥabl/ ADJ assessable ◆ **difficilement évaluable** difficult to assess ou evaluate

évaluateur, -trice /evalɥatœʀ, tʀis/ NM,F (Can) evaluator

évaluation /evalɥasjɔ̃/ SYN NF ⓵ (= expertise) [de maison, bijou] appraisal, evaluation, assessment, valuation; [de dégâts, prix] assessment, evaluation ◆ **évaluation des risques** risk assessment
⓶ (approximative) [de fortune, nombre, distance] estimation, assessment
⓷ (= appréciation) [de besoins, risques, conséquences] assessment
⓸ [d'élève] assessment ◆ **entretien d'évaluation** (en entreprise)/[d'employé] appraisal

évaluer /evalɥe/ SYN ▸ conjug 1 ◂ VT ⓵ (= expertiser) [+ maison, bijou] to value (à at); [+ dégâts, prix] to assess, to evaluate (à at) ◆ **faire évaluer qch par un expert** [+ bijou, voiture] to have sth valued by an expert ◆ **ils ont fait évaluer les dégâts par un professionnel** they had an expert assess the damage
⓶ (= juger approximativement) [+ fortune, nombre, distance] to estimate, to assess (à at) ◆ **on évalue à 60 000 le nombre des réfugiés** there are an estimated 60,000 refugees, the number of refugees is estimated at ou put at 60,000
⓷ (= apprécier) [+ risques, besoins, conséquences] to assess ◆ **bien/mal évaluer qch** to be correct/mistaken in one's assessment of sth ◆ **j'ai mal évalué la distance** I misjudged the distance
⓸ [+ élève, employé] to assess

évanescence /evanesɑ̃s/ NF evanescence

évanescent, e /evanesɑ̃, ɑ̃t/ ADJ (littér) evanescent

évangéliaire /evɑ̃ʒeljɛʀ/ NM evangelistary

évangélique /evɑ̃ʒelik/ ADJ evangelic(al)

évangélisateur, -trice /evɑ̃ʒelizatœʀ, tʀis/
- ADJ evangelistic
- NM,F evangelist

évangélisation /evɑ̃ʒelizasjɔ̃/ NF evangelization

évangéliser /evɑ̃ʒelize/ ▸ conjug 1 ◂ VT to evangelize

évangélisme /evɑ̃ʒelism/ NM evangelism

évangéliste /evɑ̃ʒelist/ NM evangelist; (Bible) Evangelist

évangile /evɑ̃ʒil/ NM ⓵ (Rel) ◆ **l'Évangile** the Gospel ◆ **l'Évangile selon saint Jean** the Gospel according to St John ◆ **l'évangile du jour** the gospel for the day, the day's reading from the gospel ◆ **les Évangiles synoptiques** the synoptic Gospels
⓶ (fig) gospel ◆ **c'est parole d'évangile** it's (the) gospel truth, it's gospel

évanoui, e /evanwi/ (ptp de **s'évanouir**) ADJ [blessé] unconscious ◆ **tomber évanoui** to faint, to pass out

évanouir (s') /evanwiʀ/ SYN ▸ conjug 2 ◂ VPR [personne] to faint (de from), to pass out (de with), to black out *; [rêves, apparition, craintes] to vanish, to disappear

évanouissement /evanwismɑ̃/ SYN NM
⓵ (= syncope) fainting fit, blackout
⓶ [de rêves, apparition, craintes] disappearance, fading

évaporable /evapɔʀabl/ ADJ (lit) evaporable

évaporateur /evapɔʀatœʀ/ NM evaporator

évaporation /evapɔʀasjɔ̃/ NF evaporation

évaporatoire /evapɔʀatwaʀ/ ADJ evaporative

évaporé, e /evapɔʀe/ SYN (ptp de **évaporer**)
- ADJ (péj) [personne] giddy, scatterbrained, featherbrained (Brit)
- NM,F scatterbrain, featherbrain (Brit), birdbrain

évaporer /evapɔʀe/ ▸ conjug 1 ◂
- VT ◆ **(faire) évaporer** to evaporate
- VPR **s'évaporer** SYN (lit) to evaporate; (* = disparaître) to vanish ou disappear (into thin air)

évapotranspiration /evapotʀɑ̃spiʀasjɔ̃/ NF evapotranspiration

évasé, e /evaze/ (ptp de **évaser**) ADJ [vallée, conduit] which widens ou opens out; [manches, jupe, pantalon] flared ◆ **verre à bords évasés** glass with a curving ou bell-shaped rim

évasement /evazmɑ̃/ NM [de passage, tuyau] opening out; [de manche, jupe] flare ◆ **à cause de l'évasement de la vallée** because of the way the valley opens out

évaser /evaze/ SYN ▸ conjug 1 ◂
- VT [+ tuyau, ouverture] to widen, to open out; [+ manche, jupe] to flare
- VPR **s'évaser** [passage, tuyau] to open out; [manche, jupe] to flare

évasif, -ive /evazif, iv/ SYN ADJ evasive

évasion /evazjɔ̃/ SYN
- NF ⓵ [de prisonnier] escape (de from)
⓶ (= divertissement) ◆ **l'évasion** escape; (= tendance) escapism ◆ **littérature d'évasion** escapist literature ◆ **besoin d'évasion** need to escape ◆ **rechercher l'évasion dans la drogue** to seek escape in drugs
- COMP **évasion des capitaux** flight of capital **évasion fiscale** tax evasion

⚠ **évasion** se traduit par **evasion** uniquement au sens fiscal.

évasivement /evazivmɑ̃/ ADV evasively

Ève /ɛv/ NF Eve (hum) ◆ **en tenue d'Ève** in the altogether *, in one's birthday suit; → **connaître**

évêché /eveʃe/ NM (= région) bishopric; (= palais) bishop's palace; (= ville) cathedral town

évection /evɛksjɔ̃/ NF evection

éveil /evɛj/ NM (littér) [de dormeur, intelligence] awakening; [d'amour] awakening, dawning; [de soupçons, jalousie] arousing ◆ **être en éveil** [personne] to be on the alert ou on the qui vive; [sens] to be alert ou wide awake, to be aroused ◆ **don-**

ner l'éveil to raise the alarm *ou* alert ◆ **mettre qn en éveil, donner l'éveil à qn** to alert *ou* arouse sb's suspicions, to put sb on his guard ◆ **activités d'éveil** *(Scol)* early-learning activities

éveillé, e /eveje/ SYN (ptp de **éveiller**) ADJ *(= alerte)* *[enfant, esprit, air]* alert, sharp, bright; *(= à l'état de veille)* (wide-)awake ◆ **tenir qn éveillé** to keep sb awake ◆ **rêve** *ou* **songe éveillé** daydream

éveiller /eveje/ SYN ▸ conjug 1 ◂

VT 1 *(littér)* *(= réveiller)* to awaken, to waken

2 *(= faire naître)* *[+ curiosité, sentiment, souvenirs]* to arouse, to awaken; *[+ passion]* to kindle, to arouse ◆ **pour ne pas éveiller l'attention** so as not to attract attention ◆ **sans éveiller les soupçons** without arousing suspicion

3 *(= développer)* *[+ esprit]* to stimulate ◆ **éveiller l'intelligence de l'enfant** to awaken the child's intelligence

VPR **s'éveiller** 1 *(= se réveiller)* *(lit)* to wake up, to awaken, to waken; *[ville, nature]* to come to life, to wake (up)

2 *(= naître)* *[sentiment, curiosité, soupçons]* to be aroused; *[amour]* to dawn, to be aroused *ou* born

3 *(= se développer)* *[intelligence, esprit]* to develop

4 *(littér = ressentir)* ◆ **s'éveiller à** *[+ amour]* to awaken to

événement, évènement /evɛnmɑ̃/ SYN NM

1 *(gén)* event ◆ **semaine chargée en événements** eventful week, action-packed week ◆ **l'événement de la semaine** the main story *ou* news of the week ◆ **faire** *ou* **créer l'événement** *[personne, film]* to make a splash, to be big news ◆ **c'est un véritable événement quand il dit merci** *(hum)* it's quite an event *ou* occasion when he says thank you ◆ **les événements de mai 68** the events of May 1968 ◆ **les événements d'Algérie** *the Algerian war of independence* ◆ **livre(-)/film(-)événement** blockbuster; → **dépasser, heureux, tournure**

2 *(Ordin)* event

événementiel, -ielle /evɛnmɑ̃sjɛl/ ADJ factual ◆ **histoire événementielle** history of events ◆ **ils sont spécialisés dans la communication événementielle** they specialize in organizing publicity events

évent /evɑ̃/ NM *[de baleine]* blowhole, spout (hole), spiracle (SPÉC)

éventail /evɑ̃taj/ SYN NM 1 *(= instrument)* fan ◆ **en éventail** *[objet]* fan-shaped; *[plusieurs objets]* fanned out ◆ **se déployer en éventail** *(Mil)* to fan out; → **doigt, voûte**

2 *(= gamme)* *[de produits, prix, mesures]* range ◆ **éventail des salaires** salary range, wage range *ou* spread *(US)* ◆ **l'éventail politique** the political spectrum ◆ **il y a tout un éventail/un large éventail de possibilités** there is a whole range/a wide range of possibilities

éventaire /evɑ̃tɛʀ/ NM *(= corbeille)* tray, basket; *(= étalage)* stall, stand

éventé, e /evɑ̃te/ (ptp de **éventer**) ADJ 1 *(= exposé au vent)* windy ◆ **rue très éventée** very windy *ou* exposed street

2 *[parfum, vin]* stale, musty; *[bière]* stale, flat

3 *(= connu)* well-known ◆ **c'est un truc* éventé** it's a well-known *ou* a rather obvious trick ◆ **le secret est éventé** the secret is out

éventer /evɑ̃te/ SYN ▸ conjug 1 ◂

VT 1 *(= rafraîchir)* to air; *(avec un éventail)* to fan

2 *[+ secret]* to let out; *[+ complot]* to discover

VPR **s'éventer** 1 *[bière]* to go flat; *[vin, parfum]* to go stale *ou* musty

2 *(avec éventail)* to fan o.s. ◆ **s'éventer avec un journal** to fan o.s. with a newspaper

éventration /evɑ̃tʀasjɔ̃/ NF *(Méd)* rupture

éventrer /evɑ̃tʀe/ SYN ▸ conjug 1 ◂

VT 1 *(avec un couteau)* to disembowel; *(d'un coup de corne)* to gore

2 *[+ boîte, sac]* to tear open; *[+ muraille, coffre]* to smash open; *[+ matelas]* to rip open

VPR **s'éventrer** *[boîte, sac]* to burst open; *[personne]* to rip one's stomach open ◆ **le bateau s'est éventré sur les rochers** the ship's hull was ripped open on the rocks

éventreur /evɑ̃tʀœʀ/ NM ripper ◆ **Jack l'Éventreur** Jack the Ripper

éventualité /evɑ̃tɥalite/ SYN NF 1 *(= hypothèse)* possibility ◆ **dans cette éventualité** if this happens, should that arise ◆ **dans l'éventualité d'un refus de sa part** should he refuse, in the event of his refusal

2 *(= circonstance)* eventuality, contingency, possibility ◆ **pour parer à toute éventualité** to guard against all eventualities

éventuel, -elle /evɑ̃tɥɛl/ SYN ADJ *(= possible)* possible; *[client, revenu]* potential ◆ **l'achat éventuel d'un ordinateur** the possibility of buying a computer ◆ **ils ont évoqué l'éventuelle reprise des pourparlers** they have mentioned the possible resumption of talks

> (!) **éventuel** ne se traduit pas par le mot anglais **eventual**, qui a le sens de 'final'.

éventuellement /evɑ̃tɥɛlmɑ̃/ SYN ADV possibly ◆ **éventuellement, nous pourrions...** we could possibly *ou* perhaps... ◆ **éventuellement je prendrai ma voiture** I may take my car ◆ **tu vas l'inviter ? – éventuellement** are you going to invite him? – maybe

> (!) **éventuellement** ne se traduit pas par **eventually**, qui a le sens de 'finalement'.

évêque /evɛk/ NM bishop ◆ **évêque suffragant** suffragan (bishop)

Everest /ev(ə)ʀɛst/ NM ◆ **le mont Everest, l'Everest** Mount Everest

éversion /evɛʀsjɔ̃/ NF *(Méd)* eversion

évertuer (s') /evɛʀtɥe/ SYN ▸ conjug 1 ◂ VPR *(= s'efforcer de)* ◆ **s'évertuer à faire** to strive to do, to do one's utmost to do ◆ **j'ai eu beau m'évertuer à lui expliquer...** no matter how hard I tried to explain to him...

évhémérisme /evemeʀism/ NM euhemerism

éviction /eviksjɔ̃/ SYN NF *(Jur)* eviction; *[de rival]* ousting, supplanting ◆ **procéder à l'éviction de** *[+ locataires]* to evict ◆ **éviction scolaire** *temporary suspension from school of a child with an infectious illness*

évidage /evidaʒ/, **évidement** /evidmɑ̃/ NM hollowing-out, scooping-out

évidemment /evidamɑ̃/ SYN ADV 1 *(= bien sûr)* of course, obviously ◆ **(bien) évidemment !** of course! ◆ **évidemment que j'irai !** of course I'll go!

2 *(frm = d'une manière certaine)* obviously ◆ **il l'aura évidemment prévenue** obviously he will have told her

> (!) **évidemment** ne se traduit pas par **evidently**, qui a le sens de 'apparemment'.

évidence /evidɑ̃s/ GRAMMAIRE ACTIVE 26.1, 26.6 SYN NF

1 *(= caractère flagrant)* ◆ **c'est l'évidence même !** it's quite *ou* perfectly obvious! ◆ **se rendre à l'évidence** to face the facts ◆ **nier l'évidence** to deny the obvious *ou* the facts ◆ **son incompétence est d'une telle évidence que...** his incompetence is so obvious that...

2 *(= fait)* obvious fact ◆ **trois évidences se dégagent de ce discours** this speech brings three obvious facts to light ◆ **pour moi c'est une évidence** to me it's obvious ◆ **c'est une évidence que de le dire** it's stating the obvious

3 *(locutions)*

♦ **en évidence** ◆ **laissez les clés bien en évidence sur la table** put the keys where they can be seen on the table ◆ **la lettre était bien en évidence sur le bureau** the letter was in full view on the desk ◆ **essayez de ne pas laisser en évidence vos objets de valeur** try not to leave your valuables lying around ◆ **c'était un personnage très en évidence dans les années 20** he was very much in the public eye in the 20s ◆ **mettre en évidence** *[+ fait]* *(= montrer)* to show; *(= souligner)* to emphasize; *(= révéler)* to reveal; *[+ personne]* to bring to the fore ◆ **se mettre en évidence** to make one's presence felt ◆ **ce test met en évidence la présence d'anticorps** the test reveals the presence of antibodies ◆ **depuis la mise en évidence du rôle de la pollution dans l'effet de serre** since the role of pollution in the greenhouse effect has been demonstrated

♦ **de toute évidence** quite obviously *ou* evidently

♦ **contre toute évidence** against all the evidence

> (!) Attention à ne pas traduire automatiquement **évidence** par le mot anglais **evidence**, qui a le sens de 'preuve'.

évident, e /evidɑ̃, ɑ̃t/ SYN ADJ 1 *(= flagrant, manifeste)* obvious, evident ◆ **il est évident que** it is obvious *ou* evident that ◆ **il est évident qu'ils s'aiment** it's obvious that they're in love, they're obviously in love

2 *(= certain)* ◆ **elle va démissionner, c'est évident** it's obvious she's going to resign ◆ **ils vont perdre – rien de plus évident !** they're going to lose – that's quite obvious! *(au négatif)* ◆ **c'est lui qui va gagner – ce n'est pas si évident** he's going to win – that's not certain ◆ **il n'est pas du tout évident qu'elle vienne** it's not at all certain that she'll come ◆ **rien de moins évident !** nothing could be less certain!

3 *(= simple)* *(au négatif)* ◆ **ce n'est pas évident !*** *(= ce n'est pas si simple)* it's not that easy *ou* simple! ◆ **c'est pas évident à traduire** it's not easy to translate

> (!) Au sens de 'certain' ou 'simple', **évident** ne se traduit pas par le mot anglais **evident**.

évider /evide/ ▸ conjug 1 ◂ VT to hollow out, to scoop out; *[+ pomme]* to core

évidoir /evidwaʀ/ NM scooper

évidure /evidyʀ/ NF hollow, scoop

évier /evje/ NM sink ◆ **évier (à) un bac/deux bacs** single/double sink

évincement /evɛ̃smɑ̃/ NM *[de rival]* ousting, supplanting

évincer /evɛ̃se/ SYN ▸ conjug 3 ◂ VT *[+ concurrent]* to oust, to supplant; *(Jur)* *[+ locataire]* to evict

éviscération /eviseʀasjɔ̃/ NF evisceration

éviscérer /eviseʀe/ ▸ conjug 6 ◂ VT to eviscerate

évitable /evitabl/ ADJ avoidable ◆ **difficilement évitable** hard to avoid

évitage /evitaʒ/ NM *(= mouvement)* swinging; *(= espace)* swinging room

évitement /evitmɑ̃/ NM *[de risque, véhicule]* avoidance ◆ **voie d'évitement** *(Transport)* loop line ◆ **gare d'évitement** station with a loop line ◆ **manœuvre d'évitement** *(en voiture, en avion)* evasive action ◆ **réaction** *ou* **comportement d'évitement** *(Bio, Psych)* avoidance behaviour

éviter /evite/ GRAMMAIRE ACTIVE 2.2, 2.3 SYN ▸ conjug 1 ◂

VT 1 *[+ coup, projectile]* to avoid, to dodge; *[+ obstacle, danger, maladie, situation]* to avoid, to steer clear of; *[+ gêneur, créancier]* to avoid, to keep clear of, to evade; *[+ regard]* to avoid, to evade ◆ **éviter qu'une situation n'empire** to prevent a situation from getting worse, to avoid a deterioration in a situation ◆ **éviter d'être repéré** to escape detection, to avoid being detected

2 *[+ erreur, méthode]* to avoid ◆ **éviter de faire qch** to avoid doing sth ◆ **éviter le sel** to avoid *ou* keep off salt ◆ **on lui a conseillé d'éviter la marche** he has been advised to avoid walking *ou* advised against walking ◆ **évite de m'interrompre/de dire des bêtises** try not to interrupt me/say anything stupid

3 ◆ **éviter qch à qn** to spare *ou* save sb sth ◆ **ça lui a évité d'avoir à se déplacer** that spared *ou* saved him the bother *ou* trouble of going

VI *(en bateau)* to swing

VPR **s'éviter** 1 *(= se fuir)* to avoid each other *ou* one another ◆ **ils s'évitaient depuis quelque temps** they had been avoiding each other *ou* keeping clear of each other for some time

2 ◆ **s'éviter qch** to avoid sth ◆ **je voudrais m'éviter le trajet** I'd rather not have to make the trip, I'd like to save myself the trip ◆ **s'éviter toute fatigue** to spare o.s. any fatigue, to save o.s. from getting at all tired

évocateur, -trice /evɔkatœʀ, tʀis/ ADJ evocative, suggestive *(de of)*

évocation /evɔkasjɔ̃/ SYN NF 1 *[de souvenirs, faits]* evocation, recalling; *[de scène, idée]* conjuring-up, evocation ◆ **ces évocations la faisaient s'attendrir** she became more tender as she recalled these memories ◆ **la simple évocation de cette question** the mere mention of this issue ◆ **pouvoir** *ou* **puissance d'évocation d'un mot** evocative *ou* suggestive power of a word

2 *(littér)* *[de démons]* evocation, calling-up, conjuring-up

évocatoire /evɔkatwaʀ/ ADJ *(littér)* evocative

évolué, e /evɔlɥe/ SYN (ptp de **évoluer**) ADJ *[peuple, civilisation]* (highly) developed, advanced; *[personne]* broad-minded, enlightened; *[espèce animale]* evolved; *[procédé, industrie, technologie]* advanced; *(Ordin)* *[langage]* high-level ◆ **jeune fille évoluée** *(hum)* liberated young woman

évoluer /evɔlɥe/ SYN ▸ conjug 1 ◂ VI 1 *(= changer)* *[civilisation, idées, marché, situation, technique]* to evolve, to develop; *[personne, goûts]* to change; *[maladie, tumeur]* to develop; *[espèce]* to evolve ◆ **la situation évolue/n'évolue pas dans le bon**

sens the situation is/isn't moving in the right direction • **voyons comment les choses vont évoluer** let's wait and see how things develop • **faire évoluer** *[+ situation, société]* to bring about some change in; *[+ réglementation]* to make changes to; *(Ordin) [+ matériel]* to upgrade

2 *(professionnellement) [personne]* to advance

3 *(= se mouvoir) [danseur]* to move about; *[avion]* to fly around, to wheel about; *[bateau à voile]* to sail around; *[troupes]* to manoeuvre *(Brit)*, to maneuvre *(US)* • **le monde dans lequel il évolue** the world in which he moves

évolutif, -ive /evɔlytif, iv/ ADJ *(gén, Bio)* evolutionary, evolutional; *[maladie, processus]* progressive; *[poste]* with potential (for advancement *ou* promotion); *[ordinateur]* upgradeable • **l'histoire évolutive de cette espèce** the evolutionary history of this species • **compte tenu de la situation très évolutive** given the fact that the situation is changing all the time • **on élargira l'Europe de manière évolutive** Europe will be enlarged step by step *ou* gradually; → **ski**

évolution /evɔlysjɔ̃/ SYN

NF 1 *(= changement) [de civilisation, idées, situation, technique]* evolution, development; *[de goûts]* change; *[de maladie, tumeur]* development; *[d'espèce]* evolution • **il faut tenir compte de l'évolution du marché/des prix** market/price trends have to be taken into account • **évolution positive** *(gén)* positive development; *(économique)* improvement • **théorie de l'évolution** *(Bio)* theory of evolution

2 *(professionnelle)* • **évolution de carrière** career advancement

NFPL **évolutions** *(= mouvements)* movements • **il regardait les évolutions du danseur/de l'avion** he watched the dancer as he moved about gracefully/the plane as it wheeled *ou* circled overhead • **les évolutions des troupes** troop manoeuvres *(Brit) ou* maneuvers *(US)*

évolutionnisme /evɔlysjɔnism/ NM evolutionism

évolutionniste /evɔlysjɔnist/

ADJ evolutionary

NMF evolutionist

évolutivité /evɔlytivite/ NF 1 *[de maladie]* progressive nature • **pour évaluer l'évolutivité du cancer** to assess to what extent the cancer is likely to progress *ou* develop

2 *[de matériel informatique]* upgradeability

évoquer /evɔke/ SYN ▸ conjug 1 ◂ VT

1 *(= remémorer) [+ souvenirs]* to recall, to call up, to evoke; *[+ fait, événement]* to evoke, to recall; *[+ mémoire d'un défunt]* to recall

2 *(= faire penser à) [+ scène, idée]* to call to mind, to evoke, to conjure up • **ça évoque mon enfance** it reminds me of my childhood

3 *(= effleurer) [+ problème, sujet]* to touch on, to bring up

4 *(littér = invoquer) [+ démons]* to evoke, to call up, to conjure up

5 *(Jur)* to transfer to a higher court

evzone /ɛvzɔn/ /ɛvzon/ NM evzone

ex* /ɛks/ NMF ex*

ex. abrév de **exemple** • **par ex.** eg, e.g.

ex- /ɛks/ PRÉF ex- • **l'ex-URSS** former soviet Union

ex abrupto /ɛksabʀypto/ LOC ADV abruptly

exacerbation /ɛgzasɛʀbasjɔ̃/ NF *[de tensions]* exacerbation; *[de concurrence]* intensification • **pour éviter l'exacerbation nationaliste** to prevent the heightening *ou* exacerbation of nationalist tensions

exacerber /ɛgzasɛʀbe/ SYN ▸ conjug 1 ◂

VT *[+ douleur]* to aggravate, to exacerbate; *[+ émotion, passion]* to intensify, to heighten; *[+ problème, tensions]* to exacerbate; *[+ concurrence]* to intensify • **sensibilité exacerbée** heightened sensibility

VPR **s'exacerber** *[concurrence, passion]* to become more intense, to intensify; *[tensions]* to increase, to be heightened; *[polémique]* to become more intense

exact, e /ɛgza(kt), ɛgzakt(ə)/ SYN ADJ 1 *(= fidèle) [reproduction, compte rendu]* exact, accurate • **réplique exacte** exact *ou* faithful replica • **c'est l'exacte vérité** that's the absolute truth

2 *(= correct) [définition, raisonnement]* correct, exact; *[réponse, calcul]* correct, right • **ce n'est pas le terme exact** that's not the right word • **est-il exact que...?** is it right *ou* correct *ou* true that...? • **ce n'est pas tout à fait exact** that's not quite right *ou* accurate, that's not altogether correct • **exact !** absolutely!, exactly!

3 *(= précis) [dimension, nombre, valeur]* exact, precise; *[donnée]* accurate, precise, correct; *[pendule]* accurate, right • **l'heure exacte** the right *ou* exact *ou* correct time • **la nature exacte de son travail** the precise nature of his work; → **science**

4 *(= ponctuel)* punctual, on time • **c'est quelqu'un de très exact d'habitude** he's usually on time *ou* very punctual • **être exact à un rendez-vous** to arrive at an appointment on time, to arrive punctually for an appointment

5 *(littér) [discipline]* exact, rigorous, strict; *[obéissance]* rigorous, strict, scrupulous

exactement /ɛgzaktəmɑ̃/ SYN GRAMMAIRE ACTIVE 13.1, 13.2 ADV 1 *(gén)* exactly • **c'est à 57 km exactement** it's exactly *ou* precisely 57 km away • **au troisième top, il sera exactement huit heures** at the third stroke, it will be eight o'clock precisely • **c'est exactement ce que je pensais** that's exactly *ou* just *ou* precisely what I was thinking • **ce n'est pas exactement un expert** *(hum)* he's not exactly an expert

2 *(= tout à fait)* exactly • **oui, exactement !** yes, exactly! *ou* precisely!

exaction /ɛgzaksjɔ̃/ SYN

NF *(littér = extorsion)* exaction

NFPL **exactions** *(= abus de pouvoir)* abuses (of power); *(= violences)* acts of violence, violent acts

exactitude /ɛgzaktityd/ SYN NF 1 *(= fidélité) [de reproduction, compte rendu]* exactness, exactitude *(frm)*, accuracy

2 *(= justesse) [de définition, raisonnement]* correctness, exactness; *[de réponse, calcul]* correctness • **je ne mets pas en doute l'exactitude de vos informations** I'm not saying your information is wrong

3 *(= précision) [de dimension, nombre, valeur]* exactness, precision; *[de donnée]* accuracy, precision, correctness; *[de pendule]* accuracy

4 *(= ponctualité)* punctuality • **l'exactitude est la politesse des rois** *(Prov)* punctuality is the essence of courtesy

5 *(littér = minutie)* exactitude

ex æquo /ɛgzeko/

ADJ INV *(Scol, Sport)* placed equal *(attrib)* • **ils sont ex æquo** they tied

NM INV • **les ex æquo** those who are (*ou* were) placed equal • **il y a deux ex æquo pour la deuxième place** there is a tie for second place

ADV • **être (classé) premier ex æquo** to be placed first equal *ou* joint first, to tie for first place

exagération /ɛgzaʒeʀasjɔ̃/ SYN NF *(gén)* exaggeration • **on peut dire sans exagération que...** one can say without any exaggeration *ou* without exaggerating that... • **il est sévère sans exagération** he's severe without taking it to extremes • **on lui a reproché des exagérations dans sa biographie** he has been accused of exaggerating in his biography

exagéré, e /ɛgzaʒeʀe/ SYN (ptp de **exagérer**) ADJ *(= excessif) [dépenses, optimisme]* excessive; *(= surfait, amplifié) [commentaires]* exaggerated • **donner une importance exagérée à** to exaggerate the importance of • **je suis peut-être d'un optimisme exagéré** maybe I'm being overly optimistic • **venir se plaindre après ça, c'est un peu exagéré** it was too much *ou* a bit much* *(Brit)* to come and complain after all that • **il serait exagéré de dire** it would be an exaggeration *ou* an overstatement to say, it would be going too far to say • **la polémique a pris des proportions exagérées** the controversy has been blown out of all proportion

exagérément /ɛgzaʒeʀemɑ̃/ SYN ADV *[cher]* excessively; *[optimiste, méfiant, simpliste]* overly, excessively

exagérer /ɛgzaʒeʀe/ GRAMMAIRE ACTIVE 26.1, 26.6 SYN ▸ conjug 6 ◂

VT *(gén)* to exaggerate • **on a beaucoup exagéré leur rôle** their role has been hugely exaggerated

VI 1 *(en paroles)* to exaggerate • **n'exagérons rien !** let's not exaggerate! • **sans exagérer, ça a duré trois heures** without any exaggeration *ou* I'm not exaggerating, it lasted three hours

2 *(en action)* to go too far • **quand même il exagère !** really he goes too far *ou* oversteps the mark! • **500 € pour ça ? – ils exagèrent !** €500 for that? – they must be joking *ou* that's a bit steep! • **joue le personnage plus passionné, mais sans exagérer** make the character more passionate but don't overdo it

VPR **s'exagérer** *[+ difficultés]* to exaggerate; *[+ plaisirs, avantages]* to exaggerate, to overrate

exaltant, e /ɛgzaltɑ̃, ɑ̃t/ SYN ADJ *[vie, aventure]* exciting, thrilling

exaltation /ɛgzaltasjɔ̃/ SYN NF 1 *(= surexcitation)* intense excitement; *(joyeuse)* elation; *(Psych)* overexcitement • **exaltation mystique** exaltation

2 *(littér = glorification)* extolling, praising, exalting

3 *(Rel)* • **exaltation de la Sainte Croix** Exaltation of the Cross

exalté, e /ɛgzalte/ SYN (ptp de **exalter**)

ADJ *[imagination]* wild, vivid; *[esprit]* excited

NM,F *(= impétueux)* hothead; *(= fanatique)* fanatic

exalter /ɛgzalte/ SYN ▸ conjug 1 ◂

VT 1 *(= surexciter) [+ esprit, imagination]* to fire • **exalté par cette nouvelle** *(très excité)* excited by *ou* keyed up with excitement over this piece of news; *(euphorique)* elated *ou* overjoyed by *ou* at this piece of news

2 *(= glorifier)* to extol, to praise, to exalt

VPR **s'exalter** to get excited, to get carried away

exam* /ɛgzam/ NM (abrév de **examen**) exam

examen /ɛgzamɛ̃/ GRAMMAIRE ACTIVE 26.2 SYN

NM 1 *(= action d'étudier, d'analyser) (gén)* examination; *[de question, demande, cas, projet de loi]* examination, consideration; *[de possibilité]* examination, investigation • **l'examen détaillé** *ou* **minutieux du rapport...** detailed *ou* close examination of the report... • **la question est à l'examen** the matter is under consideration • **son argument ne résiste pas à l'examen** his argument doesn't stand up to scrutiny • **procéder à l'examen de** *[+ demande, question]* to consider, to look into; *[+ ordre du jour]* to go through • **le livre vous sera envoyé en examen gratuit** the book will be sent to you on approval

2 *(Jur)* • **mettre qn en examen** to indict sb *(pour* for) • **mise en examen** indictment • **il a demandé la mise en examen de Luc Dufour** he asked that Luc Dufour be indicted

3 *(Méd)* • **examen (médical)** *[de patient]* (medical) examination; *(= analyse de sang etc)* (medical) test • **l'examen clinique** clinical examination • **se faire faire des examens** to have some tests done • **subir un examen médical complet** to undergo *ou* have a complete *ou* thorough checkup, to have a thorough medical examination

4 *(Scol)* exam, examination • **examen écrit/oral** written/oral examination • **passer un examen** to take *ou* sit *(Brit)* an exam; → **rattrapage**

COMP **examen blanc** *(Scol)* mock exam *(Brit)*, practice test *(US)*

examen de conscience self-examination; *(Rel)* examination of conscience • **faire son examen de conscience** to examine one's conscience, to take stock of o.s.

examen de passage *(Scol)* end-of-year exam *(Brit)*, final exam *(US)*; *(fig)* ultimate test • **il a réussi son examen de passage** he has proved himself, he has passed the ultimate test

examen prénuptial *(Méd)* pre-marital examination

examen de santé (medical) check-up

examen spécial d'entrée à l'université university entrance examination

examen spectroscopique spectroscopic examination

examen de la vue *(Méd)* eye *ou* sight test • **passer un examen de la vue** to have one's eyes tested

examinateur, -trice /ɛgzaminatœʀ, tʀis/ NM,F examiner • **examinateur extérieur/à l'oral** external/oral examiner

examiner /ɛgzamine/ GRAMMAIRE ACTIVE 26.1, 26.2 SYN ▸ conjug 1 ◂

VT 1 *(= analyser) [+ document, faits, situation]* to examine, to take a look at; *[+ possibilité]* to examine, to investigate; *[+ question, demande, cas]* to consider, to look into; *[+ comptes, dossier]* to examine, to go through; *[+ projet de loi]* to discuss • **examiner qch dans le** *ou* **en détail** to examine sth in detail • **examiner qch de près** to look closely at sth, to take a close look at sth • **examiner qch de plus près** to take a closer look at sth

2 *(= regarder) [+ objet, personne, visage]* to examine; *[+ ciel, horizon]* to scan; *[+ appartement, pièce]* to look over, to have a (close) look round *(Brit)* • **examiner les lieux** to look over the place, to have a look round *(Brit)* • **examiner qn**

exanthématique | **exciter**

de la tête aux pieds to look sb up and down (contemptuously)

3 (Méd) [+ malade] to examine ◆ **se faire examiner par un spécialiste** to be examined by a specialist

VPR **s'examiner** [personne] to examine o.s. ◆ **s'examiner devant la glace** to examine o.s. in the mirror ◆ **ils s'examinaient à la dérobée** they were looking at each other furtively

exanthématique /ɛgzɑ̃tematik/ ADJ exanthematic

exanthème /ɛgzɑ̃tɛm/ NM exanthem

exarchat /ɛgzaʀka/ NM exarchate, exarchy

exarque /ɛgzaʀk/ NM exarch

exaspérant, e /ɛgzasperɑ̃, ɑ̃t/ SYN ADJ exasperating

exaspération /ɛgzasperasjɔ̃/ SYN NF exasperation

exaspérer /ɛgzaspere/ SYN ▶ conjug 6 ◀ VT
1 (= irriter) to exasperate
2 (littér = aviver) [+ douleur] to exacerbate, to aggravate; [+ émotion, désir] to exacerbate

exaucement /ɛgzosmɑ̃/ NM [de vœu] fulfilment, granting; [de prière] granting

exaucer /ɛgzose/ SYN ▶ conjug 3 ◀ VT [+ vœu] to fulfil, to grant; (Rel) [+ prière] to grant, to answer ◆ **exaucer qn** to grant sb's wish, to answer sb's prayer

ex cathedra /ɛkskatedʀa/ ADV ex cathedra

excavateur /ɛkskavatœʀ/ NM (= machine) excavator, mechanical digger (Brit), steam shovel (US)

excavation /ɛkskavasjɔ̃/ SYN NF (= trou) excavation ◆ **excavation naturelle** natural hollow (ou cave etc); (= creusement) excavation

excavatrice /ɛkskavatʀis/ NF ⇒ excavateur

excaver /ɛkskave/ ▶ conjug 1 ◀ VT to excavate

excédant, e /ɛksedɑ̃, ɑ̃t/ ADJ (= énervant) exasperating, infuriating

excédent /ɛksedɑ̃/ SYN NM surplus (sur over) ◆ **excédent de la balance des paiements** balance of payments surplus ◆ **excédent budgétaire/commercial** budget/trade surplus ◆ **excédent (du commerce) extérieur** foreign trade surplus, external surplus ◆ **excédent de trésorerie** cash surplus ◆ **excédent de poids/bagages** excess weight/luggage ou baggage ◆ **il y a 2 kg d'excédent** ou **en excédent** it's 2 kg over (weight) ◆ **budget en excédent** surplus budget ◆ **payer 30 € d'excédent** to pay €30 excess charge; → recette

excédentaire /ɛksedɑ̃tɛʀ/ SYN ADJ [graisse, réserves] excess (épith); [production] surplus (épith), excess (épith); [balance commerciale] positive ◆ **budget excédentaire** surplus budget ◆ **la production est excédentaire** production is over target ◆ **leur balance commerciale est fortement excédentaire** they have a huge trade surplus ◆ **les régions excédentaires en céréales** regions with a grain surplus

excéder /ɛksede/ SYN ▶ conjug 6 ◀ VT 1 (= dépasser) [+ longueur, temps, prix] to exceed, to be greater than ◆ **le prix excédait (de beaucoup) ses moyens** the price was (way ou far) beyond ou far exceeded his means ◆ **les avantages excèdent les inconvénients** the advantages outweigh the disadvantages ◆ **l'apprentissage n'excède pas trois ans** the apprenticeship doesn't last more than three years ou lasts no more than ou does not exceed three years
2 (= outrepasser) [+ pouvoir, droits] to overstep, to exceed, to go beyond; [+ forces] to overtax
3 (gén pass = accabler) to exhaust, to weary down, to weary ◆ **excédé de fatigue** overcome by tiredness, exhausted, tired out ◆ **excédé de travail** overworked
4 (gén pass = agacer) to exasperate, to irritate, to infuriate ◆ **je suis excédé** I'm furious ◆ **tu m'excèdes avec tes jérémiades !** your whining irritates me!, you exasperate me with your moaning!

excellemment /ɛksɛlamɑ̃/ ADV (littér) excellently

excellence /ɛksɛlɑ̃s/ SYN NF 1 (littér) excellence ◆ **par excellence** ◆ **il est le poète surréaliste par excellence** he is the surrealist poet par excellence ◆ **il aime la musique par excellence** he loves music above all else
2 ◆ **Son Excellence** His (ou Her) Excellency ◆ **merci (Votre) Excellence** thank you, Your Excellency

excellent, e /ɛksɛlɑ̃, ɑ̃t/ SYN ADJ excellent

exceller /ɛksele/ SYN ▶ conjug 1 ◀ VI to excel (dans ou en qch at ou in sth; à faire in doing)

excentration /ɛksɑ̃tʀasjɔ̃/ NF (Tech) throwing off-centre

excentré, e /ɛksɑ̃tʀe/ ADJ 1 [quartier, région] outlying (épith) ◆ **le magasin est trop excentré pour fidéliser une clientèle** the shop is (located) too far out (of town) to attract regular customers
2 (Tech) [pièce] off-centre (Brit), off-center (US)

excentrer /ɛksɑ̃tʀe/ ▶ conjug 1 ◀ VT 1 (Tech) to throw off-centre
2 [+ usine] to locate away from the town centre

excentricité /ɛksɑ̃tʀisite/ SYN NF (gén, Math, Astron) eccentricity; [de quartier] outlying location

excentrique /ɛksɑ̃tʀik/ SYN
ADJ 1 (gén, Math) eccentric
2 [quartier, région, zone] outlying (épith)
NMF eccentric, crank (péj)

excepté, e /ɛksɛpte/ SYN (ptp de **excepter**)
ADJ ◆ **il n'a plus de famille sa mère exceptée** he has no family left apart from ou aside from (US) ou except his mother, excluding his mother he has no family left
PRÉP except, but for, apart from, aside from (US) ◆ **excepté quand** except ou apart from when ◆ **excepté que** except that ◆ **tous excepté sa mère** everyone but his mother, everyone except for ou aside from (US) his mother

excepter /ɛksɛpte/ SYN ▶ conjug 1 ◀ VT to except (de from), to make an exception of ◆ **sans excepter personne** without excluding anyone, no one excepted

exception /ɛksɛpsjɔ̃/ SYN NF 1 (= dérogation) exception ◆ **à quelques exceptions près** with a few exceptions ◆ **c'est l'exception qui confirme la règle** it's the exception which proves the rule
◆ **d'exception** [tribunal] special; [régime, mesure] special, exceptional
2 (Jur) objection, plea ◆ **exception péremptoire** = demurrer
3 (locutions) ◆ **faire une exception à** [+ règle] to make an exception to ◆ **faire exception (à la règle)** to be an exception (to the rule) ◆ **faire exception de** to make an exception of
◆ **exception faite de, à l'exception de** except for, apart from, aside from (US), with the exception of
◆ **sans exception** without exception
◆ **sauf exception** allowing for exceptions

exceptionnel, -elle /ɛksɛpsjɔnɛl/ SYN
ADJ (= rare) exceptional ◆ **offre exceptionnelle** (sur un produit) special offer, special (US) ◆ **fait exceptionnel, il a accepté** he accepted for once ◆ **d'un talent exceptionnel** exceptionally talented; → élément
NM ◆ **l'exceptionnel** the exceptional

exceptionnellement /ɛksɛpsjɔnɛlmɑ̃/ ADV
1 (= à titre d'exception) ◆ **ils se sont réunis exceptionnellement un dimanche** contrary to their general practice ou in this particular instance they met on a Sunday ◆ **le magasin sera exceptionnellement ouvert dimanche** the store will open on Sunday just for this week ou for this week only ◆ **exceptionnellement, je vous recevrai lundi** just this once I will see you on Monday
2 [difficile, élevé, fort] exceptionally

excès /ɛksɛ/ SYN
NM 1 [d'argent] excess, surplus; [de marchandises, produits] glut, surplus ◆ **il y a un excès d'acide** (= il en reste) there is some acid left over ou some excess acid; (= il y en a trop) there is too much acid ◆ **excès de cholestérol dans le sang** excess of cholesterol in the blood ◆ **excès de précautions** excessive care ou precautions ◆ **excès de zèle** overzealousness; → pécher
2 (gén, Méd, Pol = abus) excess ◆ **des excès de langage** extreme ou immoderate language ◆ **tomber dans l'excès** to go to extremes ◆ **tomber dans l'excès inverse** to go to the opposite extreme ◆ **excès de boisson** overindulgence in drink, intemperance ◆ **des excès de table** overindulgence at (the) table, surfeit of (good) food ◆ **faire des excès de table** to overindulge, to eat too much ◆ **se laisser aller à des excès** to go overboard* ◆ **je me suis trompé, par excès de confiance en moi/d'optimisme** I made a mistake by being over-confident/over-optimistic
3 (locutions) ◆ **il est sévère, mais sans excès** he's strict, but not excessively so ◆ **l'excès en tout est un défaut** (Prov) everything in moderation
◆ **(jusqu')à l'excès** to excess, excessively, inordinately ◆ **généreux à l'excès** inordinately generous, overgenerous, generous to a fault
◆ **avec excès** to excess, excessively ◆ **il fait tout avec excès** he does everything to excess, he is excessive in everything he does ◆ **boire avec excès** to drink to excess ou excessively ◆ **dépenser avec excès** to be excessive in one's spending
COMP **excès de pouvoir** (Jur) abuse of power, actions ultra vires (SPÉC)
excès de vitesse (en conduisant) breaking ou exceeding the speed limit, speeding ◆ **coupable de plusieurs excès de vitesse** guilty of having broken ou of exceeding the speed limit on several occasions

excessif, -ive /ɛksesif, iv/ SYN ADJ 1 [+ colère, enthousiasme, prix] excessive; [+ fierté] excessive, inordinate ◆ **des horaires de travail excessifs** excessively long working hours ◆ **300 €, c'est excessif !** €300, that's far too much! ◆ **50 €, ce n'est vraiment pas excessif !** €50 isn't what you'd call expensive!
2 [+ personne] ◆ **elle est excessive (en tout)** she's a woman of extremes, she takes everything to extremes ou too far

excessivement /ɛksesivmɑ̃/ SYN ADV (gén) excessively; [cher, fier] excessively, inordinately ◆ **excessivement difficile/grave** extremely difficult/serious

exciper /ɛksipe/ ▶ conjug 1 ◀ **exciper de** VT INDIR (frm) [+ bonne foi, précédent] to plead

excipient /ɛksipjɑ̃/ NM excipient

exciser /ɛksize/ ▶ conjug 1 ◀ VT to excise

excision /ɛksizjɔ̃/ NF excision

excitabilité /ɛksitabilite/ NF (Bio) excitability

excitable /ɛksitabl/ SYN ADJ excitable, easily excited

excitant, e /ɛksitɑ̃, ɑ̃t/ SYN
ADJ 1 (= enthousiasmant) [idée, livre, projet] exciting ◆ **ce n'est pas très excitant !** it's not very exciting!
2 (= stimulant) [effet, substance] stimulating
3 (sexuellement) arousing, sexy
NM stimulant

excitation /ɛksitasjɔ̃/ SYN NF 1 (= enthousiasme, nervosité) excitement ◆ **dans un état de grande excitation** in a state of great excitement
2 (= désir) ◆ **excitation (sexuelle)** (sexual) excitement ou arousal
3 (Méd) [de nerf, muscle] excitation, stimulation; (Élec) [d'électro-aimant] excitation
4 (Jur = incitation) ◆ **excitation à** incitement to ◆ **excitation des mineurs à la débauche** incitement of minors to immoral behaviour

excitatrice /ɛksitatʀis/ NF (Élec) exciter

excité, e /ɛksite/ SYN (ptp de **exciter**)
ADJ 1 (* = enthousiasmé) excited ◆ **il ne semblait pas très excité à l'idée de me revoir** * he didn't seem too thrilled at the idea of ou too wild* about seeing me again; → puce
2 (= nerveux) [animal] restless; [enfant] excitable ◆ **des soldats, très excités, ont commencé à tirer** some of the soldiers were very jumpy* and started to shoot
3 (* = irrité) worked-up
4 (sexuellement) excited
NM,F * (= impétueux) hothead; (= fanatique) fanatic ◆ **une poignée d'excités** a bunch of hotheads ◆ **ne fais pas attention, c'est un excité** don't take any notice, he gets carried away

exciter /ɛksite/ SYN ▶ conjug 1 ◀
VT 1 (= provoquer) [+ intérêt, désir] to (a)rouse; [+ curiosité] to rouse, to excite; [+ imagination] to stimulate, to fire, to stir; [+ appétit] to whet, to stimulate ◆ **tous ses sens étaient excités** all his senses were aroused
2 (= aviver) [+ colère, douleur, ardeur] to intensify, to increase ◆ **cela ne fit qu'exciter sa colère** that only increased ou intensified his anger, that only made him even more angry
3 (= enthousiasmer) [+ personne] to thrill ◆ **ça ne m'excite guère d'y aller** I'm not exactly thrilled at the thought of going
4 (= rendre nerveux) ◆ **exciter un animal/un enfant** to get an animal/a child excited ◆ **le vent les excite** the wind makes them restless ◆ **le café, ça m'excite trop** coffee makes me too nervous ou hyper*

5 (sexuellement) to arouse ou excite (sexually) **6** (* = irriter) [situation, réunion] to get worked-up ◆ **il commence à m'exciter** he's getting on my nerves **7** (= encourager) to urge on, to spur on ◆ **excitant ses chiens de la voix** urging on ou spurring on his dogs with shouts, shouting to urge on his dogs ◆ **exciter qn contre qn** to set sb against sb **8** (= inciter) ◆ **exciter à** to exhort to, to incite to, to urge to ◆ **exciter qn à faire qch** to push sb into doing sth, to provoke ou urge sb to do sth ◆ **exciter des soldats au combat** to incite ou exhort soldiers to combat ou battle **9** (Méd) [+ nerf, muscle] to stimulate, to excite; (Élec, Phys) [+ électro-aimant, noyau] to excite

VPR **s'exciter** **1** (* = s'enthousiasmer) to get excited (sur, à propos de about, over), to get carried away; (= devenir nerveux) to get worked up *, to get in a flap *; (= se fâcher) to get annoyed ◆ **pas la peine de t'exciter (bêtement)** ! calm down! **2** (sexuellement) to become (sexually) excited, to be (sexually) aroused

exclamatif, -ive /ɛksklamatif, iv/ **ADJ** exclamatory

exclamation /ɛksklamasjɔ̃/ SYN **NF** exclamation; → point¹

exclamer (s') /ɛksklame/ SYN ► conjug 1 ◄ **VPR** to exclaim ◆ « **dommage !** » **s'exclama-t-il** "what a pity!", he exclaimed ◆ **s'exclamer de colère/d'admiration** (littér) to exclaim ou cry out in anger/admiration ◆ **s'exclamer sur qch** (littér = protester) to shout ou make a fuss about sth

exclu, e /ɛkskly/ SYN

ADJ **1** (= non accepté) [personne] excluded ◆ **se sentir exclu de la société** to feel excluded from society **2** (= excepté) ◆ **tous les jours, mardi exclu** every day, except Tuesday **3** (= hors de question) ◆ **c'est tout à fait exclu** it's completely out of the question ◆ **aucune hypothèse n'est exclue** no possibility has been ruled out ◆ **il n'est pas exclu que...** it is not impossible that... ◆ **une défaite n'est pas exclue** defeat cannot be ruled out

NM,F **les exclus (de la société)** victims of social exclusion ◆ **les exclus de la croissance économique** those left out of the economic boom

exclure /ɛksklyʀ/ SYN ► conjug 35 ◄

VT **1** (= chasser) (d'un parti, d'une équipe) to expel; (d'un club) to expel, to ban; (temporairement) to suspend; (d'une école) to expel, to exclude; (temporairement) to suspend, to exclude; (d'une université) to expel, to send down (Brit) (de from) **2** (= écarter) [+ solution] to exclude, to rule out; [+ hypothèse] to dismiss, to rule out ◆ **exclure qch de son régime** to cut sth out of one's diet **3** (= être incompatible avec) [fait] to preclude

VPR **s'exclure** ◆ **s'exclure mutuellement** [idées] to be mutually exclusive; [actions, mesures] to be (mutually) incompatible

exclusif, -ive¹ /ɛksklyzif, iv/ SYN **ADJ** **1** [privilège] exclusive (épith) ◆ **à l'usage/au profit exclusif de** for the sole use/benefit of ◆ **pour mon usage exclusif** for my use alone ◆ **dans le but exclusif de faire...** with the sole ou exclusive aim of doing... **2** [droits, distributeur] sole (épith), exclusive (épith); [représentant] sole (épith); [photo, reportage, fabrication] exclusive (épith) **3** (Math, Logique) exclusive ◆ **le ou exclusif** the exclusive or **4** (dans ses sentiments) ◆ **il lui porte un amour exclusif** he loves her to the exclusion of all others, he loves her alone ◆ **elle est exclusive en amour** she's a one-man woman ◆ **il a un caractère (trop) exclusif** he's (too) exclusive in his relationships ◆ **très exclusif dans ses amitiés** very selective ou exclusive in his friendships ◆ **très exclusif dans ses goûts** very selective in his tastes

exclusion /ɛksklyzjɔ̃/ SYN **NF** **1** (= expulsion) [de parti, équipe, club] expulsion; (temporaire) suspension; [d'école] expulsion, exclusion; (temporaire) suspension, exclusion (de from) ◆ **principe d'exclusion de Pauli** Pauli exclusion principle → **zone**

◆ **à l'exclusion de** (= en écartant) to the exclusion of; (= sauf) with the exclusion ou exception of ◆ **aimer les pommes à l'exclusion de tous les autres fruits** to love apples to the exclusion of all other fruit ◆ **il peut manger de tous les fruits à l'exclusion des pommes** he can eat any fruit excluding apples ou with the exclusion ou exception of apples

2 (= marginalisation) ◆ **l'exclusion (sociale)** social exclusion ◆ **personne en voie d'exclusion** person who is in danger of becoming a social outcast

exclusive² /ɛksklyziv/ **NF** (frm) bar, debarment ◆ **tous sans exclusive** with none debarred ◆ **frapper qn d'exclusive, prononcer l'exclusive contre qn** to debar sb

exclusivement /ɛksklyzivmɑ̃/ **ADV** **1** (= seulement) exclusively, solely ◆ **exclusivement réservé au personnel** reserved for staff only **2** (= non inclus) ◆ **du 10 au 15 du mois exclusivement** from the 10th to the 15th exclusive **3** (littér = de manière entière ou absolue) exclusively

exclusivisme /ɛksklyzivism/ **NM** exclusiveness

exclusivité /ɛksklyzivite/ **NF** **1** (= droits exclusifs) exclusive rights ◆ **avoir l'exclusivité de la couverture d'un événement** to have (the) exclusive coverage of an event ◆ **avoir l'exclusivité de la distribution de qch** to have exclusive distribution rights to sth ◆ **il n'en a pas l'exclusivité** (fig) he's not the only one to have it, he hasn't (got) a monopoly on it * ◆ **contrat d'exclusivité** exclusive contract

◆ **en + exclusivité** ◆ **en exclusivité dans notre journal** exclusive to our paper ◆ **films en première exclusivité** new releases ◆ **ce film passe en exclusivité à** this film is showing only ou exclusively at

2 (= reportage) (gén) exclusive; (à sensation) scoop ◆ **c'est une exclusivité de notre maison** it's made (ou sold) exclusively by our company, it's exclusive to our company **3** [de sentiment] ◆ **l'exclusivité en amour est rare** it is rare for somebody to love one person alone

excommunication /ɛkskɔmynikasjɔ̃/ **NF** excommunication

excommunier /ɛkskɔmynje/ ► conjug 7 ◄ **VT** to excommunicate

excoriation /ɛkskɔʀjasjɔ̃/ **NF** excoriation

excorier /ɛkskɔʀje/ ► conjug 7 ◄ **VT** to excoriate

excrément /ɛkskʀemɑ̃/ **NM** excrement (NonC) ◆ **excréments** excrement, faeces

excrémenteux, -euse /ɛkskʀemɑ̃tø, øz/, **excrémentiel, -elle** /ɛkskʀemɑ̃sjɛl/ **ADJ** excremental, excrementitious

excréter /ɛkskʀete/ ► conjug 6 ◄ **VT** to excrete

excréteur, -trice /ɛkskʀetœʀ, tʀis/ **ADJ** excretory

excrétion /ɛkskʀesjɔ̃/ **NF** excretion ◆ **excrétions** excreta

excrétoire /ɛkskʀetwaʀ/ **ADJ** ⇒ **excréteur**

excroissance /ɛkskʀwasɑ̃s/ SYN **NF** (Méd) excrescence, outgrowth; (fig) outgrowth, development

excursion /ɛkskyʀsjɔ̃/ SYN **NF** (en car) excursion, (sightseeing) trip; (en voiture) drive; (à vélo) ride; (à pied) walk, hike ◆ **excursion en mer** boat trip ◆ **excursion de trois jours** three-day tour ou (sightseeing) trip ◆ **partir en excursion** ou **faire une excursion** (en car) to go on an excursion ou a trip; (en voiture) to go for a drive; (à vélo) to go for a ride; (à pied) to go on a walk ou hike, to go walking ou hiking

excursionner /ɛkskyʀsjɔne/ ► conjug 1 ◄ **VI** to go on an excursion ou trip

excursionniste /ɛkskyʀsjɔnist/ **NMF** (en car) (day) tripper (Brit), traveler (US); (à pied) hiker, walker

excusable /ɛkskyzabl/ SYN **ADJ** [acte] excusable, forgivable ◆ **il n'est pas excusable** what he did is unforgivable

excuse /ɛkskyz/ GRAMMAIRE ACTIVE 18.1, 18.2 SYN **NF** **1** (= prétexte) excuse ◆ **bonne/mauvaise excuse** good/poor ou lame excuse ◆ **sans excuse** inexcusable ◆ **il a pris pour excuse qu'il avait à travailler** he made ou gave the excuse that he had work to do, he used his work as an excuse ◆ **excuses légales** (Jur) lawful ou legal excuses ◆ **la belle excuse !** (iro) that's a fine excuse! (iro); → **mot**

2 ◆ **excuses** (= regrets) apology ◆ **faire des excuses, présenter ses excuses** to apologize, to offer one's apologies (à to) ◆ **je vous dois des excuses** I owe you an apology ◆ **exiger des excuses** to demand an apology ◆ **mille excuses** do forgive me, I'm so sorry ◆ **faites excuse** (* ou hum) excuse me, 'scuse me *

3 (Tarot) excuse

excuser /ɛkskyze/ GRAMMAIRE ACTIVE 18.1 SYN ► conjug 1 ◄

VT **1** (= pardonner) [+ personne, faute] to excuse, to forgive ◆ **veuillez excuser mon retard** please excuse my being late ou my lateness, I do apologize for being late ◆ **je vous prie de l'excuser** please excuse ou forgive him ◆ **veuillez m'excuser** (frm), **je vous prie de m'excuser** I beg your pardon, please forgive me (pour avoir fait for having done) ◆ **excusez-moi** excuse me, I'm sorry ◆ **je m'excuse*** (I'm) sorry ◆ **excusez-moi de vous le dire mais...** excuse ou forgive ou pardon my saying so but... ◆ **excusez-moi de ne pas venir** excuse my not coming, I'm sorry I can't come ◆ **vous êtes tout excusé** please don't apologize, you are quite forgiven ◆ **excusez-moi, vous avez l'heure s'il vous plaît ?** excuse me, have you got the time please? ◆ **ils ont invité 500 personnes, excusez du peu !*** they invited 500 people if you please! ◆ **vous invitez 500 personnes ? excusez du peu !*** you're inviting 500 people? is that all? (iro)

2 (= justifier) to excuse ◆ **cette explication n'excuse rien** this explanation is no excuse

3 (= dispenser) to excuse ◆ **il a demandé à être excusé pour la réunion de demain** he asked to be excused from tomorrow's meeting ◆ **se faire excuser** to ask to be excused ◆ « **M. Dupont : (absent) excusé** » "Mr Dupont has sent an apology", "apologies for absence received from Mr Dupont"

VPR **s'excuser** to apologize (de qch for sth) ◆ **(aller) s'excuser auprès de qn** to apologize to sb ◆ **qui s'excuse s'accuse** (Prov) apologizing is a way of admitting one's guilt

exécrable /ɛgzekʀabl/ SYN **ADJ** atrocious, execrable

exécrablement /ɛgzekʀabləmɑ̃/ **ADV** atrociously, execrably

exécration /ɛgzekʀasjɔ̃/ **NF** **1** (littér = haine) execration, loathing ◆ **avoir qch en exécration** to hold sth in abhorrence **2** († † = imprécation) curse

exécrer /ɛgzekʀe/ SYN ► conjug 6 ◄ **VT** to loathe, to abhor, to execrate

exécutable /ɛgzekytabl/ **ADJ** [tâche] possible, manageable; [projet] workable, feasible; (Ordin) [fichier] executable

exécutant, e /ɛgzekytɑ̃, ɑ̃t/ **NM,F** (Mus) performer, executant; (péj = agent) underling ◆ **il n'est qu'un exécutant** he just carries out orders, he's just an underling

exécuter /ɛgzekyte/ SYN ► conjug 1 ◄

VT **1** (= accomplir) [+ plan, ordre, mouvements] to execute, to carry out; [+ projet, mission] to execute, to carry out, to accomplish; [+ promesse] to fulfil, to carry out; [+ travail] to do, to execute; [+ tâche] to execute, to discharge, to perform ◆ **travail exécuté à la hâte** work done in a hurry ◆ **il a fait exécuter des travaux dans sa maison** he had some work done on his house **2** (= réaliser) [+ objet] to make; [+ tableau] to paint, to execute **3** (= préparer) [+ ordonnance] to make up; [+ commande] to fulfil, to carry out ◆ **faire exécuter une ordonnance** to have a prescription made up **4** (Mus) [+ morceau] to perform, to play ◆ **brillamment exécuté** brilliantly executed ou played **5** (= tuer) to execute **6** (= vaincre) to trounce; (= critiquer) to demolish **7** (Jur) [+ traité, loi, décret] to enforce; [+ contrat] to perform; [+ débiteur] to distrain upon **8** (Ordin) [+ programme] to run; [+ instruction] to carry out

VPR **s'exécuter** (en s'excusant) to comply; (en payant) to pay up ◆ **je lui demandai de s'excuser et il finit par s'exécuter** I asked him to apologize and finally he complied ou did ◆ **au moment de l'addition, il s'exécuta de mauvaise grâce** when the time came to settle the bill he paid up with bad grace

exécuteur, -trice /ɛgzekytœʀ, tʀis/

NM,F [d'arrêt, décret] enforcer

NM (Hist) ◆ **exécuteur (des hautes œuvres)** executioner ◆ **exécuteur des basses œuvres** (péj = homme de main) henchman ◆ **exécuteur (testamentaire)** (Jur) (= homme) executor; (= femme) executrix

exécutif, -ive /ɛgzekytif, iv/

ADJ ◆ **pouvoir exécutif** executive power

NM ◆ **l'exécutif** the executive

exécution /ɛgzekysjɔ̃/ SYN NF ① (= accomplissement) [de plan, ordre, mouvement] execution; [de projet, mission] execution, accomplishment; [de promesse] fulfilment; [de travail, tâche] execution ◆ **l'exécution des travaux a été ralentie** the work has been slowed down ou delayed ◆ **exécution !** get on with it!
◆ **mettre à exécution** [+ projet, idées, menaces] to carry out
◆ **mise à exécution** [de loi] enforcement ◆ **pour empêcher la mise à exécution de cette menace** to prevent the threat from being carried out; → **voie**
② (= réalisation) [d'objet] production; [de tableau] execution
③ (= préparation) [de commande] fulfilment, carrying out; [d'ordonnance] making up
④ (Mus) [de morceau] performance ◆ **d'une exécution difficile** difficult to play
⑤ (= mise à mort) execution ◆ **exécution capitale/sommaire** capital/summary execution
⑥ (Jur) [de traité, loi, décret] enforcement; [de contrat] performance ◆ **en exécution de la loi** in compliance ou accordance with the law
⑦ (Ordin) [de programme] running; [d'instruction] carrying out

exécutoire /ɛgzekytwaʀ/ ADJ (Jur) executory, enforceable ◆ **mesure exécutoire pour chaque partie contractante** measure binding on each contracting party

exèdre /ɛgzɛdʀ/ NF exedra

exégèse /ɛgzezɛz/ NF exegesis ◆ **faire l'exégèse d'un discours politique** to analyse a political speech

exégète /ɛgzezɛt/ NM exegete

exemplaire /ɛgzɑ̃plɛʀ/ SYN
ADJ [mère] model (épith), exemplary; [punition] exemplary ◆ **infliger une punition exemplaire à qn** to make an example of sb (by punishing them)
NM ① [de livre, formulaire] copy ◆ **en deux exemplaires** in duplicate ◆ **en trois exemplaires** in triplicate ◆ **25 exemplaires de cet avion ont été vendus** 25 aeroplanes of this type have been sold; → **tirer**
② (= échantillon) specimen, example

exemplairement /ɛgzɑ̃plɛʀmɑ̃/ ADV in an exemplary fashion

exemplarité /ɛgzɑ̃plaʀite/ NF exemplary nature

exemple /ɛgzɑ̃pl/ GRAMMAIRE ACTIVE 26.1, 26.5 SYN
NM ① (= modèle) example ◆ **l'exemple de leur faillite/de sa sœur lui sera bien utile** their failure/his sister will be a useful example for him ◆ **il est l'exemple de la vertu/l'honnêteté** he sets an example of virtue/honesty, he is a model of virtue/honesty ◆ **citer qn/qch en exemple** to quote sb/sth as an example ◆ **donner l'exemple de l'honnêteté/de ce qu'il faut faire** to give ou set an example of honesty/of what to do ◆ **donner l'exemple** to set an example ◆ **suivre l'exemple de qn** to follow sb's example ◆ **prendre exemple sur qn** to take sb as a model ◆ **servir d'exemple à qn** to serve as an example to sb ◆ **faire un exemple de qn** (punir) to make an example of sb ◆ **il faut absolument faire un exemple** we must make an example of somebody ◆ **il faut les punir pour l'exemple** they must be punished as an example ou as a deterrent to others; → **prêcher**
◆ **à l'exemple de** like ◆ **à l'exemple de son père** just like his father
◆ **par exemple** (explicatif) for example ou instance ◆ **(ça) par exemple !** (surprise) well I never!, my word!; (indignation) honestly!, really!
② (= cas, spécimen) example ◆ **un bel exemple du gothique flamboyant** a fine example of flamboyant gothic ◆ **il en existe plusieurs : exemple, le rat musqué** there are several, for example ou for instance the muskrat ◆ **être d'une bêtise/avarice sans exemple** (frm) to be of unparalleled stupidity/meanness

exemplification /ɛgzɑ̃plifikasjɔ̃/ NF exemplification

exemplifier /ɛgzɑ̃plifje/ ► conjug 7 ◄ VT to exemplify

exempt, e /ɛgzɑ̃, ɑ̃(p)t/ SYN
ADJ ① (= dispensé de) ◆ **exempt de** [+ service militaire, corvée, impôts] exempt from ◆ **exempt de taxes** tax-free, duty-free ◆ **exempt de TVA** zero-rated for VAT
② (= dépourvu de) ◆ **exempt de** [+ vent, dangers, arrogance, erreurs] free from ◆ **entreprise exempte de dangers** danger-free undertaking, undertaking free from all danger ◆ **d'un ton qui n'était pas exempt d'humour** in a voice which was not without humour, with the faintest tinge of humour in his voice
NM (Hist : Mil, Police) exempt

exempté, e /ɛgzɑ̃(p)te/ NM,F (Mil) person who is exempt from military service

exempter /ɛgzɑ̃(p)te/ SYN ► conjug 1 ◄ VT
① (= dispenser) to exempt (de from)
② (= préserver de) ◆ **exempter qn de** [+ soucis] to save sb from

exemption /ɛgzɑ̃psjɔ̃/ NF exemption

exerçant, e /ɛgzɛʀsɑ̃, ɑ̃t/ ADJ ◆ **médecin exerçant** practising doctor

exercé, e /ɛgzɛʀse/ SYN (ptp de **exercer**) ADJ [œil, oreille] keen, trained; [personne] experienced

exercer /ɛgzɛʀse/ SYN ► conjug 3 ◄
VT ① (= pratiquer) [+ métier] to have; [+ fonction] to fulfil, to exercise; [+ talents] to exercise; [+ charité, hospitalité] to exercise, to practise ◆ **dans le métier que j'exerce** [médecin, avocat] in my profession ou job ◆ **il exerce encore** he's still practising ou in practice
② [+ droit, pouvoir] to exercise (sur over); [+ contrôle, influence] to exert, to exercise (sur over); [+ représailles] to take (sur on); [+ poussée, pression] to exert (sur on) ◆ **exercer des pressions sur qn** to bring pressure to bear on sb, to exert pressure on sb ◆ **exercer ses sarcasmes contre qn** to use one's sarcasm on sb, to make sb the butt of one's sarcasm ◆ **exercer des poursuites contre qn** to bring an action against sb
③ (= aguerrir) [+ corps, esprit, mémoire, voix] to train, to exercise (à to, for) ◆ **exercer des élèves à lire** ou **à la lecture** to get pupils to practise their reading ◆ **exercer un chien à rapporter le journal** to train a dog to bring back the newspaper
④ (= éprouver) [+ sagacité, habileté] to tax; [+ patience] to try, to tax
VPR **s'exercer** ① [pianiste, sportif] to practise ◆ **s'exercer à** [+ technique, mouvement] to practise ◆ **s'exercer à la patience** to learn how to be patient ◆ **s'exercer à faire qch** to practise doing sth
② (Phys) ◆ **les forces qui s'exercent sur le levier** the force exerted on the lever

exercice /ɛgzɛʀsis/ SYN
NM ① (= pratique) [de métier] practice; [de droit] exercising; [de facultés] exercise ◆ **l'exercice du pouvoir** the exercise of power ◆ **après 40 ans d'exercice** after 40 years in practice ◆ **condamné pour exercice illégal de la médecine** sentenced for practising medicine illegally ou for the illegal practice of medicine ◆ **dans l'exercice de ses fonctions** in the exercise ou execution of his duties
◆ **en exercice** ◆ **être en exercice** [médecin] to be in practice; [juge, fonctionnaire] to be in ou hold office ◆ **juge en exercice** sitting judge ◆ **président en exercice** serving chairman ◆ **entrer en exercice** to take up ou assume one's duties
② (= activité physique) ◆ **l'exercice (physique)** (physical) exercise ◆ **prendre** † ou **faire de l'exercice** to take some exercise
③ (Mil) ◆ **l'exercice** exercises, drill ◆ **aller à l'exercice** to go on exercises ◆ **faire l'exercice** to drill, to be on drill
④ (Mus, Scol, Sport = travail d'entraînement) exercise ◆ **exercice pour piano** piano exercise ◆ **exercice de prononciation** pronunciation exercise ou practice ◆ **exercice d'application** practise ou application exercise ◆ **exercices au sol** (Gym) floor exercises ◆ **exercice d'évacuation** fire drill ◆ **l'interview est un exercice difficile** interviewing is a difficult business; → **cahier**
⑤ (Admin, Fin = période) year ◆ **l'exercice 1996** the 1996 fiscal ou tax year
COMP **exercices d'assouplissement** limbering up exercises, bending and stretching exercises **exercice budgétaire** budgetary year **exercice comptable** accounting year **exercice du culte** religious worship **exercice fiscal** fiscal ou tax year **exercice de style** (Littér) stylistic composition; (fig) exercise in style **exercices de tir** (Mil) shooting drill ou practice

exerciseur /ɛgzɛʀsizœʀ/ NM (gén) exercise machine; (pour poitrine) chest expander

exérèse /ɛgzeʀɛz/ NF (Méd) exeresis

exergue /ɛgzɛʀg/ NM ◆ **porter qch en exergue** [de texte] to bear sth as an epigraph ◆ **cette médaille porte en exergue l'inscription...** (lit) this medal is inscribed below... ◆ **mettre en exergue** (= mettre en évidence) [+ idée, phrase] to bring out, to underline ◆ **mettre une citation en exergue à un chapitre** to head a chapter with a quotation, to put in a quotation as (an) epigraph to a chapter ◆ **mettre un proverbe en exergue à un tableau** to inscribe a painting with a proverb

exfoliant, e /ɛksfɔlja, jɑ̃t/ ADJ exfoliating (épith)

exfoliation /ɛksfɔljasjɔ̃/ NF exfoliation

exfolier /ɛksfɔlje/ ► conjug 7 ◄
VT [+ peau] to exfoliate
VPR **s'exfolier** [peau, os, roche, bois] to exfoliate

exhalaison /ɛgzalɛzɔ̃/ NF (littér) (désagréable) exhalation; (agréable) fragrance, exhalation

exhalation /ɛgzalasjɔ̃/ NF (Physiol) exhalation

exhaler /ɛgzale/ SYN ► conjug 1 ◄
VT (littér) ① [+ odeur, vapeur] to exhale, to give off
② [+ soupir] to breathe; [+ plainte] to utter, to give forth (littér); [+ joie, douleur] to give vent ou expression to
③ (Physiol = souffler) to exhale
VPR **s'exhaler** [odeur] to rise (up) (de from) ◆ **un soupir s'exhala de ses lèvres** a sigh rose from his lips

exhaussement /ɛgzosmɑ̃/ NM raising

exhausser /ɛgzose/ ► conjug 1 ◄ VT [+ construction] to raise (up) ◆ **exhausser une maison d'un étage** to add a floor to a house

exhausteur /ɛgzostœʀ/ NM ◆ **exhausteur de goût** ou **de saveur** flavour enhancer

exhaustif, -ive /ɛgzostif, iv/ SYN ADJ exhaustive ◆ **c'est une liste non exhaustive** it's not an exhaustive list ◆ **de manière exhaustive** [analyser] exhaustively ◆ **décrire qch de manière exhaustive** to give a comprehensive description of sth

exhaustion /ɛgzostjɔ̃/ NF (Logique) exhaustion

exhaustivement /ɛgzostivmɑ̃/ ADV exhaustively

exhaustivité /ɛgzostivite/ NF exhaustiveness ◆ **la liste ne prétend pas à l'exhaustivité** the list doesn't claim to be exhaustive

exhiber /ɛgzibe/ SYN ► conjug 1 ◄
VT ① (frm) (= produire) [+ document, passeport] to present, to show, to produce
② (= montrer au public) [+ animal] to show, to exhibit
③ (péj) [+ partie du corps] to show off, to display; [+ savoir, richesse, diplômes] to display, to show off, to flaunt
VPR **s'exhiber** ① (péj) (= parader) to show o.s. off (in public), to parade around
② [exhibitionniste] to expose o.s.

exhibition /ɛgzibisjɔ̃/ SYN NF ① (Sport) ◆ **match (d')exhibition** exhibition match
② [de partie du corps] showing off
③ [d'animal] exhibiting, showing; (= concours) show
④ (= comportement) outrageous behaviour (NonC)
⑤ (frm) [de document, passeport] presentation, production

exhibitionnisme /ɛgzibisjɔnism/ NM exhibitionism

exhibitionniste /ɛgzibisjɔnist/ NMF exhibitionist ◆ **il est un peu exhibitionniste** he's a bit of an exhibitionist

exhortation /ɛgzɔʀtasjɔ̃/ SYN NF exhortation

exhorter /ɛgzɔʀte/ SYN ► conjug 1 ◄ VT to exhort (à faire to do; à qch to sth), to urge (à faire to do)

exhumation /ɛgzymasjɔ̃/ NF [de corps] exhumation; [de ruines, vestiges] excavation; [de faits, vieux livres] unearthing, digging up ou out; [de souvenirs] recollection, recalling

exhumer /ɛgzyme/ SYN ► conjug 1 ◄ VT [+ corps] to exhume; [+ ruines, vestiges] to excavate; [+ faits, vieux livres] to unearth, to dig up ou out; [+ souvenirs] to recall

exigeant, e /ɛgziʒɑ̃, ɑ̃t/ SYN ADJ [client, public, enfant] demanding, hard to please (attrib); [parents, patron, travail, amour] demanding, exacting; [œuvre] demanding ◆ **je ne suis pas exigeant*, donnez-moi 10 €** I'm not asking for much - give me €10 ◆ **il est très exigeant envers lui-même** he sets very high standards for himself ◆ **les consommateurs sont devenus plus exigeants en matière de prix/sur la qualité** consumers are demanding better prices/quality

exigence /ɛgziʒɑ̃s/ SYN NF ⓵ (gén pl = revendication, condition) demand, requirement ◆ **produit satisfaisant à toutes les exigences** product which meets all requirements ◆ **répondre aux exigences de qualité** to meet quality requirements ◆ **les exigences du marché** the demands of the market ◆ **exigences (salariales)** salary expectations ◆ **exigences démocratiques** demands for democracy

⓶ (= caractère) [de client] demanding nature; [de maître] strictness ◆ **il est d'une exigence insupportable** he's impossibly demanding ◆ **son exigence de rigueur** his requirement ou demand for accuracy ◆ **exigence morale** high moral standards

exiger /ɛgziʒe/ GRAMMAIRE ACTIVE 8.4, 10.1, 10.3 SYN ▶ conjug 3 ◀ VT ⓵ (= réclamer) to demand, to require (qch de qn sth of ou from sb), to insist on (qch de qn sth from sb) ◆ **j'exige de le faire** I insist on doing it ◆ **j'exige que vous le fassiez** I insist on your doing it, I demand ou insist that you do it ◆ **j'exige (de vous) des excuses** I demand an apology (from you), I insist on an apology (from you) ◆ **la loi l'exige** the law requires ou demands it ◆ **des titres universitaires sont exigés pour ce poste** university degrees are required ou needed ou are a requirement for this post ◆ **trop exiger de ses forces** to overtax one's strength

⓶ (= nécessiter) to require, to call for ◆ **cette plante exige beaucoup d'eau** this plant needs ou requires a lot of water

exigibilité /ɛgziʒibilite/ NF [de dette] payability ◆ **exigibilités** current liabilities

exigible /ɛgziʒibl/ ADJ [dette] payable, due for payment ◆ **exigible le 15 mai** payable ou due on 15 May

exigu, -uë /ɛgzigy/ SYN ADJ [lieu] cramped, exiguous (littér); [ressources] scanty, meagre, exiguous (littér); [Écon] [marché] limited

exiguïté /ɛgziɡɥite/ NF [de lieu] smallness; [de ressources] scantiness, meagreness, exiguity (littér); [Écon] [marché] limited size

exil /ɛgzil/ SYN NM exile ◆ **exil volontaire** voluntary ou self-imposed exile ◆ **deux années d'exil** two years in ou of exile ◆ **lieu d'exil** place of exile ◆ **en exil** [personne] in exile (attrib), exiled; [vivre] in exile ◆ **envoyer qn en exil** to send sb into exile, to exile sb

exilé, e /ɛgzile/ (ptp de **exiler**) NM,F exile (de from) ◆ **exilé politique/volontaire** political/voluntary exile

exiler /ɛgzile/ SYN ▶ conjug 1 ◀
VT ⓵ (Pol) to exile
⓶ (littér) to banish ◆ **se sentir exilé (loin de)** to feel like an outcast ou exile (far from) ◆ **une note exilée en bas de page** a note tucked away at the bottom of the page
VPR **s'exiler** ⓵ (Pol) to go into exile
⓶ **s'exiler à la campagne** to bury o.s. in the country ◆ **s'exiler en Australie** to exile o.s. to Australia, to take o.s. off to Australia ◆ **s'exiler loin du monde** to cut o.s. off from the world

exinscrit, e /ɛgzɛ̃skri, it/ ADJ escribed

existant, e /ɛgzistɑ̃, ɑ̃t/ SYN
ADJ [coutume, loi, prix] existing
NM ◆ **l'existant** (gén) what already exists; (= stock) the existing stock; (= circonstances) the existing circumstances

existence /ɛgzistɑ̃s/ SYN NF ⓵ (Philos, Rel = présence) existence
⓶ (= vie quotidienne) existence, life ◆ **dans l'existence** in life ◆ **cette coutume a plusieurs siècles d'existence** this custom has existed ou has been in existence for several centuries; → moyen²

existentialisme /ɛgzistɑ̃sjalism/ NM existentialism

existentialiste /ɛgzistɑ̃sjalist/ ADJ, NMF existentialist

existentiel, -ielle /ɛgzistɑ̃sjɛl/ ADJ existential ◆ **arrête de te poser des questions existentielles !** stop worrying about the meaning of life!

exister /ɛgziste/ SYN ▶ conjug 1 ◀
VI ⓵ (= vivre) to exist ◆ **il se contente d'exister** (péj) he is content with just getting by ou just existing
⓶ (= être réel) to exist, to be ◆ **pour lui, la peur n'existe pas** there is no such thing as fear ou fear doesn't exist as far as he is concerned ◆ **quoi que vous pensiez, le bonheur ça existe** whatever you may say, there is such a thing as happiness

⓷ (= se trouver) to be, to be found ◆ **la vie existe-t-elle sur Mars ?** is there life on Mars? ◆ **produit qui existe en magasin** product (to be) found in shops ◆ **ce modèle existe-t-il en rose ?** is this model available in pink? ◆ **le costume régional n'existe plus guère** regional dress is scarcely ever (to be) found ou seen these days ◆ **les bateaux à aubes n'existent plus/existent encore** paddle steamers no longer/still exist ◆ **il existe encore une copie** there is still one copy extant ou in existence ◆ **pourquoi monter à pied ? les ascenseurs ça existe !** why walk up? there are lifts, you know! ou lifts have been invented! ◆ **si Hélène/la machine à café n'existait pas, il faudrait l'inventer !** (hum) if Hélène/the coffee machine didn't exist, we would have to invent her/it!

VB IMPERS (= il y a) ◆ **il existe** (avec sg) there is; (avec pl) there are ◆ **il n'existe pas de meilleur exemple** there is no better example ◆ **il existe des bégonias de plusieurs couleurs** begonias come ou are found in several colours

exit /ɛgzit/ VI, NM (Théât) exit ◆ **exit le directeur** (hum) out goes the manager, exit the manager ◆ **exit les pauses-café** (hum) no more coffee breaks, that's the end of the coffee breaks

ex-libris /ɛkslibris/ NM INV ex-libris

ex nihilo /ɛksniilo/ ADV ex nihilo

exo */ɛgzo/ NM (abrév de **exercice**) exercise

exobiologie /ɛgzobjɔlɔʒi/ NF exobiology, astrobiology

exobiologiste /ɛgzobjɔlɔʒist/ NMF exobiologist

exocet /ɛgzɔsɛ/ NM ⓵ (= poisson) flying fish
⓶ ® (= missile) exocet ®

exocrine /ɛgzɔkrin/ ADJ exocrine

exode /ɛgzɔd/ SYN NM (lit, fig) exodus ◆ **l'exode** (Hist) the flight of civilians from the north of France during the German invasion in 1940 ◆ **l'Exode** (Bible) the Exodus ◆ **(le livre de) l'Exode** (the Book of) Exodus ◆ **exode rural** drift from the land, rural exodus ◆ **exode des cerveaux** brain drain ◆ **exode des capitaux** flight ou outflow of capital

exogame /ɛgzɔgam/ ADJ exogamous, exogamic

exogamie /ɛgzɔgami/ NF exogamy

exogène /ɛgzɔʒɛn/ ADJ exogenous

exon /ɛgzɔ̃/ NM exon

exonder (s') /ɛgzɔ̃de/ ▶ conjug 1 ◀ VPR (Géol) to emerge

exonération /ɛgzɔneʀasjɔ̃/ NF exemption (de from) ◆ **exonération fiscale** ou **d'impôt** tax exemption

exonérer /ɛgzɔneʀe/ SYN ▶ conjug 6 ◀ VT to exempt (de from) ◆ **placement à 3,5% exonéré d'impôts** investment at 3.5% free of tax ◆ **les plus-values seront fiscalement exonérées** capital gains will be tax-exempt ou will be exempted from tax

exophtalmie /ɛgzɔftalmi/ NF exophthalmos, (ocular) proptosis

exophtalmique /ɛgzɔftalmik/
ADJ exophthalmic
NMF person suffering from exophthalmos ou (ocular) proptosis

exorbitant, e /ɛgzɔʀbitɑ̃, ɑ̃t/ SYN ADJ [prix, demande, prétention] exorbitant, outrageous; [privilèges] scandalous

exorbité, e /ɛgzɔʀbite/ ADJ [yeux] bulging (de with)

exorcisation /ɛgzɔʀsizasjɔ̃/ NF exorcizing

exorciser /ɛgzɔʀsize/ SYN ▶ conjug 1 ◀ VT to exorcize

exorciseur /ɛgzɔʀsizœʀ/ NM exorcizer

exorcisme /ɛgzɔʀsism/ NM exorcism

exorciste /ɛgzɔʀsist/ NM exorcist

exorde /ɛgzɔʀd/ NM introduction, exordium (SPÉC)

exoréique /ɛgzɔʀeik/ ADJ exor(h)eic

exoréisme /ɛgzɔʀeism/ NM exor(h)eism

exosmose /ɛgzɔsmoz/ NF exosmosis

exosphère /ɛgzɔsfɛʀ/ NF exosphere

exosquelette /ɛgzɔskəlɛt/ NM exoskeleton

exostose /ɛgzɔstoz/ NF exostosis

exotérique /ɛgzɔteʀik/ ADJ exoteric

exothermique /ɛgzɔtɛʀmik/ ADJ exothermic, exothermal

exotique /ɛgzɔtik/ ADJ exotic

exotisme /ɛgzɔtism/ NM exoticism ◆ **aimer l'exotisme** to love all that is exotic

exotoxine /ɛgzɔtɔksin/ NF exotoxin

expansé, e /ɛkspɑ̃se/ ADJ expanded

expansibilité /ɛkspɑ̃sibilite/ NF expansibility

expansible /ɛkspɑ̃sibl/ ADJ expansible

expansif, -ive /ɛkspɑ̃sif, iv/ SYN ADJ ⓵ (de caractère) expansive, out-going ◆ **il s'est montré peu expansif** he was not very forthcoming ou communicative
⓶ (Phys) expansionary

expansion /ɛkspɑ̃sjɔ̃/ SYN NF ⓵ (= extension) expansion ◆ **l'expansion d'une doctrine** the spreading of a doctrine ◆ **expansion économique** economic expansion ◆ **expansion démographique** population growth ◆ **en pleine expansion** [marché, économie, secteur] booming, fast-expanding ◆ **univers en expansion** expanding universe
⓶ (= effusion) expansiveness (NonC), effusiveness (NonC)

expansionnisme /ɛkspɑ̃sjɔnism/ NM expansionism

expansionniste /ɛkspɑ̃sjɔnist/
ADJ (Écon, Math, Phys) expansionary; (Pol : péj) expansionist
NMF (Pol) expansionist

expansivité /ɛkspɑ̃sivite/ NF expansiveness

expatriation /ɛkspatʀijasjɔ̃/ NF expatriation

expatrié, e /ɛkspatʀije/ (ptp de **expatrier**) NM,F expatriate

expatrier /ɛkspatʀije/ SYN ▶ conjug 7 ◀
VT to expatriate
VPR **s'expatrier** to expatriate o.s., to leave one's country

expectant, e /ɛkspɛktɑ̃, ɑ̃t/ ADJ (littér) expectant

expectative /ɛkspɛktativ/ SYN NF (= incertitude) state of uncertainty; (= attente prudente) cautious approach ◆ **être** ou **rester dans l'expectative** (incertitude) to be still waiting ou hanging on (to hear ou see etc); (attente prudente) to hold back, to wait and see

expectorant, e /ɛkspɛktɔʀɑ̃, ɑ̃t/ ADJ, NM expectorant

expectoration /ɛkspɛktɔʀasjɔ̃/ NF expectoration

expectorer /ɛkspɛktɔʀe/ SYN ▶ conjug 1 ◀ VTI to expectorate

expédient, e /ɛkspedjɑ̃, jɑ̃t/ SYN
ADJ (frm) expedient
NM expedient ◆ **vivre d'expédients** [personne] to live by one's wits

expédier /ɛkspedje/ GRAMMAIRE ACTIVE 20.3 SYN ▶ conjug 7 ◀ VT ⓵ [+ lettre, paquet] to send, to dispatch ◆ **expédier par la poste** to send through the post ou mail ◆ **expédier par le train** to send by rail ou train ◆ **expédier par bateau** [+ lettres, colis] to send surface mail; [+ matières premières] to ship, to send by sea ◆ **je l'ai expédié en vacances chez sa grand-mère*** I sent ou packed* him off to his grandmother's for the holidays; → monde

⓶ * [+ client, visiteur] to dismiss ◆ **expédier une affaire** to dispose of ou dispatch a matter, to get a matter over with ◆ **expédier son déjeuner en cinq minutes** to polish off* one's lunch in five minutes

⓷ (Admin) ◆ **expédier les affaires courantes** to dispose of ou dispatch day-to-day matters

expéditeur, -trice /ɛkspediteʀ, tʀis/
ADJ dispatching, forwarding
NM,F [de courrier] sender, addresser, addressor; [de marchandises] consignor, shipper; → retour

expéditif, -ive /ɛkspeditif, iv/ SYN ADJ [personne] quick, expeditious; [méthode, solution] expeditious; [justice, licenciement, procès, procédure] summary; [victoire] easy ◆ **il a des jugements un peu expéditifs** he tends to jump to conclusions

expédition /ɛkspedisjɔ̃/ SYN NF ⓵ (Mil) (= voyage, raid) expedition ◆ **expédition de police** police raid ◆ **partir en expédition** to set off on an expedition ◆ **quelle expédition !** (fig) what an expedition!, what a palaver!
⓶ (= action) [de lettre, vivres, renforts] dispatch; [de colis] dispatch, shipping; (par bateau) shipping ◆ **notre service expédition** our shipping department
⓷ (= paquet) consignment, shipment; (par bateau) shipment

[4] *(Admin)* ◆ **l'expédition des affaires courantes** the dispatching of day-to-day matters
[5] *(Jur = copie)* exemplified copy

expéditionnaire /ɛkspedisjɔnɛʀ/
ADJ *(Mil)* expeditionary
NMF *(Comm)* forwarding agent; *(Admin)* copyist

expéditivement /ɛkspeditivmɑ̃/ ADV expeditiously

expérience /ɛkspeʀjɑ̃s/ GRAMMAIRE ACTIVE 19.2 SYN NF [1] *(= pratique)* experience ◆ **avoir de l'expérience** to have experience, to be experienced *(en in)* ◆ **avoir l'expérience du monde** *(frm)* to have experience of the world, to know the ways of the world ◆ **sans expérience** inexperienced ◆ **il est sans expérience de la vie** he has no experience of life ◆ **savoir par expérience** to know by *ou* from experience ◆ **il a une longue expérience de l'enseignement** he has a lot of teaching experience
[2] *(= aventure humaine)* experience ◆ **expérience amoureuse** *ou* **sexuelle** sexual experience ◆ **tente l'expérience, tu verras bien** try it and see ◆ **faire l'expérience de qch** to experience sth ◆ **ils ont fait une expérience de vie communautaire** they experimented with communal living
[3] *(= test scientifique)* experiment ◆ **vérité/fait d'expérience** experimental truth/fact ◆ **faire une expérience sur un cobaye** to do *ou* carry out an experiment on a guinea-pig

> ! Au sens de 'test scientifique', **expérience** ne se traduit pas par le mot anglais **experience**.

expérimental, e (mpl **-aux**) /ɛkspeʀimɑ̃tal, o/ SYN ADJ experimental ◆ **à titre expérimental** on a trial *ou* an experimental basis

expérimentalement /ɛkspeʀimɑ̃talmɑ̃/ ADV experimentally

expérimentateur, -trice /ɛkspeʀimɑ̃tatœʀ, tʀis/ NM,F *(gén)* experimenter; *(= scientifique)* bench scientist

expérimentation /ɛkspeʀimɑ̃tasjɔ̃/ SYN NF experimentation ◆ **expérimentation animale** *(= pratique)* animal experimentation; *(= expériences, tests)* animal experiments

expérimenté, e /ɛkspeʀimɑ̃te/ SYN (ptp de **expérimenter**) ADJ experienced *(en, dans in)*

expérimenter /ɛkspeʀimɑ̃te/ SYN ▸ conjug 1 ◂ VT *[+ appareil]* to test; *[+ remède]* to experiment with, to try out; *[+ méthode]* to test out, to try out ◆ **expérimenter en laboratoire** to experiment *ou* do experiments in a laboratory

expert, e /ɛkspɛʀ, ɛʀt/ SYN
ADJ *[personne]* expert, skilled *(en in; à at)*; *[mains, œil]* expert ◆ **être expert en la matière** to be an expert on the subject; → **système**
NM *(= connaisseur)* expert *(en in, at)*, connoisseur *(en in, of)*; *(= spécialiste)* expert; *(d'assurances après dégâts)* assessor; *(d'objet de valeur)* valuer, assessor; *[de bateau]* surveyor ◆ **médecin(-)expert** medical expert ◆ **géomètre(-)expert** ≃ chartered surveyor

expert-comptable /ɛkspɛʀkɔ̃tabl/, **experte-comptable** /ɛkspɛʀtkɔ̃tabl/ (mpl **experts-comptables**) NM,F chartered accountant *(Brit)*, certified public accountant *(US)*

expertise /ɛkspɛʀtiz/ SYN NF [1] *(= évaluation) [de bijou]* valuation; *[de dégâts]* assessment ◆ **expertise d'avarie** damage survey ◆ **expertise comptable** chartered accountancy *(Brit)* ◆ **expertise psychiatrique** psychiatric examination ◆ **(rapport d')expertise** valuer's *ou* assessor's *ou* expert's report
[2] *(= compétence)* expertise ◆ **notre expertise technique dans ce domaine** our technical expertise in this field

expertiser /ɛkspɛʀtize/ SYN ▸ conjug 1 ◂ VT *[+ bijou]* to value, to evaluate; *[+ dégâts]* to assess, to evaluate ◆ **faire expertiser un diamant** to have a diamond valued

expiable /ɛkspjabl/ ADJ expiable

expiateur, -trice /ɛkspjatœʀ, tʀis/ ADJ expiatory

expiation /ɛkspjasjɔ̃/ NF expiation *(de of)*, atonement *(de for)* ◆ **en expiation de ses crimes** in expiation of *ou* atonement for his crimes

expiatoire /ɛkspjatwaʀ/ ADJ expiatory

expier /ɛkspje/ ▸ conjug 7 ◂ VT *[+ péchés, crime]* to expiate, to atone for ◆ **expier une imprudence** *(fig)* to pay for an imprudent act

expirant, e /ɛkspiʀɑ̃, ɑ̃t/ ADJ dying

expirateur, -trice /ɛkspiʀatœʀ, tʀis/ ADJ expiratory ◆ **(muscles) expirateurs** expiratory muscles

expiration /ɛkspiʀasjɔ̃/ SYN NF [1] *(= terme)* expiration, expiry *(Brit)* ◆ **venir à expiration** to expire ◆ **à l'expiration du délai** when the deadline expires
[2] *(= respiration)* expiration, exhalation ◆ **une profonde expiration** a complete exhalation

expirer /ɛkspiʀe/ SYN ▸ conjug 1 ◂
VT *[+ air]* to breathe out, to exhale, to expire *(SPÉC)*
VI [1] *[délai, passeport]* to expire ◆ **le contrat/la carte expire le 5 mai** the contract/the card expires on 5 May
[2] *(frm = mourir)* to expire
[3] *(= respirer)* to exhale, to breathe out ◆ **expirez lentement !** breathe out slowly!

explant /ɛksplɑ̃/ NM explant

explétif, -ive /ɛkspletif, iv/
ADJ expletive ◆ **le ne explétif** "ne" used as an expletive
NM expletive

explicable /ɛksplikabl/ ADJ explicable, explainable ◆ **difficilement explicable** difficult to explain

explicatif, -ive /ɛksplikatif, iv/ ADJ explanatory ◆ **une notice explicative accompagne l'appareil** the machine comes with an explanatory leaflet ◆ **proposition relative explicative** *(Gram)* non-restrictive relative clause

explication /ɛksplikasjɔ̃/ GRAMMAIRE ACTIVE 26.4 SYN NF [1] *[de méthode, phénomène]* explanation *(de of)* ◆ **explications** *(= marche à suivre)* instructions
[2] *(= justification)* explanation *(de for)* ◆ **votre conduite demande des explications** your conduct requires some explanation ◆ **j'exige des explications** I demand an explanation
[3] *(= discussion)* discussion; *(= dispute)* argument; *(= bagarre)* fight ◆ **j'ai eu une petite explication avec lui** I had a bit of an argument with him
[4] *(Scol) [d'auteur, passage]* commentary *(de on)*, analysis *(de of)* ◆ **explication de texte** critical analysis *ou* appreciation of a text, textual analysis

explicitation /ɛksplisitasjɔ̃/ NF *[de symbole]* making explicit, explaining, clarifying ◆ **faire un effort d'explicitation** to try to explain in more detail

explicite /ɛksplisit/ SYN ADJ *[clause, terme]* explicit ◆ **il n'a pas été très explicite sur ce point** he wasn't very clear on that point

explicitement /ɛksplisitmɑ̃/ SYN ADV explicitly

expliciter /ɛksplisite/ SYN ▸ conjug 1 ◂ VT *[+ clause]* to make explicit; *[+ pensée]* to explain, to clarify

expliquer /ɛksplike/ SYN ▸ conjug 1 ◂
VT [1] *(= faire comprendre)* to explain ◆ **il m'a expliqué comment faire** he told me *ou* explained to me how to do it ◆ **je lui ai expliqué qu'il avait tort** I pointed out to him *ou* explained to him that he was wrong ◆ **explique-moi comment/pourquoi** explain how/why, tell me how/why ◆ **il m'a expliqué le pourquoi du comment** he explained to me the how and the why of it
[2] *(= rendre compte de)* to account for, to explain ◆ **cela explique qu'il ne soit pas venu** that explains why he didn't come, that accounts for his not coming
[3] *(Scol) [+ texte]* to comment on, to criticize, to analyse ◆ **expliquer un passage de Flaubert** to give a critical analysis *ou* a critical appreciation *ou* a critical interpretation of a passage from Flaubert
VPR **s'expliquer** [1] *(= donner des précisions)* to explain o.s., to make o.s. clear ◆ **je m'explique** let me explain, let me make myself clear ◆ **le président s'explique** the president gives his reasons ◆ **s'expliquer sur ses projets** to talk about *ou* explain one's plans ◆ **s'expliquer devant qn** to justify o.s. to sb, to explain one's actions to sb
[2] *(= comprendre)* to understand ◆ **je ne m'explique pas bien qu'il soit parti** I can't see *ou* understand *ou* it isn't at all clear to me why he should have left
[3] *(= être compréhensible)* ◆ **son retard s'explique par le mauvais temps** his lateness is explained by the bad weather, the bad weather accounts for *ou* explains his lateness ◆ **leur attitude s'explique : ils n'ont pas reçu notre lettre** that explains their attitude: they didn't get our letter ◆ **tout s'explique !** it's all clear now!, I see it all now!
[4] *(= parler clairement)* ◆ **s'expliquer bien/mal** to express o.s. well/badly ◆ **je me suis peut-être mal expliqué** perhaps I have expressed myself badly, perhaps I didn't make myself (quite) clear
[5] ◆ **s'expliquer avec qn** *(= discuter)* to have a talk with sb; *(= se disputer, se battre)* to have it out with sb* ◆ **va t'expliquer avec lui** go and sort it out with him ◆ **après s'être longuement expliqués ils sont tombés d'accord** after having discussed the matter *ou* after having talked the matter over for a long time they finally reached an agreement ◆ **ils sont allés s'expliquer dehors*** they went to fight it out outside *ou* to finish it off outside ◆ **s'expliquer à coups de fusil** to shoot it out

exploit /ɛksplwa/ SYN NM exploit, feat, achievement ◆ **quel exploit !** what a feat! *ou* an achievement! ◆ **exploits amoureux** amorous exploits ◆ **exploit sportif** sporting achievement *ou* feat ◆ **il a réussi l'exploit d'arriver le premier** he came first, which was quite an achievement ◆ **exploit d'huissier** writ

exploitable /ɛksplwatabl/ ADJ *(gén)* exploitable ◆ **des données immédiatement exploitables** data that can be used immediately ◆ **ces craintes sont facilement exploitables en période électorale** these fears can easily be exploited during an election period

exploitant, e /ɛksplwatɑ̃, ɑ̃t/ NM,F [1] *(= fermier)* ◆ **exploitant (agricole)** farmer ◆ **petit exploitant (agricole)** small farmer, smallholder *(Brit)* ◆ **exploitant forestier** forestry developer
[2] *(Ciné) (= propriétaire)* cinema owner; *(= gérant)* cinema manager

exploitation /ɛksplwatasjɔ̃/ SYN NF [1] *(= action) [de mine, sol]* working, exploitation; *[d'entreprise]* running, operating ◆ **mettre en exploitation** *[+ domaine, ressources]* to exploit, to develop ◆ **frais/méthodes d'exploitation** running *ou* operating costs/methods ◆ **satellite en exploitation** working satellite ◆ **copie d'exploitation** *(Ciné)* release print; → **visa**
[2] *(= entreprise)* ◆ **exploitation familiale** family business ◆ **exploitation (agricole)** farm ◆ **petite exploitation (agricole)** small farm, smallholding *(Brit)* ◆ **exploitation vinicole** vineyard ◆ **exploitation commerciale/industrielle** business/industrial concern ◆ **exploitation minière** mine ◆ **exploitation forestière** commercial forest
[3] *[d'idée, situation, renseignement]* exploiting, using ◆ **la libre exploitation de l'information** the free use of information
[4] *(= abus)* exploitation ◆ **l'exploitation de l'homme par l'homme** man's exploitation of man *ou* of his fellow man ◆ **l'exploitation sexuelle des enfants** sexual exploitation of children

exploité, e /ɛksplwate/ (ptp de **exploiter**)
ADJ *[personne]* exploited ◆ **terres non exploitées** unfarmed land ◆ **richesses non exploitées** unexploited *ou* untapped riches ◆ **un créneau peu exploité** a niche in the market that has not been fully tapped *ou* exploited
NM,F exploited person

exploiter /ɛksplwate/ SYN ▸ conjug 1 ◂ VT
[1] *[+ mine]* to work, to exploit; *[+ sol, terres]* to farm, to work; *[+ entreprise]* to run, to operate; *[+ ligne aérienne, réseau]* to operate; *[+ brevet]* to use; *[+ ressources]* to exploit
[2] *[+ idée, situation]* to exploit, to make the most of; *[+ don]* to make use of; *[+ personne, bonté, crédulité]* to exploit; *[+ avantage]* to capitalize on, to exploit ◆ **ils exploitent la xénophobie à des fins politiques** they're capitalizing on *ou* exploiting xenophobia for political ends

exploiteur, -euse /ɛksplwatœʀ, øz/ SYN NM,F exploiter

explorateur, -trice /ɛksplɔʀatœʀ, tʀis/ NM,F *(= personne)* explorer

exploration /ɛksplɔʀasjɔ̃/ SYN NF *(gén)* exploration; *[de possibilité, problème]* investigation, examination, exploration; *(Méd)* exploration ◆ **exploration spatiale** space exploration

exploratoire /ɛksplɔʀatwaʀ/ ADJ exploratory

explorer /ɛksplɔʀe/ SYN ▸ conjug 1 ◂ VT *(gén)* to explore; *[+ possibilité, problème]* to investigate, to examine, to explore; *(Méd)* to explore

exploser /ɛksploze/ SYN ▸ conjug 1 ◂ VI [1] *[bombe, chaudière]* to explode, to blow up; *[gaz]* to ex-

plode • **j'ai cru que ma tête allait exploser** I thought my head was going to explode *ou* burst • **faire exploser** *[+ bombe]* to explode, to detonate; *[+ bâtiment]* to blow up; *[+ monopole, système, coalition]* to break up; *[+ contraintes]* to sweep away
[2] *[de sentiments]* • **exploser (de colère)** to blow up, to explode (with anger) • **laisser exploser sa colère** to give vent to one's anger • **exploser de joie** to go wild with joy
[3] *(= augmenter) [chômage, demande, production, prix]* to soar, to rocket; *[marché]* to boom
[4] (* = *abîmer*) *[+ objet]* to smash up • **il s'est explosé le genou** he did his knee in* • **je vais lui exploser la gueule**** I'm going to smash his face in*

exploseur /ɛksplozœʀ/ NM detonator

explosibilité /ɛksplozibilite/ NF explosiveness

explosible /ɛksplozibl/ ADJ *[mélange]* explosive

explosif, -ive /ɛksplozif, iv/ SYN
ADJ [1] *[engin, charge]* explosive ; → **cocktail, mélange**
[2] *[dossier, rapport, sujet]* highly sensitive; *[situation, climat]* explosive • **une affaire politiquement explosive** a politically explosive issue
[3] *[croissance]* explosive
NM explosive • **attentat à l'explosif** bomb attack

explosion /ɛksplozjɔ̃/ SYN NF [1] *[de bombe, gaz, chaudière]* explosion; → **moteur**[1]
[2] *[de joie, violence]* outburst, explosion; *[de dépenses, nombre]* explosion, dramatic rise *(de* in) • **explosion de colère** angry outburst, explosion of anger • **explosion démographique** population explosion • **explosion sociale** outburst *ou* explosion of social unrest

expo * /ɛkspo/ NF abrèv de **exposition**

exponentiel, -ielle /ɛkspɔnɑ̃sjɛl/ ADJ exponential

export /ɛkspɔʀ/ NM (abrèv de **exportation**) export • **se lancer dans l'export** to go into exports • **les bénéfices réalisés à l'export** profits earned on exports

exportable /ɛkspɔʀtabl/ ADJ exportable

exportateur, -trice /ɛkspɔʀtatœʀ, tʀis/
ADJ export *(épith)*, exporting • **pays exportateur** exporting country • **être exportateur de** to export, to be an exporter of
NM,F exporter • **exportateur de pétrole** oil exporter

exportation /ɛkspɔʀtasjɔ̃/ NF *(= action)* export, exportation; *(= produit)* export • **faire de l'exportation** to be in the export business • **produit d'exportation** export product

exporter /ɛkspɔʀte/ ▸ conjug 1 ◂ VT *(Comm, Ordin)* to export • **notre mode s'exporte bien/mal** our fashions are popular/not very popular abroad

exposant, e /ɛkspozɑ̃, ɑ̃t/
NM,F *[de foire, salon]* exhibitor
NM *(Math)* exponent • **chiffre en exposant** superscript number

exposé /ɛkspoze/ SYN NM *(= action)* account, statement, exposition *(frm)*; *(= conférence)* talk; *(Scol) (oral)* presentation; *(écrit)* (written) paper • **faire un exposé oral sur** to give a presentation on • **faire un exposé de la situation** to give an account *ou* overview of the situation • **exposé des motifs** *(Jur)* preamble *(in bill, stating grounds for its adoption)*

exposer /ɛkspoze/ SYN ▸ conjug 1 ◂
VT [1] *(= exhiber) [+ marchandises]* to put on display, to display; *[+ tableaux]* to exhibit, to show • **ce peintre expose dans leur galerie** that painter shows *ou* exhibits at their gallery • **exposé en vitrine** on display • **les œuvres exposées** the works on show • **son corps est exposé dans l'église** *(frm)* he is lying in state in the church
[2] *(= expliquer) [+ faits, raisons]* to set out, to state; *[+ griefs]* to air; *[+ idées, théories]* to expound, to set out; *[+ situation]* to explain
[3] *(= soumettre)* • **exposer qn à qch** to expose sb to sth • **ils ont été exposés à des doses massives de radiations** they were exposed to massive doses of radiation
[4] *(= mettre en danger) [+ vie, réputation]* to risk • **c'est une personnalité très exposée** his position makes him an easy target for criticism • **sa conduite l'expose à des reproches** his behaviour lays him open to censure
[5] *(= orienter, présenter)* to expose; *(Photo)* to expose • **exposer au soleil/aux regards** to expose to sunlight/to view • **maison exposée au sud** house facing (due) south, house with a southern aspect • **maison bien exposée** house with a good aspect • **endroit très exposé** *(au vent, à l'ennemi)* very exposed place
[6] *(Littérat) [+ action]* to set out; *(Mus) [+ thème]* to introduce
[7] *(Hist) [+ enfant]* to expose
VPR **s'exposer** to expose o.s. • **s'exposer à** *[+ danger, reproches, poursuites]* to expose o.s. to, to lay o.s. open to • **s'exposer au soleil** to expose o.s. to the sun

exposition /ɛkspozisjɔ̃/ SYN NF [1] *(= foire, salon)* exhibition, show • **l'Exposition universelle** the World Fair • **faire une exposition** *[visiteur]* to go to an exhibition; *[artiste]* to put on an exhibition
[2] *(= orientation) [de maison]* aspect • **nous avons une exposition plein sud** our house faces south *ou* has a southerly aspect *(frm)*
[3] *(à des radiations, à la chaleur)* exposure *(à* to) • **évitez les expositions prolongées au soleil** avoid prolonged exposure to the sun
[4] *(Photo)* exposure
[5] *[de marchandises]* display; *[de faits, raisons, situation, idées]* exposition; *[de condamné, enfant]* exposure • **grande exposition de blanc** *(Comm)* special linen week *ou* event
[6] *(Littérat, Mus)* exposition • **scène d'exposition** expository *ou* introductory scene

exposition-vente (pl **expositions-ventes**) /ɛkspozisjɔ̃vɑ̃t/ NF *[d'art]* art show *(with works on display for sale)*; *[d'artisanat]* craft fair

expo-vente * (pl **expos-ventes**) /ɛkspovɑ̃t/ NF abrèv de **exposition-vente**

exprès[1] /ɛkspʀɛ/ GRAMMAIRE ACTIVE 18.4 SYN ADV *(= spécialement)* specially; *(= intentionnellement)* on purpose, deliberately, intentionally • **venir (tout) exprès pour** to come specially to • **il l'a fait exprès** he did it on purpose *ou* deliberately *ou* intentionally • **il ne l'a pas fait exprès** he didn't do it on purpose, he didn't mean to do it • **c'est fait exprès** it's meant to be like that, it's deliberate • **comme par un fait exprès** almost as if it was meant to happen

exprès[2], **-esse** /ɛkspʀɛs/ SYN
ADJ *[interdiction, ordre]* formal, express; *(Jur) [clause]* express
NM, ADJ INV • **(lettre/colis) exprès** express *(Brit) ou* special delivery *(US)* letter/parcel • **(messager) exprès** † express messenger • **envoyer qch en exprès** to send sth by express post *(Brit) ou* special delivery *(US)*, to send sth express *(Brit)*

express /ɛkspʀɛs/ ADJ, NM [1] • **(train) express** fast train
[2] *(= café)* espresso (coffee)

expressément /ɛkspʀesemɑ̃/ SYN ADV *(= formellement) [dire, interdire]* expressly; *(= spécialement) [fait, conçu]* specially • **il ne l'a pas dit expressément** he didn't say it in so many words

expressif, -ive /ɛkspʀesif, iv/ SYN ADJ *[geste, regard]* expressive, meaningful; *[physionomie]* expressive; *[langage]* expressive, vivid; *[silence]* eloquent

expression /ɛkspʀesjɔ̃/ SYN NF [1] *(gén)* expression • **au-delà de toute expression** beyond (all) expression, inexpressible • **visage plein d'expression/sans expression** expressive/expressionless face • **jouer avec beaucoup d'expression** to play with great feeling *ou* expression • **expression corporelle** music and movement • **journal d'expression française/anglaise** French/English-language newspaper; → **agréer, liberté, moyen**[2], **réduire**
[2] *(Math = formule)* expression; *(Gram = locution)* phrase, expression • **expression figée** set *ou* fixed expression, set phrase • **expression toute faite** stock phrase • **expression nominale** nominal • **réduit à sa plus simple expression** reduced to its simplest terms *ou* expression

expressionnisme /ɛkspʀesjɔnism/ NM expressionism

expressionniste /ɛkspʀesjɔnist/
ADJ expressionist *(épith)*, expressionistic
NMF expressionist

expressivement /ɛkspʀesivmɑ̃/ ADV expressively

expressivité /ɛkspʀesivite/ NF expressiveness

expresso /ɛkspʀeso/ NM *(= café)* espresso • **machine/cafetière (à) expresso** espresso machine/coffee maker

exprimable /ɛkspʀimabl/ ADJ expressible • **c'est difficilement exprimable** it's hard to put it into words *ou* to express • **cette opinion n'est pas exprimable publiquement** this view cannot be expressed publicly

exprimer /ɛkspʀime/ SYN ▸ conjug 1 ◂
VT [1] *(= signifier)* to express; *[+ pensée]* to express, to give expression *ou* utterance to *(frm)*; *[+ opinion]* to voice, to express • **mots qui expriment un sens** words which express *ou* convey a meaning • **regards qui expriment la colère** looks which express *ou* indicate anger • **œuvre qui exprime parfaitement l'artiste** work which expresses the artist completely
[2] *(Écon, Math)* to express • **somme exprimée en euros** sum expressed in euros • **le signe + exprime l'addition** the sign + indicates *ou* stands for addition
[3] *(littér) [+ jus]* to press *ou* squeeze out
VPR **s'exprimer** to express o.s. • **s'exprimer par gestes** to use gestures to express o.s. • **je me suis peut-être mal exprimé** perhaps I have expressed myself badly, I may not have made myself clear • **si je peux m'exprimer ainsi** if I may put it like that • **il faut permettre au talent de s'exprimer** talent must be allowed free expression *ou* to express itself • **la joie s'exprima sur son visage** (his) joy showed in his expression, his face expressed his joy

expropriation /ɛkspʀɔpʀijasjɔ̃/ NF *(= action)* expropriation, compulsory purchase *(Brit)*; *(= arrêté)* expropriation order, compulsory purchase order *(Brit)*

exproprier /ɛkspʀɔpʀije/ ▸ conjug 7 ◂ VT *[+ propriété]* to expropriate, to place a compulsory purchase order on *(Brit)* • **ils ont été expropriés** their property has been expropriated, they have had a compulsory purchase order made on their property

expulsable /ɛkspylsabl/ ADJ *[locataire]* liable to be evicted; *[immigré clandestin]* liable to be deported

expulser /ɛkspylse/ SYN ▸ conjug 1 ◂ VT [1] *(gén) [+ élève]* to expel *(de* from); *[+ étranger]* to deport, to expel *(de* from); *[+ locataire]* to evict *(de* from), to throw out *(de* of); *(Sport) [+ joueur]* to send off; *[+ manifestant]* to eject *(de* from), to throw out, to turn out *(de* of)
[2] *(Anat) [+ déchets]* to evacuate, to excrete; *[+ placenta]* to deliver

expulsif, -ive /ɛkspylsif, iv/ ADJ expulsive

expulsion /ɛkspylsjɔ̃/ SYN NF [1] *(gén) [d'élève]* expulsion *(de* from); *[d'étranger]* deportation, expulsion *(de* from); *[de locataire]* eviction *(de* from); *[de joueur]* sending off; *[de manifestant]* ejection *(de* from)
[2] *(Anat) [de déchets]* evacuation, excretion; *[de placenta]* delivery

expurgation /ɛkspyʀgasjɔ̃/ NF expurgation, bowdlerization

expurger /ɛkspyʀʒe/ SYN ▸ conjug 3 ◂ VT to expurgate, to bowdlerize • **version expurgée** sanitized *ou* expurgated *ou* bowdlerized version

exquis, -ise /ɛkski, iz/ SYN ADJ *[plat, choix, politesse]* exquisite; *[personne, temps]* delightful; *(Méd) [douleur]* exquisite

exquisément /ɛkskizemɑ̃/ ADV *(littér)* exquisitely

exquisité /ɛkskizite/ NF *(littér)* exquisiteness

exsangue /ɛksɑ̃g/ SYN ADJ *[visage, lèvres]* bloodless; *[économie]* battered • **le pays est exsangue** the country is on its knees • **les guerres ont laissé le pays exsangue** wars have bled the country white

exsanguino-transfusion (pl **exsanguino-transfusions**) /ɛksɑ̃ginotʀɑ̃sfyzjɔ̃/ NF exchange transfusion

exstrophie /ɛkstʀɔfi/ NF exstrophy

exsudat /ɛksyda/ NM *(Méd, Bot)* exudation, exudate

exsudation /ɛksydasjɔ̃/ NF *(frm)* exudation *(frm)*

exsuder /ɛksyde/ ▸ conjug 1 ◂ VTI *(frm, lit)* to exude • **son visage exsude la joie** his face radiates joy

extase /ɛkstɑz/ SYN NF *(Rel)* ecstasy; *(sexuelle)* climax; *(fig)* ecstasy, rapture • **il est en extase devant sa fille** he is rapturous about his daughter, he goes into raptures over his daughter • **tomber/rester en extase devant un tableau**

extasié | extraordinaire

to go into ecstasies at/stand in ecstasy before a painting

extasié, e /ɛkstazje/ (ptp de **s'extasier**) ADJ ecstatic, enraptured

extasier (s') /ɛkstazje/ SYN ▶ conjug 7 ◂ VPR to go into ecstasies ou raptures (*devant, sur* over)

extatique /ɛkstatik/ ADJ ecstatic, enraptured

extemporané, e /ɛkstɑ̃pɔʀane/ ADJ (*Méd*) extemporaneous

extenseur /ɛkstɑ̃sœʀ/
 ADJ ▸ **(muscle) extenseur** extensor
 NM (*Sport*) chest expander

extensibilité /ɛkstɑ̃sibilite/ NF extensibility

extensible /ɛkstɑ̃sibl/ SYN ADJ [*matière*] extensible; [*définition*] extendable ▸ **le budget de l'État n'est pas extensible à l'infini** the state budget is not inexhaustible

extensif, -ive /ɛkstɑ̃sif, iv/ ADJ [1] (*Agr*) [*culture, élevage*] extensive, non-intensive
 [2] (*fig*) [*conception, interprétation, sens*] broad; [*usage, lecture*] wide, extensive

extension /ɛkstɑ̃sjɔ̃/ SYN NF [1] (= *étirement*) [*de ressort*] stretching; [*de membre*] (*gén*) stretching, extension; (*Méd*) traction ▸ **le ressort atteint son extension maximum** the spring is fully stretched ou is stretched to its maximum ▸ **être en extension** [*personne*] to be stretching; [*bras*] to be stretched out ou extended ▸ **en extension sur la pointe des pieds, levez les bras** stand on tiptoe and raise your arms
 [2] (= *augmentation*) [*d'épidémie, grève, incendie*] extension, spreading; [*de commerce, domaine*] expansion; [*de pouvoirs*] extension, expansion ▸ **prendre de l'extension** [*épidémie*] to spread; [*entreprise*] to expand
 [3] (= *élargissement*) [*de loi, mesure, sens d'un mot*] extension (à to); (*Logique*) extension ▸ **par extension (de sens)** by extension
 [4] (*Ordin*) extension; → **carte**

extensionalité /ɛkstɑ̃sjɔnalite/ NF extensionality

extensionnel, -elle /ɛkstɑ̃sjɔnɛl/ ADJ extensional

extensomètre /ɛkstɑ̃sɔmɛtʀ/ NM extensometer, extensimeter

exténuant, e /ɛkstenɥɑ̃, ɑ̃t/ SYN ADJ exhausting

exténuation /ɛkstenɥasjɔ̃/ NF exhaustion, fatigue

exténuer /ɛkstenɥe/ SYN ▶ conjug 1 ◂
 VT to exhaust, to tire out
 VPR **s'exténuer** to exhaust o.s., to tire o.s. out (*à faire qch* doing sth)

⚠ **exténuer** ne se traduit pas par **to extenuate**, qui a le sens de 'atténuer'.

extérieur, e /ɛksteʀjœʀ/ SYN
 ADJ [1] (*à un lieu*) [*paroi*] outer, outside, exterior; [*escalier, WC*] outside; [*quartier, cour, boulevard*] outer; [*bruit*] external, outside; [*décoration*] exterior, outside; [*collaborateur*] outside ▸ **apparence extérieure** [*de personne*] outward appearance; [*de maison*] outside
 [2] (*à l'individu*) [*monde, influences*] external, outside; [*activité, intérêt*] outside; [*réalité, expression*] external ▸ **manifestation extérieure de colère** outward show ou display of anger
 [3] (= *étranger*) [*commerce, vente*] external, foreign; [*politique, nouvelles*] foreign
 [4] (= *superficiel*) [*amabilité*] surface (*épith*), superficial ▸ **sa gaieté est toute extérieure** his gaiety is all on the surface ou all an outward display
 [5] (= *sans relation avec*) ▸ **être extérieur à une question** to be external to ou outside a question, to be beyond the scope of a question ▸ **c'est tout à fait extérieur à moi** it has nothing to do with me, it doesn't concern me in the least ▸ **rester extérieur à un conflit** to stay ou keep out of a conflict ▸ « **interdit à toute personne extérieure à l'usine/au chantier** » "factory employees/site workers only", "no entry for unauthorized personnel"
 [6] (*Géom*) [*angle*] exterior

 NM [1] [*d'objet, maison*] outside, exterior; [*de piste, circuit*] outside ▸ **il l'a débordé par l'extérieur** [*joueur*] he overtook him on the outside ▸ **juger qch de l'extérieur** (*d'après son apparence*) to judge sth by appearances; (*en tant que profane*) to judge sth from the outside
 ▸ **à l'extérieur** (= *au dehors*) outside ▸ **travailler à l'extérieur** (*hors de chez soi*) to work outside the home ▸ **il a été recruté à l'extérieur** (*de l'entreprise*) he was recruited from outside ▸ **téléphoner à l'extérieur** to make an outside ou external call ▸ **jouer à l'extérieur** to play an away match, to play away ▸ **c'est à l'extérieur (de la ville)** it's outside (the town)
 [2] ▸ **l'extérieur** (*gén*) the outside world; (= *pays étrangers*) foreign countries ▸ **vendre beaucoup à l'extérieur** to sell a lot abroad ou to foreign countries ▸ **nouvelles de l'extérieur** news from abroad
 [3] (*frm* = *apparence*) exterior, (outward) appearance

 NMPL **extérieurs** (*Ciné*) location shots ▸ **tourner en extérieurs** to shoot on location

extérieurement /ɛksteʀjœʀmɑ̃/ ADV [1] (= *du dehors*) on the outside, externally
 [2] (= *en apparence*) on the surface, outwardly

extériorisation /ɛksteʀjɔʀizasjɔ̃/ NF [*de sentiment*] display, outward expression; (*Psych*) externalization, exteriorization

extérioriser /ɛksteʀjɔʀize/ SYN ▶ conjug 1 ◂
 VT [+ *sentiment*] to show, to express; (*Psych*) to exteriorize, to externalize
 VPR **s'extérioriser** [*personne*] to express o.s.; [*sentiment*] to be expressed

extériorité /ɛksteʀjɔʀite/ NF (*Philos*) exteriority

exterminateur, -trice /ɛkstɛʀminatœʀ, tʀis/
 ADJ exterminating; → **ange**
 NM,F exterminator

extermination /ɛkstɛʀminasjɔ̃/ SYN NF extermination; → **camp**

exterminer /ɛkstɛʀmine/ SYN ▶ conjug 1 ◂ VT (*lit, fig*) to exterminate, to wipe out

externalisation /ɛkstɛʀnalizasjɔ̃/ NF [*d'activité, service*] outsourcing

externaliser /ɛkstɛʀnalize/ ▶ conjug 1 ◂ VT [+ *activité, service*] to outsource

externat /ɛkstɛʀna/ NM (*Scol*) day school ▸ **faire son externat à** (*Méd*) to be a non-resident student ou an extern (*US*) at

externe /ɛkstɛʀn/ SYN
 ADJ [*surface*] external, outer; [*angle*] exterior; [*candidature, recrutement, croissance*] external
 NMF (= *élève*) day pupil ▸ **externe (des hôpitaux)** non-resident student at a teaching hospital, extern (*US*)

extéroceptif, -ive /ɛksteʀɔsɛptif, iv/ ADJ exteroceptive

exterritorialité /ɛkstɛʀitɔʀjalite/ NF exterritoriality

extincteur, -trice /ɛkstɛ̃ktœʀ, tʀis/
 ADJ extinguishing
 NM (fire) extinguisher

extinction /ɛkstɛ̃ksjɔ̃/ SYN NF [*d'incendie, lumières*] extinction, extinguishing, putting out; [*de peuple*] extinction, dying out; [*de dette, droit*] extinguishment ▸ **extinction de voix** loss of voice, aphonia (*SPÉC*) ▸ **avoir une extinction de voix** to lose one's voice ▸ **avant l'extinction des feux** (*Mil, fig*) before lights out ▸ **espèce en voie d'extinction** endangered species

extirpateur /ɛkstiʀpatœʀ/ NM extirpator

extirpation /ɛkstiʀpasjɔ̃/ NF (*littér*) [*d'abus, vice*] eradication; [*de polype, tumeur*] extirpation; [*de plante*] uprooting, pulling up

extirper /ɛkstiʀpe/ SYN ▶ conjug 1 ◂
 VT (*littér*) [+ *abus, vice*] to eradicate, to root out; [+ *polype, tumeur*] to extirpate; [+ *herbes*] to uproot, to pull up ▸ **elle a extirpé un chéquier de son sac*** she rooted around in her handbag and pulled out a chequebook ▸ **impossible de lui extirper une parole !*** it's impossible to drag ou get a word out of him! ▸ **extirper qn de son lit*** to drag ou haul sb out of bed
 VPR **s'extirper** ▸ **s'extirper de son manteau** to extricate o.s. from one's coat ▸ **s'extirper du lit** to drag o.s. out of bed

extorquer /ɛkstɔʀke/ SYN ▶ conjug 1 ◂ VT [+ *argent*] to extort; [+ *aveu, promesse*] to extract, to extort (*à qn* from sb) ▸ **ils lui ont extorqué une signature** they forced a signature out of him

extorqueur, -euse /ɛkstɔʀkœʀ, øz/ NM,F extortioner

extorsion /ɛkstɔʀsjɔ̃/ NF extortion ▸ **extorsion de fonds** extortion of money

extra /ɛkstʀa/
 NM (= *serveur*) catering assistant; (= *gâterie*) (special) treat ▸ **s'offrir un extra** to give o.s. a treat, to treat o.s. to something special
 ADJ INV (*Comm* = *supérieur*) [*fromage, vin*] first-rate, extra-special; [*tissu*] top-quality; (* = *excellent*) [*film, personne, week-end*] fantastic, terrific*, great* ▸ **de qualité extra** of the finest ou best quality

extraconjugal, e (mpl **-aux**) /ɛkstʀakɔ̃ʒygal, o/ ADJ extramarital

extracorporel, -elle /ɛkstʀakɔʀpɔʀɛl/ ADJ extracorporeal ▸ **circulation extracorporelle** cardiopulmonary by-pass

extracteur /ɛkstʀaktœʀ/ NM extractor

extractible /ɛkstʀaktibl/ ADJ (*gén*) extractable; [*autoradio*] removable

extractif, -ive /ɛkstʀaktif, iv/ ADJ [*industrie*] extractive, mining

extraction /ɛkstʀaksjɔ̃/ SYN NF [1] [*de pétrole, données*] extraction; [*de charbon*] mining; [*de marbre*] quarrying
 [2] (*Math, Méd*) extraction
 [3] († = *origine*) extraction (*frm*) ▸ **de haute/basse extraction** of high/low birth

extrader /ɛkstʀade/ ▶ conjug 1 ◂ VT to extradite

extradition /ɛkstʀadisjɔ̃/ NF extradition

extrados /ɛkstʀado/ NM (*Archit*) extrados; (*Anat*) upper surface (*of a wing*)

extrafin, e, extra-fin, e /ɛkstʀafɛ̃, fin/ ADJ [*haricots, petits pois*] super-fine; [*aiguille*] extra fine

extrafort, extra-fort, e /ɛkstʀafɔʀ, fɔʀt/
 ADJ [*carton, moutarde*] extra-strong
 NM (*Couture*) binding

extragalactique /ɛkstʀagalaktik/ ADJ extragalactic

extraire /ɛkstʀɛʀ/ SYN ▶ conjug 50 ◂
 VT [1] [+ *minerai, pétrole, données*] to extract; [+ *charbon*] to mine; [+ *marbre*] to quarry
 [2] [+ *gaz, jus*] to extract; (*en pressant*) to squeeze out; (*en tordant*) to wring out
 [3] [+ *dent*] to extract, to pull out; [+ *clou*] to pull out; [+ *racine carrée*] to extract; [+ *balle*] to extract, to remove (*de* from)
 [4] ▸ **extraire de** [+ *placard, poche*] to take ou bring out of; [+ *avalanche, prison*] to rescue from, to get out of ▸ **passage extrait d'un livre** passage taken from a book
 VPR **s'extraire** ▸ **s'extraire de son manteau** to extricate o.s. from one's coat ▸ **s'extraire de sa voiture** to climb out of one's car

extrait /ɛkstʀɛ/ SYN NM [1] [*de discours, journal*] extract; [*d'auteur, film, livre*] extract, excerpt; [*de chanson*] excerpt ▸ **extrait de naissance/baptême** birth/baptismal certificate ▸ **extrait de compte** abstract of accounts ▸ **un court extrait de l'émission** a clip from the programme
 [2] [*de plante*] essence ▸ **extrait de viande** meat extract

extrajudiciaire /ɛkstʀaʒydisjɛʀ/ ADJ (*Jur*) [*exécution*] extrajudicial

extralégal, e (mpl **-aux**) /ɛkstʀalegal, o/ ADJ extra-legal

extralinguistique /ɛkstʀalɛ̃gɥistik/ ADJ extra-linguistic

extra-lucide, extralucide /ɛkstʀalysid/ ADJ, NMF clairvoyant

extra-marital, e (mpl **-aux**) /ɛkstʀamaʀital, o/ ADJ extra-marital

extra-muros /ɛkstʀamyʀos/
 ADJ INV extramural ▸ **un campus extra-muros** a campus outside town ▸ **Paris extra-muros** outer Paris
 ADV outside the town

extranéité /ɛkstʀaneite/ NF (*Jur*) alien status, foreign origin

extranet /ɛkstʀanɛt/ NM extranet

extraordinaire /ɛkstʀaɔʀdinɛʀ/ SYN ADJ
 [1] (= *étrange*) [*costume, événement, opinions*] extraordinary ▸ **l'extraordinaire, c'est que…** the extraordinary thing is that…
 [2] (= *exceptionnel*) [*beauté, force*] extraordinary, exceptional, outstanding; [*succès*] resounding ▸ **ce roman n'est pas extraordinaire** this isn't a particularly great novel
 [3] (*Pol*) [*assemblée, mesures, moyens*] extraordinary, special; → **ambassadeur**
 [4] ▸ **si par extraordinaire** if by some unlikely chance ▸ **quand par extraordinaire** on those rare occasions when

extraordinairement /ɛkstraɔʀdinɛʀmɑ̃/ ADV (= *exceptionnellement*) extraordinarily, exceptionally; (= *d'une manière étrange*) extraordinarily

extraparlementaire /ɛkstʀapaʀləmɑ̃tɛʀ/ ADJ extra-parliamentary

extraplat, e /ɛkstʀapla, at/ ADJ [*télévision, montre, calculatrice*] slimline ◆ **télévision à écran extra-plat** flat screen television

extrapolable /ɛkstʀapɔlabl/ ADJ which can be extrapolated

extrapolation /ɛkstʀapɔlasjɔ̃/ NF extrapolation

extrapoler /ɛkstʀapɔle/ ► conjug 1 ◄ VTI to extrapolate (*à partir de* from)

extrascolaire /ɛkstʀaskɔlɛʀ/ ADJ [*activités*] extra-curricular

extrasensible /ɛkstʀasɑ̃sibl/ ADJ extrasensible (*frm*), that cannot be perceived by the senses

extrasensoriel, -ielle /ɛkstʀasɑ̃sɔʀjɛl/ ADJ [*perception*] extrasensory

extrasystole /ɛkstʀasistɔl/ NF extrasystole

extraterrestre /ɛkstʀateʀɛstʀ/
　ADJ extra-terrestrial
　NMF extra-terrestrial, alien

extraterritorial, e (mpl **-iaux**) /ɛkstʀateʀitɔʀjal, jo/ ADJ extraterritorial

extraterritorialité /ɛkstʀateʀitɔʀjalite/ NF extraterritoriality

extra-utérin, e (mpl **extra-utérins**) /ɛkstʀayteʀɛ̃, in/ ADJ extrauterine ◆ **grossesse extra-utérine** ectopic pregnancy

extravagance /ɛkstʀavagɑ̃s/ SYN NF
　1 (= *caractère*) [*de costume, conduite*] eccentricity, extravagance
　2 (= *acte*) eccentric ou extravagant behaviour (NonC) ◆ **dire des extravagances** to talk wildly ou extravagantly

extravagant, e /ɛkstʀavagɑ̃, ɑ̃t/ SYN ADJ [*idée, théorie*] extravagant, wild, crazy; [*prix*] outrageous, excessive

extravaser (s') /ɛkstʀavaze/ ► conjug 1 ◄ VPR to extravasate

extraversion /ɛkstʀavɛʀsjɔ̃/ NF extroversion

extraverti, e /ɛkstʀavɛʀti/ SYN ADJ, NM,F extrovert

extrême /ɛkstʀɛm/ SYN
　ADJ 1 (*le plus éloigné*) extreme, furthest ◆ **à l'extrême bout de la table** at the far ou furthest end of the table, at the very end of the table ◆ **dans son extrême jeunesse** in his very young days, in his earliest youth ◆ **à l'extrême opposé** at the opposite extreme ◆ **l'extrême droite/gauche** (*Pol*) the far right/left
　2 (*le plus intense*) extreme, utmost ◆ **dans la misère extrême** in extreme ou the utmost poverty ◆ **c'est avec un plaisir extrême que** it is with the greatest ou utmost pleasure that ◆ **il m'a reçu avec une extrême amabilité** he received me in the friendliest possible way ou with the utmost kindness ◆ **il fait une chaleur extrême** it is extremely hot ◆ **d'une pâleur/difficulté extrême** extremely pale/difficult; → **rigueur, urgence**
　3 (*après n* = *excessif, radical*) [*théories, moyens*] extreme ◆ **ça l'a conduit à des mesures extrêmes** that drove him into taking drastic ou extreme steps ◆ **il a un caractère extrême** he tends to go to extremes, he is an extremist by nature
　NM extreme ◆ **les extrêmes se touchent** extremes meet ◆ **passer d'un extrême à l'autre** to go from one extreme to the other ou to another
◆ **(jusqu')à l'extrême** in the extreme, to an extreme degree ◆ **cela lui répugnait à l'extrême** he was extremely loath to do it ◆ **noircir une situation à l'extrême** to paint the blackest possible picture of a situation ◆ **scrupuleux à l'extrême** scrupulous to a fault

extrêmement /ɛkstʀɛmmɑ̃/ SYN ADV extremely, exceedingly

extrême-onction (pl **extrêmes-onctions**) /ɛkstʀɛmɔ̃ksjɔ̃/ NF Extreme Unction

Extrême-Orient /ɛkstʀɛmɔʀjɑ̃/ NM INV Far East

extrême-oriental, e (mpl **extrême-orientaux**) /ɛkstʀɛmɔʀjɑ̃tal, o/
　ADJ far eastern, oriental
　NM,F **Extrême-Oriental(e)** person from the Far East

extrémisme /ɛkstʀemism/ SYN NM extremism

extrémiste /ɛkstʀemist/ SYN ADJ, NMF extremist

extrémité /ɛkstʀemite/ SYN NF 1 (= *bout*) (*gén*) end; [*d'aiguille*] point; [*d'objet mince*] tip; [*de village, île*] extremity, limit; [*de péninsule*] head
　2 (*frm* = *situation critique*) plight, straits ◆ **être dans la pénible extrémité de devoir** to be in the unfortunate necessity of having to ◆ **réduit à la dernière extrémité** in the most dire plight ou straits ◆ **être à toute extrémité, être à la dernière extrémité** to be on the point of death
　3 (*frm* = *action excessive*) extremes, extreme lengths ◆ **se porter à une extrémité** ou **à des extrémités** to go to extremes ◆ **pousser qn à une extrémité** ou **à des extrémités** to push ou drive sb to extremes ou into taking extreme action ◆ **se livrer à des extrémités (sur qn)** to assault sb ◆ **d'une extrémité dans l'autre** from one extreme to another
　4 (= *pieds et mains*) ◆ **extrémités** extremities

extremum /ɛkstʀemɔm/ NM (*Math*) extreme

extrinsèque /ɛkstʀɛ̃sɛk/ ADJ extrinsic

extrinsèquement /ɛkstʀɛ̃sɛkmɑ̃/ ADV extrinsically

extrorse /ɛkstʀɔʀs/ ADJ extrorse, extrorsal

extruder /ɛkstʀyde/ ► conjug 1 ◄ VT to extrude

extrudeuse /ɛkstʀydøz/ NF (= *machine*) extruder

extrusion /ɛkstʀyzjɔ̃/ NF extrusion

exubérance /ɛgzybeʀɑ̃s/ SYN NF (= *caractère*) exuberance (NonC); (= *action*) exuberant behaviour (NonC) (ou talk (NonC) etc) ◆ **parler avec exubérance** to speak exuberantly

exubérant, e /ɛgzybeʀɑ̃, ɑ̃t/ SYN ADJ (*gén*) exuberant

exulcération /ɛgzylseʀasjɔ̃/ NF (*Méd*) erosion

exultation /ɛgzyltasjɔ̃/ NF exultation

exulter /ɛgzylte/ SYN ► conjug 1 ◄ VI to exult

exutoire /ɛgzytwaʀ/ SYN NM (*Tech*) outlet; (= *dérivatif*) outlet (*à* for)

exuvie /ɛgzyvi/ NF exuviae (pl)

ex-voto /ɛksvɔto/ NM INV thanksgiving ou commemorative plaque

eye-liner (pl **eye-liners**) /ajlajnœʀ/ NM eyeliner

eyra /ɛʀa/ NM eyra

Ézéchiel /ezekjɛl/ NM Ezekiel ◆ **(le livre d') Ézéchiel** (the Book of) Ezekiel

F

F¹, f /ɛf/ NM (= lettre) F, f ◆ **un F2** (= appartement) a 2-roomed flat (Brit) ou apartment (surtout US)

F² ① (abrév de **franc**) F, fr
② (abrév de **Fahrenheit**) F
③ abrév de **frère**

fa /fa/ NM INV (Mus) F; (en chantant la gamme) fa; → **clé**

FAB /ɛfabe/ (abrév de **franco à bord**) FOB

fabacées /fabase/ NFPL ◆ **les fabacées** fabaceous plants, the Fabaceae (SPÉC)

fable /fabl/ SYN NF (genre) fable; (= légende) fable, legend; (= mensonge) tale, story ◆ **quelle fable va-t-il inventer ?** what yarn will he spin? ◆ **cette rumeur est une pure fable** this rumour is completely unfounded ou untrue ◆ **être la fable de toute la ville** † to be the laughing stock of the whole town

fabliau (pl **fabliaux**) /fablijo/ NM fabliau

fablier /fablije/ NM book of fables

fabricant, e /fabʀikɑ̃, ɑ̃t/ NM,F manufacturer ◆ **un gros fabricant d'ordinateurs** a big computer manufacturer ◆ **fabricant de pneus** tyremaker (Brit), tire-maker (US)

fabricateur, -trice /fabʀikatœʀ, tʀis/ NM,F [de fausse monnaie, faux papiers] counterfeiter, forger; [de fausses nouvelles] fabricator

fabrication /fabʀikasjɔ̃/ SYN NF ① (industrielle) manufacture, manufacturing; (artisanale, personnelle) making ◆ **la fabrication industrielle/en série** factory ou industrial/mass production ◆ **fabrication par lots** batch production ◆ **de fabrication française** made in France, French-made ◆ **de fabrication étrangère** foreign-made ◆ **de fabrication locale** made locally ◆ **c'est une fabrication maison*** it's home-made ◆ **de bonne fabrication** well-made, of good ou high-quality workmanship ◆ **fabrication assistée par ordinateur** computer-aided manufacturing ◆ **une robe de sa fabrication** a dress of her own making, a dress she made herself; → **artisanal, défaut, procédé** etc
② [de faux] forging; [de fausses nouvelles] fabricating, making up ◆ **fabrication de fausse monnaie** counterfeiting ou forging money

fabrique /fabʀik/ NF ① (= établissement) factory ◆ **fabrique de gants** glove factory ◆ **fabrique de papier** paper mill; → **marque, prix**
② (littér = facture) workmanship ◆ **de bonne fabrique** well-made, of good ou high-quality workmanship

fabriquer /fabʀike/ SYN ▸ conjug 1 ◂ VT
① (industriellement) to manufacture; (de façon artisanale, chez soi) to make; [+ cellules, anticorps] to make, to produce; [+ faux document] to forge; [+ fausses nouvelles, fausses preuves] to fabricate, to make up; [+ incident, histoire] to invent, to make up ◆ **fabriquer de la fausse monnaie** to counterfeit ou forge money ◆ **fabriquer en série** to mass-produce ◆ **fabriquer industriellement** to manufacture, to produce industrially ◆ **fabriquer de façon artisanale** to handcraft, to make ou produce on a small scale ◆ **c'est une histoire fabriquée de toutes pièces** this story is made up from start to finish ou is a complete fabrication ◆ **il s'est fabriqué un personnage de prophète** he created ou invented a prophetlike character for himself ◆ **il s'est fabriqué un poste de radio/une cabane** he built ou made himself a radio set/a shed
② (* = faire) to do ◆ **qu'est-ce qu'il fabrique ?** what (on earth) is he doing? ou is he up to?*
◆ **quelquefois, je me demande ce que je fabrique ici !** sometimes I wonder what on earth I'm doing here!

fabulateur, -trice /fabylatœʀ, tʀis/ NM,F storyteller

fabulation /fabylasjɔ̃/ NF (= fait d'imaginer) fantasizing; (= fait de mentir) storytelling; (= fable) tale, fable; (= mensonge) story, yarn, tale

fabuler /fabyle/ ▸ conjug 1 ◂ VI to make up ou invent stories ◆ **tu fabules !*** you're talking rubbish!*

fabuleusement /fabyløzmɑ̃/ ADV fabulously, fantastically

fabuleux, -euse /fabylø, øz/ SYN ADJ
① (= prodigieux) fabulous ◆ **il est d'une hypocrisie, c'est fabuleux !** it's amazing what a hypocrite he is!
② (= des temps anciens, de la mythologie) mythical, legendary; (= de la légende, du merveilleux) fabulous

fabuliste /fabylist/ NM writer of fables ou tales

FAC /fak/ NM (abrév de **franc d'avaries communes**) FGA

fac * /fak/ NF (abrév de **faculté**) → **faculté 1**

façade /fasad/ SYN NF ① (= devant de maison) (gén) façade, front, frontage; (Archéol) façade; (= côté de maison) side; [de magasin] front, frontage ◆ **façade latérale** side wall ◆ **façade ouest** west side ou wall ◆ **la façade arrière de la maison** the back of the house ◆ **les façades des magasins** the shop fronts ◆ **3 pièces en façade** 3 rooms at ou facing the front ◆ **sur la façade atlantique** (Météo) along the Atlantic shoreline
② (= apparence) façade, appearance; (= couverture) cover ◆ **façade de respectabilité/de vertu** façade ou outward show ou appearance of respectability/virtue ◆ **ce n'est qu'une façade** it's just a front ou façade, it's a mere façade ou pretence ◆ **de façade** [luxe] apparent; [optimisme] fake ◆ **maintenir une unité de façade** to preserve an appearance ou outward show of unity ◆ **pour la façade** for the sake of appearances, for appearances' sake ◆ **ce restaurant est une façade qui cache un tripot clandestin** this restaurant is a cover for an illegal dive *
③ (* = visage) ◆ **se refaire la façade** (= se maquiller) to redo one's face*; (= se faire faire un lifting) to have a face-lift ◆ **il va te démolir la façade** he's going to smash your face in*

face /fas/ SYN NF ① (frm, Méd = visage) face ◆ **les blessés de la face** people with facial injuries ◆ **tomber face contre terre** to fall flat on the ground ou flat on one's face ◆ **se prosterner face contre terre** to prostrate o.s. with one's face to the ground ◆ **face de rat/de singe*** rat/monkey face* ◆ **sauver/perdre la face** to save/lose face ◆ **opération destinée à sauver la face** face-saving move; → **voiler¹**
② (= côté) [d'objet, organe] side; [de médaille, pièce de monnaie] front, obverse; (Math) [de cube, figure] side, face; (Alpinisme) face, wall ◆ **face A/B** [de disque] A-/B-side ◆ **la face interne des cuisses** the inner thighs ◆ **la face cachée de la lune** the dark side of the moon ◆ **examiner un objet/une question sous ou sur toutes ses faces** to examine an object/a problem from all sides ◆ **question à double face** two-sided question ◆ **la pièce est tombée sur face ou côté face** the coin fell face up ◆ **face !** (jeu de pile ou face) heads!; → **pile**
③ (= aspect) face ◆ **la face changeante des choses** the changing face of things ◆ **changer la face du monde** to change the face of the world ◆ **le monde a changé de face** (the face of) the world has changed
④ (littér = surface) ◆ **la face de la terre** ou **du globe** the face of the earth ◆ **la face de l'océan** the surface of the ocean
⑤ (locutions)
◆ **faire face** to face up to things ◆ **faire face à** [+ lieu, objet, personne] to face, to be opposite; [+ épreuve, adversaire, obligation, concurrence] to face; [+ dette, engagement] to honour (Brit) ou honor (US) ◆ **ils ne disposent pas de fonds suffisants pour faire face à la situation** they have insufficient funds to deal with the situation ◆ **il a dû faire face à des dépenses élevées** he has been faced with ou he has had to face considerable expense
◆ **se faire face** [maisons] to be facing ou opposite each other; [adversaires] to be face to face
◆ **face à** (physiquement) facing; (moralement) faced with; (= contre) against ◆ **il était face à moi** he was facing me ◆ **face à ces problèmes, il se sentait impuissant** faced with ou in the face of such problems, he felt helpless ◆ **face à cette situation, que peut la diplomatie ?** what can diplomacy do when faced with such a situation? ◆ **il a fait part de son inquiétude face à la baisse de l'euro** he spoke of his concern about the fall in the euro ◆ **l'euro reste ferme face au dollar** the euro remains stable against the dollar ◆ **la science est impuissante face à ce virus** science is powerless against this virus ◆ **leur victoire/défaite face à l'Islande** their victory over/defeat against Iceland
◆ **face à face** [lieux, objets] opposite ou facing each other; [personnes, animaux] face to face, facing each other ◆ **face à face avec** [+ lieu, objet] opposite, facing; [+ personne, animal] face to face with ◆ **face à face avec une difficulté** faced with ou up against a difficulty
◆ **à la face de** ◆ **il éclata de rire à la face de son professeur** he laughed in his teacher's face ◆ **proclamer qch à la face du monde** to proclaim sth to the whole world
◆ **en face**
(= de l'autre côté de la rue) across the street, opposite, over the road ◆ **j'habite en face** I live across the street ou over the road ou opposite ◆ **la maison d'en face** the house across the street ou over the road ou opposite ◆ **le trottoir d'en face** the opposite pavement ◆ **la dame d'en face** the lady (from) across the street ou

(from) over the road, the lady opposite ◆ **regarder qn (bien) en face** to look sb (straight) in the face ◆ **je lui ai dit en face ce que je pensais d'elle** I told her to her face what I thought of her ◆ **regarder la mort en face** to look death in the face ◆ **il faut voir les choses en face** one must see things as they are, one must face facts ◆ **avoir le soleil en face** to have the sun in one's eyes

◆ **en face de** (= *en vis-à-vis de*) opposite; (= *en présence de*) in front of ◆ **au banquet, on les a mis l'un en face de l'autre** *ou* **en face l'un de l'autre** they were placed opposite each other at the banquet ◆ **ils étaient l'un en face de l'autre** they were sitting (*ou* standing) opposite each other ◆ **il n'ose rien dire en face de son patron** he daren't say anything in front of his boss ◆ **ne te mets pas en face de moi/de ma lumière** don't stand in my way/in my light ◆ **se trouver en face d'un danger/problème** to be confronted *ou* faced with a danger/problem ◆ **mettre qn en face de ses responsabilités** to make sb face up to their responsibilities ◆ **en face de cela** (= *cependant*) on the other hand

◆ **de face** *[portrait]* full-face; *[nu, portrait en pied]* full-frontal; *[attaque]* (full-)frontal; *[place] (au théâtre)* in the centre *(Brit)* *ou* center *(US)* ◆ **un personnage/cheval de face** the front view of a person/horse ◆ **avoir une vue de face sur qch** to have a front view of sth ◆ **voir qn de face** to see sb face on ◆ **vu/filmé de face** seen/filmed from the front ◆ **attaquer de face** to make a frontal attack on, to attack from the front ◆ **un vent de face** a facing wind ◆ **avoir le vent de face** to have the wind in one's face

face-à-face /fasafas/ NM INV (= *rencontre*) (face-to-face) meeting *ou* encounter; (= *rivalité*) showdown; (= *conflit*) confrontation ◆ **face-à-face télévisé** one-to-one *ou* face-to-face TV debate ◆ **le face-à-face Bordeaux-Nantes** *(Sport)* the encounter between Bordeaux and Nantes

face-à-main (pl **faces-à-main**) /fasamɛ̃/ NM lorgnette

facétie /fasesi/ SYN NF (= *drôlerie*) joke; (= *farce*) prank, trick ◆ **faire des facéties** to play pranks *ou* tricks ◆ **dire des facéties** to crack jokes

facétieusement /fasesjøzmɑ̃/ ADV mischievously

facétieux, -ieuse /fasesjø, jøz/ SYN ADJ *[personne, caractère]* mischievous

facette /fasɛt/ SYN NF *(lit, fig)* facet ◆ **à facettes** *[pierre]* faceted; *[caractère, personnage]* multi-faceted, many-sided; *[histoire, réalité]* multifaceted ◆ **yeux à facettes** compound eyes ◆ **étudier un problème sous toutes ses facettes** to examine a problem from every angle

facetter /fasete/ ▸ conjug 1 ◂ VT to facet

fâché, e /fɑʃe/ SYN (ptp de **fâcher**) ADJ 1 (= *en colère*) angry, cross *(surtout Brit)* (*contre* with) ◆ **elle a l'air fâché(e)** she looks angry *ou* cross *(surtout Brit)* ◆ **tu n'es pas fâché, au moins ?** you're not angry *ou* cross *(surtout Brit)*, are you?

2 (= *brouillé*) ◆ **ils sont fâchés** they have fallen out ◆ **elle est fâchée avec moi** she has fallen out with me ◆ **nous sommes fâchés à mort** we can't stand the sight of each other, we are mortal enemies ◆ **il est fâché avec les chiffres** *(hum)* he's hopeless with numbers ◆ **il est fâché avec l'orthographe** *(hum)* he can't spell to save his life ◆ **il est fâché avec son peigne** *(hum)* his hair has never seen a comb

3 (= *contrarié*) sorry (*de qch* about sth) ◆ **je suis fâché de ne pas pouvoir vous aider** *(frm)* I'm sorry that I can't help you ◆ **je ne suis pas fâché d'avoir fini ce travail** I'm not sorry to have finished this job ◆ **je ne serais pas fâché que vous me laissiez tranquille** *(hum)* I wouldn't mind being left alone *ou* in peace, I wouldn't object to a bit of peace and quiet

fâcher /fɑʃe/ SYN ▸ conjug 1 ◂

VT 1 (= *mettre en colère*) to anger, to make angry, to vex ◆ **tu ne réussiras qu'à le fâcher davantage** you will only make him more angry *ou* angrier

2 *(frm = contrarier)* to grieve *(frm)*, to distress ◆ **cette triste nouvelle me fâche beaucoup** this sad news grieves me *(frm)* *ou* greatly distresses me

VPR **se fâcher** 1 (= *se mettre en colère*) to get angry *ou* cross *(surtout Brit)*, to lose one's temper ◆ **se fâcher contre qn/pour** *ou* **au sujet de qch** to get angry *ou* annoyed with sb/about *ou* over sth ◆ **va au lit ou je me fâche !** go to bed or I'll get angry! ◆ **si tu continues, je vais me fâcher tout rouge** * *(hum)* if you go on like that, I'll get really angry *ou* cross *(surtout Brit)*

2 (= *se brouiller*) to quarrel, to fall out (*avec* with)

fâcherie /fɑʃʀi/ NF (= *brouille*) quarrel

fâcheusement /fɑʃøzmɑ̃/ ADV *[survenir]* (most) unfortunately *ou* awkwardly ◆ **fâcheusement surpris** (most) unpleasantly surprised

fâcheux, -euse /fɑʃø, øz/ SYN

ADJ unfortunate, regrettable ◆ **il est fâcheux qu'il ne soit pas venu** it's unfortunate *ou* a pity that he didn't come ◆ **le fâcheux dans tout ça c'est que...** the unfortunate thing about it is that...

NM,F *(littér = importun)* bore

facho * /faʃo/ ADJ, NMF (abrèv de **fasciste** *(péj)*) fascist ◆ **il est un peu facho** he's a bit of a fascist

facial, e (mpl **facials** *ou* **-iaux**) /fasjal, jo/ ADJ facial; → **angle**

faciès /fasjɛs/ NM 1 (= *visage*) features; *(Ethnol, Méd)* facies; → **délit**

2 *(Bot, Géog)* facies

facile /fasil/ SYN

ADJ 1 (= *aisé*) *[travail, problème, succès, proie]* easy ◆ **un livre facile à lire** an easy book to read ◆ **c'est** *ou* **il est facile de...** it's easy to... ◆ **facile d'emploi, facile à utiliser** easy to use ◆ **facile d'accès, d'accès facile** easy to reach *ou* get to, of easy access ◆ **avoir la vie facile** to have an easy life ◆ **ils ne lui rendent pas la vie facile** they don't make life easy for him ◆ **c'est facile à dire !** that's easy to say! ◆ **plus facile à dire qu'à faire** easier said than done ◆ **c'est trop facile de s'indigner** it's too easy to get indignant ◆ **ce n'est pas si facile** it's not as simple as that ◆ **facile comme tout** * *ou* **comme bonjour** * (as) easy as pie *, dead easy *

2 (= *spontané*) ◆ **avoir la parole facile** (= *parler aisément*) to be a fluent *ou* an articulate speaker; (= *parler volontiers*) to have a ready tongue *ou* the gift of the gab * ◆ **il a la plume facile** (= *écrire aisément*) he has an eloquent pen; (= *être toujours prêt à écrire*) he finds it easy to write, writing comes easily to him ◆ **avoir la larme facile** to be quick to cry, to be easily moved to tears ◆ **il a l'argent facile** * he's very casual about money, money just slips through his fingers ◆ **l'argent facile** easy money ◆ **avoir la gâchette facile** to be trigger-happy ◆ **il a le couteau facile** he's all too quick to use his knife, he's very ready with his knife

3 *(péj = superficiel)* ◆ **effet/ironie facile** facile effect/irony ◆ **littérature facile** cheap literature

4 *[caractère]* easy-going ◆ **il est d'humeur facile** he's easy-going ◆ **il est facile à vivre/contenter** he's easy to get along with *ou* on with *(Brit)* /to please ◆ **il n'est pas facile tous les jours** he's not always easy to get along with *ou* on with *(Brit)* ◆ **il n'est pas facile en affaires** he's a tough businessman, he drives a hard bargain ◆ **ce n'est pas un adversaire facile** he's a formidable adversary ◆ **c'est un bébé très facile** he's a very easy baby

5 *(péj) [femme]* loose *(épith)* ◆ **une fille facile** a woman of easy virtue

ADV * (= *facilement*) easily; (= *au moins*) at least, easily ◆ **il y est arrivé facile** he managed it easily ◆ **il fait du 200 km/h facile** he's doing at least 200 km/h ◆ **elle a 50 ans facile** she's at least *ou* easily 50

facilement /fasilmɑ̃/ SYN ADV easily ◆ **médicament facilement toléré par l'organisme** medicine easily *ou* readily tolerated by the body ◆ **il se fâche facilement** he loses his temper easily, he's quick to lose his temper, he's quick-tempered ◆ **on met facilement 10 jours** * it takes 10 days easily *ou* at least 10 days

facilitation /fasilitasjɔ̃/ NF *[de tâche]* facilitation

facilité /fasilite/ SYN NF 1 (= *simplicité*) *[de devoir, problème, travail]* easiness ◆ **aimer la facilité** to like things that are easy *ou* simple ◆ **tâche d'une grande facilité** extremely easy *ou* straightforward task ◆ **d'une grande facilité d'emploi** *[outil]* very easy to use; *[logiciel]* very user-friendly

2 (= *aisance*) *[de succès, victoire]* ease; *[d'expression, style]* fluency, ease ◆ **il a choisi la facilité en ne venant pas** he took the easy way out by not coming ◆ **réussir qch avec facilité** to manage sth with ease *ou* easily ◆ **la facilité avec laquelle il a appris le piano** the ease with which he learnt the piano ◆ **il travaille avec facilité** he works with ease ◆ **il s'exprime avec facilité** *ou* **avec une grande facilité de parole** he expresses himself with (great) fluency *ou* ease *ou* fluently; → **solution**

3 (= *aptitude*) ability, aptitude ◆ **cet élève a beaucoup de facilité** this pupil has great ability *ou* aptitude ◆ **il a beaucoup de facilité pour les langues** he has a great aptitude *ou* facility for languages

4 *(gén pl = possibilité)* facility ◆ **avoir la facilité/toutes (les) facilités de** *ou* **pour faire qch** to have the/every opportunity to do sth *ou* of doing sth ◆ **facilités de transport** transport facilities ◆ **facilités d'accès à un lieu/à des services** easy access *ou* ease of access to a place/services ◆ **facilités de crédit** credit facilities *ou* terms ◆ **facilités de paiement** easy terms ◆ **consentir des facilités de caisse** to grant an overdraft facility

5 (= *tendance*) tendency ◆ **il a une certaine facilité à se mettre en colère** he has a tendency to lose his temper

6 *(littér = complaisance)* readiness ◆ **il a une grande facilité à croire ce que l'on raconte/à se plier à une règle** he has a great tendency *ou* is very ready to believe what people tell him/to comply with the rules

faciliter /fasilite/ SYN ▸ conjug 1 ◂ VT *(gén)* to make easier, to facilitate ◆ **ça ne va pas faciliter les choses** that's not going to make matters *ou* things (any) easier, that's not going to ease matters ◆ **pour lui faciliter sa mission/la tâche** to make his mission/work easier, to make the mission/work easier for him

façon /fasɔ̃/ SYN

NF 1 (= *manière*) way, manner ◆ **voilà la façon dont il procède** this is how *ou* the way he does it ◆ **il s'y prend de** *ou* **d'une façon curieuse** he has a strange way of going about things ◆ **de quelle façon est-ce arrivé ?** how did it happen? ◆ **il faut le faire de la façon suivante** you must do it in the following way *ou* as follows ◆ **je le ferai à ma façon** I shall do it my own way ◆ **il raconte l'histoire à sa façon** he tells the story in his own way ◆ **à la façon de** like ◆ **à la façon d'un enfant** like a child, as a child would do ◆ **sa façon d'agir/de répondre** the way he behaves/answers, his way of behaving/answering ◆ **c'est une façon de parler** it's (just) a figure of speech ◆ **je vais lui dire ma façon de penser** *(point de vue)* I'll tell him what I think about it *ou* how I feel about it; *(colère)* I'll give him a piece of my mind, I'll tell him what I think about it ◆ **c'est une façon de voir (les choses)** it's one way of seeing things *ou* of looking at things ◆ **la façon de donner vaut mieux que ce qu'on donne** *(Prov)* it's the thought that counts

2 *(locutions)* ◆ **rosser qn de (la) belle façon** †† to give sb a sound thrashing ◆ **d'une certaine façon, c'est vrai** it is true in a way *ou* in some ways ◆ **de cette façon, tu n'auras rien à payer** that way, you won't have to pay anything ◆ **d'une façon ou d'une autre** somehow or other, one way or another ◆ **en aucune façon** in no way ◆ **de quelque façon qu'il s'y prenne** however *ou* no matter how he goes about it ◆ **et sans plus de façons** and without further ado

◆ **de ma/sa** *etc* **façon** ◆ **je vais lui jouer un tour de ma façon** I'm going to play a trick of my own on him ◆ **un poème de ma façon** a poem written by me ◆ **un plat de ma façon** a dish of my own making *ou* made by me

◆ **d'une façon générale** generally speaking, as a general rule

◆ **de la même façon** in the same way ◆ **il a réagi de la même façon que l'an dernier** he reacted (in the same way) as he did last year ◆ **il n'a pas réagi de la même façon que son frère** he didn't react in the same way as his brother, his reaction was different from his brother's

◆ **de toute(s) façon(s)** in any case, at any rate, anyway

◆ **de façon à** ◆ **de façon à ne pas le déranger** so as not to disturb him ◆ **de façon à ce qu'il puisse regarder** so that he can see

◆ **de (telle) façon que...** in such a way that... ◆ **de (telle) façon qu'il puisse regarder** so that he can see

◆ **sans façon** ◆ **accepter sans façon** to accept without fuss ◆ **il est sans façon** he's unaffected ◆ **merci, sans façon** no thanks, really *ou* honestly ◆ **repas sans façon** simple *ou* unpretentious meal

3 *(Couture) [de robe]* cut, making-up *(Brit)* ◆ **payer la façon** to pay for the tailoring *ou* making-up *(Brit)* ◆ **le travail à façon** tailoring, dressmaking ◆ **travailler à façon** to (hand) tailor *ou* make up *(Brit)* customers' own material

◆ **tailleur à façon** bespoke tailor *(Brit)*, custom tailor *(US)* ◆ **vêtements à façon** tailor-made garments, bespoke garments *(Brit)*

4 *(= imitation)* ◆ **veste façon daim/cuir** jacket in imitation suede/leather ◆ **châle façon cachemire** cashmere-style shawl ◆ **bijoux façon antique** old-fashioned *ou* antique style jewellery ◆ **gigot façon chevreuil** leg of lamb cooked like *ou* done like venison

5 *(Agr)* tillage ◆ **donner une façon à la terre** to till the land

6 *(Artisanat) (= fabrication)* making, crafting; *(= facture)* workmanship, craftsmanship ◆ **payer la façon** to pay for the workmanship

7 *(† = genre)* ◆ **une façon de maître d'hôtel** a head waiter of sorts ◆ **une façon de roman** a novel of sorts

NFPL **façons** manners, behaviour *(Brit)*, behavior *(US)* ◆ **ses façons me déplaisent profondément** I find his manners extremely unpleasant, I don't like his behaviour at all ◆ **en voilà des façons !** what a way to behave!, that's no way to behave! ◆ **faire des façons** *(minauderies)* to put on airs and graces; *(chichis)* to make a fuss

faconde /fakɔ̃d/ NF *(littér)* loquaciousness ◆ **avoir de la faconde** to be very loquacious ◆ **quelle faconde !** what a talker!, he's (*ou* she's) got the gift of the gab! *

façonnage /fasɔnaʒ/ NM 1 *[d'argile, métal]* shaping, fashioning; *[de tronc d'arbre, bloc de pierre]* hewing, shaping

2 *[de pièce, clé] (industriel)* manufacturing; *(artisanal)* making, crafting; *[de chapeau, robe, statuette]* fashioning, making

3 *(Imprim)* forwarding

façonné, e /fasɔne/ (ptp de **façonner**) ADJ ◆ **étoffe façonnée** figured fabric

façonnement /fasɔnmɑ̃/ NM *[d'esprits, caractère]* moulding *(Brit)*, molding *(US)*, shaping, forming

façonner /fasɔne/ SYN ▸ conjug 1 ◂ VT 1 *[+ argile, métal]* to shape, to fashion; *[+ tronc d'arbre, bloc de pierre]* to hew, to shape; *[+ terre]* to till

2 *[+ pièce, clé] (industriellement)* to manufacture; *(artisanalement)* to make, to craft; *[+ chapeau, robe, statuette]* to fashion, to make

3 *[+ caractère, personne]* to mould *(Brit)*, to mold *(US)*, to shape, to form ◆ **l'éducation puritaine qui a façonné son enfance** the puritanical upbringing that shaped his childhood

façonnier, -ière /fasɔnje, jɛʀ/

ADJ *(littér = maniéré)* affected, over-refined ◆ **elle est façonnière** she puts on airs and graces, she's affected

NM,F *(= fabricant)* manufacturer

fac-similé (pl **fac-similés**) /faksimile/ NM facsimile

factage /faktaʒ/ NM *(= transport)* cartage, forwarding ◆ **entreprise de factage** parcel delivery company, transport company ◆ **frais de factage** cartage, delivery charge, carriage

facteur /faktœʀ/ SYN NM 1 *(Poste)* postman *(Brit)*, mailman *(US)*; → **factrice**

2 *(= élément, Math)* factor (*de, dans* in) ◆ **le facteur chance/prix/humain** the chance/price/human factor ◆ **facteur de risque** risk factor ◆ **facteur de croissance** *(Méd)* growth factor ◆ **le libre-échange a été un facteur de croissance** *(Écon)* free trade has been a factor in economic growth ◆ **facteur commun** *(Math, gén)* common factor ◆ **mettre en facteurs** to factorize ◆ **mise en facteurs** factorization ◆ **facteur Rhésus** Rhesus *ou* Rh factor

3 *(= fabricant)* ◆ **facteur de pianos** piano maker ◆ **facteur d'orgues** organ builder

factice /faktis/ SYN

ADJ *[marbre, beauté]* artificial; *[cuir, bijou]* imitation *(épith)*, artificial; *[barbe]* false; *[bouteilles, articles exposés]* dummy *(épith)*; *[enthousiasme, amabilité]* false, feigned ◆ **tout semblait factice, le marbre du sol et la civilité des employés** everything seemed phoney * *ou* artificial, from the marble floor to the politeness of the staff ◆ **ils vivent dans un monde factice** they live in an artificial world

NM *(= objet)* dummy

factieux, -ieuse /faksjø, jøz/

ADJ factious, seditious

NM,F seditionary

faction /faksjɔ̃/ SYN NF 1 *(= groupe factieux)* faction

2 *(= garde) [de sentinelle]* sentry duty, guard duty; *[de soldat]* guard duty; *[de personne qui attend]* long watch ◆ **être de** *ou* **en faction** *[soldat]* to be on guard (duty), to stand guard; *[sentinelle]* to be on guard (duty) *ou* (sentry) duty, to stand guard; *[personne qui attend]* to keep *ou* stand watch ◆ **mettre qn de faction** to put sb on guard (duty)

3 *(= période de travail)* (eight hour) shift

factionnaire /faksjɔnɛʀ/

NM *(= sentinelle, garde)* sentry *ou* guard (on duty)

NMF *(= ouvrier)* shift worker

factitif, -ive /faktitif, iv/ ADJ *(Ling)* factitive, causative

factoriel, -ielle /faktɔʀjɛl/

ADJ *(Math)* factorial ◆ **analyse factorielle** factor analysis

NF **factorielle** *(Math)* factorial

factoring /faktɔʀiŋ/ NM factoring

factorisation /faktɔʀizasjɔ̃/ NF factorization

factoriser /faktɔʀize/ ▸ conjug 1 ◂ VT to factorize

factotum /faktɔtɔm/ NM *(= homme à tout faire)* odd-job man, general handyman, (general) factotum *(hum)*; *(péj = larbin)* gofer *, (general) dogsbody *(Brit) (péj)*

factrice /faktʀis/ NF *(Poste)* postwoman *(Brit)*, mailwoman *(US)*

factuel, -elle /faktɥɛl/ ADJ factual

factum /faktɔm/ NM *(littér)* lampoon

facturation /faktyʀasjɔ̃/ NF *(= opération)* invoicing, billing; *(= bureau)* invoice office ◆ **facturation détaillée** itemized billing

facture /faktyʀ/ GRAMMAIRE ACTIVE 20.5 SYN NF 1 *(= note) (gén)* bill; *(Comm)* invoice ◆ **facture d'électricité/de téléphone** electricity/(telephone bill ◆ **notre facture pétrolière/énergétique** *(Écon)* the nation's oil/energy bill ◆ **fausse facture** false invoice ◆ **l'affaire des fausses factures** *(Pol) scandal involving the use of false invoices to fund French political parties* ◆ **établir une facture** to make out a bill *ou* an invoice ◆ **qui va payer la facture ?** *(fig)* who will foot the bill?; → **pro forma**

2 *(= manière, style) [d'objet]* workmanship, craftsmanship; *[de roman, symphonie]* construction; *[d'artiste]* technique ◆ **roman de facture classique/originale** classic/original novel ◆ **meubles de bonne/belle facture** well-made/beautifully made furniture

3 *[d'instrument de musique]* making

facturer /faktyʀe/ SYN ▸ conjug 1 ◂ VT *(= établir une facture pour)* to invoice; *(= compter)* to charge (for), to put on the bill, to include in the bill ◆ **facturer qch 200 € (à qn)** to charge *ou* bill (sb) €200 for sth ◆ **facturer l'emballage** to charge for the packing, to include the packing in the bill

facturette /faktyʀɛt/ NF credit card slip

facturier /faktyʀje/ NM *(= registre)* invoice register; *(= employé)* invoice clerk

facturière /faktyʀjɛʀ/ NF *(= employée)* invoice clerk; *(= machine)* invoicing machine, biller *(US)*

facule /fakyl/ NF facula

facultatif, -ive /fakyltatif, iv/ ADJ *[travail, cours]* optional; *[halte, arrêt]* request *(épith)* ◆ **option** *ou* **matière facultative** optional subject, elective (subject) *(US)* ◆ **épreuve facultative** *(d'un examen)* optional paper ◆ **la réponse à cette question est tout à fait facultative** there is no obligation to answer this question

facultativement /fakyltativmɑ̃/ ADV optionally

faculté /fakylte/ SYN NF 1 *(Univ)* faculty ◆ **la faculté des Lettres/de Médecine** the Faculty of Arts/Medicine, the Arts/Medical Faculty *(Brit)*, the School *ou* College of Arts/Medicine *(US)* ◆ **Faculté des Arts/Sciences** *(Can)* Faculty of Arts/Science ◆ **Faculté des études supérieures** *(au Québec)* graduate and postgraduate studies ◆ **quand j'étais en faculté** *ou* **à la faculté** when I was at university *ou* college *ou* school *(US)* ◆ **professeur de faculté** university professor ◆ **la Faculté me défend le tabac** *(hum)* I'm not allowed to smoke on doctor's orders

2 *(= don)* faculty; *(= pouvoir)* power; *(= propriété)* property ◆ **avoir une grande faculté de concentration** to have great powers of concentration *ou* a great faculty for concentration ◆ **avoir la faculté de marcher/de la préhension** to have the ability to walk/grasp, to have the power of walking/grasping ◆ **facultés** *(= aptitudes intellectuelles)* faculties ◆ **ce problème dépasse mes facultés** this problem is beyond my powers ◆ **jouir de** *ou* **avoir toutes ses facultés** to be in full possession of one's faculties, to have all one's faculties

3 *(= droit)* right, option; *(= possibilité)* power, freedom, possibility ◆ **le propriétaire a la faculté de vendre son bien** the owner has the right to sell *ou* the option of selling his property ◆ **je te laisse la faculté de choisir** I'll give you the freedom to choose *ou* the possibility *ou* option of choosing ◆ **le Premier ministre a la faculté de révoquer certains fonctionnaires** *(frm)* the Prime Minister has the faculty *ou* power of dismissing certain civil servants ◆ **l'acheteur aura la faculté de décider** the buyer shall have the option to decide

fada * /fada/

ADJ *(= fou)* cracked *, crackers * *(attrib)*, barmy * *(Brit)*

NM crackpot *

fadaise /fadɛz/ SYN NF *(littér : gén pl) (= bagatelle)* trifle ◆ **dire des fadaises** *(= platitude)* to mouth insipid *ou* empty phrases

fadasse /fadas/ ADJ *(péj) [plat, boisson]* tasteless, insipid; *[couleur, style, propos]* wishy-washy, insipid ◆ **des cheveux d'un blond fadasse** dull blond hair

fade /fad/ SYN ADJ *[goût, odeur]* insipid, bland; *[soupe, cuisine]* tasteless, insipid; *[lumière, teinte]* dull; *[compliment, plaisanterie]* tame, insipid; *[décor, visage, individu, conversation, style]* dull, insipid; *[politesses, amabilité]* insipid ◆ **l'odeur fade du sang** the sickly smell of blood ◆ **des cheveux d'un blond fade** dull blond hair

fadé, e † ‡ /fade/ ADJ *(iro)* first-class, priceless ◆ **il est drôlement fadé** he's a prize specimen *

fader (se) ‡ /fade/ ▸ conjug 1 ◂ VPR *[+ corvée, personne]* to get landed with *, to get lumbered with * *(Brit)*

fadeur /fadœʀ/ NF 1 *[de soupe, cuisine]* tastelessness, insipidness; *[de goût]* insipidness, blandness; *[de lumière, teinte]* dullness; *[de compliment, plaisanterie, conversation, style]* dullness, insipidness; *[de politesses, amabilité]* insipidness; *[d'odeur]* sickliness

2 *(† = platitude)* ◆ **fadeurs** sweet nothings, bland compliments ◆ **dire des fadeurs à une dame** to say sweet nothings to *ou* pay bland compliments to a lady

fading /fadiŋ/ NM *(Radio)* fading

fado /fado/ NM fado

faf * /faf/ ADJ, NMF (abrèv de **fasciste** *(péj)*) fascist

fafiots † ‡ /fafjo/ NMPL *(= billets)* (bank)notes

fagot /fago/ NM bundle of sticks *ou* firewood; → **derrière, sentir**

fagoter /fagɔte/ SYN ▸ conjug 1 ◂

VT *(péj = accoutrer) [+ enfant]* to dress up, to rig out * *(Brit)* ◆ **il est drôlement fagoté** *(déguisé)* he's wearing the strangest getup * *ou* rig-out * *(Brit)*; *(mal habillé)* he's really oddly dressed

VPR **se fagoter** to dress o.s., to rig o.s. out * *(Brit) (en* as a)

Fahrenheit /faʀɛnajt/ ADJ, NM Fahrenheit ◆ **32 degrés Fahrenheit** 32 degrees Fahrenheit

FAI /ɛfai/ NM (abrèv de **fournisseur d'accès à Internet**) ISP

faiblard, e * /fɛblaʀ, aʀd/

ADJ *(péj) (en classe)* weak, on the slow *ou* weak side *(attrib)*; *(physiquement)* (rather) feeble; *[argument, démonstration]* feeble, weak; *[lumière]* weak

NM,F weakling

faible /fɛbl/ GRAMMAIRE ACTIVE 7.2 SYN

ADJ 1 *(physiquement)* weak; *[monnaie]* weak, soft ◆ **je me sens encore très faible sur mes jambes** I still feel very shaky on my legs ◆ **avoir le cœur faible** to have a weak heart; → **économiquement, sexe**

2 *(moralement)* weak ◆ **il est faible de caractère** he has a weak character ◆ **il est trop faible avec elle/ses élèves** he's too soft with her/with his pupils

3 *(en importance) [rendement, revenu, demande]* low, poor; *[marge]* small; *[débit]* slow; *[quantité]* small, slight; *[écart, différence]* slight, small; *[espoir]* faint, slight, slender; *[avantage]* slight ◆ **il a de faibles chances de s'en tirer** *(optimiste)* he has a slight chance of pulling through; *(pessimiste)* his chances of pulling through are slight *ou* slim ◆ **à une vitesse plus faible** more slowly ◆ **à une faible hauteur** low down, not very high up ◆ **à une faible profondeur** not far below the surface ◆ **à une faible majorité** *(Pol)* by a narrow *ou* slight majority ◆ **pays à faible natalité** country with a low birth rate

[4] *(en qualité)* *[élève]* weak; *[expression, devoir, style]* weak, poor; *[raisonnement, argument]* weak, poor, feeble ◆ **il est faible en français** he's weak *ou* poor at *ou* in French ◆ **le côté faible de ce raisonnement** the weak side of this argument; → **esprit, point[1], temps[1]**

[5] *(en intensité)* *[pouls, voix]* weak, faint, feeble; *[lumière]* dim, weak, faint; *[bruit, odeur]* faint, slight; *[résistance, protestation]* mild, weak; *[vent]* light, faint ◆ **vent faible à modéré** wind light to moderate ◆ **faible en alcool** low in alcohol ◆ **à faible teneur en sucre/cuivre** with a low sugar/copper content ◆ **c'est un escroc, et le terme est faible** he's a crook, and that's putting it mildly *ou* and that's an understatement ◆ **vous n'avez qu'une faible idée de sa puissance** you have only a slight *ou* faint idea of his power

[6] *[conjugaison, verbe]* weak

NM [1] *(= personne)* weak person ◆ **les faibles et les opprimés** the weak *ou* feeble and the oppressed ◆ **un faible d'esprit** a feeble-minded person ◆ **c'est un faible, elle en fait ce qu'elle veut** he's a weakling – she does what she wants with him

[2] *(† = déficience)* weak point ◆ **le faible de ce livre, ce sont les dialogues** the dialogues are the weak point in this book

[3] *(= penchant)* weakness ◆ **il a un faible pour le chocolat** he has a weakness for chocolate ◆ **il a un faible pour sa fille** he has a soft spot for his daughter

faiblement /fɛbləmɑ̃/ SYN **ADV** [1] *(= avec peine)* weakly ◆ **la demande reprend faiblement** demand is picking up slightly

[2] *(= peu)* *[éclairer]* dimly; *[augmenter]* slightly ◆ **faiblement alcoolisé/gazéifié** slightly alcoholic/gaseous ◆ **faiblement éclairé** dimly *ou* poorly lit ◆ **zones faiblement peuplées** sparsely populated areas

faiblesse /fɛblɛs/ SYN **NF** [1] *(physique)* weakness ◆ **sa faiblesse de constitution** his weak *ou* frail constitution ◆ **il a une faiblesse dans le bras gauche** he has a weakness in his left arm

[2] *(morale)* weakness ◆ **sa faiblesse de caractère** his weak character, his weakness of character ◆ **avoir la faiblesse d'accepter** to be weak enough to accept ◆ **sa faiblesse à l'égard de son frère** his softness *ou* weakness towards his brother ◆ **chacun a ses petites faiblesses** we all have our little foibles *ou* weaknesses *ou* failings

[3] *(= niveau peu élevé)* ◆ **la faiblesse de la demande** the low level of demand ◆ **la faiblesse du revenu par habitant** the low per capita income

[4] *(Bourse)* *[de monnaie, cours, marché]* weakness

[5] *(= médiocrité)* *[d'argument, raisonnement]* feebleness, weakness; *[d'œuvre]* weakness ◆ **sa faiblesse en anglais est un vrai problème** the fact that he's so weak in English is a real problem

[6] *(= défaut)* weak point, weakness ◆ **le film/l'intrigue présente quelques faiblesses** the film/the plot has several weak points *ou* weaknesses

faiblir /fɛbliʀ/ SYN ▸ conjug 2 ◂ **VI** [1] *[malade, branche]* to get weaker, to weaken; *[cœur, vue, intelligence]* to fail; *[forces, courage]* to fail, to flag, to give out; *[influence]* to wane, to fall off; *[résolution, autorité]* to weaken ◆ **elle a faibli à la vue du sang/à sa vue** she felt weak *ou* faint when she saw the blood/when she saw him ◆ **il a faibli devant leurs prières** he weakened *ou* relented in the face of their pleas ◆ **pièce qui faiblit au 3e acte** play that falls off *ou* weakens in the 3rd act ◆ **la première ligne a faibli sous le choc** the front line weakened under the impact ◆ **ce n'est pas le moment de faiblir !** don't give up now!

[2] *[voix]* to weaken, to get weaker *ou* fainter; *[bruit, protestation]* to die down; *[lumière]* to dim, to get dimmer *ou* fainter; *[pouls]* to weaken, to get weaker; *[vent]* to drop, to abate; *[rendement]* to slacken (off); *[intensité, espoir]* to diminish, to decrease; *[résistance, demande]* to weaken, to slacken; *[chances]* to weaken, to run out ◆ **l'écart faiblit entre eux** the gap is closing *ou* narrowing between them

faïence /fajɑ̃s/ **NF** *(= substance)* (glazed) earthenware; *(= objets)* crockery *(NonC)*, earthenware *(NonC)*; *(= vase, objet)* piece of earthenware, earthenware *(NonC)* ◆ **assiette en/carreau de faïence** earthenware plate/tile ◆ **faïence fine** china ◆ **faïence de Delft** delft, delftware; → **chien**

faïencerie /fajɑ̃sʀi/ **NF** earthenware factory

faïencier, -ière /fajɑ̃sje, jɛʀ/

ADJ earthenware *(épith)*

NM,F *(= fabricant)* earthenware maker; *(= marchand)* earthenware seller

faignant, e /fɛɲɑ̃, ɑ̃t/ **ADJ, NM,F** ⇒ **fainéant, e**

faille[1] /faj/ SYN **NF** *(Géol)* fault; *(fig = point faible)* flaw, weakness; *(= cassure)* rift ◆ **il y a une faille dans votre raisonnement** there's a flaw in your argument ◆ **ce qui a causé une faille dans leur amitié...** what caused a rift in their friendship... *ou* a rift between them... ◆ **sans faille** *[fidélité, soutien]* unfailing, unwavering; *[organisation]* faultless, impeccable; *[volonté, détermination]* unfailing; → **ligne[1]**

faille[2] /faj/ → **falloir**

faille[3] /faj/ **NF** *(= tissu)* faille

failler (se) /faje/ ▸ conjug 1 ◂ **VPR** *(Géol)* to fault

failli[1] /faji/ ptp de **faillir**

failli[2], e /faji/ **ADJ, NM,F** *(Comm)* bankrupt ◆ **failli concordataire/réhabilité** certified/discharged bankrupt

faillibilité /fajibilite/ **NF** fallibility

faillible /fajibl/ **ADJ** fallible

faillir /fajiʀ/ ▸ conjug 2 ◂ **VI** [1] *(= manquer)* ◆ **j'ai failli tomber/réussir** I almost *ou* very nearly fell/succeeded, I all but fell/succeeded ◆ **il a failli se faire écraser** he almost *ou* very nearly got run over, he narrowly missed getting run over ◆ **j'ai failli attendre** *(iro)* I hope you didn't rush on my account *(iro)*

[2] *(frm)* ◆ **faillir à** *(= manquer à)* *[+ engagement, mission]* to fail in; *[+ promesse, parole]* to fail to keep ◆ **il a failli/n'a pas failli à la tradition** he broke with/kept with *ou* to tradition ◆ **il n'a pas failli à sa parole** he was true to *ou* kept his word ◆ **le cœur lui faillit** † his heart missed a beat ◆ **le cœur** *ou* **le courage lui faillit** † his courage failed him ◆ **il résista jusqu'au bout sans faillir** he resisted unfailingly *ou* unflinchingly to the end ◆ **ne pas faillir à sa réputation** to live up to one's reputation

[3] *(archaïque ou hum = fauter)* to lapse

faillite /fajit/ SYN

NF [1] *[d'entreprise]* bankruptcy

[2] *(= échec)* *[d'espoir, tentative, méthode]* collapse, failure ◆ **la faillite du gouvernement en matière économique** the government's failure on the economic front

[3] *(locutions)* ◆ **en faillite** *[entreprise]* bankrupt ◆ **être en faillite** to be bankrupt ◆ **faire faillite** *[entreprise]* to go bankrupt; *(fig)* to collapse ◆ **faire une faillite de 800 000 €** to go bankrupt with debts of €800,000 ◆ **déclarer/mettre qn en faillite** to declare *ou* adjudge/make sb bankrupt ◆ **se déclarer en faillite** to file (a petition) for bankruptcy

COMP **faillite frauduleuse** fraudulent bankruptcy

faillite personnelle personal bankruptcy

faillite simple bankruptcy

faim /fɛ̃/ SYN **NF** [1] *(= envie de manger)* hunger ◆ **avoir (très** *ou* **grand** †**) faim** to be (very) hungry ◆ **j'ai une faim de loup** *ou* **une de ces faims** * I'm ravenous *ou* famished *ou* starving * ◆ **je n'ai plus faim** *(après un repas)* I'm (quite) full; *(plus envie de manger)* I'm not hungry any more ◆ **manger sans faim** *(sans besoin réel)* to eat for the sake of eating; *(sans appétit)* to pick at one's food, to toy with one's food ◆ **manger à sa faim** to eat one's fill ◆ **ça m'a donné faim** it made me hungry ◆ **il fait faim** * we're hungry ◆ **la faim dans le monde** world hunger ◆ **la faim fait sortir** *ou* **chasse le loup du bois** *(Prov)* hunger will drive him out; → **crever, mourir** *etc*

[2] *(= besoin)* hunger ◆ **avoir faim de** *[+ honneur, tendresse, justice]* to hunger for, to crave (for) ◆ **sa faim de richesses** his hunger *ou* yearning for wealth ◆ **son discours a laissé les journalistes sur leur faim** his speech left the journalists hungry for more *ou* unsatisfied; → **rester**

faîne /fɛn/ **NF** beechnut ◆ **faînes (tombées)** beechmast *(NonC)*

fainéant, e /feneɑ̃, ɑ̃t/ SYN

ADJ lazy, idle, bone idle *; → **roi**

NM,F idler, loafer, lazybones *

fainéanter /feneɑ̃te/ SYN ▸ conjug 1 ◂ **VI** to idle *ou* loaf about

fainéantise /feneɑ̃tiz/ SYN **NF** laziness, idleness

faire /fɛʀ/

SYN ▸ conjug 60 ◂

1 - VERBE TRANSITIF
2 - VERBE INTRANSITIF
3 - VERBE IMPERSONNEL
4 - VERBE SUBSTITUT
5 - VERBE AUXILIAIRE
6 - VERBE PRONOMINAL

▸ Lorsque **faire** est suivi d'un nom dans une expression figée telle que **faire une faute, faire une promesse, se faire des idées** etc, cherchez sous le nom.

1 - VERBE TRANSITIF

[1] Lorsque **faire** est utilisé pour parler d'une activité non précisée, ou qu'il remplace un verbe plus spécifique, il se traduit par **do**.

que fais-tu ce soir ? what are you doing tonight? ◆ **j'ai beaucoup/je n'ai rien à faire** I have a lot/nothing to do ◆ **ils sont en retard, qu'est-ce qu'ils peuvent bien faire ?** they're late – what on earth are they doing? *ou* what are they up to? * ◆ **que voulez-vous qu'on y fasse ?** what do you expect us to do (about it)? ◆ **faire ses chaussures/l'argenterie/la chambre** to do one's shoes/the silver/the bedroom

[2] Lorsque **faire** veut dire **créer, être l'auteur de**, il se traduit souvent par **make** ou par un verbe plus spécifique ; cherchez sous le nom.

faire un film to make *ou* do a film ◆ **faire un tableau** to do a painting, to paint a picture ◆ **faire un plan** to make *ou* draw a map ◆ **fais-moi un joli chat** *(dessin)* do a nice cat for me; *(pâte à modeler)* make a nice cat for me

[3] [= FABRIQUER, PRODUIRE] *[+ meuble, voiture]* to make; *[+ mur, nid]* to make, to build; *[+ maison]* to build; *[+ blé, betteraves]* to grow ◆ **ils font du mouton** * they raise sheep ◆ **cette école fait de bons ingénieurs** the school turns out good engineers

[4] [CULIN]

Dans le sens de **préparer, confectionner**, **faire** peut se traduire par **do** de façon assez vague, mais **make** est beaucoup plus courant.

◆ **faire de la confiture/du vin/un cocktail** to make jam/wine/a cocktail ◆ **elle fait du lapin ce soir** she's doing rabbit tonight ◆ **je vais faire quelques pommes de terre** I'll do a few potatoes

[5] [SPORT] *[+ football, tennis, rugby]* to play; *[+ sport de combat]* to do; → **natation, ski** *etc*

[6] [SCOL] *[+ matière, roman, auteur]* to do ◆ **faire l'école hôtelière** to go to a catering school

[7] [MUS] *(= jouer)* to play; *(= s'entraîner)* to practise ◆ **faire du piano/du violon** to play the piano/the violin ◆ **va faire ton piano** * go and practise your piano

[8] [MÉD] *[+ diabète, tension]* to have ◆ **il m'a encore fait une otite** he's gone and got another ear infection *

[9] [= PARCOURIR, VISITER] to do ◆ **faire 10 km** to do *ou* cover 10 km ◆ **faire 100 km/h** to do 100 km/h ◆ **faire Rome/la Grèce en trois jours** to do Rome/Greece in three days ◆ **on a fait Lyon-Paris en cinq heures** we did Lyons to Paris in five hours

[10] [= CHERCHER DANS] ◆ **j'ai fait tous les placards/toutes les pièces, je ne l'ai pas trouvé** I looked in all the cupboards/in every room but I didn't find it ◆ **il a fait toute la ville pour en trouver** he's been all over town looking for some ◆ **j'ai fait toutes les librairies mais sans succès** I went round all the bookshops but I didn't have any luck

[11] [= VENDRE] ◆ **faire l'épicerie** to sell groceries ◆ **nous ne faisons pas les boutons/cette marque** we don't do *ou* stock *ou* carry *(US)* buttons/that make ◆ **je vous fais ce fauteuil (à) 90 €** I'll let you have this armchair for €90

[12] [= MESURER, PESER, COÛTER] ◆ **la cuisine fait 6 mètres de large** the kitchen is 6 metres wide ◆ **il fait 23 degrés** it is 23 degrees ◆ **ce rôti fait bien 3 kg** this joint weighs *ou* is a good 3 kg ◆ **ça fait encore loin jusqu'à Paris** it's still a long way to Paris ◆ **combien fait cette chaise ?** how much is this chair? ◆ **cette table fera un bon prix** this table will go for *ou* will fetch a high price ◆ **ça nous fera 1 000 €** *(dépense)* it will cost us €1,000 ; *(gain)* it will give *ou* bring us €1,000

13 [DANS UN CALCUL] to make ◆ **24 en tout, ce qui en fait 2 chacun** 24 altogether, which makes 2 each ◆ **deux et deux font quatre** two and two make four ◆ **cela fait combien en tout ?** how much does that make altogether?

14 [GRAM] ◆ **« canal » fait « canaux » au pluriel** the plural of "canal" is "canaux" ◆ **qu'est-ce ça fait au subjonctif ?** what's the subjunctive?

15 [= IMITER] ◆ **il a fait celui qui ne comprenait pas** he pretended not to understand ◆ **ne fais pas l'enfant/l'idiot** don't be so childish/so stupid ◆ **il fait bien le train** he does a really good imitation of a train

16 [= FAIRE FONCTION DE, SERVIR DE] *[personne]* to be; *(Théât)* to play; *[objet]* to be used as, to serve as ◆ **tu fais l'arbitre ?** will you be referee? ◆ **il fait le fantôme dans « Hamlet »** he plays the ghost in "Hamlet" ◆ **une vieille malle faisait table basse** an old trunk was being used as a coffee table ◆ **la cuisine fait salle à manger** the kitchen doubles as *ou* is used as *ou* serves as a dining room MAIS ◆ **cette branche fera une bonne canne** this branch will make a nice walking stick ◆ **cet hôtel fait aussi restaurant** the hotel has its own restaurant ◆ **cette montre fait aussi boussole** this watch doubles as a compass

17 [= ÊTRE, CONSTITUER] ◆ **quel imbécile je fais !** what a fool I am! ◆ **ils font un beau couple** they make such a lovely couple ◆ **il veut faire médecin** he wants to be a doctor ◆ **il fera un bon musicien** he'll make a good musician

18 [= AVOIR LA FORME DE, RESSEMBLER À] to look like ◆ **ça fait comme une cloche** it looks a bit like a bell

19 [= REPRÉSENTER] to make out ◆ **on le fait plus riche qu'il n'est** he's made out *ou* people make him out to be richer than he is

20 [= DIRE] to say ◆ **« vraiment ? » fit-il** "really?", he said ◆ **il fit un « ah » de surprise** "ah", he said, surprised ◆ **le chat fait miaou** the cat goes *ou* says miaow

21 [= AGIR SUR] ◆ **qu'est-ce qu'on lui fait à l'hôpital ?** what's he gone into hospital for? ◆ **qu'est-ce que tu as fait à ton frère ?** what have you been doing to your brother? ◆ **ils ne peuvent rien me faire** they can't do anything to me ◆ **on ne me la fait pas à moi !*** I wasn't born yesterday!

22 [= CONSTITUER] to make ◆ **cela fait la richesse du pays** that's what makes the country rich ◆ **c'est ce qui fait tout son charme** that's what makes him so charming

23 [= IMPORTER] ◆ **qu'est-ce que cela peut bien te faire ?** what's it to you? ◆ **qu'est-ce que ça fait ?** so what?* ◆ **la mort de son père ne lui a rien fait** he was completely unaffected by his father's death ◆ **cela ne vous ferait rien de sortir ?** would you mind leaving the room?

◆ **faire + de** + *complément (= utiliser)* to do with ◆ **qu'as-tu fait de ta vie ?** what have you done with your life? ◆ **je ne sais pas quoi faire de mon temps libre** I don't know what to do with my spare time ◆ **qu'avez-vous fait de votre sac/de vos enfants ?** what have you done with your bag/your children? ◆ **qu'ai-je bien pu faire de mes lunettes ?** what on earth have I done with my glasses? ◆ **la vie a fait de lui un aigri** life has made him a bitter man ◆ **il a fait d'une grange une demeure agréable** he has turned *ou* made a barn into a comfortable home ◆ **il veut en faire un avocat** he wants to make a lawyer of him

◆ **ne faire que**
(constamment) ◆ **il ne fait que se plaindre** he's always *ou* forever complaining ◆ **il ne fait que bavarder** he won't stop chattering, he does nothing but chatter
(seulement) ◆ **je ne fais que dire la vérité** I'm only telling the truth ◆ **je ne fais que passer** I'm just passing ◆ **je ne fais que d'arriver** *(récemment)* I've only just come

◆ **n'avoir que faire de** ◆ **je n'ai que faire de vos conseils !** I don't need your advice! ◆ **je n'ai que faire de gens comme lui !** I have no use for people like him!

2 - VERBE INTRANSITIF

1 [= AGIR, PROCÉDER] ◆ **faire vite** to act quickly ◆ **faites vite !** be quick (about it)! ◆ **faites comme chez vous** *(aussi hum)* make yourself at home

2 [= DURER] ◆ **ce chapeau (me) fera encore un hiver** this hat will do *ou* last me another winter

3 [= PARAÎTRE] to look ◆ **ce vase fait bien sur la table** the vase looks nice on the table ◆ **faire vieux/jeune** *[personne]* to look old/young (for one's age) ◆ **elle fait très femme** she looks very grown-up

4 [* BESOINS NATURELS] *[personne]* to go; *[animal]* to do its business ◆ **as-tu fait ce matin ?** have you been this morning?

3 - VERBE IMPERSONNEL

> Lorsque **faire** est suivi d'une expression de temps et exprime une durée écoulée, on utilise généralement **since** ou **for** ; **for** se construit avec le present perfect ou le pluperfect.

◆ **cela fait deux ans/très longtemps que je ne l'ai pas vu** it's two years/a very long time since I last saw him, I haven't seen him for two years/for a very long time ◆ **ça fait trois ans qu'il est parti** it's three years since he left, he's been gone (for) three years

◆ **ce qui fait que..., ça fait que...** *(= ce qui implique que)* that means... ◆ **ça fait que nous devons partir** that *ou* which means we have to go ◆ **et ça fait qu'il est arrivé en retard** and that meant he arrived late

4 - VERBE SUBSTITUT

to do ◆ **il travaille mieux que je ne fais** he works better than I do ◆ **as-tu payé la note ? – non, c'est lui qui l'a fait** did you pay the bill? – no, he did ◆ **puis-je téléphoner ? – faites, je vous en prie** could I use the phone? – (yes) please do *ou* (yes) by all means ◆ **n'en faites rien !** (please) don't! ◆ **je n'en ferai rien !** I'll do nothing of the sort!

5 - VERBE AUXILIAIRE

◆ **faire** + *infinitif*

1 [= PROVOQUER UN ACTE, UNE SITUATION] to make ◆ **l'idée m'a fait sourire** the thought made me smile ◆ **ça m'a fait pleurer** it made me cry ◆ **ma mère me faisait manger des épinards quand j'étais petit** my mother made me eat spinach when I was little ◆ **il lui a fait boire du whisky** *(pour la remonter)* he got her to drink some whisky, he made her drink some whisky; *(pour qu'elle goûte)* he gave her some whisky to drink MAIS ◆ **ce genre de musique me fait dormir** that kind of music puts me to sleep ◆ **j'ai fait démarrer la voiture** I got the car going *ou* started

2 [= AIDER] to help ◆ **faire traverser la rue à un aveugle** to help a blind man across the road ◆ **je lui ai fait faire ses devoirs** I helped him with his homework MAIS ◆ **faire manger un patient** to feed a patient

3 [= LAISSER VOLONTAIREMENT] ◆ **faire entrer qn** *(qn que l'on attendait)* to let sb in; *(qn que l'on attendait pas)* to ask sb in ◆ **faire venir** *[+ employé]* to send for; *[+ médecin]* to call ◆ **faire entrer/sortir le chien** to let the dog in/out ◆ **faites entrer le patient** ask the patient to come in

4
> Lorsque **faire** signifie **laisser involontairement**, sa traduction dépend étroitement du contexte ; reportez-vous au second verbe.

il a fait déborder le lait he let the milk boil over ◆ **elle a fait s'échapper le chien** she let the dog out ◆ **il a fait glisser son frère** he (accidentally) made his brother slip over ◆ **elle a fait tomber une tasse** she dropped a cup

5 [= DONNER UNE TÂCHE À EXÉCUTER] ◆ **faire faire qch par qn** to have sth done (*ou* made) by sb ◆ **faire faire qch à qn** *(gén)* to get sb to do (*ou* to make) sth, to have sb do (*ou* make) sth *(surtout US)*; *(en le forçant)* to make sb do sth ◆ **(se) faire faire une robe** to have a dress made ◆ **faire réparer une voiture/une montre** to have a car/a watch repaired ◆ **faire faire la vaisselle à qn** to get sb to do *ou* have sb do *(surtout US)* the dishes ◆ **elle a fait lire les enfants** she made the children read, she got the children to read ◆ **il m'a fait ouvrir le coffre-fort** he made me open the safe

6 - VERBE PRONOMINAL

se faire

1 [POUR SOI] ◆ **il se fait la cuisine** he cooks for himself ◆ **il s'est fait beaucoup d'amis/d'ennemis** he has made himself a great many friends/enemies ◆ **on s'est fait un restaurant/un film*** we went to a restaurant/the cinema

2 [* = GAGNER] to make ◆ **il se fait 7 000 € par mois** he makes €7,000 a month

3 [= MÛRIR, ÉVOLUER] *[fromage]* to ripen, to mature; *[vin]* to mature ◆ **il s'est fait tout seul** *[personne]* he's a self-made man

4 [= ÊTRE ACCOMPLI] ◆ **les choses finissent toujours par se faire** things always get done in the end ◆ **rien ne se fera sans son aide** nothing will get done without his help ◆ **si ça doit se faire, ça se fera sans moi** if it's going to happen, it'll happen without me

5 [= CONVENIR] ◆ **ça se fait d'offrir des fleurs à un homme ?** is it done *ou* OK to give flowers to a man? ◆ **cela ne se fait pas** it's not done ◆ **mais tu sais, ça se fait de vivre ensemble sans être marié !** people do live together without being married, you know!

6 [= ÊTRE COURANT, À LA MODE] ◆ **les jupes longues se font beaucoup cette année** long skirts are in this year *ou* are being worn a lot this year ◆ **ça se fait encore ce style-là ?** are people still wearing that style? ◆ **ça se fait de plus en plus, ces chaussures** more and more people are wearing these shoes

7 [SEXUELLEMENT] ◆ **se faire qn*** to have sb*

8 [* = AGRESSER] to get* ◆ **un jour, je me le ferai !** I'll get him one of these days*

9 [* = CAMBRIOLER] *[+ banque, bijouterie]* to do*

10 [= SE PASSER] *(gén avec subjonctif)* ◆ **il peut/il pourrait se faire qu'il pleuve** it may/it might (well) rain ◆ **comment se fait-il qu'il soit absent ?, comment ça se fait qu'il est absent ?*** how come he's not here?*

◆ **se faire** + *adjectif*
(= devenir involontairement) to get, to become ◆ **se faire vieux** to be getting old ◆ **il se faisait tard** it was getting late ◆ **il se fit violent** he became violent
(= devenir volontairement) ◆ **se faire beau** to make o.s. beautiful ◆ **il se fit menaçant** he became threatening ◆ **elle se fit implorante** she started pleading ◆ **sa voix se fit plus douce** his voice became softer
(= faire semblant d'être) to make o.s. out to be ◆ **il se fait plus bête qu'il n'est** he makes himself out to be more stupid than he really is

◆ **se faire** + *infinitif*

> Lorsque cette tournure implique un ordre, elle se traduit généralement par **have** + *verbe* ; lorsqu'elle implique une demande polie, elle se traduit par **ask** ou **get** + *verbe*.

◆ **il se faisait apporter le journal tous les matins** he had the paper brought to him every morning ◆ **il s'est fait ouvrir par le voisin** he got his neighbour to let him in ◆ **elle s'est fait apporter un sandwich** she got somebody to bring her a sandwich ◆ **fais-toi expliquer le règlement** ask someone to explain the rules to you

> Notez les différentes traductions possibles et en particulier l'emploi de la forme passive en anglais lorsque **se faire + infinitif** exprime une action subie par quelqu'un ; reportez-vous à l'autre verbe.

◆ **il s'est fait frapper par deux jeunes** he was hit by two youths, two youths hit him ◆ **elle s'est fait renvoyer** she was sacked ◆ **tu vas te faire gronder** you'll get yourself into trouble, you'll get yourself told off*

◆ **se faire à** *(= s'habituer à)* to get *ou* become used to ◆ **il ne peut pas se faire au climat** he can't get used to the climate

◆ **(il) faut se le/la/les faire !*** ◆ **(il) faut se le faire !** *[+ travail]* it's a hell of a chore!*, it's really heavy going!*; *[+ personne]* he's a real pain in the neck!*

◆ **s'en faire** *(= s'angoisser)* to worry ◆ **il ne s'en fait pas** he doesn't worry; *(= a du culot)* he's got a nerve! ◆ **je viens de m'acheter un bateau – dis donc, tu t'en fais pas toi !** I've just bought a boat – you lucky devil!*

---

faire-part /fɛʀpaʀ/ **NM INV** announcement (of birth *ou* marriage *ou* death) ◆ **faire-part de mariage** wedding announcement; *(avec carton d'invitation)* wedding invitation

faire-valoir /fɛʀvalwaʀ/ **NM INV** 1 *(Agr)* farming, working (of land) ◆ **faire-valoir direct/indirect** farming by the owner/tenant
2 *(= personne)* foil; *(dans une comédie)* stooge ◆ **son mari lui sert de faire-valoir** her husband serves as a foil to her

fair-play /fɛʀplɛ/
NM INV fair play
ADJ INV ◆ **être fair-play** to play fair ◆ **c'est un joueur fair-play** he plays fair

faisabilité /fəzabilite/ **NF** feasibility ◆ **étude de faisabilité** feasibility study

faisable /fəzabl/ GRAMMAIRE ACTIVE 12.2 SYN ADJ feasible • **est-ce faisable en deux jours ?** can it be done in two days? • **est-ce faisable à pied ?** can it be done on foot?

faisan /fəzɑ̃/ NM [1] (= oiseau) (gén) pheasant; (mâle) cock pheasant • **faisan doré** golden pheasant
[2] († = escroc) shark

faisandage /fəzɑ̃daʒ/ NM [de gibier] hanging

faisandé, e /fəzɑ̃de/ (ptp de **faisander**) ADJ
[1] (Culin) [gibier] well hung; (désagréablement) high • **je n'aime pas le faisandé** I don't like high game • **viande trop faisandée** meat which has hung for too long
[2] (péj, †) [littérature, société] corrupt, decadent; [milieu] crooked

faisandeau (pl **faisandeaux**) /fəzɑ̃do/ NM young pheasant

faisander /fəzɑ̃de/ ▸ conjug 1 ◂
VTI (Culin) • **(faire** ou **laisser) faisander** to hang
VPR **se faisander** to become high

faisanderie /fəzɑ̃dʀi/ NF pheasantry

faisane /fəzan/ NF, ADJ F • **(poule) faisane** hen pheasant

faisanneau /fəzano/ NM young pheasant

faisceau (pl **faisceaux**) /fɛso/ SYN
NM [1] (= fagot) bundle • **faisceau de preuves** (= réseau) body of evidence • **faisceau de faits/raisons** range of facts/reasons • **nouer en faisceaux** to tie into bundles
[2] (Mil) • **faisceaux (d'armes)** stack (of arms) • **mettre en faisceaux** [fusils] to stack • **former/rompre les faisceaux** to stack/unstack arms
[3] (Phys) beam
[4] (Antiq, Hist) • **faisceaux** (= emblème) fasces
COMP **faisceau d'électrons** ou **électronique** electron beam
faisceau hertzien electro-magnetic wave
faisceau laser laser beam
faisceau lumineux ou **de lumière** beam of light
faisceau musculaire fasciculus ou fascicule of muscle fibres
faisceau nerveux fasciculus ou fascicule of nerve fibres
faisceau de particules particle beam

faiseur, -euse /fəzœʀ, øz/
NM,F • **faiseur de** † [+ monuments, meubles] maker of; (hum, péj) [+ romans, tableaux, opéras] producer of
NM († péj) (= hâbleur) show-off; (= escroc) shark • **(bon) faiseur** (frm = tailleur) good tailor
COMP **faiseuse d'anges** backstreet abortionist
faiseur de bons mots punster, wag
faiseur d'embarras fusspot (Brit), fussbudget (US)
faiseur d'intrigues (péj) schemer
faiseur de littérature (péj) scribbler
faiseur de marché (Bourse) market maker
faiseur de mariages matchmaker
faiseur de miracles miracle-worker
faiseur de phrases (péj) speechifier
faiseur de vers (péj) poetaster (péj), versifier

faisselle /fɛsɛl/ NF (= passoire) cheese strainer; (= fromage) fromage frais (packed in its own strainer)

fait[1] /fɛ/ GRAMMAIRE ACTIVE 17.1, 26.6 SYN
NM [1] (= événement) event, occurrence; (= donnée) fact; (= phénomène) phenomenon • **il s'agit d'un fait courant/rare** this is a common/rare occurrence ou event • **aucun fait nouveau n'est survenu** no new facts have come to light, there have been no new developments • **il me faut des faits concrets** I must have facts ou concrete evidence • **reconnaissez-vous les faits ?** (Jur) do you accept the facts? • **les faits qui lui sont reprochés** (Jur) the charges (brought) against him • **ces faits remontent à 3 ans** these events go back 3 years • **il s'est produit un fait curieux** a strange thing has happened • **s'incliner devant les faits** to bow to (the) facts • **les faits marquants de ces dix dernières années** the key events of the last ten years; → **erreur, état, gestion, incriminer**
[2] (= acte) • **le fait de manger/bouger** the fact of eating/moving, eating/moving • **être puni pour fait d'insoumission** (Jur, Mil) to be punished for (an act of) insubordination; → **haut**
[3] (pour exprimer la cause) • **c'est le fait du hasard** it's a matter of chance • **c'est le fait de son inexpérience** it's because of ou owing to his inexperience, it comes of his inexperience • **par le fait** in fact • **par ce fait** by this very fact • **par le fait même que/de** by the very fact that/of • **par le (simple) fait de** by the simple fact of • **par le fait même de son obstination** because of ou by his very obstinacy, by the very fact of his obstinacy
[4] (locutions) • **le fait est que** the fact is that • **le fait que** the fact that • **les faits sont là** ou **sont têtus** there's no denying the facts, the facts speak for themselves • **le fait est là** that's the fact of the matter • **être le fait de** (= être typique de) to be typical ou characteristic of; (= être le résultat de) to be the result of • **de son (propre) fait** through ou by his (own) doing • **c'est un fait** that's a fact • **c'est un fait que** it's a fact that • **dire son fait à qn** to tell sb what's what, to talk straight to sb, to give sb a piece of one's mind • **prendre fait et cause pour qn** to fight for sb's cause • **de ce fait** therefore, for this reason • **du fait de sa démission, du fait qu'il a démissionné** on account of ou as a result of his resignation
• **au fait** (= à propos) by the way • **au fait !** (= à l'essentiel) come to the point! • **aller droit/en venir au fait** to go straight/get to the point • **au fait de** (= au courant) conversant ou acquainted with, informed of • **mettre qn au fait (d'une affaire)** to acquaint ou familiarize sb with the facts (of a matter), to inform sb of the facts (of a matter)
• **de fait** [gouvernement, dictature] de facto; (= en vérité) in fact • **il est de fait que** it is a fact that
• **en fait** in (actual) fact, in point of fact, as a matter of fact
• **en fait de** (= en guise de) by way of; (= en matière de) as regards, in the way of • **en fait de repas on a eu droit à un sandwich** we were allowed a sandwich by way of a meal • **en fait de spécialiste, c'est plutôt un charlatan !** as for being an expert, charlatan more like! *
COMP **fait accompli** fait accompli • **mettre qn devant le fait accompli, pratiquer avec qn la politique du fait accompli** to present sb with a fait accompli
fait d'armes feat of arms
fait divers (= nouvelle) (short) news item; (= événement insignifiant) trivial event • **« faits divers »** (= rubrique) "(news) in brief"
faits et gestes actions, doings • **épier les moindres faits et gestes de qn** to watch sb's every move
faits de guerre acts of war
fait de langue fait de langue, language event
fait de parole fait de parole, speech event
le fait du prince the government fiat • **c'est le fait du prince** there's no going against authority
faits de résistance acts of resistance

fait[2]**, faite** /fɛ, fɛt/ SYN (ptp de **faire**) ADJ [1] • **être fait pour** to be made ou meant for • **voitures faites pour la course** cars (specially) made ou designed ou conceived for racing • **ces chaussures ne sont pas faites pour la marche** these are not proper walking shoes, these shoes are not suitable ou designed for walking in • **c'est fait pour** * that's what it's for • **ce que tu lui as dit l'a énervé – c'était fait pour** * what you said annoyed him – it was meant to • **ceci n'est pas fait pour lui plaire** this is not going to ou is not likely to please him • **ce discours n'est pas fait pour le rassurer** this is not the kind of speech to reassure him, this sort of speech isn't likely to reassure him • **il est fait pour être médecin** he's got the makings of a doctor • **il n'est pas fait pour être professeur** he's not cut out to be a teacher • **ils sont faits l'un pour l'autre** they are made for each other
[2] (= fini) • **c'en est fait de notre vie calme** that's the end of our quiet life, it's goodbye to peace and quiet • **c'en est fait de moi** I'm done for*, I've had it* • **c'est toujours ça de fait** that's one job done, that's one thing out of the way
[3] (= constitué) • **bien fait** [femme] shapely; [homme] well-built • **avoir la jambe/main bien faite** to have shapely ou nice legs/pretty ou nice hands • **le monde est ainsi fait** that's the way of the world • **les gens sont ainsi faits que** people are such that • **comment est-il fait ?** what is he like?, what does he look like? • **regarde comme tu es fait !** * look at the state of you! *, what a sight you are!
[4] (= mûr) [personne] mature; [fromage] ripe • **fromage fait à cœur** fully ripened cheese
[5] (= maquillé) made-up • **avoir les yeux faits** to have one's eyes made up • **avoir les ongles faits** to have painted nails
[6] • **tout fait** [objet, idée, solution] ready-made • **vêtements tout faits** ready-made ou ready-to-wear clothes; → **expression, phrase**
[7] (locutions) • **il est fait (comme un rat)** * he's in for it now*, he's cornered • **c'est bien fait pour toi !** it serves you right!, you asked for it! * • **c'est bien fait (pour eux) !** it serves them right! • **ce n'est ni fait ni à faire** it's a botched job*; → **vite**

faîtage /fɛtaʒ/ NM (= poutre) ridgepole; (= couverture) roofing; (littér = toit) roof

fait-diversier (pl **faits-diversiers**) /fɛdivɛʀsje/ NM general news writer

faîte /fɛt/ SYN NM [1] (= poutre) ridgepole
[2] (= sommet) [de montagne] summit; [d'arbre] top; [de maison] rooftop • **faîte du toit** rooftop; → **ligne**[1]
[3] (= summum) • **faîte de la gloire** pinnacle ou height of glory • **parvenu au faîte des honneurs** having attained the highest honours

faîteau /fɛto/ NM ridge ornament

faîtière /fɛtjɛʀ/ ADJ F, NF • **(tuile) faîtière** ridge tile • **lucarne faîtière** skylight

faitout NM, **fait-tout** NM INV /fɛtu/ stewpot

faix /fɛ/ NM († ou littér) burden • **sous le faix** under the weight ou burden (de of)

fakir /fakiʀ/ NM (Rel) fakir; (Music-Hall) wizard

fakirisme /fakiʀism/ NM (Rel) practice of a fakir

falaise /falɛz/ SYN NF cliff

falbalas /falbala/ NMPL frills and flounces, furbelows; (péj) frippery (NonC)(péj), furbelows (péj)

falciforme /falsifɔʀm/ ADJ falcate, falciform • **anémie falciforme** sickle-cell anaemia

falconiformes /falkɔnifɔʀm/ NMPL • **les falconiformes** falconiform birds, the Falconiformes (SPÉC)

faldistoire /faldistwaʀ/ NM faldstool

Falkland(s) /fɔlklɑ̃d/ NPL • **les (îles) Falkland(s)** the Falkland Islands, the Falklands • **la guerre des Falkland(s)** the Falklands war

fallacieusement /fa(l)lasjøzmɑ̃/ ADV [promettre] deceptively

fallacieux, -ieuse /fa(l)lasjø, jøz/ SYN ADJ [apparence] deceptive; [arguments, raisonnement] fallacious; [accusation, promesse, appellation] false; [espoir] illusory, delusive • **il est entré sous un prétexte fallacieux** he got in under false pretences • **ils nous ont présenté l'image fallacieuse d'un pays paisible** they gave us a false image of the country as a peaceful place

falloir /falwaʀ/

GRAMMAIRE ACTIVE 10.1, 10.2 ▸ conjug 29 ◂

1 - VERBE IMPERSONNEL
2 - VERBE PRONOMINAL

1 - VERBE IMPERSONNEL

[1] [BESOIN, NÉCESSITÉ]

Lorsque **falloir** exprime un besoin ou une nécessité, il se traduit généralement par **need** ; il a alors pour sujet la personne, exprimée ou non en français, qui a besoin de quelque chose ; si l'on ne veut ou ne peut pas mentionner cette personne en anglais, **falloir** se traduit le plus souvent par **take**.

• **falloir** + nom ou pronom • **il va falloir 10 000 €** we're going to need €10,000 • **il faut du temps/de l'argent pour faire cela** it takes time/money to do that, you need time/money to do that • **faut-il aussi de l'ail ?** do we need ou want garlic as well? • **c'est juste ce qu'il faut** (outil etc) that's just what we need ou want; (en quantité) that's just the right amount • **c'est plus qu'il n'en faut** that's more than we need • **trois mètres de tissu ? – oui, il faudra au moins ça** three metres of material? – yes, we'll need ou want at least that much • **trois heures ? – oh oui, il faut bien ça** three hours? – yes, it'll take at least that long • **il n'en faut pas beaucoup pour qu'il se mette à pleurer** it doesn't take much to make him cry • **il lui faut quelqu'un pour l'aider** he needs somebody to help him • **une bonne fessée, voilà ce qu'il lui faut !** what he needs ou wants is a good hiding! • **il ne me faut pas plus de dix minutes pour y**

aller it won't take me more than ten minutes to get there ◆ **et avec ça, vous faut-il autre chose ?** (is there) anything else? ◆ **s'il le faut** if necessary, if need be ◆ **il vous le faut pour quand ?** when do you need it for? ◆ **il t'en faut combien ?** how many (*ou* much) do you need? ◆ **il a fait ce qu'il fallait pour la rendre heureuse/pour l'énerver** he did just the right thing to make her happy/to annoy her ◆ **il me faudrait trois steaks, s'il vous plaît** I'd like three steaks, please ◆ **il me le faut absolument** *ou* **à tout prix** I absolutely must have it, I've absolutely got to have it

◆ **falloir** + *infinitif* ◆ **faut-il réserver à l'avance ?** do you have to *ou* need to book in advance?, is it necessary to book in advance? ◆ **il vous faut tourner à gauche ici** you need *ou* want to turn left here ◆ **il faudrait avoir plus de temps** we need more time ◆ **il faut bien vivre/manger** you have to live/eat

2 [OBLIGATION]

> Lorsque **falloir** exprime une obligation, il se traduit généralement par **have to** ou la forme plus familière **have got to** lorsqu'il s'agit de contraintes extérieures. Le verbe **must** a généralement une valeur plus impérative ; attention, **must** étant un verbe défectif, on utilise **have to** aux temps où il se ne conjugue pas.

◆ **tu pars déjà ? – il le faut** are you leaving already? – I have to *ou* I've got to ◆ **je le ferai s'il le faut** I'll do it if I have to *ou* if I must ◆ **il a bien fallu !** I (*ou* we *etc*) had to!

◆ **falloir** + *infinitif* ◆ **il va falloir le faire** we'll have to do it, it'll have to be done ◆ **il faut opérer** they're (*ou* we're *etc*) going to have to operate ◆ **il m'a fallu obéir** I had to do as I was told ◆ **que vous fallait-il faire ?** (*frm*) what did you have to do? ◆ **c'est dans le règlement, il faut le faire** those are the rules, you must do it ◆ **à l'époque, il fallait porter l'uniforme** in those days you had to wear a uniform ◆ **que faut-il leur dire ?** what should I (*ou* we *etc*) tell them?

◆ **falloir que** + *subjonctif* ◆ **il va falloir qu'il parte bientôt** he'll have to go soon ◆ **allez, il faut que je parte !** right, I must go! ◆ **il faut que tu y ailles, c'était ce qu'on avait prévu** you have to go *ou* you must go, that was the arrangement ◆ **il faudra bien que tu me le dises un jour** you'll have to tell me some time

3 [SUGGESTION, CONSEIL, EXHORTATION]

> Lorsque **falloir** est utilisé pour exprimer une suggestion, un conseil ou une exhortation au présent, il se traduit souvent par **must** ; au passé, au conditionnel ou dans une phrase négative, il se traduit généralement par **should** ou **ought to**.

◆ **il faut voir ce spectacle** you must see this show ◆ **il faut m'excuser, je ne savais pas** you must excuse me, I didn't know ◆ **il faut que vous veniez nous voir à Toulouse !** you must come and see us in Toulouse! ◆ **il faut vous dire que...** I must *ou* I have to tell you that... ◆ **il faut éviter de tirer des conclusions hâtives** it's important to *ou* we must avoid jumping to conclusions ◆ **dans pareil cas, il faut surtout rester calme** in cases like these, it's very important to stay calm *ou* you must above all stay calm ◆ **des fleurs ! il ne fallait pas !** flowers! you shouldn't have! ◆ **il fallait me le dire** you ought to *ou* should have told me ◆ **il ne fallait pas faire ça, c'est tout** you shouldn't have done it and that's all there is to it ◆ **il aurait fallu lui téléphoner** you (*ou* we *etc*) should have phoned him MAIS ◆ **il s'est mis en colère – il faut le comprendre** he got angry – that's understandable ◆ **il faudrait que tu viennes m'aider** I'm going to need your help ◆ **faudrait pas qu'il essaie** * he'd better not try *

4 [PROBABILITÉ, HYPOTHÈSE]

> Lorsque **falloir** exprime une probabilité, une hypothèse, il se traduit généralement par **must** dans les phrases affirmatives ; **must** étant défectif, on utilise **have to** aux temps où il ne se conjugue pas.

◆ **falloir** + **être** ◆ **il faut être fou pour parler comme ça** you (*ou* he *etc*) must be mad to talk like that ◆ **il fallait être désespéré pour faire ça** they must have been desperate to do something like that MAIS ◆ **il ne faut pas être intelligent pour dire ça** that's a pretty stupid thing to say ◆ **faut-il donc être bête !** some people are so *ou* really stupid! ◆ **faut (pas) être gonflé !** * it takes some nerve! *

◆ **falloir que** + *subjonctif* ◆ **il faut que tu te sois trompé** you must have made a mistake ◆ **faut-il qu'il soit bête !** he must be so *ou* really stupid!

5 [DANS DES EXCLAMATIVES, EXPRIMANT L'ADMIRATION OU L'AGACEMENT] ◆ **il faut entendre ce qu'ils disent sur elle !** you should hear the sort of things they say about her! ◆ **il faut l'entendre chanter !** you should hear him sing! ◆ **faut dire qu'il est culotté** * you've got to *ou* you must admit he's got a nerve ◆ **(il) faut le faire !** (*admiratif*) that takes some doing!; * (*péj*) that takes some beating! ◆ **ce qu'il faut entendre !** the things you hear! ◆ **quand faut y aller faut y aller !** * a man's gotta do what a man's gotta do! *

6 (*fatalité*) **falloir que** + *subjonctif* ◆ **il a fallu qu'elle l'apprenne** she would have to hear about it ◆ **il a fallu qu'il arrive à ce moment-là** of course, he had to arrive just then ◆ **il fallait bien que ça arrive** it was bound to happen ◆ **il faut toujours qu'elle se trouve des excuses** she always has to find some excuse ◆ **faut-il toujours que tu te plaignes ?** do you always have to complain?

7 [LOCUTIONS] ◆ **elle a ce qu'il faut** * (*hum*) she's got what it takes * ◆ **il faut ce qu'il faut** * you've got to do things properly ◆ **il faut de tout pour faire un monde** it takes all sorts to make a world

◆ **il faut/fallait/faudrait** + **voir** ◆ **il faut voir !** (*réserve*) we'll have to see! ◆ **elle danse superbement, il faut (la) voir !** you should see her dance, it's wonderful! ◆ **(il) faut le voir pour le croire** it has to be seen to be believed ◆ **faudrait voir à voir !** * come on! *, come off it! * ◆ **(il) faudrait voir à faire/ne pas faire...** * you'd better make sure you do/don't do... ◆ **son travail est fait faut voir (comme) !** * *ou* **(il) faut voir comment !** * you should see what a job he's made of it! ◆ **il faut voir comment tu t'y prends, aussi !** look at how you're going about it though! ◆ **il faut voir comment il s'habille !** you should see the way he dresses! ◆ **(il) faudrait voir à ne pas nous ennuyer !** * you'd better see you don't cause us any trouble! *

2 - VERBE PRONOMINAL

s'en falloir

◆ **s'en falloir de** ◆ **j'ai raté le train, il s'en est fallu de 5 minutes** I missed the train by 5 minutes ◆ **il ne s'en fallait que de 10 € pour qu'il ait la somme** he was only *ou* just €10 short of the full amount ◆ **il s'en est fallu de peu (pour) que ça (n')arrive** it came very close to happening, it very nearly happened ◆ **elle ne l'a pas injurié, mais il s'en est fallu de peu** she very nearly insulted him

◆ **loin s'en faut !, tant s'en faut !, il s'en faut (de beaucoup) !** far from it! ◆ **il s'en faut de beaucoup qu'il soit heureux** he is far from being happy, he is by no means happy

◆ **peu s'en faut** ◆ **il a fini, ou peu s'en faut** he has as good as finished, he has just about finished ◆ **ça m'a coûté 500 € ou peu s'en faut** it cost me the best part of €500, it cost me very nearly €500 ◆ **peu s'en est fallu (pour) qu'il pleure** he almost wept, he very nearly wept

falot¹ /falo/ NM 1 (= *lanterne*) lantern
2 (*arg Mil* = *tribunal militaire*) court martial

falot², e /falo, ɔt/ ADJ [*personne*] colourless (*Brit*), colorless (*US*); [*lumière*] wan, pale

falsifiable /falsifjabl/ ADJ [*document, papiers d'identité, signature*] forgeable [*écriture*] that can be copied easily

falsificateur, -trice /falsifikatœʀ, tʀis/ NM,F [*de document, signature*] forger ◆ **les falsificateurs de l'histoire** those who distort history, the distorters of history

falsification /falsifikasjɔ̃/ NF [*de comptes, faits, document*] falsification; [*de signature*] forgery, forging; [*d'aliment*] doctoring, adulteration

falsifier /falsifje/ SYN ▸ conjug 7 ◂ VT [+ *comptes, faits, document*] to falsify; [+ *signature*] to forge; [+ *aliment*] to doctor, to adulterate

falzar * /falzaʀ/ NM (pair of) trousers, (pair of) pants (*US*)

famé, e /fame/ **mal famé** LOC ADJ disreputable

famélique /famelik/ SYN ADJ scrawny, scraggy, rawboned

fameusement * /faməzmɑ̃/ ADV (= *très*) remarkably, really ◆ **c'est fameusement bon** it's remarkably *ou* really good

fameux, -euse /famø, øz/ SYN ADJ 1 (* : *après n* = *de qualité*) [*mets, vin*] first-rate, first-class

2 ◆ **pas fameux** * [*mets, travail, temps*] not too good, not so great *; [*roman, auteur*] no great shakes *, not up to much * (*Brit*) ◆ **et le temps pour demain ? – pas fameux** and tomorrow's weather? – not all that good *ou* not up to much * (*Brit*) ◆ **il n'est pas fameux en latin** he's not too good *ou* not all that good at Latin

3 (*avant n* : *intensif*) real ◆ **c'est un fameux trajet/problème/travail** it's quite a *ou* one hell of a * journey/problem/piece of work ◆ **c'est une fameuse erreur/raclée** it's quite a *ou* it's a real mistake/thrashing ◆ **un fameux salaud** * a downright *ou* an out-and-out *ou* a real bastard * ◆ **une fameuse assiettée** a huge *ou* great plateful ◆ **c'est un fameux gaillard** (*bien bâti*) he's a strapping fellow; (*chaud lapin*) he's one for the ladies, he's a bit of a lad * (*Brit*)

4 (*avant n* = *bon*) [*idée, voiture*] first-rate, great *, fine ◆ **c'est une fameuse aubaine** it's a real *ou* great stroke of luck ◆ **il a fait un fameux travail** he's done a first-class *ou* first-rate *ou* fine job ◆ **elle était fameuse, ton idée !** what a bright *ou* great * idea you had!

5 (* : *avant n* = *fonction de référence*) famous ◆ **quel est le nom de cette fameuse rue ?** what's the name of that (famous) street? ◆ **ah, c'est ce fameux Paul dont tu m'as tant parlé** so this is the famous Paul you've told me so much about ◆ **c'est ça, sa fameuse honnêteté** so this is his much-vaunted honesty

6 (*après n* = *célèbre*) famous (*pour, par* for)

familial, e (mpl **-iaux**) /familjal, jo/
ADJ [*problème*] family (*épith*), domestic (*épith*); [*liens, vie, personne, ambiance*] family (*épith*); [*boîte, paquet*] family-size(d); [*modèle de voiture*] family (*épith*); → **aide²**, **allocation**
NF **familiale** (family) estate car (*Brit*), station wagon (*US*)

familialiste /familjalist/ ADJ [*mouvement, modèle, groupe*] promoting family values

familiarisation /familjaʀizasjɔ̃/ NF familiarization

familiariser /familjaʀize/ SYN ▸ conjug 1 ◂
VT ◆ **familiariser qn avec** to familiarize sb with, to get sb used to
VPR **se familiariser** to familiarize o.s. ◆ **se familiariser avec** [+ *lieu, personne, méthode, langue*] to familiarize o.s. with, to get to know, to become acquainted with; [+ *bruit, danger*] to get used *ou* accustomed to ◆ **ses pieds, peu familiarisés avec le sol rocailleux** his feet, unused *ou* unaccustomed to the stony ground

familiarité /familjaʀite/ SYN NF 1 (= *bonhomie*) familiarity; (= *désinvolture*) offhandedness, (over)familiarity
2 (= *privautés*) ◆ **familiarités** familiarities ◆ **cessez ces familiarités** stop these familiarities, stop taking liberties
3 (= *habitude*) ◆ **familiarité avec** [+ *langue, auteur, méthode*] familiarity with
4 (= *atmosphère amicale*) informality ◆ **dans la familiarité de** (*littér*) on familiar terms with

familier, -ière /familje, jɛʀ/ SYN
ADJ 1 (= *bien connu*) [*problème, spectacle, objet*] familiar ◆ **sa voix/cette technique m'est familière** I'm familiar with his voice/this technique, his voice/this technique is familiar *ou* well-known to me ◆ **la langue anglaise lui est devenue familière** he has become (thoroughly) familiar with *ou* at home with the English language
2 (= *routinier*) [*tâche*] familiar ◆ **cette attitude lui est familière** this is a typical attitude of his ◆ **le mensonge lui était devenu familier** lying had become quite a habit of his *ou* had become almost second nature to him
3 (= *amical*) [*entretien, atmosphère*] informal, friendly, casual
4 (= *désinvolte*) [*personne*] (over)familiar; [*surnom*] familiar; [*ton, remarque*] (over)familiar, offhand; [*attitude, manières*] offhand ◆ **il devient vite familier** he soon gets too familiar ◆ **(trop) familier avec ses supérieurs/ses clients/les femmes** overfamiliar with his superiors/his customers/women
5 (= *non recherché*) [*mot*] informal, colloquial; [*style, registre*] informal, conversational, colloquial ◆ **expression familière** colloquialism, colloquial phrase *ou* expression
6 [*divinités*] household (*épith*); → **démon**
NM [*de club, théâtre*] regular visitor (*de* to) ◆ **le crime a été commis par un familier (de la maison)** the crime was committed by a regular visitor to the house

familièrement /familjɛʀmɑ̃/ SYN ADV (= *amicalement*) [*s'entretenir*] informally; (= *cavalièrement*) [*se conduire*] familiarly; (= *sans recherche*) [*s'exprimer*] informally, colloquially

◆ **comme on dit familièrement** as you say colloquially *ou* in conversation ◆ **le ficus elastica, familièrement appelé caoutchouc** ficus elastica, commonly known as the rubber plant ◆ **il te parle un peu (trop) familièrement** he's being a bit too familiar with you

familistère /familistɛʀ/ NM cooperative, coop*

famille /famij/ SYN NF [1] (*gén*) family ◆ **famille éloignée/proche** distant/close family *ou* relations *ou* relatives ◆ **avez-vous de la famille à Londres ?** do you have any family *ou* relations *ou* relatives in London? ◆ **on a prévenu la famille** the relatives *ou* the next of kin (*Admin*) have been informed ◆ **famille d'accueil** host family ◆ **famille nombreuse** large family ◆ **la famille étendue/nucléaire** the extended/nuclear family ◆ **elle promenait (toute) sa petite famille*** she was taking her (entire) brood* for a walk ◆ **comment va la petite famille ?** how are the little ones? ◆ **entrer dans une famille** to become part of a family ◆ **leur mariage a consacré son entrée dans la famille** their marriage made him an official member of the family ◆ **elle fait partie de la famille, elle est de la famille** she is part *ou* one of the family ◆ **c'est une famille de musiciens** they're a family of musicians; → **monoparental, recomposé**

[2] [*de plantes, langues*] family ◆ **la famille des cuivres** the brass family ◆ **famille de mots** word family ◆ **famille de produits** family of products, product family ◆ **ils sont de la même famille politique** they're of the same political persuasion

[3] (*locutions*) ◆ **de bonne famille** from a good family *ou* background ◆ **un (petit) bridge des familles*** a quiet *ou* cosy little game of bridge ◆ **il est très famille*** he's very family-oriented, he's a real family man ◆ **de famille** [*possessions, réunion, dîner*] family (*épith*) ◆ **tableau de famille** (= *peinture*) family portrait; (= *spectacle*) family scene; (*légué par les ancêtres*) family heirloom ◆ **c'est de famille, ça tient de famille** it runs in the family

◆ **en famille** (= *avec la famille*) with the family; (= *comme une famille*) as a family ◆ **tout se passe en famille** it's all kept in the family ◆ **il vaut mieux régler ce problème en famille** it's best to sort this problem out within the family ◆ **passer ses vacances en famille** to spend one's holidays with the family

famine /famin/ SYN NF (= *épidémie*) famine, starvation (*NonC*) ◆ **nous allons à la famine** we are heading for starvation, we are going to starve ◆ **crier famine** to complain that the wolf is at the door; → **salaire**

fan* /fan/ SYN NMF (= *admirateur*) fan

fana* /fana/ (abrév de **fanatique**)
ADJ crazy* (*de* about), mad keen* (*Brit*) (*de* on)
NMF fanatic ◆ **fana de ski/de varappe** skiing/rock-climbing fanatic ◆ **fana d'informatique/de cinéma** computer/cinema buff* ◆ **fana d'écologie** eco-freak*

fanage /fanaʒ/ NM tossing, turning, tedding

fanal (pl **-aux**) /fanal, o/ NM (= *feu*) [*de train*] headlight, headlamp; [*de mât*] lantern; (= *phare*) beacon, lantern; (= *lanterne à main*) lantern, lamp

fanatique /fanatik/ SYN
ADJ fanatical (*de* about)
NMF (*gén, Sport*) fanatic; (*Pol, Rel*) fanatic, zealot ◆ **fanatique du ski/du football/des échecs** skiing/football/chess fanatic

fanatiquement /fanatikmɑ̃/ ADV fanatically

fanatisation /fanatizasjɔ̃/ NF rousing to fanaticism, fanaticization (*frm*)

fanatiser /fanatize/ ▸ conjug 1 ◂ VT to rouse to fanaticism, to fanaticize (*frm*)

fanatisme /fanatism/ SYN NM fanaticism

fan-club (pl **fan-clubs**) /fanklœb/ NM [*de vedette*] fan club ◆ **il fait partie de mon fan-club** (*hum*) he's one of my fans

fandango /fɑ̃dɑ̃go/ NM fandango

fane /fan/ NF (*surtout pl*) [*de légume*] top ◆ **fanes de carottes/radis** carrot/radish tops ◆ **fanes de haricots/pommes de terre** bean/potato haulms

fané, e /fane/ SYN (ptp de **faner**) ADJ [*fleur, bouquet*] withered, wilted; [*couleur, teint, beauté, étoffe*] faded

faner /fane/ ▸ conjug 1 ◂
VI (*littér*) to make hay
VT [1] [+ *herbe*] to toss, to turn, to ted ◆ **on fane (l'herbe) après la fauchaison** the tossing *ou* turning of the hay *ou* the tedding is done after the mowing
[2] (*littér*) [+ *couleur, beauté*] to fade ◆ **femme que l'âge a fanée** woman whose looks have faded
VPR **se faner** SYN [*plante*] to fade, to wither, to wilt; [*peau*] to wither; [*teint, beauté, couleur*] to fade

faneur, -euse /fanœʀ, øz/
NM,F (= *ouvrier*) haymaker
NF **faneuse** (= *machine*) tedder

fanfare /fɑ̃faʀ/ NF [1] (= *orchestre*) brass band ◆ **la fanfare du régiment** the regimental band
[2] (= *musique*) fanfare ◆ **fanfare de clairons** fanfare of bugles ◆ **fanfare de trompettes** flourish *ou* fanfare of trumpets ◆ **des fanfares éclatèrent** there was the sound of fanfares

◆ **en fanfare** [*réveil, départ*] clamorous, tumultuous; [*réveiller, partir*] noisily, with a great commotion ◆ **il est arrivé en fanfare** (*avec bruit*) he came in noisily *ou* with a great commotion; (*fièrement*) he came in triumphantly ◆ **l'entreprise a fait son entrée en fanfare sur le marché** the company came onto the market with *ou* amid much fanfare ◆ **c'est le retour en fanfare de la mode des années 60** sixties fashion is making a spectacular comeback its is back with a vengeance ◆ **le plan a été annoncé en grande fanfare en avril** the plan was announced with *ou* amid much fanfare in April

[3] ◆ **reliure à la fanfare** ornate binding

fanfaron, -onne /fɑ̃faʀɔ̃, ɔn/ SYN
ADJ [*personne, attitude*] boastful; [*air, propos*] bragging, boastful ◆ **il avait un petit air fanfaron** he was quite full of himself, he looked very pleased with himself
NM,F braggart ◆ **faire le fanfaron** to brag, to boast

fanfaronnade /fɑ̃faʀɔnad/ NF bragging (*NonC*), boasting (*NonC*), boast ◆ **arrête tes fanfaronnades** stop boasting

fanfaronner /fɑ̃faʀɔne/ SYN ▸ conjug 1 ◂ VI to brag, to boast

fanfreluche /fɑ̃fʀəlyʃ/ NF (*sur rideau, ameublement*) trimming ◆ **robe ornée de fanfreluches** dress trimmed with frills and flounces

fange /fɑ̃ʒ/ NF (*littér*) mire (*littér*); → **traîner, vautrer (se)**

fangeux, -euse /fɑ̃ʒø, øz/ ADJ (*littér*) miry (*littér*)

fangothérapie /fɑ̃ɡɔteʀapi/ NF fangotherapy

fanion /fanjɔ̃/ NM [*de vélo, club, bateau*] pennant; (*Rugby*) flag; (*Ski*) pennant ◆ **fanion de commandement** (*Mil*) commanding officer's pennant

fanon /fanɔ̃/ NM [1] [*de baleine*] plate of whalebone *ou* baleen; (= *matière*) whalebone (*NonC*)
[2] [*de cheval*] fetlock
[3] [*de bœuf*] dewlap; [*de dindon*] wattle
[4] [*de mitre*] lappet

fantaisie /fɑ̃tezi/ SYN NF [1] (= *caprice*) whim ◆ **elle se plie à toutes ses fantaisies, elle lui passe toutes ses fantaisies** she gives in to his every whim ◆ **s'offrir une fantaisie en allant** *ou* **s'offrir la fantaisie d'aller au restaurant** to give o.s. a treat by having a meal out *ou* by eating out ◆ **je me suis payé une petite fantaisie** (*bibelot, bijou, gadget*) I bought myself a little present
[2] (= *extravagance*) extravagance ◆ **ces fantaisies vestimentaires** such extravagance *ou* extravagances of dress ◆ **bijoux de fantaisie** costume jewellery ◆ **pain de fantaisie** fancy bread
[3] (*littér* = *bon plaisir*) ◆ **il agit selon** *ou* **il n'en fait qu'à sa fantaisie** he does as the fancy takes him ◆ **il lui a pris la fantaisie de...** he took it into his head to... ◆ **à votre fantaisie** as it may please you
[4] (= *imagination*) imagination ◆ **être plein de fantaisie** to be full of imagination, to be imaginative ◆ **manquer de fantaisie** [*vie*] to be monotonous *ou* uneventful; [*personne*] to be lacking in imagination *ou* be unimaginative
[5] (*en adj*) ◆ **boucles d'oreilles fantaisie** (*originales*) fancy *ou* novelty earrings; (*imitation*) imitation gold (*ou* silver *etc*) earrings ◆ **bijoux fantaisie** costume jewellery ◆ **rideaux fantaisie** fancy curtains ◆ **boutons fantaisie** fancy *ou* novelty buttons ◆ **kirsch fantaisie** kirsch-flavoured brandy

[6] (= *œuvre*) (*Littérat*) fantasy; (*Mus*) fantasy, fantasia

fantaisiste /fɑ̃tezist/ SYN
ADJ [1] [*nouvelle, explication*] fanciful; [*horaires*] unpredictable ◆ **il a annoncé des chiffres de chômage tout à fait fantaisistes** the unemployment figures he announced were pure fantasy
[2] [*personne*] (= *farceur*) whimsical; (= *capricieux*) fanciful; (= *peu sérieux*) unreliable; (= *bizarre*) eccentric, unorthodox
NMF [1] (*Théât*) variety artist *ou* entertainer
[2] (= *original*) eccentric, oddball*

fantasia /fɑ̃tazja/ NF fantasia

fantasmagorie /fɑ̃tasmaɡɔʀi/ NF phantasmagoria

fantasmagorique /fɑ̃tasmaɡɔʀik/ ADJ phantasmagorical

fantasmatique /fɑ̃tasmatik/ ADJ [*rêve, vision*] fantastical

fantasme /fɑ̃tasm/ SYN NM fantasy ◆ **il vit dans ses fantasmes** he lives in a fantasy world

fantasmer /fɑ̃tasme/ ▸ conjug 1 ◂
VI to fantasize (*sur* about)
VT to fantasize about

fantasque /fɑ̃task/ SYN ADJ (*littér*) [*personne, humeur*] whimsical, capricious; [*chose*] weird, fantastic

fantassin /fɑ̃tasɛ̃/ NM foot soldier, infantryman ◆ **2 000 fantassins** 2,000 foot *ou* infantry

fantastique /fɑ̃tastik/ SYN
ADJ [1] * (= *excellent*) fantastic*, terrific*, great*; (= *énorme, incroyable*) fantastic*, incredible ◆ **tu es vraiment fantastique ! tu crois que c'est facile ?** you are incredible! do you think this is easy?
[2] (= *étrange*) [*atmosphère*] weird, eerie; [*rêve*] weird, fantastic ◆ **conte fantastique** tale of fantasy *ou* of the supernatural ◆ **roman fantastique** (*gén*) fantasy; (= *romantique*) Gothic novel ◆ **film fantastique** fantasy film ◆ **le cinéma fantastique** science fiction, horror and fantasy films
NM ◆ **le fantastique** the fantastic, the uncanny; (*Littérat*) (*gén*) fantasy, the fantastic; (*romantique*) Gothic literature; (*Ciné*) science fiction, horror and fantasy

fantastiquement /fɑ̃tastikmɑ̃/ ADV fantastically

fantoche /fɑ̃tɔʃ/ SYN NM, ADJ puppet ◆ **gouvernement fantoche** puppet government

fantomatique /fɑ̃tɔmatik/ ADJ ghostly

fantôme /fɑ̃tom/ SYN
NM (= *spectre*) ghost, phantom ◆ **les fantômes du passé** ghosts from the past ◆ **ce n'est plus qu'un fantôme** (= *personne amaigrie*) he's a shadow of his former self
ADJ [*société*] dummy, bogus ◆ **salarié fantôme** ghost *ou* phantom employee ◆ **bateau fantôme** ghost *ou* phantom ship ◆ **train/ville fantôme** ghost train/town ◆ **étudiants fantômes** students who do not attend classes ◆ **membre fantôme** (*Méd*) phantom limb ◆ **image fantôme** (*Phys*) ghost ◆ **cabinet/gouvernement fantôme** (*Pol*) shadow cabinet/government; → **vaisseau**

fanton /fɑ̃tɔ̃/ NM ⇒ **fenton**

fanzine /fɑ̃zin/ NM fanzine

FAO /ɛfao/ NF [1] (abrév de **fabrication assistée par ordinateur**) CAM
[2] (abrév de **Food and Agriculture Organization**) FAO

faon /fɑ̃/ NM fawn

faquin †† /fakɛ̃/ NM wretch, rascal

far /faʀ/ NM ◆ **far (breton)** custard flan with prunes ◆ **far aux poires** custard flan with pears

farad /faʀad/ NM farad

faraday /faʀadɛ/ NM faraday

faradique /faʀadik/ ADJ farad(a)ic

faramineux, -euse* /faʀaminø, øz/ SYN ADJ [*bêtise, inconscience*] staggering*, fantastic*, mind-boggling*; [*prix, somme, salaire, coût*] astronomical*; [*projet, vitesse*] fantastic* ◆ **toi et tes idées faramineuses !** you and your brilliant ideas!

farandole /faʀɑ̃dɔl/ NF (= *danse*) farandole ◆ **la farandole des desserts** a selection of desserts

faraud, e † /faʀo, od/
ADJ boastful • **tu n'es plus si faraud** you are no longer quite so boastful *ou* full of yourself *ou* pleased with yourself
NM,F braggart • **faire le faraud** to brag, to boast

farce¹ /faʀs/ SYN **NF** 1 (*= tour*) practical joke, prank, hoax • **faire une farce à qn** to play a practical joke *ou* a prank on sb • **farces (et) attrapes** (*= objets*) (assorted) tricks • **magasin de farces-attrapes** joke (and novelty) shop
2 (*fig, Théât*) farce • **grosse farce** slapstick comedy • **ce procès est une farce** this trial is a farce; → **dindon**

farce² /faʀs/ **NF** (*Culin*) (*gén*) stuffing; (*à la viande*) forcemeat

farceur, -euse /faʀsœʀ, øz/ SYN
NM,F (*= facétieux*) (*en actes*) practical joker, prankster; (*en paroles*) joker, wag; (*péj = fumiste*) clown (*péj*) • **sacré farceur !** you're (*ou* he's *etc*) a sly *ou* crafty one!
ADJ (*= espiègle*) mischievous • **il est très farceur** he likes playing tricks *ou* practical jokes

farcin /faʀsɛ̃/ **NM** farcy

farcir /faʀsiʀ/ SYN ▸ conjug 2 ◂
VT 1 (*Culin*) to stuff • **tomates farcies** stuffed tomatoes
2 (*fig*) • **farci de fautes** crammed *ou* littered with mistakes • **j'en ai la tête farcie** I've had about as much as I can take
VPR **se farcir** 1 (*péj*) • **se farcir la mémoire** *ou* **la tête de** to fill one's head with
2 ‡ [*+ lessive, travail, personne*] to get stuck *ou* landed with*; [*+ bouteille*] to knock back*, to polish off*; [*+ gâteaux*] to gobble down*, to guzzle*, to scoff* (*Brit*) • **se farcir une fille/un mec**‡ to make it with‡ a girl/a guy, to have it off with‡ (*Brit*) a girl/a guy • **il faudra se farcir ton cousin pendant 3 jours** we'll have to put up with your cousin for 3 days • **il faut se le farcir !** [*+ importun*] he's a real pain (in the neck)!*; [*+ livre*] it's really heavy going! • **je me suis farci le voyage à pied** I bloody well‡ walked the whole way

fard /faʀ/ **NM** (*= maquillage*) make-up; († *= poudre*) rouge †, paint • **fard (gras)** [*d'acteur*] greasepaint • **fard à joues** blusher • **fard à paupières** eye shadow • **sans fard** [*parler*] openly; [*élégance*] unpretentious, simple; → **piquer**

fardage¹ /faʀdaʒ/ **NM** [*de bilan, marchandise*] dressing-up

fardage² /faʀdaʒ/ **NM** (*Naut = plan de bois sur un bateau*) top-hammer

farde¹ /faʀde/ **NF** (*Comm*) bale of coffee (*weighing 185 kg*)

farde² /faʀde/ **NF** (*Belg*) (*= chemise, dossier*) file; (*= liasse*) bundle, wad

fardé, e /faʀde/ (ptp de **farder**) **ADJ** [*personne*] wearing make-up • **elle est trop fardée** she's wearing too much make-up • **elle avait les paupières/joues fardées** she was wearing eyeshadow/blusher • **elle avait les lèvres fardées** she was wearing lipstick

fardeau (pl **fardeaux**) /faʀdo/ SYN **NM** (*lit*) load, burden (*littér*); (*fig*) burden • **sous le fardeau de** under the weight *ou* burden of • **il a traîné** *ou* **porté ce fardeau toute sa vie** he carried *ou* bore this burden all his life

farder¹ /faʀde/ ▸ conjug 1 ◂
VT 1 (*Théât*) [*+ acteur*] to make up; †† [*+ visage*] to rouge †, to paint
2 [*+ bilan, marchandise*] to dress up; (*littér*) [*+ vérité*] to disguise, to mask, to veil
VPR **se farder** SYN (*= se maquiller*) to make (o.s.) up; († *= se poudrer*) to paint one's face †; [*acteur*] to make up

farder² /faʀde/ ▸ conjug 1 ◂ **VI** [*voile*] to set well

fardoches /faʀdɔʃ/ **NFPL** (*Can*) underwood, brushwood, scrub

farfadet /faʀfadɛ/ **NM** sprite, elf

farfelu, e* /faʀfəly/ SYN
ADJ [*idée, projet*] hare-brained; [*personne, conduite*] eccentric, scatty* (*Brit*)
NM,F eccentric

farfouiller* /faʀfuje/ ▸ conjug 1 ◂ **VI** to rummage about (*dans* in)

fargues /faʀg/ **NFPL** (*Naut*) gunwhale, gunnel

faribole /faʀibɔl/ **NF** (*littér*) (piece of) nonsense • **conter des fariboles** to talk nonsense *ou* twaddle (*Brit*) • **fariboles (que tout cela) !** (stuff and) nonsense!, fiddlesticks! †*, poppycock! †*

farigoule /faʀigul/ **NF** thyme

farinacé, e /faʀinase/ **ADJ** farinaceous

farine /faʀin/
NF [*de blé*] flour • **de (la) même farine** (*littér*) of the same ilk; → **fleur, rouler**
COMP **farines animales** bone meal
farine d'avoine oatmeal
farine de blé ⇒ **farine de froment**
farine complète wheatmeal *ou* whole wheat *ou* wholemeal (*Brit*) flour
farine de froment wheat flour
farine à gâteaux cake flour
farine de gruau fine wheat flour
farine lactée baby cereal
farine de lin linseed meal
farine de maïs cornflour (*Brit*), cornstarch (*US*)
farine de manioc cassava, manioc flour
farine de moutarde mustard powder
farine de poisson fish meal
farine de riz rice flour
farine de sarrasin buckwheat flour
farine de seigle rye flour
farine tamisée sifted flour

fariner /faʀine/ ▸ conjug 1 ◂ **VT** to flour • **moule beurré et fariné** buttered and floured tin (*Brit*) *ou* pan (*US*)

farineux, -euse /faʀinø, øz/
ADJ [*consistance, aspect, goût*] floury, chalky; [*chocolat*] powdery, chalky; [*fromage*] chalky; [*pomme de terre*] floury; [*pomme*] dry, mushy
NM starchy food, starch • **les farineux** starchy foods, starches

farlouse /faʀluz/ **NF** meadow pipit

farniente /faʀnjɛnte/ **NM** idle life, idleness • **faire du farniente sur la plage** to lounge *ou* laze on the beach

farouche¹ /faʀuʃ/ SYN **ADJ** 1 (*= timide*) [*personne, animal*] shy, timid; (*= peu sociable*) [*voisin*] unsociable • **ces daims ne sont pas farouches** these deer are not a bit shy *ou* timid *ou* are quite tame • **elle n'est pas farouche** (*péj*) she's no shrinking violet
2 (*= acharné*) [*opposition, attachement, adversaire*] fierce; [*volonté*] unshakeable, inflexible; [*énergie*] irrepressible; [*partisan, défenseur*] staunch; [*haine, ennemi*] bitter; (*= hostile*) [*regard*] fierce, hostile
3 (*= indompté*) savage, wild

farouche² /faʀuʃ/ **NM** (*= plante*) crimson *ou* carnation clover

farouchement /faʀuʃmɑ̃/ **ADV** fiercely • **nier farouchement qch** to deny sth fiercely *ou* vehemently

farrago /faʀago/ **NM** (*Agr*) mixed fodder

farsi /faʀsi/ **NM** Farsi

fart /faʀt/ **NM** (ski) wax • **fart de montée** climbing wax

fartage /faʀtaʒ/ **NM** [*de skis*] waxing

farter /faʀte/ ▸ conjug 1 ◂ **VT** [*+ skis*] to wax

Far-West, Far West /faʀwɛst/ **NM INV** • **le Far-West** the Wild West

fasce /fas/ **NF** (*Héraldique*) fess(e), fascia

fascé, e /fase/ **ADJ** (*Héraldique*) fessey

fascia /fasja/ **NM** (*Anat*) fascia

fasciation /fasjasjɔ̃/ **NF** [*de plante, arbre*] fasciation

fascicule /fasikyl/ SYN **NM** part, instalment, fascicule (*SPÉC*) • **ce livre est vendu avec un fascicule d'exercices** this book is sold with a manual of exercises • **fascicule de mobilisation** (*Mil*) instructions for mobilization

fasciculé, e /fasikyle/ **ADJ** fascicled

fascié, e /fasje/ **ADJ** fasciate(d)

fascinant, e /fasinɑ̃, ɑ̃t/ SYN **ADJ** (*gén*) fascinating; [*beauté*] bewitching, fascinating

fascination /fasinasjɔ̃/ SYN **NF** fascination • **exercer une grande fascination** to exert (a) great fascination (*sur* on, over), to have (a) great fascination (*sur* for)

fascine /fasin/ **NF** (*= fagot*) faggot (*of brushwood*); (*Constr*) fascine

fasciner¹ /fasine/ SYN ▸ conjug 1 ◂ **VT** (*gén*) to fascinate; (*= soumettre à son charme*) to bewitch • **il s'est laissé fasciner par cette idéologie** he allowed himself to come under the spell of this ideology • **être fasciné par le pouvoir** to be fascinated *ou* mesmerized by power

fasciner² /fasine/ ▸ conjug 1 ◂ **VT** (*Constr*) to line with fascines

fascisant, e /faʃizɑ̃, ɑ̃t/ **ADJ** fascistic

fascisation /faʃizasjɔ̃/ **NF** fascistization

fasciser /faʃize/ ▸ conjug 1 ◂ **VT** to make fascist(ic)

fascisme /faʃism/ **NM** fascism

fasciste /faʃist/ **ADJ, NMF** fascist

faseyer /faseje, fazeje/ ▸ conjug 1 ◂ **VI** [*voile*] to shiver

faste¹ /fast/ SYN **NM** splendour (*Brit*), splendor (*US*), pomp • **sans faste** [*cérémonie*] simple, low-key; [*célébrer*] quietly, simply

faste² /fast/ SYN **ADJ** (*littér*) [*année, période*] (*= de chance*) lucky; (*= prospère*) prosperous • **jour faste** lucky day

fastes /fast/ **NMPL** (*= annales*) annals

fast-food (pl **fast-foods**) /fastfud/ **NM** (*= restaurant*) fast-food restaurant; (*= restauration*) fast food

fastidieusement /fastidjøzmɑ̃/ **ADV** tediously, tiresomely, boringly

> **fastidieusement** ne se traduit pas par **fastidiously**, qui a le sens de 'méticuleusement'.

fastidieux, -ieuse /fastidjø, jøz/ SYN **ADJ** tedious, boring; [*travail*] tedious • **long et fastidieux** long and boring • **il serait fastidieux de les énumérer** it would be tedious to list them

> **fastidieux** ne se traduit pas par **fastidious**, qui a le sens de 'méticuleux'.

fastigié, e /fastiʒje/ **ADJ** [*plante, arbre*] fastigiate(d)

fastoche‡ /fastɔʃ/ **ADJ** dead easy* • **c'est vachement fastoche !** it's dead easy* *ou* a cinch!‡

fastueusement /fastɥøzmɑ̃/ **ADV** sumptuously, luxuriously • **recevoir qn fastueusement** (*pour dîner*) to entertain sb lavishly; (*à son arrivée*) to give sb a lavish reception

fastueux, -euse /fastɥø, øz/ SYN **ADJ** sumptuous, luxurious • **réception fastueuse** lavish reception • **mener une vie fastueuse** to lead a sumptuous *ou* luxurious existence, to live a life of great luxury

fat † /fa(t)/ SYN
ADJ conceited, smug, complacent
NM conceited *ou* smug *ou* complacent person

fatal, e (mpl **fatals**) /fatal/ SYN **ADJ** 1 (*= funeste*) [*accident, issue*] fatal; [*coup*] fatal, deadly • **erreur fatale !** fatal error *ou* mistake! • **être fatal à qn** [*chute, accident*] to kill sb; [*erreur, bêtise*] to prove fatal *ou* disastrous for *ou* to sb
2 (*= inévitable*) inevitable • **c'était fatal** it was inevitable, it was bound to happen • **il était fatal qu'elle le fasse** she was bound *ou* fated to do it, it was inevitable that she should do it
3 (*= marqué par le destin*) [*instant, heure*] fatal, fateful; → **femme**

fatalement /fatalmɑ̃/ **ADV** (*= inévitablement*) inevitably • **fatalement, il est tombé !** inevitably, he fell! • **il y aura fatalement des conséquences** inevitably, there will be consequences • **ça devait fatalement arriver** it was bound *ou* fated to happen

> **fatalement** ne se traduit pas par **fatally**, qui a le sens de 'mortellement'.

fatalisme /fatalism/ **NM** fatalism

fataliste /fatalist/ SYN
ADJ fatalistic
NMF fatalist

fatalité /fatalite/ SYN **NF** 1 (*= destin*) fate, fatality (*littér*) • **être poursuivi par la fatalité** to be pursued by fate • **c'est la fatalité** it's fate
2 (*= nécessité*) • **le chômage est-il une fatalité ?** is unemployment inevitable? • **par quelle fatalité se sont-ils rencontrés ?** by what terrible *ou* unfortunate coincidence did they meet?
3 (*= caractère inévitable*) inevitability • **la fatalité de la mort/de cet événement** the inevitability of death/this event

fatidique /fatidik/ SYN **ADJ** (*= lourd de conséquences*) [*décision, paroles*] fateful; (*= crucial*) [*moment*] fatal, fateful • **la date fatidique** the fateful day • **le chômage a passé la barre** *ou* **le seuil fatidique des 10%** unemployment has passed the critical 10% threshold • **enfin, le jour fatidique est arrivé** at last the fateful day arrived • **puis vint la question fatidique : qui allait faire le travail ?** then came the big question *ou* the sixty-four thousand dollar question*: who was going to do the work?

fatigabilité /fatigabilite/ NF *[de personne]* fatigability

fatigable /fatigabl/ ADJ fatigable

fatigant, e /fatigɑ̃, ɑ̃t/ SYN ADJ *(= épuisant)* tiring; *(= agaçant) [personne]* annoying, tiresome, tedious; *[conversation]* tiresome, tedious • **c'est fatigant pour la vue** it's tiring *ou* a strain on the eyes • **c'est fatigant pour le cœur** it's a strain on the heart • **tu es vraiment fatigant avec tes questions** you really are annoying *ou* tiresome *ou* a nuisance with your questions • **c'est fatigant de devoir toujours tout répéter** it's annoying *ou* tiresome *ou* a nuisance to have to repeat everything all the time

fatigue /fatig/ SYN NF 1 *[de personne] (gén)* tiredness; *(Méd)* fatigue • **tomber** *ou* **être mort de fatigue** *(fig)* to be dead tired*, to be exhausted • **il a voulu nous épargner cette fatigue** he wanted to save *ou* spare us the strain • **dans un état d'extrême** *ou* **de grande fatigue** in a state of utter exhaustion • **se remettre des fatigues du voyage** to get over the strain *ou* the tiring effects of the journey • **pour se reposer de la fatigue du voyage** to rest after a tiring journey • **cette fatigue dans le bras gauche** this weakness in the left arm • **fatigue oculaire** *ou* **visuelle** eyestrain; → **recru**

2 *(Tech)* fatigue • **la fatigue des métaux** metal fatigue

fatigué, e /fatige/ SYN (ptp de **fatiguer**) ADJ

1 *[personne, voix]* tired; *[traits, membres]* tired; *[cœur]* strained, overworked; *[cerveau]* overtaxed, overworked; *[estomac, foie]* upset • **il a les bras fatigués** his arms are tired • **j'ai les yeux fatigués** my eyes are tired *ou* strained • **fatigué par le voyage** tired after travelling • **il est né fatigué** *(péj)* he's bone-lazy *ou* bone-idle *(Brit)*

2 • **fatigué de** tired of • **fatigué de la vie** tired of life *ou* living • **je suis fatigué de me répéter** I'm tired of repeating myself

3 *[poutre, joint, moteur, habits]* worn

fatiguer /fatige/ SYN ▸ conjug 1 ◂

VT 1 *[+ personne] [effort, maladie, études]* to make tired, to tire; *[professeur, patron]* to overwork • **ces efforts fatiguent, à la longue** all this effort tires *ou* wears you out in the end • **ça fatigue les yeux/le cœur/l'organisme** it is *ou* puts a strain on the eyes/heart/whole body • **se fatiguer les yeux/le cœur** to strain one's eyes/heart

2 *[+ animal, objet] [+ cheval]* to tire, to put a strain on; *[cavalier]* to overwork; *[+ moteur]* to put (a) strain on, to strain; *[+ poutre, pièce]* to put (a) strain on; *[+ chaussures, vêtement]* to wear out; *[+ sol]* to exhaust, to impoverish

3 *(= agacer)* to annoy; *(= lasser)* to wear out • **tu commences à me fatiguer** you're beginning to annoy me • **tu me fatigues avec tes questions !** you're getting on my nerves with all your questions! • **il vous fatigue avec ses problèmes !** his problems are enough to tire anybody out!

4 *[+ salade]* to toss

VI *[moteur]* to labour *(Brit)*, to labor *(US)*, to strain; *[poutre, pièce, joint]* to become strained, to show (signs of) strain; *[personne]* to tire, to grow tired *ou* weary • **je commence à fatiguer** I'm starting to get tired

VPR **se fatiguer** 1 *(physiquement)* to get tired • **se fatiguer à faire qch** to tire o.s. out doing sth • **il ne s'est pas trop fatigué** *(iro)* he didn't overdo it, he didn't kill himself*

2 *(= se lasser de)* • **se fatiguer de qch/de faire** to get tired *ou* weary of sth/of doing

3 *(= s'évertuer à)* • **se fatiguer à répéter/expliquer** to wear o.s. out repeating /explaining • **ne te fatigue pas** *ou* **pas la peine de te fatiguer, il est borné*** he's just dim so don't waste your time *ou* your breath

fatma /fatma/ NF *North African woman servant*

fatras /fatʀɑ/ SYN NM *[de choses]* jumble; *[d'idées]* jumble, hotchpotch *(Brit)*, hodgepodge *(US)*

fatrasie /fatʀazi/ NF *nonsensical poem of the Middle Ages*

fatuité /fatɥite/ NF self-complacency, self-conceit, smugness

fatwa /fatwa/ NF fatwa • **prononcer une fatwa contre qn** to declare *ou* issue a fatwa against sb

faubert /fobɛʀ/ NM *(Naut = balai)* swab

faubourg /fobuʀ/ NM (inner) suburb • **avoir l'accent des faubourgs** to have a working-class Paris accent

faubourien, -ienne /fobuʀjɛ̃, jɛn/ ADJ *[accent, manières]* working-class Paris

fauchage /foʃaʒ/ NM *[de blé]* reaping; *[de champs, prés]* mowing; *[d'herbe] (avec une faux)* scything, mowing, cutting; *(mécanique)* mowing, cutting

fauchaison /foʃɛzɔ̃/ NF 1 *(= époque) [de pré]* mowing (time), reaping (time); *[de blés]* reaping (time)

2 *(= action)* ⇒ **fauchage**

fauche /foʃ/ NF 1 *(* = vol)* thieving • **il y a beaucoup de fauche** a lot of thieving goes on • **lutter contre la fauche dans les supermarchés** to combat shoplifting *ou* thieving in supermarkets

2 †† ⇒ **fauchaison**

fauché, e* /foʃe/ (ptp de **faucher**) ADJ *(= sans argent)* (flat *ou* dead) broke* *(attrib)*, hard up*, stony-broke* *(Brit) (attrib)* • **il est fauché comme les blés** he hasn't got a penny to his name, he hasn't got a bean* *(Brit) ou* a brass farthing *(Brit)* • **c'est un éternel fauché** he's permanently broke*, he never has a penny • **avec toi, on n'est pas fauché !** *(iro)* you're a dead loss!*, you're a fat lot of good!* *(Brit)*

faucher /foʃe/ SYN ▸ conjug 1 ◂

VT 1 *[+ blé]* to reap; *[+ champs, prés]* to mow, to reap; *[+ herbe] (avec une faux)* to scythe, to mow, to cut; *(mécaniquement)* to mow, to cut

2 *(= abattre) [vent]* to flatten; *[véhicule]* to knock over *ou* down, to mow down; *[tir]* to mow down; *[explosion]* to flatten, to blow over; *(Football)* to bring down • **la mort l'a fauché en pleine jeunesse** he was cut down in his prime • **ils ont été fauchés par un obus de mortier** they were blown up by a shell • **avoir une jambe fauchée par un train** to have a leg cut off *ou* taken off by a train

3 *(* = voler)* to swipe*, to pinch* *(Brit)*, to nick* *(Brit)* • **elle fauche dans les magasins** she pinches* things from shops

VI *[cheval]* to dish

fauchet /foʃɛ/ NM (wooden) hay rake

fauchette /foʃɛt/ NF billhook *(for trimming bushes)*

faucheur, -euse /foʃœʀ, øz/

NM,F *(= personne)* mower, reaper

NM ⇒ **faucheux**

NF **faucheuse** *(= machine)* reaper, mower • **la Faucheuse** *(littér = mort)* the (Grim) Reaper

faucheux /foʃø/ NM harvestman *(Brit)*, harvest spider, daddy-longlegs *(US)*

faucille /fosij/ NF sickle • **la faucille et le marteau** the hammer and sickle

faucon /fokɔ̃/ NM *(lit)* falcon, hawk; *(Pol)* hawk • **faucon crécerelle** kestrel • **faucon pèlerin** peregrine falcon • **chasser au faucon** to hawk • **chasse au faucon** hawking

fauconneau (pl **fauconneaux**) /fokɔno/ NM young falcon *ou* hawk

fauconnerie /fokɔnʀi/ NF *(= art)* falconry; *(= chasse)* hawking, falconry; *(= lieu)* hawk house

fauconnier /fokɔnje/ NM falconer, hawker

faufil /fofil/ NM tacking *ou* basting thread

faufilage /fofilaʒ/ NM tacking, basting

faufiler /fofile/ SYN ▸ conjug 1 ◂

VT to tack, to baste

VPR **se faufiler** SYN • **se faufiler dans** to worm *ou* inch *ou* edge one's way into • **se faufiler entre** to dodge in and out of, to thread one's way through • **se faufiler parmi la foule** to worm *ou* inch *ou* thread one's way through the crowd, to slip through the crowd • **se faufiler entre les** *ou* **au milieu des voitures** to nip *ou* dodge in and out of the traffic, to thread one's way through the traffic • **il se faufila à l'intérieur/au dehors** he wormed *ou* inched *ou* edged his way in/out

faune[1] /fon/ NM *(Myth)* faun

faune[2] /fon/ NF *(= animaux)* wildlife, fauna; *(péj = personnes)* bunch, crowd • **la faune et la flore** the flora and fauna • **la faune marine** marine fauna *ou* animal life • **toute une faune** *(= animaux)* a wide variety of wildlife • **il y avait toute une faune devant la gare** *(= gens bizarres)* there was a strange-looking crowd of people in front of the station

faunesque /fonɛsk/ ADJ faunlike

faunesse /fonɛs/ NF fauness

faussaire /fosɛʀ/ SYN NMF forger

fausse /fos/ ADJ F → **faux**[2]

faussement /fosmɑ̃/ SYN ADV *[accuser]* wrongly, wrongfully; *[croire]* wrongly, erroneously, falsely • **faussement modeste** falsely modest • **faussement intéressé** pretending to be interested • **d'un ton faussement indifférent** in a tone of feigned indifference, in a deceptively detached tone of voice

fausser /fose/ SYN ▸ conjug 1 ◂ VT 1 *[+ calcul, statistique, fait]* to distort, to alter; *[+ réalité, pensée]* to distort, to pervert; *[+ sens d'un mot]* to distort; *[+ esprit]* to unsettle, to disturb; *[+ jugement]* to distort

◆ **fausser compagnie à qn** to give sb the slip, to slip *ou* sneak away from sb • **vous nous avez de nouveau faussé compagnie hier soir** you gave us the slip again last night, you sneaked *ou* slipped off again last night

2 *[+ clé]* to bend; *[+ serrure]* to break; *[+ poulie, manivelle, charnière]* to buckle, to bend; *[+ essieu, volant, hélice, lame]* to warp, to buckle, to bend • **soudain il se troubla, sa voix se faussa** suddenly he became flustered and his voice became strained

fausset[1] /fosɛ/ NM falsetto (voice) • **d'une voix de fausset** in a falsetto voice

fausset[2] /fosɛ/ NM *[de tonneau]* spigot

fausseté /foste/ SYN NF 1 *[d'idée, accusation, dogme]* falseness, falsity

2 *[de caractère, personne]* duplicity, deceitfulness

3 *(† = propos mensonger)* falsity †, falsehood

Faust /fost/ NM Faust

faustien, -ienne /fostjɛ̃, jɛn/ ADJ Faustian, of Faust

faut /fo/ → **falloir**

faute /fot/ GRAMMAIRE ACTIVE 17.1, 18.2 SYN

NF 1 *(= erreur)* mistake, error • **faire** *ou* **commettre une faute** to make a mistake *ou* an error • **faute de grammaire** grammatical mistake *ou* error • **faute de ponctuation** mistake in punctuation, error of punctuation • **faute de prononciation** mispronunciation • **faire des fautes de prononciation** to mispronounce words • **dictée sans faute** error-free dictation

2 *(= mauvaise action)* misdeed; *(Jur)* offence; *(† = péché de chair)* lapse (from virtue), sin (of the flesh) • **commettre une faute** *(gén)* to do something wrong; *(† = péché de chair)* to sin • **une faute contre** *ou* **envers la religion** a sin *ou* transgression against religion

3 *(Sport)* foul; *(Tennis)* fault • **le joueur a fait une faute** the player committed a foul • **faire une faute sur qn** to foul sb • **faire une faute de filet** *(Volley)* to make contact with the net • **faire une faute de main** to handle the ball • **faute personnelle** *(Basket)* personal foul • **faute de pied** *(Tennis)* foot fault • **faire une faute de pied** to foot-fault • **faire une double faute (de service)** *(Tennis)* to serve a double fault, to double-fault • **faute !** *(pour un joueur)* foul!; *(pour la balle)* fault! • **la balle est faute** *(Tennis)* the ball was out; → **parcours, sans-faute**

4 *(= responsabilité)* fault • **par la faute de Richard/sa faute** because of Richard/him • **c'est (de) la faute de** *ou* **à* Richard/(de) sa faute** it's Richard's fault/his fault • **la faute lui en revient** the fault lies with him • **à qui la faute ?** whose fault is it?, who is to blame? • **c'est la faute à pas de chance*** it's just bad *ou* hard luck

5 *(locutions)* • **faute avouée est à demi** *ou* **à moitié pardonnée** *(Prov)* a sin confessed is a sin half pardoned • **il ne se fait pas faute de faire** *(littér)* he doesn't shy from *ou* at doing, he doesn't fail to do • **il ne se fit pas faute d'en parler** *(littér)* he didn't miss a chance to talk about it

◆ **en faute** • **être/se sentir en faute** to be/feel at fault *ou* in the wrong • **prendre qn en faute** to catch sb out

◆ **faute de** for *ou* through lack of • **faute d'argent** for want of *ou* through lack of money • **faute de temps** for *ou* through lack of time • **faute de mieux** for lack of *ou* want of anything better • **faute de quoi** failing which, otherwise • **relâché faute de preuves** released for *ou* through lack of evidence • **faute de réponse sous huitaine** failing a reply within a week, if we receive no reply within a week • **faute d'avis contraire** unless otherwise informed • **faute d'y être allé, je...** since I didn't go, I... • **je n'y suis pas arrivé, mais ce n'est pas faute d'avoir essayé** I didn't manage to do it but it wasn't for want *ou* lack of trying • **le combat cessa faute de combattants** the battle died down, there being nobody left to carry on the fight ◆ **faute de grives, on mange des merles** (Prov) you have to cut your coat according to your cloth (Prov), beggars can't be choosers (Prov)

◆ COMP **faute d'accord** (Ling) mistake in (the) agreement
faute de calcul miscalculation, error in calculation
faute de carres (Ski) edging mistake
faute civile (Jur) civil wrong
faute de conduite (en voiture) (= erreur) driving error; (= infraction) driving offence
faute d'étourderie ⇒ faute d'inattention
faute de français grammatical mistake (in French)
faute de frappe typing error
faute de goût error of taste
faute grave (professionnelle) gross misconduct (NonC)
faute d'impression misprint
faute d'inattention careless ou thoughtless mistake
faute d'orthographe spelling mistake
faute pénale (Jur) criminal offence
faute professionnelle professional misconduct (NonC)
faute de service (Admin) act of (administrative) negligence

fauter † /fote/ ▸ conjug 1 ◂ VI [femme] to sin

fauteuil /fotœj/
◆ NM (gén) armchair; (avec dos rembourré, moderne) easy chair, armchair; [de président] chair; [de théâtre, académicien] seat ◆ **occuper le fauteuil** (= siéger comme président) to be in the chair ◆ **il s'est installé dans le fauteuil de la présidence/du maire** he became chairman/mayor ◆ **il est arrivé dans un fauteuil*** he romped home*, he walked it* (Brit)
◆ COMP **fauteuil de balcon** (Théât) balcony seat, seat in the dress circle ◆ **fauteuils de balcon** (= région de la salle) dress circle
fauteuil à bascule rocking chair
fauteuil club (big) leather armchair
fauteuil crapaud squat armchair
fauteuil de dentiste dentist's chair
fauteuil de jardin garden chair
fauteuil d'orchestre (Théât) seat in the front ou orchestra stalls (Brit) ou the orchestra (US) ◆ **fauteuils d'orchestre** (= région de la salle) front ou orchestra stalls (Brit), orchestra (US)
fauteuil à oreillettes winged chair
fauteuil pivotant swivel chair
fauteuil pliant folding chair
fauteuil roulant wheelchair
fauteuil tournant ⇒ fauteuil pivotant; → voltaire

fauteur /fotœʀ/ NM ◆ **fauteur de troubles** ou **de désordre** troublemaker, mischief-maker, rabble-rouser ◆ **fauteur de guerre** warmonger

fautif, -ive /fotif, iv/ SYN
◆ ADJ ① [conducteur] at fault (attrib), in the wrong (attrib); [élève, enfant] guilty ◆ **il se sentait fautif** he felt he was at fault ou in the wrong, he felt guilty
② [texte, liste, calcul] faulty, incorrect; [citation] incorrect, inaccurate; (littér) [mémoire] poor, faulty
◆ NM,F ◆ **c'est moi le fautif** I'm the one to blame ou the guilty one ou the culprit

fautivement /fotivmɑ̃/ ADV by mistake, in error

fauve /fov/
◆ ADJ ① [tissu, couleur] tawny, fawn(-coloured (Brit) ou -colored (US)); (littér) [odeur] musky; → bête
② (Art) ◆ **période fauve** Fauvist period
◆ NM ① (= animal) wildcat ◆ **la chasse aux fauves** big-game hunting ◆ **les (grands) fauves** the big cats ◆ **ça sent le fauve ici*** there's a strong smell of BO in here*, it really stinks (of sweat) in here*
② (= couleur) fawn
③ (Art) Fauvist, painter of the Fauvist school ◆ **les Fauves** the Fauvists ou Fauves

fauverie /fovʀi/ NF big-cat house

fauvette /fovɛt/ NF warbler ◆ **fauvette d'hiver** ou **des haies** hedge sparrow, dunnock ◆ **fauvette des marais** sedge warbler ◆ **fauvette des roseaux** reed warbler

fauvisme /fovism/ NM Fauvism

faux¹ /fo/ NF (Agr) scythe; (Anat) falx

faux², fausse /fo, fos/ GRAMMAIRE ACTIVE 26.6 SYN
◆ ADJ ① (= imité) [argent, billet] forged, fake; [marbre, bijoux, meuble] imitation (épith); (pour duper) false, fake; [documents, signature] false, fake, forged; [tableau] fake ◆ **fausse pièce** forged ou fake coin, dud * ◆ **une fausse carte** a trick card ◆ **faux papiers** false papers, forged identity papers ◆ **fausse monnaie** forged currency ◆ **fausse perle** artificial ou imitation pearl ◆ **c'est du faux Renaissance** it's mock-Renaissance ◆ **il peint des faux Picasso** he does Picasso forgeries; → facture
② (= postiche) [dent, nez] false
③ (= simulé) [bonhomie, colère, désespoir, modestie] feigned ◆ **un faux air de prude** an air of false modesty ◆ **fausse dévotion** false piety
④ (= mensonger) [déclaration, promesse, prétexte] false, spurious (frm) ◆ **c'est faux** it's wrong ou untrue
⑤ (= prétendu) [médecin, policier, étudiant] bogus; [écrivain] sham (épith) ◆ **un faux intellectuel/savant** a pseudo-intellectual/-scientist ◆ **faux chômeur** false claimant
⑥ (= fourbe) [personne, attitude] false, deceitful; [regard] deceitful
⑦ (= inexact) [calcul, numéro, rue] wrong; [idée] wrong, mistaken; [affirmation, faits] wrong, untrue; [instrument de mesure] inaccurate, faulty; [instrument de musique, voix] out of tune; [raisonnement, vers] faulty ◆ **c'est faux** [résultat] that's wrong; [fait] that's wrong ou untrue ◆ **il est faux (de dire) qu'il y soit allé** it's incorrect to say that he went, it's not true (to say) that he went ◆ **dire quelque chose de faux** to say something (that's) wrong ou untrue ◆ **faire fausse route** (lit) to go the wrong way, to take the wrong road; (fig) to be on the wrong track ◆ **faire un faux pas** (lit) to trip (over), to stumble; (fig) to make a foolish mistake, (par manque de tact) to make a faux pas ◆ **avoir tout faux*** (gén = avoir tort) to get it all wrong; (à un examen) to get everything wrong
⑧ (= non fondé) [espoir, rumeur, soupçons, principe] false ◆ **avoir de fausses craintes** to have groundless ou ill-founded fears
⑨ (= gênant, ambigu) [position, situation, atmosphère] awkward, false
◆ NM ① (= mensonge, Philos) ◆ **le faux** falsehood ◆ **plaider le faux pour savoir le vrai** to tell a lie (in order) to get at the truth
② (= contrefaçon) forgery; (= tableau, meuble, document) fake, forgery ◆ **faire un faux** to do a forgery ◆ **pour faux et usage de faux** for forgery and the use of forgeries ◆ **faux en écriture** false entry; → inscrire
◆ ADV ① [chanter, jouer] out of tune, off key; → sonner
② (locutions) ◆ **tomber à faux** to come at the wrong moment ◆ **accuser qn à faux** to accuse sb unjustly ou wrongly; → porter
◆ COMP **faux acacia** locust tree, false acacia
fausse alerte false alarm
faux ami (= traître) false friend; (Ling) false friend, faux ami, deceptive cognate
faux bond ◆ **faire faux bond à qn** to let sb down, to leave sb in the lurch
faux bourdon (= insecte) drone
faux bruit false rumour
faux chignon hairpiece
faux col [de chemise] detachable collar; [de bière] head
fausses côtes false ribs
fausse couche miscarriage ◆ **faire une fausse couche** to have a miscarriage, to miscarry
faux cul⁑ (= homme) two-faced bastard*⁑; (= femme) two-faced bitch*⁑
faux départ (lit, fig) false start
faux derche ⇒ faux cul
faux dévot, fausse dévote NM,F pharisee
faux ébénier laburnum
fausse fenêtre blind window
fausse fourrure fake ou fun fur
faux frais PL extras, incidental expenses
faux frère false friend
faux jeton* two-faced person
fausse joie vain joy
faux jour ◆ **il y a un faux jour** there's a reflection that makes it difficult to see properly ◆ **sous un faux jour** in a false light
faux mouvement awkward movement ◆ **j'ai fait un faux mouvement et maintenant j'ai un torticolis** I turned round too quickly and now I've got a crick in my neck
faux nom false ou assumed name
fausse note (Mus) wrong note; (fig) sour note ◆ **sans une fausse note** (fig) without a sour note, smoothly
fausse nouvelle false report
faux ongles false nails
faux ourlet false hem
fausse piste (lit, fig) wrong track
faux plafond false ceiling
faux plat (= montée) slight incline; (= creux) dip (in the road)
faux pli crease
fausse porte false door
faux problème non-problem, non-issue
fausse pudeur false modesty
faux seins falsies*
faux serment false oath
fausse sortie (Théât) sham exit ◆ **il a fait une fausse sortie** (fig) he made a pretence of leaving
faux témoignage (= déposition mensongère) false evidence (NonC); (= délit) perjury
faux témoin lying witness

faux-bourdon (pl faux-bourdons) /foburdɔ̃/ NM (Mus) faux bourdon

faux-filet (pl faux-filets) /fofilɛ/ NM sirloin

faux-fuyant (pl faux-fuyants) /fofɥijɑ̃/ SYN NM prevarication, evasion, equivocation ◆ **assez de faux-fuyants** stop dodging ou evading the issue, stop hedging ou prevaricating ◆ **user de faux-fuyants** to equivocate, to prevaricate, to evade the issue ◆ **dire qch sans faux-fuyants** to say sth without beating about the bush

faux-monnayeur (pl faux-monnayeurs) /fomɔnɛjœʀ/ NM forger, counterfeiter

faux(-)pont (pl faux(-)ponts) /fopɔ̃/ NM [de bateau] orlop deck

faux-semblant (pl faux-semblants) /fosɑ̃blɑ̃/ NM sham, pretence ◆ **user de faux-semblants** to put up a pretence

faux(-)sens /fosɑ̃s/ NM INV mistranslation

faux(-)titre (pl faux(-)titres) /fotitʀ/ NM half-title, bastard title

favela /favela/ NF favela

faverole /favʀɔl/ NF ⇒ féverole

faveur¹ /favœʀ/ GRAMMAIRE ACTIVE 26.2 SYN NF
① (frm = gentillesse) favour (Brit), favor (US) ◆ **faites-moi la faveur de...** would you be so kind as to... ◆ **fais-moi la faveur** do me a favour ◆ **obtenir qch par faveur** to get sth as a favour ◆ **par faveur spéciale (de la direction)** by special favour (of the management)
② (= considération) favour (Brit), favor (US) ◆ **avoir la faveur du ministre** (littér, hum) to be in favour with the minister ◆ **gagner/perdre la faveur du public** to win/lose public favour, to find favour/fall out of favour with the public ◆ **être en faveur** (littér) to be in favour (auprès de qn with sb)
③ (littér, hum) ◆ **faveurs** favours (Brit), favors (US) ◆ **elle lui a refusé ses faveurs** she refused him her favours ◆ **elle lui a accordé ses dernières faveurs** she bestowed her (ultimate) favours upon him (littér) (aussi hum)
④ (locutions) ◆ **de faveur** [prix, taux] preferential, special ◆ **billet de faveur** complimentary ticket ◆ **régime** ou **traitement de faveur** preferential treatment ◆ **avoir un tour de faveur** to go in ahead of one's turn
◆ **à la faveur de** thanks to, owing to ◆ **à la faveur de la nuit** under cover of darkness ou the night
◆ **en faveur de** (= à cause de) in consideration of, on account of; (= au profit de) in favour of, for; (= dans un but charitable) in aid of, on behalf of, for ◆ **en ma/sa faveur** in my/his (ou her) favour

faveur² /favœʀ/ SYN NF (= ruban) ribbon, favour (Brit), favor (US)

favisme /favism/ NM favism

favorable /favɔʀabl/ GRAMMAIRE ACTIVE 13.2 SYN ADJ
① (= propice) [moment, occasion] right, favourable (Brit), favorable (US); [terrain, position, vent] favourable (Brit), favorable (US) ◆ **par temps favorable** in favourable weather ◆ **se montrer sous un jour favorable** to show o.s. in a favourable light ◆ **un projet favorable à l'emploi** a scheme designed to promote employment
② (exprimant l'accord) ◆ **avoir un préjugé favorable envers** to be biased in favour of, to be favourably disposed towards ◆ **jouir d'un préjugé favorable** to be favourably thought of ◆ **recevoir un accueil favorable** to meet with a favourable reception ◆ **prêter une oreille favorable à** to lend a sympathetic ou kindly ear to ◆ **voir qch d'un œil favorable** to view sth

favorablement /favɔʀabləmɑ̃/ ADV favourably (Brit), favorably (US) ◆ **le change nous est favorable** the exchange rate is in our favour ◆ **je ne suis pas favorable à cette solution** I'm not in favour of that solution ◆ **ils ne sont pas favorables à sa candidature** they do not support his candidacy ◆ **ils ont donné un avis favorable** they gave their approval ◆ **ils ont donné** ou **émis un avis favorable au projet** they came down ou decided in favour of the project

favori, -ite /favɔʀi, it/ GRAMMAIRE ACTIVE 7.3 SYN
ADJ favourite (Brit), favorite (US)
NM [1] (= préféré, gagnant probable) favourite ◆ **le favori des jeunes** the favourite with ou of young people ◆ **ils sont partis favoris** (Sport) they started off favourites ◆ **c'est le grand favori de la course** he's the firm favourite for the race
[2] (Hist) king's favourite (Brit) ou favorite (US)
NMPL **favoris** SYN side whiskers, sideburns, sideboards (Brit)
NF **favorite** SYN (gén) favourite (Brit), favorite (US); (Hist) king's favourite ou mistress

favorisant, e /favɔʀizɑ̃, ɑ̃t/ ADJ (Méd) ◆ **facteurs favorisants** predisposing factors

favoriser /favɔʀize/ SYN ► conjug 1 ◄ VT
[1] (= avantager) [+ candidat, ambitions, commerce, parti] to favour (Brit), to favor (US) ◆ **les événements l'ont favorisé** events favoured him ou were to his advantage ◆ **la fortune le favorise** luck is on his side ◆ **les classes les plus favorisées** the most fortunate ou favoured classes
[2] (= faciliter) [+ dialogue, intégration] to favour (Brit), to favor (US); [+ développement] to favour (Brit), to favor (US); to encourage ◆ **ceci a favorisé sa fuite** this helped him to escape ◆ **ces facteurs favorisent l'apparition du cancer** these factors contribute to the development of cancer ◆ **la hausse des salaires ne favorise pas l'emploi** raising salaries is not good for jobs

favorite /favɔʀit/ NF → **favori**

favoritisme /favɔʀitism/ SYN NM favouritism (Brit), favoritism (US) ◆ **faire du favoritisme** to show favouritism

favus /favys/ NM favus

fax /faks/ NM (= machine) fax (machine); (= document) fax ◆ **envoyer par fax** to send by fax, to fax ◆ **fax-modem** fax modem

faxer /fakse/ ► conjug 1 ◄ VT to fax

fayot /fajo/ NM [1] (* Culin) bean
[2] (* péj = lèche-bottes) bootlicker, crawler*, brown-nose* (US)

fayo(t)tage * /fajɔtaʒ/ NM (péj) bootlicking, crawling*, brown-nosing* (US)

fayo(t)ter * /fajɔte/ ► conjug 1 ◄ VI (péj = faire du zèle) to crawl*, to suck up*, to brown-nose* (US)

fazenda /fazɛnda/ NF fazenda

FB (abrév de franc belge) → **franc²**

FBI /ɛfbiaj/ NM (abrév de Federal Bureau of Investigation) FBI

Fco abrév de franco

féal, e (mpl -aux) /feal, o/
ADJ †† loyal, trusty
NM,F (littér, hum) loyal supporter

fébrifuge /febʀifyʒ/ ADJ, NM febrifuge, antipyretic

fébrile /febʀil/ SYN ADJ (lit, fig) feverish, febrile (frm)

fébrilement /febʀilmɑ̃/ ADV [s'activer, attendre] feverishly

fébrilité /febʀilite/ NF feverishness

fécal, e (mpl -aux) /fekal, o/ ADJ faecal ◆ **matières fécales** faeces

fécalome /fekalom/ NM fecalith, scatoma

fèces /fɛs/ NFPL faeces

fécond, e /fekɔ̃, ɔ̃d/ SYN ADJ [1] (= non stérile) [femelle, fleur] fertile
[2] (= prolifique) [auteur] prolific
[3] (= fertile) [période] productive, fruitful; [imagination] fertile; [dialogue, sujet, idée] fruitful; [esprit] creative, fertile; (littér) [terre] fruitful, rich ◆ **une journée féconde en événements** an eventful day ◆ **ce fut une période féconde en innovations** it was a highly innovative period

fécondabilité /fekɔ̃dabilite/ NF fertility

fécondable /fekɔ̃dabl(ə)/ ADJ [ovule] capable of being fertilized; [femme, femelle] capable of becoming pregnant

fécondateur, -trice /fekɔ̃datœʀ, tʀis/ ADJ (littér) fertilizing

fécondation /fekɔ̃dasjɔ̃/ NF [de femme] impregnation; [d'animal] insemination, fertilization; [de fleur] pollination, fertilization ◆ **fécondation in vitro** in vitro fertilization ◆ **fécondation in vitro et transfert d'embryon** zygote intra-fallopian transfer

féconder /fekɔ̃de/ SYN ► conjug 1 ◄ VT [+ femme] to make pregnant, to impregnate; [+ animal] to inseminate, to fertilize; [+ fleur] to pollinate, to fertilize; (littér) [+ terre] to make fruitful; [+ esprit] to enrich

fécondité /fekɔ̃dite/ SYN NF (lit) fertility, fecundity (littér); [de terre, sujet, idée] fruitfulness, richness, fecundity (littér) ◆ **les pays à forte/faible fécondité** countries with a high/low fertility rate

fécule /fekyl/ NF starch ◆ **fécule (de pommes de terre)** potato flour

féculence /fekylɑ̃s/ NF starchiness

féculent, e /fekylɑ̃, ɑ̃t/
ADJ starchy
NM starchy food, starch

féculer /fekyle/ ► conjug 1 ◄ VT to extract the starch from

FED /ɛfəde/ NM (abrév de Fonds européen de développement) EDF

fedayin /fedajin/ NM (surtout au pl) fedayee

fédéral, e (mpl -aux) /federal, o/ ADJ federal ◆ **le français fédéral** (Helv) French showing the influence of German

fédéraliser /federalize/ ► conjug 1 ◄ VT to federalize

fédéralisme /federalism/ NM federalism

fédéraliste /federalist/ ADJ, NMF federalist

fédérateur, -trice /federatœʀ, tʀis/
ADJ federative
NM,F unifier

fédératif, -ive /federatif, iv/ ADJ federative

fédération /federasjɔ̃/ SYN NF federation ◆ **fédération syndicale** trade union ◆ **Fédération syndicale mondiale** World Federation of Trade Unions ◆ **la Fédération de Russie** the Russian Federation

fédéré, e /federe/ (ptp de **fédérer**) ADJ federate

fédérer /federe/ SYN ► conjug 6 ◄ VT to federate

fée /fe/ NF fairy ◆ **une vraie fée du logis** (hum) a real homebody ◆ **la fée Carabosse** the wicked fairy; → **conte**, **doigt**

feed-back /fidbak/ NM INV feedback

feeder /fidœʀ/ NM (Tech) feeder

feeling /filiŋ/ NM feeling ◆ **faire qch au feeling** to do sth intuitively

féerie /fe(e)ʀi/ NF [1] (Ciné, Théât) extravaganza, spectacular ◆ **féerie des eaux** dancing fountains
[2] (littér = vision enchanteresse) ◆ **la féerie des soirées d'été/d'un ballet** the enchantment of summer evenings/of a ballet ◆ **la féerie à jamais perdue de l'enfance** the fairy-tale world of childhood which is gone forever

féerique /fe(e)ʀik/ SYN ADJ magical

feignant, e /fɛɲɑ̃, ɑ̃t/ ADJ, NM,F ⇒ **fainéant, e**

feindre /fɛ̃dʀ/ SYN ► conjug 52 ◄
VT (= simuler) [+ enthousiasme, ignorance, innocence] to feign ◆ **feindre la colère** to pretend to be angry, to feign anger ◆ **feindre d'être/de faire** to pretend to be/do ◆ **il feint de ne pas comprendre** he pretends not to understand ◆ **feindre de dormir** to feign sleep, to pretend to be asleep
VI (frm) to dissemble, to dissimulate ◆ **inutile de feindre (avec moi)** no use pretending (with me)

feint, e¹ /fɛ̃, fɛ̃t/ SYN (ptp de **feindre**) ADJ
[1] [émotion, maladie] feigned, affected ◆ **non feint** [plaisir, larmes] genuine
[2] (Archit) [arcade, fenêtre, porte] false

feinte² /fɛ̃t/ SYN NF [1] (= manœuvre) (gén) dummy move; (Football, Rugby) dummy (Brit), fake (US); (Boxe, Escrime) feint ◆ **faire une feinte** (Rugby) dummy (Brit), to fake (US) ◆ **feinte de passe** (Rugby) dummy (Brit) ou fake (US) pass ◆ **feinte de corps** dodge
[2] (littér = ruse) sham (NonC), pretence ◆ **agir/parler sans feinte** to act/speak without dissimulation

feinter /fɛ̃te/ ► conjug 1 ◄
VT [1] (Football, Rugby) to dummy (Brit) ou fake (US) (one's way past); (Boxe, Escrime) to feint
[2] (* = duper) to trick, to fool, to take in ◆ **j'ai été feinté** I've been had* ou taken in
VI (Escrime) to feint

feinteur, -euse /fɛ̃tœʀ, øz/ NM,F (Sport) ◆ **c'est un bon feinteur** he dummies (Brit) ou fakes (US) well

feldspath /fɛldspat/ NM fel(d)spar

feldspathique /fɛldspatik/ ADJ fel(d)spathic

fêlé, e /fele/ (ptp de **fêler**)
ADJ [1] [assiette, voix] cracked
[2] (* = fou) ◆ **être fêlé** [personne] to have a screw loose* ◆ **elle est complètement fêlée** she's completely nuts* ou cracked* ◆ **il a le cerveau fêlé** ou **la tête fêlée** he's cracked* ou crackers*
NM,F (* = personne) crackpot*, nutcase*

fêler /fele/ SYN ► conjug 1 ◄
VT to crack
VPR **se fêler** to crack ◆ **se fêler le bras** to crack a bone in one's arm

félibre /felibʀ/ NM Félibre

félibrige /felibʀiʒ/ NM Félibrige

félicitations /felisitasjɔ̃/ SYN GRAMMAIRE ACTIVE 23.6, 24 NFPL congratulations (pour on) ◆ **félicitations!** congratulations! ◆ **faire ses félicitations à qn pour** to congratulate sb on ◆ **avec les félicitations du jury** (Scol, Univ) highly commended, summa cum laude

félicité /felisite/ SYN NF (littér, Rel) bliss (NonC)

féliciter /felisite/ GRAMMAIRE ACTIVE 13.4, 23.6 SYN ► conjug 1 ◄
VT to congratulate (qn de ou sur qch sb on sth) ◆ **je vous félicite!** (iro) congratulations! (iro), well done! (iro) ◆ **eh bien je ne vous félicite pas** you don't get any praise for that
VPR **se féliciter** to congratulate o.s. (de on), to be very glad ou pleased (de about) ◆ **je n'y suis pas allé et je m'en félicite** I didn't go and I'm glad ou very pleased I didn't ◆ **il se félicitait d'avoir refusé d'y aller** he was congratulating himself on having refused to go

félidé /felide/ NM feline, felid (SPÉC) ◆ **les félidés** the Felidae (SPÉC), the cat family

félin, e /felɛ̃, in/
ADJ [allure, grâce] feline, catlike ◆ **la race féline** cats, the cat family
NM feline ◆ **les félins** cats, the cat family ◆ **les grands félins** the big cats

félinité /felinite/ NF felineness, felinity

fellag(h)a /felaga, fɛllaga/ NM (Hist) partisan of the independence of North Africa

fellah /fela/ NM fellah

fellation /felasjɔ̃/ NF fellatio ◆ **faire une fellation à qn** to perform fellatio on sb

fellinien, -ienne /felinjɛ̃, jɛn/ ADJ [fantaisie] Felliniesque ◆ **des femmes à la silhouette fellinienne** buxom women

félon, -onne /felɔ̃, ɔn/ (frm)
ADJ perfidious (frm), disloyal, treacherous
NM (aussi hum) traitor
NF **félonne** (aussi hum) traitress

félonie /feloni/ NF (frm) (= caractère) perfidy (frm), disloyalty; (= acte) act of treachery, perfidy

felouque /faluk/ NF felucca

fêlure /felyʀ/ SYN NF (lit, fig) crack; (affective) rift

femelle /famɛl/
ADJ female ◆ **panthère femelle** female panther ◆ **merle femelle** hen-blackbird, female blackbird ◆ **éléphant femelle** cow elephant, female elephant ◆ **prise femelle** female plug
NF female

féminin, e /feminɛ̃, in/
ADJ [1] [personne, traits] feminine; [hormone, corps, population, sexe, sport, tennis, tournoi] female; [silhouette] womanly; [mode, magazine, épreuve sportive, équipe] women's ◆ **elle est peu féminine** she's not very feminine ◆ **elle est déjà très féminine** she's already quite a young woman ◆ **il a des traits assez féminins** he has rather feminine features ◆ **premier rôle féminin** female lead ◆ **ses conquêtes féminines** his conquests ◆ **la condition féminine** the condition of women ◆ **le taux d'activité féminin** the num-

ber of women in work; → **éternel, intuition, presse**
2 (Ling) feminine; → **rime** etc
NM (Ling) feminine ◆ **au féminin** in the feminine ◆ **ce mot est du féminin** this word is feminine

 Attention à ne pas traduire automatiquement l'adjectif **féminin** par feminine ; la traduction varie en fonction du contexte.

féminisant, e /feminizɑ̃, ɑ̃t/ **ADJ** feminizing
féminisation /feminizasjɔ̃/ **NF** feminization
féminiser /feminize/ ▸ conjug 1 ◂
VT (Bio) to feminize; (Ling) to make feminine, to put in the feminine; (= rendre efféminé) to make effeminate ◆ **féminiser une profession** to increase the number of women in a profession ◆ **profession féminisée** largely female profession ◆ **c'est un secteur féminisé à 80%** women make up 80% of the workforce in this sector
VPR se féminiser (Bio) to feminize; (= devenir efféminé) to become effeminate ◆ **la profession se féminise** an increasing number of women are entering the profession
féminisme /feminism/ **NM** feminism
féministe /feminist/ **ADJ, NMF** feminist
féminité /feminite/ **NF** femininity
féminitude /feminityd/ **NF** femininity
femme /fam/ **SYN**
NF **1** (= individu) woman ◆ **la femme** (= espèce) woman ◆ **une jeune femme** a young woman ◆ **c'est la femme de sa vie** she is his one true love ou the love of his life ◆ **elle n'est pas femme à faire ceci** she's not the type (of woman) to do that ◆ **ce que femme veut...** what a woman wants... ◆ **les femmes et les enfants d'abord !** women and children first! ◆ **une femme-enfant** a childlike woman ◆ **souvent femme varie (bien fol est qui s'y fie)** (Prov) woman is fickle ◆ **« Femmes amoureuses »** (Littérat) "Women in Love" ◆ **« Les Femmes savantes »** (Littérat) "The Blue-Stockings"
2 (= épouse) wife ◆ **prendre qn pour femme** † to take sb as one's wife † ◆ **chercher/prendre femme** † to seek/take a wife †
3 (profession) ◆ **femme médecin** woman ou lady doctor ◆ **professeur femme** woman ou female teacher
4 (Jur) ◆ **la femme Dupuis** Mrs Dupuis
ADJ INV ◆ **être/devenir femme** (nubile) to have reached ou attained/reach ou attain womanhood; (n'être plus vierge) to be/become a woman ◆ **être très femme** (féminine) to be very much a woman, to be very womanly
COMP **femme d'affaires** businesswoman
femme auteur authoress
femme battue battered woman
femme de chambre (dans un hôtel) chambermaid; (de qn) (lady's) maid
femme de charge † housekeeper
femme entretenue († péj) kept woman
femme d'esprit woman of wit and learning
femme fatale femme fatale
la femme au foyer the housewife, the woman (who stays) at home
femme galante † loose woman, courtesan
femme d'intérieur housewife ◆ **être femme d'intérieur** to take pride in one's home, to be houseproud (Brit)
femme de lettres woman of letters
femme de mauvaise vie † loose woman
femme de ménage domestic help, cleaning lady
femme du monde society woman
femme de service (nettoyage) cleaner; (cantine) dinner lady
femme soldat woman soldier
femme de tête strong-minded intellectual woman; → **vertu**
femmelette /famlɛt/ **NF** (péj) (= homme) weakling; (= femme) frail female
femme-objet (pl **femmes-objets**) /famɔbʒɛ/ **NF** (woman as a) sex object ◆ **elle refuse d'être une femme-objet** she refuses to be treated as a sex object
fémoral, e (mpl **-aux**) /femɔʁal, o/ **ADJ** femoral
fémur /femyʁ/ **NM** thighbone, femur (SPÉC); → **col**
FEN /fɛn/ **NF** (abrév de **Fédération de l'éducation nationale**) confederation of teachers' unions
fenaison /fənɛzɔ̃/ **NF** (= époque) haymaking time; (= action) haymaking

fendant /fɑ̃dɑ̃/ **NM** Swiss white wine (from the Valais region)
fendard[1]*§* /fɑ̃daʁ/ **NM** (pair of) trousers, (pair of) pants (US)
fendard[2], **e***§* /fɑ̃daʁ, aʁd/ **ADJ** hilarious ◆ **ce film est vraiment fendard** that film's a real scream*§*
fendart*§* /fɑ̃daʁ/ **NM** ⇒ **fendard**[1]
fendillé, e /fɑ̃dije/ (ptp de **fendiller**) **ADJ** [glace, plâtre, porcelaine, terre, vernis] crazed; [bois] sprung; [lèvres, peau] chapped
fendillement /fɑ̃dijmɑ̃/ **NM** [de glace, plâtre, porcelaine, terre, vernis] crazing; [de bois] springing; [de lèvres, peau] chapping
fendiller /fɑ̃dije/ ▸ conjug 1 ◂
VT [+ glace, plâtre, porcelaine, terre, vernis] to craze; [+ bois] to spring; [+ lèvres, peau] to chap
VPR se fendiller SYN [glace, plâtre, porcelaine, terre, vernis] to craze (over); [bois] to spring; [lèvres, peau] to chap
fendoir /fɑ̃dwaʁ/ **NM** chopper, cleaver
fendre /fɑ̃dʁ/ SYN ▸ conjug 41 ◂
VT **1** [personne] (= couper en deux) [+ bûche, ardoise] to split; [+ tissu] to slit, to slash ◆ **fendre du bois** to chop wood ◆ **il lui a fendu le crâne** he split his skull open
2 [éléments, cataclysme, accident] [+ rochers] to cleave; [+ mur, plâtre, meuble] to crack ◆ **cette chute lui a fendu le crâne** the fall cracked ou split his skull open; → **geler**
3 (= pénétrer) to cut ou slice through, to cleave through (littér) ◆ **fendre les flots/l'air** to cleave through (littér) the waves/air ◆ **le soc fend la terre** the ploughshare cuts through the earth ◆ **fendre la foule** to push ou cleave (littér) one's way through the crowd
4 (Habillement) [+ jupe] to put a slit in; [+ veste] to put a vent in; [+ manche] to put a slash in
5 (locutions) ◆ **ce récit me fend le cœur** ou **l'âme** this story breaks my heart ou makes my heart bleed ◆ **spectacle à vous fendre le cœur** heartrending ou heartbreaking sight ◆ **soupirs à fendre l'âme** heartrending ou heartbreaking sighs
VPR se fendre **1** (= se fissurer) to crack
2 [+ partie du corps] ◆ **il s'est fendu le crâne** he has cracked his skull open ◆ **se fendre la lèvre** to cut one's lip ◆ **se fendre la pipe***§* ou **la pêche***§* ou **la poire***§* ou **la gueule***§§* (= rire) to laugh one's head off, to split one's sides*§*; (= s'amuser) to have a good laugh
3 (Escrime) to lunge
4 *§* ◆ **se fendre de** [+ somme] to shell out*§*; [+ bouteille, cadeau] to lash out on*§* ◆ **il ne s'est pas fendu !** he didn't exactly break himself!*§*
fendu, e /fɑ̃dy/ (ptp de **fendre**) **ADJ** **1** [crâne] cracked; [lèvre] cut; [manche] slashed; [veste] with a vent; [jupe] slit ◆ **la bouche fendue jusqu'aux oreilles** grinning from ear to ear
2 (*§* = hilare) ◆ **j'étais fendu** I fell about (laughing)*§*, I cracked up*§*
fenestrage /fənɛstʁaʒ/ **NM** ⇒ **fenêtrage**
fenestration /fənɛstʁasjɔ̃/ **NF** (Archit, Méd) fenestration
fenestron /fənɛstʁɔ̃/ **NM** tail fan
fenêtrage /fənɛtʁaʒ/ **NM** (Archit) windows, fenestration (SPÉC)
fenêtre /f(ə)nɛtʁ/ SYN **NF** **1** (gén) window ◆ **regarder/sauter par la fenêtre** to look out of ou through/jump out of the window ◆ **se mettre à la fenêtre** (se diriger vers) to go to the window; (s'asseoir) to sit by the window ◆ **coin fenêtre** window seat, seat by the window ◆ **fenêtre à guillotine** sash window ◆ **fenêtre à battants/à meneaux** casement/mullioned window ◆ **fenêtre à croisillons** lattice window ◆ **fenêtre en saillie** bow window, bay window ◆ **fenêtre à tabatière** skylight ◆ **« Fenêtre sur cour »** (Ciné) "Rear Window" ◆ **fenêtre d'observation** (Ciné) port, (projectionist's) window ◆ **c'est une fenêtre ouverte sur...** (fig) it's a window on...; → **faux**[2]
2 [d'enveloppe] window; [de formulaire] space
3 (Ordin) window ◆ **fenêtre de dialogue** dialogue box ◆ **fenêtre d'aide/d'édition** help/text-editing window ◆ **fenêtre active** active window
4 (Anat : dans l'oreille) fenestra
5 (Espace) ◆ **fenêtre de lancement** launch window ◆ **fenêtre météo** (maritime) weather window

fenêtrer /fənetʁe/ ▸ conjug 1 ◂ **VT** (Archit) to make windows in
fenil /fəni(l)/ **NM** hayloft
fennec /fenɛk/ **NM** fennec
fenouil /fənuj/ **NM** fennel
fente /fɑ̃t/ SYN **NF** **1** [de mur, terre, rocher] crack, fissure, cleft; [de bois] crack, split
2 [de volet, palissade] slit; [de boîte à lettres] slot, opening; [de tirelire] slit, slot; [de tête d'une vis] groove, slot; [de jupe] slit, vent; [de veste] vent; [de pèlerine, cape] slit, armhole; (Anat) fissure
3 (Escrime) lunge
fenton /fɑ̃tɔ̃/ **NM** metal peg ou pin
fenugrec /fənygʁɛk/ **NM** fenugreek
féodal, e (mpl **-aux**) /feɔdal, o/
ADJ feudal
NM feudal lord
féodaliser /feɔdalize/ ▸ conjug 1 ◂ **VT** to feudalize
féodalisme /feɔdalism/ **NM** feudalism
féodalité /feɔdalite/ **NF** (Hist) feudal system, feudalism
fer /fɛʁ/
NM **1** (= métal) iron ◆ **de fer** (lit, fig) iron (épith) ◆ **volonté de fer** will of iron, iron will ◆ **croire qch dur comme fer** *§* to believe sth firmly, to be absolutely convinced of sth; → **âge, chemin, fil** etc
2 (= barre, poutre) iron girder ◆ **fer en T/U** T/U girder
3 (= embout) [de cheval] shoe; [de chaussure] steel tip; [de club de golf] iron; [de flèche, lance] head, point; [de rabot] blade, iron ◆ **mettre un fer à un cheval** to shoe a horse ◆ **avoir plusieurs fers au feu** to have several irons in the fire; → **plaie, quatre**
4 (= outil) (pour repasser) iron; [de relieur] blocking stamp ◆ **donner un coup de fer à qch** to run the iron over sth, to give sth an iron; (plus soigneusement) to press sth
5 (= arme) ◆ **engager/croiser le fer** (Escrime) to engage/cross swords ◆ **par le fer et par le feu** by fire and by sword
6 (†† = chaînes) ◆ **fers** chains, fetters, irons ◆ **mettre un prisonnier aux fers** to clap a prisoner in irons ◆ **être dans les fers** (littér) to be in chains ou irons
7 ◆ **fers** †† (Méd) forceps
COMP **fer à béton** (Constr) steel reinforcement bar
fer à cheval (lit, fig) horseshoe ◆ **en fer à cheval** [table, bâtiment] horseshoe-shaped, U-shaped ◆ **disposer qch en fer à cheval** to arrange sth in a U-shape
fer doux soft iron
fer forgé wrought iron
fer à friser curling tongs
fer à gaufrer goffering iron
fer de lance (fig) spearhead
fer à repasser (électrique) (electric) iron; (ancien modèle) (flat) iron; (*§* : pour cartes bancaires) credit-card machine; → **nager**
fer rouge brand, branding iron ◆ **marquer au fer rouge** to brand
fer à souder soldering iron
fer à vapeur steam iron
féra /feʁa/ **NF** (= poisson) féra, ferra (species of fish from Lake Geneva)
fer-blanc (pl **fers-blancs**) /fɛʁblɑ̃/ **NM** tin(plate) ◆ **une boîte en** ou **de fer-blanc** a (tin) can
ferblanterie /fɛʁblɑ̃tʁi/ **NF** (= métier) tinplate making; (= produit) tinware; (= commerce) tin trade; (= boutique) ironmonger's (shop) (Brit), hardware store (US)
ferblantier /fɛʁblɑ̃tje/ **NM** (= fabricant) tinsmith; (= vendeur) ironmonger (Brit), hardware dealer (US) ◆ **ouvrier ferblantier** tinplate worker
feria /feʁja/ **NF** feria (Spanish and Southern French festival)
férie /feʁi/ **NF** feria
férié, e /feʁje/ **ADJ** ◆ **jour férié** public holiday, official holiday ◆ **le lundi suivant est férié** the following Monday is a holiday
férir /feʁiʁ/ ◆ **sans coup férir** LOC ADV without meeting ou encountering any opposition
ferler /fɛʁle/ ▸ conjug 1 ◂ **VT** [+ voile] to furl
fermage /fɛʁmaʒ/ **NM** (= procédé) tenant farming; (= loyer) (farm) rent
fermant, e /fɛʁmɑ̃, ɑ̃t/ **ADJ** [meuble] closing, closable

ferme¹ /fɛʀm/ SYN

ADJ 1 *[chair, fruit]* firm; *[sol]* firm, solid ◆ **cette viande est un peu ferme** this meat is a bit tough ◆ **pour des cuisses plus fermes** to tone up the thigh muscles; → **terre**

2 (= *assuré*) *[main, écriture]* steady, firm; *[voix]* firm; *[style, exécution, trait]* confident, assured; *[marché, cours]* steady ◆ **être ferme sur ses jambes** to be steady on one's legs *ou* feet ◆ **marcher d'un pas ferme** to walk with a firm stride *ou* step ◆ **rester ferme dans l'adversité** to remain steadfast in adversity

3 (= *déterminé*) *[personne, ton]* firm; *[décision, résolution, prise de position]* firm, definite ◆ **avec la ferme intention de faire qch** with the firm intention of doing sth

4 (= *irrévocable*) *[achat, vente]* firm; *[acheteur, vendeur]* firm, definite ◆ **prix fermes et définitifs** *(Bourse)* firm prices ◆ **ces prix sont fermes** these prices are binding ◆ « **prix : 200 000 € ferme** » "price: €200,000 (not negotiable)"

ADV 1 (* : *intensif*) *[travailler, cogner]* hard ◆ **boire ferme** to drink hard, to be a hard drinker ◆ **discuter ferme** to discuss vigorously ◆ **s'ennuyer ferme** to be bored stiff*; → **tenir**

2 *[acheter, vendre]* definitely

3 *(Jur)* ◆ **condamné à sept ans (de prison) ferme** sentenced to seven years imprisonment without remission

ferme² /fɛʀm/ NF 1 (= *domaine*) farm; (= *habitation*) farmhouse ◆ **ferme collective** collective farm ◆ **ferme d'élevage** cattle(-breeding) farm ◆ **ferme marine** fish farm; → **cour, fille, valet**

2 *(Jur = contrat)* farm lease; *(Hist = perception)* farming *(of taxes)* ◆ **donner à ferme** *[+ terres]* to let, to farm out ◆ **prendre à ferme** *[+ terres]* to farm (on lease)

ferme³ /fɛʀm/ NF *(Constr)* roof timbers, truss

ferme⁴ /fɛʀm/ EXCL ◆ **la ferme !*** shut up!*, shut your mouth!*, pipe down!*; → aussi **fermer**

fermé, e /fɛʀme/ SYN (ptp de **fermer**) ADJ 1 *[porte, magasin, valise]* shut, closed; *[col, route]* closed; *[espace]* closed-in; *[voiture]* locked; *[angle]* narrow; *[voyelle]* close(d), high; *[syllabe]* closed; *[série, ensemble]* closed; *[robinet]* off *(attrib)*; *[chemise]* fastened *(attrib)*, done up *(attrib)* ◆ **la porte est fermée à clé** the door is locked ◆ **la station est fermée au public** the station is closed to the public ◆ **pratiquer un jeu fermé** *(Football)* to play a tight game

2 *[milieu, club]* exclusive, select ◆ **cette carrière lui est fermée** this career is not open to him *ou* is closed to him ◆ **économie fermée** closed economy

3 *[visage, air]* inscrutable, impenetrable; *[caractère, personne]* uncommunicative

4 ◆ **être fermé à** *[+ sentiment, qualité]* to be impervious to *ou* untouched by *ou* closed to; *[+ science, art]* to have no interest in

fermement /fɛʀməmɑ̃/ ADV *(lit, fig)* firmly

ferment /fɛʀmɑ̃/ SYN NM (= *micro-organisme*) ferment, fermenting agent, leaven *(NonC)*; *(fig)* ferment *(NonC)* ◆ **ferment lactique** starter culture

fermentation /fɛʀmɑ̃tasjɔ̃/ NF fermentation ◆ **en fermentation** fermenting

fermenté, e /fɛʀmɑ̃te/ (ptp de **fermenter**) ADJ *[aliment, boisson]* fermented ◆ **bière non fermentée** unfermented beer ◆ **cidre très peu fermenté** barely fermented cider

fermenter /fɛʀmɑ̃te/ SYN ▸ conjug 1 ◂ VI to ferment ◆ **faire fermenter** to ferment

fermentescible /fɛʀmɑ̃tesibl/ ADJ fermentescible

fermenteur /fɛʀmɑ̃tœʀ/ NM fermentor

fermer /fɛʀme/ SYN ▸ conjug 1 ◂

VT 1 *[+ porte, fenêtre, tiroir, paquet]* to close, to shut; *[+ fichier, boîte de dialogue]* to close; *[+ rideaux]* to draw, to close; *[+ store]* to pull down, to close; *[+ magasin, café, musée] (le soir)* to shut, to close; *(pour cause de vacances)* to shut (up), to close ◆ **fermer à clé** *[+ porte]* to lock; *[+ chambre]* to lock (up) ◆ **fermer au verrou** to bolt ◆ **il ferma violemment la porte** he slammed the door (shut) ◆ **fermer (la porte) à double tour** to double-lock the door ◆ **fermer la porte au nez de qn** to shut *ou* slam the door in sb's face ◆ **fermer sa porte** *ou* **sa maison à qn** *(fig)* to close one's door to sb ◆ **maintenant, toutes les portes lui sont fermées** all doors are closed to him now ◆ **fermer la porte aux abus** to close the door to abuses ◆ **va fermer** go and close *ou* shut the door ◆ **on ferme !** (it's) closing time!, we're closing! ◆ **on ferme en juillet** we close in July, we're closed *ou* shut in July ◆ **on ferme un jour par semaine** we close *ou* shut one day a week, we are closed *ou* shut one day a week; → **parenthèse**

2 *[+ yeux, bouche, paupières]* to close, to shut ◆ **la ferme***, **ferme-la*** shut *ou* belt up* ◆ **je n'ai pas fermé l'œil de la nuit** I didn't get a wink of sleep *ou* I didn't sleep a wink all night ◆ **fermer les yeux** *(fig)* to turn a blind eye, to look the other way ◆ **fermer les yeux sur** *[+ misère, scandale]* to close *ou* shut one's eyes to; *[+ abus, fraude, défaut]* to turn a blind eye to ◆ **fermer son cœur à la pitié** to close one's heart to pity

3 *[+ canif, livre, éventail]* to close, to shut; *[+ lettre]* to close; *[+ parapluie]* to close, to shut; *[+ main, poing]* to close; *[+ manteau, gilet]* to do up, to fasten

4 (= *boucher*) *[+ chemin, passage]* to block, to bar; *[+ accès]* to shut off, to close off ◆ **des montagnes fermaient l'horizon** mountains blocked off the horizon ◆ **le champ était fermé par une haie** the field had a hedge round it ◆ **fermer le jeu** *(Sport)* to tighten up play

5 (= *interdire l'accès de*) *[+ frontière, col, route]* to close; *[+ aéroport]* to close (down), to shut (down)

6 (= *cesser l'exploitation de*) *[+ magasin, restaurant, école]* to close (down), to shut (down) ◆ **fermer boutique** to close down, to shut up shop ◆ **obliger qn à fermer (boutique)** to put sb out of business ◆ **ils ont dû fermer pour raisons financières** they had to close down *ou* cease trading because of financial difficulties

7 (= *arrêter*) *[+ liste, souscription, compte en banque, débat]* to close ◆ **fermer la marche** to bring up the rear ◆ **fermer le cortège** to bring up the rear of the procession

8 *[+ gaz, électricité, radio]* to turn off, to switch off; *[+ eau, robinet]* to turn off; *[+ lumière]* to turn off *ou* out, to switch off; *[+ vanne]* to close

VI 1 *[fenêtre, porte, boîte]* to close, to shut ◆ **cette porte/boîte ferme mal** this door/box doesn't close *ou* shut properly ◆ **ce robinet ferme mal** this tap doesn't turn off properly

2 *[magasin] (le soir)* to close, to shut; *(définitivement, pour les vacances)* to close down, to shut down ◆ **ça ferme à 7 heures** they close *ou* shut at 7 o'clock

VPR **se fermer** 1 *[porte, fenêtre, livre]* to close, to shut; *[fleur, coquillage]* to close (up); *[blessure]* to close (up); *[paupières, yeux]* to close, to shut ◆ **ça se ferme par devant** it does up *ou* fastens at the front ◆ **l'avenir se fermait devant lui** the future was closing before him ◆ **quand on essaie de lui expliquer ça, son esprit se ferme** when you try to explain it to him he closes his mind to it ◆ **son cœur se fermait à la vue de cette misère** he refused to be moved *ou* touched by the sight of this poverty ◆ **son visage se ferma** his face became expressionless ◆ **pays qui se ferme aux produits étrangers** country which closes its markets to foreign products

2 *[personne]* ◆ **se fermer à la pitié/l'amour** to close one's heart *ou* mind to pity/love ◆ **il se ferme tout de suite** he just clams up* *ou* closes up

fermeté /fɛʀməte/ SYN NF 1 *[de chair, fruit, sol]* firmness

2 (= *assurance*) *[de main, écriture]* steadiness, firmness; *[de voix]* firmness; *[de style, exécution, trait]* confidence, assurance

3 (= *détermination*) firmness ◆ **avec fermeté** firmly, resolutely

4 (= *autorité*) firmness ◆ **il manque de fermeté avec son fils** he's not firm enough with his son ◆ **elle lui a parlé avec beaucoup de fermeté** she spoke to him very firmly

5 *(Bourse)* firmness

fermette /fɛʀmɛt/ NF (small) farmhouse

fermeture /fɛʀmətyʀ/ SYN NF 1 *[de porte]* ◆ **la fermeture est automatique** the doors close automatically ◆ « **ne pas gêner la fermeture des portes** » "do not obstruct the doors (when closing)"

2 *[de magasin, musée, aéroport, route]* closing ◆ **les jours de fermeture du magasin** the days when the shop is closed ◆ **fermeture annuelle** *(gén)* annual closure; *(sur la devanture)* closed for the holidays ◆ **à (l'heure de) la fermeture** at closing time ◆ « **fermeture pour (cause de) travaux** » "closed for repairs (*ou* redecoration *ou* refurbishment *etc*)" ◆ **faire la fermeture** *(Comm)* to close ◆ **on a fait la fermeture** *(clients d'un bar)* we stayed until closing time ◆ **la fermeture de la chasse** the end of the hunting season

3 (= *cessation d'activité*) *[de magasin, restaurant, école]* closing down, closure ◆ **fermeture définitive** permanent closure

4 *(Comptabilité)* closing

5 (= *mécanisme*) *[de coffre-fort]* catch, latch; *[de vêtement]* fastener, fastening; *[de sac]* fastener, catch, clasp ◆ **fermeture à glissière, fermeture éclair** ® zip (fastener) *(Brit)*, zipper *(US)*

fermi /fɛʀmi/ NM fermi

fermier, -ière /fɛʀmje, jɛʀ/

ADJ ◆ **poulet fermier** ≈ free-range chicken, ≈ farm chicken ◆ **beurre fermier** dairy butter ◆ **fromage fermier** farmhouse cheese

NM 1 (= *cultivateur*) *(gén)* farmer; (= *locataire*) tenant farmer

2 *(Hist)* ◆ **fermier général** farmer general

NF **fermière** farmer's wife; *(indépendante)* (woman) farmer

fermion /fɛʀmjɔ̃/ NM fermion

fermium /fɛʀmjɔm/ NM fermium

fermoir /fɛʀmwaʀ/ NM *[de livre, collier, sac]* clasp

féroce /feʀɔs/ SYN ADJ 1 *[animal, regard, personne]* ferocious, fierce; → **bête**

2 *(fig)* *[répression, critique]* fierce, savage; *[envie]* savage, raging; *[appétit]* ferocious, ravenous; *[concurrence]* fierce, harsh, cut-throat ◆ **une satire féroce de la société** a ferocious social satire ◆ **avec une joie féroce** with savage joy

férocement /feʀɔsmɑ̃/ ADV ferociously ◆ **un marché férocement compétitif** a ferociously competitive market

férocité /feʀɔsite/ SYN NF *[d'animal, regard, personne]* ferocity, ferociousness, fierceness; *[de répression, critique]* fierceness, savagery; *[de satire, appétit]* ferociousness; *[de concurrence]* fierceness

Féroé /feʀɔe/ N ◆ **les îles Féroé** the Fa(e)roe Islands

féroïen, -ïenne /feʀɔjɛ̃, jɛn/

ADJ Fa(e)roese

NM,F **Féroïen(ne)** Fa(e)roese

NM (= *langue*) Fa(e)roese

ferrage /feʀaʒ/ NM *[de cheval]* shoeing

ferraillage /feʀɑjaʒ/ NM *(Constr)* (iron) framework

ferraille /feʀɑj/ NF 1 (= *déchets de fer*) scrap (iron), old iron ◆ **tas de ferraille** scrap heap ◆ **bruit de ferraille** clanking *ou* rattling noise ◆ **mettre une voiture à la ferraille** to scrap a car, to send a car for scrap ◆ **bon à mettre à la ferraille** ≈ good *ou* fit for the scrap heap ◆ **la voiture n'était plus qu'un amas de ferraille** the car was no more than a heap of twisted metal

2 (* = *monnaie*) small *ou* loose change

ferrailler /feʀɑje/ ▸ conjug 1 ◂ VI *(lit)* to clash swords ◆ **ferrailler contre** *[+ injustice, préjugés]* to fight against ◆ **ferrailler avec qn** (= *se disputer*) to cross swords with sb

ferrailleur /feʀɑjœʀ/ NM 1 (= *marchand de ferraille*) scrap (metal) merchant

2 († *péj*) swashbuckler

Ferrare /fɛʀaʀ/ NF Ferrara

ferrate /feʀat/ NM ferrate

ferratier /feʀatje/ NM blacksmith's hammer

ferré, e /fere/ (ptp de **ferrer**) ADJ 1 *[canne, bâton]* steel-tipped; *[chaussure]* hobnailed; *[lacet]* tagged; *[cheval]* shod; *[roue]* steel-rimmed ◆ **à bout ferré** *[canne, bâton]* with a steel *ou* metal tip, steel-tipped; → **voie**

2 (* = *calé*) clued up* *(en, sur about)* ◆ **être ferré sur un sujet** to be well up* in a subject *ou* hot* at a subject, to know a subject inside out

ferrement /fɛʀmɑ̃/ NM 1 (= *garniture*) iron fitment

2 ⇒ **ferrage**

ferrer /fere/ ▸ conjug 1 ◂ VT 1 *[+ cheval]* to shoe; *[+ roue]* to rim with steel; *[+ chaussure]* to nail; *[+ lacet]* to tag; *[+ bâton]* to tip, to fit a metal tip to; *[+ porte]* to fit with iron corners

2 *[+ poisson]* to strike

ferret /fere/ NM 1 *[de lacet]* (metal) tag

2 *(Minér)* ◆ **ferret d'Espagne** red haematite

ferretier /fɛʀtje/ NM ⇒ **ferratier**

ferreur /feʀœʀ/ NM blacksmith, farrier

ferreux, -euse /feʀø, øz/ ADJ ferrous

ferricyanure /feʀisjanyʀ/ NM ferricyanide

ferrique /feʀik/ ADJ ferric

ferrite /fɛʀit/ NF ferrite

ferro- /fɛʀɔ/ PRÉF (Chim, Phys) ferro-

ferro-alliage (pl **ferro-alliages**) /fɛʀɔaljaʒ/ NM iron alloy

ferrociment /fɛʀɔsimɑ̃/ NM ferroconcrete, reinforced concrete

ferrocyanure /fɛʀɔsjanyʀ/ NM ferrocyanide

ferroélectricité /fɛʀɔelɛktʀisite/ NF ferroelectricity

ferromagnétique /fɛʀɔmaɲetik/ ADJ ferromagnetic

ferromagnétisme /fɛʀɔmaɲetism/ NM ferromagnetism

ferronickel /fɛʀɔnikɛl/ NM ferronickel

ferronnerie /fɛʀɔnʀi/ NF (= atelier) ironworks; (= métier) ironwork; (= objets) ironwork, ironware ◆ **faire de la ferronnerie d'art** to be a craftsman in wrought iron ◆ **grille en ferronnerie** wrought-iron gate ◆ **c'est un beau travail de ferronnerie** that's a fine piece of wrought iron work

ferronnier /fɛʀɔnje/ NM (= artisan) craftsman in (wrought) iron; (= commerçant) ironware merchant ◆ **ferronnier d'art** craftsman in wrought iron

ferronnière /fɛʀɔnjɛʀ/ NF (= parure) frontlet, frontal

ferrotypie /fɛʀɔtipi/ NF ferrotype, tintype

ferroutage /fɛʀuṯaʒ/ NM piggyback

ferrouter /fɛʀute/ ► conjug 1 ◄ VT to piggyback

ferroviaire /fɛʀɔvjɛʀ/ ADJ [réseau, trafic] railway (épith) (Brit), railroad (épith) (US), rail (épith); [transport] rail (épith)

ferrugineux, -euse /fɛʀyʒinø, øz/ ADJ [roche] ferruginous, iron-bearing; [eau, source] chalybeate, iron-bearing

ferrure /fɛʀyʀ/ NF [1] (= charnière) (ornamental) hinge ◆ **ferrures** [de porte] (door) fittings [2] [de cheval] shoeing

ferry (pl **ferries**) /fɛʀi/ NM abrév de **ferry-boat**

ferry-boat (pl **ferry-boats**) /fɛʀibot/ NM [de voitures] (car) ferry; [de trains] (train) ferry

fertile /fɛʀtil/ SYN ADJ fertile ◆ **l'affaire a été fertile en rebondissements** the affair triggered off a whole series of events ◆ **journée fertile en événements/en émotions** eventful/emotion-packed day

fertilisable /fɛʀtilizabl/ ADJ fertilizable

fertilisant, e /fɛʀtilizɑ̃, ɑ̃t/ ADJ fertilizing

fertilisation /fɛʀtilizasjɔ̃/ NF fertilization

fertiliser /fɛʀtilize/ SYN ► conjug 1 ◄ VT to fertilize

fertilité /fɛʀtilite/ SYN NF (lit, fig) fertility

féru, e /feʀy/ SYN ADJ (frm) ◆ **être féru de** to be very interested in ou keen on (Brit) ◆ **c'est un féru d'informatique** he's a computer buff* ◆ **les férus d'histoire** history buffs*

férule /feʀyl/ NF (Hist Scol) ferula (wooden batten used formerly to punish schoolboys) ◆ **être sous la férule de qn** (fig) to be under sb's (firm ou iron) rule

fervent, e /fɛʀvɑ̃, ɑ̃t/ SYN
 ADJ fervent, ardent ◆ **un catholique fervent** a devout Catholic ◆ **son admiration fervente pour l'écrivain** his deep admiration for the writer
 NM,F devotee ◆ **fervent de musique** music lover, devotee of music

ferveur /fɛʀvœʀ/ SYN NF fervour (Brit), fervor (US); ardour (Brit), ardor (US) ◆ **avec ferveur** fervently, ardently

Fès /fɛz/ N Fez

fesse /fɛs/ NF [1] (Anat) buttock ◆ **les fesses** the buttocks, the bottom, the backside* ◆ **coup de pied aux fesses** kick up the backside* ou in the pants* ◆ **gare à tes fesses** watch out or you'll get spanked ◆ **le bébé a les fesses rouges** the baby's got a bit of nappy (Brit) ou diaper (US) rash ◆ **on a les flics aux fesses** * the cops are on our tail * ◆ **où je pose mes fesses ?** * where can I park myself?*; → **pousser, serrer**
[2] (*= sexe*) ◆ **il y a de la fesse dans ce film** there's a lot of bare flesh ou there are a lot of tits and bums* in that film ◆ **magazine de fesses** girlie ou porn magazine* ◆ **histoire de fesses** dirty story

fessée /fese/ SYN NF spanking, smack on the bottom ◆ **je vais te donner une fessée** I'm going to smack your bottom

fesse-mathieu †† (pl **fesse-mathieux**) /fɛsmatjø/ NM skinflint

fesser /fese/ SYN ► conjug 1 ◄ VT to give a spanking to, to spank

fessier, -ière /fesje, jɛʀ/
 ADJ ◆ **les (muscles) fessiers** the buttock muscles
 NM (Anat) gluteus (SPÉC); * behind, backside*, ass** (US)

fessu, e * /fesy/ ADJ big-bottomed

festif, -ive /fɛstif, iv/ ADJ festive

festin /fɛstɛ̃/ SYN NM feast ◆ **c'était un vrai festin** it was a real feast ◆ **c'est un festin de Balthazar** it's a feast fit for kings

festival (pl **festivals**) /fɛstival/ NM (Mus, Théât) festival ◆ **ce fut un vrai festival (de talents) !** what a brilliant display (of talent) it was!

festivalier, -ière /fɛstivalje, jɛʀ/ NM,F festival-goer

festivités /fɛstivite/ NFPL (gén) festivities; (* = repas joyeux) festivities, merrymaking ◆ **les festivités du couronnement** the coronation festivities ou celebrations

festoiement /fɛstwamɑ̃/ NM feasting

feston /fɛstɔ̃/ NM (= guirlande, Archit) festoon; (Couture) scallop ◆ **à feston** scalloped; → **point**²

festonner /fɛstɔne/ ► conjug 1 ◄ VT [+ façade] to festoon; [+ robe] to scallop

festoyer /fɛstwaje/ ► conjug 8 ◄ VI to feast

feta /feta/ NF feta (cheese)

fêtard, e * /fɛtaʀ, aʀd/ SYN NM,F (péj) reveller ◆ **réveillé par une bande de fêtards** woken up by a band of merrymakers ou revellers

fête /fɛt/ GRAMMAIRE ACTIVE 23.2 SYN
 NF [1] (= réception) party ◆ **donner une fête** to give ou throw a party ◆ **faire une fête (pour son anniversaire** etc) to have a (birthday etc) party ◆ **les fêtes en l'honneur d'un souverain étranger** the celebrations in honour of a foreign monarch ◆ **fêtes galantes** (Art) scenes of gallantry, fêtes galantes
 [2] (= commémoration) (religieuse) feast; (civile) holiday ◆ **la Toussaint est la fête de tous les saints** All Saints' Day is the feast of all the saints ◆ **le 11 novembre est la fête de la Victoire** 11 November is the day we celebrate the Victory (in the First World War) ◆ **Noël est la fête des enfants** Christmas is for children
 [3] (= jour du prénom) name day, saint's day ◆ **la fête de la Saint-Jean** Saint John's day ◆ **souhaiter sa** ou **bonne fête à qn** to wish sb a happy name day
 [4] (= congé) holiday ◆ **les fêtes (de fin d'année)** the (Christmas and New Year) celebrations ou holidays ◆ **demain c'est fête** tomorrow is a holiday
 [5] (= foire) fair; (= kermesse) fête, fair; (= exposition, salon) festival, show ◆ **fête paroissiale/communale** parish/local fête ou fair ◆ **fête de la bière/du jambon** beer/ham festival ◆ **fête de l'aviation** air show ◆ **fête de la moisson** harvest festival ◆ **fête de la vendange** festival of the grape harvest ◆ **c'est la fête au village** the fair is on in the village ◆ **la fête de la ville a lieu le premier dimanche de mai** the town festival takes place on the first Sunday in May; → **comité, jour** etc
 [6] (= allégresse collective) ◆ **la fête** celebration ◆ **c'est la fête !** everyone's celebrating!, everyone's in a festive mood! ◆ **c'est la fête chez nos voisins** our neighbours are celebrating ◆ **toute la ville était en fête** the whole town was celebrating ◆ **la foule en fête** the festive crowd ◆ **air/atmosphère de fête** festive air/atmosphere
 [7] (locutions) ◆ **hier il était à la fête** he had a field day yesterday, it was his day yesterday ◆ **je n'étais pas à la fête** it was no picnic (for me)*, I was feeling pretty uncomfortable ◆ **il n'avait jamais été à pareille fête** he was having the time of his life ◆ **être de la fête** to be one of the party ◆ **ça va être ta fête*** you've got it coming to you*, you're going to get it in the neck* ◆ **faire sa fête à qn*** to bash sb up* ◆ **faire la fête** to live it up, to have a wild time ◆ **faire fête à qn** to give sb a warm welcome ou reception ◆ **le chien fit fête à son maître** the dog made a fuss of its master ◆ **elle se faisait une fête d'y aller/de cette rencontre** she was really looking forward to going/to this meeting ◆ **ce n'est pas tous les jours fête** it's not everyday that we have an excuse to celebrate

COMP **fête carillonnée** great feast day ◆ **fête de charité** charity bazaar ou fair ◆ **fête de famille** family celebration ◆ **fête fixe** fixed festival ◆ **fête foraine** fun fair ◆ **la fête du Grand Pardon** the Day of Atonement ◆ **fête légale** public holiday ◆ **la fête des Mères** Mother's Day, Mothering Sunday (Brit) ◆ **fête mobile** movable feast ◆ **la fête des Morts** All Souls' Day ◆ **fête nationale** (gén) national holiday; (en France) Bastille Day; (aux États-Unis) Independence Day; (au Canada) Confederation Day; (en Irlande) St Patrick's Day ◆ **la fête des Pères** Father's Day ◆ **la fête des Rois** Twelfth Night ◆ **la fête du travail** Labour Day ◆ **fête de village** village fête

▸ FÊTES LÉGALES

Holidays to which employees are entitled in addition to their paid leave in France are as follows:
Religious holidays: Christmas Day, New Year's Day, Easter Monday, Ascension Day, Pentecost, Assumption (15 August) and All Saints' Day (1 November).
Other holidays: 1 May ("la fête du travail"), 8 May (commemorating the end of the Second World War), 14 July (Bastille Day) and 11 November (Armistice Day).
When a holiday falls on a Tuesday or a Thursday, many people take an extra day off to fill in the gap before or after the weekend. Doing this is called "faire le pont".

Fête-Dieu (pl **Fêtes-Dieu**) /fɛtdjø/ NF ◆ **la Fête-Dieu** Corpus Christi

fêter /fete/ GRAMMAIRE ACTIVE 25.2 SYN ► conjug 1 ◄ VT [+ anniversaire, victoire] to celebrate; [+ personne] to fête ◆ **il faut fêter cela !** this calls for a celebration!

fétiche /fetiʃ/ SYN NM (lit) fetish; (= mascotte) mascot ◆ **son acteur/son équipe fétiche** his favourite actor/team ◆ **film/roman fétiche** cult film/novel

féticheur /fetiʃœʀ/ NM (= prêtre) fetish-priest, fetishe(e)r; (= initié) fetish-man

fétichiser /fetiʃize/ ► conjug 1 ◄ VT to fetishize

fétichisme /fetiʃism/ NM fetishism

fétichiste /fetiʃist/ ADJ, NMF fetishist

fétide /fetid/ SYN ADJ fetid

fétidité /fetidite/ NF fetidness

fétu /fety/ NM ◆ **fétu (de paille)** wisp of straw ◆ **emporté comme un fétu (de paille)** [avion, pont] swept away as if it were weightless; [personne] swept along helplessly

fétuque /fetyk/ NF ou M fescue (grass)

---

feu¹ /fø/
GRAMMAIRE ACTIVE 9.1 SYN

1 - NOM MASCULIN
2 - ADJECTIF INVARIABLE
3 - COMPOSÉS

---

1 - NOM MASCULIN

[1] [= SOURCE DE CHALEUR] fire ◆ **feu de bois/tourbe** wood/peat fire ◆ **allumer/faire un feu** to light/make a fire ◆ **faire du feu** to make a fire ◆ **jeter qch au feu** to throw sth on the fire ◆ **un feu d'enfer brûlait dans la cheminée** a fire blazed brightly ou a hot fire blazed in the fireplace ◆ **sur un feu de braises** on glowing embers ◆ **avez-vous du feu ?** (pour un fumeur) have you got a light? ◆ **donner du feu à qn** to give sb a light ◆ **le feu éternel** (Rel) eternal fire (and damnation) ◆ **l'épreuve du feu** (Hist) ordeal by fire ◆ **une soirée du feu de Dieu*** a fantastic evening ◆ **avoir le feu au derrière** * ou **aux fesses** * ou **au cul*** (= être pressé) to be in a hell of a hurry *; (sexuellement) to be really horny* ◆ **faire feu des quatre fers** (littér) [cheval] to run like lightning, to make the sparks fly; [personne] to go all out, to pull out all the stops* ◆ **faire feu de tout bois** to use all available means ou all the means at one's disposal ◆ **jeter** ou **lancer feu et flammes** to breathe fire and fury, to be in a towering rage

FRANÇAIS-ANGLAIS

- **pousser les feux** (d'un bateau à vapeur) to stoke the boiler ◆ **il faut pousser les feux pour réduire les inégalités sociales** we must speed up the process of reducing social inequalities; → **coin, long**

[2] [= INCENDIE] fire ◆ **mettre le feu à qch** (lit) to set fire to sth, to set sth on fire ◆ **l'assassinat a mis le feu au pays** the assassination has plunged the country into chaos ou turmoil ◆ **ça a mis le feu aux poudres** it sparked things off ◆ **prendre feu** [maison, forêt] to catch fire ◆ **il prend feu facilement dans la discussion** he's apt to get carried away in arguments ◆ **le feu a pris dans la grange** fire has broken out in the barn ◆ **au feu !** fire! ◆ **il y a le feu** there's a fire ◆ **il y a le feu au grenier !** the attic's on fire! ◆ **il n'y a pas le feu** (au lac) !* there's no panic! *

- **à feu et à sang** ◆ **mettre une ville à feu et à sang** to put a town to fire and sword ◆ **la région est à feu et à sang** the region is being torn apart ou laid waste by war

- **en feu** on fire (attrib) ◆ **devant la maison en feu** in front of the burning house ◆ **le piment m'a mis la bouche en feu** the chilli made my mouth burn ◆ **il avait les joues en feu** his cheeks were on fire

[3] [CULIN = BRÛLEUR] burner; (= plaque électrique) burner, ring (Brit) ◆ **cuisinière à trois feux** stove with three burners ou rings (Brit) ◆ **faire cuire à feu doux/vif** (sur brûleur ou plaque) to cook over ou on a low/high heat; (au four) to cook in a low/hot oven ◆ **plat qui va au feu** ou **sur le feu** fireproof dish ◆ **mettre qch/être sur le feu** to put sth/be on the stove ◆ **sur le feu** (= en préparation) in the pipeline

- **à petit feu** [cuire] gently; [empoisonner] slowly (but surely) ◆ **tuer** ou **faire mourir qn à petit feu** to kill sb by inches

[4] **mettre à feu** [+ fusée] to fire off; [+ charge explosive, bombe] to set off, to trigger; [+ moteur] to fire

- **mise à feu** [de fusée, moteur] firing; [d'explosif, bombe] setting off, triggering ◆ **au moment de la mise à feu de la fusée** at blast-off

[5] [= SENSATION DE BRÛLURE, DE CHALEUR] ◆ **j'ai le feu aux joues** my cheeks are burning ◆ **le feu lui monta au visage** the blood rushed to his face ◆ **le feu du rasoir** shaving rash, razor burn ◆ **le bébé a des feux de dents** the baby's cutting a tooth ou teething

[6] [= ARDEUR] fire ◆ **plein de feu** full of fire ◆ **parler avec feu** to speak passionately ◆ **un tempérament de feu** a fiery temperament ◆ **avoir du feu dans les veines** to have fire in one's blood ◆ **avoir le feu sacré** to burn with zeal ◆ **dans le feu de l'action/de la discussion** in the heat of (the) action/the discussion

- **tout feu tout flamme** wildly enthusiastic, burning with enthusiasm

[7] [MIL = TIR] fire; (= combat) action ◆ **faire feu** to fire ◆ **feu !** fire! ◆ **feu à volonté !** fire at will! ◆ **sous le feu de l'ennemi** under enemy fire ◆ **feu nourri/rasant/roulant** sustained/grazing/running fire ◆ **un feu roulant de questions** a barrage of questions ◆ **des feux croisés** crossfire ◆ **être pris entre deux feux** (lit, fig) to be caught in the crossfire ◆ **aller au feu** to go to the firing line ◆ **tué au feu** killed in action; → **arme, baptême**

[8] **coup de feu** (d'une arme) (gun)shot ◆ **il a reçu un coup de feu** he has been shot ◆ **faire le coup de feu avec qn** to fight alongside sb ◆ **c'est le coup de feu** (fig = précipitation, bousculade) it's all go * ◆ **ma pizza a eu un coup de feu** (Culin) my pizza's a bit burnt

[9] [= REVOLVER] (arg Crime) gun, shooter *, rod* (US)

[10] [= SIGNAL LUMINEUX] light ◆ **le feu était (au) rouge** the lights were (on) red ◆ **s'arrêter aux feux** to stop at the lights ◆ **naviguer/rouler tous feux éteints** to sail/drive without lights ◆ **les feux de la côte** the lights of the shore

[11] [= ÉCLAIRAGE] light ◆ **les feux de la rampe** the footlights ◆ **« Les Feux de la rampe »** (Ciné) "Limelight" ◆ **pleins feux sur...** spotlight on... ◆ **être sous le feu des projecteurs** (lit) to be in the glare of the spotlights; (fig) to be in the limelight ◆ **les feux de l'actualité sont braqués sur eux** they are under ou in the full glare of the media spotlight

[12] [LITTÉR = ÉCLAT] ◆ **les feux d'une pierre précieuse** the fire of a precious stone ◆ **les diamants jetaient mille feux** the diamonds were sparkling ◆ **le feu de son regard** his fiery gaze

[13] [LITTÉR = LUMIÈRE] ◆ **les feux de la nuit** the lights in the night ◆ **les feux du couchant** the fiery glow of sunset ◆ **les feux de la ville** the lights of the town ◆ **les feux de l'été** (= chaleur) the summer heat

[14] [†† = MAISON] hearth †, homestead ◆ **un hameau de 15 feux** a hamlet of 15 homesteads
- **sans feu ni lieu** (littér) with neither hearth nor home †

2 - ADJECTIF INVARIABLE

flame-coloured ◆ **rouge feu** flame red ◆ **chien noir et feu** black and tan dog

3 - COMPOSÉS

feu antibrouillard fog light ou lamp
feu arrière tail light, rear light (Brit)
feu d'artifice firework display, fireworks ◆ **un beau feu d'artifice** beautiful fireworks ◆ **le texte est un feu d'artifice d'images et de métaphores** the text is a virtuoso display of imagery and metaphor
feu de Bengale Bengal light
feu de brouillard ⇒ **feu antibrouillard**
feu de brousse bush fire
feu de camp campfire
feu de cheminée (= flambée) fire; (= incendie) chimney fire
feu clignotant flashing light
feux de croisement dipped headlights (Brit), low beams (US)
feux de détresse hazard (warning) lights
feu follet (lit, fig) will-o'-the-wisp
feu de forêt forest fire
feu grégeois Greek fire
feu de joie bonfire
feu orange amber light (Brit), yellow light (US)
feu de paille (fig) flash in the pan
feu de plancher* (= pantalon) high-riders*, clam-diggers*
feu de position sidelight
feux de recul reversing lights (Brit), back-up lights (US)
feu rouge (couleur) red light; (= objet) traffic light ◆ **tournez au prochain feu rouge** turn at the next set of traffic lights
feux de route headlamps ou headlights on full beam
feu de la Saint-Jean bonfires lit to celebrate the summer solstice
feux de signalisation traffic lights
feux de stationnement parking lights
feu de stop stop ou brake light
feux tricolores traffic lights
feu vert green light ◆ **donner le feu vert à qn/qch** (fig) to give sb/sth the green light ou the go-ahead

---

feu², e /fø/ ADJ ◆ **feu ma tante, ma feue tante** (frm) my late aunt

feudiste /fødist/ NMF feudalist

feuil /fœj/ NM [de peinture, vernis] thin coat

feuillage /fœjaʒ/ NM (sur l'arbre) foliage (NonC); (coupé) greenery (NonC) ◆ **les oiseaux gazouillaient dans le feuillage** ou **les feuillages** the birds were twittering among the leaves ou the foliage

feuillagiste /fœjaʒist/ NMF artificial greenery maker

feuillaison /fœjɛzɔ̃/ NF leafing, foliation (SPÉC) ◆ **à l'époque de la feuillaison** when the trees come into leaf

feuillant, -ine /fœjɑ̃, atin/ NM,F Feuillant

feuillard /fœjaʀ/ NM ◆ **feuillard de fer** iron strap ◆ **feuillard de châtaignier/saule** chestnut/willow hoop-pole

feuille /fœj/ SYN

NF [1] [d'arbre, plante] leaf; (littér = pétale) petal ◆ **feuille de laurier** bay leaf ◆ **à feuilles caduques/persistantes** deciduous/evergreen; → **trèfle, trembler**

[2] [de papier, plastique, bois, ardoise, acier] sheet ◆ **les feuilles d'un cahier** the leaves of an exercise book ◆ **or en feuilles** gold leaf ◆ **doré à la feuille d'or** gilded with gold leaf ◆ **bonnes feuilles** (Imprim) advance sheets ◆ **alimentation feuille à feuille** sheet feed ◆ **une feuille d'aluminium** (Culin) (a sheet of) aluminium foil

[3] (= bulletin) slip; (= formulaire) form; (= journal) paper ◆ **feuille à scandales*** scandal sheet ◆ **feuille d'appel** (Scol) daily register (sheet) (Brit), attendance sheet (US)

[4] (Ordin) ◆ **feuille de programmation** work ou coding sheet ◆ **feuille de style** style sheet ◆ **feuille de calcul** spread sheet

[5] (*= oreille) ear, lug* (Brit) ◆ **dur de la feuille** hard of hearing

---

COMP feuille de chêne (lit) oak-leaf; (Mil) general's insignia
feuille de chou (péj = journal) rag
feuille de garde endpaper
feuille d'impôt tax form ou slip
feuille d'impression folded sheet
feuille de maladie form given by doctor to patient for forwarding to the Social Security
feuille morte dead leaf ◆ **descendre en feuille morte** (en avion) to do the falling leaf
feuille de paye ou **paie** pay slip
feuille de présence attendance sheet
feuille de route (Mil) travel warrant
feuille de soins ⇒ **feuille de maladie**
feuille de température temperature chart
feuilles de thé tea leaves
feuille de vigne vine leaf; (sur sculpture) fig leaf ◆ **feuilles de vigne farcies** stuffed vine leaves
feuille volante loose sheet; → **oreille**

feuillée /fœje/ NF (littér) foliage

feuille-morte /fœjmɔʀt/ ADJ INV (= couleur) russet

feuiller /fœje/ ► conjug 1 ◄ VT [+ planche] to rebate, to rabbet

feuilleret /fœjʀɛ/ NM rabbet-plane

feuillet /fœjɛ/ NM [1] [de cahier, livre] leaf, page; [de bois] layer ◆ **feuillets embryonnaires** (Bio) germ layers

[2] [de ruminants] omasum, manyplies

feuilleté, e /fœjte/ (ptp de **feuilleter**)

ADJ [roche] foliated; [verre, pare-brise] laminated
NM (= pâtisserie) ≈ Danish pastry ◆ **feuilleté au jambon/aux amandes** ham/almond pastry

feuilleter /fœjte/ SYN ► conjug 4 ◄ VT [1] [+ pages, livre] to leaf ou flick ou flip through; (= lire rapidement) to leaf ou skim ou glance through

[2] (Culin) [+ pâte] to turn and roll

feuilletis /fœjti/ NM [de diamant] girdle

feuilleton /fœjtɔ̃/ NM [1] (Presse, Radio, TV) serial ◆ **feuilleton télévisé** television serial; (populaire et de longue durée) soap (opera) ◆ **publié en feuilleton** serialized ◆ **ses amours, c'est un véritable feuilleton** his love life is like a soap opera ◆ **feuilleton judiciaire** (fig) judicial saga

[2] (= papier fort) cardstock

feuilletoniste /fœjtɔnist/ NMF serial writer

feuillette /fœjɛt/ NF cask, barrel (containing 114-140 litres)

feuillu /fœjy/
ADJ leafy
NM broad-leaved tree

feuillure /fœjyʀ/ NF rebate, rabbet

feulement /følmɑ̃/ NM growl

feuler /føle/ ► conjug 1 ◄ VI to growl

feutrage /føtʀaʒ/ NM felting

feutre /føtʀ/ NM (= tissu) felt; (= chapeau) felt hat, trilby (Brit), fedora (US); (= stylo) felt-tip (pen), felt pen

feutré, e /føtʀe/ (ptp de **feutrer**) ADJ [1] [étoffe, surface] felt-like, felt (épith); [lainage] matted

[2] [atmosphère, bruit] muffled ◆ **marcher à pas feutrés** to walk with a muffled tread, to pad along ou about ◆ **elle descendit l'escalier à pas feutrés** she crept down the stairs

feutrer /føtʀe/ ► conjug 1 ◄
VT [1] (= garnir de feutre) to line with felt; (= mettre en feutre) to mat
[2] (= amortir) [+ bruit] to muffle
VI to felt
VPR **se feutrer** to felt, to mat ◆ **mon pull-over s'est feutré** my jumper has gone all matted ou has felted

feutrine /føtʀin/ NF (lightweight) felt

fève /fɛv/ NF [1] (= plante, graine) broad bean ◆ **fève de cacao** cocoa bean

[2] [de galette] charm (hidden in cake for Twelfth Night) → **Les Rois**

[3] (*: Can) bean ◆ **fèves jaunes** wax beans ◆ **fèves vertes** string ou French beans ◆ **fèves au lard** pork and beans

féverole /fevʀɔl/ NF horse bean

févier /fevje/ NM honey locust

février /fevʀije/ NM February; pour loc voir **septembre**

fez /fɛz/ NM fez

FF [1] (abrév de **franc français**) FF
[2] (abrév de **frères**) bros

FFI /ɛfɛfi/ NFPL (abrév de **Forces françaises de l'intérieur**) → **force**

FFL /ɛfɛfɛl/ NFPL (abrèv de **Forces françaises libres**) → **force**

Fg abrèv de **faubourg**

fi /fi/ EXCL (††, *hum*) bah!, pooh! ◆ **faire fi de** *[+ loi, conventions, conseils]* to flout; *[+ danger]* to snap one's fingers at

fiabiliser /fjabilize/ ▸ conjug 1 ◂ VT *[+ machine]* to make (more) reliable; *[+ méthode]* to make (more) accurate *ou* reliable

fiabilité /fjabilite/ NF *[de chiffres]* accuracy, reliability; *[de personnel]* reliability, dependability; *[de machine]* reliability

fiable /fjabl/ SYN ADJ *[chiffres, données, méthode]* accurate, reliable; *[personne]* reliable, dependable; *[information, machine, produit]* reliable

fiacre /fjakʀ/ NM (hackney) cab *ou* carriage, hackney

fiançailles /fjɑ̃sɑj/ GRAMMAIRE ACTIVE 24.2 NFPL engagement, betrothal *(littér)* ◆ **ils m'ont invité à leurs fiançailles** they invited me to their engagement party

fiancé, e /fjɑ̃se/ GRAMMAIRE ACTIVE 24.2 SYN

ADJ engaged

NM *(= homme)* fiancé ◆ **les fiancés** *(= couple)* the engaged couple

NF **fiancée** fiancée

fiancer /fjɑ̃se/ ▸ conjug 3 ◂

VT to betroth *(littér) (avec, à* to)

VPR **se fiancer** to become *ou* get engaged *ou* betrothed *(littér) (avec, à* to)

fiasco /fjasko/ SYN NM fiasco ◆ **être un fiasco** to be a fiasco ◆ **faire (un) fiasco** *[personne]* to fail miserably; *[négociations, projet]* to end in a fiasco

fiasque /fjask/ NF wine flask

fiat /fjat/ NM *(Psych)* fiat

fibranne /fibʀan/ NF bonded fibre

fibre /fibʀ/ NF 1 *(lit : gén)* fibre *(Brit)*, fiber *(US)* ◆ **dans le sens des fibres** with the grain ◆ **fibre de bois/carbone** wood/carbon fibre ◆ **fibres musculaires** muscle fibres ◆ **fibres nerveuses** nerve fibres ◆ **fibre de verre** fibreglass *(Brit)*, fiberglass *(US)*, Fiberglas ® *(US)* ◆ **fibre optique** *(= câble)* optical fibre; *(= procédé)* fibre optics ◆ **câble en fibres optiques** fibre-optic cable ◆ **riche en fibres (alimentaires)** high in (dietary) fibre

2 *(= âme)* ◆ **avoir la fibre maternelle/militaire** to be a born mother/soldier ◆ **faire vibrer la fibre patriotique** to play on *ou* stir patriotic feelings ◆ **sa fibre paternelle n'est pas très développée** he's lacking in paternal feelings

fibreux, -euse /fibʀø, øz/ ADJ *[texture]* fibrous; *[viande]* stringy

fibrillaire /fibʀijɛʀ, fibʀi(l)lɛʀ/ ADJ fibril(l)ar

fibrillation /fibʀijasjɔ̃/ NF fibrillation

fibrille /fibʀij/ NF fibril, fibrilla

fibrine /fibʀin/ NF fibrin

fibrineux, -euse /fibʀinø, øz/ ADJ fibrinous

fibrinogène /fibʀinɔʒɛn/ NM fibrinogen

fibrinolyse /fibʀinɔliz/ NF fibrinolysis

fibrinolytique /fibʀinɔlitik/ ADJ fibrinolytic

fibroblaste /fibʀoblast/ NM fibroblast

fibrociment ® /fibʀosimɑ̃/ NM fibrocement

fibroïne /fibʀɔin/ NF fibroin

fibromateux, -euse /fibʀɔmatø, øz/ ADJ fibromatous

fibromatose /fibʀɔmatoz/ NF fibromatosis

fibrome /fibʀom/ NM fibroid, fibroma

fibromyome /fibʀomjom/ NM fibromyoma

fibroscope /fibʀɔskɔp/ NM fibrescope *(Brit)*, fiberscope *(US)*

fibroscopie /fibʀɔskɔpi/ NF *endoscopy produced by fibroscope*

fibrose /fibʀoz/ NF fibrosis

fibule /fibyl/ NF *(= broche)* fibula

ficaire /fikɛʀ/ NF lesser celandine

ficelage /fis(ə)laʒ/ NM *(= action)* tying (up); *(= liens)* string

ficeler /fis(ə)le/ SYN ▸ conjug 4 ◂ VT 1 *[+ paquet, rôti, prisonnier]* to tie up ◆ **ficelé comme un saucisson** tied up in a bundle

2 *(* = habiller)* to get up*, to rig out* *(Brit)* ◆ **ta mère t'a drôlement ficelé !** that's some get-up* *ou* rig-out* *(Brit)* your mother has put you in! ◆ **c'est bien ficelé** *[scénario, film]* it's well put together

ficelle /fisɛl/ SYN NF 1 *(= matière)* string; *(= morceau)* piece *ou* length of string; *(= pain)* stick (of French bread); *(arg Mil)* stripe *(of officer)*

2 *(locutions)* ◆ **tirer les ficelles** to pull the strings ◆ **connaître les ficelles du métier** to know the tricks of the trade, to know the ropes ◆ **la ficelle est un peu grosse** you can see right through it

fichage /fiʃaʒ/ NM ◆ **le fichage de la population** filing *ou* recording information on the population

fiche[1] /fiʃ/ NF 1 *(= carte)* (index) card; *(= feuille)* sheet, slip; *(= formulaire)* form ◆ **fiche client** customer card ◆ **fiche d'état civil** *record of civil status*, ≃ birth and marriage certificate ◆ **fiche d'inscription** enrolment form ◆ **fiche perforée** perforated card ◆ **fiche cartonnée** index card ◆ **fiche de paye** *ou* **de paie** pay slip ◆ **fiche de police** police record ◆ **fiche technique** specification sheet ◆ **mettre en fiche** to index ◆ **fiche-cuisine/-tricot** *[de magazine]* (pull-out) recipe/knitting pattern card; → **signalétique**

2 *(= cheville)* pin, peg; *(Élec)* *(= broche)* pin; *(= prise)* plug

fiche[2] * /fiʃ/ VB → **ficher**[2]

ficher[1] /fiʃe/ SYN ▸ conjug 1 ◂ VT 1 *(= mettre en fiche)* *[+ renseignements]* to file; *[+ suspects]* to put on file ◆ **tous les meneurs sont fichés à la police** the police have files on all subversives

2 *(= enfoncer)* to stick in, to drive in ◆ **ficher qch en terre** to drive sth into the ground ◆ **j'ai une arête fichée dans le gosier** I've got a fishbone stuck in my throat, a fishbone has got stuck in my throat

ficher[2] * /fiʃe/ SYN ▸ conjug 1 ◂ (ptp courant **fichu**)

VT 1 *(= faire)* to do ◆ **qu'est-ce qu'il fiche, il est déjà 8 heures** what on earth *ou* what the heck* is he doing *ou* is he up to* – it's already 8 o'clock ◆ **qu'est-ce que tu as fichu aujourd'hui ?** what have you been up to* *ou* what have you done today? ◆ **il n'a rien fichu de la journée** he hasn't done a thing *ou* a stroke *(Brit)* all day* ◆ **(pour) ce que j'en ai à fiche, de leurs histoires** I couldn't care less about what they're up to*

2 *(= donner)* to give ◆ **ficher une trempe à qn** to give sb a slap in the face ◆ **ça me fiche la trouille** it gives me the jitters* *ou* the willies* ◆ **cette odeur/musique me fiche la migraine** that smell/music is giving me a damn‡ *ou* blinking* *(Brit)* headache ◆ **fiche-moi la paix !** leave me alone! ◆ **eux, faire ça ? je t'en fiche !** you think they'd do that? not a hope!* *ou* you'll be lucky!* ◆ **ça va nous ficher la poisse** that'll bring us bad luck *ou* put a jinx* on us ◆ **je vous fiche mon billet que...** I bet you anything (you like) *ou* my bottom dollar* that... ◆ **qui est-ce qui m'a fichu un idiot pareil !** how stupid can you get!*, of all the blinking *(Brit)* idiots!*

3 *(= mettre)* to put ◆ **fiche-le dans le tiroir** stick* *ou* bung* *(Brit)* it in the drawer ◆ **ficher qn à la porte** to chuck* *ou* kick* sb out ◆ **se faire ficher** *ou* **fiche à la porte** to get o.s. chucked* *ou* kicked* out, to get the push* *ou* the sack* ◆ **ficher qch par la fenêtre/à la corbeille** to chuck* sth out of the window/in the wastebasket ◆ **ce médicament me fiche à plat** this medicine knocks me right out* *ou* knocks me for six* ◆ **il a fiché le vase par terre** *(qui était posé)* he knocked the vase off; *(qu'il avait dans les mains)* he dropped the vase ◆ **ça fiche tout par terre** *(fig)* that mucks* *ou* messes everything up ◆ **ficher qn dedans** *(= emprisonner)* to put sb inside*; *(= faire se tromper)* to get sb all confused ◆ **ça m'a fichu en colère** that made me really *ou* hopping mad*; → **air**[2]

4 ◆ **ficher le camp** to clear off*, to shove off‡, to push off* ◆ **fiche-moi le camp !** clear off!*, push off!*

VPR **se ficher** 1 *(= se mettre)* ◆ **attention, tu vas te ficher ce truc dans l'œil** careful, you're going to stick that thing in your eye ◆ **se ficher qch dans le crâne** to get sth into one's head *ou* noddle* ◆ **je me suis fichu dedans** I (really) boobed‡ ◆ **se ficher par terre** to go sprawling, to come a cropper* *(Brit)* ◆ **il s'est fichu en l'air avec sa voiture** he smashed himself up* in his car

2 ◆ **se ficher de qn** *(= rire de)* to make fun of sb; *(= raconter des histoires à)* to pull sb's leg ◆ **se ficher de qch** to make fun of sth ◆ **se ficher de qn/de qch/de faire qch** *(= être indifférent)* not to give a darn about sb/about sth/about doing sth*, not to care two hoots about sb/about sth/about doing sth* ◆ **laisse-le tomber, tu vois bien qu'il se fiche de toi** drop him – it's perfectly obvious that he's leading you on* *ou* he couldn't care less about you ◆ **ils se fichent de nous, 8 € pour une bière !** what (on earth) do they take us for *ou* they really must think we're idiots, €8 for a beer! ◆ **il se fiche de nous, c'est la troisième fois qu'il se décommande** he's giving us the runaround* *ou* really messing us about* *(Brit)* – that's the third time he has cancelled his appointment ◆ **il se fiche du monde !** he's the absolute limit!* ◆ **là, ils ne se sont vraiment pas fichus de nous** they really did us proud! ◆ **je m'en fiche pas mal !** I couldn't care less!, I don't give a damn!* ◆ **il s'en fiche comme de sa première chemise** *ou* **comme de l'an quarante** he couldn't care two hoots* (about it), what the heck does he care!*

3 ‡ ◆ **va te faire fiche !** get lost!*, go to blazes!*, take a running jump!* ◆ **j'ai essayé, mais je t'en fiche** *ou* **va te faire fiche ! ça n'a pas marché** I did try but blow me* *(Brit)*, it didn't work, I did try but I'll be darned* *(US)* if it worked

fichier /fiʃje/ NM *(gén, Ordin)* file; *[de bibliothèque]* catalogue *(Brit)*, catalog *(US)* ◆ **fichier d'adresses** mailing list ◆ **fichier ASCII** ASCII file ◆ **fichier (des) clients** customer file ◆ **fichier (informatisé)** data file ◆ **fichier de travail** *(Ordin)* scratch *ou* work file ◆ **fichier système** system file ◆ **fichier (de) texte** text file

fichiste † /fiʃist(ə)/ NMF filing clerk

fichtre * † /fiʃtʀ/ EXCL *(étonnement, admiration)* gosh!*, by Jove! †* ◆ **fichtre non !** gosh* *ou* goodness, no!

fichtrement * † /fiʃtʀəmɑ̃/ ADV darned*, dashed* *(Brit)* ◆ **ça a coûté fichtrement cher** it was darned *ou* dashed *(Brit)* expensive*

fichu[1] /fiʃy/ NM (head)scarf; *(Hist : couvrant le corsage)* fichu

fichu[2]**, e** * /fiʃy/ SYN (ptp de **ficher**[2]) ADJ 1 *(avant n)* *(= sale)* *[métier, idée]* wretched*, lousy*; *(= mauvais)* rotten*, lousy*, foul*; *(= sacré)* one heck of a*, a heck of a* ◆ **avec ce fichu temps on ne peut rien faire** with this lousy* *ou* wretched* weather we can't do a thing ◆ **il fait un fichu temps** what rotten* *ou* lousy* *ou* foul* weather ◆ **il a un fichu caractère** he's got a rotten* *ou* lousy* temper ◆ **il y a une fichue différence** there's one heck of a *ou* a heck of a difference*

2 *(après n = perdu, détruit)* *[malade, vêtement]* done for*; *[appareil]* done for*, bust* ◆ **il/ce veston est fichu** he/this jacket has had it* *ou* is done for* ◆ **avec ce temps, le pique-nique est fichu** with weather like this, we've had it for the picnic*

3 *(= habillé)* got up*, rigged out* *(Brit)* ◆ **regarde comme il est fichu !** look at the way he's got up!* *ou* rigged out!* *(Brit)* ◆ **il est fichu comme l'as de pique** he looks like a scarecrow

4 *(= bâti, conçu)* ◆ **elle est bien fichue** she's well put together*, she's got a nice body ◆ **cet appareil/ce livre est bien fichu** this is a clever little gadget/book ◆ **cet appareil/ce livre est mal fichu** this gadget/book is hopeless *ou* useless ◆ **il est tout mal fichu** he's a fright ◆ **comment c'est fichu ce truc ?** how does this thing work?

5 ◆ **être mal fichu** *ou* **pas bien fichu** *[malade]* to feel rotten*, to be under the weather* *ou* out of sorts*; *(euph)* *[femme]* to have the curse*, to be on the rag‡ *(US)*

6 *(= capable)* ◆ **il est fichu d'y aller, tel que je le connais** knowing him he's quite capable of going ◆ **il n'est (même) pas fichu de réparer ça** he can't even mend the darned thing*

fictif, -ive /fiktif, iv/ SYN ADJ 1 *(= imaginaire)* fictitious, imaginary ◆ **naturellement, tout ceci est fictif** of course this is all fictitious *ou* imaginary

2 *(= faux)* *[nom, adresse, facture]* false ◆ **des emplois fictifs** bogus jobs ◆ **il a reçu un salaire fictif** he received a salary for a bogus job ◆ **c'était des prestations fictives** the services were never actually provided

3 *(Fin)* *[prêt, actifs, contrat]* fictitious ◆ **valeur fictive** *[monnaie]* face value

fiction /fiksjɔ̃/ SYN NF 1 *(= imagination)* fiction, imagination ◆ **cette perspective est encore du domaine de la fiction** this prospect still belongs in the realms of fiction ◆ **livre de fiction** work of fiction

2 *(= fait imaginé)* invention; *(= situation imaginaire)* fiction; *(= roman)* (work of) fiction, fictional work; *(= film de télévision)* TV drama; *(= mythe)* illusion, myth ◆ **heureusement, ce**

que je vous décris est une fiction fortunately all that I've been telling you is imaginary

fictivement /fiktivmɑ̃/ ADV (= *faussement*) ◆ **il était fictivement employé par la société** he had a bogus job with the company ◆ **facturer fictivement des prestations à une société** to present a company with false invoices for services

ficus /fikys/ NM ficus

fidéicommis /fideikɔmi/ NM (= *régime*) trust; (= *fonction*) trusteeship

fidéicommissaire /fideikɔmisɛʀ/ NM trustee

fidéisme /fideism/ NM fideism

fidéiste /fideist/
ADJ fideistic
NMF fideist

fidèle /fidɛl/ SYN
ADJ 1 (= *loyal*) (*gén*) faithful, loyal; [*époux*] faithful ◆ **fidèle serviteur/épée** trusty *ou* loyal servant/sword ◆ **demeurer fidèle au poste** (*lit, fig*) to be loyal *ou* faithful to one's post ◆ **rester fidèle à** [+ *personne*] to remain faithful to; [+ *promesse*] to be *ou* remain faithful to, to keep; [+ *principe, idée*] to remain true *ou* faithful to, to stand by; [+ *habitude, mode*] to keep to; [+ *marque, produit*] to remain loyal to, to stay *ou* stick* with ◆ **être fidèle à une tradition** to remain faithful to *ou* to follow a tradition ◆ **fidèle à la tradition,...** in keeping with tradition,... ◆ **fidèle à ses convictions, il...** true to his convictions, he... ◆ **être fidèle à soi-même** to be true to o.s. ◆ **fidèle à lui-même** *ou* **à son habitude, il est arrivé en retard** true to form *ou* true to character he arrived late
2 (= *habituel*) [*lecteur, client*] regular, faithful ◆ **nous informons nos fidèles clients que...** we wish to inform our customers that...
3 (= *exact*) [*historien, narrateur, son, reproduction*] faithful; [*souvenir, récit, portrait, traduction*] faithful, accurate; [*mémoire, appareil, montre*] accurate, reliable ◆ **sa description est fidèle à la réalité** his description is a true *ou* an accurate picture of the situation
NMF 1 (*Rel*) believer ◆ **les fidèles** (= *croyants*) the faithful; (= *assemblée*) the congregation
2 (= *client*) regular (customer); (= *lecteur*) regular (reader) ◆ **je suis un fidèle de votre émission depuis 10 ans** I have been a regular listener to (*ou* viewer of) your programme for 10 years
3 (= *adepte*) [*de doctrine, mode, écrivain*] follower, devotee

fidèlement /fidɛlmɑ̃/ ADV 1 (= *conformément à la réalité*) faithfully, accurately ◆ **le combat est fidèlement décrit dans ce livre** the fight is accurately *ou* faithfully described in this book ◆ **ces images reproduisent fidèlement ce qui se passe dans la réalité** these pictures are an accurate reflection of reality ◆ **mes propos ont été fidèlement rapportés** what I said was accurately reported
2 (= *loyalement*) faithfully, loyally
3 (= *régulièrement*) faithfully, regularly ◆ **j'écoute fidèlement vos émissions depuis 10 ans** I have been listening to your programmes regularly *ou* I have been a regular listener to your programmes for the past 10 years
4 (= *scrupuleusement*) faithfully

fidélisation /fidelizasjɔ̃/ NF ◆ **fidélisation de la clientèle** development of customer loyalty

fidéliser /fidelize/ ► conjug 1 ◄ VT ◆ **fidéliser sa clientèle/son personnel** to establish *ou* develop customer/staff loyalty ◆ **fidéliser un public** to build up a loyal audience

fidélité /fidelite/ SYN NF 1 (= *loyauté*) (*gén*) faithfulness, loyalty; [*de conjoint, lecteur, client*] faithfulness; (*à un produit, un parti*) loyalty, fidelity ◆ **la fidélité (conjugale)** fidelity; → **carte, jurer**
2 (= *exactitude*) [*d'historien, narrateur, son, reproduction*] faithfulness; [*de souvenir, récit, portrait, traduction*] faithfulness, accuracy; [*de mémoire, appareil, montre*] accuracy, reliability

Fidji /fidʒi/ NFPL ◆ **les (îles) Fidji** Fiji, the Fiji Islands

fidjien, -ienne /fidʒjɛ̃, jɛn/
ADJ Fiji, Fijian
NM,F **Fidjien(ne)** Fiji, Fijian

fiduciaire /fidysjɛʀ/
ADJ fiduciary ◆ **circulation fiduciaire** fiduciary circulation ◆ **héritier fiduciaire** heir, trustee ◆ **monnaie fiduciaire** fiat *ou* paper money ◆ **société fiduciaire** trust company
NM (*Jur*) trustee
NF (= *société*) trust company

fiducie /fidysi/ NF trust ◆ **société de fiducie** trust company

fief /fjɛf/ NM (*Hist*) fief; (= *zone d'influence*) [*de firme, organisation*] preserve; [*de parti, secte*] stronghold; (*hum* = *domaine*) private kingdom ◆ **fief (électoral)** electoral stronghold ◆ **ce bureau est son fief** (*hum*) this office is his kingdom

fieffé, e /fjefe/ SYN ADJ ◆ **un fieffé menteur** a downright liar ◆ **un fieffé réactionnaire** a dyed-in-the-wool reactionary ◆ **il m'a rendu un fieffé service** he did me a huge favour

fiel /fjɛl/ NM (*lit*) gall ◆ **propos pleins de fiel** words filled with venom *ou* gall

field /fjɛld/ NM ⇒ **fjeld**

fielleux, -euse /fjelø, øz/ ADJ venomous, spiteful

fiente /fjɑ̃t/ NF [*d'oiseau*] droppings

fienter /fjɑ̃te/ ► conjug 1 ◄ VI to leave droppings

fier, fière /fjɛʀ/ SYN ADJ 1 (= *arrogant*) proud ◆ **fier comme Artaban** *ou* **comme un coq** *ou* **comme un paon** (as) proud as a peacock ◆ **trop fier pour accepter** too proud to accept ◆ **faire le fier** (= *être méprisant*) to be aloof, to give o.s. airs; (= *faire le brave*) to be full of o.s. ◆ **c'est quelqu'un de pas fier*** he's not stuck-up* ◆ **devant le danger, il n'était plus si fier** when he found himself faced with danger, he wasn't so full of himself any more; → **fier-à-bras**
2 (*littér* = *noble*) [*âme, démarche*] proud, noble ◆ **avoir fière allure** to cut a fine figure, to cut a dash
3 ◆ **fier de qch/de faire qch** proud of sth/to do sth ◆ **elle est fière de sa beauté** she's proud of her beauty ◆ **toute fière de sortir avec son papa** as proud as could be to be going out with her daddy ◆ **il n'y a pas de quoi être fier** there's nothing to feel proud about *ou* to be proud of *ou* to boast about ◆ **je n'étais pas fier de moi** I didn't feel very proud of myself, I felt pretty small* ◆ **elle est fière qu'il ait réussi** she's proud he has succeeded ◆ **il n'était pas peu fier** he was really proud
4 (*intensif* : *avant n*) ◆ **fier imbécile** first-class *ou* prize* idiot ◆ **fière canaille** out-and-out *ou* downright scoundrel ◆ **il a un fier toupet** he has the devil of a nerve* *ou* cheek* (*Brit*) ◆ **je te dois une fière chandelle** I'm terribly indebted to you
5 (*littér* = *fougueux*) [*cheval*] mettlesome ◆ **le fier Aquilon** the harsh *ou* chill north wind

fier (se) /fje/ ► conjug 7 ◄ VPR 1 (*loyauté*) ◆ **se fier à** [+ *allié, promesses, discrétion*] to trust ◆ **on ne peut pas se fier à lui** you can't trust him, he's not to be trusted, he can't be trusted ◆ **ne vous fiez pas à ce qu'il dit** don't go by *ou* trust what he says ◆ **il a l'air calme mais il ne faut pas s'y fier** he looks calm but that's nothing to go by
2 (*fiabilité*) ◆ **se fier à** [+ *appareil, collaborateur, instinct, mémoire*] to trust, to rely on; [+ *destin, hasard*] to trust to ◆ **ne te fie pas à ta mémoire, prends des notes** don't trust to memory, make notes

fier-à-bras (pl **fiers-à-bras**) /fjɛʀabʀɑ/ NM braggart

fièrement /fjɛʀmɑ̃/ SYN ADV (= *dignement*) proudly; († = *extrêmement*) devilishly* †

fiérot, e* /fjeʀo, ɔt/ ADJ cocky* ◆ **faire le fiérot** to show off* ◆ **tout fiérot (d'avoir gagné/de son succès)** as pleased as Punch (about winning/about *ou* at his success)

fierté /fjɛʀte/ SYN NF (*gén*) pride; (*péj* = *arrogance*) pride, haughtiness ◆ **tirer fierté de** to get a sense of pride from ◆ **sa fierté est d'avoir réussi tout seul** he takes pride in having succeeded all on his own ◆ **son jardin est sa fierté** his garden is his pride and joy ◆ **je n'ai pas accepté son aide, j'ai ma fierté !** I didn't accept his help – I have my pride!

fiesta* /fjɛsta/ NF rave-up* ◆ **faire la** *ou* **une fiesta** to have a rave-up*

fieu /fjø/ NM († *ou dial*) son, lad

fièvre /fjɛvʀ/ SYN NF 1 (= *température*) fever, temperature ◆ **accès de fièvre** bout of fever ◆ **avoir (de) la fièvre/beaucoup de fièvre** to have *ou* run a temperature/a high temperature ◆ **avoir 39 de fièvre** to have a temperature of 104(°F) *ou* 39(°C) ◆ **une fièvre de cheval*** a raging fever ◆ **il a les yeux brillants de fièvre** his eyes are bright with fever; → **bouton**
2 (= *maladie*) fever ◆ **fièvre jaune/typhoïde** yellow/typhoid fever ◆ **fièvre hémorragique** haemorrhagic fever ◆ **fièvre aphteuse** foot-and-mouth disease ◆ **fièvre quarte** †† quartan fever *ou* ague ◆ **avoir les fièvres** † to have marsh fever ◆ **fièvre acheteuse** (*hum*) compulsive shopping
3 (= *agitation*) fever, excitement ◆ **parler avec fièvre** to speak excitedly ◆ **dans la fièvre du départ** in the heat of departure, in the excitement of going away ◆ **la fièvre de l'or/des élections** gold/election fever ◆ **pays saisi par la fièvre du nationalisme** country caught in the grip of nationalist fervour
4 (= *envie*) fever ◆ **être pris d'une fièvre d'écrire** to be seized with a frenzied *ou* feverish urge to write

fiévreusement /fjevʀøzmɑ̃/ ADV feverishly, excitedly

fiévreux, -euse /fjevʀø, øz/ SYN ADJ (*Méd, fig*) feverish

FIFA /fifa/ NF (abrèv de **Fédération internationale de football association**) FIFA

fifille* † /fifij/ NF ◆ **viens par ici, fifille** (*terme affectueux*) come here, my little girl *ou* sweetheart ◆ **fifille à sa maman** (*péj*) mummy's (*Brit*) *ou* mommy's (*US*) little girl

fifre /fifʀ/ NM (= *instrument*) fife; (= *joueur*) fife player

fifrelin † /fifʀəlɛ̃/ NM ◆ **ça ne vaut pas un fifrelin** it's not worth a brass farthing (*Brit*) *ou* nickel (*US*)

fifty-fifty* /fiftififti/ LOC ADV ◆ **faire fifty-fifty** to go fifty-fifty*, to go Dutch* ◆ **on partage, fifty-fifty ?** shall we go fifty-fifty* *ou* Dutch*?

figaro † /figaʀo/ NM (*hum*) barber

figé, e /fiʒe/ SYN (ptp de **figer**) ADJ [*style*] stilted; [*manières*] stiff, constrained; [*société, mœurs*] rigid, ossified; [*attitude, sourire*] set, fixed; [*forme, expression*] set ◆ **une société figée dans la tradition** a hidebound society ◆ **le village semble figé dans le temps** the village seems to be stuck in a timewarp ◆ **être figé dans des structures anciennes** to be set rigidly in outdated structures

figement /fiʒmɑ̃/ NM [*d'huile, sauce*] congealing; [*de sang*] clotting, coagulation, congealing

figer /fiʒe/ SYN ► conjug 3 ◄
VT [+ *huile, sauce*] to congeal; [+ *sang*] to clot, to coagulate, to congeal ◆ **le cri le figea sur place** the scream froze *ou* rooted him to the spot ◆ **figé par la peur** terror-stricken ◆ **histoire à vous figer le sang** bloodcurdling story, story to make one's blood run cold ◆ **des corps figés par la mort** rigid corpses
VI [*sauce, huile*] to congeal; [*sang*] to clot, to coagulate, to congeal
VPR **se figer** [*sauce, huile*] to congeal; [*sang*] to clot, to coagulate, to congeal; [*sourire, regard*] to freeze; [*visage*] to stiffen, to freeze ◆ **il se figea au garde-à-vous** he stood rigidly to attention ◆ **son sang se figea dans ses veines** his blood froze in his veins

fignolage* /fiɲɔlaʒ/ NM touching up, polishing ◆ **on a pratiquement terminé, le reste c'est du fignolage** just a few more finishing touches and we'll be done

fignoler* /fiɲɔle/ SYN ► conjug 1 ◄ VT (= *soigner*) to polish up, to put the finishing touches to ◆ **c'est du travail fignolé** that's a really neat job

fignoleur, -euse /fiɲɔlœʀ, øz/ NM,F meticulous worker, perfectionist

figue /fig/ NF fig ◆ **figue de Barbarie** prickly pear ◆ **figue de mer** (edible) sea squirt

figuier /figje/ NM fig tree ◆ **figuier de Barbarie** prickly pear ◆ **figuier banian** banyan tree

figuline /figylin/ NF (= *vase*) figuline

figurant, e /figyʀɑ̃, ɑ̃t/ NM,F (*Ciné*) extra; (*Théât*) walk-on, supernumerary; (*fig*) (= *pantin*) puppet, cipher; (= *complice*) stooge ◆ **avoir un rôle de figurant** (*dans un comité, une conférence*) to play a minor part, to be a mere onlooker; (*dans un crime*) to be a stooge; (*Ciné*) to be an extra; (*Théât*) to have a walk-on part

figuratif, -ive /figyʀatif, iv/
ADJ 1 (*Art*) representational, figurative
2 [*plan, écriture*] figurative
NM,F representational *ou* figurative artist

figuration /figyʀasjɔ̃/ NF 1 (*Théât*) (= *métier*) playing walk-on parts; (= *rôle*) walk-on (part); (= *figurants*) walk-on actors; (*Ciné*) (= *métier*) working as an extra; (= *rôle*) extra part; (= *figu-*

rants) extras ◆ **faire de la figuration** *(Théât)* to do walk-on parts; *(Ciné)* to work as an extra
2 *(= représentation)* representation

figurativement /figyʀativmɑ̃/ ADV diagrammatically

figure /figyʀ/ SYN
NF 1 *(= visage)* face; *(= mine)* face, countenance *(frm)* ◆ **sa figure s'allongea** his face fell ◆ **elle lui a jeté** *ou* **lancé ses lettres à la figure** she threw his letters in his face ◆ **il lui a jeté** *ou* **lancé à la figure qu'elle en était incapable** he told her to her face that she wasn't up to it; → **casser**
2 *(= personnage)* figure ◆ **figure équestre** equestrian figure ◆ **les grandes figures de l'histoire** the great figures of history ◆ **les figures** *(Cartes)* the court *ou* face cards
3 *(= image)* illustration, picture; *(Danse, Ling, Patinage)* figure; *(Math = tracé)* diagram, figure ◆ **figure géométrique** geometrical figure ◆ **faire une figure** to draw a diagram
4 *(locutions)* ◆ **faire figure de favori** to be generally thought of *ou* be looked on as the favourite ◆ **faire figure d'idiot** to look a fool ◆ **faire figure dans le monde** †† to cut a figure in society † ◆ **faire bonne figure** to put up a good show ◆ **faire pâle figure** to pale into insignificance *(à côté de* beside, next to) ◆ **faire triste** *ou* **piètre figure** to cut a sorry figure, to look a sorry sight ◆ **il n'a plus figure humaine** he is disfigured beyond recognition ◆ **prendre figure** *[construction, projet]* to take shape
COMP **figure de ballet** balletic figure
figure chorégraphique choreographic figure
figures imposées *(Patinage)* compulsory figures ◆ **ça fait partie des figures imposées** *(fig)* it's part of the compulsory ritual
figures libres *(Patinage)* freestyle (skating)
figure mélodique figure
figure de proue *[de navire]* figurehead; *(= chef)* key figure, figurehead
figure de rhétorique rhetorical figure
figure de style stylistic device

figuré, e /figyʀe/ SYN (ptp de **figurer**) ADJ *[langage, style, sens]* figurative; *[prononciation]* symbolized; *[plan, représentation]* diagrammatic; *(Archit)* figured ◆ **mot employé au figuré** word used figuratively *ou* in the figurative ◆ **au propre comme au figuré** both literally and figuratively, in the literal as well as the figurative sense

figurément /figyʀemɑ̃/ ADV figuratively, metaphorically

figurer /figyʀe/ SYN ▸ conjug 1 ◂
VT to represent ◆ **le peintre l'avait figuré sous les traits de Zeus** the painter had shown *ou* represented him in the guise of Zeus ◆ **la scène figure un palais** the scene is a palace ◆ **la balance figure la justice** scales are the symbol of justice
VI 1 *(= être mentionné)* to appear ◆ **mon frère figure parmi les gagnants** my brother is listed among the winners *ou* is in the list of winners ◆ **son nom figure en bonne place/ne figure pas parmi les gagnants** his name is high up among/does not appear among the winners ◆ **figurer sur une liste/dans l'annuaire** to appear on a list/in the directory ◆ **cet article ne figure plus sur votre catalogue** this item is no longer featured *ou* listed in your catalogue
2 *(Théât)* to have a walk-on part; *(Ciné)* to be an extra
VPR **se figurer** to imagine ◆ **figurez-vous une grande maison** picture *ou* imagine a big house ◆ **si tu te figures que tu vas gagner…** if you think *ou* imagine you're going to win… ◆ **figurez-vous que j'allais justement vous téléphoner** it so happens I was just about to phone you ◆ **je ne tiens pas à y aller, figure-toi !** believe it or not, I've no particular desire to go! ◆ **tu ne peux pas te figurer comme il est bête** you wouldn't believe *ou* you can't imagine how stupid he is

figurine /figyʀin/ NF figurine

figuriste /figyʀist/ NMF maker of plaster figures

fil /fil/ SYN
NM 1 *(= brin) [de coton, nylon]* thread; *[de laine]* yarn; *[de cuivre, acier]* wire; *[de haricot, marionnette]* string; *[d'araignée]* thread; *[d'appareil électrique]* cord ◆ **haricots pleins de fils/sans fils** stringy/stringless beans ◆ **fil de trame/de chaîne** weft/warp yarn ◆ **tu as tiré un fil à ton manteau** you have pulled a thread in your coat ◆ **j'ai tiré un fil à mon collant** I've laddered my tights *(Brit)*, my hose have a run in them *(US)* ◆ **il suffit de tirer un fil et on découvre l'ampleur du scandale** you only have to scratch the surface to see the true scale of the scandal ◆ **n'avoir plus un fil de sec** to be soaked through ◆ **fil (à linge)** (washing *ou* clothes) line ◆ **fil (à pêche)** (fishing) line
2 *(= téléphone)* ◆ **j'ai ta mère au bout du fil** I have your mother on the line *ou* phone
◆ **coup de fil** * (phone) call ◆ **donner** *ou* **passer un coup de fil à qn** * to give sb a ring *ou* call *ou* buzz *, to call *ou* phone *ou* ring *(Brit)* sb (up) ◆ **il faut que je passe un coup de fil** * I've got to make a phone call
3 *(= lin)* linen ◆ **chemise de fil** linen shirt ◆ **chaussettes pur fil (d'Écosse)** lisle socks
4 *(= sens) [de bois, viande]* grain ◆ **couper dans le sens du fil** to cut with the grain ◆ **dans le sens contraire du fil** against the grain; → **droit**[2]
5 *(= tranchant)* edge ◆ **donner du fil à un rasoir** to sharpen a razor ◆ **être sur le fil du rasoir** to be on the razor's edge *ou* on a razor-edge ◆ « **Le Fil du rasoir** » *(Littérat)* "The Razor's Edge" ◆ **passer un prisonnier au fil de l'épée** to put a prisoner to the sword
6 *(= cours) [de discours, pensée]* thread ◆ **suivre/interrompre le fil d'un discours/de ses pensées** to follow/interrupt the thread of a speech/of one's thoughts ◆ **tu m'as interrompu et j'ai perdu le fil** you've interrupted me and I've lost the thread ◆ **au fil des jours/des ans** with the passing days/years, as the days/years go (*ou* went) by ◆ **raconter sa vie au fil de ses souvenirs** to reminisce about one's life ◆ **suivre le fil de l'eau** to follow the current ◆ **le bateau/papier s'en allait au fil de l'eau** the boat/paper was drifting away with the stream *ou* current
7 *(locutions)* ◆ **mince comme un fil** (as) thin as a rake ◆ **donner du fil à retordre à qn** to make life difficult for sb ◆ **avoir un fil à la patte** * to be tied down ◆ **ne tenir qu'à un fil** to hang by a thread ◆ **de fil en aiguille** one thing leading to another, gradually
COMP **fil d'Ariane** *(Myth)* Ariadne's thread; *(fig)* vital lead
fil conducteur *[d'enquête]* vital lead; *[de récit]* main theme *ou* thread
fil à coudre (sewing) thread
fil à couper le beurre cheesewire
fil dentaire dental floss
fil de discussion *(Internet)* discussion thread
fil électrique electric wire
fil de fer wire ◆ **avoir les jambes comme des fils de fer** to have legs like matchsticks
fil de fer barbelé barbed wire
fil à plomb plumbline
fil rouge ◆ **le fil rouge de ses émissions** the common theme linking his programmes
fil de soie dentaire ⇒ **fil dentaire**
fil à souder soldering wire
fil de terre earth wire *(Brit)*, ground wire *(US)*
fils de la vierge gossamer *(NonC)*, gossamer threads; → **inventer**

fil-à-fil /filafil/ NM INV *(= tissu)* pepper-and-salt (fabric)

filage /filaʒ/ NM *[de laine]* spinning; *(Ciné)* ghost image; *(Théât)* run-through

filaire[1] /filɛʀ/ NF *(= ver)* filaria

filaire[2] /filɛʀ/ ADJ *(Mil)* telegraphic

filament /filamɑ̃/ NM *(Bio, Élec)* filament; *[de glu, bave]* strand, thread

filamenteux, -euse /filamɑ̃tø, øz/ ADJ filamentous

filandière /filɑ̃djɛʀ/ NF (hand-)spinner

filandreux, -euse /filɑ̃dʀø, øz/ ADJ *[viande, légume]* stringy; *[scénario, récit]* incoherent

filant, e /filɑ̃, ɑ̃t/ ADJ *[liquide]* free-flowing; *(Culin)* runny; *(Méd) [pouls]* very weak; → **étoile**

filao /filao/ NM casuarina, beefwood

filariose /filaʀjoz/ NF filariasis

filasse /filas/
NF tow ◆ **filasse de chanvre/lin** hemp/flax tow
ADJ INV ◆ **cheveux (blond) filasse** tow-coloured hair ◆ **aux cheveux (blond) filasse** tow-haired, tow-headed

filateur /filatœʀ/ NM mill owner

filature /filatyʀ/ NF 1 *(= action de filer la laine, etc)* spinning; *(= usine)* mill
2 *(= surveillance)* shadowing *(NonC)*, tailing * *(NonC)* ◆ **prendre qn en filature** to shadow *ou* tail * sb

fildeferiste, fil-de-fériste (pl **fil-de-féristes**) /fildəfeʀist/ NMF high-wire artist

file /fil/ SYN NF *[de personnes, objets]* line ◆ **file (d'attente)** queue *(Brit)*, line *(US)* ◆ **file d'attente (d'impression)** print queue ◆ **file de voitures** *(en stationnement)* line of cars; *(roulant)* line *ou* stream of cars ◆ **se mettre sur** *ou* **prendre la file de gauche** *(en voiture)* to move into the left-hand lane ◆ **se garer en double file** to double-park ◆ **il est en double file** he's double-parked ◆ **prendre la file** to join the queue *(Brit) ou* the line *(US)*
◆ **à la file, en file** ◆ **se mettre à la file** to join the queue *(Brit) ou* the line *(US)* ◆ **se mettre en file** to line up ◆ **marcher à la file** *ou* **en file** to walk in line ◆ **entrer/sortir en file** *ou* **à la file** to file in/out ◆ **en file indienne** in single file ◆ **chanter plusieurs chansons à la file** to sing several songs in a row *ou* in succession *ou* one after the other

filé /file/ (ptp de **filer**) NM *(= fil)* thread, yarn ◆ **filé d'or/d'argent** golden/silver thread

filer /file/ SYN ▸ conjug 1 ◂
VT 1 *[+ laine, coton, acier, verre]* to spin; *[araignée, chenille]* to spin ◆ **filer un mauvais coton** *(au physique)* to be in a bad way; *(au moral)* to get into bad ways ◆ **verre/sucre filé** spun glass/sugar
2 *(= prolonger) [+ image, métaphore]* to spin out, to extend; *[+ son, note]* to draw out ◆ **filer le parfait amour** to spin out love's sweet dream ◆ **filer une pièce de théâtre** to run through a play
3 *(Police = suivre)* to shadow, to tail * ◆ **filer le train à qn** * to be hard *ou* close on sb's heels ◆ **j'ai quitté la salle et il m'a filé le train** * I left the room and he followed after me
4 *[+ amarre]* to veer out ◆ **navire qui file 20 nœuds** ship doing 20 knots
5 *(* = donner)* ◆ **filer qch à qn** to give sth to sb, to give sb sth ◆ **il m'a filé son rhume** he's given me his cold ◆ **filer un coup de poing à qn** to punch sb, to give sb a punch ◆ **file-toi un coup de peigne** run a comb through your hair
6 *(= démailler) [+ bas, collant]* to get a run in, to ladder *(Brit)*
VI 1 *[liquide]* to run, to trickle; *[fromage fondu]* to go stringy; *[sirop]* to thread; *[lampe, flamme]* to smoke ◆ **il faisait filer du sable entre ses doigts** he was running *ou* trickling sand through his fingers
2 *(* = courir, passer) [personne]* to fly, to dash; *[temps]* to fly (by) ◆ **filer bon train/comme le vent/à toute allure** to go at a fair speed/like the wind/at top speed ◆ **il fila comme une flèche devant nous** he darted *ou* zoomed * straight past us ◆ **filer à la poste/voir qn** to dash to the post office/to see sb
3 *(* = s'en aller)* to go off ◆ **le voleur avait déjà filé** the thief had already made off * ◆ **il faut que je file** I must dash *ou* fly * ◆ **file dans ta chambre** off to your room with you ◆ **allez, file, garnement !** clear off, you little pest! * ◆ **filer à l'anglaise** to run off *ou* away, to take French leave *(Brit)* ◆ **filer entre les doigts de qn** *[poisson]* to slip between sb's fingers; *[voleur, argent]* to slip through sb's fingers ◆ **les billets de 20 €, ça file vite** 20 euro notes disappear in no time ◆ **filer doux** to toe the line
4 *(= se démailler) [maille]* to run; *[bas, collant]* to run, to ladder *(Brit)* ◆ **mon collant a filé** I've got a run *ou* ladder in my tights *(Brit)*, my hose have a run in them *(US)*
5 *[monnaie]* to slide, to slip ◆ **laisser filer le dollar** to let the dollar slide

filet /filɛ/ SYN NM 1 *(= petite quantité) [d'eau, sang]* dribble, trickle; *[de fumée]* wisp; *[de lumière]* (thin) shaft; *(= trait)* thin line ◆ **il avait un filet de voix** he had a reedy voice ◆ **mettez un filet de vinaigre** add a drop *ou* a dash of vinegar ◆ **arrosez d'un filet d'huile d'olive** drizzle with olive oil
2 *[de poisson]* fillet; *[de viande]* fillet *(Brit) ou* filet *(US)* steak ◆ **donnez-moi un rôti dans le filet** I'd like some fillet *(Brit) ou* filet *(US)* of beef ◆ **filet mignon** (pork) tenderloin ◆ **filet américain** *(Belg)* steak tartare
3 *(= nervure) [de langue]* frenum; *[de pas de vis]* thread; *(Typographie)* rule; *(Archit)* fillet, list(el) ◆ **filets nerveux** nerve endings
4 *(Pêche, Sport)* net ◆ **filet (à provisions)** string bag ◆ **filet (à bagages)** (luggage) rack ◆ **filet à crevettes/à papillons/à cheveux** shrimping/butterfly/hair net ◆ **filet à poissons** *ou* **de pêche** fishing net, fishnet *(US)* ◆ **filet dérivant** drift net ◆ **envoyer la balle au fond des filets** *(Football)* to send the ball into the back of the net ◆ **filet !** *(Tennis)* let! ◆ **envoyer la balle dans le filet** *(Tennis)* to put the ball into the net, to net the ball ◆ **monter au filet** *(Tennis)* to go up

to the net • **il a dû monter au filet pour défendre son projet** *(fig)* he had to stick his neck out to defend his proposal • **travailler sans filet** *[acrobates]* to perform without a safety net; *(fig)* to be out on one's own • **tendre un filet** *[chasseur]* to set a snare; *[police]* to set a trap • **le filet se resserre** the net is closing in *ou* tightening • **coup de filet** *(fig)* haul • **attirer qn dans ses filets** *(fig)* to ensnare sb

filetage /filtaʒ/ NM (= *action*) thread cutting, threading; *[de pas de vis]* thread

fileté /filte/ NM *type of cotton fabric*

fileter /filte/ ▸ conjug 5 ◂ VT 1 *[+ vis, tuyau]* to thread; (= *étirer*) *[+ métal]* to draw • **tissu violet fileté d'or** purple cloth shot through with gold threads

2 *(Culin)* *[+ poisson]* to fillet

fileur, -euse /filœʀ, øz/ NM,F spinner

filial, e[1] (mpl **-iaux**) /filjal, jo/ ADJ filial

filiale[2] /filjal/ NF • **(société) filiale** subsidiary (company) • **filiale commune** joint venture • **filiale à 100%** wholly-owned subsidiary • **filiale de distribution/vente** distribution/sales subsidiary

filialisation /filjalizasjɔ̃/ NF *[d'activité]* transfer to a subsidiary

filialiser /filjalize/ ▸ conjug 1 ◂ VT *[+ activité]* to transfer to a subsidiary

filiation /filjasjɔ̃/ SYN NF *[de personnes]* filiation; *[d'idées, mots]* relation • **être issu de qn par filiation directe** to be a direct descendant of sb

filière /filjɛʀ/ SYN NF 1 (= *succession d'étapes*) *[de carrière]* path; *[d'administration]* channels, procedures • **la filière administrative** the administrative procedures *ou* channels • **passer par** *ou* **suivre la filière pour devenir directeur** to work one's way up to become a director • **il a suivi la filière classique pour devenir professeur** he followed the classic route into teaching • **de nouvelles filières sont offertes aux jeunes ingénieurs** new paths are open to young engineers

2 *(Scol, Univ = domaine d'études spécifique)* course, subjects • **filières technologiques/scientifiques/artistiques** technology/science/arts courses • **nouvelles filières** new subjects • **suivre une filière courte/longue** to do a short/long course

3 (= *réseau*) network • **les policiers ont réussi à remonter toute la filière** the police have managed to trace the network right through to the man at the top • **de nouvelles filières pour le passage de la drogue** new channels for drug trafficking

4 *(Écon = secteur d'activité)* industry • **filière bois/pêche/agroalimentaire** timber/fishing/food-processing industry • **ce pays a choisi la filière nucléaire** this country chose the nuclear(-power) option *ou* opted to use nuclear power

5 *(Phys Nucl)* • **filière à eau légère/à eau pressurisée** light-water/pressurized water reactor technology

6 *(Tech)* *(pour étirer)* drawplate; *(pour fileter)* screwing die

7 *[d'araignée, chenille]* spinneret

filiforme /filifɔʀm/ SYN ADJ *[antenne, patte]* threadlike, filiform *(SPÉC)*; *[jambes]* long and slender; *[corps]* lanky; *(Méd)* *[pouls]* thready

filigrane /filigʀan/ NM *[de papier, billet]* watermark; *[d'objet]* filigree

♦ **en filigrane** *(lit)* as a watermark • **ce projet apparaît** *ou* **est inscrit en filigrane dans le texte** this project is hinted at in the text • **cette possibilité est inscrite en filigrane dans la loi** this possibility is implicit in the law • **sa haine apparaissait en filigrane dans ses paroles** there was veiled hatred in his words • **la frustration qui apparaît en filigrane dans ses toiles** the sense of frustration that runs through his paintings

filigraner /filigʀane/ ▸ conjug 1 ◂ VT *[+ papier, billet]* to watermark; *[+ objet]* to filigree

filin /filɛ̃/ NM rope

filipendule /filipɑ̃dyl/ NF meadowsweet

fille /fij/ SYN

NF 1 *(dans une famille)* daughter • **la fille de la maison** the daughter of the house • **la fille Martin** *(souvent péj)* the Martin girl • **la peur, fille de la lâcheté** *(littér)* fear, the daughter of cowardice • **oui, ma fille** *(Rel)* yes, my child • **c'est bien la fille de son père/de sa mère** she's very much her father's/her mother's daughter, she's just like her father/her mother; → **jouer**

2 (= *enfant*) girl; (= *femme*) woman; († = *vierge*) maid † • **c'est une grande/petite fille** she's a big/little girl • **elle est belle fille** she's a good-looking girl • **c'est une bonne** *ou* **brave fille** she's a nice girl *ou* a good sort • **elle n'est pas fille à se laisser faire** she's not the type to let herself *ou* the type of girl who lets herself be messed about • **être encore/rester fille** † to be still/stay unmarried • **mourir fille** † to die an old maid; → **jeune, vieux**

3 († = *servante*) • **fille de ferme** farm girl • **fille d'auberge/de cuisine** serving/kitchen maid • **ma fille** †† my girl

4 († *péj* = *prostituée*) whore • **fille en carte** registered prostitute

COMP **fille d'Ève** daughter of Eve

fille d'honneur *(Hist)* maid of honour

fille de joie prostitute

fille publique streetwalker

fille des rues streetwalker

fille de salle *(restaurant)* waitress; *(hôpital)* ward orderly

fille à soldats *(péj* †*)* soldiers' whore

fille soumise † registered prostitute

fille-mère † (pl **filles-mères**) /fijmɛʀ/ NF *(péj)* unmarried mother

fillér /filɛʀ/ NM fillér

fillette /fijɛt/ NF 1 (= *petite fille*) (little) girl • **rayon fillettes** girls' department • **elle chausse du 42 fillette** * *(hum)* her feet are like boats *

2 (= *bouteille*) ≈ (half-)bottle

filleul /fijœl/ NM godson, godchild; (= *personne parrainée*) sponsoree • **filleul de guerre** adoptive son (in wartime)

filleule /fijœl/ NF goddaughter, godchild; (= *personne parrainée*) sponsoree

film /film/ SYN

NM 1 *(Ciné)* (= *pellicule*) film; (= *œuvre*) film, movie *(surtout US)* • **le film fantastique/d'avant-garde** *(genre)* fantasy/avant-garde films • **le grand film** † the feature (film) • **repasser le film des événements de la journée** *(fig)* to go over the sequence of the day's events • **il n'a rien compris au film** * *(fig)* he didn't get it at all; → **métrage**

2 (= *mince couche*) film • **film alimentaire** *ou* **étirable** *(transparent)* Clingfilm ® *(Brit)*, clingwrap *(Brit)*, Saran Wrap ® *(US)* • **film plastique de congélation** freezer film

COMP **film d'animation** animated film

film d'archives archive film

film biographique biopic

film documentaire documentary (film)

film d'épouvante ⇒ **film d'horreur**

film de guerre war film

film d'horreur horror film

film muet silent film

film noir film noir

film parlant talking film, talkie *

film policier detective film

film publicitaire (= *publicité*) advertising film; (= *film promotionnel*) promotional film

film à sketches film made up of sketches; → **action**[1]**, aventure, espionnage**

filmage /filmaʒ/ NM *[de personne, paysage]* filming; *[de film, scène]* filming, shooting

filmer /filme/ ▸ conjug 1 ◂ VT *[+ personne, paysage]* to film; *[+ film, scène]* to film, to shoot • **théâtre filmé** film drama

filmique /filmik/ ADJ film *(épith)*, cinematic • **l'œuvre filmique de Renoir** Renoir's film work

filmographie /filmɔgʀafi/ NF filmography

filmologie /filmɔlɔʒi/ NF film studies

filmothèque /filmɔtɛk/ NF microfilm library

filocher /filɔʃe/ ▸ conjug 1 ◂ VT *(arg Police)* to shadow, to tail *

filoguidé, e /filogide/ ADJ wire-guided

filon /filɔ̃/ NM 1 *(Minér)* vein, seam • **il exploite ce filon depuis des années** he's worked that seam for years

2 (= *opportunité, secteur*) • **trouver le filon** * to strike it lucky *ou* rich • **ils ont flairé le (bon) filon** they're on to something good • **on n'a pas fait de recherches sur ce sujet, c'est un filon qu'il faudrait exploiter** no research has been done on that subject - it's a line worth developing • **c'est un bon filon** * *[métier]* it's a cushy number *; *[secteur lucratif]* there's a lot of money to be made in it

filou /filu/ SYN NM (= *escroc*) crook, swindler; (= *enfant espiègle*) rascal

filouter * /filute/ ▸ conjug 1 ◂

VT *[+ personne]* to cheat, to do * *(Brit)*, to diddle * *(Brit)*; *[+ argent, objets]* to snaffle *, to filch * • **il m'a filouté (de) 5 €** he's cheated *ou* diddled *(Brit)* me out of 5 euros *

VI (= *tricher*) to cheat • **il est difficile de filouter avec le fisc** it's hard to cheat *ou* diddle *(Brit)* the taxman *

filouterie /filutʀi/ NF fraud *(NonC)*, swindling *(NonC)*

fils /fis/ SYN

NM son • **le fils de la maison** the son of the house • **M. Martin fils** young Mr Martin • **Martin fils** *(Comm)* Mr Martin junior • **Martin et Fils** *(Comm)* Martin and Son *(ou* Sons) • **le fils Martin** the Martin boy • **elle est venue avec ses deux fils** she came with her two sons *ou* boys • **c'est bien le fils de son père** he's very much his father's son, he's just like his father • **les fils de la France/de Charlemagne** *(frm)* the sons of France/of Charlemagne • **être le fils de ses œuvres** *(frm)* to be a self-made man • **oui, mon fils** *(Rel)* yes, my son • **le Fils de l'homme/de Dieu** *(Rel)* the Son of Man/of God

COMP **fils de famille** young man of means *ou* with money

fils de garce ** †, **fils de pute** ** son of a bitch **

fils spirituel spiritual son; → **papa**

filtrage /filtʀaʒ/ NM *[de liquide, données]* filtering; *(Élec)* filtration; *[de nouvelles, spectateurs]* screening

filtrant, e /filtʀɑ̃, ɑt/ ADJ *[substance]* filtering *(épith)*; *[verre]* filter *(épith)* • **barrage filtrant** *(sur route)* roadblock *(letting through a few vehicles)* • **virus filtrant** filterable virus • **le pouvoir filtrant de ces lunettes de soleil** the way these sunglasses filter sunlight

filtrat /filtʀa/ NM filtrate

filtration /filtʀasjɔ̃/ NF *[de liquide]* filtering, filtration

filtre /filtʀ/ SYN NM *(gén)* filter; *[de cigarette]* filter tip • **filtre à café** coffee filter • **papier-filtre** filter paper • **cigarette à bout filtre** filter-tipped cigarette • « **avec ou sans filtre ?** » "tipped or plain?" • **filtre à air/huile/essence** air/oil/fuel filter • **filtre anti-UV** UV filter • **filtre solaire** sunscreen

filtre-presse (pl **filtres-presses**) /filtʀəpʀɛs/ NM filter press

filtrer /filtʀe/ SYN ▸ conjug 1 ◂

VT *[+ liquide, lumière, son, données]* to filter; *[+ nouvelles, spectateurs, appels téléphoniques]* to screen

VI *[liquide]* to filter (through), to seep through; *[lumière, son]* to filter through; *[information]* to leak out, to filter through • **rien n'a filtré de leur conversation** none of their conversation got out

fin[1]**, fine**[1] /fɛ̃, fin/ SYN

ADJ 1 (= *mince*) *[tranche, couche, papier, tissu]* thin; *[cheveux, sable, poudre, papier de verre]* fine; *[pointe, pinceau]* fine; *[bec d'oiseau]* thin, pointed; *[lame]* sharp, keen; *[écriture]* small; *[taille, doigt, jambe]* slender, slim • **plume fine** fine-nibbed pen • **petits pois fins/très fins** high-quality/top-quality garden peas • **une petite pluie fine** a fine drizzle; → **peigne, sel**

2 (= *raffiné, supérieur*) *[lingerie, porcelaine, travail]* fine, delicate; *[traits, visage, or, pierres]* fine; *[silhouette, membres]* neat, shapely; *[produits, aliments]* high-class, top-quality; *[mets]* choice, exquisite; *[chaussures]* fine-leather • **faire un repas fin** to have a gourmet meal • **vins fins** fine wines • **perles fines** real pearls • **fine fleur de froment** finest wheat flour • **la fine fleur de l'armée française** the pride *ou* flower of the French army • **le fin du fin** the last word *ou* the ultimate *(de* in); → **épicerie, partie**[2]

3 (= *très sensible*) *[vue, ouïe]* sharp, keen; *[goût, odorat]* fine, discriminating • **avoir l'oreille** *ou* **l'ouïe fine** to have a keen ear, to have keen hearing; → **nez**

4 (= *subtil*) *[personne]* astute; *[esprit, observation]* shrewd, sharp; *[allusion, nuance]* subtle; *[sourire]* wise, shrewd • **faire des plaisanteries fines sur qch** to joke wittily about sth • **il n'est pas très fin** he's not very bright • **ce n'est pas très fin de sa part** that's not very clever of him • **comme c'est fin !** *(iro)* (that's) very clever! *(iro)* • **c'est fin ce que tu as fait !** *(iro)* that was clever of you! *(iro)* • **il se croit plus fin que les autres** he thinks he's smarter than everybody

else • **bien fin qui pourrait le dire !** who knows! • **tu as l'air fin !** you look a right idiot! * • **jouer au plus fin avec qn** to try to outsmart sb

5 *(avant n = habile)* expert • **fin connaisseur** connoisseur • **fine cuisinière** skilled cook • **fin gourmet, fine bouche** *ou* **gueule** * gourmet • **fine lame** expert swordsman • **fin stratège** expert strategist • **fin tireur** crack shot

6 *(avant n : intensif)* • **au fin fond de la campagne** right in the heart of the country, in the depths of the country • **au fin fond du tiroir** right at the back of the drawer • **du fin fond de ma mémoire** from the depths *ou* recesses of my memory • **savoir le fin mot de l'histoire** to know the real story

ADV *[moudre, tailler]* finely; *(Billard)* fine • **écrire fin** to write small • **fin prêt** quite *ou* all ready • **fin soûl** dead *ou* blind drunk *

COMP **fines herbes** (sweet) herbs, fines herbes
fin limier (keen) sleuth
fine mouche, fin renard sharp customer
→ see also **adj 5**

fin[2] /fɛ̃/ GRAMMAIRE ACTIVE 26.4 SYN

NF 1 *(gén)* end; *[d'année, réunion]* end, close; *[de compétition]* end, finish, close • « **Fin** » *[de film, roman]* "The End" • **vers** *ou* **sur la fin** towards the end • **le quatrième en partant de** *ou* **en commençant par la fin** the fourth from the end, the last but three *(Brit)* • **fin juin, à la fin (de) juin** at the end of June • **fin courant** *(Comm)* at the end of the current month • **jusqu'à la fin** to the very end • **jusqu'à la fin des temps** *ou* **des siècles** until the end of time • **la fin du monde** the end of the world • **avoir des fins de mois difficiles** to have difficulty making ends meet • **en fin de semaine** towards *ou* at the end of the week • **on n'en verra jamais la fin** we'll never see the end of this • **à la fin il a réussi à se décider** he eventually managed *ou* in the end he managed to make up his mind • **tu m'ennuies, à la fin !** * you're beginning to get on my nerves! • **en fin d'après-midi** towards the end of the afternoon, in the late afternoon • **en fin de liste** at the end of the list • **en fin de compte** (= *tout bien considéré*) when all is said and done, in the end, at the end of the day; (= *en conclusion*) in the end, finally • **sans fin** *[discussion, guerre, histoire]* endless, never-ending; *[errer, tourner]* endlessly • **arriver en fin de course** *[vis]* to screw home; *[piston]* to complete its stroke; *[batterie]* to wear out; * *[personne]* to be worn out, to come to the end of the road • **en fin de séance** *(Bourse)* at the close • **un chômeur en fin de droits, un fin de droits** * *an unemployed person no longer entitled to benefit* • **prendre fin** *[réunion]* to come to an end; *[contrat]* to terminate, to expire (*le* on) • **être sur sa fin, toucher à** *ou* **tirer à sa fin** to be coming to an end, to be drawing to a close • **on arrive à la fin du spectacle** we're getting near the end of the show • **mettre fin à** to put an end to, to end • **mettre fin à ses jours** to put an end to one's life • **mener qch à bonne fin** to bring sth to a successful conclusion, to carry sth off successfully • **faire une fin** † (= *se marier*) to settle down; → **début, mot** *etc*

2 (= *ruine*) end • **c'est la fin de tous mes espoirs** that's the end of all my hopes • **c'est la fin de tout !** * *ou* **des haricots !** * that's the last straw!

3 (= *mort*) end, death • **avoir une fin tragique** to die a tragic death, to meet a tragic end • **il a eu une belle fin** he had a fine end • **la fin approche** the end is near

4 (= *but*) end, aim, purpose; *(Philos)* end • **fin en soi** end in itself • **il est arrivé** *ou* **parvenu à ses fins** he achieved his aim *ou* ends • **à cette fin** to this end, with this end *ou* aim in view • **à quelle fin faites-vous cela ?** what is your purpose *ou* aim in doing that? • **c'est à plusieurs fins** it has a variety of uses • **à seule fin de faire** for the sole purpose of doing • **à toutes fins utiles** *(frm)* for your information • **aux fins de la présente loi** *(Jur)* for the purposes of this Act • **la fin justifie les moyens** *(Prov)* the end justifies the means

COMP **fin d'exercice** *(Comptabilité)* end of the financial year
fin de race *(péj)* **ADJ INV** degenerate **NM,F** degenerate aristocrat
fin de section *[d'autobus]* stage limit, fare stage
fin de semaine *(Can)* weekend
fin de série (= *produit*) end-of-line stock *(NonC)*
fin de siècle *(péj)* **ADJ INV** decadent, fin de siècle; → **non-recevoir**

final, e[1] (mpl **finals** *ou* **-aux**) /final, o/ SYN **ADJ** 1 (= *terminal*) final • **la scène finale** the final *ou* last scene • **quand le coup de sifflet final a retenti** when the final whistle went *ou* blew; → **point[1]**

2 (= *marquant la finalité : Ling, Philos*) final • **proposition finale** *(Ling)* purpose *ou* final clause • **au** *ou* **en final** in the end

finale[2] /final/ **NF** 1 *(Sport)* final • **quart de finale** quarterfinal • **demi-finale** semifinal • **huitième/seizième de finale** third/second round *(in a six-round tournament)* • **elle a joué la finale** she played in the final • **ils sont arrivés en finale** they're through to the final

2 (= *syllabe*) final *ou* last syllable; (= *voyelle*) final *ou* last vowel

finale[3] /final/ **NM** *(Mus)* finale

finalement /finalmɑ̃/ SYN **ADV** *(gén)* 1 (= *à la fin*) in the end, finally • **ils se sont finalement réconciliés** in the end they were reconciled • **il a finalement décidé de s'abstenir** in the end he decided to abstain; *(après hésitation, réflexion)* he finally decided to abstain

2 (= *en fin de compte*) after all • **ce n'est pas si mal finalement** it's not so bad after all • **finalement je ne suis pas plus avancé** I've ended up no further forward

> Au sens de 'en fin de compte', **finalement** ne se traduit pas par **finally**.

finalisation /finalizasjɔ̃/ **NF** *[d'accord, contrat]* finalization • **un protocole en voie de finalisation** a protocol in the process of being finalized

finaliser /finalize/ ► conjug 1 ◄ **VT** 1 (= *achever*) to finalize
2 (= *orienter*) to target

finalisme /finalism/ **NM** finalism

finaliste /finalist/
ADJ *(Philos)* finalist
NMF *(Philos, Sport)* finalist

finalité /finalite/ SYN **NF** (= *but*) end, aim; (= *fonction*) purpose, function

finance /finɑ̃s/ SYN **NF** 1 *(Pol = recettes et dépenses)* • **finances** finances • **les Finances** (= *administration*) the Ministry of Finance, ≈ the Treasury, ≈ the Exchequer *(Brit)*, ≈ the Treasury Department *(US)* • **il est aux Finances** *(employé)* he works at the Ministry of Finance; *(ministre)* he is Minister of Finance • **finances publiques** public funds • **l'état de mes finances** * the state of my finances, my financial state • **les** *ou* **mes finances sont à sec** * I'm right out of funds *; → **loi, ministre**

2 *(Fin)* finance • **la (haute) finance** (= *activité*) (high) finance; (= *personnes*) (top) financiers • **le monde de la finance** the financial world • **il est dans la finance** he's in banking *ou* finance; → **moyennant**

financement /finɑ̃smɑ̃/ **NM** financing • **plan de financement** financial plan • **financement à court/long terme** short-/long-term financing • **financement-relais** bridge *ou* interim financing • **financement à taux fixe** fixed-rate financing • **financement par emprunt** debt financing

financer /finɑ̃se/ SYN ► conjug 3 ◄
VT to finance
VI * to fork out *

financier, -ière /finɑ̃sje, jɛʀ/ SYN
ADJ 1 *(Fin)* financial • **soucis financiers** money *ou* financial worries; → **place**
2 *(Culin)* • **(sauce) financière** sauce financière
NM *(Fin)* financier; *(Culin) almond sponge finger*

financièrement /finɑ̃sjɛʀmɑ̃/ **ADV** financially

finasser * /finase/ ► conjug 1 ◄ **VI** to use trickery • **inutile de finasser avec moi !** there's no point trying to use your tricks on me!

finasserie * /finasʀi/ **NF** trick, dodge *, ruse

finasseur, -euse /finasœʀ, øz/, **finassier, -ière** /finasje, jɛʀ/ **NM,F** trickster, dodger *

finaud, e /fino, od/
ADJ wily
NM,F • **c'est un petit finaud** he's a crafty one *, there are no flies on him *, he's nobody's fool

finauderie /finodʀi/ **NF** (= *caractère*) wiliness, guile; (= *action*) wile, dodge * *(Brit)*

fine[2] /fin/ **NF** 1 (= *alcool*) liqueur brandy • **fine Champagne** fine champagne cognac
2 (= *huître*) • **fine de claire** green oyster

finement /finmɑ̃/ **ADV** *[ciselé, brodé]* finely, delicately; *[faire remarquer]* subtly; *[agir, manœuvrer]* cleverly, shrewdly

fines /fin/ **NFPL** *(Tech)* slack

finesse /finɛs/ SYN
NF 1 (= *minceur*) *[de cheveux, poudre, pointe]* fineness; *[de lame]* keenness, sharpness; *[d'écriture]* smallness; *[de taille]* slenderness, slimness; *[de couche, papier]* thinness

2 (= *raffinement*) *[de broderie, porcelaine, travail, traits]* delicacy, fineness; *[d'aliments, mets]* refinement • **son visage est d'une grande finesse** he has very refined *ou* delicate features • **un plat d'une grande finesse** a very refined dish

3 (= *sensibilité*) *[de sens]* sharpness, sensitivity; *[de vue, odorat, goût, ouïe]* sharpness, keenness

4 (= *subtilité*) *[de personne]* sensitivity; *[d'esprit, observation, allusion]* subtlety

NFPL **finesses** *[de langue, art]* niceties, finer points; *[d'affaire]* ins and outs • **il connaît toutes les finesses** he knows all the ins and outs

finette /finɛt/ **NF** brushed cotton

fini, e /fini/ SYN (ptp de **finir**)

ADJ 1 (= *terminé*) finished, over • **tout est fini entre nous** it's all over between us, we're finished, we're through * • **finie la rigolade !** * the party * *ou* the fun is over! • **(c'est) fini de rire maintenant** the fun *ou* joke is over now • **ça n'est pas un peu fini ce bruit** * ? will you stop that noise!

2 (* = *fichu*) *[acteur, homme politique, chose]* finished • **il est fini** he's finished, he's a has-been *

3 (= *usiné, raffiné*) finished • **costume bien/mal fini** well-/badly-finished suit

4 *(péj = complet) [menteur, escroc, salaud]* out-and-out, downright; *[ivrogne, bon à rien]* absolute, complete

5 *(Math, Philos, Ling)* finite • **grammaire à états finis** finite state grammar

NM *[d'ouvrage]* finish • **ça manque de fini** it needs a few finishing touches

finir /finiʀ/ SYN ► conjug 2 ◄

VT 1 (= *achever*) *[+ travail, études, parcours]* to finish, to complete; (= *clôturer*) *[+ discours, affaire]* to finish, to end, to conclude • **finis ton travail** *ou* **de travailler avant de partir** finish your work before you leave • **il a fini ses jours à Paris** he ended his days in Paris • **finir son verre** to finish one's glass, to drink up • **finis ton pain !** finish your bread!, eat up your bread! • **il finira (d'user) sa veste en jardinant** he can wear out his old jacket (doing the) gardening • **il a fini son temps** *[soldat, prisonnier]* he has done *ou* served his time

2 (= *arrêter*) to stop *(de faire* doing) • **finissez donc !** do stop it! • **finissez de vous plaindre !** stop complaining! • **vous n'avez pas fini de vous chamailler ?** haven't you quite finished squabbling? • **tu as fini de m'embêter ?** have you quite finished?

3 (= *parachever*) *[+ œuvre d'art, meuble, mécanisme]* to put the finishing touches to

VI 1 (= *se terminer*) to finish, to end • **le cours finit à deux heures** the class finishes *ou* ends at two • **les vacances finissent demain** the holidays end *ou* are over tomorrow • **la réunion/le jour finissait** the meeting/the day was drawing to a close • **le sentier finit ici** the path ends *ou* comes to an end here • **il est temps que cela finisse** it is time it (was) stopped • **ce film finit bien** this film has a happy ending • **tout cela va mal finir** it will all end in disaster • **et pour finir** and finally

♦ **finir en qch** to end in sth • **ça finit en pointe/en chemin de terre** it ends in a point/in a dirt track • **mots finissant en -ble** words ending in *ou* with -ble

♦ **finir par** • **finir par une dispute/un concert** to end in an argument/with a concert • **ils vont finir par avoir des ennuis** they'll end up getting into trouble • **il a fini par se décider** he finally *ou* eventually made up his mind, he made up his mind in the end • **tu finis par m'ennuyer** you're beginning to annoy me • **ça finira bien par s'arranger** it'll work out all right in the end *ou* eventually

♦ **en finir** • **en finir avec qch/qn** to have *ou* be done with sth/sb • **il faut en finir avec cette situation** we'll have to put an end to this situation • **nous en aurons bientôt fini** we'll soon be finished with it, we'll soon have it over and done with • **quand en auras-tu fini avec tes jérémiades ?** when will you ever stop moaning?

je vais lui parler pour qu'on en finisse I'll talk to him so that we can get the matter settled ◆ **qui n'en finit pas, à n'en plus finir** [*route, discours, discussion*] never-ending, endless ◆ **elle n'en finit pas de se préparer** she takes ages to get ready ◆ **on n'en aurait jamais fini de raconter ses bêtises** you could go on for ever talking about the stupid things he's done ◆ **il a des jambes qui n'en finissent pas** he's all legs*

② [*personne*] to finish up, to end up ◆ **il finira mal** he will come to a bad end ◆ **il a fini directeur/en prison** he ended up as (a) director/in prison ◆ **finir dans la misère** to end one's days in poverty, to end up in poverty ◆ **finir troisième/cinquième** (*Sport*) finish third/fifth

③ (= *mourir*) to die ◆ **il a fini dans un accident de voiture** he died in a car accident

finish /finiʃ/ NM (*Sport*) finish ◆ **combat au finish** fight to the finish ◆ **il a du finish** ou **un bon finish** he has good finish

finissage /finisaʒ/ NM (*Couture, Tech*) finishing

finissant, e /finisɑ̃, ɑ̃t/ ADJ [*règne, siècle, millénaire*] that is (ou was) drawing to an end; [*pouvoir, monarchie, république, régime*] declining ◆ **la lumière du jour finissant** the dusky light ◆ **le soleil de l'été finissant** the sun of late summer

finisseur, -euse /finisœʀ, øz/ NM,F ① (*Couture, Tech*) finisher
② (*Sport*) good ou strong finisher

finition /finisjɔ̃/ NF (= *action*) finishing; (= *résultat*) finish ◆ **la finition est parfaite** the finish is perfect ◆ **faire les finitions** (*Couture*) to finish off; (*Tricot*) to sew up ◆ **travaux de finition** (*Constr*) finishing off

finitude /finityd/ NF finiteness

finlandais, e /fɛ̃lɑ̃dɛ, ɛz/
  ADJ Finnish
  NM (= *langue*) Finnish
  NM,F **Finlandais(e)** Finn

Finlande /fɛ̃lɑ̃d/ NF Finland

finlandisation /fɛ̃lɑ̃dizasjɔ̃/ NF Finlandization

finn /fin/ NM Finn dinghy

finnois, e /finwa, waz/
  ADJ Finnish
  NM (= *langue*) Finnish
  NM,F **Finnois(e)** Finn

finno-ougrien, -ienne /finuɡʀijɛ̃, ijɛn/ ADJ, NM (= *langue*) Finno-Ugric, Finno-Ugrian

fiole /fjɔl/ NF (= *flacon*) phial, flask; (* = *tête*) face, mug*

fiord /fjɔʀ(d)/ NM ⇒ **fjord**

fioriture /fjɔʀityʀ/ SYN NF [*de dessin*] flourish; (*Mus*) fioritura ◆ **fioritures de style** flourishes ou embellishments of style ◆ **sans fioritures** plain, unadorned, unembellished; [*répondre*] in no uncertain terms

fioul /fjul/ NM ⇒ **fuel**

firmament /fiʀmamɑ̃/ NM (*littér*) firmament (*littér*) ◆ **au firmament** in the firmament ◆ **elle a été propulsée au firmament des stars** she shot to stardom ◆ **leurs noms brillent au firmament de la couture** they are some of the top names in the fashion world

firme /fiʀm/ SYN NF firm

FIS /fis/ NM (abrév de *Front islamique de* ou *du Salut*) FIS

fisc /fisk/ NM tax department, ≈ Inland Revenue (*Brit*), ≈ Internal Revenue Service (*US*) ◆ **agent du fisc** tax official ◆ **avoir des ennuis avec le fisc** to have problems with the taxman*, to have tax problems

fiscal, e (mpl **-aux**) /fiskal, o/ ADJ (*gén*) fiscal; [*abattement, avantage*] tax (*épith*) ◆ **l'année fiscale** the tax ou fiscal year ◆ **politique fiscale** tax ou fiscal policy; → **abri, fraude, paradis**

fiscalement /fiskalmɑ̃/ ADV fiscally ◆ **c'est fiscalement avantageux** it's advantageous from a tax point of view ◆ **fiscalement domicilié en France** resident in France for tax purposes

fiscalisation /fiskalizasjɔ̃/ NF [*de revenus*] making subject to tax; [*de prestation sociale*] funding by taxation

fiscaliser /fiskalize/ ► conjug 1 ◄ VT [+ *revenus*] to make subject to tax; [+ *prestation sociale*] to fund by taxation

fiscaliste /fiskalist/ NMF tax consultant ou adviser ou expert ◆ **avocat fiscaliste** tax lawyer

fiscalité /fiskalite/ NF (= *système*) tax system; (= *impôts*) taxation, taxes

fish-eye (pl **fish-eyes**) /fiʃaj, fiʃajz/ NM fish-eye lens

fissa* /fisa/ ADV ◆ **faire fissa** to get a move on*

fissible /fisibl/ ADJ fissile, fissionable

fissile /fisil/ ADJ (*Géol*) tending to split; (*Phys*) fissile, fissionable

fission /fisjɔ̃/ NF fission ◆ **fission de l'atome** atomic fission, splitting of the atom

fissuration /fisyʀasjɔ̃/ NF (*NonC*) fissuring, cracking, splitting ◆ **des fissurations ont été observées sur les tuyaux** cracks were seen in the pipes

fissure /fisyʀ/ SYN NF (*lit*) crack, fissure; (*fig*) crack; (*Anat*) fissure ◆ **des fissures sont apparues dans la coalition** cracks have appeared in the coalition

fissurer /fisyʀe/ SYN ► conjug 1 ◄
  VT to crack, to fissure; (*fig*) to split
  VPR **se fissurer** to crack, to fissure; (*fig*) to crack

fiston* /fistɔ̃/ NM son ◆ **dis-moi, fiston** tell me, son ou sonny*

fistulaire /fistylɛʀ/ ADJ fistular

fistule /fistyl/ NF fistula

fistuleux, -euse /fistylø, øz/ ADJ fistulous

fistuline /fistylin/ NF beefsteak fungus

fitness /fitnɛs/ NM (*Sport*) fitness ◆ **centre de fitness** fitness centre ou club ◆ **salle de fitness** gym

FIV /ɛfive/ NF (abrév de *fécondation in vitro*) IVF

five o'clock † /fajvɔklɔk/ NM (*hum*) (afternoon) tea

FIVETE, Fivete /fivɛt/ NF (abrév de *fécondation in vitro et transfert d'embryon*) ZIFT

fixage /fiksaʒ/ NM [*de couleurs, prix*] fixing

fixateur /fiksatœʀ/ NM (*Art*) fixative; (*Coiffure*) (= *laque*) hair spray; (= *crème*) hair cream; (*avant la mise en plis*) setting lotion; (*Photo*) fixer

fixatif /fiksatif/ NM fixative; (*Can* = *laque*) hair spray

fixation /fiksasjɔ̃/ SYN NF ① (*Chim, Psych, Zool*) fixation; (*Photo*) fixing ◆ **faire une fixation sur qch** to have a fixation about sth
② (= *attache*) fastening ◆ **fixations (de sécurité) (Ski)** (safety) bindings ◆ **fixations de randonnée** (*Ski*) touring bindings
③ [*de peuple*] settling
④ [*de salaires, date*] fixing
⑤ ◆ **gel coiffant à fixation forte/souple** firm hold/soft hold hair gel

fixe /fiks/ SYN
  ADJ ① (= *immobile*) [*point, panneau*] fixed; [*personnel*] permanent; [*emploi*] permanent, steady; [*regard*] vacant, fixed ◆ **regarder qn les yeux fixes** to gaze ou look fixedly ou intently at sb ◆ **fixe !** (*commandement*) eyes front!; ◆ **barre, téléphone**
  ② (= *prédéterminé*) [*revenu*] fixed; [*jour, date*] fixed, set ◆ **à heure fixe** at set times; → **prix**
  ③ (= *inaltérable*) [*couleur*] fast, permanent ◆ **encre bleu fixe** permanent blue ink; → **beau, idée**
  NM ① (= *salaire*) basic ou fixed salary
  ② (*arg Drogue*) fix ◆ **se faire un fixe** to get a fix
  ③ (* = *téléphone fixe*) landline phone

fixe-chaussette (pl **fixe-chaussettes**) /fiksəʃosɛt/ NM garter, suspender (*Brit*)

fixement /fiksəmɑ̃/ ADV **regarder** fixedly

fixer /fikse/ SYN ► conjug 1 ◄
  VT ① (= *attacher*) to fix, to fasten (*à, sur* to) ◆ **fixer qch dans sa mémoire** to fix sth firmly in one's memory
  ② (= *décider*) [+ *date*] to set, to arrange, to fix ◆ **fixer la date/l'heure d'un rendez-vous** to set ou arrange ou fix the date/the time for a meeting ◆ **mon choix s'est fixé sur celui-ci** I settled ou decided on this one ◆ **je ne suis pas encore fixé sur ce que je ferai** I haven't made up my mind what to do yet, I haven't got any fixed plans in mind yet ◆ **avez-vous fixé le jour de votre départ ?** have you decided what day you are leaving (on)? ◆ **à l'heure fixée** at the agreed ou appointed time ◆ **au jour fixé** on the appointed day
  ③ [+ *regard, attention*] to fix ◆ **fixer les yeux sur qn/qch, fixer qn/qch du regard** to stare at sb/sth ◆ **il la fixa longuement** he stared at her, he looked hard at her ◆ **mon regard se fixa sur lui** I fixed my gaze on him ◆ **tous les regards étaient fixés sur lui** all eyes were on him

◆ **fixer son attention sur** to focus ou fix one's attention on

④ (= *déterminer*) [+ *prix, impôt, délai*] to set, to fix; [+ *règle, principe*] to lay down, to determine; [+ *idées*] to clarify, to sort out; [+ *conditions*] to lay down, to set ◆ **les droits et les devoirs fixés par la loi** the rights and responsibilities laid down ou determined by law ◆ **fixer ses idées sur le papier** to set one's ideas down on paper ◆ **mot fixé par l'usage** word fixed by usage ◆ **l'orthographe s'est fixée** the spelling became fixed

⑤ (= *renseigner*) ◆ **fixer qn sur qch*** to put sb in the picture about sth*, to enlighten sb as to sth ◆ **être fixé sur le compte de qn** to be wise to sb*, to have sb weighed up* (*Brit*) ◆ **alors, tu es fixé maintenant ?*** have you got the picture now?*

⑥ (= *stabiliser*) ◆ **fixer qn** to make sb settle (down) ◆ **seul le mariage pourra le fixer** marriage is the only thing that will make him settle down

⑦ (*Photo*) to fix

  VPR **se fixer** ① (= *s'installer*) to settle ◆ **il s'est fixé à Lyon** he settled in Lyon
  ② (= *s'assigner*) ◆ **se fixer un objectif** to set o.s. a target ◆ **je me suis fixé fin mai pour terminer** I've decided the end of May is my deadline

fixette* /fiksɛt/ NF obsession (*sur* with), fixation (*sur* on)

fixing /fiksiŋ/ NM (*Fin*) fixing

fixisme /fiksism/ NM creationism

fixiste /fiksist/ ADJ creationist

fixité /fiksite/ NF [*d'opinions*] fixedness; [*de regard*] fixedness, steadiness

fjeld /fjɛld/ NM fjeld, field

fjord /fjɔʀ(d)/ NM fiord, fjord

Fl (abrév de *florin*) fl

flac /flak/ EXCL splash! ◆ **faire (un) flac** to splash

flaccidité /flaksidite/ NF flabbiness, flaccidity

flacherie /flaʃʀi/ NF (= *maladie du ver à soie*) flacherie, flaccidity

flacon /flakɔ̃/ SYN NM (small) bottle; (*Chim*) flask ◆ **flacon à parfum** perfume bottle

flafla* /flafla/ NM ◆ **faire des flaflas** to show off ◆ **sans flafla** without fuss (and bother)

flagada* /flagada/ ADJ INV ◆ **être flagada** to be washed-out*

flagellaire /flaʒelɛʀ, flaʒɛlɛʀ/ ADJ flagellar

flagellateur, -trice /flaʒelatœʀ, tʀis/ NM,F flogger, flagellator

flagellation /flaʒelasjɔ̃/ NF (*gén*) flogging; (*Rel*) flagellation, scourging; (= *pratique sexuelle*) flagellation

flagelle /flaʒɛl/ NM flagellum

flagellé, e /flaʒele/ (ptp de **flageller**) ADJ, NM [*organisme*] flagellate

flageller /flaʒele/ ► conjug 1 ◄ VT (*gén*) to flog; (*Rel*) to flagellate, to scourge; (*fig*) to flay

flageolant, e /flaʒɔlɑ̃, ɑ̃t/ ADJ shaky, trembling

flageoler /flaʒɔle/ SYN ► conjug 1 ◄ VI ◆ **il flageolait sur ses jambes, ses jambes flageolaient** (*de faiblesse, de fatigue*) his legs were giving way, his legs were trembling ou shaking; (*de peur*) he was quaking at the knees, his legs were trembling ou shaking

flageolet /flaʒɔlɛ/ NM ① (*Mus*) flageolet
② (= *haricot*) flageolet, dwarf kidney bean

flagorner /flagɔʀne/ ► conjug 1 ◄ VT (*frm, hum*) to toady to, to fawn upon

flagornerie /flagɔʀnəʀi/ NF (*frm, hum*) toadying (*NonC*), fawning (*NonC*), sycophancy (*NonC*)

flagorneur, -euse /flagɔʀnœʀ, øz/ (*frm, hum*)
  ADJ toadying, fawning, sycophantic
  NM,F toady, sycophant

flagrance /flagʀɑ̃s/ NF (*Jur*) blatancy

flagrant, e /flagʀɑ̃, ɑ̃t/ SYN ADJ [*violation, erreur, injustice, exemple*] flagrant, blatant; [*inégalités, manque*] glaring; [*preuve*] clear; [*mensonge*] blatant ◆ **prendre qn en flagrant délit** to catch sb red-handed ou in the act ou in flagrante delicto (*SPÉC*) ◆ **pris en flagrant délit de mensonge** caught lying ◆ **il ment, c'est flagrant !** it's obvious he's lying! ◆ **les cas les plus flagrants d'injustice** the most blatant cases of injustice

flair /flɛʀ/ SYN NM [*de chien*] sense of smell, nose; [*de personne*] intuition, sixth sense ◆ **avoir du flair** [*chien*] to have a good nose; [*personne*] to have intuition ou a sixth sense ◆ **pour les inves-**

flairer | **flèche**

tissements, il a du flair he has a (good) nose for investments ◆ **son manque de flair politique** his lack of political acumen

flairer /fleʀe/ SYN ▸ conjug 1 ◀ VT ① (= humer) to smell (at), to sniff (at); (Chasse) to scent
② (= deviner) to sense ◆ **il a tout de suite flairé que quelque chose n'allait pas** he immediately sensed that something wasn't right ◆ **flairer quelque chose de louche** to smell a rat ◆ **flairer le danger** to sense ou scent danger ◆ **flairer le vent** to see which way the wind is blowing, to read the wind

flamand, e /flamɑ̃, ɑ̃d/
ADJ Flemish
NM ① (= langue) Flemish
② ◆ **Flamand** Fleming, Flemish man ◆ **les Flamands** the Flemish
NF **Flamande** Fleming, Flemish woman

flamant /flamɑ̃/ NM flamingo ◆ **flamant rose** (pink) flamingo

flambage /flɑ̃baʒ/ NM ① [de volaille] singeing; [d'instrument] sterilizing (in a flame)
② (Tech) (= déformation) buckling

flambant, e /flɑ̃bɑ̃, ɑ̃t/ ADJ (= qui brûle) burning; (* = superbe) great ◆ **flambant neuf** brand new

flambart*†, **flambard*†** /flɑ̃baʀ/ NM swankpot* ◆ **faire le** ou **son flambart** to swank*

flambe /flɑ̃b/ NF (= épée) kris

flambé, e¹* /flɑ̃be/ (ptp de **flamber**) ADJ [personne] finished ◆ **il est flambé !** he's had it! ◆ **l'affaire est flambée !** it's all over!

flambeau (pl **flambeaux**) /flɑ̃bo/ SYN NM
① (= torche) (flaming) torch ◆ **aux flambeaux** [dîner, défiler] by torchlight ◆ **marche aux flambeaux** torchlight ou torchlit procession; → **retraite**
② (fig) torch ◆ **passer le flambeau à qn** to pass on ou hand on the torch to sb ◆ **reprendre le flambeau** to take up the torch
③ (= chandelier) candlestick

flambée² /flɑ̃be/ SYN NF ① (= feu) blazing fire ◆ **faire une flambée dans la cheminée** to make ou light a fire in the fireplace
② [de violence] outburst; [de cours, prix] explosion ◆ **flambée de colère** angry outburst, flare-up ◆ **la flambée de la Bourse** the sudden rise in the stock exchange

flambement /flɑ̃bmɑ̃/ NM (Tech) (= déformation) buckling

flamber /flɑ̃be/ SYN ▸ conjug 1 ◀
VI ① [bois] to burn; [feu, incendie] to blaze ◆ **la maison a flambé en quelques minutes** in a few minutes the house was burnt to the ground
② * [joueur] to gamble huge sums, to play for high stakes
③ [cours, prix, Bourse] to shoot up, to rocket
④ (* = crâner) to show off
VT ① (Culin) to flambé ◆ **bananes flambées** bananas flambé
② [+ volaille, cheveux] to singe; [+ aiguille, instrument de chirurgie] to sterilize (in a flame)

flambeur, -euse* /flɑ̃bœʀ, øz/ NM,F big-time gambler ◆ **quel flambeur !** (= frimeur) he's really flash with his money!*

flamboiement /flɑ̃bwamɑ̃/ NM [de flammes] blaze, blazing; [de lumière] blaze; [d'yeux] flash, gleam ◆ **dans un flamboiement de couleurs** in a blaze of colour

flamboyant, e /flɑ̃bwajɑ̃, ɑ̃t/
ADJ ① [feu, lumière, ciel, soleil] blazing; [couleur] flaming; [yeux] flashing, blazing; [regard] fiery; [épée, armure] gleaming, flashing
② (Archit) flamboyant
NM ① (Archit) flamboyant style
② (= arbre) flamboyant, royal poinciana

flamboyer /flɑ̃bwaje/ SYN ▸ conjug 8 ◀ VI [flamme, soleil, ciel] to blaze; [yeux] to flash, to blaze; [couleur] to flame; [épée, armure] to gleam, to flash

flamenco /flamɛnko/, **flamenca** /flamɛnka/
ADJ [fête, chants] flamenco ◆ **guitare flamenca** ou **flamenco** flamenco guitar
NM flamenco

flamiche /flamiʃ/ NF leek pie

flamingant, e /flamɛ̃gɑ̃, ɑ̃t/
ADJ Flemish-speaking
NM,F **Flamingant(e)** Flemish speaker; (Pol) Flemish nationalist

flamme /flam/ SYN NF ① (lit) flame ◆ **être en flammes**, **être la proie des flammes** to be ablaze ou on fire ou in flames ◆ **dévoré par les flammes** consumed by fire ou the flames ◆ **la flamme olympique** the Olympic flame ◆ **les flammes de l'enfer** the flames ou fires of hell ◆ **descendre (qch/qn) en flammes*** to shoot (sth/sb) down in flames
② (= ardeur) fire, fervour (Brit), fervor (US) ◆ **discours plein de flamme** passionate ou fiery speech ◆ **jeune homme plein de flamme** young man full of fire
③ (= éclat) fire, brilliance ◆ **la flamme de ses yeux** ou **de son regard** his flashing ou blazing eyes
④ (littér ou hum = amour) love, ardour (Brit), ardor (US) ◆ **il lui a déclaré sa flamme** he declared his undying love to her
⑤ (= drapeau) pennant, pennon
⑥ (Poste) postal logo

flammé, e /flame/ ADJ [céramique] flambé

flammèche /flamɛʃ/ NF (flying) spark

flan /flɑ̃/ NM ① (Culin) custard tart
② (Tech) [d'imprimeur] flong; [de monnaie] blank, flan; [de disque] mould
③ * ◆ **c'est du flan !** it's a load of hooey!*; → **rond**

flanc /flɑ̃/ SYN NM ① [de personne] side; [d'animal] side, flank ◆ **l'enfant qu'elle portait dans son flanc** (†, littér) the child she was carrying in her womb ◆ **être couché sur le flanc** to be lying on one's side ◆ **tirer au flanc*** to shirk, to skive (Brit) ◆ **être sur le flanc*** (= malade) to be laid up; (= fatigué) to be all in ◆ **cette grippe m'a mis sur le flanc** this flu has really knocked me out*; → **battre**
② [de navire] side; [d'armée, bastion, écu] flank; [de montagne] slope, side ◆ **à flanc de coteau** ou **de colline** on the hillside ◆ **prendre de flanc** (fig) [+ navire] to catch broadside on; [+ armée] to attack on the flank; → **prêter**

flanc-garde (pl **flancs-gardes**) /flɑ̃gaʀd/ NF flank guard

flancher* /flɑ̃ʃe/ SYN ▸ conjug 1 ◀ VI [cœur] to give out, to pack up* (Brit); [troupes] to give way ◆ **sa mémoire a flanché** his memory failed him ◆ **c'est le moral qui a flanché** he lost his nerve ◆ **il a flanché en math** he fell down ou came down in maths ◆ **sans flancher** without flinching ◆ **ce n'est pas le moment de flancher** this is no time for weakness

flanchet /flɑ̃ʃɛ/ NM (Boucherie) flank

Flandre /flɑ̃dʀ/ NF ◆ **la Flandre**, **les Flandres** Flanders

flandrin†† /flɑ̃dʀɛ̃/ NM (péj) ◆ **grand flandrin** great gangling fellow

flanelle /flanɛl/ NF flannel ◆ **flanelle de coton** cotton flannel ◆ **pantalon de flanelle grise** grey flannel trousers, grey flannels

flâner /flɑne/ SYN ▸ conjug 1 ◀ VI to stroll; (péj) to hang about, to lounge about ◆ **va chercher du pain, et sans flâner !** go and get some bread, and don't hang about! ou be quick about it!

flânerie /flɑnʀi/ NF stroll ◆ **perdre son temps en flâneries** (péj) to waste one's time lounging about

flâneur, -euse /flɑnœʀ, øz/
ADJ idle
NM,F stroller; (péj) idler, loafer

flanquement /flɑ̃kmɑ̃/ NM (= ouvrage défensif) flanking

flanquer¹ /flɑ̃ke/ SYN ▸ conjug 1 ◀ VT to flank ◆ **la boutique qui flanque la maison** the shop adjoining ou flanking the house ◆ **flanqué de ses gardes du corps** flanked by his bodyguards ◆ **il est toujours flanqué de sa mère** (péj) he always has his mother in tow

flanquer²* /flɑ̃ke/ ▸ conjug 1 ◀
VT ① (= jeter) ◆ **flanquer qch par terre** (lit) to fling sth to the ground; (fig) to knock sth on the head*, to put paid to sth (Brit) ◆ **flanquer qn par terre** to fling sb to the ground ◆ **flanquer qn à la porte** to chuck sb out*; (= licencier) to fire sb, to sack sb* (Brit), to give sb the sack* (Brit) ◆ **flanquer tout en l'air** to chuck* ou pack it all in* (Brit)
② (= donner) ◆ **flanquer une gifle à qn** give sb a slap ou a clout* (Brit) ◆ **flanquer la trouille à qn** to give sb a scare, to put the wind up sb* (Brit)
VPR **se flanquer** ◆ **se flanquer par terre** to fall flat on one's face

flapi, e* /flapi/ ADJ washed-out*

flaque /flak/ NF ◆ **flaque de sang/d'huile** pool of blood/oil ◆ **flaque d'eau** (petite) puddle; (grande) pool of water

flash (pl **flashs** ou **flashes**) /flaʃ/ NM ① (Photo) flash ◆ **au flash** using a flash, with a flash ◆ **flash anti-yeux rouges** flash with a red-eye reduction feature
② (Radio, TV) ◆ **flash (d'informations)** newsflash ◆ **flash publicitaire** (Radio) commercial break
③ ◆ **avoir un flash** (arg Drogue) to be on a high*; (= se souvenir) to have a flashback

flash-back (pl **flash-back** ou **flashs-back** ou **flashes-back**) /flaʃbak/ NM flashback

flasher* /flaʃe/ ▸ conjug 1 ◀ VI ◆ **j'ai flashé pour** ou **sur cette robe** I fell in love with this dress ◆ **à chaque fois que je le vois, je flashe** ou **il me fait flasher** every time I see him I go weak at the knees ou my heart skips a beat

flashmètre /flaʃmɛtʀ/ NM flash meter

flasque¹ /flask/ SYN ADJ [peau] flaccid, flabby; [ventre] flabby; (fig); [personne] spineless, spiritless; ; [style] limp; ; [économie] weak

flasque² /flask/ NF (= bouteille) flask

flatté, e /flate/ (ptp de **flatter**) ADJ [portrait] flattering

flatter /flate/ SYN ▸ conjug 1 ◀
VT ① (= flagorner) to flatter ◆ **flatter servilement** ou **bassement qn** to fawn on sb, to toady to sb ◆ **cette photo la flatte** this photo flatters her ◆ **sans vous flatter** without meaning to flatter you
② (= faire plaisir) [compliment, décoration] to flatter, to gratify ◆ **je suis très flatté de cet honneur** I am most flattered by this honour ◆ **cela le flatte dans son orgueil**, **cela flatte son orgueil** it flatters his pride
③ (frm = favoriser) [+ manie, goûts] to pander to; [+ vice, passion] to encourage
④ (littér = tromper) ◆ **flatter qn d'un espoir** to hold out false hopes to sb
⑤ (frm = charmer) [+ oreille, regard] to delight, to be pleasing to; [+ goût] to flatter ◆ **flatter le palais** to delight the taste buds
⑥ (frm = caresser) to stroke
VPR **se flatter** (frm) ① (= prétendre) ◆ **se flatter de faire qch** ou to profess to be able to do sth ◆ **il se flatte de tout comprendre** he professes to understand everything ◆ **je me flatte d'avoir quelque influence sur lui** I like to think that I have some influence over him ◆ **je me flatte de m'y connaître un peu en informatique** I flatter myself that I know a little about computers
② (= s'enorgueillir) ◆ **se flatter de qch** to pride o.s. on sth ◆ **elle se flatte de son succès** she prides herself on her success ◆ **et je m'en flatte !** and I'm proud of it!
③ (= se leurrer) to delude o.s. ◆ **se flatter d'un vain espoir** to cherish a forlorn hope ◆ **s'il croit réussir, il se flatte !** if he thinks he can succeed, he's deluding himself!

flatterie /flatʀi/ SYN NF flattery (NonC) ◆ **vile flatterie** (littér, hum) base flattery

flatteur, -euse /flatœʀ, øz/ SYN
ADJ flattering ◆ **comparaison flatteuse** flattering comparison ◆ **faire un tableau flatteur de la situation** to paint a rosy picture of the situation ◆ **ce n'est pas flatteur !** that's not very flattering!
NM,F flatterer ◆ **vil flatteur** (littér, hum) base flatterer

flatteusement /flatøzmɑ̃/ ADV flatteringly

flatulence /flatylɑ̃s/ NF wind, flatulence

flatulent, e /flatylɑ̃, ɑ̃t/ ADJ flatulent

flatuosité /flatɥozite/ NF (Méd) flatus (SPÉC) ◆ **avoir des flatuosités** to have wind

flavescent, e /flavesɑ̃, ɑ̃t/ ADJ flavescent

flaveur /flavœʀ/ NF (littér) flavour

flavine /flavin/ NF flavin(e)

fléau (pl **fléaux**) /fleo/ SYN NM ① (= calamité) scourge, curse ◆ **le chômage est un véritable fléau social** unemployment is the scourge of society ◆ **quel fléau, ce type !*** that guy's such a pest!*
② [de balance] beam; (Agr) flail

fléchage /fleʃaʒ/ NM signposting (with arrows)

flèche¹ /flɛʃ/
NF ① (= arme) arrow; (Ordin) arrow ◆ **flèche en caoutchouc** rubber-tipped dart ◆ **les flèches de l'Amour** ou **de Cupidon** Cupid's darts ou arrows

◆ **monter en flèche** *[avion]* to soar; *[prix]* to soar, to rocket ◆ **il monte en flèche** *[chanteur]* he's on the up and up, he's rocketing to fame ◆ **les prix sont montés en flèche** prices have soared *ou* shot up *ou* rocketed ◆ **la montée en flèche des prix** the surge in prices ◆ **partir comme une flèche** to set off like a shot ◆ **il est passé devant nous comme une flèche** he shot past us ◆ **ce n'est pas une flèche !*** he's no Einstein!* ◆ **se trouver en flèche** *ou* **prendre une position en flèche dans un débat** to take up an extreme position in a debate ◆ **leur équipe se trouve en flèche dans la recherche génétique** their team is at the cutting edge of genetic research

2 *(= critique)* ◆ **diriger ses flèches contre qn** to direct one's shafts against sb ◆ **la flèche du Parthe** *(Hist)* the Parthian shot ◆ **c'était la flèche du Parthe** *(fig)* it was his parting shot ◆ **faire flèche de tout bois** to use all available means

3 *(= direction)* (direction) arrow, pointer

4 *[d'église]* spire; *[de grue]* jib; *[de mât]* pole; *[d'affût, canon]* trail; *[de balance]* pointer, needle; *[de charrue]* beam; *[d'attelage]* pole ◆ **atteler en flèche** to drive tandem ◆ **cheval de flèche** lead horse

COMP **flèche lumineuse** *(sur l'écran)* arrow; *(= torche)* arrow pointer

flèche² /flɛʃ/ NF *(Culin)* flitch

fléché, e /fleʃe/ (ptp de **flécher**) ADJ ◆ **parcours fléché** route marked *ou* signposted with arrows ◆ **croix fléchée** crosslet; → **mot**

flécher /fleʃe/ SYN ▸ conjug 1 ◂ VT to mark (with arrows) ◆ **ils ont fléché le parcours** they marked the route (out) with arrows, they put arrows along the route

fléchette /fleʃɛt/ NF dart ◆ **jouer aux fléchettes** to play darts

fléchi, e /fleʃi/ (ptp de **fléchir**) ADJ 1 *(= plié) [bras, jambe, genou]* bent, flexed; *[corps]* bent ◆ **avec les jambes légèrement fléchies** with the legs slightly bent *ou* flexed

2 *(Ling)* inflected

fléchir /fleʃiʀ/ SYN ▸ conjug 2 ◂

VT 1 *(= plier)* to bend; *(Méd) [+ articulation]* to flex ◆ **fléchir le genou devant qn** to go down on one knee in front of sb

2 *(= faire céder) [+ personne]* to sway; *[+ colère]* to soothe ◆ **il s'est laissé fléchir** he let himself be swayed

VI 1 *(= plier) (gén)* to bend; *[planches]* to sag, to bend; *[poutre, genoux]* to sag ◆ **ses jambes** *ou* **ses genoux fléchirent** his legs gave way

2 *(= faiblir) [armée]* to give ground, to yield; *[volonté]* to weaken ◆ **sans fléchir** with unflinching determination

3 *(= diminuer) [attention]* to flag; *[recettes, talent, nombre]* to fall off; *[cours de Bourse]* to ease, to drop; *[monnaie]* to weaken, to drop ◆ **la courbe de l'inflation fléchit** there is a downturn in inflation ◆ **les pétrolières ont fléchi en début de séance** *(Bourse)* oils were down *ou* dropped slightly in early trading

4 *(= céder)* to yield, to soften ◆ **il fléchit devant leurs prières** he yielded to their entreaties

5 *(Ling)* ◆ **forme fléchie** inflected form

fléchissement /fleʃismɑ̃/ NM 1 *[objet, membre]* bending; *(Méd) [d'articulation]* flexing

2 *[d'armée]* yielding; *[de volonté]* weakening

3 *[d'attention]* flagging; *[de recettes, talent, nombre]* falling off; *[de cours de Bourse]* easing off *(de* of), drop *(de* in); *[de monnaie]* weakening, dropping *(de* of); *[de natalité, exportations]* drop *(de* in)

fléchisseur /fleʃisœʀ/ ADJ M, NM *(Anat)* ◆ **(muscle) fléchisseur** flexor

flegmatique /flɛgmatik/ SYN ADJ phlegmatic

flegmatiquement /flɛgmatikmɑ̃/ ADV phlegmatically

flegme /flɛgm/ SYN NM composure, phlegm ◆ **il perdit son flegme** he lost his composure *ou* cool* ◆ **le flegme britannique** *(hum)* the British stiff upper lip

flegmon /flɛgmɔ̃/ NM abscess, phlegmon *(SPÉC)*

flein /flɛ̃/ NM chip basket

flémingite* /flemɛ̃ʒit/ NF *(hum)* bone idleness ◆ **il a une flémingite aiguë** he's suffering from acute inertia *(hum)*

flemmard, e* /flemaʀ, aʀd/

ADJ workshy, bone-idle* *(Brit)*

NM,F idler, lazybones

flemmarder* /flemaʀde/ ▸ conjug 1 ◂ VI to loaf about, to lounge about

flemmardise* /flemaʀdiz/ NF laziness, idleness

flemme* /flɛm/ NF laziness ◆ **j'ai la flemme de le faire** I can't be bothered ◆ **tirer sa flemme** to idle around, to loaf about

fléole /fleɔl/ NF ◆ **fléole des prés** timothy

flet /flɛ/ NM flounder

flétan /fletɑ̃/ NM halibut

flétri, e /fletʀi/ (ptp de **flétrir¹**) ADJ *[feuille, fleur]* withered, wilted; *[peau, visage]* withered; *[beauté]* faded

flétrir¹ /fletʀiʀ/ SYN ▸ conjug 2 ◂

VT *(= faner)* to wither, to fade ◆ **l'âge a flétri son visage** his face is wizened with age

VPR **se flétrir** *[fleur]* to wither, to wilt; *[beauté]* to fade; *[peau, visage]* to become wizened; *[cœur]* to wither

flétrir² /fletʀiʀ/ SYN ▸ conjug 2 ◂ VT 1 *(= stigmatiser) [+ personne, conduite]* to condemn; *[+ réputation]* to blacken

2 *(Hist)* to brand

flétrissement /fletʀismɑ̃/ NM *[de fleur]* withering, wilting; *[de peau]* withering; *[de beauté]* fading

flétrissure¹ /fletʀisyʀ/ NF *[de fleur, peau]* withering; *[de teint]* fading

flétrissure² /fletʀisyʀ/ SYN NF 1 *[de réputation, honneur]* stain, blemish *(à* on)

2 *(Hist)* brand

fleur /flœʀ/

NF 1 flower; *[d'arbre]* blossom ◆ **en fleur(s)** *[plante]* in bloom, in flower; *[arbre]* in blossom, in flower ◆ **papier à fleurs** flowered *ou* flower-patterned *ou* flowery paper ◆ **assiette à fleurs** flower-patterned *ou* flowery plate ◆ **chapeau à fleurs** flowery hat ◆ **« ni fleurs ni couronnes »** "no flowers by request"

2 *[de cuir]* grain side ◆ **cuir pleine fleur** finest quality leather

3 *(= le meilleur)* ◆ **la fleur de** the flower of ◆ **à** *ou* **dans la fleur de l'âge** in the prime of life, in one's prime ◆ **perdre sa fleur** *(vieilli, hum)* to lose one's honour † *(aussi hum)*; → **fin¹**

4 *(locutions)* ◆ **comme une fleur*** *(= sans effort)* without trying; *(= sans prévenir)* unexpectedly ◆ **il est arrivé le premier comme une fleur** he romped home ◆ **à fleur de terre** just above the ground ◆ **un écueil à fleur d'eau** a reef just above the water *ou* which just breaks the surface of the water ◆ **j'ai les nerfs à fleur de peau** I'm all on edge, my nerves are all on edge ◆ **il a une sensibilité à fleur de peau** he's very touchy ◆ **avoir les yeux à fleur de tête** to have protruding eyes ◆ **faire une fleur à qn*** to do sb a favour *ou* a good turn ◆ **lancer des fleurs à qn, couvrir qn de fleurs** *(fig)* to shower praise on sb ◆ **s'envoyer des fleurs** *(réfléchi)* to pat o.s. on the back*; *(réciproque)* to pat each other on the back* ◆ **fleur bleue** *(hum)* naïvely sentimental ◆ **il est resté fleur bleue en vieillissant** even in his old age he is still a bit of a romantic ◆ **ils sont partis la fleur au fusil** they went to battle full of innocent enthusiasm

COMP **fleurs des champs** wild flowers
fleur de farine fine wheat flour
fleurs de givre frost patterns
fleur de lis *(= emblème)* fleur-de-lis
fleur(s) d'oranger orange blossom
fleur(s) de pommier apple blossom
fleurs de rhétorique flowers of rhetoric
fleur de sel *best quality unrefined salt*
fleur de soufre flowers of sulphur *(Brit) ou* sulfur *(US)*

fleurage /flœʀaʒ/ NM fine bran

fleuraison /flœʀɛzɔ̃/ NF ⇒ **floraison**

fleurdelisé, e /flœʀdəlize/

ADJ decorated with fleurs-de-lis ◆ **croix fleurdelisée** fleurettée *ou* fleurty cross

NM *(Can)* ◆ **le fleurdelisé** the Quebec flag

fleurer /flœʀe/ ▸ conjug 1 ◂ VT *(littér)* to have the scent of, to smell of ◆ **ça fleure bon le pain grillé** there's a lovely smell of toast ◆ **fleurer bon la lavande** to smell (sweetly) of lavender ◆ **sa musique fleure bon l'exotisme** his music has an exotic feel to it

fleuret /flœʀɛ/ NM *(= épée)* foil ◆ **propos à fleurets mouchetés** discussion full of barbed remarks

fleurette † /flœʀɛt/ NF *(hum)* floweret; → **conter, crème**

fleurettiste /flœʀɛtist/ NMF foilsman *(m)*, foilswoman *(f)*

fleuri, e /flœʀi/ (ptp de **fleurir**) ADJ 1 *[fleur]* in bloom; *[branche]* in blossom; *[jardin, pré]* in flower *ou* bloom; *[tissu, papier]* flowered, flowery; *[appartement, table]* decorated *ou* decked with flowers ◆ **à la boutonnière fleurie** *(avec une fleur)* wearing *ou* sporting a flower in his buttonhole; *(avec une décoration)* wearing a decoration on his lapel ◆ **« Annecy, ville fleurie »** "Annecy, town in bloom"

2 *[teint]* florid; *[style]* flowery, florid ◆ **barbe fleurie** *(hum)* flowing white beard

3 *[croûte de fromage]* mouldy

fleurir /flœʀiʀ/ SYN ▸ conjug 2 ◂

VI 1 *[arbre]* to blossom, to (come into) flower; *[fleur]* to flower, to (come into) bloom; *(littér) [qualité, sentiment]* to blossom *(littér)* ◆ **un sourire fleurit sur ses lèvres** a smile appeared on his lips

2 (imparfait **florissait**) *[commerce, arts]* to flourish, to prosper, to thrive

VT *[+ salon]* to decorate *ou* deck with flowers ◆ **fleurir une tombe/un mort** to put flowers on a grave/on sb's grave ◆ **fleurir sa boutonnière** to put a flower in one's buttonhole ◆ **un ruban fleurissait (à) sa boutonnière** he was wearing a decoration on his lapel ◆ **fleurissez-vous, mesdames, fleurissez-vous !** † treat yourselves to some flowers, ladies!, buy yourselves a buttonhole *(Brit) ou* boutonnière *(US)*, ladies!

fleuriste /flœʀist/ NMF *(= personne)* florist; *(= boutique)* florist's (shop), flower shop ◆ **fleuriste artificiel** *(= fabricant)* artificial-flower maker; *(= vendeur)* artificial-flower seller

fleuron /flœʀɔ̃/ NM *[de couronne]* floweret; *[de bâtiment]* finial; *[de fleur]* floret; *[de collection]* jewel; *(Écon)* flagship ◆ **c'est le plus beau fleuron de ma collection** it's the jewel of my collection ◆ **l'un des fleurons de l'industrie française** a flagship French industry

fleuronné, e /flœʀɔne/ ADJ *[diadème]* jewelled

fleuve /flœv/ SYN

NM *(lit)* river *(flowing into the sea)* ◆ **fleuve de boue/de lave** river of mud/of lava ◆ **le fleuve Jaune** the Yellow River ◆ **fleuve de larmes** flood of tears ◆ **fleuve de sang** river of blood ◆ **sa vie n'a pas été un long fleuve tranquille** *(hum)* his life hasn't been a bed of roses

ADJ INV *[discours, film]* marathon *(épith)*

flexibilisation /flɛksibilizasjɔ̃/ NF *[de temps de travail, salaires, marché du travail]* increased flexibility ◆ **nous allons vers une plus grande flexibilisation du temps de travail** working hours are becoming increasingly flexible

flexibiliser /flɛksibilize/ ▸ conjug 1 ◂ VT *[+ méthode, horaires]* to make more flexible

flexibilité /flɛksibilite/ NF flexibility ◆ **la flexibilité de l'emploi** flexibility in employment

flexible /flɛksibl/ SYN

ADJ *[métal]* flexible, pliable, pliant; *[branche, roseau]* pliable, pliant; *[caractère] (= accommodant)* flexible, adaptable; *(= malléable)* pliant, pliable ◆ **taux de change flexible** floating exchange rate ◆ **atelier** *ou* **usine flexible** flexible manufacturing system, FMS; → **horaire**

NM *(= câble)* flexible coupling; *(= tuyau)* flexible tubing *ou* hose

flexion /flɛksjɔ̃/ SYN NF 1 *(= courbure) [de ressort, lame d'acier]* flexion, bending; *[de poutre, pièce]* bending, sagging ◆ **résistance à la flexion** bending strength

2 *[de membre, articulation]* flexing *(NonC)*, bending *(NonC)*; *(Ski)* knee-bend ◆ **faire plusieurs flexions du bras/du corps** to flex the arm/bend the body several times

3 *(Ling)* inflection, inflexion ◆ **langue à flexion** inflecting *ou* inflected language

flexionnel, -elle /flɛksjɔnɛl/ ADJ *[désinence]* inflexional, inflectional, inflected ◆ **langue flexionnelle** inflecting *ou* inflected language

flexographie /flɛksɔgʀafi/ NF flexography

flexsécurité /flɛksekyʀite/ NF flexicurity

flexueux, -euse /flɛksɥø, øz/ ADJ flexuous, flexuose

flexuosité /flɛksɥozite/ NF flexuosity

flexure /flɛksyʀ/ NF flexure

flibuste /flibyst/ NF *(= piraterie)* freebooting, buccaneering; *(= pirates)* freebooters, buccaneers

flibustier /flibystje/ NM *(= pirate)* freebooter, buccaneer; *(† = escroc)* swindler, crook

flic* /flik/ NM cop*, policeman ◆ **les flics** the cops*, the police ◆ **une femme flic** a police-

flicage | fluctuation

woman ◆ **le premier flic de France** the Minister of the Interior

flicage‡ /flikaʒ/ NM [de quartier] heavy policing ◆ **le flicage des ouvriers par la direction** the way the management keeps tabs on the workers

flicaille‡ /flikɑj/ NF ◆ **la flicaille** the fuzz‡, the pigs‡, the filth‡ (Brit)

flicard‡ /flikaʀ/ NM cop*

flic flac /flikflak/ NM, EXCL plop, splash ◆ **le flic flac des vagues** the lapping of the waves ◆ **ses chaussures faisaient flic flac dans la boue** his shoes went splash splash through the mud

flingue‡ /flɛ̃g/ NM gun, rifle

flinguer‡ /flɛ̃ge/ ▸ conjug 1 ◂ VT ① (= tuer) [+ personne] to gun down, to put a bullet in, to shoot up* (US) ◆ **il y a de quoi se flinguer !** it's enough to make you want to shoot yourself!
② (= détruire) [+ appareil] to bust‡; [+ voiture] to smash (up)‡, to total* (US)
③ (= critiquer) to shoot down in flames* (Brit), to shoot down* (US)

flingueur‡ /flɛ̃gœʀ/ NM (= tueur à gages) hitman*, contract killer ◆ **c'est un flingueur** (= il a la gâchette facile) he's trigger-happy*

flingueuse‡ /flɛ̃gøz/ NF contract killer

flint(-glass) /flint(glas)/ NM flint glass

flip¹* /flip/ NM (arg Drogue) (fit of) depression ◆ **un jour de flip** a day on a downer*

flip² /flip/ NM ◆ **porto flip** egg flip (with port)

flippant, e‡ /flipɑ̃, ɑ̃t/ ADJ [situation, film] grim*, depressing; [personne] depressing

flipper¹ /flipœʀ/ NM (= billard électrique) pinball machine ◆ **jouer au flipper** to play pinball

flipper²* /flipe/ ▸ conjug 1 ◂ VI (fig, Drogue) to freak out*; (= être déprimé) to feel down* ◆ **son examen la fait flipper** she's freaking out* at the thought of her exam

fliqué, e* /flike/ ADJ [endroit] full of ou crawling with cops* ◆ **le coin est très fliqué** the place is full of ou crawling with cops*

fliquer‡ /flike/ ▸ conjug 1 ◂ VT ① [police] [+ quartier] to bring the cops* into
② [+ personne] to keep under close surveillance ◆ **ma mère n'arrête pas de me fliquer** my mother watches my every move

flirt /flœʀt/ NM ① (= action) flirting (NonC); (= amourette) flirtation, brief romance; (= rapprochement) flirtation ◆ **avoir un flirt avec qn** to have a brief romance with sb
② (= amoureux) boyfriend (ou girlfriend) ◆ **un de mes anciens flirts** an old flame of mine

⚠ **flirt** ne se traduit pas par le mot anglais **flirt**, qui désigne une personne.

flirter /flœʀte/ SYN ▸ conjug 1 ◂ VI to flirt ◆ **flirter avec qn** (= fréquenter) to go around with sb ◆ **flirter avec** [+ idée, parti] to flirt with ◆ **le taux de chômage flirte avec la barre des 10%** unemployment is hovering around 10% ◆ **il a beaucoup flirté avec le cinéma avant de passer au théâtre** he did quite a bit of work in the cinema before becoming involved in theatre ◆ **des jeunes qui flirtent avec la mort** young people who court death

flirteur, -euse † /flœʀtœʀ, øz/
ADJ flirtatious ◆ **il est très flirteur** he's a real flirt
NM,F flirt

FLN /ɛfɛlɛn/ NM (abrév de **Front de libération nationale**) FLN

FLNC /ɛfɛlɛnse/ NM (abrév de **Front de libération nationale de la Corse**) → **front**

floc /flɔk/ NM, EXCL plop, splash ◆ **faire floc** to splash, to (go) plop

flocage /flɔkaʒ/ NM flocking ◆ **flocage à l'amiante** asbestos flocking

flocon /flɔkɔ̃/ NM [d'écume] fleck; [de laine] flock ◆ **flocon de neige** snowflake ◆ **flocons d'avoine** oatflakes, rolled oats ◆ **flocons de maïs** cornflakes ◆ **la neige tombe à gros flocons** the snow is falling in big flakes ◆ **purée en flocons** instant mashed potato

floconner /flɔkɔne/ ▸ conjug 1 ◂ VI to flake

floconneux, -euse /flɔkɔnø, øz/ ADJ [nuage, étoffe] fluffy; [écume, substance, liquide] frothy

floculation /flɔkylasjɔ̃/ NF flocculation

floculer /flɔkyle/ ▸ conjug 1 ◂ VI to flocculate

flonflons /flɔ̃flɔ̃/ NMPL (gén) oompah, oom-pah-pah ◆ **les flonflons de la musique foraine** the pom-pom of the fairground music

flop* /flɔp/ NM flop* ◆ **sa tournée a fait un flop** his tour was a real flop*

flopée* /flɔpe/ NF ◆ **une flopée de** loads of*, masses of ◆ **il y a une flopée** ou **des flopées de touristes** there are loads* ou masses of tourists ◆ **elle a une flopée d'enfants** she's got loads* of children

floqué, e /flɔke/ ADJ [moquette, papier, tissu] flock (épith), flocked ◆ **plafond floqué à l'amiante** ceiling insulated with asbestos flocking

floraison /flɔʀɛzɔ̃/ NF ① (lit) (= épanouissement) flowering, blossoming; (= époque) flowering time ◆ **rosiers qui ont plusieurs floraisons** rosebushes which have several flowerings ou which flower several times a year
② [de talents] flowering, blossoming; [d'affiches, articles] rash, crop

floral, e /flɔʀal, o/ ADJ (mpl **-aux**) (gén) flower (épith) ◆ **art floral** flower arranging ◆ **composition florale** flower arrangement ◆ **exposition florale** flower show ◆ **parc floral** flower garden
② [enveloppe, organes] floral

floralies /flɔʀali/ NFPL flower show

flore /flɔʀ/ NF ① (= plantes) flora; (= livre) plant guide ◆ **flore intestinale** intestinal flora

floréal /flɔʀeal/ NM Floreal (eighth month in the French Republican calendar)

Florence /flɔʀɑ̃s/ N (= ville) Florence

florentin, e /flɔʀɑ̃tɛ̃, in/
ADJ Florentine
NM (= dialecte) Florentine dialect
NM,F **Florentin(e)** Florentine

florès /flɔʀɛs/ NM (littér, hum) ◆ **faire florès** [personne] to shine, to enjoy great success; [théorie] to be in vogue

floribondité /flɔʀibɔ̃dite/ NF floriferous quality

floricole /flɔʀikɔl/ ADJ living on flowers

floriculture /flɔʀikyltyʀ/ NF flower-growing, floriculture (SPÉC)

Floride /flɔʀid/ NF Florida

florifère /flɔʀifɛʀ/ ADJ (= qui a des fleurs) flower-bearing ◆ **cette variété est très florifère** this variety produces a lot of flowers ou flowers abundantly

florilège /flɔʀilɛʒ/ SYN NM anthology

florin /flɔʀɛ̃/ NM florin

florissant, e /flɔʀisɑ̃, ɑ̃t/ SYN ADJ [pays, économie, théorie] flourishing; [santé, teint] blooming

flot /flo/ SYN NM ① (littér) ◆ **flots** [de lac, mer] waves ◆ **les flots** the waves ◆ **voguer sur les flots bleus** to sail the ocean blue
② (= grande quantité) [de foule, boue, sang, véhicules] stream; [de paroles, informations, images] stream, flood; [de souvenirs, larmes, lettres] flood ◆ **un flot de rubans/dentelle** a cascade of ribbons/lace ◆ **les flots de sa chevelure** her flowing locks ou mane (littér)
③ (= marée) ◆ **le flot** the floodtide, the incoming tide
④ (locutions)
◆ **à flot** ◆ **être à flot** [bateau] to be afloat; [entreprise] to be on an even keel; [personne] to have one's head above water ◆ **remettre à flot** [+ bateau] to refloat; [+ entreprise] to bring back onto an even keel ◆ **ces mesures devraient permettre la remise à flot de l'économie** these measures should help get the economy back onto an even keel ◆ **classes de remise à flot** (Scol) remedial classes ◆ **mettre à flot** (lit, fig) to launch ◆ **la mise à flot d'un bateau** the launching of a ship
◆ **à (grands) flots** in streams ou torrents ◆ **le vin coulait à flots** the wine flowed like water ◆ **l'argent coule à flots** there's plenty of money around ◆ **la lumière entre à flots** light is streaming in ou flooding in ou pouring in

flottabilité /flɔtabilite/ NF buoyancy

flottable /flɔtabl/ ADJ [bois, objet] buoyant; [rivière] floatable

flottage /flɔtaʒ/ NM floating (of logs down a river)

flottaison /flɔtɛzɔ̃/ NF ① (Naut) ◆ **(ligne de) flottaison** waterline ◆ **flottaison en charge** load line, Plimsoll line
② (Fin) flotation, floatation

flottant, e /flɔtɑ̃, ɑ̃t/ SYN
ADJ ① [bois, glace, mine] floating; [brume] drifting; (Ordin) [virgule] floating; → **île**
② [cheveux, cape] flowing; [vêtement] loose
③ [capitaux, taux de change, dette] floating; [effectifs] fluctuating ◆ **électorat flottant** floating voters
④ [caractère, esprit] irresolute, vacillating ◆ **rester flottant** to be unable to make up one's mind (devant when faced with)
⑤ [côte, rein] floating
NM ① (= short) shorts ◆ **son flottant est usé** his shorts are worn out ◆ **deux flottants** two pairs of shorts
② (Fin) float

flottation /flɔtasjɔ̃/ NF (Tech) (froth) flotation, floatation

flotte /flɔt/ NF ① [d'avions, bateaux] fleet ◆ **flotte aérienne** air fleet ◆ **flotte de guerre** naval fleet ◆ **flotte marchande** ou **de commerce** merchant fleet
② * (= pluie) rain; (= eau) water ◆ **son café, c'est de la flotte** (péj) his coffee's like dishwater
③ [de flotteur] float

flottement /flɔtmɑ̃/ SYN NM ① (= hésitation) wavering, hesitation ◆ **on observa un certain flottement dans la foule** the crowd seemed to hesitate ◆ **il y a eu un flottement électoral important** there was strong evidence ou a strong element of indecision among voters
② (Mil : dans les rangs) swaying, sway
③ (= relâchement) (dans une œuvre, copie) vagueness, imprecision; (dans le travail) unevenness (dans in) ◆ **le flottement de son esprit/imagination** his wandering mind/roving imagination
④ (= ondulation) [de fanion] fluttering ◆ **le flottement du drapeau dans le vent** the fluttering ou flapping of the flag in the wind
⑤ (Fin) floating

flotter /flɔte/ SYN ▸ conjug 1 ◂
VI ① (sur l'eau) to float ◆ **faire flotter qch sur l'eau** to float sth on the water
② [brume] to drift, to hang; [parfum] to hang; [cheveux] to stream (out); [drapeau] to fly; [fanion] to flutter ◆ **flotter au vent** [cape, écharpe] to flap ou flutter in the wind ◆ **un drapeau flottait sur le bâtiment** a flag was flying over ou from the building
③ (= être trop grand) [vêtement] to hang loose ◆ **il flotte dans ses vêtements** his clothes are too big for him
④ (littér = errer) [pensée, imagination] to wander, to rove ◆ **un sourire flottait sur ses lèvres** a smile hovered on ou played about his lips
⑤ (= hésiter) to waver, to hesitate
⑥ (Fin) [devise] to float ◆ **faire flotter** to float
VB IMPERS (* = pleuvoir) to rain
VT [+ bois] to float (down a waterway)

flotteur /flɔtœʀ/ NM [de filet, hydravion, carburateur, trimaran] float; [de chasse d'eau] ballcock (Brit), floater (US)

flottille /flɔtij/ NF [de bateaux] flotilla; [d'avions] squadron

flou, e /flu/ SYN
ADJ ① [dessin, trait] blurred; [image, contour] hazy, vague; [photo] blurred, fuzzy, out of focus; [couleur] soft
② [robe] loose(-fitting); [coiffure] soft
③ [idée, pensée, théorie] woolly, vague; (Ordin) [logique] fuzzy
NM [de photo, tableau] fuzziness; [de couleur] softness; [de robe] looseness; [de contours] haziness ◆ **le flou de son esprit** the vagueness of his mind ◆ **le flou artistique** (lit) soft focus ◆ **c'est le flou artistique** (fig) it's all very vague ◆ **flou juridique** vagueness of the law ◆ **sur ses intentions, il est resté dans le flou** he remained vague about his intentions

flouer /flue/ SYN ▸ conjug 1 ◂ VT (= duper) to swindle, to diddle* (Brit) ◆ **se faire flouer** to be had*

flouse‡ †, **flouze**‡ † /fluz/ NM (= argent) bread‡, dough‡, lolly‡

flouve /fluv/ NF sweet vernal grass

fluage /flyaʒ/ NM (Tech) creep

fluctuant, e /flyktɥɑ̃, ɑ̃t/ SYN ADJ [prix, monnaie] fluctuating; [humeur] changing

fluctuation /flyktɥasjɔ̃/ NF [de prix] fluctuation; [d'opinion publique] swing, fluctuation (de in) ◆ **fluctuations du marché** market fluctuations

fluctuer /flyktɥe/ SYN ▸ conjug 1 ◂ VI to fluctuate

fluer /flye/ ▸ conjug 1 ◂ VI (littér) to flow

fluet, -ette /flyɛ, ɛt/ SYN ADJ [corps] slight, slender; [personne] slightly built, slender; [taille, membre, doigt] slender, slim; [voix] thin, reedy, piping

fluide /flɥid/ SYN
- ADJ [liquide, substance] fluid; [style, mouvement] fluid, flowing; [ligne, silhouette, robe] flowing; (Écon) [main-d'œuvre] flexible ◆ **la circulation est fluide** the traffic is moving freely ◆ **la situation politique reste fluide** the political situation remains fluid
- NM **1** (= gaz, liquide) fluid ◆ **fluide de refroidissement** coolant
- **2** (= pouvoir) (mysterious) power ◆ **il a du fluide, il a un fluide magnétique** he has mysterious powers

fluidifiant, e /flɥidifjɑ̃, jɑ̃t/ ADJ fluidifying

fluidification /flɥidifikasjɔ̃/ NF fluidification, fluxing

fluidifier /flɥidifje/ ▸ conjug 7 ◂ VT to fluidify, to flux

fluidique /flɥidik/
- ADJ fluidic
- NF fluidics (sg)

fluidité /flɥidite/ NF [de liquide, style] fluidity; [de ligne, silhouette] flow; [de circulation] free flow; (Écon) [de main-d'œuvre] flexibility

fluo* /flyo/ ADJ INV (abrév de **fluorescent**) fluorescent ◆ **vert/rose fluo** fluorescent green/pink

fluor /flyɔʀ/ NM fluorine ◆ **dentifrice au fluor** fluoride toothpaste

fluoration /flyɔʀasjɔ̃/ NF fluorination

fluoré, e /flyɔʀe/ ADJ [dentifrice] fluoride (épith); [eau] fluoridated

fluorescéine /flyɔʀesein/ NF fluorescein

fluorescence /flyɔʀesɑ̃s/ NF fluorescence

fluorescent, e /flyɔʀesɑ̃, ɑ̃t/ ADJ fluorescent ◆ **écran/tube fluorescent** fluorescent screen/lamp

fluorhydrique /flyɔʀidʀik/ ADJ ◆ **acide fluorhydrique** hydrofluoric acid

fluorine /flyɔʀin/ NF fluorspar, fluorite, calcium fluoride

fluorose /flyɔʀoz/ NF fluorosis

fluorure /flyɔʀyʀ/ NM fluoride

fluotournage /flyotuʀnaʒ/ NM rotary extrusion

flush /flœʃ/ NM (Cartes) flush

flûte /flyt/
- NF **1** (= instrument) flute ◆ **petite flûte** piccolo ◆ **« La Flûte enchantée »** (Mus) "The Magic Flute"
- **2** (= verre) flute (glass) ◆ **une flûte de champagne** a flute of champagne
- **3** (= pain) baguette, French stick (Brit)
- **4** (= jambes) **flûtes*** legs, pins* (Brit), gams* (US) ◆ **se tirer les flûtes** †* to leg it*, to scarper*; → **jouer**
- **5** (Hist = navire) store ship
- EXCL * drat!*
- COMP **flûte basse** bass flute
- **flûte à bec** recorder
- **flûte à champagne** champagne flute
- **flûte de Pan** panpipes
- **flûte traversière** flute

flûté, e /flyte/ ADJ [voix] fluty

flûteau (pl **flûteaux**) /flyto/, **flûtiau** (pl **flûtiaux**) /flytjo/ NM (= flûte) penny whistle, reed pipe; (= mirliton) kazoo

flûtiste /flytist/ NMF flautist, flutist (US)

fluvial, e (mpl -iaux) /flyvjal, jo/ ADJ [eaux, pêche, navigation, trafic] river (épith); [érosion] fluvial (épith)

fluviatile /flyvjatil/ ADJ fluvial, fluviatile

fluvioglaciaire /flyvjoglasjɛʀ/ ADJ fluvioglacial

fluviomètre /flyvjɔmɛtʀ/ NM fluviometer

fluviométrique /flyvjɔmetʀik/ ADJ fluviometric

flux /fly/ SYN NM **1** (= grande quantité) [d'argent, paroles] flood; [de récriminations] spate; [de personnes] influx ◆ **flux de capitaux** (Écon) capital flow ◆ **flux monétaire** flow of money ◆ **flux de trésorerie** cash flow ◆ **travailler en flux tendus** (Comm) to use just-in-time methods
- **2** (= marée) ◆ **le flux** the floodtide, the incoming tide ◆ **le flux et le reflux** the ebb and flow
- **3** (Phys) flux, flow ◆ **flux électrique/magnétique/lumineux** electric/magnetic/luminous flux
- **4** (Méd) ◆ **flux de sang** flow of blood ◆ **flux menstruel** menstrual flow
- **5** (Ordin) ◆ **flux de données** data flow

fluxion /flyksjɔ̃/ NF (Méd) swelling, inflammation; (dentaire) gumboil ◆ **fluxion de poitrine** pneumonia

fluxmètre /flymɛtʀ/ NM fluxmeter

flyer /flajœʀ/ NM flyer

flysch /fliʃ/ NM Flysch

FM /ɛfɛm/
- NM (abrév de **fusil-mitrailleur**) MG
- NF (abrév de **fréquence modulée**) FM

FMI /ɛfɛmi/ NM (abrév de **Fonds monétaire international**) IMF

FN /ɛfɛn/ NM (abrév de **Front national**) → **front**

FNE /ɛfɛnə/ NM (abrév de **Fonds national de l'emploi**) → **fonds**

FNSEA /ɛfɛnɛsəa/ NF (abrév de **Fédération nationale des syndicats d'exploitants agricoles**) French farmers' union

FO /ɛfo/ NF (abrév de **Force ouvrière**) French trade union

FOB /ɛfobe/ ADJ INV f.o.b., FOB

foc /fɔk/ NM jib ◆ **grand/petit foc** outer/inner jib ◆ **foc d'artimon** mizzen-topmast staysail

focal, e (mpl -aux) /fɔkal, o/
- ADJ focal ◆ **point focal** focal point
- NF **focale** (Géom, Opt) focal distance ou length

focalisation /fɔkalizasjɔ̃/ NF focus (sur on) ◆ **les raisons de la focalisation de l'opinion publique sur le chômage** the reasons why public attention is focused on unemployment

focaliser /fɔkalize/ ▸ conjug 1 ◂
- VT (fig, Phys) to focus (sur on)
- VPR **se focaliser** [personne] to focus; [attention] to be focused (sur on)

foehn /føn/ NM **1** (Météo) foehn
- **2** (Helv) hairdryer

foène, foëne /fwɛn/ NF pronged harpoon, fishgig

fœtal, e (mpl -aux) /fetal, o/ ADJ foetal, fetal

fœticide /fetisid/ NM f(o)eticide

fœtoscopie /fetoskɔpi/ NF fetoscopy

fœtus /fetys/ NM foetus, fetus

fofolle /fɔfɔl/ ADJ F → **foufou**

foi /fwa/ SYN NF **1** (= croyance) faith ◆ **avoir la foi** to have faith ◆ **perdre la foi** to lose one's faith ◆ **il faut avoir la foi !*** you've got to be (really) dedicated ◆ **il n'y a que la foi qui sauve !** faith is a marvellous thing! ◆ **la foi transporte** ou **fait bouger les montagnes** faith can move mountains ◆ **la foi du charbonnier** blind faith ◆ **sans foi ni loi** fearing neither God nor man; → **article, profession**
- **2** (= confiance) faith, trust ◆ **avoir foi en Dieu** to have faith ou trust in God ◆ **avoir foi en qn/qch/l'avenir** to have faith in sb/sth/the future ◆ **digne de foi** [témoin] reliable, trustworthy; [témoignage] reliable; → **ajouter**
- **3** (= assurance) word ◆ **respecter la foi jurée** to honour one's word ◆ **foi d'honnête homme !** on my word as a gentleman!, on my word of honour! ◆ **cette lettre en fait foi** this letter proves it ◆ **les deux textes feront foi** (Jur) both texts shall be deemed authentic ◆ **sous la foi du serment** under ou on oath ◆ **sur la foi de vagues rumeurs** on the strength of vague rumours ◆ **sur la foi des témoins** on the word ou testimony of witnesses ◆ **en foi de quoi j'ai décidé...** (gén) on the strength of which I have decided...; (Jur) in witness whereof I have decided... ◆ **être de bonne foi** to be sincere ou honest ◆ **c'était de bonne foi** it was done (ou said etc) in good faith ◆ **faire qch en toute bonne foi** to do sth in all good faith ◆ **en toute bonne foi je l'ignore** honestly I don't know ◆ **la mauvaise foi** (gén) dishonesty; (Philos) bad faith, mauvaise foi ◆ **tu es de mauvaise foi** you're being dishonest; → **cachet**
- **4** ◆ **ma foi...** well... ◆ **ma foi, c'est comme ça, mon vieux*** well, that's how it is, old man ◆ **ça, ma foi, je n'en sais rien** well, I don't know anything about that ◆ **c'est ma foi vrai que...** well it's certainly ou undeniably true that...

foie /fwa/
- NM liver ◆ **foie de veau/de volaille** calves'/chicken liver ◆ **avoir mal au foie** to have a stomach ache ◆ **avoir une crise de foie** to have a bad stomach upset ◆ **avoir les foies*** to be scared to death*
- COMP **foie gras** foie gras

foie-de-bœuf (pl **foies-de-bœuf**) /fwadbœf/ NM beefsteak fungus

foil /fɔjl/ NM (hydro)foil

foin¹ /fwɛ̃/ NM hay ◆ **faire les foins** to make hay ◆ **à l'époque des foins** in the haymaking season ◆ **foin d'artichaut** choke ◆ **faire du foin*** (= faire un scandale) to kick up a fuss; (= faire du bruit) to make a row ou racket; → **rhume**

foin² /fwɛ̃/ EXCL (††, hum) ◆ **foin des soucis d'argent/des créanciers !** a plague on money worries/on creditors!, the devil take money worries/creditors!

foire /fwaʀ/ SYN
- NF **1** (= marché) fair; (= exposition commerciale) trade fair; (= fête foraine) (fun) fair ◆ **foire agricole** agricultural show ◆ **foire aux bestiaux** cattle fair ou market ◆ **foire exposition** exposition, expo; → **larron**
- **2** (locutions) ◆ **avoir la foire** †* to have the runs* ou trots* ◆ **faire la foire*** to whoop it up* ◆ **il aime faire la foire** he's a party animal*, he loves partying* ◆ **c'est la foire ici !, c'est une vraie foire !*** it's bedlam in here! * ◆ **foire d'empoigne** free-for-all
- COMP **foire aux questions** (Internet) frequently asked questions

foirer /fwaʀe/ ▸ conjug 1 ◂
- VI [vis] to slip; [obus] to fail to go off; * [projet] to fall through, to bomb* (US) ◆ **il a tout fait foirer** he ballsed (Brit) ou balled (US) everything up*
- VT (* = rater) to flunk* ◆ **j'ai foiré l'histoire** I flunked history*

foireux, -euse* /fwaʀø, øz/ ADJ († = peureux) yellow(-bellied)*, chicken* (attrib); (= raté) [idée, projet] useless ◆ **ce projet/film est foireux** this project/film is a washout*

fois /fwa/ NF **1** (gén) time ◆ **une fois** once ◆ **deux fois** twice ◆ **trois fois** three times ◆ **une fois, deux fois, trois fois, adjugé !** (aux enchères) going, going, gone! ◆ **pour la (toute) première fois** for the (very) first time ◆ **quand je l'ai vu pour la première/dernière fois** when I first/last saw him, the first/last time I saw him ◆ **cette fois-ci/-là** this/that time ◆ **c'est bon** ou **ça va pour cette fois** I'll let you off this time ou (just) this once ◆ **une seule fois** only once ◆ **elle ne s'est trompée qu'une seule fois** she only got it wrong once ◆ **cela a été payé en une seule fois** it was paid for in one go ◆ **c'est la seule fois que...** it's the only time that... ◆ **plusieurs fois** several times, a number of times ◆ **peu de fois** on few occasions ◆ **bien des fois, maintes (et maintes) fois** many a time, many times ◆ **autant de fois que** as often as, as many times as ◆ **y regarder à deux** ou **à plusieurs fois avant d'acheter qch** to think twice ou very hard before buying sth ◆ **s'y prendre à** ou **en deux/plusieurs fois pour faire qch** to take two/several attempts ou goes to do sth ◆ **payer en plusieurs fois** to pay in several instalments ◆ **frapper qn par deux/trois fois** to hit sb twice/three times ◆ **je suis trois fois grand-père** I am a grandfather three times over ◆ **vous avez mille fois raison** you're absolutely right; → **autre, cent¹, encore** etc
- **2** (dans un calcul) ◆ **une fois** once ◆ **deux fois** twice, two times ◆ **trois/quatre fois** three/four times ◆ **une fois tous les deux jours** once every two days, every other ou second day ◆ **trois fois par an, trois fois l'an** † three times a year ◆ **neuf fois sur dix** nine times out of ten ◆ **quatre fois plus d'eau/de voitures** four times as much water/as many cars ◆ **quatre fois moins d'eau** four times less water, a quarter as much water ◆ **quatre fois moins de voitures** four times fewer cars, a quarter as many cars ◆ **3 fois 5** (font 15) (Math) 3 times 5 (is ou makes 15) ◆ **il avait trois fois rien** (argent) he had hardly any money; (blessure) there was hardly a scratch on him ◆ **et encore merci ! — oh, c'est trois fois rien !** and thanks again! — oh, please don't mention it!
- **3** (locutions)
- ◆ **une fois** once ◆ **il était une fois..., il y avait une fois...** once upon a time there was... ◆ **pour une fois !** for once! ◆ **en une fois** at ou in one go ◆ **une (bonne) fois pour toutes** once and for all ◆ **il faudrait qu'il pleuve une bonne fois** what's needed is a good downpour ◆ **une fois (qu'il sera) parti** once he has left ◆ **une fois**

qu'il n'était pas là once *ou* on one occasion when he wasn't there ◆ **viens ici une fois** *(Belg)* just come over here ◆ **une fois n'est pas coutume** *(Prov)* just the once won't hurt

♦ **une nouvelle fois** once again ◆ **cela démontre une nouvelle fois l'inefficacité du système** it shows once again how inefficient the system is

♦ **à la fois** ◆ **ne répondez pas tous à la fois** don't all answer at once ◆ **c'est à la fois drôle et grave** it's both funny and serious ◆ **il est à la fois metteur en scène et romancier** he's both a director and novelist ◆ **il était à la fois grand, gros et fort** he was tall, fat and strong ◆ **faire deux choses à la fois** to do two things at once *ou* at the same time ◆ **l'appareil permet à la fois de téléphoner et d'accéder à Internet** the device allows you to make phone calls and access the Internet at the same time

♦ **des fois** * *(= parfois)* sometimes ◆ **des fois, il est très méchant** he can be very nasty at times, sometimes he's pretty nasty ◆ **si des fois vous le rencontrez** if you should happen *ou* chance to meet him ◆ **non mais, des fois !** *(scandalisé)* do you mind!; *(en plaisantant)* you must be joking! ◆ **non mais des fois, pour qui te prends-tu ?** look here, who do you think you are! ◆ **des fois que** (just) in case ◆ **attendons, des fois qu'il viendrait** let's wait in case he comes ◆ **allons-y, des fois qu'il resterait des places** let's go – there may be some seats left

foison /fwazɔ̃/ **NF** SYN ◆ **une foison de** any number of ◆ **il existe une foison d'ouvrages sur le sujet** there are any number of books on the subject

♦ **à foison** ◆ **il y a du poisson/des légumes à foison** there is an abundance of fish/of vegetables, there is fish/there are vegetables in plenty ◆ **il y en avait à foison au marché** there was plenty of it (*ou* there were plenty of them) at the market

foisonnant, e /fwazɔnɑ̃, ɑ̃t/ SYN **ADJ** *[végétation]* luxuriant, lush; *[documentation]* abundant, lavish ◆ **une œuvre foisonnante** a rich and diverse oeuvre ◆ **un roman foisonnant** a rich and lively novel

foisonnement /fwazɔnmɑ̃/ **NM** 1 *(= abondance)* profusion, abundance ◆ **le foisonnement culturel des années 70** the cultural explosion that took place in the 70s ◆ **le foisonnement d'idées qu'on trouve dans ses romans** the wealth of ideas in his novels

2 *[de chaux]* expansion

foisonner /fwazɔne/ SYN ▸ conjug 1 ◂ **VI** 1 to abound ◆ **pays qui foisonne de** *ou* **en talents** country which has a profusion *ou* an abundance of talented people *ou* which is teeming with talented people ◆ **texte foisonnant d'idées/de fautes** text teeming with ideas/ with mistakes

2 *[chaux]* to expand

fol /fɔl/ **ADJ M** → fou

folâtre /fɔlɑtʀ/ **ADJ** *[enfant]* playful, frolicsome; *[jeux]* lively; *[caractère]* lively, sprightly ◆ **il n'est pas d'humeur folâtre** *(frm, hum)* he's not in a very playful mood

folâtrer /fɔlɑtʀe/ SYN ▸ conjug 1 ◂ **VI** *[enfants]* to frolic, to romp; *[chiots, poulains]* to gambol, to frolic, to frisk ◆ **au lieu de folâtrer tu ferais mieux de travailler** you should do some work instead of fooling around

folâtrerie /fɔlɑtʀəʀi/ **NF** *(littér) (NonC = caractère)* playfulness; *(= action)* frolicking *(NonC)*, romping *(NonC)*, gambolling *(NonC)*

foldingue * /fɔldɛ̃g/

ADJ *[personne]* nuts *, crazy *; *[soirée, musique]* wild ◆ **tu es complètement foldingue !** you're nuts! * *ou* crazy! *

NMF nutcase * ◆ **les foldingues de l'informatique** computer fanatics *ou* freaks *

foliacé, e /fɔljase/ **ADJ** foliated, foliaceous

foliaire /fɔljɛʀ/ **ADJ** foliar

foliation /fɔljasjɔ̃/ **NF** *(= développement)* foliation, leafing; *(= disposition)* leaf arrangement

folichon, -onne * /fɔliʃɔ̃, ɔn/ **ADJ** *(gén nég)* pleasant, interesting, exciting ◆ **aller à ce dîner, ça n'a rien de folichon** going to this dinner won't be much fun *ou* won't be very exciting ◆ **la vie n'est pas toujours folichonne avec lui** life's not always fun with him

folie /fɔli/ SYN **NF** 1 *(= maladie)* madness, insanity, lunacy ◆ **il a un petit grain de folie** * there's something eccentric about him ◆ **folie furieuse** *(Méd)* raving madness ◆ **c'est de la folie douce** *ou* **pure** *ou* **furieuse** it's utter *ou* sheer madness *ou* lunacy ◆ **folie meurtrière** killing frenzy ◆ **c'était un coup de folie** it was a moment's madness ◆ **avoir la folie des grandeurs** to have delusions of grandeur ◆ **il a la folie des timbres-poste** he's mad * *ou* crazy * about stamps ◆ **aimer qn à la folie** to be madly in love with sb, to love sb to distraction ◆ **il a eu la folie de refuser** he was mad enough *ou* crazy enough to refuse ◆ **c'est folie d'y aller** it would be pure folly to go there ◆ **sortir en mer par un temps pareil, c'est de la folie !** it's sheer madness going out to sea in weather like that!

♦ **en folie** *[public]* wild ◆ **les soldats en folie ont tout saccagé** the soldiers went mad and ransacked the place ◆ **un monde en folie** a world gone mad

♦ **de folie** * *(fig = extraordinaire)* amazing, incredible

2 *(= bêtise, erreur, dépense)* extravagance ◆ **il a fait des folies dans sa jeunesse** he had his fling *ou* a really wild time in his youth ◆ **des folies de jeunesse** youthful indiscretions ◆ **ils ont fait une folie en achetant cette voiture** they were mad *ou* crazy to buy that car ◆ **vous avez fait des folies en achetant ce cadeau** you have been far too extravagant in buying this present ◆ **il ferait des folies pour elle** he would do anything for her ◆ **il ferait des folies pour la revoir** he'd give anything to see her again ◆ **je ferais des folies pour un morceau de fromage** *(hum)* I'd give *ou* do anything for a piece of cheese ◆ **une nouvelle folie de sa part** *(dépense)* another of his extravagances; *(projet)* another of his hare-brained schemes ◆ **tu as fait des folies de ton corps cette nuit ?** *(hum)* you had a hot night last night ?

3 *(Hist Archit)* folly

folié, e /fɔlje/ **ADJ** foliate

folingue * /fɔlɛ̃g/ **ADJ** nuts *, crazy *

folio /fɔljo/ **NM** folio

foliole /fɔljɔl/ **NF** *[de plante]* leaflet

folioter /fɔljɔte/ ▸ conjug 1 ◂ **VT** to folio

folioteur, -euse /fɔljɔtœʀ, øz/ **NM,F** foliating machine

folique /fɔlik/ **ADJ** ◆ **acide folique** folic acid

folk /fɔlk/

NM folk music

ADJ ◆ **chanteur/musique folk** folk singer/music

COMP **folk song** folk music

folklo * /fɔlklo/ **ADJ** (abrév de **folklorique**) *(= excentrique)* weird, outlandish ◆ **c'est un peu folklo chez lui** his house is a bit weird ◆ **cette soirée, c'était folklo** it was a really way-out * *ou* whacky * party

folklore /fɔlklɔʀ/ **NM** folklore ◆ **c'est du folklore !** * *(péj) (ridicule, dépassé)* it's all terribly quaint ◆ **le folklore habituel des visites princières** *(péj)* the usual razzmatazz of royal visits

folklorique /fɔlklɔʀik/ **ADJ** 1 *[chant, costume]* folk *(épith)*

2 (* = *excentrique) [personne, tenue, ambiance]* weird, outlandish ◆ **la réunion a été assez folklorique** the meeting was pretty bizarre

folkloriser /fɔlklɔʀize/ ▸ conjug 1 ◂ **VT** *[+ coutume, langue]* to treat as folklore

folle /fɔl/ **ADJ F, NF** → fou

follement /fɔlmɑ̃/ **ADV** 1 *(= très, énormément) [original, ambitieux, content, intéressant, drôle]* incredibly ◆ **on s'est follement amusé** we had a fantastic time * ◆ **il désire follement lui parler** he's dying * to speak to her, he desperately wants to speak to her

2 *[espérer]* desperately; *[dépenser]* madly ◆ **follement amoureux** madly in love, head over heels in love ◆ **il se lança follement à leur poursuite** he dashed after them in mad pursuit ◆ **avant de te lancer follement dans cette aventure** before rushing headlong into *ou* jumping feet first into this business

follet, -ette /fɔlɛ, ɛt/ **ADJ** *(= étourdi)* scatterbrained; → **feu¹, poil**

folliculaire /fɔlikylɛʀ/ **ADJ** follicular

follicule /fɔlikyl/ **NM** follicle

folliculine /fɔlikylin/ **NF** oestrone

folliculite /fɔlikylit/ **NF** folliculitis

fomentateur, -trice /fɔmɑ̃tatœʀ, tʀis/ **NM,F** troublemaker, agitator ◆ **les fomentateurs des grèves** the people behind the strikes, the people who instigated the strikes

fomentation /fɔmɑ̃tasjɔ̃/ **NF** fomenting, fomentation

fomenter /fɔmɑ̃te/ SYN ▸ conjug 1 ◂ **VT** *(lit, fig)* to foment, to stir up

fomenteur, -euse /fɔmɑ̃tœʀ, øz/ **NM,F** troublemaker, agitator, fomenter

fonçage /fɔ̃saʒ/ **NM** *[de tonneau]* bottoming; *[de puits]* sinking, boring

foncé, e /fɔ̃se/ SYN (ptp de **foncer²**) **ADJ** *[couleur] (gén)* dark; *(tons pastels)* deep ◆ **à la peau foncée** dark-skinned

foncement /fɔ̃smɑ̃/ **NM** ⇒ **fonçage**

foncer¹ /fɔ̃se/ SYN ▸ conjug 3 ◂ **VI** 1 (* = *aller à vive allure) [conducteur, voiture]* to tear * *ou* belt * *(Brit)* along; *[coureur]* to charge * *ou* tear * along; *(dans un travail)* to get a move on * ◆ **maintenant, il faut que je fonce** I must dash *ou* fly * now ◆ **fonce le chercher** go and fetch him straight away *(Brit) ou* right away *(US)* ◆ **il a foncé chez le directeur** he rushed off to see the manager ◆ **allez, fonce !** come on, hurry up!

2 * *(= être dynamique)* to have drive; *(= aller de l'avant)* to go for it *

3 *(= se précipiter)* to charge *(vers* at; *dans* into) ◆ **foncer sur** *ou* **vers l'ennemi/l'obstacle** to charge at *ou* make a rush at the enemy/the obstacle ◆ **le camion a foncé sur moi** the truck drove straight at me ◆ **foncer sur un objet** *(lit, fig)* to make straight for *ou* make a beeline for an object ◆ **foncer dans la foule** *[taureau, police]* to charge into the crowd; *[camion]* to plough into the crowd ◆ **foncer (tête baissée) dans la porte/dans le piège** to walk straight into the door/straight *ou* headlong into the trap ◆ **foncer dans le brouillard** *(fig)* to forge ahead regardless *ou* in the dark ◆ **la police a foncé dans le tas** * the police charged (into the crowd)

foncer² /fɔ̃se/ SYN ▸ conjug 3 ◂

VT *[+ couleur]* to make darker

VI *[liquide, couleur, cheveux]* to turn *ou* go darker

foncer³ /fɔ̃se/ ▸ conjug 3 ◂ **VT** *[+ tonneau]* to bottom; *[+ puits]* to sink, to bore; *(Culin) [+ moule]* to line

fonceur, -euse * /fɔ̃sœʀ, øz/ **NM,F** go-getter * ◆ **c'est un fonceur** he's a go-getter *, he's got tremendous drive

foncier, -ière /fɔ̃sje, jɛʀ/ SYN

ADJ 1 *[impôt]* property *(épith)*, land *(épith)*; *[noblesse, propriété]* landed *(épith)*; *[problème, politique]* (relating to) land ownership ◆ **propriétaire foncier** property owner ◆ **revenus fonciers** income from property

2 *[qualité, différence]* fundamental, basic ◆ **la malhonnêteté foncière de ces pratiques** the fundamental *ou* basic dishonesty of these practices ◆ **être d'une foncière malhonnêteté** to be fundamentally dishonest

NM ◆ **le foncier** real estate

foncièrement /fɔ̃sjɛʀmɑ̃/ **ADV** fundamentally

fonction /fɔ̃ksjɔ̃/ SYN **NF** 1 *(= métier)* post, office ◆ **fonctions** *(= tâches)* office, duties ◆ **entrer en fonction(s), prendre ses fonctions** *[employé]* to take up one's post; *[maire, président]* to come into *ou* take office, to take up one's post ◆ **depuis son entrée en fonction(s)** *ou* **sa prise de fonction(s)** since he came into *ou* took office ◆ **ça n'entre pas dans mes fonctions** it's not part of my duties ◆ **de par ses fonctions** by virtue of his office ◆ **être en fonction** to be in office ◆ **la fonction publique** the civil service ◆ **logement de fonction** *(gén)* company accommodation; *[de concierge, fonctionnaire]* on-site accommodation *(with low or free rent)* ◆ **avoir une voiture de fonction** *(gén)* to have a car that goes with one's job; *(firme privée)* to have a company car; → **démettre, exercice**

2 *(= rôle) (gén, Gram, Ordin)* function ◆ **fonction biologique** biological function ◆ **remplir une fonction** to fulfil a function ◆ **cet organe a pour fonction de..., la fonction de cet organe est de...** the function of this organ is to... ◆ **avoir** *ou* **faire fonction de sujet** *(Gram)* to function *ou* act as a subject ◆ **la fonction crée l'organe** *(hum)* necessity is the mother of invention *(Prov)*

3 *(Math)* ◆ **fonction (algébrique)** (algebraic) function ◆ **fonction acide** *(Chim)* acid(ic) function ◆ **être fonction de** *(Math)* to be a function of

4 *(locutions)* ◆ **faire fonction de directeur/ d'ambassadeur** to act as manager/as ambassador ◆ **il n'y a pas de porte, ce rideau en fait fonction** there is no door but this curtain serves the purpose ◆ **sa réussite est fonction**

de son travail his success depends on how well he works

♦ **en fonction de** according to ♦ **salaire en fonction des diplômes** salary according to *ou* commensurate with qualifications

> (!) Quand il renvoie à un métier ou à une charge, **fonction** ne se traduit pas par le mot anglais **function**.

> **FONCTION PUBLIQUE**
>
> The term **la fonction publique** has great cultural significance in France, and covers a much broader range of activities than the English term 'civil service'. There are almost three million "fonctionnaires" (also known as "agents de l'État") in France. They include teachers, social services staff, post office workers and employees of the French rail service. Recruitment for jobs in the **fonction publique** is by competitive examination, and successful candidates gain the official status of "titulaire". Because this status theoretically guarantees total job security, "fonctionnaires" are sometimes stereotyped as being unfairly privileged compared to private sector employees. → CONCOURS

fonctionnaire /fɔ̃ksjɔnɛʀ/ **NMF** *(gén)* state employee; *(dans l'administration) [de ministère]* government official, civil servant; *[de municipalité]* local government officer *ou* official ♦ **haut fonctionnaire** high-ranking *ou* top-ranking civil servant, senior official ♦ **petit fonctionnaire** minor (public) official ♦ **les fonctionnaires de l'enseignement** state-employed teachers ♦ **fonctionnaire de (la) police** police officer, officer of the law ♦ **il a une mentalité de fonctionnaire** *(péj)* he has the mentality of a petty bureaucrat ♦ **c'est un vrai fonctionnaire** he's a petty bureaucrat *ou* a real jobsworth * *(Brit)*

fonctionnalisme /fɔ̃ksjɔnalism/ **NM** functionalism

fonctionnaliste /fɔ̃ksjɔnalist/ **ADJ, NMF** functionalist

fonctionnalité /fɔ̃ksjɔnalite/ **NF** *(gén)* practicality; *(Ordin)* functionality

fonctionnariat /fɔ̃ksjɔnaʀja/ **NM** state employee status

fonctionnarisation /fɔ̃ksjɔnaʀizasjɔ̃/ **NF** ♦ **la fonctionnarisation de la médecine** the state takeover of medicine ♦ **le gouvernement propose la fonctionnarisation des médecins** the government proposes taking doctors into the public service *ou* making doctors employees of the state

fonctionnariser /fɔ̃ksjɔnaʀize/ ► conjug 1 ◄ **VT** ♦ **fonctionnariser qn** to make sb an employee of the state; *(dans l'administration)* to take sb into the public service ♦ **fonctionnariser un service** to take over a service (to be run by the state)

fonctionnarisme /fɔ̃ksjɔnaʀism/ **NM** *(péj)* officialdom ♦ **c'est le règne du fonctionnarisme** bureaucracy rules, officialdom has taken over

fonctionnel, -elle /fɔ̃ksjɔnɛl/

ADJ functional ♦ **mot fonctionnel** *(Ling)* function word

NM staff manager ♦ **les fonctionnels et les opérationnels** managers and operatives, staff and line

fonctionnellement /fɔ̃ksjɔnɛlmɑ̃/ **ADV** functionally

fonctionnement /fɔ̃ksjɔnmɑ̃/ SYN **NM** *[d'appareil]* functioning; *[d'entreprise, institution]* operation, running; *(Méd) [d'organisme]* functioning ♦ **expliquer le fonctionnement d'un moteur** to explain how a motor works ♦ **en parfait fonctionnement** in perfect working order ♦ **pour assurer le (bon) fonctionnement de l'appareil** to keep the machine in (good) working order ♦ **pour assurer le (bon) fonctionnement du service** to ensure the smooth running of the department ♦ **panne due au mauvais fonctionnement du carburateur** breakdown due to a fault *ou* a malfunction in the carburettor ♦ **pendant le fonctionnement de l'appareil** while the machine is in operation *ou* is running ♦ **budget de fonctionnement** operating budget ♦ **dépenses** *ou* **frais de fonctionnement** running costs ♦ **fonctionnement en réseau** *(Ordin)* networking

fonctionner /fɔ̃ksjɔne/ SYN ► conjug 1 ◄ **VI** *[mécanisme, machine]* to work, to function; *[entreprise]* to function, to operate; * *[personne]* to function, to operate ♦ **faire fonctionner** *[+ machine]* to operate ♦ **je n'ai jamais vraiment compris comment il fonctionne** * I've never really understood what makes him tick * ♦ **notre téléphone/télévision fonctionne mal** there's something wrong with our phone/television, our phone/television isn't working properly ♦ **le courrier fonctionne mal** the mail isn't reliable ♦ **ça ne fonctionne pas** it's out of order, it's not working ♦ **sais-tu faire fonctionner la machine à laver ?** do you know how to work the washing machine? ♦ **fonctionner au gaz/à l'énergie solaire/sur piles** to be gas-powered/solar-powered/battery-operated, to run on gas/on solar power/on batteries ♦ **il a du mal à fonctionner au sein d'une équipe** he doesn't work well in a team ♦ **je fonctionne au café** * coffee keeps me going

fond /fɔ̃/ SYN

NM 1 *[de récipient, vallée]* bottom; *[d'armoire]* back; *[de jardin]* bottom, far end; *[de pièce]* far end, back; *[d'utérus]* fundus ♦ **le fond** *(Min)* the (coal) face ♦ **travailler au fond** *(Min)* to work at *ou* on the (coal) face ♦ **être/tomber au fond de l'eau** to be at/fall to the bottom of the water ♦ **le fond de la gorge** the back of the throat ♦ **les mots lui sont restés au fond de la gorge** the words stuck in his throat ♦ **envoyer un navire par le fond** to send a ship to the bottom ♦ **y a-t-il beaucoup de fond ?** is it very deep? ♦ **l'épave repose par 10 mètres de fond** the wreck is lying 10 metres down ♦ **les grands fonds** the ocean depths ♦ **à fond de cale** *(d'un bateau)* (down) in the hold; *(* = vite)* at top speed ♦ **au fond du couloir** at the far end of the corridor ♦ **au fond de la boutique** at the back of the shop ♦ **je suis au fond de mon lit** *(= malade)* I'm ill in bed ♦ **ancré au fond de la baie** anchored at the (far) end of the bay ♦ **village perdu au fond de la province** village in the depths *ou* heart of the country ♦ **venir du fond des âges** *[dynastie, réflexe, sagesse]* to be age-old ♦ **sans fond** *(lit, fig)* bottomless; → **double, fin**[1]

2 *(= tréfonds)* ♦ **le fond de son cœur est pur** deep down his heart is pure ♦ **savoir lire au fond des cœurs** to be able to see deep (down) into people's hearts ♦ **merci du fond du cœur** I thank you from the bottom of my heart ♦ **il pensait au fond de son cœur** *ou* **de lui(-même) que...** deep down he thought that..., in his heart of hearts he thought that... ♦ **vous avez deviné/je vais vous dire le fond de ma pensée** you have guessed/I shall tell you what I really think *ou* what my feelings really are ♦ **regarder qn au fond des yeux** to look deep into sb's eyes ♦ **il a un bon fond, il n'a pas un mauvais fond** he's basically a good person, he's a good person at heart *ou* bottom ♦ **il y a chez lui un fond d'honnêteté/de méchanceté** there's a streak of honesty/of maliciousness in him ♦ **il y a un fond de vérité dans ce qu'il dit** there's an element of truth in what he says ♦ **toucher le fond** *(lit)* to touch the bottom; *(fig) [personne]* to hit rock bottom; *[récession, productivité]* to bottom out ♦ **j'ai touché le fond du désespoir** I hit rock bottom

3 *(= essentiel) [d'affaire, question, débat]* heart ♦ **c'est là le fond du problème** that's the heart *ou* root *ou* core of the problem ♦ **aller au fond du problème** to get to the heart *ou* root of the problem ♦ **aller au fond des choses** to do things thoroughly ♦ **il faut aller jusqu'au fond de cette histoire** we must get to the root of this business ♦ **débat de fond** fundamental discussion ♦ **problème de fond** basic *ou* fundamental problem ♦ **ouvrage de fond** basic work ♦ **article de fond** *(Presse)* feature article

4 *(= contenu)* content ♦ **le fond et la forme** content and form ♦ **le fond de l'affaire** *(Jur)* the substance of the case

5 *(= arrière-plan) [de tableau, situation]* background ♦ **fond sonore** *ou* **musical** background music ♦ **blanc sur fond noir** white on a black background ♦ **avec cette sombre perspective pour fond** with this gloomy prospect in the background; → **bruit, toile**

6 *(= petite quantité)* drop ♦ **versez-m'en juste un fond (de verre)** pour me just a drop ♦ **ils ont vidé les fonds de bouteilles** they emptied what was left in the bottles *ou* the dregs from the bottles ♦ **il va falloir racler** *ou* **gratter les fonds de tiroirs** we'll have to scrape together what we can

7 *(= lie)* sediment, deposit

8 *(Sport)* ♦ **le fond** long-distance running ♦ **de fond** *[course, coureur]* long-distance *(épith)*; → **ski**

9 *[de chapeau]* crown; *[de pantalon]* seat ♦ **c'est là que j'ai usé mes fonds de culotte** that's where I spent my early school years

10 *(locutions)* ♦ **le fond de l'air est frais** it's a bit chilly, there's a nip in the air

♦ **à fond** ♦ **étudier une question à fond** to study a question thoroughly *ou* in depth ♦ **il est soutenu à fond par ses amis** his friends back him up all the way ♦ **il exploite à fond la situation** he's exploiting the situation to the full ♦ **il joue à fond de son charisme** he makes full use of his charisma ♦ **il se donne à fond dans son travail** he really throws himself into his work ♦ **il connaît le sujet à fond** he knows the subject inside out ♦ **visser un boulon à fond** to screw a bolt (right) home ♦ **respirer à fond** to breathe deeply ♦ **à fond de train, à fond la caisse** *, **à fond les manettes** * at top speed

♦ **au fond, dans le fond** *(= sous les apparences)* basically, at bottom; *(= en fait)* basically, really, in fact ♦ **il n'est pas méchant au fond** he's not a bad sort at heart ♦ **il fait semblant d'être désolé, mais dans le fond il est bien content** he makes out he's upset but he's quite pleased really *ou* but deep down he's quite pleased ♦ **dans le fond** *ou* **au fond, ça ne change pas grand-chose** basically, it makes no great difference, it makes no great difference really ♦ **ce n'est pas si stupide, au fond** it's not such a bad idea after all

♦ **de fond en comble** *[fouiller]* from top to bottom; *[détruire]* completely, utterly ♦ **ce retard bouleverse mes plans de fond en comble** this delay throws my plans right out, this delay completely overturns my plans

COMP **fond d'artichaut** artichoke heart

fond de court *(Tennis)* ♦ **jeu/joueur de fond de court** baseline game/player

fond d'écran *(Ordin)* wallpaper

fond de magasin *(= invendus)* leftover stock

les fonds marins the sea bed

fond d'œil fundus ♦ **faire un fond d'œil à qn** to look into the back of sb's eye, to perform a funduscopy on sb *(SPÉC)*

fond de portefeuille *(Bourse)* portfolio base

fond de robe slip

fond de tarte *(= pâte)* pastry base; *(= crème)* custard base

fond de teint foundation (cream)

fondamental, e (mpl **-aux**) /fɔ̃damɑ̃tal, o/ GRAMMAIRE ACTIVE 26.2 SYN

ADJ *(= essentiel) [question, recherche, changement]* fundamental, basic; *[vocabulaire]* basic; *[couleurs]* primary; *(= foncier) [égoïsme, incompréhension]* basic, inherent, fundamental ♦ **son fondamental, note fondamentale** fundamental (note) ♦ **matière fondamentale** *(Scol)* core subject *(Brit)*

NF **fondamentale** *(Mus)* root, fundamental (note)

NMPL **fondamentaux** *(= principes, bases)* fundamentals

fondamentalement /fɔ̃damɑ̃talmɑ̃/ **ADV** fundamentally

fondamentalisme /fɔ̃damɑ̃talism/ **NM** fundamentalism

fondamentaliste /fɔ̃damɑ̃talist/ **ADJ, NMF** fundamentalist

fondant, e /fɔ̃dɑ̃, ɑ̃t/

ADJ *[neige]* thawing, melting; *[fruit]* luscious; *[viande]* tender, melt-in-the-mouth *(épith)* ♦ **température de la glace fondante** temperature of melting ice ♦ **bonbon fondant** fondant ♦ **chocolat fondant** high-quality plain chocolate

NM *(Chim)* flux; *(= bonbon, Culin)* fondant ♦ **fondant au chocolat** *(= gâteau)* chocolate fondant cake

fondateur, -trice /fɔ̃datœʀ, tʀis/ SYN

ADJ *[mythe, texte, idée]* founding; → **père**

NM,F founder; *(Jur, Fin) [de société]* incorporator

fondation /fɔ̃dasjɔ̃/ SYN **NF** *(= action, institut)* foundation ♦ **fondations** *(Constr)* foundations

fondé, e /fɔ̃de/ SYN (ptp de **fonder**)

ADJ 1 *[crainte, réclamation]* well-founded, justified ♦ **bien fondé** well-founded, fully justified ♦ **mal fondé** ill-founded, groundless ♦ **ce qu'il dit n'est pas fondé** there are no grounds *ou* there is no justification for what he says ♦ **fondé sur des ouï-dire** based on hearsay

2 ♦ **être fondé à faire/croire/dire qch** to have good reason to do/believe/say sth, to have (good) grounds for doing/believing/saying sth

NM ♦ **fondé (de pouvoir)** *(Jur)* authorized representative; *(= cadre bancaire)* senior banking executive

fondement /fɔ̃dmɑ̃/ SYN **NM** [1] *(= base)* foundation • **fondement d'une action en justice** cause of action • **sans fondement** without foundation, unfounded, groundless • **jeter les fondements de qch** to lay the foundations of sth

[2] *(hum = derrière)* posterior *(hum)*, backside; *(= fond de pantalon)* trouser seat

fonder /fɔ̃de/ SYN ▸ conjug 1 ◂

VT [1] *(= créer)* *[+ ville, parti, prix littéraire]* to found; *[+ commerce]* to set up; *[+ famille]* to start • **fonder un foyer** to set up home and start a family • « **maison fondée en 1850** » *(magasin)* "Established 1850"

[2] *(= baser)* to base, to found *(sur* on) • **fonder sa richesse sur qch** to build one's wealth on sth • **fonder une théorie sur qch** to base a theory on sth • **fonder tous ses espoirs sur qch/qn** to place *ou* pin all one's hopes on sth/sb

[3] *(= justifier)* *[+ réclamation]* to justify

VPR **se fonder** • **se fonder sur** *[personne]* to go by, to go on, to base o.s. on; *[théorie, décision]* to be based on • **sur quoi vous fondez-vous pour l'affirmer ?** what grounds do you have for saying this?

fonderie /fɔ̃dʀi/ **NF** [1] *(= usine d'extraction)* smelting works; *(= atelier de moulage)* foundry

[2] *(= action)* founding, casting

fondeur, -euse /fɔ̃dœʀ, øz/

NM,F *(Ski)* cross-country skier

NM *(Métal)* *(= industriel)* foundry owner; *(= ouvrier)* foundry worker

fondeuse /fɔ̃døz/ **NF** casting machine

fondoir /fɔ̃dwaʀ/ **NM** tallow melter

fondre /fɔ̃dʀ/ SYN ▸ conjug 41 ◂

VT [1] *(= liquéfier)* *[+ substance]* to melt; *[+ argenterie, objet de bronze]* to melt down; *[+ minerai]* to smelt; *[+ neige]* to melt, to thaw

[2] *(= diminuer, attendrir)* *[+ dureté, résolution]* to melt

[3] *(= couler)* *[+ cloche, statue]* to cast, to found

[4] *(= réunir)* to combine, to fuse together, to merge *(en* into)

[5] *(Peinture)* *[+ couleur, ton]* to merge, to blend

VI [1] *(à la chaleur)* *(gén)* to melt; *[neige]* to melt, to thaw; *(dans l'eau)* to dissolve • **faire fondre** *[+ beurre]* to melt; *[+ graisse]* to render down; *[+ sel, sucre]* to dissolve; *[+ neige]* to melt, to thaw • **ça fond dans la bouche** it melts in your mouth

[2] *[colère, résolution]* to melt away; *[provisions, réserves]* to vanish • **fondre comme neige au soleil** to melt away • **l'argent fond entre ses mains** money runs through his fingers, he spends money like water • **cela fit fondre sa colère** at that his anger melted away • **fondre en larmes** to dissolve *ou* burst into tears

[3] *(* = maigrir)* to slim down • **j'ai fondu de 5 kg** I've lost 5 kg

[4] *(* = s'attendrir)* to melt • **j'ai fondu** my heart melted, I melted • **son sourire me fait fondre, je fonds devant son sourire** his smile makes me melt *ou* makes me go weak at the knees

[5] *(= s'abattre)* • **fondre sur qn** *[vautour, ennemi]* to swoop down on sb; *[malheurs]* to sweep down on sb

VPR **se fondre** [1] *(= se réunir)* *[cortèges, courants]* to merge *(en* into)

[2] *(= disparaître)* • **se fondre dans la nuit/brume** to fade (away) *ou* merge into the night/mist • **se fondre dans la masse** *ou* **foule** *[personne]* to melt into the crowd • **ce détail se fond dans la masse** this detail is lost among the rest • **se fondre dans le décor** *[personne]* to melt into the background; *[appareil, objet]* to blend in with the decor

fondrière /fɔ̃dʀijɛʀ/ **NF** pothole

fonds /fɔ̃/ SYN **NM** [1] *(Comm)* • **fonds de commerce** *(lit)* business; *(fig = source de revenus)* moneymaker • **il possède le fonds mais pas les murs** he owns the business but not the property • **vendre son fonds** to sell up • **fonds de terre** land *(NonC)*

[2] *(= ressources)* *[de musée, bibliothèque]* collection • **ce pays a un fonds folklorique très riche** this country has a rich folk heritage • **fonds de secours/de solidarité/d'amortissement** relief/solidarity/sinking fund • **fonds de garantie** guarantee fund • **Fonds national de l'emploi** *French state fund to provide retraining and redundancy payments for the unemployed* • **Fonds européen de coopération monétaire** European Monetary Cooperation Fund • **Fonds européen de développement** European Development Fund • **Fonds social européen** European Social Fund • **le Fonds monétaire international** the International Monetary Fund

[3] *(= organisme)* • **fonds commun de placement** investment *ou* mutual fund • **fonds de développement économique et social** fund for economic and social development • **fonds de pension** pension fund • **fonds de prévoyance** contingency fund *ou* reserve • **fonds régulateur** buffer fund • **fonds de retraite** pension fund • **fonds de stabilisation des changes** (currency) stabilization fund, Foreign Exchange Equalization Account *(Brit)*

[4] *(Fin : souvent pl)* *(= argent)* money; *(= capital)* funds, capital; *(pour une dépense précise)* funds • **pour transporter les fonds** to transport the money • **investir des fonds importants dans qch** to invest large sums of money *ou* a large amount of capital in sth • **réunir les fonds nécessaires à un achat** to raise the necessary funds for a purchase • **mise de fonds** capital outlay • **faire une mise de fonds** to lay out capital • **mise de fonds initiale** initial (capital) outlay • **ne pas être/être en fonds** to be out of/be in funds • **je lui ai prêté de l'argent, ça a été à fonds perdus** I lent him some money, but I never saw it again *ou* but I never got it back • **fonds de caisse** cash in hand • **fonds de roulement** *(gén)* working capital; *[de syndic]* contingency fund • **fonds bloqués** frozen assets • **fonds disponibles** liquid assets • **fonds d'État** government securities • **fonds propres** shareholders' equity, stockholders' equity *(US)*, equity capital • **fonds publics** *(Bourse)* government stock *ou* securities; *(= recettes de l'État)* public funds *ou* money • **fonds secrets** secret funds; → **appel, bailleur, détournement**

fondu, e /fɔ̃dy/ (ptp de **fondre**)

ADJ [1] *(= liquide)* *[beurre]* melted; *[métal]* molten • **neige fondue** slush; → **fromage**

[2] *(Métal)* • **statue de bronze fondu** *(= moulé)* cast bronze statue

[3] *(= flou, estompé)* *[contours]* blurred, hazy; *[couleurs]* blending

[4] *(* = fou)* nuts *, loopy * • **t'es complètement fondu !** you're nuts! *

NM,F * • **c'est un fondu de jazz/télévision** *(= fanatique)* he's a jazz/television freak *

NM [1] *(Peinture)* *[de couleurs]* blend • **le fondu de ce tableau me plaît** I like the way the colours blend in this picture

[2] *(Ciné)* • **fondu (enchaîné)** dissolve, fade in-fade out • **fermeture en fondu, fondu en fermeture** fade-out • **ouverture en fondu, fondu en ouverture** fade-in • **faire un fondu au noir** to fade to black

NF **fondue** *(Culin)* • **fondue (savoyarde)** (cheese) fondue • **fondue bourguignonne** fondue bourguignonne, meat fondue • **fondue de poireaux/tomates** leek/tomato fondue

fongible /fɔ̃ʒibl/ **ADJ** fungible

fongicide /fɔ̃ʒisid/

ADJ fungicidal

NM fungicide

fongiforme /fɔ̃ʒifɔʀm/ **ADJ** fungiform

fongique /fɔ̃ʒik/ **ADJ** fungic

fongistatique /fɔ̃ʒistatik/

ADJ fungistatic

NM fungistat

fongosité /fɔ̃gozite/ **NF** fungosity

fongueux, -euse /fɔ̃gø, øz/ **ADJ** *(Méd)* fungous, fungoid

fongus /fɔ̃gys/ **NM** *(= champignon, tumeur)* fungus

fontaine /fɔ̃tɛn/ **NF** *(ornementale)* fountain; *(naturelle)* spring; *(murale)* fountain; *(= distributeur d'eau potable)* *(à jet d'eau)* drinking fountain; *(avec gobelets)* water dispenser • **cette petite, c'est une vraie fontaine** * *(hum)* she's a real little crybaby • **il ne faut pas dire fontaine je ne boirai pas de ton eau** *(Prov)* never say never, you never know; → **jouvence**

fontainier /fɔ̃tenje/ **NM** hydraulic engineer

fontanelle /fɔ̃tanɛl/ **NF** fontanel(le)

fonte /fɔ̃t/ **NF** [1] *(= action)* *[de substance]* melting; *[d'argenterie, objet de bronze]* melting down; *[de minerai]* smelting; *[de neige]* melting, thawing; *[de cloche, statue]* casting, founding • **à la fonte des neiges** when the thaw comes, when the snow melts *ou* thaws

[2] *(= métal)* cast iron • **fonte brute** pig-iron • **en fonte** *[tuyau, radiateur]* cast-iron *(épith)*

[3] *(Typographie)* font

[4] *(Agr)* • **fonte des semis** damping off

fontes /fɔ̃t/ **NFPL** holsters *(on saddle)*

fontis /fɔ̃ti/ **NM** *(Géol)* subsidence

fonts /fɔ̃/ **NMPL** • **fonts baptismaux** (baptismal) font • **tenir un enfant sur les fonts baptismaux** to be godfather *(ou* godmother) to a child

foot * /fut/ **NM** abrév de **football**

football /futbol/ **NM** football *(Brit)*, soccer • **football américain** American football *(Brit)*, football *(US)* • **football australien** Australian football • **football gaélique** Gaelic football • **jouer au football** to play football; → **ballon**[1]

footballeur, -euse /futbolœʀ, øz/ **NM,F** footballer *(Brit)*, football *(Brit) ou* soccer player

footballistique /futbolistik/ **ADJ** soccer *(épith)*, football *(épith) (Brit)*

footeux, -euse * /futø, øz/ **NM,F** *(= joueur)* football *ou* soccer player; *(= amateur)* football *ou* soccer enthusiast

footing /futiŋ/ **NM** jogging *(NonC)* • **faire du footing** to go jogging • **faire un (petit) footing** to go for a (little) jog

for /fɔʀ/ **NM** • **dans** *ou* **en mon for intérieur** in my heart of hearts, deep down inside

forage /fɔʀaʒ/ **NM** *[de roche, paroi]* drilling, boring; *[de puits]* sinking, boring • **effectuer plusieurs forages** to drill several boreholes • **se livrer à des forages d'exploration** to test-drill • **faire des forages de prospection pétrolière** to prospect for oil, to wildcat *(US)*

forain, e /fɔʀɛ̃, ɛn/

ADJ fairground *(épith)*, carnival *(US)* *(épith)*; → **baraque, fête**

NM *(= acteur)* (fairground) entertainer • **(marchand) forain** *(= commerçant)* stallholder • **les forains** *(fête foraine)* fairground people, carnies * *(US)*

foramen /fɔʀamɛn/ **NM** *(Anat)* foramen

foraminé, e /fɔʀamine/ **ADJ** foraminal

foraminifère /fɔʀaminifɛʀ/ **NM** *(= protozoaire)* foraminifer

forban /fɔʀbɑ̃/ **NM** *(Hist = pirate)* pirate; *(= escroc)* shark, crook

forçage /fɔʀsaʒ/ **NM** *(Agr)* forcing

forçat /fɔʀsa/ **NM** *(= bagnard)* convict; *(= galérien, fig)* galley slave • **travailler comme un forçat** to work like a slave • **c'est une vie de forçat** it's sheer slavery

force /fɔʀs/ GRAMMAIRE ACTIVE 16.4 SYN

NF [1] *(= vigueur)* strength • **avoir de la force** to be strong • **avoir de la force dans les bras** to have strong arms • **je n'ai plus la force de parler** I have no strength left to talk • **il ne connaît pas sa force** he doesn't know his own strength • **à la force du poignet** *[grimper]* using only one's arms; *[obtenir qch, réussir]* by the sweat of one's brow • **cet effort l'avait laissé sans force** the effort had left him completely drained • **c'est une force de la nature** he's a real Goliath • **dans la force de l'âge** in the prime of life • **force morale/intellectuelle** moral/intellectual strength • **c'est ce qui fait sa force** that is where his great strength lies • **bracelet** *ou* **poignet de force** (leather) wristband; → **bout, union**

[2] *(= violence)* force • **recourir/céder à la force** to resort to/give in to force • **employer la force brutale** *ou* **brute** to use brute force • **la force prime le droit** might is right

[3] *(= ressources physiques)* • **forces** strength • **reprendre des forces** to get one's strength back, to regain one's strength • **ses forces l'ont trahi** his strength failed *ou* deserted him • **c'est au-dessus de mes forces** it's too much for me, it's beyond me • **frapper de toutes ses forces** to hit as hard as one can *ou* with all one's might • **désirer qch de toutes ses forces** to want sth with all one's heart

[4] *[de coup, vent]* force; *[d'argument]* strength, force; *[de sentiment, alcool, médicament]* strength • **vent de force 4** force 4 wind • **dans toute la force du terme** in the fullest *ou* strongest sense of the word • **la force de l'évidence** the weight of evidence • **la force de l'habitude** force of habit • **par la force des choses** *(gén)* by force of circumstance; *(= nécessairement)* inevitably • **les forces naturelles** *ou* **de la nature** the forces of nature • **les forces aveugles du destin** the blind forces of fate • **les forces vives du pays** the lifeblood of the country • **avoir force de loi** to have force of law; → **cas, idée-force, ligne**[1]

[5] *(Mil)* strength • **forces** forces • **notre force navale** our naval strength • **les forces de l'op-**

position *(Pol)* the opposition forces ◆ **armée d'une force de 10 000 hommes** army with a strength of 10,000 men

6 *(= valeur)* ◆ **les deux joueurs sont de la même force** the two players are evenly *ou* well matched ◆ **ces deux cartes sont de la même force** these two cards have the same value ◆ **il est de première force au bridge** he's a first-class bridge player, he's first-rate at bridge ◆ **il est de force à le faire** he's equal to it, he's up to (doing) it* ◆ **tu n'es pas de force à lutter avec lui** you're no match for him ◆ **à forces égales, à égalité de forces** on equal terms

7 *(Phys)* force ◆ **force de gravité** force of gravity ◆ **force centripète/centrifuge** centripetal/centrifugal force

8 *(Typographie) [de corps, caractère]* size

9 *(Tech)* ◆ **forces** shears

10 *(locutions)* ◆ **force nous est/lui est d'accepter** we have/he has no choice but to accept, we are/he is forced to accept ◆ **force m'est de reconnaître que...** I am forced *ou* obliged to recognize that... ◆ **force (nous) est de constater que...** we have to admit that... ◆ **affirmer avec force** to insist, to state firmly ◆ **insister avec force sur un point** to emphasize a point strongly ◆ **vouloir à toute force** to want absolutely *ou* at all costs ◆ **faire force de rames** *(Naut)* to ply the oars ◆ **faire force de voiles** *(Naut)* to cram on sail; → **tour**[2]

♦ **à force** ◆ **à force de chercher on va bien trouver** if we keep on looking we'll end up finding it ◆ **à force de gentillesse** by dint of kindness ◆ **à force, tu vas le casser** you'll end up breaking it

♦ **de force, par force** ◆ **faire entrer qch de force dans qch** to cram *ou* force sth into sth ◆ **faire entrer qn de force** *ou* **par la force dans qch** to force sb into sth ◆ **obtenir qch par force** to get sth by *ou* through force ◆ **enlever qch de force à qn** to remove sth forcibly from sb, to take sth from sb by force ◆ **entrer de force chez qn** to force one's way into *ou* force an entry into sb's house ◆ **être en position de force** to be in a position of strength

♦ **en force** ◆ **attaquer/arriver** *ou* **venir en force** to attack/arrive in force ◆ **la montée en force du chômage** the dramatic rise in unemployment ◆ **passer un obstacle en force** *(Sport)* to get past an obstacle by sheer effort

♦ **coup de force** *(= coup d'état)* coup; *(= action militaire)* offensive action; *(pour racheter une entreprise)* hostile takeover ◆ **ils craignent un coup de force de l'aile droite de leur parti** they fear that the right wing will try to take over the party *ou* will make a play for power

ADV *(† hum)* many, a goodly number of *(hum)* ◆ **boire force bouteilles** to drink a goodly number of bottles ◆ **avec force remerciements** with profuse thanks

COMP **force d'âme** fortitude, moral strength
la force armée the army, the military
les forces armées the armed forces
force de caractère strength of character
force contre-électromotrice back electromotive force
force de dissuasion deterrent power
force d'extraction extraction force
les Forces françaises de l'intérieur *Resistance forces operating within France during World War II*
les Forces françaises libres the Free French (Forces *ou* Army)
force de frappe strike force
force d'inertie force of inertia
force d'interposition intervention force
forces d'intervention *(Mil, Police)* rapid deployment force
forces de maintien de la paix peace-keeping force(s)
force nucléaire stratégique strategic nuclear force
les forces de l'ordre, les forces de police the police ◆ **d'importantes forces de police** large contingents *ou* numbers of police
la force publique, les forces de sécurité the police
force de vente sales force

forcé, e /fɔʀse/ SYN (ptp de **forcer**) **ADJ**
1 *(= imposé) [cours, mariage]* forced; *(= poussé) [comparaison]* forced ◆ **atterrissage forcé** forced *ou* emergency landing ◆ **prendre un bain forcé** to take an unintended dip ◆ **conséquence forcée** inevitable consequence; → **marche**[1], **travail**[1]

2 *(= feint) [rire, sourire]* forced; *[amabilité]* affected, put-on

3 *(= évident)* ◆ **c'est forcé*** there's no way round it, it's inevitable ◆ **je suis malade – c'est forcé, tu as mangé trop de chocolat !** I'm ill – of course you are, you've eaten too much chocolate! ◆ **c'est forcé que tu sois en retard** it's obvious you're going to be late

forcement /fɔʀsəmɑ̃/ **NM** forcing

forcément /fɔʀsemɑ̃/ SYN **ADV** inevitably ◆ **ça devait forcément arriver** it was bound to happen, it was inevitable ◆ **il le savait forcément, puisqu'on le lui a dit** he obviously knew, because he'd been told ◆ **il est enrhumé – forcément, il ne se couvre pas** he's got a cold – of course he has, he doesn't dress warmly enough ◆ **c'est voué à l'échec – pas forcément** it's bound to fail – not necessarily ◆ **c'est forcément vrai/plus simple** it has to be true/simpler ◆ **il a forcément raison** he must be right

forcené, e /fɔʀsəne/ SYN
ADJ *(= fou)* deranged, out of one's wits *(attrib) ou* mind *(attrib)*; *(= acharné) [ardeur, travail]* frenzied; *(= fanatique) [joueur, travailleur]* frenzied; *[partisan, critique]* fanatical
NM,F maniac ◆ **travailler comme un forcené** to work like a maniac* ◆ **forcené du travail** *(hum)* workaholic* ◆ **les forcenés du vélo/de la canne à pêche** *(hum)* cycling/angling fanatics

forceps /fɔʀsɛps/ **NM** pair of forceps, forceps *(pl)* ◆ **accouchement au forceps** forceps delivery

forcer /fɔʀse/ SYN ▸ conjug 3 ◂
VT 1 *(= contraindre)* to force, to compel ◆ **forcer qn à faire qch** to force sb to do sth, to make sb do sth ◆ **il est forcé de garder le lit** he is forced to stay in bed ◆ **il a essayé de me forcer la main** he tried to force my hand ◆ **forcer qn au silence/à des démarches/à la démission** to force sb to keep silent/to take action/to resign

2 *(= faire céder) [+ coffre, serrure, barrage]* to force; *[+ porte, tiroir]* to force (open); *[+ blocus]* to run; *[+ ville]* to take by force ◆ **forcer le passage** to force one's way through ◆ **forcer la porte** to force one's way in ◆ **forcer la porte de qn** to force one's way into sb's home ◆ **forcer la consigne** to bypass orders ◆ **sa conduite force le respect/l'admiration** his behaviour commands respect/admiration ◆ **il a réussi à forcer la décision** he managed to settle *ou* decide the outcome

3 *(= traquer) [+ cerf, lièvre]* to run *ou* hunt down; *[+ ennemi]* to track down ◆ **la police a forcé les bandits dans leur repaire** the police tracked the gangsters down to their hideout

4 *(= pousser) [+ cheval]* to override; *[+ fruits, plantes]* to force; *[+ talent, voix]* to strain; *[+ allure]* to increase; *[+ destin]* to tempt, to brave ◆ **votre interprétation force le sens du texte** your interpretation stretches the meaning of the text ◆ **forcer sa nature** *(timidité)* to overcome one's shyness; *(volonté)* to force o.s. ◆ **forcer le pas** to quicken one's pace ◆ **il a forcé la dose*** *ou* **la note*** he overdid it ◆ **forcer le trait** *(= exagérer)* to exaggerate

VI to overdo it ◆ **j'ai voulu forcer, et je me suis claqué un muscle** I overdid it and pulled a muscle ◆ **il a gagné sans forcer*** he had no trouble winning, he won easily ◆ **ne force pas, tu vas casser la corde** don't force it or you'll break the rope ◆ **arrête de tirer, tu vois bien que ça force** stop pulling, can't you see it's jammed? ◆ **forcer sur ses rames** to strain at the oars ◆ **il force un peu trop sur l'alcool*** once he starts drinking he doesn't know when to stop ◆ **il avait un peu trop forcé sur l'alcool*** he'd had a few too many*

VPR **se forcer** to force o.s., to make an effort *(pour faire* to do) ◆ **il se force à travailler** he forces himself to work, he makes himself work ◆ **elle se force pour manger** she forces herself to eat

forcerie /fɔʀsəʀi/ **NF** hothouse, forcing house

forces /fɔʀs/ **NMPL** *(= ciseaux)* shears

forcing /fɔʀsiŋ/ **NM** *(gén, Boxe)* pressure *(auprès de* with) ◆ **faire le forcing** to pile on the pressure ◆ **on a dû faire le forcing pour avoir le contrat** we had to put on a lot of pressure *ou* we really had to push to get the contract ◆ **on a dû faire le forcing pour combler notre retard** we had to pull out all the stops to make up the time ◆ **négociations menées au forcing** negotiations conducted under pressure

(!) **forcing** ne se traduit pas par le mot anglais **forcing**

forcipressure /fɔʀsipʀesyʀ/ **NF** forcipressure

forcir /fɔʀsiʀ/ ▸ conjug 2 ◂ **VI** *[personne]* to broaden out; *[vent]* to strengthen

forclore /fɔʀklɔʀ/ ▸ conjug 45 ◂ **VT** *(Jur)* to debar ◆ **il s'est laissé forclore** he didn't make his claim within the prescribed time limit

forclusion /fɔʀklyzjɔ̃/ **NF** *(Jur)* debarment

forer /fɔʀe/ ▸ conjug 1 ◂ **VT** *[+ roche, paroi]* to drill, to bore; *[+ puits]* to drill, to sink, to bore

forestage /fɔʀɛstaʒ/ **NM**, **foresterie** /fɔʀɛstəʀi/ **NF** forestry

forestier, -ière /fɔʀɛstje, jɛʀ/
ADJ *[région, végétation, chemin]* forest *(épith)* ◆ **exploitation forestière** *(= activité)* forestry, lumbering; *(= lieu)* forestry site ◆ **perdreau (à la) forestière** *(Culin)* partridge (cooked) with mushrooms; → **garde**[2]
NM forester

foret /fɔʀɛ/ **NM** *(= outil)* drill

forêt /fɔʀɛ/ **NF** *(lit, fig)* forest ◆ **forêt vierge** virgin forest ◆ **forêt pluviale** rain forest ◆ **forêt tropicale** tropical (rain) forest ◆ **forêt domaniale** national *ou* state-owned forest ◆ **forêt-galerie** gallery forest; → **arbre, eau**

forêt-noire (pl **forêts-noires**) /fɔʀɛnwaʀ/ **NF** 1 *(Culin)* Black Forest gâteau
2 ◆ **la Forêt-Noire** *(Géog)* the Black Forest

foreur /fɔʀœʀ/ **NM** *[de roche, paroi]* driller, borer; *[de puits]* driller, sinker, borer

foreuse /fɔʀøz/ **NF** drill

forfaire /fɔʀfɛʀ/ ▸ conjug 60 ◂ **VI** *(frm)* ◆ **forfaire à qch** to be false to sth, to betray sth ◆ **forfaire à l'honneur** to forsake honour

forfait /fɔʀfɛ/ **NM** 1 *(= prix fixe)* fixed *ou* set price; *(= prix tout compris)* all-inclusive price; *(= ensemble de prestations)* package ◆ **travailler au** *ou* **à forfait** to work for a flat rate *ou* a fixed sum ◆ **notre nouveau forfait-vacances** our new package tour *ou* holiday *(Brit)* ◆ **forfait avion-hôtel** flight and hotel package ◆ **forfait hôtelier** hotel package ◆ **forfait-skieur(s)** ski-pass ◆ **être au (régime du) forfait** *(impôts)* to be taxed on estimated income

2 *(Sport = abandon)* withdrawal ◆ **gagner par forfait** to win by default ◆ **déclarer forfait** *(Sport)* to withdraw; *(fig)* to give up

3 *(littér = crime)* crime

forfaitaire /fɔʀfɛtɛʀ/ **ADJ** *(= fixe)* fixed, set; *(= tout compris)* inclusive ◆ **montant forfaitaire** lump *ou* fixed sum ◆ **indemnité forfaitaire** inclusive payment, lump sum payment ◆ **prix forfaitaire** fixed *ou* set price

forfaitairement /fɔʀfɛtɛʀmɑ̃/ **ADV** *[payer, évaluer]* on an inclusive basis, inclusively ◆ **une pension calculée forfaitairement** an all-inclusive pension

forfaitiser /fɔʀfɛtize/ ▸ conjug 1 ◂ **VT** ◆ **forfaitiser les coûts** to charge a flat rate ◆ **les communications locales sont forfaitisées** there is a flat-rate charge for local calls ◆ **la consommation d'eau est forfaitisée à 10 euros par mois** there is a standard charge of 10 euros a month for water

forfaitiste /fɔʀfɛtist/ **NMF** package-holiday agent

forfaiture /fɔʀfɛtyʀ/ **NF** *(Jur)* abuse of authority; *(Hist)* felony; *(littér = crime)* act of treachery

forfanterie /fɔʀfɑ̃tʀi/ **NF** *(= caractère)* boastfulness; *(= acte)* bragging *(NonC)*

forficule /fɔʀfikyl/ **NM** *type of earwig*, forficula *(SPÉC)*

forge /fɔʀʒ/ **NF** *(= atelier)* forge, smithy; *(= fourneau)* forge ◆ **forges** *(† = fonderie)* ironworks; → **maître**

forgeage /fɔʀʒaʒ/ **NM** forging

forger /fɔʀʒe/ SYN ▸ conjug 3 ◂
VT 1 *[+ métal]* to forge *(littér)* ◆ **forger des liens** to forge links ◆ **forger les fers** *ou* **les chaînes de qn** to enslave *ou* enchain sb ◆ **ça forge le caractère** it's character-forming ◆ **c'est en forgeant qu'on devient forgeron** *(Prov)* practice makes perfect *(Prov)*; → **fer**

2 *(= aguerrir) [+ caractère]* to form, to mould

3 *(= inventer) [+ mot]* to coin; *[+ exemple, prétexte]* to make up; *[+ histoire, mensonge, plan]* to concoct ◆ **cette histoire est forgée de toutes pièces** this story is a complete fabrication

VPR **se forger** ◆ **il s'est forgé une réputation d'homme sévère** he has won *ou* earned himself the reputation of being a stern man ◆ **se forger un idéal** to create an ideal for o.s. ◆ **se forger des illusions** to build up illusions

forgeron /fɔʀʒəʀɔ̃/ NM blacksmith, smith; → **forger**

forgeur, -euse /fɔʀʒœʀ, øz/ NM,F forger

forint /fɔʀint/ NM forint

forjeter /fɔʀʒəte/ ► conjug 4 ◄ VI [mur, bâtiment] to project, to jut out

forlancer /fɔʀlɑ̃se/ ► conjug 3 ◄ VT (Chasse) to drive out

forligner /fɔʀliɲe/ ► conjug 1 ◄ VI [noble] to fall from rank

forlonger /fɔʀlɔ̃ʒe/ ► conjug 3 ◄ VT (Vénerie) to outdistance

formage /fɔʀmaʒ/ NM forming

formaldéhyde /fɔʀmaldeid/ NM formaldehyde

formalisable /fɔʀmalizabl/ ADJ which can be formalized

formalisation /fɔʀmalizasjɔ̃/ NF formalization

formaliser /fɔʀmalize/ ► conjug 1 ◄
VT to formalize
VPR se formaliser SYN to take offence (de at)

formalisme /fɔʀmalism/ NM ① (péj) formality ◆ **pas de formalisme ici** we don't stand on ceremony here ◆ **s'encombrer de formalisme** to weigh o.s. down with formalities
② (Art, Philos, Math) formalism

formaliste /fɔʀmalist/ SYN
ADJ ① (péj) formalistic
② (Art, Philos) formalist
NMF formalist

formalité /fɔʀmalite/ SYN NF (Admin) formality ◆ **les formalités à accomplir** ou **à remplir** the necessary procedures, the procedures involved ◆ **pas de formalités entre nous, appelle-moi Maud** no need to be formal, call me Maud ◆ **ce n'est qu'une formalité** (fig) it's a mere formality ◆ **sans autre formalité** (fig) without any more ou further ado

formant /fɔʀmɑ̃/ NM (Ling, Phon) formant

format /fɔʀma/ SYN NM [de livre] format, size; [de papier, objet] size; (Ordin) format ◆ **papier format A4** A4 paper ◆ **format portrait** ou **à la française** (Ordin) portrait ◆ **format paysage** ou **à l'italienne** landscape ◆ **format de données** (Ordin) data format ◆ **photo (en) petit format** small format print ◆ **enveloppe grand format** large envelope ◆ **les petits/grands formats** (livres) small/large (format) books ◆ **il aime les blondes et préfère les petits formats** (fig,hum) he likes blondes, preferably of the petite variety; → **poche²**

formatage /fɔʀmataʒ/ NM formatting

formater /fɔʀmate/ ► conjug 1 ◄ VT (Ordin) to format ◆ **ils sont formatés par les médias** they are moulded by the media

formateur, -trice /fɔʀmatœʀ, tʀis/ SYN
ADJ [élément, expérience] formative; [stage] training
NM,F trainer

formatif, -ive /fɔʀmatif, iv/
ADJ [langue] inflected; [préfixe] formative
NF formative (Ling) formative

formation /fɔʀmasjɔ̃/ SYN NF ① (= apprentissage) training; (= stage, cours) training course ◆ **il a reçu une formation littéraire** he received a literary education ◆ **formation des maîtres, formation pédagogique** teacher training, teacher education (US) ◆ **sa formation d'ingénieur** his training as an engineer ◆ **je suis juriste de formation** I trained as a lawyer ◆ **formation professionnelle** vocational training ◆ **formation permanente** continuing education ◆ **formation continue (au sein de l'entreprise)** (in-house) training ◆ **formation alternée** ou **en alternance** [de salarié] ≈ block-release training; [d'élève en apprentissage] school course combined with work experience ◆ **formation courte/longue** short/long training course ◆ **stage de formation accélérée** intensive (training) course, crash course ◆ **centre de formation** training centre ◆ **suivre une formation en informatique** to do a computer (training) course; → **tas**
② (= développement) [de gouvernement, croûte, fruits] formation, forming ◆ **à (l'époque de) la formation** [de fruit] when forming; [d'enfant] at puberty ◆ **en voie** ou **en cours de formation** being formed, in the process of formation ◆ **la formation des mots** word formation ◆ **la formation du caractère** the forming ou moulding of character

③ (gén, Mil = groupe) formation ◆ **voler en formation** to fly in formation ◆ **formation serrée** close formation ◆ **formation musicale** music group ◆ **formation politique** political grouping ou formation

⚠ Au sens de 'apprentissage' ou 'stage', **formation** ne se traduit pas par le mot anglais **formation**.

forme /fɔʀm/ SYN
NF ① (= contour, apparence) shape, form ◆ **cet objet est de forme ronde/carrée** this object is round/square (in shape) ◆ **en forme de poire/cloche** pear-/bell-shaped ◆ **elle a des formes gracieuses** she has a graceful figure ◆ **elle prend des formes** she's filling out ◆ **vêtement qui moule les formes** clinging ou figure-hugging garment ◆ **une forme apparut dans la nuit** a form ou figure ou shape appeared out of the darkness ◆ **n'avoir plus forme humaine** to be unrecognizable ◆ **sans forme** [chapeau] shapeless; [pensée] formless ◆ **prendre la forme d'un rectangle** to take the form ou shape of a rectangle ◆ **prendre la forme d'un entretien** to take the form of an interview ◆ **prendre forme** [statue, projet] to take shape ◆ **sous forme de comprimés** in tablet form ◆ **sous la forme d'un vieillard** in the guise of ou as an old man ◆ **sous toutes ses formes** in all its forms
② (= genre) [de civilisation, gouvernement] form ◆ **forme d'énergie** form of energy ◆ **forme de vie** (= présence effective) form of life, life form; (= coutumes) way of life ◆ **une forme de pensée différente de la nôtre** a way of thinking different from our own ◆ **les animaux ont-ils une forme d'intelligence ?** do animals have a form of intelligence?
③ (Art, Jur, Littérat, Philos) form ◆ **soigner la forme** to be careful about form ◆ **mettre en forme** [+ texte] to finalize the presentation ou layout of; [+ idées] to formulate ◆ **poème à forme fixe** fixed-form poem ◆ **poème en forme d'acrostiche** poem forming an acrostic ◆ **de pure forme** [accord, soutien] token (épith); nominal ◆ **remarques de pure forme** purely formal remarks ◆ **pour la forme** as a matter of form, for form's sake ◆ **en bonne (et due) forme** in due form ◆ **faites une réclamation en forme** put in a formal request ◆ **sans autre forme de procès** without further ado; → **fond, vice**
④ (Ling) form ◆ **mettre à la forme passive** to put in the passive ◆ **forme contractée** contracted form ◆ **forme de base** base form
⑤ (= moule) mould; (Typographie) forme (Brit), form (US); [de cordonnier] last; [de couturier] (dress) form; (= partie de chapeau) crown ◆ **mise en forme** (Typographie) imposition; (Ordin) layout
⑥ (gén, Sport) ◆ **forme (physique)** form, fitness ◆ **être en (pleine** ou **grande) forme, tenir la forme*** (gén) to be in (great) form, to be in ou on top form; (physiquement) to be very fit ◆ **il n'est pas en forme, il n'a pas la forme*** (gén) he's not on form, he's off form; (physiquement) he's not very fit, he's unfit ◆ **baisse de forme** loss of form ◆ **retrouver la forme** to get back into shape, to get fit again ◆ **ce n'est pas la grande forme*** I'm (ou he's etc) not feeling too good* ◆ **centre de remise en forme** ≈ health spa; → **péter**
⑦ (Mus) ◆ **forme sonate** sonata form
⑧ (Naut = bassin) ◆ **forme de radoub** ou **sèche** dry ou graving dock

NFPL formes (= convenances) proprieties, conventions ◆ **respecter les formes** to respect the proprieties ou conventions ◆ **refuser en y mettant des formes** to decline as tactfully as possible ◆ **faire une demande dans les formes** to make a request in the correct form

formé, e /fɔʀme/ (ptp de **former**) ADJ ① [jeune fille] pubescent; [fruit, épi] formed ◆ **cette jeune fille est formée maintenant** this girl is fully developed now
② [goût, jugement] (well-)developed ◆ **son jugement n'est pas encore formé** his judgment is as yet unformed

formel, -elle /fɔʀmɛl/ SYN ADJ ① (= catégorique) definite, positive ◆ **dans l'intention formelle de refuser** with the definite intention of refusing ◆ **il a l'obligation formelle de le faire** he is obliged to do so ◆ **interdiction formelle d'en parler à quiconque** you mustn't talk about this to anyone ◆ **je suis formel !** I'm absolutely sure!
② (Art, Philos) formal

③ (= extérieur) [politesse] formal

⚠ Au sens de 'catégorique', **formel** ne se traduit pas par le mot anglais **formal**.

formellement /fɔʀmɛlmɑ̃/ SYN ADV
① (= catégoriquement) [démentir, contester] categorically; [identifier] positively; [interdire] strictly
② (= officiellement) [demander] formally; [condamner] officially
③ (Art, Philos) formally

⚠ Au sens de 'catégoriquement', **formellement** ne se traduit pas par **formally**.

former /fɔʀme/ SYN ► conjug 1 ◄
VT ① (= éduquer) [+ soldats, ingénieurs] to train; [+ intelligence, caractère, goût] to form, to develop ◆ **les voyages forment la jeunesse** travel broadens the mind ◆ **le personnel est peu formé** the staff is relatively untrained
② [+ gouvernement] to form; [+ entreprise, équipe] to set up; [+ liens d'amitié] to form, to create; [+ croûte, dépôt] to form ◆ **il s'est formé des liens entre nous** bonds have formed ou been created between us ◆ **le cône que forme la révolution d'un triangle** the cone formed by the revolution of a triangle
③ [+ collection] to form, to build up; [+ convoi] to form; [+ forme verbale] to form, to make up ◆ **former correctement ses phrases** to form proper sentences ◆ **phrase bien formée** well-formed sentence ◆ **phrase mal formée** ill-formed sentence ◆ **le train n'est pas encore formé** they haven't made up the train yet
④ (= être le composant de) to make up, to form ◆ **article formé de trois paragraphes** article made up of ou consisting of three paragraphs ◆ **ceci forme un tout** this forms a whole ◆ **ils forment un beau couple** they make a nice couple
⑤ (= dessiner) to make, to form ◆ **ça forme un rond** it makes ou forms a circle ◆ **la route forme des lacets** the road winds ◆ **il forme bien/mal ses lettres** he forms his letters well/badly
⑥ ◆ **former l'idée** ou **le projet de faire qch** to form ou have the idea of doing sth ◆ **nous formons des vœux pour votre réussite** we wish you every success

VPR se former ① (= se rassembler) to form, to gather ◆ **des nuages se forment à l'horizon** clouds are forming ou gathering on the horizon ◆ **se former en cortège** to form a procession ◆ **il s'est formé un attroupement** a crowd gathered ou formed ◆ **l'armée se forma en carré** ou **forma le carré** the army took up a square formation
② [dépôt, croûte] to form
③ (= apprendre un métier) to train o.s.; (= éduquer son goût, son caractère) to educate o.s.
④ (= se développer) [goût, caractère, intelligence] to form, to develop; [fruit] to form ◆ **les fruits commencent à se former sur l'arbre** the fruit is beginning to form on the tree

⚠ Quand il s'agit de la formation d'une personne, **former** ne se traduit pas par **to form**.

formeret /fɔʀməʀɛ/ NM formeret

formiate /fɔʀmjat/ NM formate

Formica ® /fɔʀmika/ NM Formica ® ◆ **table en Formica** Formica table

formidable /fɔʀmidabl/ SYN ADJ ① (= très important) [coup, obstacle, bruit] tremendous
② (* = très bien) fantastic*, great*
③ (* = incroyable) incredible ◆ **c'est tout de même formidable qu'on ne me dise jamais rien !** it's a bit much* that nobody ever tells me anything! ◆ **il est formidable : il convoque une réunion et il est en retard !** he's marvellous (iro) ou incredible - he calls a meeting and then he's late!
④ (littér = effrayant) fearsome

formidablement /fɔʀmidabləmɑ̃/ ADV (= très bien) fantastically* ◆ **on s'est formidablement amusé** we had a fantastic time* ◆ **comment ça a marché ? - formidablement !** how did it go? - great* ou fantastic!*

formique /fɔʀmik/ ADJ formic

formol /fɔʀmɔl/ NM formalin, formol

formoler /fɔʀmɔle/ ► conjug 1 ◄ VT to treat with formalin ou formol

formosan, e /fɔʀmɔzɑ̃, an/
ADJ Formosan
NM,F Formosan(e) Formosan

Formose /fɔʀmoz/ NF Formosa

formulable /fɔʀmylabl/ ADJ which can be formulated • **difficilement formulable** difficult to formulate

formulaire /fɔʀmylɛʀ/ SYN NM [1] *(à remplir)* form • **formulaire de demande** application form • **formulaire E111** form E111

[2] *[de pharmaciens, notaires]* formulary

formulation /fɔʀmylasjɔ̃/ SYN NF *[de plainte, requête]* formulation, wording; *[de sentiment]* formulation, expression; *[d'ordonnance, acte notarié]* drawing up; *(Chim, Math)* formulation • **changer la formulation d'une demande** to change the way an application is formulated, to change the wording of an application

formule /fɔʀmyl/ SYN NF [1] *(Chim, Math)* formula • **formule dentaire** dentition, dental formula

[2] *(= expression)* phrase, expression; *(magique, prescrite par l'étiquette)* formula • **formule heureuse** happy turn of phrase • **formule de politesse** polite phrase; *(en fin de lettre)* letter ending • **formule publicitaire** advertising slogan • **formule toute faite** ready-made phrase • **formule incantatoire** incantation; → **consacré**

[3] *(= méthode)* system, way • **formule de paiement** method of payment • **formule de vacances** holiday programme *ou* schedule • **trouver la bonne formule** to hit on *ou* find the right formula • **c'est la formule idéale pour des vacances avec de jeunes enfants** it's the ideal solution for going on holiday with young children • **formule à 12 €** *(dans un restaurant)* 12 euro menu • **ils proposent différentes formules de location/de crédit** they offer several different rental/credit options

[4] *(= formulaire)* form • **formule de chèque** cheque and stub

[5] *(Courses automobiles)* • **la formule 1/2/3** Formula One/Two/Three • **une (voiture de) formule 1** a Formula-One car

formuler /fɔʀmyle/ SYN ▸ conjug 1 ◂ VT [1] *[+ exigences, plainte, requête, demande, proposition, recommandation]* to make, to formulate *(frm)*; *[+ critiques, sentiment, souhaits]* to express; *[+ accusation]* to make; *[+ ordonnance, acte notarié]* to draw up • **il a mal formulé sa question** he didn't word *ou* phrase his question very well

[2] *(Chim, Math)* to formulate

formyle /fɔʀmil/ NM formyl

fornicateur, -trice /fɔʀnikatœʀ, tʀis/ NM,F *(littér, hum)* fornicator

fornication /fɔʀnikasjɔ̃/ NF *(littér, hum)* fornication

forniquer /fɔʀnike/ ▸ conjug 1 ◂ VI *(littér, hum)* to fornicate

FORPRONU, Forpronu /fɔʀpʀɔny/ NF (abrév de **Force de protection des Nations unies**) • **la FORPRONU** Unprofor

fors †† /fɔʀ/ PRÉP save, except

forsythia /fɔʀsisja/ NM forsythia

fort[1], e[1] /fɔʀ, fɔʀt/ SYN

1 - ADJECTIF
2 - ADVERBE

1 - ADJECTIF

[1] [= PUISSANT] *[personne, État, lunettes, monnaie]* strong • **il est fort comme un bœuf** *ou* **un Turc** he's as strong as an ox *ou* a horse • **il est de forte constitution** he has a strong constitution • **le dollar est une monnaie forte** the dollar is a strong *ou* hard currency • **la dame est plus forte que le valet** *(Cartes)* the queen is higher than the jack • **c'est plus fort que moi** I can't help it • **il est fort en gueule** * he's loud-mouthed * *ou* a loudmouth *; → **partie[2]**

♦ **fort de** • **une armée forte de 20 000 hommes** an army 20,000 strong • **une équipe forte de 15 personnes** a team of 15 people • **fort de leur soutien/de cette garantie** armed with their support/with this guarantee • **fort de son expérience, il...** wiser for this experience, he... • **être fort de son bon droit** to be confident of one's rights

[2] [EUPH = GROS] *[personne]* stout, large; *[hanches]* broad, wide, large; *[poitrine]* large, ample; *[nez]* big • **il s'habille au rayon (pour) hommes forts** he gets his clothes from the outsize department • **elle est un peu forte des hanches** she has rather wide *ou* broad *ou* large hips, she's a bit broad in the beam *

[3] [= SOLIDE, RÉSISTANT] *[carton]* strong, stout; *[colle]* strong; → **château, place**

[4] [= INTENSE] *[lumière, rythme, battements]* strong; *[bruit, voix]* loud; *[sentiments]* strong, intense; *[dégoût, crainte]* great; *[impression]* great, strong; *[colère, douleur, chaleur]* great, intense; *[fièvre]* high • **une forte grippe** a bad bout of flu • **une œuvre forte** a powerful work • **il y a quelques moments forts dans son film** there are some powerful scenes in his film • **au sens fort du terme** in the strongest sense of the term • **génie ? le terme est un peu fort !** a genius? I wouldn't go so far as to say that!; → **envie, temps[1]**

[5] [= MARQUÉ] *[pente]* pronounced, steep; *[accent]* strong, marked, pronounced; *[goût, odeur, moutarde, café]* strong

[6] [= VIOLENT] *[secousse, coup]* hard; *[houle, pluies]* heavy; *[vent]* strong, high • **mer forte/très forte** *(Météo marine)* rough/very rough sea

[7] [= EXCESSIF] • **c'est trop fort !** that's too much!, that's going too far! • **c'est un peu fort (de café)** * that's a bit much *, that's going a bit (too) far * • **génie ! le mot est un peu fort** genius is a bit strong a word • **elle est forte celle-là !** *, **c'est plus fort que de jouer au bouchon !** * that beats everything! *, that takes the biscuit! * *(Brit)* • **et le plus fort** *ou* **et ce qu'il y a de plus fort, c'est que...** and the best (part) of it is that...

[8] [= IMPORTANT] *[somme]* large, great; *[hausse, baisse, différence]* big, great; *[dose, augmentation]* large, big; *[consommation]* high • **vin fort en alcool** strong wine, wine with a high alcohol content; → **prix**

[9] [= COURAGEUX, OBSTINÉ] *[personne]* strong • **être fort dans l'adversité** to be strong *ou* to stand firm in (the face of) adversity • **âme forte** steadfast soul • **esprit fort** † freethinker • **c'est une forte tête** he (*ou* she) is a rebel

[10] [= DOUÉ] good *(en, à* at*)*, able • **il est fort en histoire/aux échecs** he's good at history/at chess • **il est très fort !** he's very good (at it)! • **être fort sur un sujet** to be well up on * *ou* good at a subject • **il a trouvé plus fort que lui** he has (more than) found *ou* met his match • **quand il s'agit de critiquer, il est fort !** he can criticize all right!, he's very good at criticizing! • **ce n'est pas très fort (de sa part)** * that's not very clever *ou* bright of him • **c'est trop fort pour moi** it's beyond me; → **point[1]**

[11] [LING] • **consonne forte** hard consonant • **forme forte** strong form; → **verbe**

2 - ADVERBE

[1] [= INTENSÉMENT] *[lancer, serrer, souffler]* hard • **frapper fort** *(bruit)* to knock loudly; *(force)* to knock *ou* hit hard • **sentir fort** to have a strong smell, to smell strong • **respirez bien fort** breathe deeply, take a deep breath • **son cœur battait très fort** his heart was pounding *ou* was beating hard • **le feu marche trop fort** the fire is burning too fast • **tu y vas un peu fort tout de même** * even so, you're overdoing it a bit * *ou* going a bit far * • **tu as fait fort !** * that was a bit much! * • **comment vont les affaires ? – ça ne va pas fort** * how is business? – it's not going too well

[2] [= BRUYAMMENT] *[parler, crier]* loudly, loud • **parlez plus fort** speak up *ou* louder • **mets la radio moins/plus fort** turn the radio down/up

[3] [LITTÉR = BEAUCOUP] greatly • **cela me déplaît fort** that displeases me greatly *ou* a great deal • **j'en doute fort** I very much doubt it • **il y tient fort** he sets great store by it • **j'ai fort à faire avec lui** I have a hard job with him, I've got my work cut out with him

[4] [FRM = TRÈS] *[simple, différent, rare, ancien]* extremely, very; *[aimable]* most; *[mécontent, intéressant]* most, highly • **il est fort apprécié de ses chefs** he is highly regarded by his bosses • **il est fort inquiet** he is very *ou* most anxious • **c'est fort bon** it is very *ou* exceedingly good, it is most excellent • **il y avait fort peu de monde** there were very few people; → **aise**

♦ **fort bien** *[dessiné, dit, conservé]* extremely well • **tu sais fort bien que...** you know very well *ou* full well that... • **nous avons été fort bien accueillis** we were made most welcome • **je peux fort bien le faire moi-même/m'en passer** I can quite easily do it myself/do without it • **fort bien !** very good!, excellent! • **tu refuses ? fort bien, tu l'auras voulu** you refuse? very well, on your own head be it

[5] [LOCUTIONS]

♦ **se faire fort de** • **nos champions se fo[...] de gagner** our champions are confident [...] will win *ou* confident of winning • **je me[...] fort de le réparer** I'm (quite) sure I can me[...] it, I can mend it, don't worry *ou* you'll see

fort[2] /fɔʀ/ SYN

NM [1] *(= forteresse)* fort

[2] *(= personne)* • **le fort l'emporte toujours contre le faible** the strong will always win against the weak • **un fort en thème** *(péj Scol)* an egghead *, a swot * *(Brit)*; → **raison**

[3] *(= spécialité)* strong point, forte • **l'amabilité n'est pas son fort** kindness is not his strong point *ou* his forte

LOC PRÉP **au fort de** *(littér)* *[+ été]* at the height of; *[+ hiver]* in the depths of • **au plus fort du combat** *(lieu)* in the thick of the battle; *(intensité)* when the battle was at its most intense, at the height of the battle

COMP **fort des Halles** market porter

Fort-de-France /fɔʀdəfʀɑ̃s/ N Fort-de-France

forte[2] /fɔʀte/ ADV *(Mus)* forte

fortement /fɔʀtəmɑ̃/ SYN ADV *[conseiller]* strongly; *[tenir]* fast, tight(ly); *[frapper]* hard; *[serrer]* hard, tight(ly) • **il est fortement probable que...** it is highly *ou* most probable that... • **fortement marqué/attiré** strongly marked/attracted • **il en est fortement question** it is being seriously considered • **j'espère fortement que vous le pourrez** I very much hope that you will be able to • **boiter fortement** to have a pronounced limp, to limp badly • **il est fortement intéressé par l'affaire** he is highly *ou* most interested in the matter

forte-piano (pl **forte-pianos**) /fɔʀtepjano/

ADV, NM INV *(= indication)* forte-piano

NM *(= instrument)* fortepiano

forteresse /fɔʀtəʀɛs/ SYN NF *(lit)* fortress, stronghold; *(fig)* stronghold • **la forteresse Europe** Fortress Europe • **ils voient leur pays comme une forteresse assiégée** they regard their country as being under siege • **une mentalité de forteresse assiégée** a siege mentality • **forteresse volante** *(= avion)* flying fortress

fortiche * /fɔʀtiʃ/ ADJ *[personne]* terrific *, great * *(en* at*)*

fortifiant, e /fɔʀtifjɑ̃, jɑ̃t/ SYN

ADJ *[médicament, boisson]* fortifying; *[air]* invigorating, bracing; *(littér)* *[exemple, lecture]* uplifting

NM *(Pharm)* tonic

fortification /fɔʀtifikasjɔ̃/ NF fortification

fortifier /fɔʀtifje/ SYN ▸ conjug 7 ◂

VT *[+ corps, âme]* to strengthen, to fortify; *[+ position, opinion, impression]* to strengthen; *[+ ville]* to fortify • **l'air marin fortifie** (the) sea air is invigorating *ou* bracing • **cela m'a fortifié dans mes résolutions** that strengthened my resolve

VPR **se fortifier** *(Mil)* to fortify itself; *[opinion, amitié, position]* to grow stronger, to be strengthened; *[santé]* to grow more robust

fortin /fɔʀtɛ̃/ NM (small) fort

fortiori /fɔʀsjɔʀi/ → **a fortiori**

fortissimo /fɔʀtisimo/ ADV, NM INV fortissimo

fortran /fɔʀtʀɑ̃/ NM Fortran, FORTRAN

fortuit, e /fɔʀtɥi, it/ SYN ADJ *[événement, circonstance, remarque, rencontre, coïncidence]* chance *(épith)*, fortuitous *(frm)*; *[découverte]* accidental, fortuitous *(frm)*, chance *(épith)* • **la simultanéité des deux faits n'est pas totalement fortuite** the fact that the two things happened at the same time was not completely accidental *ou* was not entirely a coincidence *ou* was not entirely fortuitous • **c'était tout à fait fortuit** it was quite accidental, it happened quite by chance; → **ressemblance**

fortuitement /fɔʀtɥitmɑ̃/ ADV by chance, fortuitously *(frm)*

fortune /fɔʀtyn/ SYN NF [1] *(= richesse)* fortune • **situation de fortune** financial situation • **ça vaut** *ou* **coûte une (petite) fortune** it costs a fortune • **cet homme est l'une des plus grosses fortunes de la région** that man is one of the wealthiest in the area • **avoir de la fortune** to be independently wealthy • **faire fortune** to make one's fortune *(dans* in*)* • **le mot a fait fortune** the word has really caught on; → **impôt, revers**

[2] *(= chance)* luck (NonC), fortune (NonC); *(= destinée)* fortune • **chercher fortune** to seek one's

fortune • **connaître des fortunes diverses** *(sujet pluriel)* to enjoy varying fortunes; *(sujet singulier)* to have varying luck • **il a eu la (bonne) fortune de le rencontrer** he was fortunate enough to meet him, he had the good fortune to meet him • **ayant eu la mauvaise fortune de le rencontrer** having had the misfortune *ou* the ill-fortune to meet him • **faire contre mauvaise fortune bon cœur** to make the best of it • **venez dîner à la fortune du pot** come to dinner and take pot luck with us • **fortunes de mer** *(Jur, Naut)* sea risks, perils of the sea • **la fortune sourit aux audacieux** *(Prov)* fortune favours the brave • **de fortune** *[abri, embarcation, réparation, moyen]* makeshift; *[installation]* makeshift, rough-and-ready; *[compagnon]* chance *(épith)* • **mât/gouvernail de fortune** jury mast/rudder

3 *(Naut)* • **fortune (carrée)** (= *voile*) crossjack

fortuné, e /fɔʀtyne/ SYN ADJ (= *riche*) wealthy, well-off; *(littér* = *heureux)* fortunate

forum /fɔʀɔm/ NM (= *place, colloque*) forum • **forum de discussion** *(Internet)* chat room • **participer à un forum de discussion** to chat

forure /fɔʀyʀ/ NF bore(hole)

fosse /fos/ SYN

NF (= *trou*) pit; (= *tombe*) grave; *(Sport : pour le saut)* (sand)pit; *(Anat)* fossa

COMP **fosse d'aisances** cesspool
fosse commune common *ou* communal grave
fosse à fumier manure pit
fosse aux lions *(lit, fig)* lions' den
fosse marine ocean trench
fosses nasales nasal fossae
fosse d'orchestre orchestra pit
fosse aux ours bear pit
fosse à purin slurry pit
fosse septique septic tank

fossé /fose/ SYN NM 1 *(dans le sol)* ditch • **fossé d'irrigation** irrigation channel *ou* ditch • **fossé antichar** anti-tank ditch

2 (= *écart*) gap • **fossé culturel** cultural gap • **le fossé des** *ou* **entre les générations** the generation gap • **le fossé entre riches et pauvres se creuse** the gap between rich and poor is widening • **un fossé les sépare** a gulf lies between them

fossette /fosɛt/ NF dimple

fossile /fosil/

NM *(lit, fig)* fossil

ADJ *[combustibles, énergie]* fossil *(épith)*; *[société]* fossilized; → **rayonnement**

fossilifère /fosilifɛʀ/ ADJ fossiliferous

fossilisation /fosilizasjɔ̃/ NF fossilization

fossiliser /fosilize/ ► conjug 1 ◄

VT *(lit, fig)* to fossilize • **nous ne devons pas fossiliser notre langue** we mustn't let our language become fossilized

VPR **se fossiliser** to fossilize, to become fossilized • **des plantes fossilisées** fossilized plants

fossoir /foswaʀ/ NM (= *houe*) hoe; (= *charrue*) vineyard plough

fossoyeur /foswajœʀ/ NM gravedigger • **les fossoyeurs de notre société** those who precipitate the decline of society • **ils considèrent que la monnaie unique sera le fossoyeur de l'emploi** they think the single currency will be disastrous for employment

fou, folle /fu, fɔl/ SYN *(m : devant voyelle ou h muet* **fol)**

ADJ 1 *(Méd)* mad, insane; *(gén)* mad, crazy • **fou à lier, fou furieux** raving mad • **il est devenu subitement fou** he suddenly went mad *ou* crazy • **ça l'a rendu fou** *(lit, fig)* it drove him mad *ou* crazy • **c'est à devenir fou** it's enough to drive you mad *ou* crazy • **fou de colère/de désir/de chagrin** out of one's mind with anger/with desire/with grief • **fou de joie** delirious *ou* out of one's mind with joy • **fou d'amour (pour), amoureux fou (de)** madly in love (with) • **elle est folle de lui/de ce musicien** she's mad* *ou* crazy* about him/about that musician • **tu es complètement fou de refuser** you're completely mad *ou* absolutely crazy to refuse • **y aller ? (je ne suis) pas si fou !** go there?, I'm not that crazy! • **pas folle, la guêpe*** he's *(ou* she's) no fool! • **elle est folle de son corps*** *(hum)* she's sex-mad*

2 (= *insensé*) *[terreur, rage, course]* mad, wild; *[amour, joie, espoir]* mad, insane; *[idée, désir, tentative, dépense]* mad, insane, crazy; *[audace]* insane; *[imagination]* wild, insane; *[regard, gestes]* wild, crazed • **avoir le fou rire** to have the giggles • **prix fous sur les chemises** shirts at give-away prices • **folle jeunesse** (†, *hum*) wild youth • **folle enchère** irresponsible bid

3 (* = *énorme*) *[courage, énergie, succès]* fantastic*, terrific, tremendous; *[peur]* terrific, tremendous • **j'ai une envie folle de chocolat/d'y aller** I'm dying for some chocolate/to go • **j'ai eu un mal fou pour venir** I had a terrific *ou* terrible job* getting here • **tu as mis un temps fou** it took you ages* • **gagner/dépenser un argent fou** to earn/spend loads of money* • **payer un prix fou** to pay a ridiculous *ou* an astronomical price • **rouler à une vitesse folle** to drive at a tremendous speed • **il y a un monde fou** it's really crowded • **c'est fou ce qu'il y a comme monde** it's incredible how many people there are • **c'est fou ce qu'on s'amuse !** we're having such a great *ou* fantastic time!* • **c'est fou ce qu'il a changé** it's incredible *ou* unbelievable how much he has changed • **c'est fou ce que tu me racontes là !** I can't believe what you're telling me!

4 (= *déréglé*) *[boussole, aiguille]* erratic; *[camion, cheval]* runaway *(épith)*; *[mèche de cheveux]* stray, unruly • **elle a les cheveux fous** her hair's all over the place • **folle avoine** wild oats; → **herbe, patte**[1]

NM 1 *(Méd, fig)* madman, lunatic • **arrêtez de faire les fous** stop messing *ou* fooling about* • **ce jeune fou** this young lunatic • **espèce de vieux fou** you silly old fool; → **histoire, maison, plus**

♦ **comme un fou** • **courir comme un fou** to run like a madman *ou* lunatic • **travailler comme un fou** to work like mad* *ou* crazy* • **il faut se battre comme un fou pour réussir dans cette profession** you have to fight like crazy* to succeed in this profession

2 (* = *fanatique*) fanatic • **c'est un fou de jazz/tennis** he's a jazz/tennis fanatic

3 *(Échecs)* bishop

4 *(Hist* = *bouffon)* jester, fool • **le fou du roi** the king's fool, the court jester

5 (= *oiseau*) • **fou (de Bassan)** gannet

NF **folle** 1 *(Méd, fig)* madwoman, lunatic • **cette vieille folle** that old madwoman, that mad old woman • **la folle du logis** *(littér)* the imagination

2 *‡ (péj* = *homosexuel)* • **(grande) folle** queen‡

foucade /fukad/ NF *(littér)* caprice, whim, passing fancy; (= *emportement*) outburst

foudre[1] /fudʀ/

NF *(Météo)* lightning; *(Myth)* thunderbolt • **frappé par la foudre** struck by lightning • **la foudre est tombée sur la maison** the house was struck by lightning • **comme la foudre, avec la rapidité de la foudre** like lightning, as quick as a flash • **ce fut le coup de foudre** it was love at first sight • **j'ai eu le coup de foudre pour Julie** I fell head over heels in love with Julie • **elle a eu le coup de foudre pour l'Écosse** she fell in love with Scotland

NFPL (= *colère*) • **foudres** *(Rel)* anathema *(sg)* • **il s'est attiré les foudres de l'opposition** he provoked an angry response from the opposition

foudre[2] /fudʀ/ NM (†, *hum*) • **foudre de guerre** outstanding *ou* great leader (in war) • **ce n'est pas un foudre de guerre** he's no firebrand • **foudre d'éloquence** brilliant orator

foudre[3] /fudʀ/ NM (= *tonneau*) tun

foudroiement /fudʀwamɑ̃/ NM striking (by lightning)

foudroyant, e /fudʀwajɑ̃, ɑt/ SYN ADJ *[progrès, vitesse, attaque]* lightning *(épith)*; *[poison, maladie]* violent *(épith)*; *[mort]* instant; *[succès]* stunning *(épith)* • **une nouvelle foudroyante** a devastating piece of news • **il lui lança un regard foudroyant** he looked daggers at him

foudroyer /fudʀwaje/ SYN ► conjug 8 ◄ VT *[foudre]* to strike; *[coup de feu, maladie, malheur]* to strike down • **il a été foudroyé** he was struck by lightning • **la décharge électrique la foudroya** the electric shock killed her • **cette nouvelle le foudroya** he was thunderstruck by the news • **foudroyer qn du regard** to look daggers at sb, to glare at sb • **dans le champ il y avait un arbre foudroyé** in the field was a tree that had been struck by lightning

fouet /fwɛ/ NM 1 (= *cravache*) whip; *(Culin* = *batteur)* whisk • **donner le fouet à qn** to give sb a whipping *ou* flogging; → **plein**

♦ **coup de fouet** *(lit)* lash; *(fig)* boost • **donner un coup de fouet à l'économie** to stimulate the economy, to give the economy a boost, to kick-start the economy • **le café/la douche froide lui a donné un coup de fouet** the coffee/the cold shower perked him up

2 *[d'aile, queue]* tip

fouettard /fwetaʀ/ ADJ → **père**

fouetté, e /fwete/ (ptp de **fouetter**)

ADJ • **crème fouettée** whipped cream

NM *(Danse)* fouetté

fouettement /fwɛtmɑ̃/ NM *[de pluie]* lashing

fouetter /fwete/ SYN ► conjug 1 ◄

VT 1 *[+ personne]* to whip, to flog; *[+ cheval]* to whip; *(Culin) [+ crème]* to whip; *[+ blanc d'œuf]* to whisk • **la pluie fouettait les vitres** the rain lashed against the window panes • **le vent le fouettait au visage** the wind whipped his face • **fouette cocher !** *(hum)* don't spare the horses! *(hum)*; → **chat**

2 (= *stimuler*) *[+ imagination]* to fire; *[+ désir]* to whip up • **l'air frais fouette le sang** fresh air is a real tonic

VI 1 • **la pluie fouettait contre les vitres** the rain lashed against the window panes

2 (‡ = *avoir peur*) to be scared stiff* *ou* to death*

3 (‡ = *puer*) to reek, to stink • **ça fouette ici !** there's one hell of a stench *ou* stink in here!‡

foufou, fofolle* /fufu, fɔfɔl/ ADJ crazy, scatty* *(Brit)*

foufoune‡ /fufun/, **foufounette**‡ /fufunɛt/ NF pussy*‡, fanny*‡ *(Brit)*

fougasse /fugas/ NF (= *galette*) focaccia; (= *pain brioché*) ≃ brioche

fouger /fuʒe/ ► conjug 3 ◄ VI *[sanglier]* to rout, to root

fougeraie /fuʒʀɛ/ NF fern field

fougère /fuʒɛʀ/ NF fern • **clairière envahie de fougères** clearing overgrown with bracken • **fougère arborescente** tree fern • **fougère aigle** bracken

fougue[1] /fug/ SYN NF *[de personne]* spirit; *[de discours, attaque]* fieriness • **plein de fougue** *[orateur, réponse]* fiery; *[cheval]* mettlesome, fiery • **la fougue de la jeunesse** the hotheadedness of youth • **avec fougue** spiritedly

fougue[2] /fug/ NF *(Naut* = *mât)* topgallant (mast)

fougueusement /fugøzmɑ̃/ ADV spiritedly • **se ruer fougueusement sur qn** to hurl o.s. impetuously at sb

fougueux, -euse /fugø, øz/ SYN ADJ *[réponse, tempérament, orateur]* fiery; *[jeunesse]* hotheaded, fiery; *[cheval]* mettlesome, fiery; *[attaque]* spirited

fouille /fuj/ SYN NF 1 *[de personne]* searching, frisking; *[de maison, bagages]* search, searching • **fouille corporelle** body search

2 *(Archéol)* • **fouilles** excavation(s), dig* • **faire des fouilles** to carry out excavations

3 *(Constr)* (= *action*) excavation; (= *lieu*) excavation (site)

4 (‡ = *poche*) pocket • **s'en mettre plein les fouilles** (= *gagner de l'argent*) to make a packet*

fouillé, e /fuje/ (ptp de **fouiller**) ADJ *[analyse, étude]* detailed, in-depth *(épith)*, thorough • **fronton très fouillé** finely detailed pediment

fouille-merde‡ /fujmɛʀd/ NMF INV muckraker, shit-stirrer*‡

fouiller /fuje/ SYN ► conjug 1 ◄

VT *[+ pièce, mémoire]* to search; *[+ personne]* to search, to frisk; *[+ poches]* to search, to go *ou* rummage through; *[+ région, bois]* to search, to scour, to comb; *[+ question]* to go (deeply) into; *[+ sol]* to dig; *[+ terrain]* to excavate, to dig up; *[+ bas-relief]* to undercut • **on a fouillé mes bagages à la frontière** my bags were searched at the border • **il fouillait l'horizon avec ses jumelles** he scanned *ou* searched the horizon with his binoculars • **il fouilla l'obscurité des yeux** he peered into the darkness • **il le fouilla du regard** he gave him a searching look • **étude/analyse très fouillée** very detailed study/analysis • **rinceaux très fouillés** finely detailed mouldings

VI • **fouiller dans** *[+ tiroir, armoire]* to rummage in, to dig about in; *[+ poches, bagages]* to go *ou* rummage through; *[+ mémoire]* to delve into, to search • **qui a fouillé dans mes affaires ?** who's been rummaging about in my things? • **fouiller dans les archives** to delve into the files • **fouiller dans le passé de qn** to delve into sb's past

VPR **se fouiller** to go through one's pockets • **tu peux toujours te fouiller !**‡ no way!*, nothing doing!*

fouilleur, -euse /fujœʀ, øz/
- **NM,F** 1 (Archéol) digger
- 2 (Police) searcher, frisker*
- **NF** **fouilleuse** (= charrue) subsoil plough (Brit) ou plow (US)

fouillis /fuji/ SYN NM [de papiers, objets] jumble, muddle; [de branchages] tangle; [d'idées] jumble, hotchpotch (Brit), hodgepodge (US) ◆ **faire du fouillis** (dans une pièce) [personne] to make a mess; [objets] to look a mess, to look messy ◆ **sa chambre est en fouillis** his room is a dreadful mess ◆ **il régnait un fouillis indescriptible** everything was in an indescribable mess ◆ **il est très fouillis*** he's very untidy ◆ **un exposé fouillis*** a muddled account

fouinard, e* /fwinaʀ, aʀd/ ADJ, NM,F ⇒ **fouineur, -euse**

fouine /fwin/ NF (= animal) stone marten ◆ **c'est une vraie fouine** (fig) he's a real snoop(er)* (péj) ◆ **visage** ou **tête de fouine** weasel face

fouiner /fwine/ SYN ▸ conjug 1 ◂ VI (péj) to nose around ou about ◆ **je n'aime pas qu'on fouine dans mes affaires** I don't like people nosing ou ferreting about in my things ◆ **il est toujours à fouiner partout** he's always poking his nose into things

fouineur, -euse /fwinœʀ, øz/ (péj)
- **ADJ** prying, nosey*
- **NM,F** nosey parker*, snoop(er)*

fouir /fwiʀ/ ▸ conjug 2 ◂ VT to dig

fouisseur, -euse /fwisœʀ, øz/
- **ADJ** burrowing, fossorial (SPÉC)
- **NM** burrower, fossorial animal (SPÉC)

foulage /fulaʒ/ NM [de raisin] pressing; [de drap] fulling; [de cuir] tanning

foulant, e* /fulɑ̃, ɑ̃t/ ADJ **ce n'est pas trop foulant** it won't kill you (to him etc)*; → **pompe**[1]

foulard /fulaʀ/ SYN NM 1 (= écharpe) (carré) (head)scarf; (long) scarf ◆ **foulard islamique** chador
2 (= tissu) foulard

foule /ful/ SYN NF 1 (gén) crowd; (péj = populace) mob ◆ **la foule** (= le peuple) the masses ◆ **une foule hurlante** a howling mob ◆ **la foule et l'élite** the masses and the élite ◆ **la foule des badauds** the crowd of onlookers; → **psychologie**
2 (locutions) ◆ **il y avait foule à la réunion** there were lots of people at the meeting ◆ **il n'y avait pas foule !** there was hardly anyone there! ◆ **une foule de** [+ livres, questions] masses * ou loads * of ◆ **il y avait une foule de gens** there was a crowd ou there were crowds of people ◆ **une foule de gens pensent que c'est faux** lots ou masses * of people think it's wrong ◆ **j'ai une foule de choses à te dire** I've got loads * ou masses * (of things) to tell you ◆ **ils vinrent en foule à l'exposition** they flocked to the exhibition ◆ **les idées me venaient en foule** my head was teeming with ideas

foulée /fule/ NF [de cheval, coureur] stride; [d'animal sauvage] spoor ◆ **suivre qn dans la foulée**, **être dans la foulée de qn** (Sport) to follow (close) on sb's heels ◆ **courir à petites foulées** (Sport) to jog ou trot along ◆ **dans la foulée je vais repeindre le couloir** I'll paint the corridor while I'm at it

fouler /fule/ SYN ▸ conjug 1 ◂
- **VT** [+ raisins] to press; [+ drap] to full; [+ cuir] to tan ◆ **fouler le sol de sa patrie** (littér) to walk upon ou tread (upon) native soil ◆ **fouler aux pieds quelque chose de sacré** to trample something sacred underfoot, to trample on something sacred
- **VPR** **se fouler** 1 ◆ **se fouler la cheville/le poignet** to sprain one's ankle/one's wrist
2 (* = travailler dur) ◆ **il ne se foule pas beaucoup**, **il ne se foule pas la rate** he doesn't exactly overtax himself ou strain himself ◆ **ils ne se sont pas foulés !** they didn't exactly go to a lot of trouble!

foulerie /fulʀi/ NF (= atelier) [de draps] fulling shop; [de cuirs] tanning shop; (= machine) [de draps] fulling machine; [de cuirs] tanning machine

fouleur, -euse /fulœʀ, øz/ NM,F [de drap] fuller; [de cuir] tanner

fouloir /fulwaʀ/ NM [de drap] fulling mill; [de cuir] tanning drum

foulon /fulɔ̃/ NM → **terre**

foulque /fulk/ NF coot

foultitude* /fultityd/ NF ◆ **une foultitude de** heaps of *, loads of *, masses of * ◆ **j'ai une foultitude de choses à faire** I've got a thousand and one things ou heaps * ou masses * of things to do

foulure /fulyʀ/ NF sprain ◆ **se faire une foulure à la cheville/au poignet** to sprain one's ankle/one's wrist

four /fuʀ/ SYN
- **NM** 1 [de boulangerie, cuisinière] oven; [de potier] kiln; [d'usine] furnace ◆ **four à céramique/à émaux** pottery/enamelling kiln ◆ **cuire au four** [+ gâteau] to bake; [+ viande] to roast ◆ **plat allant au four** ovenproof ou fireproof dish ◆ **poisson cuit au four** baked fish ◆ **il a ouvert la bouche comme un four** he opened his great cavern of a mouth ◆ **je ne peux pas être au four et au moulin** I can't be in two places at once; → **banal**[2], **noir**
2 (Théât) flop, fiasco ◆ **cette pièce est** ou **a fait un four** the play is a complete flop
3 (= gâteau) ◆ **(petit) four** small pastry, petit four ◆ **petits fours frais** miniature pastries ◆ **petits fours salés** savoury appetizers (bite-size pizzas, quiches etc)
- **COMP** **four à air pulsé** fan(-assisted) oven ◆ **four à catalyse** catalytic oven ◆ **four à chaux** lime kiln ◆ **four crématoire** [de crématorium] crematorium ou crematory (furnace) ◆ **les fours crématoires** (Hist) the ovens (in Nazi concentration camps) ◆ **four électrique** (gén) electric oven; (industriel) electric furnace ◆ **four à pain** baker's oven ◆ **four à pyrolyse** pyrolytic oven ◆ **four solaire** solar furnace; → **micro-onde**

fourbe /fuʀb/ SYN ADJ [personne, caractère, air, regard] deceitful, treacherous ◆ **c'est un fourbe** he's deceitful ou treacherous

fourberie /fuʀbəʀi/ SYN NF (littér) (= nature) deceitfulness, treachery; (= acte, geste) deceit, treachery ◆ **à cause de ses fourberies** because of his treachery ou deceit ◆ « **Les Fourberies de Scapin** » (Littérat) "The Cheats of Scapin"

fourbi* /fuʀbi/ SYN NM (= attirail) gear* (NonC), clobber‡ (NonC) (Brit); (= fouillis) mess ◆ **canne à pêche, hameçons et tout le fourbi** fishing rod, hooks and all the rest of the gear ◆ **partir en vacances avec le bébé, ça va en faire du** ou **un fourbi** going on holiday with the baby will mean taking a whole heap of gear * with us

fourbir /fuʀbiʀ/ ▸ conjug 2 ◂ VT [+ arme] to polish, to furbish ◆ **fourbir ses armes** (fig) to prepare for battle, to get ready for the fray

fourbissage /fuʀbisaʒ/ NM polishing, furbishing

fourbisseur /fuʀbisœʀ/ NM furbisher

fourbure /fuʀbyʀ/ NF founder, laminitis (SPÉC)

fourbu, e /fuʀby/ SYN ADJ exhausted

fourche /fuʀʃ/ SYN NF 1 (pour le foin) pitchfork; (pour bêcher) fork
2 [d'arbre, chemin, bicyclette] fork; [de pantalon, jambes] crotch; [de cheveu] split end ◆ **la route faisait une fourche** the road forked
3 (Hist) ◆ **les Fourches Caudines** the Caudine Forks ◆ **passer sous les fourches Caudines** (frm) to be subjected to stringent checks
4 (Belg = temps libre) break

fourchée /fuʀʃe/ NF pitchforkful

fourcher /fuʀʃe/ ▸ conjug 1 ◂ VI [arbre, chemin] † to fork ◆ **avoir les cheveux qui fourchent** to have split ends ◆ **ma langue a fourché** it was a slip of the tongue

fourchette /fuʀʃɛt/ NF 1 (pour manger) fork ◆ **fourchette à gâteaux/à huîtres** pastry/oyster fork ◆ **manger avec la fourchette d'Adam** (hum) to eat with one's fingers ◆ **il a une bonne fourchette** ou **un bon coup de fourchette** he has a hearty appetite, he's a good ou hearty eater
2 [d'oiseau] wishbone; [de cheval] frog; [de changement de vitesse] selector fork; (Tech) fork ◆ **fourchette vulvaire** (Anat) fourchette ◆ **fourchette sternale** (Anat) suprasternal notch
3 (Stat) margin ◆ **la fourchette se resserre** the margin is narrowing ◆ **fourchette d'âge** age bracket ◆ **fourchette d'imposition** tax bracket ou band ◆ **fourchette de prix** price range
4 (Échecs) ◆ **prendre la dame en fourchette** (Cartes) to finesse the queen

fourchu, e /fuʀʃy/ ADJ [arbre, chemin] forked; [menton] jutting (épith) ◆ **animal au pied fourchu** cloven-hoofed animal ◆ **elle a les cheveux fourchus** she's got split ends; → **langue**

fourgon /fuʀgɔ̃/ NM 1 (= wagon) wag(g)on; 2 (= camion) (large) van, lorry (Brit); (= diligence) coach, carriage; (= tisonnier) poker ◆ **fourgon à bagages** luggage van ◆ **fourgon à bestiaux** cattle truck ◆ **fourgon blindé** armoured van ◆ **fourgon cellulaire** prison ou police van (Brit), patrol wagon (US) ◆ **fourgon de déménagement** removal (Brit) ou moving (US) van ◆ **fourgon funéraire** ou **mortuaire** hearse ◆ **fourgon de munitions** munitions wagon ◆ **fourgon postal** mail van ◆ **fourgon de queue** rear brake van ◆ **fourgon de vivres** (Mil) supply wagon

fourgonner /fuʀgɔne/ ▸ conjug 1 ◂
- **VT** [+ poêle, feu] to poke, to rake
- **VI** (* : parmi des objets) to rummage about, to poke about ◆ **je l'entendais qui fourgonnait dans la cuisine/dans le placard** I heard him rummaging ou poking about in the kitchen/in the cupboard

fourgonnette /fuʀgɔnɛt/ NF (small) van, delivery van

fourgue /fuʀg/ (arg Crime)
- **NM** (= personne) fence*
- **NF** (= trafic) fencing*; (= marchandise) fenced goods*

fourguer* /fuʀge/ ▸ conjug 1 ◂ VT (= vendre) [+ mauvaise marchandise] to flog* (à to), to unload* (à onto); (= donner) to unload (à onto) ◆ **il m'a fourgué aux flics*** (= dénoncer) he squealed on me to the cops*

fouriérisme /fuʀjeʀism/ NM Fourierism

fouriériste /fuʀjeʀist/
- **ADJ** Fourieristic
- **NMF** Fourierist, Fourierite

fourme /fuʀm/ NF type of French blue-veined cheese

fourmi /fuʀmi/ NF 1 (= insecte) ant; (= personne affairée) beaver ◆ **fourmi noire/rouge/volante** black/red/flying ant ◆ **fourmi maçonne** builder ou worker ant ◆ **avoir des fourmis dans les jambes** to have pins and needles in one's legs ◆ **vus de si haut les gens ont l'air de fourmis** seen from so high up the people look like ants ◆ **elle s'affaire comme une fourmi** she bustles about as busy as a bee ◆ **tu es plutôt fourmi ou plutôt cigale ?** do you put money aside or does it burn a hole in your pocket?; → **travail**[1]
2 (arg Drogue) small-time runner, mule (arg)

fourmilier /fuʀmilje/ NM anteater

fourmilière /fuʀmiljɛʀ/ NF (= monticule) ant-hill; (= nid) ants' nest; (fig) hive of activity ◆ **cette ville/ce bureau est une (vraie) fourmilière** this town/this office is a hive of activity

fourmilion /fuʀmiljɔ̃/ NM antlion, doodlebug (US)

fourmillant, e /fuʀmijɑ̃, jɑ̃t/ ADJ [foule] milling, swarming; [cité] teeming

fourmillement /fuʀmijmɑ̃/ NM 1 [d'insectes, personnes] swarming ◆ **le fourmillement de la rue** the swarming ou milling crowds in the street ◆ **un fourmillement d'insectes** a mass of swarming insects ◆ **un fourmillement d'idées** a welter of ideas
2 (gén pl) ◆ **fourmillements** (= picotement) pins and needles

fourmiller /fuʀmije/ SYN ▸ conjug 1 ◂ VI [insectes, personnes] to swarm ◆ **dissertation où fourmillent les erreurs** essay riddled with mistakes ◆ **fourmiller de** [+ insectes, personnes] to be swarming ou crawling ou teeming with; [+ idées, erreurs] to be teeming with

fournaise /fuʀnɛz/ SYN NF (= feu) blaze, blazing fire; (= endroit surchauffé) furnace, oven

fourneau (pl **fourneaux**) /fuʀno/ NM 1 († = cuisinière, poêle) stove ◆ **être aux fourneaux** to do the cooking
2 [de forge, chaufferie] furnace; [de pipe] bowl ◆ **fourneau de mine** blast hole; → **haut**

fournée /fuʀne/ NF (lit, fig) batch

fourni, e /fuʀni/ SYN (ptp de **fournir**) ADJ [herbe] luxuriant, lush; [cheveux] thick, abundant; [barbe, sourcils] bushy, thick ◆ **chevelure peu fournie** sparse ou thin head of hair ◆ **carte bien fournie** extensive menu ◆ **boutique bien fournie** well-stocked shop

fournier /fuʀnje/ NM ovenbird

fournil /fuʀni/ NM bakery, bakehouse

fourniment* /fuʀnimɑ̃/ NM gear* (NonC), clobber‡ (NonC) (Brit) ◆ **il va falloir emporter tout**

un fourniment we'll have to take a whole heap of gear * *ou* stuff *

fournir /fuʀniʀ/ SYN ► conjug 2 ◄

VT 1 *(= approvisionner)* *[+ client, restaurant]* to supply ◆ **fournir qn en viande/légumes** to supply sb with meat/vegetables

2 *(= procurer)* *[+ matériel, main-d'œuvre]* to supply, to provide; *[+ preuves, secours]* to supply, to provide; *[+ renseignements]* to supply, to provide, to furnish; *[+ pièce d'identité]* to produce; *[+ prétexte, exemple]* to give, to supply ◆ **fournir qch à qn** to supply *ou* provide sb with sth ◆ **fournir à qn l'occasion/les moyens de faire qch** to provide sb with the opportunity of doing sth/the means to do sth ◆ **fournir du travail à qn** to provide sb with work ◆ **fournir le vivre et le couvert** to provide board and lodging

3 *(= produire)* *[+ effort]* to put in; *[+ prestation]* to give; *[+ récolte]* to supply ◆ **fournir un gros effort** to put in a lot of effort, to make a great deal of effort

4 *(Cartes)* ◆ **fournir (une carte)** to follow suit ◆ **fournir à cœur** to follow suit in hearts

VT INDIR **fournir à** † *[+ besoins]* to provide for; *[+ dépense, frais]* to defray ◆ **ses parents fournissent à son entretien** his parents give him his keep *ou* provide for his maintenance

VPR **se fournir** to provide o.s. *(de* with) ◆ **se fournir en** *ou* **de charbon** to get (in) supplies of coal ◆ **je me fournis toujours chez le même épicier** I always buy *ou* get my groceries from the same place, I always shop at the same grocer's

fournisseur /fuʀnisœʀ/ SYN **NM** *[d'entreprise]* supplier; *(= détaillant)* retailer, stockist *(Brit)* ◆ **fournisseur exclusif** sole supplier ◆ **fournisseur de viande/papier** supplier *ou* purveyor *(frm)* of meat/paper, meat/paper supplier ◆ **fournisseur d'accès** *(Internet)* access *ou* service provider ◆ **les pays fournisseurs de la France** countries that supply France (with goods *ou* imports) ◆ **les fournisseurs de l'armée** army contractors ◆ **chez votre fournisseur habituel** at your local retailer('s) *ou* stockist('s) *(Brit)* ◆ **nos fournisseurs manquent de matière première** our suppliers are out of raw materials

fourniture /fuʀnityʀ/ SYN **NF** 1 *(= action)* *[de matériel, marchandises]* supply(ing), provision

2 *(= objet)* ◆ **fournitures (de bureau)** office supplies, stationery ◆ **fournitures scolaires** school stationery

fourrage /fuʀaʒ/ **NM** *(Agr)* fodder, forage ◆ **fourrage vert** silage

fourrager[1] /fuʀaʒe/ ► conjug 3 ◄ **fourrager dans** **VT INDIR** *[+ papiers, tiroir]* to rummage through, to dig about in

fourrager[2], **-ère**[1] /fuʀaʒe, ɛʀ/ **ADJ** ◆ **plante/betterave/culture fourragère** fodder plant/beet/crop ◆ **céréales fourragères** feed grains

fourragère[2] /fuʀaʒɛʀ/ **NF** 1 *(Mil)* fourragère

2 *(= champ)* fodder *ou* forage field; *(= charrette)* haywagon

fourre /fuʀ/ **NF** *(Helv = taie)* pillowcase, pillowslip; *[d'édredon]* cover; *(= chemise cartonnée ou plastifiée)* folder; *[de livre]* (dust) jacket *ou* cover; *[de disque]* sleeve, jacket *(US)*

fourré[1] /fuʀe/ **NM** thicket ◆ **se cacher dans les fourrés** to hide in the bushes

fourré[2], **e** /fuʀe/ (ptp de **fourrer**) **ADJ** *[bonbon, chocolat]* filled; *[manteau, gants]* fur-lined; *(= molletonné)* fleecy-lined ◆ **fourré d'hermine** ermine-lined ◆ **chocolats fourrés** chocolate creams ◆ **gâteau fourré à la crème** cream(-filled) cake ◆ **tablette de chocolat fourré à la crème** bar of cream-filled chocolate ◆ **coup fourré** underhand trick

fourreau (pl **fourreaux**) /fuʀo/ **NM** 1 *[d'épée]* sheath, scabbard; *[de parapluie]* cover ◆ **mettre au/tirer du fourreau son épée** to sheathe/unsheathe one's sword

2 ◆ **(robe) fourreau** sheath dress

fourrer /fuʀe/ SYN ► conjug 1 ◄

VT 1 * *(= enfoncer)* to stick *, to shove *, to stuff *; *(= mettre)* to stick * ◆ **où ai-je bien pu le fourrer ?** where on earth *ou* the heck * did I put it? ◆ **fourrer ses mains dans ses poches** to stuff * *ou* stick * *ou* shove * one's hands in one's pockets ◆ **fourrer qch dans un sac** to stuff * *ou* shove * sth into a bag ◆ **qui t'a fourré ça dans le crâne ?** who put that (idea) into your head? ◆ **fourrer son nez partout/dans les affaires des autres** to poke *ou* stick * one's nose into everything/into other people's business ◆ **fourrer qn dans le pétrin** to land sb in the soup * *ou* in it * *(Brit)* ◆ **fourrer qn en prison** to stick sb in prison *

2 *[+ gâteau]* to fill; *[+ manteau]* to line (with fur)

VPR **se fourrer** * 1 ◆ **se fourrer une idée dans la tête** to get an idea into one's head ◆ **il s'est fourré dans la tête que...** he has got it into his head that...

2 ◆ **se fourrer dans un coin** to go into a corner ◆ **se fourrer sous la table** to get under the table ◆ **où a-t-il encore été se fourrer ?** where has he got to now? ◆ **il ne savait plus où se fourrer** he didn't know where to put himself ◆ **tu es toujours fourré dans mes pattes !** you're always getting under my feet! ◆ **il est toujours fourré chez eux** he's always round at their place ◆ **son ballon est allé se fourrer dans la niche du chien** his ball ended up in *ou* landed in the dog kennel; → **doigt, guêpier**

fourre-tout /fuʀtu/ **NM INV** *(= pièce)* junk room; *(= placard)* junk cupboard; *(= sac)* holdall ◆ **sa chambre est un vrai fourre-tout** his bedroom is an absolute dump * *ou* tip * *(Brit)* ◆ **sa dissertation/son livre est un vrai fourre-tout** *(péj)* his essay/his book is a real hotchpotch *(Brit)* *ou* hodgepodge *(US)* of ideas ◆ **un discours/une loi fourre-tout** a rag-bag of a speech/law

fourreur /fuʀœʀ/ **NM** furrier

fourrier /fuʀje/ **NM** *(Hist Mil)* *(pour le logement)* harbinger; *(pour les vivres)* quartermaster *(littér = propagateur)* ◆ **ils accusent l'ancien roi d'avoir été le fourrier du communisme dans ce pays** they accuse the former king of having paved the way for communism in the country; → **sergent**[1]

fourrière /fuʀjɛʀ/ **NF** pound; *[de chiens]* dog pound ◆ **emmener une voiture à la fourrière** to tow away a car, to impound a car

fourrure /fuʀyʀ/ SYN **NF** *(= pelage)* coat; *(= matériau, manteau)* fur

fourvoiement /fuʀvwamɑ̃/ **NM** *(littér)* mistake

fourvoyer /fuʀvwaje/ ► conjug 8 ◄

VT ◆ **fourvoyer qn** *[personne]* to get sb lost, to mislead sb; *[mauvais renseignement]* to mislead sb; *[mauvais exemple]* to lead sb astray

VPR **se fourvoyer** SYN *(= s'égarer)* to lose one's way; *(= se tromper)* to go astray ◆ **se fourvoyer dans un quartier inconnu** to stray into an unknown district (by mistake) ◆ **dans quelle aventure s'est-il encore fourvoyé ?** what has he got involved in now? ◆ **il s'est complètement fourvoyé en faisant son problème** he has gone completely wrong *ou* completely off the track with his problem

foutaise ** /futɛz/ **NF** ◆ **(des) foutaises !, (c'est de la) foutaise !** (that's) bullshit! ***, that's crap! *** ◆ **dire des foutaises** to talk bullshit *** *ou* crap *** ◆ **se disputer pour une foutaise** *ou* **des foutaises** to quarrel over nothing

foutoir ** /futwaʀ/ **NM** damned ** *ou* bloody ** *(Brit)* shambles *(sg)* ◆ **sa chambre est un vrai foutoir** his bedroom is a pigsty *ou* a dump * *ou* a bloody shambles ** *(Brit)*

foutre[1] ** /futʀ/

VT 1 *(= faire)* to do ◆ **qu'est-ce qu'il fout, il est déjà 8 heures** what the hell ** is he doing *ou* up to – it's already 8 o'clock ◆ **il n'a rien foutu de la journée** he hasn't done a damned ** *ou* bloody ** *(Brit)* thing all day, he's done damn all ** *ou* bugger all *** *(Brit)* today ◆ **j'en n'ai rien à foutre de leurs histoires** I don't give a damn ** about what they're up to ◆ **qu'est-ce que ça peut me foutre ?, qu'est-ce que j'en ai à foutre ?** what the hell do I care? **

2 *(= donner)* ◆ **foutre une raclée à qn** to beat the hell out of sb ** ◆ **foutre une gifle à qn** to belt sb one * ◆ **ça me fout la trouille** it gives me the willies * *ou* creeps * ◆ **fous-moi la paix !** lay off! **, bugger off! *** *(Brit)* ◆ **je croyais qu'il avait compris mais je t'en fous !** I thought he'd understood but he damn well hadn't! ** ◆ **qu'est-ce qui m'a foutu un idiot pareil !** of all the flaming idiots! * ◆ **je t'en foutrai des amis comme ça !** who the hell needs friends like that? ** ◆ **je t'en foutrai, moi, du champagne !** I'll give you goddam ** *ou* bloody ** *(Brit)* champagne!

3 *(= mettre)* ◆ **fous-le là/dans ta poche** shove * it in here/in your pocket ◆ **c'est lui qui a foutu le feu** he was the one who set fire to the place ◆ **foutre qn à la porte** to give sb the boot *, to kick sb out * ◆ **il a foutu le vase par terre** *(qui était posé)* he knocked the vase off, he sent the vase flying * *(Brit)*; *(qu'il avait dans les mains)* he dropped the vase ◆ **ça fout tout par terre** that screws *** *ou* buggers *** *(Brit)* everything up ◆ **ça l'a foutu en rogne** that made him as mad as hell ** ◆ **ça la fout mal** it looks pretty bad *; → **bordel, merde**

4 ◆ **foutre le camp** *[personne]* to split *, to bugger off *** *(Brit)*; *[bouton, rimmel, vis]* to come off ◆ **fous-moi le camp !** get lost! **, bugger off! *** *(Brit)*, sod off! *** *(Brit)* ◆ **tout fout le camp** everything's falling apart *ou* going to hell **

VPR **se foutre** 1 *(= se mettre)* ◆ **je me suis foutu dedans** I really screwed up *** ◆ **tu vas te foutre par terre** you're going to fall flat on your face ◆ **se foutre dans une sale affaire** to get mixed up in a messy business ◆ **ils se sont foutu sur la gueule** they beat (the) hell out of each other **

2 *(= se moquer)* ◆ **se foutre de qn/qch** to take the mickey * *ou* piss *** *(Brit)* out of sb/sth; *(= être indifférent)* not to give a damn about sb/sth ** ◆ **se foutre de qn** *(= dépasser les bornes)* to mess * *ou* muck * *(Brit)* sb about ◆ **25 € pour ça, ils se foutent de nous** *ou* **du monde** €25 for that! – what the hell do they take us for! ** ◆ **ça, je m'en fous pas mal** I couldn't give a damn ** about that ◆ **je me fous qu'il parte ou qu'il reste** I couldn't give a damn ** whether he goes or stays ◆ **tu te fous de ma gueule ?** *(= tu te moques de moi)* are you making fun of me?, are you taking the piss? *** *(Brit)*; *(= tu me fais marcher)* are you having *(Brit)* *ou* putting *(US)* me on? * ◆ **quelle belle bague ! il s'est pas foutu de toi !** what a beautiful ring! he really treats you right! * ◆ **du champagne et du caviar ! elle ne s'est pas foutue de nous !** champagne and caviar! she's really done us proud!

3 *** ◆ **va te faire foutre !** fuck off! ***, fuck you! ***, bugger off! *** *(Brit)*, get stuffed! *** *(Brit)* ◆ **je lui ai bien demandé, mais va te faire foutre : il n'a jamais voulu** I did ask him but no fucking *** way would he do it

4 ◆ **se foutre à faire qch** to start to do sth ◆ **il s'est foutu à chialer** he started to blubber *

foutre[2] † *** /futʀ/ **EXCL, ADV** damnation! **, bloody hell! ** *(Brit)* ◆ **je n'en sais foutre rien !** I haven't got a fucking *** clue!

foutre[3] † *** /futʀ/ **NM** come **, spunk *** *(Brit)*

foutrement ** /futʀəmɑ̃/ **ADV** damn **, bloody ** *(Brit)* ◆ **il s'est foutrement bien défendu** he stood up for himself damn well ** *ou* bloody well ** *(Brit)*

foutriquet † * /futʀikɛ/ **NM** *(péj)* nobody, little runt *

foutu, e ** /futy/ (ptp de **foutre**) **ADJ** 1 *(avant n : intensif)* *[objet, appareil, personne]* damned **, bloody ** *(Brit)*; *(= mauvais)* *[temps, pays, travail]* damned awful **, bloody awful *(Brit)* ** ◆ **il a un foutu caractère** he's got one hell of a temper **

2 *(après n)* *[malade, vêtement]* done for * *(attrib)*; *[appareil]* bust *, buggered ** *(Brit)* ◆ **il est foutu** he's had it * ◆ **c'est foutu pour mon avancement** there *ou* bang * goes my promotion

3 *(= habillé)* got up *, rigged out *

4 *(= bâti, conçu)* ◆ **bien/mal foutu** *[appareil, émission, documentaire]* well-/badly-made; *[manuel]* well-/badly-written ◆ **montre-moi comment c'est foutu** show me what it looks like ◆ **elle est bien foutue** she's got a nice body

5 *(= malade)* ◆ **être mal** *ou* **pas bien foutu** to feel lousy *, to feel bloody ** *(Brit)* awful

6 *(= capable)* ◆ **il est foutu de le faire** he's quite likely *ou* liable to go and do it ◆ **il est même pas foutu de réparer ça** he can't even mend the damned thing **

fovéa /fɔvea/ **NF** fovea

fovéal, e (mpl **-aux**) /fɔveal, o/ **ADJ** foveal

foxé, e /fɔkse/ **ADJ** foxy

fox(-terrier) (pl **fox(-terriers)**) /fɔks(tɛʀje)/ **NM** fox terrier

fox(-trot) /fɔks(tʀɔt)/ **NM INV** foxtrot

fox-hound (pl **fox-hounds**) /fɔksaund/ **NM** foxhound

foyer /fwaje/ SYN **NM** 1 *(frm)* *(= maison)* home; *(= famille)* family ◆ **foyer uni** close *ou* united family ◆ **les joies du foyer** the joys of family life ◆ **revenir au foyer** to come back home ◆ **un jeune foyer** a young couple ◆ **foyer fiscal** *household (as defined for tax purposes)*; → **femme, fonder, renvoyer**

2 *[de locomotive, chaudière]* firebox; *(= âtre)* hearth, fireplace; *(= dalle)* hearth(stone)

3 *(= résidence)* *[de vieillards, soldats]* home; *[de jeunes]* hostel; *[d'étudiants]* hostel, hall ◆ **foyer éducatif** special (residential) school ◆ **foyer so-**

cio-éducatif community home ◆ **foyer d'étudiants** students' hall (of residence) *ou* hostel

4 *(= lieu de réunion) [de jeunes, retraités]* club; *(Théât)* foyer ◆ **foyer des artistes** greenroom ◆ **foyer des jeunes** youth club

5 *(Math, Opt, Phys)* focus ◆ **à foyer variable** variable-focus *(épith)* ◆ **verres à double foyer** bifocal lenses

6 ◆ **foyer de** *[+ incendie]* seat of, centre of; *[+ lumière, infection]* source of; *[+ agitation]* centre of ◆ **foyer d'extrémistes** centre of extremist activities

FP (abrèv de **franchise postale**) → **franchise**

FR3 † /ɛfɛʀtʀwa/ (abrèv de **France Régions 3**) *former name of the third French television channel (now called France 3)*

frac /fʀak/ NM tails, tail coat ◆ **être en frac** to be in tails, to be wearing a tail coat

fracas /fʀaka/ SYN NM *[d'objet qui tombe]* crash; *[de train, tonnerre, vagues]* roar; *[de bataille]* din ◆ **tomber avec fracas** to fall with a crash, to come crashing down ◆ **la nouvelle a été annoncée à grand fracas** the news was announced amid a blaze of publicity ◆ **démissionner avec fracas** to resign dramatically ◆ **ils ont quitté la conférence avec fracas** they stormed out of the conference; → **perte**

fracassant, e /fʀakasɑ̃, ɑ̃t/ SYN ADJ *[bruit]* thunderous, deafening; *[nouvelle]* shattering, staggering, sensational; *[déclaration]* sensational; *[succès]* resounding, thundering *(épith)*

fracasser /fʀakase/ SYN ▸ conjug 1 ◂

VT *[+ objet, mâchoire, épaule]* to smash, to shatter; *[+ porte]* to smash (down), to shatter ◆ **il est fracassé**‡ (= *saoul*) he's pissed‡; (= *drogué*) he's stoned‡

VPR **se fracasser** ◆ **se fracasser contre** *ou* **sur qch** *[vagues]* to crash against sth; *[bateau, véhicule]* to be smashed (to pieces) against sth ◆ **la voiture est allée se fracasser contre l'arbre** the car smashed *ou* crashed into the tree

fractal, e /fʀaktal/

ADJ fractal

NF **fractale** fractal

fraction /fʀaksjɔ̃/ SYN NF *(Math)* fraction; *[de groupe, somme, terrain]* part ◆ **en une fraction de seconde** in a fraction of a second, in a split second ◆ **par fraction de 3 jours/de 10 unités** for every 3-day period/10 units ◆ **une fraction importante du groupe** a large proportion of the group

fractionnaire /fʀaksjɔnɛʀ/ ADJ *[nombre]* fractional ◆ **livre fractionnaire** *(Comm)* day book

fractionné, e /fʀaksjɔne/ (ptp de **fractionner**) ADJ *(Chim) [distillation, cristallisation]* fractional; *[groupe de personnes]* fragmented ◆ **mon emploi du temps est trop fractionné** my timetable is too disjointed *ou* fragmented ◆ **paiement fractionné** payment in instalments *(Brit) ou* installments, installment payment *(US)*

fractionnel, -elle /fʀaksjɔnɛl/ ADJ *[attitude, menées]* divisive

fractionnement /fʀaksjɔnmɑ̃/ NM splitting up, division ◆ **fractionnement d'actions** *(Bourse)* stock splitting

fractionner /fʀaksjɔne/ SYN ▸ conjug 1 ◂

VT *[+ groupe, somme, travail]* to divide (up), to split up

VPR **se fractionner** *[groupe]* to split up, to divide

fractionnisme /fʀaksjɔnism/ NM fractionalism

fractionniste /fʀaksjɔnist/

ADJ factional

NMF factionalist

fracture /fʀaktyʀ/ SYN NF 1 *(Géol, Méd)* fracture ◆ **fracture du crâne** fractured skull ◆ **fracture ouverte** open fracture ◆ **fractures multiples** multiple fractures ◆ **fracture en bois vert** greenwood fracture

2 *(= écart)* split *(entre* between) ◆ **la fracture sociale** the gap between the haves and the have-nots ◆ **ceci ne réduira pas la fracture entre syndicats et patronat** this will not heal the rift *ou* split between unions and employers ◆ **cette question constitue la ligne de fracture entre la droite et la gauche** left and right are split over this issue

fracturer /fʀaktyʀe/ SYN ▸ conjug 1 ◂ VT *(Géol, Méd)* to fracture; *[+ serrure]* to break (open); *[+ coffre-fort, porte]* to break open ◆ **il s'est fracturé la jambe** he's fractured his leg

fragile /fʀaʒil/ SYN ADJ 1 *[corps, vase]* fragile; *[organe, peau, tissu]* delicate; *[cheveux]* brittle; *[surface, revêtement]* easily damaged ◆ « **attention fragile** » *(sur étiquette)* "fragile, handle with care"

2 *(fig) [économie, prospérité, santé, bonheur, paix]* fragile; *[preuve, argument]* flimsy; *[équilibre]* delicate ◆ **ne soyez pas trop brusque, elle est encore fragile** don't be too rough with her - she's still rather fragile ◆ **avoir l'estomac fragile, être fragile de l'estomac** to have a weak stomach ◆ **être de constitution fragile** to have a weak constitution

fragilisation /fʀaʒilizasjɔ̃/ NF weakening ◆ **c'est un facteur de fragilisation de l'entreprise** this is a factor that might undermine *ou* weaken the company ◆ **cela entraîne la fragilisation des liens parents-enfants** this puts a great strain on the relationship between parents and children

fragiliser /fʀaʒilize/ SYN ▸ conjug 1 ◂ VT *[+ position, secteur]* to weaken; *[+ personne]* to make vulnerable; *[+ régime politique]* to undermine, to weaken ◆ **des familles fragilisées par le chômage** families made vulnerable by unemployment ◆ **des maires fragilisés par les affaires** mayors whose position has been weakened by political scandals

fragilité /fʀaʒilite/ SYN NF *[de corps, vase]* fragility; *[d'organe, peau]* delicacy; *[de cheveux]* brittleness; *[de santé]* fragility, frailty; *[de construction, économie, preuve, argument]* flimsiness, frailty; *[de bonheur, paix]* frailty, flimsiness, fragility; *[de gloire]* fragility; *[de pouvoir, prospérité]* fragility, flimsiness

fragment /fʀagmɑ̃/ SYN NM 1 *[de vase, roche, papier]* fragment, bit, piece; *[d'os, vitre]* fragment, splinter, bit

2 *[de conversation]* bit, snatch; *[de chanson]* snatch; *[de lettre]* bit, part; *[de roman]* (= *bribe*) fragment; (= *extrait*) passage, extract

fragmentaire /fʀagmɑ̃tɛʀ/ SYN ADJ *[connaissances]* sketchy, patchy; *[données]* fragmentary ◆ **nous avons une vue très fragmentaire des choses** we have only a sketchy *ou* an incomplete picture of the situation

fragmentation /fʀagmɑ̃tasjɔ̃/ NF *[de matière]* breaking up, fragmentation; *[de État, terrain]* fragmentation, splitting up, breaking up; *[d'étude, travail, livre, somme]* splitting up, division; *[de disque dur]* fragmentation; → **bombe**

fragmenter /fʀagmɑ̃te/ SYN ▸ conjug 1 ◂

VT *[+ matière]* to break up, to fragment; *[+ État, terrain]* to fragment, to split up, to break up; *[+ étude, travail, livre, somme]* to split up, to divide (up); *[+ disque dur]* to fragment ◆ **nous vivons dans une société fragmentée** we live in a fragmented society ◆ **avoir une vision fragmentée du monde** to have a fragmented view of the world ◆ **ce travail est trop fragmenté** this work is too fragmented

VPR **se fragmenter** *[roches]* to fragment, to break up

fragon /fʀagɔ̃/ NM (= *arbrisseau*) butcher's-broom

fragrance /fʀagʀɑ̃s/ NF *(littér)* fragrance

fragrant, e /fʀagʀɑ̃, ɑ̃t/ ADJ *(littér)* fragrant

frai /fʀɛ/ NM (= *œufs*) spawn; (= *alevins*) fry; (= *époque*) spawning season; *(ponte)* spawning

fraîche /fʀɛʃ/ ADJ, NF → **frais**[1]

fraîchement /fʀɛʃmɑ̃/ ADV 1 (= *récemment*) freshly, newly ◆ **fraîchement arrivé** newly *ou* just arrived ◆ **fruit fraîchement cueilli** freshly picked fruit ◆ **amitié fraîchement nouée** newly-formed friendship

2 (= *froidement*) *[accueillir]* coolly ◆ **comment ça va ? – fraîchement !*** how are you? – a bit chilly!*

fraîcheur /fʀɛʃœʀ/ SYN NF 1 *[de boisson]* coolness; *[de pièce] (agréable)* coolness; *(trop froid)* chilliness ◆ **la fraîcheur du soir/de la nuit** the cool of the evening/of the night ◆ **chercher un peu de fraîcheur** to look for a cool spot *ou* place ◆ **ce déodorant procure une agréable sensation de fraîcheur** this deodorant leaves you feeling pleasantly cool

2 *[d'accueil]* coolness, chilliness

3 *[d'âme]* purity; *[de sentiment, jeunesse, teint]* freshness; *[de couleurs]* freshness, crispness

4 *[d'aliment]* freshness ◆ **de première fraîcheur** very fresh

fraîchin /fʀɛʃɛ̃/ NM *[de poisson]* smell of fresh fish; *[de marée]* smell of the sea

fraîchir /fʀeʃiʀ/ ▸ conjug 2 ◂ VI *[temps, température]* to get cooler; *[vent]* to freshen

frais[1], **fraîche** /fʀɛ, fʀɛʃ/ SYN

ADJ 1 (= *légèrement froid*) *[eau, endroit]* cool; *[vent]* cool, fresh ◆ **vent frais** *(Météo marine)* strong breeze

2 (= *sans cordialité*) *[accueil]* chilly, cool

3 (= *sain, éclatant*) *[couleur]* fresh, clear, crisp; *[joues, teint]* fresh; *[parfum]* fresh; *[haleine]* fresh, sweet; *[voix]* clear; *[joie, âme, histoire d'amour]* pure ◆ **ses vêtements ne sont plus très frais** his clothes don't look very fresh ◆ **un peu d'air frais** a breath of *ou* a little fresh air

4 (= *récent*) *[plaie]* fresh; *[traces, souvenir]* recent, fresh; *[peinture]* wet, fresh; *[nouvelles]* recent ◆ **l'encre est encore fraîche** the ink is still wet; → **date**

5 *(opposé à sec, en conserve) [poisson, légumes, lait, pâtes]* fresh; *[œuf]* fresh, new-laid; *[pain]* new, fresh; → **chair**

6 (= *jeune, reposé*) *[troupes]* fresh ◆ **frais et dispos** fresh (as a daisy) ◆ **frais comme un gardon** bright as a button ◆ **je ne suis pas très frais ce matin** I'm feeling a bit seedy this morning ◆ **fraîche comme une rose** *ou* **la rosée** as fresh as a daisy ◆ **elle est encore très fraîche pour son âge** she's very young-looking for her age

7 ◆ **argent frais** *(disponible)* ready cash; *(à investir)* fresh money

8 (* = *en difficulté*) ◆ **eh bien, on est frais !** *ou* **nous voilà frais !** well, we're in a fine mess now!*

ADV 1 ◆ **il fait frais** *(agréable)* it's cool; *(froid)* it's chilly ◆ **en été, il faut boire frais** in summer you need cool *ou* cold drinks ◆ « **servir frais** » "serve cold *ou* chilled"

2 (= *récemment*) newly ◆ **herbe frais** *ou* **fraîche coupée** newly *ou* freshly cut grass ◆ **frais émoulu de l'université** fresh from *ou* newly graduated from university ◆ **frais débarqué de sa province** fresh *ou* newly up from the country ◆ **habillé/rasé de frais** freshly changed/ shaven

NM 1 (= *fraîcheur*) ◆ **prendre le frais** to take a breath of fresh air ◆ **mettre (qch) au frais** *(lit)* to put (sth) in a cool place ◆ **mettre qn au frais*** *(en prison)* to put sb in the cooler* ◆ **le linge sent le frais** the washing smells lovely and fresh

2 *(Météo marine)* ◆ **joli** *ou* **bon frais** strong breeze ◆ **grand frais** near gale

3 ◆ **le frais** (= *produits frais*) fresh produce

NF **fraîche** ◆ **(sortir) à la fraîche** (to go out) in the cool of evening

frais[2] /fʀɛ/ SYN

NMPL 1 *(gén = débours)* expenses, costs; *(facturés)* charges; *(Admin = droits)* charges, fee(s) ◆ **tous frais compris** inclusive of all costs ◆ **voyage d'affaires tous frais payés** business trip with all expenses paid ◆ **tous frais payés** *(Comm)* after costs ◆ **faire de grands frais** to go to great expense ◆ **ça m'a fait beaucoup de frais** it cost me a great deal of money ◆ **avoir de gros frais** to have heavy outgoings; → **arrêter, faux**[2]

2 *(locutions)* ◆ **se mettre en frais** *(lit)* to go to great expense ◆ **se mettre en frais pour qn/pour recevoir qn** to put o.s. out for sb/to entertain sb ◆ **faire les frais de la conversation** *(parler)* to keep the conversation going; *(en être le sujet)* to be the (main) topic of conversation ◆ **nous ne voulons pas faire les frais de cette erreur** we do not want to have to pay for this mistake ◆ **rentrer dans** *ou* **faire ses frais** to recover one's expenses ◆ **j'ai essayé d'être aimable mais j'en ai été pour mes frais** I tried to be friendly but I might just as well have spared myself the trouble ◆ **aux frais de la maison** at the firm's expense ◆ **à ses frais** at one's own expense ◆ **aux frais de la princesse*** *(de l'État)* at the taxpayer's expense; *(de l'entreprise)* at the firm's expense; (= *gratuitement*) with all expenses paid ◆ **à grands frais** at great expense ◆ **il se l'est procuré à grands frais** he acquired it at great expense, he paid a great deal for it ◆ **il se l'est procuré à moindre(s) frais** it didn't cost him a lot, he paid very little for it ◆ **à peu de frais** cheaply ◆ **il s'en est tiré à peu de frais** he got off lightly

COMP **frais d'agence** agency fees

frais d'avocats solicitors' *ou* legal fees

frais bancaires banking charges

frais de démarrage start-up costs

frais de déplacement travelling expenses *ou* costs

frais divers miscellaneous expenses, sundries

frais d'encaissement collection charges

fraisage | francilien

frais d'enregistrement registration fee(s)
frais d'entretien [de jardin, maison] (cost of) upkeep; [de machine, équipement] maintenance costs
frais d'envoi, frais d'expédition forwarding charges
frais d'exploitation running costs
frais financiers (gén) interest charges; [de crédit] loan charges
frais fixes fixed ou standing charges ou expenses ou costs
frais de fonctionnement running ou upkeep costs
frais de garde [d'enfant] childminding fees ou costs; [de malade] nursing fees; (Fin) management charges
frais généraux overheads (Brit), overhead (US)
frais de gestion (= charges) running costs; (= prix d'un service) management fees; (Fin) management charges
frais d'hébergement accommodation costs ou expenses ou fees
frais d'hospitalisation hospital fees ou expenses
frais d'hôtel hotel expenses
frais d'inscription registration fees
frais de justice (legal) costs
frais de logement accommodation expenses ou costs
frais de main-d'œuvre labour costs
frais de manutention handling charges
frais médicaux medical costs ou expenses ou fees
frais de notaire legal fees
frais de personnel staff(ing) costs
frais de port et d'emballage postage and packing
frais de premier établissement start-up costs, organization expenses
frais professionnels business expenses
frais réels (Impôts) allowable expenses
frais de représentation entertainment expenses
frais de scolarité (à l'école, au lycée) school fees (Brit), tuition (fees) (US); (pour un étudiant) tuition (fees)
frais de timbre stamp charges
frais de transport transportation costs; → **étude, installation**

fraisage /fʀɛzaʒ/ NM (pour agrandir) reaming; (pour mettre une vis) countersinking; (pour usiner) milling

fraise /fʀɛz/
■ NF ① (= fruit) strawberry ◆ **fraise des bois** wild strawberry; → **sucrer**
② (Tech) (pour agrandir un trou) reamer; (pour trou de vis) countersink (bit); [de métallurgiste] milling-cutter; [de dentiste] drill
③ (Boucherie) ◆ **fraise de veau/de porc** calf's/pig's caul
④ (Hist = col) ruff, fraise; [de dindon] wattle
⑤ (Méd) strawberry mark
⑥ (* = visage) face; → **ramener**
■ ADJ INV [couleur] strawberry pink

fraiser¹ /fʀɛze/ ▸ conjug 1 ◂ VT (= agrandir) to ream; (pour mettre une vis) to countersink; (= usiner) to mill ◆ **à tête fraisée** countersunk

fraiser² /fʀɛze/ ▸ conjug 1 ◂ VT (Culin) to work, to knead

fraiseraie /fʀɛzʀɛ/ NF strawberry field

fraiseur /fʀɛzœʀ/ NM milling-machine operator

fraiseuse /fʀɛzøz/ NF ① (= machine) milling machine
② (= ouvrière) (woman) milling-machine operator

fraisiculteur, -trice /fʀɛzikyltœʀ, tʀis/ NM,F strawberry grower

fraisier /fʀɛzje/ NM ① (= plante) strawberry plant
② [gâteau] strawberry gateau

fraisière /fʀɛzjɛʀ/ NF strawberry field

fraisiériste /fʀɛzjeʀist/ NMF strawberry grower

fraisil /fʀɛzil/ NM (Tech) clinker

fraisure /fʀɛzyʀ/ NF countersink, countersunk hole

framboise /fʀɑ̃bwaz/ NF (= fruit) raspberry; (= liqueur) raspberry liqueur

framboiser /fʀɑ̃bwaze/ ▸ conjug 1 ◂ VT to give a raspberry flavour to

framboisier /fʀɑ̃bwazje/ NM ① (= plante) raspberry bush ◆ **framboisiers** raspberry canes ou bushes
② (= gâteau) raspberry gateau

franc¹, franche /fʀɑ̃, fʀɑ̃ʃ/ SYN
■ ADJ ① (= loyal) [personne, réponse] frank, straightforward; [entretien, entrevue] frank, candid; [rire] hearty; [gaieté] open ◆ **pour être franc avec vous** to be frank with you ◆ **franc comme l'or, franc du collier** straight as a die; → **jouer**
② (= net) [situation] clear-cut; [différence] clear; [cassure] clean; [hostilité, répugnance] unconcealed; [couleur] clear, pure ◆ **accord franc et massif** overwhelming ou unequivocal acceptance ◆ **5 jours francs** (Jur) 5 clear days
③ (péj = total) [imbécile] utter, downright, absolute; [canaille] downright, out-and-out, absolute; [ingratitude] downright, sheer ◆ **c'est une franche comédie/grossièreté** it's downright ou utterly hilarious/rude, it's sheer comedy/rudeness
④ (= libre) [zone, ville, port] free ◆ **boutique franche** duty-free shop ◆ **franc de** (Comm) free of ◆ **(livré) franc de port** [marchandises] carriage-paid; [paquet] post-free, postage paid ◆ **franc d'avaries communes/particulières** free of general/particular average; → **corps, coudée, coup**
⑤ (Agr) ◆ **(arbre) franc (de pied)** cultivar ◆ **greffer sur franc** to graft onto a cultivar
■ ADV ◆ **à vous parler franc** to be frank with you ◆ **je vous le dis tout franc** I'm being frank ou candid with you

franc² /fʀɑ̃/ NM (= monnaie) franc ◆ **ancien/nouveau franc** old/new franc ◆ **franc lourd** revalued franc ◆ **franc constant** constant ou inflation-adjusted franc ◆ **franc courant** franc at the current rate ◆ **franc belge/français/suisse** Belgian/French/Swiss franc ◆ **franc CFA** CFA franc (unit of currency used in certain African states) ◆ **le franc fort** the strong franc ◆ **demander/obtenir le franc symbolique** to demand/obtain token damages ◆ **racheter une entreprise pour le** ou **un franc symbolique** to buy up a company for a nominal ou token sum ◆ **trois francs six sous** peanuts * ou next to nothing

franc³, franque /fʀɑ̃, fʀɑ̃k/
■ ADJ Frankish
■ NM **Franc** Frank
■ NF **Franque** Frank

français, e /fʀɑ̃sɛ, ɛz/
■ ADJ French
■ ADV ◆ **acheter français** to buy French (products) ◆ **boire/rouler français** to buy French wine/cars
■ NM ① (= langue) French ◆ **tu ne comprends pas le français ?** * ≃ don't you understand (plain) English? ◆ **c'est une faute de français** ≃ it's a grammatical mistake ◆ **qu'essaies-tu de me dire, en bon français ?** what are you trying to tell me, in plain English ?
② ◆ **Français** Frenchman ◆ **les Français** (= gens) the French, French people; (= hommes) Frenchmen ◆ **le Français moyen** the average Frenchman, the man in the street
■ NF **française** ① ◆ **Française** Frenchwoman
② ◆ **à la française** [démocratie, socialisme, capitalisme] French-style, à la française; [humour] French; → **jardin**

franc-bord (pl **francs-bords**) /fʀɑ̃bɔʀ/ NM freeboard

franc-bourgeois (pl **francs-bourgeois**) /fʀɑ̃buʀʒwa/ NM freeman

franc-comtois, e (mpl **francs-comtois**) /fʀɑ̃kɔ̃twa, az/
■ ADJ of ou from Franche-Comté
■ NM,F **Franc-Comtois(e)** inhabitant ou native of Franche-Comté

France /fʀɑ̃s/ NF France ◆ **histoire/équipe/ambassade de France** French history/team/embassy ◆ **le roi de France** the King of France ◆ **la France libre** (Hist) free France ◆ **la France d'en bas** ordinary French people ◆ **la France d'en haut** the privileged classes (in France) ◆ **France2/3** (TV) state-owned channels on French television → **profond, vieux**

▪ **FRANCE TÉLÉVISION**

There are two state-owned television channels in France: France 2 and France 3, a regionally-based channel. Broadly speaking, France 2 is a general-interest and light entertainment channel, while France 3 offers more cultural and educational viewing and local news programmes.

Francfort /fʀɑ̃kfɔʀ/ N Frankfurt ◆ **Francfort-sur-le-Main** Frankfurt am Main; → **saucisse**

Franche-Comté /fʀɑ̃ʃkɔ̃te/ NF Franche-Comté

franchement /fʀɑ̃ʃmɑ̃/ SYN ADV
① (= honnêtement) [parler, répondre] frankly; [agir] openly ◆ **pour vous parler franchement** to be frank (with you) ◆ **avouez franchement que...** you've got to admit that... ◆ **franchement ! j'en ai assez !** quite frankly, I've had enough! ◆ **il y a des gens, franchement !** really! ou honestly! some people! ◆ **franchement non** frankly no
② (= sans hésiter) [entrer, frapper] boldly ◆ **il entra franchement** he strode in, he walked straight ou boldly in ◆ **appuyez-vous franchement sur moi** put all your weight on me, lean hard on me ◆ **allez-y franchement** (explication) get straight to the point, say it straight out; (manœuvre) go right ahead
③ (= sans ambiguïté) clearly; (= nettement) definitely ◆ **je lui ai posé la question franchement** I put the question to him straight ◆ **dis-moi franchement ce que tu veux** tell me straight out ou clearly what you want ◆ **c'est franchement rouge** it's clearly ou quite obviously red ◆ **c'est franchement au-dessous de la moyenne** it's well below average
④ (intensif = tout à fait) [mauvais, laid] utterly, downright, really; [bon] really; [impossible] downright, utterly; [irréparable] completely, absolutely ◆ **ça m'a franchement dégoûté** it really ou utterly disgusted me ◆ **ça s'est franchement mal passé** it went really badly ◆ **on s'est franchement bien amusé** we really ou thoroughly enjoyed ourselves ◆ **c'est franchement trop (cher)** it's far too expensive

franchir /fʀɑ̃ʃiʀ/ SYN ▸ conjug 2 ◂ VT [+ obstacle] to clear, to get over; [+ fossé] to clear, to jump over; [+ rue, rivière, ligne d'arrivée] to cross; [+ seuil] to cross, to step across; [+ porte] to go through; [+ distance] to cover; [+ mur du son] to break (through); [+ difficulté] to get over, to surmount; [+ borne, limite] to overstep, to go beyond ◆ **franchir les mers** (littér) to cross the sea ◆ **franchir le Rubicon** to cross the Rubicon ◆ **il lui reste 10 mètres à franchir** he still has 10 metres to go ◆ **franchir le cap de la soixantaine** to turn sixty ◆ **le pays vient de franchir un cap important** the country has just passed an important milestone ◆ **ne pas réussir à franchir la barre de...** [chiffres, vote] to be ou fall short of... ◆ **sa renommée a franchi les frontières** his fame has spread far and wide ◆ **l'historien, franchissant quelques siècles...** the historian, passing over a few centuries...

franchisage /fʀɑ̃ʃizaʒ/ NM franchising

franchise /fʀɑ̃ʃiz/ SYN NF ① (= sincérité) [de personne, réponse] frankness, straightforwardness, candour (Brit), candor (US) ◆ **en toute franchise** quite frankly
② (= exemption) (gén) exemption; (Hist) [de ville] franchise ◆ **franchise fiscale** tax exemption ◆ **franchise (douanière)** exemption from (customs) duties ◆ **colis en franchise** duty-free parcel ◆ **importer qch en franchise** to import sth duty-free ◆ **« franchise postale »** ≃ "official paid" ◆ **franchise de bagages** baggage allowance
③ (Assurances) excess (Brit), deductible (US)
④ (Comm) franchise ◆ **agent/magasin en franchise** franchised dealer/shop (Brit) ou store (US)

⚠ Au sens de 'sincérité', **franchise** ne se traduit pas par le mot anglais **franchise**.

franchisé, e /fʀɑ̃ʃize/
■ ADJ ◆ **boutique franchisée** franchised outlet
■ NM,F franchisee

franchiser /fʀɑ̃ʃize/ ▸ conjug 1 ◂ VT to franchise

franchiseur /fʀɑ̃ʃizœʀ/ NM franchisor

franchissable /fʀɑ̃ʃisabl/ ADJ surmountable

franchissement /fʀɑ̃ʃismɑ̃/ NM [d'obstacle] clearing; [de rivière, seuil] crossing; [de limite] overstepping

franchouillard, e* /fʀɑ̃ʃujaʀ, aʀd/ (péj)
■ ADJ typically French
■ NM typically narrow-minded Frenchman
■ NF **franchouillarde** typically narrow-minded French woman

francien /fʀɑ̃sjɛ̃/ NM (= dialecte) Francien dialect

francilien, -ienne /fʀɑ̃siljɛ̃, jɛn/
■ ADJ from ou of the Île-de-France
■ NM,F **Francilien(ne)** inhabitant of the Île-de-France
■ NF **Francilienne** ◆ **la Francilienne** (= autoroute) motorway that encircles the Parisian region

francique /fʀɑ̃sik/ NM Frankish

francisation /fʀɑ̃sizasjɔ̃/ NF (Ling) gallicizing, Frenchifying; [de navire] registration as French

franciscain, e /fʀɑ̃siskɛ̃, ɛn/ ADJ, NM,F Franciscan

franciser /fʀɑ̃size/ ▸ conjug 1 ◂ VT (Ling) to gallicize, to Frenchify; [+ navire] to register as French ◆ **il a francisé son nom** he made his name sound more French, he Frenchified his name

francisque /fʀɑ̃sisk/ NF francisc

francité /fʀɑ̃site/ NF Frenchness

francium /fʀɑ̃sjɔm/ NM francium

franc-jeu /fʀɑ̃ʒø/ NM (Sport) fair-play ◆ **jouer franc-jeu** (fig) to play fair

franc-maçon, -onne (mpl francs-maçons, fpl franc-maçonnes) /fʀɑ̃masɔ̃, ɔn/
  NM,F freemason
  ADJ ◆ **loge franc-maçonne** masonic lodge, freemasons' lodge ◆ **la solidarité franc-maçonne** freemason solidarity

franc-maçonnerie (pl franc-maçonneries) /fʀɑ̃masɔnʀi/ NF freemasonry

franco /fʀɑ̃ko/ ADV ◆ **franco (de port)** [marchandise] carriage-paid; [colis] postage paid ◆ **franco de port et d'emballage** free of charge ◆ **franco à bord/sur wagon** free on board/on rail ◆ **franco (le) long du bord** free alongside ship ◆ **franco (le long du) quai** free alongside quay ◆ **y aller franco*** (explication) to go straight to the point, to come straight out with it*; (coup, manœuvre) to go right ahead

franco- /fʀɑ̃ko/ PRÉF Franco- ◆ **les relations franco-britanniques** Franco-British relations ◆ **le sommet franco-allemand** the Franco-German summit

franco-canadien, -ienne /fʀɑ̃kokanadjɛ̃, jɛn/ ADJ, NM,F French Canadian

franco-français, e /fʀɑ̃kofʀɑ̃sɛ, ɛz/ ADJ purely French; (péj) typically French

François /fʀɑ̃swa/ NM Francis ◆ **saint François d'Assise** Saint Francis of Assisi

francolin /fʀɑ̃kɔlɛ̃/ NM francolin

francophile /fʀɑ̃kɔfil/ ADJ, NMF francophile

francophilie /fʀɑ̃kɔfili/ NF francophilia

francophobe /fʀɑ̃kɔfɔb/ ADJ, NMF francophobe

francophobie /fʀɑ̃kɔfɔbi/ NF francophobia

francophone /fʀɑ̃kɔfɔn/
  ADJ French-speaking; (Can) primarily French-speaking
  NMF (native) French speaker; (Can) Francophone (Can)

francophonie /fʀɑ̃kɔfɔni/ NF French-speaking world

franco-provençal, e (mpl -aux) /fʀɑ̃kopʀɔvɑ̃sal, o/
  ADJ Franco-Provencal
  NM Franco-Provencal dialects

franco-québécois /fʀɑ̃kokebekwa/ NM Quebec French

franc-parler /fʀɑ̃paʀle/ NM INV outspokenness ◆ **avoir son franc-parler** to speak one's mind, to be outspoken

franc-quartier (pl francs-quartiers) /fʀɑ̃kaʀtje/ NM (Héraldique) quarter

franc-tireur (pl francs-tireurs) /fʀɑ̃tiʀœʀ/ NM
  ① (Mil) (= combattant) irregular, franc tireur; (= tireur isolé) sniper
  ② (fig) maverick ◆ **un franc-tireur de la politique** a maverick politician ◆ **faire qch/agir en franc-tireur** to do sth/act independently ou off one's own bat (Brit)

frange /fʀɑ̃ʒ/ SYN NF ① [de tissu] fringe; [de cheveux] fringe (Brit), bangs (US) ◆ **une frange de lumière** a band of light ◆ **franges d'interférence** interference fringes ◆ **franges synoviales** synovial folds ou fringes
  ② (= limite) [de conscience, sommeil] threshold
  ③ (= minorité) fringe (group) ◆ **toute une frange de la population** a whole swathe ou chunk of the population

frangeant /fʀɑ̃ʒɑ̃/ ADJ M [récif] fringing

franger /fʀɑ̃ʒe/ ▸ conjug 3 ◂ VT (gén ptp) to fringe (de with)

frangin* /fʀɑ̃ʒɛ̃/ NM brother

frangine* /fʀɑ̃ʒin/ NF sister

frangipane /fʀɑ̃ʒipan/ NF (Culin) almond paste, frangipane ◆ **gâteau fourré à la frangipane** frangipane (pastry)

frangipanier /fʀɑ̃ʒipanje/ NM frangipani (tree)

franglais /fʀɑ̃glɛ/ NM Franglais

franque /fʀɑ̃k/ ADJ, NF → franc³

franquette* /fʀɑ̃kɛt/ ◆ **à la bonne franquette**
  LOC ADV [inviter] informally; [recevoir] without any fuss ◆ **venez déjeuner, ce sera à la bonne franquette** come and have lunch with us – it'll be a simple meal ou it won't be anything special ◆ **on a dîné à la bonne franquette** we had an informal ou a potluck (US) dinner

franquisme /fʀɑ̃kism/ NM Francoism

franquiste /fʀɑ̃kist/
  ADJ pro-Franco
  NMF Franco supporter

fransquillon /fʀɑ̃skijɔ̃/ NM (Belg péj) French Belgian

frap(p)adingue* /fʀapadɛ̃g/
  ADJ crazy*
  NMF nutcase*

frappant, e /fʀapɑ̃, ɑ̃t/ SYN ADJ striking; → **argument**

frappe /fʀap/ SYN NF ① [de monnaie, médaille] (= action) striking; (= empreinte) stamp, impression
  ② [de dactylo, pianiste] touch; [de machine à écrire] (= souplesse) touch; (= impression) typeface ◆ **la lettre est à la frappe** the letter is being typed (out) ◆ **c'est la première frappe** it's the top copy; → **faute, vitesse**
  ③ (péj = voyou) ◆ **petite frappe** young hoodlum ou thug
  ④ (Sport) [de boxeur] punch; [de footballeur] kick; [de joueur de tennis] stroke ◆ **il a une bonne frappe de balle** [footballeur] he kicks the ball well, he has a good kick; [joueur de tennis] he strikes ou hits the ball well
  ⑤ (Mil) (military) strike ◆ **frappe aérienne** airstrike ◆ **frappe en second** second strike; → **chirurgical, force**

frappé, e /fʀape/ (ptp de **frapper**) ADJ ① (= saisi) struck ◆ **frappé de panique** panic-stricken ◆ **frappé de stupeur** thunderstruck ◆ **j'ai été (très) frappé d'entendre/de voir que...** I was (quite) amazed to hear/to see that...
  ② [champagne, café] iced ◆ **boire un vin bien frappé** to drink a wine well chilled
  ③ (* = fou) touched* (attrib), crazy*
  ④ [velours] embossed; → **coin**

frappement /fʀapmɑ̃/ NM striking

frapper /fʀape/ SYN ▸ conjug 1 ◂
  VT ① (= cogner) [+ personne, surface] (avec le poing, un projectile) to hit, to strike; (avec un couteau) to stab, to strike; [+ cordes, clavier] to strike ◆ **frapper qn à coups de poing/de pied** to punch/kick sb ◆ **frapper le sol du pied** to stamp (one's foot) on the ground ◆ **frapper d'estoc et de taille** (Hist) to cut and thrust ◆ **frapper les trois coups** (Théât) to give ou sound the three knocks (to announce the start of a performance) ◆ **la pluie/la lumière frappait le mur** the rain lashed (against)/the light fell on the wall ◆ **frapper un grand coup** (fig) to pull out all the stops ◆ **le gouvernement a décidé de frapper un grand coup contre la corruption** the government has decided to crack down on corruption ◆ **frappé à mort** fatally ou mortally wounded
  ② (= affecter) [maladie] to strike (down); [mesures, impôts, crise, récession, chômage] to hit ; [embargo] to strike ◆ **frappé par le malheur** stricken by misfortune ◆ **ce deuil le frappe cruellement** this bereavement is a cruel blow to him ◆ **il a été frappé de cécité à la suite d'un accident** he was blinded after an accident ◆ **les pays les plus frappés par la crise** the countries worst hit by the crisis ◆ **cet impôt frappe lourdement les petits commerçants** this tax is hitting small businesses hard ◆ **le pays a été frappé de sanctions économiques** the country was hit by economic sanctions ◆ **frapper qn d'une amende/d'un impôt** to impose a fine/a tax on sb ◆ **contrat/jugement frappé de nullité** contract/judgment declared null and void ◆ **frappé par la loi de 1920** guilty of breaking the 1920 law; → **nullité**
  ③ (= étonner, choquer) [coïncidence, détail] to strike ◆ **j'ai été frappé par leur ressemblance** I was struck by how similar they looked ◆ **on est frappé par la qualité des images** the quality of the pictures is quite striking ◆ **son énergie a frappé tout le monde** everybody was struck by his energy ◆ **ce qui (me) frappe** what strikes me ◆ **ce qui a frappé mon regard/mon oreille** what caught my eye/reached my ears ◆ **rien ne vous a frappé quand vous êtes entré ?** didn't anything strike you as odd when you went in? ◆ **j'ai été frappé d'entendre cela** I was surprised to hear that ◆ **frapper l'imagination** to catch ou fire the imagination ◆ **cette découverte le frappa de panique/d'horreur** he was panic-/horror-stricken at this discovery, this discovery filled him with panic/horror
  ④ [+ monnaie, médaille] to strike
  ⑤ (= glacer) [+ champagne, vin] to put on ice, to chill; [+ café] to ice
  VI to strike (sur on; contre against) ◆ **frapper du poing sur la table** to bang one's fist on the table ◆ **frapper sur la table avec une règle** to tap the table with a ruler; (plus fort) to bang on the table with a ruler ◆ **frapper dans ses mains** to clap one's hands ◆ **frapper du pied** to stamp (one's foot) ◆ **frapper à la porte** (lit, fig) to knock ou at the door ◆ **on a frappé** there was a knock at the door ◆ **frappez avant d'entrer** knock before you go in ou enter ◆ **frapper à toutes les portes** to try every door ◆ **frapper dur ou fort ou sec*** to hit hard ◆ **frapper fort** (pour impressionner) to pull out all the stops; → **entrer**
  VPR **se frapper** ① ◆ **se frapper la poitrine** to beat one's breast ◆ **se frapper le front** to tap one's forehead
  ② (* = se tracasser) to get (o.s.) worked up, to get (o.s.) into a state*

frappeur, -euse /fʀapœʀ, øz/
  ADJ ◆ **esprit frappeur** poltergeist
  NM,F [de monnaie] striker

frasil /fʀazi(l)/ NM (Can) frazil (Can)

frasque /fʀask/ NF (gén pl) escapade ◆ **faire des frasques** to get up to mischief ◆ **frasques de jeunesse** youthful indiscretions

fraternel, -elle /fʀatɛʀnɛl/ SYN ADJ brotherly, fraternal ◆ **amour fraternel** brotherly love ◆ **liens fraternels** brotherhood ◆ **tendre une main fraternelle à qn** (fig) to hold out the hand of friendship to sb

fraternellement /fʀatɛʀnɛlmɑ̃/ ADV in a brotherly way, fraternally

fraternisation /fʀatɛʀnizasjɔ̃/ NF fraternization, fraternizing ◆ **élan de fraternisation** surge of brotherly feeling

fraterniser /fʀatɛʀnize/ ▸ conjug 1 ◂ VI (pays, personnes) to fraternize (avec with)

fraternité /fʀatɛʀnite/ SYN NF ① (= amitié) brotherhood (NonC), fraternity (NonC) ◆ **fraternité d'esprit** kinship ou brotherhood of spirit; → **liberté**
  ② (Rel) fraternity, brotherhood

fratricide /fʀatʀisid/
  ADJ fratricidal
  NMF fratricide
  NM (= crime) fratricide

fratrie /fʀatʀi/ NF set of siblings, sibship (SPÉC) ◆ **il est le deuxième enfant d'une fratrie de huit** he is the second child in a family of eight, he is the second of eight siblings

fraude /fʀod/ SYN NF (gén NonC); (à un examen) cheating ◆ **en fraude** [fabriquer, vendre] fraudulently; [lire, fumer] secretly ◆ **passer qch/faire passer qn en fraude** to smuggle sth/sb in ◆ **fraude électorale** electoral fraud, ballot rigging ◆ **fraude fiscale** tax evasion

frauder /fʀode/ SYN ▸ conjug 1 ◂
  VT to defraud, to cheat ◆ **frauder le fisc** to evade taxation
  VI (gén, Scol) to cheat ◆ **frauder sur la quantité/qualité** to cheat over the quantity/quality ◆ **frauder sur le poids** to cheat on the weight ◆ **il fraude souvent dans l'autobus** he often takes the bus without paying

fraudeur, -euse /fʀodœʀ, øz/ SYN NM,F (gén) person guilty of fraud; (à la douane) smuggler; (envers le fisc) tax evader; (dans le métro) fare dodger ◆ **les fraudeurs seront sanctionnés** (Scol) cheating ou candidates who cheat will be punished ◆ **il est fraudeur** he has a tendency to cheat

frauduleusement /fʀodyløzmɑ̃/ ADV fraudulently

frauduleux, -euse /fʀodylø, øz/ SYN ADJ [pratiques, concurrence] fraudulent ◆ **sans intention frauduleuse de ma part** with no fraudulent intention ou no intention of cheating on my part

fraxinelle /fʀaksinɛl/ NF gas plant, fraxinella (SPÉC)

frayement /fʀɛjmɑ̃/ NM (= *inflammation*) gall

frayer /fʀeje/ ► conjug 8 ◄

VT *[+ chemin]* to open up, to clear ◆ **frayer le passage à qn** to clear the way for sb ◆ **frayer la voie à** *(fig)* to pave the way for

VPR **se frayer** ◆ **se frayer un passage (dans la foule)** to force *ou* elbow one's way through (the crowd) ◆ **se frayer un chemin dans la jungle** to cut a path through the jungle ◆ **se frayer un chemin vers les honneurs** to work one's way up to fame

VI 1 *[poisson]* to spawn

2 ◆ **frayer avec** *[+ personne]* to mix *ou* associate *ou* rub shoulders with; *[+ jeune fille]* to go out with

frayère /fʀɛjɛʀ/ NF redd, spawning bed

frayeur /fʀɛjœʀ/ SYN NF fright ◆ **tu m'as fait une de ces frayeurs !** you gave me a dreadful fright! ◆ **cri de frayeur** (frightened) scream ◆ **se remettre de ses frayeurs** to recover from one's fright

fredaine /fʀədɛn/ NF mischief *(NonC)*, escapade, prank ◆ **faire des fredaines** to be up to mischief

Frédéric /fʀedeʀik/ NM Frederick ◆ **Frédéric le Grand** Frederick the Great

fredonnement /fʀədɔnmɑ̃/ NM humming

fredonner /fʀədɔne/ ► conjug 1 ◄ VT to hum ◆ **elle fredonnait dans la cuisine** she was humming (away) (to herself) in the kitchen

free-jazz /fʀidʒaz/ NM INV free jazz

free-lance (pl **free-lances**) /fʀilɑ̃s/

ADJ INV freelance

NMF freelance(r) ◆ **travailler en free-lance** to work freelance, to do freelance work

free-martin (pl **free-martins**) /fʀimaʀtɛ̃/ NM freemartin

freesia /fʀezja/ NM freesia

Freetown /fʀitaun/ N Freetown

freezer /fʀizœʀ/ NM freezing *ou* ice-making compartment, freezer

frégate /fʀegat/ NF (= *navire*) frigate; (= *oiseau*) frigate bird; → **capitaine**

frégater /fʀegate/ ► conjug 1 ◄ VT *[+ bateau]* to streamline

frein /fʀɛ̃/ SYN

NM 1 *(gén, fig)* brake ◆ **frein avant/arrière** front/rear brake ◆ **mets le frein** put the brake on ◆ **mettre un frein à** *[+ inflation, colère, ambitions]* to put a brake on, to curb, to check ◆ **c'est un frein à l'expansion** it acts as a brake on expansion ◆ **sans frein** *[imagination, curiosité]* unbridled, unchecked; → **bloquer, ronger**

◆ **coup de frein** *(lit)* brake; *(fig)* brake, curb ◆ « **coup de frein sur les salaires** » *(titre de presse)* "pay curb" ◆ **donner un coup de frein** to brake ◆ **donner un coup de frein à** *[+ dépenses, inflation]* to put a brake on, to curb, to check; *[+ importations]* to stem

2 *(Anat)* fraenum *(Brit)*, frenum *(US)*

3 *[de cheval]* bit

COMP **frein aérodynamique, frein à air comprimé** air brake

frein à disques disc brake

frein à mâchoire ⇒ **frein à tambour**

frein à main handbrake

frein moteur engine braking ◆ « **utilisez votre frein moteur** » "engage low gear"

frein à pied footbrake

frein à tambour drum brake

freinage /fʀɛnaʒ/ NM (= *usage des freins*) braking; *[d'expansion, dépenses, inflation]* curbing ◆ **dispositif de freinage** braking system ◆ **traces de freinage** tyre marks *(caused by braking)* ◆ **un bon freinage** good braking

freiner /fʀene/ SYN ► conjug 1 ◄

VT *[+ véhicule]* to pull up, to slow down; *[+ progression, coureur]* to slow down, to hold up; *[+ progrès, évolution]* to put a brake on, to check; *[+ expansion, dépenses, inflation]* to put a brake on, to curb, to check; *[+ importations]* to stem; *[+ chômage]* to curb, to check; *[+ enthousiasme, joie]* to check, to put a damper on ◆ **il faut que je me freine** I have to cut down *(dans* on)

VI *(dans un véhicule)* to brake; *(à ski, en patins)* to slow down ◆ **freiner à bloc** *ou* **à mort** * to jam *ou* slam on the brakes ◆ **freiner des quatre fers** *(lit, fig)* to jam *ou* slam on the brakes

freinte /fʀɛ̃t/ NF *(Comm)* loss of weight

frelatage /fʀəlataʒ/ NM *[de vin, aliment]* adulteration

frelaté, e /fʀəlate/ (ptp de **frelater**) ADJ 1 *[aliment, huile, vin, drogue]* adulterated

2 *(péj = malsain) [+ atmosphère]* false; *[mode de vie]* degenerate ◆ **un milieu frelaté** a dubious *ou* slightly corrupt milieu

frelater /fʀəlate/ SYN ► conjug 1 ◄ VT *[+ vin, aliment]* to adulterate

frêle /fʀɛl/ SYN ADJ *[tige, charpente]* flimsy, frail, fragile; *[personne, corps]* frail, fragile; *[voix]* thin, frail ◆ **de frêles espérances** *(littér)* frail *ou* flimsy hopes

frelon /fʀəlɔ̃/ NM hornet

freluquet /fʀəlykɛ/ NM *(péj)* whippersnapper

frémir /fʀemiʀ/ SYN ► conjug 2 ◄ VI 1 *(de peur)* to quake, to tremble, to shudder; *(d'horreur)* to shudder, to shiver; *(de fièvre, froid)* to shiver; *(de colère)* to shake, to tremble, to quiver; *(d'impatience, de plaisir, d'espoir)* to quiver, to tremble *(de* with) ◆ **ça me fait frémir** it makes me shudder ◆ **il frémit de tout son être** his whole being quivered *ou* trembled ◆ **histoire à vous faire frémir** spine-chilling tale

2 *[lèvres, feuillage]* to tremble, to quiver; *[narine, aile, corde]* to quiver; *[eau chaude]* to simmer

frémissant, e /fʀemisɑ̃, ɑt/ ADJ *(de peur)* quaking, trembling, shuddering; *(d'horreur)* shuddering, shivering; *(de fièvre, froid)* shivering; *(de colère)* shaking, trembling, quivering; *(d'impatience, de plaisir, d'espoir)* quivering, trembling ◆ **une voix frémissante de colère** a voice shaking *ou* trembling *ou* quivering with anger ◆ **eau frémissante** simmering water ◆ **sensibilité frémissante** quivering sensitivity ◆ **naseaux frémissants** quivering *ou* flaring nostrils

frémissement /fʀemismɑ̃/ NM 1 *[de corps]* trembling; *[de lèvres, narines]* quivering, trembling; *(de fièvre, de froid)* shivering; *(de peur, de colère, d'impatience, de plaisir, d'espoir)* trembling ◆ **un long frémissement parcourut son corps** a shiver ran the length of his body ◆ **un frémissement parcourut la salle** a quiver ran through the room

2 *[de feuillage]* trembling *(NonC)*, quivering *(NonC)*; *[d'aile, corde]* quivering *(NonC)*; *[d'eau chaude]* simmering *(NonC)*

3 (= *reprise*) ◆ **un frémissement de l'économie** signs of economic recovery ◆ **des frémissements dans l'opinion publique** signs of renewed public interest ◆ **il y a eu un frémissement des valeurs françaises** French securities perked up a little

frênaie /fʀɛnɛ/ NF ash(tree) grove

french cancan /fʀɛnʃkɑ̃kɑ̃/ NM (French) cancan

frenchy * /fʀɛnʃi/ (pl **frenchies**) NM Frenchie

frêne /fʀɛn/ NM (= *arbre*) ash (tree); (= *bois*) ash

frénésie /fʀenezi/ SYN NF frenzy ◆ **avec frénésie** *[travailler, applaudir]* frenetically, furiously

frénétique /fʀenetik/ SYN ADJ *[applaudissements, rythme]* frenzied, frenetic; *[passion]* frenzied, wild; *[activité]* frantic

frénétiquement /fʀenetikmɑ̃/ ADV *[travailler, applaudir]* frenetically, furiously

Fréon ® /fʀeɔ̃/ NM Freon ®

fréquemment /fʀekamɑ̃/ SYN ADV frequently, often

fréquence /fʀekɑ̃s/ SYN NF 1 *(gén)* frequency ◆ **la fréquence des accidents a diminué** accidents have become less frequent ◆ **fréquence cardiaque** *(Méd)* heart rate ◆ **fréquence d'achat** purchase rate

2 *(Phys, Élec)* frequency ◆ **haute/basse fréquence** high/low frequency ◆ **fréquence radio** radio frequency *ou* band ◆ **fréquence sonore** sound frequency ◆ **fréquence d'horloge** *(Ordin)* clock rate; → **modulation**

fréquencemètre /fʀekɑ̃smɛtʀ/ NM frequency meter

fréquent, e /fʀekɑ̃, ɑt/ SYN ADJ frequent ◆ **c'est le cas le plus fréquent** this is more often the case ◆ **il est fréquent de voir...** it is not uncommon to see... ◆ **il est peu fréquent qu'un président tienne ce discours** a president rarely makes such statements ◆ **ça arrive, mais ce n'est pas très fréquent** it does happen, but not very often

fréquentable /fʀekɑ̃tabl/ ADJ ◆ **sont-ils fréquentables ?** are they the sort of people one can associate with?

fréquentatif, -ive /fʀekɑ̃tatif, iv/ ADJ frequentative

fréquentation /fʀekɑ̃tasjɔ̃/ SYN NF 1 (= *action*) ◆ **la fréquentation des églises/écoles** church/school attendance ◆ **la fréquentation des salles de cinéma augmente** the number of people going to the cinema is rising, more and more people are going to the cinema ◆ **la fréquentation de ces gens** associating *ou* frequent contact with these people ◆ **la fréquentation des auteurs classiques** acquaintance with classical authors

2 *(gén pl = relation)* company *(NonC)*, associate ◆ **fréquentations douteuses** dubious company *ou* associates ◆ **il a de mauvaises fréquentations** he's mixing with the wrong kind *ou* sort of people, he's in with a bad crowd ◆ **ce n'est pas une fréquentation pour toi** you shouldn't go around with people like that

fréquenté, e /fʀekɑ̃te/ (ptp de **fréquenter**) ADJ *[lieu, établissement]* busy ◆ **très fréquenté** very busy ◆ **c'est un établissement bien/mal fréquenté** the right/wrong kind of people go there ◆ **l'endroit est moins fréquenté qu'avant** not as many people go there now

fréquenter /fʀekɑ̃te/ SYN ► conjug 1 ◄

VT 1 *[+ lieu]* to go to , to frequent *(frm)* ◆ **je fréquente peu les musées** I don't go to museums very often ◆ **il fréquente plus les cafés que les cours** he's in cafés more often than at lectures

2 *[+ voisins]* to do things with; *(littér) [+ auteurs classiques]* to keep company with ◆ **fréquenter la bonne société** to move in fashionable circles ◆ **il les fréquente peu** he doesn't see them very often ◆ **il fréquentait assidûment les milieux de l'art** he spent a lot of time with people from the art world

3 († = *courtiser*) to go around with

VPR **se fréquenter** ◆ **nous nous fréquentons beaucoup** we see quite a lot of each other, we see each other quite often *ou* frequently ◆ **ces jeunes gens se fréquentent depuis un an** † those young people have been going around together for a year now ◆ **il commence à fréquenter** he's beginning to go out with ou date *(US)* girls

fréquentiel, -ielle /fʀekɑ̃sjɛl/ ADJ frequency *(épith)*

frère /fʀɛʀ/ SYN NM 1 *(gén, fig)* brother ◆ **partager en frères** to share like brothers ◆ **alors, vieux frère !** * well, old pal! * *ou* mate! * *(Brit) ou* buddy! * *(US)* ◆ **j'ai trouvé le frère de ce vase** * I found a vase to match this one ◆ **frères d'armes** brothers in arms ◆ **partis/peuples frères** sister parties/countries ◆ **frères de sang** bloodbrothers ◆ **ils sont devenus (des) frères ennemis** they've become rivals ◆ **Dupont & Frères** *(entreprise)* Dupont & Bros; → **faux²**

2 *(Rel) (gén)* brother; (= *moine*) brother, friar ◆ **les hommes sont tous frères** all men are brothers ◆ **mes (bien chers) frères** *(Rel)* (dearly beloved) brethren ◆ **frère lai** lay brother ◆ **frère mendiant** mendicant friar ◆ **frère Antoine** Brother Antoine, Friar Antoine ◆ **les frères maçons** *ou* **trois-points** * the Freemasons ◆ **on l'a mis en pension chez les frères** he has been sent to a Catholic boarding school

frérot * /fʀeʀo/ NM kid brother *, little brother ◆ **salut frérot !** hello little brother!

frésia /fʀezja/ NM freesia

fresque /fʀɛsk/ NF *(Art)* fresco; *(Littérat)* portrait; (= *description*) panorama ◆ **peindre à fresque** to paint in fresco ◆ **ce film est une fresque historique** the film is a sweeping historical epic

fresquiste /fʀɛskist/ NMF fresco painter

fressure /fʀesyʀ/ NF (= *abats*) pluck

fret /fʀɛ(t)/ NM (= *prix*) *(par avion, bateau)* freight(age); *(par camion)* carriage; (= *cargaison*) *(par avion, bateau)* freight, cargo; *(par camion)* load ◆ **fret d'aller** outward freight ◆ **fret de retour** inward *ou* home *ou* return freight ◆ **fret aérien** air freight ◆ **prendre à fret** to charter

fréter /fʀete/ ► conjug 6 ◄ VT *(gén = prendre à fret)* to charter; *(Naut = donner à fret)* to freight

fréteur /fʀetœʀ/ NM *[de navire]* owner ◆ **fréteur et affréteur** owner and charterer

frétillant, e /fʀetijɑ̃, ɑt/ ADJ *[poisson]* wriggling; *[personne]* lively ◆ **frétillant d'impatience** fidgeting *ou* quivering with impatience

frétillement /fʀetijmɑ̃/ NM *[de poisson]* wriggling *(NonC)* ◆ **frétillement d'impatience** quiver of impatience

frétiller /fʀetije/ SYN ► conjug 1 ◄ VI *[poisson]* to wriggle; *[personne]* to wriggle, to fidget ◆ **le chien frétillait de la queue** the dog was wagging its tail ◆ **frétiller d'impatience** to fidget *ou* quiver with impatience ◆ **frétiller de joie** to be quivering *ou* quiver with joy ◆ **elle frétille de l'arrière-train** (hum, péj) she's wiggling her bottom (hum)

fretin /fʀətɛ̃/ NM (= poissons) fry; (= personnes, choses négligeables) small fry; → **menu²**

frette¹ /fʀɛt/ NF (Mus) fret; (Tech) reinforcing band

frette² /fʀɛt/ NF (Héraldique) fret; (Archit) fret(work)

fretter /fʀete/ ► conjug 1 ◄ VT [+ canon, moyeu] to put a reinforcing band on

freudien, -ienne /fʀødjɛ̃, jɛn/ ADJ, NM,F Freudian

freudisme /fʀødism/ NM Freudianism

freux /fʀø/ NM rook

friabilité /fʀijabilite/ NF [de roche, sol] crumbly nature, flakiness, friability (SPÉC)

friable /fʀijabl/ ADJ [roche, sol] crumbly, flaky, friable (SPÉC); (Culin) [pâte] crumbly

friand, e /fʀijɑ̃, ɑ̃d/ SYN
▌ ADJ ◆ **friand de** [+ lait, miel, bonbons] partial to, fond of; [+ compliments] fond of
▌ NM (= pâté) (minced) meat pie, ≈ sausage roll (Brit); (sucré) small almond cake ◆ **friand au fromage** cheese puff

friandise /fʀijɑ̃diz/ SYN NF titbit, delicacy, sweetmeat † ◆ **friandises** (= bonbons) sweets (Brit), candy (NonC) (US)

fric* /fʀik/ NM (= argent) money, cash* ◆ **il a du fric** he's loaded* ◆ **elle se fait beaucoup de fric** she makes a packet* ◆ **je n'ai plus de fric** (temporairement) I'm out of cash*; (définitivement) I'm broke*

fricandeau (pl **fricandeaux**) /fʀikɑ̃do/ NM fricandeau

fricassée /fʀikase/ NF fricassee ◆ **fricassée de poulet** chicken fricassee ◆ **faire cuire en fricassée** to fricassee

fricasser /fʀikase/ ► conjug 1 ◄ VT to fricassee

fricative /fʀikativ/ ADJ F, NF fricative

fric-frac † * (pl **fric-frac(s)**) /fʀikfʀak/ NM break-in

friche /fʀiʃ/ NF fallow land (NonC) ◆ **en friche** (lit) (lying) fallow ◆ **être en friche** (Agr) to lie fallow; [talent, intelligence] to go to waste; [économie, pays] to be neglected ◆ **laisser qch en friche** (Agr) to let sth lie fallow; [talent, intelligence] to let sth go to waste; [économie, pays] to neglect ◆ **le projet est resté en friche pendant 5 ans** the project has been shelved *ou* has been on ice for 5 years ◆ **friche industrielle** industrial wasteland

frichti /fʀiʃti/, **fricot** † * /fʀiko/ NM food, grub* (NonC) ◆ **préparer son frichti** to do the cooking

fricoter* /fʀikɔte/ ► conjug 1 ◄
▌ VT (lit, fig) to cook up* ◆ **qu'est-ce qu'il fricote ?** what's he cooking up?*, what's he up to?*
▌ VI (= trafiquer) to get involved in some shady business ◆ **fricoter avec qn** (= s'associer) to have dealings with sb; (= avoir une liaison) to sleep with sb

fricoteur, -euse* /fʀikɔtœʀ, øz/ NM,F crook

friction /fʀiksjɔ̃/ SYN NF friction; (= massage) rub, rubdown; (chez le coiffeur) scalp massage ◆ **voiture à friction** (Jeux) friction car ◆ **point de friction** (lit, fig) point of friction ◆ **les taux d'intérêt, éternel point de friction entre ces deux pays** interest rates, an eternal bone of contention between the two countries

frictionnel, -elle /fʀiksjɔnɛl/ ADJ frictional ◆ **chômage frictionnel** frictional unemployment

frictionner /fʀiksjɔne/ SYN ► conjug 1 ◄ VT to rub ◆ **se frictionner après un bain** to rub o.s. down after a bath

fridolin † * /fʀidɔlɛ̃/ NM (injurieux = Allemand) Fritz ** (injurieux), Jerry ** (injurieux)

frigidaire ® /fʀiʒidɛʀ/ NM refrigerator, fridge

frigidarium /fʀiʒidaʀjɔm/ NM frigidarium

frigide /fʀiʒid/ ADJ frigid

frigidité /fʀiʒidite/ NF frigidity

frigo* /fʀigo/ NM fridge, refrigerator

frigorifier /fʀigɔʀifje/ ► conjug 7 ◄ VT (lit) to refrigerate ◆ **être frigorifié*** (= avoir froid) to be frozen stiff

frigorifique /fʀigɔʀifik/ ADJ [mélange] refrigerating (épith); [camion, wagon] refrigerator (épith); → **armoire**

frigoriste /fʀigɔʀist/ NMF refrigeration engineer

frileusement /fʀiløzmɑ̃/ ADV ◆ **frileusement serrés l'un contre l'autre** huddled close together to keep warm *ou* against the cold ◆ **frileusement enfouis sous les couvertures** huddled under the blankets to keep warm

frileux, -euse /fʀilø, øz/ SYN ADJ ▌1▐ [personne] sensitive to (the) cold; [geste, posture] shivery ◆ **il est très frileux** he feels the cold easily, he is very sensitive to (the) cold ◆ **elle se couvrit de son châle d'un geste frileux** with a shiver she pulled her shawl around her
▌2▐ (= trop prudent) [boursier] overcautious; [marché] nervous

frilosité /fʀilozite/ NF ▌1▐ [de personne] sensitivity to the cold
▌2▐ [de boursier] overcautiousness; [de marché] nervousness

frimaire /fʀimɛʀ/ NM Frimaire (third month in the French Republican calendar)

frimas /fʀima/ NMPL (littér) wintry weather

frime* /fʀim/ SYN NF ◆ **c'est de la frime** it's all put on ◆ **c'est pour la frime** it's all *ou* just for show ◆ **taper la frime** to show off

frimer* /fʀime/ SYN ► conjug 1 ◄ VI to show off*

frimeur, -euse* /fʀimœʀ, øz/ NM,F show-off* ◆ **il est très frimeur** he's a real show-off*

frimousse /fʀimus/ NF ▌1▐ (= visage) (sweet) little face
▌2▐ (= symbole) emoticon

fringale* /fʀɛ̃gal/ NF (= faim) raging hunger ◆ **une fringale de** (= désir) a craving for ◆ **j'ai la fringale** I'm ravenous* *ou* famished* *ou* starving*

fringant, e /fʀɛ̃gɑ̃, ɑ̃t/ SYN ADJ [cheval] frisky, high-spirited; [personne, allure] dashing

fringue* /fʀɛ̃g/ NF garment ◆ **je me suis acheté une fringue** I bought myself something to wear ◆ **des fringues géniales** ◆ **elle a toujours de belles fringues** she always has such great clothes* *ou* such fantastic gear*

fringué, e* /fʀɛ̃ge/ (ptp de (se) **fringuer**) ADJ dressed, done up ◆ **bien/mal fringué** well-/badly-dressed ◆ **vise un peu comme elle est fringuée !** look what she's got on!, look what she's done up in!*

fringuer* /fʀɛ̃ge/ ► conjug 1 ◄
▌ VPR **se fringuer** (= s'habiller) to get dressed; (= s'habiller élégamment) to doll (o.s.) up*, to do o.s. up* ◆ **il ne sait pas se fringuer** he's got no dress sense
▌ VT to dress

fripe /fʀip/
▌ NF ◆ **la fripe** (= commerce) the clothing trade, the rag trade* (Brit); (d'occasion) the second-hand clothes business
▌ NFPL **fripes** (= vêtements) clothes; (d'occasion) secondhand clothes

friper /fʀipe/ SYN ► conjug 1 ◄ VT to crumple (up), to crush ◆ **ça se fripe facilement** it crumples *ou* crushes easily ◆ **des habits tout fripés** badly crumpled *ou* rumpled clothes ◆ **visage tout fripé** crumpled face

friperie /fʀipʀi/ NF (= boutique) secondhand clothes shop (Brit) *ou* store (US)

fripier, -ière /fʀipje, jɛʀ/ NM,F secondhand clothes dealer

fripon, -onne /fʀipɔ̃, ɔn/
▌ ADJ [air, allure, yeux] mischievous, cheeky (Brit); [nez] saucy, pert
▌ NM,F († = gredin) knave †, rascally fellow †; (* : nuance affectueuse) rascal, rogue ◆ **petit fripon !** you little rascal!

friponnerie /fʀipɔnʀi/ NF (= acte) mischief (NonC), prank ◆ **les friponneries de ce gamin** the mischief this little imp gets up to

fripouille /fʀipuj/ SYN NF (péj) rogue, scoundrel ◆ **petite fripouille !*** (nuance affectueuse) you little devil!*

fripouillerie /fʀipujʀi/ NF roguishness

friqué, e* /fʀike/ ADJ loaded*, filthy rich* ◆ **je ne suis pas très friqué en ce moment** I'm not exactly loaded* at the moment, I'm a bit hard-up* at the moment

friquet /fʀikɛ/ NM tree sparrow

frire /fʀiʀ/
▌ VT (Culin) to fry; (en friteuse) to deep-fry; → **pâte, poêle¹**

▌ VI ◆ **(faire) frire** to fry; (en friteuse) to deep-fry ◆ **on frit sur la plage*** it's baking (hot)* on the beach

frisant, e /fʀizɑ̃, ɑ̃t/ ADJ [lumière] low-angled

frisbee ® /fʀizbi/ NM Frisbee ®

frise /fʀiz/ NF (Archit, Art) frieze; (Théât) border; → **cheval**

frisé, e /fʀize/ SYN (ptp de **friser**)
▌ ADJ [cheveux] (very) curly; [personne, animal] curly-haired ◆ **il est tout frisé** he has very curly hair ◆ **frisé comme un mouton** curly-headed *ou* -haired, frizzy-haired; → **chou¹**
▌ NM (* : injurieux = Allemand) Fritz ** (injurieux), Jerry ** (injurieux)
▌ NF **frisée** (= chicorée) curly endive

friselis /fʀizli/ NM (sur l'eau) ripples

friser /fʀize/ SYN ► conjug 1 ◄
▌ VT ▌1▐ [+ cheveux] to curl; [+ moustache] to twirl ◆ **friser qn** to curl sb's hair; → **fer**
▌2▐ (= frôler) [+ surface] to graze, to skim; [+ catastrophe, mort] to be within a hair's breadth of, to be within an ace of; [+ insolence, ridicule] to border on, to verge on ◆ **friser la soixantaine** to be getting on for sixty, to be close to sixty
▌ VI [cheveux] to curl, to be curly; [personne] to have curly hair ◆ **faire friser ses cheveux** to make one's hair go curly; (chez le coiffeur) to have one's hair curled
▌ VPR **se friser** to curl one's hair ◆ **se faire friser** (par un coiffeur) to have one's hair curled

frisette /fʀizɛt/ NF ▌1▐ (= cheveux) little curl, little ringlet
▌2▐ (= lambris) panel ◆ **frisette de pin** pine panel

frisolée /fʀizɔle/ NF potato leaf curl, potato crinkle

frison¹ /fʀizɔ̃/ NM ▌1▐ (= mèche) little curl *ou* ringlet (around face or neck)
▌2▐ (= copeaux) ◆ **frisons** wood shavings (used for packing)

frison², -onne /fʀizɔ̃, ɔn/
▌ ADJ Frisian, Friesian
▌ NM (= langue) Frisian, Friesian
▌ NM,F **Frison(ne)** Frisian, Friesian
▌ NF **frisonne** ◆ **(vache) frisonne** Frisian, Friesian (cow)

frisottant, e /fʀizɔtɑ̃, ɑ̃t/ ADJ frizzy, tightly curled

frisotter /fʀizɔte/ ► conjug 1 ◄
▌ VT to crimp, to frizz
▌ VI to frizz ◆ **ses cheveux frisottent quand il pleut** his hair goes all frizzy when it rains

frisottis /fʀizɔti/ NM little curl, little ringlet

frisquet, -ette /fʀiskɛ, ɛt/ ADJ [vent] chilly ◆ **il fait frisquet** it's chilly, there's a chill *ou* nip in the air

frisson /fʀisɔ̃/ SYN NM [de froid, fièvre] shiver; [de répulsion, peur] shudder, shiver; [de volupté] thrill, shiver, quiver ◆ **elle fut prise ou saisie d'un frisson** a sudden shiver ran through her ◆ **la fièvre me donne des frissons** this fever is making me shiver *ou* is giving me the shivers* ◆ **ça me donne le frisson** it gives me the creeps* *ou* the shivers*, it makes me shudder ◆ **le frisson des herbes sous le vent** the quivering of the grass in the wind ◆ **ça a été le grand frisson** (hum) (gén) it was a real thrill*; (sexuel) the earth moved

frissonnement /fʀisɔnmɑ̃/ NM ▌1▐ (de peur) quaking, trembling, shuddering; (d'horreur) shuddering, shivering; (de fièvre, de froid) shivering; (de volupté, de désir) quivering, trembling ◆ **un long frissonnement parcourut son corps** a shiver ran the length of his body
▌2▐ [de feuillage] quivering, trembling, rustling; [de lac] rippling

frissonner /fʀisɔne/ SYN ► conjug 1 ◄ VI ▌1▐ (de peur) to quake, to tremble, to shudder; (d'horreur) to shudder, to shiver; (de fièvre, froid) to shiver; (de volupté, désir) to quiver, to tremble (with) ◆ **le vent le fit frissonner** the wind made him shiver
▌2▐ [feuillage] to quiver, to tremble, to rustle; [lac] to ripple

frit, e¹ /fʀi, fʀit/ (ptp de **frire**) ADJ (Culin) fried ◆ **ils sont frits*** (= fichu, perdu) they've had it*, their goose is cooked*, their number's up*

frite² /fʀit/ NF ▌1▐ (Culin : gén pl) ◆ **(pommes) frites** French fries, chips (Brit), fries (surtout US)
▌2▐ (* : forme) ◆ **avoir la frite** to be feeling great*, to be full of beans* (Brit) ◆ **en ce moment, elle n'a pas la frite** she's a bit down* at

the moment • **ça va te donner la frite** that'll perk you up *ou* put the wind back in your sails *
3 (* = *tape*) • **faire une frite à qn** to slap sb on the bottom

friter (se) * /fʀite/ ▸ conjug 1 ◂ VPR *[personnes]* (= *se disputer*) to have a row; (= *se battre*) to have a set-to * *ou* scrap * • **il adore provoquer et se friter** he loves provoking people and getting into scraps *

friterie /fʀitʀi/ NF (= *boutique*) ≃ chip shop *(Brit)*, ≃ hamburger stand *(US)*

friteuse /fʀitøz/ NF deep fryer, chip pan *(Brit)* • **friteuse électrique** electric fryer

fritillaire /fʀitilɛʀ/ ADJ fritillary

fritons /fʀitɔ̃/ NMPL pork (*ou* goose) scratchings

frittage /fʀitaʒ/ NM *(Tech)* fritting

fritte /fʀit/ NF *(Tech)* frit

fritter /fʀite/ ▸ conjug 1 ◂ VT *(Tech)* to frit

friture /fʀityʀ/ NF 1 *(Culin)* (= *méthode*) frying; (= *graisse*) (deep) fat *(for frying)*; (= *poisson, mets*) fried fish *(NonC ou pl)* • **(petite) friture** small fish • **friture de goujons** (dish of) fried gudgeon
2 * *(Radio)* crackle, crackling *(NonC)* • **il y a de la friture sur la ligne** *(Téléc)* there's interference on the line, the line is a bit crackly

fritz * /fʀits/ NM INV *(injurieux = Allemand)* Fritz * *(injurieux)*, Jerry * *(injurieux)*

frivole /fʀivɔl/ SYN ADJ *[personne]* frivolous; *[occupation, argument]* frivolous, trivial

frivolement /fʀivɔlmɑ̃/ ADV frivolously

frivolité /fʀivɔlite/ SYN NF 1 *[de personne]* frivolity, frivolousness; *[d'occupation, argument]* frivolousness, triviality
2 • **frivolités** († = *articles*) fancy goods

froc /fʀɔk/ NM 1 *(Rel)* frock, habit • **porter le froc** to be a monk, to wear the habit of a monk • **jeter le froc aux orties** to leave the priesthood
2 (* = *pantalon*) (pair of) trousers, (pair of) pants *(US)*
3 (* : *locutions*) • **faire dans son froc** to be shitting *‼ ou* wetting * o.s. • **baisser son froc** to take it lying down * • **ils baissent leur froc devant le chef** they just lie down and take it from the boss *

froid, e /fʀwa, fʀwad/ SYN
ADJ *[personne, repas, décor, couleur, moteur]* cold; *[manières, accueil]* cold, chilly; *[détermination, calcul]* cold, cool • **colère froide** cold *ou* controlled anger • **il fait assez froid** it's rather cold • **d'un ton froid** coldly • **ça me laisse froid** it leaves me cold • **garder la tête froide** to keep cool, to keep a cool head • **froid comme le marbre** as cold as marble • **à table ! ça va être froid** come and get it! it's getting cold; → **battre, sueur** *etc*
NM 1 • **le froid** *(gén)* the cold; (= *industrie*) refrigeration • **j'ai froid** I'm cold • **j'ai froid aux pieds** my feet are cold • **il fait froid/un froid de canard** * *ou* **de loup** * it's cold/freezing cold *ou* perishing * • **ça me donne froid** it makes me (feel) cold • **ça me fait froid dans le dos** *(lit)* it gives me a cold back, it makes my back cold; *(fig)* it sends shivers down my spine • **prendre** *ou* **attraper (un coup de) froid** to catch cold *ou* a chill • **vague** *ou* **coup de froid** cold spell • **les grands froids** the cold of winter • **n'avoir pas froid aux yeux** *[homme d'affaires, aventurier]* to be venturesome *ou* adventurous; *[enfant]* to have plenty of pluck; → **craindre, jeter, mourir**
♦ **à froid** • **laminer à froid** to cold-roll • **souder à froid** to cold-weld • « **laver à froid** », « **lavage à froid** » "wash in cold water" • **démarrer à froid** to start (from) cold • **démarrage à froid** cold start *ou* starting *(US)* • **opérer à froid** *(Méd)* to perform cold surgery; *(fig)* to let things cool down before acting • **parler à froid de qch** *(fig)* to speak coldly *ou* coolly of sth • **prendre** *ou* **cueillir qn à froid** * *(fig)* to catch sb unawares *ou* off guard
2 (= *brouille*) coolness *(NonC)* • **malgré le froid qu'il y avait entre eux** despite the coolness that existed between them • **nous sommes en froid** things are a bit strained between us

froidement /fʀwadmɑ̃/ ADV *[accueillir, remercier]* coldly, coolly; *[calculer, réfléchir]* coolly; *[tuer]* cold-bloodedly, in cold blood • **il me reçut froidement** I got a cold *ou* chilly reception (from him), he greeted me coldly • **meurtre accompli froidement** cold-blooded murder • **comment vas-tu ? – froidement !** *(hum)* how are you? – cold!

froideur /fʀwadœʀ/ SYN NF *[de personne, sentiments]* coldness; *[de manières, accueil]* coldness, chilliness • **recevoir qn avec froideur** to give sb a cold *ou* chilly *ou* cool reception, to greet sb coldly • **contempler qch avec froideur** to contemplate sth coldly *ou* coolly • **la froideur de son cœur** *(littér)* her coldness of heart

froidure † /fʀwadyʀ/ NF cold

froissable /fʀwasabl/ ADJ easily crumpled *ou* creased

froissant, e /fʀwasɑ̃, ɑ̃t/ ADJ *[remarque]* hurtful, offensive

froissement /fʀwasmɑ̃/ NM 1 *[de tissu]* crumpling, creasing
2 (= *bruit*) rustle, rustling *(NonC)* • **des froissements soyeux** the sound of rustling silk
3 *(Méd)* • **froissement (d'un muscle)** (muscular) strain
4 *(littér = vexation)* • **froissement (d'amour-propre)** blow to sb's pride

froisser /fʀwase/ SYN ▸ conjug 1 ◂
VT 1 *[+ tissu]* to crumple, to crease; *[+ habit]* to crumple, to rumple, to crease; *[+ papier]* to screw up, to crumple; *[+ herbe]* to crush • **il froissa la lettre et la jeta** he screwed up the letter and threw it away
2 *[+ personne]* to hurt, to offend • **ça l'a froissé dans son orgueil** that wounded *ou* hurt his pride
VPR **se froisser** *[tissu]* to crease, to crumple; *[personne]* to take offence, to take umbrage *(de* at) • **se froisser un muscle** *(Méd)* to strain a muscle

froissure /fʀwasyʀ/ NF crumple, crease

frôlement /fʀolmɑ̃/ SYN NM (= *contact*) light touch, light contact *(NonC)*; (= *bruit*) rustle, rustling *(NonC)* • **le frôlement des corps dans l'obscurité** the light contact of bodies brushing against each other in the darkness

frôler /fʀole/ SYN ▸ conjug 1 ◂
VT 1 (= *toucher*) to brush against; (= *passer près de*) to skim • **le projectile le frôla** the projectile skimmed past him • **l'automobiliste frôla le réverbère** the driver just missed the lamppost • **le dollar a frôlé la barre des 1,5 €** the dollar came very close to the 1.5 euro mark • **frôler la mort/la catastrophe** to come within a hair's breadth *ou* an ace of death/a catastrophe • **frôler la victoire** to come close to victory • **le thermomètre a frôlé les 40 degrés** temperatures were in the upper 30's
2 (= *confiner à*) to verge *ou* border on • **ça frôle l'indécence** it verges on the indecent
VPR **se frôler** *[personnes]* to brush against one another • **les deux voitures se sont frôlées** the two cars just missed each other

fromage /fʀɔmaʒ/
NM cheese • **biscuit/omelette/soufflé au fromage** cheese biscuit/omelette/soufflé • **nouilles au fromage** pasta with cheese • **il en a fait tout un fromage** * he made a great song and dance *ou* a big fuss about it • **trouver un (bon) fromage** * *(fig)* to find a cushy job * *ou* cushy number * *(Brit)*, to get on the gravy train * *(US)* → **cloche, plateau, poire**
COMP **fromage blanc** fromage blanc
fromage de chèvre goat's milk cheese
fromage à la crème cream cheese
fromage fermenté fermented cheese
fromage fondu cheese spread
fromage frais fromage frais
fromage gras full-fat cheese
fromage maigre low-fat cheese
fromage à pâte cuite cooked cheese
fromage à pâte dure hard cheese
fromage à pâte molle soft cheese
fromage à pâte persillée veined cheese
fromage râpé grated cheese
fromage à tartiner cheese spread
fromage de tête pork brawn, headcheese *(US)*

fromager, -ère /fʀɔmaʒe, ɛʀ/
ADJ *[industrie, commerce, production]* cheese *(épith)* • **association fromagère** cheese producers' association
NM 1 (= *fabricant*) cheese maker; (= *marchand*) cheese seller
2 (= *arbre*) kapok tree

fromagerie /fʀɔmaʒʀi/ NF cheese dairy

fromegi * /fʀɔmʒi/ NM cheese

froment /fʀɔmɑ̃/ NM wheat

fromental (pl **-aux**) /fʀɔmɑ̃tal, o/ NM false oat

from(e)ton * /fʀɔmtɔ̃/ NM cheese

fronce /fʀɔ̃s/ NF gather • **fronces** gathers, gathering *(NonC)* • **faire des fronces à une jupe** to gather a skirt • **ça fait des fronces** it's all puckered

froncement /fʀɔ̃smɑ̃/ NM • **froncement de sourcils** frown

froncer /fʀɔ̃se/ ▸ conjug 3 ◂ VT *(Couture)* to gather • **froncer les sourcils** to frown, to knit one's brows

froncis /fʀɔ̃si/ NM (= *fronces*) gathers, gathering; (= *barde*) gathered strip

frondaison /fʀɔ̃dɛzɔ̃/ NF (= *feuillage*) foliage *(NonC)*

fronde[1] /fʀɔ̃d/ NF (= *arme*) sling; (= *jouet*) catapult *(Brit)*, slingshot *(US)*

fronde[2] /fʀɔ̃d/ NF (= *révolte*) revolt • **esprit/vent de fronde** spirit/wind of revolt *ou* insurrection • **la Fronde** *(Hist)* the Fronde

fronde[3] /fʀɔ̃d/ NF *[de plante]* frond

fronder /fʀɔ̃de/ ▸ conjug 1 ◂ VT (= *railler*) to lampoon, to satirize

frondeur, -euse /fʀɔ̃dœʀ, øz/
ADJ *[tempérament]* rebellious • **les esprits frondeurs** rebellious spirits
NM,F *(Pol)* rebel

front /fʀɔ̃/ SYN
NM 1 *(Anat)* forehead, brow; *(littér) [de bâtiment]* façade, front • **il peut marcher le front haut** he can hold his head (up) high • **la honte sur son front** *(littér)* the shame on his brow *(littér) ou* face; → **courber, frapper**
2 *(Météo, Mil, Pol)* front • **aller** *ou* **monter au front** to go to the front, to go into action • **tué au front** killed in action • **le front ennemi** the enemy front • **le Front islamique de** *ou* **du Salut** the Islamic Salvation Front • **le Front populaire** the Popular Front • **le Front national** the National Front • **le Front de libération nationale de la Corse** the Corsican liberation front • **le front du refus** *(fig)* organized resistance
3 *(Min)* • **front (de taille)** *(gén)* face; *[d'houillère]* coalface
4 *(locutions)* • **avoir le front de faire qch** *(littér)* to have the effrontery *ou* front to do sth
♦ **de front** • **attaque de front** frontal attack • **choc de front** head-on crash • **attaquer qn de front** *(lit, fig)* to attack sb head-on • **se heurter de front** *(lit)* to collide head-on; *(fig)* to clash head-on • **marcher (à) trois de front** to walk three abreast • **mener plusieurs tâches de front** to have several tasks in hand *ou* on the go (at one time) • **aborder de front un problème** to tackle a problem head-on
♦ **faire front** • **il va falloir faire front** you'll *(ou* we'll *etc)* have to face up to it *ou* to things • **faire front à l'ennemi/aux difficultés** to face up *ou* stand up to the enemy/difficulties • **faire front commun contre qn/qch** to join forces against sb/sth, to take a united stand against sb/sth
COMP **front de mer** (sea) front

frontail /fʀɔ̃taj/ NM browband

frontal, e (mpl **-aux**) /fʀɔ̃tal, o/
ADJ *[collision, concurrence]* head-on; *[attaque]* frontal, head-on; *(Anat, Géom)* frontal • **lave-linge à chargement frontal** front-loader, front-loading washing machine • **choc frontal** *(lit)* head-on crash *ou* collision; *(fig)* head-on clash
NM • **(os) frontal** frontal (bone)

frontalier, -ière /fʀɔ̃talje, jɛʀ/
ADJ *[ville, zone]* border *(épith)*, frontier *(épith)* • **travailleurs frontaliers** people who cross the border every day to work
NM,F inhabitant of the border *ou* frontier zone

fronteau (pl **fronteaux**) /fʀɔ̃to/ NM (= *bandeau, bijou*) frontal, frontlet; *(Archit)* frontal

frontière /fʀɔ̃tjɛʀ/ SYN
NF *(Géog, Pol)* border, frontier • **à l'intérieur et au-delà de nos frontières** at home and abroad • **frontière naturelle/linguistique** natural/linguistic boundary • **faire reculer les frontières du savoir/d'une science** to push back the frontiers *ou* boundaries of knowledge/of a science • **à la frontière du rêve et de la réalité** on the dividing line between dream and reality; → **incident**
ADJ INV • **ville/zone frontière** frontier *ou* border town/zone; → **garde**[1], **poste**[2]

frontispice /fʀɔ̃tispis/ SYN NM frontispiece

frontiste /fʀɔ̃tist/ (Pol)
ADJ (= du Front National) National Front
NMF National Front supporter

fronton /fʀɔ̃tɔ̃/ NM (Archit) pediment; (à la pelote basque) (front) wall

frottement /fʀɔtmɑ̃/ SYN NM (= action) rubbing; (= bruit) rubbing (NonC), rubbing noise, scraping (NonC), scraping noise; (Tech = friction) friction ◆ **il y a des frottements entre eux** (= désaccord) there's friction between them

frotter /fʀɔte/ ► conjug 1 ◄
VT ① (gén) [+ peau, membre] to rub; [+ cheval] to rub down ◆ **frotte tes mains avec du savon** scrub your hands with soap ◆ **frotter son doigt sur la table** to rub one's finger on the table ◆ **frotter une allumette** to strike a match ◆ **pain frotté d'ail** bread rubbed with garlic
② (pour nettoyer) [+ cuivres, meubles] to rub (up), to shine; [+ plancher, casserole, linge, pomme de terre] to scrub; [+ chaussures] (pour cirer) to rub (up), to shine; (pour enlever la terre) to scrape
③ († , hum) ◆ **frotter les oreilles à qn** to box sb's ears ◆ **je vais te frotter l'échine** I'm going to beat you black and blue
VI to rub, to scrape ◆ **la porte frotte (contre le plancher)** the door is rubbing ou scraping (against the floor)
VPR **se frotter** ① (= se laver) to rub o.s. ◆ **se frotter les mains** (lit, fig) to rub one's hands
② ◆ **se frotter à** (= fréquenter) ◆ **se frotter à la bonne société** to rub shoulders with high society ◆ **se frotter à qn** (= attaquer) to cross swords with sb ◆ **il vaut mieux ne pas s'y frotter** I wouldn't cross swords with him ◆ **qui s'y frotte s'y pique** (Prov) if you cross swords with him you do so at your peril

frottis /fʀɔti/ NM ① (Méd) smear ◆ **se faire faire un frottis (cervico-)vaginal** to have a cervical ou Pap (US) smear
② (Art) scumble

frottoir /fʀɔtwaʀ/ NM (à allumettes) friction strip; (pour le parquet) (long-handled) brush

frouer /fʀue/ ► conjug 1 ◄ VI to call (like the owl ou the jay)

froufrou /fʀufʀu/ NM ① (= bruit) rustle, rustling (NonC), swish (NonC) ◆ **faire froufrou** to rustle, to swish
② (= dentelles) ◆ **des froufrous** frills

froufroutant, e /fʀufʀutɑ̃, ɑ̃t/ ADJ rustling, swishing

froufroutement /fʀufʀutmɑ̃/ NM rustle, rustling (NonC), swish (NonC)

froufrouter /fʀufʀute/ ► conjug 1 ◄ VI to rustle, to swish

froussard, e* /fʀusaʀ, aʀd/ SYN (péj)
ADJ chicken* (attrib), yellow-bellied* (épith)
NM,F chicken*, coward

frousse* /fʀus/ SYN NF fright ◆ **avoir la frousse** to be scared (to death) ou scared stiff* ◆ **quand il a sonné j'ai eu la frousse** when he rang I really got a fright ou the wind up* (Brit) ◆ **ça lui a fichu la frousse** that really gave him a fright ou put the wind up him* (Brit)

fructiculteur, -trice /fʀyktikyltœʀ, tʀis/ NM,F fruit farmer

fructidor /fʀyktidɔʀ/ NM Fructidor (twelfth month in the French Republican calendar)

fructifère /fʀyktifɛʀ/ ADJ fruit-bearing, fructiferous

fructification /fʀyktifikasjɔ̃/ NF fructification

fructifier /fʀyktifje/ SYN ► conjug 7 ◄ VI [arbre] to bear fruit; [terre] to be productive; [idée] to bear fruit; [investissement] to yield a profit ◆ **faire fructifier son argent** to make one's money work for one

fructose /fʀyktoz/ NM fructose

fructueusement /fʀyktɥøzmɑ̃/ ADV fruitfully, profitably

fructueux, -euse /fʀyktɥø, øz/ SYN ADJ [lectures, spéculation] fruitful, profitable; [collaboration, recherches] fruitful; [commerce] profitable

frugal, e (mpl -aux) /fʀygal, o/ SYN ADJ frugal

frugalement /fʀygalmɑ̃/ ADV frugally

frugalité /fʀygalite/ NF frugality

frugivore /fʀyʒivɔʀ/ ADJ frugivorous

fruit¹ /fʀɥi/ NM
① (gén) fruit (NonC) ◆ **il y a des fruits/trois fruits dans la coupe** there is some fruit/there are three pieces of fruit in the bowl ◆ **passez-moi un fruit** pass me some fruit ou a piece of fruit
② (= espèce) fruit ◆ **l'orange et la banane sont des fruits** the orange and the banana are kinds of fruit ou are fruits; → **pâte, salade**
③ (littér = produit) fruit(s) ◆ **les fruits de la terre/de son travail** the fruits of the earth/of one's work ◆ **c'est le fruit de l'expérience/d'un gros travail** (= résultat) it is the fruit of experience/of much work ◆ **cet enfant est le fruit de leur union** this child is the fruit of their union (littér) ◆ **porter ses fruits** to bear fruit ◆ **avec fruit** fruitfully, profitably, with profit ◆ **sans fruit** fruitlessly, to no avail
COMP **fruits des bois** fruits of the forest **fruits confits** candied ou glacé fruits **fruit à coque** nut **fruit défendu** forbidden fruit **fruits déguisés** prunes ou dates stuffed with marzipan **fruits de mer** seafood(s) **fruit de la passion** passion fruit **fruits rafraîchis** fresh fruit salad **fruits rouges** red berries **fruit sec** (séché) dried fruit (NonC) (frm = raté) failure

fruit² /fʀɥi/ NM [de mur] batter ◆ **donner du fruit à** to batter

fruité, e /fʀɥite/ ADJ fruity

fruiterie /fʀɥitʀi/ NF fruit (and vegetable) store, fruiterer's (shop) (Brit)

fruiticulteur, -trice /fʀɥitikyltœʀ, tʀis/ NM,F fruit farmer

fruitier, -ière /fʀɥitje, jɛʀ/
ADJ fruit (épith)
NM,F (= marchand de fruits) fruit seller, fruiterer (Brit), greengrocer (Brit); (= fromager) cheese maker
NM (= local) fruit shed ou store; (= étagère) shelf (for displaying fruit)
NF **fruitière** SYN (= fromagerie) cheese dairy (in Savoy, Jura)

frusques /fʀysk/ NFPL (péj) (= vêtements) gear* (NonC), togs*, clobber* (NonC) (Brit); (= vieux vêtements) rags

fruste /fʀyst/ SYN ADJ [art, style] crude, unpolished; [manières, personne] coarse

frustrant, e /fʀystʀɑ̃, ɑ̃t/ ADJ frustrating

frustration /fʀystʀasjɔ̃/ SYN NF (Psych) frustration

frustré, e /fʀystʀe/ (ptp de frustrer) ADJ, NM,F (gén, Psych) frustrated ◆ **c'est un frustré** he's frustrated

frustrer /fʀystʀe/ SYN ► conjug 1 ◄ VT ① (= priver) ◆ **frustrer qn de** [+ satisfaction] to deprive sb of, to do sb out of*; (Jur) [+ biens] to defraud sb of ◆ **frustrer qn dans ses espoirs/efforts** to thwart ou frustrate sb's hopes/efforts, to thwart sb in his hopes/efforts ◆ **frustrer qn au profit d'un autre** (Jur) to defraud one party by favouring another
② (= décevoir) [+ attente, espoir] to thwart, to frustrate
③ (Psych) to frustrate

FS (abrév de **franc suisse**) SF

FSE /ɛfɛsə/ NM (abrév de **Fonds social européen**) ESF

fucacées /fykase/ NFPL ◆ **les fucacées** fuci, fucuses, the Fucaceae (SPÉC)

fuchsia /fyʃja/ ADJ INV, NM fuchsia ◆ **(rose) fuchsia** fuchsia

fuchsine /fyksin/ NF fuchsin(e)

fucus /fykys/ NM wrack, fucus (SPÉC) ◆ **fucus vésiculeux** bladderwrack

fuel /fjul/ NM (= carburant) fuel oil ◆ **fuel domestique** domestic ou heating oil

fugace /fygas/ SYN ADJ [parfum, impression, lueur] fleeting; [beauté, fraîcheur] fleeting, transient; [bonheur] transient

fugacité /fygasite/ NF [de parfum, impression, lueur] fleetingness; [de beauté, fraîcheur] fleetingness, transience

fugitif, -ive /fyʒitif, iv/ SYN
ADJ ① (= qui fuit) [esclave, prisonnier] fugitive (épith), runaway (épith)
② (= passager) [vision, impression, instant] fleeting; [beauté, bonheur] fleeting, transient, short-lived
NM,F fugitive

fugitivement /fyʒitivmɑ̃/ ADV [entrevoir] fleetingly

fugue /fyg/ SYN NF ① (= fuite) running away (NonC) ◆ **faire une fugue** to run away, to abscond (Admin) ◆ **il a fait plusieurs fugues** he ran away several times ◆ **fugue amoureuse** elopement
② (Mus) fugue

fugué, e /fyge/ ADJ (Mus) fugal

fuguer* /fyge/ ► conjug 1 ◄ VI to run away ou off

fugueur, -euse /fygœʀ, øz/ NM,F absconder (Admin), runaway ◆ **élève fugueur** pupil who keeps running away

fuir /fɥiʀ/ SYN ► conjug 17 ◄
VT ① (= éviter) [+ personne, danger] to avoid, to shun; [+ obligation, responsabilité] to evade, to shirk ◆ **fuir qn/qch comme la peste** to avoid sb/sth like the plague ◆ **le sommeil/la tranquillité me fuit** sleep/quiet eludes me ◆ **fuir le monde** (littér) to flee society, to withdraw from the world ◆ **l'homme se fuit** (littér) man flees from his inner self
② (= s'enfuir de) [+ patrie, bourreaux] to flee from, to run away from, to fly from (littér)
VI ① (= s'enfuir) [prisonnier] to run away, to escape; [troupes] to take flight, to flee (devant from); [femme] (avec un amant) to run off; (pour se marier) to elope (avec with) ◆ **faire fuir** to put to flight; (= chasser) to chase off ou away ◆ **laid à faire fuir** repulsively ugly ◆ **fuir devant** [+ danger, obligations] to run away from ◆ **il a fui chez ses parents** he has fled to his parents
② (littér = passer rapidement) [esquif] to speed along, to glide swiftly along; [heures, saison] to fly by, to slip by; [horizon, paysage] to recede ◆ **l'été a fui si rapidement** the summer flew by
③ (= s'échapper) [gaz] to leak, to escape; [liquide] to leak; (= n'être pas étanche) [récipient, robinet] to leak

fuite /fɥit/ SYN
NF ① [de fugitif] flight, escape; [de prisonnier] escape; [d'amants] flight; (pour se marier) elopement ◆ **dans sa fuite** as he ran away ◆ **sa fuite devant toute responsabilité** his evasion of all responsibility ◆ **prendre la fuite** [personne] to run away, to take flight (frm); [conducteur, voiture] to drive away ◆ **renversé par un automobiliste qui a pris la fuite** knocked down by a hit-and-run driver ◆ **chercher la fuite dans le sommeil/la drogue** to seek escape in sleep/in drugs; → **délit**
◆ **en fuite** [malfaiteur] on the run; [véhicule] runaway (épith) ◆ **les prisonniers sont en fuite** the prisoners are on the run ◆ **l'évadé est toujours en fuite** the escaped prisoner is still on the run ◆ **mettre qn en fuite** to put sb to flight ◆ **capitaux en fuite** flight capital
② (= perte de liquide) leak, leakage ◆ **fuite de gaz/d'huile** gas/oil leak ◆ **avaries dues à des fuites** damage due to ou caused by leakage
③ (= trou) [de récipient, tuyau] leak
④ (= indiscrétion) leak ◆ **il y a eu des fuites à l'examen** some exam questions have been leaked
⑤ (Art) ◆ **point de fuite** vanishing point
⑥ (littér = passage) [de temps, heures, saisons] (swift) passage ou passing
COMP **fuite en avant** blindly forging ahead ◆ **(pour stopper) cette fuite en avant dans la guerre/la violence** (to stop) this headlong rush into war/violence **fuite des capitaux** capital flight, flight of capital **fuite des cerveaux** brain drain

Fuji-Yama /fuʒijama/ NM Mount Fuji, Fujiyama, Fuji-san

fulgurance /fylgyʀɑ̃s/ NF (frm) [de progrès, processus] lightning ou dazzling speed; [de plaisir, douleur] searing intensity

fulgurant, e /fylgyʀɑ̃, ɑ̃t/ SYN ADJ [vitesse, progrès] lightning (épith), dazzling; [succès, carrière] dazzling; [ascension] meteoric; [réplique] lightning (épith); [regard] blazing (épith), flashing (épith) ◆ **une douleur fulgurante me traversa le corps** a searing pain flashed ou shot through my body ◆ **une clarté fulgurante illumina le ciel** a blinding flash lit up the sky

fulguration /fylgyʀasjɔ̃/ NF (= éclair) flash (of lightning); (= thérapie) fulguration ◆ **il revit son enfance dans une fulguration** childhood memories flashed through his mind

fulgurer /fylgyʀe/ ► conjug 1 ◄ VI to flash

fuligineux, -euse /fyliʒinø, øz/ ADJ (littér) [couleur, flamme] sooty

fuligule /fyligyl/ NM ◆ **fuligule (morillon)** tufted duck

full /ful/ NM (Cartes) full house ◆ **full aux as/rois** full house to aces/kings

full-contact (pl **full-contacts**) /fulkɔ̃takt/ NM unarmed combat

fulmar /fylmar/ NM fulmar

fulmicoton /fylmikɔtɔ̃/ NM guncotton

fulminant, e /fylminɑ̃, ɑ̃t/ ADJ [1] [personne] enraged, livid; [lettre, réponse, regard] angry and threatening ◆ **fulminant de colère** enraged, livid (with anger)
[2] (= détonant) [mélange] explosive ◆ **poudre fulminante** fulminating powder ◆ **capsule fulminante** percussion cap ◆ **sels fulminants** explosive salts (of fulminic acid)

fulminate /fylminat/ NM fulminate

fulmination /fylminasjɔ̃/ NF [1] (= malédictions) ◆ **fulminations** fulminations
[2] (Rel) fulmination

fulminer /fylmine/ SYN ▸ conjug 1 ◂
VT [+ reproches, insultes] to thunder forth; (Rel) to fulminate
VI [1] (= pester) to thunder forth ◆ **fulminer contre** to fulminate ou thunder forth against
[2] (Chim) to fulminate, to detonate

fulminique /fylminik/ ADJ ◆ **acide fulminique** fulminic acid

fumable /fymabl/ ADJ smok(e)able

fumage /fymaʒ/ NM (Culin) [de saucissons] smoking, curing (by smoking); (Agr) [de terre] manuring, dunging

fumagine /fymaʒin/ NF fumagine

fumaison /fymɛzɔ̃/ NF (Culin) smoking, curing (by smoking)

fumant, e /fymɑ̃, ɑ̃t/ ADJ [1] (= chaud) [cendres, cratère] smoking; [soupe, corps, naseaux] steaming; (Chim) fuming ◆ **un coup fumant** (fig) a master stroke
[2] (* = en colère) [patron] fuming* (attrib) ◆ **fumant de colère** fuming with anger*

fumasse⁂ /fymas/ ADJ (= en colère) fuming* (attrib)

fumé, e¹ /fyme/ (ptp de **fumer**) ADJ [jambon, saumon, verre] smoked ◆ **verres fumés** (lunettes) tinted lenses ◆ **aimer le fumé** to like smoked food; → **lard**

fume-cigare (pl **fume-cigares**) /fymsigar/ NM cigar holder

fume-cigarette (pl **fume-cigarettes**) /fymsigaret/ NM cigarette holder

fumée² /fyme/ SYN NF [1] [de combustion] smoke ◆ **fumée de tabac/de cigarettes** tobacco/cigarette smoke ◆ **la fumée ne vous gêne pas ?** do you mind my smoking? ◆ **sans fumée** [combustible] smokeless; → **avaler, noir, rideau**
[2] (= vapeur) [de soupe, étang, corps, naseaux] steam ◆ **les fumées de l'alcool** ou **de l'ivresse** the vapours of alcohol
[3] (locutions) ◆ **partir** ou **s'en aller en fumée** to go up in smoke, to fizzle out ◆ **il n'y a pas de fumée sans feu** (Prov) there's no smoke without fire (Prov)

fumer /fyme/ ▸ conjug 1 ◂
VI [1] [fumeur] to smoke ◆ **fumer comme un sapeur** ou **un pompier** ou **une locomotive** to smoke like a chimney; → **défense**¹
[2] [volcan, cheminée, cendres, lampe] to smoke; [soupe, étang, corps] to steam; [produit chimique] to emit ou give off fumes, to fume
[3] (* = être en colère) to be fuming* ◆ **il fumait de rage** he was fuming with rage*
VT [1] [+ tabac, hachisch] to smoke ◆ **fumer la cigarette/le cigare/la pipe** to smoke cigarettes/cigars/a pipe ◆ **elle est allée en fumer une dehors*** she went outside to have a cigarette ou a smoke* ◆ **il fumait cigarette sur cigarette** he was chainsmoking
[2] (Culin) [+ aliments] to smoke, to cure (by smoking)
[3] (Agr) [+ sol, terre] to manure

fumerie /fymri/ NF ◆ **fumerie (d'opium)** opium den

fumerolle /fymrɔl/ NF (gén pl) (= gaz) smoke and gas (emanating from a volcano); (= fumée) wisp of smoke

fumet /fymɛ/ SYN NM [de plat, viande] aroma; [de vin] bouquet, aroma; (Vénerie) scent

fumeterre /fymtɛr/ NF fumitory

fumette* /fymɛt/ NF (= drogue) smoke* ◆ **la fumette** (= action) smoking*

fumeur, -euse /fymœr, øz/ NM,F smoker ◆ **(compartiment) fumeurs** [de train] smoking compartment (Brit) ou car (US), smoker ◆ **fumeur d'opium/de pipe** opium/pipe smoker

fumeux, -euse /fymø, øz/ SYN ADJ [1] (= confus) [idées, explication] hazy, woolly; [esprit] woolly; [théoricien] woolly-minded
[2] (avec de la fumée) [flamme, clarté] smoky; (avec de la vapeur) [horizon, plaine] hazy, misty

fumier /fymje/ NM [1] (= engrais) dung, manure ◆ **fumier de cheval** horse-dung ou -manure ◆ **tas de fumier** dunghill, dung ou muck ou manure heap
[2] (*⁂ péj = salaud) bastard*⁂, shit*⁂

fumigateur /fymigatœr/ NM (Agr, Méd = appareil) fumigator

fumigation /fymigasjɔ̃/ NF fumigation

fumigatoire /fymigatwar/ ADJ fumigating, fumigatory

fumigène /fymiʒɛn/ ADJ [engin, grenade] smoke (épith) ◆ **(appareil) fumigène** (Agr) smoke apparatus

fumiger /fymiʒe/ ▸ conjug 3 ◂ VT to fumigate

fumiste /fymist/ SYN
NM (= réparateur, installateur) heating mechanic; (= ramoneur) chimney sweep
NMF (*⁂ péj = paresseux) shirker, skiver⁂ (Brit)
ADJ [attitude] [de paresseux] shirking; [de plaisantin] phoney* ◆ **il est un peu fumiste (sur les bords)** he's a bit of a shirker ou skiver⁂ (Brit)

fumisterie /fymistəri/ NF [1] (péj) ◆ **c'est une ou de la fumisterie** it's a fraud ou a con⁂
[2] (= établissement) (heating mechanic's) workshop; (= métier) stove-building

fumivore /fymivɔr/ ADJ (= sans fumée) smokeless; (= absorbant la fumée) smoke-absorbing (épith)

fumoir /fymwar/ NM (= salon) smoking room; (pour fumer viandes, poissons) smokehouse

fumure /fymyr/ NF manuring, (= substance) manure (NonC)

fun¹ * /fœn/
ADJ (= amusant, excitant) fun (épith) ◆ **c'est fun !** it's fun!
NM (= amusement) ◆ **le fun** fun ◆ **je suis mannequin, c'est le fun !** I'm a model, it's great fun! ◆ **ils ont tout cassé, juste pour le fun** they smashed up everything, just for the fun ou hell⁂ of it

fun² /fœn/ NM abrév de **funboard**

Funafuti /funafuti/ N Funafuti

funambule /fynɑ̃byl/ NMF tightrope walker, funambulist (SPÉC)

funambulesque /fynɑ̃bylɛsk/ ADJ (lit) [prouesse, art] of tightrope walking; (fig = bizarre) [idée, organisation] fantastic, bizarre

funboard /fœnbɔrd/ NM (= planche) short windsurfing board ou sailboard; (= sport) windsurfing

funèbre /fynɛbr/ SYN ADJ [1] (= de l'enterrement) [service, marche, oraison] funeral (épith); [cérémonie, éloge, discours] funeral (épith), funerary (épith) ◆ **air funèbre** dirge; → **entrepreneur, pompe**², **veillée**
[2] (= lugubre) [mélodie] mournful, doleful; [ton, silence, allure] lugubrious, funereal; [atmosphère, couleur, décor] gloomy, dismal

funérailles /fynerɑj/ SYN NFPL (frm = enterrement) funeral, obsequies (littér)

funéraire /fynerɛr/ ADJ [dalle, monument, urne] funeral (épith), funerary (épith) ◆ **pierre funéraire** gravestone ◆ **salon funéraire** (Can) funeral home, funeral parlour (Brit) ou parlor (US)

funérarium /fyneraʀjɔm/ NM funeral home, funeral parlour (Brit) ou parlor (US)

funeste /fynɛst/ SYN ADJ [1] (= désastreux) [erreur] disastrous, grievous; [conseil, décision] disastrous, harmful; [influence] baleful, baneful, harmful; [suite, conséquence] dire, disastrous ◆ **le jour funeste où je l'ai rencontré** the fateful ou ill-fated day when I met him ◆ **politique funeste aux intérêts du pays** policy harmful to the country's interests
[2] (= de mort) [pressentiment, vision] deathly (épith), of death

[3] (littér = mortel) [accident] fatal; [coup] lethal, deadly, mortal

funiculaire /fynikylɛr/ NM funicular (railway)

funicule /fynikyl/ NM funicle

funk /fœnk/
ADJ funk (épith), funky
NM funk

funky /fœnki/ ADJ funky

fur /fyr/
◆ **au fur et à mesure** [classer, nettoyer] as one goes along; [dépenser] as fast as one earns ◆ **il vaut mieux leur donner leur argent de poche au fur et à mesure qu'en une fois** it's better to give them their pocket money as they need it rather than all in one go ◆ **le frigo se vidait au fur et à mesure** the fridge was emptied as fast as it was stocked up ◆ **passe-moi les assiettes au fur et à mesure** pass the plates to me as you go along
◆ **au fur et à mesure que** ◆ **donnez-les-nous au fur et à mesure que vous les recevez** give them to us as (soon as) you receive them ◆ **nous dépensions tout notre argent au fur et à mesure que nous le gagnions** we spent all our money as fast as we earned it
◆ **au fur et à mesure de** ◆ **au fur et à mesure de leur progression** as they advanced, the further they advanced ◆ **prenez-en au fur et à mesure de vos besoins** take some as and when you need them, help yourselves as you find you need them

furan(n)e /fyran/ NM (fur)furan

furax⁂ /fyraks/ ADJ INV (= furieux) livid* (attrib), hopping mad* (attrib) (Brit)

furet /fyrɛ/ NM (= animal) ferret; (= jeu) pass-the-slipper

fureter /fyr(ə)te/ SYN ▸ conjug 5 ◂ VI (= regarder) to nose ou ferret about; (= fouiller) to rummage (about)

fureteur, -euse /fyr(ə)tœr, øz/
ADJ [regard, enfant] prying, inquisitive
NM,F snooper

fureur /fyrœr/ SYN NF [1] (= colère) fury; (= accès de colère) fit of rage ◆ **crise** ou **accès de fureur** fit of rage, furious outburst ◆ **être pris de fureur** to fly into a rage (contre qn at sb) ◆ **être/entrer en fureur** to be/become infuriated ou enraged ◆ **être/entrer dans une fureur noire** to be in/go ou fly into a towering rage ◆ **mettre en fureur** to infuriate, to enrage ◆ **se mettre dans des fureurs folles** to have mad fits of rage, to fly into wild fits of anger
[2] (= violence) [de passion] violence, fury; [de combat, attaque] fury, fierceness; [de tempête, flots, vents] fury
[3] (= passion) ◆ **la fureur du jeu** a passion ou mania for gambling ◆ **il a la fureur de la vitesse/de la lecture** he has a mania for speed/reading ◆ **la fureur de vivre** the lust ou passion for life ◆ « **La Fureur de vivre** » (Ciné) "Rebel without a Cause"
[4] (littér = transe) frenzy ◆ **fureur prophétique** prophetic frenzy ◆ **fureur poétique** poetic ecstasy ou frenzy
[5] (locutions) ◆ **avec fureur** (= avec rage) furiously; (= à la folie) wildly, madly, passionately ◆ **faire fureur** to be all the rage

furfuracé, e /fyrfyrase/ ADJ furfuraceous

furfural /fyrfyral/ NM furfuraldehyde

furibard, e* /fyribar, ard/ ADJ livid* (attrib), hopping mad* (attrib) (Brit)

furibond, e /fyribɔ̃, ɔ̃d/ SYN ADJ [personne] furious, livid* (attrib); [colère] wild, furious; [ton, voix, yeux] enraged, furious ◆ **il lui a lancé un regard furibond** he glared at him

furie /fyri/ SYN NF [1] (péj = mégère) shrew, termagant; (Myth) Fury
[2] (= violence) [d'attaque, combat] fury, fierceness; [de tempête, flots] fury; [de passions] violence, fury
[3] (= passion) ◆ **la furie du jeu** a passion ou mania for gambling
[4] (= colère) fury
[5] (locutions) ◆ **en furie** [personne] infuriated, enraged, in a rage (attrib); [mer] raging; [tigre] enraged ◆ **mettre qn en furie** to infuriate sb, to enrage sb

furieusement /fyrjøzmɑ̃/ ADV (= avec fureur) [attaquer] furiously; [répondre] angrily; (gén hum = extrêmement) [ressembler] amazingly, tremendously ◆ **j'ai furieusement envie d'une glace** I'm dying for an ice cream

furieux, -ieuse /fyrjø, jøz/ SYN ADJ 1 (= *violent*) [*combat, résistance*] furious, fierce; [*tempête*] raging, furious, violent ◆ **avoir une furieuse envie de faire qch** to be dying to do sth*; → **folie, fou**
2 (= *en colère*) [*personne*] furious (*contre* with, at); [*ton, geste*] furious ◆ **taureau furieux** raging bull ◆ **rendre qn furieux** to infuriate *ou* enrage sb ◆ **le taureau, rendu furieux par la foule** the bull, driven wild by the crowd ◆ **elle est furieuse de n'avoir pas été invitée** she's furious that she wasn't invited *ou* at not having been invited ◆ **il est furieux que je lui aie menti** he is furious with *ou* at me for having lied to him
3 (*gén hum* = *fort*) [*envie, coup*] almighty * (*épith*), tremendous

furioso /fyrjozo/ ADJ (*Mus*) furioso

furoncle /fyrɔ̃kl/ NM boil, furuncle (SPÉC)

furonculeux, -euse /fyrɔ̃kylø, øz/ ADJ furunculous

furonculose /fyrɔ̃kyloz/ NF (recurrent) boils, furunculosis (SPÉC)

furtif, -ive /fyrtif, iv/ SYN ADJ [*coup d'œil, geste*] furtive, stealthy; [*joie*] secret; → **avion**

furtivement /fyrtivmɑ̃/ SYN ADV furtively, stealthily

furtivité /fyrtivite/ NF [*d'avion*] stealthiness

fusain /fyzɛ̃/ NM 1 (= *crayon*) charcoal (crayon); (= *croquis*) charcoal (drawing) ◆ **tracé au fusain** charcoal(-drawn), (drawn) in charcoal
2 (= *arbrisseau*) spindle-tree

fusainiste /fyzenist/ NMF charcoal artist

fusant, e /fyzɑ̃, ɑ̃t/ ADJ ◆ **obus fusant** time shell ◆ **tir fusant** air burst

fuseau (pl **fuseaux**) /fyzo/ NM 1 [*de fileuse*] spindle; [*de dentellière*] bobbin
2 ◆ **(pantalon) fuseau, fuseaux** stretch ski pants (Brit), stirrup pants (US)
3 (*Anat, Bio*) spindle
4 (*locutions*) ◆ **en (forme de) fuseau** [*colonne*] spindle-shaped; [*cuisses, jambes*] slender ◆ **arbuste taillé en fuseau** shrub shaped into a cone
5 ◆ **fuseau horaire** time zone ◆ **changer de fuseau horaire** to cross time zones

fusée /fyze/
NF 1 (*spatiale*) (space) rocket; (*missile*) rocket, missile ◆ **fusée air-air/sol-air** air-to-air/ground-to-air missile
2 [*de feu d'artifice*] rocket; [*d'obus, mine*] fuse ◆ **partir comme une fusée** to set off like a rocket, to whizz off
3 [*d'essieu*] spindle; (*dans voiture*) stub axle; [*de montre*] fusee
COMP **fusée antichar** anti-tank rocket
fusée de détresse distress rocket
fusée éclairante flare
fusée à étages multi-stage rocket
fusée interplanétaire (interplanetary) space rocket
fusée de lancement launch vehicle

fusée-engin (pl **fusées-engins**) /fyzeɑ̃ʒɛ̃/ NF rocket shell

fusée-sonde (pl **fusées-sondes**) /fyzesɔ̃d/ NF rocket-powered space probe

fusel /fyzɛl/ NM ◆ **(huile de) fusel** fusel

fuselage /fyz(ə)laʒ/ NM [*d'avion*] fuselage

fuselé, e /fyz(ə)le/ SYN ADJ [*colonne*] spindle-shaped; [*doigts*] tapering, slender; [*cuisses, jambes*] slender

fuseler /fyz(ə)le/ ► conjug 4 ◄ VT (*former en fuseau*) to taper

fuser /fyze/ ► conjug 1 ◄ VI 1 [*cris, rires*] to burst forth; [*questions*] to come from all sides; [*liquide, vapeur*] to gush *ou* spurt out; [*étincelles*] to fly (out); [*lumière*] to stream out *ou* forth ◆ **les plaisanteries fusaient** the jokes came thick and fast ◆ **les insultes fusaient de toutes parts** insults were flying from all sides

2 (*Tech*) [*bougie*] to run; [*pile*] to sweat; [*poudre*] to burn out

fusette /fyzɛt/ NF (small) spool

fusible /fyzibl/
ADJ fusible
NM 1 (= *fil*) fuse(-wire); (= *fiche*) fuse ◆ **les fusibles ont sauté** the fuses have blown
2 (= *personne*) fall guy ◆ **j'ai servi de fusible** I was used as a fall guy

fusiforme /fyzifɔrm/ ADJ spindle-shaped, fusiform (SPÉC)

fusil /fyzi/
NM 1 (= *arme*) (*de guerre, à canon rayé*) rifle, gun; (*de chasse, à canon lisse*) shotgun, gun ◆ **c'est un bon fusil** (= *chasseur*) he's a good shot ◆ **un groupe de 30 fusils** († *Mil*) a group of 30 riflemen *ou* rifles ◆ **changer son fusil d'épaule** (*fig*) to have a change of heart ◆ **coup de fusil** gun shot, rifle shot ◆ **c'est le coup de fusil** (= *c'est cher*) the prices are extortionate
2 (= *allume-gaz*) gas lighter; (= *instrument à aiguiser*) steel
COMP **fusil à air comprimé** airgun
fusil d'assaut assault rifle
fusil automatique automatic rifle
fusil à canon rayé rifle, rifled gun
fusil à canon scié sawn-off (Brit) *ou* sawed-off (US) shotgun
fusil de chasse shotgun, hunting gun
fusil à deux coups double-barrelled *ou* twin-barrel rifle
fusil de guerre army rifle
fusil à harpon harpoon gun
fusil à lunette rifle with telescopic sight
fusil à pompe pump-action shotgun
fusil à répétition repeating rifle
fusil sous-marin (underwater) speargun

fusilier /fyzilje/ NM rifleman, fusilier; (*Hist*) fusilier ◆ **les fusiliers** (= *régiment*) the rifles; (*Hist*) the fusiliers ◆ **fusilier marin** marine

fusillade /fyzijad/ NF (= *bruit*) fusillade (*frm*), gunfire (NonC), shooting (NonC); (= *combat*) shoot-out, shooting battle; (= *exécution*) shooting

fusiller /fyzije/ ► conjug 1 ◄ VT 1 (= *exécuter*) to shoot ◆ **fusiller qn du regard** to look daggers at sb
2 (* = *casser*) to bust*
3 (* = *dépenser*) to blow*

fusilleur /fyzijœr/ NM member of a firing squad

fusil-mitrailleur (pl **fusils-mitrailleurs**) /fyzimitrajœr/ NM machine gun

fusiniste /fyzinist/ NMF ⇒ **fusainiste**

fusion /fyzjɔ̃/ SYN NF 1 [*de métal*] melting, fusion; [*de glace*] melting, thawing ◆ **en fusion** [*métal*] molten ◆ **au moment de l'entrée en fusion** when melting point is reached
2 (*Bio, Phys*) fusion ◆ **fusion nucléaire/chromosomique** nuclear/chromosome fusion
3 [*de cœurs, esprits, races*] fusion; [*de partis*] merging, combining; [*de systèmes, philosophies*] blending, merging, uniting
4 [*de sociétés*] merger, amalgamation; [*de fichiers*] merging ◆ **fusion absorption** takeover ◆ **fusion acquisition** acquisition and merger

fusionnel, -elle /fyzjɔnɛl/ ADJ (*Psych*) [*rapport*] intensely close; [*amour*] based on a very close bond ◆ **une relation trop fusionnelle avec la mère** a relationship with the mother that is too close *ou* too intense

fusionnement /fyzjɔnmɑ̃/ NM (*Comm*) merger, amalgamation; (*Pol*) merging, combining

fusionner /fyzjɔne/ SYN ► conjug 1 ◄ VTI to merge; [*sociétés*] to merge, to amalgamate

fustanelle /fystanɛl/ NF fustanella

fustet /fystɛ/ NM young fustic

fustigation /fystigasjɔ̃/ NF 1 (*littér*) [*d'adversaire*] flaying; [*de pratiques, mœurs*] censuring, denouncing, denunciation

2 († = *flagellation*) birching, thrashing

fustiger /fystiʒe/ SYN ► conjug 3 ◄ VT 1 (*littér*) [+ *adversaire*] to flay; [+ *pratiques, mœurs*] to censure, to denounce ◆ **ses sketches fustigent la société actuelle** his sketches are a scathing attack on modern society
2 († = *fouetter*) to birch, to thrash

fustine /fystin/ NF fustic

fut * /fyt/ NM (abrév de **futal**) trousers (Brit), pants (US)

fût /fy/ NM 1 [*d'arbre*] bole, trunk; [*de colonne*] shaft; [*de fusil*] stock
2 (= *tonneau*) barrel, cask

futaie /fytɛ/ NF (= *groupe d'arbres*) cluster of (tall) trees; (= *forêt*) forest (*of tall trees*); (*Sylviculture*) plantation of trees (*for timber*) ◆ **haute futaie** mature (standing) timber ◆ **arbre de haute futaie** mature tree

futaille /fytaj/ NF (= *barrique*) barrel, cask

futaine /fytɛn/ NF (= *tissu*) fustian

futal * (pl **futals**) /fytal/, **fute** * /fyt/ NM trousers (Brit), pants (US)

futé, e /fyte/ SYN ADJ wily, crafty, cunning, sly ◆ **c'est une petite futée** she's a sly little minx ◆ **il n'est pas très futé** he's not very bright

fute-fute * /fytfyt/ ADJ ◆ **il n'est pas (très) fute-fute** he's not very bright

futile /fytil/ SYN ADJ [*prétexte, raison, question, préoccupation*] trifling, trivial; [*exercice*] futile; [*personne, esprit*] frivolous ◆ **l'univers futile de la mode** the frivolous world of fashion

futilement /fytilmɑ̃/ ADV (= *frivolement*) frivolously

futilité /fytilite/ SYN NF 1 [*d'entreprise, tentative*] futility, pointlessness; [*de raison, souci, occupation, propos*] triviality; [*de personne, esprit*] triviality, frivolousness
2 (= *propos, action*) ◆ **futilités** trivialities ◆ **dire des futilités** to talk about trivia ◆ **ils ont passé leur journée à des futilités** they frittered the day away

futon /fytɔ̃/ NM futon

futsal /futsal/ NM (= *football en salle*) indoor football

futur, e /fytyr/ SYN
ADJ (= *prochain*) [*génération, désastres, besoins*] future (*épith*) ◆ **dans la vie future** (*Rel*) in the afterlife, in the hereafter ◆ **futur mari** husband-to-be ◆ **les futurs époux** the bride-and-groom-to-be ◆ **tout pour la future maman** everything for the mother-to-be ◆ **futur collègue/directeur** future colleague/director ◆ **futur client** prospective customer ◆ **futur président/champion** (*en herbe*) budding *ou* future president/champion
NM 1 (= *avenir*) future
2 (*Ling*) ◆ **le futur (simple)** the future (tense) ◆ **le futur proche** the immediate future ◆ **le futur antérieur** *ou* **du passé** the future perfect *ou* anterior
3 († = *fiancé*) fiancé, husband-to-be, intended †
NF **future** († = *fiancée*) fiancée, wife-to-be, intended †

futurisme /fytyrism/ NM futurism

futuriste /fytyrist/
NMF futurist
ADJ futuristic

futurologie /fytyrɔlɔʒi/ NF futurology

futurologue /fytyrɔlɔg/ NMF futurist, futurologist

fuyant, e /fɥijɑ̃, ɑ̃t/ ADJ 1 (= *insaisissable*) [*regard, air*] evasive; [*personne, caractère*] elusive, evasive
2 (= *en retrait*) [*menton, front*] receding (*épith*)
3 (*littér* = *fugitif*) [*ombre, vision*] fleeting (*épith*)
4 (*Art*) [*vues, lignes*] receding (*épith*), vanishing (*épith*); [*perspective*] vanishing (*épith*)

fuyard, e /fɥijar, ard/ NM,F runaway

G

G¹, g¹ /ʒe/ NM (= *lettre*) G, g ◆ **le G-8** the G8 nations, the Group of Eight ◆ **point G** (*Anat*) G spot

G² ① (*abrév de* **Giga**) G
② (= *constante de gravitation*) G
③ (*Anat*) ◆ **point G** G spot

g² ① (*abrév de* **gramme**) g
② (*Phys = accélération*) g

gaba /gaba/ NM INV (*abrév de* **gamma-aminobutyric acid**) GABA

gabardine /gabaʀdin/ NF (= *tissu*) gabardine; (= *manteau*) gabardine (raincoat)

gabare /gabaʀ/ NF (= *allège*) (dumb) barge, lighter; (= *filet de pêche*) seine

gabarier /gabaʀje/ ▸ conjug 7 ◂ VT to gauge

gabarit /gabaʀi/ SYN NM ① (= *dimension*) [*d'objet, véhicule*] size
② * [*de personne*] (= *taille*) size, build; (= *valeur*) calibre (Brit), caliber (US) ◆ **ce n'est pas le petit gabarit !** he's not exactly small! ◆ **du même gabarit** of the same build ◆ **il n'a pas le gabarit d'un directeur commercial** he hasn't got what it takes *ou* he isn't of the right calibre to be a sales manager
③ (= *appareil de mesure*) gauge, gage (US); (= *maquette*) template ◆ **gabarit de chargement** (*ferroviaire*) loading gauge

gabarre /gabaʀ/ NF ⇒ gabare

gabbro /gabʀo/ NM gabbro

gabegie /gabʒi/ SYN NF (*péj*) (= *gâchis*) waste (*due to bad management*); (= *désordre*) chaos ◆ **c'est une vraie gabegie !** it's a real mess!, it's total chaos!

gabelle /gabɛl/ NF (*Hist = impôt*) salt tax, gabelle

gabelou /gablu/ NM (*Hist*) salt-tax collector; (*péj*) customs officer

gabier /gabje/ NM (= *matelot*) topman

gabion /gabjɔ̃/ NM (*Chasse*) hide (Brit), blind (US)

gable, gâble /gɑbl/ NM gable

Gabon /gabɔ̃/ NM ◆ **le Gabon** (the) Gabon

gabonais, e /gabɔnɛ, ɛz/
ADJ Gabonese
NM,F **Gabonais(e)** Gabonese

gâchage /gɑʃaʒ/ SYN NM ① [*de plâtre*] tempering; [*de mortier*] mixing
② [*d'argent, talent, temps*] wasting

gâche /gɑʃ/ NF ① [*de maçon*] (plasterer's) trowel
② [*de serrure*] striking plate, strike (plate)

gâcher /gɑʃe/ SYN ▸ conjug 1 ◂ VT ① [+ *argent, temps*] to waste, to fritter away; [+ *nourriture, occasion, talent*] to waste; [+ *travail*] to botch ◆ **gâcher sa vie** to fritter away *ou* waste one's life ◆ **une vie gâchée** a wasted *ou* misspent life
② (= *gâter*) (*gén*) to spoil; [+ *jeunesse, séjour, chances*] to ruin ◆ **il nous a gâché le** *ou* **notre plaisir** he spoiled it for us ◆ **je ne veux pas lui gâcher sa joie** I don't want to spoil his happiness ◆ **il gâche le métier** he spoils it for others (*by selling cheap or working for a low salary*)
③ [+ *plâtre*] to temper; [+ *mortier*] to mix

gâchette /gɑʃɛt/ NF [*d'arme*] trigger; [*de serrure*] tumbler ◆ **appuyer** *ou* **presser sur la gâchette** to pull the trigger ◆ **il a la gâchette facile** he's trigger-happy ◆ **une bonne gâchette** (= *tireur*) a good shot ◆ **la meilleure gâchette de l'Ouest** the fastest gun in the West

gâcheur, -euse /gɑʃœʀ, øz/
ADJ wasteful
NM,F [*de matériel*] wasteful person; [*d'argent*] spendthrift; [*de travail*] bungler, botcher
NM (= *ouvrier*) builder's helper *ou* mate (Brit) (*who mixes cement or tempers plaster*)

gâchis /gɑʃi/ SYN NM ① (= *désordre*) mess ◆ **tu as fait un beau gâchis !** you've made a real mess of it!
② (= *gaspillage*) [*d'argent, nourriture, sentiments*] waste ◆ **je ne supporte pas le gâchis** I hate waste *ou* wastefulness ◆ **quel gâchis !** what a waste!
③ (= *mortier*) mortar

gades /gad/ NMPL ◆ **les gades** gadids, the Gadidae (SPÉC)

gadget /gadʒɛt/ NM (= *chose*) thingummy* (Brit), gizmo* (US); (= *jouet, ustensile*) gadget; (= *procédé, trouvaille*) gimmick ◆ **cette loi n'est qu'un gadget** that law is just a token measure

gadgétiser /gadʒetize/ ▸ conjug 1 ◂ VT to equip with gadgets

gadidés /gadide/ NMPL ⇒ gades

gadin* /gadɛ̃/ NM ◆ **prendre** *ou* **ramasser un gadin** to fall flat on one's face, to come a cropper* (Brit)

gadoue /gadu/ SYN NF (= *boue*) mud, sludge; (= *neige*) slush; (= *engrais*) night soil

GAEC /gaɛk/ NM (*abrév de* **groupement agricole d'exploitation en commun**) → groupement

gaélique /gaelik/
ADJ Gaelic
NM (= *langue*) Gaelic

gaffe /gaf/ SYN NF ① (= *bévue*) blunder, boob* (Brit) ◆ **faire une gaffe** (*action*) to make a blunder *ou* a boob* (Brit); (*parole*) to put one's foot in it*, to say the wrong thing, to drop a clanger* (Brit)
② (= *perche*) [*de bateau*] boat hook; (*Pêche*) gaff
③ (*locution*)
◆ **faire gaffe*** (= *être attentionné*) to pay attention (à to) ◆ **fais gaffe !** watch out!, be careful!
◆ **fais gaffe à toi** watch yourself

gaffer /gafe/ SYN ▸ conjug 1 ◂
VI (*bévue*) to blunder, to boob* (Brit); (*paroles*) to put one's foot in it*, to drop a clanger* (Brit) ◆ **j'ai gaffé ?** have I put my foot in it?, did I say the wrong thing?
VT ① (= *accrocher*) to hook; (*Pêche*) to gaff
② († * = *regarder*) ◆ **gaffe un peu la fille !** get a load of her!*
VPR **se gaffer** (*Helv = faire attention*) * to be careful ◆ **gaffe-toi !** watch out!

gaffeur, -euse /gafœʀ, øz/ SYN NM,F blunderer ◆ **il est drôlement gaffeur !** he's always putting his foot in it!*

gag /gag/ NM (*gén, Ciné, Théât*) gag ◆ **ce n'est pas un gag** it's not a joke ◆ **le gag, c'est qu'il va falloir s'en servir** the funniest part of it is that we'll have to use it

gaga* /gaga/ ADJ [*vieillard*] gaga*, senile ◆ **sa fille le rend gaga** he's putty in his daughter's hands, his daughter can wind him round her little finger ◆ **être gaga de qn** to be crazy* *ou* nuts* about sb

gage /gaʒ/ SYN NM ① (à *un créancier, arbitre*) security; (à *un prêteur*) pledge ◆ **mettre qch en gage** (**chez le prêteur**) to pawn sth (at the pawnbroker's) ◆ **laisser qch en gage** to leave sth as (a) security; → **prêteur**
② (= *garantie*) guarantee ◆ **sa bonne forme physique est un gage de succès** his fitness will guarantee him success *ou* assure him of success
③ (= *témoignage*) proof (NonC), evidence (NonC) ◆ **donner des gages de sa sincérité/de son talent** to give proof *ou* evidence of one's sincerity/one's talent ◆ **donner des gages de (sa) bonne volonté** to make several gestures of goodwill ◆ **donner à qn un gage d'amour/de fidélité** to give sb a token of one's love/of one's faithfulness ◆ **en gage de notre amitié/de ma bonne foi** as a token *ou* in token of our friendship/of my good faith
④ (*Jeux*) forfeit ◆ **avoir un gage** to have a forfeit
⑤ († * = *salaire*) ◆ **gages** wages ◆ **être aux gages de qn** (*gén*) to be employed by sb; (*péj*) to be in the pay of sb; → **tueur**

gager /gaʒe/ ▸ conjug 3 ◂ VT ① (*frm = parier*) ◆ **gager que** to wager that, to bet that ◆ **gageons que..., je gage que...** I bet (you) that...
② [+ *emprunt*] to guarantee

gageure /gaʒyʀ/ SYN NF ① (= *entreprise difficile*) ◆ **c'est une véritable gageure que de vouloir tenter seul cette ascension** it's attempting the impossible to try to do this climb alone ◆ **c'est une gageure de vouloir adapter ce roman à l'écran** adapting the book for the screen was a seemingly impossible challenge ◆ **cela relevait de la gageure** it was a seemingly impossible task ◆ **il a réussi** *ou* **tenu la gageure de battre le tenant du titre** he achieved the tremendous feat of defeating the reigning champion
② († † = *pari*) wager

gagiste /gaʒist/ NM (= *prêteur*) pledgee

gagman /gagman/ (pl **gagmans** *ou* **gagmen** /gagmɛn/) NM gag writer

gagnable /ɡaɲabl/ ADJ winnable ◆ **les circonscriptions gagnables par la gauche** the constituencies that the left could win

gagnant, e /gaɲɑ̃, ɑ̃t/ SYN
ADJ [*numéro, combinaison, équipe, point, ticket*] winning (*épith*) ◆ **on donne ce concurrent gagnant** this competitor is expected to win ◆ **il joue** *ou* **part gagnant dans cette affaire** he's bound to win *ou* come out on top in this deal ◆ **tu es gagnant** you can't lose ◆ **la partie gagnante** (Jur) the prevailing party ◆ **service gagnant** (*Tennis*) winning serve
NM,F winner

gagne* /gaɲ/ NF *(Sport)* ◆ **la gagne** the will *ou* drive to win ◆ **ce joueur est venu pour la gagne** this player has come intent on winning

gagne-pain* /gaɲpɛ̃/ SYN NM INV source of income ◆ **c'est son gagne-pain** it's his bread and butter*

gagne-petit /gaɲpəti/ NM INV *(= qui gagne peu)* low wage earner ◆ **c'est un gagne-petit** *(péj)* he's just out to make a quick buck

gagner /gaɲe/ SYN ▸ conjug 1 ◂

VT 1 *(= acquérir par le travail)* to earn ◆ **gagner sa vie** to earn one's living *(en faisant* (by) doing) ◆ **elle gagne mal sa vie** she doesn't earn much ◆ **elle gagne bien sa vie** she earns a good living ◆ **elle gagne bien*** she earns good money* ◆ **gagner son pain** to earn one's daily bread ◆ **gagner de l'argent** *(par le travail)* to earn *ou* make money; *(dans une affaire)* to make money ◆ **gagner de quoi vivre** to earn a living ◆ **gagner gros** to make a lot of money ◆ **il ne gagne pas des mille et des cents*** he doesn't exactly earn a fortune ◆ **gagner sa croûte*** *ou* **son bifteck*** to earn one's crust *ou* one's bread and butter ◆ **il gagne bien sa croûte dans cet emploi*** he earns a good wage in that job ◆ **j'ai gagné ma journée** *(iro)* that really made my day *(iro)*

2 *(= mériter)* to earn ◆ **il a bien gagné ses vacances** he's really earned his holiday

3 *(= acquérir par le hasard) [+ prix, somme]* to win ◆ **gagner le gros lot** *(lit, fig)* to hit *ou* win the jackpot

4 *(= obtenir) [+ réputation]* to gain; *[+ parts de marché]* to win ◆ **avoir tout à gagner et rien à perdre** to have everything to gain and nothing to lose ◆ **vous n'y gagnerez rien** you'll gain nothing by it ◆ **vous n'y gagnerez rien de bon** you'll get nothing out of it ◆ **vous y gagnerez d'être tranquille** at least you'll get some peace and quiet that way ◆ **chercher à gagner du temps** *(= aller plus vite)* to try to save time; *(= temporiser)* to play for time, to try to gain time ◆ **cela fait gagner beaucoup de temps** it saves a lot *ou* a great deal of time, it's very time-saving ◆ **gagner de la place** to save space ◆ **c'est toujours ça de gagné !** that's always something! ◆ **c'est toujours 10 € de gagné** at least that's €10 saved *ou* that's saved us €10 ◆ **en jouant sur l'épaisseur, on peut gagner sur la quantité** by adjusting the thickness, we can gain in quantity ◆ **à sortir par ce temps, vous y gagnerez un bon rhume** you'll get nothing but a bad cold going out in this weather ◆ **je n'y ai gagné que des ennuis** I only made trouble for myself, I only succeeded in making things difficult for myself ◆ **s'il dit oui, c'est gagné** if he says yes, then everything will be all right

5 *(= augmenter de)* ◆ **gagner dix centimètres** *[plante, enfant]* to grow ten centimetres ◆ **l'indice CAC 40 gagne 4 points** the CAC 40 index is up 4 points ◆ **il gagne 3 points dans les sondages** he gains 3 points in the opinion polls

6 *(= être vainqueur de) [+ élection, bataille, procès, pari, course]* to win; *(arg Sport) [+ joueur]* to beat ◆ **le match/procès n'est pas gagné** the match/trial hasn't been won yet ◆ **ce n'est pas gagné d'avance** it's far from certain ◆ **gagner haut la main** to win hands down ◆ **gagner qn aux échecs** to beat sb at chess ◆ **gagner qn de vitesse** to catch up on sb

7 *(= se concilier) [+ gardiens, témoins]* to win over ◆ **gagner l'estime/le cœur de qn** to win sb's esteem *ou* regard/heart ◆ **gagner la confiance de qn** to win *ou* gain sb's confidence ◆ **savoir se gagner des amis/des partisans** to know how to win friends/supporters ◆ **se laisser gagner par les prières de qn** to be won over by sb's prayers ◆ **gagner qn à une cause** to win sb over to a cause ◆ **gagner qn à sa cause** to win sb over

8 *(= envahir)* to spread to ◆ **le sommeil les gagnait** sleep was creeping over them *ou* was gradually overcoming them ◆ **la gangrène gagne la jambe** the gangrene is spreading to his leg ◆ **le froid les gagnait** they were beginning to feel the cold ◆ **le feu gagna rapidement les rues voisines** the fire quickly spread to the neighbouring streets ◆ **l'eau/l'ennemi gagne du terrain** the water/the enemy is gaining ground ◆ **la grève gagne tous les secteurs** the strike is gaining ground in *ou* is spreading to all sectors

9 *(= atteindre) [+ lieu, frontière, refuge]* to reach ◆ **gagner le port** to reach port ◆ **gagner le large** *(en bateau)* to get out into the open sea

VI 1 *(= être vainqueur)* to win ◆ **gagner aux courses** to win on the horses *ou* at the races ◆ **il a gagné aux courses hier** he won on the horses *ou* had a win at the races yesterday ◆ **il gagne sur tous les tableaux** he's winning all the way *ou* on all fronts ◆ **eh bien, tu as gagné !** *(iro)* well, you got what you asked for! * ◆ **à tous les coups on gagne !** *(à la foire)* every one a winner!; *(gén)* you can't lose!

2 *(= trouver un avantage)* ◆ **vous y gagnez** it's in your interest, it's to your advantage ◆ **vous gagnerez à ce que personne ne le sache** it'll be to your advantage *ou* it will be better for you if nobody knows about it ◆ **qu'est-ce que j'y gagne ?** what do I get out of it? *ou* gain from it?, what's in it for me? ◆ **vous gagneriez à partir en groupe** you'd be better off going in a group ◆ **tu aurais gagné à te taire !** you would have done better to keep quiet! ◆ **elle a gagné au change** she ended up better off

3 *(= s'améliorer)* ◆ **gagner en hauteur** to increase in height ◆ **son style gagne en force ce qu'il perd en élégance** his style gains in vigour what it loses in elegance ◆ **ce vin gagnera à vieillir** this wine will improve with age ◆ **il gagne à être connu** he improves on acquaintance ◆ **ce roman gagne à être relu** this novel gains by a second reading, this novel is better at a second reading

4 *(= s'étendre) [incendie, épidémie]* to spread, to gain ground ◆ **la mer gagne sur les falaises** the sea is encroaching *ou* advancing on the cliffs

gagneur, -euse /gaɲœʀ, øz/

NM,F *(= battant)* go-getter* ◆ **avoir un tempérament de gagneur** to be a born winner

NF **gagneuse**‡ *(= prostituée)* whore‡, hooker‡

gaguesque* /gagɛsk/ ADJ ◆ **c'est gaguesque, ton histoire !** your story sounds like a bad joke!

gai, e /ge/ SYN

ADJ 1 *[personne, vie]* cheerful, happy; *[voix, visage]* cheerful, happy, cheery; *[caractère, roman, conversation, musique]* cheerful ◆ **le gai Paris** gay Paris ◆ **c'est un gai luron** he's a cheery *ou* happy fellow ◆ **gai comme un pinson** happy as a lark ◆ **tu n'as pas l'air (bien) gai** you don't look too happy

2 *(euph = ivre)* merry, tipsy; → **vin**

3 *[robe]* bright; *[couleur, pièce]* bright, cheerful ◆ **on va peindre la chambre en jaune pour faire gai** we're going to paint the bedroom yellow to brighten it up

4 *(iro = amusant)* ◆ **j'ai oublié mon parapluie, c'est gai !** that's great*, I've forgotten my umbrella! *(iro)* ◆ **ça va être gai, un week-end avec lui !** the weekend's going to be great fun with him around! *(iro)*

5 *(= homosexuel)* gay

NM *(= homosexuel)* gay

gaïac /gajak/ NM guaiacum, guaiocum

gaïacol /gajakɔl/ NM guaiacol

gaiement /gemɑ̃/ SYN ADV 1 *(= joyeusement)* cheerfully, merrily

2 *(= avec entrain)* ◆ **allons-y gaiement !** come on then, let's get on with it! ◆ **il va recommencer gaiement à faire les mêmes bêtises** he'll blithely *ou* gaily start the same old tricks again

gaieté /gete/ SYN NF *[de personne, caractère, roman, conversation]* cheerfulness, gaiety; *[de couleur]* brightness ◆ **plein de gaieté** cheerful ◆ **perdre/retrouver sa gaieté** to lose/recover one's good spirits ◆ **ses films sont rarement d'une gaieté folle** his films are not exactly cheerful ◆ **ce n'est pas de gaieté de cœur qu'il accepta** he wasn't exactly happy about accepting, it was with some reluctance that he accepted ◆ **voilà les gaietés de la province** *(iro)* those are the joys *ou* delights of living in a provincial town *(iro)*

gaillard[1], e[1] /gajaʀ, aʀd/ SYN

ADJ 1 *(= alerte) [personne]* strong; *[allure]* lively, springy, sprightly ◆ **vieillard encore gaillard** sprightly *ou* spry old man

2 *(= grivois) [propos]* bawdy, ribald

NM 1 *(= costaud)* ◆ **(robuste** *ou* **grand** *ou* **beau) gaillard** strapping fellow *ou* lad

2 *(* = type)* fellow, guy*, chap* *(Brit)* ◆ **toi, mon gaillard, je t'ai à l'œil !** I've got my eye on you, chum! * *ou* mate! * *(Brit)*

NF **gaillarde** *(= femme forte)* strapping wench* *ou* woman ◆ **c'est une sacrée gaillarde !** *(= femme hardie)* she's quite a woman!

gaillard[2] /gajaʀ/ NM *(= partie d'un navire)* ◆ **gaillard d'avant** forecastle (head), fo'c'sle ◆ **gaillard d'arrière** quarter-deck

gaillarde[2] /gajaʀd/ NF *(Mus)* galliard

gaillarde[3] /gajaʀd/ NF *(= plante)* gaillardia

gaillardement /gajaʀdəmɑ̃/ ADV *(= avec bonne humeur)* cheerfully; *(= sans faiblir)* bravely, gallantly ◆ **ils attaquèrent la côte gaillardement** they set off energetically *ou* stoutly up the hill ◆ **il porte gaillardement sa soixantaine** he's a sprightly *ou* vigorous sixty-year-old

gaillardise /gajaʀdiz/ NF bawdy *ou* ribald remark

gaillet /gajɛ/ NM bedstraw

gaîment /gemɑ̃/ ADV ⇒ **gaiement**

gain /gɛ̃/ SYN NM 1 *(= salaire) (gén)* earnings; *[d'ouvrier]* earnings, wages, wage ◆ **pour un gain modeste** for a modest wage

2 *(= lucre)* ◆ **le gain** gain; → **appât**

3 *(= bénéfice) [de société]* profit; *(au jeu)* winnings ◆ **faire un gain de 2 milliards** to make a profit of 2 billion ◆ **se retirer sur son gain** *(au jeu)* to pull out with one's winnings intact; *(spéculation)* to retire on one's profits *ou* with what one has made

4 *(= économie)* saving ◆ **le gain d'argent/de place est énorme** it saves a considerable amount of money/space ◆ **ça permet un gain de temps** it saves time ◆ **ce procédé permet un gain de 50 minutes/d'électricité** this procedure saves 50 minutes/electricity

5 *(= avantage matériel)* gain ◆ **gain de productivité** productivity gain ◆ **gain de pouvoir d'achat** increase in purchasing power ◆ **gains territoriaux** territorial gains

6 *(= obtention) [de match, bataille, procès]* winning; *[de fortune, voix d'électeurs]* gaining ◆ **gain de poids** weight gain ◆ **ce gain de trois sièges leur donne la majorité** winning *ou* gaining these three seats has given them a majority ◆ **l'action a terminé la séance sur un gain de 2 points** the share was up (by) 2 points at close of trading

7 *(Élec)* gain, amplification ◆ **contrôle automatique de gain** automatic gain control

8 *(locutions)* ◆ **avoir** *ou* **obtenir gain de cause** *(Jur)* to win the case; *(fig)* to be proved right ◆ **on ne voulait pas me rembourser mais j'ai fini par avoir gain de cause** they didn't want to reimburse me but in the end I won my claim ◆ **donner gain de cause à qn** *(Jur)* to decide in sb's favour; *(fig)* to pronounce sb right

gainant, e /gɛnɑ̃, ɑ̃t/ ADJ *[collant, culotte]* body-shaping

gaine /gɛn/ SYN NF 1 *(Habillement)* girdle ◆ **gaine culotte** panty girdle

2 *(= fourreau) [d'organe, plante]* sheath; *[d'obus]* priming tube ◆ **gaine d'aération** *ou* **de ventilation** ventilation shaft

3 *(= piédestal)* plinth

gainer /gene/ ▸ conjug 1 ◂ VT *(gén)* to cover; *[+ fil électrique]* to sheathe; *[+ voile]* to put into a sailbag ◆ **jambes gainées de soie** legs sheathed in silk ◆ **objet gainé de cuir** leather-covered *ou* -cased object

gainerie /gɛnʀi/ NF 1 *(= commerce) [de vêtements]* girdle trade; *[d'étuis]* sheath trade

2 *(= magasin) [de vêtements]* girdle shop; *[d'étuis]* sheath shop

gainier, -ière /genje, jɛʀ/

NM *(= arbre)* Judas tree

NM,F *[de vêtements]* girdle merchant; *[d'étuis]* sheath merchant

gaîté /gete/ NF ⇒ **gaieté**

gal /gal/ NM gal

gala /gala/ SYN NM official reception; *(pour collecter des fonds)* fund-raising reception ◆ **gala de bienfaisance** charity gala ◆ **de gala** *[soirée, représentation]* gala *(épith)* ◆ **tenue de gala** full evening dress

Galaad /galaad/ NM Galahad

galactique /galaktik/ ADJ galactic

galactogène /galaktɔʒɛn/ ADJ galactagogue *(SPÉC)* ◆ **glande galactogène** milk gland

galactomètre /galaktɔmɛtʀ/ NM lactometer

galactophore /galaktɔfɔʀ/ ADJ ◆ **canal/glande galactophore** milk duct/gland

galactose /galaktoz/ NM galactose

Galalithe ® /galalit/ N Galalith ®

galamment /galamɑ̃/ ADV courteously, gallantly ◆ **se conduire galamment** to behave courteously *ou* gallantly *ou* in a gentlemanly fashion

galandage /galɑ̃daʒ/ NM (brick) partition

galant | galvanoplastique

galant, e /galɑ̃, ɑ̃t/ SYN
  ADJ 1 (= *courtois*) gallant, courteous, gentlemanly ◆ **soyez galant, ouvrez-lui la porte** be a gentleman and open the door for her ◆ **c'est un galant homme** he is a gentleman ◆ **femme galante** (†, *péj*) courtesan
  2 [*ton, humeur, propos*] flirtatious, gallant; [*scène, tableau*] amorous, romantic; [*conte*] racy, spicy; [*poésie*] amorous, courtly ◆ **en galante compagnie** [*homme*] with a lady friend; [*femme*] with a gentleman friend ◆ **rendez-vous galant** tryst
  NM (††, *hum* = *soupirant*) gallant ††, suitor ††, admirer † (*aussi hum*)

galanterie /galɑ̃tʀi/ SYN NF (= *courtoisie*) gallantry, chivalry; (= *propos*) gallant remark

galantine /galɑ̃tin/ NF galantine

Galapagos /galapagɔs/ NFPL ◆ **les (îles) Galapagos** the Galapagos (Islands)

galapiat † /galapja/ NM (= *polisson*) rapscallion †, scamp

Galatée /galate/ NF Galatea

Galates /galat/ NMPL (*Bible*) Galatians

galaxie /galaksi/ NF (*Astron*) galaxy; (= *monde, domaine*) world, universe ◆ **la Galaxie** the Galaxy

galbe /galb/ NM [*de meuble, visage, cuisse*] curve ◆ **cuisses d'un galbe parfait** shapely thighs

galbé, e /galbe/ SYN (ptp de **galber**) ADJ [*meuble*] with curved outlines; [*mollet*] rounded ◆ **bien galbé** [*corps*] curvaceous, shapely; [*objet*] beautifully shaped

galber /galbe/ ▸ conjug 1 ◂ VT to shape (*into curves*), to curve

gale /gal/ SYN NF 1 (*Méd*) scabies, itch; [*de chien, chat*] mange; [*de mouton*] scab; (*végétale*) scab ◆ **tu peux boire dans mon verre, je n'ai pas la gale !** you can drink out of my glass, you won't catch anything from me!
  2 (= *personne*) nasty character, nasty piece of work* ◆ **il est mauvais** ou **méchant comme la gale** he's a really nasty piece of work*

galée /gale/ NF (*Typographie*) galley

galéjade /galeʒad/ NF tall story

galéjer /galeʒe/ ▸ conjug 6 ◂ VI to spin a yarn ◆ **oh, tu galèjes !** that's a tall story!

galène /galɛn/ NF galena, galenite

galénique /galenik/
  ADJ galenical
  NF ◆ **la galénique** galenical pharmacology

galénisme /galenism/ NM Galenism

galéopithèque /galeɔpitɛk/ NM flying lemur, colugo

galère /galɛʀ/ SYN NF 1 (*Hist* = *bateau*) galley ◆ **galère réale** royal galley ◆ **envoyer/condamner qn aux galères** to send/sentence sb to the galleys ◆ **qu'est-il allé faire dans cette galère ?** why on earth did he have to get involved in that business? ◆ **dans quelle galère me suis-je embarqué !** whatever have I let myself in for?; → **voguer**
  2 (* = *ennui, problème*) ◆ **quelle galère !, c'est (la) galère !** what a drag* ou pain*! ◆ **rien n'allait dans sa vie, c'était (vraiment) la galère** nothing was going right for me, it was hell* ou it was the pits*; ◆ **j'ai connu des années de galère** I went through some difficult years ou years of hardship ◆ **une journée/un voyage galère*** a hellish* day/trip, a nightmare of a day/trip

galérer* /galeʀe/ ▸ conjug 6 ◂ VI 1 (= *travailler dur*) to sweat blood*, to slog* (*Brit*)
  2 (= *avoir des difficultés*) to have a lot of hassle*, to have a hard time of it* ◆ **il a galéré pendant des années avant d'être reconnu** he struggled for years before gaining recognition

galerie /galʀi/ SYN
  NF 1 (= *couloir*) (*gén*) gallery; [*de mine*] gallery, level; [*de fourmilière*] gallery; [*de taupinière*] tunnel
  2 (*Art*) (= *magasin*) gallery; (= *salle de musée*) room, gallery; (= *collection*) collection
  3 (*Théât* = *balcon*) circle ◆ **premières/deuxièmes galeries** dress/upper circle ◆ **les troisièmes galeries** the gallery, the gods* (*Brit*)
  4 (= *public*) gallery, audience ◆ **il a dit cela pour la galerie** he said that for appearances' sake ◆ **pour épater la galerie** to show off* ou impress people; → **amuser**
  5 [*de voiture*] roof rack; (*Archit* = *balustrade*) gallery
  COMP **galerie d'art** art gallery
  la galerie des Glaces (*Archit*) the Hall of Mirrors
  galerie marchande shopping arcade, shopping mall (*US*)
  galerie de peinture picture ou art gallery
  galerie de portraits (*Littérat*) collection of pen portraits
  galerie de tableaux ⇒ galerie de peinture

galérien /galeʀjɛ̃/ NM (*Hist*) galley slave; (= *SDF*) homeless person ◆ **travailler comme un galérien** to work like a (galley) slave

galeriste /galeʀist/ NMF gallery owner

galet /galɛ/ SYN NM 1 (= *pierre*) pebble ◆ **galets** shingle, pebbles ◆ **plage de galets** shingle beach
  2 (= *roue*) wheel, roller

galetas /galta/ NM (= *mansarde*) garret; (= *taudis*) hovel

galette /galɛt/ NF 1 (*Culin*) (= *gâteau*) round, flat biscuit; (*pour marins*) ship's biscuit ◆ **galette (de sarrasin)** (= *crêpe*) (buckwheat) pancake ◆ **galette de maïs** tortilla ◆ **galette de pommes de terre** potato pancake ◆ **galette des Rois** cake eaten in France on Twelfth Night; → **plat¹** ; → **LES ROIS**
  2 (*Ciné*) roll
  3 (* = *argent*) dough*, bread*, lolly* (*Brit*) ◆ **il a de la galette** he's loaded*, he's rolling in money*
  4 (* = *disque compact, CD-Rom*) disk

galeux, -euse /galø, øz/
  ADJ 1 [*personne*] affected with scabies, scabious (*SPÉC*); [*chien*] mangy; [*mouton, plante, arbre*] scabby; [*plaie*] caused by scabies ou the itch; [*éruption*] scabious ◆ **il m'a traité comme un chien galeux** he treated me like dirt ou as if I was the scum of the earth; → **brebis**
  2 (= *sordide*) [*murs*] peeling, flaking; [*pièce, quartier*] squalid, dingy, seedy
  NM,F (= *personne méprisable*) scum ◆ **pour lui je suis un galeux** as far as he's concerned I'm the lowest of the low ou the scum of the earth

galgal /galgal/ NM galgal

galhauban /galobɑ̃/ NM backstay

Galice /galis/ NF Galicia (*in Spain*)

Galien /galjɛ̃/ NM Galen

Galilée¹ /galile/ NM Galileo

Galilée² /galile/ NF Galilee ◆ **la mer de Galilée** the Sea of Galilee

galiléen¹, -enne¹ /galileɛ̃, ɛn/ (*Géog*)
  ADJ Galilean
  NM,F **Galiléen(ne)** Galilean

galiléen², -enne² /galileɛ̃, ɛn/ ADJ (*Phys, Astron*) Galilean ◆ **satellites galiléens** Galilean satellites ou moons

galimatias /galimatja/ SYN NM (= *propos*) gibberish (*NonC*), twaddle (*Brit*) (*NonC*); (= *écrit*) tedious nonsense (*NonC*), twaddle (*Brit*) (*NonC*)

galion /galjɔ̃/ NM galleon

galipette* /galipɛt/ SYN NF (= *cabriole*) somersault ◆ **galipettes** (*hum* = *ébats*) bedroom romps (*hum*) ◆ **faire des galipettes** (*cabrioles*) to somersault, to do somersaults; (*hum* : *ébats*) to have a romp

galipot /galipo/ NM (= *résine*) gal(l)ipot

galipoter /galipote/ ▸ conjug 1 ◂ VT to apply gal(l)ipot to

galle /gal/ NF gall ◆ **galle du chêne** oak apple; → **noix**

gallérie /galeʀi/ NF wax moth

Galles /gal/ NFPL → **pays¹, prince**

gallican, e /ga(l)likɑ̃, an/ ADJ, NM,F Gallican

gallicanisme /ga(l)likanism/ NM Gallicanism

gallicisme /ga(l)lisism/ NM (= *idiotisme*) French idiom; (*dans une langue étrangère* = *calque*) gallicism

gallicole /ga(l)likɔl/ ADJ (= *dans les galles*) gall-dwelling (*épith*); (= *provoquant des galles*) gall-causing (*épith*)

gallinacé /galinase/ NM member of the chicken family, gallinaceous bird (*SPÉC*); (*hum* = *poulet*) chicken

gallique /galik/ ADJ gallic

gallium /galjɔm/ NM gallium

gallo /galo/
  ADJ Francophone Breton
  NM (= *dialecte*) French dialect of Brittany
  NMF Gallo Francophone Breton

gallois, e /galwa, waz/
  ADJ Welsh
  NM 1 (= *langue*) Welsh
  2 ◆ **Gallois** Welshman ◆ **les Gallois** the Welsh
  NF **Galloise** Welshwoman

gallon /galɔ̃/ NM gallon ◆ **gallon canadien** ou **impérial** (*Can*) Imperial gallon (4.545 litres) ◆ **gallon américain** US gallon (3.785 litres)

gallo-romain, e (mpl **gallo-romains**) /ga(l)loʀɔmɛ̃, ɛn/
  ADJ Gallo-Roman
  NM,F **Gallo-Romain(e)** Gallo-Roman

gallo-roman, e /ga(l)loʀɔmɑ̃, an/
  ADJ Gallo-Roman(ce)
  NM (= *langue*) Gallo-Roman(ce)

galoche /galɔʃ/ NF 1 (= *sabot*) clog; (= *chaussure*) wooden-soled shoe; → **menton**
  2 (*Naut* = *poulie*) snatch block

galon /galɔ̃/ SYN NM 1 (*Couture*) braid (*NonC*), piece of braid; (*Mil*) stripe ◆ **il a gagné ses galons d'homme d'État/de professeur en faisant...** he earned ou won his stripes as a statesman/as a teacher doing... ◆ **prendre du galon** to get promotion (*Brit*), to get a promotion (*US*)
  2 (*Can*) measuring tape, tape measure

galonné, e /galɔne/ (ptp de **galonner**)
  ADJ (*Mil*) [*manche, uniforme*] with stripes on
  NM (*Mil*) ◆ **un galonné*** a brass hat*

galonner /galɔne/ ▸ conjug 1 ◂ VT [+ *vêtement*] to trim with braid ◆ **robe galonnée d'or** dress trimmed with gold braid

galop /galo/ NM 1 (*gén*) gallop ◆ **galop d'essai** (*lit*) trial gallop; (*fig*) trial run ◆ **j'ai fait un galop de quelques minutes** I galloped for a few minutes ◆ **cheval au galop** galloping horse ◆ **prendre le galop, se mettre au galop** to break into a gallop ◆ **mettre son cheval au galop** to put one's horse into a gallop ◆ **partir au galop** [*cheval*] to set off at a gallop; [*personne*] to take off like a shot ◆ **nous avons dîné au galop** we bolted down our dinner ◆ **va chercher tes affaires au galop !** go and get your things at (*Brit*) ou on (*US*) the double! ou and make it snappy!* ◆ **au petit galop** at a canter ◆ **au grand galop** at full gallop ◆ **au triple galop** [*partir, arriver*] at top speed ◆ **elle a rappliqué au triple galop*** she came in like a shot*
  2 (= *danse*) gallopade

galopade /galɔpad/ NF (*Équitation*) hand gallop; (= *course précipitée*) stampede

galopant, e /galɔpɑ̃, ɑ̃t/ ADJ [*inflation*] galloping, runaway; [*corruption, criminalité*] rampant ◆ **une croissance démographique galopante** soaring population growth

galope /galɔp/ NF [*de relieur*] hatcher

galoper /galɔpe/ SYN ▸ conjug 1 ◂ VI [*cheval*] to gallop; [*imagination*] to run wild, to run riot; [*enfant*] to run ◆ **galoper ventre à terre** to gallop flat out*, to go at full gallop ◆ **les enfants galopent dans les couloirs** the children are charging ou haring* (*Brit*) along the corridors ◆ **j'ai galopé toute la journée !*** I've been rushing around ou haring* (*Brit*) around all day! ◆ **faire galoper qn** (= *presser qn*) to rush sb

galopin* /galɔpɛ̃/ SYN NM (= *polisson*) urchin, ragamuffin ◆ **petit galopin !** you little rascal! ou ragamuffin!

galuchat /galyʃa/ NM shagreen

galure* /galyʀ/, **galurin*** /galyʀɛ̃/ NM (= *chapeau*) hat, headgear* (*NonC*)

galvanique /galvanik/ ADJ galvanic

galvanisation /galvanizasjɔ̃/ NF galvanization

galvaniser /galvanize/ SYN ▸ conjug 1 ◂ VT (*Tech*) to galvanize; (= *stimuler*) [+ *troupes, équipe, foule*] to galvanize (into action) ◆ **pour galvaniser les énergies** to galvanize people into action

galvanisme /galvanism/ NM (*Méd*) galvanism

galvano* /galvano/ NM (abrév de **galvanotype**) electro*

galvanomètre /galvanɔmɛtʀ/ NM galvanometer

galvanoplastie /galvanoplasti/ NF (= *reproduction*) electrotyping; (= *dépôt*) electroplating

galvanoplastique /galvanoplastik/ ADJ galvanoplastic

galvanotype /galvanotip/ NM electrotype

galvanotypie /galvanotipi/ NF electrotyping

galvaudage /galvodaʒ/ NM [de nom, réputation] tarnishing, sullying; [de talent] prostituting

galvaudé, e /galvode/ (ptp de **galvauder**) ADJ [expression] trite, hackneyed; [mot] overused

galvauder /galvode/ SYN ► conjug 1 ◄
- VT [+ réputation, image] to tarnish, to sully; [+ nom] to bring into disrepute; [+ talent] to waste; [+ expression, mot] to overuse
- VPR **se galvauder** (= s'avilir) to demean o.s., to lower o.s., to compromise o.s.; [expression] to become hackneyed; [mot] to become trivialized (through overuse)

galvaudeux, -euse † /galvodø, øz/ NM,F (= vagabond) tramp; (= bon à rien) good-for-nothing

gamay /game/ NM gamay

gambade /gɑ̃bad/ SYN NF leap, caper ◆ **faire des gambades** [personne, enfant] to leap (about), to caper (about), to prance about; [animal] to gambol, to leap (about), to frisk about

gambader /gɑ̃bade/ SYN ► conjug 1 ◄ VI [animal] to gambol, to leap (about), to frisk about; [personne, enfant] to leap (about), to caper (about), to prance about; [esprit] to flit ou jump from one idea to another ◆ **gambader de joie** to jump for joy

gambas /gɑ̃bas/ NFPL Mediterranean prawns, gambas

gambe /gɑ̃b/ NF → **viole**

gamberge* /gɑ̃bɛʀʒ/ NF ◆ **la gamberge** (= réflexion) hard thinking; (= soucis) brooding

gamberger* /gɑ̃bɛʀʒe/ ► conjug 3 ◄ VI (= réfléchir) to think hard; (= se faire du souci) to brood ◆ **ça gamberge là-dedans!** your brain is really working overtime!*

gambette /gɑ̃bɛt/
- NF (* = jambe) leg ◆ **jouer des gambettes** to run away, to take to one's heels
- NM (= oiseau) redshank

Gambie /gɑ̃bi/ NF ◆ **la Gambie** (= pays) The Gambia; (= fleuve) the Gambia

gambien, -ienne /gɑ̃bjɛ̃, jɛn/
- ADJ Gambian
- NM,F **Gambien(ne)** Gambian

gambiller* † /gɑ̃bije/ ► conjug 1 ◄ VI to dance, to jig*

gambit /gɑ̃bi/ NM [Échecs] gambit

gambusie /gɑ̃byzi/ NF gambusia

gamelan /gamlɑ̃/ NM gamelan

gamelle /gamɛl/ NF [de soldat] mess tin (Brit) ou kit (US); [d'ouvrier, campeur] billy-can, billy; [de chien] bowl; (hum = assiette) dish, plate ◆ **(se) ramasser** ou **(se) prendre une gamelle*** to fall flat on one's face, to come a cropper* (Brit)

gamète /gamɛt/ NM gamete

gamétogenèse /gametoʒənɛz/ NF gametogenesis, gametogeny

gamétophyte /gametofit/ NM gametophyte

gamin, e /gamɛ̃, in/ SYN
- ADJ (= puéril) childish; (= espiègle) mischievous, playful
- NM,F (* = enfant) kid* ◆ **quand j'étais gamin** when I was a kid* ◆ **gamin des rues/de Paris** street/Paris urchin ◆ **quel gamin (tu fais)!** you're so childish!

gaminerie /gaminʀi/ SYN NF (= espièglerie) playfulness (NonC); (= puérilité) childishness (NonC); (= farce) prank ◆ **faire des gamineries** (mischievous) pranks, to be childish ◆ **arrête tes gamineries** stop being so childish

gamma /ga(m)ma/ NM gamma; → **rayon**

gammaglobulines /ga(m)maglɔbylin/ NFPL gamma globulins

gammagraphie /ga(m)magʀafi/ NF (Méd) scintigraphy; (Tech) gamma-ray spectroscopy

gammare /gamaʀ/ NM water flea

gamme /gam/ SYN NF ① (= série) range; [d'émotions, sentiments] range, variety ◆ **toute la gamme** the whole range ◆ **produit d'entrée/de milieu de gamme** entry-level/mid-range product ◆ **haut de gamme** [produit, voiture, magazine, hôtel] top-of-the-range; [clientèle, tourisme] upmarket ◆ **bas de gamme** [produit, voiture, hôtel] bottom-of-the-range; [clientèle, tourisme] downmarket ◆ **le très haut de gamme en** chaînes hi-fi the very top of the range in sound systems
② (Mus) scale ◆ **gamme chromatique/ascendante/descendante** chromatic/rising/falling scale ◆ **faire des gammes** [musicien] to practise scales ◆ **il a fait ses gammes à la télévision** (fig) he cut his teeth in television

gammée /game/ ADJ F → **croix**

gamopétale /gamopetal/ ADJ gamopetalous

gamosépale /gamosepal/ ADJ gamosepalous

ganache /ganaʃ/ NF ① (* †) ◆ **(vieille) ganache** (= imbécile) (old) fool, (old) duffer*
② [de cheval] lower jaw
③ (Culin) ganache

Gand /gɑ̃/ N Ghent

gandin † /gɑ̃dɛ̃/ NM (péj) dandy

gandoura /gɑ̃duʀa/ NF gandurah, gandoura

Ganesha /ganeʃa/ NM Ganesa

gang /gɑ̃g/ SYN NM gang (of crooks)

ganga /gɑ̃ga/ NM sandgrouse

Gange /gɑ̃ʒ/ NM ◆ **le Gange** the Ganges

gangétique /gɑ̃ʒetik/ ADJ gangetic

ganglion /gɑ̃glijɔ̃/ SYN NM ganglion ◆ **ganglion lymphatique** lymph node ◆ **il a des ganglions** he has swollen glands

ganglionnaire /gɑ̃glijɔnɛʀ/ ADJ ganglionic

gangrène /gɑ̃gʀɛn/ SYN NF (Méd) gangrene; (fig) blight ◆ **avoir la gangrène** to have gangrene ◆ **la gangrène de la corruption** the cancer of corruption

gangrener /gɑ̃gʀəne/ SYN, **gangréner** /gɑ̃gʀene/ ► conjug 5 ◄
- VT ① (Méd) to gangrene
② (= corrompre) to blight ◆ **société gangrenée** society in decay ◆ **la corruption gangrène tout le système** corruption is eating away at ou poisoning the entire system ◆ **la violence gangrène tous les rapports sociaux** violence poisons all social relationships
- VPR **se gangrener** to go gangrenous ◆ **blessure qui se gangrène** wound which is going gangrenous ◆ **membre gangrené** gangrenous limb

gangreneux, -euse /gɑ̃gʀənø, øz/, **gangréneux, -euse** /gɑ̃gʀenø, øz/ ADJ gangrenous

gangster /gɑ̃gstɛʀ/ SYN NM (= criminel) gangster, mobster (US); (péj = escroc) shark, swindler, crook

gangstérisme /gɑ̃gsteʀism/ SYN NM gangsterism

gangue /gɑ̃g/ NF [de minerai, pierre] gangue; (= carcan) strait jacket ◆ **gangue de boue** coating ou layer of mud

gangué, e /gɑ̃ge/ ADJ (littér) covered in gangue

ganja /gɑ̃dʒa/ NF ganja

ganoïde /ganɔid/ ADJ ganoid

ganse /gɑ̃s/ NF braid (NonC)

ganser /gɑ̃se/ ► conjug 1 ◄ VT to braid ◆ **veste gansée de noir** jacket with black braiding

gant /gɑ̃/ SYN
- NM ① (gén) glove ◆ **gants de caoutchouc** rubber gloves
② (locutions) ◆ **remettre les gants*** to take up boxing again ◆ **cette robe lui va comme un gant** that dress fits her like a glove ◆ **ton idée/ce rôle lui va comme un gant** your idea/this role suits him down to the ground ◆ **je ne vais pas prendre des gants avec lui** I'm not going to pull my punches with him ◆ **tu ferais mieux de prendre des gants avec lui** you'd better handle him with kid gloves ◆ **il va falloir prendre des gants pour lui annoncer la nouvelle** we'll have to break the news to him gently ◆ **jeter/relever le gant** (lit, fig) to throw down/take up the gauntlet; → **main, retourner**
- COMP **gants de boxe** boxing gloves
gants de chirurgien surgical gloves
gant de crin massage glove
gant de cuisine oven glove
gant de données data glove
gant de jardinage gardening glove
gant de toilette ≈ facecloth (Brit), ≈ (face) flannel (Brit), ≈ wash cloth (US)

gantelet /gɑ̃t(ə)lɛ/ NM (Mil, Sport) gauntlet; [d'artisan] hand leather

ganter /gɑ̃te/ ► conjug 1 ◄
- VT [+ main, personne] to fit with gloves, to put gloves on ◆ **ganté de cuir** wearing leather gloves ◆ **main gantée de cuir** leather-gloved hand
- VI ◆ **ganter du 7** to take (a) size 7 in gloves
- VPR **se ganter** to put on one's gloves

ganterie /gɑ̃tʀi/ NF (= usine) glove factory; (= magasin) glove shop; (= commerce) glove trade; (= industrie) glove-making industry

gantier, -ière /gɑ̃tje, jɛʀ/ NM,F glover

gap /gap/ NM (Écon, Tech) gap

garage /gaʀaʒ/ SYN
- NM garage ◆ **as-tu mis la voiture au garage?** have you put the car in the garage? ou away?
- COMP **garage d'autobus** bus depot ou garage
garage d'avions hangar
garage de ou **à bicyclettes** bicycle shed
garage de canots boathouse; → **voie**

garagiste /gaʀaʒist/ NMF (= propriétaire) garage owner; (= mécanicien) garage mechanic ◆ **le garagiste m'a dit que...** the man at the garage ou the mechanic told me that... ◆ **emmener sa voiture chez le garagiste** to take one's car to the garage

garance /gaʀɑ̃s/
- NF (= plante, teinture) madder
- ADJ INV madder(-coloured)

garancer /gaʀɑ̃se/ ► conjug 3 ◄ VT to dye with madder

garancière /gaʀɑ̃sjɛʀ/ NF madder field

garant, e /gaʀɑ̃, ɑ̃t/ SYN
- NM,F (gén = personne, état) guarantor (de for) ◆ **servir de garant à qn** [personne] to stand surety for sb, to act as guarantor for sb; [honneur, parole] to be sb's guarantee ◆ **être** ou **se porter garant de qch** (Jur) to be answerable ou responsible for sth; (gén) (= assurer) to guarantee sth ◆ **la banque centrale sera la garante de la stabilité de l'euro** the central bank will guarantee the stability of the euro
- NM (= cordage) fall

garanti, e[1] /gaʀɑ̃ti/ (ptp de **garantir**) ADJ guaranteed ◆ **garanti étanche/trois ans** guaranteed waterproof/for three years ◆ **garanti pièces et main-d'œuvre** guaranteed for parts and labour ◆ **garanti pure laine** warranted ou guaranteed pure wool ◆ **c'est garanti pour cinq ans** it carries a five-year guarantee, it is guaranteed for five years ◆ **il va refuser, c'est garanti (sur facture)*** he'll refuse – it's for sure ou it's a cert* (Brit), you can bet your life he'll refuse* ◆ **c'est la migraine garantie*** you're bound to get ou it's a surefire way of getting* a headache

garantie[2] /gaʀɑ̃ti/ SYN
- NF ① (Comm) guarantee ◆ **sous garantie** under guarantee; → **bon**[2], **contrat**
② (= assurance) guarantee, guaranty (SPÉC); (= gage) security, surety; (= protection) safeguard ◆ **ils nous ont donné leur garantie que...** they gave us their guarantee that... ◆ **si on a la garantie qu'ils se conduiront bien** if we have a guarantee ou a firm undertaking (Brit) that they'll behave ◆ **servir de garantie** [bijoux] to act as a surety ou security ou guarantee; [otages] to be used as a security; [honneur] to be a guarantee ◆ **donner des garanties** to give guarantees ◆ **il faut prendre des garanties** we have to find sureties ou get guarantees ◆ **cette entreprise présente toutes les garanties de sérieux** there is every indication that the firm is reliable ◆ **c'est une garantie de succès** it's a guarantee of success ◆ **c'est une garantie contre le chômage/l'inflation** it's a safeguard against unemployment/inflation
③ (= caution) ◆ **donner sa garantie à** to guarantee, to stand security for, to be guarantor for
④ [de police d'assurance] cover (NonC)
⑤ (locutions) ◆ **je vous dis ça, mais c'est sans garantie** I can't vouch for what I'm telling you, I can't guarantee that what I'm telling you is right ◆ **j'essaierai de le faire pour jeudi mais sans garantie** I'll try and get it done for Thursday but I can't guarantee it ou I'm not making any promises ◆ **ils ont bien voulu essayer de le faire, sans garantie de succès** they were quite willing to try and do it, but they couldn't guarantee success
- COMP **garantie constitutionnelle** constitutional guarantee
garantie de l'emploi job security
garantie d'exécution performance bond
garanties individuelles guarantees of individual liberties
garantie d'intérêt guaranteed interest
garantie de paiement guarantee of payment

garantir /gaʀɑ̃tiʀ/ GRAMMAIRE ACTIVE 15.1 SYN ► conjug 2 ◄ VT ① (gén = assurer) to guarantee;

[+ emprunt] to guarantee, to secure ◆ **garantir que** to assure ou guarantee that ◆ **se garantir contre** [+ vol, incendie, risque] to insure ou cover o.s. against ◆ **je te garantis que ça ne se passera pas comme ça !** I can assure you things won't turn out like that! ◆ **le poulet sera tendre, le boucher me l'a garanti** the chicken will be tender – the butcher assured me it would be ◆ **je te garantis le fait** I can vouch for the fact

② (= protéger) ◆ **garantir qch de** to protect sth from ◆ **se garantir les yeux (du soleil)** to protect one's eyes (from the sun) ◆ **se garantir contre la pollution/dévaluation** to guard against pollution/currency devaluation

garce⁑ /gaʀs/ SYN NF (péj) (= méchante) bitch⁑,⁂, (= dévergondée) slut⁑, tart⁑ (Brit) ◆ **qu'est-ce que tu es garce !** you're such a bitch!⁑,⁂ ◆ **garce de tondeuse !** damned⁑ ou bloody⁑ (Brit) mower!

garcette /gaʀsɛt/ NF (Naut = cordage) gasket

garçon /gaʀsɔ̃/ SYN

NM ① (= enfant, fils) boy ◆ **tu es un grand garçon maintenant** you're a big boy now ◆ **traiter qn comme un petit garçon** to treat sb like a child ou a little boy ◆ **à côté d'eux, on est des petits garçons** compared with them we're only beginners ◆ **cette fille est un garçon manqué** ou **un vrai garçon** this girl is a real tomboy

② (= jeune homme) young man ◆ **il est beau** ou **joli garçon** he's good looking, he's a good-looking guy⁎ ou young man ◆ **eh bien mon garçon...** (hum) well my boy... ◆ **c'est un brave garçon** he's a good sort ou a nice fellow ◆ **ce garçon ira loin** that young man will go far; → **mauvais**

③ (= commis) (shop) assistant ◆ **garçon boulanger/boucher** baker's/butcher's assistant; (= jeune homme) baker's/butcher's boy ◆ **garçon coiffeur** hairdresser's assistant ou junior

④ (= serveur) waiter

⑤ († = célibataire) bachelor ◆ **être/rester garçon** to be/remain single ou a bachelor ◆ **vivre en garçon** to lead a bachelor's life; → **enterrer, vie, vieux**

COMP garçon d'ascenseur lift (Brit) ou elevator (US) attendant; (= jeune homme) lift (Brit) ou elevator (US) boy
garçon de bureau † office assistant
garçon de cabine cabin boy
garçon de café waiter
garçon de courses messenger; (= jeune homme) errand boy
garçon d'écurie stable boy ou lad (Brit)
garçon d'étage boots (sg) (Brit), bellhop (US)
garçon de ferme farm hand
garçon d'honneur best man
garçon de laboratoire laboratory assistant
garçon livreur delivery man; (= jeune homme) delivery boy
garçon de recettes bank messenger
garçon de salle waiter

garçonne /gaʀsɔn/ **à la garçonne** LOC ADJ, LOC ADV ◆ **coupe** ou **coiffure à la garçonne** urchin cut ◆ **être coiffée à la garçonne** to have an urchin cut

garçonnet /gaʀsɔnɛ/ NM small boy ◆ **taille garçonnet** boy's size ◆ **rayon garçonnet** boys' department

garçonnier, -ière¹ /gaʀsɔnje, jɛʀ/ ADJ [fille] tomboyish ◆ **une fille à l'allure garçonnière** a tomboyish-looking girl ◆ **c'est un jeu trop garçonnier pour elle** it's too much of a boy's game for her

garçonnière² /gaʀsɔnjɛʀ/ NF bachelor flat (Brit) ou apartment (US)

Garde /gaʀd/ N ▶ **le lac de Garde** Lake Garda

garde¹ /gaʀd/ SYN

NF ① (= surveillance) ◆ **on lui avait confié la garde des bagages/des prisonniers** he had been put in charge of the luggage/the prisoners, he had been given the job of looking after ou of guarding the luggage/the prisoners ◆ **il s'est chargé de la garde des bagages/des prisonniers** he undertook to look after ou to guard ou to keep an eye on the luggage/the prisoners ◆ **la garde des frontières est assurée par...** the task ou job of guarding the frontiers is carried out by... ◆ **confier qch/qn à la garde de qn** to entrust sth/sb to sb's care, to leave sth/sb in sb's care ◆ **être sous la garde de la police** to be under police guard ◆ **être/mettre qn sous bonne garde** to be/put sb under guard

② (Jur : après divorce) custody ◆ **elle a eu la garde des enfants** she got ou was given (the) custody of the children ◆ **garde alternée/conjointe** alternating/joint custody

③ (= veille) [de soldat] guard duty; [d'infirmière] ward duty; [de médecin] duty period ◆ **sa garde a duré douze heures** (soldat) he was on guard duty for 12 hours; (médecin, infirmier) he was on duty for 12 hours ◆ **assurer 15 gardes par mois** [médecin] to be on call ou on duty 15 times a month ◆ **(être) de garde** [infirmière, sentinelle] (to be) on duty; [médecin, pharmacien] (to be) on call ou on duty ◆ **pharmacie de garde** duty chemist (Brit) ou pharmacist (US) ◆ **quel est le médecin de garde ?** who is the doctor on call?; → **chien, monter¹, poste²**

④ (= conservation) ◆ **être de bonne garde** [aliment, boisson] to keep well ◆ **vin de garde** wine for laying down, wine that will benefit from being kept

⑤ (= groupe, escorte) guard ◆ **garde rapprochée** [de président] personal bodyguard ◆ **garde descendante/montante** old/relief guard; → **corps, relever** etc

⑥ (= infirmière) nurse ◆ **garde de jour/de nuit** day/night nurse

⑦ (Boxe, Escrime) guard ◆ **gardes** (Escrime) positions ◆ **avoir/tenir la garde haute** to have/keep one's guard up ◆ **fermer/ouvrir sa garde** to close/open one's guard ◆ **baisser sa garde** (lit) to lower one's guard; (fig) to drop one's guard

⑧ [d'épée] hilt, guard ◆ **jusqu'à la garde** (lit) (up) to the hilt

⑨ (Typographie) ◆ **(page de) garde** flyleaf

⑩ [de serrure] ◆ **gardes** wards

⑪ (= espace) ◆ **garde au sol** [de voiture] ground clearance; [d'avion] vertical clearance ◆ **garde au toit** headroom ◆ **garde d'embrayage** clutch linkage ou pedal play ◆ **laisser une garde suffisante à la pédale** to allow enough play on the pedal

⑫ (Cartes) ◆ **avoir la garde à cœur** to have a stop (Brit) ou covering card (US) in hearts

⑬ (locutions) ◆ **être/se mettre/se tenir sur ses gardes** to be/put o.s./stay on one's guard ◆ **n'avoir garde de faire** (littér) to take good care not to do, to make sure one doesn't do ◆ **faire bonne garde** to keep a close watch

◆ **en + garde** ◆ **en garde !** (Escrime) on guard! ◆ **se mettre en garde** to take one's guard ◆ **mettre qn en garde** to put sb on his guard, to warn sb (contre against) ◆ **mise en garde** warning ◆ **prendre en garde** [+ enfant, animal] to take into one's care, to look after ◆ **ils nous ont laissé leur enfant en garde** they left their child in our care ◆ **Dieu vous ait en sa (sainte) garde** (may) God be with you

◆ **prendre garde** ◆ **prendre garde de** ou **à ne pas faire** to be careful ou take care not to do ◆ **prenez garde de (ne pas) tomber** be careful ou take care you don't fall ou not to fall, mind you don't fall (Brit) ◆ **prends garde !** (exhortation) watch out!; (menace) watch it!⁎ ◆ **prends garde à toi** watch yourself, take care ◆ **prends garde aux voitures** be careful of ou watch out for ou mind the cars ◆ **sans prendre garde au danger** without considering ou heeding the danger ◆ **sans y prendre garde** without realizing it

COMP garde d'enfants (= personne) child minder (Brit), day-care worker (US); (= activité) child minding (Brit), day care (US)
garde d'honneur guard of honour
garde impériale Imperial Guard
garde judiciaire legal surveillance (of impounded property)
garde juridique legal liability
garde mobile anti-riot police
garde municipale municipal guard
garde pontificale Papal Guard
garde républicaine Republican Guard
garde à vue ≃ police custody ◆ **être mis** ou **placé en garde à vue** ≃ to be kept in police custody, ≃ to be held for questioning

garde² /gaʀd/ SYN

NM ① [de locaux, prisonnier] guard; [de domaine, château] warden (Brit), keeper (US); [de jardin public] keeper

② (Mil = soldat) guardsman; (Hist) guard, guardsman; (= sentinelle) guard

COMP garde champêtre rural policeman
garde du corps bodyguard
garde forestier ≃ forest warden (Brit), ≃ (park) ranger (US), forester
garde impérial imperial guard ou guardsman
garde maritime coastguard
garde mobile member of the anti-riot police
garde municipal municipal guard ou guardsman
garde pontifical papal guard ou guardsman
garde républicain Republican guard ou guardsman, member of the Republican Guard
garde rouge Red Guard
Garde des Sceaux French Minister of Justice, ≃ Lord Chancellor (Brit), ≃ Attorney General (US) (Hist), ≃ Keeper of the Seals; → aussi **garder**

gardé, e /gaʀde/ (ptp de **garder**) ADJ ◆ **passage à niveau gardé/non gardé** manned/unmanned level crossing ◆ **cabane gardée/non gardée** (Alpinisme) hut with/without resident warden; → **chasse¹, proportion**

garde-à-vous /gaʀdavu/ NM INV (Mil) (= action) standing to attention (NonC); (= cri) order to stand to attention ◆ **garde-à-vous fixe !** attention! ◆ **ils exécutèrent des garde-à-vous impeccables** they stood to attention faultlessly ◆ **rester/se mettre au garde-à-vous** (Mil, fig) to stand at/stand to attention

garde-barrière (pl **gardes-barrières**) /gaʀd(ə)baʀjɛʀ/ NMF level-crossing keeper

garde-boue /gaʀd(ə)bu/ NM INV mudguard (Brit), fender (US)

garde-chasse (pl **gardes-chasse(s)**) /gaʀdəʃas/ NM gamekeeper

garde-chiourme (pl **gardes-chiourme**) /gaʀdəʃjuʀm/ NM (Hist) warder (of galley slaves); (fig) martinet

garde-corps /gaʀdəkɔʀ/ NM INV (Naut) (= cordage) lifeline, manrope; (= rambarde) (en fer) railing; (en pierre) parapet

garde-côte (pl **garde-côtes**) /gaʀdəkot/ NM (= navire) (Mil) coastguard ship; (= vedette garde-pêche) fisheries protection launch ou craft; (= personne) coastguard

garde-feu (pl **garde-feu(x)**) /gaʀdəfø/ NM fireguard

garde-fou (pl **garde-fous**) /gaʀdəfu/ SYN NM (en fer) railing; (en pierre) parapet; (fig) safeguard (contre, à against) ◆ **servir de garde-fou** to act as a safeguard

garde-frein (pl **garde-frein(s)**) /gaʀdəfʀɛ̃/ NM guard, brakeman

garde-frontière (pl **gardes-frontières**) /gaʀd(ə)fʀɔ̃tjɛʀ/ NMF border guard

garde-magasin (pl **gardes-magasins**) /gaʀd(ə)magazɛ̃/ NM (Mil) ≃ quartermaster; (= magasinier) warehouseman

garde-malade (pl **gardes-malades**) /gaʀd(ə)malad/ NMF home nurse

garde-manger /gaʀd(ə)mɑ̃ʒe/ NM INV (= armoire) meat safe (Brit), cooler (US); (= pièce) pantry, larder

garde-meuble (pl **garde-meubles**) /gaʀdəmœbl/ NM storehouse, furniture depository (Brit) ◆ **mettre une armoire au garde-meuble** to put a wardrobe in storage ou in store (Brit)

garde-mite (pl **gardes-mites**) /gaʀdəmit/ NM ≃ quartermaster

gardénal ® /gaʀdenal/ NM phenobarbitone (Brit), phenobarbital (US), Luminal ®

gardénia /gaʀdenja/ NM gardenia

garde-pêche /gaʀdəpɛʃ/

NM (= personne) water bailiff (Brit), fish (and game) warden (US)

NM INV (= frégate) fisheries protection vessel ◆ **vedette garde-pêche** fisheries protection launch ou craft

garde-port (pl **gardes-ports**) /gaʀdəpɔʀ/ NM wharf master, harbour master

garder /gaʀde/ SYN ▶ conjug 1 ◀

VT ① (= surveiller) [+ enfants, magasin] to look after, to mind; [+ bestiaux] to look after, to guard; [+ bagages] to look after, to watch over; [+ trésor, prisonnier] to guard, to watch over; (= défendre) [+ frontière, passage, porte] to guard ◆ **le chien garde la maison** the dog guards the house ◆ **garder des enfants** (métier) to be a child minder (Brit) ou day-care worker (US) ◆ **garde ma valise pendant que j'achète un livre** look after ou keep an eye on my suitcase while I buy a book ◆ **on n'a pas gardé les cochons ensemble !**⁎ you've got a nerve(, we hardly know each other)!⁎ ◆ **toutes les issues sont gardées** all the exits are guarded, a watch is being kept on all the exits ◆ **une statue gardait l'entrée** a statue stood at the entrance ou guarded the entrance

② (= ne pas quitter) ◆ **garder la chambre** to stay in ou keep to one's room ◆ **garder le lit** to stay in bed ◆ **un rhume lui a fait garder la chambre** he stayed in his room because of his cold, his cold kept him at home *ou* in his room

3 *[+ denrées, marchandises, papiers]* to keep • **gardez la monnaie** keep the change • **ces fleurs ne gardent pas leur parfum** these flowers lose their scent • **il garde tout** he holds on to everything, he never throws anything out • **il ne peut rien garder** *(gén)* he can't keep anything; *(= il vomit)* he can't keep anything down

4 *(= conserver sur soi) [+ vêtement]* to keep on • **gardez donc votre chapeau** do keep your hat on

5 *(= retenir) [+ personne, employé, client]* to keep; *[police]* to detain • **garder qn à vue** *(Jur)* ≃ to keep sb in custody • **garder qn à déjeuner** to have sb stay for lunch • **garder un élève en retenue** to keep a pupil in, to keep a pupil in detention • **il m'a gardé une heure au téléphone** he kept me on the phone for an hour

6 *(= mettre de côté)* to keep, to put aside *ou* to one side; *(= réserver) [+ place] (pendant absence)* to keep *(à, pour* for); *(avant l'arrivée d'une personne)* to save, to keep *(à, pour* for) • **je lui ai gardé une côtelette pour ce soir** I've kept *ou* saved a chop for him for tonight • **j'ai gardé de la soupe pour demain** I've kept *ou* saved *ou* I've put aside some soup for tomorrow • **garder le meilleur pour la fin** to keep the best till the end • **garder une poire pour la soif** to keep *ou* save something for a rainy day; → **chien, dent**

7 *(= maintenir)* to keep • **garder les yeux baissés/la tête haute** to keep one's eyes down/one's head up • **garder un chien enfermé/en laisse** to keep a dog shut in/on a leash

8 *(= ne pas révéler)* to keep • **garder le secret** to keep the secret • **garder ses pensées pour soi** to keep one's thoughts to oneself • **gardez cela pour vous** keep it to yourself, keep it under your hat* • **gardez vos réflexions** *ou* **remarques pour vous** keep your comments to yourself

9 *(= conserver) [+ souplesse, élasticité, fraîcheur]* to keep, to retain; *[+ jeunesse, droits, facultés]* to retain; *[+ habitudes, apparences]* to keep up; *[+ emploi]* to keep • **il a gardé toutes ses facultés** *ou* **toute sa tête** he still has all his faculties, he's still in full possession of his faculties • **garder le jeûne** to observe *ou* keep the fast • **garder son calme** to keep *ou* remain calm • **garder la tête froide** to keep a cool head, to keep one's head • **garder ses distances** to keep one's distance • **garder un bon souvenir de qch** to have happy memories of sth • **garder sa raison** to keep one's sanity • **garder le silence** to keep silent *ou* silence • **garder l'espoir** to keep hoping • **garder l'anonymat** to remain anonymous • **garder la ligne** to keep one's figure • **garder rancune à qn** to bear sb a grudge • **j'ai eu du mal à garder mon sérieux** I had a job keeping *ou* to keep a straight face • **garder les idées claires** to keep a clear head

10 *(= protéger)* • **garder qn de l'erreur/de ses amis** to save sb from error/from his friends • **ça vous gardera du froid** it'll protect you from the cold • **Dieu** *ou* **le Ciel vous garde** God be with you • **la châsse qui garde ces reliques** the shrine which houses these relics

VPR **se garder** 1 *[denrées]* to keep • **ça se garde bien** it keeps well

2 • **se garder de qch** *(= se défier de)* to beware of *ou* be wary of sth; *(= se protéger de)* to protect o.s. from sth, to guard against sth • **gardez-vous de décisions trop promptes/de vos amis** beware *ou* be wary of hasty decisions/of your own friends • **se garder de faire qch** to be careful not to do sth • **elle s'est bien gardée de le prévenir** she was very careful not to tell him, she carefully avoided telling him • **vous allez lui parler ? – je m'en garderai bien !** are you going to speak to him? – that's one thing I won't do! *ou* that's the last thing I'd do!

garderie /gaʀdəʀi/ SYN NF 1 • **garderie (d'enfants)** *(jeunes enfants)* day nursery *(Brit)*, day-care center *(US)*; *(Scol)* ≃ after-school club *(Brit)*, ≃ after-school center *(US)* *(child-minding service operating outside school hours while parents are working)*

2 *(= étendue de bois) forest ranger's appointed area*

garde-robe (pl **garde-robes**) /gaʀdəʀɔb/ NF *(= habits)* wardrobe • **il faut que je renouvelle ma garde-robe** I need a whole new wardrobe

gardeur, -euse /gaʀdœʀ, øz/ NM, F • **gardeur de troupeaux** herdsman • **gardeur de vaches** cowherd • **gardeur de chèvres** goatherd • **gardeur de cochons** swineherd

garde-voie (pl **gardes-voies**) /gaʀdəvwa/ NM *(= personne)* line guard

gardian /gaʀdjɑ̃/ NM herdsman *(in the Camargue)*

gardien, -ienne /gaʀdjɛ̃, jɛn/ SYN

NM,F 1 *[de propriété, château]* warden *(Brit)*, keeper *(US)*; *[d'usine, locaux]* guard; *[d'hôtel]* attendant; *[de cimetière]* caretaker, keeper; *[de jardin public, zoo]* keeper; *[de réserve naturelle]* warden; *[de prisonnier]* guard; *[de bovins]* cowherd

2 *(= défenseur)* guardian, protector • **la constitution, gardienne des libertés** the constitution, protector *ou* guardian of freedom • **les gardiens de la Constitution** the guardians of the Constitution; → **ange**

COMP **gardien(ne) (de but)** goalkeeper, goalie*
gardienne (d'enfants) child minder *(Brit)*, day-care worker *(US)*
gardien(ne) (d'immeuble) caretaker *(of a block of flats) (Brit)*, (apartment house) manager *(US)*
gardien(ne) de musée museum attendant
gardien de nuit night watchman
gardien de la paix policeman, patrolman *(US)*
gardienne de la paix policewoman, patrolwoman *(US)*
gardien(ne) de phare lighthouse keeper
gardien (de prison) prison officer *(Brit) ou* guard *(US)*
gardienne (de prison) prison officer *ou* wardress *(Brit) ou* guard *(US)*
gardien du temple *(fig)* keeper of the flame

gardiennage /gaʀdjenaʒ/ NM *[d'immeuble]* caretaking; *[de locaux]* guarding; *[de port]* security • **gardiennage électronique** electronic surveillance • **société de gardiennage et de surveillance** security company

gardon /gaʀdɔ̃/ NM roach; → **frais¹**

gare¹ /gaʀ/ SYN

NF station • **gare d'arrivée/de départ** station of arrival/of departure • **gare de marchandises/de voyageurs** goods *(Brit) ou* freight *(US)* /passenger station • **le train entre/est en gare** the train is coming in/is in • **l'express de Dijon entre en gare sur la voie 6** the express from Dijon is now approaching platform 6 • **littérature/roman de gare** *(péj)* pulp literature/novel; → **chef¹**

COMP **gare fluviale** canal *ou* river basin
gare de fret cargo terminal
gare maritime harbour station
gare routière *[de camions]* haulage depot; *[d'autocars]* coach *(Brit) ou* bus *(US)* station
gare de triage marshalling yard

gare² * /gaʀ/ EXCL *(= attention)* • **gare à toi !, gare à tes fesses !**‡ (just) watch it! * • **gare à toi** *ou* **à tes fesses**‡ **si tu recommences !** you'll be in for it if you do that again! * • **gare au premier qui bouge !** whoever makes the first move will be in trouble!, the first one to move will be for it! * *(Brit)* • **et fais ce que je dis, sinon gare !** and do what I say, or else! * • **gare à ne pas recommencer !** just make sure you don't do it again! • **la porte est basse, gare à ta tête** it's a low door so (be) careful you don't bang your head *ou* mind *(Brit)* (you don't bang) your head • **gare aux conséquences/à ce type** beware of the consequences/of him; → **crier**

garenne /gaʀɛn/

NF rabbit warren; → **lapin**

NM wild rabbit

garer /gaʀe/ SYN ▸ conjug 1 ◂

VT *[+ véhicule]* to park; *[+ train]* to put into a siding; *[+ embarcation]* to dock; *[+ récolte]* to (put into) store

VPR **se garer** 1 *[automobiliste]* to park

2 *(= se ranger de côté) [véhicule, automobiliste]* to draw into the side, to pull over; *[piéton]* to move aside, to get out of the way

3 *(* = éviter)* • **se garer de qch/qn** to avoid sth/sb, to steer clear of sth/sb

Gargantua /gaʀgɑ̃tɥa/ NM Gargantua • **c'est un Gargantua** he has a gargantuan *ou* gigantic appetite

gargantuesque /gaʀgɑ̃tɥɛsk/ SYN ADJ *[appétit, repas]* gargantuan, gigantic

gargariser (se) /gaʀgaʀize/ SYN ▸ conjug 1 ◂ VPR to gargle • **se gargariser de** *(péj = se vanter de)* to crow over *ou* about • **se gargariser de grands mots** to revel in big words

gargarisme /gaʀgaʀism/ NM gargle • **se faire un gargarisme** to gargle

gargote /gaʀgɔt/ SYN NF *(péj)* cheap restaurant *ou* eating-house, greasy spoon*

gargotier, -ière /gaʀgɔtje, jɛʀ/ NM,F *(= aubergiste)* owner of a greasy spoon*

gargouille /gaʀguj/ NF *(Archit)* gargoyle; *(Constr)* waterspout

gargouillement /gaʀgujmɑ̃/ SYN NM ⇒ **gargouillis**

gargouiller /gaʀguje/ ▸ conjug 1 ◂ VI *[eau]* to gurgle; *[intestin]* to rumble

gargouillis /gaʀguji/ NM *(gén pl) [d'eau]* gurgling *(NonC)*; *[d'intestin]* rumbling *(NonC)* • **faire des gargouillis** *[eau]* to gurgle; *[intestin]* to rumble

gargoulette /gaʀgulɛt/ NF *(= vase)* earthenware water jug

garibaldien, -ienne /gaʀibaldjɛ̃, jɛn/

ADJ Garibaldian

NM Garibaldian • **les garibaldiens** *(Mil)* Garibaldi's soldiers

garnement /gaʀnəmɑ̃/ SYN NM *(= gamin)* (young) imp; *(= adolescent)* tearaway *(Brit)*, hellion *(US)* • **petit garnement !** you little rascal!

garni, e /gaʀni/ (ptp de **garnir**)

ADJ 1 *(= rempli)* • **bien garni** *[réfrigérateur, bibliothèque]* well-stocked; *[bourse]* well-lined; *[+ portefeuille]* well-filled, well-lined • **il a encore une chevelure bien garnie** he has still got a good head of hair

2 *[plat, viande] (de légumes)* served with vegetables; *(de frites)* served with French fries *ou* chips *(Brit)* • **cette entrecôte est bien garnie** there's a generous helping of French fries *ou* chips *(Brit)* with this steak; → **bouquet¹, choucroute**

3 *(† = meublé) [chambre]* furnished

NM † furnished accommodation *ou* rooms *(for renting)*

garniérite /gaʀnjeʀit/ NF garnierite

garnir /gaʀniʀ/ SYN ▸ conjug 2 ◂

VT 1 *(= protéger, équiper)* • **garnir de** to fit out with • **garnir une porte d'acier** to fit *ou* reinforce a door with steel plate • **garnir une canne d'un embout** to put a tip on the end of a walking stick • **garnir une muraille de canons** to range cannons along a wall • **garnir une boîte de tissu** to line a box with material • **garnir un mur de pointes** to arm a wall with spikes, to set spikes along a wall • **mur garni de canons/pointes** wall bristling with cannons/spikes

2 *[chose] (= couvrir)* • **l'acier qui garnit la porte** the steel plate covering the door • **les canons qui garnissent la muraille** the cannons lining the wall *ou* ranged along the wall • **des pointes garnissent le mur** there are spikes set in the wall • **le cuir qui garnit la poignée** the leather covering the handle • **coffret garni de velours** casket lined with velvet, velvet-lined casket

3 *(= approvisionner) [+ boîte, caisse]* to fill *(de* with); *[+ réfrigérateur]* to stock *(de* with); *[+ chaudière]* to stoke *(de* with); *[+ hameçon]* to bait *(de* with) • **le cuisinier garnissait les plats de charcuterie** the cook was setting out *ou* putting cold meat on the plates • **garnir de livres une bibliothèque** to stock *ou* fill (the shelves of) a library with books • **garnir les remparts** *(Mil)* to garrison the ramparts

4 *(= remplir) [+ boîte]* to fill; *(= recouvrir) [+ surface, rayon]* to cover, to fill • **une foule dense garnissait les trottoirs** a dense crowd covered *ou* packed the pavements • **les chocolats qui garnissaient la boîte** the chocolates which filled the box • **boîte garnie de chocolats** box full of chocolates • **plats garnis de tranches de viande** plates filled with *ou* full of slices of meat

5 *[+ siège] (= canner)* to cane; *(= rembourrer)* to pad

6 *(= enjoliver) [+ vêtement]* to trim; *[+ étagère]* to decorate; *[+ aliment]* to garnish *(de* with) • **garnir une jupe d'un volant** to trim a skirt with a frill • **garnir une table de fleurs** to decorate a table with flowers • **les bibelots qui garnissent la cheminée** the trinkets which decorate the mantelpiece • **des plats joliment garnis de charcuterie** plates nicely laid out with cold meat • **des côtelettes garnies de cresson** chops garnished with cress

VPR **se garnir** *[salle, pièce]* to fill up *(de* with) • **la salle commençait à se garnir** the room was beginning to fill up

garnison /gaʀnizɔ̃/ NF *(= troupes)* garrison • **(ville de) garnison** garrison town • **vie de garnison** garrison life • **être en garnison à, tenir garnison à** to be stationed *ou* garrisoned at

garnissage /ɡaʀnisaʒ/ NM [de couette] (de plumes) feather stuffing; (de fibres synthétiques) stuffing

garniture /ɡaʀnityʀ/ SYN
- NF ① (= décoration) [de robe, chapeau] trimming (NonC); [de table] set of table linen; [de coffret] lining ◆ **garniture intérieure** [de voiture] upholstery, interior trim
- ② (Culin) (= légumes) vegetables; (= sauce à vol-au-vent) filling ◆ **servi avec garniture** served with vegetables, vegetables included ◆ **pour la garniture, vous avez des carottes ou des pois** you have a choice of carrots or peas as a vegetable
- ③ (Typographie) furniture
- ④ (Tech = protection) [de chaudière] lagging (NonC); [de boîte] covering (NonC) ◆ **avec garniture de caoutchouc/cuir** with rubber/leather fittings ou fitments ◆ **garniture d'embrayage/de frein** clutch/brake lining ◆ **changer les garnitures de freins** to reline the brakes, to change the brake linings
- COMP **garniture de cheminée** mantelpiece ornaments
  garniture de foyer (set of) fire irons
  garniture de lit (set of) bed linen
  garniture périodique sanitary towel (Brit) ou napkin (US)
  garniture de toilette toilet set

Garonne /ɡaʀɔn/ NF ◆ **la Garonne** the Garonne

garou /ɡaʀu/ NM (= plante) spurge flax

garrigue /ɡaʀiɡ/ NF garrigue, scrubland (typical of the Mediterranean landscape)

garrot /ɡaʀo/ NM [de cheval] withers; (Méd) tourniquet; (= supplice) garrotte ◆ **poser un garrot** to apply a tourniquet (à qn to sb)

garrotter /ɡaʀɔte/ SYN ► conjug 1 ◄ VT (= attacher) to tie up; († = censurer) [+ presse] to gag

gars* /ɡɑ/ SYN NM ① (= enfant, fils) boy, lad (Brit) ◆ **les petits gars du quartier** the local youths ◆ **dis-moi mon gars** tell me son ou sonny *
- ② (= type) guy *, bloke * (Brit) ◆ **un drôle de gars** an odd guy ou customer * ◆ **allons-y, les gars !** come on, guys * ou lads * (Brit)!

Gascogne /ɡaskɔɲ/ NF Gascony; → **golfe**

gascon, -onne /ɡaskɔ̃, ɔn/
- ADJ Gascon
- NM (= langue) Gascon
- NM,F **Gascon(ne)** Gascon; → **promesse**

gasconnade /ɡaskɔnad/ NF (littér = vantardise) boasting (NonC), bragging (NonC)

gasconnisme /ɡaskɔnism/ NM Gascon word (or phrase)

gasoil, gas-oil /ɡazwal, ɡazɔjl/ NM diesel oil

gaspacho /ɡaspatʃo/ NM gazpacho

gaspillage /ɡaspijaʒ/ SYN NM (= action) wasting; (= résultat) waste ◆ **quel gaspillage !** what a waste! ◆ **un immense gaspillage des ressources naturelles** an enormous waste of natural resources

gaspiller /ɡaspije/ SYN ► conjug 1 ◄ VT [+ eau, nourriture, temps, ressources] to waste; [+ fortune, argent, dons, talent] to waste, to squander ◆ **il gaspille inutilement ses forces/son énergie** he's wasting his strength/energy ◆ **qu'est-ce que tu gaspilles !** you're so wasteful!

gaspilleur, -euse /ɡaspijœʀ, øz/ SYN
- ADJ wasteful
- NM,F [d'eau, nourriture, temps, dons] waster; [de fortune] squanderer ◆ **quel gaspilleur** he's so wasteful

gastéropode /ɡasteʀɔpɔd/ NM gastropod ◆ **gastéropodes** Gastropoda (SPÉC)

gastralgie /ɡastʀalʒi/ NF stomach pains, gastralgia (SPÉC)

gastralgique /ɡastʀalʒik/ ADJ gastralgic

gastrectomie /ɡastʀɛktɔmi/ NF gastrectomy

gastrine /ɡastʀin/ NF gastrin

gastrique /ɡastʀik/ ADJ gastric; → **embarras**

gastrite /ɡastʀit/ NF gastritis

gastro-duodénal, e (mpl -aux) /ɡastʀodyɔdenal, o/ ADJ gastro-duodenal

gastroentérite /ɡastʀoɑ̃teʀit/ NF gastroenteritis (NonC)

gastroentérologie /ɡastʀoɑ̃teʀɔlɔʒi/ NF gastroenterology

gastroentérologue /ɡastʀoɑ̃teʀɔlɔɡ/ NMF gastroenterologist

gastro-intestinal, e (mpl -aux) /ɡastʀoɛ̃tɛstinal, o/ ADJ gastrointestinal

gastronome /ɡastʀɔnɔm/ SYN NMF gourmet, gastronome

gastronomie /ɡastʀɔnɔmi/ SYN NF gastronomy

gastronomique /ɡastʀɔnɔmik/ ADJ gastronomic; → **menu¹, restaurant**

gastroplastie /ɡastʀɔplasti/ NF gastroplasty, stomach stapling

gastroscope /ɡastʀɔskɔp/ NM gastroscope

gastroscopie /ɡastʀɔskɔpi/ NF gastroscopy

gastrotomie /ɡastʀɔtɔmi/ NF gastrotomy

gastrula /ɡastʀyla/ NF gastrula

gastrulation /ɡastʀylasjɔ̃/ NF gastrulation

gâté, e /ɡɑte/ SYN (ptp de gâter) ADJ [enfant, fruit] spoilt ◆ **dent gâtée** bad tooth ◆ **avoir les dents gâtées** to have bad teeth

gâteau (pl **gâteaux**) /ɡɑto/
- NM ① (= pâtisserie) cake; (= génoise fourrée, forêt-noire, etc) gateau; (Helv = tarte) tart ◆ **gâteau d'anniversaire/aux amandes** birthday/almond cake ◆ **gâteaux (à) apéritif** (small) savoury biscuits, appetizers ◆ **gâteaux secs** biscuits (Brit), cookies (US) ◆ **gâteau de semoule/de riz** semolina/rice pudding; → **petit**
- ② (* = butin, héritage) loot ‡ ◆ **se partager le gâteau** to share out the loot ‡ ◆ **vouloir sa part du gâteau** to want one's share of the loot ‡ ou a fair share of the cake ou a piece of the pie * (US)
- ③ ◆ **c'est du gâteau** * it's a piece of cake * ou a doddle * (Brit), it's a snap * (US) ◆ **pour lui, c'est du gâteau** * it's a piece of cake for him *, that's pie * to him (US) ◆ **c'est pas du gâteau** * it's no picnic *
- ④ (de plâtre) cake ◆ **gâteau de miel** ou **de cire** honeycomb
- ADJ INV (* = indulgent) soft ◆ **c'est un papa gâteau** he's a real softie * of a dad

gâter /ɡɑte/ SYN ► conjug 1 ◄
- VT ① (= abîmer) [+ paysage, visage, plaisir, goût) to ruin, to spoil; [+ esprit, jugement] to have a harmful effect on ◆ **la chaleur a gâté la viande** the heat has made the meat go bad ou go off (Brit) ◆ **tu vas te gâter les dents** you'll ruin your teeth ◆ **et, ce qui ne gâte rien, elle est jolie** and she's pretty, to boot, and she's pretty, which is an added bonus ou is even better
- ② (= choyer) [+ enfant] to spoil ◆ **nous avons été gâtés cette année, il a fait très beau** we've been really lucky ou we've been spoilt this year – the weather has been lovely ◆ **il pleut, on est gâté !** (iro) just our luck! – it's raining! ◆ **il n'est pas gâté par la nature** he hasn't been blessed by nature ◆ **la vie ne l'a pas gâté** life hasn't been very kind to him
- VPR **se gâter** [viande] to go bad, to go off (Brit); [fruit] to go bad; [temps] to change (for the worse), to take a turn for the worse; [ambiance, relations] to take a turn for the worse ◆ **le temps va se gâter** the weather's going to change for the worse ou going to break ◆ **ça commence** ou **les choses commencent à se gâter (entre eux)** things are beginning to go wrong (between them) ◆ **mon père vient de rentrer, ça va se gâter !** my father has just come in and there's going to be trouble! ou things are going to turn nasty!

gâterie /ɡɑtʀi/ SYN NF little treat ◆ **je me suis payé une petite gâterie** (objet) I've treated myself to a little something, I've bought myself a little present; (sucrerie) I've bought myself a little treat

gâte-sauce (pl **gâte-sauces**) /ɡɑtsos/ NM (= apprenti) kitchen boy; (péj) bad cook

gâteux, -euse /ɡɑtø, øz/ SYN
- ADJ (= sénile) [vieillard] senile, gaga *, doddering ◆ **il l'aime tellement qu'il en est gâteux** he's really quite besotted with her, he's dotty * (Brit) about her ◆ **son petit-fils l'a rendu gâteux** he's gone soft * over his grandson
- NM (vieux) **gâteux** (= sénile) dotard, doddering old man; (péj = radoteur, imbécile) silly old duffer *
- NF ◆ (vieille) **gâteuse** (= sénile) doddering old woman; (péj) silly old bag * ou woman

gâtifier* /ɡɑtifje/ ► conjug 7 ◄ VI to go soft in the head *

gâtisme /ɡɑtism/ SYN NM [de vieillard] senility; [de personne stupide] idiocy, stupidity

GATT /ɡat/ NM (abrév de **General Agreement on Tariffs and Trade**) GATT

gatte /ɡat/ NF manger

gatter* /ɡate/ ► conjug 1 ◄ VI (Helv Scol) to play truant

gattilier /ɡatilje/ NM chaste tree

gauche¹ /ɡoʃ/
- ADJ (après nom) [bras, chaussure, côté, rive] left ◆ **du côté gauche** on the left(-hand) side ◆ **habiter au troisième gauche** to live on the third floor on the left; → **arme, lever¹, main, marier**
- NM (Boxe) (= coup) left ◆ **direct du gauche** (= poing) straight left ◆ **crochet du gauche** left hook
- NF ① (= côté) ◆ **la gauche** the left (side), the left-hand side ◆ **à gauche** on the left; (direction) to the left ◆ **à ma/sa gauche** on my/his left, on my/his left-hand side ◆ **le tiroir/chemin de gauche** the left-hand drawer/path ◆ **rouler à gauche** ou **sur la gauche** to drive on the left ◆ **de gauche à droite** from left to right ◆ **mettre de l'argent à gauche** †* to put money aside (on the quiet); pour autres loc voir **droit¹**
- ② (Pol) ◆ **la gauche** the left ◆ **la gauche caviar** champagne socialists ◆ **la gauche plurielle** generic name for the French Left, which is made up of various different parties ◆ **les gauches** the parties of the left ◆ **homme de gauche** man of the left, left-winger ◆ **candidat/idées de gauche** left-wing candidate/ideas ◆ **elle est très à gauche** she's very left-wing

gauche² /ɡoʃ/ SYN ADJ ① (= maladroit) [personne, style, geste] awkward, clumsy; (= emprunté) [air, manière] awkward, gauche
- ② (= tordu) [planche, règle] warped; (Math = courbe) [surface] skew

gauchement /ɡoʃmɑ̃/ ADV clumsily, awkwardly

gaucher, -ère /ɡoʃe, ɛʀ/
- ADJ left-handed
- NM,F left-handed person; (Sport) left-hander ◆ **gaucher contrarié** left-handed person forced to use his right hand

gaucherie /ɡoʃʀi/ SYN NF [d'allure] awkwardness (NonC); [d'action, expression] clumsiness (NonC); (= acte) awkward ou clumsy behaviour (NonC); (Méd) sinistral tendency ◆ **une gaucherie de style** a clumsy turn of phrase

gauchir /ɡoʃiʀ/ SYN ► conjug 2 ◄
- VT ① (Aviation, Menuiserie) to warp
- ② [+ idée, fait] to distort, to misrepresent; [+ esprit] to warp
- ③ (Pol) ◆ **gauchir sa position** to swing further to the left ◆ **elle a gauchi son discours** she's become more left-wing in what she says
- VI **se gauchir** VPR (= se déformer) to warp

gauchisant, e /ɡoʃizɑ̃, ɑ̃t/ ADJ [auteur] with left-wing ou leftist tendencies; [théorie] with a left-wing ou leftish bias

gauchisme /ɡoʃism/ NM leftism

gauchissement /ɡoʃismɑ̃/ NM ① (Aviation, Menuiserie) warping
- ② [d'idée, fait] distortion, misrepresentation; [d'esprit] warping

gauchiste /ɡoʃist/
- ADJ leftist (épith)
- NMF leftist

gaucho¹* /ɡoʃo/ (péj Pol)
- ADJ left-wing (épith)
- NMF lefty *, left-winger

gaucho² /ɡo(t)ʃo/ NM (= gardien de troupeaux) gaucho

gaude /ɡod/ NF (= plante) dyer's rocket, weld

gaudriole* /ɡodʀijɔl/ NF ① (= débauche) ◆ **il aime la gaudriole** he likes a bit of slap and tickle *
- ② (= propos) dirty joke

gaufrage /ɡofʀaʒ/ NM [de papier, cuir] (en relief) embossing (NonC); (en creux) figuring (NonC); [de tissu] goffering (NonC)

gaufre /ɡofʀ/ NF (Culin) waffle; (en cire) honeycomb; → **moule¹**

gaufrer /ɡofʀe/ ► conjug 1 ◄ VT [+ papier, cuir] (en relief) to emboss; (en creux) to figure; [+ tissu] to goffer ◆ **papier gaufré** embossed paper; → **fer**

gaufrerie /ɡofʀəʀi/ NF (Can) waffle shop

gaufrette /ɡofʀɛt/ NF wafer

gaufreur, -euse /ɡofʀœʀ, øz/ NM,F [de papier, cuir] (en relief) embosser; (en creux) figurer; [de tissu] gofferer

gaufrier /ɡofʀije/ NM waffle iron

gaufroir /ɡofʀwaʀ/ NM [de papier, cuir] (en relief) embossing press; (en creux) figurer; [de tissu] goffer

gaufrure /gofʀyʀ/ NF [de papier, cuir] (en relief) embossing (NonC), embossed design; (en creux) figuring (NonC); [de papier] goffering (NonC)

gaulage /golaʒ/ NM [d'arbre] beating; [de fruits] bringing down, shaking down

Gaule /gol/ NF Gaul

gaule /gol/ NF (= perche) (long) pole; (Pêche) fishing rod

gauler /gole/ ▸ conjug 1 ◂ VT [+ arbre] to beat (using a long pole to bring down the fruit or nuts); [+ fruits, noix] to bring down, to shake down (with a pole) ◆ **se faire gauler** * to get caught; (par la police) to get nabbed * ou nicked * (Brit)

gaullien, -ienne /goljɛ̃, jɛn/ ADJ de Gaullian

gaullisme /golism/ NM Gaullism

gaulliste /golist/ ADJ, NMF Gaullist

gaulois, e /golwa, waz/ SYN
▪ ADJ [1] (= de Gaule) Gallic; (hum = français) French [2] (= grivois) bawdy ◆ **esprit gaulois** (broad ou bawdy) Gallic humour
▪ NM (= langue) Gaulish
▪ NM,F **Gaulois(e)** Gaul; → moustache
▪ NF **Gauloise** ® (= cigarette) Gauloise

gauloisement /golwazmɑ̃/ ADV bawdily

gauloiserie /golwazʀi/ SYN NF (= propos) broad ou bawdy story (ou joke); (= caractère grivois) bawdiness

gaulthérie /goltʀi/ NF gaultheria

gaur /gɔʀ/ NM gaur

gauss /gos/ NM (Phys) gauss

gausser (se) /gose/ SYN ▸ conjug 1 ◂ VPR (littér) (= se moquer) to laugh (and make fun), to mock ◆ **vous vous gaussez !** you jest! ◆ **se gausser de** to deride, to make mock of (littér), to poke fun at

gavage /gavaʒ/ NM (Agr) force-feeding; (Méd) forced feeding, gavage

gave /gav/ NM mountain stream (in the Pyrenees)

gaver /gave/ SYN ▸ conjug 1 ◂
▪ VT [+ animal] to force-feed; [+ personne] to fill up (de with) ◆ **je suis gavé !** I'm full (up)!, I'm full to bursting! * ◆ **on les gave de connaissances inutiles** they cram their heads with useless knowledge ◆ **on nous gave de séries télévisées/de publicité** we're fed a non-stop diet of television serials/of advertisements ◆ **ça me gave** * it really hacks me off *
▪ VPR **se gaver** ◆ **se gaver de** [+ nourriture] to stuff o.s. with, to gorge o.s. on; [+ romans] to devour ◆ **il se gave de films** he's a real film buff * ou addict ◆ **si tu te gaves maintenant, tu ne pourras plus rien manger au moment du dîner** if you go stuffing yourself * ou filling yourself up now, you won't be able to eat anything at dinner time

gaveur, -euse /gavœʀ, øz/
▪ NM,F (= personne) force-feeder
▪ NF **gaveuse** (= machine) automatic force-feeder

gavial /gavjal/ NM gavial, g(h)arial

gavotte /gavɔt/ NF gavotte

gavroche /gavʀɔʃ/ SYN NM street urchin (in Paris)

gay * /ge/ ADJ, NM gay

gayal /gajal/ NM gayal

gaz /gaz/ SYN
▪ NM INV [1] (Chim) gas; [de boisson] fizz ◆ **le gaz (domestique)** (domestic) gas (NonC) ◆ **les gaz** (Mil) gas ◆ **l'employé du gaz** the gasman ◆ **se chauffer au gaz** to have gas(-fired) heating ◆ **s'éclairer au gaz** to have ou use gas lighting ◆ **faire la cuisine au gaz** to cook with gas ◆ **vous avez le gaz ?** do you have gas?, are you on gas? (Brit) ◆ **il s'est suicidé au gaz** he gassed himself ◆ **suicide au gaz** (suicide by) gassing ◆ **mettre les gaz** * (en voiture) to put one's foot down * (Brit), to step on the gas * (US); (en avion) to throttle up ◆ **rouler (à) pleins gaz** * to drive flat out * ◆ **remettre les gaz** (dans un avion) to throttle up ◆ **on prend une bière mais vite fait sur le gaz** * let's have a beer but a quick one * ou a quickie *; → bec, chambre, eau
[2] (euph = pet) wind (NonC) ◆ **avoir des gaz** to have wind
▪ COMP **gaz d'admission** (dans un moteur) air-fuel mixture ◆ **gaz asphyxiant** poison gas ◆ **gaz en bouteille** bottled gas ◆ **gaz carbonique** carbon dioxide ◆ **gaz de combat** poison gas (for use in warfare) ◆ **gaz d'échappement** exhaust gas ◆ **gaz d'éclairage** † ⇒ gaz de ville ◆ **gaz hilarant** laughing gas ◆ **gaz des houillères** firedamp (NonC) ◆ **gaz lacrymogène** teargas ◆ **gaz des marais** marsh gas ◆ **gaz moutarde** (Mil) mustard gas ◆ **gaz naturel** natural gas ◆ **gaz neurotoxique** nerve gas ◆ **gaz parfait** perfect ou ideal gas ◆ **gaz pauvre** producer ou poor gas ◆ **gaz de pétrole liquéfié** liquid petroleum gas ◆ **gaz poivre** pepper gas ◆ **gaz propulseur** propellant ◆ **gaz rare** rare gas ◆ **gaz sulfureux** sulphur dioxide ◆ **gaz de ville** town gas

Gaza /gaza/ N ◆ **la bande** ou **le territoire de Gaza** the Gaza Strip

gazage /gazaʒ/ NM [de tissus, personnes] gassing

gaze /gaz/ SYN NF gauze ◆ **compresse de gaze** gauze (compress) ◆ **robe de gaze** gauze dress

gazé, e /gaze/ (ptp de **gazer**)
▪ ADJ (Mil) gassed
▪ NM,F ◆ **les gazés de 14-18** the (poison) gas victims of the 1914-18 war

gazéification /gazeifikasjɔ̃/ NF (Chim) gasification; [d'eau minérale] aeration

gazéifier /gazeifje/ ▸ conjug 7 ◂ VT (Chim) to gasify; [+ eau minérale] to aerate ◆ **eau minérale gazéifiée** sparkling mineral water

gazelle /gazɛl/ NF gazelle ◆ **c'est une vraie gazelle !** she's so graceful and lithe!; → corne

gazer /gaze/ ▸ conjug 1 ◂
▪ VI (* = aller, marcher) ◆ **ça gaze ?** (affaires, santé) how's things?*, how goes it?*; (travail) how goes it?*, how's it going?* ◆ **ça gaze avec ta belle-mère ?** how's it going with your mother-in-law?, are you getting on OK with your mother-in-law?* ◆ **ça a/ça n'a pas gazé ?** did it/didn't it go OK?* ◆ **ça ne gaze pas fort** (santé) I'm not feeling so ou too great*; (affaires) things aren't going too well ◆ **il y a quelque chose qui ne gaze pas** there's something slightly fishy about it, there's something wrong somewhere
▪ VT [+ tissu, personne] to gas

gazetier, -ière /gaz(ə)tje, jɛʀ/ NM,F (†† ou hum) journalist

gazette /gazɛt/ SYN NF (††, hum, littér) newspaper ◆ **c'est dans la gazette locale** (hum) it's in the local rag ◆ **c'est une vraie gazette** he's a mine of information about the latest (local) gossip ◆ **faire la gazette** to give a rundown * (de on)

gazeux, -euse /gazø, øz/ ADJ (Chim) gaseous ◆ **boisson gazeuse** fizzy drink (Brit), soda (US), pop (US); → eau

gazier, -ière /gazje, jɛʀ/
▪ ADJ gas (épith)
▪ NM (= employé) gasman; († * = type) guy*, geezer * (Brit)

gazinière /gazinjɛʀ/ NF gas cooker

gazoduc /gazodyk/ NM gas main, gas pipeline

gazogène /gazɔʒɛn/ NM gas generator

gazole /gazɔl/ NM diesel oil

gazoline /gazɔlin/ NF gasoline, gasolene

gazomètre /gazɔmɛtʀ/ NM gasholder, gasometer

gazon /gazɔ̃/ SYN NM (= pelouse) lawn ◆ **le gazon** (= herbe) turf (NonC), grass (NonC) ◆ **motte de gazon** turf, sod ◆ **gazon anglais** (pelouse) well-kept lawn

gazonnant, e /gazɔnɑ̃, ɑ̃t/ ADJ ◆ **plantes gazonnantes** lawn plants

gazonné, e /gazɔne/ ADJ grassy

gazonnement /gazɔnmɑ̃/ NM planting with grass, turfing

gazonner /gazɔne/ ▸ conjug 1 ◂ VT [+ talus, terrain] to plant with grass, to turf

gazouillant, e /gazujɑ̃, ɑ̃t/ ADJ [d'oiseau] chirping, warbling; [de ruisseau] babbling; [de bébé] gurgling, babbling

gazouillement /gazujmɑ̃/ SYN NM [d'oiseau] chirping (NonC); [de ruisseau] babbling (NonC); [de bébé] gurgling (NonC) ◆ **j'entendais le gazouillement des oiseaux/du bébé** I could hear the birds chirping/the baby gurgling ◆ **bercé par le gazouillement du ruisseau** lulled by the babbling brook

gazouiller /gazuje/ SYN ▸ conjug 1 ◂ VI [oiseau] to chirp, to warble; [ruisseau] to babble; [bébé] to babble, to gurgle

gazouilleur, -euse /gazujœʀ, øz/ ADJ [oiseau] chirping, warbling; [ruisseau] babbling; [bébé] babbling, gurgling

gazouillis /gazuji/ NM [d'oiseau] chirping, warbling; [de ruisseau] babbling; [de bébé] babbling, gurgling

GB /ʒebe/ (abrév de **Grande-Bretagne**) GB

gdb * /ʒedebe/ NF (abrév de **gueule de bois**) ◆ **avoir la gdb** to have a hangover

GDF /ʒedeɛf/ NM (abrév de **Gaz de France**) French gas company

geai /ʒɛ/ NM jay

géant, e /ʒeɑ̃, ɑ̃t/ SYN
▪ ADJ [objet] gigantic; [animal, plante] gigantic, giant (épith); [paquet, carton] giant-size (épith), giant (épith); [étoile, écran] giant (épith) ◆ **c'est géant !** * it's great! *
▪ NM (= homme, firme) giant; (Pol) giant power ◆ **les géants de la route** the great cycling champions; → pas¹
▪ NF **géante** (= femme) giantess; (= étoile) giant star ◆ **géante rouge** red giant

géantiste /ʒeɑ̃tist/ NMF giant slalom skier ou specialist ou racer

gecko /ʒeko/ NM gecko

géhenne /ʒeɛn/ NF (Bible = enfer) Gehenna

geignard, e * /ʒɛɲaʀ, aʀd/ SYN
▪ ADJ [personne] moaning; [voix] whingeing, whining; [musique] whining
▪ NM,F moaner

geignement /ʒɛɲmɑ̃/ SYN NM moaning (NonC)

geindre /ʒɛ̃dʀ/ SYN ▸ conjug 52 ◂ VI [1] (= gémir) to groan, to moan (de with) [2] (* = pleurnicher) to moan ◆ **il geint tout le temps** he never stops moaning ou complaining [3] (littér) [vent, instrument de musique] to moan; [parquet] to creak ◆ **le vent faisait geindre les peupliers/le gréement** the poplars/the rigging groaned ou moaned in the wind

geisha /ɡɛʃa/ NF geisha (girl)

gel /ʒɛl/ SYN NM [1] (= temps) frost ◆ **un jour de gel** one frosty day ◆ **plantes tuées par le gel** plants killed by (the) frost [2] (= glace) frost ◆ **« craint le gel »** "keep away from extreme cold" [3] [de crédits, licenciements] freeze ◆ **gel des terres** set-aside ◆ **protester contre le gel des salaires** to protest against the wage freeze ◆ **ils réclament le gel du programme nucléaire** they are calling for a freeze on the nuclear programme [4] (= substance) gel ◆ **gel (de) douche** shower gel ◆ **gel coiffant** ou **structurant** hair (styling) gel

gélatine /ʒelatin/ NF gelatine

gélatiné, e /ʒelatine/ ADJ gelatinized

gélatineux, -euse /ʒelatinø, øz/ ADJ jelly-like, gelatinous

gélatiniforme /ʒelatinifɔʀm/ ADJ gelatinoid

gélatinobromure /ʒelatinobʀɔmyʀ/ NM gelatino-bromide

gélatinochlorure /ʒelatinoklɔʀyʀ/ NM gelatino-chloride

gelé, e¹ /ʒ(ə)le/ SYN (ptp de **geler**) ADJ [1] (= qui a gelé) [eau, rivière] frozen, iced-over; [sol, tuyau] frozen [2] (= très froid) ice-cold ◆ **j'ai les mains gelées** my hands are frozen ou freezing ◆ **je suis gelé** I'm frozen (stiff) ou freezing [3] (= endommagé, détruit) [plante] damaged by frost; [membre] frostbitten ◆ **ils sont morts gelés** they froze to death, they died of exposure [4] [crédits, prix, projet] frozen; [négociations] suspended; [terres agricoles] set aside [5] (= sans enthousiasme) [public] cold, unresponsive

gelée² /ʒ(ə)le/ SYN NF [1] (= gel) frost ◆ **gelée blanche** white frost, hoarfrost [2] (Culin) [de fruits, viande, volaille] jelly ◆ **poulet/œuf en gelée** chicken/egg in aspic ou jelly ◆ **gelée de framboises** raspberry jelly (Brit) ou Jell-O ® (US) ou jello (US) ◆ **gelée royale** royal jelly

geler /ʒ(ə)le/ SYN ▸ conjug 5 ◂
▪ VT [1] [+ eau, rivière] to freeze (over); [+ buée] to turn to ice; [+ sol, tuyau] to freeze [2] (= endommager) ◆ **le froid a gelé les bourgeons** the buds were nipped ou damaged by frost ◆ **le froid lui a gelé les mains** he got frostbite in both hands

gélif | **général**

3 [+ prix, crédits, salaires, projet] to freeze; [+ terres] to set aside; [+ négociations] to suspend

4 (= mettre mal à l'aise) [+ assistance] to chill, to send a chill through

VPR **se geler** * (= avoir froid) to freeze ◆ **on se gèle ici** we're ou it's freezing here ◆ **on se les gèle**‡ it's damned‡ ou bloody‡ (Brit) freezing, it's brass monkey weather‡ (Brit) ◆ **vous allez geler, à l'attendre** you'll get frozen stiff waiting for him

VI 1 [eau, lac] to freeze (over), to ice over; [sol, linge, conduit] to freeze; [récoltes] to be attacked ou blighted ou nipped by frost; [doigt, membre] to be freezing, to be frozen ◆ **les salades ont gelé sur pied** the lettuces have frozen on their stalks

2 (= avoir froid) to be frozen, to be freezing ◆ **on gèle ici** we're ou it's freezing here

3 (dans un jeu) ◆ **je chauffe ? – non, tu gèles** am I getting warmer? – no, you're freezing

VB IMPERS ◆ **il gèle** it's freezing ◆ **il a gelé dur** ou **à pierre fendre** (littér) it froze hard, there was a hard frost ◆ **il a gelé blanc** there was a white icy frost

gélif, -ive /ʒelif, iv/ ADJ [arbre, roche] likely to crack in the frost; [terre] susceptible to frost heave

gélifiant /ʒelifjɑ̃/ NM gelling agent

gélification /ʒelifikasjɔ̃/ NF gelling

gélifier /ʒelifje/ ► conjug 7 ◄
VT ◆ **gélifier qch** to make sth gel
VPR **se gélifier** to gel

gélinotte /ʒelinɔt/ NF ◆ **gélinotte (des bois)** hazel grouse, hazel hen ◆ **gélinotte d'Écosse** red grouse ◆ **gélinotte blanche** willow grouse

gélivure /ʒelivyʀ/ NF frost crack ou cleft ◆ **arbre avec gélivures** frost-split tree

gélose /ʒeloz/ NF agar-agar

gélule /ʒelyl/ SYN NF (Pharm) capsule

gelure /ʒ(ə)lyʀ/ NF (Méd) frostbite (NonC)

Gémeaux /ʒemo/ NMPL (Astron) Gemini ◆ **il est (du signe des) Gémeaux** he's a Gemini

gémellaire /ʒemelɛʀ/ ADJ twin (épith)

gémellipare /ʒemelipaʀ, ʒemɛllipaʀ/ ADJ gemelliparous †

gémelliparité /ʒemelipaʀite/ NF twin pregnancy

gémellité /ʒemelite, ʒemɛllite/ NF twinship ◆ **taux de gémellité** incidence of twin births ◆ **les cas de vraie/fausse gémellité** cases of identical twin/non-identical twin births

gémination /ʒeminasjɔ̃/ NF gemination

géminé, e /ʒemine/
ADJ (Ling) [consonne] geminate; (Archit) twin (épith), gemeled (SPÉC); (Bio) geminate
NF **géminée** (Ling) geminate

géminer /ʒemine/ ► conjug 1 ◄ VT to geminate

gémir /ʒemiʀ/ SYN ► conjug 2 ◄ VI 1 (= geindre) to groan, to moan (de with) ◆ **gémir sur son sort** to bemoan one's fate ◆ **gémir sous l'oppression** (littér) to groan under oppression

2 (= grincer) [ressort, gonds, plancher] to creak; [vent] to moan ◆ **les gonds de la porte gémissaient horriblement** the door hinges made a terrible creaking noise

3 [colombe] to coo

gémissant, e /ʒemisɑ̃, ɑ̃t/ SYN ADJ [voix] groaning, moaning; [gonds, plancher] creaking

gémissement /ʒemismɑ̃/ SYN NM [de voix] groan, moan; (prolongé) groaning (NonC), moaning (NonC); [de meuble] creaking (NonC); [de vent] moaning (NonC); [de colombe] cooing

gemmage /ʒemaʒ/ NM tapping (of pine trees)

gemmail (pl **-aux**) /ʒemaj, o/ NM non-leaded stained glass

gemmation /ʒemasjɔ̃/ NF gemmation

gemme /ʒɛm/ SYN NF 1 (Minér) gem(stone); → **sel**
2 (= résine de pin) (pine) resin

gemmé, e /ʒeme/ ADJ (littér) studded with precious stones

gemmer /ʒeme/ ► conjug 1 ◄ VT to tap (pine trees)

gemmeur, -euse /ʒemœʀ, øz/ NM,F tapper (of pine trees)

gemmifère /ʒemifɛʀ/ ADJ (Minér) containing gem(stone)s; (Agr) resiniferous

gemmologie /ʒemɔlɔʒi/ NF gem(m)ology

gemmule /ʒemyl/ NF gemmule

gémonies /ʒemɔni/ NFPL (littér) ◆ **vouer** ou **traîner qn/qch aux gémonies** to subject sb/sth to ou hold sb/sth up to public obloquy

gênant, e /ʒɛnɑ̃, ɑ̃t/ SYN ADJ 1 (= irritant) ◆ **tu es/c'est vraiment gênant** you're/it's a real nuisance ◆ **ce n'est pas gênant** it's OK, it doesn't matter

2 (= embarrassant) [question, détails, révélations, regard, présence] embarrassing; [situation, moment] awkward, embarrassing; [meuble, talons] awkward ◆ **ce sont les symptômes les plus gênants** these are the most troublesome symptoms

gencive /ʒɑ̃siv/ NF (Anat) gum ◆ **il a pris un coup dans les gencives** * he got a sock on the jaw * ou a kick in the teeth * ◆ **prends ça dans les gencives** ! * take that! ◆ **il faut voir ce qu'elle lui a envoyé dans les gencives** ! * you should have heard the way she let fly at him! ◆ **je lui ai envoyé dans les gencives que...** I told him to his face that...

gendarme /ʒɑ̃daʀm/ SYN NM 1 (= policier) policeman, police officer; (en France) gendarme; (Hist, Mil) horseman; (= soldat) soldier, man-at-arms ◆ **faire le gendarme** to play the role of policeman ◆ **sa femme est un vrai gendarme** (hum) his wife's a real battle-axe * ◆ **jouer aux gendarmes et aux voleurs** to play cops and robbers ◆ **gendarme mobile** member of the anti-riot police ◆ **le gendarme de la Bourse** the French stock exchange watchdog; → **chapeau**, **peur**

2 (= punaise) fire bug

3 (Alpinisme) gendarme (SPÉC), pinnacle

4 († * = hareng) bloater (Brit), salt herring (US)

5 ◆ **gendarme couché** (= ralentisseur) speed bump, sleeping policeman (Brit)

gendarmer (se) /ʒɑ̃daʀme/ ► conjug 1 ◄ VPR ◆ **il faut se gendarmer pour qu'elle aille se coucher/pour la faire manger** you really have to take quite a strong line (with her) ou you really have to lay down the law to get her to go to bed/to get her to eat

gendarmerie /ʒɑ̃daʀməʀi/ NF (= police) police force, constabulary (in countryside and small towns); (en France) Gendarmerie; (= bureaux) police station (in countryside and small town); (= caserne) gendarmes' ou Gendarmerie barracks, police barracks; (Hist, Mil = cavalerie) heavy cavalry ou horse; (= garde royale) royal guard ◆ **gendarmerie mobile** anti-riot police ◆ **la gendarmerie nationale** the national Gendarmerie ◆ **gendarmerie maritime** coastguard

gendre /ʒɑ̃dʀ/ NM son-in-law

gêne /ʒɛn/ SYN NF 1 (= malaise physique) discomfort ◆ **gêne respiratoire** breathing ou respiratory problems ◆ **il ressentait une certaine gêne à respirer** he experienced some ou a certain difficulty in breathing

2 (= désagrément, dérangement) trouble, bother ◆ **je ne voudrais vous causer aucune gêne** I wouldn't like to put you to any trouble ou bother, I wouldn't want to be a nuisance; (péj) some people only think of their own comfort ◆ « **nous vous prions de bien vouloir excuser la gêne occasionnée durant les travaux** » "we apologize to customers for any inconvenience caused during the renovations" ◆ **où il y a de la gêne, il n'y a pas de plaisir** (Prov) comfort comes first, there's no sense in being uncomfortable

3 (= manque d'argent) financial difficulties ou straits ◆ **vivre dans la gêne/dans une grande gêne** to be in financial difficulties ou straits/in great financial difficulties ou dire (financial) straits

4 (= confusion, trouble) embarrassment ◆ **un moment de gêne** a moment of embarrassment ◆ **j'éprouve de la gêne devant lui** I feel embarrassed ou self-conscious in his presence ◆ **il éprouva de la gêne à lui avouer cela** he felt embarrassed admitting ou to admit that to her

gêné, e /ʒene/ SYN (ptp de **gêner**) ADJ 1 (= à court d'argent) short (of money) (attrib) ◆ **être gêné aux entournures** * to be short of money ou hard up *

2 (= embarrassé) [personne, sourire, air] embarrassed, self-conscious; [silence] uncomfortable, embarrassed, awkward ◆ **j'étais gêné !** I was (so) embarrassed!, I felt (so) awkward! ou uncomfortable! ◆ **il n'est pas gêné !** he's got a nerve! * ◆ **ce sont les plus gênés qui s'en vont !** (hum) if you want to leave, no one's stopping you!

3 (physiquement) uncomfortable ◆ **êtes-vous gêné pour respirer ?** do you have trouble (in) breathing? ◆ **je suis gênée dans cette robe** I'm uncomfortable in this dress

gène /ʒɛn/ NM gene ◆ **gène dominant/récessif** dominant/recessive gene

généalogie /ʒenealɔʒi/ SYN NF [de famille] ancestry, genealogy; [d'animaux] pedigree; (Bio) [d'espèces] genealogy; (= sujet d'études) genealogy ◆ **faire** ou **dresser la généalogie de qn** to trace sb's ancestry ou genealogy

généalogique /ʒenealɔʒik/ ADJ genealogical; → **arbre**

généalogiste /ʒenealɔʒist/ NMF genealogist

génépi /ʒenepi/ NM (= plante) wormwood, absinthe; (= liqueur) absinth(e)

gêner /ʒene/ SYN ► conjug 1 ◄

VT 1 (physiquement) [fumée, bruit] to bother; [vêtement étroit, obstacle] to hamper ◆ **cela vous gêne-t-il si je fume ?** do you mind if I smoke?, does it bother you if I smoke? ◆ **gêner le passage** to be in the way ◆ **ça me gêne** ou **c'est gênant pour respirer/pour écrire** it hampers my breathing/hampers me when I write ◆ **le bruit me gêne pour travailler** noise bothers me ou disturbs me when I'm trying to work ◆ **son complet le gêne aux entournures** * his suit is uncomfortable ou constricting ◆ **ces papiers me gênent** these papers are in my way ◆ **ces travaux gênent la circulation** these roadworks are disrupting the (flow of) traffic

2 (= déranger) [+ personne] to bother, to put out; [+ projet] to hamper, to hinder ◆ **je crains de gêner** I am afraid to bother people ou put people out, I'm afraid of being a nuisance ◆ **je ne voudrais pas (vous) gêner** I don't want to bother you ou put you out ou be in the way ◆ **j'espère que ça ne vous gêne pas d'y aller** I hope it won't inconvenience you ou put you out to go ◆ **cela vous gênerait de ne pas fumer ?** would you mind not smoking? ◆ **ce qui me gêne (dans cette histoire), c'est que...** what bothers me (in this business) is that... ◆ **et alors, ça te gêne ?** * so what?*, what's it to you?*

3 (financièrement) to put in financial difficulties ◆ **ces dépenses vont les gêner considérablement** ou **vont les gêner aux entournures** * these expenses are really going to put them in financial difficulties ou make things tight for them ou make them hard up *

4 (= mettre mal à l'aise) to make feel ill-at-ease ou uncomfortable ◆ **ça me gêne de vous dire ça mais...** I hate to tell you but... ◆ **ça me gêne de me déshabiller chez le médecin** I find it embarrassing to get undressed at the doctor's ◆ **sa présence me gêne** I feel uncomfortable when he's around, his presence ou he makes me feel uncomfortable ◆ **son regard la gênait** his glance made her feel ill-at-ease ou uncomfortable ◆ **cela le gêne qu'on fasse tout le travail pour lui** it embarrasses him to have all the work done for him, he feels awkward about having all the work done for him

VPR **se gêner** 1 (= se contraindre) to put o.s. out ◆ **ne vous gênez pas pour moi** don't mind me, don't put yourself out for me ◆ **ne vous gênez pas !** (iro) oh do you mind! ◆ **il ne faut pas vous gêner avec moi** don't stand on ceremony with me ◆ **non mais ! je vais me gêner !** why shouldn't I! ◆ **il y en a qui ne se gênent pas !** some people just don't care! ◆ **il ne s'est pas gêné pour le lui dire** he told him straight out, he made no bones about telling him

2 (dans un lieu) ◆ **on se gêne à trois dans ce bureau** this office is too small for the three of us

général¹, e (mpl **-aux**) /ʒeneʀal, o/ SYN
ADJ 1 (= d'ensemble) [vue] general; (= vague) [idée] general ◆ **un tableau général de la situation** a general ou an overall picture of the situation ◆ **remarques d'ordre très général** comments of a very general nature ◆ **se lancer dans des considérations générales sur le temps** to venture some general remarks about the weather ◆ **d'une façon** ou **manière générale** in general, generally; (précédant une affirmation) generally ou broadly speaking; → **règle**

2 (= total, global) [assemblée, grève] general ◆ **dans l'intérêt général** (= commun) in the general ou common interest ◆ **cette opinion est devenue générale** this is now a widely shared ou generally held opinion ◆ **devenir général** [crise, peur] to become widespread ◆ **la mêlée devint générale** the fight turned into a free-for-all ◆ **à l'indignation/la surprise générale** to everyone's indignation/surprise ◆ **à la demande générale** in response to popular demand; → **concours**, **état**, **médecine**

3 (Admin = principal) general (épith); → **directeur, fermier, président, secrétaire**

NM (Philos) • **le général** the general • **aller du général au particulier** to go from the general to the particular

LOC ADV en général (= habituellement) usually, generally, in general; (= de façon générale) generally, in general • **je parle en général** I'm speaking in general terms ou generally

NF générale[1] SYN [1] (Théât) • **(répétition) générale** dress rehearsal

[2] (Mil) • **battre** ou **sonner la générale** to call to arms

général[2], e (mpl -aux) /ʒeneʀal, o/

NM (Mil) general • **oui mon général** yes sir ou general

NF générale[2] (= épouse) general's wife; → **Madame**

COMP général d'armée general; (dans l'armée de l'air) air chief marshal (Brit), general (US)
général de brigade brigadier (Brit), brigadier general (US)
général de brigade aérienne air commodore (Brit), brigadier general (US)
général en chef general-in-chief, general-in-command
général de corps aérien air marshal (Brit), lieutenant general (US)
général de corps d'armée lieutenant-general
général de division major general
général de division aérienne air vice marshal (Brit), major general (US)

généralement /ʒeneralmɑ̃/ **GRAMMAIRE ACTIVE 26.1** SYN ADV generally • **il est généralement chez lui après 8 heures** he's generally ou usually at home after 8 o'clock • **coutume assez généralement répandue** fairly widespread custom • **plus généralement, ce genre de phénomène s'accompagne de...** more generally ou commonly ou usually, this type of phenomenon is accompanied by...

généralisable /ʒeneralizabl/ ADJ [mesure, observation] which can be applied generally • **cela n'est pas généralisable à l'ensemble du pays** this is not true of the whole country

généralisateur, -trice /ʒeneralizatœʀ, tʀis/ ADJ • **il tient un discours généralisateur** he makes a lot of generalizations • **des commentaires généralisateurs** generalizations • **tendance généralisatrice** tendency to generalize ou towards generalization

généralisation /ʒeneralizasjɔ̃/ SYN NF
[1] (= extension) [d'infection, corruption, pratique] spread (à to) • **la généralisation du cancer** the spread of the cancer • **il y a un risque de généralisation du conflit** there's a risk that the conflict will become widespread • **il a refusé la généralisation de cette mesure** he refused to allow the measure to be applied more widely • **la généralisation de l'usage des antibiotiques** the ever more widespread use of antibiotics

[2] (= énoncé) generalization • **généralisations hâtives/abusives** sweeping/excessive generalizations

généraliser /ʒeneralize/ SYN → conjug 1 ◀
VT [1] (= étendre) [+ méthode] to put ou bring into general ou widespread use • **généraliser l'usage d'un produit** to bring a product into general use

[2] (= globaliser) to generalize • **il ne faut pas généraliser** we mustn't generalize

VPR se généraliser [infection] to spread, to become generalized; [corruption] to become widespread; [conflit] to spread; [procédé] to become widespread, to come into general use • **l'usage du produit s'est généralisé** the use of this product has become widespread, this product has come into general use • **crise généralisée** general crisis • **il a un cancer généralisé** the cancer has spread throughout his whole body • **infection généralisée** systemic infection

généralissime /ʒeneralisim/ NM generalissimo

généraliste /ʒeneralist/
ADJ [chaîne, radio, télévision, quotidien] general-interest (épith); [formation] general; [ingénieur] non-specialized • **les banques généralistes** the high-street banks • **notre radio conservera sa vocation généraliste** our radio station will continue to cater for a general audience

NM (= non-spécialiste) generalist • **(médecin) généraliste** general ou family practitioner, GP (Brit)

généralité /ʒeneralite/ SYN
NF [1] (= presque totalité) majority • **ce n'est pas une généralité** that's not the case in general • **dans la généralité des cas** in the majority of cases, in most cases

[2] (= caractère général) [d'affirmation] general nature

NFPL généralités (= introduction) general points; (péj = banalités) general remarks, generalities

générateur, -trice /ʒeneratœʀ, tris/ SYN
ADJ [force] generating; [fonction] generative, generating • **secteur générateur d'emplois** job-generating sector • **activité génératrice de profits** profit-making activity, activity that generates profit • **un climat familial générateur d'angoisse** an unhappy family atmosphere

NM (= dispositif) generator • **générateur nucléaire** nuclear generator • **générateur électrique/de particules/de programme** electric/particle/program generator • **générateur de vapeur** steam boiler

NF génératrice [1] (Élec) generator
[2] (Math) generating line, generatrix

génératif, -ive /ʒeneratif, iv/ ADJ (Ling) generative • **grammaire générative** generative grammar

génération /ʒenerasjɔ̃/ SYN NF generation • **depuis des générations** for generations • **la génération actuelle/montante** the present-day/rising generation • **la jeune génération** the younger generation • **génération spontanée** spontaneous generation • **ordinateur/immigré de la deuxième/troisième génération** second-/third-generation computer/immigrant

générationnel, -elle /ʒenerasjɔnɛl/ ADJ
[1] (= des générations) • **le clivage générationnel** the generation gap
[2] (Marketing) generational

générer /ʒenere/ SYN • conjug 6 ◀ VT to generate

généreusement /ʒenerøzmɑ̃/ SYN ADV generously • **accueilli généreusement** warmly welcomed

généreux, -euse /ʒenerø, øz/ SYN ADJ [1] (= large) [personne, pourboire, part de nourriture] generous • **être généreux de son temps** to be generous with one's time • **c'est très généreux de sa part** it's very generous of him • **se montrer généreux envers qn** to be generous with sb • **faire le généreux** to act generous*

[2] (= noble, désintéressé) [personne, sentiment, idée] noble; [adversaire] generous, magnanimous
[3] (= riche) [sol] productive, fertile
[4] [vin] generous, full-bodied
[5] [poitrine] ample • **décolleté généreux** plunging neckline • **formes généreuses** generous curves

générique /ʒenerik/
ADJ [1] generic; [produit] unbranded, no-name (épith); [médicament] generic • **terme générique** generic term • **adresse générique** (Internet) generic address • **(nom de) domaine générique** (Internet) generic domain (name)

[2] (Ciné) • **chanson générique** theme song

NM (= liste des participants) [de film, émission] credits • **être au générique** to feature ou be in the credits

[2] (= musique de film) theme music
[3] (= médicament) generic (drug)

générosité /ʒenerozite/ SYN NF [1] (= libéralité) [pourboire, personne] generosity • **avec générosité** generously

[2] (= noblesse) [d'acte, caractère] generosity; [d'âme, sentiment] nobility; [d'adversaire] generosity, magnanimity • **avoir la générosité de** to be generous enough to, to have the generosity to

[3] (= largesses) • **générosités** kindnesses

Gênes /ʒɛn/ N Genoa

genèse /ʒənɛz/ SYN NF (= élaboration) genesis (frm) • **(le livre de) la Genèse** (the Book of) Genesis • **ce texte éclaire la genèse de l'œuvre** this piece helps us to understand how the work came into being • **la genèse du projet remonte à 1985** the project came into being in 1985

génésiaque /ʒenezjak/ ADJ Genesitic

génésique /ʒenezik/ ADJ (de la reproduction) reproductive

genet /ʒ(ə)nɛ/ NM (= cheval) jennet

genêt /ʒ(ə)nɛ/ NM (= plante) broom

généthliaque /ʒenetljak/ ADJ (Astrol) horoscopic, genethliac †

généticien, -ienne /ʒenetisjɛ̃, jɛn/ NM,F geneticist

genêtière /ʒ(ə)nɛtjɛr/ NF broom grove

génétique /ʒenetik/ SYN
ADJ genetic • **carte génétique** genetic ou gene map • **affection d'origine génétique** genetically-transmitted disease; → **manipulation**

NF genetics (sg) • **génétique des populations** population genetics

génétiquement /ʒenetikmɑ̃/ ADV genetically; → **organisme**

genette /ʒ(ə)nɛt/ NF genet(t)e

gêneur, -euse /ʒɛnœʀ, øz/ SYN NM,F (= importun) intruder • **supprimer un gêneur** (= représentant un obstacle) to do away with a person who is ou stands in one's way

Genève /ʒ(ə)nɛv/ N Geneva

genevois, e /ʒən(ə)vwa, waz/
ADJ Genevan
NM,F Genevois(e) Genevan

genévrier /ʒənevrije/ NM juniper

Gengis Khan /ʒɛ̃ʒiskɑ̃/ NM Genghis Khan

génial, e (mpl -iaux) /ʒenjal, jo/ SYN ADJ
[1] (= inspiré) [écrivain] of genius; [plan, idée, invention] inspired • **plan d'une conception géniale** inspired idea, brilliantly thought out idea

[2] (* = formidable) [atmosphère, soirée] fantastic*, great*; [personne] great*; [plan] brilliant*, great* • **c'est génial !** that's great! * ou fantastic! * • **physiquement, il n'est pas génial mais...** he's not up to much physically but... • **ce n'est pas génial !** (idée) that's not very clever!; (film) it's not brilliant! *

⚠ **génial** ne se traduit pas par le mot anglais **genial**, qui a le sens de 'cordial'.

génialement /ʒenjalmɑ̃/ ADV with genius, brilliantly

génie /ʒeni/ SYN
NM [1] (= aptitude supérieure) genius • **avoir du génie** to have genius • **éclair** ou **trait de génie** stroke of genius • **de génie** (découverte) brilliant • **homme de génie** man of genius • **idée de génie** brainwave, brilliant idea

[2] (= personne) genius • **ce n'est pas un génie !** he's no genius! • **génie méconnu** unrecognized genius

[3] (= talent) genius • **avoir le génie des affaires** to have a genius for business • **avoir le génie du mal** to have an evil bent • **il a le génie de** ou **pour dire ce qu'il ne faut pas** he has a genius for saying the wrong thing

[4] (= spécificité) genius (frm) • **le génie de la langue française** the genius of the French language

[5] (= allégorie, être mythique) spirit; [de contes arabes] genie • **le génie de la liberté** the spirit of liberty • **le génie de la lampe** the genie of the lamp • **génie des airs/des eaux** spirit of the air/waters • **être le bon/mauvais génie de qn** to be sb's good/evil genius • **génie tutélaire** guardian angel ou spirit • **le Génie de la Bastille** the Genius of Liberty

[6] (Mil) • **le génie** ≈ the Engineers • **soldat du génie** sapper, engineer • **faire son service dans le génie** to do one's service in the Engineers

[7] (= technique) engineering • **génie atomique/chimique/électronique** atomic/chemical/electronic engineering

COMP génie civil (branche) civil engineering; (corps) civil engineers
génie génétique genetic engineering
génie industriel industrial engineering
génie informatique computer engineering
génie logiciel software engineering
génie maritime (branche) marine engineering; (corps) marine engineers (under state command)
génie mécanique mechanical engineering
génie militaire (branche) military engineering; (corps) ≈ Engineers
génie rural agricultural engineering; → **ingénieur**

genièvre /ʒənjɛvʀ/ NM (= boisson) Dutch gin, Hollands (gin) (Brit), genever (Brit); (= arbre) juniper; (= fruit) juniper berry • **baies de genièvre** juniper berries

geniévrerie /ʒənjɛvʀəʀi/ NF gin distillery

génique /ʒenik/ ADJ gene (épith) ◆ **thérapie génique** gene therapy ◆ **traitement génique** genetic treatment

génisse /ʒenis/ NF heifer ◆ **foie de génisse** cow's liver

génital, e (mpl -aux) /ʒenital, o/ ADJ genital ◆ **organes génitaux, parties génitales** genitals, genital organs, genitalia

géniteur, -trice /ʒenitœʀ, tʀis/
NM,F (hum = parent) parent
NM (= animal reproducteur) sire

génitif /ʒenitif/ NM genitive (case) ◆ **au génitif** in the genitive ◆ **génitif absolu** genitive absolute

génito-urinaire (pl **génito-urinaires**) /ʒenitoyʀinɛʀ/ ADJ genito-urinary

génocidaire /ʒenɔsidɛʀ/ ADJ genocidal

génocide /ʒenɔsid/ NM genocide

génois, e /ʒenwa, waz/
ADJ Genoese
NM,F **Génois(e)** Genoese
NM (= voile) genoa (jib)
NF **génoise** (Culin) sponge cake; (Archit) eaves consisting of decorative tiles

génome /ʒenom/ NM genom(e) ◆ **génome humain** human genome

génomique /ʒenomik/ ADJ genomic

génotoxine /ʒenotoksin/ NF genotoxin

génotoxique /ʒenotoksik/ ADJ genotoxic

génotype /ʒenotip/ NM genotype

génotypique /ʒenotipik/ ADJ genotypic(al)

genou (pl **genoux**) /ʒ(ə)nu/ NM ① (= partie du corps, d'un vêtement) knee ◆ **avoir les genoux cagneux ou rentrants** to be knock-kneed ◆ **mes genoux se dérobèrent sous moi** my legs gave way under me ◆ **des jeans troués aux genoux** jeans with holes at the knees, jeans that are out at the knees ◆ **dans la vase jusqu'aux genoux** up to one's knees ou knee-deep in mud
② (= cuisses) ◆ **genoux** lap ◆ **avoir/prendre qn sur ses genoux** to have/take sb on one's knee ou lap ◆ **écrire sur ses genoux** to write on one's lap
③ (locutions) ◆ **il me donna un coup de genou dans le ventre** he kneed me in the stomach ◆ **il me donna un coup de genou pour me réveiller** he nudged me with his knee to wake me up ◆ **faire du genou à qn*** to play footsie with sb* ◆ **tomber aux genoux de qn** to fall at sb's feet, to go down on one's knees to sb ◆ **fléchir ou plier ou ployer le genou devant qn** (littér) to bend the knee to sb ◆ **mettre (un) genou à terre** to go down on one knee
◆ **à genoux** ◆ **il était à genoux** he was kneeling, he was on his knees ◆ **être à genoux devant qn** (fig) to idolize ou worship sb ◆ **se mettre à genoux** to kneel down, to go down on one's knees ◆ **se mettre à genoux devant qn** (fig) to go down on one's knees to sb ◆ **c'est à se mettre à genoux !** it's out of this world!* ◆ **tomber/se jeter à genoux** to fall/throw o.s. to one's knees ◆ **demander qch à (deux) genoux** to ask for sth on bended knee, to go down on one's knees for sth ◆ **je te demande pardon à genoux** I beg you to forgive me
◆ **sur les genoux*** ◆ **être sur les genoux** [personne] to be ready to drop; [pays] to be on its knees* ◆ **ça m'a mis sur les genoux** it wore me out
④ (Tech) ball and socket joint

genouillère /ʒ(ə)nujɛʀ/ NF (Méd) knee support; (Sport) kneepad, kneecap

genre /ʒɑ̃ʀ/ GRAMMAIRE ACTIVE 7.3 SYN NM ① (= espèce) kind, type, sort ◆ **genre de vie** lifestyle, way of life ◆ **elle n'est pas du genre à se laisser faire** she's not the type ou kind ou sort to let people push her around ◆ **ce n'est pas son genre de ne pas répondre** it's not like him not to answer ◆ **donner des augmentations, ce n'est pas leur genre** it's not their style to give pay rises ◆ **c'est bien son genre !** that's just like him! ◆ **tu vois le genre !** you know the type ou sort! ◆ **les rousses, ce n'est pas mon genre** redheads aren't my type ◆ **c'est le genre grognon*** he's the grumpy sort ◆ **un type (du) genre homme d'affaires*** a businessman type ◆ **une maison genre chalet*** a chalet-style house ◆ **il n'est pas mal dans son genre** he's quite attractive in his own way ◆ **ce qui se fait de mieux dans le genre** the best of its kind ◆ **réparations en tout genre** ou **en tous genres** all kinds of repairs ou repair work undertaken ◆ **quelque chose de ce genre** ou **du même**

genre something of the kind, that sort of thing ◆ **des remarques de ce genre** remarks ou comments like that ou of that nature ◆ **il a écrit un genre de roman** he wrote a novel of sorts ou a sort of novel ◆ **plaisanterie d'un genre douteux** doubtful joke ◆ **dans le genre film d'action ce n'est pas mal** as action films go, it's not bad; → **unique**
② (= allure) appearance ◆ **avoir bon/mauvais genre** to look respectable/disreputable ◆ **je n'aime pas son genre** I don't like his style ◆ **il a un drôle de genre** he's a bit weird ◆ **avoir le genre bohème/artiste** to be a Bohemian/an arty type ◆ **avoir un genre prétentieux** to have a pretentious manner ◆ **faire du genre** to stand on ceremony ◆ **c'est un genre qu'il se donne** it's (just) something ou an air he puts on ◆ **il aime se donner un genre** he likes to stand out ou to be a bit different ◆ **ce n'est pas le genre de la maison*** that's just not the way we (ou they etc) do things
③ (Art, Littérat, Mus) genre ◆ **tableau de genre** (Peinture) genre painting ◆ **œuvre dans le genre ancien/italien** work in the old/Italian style ou genre ◆ **ses tableaux/romans sont d'un genre un peu particulier** the style of his paintings/novels is slightly unusual
④ (Gram) gender ◆ **s'accorder en genre** to agree in gender
⑤ (Philos, Sci) genus ◆ **le genre humain** mankind, the human race

gens¹ /ʒɑ̃/ SYN
NMPL ① (gén) people ◆ **il faut savoir prendre les gens** you've got to know how to handle people ◆ **les gens sont fous !** people are crazy (at times)! ◆ **les gens de la ville** townspeople, townsfolk ◆ **les gens du pays** ou **du coin*** the local people, the locals* ◆ **ce ne sont pas gens à raconter des histoires** they're not the kind ou type ou sort of people to tell stories ◆ **« Gens de Dublin »** (Littérat) "Dubliners" → **droit³, jeune, monde**
② (locutions, avec accord féminin de l'adjectif antéposé) ◆ **ce sont de petites gens** they are people of modest means ◆ **vieilles/braves gens** old/good people ou folk* ◆ **honnêtes gens** honest people ◆ **écoutez bonnes gens** (hum) harken, ye people (hum)
③ († , hum = serviteurs) servants ◆ **il appela ses gens** he called his servants
COMP **gens d'armes** (Hist) men-at-arms †
les gens d'Église the clergy
gens d'épée (Hist) soldiers (of the aristocracy)
gens de lettres men of letters
les gens de loi † the legal profession
gens de maison domestic servants
gens de mer sailors, seafarers
les gens de robe (Hist) the legal profession
gens de service ⇒ **gens de maison**
les gens de théâtre the acting profession, theatrical people
les gens du voyage (= gitans) travellers

gens² /ʒɛs/ NF (Antiq) gens

gent /ʒɑ̃/ NF († † ou hum) race, tribe ◆ **la gent canine** the canine race ◆ **la gent féminine/masculine** the female/male sex

gentamicine, gentamycine /ʒɑ̃tamisin/ NF gentamicin

gentiane /ʒɑ̃sjan/ NF gentian

gentil, -ille /ʒɑ̃ti, ij/ GRAMMAIRE ACTIVE 22, 25.4 SYN
ADJ ① (= aimable) kind, nice (avec, pour to) ◆ **il a toujours un mot gentil pour chacun** he always has a kind word for everyone ou to say to everyone ◆ **vous serez gentil de me le rendre** would you mind giving it back to me ◆ **c'est gentil à toi** ou **de ta part de...** it's very kind ou nice ou good of you to... ◆ **tu es gentil tout plein*** you're so sweet ◆ **tout ça, c'est bien gentil mais...** that's (all) very nice ou well but... ◆ **elle est bien gentille avec ses histoires mais...** what she has to say is all very well ou nice but... ◆ **sois gentil, va me le chercher** be a dear and go and get it for me
② (= sage) good ◆ **il n'a pas été gentil** he hasn't been a good boy ◆ **sois gentil, je reviens bientôt** be good, I'll be back soon
③ (= plaisant) [visage, endroit] nice, pleasant ◆ **une gentille petite robe/fille** a nice little dress/girl ◆ **c'est gentil comme tout chez vous** you've got a lovely little place ◆ **c'est gentil sans plus** it's OK but it's nothing special
④ (= rondelet) [somme] tidy, fair
NM (Hist, Rel) gentile

⚠ **gentil** ne se traduit pas par **gentle**, qui a le sens de 'doux'.

gentilé /ʒɑ̃tile/ NM gentilic

gentilhomme /ʒɑ̃tijɔm/ (pl **gentilshommes** /ʒɑ̃tizɔm/) NM (Hist, fig) gentleman ◆ **gentilhomme campagnard** country squire

gentilhommière /ʒɑ̃tijɔmjɛʀ/ NF (small) country seat, (small) manor house

gentilité /ʒɑ̃tilite/ NF Gentile peoples

gentillesse /ʒɑ̃tijɛs/ SYN NF ① (= amabilité) kindness ◆ **être d'une grande gentillesse** to be very kind (avec qn to sb) ◆ **me ferez-vous** ou **auriez-vous la gentillesse de faire...** would you be so kind as to do ou kind enough to do...
② (= faveur) favour (Brit), favor (US), kindness ◆ **remercier qn de toutes ses gentillesses** to thank sb for all his kindness(es) ◆ **une gentillesse en vaut une autre** one good turn deserves another ◆ **il me disait des gentillesses** he said kind ou nice things to me ◆ **il a dit beaucoup de gentillesses à mon sujet** (iro) he didn't have a kind word to say about me

gentillet, -ette /ʒɑ̃tijɛ, ɛt/ ADJ ◆ **c'est gentillet** (= mignon) [appartement] it's a nice little place; (péj = insignifiant) [film, roman] it's nice enough (but it's nothing special)

gentiment /ʒɑ̃timɑ̃/ SYN ADV (= aimablement) kindly; (= gracieusement) nicely; (= doucement) gently ◆ **ils jouaient gentiment** they were playing nicely ou like good children ◆ **on m'a gentiment fait comprendre que...** (iro) they made it quite clear to me that...

gentleman /ʒɑ̃tləman/ SYN (pl **gentlemen** /ʒɑ̃tləmɛn/) NM gentleman ◆ **gentleman-farmer** gentleman-farmer

gentleman-farmer (pl **gentlemans-farmers** ou **gentlemen-farmers**) /ʒɑ̃tləmanfaʀmœʀ, ʒɑ̃tləmanfaʀmœʀ/ NM gentleman-farmer

gentleman's agreement /dʒɛntləmans agʀimɛnt/, **gentlemen's agreement** /dʒɛntləmɛnsagʀimɛnt/ NM gentleman's ou gentlemen's agreement

gentlemen's agreement /dʒɛntləmɛns agʀimɛnt/, **gentlemen's agreement** /dʒɛntləmɛnsagʀimɛnt/ NM gentleman's ou gentlemen's agreement

génuflexion /ʒenyflɛksjɔ̃/ SYN NF (Rel) genuflexion ◆ **faire une génuflexion** to make a genuflexion, to genuflect

géo* /ʒeo/ NF abrév de **géographie**

géobiologie /ʒeobjɔlɔʒi/ NF geobiology

géocentrique /ʒeosɑ̃tʀik/ ADJ geocentric

géocentrisme /ʒeosɑ̃tʀism/ NM geocentrism

géochimie /ʒeoʃimi/ NF geochemistry

géochimique /ʒeoʃimik/ ADJ geochemical

géochimiste /ʒeoʃimist/ NMF geochemist

géochronologie /ʒeokʀɔnɔlɔʒi/ NF geochronology

géode /ʒeod/ NF ① (Minér) geode
② (= bâtiment) geodesic dome
③ (Méd) punched-out lesion

géodésie /ʒeodezi/ NF geodesy

géodésique /ʒeodezik/
ADJ geodesic ◆ **point géodésique** triangulation point ◆ **ligne géodésique** geodesic line
NF geodesic

géodynamique /ʒeodinamik/
ADJ geodynamic
NF geodynamics (sg)

géographe /ʒeogʀaf/ NMF geographer

géographie /ʒeogʀafi/ NF geography ◆ **géographie humaine/économique/physique** human/economic/physical geography

géographique /ʒeogʀafik/ ADJ geographic(al); → **dictionnaire**

géographiquement /ʒeogʀafikmɑ̃/ ADV geographically

géoïde /ʒeoid/ NM geoid

geôle /ʒol/ SYN NF (littér) jail, gaol (Brit)

geôlier, -ière /ʒolje, jɛʀ/ SYN NM,F (littér) jailer, gaoler (Brit)

géologie /ʒeolɔʒi/ NF geology

géologique /ʒeolɔʒik/ ADJ geological

géologue /ʒeolɔg/ NMF geologist

géomagnétique /ʒeomaɲetik/ ADJ geomagnetic

géomagnétisme /ʒeomaɲetism/ NM geomagnetism

géomancie /ʒeɔmɑ̃si/ NF geomancy

géomancien, -ienne /ʒeɔmɑ̃sjɛ̃, jɛn/ NM,F geomancer

géométral, e (mpl -aux) /ʒeɔmetral, o/ ADJ plane (not in perspective)

géomètre /ʒeɔmɛtʀ/ NM [1] (= arpenteur) surveyor [2] (= phalène) emerald, geometrid (SPÉC)

géométrie /ʒeɔmetʀi/ NF (= science) geometry; (= livre) geometry book ◆ **géométrie descriptive/plane/analytique** descriptive/plane/analytical geometry ◆ **géométrie dans l'espace** solid geometry ◆ **géométrie euclidienne** Euclidean geometry ◆ **à géométrie variable** ◆ **aile à géométrie variable** [d'avion] variable-geometry ou swing wing ◆ **l'Europe à géométrie variable** variable-geometry Europe ◆ **c'est une justice à géométrie variable** it's one rule for some and another for the rest

géométrique /ʒeɔmetʀik/ SYN ADJ geometric(al); → **lieu¹, progression**

géométriquement /ʒeɔmetʀikmɑ̃/ ADV geometrically

géomorphologie /ʒeɔmɔʀfɔlɔʒi/ NF geomorphology

géophage /ʒeɔfaʒ/
  ADJ geophagous
  NMF geophagist

géophagie /ʒeɔfaʒi/ NF geophagy

géophile /ʒeɔfil/ NM (= arthropode) type of millipede, geophilus carcophagus (SPÉC)

géophone /ʒeɔfɔn/ NM geophone

géophysicien, -ienne /ʒeɔfizisjɛ̃, jɛn/ NM,F geophysicist

géophysique /ʒeɔfizik/
  ADJ geophysical
  NF geophysics (sg)

géopoliticien, -ienne /ʒeɔpɔlitisjɛ̃, jɛn/ NM,F geopolitician

géopolitique /ʒeɔpɔlitik/
  ADJ geopolitical
  NF geopolitics (sg)

Georgetown /ʒɔʀʒtaun/ N Georgetown

georgette /ʒɔʀʒɛt/ NF → **crêpe²**

Géorgie /ʒeɔʀʒi/ NF Georgia ◆ **Géorgie du Sud** South Georgia

géorgien, -ienne /ʒeɔʀʒjɛ̃, jɛn/
  ADJ Georgian
  NM (= langue) Georgian
  NM,F **Géorgien(ne)** Georgian

géorgique /ʒeɔʀʒik/ ADJ (Hist Littérat) georgic

géosciences /ʒeɔsjɑ̃s/ NFPL geosciences

géostationnaire /ʒeɔstasjɔnɛʀ/ ADJ geostationary

géostratégie /ʒeɔstʀateʒi/ NF geostrategy

géostratégique /ʒeɔstʀateʒik/ ADJ geostrategic

géosynchrone /ʒeɔsɛ̃kʀɔn/ ADJ geosynchronous

géosynclinal (pl -aux) /ʒeɔsɛ̃klinal, o/ NM geosyncline

géotechnique /ʒeɔtɛknik/
  ADJ geotechnic
  NF geotechnics (sg)

géothermie /ʒeɔtɛʀmi/ NF geothermal science

géothermique /ʒeɔtɛʀmik/ ADJ geothermal

géotropisme /ʒeɔtʀɔpism/ NM geotropism

géotrupe /ʒeɔtʀyp/ NM dor(beetle)

géphyrien /ʒefiʀjɛ̃/ NM ◆ **les géphyriens** the Gephyrea (SPÉC)

gérable /ʒeʀabl/ ADJ manageable ◆ **difficilement gérable** hard to handle ◆ **le club sportif n'est plus gérable** the sports club has become unmanageable ◆ **la situation n'est plus gérable** the situation is out of control ou is out of hand

gérance /ʒeʀɑ̃s/ SYN NF [de commerce, immeuble] management ◆ **il assure la gérance d'une usine** he manages a factory ◆ **au cours de sa gérance** while he was manager ◆ **prendre un commerce en gérance** to take over the management of a business ◆ **il a mis son commerce en gérance** he has appointed a manager for his business ◆ **être en gérance libre** [entreprise] to be run by a manager ◆ **gérance salariée** salaried management

géranium /ʒeʀanjɔm/ NM geranium ◆ **géranium-lierre** ivy(-leaved) geranium

gérant /ʒeʀɑ̃/ SYN NM [d'usine, café, magasin, banque] manager; [d'immeuble] managing agent, factor (Écos); [de journal] managing editor ◆ **gérant de portefeuilles** portfolio manager

gérante /ʒeʀɑ̃t/ NF [d'usine, café, banque] manager; [d'immeuble] managing agent; [de journal] managing editor

gerbage /ʒɛʀbaʒ/ NM [1] (Agr) binding, sheaving [2] [de marchandises] stacking, piling ◆ « **gerbage interdit** » "do not stack"

gerbe /ʒɛʀb/ SYN NF [de blé] sheaf; [d'osier] bundle; [de fleurs] spray; [d'étincelles] shower, burst; [d'écume] shower, flurry ◆ **déposer une gerbe sur une tombe** to place a spray of flowers on a grave ◆ **gerbe d'eau** spray ou shower of water ◆ **gerbe de flammes** ou **de feu** jet ou burst of flame

gerber /ʒɛʀbe/ ▶ conjug 1 ◀
  VT [1] (Agr) to bind into sheaves, to sheave [2] [+ marchandises] to stack, to pile
  VI (* = vomir) to throw up*, to puke (up)* ◆ **il me fait gerber, ce mec** that guy makes me want to throw up* ◆ **c'était à gerber** it was crap*

gerbera /ʒɛʀbeʀa/ NM gerbera

gerbeur /ʒɛʀbœʀ/ NM stacking ou pallet truck

gerbier /ʒɛʀbje/ NM (= meule) stack

gerbille /ʒɛʀbij/ NF gerbil

gerboise /ʒɛʀbwaz/ NF jerboa

gerce /ʒɛʀs/ NF [de bois] shake, crack, fissure

gercer /ʒɛʀse/ ▶ conjug 3 ◀
  VT [+ peau, lèvres] to chap, to crack; [+ sol] to crack ◆ **avoir les lèvres toutes gercées** to have badly chapped lips ◆ **j'ai les mains gercées** my hands are all cracked
  VI **se gercer** SYN VPR [peau, lèvres] to chap, to crack; [sol] to crack

gerçure /ʒɛʀsyʀ/ SYN NF (gén) (small) crack ◆ **pour éviter les gerçures** to avoid chapping

gérer /ʒeʀe/ SYN ▶ conjug 6 ◀ VT [+ entreprise, projet] to manage, to run; [+ pays] to run; [+ carrière, budget, temps, données, biens, fortune] to manage ◆ **il gère bien ses affaires** he manages his affairs well ◆ **il a mal géré son affaire** he has mismanaged his business, he has managed his business badly ◆ **gérer la crise** (Pol) to handle ou control the crisis

gerfaut /ʒɛʀfo/ NM gyrfalcon

gériatre /ʒeʀjatʀ/ NMF geriatrician

gériatrie /ʒeʀjatʀi/ NF geriatrics (sg)

gériatrique /ʒeʀjatʀik/ ADJ geriatric

germain, e /ʒɛʀmɛ̃, ɛn/
  ADJ [1] → **cousin¹** [2] (Hist) German
  NM,F (Hist) ◆ **Germain(e)** German

germandrée /ʒɛʀmɑ̃dʀe/ NF germander

Germanie /ʒɛʀmani/ NF (Hist) Germania

germanique /ʒɛʀmanik/
  ADJ Germanic
  NM (= langue) Germanic
  NMF **Germanique** Germanic

germanisant, e /ʒɛʀmanizɑ̃, ɑ̃t/ NM,F ⇒ germaniste

germanisation /ʒɛʀmanizasjɔ̃/ NF germanization

germaniser /ʒɛʀmanize/ ▶ conjug 1 ◀ VT to germanize

germanisme /ʒɛʀmanism/ NM (Ling) germanism

germaniste /ʒɛʀmanist/ NMF German scholar, germanist

germanium /ʒɛʀmanjɔm/ NM germanium

germanophile /ʒɛʀmanɔfil/ ADJ, NMF germanophil(e)

germanophilie /ʒɛʀmanɔfili/ NF germanophilia

germanophobe /ʒɛʀmanɔfɔb/
  ADJ germanophobic
  NMF germanophobe

germanophobie /ʒɛʀmanɔfɔbi/ NF germanophobia

germanophone /ʒɛʀmanɔfɔn/
  ADJ [personne] German-speaking; [littérature] German-language (épith), in German (attrib)
  NMF German speaker

germe /ʒɛʀm/ SYN NM [1] (Bio) [d'embryon, graine] germ; [d'œuf] germinal disc; [de pomme de terre] eye ◆ **germes de blé** wheatgerm (NonC) ◆ **germes de soja** (soya) bean sprouts ◆ **germe dentaire** tooth bud; → **porteur**
  [2] (= source) [de maladie, erreur, vie] seed ◆ **germe d'une idée** germ of an idea ◆ **avoir** ou **contenir en germe** to contain in embryo, to contain the seeds of ◆ **l'idée était en germe depuis longtemps** the idea had existed in embryo for a long time
  [3] (Méd = microbe) germ ◆ **germes pathogènes** pathogenic bacteria

germen /ʒɛʀmɛn/ NM germen

germer /ʒɛʀme/ SYN ▶ conjug 1 ◀ VI [bulbe, graine] to sprout, to germinate; [idée] to form, to germinate (frm) ◆ **pommes de terre germées** sprouting potatoes ◆ **l'idée a commencé à germer dans ma tête** the idea began to form in my mind

germicide /ʒɛʀmisid/
  ADJ germicidal
  NM germicide

germinal¹, e (mpl -aux) /ʒɛʀminal, o/ ADJ germinal

germinal² /ʒɛʀminal/ NM Germinal (seventh month in the French Republican calendar)

germinateur, -trice /ʒɛʀminatœʀ, tʀis/ ADJ germinative

germinatif, -ive /ʒɛʀminatif, iv/ ADJ germinal

germination /ʒɛʀminasjɔ̃/ NF (lit, fig) germination ◆ **en germination** [plante] germinating

germoir /ʒɛʀmwaʀ/ NM (pour graines) seed tray; [de brasserie] maltings (sg)

germon /ʒɛʀmɔ̃/ NM albacore, fin tuna ou tunny (Brit)

gérondif /ʒeʀɔ̃dif/ NM (latin, avec être) gerundive; (complément de nom) gerund; (français) gerund

gérontisme /ʒeʀɔ̃tism/ NM premature ag(e)ing

gérontocratie /ʒeʀɔ̃tɔkʀasi/ NF gerontocracy

gérontocratique /ʒeʀɔ̃tɔkʀatik/ ADJ gerontocratic

gérontologie /ʒeʀɔ̃tɔlɔʒi/ NF gerontology

gérontologique /ʒeʀɔ̃tɔlɔʒik/ ADJ gerontological

gérontologiste /ʒeʀɔ̃tɔlɔʒist/, **gérontologue** /ʒeʀɔ̃tɔlɔg/ NMF gerontologist

gérontophile /ʒeʀɔ̃tɔfil/ NMF gerontophile, gerontophiliac

gérontophilie /ʒeʀɔ̃tɔfili/ NF gerontophilia

gésier /ʒezje/ NM gizzard

gésine /ʒezin/ NF ◆ **être en gésine** † (= accoucher) to be in labour (Brit) ou labor (US)

gésir /ʒeziʀ/ VI [personne] to be lying (down), to lie (down); [arbres, objets] to lie ◆ **il gisait sur le sol** he was lying ou lay on the ground ◆ **là gît le problème** therein lies the problem ◆ **c'est là que gît le lièvre** (fig) there's the rub

gesse /ʒɛs/ NF vetch

gestaltisme /ɡɛʃtaltism/ NM Gestalt (psychology)

gestaltiste /ɡɛʃtaltist/
  ADJ Gestalt (épith)
  NMF Gestaltist

gestalt-thérapie /ɡɛʃtalttʀapi/ NF Gestalt psychotherapy

gestation /ʒɛstasjɔ̃/ SYN NF gestation ◆ **en gestation** (lit) in gestation ◆ **être en gestation** [roman, projet] to be in preparation, to be in the pipeline

geste¹ /ʒɛst/ SYN NM [1] (= mouvement) gesture ◆ **geste d'approbation/d'effroi** gesture of approval/of terror ◆ **geste maladroit** ou **malheureux** clumsy gesture ou movement ◆ **pas un geste ou je tire !** one move and I'll shoot! ◆ **il parlait en faisant de grands gestes** he waved his hands about as he spoke ◆ **il refusa d'un geste** he made a gesture of refusal, he gestured his refusal ◆ **il le fit entrer d'un geste** he motioned ou gestured ou waved to him to come in ◆ **il lui indiqua la porte d'un geste** with a gesture he showed him the door ◆ **faire un geste de la main** to gesture with one's hand, to give a wave (of one's hand) ◆ **s'exprimer par gestes** to use one's hands to express o.s. ◆ **il ne fit pas un geste pour l'aider** (fig) he didn't lift a finger ou make a move to help him ◆ **tu n'as qu'un geste à faire pour qu'il revienne** (fig) just say the word ou you only have to say the word and

geste | gîte

he'll come back ♦ **avoir le geste large** *(fig)* to be generous → **fait¹, joindre**

2 (= *action*) gesture ♦ **quelle précision dans le geste de l'horloger** what precision there is in every move of the watchmaker's hand ♦ **c'est un geste très difficile** it's very difficult to do ♦ **c'est un geste quotidien** it's something you do every day ♦ **trier les ordures, c'est un geste simple** sorting rubbish is an easy thing to do ♦ **il maîtrise parfaitement tous les gestes techniques** he has great technical skill ♦ **le geste du service** *(Tennis)* service (action) ♦ **des gestes de bonne volonté** goodwill gestures ♦ **geste de défi/de conciliation** gesture of defiance/of reconciliation ♦ **geste politique** political gesture ♦ **un geste symbolique** a token gesture ♦ **beau geste** noble deed ♦ **un geste désespéré** a desperate act ♦ **dans un geste de désespoir** in sheer despair ♦ **comment expliquer ce geste ?** how can we explain what he (*ou* she *etc*) did? ♦ **faire un geste commercial** (= *faire une remise*) to offer a reduction ♦ **faire un (petit) geste** to make a (small) gesture

geste² /ʒɛst/ NF *(Littérat)* geste(e); → **chanson**

gesticulant, e /ʒɛstikylɑ̃, ɑ̃t/ ADJ gesticulating

gesticulation /ʒɛstikylasjɔ̃/ NF gesticulation, gesticulating *(NonC)*

gesticuler /ʒɛstikyle/ SYN ▸ conjug 1 ◂ VI to gesticulate

gestion /ʒɛstjɔ̃/ SYN NF *[d'entreprise, projet]* management, running; *[de pays]* running; *[de biens, carrière, temps, déchets]* management ♦ **mauvaise gestion** mismanagement, bad management ♦ **gestion administrative** administration, administrative management ♦ **gestion de portefeuilles** portfolio management ♦ **gestion des stocks** stock *(Brit) ou* inventory *(US)* control ♦ **gestion des ressources humaines** human resources management ♦ **gestion de fichiers/mémoire/base de données** file/memory/database management ♦ **gestion de la production assistée par ordinateur** computer-assisted production management ♦ **gestion des droits numériques** digital rights management ♦ **la gestion quotidienne de l'entreprise** the day-to-day running of the company ♦ **la gestion des affaires publiques** the conduct of public affairs ♦ **gestion du temps** time management

gestionnaire /ʒɛstjɔnɛʀ/ SYN
◼ ADJ administrative, management *(épith)*
◼ NMF administrator ♦ **gestionnaire de portefeuilles** portfolio manager
◼ NM *(Ordin)* manager ♦ **gestionnaire de base de données/de fichiers/de programmes** database/file/program manager ♦ **gestionnaire de mémoire/de réseau** memory/network manager ♦ **gestionnaire d'écran** screen monitor ♦ **gestionnaire d'impression** print monitor *ou* manager ♦ **gestionnaire de périphériques** device driver

gestualité /ʒɛstɥalite/ NF body movements

gestuel, -elle /ʒɛstɥɛl/
◼ ADJ gestural
◼ NF **gestuelle** body movements

Gethsemani /ʒɛtsemani/ N Gethsemane

getter /ɡɛtɛʀ/ NM getter

geyser /ʒɛzɛʀ/ NM geyser

Ghana /ɡana/ NM Ghana

ghanéen, -enne /ɡaneɛ̃, ɛn/
◼ ADJ Ghanaian
◼ NM,F **Ghanéen(ne)** Ghanaian

ghetto /ɡeto/ NM *(lit, fig)* ghetto ♦ **cité-ghetto** inner-city ghetto ♦ **banlieue-ghetto** run-down suburban area

ghettoïsation /ɡetoizasjɔ̃/ NF ghettoization

ghettoïser /ɡetoize/ ▸ conjug 1 ◂ VT *[+ personnes]* to ghettoize

ghilde /ɡild/ NF ⇒ **guilde**

GI /dʒiaj/ NM (abrév de **Government Issue** (= *soldat américain*)) GI

giaour /ʒjauʀ/ NM giaour

gibbérelline /ʒibeʀelin/ NF gibberellin

gibbeux, -euse /ʒibø, øz/ ADJ *(Astron, littér)* gibbous, gibbose

gibbon /ʒibɔ̃/ NM gibbon

gibbosité /ʒibozite/ NF *(Astron, Méd, littér)* hump, gibbosity *(SPÉC)*

gibecière /ʒib(ə)sjɛʀ/ SYN NF *(gén)* (leather) shoulder bag; *[de chasseur]* gamebag; † *[d'écolier]* satchel

gibelin /ʒiblɛ̃/ NM *(Hist)* Ghibelline

gibelotte /ʒiblɔt/ NF fricassee of game in wine

giberne /ʒibɛʀn/ NF cartridge pouch

gibet /ʒibɛ/ NM gibbet, gallows ♦ **condamner qn au gibet** *(Hist)* to condemn sb to death by hanging, to condemn sb to the gallows

gibier /ʒibje/ SYN NM **1** *(Chasse)* game ♦ **gros/menu gibier** big/small game ♦ **gibier d'eau** waterfowl ♦ **gibier à poil** game animals ♦ **gibier à plume** game birds

2 (= *personne*) prey ♦ **les policiers attendaient leur gibier** the policemen awaited their prey ♦ **gibier de potence** gallows bird ♦ **le gros gibier** big game

giboulée /ʒibule/ SYN NF (sudden) shower, sudden downpour ♦ **giboulée de mars** ≈ April shower

giboyeux, -euse /ʒibwajø, øz/ ADJ *[pays, forêt]* abounding in game, well-stocked with game

Gibraltar /ʒibʀaltaʀ/ NM Gibraltar

gibus /ʒibys/ NM opera hat

GIC /ʒeise/ NM (abrév de **grand invalide civil**) ♦ **macaron GIC** disabled sticker; → **invalide**

giclée /ʒikle/ NF spurt, squirt

gicler /ʒikle/ SYN ▸ conjug 1 ◂ VI **1** (= *jaillir*) to spurt, to squirt ♦ **faire gicler de l'eau d'un robinet** to squirt water from a tap ♦ **le véhicule a fait gicler de l'eau à son passage** the vehicle sent up a spray of water as it went past

2 (* = *être expulsé*) *[+ personne]* to be given the bum's rush*, to get the boot*; *[+ objet]* to be tossed (out) *ou* chucked * (out)

gicleur /ʒiklœʀ/ NM *[de véhicule]* jet ♦ **gicleur de ralenti** idle, slow-running jet *(Brit)*

GIE /ʒeiə/ NM (abrév de **groupement d'intérêt économique**) → **groupement**

gifle /ʒifl/ SYN NF *(lit)* slap (in the face), smack (on the face); *(fig)* slap in the face ♦ **donner** *ou* **filer** * *ou* **flanquer** * *ou* **allonger** * **une gifle à qn** to slap sb in the face, to give sb a slap in the face

gifler /ʒifle/ SYN ▸ conjug 1 ◂ VT to slap (in the face) ♦ **gifler qn** to slap *ou* smack sb's face, to slap sb in the face ♦ **visage giflé par la grêle** face lashed by (the) hail

GIFT /ɡift/ NM (abrév de **Gametes Intra-Fallopian Transfer**) GIFT

GIG /ʒeiʒe/ NM (abrév de **grand invalide de guerre**) → **invalide**

giga... /ʒiɡa/ PRÉF giga... ♦ **gigahertz** gigahertz ♦ **gigaoctet** gigabyte ♦ **gigawatt** gigawatt

gigantesque /ʒiɡɑ̃tɛsk/ SYN ADJ huge, gigantic

gigantisme /ʒiɡɑ̃tism/ NM *(Méd)* gigantism; (= *grandeur*) gigantic size *ou* proportions ♦ **ville/entreprise atteinte de gigantisme** city/firm that suffers from overexpansion on a gigantic scale

gigantomachie /ʒiɡɑ̃tɔmaʃi/ NF gigantomachy

GIGN /ʒeiʒeɛn/ NM (abrév de **Groupe d'intervention de la Gendarmerie nationale**) special task force of the Gendarmerie, ≈ SAS *(Brit)*, ≈ SWAT *(US)*

gigogne /ʒiɡɔɲ/ ADJ ♦ **c'est un dossier-gigogne** the case is full of surprises; → **lit, poupée, table**

gigolette /ʒiɡɔlɛt/ NF *(Culin)* ♦ **gigolette de canard/de dinde** leg of duck/of turkey

gigolo* /ʒiɡɔlo/ NM gigolo

gigot /ʒiɡo/ NM ♦ **gigot de mouton/d'agneau** leg of mutton/of lamb ♦ **gigot de chevreuil** haunch of venison ♦ **une tranche de gigot** a slice off the leg of mutton *ou* lamb *etc*, a slice off the joint ♦ **elle a de bons gigots*** she has nice sturdy legs; → **manche¹**

gigoter* /ʒiɡɔte/ ▸ conjug 1 ◂ VI to wriggle (about)

gigoteuse /ʒiɡɔtøz/ NF sleeper, Babygro ® *(Brit)*

gigue /ʒiɡ/ NF *(Mus)* gigue; (= *danse*) jig ♦ **gigues*** (= *jambes*) legs ♦ **grande gigue** *(péj = fille)* beanpole* *(Brit)*, string bean* *(US)* ♦ **gigue de chevreuil** haunch of venison

gilde /ɡild/ NF ⇒ **guilde**

gilet /ʒilɛ/ SYN NM *(de complet)* waistcoat *(Brit)*, vest *(US)*; (= *cardigan*) cardigan ♦ **gilet (de corps** *ou* **de peau)** vest *(Brit)*, undershirt *(US)* ♦ **gilet pare-balles** bulletproof jacket, flak jacket ♦ **gilet de sauvetage** *(gén)* life jacket; *(dans avion)* life vest; → **pleurer**

giletier, -ière /ʒil(ə)tje, jɛʀ/ NM,F waistcoat *(Brit) ou* vest *(US)* maker

gin /dʒin/ NM gin ♦ **gin tonic** gin and tonic

gindre /ʒɛ̃dʀ/ NM kneader, baker's assistant

gin-fizz /dʒinfiz/ NM INV gin-fizz

gingembre /ʒɛ̃ʒɑ̃bʀ/ NM ginger ♦ **racine de gingembre** root ginger *(NonC)*, ginger root *(NonC)*

gingival, e (mpl **-aux**) /ʒɛ̃ʒival, o/ ADJ gingival ♦ **pâte gingivale** gum ointment

gingivite /ʒɛ̃ʒivit/ NF inflammation of the gums, gingivitis *(SPÉC)*

ginkgo /ʒinko/ NM ginkgo

gin-rami, gin-rummy /dʒinʀami/ NM gin rummy

ginseng /ʒinsɛŋ/ NM ginseng

giorno (à) /adʒɔʀno, aʒjɔʀno/ LOC ADV ♦ **éclairé à giorno** sunlit

girafe /ʒiʀaf/ NF (= *animal*) giraffe; *(péj = personne)* beanpole* *(Brit)*, string bean* *(US)*; *(Ciné)* boom; → **peigner**

girafeau /ʒiʀafo/, **girafon** /ʒiʀafɔ̃/ NM baby giraffe

girandole /ʒiʀɑ̃dɔl/ NF (= *chandelier*) candelabra, girandole; (= *feu d'artifice, guirlande lumineuse*) girandole

girasol /ʒiʀasɔl/ NM girasol

giration /ʒiʀasjɔ̃/ NF gyration

giratoire /ʒiʀatwaʀ/ ADJ gyrating, gyratory; → **sens**

giravion /ʒiʀavjɔ̃/ NM gyroplane

girelle /ʒiʀɛl/ NF rainbow wrasse

girl /ɡœʀl/ NF chorus girl

girodyne /ʒiʀodin/ NM autogiro

girofle /ʒiʀɔfl/ NM clove; → **clou**

giroflée /ʒiʀɔfle/ NF wallflower, gillyflower; *(vivace)* stock ♦ **giroflée à cinq feuilles*** (= *gifle*) slap in the face

giroflier /ʒiʀɔflije/ NM clove tree

girolle /ʒiʀɔl/ NF chanterelle

giron /ʒiʀɔ̃/ NM **1** (= *genoux*) lap; (= *sein*) bosom ♦ **après son retour dans le giron familial** *(personne)* since his return to the fold ♦ **enfant élevé dans le giron maternel** child reared in the bosom of his family ♦ **l'entreprise a quitté le giron du groupe** the company is no longer part of the group ♦ **passer dans le giron de l'État** *[entreprise]* to be nationalized ♦ **l'entreprise reste dans le giron de l'État** the company continues to be state-run

2 *(Héraldique)* giron

3 *(Archit)* stair's width

Gironde /ʒiʀɔ̃d/ NF ♦ **la Gironde** the Gironde

gironde † * /ʒiʀɔ̃, d/ ADJ F buxom, well-padded *

girondin, e /ʒiʀɔ̃dɛ̃, in/
◼ ADJ *(Géog)* from the Gironde; *(Hist)* Girondist
◼ NM,F *(Géog)* inhabitant *ou* native of the Gironde
◼ NM *(Hist)* Girondist

gironné, e /ʒiʀɔne/ ADJ **1** *(Héraldique)* gironny, gyronny
2 *(Tech)* ♦ **marche gironnée** newel-step

girouette /ʒiʀwɛt/ NF weather vane *ou* cock ♦ **c'est une vraie girouette** *(fig)* he changes (his mind) with the weather, he changes his mind depending on which way the wind is blowing

gisait, gisaient /ʒizɛ/ → **gésir**

gisant, e /ʒizɑ̃, ɑ̃t/
◼ ADJ lying
◼ NM *(Art)* recumbent statue *(on tomb)*

gisement /ʒizmɑ̃/ SYN NM **1** *(Minér)* deposit ♦ **gisement de pétrole** oilfield ♦ **gisement houiller** coal seam ♦ **gisement gazier** gas field

2 *[de clientèle]* pool ♦ **gisement d'emplois** source of jobs *ou* employment ♦ **pour trouver des gisements de productivité/d'économies** to find opportunities for increasing productivity/cutting costs

3 *(Naut)* bearing

gisent /ʒiz/, **gît** /ʒi/ → **gésir**

gitan, e /ʒitɑ̃, an/
◼ ADJ gipsy *(épith)*
◼ NM,F **Gitan(e)** gipsy
◼ NF **Gitane** ® (= *cigarette*) Gitane *(cigarette)*

gîte¹ /ʒit/ SYN NM **1** (= *abri*) shelter; († = *maison*) home; *(Tourisme)* gîte, self-catering cottage *ou* flat ♦ **rentrer au gîte** to return home ♦ **ils lui donnent le gîte et le couvert** they give him

room and board *ou* board and lodging *(Brit)* ◆ **gîte d'étape** *(pour randonneurs)* lodge ◆ **gîte rural** (country) gîte, self-catering cottage (in the country)
[2] *(Chasse)* *[de lièvre]* form
[3] *(Boucherie)* ◆ **gîte (à la noix)** topside *(Brit)*, bottom round *(US)* ◆ **gîte-gîte** shin *(Brit)*, shank *(US)*
[4] *(Minér)* deposit

gîte² /ʒit/ NF *(= emplacement d'épave)* bed *(of a sunken ship)* ◆ **donner de la gîte** to list, to heel

gîter /ʒite/ SYN ► conjug 1 ◄ VI *(littér)* to lodge; *[bateau]* *(= pencher)* to list, to heel; *(= être échoué)* to be aground

giton /ʒitɔ̃/ NM *(littér)* catamite

givrage /ʒivʀaʒ/ NM *[d'avion]* icing

givrant, e /ʒivʀɑ̃, ɑ̃t/ ADJ → **brouillard**

givre /ʒivʀ/ SYN NM [1] *(= gelée blanche)* (hoar) frost, rime *(SPÉC)*; → **fleur**
[2] *(Chim)* crystallization

givré, e /ʒivʀe/ (ptp de **givrer**) ADJ [1] *[arbre]* covered in frost; *[fenêtre, hélice]* iced-up; *[verre]* frosted ◆ **orange givrée** orange sorbet served in the (orange) skin
[2] * *(= ivre)* plastered‡; *(= fou)* cracked*, nuts*, bonkers‡ *(Brit)* ◆ **devenir complètement givré** to go completely off one's head *ou* rocker‡

givrer VT, **se givrer** VPR /ʒivʀe/ ► conjug 1 ◄ *[pare-brise, aile d'avion]* to ice up

givreux, -euse /ʒivʀø, øz/ ADJ speckled with white

givrure /ʒivʀyʀ/ NF white speckle

glabelle /glabɛl/ NF glabella

glabre /glabʀ/ SYN ADJ *(= imberbe)* hairless; *(= rasé)* clean-shaven; *(Bot)* glabrous

glaçage /glasaʒ/ NM *[de viande, papier, étoffe]* glazing; *[de gâteau]* *(au sucre)* icing; *(au blanc d'œuf)* glazing

glaçant, e /glasɑ̃, ɑ̃t/ SYN ADJ *[attitude, accueil, ton]* frosty, chilly; *[humour]* icy

glace¹ /glas/ SYN
NF [1] *(= eau congelée)* ice (NonC) ◆ **glace pilée** crushed ice ◆ **sports de glace** ice sports ◆ **briser** *ou* **rompre la glace** *(lit, fig)* to break the ice; → **compartiment, hockey, saint** *etc*
[2] ◆ **de glace** *(= insensible, peu chaleureux)* *[accueil]* icy, frosty; *[expression, visage]* stony, frosty ◆ **rester de glace** to remain unmoved
[3] *(Culin)* *(= dessert)* ice cream; *(pour pâtisserie = glaçage)* royal icing, frosting *(US)* ◆ **glace à l'eau** water ice *(Brit)*, sherbet *(US)* ◆ **glace à la crème** dairy ice cream ◆ **glace à la vanille/au café** vanilla/coffee ice cream ◆ **glace (à l')italienne** soft ice cream; → **sucre**
NFPL **glaces** *(Géog)* ice sheet(s), ice field(s) ◆ **glaces flottantes** drift ice, ice floe(s) ◆ **canal bloqué par les glaces** canal blocked with ice *ou* with ice floes ◆ **bateau pris dans les glaces** icebound ship

glace² /glas/ SYN NF [1] *(= miroir)* mirror ◆ **glace à main** hand mirror; → **armoire, tain**
[2] *(= verre)* plate glass (NonC); *(= plaque)* sheet of (plate) glass ◆ **la glace d'une vitrine** the glass of a shop window
[3] *[de véhicule]* *(= vitre)* window
[4] *(Bijouterie)* white speckle

glacé, e /glase/ SYN (ptp de **glacer**) ADJ *[neige, lac]* frozen; *[vent, eau, chambre]* icy, freezing; *[boisson]* icy, ice-cold; *[cuir, tissu]* glazed; *[fruit]* glacé; *[accueil, attitude, sourire]* frosty, chilly ◆ **je suis glacé** I'm frozen (stiff), I'm chilled to the bone ◆ **j'ai les mains glacées** my hands are frozen *ou* freezing ◆ **à servir glacé** to be served iced *ou* ice-cold ◆ **café/chocolat glacé** iced coffee/chocolate; → **crème, marron¹, papier**

glacer /glase/ SYN ► conjug 3 ◄
VT [1] *[+ liquide]* *(= geler)* to freeze; *(= rafraîchir)* to chill, to ice ◆ **mettre des boissons à glacer** to put some drinks to chill
[2] *[+ personne, membres]* to make freezing, to freeze ◆ **ce vent glace les oreilles** your ears freeze with this wind ◆ **ce vent vous glace** it's a freezing *ou* perishing *(Brit)* (cold) wind, this wind chills you to the bone
[3] ◆ **glacer qn** *(= intimider)* to turn sb cold, to chill sb; *(= paralyser)* to make sb's blood run cold ◆ **cela l'a glacé d'horreur** *ou* **d'épouvante** he was frozen with terror at this ◆ **glacer le sang de qn** to make sb's blood run cold, to chill sb's blood ◆ **cette réponse lui glaça le cœur** *(littér)* this reply turned his heart to ice ◆ **son attitude vous glace** he has a chilling way about him
[4] *[+ viande, papier, étoffe]* to glaze; *[+ gâteau]* *(au sucre)* to ice; *(au blanc d'œuf)* to glaze
VPR **se glacer** *[eau]* to freeze ◆ **mon sang se glaça dans mes veines** my blood ran cold *ou* my blood froze in my veins ◆ **son sourire/son expression se glaça** his smile/expression froze

glacerie /glasʀi/ NF *(= commerce)* mirror trade; *(= industrie)* mirror industry; *(= usine)* mirror factory

glaceur /glasœʀ/ NM *[de viande, papier, étoffe]* glazer

glaceuse /glasøz/ NF glazing machine

glaceux, -euse² /glasø, øz/ ADJ speckled with white

glaciaire /glasjɛʀ/
ADJ *[période, calotte]* ice *(épith)*; *[relief, régime, vallée, érosion]* glacial
NM ◆ **le glaciaire** the glacial, the ice age

glaciairiste /glasjɛʀist/ NMF ice climber

glacial, e (mpl **glacials** *ou* **glaciaux**) /glasjal, jo/ SYN ADJ [1] *[froid]* icy, freezing *(épith)*; *[nuit, pluie, vent]* icy, freezing (cold); → **océan**
[2] *[accueil, silence, regard]* frosty, icy ◆ **c'est quelqu'un de glacial** he's a real cold fish, he's a real iceberg ◆ **« non », dit-elle d'un ton glacial** "no", she said frostily *ou* icily

glaciation /glasjasjɔ̃/ NF glaciation

glacier /glasje/ NM [1] *(Géog)* glacier
[2] *(= fabricant)* ice-cream maker; *(= vendeur)* ice-cream man; → **pâtissier**

glacière /glasjɛʀ/ NF icebox, cool box ◆ **c'est une vraie glacière ici !** it's like a fridge *ou* an icebox in here!

glaciériste /glasjeʀist/ NMF ⇒ **glaciairiste**

glaciologie /glasjɔlɔʒi/ NF glaciology

glaciologique /glasjɔlɔʒik/ ADJ glaciological

glaciologue /glasjɔlɔg/ NMF glaciologist

glacis /glasi/ NM [1] *(Art)* glaze
[2] *(Archit)* weathering; *(Géog, Mil)* glacis

glaçon /glasɔ̃/ NM *[de rivière]* block of ice; *[de toit]* icicle; *[de boisson]* ice cube; *(péj = personne)* cold fish ◆ **avec ou sans glaçon ?** *(boisson)* with or without ice? ◆ **mes pieds sont comme des glaçons** my feet are like blocks of ice

glaçure /glasyʀ/ NF *(Tech)* glaze

gladiateur /gladjatœʀ/ NM gladiator

glagla * /glagla/ **à glagla** LOC EXCL it's freezing!

glagolitique /glagɔlitik/ ADJ Glagolitic

glaïeul /glajœl/ NM gladiola, gladiolus ◆ **des glaïeuls** gladioli

glaire /glɛʀ/ SYN NF *[d'œuf]* white; *(Méd)* phlegm ◆ **glaire cervicale** cervical mucus

glairer /gleʀe/ ► conjug 1 ◄ VT to glair

glaireux, -euse /glɛʀø, øz/ ADJ slimy

glairure /glɛʀyʀ/ NF glair

glaise /glɛz/ SYN NF clay; → **terre**

glaiser /gleze/ ► conjug 1 ◄ VT *(= enduire)* to coat with clay; *(= amender)* to add clay to

glaiseux, -euse /glɛzø, øz/ ADJ clayey

glaisière /glɛzjɛʀ/ NF clay pit

glaive /glɛv/ SYN NM two-edged sword ◆ **le glaive de la justice** *(littér)* the sword of justice ◆ **le glaive et la balance** the sword and the scales

glamour /glamuʀ/
ADJ INV *[personne, tenue, photo]* glamorous; *[émission]* glitzy*
NM ◆ **le glamour** glamour

glanage /glanaʒ/ NM gleaning

gland /glɑ̃/ NM *(= fruit du chêne)* acorn; *(Anat)* glans; *(= ornement)* tassel ◆ **quel gland !**‡ *(= imbécile)* what a prick!‡

glande /glɑ̃d/ NF gland ◆ **avoir des glandes** *(Méd)* to have swollen glands ◆ **avoir les glandes**‡ *(= être en colère)* to be really *ou* hopping *(Brit)* mad*; *(= être anxieux)* to be all wound-up*

glandée /glɑ̃de/ NF acorn harvest

glander‡ /glɑ̃de/ ► conjug 1 ◄ VI *(= traînailler)* to fart around‡ *(Brit)*, to footle about* *(Brit)*, to screw around‡ *(US)*; *(= attendre)* to hang around*, to kick one's heels* *(Brit)* ◆ **j'en ai rien à glander** I don't give *ou* care a damn‡ ◆ **qu'est-ce que tu glandes ?** what the hell are you doing?‡

glandeur, -euse‡ /glɑ̃dœʀ, øz/ NM,F layabout*, shirker ◆ **c'est un vrai glandeur** he's a lazy bastard‡ *ou* slob‡

glandouiller‡ /glɑ̃duje/ ► conjug 1 ◄ VI ⇒ **glander**

glandulaire /glɑ̃dylɛʀ/ ADJ glandular

glanduleux, -euse /glɑ̃dylø, øz/ ADJ glandulous

glane /glan/ NF [1] *(= glanage)* gleaning
[2] *(= chapelet)* ◆ **glane d'oignons/d'ail** string of onions/of garlic

glaner /glane/ SYN ► conjug 1 ◄ VT *(lit, fig)* to glean

glaneur, -euse /glanœʀ, øz/ NM,F gleaner

glapir /glapiʀ/ SYN ► conjug 2 ◄
VI *[renard]* to bark; *[chien]* to yap, to yelp; *(péj)* *[personne]* to yelp, to squeal
VT *[+ insultes]* to scream

glapissant, e /glapisɑ̃, ɑ̃t/ ADJ *[renard]* barking; *[chien]* yapping, yelping; *[personne]* yelping, squealing

glapissement /glapismɑ̃/ SYN NM *[de renard]* barking; *[de chien]* yapping, yelping ◆ **glapissements** *[personne en colère]* shouting

glaréole /glaʀeɔl/ NF pratincole

glas /gla/ NM knell (NonC), toll (NonC) ◆ **on sonne le glas** the bell is tolling, they are tolling the knell *ou* bell ◆ **sonner le glas de** *(fig)* to toll *ou* sound the knell of ◆ **« Pour qui sonne le glas »** *(Littérat)* "For Whom the Bell Tolls"

glasnost /glasnɔst/ NF *(Hist)* glasnost ◆ **le parti est en train de faire sa glasnost** the party is pursuing a policy of glasnost *ou* openness

glaucomateux, -euse /glokomatø, øz/ ADJ glaucomatous

glaucome /glokom/ NM glaucoma

glauque /glok/ SYN ADJ [1] *(= vert-bleu)* blue-green
[2] *(*, péj = louche)* *[quartier, hôtel]* shabby; *[atmosphère]* murky; *[individu]* shifty, shady
[3] *(= lugubre)* dreary

glaviot‡ /glavjo/ NM gob of spit‡

glavioter‡ /glavjɔte/ ► conjug 1 ◄ VI to spit, to gob‡ *(Brit)*

glèbe /glɛb/ NF *(Hist, littér)* glebe

gléchome, glécome /glekom/ NM ground ivy

glène¹ /glɛn/ NF *(Anat)* socket

glène² /glɛn/ NF *(Naut)* *[de cordage]* coil

gléner /glene/ ► conjug 1 ◄ VT to coil

glénoïde /glenɔid/ ADJ glenoid

glial, e (mpl **-aux**) /glijal, o/ ADJ glial

glie /gli/ NF glia

gliome /glijom/ NM glioma

glissade /glisad/ SYN NF [1] ◆ **faire une glissade** *(par jeu)* to slide; *(= tomber)* to slip; *(= déraper)* to skid ◆ **glissade sur l'aile** *(en avion)* sideslip ◆ **il fit une glissade mortelle** he slipped and was fatally injured ◆ **faire des glissades sur la glace** to slide on the ice ◆ **la glissade du dollar** the slide of the dollar
[2] *(Danse)* glissade

glissage /glisaʒ/ NM sledging *(of wood)*

glissant, e /glisɑ̃, ɑ̃t/ SYN ADJ *[sol, savon, poisson]* slippery; *(Fin)* *[taux]* floating ◆ **sur un mois glissant** over a period of thirty days; → **terrain**

glisse /glis/ NF *(Ski)* glide ◆ **sports de glisse** *sports which involve sliding or gliding (eg skiing, surfing, skating)*

glissé, e /glise/ (ptp de **glisser**) ADJ, NM ◆ **(pas) glissé** glissé

glissement /glismɑ̃/ SYN NM *[de porte, rideau, pièce]* sliding; *[de bateau]* gliding; *(Ski, Phon)* glide; *[de prix]* slide ◆ **glissement électoral (à gauche)** electoral swing *ou* move (to the left) ◆ **glissement de sens** shift in meaning ◆ **glissement de terrain** landslide, landslip ◆ **le récent glissement de la Bourse** the recent downturn in the stock exchange

glisser /glise/ SYN ► conjug 1 ◄
VI [1] *(= avancer)* to slide along; *[voilier, nuages, patineurs]* to glide along; *[fer à repasser]* to slide along ◆ **le bateau glissait sur les eaux** the boat glided over the water ◆ **avec ce fart, on glisse bien** *(Ski)* you slide *ou* glide easily with this wax, this wax slides *ou* glides easily ◆ **il fit glisser le fauteuil sur le sol** he slid the armchair across the floor
[2] *(= tomber)* to slide ◆ **ils glissèrent le long de la pente dans le ravin** they slid down the slope

into the gully • **il se laissa glisser le long du mur** he slid down the wall • **une larme glissa le long de sa joue** a tear trickled *ou* slid down his cheek • **d'un geste maladroit il fit glisser le paquet dans le ravin** with a clumsy movement he sent the parcel sliding down into the gully • **il fit glisser l'argent dans sa poche** he slipped the money into his pocket

[3] *(péj = dériver)* to slip • **le pays glisse vers l'anarchie** the country is slipping *ou* sliding into anarchy • **le pays glisse vers la droite** the country is moving *ou* swinging towards the right • **il glisse dans la délinquance** he's slipping into crime

[4] *(= déraper) [personne, objet]* to slip; *[véhicule, pneus]* to skid • **il a glissé sur la glace et il est tombé** he slipped on the ice and fell • **son pied a glissé** his foot slipped

[5] *(= être glissant) [parquet]* to be slippery • **attention, ça glisse** be careful, it's slippery (underfoot)

[6] *(= coulisser) [tiroir, rideau]* to slide; *[curseur, anneau]* to slide (along) • **ces tiroirs ne glissent pas bien** these drawers don't slide (in and out) easily

[7] *(= s'échapper)* • **glisser de la table/de la poêle** to slide off the table/out of the frying pan • **glisser des mains** to slip out of one's hands • **le voleur leur a glissé entre les mains** the thief slipped (right) through their fingers

[8] *(= effleurer)* • **glisser sur** *[+ sujet]* to skate over • **ses doigts glissaient sur les touches** his fingers slipped over the keys • **les reproches glissent sur lui (comme l'eau sur les plumes d'un canard)** criticism is like water off a duck's back to him • **glissons !** let's not dwell on that! • **la balle glissa sur le blindage** the bullet glanced off the armour plating • **son regard glissa d'un objet à l'autre** he glanced from one object to another, his eyes slipped from one object to another • **glissez, mortels, n'appuyez pas !** *(Prov)* enough said!

VT *(= introduire)* • **glisser qch sous/dans qch** to slip *ou* slide sth under/into sth • **glisser une lettre sous la porte** to slip *ou* slide a letter under the door • **il me glissa un billet dans la main** he slipped a note into my hand • **glisser un mot à l'oreille de qn** to whisper a word in sb's ear • **il glisse toujours des proverbes dans sa conversation** he's always slipping proverbs into his conversation • **il me glissa un regard en coulisse** he gave me a sidelong glance • **il me glissa que...** he whispered to me that...

VPR **se glisser** [1] *[personne, animal]* • **se glisser quelque part** to slip somewhere • **le chien s'est glissé sous le lit/derrière l'armoire** the dog crept under the bed/behind the cupboard • **se glisser dans les draps** to slip between the sheets • **le voleur a réussi à se glisser dans la maison** the thief managed to sneak *ou* slip into the house • **il a réussi à se glisser jusqu'au premier rang** he managed to edge *ou* worm his way to the front *ou* to slip through to the front

[2] • **se glisser dans** *[erreur, sentiment]* to creep into • **l'inquiétude/le soupçon se glissa en lui/dans son cœur** anxiety/suspicion stole over him/into his heart • **une erreur s'est glissée dans le texte** a mistake has slipped *ou* crept into the text

glisseur /glisœʀ, øz/ NM *(Math)* sliding vector

glissière /glisjɛʀ/ SYN NF slide *ou* sliding channel; *[de siège d'auto]* runner • **porte/panneau à glissière** sliding door/panel • **glissière de sécurité** *(sur une route)* crash barrier; → **fermeture**

glissoir /gliswaʀ/ NM *(= dévaloir)* timber chute

glissoire /gliswaʀ/ NF *(= piste)* slide *(on ice or snow)*

global, e (mpl **-aux**) /glɔbal, o/ SYN

ADJ [1] *(= total) [montant, coût, budget]* total; *[accord, politique, stratégie]* comprehensive, general; *[baisse, offre, résultat, résumé, idée]* overall; *[perspective, vue, vision]* overall, comprehensive • **c'est un prix global** it's an all-inclusive price • **offre globale** *(Comm)* package • **méthode globale** word recognition method *(to teach reading)*

[2] *(= mondial) [économie, marché]* global; → **village**

NM **au global** overall

> **global** se traduit par le mot anglais **global** uniquement au sens de 'mondial'.

globalement /glɔbalmɑ̃/ SYN ADV [1] *(= dans l'ensemble)* on the whole • **je suis globalement satisfait de son travail** on the whole I find his work satisfactory • **globalement nous sommes tous d'accord** on the whole we agree • **globalement, nos ventes ont diminué** our overall sales have fallen

[2] *(= en bloc)* globally • **traiter un problème globalement** to take a holistic approach to a problem

globalisant, e /glɔbalizɑ̃, ɑ̃t/, **globalisateur, -trice** /glɔbalizatœʀ, tʀis/ ADJ *[analyse, approche, vision]* global • **nous refusons tout discours globalisant sur la toxicomanie** we will not accept sweeping generalizations about drug addiction

globalisation /glɔbalizasjɔ̃/ NF *(= mondialisation)* globalization

globaliser /glɔbalize/ ► conjug 1 ◄

VT [1] *(= mondialiser) [+ conflit, problème]* to globalize

[2] *(= appréhender dans leur ensemble) [+ problèmes, raisons]* to consider from an overall *ou* a global perspective, to consider in their entirety

VI *(= généraliser)* to generalize • **les médias ont trop tendance à globaliser** the media tend to make sweeping generalizations

VPR **se globaliser** *[économie, marché]* to become globalized *ou* global

globalisme /glɔbalism/ NM holism

globalité /glɔbalite/ NF global nature • **regardons le problème dans sa globalité** let us look at the problem from every angle

globe /glɔb/ SYN NM [1] *(= sphère, monde)* globe • **globe oculaire** eyeball • **le globe terrestre** the globe, the earth • **faire le tour du globe** to go around the world • **le conflit pourrait s'étendre à tout le globe** the conflict could spread worldwide

[2] *(pour recouvrir)* glass cover, globe • **mettre qn/qch sous globe** *(fig)* to keep sb/sth in a glass case, to keep sb/sth in cotton wool *(Brit)*

globe-trotter (pl **globe-trotters**) /glɔbtʀɔtœʀ/ NM globe-trotter

globigérine /glɔbiʒeʀin/ NF globigerina

globine /glɔbin/ NF globin

globulaire /glɔbylɛʀ/

ADJ *(= sphérique)* global; *(Physiol)* corpuscular; → **numération**

NF *(= plante)* type of scabious, globularia vulgaris *(SPÉC)*

globule /glɔbyl/ SYN NM *(gén, Chim)* globule; *(Physiol)* corpuscle • **globules rouges/blancs** red/white corpuscles • **globule polaire** polar body

globuleux, -euse /glɔbylø, øz/ SYN ADJ *[forme]* globular; *[œil]* protruding

globuline /glɔbylin/ NF globulin

glockenspiel /glɔkœnʃpil/ NM glockenspiel

gloire /glwaʀ/ SYN NF [1] *(= renommée)* glory, fame; *[de vedette]* stardom, fame • **gloire littéraire** literary fame • **être au sommet de la gloire** to be at the height of one's fame • **il s'est couvert de gloire** he covered himself in glory • **elle a eu son heure de gloire** she has had her hour of glory • **(faire qch) pour la gloire** (to do sth) for the glory of it • **faire la gloire de qn/qch** to make sb/sth famous • **ce n'est pas la gloire** * it's nothing to write home about *

[2] *(= distinction)* • **sa plus grande gloire a été de faire...** his greatest distinction *ou* his greatest claim to fame was to do... • **s'attribuer toute la gloire de qch** to give o.s. all the credit for sth, to take all the glory for sth • **se faire** *ou* **tirer gloire de qch** to revel *ou* glory in sth

[3] *(littér, Rel = éclat)* glory • **la gloire de Rome/de Dieu** the glory of Rome/of God • **le trône/le séjour de gloire** the throne/the Kingdom of Glory

[4] *(= louange)* glory, praise • **gloire à Dieu** glory to God, praise be to God • **gloire à tous ceux qui ont donné leur vie** glory to all those who gave their lives • **disons-le à sa gloire** it must be said in praise of him • **poème/chant à la gloire de qn/qch** poem/song in praise of sb/sth • **célébrer** *ou* **chanter la gloire de qn/qch** to sing the praises of sb/sth; → **rendre**

[5] *(personne = célébrité)* celebrity • **toutes les gloires de la région étaient là** *(hum)* all the worthies *(hum) ou* notables of the region were there • **cette pièce est la gloire du musée** this piece is the pride of the museum

[6] *(Art = auréole)* glory • **Christ en gloire** Christ in majesty

glome /glom/ NM glome

gloméris /glɔmeʀis/ NM glomeris

glomérulaire /glɔmeʀylɛʀ/ ADJ *(Bot)* glomerulate; *(Anat)* glomerular

glomérule /glɔmeʀyl/ NM *(Bot)* glomerule; *(Anat)* glomerulus

gloria[1] /glɔʀja/ NM INV *(Rel)* Gloria

gloria[2] † /glɔʀja/ NM *(= boisson)* laced coffee, spiked coffee *(US)*

gloriette /glɔʀjɛt/ NF [1] *(= pavillon)* gazebo

[2] *(= volière)* aviary

glorieusement /glɔʀjøzmɑ̃/ ADV gloriously

glorieux, -ieuse /glɔʀjø, jøz/ SYN ADJ *[exploit, mort, personne, passé]* glorious; *[air, ton]* triumphant • **tout glorieux de sa richesse/de pouvoir dire...** *(littér, péj)* glorying in *ou* priding himself on his wealth/on being able to say... • **tes résultats ne sont pas très glorieux** * your results aren't too great * • **ce n'est pas très glorieux !** it's nothing to be proud of! • **les Trois Glorieuses** *(Hist)* Les Trois Glorieuses *(the three-day July revolution of 1830)* • **les Trente Glorieuses** *(Hist) the thirty-year boom period after World War II*

glorificateur, -trice /glɔʀifikatœʀ, tʀis/

ADJ glorifying

NM,F glorifier

glorification /glɔʀifikasjɔ̃/ SYN NF glorification

glorifier /glɔʀifje/ SYN ► conjug 7 ◄

VT to glorify, to extol • **glorifier Dieu** to glorify God

VPR **se glorifier** • **se glorifier de** to glory in, to take great pride in

gloriole /glɔʀjɔl/ SYN NF misplaced vanity, vainglory *(littér)* • **faire qch par gloriole** to do sth out of (misplaced) vanity *ou* out of vainglory *(littér)*

glose /gloz/ SYN NF *(= annotation, commentaire)* gloss

gloser /gloze/ SYN ► conjug 1 ◄

VT to annotate, to gloss

VI to ramble on *(sur* about)

glossaire /glɔsɛʀ/ SYN NM glossary

glossateur /glɔsatœʀ/ NM glosser

glossématique /glɔsematik/ NF glossematics *(sg)*

glossine /glɔsin/ NF glossina

glossite /glɔsit/ NF glossitis

glossolalie /glɔsɔlali/ NF glossolalia

glossopharyngien, -ienne /glɔsofaʀɛ̃ʒjɛ̃, jɛn/ ADJ glossopharyngeal

glossotomie /glɔsɔtɔmi/ NF glossotomy

glottal, e (mpl **-aux**) /glɔtal, o/ ADJ glottal

glotte /glɔt/ NF glottis • **coup de glotte** glottal stop

glottique /glɔtik/ ADJ glottal

glouglou /gluglu/ NM [1] *[d'eau]* gurgling, glug-glug • **faire glouglou** to gurgle, to go glug-glug

[2] *[de dindon]* gobbling, gobble-gobble • **faire glouglou** to gobble, to go gobble-gobble

glouglouter /gluglute/ ► conjug 1 ◄ VI *[eau]* to gurgle; *[dindon]* to gobble

gloussant, e /glusɑ̃, ɑ̃t/ ADJ *[rire]* chuckling

gloussement /glusmɑ̃/ SYN NM *[de poule]* clucking; *(péj) [de personne]* chuckle • **pousser des gloussements de satisfaction** to chuckle with satisfaction

glousser /gluse/ SYN ► conjug 1 ◄ VI *[poule]* to cluck; *(péj) [personne]* to chuckle

glouton, -onne /glutɔ̃, ɔn/ SYN

ADJ *[personne]* gluttonous, greedy; *[appétit]* voracious

NM,F glutton

NM *(= animal)* wolverine

gloutonnement /glutɔnmɑ̃/ ADV *[manger]* gluttonously, greedily; *[lire]* voraciously • **avalant gloutonnement son repas** wolfing (down) his meal, gulping his meal down

gloutonnerie /glutɔnʀi/ SYN NF gluttony, greed

gloxinia /glɔksinja/ NM gloxinia

glu /gly/ SYN NF *(pour prendre les oiseaux)* birdlime • **prendre les oiseaux à la glu** to lime birds • **on dirait de la glu, c'est comme de la glu** it's like glue • **quelle glu, ce type !** * *(= personne)* the guy's such a leech! *

gluant, e /glyɑ̃, ɑ̃t/ SYN ADJ *[substance]* sticky; *(= répugnant) [personne]* slimy

gluau /glyo/ NM *(= branche)* birdlime-twig

glucagon /glykagɔ̃/ NM glucagon

glucide /glysid/ NM carbohydrate

glucidique /glysidik/ ADJ carbohydrate (épith)

glucomètre /glykɔmɛtʀ/ NM saccharometer

glucose /glykoz/ NM glucose

glucosé, e /glykoze/ ADJ [eau, sérum] containing glucose

glucoserie /glykozʀi/ NF [1] (= industrie) glucose industry [2] (= usine) glucose factory

glucoside /glykozid/ NM glucoside

glume /glym/ NF glume

glumelle /glymɛl/ NF glumella

gluon /glyɔ̃/ NM gluon

glutamate /glytamat/ NM glutamate

glutamine /glytamin/ NF glutamine

glutamique /glytamik/ ADJ ◆ **acide glutamique** glutam(in)ic acid

gluten /glytɛn/ NM gluten

glutineux, -euse /glytinø, øz/ ADJ [aliment] glutinous

glycémie /glisemi/ NF glycaemia (Brit), glycemia (US)

glycéride /gliseʀid/ NF glyceride

glycérie /gliseʀi/ NF sweet-grass

glycérine /gliseʀin/ NF glycerin(e), glycerol (SPÉC)

glycériné, e /gliseʀine/ ADJ ◆ **joint glycériné** glycerin(e)-coated joint ◆ **savon glycériné** glycerin(e) soap

glycérique /gliseʀik/ ADJ ◆ **acide glycérique** glyceric acid

glycérol /gliseʀɔl/ NM glycerin(e), glycerol (SPÉC)

glycérophtalique /gliseʀɔftalik/ ADJ [peinture] oil-based

glycine /glisin/ NF [1] (= plante) wisteria, wistaria [2] (= acide) glycine

glycocolle /glikokɔl/ NM glycine

glycogène /glikɔʒɛn/ NM glycogen

glycogenèse /glikɔʒənɛz/ NF glycogenesis

glycogénique /glikɔʒenik/ ADJ glycogenetic

glycogénogenèse /glikɔʒenɔʒənɛz/ NF synthesis of glycogen

glycol /glikɔl/ NM glycol

glycolipide /glikolipid/ NM glycolipid

glycolyse /glikoliz/ NF glycolysis

glycolytique /glikolitik/ ADJ glycolytic

glycoprotéine /glikopʀɔtein/ NF glycoprotein, glucoprotein

glycoprotéique /glikopʀɔteik/ ADJ glycoproteinic

glycosurie /glikozyʀi/ NF glycosuria, glucosuria

glycosurique /glikozyʀik/ ADJ glycosuric, glucosuric

glyphe /glif/ NM glyph

glyptique /gliptik/ NF glyptics (sg)

glyptodon /gliptɔdɔ̃/, **glyptodonte** /gliptɔdɔ̃t/ NM glyptodont

glyptographie /gliptɔgʀafi/ NF glyptography

glyptothèque /gliptɔtɛk/ NF sculpture museum

GMT /ʒeɛmte/ (abrév de **Greenwich Mean Time**) GMT ◆ **à 15 heures GMT** at fifteen (hundred) hours GMT

gnangnan* /ɲɑ̃ɲɑ̃/
ADJ INV [film, roman] silly; [histoire d'amour] soppy* ◆ **qu'est-ce qu'il est gnangnan !** he's such a drip!*
NMF drip*

gneiss /gnɛs/ NM gneiss

gneissique /gnesik/ ADJ gneissic, gnessoid

gnète /gnɛt/ NF gnetum

gniard‡ /ɲaʀ/ NM brat*

gniôle* /ɲol/ NF = **gnôle**

gniouf‡ /ɲuf/ NM = **gnouf**

GNL /ʒeɛnɛl/ NM (abrév de **gaz naturel liquéfié**) LNG

gnocchi /ɲɔki/ NM gnocchi (NonC)

gnognote* /ɲɔɲɔt/ NF ◆ **c'est de la gnognote !** it's rubbish! ◆ **c'est pas de la gnognote !** that's really something!* ◆ **100 € ? c'est de la gnognote pour lui** €100? that's nothing ou peanuts* to him

gnôle* /ɲol/ NF (= eau-de-vie) hooch* ◆ **un petit verre de gnôle** a snifter*, a dram*

gnome /gnom/ NM gnome

gnomique /gnɔmik/ ADJ gnomic

gnomon /gnɔmɔ̃/ NM gnomon

gnomonique /gnɔmɔnik/
ADJ gnomonic
NF gnomon making

gnon* /ɲɔ̃/ NM (= coup) blow, bash*; (= marque) dent, bump ◆ **prendre un gnon** [personne] to get bashed* ou walloped*; [voiture] to get bashed* ou dented

gnose /gnoz/ NF gnosis

gnoséologie /gnozeɔlɔʒi/ NF gnosiology, gnoseology

gnoséologique /gnozeɔlɔʒik/ ADJ gnosiological, gnoseological

gnosticisme /gnɔstisism/ NM gnosticism

gnostique /gnɔstik/ ADJ, NMF gnostic

gnou /gnu/ NM gnu, wildebeest

gnouf‡ /ɲuf/ NM (arg Crime) clink‡, nick‡ (Brit) ◆ **au gnouf** in the clink‡ ou nick‡ (Brit)

GO (abrév de **grandes ondes**) LW

Go (abrév de **gigaoctet**) Gb

go /go/
NM ◆ (jeu de) go go
LOC ADV **tout de go** ◆ **dire qch tout de go** to say sth straight out ◆ **il est entré tout de go** he went straight in

goal /gol/ NM goalkeeper, goalie*

goal-average (pl **goal-averages**) /golavɛʀaʒ/ NM (Sport) goal difference ◆ **ils l'emportent au goal-average** they win on goal difference

gobelet /gɔblɛ/ SYN NM [d'enfant, pique-nique] beaker; (en étain, verre, argent) tumbler; [de dés] cup ◆ **gobelet en plastique/papier** plastic/paper cup

gobeleterie /gɔblɛtʀi/ NF (= industrie) glassware industry

gobeletier, -ière /gɔblɛtje, jɛʀ/ NM,F (= fabricant) glassware maker; (= vendeur) glassware seller

Gobelins /gɔb(ə)lɛ̃/ NMPL ◆ **la manufacture des Gobelins** the Gobelins tapestry workshop ◆ **tapisserie des Gobelins** Gobelin tapestry

gobe-mouche (pl **gobe-mouches**) /gɔbmuʃ/ NM [1] (= oiseau) flycatcher ◆ **gobe-mouche gris** spotted flycatcher [2] († = crédule) gullible person ◆ **c'est un gobe-mouche** he'd swallow anything

gober /gɔbe/ SYN ▸ conjug 1 ◂ VT [+ huître, œuf] to swallow (whole); * [+ mensonge, histoire] to swallow hook, line and sinker ◆ **je ne peux pas le gober*** I can't stand him ◆ **ne reste pas là à gober les mouches** don't just stand there gawping ◆ **il te ferait gober n'importe quoi*** he'd have you believe anything

goberger (se)* /gɔbɛʀʒe/ SYN ▸ conjug 3 ◂ VPR (= faire bonne chère) to indulge o.s.; (= prendre ses aises) to pamper o.s.

gobeur, -euse* /gɔbœʀ, øz/ NM,F (= idiot) sucker‡

gobie /gɔbi/ NM goby

godailler /gɔdaje/ ▸ conjug 1 ◂ VI ⇒ **goder**

godasse* /gɔdas/ NF shoe

Godefroi /gɔdfʀwa/ NM ◆ **Godefroi de Bouillon** Godefroy de Bouillon

godelureau † (pl **godelureaux**) /gɔd(ə)lyʀo/ NM (young) dandy; (péj) ladies' man

godemiché /gɔdmiʃe/ NM dildo

goder /gɔde/ SYN ▸ conjug 1 ◂ VI [vêtement] to pucker, to be puckered; [papier peint] to have bubbles ou bulges in it ◆ **sa jupe godait de partout** her skirt was all puckered

godet /gɔdɛ/ SYN NM [1] (gén = récipient) jar, pot; (à peinture) pot ◆ **viens boire un godet avec nous*** come and have a drink ou a jar* (Brit) with us [2] (Couture) gore ◆ **jupe à godets** gored skirt [3] (= auge) bucket

godiche* /gɔdiʃ/ ADJ lumpish, oafish ◆ **quelle godiche, ce garçon !** what an awkward lump ou what a clumsy oaf that boy is!

godille /gɔdij/ NF [1] (de bateau) scull; (Ski) wedeln ◆ **descendre en godille** to wedeln [2] (péj) ◆ **à la godille*** [système] crummy*, ropey* (Brit); [jambe, bras] bad, dicky* (Brit)

godiller /gɔdije/ ▸ conjug 1 ◂ VI (en bateau) to scull; (Ski) to wedeln, to use the wedeln technique

godilleur, -euse /gɔdijœʀ, øz/ NM,F (Sport) sculler; (Ski) wedelner

godillot* /gɔdijo/ NM (= chaussure) clodhopper*, clumpy shoe; (vieilli, péj : Pol) unquestioning ou ardent supporter

godiveau /gɔdivo/ NM boiled meatball

godron /gɔdʀɔ̃/ NM (= ornement) gadroon, godroon

godronner /gɔdʀɔne/ ▸ conjug 1 ◂ VT (= orner de godrons) to decorate with gadroons ou godroons

goéland /gɔelɑ̃/ NM seagull, gull ◆ **goéland cendré** common gull ◆ **goéland argenté** herring gull

goélette /gɔelɛt/ NF schooner

goémon /gɔemɔ̃/ SYN NM wrack

goétie /gɔesi/ NF (Antiq) goety

goglu /gɔgly/ NM (Can) bobolink, ricebird

gogo[1]* /gogo/ NM (= personne crédule) sucker*, mug‡ ◆ **c'est bon pour les gogos** it's a con‡, it's a mug's game* (Brit)

gogo[2] /gogo/ SYN **à gogo** LOC ADV (= en abondance) galore ◆ **on avait du vin à gogo** we had wine galore ◆ **des fraises, il y en a à gogo** there are plenty of ou loads of strawberries

gogol‡ /gogɔl/ NM idiot

goguenard, e /gɔg(ə)naʀ, aʀd/ SYN ADJ mocking

goguenardise /gɔg(ə)naʀdiz/ NF mocking

goguenots‡ /gɔg(ə)no/, **gogues**‡ /gɔg/ NMPL (= toilettes) bog* (Brit), loo* (Brit), john‡ (US)

goguette* /gɔgɛt/ NF ◆ **des touristes en goguette** tourists out for a good time

goinfre* /gwɛ̃fʀ/ SYN ADJ, NM ◆ **il est goinfre, c'est un goinfre** he's a greedy pig* ou a greedy guts* (Brit) ◆ **arrête de manger comme un goinfre** stop making a pig of yourself*

goinfrer (se)* /gwɛ̃fʀe/ SYN ▸ conjug 1 ◂ VPR (gén) to stuff o.s.*; (manger salement) to make a pig of o.s.* ◆ **se goinfrer de gâteaux** to pig* ou gorge o.s. on cakes

goinfrerie* /gwɛ̃fʀəʀi/ SYN NF piggery*, piggishness*

goitre /gwatʀ/ NM goitre ◆ **goitre exophtalmique** Graves' disease, exophtalmic goitre

goitreux, -euse /gwatʀø, øz/
ADJ goitrous
NM,F person suffering from goitre

golden /gɔldɛn/ NF INV Golden Delicious

gold point /gɔldpɔjnt/ NM gold ou specie point

golem /gɔlɛm/ NM golem

golf /gɔlf/ NM (= sport) golf; (= terrain) golf course ou links ◆ **golf miniature** miniature golf ◆ **culottes ou pantalon de golf** plus fours ◆ **jouer au ou faire du golf** to play golf ◆ **faire un golf** to play a round ou game of golf; → **joueur**

golfe /gɔlf/ SYN NM gulf; (petit) bay ◆ **le golfe de Gascogne** the Bay of Bengal/of Biscay ◆ **le golfe du Lion/du Mexique** the Gulf of Lions/of Mexico ◆ **le golfe Persique** the Persian Gulf ◆ **les États du Golfe** the Gulf States; → **guerre**

golfeur, -euse /gɔlfœʀ, øz/ NM,F golfer

golfique /gɔlfik/ ADJ golf (épith)

Golgotha /gɔlgɔta/ NM ◆ **le Golgotha** Golgotha

Goliath /gɔljat/ NM Goliath ◆ **c'était David contre Goliath** it was David versus Goliath

golmotte /gɔlmɔt/ NF (= amanite) amanita; (= lépiote) parasol mushroom

gombo /gɔ̃bo/ NM gumbo, gombo, okra

gomina ® /gɔmina/ NF hair cream, Brylcreem ®

gominer (se) /gɔmine/ ▸ conjug 1 ◂ VPR to put hair cream on, to Brylcreem ® ◆ **cheveux gominés** slicked-back hair, hair slicked back with Brylcreem ®

gommage /gɔmaʒ/ SYN NM [1] (= exfoliation) exfoliation ◆ **se faire un gommage** (visage) to use a facial scrub; (corps) to use a body scrub [2] [de mot, trait] rubbing-out, erasing; [de ride, souvenir, différence] erasing; [d'aspérités] smoothing out [3] (= encollage) gumming

gommant, e /gɔmɑ̃, ɑ̃t/ ADJ [crème] exfoliating ◆ **soin gommant** (gén) body scrub; (pour le visage) facial scrub

gomme /gɔm/ SYN

NF (= *substance*) gum; (*Méd*) gumma; (= *maladie des arbres*) gummosis; (*pour effacer*) rubber (*Brit*), eraser (*US*) ◆ **mettre la gomme*** [*conducteur*] to give it full throttle*, to step on the gas* (*US*); [*ouvrier*] to work flat out* ◆ **à la gomme*** [*outil, système, idée*] pathetic*, crummy*; [*renseignement*] useless, hopeless; → **boule**

COMP **gomme adragante** tragacanth
gomme arabique gum arabic
gomme à encre ink rubber (*Brit*) *ou* eraser (*US*)
gomme laque lac
gomme à mâcher chewing gum

gommé, e /gɔme/ ADJ (ptp de **gommer**) [*enveloppe, papier*] gummed

gomme-gutte (pl **gommes-guttes**) /gɔmgyt/ NF gamboge, cambogia

gommer /gɔme/ SYN ► conjug 1 ◄ VT ① [+ *mot, trait*] to rub out, to erase; [+ *souvenir*] to erase; [+ *ride*] to smooth away, to erase; [+ *différence*] to smooth *ou* iron out, to erase; [+ *fatigue*] to take away; [+ *aspérités*] to smooth out
② (= *encoller*) to gum ◆ **gommé** [*enveloppe, papier*] gummed
③ [+ *peau*] to exfoliate

gomme-résine (pl **gommes-résines**) /gɔmʀezin/ NF gum resin

gommette /gɔmɛt/ NF coloured sticky label

gommeux, -euse /gɔmø, øz/
ADJ [*arbre*] gum-yielding (*épith*); [*substance*] sticky; [*lésion*] gummatous
NM († * = *jeune prétentieux*) pretentious (young) dandy

gommier /gɔmje/ NM gum tree

gommose /gɔmoz/ NF gummosis

Gomorrhe /gɔmɔʀ/ N Gomorrah; → **Sodome**

gon /gɔ̃/ NM (*unité de mesure*) grade

gonade /gɔnad/ NF gonad

gonadique /gɔnadik/ ADJ gonad(i)al, gonadic

gonadostimuline /gɔnadostimylin/ NF gonadotrop(h)in

gonadotrope /gɔnadotʀɔp/ ADJ gonadotropic

gonadotrophine /gɔnadotʀɔfin/, **gonadotropine** /gɔnadotʀɔpin/ NF gonadotropin

gond /gɔ̃/ NM hinge ◆ **sortir de ses gonds** [*porte*] to come off its hinges; [*personne*] to fly off the handle ◆ **jeter** *ou* **mettre qn hors de ses gonds** to make sb wild with rage ◆ **tourner sur ses gonds** [*porte*] to turn on its hinges

gondolage /gɔ̃dɔlaʒ/ NM ⇒ **gondolement**

gondole /gɔ̃dɔl/ NF (= *bateau*) gondola; [*de supermarché*] (supermarket) shelf, gondola ◆ **tête de gondole** end display

gondolement /gɔ̃dɔlmɑ̃/ NM [*de papier*] crinkling; [*de planche*] warping; [*de tôle*] buckling

gondoler /gɔ̃dɔle/ SYN ► conjug 1 ◄
VI [*papier*] to crinkle, to go crinkly; [*planche*] to warp; [*tôle*] to buckle ◆ **du papier peint tout gondolé** wallpaper that is all crinkled *ou* crinkly ◆ **le disque est complètement gondolé** the record is all *ou* completely warped
VPR **se gondoler** ① [*papier*] to crinkle; [*planche*] to warp; [*tôle*] to buckle
② (* = *rire*) to split one's sides laughing*, to crease up*

gondolier, -ière /gɔ̃dɔlje, jɛʀ/ NM,F (= *batelier*) gondolier; (*dans un supermarché*) shelf stocker

gonfalon /gɔ̃falɔ̃/ NM gonfalon

gonfalonier /gɔ̃falɔnje/ NM gonfalonier

gonflable /gɔ̃flabl/ ADJ [*ballon, matelas, piscine*] inflatable ◆ **coussin** *ou* **sac gonflable** (*dans voiture*) air bag; → **poupée**

gonflage /gɔ̃flaʒ/ NM inflating (*NonC*), inflation (*NonC*) ◆ **vérifier le gonflage des pneus** to check the air in the tyres (*Brit*) *ou* tires (*US*)

gonflant, e /gɔ̃flɑ̃, ɑ̃t/
ADJ ① [*coiffure*] bouffant
② (* = *irritant*) damned* *ou* bloody* (*Brit*) irritating ◆ **il est gonflant avec ses histoires** he's a real pain (in the neck)* the way he goes on
NM ◆ **donner du gonflant à ses cheveux** to give one's hair body

gonflé, e /gɔ̃fle/ SYN (ptp de **gonfler**) ADJ ① [*yeux, visage, pieds, chevilles*] puffy, swollen; [*ventre*] (*par la maladie*) distended, swollen; (*par un repas*) blown-out, bloated ◆ **il a les joues bien gonflées** he has chubby *ou* plump cheeks ◆ **je me sens un peu gonflé** I feel a bit bloated

② * ◆ **il est gonflé !** (= *courageux*) he's got some nerve!*; (= *impertinent*) he's got a nerve!* *ou* a cheek!* (*Brit*) ◆ **être gonflé à bloc** to be raring to go*

gonflement /gɔ̃flǝmɑ̃/ SYN NM [*de ballon, pneu*] inflation; [*de visage, ventre*] swelling; [*de prix, résultats*] inflation; [*d'effectifs*] (= *augmentation*) swelling; (= *exagération*) exaggeration ◆ **le gonflement de son estomac m'inquiétait** his swollen stomach worried me ◆ **le gonflement de la masse monétaire** the increase in the money supply ◆ **le gonflement de la dette publique** the expansion of *ou* the increase in the public debt

gonfler /gɔ̃fle/ SYN ► conjug 1 ◄
VT ① [+ *pneu, ballon*] (*avec une pompe*) to pump up, to inflate; (*en soufflant*) to blow up, to inflate; [+ *aérostat*] to inflate; [+ *joues, narines*] to puff out; [+ *poumons*] to fill (*de* with) ◆ **les pluies ont gonflé la rivière** the rain has swollen the river *ou* caused the river to swell ◆ **le vent gonfle les voiles** the wind fills (out) *ou* swells the sails ◆ **un paquet gonflait sa poche** his pocket was bulging with a package ◆ **un soupir gonflait sa poitrine** he heaved a great sigh ◆ **éponge gonflée d'eau** sponge swollen with water ◆ **la bière me gonfle** *ou* **me fait gonfler l'estomac** beer blows out my stomach, beer makes me feel bloated *ou* makes my stomach bloated ◆ **il avait les yeux gonflés par le manque de sommeil** his eyes were puffy *ou* swollen with lack of sleep
② (= *dilater*) to swell ◆ **ses succès l'ont gonflé d'orgueil** his successes have made his head swell *ou* made him puffed up (with pride) ◆ **l'orgueil gonfle son cœur** his heart is swollen with pride ◆ **l'espoir/le chagrin lui gonflait le cœur** his heart was swelling *ou* bursting with hope/was heavy with sorrow ◆ **cœur gonflé de joie/d'indignation** heart bursting with joy/indignation ◆ **il nous les gonfle !*** (*surtout US*) he's a pain in the neck* but!*
③ (= *grossir*) [+ *prix, résultat*] to inflate; [+ *effectif*] (= *augmenter*) to swell; (= *exagérer*) to exaggerate; [+ *moteur*] to soup up* ◆ **on a gonflé l'importance de l'incident** the incident has been blown up out of (all) proportion, they have exaggerated the importance of the incident ◆ **chiffres gonflés** inflated *ou* exaggerated figures
VI (= *enfler*) [*genou, cheville*] to swell (up); [*bois*] to swell; (*Culin*) [*pâte*] to rise ◆ **faire gonfler le riz/les lentilles** to leave the rice/lentils to swell, to soak the rice/lentils ◆ **faire gonfler ses cheveux** to give one's hair (some) body
VPR **se gonfler** ① [*rivière*] to swell; [*poitrine*] to swell, to expand; [*voiles*] to swell, to fill (out)
② ◆ **se gonfler (d'orgueil)** to be puffed up (with pride), to be bloated with pride ◆ **son cœur se gonfle de tristesse/d'espoir** his heart is heavy (with sorrow)/is bursting with hope

gonflette* /gɔ̃flɛt/ NF (*péj*) body building (exercises) ◆ **faire de la gonflette** (*Sport*) to pump iron*; (*fig* = *exagérer*) to exaggerate, to lay it on thick*

gonfleur /gɔ̃flœʀ/ NM air pump

gong /gɔ̃(g)/ NM (*Mus*) gong; (*Boxe*) bell; → **sauver**

gongorisme /gɔ̃gɔʀism/ NM Gongorism

goniomètre /gɔnjɔmɛtʀ/ NM goniometer

goniométrie /gɔnjɔmetʀi/ NF goniometry

goniométrique /gɔnjɔmetʀik/ ADJ goniometric(al)

gonnelle /gɔnɛl/ NF gunnel, butterfish

gonochorique /gɔnɔkɔʀik/ ADJ gonochorismal, gonochoristic

gonochorisme /gɔnɔkɔʀism/ NM gonochorism

gonococcie /gɔnɔkɔksi/ NF gonorrhoea (*Brit*), gonorrhea (*US*)

gonocoque /gɔnɔkɔk/ NM gonococcus

gonozoïde /gɔnɔzɔid/ NM gonozoid

gonzesse* /gɔ̃zɛs/ NF (*péj*) bird* (*Brit*), chick* (*US*) ◆ **c'est une vraie gonzesse** (*péj* : *efféminé*) he's a real sissy*

gord /gɔʀ/ NM stake net

gordien /gɔʀdjɛ̃/ ADJ M → **nœud**

gore /gɔʀ/
ADJ [*film, livre*] gory
NM gore

goret /gɔʀɛ/ NM piglet ◆ **petit goret !** (*à un enfant*) you dirty little pig!*, you mucky (little) pup!* (*Brit*)

Gore-Tex ® /gɔʀtɛks/ NM Gore-Tex ®

gorfou /gɔʀfu/ NM rockhopper

gorge /gɔʀʒ/ SYN NF ① [*de personne*] (= *cou*) throat; (*littér* = *seins*) breast, bosom (*littér*); [*d'oiseau*] (= *poitrine*) breast; (= *gosier*) throat ◆ **rire à pleine gorge** *ou* **à gorge déployée** to roar with laughter, to laugh heartily ◆ **chanter à pleine gorge** *ou* **à gorge déployée** to sing at the top of one's voice; → **chat, couteau** *etc*
② (= *vallée, défilé*) gorge ◆ **les gorges du Tarn** the gorges of the Tarn
③ (= *rainure*) [*de moulure, poulie*] groove; [*de serrure*] tumbler
④ (*locutions*) ◆ **prendre qn à la gorge** [*créancier*] to put a gun to sb's head; [*agresseur*] to grab sb by the throat; [*fumée, odeur*] to catch *ou* get in sb's throat; [*peur*] to grip sb by the throat ◆ **tenir qn à la gorge** (*lit*) to hold sb by the throat; (= *l'avoir à sa merci*) to have a stranglehold on sb, to have sb by the throat ◆ **l'os lui est resté dans la** *ou* **en travers de la gorge** the bone (got) stuck in his throat ◆ **ça lui est resté dans la** *ou* **en travers de la gorge** (= *il n'a pas aimé*) he found it hard to take *ou* swallow; (= *il n'a pas osé le dire*) *ou* the words stuck in his throat ◆ **faire des gorges chaudes de qch** to laugh sth to scorn ◆ **je lui enfoncerai** *ou* **ferai rentrer ses mots dans la gorge** I'll make him eat his words ◆ **faire rendre gorge à qn** to force sb to give back ill-gotten gains

gorge-de-pigeon /gɔʀʒ(ǝ)dǝpiʒɔ̃/ ADJ INV dapple-grey

gorgée /gɔʀʒe/ SYN NF mouthful ◆ **boire à petites gorgées** to take little sips ◆ **boire à grandes gorgées** to drink in gulps ◆ **boire son vin à grandes/petites gorgées** to gulp down/sip one's wine ◆ **vider un verre d'une seule gorgée** to empty a glass in one gulp, down a glass in one*

gorger /gɔʀʒe/ SYN ► conjug 3 ◄
VT (*gén*) to fill (*de* with); [+ *animal*] to force-feed ◆ **gorger qn de pâtisseries** to fill sb up *ou* stuff* sb with cakes ◆ **terre/éponge gorgée d'eau** earth/sponge saturated with *ou* full of water ◆ **fruits gorgés de soleil** sun-kissed fruit
VPR **se gorger de nourriture** to gorge o.s., to stuff o.s. * (with food) ◆ **se gorger de gâteaux** to gorge o.s. on *ou* with cakes ◆ **éponge qui se gorge d'eau** sponge which soaks up water

gorgerin /gɔʀʒǝʀɛ̃/ NM (*Archit*) necking, gorgerin

gorget /gɔʀʒɛ/ NM (= *rabot*) grooving plane

Gorgone /gɔʀgɔn/ NF (*Myth*) Gorgon

gorgone /gɔʀgɔn/ NF (= *animal*) gorgonia

gorgonzola /gɔʀgɔ̃zɔla/ NM Gorgonzola

gorille /gɔʀij/ NM (= *animal*) gorilla; (* = *garde du corps*) bodyguard, heavy*

Gorki /gɔʀki/ NM Gorky

gosette /gozɛt/ NF (*Belg Culin*) turnover

gosier /gozje/ NM (*Anat*) throat; (* = *gorge*) throat, gullet ◆ **crier à plein gosier** to shout at the top of one's voice, to shout one's head off ◆ **chanter à plein gosier** to sing at the top of one's voice ◆ **avoir le gosier sec** * to be parched * ◆ **ça m'est resté en travers du gosier** (*lit*) it (got) stuck in my throat; (*fig*) I found it hard to take; → **humecter**

gospel /gɔspɛl/ NM gospel (music)

gosse* /gɔs/ NMF kid * ◆ **sale gosse** little brat * ◆ **elle est restée très gosse** she's still a kid at heart * ◆ **gosse des rues** street urchin ◆ **gosse de riche(s)** (*péj*) (spoilt) rich kid *ou* brat * ◆ **il est beau gosse** * he's a good-looker *

Goth /gɔt/ NMF Goth

gotha /gɔta/ NM (= *aristocratie*) high society ◆ **le gotha de la finance/de la publicité** the financial/advertising bigwigs*

gothique /gɔtik/
ADJ [*architecture, style*] Gothic ◆ **écriture gothique** Gothic script
NM ◆ **le gothique** the Gothic ◆ **le gothique flamboyant/perpendiculaire** Flamboyant/Perpendicular Gothic

gotique /gɔtik/ NM (= *langue*) Gothic

gouache /gwaʃ/ NF (= *matière*) gouache, poster paint; (= *tableau*) gouache

gouacher /gwaʃe/ ► conjug 1 ◄ VT [+ *dessin, aquarelle*] to touch up with gouache *ou* poster paint

gouaille /gwaj/ SYN NF cheeky *ou* cocky* humour

gouaillerie /gwajʀi/ NF cheekiness, cockiness *

gouailleur, -euse /gwajœʁ, øz/ SYN ADJ cheeky, cocky *

gouape * /gwap/ NF thug

gouda /guda/ NM Gouda

Goudjerate /gudʒeʁat/ NM ⇒ **Guj(a)rât**

goudron /gudʁɔ̃/ SYN NM tar • **goudron de houille** coal tar • **goudron végétal** ou **de bois** wood tar • « **goudrons : 15 mg** » (*sur un paquet de cigarettes*) ≈ "15 mg tar"

goudronnage /gudʁɔnaʒ/ NM tarring

goudronner /gudʁɔne/ SYN ▸ conjug 1 ◂ VT [+ *route, toile*] to tar

goudronneur /gudʁɔnœʁ/ NM tar worker

goudronneuse[1] /gudʁɔnøz/ NF tarring machine

goudronneux, -euse[2] /gudʁɔnø, øz/ ADJ tarry

gouet /gwɛ/ NM (= *plante*) arum lily

gouffre /gufʁ/ SYN NM (*Géog*) abyss, gulf, chasm • **le gouffre du Maelström** the Maelstrom • **un gouffre nous sépare** there's a gulf between us • **le gouffre de l'oubli** the depths of oblivion • **c'est un gouffre d'ignorance/de bêtise** he's abysmally ignorant/utterly stupid • **c'est un gouffre (financier)** it just swallows up money, it's a bottomless pit • **nous sommes au bord du gouffre** we are on the brink of the abyss • **entre la théorie et la pratique, il y a un gouffre** there's a huge gap between theory and practice

gouge /guʒ/ NF gouge

gouger /guʒe/ ▸ conjug 3 ◂ VT to gouge

gougère /guʒɛʁ/ NF puff pastry filled with cheese

gougnafier * /guɲafje/ NM bungling idiot*

gouine *‡ /gwin/ NF dyke*‡

goujat, e /guʒa, at/ SYN
ADJ boorish, churlish
NM boor, churl

goujaterie /guʒatʁi/ SYN NF boorishness

goujon /guʒɔ̃/ NM [1] (= *poisson*) gudgeon
[2] (*Tech* = *cheville*) pin

goujonner /guʒɔne/ ▸ conjug 1 ◂ VT (*Tech*) to pin, to bolt

goujonnette /guʒɔnɛt/ NF small fish fillet

goujonnière /guʒɔnjɛʁ/ ADJ F • **perche goujonnière** ruff(e), pope

goulache, goulasch /gulaʃ/ NM ou NF goulash

goulafre * /gulafʁ/ ADJ, NMF (*Belg*) • **il est goulafre, c'est un goulafre** he's a greedy pig*

goulag /gulag/ NM Gulag

goule /gul/ NF ghoul

goulée /gule/ NF [*de liquide*] gulp; [*de solide*] big mouthful • **prendre une goulée d'air frais** (*gorgée*) to take in a lungful of fresh air; (* : *bol d'air*) to get some fresh air

goulet /gulɛ/ SYN NM (= *entrée de port*) narrows, bottleneck (*at entrance of harbour*); (*Géog*) gully • **goulet d'étranglement** bottleneck

gouleyant, e /gulɛjɑ̃, ɑ̃t/ ADJ lively

goulot /gulo/ NM [*de bouteille*] neck • **boire au goulot** to drink straight from the bottle • **goulot d'étranglement** bottleneck

goulotte /gulɔt/ NF (*Archit*) channel; (*Tech*) chute, inclined channel

goulu, e /guly/ SYN
ADJ [*personne*] greedy, gluttonous; [*regards*] greedy
NM,F glutton

goulûment /gulymɑ̃/ ADV greedily, gluttonously

goum † /gum/ NM Moroccan unit in the French army

goumier /gumje/ NM (*Hist*) Moroccan soldier in the French army

goupil †† /gupi(l)/ NM fox

goupille /gupij/ NF (*Tech*) pin

goupillé, e * /gupije/ (ptp de **goupiller**) ADJ (= *arrangé*) • **bien/mal goupillé** [*machine, plan, procédé*] well/badly thought out • **comment est-ce goupillé, ce mécanisme ?** how does this thing work?

goupiller /gupije/ ▸ conjug 1 ◂
VT [1] (* = *combiner*) to fix* • **il a bien goupillé son affaire** he did alright for himself there*
[2] (= *fixer avec une goupille*) to pin
VPR **se goupiller** * (= *s'arranger*) • **comment est-ce que ça se goupille pour demain ?** what's the plan for tomorrow? • **ça s'est bien/mal goupillé, notre plan** our plan came off* (all right)/didn't come off* • **tout ça a l'air de se goupiller plutôt bien** it all seems to be going pretty well • **ça se goupille plutôt mal, cette histoire de déménagement** this removal business is a bit of a shambles*

goupillon /gupijɔ̃/ NM (*Rel*) (holy water) sprinkler, aspergillum; (*à bouteille*) bottle brush; → **sabre**

gourance * /guʁɑ̃s/, **gourante** * /guʁɑ̃t/ NF cock-up*, boob* (*Brit*) • **faire une gourance** to make a cock-up* ou a boob* (*Brit*), to goof up* (*US*)

gourbi /guʁbi/ SYN NM (*arabe*) shack; (* = *taudis*) slum

gourd, e[1] /guʁ, guʁd/ SYN ADJ (*par le froid*) numb (with cold); (= *maladroit, mal à l'aise*) awkward

gourde[2] /guʁd/ SYN
NF [1] (= *fruit*) gourd; [*d'eau, alcool*] flask • **boire à la gourde** to drink straight from the flask
[2] (* = *empoté*) dope*, clot* (*Brit*), dumbbell* (*US*)
ADJ * (= *bête*) dopey*, gormless* (*Brit*); (= *maladroit*) clumsy

gourde[3] /guʁd/ NF (*Fin*) gourde

gourdin /guʁdɛ̃/ SYN NM club, bludgeon • **assommer qn à coups de gourdin** to club ou bludgeon sb

gourer (se) * /guʁe/ ▸ conjug 1 ◂ VPR to boob* (*Brit*), to goof up* (*US*) • **se gourer de jour** to get the day wrong • **je me suis gouré de numéro de téléphone** I dialled the wrong number • **on s'est gouré de rue** we went to the wrong street • **je me suis gouré dans mes calculs** I made a cock-up in* ou I goofed up* (*US*) my calculations

gourgandine †† * /guʁgɑ̃din/ NF hussy †*

gourmand, e /guʁmɑ̃, ɑ̃d/ SYN
ADJ [1] [*personne*] fond of food • **il est gourmand comme un chat** he likes good food but he's fussy about what he eats • **je suis très gourmand** I'm very fond of my food; (*pour les sucreries*) I've got a sweet tooth • **être gourmand de** [+ *sucreries*] to be fond of; [+ *nouveautés*] to be avid for • **regarder qch d'un œil gourmand** to eye sth greedily
[2] (*Culin*) • **une cuisine gourmande** gourmet food • **menu gourmand** gourmet menu
[3] (= *sensuel*) [*bouche*] voluptuous
[4] (= *exigeant*) • **cette voiture est (très) gourmande (en carburant)** this car's a gas-guzzler, this car's heavy on petrol (*Brit*) ou gas (*US*) • **c'est une activité (très) gourmande en capitaux/en énergie** it's (very) capital/energy-intensive • **des applications informatiques de plus en plus gourmandes en mémoire** computer applications requiring more and more memory
[5] (*Agr*) • **branche gourmande** sucker
NM,F gourmand (*frm*) • **c'est une gourmande** she's very fond of her food; (*pour les sucreries*) she's got a sweet tooth • **tu n'es qu'un gourmand !** (*enfant*) you greedy thing!
NM (*Agr*) sucker

gourmander /guʁmɑ̃de/ SYN ▸ conjug 1 ◂ VT (*littér*) to rebuke, to berate (*littér*)

gourmandise /guʁmɑ̃diz/ SYN
NF (*gén*) fondness of food; (*péj*) greed, greediness; (*Rel* = *péché*) gluttony • **elle regardait le gâteau avec gourmandise** she eyed the cake greedily
NFPL **gourmandises** delicacies, sweetmeats †

gourme /guʁm/ NF († : *Méd*) impetigo; (= *maladie du cheval*) strangles (*sg*) • **jeter sa gourme** to sow one's wild oats

gourmé, e /guʁme/ SYN ADJ (*littér*) starchy, stiff

gourmet /guʁmɛ/ SYN NM gourmet, epicure; → **fin**[1]

gourmette /guʁmɛt/ NF [*de cheval*] curb chain; [*de poignet*] chain bracelet

gourou /guʁu/ NM guru

gousse /gus/ NF [*de vanille, petits pois*] pod • **gousse d'ail** clove of garlic

gousset /gusɛ/ NM [*de gilet, pantalon*] fob; [*de slip*] gusset; (*Tech* = *pièce d'assemblage*) gusset; → **montre**[1]

goût /gu/ SYN NM [1] (= *sens*) taste • **amer au goût** bitter to the taste
[2] (= *saveur*) taste • **cela a un goût de moisi** it tastes mouldy • **ça a bon/mauvais goût** it tastes good/nasty, it has a nice/bad taste • **la soupe a un goût** the soup tastes funny ou has a funny taste • **plat sans goût** tasteless ou flavourless dish • **ça a un goût de fraise** it tastes of strawberries • **yaourt goût vanille** vanilla-flavoured yoghurt • **donner du goût à qch** [*épice, condiment*] to add (a bit of) flavour to sth • **la vie n'a plus de goût pour lui** he no longer has any taste for life, he has lost his taste for life • **ses souvenirs ont un goût amer** he has bitter memories • **cette rétrospective a un goût de nostalgie** this retrospective has a nostalgic feel ou flavour • **ça a un goût de revenez-y** * it makes you want seconds, it's very more-ish* (*Brit*)
[3] (= *jugement*) taste • **(bon) goût** (good) taste • **avoir du/manquer de goût** to have/lack taste • **avoir un goût vulgaire** to have vulgar tastes • **avoir un goût ne s'apprend pas** taste is something you're born with • **faire qch sans/avec goût** to do something tastelessly/tastefully • **elle s'habille avec beaucoup de goût** she has very good taste in clothes, she has very good dress sense • **homme/femme de goût** man/woman of taste; → **faute**
[4] [*vêtement, ameublement*] • **de bon goût** tasteful, in good taste (*attrib*) • **de mauvais goût** tasteless, in bad ou poor taste (*attrib*) • **c'est une plaisanterie de mauvais goût** this joke is in bad taste • **il serait de mauvais goût/d'un goût douteux de faire** it would be in bad ou poor/doubtful taste to do • **il serait de bon goût d'y aller/qu'il se mette à travailler** (*hum*) it mightn't be a bad idea to go/if he started doing some work
[5] (= *penchant*) taste, liking (*de, pour* for) • **salez à votre goût** salt (according) to taste • **il a peu de goût pour ce genre de travail** this sort of work is not to his taste ou liking ou is not his cup of tea * • **il n'a aucun goût pour les sciences** science subjects don't appeal to him • **il a le goût de l'ordre** he likes order • **il a le goût du risque** he likes taking risks • **faire qch par goût** to do sth from inclination ou because one has a taste for it • **prendre goût à qch** to get ou acquire a taste for sth, to get to like sth • **elle a repris goût à la vie/la danse** she has started to enjoy life/dancing again • **il n'avait goût à rien** he didn't feel like doing anything • **à mon/son goût** for my/his liking ou taste(s) • **ce n'est pas du goût de chacun** it's not to everybody's taste • **ses déclarations n'ont pas été du goût de ses alliés politiques** what he said didn't go down well with his political allies, his political allies didn't like the sound of what he said • **cela m'a mis en goût** that gave me a taste for it • **est-ce à votre goût ?** is it to your taste? • **c'est tout à fait à mon goût** this is very much to my taste • **il la trouve à son goût** she suits his taste • **faire passer le goût du pain à qn** * to wipe the smile off sb's face; (= *tuer*) to do sb in*, to bump sb off*; → **chacun**
[6] (= *tendances*) • **goûts** tastes • **avoir des goûts de luxe/modestes** to have expensive/simple tastes • **des goûts et des couleurs (on ne discute pas)** (*Prov*) there's no accounting for taste(s) • **tous les goûts sont dans la nature** (*Prov*) it takes all sorts to make a world
[7] (= *style*) style • **dans le goût classique/de X** in the classical style/the style of X • **ou quelque chose dans ce goût-là** * or something of that sort • **au goût du jour** in keeping with the style of the day ou with current tastes • **il s'est mis au goût du jour** he has brought himself into line with current tastes • **chanson remise au goût du jour** song brought up to date

goûter[1] /gute/ SYN ▸ conjug 1 ◂
VT [1] [+ *aliment*] to taste • **goûte-le, pour voir si c'est assez salé** taste it and see if there's enough salt
[2] [+ *repos, spectacle*] to enjoy, to savour (*Brit*), to savor (*US*)
[3] (*littér*) [+ *écrivain, œuvre, plaisanterie*] to appreciate • **il ne goûte pas l'art abstrait** he doesn't appreciate abstract art, abstract art isn't to his taste
[4] (*Belg*) [*aliment*] to taste of
VT INDIR **goûter à** [+ *aliment, plaisir*] to taste, to sample; [+ *indépendance, liberté*] to taste • **il y a à peine goûté** he's hardly touched it • **voulez-vous goûter à mon gâteau ?** would you like to try ou sample my cake? • **goûtez-y** [+ *vin*] have a sip ou taste, taste it; [+ *plat*] have a taste, taste it
VT INDIR **goûter de** (= *faire l'expérience de*) to have a taste of, to taste • **il a goûté de la vie militaire/de la prison** he has had a taste of army/prison life, he has tasted army/prison life

VI [1] *(= faire une collation)* to have tea *(Brit)*, to have an afterschool snack *(US)* ◆ **emporter à goûter** to take an afterschool snack ◆ **inviter des enfants à goûter** to ask children to tea *(Brit)*, to invite children for a snack *(US)*

[2] *(Belg) [aliment]* to taste good

goûter² /gute/ SYN **NM** *[d'enfants]* (afterschool) snack; *[d'adultes]* afternoon tea ◆ **donner un goûter d'enfants** to give *ou* have a children's (tea) party *(Brit)*, to invite children for a snack *(US)* ◆ **l'heure du goûter** (afternoon) snack time

goûteur, -euse /gutœʀ, øz/ **NM,F** ◆ **goûteur d'eau/de vin** water/wine taster

goûteux, -euse /gutø, øz/ SYN **ADJ** *[vin, viande]* flavoursome *(Brit)*, flavorful *(US)*

goutte /gut/ SYN

NF [1] *(lit, fig)* drop ◆ **goutte de rosée** dewdrop ◆ **goutte de sueur** bead of sweat ◆ **suer à grosses gouttes** to be streaming with sweat ◆ **pleuvoir à grosses gouttes** to rain heavily ◆ **il est tombé quelques gouttes** there were a few spots *ou* drops of rain ◆ **du lait ? – une goutte** milk? – just a drop ◆ **il n'y en a plus une goutte** there's not a drop left ◆ **tomber goutte à goutte** to drip

[2] *(Pharm)* ◆ **gouttes** drops ◆ **gouttes pour les yeux/le nez** eye/nose drops

[3] *(* = eau-de-vie)* brandy

[4] *(††, hum)* ◆ **je n'y vois/entends goutte** *(= rien)* I see/hear not a thing † *(aussi hum)*

[5] *(Méd)* gout

[6] *(locutions)* ◆ **ne pas avoir une goutte de sang dans les veines** not to have an ounce of character ◆ **avoir la goutte au nez** to have a dripping *ou* runny nose ◆ **passer entre les gouttes** *(de pluie)* to run between the drops; *(fig)* to come through without a scratch

COMP **goutte d'eau** drop of water; *(Bijouterie)* drop, droplet ◆ **c'est une goutte d'eau dans la mer** it's a drop in the ocean *(Brit) ou* in the bucket *(US)* ◆ **c'est la goutte (d'eau) qui fait déborder le vase** it's the last straw, it's the straw that breaks the camel's back; → **ressembler**

goutte-à-goutte /gutagut/ **NM INV** *(Méd)* drip *(Brit)*, IV *(US)* ◆ **alimenter qn au goutte-à-goutte** to put sb on a drip *(Brit) ou* on an IV *(US)*, to drip-feed sb *(Brit)*

gouttelette /gut(ə)lɛt/ **NF** droplet

goutter /gute/ SYN ▸ conjug 1 ◂ **VI** to drip *(de* from)

gouttereau /gutʀo/ **ADJ M** ◆ **mur gouttereau** wall bearing a gutter

goutteux, -euse /gutø, øz/ **ADJ** *(Méd)* gouty

gouttière /gutjɛʀ/ **NF** *(horizontale)* gutter; *(verticale)* drainpipe; *[de voiture]* rain gutter; *(Méd)* (plaster) cast; *(Anat : sur os)* groove; → **chat**

gouvernable /guvɛʀnabl/ **ADJ** governable ◆ **difficilement gouvernable** difficult to govern

gouvernail /guvɛʀnaj/ **NM** *(= pale)* rudder; *(= barre)* helm, tiller ◆ **gouvernail de direction** rudder ◆ **gouvernail de profondeur** elevator ◆ **tenir le gouvernail** *(fig)* to be at the helm

gouvernance /guvɛʀnɑ̃s/ **NF** governance ◆ **gouvernance d'entreprise** corporate governance

gouvernant, e¹ /guvɛʀnɑ̃, ɑ̃t/ SYN

ADJ *[parti, classe]* ruling *(épith)*, governing *(épith)*

NMPL *(Pol)* ◆ **les gouvernants** the rulers, those in power ◆ **les gouvernés et les gouvernants** the citizens and those who govern them

gouvernante² /guvɛʀnɑ̃t/ SYN **NF** *(= institutrice)* governess; *(= dame de compagnie)* housekeeper

gouverne /guvɛʀn/ **NF** [1] *(frm)* ◆ **pour ta gouverne** for your guidance

[2] *(= pilotage d'un bateau)* steering

[3] *(= surface d'une aile)* control surface ◆ **gouverne de profondeur** *(= dispositif)* elevator ◆ **gouverne latérale** aileron

gouverné /guvɛʀne/ **NM** *(gén pl)* citizen

gouvernement /guvɛʀnəmɑ̃/ SYN **NM** *(= administration, régime)* government; *(= cabinet)* Cabinet, Government ◆ **former un gouvernement** to set up *ou* form a government ◆ **il est au gouvernement** he's a member of *ou* he's in the government ◆ **sous un gouvernement socialiste** under socialist rule *ou* government ◆ **ça a eu lieu sous le gouvernement de Thatcher** it happened during the Thatcher government *ou* during Thatcher's government ◆ **gouvernement de cohabitation** cohabitation government ◆ **gouvernement d'union nationale** rainbow government ◆ **gouvernement d'entreprises** corporate governance

gouvernemental, e (mpl **-aux**) /guvɛʀnəmɑ̃tal, o/ **ADJ** *[député]* of the governing party; *[organe, politique]* government *(épith)*, governmental *(épith)*; *[journal]* pro-government; *[troupes]* government *(épith)* ◆ **le parti gouvernemental** the governing *ou* ruling party, the party in office ◆ **l'équipe gouvernementale** the government

gouverner /guvɛʀne/ SYN ▸ conjug 1 ◂

VT [1] *(Pol)* to govern, to rule ◆ **le parti qui gouverne** the party in office, the governing *ou* ruling party ◆ **droit des peuples à se gouverner (eux-mêmes)** right of peoples to self-government

[2] *(littér) [+ passions]* to control ◆ **savoir gouverner son cœur** to have control over one's heart ◆ **se laisser gouverner par l'ambition/par qn** to let o.s. be ruled *ou* governed by ambition/by sb ◆ **il sait fort bien se gouverner** he is well able to control himself ◆ **l'intérêt gouverne le monde** self-interest rules the world

[3] *[+ bateau]* to steer, to helm ◆ **gouverner vers tribord** to steer to(wards) starboard

[4] *(Gram)* to govern, to take

VI *[bateau]* to steer ◆ **le bateau gouverne bien/mal** the boat steers well/badly ◆ **gouverner sur son ancre/sa bouée** to steer towards one's anchor/one's buoy

gouverneur /guvɛʀnœʀ/ **NM** [1] *(Admin, Pol)* governor ◆ **le Gouverneur de la Banque de France** the Governor of the Bank of France ◆ **gouverneur militaire** military governor ◆ **gouverneur général** *(Can)* governor general

[2] *(Hist = précepteur)* tutor

gouzi-gouzi * /guziguzi/ **NM INV** tickle ◆ **faire des gouzi-gouzi à qn** to tickle sb

goy /gɔj/ **ADJ, NMF** goy

goyave /gɔjav/ **NF** *(= fruit)* guava

goyavier /gɔjavje/ **NM** *(= arbre)* guava

GPAO /ʒepeao/ **NF** (abrèv de **gestion de la production assistée par ordinateur**) → **gestion**

GPL /ʒepeɛl/ **NM** (abrèv de **gaz de pétrole liquéfié**) LPG

GPS /ʒepeɛs/ **NM** (abrèv de **global positioning system**) ◆ **(système) GPS** GPS (system)

GQG /ʒekyʒe/ **NM** (abrèv de **Grand Quartier Général**) GHQ

GR /ʒeɛʀ/ **NM** (abrèv de **(sentier de) grande randonnée**) ◆ **emprunter un GR** to take an official hiking trail; → **randonnée**

Graal /gʀal/ **NM** Grail ◆ **la quête du Graal** the quest for the Holy Grail

grabat /gʀaba/ **NM** pallet, mean bed

grabataire /gʀabatɛʀ/

ADJ bedridden

NMF bedridden invalid

graben /gʀabɛn/ **NM** graben

grabuge * /gʀabyʒ/ SYN **NM** ◆ **il va y avoir du grabuge** there'll be ructions * *(Brit) ou* a ruckus * *(US) ou* a rumpus * ◆ **faire du grabuge** to create havoc

grâce /gʀɑs/ GRAMMAIRE ACTIVE 17.1 SYN **NF**

[1] *(= charme) [de personne, geste]* grace; *[de chose, paysage]* charm ◆ **plein de grâce** graceful ◆ **visage sans grâce** plain face ◆ **avec grâce** *[danser]* gracefully; *[s'exprimer]* elegantly ◆ **faire des grâces** to put on airs (and graces)

[2] *(= faveur)* favour *(Brit)*, favor *(US)* ◆ **demander une grâce à qn** to ask a favour of sb ◆ **accorder une grâce à qn** to grant sb a favour ◆ **trouver grâce auprès de** *ou* **aux yeux de qn** to find favour with sb ◆ **il nous a fait la grâce d'accepter** *(frm, hum)* he did us the honour of accepting ◆ **elle nous a fait la grâce de sa présence** *ou* **d'être présente** she graced *ou* honoured us with her presence ◆ **être en grâce** to be in favour ◆ **rentrer en grâce** to come back into favour ◆ **être dans les bonnes grâces de qn** to be in favour with sb, to be in sb's good graces *ou* good books * ◆ **chercher/gagner les bonnes grâces de qn** to seek/gain sb's favour ◆ **délai de grâce** days of grace ◆ **donner à qn une semaine de grâce** to give sb a week's grace

[3] *(locutions)* ◆ **bonne/mauvaise grâce** good/bad grace ◆ **faire qch de** *ou* **avec bonne/mauvaise grâce** to do sth with (a) good/bad grace, to do sth willingly/grudgingly ◆ **il y a mis de la mauvaise grâce** he did it very reluctantly ◆ **il a eu la bonne grâce de reconnaître...** he had the good grace to admit... ◆ **il aurait mauvaise grâce à refuser** it would be bad form *ou* in bad taste for him to refuse

[4] *(= miséricorde)* mercy; *(Jur)* pardon ◆ **grâce royale/présidentielle** royal/presidential pardon ◆ **demander** *ou* **crier grâce** to beg *ou* cry for mercy ◆ **demander grâce pour qn** to appeal for clemency on sb's behalf ◆ **grâce !** (have) mercy! ◆ **de grâce, laissez-le dormir** for pity's sake *ou* for goodness' sake, let him sleep ◆ **je vous fais grâce des détails/du reste** I'll spare you the details/the rest ◆ **donner/recevoir le coup de grâce** to give/receive the coup de grâce *ou* deathblow; → **droit³, recours**

[5] *(= reconnaissance)* ◆ **dire les grâces** to give thanks *(after a meal)*

◆ **grâce à** ◆ **grâce à qn/qch** thanks to sb/sth ◆ **grâce à Dieu !** thank God!, thank goodness!; → **action¹, jour, rendre**

[6] *(Rel)* grace ◆ **à la grâce de Dieu !** it's in God's hands! ◆ **nous réussirons par la grâce de Dieu** with God's blessing we shall succeed ◆ **grâce efficace/suffisante/vivifiante** efficacious/sufficient/life-giving grace; → **an, état**

[7] *(= don, inspiration)* gift ◆ **avoir la grâce** to have a gift ◆ **il a été touché par la grâce** he has been inspired ◆ **c'est la grâce que nous lui souhaitons** that is what we wish for him

[8] *(= déesse)* ◆ **les trois Grâces** the three Graces

[9] *(= titre)* ◆ **Sa Grâce...** *(homme)* His Grace...; *(femme)* Her Grace...

gracier /gʀasje/ SYN ▸ conjug 7 ◂ **VT** to grant a pardon to, to pardon ◆ **il a été gracié par le président** he was granted a presidential pardon

gracieusement /gʀasjøzmɑ̃/ SYN **ADV** *(= élégamment)* gracefully; *(= aimablement)* amiably, kindly; *(= gratuitement)* free of charge ◆ **ceci vous est gracieusement offert par la société Leblanc** Messrs Leblanc offer you this with their compliments, please accept this with the compliments of Messrs Leblanc ◆ **documents gracieusement prêtés par l'Institut Pasteur** documentation kindly loaned by the Pasteur Institute

gracieuseté /gʀasjøzte/ **NF** *(littér) (= amabilité)* amiability; *(= geste élégant)* graceful gesture; *(= cadeau)* free gift ◆ **je vous remercie de vos gracieusetés** *(iro)* so kind of you to say so *(iro)*

gracieux, -ieuse /gʀasjø, jøz/ SYN **ADJ**

[1] *(= élégant) [gestes, silhouette, personne]* graceful

[2] *(= aimable) [sourire, abord, personne]* amiable, kindly; *[enfant]* amiable ◆ **notre gracieuse souveraine** *(frm)* our gracious sovereign *(frm)*

[3] *(frm = gratuit) [aide, service]* gratuitous *(frm)*; → **recours, titre**

gracile /gʀasil/ SYN **ADJ** *[personne, corps, tige]* slender; *[cou]* slender, swanlike

gracilité /gʀasilite/ **NF** slenderness

gracioso /gʀasjozo/ **ADV** *(Mus)* grazioso

Gracques /gʀak/ **NMPL** ◆ **les Gracques** the Gracchi

gradateur /gʀadatœʀ/ **NM** dimmer switch

gradation /gʀadasjɔ̃/ SYN **NF** gradation ◆ **il y a toute une gradation des réactions des victimes d'attentat** victims of bombings react in a variety of ways ◆ **il y a une gradation dans la difficulté des exercices** the exercises are graded ◆ **par gradation** gradually

grade /gʀad/ SYN **NM** [1] *(Admin, Mil)* rank ◆ **monter en grade** to be promoted ◆ **en prendre pour son grade** * to be hauled over the coals, to get a proper dressing-down *

[2] *(= titre) (Univ)* degree ◆ **grade de licencié** (first) degree, bachelor's degree

[3] *(Math)* grade

[4] *[d'huile]* grade

gradé, e /gʀade/ **NM,F** *(Mil) (gén)* officer; *(= subalterne)* NCO, non-commissioned officer; *(Police)* officer, ≃ (police) sergeant *(Brit)*

grader /gʀadœʀ/ **NM** *(= niveleuse)* grader

gradient /gʀadjɑ̃/ **NM** gradient

gradin /gʀadɛ̃/ SYN **NM** *(Théât)* tier; *[de stade]* step (of the terracing) ; *(Agr)* terrace ◆ **les gradins** *[de stade]* the terraces ◆ **dans les gradins** on the terraces ◆ **en gradins** terraced ◆ **la colline s'élevait/descendait en gradins** the hill went up/down in steps *ou* terraces

gradualisme /gʀadɥalism/ **NM** gradualism

gradualiste /gʀadɥalist/ **ADJ** gradualist(ic)

graduat /gʀadɥa/ **NM** *(Belg)* *non-university degree awarded for technical or administrative studies*

graduation /gʀadɥasjɔ̃/ SYN NF *[d'instrument]* graduation

gradué, e /gʀadɥe/ (ptp de **graduer**) ADJ *[exercices]* graded; *[règle, thermomètre]* graduated ◆ **verre/pot gradué** measuring glass/jug

graduel, -elle /gʀadɥɛl/ SYN

ADJ *[progression, amélioration, augmentation]* gradual; *[difficultés]* progressive

NM *(Rel)* gradual

graduellement /gʀadɥɛlmɑ̃/ SYN ADV gradually

graduer /gʀadɥe/ SYN ► conjug 1 ◄ VT *[+ exercices]* to increase in difficulty; *[+ difficultés, efforts]* to step up *ou* increase gradually; *[+ règle, thermomètre]* to graduate

gradus /gʀadys/ NM gradus

graffiter /gʀafite/ SYN ► conjug 1 ◄ VT to write graffiti on

graffiteur, -euse /gʀafitœʀ, øz/ NM,F *(gén)* graffitist; *(= artiste)* graffiti artist

graffiti (pl **graffiti(s)**) /gʀafiti/ SYN NM graffiti *(NonC)* ◆ **un graffiti** a piece of graffiti

graille* /gʀaj/ NF grub*, nosh* *(Brit)*, chow* *(US)* ◆ **à la graille !** come and get it!*, grub's up!* *(Brit)*

grailler /gʀɑje/ ► conjug 1 ◄ VI 1 (* = *manger)* to nosh* *(Brit)*, to chow down* *(US)*

2 *[corneille]* to caw

3 *(= parler)* to speak in a throaty *ou* hoarse voice

graillon¹ /gʀɑjɔ̃/ SYN NM *(péj = déchet)* bit of burnt fat ◆ **ça sent le graillon** there's a smell of burnt fat

graillon²* /gʀɑjɔ̃/ NM *(= crachat)* lump of gob* *(Brit)*, gob of spit*

graillonner* /gʀɑjɔne/ ► conjug 1 ◄ VI *(= tousser)* to cough; *(= parler)* to speak in a throaty *ou* hoarse voice

grain /gʀɛ̃/ SYN

NM 1 *[de blé, riz, maïs, sel]* grain ◆ **le(s) grain(s)** *(= céréales)* (the) grain ◆ **grain d'orge** grain of barley, barleycorn ◆ **donner du grain aux poules** to give grain to the chickens ◆ **alcool** *ou* **eau-de-vie de grain(s)** grain alcohol ◆ **le bon grain** *(Rel)* the good seed ◆ **cela leur a donné du grain à moudre** *(matière à réflexion)* it gave them food for thought; *(travail)* it kept them occupied *ou* busy for a while ◆ **avoir du grain à moudre** *(= avoir ce qu'il faut)* to have what it takes ◆ **mettre son grain de sel*** to put *ou* stick one's oar in* *(Brit)*, to put in one's two cents* *(US)*; → **poulet, séparer**

2 *[de café]* bean ◆ **café en grains** coffee beans, unground coffee ◆ **grain de raisin** grape ◆ **grain de cassis** blackcurrant ◆ **grain de poivre** peppercorn ◆ **poivre en grains** whole pepper, peppercorns ◆ **moutarde en grains** whole grain mustard

3 *[de collier, chapelet]* bead; *(Méd = petite pilule)* pellet

4 *(= particule) [de sable, farine, pollen]* grain; *[de poussière]* speck ◆ **grain de sable** *(fig)* blip*, glitch* ◆ **il suffit d'un grain de sable pour tout bloquer** one blip* *ou* glitch* is enough to bring everything grinding to a halt

5 ◆ **un grain de** *(= un peu de) [+ fantaisie]* a touch of; *[+ bon sens]* a grain *ou* an ounce of ◆ **il n'y a pas un grain de vérité dans ce qu'il dit** there's not a grain *ou* scrap of truth in what he says ◆ **il a un (petit) grain*** he's a bit touched*, he's not quite all there* ◆ **il faut parfois un petit grain de folie** it sometimes helps to be a bit eccentric

6 *(= texture) [de peau]* texture; *(Photo)* grain ◆ **à grain fin** *[bois, roche]* fine-grained ◆ **à gros grains** coarse-grained ◆ **travailler dans le sens du grain** to work with the grain

7 *(= averse brusque)* heavy shower; *(= bourrasque)* squall ◆ **essuyer un grain** to run into a squall; → **veiller**

8 (†† = *poids)* grain; *(Can)* grain *(0.0647 gramme)*

COMP **grain de beauté** mole, beauty spot

grain de plomb leadshot *(NonC)*

graine /gʀɛn/ SYN NF *(Agr)* seed ◆ **graines de radis** radish seeds ◆ **graine de paradis** cardamom, cardamon ◆ **graines germées** sprouting seeds ◆ **graines pour oiseaux** birdseed *(NonC)* ◆ **monter en graine** *[plante]* to go *ou* run to seed, to bolt; *(hum) [enfant]* to shoot up ◆ **tu vois ce qu'a fait ton frère, prends-en de la graine*** you've seen what your brother has done so take a leaf out of his book* ◆ **c'est de la graine de voleur** he has the makings of a thief ◆ **la petite graine** *(hum)* the precious seed *(hum)*, sperm; → **casser, mauvais**

grainer /gʀene/ ► conjug 1 ◄ VT, VI ⇒ **grener**

graineterie /gʀɛntʀi/ NF *(= commerce)* seed trade; *(= magasin)* seed shop, seed merchant's (shop)

grainetier, -ière /gʀɛntje, jɛʀ/ NM,F seed merchant; *(= homme)* seedsman

grainier, -ière /gʀenje, jɛʀ/

NM,F seed seller

NM seed storage room

graissage /gʀɛsaʒ/ NM *[de machine]* greasing, lubricating ◆ **faire faire un graissage complet de sa voiture** to take one's car in for a complete lubricating job

graisse /gʀɛs/ SYN

NF 1 *[d'animal, personne]* fat; *(laissée dans le récipient après cuisson)* dripping *(Brit)*, drippings *(US)*; *(= lubrifiant)* grease ◆ **graisse(s) végétale(s)/animale(s)** animal/vegetable fat ◆ **prendre de la graisse** *[d'animal]* to put on fat; → **bourrelet**

2 *(Typographie)* weight

COMP **graisse de baleine** (whale) blubber

graisse de phoque seal blubber

graisse de porc lard

graisse à traire milking grease

graisser /gʀese/ SYN ► conjug 1 ◄

VT *(= lubrifier) (gén)* to grease; *[+ chaussures]* to wax; *(= salir)* to get grease on, to make greasy; *(= donner un aspect gras à) [+ cheveux, peau]* to make greasy ◆ **cette lotion ne graisse pas** this lotion is non-greasy ◆ **graisser la patte à qn*** to grease *ou* oil sb's palm*

VI *[cheveux]* to get greasy

graisseur /gʀesœʀ/ NM *(= objet)* lubricator ◆ **dispositif graisseur** lubricating *ou* greasing device ◆ **(pistolet) graisseur** grease gun

graisseux, -euse /gʀesø, øz/ SYN ADJ *[main, objet]* greasy; *[papiers]* grease-stained, greasy; *[nourriture]* greasy, fatty; *[bourrelet]* fatty, of fat; *[tissu, tumeur]* fatty

gram /gʀam/ NM INV Gram's method *ou* stain

gramen /gʀamɛn/ NM *(= herbe)* lawn grass; *(= gazon)* lawn

graminacée /gʀaminase/ NF ⇒ **graminée**

graminée /gʀamine/ NF ◆ **une graminée** a grass ◆ **les graminées** grasses, graminae *(SPÉC)*

grammaire /gʀa(m)mɛʀ/ NF *(= science, livre)* grammar ◆ **faute de grammaire** grammatical mistake ◆ **règle de grammaire** grammatical rule, rule of grammar ◆ **exercice/livre de grammaire** grammar exercise/book ◆ **grammaire des cas** case grammar ◆ **grammaire (de structure) syntagmatique** phrase structure grammar ◆ **grammaire de surface** surface grammar

grammairien, -ienne /gʀa(m)mɛʀjɛ̃, jɛn/ NM,F grammarian

grammatical, e (mpl **-aux**) /gʀamatikal, o/ ADJ *(gén)* grammatical ◆ **exercice grammatical** grammar exercise ◆ **phrase grammaticale** well-formed *ou* grammatical sentence; → **analyse**

grammaticalement /gʀamatikalmɑ̃/ ADV grammatically

grammaticalisation /gʀamatikalizasjɔ̃/ NF grammaticalization

grammaticaliser /gʀamatikalize/ ► conjug 1 ◄ VT to grammaticalize

grammaticalité /gʀamatikalite/ NF grammaticality

gramme /gʀam/ NM gram(me) ◆ **je n'ai pas pris/perdu un gramme** *(de mon poids)* I haven't put on/lost an ounce ◆ **il n'a pas un gramme de jugeote** he hasn't an ounce of common-sense

gramophone ® † /gʀamɔfɔn/ NM gramophone †

grand, e /gʀɑ̃, gʀɑ̃d/ SYN

ADJ 1 *(= de haute taille) [personne, verre]* tall; *[arbre, échelle]* high, big, tall

2 *(= plus âgé, adulte)* ◆ **son grand frère** his older *ou* elder *ou* big* brother ◆ **il a un petit garçon et deux grandes filles** he has a little boy and two older *ou* grown-up daughters ◆ **ils ont deux grands enfants** they have two grown-up children ◆ **quand il sera grand** *[d'enfant]* when he grows up, when he's grown-up; *[de chiot]* when it's big, when it's fully grown ◆ **il est assez grand pour savoir** he's big enough *ou* old enough to know ◆ **tu es grand/grande maintenant** you're a big boy/girl now

3 *(en dimensions, gén)* big, large; *[hauteur, largeur]* great; *[bras, distance, voyage, enjambées]* long; *[avenue, marge]* wide ◆ **aussi/plus grand que nature** as large as/larger than life ◆ **ouvrir de grands yeux** to open one's eyes wide ◆ **ouvrir la fenêtre/la bouche toute grande** to open the window/one's mouth wide ◆ **l'amour avec un grand A** love with a capital L ◆ « **La Grande Évasion** » *(Ciné)* "The Great Escape"

4 *(en nombre, en quantité) [vitesse, poids, valeur, puissance]* great; *[nombre, quantité]* large, great; *[famille]* large, big; *[foule]* large, great, big; *[dépense]* great; *[fortune]* great, large ◆ **la grande majorité des gens** the great *ou* vast majority of people ◆ **une grande partie de ce qu'il a** a great *ou* large proportion of what he has

5 *(= intense, violent) [bruit, cri]* loud; *[froid]* severe, intense; *[chaleur]* intense; *[vent]* strong, high; *[effort, danger, plaisir, déception]* great; *[pauvreté]* great, dire *(épith)*; *[soupir]* deep, big ◆ **l'incendie a causé de grands dégâts** the fire has caused extensive damage *ou* a great deal of damage ◆ **avec un grand rire** with a loud *ou* big laugh ◆ **grand chagrin** deep *ou* great sorrow ◆ **à ma grande surprise/honte** much to my surprise/shame, to my great surprise/shame

6 *(= riche, puissant) [pays, firme, banquier, industriel]* leading, big ◆ **les grands trusts** the big trusts ◆ **un grand personnage** an important person; → **train**

7 *(= important) [aventure, progrès, intelligence]* great; *[différence, appétit, succès]* great, big; *[ville, travail]* big ◆ **je t'annonce une grande nouvelle !** I've got some great news! ◆ **le grand moment approche** the big *ou* great moment is coming ◆ **c'est un grand jour/honneur pour nous** this is a great day/honour for us

8 *(= principal)* main ◆ **c'est la grande nouvelle du jour** it's the main news of the day ◆ **les grands points de son discours** the main points of his speech ◆ **les grands fleuves du globe** the major *ou* main *ou* great rivers of the world ◆ **la grande difficulté consiste à...** the main *ou* major difficulty lies in...

9 *(intensif) [travailleur]* great, hard; *[collectionneur]* great, keen; *[buveur]* heavy, hard; *[mangeur]* big; *[fumeur]* heavy; *[ami, rêveur]* great, big; *[menteur]* big ◆ **c'est un grand ennemi du bruit** he can't stand *ou* abide noise ◆ **un grand amateur de musique** a great music lover ◆ **grand lâche/sot !** you big coward/fool! ◆ **grande jeunesse** extreme youth ◆ **un grand mois/quart d'heure** a good month/quarter of an hour ◆ **rester un grand moment** to stay a good while ◆ **un grand kilomètre** a good kilometre ◆ **un grand verre d'eau** a large glass of water ◆ **un grand panier de champignons** a full basket of mushrooms ◆ **les grands malades** the very ill *ou* sick ◆ **un grand invalide** a seriously disabled person

10 *(= remarquable) [champion, œuvre, savant, civilisation]* great ◆ **un grand vin/homme** a great wine/man ◆ **une grande année** a vintage *ou* great year ◆ **le grand Molière** the great Molière ◆ **c'est du grand jazz*** it's jazz at its best ◆ **une grande figure de l'Histoire** a major historical figure

11 *(= de gala) [réception, dîner]* grand ◆ **en grande cérémonie** with great ceremony; → **apparat, pompe², tenue²**

12 *(= noble) [âme]* noble, great; *[pensée, principe]* high, lofty ◆ **se montrer grand (et généreux)** to be big-hearted *ou* magnanimous

13 *(= exagéré)* ◆ **faire de grandes phrases** to trot out high-flown sentences ◆ **tous ces grands discours** all these high-flown speeches ◆ **faire de grands gestes** to wave one's arms about; → **cheval, mot**

14 *(= beaucoup de)* ◆ **cela te fera (le plus) grand bien** it'll do you a great deal of *ou* the world of good ◆ **j'en pense le plus grand bien** I think most highly of him ◆ **grand bien vous fasse !** much good may it do you! ◆ **il n'y a pas grand danger** there's no great danger ◆ **cela lui fera grand tort** it'll do him a lot of harm

ADV 1 *(en taille)* ◆ **ces sandales chaussent grand** these sandals are big-fitting *(Brit)* *ou* run large *(US)* ◆ **ce n'est pas une maquette, il l'a réalisé en grand** it's not a model, he made it full scale

2 *(= largement)* ◆ **ouvrir (en) grand** *[+ porte]* to open wide; *[+ robinet]* to turn full on ◆ **la fenêtre était grand(e) ouverte** the window was wide open ◆ **voir grand** to think big ◆ **il a vu trop grand** he was over-ambitious ◆ **dix bouteilles ? tu as vu grand !** ten bottles? you don't do things by halves! ◆ **il fait toujours les choses en grand** he always does things on a large scale

grand-angle | graphème

NM ① (Scol) older ou bigger boy, senior boy ou pupil ◆ **jeu pour petits et grands** game for old and young alike ou for the young and the not-so-young ◆ **il va à l'école tout seul comme un grand** he goes to school on his own like a big boy
② (terme d'affection) ◆ **mon grand** son, my lad (Brit)
③ (= personne puissante) ◆ **les grands de ce monde** men in high places ◆ **les quatre Grands** (Pol) the Big Four ◆ **les cinq grands de l'électronique** the five big ou major electronics companies ◆ **Pierre/Alexandre/Frédéric le Grand** Peter/Alexander/Frederick the Great

NF grande ① (Scol) older ou bigger girl, senior girl ou pupil ◆ **elle parle comme une grande** she talks like a big girl
② (terme d'affection) ◆ **ma grande** (my) dear

COMP la grande Bleue ou **bleue** the Med*, the Mediterranean
grand d'Espagne Spanish grandee
le grand huit † [de fête foraine] the scenic railway †
grand œuvre (= réalisation très importante) great work ◆ **le Grand Œuvre** (Alchimie) the Great Work
le Grand Orient the Grand Lodge of France
grande personne grown-up
le Grand Siècle the 17th century (in France)
la grande vie the good life ◆ **mener la grande vie** to live in style, to live the good life

○ **GRANDES ÉCOLES**

○ The **grandes écoles** are competitive-entrance higher education establishments where engineering, business administration and other subjects are taught to a very high standard. The most prestigious include "l'École Polytechnique" (engineering), the three "Écoles normales supérieures" (humanities), "l'ENA" (the civil service college), and "HEC" (business administration).
○ Pupils prepare for entrance to the **grandes écoles** after their "baccalauréat" in two years of "classes préparatoires" (nicknamed "hypokhâgne" and "khâgne" for humanities and "hypotaupe" and "taupe" for science). → **CLASSES PRÉPARATOIRES, CONCOURS, ÉCOLE NATIONALE D'ADMINISTRATION**

grand-angle (pl **grands-angles**) /gʁɑ̃tɑ̃gl, gʁɑ̃zɑ̃gl/, **grand-angulaire** (pl **grands-angulaires**) /gʁɑ̃tɑ̃gylɛʁ, gʁɑ̃zɑ̃gylɛʁ/ **NM** wide-angle lens ◆ **faire une photo au grand-angle** to take a picture with a wide-angle lens, to take a wide-angle shot

grand-chose /gʁɑ̃ʃoz/
PRON INDÉF ◆ **pas grand-chose** not much ◆ **on ne sait pas grand-chose à son sujet** we don't know very much about him ◆ **cela ne vaut pas grand-chose** it's not worth much, it's not up to much* (Brit), it's no great shakes* ◆ **es-tu blessé ? - ce n'est pas grand-chose** are you hurt? - it's nothing much ◆ **il n'y a plus grand-chose dans ce magasin** there isn't much ou there's nothing much left in this shop ◆ **il n'y a pas grand-chose à dire** there's not a lot to say, there's nothing much to say ◆ **il n'en sortira pas grand-chose de bon** not much good will come (out) of this, I can't see much good coming (out) of this ◆ **sans changer grand-chose au plan** without altering the plan much
NMF INV (péj) ◆ **c'est un pas grand-chose** he's a good-for-nothing

grand-croix (pl **grands-croix**) /gʁɑ̃kʁwa/
NM holder of the Grand Cross
NF INV Grand Cross (of the Légion d'honneur)

grand-duc (pl **grands-ducs**) /gʁɑ̃dyk/ **NM**
① (= personne) grand duke; → **tournée²**
② (= hibou) eagle owl

grand-ducal, e (mpl -aux) /gʁɑ̃dykal, o/ **ADJ** (= du grand-duc) grand-ducal; (= du grand-duché de Luxembourg) of Luxembourg

grand-duché (pl **grands-duchés**) /gʁɑ̃dyʃe/ **NM** grand duchy ◆ **le grand-duché de Luxembourg** the grand duchy of Luxembourg

Grande-Bretagne /gʁɑ̃dbʁətaɲ/ **NF** ◆ **la Grande-Bretagne** Great Britain

grande-duchesse (pl **grandes-duchesses**) /gʁɑ̃ddyʃɛs/ **NF** grand duchess

grandement /gʁɑ̃dmɑ̃/ **SYN ADV** ① (= tout à fait) ◆ **se tromper grandement** to be greatly mistaken ◆ **avoir grandement raison/tort** to be absolutely right/wrong
② (= largement) [aider, contribuer] a great deal, greatly ◆ **il a grandement le temps** he has plenty of time ◆ **il y en a grandement assez** there's plenty of it ou easily enough (of it) ◆ **être grandement logé** to have plenty of room ou ample room (in one's house) ◆ **nous ne sommes pas grandement logés** we haven't got (very) much room ◆ **je lui suis grandement reconnaissant** I'm deeply ou extremely grateful to him ◆ **il est grandement temps de partir** it's high time we went
③ (= généreusement) [agir] nobly ◆ **faire les choses grandement** to do things lavishly ou in grand style

grandesse /gʁɑ̃dɛs/ **NF** Spanish grandeeship

grandeur /gʁɑ̃dœʁ/ **SYN**
NF ① (= dimension) size ◆ **c'est de la grandeur d'un crayon** it's the size of ou as big as a pencil ◆ **ils sont de la même grandeur** they are the same size ◆ **grandeur nature** [statue] life-size (épith); [expérience] in real conditions ◆ **en vraie grandeur** [maquette] full-size (épith), full-scale (épith); → **haut, ordre¹**
② (= importance) [d'œuvre, sacrifice, amour] greatness ◆ **avoir des idées de grandeur** to have delusions of grandeur; → **délire**
③ (= dignité) greatness; (= magnanimité) magnanimity ◆ **faire preuve de grandeur** to show magnanimity ◆ **la grandeur humaine** the greatness of man ◆ **grandeur d'âme** generosity of spirit
④ (= gloire) greatness ◆ **grandeur et décadence de** rise and fall of ◆ **politique de grandeur** politics of national grandeur
⑤ (Astron) magnitude (Math) ◆ **grandeur variable** variable magnitude ◆ **de première grandeur** [étoile] of first magnitude; (fig) of the first order
⑥ († = titre) ◆ **Sa Grandeur l'évêque de Lyon** (the) Lord Bishop of Lyons ◆ **oui, Votre Grandeur** yes, my Lord
NFPL (= honneurs) ◆ **grandeurs** glory; → **folie**

Grand-Guignol /gʁɑ̃ɡiɲɔl/ **NM** Grand Guignol ◆ **c'est du Grand-Guignol** (fig) it's all blood and thunder

grand-guignolesque (pl **grand-guignolesques**) /gʁɑ̃ɡiɲɔlɛsk/ **ADJ** [situation, événement, pièce de théâtre] gruesome, bloodcurdling

grandiloquence /gʁɑ̃dilɔkɑ̃s/ **SYN NF** grandiloquence, bombast

grandiloquent, e /gʁɑ̃dilɔkɑ̃, ɑ̃t/ **SYN ADJ** grandiloquent, bombastic

grandiose /gʁɑ̃djoz/ **SYN ADJ** [œuvre, spectacle, paysage] imposing, grandiose ◆ **le grandiose d'un paysage** the grandeur of a landscape

grandir /gʁɑ̃diʁ/ **SYN** ▸ conjug 2 ◂
VI ① [plante, enfant] to grow; [ombre portée] to grow (bigger) ◆ **il a grandi de 10 cm** he has grown 10 cm ◆ **je le trouve grandi** he has grown since I last saw him ◆ **en grandissant tu verras que...** as you grow up you'll see that... ◆ **il a grandi dans mon estime** he's gone up in my estimation, he has grown ou risen in my esteem ◆ **enfant grandi trop vite** lanky ou gangling child
② [sentiment, influence, foule] to increase, to grow; [bruit] to grow (louder), to increase; [firme] to grow, to expand ◆ **l'obscurité grandissait** (the) darkness thickened, it grew darker and darker ◆ **son pouvoir va grandissant** his power grows ever greater ou constantly increases ◆ **grandir en sagesse** to grow ou increase in wisdom
VT ① (= faire paraître grand) [microscope] to magnify ◆ **grandir les dangers/difficultés** to exaggerate the dangers/difficulties ◆ **ces chaussures te grandissent** those shoes make you (look) taller ◆ **il se grandit en se mettant sur la pointe des pieds** he made himself taller by standing on tiptoe
② (= rendre prestigieux) ◆ **cette épreuve l'a grandi** this ordeal has made him grow in stature ◆ **il sort grandi de cette épreuve** he has come out of this ordeal with increased stature ◆ **la France n'en est pas sortie grandie** it did little for France's reputation

grandissant, e /gʁɑ̃disɑ̃, ɑ̃t/ **ADJ** [foule, bruit, sentiment] growing ◆ **nombre/pouvoir (sans cesse) grandissant** (ever-)growing ou (ever-)increasing number/power

grandissement † /gʁɑ̃dismɑ̃/ **NM** (Opt) magnification

grandissime /gʁɑ̃disim/ **ADJ** (hum = très grand) tremendous

grand-livre (pl **grands-livres**) /gʁɑ̃livʁ/ **NM** († Comm) ledger

grand-maman (pl **grands-mamans**) /gʁɑ̃mamɑ̃/ **NF** granny*, grandma

grand-mère (pl **grands-mères**) /gʁɑ̃mɛʁ/ **SYN NF** (= aïeule) grandmother; (* = vieille dame) (old) granny*

grand-messe (pl **grands-messes**) /gʁɑ̃mɛs/ **NF** (Rel) high mass; (Pol) powwow*, ritual gathering ◆ **grand-messe médiatique** media jamboree ◆ **la grand-messe cathodique** ou **du journal de 20 heures** the 8 o'clock TV news ritual

grand-oncle (pl **grands-oncles**) /gʁɑ̃tɔ̃kl, gʁɑ̃zɔ̃kl/ **NM** great-uncle

grand-papa (pl **grands-papas**) /gʁɑ̃papa/ **NM** grandpa, grandad*

grand-peine /gʁɑ̃pɛn/ ◆ **à grand-peine LOC ADV** with great difficulty

grand-père (pl **grands-pères**) /gʁɑ̃pɛʁ/ **SYN NM** (= aïeul) grandfather; (* = vieux monsieur) old man ◆ **avance, grand-père !*** (péj) get a move on, grandad!*

grand-route (pl **grand-routes**) /gʁɑ̃ʁut/ **NF** main road

grand-rue (pl **grand-rues**) /gʁɑ̃ʁy/ **NF** ◆ **la grand-rue** the high street (Brit), the main street (US)

grands-parents /gʁɑ̃paʁɑ̃/ **NMPL** grandparents

grand-tante (pl **grands-tantes**) /gʁɑ̃tɑ̃t/ **NF** great-aunt

grand-vergue (pl **grands-vergues**) /gʁɑ̃vɛʁg/ **NF** main yard

grand-voile (pl **grands-voiles**) /gʁɑ̃vwal/ **NF** mainsail

grange /gʁɑ̃ʒ/ **SYN NF** barn

grangée /gʁɑ̃ʒe/ **NF** barnful

granit(e) /gʁanit/ **NM** granite

granité, e /gʁanite/
ADJ granite-like (épith) ◆ **papier granité** grained paper
NM (= tissu) pebbleweave (cloth); (= glace) granita (Italian water ice)

graniter /gʁanite/ ▸ conjug 1 ◂ **VT** to give a granite look to

graniteux, -euse /gʁanitø, øz/ **ADJ** (Minér) granitic

granitique /gʁanitik/ **ADJ** (Minér) granite (épith), granitic

granito /gʁanito/ **NM** terrazzo

granitoïde /gʁanitoid/ **ADJ** granitoid

granivore /gʁanivɔʁ/
ADJ grain-eating, granivorous (SPÉC)
NM grain-eater, granivore (SPÉC)

granny smith /gʁanismis/ **NF INV** Granny Smith (apple)

granulaire /gʁanylɛʁ/ **ADJ** granular

granulat /gʁanyla/ **NM** aggregate

granulation /gʁanylasjɔ̃/ **NF** ① (= grain) grainy effect ◆ **granulations** granular ou grainy surface ◆ **granulations cytoplasmiques** cytoplasmic granules
② (Tech = action) granulation
③ (Photo) graininess

granule /gʁanyl/ **NM** granule; (Pharm) small pill ◆ **granule homéopathique** homeopathic pill

granulé, e /gʁanyle/ **SYN** (ptp de **granuler**)
ADJ [surface] granular
NM granule

granuler /gʁanyle/ ▸ conjug 1 ◂ **VT** [+ métal, poudre] to granulate

granuleux, -euse /gʁanylø, øz/ **SYN ADJ** (gén) granular; [peau] grainy

granulie /gʁanyli/ **NF** granulitis

granulite /gʁanylit/ **NF** granulite

granulocyte /gʁanylɔsit/ **NM** granulocyte

granulome /gʁanylom/ **NM** granuloma

granulométrie /gʁanylɔmetʁi/ **NF** granulometry

granulométrique /gʁanylometʁik/ **ADJ** granulometric

grape(-)fruit (pl **grape(-)fruits**) /gʁɛpfʁut/ **NM** grapefruit

graphe /gʁaf/ **NM** graph

graphème /gʁafɛm/ **NM** grapheme

grapheur /gʀafœʀ/ NM graphics application package, graphics software (NonC)

graphie /gʀafi/ SYN NF written form ◆ **il y a plusieurs graphies pour ce mot** there are several written forms of this word ou several ways of spelling this word ◆ **graphie phonétique** phonetic spelling

graphiose /gʀafjoz/ NF elm disease

graphique /gʀafik/ SYN
ADJ (gén) graphic; (Ordin) [application, écran] graphics (épith); [environnement] graphic; [interface] graphical ◆ **l'industrie graphique** the computer graphics industry
NM (= courbe) graph, chart ◆ **graphique en barres** ou **à colonnes** ou **à tuyaux d'orgue** bar chart ou graph ◆ **graphique à secteurs** pie chart

graphiquement /gʀafikmɑ̃/ ADV graphically

graphisme /gʀafism/ NM [1] (= technique) (Design) graphics (sg); (Art) graphic arts
[2] (= style) [de peintre, dessinateur] style of drawing
[3] (= écriture individuelle) hand, handwriting; (= alphabet) script

graphiste /gʀafist/ NMF graphic designer

graphitage /gʀafitaʒ/ NM graphitization

graphite /gʀafit/ NM graphite

graphiter /gʀafite/ ► conjug 1 ◄ VT to graphitize ◆ **lubrifiant graphité** graphitic lubricant

graphiteux, -euse /gʀafitø, øz/ ADJ graphitic

graphitique /gʀafitik/ ADJ ⇒ graphiteux

graphologie /gʀafɔlɔʒi/ NF graphology

graphologique /gʀafɔlɔʒik/ ADJ of handwriting, graphological

graphologue /gʀafɔlɔg/ NMF graphologist

graphomane /gʀafɔman/ NMF graphomaniac

graphomanie /gʀafɔmani/ NF graphomania

graphomètre /gʀafɔmɛtʀ/ NM graphometer

grappa /gʀapa/ NF grappa

grappe /gʀap/ SYN NF [de fleurs] cluster; [de groseilles] bunch ◆ **grappe de raisin** bunch of grapes ◆ **en** ou **par grappes** in clusters ◆ **grappes humaines** clusters of people ◆ **les grappes de la cytise** the laburnum flowers

grappillage /gʀapijaʒ/ NM [1] [de grains] gathering; [de fruits, fleurs] picking, gathering; (après la vendange) gleaning
[2] [d'idées] lifting; [d'argent] fiddling* ◆ **ses grappillages se montaient à quelques centaines de francs** his pickings amounted to several hundred francs ◆ **pour limiter les grappillages** to reduce fiddling*

grappiller /gʀapije/ SYN ► conjug 1 ◄
VI (après la vendange) to glean ◆ **arrête de grappiller, prends la grappe** (= picorer) stop picking at it and take the whole bunch ◆ **elle ne mange pas, elle grappille** she doesn't eat, she just nibbles
VT [1] [+ grains] to gather; [+ fruits, fleurs] to pick, to gather
[2] [+ connaissances, nouvelles] to pick up; [+ renseignements, informations] to glean; [+ idées] to lift; [+ objets] to pick up (here and there) ◆ **grappiller quelques sous** to fiddle* ou pick up a little extra on the side ◆ **réussir à grappiller quelques voix/sièges** to manage to pick up a few votes/seats ◆ **il a beaucoup grappillé chez d'autres auteurs** (péj) he's lifted a lot from other authors

grappillon /gʀapijɔ̃/ NM small bunch of grapes

grappin /gʀapɛ̃/ SYN NM [de bateau] grapnel; [de grue] grab (Brit), drag (US) ◆ **mettre le grappin sur qn*** to grab sb, to collar sb* ◆ **elle lui a mis le grappin dessus*** (pour l'épouser) she's got her claws into him ◆ **mettre le grappin sur qch*** to get one's claws on ou into sth*

gras, grasse /gʀa, gʀas/ SYN
ADJ [1] [substance, aliment, bouillon] fatty; [huître] fat ◆ **fromage gras** full fat cheese ◆ **crème grasse** rich moisturizing cream for the skin; → chou¹, corps, matière
[2] (= gros) [personne, animal, visage, main] fat; [bébé] podgy (Brit), pudgy (US); [volaille] plump ◆ **être gras comme un chanoine** ou **un moine †**, **être gras à lard †** to be as round as a barrel ◆ **être gras du bide*** (péj) to have a bit of a belly* ou of a corporation* (Brit); (par excès de boisson) to have a beer-gut* ou a beer-belly* ◆ **un gras du bide*** (péj) a fat slob*; → vache, veau
[3] (= graisseux, huileux) [mains, cheveux, surface] greasy; [pavé, rocher] slimy; [boue, sol] sticky, slimy; → houille
[4] (= épais) [trait, contour] thick; → caractère, crayon, plante¹
[5] [toux] loose, phlegmy; [voix, rire] throaty
[6] (= vulgaire) [mot, plaisanterie] coarse, crude
[7] (= abondant) [pâturage] rich, luxuriant; [récompense] fat (épith) ◆ **la paye n'est pas grasse** the pay is rather meagre, it's not much of a salary ◆ **j'ai touché 50 €, ce n'est pas gras*** I earned €50, which is hardly a fortune ◆ **il n'y a pas gras à manger*** there's not much to eat
[8] (locution) ◆ **faire la grasse matinée** to have a lie in, to sleep in
NM [1] (Culin) fat; [de baleine] blubber; (Théât) greasepaint ◆ **j'ai les mains couvertes de gras** my hands are covered in grease
[2] (= partie charnue) ◆ **le gras de** [de jambe, bras] the fleshy part of
[3] (Typographie) ◆ **c'est imprimé en (caractères) gras** it's printed in bold (type)
[4] (* = profit) profit
ADV [1] ◆ **manger gras** to eat fatty foods ◆ **faire gras** (Rel) to eat meat
[2] ◆ **il tousse gras** he has a loose ou phlegmy cough ◆ **parler/rire gras*** to speak/laugh coarsely

gras-double (pl **gras-doubles**) /gʀadubl/ NM (Culin) tripe

grassement /gʀasmɑ̃/ ADV [1] [rétribuer] generously, handsomely ◆ **vivre grassement** (péj) to live off the fat of the land ◆ **grassement payé** highly ou well paid
[2] [parler, rire] coarsely

grasserie /gʀasʀi/ NF grasserie

grasset /gʀasɛ/ NM stifle (joint)

grasseyant, e /gʀasɛjɑ̃, ɑ̃t/ ADJ [voix] guttural

grasseyement /gʀasɛjmɑ̃/ NM guttural pronunciation

grasseyer /gʀasɛje/ ► conjug 1 ◄ VI to have a guttural pronunciation; (Ling) to use a fricative ou uvular (Parisian) R

grassouillet, -ette /gʀasujɛ, ɛt/ SYN ADJ podgy (Brit), pudgy (US), plump

grateron /gʀatʀɔ̃/ NM bedstraw

gratifiant, e /gʀatifjɑ̃, jɑ̃t/ SYN ADJ [expérience, travail] rewarding, gratifying

gratification /gʀatifikasjɔ̃/ SYN NF [1] (Admin = prime) bonus ◆ **gratification de fin d'année** Christmas bonus (Brit)
[2] (Psych = satisfaction) gratification

gratifier /gʀatifje/ SYN ► conjug 7 ◄ VT ◆ **gratifier qn de** [+ récompense, avantage] to present sb with; [+ sourire, bonjour] to favour (Brit) ou favor (US) ou grace sb with; (iro) [+ amende] to present sb with; [+ punition] to give sb ◆ **il nous gratifia d'un long sermon** he favoured ou honoured us with a long sermon ◆ **se sentir gratifié** (Psych) to feel gratified

gratin /gʀatɛ̃/ SYN NM [1] (Culin) (= plat) cheese(-topped) dish, gratin; (= croûte) cheese topping, gratin ◆ **gratin de pommes de terre** potatoes au gratin ◆ **chou-fleur au gratin** cauliflower cheese ◆ **gratin dauphinois** gratin Dauphinois
[2] (= haute société) ◆ **le gratin*** the upper crust*, the swells* (US) ◆ **tout le gratin de la ville était là** everybody who's anybody was there, all the nobs* (Brit) ou swells* (US) of the town were there

gratiné, e /gʀatine/ (ptp de **gratiner**)
ADJ [1] (Culin) au gratin
[2] (* : intensif) [épreuve, amende] (really) stiff; [aventures, plaisanterie] (really) wild ◆ **il m'a passé une engueulade gratinée*** he gave me a heck of a telling-off*, he didn't half give me a telling-off* (Brit) ◆ **c'est un examen gratiné** it's a tough* ou stiff exam ◆ **comme film érotique, c'est plutôt gratiné** as erotic films go, it's pretty hot stuff* ou spicy ◆ **comme imbécile il est gratiné** he's a prize idiot
NF **gratinée** French onion soup

gratiner /gʀatine/ ► conjug 1 ◄
VT (Culin) [+ pommes de terre] to cook au gratin
VI (= dorer) to brown, to turn golden

gratiole /gʀasjɔl/ NF gratiola

gratis* /gʀatis/
ADJ free
ADV free, for nothing

gratitude /gʀatityd/ SYN NF gratitude

gratos* /gʀatos/ ADJ, ADV ⇒ gratis

gratouiller* /gʀatuje/ ► conjug 1 ◄ VT
[1] (= démanger) ◆ **gratouiller qn** to make sb itch
[2] ◆ **gratouiller sa guitare** to strum on one's guitar

grattage /gʀataʒ/ NM [1] [de surface] (avec un ongle, une pointe) scratching; (avec un outil) scraping ◆ **j'ai gagné au grattage** I won on the scratch cards
[2] (pour enlever) [de tache] scratching off; [d'inscription] scratching out; [+ boue, papier peint] scraping off ◆ **après un grattage à la toile émeri** after rubbing with emery cloth

gratte /gʀat/ NF [1] (* = petit bénéfice illicite) pickings ◆ **faire de la gratte** to make a bit on the side*
[2] (* = guitare) guitar

gratte-ciel (pl **gratte-ciel(s)**) /gʀatsjɛl/ SYN NM skyscraper

gratte-cul (pl **gratte-culs**) /gʀatky/ NM (= baie) rose hip

gratte-dos /gʀatdo/ NM INV backscratcher

grattement /gʀatmɑ̃/ NM scratching

gratte-papier (pl **gratte-papier(s)**) /gʀatpapje/ SYN NM (péj) penpusher (Brit), pencil pusher (US)

gratte-pieds /gʀatpje/ NM INV shoe-scraper

gratter /gʀate/ SYN ► conjug 1 ◄
VT [1] [+ surface] (avec un ongle, une pointe) to scratch; (avec un outil) to scrape; [+ guitare] to strum; [+ allumette] to strike ◆ **gratte-moi le dos** scratch my back for me ◆ **pour gagner, il suffit de gratter le ticket** to win you just have to scratch the card
[2] (= enlever) [+ tache] to scratch off; [+ inscription] to scratch out; [+ boue, papier peint] to scrape off ◆ **si on gratte un peu (le vernis) on se rend compte qu'il n'est pas très cultivé** if you scratch the surface you'll find he's not very educated
[3] (= irriter) ◆ **ce drap me gratte** this sheet's really scratchy ◆ **ça (me) gratte** I've got an itch ◆ **la laine me gratte** wool makes me itch ◆ **il y a quelque chose qui me gratte la gorge** I've got a tickly throat, my throat's tickly ◆ **vin qui gratte la gorge** rough wine; → poil
[4] (* = grappiller) ◆ **gratter quelques francs** to fiddle a few pounds* (Brit), to make a bit on the side ◆ **il n'y a pas grand-chose à gratter** there's not much to be made on that; → fond
[5] * (Sport = dépasser) to overtake ◆ **on s'est fait gratter par nos concurrents** (Écon) we were overtaken by our competitors
VI [1] [plume] to scratch; [drap] to be scratchy ◆ **ça gratte !** it's really itchy!
[2] (= économiser) to scrimp and save ◆ **il gratte sur tout** he skimps on everything
[3] (* = travailler) to slave away*, to slog away* (Brit)
[4] (* = écrire) to scribble
[5] (= frapper) ◆ **gratter à la porte** to scratch at the door
VPR **se gratter** to scratch (o.s.) ◆ **se gratter la tête** to scratch one's head ◆ **tu peux toujours te gratter !*** you can whistle for it!*

gratteron /gʀatʀɔ̃/ NM ⇒ grateron

gratteur, -euse /gʀatœʀ, øz/ NM,F [de guitare] strummer ◆ **gratteur de papier** (péj) penpusher (Brit), pencil pusher (US)

grattoir /gʀatwaʀ/ SYN NM scraper

grattons /gʀatɔ̃/ NMPL (Culin) ≈ pork scratchings

grattouiller /gʀatuje/ VT ⇒ gratouiller

gratuiciel /gʀatɥisjɛl/ NM (Can) freeware

gratuit, e /gʀatɥi, ɥit/ SYN ADJ [1] (= non payant) free ◆ **entrée gratuite** admission free ◆ **appel gratuit au...** call free on..., ring Freefone (Brit) ..., call toll-free on (US) ... ◆ **journal gratuit** free sheet ◆ **le premier exemplaire est gratuit** the first copy is free, no charge is made for the first copy ◆ **à titre gratuit** (frm) free of charge; → crédit, enseignement
[2] (= non motivé) [supposition, affirmation] unwarranted; [accusation] unfounded, groundless; [cruauté, insulte, violence] gratuitous, wanton; [geste] gratuitous, unmotivated; [meurtre] motiveless, wanton ◆ **c'est une hypothèse purement gratuite** it's pure speculation; → acte
[3] (littér = désintéressé) disinterested

gratuité /gʀatɥite/ NF [1] (= caractère non payant) ◆ **grâce à la gratuité de l'éducation/des soins médicaux** thanks to free education/medical care

gratuitement | grégarisme

2 [de supposition, affirmation] unwarranted nature; [de cruauté, insulte] wantonness; [de geste] gratuitousness, unmotivated nature
3 [littér] [de geste] disinterestedness

(!) **gratuité** ne se traduit pas par **gratuity**, qui a le sens de 'pourboire'.

gratuitement /gʀatɥitmɑ̃/ SYN ADV 1 (= gratis) [entrer, participer, soigner] free (of charge)
2 (= sans raison) [détruire] wantonly, gratuitously; [agir] gratuitously, without motivation ◆ **supposer gratuitement que...** to make the unwarranted supposition that...

gravatier /gʀavatje/ NM rubble remover

gravats /gʀava/ SYN NMPL rubble

grave /gʀav/ SYN
ADJ 1 (= solennel) [air, ton, personne, assemblée] solemn, grave
2 (= important) [raison, opération, problème, avertissement, responsabilité] serious ◆ **s'il n'en reste plus, ce n'est pas grave !** if there's none left, it doesn't matter!
3 (= alarmant) [maladie, accident, nouvelle, blessure, menace] serious; [situation, danger] serious, grave ◆ **l'heure est grave** it is a serious moment ◆ **il a de très graves ennuis** he has very serious problems ◆ **c'est très grave ce que vous m'annoncez là** what you've told me is most alarming ◆ **il n'y a rien de grave** it's nothing serious
4 (= bas) [note] low; [son, voix] deep, low-pitched; → **accent**
5 (* : péj) ◆ **il est vraiment grave** he's the pits* ◆ **t'es grave** you're a case*

NM (Ling) grave (accent); (Mus) low register ◆ « **grave-aigu** » (Radio) "bass-treble" ◆ **appareil qui vibre dans les graves** (Radio) set that vibrates at the bass tones ◆ **les graves et les aigus** (Mus) (the) low and high notes, the low and high registers

(!) Attention à ne pas traduire automatiquement **grave** par le mot anglais **grave**, qui est d'un registre plus soutenu.

graveleux, -euse /gʀav(ə)lø, øz/ SYN ADJ
1 (= grivois) smutty
2 [terre] gravelly; [fruit] gritty

gravelle †† /gʀavɛl/ NF (Méd) gravel †

gravelure /gʀavlyʀ/ NF smut (NonC)

gravement /gʀavmɑ̃/ SYN ADV 1 [parler, regarder] gravely, solemnly
2 (= de manière alarmante) [blesser, offenser] seriously ◆ **être gravement compromis** to be seriously compromised ◆ **être gravement menacé** to be under a serious threat ◆ **être gravement coupable** to be seriously involved in an offence ou crime ◆ **être gravement malade** to be seriously ill

graver /gʀave/ SYN ▶ conjug 1 ◀ VT 1 [+ signe, inscription] (sur métal, papier) to engrave; (sur pierre, bois) to carve, to engrave ◆ **graver à l'eau-forte** to etch ◆ **c'est à jamais gravé dans sa mémoire** it's imprinted ou engraved forever on his memory ◆ **c'est gravé sur son front** (= évident) it's written all over his face ◆ **être gravé dans le marbre** (fig) to be set in stone
2 [+ médaille, monnaie] to engrave
3 [+ disque] to cut; [+ CD, DVD] to burn
4 (= imprimer) to print ◆ **faire graver des cartes de visite** to get some visiting cards printed

graveur, -euse /gʀavœʀ, øz/
NM,F (sur pierre, métal, papier) engraver; (sur bois) (wood) engraver, woodcutter ◆ **graveur à l'eau-forte** etcher
NM (= machine) [de disque] embossed groove recorder ◆ **graveur de CD(-ROM)** CD burner ◆ **graveur de DVD** DVD burner ou writer

gravide /gʀavid/ ADJ [animal, utérus] gravid (SPÉC) ◆ **truie gravide** sow in pig

gravidique /gʀavidik/ ADJ gravidic

gravidité /gʀavidite/ NF gravidity, gravidness (SPÉC)

gravier /gʀavje/ SYN NM (= caillou) (little) stone, bit of gravel; (Géol = revêtement) gravel (NonC) ◆ **allée de ou en gravier** gravel ou gravelled path ◆ **recouvrir une allée de gravier(s)** to gravel a path

gravière /gʀavjɛʀ/ NF gravel pit

gravifique /gʀavifik/ ADJ (Phys) gravity (épith)

gravillon /gʀavijɔ̃/ NM 1 (= petit caillou) bit of grit ou gravel

2 (= revêtement) ◆ **du gravillon, des gravillons** gravel; (sur une route) gravel, loose chippings (Brit)

gravillonner /gʀavijɔne/ ▶ conjug 1 ◀ VT to gravel ◆ **gravillonner une route** to gravel a road, to put loose chippings (Brit) on a road

gravimétrie /gʀavimetʀi/ NF gravimetry

gravimétrique /gʀavimetʀik/ ADJ gravimetric(al)

gravir /gʀaviʀ/ SYN ▶ conjug 2 ◀ VT [+ montagne] to climb (up); [+ escalier] to climb ◆ **gravir péniblement une côte** to struggle up a slope ◆ **gravir les échelons de la hiérarchie** to climb the rungs of the (hierarchical) ladder

gravissime /gʀavisim/ ADJ extremely serious ◆ **ce n'est pas gravissime** it's not that serious

gravitation /gʀavitasjɔ̃/ SYN NF gravitation

gravitationnel, -elle /gʀavitasjɔnɛl/ ADJ gravitational ◆ **la force gravitationnelle** the force of gravity

gravité /gʀavite/ SYN NF 1 [d'air, ton, personne] gravity, solemnity; [d'assemblée] solemnity ◆ **plein de gravité** very solemn
2 [d'erreur, problème, maladie, situation, danger, moment] seriousness, gravity; [d'accident, blessure, menace] seriousness ◆ **c'est un accident sans gravité** it was a minor accident, it wasn't a serious accident ◆ **cela n'a ou ne présente aucun caractère de gravité** it's not at all serious
3 [de note] lowness; [de son, voix] deepness
4 (Phys, Rail) gravity ◆ **les lois de la gravité** the laws of gravity; → **centre, force**

graviter /gʀavite/ SYN ▶ conjug 1 ◀ VI 1 (= tourner) [astre] to revolve (autour de round, about); [personne] to hover, to revolve (autour de round) ◆ **cette planète gravite autour du soleil** this planet revolves around ou orbits the sun ◆ **il gravite dans les milieux diplomatiques** he moves in diplomatic circles ◆ **les gens qui gravitent dans l'entourage du ministre** people in the minister's entourage ◆ **les pays qui gravitent dans l'orbite de cette grande puissance** the countries in the sphere of influence of this great power ◆ **les sociétés qui gravitent autour de cette banque** the companies that have links with this bank
2 (= tendre vers) ◆ **graviter vers** [astre] to gravitate towards

gravois † /gʀavwa/ NMPL ⇒ **gravats**

gravure /gʀavyʀ/ SYN
NF 1 [de signe, inscription, médaille, monnaie] engraving
2 [de disque] cutting
3 (= estampe) engraving
4 (= reproduction) (dans une revue) plate; (au mur) print, engraving
COMP ◆ **gravure sur bois** (= technique) woodcutting, wood engraving; (= dessin) woodcut, wood engraving ◆ **gravure en creux** intaglio engraving ◆ **gravure sur cuivre** copperplate (engraving) ◆ **gravure directe** hand-cutting ◆ **gravure à l'eau-forte** etching ◆ **gravure sur métaux** metal engraving ◆ **gravure de mode** fashion plate ◆ **c'est une vraie gravure de mode** (personne) he (ou she) looks like a model ◆ **gravure sur pierre** stone carving ◆ **gravure à la pointe sèche** dry-point engraving ◆ **gravure en relief** embossing ◆ **gravure en taille douce** line-engraving

gray /gʀɛ/ NM (= unité de mesure) gray

gré /gʀe/ SYN NM
◆ **à mon/votre** etc **gré** (goût) to my/your etc liking ou taste; (désir) as I/you etc like ou please ou wish; (choix) as I/you etc like ou prefer ou please ◆ **c'est trop moderne, à mon gré** (avis) it's too modern for my liking ou to my mind ◆ **c'est à votre gré ?** is it to your liking? ou taste? ◆ **agir ou (en) faire à son gré** to do as one likes ou pleases ou wishes ◆ **venez à votre gré ce soir ou demain** come tonight or tomorrow, as you like ou prefer ou please
◆ **au gré de** ◆ **flottant au gré de l'eau** drifting wherever the water carries (ou carried) it, drifting (along) on ou with the current ◆ **volant au gré du vent** [chevelure] flying in the wind; [plume, feuille] carried along by the wind; [planeur] gliding wherever the wind carries (ou carried) it ◆ **au gré des événements** [décider, agir] according to how ou the way things go ou develop ◆ **ballotté au gré des événements** tossed about by events ◆ **il décorait sa chambre au**

gré de sa fantaisie he decorated his room as the fancy took him ◆ **son humeur change au gré des saisons** his mood changes with ou according to the seasons ◆ **on a fait pour le mieux, au gré des uns et des autres** we did our best to take everyone's wishes into account
◆ **bon gré mal gré** whether you (ou they etc) like it or not, willy-nilly
◆ **de gré à gré** by mutual agreement
◆ **contre le gré de qn** against sb's will
◆ **de gré ou de force** ◆ **il le fera de gré ou de force** he'll do it whether he likes it or not, he'll do it willy-nilly
◆ **de bon gré** willingly
◆ **de mauvais gré** reluctantly, grudgingly
◆ **de son/ton** etc **plein gré** of one's/your etc own free will, of one's/your etc own accord

grèbe /gʀɛb/ NM grebe ◆ **grèbe huppé** great-crested grebe ◆ **grèbe castagneux** dabchick, little grebe

grec, grecque /gʀɛk/
ADJ [île, personne, langue] Greek; [habit, architecture, vase] Grecian, Greek; [profil, traits] Grecian; → **renvoyer**
NM (= langue) Greek
NM,F **Grec(que)** Greek
NF **grecque** (= décoration) (Greek) fret ◆ **champignons à la grecque** (Culin) mushrooms à la grecque

Grèce /gʀɛs/ NF Greece

gréciser /gʀesize/ ▶ conjug 1 ◀ VT to Graecize (Brit), to Grecize (US)

grécité /gʀesite/ NF Greekness

gréco- /gʀeko/ PRÉF Greek(-) ◆ **gréco-catholique** Greek Catholic ◆ **gréco-macédonien** Greek Macedonian ◆ **gréco-turc** Greek-Turkish, greco-turkish

gréco-bouddhique /gʀekobudik/ ADJ Graeco-Buddhist (Brit), Greco-Buddhist (US)

gréco-latin, e (mpl **gréco-latins**) /gʀekolatɛ̃, in/ ADJ Graeco-Latin (Brit), Greco-Latin (US)

gréco-romain, e (mpl **gréco-romains**) /gʀekoʀɔmɛ̃, ɛn/ ADJ Graeco-Roman (Brit), Greco-Roman (US)

gredin † /gʀədɛ̃/ NM (= coquin) scoundrel †, rascal

gréement /gʀemɑ̃/ NM [de bateau] (= équipement) rigging; (= disposition) rig ◆ **le voilier a un gréement de cotre/ketch** the yacht is cutter-rigged/ketch-rigged ◆ **les vieux gréements** (= voiliers) old sailing ships; (= grands voiliers) tall ships

green /gʀin/ NM (Golf) green

gréer /gʀee/ ▶ conjug 1 ◀ VT [+ bateau] to rig ◆ **gréé en carré** square-rigged

greffage /gʀefaʒ/ NM [de végétal] grafting

greffe[1] /gʀɛf/ SYN NF 1 (Méd) [d'organe] transplant; [de tissu] graft ◆ **greffe du cœur/rein** heart/kidney transplant ◆ **greffe du visage** face graft ◆ **on lui a fait une greffe de la cornée** he was given a corneal transplant ◆ **la greffe a pris** (lit) the graft has taken; (fig) things have turned out fine
2 [de végétal] (= action) grafting; (= pousse) graft

greffe[2] /gʀɛf/ NM (Jur) Clerk's Office

greffé, e /gʀefe/ (ptp de **greffer**) NM,F ◆ **greffé (du cœur)** (récent) heart transplant patient; (ancien) person who has had a heart transplant

greffer /gʀefe/ SYN ▶ conjug 1 ◀
VT 1 (Méd) [+ organe] to transplant; [+ tissu] to graft ◆ **on lui a greffé un rein** he was given a kidney transplant
2 [+ végétal] to graft
VPR **se greffer** ◆ **se greffer sur** [problèmes] to come on top of

greffier, -ière /gʀefje, jɛʀ/
NM,F (Jur) clerk (of the court)
NM († * = chat) malkin †

greffoir /gʀefwaʀ/ NM budding knife

greffon /gʀefɔ̃/ NM 1 (Méd) (= organe) transplant, transplanted organ; (= tissu) graft ◆ **greffon de rein** transplanted kidney
2 [de végétal] graft

grégaire /gʀegɛʀ/ ADJ gregarious ◆ **instinct grégaire** (péj) herd instinct ◆ **avoir l'instinct grégaire** (péj) to go with the crowd, to be easily led; (= aimer la société) to like socialising, to be the sociable type

grégarine /gʀegaʀin/ NF gregarine

grégarisme /gʀegaʀism/ NM gregariousness

grège /gʁɛʒ/
- **ADJ** [soie] raw; (couleur) dove-coloured, greyish-beige
- **NM** raw silk

grégeois /gʁeʒwa/ **ADJ M** → **feu¹**

grégorien, -ienne /gʁegɔʁjɛ̃, jɛn/
- **ADJ** Gregorian
- **NM** ◆ **(chant) grégorien** Gregorian chant, plainsong

grêle¹ /gʁɛl/ SYN **ADJ** [jambes, silhouette, tige] spindly; [personne] lanky; [son, voix] shrill; → **intestin¹**

grêle² /gʁɛl/ SYN **NF** hail ◆ **averse de grêle** hail storm ◆ **grêle de coups/de pierres** hail ou shower of blows/stones

grêlé, e /gʁele/ (ptp de **grêler**) **ADJ** [visage] pockmarked; [région] damaged by hail

grêler /gʁele/ ► conjug 1 ◄
- **VB IMPERS** ◆ **il grêle** it is hailing
- **VT** ◆ **la tempête a grêlé les vignes** the hail storm has damaged the vines

grelin /gʁəlɛ̃/ **NM** hawser

grêlon /gʁɛlɔ̃/ **NM** hailstone

grelot /gʁəlo/ SYN **NM** (little spherical) bell ◆ **avoir les grelots*** to be shaking in one's shoes*

grelottant, e /gʁəlɔtɑ̃, ɑ̃t/ **ADJ** [personne] shivering

grelottement /gʁəlɔtmɑ̃/ **NM** (= tremblement) shivering; (= tintement) jingling

grelotter /gʁəlɔte/ ► conjug 1 ◄ **VI**
1 (= trembler) to shiver (de with) ◆ **grelotter de froid/de fièvre/de peur** to shiver with cold/fever/fear
2 (= tinter) to jingle

greluche* /gʁəlyʃ/ **NF** (péj = fille) bird* (Brit), chick* (US)

grémil /gʁemil/ **NM** gromwell

grémille /gʁemij/ **NF** ruff(e), pope

grenadage /gʁənadaʒ/ **NM** (Mil) grenade attack

Grenade /gʁənad/
- **N** (= ville) Granada
- **NF** (= État) Grenada

grenade /gʁənad/ **NF**
1 (= fruit) pomegranate
2 (= explosif) grenade ◆ **grenade à fusil/main** rifle/hand grenade ◆ **grenade lacrymogène/fumigène** teargas/smoke grenade ◆ **grenade sous-marine** depth charge
3 (= insigne) badge (on soldier's uniform etc)

grenadeur /gʁənadœʁ/ **NM** depth-charge launcher

grenadier /gʁənadje/ **NM**
1 (= arbre) pomegranate tree
2 (Mil) grenadier ◆ **c'est un vrai grenadier** [homme] he's a real giant; [femme] she's a real Amazon

grenadille /gʁənadij/ **NF** granadilla

grenadin¹ /gʁənadɛ̃/ **NM**
1 (= fleur) grenadin(e)
2 (Culin) ◆ **grenadin de veau** (small) veal medallion

grenadin², e¹ /gʁənadɛ̃, in/
- **ADJ** Grenadian
- **NM,F** **Grenadin(e)** Grenadian

grenadine² /gʁənadin/ **NF** (= sirop) grenadine

grenaillage /gʁənajaʒ/ **NM** shot-blasting

grenaille /gʁənaj/ **NF** ◆ **de la grenaille** (= projectiles) shot; (pour poules) middlings ◆ **grenaille de plomb** lead shot ◆ **grenaille de fer** iron filings

grenailler /gʁənaje/ ► conjug 1 ◄ **VT** [+ plomb] to make into shot

grenaison /gʁənɛzɔ̃/ **NF** seeding

grenat /gʁəna/
- **NM** garnet
- **ADJ INV** dark red, garnet-coloured (Brit) ou -colored (US)

grené, e /gʁəne/ (ptp de **grener**)
- **ADJ** [cuir, peau] grainy; [dessin] stippled
- **NM** [de gravure, peau] grain

greneler /gʁənle/ ► conjug 4 ◄ **VT** [+ cuir, papier] to grain

grener /gʁəne/ ► conjug 5 ◄
- **VT** [+ sel, sucre] to granulate, to grain; [+ métal, glace] to grain
- **VI** (Agr) [plante] to seed

grènetis /gʁɛnti/ **NM** milling

greneur, -euse /gʁənœʁ, øz/ **NM,F** grainer

grenier /gʁənje/ SYN **NM** attic; (pour conserver le grain) loft ◆ **grenier à blé** (lit) corn loft (Brit), wheat loft (US); [de pays] granary ◆ **grenier à foin** hayloft ◆ **grenier à sel** salt storehouse

grenouillage /gʁənujaʒ/ SYN **NM** (Pol péj) shady dealings, jiggery-pokery (Brit)

grenouille /gʁənuj/ **NF** frog ◆ **grenouille de bénitier** (péj) churchy old man (ou woman) (péj), Holy Joe* (Brit) (péj) ◆ **manger** ou **bouffer la grenouille*** to make off with the takings ◆ **avoir des grenouilles dans le ventre*** to have a rumbling stomach

grenouiller* /gʁənuje/ SYN ► conjug 1 ◄ **VI** (péj) to be involved in shady dealings

grenouillère /gʁənujɛʁ/ **NF** (= pyjama) sleepsuit

grenouillette /gʁənujɛt/ **NF**
1 (= plante) frog-bit
2 (Méd) ranula

grenu, e /gʁəny/ SYN **ADJ** [peau] coarse-grained; [cuir, papier] grained; [roche] granular

grenure /gʁənyʁ/ **NF** graining

grès /gʁɛ/ **NM**
1 (Géol) sandstone
2 (Poterie) stoneware ◆ **cruche/pot de grès** stoneware pitcher/pot

gréser /gʁeze/ ► conjug 6 ◄ **VT** to polish with sandstone

gréseux, -euse /gʁezø, øz/ **ADJ** sandstone (épith)

grésière /gʁezjɛʁ/ **NF** sandstone quarry

grésil /gʁezil/ **NM** (fine) hail

grésillement /gʁezijmɑ̃/ SYN **NM**
1 [de beurre, friture] sizzling, sputtering; [de poste de radio, téléphone] crackling
2 [de grillon] chirruping, chirping

grésiller¹ /gʁezije/ SYN ► conjug 1 ◄ **VI**
1 [beurre, friture] to sizzle; [poste de radio, téléphone] to crackle
2 [grillon] to chirrup, to chirp

grésiller² /gʁezije/ ► conjug 1 ◄ **VB IMPERS** ◆ **il grésille** fine hail is falling, it's hailing

grésoir /gʁezwaʁ/ **NM** polisher

gressin /gʁesɛ̃/ **NM** breadstick

grève /gʁɛv/ SYN
1 (= arrêt du travail) strike ◆ **se mettre en grève** to go on strike, to strike, to take strike ou industrial action ◆ **être en grève, faire grève** to be on strike, to be striking ◆ **usine en grève** striking factory ◆ **grève des cheminots/des transports** train/transport strike; → **briseur, droit³, piquet**
2 (= rivage) [de mer] shore, strand (littér); [de rivière] bank, strand (littér) ◆ **la place de Grève** (Hist) the Place de Grève

COMP **grève d'avertissement** warning strike ◆ **grève de la faim** hunger strike ◆ **faire la grève de la faim** to go (ou be) on hunger strike ◆ **grève générale** general ou all-out strike ◆ **grève illimitée** indefinite strike ◆ **grève de l'impôt** non-payment of taxes ◆ **grève partielle** partial strike ◆ **grève patronale** lockout ◆ **grève perlée** go-slow (Brit), ≈ slowdown (strike) (US) ◆ **faire une grève perlée** ≈ to go slow (Brit), ≈ to slowdown ◆ **grève de protestation** protest strike ◆ **grève sauvage** wildcat strike ◆ **grève de solidarité** sympathy strike ◆ **faire une grève de solidarité** to strike ou come out (Brit) in sympathy ◆ **grève surprise** lightning strike ◆ **grève sur le tas** sit-down strike ◆ **grève totale** all-out strike ◆ **grève tournante** strike by rota (Brit), staggered strike (US) ◆ **grève du zèle** ≈ work-to-rule ◆ **faire la grève du zèle** to work to rule

grever /gʁəve/ SYN ► conjug 5 ◄ **VT** [+ budget] to put a strain on; [+ économie, pays] to burden ◆ **la hausse des prix grève sérieusement le budget des ménages** the rise in prices puts a serious strain on family budgets ◆ **grevé d'impôts** weighed down with ou crippled by taxes ◆ **maison grevée d'hypothèques** house mortgaged down to the last brick

gréviste /gʁevist/
- **ADJ** [mouvement] strike (épith)
- **NMF** striker ◆ **les employés grévistes** the striking employees ◆ **gréviste de la faim** hunger striker

gribiche /gʁibiʃ/ **ADJ** ◆ **sauce gribiche** vinaigrette sauce with chopped boiled eggs, gherkins, capers and herbs

gribouillage /gʁibujaʒ/ SYN **NM** (= écriture) scrawl (NonC), scribble; (= dessin) doodle, doodling (NonC)

gribouille † /gʁibuj/ **NM** short-sighted idiot, rash fool ◆ **politique de gribouille** short-sighted policy

gribouiller /gʁibuje/ SYN ► conjug 1 ◄
- **VT** (= écrire) to scribble, to scrawl; (= dessiner) to scrawl
- **VI** (= dessiner) to doodle

gribouilleur, -euse /gʁibujœʁ, øz/ **NM,F** (péj) (= écrivain) scribbler; (= dessinateur) doodler

gribouillis /gʁibuji/ **NM** ⇒ gribouillage

grièche /gʁijɛʃ/ **ADJ** → pie-grièche

grief /gʁijɛf/ SYN **NM** grievance ◆ **faire grief à qn de qch** to hold sth against sb ◆ **ils me font grief d'être parti** ou **de mon départ** they reproach me ou they hold it against me for having left

grièvement /gʁijɛvmɑ̃/ SYN **ADV** ◆ **grièvement blessé** (very) seriously injured

griffade /gʁifad/ **NF** scratch

griffe /gʁif/ SYN **NF**
1 [de mammifère, oiseau] claw ◆ **le chat fait ses griffes** the cat is sharpening its claws ◆ **sortir** ou **montrer/rentrer ses griffes** (lit, fig) to show/draw in one's claws ◆ **elle l'attendait, toutes griffes dehors** she was waiting, ready to pounce on him ◆ **tomber sous la griffe/arracher qn des griffes d'un ennemi** to fall into/snatch sb from the clutches of an enemy ◆ **les griffes de la mort** the jaws of death ◆ **coup de griffe** (lit) scratch; (fig) dig ◆ **donner un coup de griffe à qn** (lit) to scratch sb; (plus fort) to claw sb; (fig) to have a dig at sb ◆ **main en griffes** (Méd) ape hand
2 (= signature) signature; (= tampon) signature stamp; (= étiquette de couturier) maker's label (inside garment); (fig, empreinte) [d'auteur, peintre] stamp ◆ **l'employé a mis sa griffe sur le document** the clerk stamped his signature on the document
3 (Bijouterie) claw
4 [d'asperge] crown
5 (Mus) ◆ **griffe à musique** musical staff tracer

griffé, e /gʁife/ **ADJ** [accessoire, vêtement] designer (épith), with a designer label ◆ **tous ses tailleurs sont griffés** all her suits have designer labels

griffer /gʁife/ SYN ► conjug 1 ◄ **VT**
1 [chat] to scratch; (avec force) to claw; [ronces] to scratch ◆ **elle lui griffa le visage** she clawed ou scratched his face
2 (Haute Couture) to put one's name to

griffon /gʁifɔ̃/ **NM** (= chien) griffon; (= vautour) griffon vulture; (Myth) griffin

griffonnage /gʁifɔnaʒ/ SYN **NM** (= écriture) scribble; (= dessin) hasty sketch

griffonner /gʁifɔne/ SYN ► conjug 1 ◄
- **VT** (= écrire) to scribble, to jot down; (= dessiner) to sketch hastily
- **VI** (= écrire) to scribble; (= dessiner) to sketch hastily

griffu, e /gʁify/ **ADJ** (lit, péj) ◆ **pattes** ou **mains griffues** claws

griffure /gʁifyʁ/ SYN **NF** scratch

grigne /gʁiɲ/ **NF** (Tech) (= couleur) golden colour; (= fente) cut (made in bread dough)

grigner /gʁiɲe/ ► conjug 1 ◄ **VI** to pucker, to be puckered

grignotage /gʁiɲɔtaʒ/ **NM** [de personne] snacking (NonC); [de salaires, espaces verts, majorité] (gradual) erosion, eroding, whittling away

grignotement /gʁiɲɔtmɑ̃/ **NM** [de souris] nibbling, gnawing

grignoter /gʁiɲɔte/ SYN ► conjug 1 ◄
- **VT**
1 [personne] to nibble (at); [souris] to nibble (at), to gnaw (at)
2 (= réduire) [+ salaires, espaces verts, libertés] to eat away (at), to erode gradually, to whittle away; [+ héritage] to eat away (at); (= obtenir) [+ avantage, droits] to win gradually ◆ **grignoter du terrain** to gradually gain ground ◆ **il a grignoté son adversaire*** he gradually made up on ou gained ground on his opponent ◆ **il n'y a rien à grignoter dans cette affaire** there's nothing much to be gained in that business
- **VI** (= manger peu) to nibble (at one's food), to pick at one's food ◆ **grignoter entre les repas** to snack between meals

grignoteuse /gʁiɲɔtøz/ **NF** (Tech) nibbler

grigou* /gʁigu/ **NM** curmudgeon

grigri, gri-gri (pl **gris-gris**) /ɡʀiɡʀi/ SYN NM (gén) charm; [d'indigène] grigri

gril /ɡʀil/ NM ① (Culin) steak pan, grill pan ◆ **saint Laurent a subi le supplice du gril** Saint Laurence was roasted alive ◆ **être sur le gril**∗ to be on tenterhooks, to be like a cat on hot bricks (Brit) ou on a hot tin roof (US) ◆ **faire cuire au gril** to grill
② (Anat) ◆ **gril costal** rib cage

grill /ɡʀil/ NM → grill-room

grillade /ɡʀijad/ NF (= viande) grill; (= morceau de porc) pork steak ◆ **grillade d'agneau/de thon** grilled lamb/tuna

grillage¹ /ɡʀijaʒ/ NM ① [de pain, amandes] toasting; [de poisson, viande] grilling; [de café, châtaignes] roasting
② (Tech) [de minerai] roasting; [de coton] singeing

grillage² /ɡʀijaʒ/ SYN NM (= treillis métallique) wire netting (NonC); (très fin) wire mesh (NonC); (= clôture) wire fencing (NonC) ◆ **entouré d'un grillage** surrounded by a wire fence

grillager /ɡʀijaʒe/ ▸ conjug 3 ◂ VT (avec un treillis métallique) to put wire netting on; (très fin) to put wire mesh on; (= clôturer) to put wire fencing around ◆ **à travers la fenêtre grillagée on voyait le jardin** through the wire mesh covering ou over the window we could see the garden ◆ **un enclos grillagé** an area fenced off with wire netting

grille /ɡʀij/ SYN NF ① [de parc] (= clôture) railings; (= portail) (metal) gate; [de magasin] shutter
② (= claire-voie) [de cellule, fenêtre] bars; [de comptoir, parloir] grille; [de château-fort] portcullis; [d'égout, trou] (metal) grate, (metal) grating; [de radiateur de voiture] grille, grid; [de poêle à charbon] grate
③ (= répartition) [de salaires, tarifs] scale; [de programmes de radio] schedule; [d'horaires] grid, schedule
④ (= codage) (cipher ou code) grid ◆ **grille de mots croisés** crossword puzzle (grid) ◆ **grille de loto** lotto card ◆ **appliquer une grille de lecture freudienne à un roman** to interpret a novel from a Freudian perspective
⑤ (Élec) grid
⑥ ◆ **grille de départ** [de course automobile] starting grid

grillé, e∗ /ɡʀije/ ADJ (= discrédité) ◆ **tu es grillé !** you're finished! ◆ **il est grillé** [espion] his cover's been blown∗ ◆ **je suis grillé avec Gilles/chez cet éditeur** my name is mud∗ with Gilles/at that publisher's

grille-pain /ɡʀijpɛ̃/ NM INV toaster

griller /ɡʀije/ SYN ▸ conjug 1 ◂
VT ① (Culin) [+ pain, amandes] to toast; [+ poisson, viande] to grill; [+ café, châtaignes] to roast
② [+ visage, corps] to burn ◆ **se griller les pieds devant le feu** to toast one's feet in front of the fire ◆ **se griller au soleil** to roast in the sun
③ [+ plantes, cultures] to scorch
④ [+ fusible, lampe] (court-circuit) to blow; (trop de courant) to burn out; [+ moteur] to burn out ◆ **une ampoule grillée** a dud bulb
⑤ (∗ = fumer) ◆ **griller une cigarette, en griller une** to have a smoke∗
⑥ (∗ = dépasser) ◆ **griller qn à l'arrivée** to pip sb at the post∗ (Brit), to beat sb (out) by a nose (US) ◆ **se faire griller** to be outstripped
⑦ (∗ = discréditer) ◆ **elle m'a grillé auprès de lui** I've got no chance with him thanks to her
⑧ (∗ = ne pas respecter) ◆ **griller un feu rouge** to go through a red light, to jump the lights∗ (Brit), to run a stoplight (US) ◆ **griller un arrêt** [autobus] to miss out ou go past a stop ◆ **griller les étapes** to go too far too fast ◆ **ils ont grillé la politesse à leurs concurrents**∗ they've pipped their competitors at the post∗ ◆ **se faire griller la politesse**∗ to be pipped at the post∗
⑨ (Tech) [+ minerai] to roast
VI ① (Culin) ◆ **faire griller** [+ pain] to toast; [+ viande] to grill; [+ café] to roast ◆ **on a mis les steaks à griller** we've put the steaks on the grill
② ∗ ◆ **on grille ici !** [personne] we're ou it's roasting ou boiling in here!∗ ◆ **ils ont grillé dans l'incendie** they were roasted alive in the fire ◆ **griller (d'impatience** ou **d'envie) de faire qch** to be burning ou itching to do sth ◆ **griller de curiosité** to be burning with curiosity

grillon /ɡʀijɔ̃/ SYN NM cricket

grill-room /ɡʀilʀum/ NM ≈ steakhouse

grimaçant, e /ɡʀimasɑ̃, ɑ̃t/ ADJ [visage, bouche] (de douleur, de colère) twisted, grimacing; (sourire figé) grinning unpleasantly ou sardonically

grimace /ɡʀimas/ SYN NF ① (de douleur) grimace; (pour faire rire, effrayer) grimace, (funny) face ◆ **l'enfant me fit une grimace** the child made a face at me ◆ **s'amuser à faire des grimaces** to make ou pull (funny) faces, to grimace ◆ **il eut** ou **fit une grimace de dégoût/de douleur** he gave a grimace of disgust/pain, he grimaced with disgust/pain ◆ **avec une grimace de dégoût/de douleur** with a disgusted/pained expression ◆ **il eut** ou **fit une grimace** he made a wry face, he grimaced ◆ **il a fait la grimace quand il a appris la décision** he pulled a long face when he learned of the decision; → **apprendre, soupe**
② (= hypocrisies) ◆ **grimaces** posturings ◆ **toutes leurs grimaces me dégoûtent** I find their posturings ou hypocritical façade quite sickening
③ (= faux pli) pucker ◆ **faire une grimace** to pucker

grimacer /ɡʀimase/ SYN ▸ conjug 3 ◂
VI ① (par contorsion) ◆ **grimacer (de douleur)** to grimace with pain, to wince ◆ **grimacer (de dégoût)** to pull a wry face (in disgust) ◆ **grimacer (sous l'effort)** to grimace ou screw one's face up (with the effort) ◆ **le soleil le faisait grimacer** the screwed his face up in the sun ◆ **à l'annonce de la nouvelle il grimaça** he pulled a wry face ou he grimaced when he heard the news
② (= sourire) [personne] to grin unpleasantly ou sardonically; [portrait] to wear a fixed grin
③ [vêtement] to pucker
VT (littér) ◆ **grimacer un sourire** to force ou manage a smile

grimacier, -ière /ɡʀimasje, jɛʀ/ ADJ (= affecté) affected; (= hypocrite) hypocritical

grimage /ɡʀimaʒ/ NM (Théât) (= action) making up; (= résultat) (stage) make-up

grimer /ɡʀime/ SYN ▸ conjug 1 ◂
VT (Théât = maquiller) to make up ◆ **on l'a grimé en vieille dame** he was made up as an old lady
VPR **se grimer** to make (o.s.) up

grimoire /ɡʀimwaʀ/ NM ① (inintelligible) piece of mumbo jumbo; (illisible) illegible scrawl (NonC), unreadable scribble
② (= livre de magie) ◆ **(vieux) grimoire** book of magic spells

grimpant, e /ɡʀɛ̃pɑ̃, ɑ̃t/ ADJ ◆ **plante grimpante** climbing plant, climber ◆ **rosier grimpant** climbing rose, rambling rose

grimpe∗ /ɡʀɛ̃p/ NF rock-climbing

grimpée /ɡʀɛ̃pe/ SYN NF (= montée) (steep) climb

grimper /ɡʀɛ̃pe/ SYN ▸ conjug 1 ◂
VI ① [personne, animal] to climb (up); (avec difficulté) to clamber up; (dans la société) to climb ◆ **grimper aux rideaux** [chat] to climb up the curtains ◆ **ça le fait grimper aux rideaux**∗ (de colère) it drives him up the wall∗; (sexuellement) it makes him horny∗ ou randy (Brit) ∗ ◆ **grimper aux arbres** to climb trees ◆ **grimper à l'échelle** to climb (up) the ladder ◆ **grimper à la corde** to shin up ou climb a rope, to pull o.s. up a rope ◆ **grimper sur** ou **dans un arbre** to climb up ou into a tree ◆ **grimper le long de la gouttière** to shin up ou climb up the drain pipe ◆ **grimper dans un taxi**∗ to jump ou leap into a taxi ◆ **allez, grimpe !** (dans une voiture) come on, get in! ◆ **grimpé sur la table/le toit** having climbed ou clambered onto the table/roof
② [route, plante] to climb ◆ **ça grimpe dur !** it's a hard ou stiff ou steep climb!
③ ∗ [fièvre] to soar; [prix] to rocket, to soar ◆ **il grimpe dans les sondages** he's going up ou climbing in the polls
VT [+ montagne, côte] to climb (up), to go up ◆ **grimper l'escalier** to climb (up) the stairs ◆ **grimper un étage** to climb up a ou one floor
NM (Athlétisme) (rope-)climbing (NonC)

grimpereau (pl **grimpereaux**) /ɡʀɛ̃pʀo/ NM ◆ **grimpereau (des bois)** tree creeper ◆ **grimpereau (des jardins)** short-toed tree creeper

grimpette∗ /ɡʀɛ̃pɛt/ NF (steep little) climb

grimpeur, -euse /ɡʀɛ̃pœʀ, øz/ SYN
ADJ, NM ◆ **(oiseaux) grimpeurs** climbing ou scansorial (SPÉC) birds, scansores (SPÉC)
NM,F (= varappeur) (rock-)climber; (= cycliste) hill specialist, climber ◆ **c'est un bon/mauvais grimpeur** (cycliste) he's good/bad on hills, he's a good/bad climber

grinçant, e /ɡʀɛ̃sɑ̃, ɑ̃t/ SYN ADJ [comédie] darkly humorous; [charnière, essieux] grating; [porte] creaking ◆ **ironie grinçante** dark irony

grincement /ɡʀɛ̃smɑ̃/ SYN NM [d'objet métallique] grating; [de plancher, porte, ressort, sommier] creaking; [de freins] squealing; [de plume] scratching; [de craie] squeaking ◆ **il ne l'a pas accepté sans grincements de dents** he accepted it only with much gnashing of teeth

grincer /ɡʀɛ̃se/ SYN ▸ conjug 3 ◂ VI ① [objet métallique] to grate; [plancher, porte, ressort, sommier] to creak; [freins] to squeal; [plume] to scratch; [craie] to squeak
② ◆ **grincer des dents (de colère)** to grind ou gnash one's teeth (in anger) ◆ **ce bruit vous fait grincer les dents** that noise really sets your teeth on edge

grincheux, -euse /ɡʀɛ̃ʃø, øz/ SYN
ADJ (= acariâtre) grumpy ◆ **humeur grincheuse** grumpiness
NM,F grumpy person, misery

gringalet /ɡʀɛ̃ɡalɛ/ SYN
ADJ M (péj) = chétif) puny
NM (péj) ◆ **(petit) gringalet** puny little thing, (little) runt

gringe /ɡʀɛ̃ʒ/ ADJ (Helv) grumpy

gringo /ɡʀiŋɡo/ ADJ, NMF (péj) gringo

gringue∗ /ɡʀɛ̃ɡ/ NM ◆ **faire du gringue à qn** to chat sb up

griot /ɡʀijo/ NM griot (African musician and poet)

griotte /ɡʀijɔt/ NF (= cerise) Morello cherry; (Géol) griotte

grip /ɡʀip/ NM (= revêtement) grip

grippage /ɡʀipaʒ/ NM [de mécanisme] jamming ◆ **pour éviter le grippage de l'économie** to prevent the economy seizing up

grippal, e (mpl -aux) /ɡʀipal, o/ ADJ flu (épith), influenzal (SPÉC) ◆ **médicament pour état grippal** anti-flu drug

grippe /ɡʀip/ NF flu, influenza (frm) ◆ **avoir la grippe** to have (the) flu ◆ **il a une petite grippe** he's got a touch of flu ◆ **grippe intestinale** gastric flu ◆ **grippe aviaire, grippe du poulet** avian influenza, bird flu ◆ **prendre qn/qch en grippe** to take a sudden dislike to sb/sth

grippé, e /ɡʀipe/ ADJ (Méd) ◆ **il est grippé** he's got (the) flu ◆ **rentrer grippé** to go home with (the) flu ◆ **les grippés** people with ou suffering from flu

gripper /ɡʀipe/ SYN ▸ conjug 1 ◂
VT [+ mécanisme] to jam
VI (= se bloquer) [moteur] to jam, seize up; (= se froncer) [tissu] to bunch up
VPR **se gripper** [moteur] to jam, seize up ◆ **le système judiciaire se grippe** the court system is seizing up

grippe-sou∗ (pl **grippe-sous**) /ɡʀipsu/ NM (= avare) penny-pincher∗, skinflint

gris, e /ɡʀi, ɡʀiz/ SYN
ADJ ① [couleur, temps] grey (Brit), gray (US) ◆ **gris acier/anthracite/ardoise/fer/perle/souris** steel/anthracite/slate/iron/pearl/squirrel grey ◆ **gris-bleu/-vert** blue-/green-grey ◆ **cheval gris pommelé** dapple-grey horse ◆ **gris de poussière** grey with dust, dusty ◆ **aux cheveux gris** grey-haired ◆ **il fait gris** it's a grey ou dull day; → **ambre, éminence, matière**
② (= morne) [vie] colourless (Brit), colorless (US), dull; [pensées] grey (Brit), gray (US)
③ (= éméché) tipsy∗
④ (locutions) ◆ **faire grise mine** to pull a long face ◆ **faire grise mine à qn** to give sb a cool reception
NM ① (= couleur) grey (Brit), gray (US)
② (= tabac) shag
③ (Équitation) grey (Brit) ou gray (US) (horse)

grisaille /ɡʀizaj/ SYN NF ① [de vie] colourlessness (Brit), colorlessness (US), dullness; [de ciel, temps, paysage] greyness (Brit), grayness (US)
② (Art) grisaille ◆ **peindre qch en grisaille** to paint sth in grisaille

grisant, e /ɡʀizɑ̃, ɑ̃t/ SYN ADJ (= stimulant) exhilarating; (= enivrant) intoxicating

grisâtre /ɡʀizɑtʀ/ SYN ADJ greyish (Brit), grayish (US)

grisbi /ɡʀizbi/ NM (arg Crime) loot∗

grisé /ɡʀize/ NM grey (Brit) ou gray (US) tint ◆ **zone en grisé** shaded area

griser /gʀize/ SYN ▶ conjug 1 ◀
- VT [*alcool*] to intoxicate, to make tipsy; [*air, vitesse, parfum*] to intoxicate ◆ **ce vin l'avait grisé** the wine had gone to his head *ou* made him tipsy* ◆ **l'air de la montagne grise** the mountain air goes to your head (like wine) ◆ **se laisser griser par le succès/des promesses** to let success/promises go to one's head ◆ **se laisser griser par l'ambition** to be carried away by ambition
- VPR **se griser** [*buveur*] to get tipsy* (*avec, de* on) ◆ **se griser de** [+ *air, vitesse*] to get drunk on; [+ *émotion, paroles*] to allow o.s. to be intoxicated by *ou* carried away by

griserie /gʀizʀi/ SYN NF (*lit, fig*) intoxication

griset /gʀize/ NM [1] (= *requin*) cow *ou* six-gilled shark
[2] (= *champignon*) grey knight-cap

grisette /gʀizɛt/ NF (Hist) grisette (*coquettish working girl*)

gris-gris /gʀigʀi/ NM INV ⇒ **grigri**

grison¹ †† /gʀizɔ̃/ NM (= *âne*) ass

grison², -onne /gʀizɔ̃, ɔn/
- ADJ of Graubünden
- NM (= *dialecte*) Romansh of Graubünden
- NM,F **Grison(ne)** native *ou* inhabitant of Graubünden
- NMPL **les Grisons** the Graubünden ◆ **canton des Grisons** canton of Graubünden ◆ **viande des Grisons** (Culin) dried beef served in thin slices

grisonnant, e /gʀizɔnɑ̃, ɑ̃t/ SYN ADJ greying (Brit), graying (US) ◆ **il avait les tempes grisonnantes** he was greying *ou* going grey at the temples ◆ **la cinquantaine grisonnante, il... a** greying fifty-year-old, he...

grisonnement /gʀizɔnmɑ̃/ NM greying (Brit), graying (US)

grisonner /gʀizɔne/ ▶ conjug 1 ◀ VI to be greying (Brit) *ou* graying (US), to be going grey (Brit) *ou* gray (US)

grisou /gʀizu/ NM firedamp ◆ **coup de grisou** firedamp explosion

grisoumètre /gʀizumɛtʀ/ NM firedamp detector

grisouteux, -euse /gʀizutø, øz/ ADJ full of firedamp (*attrib*)

grive /gʀiv/ NF thrush ◆ **grive musicienne** song thrush; → **faute**

grivelé, e /gʀiv(ə)le/ ADJ speckled

grivèlerie /gʀivɛlʀi/ NF (Jur) offence of ordering food or drink in a restaurant and being unable to pay for it

grivelure /gʀiv(ə)lyʀ/ NF speckle

griveton* /gʀivtɔ̃/ NM soldier

grivna /gʀivna/ NF grivna

grivois, e /gʀivwa, waz/ SYN ADJ saucy

grivoiserie /gʀivwazʀi/ SYN NF (= *mot*) saucy expression; (= *attitude*) sauciness; (= *histoire*) saucy story

grizzli, grizzly /gʀizli/ NM grizzly bear

grœnendael /gʀɔ(n)ɛndal/ NM Groenendael (sheepdog)

Groenland /gʀɔɛnlɑ̃d/ NM Greenland

groenlandais, e /gʀɔɛnlɑ̃dɛ, ɛz/
- ADJ of *ou* from Greenland, Greenland (*épith*)
- NM,F **Groenlandais(e)** Greenlander

grog /gʀɔg/ NM ≈ (hot) toddy (*usually made with rum*)

groggy* /gʀɔgi/ SYN ADJ INV (Boxe) groggy ◆ **être groggy** (*d'émotion*) to be in a daze; (*de fatigue*) to be completely washed out

grognard /gʀɔɲaʀ/ NM (Hist) soldier of the old guard of Napoleon I

grognasse* /gʀɔɲas/ NF (*péj*) old bag*

grognasser* /gʀɔɲase/ ▶ conjug 1 ◀ VI to grumble *ou* moan on (and on)

grogne* /gʀɔɲ/ SYN NF ◆ **la grogne des syndicats** the rumbling *ou* simmering discontent in the unions ◆ **face à la grogne sociale** faced with rumbling *ou* simmering social discontent ◆ **la grogne monte chez les étudiants** students are grumbling more and more *ou* are showing more and more signs of discontent

grognement /gʀɔɲmɑ̃/ SYN NM [*de personne*] grunt; [*de cochon*] grunting (NonC), grunt; [*de sanglier*] snorting (NonC), snort; [*d'ours, chien*] growling (NonC), growl ◆ **il m'a répondu par un grognement** he growled at me in reply

grogner /gʀɔɲe/ SYN ▶ conjug 1 ◀
- VI [*personne*] to grumble, to moan* (*contre* at); [*cochon*] to grunt; [*sanglier*] to snort; [*ours, chien*] to growl ◆ **les syndicats grognent** there are rumblings of discontent among the unions
- VT [+ *insultes*] to growl, to grunt

grognon, -onne /gʀɔɲɔ̃, ɔn/ SYN ADJ [*air, expression, vieillard*] grumpy, gruff; [*attitude*] surly; [*enfant*] grouchy ◆ **elle est grognon** *ou* **grognonne !, quelle grognon(ne) !** what a grumbler! *ou* moaner!*

groin /gʀwɛ̃/ NM [*d'animal*] snout; (*péj*) [*de personne*] ugly *ou* hideous face

groisil /gʀwazi(l)/ NM cullet

grolle* /gʀɔl/ NF shoe

grommeler /gʀɔm(ə)le/ SYN ▶ conjug 4 ◀
- VI [*personne*] to mutter (to o.s.), to grumble to o.s.; [*sanglier*] to snort
- VT [+ *insultes*] to mutter

grommellement /gʀɔmɛlmɑ̃/ SYN NM muttering, indistinct grumbling

grondement /gʀɔ̃dmɑ̃/ SYN NM [*de canon, train, orage*] rumbling (NonC); [*de torrent*] roar, roaring (NonC); [*de chien*] growl, growling (NonC); [*de foule*] (angry) muttering; [*de moteur*] roar ◆ **le grondement de la colère/de l'émeute** the rumbling of mounting anger/of the threatening riot ◆ **le train passa devant nous dans un grondement de tonnerre** the train thundered past us

gronder /gʀɔ̃de/ SYN ▶ conjug 1 ◀
- VT (= *réprimander*) [+ *enfant*] to tell off, to scold ◆ **je vais me faire gronder si je rentre tard** I'll get told off if I get in late ◆ **il faut que je vous gronde d'avoir fait ce cadeau** (*amicalement*) you're very naughty to have bought this present, I should scold you for buying this present
- VI [1] [*canon, train, orage*] to rumble; [*torrent, moteur*] to roar; [*chien*] to growl; [*foule*] to mutter (angrily)
[2] [*émeute*] to be brewing ◆ **la colère gronde chez les infirmières** nursing staff are getting increasingly angry
[3] (*littér* = *grommeler*) to mutter

gronderie /gʀɔ̃dʀi/ NF scolding

grondeur, -euse /gʀɔ̃dœʀ, øz/ ADJ [*ton, humeur, personne*] grumbling; [*vent, torrent*] rumbling ◆ **d'une voix grondeuse** in a grumbling voice

grondin /gʀɔ̃dɛ̃/ NM gurnard

groom /gʀum/ NM (= *employé*) bellboy, bellhop (US); [*de porte*] door closer ◆ **je ne suis pas ton groom** I'm not your servant

✦ ✦ ✦ ✦ ✦ ✦ ✦ ✦ ✦ ✦ ✦ ✦ ✦ ✦ ✦ ✦ ✦

gros, grosse¹ /gʀo, gʀos/ SYN

1 - ADJECTIF
2 - NOM MASCULIN
3 - NOM FÉMININ
4 - ADVERBE
5 - COMPOSÉS

✦ ✦ ✦ ✦ ✦ ✦ ✦ ✦ ✦ ✦ ✦ ✦ ✦ ✦ ✦ ✦ ✦

1 - ADJECTIF

[1] [DIMENSION, GÉN] big, large; [*lèvres, corde*] thick; [*chaussures*] big, heavy; [*personne*] fat; [*ventre, bébé*] fat, big; [*pull, manteau*] thick, heavy ◆ **le gros bout** the thick end ◆ **il pleut à grosses gouttes** it's raining heavily ◆ **c'est gros comme une tête d'épingle/mon petit doigt** it's the size of a pinhead/my little finger ◆ **être gros comme une vache** *ou* **une baleine** to be as fat as butter ◆ **être gros comme une barrique** *ou* **une tour** to be as fat as a pig ◆ **des tomates grosses comme le poing** tomatoes as big as your fist ◆ **un mensonge gros comme une maison*** a gigantic lie, a whopper* ◆ **je l'ai vu venir gros comme une maison*** I could see it coming a mile off*

[2] (= IMPORTANT) [*travail*] big; [*problème, ennui, erreur*] big, serious; [*somme*] large, substantial; [*entreprise*] big, large; [*soulagement, progrès*] great; [*dégâts*] extensive, serious; (= *violent*) [*averse*] heavy; [*fièvre*] high; [*rhume*] heavy, bad ◆ **une grosse affaire** a big business, a big concern ◆ **les grosses chaleurs** the height of summer, the hot season ◆ **les gros consommateurs d'énergie** big energy consumers ◆ **un gros mensonge** a terrible lie, a whopper* ◆ **c'est un gros morceau*** (= *travail*) it's a big job; (= *livre*) it's a huge book; (= *obstacle*) it's a big hurdle (to clear) *ou* a big obstacle (to get over) ◆ **il a un gros appétit** he has a big appetite ◆ **la grosse industrie** heavy industry ◆ **acheter par** *ou* **en grosses quantités** to buy in bulk, to bulk-buy (Brit)

[3] (= HOULEUX) [*mer*] heavy; (Météo) rough ◆ **la rivière est grosse** (= *gonflé*) the river is swollen

[4] (= SONORE) [*voix*] booming (*épith*); [*soupir*] big, deep; → **rire**

[5] (= RICHE ET IMPORTANT) big ◆ **un gros industriel/banquier** a big industrialist/banker

[6] [INTENSIF] ◆ **un gros buveur** a heavy drinker ◆ **un gros mangeur** a big eater ◆ **un gros kilo/quart d'heure** a good kilo/quarter of an hour ◆ **tu es un gros paresseux*** you're such a lazybones ◆ **gros nigaud !*** you big ninny!*

[7] (= RUDE) [*drap, laine, vêtement*] coarse; [*traits du visage*] thick, heavy ◆ **le gros travail** the heavy work ◆ **son gros bon sens est réconfortant** his down-to-earth *ou* plain commonsense is a comfort ◆ **il aime les grosses plaisanteries** he likes obvious *ou* unsubtle *ou* inane jokes ◆ **oser nous dire ça, c'est vraiment un peu gros** how dare he say that to us, it's a bit thick* *ou* a bit much*

[8] [† = ENCEINTE] pregnant ◆ **grosse de 6 mois** 6 months' pregnant

[9] [LOCUTIONS] ◆ **avoir les yeux gros de larmes** to have eyes filled *ou* brimming with tears ◆ **regard gros de menaces** threatening *ou* menacing look, look full of menace ◆ **l'incident est gros de conséquences** the incident is fraught with consequences ◆ **jouer gros jeu** to play for big *ou* high stakes ◆ **faire les gros yeux (à un enfant)** to glower (at a child) ◆ **faire la grosse voix*** to speak gruffly *ou* sternly ◆ **c'est une grosse tête*** he's brainy*, he's a brainbox* ◆ **avoir la grosse tête*** (*prétentieux*) to be bigheaded ◆ **faire une grosse tête à qn*** to bash sb up*, to smash sb's face in* ◆ **il me disait des « Monsieur » gros comme le bras** he was falling over himself to be polite to me and kept calling me "sir"

2 - NOM MASCULIN

[1] (= PERSONNE CORPULENTE) fat man ◆ **un petit gros*** a fat little man ◆ **mon gros*** old thing*; → **pêche²**

[2] (= PRINCIPAL) ◆ **le gros du travail est fait** the bulk of *ou* the main part of the work is done ◆ **le gros des troupes** (*lit*) the main body of the army; (*fig*) the great majority ◆ **le gros de l'arbre** the main part of the tree ◆ **le gros de l'orage est passé** the worst of the storm is over ◆ **faites le plus gros d'abord** do the main things *ou* the essentials first

[3] (= MILIEU) ◆ **au gros de l'hiver** in the depths of winter ◆ **au gros de l'été/de la saison** at the height of summer/of the season

[4] [COMM] ◆ **le (commerce de) gros** the wholesale business ◆ **il fait le gros et le détail** he deals in *ou* trades in both wholesale and retail ◆ **maison/prix/marché de gros** wholesale firm/prices/market

[5] [LOCUTIONS]

◆ **en gros** ◆ **c'est écrit en gros** it's written in big *ou* large letters ◆ **papetier en gros** wholesale stationer ◆ **commande en gros** bulk order ◆ **acheter/vendre en gros** to buy/sell wholesale; → **marchand** ◆ **évaluer en gros la distance/le prix** to make a rough *ou* broad estimate of the distance/the price ◆ **dites-moi, en gros, ce qui s'est passé** tell me roughly *ou* broadly what happened

◆ **les gros** (= *personnes importantes*) the rich and powerful, the big fish *

3 - NOM FÉMININ

grosse (= *personne*) fat woman ◆ **ma grosse*** old girl*, old thing* (Brit) ◆ **c'est une bonne grosse*** (*péj*) she's a good-natured thing*; → aussi **grosse²**

4 - ADVERBE

◆ **écrire gros** to write big, to write in large letters ◆ **il risque gros** he's risking a lot *ou* a great deal ◆ **ça peut nous coûter gros** it could cost us a lot *ou* a great deal ◆ **je donnerais gros pour...**, I'd give a lot *ou* a great deal to... ◆ **il y a gros à parier que...** it's a safe bet that... ◆ **en avoir gros sur le cœur** *ou* **sur la patate*** to be upset *ou* peeved *

5 - COMPOSÉS

gros bétail cattle
gros bonnet* bigwig*, big shot*

gros bras* muscleman ◆ **jouer les gros bras*** to play ou act the he-man*
grosse caisse (Mus) big ou bass drum
grosse cavalerie* heavy stuff*
grosse-gorge* NF (Can) goitre
grosse légume* ⇒ gros bonnet
gros mot swearword ◆ **il dit des gros mots** he uses bad language, he swears
gros œuvre (Archit) shell (of a building)
gros plan (Photo) close-up ◆ **une prise de vue en gros plan** a shot in close-up, a close-up shot ◆ **gros plan sur…** (= émission) programme devoted to ou all about…
gros poisson* ⇒ gros bonnet
(avion) gros porteur jumbo jet
gros rouge* rough (red) wine, (red) plonk* (Brit), Mountain Red (wine) (US)
gros sel cooking salt
gros temps rough weather ◆ **par gros temps** in rough weather ou conditions; → **gibier, intestin¹, lot** etc

---

gros-bec (pl **gros-becs**) /gʀɔbɛk/ NM (= oiseau) hawfinch

groschen /gʀɔʃɛn/ NM groschen

gros-cul* (pl **gros-culs**) /gʀoky/ NM juggernaut (Brit), eighteen-wheeler* (US)

groseille /gʀozɛj/
 NF ◆ **groseille (rouge)** red currant ◆ **groseille (blanche)** white currant ◆ **groseille à maquereau** gooseberry
 ADJ INV (cherry-)red

groseillier /gʀozeje/ NM currant bush ◆ **groseillier rouge/blanc** red/white currant bush ◆ **groseillier à maquereau** gooseberry bush

gros-grain (pl **gros-grains**) /gʀogʀɛ̃/ NM (= tissu) petersham

Gros-Jean /gʀoʒɑ̃/ NM INV ◆ **il s'est retrouvé Gros-Jean comme devant** †* he found himself back where he started ou back at square one (Brit)

grosse² /gʀos/ NF (Jur) engrossment; (Comm) gross

grossesse /gʀosɛs/ SYN NF pregnancy ◆ **grossesse nerveuse** false pregnancy, phantom pregnancy ◆ **grossesse gémellaire/extra-utérine/à risque** twin/extrauterine/high-risk pregnancy; → **robe**

grosseur /gʀosœʀ/ SYN NF [1] [d'objet] size; [de fil, bâton] thickness; [de personne] weight, fatness ◆ **être d'une grosseur maladive** to be unhealthily fat ◆ **as-tu remarqué sa grosseur ?** have you noticed how fat he is?
 [2] (= tumeur) lump

grossier, -ière /gʀosje, jɛʀ/ SYN ADJ [1] [matière, tissu] coarse; [aliment] unrefined; [ornement, instrument] crude
 [2] (= sommaire) [travail] superficially done, roughly done; [imitation] crude, poor; [dessin] rough; [solution, réparation] rough-and-ready; [estimation] rough ◆ **avoir une idée grossière des faits** to have a rough idea of the facts
 [3] (= lourd) [manières] unrefined, crude; [esprit, être] unrefined; [traits du visage] coarse, thick; [ruse] crude; [plaisanterie] unsubtle, inane; [erreur] stupid, gross (épith); [ignorance] crass (épith)
 [4] (= bas, matériel) [plaisirs, jouissances] base
 [5] (= insolent) [personne] rude
 [6] (= vulgaire) [plaisanterie, geste, mots, propos] coarse; [personne] coarse, uncouth ◆ **il s'est montré très grossier envers eux** he was very rude to them ◆ **grossier personnage !** uncouth individual! ◆ **il est grossier avec les femmes** he is coarse ou uncouth in his dealings with women

grossièrement /gʀosjɛʀmɑ̃/ SYN ADV [1] (= de manière sommaire) [exécuter, réparer, dessiner] roughly, superficially; [façonner, imiter] crudely; [hacher] roughly, coarsely ◆ **pouvez-vous me dire grossièrement combien ça va coûter ?** can you tell me roughly how much that will cost?
 [2] (= de manière vulgaire) coarsely; (= insolemment) rudely
 [3] (= lourdement) ◆ **se tromper grossièrement** to be grossly mistaken, to make a gross error

grossièreté /gʀosjɛʀte/ SYN NF [1] (= insolence) rudeness
 [2] (= vulgarité) [de personne] coarseness, uncouthness; [de plaisanterie, geste] coarseness ◆ **dire des grossièretés** to use coarse language ◆ **une grossièreté** a rude ou coarse remark
 [3] (= rusticité) [de fabrication] crudeness; [de travail, exécution] superficiality; [d'étoffe] coarseness

[4] (littér = manque de finesse) [de personne] lack of refinement; [de traits] coarseness ◆ **la grossièreté de ses manières** his unrefined ou crude manners

grossir /gʀosiʀ/ SYN ► conjug 2 ◄
 VI [1] [personne] (signe de déficience) to get fat(ter), to put on weight; (signe de santé) to put on weight; [fruit] to swell, to grow; [rivière] to swell; [tumeur] to swell, to get bigger; [foule] to grow (larger), to swell; [somme, économies] to grow, to get bigger; [rumeur, nouvelle] to spread; [bruit] to get louder, to grow (louder), to swell ◆ **l'avion grossissait dans le ciel** the plane grew larger ou bigger in the sky ◆ **grossir des cuisses/des hanches** to put on weight on the thighs/the hips ◆ **j'ai grossi de trois kilos** I've put on three kilos
 VT [1] (= faire paraître plus gros) [+ personne] ◆ **ce genre de vêtement (vous) grossit** these sort of clothes make you look fatter
 [2] [microscope] to magnify; [lentille, lunettes] to enlarge, to magnify; [imagination] [+ dangers, importance] to magnify, to exaggerate
 [3] (= exagérer volontairement) [+ fait, événement] to exaggerate ◆ **ils ont grossi l'affaire à des fins politiques** they've exaggerated ou blown up the issue for political reasons
 [4] [+ cours d'eau] to swell; [+ voix] to raise
 [5] [+ somme] to increase, to add to; [+ foule] to swell ◆ **grossir les rangs/le nombre ou la liste de** to add to ou swell the ranks/the numbers of

grossissant, e /gʀosisɑ̃, ɑ̃t/ ADJ [1] [lentille, verre] magnifying, enlarging
 [2] [foule, bruit] swelling, growing

grossissement /gʀosismɑ̃/ SYN NM [1] [de tumeur] swelling, enlarging
 [2] (= pouvoir grossissant) [de microscope] magnification, (magnifying) power ◆ **grossissement de 200 fois** magnification ou magnifying power of 200 times ◆ **ceci peut être observé à un faible/fort grossissement** this can be seen with a low-power/high-power lens
 [3] [d'objet] magnification, magnifying; (= exagération) [de dangers] magnification, exaggeration; [de faits] exaggeration

grossiste /gʀosist/ NMF wholesaler, wholesale dealer

grosso modo /gʀosomɔdo/ ADV (= en gros) more or less, roughly ◆ **grosso modo, cela veut dire que…** roughly speaking, it means that… ◆ **dis-moi grosso modo de quoi il s'agit** tell me roughly what it's all about

grotesque /gʀɔtɛsk/ SYN
 ADJ [1] (= ridicule) [personnage, accoutrement, allure] ludicrous, ridiculous; [idée, histoire] grotesque ◆ **c'est d'un grotesque incroyable** it's absolutely ludicrous ou ridiculous
 [2] (Art) grotesque
 NM (Littérat) ◆ **le grotesque** the grotesque
 NF (Art) grotesque

grotesquement /gʀɔtɛskmɑ̃/ ADV grotesquely

grotte /gʀɔt/ SYN NF (naturelle) cave; (artificielle) grotto ◆ **grotte préhistorique** prehistoric cave

grouillant, e /gʀujɑ̃, ɑ̃t/ ADJ [foule, masse] milling, swarming ◆ **grouillant de** [+ touristes, insectes] swarming ou teeming ou crawling with; [+ policiers] bristling ou swarming with ◆ **boulevard/café grouillant (de monde)** street/café swarming ou teeming ou crawling with people, bustling street/café

grouillement /gʀujmɑ̃/ NM [de foule, touristes] milling, swarming; [de vers, insectes] swarming

grouiller /gʀuje/ SYN ► conjug 1 ◄
 VI [foule, touristes] to mill about; [café, rue] to be swarming ou teeming ou bustling with people ◆ **grouiller de** [+ touristes, insectes] to be teeming ou crawling with
 VPR **se grouiller*** to get a move on* ◆ **grouille-toi ou on va rater le train !** get your skates on* ou get a move on* or we'll miss the train! ◆ **se grouiller pour arriver à l'heure** to hurry so as not to be late

grouillot /gʀujo/ NM messenger (boy)

groupage /gʀupaʒ/ NM [1] (Comm) [de colis] bulking
 [2] (Méd) ◆ **groupage sanguin** blood grouping ou typing ◆ **groupage tissulaire** tissue typing

groupe /gʀup/ SYN
 NM [1] (Art, Écon, Math, Pol, Sociol) group ◆ **groupe de communication/de distribution/industriel** communications/distribution/industrial group ◆ **le groupe de la majorité** the deputies ou MPs (Brit) ou Congressmen (US) of the majority party ◆ **psychologie de groupe** group psychology
 [2] [de personnes] group; [de touristes] party, group; [de musiciens] band, group ◆ **groupe de rock** rock group ou band ◆ **des groupes se formaient dans la rue** groups (of people) ou knots of people were forming in the street ◆ **par groupes de trois ou quatre** in groups of three or four, in threes or fours ◆ **travailler/marcher en groupe** to work/walk in ou as a group ◆ **travail/billet de groupe** group work/ticket
 [3] [de club] group ◆ **le groupe des Sept (pays les plus industrialisés)** the Group of Seven (most industrialized countries) ◆ « **le groupe des Cinq** » (Mus) "The Five" ◆ « **le groupe des Six** » (Mus) "Les Six"
 [4] [d'objets] ◆ **groupe de maisons** cluster ou group of houses ◆ **groupe d'arbres** clump ou cluster ou group of trees
 [5] (Ling) group, cluster ◆ **groupe nominal/verbal** noun/verb phrase, nominal/verbal group ◆ **groupe consonantique** consonant cluster
 COMP **groupe d'âge** age group
 groupe d'aliments food group
 groupe armé armed group
 groupe de combat fighter group
 groupe de discussion (Internet) discussion group
 groupe électrogène generating set, generator
 groupe hospitalier hospital complex
 groupe d'intervention de la Gendarmerie nationale crack force of the Gendarmerie
 groupe de mots word group, phrase
 groupe parlementaire parliamentary group
 le groupe de la Pléiade the (group of the) Pleiad
 groupe de presse (gén) publishing conglomerate; (spécialisé dans la presse) press group
 groupe de pression pressure group, ginger group (Brit), special interest group (US)
 groupe sanguin blood group
 groupe de saut [de parachutistes] stick
 groupe scolaire school complex
 groupe de tête (Sport) (group of) leaders; (Scol) top pupils (in the class); (Écon) (group of) leading firms
 groupe tissulaire tissue type
 groupe de travail working party

groupement /gʀupmɑ̃/ SYN NM [1] (= action) [de personnes, objets, faits] grouping ◆ **groupement de mots par catégories** grouping words by categories
 [2] (= groupe) group; (= organisation) organization ◆ **groupement révolutionnaire** band of revolutionaries, revolutionary band ◆ **groupement tactique** (Mil) task force ◆ **groupement d'achats** (commercial) bulk-buying organization ◆ **groupement de gendarmerie** squad of Gendarmes ◆ **groupement professionnel** professional organization ◆ **groupement d'intérêt économique** economic interest group ◆ **groupement agricole d'exploitation en commun** farmers' economic interest group
 [3] (Chim) group

grouper /gʀupe/ SYN ► conjug 1 ◄
 VT [1] [+ personnes, objets, faits] to group (together); (Comm) [+ colis] to bulk; [+ efforts, ressources, moyens] to pool ◆ **grouper des colis par destination** to bulk parcels according to their destination ◆ **est-ce que je peux grouper mes achats ?** can I pay for everything together?
 [2] (Sport) [+ genoux] to tuck; → **saut**
 VPR **se grouper** [foule] to gather; (= se coaliser) to form a group ◆ **groupez-vous par trois** get into threes ou into groups of three ◆ **restez groupés** keep together, stay in a group ◆ **les consommateurs doivent se grouper pour se défendre** consumers must band together to defend their interests ◆ **se grouper en associations** to form associations ◆ **on s'est groupé pour lui acheter un cadeau** we all got together ou chipped in* to buy him a present ◆ **se grouper autour d'un chef** (se rallier) to rally round a leader ◆ **le village groupé autour de l'église** the village clustered round the church

groupie /gʀupi/ NMF [de chanteur] groupie; * [de parti] (party) faithful

groupuscule /gʀupyskyl/ NM (Pol péj) small group

grouse /gʀuz/ NF grouse

Grozny, Groznyï /gʀɔzni/ N Grozny

GRS /ʒeɛɛʀɛs/ NF abrév de **gymnastique rythmique et sportive**

gruau[1] /gʀyo/ NM (= *graine*) hulled grain, groats ◆ **pain de gruau** fine wheaten bread

gruau[2] /gʀyo/ NM (= *oiseau*) baby crane

grue /gʀy/ NF 1 (= *engin*) crane ◆ **grue flottante** floating crane ◆ **grue de levage** wrecking crane
2 (= *oiseau*) ◆ **grue (cendrée)** crane ◆ **grue couronnée** crowned crane; → **pied**
3 (*‡ péj = prostituée*) hooker*‡ (péj), tart* (Brit) (péj)

gruge‡ /gʀyʒ/ NF (= *escroquerie*) ◆ **il y a eu de la gruge** we ou they got ripped off*

gruger /gʀyʒe/ ▶ conjug 3 ◀ VT 1 (= *escroquer*) to swindle ◆ **se faire gruger** to be swindled ◆ **il s'est fait gruger de 5 000 €** he was cheated out of €5,000
2 (* = *agacer*) to bug* ◆ **tu me gruges !** stop bugging me!
3 (Can) to nibble

grume /gʀym/ NF (= *écorce*) bark (left on timber) ◆ **bois de** ou **en grume** undressed timber, rough lumber (US)

grumeau (pl **grumeaux**) /gʀymo/ NM [de sel, sauce] lump ◆ **la sauce fait des grumeaux** the sauce is going lumpy ◆ **pâte pleine de grumeaux** lumpy dough

grumeler (se) /gʀym(ə)le/ ▶ conjug 4 ◀ VPR [sauce] to go lumpy; [lait] to curdle

grumeleux, -euse /gʀym(ə)lø, øz/ ADJ [sauce] lumpy; [lait] curdled; [fruit] gritty; [peau] bumpy, lumpy

grumelure /gʀym(ə)lyʀ/ NF (Tech = *défaut*) pipe

grunge /gʀœnʒ/
ADJ [musique, mouvement] grunge (épith)
NM grunge (music)

gruon /gʀyɔ̃/ NM ⇒ **gruau**[2]

gruppetto /gʀupeto/ (pl **gruppetti** /gʀupeti/) NM (*Mus*) gruppetto, turn

gruter /gʀyte/ ▶ conjug 1 ◀ VT to crane ◆ **gruter un bateau hors de l'eau** to lift a boat out of the water with a crane

grutier, -ière /gʀytje, jɛʀ/ NM,F crane driver ou operator

gruyère /gʀyjɛʀ/ NM Gruyère (cheese) (Brit), Swiss (cheese) (US)

gryphée /gʀife/ NF ◆ **les gryphées** the Gryphaea

GSM /ʒeɛsɛm/ NM (*abrév de* **Global System for Mobile Communication**) GSM ◆ **réseau GSM** GSM network

guacamole /gwakamɔle/ NM guacamole

Guadeloupe /gwadlup/ NF Guadeloupe

guadeloupéen, -enne /gwadlupeɛ̃, ɛn/
ADJ Guadelupian
NM,F **Guadeloupéen(ne)** inhabitant ou native of Guadeloupe

guai, guais /gɛ/ ADJ M shotten

Guam /gwam/ NM Guam

guanaco /gwanako/ NM guanaco

guanine /gwanin/ NF guanine

guano /gwano/ NM [d'oiseau] guano; [de poisson] manure

guarani /gwaʀani/
ADJ Guarani (épith)
NM (= *langue*) Guarani; (= *monnaie*) guarani
NMF **Guarani** Guarani

Guatemala /gwatemala/ NM Guatemala

guatémaltèque /gwatemaltɛk/
ADJ Guatemalan
NMF **Guatémaltèque** Guatemalan

Guayaquil /gwajakil/ N Guayaquil

gué /ge/ NM ford ◆ **passer (une rivière) à gué** to ford a river

guéable /geabl/ ADJ fordable

guède /gɛd/ NF (= *plante*) woad, pastel; (= *couleur*) woad

guéer /gee/ ▶ conjug 1 ◀ VT to ford

guéguerre* /gegɛʀ/ NF squabble ◆ **c'est la guéguerre entre les représentants** the representatives are squabbling amongst themselves

guelfe /gɛlf/
ADJ Guelphic
NMF **Guelph**

guelte /gɛlt/ NF (*Comm*) commission

guenille /gənij/ SYN NF (piece of) rag ◆ **guenilles** (old) rags ◆ **en guenilles** in rags (and tatters)

guenon /gənɔ̃/ NF (= *singe*) female monkey; (péj = *laideron*) hag

guépard /gepaʀ/ NM cheetah ◆ « **Le Guépard** » (Ciné) "The Leopard"

guêpe /gɛp/ NF wasp; → **fou**, **taille**[1]

guêpier /gepje/ NM 1 (= *oiseau*) bee-eater
2 (= *piège*) trap; (= *nid*) wasp's nest ◆ **se fourrer dans un guêpier** to land o.s. in the soup* ou in it* (Brit)

guêpière /gepjɛʀ/ NF basque

guère /gɛʀ/ ADV 1 (avec adj ou adv) (= *pas très, pas beaucoup*) hardly, scarcely ◆ **elle ne va guère mieux** she's hardly any better ◆ **comment vas-tu, aujourd'hui ? – guère mieux !** how are you feeling today? – much the same! ◆ **il n'est guère poli** he's not very polite ◆ **le chef, guère satisfait de cela,...** the boss, little ou hardly satisfied with that,... ◆ **il n'y a guère plus de 2 km** there is barely ou scarcely more than 2 km to go ◆ **ça ne fera guère moins de 25 €** it won't be (very) much less than €25
2 (avec vb) ◆ **ne... guère** (= *pas beaucoup*) not much ou really; (= *pas souvent*) hardly ou scarcely ever; (= *pas longtemps*) not (very) long ◆ **il n'a guère d'argent/le temps** he has hardly any money/time ◆ **je n'aime guère qu'on me questionne** I don't much like ou really care for being questioned ◆ **il n'en reste plus guère** there's hardly any left ◆ **cela ne te va guère** it doesn't really suit you ◆ **ce n'est plus guère à la mode** it's hardly fashionable at all nowadays ◆ **il ne vient guère nous voir** he hardly ou scarcely ever comes to see us ◆ **cela ne durera guère** it won't last (for) very long ◆ **il ne tardera guère** he won't be (very) long now ◆ **l'aimez-vous ? – guère** (frm) do you like it? – not (very) much ou not really ou not particularly
◆ **guère de** ◆ **il n'y a guère de monde** there's hardly ou scarcely anybody there
◆ **guère que** ◆ **il n'y a guère que lui qui...** he's about the only one who..., there's hardly ou scarcely anyone but he who...

guéret /geʀɛ/ NM tillage (NonC)

guéridon /geʀidɔ̃/ NM pedestal table

guérilla /geʀija/ NF guerrilla war ou warfare (NonC) ◆ **guérilla urbaine** urban guerrilla warfare

guérillero, guériléro /geʀijeʀo/ SYN NM guerrilla

guérir /geʀiʀ/ SYN ▶ conjug 2 ◀
VT (= *soigner*) [+ malade] to cure, to make better; [+ maladie] to cure; [+ membre, blessure] to heal ◆ **je ne peux pas le guérir de ses mauvaises habitudes** I can't cure ou break him of his bad habits
VI 1 (= *aller mieux*) [malade, maladie] to get better, to be cured; [blessure] to heal, to mend ◆ **sa main guérie était encore faible** his hand although healed was still weak ◆ **il est guéri (de son angine)** he is cured (of his throat infection) ◆ **dépenser de telles sommes, j'en suis guéri !** you won't catch me spending money like that again!, that's the last time I spend money like that!
2 [chagrin, passion] to heal
VPR **se guérir** [malade, maladie] to get better, to be cured ◆ **se guérir d'une habitude** to cure ou break o.s. of a habit ◆ **se guérir par les plantes** to cure o.s. by taking herbs, to cure o.s. with herbs ◆ **se guérir d'un amour malheureux** to get over ou recover from an unhappy love affair

guérison /geʀizɔ̃/ SYN NF [de malade] recovery; [de maladie] curing (NonC); [de membre, plaie] healing (NonC) ◆ **sa guérison a été rapide** he made a rapid recovery ◆ **guérison par la foi** faith healing; → **voie**

guérissable /geʀisabl/ ADJ [malade, maladie] curable ◆ **sa jambe/blessure est guérissable** his leg/injury can be healed

guérisseur, -euse /geʀisœʀ, øz/ SYN NM,F healer; (péj) quack (doctor) (péj)

guérite /geʀit/ SYN NF 1 (*Mil*) sentry box
2 (sur chantier) workman's hut; (servant de bureau) site office

Guernesey /gɛʀn(ə)zɛ/ NF Guernsey

guernesiais, e /gɛʀnəzjɛ, ɛz/
ADJ of ou from Guernsey, Guernsey (épith)
NM,F **Guernesiais(e)** inhabitant ou native of Guernsey

guerre /gɛʀ/ SYN
NF 1 (= *conflit*) war ◆ **de guerre** [correspondant, criminel] war (épith) ◆ **guerre civile/sainte/atomique** civil/holy/atomic war ◆ **guerre de religion/de libération** war of religion/of liberation ◆ **la guerre scolaire** ongoing debate on church schooling versus state schooling ◆ **la Grande Guerre** the Great War (Brit), World War I ◆ **la Première Guerre mondiale** the First World War, World War I ◆ **la Seconde** ou **Deuxième Guerre mondiale** the Second World War, World War II ◆ **entre eux c'est la guerre (ouverte)** it's open war between them ◆ « **La Guerre de Troie n'aura pas lieu** » (Littérat) "Tiger at the Gates" ◆ « **Guerre et Paix** » (Littérat) "War and Peace"
2 (= *technique*) warfare ◆ **la guerre atomique/psychologique/chimique** atomic/psychological/chemical warfare
3 (locutions) ◆ **de guerre lasse elle finit par accepter** she grew tired of resisting and finally accepted ◆ **à la guerre comme à la guerre** we'll just have to make the best of things ◆ **c'est de bonne guerre** that's fair enough ◆ **faire la guerre à** (Mil) to wage war on ou against ◆ **soldat qui a fait la guerre** soldier who was in the war ◆ **ton chapeau a fait la guerre*** your hat has been in the wars* (Brit) ou through the war (US) ◆ **elle lui fait la guerre pour qu'il s'habille mieux** she is constantly battling with him to get him to dress better ◆ **faire la guerre aux abus/à l'injustice** to wage war against ou on abuses/injustice ◆ **livrer une** ou **la guerre à** to wage war on ◆ **guerre des prix** price war
◆ **en guerre** (lit, fig) at war (avec, contre with, against) ◆ **dans les pays en guerre** in the warring countries, in the countries at war ◆ **entrer en guerre** to go to war (contre against) ◆ **partir en guerre contre** (Mil) to go to war against, to wage war on; (fig) to wage war on; → **entrer**
COMP **guerre bactériologique** bacteriological warfare
guerre biologique biological warfare
la guerre des Boers the Boer war
la guerre de Cent Ans the Hundred Years' War
guerre de conquête war of conquest
la guerre des Deux-Roses the Wars of the Roses
guerre éclair blitzkrieg, lightning war (US)
guerre économique economic warfare
guerre électronique electronic warfare
guerre d'embuscade guerrilla warfare
la guerre des étoiles Star Wars
guerre d'extermination war of extermination
guerre froide cold war
la guerre du Golfe the Gulf War
la guerre du Mexique the Mexican War
guerre mondiale world war
guerre de mouvement war of movement
guerre des nerfs war of nerves
guerre nucléaire nuclear war
guerre des ondes battle for the airwaves
guerre à outrance all-out war
la guerre des pierres the Palestinian uprising
guerre planétaire global war
guerre de position war of position
guerre presse-bouton push-button war
les guerres puniques the Punic Wars
la guerre de quarante the Second World War
la guerre de quatorze the 1914-18 war
la guerre de Sécession the American Civil War
guerre de succession war of succession
guerre totale total warfare, all-out war
guerre de tranchées trench warfare
la guerre de Trente Ans the Thirty Years War
la guerre de Troie the Trojan War
guerre d'usure war of attrition

guerrier, -ière /gɛʀje, jɛʀ/ SYN
ADJ [nation, air] warlike; [danse, chants, exploits] war (épith)
NM,F warrior

guerroyer /gɛʀwaje/ SYN ▶ conjug 8 ◀ VI (littér) to wage war (contre against, on)

guet /gɛ/ NM 1 ◆ **faire le guet** to be on (the) watch ou lookout ◆ **avoir l'œil au guet** (littér) to keep one's eyes open ou peeled ◆ **avoir l'oreille au guet** (littér) to keep one's ears open
2 (Hist = *patrouille*) watch

guet-apens (pl **guets-apens**) /gɛtapɑ̃/ SYN NM (= *embuscade*) ambush; (fig) trap ◆ **attirer qn dans un guet-apens** (lit) to lure sb into an ambush; (fig) to lure sb into a trap ◆ **tomber dans un guet-apens** (lit) to be caught in an ambush; (fig) to fall into a trap

guêtre /gɛtʀ/ NF gaiter; → **traîner**

guêtré, e /getʀe/ ADJ wearing gaiters ou spats

guetter /gete/ SYN ▸ conjug 1 ◂ VT ▮1▮ (= épier) [+ victime, ennemi] to watch (intently); [+ porte] to watch
▮2▮ (= attendre) [+ réaction, signal, occasion] to watch out for, to be on the lookout for; [+ personne] to watch (out) for; (hostilement) to lie in wait for; [+ proie] to lie in wait for ◆ **guetter le passage/l'arrivée de qn** to watch (out) for sb (to pass by)/(to come) ◆ **guetter la sonnerie du téléphone** to be waiting for the telephone to ring ◆ **guetter le pas de qn** to listen out for sb ◆ **ses fans guettent la sortie de son nouvel album** his fans are eagerly waiting for his new album
▮3▮ (= menacer) [danger] to threaten ◆ **la crise cardiaque/la faillite le guette** he's heading for a heart attack/bankruptcy ◆ **c'est le sort qui nous guette tous** it's the fate that's in store for all of us *ou* that's liable to befall all of us

guetteur /ɡetœʁ/ NM (Mil, Naut) lookout; (Hist) watch

gueulante⚠ /ɡœlɑ̃t/ NF ◆ **pousser une** *ou* **sa gueulante** (colère) to kick up a stink*; (douleur) to give an almighty yell*

gueulard, e /ɡœlaʁ, aʁd/
ADJ ▮1▮ (* = braillard) [personne] loud-mouthed; [air, musique] noisy
▮2▮ (* = criard) [couleur, vêtement] gaudy, garish
▮3▮ (* = gourmand) ◆ **être gueulard** to love one's food
NM,F ▮1▮ (* = braillard) loudmouth
▮2▮ (* = gourmand) ◆ **c'est un gueulard** he really loves his food
NM [de haut fourneau, chaudière] throat

gueule /ɡœl/ SYN
NF ▮1▮ (⚠ = bouche) ◆ **(ferme) ta gueule !** shut up!* ◆ **ta gueule !** (= va te faire voir) get stuffed!⚠ ◆ **ça vous emporte** *ou* **brûle la gueule** it takes the roof off your mouth ◆ **il dépense beaucoup d'argent dans la gueule** he spends a lot on feeding his face * ◆ **s'en mettre plein la gueule** to stuff o.s. *ou* one's face * ◆ **tu peux crever la gueule ouverte** you can go to hell for all I care⚠ ◆ **il nous laisserait bien crever la gueule ouverte** he wouldn't give a damn what happened to us⚠ ◆ **donner un coup de gueule** * to shout one's head off* ◆ **il est connu pour ses coups de gueule** * he's well known for being a loudmouth ◆ **un fort en gueule, une grande gueule** a loudmouth ◆ **bourré*** *ou* **rempli jusqu'à la gueule** crammed to the gills⚠, jam-packed; → **fin¹**
▮2▮ (* = figure) face ◆ **il a une belle gueule** he's good-looking ◆ **il a une belle gueule de voyou** he looks the handsome hard guy ◆ **il a une bonne/sale gueule** I like/I don't like the look of him ◆ **avoir une bonne/sale gueule** [aliment] to look nice/horrible ◆ **avoir la gueule de l'emploi** to look the part ◆ **faire une gueule d'enterrement** to look really miserable ◆ **il a fait une sale gueule quand il a appris la nouvelle**⚠ he didn't half pull a face when he heard the news * ◆ **bien fait pour sa gueule !**⚠ serves him right!* ◆ **avoir de la gueule** to look really nice ◆ **cette bagnole a de la gueule** that's a great-looking car!*, that's some car!* ◆ **cette maison a une drôle de gueule** that's a weird-looking house ◆ **les vêtements achetés en boutique ont plus de gueule** boutique clothes look much nicer *ou* better ◆ **gueule de raie**⚠ fish-face⚠ ◆ **gueule d'empeigne*** (péj) shithead*⚠ ◆ casser, foutre, soûler
◆ **faire la gueule** * (= bouder) to sulk ◆ **quand ils ont appris que je fumais mes parents ont fait la gueule** my parents were not at all happy *ou* were really pissed off⚠ when they found out I smoked ◆ **faire la gueule à qn** to be in a huff* with sb ◆ **arrête de me faire la gueule !** stop sulking! ◆ **qu'est-ce qu'il y a, tu me fais la gueule ?** what's the matter, aren't you speaking to me? ◆ **on s'est fait la gueule pendant trois jours** we didn't speak to each other for three days
▮3▮ [d'animal] mouth ◆ **se jeter** *ou* **se mettre dans la gueule du loup** to throw o.s. into the lion's jaws
▮4▮ (= ouverture) [de four] mouth; [de canon] muzzle
COMP **gueule d'amour*** lover boy*
gueule de bois* hangover ◆ **avoir la gueule de bois** to have a hangover, to be feeling the effects of the night before*
gueule cassée war veteran with severe facial injuries
gueule noire miner

gueule-de-loup (pl **gueules-de-loup**) /ɡœldəlu/ NF [= plante] snapdragon

gueulement⚠ /ɡœlmɑ̃/ NM (= cri) bawl ◆ **pousser des gueulements** (douleur) to yell one's head off*; (colère) to kick up a stink*

gueuler⚠ /ɡœle/ ▸ conjug 1 ◂
VI ▮1▮ [chien] to bark like mad*; [personne] (= crier) to shout; (= parler fort) to bawl, to bellow; (= chanter fort) to bawl; (= hurler de douleur) to howl, to yell (one's head off)*; (= protester) to kick up a stink* ◆ **gueuler après qn** to bawl sb out * ◆ **ça va gueuler** all hell will break loose⚠, there'll be one hell of a row*
▮2▮ [poste de radio] to blast out, to blare out ◆ **faire gueuler sa télé** to turn one's TV up full blast*
VT [+ ordres] to bawl (out), to bellow (out); [+ chanson] to bawl

gueules /ɡœl/ NM (Héraldique) gules

gueuleton* /ɡœltɔ̃/ NM blow-out* (Brit), chow-down⚠ (US) ◆ **faire un gueuleton** to have a blow-out* (Brit) *ou* a chow-down⚠ (US)

gueuletonner* /ɡœltɔne/ ▸ conjug 1 ◂ VI to have a blow-out* (Brit) *ou* a chow-down⚠ (US)

gueuse /ɡøz/ NF ▮1▮ († littér) (= mendiante) beggarwoman; (= coquine) rascally wench; → **courir**
▮2▮ [de fonte] pig
▮3▮ (= bière) ◆ **gueuse(-lambic)** gueuse beer

gueux /ɡø/ SYN NM († littér) (= mendiant) beggar; (= coquin) rogue, villain

gugusse /ɡyɡys/ NM (= clown) ≃ Coco the clown; (* = type) guy*, bloke* (Brit); (* = personne ridicule) twit*

gui /ɡi/ NM ▮1▮ (= plante) mistletoe ◆ **s'embrasser sous le gui** to kiss under the mistletoe
▮2▮ (= espar de bateau) boom

guibol(l)e* /ɡibɔl/ NF (= jambe) leg

guiche /ɡiʃ/ NF (= accroche-cœur) kiss curl

guichet /ɡiʃɛ/ SYN NM ▮1▮ (= comptoir individuel) window (de bureau); (de banque, poste) counter; [de théâtre] box office, ticket office; [de gare] ticket office, booking office (Brit) ◆ **adressez-vous au guichet d'à côté** inquire at the next window ◆ **renseignez-vous au(x) guichet(s)** [de banque, poste] go and ask at the counter; [de théâtre, gare] go and ask at the ticket office ◆ « **guichet fermé** » (à la poste, à la banque) "position closed" ◆ **on joue à guichets fermés** the performance is fully booked *ou* is booked out (Brit) ◆ **guichet automatique (de banque)** cash dispenser, ATM
▮2▮ [de porte, mur] wicket, hatch; (grillagé) grille

guichetier, -ière /ɡiʃ(ə)tje, jɛʁ/ NM,F [de banque] counter clerk

guidage /ɡidaʒ/ NM (Min, Tech) (= mécanisme) guides; (= action) guidance

guidance /ɡidɑ̃s/ NF (Psych) guidance

guide /ɡid/ SYN
NM ▮1▮ (= idée, sentiment) guide ◆ **l'ambition est son seul guide** ambition is his only guide
▮2▮ (= livre) guide(book) ◆ **guide pratique/touristique/gastronomique** practical/tourist/restaurant guide ◆ **guide de voyage** travel guide
▮3▮ (Tech = glissière) guide ◆ **guide de courroie** belt-guide
NMF (= personne) guide ◆ **guide (de montagne)** (mountain) guide ◆ « **n'oubliez pas le guide** » "please remember the guide" ◆ « **suivez le guide !** » "this way, please!" ◆ **guide-conférencier** lecturing guide ◆ **guide-interprète** tour guide and interpreter
NFPL **guides** (= rênes) reins
NF (= éclaireuse) ≃ (girl) guide (Brit), ≃ girl scout (US)

guide-âne (pl **guide-ânes**) /ɡidɑn/ NM (= papier réglé) line rule

guide-fil (pl **guide-fils**) /ɡidfil/ NM thread-guide

guider /ɡide/ SYN ▸ conjug 1 ◂ VT (= conduire) [+ voyageur, embarcation, cheval] to guide; (moralement) to guide ◆ **l'ambition le guide** he is guided by (his) ambition, ambition is his guide ◆ **organisme qui guide les étudiants durant leur première année** organization that provides guidance for first-year students ◆ **il m'a guidé dans mes recherches** he guided me through *ou* in my research ◆ **se laissant guider par son instinct** letting himself be guided by (his) instinct, letting (his) instinct be his guide ◆ **se guidant sur les étoiles/leur exemple** guided by the stars/their example, using the stars/their example as a guide ◆ **missile guidé par infrarouge** heat-seeking missile ◆ **bombe guidée au** *ou* **par laser** laser-guided bomb; → **visite**

guiderope /ɡidʁɔp/ NM dragrope, dragline, guide rope

guidon /ɡidɔ̃/ NM ▮1▮ [de vélo] handlebars
▮2▮ (= drapeau) guidon
▮3▮ [de mire] foresight, bead

guigne¹ /ɡiɲ/ NF (= cerise) type of cherry ◆ **il s'en soucie comme d'une guigne** he doesn't care a fig about it

guigne²* /ɡiɲ/ NF (= malchance) rotten luck* ◆ **avoir la guigne** to be jinxed* ◆ **porter la guigne à qn** to put a jinx on sb * ◆ **quelle guigne !** what rotten luck!*

guigner /ɡiɲe/ SYN ▸ conjug 1 ◂ VT [+ personne] to eye surreptitiously; [+ héritage, place] to have one's eye on, to eye

guignette /ɡiɲɛt/ NF (= outil) caulking-iron

guignier /ɡiɲje/ NM type of cherry tree

guignol /ɡiɲɔl/ SYN NM ▮1▮ (Théât) (= marionnette) popular French glove puppet; (= spectacle) puppet show, ≃ Punch and Judy show ◆ **aller au guignol** to go to a puppet show ◆ **c'est du guignol !** it's a real farce!
▮2▮ (péj = personne) clown ◆ **arrête de faire le guignol !** stop clowning about!, stop acting the clown!

guignolet /ɡiɲɔlɛ/ NM cherry liqueur

guignon /ɡiɲɔ̃/ NM ⇒ **guigne²**

guilde /ɡild/ NF (Hist) guild; (Comm) club

guili-guili* /ɡiliɡili/ NM tickle tickle* ◆ **faire guili-guili à qn** to tickle sb

Guillaume /ɡijom/ NM William ◆ **Guillaume le Roux** William Rufus ◆ **Guillaume Tell** William Tell ◆ **Guillaume d'Orange** William of Orange ◆ **Guillaume le Conquérant** William the Conqueror

guillaume /ɡijom/ NM rabbet plane

guilledou /ɡij(ə)du/ NM → **courir**

guillemet /ɡijmɛ/ NM quotation mark, inverted comma (Brit) ◆ **ouvrez les guillemets** quote, open quotation marks *ou* inverted commas (Brit) ◆ **fermez les guillemets** unquote, close quotation marks *ou* inverted commas (Brit) ◆ **sa digne épouse, entre guillemets** his noble spouse, quote unquote *ou* in inverted commas (Brit) ◆ **mettre un mot entre guillemets** to put a word in quotation marks *ou* quotes *ou* inverted commas (Brit)

guillemot /ɡijmo/ NM guillemot

guilleret, -ette /ɡijʁɛ, ɛt/ SYN ADJ ▮1▮ (= enjoué) [personne, air] perky, bright ◆ **être tout guilleret** to be full of beans *
▮2▮ (= leste) [propos] saucy

guilloche /ɡijɔʃ/ NF burin, graver (used for guilloche)

guilloché, e /ɡijɔʃe/ (ptp de **guillocher**) ADJ ornamented with guilloche

guillocher /ɡijɔʃe/ ▸ conjug 1 ◂ VT to ornament with guilloche

guillotine /ɡijɔtin/ SYN NF guillotine; → **fenêtre**

guillotiner /ɡijɔtine/ SYN ▸ conjug 1 ◂ VT to guillotine

guillotineur /ɡijɔtinœʁ/ NM guillotiner

guimauve /ɡimov/ NF (= plante) marsh mallow; (= bonbon) marshmallow ◆ **c'est de la guimauve** (péj) (mou) it's jelly; (sentimental) it's mush*, it's schmaltzy* ◆ **chanson (à la) guimauve** mushy *ou* schmaltzy *ou* soppy* (Brit) song

guimbarde /ɡɛ̃baʁd/ NF (Mus) Jew's harp ◆ **(vieille) guimbarde*** (= voiture) jalopy, old banger* (Brit), old crock* (Brit)

guimpe /ɡɛ̃p/ NF (Rel) wimple; (= corsage) chemisette (Brit), dickey (US)

guincher* /ɡɛ̃ʃe/ ▸ conjug 1 ◂ VI (= danser) to dance

guindage /ɡɛ̃daʒ/ NM [de mât] raising

guindant /ɡɛ̃dɑ̃/ NM [de voile] hoist

guindé, e /ɡɛ̃de/ SYN (ptp de **guinder**) ADJ [personne] starchy; [soirée, ambiance] formal; [style] stilted ◆ **cette cravate fait un peu guindé** that tie is a bit too formal ◆ **il est guindé dans ses vêtements** his clothes make him look very stiff and starchy

guindeau /ɡɛ̃do/ NM windlass

guinder /gɛ̃de/ ▶ conjug 1 ◀
   VT 1 [+ *style*] to make stilted ◆ **guinder qn** [*vêtements*] to make sb look stiff and starchy
   2 (= *hisser*) [+ *mât, charge*] to raise
   VPR se guinder [*personne*] to become starchy; [*style*] to become stilted

guinderesse /gɛ̃dʀɛs/ NF mast rope

Guinée /gine/ NF Guinea

Guinée-Bissau /ginebiso/ NF Guinea-Bissau

Guinée-Équatoriale /gineekwatɔʀjal/ NF Equatorial Guinea

guinéen, -enne /gineɛ̃, ɛn/
   ADJ Guinean
   NM,F Guinéen(ne) native of Guinea, Guinean

guingois* /gɛ̃gwa/ ADV (= *de travers*) ◆ **de guingois** askew, skew-whiff * (*Brit*) ◆ **le tableau est (tout) de guingois** the picture is askew *ou* skew-whiff * *ou* lop-sided ◆ **il se tient tout de guingois sur sa chaise** he's sitting lop-sidedly *ou* skew-whiff * in his chair ◆ **marcher de guingois** to walk lop-sidedly ◆ **tout va de guingois** everything's going haywire *

guinguette /gɛ̃gɛt/ SYN NF *open-air café or dance hall*

guiper /gipe/ ▶ conjug 1 ◀ VT (*Élec*) to sheathe; (*Tex*) to twist a thread around

guipoir /gipwaʀ/ NM twist machine

guipure /gipyʀ/ NF guipure

guirlande /giʀlɑ̃d/ SYN NF [*de fleurs*] garland ◆ **guirlande de Noël** tinsel garland ◆ **guirlande de papier** paper chain ◆ **guirlande électrique** string of Christmas lights *ou* fairy lights (*Brit*)

guise /giz/ GRAMMAIRE ACTIVE 26.1 NF ◆ **n'en faire qu'à sa guise** to do as one pleases *ou* likes ◆ **à ta guise !** as you wish! *ou* please! *ou* like!
   ◆ **en guise de** by way of ◆ **en guise de remerciement** by way of thanks ◆ **en guise de chapeau il portait un pot de fleurs** he was wearing a flowerpot by way of a hat *ou* for a hat

guitare /gitaʀ/ NF guitar ◆ **guitare hawaïenne/électrique** Hawaiian/electric guitar ◆ **guitare basse/acoustique** *ou* **sèche/classique** bass/acoustic/classical guitar ◆ **à la guitare, Joe** on guitar, Joe

guitariste /gitaʀist/ NMF guitarist, guitar player

guitoune* /gitun/ SYN NF tent

Guj(a)rât /guʤ(a)ʀat/ NM Gujarat

gulden /gylden/ NM guilder, gulden

Gulf Stream /gœlfstʀim/ NM Gulf Stream

gunite /gynit/ NF gunite

günz /gynz/ NM ◆ **le günz** the Günz

guppy /gypi/ NM guppy

guru /guʀu/ NM ⇒ **gourou**

gus* /gys/ NM (= *type*) guy *, bloke * (*Brit*)

gustatif, -ive /gystatif, iv/ ADJ relating to taste ◆ **aspect gustatif** flavour ◆ **profil gustatif** flavour profile; → **nerf, papille**

gustation /gystasjɔ̃/ NF gustation

gutta-percha (pl **guttas-perchas**) /gytapɛʀka/ NF gutta-percha

guttural, e (mpl -**aux**) /gytyʀal, o/
   ADJ [*langue, son, consonne*] guttural; [*voix*] guttural, throaty
   NF gutturale (*Phon*) guttural

Guyana /gɥijana/ NM Guyana

guyanais, e /gɥijanɛ, ɛz/
   ADJ Guyanese
   NM,F Guyanais(e) Guyanese

Guyane /gɥijan/ NF Guiana ◆ **Guyane française** French Guiana ◆ **Guyane hollandaise** Dutch Guyana ◆ **Guyane britannique** (British) Guyana

guyot[1] /gɥijo/ NF (= *fruit*) guyot pear; (= *volcan*) guyot

guyot[2] /gɥijo/ NM (= *volcan*) guyot

gym* /ʒim/ NF (abrév de **gymnastique**) (*gén*) gym; (*Scol*) PE ◆ **je vais à la gym** I go to the gym ◆ **faire de la gym** (*sport*) to do gym; (*chez soi*) to do exercises

gymkhana /ʒimkana/ NM rally ◆ **gymkhana motocycliste** motorcycle scramble ◆ **il faut faire du gymkhana pour arriver à la fenêtre !** it's like an obstacle course to get to the window!

gymnase /ʒimnɑz/ NM (*Sport*) gymnasium, gym; (*Helv* = *lycée*) secondary school (*Brit*), high school (*US*)

gymnaste /ʒimnast/ SYN NMF gymnast

gymnastique /ʒimnastik/ SYN
   NF 1 (= *sport*) gymnastics (*sg*); (*Scol*) physical education, gymnastics (*sg*) ◆ **de gymnastique** [*professeur, instrument*] physical education (*épith*), PE (*épith*) ◆ **faire de la gymnastique** (*sport*) to do gymnastics; (*chez soi*) to do exercises; → **pas**[1]
   2 (*fig*) gymnastics (*sg*) ◆ **gymnastique intellectuelle** *ou* **de l'esprit** mental gymnastics (*sg*) ◆ **c'est toute une gymnastique pour attraper ce que l'on veut dans ce placard** it's a real juggling act *ou* you have to stand on your head to find what you want in this cupboard
   COMP gymnastique acrobatique acrobatics (*sg*)
   gymnastique aquatique aquaerobics (*sg*)
   gymnastique artistique artistic gymnastics
   gymnastique chinoise t'ai chi (ch'uan)
   gymnastique corrective remedial gymnastics
   gymnastique douce ≃ Callanetics ®
   gymnastique oculaire eye exercises
   gymnastique orthopédique orthopaedic (*Brit*) *ou* orthopedic (*US*) exercises
   gymnastique respiratoire breathing exercises
   gymnastique rythmique eurhythmics (*sg*)
   gymnastique rythmique et sportive rhythmic gymnastics
   gymnastique au sol floor gymnastics
   gymnastique suédoise † callisthenics †

gymnique /ʒimnik/
   ADJ gymnastic
   NF gymnastics (*sg*)

gymnocarpe /ʒimnokaʀp/ ADJ gymnocarpous

gymnosperme /ʒimnospɛʀm/
   ADJ gymnospermous
   NF gymnosperm ◆ **les gymnospermes** gymnosperms, the Gymnospermae (*SPÉC*)

gymnote /ʒimnɔt/ NM electric eel

gynandromorphisme /ʒinɑ̃dʀɔmɔʀfism/ NM gynandromorphism, gynandromorphy

gynécée /ʒinese/ NM 1 (*Hist*) gynaeceum; (*fig*) den of females
   2 [*de plante*] gynoecium, gynecium (*US*)

gynéco* /ʒineko/
   ADJ abrév de **gynécologique**
   NMF abrév de **gynécologue**
   NF abrév de **gynécologie**

gynécologie /ʒinekolɔʒi/ NF gynaecology (*Brit*), gynecology (*US*)

gynécologique /ʒinekolɔʒik/ ADJ gynaecological (*Brit*), gynecological (*US*)

gynécologue /ʒinekolɔg/ NMF gynaecologist (*Brit*), gynecologist (*US*) ◆ **gynécologue obstétricien** obstetrician, ob-gyn * (*US*)

gynécomastie /ʒinekomasti/ NF gynaecomastia (*Brit*), gynecomastia (*US*)

gynogenèse /ʒinoʒənɛz/ NF gynogenesis

gypaète /ʒipaɛt/ NM bearded vulture, lammergeyer

gypse /ʒips/ NM gypsum

gypseux, -euse /ʒipsø, øz/ ADJ gypseous

gypsophile /ʒipsɔfil/ NF gypsophila

gyrin /ʒiʀɛ̃/ NM whirligig beetle

gyrocompas /ʒiʀokɔ̃pa/ NM gyrocompass

gyromètre /ʒiʀɔmɛtʀ/ NM gyrometer

gyrophare /ʒiʀofaʀ/ NM revolving *ou* flashing light (*on vehicle*)

gyroscope /ʒiʀoskɔp/ NM gyroscope

gyroscopique /ʒiʀoskɔpik/ ADJ gyroscopic

gyrostat /ʒiʀosta/ NM gyrostat

H¹, h /aʃ/ NM (= *lettre*) H, h ◆ **h aspiré** aspirate h ◆ **h muet** silent *ou* mute h ◆ **(à l')heure H** (at) zero hour; → **bombe**

H² /aʃ/ NM ① (abrév de **hydrogène**) H ② (abrév de **hachisch**) H*

ha¹ /'a/ EXCL oh! ◆ **ha, ha !** (= *rire*) ha-ha!

ha² (abrév de **hectare**) ha

habanera /'abanɛʀa/ NF (= *danse*) habanera

habeas corpus /abeaskɔʀpys/ NM INV ◆ **l'habeas corpus** habeas corpus

habile /abil/ SYN ADJ ① *[mains, ouvrier, peintre, politicien]* skilful (Brit), skillful (US), skilled; *[écrivain]* clever ◆ **il est habile de ses mains** he's good *ou* clever with his hands ◆ **être habile à (faire) qch** to be clever *ou* skilful *ou* good at (doing) sth
② *[film, intrigue, raisonnement, argument]* clever; *[manœuvre]* clever, deft ◆ **ce n'était pas bien habile de sa part** that wasn't very clever of him ◆ **un habile trucage vidéo** a clever video effect
③ (*Jur*) fit (*à* to)

habilement /abilmɑ̃/ SYN ADV *[manier un instrument]* skilfully (Brit), skillfully (US); *[manœuvrer]* skilfully (Brit), skillfully (US), cleverly; *[profiter, répondre, dissimuler]* cleverly ◆ **il fit habilement remarquer que...** he cleverly pointed out that... ◆ **il gère habilement sa carrière** he manages his career with skill

habileté /abilte/ SYN NF ① *[d'ouvrier, peintre, politicien]* skill (*à faire* at doing) ◆ **habileté manuelle** manual dexterity *ou* skill ◆ **son habileté à travailler le bois** his woodworking skills ◆ **faire preuve d'une grande habileté politique/technique** to show considerable political/technical skill
② *[de tactique, démarche]* skilfulness (Brit), skillfulness (US), cleverness; *[de manœuvre]* cleverness, deftness
③ (*Jur*) = habilité

habilitation /abilitasjɔ̃/ NF (*Jur*) capacitation ◆ **habilitation (à diriger des recherches)** (*Univ*) authorization *ou* accreditation to supervise research

habilité /abilite/ NF (*Jur*) fitness

habiliter /abilite/ SYN ▸ conjug 1 ◂ VT (*Jur*) to capacitate; (*Univ*) to authorize, to accredit ◆ **être habilité à faire qch** (*Jur, Pol*) to be empowered to do sth; (*gén*) to be entitled *ou* authorized to do sth ◆ **représentant dûment habilité** duly authorized officer

habillable /abijabl/ ADJ ① ◆ **il n'est pas facilement habillable** *[personne]* it's hard to find clothes for him
② *[machine à laver etc]* which can be adapted to a fitted kitchen

habillage /abijaʒ/ NM ① *[d'acteur, poupée]* dressing
② *[de montre]* assembly; *[de bouteille]* labelling and sealing; *[de marchandise]* packaging and presentation; *[de machine]* casing; *[de chaudière]* lagging; *[de peaux]* dressing ◆ **habillage intérieur** *[de voiture]* interior trim
③ (= *présentation*) ◆ **habillage de bilan** window dressing (*of a balance sheet*) ◆ **ces contrats ne sont que l'habillage juridique de primes occultes** these contracts are just a front for secret bonus payments ◆ **le nouvel habillage de la chaîne devrait plaire** (*TV*) the channel's new format *ou* new look should go down well

habillé, e /abije/ SYN (ptp de **habiller**) ADJ
① (= *chic*) *[robe]* smart, dressy; *[chaussures]* dress (*épith*), smart ◆ **soirée habillée** formal occasion ◆ **trop habillé** *[costume]* too dressy; *[personne]* overdressed
② (= *vêtu*) *[personne]* dressed ◆ **chaudement habillé** warmly dressed ◆ **bien/mal habillé** well/badly dressed ◆ **habillé de noir/d'un costume** dressed in black/a suit ◆ **elle était habillée en Chanel** she was wearing Chanel clothes *ou* a Chanel outfit ◆ **se coucher tout habillé** to go to bed fully dressed *ou* with all one's clothes on

habillement /abijmɑ̃/ SYN NM (= *action*) dressing, clothing; (= *toilette, costume*) clothes, dress (NonC), outfit; (*Mil* = *uniforme*) outfit; (= *profession*) clothing trade, rag trade* (Brit), garment industry (US)

habiller /abije/ SYN ▸ conjug 1 ◂
VT ① *[+ poupée, enfant]* (= *vêtir*) to dress (*de* in); (= *déguiser*) to dress up (*en* as) ◆ **cette robe vous habille bien** that dress really suits you *ou* looks good on you ◆ **un rien l'habille** she looks good in anything, she can wear anything
② (= *fournir en vêtements*) to clothe; (*Mil*) *[+ recrues]* to provide with uniforms ◆ **Mlle Lenoir est habillée par Givenchy** (*Couture*) Miss Lenoir buys *ou* gets all her clothes from Givenchy's; (*dans un générique*) Miss Lenoir's wardrobe *ou* clothes by Givenchy
③ (= *recouvrir, envelopper*) *[+ mur, fauteuil, livre]* to cover (*de* with); *[+ bouteille]* to label and seal; *[+ marchandise]* to package; *[+ machine, radiateur]* to encase (*de* in); *[+ chaudière]* to lag (*de* with) ◆ **habiller un fauteuil d'une housse** to put a loose cover on an armchair ◆ **tableau de bord habillé de bois** wooden dashboard ◆ **il faut habiller ce coin de la pièce** we must put something in *ou* do something with this corner of the room
④ *[+ arbre]* to trim (for planting)
⑤ (*Typographie*) *[+ image]* to set the text around
⑥ *[+ montre]* to assemble; *[+ peaux, carcasse]* to dress
⑦ (= *enjoliver*) *[+ réalité, vérité]* to adorn ◆ **ils ont habillé le bilan** they did some financial window-dressing

VPR **s'habiller** ① (= *mettre ses habits*) to dress (o.s.), to get dressed; (= *se déguiser*) to dress up (*en* as) ◆ **aider qn à s'habiller** to help sb on with their clothes, to help sb get dressed ◆ **s'habiller chaudement** to dress warmly ◆ **elle s'habille trop jeune/vieux** she wears clothes that are too young/old for her ◆ **elle s'habille long/court** she wears long/short skirts, she wears her skirts long/short ◆ **s'habiller en Arlequin** to dress up as Harlequin ◆ **faut-il s'habiller pour la réception ?** do we have to dress (up) for the reception? ◆ **comment t'habilles-tu ce soir ?** what are you wearing tonight? ◆ **elle ne sait pas s'habiller** she has no clothes sense *ou* dress sense
② (*Couture*) ◆ **s'habiller chez un tailleur** to buy *ou* get one's clothes from a tailor ◆ **s'habiller sur mesure** to have one's clothes made to measure

habilleur, -euse /abijœʀ, øz/
NM (*Tech*) *[de peaux]* dresser
NM,F (*Ciné, Théât*) dresser

habit /abi/ SYN
NM ① ◆ **habits** clothes ◆ **mettre/ôter ses habits** to put on/take off one's clothes *ou* things ◆ **habits de travail/de deuil** working/mourning clothes ◆ **il portait ses habits du dimanche** he was wearing his Sunday best *ou* Sunday clothes ◆ **il était encore en habits de voyage** he was still in his travelling clothes *ou* in the clothes he'd worn for the journey; → **brosse**
② (= *costume*) dress (NonC), outfit ◆ **habit d'arlequin** Harlequin suit *ou* costume ◆ **l'habit ne fait pas le moine** (*Prov*) appearances are sometimes deceptive, one shouldn't judge by appearances
③ (= *jaquette*) morning coat; (= *queue-de-pie*) tail coat, tails ◆ **en habit (de soirée)** wearing tails, in evening dress ◆ **l'habit est de rigueur** formal *ou* evening dress must be worn
④ (*Rel*) habit ◆ **prendre l'habit** *[homme]* to take (holy) orders, to take the cloth; *[femme]* to take the veil ◆ **quitter l'habit** *[homme]* to leave the priesthood; *[femme]* to leave the Church ◆ **lors de sa prise d'habit** *[d'homme]* when he took (holy) orders *ou* the cloth; *[de femme]* when she took the veil

COMP **habit de cheval** riding habit
habit de cour court dress (NonC)
habit ecclésiastique clerical dress (NonC) ◆ **porter l'habit ecclésiastique** (= *être prêtre*) to be a cleric
habit de gala formal *ou* evening dress (NonC)
habit de lumière bullfighter's costume
habit militaire military dress (NonC)
habit religieux (monk's) habit
habit de soirée ⇒ **habit de gala**
habit vert green coat of member of the Académie française

habitabilité /abitabilite/ NF *[de maison]* habitability, fitness for habitation; *[de voiture, ascenseur]* capacity

habitable /abitabl/ ADJ (in)habitable ◆ **35 m² habitables** *ou* **de surface habitable** 35 m² living space ◆ **la maison n'est pas encore habitable** the house isn't fit to live in yet *ou* isn't habitable yet ◆ **habitable début mai** ready for occupation in early May

habitacle /abitakl/ SYN NM ① *[de bateau]* binnacle; *[d'avion]* cockpit, *[de voiture]* passenger compartment *ou* cell; *[de véhicule spatial]* cabin
② (*Rel, littér*) dwelling place (*littér*), abode (*littér*)

habitant, e /abitɑ̃, ɑ̃t/ SYN NM,F ① *[de maison]* occupant, occupier; *[de ville, pays]* inhabitant ◆ **ville de 3 millions d'habitants** town of 3 million inhabitants ◆ **les habitants du village/du pays** the people who live in the village/country ◆ **être** *ou* **loger chez l'habitant** *[touristes]* to stay with local people in their own homes; *[soldats]* to be billeted on *ou* with the local population

◆ **les habitants des bois** (littér) the denizens (littér) of the wood

[2] (Can * = fermier) farmer; (péj = rustre) country bumpkin

habitat /abita/ SYN NM [de plante, animal] habitat; (= conditions de logement) housing ou living conditions; (= mode de peuplement) settlement ◆ **habitat rural/sédentaire/dispersé** rural/fixed/scattered settlement ◆ **habitat individuel/collectif** detached/group housing ◆ **des animaux dans leur habitat naturel** animals in their natural habitat

habitation /abitasjɔ̃/ SYN NF [1] (= fait de résider) living, dwelling (littér) ◆ **locaux à usage d'habitation** dwellings ◆ **conditions d'habitation** housing ou living conditions ◆ **impropre à l'habitation** unfit for human habitation, uninhabitable

[2] (= domicile) residence, home, dwelling place (littér) ◆ **la caravane qui lui sert d'habitation** the caravan that serves as his home ◆ **changer d'habitation** to change one's (place of) residence

[3] (= bâtiment) house ◆ **des habitations modernes** modern housing ou houses ◆ **groupe d'habitations** housing development ou estate (Brit) ◆ **habitation à loyer modéré** (= appartement) ≈ council flat (Brit), ≈ public housing unit (US); (= immeuble) ≈ (block of) council flats (Brit), ≈ housing project (US)

habité, e /abite/ (ptp de **habiter**) ADJ [château, maison] lived-in, occupied; [planète, région] inhabited; [vol, engin, station orbitale] manned ◆ **cette maison est-elle habitée ?** does anyone live in this house?, is this house occupied?

habiter /abite/ SYN ► conjug 1 ◄

VT [1] [+ maison, appartement] to live in, to occupy; [+ ville, région] to live in; [+ planète] to live on ◆ **cette région a longtemps été habitée par les Celtes** for a long time, this region was inhabited by the Celts

[2] (= obséder) [sentiment] to haunt ◆ **habité d'idées sombres** haunted by gloomy thoughts ◆ **habité par la jalousie/la peur** filled with jealousy/fear, in the grip of jealousy/fear

VI to live (en, dans in) ◆ **habiter à la campagne/chez des amis/en ville** to live in the country/with friends/in town ◆ **il habite (au) 17 (de la) rue Leblanc** he lives at number 17 rue Leblanc

habituation /abitɥasjɔ̃/ NF [1] (Psych) habituation

[2] (fait de s'habituer) ◆ **habituation à** growing ou getting accustomed to

habitude /abityd/ SYN NF [1] (= accoutumance) habit ◆ **avoir/prendre l'habitude de faire qch** to be/get used to doing sth ◆ **avoir pour habitude de faire qch** to be in the habit of doing sth ◆ **prendre de mauvaises habitudes** to pick up ou get into bad habits ◆ **perdre une habitude** to get out of a habit ◆ **faire perdre une habitude à qn** to break sb of a habit ◆ **avoir une longue habitude de qch** to have long experience of sth ◆ **ce n'est pas dans ses habitudes de faire cela** he doesn't usually do that, he doesn't make a habit of (doing) that ◆ **j'ai l'habitude !** I'm used to it! ◆ **je n'ai pas l'habitude de me répéter** I'm not in the habit of repeating myself ◆ **je n'ai pas l'habitude de cette voiture/de ces méthodes** I'm not used to this car/to these methods ◆ **elle a une grande habitude des enfants** she's used to (dealing with) children ◆ **l'habitude est une seconde nature** (Prov) habit is second nature ◆ **avoir ses habitudes dans un restaurant** to be a regular customer ou an habitué at a restaurant ◆ **il a ses petites habitudes** he has his own little ways ou his own little routine ◆ **par habitude** out of habit, from force of habit ◆ **selon** ou **suivant** ou **comme à son habitude** as he usually does, as is his wont (frm); → esclave, question

◆ **d'habitude** usually, as a rule ◆ **c'est meilleur que d'habitude** it's better than usual ◆ **comme d'habitude** as usual

[2] (= coutume) ◆ **habitudes** customs ◆ **les habitudes d'un pays** the customs of a country ◆ **il a des habitudes de bourgeois** he has a middle-class way of life

habitué, e /abitɥe/ SYN (ptp de **habituer**) NM,F [de maison, musée, bibliothèque] regular visitor, habitué(e); [de café, hôtel] regular (customer), habitué(e) ◆ **les habitués du festival** (= visiteurs) regular visitors to the festival; (= artistes) regular performers at the festival ◆ **ce metteur en scène est un habitué du festival de Cannes** this director makes regular appearances at ou is regularly featured at the Cannes film festival

◆ **c'est un habitué des lieux** (gén) he knows his way round; (= client) he's a regular (customer) ◆ **c'est un habitué du chèque sans provision** (hum) he's a master of the rubber cheque * (Brit) ou check * (US) ◆ **c'est un habitué des podiums** (Sport) he knows what winning is all about

habituel, -elle /abitɥɛl/ SYN ADJ [comportement] usual, customary, habitual; [réjouissances, formule de politesse] customary, usual; [fournisseur] usual ◆ **avec le sourire qui lui était habituel** with his usual smile ◆ **c'est l'histoire habituelle** it's the usual story

habituellement /abitɥɛlmɑ̃/ SYN ADV usually, generally, as a rule

habituer /abitɥe/ SYN ► conjug 1 ◄

VT ◆ **habituer qn à qch/à faire qch** (= accoutumer) to accustom sb to sth/to doing sth, to get sb used to sth/to doing sth; (= apprendre) to teach sb sth/to do sth ◆ **on m'a habitué à obéir** I've been taught to obey ◆ **être habitué à qch/à faire qch** to be used ou accustomed to sth/to doing sth

VPR **s'habituer** ◆ **s'habituer à qch/à faire qch** to get ou become ou grow used ou accustomed to sth/to doing sth ◆ **je ne m'y habituerai jamais** I'll never get used to it

habitus /abitys/ NM habitus

hâblerie /ɑbləri/ SYN NF (= manière d'être) bragging, boasting; (= propos) boast, big talk * (NonC)

hâbleur, -euse /ɑblœʁ, øz/ SYN
ADJ bragging, boasting, boastful
NM,F braggart, boaster

Habsbourg /'apsbuʁ/ NM,F Hapsburg

hach /'aʃ/ NM ⇒ hasch

hachage /'aʃaʒ/ NM (au couteau) chopping; (avec un appareil) mincing (Brit), grinding (US)

hache /'aʃ/ NF axe, ax (US) ◆ **hache d'armes** battle-axe ◆ **hache du bourreau** executioner's axe ◆ **hache à main** hatchet ◆ **hache de guerre** (gén) hatchet, axe; [d'indien] tomahawk ◆ **périr sous la hache** to have one's head chopped off ◆ **déterrer/enterrer la hache de guerre** to take up/bury the hatchet ◆ **casser qch/tuer qn à coups de hache** ou **à la hache** to smash sth/kill sb with an axe ◆ **abattre un arbre à coups de hache** to chop a tree down ◆ **visage taillé à la hache** ou **à coups de hache** angular ou roughly-hewn face ◆ **ils ont taillé à la hache dans le budget de l'éducation** they have slashed the education budget, they have made drastic cuts in the education budget ◆ **mettre la hache dans les dépenses** (Can) to cut expenses drastically

haché, e /'aʃe/ SYN (ptp de **hacher**)
ADJ [1] [viande] minced (Brit), ground (US) ◆ **bifteck haché** minced beef ou steak (Brit), (beef ou steak) mince (Brit), ground beef (US), hamburger (US)

[2] (fig) [style] jerky; [phrases] jerky, disjointed ◆ **le match était assez haché** the game proceeded in fits and starts ◆ **il a lu son discours d'une voix hachée** he stumbled his way through the speech

NM mince (Brit), minced meat (Brit), ground beef (US)

hache-légumes /'aʃlegym/ NM INV vegetable-chopper

hachement /'aʃmɑ̃/ NM ⇒ hachage

hachémite /'aʃemit/
ADJ Hashemite
NM,F **Hachémite** Hashemite

hache-paille /'aʃpaj/ NM INV chaff-cutter

hacher /'aʃe/ SYN ► conjug 1 ◄ VT [1] (= couper) (au couteau) to chop; (avec un appareil) to mince (Brit), to grind (US) ◆ **hacher menu** to chop finely, to mince ◆ **il a été haché menu comme chair à pâté** they made mincemeat of him ◆ **je me ferais hacher menu plutôt que d'accepter** I'd die rather than accept

[2] (= entrecouper) [+ discours, phrases] to break up; → haché

[3] (Art) to hatch

[4] (Tech) [+ planche] to cut

hachereau (pl **hachereaux**) /'aʃʁo/ NM (= hachette) hatchet; (= cognée) small felling axe

hachette /'aʃɛt/ NF hatchet

hache-viande /'aʃvjɑ̃d/ NM INV (meat-)mincer (Brit), grinder (US)

hachich /'aʃiʃ/ NM ⇒ hachisch

hachis /'aʃi/ NM [de légumes] chopped vegetables; [de viande] mince (Brit), minced meat (Brit), hamburger (US), ground meat (US); (= farce) forcemeat (NonC) ◆ **hachis de porc** pork mince ◆ **hachis Parmentier** ≈ shepherd's ou cottage pie (Brit)

hachisch /'aʃiʃ/ NM hashish

hachoir /'aʃwaʁ/ NM (= couteau) [de viande] chopper, cleaver; [de légumes] chopper; (= planche) chopping board; (= appareil) (meat-)mincer (Brit), grinder (US)

hachure /'aʃyʁ/ SYN NF (Art) hatching (NonC), hachure; (Cartographie) hachure

hachurer /'aʃyʁe/ SYN ► conjug 1 ◄ VT (Art) to hatch; (Cartographie) to hachure

hacienda /asjɛnda/ NF hacienda

hacker /akœʁ/ NM (Ordin) hacker

HAD /aʃade/ NF (abrév de **hospitalisation à domicile**) → hospitalisation

hadal, e (mpl **-aux**) /adal, o/ ADJ hadal

haddock /'adɔk/ NM smoked haddock

Hadès /adɛs/ NM Hades

hadith /'adit/ NM Hadith

hadj /adʒ/ NM hajj

hadji /'adʒi/ NM haj(j)i, hadji

Hadrien /adʁijɛ̃/ NM Hadrian

hadron /adʁɔ̃/ NM hadron

hadrosaure /adʁozɔʁ/ NM hadrosaur

Haendel /'ɛndɛl/ NM Handel

hagard, e /'agaʁ, aʁd/ SYN ADJ [yeux] wild; [visage, air, gestes] distraught, frantic, wild

haggis /'agis/ NM haggis

hagiographe /aʒjɔgʁaf/ NM,F hagiographer

hagiographie /aʒjɔgʁafi/ NF hagiography

hagiographique /aʒjɔgʁafik/ ADJ hagiographic(al)

haie /'ɛ/ SYN NF [1] (= clôture) hedge ◆ **haie d'aubépines** hawthorn hedge ◆ **haie vive** quickset hedge

[2] (Sport = obstacle) [de coureur] hurdle; [de chevaux] fence ◆ **course de haies** (coureur) hurdles (race); (chevaux) steeplechase ◆ **110 mètres haies** 110 metres hurdles

[3] (= rangée) [de spectateurs, policiers] line, row ◆ **faire une haie d'honneur** to form a guard of honour ◆ **faire la haie** to form a line

haïk /'aik/ NM hai(c)k

haïku /'ajku/ /'aiku/ NM haiku

haillon /'ajɔ̃/ NM rag ◆ **en haillons** in rags ou tatters

haillonneux, -euse /'ajɔnø, øz/ ADJ (littér) in rags, in tatters

Hainaut /'ɛno/ NM ◆ **le Hainaut** Hainaut, Hainault

haine /'ɛn/ SYN NF hatred (de, pour of, for) ◆ **haine religieuse** faith hate ◆ **cris/regards de haine** cries/looks of hatred ou hate ◆ **incitation à la haine raciale** incitement to racial hatred ◆ **prendre qn en haine** to take a violent dislike ou a strong aversion to sb ◆ **avoir de la haine pour** to feel hatred for, to be filled with hate ou hatred for ◆ **par haine de** out of ou through hatred of ◆ **avoir la haine** * to be full of hatred ou aggro * (Brit)

haineusement /'ɛnøzmɑ̃/ ADV [dire, regarder] with hatred

haineux, -euse /'ɛnø, øz/ SYN ADJ [propos, personne] full of hatred ◆ **regard haineux** look of hate ou hatred

haïr /'aiʁ/ SYN ► conjug 10 ◄

VT to hate, to detest ◆ **elle me hait de l'avoir trompée** she hates me for having deceived her ◆ **je hais ses manières affectées** I can't stand ou I hate ou I loathe his affected ways ◆ **je hais d'être dérangé** I hate being ou to be disturbed

VPR **se haïr** to hate ou detest each other ◆ **ils se haïssent cordialement** they cordially detest one another

haire /ɛʁ/ NF (= chemise) hair shirt

haïssable /'aisabl/ SYN ADJ detestable, hateful

Haïti /aiti/ NM Haiti

haïtien, -ienne /aisjɛ̃, jɛn/
ADJ Haitian
NM,F **Haïtien(ne)** Haitian

haka NM haka

halage /'alaʒ/ NM [de bateau] towing; (Can) timber hauling ◆ **chemin de halage** towpath ◆ **cheval de halage** towhorse

halal /'alal/ ADJ INV hal(l)al

halbran /'albʁɑ̃/ NM young wild duck

hâle /'ɑl/ NM (sun)tan

hâlé, e /'ɑle/ SYN (ptp de hâler) ADJ (sun)tanned

haleine /alɛn/ SYN NF ① (= souffle) breath; (= respiration) breathing (NonC) ◆ **avoir l'haleine courte** to be short of breath ou short-winded ◆ **retenir son haleine** to hold one's breath ◆ **être hors d'haleine** to be out of breath, to be breathless ◆ **perdre haleine** to lose one's breath, to get out of breath ◆ **rire à perdre haleine** to laugh until one's sides ache ou until one is out of breath ◆ **reprendre haleine** (lit) to get one's breath back; (fig) to get one's breath back, to take a breather ◆ **d'une seule haleine** [dire] in one breath, in the same breath; [faire] (all) at one go ◆ **il respirait d'une haleine régulière** his breathing was regular; → **courir**
② (= air expiré) breath ◆ **avoir l'haleine fraîche** to have fresh breath ◆ **avoir mauvaise haleine** to have bad breath ◆ **j'ai senti à son haleine qu'il avait bu** I could smell drink on his breath, I could tell from his breath that he'd been drinking
③ (locutions) ◆ **tenir qn en haleine** (attention) to hold sb spellbound ou breathless; (incertitude) to keep sb in suspense ou on tenterhooks ◆ **travail de longue haleine** long-term job

halener /aləne, alene/ ► conjug 5 ◄ VT to scent

haler /'ale/ SYN ► conjug 1 ◄ VT [+ corde, ancre] to haul in; [+ bateau] to tow

hâler /'ɑle/ SYN ► conjug 1 ◄ VT to (sun)tan

haletant, e /'al(ə)tɑ̃, ɑ̃t/ SYN ADJ [personne] (= essoufflé) panting, gasping for breath (attrib), out of breath (attrib); (= assoiffé, effrayé) panting (de with); (= curieux) breathless (de with); [animal] panting; [poitrine] heaving; [voix] breathless; [roman policier] suspenseful ◆ **sa respiration était haletante** he was panting, his breath came in gasps

halètement /'alɛtmɑ̃/ SYN NM [de personne] (par manque d'air) panting (NonC), gasping for breath (NonC); (de soif, d'émotion) panting (NonC); [de chien] panting (NonC); [de moteur] puffing (NonC)

haleter /'al(ə)te/ SYN ► conjug 5 ◄ VI [personne] (= manquer d'air) to pant, to gasp for breath; (de soif, d'émotion) to pant (de with); [chien] to pant; [moteur, locomotive] to puff ◆ **son auditoire haletait** his audience listened with bated breath

haleur, -euse /'alœʁ, øz/
🟦 (= remorqueur) tug (boat)
🟦 (= personne) (boat) hauler

half-pipe /'alfpajp/ NM (Sport) half pipe

half-track (pl **half-tracks**) /'alftʁak/ NM half-track

halieutique /aljøtik/
🟦 halieutic(al)
🟦 halieutics (sg)

haliotide /aljɔtid/ NF ormer, abalone, ear shell

haliple /alipl/ NM haliplus

hall /'ol/ SYN NM [d'immeuble] hall; [d'hôtel] foyer, lobby; [de cinéma, théâtre] foyer; [de gare, lycée, université] concourse ◆ **hall d'arrivée** [d'aéroport] arrivals lounge ou hall ◆ **hall des départs** [d'aéroport] departure lounge ◆ **hall d'entrée** entrance hall ◆ **hall d'accueil** reception hall ◆ **hall d'exposition** exhibition hall ◆ **c'est un vrai hall de gare !** it's like Piccadilly Circus (Brit) ou Grand Central Station (US) (here)!

⚠️ Attention à ne pas traduire automatiquement **hall** par le mot anglais **hall**, qui a des emplois spécifiques.

hallal /'alal/ ADJ INV ⇒ halal

hallali /alali/ NM (Chasse) (= mise à mort) kill; (= sonnerie) mort ◆ **sonner l'hallali** (lit) to blow the mort; (fig) to go in for the kill

halle /'al/ SYN
🟦 ① (= marché) (covered) market; (= grande salle) hall ◆ **halle au blé** corn exchange ou market ◆ **halle aux vins** wine market
② (Belg) ◆ **halle de gymnastique** (= gymnase) gymnasium, gym
🟦 **halles** (covered) market; (alimentation en gros) central food market; → **fort²**

hallebarde /'albaʁd/ NF halberd ◆ **il pleut ou tombe des hallebardes*** it's bucketing (down)*, it's raining cats and dogs*

hallebardier /'albaʁdje/ NM halberdier

hallier /'alje/ NM thicket, brush (NonC), brushwood (NonC)

Halloween /alowin/ NF (Can) Hallowe'en

hallstattien, -ienne /'alstatjɛ̃, jɛn/ ADJ Hallstatt(ian)

hallucinant, e /a(l)lysinɑ̃, ɑ̃t/ SYN ADJ [histoire, image, spectacle, ressemblance] staggering*, incredible

hallucination /a(l)lysinasjɔ̃/ SYN NF hallucination ◆ **hallucinations auditives/olfactives/visuelles** auditory/olfactory/visual hallucinations ◆ **hallucination collective** group hallucination ◆ **avoir des hallucinations** to hallucinate ◆ **tu as des hallucinations !*** you must be seeing things!

hallucinatoire /a(l)lysinatwaʁ/ ADJ hallucinatory

halluciné, e /a(l)lysine/ SYN (ptp de **halluciner**)
ADJ [malade] suffering from hallucinations; [yeux, regard] haunted
NM,F (Méd) person suffering from hallucinations; (* = fou, exalté) lunatic*

halluciner /a(l)lysine/ SYN ► conjug 1 ◄ VI (Méd) to hallucinate ◆ **j'hallucine !*** I must be seeing things!

hallucinogène /a(l)lysinɔʒɛn/
ADJ [drogue] hallucinogenic, mind-expanding; → **champignon**
NM hallucinogen, hallucinant

hallucinose /a(l)lysinoz/ NF hallucinosis

halo /'alo/ SYN NM (Astron, Tech = auréole) halo; (Photo) fogging, halation ◆ **halo de lumière** halo of light ◆ **halo de gloire** cloud of glory ◆ **halo de mystère** aura of mystery

halogénation /alɔʒenasjɔ̃/ NF halogenation

halogène /alɔʒɛn/
ADJ (gén) halogenous; [lampe] halogen (épith)
NM (Chim) halogen; (= lampe) halogen lamp

halogéner /alɔʒene/ ► conjug 6 ◄ VT to halogenate

halogénure /alɔʒenyʁ/ NF halid(e)

halon ® /'alɔ̃/ NM halon

halophile /alɔfil/ ADJ halophilic

halophyte /alɔfit/ NF halophyte

halte /'alt/ NF ① (= pause, repos) stop, break; (= répit) pause ◆ **faire halte** to (make a) stop (à in)
② (= endroit) stopping place; [de train] halt
③ (locutions) ◆ **halte !** (gén) stop!; (Mil) halt! ◆ **« halte au feu ! »** "no fires!" ◆ **halte aux essais nucléaires !** no more atomic tests! ◆ **dire halte à un conflit** to call for a stop ou an end to a conflict ◆ **halte-là !** (Mil) halt! who goes there?; (fig) just a moment!, hold on!

halte-garderie (pl **haltes-garderies**) /'alt(ə)gaʁdəʁi/ NF crèche, ≈ day nursery

haltère /altɛʁ/ NM ① (Sport) (à boules) dumbbell; (à disques) barbell ◆ **faire des haltères** to do weight lifting; → **poids**
② [d'insecte] halter(e), balancer

haltérophile /altɛʁɔfil/ NMF weight lifter

haltérophilie /altɛʁɔfili/ NF weight lifting ◆ **faire de l'haltérophilie** to do weight lifting

halva /alva/ NM halva(h), halavah

hamac /'amak/ NM hammock ◆ **accrocher** ou **suspendre un hamac** to sling a hammock

hamada /amada/ NF ham(m)ada

hamadryade /amadʁijad/ NF (Myth) hamadryad

hamadryas /amadʁijɑs/ NM hamadryas

hamamélis /amamelis/ NM witch hazel

Hambourg /'ɑ̃buʁ/ N Hamburg

hamburger /'ɑ̃buʁɡœʁ/ NM hamburger

hameau (pl **hameaux**) /'amo/ NM hamlet

hameçon /amsɔ̃/ SYN NM (fish) hook; → **mordre**

hameçonner /amsɔne/ ► conjug 1 ◄ VT (= garnir d'hameçons) to affix hooks to; (= prendre à l'hameçon) to hook

hammam /'amam/ NM (= établissement) hammam; (dans complexe sportif) steam room, hammam

hammerless /'amɛʁlɛs/ NM hammerless firearm

hampe¹ /'ɑ̃p/ SYN NF [de drapeau] pole; [de lance] shaft; [de lettre] (vers le bas) downstroke; (vers le haut) upstroke; (= tige) scape

hampe² /'ɑ̃p/ NF [de cerf] breast; [de bœuf] flank

hamster /'amstɛʁ/ NM hamster

han /'ɑ̃/ EXCL oof! ◆ **il poussa un han et souleva la malle** he gave a grunt as he lifted the trunk

hanche /'ɑ̃ʃ/ NF ① [de personne] hip; [de cheval] haunch; [d'insecte] coxa ◆ **balancer** ou **rouler des hanches** to wiggle one's hips ◆ **les mains sur les hanches, il...** arms akimbo ou with his hands on his hips, he...; → **tour²**
② (Naut) [de navire] quarter

hanchement /'ɑ̃ʃmɑ̃/ NM sticking one's hip out

hancher /'ɑ̃ʃe/ ► conjug 1 ◄ VI to stick one's hip out

hand* /'ɑ̃d/ NM abrév de **hand(-)ball**

hand(-)ball /'ɑ̃dbal/ NM handball

handballeur, -euse /'ɑ̃dbalœʁ, øz/ NM,F handball player

Händel /'ɛndɛl/ NM ⇒ **Haendel**

handicap /'ɑ̃dikap/ SYN NM (lit, fig) handicap ◆ **avoir un sérieux handicap** to be seriously handicapped ou disadvantaged (sur qn in relation to sb)

handicapant, e /'ɑ̃dikapɑ̃, ɑ̃t/ ADJ [maladie] crippling, disabling ◆ **c'est assez handicapant** (= gênant) it's a bit of a handicap ◆ **la fiscalité ne doit pas être handicapante pour la croissance** taxation mustn't handicap ou cramp economic growth

handicapé, e /'ɑ̃dikape/ SYN (ptp de **handicaper**)
ADJ disabled, handicapped ◆ **très handicapé** severely handicapped
NM,F disabled ou handicapped person ◆ **handicapé mental/physique** mentally/physically handicapped person ◆ **handicapé moteur** person with motor disability

handicaper /'ɑ̃dikape/ SYN ► conjug 1 ◄ VT (lit, fig) to handicap

handicapeur /'ɑ̃dikapœʁ/ NM (Courses) handicapper

handisport /'ɑ̃dispɔʁ/ ADJ [tennis, basket-ball] wheelchair (épith); [natation] for the disabled ◆ **Jeux olympiques handisports** Paralympics

hangar /'ɑ̃ɡaʁ/ SYN NM [de matériel, machines] shed; [de fourrage] barn; [de marchandises] warehouse, shed; [d'avions] hangar ◆ **hangar à bateaux** boathouse

hanneton /'an(ə)tɔ̃/ NM cockchafer, may bug ou beetle; → **piqué**

hannetonnage /'an(ə)tɔnaʒ/ NM extermination of cockchafers ou maybugs

hannetonner /'an(ə)tɔne/ ► conjug 1 ◄ VI to exterminate cockchafers ou maybugs

Hannibal /anibal/ NM Hannibal

Hanoi, Hanoï /anɔj/ N Hanoi

Hanoukka /anuka/ NF Chanukah, Hanukkah

Hanovre /'anɔvʁ/ N Hanover

hanovrien, -ienne /'anɔvʁjɛ̃, jɛn/
ADJ Hanoverian
NM,F **Hanovrien(ne)** Hanoverian

Hanse /'ɑ̃s/ NF (Hist) ◆ **la Hanse** Hanse

hanséatique /ɑ̃seatik/ ADJ Hanseatic ◆ **la ligue hanséatique** the Hanseatic League

hantavirus /ɑ̃tavirys/ NM hantavirus

hanter /'ɑ̃te/ SYN ► conjug 1 ◄ VT [fantôme, personne, souvenir] to haunt ◆ **hanter les mauvais lieux** to haunt places of ill repute ◆ **maison hantée** haunted house ◆ **cette question hante les esprits** this question is preying on people's minds

hantise /'ɑ̃tiz/ SYN NF ◆ **avoir la hantise de la maladie** to be haunted by a fear of illness ◆ **vivre dans la hantise du chômage/de l'échec** to live in dread of unemployment/failure ◆ **c'est ma hantise !** I never stop worrying about it!

haoussa /'ausa/
ADJ Hausa
NM (= langue) Hausa
NMF **Haoussa** Hausa ◆ **les Haoussas** the Hausa

hapax /apaks/ NM nonce word, hapax legomenon

haploïde /aplɔid/ ADJ haploid(ic)

haplologie /aplɔlɔʒi/ NF haplology

happening /'ap(ə)niŋ/ NM (Art, Théât) happening

happer /'ape/ SYN ► conjug 1 ◄ VT (avec la gueule, le bec) to snap up; (avec la main) to snatch, to grab ◆ **il le happa au passage** he grabbed him as he went past ◆ **il a eu le bras happé par une machine** he got his arm caught in a piece of machinery ◆ **être happé par une voiture** to be hit by a car ◆ **happé par l'abîme** dragged down into the abyss ◆ **ils ont été happés dans un engrenage d'emprunts** they got caught up in a spiral of debt

happy end (pl **happy ends**) /'apiɛnd/ NM happy ending

happy few /'apifju/ NMPL ◆ **les happy few** the privileged ou select few

haptène /'aptɛn/ NM hapten(e)

haptonomie /aptɔnɔmi/ NF communication with a foetus through sensory stimulation

haquenée /'ak(ə)ne/ NF hackney

haquet /'akɛ/ NM dray

hara-kiri (pl **hara-kiris**) /'aRakiRi/ NM hara-kiri, hari-kiri ◆ **(se) faire hara-kiri** to commit hara-kiri

harangue /'aRɑ̃g/ SYN NF harangue

haranguer /'aRɑ̃ge/ SYN ▸ conjug 1 ◂ VT to harangue, to hold forth to ou at

harangueur, -euse /'aRɑ̃gœR, øz/ NM,F mob orator, haranguer (frm)

Harare /'aRaRe/ N Harare

haras /'aRɑ/ NM stud farm

harassant, e /'aRasɑ̃, ɑ̃t/ SYN ADJ exhausting

harassé, e /'aRase/ SYN (ptp de **harasser**) ADJ exhausted, worn out ◆ **harassé de travail** overwhelmed with work

harassement /'aRasmɑ̃/ NM exhaustion

 harassement ne se traduit pas par le mot anglais **harassment**, qui a le sens de 'harcèlement'.

harasser /'aRase/ SYN ▸ conjug 1 ◂ VT to exhaust

 harasser ne se traduit pas par **to harass**, qui a le sens de 'harceler'.

harcelant, e /'aRsəlɑ̃, ɑ̃t/ ADJ [créancier] harassing (épith), pestering (épith), badgering (épith)

harcèlement /'aRsɛlmɑ̃/ NM ◆ **harcèlement (psychologique ou moral)** harassment ◆ **harcèlement sexuel/policier** sexual/police harassment ◆ **il se dit victime de harcèlement judiciaire** he says he is being subjected to legal harassment ◆ **il y a des milliers de plaintes pour harcèlement téléphonique** thousands of people report nuisance calls ◆ **opérations ou guerre de harcèlement** (Mil) guerrilla warfare ◆ **il faut mener une guerre de harcèlement contre les dealers** we must keep hounding the drug dealers

harceler /'aRsəle/ SYN ▸ conjug 5 ◂ VT ① [+ personne] (de critiques, d'attaques) to harass, to plague (de with); (de questions, de réclamations) to plague, to pester (de with) ◆ **harceler qn pour obtenir qch** to pester sb for sth ◆ **elle a été harcelée de coups de téléphone anonymes** she has been plagued by anonymous phone calls
② (Mil) [+ ennemi] to harass, to harry
③ [+ animal] to worry; [+ gibier] to hunt down, to harry

harceleur /'aRsəlœR/ NM harasser; (qui suit qn) stalker

hard* /'aRd/
NM ① (Mus) hard rock
② (= pornographie) hard porn *
③ (Ordin) hardware
ADJ ① [film, revue] porno*, hard-core; [scène] hard-core
② (= difficile) hard

harde¹ /'aRd/ NF [de cerfs] herd

harde² /'aRd/ NF (Chasse) (= lien) leash; (= chiens) set of hounds

harder /'aRde/ ▸ conjug 1 ◂ VT to leash

hardes /'aRd/ SYN NFPL (littér, péj) (= vieux habits) old clothes, rags

hardeur, -euse /'aRdœR, øz/ NM,F hard-porn actor

hardi, e /'aRdi/ SYN ADJ ① (= audacieux) [initiative, personne, comparaison, métaphore] bold, daring
② (= provocant) [décolleté] daring; [fille] bold, brazen; [plaisanterie] daring, audacious; † [mensonge] brazen, barefaced (frm)
③ (locution) ◆ **hardi les gars !** go to it, lads! (Brit), come on lads! (Brit) ou you guys! (US) ◆ **et hardi petit !** †* **les voilà qui poussent la voiture** and heave-ho! there they are pushing the car

hardiesse /'aRdjɛs/ SYN NF ① (littér = audace) boldness, daring ◆ **avoir la hardiesse de** to be bold ou daring enough to ◆ **montrer une grande hardiesse** to show great boldness ou daring
② (= effronterie) [de personne] audacity, effrontery, impudence; [de livre, plaisanterie] audacity ◆ **la hardiesse de son décolleté choqua tout le monde** everyone was shocked by her daring neckline
③ (= originalité) [de style, tableau, conception] boldness
④ (= libertés) ◆ **hardiesses** [de livre, pamphlet] bold statements; [de domestique, soupirant] liberties ◆ **hardiesses de langage/de style** bold language/turns of phrase

hardiment /'aRdimɑ̃/ SYN ADV ① (= audacieusement) [innover] boldly, daringly ◆ **ne vous engagez pas trop hardiment** don't commit yourself rashly
② (= effrontément) brazenly ◆ **elle le dévisagea hardiment** she stared at him brazenly

hard rock /'aRdRɔk/ NM hard rock

hard-top (pl **hard-tops**) /'aRdtɔp/ NM hardtop

hardware /'aRdwɛR/ NM hardware

harem /'aRɛm/ NM harem ◆ **entouré d'un véritable harem** (hum) surrounded by a bevy of girls

hareng /'aRɑ̃/ NM herring ◆ **hareng saur** smoked herring, kipper, bloater ◆ **hareng mariné** marinated herring → **sec, serré**

harengaison /'aRɑ̃gɛzɔ̃/ NF (= pêche) herring fishing; (= saison) herring season

harengère † /'aRɑ̃ʒɛR/ NF (péj) fishwife (péj)

harenguet /'aRɑ̃gɛ/ NM sprat

harenguier /'aRɑ̃gje/ NM (= bateau) herring boat; (= pêcheur) herring fisherman

haret /'aRɛ/ ADJ, NM ◆ **(chat) haret** cat gone wild

harfang /'aRfɑ̃/ NM snowy owl

hargne /'aRɲ/ SYN NF (= colère) spiteful anger; (= ténacité) fierce determination ◆ **j'étais dans une telle hargne !** I was so angry! ou mad!* ◆ **avec hargne** (= avec colère) spitefully

hargneusement /'aRɲøzmɑ̃/ ADV [répondre] bad-temperedly; [aboyer] ferociously

hargneux, -euse /'aRɲø, øz/ SYN ADJ ① [personne, caractère] bad-tempered, cantankerous; [animal] vicious, fierce ◆ **un petit chien hargneux** a snappy little dog
② [sportif] aggressive

haricot /'aRiko/ SYN NM ① (= légume) bean ◆ **haricot beurre** type of bean ◆ **haricot blanc** haricot bean ◆ **haricot d'Espagne** scarlet runner ◆ **haricot grimpant ou à rame** runner bean ◆ **haricot rouge** red kidney bean ◆ **haricot vert** French bean ◆ **haricot sec** dried bean ◆ **haricots à écosser** fresh beans (for shelling) ◆ **pour des haricots** † for next to nothing → **courir, fin²**
② (Culin) ◆ **haricot de mouton** lamb and bean stew
③ (= cuvette) kidney tray

haridelle /'aRidɛl/ NF (péj = cheval) nag, jade

harissa /'aRisa/ NF harissa (hot chilli sauce)

harki /'aRki/ NM Algerian soldier loyal to the French during the Algerian War of Independence

harle /'aRl/ NM ◆ **harle bièvre** goosander ◆ **harle huppé** red-breasted merganser

harmattan /'aRmatɑ̃/ NM harmattan

harmonica /aRmɔnika/ NM harmonica, mouth organ

harmoniciste /aRmɔnisist/ NMF harmonica player

harmonie /aRmɔni/ SYN NF (Littérat, Mus, gén) harmony; (= section de l'orchestre) wind section; (= fanfare) wind band ◆ **harmonies** (Mus) harmonies ◆ **harmonie imitative** (Littérat) onomatopoeia ◆ **être en harmonie avec** to be in harmony ou in keeping with ◆ **vivre en bonne harmonie** to live together harmoniously ou in harmony; → **table**

harmonieusement /aRmɔnjøzmɑ̃/ ADV harmoniously

harmonieux, -ieuse /aRmɔnjø, jøz/ SYN ADJ (gén) harmonious ◆ **couleurs harmonieuses** well-matched ou harmonizing colours ◆ **un couple harmonieux** a well-matched couple

harmonique /aRmɔnik/
ADJ (gén, Math, Mus) harmonic
NM (Mus) harmonic

harmonisation /aRmɔnizasjɔ̃/ SYN NF [de couleurs] matching, harmonization; [de politiques, règlements] harmonization, standardization ◆ **harmonisation vocalique** vowel harmony

harmoniser /aRmɔnize/ SYN ▸ conjug 1 ◂
VT [+ couleurs] to match, to harmonize (avec with); [+ politiques, règlements] to harmonize, to standardize ◆ **il faut harmoniser nos règlements avec les normes européennes** we must bring our rules into line with European regulations ◆ **il faut harmoniser la notation** (Univ) we have to make sure that grading is done consistently
VPR **s'harmoniser** [couleurs] to match, to harmonize (avec with); [politiques] to be harmonized ou standardized

harmoniste /aRmɔnist/ NMF (Rel, Mus) harmonist; [d'orgue] organ tuner

harmonium /aRmɔnjɔm/ NM harmonium

harnachement /'aRnaʃmɑ̃/ SYN NM ① (= action) [de cheval, bébé, cascadeur] harnessing
② (= objets) [de cheval de trait] harness; [de cheval de monte] tack, saddlery; *[de campeur, photographe] gear *

harnacher /'aRnaʃe/ SYN ▸ conjug 1 ◂
VT [+ cheval de trait, alpiniste] to harness; [+ cheval de monte] to put the bridle and saddle on ◆ **il était drôlement harnaché*** (péj) he was wearing the strangest gear * ou rig-out * (Brit) ou get-up *
VPR **se harnacher** [alpiniste, parachutiste] to put one's harness on; *[campeur] to put one's gear on*, to rig o.s. out *

harnais /'aRnɛ/ SYN, **harnois** †† /'aRnwa/ NM [de cheval de trait, bébé, alpiniste] harness; [de cheval de monte] tack, saddlery ◆ **harnais (de sécurité)** (safety) harness ◆ **harnais d'engrenage** train of gear wheels ◆ **blanchi sous le harnais** [personne] worn down by hard work

haro /'aRo/ EXCL († Jur) harrow!, haro! ◆ **crier haro sur qn/qch** (littér) to inveigh ou rail against sb/sth ◆ **crier haro sur le baudet** (littér) to make a hue and cry

harpagon /aRpagɔ̃/ NM skinflint, Scrooge

harpail /'aRpaj/ NM [de biches, cerfs] herd

harpe¹ /'aRp/ NF (Mus) harp ◆ **harpe éolienne** aeolian ou wind harp ◆ **harpe celtique/irlandaise** Celtic/Irish harp

harpe² /'aRp/ NF (Constr) toothing stone

harpie /'aRpi/ SYN NF (Myth, péj) harpy; (= oiseau) harpy eagle

harpiste /'aRpist/ NMF harpist

harpon /'aRpɔ̃/ NM (Pêche) harpoon; (Constr) toothing stone; → **fusil, pêche²**

harponnage /'aRpɔnaʒ/, **harponnement** /'aRpɔnmɑ̃/ NM harpooning

harponner /'aRpɔne/ ▸ conjug 1 ◂ VT [+ baleine] to harpoon; * [+ malfaiteur] to collar, to nab *; [+ passant, voisin] to waylay, to buttonhole *

harponneur /'aRpɔnœR/ NM harpooner

hasard /'azaR/ SYN NM ① (= événement fortuit) ◆ **un hasard heureux/malheureux** a stroke ou piece of luck/bad luck, a stroke of good fortune/misfortune ◆ **quel hasard de vous rencontrer ici !** what a coincidence meeting you here! * ◆ **c'est un vrai ou pur hasard que je sois libre** it's quite by chance ou it's a pure coincidence that I'm free ◆ **par un curieux hasard** by a curious coincidence ◆ **on l'a retrouvé par le plus grand des hasards** it was quite by chance ou it was a piece of sheer luck that they found him ◆ **les hasards de la vie/de la carrière** the ups and downs of life/one's career
② (= destin) ◆ **le hasard** chance, fate, luck; (Stat) chance ◆ **les caprices du hasard** the whims of fate ◆ **le hasard fait bien les choses** ! what a stroke of luck! ◆ **faire la part du hasard** (événements futurs) to allow for chance (to play its part); (événements passés) to admit that chance had a hand in it ◆ **le hasard a voulu qu'il soit absent** as luck would have it he wasn't there ◆ **c'est ça le hasard !** * that's the luck of the draw! * ◆ **c'est un fait du hasard** it's a matter of chance ◆ **les lois du hasard** the laws of fate; → **jeu**
③ (= risques) ◆ **hasards** hazards ◆ **les hasards de la guerre** the hazards of war
④ (locutions)

◆ **au hasard** [aller] aimlessly; [agir] haphazardly, in a haphazard way; [tirer, choisir, prendre] at random ◆ **j'ai répondu au hasard** I gave an answer off the top of my head * ◆ **voici des exemples au hasard** here are some random examples ou some examples taken at random ♦ **faire confiance** *ou* **s'en remettre au hasard** to trust to luck ♦ **il ne laisse jamais rien au hasard** he never leaves anything to chance ♦ **rien n'est laissé au hasard** nothing is left to chance ♦ **son succès ne doit rien au hasard** his success has nothing to do with luck ♦ **son choix ne doit rien au hasard** his choice was not fortuitous

♦ **au hasard de** ♦ **il a acheté ces livres au hasard des ventes/de ses voyages** he bought these books just as he happened to see them in the sales/on his trips

♦ **à tout hasard** *(= en cas de besoin)* just in case; *(= espérant trouver ce qu'on cherche)* (just) on the off chance ♦ **on avait emporté une tente à tout hasard** we had taken a tent just in case ♦ **je suis entré à tout hasard** I looked in on the off chance ♦ **à tout hasard est-ce que tu aurais ses coordonnées ?** would you by any chance have his contact details?

♦ **par hasard** by chance, by accident ♦ **je passais par hasard** I happened to be passing by ♦ **tu n'aurais pas par hasard 20 € à me prêter ?** you wouldn't by any chance have *ou* you wouldn't happen to have €20 to lend me? ♦ **voudrais-tu par hasard m'apprendre mon métier ?** you wouldn't be trying to teach me my job by any chance? ♦ **comme par hasard !** what a coincidence! ♦ **il est arrivé comme par hasard au moment où on débouchait les bouteilles** he turned up as if by chance as we were opening the bottles ♦ **comme par hasard, il était absent** *(iro)* he just happened to be away *(iro)* ♦ **si par hasard tu le vois** if you happen to see him, if by chance you should see him

(!) **hasard** se traduit par le mot anglais **hazard** uniquement au sens de 'risque'.

hasarder /'azaʀde/ SYN ► conjug 1 ◄
VT *[+ vie, réputation]* to risk; *[+ remarque, hypothèse, démarche]* to hazard, to venture; *[+ argent]* to gamble, to risk
VPR **se hasarder** ♦ **se hasarder dans un endroit dangereux** to venture into a dangerous place ♦ **se hasarder à faire** to risk doing, to venture to do ♦ **à votre place je ne m'y hasarderais pas** if I were you I wouldn't risk it

hasardeux, -euse /'azaʀdø, øz/ SYN ADJ *[entreprise]* hazardous, risky; *[investissement]* risky; *[hypothèse]* dangerous, rash ♦ **il serait bien hasardeux de** it would be dangerous *ou* risky to

has been * /'azbin/ NM INV *(péj)* has-been *

hasch * /'aʃ/ NM hash *, pot *, grass *

haschisch /'aʃiʃ/ SYN NM ⇒ **hachisch**

hase /'ɑz/ NF doe *(female hare)*

hassidim /'asidim/ NMPL Chas(s)idim, Has(s)idim

hassidique /asidik/ ADJ Hassidic

hassidisme /'asidism/ NM Chas(s)idism, Has(s)idism

hastaire /astɛʀ/ NM spearman

hasté, e /aste/ ADJ hastate

hâte /'ɑt/ SYN NF *(= empressement)* haste; *(= impatience)* impatience ♦ **à la hâte** hurriedly, hastily ♦ **en (grande** *ou* **toute) hâte** as fast as you *(ou* we *etc)* can, posthaste, with all possible speed ♦ **elle est montée/descendue en toute hâte** she hurried up/down the stairs ♦ **mettre de la hâte à faire qch** to do sth speedily *ou* in a hurry *ou* hurriedly ♦ **avoir hâte de faire** to be eager *ou* anxious to do ♦ **je n'ai qu'une hâte, c'est d'avoir terminé ce travail** I can't wait to get this work finished ♦ **sans hâte** unhurriedly

hâter /'ɑte/ SYN ► conjug 1 ◄
VT *[+ fin, développement]* to hasten; *[+ départ]* to bring forward, to hasten; *[+ fruit]* to bring on, to force ♦ **hâter le pas** to quicken *ou* hasten one's pace *ou* step
VPR **se hâter** to hurry, to hasten ♦ **se hâter de faire** to hurry *ou* hasten *ou* make haste to do ♦ **hâtez-vous** hurry up ♦ **je me hâte de dire que** I hasten to say that ♦ **hâte-toi lentement** more haste, less speed *(Prov)* ♦ **ne nous hâtons pas de juger** let's not be in a hurry to judge *ou* too hasty in our judgments

hâtif, -ive /'ɑtif, iv/ SYN ADJ *[développement]* precocious; *[fruit, saison]* early; *[travail]* hurried; *[décision, jugement]* hasty ♦ **ne tirons pas de conclusions hâtives** let's not rush to conclusions

hâtivement /'ɑtivmɑ̃/ SYN ADV hurriedly, hastily ♦ **dire qch un peu/trop hâtivement** to say sth rather/too hastily

hauban /'obɑ̃/ NM *[de mât]* shroud; *[de pont]* stay ♦ **pont à haubans** cable-stayed bridge

haubanage /'obanaʒ/ NM [1] *(= action)* propping *ou* shoring up with shrouds
[2] *(= haubans)* shrouds

haubaner /'obane/ ► conjug 1 ◄ VT *[+ mât]* to prop *ou* shore up with shrouds

haubert /'obɛʀ/ NM *(Hist)* coat of mail, hauberk

hausse /'os/ SYN NF [1] *[de prix, niveau, température]* rise, increase *(de* in); *(Bourse)* rise *(de* in) ♦ **hausse de salaire** (pay) rise *(Brit) ou* raise *(US)* ♦ **une hausse à la pompe** *(essence)* a rise in pump prices

♦ **à la hausse** ♦ **marché à la hausse** *(Bourse)* bull(ish) market ♦ **tendance à la hausse** bullish *ou* upward trend ♦ **revoir** *ou* **réviser à la hausse** *[+ prévisions, chiffres, objectif]* to revise upwards, to scale up

♦ **en hausse** ♦ **être en hausse** *[prix, bénéfices, chiffres, températures]* to be rising, to be on the increase; *[actions, marchandises]* to be going up (in price) ♦ **nos dépenses sont en hausse de 15%** our outgoings have increased *ou* risen by 15% ♦ **terminer en hausse** *[action, monnaie]* to close higher ♦ **l'indice a terminé en hausse de 25 points** the index closed up 25 points ♦ **le CAC 40 a clôturé la séance en hausse** the CAC 40 was strong at close of trading ♦ **sa cote est** *ou* **ses actions sont en hausse** *[de personne]* things are looking up for him, his popularity is increasing

[2] *[de fusil]* backsight adjuster

haussement /'osmɑ̃/ NM ♦ **haussement d'épaules** shrug ♦ **il eut un haussement d'épaules** he shrugged (his shoulders) ♦ **elle eut un haussement des sourcils** she raised her eyebrows

hausser /'ose/ SYN ► conjug 1 ◄
VT [1] *(= élever) [+ barre, niveau, sourcil, voix]* to raise; *[+ prix]* to raise, increase ♦ **hausser les épaules** to shrug (one's shoulders); → **ton²**
[2] *[+ mur]* to heighten, to raise; *[+ maison]* to heighten, to make higher ♦ **hausser une maison d'un étage** to add another floor to a house
VPR **se hausser** ♦ **se hausser sur la pointe des pieds** to stand up on tiptoe ♦ **se hausser au niveau de qn** to raise o.s. up to sb's level ♦ **se hausser du col** to show off

haussier, -ière¹ /'osje, jɛʀ/
ADJ *(Bourse) [marché]* bullish, bull *(épith)*; *[prix, cours]* rising ♦ **tendance haussière** bullish trend
NM *(Bourse)* bull

haussière² /'osjɛʀ/ NF *(Naut = cordage)* hawser

haussmannien, -ienne /osmanjɛ̃, jɛn/ ADJ *[immeuble, façade]* Haussmann *(épith)(in the style of the 1850s and 1860s when Paris was redeveloped by Baron Haussmann)*

♦ ♦

haut , e /'o, 'ot/ SYN

1 - ADJECTIF
2 - NOM MASCULIN
3 - NOM MASCULIN PLURIEL
4 - NOM FÉMININ
5 - ADVERBE
6 - COMPOSÉS

♦ ♦

1 - ADJECTIF

[1] [= DE TAILLE ÉLEVÉE] *[mur, montagne]* high; *[herbe, arbre, édifice]* tall, high ♦ **une haute silhouette** a tall figure ♦ **de haute taille** tall ♦ **un chien haut sur pattes** a long-legged dog ♦ **il a le front haut** he has a high forehead ♦ **haut comme trois pommes** * knee-high to a grasshopper * ♦ **un mur haut de 3 mètres** a wall 3 metres high ♦ **pièce haute de plafond** room with a high ceiling

[2] [= SITUÉ EN ALTITUDE] *[plafond, branche, nuage, plateau]* high ♦ **le soleil était déjà haut dans le ciel** the sun was already high up in the sky ♦ **le plus haut étage** the top floor ♦ **dans les plus hautes branches de l'arbre** in the topmost branches of the tree; → **montagne, ville**

[3] [= DE NIVEAU ÉLEVÉ] *[prix, température, rendement]* high; *(Élec) [fréquence, voltage]* high ♦ **c'est (la) marée haute, la mer est haute** it's high tide, the tide is in ♦ **à marée haute** at high tide ♦ **pendant les hautes eaux (du fleuve)** while the river is high, during high water

[4] [MUS = AIGU] *[note, ton]* high, high-pitched

[5] [= FORT, BRUYANT] ♦ **son mari est si gentil – jamais un mot plus haut que l'autre !** her husband is so nice – never an angry word! ♦ **pousser** *ou* **jeter les** *ou* **des hauts cris** to make a terrible fuss; → **verbe, voix**

[6] [DANS UNE HIÉRARCHIE = SUPÉRIEUR] *(gén avant n) [qualité, rang, précision]* high; *[âme, pensée]* lofty, noble ♦ **avoir une haute idée** *ou* **opinion de soi-même** to have a high *ou* an exalted opinion of o.s. ♦ **c'est du plus haut comique** it's highly amusing *ou* comical, it's excruciatingly funny ♦ **haut en couleur** *(= rougeaud)* with a high colour *ou* a ruddy complexion; *(= coloré, pittoresque)* colourful ♦ **athlète/cadre de haut niveau** top athlete/executive ♦ **discussions au plus haut niveau** top-level discussions ♦ **hauts faits** *(hum)* heroic deeds ♦ **les hautes cartes** the high cards, the picture cards ♦ **la haute cuisine/couture/coiffure** haute cuisine/couture/coiffure ♦ **les hautes mathématiques** higher mathematics ♦ **haut personnage** high-ranking person ♦ **les hautes parties contractantes** *(Jur)* the high contracting parties → **lutte**

[7] [= ANCIEN] ♦ **dans la plus haute antiquité** in earliest antiquity ♦ **le haut Moyen Âge** the Early Middle Ages ♦ **le haut Empire** the Early (Roman) Empire ♦ **le haut allemand** Old High German

[8] [GÉOG] ♦ **le Haut Rhin** the Upper Rhine ♦ **la Haute Normandie** Upper Normandy ♦ **la Haute-Égypte** Upper Egypt ♦ **les hautes terres** the highlands ♦ **le Haut Canada** *(Hist)* Upper Canada

2 - NOM MASCULIN

[1] [= HAUTEUR] ♦ **le mur a 3 mètres de haut** the wall is 3 metres high ♦ **combien fait-il de haut ?** how high is it?

[2] [= PARTIE HAUTE] *[d'arbre, colline, armoire]* top ♦ **au haut de l'arbre** at the top of the tree, high up in the tree ♦ **la colonne est évasée dans le haut** the column gets wider at the top ♦ **le haut du visage** the top part of the face ♦ **« haut »** *(sur un colis)* "top", "this way up", "this side up" ♦ **tenir le haut du pavé** *[personne]* to be the leading light; *[produit, entreprise]* to be a market leader

[3] [= VÊTEMENT] top

[4] [EXPRESSIONS FIGÉES]

♦ **au plus haut** ♦ **être au plus haut** *(dans les sondages) [personne]* to be riding high; *[cote, popularité]* to be at its peak ♦ **le prix de l'or est au plus haut** the price of gold has reached a peak *ou* maximum

♦ **de + haut** ♦ **voir les choses de haut** *(= avec détachement)* to take a detached view of things ♦ **prendre qch de (très) haut** *(= avec mépris)* to react (most) indignantly to sth ♦ **le prendre de haut avec** *ou* **à l'égard de qn, prendre** *ou* **traiter qn de haut** to look down on sb, to treat sb disdainfully; → **regarder, tomber¹**

♦ **de haut en bas** *[s'ouvrir]* from the top downwards ♦ **regarder qn de haut en bas** to look sb up and down ♦ **frapper de haut en bas** to strike downwards ♦ **couvert de graffitis de haut en bas** covered in graffiti from top to bottom ♦ **ça se lit de haut en bas** it reads vertically (starting at the top) ♦ **lissez le papier peint de haut en bas** smooth the wallpaper, starting at the top and working down; → **bas¹**

♦ **d'en haut** ♦ **les chambres d'en haut** the upstairs bedrooms ♦ **ceux** *ou* **les gens d'en haut** *(socialement)* people at the top ♦ **un signe d'en haut** *(Rel)* a sign from on high ♦ **vu d'en haut** seen from above ♦ **des ordres qui viennent d'en haut** orders from on high *ou* from above

♦ **du haut** ♦ **les pièces du haut** the upstairs rooms ♦ **les voisins du haut** the neighbours *ou* people upstairs ♦ **l'étagère/le tiroir du haut** the top shelf/drawer ♦ **les dents du haut** the top teeth

♦ **du haut de** ♦ **du haut d'un arbre** from the top of a tree ♦ **tomber du haut du 5ᵉ étage** to fall from the 5th floor ♦ **parler du haut d'une tribune/d'un balcon** to speak from a platform/a balcony ♦ **il me dévisageait, du haut de son mètre cinquante** *(hum)* he looked down on me, which was quite something as he was all of five feet tall ♦ **il me regarda du haut de sa grandeur** he looked down his nose at me

♦ **du haut en bas** *[couvrir, fouiller]* from top to bottom ♦ **du haut en bas de la hiérarchie/société** at all levels of the hierarchy/of society

♦ **en haut** *(= au sommet)* at the top; *(dans un immeuble)* upstairs ♦ **il habite en haut/tout en haut** he lives upstairs/right at the top ♦ **écris l'adresse en haut à gauche** write the address in the top left-hand corner ♦ **manteau boutonné jusqu'en haut** coat buttoned right up *ou* (right) up to the top ♦ **les voleurs sont passés**

par en haut the burglars came in from upstairs *ou* got in upstairs
♦ **en haut de** [+ *immeuble, escalier, côte, écran*] at the top of ♦ **en haut de l'échelle sociale** high up the social ladder

3 - NOM MASCULIN PLURIEL

hauts

1 [= PÉRIODES FASTES] ♦ **des hauts et des bas** ups and downs ♦ **il a connu des hauts et des bas** he's had his ups and downs ♦ **elle gagne plus ou moins sa vie, il y a des hauts et des bas** she makes a reasonable living but it's a bit up and down

2 [GÉOG] ♦ **les Hauts de Meuse/de Seine** the upper reaches of the Meuse/Seine ♦ « **Les Hauts de Hurlevent** » (*Littérat*) "Wuthering Heights"

3 [NAUT] [*de bateau*] topside

4 - NOM FÉMININ

haute ♦ **(les gens de) la haute*** the upper crust*, the toffs* (*Brit*), the swells †*

5 - ADVERBE

1 [MONTER, SAUTER, VOLER] high ♦ **mettez vos livres plus haut** put your books higher up ♦ **c'est lui qui saute le plus haut** he can jump the highest ♦ **haut les mains !** hands up!, stick 'em up!* ♦ **haut les cœurs !** take heart!

2 [= FORT] [*parler*] loudly ♦ **lire/penser tout haut** to read/think aloud *ou* out loud ♦ **mettez la radio plus haut** turn up the radio ♦ **j'ose le dire bien haut** I'm not afraid of saying it out loud ♦ **parle plus haut !** speak up! ♦ **il a déclaré haut et fort que...** he stated very clearly that...

3 [MUS = DANS LES AIGUS] ♦ **monter haut** to hit the top notes ♦ **chanter trop haut** to sing sharp ♦ **le haut** the high registers

4 [SUR LE PLAN SOCIAL] ♦ **des gens haut placés** people in high places ♦ **arriver très haut** to reach a high position ♦ **viser haut** to aim high

5 [= EN ARRIÈRE, DANS LE TEMPS] ♦ **aussi haut qu'on peut remonter** as far back as we can go ♦ « **voir plus haut** » "see above" ♦ **comme je l'ai dit plus haut** as I said above *ou* previously

6 - COMPOSÉS

haut commandement high command
le Haut Commissariat (de l'ONU) pour les réfugiés the UN High Commission for Refugees
Haute Cour high court (*for impeachment of French President or Ministers*)
haute école (*Équitation*) haute école ♦ **c'est de la haute école** (*fig*) it's very advanced (stuff *)
haut fourneau blast *ou* smelting furnace (= *usine*) steel factory
haut lieu ♦ **un haut lieu de la culture/musique** a Mecca for culture/music ♦ **en haut lieu** in high places
haute trahison high treason
haut vol, haute volée ♦ **de haut vol, de haute volée** [*personne*] high-flying; [*opération, activité*] far-reaching ♦ **un industriel/athlète de haute volée** a top-flight industrialist/athlete ♦ **un escroc de haut vol** a big-time swindler ♦ **une escroquerie de haut vol** a major swindle

---

hautain¹, e /'otɛ̃, ɛn/ SYN ADJ [*personne*] haughty; [*air, manière*] haughty, lofty

hautain² /'otɛ̃/ NM ➔ hautin

hautainement /'otɛnmɑ̃/ ADV haughtily, loftily

hautbois /'obwɑ/ NM (= *instrument*) oboe; (= *instrumentiste*) oboist, oboe player ♦ **hautbois d'amour** oboe d'amore

hautboïste /'oboist/ NMF oboist, oboe player

haut-commissaire (pl **hauts-commissaires**) /'okɔmisɛʁ/ NM high commissioner (à for) ♦ **haut-commissaire des Nations unies pour les réfugiés** United Nations High Commissioner for Refugees

haut-commissariat (pl **hauts-commissariats**) /'okɔmisaʁja/ NM (= *ministère*) high commission (à of); (= *grade*) high commissionership

haut-de-chausse(s) (pl **hauts-de-chausse(s)**) /'od(ə)ʃos/ NM (*Hist*) (knee) breeches, trunk hose

haut-de-forme (pl **hauts-de-forme**) /'od(ə)fɔʁm/ NM top hat

haute-contre (pl **hautes-contre**) /'otkɔ̃tʁ/ ADJ, NM counter tenor
NF counter tenor, alto

---

haute-fidélité (pl **hautes-fidélités**) /'otfidelite/
ADJ [*chaîne, son*] high-fidelity
NF high-fidelity

hautement /'otmɑ̃/ ADV (= *extrêmement*) highly; (= *ouvertement*) openly ♦ **hautement qualifié** [*personnel*] highly qualified

hauteur /'otœʁ/ GRAMMAIRE ACTIVE 15.4, 16.4 SYN NF

1 (= *élévation verticale*) [*de tour, montagne, astre, personne*] height; [*de châssis de voiture*] ground clearance ♦ **il se redressa de toute sa hauteur** he drew himself up to his full height ♦ **d'une hauteur de 4 mètres** (*dimension*) 4 metres high; (*d'un point élevé*) from a height of 4 metres ♦ **hauteur maximum** *ou* **libre 3 mètres** (*sous un pont*) headroom 3 metres ♦ **pièce de 3 mètres de hauteur sous plafond** room whose ceiling height is 3 metres ♦ **tomber de toute sa hauteur** [*personne*] to fall headlong *ou* flat, to measure one's length (*Brit*); [*armoire*] to come crashing down ♦ **perdre de la hauteur** to lose height ♦ **prendre de la hauteur** (*lit*) to climb, to gain height; (*fig*) to distance o.s. ♦ **hauteur de vues** ability to distance o.s.; → **saut**

2 (*Géom*) perpendicular height; (*ligne*) perpendicular; (*Astron*) altitude

3 [*de son*] pitch

4 (= *colline*) height, hill ♦ **gagner les hauteurs** to make for the heights *ou* hills ♦ **construit sur les hauteurs d'Alger** built on the hills of Algiers ♦ **il s'est réfugié dans les hauteurs de la ville** he hid in the hills above the city

5 (= *arrogance*) haughtiness, loftiness ♦ **parler avec hauteur** to speak haughtily *ou* loftily

6 (= *noblesse*) loftiness, nobility ♦ **la hauteur de ses sentiments** his noble *ou* lofty sentiments, the loftiness *ou* nobility of his sentiments

7 (*locutions*)

♦ **à hauteur de** ♦ **à hauteur d'appui** at chest height ♦ **à hauteur des yeux** at eye level ♦ **à hauteur d'homme** at the right height *ou* level for a man ♦ **nous vous rembourserons à hauteur de 300 €** we will refund up to €300 ♦ **il est actionnaire à hauteur de 34%** he has a 34% share in the company ♦ **les nouvelles technologies ont contribué à hauteur de 15% à la croissance du PIB** new technologies have created a 15% increase in the GNP ♦ **ce concours a été financé à hauteur de 100 000 € par des entreprises** this competition received corporate funding of €100,000 ♦ **le groupe britannique a annoncé son entrée à hauteur de 9% dans le club de football** the British group has announced that it is to acquire a 9% stake in the football club

♦ **à la hauteur** ♦ **être à la hauteur de la situation** to be equal to the situation ♦ **il s'est vraiment montré à la hauteur** he proved he was up to it * ♦ **je ne me sentais pas à la hauteur** I didn't feel up to it*, I didn't feel equal to the task

♦ **à la hauteur de** ♦ **arriver à la hauteur de qn** to draw level with sb ♦ **la procession arrivait à sa hauteur** the procession was drawing level with him ♦ **nous habitons à la hauteur de la mairie** we live up by the town hall ♦ **arriver à la hauteur d'un cap** to come abreast of a cape ♦ **un accident à la hauteur de Tours** an accident near Tours *ou* in the vicinity of *ou* neighbourhood of Tours ♦ **être à la hauteur de** [+ *réputation*] to live up to ♦ **le résultat n'est pas à la hauteur de nos espérances** the result does not come up to our expectations ♦ **nous n'avons pas été à la hauteur de la tâche** we were not equal to the task

♦ **en hauteur** ♦ **les moulins étaient construits en hauteur** the windmills were built on high ground ♦ **j'aime bien être en hauteur quand je conduis** I like being in a high driving position ♦ **j'ai mis le vase en hauteur** I put the vase high up ♦ **le siège est réglable en hauteur** the height of the seat can be adjusted

Haute-Volta /'otvɔlta/ NF Upper Volta

haut-fond (pl **hauts-fonds**) /'ofɔ̃/ SYN NM shallow, shoal

hautin /'otɛ̃/ NM climbing vine

Haut-Karabakh /'okaʁabak/ N Nagorno Karabakh

haut-le-cœur /'olkœʁ/ SYN NM INV ♦ **avoir un haut-le-cœur** to retch, to heave

haut-le-corps /'olkɔʁ/ SYN NM INV ♦ **avoir un haut-le-corps** to start, to jump

haut-parleur (pl **haut-parleurs**) /'opaʁlœʁ/ SYN NM (loud)speaker ♦ **haut-parleur aigu** tweeter ♦ **haut-parleur grave** woofer ♦ **une voiture haut-parleur** a loudspeaker car

haut-relief (pl **hauts-reliefs**) /'oʁəljef/ NM high relief

hauturier, -ière /'otyʁje, jɛʁ/ ADJ ♦ **navigation hauturière** ocean navigation ♦ **pêche hauturière** deep-sea fishing ♦ **pilote hauturier** deep-sea pilot

havage /'avaʒ/ NM (mechanical) cutting

havanais, e /'avanɛ, ɛz/
ADJ of *ou* from Havana
NM,F **Havanais(e)** inhabitant *ou* native of Havana

havane /'avan/
NM (= *tabac*) Havana tobacco; (= *cigare*) Havana cigar
ADJ INV (*couleur*) tobacco brown
NF **Havane** ♦ **la Havane** Havana

hâve /'av/ SYN ADJ (= *émacié*) gaunt, haggard; (= *pâle*) wan

haveneau (pl **haveneaux**) /'av(ə)no/, **havenet** /'av(ə)nɛ/ NM shrimping net

haver /'ave/ ▸ conjug 1 ◂ VT (*Tech*) to cut (mechanically)

haveur /'avœʁ/ NM (*Tech*) cutter

haveuse /'avøz/ NF coal cutter

havre /'avʁ/ SYN NM († *ou* littér) haven ♦ **havre de paix** haven of peace

havresac /'avʁəsak/ NM haversack, knapsack

Hawaï, Hawaii /awai/ N Hawaii ♦ **les îles Hawaï** the Hawaiian Islands

hawaïen, -ïenne /awajɛ̃, jɛn/
ADJ Hawaiian
NM (= *langue*) Hawaiian
NM,F **Hawaïen(ne)** Hawaiian

Haye /'ɛ/ NF ♦ **La Haye** The Hague

hayon /'ɛjɔ̃/ NM [*de camion, charrette*] tailboard ♦ **hayon (arrière)** [*de voiture*] hatchback, tailgate ♦ **modèle avec hayon arrière** hatchback (model) ♦ **hayon élévateur** [*de camion*] fork-lift

HCH /aʃseaʃ/ NF (abrév de **hormone de croissance humaine**) HGH

HCR /aʃseɛʁ/ NM (abrév de **Haut Commissariat des Nations Unies pour les réfugiés**) UNHCR

HDML /aʃdeɛmɛl/ (abrév de **Handled Device Markup Language**) HDML

hé /'e/ EXCL (*pour appeler*) hey!; (*pour renforcer*) well ♦ **hé ! hé !** well, well!, ha-ha! ♦ **hé non !** not a bit of it!

heaume /'om/ NM (*Hist*) helmet

heaumier, -ière /'omje, jɛʁ/ NM,F helmet maker, heaumer

heavy metal /'ɛvimetal/ NM (*Mus*) heavy metal

hebdo* /ɛbdo/ NM abrév de **hebdomadaire**

hebdomadaire /ɛbdɔmadɛʁ/ ADJ, NM weekly ♦ **hebdomadaire d'actualité** news weekly; → **repos**

hebdomadairement /ɛbdɔmadɛʁmɑ̃/ ADV weekly

hebdomadier, -ière /ɛbdɔmadje, jɛʁ/ NM,F hebdomadary

hébéphrénie /ebefʁeni/ NF hebephrenia

hébéphrénique /ebefʁenik/
ADJ hebephrenic
NMF person suffering from hebephrenia

hébergement /ebɛʁʒəmɑ̃/ NM 1 (= *lieu*) housing, accommodation; (*pendant un séjour*) accommodation ♦ **le prix comprend l'hébergement** the price includes accommodation ♦ **hébergement d'urgence** emergency housing *ou* accommodation

2 (= *action d'héberger*) [*d'ami*] putting up; [*de réfugiés*] taking in; [*d'évadé*] harbouring; [*de site Web*] hosting; → **centre**

héberger /ebɛʁʒe/ SYN ▸ conjug 3 ◂ VT 1 (= *loger*) [+ *touristes*] to accommodate; [+ *ami*] to put up ♦ **pouvez-vous nous héberger ?** can you put us up? ♦ **il est hébergé par un ami** he's staying with a friend

2 (= *accueillir*) [+ *réfugiés*] to take in; [+ *évadé*] to harbour ♦ **les sinistrés ont été hébergés chez des voisins** the victims were taken in *ou* given shelter by neighbours ♦ **le musée va héberger une collection de meubles** the museum will house a collection of furniture

3 (*Internet*) [+ *site*] to host

hébergeur /ebɛʁʒœʁ/ NM (*Internet*) host

hébertisme | hémocyanine

hébertisme /ebɛʀtism/ NM method of physical education based on outdoor exercise

hébété, e /ebete/ SYN (ptp de **hébéter**) ADJ
[1] (= étourdi) [regard, air, personne] dazed ◆ **être hébété de fatigue/de douleur** to be numbed with fatigue/pain ◆ **hébété par l'alcool** in a drunken stupor
[2] (* = stupide) [regard, air] dumb*, vacant

hébétement /ebetmã/ SYN NM stupor

hébéter /ebete/ ▸ conjug 6 ◂ VT [alcool] to stupefy, to besot (Brit); [lecture, télévision] to daze, to numb; [fatigue, douleur] to numb

hébétude /ebetyd/ SYN NF (littér) stupor; (Méd) hebetude

hébraïque /ebʀaik/ ADJ Hebrew (épith), Hebraic

hébraïsant, e /ebʀaizã, ãt/
ADJ Hebraistical
NM,F Hebraist, Hebrew scholar

hébraïser /ebʀaize/ ▸ conjug 1 ◂ VT to assimilate into Jewish culture

hébraïsme /ebʀaism/ NM Hebraism

hébraïste /ebʀaist/ NMF ⇒ **hébraïsant**

hébreu (pl **hébreux**) /ebʀø/
ADJ M Hebrew
NM (= langue) Hebrew ◆ **pour moi, c'est de l'hébreu*** it's all Greek ou double Dutch (Brit) to me!*
NM **Hébreu** Hebrew

Hébrides /ebʀid/ NFPL ◆ **les (îles) Hébrides** the Hebrides

HEC /'aʃese/ NF (abrév de **(École des) Hautes études commerciales)** top French business school → GRANDES ÉCOLES

hécatombe /ekatɔ̃b/ SYN NF (= tuerie) slaughter ◆ **quelle hécatombe sur les routes ce week-end !** it was absolute carnage on the roads this week-end! ◆ **ça a été l'hécatombe en maths** everybody got disastrous results in the maths exam

hectare /ɛktaʀ/ NM hectare

hectique /ɛktik/ ADJ (Méd) hectic

hecto... /ɛkto/ PRÉF hecto...

hectogramme /ɛktɔgʀam/ NM hectogram(me)

hectolitre /ɛktɔlitʀ/ NM hectolitre ◆ **3 millions d'hectolitres** 300 million litres

hectomètre /ɛktɔmɛtʀ/ NM hectometre

hectométrique /ɛktɔmetʀik/ ADJ hectometre (épith)

hectopascal /ɛktɔpaskal/ NM millibar

Hector /'ɛktɔʀ/ NM Hector

hectowatt /ɛktɔwat/ NM hectowatt, 100 watts

Hécube /'ekyb/ NF Hecuba

hédonisme /edɔnism/ NM hedonism

hédoniste /edɔnist/
ADJ hedonist(ic)
NMF hedonist

hédonistique /edɔnistik/ ADJ ⇒ **hédoniste**

hégélianisme /egeljanism/ NM Hegelianism

hégélien, -ienne /egeljɛ̃, jɛn/ ADJ, NM,F Hegelian

hégémonie /eʒemɔni/ SYN NF hegemony

hégémonique /eʒemɔnik/ SYN ADJ hegemonic

hégémonisme /eʒemɔnism/ NM [de pays] hegemonism

hégire /eʒiʀ/ NF ◆ **l'hégire** the Hegira

hein* /'ɛ̃/ EXCL (de surprise, pour faire répéter) eh?*, what? ◆ **qu'est-ce que tu feras, hein ?** what are you going to do (then), eh?* ◆ **tu veux partir, hein, tu veux t'en aller ?** you want to go, is that it, you want to leave? ◆ **ça suffit, hein !** that's enough, OK?* ou all right?* ◆ **hein que je te l'ai dit ?** didn't I tell you so?, I told you so, didn't I? ◆ **arrête hein !** stop it, will you!

hélas /elɑs/ EXCL alas! ◆ **hélas non !** I'm afraid not!, unfortunately not ◆ **hélas oui !** I'm afraid so!, yes, unfortunately ◆ **mais hélas, ils n'ont pas pu en profiter** but unfortunately ou sadly they couldn't take advantage of it ◆ **hélas, trois fois hélas !** († ou hum) alas and alack! (archaïc), woe is me! (hum)

Hélène /elɛn/ NF Helen, Helena ◆ **Hélène de Troie** Helen of Troy

hélépole /elepɔl/ NF helepole

héler /'ele/ SYN ▸ conjug 6 ◂ VT [+ navire, taxi] to hail; [+ personne] to call, to hail

hélianthe /eljɑ̃t/ NM helianthus, sunflower

héliantheme /eljɑ̃tɛm/ NM rockrose, sunrose, helianthemum (SPÉC)

hélianthine /eljɑ̃tin/ NF helianthine, methyl orange

héliaque /eljak/ ADJ heliacal

héliaste /eljast/ NM heliast

hélice /elis/ SYN NF (= dispositif) propeller; (Archit, Géom) helix ◆ **escalier en hélice** spiral staircase ◆ **hélice double** double helix

héliciculteur, -trice /elisikyltœʀ, tʀis/ NM,F snail farmer

héliciculture /elisikyltyʀ/ NF snail farming

hélico* /eliko/ NM (abrév de **hélicoptère**) chopper*, copter*

hélicoïdal, e (mpl -aux) /elikɔidal, o/ ADJ (gén) helical; (Bot, Math) helicoid

hélicoïde /elikɔid/ ADJ, NM helicoid

hélicon /elikɔ̃/ NM helicon

hélicoptère /elikɔptɛʀ/ NM helicopter ◆ **hélicoptère d'attaque** attack helicopter ◆ **hélicoptère de combat** helicopter gunship ◆ **transporter en hélicoptère** to transport by helicopter, to helicopter ◆ **amener/évacuer par hélicoptère** to take in/out by helicopter, to helicopter in/out ◆ **plateforme pour hélicoptères** helipad

héligare /eligaʀ/ NF heliport

hélio* /eljo/ NF abrév de **héliogravure**

héliocentrique /eljɔsɑ̃tʀik/ ADJ heliocentric

héliocentrisme /eljɔsɑ̃tʀism/ NM heliocentricism

héliographe /eljɔgʀaf/ NM heliograph

héliographie /eljɔgʀafi/ NF (Astron, Typographie) heliography

héliograveur, -euse /eljɔgʀavœʀ, øz/ NM,F photogravure ou heliogravure worker

héliogravure /eljɔgʀavyʀ/ NF heliogravure

héliomarin, e /eljɔmaʀɛ̃, in/ ADJ [cure] of sun and sea-air ◆ **établissement héliomarin** seaside sanatorium (specializing in heliotherapy)

héliomètre /eljɔmɛtʀ/ NM heliometer

hélion /eljɔ̃/ NM helium nucleus

héliostat /eljɔsta/ NM heliostat

héliothérapie /eljoteʀapi/ NF heliotherapy

héliotrope /eljɔtʀɔp/ NM (= plante, pierre) heliotrope

héliotropine /eljɔtʀɔpin/ NF heliotropin

héliport /elipɔʀ/ NM heliport

héliportage /elipɔʀtaʒ/ NM helicopter transport

héliporté, e /elipɔʀte/ ADJ [troupes] helicopter-borne; [évacuation, opération] helicopter (épith)

héliski /eliski/ NM heli-skiing

hélistation /elistasjɔ̃/ NF helipad

hélitreuillage /elitʀœjaʒ/ NM winching up into a helicopter

hélitreuiller /elitʀœje/ ▸ conjug 1 ◂ VT to winch up into a helicopter

hélium /eljɔm/ NM helium

hélix /eliks/ NM (= escargot, partie de l'oreille) helix

hellébore /elebɔʀ/ NM ⇒ **ellébore**

hellène /elɛn/
ADJ Hellenic
NMF **Hellène** Hellene

hellénique /elenik/ ADJ (gén) Greek; (Antiq) Hellenic

hellénisant, e /elenizɑ̃, ɑ̃t/ ADJ, NM,F ◆ **(juif) hellénisant** Hellenist, Hellenistic Jew ◆ **(savant) hellénisant** Hellenist, Hellenic scholar

hellénisation /elenizasjɔ̃/ NF Hellenization

helléniser /elenize/ ▸ conjug 1 ◂ VT to Hellenize

hellénisme /elenism/ NM Hellenism

helléniste /elenist/ NMF ⇒ **hellénisant**

hellénistique /elenistik/ ADJ Hellenistic

hellénophone /elenofɔn/
ADJ Greek-speaking
NMF Greek speaker

hello* /'ɛllo/ EXCL hello, hullo, hi*

helminthe /ɛlmɛ̃t/ NM helminth

helminthiase /ɛlmɛ̃tjɑz/ NF helminthiasis

helminthique /ɛlmɛ̃tik/ ADJ helminthic

helminthologie /ɛlmɛ̃tɔlɔʒi/ NF helminthology

hélodée /elɔde/ NF ⇒ **élodée**

Helsinki /ɛlzinki/ N Helsinki

helvelle /ɛlvɛl/ NF helvella

helvète /ɛlvɛt/
ADJ Helvetian
NMF **Helvète** Helvetian

Helvétie /ɛlvesi/ NF Helvetia

helvétique /ɛlvetik/ ADJ Swiss, Helvetian

helvétisme /ɛlvetism/ NM (Ling) Swiss idiom

hem /'ɛm/ EXCL (a)hem!, h'm!

hémarthrose /emaʀtʀoz/ NF haemarthrosis (Brit), hemarthrosis (US)

hématémèse /ematemɛz/ NF haematemesis (Brit), hematemesis (US)

hématie /emasi/ NF red (blood) corpuscle

hématine /ematin/ NF haematin (Brit), hematin (US)

hématique /ematik/ ADJ haematic (Brit), hematic (US)

hématite /ematit/ NF h(a)ematite

hématocrite /ematokʀit/ NM [1] (= centrifugeuse) haematocrit (Brit), hematocrit (US)
[2] (= examen) haematocrit (Brit), hematocrit (US), packed cell volume

hématologie /ematɔlɔʒi/ NF haematology (Brit), hematology (US)

hématologique /ematɔlɔʒik/ ADJ haematological (Brit), hematological (US)

hématologiste /ematɔlɔʒist/, **hématologue** /ematɔlɔg/ NMF haematologist (Brit), hematologist (US)

hématome /ematom/ SYN NM bruise, haematoma (Brit) (SPÉC), hematoma (US) (SPÉC)

hématopoïèse /ematopɔjez/ NF haematopoiesis, haematosis, haematogenesis

hématopoïétique /ematopɔjetik/ ADJ haematopoietic (Brit), hematopoietic (US)

hématose /ematoz/ NF haematosis (Brit), hematosis (US)

hématurie /ematyʀi/ NF haematuria (Brit), hematuria (US)

hème /ɛm/ NM haem (Brit), heme (US)

héméralope /emeʀalɔp/
ADJ night-blind, nyctalopic (SPÉC)
NMF person suffering from night-blindness ou nyctalopia (SPÉC)

héméralopie /emeʀalɔpi/ NF night-blindness, nyctalopia (SPÉC)

hémérocalle /emeʀɔkal/ NF hemerocallis

hémicrânie /emikʀani/ NF hemicrania

hémicycle /emisikl/ NM semicircle, hemicycle; (= salle) amphitheatre ◆ **l'hémicycle (de l'Assemblée nationale)** the benches of the French National Assembly, ≈ the benches of the Commons (Brit) ou House of Representatives (US)

hémièdre /emiɛdʀ/ ADJ hemihedral

hémiédrie /emiedʀi/ NF hemihedrism, hemihedry

hémiédrique /emiedʀik/ ADJ ⇒ **hémièdre**

hémine /emin/ NF (Méd) haemin (Brit), hemin (US)

hémione /emjɔn/ NM kiang

hémiplégie /emipleʒi/ NF paralysis of one side, hemiplegia (SPÉC)

hémiplégique /emipleʒik/
ADJ paralyzed on one side, hemiplegic (SPÉC)
NMF person paralyzed on one side, hemiplegic (SPÉC)

hémiptères /emiptɛʀ/ NMPL ◆ **les hémiptères** hemipteroid insects, the Hemiptera (SPÉC)

hémisphère /emisfɛʀ/ NM (gén, Anat, Géog) hemisphere ◆ **hémisphère sud** ou **austral/nord** ou **boréal** southern/northern hemisphere ◆ **hémisphères cérébraux** cerebral hemispheres

hémisphérique /emisfeʀik/ ADJ hemispheric(al)

hémistiche /emistiʃ/ NM hemistich

hémitropie /emitʀɔpi/ NF hemitropism

hémochromatose /emokʀomatoz/ NF haemochromatosis (Brit), hemochromatosis (US)

hémoculture /emokyltyʀ/ NF haemoculture (Brit), hemoculture (US)

hémocyanine /emosjanin/ NF haemocyanin (Brit), hemocyanin (US)

hémodialyse /emodjaliz/ NF haemodialysis (Brit), hemodialysis (US) ◆ **séance d'hémodialyse** session of haemodialysis (Brit) ou hemodialysis (US) treatment

hémodynamique /emodinamik/ ADJ haemodynamic (Brit), hemodynamic (US)

hémoglobine /emoglobin/ NF haemoglobin (Brit), hemoglobin (US) ◆ **dans ce film, l'hémoglobine coule à flots** * this film is full of blood and gore

hémoglobinopathie /emoglobinopati/ NF haemoglobinopathy (Brit), hemoglobinopathy (US)

hémogramme /emogram/ NM haemogram (Brit), hemogram (US)

hémolymphe /emolɛ̃f/ NF haemolymph (Brit), hemolymph (US)

hémolyse /emoliz/ NF haemolysis (Brit), hemolysis (US)

hémolysine /emolizin/ NF haemolysin (Brit), hemolysin (US)

hémolytique /emolitik/ ADJ haemolytic (Brit), hemolytic (US)

hémopathie /emopati/ NF haemopathy (Brit), hemopathy (US)

hémophile /emofil/
- ADJ haemophilic (Brit), hemophilic (US)
- NMF haemophiliac (Brit), hemophiliac (US)

hémophilie /emofili/ NF haemophilia (Brit), hemophilia (US)

hémoptysie /emoptizi/ NF haemoptysis (Brit), hemoptysis (US)

hémorragie /emoraʒi/ SYN NF [1] (Méd) bleeding (NonC), haemorrhage (Brit), hemorrhage (US) ◆ **hémorragie cérébrale** brain ou cerebral haemorrhage ◆ **hémorragie interne** internal bleeding (NonC) ou haemorrhage ◆ **il a eu ou a fait une hémorragie interne** he suffered internal bleeding
[2] (= fuite) [de capitaux] massive outflow ou drain; [de cadres, talents] mass exodus (de of) ◆ **pour stopper l'hémorragie financière** to stem the massive outflow of money ◆ **l'hémorragie démographique** ou **de population** the population drain

hémorragique /emoraʒik/ ADJ haemorrhagic (Brit), hemorrhagic (US)

hémorroïdal, e (mpl -aux) /emorɔidal, o/ ADJ (Méd) haemorrhoidal (Brit), hemorrhoidal (US); (Anat) [artère] anorectal

hémorroïde /emorɔid/ NF (gén pl) haemorrhoid (Brit), hemorrhoid (US), pile ◆ **avoir des hémorroïdes** to have haemorrhoids ou piles

hémostase /emostaz/ NF haemostasis (Brit), hemostasis (US)

hémostatique /emostatik/ ADJ, NM haemostatic (Brit), hemostatic (US); → **crayon**

hendécasyllabe /ɛ̃dekasi(l)lab/
- ADJ hendecasyllabic
- NM hendecasyllable

hendiadyin /ɛ̃djadin/, **hendiadys** /ɛ̃djadis/ NM hendiadys

henné /ene/ NM henna ◆ **se faire un henné** to henna one's hair ◆ **cheveux teints au henné** hennaed hair

hennin /enɛ̃/ NM (Hist = bonnet) hennin (conical hat with veil) ◆ **hennin à deux cornes** horned headdress

hennir /enir/ ► conjug 2 ◄ VI to neigh, to whinny; (péj) to bray

hennissant, e /enisɑ̃, ɑ̃t/ ADJ [cheval] neighing (épith), whinnying (épith); (péj) braying (épith)

hennissement /enismɑ̃/ NM [de cheval] neigh, whinny; (péj) [de personne] braying (NonC)

Henri /ɑ̃ri/ NM Henry

henry /ɑ̃ri/ NM henry

hep /ɛp/ EXCL hey!

héparine /eparin/ NF heparin

hépatalgie /epatalʒi/ NF hepatalgia

hépatique /epatik/
- ADJ (Méd) hepatic
- NMF (= plante) liverwort, hepatic (SPÉC) ◆ **les hépatiques** the Hepaticae (SPÉC)

hépatisation /epatizasjɔ̃/ NF hepatization

hépatite /epatit/ NF hepatitis ◆ **hépatite virale** viral hepatitis ◆ **hépatite A/B/C** hepatitis A/B/C ◆ **hépatite chronique/aiguë** chronic/acute hepatitis

hépatocèle /epatosɛl/ NF hepatocele

hépatocyte /epatosit/ NM hepatocyte

hépatologie /epatoloʒi/ NF hepatology

hépatomégalie /epatomegali/ NF hepatomegaly

Héphaïstos /efaistos/ NM Hephaestus, Hephaistos

heptaèdre /ɛptaɛdr(ə)/ NM heptahedron

heptaédrique /ɛptaedrik/ ADJ heptahedral

heptagonal, e (mpl -aux) /ɛptagɔnal, o/ ADJ heptagonal

heptagone /ɛptagɔn/ NM heptagon

heptamètre /ɛptamɛtr/
- ADJ heptametrical
- NM heptameter

heptane /ɛptan/ NM heptane

heptarchie /ɛptarʃi/ NF heptarchy

heptasyllabe /ɛptasi(l)lab/
- ADJ heptasyllabic
- NM heptasyllable

heptathlon /ɛptatlɔ̃/ NM heptathlon

heptathlonien, -ienne /ɛptatlɔnjɛ̃, jɛn/ NM,F heptathlete

Héra /era/ NF Hera

Héraclite /eraklit/ NM Heraclitus

héraldique /eraldik/
- ADJ heraldic
- NF heraldry

héraldiste /eraldist/ NMF heraldist, expert on heraldry

héraut /ero/ NM [1] (Hist) ◆ **héraut (d'armes)** herald
[2] (littér) herald, harbinger (littér)

herbacé, e /ɛrbase/ ADJ herbaceous

herbage /ɛrbaʒ/ SYN NM (= herbe) pasture, pasturage; (= pré) pasture

herbagement /ɛrbaʒ(ə)mɑ̃/ NM [de bétail] putting out to graze

herbager, -ère /ɛrbaʒe, ɛr/
- ADJ [paysage] grassy; [région] with lot of grazing land
- NM,F grazier

herbe /ɛrb/ SYN
- NF [1] (= plante) grass (NonC); (= espèce) grass ◆ **arracher une herbe** to pull up a blade of grass ◆ **terrain en herbe** field under grass ◆ **herbes folles** wild grasses ◆ **jardin envahi par les herbes** weed-infested garden, garden overrun with weeds ◆ **dans les hautes herbes** in the long ou tall grass ◆ **faire de l'herbe pour les lapins** to cut grass for rabbits ◆ **couper l'herbe sous le pied de qn** to cut the ground ou pull the rug out from under sb's feet; ◆ **déjeuner, mauvais**
[2] (Culin, Méd) herb ◆ **herbes médicinales/aromatiques/potagères** medicinal/aromatic/pot herbs ◆ **omelette/porc aux herbes** omelette/pork with herbs; → **fin¹**
[3] (* = drogue) grass *, pot *
[4] ◆ **en herbe** [blé] in the blade (attrib); [écrivain, chimiste] budding
- COMP **herbe au chantre** sisymbrium, hedge mustard
herbe à chat ou **aux chats** catmint, catnip
herbes de Provence herbes de Provence, ≈ mixed herbs
herbe à punaises black cohosh

⚠ **herbe** se traduit par le mot anglais **herb** uniquement au sens culinaire ou médical.

herbeux, -euse /ɛrbø, øz/ ADJ grassy

herbicide /ɛrbisid/ SYN
- ADJ herbicidal
- NM weed-killer, herbicide

herbier /ɛrbje/ NM (= collection) herbarium; (= planches) set of illustrations of plants; (= banc d'algues) seagrass bed

herbivore /ɛrbivɔr/
- ADJ herbivorous
- NM herbivore

herborisation /ɛrbɔrizasjɔ̃/ NF (= action) collection of plants

herboriser /ɛrbɔrize/ SYN ► conjug 1 ◄ VI to collect plants, to botanize

herboriste /ɛrbɔrist/ NMF herbalist

herboristerie /ɛrbɔristəri/ NF (= commerce) herb trade; (= magasin) herbalist('s shop)

herbu, e /ɛrby/
- ADJ grassy
- NF **herbue** grazing land

herchage /ɛrʃaʒ/ NM (Min) hauling

hercher /ɛrʃe/ ► conjug 1 ◄ VI (Min) to haul

hercheur, -euse /ɛrʃœr, øz/ NM,F (Min) hauler

Hercule /ɛrkyl/ NM (Myth) Hercules ◆ **c'est un Hercule** he's a real Hercules ◆ **hercule de foire** strongman; → **travail¹**

herculéen, -enne /ɛrkyleɛ̃, ɛn/ SYN ADJ Herculean

hercynien, -ienne /ɛrsinjɛ̃, jɛn/ ADJ Hercynian

herd-book (pl herd-books) /'œrdbuk/ NM herd-book

hère¹ /'ɛr/ NM (frm) ◆ **pauvre hère** poor ou miserable wretch

hère² /'ɛr/ NM (= cerf) young stag

héréditaire /ereditɛr/ SYN ADJ hereditary ◆ **c'est héréditaire** (hum) it runs in the family

héréditairement /ereditɛrmɑ̃/ ADV hereditarily ◆ **caractère héréditairement transmissible d'une maladie** (Méd) hereditary nature of an illness

hérédité /eredite/ SYN NF [1] (Bio) heredity (NonC) ◆ **il a une lourde hérédité** ou **une hérédité chargée** his family has a history of illness ◆ **une hérédité catholique/royaliste** (culturelle) a Catholic/Royalist heritage
[2] (Jur) (= droit) right of inheritance; (= caractère héréditaire) hereditary nature

hérésiarque /erezjark/ NM heresiarch

hérésie /erezi/ SYN NF (Rel) heresy; (fig) sacrilege, heresy ◆ **servir du vin rouge avec le poisson est une véritable hérésie !** (hum) it's absolute sacrilege to serve red wine with fish!

hérétique /eretik/ SYN
- ADJ heretical
- NMF heretic

hérissé, e /'erise/ (ptp de **hérisser**) ADJ
[1] (= dressé) [poils, cheveux] standing on end, bristling; [barbe] bristly
[2] (= garni) ◆ **tête hérissée de cheveux roux** head bristling with red hair ◆ **hérissé de poils** bristling with hairs ◆ **hérissé d'épines/de clous** spiked with thorns/nails ◆ **un poisson au corps hérissé de piquants** a fish covered in spines ◆ **les routes sont hérissées de pancartes** there are signs everywhere along the roads ◆ **cette traduction est hérissée de difficultés** the translation is full of difficulties
[3] (= garni de pointes) [cactus, tige] prickly

hérisser /'erise/ SYN ► conjug 1 ◄
- VT [1] [animal] ◆ **le chat hérisse ses poils** the cat bristles its coat ou makes its coat bristle ◆ **le porc-épic hérisse ses piquants** the porcupine bristles its spines ou makes its spines bristle ◆ **l'oiseau hérisse ses plumes** the bird ruffles its feathers
[2] [vent, froid] ◆ **le vent hérisse ses cheveux** the wind makes his hair stand on end
[3] (= armer) ◆ **hérisser une planche de clous** to spike a plank with nails ◆ **hérisser une muraille de créneaux** to top ou crown a wall with battlements ◆ **hérisser un mur** to roughcast a wall ◆ **il avait hérissé la dictée de pièges** he had put a good sprinkling of tricky points into the dictation
[4] (= garnir) ◆ **des clous hérissent la planche** the plank is spiked with nails ◆ **les créneaux qui hérissent la muraille** the battlements crowning the wall ◆ **de nombreuses difficultés hérissent le texte** numerous difficulties are scattered through the text
[5] (= mettre en colère) ◆ **hérisser qn** to put ou get sb's back up*, to make sb's hackles rise ◆ **il y a une chose qui me hérisse (les poils*), c'est le mensonge** there's one thing that gets my back up* and that's lying
- VPR **se hérisser** [1] [poils, cheveux] to stand on end, to bristle ◆ **ses poils se sont hérissés quand il a entendu ça** his hackles rose when he heard that
[2] [animal] to bristle ◆ **le chat se hérissa** the cat's fur stood on end ou bristled, the cat bristled
[3] (= se fâcher) to bristle, to get one's back up* ◆ **il se hérisse facilement** it's easy to get his back up*

hérisson /eʀisɔ̃/ **NM** ① (= animal) hedgehog ◆ **hérisson de mer** sea urchin ◆ **c'est un vrai hérisson** (péj) he's very prickly
② [de ramoneur] (chimney sweep's) brush, flue brush; (= égouttoir) draining rack (for bottles); (= herse) beater
③ (Constr) foundation block
④ (Mil) ◆ **tactique des hérissons** hedgehog

hérissonne /'eʀisɔn/ **NF** ① (= hérisson femelle) female hedgehog
② (= chenille) hairy caterpillar

hérissonner /'eʀisɔne/ ► conjug 1 ◄ **VT** [+ mur] to roughcast

héritabilité /eʀitabilite/ **NF** heritability

héritage /eʀitaʒ/ SYN **NM** ① (= action) inheritance
② [d'argent, biens] inheritance, legacy; [de coutumes, système] heritage, legacy ◆ **faire un héritage** to come into an inheritance ◆ **laisser qch en héritage à qn** to leave sth to sb, to bequeath sth to sb ◆ **l'héritage du passé** the heritage ou legacy of the past ◆ **un tel déficit est un lourd héritage** a deficit like that is a heavy burden to inherit

hériter /eʀite/ SYN ► conjug 1 ◄ **VT, hériter de VT INDIR** [+ maison, tradition, culture, qualités] to inherit; (hum) [+ punition] to get ◆ **hériter d'une fortune** to come into ou inherit a fortune ◆ **hériter de son oncle** to inherit ou come into one's uncle's property ◆ **il a hérité de la maison de son oncle** he inherited his uncle's house ◆ **qui hériterait ?** who would benefit from the will?, who would inherit? ◆ **impatient d'hériter, il…** eager to come into ou to gain his inheritance, he… ◆ **et maintenant un bateau ? ils ont hérité !** (hum) and now they've got a boat? they must have won the lottery ou the pools (Brit)! ◆ **il a hérité d'un vieux chapeau** he has fallen heir to ou he has inherited an old hat ◆ **il a hérité d'un rhume** he's picked up a cold ◆ **ils ont hérité d'une situation catastrophique** they inherited a disastrous situation

héritier /eʀitje/ SYN **NM** heir ◆ **héritier naturel** heir-at-law ◆ **héritier testamentaire** legatee ◆ **héritier légitime** legitimate heir ◆ **héritier présomptif de la couronne** heir apparent (to the throne) ◆ **héritier d'une grande fortune/d'une longue tradition** heir to a large fortune/a long tradition ◆ **elle lui a donné un héritier** (hum) she gave him an heir ou a son and heir

héritière /eʀitjɛʀ/ **NF** heiress

hermaphrodisme /ɛʀmafʀɔdism/ **NM** hermaphroditism

hermaphrodite /ɛʀmafʀɔdit/
ADJ hermaphrodite, hermaphroditic(al)
NM hermaphrodite

herméneutique /ɛʀmenøtik/
ADJ hermeneutic
NF hermeneutics (sg)

Hermès /ɛʀmɛs/ **NM** Hermes

hermès /ɛʀmɛs/ **NM** (Art) Hermes ◆ **buste en hermès** herm

hermétique /ɛʀmetik/ SYN **ADJ** ① (= étanche) [récipient] (à l'air) airtight; (à l'eau) watertight ◆ **cela assure une fermeture hermétique de la porte** this makes sure that the door closes tightly ou that the door is a tight fit
② (= impénétrable) [secret] impenetrable ◆ **visage hermétique** closed ou impenetrable expression ◆ **être hermétique à** to be impervious to ◆ **il est hermétique à ce genre de peinture** this kind of painting is a closed book to him
③ (= obscur) [écrivain, livre] abstruse, obscure
④ (Alchimie, Littérat) Hermetic

hermétiquement /ɛʀmetikmɑ̃/ **ADV** ① [fermer, joindre] tightly, hermetically ◆ **emballage hermétiquement fermé** hermetically sealed package ◆ **pièce hermétiquement close** sealed(-up) room
② [s'exprimer] abstrusely, obscurely

hermétisme /ɛʀmetism/ SYN **NM** (péj = obscurité) abstruseness, obscurity; (Alchimie, Littérat) hermetism

hermétiste /ɛʀmetist/ **NMF** hermetist

hermine /ɛʀmin/ **NF** ① (= animal) (brune) stoat; (blanche) ermine
② (= fourrure, blason) ermine

herminette /ɛʀminɛt/ **NF** adze

Hermione /ɛʀmjɔn/ **NF** Hermione

herniaire /ɛʀnjɛʀ/ **ADJ** hernial; → **bandage**

hernie /'ɛʀni/ **NF** (Méd) hernia, rupture; [de pneu] bulge ◆ **hernie discale** herniated (SPÉC) ou slipped disc ◆ **hernie étranglée** strangulated hernia

hernié, e /'ɛʀnje/ **ADJ** [organe] herniated

héro* /eʀo/ **NF** (abrév de **héroïne²**) heroin, smack‡

Hérode /eʀɔd/ **NM** Herod; → **vieux**

Hérodiade /eʀɔdjad/ **NF** Herodias

Hérodote /eʀɔdɔt/ **NM** Herodotus

héroïcomique /eʀɔikɔmik/ **ADJ** mock-heroic

héroïne¹ /eʀɔin/ SYN **NF** (= femme) heroine

héroïne² /eʀɔin/ SYN **NF** (= drogue) heroin

héroïnomane /eʀɔinɔman/
ADJ addicted to heroin, heroin-addicted (épith)
NMF heroin addict

héroïnomanie /eʀɔinɔmani/ **NF** heroin addiction

héroïque /eʀɔik/ SYN **ADJ** heroic ◆ **l'époque héroïque** the pioneering days ◆ **les temps héroïques** the heroic age

héroïquement /eʀɔikmɑ̃/ SYN **ADV** heroically

héroïsme /eʀɔism/ SYN **NM** heroism ◆ **manger ça, c'est de l'héroïsme !*** eating that is nothing short of heroic! ou of heroism!

héron /'eʀɔ̃/ **NM** heron ◆ **héron cendré** grey heron

héronneau (pl **héronneaux**) /'eʀɔno/ **NM** baby heron

héronnière /'eʀɔnjɛʀ/ **NF** (lieu de nidification) heron's nesting place

héros /'eʀo/ SYN **NM** hero ◆ **mourir en héros** to die the death of a hero ou a hero's death ◆ **ils ont été accueillis en héros** they were given a hero's welcome ◆ **héros national** national hero ◆ **héros de la Résistance** hero of the (French) Resistance ◆ **le héros du jour** the hero of the day

herpès /ɛʀpɛs/ **NM** (gén) herpes ◆ **herpès génital** genital herpes ◆ **avoir de l'herpès** (autour de la bouche) to have a cold sore

herpétique /ɛʀpetik/ **ADJ** herpetic

herpétologie /ɛʀpetɔlɔʒi/ **NF** ⇒ **erpétologie**

hersage /'ɛʀsaʒ/ **NM** (Agr) harrowing

herse /'ɛʀs/ **NF** (Agr) harrow; [de château] portcullis; (Théât) batten; (Rel) hearse

herser /'ɛʀse/ ► conjug 1 ◄ **VT** (Agr) to harrow

herseur, -euse /'ɛʀsœʀ, øz/
ADJ ◆ **rouleau herseur** disc harrow
NM,F harrower
NF **herseuse** (= machine) (mechanical) harrow

hertz /ɛʀts/ **NM** hertz

hertzien, -ienne /ɛʀtsjɛ̃, jɛn/ **ADJ** [ondes] Hertzian; [chaîne, diffusion, télévision] terrestrial ◆ **réseau hertzien** (TV) terrestrial network; (Radio) radio-relay network

hésitant, e /ezitɑ̃, ɑ̃t/ SYN **ADJ** [personne, début] hesitant; [caractère] wavering, hesitant; [voix, pas] hesitant, faltering

hésitation /ezitasjɔ̃/ SYN **NF** hesitation ◆ **marquer une hésitation** ou **un temps d'hésitation** to hesitate ◆ **j'accepte sans hésitation** I accept without hesitation ou unhesitatingly ◆ **après bien des hésitations** after much hesitation ◆ **il eut un moment d'hésitation et répondit…** he hesitated for a moment and replied…, after a moment's hesitation he replied… ◆ **je n'ai plus d'hésitations** I shall hesitate no longer ◆ **ses hésitations continuelles** his continual hesitations ou dithering

hésiter /ezite/ GRAMMAIRE ACTIVE 9.2 SYN ► conjug 1 ◄ **VI** ① (= balancer) to hesitate ◆ **tu y vas ? – j'hésite** are you going? – I'm in two minds about it ou I'm not sure ◆ **il n'y a pas à hésiter** you don't need to think twice about it ◆ **sans hésiter** without hesitating, unhesitatingly ◆ **hésiter à faire** to hesitate to do, to be unsure whether to do ◆ **j'hésite à vous déranger** I don't want to disturb you ◆ **il hésitait sur la route à prendre** he hesitated as to which road to take, he dithered over which road to take (Brit) ◆ **hésiter sur une date** to hesitate over a date ◆ **hésiter entre plusieurs possibilités** to hesitate ou waver between several possibilities
② (= s'arrêter) to hesitate ◆ **hésiter dans ses réponses** to be hesitant in one's replies ◆ **hésiter en récitant sa leçon** to recite one's lesson falteringly ou hesitantly ◆ **hésiter devant l'obstacle** to falter ou hesitate before an obstacle

Hespérides /ɛsperid/ **NFPL** ◆ **les Hespérides** the Hesperides

Hestia /ɛstja/ **NF** Hestia

hétaïre /etaiʀ/ **NF** (= prostituée) courtesan; (Antiq) hetaera

hétéro* /etero/ **ADJ, NMF** (abrév de **hétérosexuel**) hetero* (épith), straight*

hétérocerque /eteʀosɛʀk/ **ADJ** heterocercal

hétérochromosome /eteʀokʀomozom/ **NM** sex chromosome, heterochromosome

hétéroclite /eteʀoklit/ SYN **ADJ** (= disparate) [ensemble, roman, bâtiment] heterogeneous; [objets] sundry, ill-assorted ◆ **pièce meublée de façon hétéroclite** room filled with a miscellaneous ou an ill-assorted collection of furniture

hétérocycle /eteʀosikl/ **NM** heterocycle

hétérocyclique /eteʀosiklik/ **ADJ** heterocyclic

hétérodoxe /eteʀodɔks/ SYN **ADJ** heterodox

hétérodoxie /eteʀodɔksi/ **NF** heterodoxy

hétérodyne /eteʀodin/
ADJ heterodyne
NF heterodyne oscillator

hétérogamie /eteʀogami/ **NF** heterogamy

hétérogène /eteʀoʒɛn/ SYN **ADJ** heterogeneous ◆ **c'est un groupe très hétérogène** it's a very mixed ou heterogeneous group

hétérogénéité /eteʀoʒeneite/ SYN **NF** heterogeneousness

hétérogreffe /eteʀogʀɛf/ **NF** [d'organe] heterotransplant; [de tissu] heterograft

hétéromorphe /eteʀomɔʀf/ **ADJ** heteromorphic

hétéromorphisme /eteʀomɔʀfism/ **NM** heteromorphism

hétéronome /eteʀɔnɔm/ **ADJ** heteronomous

hétéronomie /eteʀɔnɔmi/ **NF** heteronomy

hétéroplastie /eteʀoplasti/ **NF** heteroplasty

hétéroplastique /eteʀoplastik/ **ADJ** heteroplastic

hétéroprotéine /eteʀoprotein/ **NF** conjugate(d) protein

hétéroptères /eteʀoptɛʀ/ **NMPL** ◆ **les hétéroptères** true bugs, the Heteroptera (SPÉC)

hétérosexualité /eteʀosɛksɥalite/ **NF** heterosexuality

hétérosexuel, -elle /eteʀosɛksɥɛl/ **ADJ, NM,F** heterosexual

hétéroside /eteʀozid/ **NM** heteroside

hétérotrophe /eteʀotʀɔf/
ADJ heterotrophic
NM heterotroph

hétérozygote /eteʀozigɔt/
ADJ heterozygous
NMF heterozygote

hetman /ɛtmɑ̃, ɛtman/ **NM** hetman

hêtraie /'ɛtʀɛ/ **NF** beech grove

hêtre /'ɛtʀ/ **NM** (= arbre) beech (tree); (= bois) beech (wood) ◆ **hêtre pourpre/pleureur** copper/weeping beech

heu /ø/ **EXCL** (doute) h'm!, hem!; (hésitation) um!, er!

heur †† /œʀ/ **NM** good fortune ◆ **je n'ai pas eu l'heur de lui plaire** (littér, iro) I did not have the good fortune to please him, I was not fortunate enough to please him

---

heure /œʀ/ SYN

NOM FÉMININ

---

① [= MESURE DE DURÉE] hour ◆ **les heures passaient vite/lentement** the hours went by quickly/slowly ◆ **l'heure tourne** time passes ◆ **j'ai attendu une bonne heure/une petite heure** I waited (for) a good hour/just under an hour ◆ **j'ai attendu 2 heures d'horloge** I waited 2 solid hours ◆ **il a parlé des heures** he spoke for hours ◆ **heure (de cours)** (Scol) class, ≈ period (Brit) ◆ **j'ai deux heures de français aujourd'hui** I've two periods of French today ◆ **pendant les heures de classe/de bureau** during school/office ou business hours ◆ **gagner/coûter 15 € de l'heure** to earn/cost €15 an hour ou per hour ◆ **1 heure/3 heures de travail** 1 hour's/3 hours' work ◆ **cela représente 400 heures de travail** ou **400 heures-homme** it represents 400 hours of work *ou* 400 man-hours • **il me faut 12 heures-machine** I need 12 hours' computer time • **faire beaucoup d'heures** to put in long hours • **lutter pour la semaine de 30 heures (de travail)** to campaign for a 30-hour (working) week • **c'est à plus d'une heure de Paris** it's more than an hour (away) from Paris *ou* more than an hour's run from Paris • **c'est à 2 heures de route** it's 2 hours (away) by road • **il y a 2 heures de route** *ou* **voiture/train** it's a 2-hour drive/train journey, it takes 2 hours by car/train (to get there) • **24 heures sur 24** round the clock, 24 hours a day • **ce sera fait dans les 24 heures/48 heures** it'll be done within 24 hours/48 hours

♦ **à l'heure** • **être payé à l'heure** *[travail]* to be paid by the hour; *[personne]* to be paid by the hour, to get an hourly rate • **faire du 100 (km) à l'heure** to do 100 km an hour *ou* per hour; → **réception, supplémentaire**

[2] [= DIVISION DE LA JOURNÉE] • **savoir l'heure** to know what time it is, to know the time • **quelle heure est-il ?** what time is it? • **quelle heure as-tu ?** what time do you make it? • **avez-vous l'heure ?** have you got the time? • **tu as vu l'heure (qu'il est) ?** do you realize what time it is? • **il est 6 heures/6 heures 10/6 heures moins 10/6 heures et demie** it is 6 (o'clock)/10 past *ou* after *(US)* 6/10 to *ou* of *(US)* 6/half past *ou* after *(US)* 6 • **10 heures du matin/du soir** 10 (o'clock) in the morning/at night, 10 a.m./p.m. • **à 16 heures 30** at 4.30 p.m., at 16.30 *(Admin)* • **il est 8 heures passées** *ou* **sonnées** it's gone 8 • **à 4 heures pile** * *ou* **sonnant(es)** *ou* **tapant(es)** * *ou* **pétant(es)** ** at exactly 4 (o'clock), at dead on 4 (o'clock) * *(Brit)*, at 4 (o'clock) on the dot * • **à 4 heures juste(s)** at 4 sharp • **je prendrai le train de 6 heures** I'll take the 6 o'clock train • **les bus passent à l'heure/à l'heure et à la demie** the buses come on the hour/on the hour and on the half hour • **à une heure avancée (de la nuit)** late at night • **jusqu'à une heure avancée (de la nuit)** late *ou* well into the night • **ils ont joué aux échecs jusqu'à pas** * *ou* **point** * *(hum)* **d'heure** they played chess into the early hours • **se coucher à pas** * **d'heure** to stay up till all hours • **demain, à la première heure** (= *très tôt*) tomorrow at first light

♦ **de la première heure** • **il fut un partisan de la première heure de De Gaulle** he was a follower of De Gaulle from the beginning

♦ **de la dernière** *ou* **onzième heure** • **les ouvriers de la dernière** *ou* **onzième heure** people who turn up when the work is almost finished • **collaborateur/candidat de la dernière heure** last-minute helper/candidate

♦ **de bonne heure** *(dans la journée)* early; *(dans la vie)* early in life; → **lever¹**

♦ **d'heure en heure** with each passing hour, hour by hour • **le pays entier suit le sauvetage d'heure en heure** the whole country is following every minute of the rescue operation • **son inquiétude grandissait d'heure en heure** hour by hour *ou* as the hours went by he grew more (and more) anxious, he grew hourly more anxious

♦ **d'une heure à l'autre** (= *incessamment*) • **nous l'attendons d'une heure à l'autre** we are expecting him any time (now) • **la situation évolue d'une heure à l'autre** (= *rapidement*) the situation changes from one moment to the next

[3] [= MOMENT FIXE] time • **c'est l'heure !** *(de rendre un devoir)* time's up! • **c'est l'heure de rentrer/d'aller au lit !** it's time to go home!/for bed! • **avant l'heure** before time, ahead of time, early • **un homme vieilli avant l'heure** a man grown old before his time • **un cubiste avant l'heure** a cubist before the term was ever invented • **après l'heure** late • **venez quand vous voulez, je n'ai pas d'heure** come when you like, I have no fixed timetable *ou* schedule, come when you like, any time suits me • **heure de Greenwich** Greenwich mean time • **heure légale/locale** standard/local time • **il est midi, heure locale/heure de Paris** it's noon, local time/Paris time • **nous venons de passer à l'heure d'hiver** we have just put the clocks back • **heure d'été, heure avancée** *(Can)* daylight saving(s) time, (British) summer time *(Brit)* • **passer à l'heure d'été** to go over *ou* change to summer time • **l'heure militaire** the right *ou* exact time • **l'heure c'est l'heure, avant l'heure ce n'est pas l'heure, après l'heure ce n'est plus l'heure** * a minute late is a minute too late • **il n'y a pas d'heure pour les braves** *(hum)* any time is a good time; → **laitier**

♦ **à l'heure** • **arriver/être à l'heure** *[personne, train]* to arrive/be on time • **ma montre/l'horloge est toujours à l'heure** my watch/the clock is always right *ou* keeps good time • **ma montre n'est pas à l'heure** my watch is wrong • **mettre sa montre à l'heure** to set *ou* put one's watch right; → **remettre**

[4] [= MOMENT] time, moment • **je n'ai pas une heure à moi** I haven't a moment to myself • **l'heure est venue** *ou* **a sonné** *(frm)* the time has come • **nous avons passé ensemble des heures merveilleuses** we spent many happy hours together • **à heures fixes** at fixed times • **heures d'ouverture/de fermeture** opening/closing times • **elle fait ses courses pendant son heure de table** she does her shopping during the *ou* her lunch hour • **les problèmes de l'heure** the problems of the moment • **l'heure est grave** it is a grave moment • **l'heure est à la concertation** it is now time for consultation and dialogue, dialogue is now the order of the day • **l'heure n'est pas à la rigolade** * this is no time for laughing *ou* for jokes • « **Paris à l'heure écossaise** » "Paris goes Scottish" • **à l'époque, tout le monde vivait à l'heure américaine** at that time everybody wanted an American lifestyle

♦ **l'heure de** • **l'heure du déjeuner** lunchtime, time for lunch • **l'heure d'aller se coucher** bedtime, time for bed • **l'heure du biberon** (baby's) feeding time • **à l'heure** *ou* **aux heures des repas** at mealtime(s) • **l'heure des mamans** *(en maternelle)* home time • **l'heure de la sortie** *[d'écoliers, ouvriers]* time to go home • **travailler/rester jusqu'à l'heure de la sortie** to work/stay until it is time to go home

♦ **à l'heure qu'il est, à cette heure** at this moment in time, at present • **à l'heure qu'il est, nous ignorons encore...** at present we still don't know... • **à l'heure qu'il est, il devrait être rentré** he should be home by now • **selon les informations dont nous disposons à cette heure...** according to the latest information...; → **creux, H**

♦ **à l'heure de** • **à l'heure de notre mort** at the hour of our death • **à l'heure de la mondialisation, il est important d'être compétitif** with the advent of globalization, it is important to be competitive • **la France à l'heure de l'ordinateur** France in the computer age • **il faut mettre nos universités à l'heure de l'Europe** our universities have got to start thinking in terms of Europe *ou* start thinking European

♦ **à l'heure actuelle** (= *en ce moment*) at the moment; (= *à notre époque*) at present • **à l'heure actuelle, il se trouve à New York** he's in New York at the moment • **il n'existe pas, à l'heure actuelle, de remède** at present there is no cure

♦ **à toute heure** at any time (of the day) • **repas chauds à toute heure** hot meals all day • **à toute heure du jour et de la nuit** at every hour of the day and night

♦ **pour l'heure** for the time being • **pour l'heure, rien n'est décidé** nothing has been decided as yet *ou* for the time being

♦ **sur l'heure** *(littér)* at once • **il décommanda sur l'heure tous ses rendez-vous** he immediately cancelled all his meetings

[5] [LOCUTIONS]

♦ *adjectif possessif* + **heure** • **il est poète/aimable à ses heures (perdues)** he writes poetry/he can be quite pleasant when the fancy takes him *ou* when he's in the mood • **ce doit être Paul - c'est son heure** it must be Paul - it's his (usual) time • **votre heure sera la mienne** name *ou* say a time • **elle a eu son heure de gloire/de célébrité** she has had her hour of glory/fame • **il aura son heure** *(de gloire etc)* his hour *ou* time will come • **il attend son heure** he is biding his time *ou* waiting for the right moment • **son heure viendra/est venue** *(de mourir)* his time will come/has come • **sa dernière heure a sonné** his time has come *ou* is up

♦ **à la bonne heure !** * (= *très bien*) that's fine!; *(iro)* that's a fine idea! *(iro)*

[6] [REL] • **heures canoniales** canonical hours • **Grandes/Petites heures** night/daylight offices; → **livre¹**

---

heureusement /øʀøzmɑ̃/ SYN ADV [1] (= *par bonheur, tant mieux*) fortunately, luckily • **heureusement, il n'y avait personne** fortunately, there was no one there • **heureusement pour lui !** fortunately *ou* luckily for him! • **il est parti, heureusement !, heureusement qu'il est parti** * thank goodness he's gone

[2] (= *judicieusement*) happily • **mot heureusement choisi** well *ou* felicitously *(frm)* chosen word • **phrase heureusement tournée** cleverly turned sentence

[3] (= *favorablement*) successfully • **l'entreprise fut heureusement menée à terme** the task was successfully completed • **tout s'est heureusement terminé** it all turned out well in the end

heureux, -euse /øʀø, øz/ GRAMMAIRE ACTIVE 3, 11.1, 11.3, 24.1, 24.2, 25.4 SYN ADJ [1] *(gén après n = rempli de bonheur) [personne, souvenir, vie]* happy • **il a tout pour être heureux** he has everything he needs to be happy *ou* to make him happy • **ils vécurent heureux** *(dans un conte)* they lived happily ever after • **heureux comme un poisson dans l'eau** *ou* **comme un roi** *ou* **comme un pape** happy as Larry * *(Brit)* *ou* a sandboy *(Brit)* *ou* a clam *(US)* • **heureux celui qui... !** happy is he who...! • **heureux les simples d'esprit** *(Bible)* blessed are the poor in spirit • **ces jouets vont faire des heureux !** these toys will make some children very happy! • **ne jette pas tes vieux livres, ça pourrait faire des heureux** don't throw away your old books, some people might be glad of them *ou* glad to have them; → **bon¹**

[2] (= *satisfait*) happy, pleased • **je suis très heureux d'apprendre la nouvelle** I am very glad *ou* happy *ou* pleased to hear the news • **M. et Mme Durand sont heureux de vous annoncer...** Mr and Mrs Durand are happy *ou* pleased to announce... • **je suis heureux de ce résultat** I am pleased *ou* happy with this result • **je suis heureux de cette rencontre** I am pleased *ou* glad about this meeting • **il sera trop heureux de vous aider** he'll be only too glad *ou* happy *ou* pleased to help you • **heureux de vous revoir** nice *ou* good *ou* pleased to see you again • **alors, heureuse ?** *(hum)* how was it for you? *(hum)*

[3] *(gén avant n = qui a de la chance) [personne]* fortunate, lucky • **heureux au jeu/en amour** lucky at cards/in love • **heureux au jeu, malheureux en amour** lucky at cards, unlucky in love • **c'est heureux (pour lui) que** it is fortunate *ou* lucky (for him) that • **il accepte de venir – c'est encore heureux !** he's willing to come – it's just as well! *ou* I should think so too! • **encore heureux que je m'en sois souvenu !** it's just as well *ou* it's lucky *ou* it's a good thing that I remembered!; → **élu, main**

[4] *(gén avant n = optimiste, agréable) [disposition, caractère]* happy, cheerful; → **nature**

[5] (= *judicieux*) *[décision, choix]* fortunate, happy; *[formule, expression, effet, mélange]* happy, felicitous *(frm)* • **un heureux mariage de styles** a successful combination of styles

[6] (= *favorable*) *[présage]* propitious, happy; *[résultat, issue]* happy • **par un heureux hasard** by a fortunate coincidence • **attendre un heureux événement** to be expecting a happy event

heuristique /øʀistik/

ADJ heuristic

NF heuristics *(sg)*

heurt /'œʀ/ SYN NM [1] (= *choc*) *[de voitures]* collision; *[d'objets]* bump

[2] (= *conflit*) clash • **il y a eu des heurts entre la police et les manifestants** there were clashes between the police and the demonstrators • **sans heurt(s)** *[se passer]* smoothly • **la réforme ne se fera pas sans heurts** the reform will not have a smooth passage • **leur amitié ne va pas sans quelques heurts** their friendship has its ups and downs *ou* goes through occasional rough patches

heurté, e /'œʀte/ SYN (ptp de **heurter**) ADJ *[style, jeu, carrière]* jerky, uneven; *[discours]* jerky, halting

heurter /'œʀte/ SYN ► conjug 1 ◄

VT [1] (= *cogner*) *[+ objet]* to strike, to hit; *[+ personne]* to collide with; *[+ voiture]* to bump into; (= *bousculer*) to jostle • **heurter qch du coude/du pied** to strike *ou* hit sth with one's elbow/foot • **la voiture a heurté un arbre** the car ran into *ou* struck a tree

[2] (= *choquer*) *[+ personne, préjugés]* to offend; *[+ théorie, bon goût, bon sens, tradition]* to go against, to run counter to; *[+ amour-propre]* to upset; *[+ opinions]* to conflict *ou* clash with • **heurter qn de front** to clash head-on with sb

VI • **heurter à** to knock at *ou* on • **heurter contre qch** *[personne]* to stumble against sth; *[objet]* to knock *ou* bang against sth

VPR **se heurter** [1] (= *s'entrechoquer*) *[passants, voitures]* to collide (with each other); *[objets]* to hit one another • **ses idées se heurtaient dans sa**

tête his head was a jumble of ideas, ideas jostled about in his head
② (= *s'opposer*) [*personnes, opinions, couleurs*] to clash (with each other)
③ (= *cogner contre*) ◆ **se heurter à** *ou* **contre qn/qch** to collide with sb/sth ◆ **se heurter à un refus** to meet with *ou* come up against a refusal ◆ **se heurter à un problème** to come up against a problem

heurtoir /'œʀtwaʀ/ **NM** [*de porte*] (door) knocker; (*Tech* = *butoir*) stop; [*de wagon, locomotive*] buffer

hévéa /evea/ **NM** hevea, rubber tree

hexacoralliaires /ɛgzakɔʀaljɛʀ/ **NMPL** ◆ **les hexacoralliaires** zoantharians, the Zoantharia (SPÉC), the Hexacorallia (SPÉC)

hexacorde /ɛgzakɔʀd/ **NM** hexachord

hexadécimal, e (mpl **-aux**) /ɛgzadesimal, o/ **ADJ** hexadecimal

hexaèdre /ɛgzaɛdʀ/
ADJ hexahedral
NM hexahedron

hexaédrique /ɛgzaedʀik/ **ADJ** hexahedral

hexafluorure /ɛgzaflyɔʀyʀ/ **NM** hexafluoride

hexagonal, e (mpl **-aux**) /ɛgzagɔnal, o/ **ADJ**
① (*Géom*) hexagonal
② (= *français*) [*politique, frontière*] national; (*péj*) [*conception*] chauvinistic

hexagone /ɛgzagɔn/ **NM** ① (*Géom*) hexagon
② ◆ **l'Hexagone** (metropolitan) France

hexamètre /ɛgzamɛtʀ/
ADJ hexameter (*épith*), hexametric(al)
NM hexameter

hexapode /ɛgzapɔd/ **ADJ, NM** hexapod

hexose /ɛgzoz/ **NM** hexose

Hezbollah /ɛzbɔla/ **NM** ◆ **le Hezbollah** Hezbollah

HF (abrév de **haute fréquence**) HF, h.f.

hi /'i, hi/ **EXCL** ◆ **hi hi !** (*rire*) ha ha!, tee-hee!; (*pleur*) boohoo!

hiatal, e (mpl **-aux**) /'jatal, o/ **ADJ** hiatal, hiatus (*épith*) ◆ **hernie hiatale** hiatus hernia

hiatus /'jatys/ SYN **NM** (*Anat, Ling*) hiatus; (= *incompatibilité*) gap, discrepancy (*entre* between)

hibernal, e (mpl **-aux**) /ibɛʀnal, o/ **ADJ** winter (*épith*), hibernal (*frm*)

hibernant, e /ibɛʀnɑ̃, ɑ̃t/ **ADJ** hibernating (*épith*)

hibernation /ibɛʀnasjɔ̃/ **NF** hibernation ◆ **hibernation artificielle** (*Méd*) induced hypothermia

hiberner /ibɛʀne/ ▶ conjug 1 ◀ **VI** to hibernate

hibiscus /ibiskys/ **NM** hibiscus

hibou (pl **hiboux**) /'ibu/ **NM** owl ◆ **(vieux) hibou*** (*péj*) crusty old bird*

hic* /'ik/ **NM** ◆ **c'est là le hic** that's the snag *ou* the trouble ◆ **il y a un hic** there's a snag *ou* slight problem

hic et nunc /'ikɛtnɔ̃k/ **LOC ADV** immediately, at once, there and then

hickory /'ikɔʀi/ **NM** hickory

hidalgo /idalgo/ **NM** hidalgo ◆ **un bel hidalgo** (*hum*) a dark dashing Spaniard (*ou Italian etc*)

hideur /'idœʀ/ SYN **NF** (*littér*) hideousness (*NonC*)

hideusement /'idøzmɑ̃/ **ADV** hideously

hideux, -euse /'idø, øz/ SYN **ADJ** hideous

hidjab /'idʒab/ **NM** hijab

hièble /'jɛbl/ **NF** danewort

hiémal, e (mpl **-aux**) /jemal, o/ **ADJ** hiemal

hier /jɛʀ/ **ADV** yesterday ◆ **hier (au) soir** yesterday evening, last night *ou* evening ◆ **toute la matinée d'hier** all yesterday morning ◆ **toute la journée d'hier** all day yesterday ◆ **il avait tout hier pour se décider** he had all (day) yesterday to make up his mind ◆ **je m'en souviens comme si c'était hier** I remember it as if it was *ou* were yesterday; → **dater, naître**

hiérarchie /'jeʀaʀʃi/ SYN **NF** hierarchy; (= *supérieurs*) superiors

hiérarchique /'jeʀaʀʃik/ SYN **ADJ** hierarchic(al) ◆ **chef** *ou* **supérieur hiérarchique** superior, senior in rank *ou* in the hierarchy; → **voie**

hiérarchiquement /'jeʀaʀʃikmɑ̃/ **ADV** hierarchically

hiérarchisation /'jeʀaʀʃizasjɔ̃/ **NF** (= *action*) organization into a hierarchy; (= *organisation*) hierarchical organization ◆ **la hiérarchisation des tâches** the prioritization of tasks

hiérarchiser /'jeʀaʀʃize/ SYN ▶ conjug 1 ◀ **VT** [+ *structure*] to organize into a hierarchy; [+ *tâches*] to prioritize ◆ **institution/société hiérarchisée** hierarchical institution/society ◆ **hiérarchisons ces questions** let's sort out these questions in order of priority

hiérarque /'jeʀaʀk/ **NM** (*Pol, Rel*) hierarch

hiératique /'jeʀatik/ SYN **ADJ** hieratic

hiératisme /'jeʀatism/ **NM** hieratic quality

hiérodule /'jeʀɔdyl/ **NM** hierodule

hiéroglyphe /'jeʀɔglif/ **NM** hieroglyph(ic) ◆ **hiéroglyphes** (= *plusieurs symboles*) hieroglyph(ic)s; (= *système d'écriture, aussi péj*) hieroglyphics

hiéroglyphique /'jeʀɔglifik/ **ADJ** hieroglyphic(al)

hiéronymite /'jeʀɔnimit/ **NM** Hieronymite

hiérophante /'jeʀɔfɑ̃t/ **NM** hierophant

hi-fi /'ifi/ **ADJ INV, NF INV** (abrév de **high fidelity**) hi-fi

high-tech /'ajtɛk/ **ADJ INV, NM INV** (abrév de **high technology**) hi-tech, high-tech

hi-han /'iɑ̃/ **EXCL** heehaw!

hi-hi /hihi/ **EXCL** (*rire*) tee-hee!, hee-hee!; (*pleurs*) boo hoo!, sniff-sniff!

hijab /'iʒab/ **NM** hijab

hilaire /'ilɛʀ/ **ADJ** hilar

hilarant, e /ilaʀɑ̃, ɑ̃t/ SYN **ADJ** [*film, scène, aventure*] hilarious, side-splitting; → **gaz**

hilare /ilaʀ/ SYN **ADJ** [*visage, personne*] beaming ◆ **il était hilare** he was beaming all over his face

hilarité /ilaʀite/ SYN **NF** hilarity, mirth ◆ **provoquer** *ou* **déclencher l'hilarité générale** to cause great mirth

hile /'il/ **NM** (*Anat, Bot*) hilum

hilote /'ilɔt/ **NM** ⇒ **ilote**

Himalaya /imalaja/ **NM** ◆ **l'Himalaya** the Himalayas ◆ **escalader un sommet de l'Himalaya** to climb one of the Himalayan peaks *ou* one of the peaks in the Himalayas

himalayen, -yenne /imalajɛ̃, jɛn/ **ADJ** Himalayan

himation /imatjɔ̃/ **NM** himation

hindi /indi/ **NM** Hindi

hindou, e /ɛ̃du/
ADJ [*coutumes, dialecte*] Hindu; † [*nationalité*] Indian
NM,F **Hindou(e)** (= *croyant*) Hindu; († = *citoyen*) Indian

hindouisme /ɛ̃duism/ **NM** Hinduism

hindouiste /ɛ̃duist/ **ADJ, NMF** Hindu

Hindou Kouch /ɛ̃dukuʃ/ **NM** Hindu Kush

Hindoustan /ɛ̃dustɑ̃/ **NM** Hindustan

hindoustani /ɛ̃dustani/ **NM** Hindustani

hinterland /intɛʀlɑ̃d/ **NM** hinterland

hip /'ip/ **EXCL** ◆ **hip hip hip hourra !** hip hip hurray! *ou* hurrah!

hip(-)hop /ipɔp/ **NM** (*Mus*) hip-hop

hipparchie /ipaʀʃi/ **NF** hipparchy

hipparion /ipaʀjɔ̃/ **NM** hipparion

hipparque /ipaʀk/ **NM** hipparch

hippie /'ipi/ **ADJ, NMF** hippy

hippique /ipik/ **ADJ** horse (*épith*), equestrian ◆ **chronique hippique** racing news (*sg*) ◆ **le sport hippique** equestrian sport

hippisme /ipism/ SYN **NM** (horse) riding, equestrianism

hippo* /ipo/ **NM** (abrév de **hippopotame**) hippo*

hippocampe /ipokɑ̃p/ **NM** (*Anat, Myth*) hippocampus; (= *poisson*) sea horse

Hippocrate /ipɔkʀat/ **NM** Hippocrates; → **serment**

hippocratique /ipɔkʀatik/ **ADJ** Hippocratic

hippocratisme /ipɔkʀatism/ **NM** (*Méd*) (= *doctrine*) Hippocratism ◆ **hippocratisme digital** Hippocratic *ou* clubbed fingers

hippodrome /ipodʀom/ SYN **NM** (= *champ de courses*) racecourse (*Brit*), racetrack (*US*); (*Antiq*) hippodrome

hippogriffe /ipogʀif/ **NM** hippogriff, hippogryph

hippologie /ipɔlɔʒi/ **NF** hippology

hippologique /ipɔlɔʒik/ **ADJ** hippological

Hippolyte /ipɔlit/ **NM** Hippolytus

hippomobile /ipomɔbil/ **ADJ** horse-drawn

hippophagie /ipɔfaʒi/ **NF** hippophagy

hippophagique /ipɔfaʒik/ **ADJ** ◆ **boucherie hippophagique** horse(meat) butcher's

hippopotame /ipopɔtam/ **NM** hippopotamus, hippo* ◆ **c'est un vrai hippopotame*** he (*ou* she) is like an elephant* *ou* a hippo*

hippopotamesque /ipopɔtamɛsk/ **ADJ** hippopotamus-like (*épith*)

hippotechnie /ipotɛkni/ **NF** horse breeding and training

hippurique /ipyʀik/ **ADJ** ◆ **acide hippurique** hippuric acid

hippy (pl **hippies**) /'ipi/ **ADJ, NMF** ⇒ **hippie**

hircin, e /iʀsɛ̃, in/ **ADJ** hircine

hirondeau (pl **hirondeaux**) /iʀɔ̃do/ **NM** baby swallow

hirondelle /iʀɔ̃dɛl/ **NF** ① (= *oiseau*) swallow ◆ **hirondelle de fenêtre/de rivage** house/sand martin ◆ **hirondelle de cheminée** barn swallow ◆ **hirondelle de mer** tern ◆ **une hirondelle ne fait pas le printemps** (*Prov*) one swallow doesn't make a summer (*Prov*); → **nid**
② († * = *policier*) (bicycle-riding) policeman

Hiroshima /'iʀɔʃima/ **N** Hiroshima

hirsute /iʀsyt/ SYN **ADJ** ① (= *ébouriffé*) [*tête*] tousled; [*personne*] shaggy-haired; [*barbe*] shaggy ◆ **un individu hirsute** a shaggy-haired *ou* hirsute individual
② (*Méd*) hirsute

hirsutisme /iʀsytism/ **NM** (*Méd*) hirsutism

hirudine /iʀydin/ **NF** hirudin

hirudinées /iʀydine/ **NFPL** ◆ **les hirudinées** hirudineans, the Hirudineae (SPÉC)

hispanique /ispanik/ **ADJ** Hispanic

hispanisant, e /ispanizɑ̃, ɑ̃t/ **NM,F** (= *spécialiste*) hispanist; (= *étudiant*) Spanish scholar

hispanisme /ispanism/ **NM** hispanicism

hispaniste /ispanist/ **NMF** ⇒ **hispanisant**

hispanité /ispanite/ **NF** Spanish identity

hispano-américain, e (mpl **hispano-américains**) /ispanoameʀikɛ̃, ɛn/
ADJ Spanish-American
NM (= *langue*) Latin American Spanish
NM,F **Hispano-Américain(e)** Spanish-American, Hispanic (*US*)

hispano-arabe (mpl **hispano-arabes**) /ispanoaʀab/, **hispano-mauresque** (mpl **hispano-mauresques**) /ispanomɔʀɛsk/ **ADJ** Hispano-Moresque

hispanophone /ispanɔfɔn/
ADJ Spanish-speaking; [*littérature*] Spanish-language (*épith*), in Spanish (*attrib*)
NMF Spanish speaker

hispide /ispid/ **ADJ** hispid

hisse /'is/ **LOC EXCL** ◆ **oh hisse** heave ho!

hisser /'ise/ SYN ▶ conjug 1 ◀
VT (*Naut*) to hoist; (= *soulever*) [+ *objet*] to hoist, to haul up, to heave up; [+ *personne*] to haul up, to heave up ◆ **hisser les couleurs** to run up *ou* hoist the colours ◆ **hissez les voiles !** up sails! ◆ **hisser qn au pouvoir** to hoist sb into a position of power
VPR **se hisser** to heave o.s. up, to haul o.s. up ◆ **se hisser sur un toit** to heave *ou* haul o.s. (up) onto a roof ◆ **se hisser sur la pointe des pieds** to stand up *ou* raise o.s. on tiptoe ◆ **se hisser à la première place** to work one's way up to first place

histamine /istamin/ **NF** histamine

histaminique /istaminik/ **ADJ** histaminic

histidine /istidin/ **NF** histidine

histiocyte /istjɔsit/ **NM** histiocyte

histochimie /istoʃimi/ **NF** histochemistry

histocompatibilité /istokɔ̃patibilite/ **NF** histocompatibility

histogénèse /istoʒenɛz/ **NF** histogenesis

histogramme /istɔgʀam/ **NM** histogram

histoire /istwaʀ/ SYN
NF ① (= *science, événements*) ◆ **l'histoire** history ◆ **l'histoire jugera** posterity will be the judge ◆ **laisser son nom dans l'histoire** to find one's place in history ◆ **tout cela, c'est de l'histoire ancienne*** all that's ancient history* ◆ **histoire naturelle** † natural history ◆ **l'histoire**

de France French history, the history of France ◆ **l'histoire de l'art/de la littérature** art/literary history ◆ **l'histoire des sciences** the history of science ◆ **l'Histoire sainte** Biblical ou sacred history ◆ **la petite histoire** the footnotes of history ◆ **pour la petite histoire** anecdotally

② (= déroulement de faits) history ◆ **son histoire familiale** his family history ◆ **raconter l'histoire de sa vie** to tell one's life story ou the story of one's life

③ (Scol) (= leçon) history (lesson); († = livre) history book

④ (= récit, conte) story ◆ **c'est toute une histoire** it's a long story ◆ **une histoire vraie** a true story ◆ **histoire de pêche/de revenants** fishing/ghost story ◆ **histoire d'amour** love story ◆ **histoire drôle** funny story, joke ◆ **histoire cochonne*** ou **de cul*** dirty story ◆ **histoire de corps de garde** (péj) barrack-room ou guard-room ou locker-room joke ◆ **histoire marseillaise** tall story ou tale, fisherman's tale (Brit) ◆ **histoire à dormir debout** cock-and-bull story, tall story ◆ **histoire de fous** shaggy-dog story ◆ **c'est une histoire de fous !** it's absolutely crazy! ◆ « **Histoires extraordinaires** » (Littérat) "Tales of the Grotesque and Arabesque" ◆ **qu'est-ce que c'est que cette histoire ?** what on earth is all this about?, just what is all this about? ◆ **le plus beau** ou **curieux de l'histoire c'est que** the best part ou strangest part of it is that ◆ **l'histoire veut qu'il ait dit...** the story goes that he said...

⑤ (* = mensonge) story, fib* ◆ **tout ça, ce sont des histoires** that's just a lot of fibs*, you've (ou they etc) made all that up ◆ **tu me racontes des histoires** you're pulling my leg, come off it!*

⑥ (* = affaire, incident) business ◆ **c'est une drôle d'histoire** it's a funny business ◆ **il vient de lui arriver une curieuse histoire/une drôle d'histoire** something odd/funny has just happened to him ◆ **ils se sont disputés pour une histoire d'argent/de femme** they had a fight over money/about a woman ◆ **se mettre dans une sale histoire, se mettre une sale histoire sur le dos** to get mixed up in some nasty business ◆ **sa nomination va causer toute une histoire** his appointment will cause a lot of fuss ou a great to-do, there will be quite a fuss ou to-do over his appointment ◆ **c'est toujours la même histoire !** it's always the same old story! ◆ **ça, c'est une autre histoire !** that's (quite) another story! ◆ **j'ai pu avoir une place mais ça a été toute une histoire** I managed to get a seat but it was a real struggle ◆ **sans histoires** [personne] ordinary; [vie, enfance] uneventful; [se dérouler] uneventfully

⑦ * (= relation amoureuse) (love) affair; (= dispute) falling-out ◆ **pourquoi ne se parlent-ils pas ? - il y a une histoire entre eux** why aren't they on speaking terms? - they fell out over something

⑧ (= chichis) fuss, to-do, carry-on* (Brit) ◆ **quelle histoire pour si peu !** what a to-do ou fuss ou carry-on* (Brit) over so little! ◆ **faire un tas d'histoires** to make a whole lot of fuss ou a great to-do ◆ **au lit, et pas d'histoires !** off to bed, and I don't want any fuss! ◆ **il fait ce qu'on lui demande sans faire d'histoires** he does what he is told without (making) a fuss

⑨ (* locutions) ◆ **histoire de faire** just to do ◆ **histoire de prendre l'air** just for a breath of (fresh) air ◆ **histoire de rire** just for a laugh*, just for fun ◆ **il a essayé, histoire de voir/de faire quelque chose** he had a go just to see what it was like/just for something to do

NFPL **histoires** * (= ennuis) trouble ◆ **faire** ou **chercher des histoires à qn** to make trouble for sb ◆ **cela ne peut lui attirer** ou **lui valoir que des histoires** that's bound to get him into trouble, that will cause him nothing but trouble ◆ **je ne veux pas d'histoires avec la police/les voisins** I don't want any trouble with the police/the neighbours

histologie /istɔlɔʒi/ **NF** histology

histologique /istɔlɔʒik/ **ADJ** histological

histolyse /istɔliz/ **NF** histolysis

histone /iston/ **NF** histone

histoplasmose /istoplasmoz/ **NF** histoplasmosis

historicisme /istɔrisism/ **NM** historicism

historicité /istɔrisite/ **NF** historicity

historié, e /istɔrje/ **ADJ** (Art) historiated

historien, -ienne /istɔrjɛ̃, jɛn/ **NM,F** (= savant) historian; (= étudiant) history student, historian

historiette /istɔrjet/ SYN **NF** little story, anecdote

historiographe /istɔrjɔgraf/ **NMF** historiographer

historiographie /istɔrjɔgrafi/ **NF** historiography

historiographique /istɔrjɔgrafik/ **ADJ** [tradition, courant, connaissance] historiographical

historique /istɔrik/ SYN

ADJ ① [étude, vérité, roman, temps] historical; [personnage, événement, monument] historic; (= mémorable) historic ◆ **c'est une journée historique pour notre équipe** it's a red letter day ou a historic day for our team ◆ **le yen a atteint son record historique hier** the yen reached a record ou an all-time high yesterday ◆ **l'action a battu son record historique de baisse** the share price fell to a record ou all-time low ◆ **le fleuve a atteint son plus haut niveau historique** the river reached the highest level ever recorded

② (= tout premier) [chef de parti, opérateur] very first

NM history ◆ **faire l'historique de** [+ problème, institution] to trace the history of

historiquement /istɔrikmɑ̃/ **ADV** historically

histrion /istrijɔ̃/ **NM** ① (Hist Théât) (wandering) minstrel, strolling player

② (péj = comédien) ham (actor)

hit* /it/ **NM** hit*

hitlérien, -ienne /itlerjɛ̃, jɛn/ **ADJ, NM,F** Hitlerian, Hitlerite

hitlérisme /itlerism/ **NM** Hitlerism

hit-parade (pl **hit-parades**) /'itpaʀad/ **NM** ① (Mus) ◆ **le hit-parade** the charts ◆ **premier/bien placé au hit-parade** number one/high up in the charts ◆ **être en tête du hit-parade** to be at the top of the charts

② (fig) ◆ **figurer au hit-parade du chômage** [pays] to be in the list of countries with high unemployment ◆ **être bien placé au hit-parade des hommes politiques** to be one of the most popular politicians ◆ **il arrive en tête au hit-parade des acteurs les plus payés** he's at the top of the list of the most highly paid actors

hittite /'itit/
ADJ Hittite
NMF **Hittite** Hittite

HIV /aʃive/ SYN **NM** (abrév de human immunodeficiency virus) HIV ◆ **virus HIV** HIV virus

hiver /ivɛʀ/ **NM** winter ◆ **il fait un temps d'hiver** it's like winter, it's wintry weather ◆ **hiver nucléaire** nuclear winter ◆ **à l'hiver de sa vie** (littér) in the twilight of his (ou her) life

hivernage /ivɛʀnaʒ/ **NM** ① [de bateau, caravane, bétail] wintering

② (Météo) rainy season

③ (Agr) (= labour) winter ploughing; (= fourrage) winter fodder

hivernal, e (mpl -aux) /ivɛʀnal, o/
ADJ (lit = de l'hiver) [brouillard, pluies] winter (épith), hibernal (frm); (= comme en hiver) [atmosphère, température, temps] wintry (épith) ◆ **en période hivernale** in winter ◆ **il faisait une température hivernale** it was as cold as (in) winter, it was like winter ◆ **station hivernale** winter resort

NF **hivernale** (Alpinisme) winter ascent

hivernant, e /ivɛʀnɑ̃, ɑ̃t/ **NM,F** winter visitor ou holiday-maker (Brit)

hiverner /ivɛʀne/ ▸ conjug 1 ◂
VI to winter
VT [+ bétail] to winter; [+ terre] to plough before winter

HLA /aʃela/ **ADJ** (abrév de human leucocyte antigens) HLA ◆ **système HLA** HLA system

HLM /'aʃɛlɛm/ **NM** ou **NF** (abrév de habitation à loyer modéré) ◆ **cité HLM** council housing estate (Brit), public housing project (US); → **habitation**

ho /'o/ **EXCL** (appel) hey (there)!; (surprise, indignation) oh!

hobby (pl **hobbies**) /'ɔbi/ SYN **NM** hobby

hobereau (pl **hobereaux**) /'ɔbʀo/ **NM** (= oiseau) hobby; (péj = seigneur) local (country) squire

hocco /'ɔko/ **NM** curassow

hochement /'ɔʃmɑ̃/ **NM** ◆ **hochement de tête** (affirmatif) nod (of the head); (négatif) shake (of the head)

hochequeue /'ɔʃkø/ **NM** wagtail

hocher /'ɔʃe/ SYN ▸ conjug 1 ◂ **VT** ◆ **hocher la tête** (affirmativement) to nod (one's head); (négativement) to shake one's head

hochet /'ɔʃɛ/ **NM** [de bébé] rattle; (= chose futile) toy

Hô Chi Minh-Ville /oʃiminvil/ **N** Ho Chi Minh City

hockey /'ɔkɛ/ **NM** hockey ◆ **faire du hockey** to play hockey ◆ **hockey sur glace** ice hockey, hockey (US) ◆ **hockey sur gazon** hockey (Brit), field hockey (US)

hockeyeur, -euse /'ɔkɛjœʀ, øz/ **NM,F** hockey player

Hodgkin /ɔdʒkin/ **N** (Méd) ◆ **maladie de Hodgkin** Hodgkin's disease

hoirie †† /waʀi/ **NF** inheritance; → **avancement**

Hokkaido /ɔkaido/ **N** Hokkaido

holà /'ɔla/
EXCL (pour attirer l'attention) hello!; (pour protester) hang on a minute!
NM ◆ **mettre le holà à qch** to put a stop ou an end to sth

holding /'ɔldiŋ/ **NM** ou **NF** holding company

hold-up /'ɔldœp/ SYN **NM** INV hold-up ◆ **faire un hold-up** to stage a hold-up ◆ **condamné pour le hold-up d'une banque** sentenced for having held up a bank ou for a bank hold-up

holisme /'ɔlism/ **NM** holism

holiste /'ɔlist/, **holistique** /ɔlistik/ **ADJ** holistic

hollandais, e /'ɔ(l)lɑ̃dɛ, ɛz/
ADJ Dutch; → **sauce**
NM ① (= langue) Dutch
② **Hollandais** Dutchman ◆ **les Hollandais** the Dutch
NF **hollandaise** ① (= vache) Friesian (Brit), Holstein (US)
② **Hollandaise** (= femme) Dutchwoman

Hollande /'ɔ(l)lɑ̃d/ **NF** Holland

hollande /'ɔ(l)lɑ̃d/
NF (= toile) holland; (= porcelaine) Dutch porcelain
NM (= fromage) Dutch cheese; (= papier) Holland

Hollywood /'ɔliwud/ **N** Hollywood

hollywoodien, -ienne /'ɔliwudjɛ̃, jɛn/ **ADJ** Hollywood (épith)

holocauste /ɔlɔkost/ SYN **NM** ① (Rel, fig = sacrifice) sacrifice, holocaust, burnt offering ◆ **l'Holocauste** (Hist) the Holocaust ◆ **offrir qch en holocauste** to offer sth up in sacrifice
② (= victime) sacrifice

holocène /ɔlɔsɛn/
ADJ Holocene
NM ◆ **l'holocène** the Holocene (period)

hologramme /ɔlɔgʀam/ **NM** hologram

holographe /ɔlɔgʀaf/ **ADJ** holograph (épith)

holographie /ɔlɔgʀafi/ **NF** holography

holographier /ɔlɔgʀafje/ ▸ conjug 7 ◂ **VT** to make a hologram of

holographique /ɔlɔgʀafik/ **ADJ** holographic(al)

holophrastique /'ɔlɔfʀastik/ **ADJ** holophrastic

holoprotéine /ɔlɔpʀɔtein/ **NF** simple protein

holoside /ɔlɔzid/ **NM** holoside

holothurie /ɔlɔtyʀi/ **NF** holothurian

homard /'ɔmaʀ/ **NM** lobster ◆ **homard à l'armoricaine/à l'américaine/thermidor** lobster à l'armoricaine/à l'américaine/thermidor

homarderie /'ɔmaʀd(ə)ʀi/ **NF** lobster bed

home /'om/
NM ◆ **home d'enfants** children's home
COMP **home cinéma** ou **cinema** home cinema

homélie /ɔmeli/ SYN **NF** homily

homéomorphe /ɔmeɔmɔʀf/ **ADJ** homeomorphic

homéomorphisme /ɔmeɔmɔʀfism/ **NM** homeomorphism

homéopathe /ɔmeɔpat/ **NMF** homoeopath(ist), homeopath(ist) ◆ **médecin homéopathe** hom(o)eopathic doctor

homéopathie /ɔmeɔpati/ **NF** hom(o)eopathy ◆ **se soigner à l'homéopathie** to take hom(o)eopathic medicine

homéopathique /ɔmeɔpatik/ ADJ homoeopathic ◆ **à dose homéopathique** (hum) in small doses

homéostasie /ɔmeɔstazi/ NF homeostasis

homéostat /ɔmeɔsta/ NM automatically controlled machine

homéostatique /ɔmeɔstatik/ ADJ homeostatic

homéotherme /ɔmeɔtɛʀm/
- ADJ homoiothermic, homothermal
- NM homoiothermic ou homothermal animal

Homère /ɔmɛʀ/ NM Homer

homérique /ɔmeʀik/ SYN ADJ Homeric; → **rire**

homespun /'ɔmspœn/ NM homespun

home-trainer (pl **home-trainers**) /'ɔmtʀɛnœʀ/ NM exercise bike

homicide /ɔmisid/ SYN
- ADJ († littér) homicidal
- NMF (littér = criminel) homicide (littér), murderer (ou murderess)
- NM (Jur = crime) murder, homicide (US) ◆ **homicide volontaire** murder, voluntary manslaughter, first-degree murder (US) ◆ **homicide involontaire** ou **par imprudence** manslaughter, second-degree murder (US)

hominidé /ɔminide/ NM hominid ◆ **les hominidés** the Hominidae

hominien /ɔminjɛ̃/ NM hominoid

hominoïdes /ɔminɔid/ NMPL ◆ **les hominoïdes** hominoids, the Homonoidae (SPÉC)

hommage /ɔmaʒ/ SYN
- NM ① (= marque d'estime) tribute ◆ **rendre hommage à qn/au talent de qn** to pay homage ou tribute to sb/to sb's talent ◆ **rendre hommage à Dieu** to pay homage to God ◆ **rendre un dernier hommage à qn** to pay one's last respects to sb ◆ **recevoir l'hommage d'un admirateur** to accept the tribute paid by an admirer ◆ **discours en hommage aux victimes de la guerre** speech paying homage ou tribute to the victims of the war
  ② (= don) ◆ **acceptez ceci comme un hommage** ou **en hommage de ma gratitude** please accept this as a mark ou token of my gratitude ◆ **faire hommage d'un livre** to give a presentation copy of a book ◆ **hommage de l'éditeur** with the publisher's compliments
  ③ (Hist) homage ◆ **hommage lige** liege homage
- NMPL **hommages** (frm) (= civilités) respects ◆ **mes hommages, Madame** my humble respects, madam ◆ **présenter ses hommages à une dame** to pay one's respects to a lady ◆ **présentez mes hommages à votre femme** give my regards to your wife

hommasse /ɔmas/ SYN ADJ mannish

homme /ɔm/ SYN
- NM ① (= espèce) ◆ **l'homme** man, mankind ◆ **les premiers hommes** early man ◆ **hommes fossiles** fossil men
  ② (= individu) man ◆ **approche si tu es un homme !** come on if you're man enough ou if you dare! ◆ **l'enfant devient homme** the child grows into ou becomes a man ◆ **vêtements d'homme** men's clothes ◆ **montre/veste d'homme** man's watch/jacket ◆ **métier d'homme** male profession ◆ **rayon hommes** men's ou menswear department ◆ **voilà votre homme** (que vous cherchez) there's the man you're looking for; (qu'il vous faut) that's the man for you ◆ **je suis votre homme !** I'm your man! ◆ **elle a rencontré l'homme de sa vie** she's found Mr Right ◆ **c'est l'homme de ma vie** he's the man of my life ◆ **c'est l'homme du jour** he's the man of the moment ou the hour ◆ **c'est l'homme de la situation** he's the right man for the job ◆ **l'homme fort du régime** the strongman of the régime ◆ **heure-/journée-/mois-** etc **homme** (unité) man-hour/-day/-month etc; → **abominable, âge, mémoire¹**
  ③ (* = mari, compagnon) man ◆ **son homme** her man* ◆ **voilà mon homme** here comes that man of mine*
  ④ (locutions) ◆ **parler d'homme à homme** to speak man to man, to have a man-to-man talk ◆ **il n'est pas homme à mentir** he's not one to lie ou a man to lie ◆ **comme un seul homme** as one man ◆ **il a trouvé son homme** (un égal) he has found his match ◆ **un homme à la mer !** man overboard! ◆ **un homme averti en vaut deux** (Prov) forewarned is forearmed (Prov) ◆ **l'homme propose, Dieu dispose** (Prov) man proposes, God disposes (Prov) ◆ **l'homme est un loup pour l'homme** (Prov) brother will turn on brother (Prov), it's a dog-eat-dog world (Prov)
- COMP **homme d'action** man of action ◆ **homme d'affaires** businessman ◆ **homme d'armes** †† man-at-arms † ◆ **homme de barre** helmsman ◆ **homme de bien** † good man ◆ **les hommes en blanc** (= psychiatres) men in white coats; (= médecins) doctors ◆ **les hommes bleus** (du désert) the Blue Men ◆ **homme des cavernes** cave man ◆ **l'homme de Cro-Magnon** Cro-Magnon man ◆ **homme d'Église** man of the Church ◆ **homme d'équipage** member of a ship's crew ◆ **navire avec 30 hommes d'équipage** ship with a crew of 30 (men) ◆ **homme d'esprit** man of wit ◆ **homme d'État** statesman ◆ **homme à femmes** womanizer, ladies' man ◆ **homme au foyer** househusband ◆ **homme de lettres** man of letters ◆ **homme lige** liege man ◆ **homme de loi** man of law, lawyer ◆ **homme de main** hired man, henchman ◆ **homme de ménage** (male) domestic help ◆ **homme du monde** man about town, socialite ◆ **c'est un parfait homme du monde** he's a real gentleman ◆ **l'homme de Neandertal** Neanderthal man ◆ **l'homme en noir** (= arbitre) the referee ◆ **homme de paille** man of straw (used as a front) ◆ **homme de peine** workhand ◆ **homme de plume** man of letters, writer ◆ **homme politique** politician ◆ **homme de quart** man ou sailor on watch ◆ **homme de robe** †† legal man, lawyer ◆ **l'homme de la rue** the man in the street ◆ **homme de science** man of science ◆ **homme à tout faire** odd-job man ◆ **homme(-)tronc** (= présentateur TV) announcer ◆ **homme de troupe** (Mil) private ◆ **homme de vigie** lookout

homme-grenouille (pl **hommes-grenouilles**) /ɔmgʀənuj/ NM frogman

homme-orchestre (pl **hommes-orchestres**) /ɔmɔʀkɛstʀ/ NM (Mus, fig) one-man band ◆ **c'est l'homme-orchestre de l'entreprise** he's the man who looks after everything in the company ◆ **c'est l'homme-orchestre de la campagne du président** he's the man orchestrating the presidential campaign

homme-sandwich (pl **hommes-sandwichs**) /ɔmsɑ̃dwitʃ/ NM sandwich man

homo* /omo/ abrév de **homosexuel**
- ADJ gay
- NM gay man ◆ **les homos** gay men

homocentre /ɔmɔsɑ̃tʀ/ NM common centre

homocentrique /ɔmɔsɑ̃tʀik/ ADJ homocentric

homocerque /ɔmɔsɛʀk/ ADJ homocercal

homochromie /ɔmɔkʀɔmi/ NF cryptic coloration

homocinétique /omosinetik/ ADJ uniform velocity (épith)

homogène /ɔmɔʒɛn/ SYN ADJ (gén) homogeneous ◆ **pour obtenir une pâte homogène** to obtain a mixture of an even consistency ◆ **c'est une classe homogène** they are all about the same level ou standard in that class ◆ **texte peu homogène** text that lacks consistency

homogénéifier /ɔmɔʒeneifje/ ▶ conjug 7 ◀ VT ⇒ **homogénéiser**

homogénéisateur, -trice /ɔmɔʒeneizatœʀ, tʀis/
- ADJ homogenizing (épith)
- NM homogenizer

homogénéisation /ɔmɔʒeneizasjɔ̃/ NF homogenization

homogénéiser /ɔmɔʒeneize/ ▶ conjug 1 ◀ VT to homogenize ◆ **lait homogénéisé** homogenized milk

homogénéité /ɔmɔʒeneite/ SYN NF homogeneity, homogeneousness ◆ **manquer d'homogénéité** [texte] to lack consistency

homographe /ɔmɔgʀaf/
- ADJ homographic
- NM homograph

homographie /ɔmɔgʀafi/ NF (Géom, Ling) homography

homographique /ɔmɔgʀafik/ ADJ (Géom) homographic

homogreffe /omogʀɛf/ NF [d'organe] homotransplant; [de tissu] homograft

homologation /ɔmɔlɔgasjɔ̃/ SYN NF (Sport) ratification; (Jur) approval, sanction (Admin) approval ◆ **homologation de testament** probate of will

homologie /ɔmɔlɔʒi/ NF (Sci) homology; (gén) equivalence

homologue /ɔmɔlɔg/ SYN
- ADJ (Sci) homologous; (gén) equivalent, homologous (de to)
- NM (Chim) homologue; (= personne) counterpart, opposite number ◆ **son homologue en Grande-Bretagne** his British counterpart, his opposite number in Britain

homologuer /ɔmɔlɔge/ SYN ▶ conjug 1 ◀ VT (Sport) to ratify; (Jur) to approve, to sanction; [+ testament] to grant probate of (Brit), to probate (US); (Admin) [+ appareil, établissement] to approve ◆ **tarif homologué** approved ou sanctioned rate ◆ **record homologué** official record ◆ **le record n'a pas pu être homologué** the record could not be made official

homoncule /ɔmɔ̃kyl/ NM ⇒ **homuncule**

homonyme /ɔmɔnim/
- ADJ homonymous
- NM (Ling) homonym; (= personne) namesake

homonymie /ɔmɔnimi/ NF homonymy

homonymique /ɔmɔnimik/ ADJ homonymic

homoparental, e (mpl -aux) /ɔmɔpaʀɑ̃tal, o/ ADJ [famille] same sex, homoparental

homoparentalité /ɔmɔpaʀɑ̃talite/ NF same-sex parenting, homoparentality

homophile /ɔmɔfil/ ADJ, NM homophile

homophobe /ɔmɔfɔb/
- ADJ [personne] homophobic
- NMF homophobe

homophobie /ɔmɔfɔbi/ NF homophobia

homophone /ɔmɔfɔn/
- ADJ (Ling) homophonous; (Mus) homophonic
- NM homophone

homophonie /ɔmɔfɔni/ NF homophony

homosexualité /ɔmɔsɛksɥalite/ SYN NF homosexuality

homosexuel, -elle /ɔmɔsɛksɥɛl/ SYN ADJ, NM,F homosexual

homosphère /ɔmɔsfɛʀ/ NF homogeneous atmosphere

homothermie /ɔmɔtɛʀmi/ NF homoiothermy, homothermy

homothétie /ɔmɔtesi/ NF homothety

homothétique /ɔmɔtetik/ ADJ homothetic

homozygote /omozigɔt/
- ADJ homozygous
- NMF homozygote

homuncule /ɔmɔ̃kyl/ NM homunculus

Honduras /'ɔ̃dyʀas/ NM ◆ **le Honduras** Honduras ◆ **le Honduras britannique** British Honduras

hondurien, -ienne /'ɔ̃dyʀjɛ̃, jɛn/
- ADJ Honduran
- NM,F **Hondurien(ne)** Honduran

Hongkong, Hong-Kong /'ɔ̃gkɔ̃g/ N Hong Kong

hongkongais, e /'ɔ̃gkɔ̃gɛ, ɛz/
- ADJ Hongkongese
- NM,F **Hongkongais(e)** Hongkongese

hongre /'ɔ̃gʀ/ SYN
- ADJ gelded
- NM gelding

hongrer /'ɔ̃gʀe/ ▶ conjug 1 ◀ VT to geld

Hongrie /'ɔ̃gʀi/ NF Hungary

hongrois, e /'ɔ̃gʀwa, waz/
- ADJ Hungarian
- NM (= langue) Hungarian
- NM,F **Hongrois(e)** Hungarian

hongroyage /'ɔ̃gʀwajaʒ/ NM tanning with alum and salt

hongroyer /'ɔ̃gʀwaje/ ▶ conjug 8 ◀ VT to tan with alum and salt

honnête /ɔnɛt/ SYN
- ADJ ① (= intègre) [personne] honest, decent; [conduite] decent; [procédés, intentions] honest ◆ **ce sont d'honnêtes gens** they are decent people ou folk* ◆ **des procédés peu honnêtes** dishonest practices
  ② († = vertueux) [femme] respectable

3 (= correct) [marché] fair; [prix, résultats] reasonable, fair; [repas] reasonable ◆ **ce livre est honnête** this book isn't bad ◆ **rester dans une honnête moyenne** to maintain a fair average ◆ **un vin honnête** an honest little wine

4 (= franc) honest, frank ◆ **sois honnête, tu aimerais bien le renvoyer** be honest, you'd love to sack him

COMP **honnête homme** (Hist) gentleman, man of breeding

honnêtement /ɔnɛtmɑ̃/ SYN ADV 1 (= avec intégrité) [agir] fairly, decently; [gérer] honestly ◆ **gagner honnêtement sa vie** to make an honest living

2 (= correctement) reasonably ◆ **c'est honnêtement payé** it's reasonably paid, you get a fair *ou* reasonable wage for it ◆ **il s'en sort honnêtement** he's managing fairly well *ou* reasonably well ◆ **il gagne honnêtement sa vie** he makes a decent living

3 (= franchement) honestly, frankly ◆ **il a honnêtement reconnu son erreur** he frankly admitted his error ◆ **honnêtement, vous le saviez bien !** come on, you knew! ◆ **honnêtement, qu'en penses-tu ?** be honest, what do you think?

honnêteté /ɔnɛtte/ SYN NF 1 (= intégrité) [de personne] honesty, decency; [de conduite] decency; [de procédés, intentions] honesty ◆ **honnêteté intellectuelle** intellectual honesty ◆ **avec une honnêteté scrupuleuse** with scrupulous honesty

2 (= franchise) honesty ◆ **en toute honnêteté, je ne le crois pas** in all honesty *ou* to be perfectly frank, I don't believe it ◆ **il a l'honnêteté de reconnaître que...** he is honest enough to admit that...

3 († = vertu) [de femme] respectability

honneur /ɔnœʀ/ SYN

NM 1 (= réputation) honour (Brit), honor (US) ◆ **l'honneur est sauf** our (*ou* their *etc*) honour is intact *ou* safe ◆ **mon honneur est en jeu** my honour is at stake ◆ **l'honneur m'oblige à le faire** I am in honour bound to do it ◆ **mettre son** *ou* **un point d'honneur à faire qch** to make it a point of honour to do sth ◆ **jurer** *ou* **déclarer sur l'honneur** to give one's word; (par écrit) to make a sworn statement ◆ **homme/femme d'honneur** man/woman of honour, man/woman with a sense of honour ◆ **bandit d'honneur** outlaw (because of a blood feud); → **dette, manquer, parole** *etc*

2 (= mérite) credit ◆ **avec honneur** creditably ◆ **il s'en est tiré* avec honneur** he made quite a creditable job of it ◆ **c'est tout à son honneur** it does him (great) credit *ou* is much to his credit ◆ **c'est à lui que revient l'honneur d'avoir inventé...** the credit is his for having invented... ◆ **être l'honneur de sa profession** to be a credit *ou* an honour to one's profession ◆ **cette décision vous fait honneur** this decision does you credit *ou* is to your credit ◆ **c'est trop d'honneur que vous me faites** you're giving me too much credit; → **tour²**

3 (= privilège, faveur) honour ◆ **faire (à qn) l'honneur de venir** to do sb the honour of coming ◆ **me ferez-vous l'honneur de danser avec moi ?** may I have the pleasure of this dance? ◆ **avoir l'honneur de** to have the honour of ◆ **j'ai eu l'honneur de recevoir sa visite** he honoured me with a visit ◆ **je suis ravi de vous rencontrer – tout l'honneur est pour moi** delighted to meet you – the pleasure is (all) mine *ou* it is my pleasure ◆ **qui commence à jouer ? – à toi l'honneur** who is it to start? – it's you (to start) ◆ **j'ai l'honneur de solliciter...** (formule épistolaire) I am writing to ask... ◆ **j'ai l'honneur de vous informer que** I am writing to inform you that, I beg to inform you that (frm) ◆ **garde/invité** *ou* **hôte d'honneur** guard/guest of honour ◆ **président/membre d'honneur** honorary president/member; → **baroud, champ¹, citoyen** *etc*

4 (Cartes) honour

5 (= titre) ◆ **votre Honneur** Your Honour

6 (locutions) ◆ **honneur aux vainqueurs !** hail the victors!, honour to the conquerors! ◆ **honneur aux dames** ladies first ◆ **à toi** *ou* **vous l'honneur** after you ◆ **être à l'honneur** [personne] to have the place of honour; [mode, style] to be to the fore, to be much in evidence ◆ **être en honneur** [coutume] to be the done thing; [style, mode] to be in favour ◆ **remettre en honneur** to reintroduce ◆ **en l'honneur de nos hôtes/de cet événement** in honour of our guests/of this event ◆ **à qui ai-je l'honneur ?** to whom do I have the honour of speaking? ◆ **que me vaut l'honneur de votre visite ?** to what do I owe the honour of your visit? ◆ **en quel honneur toutes ces fleurs ?*** (iro) what are all these flowers in aid of?* ◆ **en quel honneur t'appelle-t-il « mon bijou » ?** (iro) what gives him the right to call you "my love"? ◆ **faire honneur à** [+ engagements, signature] to honour; [+ traite] to honour, to meet; [+ sa famille] to be a credit *ou* an honour to; [+ repas] to do justice to ◆ **il a fini la partie pour l'honneur** he gallantly finished the game (for its own sake); → **bras**

NMPL **honneurs** (= marques de distinction) honours ◆ **aimer/mépriser les honneurs** to be fond of/despise honours ◆ **couvert d'honneurs** covered in honours ◆ **avec tous les honneurs dus à son rang** with all the honours due to his rank ◆ **honneurs militaires** military honours ◆ **se rendre avec les honneurs de la guerre** (Mil) to be granted the honours of war; (fig) to suffer an honourable defeat ◆ **faire les honneurs de la maison à qn** to (do the honours and) show sb round the house ◆ **avoir les honneurs de la première page** to make the front page ◆ **avoir les honneurs de la cimaise** to have one's works exhibited ◆ **rendre les derniers honneurs à qn** to pay one's last respects to sb

honnir /'ɔniʀ/ SYN ▸ conjug 2 ◂ VT (frm) to hold in contempt ◆ **honni soit qui mal y pense** honi soit qui mal y pense

Honolulu /ɔnɔlyly/ N Honolulu

honorabilité /ɔnɔʀabilite/ SYN NF [de personne, sentiments] worthiness ◆ **soucieux d'honorabilité** anxious to be thought honourable

honorable /ɔnɔʀabl/ SYN ADJ 1 (= respectable) [personne, but, sentiment] honourable (Brit), honorable (US), worthy ◆ **l'honorable compagnie** this worthy company (frm) (aussi hum) ◆ **mon honorable collègue** (frm, iro) my honourable *ou* esteemed colleague (frm) (aussi iro) ◆ **à cet âge honorable** at this grand old age ◆ **une défaite honorable** an honourable defeat

2 (= suffisant) [salaire, résultats] decent, respectable; → **amende**

honorablement /ɔnɔʀabləmɑ̃/ SYN ADV 1 (= de façon respectable) honourably (Brit), honorably (US) ◆ **honorablement connu dans le quartier** known and respected in the district

2 (= convenablement) decently ◆ **il gagne honorablement sa vie** he makes a decent living ◆ **l'équipe s'est comportée honorablement** (Sport) the team put up a decent *ou* creditable performance

honoraire /ɔnɔʀɛʀ/ SYN

ADJ [membre, président] honorary ◆ **professeur honoraire** professor emeritus, emeritus professor

NMPL **honoraires** [de médecin, avocat] fees

honorariat /ɔnɔʀaʀja/ NM honorary status

honorer /ɔnɔʀe/ SYN ▸ conjug 1 ◂

VT 1 (= glorifier) [+ savant, Dieu] to honour (Brit), to honor (US) ◆ **honorer la mémoire de qn** to honour the memory of sb

2 (littér = estimer) to hold in high regard *ou* esteem ◆ **je l'honore à l'égal de...** I have the same regard *ou* esteem for him as I do for... ◆ **mon honoré collègue** my esteemed *ou* respected colleague

3 (= gratifier) ◆ **honorer qn de qch** to honour sb with sth ◆ **il m'honorait de son amitié/de sa présence** he honoured me with his friendship/his presence ◆ **il ne m'a pas honoré d'un regard** (iro) he did not honour me with so much as a glance (iro), he did not (even) deign to look at me ◆ **je suis très honoré** I am highly *ou* greatly honoured

4 (= faire honneur à) to do credit to, to be a credit to ◆ **cette franchise l'honore** this frankness does him credit ◆ **il honore sa profession/son pays** he's a credit *ou* an honour to his profession/country

5 [+ chèque, signature, promesse, contrat] to honour; [+ traite] to honour, to meet; [+ médecin, notaire] to settle one's account with ◆ **votre honorée du...** † (= lettre) yours of the...

6 († ou hum) ◆ **honorer sa femme** to fulfil one's conjugal duties (hum)

VPR **s'honorer** ◆ **s'honorer de** to pride o.s. (up)on, to take pride in

honorifique /ɔnɔʀifik/ SYN ADJ [fonction] honorary, ceremonial (US) ◆ **à titre honorifique** on an honorary basis

honoris causa /ɔnɔʀiskoza/ ADJ ◆ **il a été nommé docteur honoris causa** he has been awarded an honorary doctorate ◆ **docteur honoris causa de l'université de Harvard** honorary doctor of the University of Harvard

Honshu /ɔnʃu/ NF Honshu

honte /'ɔ̃t/ SYN NF 1 (= déshonneur, humiliation) disgrace, shame ◆ **couvrir qn de honte** to bring disgrace *ou* shame on sb, to disgrace sb ◆ **quelle honte** *ou* **c'est une honte pour la famille !** what a disgrace to the family!, he brings shame upon the family! ◆ **faire** *ou* **être la honte de la famille/profession** to be the disgrace of one's family/profession ◆ **honte à celui qui...** (littér) shame upon him who... (littér) ◆ **honte à toi !** shame on you! ◆ **il n'y a aucune honte à être...** there's no shame *ou* disgrace in being... ◆ **c'est une honte !** that's disgraceful! *ou* a disgrace! ◆ **c'est la honte !*** it's pathetic!* ◆ **j'avais la honte !*** I felt so pathetic!*

2 (= sentiment de confusion, gêne) shame ◆ **à ma (grande) honte** to my (great) shame ◆ **sans honte** shamelessly ◆ **sans fausse honte** quite openly ◆ **avoir honte (de qch/de faire)** to be *ou* feel ashamed (of sth/of doing) ◆ **tu devrais avoir honte !** you should be ashamed (of yourself)! ◆ **pleurer/rougir de honte** to weep for/blush with shame ◆ **mourir de honte** to die of shame ◆ **elle n'a aucune honte** † she is utterly shameless, she has no shame ◆ **avoir toute honte bue** (frm) to be beyond shame ◆ **tu me fais honte !** you're an embarrassment!, you make me feel so ashamed! ◆ **faire honte à qn de sa lenteur** to make sb (feel) ashamed of how slow they are ◆ **il leur fait honte par sa rapidité** he's so fast he puts them to shame; → **court¹**

honteusement /'ɔ̃tøzmɑ̃/ ADV 1 (= scandaleusement) (gén) shamefully; [exploiter] shamelessly

2 (= avec confusion) [cacher] in shame

honteux, -euse /'ɔ̃tø, øz/ SYN ADJ 1 (= déshonorant) shameful; (= scandaleux) disgraceful, shameful ◆ **c'est honteux !** it's a disgrace!, it's disgraceful! *ou* shameful! ◆ **il n'y a rien de honteux à cela** that's nothing to be ashamed of, there's nothing shameful about that; → **maladie**

2 (= confus) ashamed (de of) ◆ **d'un air honteux** shamefacedly ◆ **bourgeois/nationaliste honteux** (= cachant ses opinions) closet bourgeois/nationalist

3 (Anat) [nerf, artère] pudendal

hooligan /'uligan/ NM hooligan

hooliganisme /'uliganism/ NM hooliganism

hop /'ɔp/ EXCL ◆ **hop (là) !** (pour faire sauter) hup!; (pour faire partir) off you go!; (après un geste maladroit) (w)oops!

hopi /'ɔpi/

ADJ [village, indien] Hopi

NMF **Hopi** Hopi ◆ **les Hopis** the Hopis, the Hopi Indians

hôpital (pl -aux) /ɔpital, o/ SYN NM hospital ◆ **être à l'hôpital** [patient] to be in hospital (Brit), to be in the hospital (US); [médecin, visiteur] to be at the hospital ◆ **aller à l'hôpital** to go to hospital ◆ **entrer à l'hôpital** to go into hospital ◆ **hôpital militaire/psychiatrique** military/psychiatric hospital ◆ **hôpital de jour** day (Brit) *ou* outpatient (US) hospital ◆ **hôpital de semaine** short-stay ward ou hospital ◆ **bateau-/navire-hôpital** hospital boat/ship ◆ **hôpital pour enfants** children's hospital ◆ **l'hôpital public** (institution) state-run hospitals ◆ **c'est l'hôpital qui se moque de la charité** it's the pot calling the kettle black

hoplite /ɔplit/ NM hoplite

hoquet /'ɔkɛ/ NM [de personne] hiccup ◆ **hoquets** [de machine, véhicule] spluttering (NonC) ◆ **avoir le hoquet** to have (the) hiccups ◆ **il a eu un hoquet de dégoût/peur** he gulped with distaste/fear ◆ **malgré quelques hoquets, les négociations continuent** (= dysfonctionnements) despite a few hiccups *ou* the occasional glitch*, the negotiations are continuing

hoqueter /'ɔk(ə)te/ ▸ conjug 4 ◂ VI [personne] (= avoir le hoquet) to hiccup; (= pleurer) to gasp; [machine, véhicule] to splutter

hoqueton /'ɔk(ə)tɔ̃/ NM (Hist = veste) acton

Horace /ɔʀas/ NM Horatio; (= le poète) Horace

horaire /ɔʀɛʀ/ SYN

ADJ 1 [débit, salaire, moyenne, coût] hourly ◆ **vitesse horaire** speed per hour

2 (Astron) horary; → **décalage, fuseau, tranche**

NM [1] *[de personnel]* schedule, working hours; *[d'élèves]* timetable ◆ **quand on est directeur, on n'a pas d'horaire** when you are a manager, you don't have any set working hours ◆ **je ne suis tenu à aucun horaire** I can keep my own hours, I'm not tied down to a fixed schedule ◆ **horaires de travail/bureau** working/office hours ◆ **avoir des horaires flexibles** *ou* **variables** *ou* **à la carte** to have flexible working hours, to work flexitime *(Brit) ou* flextime *(US)*

[2] *[de bus, train]* timetable *[de bateau, vols]* schedule, timetable ◆ **horaires de train** train times ◆ **le train est en avance/en retard sur l'horaire prévu** the train is ahead of/behind schedule ◆ **il a 20 minutes de retard sur l'horaire prévu** *[car, train]* it's running 20 minutes late; *[avion]* it's 20 minutes late *ou* behind schedule ◆ **l'horaire** *ou* **les horaires de diffusion** *(Radio, TV)* the broadcasting schedule ◆ **ce n'est pas un bon horaire de diffusion pour cette émission** it's not a good time-slot for this programme

horde /'ɔʀd/ SYN NF horde

hordéine /ɔʀdein/ NF hordein

horion /'ɔʀjɔ̃/ NM *(† ou hum) (gén pl)* blow, punch ◆ **échanger des horions avec la police** to exchange blows with the police

horizon /ɔʀizɔ̃/ SYN NM [1] *(Astron, Art)* horizon ◆ **la ligne d'horizon** the horizon ◆ **horizon artificiel** artificial horizon ◆ **un bateau sur** *ou* **à l'horizon** a boat on the horizon *ou* skyline ◆ **disparaître à l'horizon** to disappear below the horizon ◆ **personne à l'horizon ? on y va !** nobody around *ou* in sight? – let's go then! ◆ **se pointer** *ou* **se profiler** *ou* **poindre à l'horizon** *(lit, fig)* to loom on the horizon

[2] *(= paysage)* landscape, view ◆ **on découvre un vaste horizon/un horizon de collines** you come upon a vast panorama/a hilly landscape ◆ **changer d'horizon** to have a change of scenery *ou* scene ◆ **ce village était tout son horizon** this village was his whole world *ou* the only world he knew ◆ **voyager vers de nouveaux horizons** to make for new horizons ◆ **venir d'horizons divers** to come *ou* hail *(frm)* from different backgrounds

[3] *(= avenir, perspective)* horizon ◆ **ça lui a ouvert de nouveaux horizons** it opened (up) new horizons *ou* vistas for him ◆ **l'horizon économique du pays** the country's economic prospects ◆ **faire des prévisions pour l'horizon 2020** to make forecasts for (the year) 2020 ◆ **à l'horizon 2020** by (the year) 2020; → **tour²**

horizontal, e (mpl **-aux**) /ɔʀizɔ̃tal, o/

ADJ *(gén, Écon)* horizontal ◆ **être en position horizontale** to be lying down flat ◆ **elle/il prend facilement la position horizontale** * she/he is an easy lay *

NF **horizontale** *(gén, Géom)* horizontal ◆ **placer qch à l'horizontale** to put sth horizontal *ou* in a horizontal position ◆ **tendez vos bras à l'horizontale** stretch your arms out in front of you

horizontalement /ɔʀizɔ̃talmɑ̃/ ADV *(gén)* horizontally; *(dans mots croisés)* across

horizontalité /ɔʀizɔ̃talite/ NF horizontality, horizontalness

horloge /ɔʀlɔʒ/ SYN NF *(gén, Ordin)* clock ◆ **avec une régularité d'horloge** as regular as clockwork ◆ **avec la précision d'une horloge** with clockwork precision ◆ **il est 2 heures à l'horloge** it's 2 o'clock by *ou* according to the clock ◆ **l'horloge parlante** the speaking clock *(Brit)*, Time *(US)* ◆ **horloge astronomique/atomique** astronomical/atomic clock ◆ **horloge normande** *ou* **de parquet** grandfather clock ◆ **horloge interne/biologique** internal/biological clock ; → **heure**

horloger, -ère /ɔʀlɔʒe, ɛʀ/

ADJ *[industrie]* watch-making *(épith)*, clock-making *(épith)*

NM,F *(gén)* watchmaker; *(spécialement d'horloges)* clockmaker ◆ **horloger bijoutier** jeweller *(specializing in clocks and watches)* ◆ **le grand horloger** *(littér)* the Creator

horlogerie /ɔʀlɔʒʀi/ NF *(= fabrication) (gén)* watch-making; *[d'horloges]* clock-making; *(= objets)* time-pieces; *(= magasin)* watchmaker's (shop), clockmaker's (shop); *(= technique, science)* horology ◆ **horlogerie bijouterie** jeweller's shop *(specializing in clocks and watches)* ◆ **pièces d'horlogerie** clock components; → **mouvement**

hormis /'ɔʀmi/ SYN PRÉP *(frm)* except for, apart from ◆ **personne hormis ses fils** nobody except for *ou* apart from his sons, nobody but *ou* save *(frm)* his sons

hormonal, e (mpl **-aux**) /ɔʀmɔnal, o/ ADJ *[traitement]* hormonal, hormone *(épith)*; *[contraception, déséquilibre]* hormonal

hormone /ɔʀmɔn/ NF hormone ◆ **hormone de croissance/sexuelle** growth/sex hormone ◆ **poulet/veau aux hormones** * hormone-fed *ou* hormone-treated chicken/veal

hormoner * /ɔʀmɔne/ ► conjug 1 ◄ VT to inject with hormones

hormonothérapie /ɔʀmɔnoteʀapi/ NF hormone therapy

hornblende /'ɔʀnblɛd/ NF hornblende

horodaté, e /ɔʀɔdate/ ADJ *[stationnement]* pay and display *(épith)*; *[ticket]* stamped with the hour and date *(attrib)* ◆ **une télécopie horodatée à 12h05** a fax sent at 12.05

horodateur /ɔʀɔdatœʀ/ NM *[de parking]* ticket machine, pay-and-display ticket machine *(Brit)*

horokilométrique /ɔʀɔkilɔmetʀik/ ADJ ◆ **compteur horokilométrique** counter in kilometres per hour

horoscope /ɔʀɔskɔp/ NM horoscope ◆ **faire l'horoscope de qn** to cast *ou* do sb's horoscope ◆ **regarder/lire son horoscope** to consult/read one's horoscope *ou* stars *

horreur /ɔʀœʀ/ SYN NF [1] *(= effroi, répulsion)* horror ◆ **il était devenu pour elle un objet d'horreur** he had become an object of horror to her ◆ **frappé** *ou* **saisi d'horreur** horror-stricken, horror-struck ◆ **vision d'horreur** horrific *ou* horrendous *ou* horrifying sight ◆ **l'horreur d'agir/du risque qui le caractérise** the horror of acting/taking risks which is typical of him ◆ **son horreur de la lâcheté** his horror *ou* loathing of cowardice ◆ **je me suis aperçu avec horreur que...** to my horror I realized that...

[2] *(= laideur) [de crime, guerre]* horror ◆ **l'esclavage dans toute son horreur** slavery in all its horror

[3] *(= chose)* ◆ **les horreurs de la guerre** the horrors of war ◆ **c'est une horreur** *[tableau]* it's hideous *ou* ghastly *; *[personne méchante]* he's *(ou* she's) hideous; *[personne méchante]* he's *(ou* she's) ghastly * ◆ **ce film/travail est une horreur** this film/piece of work is awful *ou* dreadful ◆ **quelle horreur !** how dreadful! *ou* awful!; → **film, musée**

[4] *(* = actes, propos)* ◆ **horreurs** dreadful *ou* terrible things ◆ **débiter des horreurs sur qn** to say dreadful *ou* terrible things about sb

[5] *(locutions)* ◆ **cet individu me fait horreur** that fellow disgusts me ◆ **le mensonge me fait horreur** I loathe *ou* detest lying, I have a horror of lying ◆ **la viande me fait horreur** I can't stand *ou* bear meat, I loathe *ou* detest meat ◆ **avoir qch/qn en horreur** to loathe *ou* detest sth/sb ◆ **j'ai ce genre de livre en horreur** I loathe *ou* detest this type of book, I have a horror of this type of book ◆ **prendre qch/qn en horreur** to come to loathe *ou* detest sth/sb ◆ **avoir horreur de qch/de faire qch** to loathe *ou* detest sth/doing sth

horrible /ɔʀibl/ SYN ADJ *(= effrayant) [crime, accident, blessure]* horrible; *(= extrême) [chaleur, peur]* terrible, dreadful; *(= laid) [chapeau, personne, tableau]* horrible, hideous; *(= mauvais) [temps]* terrible, ghastly *, dreadful; *[travail]* terrible, dreadful; *(= méchant) [personne, propos]* horrible, awful ◆ **il a été horrible avec moi** he was horrible to me

horriblement /ɔʀibləmɑ̃/ SYN ADV *(= de façon effrayante)* horribly; *(= extrêmement)* horribly, terribly, dreadfully

horrifiant, e /ɔʀifjɑ̃, jɑ̃t/ SYN ADJ horrifying

horrifier /ɔʀifje/ SYN ► conjug 7 ◄ VT to horrify ◆ **horrifié par la dépense** horrified at the expense

horrifique /ɔʀifik/ ADJ *(hum)* blood-curdling, horrific

horripilant, e /ɔʀipilɑ̃, ɑ̃t/ SYN ADJ trying, exasperating

horripilation /ɔʀipilasjɔ̃/ NF horripilation

horripiler /ɔʀipile/ SYN ► conjug 1 ◄ VT ◆ **horripiler qn** to try sb's patience, to exasperate sb

hors /'ɔʀ/ SYN

PRÉP *(= excepté)* except (for), apart from, save *(littér)*, but ◆ **hors que** *(littér)* save that *(littér)* ◆ **Arles hors les murs** the outer parts of Arles *(beyond the city walls)*

LOC PRÉP **hors de** [1] *(position)* outside, out of, away from; *(changement de lieu)* out of ◆ **vivre hors de la ville** to live out of town *ou* outside the town ◆ **vivre hors de son pays** to live away from *ou* outside one's own country ◆ **le choc l'a projeté hors de la voiture** the impact threw him out of the car ◆ **il est plus agréable d'habiter hors du centre** it is more pleasant to live away from *ou* outside the centre ◆ **vivre hors de son temps/la réalité** to live in a different age/in a dream world ◆ **hors du temps** *[personnage, univers]* timeless ◆ **hors d'ici !** get out of here! ◆ **hors de l'Église, point de salut** *(Prov)* without the Church there is no salvation ◆ **hors de l'Europe, point de salut** *(hum)* without Europe there can be no salvation *ou* there is no hope

[2] *(locutions)* ◆ **il est hors d'affaire** he is out of the wood *(Brit) ou* woods *(US)*, he's over the worst ◆ **mettre qn hors d'état de nuire** to render sb harmless ◆ **être hors de soi** to be beside o.s. (with anger) ◆ **cette remarque l'a mise hors d'elle** she was beside herself when she heard the remark; → **atteinte², commun, portée²** *etc*

COMP **hors antenne** off the air

hors jeu *[joueur]* offside; *[ballon]* out of play; *(Tennis)* out (of play); *(fig)* out of the running ◆ **mettre qn hors jeu** *(Sport)* to put sb offside; *(fig)* to put sb out of the running ◆ **se mettre hors jeu** to rule *ou* put o.s. out of the running

hors ligne ⇒ **hors pair**

hors pair outstanding, unparalleled, matchless

hors sol above-ground

hors tout ◆ **longueur/largeur hors tout** overall length/width; → **circuit, course, service** *etc*

hors-bord /'ɔʀbɔʀ/ NM INV *(= moteur)* outboard motor; *(= bateau)* speedboat *(with outboard motor)*

hors-cote /'ɔʀkɔt/ NM INV over-the-counter market, unofficial market, off-board market *(US)*

hors-d'œuvre /'ɔʀdœvʀ/ SYN NM INV *(Culin)* hors d'œuvre ◆ **hors-d'œuvre variés** assorted cold meats and salads ◆ **son discours n'était qu'un hors-d'œuvre** his speech was just a taste of things to come

horse-power /'ɔʀspɔwœʀ/ NM INV horsepower

hors-jeu /'ɔʀʒø/ NM INV offside ◆ **être en position de hors-jeu** to be offside; → **hors**

hors-la-loi /'ɔʀlalwa/ NMF INV outlaw

hors-piste /'ɔʀpist/

ADV, ADJ INV off-piste

NM INV off-piste skiing ◆ **faire du hors-piste** to ski off piste

hors-série /'ɔʀseʀi/ NM INV *(= magazine)* special edition

horst /'ɔʀst/ NM *(Géog, Géol)* horst

hors-texte /'ɔʀtɛkst/ NM INV *(= gravure)* plate

hortensia /ɔʀtɑ̃sja/ NM hydrangea

horticole /ɔʀtikɔl/ ADJ horticultural

horticulteur, -trice /ɔʀtikyltœʀ, tʀis/ NM,F horticulturist

horticulture /ɔʀtikyltyʀ/ NF horticulture

hortillonnage /ɔʀtijɔnaʒ/ NM *(= marais)* marsh used for vegetable farming

Horus /ɔʀys/ NM Horus

hosanna /oza(n)na/ NM hosanna

hospice /ɔspis/ NM [1] *(= hôpital)* home ◆ **hospice de vieillards** old people's home ◆ **mourir à l'hospice** to die in the poorhouse

[2] *[de monastère]* hospice

hospitalier, -ière /ɔspitalje, jɛʀ/ SYN

ADJ [1] *[service, personnel, médecine]* hospital *(épith)* ◆ **centre** *ou* **établissement hospitalier** hospital

[2] *(= accueillant)* hospitable

NM,F [1] *(= religieux)* ◆ **(frère) hospitalier, (sœur) hospitalière** hospitaller

[2] *(= infirmier)* nurse ◆ **les hospitaliers** hospital staff

hospitalisation /ɔspitalizasjɔ̃/ NF hospitalization ◆ **hospitalisation à domicile** home (medical) care

hospitaliser /ɔspitalize/ ► conjug 1 ◄ VT to hospitalize, to send to hospital ◆ **malade hospitalisé** in-patient ◆ **10% des malades hospitalisés** 10% of hospital patients *ou* cases ◆ **être hospitalisé** to be admitted to hospital, to be hospitalized

- **elle a été hospitalisée d'urgence** she was rushed to hospital

hospitalisme /ɔspitalism/ NM hospitalism

hospitalité /ɔspitalite/ NF hospitality • **donner l'hospitalité à qn** to give ou offer sb hospitality • **avoir le sens de l'hospitalité** to be hospitable

hospitalo-universitaire (mpl **hospitalo-universitaires**) /ɔspitaloyniversitɛr/ ADJ • **centre hospitalo-universitaire** teaching hospital

hospodar /ɔspodar/ NM hospodar

hostellerie † /ɔstɛlri/ NF hostelry †

hostie /ɔsti/ NF (Rel) host; (†† = victime) sacrificial victim

hostile /ɔstil/ SYN ADJ hostile (à to)

hostilement /ɔstilmɑ̃/ ADV in a hostile way

hostilité /ɔstilite/ SYN NF hostility (à, envers to, towards) • **ouvrir/reprendre les hostilités** to open/re-open hostilities

hosto* /ɔsto/ NM hospital

hot /ɔt/
  - ADJ INV [jazz] hot
  - NM INV hot jazz

hot(-)dog (pl **hot(-)dogs**) /ɔtdɔg/ NM hot dog

hôte /ot/ SYN
  - NM (= maître de maison) host; († = aubergiste) landlord, host; (Bio) host; (Ordin) host computer • **les hôtes du bois/du marais** (littér) the denizens (littér) of the wood/marsh; → **chambre, table**
  - NMF (= invité) guest; (= client) patron; (= locataire) occupant • **un hôte de marque** a distinguished guest • **hôte payant** paying guest

  ⚠ Au sens de 'invité', 'client' ou 'locataire', **hôte** ne se traduit pas par **host**.

hôtel /otɛl/ SYN
  - NM hotel • **vivre/coucher à l'hôtel** to live/sleep in a hotel • **aller** ou **descendre à l'hôtel** to put up at a hotel; → **maître, rat**
  - COMP **hôtel des impôts** tax office
  - **hôtel meublé** (cheap) residential hotel
  - **l'hôtel de la Monnaie** ≃ the Mint
  - **hôtel particulier** town house, (private) mansion
  - **hôtel de passe** hotel used by prostitutes
  - **hôtel de police** police station
  - **hôtel de tourisme** tourist hotel
  - **hôtel des ventes** saleroom, salesroom (US)
  - **hôtel de ville** town hall

hôtel-Dieu (pl **hôtels-Dieu**) /otɛldjø/ NM general hospital

hôtelier, -ière /otəlje, jɛʀ/ SYN
  - ADJ [chaîne, complexe, industrie, profession] hotel (épith); → **école**
  - NM,F hotelier, hotel-keeper • **hôtelier restaurateur** hotel-and-restaurant owner

hôtellerie /otɛlri/ NF (= auberge) inn, hostelry †; [d'abbaye] guest quarters, hospice †; (= profession) hotel business; (= matière enseignée) hotel management • **hôtellerie de plein air** camping and caravanning

hôtel-restaurant (pl **hôtels-restaurants**) /otɛlrɛstɔʀɑ̃/ NM hotel (with public restaurant)

hôtesse /otɛs/ SYN NF (= maîtresse de maison) hostess; († = aubergiste) landlady • **hôtesse (de l'air)** stewardess, air hostess (Brit), flight attendant • **hôtesse (d'accueil)** [d'hôtel, bureau] receptionist; [d'exposition, colloque] hostess • **hôtesse de caisse** checkout assistant

hotte /ɔt/ NF (= panier) basket (carried on the back); [de cheminée, laboratoire] hood • **hotte aspirante** ou **filtrante** [de cuisine] extractor ou hood (Brit) ou range (US) hood • **la hotte du Père Noël** Santa Claus's sack

hottentot, e /ɔtɑ̃to, ɔt/
  - ADJ Hottentot
  - NM,F **Hottentot(e)** Hottentot

hou /'u/ EXCL boo!

houache /waʃ/, **houaiche** /wɛʃ/ NF (Naut = sillage) wake

houblon /'ublɔ̃/ NM (= plante) hop; (= ingrédient de la bière) hops

houblonnage /'ublɔnaʒ/ NM [de bière] hopping

houblonner /'ublɔne/ ► conjug 1 ◄ VT [+ bière] to hop

houblonnier, -ière /'ublɔnje, jɛʀ/
  - ADJ [industrie] hop (épith); [région] hop-growing (épith)
  - NM,F hop grower

houblonnière hopfield

houdan /'udɑ̃/ NF Houdan

houe /'u/ NF hoe

houille /'uj/ NF coal • **houille blanche** hydroelectric power • **houille bleue** wave and tidal power • **houille grasse/maigre** bituminous/lean coal

houiller, -ère /'uje, jɛʀ/
  - ADJ [bassin, industrie] coal (épith); [terrain] coal-bearing
  - NF **houillère** coalmine

houka /'uka/ NM hooka(h)

houle /'ul/ NF swell • **une forte houle** a heavy swell

houlette /'ulɛt/ NF [de pâtre, évêque] crook; [de jardinier] trowel, spud • **sous la houlette de** under the leadership of

houleux, -euse /'ulø, øz/ SYN ADJ [mer] stormy; [séance] stormy, turbulent; [salle, foule] tumultuous, turbulent

houligan /'uligɑ̃/ NM ⇒ **hooligan**

houliganisme /'uliganism/ NM ⇒ **hooliganisme**

houlque /'ulk/ NF velvet grass

houp /'up/ EXCL ⇒ **hop**

houppe /'up/ SYN NF [de plumes, cheveux] tuft; [de fils] tassel • **houppe à poudrer** powder puff

houppelande /'uplɑ̃d/ NF (loose-fitting) greatcoat

houpper /'upe/ ► conjug 1 ◄ VT to tassel

houppette /'upɛt/ NF powder puff

houque /'uk/ NF ⇒ **houlque**

houri /'uri/ NF houri

hourque /'urk/ NF (= bateau) hooker

hourra /'ura/ SYN EXCL hurrah! • **pousser des hourras** to cheer, to shout hurrah • **salué par des hourras** greeted by cheers; → **hip**

hourvari /'urvari/ NM (littér = tapage) hullaballoo*, row, racket

house (music) /aws(mjuzik)/ NF house (music)

houspiller /'uspije/ SYN ► conjug 1 ◄ VT (= réprimander) to scold, to tell off, to tick off* (Brit); († = malmener) to hustle

houssaie /'usɛ/ NF holly grove

housse /'us/ SYN NF (gén) cover; [de meubles] (pour protéger temporairement) dust cover; (pour recouvrir à neuf) loose cover; (en tissu élastique) stretch cover • **housse de couette** quilt cover • **housse (penderie)** [d'habits] hanging wardrobe

housser /'use/ ► conjug 1 ◄ VT [+ fauteuil etc] to cover

houssière /'usjɛʀ/ NF ⇒ **houssaie**

houx /'u/ NM holly

hovercraft /ɔvœʀkʀaft/ NM hovercraft

hoverport /ɔvœʀpɔʀ/ NM hoverport

hoyau (pl **hoyaux**) /'ɔjo, 'wajo/ NM mattock

HP* /aʃpe/ NM (abrév de **hôpital psychiatrique**) → **hôpital**

HS /aʃɛs/
  - ADJ INV 1 * (abrév de **hors service**) [appareil] kaput*, bust* (attrib); [personne] (par fatigue) beat* (attrib), shattered * (attrib) (Brit); (par maladie) out of it * (attrib)
  - 2 (Tourisme) (abrév de **haute saison**) → **saison**
  - NF (abrév de **heure supplémentaire**) → **supplémentaire**

HT (abrév de **hors taxe(s)**) → **taxe**

HTML /aʃteɛmɛl/ NM (abrév de **hypertext markup language**) HTML

http /aʃtetepe/ NM (abrév de **hypertext transfer protocol**) http

huard, huart /'qar/ NM (Can = oiseau) diver (Brit), loon (US)

hub /'œb/ NM (= dispositif informatique, aéroport) hub

hublot /'yblo/ NM [de bateau] porthole; [d'avion, machine à laver] window • **hublots*** (= lunettes) specs*

huche /'yʃ/ NF (= coffre) chest; (= pétrin) dough ou kneading trough • **huche à pain** bread bin

Hudson /ydsɔn/ NM • **l'Hudson** Hudson River • **la baie d'Hudson** Hudson Bay

hue /'y/ EXCL • **hue (cocotte)** ! gee up! • **ils tirent tous à hue et à dia** they are all pulling in opposite directions

huée /'ɥe/ NF (Chasse) hallooing • **huées** (de dérision) boos, booing (NonC) • **sous les huées de la foule** to the boos of the crowd • **il est sorti de scène sous les huées du public** he was booed off the stage

huer /'ɥe/ SYN ► conjug 1 ◄
  - VT (Chasse) to hallo; (par dérision) to boo
  - VI [chouette] to hoot

huerta /'wɛrta, 'ɥɛrta/ NF huerta

hugolien, -ienne /ygɔljɛ̃, jɛn/ ADJ of Victor Hugo

huguenot, e /'yg(ə)no, ɔt/ ADJ, NM,F Huguenot

Hugues /'yg/ NM Hugh • **Hugues Capet** Hugh ou Hughes Capet

huilage /ɥilaʒ/ NM oiling, lubrication

huile /ɥil/ SYN
  - NF 1 (= liquide) oil; (= pétrole) petroleum, crude (oil) • **cuit à l'huile** cooked in oil • **sardines/thon à l'huile** sardines/tuna in oil • **vérifier le niveau d'huile** (d'une voiture) to check the oil • **jeter** ou **verser de l'huile sur le feu** to add fuel to the flames ou fire • **mettre de l'huile dans les rouages** to oil the wheels • **mer d'huile** glassy sea • **roman qui sent l'huile** (littér) novel where the author's work really shows → **lampe, saint, tache**
  - 2 (* = notabilité) bigwig*, big noise*, big shot* • **les huiles** the top brass*
  - 3 (Peinture) (= tableau) oil painting; (= technique) oil painting, oils • **peint à l'huile** painted in oils; → **peinture**
  - COMP **huile d'amandes douces** sweet almond oil
  - **huile d'arachide** groundnut (Brit) ou peanut (US) oil
  - **huile de bain** bath oil
  - **huile de colza** rapeseed ou colza oil
  - **huile de coude*** elbow grease*
  - **huile essentielle** essential oil
  - **huile de foie de morue** cod-liver oil
  - **huile de friture** cooking ou frying oil
  - **huile de graissage** lubricating oil
  - **huile de lin** linseed oil
  - **huile de maïs** corn oil
  - **huile de noix** walnut oil
  - **huile d'olive** olive oil
  - **huile de paraffine** liquid paraffin
  - **huile de ricin** castor oil
  - **huile de sésame** sesame oil
  - **huile de soja** soya oil
  - **huile solaire** (sun)tan oil
  - **huile de table** salad oil
  - **huile de tournesol** sunflower oil
  - **huile végétale** vegetable oil
  - **huile de vidange** (gén) lubricating oil; (usagée) waste oil
  - **huile vierge** virgin olive oil

huiler /ɥile/ SYN ► conjug 1 ◄ VT [+ machine, serrure] to oil, to lubricate; [+ récipient] to oil • **papier huilé** oil-paper • **cuir huilé** oiled leather • **la mécanique est bien/parfaitement huilée** (fig) it's a well-oiled/perfectly smooth-running machine • **équipe bien huilée** slick team

huilerie /ɥilʀi/ NF (= usine) oil factory; (= commerce) oil trade; (= moulin) oil-mill

huileux, -euse /ɥilø, øz/ SYN ADJ [liquide, matière] oily; [aspect, surface] oily, greasy

huilier /ɥilje/ NM (oil and vinegar) cruet, oil and vinegar bottle

huis /ɥi/ NM †† door • **à huis clos** (Jur) in camera • **ordonner le huis clos** (Jur) to order proceedings to be held in camera • **les négociations se poursuivent à huis clos** the talks are continuing behind closed doors • **« Huis Clos »** (Littérat) "In Camera" (Brit), "No Exit" (US)

huisserie /ɥisʀi/ NF [de porte] doorframe; [de fenêtre] window frame

huissier /ɥisje/ SYN NM 1 (= appariteur) usher
  - 2 (Jur) • **huissier (de justice)** = bailiff

HUISSIER

Although in some respects the role of **huissiers** is similar to that of bailiffs, their activities are not identical. The main function of a **huissier** is to carry out decisions made in the courts, for example evictions for non-payment of rent and seizure of goods following bankruptcy proceedings. Unlike bailiffs, **huissiers** can also be called upon to witness the signature of important documents, and to ensure that public competitions are judged fairly.

huit /'ɥi(t)/
ADJ INV eight ; *pour autres loc voir* **six**
NM INV eight; *(en patinage)* figure of eight; *(en aviron)* eight ◆ **lundi en huit** a week on *(Brit)* *ou* from *(US)* Monday, Monday week* *(Brit)*; → **grand**
COMP **huit jours** *(= une semaine)* a week ◆ **dans huit jours** in a week, in a week's time *(Brit)* ◆ **donner ses huit jours à un domestique** † to give a servant a week's notice

huitain /'ɥitɛ̃/ NM *(= poème)* octet, octave

huitaine /'ɥitɛn/ NF eight or so, about eight ◆ **dans une huitaine (de jours)** in a week or so ◆ **son cas a été remis à huitaine** *(Jur)* the hearing has been postponed *ou* deferred for one week ◆ **sans réponse sous huitaine** if no reply is received within seven days

huitante /'ɥitɑ̃t/ ADJ INV *(Helv)* eighty

huitantième /'ɥitɑ̃tjɛm/ ADJ *(Helv)* eightieth

huitième /'ɥitjɛm/
ADJ, NMF eighth ◆ **la huitième merveille du monde** the eighth wonder of the world ; *pour autres loc voir* **sixième**
NF *(Scol)* *penultimate class of primary school*, fifth grade *(US)*
NMPL *(Sport)* ◆ **huitièmes de finale** second round in a five-round knock-out competition ◆ **être en huitièmes de finale** to be in the last sixteen

huitièmement /'ɥitjɛmmɑ̃/ ADV eighthly

huître /ɥitʀ/ NF oyster ◆ **huître perlière** pearl oyster ◆ **huître plate** Belon oyster ◆ **banc d'huîtres** oyster bed ◆ **couteau à huîtres** oyster knife ◆ **se (re)fermer comme une huître** to clam up

huit-reflets /'ɥiʀ(ə)flɛ/ NM INV silk top hat

huîtrier, -ière /ɥitʀije, ijɛʀ/
ADJ *[industrie]* oyster *(épith)*
NM *(= oiseau)* oyster catcher
NF **huîtrière** *(= banc)* oyster bed; *(= établissement)* oyster farm

hula-ho(o)p /ulaɔp/ NM Hula Hoop ®

hulotte /'ylɔt/ NF tawny owl

hululement /'ylylmɑ̃/ NM hooting, screeching

hululer /'ylyle/ ▸ conjug 1 ◂ VI to hoot, to screech

hum /'œm/ EXCL hem!, h'm!

humain, e /ymɛ̃, ɛn/ SYN
ADJ *(gén)* human; *(= compatissant, compréhensif)* humane ◆ **justice/espèce/condition humaine** human justice/race/condition ◆ **il n'avait plus figure humaine** he was disfigured beyond recognition ◆ **se montrer humain** to show humanity, to act humanely *(envers* towards) ◆ **il s'est sauvé – c'est humain** he ran away – it's only human; → **respect, science, voix** *etc*
NM 1 *(Philos)* ◆ **l'humain** the human element
2 *(= être humain)* human (being) ◆ **les humains** humans, human beings

humainement /ymɛnmɑ̃/ SYN ADV *(= avec bonté)* humanely; *(= par l'homme)* humanly ◆ **ce n'est pas humainement possible** it's not humanly possible ◆ **humainement, on ne peut pas le renvoyer** it would be heartless to dismiss him ◆ **une situation humainement intolérable** an unbearable situation for people to be in ◆ **la restructuration a été humainement douloureuse** the human cost of the restructuring was high, the restructuring was painful in human terms

humanisation /ymanizasjɔ̃/ NF humanization ◆ **la priorité est à l'humanisation des prisons** making prisons more humane is a priority

humaniser /ymanize/ SYN ▸ conjug 1 ◂
VT *[+ doctrine]* to humanize; *[+ conditions]* to make more humane, to humanize ◆ **il faut humaniser les prisons** prison conditions must be made more humane
VPR **s'humaniser** *[personne]* to become more human; *[architecture]* to become less forbidding *ou* impersonal

humanisme /ymanism/ NM humanism

humaniste /ymanist/
ADJ humanist, humanistic
NMF humanist

humanitaire /ymanitɛʀ/ SYN ADJ *[intervention, convoi]* humanitarian ◆ **aide/action humanitaire** humanitarian aid/relief ◆ **association humanitaire** humanitarian (aid) organization

humanitarisme /ymanitaʀism/ NM *(péj)* unrealistic humanitarianism

humanitariste /ymanitaʀist/
ADJ *(péj)* unrealistically humanitarian
NMF unrealistic humanitarian

humanité /ymanite/ SYN
NF 1 *(= le genre humain)* ◆ **l'humanité** humanity, mankind
2 *(= bonté)* humaneness, humanity ◆ **geste d'humanité** humane gesture
3 *(Philos, Rel)* humanity
NFPL **humanités** († *Scol)* classics, humanities ◆ **faire ses humanités** to study *ou* read *(Brit)* classics

humanoïde /ymanɔid/ ADJ, NM humanoid

humble /œbl(ə)/ SYN ADJ *(= modeste, pauvre)* humble; *(= obscur)* humble, lowly ◆ **d'humble naissance** of humble *ou* lowly birth *ou* origins ◆ **à mon humble avis** in my humble opinion ◆ **« je suis votre humble serviteur »** † "I am your humble servant" †

humblement /œbləmɑ̃/ SYN ADV humbly

humecter /ymɛkte/ SYN ▸ conjug 1 ◂ VT *[+ linge, herbe]* to dampen; *[+ front]* to moisten, to dampen ◆ **la sueur humectait ses tempes** his brow was damp with sweat ◆ **l'herbe humectée de rosée** the dewy *ou* dew-damp grass ◆ **s'humecter les lèvres** to moisten one's lips ◆ **ses yeux s'humectèrent** his eyes grew moist (with tears), tears welled in his eyes ◆ **s'humecter le gosier** * to wet one's whistle *

humecteur /ymɛktœʀ/ NM *[d'étoffe, papier]* dampener

humer /'yme/ SYN ▸ conjug 1 ◂ VT *[+ plat]* to smell; *[+ air, parfum]* to inhale, to breathe in

huméral, e (mpl **-aux**) /ymeʀal, o/ ADJ humeral

humérus /ymeʀys/ NM humerus

humeur /ymœʀ/ SYN NF 1 *(= disposition momentanée)* mood, humour ◆ **selon son humeur** *ou* **l'humeur du moment** according to the mood he was in ◆ **se sentir d'humeur à travailler** to feel in the mood for working *ou* for work *ou* to work ◆ **de quelle humeur est-il aujourd'hui ?** what kind of mood is he in today? ◆ **mettre/être de bonne humeur** to put/be in a good mood *ou* humour, to put/be in good spirits ◆ **travailler dans la bonne humeur** to work contentedly ◆ **la bonne humeur régnait dans la maison** contentment reigned in the house ◆ **roman/film plein de bonne humeur** good-humoured novel/film, novel/film full of good humour ◆ **être de mauvaise humeur** to be in a bad mood ◆ **il est d'une humeur massacrante** *ou* **de chien** he's in a rotten* *ou* foul temper *ou* mood ◆ **humeur noire** black mood; → **saute**
2 *(= tempérament)* temper, temperament ◆ **d'humeur changeante** *ou* **inégale** moody ◆ **d'humeur égale** even-tempered, equable *(frm)* ◆ **être d'humeur** *ou* **avoir l'humeur batailleuse** to be fiery-tempered ◆ **être d'humeur maussade** to be sullen, to be a sullen type ◆ **il y a incompatibilité d'humeur entre eux** they are temperamentally unsuited *ou* incompatible
3 *(= irritation)* bad temper, ill humour ◆ **passer son humeur sur qn** to take out *ou* vent one's bad temper *ou* ill humour on sb ◆ **accès** *ou* **mouvement d'humeur** fit of (bad) temper *ou* ill humour ◆ **geste d'humeur** bad-tempered gesture ◆ **agir par humeur** to act in a fit of (bad) temper *ou* ill humour ◆ **dire qch avec humeur** to say sth ill-humouredly *ou* testily *(littér)*
4 *(Méd)* secretion ◆ **humeur aqueuse/vitreuse** *ou* **vitrée de l'œil** aqueous/vitreous humour of the eye ◆ **les humeurs** †† the humours †

humide /ymid/ SYN ADJ *[mains, front, terre]* moist, damp; *[torchon, habits, mur, poudre, herbe]* damp; *[local, climat, région, chaleur]* humid; *(= plutôt froid)* damp; *[tunnel, cave]* dank, damp; *[saison, route]* wet ◆ **yeux humides d'émotion** eyes moist with emotion ◆ **il lui lança un regard humide** he looked at her with moist eyes ◆ **temps lourd et humide** muggy weather ◆ **temps froid et humide** cold wet weather

humidificateur /ymidifikatœʀ/ NM *[d'air]* humidifier

humidification /ymidifikasjɔ̃/ NF humidification

humidifier /ymidifje/ SYN ▸ conjug 7 ◂ VT *[+ air]* to humidify; *[+ terre]* to moisten; *[+ linge]* to moisten, to dampen

humidifuge /ymidifyʒ/ ADJ humidity-absorbing *(épith)*

humidité /ymidite/ NF *[d'air, climat]* humidity; *(plutôt froide)* dampness; *[de sol, mur]* dampness; *[de tunnel, cave]* dankness, dampness ◆ **humidité (atmosphérique)** humidity (of the atmosphere) ◆ **humidité absolue/relative** *(Phys)* absolute/relative humidity ◆ **air saturé d'humidité** air saturated with moisture ◆ **dégâts causés par l'humidité** damage caused by (the) damp ◆ **traces d'humidité sur le mur** traces of moisture *ou* of damp on the wall ◆ **taches d'humidité** damp patches, patches of damp ◆ **« craint l'humidité », « à protéger de l'humidité »** *(sur emballage)* "to be kept dry", "keep in a dry place"

humiliant, e /ymiljɑ̃, jɑ̃t/ SYN ADJ humiliating

humiliation /ymiljasjɔ̃/ SYN NF *(gén)* humiliation; *(Rel)* humbling *(NonC)*

humilier /ymilje/ SYN ▸ conjug 7 ◂ VT *(= rabaisser)* to humiliate; (††, *Rel = rendre humble)* to humble ◆ **s'humilier devant** to humble o.s. before

humilité /ymilite/ SYN NF *(= modestie)* humility, humbleness ◆ **ton d'humilité** humble tone ◆ **en toute humilité** with all humility

humoral, e (mpl **-aux**) /ymɔʀal, o/ ADJ humoral

humorisme /ymɔʀism/ NM humoral medicine

humoriste /ymɔʀist/ SYN
ADJ *[écrivain]* humorous
NMF humorist

humoristique /ymɔʀistik/ SYN ADJ humorous; → **dessin**

humour /ymuʀ/ SYN NM humour ◆ **humour noir** black humour ◆ **humour à froid** deadpan humour ◆ **l'humour anglais** *ou* **britannique** British humour ◆ **manquer d'humour** to have no sense of humour ◆ **avoir de l'humour/beaucoup d'humour** to have a sense of humour/a good *ou* great sense of humour ◆ **faire de l'humour** to try to be funny

humus /ymys/ NM humus

Hun /'œ̃/ NM *(Hist)* Hun

hune /'yn/ NF top ◆ **mât de hune** topmast ◆ **grande hune** maintop

hunier /'ynje/ NM topsail ◆ **grand hunier** main topsail

huppe /'yp/ SYN NF *(= oiseau)* hoopoe; *(= crête)* crest

huppé, e /'ype/ SYN ADJ 1 *[oiseau]* crested
2 (* *= riche)* posh*, swanky*

hurdler /'œʀdlœʀ/ NM hurdler

hure /'yʀ/ NF *(= tête)* head; *(= pâté)* pork brawn ◆ **hure de sanglier** boar's head

hurlant, e /'yʀlɑ̃, ɑ̃t/ ADJ *[foule]* howling; *[enfant]* yelling; *[sirène]* wailing; *[couleurs]* clashing

hurlement /'yʀləmɑ̃/ SYN NM 1 *[de loup, chien]* howl, howling *(NonC)*; *[de personne]* yell, howl ◆ **pousser des hurlements** *(de rage)* to howl with rage; *(de douleur)* to howl with pain; *(de joie)* to whoop for *ou* with joy ◆ **des hurlements de rire** screams *ou* gales of laughter
2 *[de vent]* howling *(NonC)*; *[de sirènes]* wailing *(NonC)*; *[de pneus, freins]* screeching *(NonC)*, screech, squealing *(NonC)*, squeal

hurler /'yʀle/ SYN ▸ conjug 1 ◂
VI 1 *(= crier)* *[personne]* *(de peur)* to shriek, to scream; *(de douleur)* to scream, to yell (out), to howl; *(de rage)* to roar, to bellow; *[foule]* to roar, to yell *(de* with, in) ◆ **hurler de rire** * to roar *ou* bellow with laughter ◆ **il hurlait comme si on l'égorgeait** he was screaming like a stuck pig ◆ **elle hurlait après les enfants** she was yelling at the children ◆ **cette réforme va faire hurler l'opposition** this reform will enrage the opposition ◆ **ça me fait hurler !** it makes my blood boil!
2 *(= vociférer)* to yell
3 *[chien, vent]* to howl; *[freins]* to screech, to squeal; *[sirène]* to wail; *[radio]* to blare ◆ **faire hurler sa télé** to have the TV on full blast* ◆ **hurler à la lune** *ou* **à la mort** to bay at the moon ◆ **hurler avec les loups** *(fig)* to follow the pack *ou* crowd
4 *[couleurs]* to clash ◆ **ce tableau jaune sur le mur vert, ça hurle !** that yellow picture really clashes with the green wall
VT *[+ injures, slogans]* to yell, to roar; *[+ ordres]* to bellow, to yell ◆ **il hurlait son désespoir** he gave vent to his despair ◆ **« jamais ! » hurla-t-il** "never!" he cried

hurleur, -euse /'yʀlœʀ, øz/
ADJ *(= braillard)* *[personne]* yelling *(épith)*
NM ◆ **(singe) hurleur** howler (monkey)

hurluberlu, e /yʀlybɛʀly/ SYN NM,F crank

huron, -onne /'yʀɔ̃, ɔn/
- ADJ Huron ◆ **le lac Huron** Lake Huron
- NM (= *langue*) Huron
- NM,F **Huron(ne)** Huron

hurrah /'uʀa, huʀa/ EXCL ⇒ **hourra**

hurricane /'yʀikan/ NM hurricane

husky (pl **huskies**) /'œski/ NM husky

hussard /'ysaʀ/ NM hussar

hussarde /'ysaʀd/ **à la hussarde** LOC ADV in a rough and ready way

hussite /ysit/ NM Hussite

hutte /'yt/ SYN NF hut

hutu /'utu/
- ADJ Hutu
- NM,F **Hutu** Hutu ◆ **les Hutus** the Hutus

hyacinthe /jasɛ̃t/ NF (= *pierre*) hyacinth, jacinth; († = *fleur*) hyacinth

hyades /jad/ NFPL Hyad(e)s

hyalin, e /jalɛ̃, in/ ADJ hyalin

hyalite /jalit/ NF ① (*Minér*) hyalite ② (*Méd*) hyalitis

hyaloïde /jalɔid/ ADJ hyaloid

hybridation /ibʀidasjɔ̃/ NF hybridization

hybride /ibʀid/ SYN ADJ, NM hybrid

hybrider /ibʀide/ ► conjug 1 ◄ VT to hybridize

hybridisme /ibʀidism/ NM hybridism

hybridité /ibʀidite/ NF hybridity

hybridome /ibʀidom/ NM hybridoma

hydarthrose /idaʀtʀoz/ NF hydrarthrosis

hydatide /idatid/ NF hydatid

hydatique /idatik/ ADJ hydatid (*épith*)

hydne /idn/ NM hydnum

hydracide /idʀasid/ NM hydracid

hydramnios /idʀamnjos/ NM hydramnios

hydrant /idʀɑ̃/ NM, **hydrante** /idʀɑ̃t/ NF (*Helv*) fire hydrant

hydrargyre /idʀaʀʒiʀ/ NM hydrargyrum

hydrargyrisme /idʀaʀʒiʀism/ NM hydrargyria, hydrargyrism

hydratable /idʀatabl/ ADJ which can be hydrated

hydratant, e /idʀatɑ̃, ɑ̃t/
- ADJ moisturizing
- NM moisturizer

hydratation /idʀatasjɔ̃/ NF (*Chim, Méd*) hydration; [*de peau*] moisturizing

hydrate /idʀat/ NM hydrate ◆ **hydrate de carbone** carbohydrate

hydrater /idʀate/ ► conjug 1 ◄
- VT (*gén*) to hydrate; [+ *peau*] to moisturize
- VPR **s'hydrater** (*Chim*) to hydrate; (= *boire*) to take lots of fluids

hydraulicien, -ienne /idʀolisjɛ̃, jɛn/ NM,F hydraulics specialist

hydraulique /idʀolik/
- ADJ [*circuit, énergie, frein, presse, travaux*] hydraulic ◆ **station hydraulique** waterworks (*sg*)
- NF hydraulics (*sg*)

hydravion /idʀavjɔ̃/ NM seaplane, hydroplane

hydrazine /idʀazin/ NF hydrazine

hydre /idʀ(ə)/ NF ① **l'hydre de Lerne** (*Myth*) the Lernean Hydra ◆ **on voit resurgir l'hydre du racisme** racism is rearing *ou* raising its ugly head again ② (= *animal*) hydra ◆ **hydre d'eau douce** freshwater hydra

hydrique /idʀik/ ADJ water (*épith*) ◆ **ressources hydriques** water resources ◆ **diète hydrique** (*Méd*) liquid diet

hydrocarbonate /idʀokaʀbɔnat/ NM hydrocarbonate

hydrocarboné, e /idʀokaʀbɔne/ ADJ (*Chim*) hydrocarbonic

hydrocarbure /idʀokaʀbyʀ/ NM hydrocarbon ◆ **hydrocarbures saturés/insaturés** saturated/unsaturated hydrocarbons

hydrocèle /idʀosɛl/ NF hydrocele

hydrocéphale /idʀosefal/
- ADJ hydrocephalic, hydrocephalous
- NM,F person suffering from hydrocephalus

hydrocéphalie /idʀosefali/ NF hydrocephalus

hydrocoralliaire /idʀokɔʀaljɛʀ/ NM hydrocoralline

hydrocortisone /idʀokɔʀtizon/ NF hydrocortisone

hydrocotyle /idʀokɔtil/ NF marsh pennywort

hydrocraquage /idʀokʀakaʒ/ NM hydrocracking

hydrocution /idʀokysjɔ̃/ NF (*Méd*) immersion syncope ◆ **il est mort d'hydrocution** he died of shock (*after jumping or falling into cold water*)

hydrodynamique /idʀodinamik/
- ADJ hydrodynamic
- NF hydrodynamics (*sg*)

hydro(-)électricité /idʀoelɛktʀisite/ NF hydro-electricity

hydro(-)électrique /idʀoelɛktʀik/ ADJ hydroelectric

hydrofoil /idʀofɔjl/ NM hydrofoil (*boat*)

hydrofuge /idʀofyʒ/ ADJ [*peinture*] water-repellent

hydrofuger /idʀofyʒe/ ► conjug 3 ◄ VT to waterproof

hydrogénation /idʀoʒenasjɔ̃/ NF hydrogenation

hydrogéné, e /idʀoʒene/ ADJ hydrogenated, hydrogenized

hydrogène /idʀoʒɛn/ NM hydrogen ◆ **hydrogène lourd** heavy hydrogen; → **bombe**

hydrogéner /idʀoʒene/ ► conjug 6 ◄ VT to hydrogenate, to hydrogenize

hydroglisseur /idʀogliscœʀ/ NM hydroplane, jetfoil

hydrographe /idʀogʀaf/ NM hydrographer

hydrographie /idʀogʀafi/ NF hydrography

hydrographique /idʀogʀafik/ ADJ hydrographic(al)

hydrolase /idʀolɑz/ NF hydrolase

hydrolat /idʀola/ NM hydrol

hydrolithe /idʀolit/ NF calcium hybride, hydrolith

hydrologie /idʀolɔʒi/ NF hydrology

hydrologique /idʀolɔʒik/ ADJ hydrologic(al)

hydrologiste /idʀolɔʒist/, **hydrologue** /idʀolɔg/ NM,F hydrologist

hydrolysable /idʀolizabl/ ADJ hydrolysable

hydrolyse /idʀoliz/ NF hydrolysis

hydrolyser /idʀolize/ ► conjug 1 ◄ VT to hydrolize

hydromassant, e /idʀomasɑ̃, ɑ̃t/ ADJ ◆ **bain hydromassant** hydromassage bath

hydromécanique /idʀomekanik/ ADJ hydromechanic

hydromel /idʀomɛl/ NM mead

hydromètre /idʀomɛtʀ/
- NM (*Tech*) hydrometer
- NF (= *insecte*) hydrometrid

hydrométrie /idʀometʀi/ NF hydrometry

hydrométrique /idʀometʀik/ ADJ hydrometric(al)

hydronéphrose /idʀonefʀoz/ NF hydronephrosis

hydrophile /idʀofil/
- ADJ [*lentilles cornéennes*] hydrophilic; → **coton**
- NM (= *insecte*) great silver beetle

hydrophobe /idʀofɔb/ ADJ, NM,F hydrophobic

hydrophobie /idʀofɔbi/ NF hydrophobia

hydrophone /idʀofɔn/ NM hydrophone

hydropique /idʀopik/
- ADJ dropsical, hydropic(al)
- NM,F person suffering from dropsy

hydropisie /idʀopizi/ NF dropsy

hydropneumatique /idʀopnømatik/ ADJ hydropneumatic

hydroponique /idʀoponik/ ADJ hydroponic ◆ **culture hydroponique** hydroponics (*sg*), hydroponic gardening *ou* farming

hydroptère /idʀoptɛʀ/ NM hydrofoil (*boat*)

hydropulseur /idʀopylsœʀ/ NM [*de dentiste*] water sprayer

hydroquinone /idʀokinɔn/ NF hydroquinone, hydroquinol

hydrosilicate /idʀosilikat/ NM hydrosilicate

hydrosoluble /idʀosɔlybl/ ADJ water-soluble

hydrosphère /idʀosfɛʀ/ NF hydrosphere

hydrostatique /idʀostatik/
- ADJ hydrostatic
- NF hydrostatics (*sg*)

hydrothérapeute /idʀoteʀapøt/ NM,F hydrotherapist

hydrothérapie /idʀoteʀapi/ NF (= *traitement*) hydrotherapy; (= *science*) hydrotherapeutics (*sg*) ◆ **soins d'hydrothérapie** hydrotherapy treatments, water cures

hydrothérapique /idʀoteʀapik/ ADJ [*traitement*] hydrotherapy (*épith*); [*science*] hydrotherapeutic

hydrothermal, e (*mpl* **-aux**) /idʀoteʀmal, o/ ADJ hydrothermal

hydrothorax /idʀotɔʀaks/ NM hydrothorax

hydrotimètre /idʀotimɛtʀ/ NM hydrotimeter

hydrotimétrie /idʀotimetʀi/ NF hydrotimetry

hydroxyde /idʀoksid/ NM hydroxide

hydroxylamine /idʀoksilamin/ NF hydroxylamine

hydroxyle /idʀoksil/ NM hydroxyl

hydrozoaires /idʀozoɛʀ/ NMPL ◆ **les hydrozoaires** hydrozoans, the Hydrozoa (*SPÉC*)

hydrure /idʀyʀ/ NM hydride

hyène /jɛn/ NF hyena

hygiaphone ® /iʒjafɔn/ NM Hygiaphone ® (*grill for speaking through at ticket counters etc*)

hygiène /iʒjɛn/ NF hygiene; (= *science*) hygienics (*sg*), hygiene; (*Scol*) health education ◆ **ça manque d'hygiène** it's not very hygienic ◆ **hygiène corporelle** personal hygiene ◆ **hygiène intime** [*de femme*] personal hygiene ◆ **hygiène mentale/publique** mental/public health ◆ **hygiène du travail** industrial hygiene ◆ **hygiène alimentaire** food hygiene ◆ **pour une meilleure hygiène de vie** for a healthier life ◆ **il suffit d'avoir de l'hygiène** you just need to be careful about hygiene ◆ **n'avoir aucune hygiène** to have no sense of hygiene

hygiénique /iʒjenik/ SYN ADJ hygienic ◆ **promenade hygiénique** constitutional (*walk*); → **papier, seau, serviette**

hygiéniquement /iʒjenikmɑ̃/ ADV hygienically

hygiéniste /iʒjenist/ NM,F hygienist

hygroma /igʀoma/ NM hygroma

hygromètre /igʀomɛtʀ/ NM hygrometer ◆ **hygromètre à cheveu** hair hygrometer

hygrométrie /igʀometʀi/ NF hygrometry

hygrométrique /igʀometʀik/ ADJ hygrometric

hygrophile /igʀofil/ ADJ hygrophilous

hygroscope /igʀoskɔp/ NM hygroscope

hygroscopique /igʀoskɔpik/ ADJ hygroscopic

hygrostat /igʀosta/ NM hygrostat

hymen /imɛn/ NM (*littér* = *mariage*) marriage; (*Anat*) hymen

hyménée /imene/ NM (*littér*) marriage

hyménium /imenjɔm/ NM hymenium

hyménomycètes /imenomisɛt/ NMPL ◆ **les hyménomycètes** the Hymenochaete (*SPÉC*)

hyménoptère /imenɔptɛʀ/ NM hymenopteran ◆ **les hyménoptères** Hymenoptera

hymne /imn/ NM hymn ◆ **son discours était un hymne à la liberté** his speech was a hymn to liberty ◆ **hymne national** national anthem ◆ **« Hymne à la joie »** (*Mus*) "Ode to Joy"

hyoïde /jɔid/ ADJ, NM ◆ **(os) hyoïde** hyoid (*bone*)

hyoïdien, -ienne /jɔidjɛ̃, jɛn/ ADJ hyoid(al), hyoidean

hypallage /ipa(l)laʒ/ NF hypallage

hyper * /ipɛʀ/ NM abrév de **hypermarché**

hyper(-)... /ipɛʀ/ PRÉF ① (*gén*) hyper(-)... ② (* : + *adj* = *très*) really ◆ **hyper sympa** * really *ou* dead * nice ◆ **hyper riche** mega * rich ◆ **hyper important** really *ou* very important

hyperacidité /ipɛʀasidite/ NF hyperacidity

hyperacousie /ipɛʀakuzi/ NF hyperacusis, hyperacusia

hyperactif, -ive /ipɛʀaktif, iv/ ADJ hyperactive

hyperactivité /ipɛʀaktivite/ NF hyperactivity

hyperalgésie /ipɛʀalʒezi/ NF hyperalg(es)ia

hyperalgésique /ipɛʀalʒezik/ ADJ hyperalg(es)ic

hyperalgie /ipɛʀalʒi/ NF hyperalg(es)ia

hyperalgique /ipɛʀalʒik/ ADJ hyperalg(es)ic

hyperbare | hypothécable

hyperbare /ipɛʀbaʀ/ ADJ hyperbaric

hyperbate /ipɛʀbat/ NF hyperbaton

hyperbole /ipɛʀbɔl/ SYN NF (*Math*) hyperbola; (*Littérat*) hyperbole

hyperbolique /ipɛʀbɔlik/ SYN ADJ (*Math, Littérat*) hyperbolic

hyperboliquement /ipɛʀbɔlikmɑ̃/ ADV hyperbolically

hyperboloïde /ipɛʀbɔlɔid/
  ADJ hyperboloidal
  NM hyperboloid

hyperboréen, -enne /ipɛʀbɔʀeɛ̃, ɛn/ ADJ hyperborean

hypercalcémie /ipɛʀkalsemi/ NF hypercalcaemia (*Brit*), hypercalcemia (*US*)

hyperchlorhydrie /ipɛʀklɔʀidʀi/ NF hyperchlorhydria

hypercholestérolémie /ipɛʀkɔlɛstɛʀɔlemi/ NF hypercholesterolaemia (*Brit*), hypercholesterolemia (*US*)

hypercholestérolémique /ipɛʀkɔlɛstɛʀɔlemik/
  ADJ hypercholesterolaemic (*Brit*), hypercholesterolemic (*US*)
  NMF person suffering from hypercholesterolaemia

hyperchrome /ipɛʀkʀom/ ADJ hyperchromic ◆ **anémie hyperchrome** (*Méd*) hyperchromic anaemia

hyperchromie /ipɛʀkʀɔmi/ NF hyperchromia

hypercorrect, e /ipɛʀkɔʀɛkt/ ADJ (*Ling*) hypercorrect

hypercorrection /ipɛʀkɔʀɛksjɔ̃/ NF (*Ling*) hypercorrection

hyperdulie /ipɛʀdyli/ NF hyperdulia

hyperémie /ipɛʀemi/ NF hyperaemia (*Brit*), hyperemia (*US*)

hyperémotif, -ive /ipɛʀemɔtif, iv/ ADJ excessively emotive

hyperémotivité /ipɛʀemɔtivite/ NF excess emotionality

hyperespace /ipɛʀɛspas/ NM hyperspace

hyperesthésie /ipɛʀɛstezi/ NF hyperaesthesia (*Brit*), hyperesthesia (*US*)

hyperfocal, e (mpl -**aux**) /ipɛʀfɔkal, o/ ADJ hyperfocal

hyperfréquence /ipɛʀfʀekɑ̃s/ NF very *ou* ultra high frequency

hyperglycémie /ipɛʀglisemi/ NF hyperglycaemia (*Brit*), hyperglycemia (*US*)

hyperinflation /ipɛʀɛ̃flasjɔ̃/ NF hyperinflation

hyperkaliémie /ipɛʀkaljemi/ NF hyperkalaemia (*Brit*), hyperkalemia (*US*)

hyperkinétique /ipɛʀkinetik/ ADJ hyperkinetic

hyperlien /ipɛʀljɛ̃/ NM (*Ordin*) hyperlink

hyperlipémie /ipɛʀlipemi/, **hyperlipidémie** /ipɛʀlipidemi/ NF hyperlipidaemia (*Brit*), hyperlipidemia (*US*)

hypermarché /ipɛʀmaʀʃe/ NM hypermarket, superstore

hypermédia /ipɛʀmedja/ ADJ, NM hypermedia

hypermètre /ipɛʀmɛtʀ/ ADJ hypermetric

hypermétrope /ipɛʀmetʀɔp/
  ADJ long-sighted, far-sighted (*US*), hypermetropic (*SPÉC*)
  NMF long-sighted *ou* far-sighted (*US*) *ou* hypermetropic (*SPÉC*) person

hypermétropie /ipɛʀmetʀɔpi/ NF long-sightedness, far-sightedness (*US*), hypermetropia (*SPÉC*)

hypermnésie /ipɛʀmnezi/ NF hypermnesia

hypernerveux, -euse /ipɛʀnɛʀvø, øz/ ADJ very highly strung (*Brit*), very high strung (*US*)

hypernervosité /ipɛʀnɛʀvozite/ NF extreme nervous tension

hypéron /ipeʀɔ̃/ NM hyperon

hyperonyme /ipeʀɔnim/ NM superordinate

hyperplasie /ipɛʀplazi/ NF hyperplasia

hyperpuissance /ipɛʀpɥisɑ̃s/ NF hyperpower

hyperréalisme /ipɛʀʀealism/ NM hyperrealism

hyperréaliste /ipɛʀʀealist/ ADJ, NMF hyperrealist

hypersécrétion /ipɛʀsekʀesjɔ̃/ NF hypersecretion

hypersensibilité /ipɛʀsɑ̃sibilite/ NF hypersensitivity, hypersensitiveness ◆ **hypersensibilité immédiate/retardée** (*Méd*) immediate/delayed hypersensitivity

hypersensible /ipɛʀsɑ̃sibl/ SYN ADJ hypersensitive

hypersomniaque /ipɛʀsɔmnjak/ ADJ, NMF hypersomniac

hypersomnie /ipɛʀsɔmni/ NF hypersomnia

hypersonique /ipɛʀsɔnik/ ADJ hypersonic

hypersustentateur, -trice /ipɛʀsystɑ̃tatœʀ, tʀis/ ADJ ◆ **système hypersustentateur** system of flaps

hypersustentation /ipɛʀsystɑ̃tasjɔ̃/ NF increased lift

hypertendu, e /ipɛʀtɑ̃dy/
  ADJ suffering from high blood pressure *ou* from hypertension (*SPÉC*)
  NM,F hypertensive

hypertensif /ipɛʀtɑ̃sif/ NM hypertensor

hypertension /ipɛʀtɑ̃sjɔ̃/ NF ◆ **hypertension (artérielle)** high blood pressure, hypertension (*SPÉC*) ◆ **faire de l'hypertension** to suffer from *ou* have high blood pressure

hypertexte /ipɛʀtɛkst/ NM (*Ordin*) hypertext ◆ **lien hypertexte** hypertext link ◆ **navigation en (mode) hypertexte** browsing hypertext

hypertextuel, -elle /ipɛʀtɛkstɥɛl/ ADJ hypertext

hyperthermie /ipɛʀtɛʀmi/ NF hyperthermia ◆ **traiter qn par hyperthermie** to give sb hyperthermia treatment

hyperthyroïdie /ipɛʀtiʀɔidi/ NF hyperthyroidism

hypertonie /ipɛʀtɔni/ NF (*Chim, Méd*) hypertonicity

hypertonique /ipɛʀtɔnik/ ADJ (*Méd*) hypertonic

hypertrophie /ipɛʀtʀɔfi/ SYN NF (*Méd*) hypertrophy; [*de ville, secteur*] overdevelopment

hypertrophié, e /ipɛʀtʀɔfje/ SYN ADJ [*muscle*] hypertrophied, abnormally enlarged; [*administration, bureaucratie, secteur*] overdeveloped, hypertrophied

hypertrophier /ipɛʀtʀɔfje/ ▸ conjug 7 ◂
  VT to hypertrophy
  VPR **s'hypertrophier** (*Méd*) to hypertrophy; [*ville, secteur*] to become overdeveloped

hypertrophique /ipɛʀtʀɔfik/ ADJ hypertrophic

hypervitaminose /ipɛʀvitaminoz/ NF hypervitaminosis

hyphe /if/ NM hypha

hypnagogique /ipnagɔʒik/ ADJ hypnagogic

hypne /ipn/ NF plume moss, hypnum (*SPÉC*)

hypnoïde /ipnɔid/ ADJ hypnoid

hypnose /ipnoz/ NF hypnosis ◆ **sous hypnose, en état d'hypnose** under hypnosis

hypnotique /ipnɔtik/ SYN ADJ (*lit*) hypnotic; (*fig*) hypnotic, mesmeric, mesmerizing

hypnotiser /ipnɔtize/ SYN ▸ conjug 1 ◂ VT (*lit*) to hypnotize; (*fig*) to hypnotize, to mesmerize

hypnotiseur /ipnɔtizœʀ/ NM hypnotist

hypnotisme /ipnɔtism/ NM hypnotism

hypo... /ipɔ/ PRÉF hypo...

hypoacousie /ipoakuzi/ NF hypoacusis, hypoacusia

hypoalgésie /ipoalʒezi/ NF hypoalgesia

hypoallergénique /ipoalɛʀʒenik/, **hypoallergique** /ipoalɛʀʒik/ ADJ hypoallergenic

hypocagne /ipɔkaɲ/ NF ⇒ **hypokhâgne**

hypocalcémie /ipokalsemi/ NF hypocalcaemia (*Brit*), hypocalcemia (*US*)

hypocalorique /ipokalɔʀik/ ADJ [*aliment, régime*] low-calorie (*épith*)

hypocauste /ipokost/ NM hypocaust

hypocentre /iposɑ̃tʀ/ NM hypocentre

hypochloreux /ipoklɔʀø/ ADJ M ◆ **acide hypochloreux** hypochlorous acid

hypochlorhydrie /ipoklɔʀidʀi/ NF hypochlorhydria

hypochlorite /ipoklɔʀit/ NM hypochlorite

hypochrome /ipokʀom/ ADJ hypochromic ◆ **anémie hypochrome** (*Méd*) hypochromic anaemia

hypochromie /ipokʀɔmi/ NF hypochromia

hypocondre /ipokɔ̃dʀ/ NM (*Anat*) hypochondrium

hypocondriaque /ipokɔ̃dʀijak/ ADJ, NMF (*Méd*) hypochondriac

hypocondrie /ipokɔ̃dʀi/ NF hypochondria

hypocoristique /ipokɔʀistik/ ADJ, NM hypocoristic

hypocras /ipokʀas/ NM hippocras

hypocrisie /ipokʀizi/ SYN NF hypocrisy

hypocrite /ipokʀit/ SYN
  ADJ hypocritical
  NMF hypocrite

hypocritement /ipokʀitmɑ̃/ SYN ADV hypocritically

hypocycloïde /iposikloid/ NF hypocycloid

hypoderme /ipodɛʀm/ NM (*Anat*) hypodermis ◆ **les hypodermes** the Hypoderma (*SPÉC*)

hypodermique /ipodɛʀmik/ ADJ hypodermic

hypodermose /ipodɛʀmoz/ NF hypodermosis

hypofertile /ipofɛʀtil/ ADJ [*personne*] suffering from low fertility

hypofertilité /ipofɛʀtilite/ NF [*de personne*] low fertility

hypogastre /ipogastʀ/ NM hypogastrium

hypogastrique /ipogastʀik/ ADJ hypogastric

hypogé, e[1] /ipɔʒe/ ADJ hypogeal, hypogeous

hypogée[2] /ipɔʒe/ NM (*Archéol*) hypogeum

hypoglycémie /ipoglisemi/ NF hypoglycaemia (*Brit*), hypoglycemia (*US*) ◆ **avoir** *ou* **faire une crise d'hypoglycémie** to suffer an attack of hypoglycaemia

hypoglycémique /ipoglisemik/
  ADJ hypoglycaemic (*Brit*), hypoglycemic (*US*) ◆ **évanouissement/coma hypoglycémique** fainting fit/coma brought on by an attack of hypoglycaemia
  NMF person suffering from hypoglycaemia

hypogyne /ipɔʒin/ ADJ hypogynous

hypokaliémie /ipokaljemi/ NF hypokalaemia (*Brit*), hypokalemia (*US*)

hypokhâgne /ipokaɲ/ NF *first year of two-year preparatory course for the arts section of the École normale supérieure* → GRANDES ÉCOLES, CLASSES PRÉPARATOIRES, CONCOURS

hyponyme /ipɔnim/ NM hyponym

hypophosphite /ipofɔsfit/ NM hypophosphite

hypophosphoreux, -euse /ipofɔsfɔʀø, øz/ ADJ ◆ **acide hypophosphoreux** hypophosphorous acid

hypophosphorique /ipofɔsfɔʀik/ ADJ ◆ **acide hypophosphorique** hypophosphoric acid

hypophysaire /ipofizɛʀ/ ADJ pituitary, hypophyseal (*SPÉC*) ◆ **glande/hormone hypophysaire** pituitary gland/hormone ◆ **nanisme d'origine hypophysaire** dwarfism caused by pituitary growth hormone deficiency

hypophyse /ipofiz/ NF pituitary gland, hypophysis (*SPÉC*)

hyposcenium /ipɔsenjɔm/ NM (= *mur*) hyposcenium

hyposécrétion /iposekʀesjɔ̃/ NF hyposecretion

hyposodé, e /iposode/ ADJ low-salt (*épith*), low in salt (*attrib*)

hypostase /ipɔstaz/ NF (*Méd, Rel*) hypostasis

hypostatique /ipɔstatik/ ADJ hypostatic

hypostyle /ipɔstil/ ADJ hypostyle

hypotaupe /ipotop/ NF *first year of two-year preparatory course for the science section of the Grandes Écoles*

hypotendu, e /ipotɑ̃dy/
  ADJ suffering from low blood pressure *ou* from hypotension (*SPÉC*)
  NM,F hypotensive

hypotenseur /ipotɑ̃sœʀ/
  ADJ antihypertensive
  NM antihypertensive medicine

hypotensif, -ive /ipotɑ̃sif, iv/ ADJ hypotensive

hypotension /ipotɑ̃sjɔ̃/ NF low blood pressure, hypotension (*SPÉC*)

hypoténuse /ipotenyz/ NF hypotenuse

hypothalamique /ipɔtalamik/ ADJ hypothalamic

hypothalamus /ipɔtalamys/ NM hypothalamus

hypothécable /ipotekabl/ ADJ mortgageable

hypothécaire /ipɔtekɛʀ/ ADJ (gén) hypothecary; [marché, prêt] mortgage (épith) ◆ **garantie hypothécaire** mortgage security

hypothénar /ipɔtenaʀ/ NM hypothenar

hypothèque /ipɔtɛk/ SYN NF 1 (Jur) mortgage ◆ **prendre une hypothèque sur l'avenir** to mortgage the future
2 (= obstacle) obstacle ◆ **lever l'hypothèque** (Pol) to take away the obstacle

hypothéquer /ipɔteke/ SYN ▸ conjug 6 ◂ VT [+ maison] to mortgage; [+ créance] to secure (by mortgage); [+ avenir] to mortgage

hypothermie /ipɔtɛʀmi/ NF hypothermia

hypothèse /ipɔtɛz/ SYN NF (gén) hypothesis, assumption; (scientifique) hypothesis ◆ **émettre l'hypothèse que** (gén) to suggest the possibility that; (en sciences) to theorize that ◆ **prenons comme hypothèse que** let's assume ou suppose that ◆ **l'hypothèse du suicide n'a pas été écartée** the possibility of suicide has not been ruled out ◆ **en toute hypothèse** in any case ou event, no matter what happens ◆ **dans l'hypothèse où…** in the event that… ◆ **dans l'hypothèse de leur victoire** in the event of their winning, should they win, supposing they win ◆ **dans la meilleure/pire des hypothèses** at best/worst ◆ **je le pense mais ce n'est qu'une hypothèse** I think so but it's only a hypothesis ou I'm just hypothesizing ◆ **en être réduit aux hypothèses** to be reduced to speculation ou guessing ◆ **hypothèse d'école** purely hypothetical case ◆ **hypothèse de travail** working hypothesis

hypothéticodéductif, -ive /ipɔtetikodedyktif, iv/ ADJ hypothetico-deductive

hypothétique /ipɔtetik/ SYN ADJ hypothetical ◆ **cas hypothétique** (Jur) moot case

hypothétiquement /ipɔtetikmɑ̃/ ADV hypothetically

hypothyroïdie /ipɔtiʀɔidi/ NF hypothyroidism

hypotonie /ipɔtɔni/ NF (Chim, Méd) hypotonicity

hypotonique /ipɔtɔnik/ ADJ (Chim) hypotonic

hypotrophie /ipɔtʀɔfi/ NF hypotrophy

hypovitaminose /ipovitaminoz/ NF hypovitaminosis

hypoxémie /ipɔksemi/ NF (Méd, Physiol) hypoxaemia (Brit), hypoxemia (US)

hypoxie /ipɔksi/ NF hypoxia ◆ **entraînement en hypoxie** (Sport) altitude training

hypsomètre /ipsɔmɛtʀ/ NM (Phys) hypsometer

hypsométrie /ipsɔmetʀi/ NF (= mesure) hypsometry; (= représentation) hypsography

hypsométrique /ipsɔmetʀik/ ADJ hypsometric(al)

hysope /izɔp/ NF hyssop

hystérectomie /istɛʀɛktɔmi/ NF hysterectomy

hystérésis /istɛʀezis/ NF hysteresis

hystérie /istɛʀi/ SYN NF (Méd) hysteria ◆ **hystérie collective** mass hysteria ◆ **c'était l'hystérie dans le public** the audience went wild ou crazy ◆ **faire** ou **avoir une crise d'hystérie** (Méd) to have an attack of hysteria, to have a fit of hysterics; (excitation) to become hysterical

hystériforme /istɛʀifɔʀm/ ADJ hysteriform

hystérique /istɛʀik/ SYN
ADJ hysterical
NMF (Méd) hysteric ◆ **c'est un hystérique** (péj) he tends to get hysterical

hystériser /istɛʀize/ ▸ conjug 1 ◂ VT to send into hysterics

hystéro * /istɛʀo/ NF abrév de **hystérographie**

hystérographie /istɛʀɔgʀafi/ NF hysterography

hystérosalpingographie /istɛʀɔsalpɛ̃gogʀafi/ NF hysterosalpingography

hystérotomie /istɛʀɔtɔmi/ NF hysterotomy

Hz (abrév de **hertz**) Hz

I

I, i /i/ NM (= *lettre*) I, i; → **droit²**, **point¹**

IA /ia/ NF (abrév de **intelligence artificielle**) AI

IAC /iase/ NF (abrév de **insémination artificielle entre conjoints**) AIH

IAD /iade/ NF (abrév de **insémination artificielle avec donneur**) DI ◆ **enfant né d'IAD** *ou* **par IAD** DI baby, baby conceived by DI

iambe /jɑ̃b/ NM (*Littérat*) (= *pied*) iambus, iambic; (= *vers, poème*) iambic

iambique /jɑ̃bik/ ADJ iambic

IAO /iao/ NF (abrév de **ingénierie assistée par ordinateur**) CAE

iatrogène /jatʀɔʒɛn/, **iatrogénique** /jatʀɔʒenik/ ADJ iatrogenic

ibère /ibɛʀ/
ADJ Iberian
NMF **Ibère** Iberian

ibérique /ibeʀik/
ADJ Iberian; → **péninsule**
NMF **Ibérique** Iberian

ibéris /ibeʀis/ NM iberis

ibid ADV (abrév de **ibidem**) ibid

ibidem /ibidɛm/ ADV ibidem

ibis /ibis/ NM ibis

Ibiza /ibiza/ NF Ibiza

Icare /ikaʀ/ NM Icarus

icarien, -ienne /ikaʀjɛ̃, jɛn/ ADJ Icarian ◆ **mer icarienne** Icarian Sea ◆ **jeux icariens** Risley acts

ICBM /isebeɛm/ NM INV (abrév de **intercontinental ballistic missile**) ICBM.

iceberg /ajsbɛʀɡ/ NM iceberg ◆ **la partie immergée** *ou* **cachée de l'iceberg** (*lit*) the invisible part of the iceberg; (*fig*) the hidden aspects of the problem ◆ **la partie visible de l'iceberg** (*lit, fig*) the tip of the iceberg

icelui /isəlɥi/, **icelle** /isɛl/ (mpl **iceux** /isø/, fpl **icelles** /isɛl/) PRON(††, *hum, Jur*) ⇒ **celui-ci, celle-ci, ceux-ci, celles-ci**; → **celui**

ichneumon /iknømɔ̃/ NM ichneumon fly *ou* wasp

Ichtyol ® /iktjɔl/ NM Ichtyol ®

ichtyologie /iktjɔlɔʒi/ NF ichthyology

ichtyologique /iktjɔlɔʒik/ ADJ ichthyologic(al)

ichtyologiste /iktjɔlɔʒist/ NMF ichthyologist

ichtyophage /iktjɔfaʒ/ ADJ ichthyophagous

ichtyornis /iktjɔʀnis/ NM ichthyornis

ichtyosaure /iktjozoʀ/ NM ichthyosaur

ichtyose /iktjoz/ NF fishskin disease, ichthyosis (SPÉC)

ici /isi/ ADV ① (*dans l'espace*) here ◆ **ici !** (*à un chien*) here! ◆ **loin/près d'ici** far from/near here ◆ **il y a 10 km d'ici à Paris** it's 10 km from here to Paris ◆ **c'est à 10 minutes d'ici** it's 10 minutes away (from here) ◆ **passez par ici** come this way ◆ **par ici s'il vous plaît** this way please ◆ **par ici** (= *dans le coin*) around here ◆ **par ici, Mesdames, par ici les belles laitues !** (*au marché*) this way, ladies, lovely lettuces this way! *ou* over here! ◆ **par ici la sortie** this way out ◆ **ici même** on this very spot, in this very place ◆ **c'est ici que...** this is the place where..., it is here that... ◆ **ici on est un peu isolé** we're a bit cut off (out) here ◆ **le bus vient jusqu'ici** the bus comes as far as this *ou* this far; → **soupe**
② (*dans le temps*) ◆ **d'ici demain/la fin de la semaine** by tomorrow/the end of the week ◆ **d'ici peu** before (very) long, shortly ◆ **d'ici là** before then, in the meantime ◆ **jusqu'ici** (up) until now; (*dans le passé*) (up) until then ◆ **d'ici (à ce) qu'il se retrouve en prison, ça ne va pas être long** it won't be long before he lands up in jail (again) ◆ **d'ici (à ce) qu'il accepte, ça risque de faire long** it might be (quite) some time before he says yes ◆ **le projet lui plaît, mais d'ici à ce qu'il accepte !** he likes the plan, but there's a difference between just liking it and actually agreeing to it! ◆ **d'ici à l'an 2050** by the year 2050
③ (*locutions*) ◆ **ils sont d'ici/ne sont pas d'ici** they are/aren't local *ou* from around here ◆ **les gens d'ici** the local people ◆ **je vois ça d'ici !*** I can just see that! ◆ **tu vois d'ici la situation/sa tête !*** you can (just) imagine the situation/the look on his face! ◆ **vous êtes ici chez vous** please make yourself (quite) at home ◆ **ici présent** here present ◆ « **ici Chantal Barry** » (*au téléphone*) "Chantal Barry speaking *ou* here"; (*à la radio*) "this is Chantal Barry" ◆ **ici et là** here and there ◆ **ici comme ailleurs** *ou* **partout** here as anywhere else

ici-bas /isiba/ ADV (*Rel, hum*) here below ◆ **les choses d'ici-bas** things of this world *ou* of this life ◆ **la vie (d')ici-bas** life here below

icone /ikon/ NM (*Ordin*) icon

icône /ikon/ NF (*Art, fig, Ordin*) icon ◆ **l'icône sportive de son pays** the sporting icon of his country

iconicité /ikɔnisite/ NF iconicity

iconique /ikɔnik/ ADJ iconic(al)

iconoclasme /ikɔnɔklasm/ NM iconoclasm

iconoclaste /ikɔnɔklast/
ADJ iconoclastic
NMF iconoclast

iconographe /ikɔnɔɡraf/ NMF (= *documentaliste*) picture researcher; (= *spécialiste de l'iconographie*) iconographer

iconographie /ikɔnɔɡrafi/ NF (= *étude*) iconography; (= *images*) illustrations ◆ **l'iconographie chrétienne du Moyen-Âge** Christian iconography in the Middle Ages ◆ **elle s'inspire de l'iconographie préraphaélite** she draws on Pre-Raphaelite imagery ◆ **l'iconographie de ce livre est somptueuse** the book is lavishly *ou* richly illustrated

iconographique /ikɔnɔɡrafik/ ADJ iconographic(al) ◆ **étude iconographique** [*d'icônes*] iconographic research; [*d'illustrations*] picture research ◆ **service iconographique** picture department; (*d'un journal*) picture desk ◆ **cahier iconographique** illustrated section, supplement of illustrations

iconolâtre /ikɔnɔlɑtʀ/ NMF iconolater

iconolâtrie /ikɔnɔlɑtʀi/ NF iconolatry

iconologie /ikɔnɔlɔʒi/ NF iconology

iconologiste /ikɔnɔlɔʒist/, **iconologue** /ikɔnɔlɔɡ/ NMF iconologist

iconoscope /ikɔnɔskɔp/ NM iconoscope

iconostase /ikɔnɔstaz/ NF iconostas(is)

icosaédral, e (mpl **-aux**) /ikozaedʀal, o/ ADJ icosahedral

icosaèdre /ikozaɛdʀ/ NM icosahedron

ictère /iktɛʀ/ NM icterus

ictérique /ikteʀik/
ADJ icteric
NMF person suffering from icterus

ictus /iktys/ NM (*Littérat, Méd*) ictus

id (abrév de **idem**) id.

Idaho /idao/ NM Idaho

ide /id/ NM ide

idéal, e (mpl **-als** *ou* **-aux**) /ideal, o/ SYN
ADJ (= *imaginaire, parfait*) ideal
NM ① (= *modèle, aspiration*) ideal; (= *valeurs morales*) ideals ◆ **l'idéal démocratique** the democratic ideal ◆ **il n'a pas d'idéal** he has no ideals
② (= *le mieux*) ◆ **l'idéal serait qu'elle l'épouse** the ideal thing would be for her to marry him, it would be ideal if she married him ◆ **ce n'est pas l'idéal** it's not ideal ◆ **dans l'idéal c'est ce qu'il faudrait faire** ideally that's what we should do, in an ideal world that's what we'd do

idéalement /idealmɑ̃/ ADV ideally

idéalisateur, -trice /idealizatœʀ, tʀis/
ADJ idealizing
NM,F idealizer

idéalisation /idealizasjɔ̃/ NF idealization

idéaliser /idealize/ SYN ▶ conjug 1 ◀ VT to idealize

idéalisme /idealism/ NM idealism

idéaliste /idealist/ SYN
ADJ (*gén*) idealistic; (*Philos*) idealist
NMF idealist

idéalité /idealite/ NF ideality, idealness

idéation /ideasjɔ̃/ NF ideation

idée /ide/ GRAMMAIRE ACTIVE 1, 6.2, 26.1, 26.3, 26.5 SYN
NF ① (= *concept*) idea ◆ **l'idée de nombre/de beauté** the idea of number/of beauty ◆ **l'idée que les enfants se font du monde** the idea *ou* concept children have of the world ◆ **c'est lui qui a eu le premier l'idée d'un moteur à réaction** it was he who first thought of *ou* conceived the idea of the jet engine, he was the first to hit upon the idea of the jet engine
② (= *pensée*) idea ◆ **il a eu l'idée** *ou* **l'idée lui est venue de faire** he had the idea *ou* hit upon the idea of doing ◆ **l'idée ne lui viendrait jamais de nous aider** it would never occur to him to help us, he would never think of helping us ◆ **ça m'a donné l'idée qu'il ne viendrait pas** that made me think that he wouldn't come ◆ **à l'idée de faire qch/de qch** at the idea *ou* thought of doing sth/of sth ◆ **tout est dans l'idée qu'on s'en fait** it's all in the mind ◆ **avoir**

une idée derrière la tête to have something at the back of one's mind ◆ **ça va lui remettre les idées en place** that'll teach him! ◆ **idée directrice** driving principle; → **changer, haut, ordre¹**

③ (= *illusion*) idea ◆ **tu te fais des idées** you're imagining things ◆ **ne te fais pas des idées** don't get ideas into your head ◆ **ça pourrait lui donner des idées** it might give him ideas ou put ideas into his head ◆ **quelle idée !** the (very) idea!, what an idea! ◆ **il a de ces idées !** the ideas he has!, the things he thinks up!

④ (= *suggestion*) idea ◆ **quelle bonne idée !** what a good idea! ◆ **quelques idées pour votre jardin** a few ideas ou suggestions for your garden ◆ **de nouvelles idées-vacances/-rangement** some new holiday/storage tips ou hints ◆ **idée-cadeau** gift idea ◆ **idée-recette** recipe idea

⑤ (= *vague notion*) idea ◆ **donner à qn/se faire une idée des difficultés** to give sb/get an ou some idea of the difficulties ◆ **avez-vous une idée** ou **la moindre idée de l'heure/de son âge ?** have you got any idea of the time/of his age? ◆ **je n'en ai pas la moindre idée** I haven't the faintest ou least ou slightest idea ◆ **vous n'avez pas idée de sa bêtise** you've no idea how stupid he is ◆ **on n'a pas idée (de faire des choses pareilles) !*** it's incredible (doing things like that)! ◆ **j'ai (comme une) idée qu'il n'acceptera pas** I (somehow) have an idea ou a feeling ou I have a sort of feeling that he won't accept ◆ **j'ai mon idée** ou **ma petite idée sur la question** I have my own ideas on the subject

⑥ (= *opinion*) ◆ **idées** ideas, views ◆ **idées politiques/religieuses** political/religious ideas ou views ◆ **avoir des idées avancées** to have progressive ideas ◆ **ce n'est pas dans ses idées** he doesn't hold with these views ◆ **avoir des idées larges/étroites** to be broad-minded/narrow-minded ◆ **avoir les idées courtes** (*péj*) to have limited ideas

⑦ (= *goût, conception personnelle*) ideas ◆ **juger selon** ou **à son idée** to judge in accordance with one's own ideas ◆ **agir selon** ou **à son idée** to act ou do as one sees fit ◆ **il n'en fait qu'à son idée** he just does as he likes ◆ **pour être décorateur il faut de l'idée** ou **un peu d'idée** to be a decorator you have to have some imagination ou a few ideas ◆ **il y a de l'idée*** (*dessin, projet*) there's something in it; (*décoration intérieure*) it's got a (certain) something

⑧ (= *esprit*) ◆ **avoir dans l'idée que** to have an idea that, to have it in one's mind that ◆ **il a dans l'idée de partir au Mexique** he's thinking of going to Mexico ◆ **ça m'est sorti de l'idée** it went clean* ou right out of my mind ou head ◆ **cela ne lui viendrait jamais à l'idée** it would never occur to him ou enter his head ◆ **on ne m'ôtera pas de l'idée qu'il a menti** you won't get me to believe that he didn't lie ◆ **il s'est mis dans l'idée de...** he took ou got it into his head to...

[COMP] **idée fixe** idée fixe, obsession

idée de génie, idée lumineuse brilliant idea, brainwave

idées noires black ou gloomy thoughts ◆ **il a souvent des idées noires** he suffers from depression

idée reçue generally accepted idea, received idea

idée-force (pl **idées-forces**) /idefɔʀs/ NF key idea

idéel, -elle /ideɛl/ ADJ ideal

idem /idɛm/ ADV (à l'écrit) ditto; (à l'oral) likewise ◆ **il a mauvais caractère et son frère idem*** he's got a nasty temper, and his brother's the same ◆ **une bière – idem pour moi*** a beer – same* for me

identifiable /idɑ̃tifjabl/ ADJ identifiable

identificateur, -trice /idɑ̃tifikatœʀ, tʀis/
[ADJ] identifying (*épith*), identity (*épith*)
[NM] ① (à la morgue) morgue employee
② (Ling, Ordin) identifier

identification /idɑ̃tifikasjɔ̃/ NF identification (à, avec with)

identifier /idɑ̃tifje/ SYN ► conjug 7 ◄
[VT] ① (= reconnaître) to identify
② (= assimiler) ◆ **identifier qch/qn à** ou **avec qn** et to identify sth/sb with
[VPR] **s'identifier** ◆ **s'identifier à** (= se mettre dans la peau de) [+ personnage, héros] to identify with; (= être l'équivalent de) to identify o.s. with, to become identified with

identique /idɑ̃tik/ SYN ADJ identical (à to) ◆ **elle reste toujours identique à elle-même** she never changes, she's always the same

◆ **à l'identique** ◆ **reproduire qch à l'identique** to reproduce ou copy sth exactly ◆ **cette maison a été refaite** ou **reconstruite à l'identique** the house was rebuilt exactly as it was ◆ **ils ont repris leur ancien slogan à l'identique** they're using exactly the same slogan as before

identiquement /idɑ̃tikmɑ̃/ ADV identically

identitaire /idɑ̃titɛʀ/ ADJ ◆ **crise identitaire** [*d'individu*] identity crisis; [*de pays*] crisis surrounding issues of national ou ethnic identity ◆ **quête identitaire** search for identity ◆ **sentiment identitaire** sense of identity ◆ **les revendications identitaires des multiples ethnies** the various ethnic groups' demands for recognition

identité /idɑ̃tite/ SYN NF ① (Psych) identity ◆ **identité culturelle** cultural identity
② (Admin) identity ◆ **identité d'emprunt** assumed ou borrowed identity ◆ **vérification/papiers d'identité** identity check/papers ◆ **l'Identité judiciaire** ≈ the Criminal Records Office; → **carte, pièce**
③ (= *similarité*) identity, similarity; (= *égalité*) identity ◆ **une identité de goûts les rapprocha** (their) similar tastes brought them together ◆ **identité (remarquable)** (*Math*) identity

idéogramme /ideɔgʀam/ NM ideogram

idéographie /ideɔgʀafi/ NF ideography

idéographique /ideɔgʀafik/ ADJ ideographic(al)

idéologie /ideɔlɔʒi/ SYN NF ideology

idéologique /ideɔlɔʒik/ ADJ ideological

idéologue /ideɔlɔg/ NMF ideologist

idéomoteur, -trice /ideɔmɔtœʀ, tʀis/ ADJ ideomotor

ides /id/ NFPL (Antiq) ides ◆ **les ides de mars** the ides of March

id est /idɛst/ LOC CONJ id est

idiolecte /idjɔlɛkt/ NM idiolect

idiomatique /idjɔmatik/ ADJ idiomatic ◆ **expression idiomatique** idiom, idiomatic expression

idiome /idjom/ NM (Ling) idiom

idiosyncrasie /idjosɛ̃kʀazi/ NF idiosyncrasy

idiot, e /idjo, idjɔt/ SYN
[ADJ] [*action, personne, histoire, erreur*] idiotic, stupid; [*accident*] stupid; († : *Méd*) idiotic ◆ **dis-le moi, je ne veux pas mourir idiot*** tell me, I don't want to go to my grave without knowing ou I don't want to die in ignorance
[NM,F] (*gén*) idiot, fool; († : *Méd*) idiot ◆ **ne fais pas l'idiot*** (= *n'agis pas bêtement*) don't be an idiot ou a fool; (= *ne simule pas la bêtise*) stop acting stupid* ◆ **l'idiot du village** the village idiot ◆ **« L'Idiot »** (*Littérat*) "The Idiot"

idiotement /idjɔtmɑ̃/ ADV idiotically, stupidly, foolishly

idiotie /idjɔsi/ SYN NF ① [*d'action, personne*] idiocy, stupidity; (*Méd*) idiocy
② (= *action*) idiotic ou stupid ou foolish thing to do; (= *parole*) idiotic ou stupid ou foolish thing to say; (= *livre, film*) trash (NonC), rubbish (NonC) (*Brit*) ◆ **ne va pas voir cette idiotie** ou **de telles idioties** don't go and see such trash ou rubbish (*Brit*) ◆ **et ne dis/fais pas d'idioties** and don't say/do anything stupid ou idiotic

idiotisme /idjɔtism/ NM idiom, idiomatic phrase

idoine /idwan/ SYN ADJ (*Jur, hum = approprié*) appropriate, fitting

idolâtre /idɔlatʀ/ SYN
[ADJ] (*Rel*) idolatrous (*de* of); (*fig*) [*public, foule*] adulatory
[NM] (*Rel*) idolater
[NF] (*Rel*) idolatress

idolâtrer /idɔlatʀe/ SYN ► conjug 1 ◄ VT to idolize

idolâtrie /idɔlatʀi/ NF (*Rel, fig*) idolatry

idolâtrique /idɔlatʀik/ ADJ idolatrous

idole /idɔl/ SYN NF (= *personne, artiste, Rel*) idol ◆ **il est devenu l'idole des jeunes** he's become a teenage idol ◆ **la jeune idole du club de Liverpool** Liverpool's young icon ou star ◆ **la communauté juive avait fait du président son idole** the Jewish community idolized the President

IDS /idɛs/ NF (abrév de **initiative de défense stratégique**) SDI

idylle /idil/ SYN NF (= *poème*) idyll; (= *amour*) romance ◆ **ce n'est plus l'idylle entre les pa-**

trons et les syndicats the honeymoon is over between management and unions

idyllique /idilik/ SYN ADJ idyllic

i.e. (abrév de **id est**) i.e.

Iéna /jena/ N Jena

Ienisseï /jenisei/ NM Yenisei, Yenisey

if /if/ NM ① (= *arbre*) yew (tree); (= *bois*) yew
② (= *égouttoir à bouteilles*) draining rack

IFOP /ifɔp/ NM (abrév de **Institut français d'opinion publique**) French public opinion research institute

Ifremer /ifʀəmɛʀ/ NM (abrév de **Institut français de Recherche pour l'exploitation de la mer**) French institute which researches the exploitation of marine resources

IGF /iʒeɛf/ NM (abrév de **impôt sur les grandes fortunes**) → **impôt**

igloo /iglu/ NM igloo

IGN /iʒeɛn/ NM (abrév de **Institut géographique national**) → **institut**

Ignace /iɲas/ NM Ignatius ◆ **saint Ignace de Loyola** (St) Ignatius Loyola

igname /iɲam/ NF yam

ignare /iɲaʀ/ SYN (*péj*)
[ADJ] ignorant
[NMF] ignoramus

igné, e /igne, iɲe/ ADJ ① (*littér = ardent*) fiery
② (*Géol*) igneous

ignifugation /iɲifygasjɔ̃/ NF fireproofing

ignifuge /iɲify3/
[ADJ] [*produit*] fire-retardant
[NM] fire-retardant material ou substance

ignifugé, e /iɲify3e/ (ptp de **ignifuger**) ADJ fireproof(ed)

ignifugeant, e /iɲify3ɑ̃, ɑ̃t/
[ADJ] fire-retardant
[NM] fire-retardant material ou substance

ignifuger /iɲify3e/ ► conjug 3 ◄ VT to fireproof

igniponcture, ignipuncture /iɲipɔ̃ktyʀ/ NF igniponcture

ignition /iɲisjɔ̃, ignisjɔ̃/ NF ignition

ignoble /iɲɔbl/ SYN ADJ horrible, foul ◆ **c'est ignoble !** it's disgusting! ◆ **il est ignoble !, quel ignoble individu !** he's disgusting ou horrible! ◆ **il a été ignoble avec moi** he was horrible to me

⚠ Le mot anglais **ignoble** existe, mais il est d'un registre plus soutenu que **ignoble**.

ignoblement /iɲɔbləmɑ̃/ SYN ADV disgracefully, shamefully ◆ **des trafiquants de tous genres exploitent ignoblement leur misère** traffickers of all sorts are involved in the disgraceful ou shameful exploitation of their misery

ignominie /iɲɔmini/ SYN NF ① (= *caractère*) ignominy; (= *acte*) ignominious ou disgraceful act ◆ **c'est une ignominie !** it's a disgrace!
② (= *déshonneur*) ignominy, disgrace

ignominieusement /iɲɔminjøzmɑ̃/ ADV ignominiously

ignominieux, -ieuse /iɲɔminjø, jøz/ SYN ADJ ignominious

ignorance /iɲɔʀɑ̃s/ SYN NF ① (= *inculture*) ignorance ◆ **ignorance de** (= *méconnaissance*) ignorance of ◆ **tenir qn/être dans l'ignorance de qch** to keep sb/be in ignorance of sth ou in the dark about sth ◆ **dans l'ignorance des résultats** ignorant of the results ◆ **d'une ignorance crasse*** pig ignorant*
② (= *lacune*) ◆ **de graves ignorances en anglais/en matière juridique** serious gaps in his knowledge of English/of legal matters ◆ **cet ouvrage permet de dissiper des ignorances** this book helps to dispel people's ignorance; → **pécher**

ignorant, e /iɲɔʀɑ̃, ɑ̃t/ SYN
[ADJ] (= *ne sachant rien*) ignorant (*en* about) ◆ **ignorant de** (= *ne connaissant pas*) ignorant ou unaware of ◆ **ignorant des usages, il...** ignorant ou unaware of the customs, he..., not knowing the customs, he...
[NM,F] ignoramus ◆ **quel ignorant tu fais !** what an ignoramus you are! ◆ **ne fais pas l'ignorant** stop pretending you don't know ◆ **parler en ignorant** to speak from ignorance

ignorantin /iɲɔʀɑ̃tɛ̃/ ADJ M, NM (*Rel*) Ignorantine

ignoré, e /iɲɔʀe/ SYN (ptp de **ignorer**) ADJ [*travaux, chercheurs, événement*] unknown

ignorer /iɲɔʀe/ GRAMMAIRE ACTIVE 6.3, 16.1 SYN
► conjug 1 ◄

VT ① (= ne pas connaître) [+ incident] to be unaware of, not to know about ou of; [+ fait, artiste] not to know ◆ **j'ignore comment/si...** I don't know how/if... ◆ **vous n'ignorez certainement pas que/comment...** you (will) doubtless know that/how..., you're no doubt well aware that/how... ◆ **je l'ignore** I don't know ◆ **j'ignore la réponse** I don't know the answer ◆ **j'ignore tout de cette affaire** I don't know anything ou I know nothing about this business ◆ **je n'ignorais pas ces problèmes** I was (fully) aware of these problems, I was not unaware of these problems ◆ **j'ignore avoir dit cela** I am not aware of having said that; → **nul**

② (= être indifférent à) [+ personne, remarque, avertissement] to ignore

③ (= être sans expérience de) [+ plaisir, guerre, souffrance] not to know, to have had no experience of ◆ **des gosses qui ignorent le savon** (hum) kids who have never seen (a cake of) soap ou who are unaware of the existence of soap ◆ **des joues qui ignorent le rasoir** cheeks that never see a razor

VPR **s'ignorer** ① (= se méconnaître) ◆ **une tendresse qui s'ignore** an unconscious tenderness ◆ **c'est un poète qui s'ignore** he should have been a poet

② (= être indifférents l'un à l'autre) to ignore each other

⚠ Au sens de 'ne pas connaître' ou 'ne pas savoir', **ignorer** ne se traduit pas par **to ignore**.

IGPN /iʒepeɛn/ NF (abrév de **Inspection générale de la police nationale**) → **inspection**

IGS /iʒeɛs/ NF (abrév de **Inspection générale des services**) → **inspection**

iguane /igwan/ NM iguana

iguanodon /igwanɔdɔ̃/ NM iguanodon

ikebana /ikebana/ NM ikebana

il /il/ PRON PERS M ① (= personne) he; (= bébé, animal) it, he; (= chose) it; (= bateau, nation) she, it ◆ **ils** they ◆ **il était journaliste** he was a journalist ◆ **prends ce fauteuil, il est plus confortable** have this chair – it's more comfortable ◆ **je me méfie de son chien, il mord** I don't trust his dog – it bites ◆ **l'insecte emmagasine la nourriture qu'il trouve** the insect stores the food it finds ◆ **le Japon/le Canada a décidé qu'il n'accepterait pas** Japan/Canada decided she ou they ou it wouldn't accept; → **avoir**

② (interrog emphatique) ◆ **Paul est-il rentré ?** is Paul back? ◆ **le courrier est-il arrivé ?** has the mail come? ◆ **les enfants sont-ils bien couverts ?** are the children warmly wrapped up? ◆ **il est si beau cet enfant/cet arbre** this child/tree is so beautiful ◆ **tu sais, ton oncle, il est arrivé*** your uncle has arrived you know

③ (impers) it ◆ **il fait beau** it's a fine day ◆ **il y a un enfant/trois enfants** there is a child/are three children ◆ **il est vrai que...** it is true that... ◆ **il faut que je le fasse** I've got to do it ◆ « **Il était une fois dans l'Ouest** » (Ciné) "Once Upon a Time in the West"; → **fois**

ilang-ilang (pl **ilangs-ilangs**) /ilɑ̃ilɑ̃/ NM ylang-ylang, ilang-ilang

île /il/

NF island, isle (littér) ◆ **île corallienne** coral island ◆ **île déserte** desert island ◆ **les Îles** (= Antilles) the (French) West Indies ◆ **l'île de Ré/Bréhat** the île de Ré/Bréhat ◆ **vivre dans une île** to live on an island ◆ « **L'Île au trésor** » (Littérat) "Treasure Island"

COMP **les îles Anglo-Normandes** the Channel Islands
l'île de Beauté Corsica
les îles Britanniques the British Isles
l'Île de la Cité the Île de la Cité
l'île du Diable Devil's Island
les îles Féroé the Faroe Islands
île flottante (Culin) île flottante, floating island
île de glace (Géog) ice island
les îles ioniennes the Ionian Islands
l'île de Man the Isle of Man
les îles Marshall the Marshall Islands
l'île Maurice Mauritius
l'île de Pâques Easter Island
les îles Scilly the Scilly Isles, the Scillies
les îles Shetland the Shetland Islands, Shetland
les îles de la Sonde the Sunda Islands
les îles Sorlingues ⇒ **les îles Scilly**
les îles Sous-le-Vent Leeward Islands
l'île de la Tortue Tortuga, La Tortue
l'île de Vancouver Vancouver Island
les îles du Vent the Windward Islands
les îles Vierges the Virgin Islands
l'île de Wight the Isle of Wight

iléal, e (mpl **-aux**) /ileal, o/ ADJ ileac

Île-de-France /ildəfʀɑ̃s/ NF ◆ **l'Île-de-France** the Île-de-France (Paris and the surrounding departments)

iléite /ileit/ NF ileitis

iléocæcal, e (mpl **-aux**) /ileosekal, o/ ADJ ileocaecal (Brit), ileocecal (US)

iléon /ileɔ̃/ NM ileum

iléus /ileys/ NM ileus

Iliade /iljad/ NF ◆ **l'Iliade** the Iliad

iliaque /iljak/ ADJ iliac ◆ **os iliaque** hip bone, innominate bone (SPÉC)

îlien, îlienne /iljɛ̃, iljɛn/
ADJ island (épith)
NM,F islander

ilion /iljɔ̃/ NM ilium

illégal, e (mpl **-aux**) /i(l)legal, o/ SYN ADJ illegal; (Admin) unlawful; [organisation, société] illegal, outlawed ◆ **c'est illégal** it's illegal, it's against the law

illégalement /i(l)legalmɑ̃/ SYN ADV illegally; (Admin) unlawfully

illégalité /i(l)legalite/ SYN NF [d'action] illegality; (Admin) unlawfulness; (= acte illégal) illegality ◆ **vivre dans l'illégalité** to live outside the law ◆ **se mettre dans l'illégalité** to break the law ◆ **en toute illégalité** illegally

illégitime /i(l)leʒitim/ SYN ADJ ① [enfant] illegitimate

② [acte, gouvernement] illegitimate, illicit

③ [optimisme, colère, crainte, soupçon] unwarranted, unfounded; [prétention, revendication] unjustified

illégitimement /i(l)leʒitimmɑ̃/ ADV illegitimately

illégitimité /i(l)leʒitimite/ NF illegitimacy

illettré, e /i(l)letre/ ADJ, NM,F illiterate ◆ **les illettrés** illiterates, illiterate people

illettrisme /i(l)letʀism/ NM illiteracy ◆ **campagne contre l'illettrisme** literacy campaign

illicite /i(l)lisit/ SYN ADJ illicit

illicitement /i(l)lisitmɑ̃/ SYN ADV illicitly

illico* /i(l)liko/ SYN ADV **illico (presto)** pronto*, PDQ*

illimité, e /i(l)limite/ SYN ADJ [moyen, domaine, ressource] unlimited, limitless; [confiance] boundless, unbounded, limitless; [congé, durée] indefinite, unlimited

Illinois /ilinwa/ NM Illinois

illisibilité /i(l)lizibilite/ NF illegibility

illisible /i(l)lizibl/ ADJ (= indéchiffrable) illegible, unreadable; (= mauvais) unreadable

illogique /i(l)lɔʒik/ SYN ADJ illogical

illogiquement /i(l)lɔʒikmɑ̃/ ADV illogically

illogisme /i(l)lɔʒism/ NM illogicality

illumination /i(l)lyminasjɔ̃/ SYN NF ① (= éclairage) lighting, illumination; (avec des projecteurs) floodlighting

② (= lumières) ◆ **illuminations** illuminations, lights ◆ **les illuminations de Noël** the Christmas lights ou illuminations

③ (= inspiration) flash of inspiration; (Rel) inspiration

illuminé, e /i(l)lymine/ SYN (ptp de **illuminer**)
ADJ = éclairé) lit up (attrib), illuminated; (avec des projecteurs) floodlit ◆ **il est comme illuminé de l'intérieur** he seems to have a kind of inner light
NM,F (péj = visionnaire) visionary, crank (péj)

illuminer /i(l)lymine/ SYN ► conjug 1 ◄

VT ① (= éclairer) to light up, to illuminate; (avec des projecteurs) to floodlight

② [joie, foi, colère] to light up; (Rel) [+ prophète, âme] to enlighten, to illuminate ◆ **le bonheur illuminait son visage** his face shone ou was aglow with happiness ◆ **un sourire illumina son visage** a smile lit up her face ◆ **ça va illuminer ma journée** that will brighten up my day

VPR **s'illuminer** [visage, ciel] to light up (de with); [rue, vitrine] to be lit up

illuminisme /i(l)lyminism/ NM (Rel) illuminism

illusion /i(l)lyzjɔ̃/ SYN NF illusion ◆ **illusion d'optique** optical illusion ◆ **ne te fais aucune illusion** don't be under any illusion, don't delude ou kid* yourself ◆ **tu te fais des illusions** you're deluding ou kidding* yourself ◆ **ça lui donne l'illusion de servir à quelque chose** ou **qu'il sert à quelque chose** it gives him the illusion ou it makes him feel that he's doing something useful ◆ **cet imposteur/ce stratagème ne fera pas illusion longtemps** this impostor/tactic won't delude ou fool people for long ◆ **il a perdu ses illusions** he's become disillusioned, he's lost his illusions ◆ « **Les Illusions perdues** » (Littérat) "Lost Illusions" → **bercer**

illusionner /i(l)lyzjɔne/ SYN ► conjug 1 ◄

VPR **s'illusionner** to delude o.s. (sur qch about sth) ◆ **s'illusionner sur qn** to delude o.s. ou be mistaken about sb

VT (= induire en erreur) to delude

illusionnisme /i(l)lyzjɔnism/ NM conjuring

illusionniste /i(l)lyzjɔnist/ SYN NMF conjurer, illusionist

illusoire /i(l)lyzwaʀ/ SYN ADJ (= trompeur) unrealistic, illusory (frm) ◆ **il est illusoire de croire à une fin rapide de la violence** it would be unrealistic to believe in a swift end to the violence ◆ **un règlement prochain de la crise paraît bien illusoire** there is no real prospect of a quick end to the crisis

illusoirement /i(l)lyzwaʀmɑ̃/ ADV ◆ **le réflexe protectionniste qui vise à protéger illusoirement l'industrie française** the protectionist reflex under the illusion that this will protect French industry ◆ **trop d'écrivains, illusoirement et momentanément fameux** too many writers whose short-lived fame is more apparent than real

illustrateur, -trice /i(l)lystʀatœʀ, tʀis/ NM,F illustrator ◆ **illustrateur sonore** (TV, Ciné) music arranger

illustratif, -ive /i(l)lystʀatif, iv/ ADJ illustrative

illustration /i(l)lystʀasjɔ̃/ SYN NF ① (= gravure, exemple) illustration; (= iconographie) illustrations ◆ **à l'illustration abondante** copiously illustrated

② (= action, technique) illustration ◆ **l'illustration par l'exemple** illustration by example

illustre /i(l)lystʀ/ SYN ADJ illustrious, renowned ◆ **l'illustre M. Pinot** (frm, iro) the illustrious Mr Pinot ◆ **un illustre inconnu** (hum) a person of obscure repute (hum)

illustré, e /i(l)lystʀe/
ADJ illustrated
NM (= journal) comic

illustrer /i(l)lystʀe/ GRAMMAIRE ACTIVE 26.5 SYN
► conjug 1 ◄

VT ① (avec images, notes) to illustrate (de with) ◆ **ça illustre bien son caractère** that's a good example of what he's like

② (littér = rendre célèbre) to bring fame to, to render illustrious (littér)

VPR **s'illustrer** [personne] to win fame ou renown, to become famous (par, dans through)

illustrissime /i(l)lystʀisim/ ADJ (hum ou archaïque) most illustrious

illuvial, e (mpl **-iaux**) /i(l)lyvjal, jo/ ADJ illuvial

illuviation /i(l)lyvjasjɔ̃/ NF illuviation

illuvium /i(l)lyvjɔm/ NM illuvium

ILM /iɛlɛm/ NM abrév de **immeuble à loyer moyen** ou **modéré** → **immeuble**

îlot /ilo/ SYN NM ① (= île) small island, islet

② (= petite zone) island ◆ **îlot de fraîcheur/de verdure** oasis ou island of coolness/of greenery ◆ **îlot de résistance/prospérité** pocket of resistance/prosperity

③ (= groupe d'habitations) (housing) block ◆ **îlot insalubre** condemned housing block

④ (Comm) gondola

⑤ (dans une rue) ◆ **îlot directionnel** traffic island

⑥ (Anat) ◆ **îlots de Langerhans** islets of Langerhans

îlotage /ilotaʒ/ NM community policing

ilote /ilɔt/ NMF (Hist) Helot; (littér) slave, serf

îlotier /ilɔtje/ NM ≈ community policeman

îlotisme /ilɔtism/ NM (Hist) Helotism; (fig) slavery, serfdom

image /imaʒ/ SYN

NF [1] (= *dessin*) picture; (*Scol*) *picture given to pupils as a reward for good work* • **les images d'un film** the frames of a film • **l'image et le son** (*Audiov*) picture and sound • **l'image est nette/floue** (*Ciné, TV*) the picture is clear/fuzzy • **popularisé par l'image** popularized by the camera • **en images** on film, in pictures • **apparaître à l'image** (TV) to appear on screen; → **chasseur, livre**[1], **sage**

[2] • **image de** (= *représentation*) picture of; (= *ressemblance*) image of • **l'image du père** the father figure • **une image fidèle de la France** an accurate picture of France • **ils présentent l'image du bonheur** they are the picture of happiness • **fait à l'image de** made in the image of • **Dieu créa l'homme à son image** God created man in his own image • **donner une image saisissante de la situation** to paint a vivid picture of the situation

[3] (= *métaphore*) image • **les images chez Blake** Blake's imagery • **s'exprimer par images** to express o.s. in images

[4] (= *reflet*) (*gén*) reflection, image; (*Phys*) image • **regarder son image dans l'eau** to gaze at one's reflection in the water • **image réelle/virtuelle** real/virtual image

[5] (= *vision mentale*) image, picture; (= *réputation*) image • **image visuelle/auditive** visual/auditory image • **image de soi** self-image • **se faire une image fausse/idéalisée de qch** to have a false/an idealized picture of sth • **le pays veut améliorer/soigner son image à l'étranger** the country wants to improve/enhance its image abroad

COMP **l'image animée** • **les images animées** (*gén*) moving pictures; (*Ordin*) animated graphics

images d'archives library pictures

image d'Épinal *popular 18th/19th century print depicting idealized scenes of traditional French life*; (*fig*) idealized image • **on est loin des images d'Épinal de millionnaires roulant dans de rutilantes voitures de sport** this is far from the idealized images of millionaires driving around in gleaming sports cars • **cette réunion familiale était une touchante image d'Épinal** the family reunion was a touching scene of traditional family life

image fixe (*Ciné*) still (frame); (*Ordin*) still image

image de marque [*de produit*] brand image; [*de parti, firme, politicien*] public image

image pieuse holy picture

image radar radar image

image satellite satellite picture

image de synthèse computer-generated image *ou* picture • **images de synthèse** (*domaine*) computer graphics; (*animées*) computer animation

> **IMAGES D'ÉPINAL**
>
> Distinctive prints depicting a variety of scenes in a realistic but stereotypical manner were produced in the town of Épinal, in the Vosges, in the early nineteenth century. The prints became so popular that the term **image d'Épinal** has passed into the language and is now used to refer to any form of stereotypical representation.

imagé, e /imaʒe/ SYN (ptp de **imager**) ADJ [*poème, texte*] full of imagery (*attrib*); (*euph*) [*langage*] colourful

imager /imaʒe/ ▸ conjug 3 ◂ VT [+ *style, langage*] to embellish with images

imagerie /imaʒʀi/ NF (*Hist* = *commerce*) coloured-print trade; (= *images, gravures*) prints • **l'imagerie romantique** (*Littérat*) romantic imagery • **l'imagerie médicale** medical imaging • **imagerie par résonance magnétique/par ultrasons** magnetic resonance/ultrasound imaging

imagiciel /imaʒisjɛl/ NM graphics software

imagier /imaʒje/ NM (*Hist*) (= *peintre*) painter of popular pictures; (= *sculpteur*) sculptor of figurines; (= *imprimeur*) coloured-print maker; (= *vendeur*) print seller

imaginable /imaʒinabl/ ADJ conceivable, imaginable • **difficilement imaginable** hard to imagine • **un tel comportement n'était pas imaginable il y a 50 ans** such behaviour was inconceivable 50 years ago; → **possible**

imaginaire /imaʒinɛʀ/ SYN

ADJ (= *fictif*) imaginary; [*monde*] make-believe, imaginary • **ces persécutés/incompris imaginaires** these people who (falsely) believe they are *ou* believe themselves persecuted/misunderstood; → **malade, nombre**

NM • **l'imaginaire** the imagination • **dans l'imaginaire de Joyce** in Joyce's imaginative world *ou* universe

imaginal, e (mpl **-aux**) /imaʒinal, o/ ADJ imaginal

imaginatif, -ive /imaʒinatif, iv/ ADJ imaginative • **c'est un grand imaginatif** he has a vivid imagination

imagination /imaʒinasjɔ̃/ SYN NF (= *faculté*) imagination; (= *chimère, rêve*) imagination (*NonC*), fancy • **tout ce qu'il avait vécu en imagination** everything he had experienced in his imagination • **ce sont de pures imaginations** that's sheer imagination, those are pure fancies • **monstres sortis tout droit de son imagination** monsters straight out of his imagination • **avoir de l'imagination** to be imaginative, to have a good imagination • **avoir trop d'imagination** to imagine things • **une imagination débordante** a lively *ou* vivid imagination • **avec un peu d'imagination...** with a little imagination... • **l'imagination au pouvoir !** (*slogan*) power to the imagination!

imaginer /imaʒine/ GRAMMAIRE ACTIVE 6.2 SYN ▸ conjug 1 ◂

VT [1] (= *se représenter, supposer*) to imagine • **imaginer que** to imagine that • **tu imagines la scène !** you can imagine *ou* picture the scene! • **on imagine mal leurs conditions de travail** their working conditions are hard to imagine • **je l'imaginais plus vieux** I imagined him to be older, I pictured him as being older • **qu'allez-vous imaginer là ?** what on earth are you thinking of? • **et tu vas t'y opposer, j'imagine ?** (*ton de défi*) and I imagine *ou* suppose you're going to oppose it?

[2] (= *inventer*) [+ *système, plan*] to devise, to dream up • **qu'est-il encore allé imaginer ?*** now what has he dreamed up? *ou* thought up? • **il a imaginé d'ouvrir un magasin** he has taken it into his head to open up a shop, he has dreamed up the idea of opening a shop

VPR **s'imaginer** [1] (= *se figurer*) to imagine • **imagine-toi une île paradisiaque** imagine *ou* picture an island paradise • **je me l'imaginais plus jeune** I imagined him to be younger, I pictured him as being younger • **comme on peut se l'imaginer...** as you can (well) imagine... • **imagine-toi que je n'ai pas que ça à faire !** look, I've got other things to do!

[2] (= *se voir*) to imagine o.s., to picture o.s. • **s'imaginer à 60 ans/en vacances** to imagine *ou* picture o.s. at 60/on holiday

[3] (= *croire à tort que*) • **s'imaginer que** to imagine *ou* think that • **il s'imaginait pouvoir faire cela** he imagined *ou* thought he could do that • **si tu t'imagines que je vais te laisser faire !** don't think I'm going to let you get away with that!

imago /imago/ NF (*Bio, Psych*) imago

imam /imam/ NM imam

imamat /imama/ NM imamate

IMAO /imao/ NM INV (abrév de **inhibiteur de la monoamine oxydase**) MAO inhibitor

IMAX /imaks/ NM IMAX

imbattable /ɛ̃batabl/ SYN ADJ [*prix, personne, record*] unbeatable • **il est imbattable aux échecs** he is unbeatable at chess

imbécile /ɛ̃besil/ SYN

ADJ (= *stupide*) stupid, idiotic; († : *Méd*) imbecile (*SPÉC*), idiotic

NMF [1] (= *idiot*) idiot, imbecile • **faire l'imbécile*** to act *ou* play the fool • **ne fais pas l'imbécile*** (= *n'agis pas bêtement*) don't be an idiot* *ou* a fool; (= *ne simule pas la bêtise*) stop acting stupid* • **le premier imbécile venu te le dira** any fool will tell you • **c'est un imbécile heureux** he's living in a fool's paradise • **les imbéciles heureux** the blissfully ignorant

[2] († : *Méd*) imbecile, idiot

imbécillité /ɛ̃besilite/ SYN NF [1] [*d'action, personne*] idiocy; († : *Méd*) imbecility, idiocy

[2] (= *action*) idiotic *ou* stupid *ou* imbecile thing to do; (= *propos*) idiotic *ou* stupid *ou* imbecile thing to say; (= *film, livre*) trash (*NonC*), rubbish (*NonC*) (*Brit*) • **tu racontes des imbécillités** you're talking nonsense *ou* rubbish (*Brit*) • **ne va pas voir de telles imbécillités** don't go and see such trash *ou* rubbish (*Brit*)

imberbe /ɛ̃bɛʀb/ SYN ADJ [*personne*] beardless, smooth-cheeked; [*visage*] beardless

imbiber /ɛ̃bibe/ SYN ▸ conjug 1 ◂

VT (= *imprégner*) • **imbiber un tampon/une compresse de** to soak *ou* moisten *ou* impregnate a pad/compress with • **imbibé d'eau** [+ *chaussures, étoffe*] saturated (with water), soaked; [+ *terre*] saturated, waterlogged • **gâteau imbibé de rhum** cake soaked in rum • **être imbibé*** (= *ivre*) to be sloshed*; (= *alcoolique*) to be a lush*

VPR **s'imbiber** • **s'imbiber de** to become saturated *ou* soaked with

imbibition /ɛ̃bibisjɔ̃/ NF (= *action*) soaking; (*Chim, Phys*) imbibition

imbit(t)able ** /ɛ̃bitabl/ ADJ [1] (= *difficile à comprendre*) fucking** hard to understand • **cette équation est imbit(t)able** I don't understand this fucking** equation

[2] (= *insupportable*) • **il est imbit(t)able** he's a fucking pain in the arse** (*Brit*) *ou* ass** (*US*)

imbrication /ɛ̃bʀikasjɔ̃/ NF [*de problèmes, souvenirs, parcelles*] interweaving; [*de plaques, tuiles*] overlapping, imbrication (*SPÉC*)

imbriqué, e /ɛ̃bʀike/ (ptp de **imbriquer**) ADJ [*plaques, tuiles*] overlapping, imbricate(d) (*SPÉC*); [*problèmes*] interwoven, interlinked; [*récits, souvenirs*] interwoven; [*économies, politiques*] interlinked • **les deux cultures sont étroitement imbriquées l'une dans l'autre** the two cultures are inextricably interlinked *ou* deeply enmeshed

imbriquer /ɛ̃bʀike/ SYN ▸ conjug 1 ◂

VPR **s'imbriquer** [*problèmes, affaires*] to be linked *ou* interwoven; [*plaques*] to overlap (each other), to imbricate (*SPÉC*) • **ça s'imbrique l'un dans l'autre** [*cubes*] they fit into each other; [*problèmes*] they are linked *ou* interwoven • **ce nouveau problème est venu s'imbriquer dans une situation déjà compliquée** this new problem has arisen to complicate an already complex situation

VT [+ *cubes*] to fit into each other; [+ *plaques*] to overlap

imbroglio /ɛ̃bʀɔljo/ SYN NM (*fig*) tangle, mess • **un véritable imbroglio judiciaire** a real legal tangle *ou* mess • **la situation tourne à l'imbroglio politique** the situation has developed into a real political tangle *ou* mess

imbrûlé, e /ɛ̃bʀyle/ ADJ [*gaz*] unburnt

imbu, e /ɛ̃by/ ADJ • **imbu de lui-même** *ou* **de sa personne** full of himself, self-important • **le mâle humain, imbu de supériorité** the human male, always so superior *ou* so full of himself • **un peuple imbu de préjugés** a people steeped in prejudice

imbuvable /ɛ̃byvabl/ SYN ADJ [1] [*boisson*] undrinkable

[2] (= *mauvais*) * [*personne*] unbearable, insufferable; [*film, livre*] unbearably awful*

IMC /iɛmse/ NM (abrév de **indice de masse corporelle**) BMI

IME /iɛmə/ NM (abrév de **Institut monétaire européen**) EMI

imidazole /imidazɔl/ NM imidazole

imitable /imitabl/ ADJ imitable • **facilement imitable** easy to imitate, easily imitated

imitateur, -trice /imitatœʀ, tʀis/ SYN

ADJ imitative

NM,F imitator; (*Théât*) [*de voix, personne*] impersonator; [*de bruits*] imitator

imitatif, -ive /imitatif, iv/ ADJ imitative

imitation /imitasjɔ̃/ SYN NF [1] (= *reproduction*) [*de bruit*] imitation; (= *parodie*) [*de personnage célèbre*] imitation, impersonation; [*de voix, geste*] imitation, mimicry; (= *sketch*) impression, imitation, impersonation • **avoir le don d'imitation** to have a gift for imitating people *ou* for mimicry • **à l'imitation de** in imitation of

[2] [*d'héros, style*] imitation, copying

[3] (= *contrefaçon*) [*de document, signature*] forgery

[4] (= *copie*) [*de bijou, fourrure*] imitation; [*de meuble, tableau*] copy, reproduction • **c'est en imitation cuir** it's imitation leather

[5] (*Mus*) imitation

imiter /imite/ SYN ▸ conjug 1 ◂ VT [1] [+ *bruit*] to imitate; [+ *personnage célèbre*] to imitate, to impersonate, to take off* (*Brit*); [+ *voix, geste, accent*] to imitate, to mimic

[2] (= *prendre pour modèle*) [+ *héros, style, écrivain*] to imitate, to copy

[3] [+ *document, signature*] to forge

immaculé | immortalité

4 (= *faire comme*) ◆ **il se leva et tout le monde l'imita** he got up and everybody did likewise *ou* followed suit
5 (= *avoir l'aspect de*) [*matière, revêtement*] to look like ◆ **un lino qui imite le marbre** lino made to look like marble, marble-effect lino

immaculé, e /imakyle/ SYN ADJ [*linge, surface*] spotless, immaculate; [*blancheur*] immaculate; [*réputation*] spotless, unsullied, immaculate ◆ **d'un blanc immaculé** spotlessly white ◆ **l'Immaculée Conception** (*Rel*) the Immaculate Conception

immanence /imanɑ̃s/ NF immanence

immanent, e /imanɑ̃, ɑ̃t/ ADJ immanent (*à* in); → **justice**

immanentisme /imanɑ̃tism/ NM immanentism

immangeable /ɛ̃mɑ̃ʒabl/ SYN ADJ uneatable, inedible

immanquable /ɛ̃mɑ̃kabl/ ADJ [*cible, but*] impossible to miss (*attrib*) ◆ **c'était immanquable !** it had to happen!, it was bound to happen!, it was inevitable!

immanquablement /ɛ̃mɑ̃kabləmɑ̃/ SYN ADV inevitably, without fail

immarcescible, immarcessible /imarsesibl/ ADJ [*végétal*] immarcescible; (*fig littér*) undying

immatérialisme /i(m)materjalism/ NM immaterialism

immatérialiste /i(m)materjalist/ NMF immaterialist

immatérialité /i(m)materjalite/ NF immateriality

immatériel, -elle /i(m)materjɛl/ SYN ADJ [*légèreté, minceur, plaisir*] ethereal; (*Philos*) immaterial

immatriculation /imatrikylasjɔ̃/ SYN NF (*gén*) registration (*à* with); (*Helv* = *inscription à l'université*) enrolment (*Brit*), enrollment (*US*), registration; → **numéro, plaque**

  ● **IMMATRICULATION**
  ● The last two digits on vehicle number plates
  ● in France refer to the code number of the dé-
  ● partement where they were registered (cars
  ● registered in the Dordogne bear the number
  ● 24, for example).

immatriculer /imatrikyle/ ▸ conjug 1 ◂ VT [+ *véhicule, personne*] to register ◆ **faire immatriculer** [+ *véhicule*] to register ◆ **se faire immatriculer** to register (*à* with) ◆ **voiture immatriculée dans le Vaucluse** car with a Vaucluse registration number (*Brit*) *ou* with a Vaucluse license plate (*US*) ◆ **une voiture immatriculée CM 75** a car with CM 75 on its number plate (*Brit*) *ou* its license plate (*US*) ◆ **s'immatriculer (à l'université)** (*Helv*) to enrol at university, to register (as a student)

immature /imatyʀ/ ADJ immature

immaturité /imatyʀite/ NF (*littér*) immaturity

immédiat, e /imedja, jat/ SYN
  ADJ immediate ; [*soulagement*] immediate, instant (*épith*) ◆ **en contact immédiat avec le mur** in direct contact with the wall ◆ **dans l'avenir immédiat** in the immediate future ◆ **la mort fut immédiate** death was instantaneous
  NM ◆ **dans l'immédiat** for the time being, for the moment

immédiatement /imedjatmɑ̃/ SYN ADV immediately, at once, directly ◆ **immédiatement après** immediately after, straight after

immédiateté /imedjatte/ NF (*Philos*) immediacy

immelmann /imɛlman/ NM Immelmann (turn)

immémorial, e (*mpl* -iaux) /i(m)memɔʀjal, jo/ SYN ADJ age-old ◆ **depuis des temps immémoriaux** (*littér*), **de temps immémorial** from time immemorial

immense /i(m)mɑ̃s/ SYN ADJ 1 (= *très grand*) vast; [*personne*] huge; [*bonté, sagesse, chagrin*] great, tremendous; [*influence, avantage, succès, talent*] huge, tremendous ◆ **l'immense majorité des électeurs** the vast majority of voters ◆ **dans l'immense majorité des cas** in the vast majority of cases
  2 (= *talentueux*) ◆ **c'est un immense acteur/écrivain** he's a great *ou* tremendous actor/writer

immensément /i(m)mɑ̃semɑ̃/ ADV immensely, tremendously

immensité /i(m)mɑ̃site/ SYN NF [*d'océan, espace, horizon, désert*] immensity; [*de fortune, pays*] vastness ◆ **le regard perdu dans l'immensité** (*littér*) gazing into infinity

immergé, e /imɛʀʒe/ (*ptp de* **immerger**) ADJ [*terres*] submerged; [*plantes*] immerged; [*câble*] laid under water ◆ **immergé par 100 mètres de fond** lying 100 metres down ◆ **rochers immergés** submerged *ou* underwater rocks, rocks under water ◆ **la partie immergée de la balise** the part of the buoy which is under water *ou* which is submerged ◆ **immergé dans ses problèmes** engrossed in *ou* taken up with his own problems ◆ **économie immergée** black *ou* underground economy ◆ **iceberg**

immerger /imɛʀʒe/ SYN ▸ conjug 3 ◂
  VT [+ *objet*] to immerse, to submerge; [+ *fondations*] to build under water; [+ *déchets*] to dump at sea, to dispose of at sea; [+ *câble*] to lay under water; [+ *corps*] to bury at sea; (*Rel*) [+ *catéchumène*] to immerse
  VPR **s'immerger** [*sous-marin*] to dive, to submerge ◆ **s'immerger dans un travail** to immerse o.s. in a piece of work

immérité, e /imerite/ ADJ undeserved, unmerited

immersif, -ive /imɛʀsif, iv/ ADJ immersive

immersion /imɛʀsjɔ̃/ NF 1 [*d'objet*] immersion, submersion; [*de fondations*] building under water; [*de déchets*] dumping *ou* disposal at sea; [*de câble*] laying under water; [*de corps*] burying at sea ◆ **baptême par immersion** baptism by immersion ◆ **par immersion totale dans la langue** by immersing oneself totally in the language
  2 [*de sous-marin*] diving, submersion
  3 (*Astron*) immersion, ingress

immettable /ɛ̃metabl/ ADJ [*vêtement*] unwearable

immeuble /imœbl/ SYN
  NM 1 (= *bâtiment*) building; (*à usage d'habitation*) block of flats (*Brit*), apartment building (*US*) ◆ **immeuble de cinq/trente étages** five-/thirty-floor building
  2 (*Jur*) real estate (*NonC*)
  ADJ (*Jur*) [*biens*] real, immovable
  COMP **immeuble de bureaux** office block (*Brit*) *ou* building (*US*)
  immeuble d'habitation residential block, apartment building (*US*)
  immeuble à loyer moyen, immeuble à loyer modéré ≈ block of council flats (*Brit*), ≈ low-rent building (*US*)
  immeuble de rapport residential property (for renting), investment property
  immeuble à usage locatif block of rented flats (*Brit*), rental apartment building (*US*); → **copropriété**

immigrant, e /imigʀɑ̃, ɑ̃t/ ADJ, NM,F immigrant

immigration /imigʀasjɔ̃/ NF immigration ◆ **(les services de) l'immigration** the immigration department ◆ **immigration clandestine** illegal immigration

immigré, e /imigʀe/ SYN (*ptp de* **immigrer**) ADJ, NM,F immigrant ◆ **immigré de la deuxième génération** second-generation immigrant ◆ **immigré clandestin** illegal immigrant

immigrer /imigʀe/ ▸ conjug 1 ◂ VI to immigrate (*à, dans* into)

imminence /iminɑ̃s/ NF imminence

imminent, e /iminɑ̃, ɑ̃t/ ADJ imminent, impending (*épith*)

immiscer (s') /imise/ ▸ conjug 3 ◂ VPR ◆ **s'immiscer dans** to interfere in *ou* with

immixtion /imiksjɔ̃/ NF interference (*dans* in, with)

immobile /i(m)mɔbil/ SYN ADJ 1 [*personne, eau, air, arbre*] motionless, still; [*visage*] immobile; [*pièce de machine*] fixed ◆ **regard immobile** fixed stare ◆ **rester immobile** to stay *ou* keep still ◆ **il était immobile** he wasn't moving
  2 (*littér*) [*dogme*] immovable; [*institutions*] unchanging, permanent

 Attention à ne pas traduire automatiquement **immobile** par le mot anglais **immobile**, qui est d'un registre plus soutenu.

immobilier, -ière /imɔbilje, jɛʀ/
  ADJ [*vente, crise*] property (*épith*); [*succession*] in real estate (*attrib*) ◆ **marché immobilier** property market ◆ **biens immobiliers** real estate, real property (*Brit*) ◆ **la situation immobilière est satisfaisante** the property situation is satisfactory; → **agence, société**
  NM ◆ **l'immobilier** (= *commerce*) the property business, the real-estate business; (= *biens*) real estate

immobilisation /imɔbilizasjɔ̃/ SYN NF 1 [*de membre blessé, circulation*] immobilization; [*de centrale nucléaire*] shutdown ◆ **cela a entraîné l'immobilisation totale de la circulation** that brought the traffic to a complete standstill, that brought about the complete immobilization of traffic ◆ **attendez l'immobilisation complète du train/de l'appareil** wait until the train is completely stationary/the aircraft has come to a complete standstill *ou* halt ◆ **la réparation nécessite l'immobilisation de la voiture/l'avion** the car will have to be taken off the road/the plane will have to be grounded to be repaired
  2 (*Jur*) [*de bien*] conversion into an immovable
  3 [*de capitaux*] immobilization, tying up ◆ **immobilisations** fixed assets
  4 (*Sport*) hold

immobiliser /imɔbilize/ SYN ▸ conjug 1 ◂
  VT [+ *troupes, membre blessé*] to immobilize; [+ *circulation, affaires*] to bring to a standstill, to immobilize; [+ *machine, véhicule*] (= *stopper*) to stop, to bring to a halt *ou* standstill; (= *empêcher de fonctionner*) to immobilize; (*avec un sabot de Denver*) to clamp; (*Jur*) [+ *biens*] to convert into immovables; [+ *capitaux*] to immobilize, to tie up ◆ **ça l'immobilise à son domicile** it keeps him housebound ◆ **avions immobilisés par la neige** aeroplanes grounded by snow ◆ **la peur l'immobilisa** he was paralyzed with fear, he was rooted to the spot with fear
  VPR **s'immobiliser** [*personne*] to stop, to stand still; [*machine, véhicule, échanges commerciaux*] to come to a halt *ou* a standstill

immobilisme /imɔbilism/ SYN NM [*de gouvernement, entreprise*] failure to act ◆ **faire de/être partisan de l'immobilisme** to try to maintain/support the status quo

immobiliste /imɔbilist/ ADJ [*politique*] designed to maintain the status quo ◆ **c'est un immobiliste** he is a supporter of the status quo, he is opposed to progress

immobilité /imɔbilite/ SYN NF [*de personne, foule, eau, arbre*] stillness; [*de visage*] immobility; [*de regard*] fixedness; [*d'institutions*] unchanging nature, permanence ◆ **le médecin lui a ordonné l'immobilité complète** the doctor ordered him not to move (at all) ◆ **immobilité forcée** forced immobility ◆ **immobilité politique** lack of political change, political inertia

immodération /imɔderasjɔ̃/ NF immoderation

immodéré, e /imɔdere/ SYN ADJ immoderate, inordinate

immodérément /imɔderemɑ̃/ SYN ADV immoderately, inordinately

immodeste /imɔdɛst/ ADJ immodest

immodestie /imɔdɛsti/ NF immodesty

immolation /imɔlasjɔ̃/ NF (*Rel*) immolation ◆ **immolation (par le feu)** (= *suicide*) self-immolation

immoler /imɔle/ SYN ▸ conjug 1 ◂
  VT (= *sacrifier*) to immolate (*littér*), to sacrifice (*à* to); (*littér* = *massacrer*) to slay (*littér*) ◆ **il a été immolé sur l'autel des intérêts nationaux** he was sacrificed on the altar of national interest
  VPR **s'immoler** to sacrifice o.s. (*à* to) ◆ **s'immoler par le feu** to set fire to o.s., to immolate o.s.

immonde /i(m)mɔ̃d/ SYN ADJ [*taudis*] squalid; [*langage, action, personne*] base, vile; [*crime*] sordid, hideous; (* = *laid*) ugly, hideous; (*Rel*) unclean ◆ **il est immonde !** he's disgusting!

immondices /i(m)mɔ̃dis/ SYN NFPL (= *ordures*) refuse (*NonC*) ◆ **commettre/proférer des immondices** (*littér*) to do/say unspeakable things

immoral, e (*mpl* -aux) /i(m)mɔral, o/ SYN ADJ immoral

immoralisme /i(m)mɔralism/ NM immoralism

immoraliste /i(m)mɔralist/ ADJ, NMF immoralist

immoralité /i(m)mɔralite/ NF immorality

immortalisation /imɔrtalizasjɔ̃/ NF [*de personne*] immortalization

immortaliser /imɔrtalize/ SYN ▸ conjug 1 ◂
  VT to immortalize
  VPR **s'immortaliser** to win immortality, to win eternal fame (*par* thanks to)

immortalité /imɔrtalite/ NF immortality

FRENCH-ENGLISH 474

immortel, -elle /imɔʀtɛl/ SYN
   ADJ immortal
   NM,F **Immortel(le)** member of the Académie française
   NF **immortelle** SYN (= fleur) everlasting flower

immotivé, e /i(m)mɔtive/ ADJ [action, crime] unmotivated; [réclamation, crainte] groundless

immuabilité /imɥabilite/ NF ⇒ immutabilité

immuable /imɥabl/ SYN ADJ unchanging ◆ **il est resté immuable dans ses convictions** he remained unchanged in his convictions ◆ **vêtu de son immuable complet à carreaux** wearing that eternal checked suit of his

immuablement /imɥabləmɑ̃/ ADV [fonctionner, se passer] immutably; [triste, grognon] perpetually ◆ **ciel immuablement bleu** permanently ou perpetually blue sky

immun, e /imœ̃, yn/ ADJ immune ◆ **réponse/réaction immune** immune response/reaction

immunisant, e /imynizɑ̃, ɑ̃t/ ADJ immunizing (épith)

immunisation /imynizasjɔ̃/ NF immunization

immuniser /imynize/ SYN ▸ conjug 1 ◂ VT (Méd) to immunize (contre against) ◆ **je suis immunisé** (fig) it no longer has any effect on me ◆ **être immunisé contre les tentations** to be immune to temptation ◆ **ça l'immunisera contre le désir de recommencer** this'll stop him ever ou this'll cure him of ever wanting to do it again ◆ **il s'est immunisé contre leurs critiques** he's become immune ou impervious to their criticism

immunitaire /imyniteʀ/ ADJ immune; [défenses] immunological; [réactions] immune

immunité /imynite/ SYN NF (Bio, Jur) immunity ◆ **immunité diplomatique/parlementaire** diplomatic/parliamentary immunity ◆ **immunité fiscale** immunity from taxation, tax immunity ◆ **immunité cellulaire** cell-mediated immunity; → levée²

immunochimie /imynoʃimi/ NF immunochemistry

immunocompétence /imynokɔ̃petɑ̃s/ NF immunocompetence

immunocompétent, e /imynokɔ̃petɑ̃, ɑ̃t/ ADJ immunocompetent

immunodéficience /imynodefisjɑ̃s/ NF immunodeficiency; → syndrome, virus

immunodéficitaire /imynodefisiteʀ/ ADJ immunodeficient

immunodépresseur /imynodepʀesœʀ/ ADJ, NM immunosuppressant, immunodepressant

immunodépressif, -ive /imynodepʀesif, iv/ ADJ immunosuppressive, immunodepressive

immunodépression /imynodepʀesjɔ̃/ NF immunosuppression, immunodepression

immunodéprimé, e /imynodepʀime/ ADJ immunosuppressed, immunocompromised

immunofluorescence /imynoflyɔʀesɑ̃s/ NF immunofluorescence

immunogène /imynoʒɛn/ ADJ immunogenic

immunoglobuline /imynoglɔbylin/ NF immunoglobulin

immunologie /imynɔlɔʒi/ NF immunology

immunologique /imynɔlɔʒik/ ADJ immunological

immunologiste /imynɔlɔʒist/ NMF immunologist

immunostimulant, e /imynostimylɑ̃, ɑ̃t/
   ADJ [substance, traitement] that stimulates the immune system
   NM immunostimulant

immunosuppresseur /imynosypʀesœʀ/ NM immunosuppressive drug, immunosuppressant (drug)

immunothérapie /imynoteʀapi/ NF immunotherapy

immunotolérance /imynotɔleʀɑ̃s/ NF immunological tolerance

immunotolérant, e /imynotɔleʀɑ̃, ɑ̃t/ ADJ immunologically tolerant

immutabilité /i(m)mytabilite/ NF immutability

impact /ɛ̃pakt/ SYN NM 1 (= heurt) impact (sur on) ◆ **mur criblé d'impacts de balles** (= trace de heurt) wall riddled with bullet holes; → point¹
   2 (= effet) impact (sur on) ◆ **l'argument a de l'impact** the argument has some impact ◆ **étude d'impact** (Admin, Écon) impact study

impacté, e /ɛ̃pakte/ ADJ (Ordin) [système] impacted

impacter /ɛ̃pakte/ ▸ conjug 1 ◂ VT INDIR ◆ **impacter sur** [+ résultats, situation] to impact on, to have an impact on

impair, e /ɛ̃pɛʀ/ SYN
   ADJ [nombre] odd, uneven; [jour] odd; [page] odd-numbered; [vers] irregular (with uneven number of syllables); [organe] unpaired ◆ **côté impair d'une rue** side of the street where the buildings have odd numbers
   NM 1 (= gaffe) blunder, faux pas ◆ **commettre un impair** to (make a) blunder, to make a faux pas
   2 (Casino) ◆ **miser sur l'impair** to put one's money on the impair ou odd numbers ◆ « **impair et manque** » "impair et manque"

impala /impala/ NM impala

impalpable /ɛ̃palpabl/ ADJ (= très fin) [cendre, poussière] extremely fine; (= immatériel) [barrière, frontière] intangible, impalpable

impaludation /ɛ̃palydasjɔ̃/ NF infection with malaria

impaludé, e /ɛ̃palyde/ ADJ [malade] suffering from malaria; [région] malaria-infected

impanation /ɛ̃panasjɔ̃/ NF impanation

imparable /ɛ̃paʀabl/ SYN ADJ 1 [coup, tir] unstoppable
   2 [argument, riposte] unanswerable; [logique] unanswerable, implacable

impardonnable /ɛ̃paʀdɔnabl/ SYN ADJ [faute] unforgivable, unpardonable ◆ **vous êtes impardonnable (d'avoir fait cela)** you cannot be forgiven (for doing that), it's unforgivable of you (to have done that)

imparfait, e /ɛ̃paʀfɛ, ɛt/ SYN
   ADJ (gén) imperfect
   NM (Ling) imperfect tense ◆ **à l'imparfait** in the imperfect (tense)

imparfaitement /ɛ̃paʀfɛtmɑ̃/ ADV imperfectly ◆ **connaître imparfaitement qch** to have an imperfect knowledge of sth

imparidigité, e /ɛ̃paʀidiʒite/ ADJ imparidigitate

imparipenné, e /ɛ̃paʀipene/ ADJ imparipinnate

imparisyllabique /ɛ̃paʀisi(l)labik/ ADJ, NM imparisyllabic

imparité /ɛ̃paʀite/ NF [de nombre] unevenness

impartial, e (mpl -iaux) /ɛ̃paʀsjal, jo/ SYN ADJ impartial, unbiased, unprejudiced

impartialement /ɛ̃paʀsjalmɑ̃/ ADV impartially, without bias ou prejudice

impartialité /ɛ̃paʀsjalite/ SYN NF impartiality ◆ **en toute impartialité** from a completely impartial standpoint ◆ **faire preuve d'impartialité dans ses jugements** to show impartiality in one's judgements

impartir /ɛ̃paʀtiʀ/ SYN ▸ conjug 2 ◂ VT (littér = attribuer à) ◆ **impartir des devoirs/une mission à qn** to assign duties/a mission to sb ◆ **impartir des pouvoirs à** to invest powers in ◆ **impartir un délai à** (Jur) to grant an extension to ◆ **dans les délais impartis** within the time allowed ◆ **le temps qui vous était imparti est écoulé** (Jeux) your time is up ◆ **les dons que Dieu nous a impartis** the gifts God has bestowed upon us ou has endowed us with ou has imparted to us

impasse /ɛ̃pas/ SYN NF 1 (= cul-de-sac) dead end, cul-de-sac; (sur panneau) "no through road"
   2 (= situation sans issue) impasse ◆ **être dans l'impasse** [négociations] to have reached an impasse, to have reached deadlock; [personne] to be at a dead end; [relation] to have reached a dead end ◆ **pour sortir les négociations de l'impasse** to break the deadlock in the negotiations ◆ **notre pays doit sortir de l'impasse** our country must get out of the rut it's in
   3 (Scol, Univ) ◆ **j'ai fait 3 impasses en géographie** I skipped over ou missed out (Brit) 3 topics in my geography revision ◆ **faire l'impasse sur qch** to choose to overlook sth
   4 (Cartes) finesse ◆ **faire une impasse** to (make a) finesse ◆ **faire l'impasse au roi** to finesse against the king
   5 (Fin) ◆ **impasse budgétaire** budget deficit

impassibilité /ɛ̃pasibilite/ SYN NF impassiveness, impassivity

impassible /ɛ̃pasibl/ SYN ADJ impassive

impassiblement /ɛ̃pasibləmɑ̃/ ADV impassively

impatiemment /ɛ̃pasjamɑ̃/ SYN ADV impatiently

impatience /ɛ̃pasjɑ̃s/ SYN NF impatience ◆ **signes d'impatience** signs of impatience ◆ **il était dans l'impatience de la revoir** he was impatient to see her again, he couldn't wait to see her again ◆ **il répliqua avec impatience que...** he replied impatiently that... ◆ **avoir des impatiences dans les jambes** † to have the fidgets *

impatiens /ɛ̃pasjɑ̃s/ NF (= plante) Busy Lizzie, impatiens (SPÉC)

impatient, e /ɛ̃pasjɑ̃, jɑ̃t/ SYN
   ADJ [personne, geste, attente] impatient ◆ **impatient de faire qch** eager ou keen to do sth ◆ **j'étais impatiente de voir leur réaction** I was eager ou keen to see how they would react ◆ **je suis si impatient de te revoir** I just can't wait to see you again *, I'm really looking forward to seeing you again
   NF **impatiente** ⇒ impatiens

impatienter /ɛ̃pasjɑ̃te/ SYN ▸ conjug 1 ◂
   VT to irritate, to annoy
   VPR **s'impatienter** to grow ou get impatient, to lose patience (contre qn with sb; contre ou de qch at sth)

impatroniser /ɛ̃patʀɔnize/ ▸ conjug 1 ◂
   VT [+ règlement] to impose
   VPR **s'impatroniser** to impose one's authority

impavide /ɛ̃pavid/ ADJ (littér) unruffled, impassive, cool ◆ **impavide devant le danger** cool ou unruffled in the face of danger

impayable * /ɛ̃pɛjabl/ ADJ (= drôle) priceless * ◆ **il est impayable !** he's priceless!*, he's a scream! *

impayé, e /ɛ̃peje/
   ADJ unpaid
   NMPL **impayés** outstanding payments

impeachment /impitʃmɛnt/ NM (US Pol) impeachment

impec * /ɛ̃pɛk/ ADJ abrév de impeccable

impeccable /ɛ̃pekabl/ SYN ADJ 1 (= parfait) [travail, style, technique, service] impeccable, perfect, faultless; [employé] perfect; [diction] impeccable ◆ **parler un français impeccable** to speak impeccable French ◆ **(c'est) impeccable !** * great!*, brilliant! * ◆ **ça va ? – impeccable !** is it OK? – it's fine!
   2 (= net) [personne] impeccable, impeccably dressed; [coiffure] impeccable, immaculate; [appartement, voiture] spotless, spotlessly clean, impeccable

impeccablement /ɛ̃pekabləmɑ̃/ ADV [coiffé, habillé, maquillé, repassé] impeccably, immaculately; [rangé, coupé, entretenu] beautifully ◆ **une robe impeccablement finie** a beautifully finished dress

impécunieux, -ieuse /ɛ̃pekynjø, jøz/ ADJ (littér) impecunious

impécuniosité /ɛ̃pekynjozite/ NF (littér) impecuniousness

impédance /ɛ̃pedɑ̃s/ NF (Élec) impedance

impedimenta /ɛ̃pedimɛ̃ta/ NMPL (Mil, fig) impedimenta

impénétrabilité /ɛ̃penetʀabilite/ NF 1 [de forêt, secteur] impenetrability
   2 [de mystère, desseins] unfathomableness, impenetrability
   3 [de personnage, caractère] inscrutability, impenetrability; [de visage] inscrutability, impenetrability

impénétrable /ɛ̃penetʀabl/ SYN ADJ
   1 (= inaccessible) [forêt] impenetrable (à to, by) ◆ **un secteur quasi impénétrable pour les Européens** a market sector almost impossible for Europeans to break into
   2 (= insondable) [mystère, desseins] unfathomable, impenetrable; → voie
   3 (= énigmatique) [personnage, caractère, visage] inscrutable, impenetrable; [air] inscrutable

impénitence /ɛ̃penitɑ̃s/ NF unrepentance, impenitence

impénitent, e /ɛ̃penitɑ̃, ɑ̃t/ SYN ADJ unrepentant, impenitent ◆ **fumeur impénitent** unrepentant smoker

impensable /ɛ̃pɑ̃sabl/ GRAMMAIRE ACTIVE 12.2 SYN ADJ [événement hypothétique] unthinkable; [événement arrivé] unbelievable

imper * /ɛpɛʀ/ NM (abrév de **imperméable**) raincoat

impératif, -ive /ɛpeʀatif, iv/ SYN
▪ ADJ (= *obligatoire, urgent*) [*besoin, consigne*] urgent, imperative; (= *impérieux*) [*geste, ton*] imperative, imperious, commanding; (Jur) [*loi*] mandatory ◆ **il est impératif de.../que...** it is absolutely essential *ou* it is imperative to.../that...
▪ NM 1 (Ling) imperative mood ◆ **à l'impératif** in the imperative (mood)
2 (= *prescription*) [*de fonction, charge*] requirement; [*de mode*] demand; (= *nécessité*) [*de situation*] necessity; (Mil) imperative ◆ **des impératifs d'horaire nous obligent à...** we are obliged by the demands *ou* constraints of our timetable to... ◆ **impératif catégorique** (Philos) categorical imperative; (fig) essential requirement

impérativement /ɛpeʀativmɑ̃/ SYN ADV imperatively ◆ **je le veux impérativement pour demain** it is imperative that I have it for tomorrow, I absolutely must have it for tomorrow

impératrice /ɛpeʀatʀis/ NF empress

imperceptibilité /ɛpɛʀsɛptibilite/ NF imperceptibility

imperceptible /ɛpɛʀsɛptibl/ SYN ADJ 1 (= *non perceptible*) [*son, détail, nuance*] imperceptible (à to) 2 (= *à peine perceptible*) [*son, sourire*] faint, imperceptible; [*détail, changement, nuance*] minute, imperceptible

imperceptiblement /ɛpɛʀsɛptiblɑ̃mɑ̃/ ADV imperceptibly

imperfectible /ɛpɛʀfɛktibl/ ADJ which cannot be perfected, unperfectible

imperfectif, -ive /ɛpɛʀfɛktif, iv/
▪ ADJ imperfective, continuous
▪ NM imperfective

imperfection /ɛpɛʀfɛksjɔ̃/ SYN NF (= *caractère imparfait*) imperfection; (= *défaut*) [*de personne, caractère*] shortcoming, imperfection, defect; [*d'ouvrage, dispositif, mécanisme*] imperfection, defect; [*de peau*] blemish

imperforation /ɛpɛʀfɔʀasjɔ̃/ NF imperforation

impérial, e (mpl **-iaux**) /ɛpeʀjal, jo/
▪ ADJ imperial
▪ NF **impériale** 1 [*d'autobus*] top *ou* upper deck ◆ **autobus à impériale** = double-decker (bus) ◆ **monter à l'impériale** to go upstairs *ou* on top 2 (= *barbe*) imperial 3 (Jeux) ◆ **(série) impériale** royal flush

impérialement /ɛpeʀjalmɑ̃/ ADV imperially

impérialisme /ɛpeʀjalism/ NM imperialism

impérialiste /ɛpeʀjalist/ SYN
▪ ADJ imperialist(ic)
▪ NMF imperialist

impérieusement /ɛpeʀjøzmɑ̃/ ADV imperiously ◆ **avoir impérieusement besoin de qch** to need sth urgently, to have urgent need of sth

impérieux, -ieuse /ɛpeʀjø, jøz/ SYN ADJ (= *autoritaire*) [*personne, ton, caractère*] imperious; (= *pressant*) [*besoin, nécessité*] urgent, pressing; [*obligation*] pressing

impérissable /ɛpeʀisabl/ SYN ADJ [*œuvre*] imperishable; [*souvenir, gloire*] undying (épith); imperishable; [*monument, valeur*] permanent, lasting (épith)

impéritie /ɛpeʀisi/ SYN NF (*littér = incompétence*) incompetence

imperium /ɛpeʀjɔm/ NM (Hist) imperium; (fig) dominion (*sur* over)

imperméabilisation /ɛpɛʀmeabilizasjɔ̃/ NF waterproofing

imperméabiliser /ɛpɛʀmeabilize/ ► conjug 1 ◄ VT to waterproof ◆ **tissu imperméabilisé** waterproofed material

imperméabilité /ɛpɛʀmeabilite/ NF 1 [*de terrain*] impermeability; [*de tissu*] waterproof qualities, impermeability 2 (*littér = insensibilité*) ◆ **imperméabilité à** imperviousness to

imperméable /ɛpɛʀmeabl/ SYN
▪ ADJ 1 [*terrain, roches*] impermeable; [*revêtement, tissu*] waterproof; [*frontière*] impenetrable ◆ **imperméable à l'eau** waterproof ◆ **imperméable à l'air** airtight
2 (= *insensible*) ◆ **imperméable à** impervious to
▪ NM (= *manteau*) raincoat

impersonnalité /ɛpɛʀsɔnalite/ NF impersonality; (Ling) impersonal form

impersonnel, -elle /ɛpɛʀsɔnɛl/ SYN
▪ ADJ (*gén, Ling*) impersonal
▪ NM (Ling) impersonal verb

impersonnellement /ɛpɛʀsɔnɛlmɑ̃/ ADV impersonally

impertinemment /ɛpɛʀtinamɑ̃/ ADV impertinently

impertinence /ɛpɛʀtinɑ̃s/ SYN NF (= *caractère*) impertinence; (= *propos*) impertinent remark, impertinence ◆ **répondre avec impertinence** to reply impertinently *ou* cheekily ◆ **arrête tes impertinences !** that's enough impertinence!, that's enough of your impertinent remarks!

impertinent, e /ɛpɛʀtinɑ̃, ɑ̃t/ SYN ADJ impertinent, cheeky ◆ **c'est un petit impertinent !** he's so impertinent!

imperturbabilité /ɛpɛʀtyʀbabilite/ NF imperturbability

imperturbable /ɛpɛʀtyʀbabl/ SYN ADJ [*sang-froid, gaieté, sérieux*] unshakeable; [*personne, caractère*] imperturbable ◆ **rester imperturbable** to remain unruffled

imperturbablement /ɛpɛʀtyʀbabləmɑ̃/ ADV imperturbably ◆ **il écouta imperturbablement** he listened imperturbably *ou* unperturbed *ou* unruffled

impesanteur /ɛpəzɑ̃tœʀ/ NF weightlessness

impétigo /ɛpetigo/ NM impetigo

impétrant, e /ɛpetʀɑ̃, ɑ̃t/ NM,F (Jur) applicant; (Univ) recipient (*of a qualification*)

impétueusement /ɛpetɥøzmɑ̃/ ADV (*littér*) impetuously

impétueux, -euse /ɛpetɥø, øz/ SYN ADJ (*littér = fougueux*) [*caractère, jeunesse*] impetuous, hotheaded; [*orateur*] fiery; [*rythme*] impetuous; [*torrent, vent*] raging

impétuosité /ɛpetɥozite/ SYN NF (*littér*) [*de rythme, personne*] impetuousness, impetuosity ◆ **méfiez-vous de l'impétuosité des torrents de montagne** beware of raging mountain streams

impie /ɛpi/
▪ ADJ [*acte, parole*] impious, ungodly, irreligious
▪ NMF ungodly *ou* irreligious person

impiété /ɛpjete/ NF († *ou littér*) (= *caractère*) impiety, ungodliness, irreligiousness; (= *parole, acte*) impiety

impitoyable /ɛpitwajabl/ SYN ADJ merciless, ruthless (*envers* towards) ◆ **dans le monde *ou* l'univers impitoyable du show-biz** in the cutthroat world of showbiz

impitoyablement /ɛpitwajabləmɑ̃/ ADV mercilessly, ruthlessly

implacabilité /ɛplakabilite/ NF implacability

implacable /ɛplakabl/ SYN ADJ (= *impitoyable*) implacable

implacablement /ɛplakabləmɑ̃/ ADV implacably, relentlessly

implant /ɛplɑ̃/ NM (Méd) implant ◆ **implant capillaire** hair graft ◆ **implant dentaire** implant

implantation /ɛplɑ̃tasjɔ̃/ NF 1 [*d'usage, mode*] introduction; [*d'immigrants*] settlement; [*d'usine, industrie*] setting up; [*d'idée, préjugé*] implantation
2 (= *présence*) ◆ **nous bénéficions d'une solide implantation à l'étranger** [*entreprise*] we have a number of offices abroad ◆ **nous avons su renforcer notre implantation locale** we have reinforced our presence locally ◆ **la forte implantation du parti dans la région** the party's strong presence in the region
3 (Méd) [*d'organe, prothèse, embryon*] implantation
4 (= *disposition*) [*de dents*] arrangement ◆ **l'implantation des cheveux** the way the hair grows

implanter /ɛplɑ̃te/ SYN ► conjug 1 ◄
▪ VT 1 (= *introduire*) [+ *usage, mode*] to introduce ◆ **implanter un produit sur le marché** to establish a product on the market
2 (= *établir*) [+ *usine, industrie*] to set up, to establish; [+ *idée, préjugé*] to implant ◆ **une société implantée dans la région depuis plusieurs générations** a company that has been established in the area for generations ◆ **la gauche est fortement implantée ici** the left is well-established here
3 (Méd) [+ *organe, prothèse, embryon*] to implant
▪ VPR **s'implanter** [*usine, industrie*] to be set up *ou* established; [*immigrants*] to settle; [*parti politique*] to establish itself, to become established ◆ **le parti est solidement implanté dans cette région** the party is well-established in this region

implémentation /ɛplemɑ̃tasjɔ̃/ NF (Ordin) implementation

implémenter /ɛplemɑ̃te/ ► conjug 1 ◄ VT (Ordin) to implement

implication /ɛplikasjɔ̃/ SYN
▪ NF 1 (= *relation logique*) implication
2 ◆ **implication dans** (= *mise en cause*) implication in; (= *participation à*) implication *ou* involvement in
▪ NFPL **implications** (= *conséquences, répercussions*) implications

implicite /ɛplisit/ SYN ADJ [*condition, foi, volonté*] implicit ◆ **connaissance implicite** (Ling) tacit knowledge

implicitement /ɛplisitmɑ̃/ ADV implicitly

impliquer /ɛplike/ SYN ► conjug 1 ◄
▪ VT 1 (= *supposer*) to imply (*que* that)
2 (= *nécessiter*) to entail, to involve
3 ◆ **impliquer qn dans** (= *mettre en cause*) to implicate sb in; (= *mêler à*) to implicate *ou* involve sb in
▪ VPR **s'impliquer** ◆ **s'impliquer dans son travail/un projet** to get involved in one's work/a project ◆ **s'impliquer beaucoup dans qch** to put a lot into sth, to get heavily *ou* deeply involved in sth

implorant, e /ɛplɔʀɑ̃, ɑ̃t/ ADJ imploring, beseeching ◆ **il me regarda d'un air implorant** he looked at me imploringly *ou* beseechingly

imploration /ɛplɔʀasjɔ̃/ NF entreaty

implorer /ɛplɔʀe/ SYN ► conjug 1 ◄ VT (= *supplier*) [+ *personne, Dieu*] to implore, to beseech (*frm*); (= *demander*) [+ *faveur, aide*] to implore ◆ **implorer la clémence de qn** to beg sb for mercy ◆ **implorer le pardon de qn** to beg sb's forgiveness ◆ **implorer qn de faire** to implore *ou* beseech *ou* entreat sb to do

imploser /ɛploze/ ► conjug 1 ◄ VI to implode

implosif, -ive /ɛplozif, iv/ ADJ implosive

implosion /ɛplozjɔ̃/ NF implosion

impluvium /ɛplyvjɔm/ NM impluvium

impoli, e /ɛpɔli/ SYN ADJ impolite, rude (*envers* to)

impoliment /ɛpɔlimɑ̃/ ADV impolitely, rudely

impolitesse /ɛpɔlitɛs/ SYN NF (= *attitude*) impoliteness, rudeness; (= *remarque*) impolite *ou* rude remark; (= *acte*) impolite thing to do, impolite action ◆ **répondre avec impolitesse** to answer impolitely *ou* rudely ◆ **c'est une impolitesse de faire** it is impolite *ou* rude to do

impolitique /ɛpɔlitik/ ADJ impolitic

impondérabilité /ɛpɔ̃deʀabilite/ NF imponderability

impondérable /ɛpɔ̃deʀabl/ SYN
▪ ADJ imponderable
▪ NM imponderable, unknown (quantity) ◆ **le marché du cuivre est celui de l'impondérable** the copper market is an unknown quantity *ou* an imponderable ◆ **les impondérables de la météo** the vagaries of the weather, unforeseen weather conditions

impopulaire /ɛpɔpylɛʀ/ SYN ADJ unpopular (*auprès de* with)

impopularité /ɛpɔpylaʀite/ NF unpopularity

import /ɛpɔʀ/ NM (abrév de **importation**) import

importable /ɛpɔʀtabl/ ADJ (Écon) importable; [*vêtement*] unwearable

importance /ɛpɔʀtɑ̃s/ SYN NF 1 [*de problème, affaire, personne*] importance; [*d'événement, fait*] importance, significance ◆ **avoir de l'importance** [*de personne, question*] to be important, to be of importance ◆ **ça a beaucoup d'importance pour moi** it's very important to me, it matters a great deal to me ◆ **accorder *ou* attacher de l'importance à qch** to give *ou* lend importance to sth ◆ **accorder beaucoup/peu d'importance à qch** to attach a lot of/little importance to sth ◆ **sans importance** [*personne*] unimportant; [*problème, incident, détail*] unimportant, insignificant ◆ **c'est sans importance, ça n'a pas d'importance** it doesn't matter, it's of no importance *ou* consequence ◆ **(et alors,) quelle importance ?** (so) does it really matter? ◆ **de peu d'importance** [*événement, fait*] of little importance; [*détail*] trifling, minor; [*retard*] minor ◆ **d'une certaine importance** [*problème, événement*] fairly *ou* rather important ◆ **de la plus**

haute importance, de (la) première importance *[problème, affaire, document]* of paramount *ou* of the highest importance; *[événement]* momentous

2 *(= taille) [de somme, effectifs, entreprise]* size; *(= ampleur) [de dégâts, désastre, retard]* extent ◆ **d'une certaine importance** *[entreprise]* sizeable; *[dégâts]* considerable, extensive

3 *(locutions)* ◆ **prendre de l'importance** *[question]* to gain in importance, to become more important; *[firme]* to increase in size; *[personne]* to become more important ◆ **se donner de l'importance** *(péj)* to act important *ou* in a self-important way ◆ **l'affaire est d'importance** *(frm)* this is no trivial matter, this is a matter of some seriousness ◆ **tancer/rosser qn d'importance** *(littér)* to give sb a thorough dressing-down/ trouncing *(littér)*

important, e /ɛ̃pɔʀtɑ̃, ɑ̃t/ GRAMMAIRE ACTIVE 1.1, 26.1 26.6 SYN

ADJ 1 *[personnage, question, rôle]* important; *[événement, fait]* important, significant ◆ **peu important** of no great importance, of little significance ◆ **rien d'important** nothing important *ou* of importance ◆ **quelqu'un d'important** somebody important

2 *(quantitativement) [somme]* large, considerable, substantial; *[différence]* big; *[retard]* considerable; *[dégâts]* extensive, considerable ◆ **la présence d'un important service d'ordre** the presence of a considerable number *ou* a large contingent of police

3 *(péj) [airs]* (self-)important; *[personnage]* self-important

NM ◆ **l'important est de...** the important thing is to... ◆ **ce n'est pas le plus important** that's not what's most important

NM,F *(péj)* ◆ **faire l'important(e)** to be self-important

> (!) Quand le mot **important** se réfère à une quantité, il ne se traduit pas par l'anglais **important**.

importateur, -trice /ɛ̃pɔʀtatœʀ, tʀis/

ADJ importing ◆ **pays importateur de blé** wheat-importing country

NM,F importer

importation /ɛ̃pɔʀtasjɔ̃/ NF 1 *[de marchandises]* importing, importation ◆ **produits/articles d'importation** imported products/items

2 *[d'animal, plante, maladie]* introduction ◆ **cette marque est d'importation récente** this brand is a recent import

3 *(= produit)* import

importer[1] /ɛ̃pɔʀte/ SYN ► conjug 1 ◄ VT to import; *[+ coutumes, danses]* to import, to introduce *(de* from)

importer[2] /ɛ̃pɔʀte/ GRAMMAIRE ACTIVE 7.5 SYN ► conjug 1 ◄ VI 1 *(= être important)* to matter ◆ **les conventions importent peu à ces gens-là** conventions don't matter much *ou* aren't very important *ou* matter little to those people ◆ **ce qui importe, c'est d'agir vite** the important thing is *ou* what matters is to act quickly ◆ **que lui importe le malheur des autres ?** what does he care about other people's unhappiness?, what does other people's unhappiness matter to him? ◆ **il importe de faire** *(frm)* it is important to do ◆ **il importe qu'elle connaisse les risques** *(frm)* it is important that she knows *ou* should know the risks

2 ◆ **peu importe** *ou* **qu'importe** *(littér)* **qu'il soit absent** what does it matter if he is absent?, it matters little that he is absent *(frm)* ◆ **peu importe le temps, nous sortirons** we'll go out whatever the weather *ou* no matter what the weather is like ◆ **peu m'importe** *(= je n'ai pas de préférence)* I don't mind; *(= je m'en moque)* I don't care ◆ **que m'importe !** what do I care?, I don't care! ◆ **achetez des pêches ou des poires, peu importe** buy peaches or pears – it doesn't matter which ◆ **quel fauteuil veux-tu ? – oh, n'importe** which chair will you have? – it doesn't matter *ou* I don't mind *ou* any one will do ◆ **il ne veut pas ? qu'importe !** doesn't he want to? what does it matter? *ou* it doesn't matter! ◆ **les maisons sont chères, n'importe, elles se vendent !** houses are expensive, but no matter *ou* but never mind, they still sell ◆ **qu'importe le flacon pourvu qu'on ait l'ivresse !** *(Prov)* never mind the bottle, let's just drink it!

3 ◆ **n'importe comment** anyhow ◆ **il a fait cela n'importe comment !** he did it any old how* *(Brit) ou* any which way* *(US)* ◆ **n'importe comment, il part ce soir** anyway, he's leaving tonight, he's leaving tonight in any case *ou* anyhow ◆ **n'importe lequel d'entre nous** any (one) of us ◆ **n'importe où** anywhere ◆ **attention, n'allez pas vous promener n'importe où** be careful, don't go walking just anywhere ◆ **n'importe quand** anytime ◆ **entrez dans n'importe quelle boutique** go into any shop ◆ **n'importe quel docteur vous dira la même chose** any doctor will tell you the same thing ◆ **venez à n'importe quelle heure** come (at) any time ◆ **il cherche un emploi, mais pas n'importe lequel** he's looking for a job, but not just any job ◆ **n'importe qui** anybody, anyone ◆ **ce n'est pas n'importe qui** he's not just anybody ◆ **n'importe quoi** anything ◆ **il fait/dit n'importe quoi !** he has no idea what he's doing!/saying! ◆ **(c'est) n'importe quoi !*** what nonsense! *ou* rubbish! *(Brit)* ◆ **il mange tout et n'importe quoi** he'll eat anything

import-export (pl **imports-exports**) /ɛ̃pɔʀ ɛkspɔʀ/ NM import-export ◆ **société d'import-export** import-export company ◆ **entreprise d'import-export de vins** import-export company dealing in wine ◆ **faire de l'import-export** to be in the import-export business

importun, e /ɛ̃pɔʀtœ̃, yn/ SYN

ADJ *(frm) [curiosité, présence, pensée, plainte]* troublesome, importunate *(frm)*; *[arrivée, visite]* inopportune, ill-timed; *[personne]* importunate *(frm)* ◆ **je ne veux pas être importun** *(déranger)* I don't wish to disturb you *ou* to intrude; *(irriter)* I don't wish to be importunate *(frm) ou* a nuisance ◆ **se rendre importun par** to make o.s. objectionable by

NM,F *(= gêneur)* irksome individual; *(= visiteur)* intruder

importunément /ɛ̃pɔʀtynemɑ̃/ ADV *(frm) (= de façon irritante)* importunately *(frm)*; *(= à un mauvais moment)* inopportunely

importuner /ɛ̃pɔʀtyne/ SYN ► conjug 1 ◄ VT *(frm) [personne]* to importune *(frm)*, to bother; *[insecte, bruit]* to trouble, to bother; *[interruptions, remarques]* to bother ◆ **je ne veux pas vous importuner** I don't wish to put you to any trouble *ou* to bother you

importunité /ɛ̃pɔʀtynite/ NF *(frm) [de démarche, demande]* importunity *(frm)* ◆ **importunités** *(= sollicitations)* importunities

imposable /ɛ̃pozabl/ ADJ *[personne, revenu]* taxable

imposant, e /ɛ̃pozɑ̃, ɑ̃t/ SYN ADJ *(= majestueux) [personnage, stature]* imposing; *[allure]* stately; *(= impressionnant) [bâtiment]* imposing; *(= considérable) [majorité, mise en scène, foule]* imposing, impressive ◆ **une imposante matrone** *(= gros)* a woman with an imposing figure ◆ **la présence d'un imposant service d'ordre** the presence of an imposing number *ou* a large contingent of police

imposé, e /ɛ̃poze/ (ptp de **imposer**)

ADJ 1 *(Fin) [personne, revenu]* taxable

2 *(= obligatoire) [exercices, figures]* compulsory ◆ **prix imposé** set price ◆ **tarif imposé** set rate

NM *(Sport = exercice)* compulsory exercise

NM,F *(= contribuable)* taxpayer

imposer /ɛ̃poze/ SYN ► conjug 1 ◄

VT 1 *(= prescrire) [+ tâche, date]* to set; *[+ règle, conditions]* to impose, to lay down; *[+ punition, taxe]* to impose *(à* on); *[+ prix]* to set, to fix ◆ **imposer ses idées/sa présence à qn** to impose *ou* force one's ideas/one's company on sb ◆ **imposer des conditions à qch** to impose *ou* place conditions on sth ◆ **imposer un travail/une date à qn** to set sb a piece of work/a date ◆ **imposer un régime à qn** to put sb on a diet ◆ **la décision leur a été imposée par les événements** the decision was forced *ou* imposed (up)on them by events ◆ **il nous a imposé son candidat** he has imposed his candidate on us ◆ **on lui a imposé le silence** silence has been imposed upon him; → **loi**

2 *(= faire connaître)* ◆ **imposer son nom** *[candidat]* to come to the fore; *[artiste]* to make o.s. known, to compel recognition; *[firme]* to establish itself, to become an established name ◆ **il impose/sa conduite impose le respect** he commands/his behaviour compels respect

3 *(Fin = taxer) [+ marchandise, revenu, salariés]* to tax ◆ **imposer insuffisamment** to undertax

4 *(Typographie)* to impose

5 *(Rel)* ◆ **imposer les mains** to lay on hands

VT INDIR **en imposer** ◆ **en imposer à qn** to impress sb ◆ **il en impose** he's an imposing individual ◆ **sa présence en impose** he's an imposing presence ◆ **son intelligence en impose** he is a man of striking intelligence ◆ **ne vous en laissez pas imposer par ses grands airs** don't let yourself be overawed by his haughty manner

VPR **s'imposer** 1 *(= être nécessaire) [décision, action]* to be essential *ou* vital *ou* imperative ◆ **dans ce cas, le repos s'impose** in this case rest is essential *ou* vital *ou* imperative ◆ **c'est la solution qui s'impose** it's the obvious solution ◆ **ces mesures ne s'imposaient pas** these measures were unnecessary ◆ **quand on est à Paris une visite au Louvre s'impose** when in Paris, a visit to the Louvre is imperative *ou* is a must*

2 *(= se contraindre à)* ◆ **s'imposer une tâche** to set o.s. a task ◆ **il s'est imposé un trop gros effort** he put himself under too much strain ◆ **s'imposer de faire** to make it a rule to do

3 *(= montrer sa supériorité)* to assert o.s.; *(= avoir une personnalité forte)* to be assertive ◆ **impose-toi !** assert yourself! ◆ **s'imposer par ses qualités** to stand out *ou* to compel recognition because of one's qualities ◆ **il s'est imposé dans sa branche** he has made a name for himself in his branch ◆ **il s'est imposé comme le seul susceptible d'avoir le prix** he emerged *ou* he established himself as the only one likely to get the prize ◆ **le skieur s'est imposé dans le slalom géant** the skier dominated the giant slalom event ◆ **le joueur canadien s'est imposé face au russe** the Canadian player outplayed the Russian

4 *(= imposer sa présence à)* ◆ **s'imposer à qn** to impose (o.s.) upon sb ◆ **je ne voudrais pas m'imposer** I don't want to impose ◆ **le soleil s'imposera peu à peu sur tout le pays** gradually sunshine will spread across the whole country

imposeur /ɛ̃pozœʀ/ NM *(Typographie)* imposer

imposition /ɛ̃pozisjɔ̃/ SYN NF *(Fin)* taxation; *(Typographie)* imposition ◆ **l'imposition des mains** *(Rel)* the laying on of hands ◆ **double imposition** *(Fin)* double taxation ◆ **imposition à la source** PAYE system *(Brit)*, withholding tax system *(US)*

impossibilité /ɛ̃posibilite/ GRAMMAIRE ACTIVE 16.4 SYN NF impossibility ◆ **l'impossibilité de réaliser ce plan** the impossibility of carrying out this plan ◆ **en cas d'impossibilité** should it prove impossible ◆ **y a-t-il impossibilité à ce qu'il vienne ?** is it impossible for him to come? ◆ **être dans l'impossibilité de faire qch** to be unable to do sth ◆ **l'impossibilité dans laquelle il se trouvait de...** the fact that he was unable to..., the fact that he found it impossible to... ◆ **se heurter à des impossibilités** to come up against insuperable obstacles

impossible /ɛ̃pɔsibl/ GRAMMAIRE ACTIVE 12.3, 16.3, 26.1, 26.6 SYN

ADJ 1 *(= irréalisable, improbable)* impossible ◆ **impossible à faire** impossible to do ◆ **il est impossible de.../que...** it is impossible to.../that... ◆ **il est impossible qu'il soit déjà arrivé** he cannot possibly have arrived yet ◆ **il m'est impossible de le faire** it's impossible for me to do it, I can't possibly do it ◆ **pouvez-vous venir lundi ? – non, cela m'est impossible** can you come on Monday? – no, I can't *ou* no, it's impossible ◆ **ce n'est pas impossible, ça n'a rien d'impossible** *(= ça peut arriver)* it may well happen; *(= ça peut être le cas)* it may well be the case ◆ **est-ce qu'il va partir ? – ce n'est pas impossible** is he going to leave? – he may well ◆ **impossible n'est pas français** *(Prov)* there's no such word as "can't"; → **vaillant**

2 *(= pénible, difficile) [enfant, situation]* impossible ◆ **rendre l'existence impossible à qn** to make sb's life impossible *ou* a misery ◆ **elle a des horaires impossibles** she has impossible *ou* terrible hours ◆ **il mène une vie impossible** he leads an incredible life

3 *(= invraisemblable) [nom, titre]* ridiculous, impossible ◆ **se lever à des heures impossibles** to get up at an impossible *ou* a ridiculous time *ou* hour ◆ **il lui arrive toujours des histoires impossibles** impossible things are always happening to him

NM 1 ◆ **l'impossible** the impossible ◆ **demander/tenter l'impossible** to ask for/attempt the impossible ◆ **je ferai l'impossible (pour venir)** I'll do my utmost (to come) ◆ **à l'impossible nul n'est tenu** *(Prov)* no one can be expected to do the impossible

2 ◆ **par impossible** by some miracle, by some remote chance ◆ **si par impossible je terminais premier...** if by some miracle *ou* some remote chance I were to finish first...

imposte | imprimer

imposte /ɛ̃pɔst/ NF ① (Archit = moulure) impost ② (= fenêtre) fanlight (Brit), transom (window) (US)

imposteur /ɛ̃pɔstœʀ/ SYN NM impostor

imposture /ɛ̃pɔstyʀ/ SYN NF imposture, deception ◆ **c'est une imposture !** it's all a sham!

impôt /ɛ̃po/ SYN
NM (= taxe) tax ◆ **payer l'impôt** to pay tax ou taxes ◆ **les impôts** (gén) taxes; (= service local) the tax office; (= service national) the Inland Revenue (Brit), the Internal Revenue Service (US) ◆ **les impôts me réclament 10 000 €** the taxman* wants €10,000 from me ◆ **payer des impôts** to pay tax ◆ **je paye plus de 10 000 € d'impôts** I pay more than €10,000 (in) tax ◆ **frapper d'un impôt** to put a tax on ◆ **impôt direct/indirect/déguisé** direct/indirect/hidden tax ◆ **impôt retenu à la source** tax deducted at source ◆ **bénéfices avant impôt** pre-tax profits ◆ **faire un bénéfice de 10 000 € avant impôt** to make a profit of €10,000 before tax; → **assiette, déclaration, feuille** etc
COMP **impôt sur les bénéfices** tax on profits, ≈ corporation tax
impôt sur le chiffre d'affaires tax on turnover
impôt foncier ≈ land tax
impôt (de solidarité) sur la fortune, impôt sur les grandes fortunes † wealth tax
impôts locaux local taxes, ≈ council tax (Brit)
impôt sur les plus-values ≈ capital gains tax
impôt sur le revenu (des personnes physiques) income tax
impôt du sang (†, littér) blood tribute
impôt sécheresse tax levied to help farmers in case of drought
impôt sur les sociétés corporate tax
impôt sur le transfert des capitaux capital transfer tax

- **IMPÔTS**
- The main forms of taxation in France are income tax ("l'impôt sur le revenu"), value-added tax on consumer goods ("TVA"), local taxes funding public amenities ("les impôts locaux", which include "la taxe d'habitation" and "la taxe foncière") and two kinds of company tax ("la taxe professionnelle" and "l'impôt sur les sociétés").
- Income tax for a given year is payable the following year and is calculated from information supplied in the "déclaration d'impôts". It can either be paid in three instalments (the first two, known as "tiers provisionnels", are estimates based on the previous year's tax, while the third makes up the actual tax due), or in monthly instalments (an option known as "mensualisation"). Late payment incurs a 10% penalty known as a "majoration".

impotence /ɛ̃pɔtɑ̃s/ NF (Méd) infirmity; (fig) impotence

impotent, e /ɛ̃pɔtɑ̃, ɑ̃t/ SYN
ADJ disabled, crippled ◆ **l'accident l'a rendu impotent** the accident has disabled ou crippled him
NM,F disabled person, cripple

⚠ **impotent** ne se traduit pas par le mot anglais **impotent**, qui a le sens de 'impuissant'.

impraticable /ɛ̃pʀatikabl/ SYN ADJ [idée] impracticable, unworkable; [tâche] impracticable; (Sport) [terrain] unfit for play, unplayable; [route, piste] impassable ◆ **impraticable pour les** ou **aux véhicules à moteur** unsuitable for motor vehicles

imprécateur, -trice /ɛ̃pʀekatœʀ, tʀis/ NM,F (littér) doomsayer, prophet of doom

imprécation /ɛ̃pʀekasjɔ̃/ NF imprecation, curse ◆ **se répandre en** ou **lancer des imprécations contre** to inveigh against

imprécatoire /ɛ̃pʀekatwaʀ/ ADJ (littér) imprecatory (littér)

imprécis, e /ɛ̃pʀesi, iz/ SYN ADJ ① [souvenir, idée] vague; [contours] vague, indistinct ◆ **les causes du décès restent encore imprécises** the cause of death remains unclear
② [estimation, plan, chiffre, résultat] imprecise; [tir] inaccurate

imprécision /ɛ̃pʀesizjɔ̃/ SYN NF ① [de souvenir, idée] vagueness
② [d'estimation, plan, chiffre, résultat] imprecision, lack of precision; [de tir] inaccuracy ◆ **ce texte comporte de nombreuses imprécisions** there are a number of inaccuracies in the text

imprédictible /ɛ̃pʀediktibl/ ADJ impredictable

imprégnation /ɛ̃pʀeɲasjɔ̃/ NF ① [de tissu, matière] impregnation; [de pièce, air] permeation ◆ **taux d'imprégnation alcoolique** blood alcohol level, level of alcohol in the blood
② (= assimilation) [d'esprit] imbuing, impregnation ◆ **pour apprendre une langue, rien ne vaut une lente imprégnation** to learn a language there's nothing like gradually immersing oneself in it

imprégner /ɛ̃pʀeɲe/ SYN ► conjug 6 ◄
VT ① [+ tissu, matière] (de liquide) to impregnate, to soak (de with); (d'une odeur, de fumée) to impregnate (de with); [+ pièce, air] to permeate, to fill (de with) ◆ **cette odeur imprégnait toute la rue** the smell filled the whole street ◆ **maison imprégnée de lumière** house flooded with light ◆ **un endroit imprégné d'histoire** a place steeped in history
② [+ esprit] to imbue, to impregnate (de with) ◆ **l'amertume qui imprégnait ses paroles** the bitterness which pervaded his words ◆ **imprégné des préjugés de sa caste** imbued with ou steeped in the prejudices of his class
VPR **s'imprégner** ◆ **s'imprégner de** [tissu, substance] (de liquide) to become impregnated ou soaked with; (d'une odeur, de fumée) to become impregnated with; [pièce, air] to become permeated ou filled with; [esprits, élèves] to become imbued with, to absorb ◆ **séjourner à l'étranger pour s'imprégner de la langue étrangère** to live abroad to immerse o.s. in ou to absorb the foreign language ◆ **s'imprégner d'alcool** to soak up alcohol

imprenable /ɛ̃pʀənabl/ ADJ [forteresse] impregnable ◆ **vue imprenable** unrestricted view

impréparation /ɛ̃pʀepaʀasjɔ̃/ NF lack of preparation

imprésario /ɛ̃pʀesaʀjo/ NM [d'acteur, chanteur] manager; [de troupe de théâtre, ballet] impresario, manager

imprescriptibilité /ɛ̃pʀɛskʀiptibilite/ NF ◆ **l'imprescriptibilité des crimes contre l'humanité** the non-applicability of statutory limitation to crimes against humanity

imprescriptible /ɛ̃pʀɛskʀiptibl/ ADJ [crime] to which the statute of limitations does not apply; [droit] inalienable

impression /ɛ̃pʀesjɔ̃/ GRAMMAIRE ACTIVE 6.2, 18.4
SYN NF ① (= sensation physique) feeling, impression; (= sentiment, réaction) impression ◆ **se fier à sa première impression** to trust one's first impressions ◆ **ils échangèrent leurs impressions (de voyage)** they exchanged their impressions (of the trip) ◆ **quelles sont vos impressions sur la réunion ?** what was your impression ou what did you think of the meeting? ◆ **l'impression que j'ai de lui** my impression of him, the impression I have of him ◆ **ça m'a fait peu d'impression/une grosse impression** that made little/a great impression upon me ◆ **ça m'a fait une drôle d'impression de la revoir** it was really strange seeing her again ◆ **faire bonne/mauvaise/forte impression** to make ou create a good/bad/strong impression ◆ **avoir l'impression que...** to have a feeling that..., to get ou have the impression that... ◆ **j'ai comme l'impression qu'il ne me dit pas toute la vérité*** I have a feeling ou a hunch* that he's not telling me the whole truth ◆ **créer/donner une impression de...** to create/give an impression of... ◆ **il ne me donne** ou **fait pas l'impression d'(être) un menteur** I don't get the impression that he's a liar, he doesn't give me the impression of being a liar ◆ **faire impression** [film, orateur] to make an impression, to have an impact
② [de livre, tissu, motif] printing ◆ **impression en couleur** colour printing ◆ **impression laser** (= action) laser printing; (= feuille imprimée) laser print ou copy ◆ **« impression écran »** (Ordin) "print screen" ◆ **ce livre en est à sa 3ᵉ impression** this book is at its 3rd impression ou printing ◆ **le livre est à l'impression** the book is being printed ◆ **l'impression de ce livre est soignée** this book is beautifully printed; → **faute**
③ (= motif) pattern ◆ **tissu à impressions florales** floral pattern(ed) fabric, fabric with a floral pattern
④ (Peinture) ◆ **(couche d')impression** undercoat

impressionnabilité /ɛ̃pʀesjɔnabilite/ NF (= émotivité) impressionability, impressionableness

impressionnable /ɛ̃pʀesjɔnabl/ ADJ [personne] impressionable

impressionnant, e /ɛ̃pʀesjɔnɑ̃, ɑ̃t/ SYN ADJ (= imposant) [somme, spectacle, monument] impressive; (= bouleversant) [scène, accident] upsetting ◆ **elle était impressionnante de calme** her calmness was impressive

impressionner /ɛ̃pʀesjɔne/ SYN ► conjug 1 ◄ VT
① (= frapper) to impress, to make an impression on; (= bouleverser) to overawe, to overwhelm ◆ **ne te laisse pas impressionner** don't let yourself be overawed ◆ **cela risque d'impressionner les enfants** this may be upsetting for children ◆ **tu ne m'impressionnes pas !** you don't scare me!, I'm not afraid of you!
② (Opt) [+ rétine] to act on; (Photo) [+ pellicule] [image, sujet] to show up on; [photographe] to expose ◆ **la pellicule n'a pas été impressionnée** the film hasn't been exposed

impressionnisme /ɛ̃pʀesjɔnism/ NM impressionism

impressionniste /ɛ̃pʀesjɔnist/
ADJ impressionistic; (Art, Mus) impressionist
NMF impressionist

imprévisibilité /ɛ̃pʀevizibilite/ NF unpredictability

imprévisible /ɛ̃pʀevizibl/ ADJ unforeseeable, unpredictable ◆ **elle est assez imprévisible dans ses réactions** her reactions are quite unpredictable

imprévision /ɛ̃pʀevizjɔ̃/ NF (littér) lack of foresight

imprévoyance /ɛ̃pʀevwajɑ̃s/ NF (= insouciance) lack of foresight; (en matière d'argent) improvidence

imprévoyant, e /ɛ̃pʀevwajɑ̃, ɑ̃t/ SYN ADJ (= insouciant) lacking (in) foresight; (en matière d'argent) improvident

imprévu, e /ɛ̃pʀevy/ SYN
ADJ [événement, succès, réaction] unforeseen, unexpected; [courage, geste] unexpected; [dépenses] unforeseen ◆ **de manière imprévue** unexpectedly
NM ① ◆ **l'imprévu** the unexpected, the unforeseen ◆ **j'aime l'imprévu** I like the unexpected ◆ **un peu d'imprévu** an element of surprise ou of the unexpected ou of the unforeseen ◆ **vacances pleines d'imprévu** holidays full of surprises ◆ **en cas d'imprévu** if anything unexpected ou unforeseen crops up ◆ **sauf imprévu** barring any unexpected ou unforeseen circumstances, unless anything unexpected ou unforeseen crops up
② (= incident) unexpected ou unforeseen event ◆ **il y a un imprévu** something unexpected ou unforeseen has cropped up ◆ **tous ces imprévus nous ont retardés** all these unexpected ou unforeseen events have delayed us

imprimable /ɛ̃pʀimabl/ ADJ printable

imprimant, e /ɛ̃pʀimɑ̃, ɑ̃t/
ADJ printing (épith)
NF **imprimante** printer ◆ **imprimante matricielle/ligne/à jet d'encre** dot-matrix/line/ink-jet printer ◆ **imprimante à marguerite/laser/feuille à feuille** daisywheel/laser/sheet-fed printer

imprimatur /ɛ̃pʀimatyʀ/ NM INV imprimatur

imprimé, e /ɛ̃pʀime/ (ptp de **imprimer**)
ADJ [tissu, feuille] printed
NM ① (= formulaire) printed form ◆ **« imprimés »** (Poste) "printed matter" ◆ **envoyer qch au tarif imprimés** to send sth at the printed paper rate ◆ **catalogue/section des imprimés** catalogue/department of printed books ◆ **imprimé publicitaire** advertising leaflet
② (= tissu) ◆ **l'imprimé** printed material ou fabrics, prints ◆ **imprimé à fleur** floral print (fabric ou material) ◆ **l'imprimé et l'uni** printed and plain fabrics ou material

imprimer /ɛ̃pʀime/ SYN ► conjug 1 ◄
VT ① [+ livre, foulard, billets de banque, dessin] to print
② (= apposer) [+ visa, cachet] to stamp (sur, dans on, in)
③ (= marquer) [+ rides, traces, marque] to imprint (dans in, on) ◆ **une scène imprimée dans sa mémoire** a scene imprinted on his memory
④ (= publier) [+ texte, ouvrage] to publish; [+ auteur] to publish the work of ◆ **la joie de se**

voir imprimé the joy of seeing o.s. *ou* one's work in print

5 (= *communiquer*) [+ *impulsion*] to transmit (*à* to) ◆ **la pédale imprime un mouvement à la roue** the movement of the pedal causes the wheel to turn ◆ **imprimer une direction à** to give a direction to

6 [+ *surface à peindre*] to prime

VPR * ◆ **je n'ai pas imprimé** (= *retenir*) it didn't sink in *ou* register

imprimerie /ɛpʀimʀi/ NF (= *firme*, *usine*) printing works; (= *atelier*) printing house; (= *section*) printery; (*pour enfants*) printing outfit *ou* kit ◆ **l'imprimerie** (= *technique*) printing ◆ **l'Imprimerie nationale** ≈ HMSO (*Brit*), ≈ the Government Printing Office (*US*) ◆ **écrire en caractères** *ou* **lettres d'imprimerie** to write in block capitals *ou* letters

imprimeur /ɛpʀimœʀ/ NM printer ◆ **imprimeur-éditeur** printer and publisher ◆ **imprimeur-libraire** printer and bookseller

impro * /ɛpʀo/ NF abrév de **improvisation**

improbabilité /ɛpʀɔbabilite/ NF unlikelihood, improbability

improbable /ɛpʀɔbabl/ SYN ADJ unlikely, improbable

improbité /ɛpʀɔbite/ NF (*littér*) lack of integrity

improductif, -ive /ɛpʀɔdyktif, iv/ SYN
ADJ [*travail*, *terrain*] unproductive, non-productive; [*capitaux*] non-productive
NM,F inactive member of society

improductivité /ɛpʀɔdyktivite/ NF unproductiveness, lack of productivity

impromptu, e /ɛpʀɔpty/
ADJ (= *improvisé*) [*départ*] sudden (*épith*); [*visite*] surprise (*épith*); [*repas*, *exposé*] impromptu (*épith*) ◆ **faire un discours impromptu sur un sujet** to speak off the cuff *ou* to make an impromptu speech on a subject, to extemporize on a subject
NM (*Littérat*, *Mus*) impromptu
ADV (= *à l'improviste*) [*arriver*] impromptu; (= *sans préparation*) [*répondre*] off the cuff, impromptu ◆ **il arriva impromptu, un soir de juin** he arrived (quite) out of the blue one evening in June

imprononçable /ɛpʀɔnɔ̃sabl/ ADJ unpronounceable

impropre /ɛpʀɔpʀ/ SYN ADJ 1 [*terme*] inappropriate
2 ◆ **impropre à** [*outil*, *personne*] unsuitable for, unsuited to ◆ **eau impropre à la consommation** water unfit for (human) consumption

improprement /ɛpʀɔpʀəmɑ̃/ ADV [*appeler*, *qualifier*] incorrectly, improperly

impropriété /ɛpʀɔpʀijete/ SYN NF [*de forme*] incorrectness, inaccuracy ◆ **impropriété (de langage)** (language) error, mistake

improuvable /ɛpʀuvabl/ ADJ unprovable

improvisateur, -trice /ɛpʀɔvizatœʀ, tʀis/ NM,F improviser

improvisation /ɛpʀɔvizasjɔ̃/ SYN NF improvisation ◆ **faire une improvisation** to improvise ◆ **improvisation collective** (*Jazz*) jam session ◆ **j'adore l'improvisation** I love doing things on the spur of the moment

improvisé, e /ɛpʀɔvize/ (ptp de **improviser**) ADJ (= *de fortune*) [*réforme*, *table*] improvised, makeshift; [*solution*] makeshift, ad hoc; [*cuisinier*, *infirmier*] acting, temporary; [*équipe*] scratch (*épith*); (= *impromptu*) [+ *conférence de presse*, *pique-nique*, *représentation*] impromptu, improvised; [*discours*] off-the-cuff (*épith*), improvised; [*excuse*] improvised, invented ◆ **avec des moyens improvisés** with whatever means are available *ou* to hand

improviser /ɛpʀɔvize/ SYN ▸ conjug 1 ◆
VT [+ *discours*, *réunion*, *pique-nique*] to improvise; [+ *excuse*] to improvise, to invent
VI [*organisateur*] to improvise; [*musicien*] to extemporize, to improvise; [*acteur*, *orateur*] to improvise, to extemporize, to ad-lib*
VPR **s'improviser** 1 [*secours*, *réunion*] to be improvised
2 ◆ **s'improviser cuisinier/infirmière** to act as cook/nurse ◆ **on ne s'improvise pas menuisier, être menuisier, ça ne s'improvise pas** you don't just suddenly become a carpenter, you don't become a carpenter just like that

improviste /ɛpʀɔvist/ SYN **à l'improviste** LOC
ADV unexpectedly, without warning ◆ **je lui ai fait une visite à l'improviste** I dropped in on him unexpectedly *ou* without warning ◆ **prendre qn à l'improviste** to catch sb unawares

imprudemment /ɛpʀydamɑ̃/ ADV [*circuler*, *naviguer*] carelessly; [*parler*] unwisely, imprudently ◆ **un inconnu qu'il avait imprudemment suivi** a stranger whom he had foolishly *ou* imprudently *ou* unwisely followed

imprudence /ɛpʀydɑ̃s/ SYN NF 1 [*de conducteur*, *geste*, *action*] carelessness
2 [*de remarque*] imprudence, foolishness; [*de projet*] foolishness, foolhardiness ◆ **il a eu l'imprudence de mentionner ce projet** he was foolish *ou* unwise *ou* imprudent enough to mention the project ◆ **blessures par imprudence** (*Jur*) injuries through negligence; → **homicide**
3 (= *étourderie*, *maladresse*) ◆ **commettre une imprudence** to do something foolish *ou* imprudent ◆ **(ne fais) pas d'imprudences** don't do anything foolish

imprudent, e /ɛpʀydɑ̃, ɑ̃t/ SYN
ADJ [*personne*] foolhardy; [*conducteur*, *geste*, *action*] careless; [*remarque*] unwise, ill-advised; [*projet*, *politique*] ill-advised ◆ **il est imprudent de se baigner tout de suite après un repas** it's unwise to swim straight after a meal ◆ **je vous trouve bien imprudent de ne pas porter de casque** I think it's rather unwise of you not to wear a helmet
NM,F unwise person ◆ **c'est un imprudent** he's very foolhardy ◆ **les imprudents !** the fools!

⚠ Le mot anglais **imprudent** existe, mais il est d'un registre plus soutenu que **imprudent**.

impubère /ɛpybɛʀ/
ADJ pre-pubescent
NMF (*Jur*) ≈ minor

impubliable /ɛpyblijabl/ ADJ unpublishable

impudemment /ɛpydamɑ̃/ ADV (*frm*) (= *effrontément*) impudently; (= *cyniquement*) brazenly, shamelessly

impudence /ɛpydɑ̃s/ SYN NF (*frm*) 1 (= *effronterie*) impudence; (= *cynisme*) brazenness, shamelessness ◆ **quelle impudence !** what impudence! ◆ **il a eu l'impudence d'exiger des excuses !** he had the effrontery to demand an apology!
2 (= *acte*) impudent action; (= *parole*) impudent remark ◆ **je ne tolérerai pas ses impudences** I won't put up with *ou* tolerate his impudent behaviour *ou* his impudence

impudent, e /ɛpydɑ̃, ɑ̃t/ SYN (*frm*)
ADJ (= *insolent*) impudent; (= *cynique*) brazen, shameless
NM,F impudent person ◆ **petite impudente !** impudent little girl!

impudeur /ɛpydœʀ/ NF immodesty, shamelessness

impudicité /ɛpydisite/ NF immodesty, shamelessness

impudique /ɛpydik/ SYN ADJ [*personne*] immodest, shameless; [*regard*, *pose*, *décolleté*] immodest; [*propos*] shameless

impudiquement /ɛpydikmɑ̃/ ADV immodestly, shamelessly

impuissance /ɛpɥisɑ̃s/ SYN NF 1 (= *faiblesse*) powerlessness, helplessness ◆ **impuissance à faire** powerlessness *ou* incapacity to do ◆ **réduire qn à l'impuissance** to render sb powerless
2 (*sexuelle*) impotence

impuissant, e /ɛpɥisɑ̃, ɑ̃t/ SYN
ADJ 1 [*personne*] powerless, helpless ◆ **impuissant à faire** powerless to do, incapable of doing
2 (*sexuellement*) impotent
NM impotent man

impulser /ɛpylse/ ▸ conjug 1 ◆ VT (*Écon*) [+ *secteur*] to boost, to stimulate; [+ *politique*, *mouvement revendicatif*] to boost, to give impetus to ◆ **il est là pour écouter, impulser** he's there to listen and to get things moving *ou* to make things happen

impulsif, -ive /ɛpylsif, iv/ SYN
ADJ impulsive
NM,F impulsive person

impulsion /ɛpylsjɔ̃/ SYN NF 1 (*mécanique*) impulse; (*électrique*) impulse, pulse ◆ **radar à impulsions** pulse(-modulated) radar ◆ **impulsions nerveuses** nerve impulses

2 (= *élan*) impetus ◆ **l'impulsion donnée à l'économie** the boost *ou* impetus given to the economy ◆ **sous l'impulsion de leurs chefs/des circonstances** spurred on by their leaders/by circumstances ◆ **réforme entreprise sous l'impulsion de l'Irlande** reform undertaken at Ireland's instigation ◆ **sous l'impulsion du ministre** at the minister's behest

3 (= *mouvement*, *instinct*) impulse ◆ **cédant à des impulsions morbides** yielding to morbid impulses; → **achat**

impulsivement /ɛpylsivmɑ̃/ ADV impulsively

impulsivité /ɛpylsivite/ NF impulsiveness

impunément /ɛpynemɑ̃/ ADV with impunity ◆ **on ne se moque pas impunément de lui** you can't make fun of him and (expect to) get away with it, one can't make fun of him with impunity

impuni, e /ɛpyni/ ADJ unpunished

impunité /ɛpynite/ NF impunity ◆ **en toute impunité** with complete impunity ◆ **ils déplorent l'impunité dont jouissent certains** they deplore the way people get off scot-free *ou* go unpunished

impur, e /ɛpyʀ/ SYN ADJ 1 (= *altéré*) [*liquide*, *air*] impure; [*race*] mixed; (*Rel*) [*animal*] unclean
2 (= *immoral*) [*geste*, *pensée*, *personne*] impure

impureté /ɛpyʀte/ SYN NF (*gén*) impurity ◆ **vivre dans l'impureté** to live in a state of impurity ◆ **impuretés** impurities

imputabilité /ɛpytabilite/ NF (*Jur*) imputability

imputable /ɛpytabl/ ADJ 1 [*faute*, *accident*] ◆ **imputable à** attributable to, due to ◆ **plus d'un tiers des décès par accident de la route est imputable à l'alcool** more than a third of road deaths are attributable to *ou* due to alcohol ◆ **les 64 morts imputables aux activités de cette secte** the 64 deaths attributable to *ou* caused by the sect's activities
2 (*Fin*) ◆ **imputable sur** chargeable to

imputation /ɛpytasjɔ̃/ SYN NF 1 (= *accusation*) imputation (*frm*), charge
2 (*Fin*) ◆ **imputation à** *ou* **sur** [*de somme*] charging to

imputer /ɛpyte/ SYN ▸ conjug 1 ◆ VT 1 (= *attribuer*) ◆ **imputer à** to attribute to ◆ **les crimes imputés à Internet** the crimes attributed to the Internet ◆ **on ne peut imputer au gouvernement la responsabilité des inondations** the government cannot be blamed *ou* held responsible for the floods ◆ **les crimes de guerre imputés au régime de Belgrade** the war crimes of which Belgrade is *ou* stands accused
2 (*Fin*) ◆ **imputer à** *ou* **sur** to charge to

imputrescibilité /ɛpytʀesibilite/ NF rotproof nature, imputrescibility (*SPÉC*)

imputrescible /ɛpytʀesibl/ ADJ rotproof, imputrescible (*SPÉC*)

in † * /in/ ADJ trendy*, in*

INA /ina/ NM (abrév de **Institut national de l'audiovisuel**) → **institut**

inabordable /inabɔʀdabl/ SYN ADJ [*personne*] unapproachable; [*lieu*] inaccessible; [*prix*] prohibitive, exorbitant ◆ **les fruits sont inabordables** fruit is terribly expensive

inabouti, e /inabuti/ ADJ [*projet*, *tentative*] abortive

inabrogeable /inabʀɔʒabl/ ADJ (*Jur*) unrepealable

in absentia /inapsɑ̃sja/ LOC ADV in absentia

in abstracto /inapstʀakto/ LOC ADV in the abstract

inaccentué, e /inaksɑ̃tɥe/ ADJ unstressed, unaccented

inacceptable /inakseptabl/ SYN ADJ unacceptable ◆ **c'est inacceptable** it's unacceptable

inaccessibilité /inaksesibilite/ NF inaccessibility

inaccessible /inaksesibl/ SYN ADJ 1 [*montagne*, *personne*, *but*] inaccessible; [*endroit*] out-of-the-way (*épith*), inaccessible; [*objet*] inaccessible, out of reach (*attrib*)
2 [*texte*] (= *obscur*) obscure; (= *incompréhensible*) incomprehensible (*à* to)
3 (= *insensible à*) ◆ **inaccessible à** impervious to

inaccompli, e /inakɔ̃pli/ ADJ (*littér*) [*vœux*] unfulfilled; [*tâche*] unaccomplished

inaccomplissement /inakɔ̃plismɑ̃/ NM (*littér*) [*de vœux*] non-fulfilment; [*de tâche*] non-execution

inaccoutumé, e /inakutyme/ SYN ADJ unusual ◆ **inaccoutumé à** (littér) unaccustomed to, unused to

inachevé, e /inaʃ(ə)ve/ SYN ADJ unfinished, uncompleted ◆ **une impression d'inachevé** a feeling of incompleteness ou incompletion

inachèvement /inaʃɛvmɑ̃/ NM incompleteness, incompletion

inactif, -ive /inaktif, iv/ SYN

ADJ ① [vie, personne, capitaux, machine] inactive, idle; (Bourse) [marché] slack; [population] non-working; [volcan] inactive, dormant

② (= inefficace) [remède] ineffective, ineffectual
NMPL ◆ **les inactifs** the non-working ou inactive population, those not in active employment

inaction /inaksjɔ̃/ SYN NF (= oisiveté) inactivity, idleness

inactivation /inaktivasjɔ̃/ NF (Méd) inactivation ◆ **inactivation virale** viral inactivation

inactiver /inaktive/ ▸ conjug 1 ◂ VT [+ gène, hormone, virus] to inactivate ◆ **produits inactivés** inactivated blood products ◆ **vaccin inactivé** inactivated vaccine

inactivité /inaktivite/ SYN NF (= non-activité) inactivity ◆ **être en inactivité** (Admin, Mil) to be out of active service

inactuel, -elle /inaktɥɛl/ ADJ irrelevant to the present day

inadaptable /inadaptabl/ ADJ [roman] impossible to adapt

inadaptation /inadaptasjɔ̃/ SYN NF maladjustment ◆ **inadaptation à** a failure to adjust to ou adapt to ◆ **inadaptation d'un enfant à la vie scolaire** a child's inability to cope with school life

inadapté, e /inadapte/ SYN

ADJ [personne, enfance] maladjusted; [outil, moyens] unsuitable (à for) ◆ **inadapté à** not adapted ou adjusted to ◆ **un genre de vie complètement inadapté à ses ressources** a way of life quite unsuited to his resources ◆ **enfant inadapté (à la vie scolaire)** maladjusted child, child with (school) behavioural problems
NM,F (péj = adulte) misfit; (Admin, Psych) maladjusted person ◆ **les inadaptés (sociaux)** (social) misfits

inadéquat, e /inadekwa(t), kwat/ SYN ADJ inadequate ◆ **la réaction du gouvernement a été totalement inadéquate** the government's response was totally inadequate

inadéquation /inadekwasjɔ̃/ NF ① (= caractère inadéquat) inadequacy ◆ **l'inadéquation des systèmes de protection sociale** the inadequacy of social welfare systems
② (= décalage) ◆ **l'inadéquation entre l'offre et la demande** the fact that supply does not match demand ◆ **l'inadéquation entre formation et emploi** the failure of training programmes to meet employers' needs

inadmissibilité /inadmisibilite/ NF (Jur) inadmissibility

inadmissible /inadmisibl/ SYN ADJ
① [comportement, négligence] inadmissible, intolerable; [propos] unacceptable; [situation] unacceptable, intolerable ◆ **il est inadmissible de.../que...** it is unacceptable to.../that... ◆ **c'est inadmissible !** this is totally unacceptable!
② (Jur) [témoignage, preuve] inadmissible

inadvertance /inadvɛʀtɑ̃s/ NF oversight ◆ **par inadvertance** inadvertently, by mistake

inaliénabilité /inaljenabilite/ NF inalienability

inaliénable /inaljenabl/ ADJ inalienable

inaltérabilité /inalteʀabilite/ NF ① [de métal, substance] stability; [de couleur] (au lavage) fastness; (à la lumière) fade-resistance; [de vernis, encre] permanence ◆ **inaltérabilité à l'air** stability in air, ability to resist exposure to the air ◆ **inaltérabilité à la chaleur** heat-resistance, ability to withstand heat ◆ **l'inaltérabilité du ciel** (littér) the unvarying blue(ness) of the sky
② [de sentiment] unchanging ou unfailing ou unshakeable nature; [de principes, espoirs] steadfastness ◆ **l'inaltérabilité de son calme** his unchanging ou unshakeable calm(ness)

inaltérable /inalteʀabl/ SYN ADJ ① [métal, substance] stable; [couleur] (au lavage) fast; (à la lumière) fade-resistant; [vernis, encre] permanent; [ciel, cycle] unchanging ◆ **inaltérable à l'air** unaffected by exposure to the air ◆ **inaltérable à la chaleur** heat-resistant

② [sentiments] unchanging, unfailing, unshakeable; [bonne santé] unfailing; [principes, espoir] steadfast, unshakeable, unfailing ◆ **il a fait preuve d'une inaltérable patience** he was unfailingly patient ◆ **d'une humeur inaltérable** even-tempered

inaltéré, e /inalteʀe/ ADJ unchanged, unaltered

inamical, e (mpl **-aux**) /inamikal, o/ ADJ unfriendly

inamissible /inamisibl/ ADJ inamissable ◆ **grâce inamissible** inamissable grace

inamovibilité /inamɔvibilite/ NF [de fonction] permanence; [de juge, fonctionnaire] irremovability

inamovible /inamɔvibl/ ADJ ① (Jur) [juge, fonctionnaire] irremovable; [fonction, emploi] from which one is irremovable
② (= fixe) [plaque, panneau, capuche] fixed ◆ **cette partie est inamovible** this part is fixed ou cannot be removed
③ (hum) [casquette, sourire] eternal ◆ **il travaille toujours chez eux ? il est vraiment inamovible** is he still with them? – he's a permanent fixture ou he's part of the furniture (hum)

inanalysable /inanalizabl/ ADJ unanalysable (Brit), unanalyzable (US)

inanimé, e /inanime/ SYN ADJ [matière] inanimate; [personne, corps] (= évanoui) unconscious, senseless; (= mort) lifeless; (Ling) inanimate ◆ **tomber inanimé** to fall senseless to the ground, to fall to the ground unconscious

inanité /inanite/ NF [de conversation] inanity; [de querelle, efforts] futility, pointlessness; [d'espoirs] vanity, futility ◆ **dire des inanités** to come out with a lot of inane comments

inanition /inanisjɔ̃/ NF exhaustion through lack of nourishment ◆ **tomber/mourir d'inanition** to faint with/die of hunger

inapaisable /inapɛzabl/ ADJ (littér) [colère, chagrin, désir] unappeasable; [soif] unquenchable

inapaisé, e /inapeze/ ADJ (littér) [colère, chagrin, désir] unappeased; [soif] unquenched

inaperçu, e /inapɛʀsy/ ADJ unnoticed ◆ **passer inaperçu** to pass ou go unnoticed ◆ **le geste ne passa pas inaperçu** the gesture did not go unnoticed ou unremarked

inapparent, e /inapaʀɑ̃, ɑ̃t/ ADJ [maladie] with no visible symptoms; [tumeur] invisible; [motif] hidden

inappétence /inapetɑ̃s/ NF (= manque d'appétit) lack of appetite, inappetence (frm); (littér = manque de désir) lack of desire, inappetence (frm)

inapplicable /inaplikabl/ SYN ADJ [loi] unenforceable ◆ **dans ce cas, la règle est inapplicable** in this case, the rule cannot be applied ou is inapplicable (à to)

inapplication /inaplikasjɔ̃/ NF ① [d'élève] lack of application
② [de loi] non-application, non-enforcement

inappliqué, e /inaplike/ ADJ [méthode] not applied (attrib); [loi, règlement, traité] not enforced (attrib)

inappréciable /inapʀesjabl/ SYN ADJ
① (= précieux) [aide, service] invaluable; [avantage, bonheur] inestimable
② (= difficilement décelable) [nuance, différence] inappreciable, imperceptible

inapprivoisable /inapʀivwazabl/ ADJ untameable

inapproprié, e /inapʀɔpʀije/ SYN ADJ [terme, mesure, équipement] inappropriate

inapte /inapt/ SYN ADJ (= incapable) incapable ◆ **inapte aux affaires/à certains travaux** unsuited to ou unfitted for business/certain kinds of work ◆ **un accident l'a rendu inapte au travail** an accident has made him unfit for work ◆ **inapte à faire** incapable of doing ◆ **inapte (au service)** (Mil) unfit (for military service)

inaptitude /inaptityd/ SYN NF (mentale) inaptitude, incapacity; (physique) unfitness (à qch for sth; à faire qch for doing sth) ◆ **inaptitude (au service)** (Mil) unfitness (for military service)

inarticulé, e /inaʀtikyle/ ADJ [mots, cris] inarticulate

inassimilable /inasimilabl/ ADJ [notions, substance, immigrants] that cannot be assimilated

inassimilé, e /inasimile/ ADJ [notions, immigrants, substance] unassimilated

inassouvi, e /inasuvi/ SYN ADJ [haine, colère, désir] unappeased; [faim] unsatisfied, unappeased;

(lit, fig) [soif] unquenched ◆ **vengeance inassouvie** unappeased desire for revenge, unsated lust for revenge (littér) ◆ **soif inassouvie de puissance** unappeased ou unquenched lust for power

inassouvissement /inasuvismɑ̃/ NM ◆ **l'inassouvissement de sa faim/son désir** (action) the failure to appease his hunger/quench his desire; (résultat) his unappeased hunger/desire

inattaquable /inatakabl/ SYN ADJ [poste, position] unassailable; [preuve] irrefutable; [argument] unassailable, irrefutable; [conduite, réputation] irreproachable, unimpeachable; [personne] (par sa qualité) beyond reproach (attrib); (par sa position) unassailable; [métal] corrosion-proof, rust-proof

inatteignable /inatɛɲabl/ ADJ [objet, idéal, objectif] unattainable

inattendu, e /inatɑ̃dy/ SYN

ADJ [événement, réaction] unexpected, unforeseen; [visiteur, remarque] unexpected

NM ◆ **l'inattendu** the unexpected, the unforeseen ◆ **l'inattendu d'une remarque** the unexpectedness of a remark

inattentif, -ive /inatɑ̃tif, iv/ ADJ inattentive ◆ **inattentif à** (= ne prêtant pas attention à) inattentive to; (= se souciant peu de) [dangers, détails matériels] heedless of, unmindful of

inattention /inatɑ̃sjɔ̃/ SYN NF ① (= distraction) lack of attention, inattention ◆ **(instant d') inattention** moment's inattention, momentary lapse of concentration ◆ **(faute d')inattention** careless mistake
② (littér = manque d'intérêt) ◆ **inattention à** [+ convenances, détails matériels] lack of concern for

inaudible /inodibl/ ADJ (= non ou peu audible) inaudible; (péj = mauvais) unbearable, unlistenable*

inaugural, e (mpl **-aux**) /inogyʀal, o/ ADJ [séance, cérémonie] inaugural; [vol, voyage] maiden (épith) ◆ **discours inaugural** (de député) maiden inaugural speech; (lors d'une inauguration) inaugural speech; (lors d'un congrès) opening ou inaugural speech

inauguration /inogyʀasjɔ̃/ SYN NF ① (= action) [de monument, plaque] unveiling; [de route, bâtiment] inauguration, opening; [de manifestation, exposition] opening ◆ **cérémonie/discours d'inauguration** inaugural ceremony/lecture ou speech
② (= cérémonie) [de monument, plaque] unveiling ceremony; [de route, bâtiment, exposition] opening ceremony

inaugurer /inogyʀe/ SYN ▸ conjug 1 ◂ VT
① [+ monument, plaque] to unveil; [+ route, bâtiment] to inaugurate, to open; [+ manifestation, exposition] to open ◆ **inaugurer les chrysanthèmes*** to be a mere figurehead
② (= commencer) [+ politique, période] to inaugurate; [+ procédé] to pioneer ◆ **nous inaugurions une période de paix** we were entering a time of peace ◆ **inaugurer la saison** [spectacle] to open ou begin the season
③ (= étrenner) [+ raquette, bureau, chapeau] to christen*

inauthenticité /inotɑ̃tisite/ NF inauthenticity

inauthentique /inotɑ̃tik/ ADJ [document, fait] not authentic (attrib); (Philos) [existence] unauthentic

inavouable /inavwabl/ SYN ADJ [procédé, motifs, mœurs] shameful, too shameful to mention (attrib); [bénéfices] undisclosable

inavoué, e /inavwe/ ADJ [crime] unconfessed; [sentiments] unavowed, unspoken

in-bord /inbɔʀ(d)/
ADJ INV [moteur] inboard (épith)
NM INV inboard motorboat

INC /iɛnse/ NM abrév de **Institut national de la consommation**

inca /ɛ̃ka/
ADJ Inca
NMF **Inca** Inca

incalculable /ɛ̃kalkylabl/ SYN ADJ (gén) incalculable ◆ **un nombre incalculable de** countless numbers of, an incalculable number of

incandescence /ɛ̃kɑ̃desɑ̃s/ NF incandescence ◆ **en incandescence** white-hot, incandescent ◆ **porter qch à incandescence** to heat sth white-hot ou to incandescence; → **lampe, manchon**

incandescent, e /ɛkɑ̃desɑ̃, ɑ̃t/ SYN ADJ [substance, filament] incandescent, white-hot; [lave] glowing; [métal] white-hot

incantation /ɛkɑ̃tasjɔ̃/ SYN NF incantation

incantatoire /ɛkɑ̃tatwaʀ/ ADJ incantatory; → **formule**

incapable /ɛkapabl/ GRAMMAIRE ACTIVE 16.4 SYN
ADJ 1 (= inapte) incapable, incompetent, useless*
♦ **incapable de faire** (incompétence, impossibilité morale) incapable of doing; (impossibilité physique) unable to do, incapable of doing ♦ **j'étais incapable de bouger** I was unable to move, I couldn't move ♦ **elle est incapable de mentir** she's incapable of lying, she can't tell a lie
♦ **incapable de qch** ♦ **incapable d'amour** incapable of loving, unable to love ♦ **incapable de malhonnêteté** incapable of dishonesty ou of being dishonest ♦ **incapable du moindre effort** unable to make the least effort, incapable of making the least effort
2 (Jur) incapable, (legally) incompetent
NMF 1 (= incompétent) incompetent ♦ **c'est un incapable** he's incapable, he's an incompetent
2 (Jur) incapable ou (legally) incompetent person

incapacitant, e /ɛkapasitɑ̃, ɑ̃t/
ADJ incapacitating (épith)
NM incapacitant

incapacité /ɛkapasite/ SYN NF 1 (= incompétence) incompetence, incapability
2 (= impossibilité) ♦ **incapacité de faire** incapacity ou inability to do ♦ **être dans l'incapacité de faire** to be unable to do, to be incapable of doing
3 (= invalidité) disablement, disability ♦ **incapacité totale/partielle/permanente** total/partial/permanent disablement ou disability ♦ **incapacité de travail** industrial disablement ou disability
4 (Jur) incapacity, (legal) incompetence ♦ **incapacité de jouissance** incapacity (by exclusion from a right) ♦ **incapacité d'exercice** incapacity (by restriction of a right) ♦ **incapacité civile** civil incapacity

incarcération /ɛkaʀseʀasjɔ̃/ SYN NF incarceration, imprisonment

incarcérer /ɛkaʀseʀe/ SYN ► conjug 6 ◄ VT to incarcerate, to imprison ♦ **il y est incarcéré depuis deux ans** he has been incarcerated ou held there for the past two years

incarnadin, e /ɛkaʀnadɛ̃, in/ ADJ, NM incarnadine

incarnat, e /ɛkaʀna, at/
ADJ [teint] rosy, pink; [teinture] crimson
NM [de teint, joues] rosy hue, rosiness; [de tissu] crimson tint

incarnation /ɛkaʀnasjɔ̃/ SYN NF 1 (Myth, Rel) incarnation
2 (= image, personnification) ♦ **être l'incarnation de** to be the incarnation ou embodiment of

incarné, e /ɛkaʀne/ (ptp de **incarner**) ADJ 1 (Rel) incarnate
2 (= personnifié) incarnate, personified ♦ **c'est la méchanceté incarnée** he is wickedness incarnate ou personified, he is the embodiment of wickedness
3 [ongle] ingrown

incarner /ɛkaʀne/ SYN ► conjug 1 ◄
VT 1 (Rel) to incarnate
2 (= représenter) [personne] to embody, to personify, to incarnate; [œuvre] to embody; (Théât) [acteur] to play
VPR **s'incarner** 1 (Rel) ♦ **s'incarner dans** to become ou be incarnate in
2 (= être représenté par) ♦ **s'incarner dans ou en** to be embodied in ♦ **tous nos espoirs s'incarnent en vous** you embody all our hopes, you are the embodiment of all our hopes
3 [ongle] to become ingrown

incartade /ɛkaʀtad/ SYN NF 1 (= écart de conduite) prank, escapade ♦ **ils étaient punis à la moindre incartade** they were punished for the slightest prank ♦ **faire une incartade** to go on an escapade
2 (Équitation = écart) swerve ♦ **faire une incartade** to shy

incasique /ɛkazik/ ADJ Inca (épith)

incassable /ɛkasabl/ ADJ unbreakable

incendiaire /ɛsɑ̃djɛʀ/
NMF fire-raiser, arsonist
ADJ [balle, bombe] incendiary; [discours, article] inflammatory, incendiary; [lettre d'amour, œillade] passionate; → **blond**

incendie /ɛsɑ̃di/ SYN
NM 1 (= sinistre) fire, blaze ♦ **un incendie s'est déclaré dans...** a fire broke out in...; → **assurance, foyer, pompe**[1]
2 (littér) ♦ **l'incendie du couchant** the blaze of the sunset, the fiery glow of the sunset ♦ **l'incendie de la révolte/de la passion** the fire of revolt/of passion
COMP **incendie criminel** arson (NonC), case of arson
incendie de forêt forest fire
incendie volontaire arson

incendié, e /ɛsɑ̃dje/ (ptp de **incendier**) ADJ [bâtiment, voiture] gutted (by fire), burned-out; [village] destroyed by fire

incendier /ɛsɑ̃dje/ SYN ► conjug 7 ◄ VT 1 (= mettre le feu à) to set fire to, to set on fire, to set alight; (= brûler complètement) [+ bâtiment] to burn down; [+ voiture] to burn; [+ ville, récolte, forêt] to burn (to ashes)
2 [+ imagination] to fire; [+ bouche, gorge] to burn, to set on fire ♦ **la fièvre lui incendiait le visage** (sensation) fever made his face burn; (apparence) his cheeks were burning ou glowing with fever ♦ **le soleil incendie le couchant** (littér) the setting sun sets the sky ablaze
3 (* = réprimander) ♦ **incendier qn** to give sb a stiff telling-off* ou a rocket* (Brit) ♦ **tu vas te faire incendier** you're in for it*, you'll get a rocket* (Brit) ♦ **elle l'a incendié du regard** she looked daggers at him, she shot him a baleful look

incertain, e /ɛsɛʀtɛ̃, ɛn/ SYN
ADJ 1 [personne] uncertain, unsure (de qch about ou as to sth) ♦ **incertain de savoir la vérité, il...** uncertain ou unsure as to whether he knew the truth, he... ♦ **encore incertain sur la conduite à suivre** still undecided ou uncertain about which course to follow
2 [démarche] uncertain, hesitant
3 [temps] uncertain, unsettled; [contour] indistinct, blurred; [lumière] dim, vague
4 [avenir] uncertain; [résultat, entreprise, origine] uncertain, doubtful; [date, durée] uncertain, unspecified; [fait] uncertain, doubtful
NM (Fin) ♦ **l'incertain** the exchange rate

incertitude /ɛsɛʀtityd/ GRAMMAIRE ACTIVE 16.1 SYN
NF 1 [de personne, résultat, avenir] uncertainty ♦ **être dans l'incertitude** to be in a state of uncertainty, to feel uncertain ♦ **être dans l'incertitude sur ce qu'on doit faire** to be uncertain as to the best course to follow
2 (Math, Phys) uncertainty ♦ **principe d'incertitude** uncertainty principle
NFPL **incertitudes** (= hésitations) doubts, uncertainties; (= impondérables) [d'avenir, entreprise] uncertainties

incessamment /ɛsesamɑ̃/ ADV (= sans délai) (very) shortly ♦ **il doit arriver incessamment** he'll be here (very) shortly ♦ **incessamment sous peu** (hum) any second now

⚠ **incessamment** ne se traduit pas par **incessantly**, qui a le sens de 'sans arrêt'.

incessant, e /ɛsesɑ̃, ɑ̃t/ SYN ADJ [efforts, activité] ceaseless, incessant, unremitting; [pluie, bruit, réclamations, coups de téléphone] incessant, unceasing

incessibilité /ɛsesibilite/ NF non-transferability

incessible /ɛsesibl/ ADJ non-transferable

inceste /ɛsɛst/ NM incest

incestueux, -euse /ɛsɛstɥø, øz/
ADJ [relations, personne] incestuous; [enfant] born of incest
NM,F (Jur) person guilty of incest

inchangé, e /ɛ̃ʃɑ̃ʒe/ ADJ unchanged, unaltered ♦ **la situation/son expression reste inchangée** the situation/his expression remains unchanged ou the same ou unaltered

inchangeable /ɛ̃ʃɑ̃ʒabl/ ADJ unchangeable

inchantable /ɛ̃ʃɑ̃tabl/ ADJ unsingable

inchauffable /ɛ̃ʃofabl/ ADJ impossible to heat (attrib)

inchavirable /ɛ̃ʃaviʀabl/ ADJ uncapsizable, self-righting

inchoatif, -ive /ɛ̃kɔatif, iv/
ADJ inchoative, inceptive
NM inceptive

incidemment /ɛ̃sidamɑ̃/ ADV (gén) in passing; (= à propos) by the way, incidentally

incidence /ɛ̃sidɑ̃s/ SYN NF (= conséquence) effect; (Écon, Phys) incidence ♦ **avoir une incidence sur** to affect, to have an effect (up)on ♦ **cette réforme est sans incidence directe sur l'emploi** this reform will have no direct impact on employment ♦ **incidence et prévalence** (Méd) incidence and prevalence → **angle**

incident, e /ɛ̃sidɑ̃, ɑ̃t/ SYN
NM 1 (gén) incident ♦ **la vie n'est qu'une succession d'incidents** life is just a series of minor incidents ♦ **incident imprévu** unexpected incident, unforeseen event ♦ **c'est un incident sans gravité** ou **sans importance** this incident is of no importance ♦ **l'incident est clos** that's the end of the matter ♦ **voyage sans incident(s)** uneventful journey ♦ **se dérouler sans incident(s)** to go off without incident ou smoothly
2 (Jur) point of law
ADJ (frm, Jur = accessoire) incidental; (Phys) incident ♦ **il a évoqué ce fait de façon incidente** he mentioned this fact in passing ♦ **je désirerais poser une question incidente** I'd like to ask a question in connection with this matter, I'd like to interpose a question
NF **incidente** (Ling) ♦ **(proposition) incidente** parenthesis, parenthetical clause
COMP **incident cardiaque** slight heart attack
incident diplomatique diplomatic incident
incident de frontière border incident
incident de paiement (Fin) default in payment, nonpayment
incident de parcours (gén) (minor ou slight) setback, hitch; (santé) (minor ou slight) setback
incident technique (lit, hum) technical hitch

incinérateur /ɛ̃sineʀatœʀ/ NM incinerator ♦ **incinérateur à ordures** refuse incinerator

incinération /ɛ̃sineʀasjɔ̃/ NF [d'ordures, cadavre] incineration; (au crématorium) cremation ♦ **four d'incinération d'ordures ménagères** incinerator for household waste; → **usine**

incinérer /ɛ̃sineʀe/ SYN ► conjug 6 ◄ VT [+ ordures, cadavre] to incinerate; (au crématorium) to cremate ♦ **se faire incinérer** to be cremated

incipit /ɛ̃sipit/ NM INV incipit

incirconcis /ɛ̃siʀkɔ̃si, iz/
ADJ M uncircumcised
NM uncircumcised male

incise /ɛ̃siz/ NF (dans un discours) aside; (Mus) phrase ♦ **(proposition) incise** (Ling) interpolated clause

inciser /ɛ̃size/ SYN ► conjug 1 ◄ VT [+ écorce, arbre] to incise, to make an incision in; [+ peau] to incise; [+ abcès] to lance

incisif, -ive /ɛ̃sizif, iv/ SYN
ADJ [ton, style, réponse] cutting, incisive; [regard] piercing ♦ **il était très incisif dans ses questions** he was very incisive in his questioning, his questions were very incisive
NF **incisive** (= dent) incisor ♦ **incisive supérieure/inférieure** upper/lower incisor

incision /ɛ̃sizjɔ̃/ SYN NF 1 (= action) [d'écorce, arbre] incising; [de peau] incision; [d'abcès] lancing
2 (= entaille) incision ♦ **pratiquer une incision dans** to make an incision in, to incise

incisure /ɛ̃sizyʀ/ NF [de végétal] incisure

incitant, e /ɛ̃sitɑ̃, ɑ̃t/
ADJ stimulating
NM stimulant

incitateur, -trice /ɛ̃sitatœʀ, tʀis/ NM,F instigator

incitatif, -ive /ɛ̃sitatif, iv/ ADJ ♦ **mesure incitative** incentive (à to) ♦ **aide incitative** incentive aid ♦ **prix incitatif** attractive price

incitation /ɛ̃sitasjɔ̃/ SYN NF (au meurtre, à la révolte) incitement (à to); (à l'effort, au travail) incentive (à to; à faire to do); (à la débauche, à la violence) incitement ♦ **incitation à la haine raciale** incitement to racial hatred ♦ **incitation financière/fiscale** financial/tax incentive

inciter /ɛ̃site/ SYN ► conjug 1 ◄ **inciter à** VT INDIR ♦ **inciter qn à faire qch** to encourage sb to do sth ♦ **cela m'incite à la méfiance** that prompts me to be on my guard, that puts me on my guard ♦ **cela les incite à la violence/la révolte** that incites them to violence/revolt ♦ **ça n'incite pas au travail** it doesn't (exactly) encourage one to work, it's no incentive to work

incivil, e /ɛ̃sivil/ ADJ (frm) uncivil, rude

incivilité /ɛ̃sivilite/ NF (frm) [d'attitude, ton] incivility, rudeness; (= propos impoli) uncivil ou rude remark ✦ **ce serait commettre une incivilité que de...** it would be uncivil to...

incivisme /ɛ̃sivism/ NM lack of civic ou public spirit

inclassable /ɛ̃klɑsabl/ ADJ unclassifiable, uncategorizable

inclémence /ɛ̃klemɑ̃s/ NF inclemency

inclément, e /ɛ̃klemɑ̃, ɑ̃t/ ADJ inclement

inclinable /ɛ̃klinabl/ ADJ [dossier de siège] reclining; [lampe] adjustable; [toit d'une voiture] tilting

inclinaison /ɛ̃klinɛzɔ̃/ SYN

NF ① (= déclivité) [de plan, pente] incline; [de route, voie ferrée] incline, gradient; [de toit] slope, slant, pitch; [de barre, tuyau] slope, slant ✦ **toit à faible/forte inclinaison** gently-sloping/steeply-sloping roof

② (= aspect) [de mur] lean; [de mât, tour] lean, tilt; [de chapeau] slant, tilt; [d'appareil, tête] tilt; [de navire] list ✦ **régler l'inclinaison d'un siège** to adjust the angle of a seat

③ (Géom) [de droite, surface] angle; (Astron) inclination; → **angle**

COMP **inclinaison magnétique** (Phys) magnetic declination

inclination /ɛ̃klinasjɔ̃/ SYN NF ① (= penchant) inclination ✦ **suivre son inclination** to follow one's (own) inclination ✦ **son inclination naturelle au bonheur** his natural inclination ou tendency towards happiness ✦ **inclinations altruistes** altruistic tendencies ✦ **une certaine inclination à mentir** a certain inclination ou tendency ou propensity to tell lies ✦ **avoir de l'inclination pour la littérature** to have a strong liking ou a penchant for literature ✦ **inclination pour qn** † liking for sb

② (= mouvement) ✦ **inclination de (la) tête** (= acquiescement) nod; (= salut) inclination of the head ✦ **inclination (du buste)** bow

incliné, e /ɛ̃kline/ (ptp de **incliner**) ADJ ① (= en pente raide) [toit] steep, sloping

② (= penché) [tour, mur] leaning; [mât, table d'architecte] at an angle, sloping; [récipient, dossier de siège] tilted; (Géol) inclined ✦ **orbite inclinée à 51 degrés** orbit inclined at 51 degrees; → **plan**[1]

③ (= enclin) ✦ **incliné à** inclined to

incliner /ɛ̃kline/ SYN ▶ conjug 1 ◀

VT ① (= pencher) [+ appareil, mât, bouteille, dossier de siège] to tilt; (littér = courber) [+ arbre] to bend (over); (= donner de l'inclinaison à) [+ toit, surface] to slope ✦ **le vent incline le navire** the wind heels the boat over ✦ **incliner la tête** ou **le front** (pour saluer) to give a slight bow, to incline one's head; (pour acquiescer) to nod (one's head), to incline one's head ✦ **incliner la tête de côté** ou **incliner une tête sur un côté** to incline one's head on one side ✦ **incliner le buste** (saluer) to bow, to give a bow ✦ **inclinez le corps plus en avant** lean ou bend forward more

② (littér) ✦ **incliner qn à l'indulgence** to encourage sb to be indulgent ✦ **ceci m'incline à penser que** that makes me inclined to think that, that leads me to believe that

VI ① ✦ **incliner à** (= tendre à) to tend towards; (= pencher pour) to be ou feel inclined towards ✦ **il incline à l'autoritarisme/à l'indulgence** he tends towards authoritarianism/indulgence, he tends to be authoritarian/indulgent ✦ **il inclinait à la clémence/sévérité** he felt inclined to be merciful/severe, he inclined towards clemency/severity ✦ **incliner à penser/croire que...** to be inclined to think/believe that... ✦ **j'incline à accepter cette offre** I'm inclined to accept this offer

② (littér) [mur] to lean; [arbre] to bend ✦ **la colline inclinait doucement vers la mer** the hill sloped gently (down) towards the sea

③ (= modifier sa direction) ✦ **incliner vers** to veer (over) towards ou to

VPR **s'incliner** ① (= se courber) to bow (devant before) ✦ **s'incliner jusqu'à terre** to bow to the ground

② (= rendre hommage à) ✦ **s'incliner devant qn** ou **devant la supériorité de qn** to bow before sb's superiority ✦ **devant un tel homme, on ne peut que s'incliner** one can only bow (down) before such a man ✦ **il est venu s'incliner devant la dépouille mortelle du président** he came to pay his last respects at the coffin of the president

③ (= céder) ✦ **s'incliner devant l'autorité/la volonté de qn** to yield ou bow to sb's authority/wishes ✦ **s'incliner devant un ordre** to accept an order ✦ **puisque vous me l'ordonnez, je n'ai plus qu'à m'incliner** since you order me to do it, I can only accept it and obey

④ (= s'avouer battu) to admit defeat, to give in ✦ **le boxeur s'inclina (devant son adversaire) à la 3e reprise** the boxer admitted defeat in the 3rd round ✦ **Marseille s'est incliné devant Saint-Étienne (par) 2 buts à 3** Marseilles lost to Saint-Étienne by 2 goals to 3

⑤ [arbre] to bend over; [mur] to lean; [navire] to heel (over); [chemin, colline] to slope; [toit] to be sloping ✦ **le soleil s'incline à l'horizon** the sun is sinking (down) towards the horizon

inclinomètre /ɛ̃klinɔmɛtʀ/ NM inclinometer

inclure /ɛ̃klyʀ/ SYN ▶ conjug 35 ◀ VT ① (= insérer) [+ clause] to insert (dans in); [+ nom] to include (dans in); (= joindre à un envoi) [+ billet, chèque] to enclose (dans in)

② (= contenir) to include ✦ **ce récit en inclut un autre** this is a story within a story

inclus, e /ɛ̃kly, yz/ (ptp de **inclure**) ADJ ① (= joint à un envoi) enclosed

② (= compris) [frais] included ✦ **eux inclus** including them ✦ **jusqu'au 10 mars inclus** until 10 March inclusive, up to and including 10 March ✦ **jusqu'au 3e chapitre inclus** up to and including the 3rd chapter ✦ **les frais sont inclus dans la note** the bill is inclusive of expenses, expenses are included in the bill

③ (Math) ✦ **inclus dans** [ensemble] included in ✦ **A est inclus dans B** A is the subset of B

④ [étamines] included

⑤ (Méd) ✦ **dent incluse** impacted tooth

inclusif, -ive /ɛ̃klyzif, iv/ ADJ (Gram, Logique) inclusive

inclusion /ɛ̃klyzjɔ̃/ NF ① (gén, Math) inclusion (dans in)

② (Méd) [de dent] impaction

③ (= élément inclus) inclusion ✦ **cette pierre présente des inclusions de tourmaline** the stone contains streaks of tourmaline ou has tourmaline inclusions (frm)

④ (= objet de décoration) ornament set in acrylic

inclusivement /ɛ̃klyzivmɑ̃/ ADV ✦ **jusqu'au 16e siècle inclusivement** up to and including the 16th century ✦ **jusqu'au 1er janvier inclusivement** until 1 January inclusive, up to and including 1 January

incoagulable /ɛ̃kɔagylabl/ ADJ nonclotting, noncoagulating

incoercibilité /ɛ̃kɔɛʀsibilite/ NF uncontrollability, irrepressibility

incoercible /ɛ̃kɔɛʀsibl/ ADJ [toux] uncontrollable; [besoin, désir, rire] uncontrollable, irrepressible

incognito /ɛ̃kɔɲito/
ADV incognito
NM ✦ **garder l'incognito, rester dans l'incognito** to remain incognito ✦ **l'incognito lui plaisait** he liked being incognito ✦ **l'incognito dont il s'entourait** the secrecy with which he surrounded himself

incohérence /ɛ̃kɔeʀɑ̃s/ SYN NF ① (= caractère illogique) [de geste, propos, texte] incoherence; [de comportement, politique] inconsistency
② (= propos, acte) inconsistency

incohérent, e /ɛ̃kɔeʀɑ̃, ɑ̃t/ SYN ADJ ① [geste, propos, texte] incoherent; [comportement, politique] inconsistent
② (Phys) [lumière, vibration] incoherent

incollable /ɛ̃kɔlabl/ ADJ ① (= qui ne colle pas) ✦ **riz incollable** non-stick rice
② (* = imbattable) unbeatable ✦ **il est incollable** [candidat] he's got all the answers, you can't catch him out * (Brit)

incolore /ɛ̃kɔlɔʀ/ SYN ADJ [liquide, style] colourless; [verre, vernis] clear; [cirage] neutral ✦ **incolore, inodore et sans saveur** [personne] without an ounce of personality; [film] (totally) bland

incomber /ɛ̃kɔ̃be/ SYN ▶ conjug 1 ✦ **incomber à** VT INDIR (frm) [devoirs, responsabilité] to be incumbent (up)on; [frais, réparations, travail] to be the responsibility of ✦ **il m'incombe de faire cela** (gén) it falls to me to do it, it is incumbent upon me to do it; (responsabilité morale) the onus is on me to do it ✦ **ces frais leur incombent entièrement** these costs are to be paid by them in full ou are entirely their responsibility

incombustibilité /ɛ̃kɔ̃bystibilite/ NF incombustibility

incombustible /ɛ̃kɔ̃bystibl/ ADJ incombustible

incommensurabilité /ɛ̃kɔmɑ̃syʀabilite/ NF incommensurability

incommensurable /ɛ̃kɔmɑ̃syʀabl/ ADJ
① (= immense) (gén) immeasurable; [bêtise, haine] boundless
② (= sans commune mesure : Math, littér) incommensurable (avec with)

incommensurablement /ɛ̃kɔmɑ̃syʀablǝmɑ̃/ ADV immeasurably

incommodant, e /ɛ̃kɔmɔdɑ̃, ɑ̃t/ ADJ [odeur] unpleasant, offensive; [bruit] annoying, unpleasant; [chaleur] uncomfortable

incommode /ɛ̃kɔmɔd/ ADJ ① (= peu pratique) [pièce, appartement] inconvenient; [heure] awkward, inconvenient; [meuble, outil] impractical
② (= inconfortable) [siège] uncomfortable; [position, situation] awkward, uncomfortable

incommodément /ɛ̃kɔmɔdemɑ̃/ ADV [installé, assis] awkwardly, uncomfortably; [logé] inconveniently; [situé] inconveniently, awkwardly

incommoder /ɛ̃kɔmɔde/ SYN ▶ conjug 1 ◀ VT ✦ **incommoder qn** [bruit] to disturb ou bother sb; [odeur, chaleur] to bother sb; [comportement] to make sb feel ill at ease ou uncomfortable ✦ **être incommodé par** to be bothered by ✦ **se sentir incommodé** to feel indisposed ou unwell

incommodité /ɛ̃kɔmɔdite/ NF ① [de pièce, appartement] inconvenience; [d'heure] awkwardness; [de système, outil] impracticability, awkwardness
② [de position, situation] awkwardness ✦ **l'incommodité des sièges** the fact that the seating is so uncomfortable, the uncomfortable seats
③ (= inconvénient) inconvenience

incommunicabilité /ɛ̃kɔmynikabilite/ NF incommunicability

incommunicable /ɛ̃kɔmynikabl/ ADJ incommunicable

incommutabilité /ɛ̃kɔmytabilite/ NF inalienability

incommutable /ɛ̃kɔmytabl/ ADJ inalienable

incomparable /ɛ̃kɔ̃paʀabl/ SYN ADJ (= remarquable) incomparable, matchless; (= dissemblable) not comparable ✦ **est-ce plus confortable ? – c'est incomparable !** is it more comfortable? – there's no comparison!

incomparablement /ɛ̃kɔ̃paʀablǝmɑ̃/ ADV ✦ **incomparablement plus/mieux** incomparably ou infinitely more/better ✦ **chanter incomparablement** to sing exceptionally well

incompatibilité /ɛ̃kɔ̃patibilite/ SYN NF (gén, en sciences) incompatibility ✦ **incompatibilité d'humeur** (Jur) (mutual) incompatibility ✦ **il y a incompatibilité d'humeur entre les membres de cette équipe** the members of this team are (temperamentally) incompatible ✦ **incompatibilité médicamenteuse** incompatibility of medications

incompatible /ɛ̃kɔ̃patibl/ SYN ADJ incompatible (avec with)

incompétence /ɛ̃kɔ̃petɑ̃s/ SYN NF (= incapacité) incompetence; (= ignorance) lack of knowledge; (Jur) incompetence ✦ **il reconnaît volontiers son incompétence en musique** he freely admits to his lack of knowledge of music ou that he knows nothing about music ✦ **il a atteint son seuil d'incompétence** he's reached his level of incompetence

incompétent, e /ɛ̃kɔ̃petɑ̃, ɑ̃t/ SYN
ADJ (= incapable) incompetent; (= ignorant) ignorant, inexpert; (Jur) incompetent ✦ **en ce qui concerne la musique je suis incompétent** as far as music goes I'm not competent ou I'm incompetent to judge
NM,F incompetent

incomplet, -ète /ɛ̃kɔ̃plɛ, ɛt/ SYN ADJ incomplete

incomplètement /ɛ̃kɔ̃plɛtmɑ̃/ ADV [renseigné] incompletely; [rétabli, guéri] not completely

incomplétude /ɛ̃kɔ̃pletyd/ NF (littér = insatisfaction) non-fulfilment

incompréhensibilité /ɛ̃kɔ̃pʀeɑ̃sibilite/ NF incomprehensibility

incompréhensible /ɛ̃kɔ̃pʀeɑ̃sibl/ SYN ADJ (gén) incomprehensible

incompréhensif, -ive /ɛ̃kɔ̃pʀeɑ̃sif, iv/ SYN ADJ unsympathetic ✦ **il s'est montré totalement incompréhensif** he (just) refused to understand, he was totally unsympathetic ✦ **des parents totalement incompréhensifs** parents who show a total lack of understanding

incompréhension /ɛkɔ̃pʀeɑ̃sjɔ̃/ SYN NF (= méconnaissance) lack of understanding (envers of); (= refus de comprendre) unwillingness to understand ◆ **leur incompréhension du texte** their failure to understand the text ◆ **cet article témoigne d'une incompréhension totale du problème** the article shows a total lack of understanding of the problem ◆ **incompréhension mutuelle** mutual incomprehension

incompressibilité /ɛkɔ̃pʀesibilite/ NF (Phys) incompressibility ◆ **l'incompressibilité du budget** the irreducibility of the budget

incompressible /ɛkɔ̃pʀesibl/ ADJ (Phys) incompressible; (Jur) [peine] to be served in full ◆ **nos dépenses sont incompressibles** our expenses cannot be reduced ou cut down

incompris, e /ɛkɔ̃pʀi, iz/
  ADJ misunderstood
  NM ◆ **il fut un grand incompris à son époque** he was never understood by his contemporaries

inconcevable /ɛkɔ̃s(ə)vabl/ GRAMMAIRE ACTIVE 16.3 SYN ADJ (gén) inconceivable ◆ **avec un toupet inconcevable** with unbelievable ou incredible nerve

inconcevablement /ɛkɔ̃s(ə)vabləmɑ̃/ ADV inconceivably, incredibly

inconciliable /ɛkɔ̃siljabl/ ADJ, NM irreconcilable, incompatible (avec with) ◆ **concilier l'inconciliable** to reconcile the irreconcilable

inconditionnalité /ɛkɔ̃disjɔnalite/ NF unreservedness, whole-heartedness ◆ **l'inconditionnalité de son soutien au gouvernement** his wholehearted ou unreserved support for the government

inconditionné, e /ɛkɔ̃disjɔne/ ADJ unconditioned

inconditionnel, -elle /ɛkɔ̃disjɔnɛl/ SYN
  ADJ 1 (= sans condition) [acceptation, ordre, soumission] unconditional ◆ **libération inconditionnelle** unconditional release
  2 (= absolu) [appui] wholehearted, unconditional, unreserved; [partisan, foi] unquestioning
  NM,F [d'homme politique, doctrine] unquestioning ou ardent supporter; [d'écrivain, chanteur] ardent admirer ◆ **les inconditionnels des sports d'hiver** winter sports enthusiasts ou fanatics ◆ **c'est un inconditionnel de l'informatique** he absolutely loves computers

inconditionnellement /ɛkɔ̃disjɔnɛlmɑ̃/ ADV [soutenir, admirer] whole-heartedly; [accepter] unconditionally, without conditions

inconduite /ɛkɔ̃dyit/ NF (= débauche) loose living (NonC)

inconfort /ɛkɔ̃fɔʀ/ NM [de logement] lack of comfort, discomfort; [de situation, position] unpleasantness ◆ **l'inconfort lui importait peu** discomfort didn't matter to him in the least ◆ **vivre dans l'inconfort** to live in uncomfortable surroundings

inconfortable /ɛkɔ̃fɔʀtabl/ SYN ADJ 1 (= sans confort) [maison, meuble] uncomfortable; [position] uncomfortable, awkward
  2 (= gênant) [situation] awkward

inconfortablement /ɛkɔ̃fɔʀtabləmɑ̃/ ADV uncomfortably

incongru, e /ɛkɔ̃gʀy/ SYN ADJ 1 (= déplacé) [attitude, bruit] unseemly; [remarque] incongruous, ill-placed, ill-chosen
  2 (= bizarre, inattendu) [objet] incongruous; [personnage] outlandish; [situation] strange, weird

incongruité /ɛkɔ̃gʀyite/ NF 1 (= caractère déplacé) impropriety, unseemliness; [de propos] incongruity, inappropriateness
  2 (= bizarrerie) [de situation] strangeness
  3 (= propos) unseemly ou ill-chosen ou ill-placed remark; (= acte) unseemly action, unseemly behaviour (NonC)

incongrûment /ɛkɔ̃gʀymɑ̃/ ADV [agir, parler] in an unseemly way

inconjugable /ɛkɔ̃ʒygabl/ ADJ [verbe] which cannot be conjugated

inconnaissable /ɛkɔnɛsabl/
  ADJ unknowable
  NM ◆ **l'inconnaissable** the unknowable

inconnu, e /ɛkɔny/ SYN
  ADJ [destination, fait] unknown; [odeur, sensation] new, unknown; [ville, personne] unknown, strange (de to) ◆ **son visage m'était inconnu** his face was new ou unfamiliar to me, I didn't know his face ◆ **une joie inconnue l'envahit** he was seized with a strange joy ou a joy that was (quite) new to him ◆ **on se sent très seul en pays inconnu** one feels very lonely in a strange country ou in a foreign country ou in strange surroundings ◆ **s'en aller vers des contrées inconnues** to set off in search of unknown ou unexplored ou uncharted lands ◆ **inconnu à cette adresse** not known at this address ◆ **il est inconnu au bataillon*** no one's ever heard of him; → **père**, **soldat**
  NM,F stranger, unknown person ◆ **pour moi, ce peintre-là, c'est un inconnu** I don't know this painter, this painter is unknown to me ◆ **le coupable n'était pas un inconnu pour la police** the culprit was known ou was not unknown ou was no stranger to the police ◆ **ne parle pas à des inconnus** don't talk to strangers; → **illustre**
  NM ◆ **l'inconnu** (= ce qu'on ignore) the unknown
  NF **inconnue** (= élément inconnu) unknown factor ou quantity, unknown; (Math) unknown ◆ **dans cette entreprise, il y a beaucoup d'inconnues** there are lots of unknowns ou unknown factors in this venture ◆ **l'avenir du service reste la grande inconnue** a big question mark hangs over the future of the department ◆ **son attitude demeure la grande inconnue** it's anybody's guess what line he'll take

inconsciemment /ɛkɔ̃sjamɑ̃/ SYN ADV (= involontairement) unconsciously

inconscience /ɛkɔ̃sjɑ̃s/ SYN NF 1 (physique) unconsciousness ◆ **sombrer dans l'inconscience** to lose consciousness, to sink into unconsciousness
  2 (morale) thoughtlessness, recklessness, rashness ◆ **c'est de l'inconscience !** that's sheer madness! ou stupidity!
  3 [d'événements extérieurs] unawareness

inconscient, e /ɛkɔ̃sjɑ̃, ɑ̃t/ SYN
  ADJ 1 (= évanoui) unconscious
  2 (= échappant à la conscience) [sentiment] subconscious; (= machinal) [mouvement] unconscious, automatic
  3 (= irréfléchi) [décision, action, personne] thoughtless, reckless, rash; (* : = fou) mad*, crazy
  4 **inconscient de** (= qui ne se rend pas compte de) oblivious to, unaware of; (= indifférent à) oblivious to, heedless of ◆ **inconscientes du danger, elles exploraient le camp** oblivious to the danger, they explored the camp ◆ **inconscient du piège, il...** failing to notice the trap, he... ◆ **inconscient de l'effet produit, il continuait** he continued, oblivious to ou unaware of the effect he was having
  NM (Psych) ◆ **l'inconscient** the subconscious, the unconscious ◆ **l'inconscient collectif** the collective unconscious
  NM,F reckless person ◆ **c'est un inconscient !** he must be mad!

inconséquence /ɛkɔ̃sekɑ̃s/ NF (= manque de logique) inconsistency, inconsequence (NonC); (= légèreté) thoughtlessness (NonC), fecklessness (NonC)

inconséquent, e /ɛkɔ̃sekɑ̃, ɑ̃t/ SYN ADJ (= illogique) [comportement, personne] inconsistent, inconsequent; (= irréfléchi) [démarche, décision, personne] thoughtless

inconsidéré, e /ɛkɔ̃sideʀe/ SYN ADJ [action] rash, reckless; [promesse] rash; [démarche] ill-considered; [propos] ill-considered, thoughtless ◆ **l'usage inconsidéré d'engrais** the indiscriminate use of fertilizers ◆ **il fait des dépenses inconsidérées** he's extravagant, he throws money around ◆ **prendre des risques inconsidérés** to take unnecessary risks

inconsidérément /ɛkɔ̃sideʀemɑ̃/ ADV thoughtlessly, rashly, without thinking

inconsistance /ɛkɔ̃sistɑ̃s/ NF 1 [de preuve, idée, espoir] flimsiness; [de politique, argumentation, intrigue, personnage] flimsiness, weakness; [de personne] colourlessness (Brit), colorlessness (US); [de caractère] weakness
  2 [de crème] runniness; [de bouillie, soupe] watery ou thin consistency

inconsistant, e /ɛkɔ̃sistɑ̃, ɑ̃t/ SYN ADJ 1 [personne, programme, ouvrage] insubstantial
  2 [crème] runny; [bouillie, soupe] watery, thin

 inconsistant ne se traduit pas par le mot anglais **inconsistent**, qui a le sens de 'inconstant'.

inconsolable /ɛkɔ̃sɔlabl/ ADJ [personne] disconsolate, inconsolable; [chagrin] inconsolable

inconsolé, e /ɛkɔ̃sɔle/ ADJ [personne] disconsolate; [chagrin] unconsoled

inconsommable /ɛkɔ̃sɔmabl/ ADJ unfit for consumption (attrib)

inconstance /ɛkɔ̃stɑ̃s/ NF 1 (= instabilité) fickleness
  2 (littér) ◆ **inconstances** (dans le comportement) inconsistencies; (en amour) infidelities, inconstancies (frm)

inconstant, e /ɛkɔ̃stɑ̃, ɑ̃t/ SYN ADJ fickle

inconstitutionnalité /ɛkɔ̃stitysjɔnalite/ NF unconstitutionality

inconstitutionnel, -elle /ɛkɔ̃stitysjɔnɛl/ ADJ unconstitutional

inconstructible /ɛkɔ̃stʀyktibl/ ADJ [zone, terrain] unsuitable for (building) development

incontestabilité /ɛkɔ̃tɛstabilite/ NF incontestability

incontestable /ɛkɔ̃tɛstabl/ GRAMMAIRE ACTIVE 15.1 SYN ADJ (= indiscutable) unquestionable, indisputable ◆ **il a réussi, c'est incontestable** he's succeeded, there is no doubt about that, it's undeniable that he has succeeded ◆ **il est incontestable qu'elle est la meilleure** she is incontestably ou indisputably ou unquestionably the best

incontestablement /ɛkɔ̃tɛstabləmɑ̃/ SYN ADV unquestionably, indisputably ◆ **la reconnaissance vocale est incontestablement la voie du futur** voice recognition is unquestionably ou indisputably the way forward ◆ **c'est prouvé ? – incontestablement** has it been proved? – beyond any shadow of (a) doubt

⚠ Évitez de traduire **incontestablement** par **incontestably**, qui est d'un registre plus soutenu.

incontesté, e /ɛkɔ̃tɛste/ ADJ [autorité, principe, fait] undisputed ◆ **le chef/maître incontesté** the undisputed chief/master ◆ **le gagnant incontesté** the undisputed ou outright winner

incontinence /ɛkɔ̃tinɑ̃s/
  NF (Méd) incontinence ◆ **incontinence urinaire** incontinence, enuresis (SPÉC) ◆ **incontinence nocturne** bedwetting, enuresis (SPÉC)
  COMP **incontinence de langage** lack of restraint in speech
  incontinence verbale verbal diarrhoea *, garrulousness

incontinent[1], e /ɛkɔ̃tinɑ̃, ɑ̃t/
  ADJ (Méd) [personne] incontinent, enuretic (SPÉC); [vessie] weak
  NM,F person suffering from incontinence ou enuresis (SPÉC)

incontinent[2] † /ɛkɔ̃tinɑ̃/ ADV (littér = sur-le-champ) forthwith † (littér)

incontournable /ɛkɔ̃tuʀnabl/ SYN ADJ [réalité, fait] inescapable; [date, délai] imperative; [argument, problème, artiste] that can't be ignored; [personnage, interlocuteur] key (épith); [œuvre d'art] major (épith) ◆ **c'est un livre incontournable** the book is essential reading ◆ **ce produit est désormais incontournable** this product has become indispensable ◆ **trois personnalités étaient invitées, dont l'incontournable Éliane Hotin** (hum) three celebrities were invited, including the inevitable Éliane Hotin

incontrôlable /ɛkɔ̃tʀolabl/ SYN ADJ 1 (= non vérifiable) unverifiable, unable to be checked
  2 (= irrépressible) [personne, colère] uncontrollable

incontrôlé, e /ɛkɔ̃tʀole/ ADJ 1 (= non réprimé) uncontrolled
  2 (= non vérifié) [nouvelle, information] unverified

inconvenance /ɛkɔ̃v(ə)nɑ̃s/ NF 1 (= caractère) impropriety, unseemliness
  2 (= acte) impropriety, indecorous ou unseemly behaviour (NonC); (= remarque) impropriety, indecorous ou unseemly language (NonC)

inconvenant, e /ɛkɔ̃v(ə)nɑ̃, ɑ̃t/ SYN ADJ [comportement, parole] improper, indecorous, unseemly; [question] improper; [personne] ill-mannered ◆ **il serait inconvenant d'insister** it wouldn't be right to keep asking

inconvénient /ɛkɔ̃venjɑ̃/ GRAMMAIRE ACTIVE 9.1, 9.2, 26.3, 26.4 SYN NM 1 (= désavantage) [de situation, plan] disadvantage, drawback ◆ **les avantages et les inconvénients** the advantages and disadvantages, the pros and cons (de of)

2 ◆ **inconvénients** (= *conséquences fâcheuses*) *[de situation]* (unpleasant) consequences, drawbacks

3 (= *risque*) risk ◆ **n'y a-t-il pas d'inconvénient à mettre ce plat en faïence au four ?** is it (really) safe to put this earthenware plate in the oven? ◆ **peut-on sans inconvénient prendre ces deux médicaments ensemble ?** can one safely take *ou* is there any danger in taking these two medicines together?

4 (= *obstacle*) drawback ◆ **l'inconvénient c'est que je ne serai pas là** the snag *ou* the annoying thing *ou* the one drawback is that I won't be there ◆ **il n'y a qu'un inconvénient, c'est le prix !** there's only one drawback and that's the price ◆ **pouvez-vous sans inconvénient vous libérer jeudi ?** would it be convenient for you to get away on Thursday?, will you be able to get away on Thursday without any difficulty? ◆ **voyez-vous un inconvénient** *ou* **y a-t-il un inconvénient à ce que je parte ce soir ?** have you *ou* is there any objection to my leaving this evening? ◆ **si vous n'y voyez pas d'inconvénient...** if you have no objections...

inconvertibilité /ɛ̃kɔ̃vɛʀtibilite/ NF *(Fin)* inconvertibility

inconvertible /ɛ̃kɔ̃vɛʀtibl/ ADJ *(Fin)* inconvertible

incoordination /ɛ̃kɔɔʀdinasjɔ̃/ NF *[d'idées, opération]* lack of coordination; *(Méd)* incoordination, lack of coordination

incorporable /ɛ̃kɔʀpɔʀabl/ ADJ incorporable *(dans* in, into)

incorporalité /ɛ̃kɔʀpɔʀalite/ NF incorporeality

incorporation /ɛ̃kɔʀpɔʀasjɔ̃/ NF 1 (= *mélange*) *[de substance, aliment]* mixing, blending

2 (= *réunion*) *[de territoire]* incorporation; (= *intégration*) *[de chapitre]* incorporation, insertion, integration

3 *(Mil)* (= *appel*) enlistment *(à* into); (= *affectation*) posting; → **report, sursis**

4 *(Psych)* incorporation

incorporel, -elle /ɛ̃kɔʀpɔʀɛl/ ADJ (= *immatériel*) incorporeal; *(Fin)* intangible

incorporer /ɛ̃kɔʀpɔʀe/ SYN ▸ conjug 1 ◂ VT

1 (= *mélanger*) *[+ substance, aliment]* to mix *(à, avec* with, into), to blend *(à, avec* with)

2 (= *intégrer*) *[+ territoire]* to incorporate *(dans, à* into); *[+ chapitre]* to incorporate *(dans* in, into), to insert *(dans* in); *[+ personne]* to incorporate, to integrate *(dans, à* into) ◆ **il a très bien su s'incorporer à notre groupe** he fitted into our group very well ◆ **appareil photo avec flash incorporé** camera with built-in flash

3 *(Mil* = *appeler)* to recruit ◆ **incorporer qn dans** (= *affecter*) to enrol *ou* enlist sb into ◆ **on l'a incorporé dans l'infanterie** he was recruited *ou* drafted into the infantry

incorrect, e /ɛ̃kɔʀɛkt/ SYN ADJ 1 (= *inadéquat*) *[terme]* incorrect; *[réglage, interprétation]* faulty; *[solution]* incorrect, wrong

2 (= *impoli*) *[paroles, manières]* improper, impolite; *[tenue]* incorrect, indecent; *[personne]* rude, impolite ◆ **il s'est montré très incorrect** he was very rude *ou* impolite; → **politiquement**

3 (= *déloyal*) *[personne, procédé]* shabby ◆ **être incorrect avec qn** to treat sb shabbily

incorrectement /ɛ̃kɔʀɛktəmɑ̃/ ADV *[prononcer, parler]* incorrectly; *[interpréter]* wrongly; *[se conduire]* (= *impoliment*) discourteously, impolitely; (= *indélicatement*) shabbily

incorrection /ɛ̃kɔʀɛksjɔ̃/ SYN NF 1 (= *impropriété*) *[de terme]* impropriety; (= *inconvenance*) *[de tenue, personne, langage]* impropriety, incorrectness; (= *déloyauté*) *[de procédés, concurrent]* dishonesty, underhand nature

2 (= *terme impropre*) impropriety; (= *action inconvenante*) incorrect *ou* improper *ou* impolite behaviour *(NonC)*; (= *remarque inconvenante*) impolite *ou* improper remark

incorrigible /ɛ̃kɔʀiʒibl/ SYN ADJ *[enfant, distraction]* incorrigible ◆ **cet enfant est incorrigible !** this child is incorrigible!, this child will never learn! ◆ **être d'une incorrigible paresse** to be incorrigibly lazy

incorrigiblement /ɛ̃kɔʀiʒibləmɑ̃/ ADV incorrigibly

incorruptibilité /ɛ̃kɔʀyptibilite/ NF incorruptibility

incorruptible /ɛ̃kɔʀyptibl/ SYN

ADJ incorruptible

NMF incorruptible person ◆ **c'est un incorruptible** he's incorruptible

incorruptiblement /ɛ̃kɔʀyptibləmɑ̃/ ADV incorruptibly

incoterms /ɛ̃kotɛʀm/ NMPL (abrèv de **International Commercial Terms**) incoterms

incrédule /ɛ̃kʀedyl/ SYN

ADJ 1 (= *sceptique*) incredulous ◆ **d'un air incrédule** incredulously

2 *(Rel)* unbelieving

NMF *(Rel)* unbeliever, non-believer

incrédulité /ɛ̃kʀedylite/ SYN NF 1 (= *scepticisme*) incredulity ◆ **avec incrédulité** incredulously

2 *(Rel)* unbelief, lack of belief

incréé, e /ɛ̃kʀee/ ADJ uncreated

incrément /ɛ̃kʀemɑ̃/ NM *(Ordin)* increment

incrémentation /ɛ̃kʀemɑ̃tasjɔ̃/ NF *(Ordin)* incrementation

incrémenter /ɛ̃kʀemɑ̃te/ ▸ conjug 1 ◂ VT *(Ordin, Math)* to increment

incrémentiel, -elle /ɛ̃kʀemɑ̃sjɛl/ ADJ *(Ordin)* incremental

increvable /ɛ̃kʀəvabl/ ADJ 1 *[ballon]* which cannot be burst, unburstable; *[pneu]* unpuncturable, puncture-proof

2 * (= *infatigable*) *[animal, travailleur]* tireless; (= *indestructible*) *[moteur, chaussures]* indestructible

incriminer /ɛ̃kʀimine/ SYN ▸ conjug 1 ◂ VT (= *mettre en cause*) *[+ personne]* to incriminate, to accuse; *[+ action, conduite]* to bring under attack; *[+ honnêteté, bonne foi]* to call into question ◆ **il cherche à m'incriminer dans cette affaire** he's trying to incriminate *ou* implicate me in this business ◆ **après avoir analysé la clause incriminée du contrat...** after having analysed the offending clause *ou* the clause in question *ou* at issue in the contract... ◆ **au moment des faits incriminés** at the time of the crime, when the crime was committed

incristallisable /ɛ̃kʀistalizabl/ ADJ which cannot crystallize

incrochetable /ɛ̃kʀɔʃ(ə)tabl/ ADJ *[serrure]* burglar-proof, which cannot be picked

incroyable /ɛ̃kʀwajabl/ SYN

ADJ (= *invraisemblable*) incredible, unbelievable; (= *inouï*) incredible, amazing ◆ **incroyable mais vrai** incredible *ou* unbelievable but true ◆ **c'est incroyable ce qu'il fait chaud** it's unbelievably *ou* incredibly hot ◆ **il est incroyable d'arrogance** he's incredibly *ou* unbelievably arrogant ◆ **il est incroyable, ce type !** * that guy's unreal! * *ou* something else! *

NM 1 ◆ **l'incroyable** the unbelievable

2 *(Hist* = *dandy)* dandy

incroyablement /ɛ̃kʀwajabləmɑ̃/ SYN ADV (= *étonnamment*) incredibly, unbelievably, amazingly

incroyance /ɛ̃kʀwajɑ̃s/ NF *(Rel)* unbelief ◆ **il affirme son incroyance** he declares himself to be a non-believer

incroyant, e /ɛ̃kʀwajɑ̃, ɑ̃t/ SYN

ADJ unbelieving

NM,F unbeliever, non-believer

incrustant, e /ɛ̃kʀystɑ̃, ɑ̃t/ ADJ incrustant

incrustation /ɛ̃kʀystasjɔ̃/ NF 1 *(Art)* (= *technique*) inlaying; (= *ornement*) inlay; *(dans un corsage, une nappe)* inset, insert ◆ **des incrustations d'ivoire** inlaid ivory work, ivory inlays ◆ **table à incrustations d'ivoire/d'ébène** table inlaid with ivory/ebony

2 *(TV)* superimposition, overlay

3 (= *croûte*) *(dans un récipient)* fur *(Brit)*, residue *(US)*; *(dans une chaudière)* scale; *(sur une roche)* incrustation ◆ **pour empêcher l'incrustation** to prevent the formation of scale, to prevent furring *(Brit)*

incruste * /ɛ̃kʀyst/ NF ◆ **taper l'incruste** to be a hanger-on * *(péj)* ◆ **c'est un champion de l'incruste** once he's made himself at home in a place it's impossible to get rid of him

incruster /ɛ̃kʀyste/ SYN ▸ conjug 1 ◂

VT 1 *(Art)* ◆ **incruster qch dans** (= *insérer*) to inlay sth into ◆ **incruster qch de** (= *décorer*) to inlay sth with ◆ **incrusté de** inlaid with

2 *(TV)* *[+ nom, numéro]* to superimpose, to overlay

3 *[+ chaudière]* to coat with scale, to scale up; *[+ récipient]* to fur up *(Brit)*, to become coated with residue *(US)*

VPR **s'incruster** 1 *[corps étranger, caillou]* ◆ **s'incruster dans** to become embedded in ◆ **l'ivoire s'incruste dans l'ébène** *(travail de marqueterie)* the ivory is inlaid in ebony

2 (* = *ne plus partir*) *[invité]* to take root ◆ **il va s'incruster chez nous** he'll get himself settled down in our house and we'll never move him ◆ **la crise s'incruste** the recession is deepening

3 *[radiateur, conduite]* to become incrusted *(de* with), to fur up *(Brit)*

4 *(TV)* *[nom, numéro]* to be superimposed

incubateur, -trice /ɛ̃kybatœʀ, tʀis/

ADJ incubating

NM incubator ◆ **incubateur d'entreprises** business incubator

incubation /ɛ̃kybasjɔ̃/ NF *[d'œuf, maladie]* incubation ◆ **période d'incubation** incubation period ◆ **incubation artificielle** artificial incubation ◆ **une incubation de 21 jours** 3 weeks' incubation, an incubation period of 3 weeks

incube /ɛ̃kyb/ NM incubus

incuber /ɛ̃kybe/ ▸ conjug 1 ◂ VT to hatch, to incubate

inculpation /ɛ̃kylpasjɔ̃/ NF (= *chef d'accusation*) charge *(de* of); († = *mise en examen*) charging, indictment ◆ **sous l'inculpation de** on a charge of ◆ **notifier à qn son inculpation** to inform sb of the charge against him

inculpé, e /ɛ̃kylpe/ (ptp de **inculper**) NM,F ◆ **l'inculpé** † the accused ◆ **les deux inculpés** the two accused, the two men accused

inculper /ɛ̃kylpe/ ▸ conjug 1 ◂ VT to charge *(de* with), to accuse *(de* of)

inculquer /ɛ̃kylke/ SYN ▸ conjug 1 ◂ **inculquer à** VT INDIR ◆ **inculquer qch à qn** *[+ principes, politesse, notions]* to inculcate sth in sb, to instil *(Brit)* *ou* instill *(US)* sth into sb

inculte /ɛ̃kylt/ SYN ADJ *[terre]* uncultivated; *[esprit, personne]* uneducated; *[chevelure, barbe]* unkempt

incultivable /ɛ̃kyltivabl/ ADJ unfarmable, unworkable

inculture /ɛ̃kyltyʀ/ NF *[de personne]* ignorance ◆ **son inculture musicale** his ignorance of things musical *ou* about music ◆ **l'inculture des traducteurs en matière d'histoire naturelle** translators' ignorance about nature ◆ **ils sont d'une inculture !** they're so ignorant! ◆ **la prétendue inculture américaine** the supposed ignorance of Americans, so-called ignorant Americans

incunable /ɛ̃kynabl/

ADJ incunabular

NM incunabulum ◆ **les incunables** incunabula

incurabilité /ɛ̃kyʀabilite/ NF incurability, incurableness

incurable /ɛ̃kyʀabl/ SYN

ADJ 1 *(Méd)* incurable ◆ **les malades incurables** the incurably ill

2 *[bêtise, ignorance]* incurable *(épith)*, hopeless *(épith)* ◆ **son incurable optimisme** *(hum)* his incurable optimism

NMF *(Méd)* incurable

incurablement /ɛ̃kyʀabləmɑ̃/ ADV *(Méd)* incurably; (= *incorrigiblement*) hopelessly, incurably

incurie /ɛ̃kyʀi/ NF *(frm* = *négligence)* negligence

incurieux, -euse /ɛ̃kyʀjø, jøz/ ADJ incurious

incuriosité /ɛ̃kyʀjozite/ NF *(littér)* incuriosity

incursion /ɛ̃kyʀsjɔ̃/ SYN NF *(Mil)* incursion, foray *(en, dans* into); *(fig)* foray ◆ **faire une incursion dans** to make an incursion *ou* a foray into

incurvé, e /ɛ̃kyʀve/ (ptp de **incurver**) ADJ curved

incurver /ɛ̃kyʀve/ ▸ conjug 1 ◂

VT *[+ pied de chaise, fer forgé]* to form *ou* bend into a curve, to curve

VPR **s'incurver** 1 *[barre]* to bend, to curve; *[poutre]* to sag

2 *[ligne, profil, route]* to curve

incuse /ɛ̃kyz/ ADJ F, NF incuse

indatable /ɛ̃databl/ ADJ undatable

Inde /ɛ̃d/ NF India ◆ **les Indes** the Indies ◆ **les Indes occidentales** († † = *Antilles*) the West Indies ◆ **les Indes orientales** († † = *Indonésie*) the East Indies; → **cochon**

inde[2] /ɛ̃d/ NM (= *couleur*) indigo (blue)

indéboulonnable * /ɛ̃debulɔnabl/ ADJ *[personne]* unbudgeable *, impossible to budge ◆ **il est absolument indéboulonnable** they just can't get rid of him *

indébrouillable /ɛ̃debʀujabl/ ADJ *[affaire]* almost impossible to sort out *(attrib)*

indécelable /ɛ̃des(ə)labl/ ADJ [produit, poison] undetectable; [effet] indiscernible; [accident, erreur] undetectable, indiscernible

indécemment /ɛ̃desamɑ̃/ ADV indecently

indécence /ɛ̃desɑ̃s/ SYN NF ① (= impudicité) [de posture, tenue, geste] indecency; [de chanson] obscenity
② [de luxe] obscenity
③ (= acte) act of indecency, indecency; (= propos) obscenity

indécent, e /ɛ̃desɑ̃, ɑ̃t/ SYN ADJ ① [posture, tenue, geste] indecent; [chanson] obscene, dirty* ◆ **habille-toi, tu es indécent !** get dressed, you're indecent! ou you're not decent!
② [luxe] obscene; [succès] disgusting ◆ **avoir une chance indécente** to be disgustingly lucky ◆ **il serait indécent de demander plus** it wouldn't be proper to ask for more

indéchiffrable /ɛ̃deʃifrabl/ SYN ADJ (= impossible à déchiffrer) [code] indecipherable; (= illisible) [texte, partition] indecipherable; (= incompréhensible) [traité, énigme] incomprehensible; (= impénétrable) [personne, regard] inscrutable

indéchirable /ɛ̃deʃirabl/ ADJ tear-proof

indécidable /ɛ̃desidabl/ ADJ (Math) undecidable

indécis, e /ɛ̃desi, iz/ SYN
ADJ ① [personne] (par nature) indecisive; (temporairement) undecided ◆ **indécis sur** ou **devant** ou **quant à** undecided ou uncertain about
② (= incertain) [temps, paix] unsettled; [bataille] indecisive; [problème] undecided, unsettled; [victoire] undecided ◆ **le résultat est encore indécis** the result is as yet undecided
③ (= vague) [réponse, sourire] vague; [pensée] undefined, vague; [forme, contour] indecisive, indistinct
NM,F (gén) indecisive person; (Sondages) "don't know"; (dans une élection) floating voter

indécision /ɛ̃desizjɔ̃/ SYN NF (chronique) indecisiveness; (temporaire) indecision, uncertainty (sur about) ◆ **je suis dans l'indécision quant à nos projets pour l'été** I'm uncertain ou undecided about our plans for the summer

indéclinable /ɛ̃deklinabl/ ADJ indeclinable

indécodable /ɛ̃dekɔdabl/ ADJ [texte, expression] undecodable, that cannot be decoded

indécollable /ɛ̃dekɔlabl/ ADJ [objet] that won't come unstuck ou come off

indécomposable /ɛ̃dekɔ̃pozabl/ ADJ (gén) that cannot be broken down (en into)

indécrottable* /ɛ̃dekrɔtabl/ ADJ (= borné) dumb*, hopelessly thick* (Brit) ◆ **c'est un paresseux indécrottable** (= incorrigible) he's hopelessly lazy

indéfectibilité /ɛ̃defɛktibilite/ NF (frm) indestructibility

indéfectible /ɛ̃defɛktibl/ SYN ADJ [foi, confiance] indestructible, unshakeable; [soutien, attachement] unfailing

indéfectiblement /ɛ̃defɛktibləmɑ̃/ ADV unfailingly

indéfendable /ɛ̃defɑ̃dabl/ GRAMMAIRE ACTIVE 26.3 SYN ADJ (lit, fig) indefensible

indéfini, e /ɛ̃defini/ SYN ADJ (= vague) [sentiment] undefined; (= indéterminé) [quantité, durée] indeterminate, indefinite; (Ling) indefinite

indéfiniment /ɛ̃definimɑ̃/ SYN ADV indefinitely ◆ **je ne peux pas attendre indéfiniment** I can't wait forever

indéfinissable /ɛ̃definisabl/ SYN ADJ [mot, charme, saveur] indefinable

indéformable /ɛ̃defɔrmabl/ ADJ that will keep its shape

indéfrisable † /ɛ̃defrizabl/ NF perm, permanent (US)

indéhiscence /ɛ̃deisɑ̃s/ NF indehiscence

indéhiscent, e /ɛ̃deisɑ̃, ɑ̃t/ ADJ indehiscent

indélébile /ɛ̃delebil/ SYN ADJ (lit, fig) indelible

indélicat, e /ɛ̃delika, at/ SYN ADJ ① (= grossier) indelicate, tactless
② (= malhonnête) [employé] dishonest; [procédé] dishonest, underhand

indélicatement /ɛ̃delikatmɑ̃/ ADV
① (= grossièrement) [agir, parler] indelicately, tactlessly
② (= malhonnêtement) [se conduire] dishonestly

indélicatesse /ɛ̃delikatɛs/ SYN NF ① (= impolitesse) indelicacy, tactlessness (NonC); (= malhonnêteté) dishonesty (NonC)
② (= acte malhonnête) indiscretion ◆ **commettre des indélicatesses** to commit indiscretions

indémaillable /ɛ̃demajabl/ ADJ run-resistant, run-proof, ladderproof (Brit) ◆ **en indémaillable** [vêtement] in run-resistant ou run-proof material; [jersey, bas] run-resistant, run-proof

indemne /ɛ̃dɛmn/ SYN ADJ (= sain et sauf) unharmed, unhurt, unscathed ◆ **il est sorti indemne de l'accident** he came out of the accident unharmed ou unscathed

indemnisable /ɛ̃dɛmnizabl/ ADJ [personne] entitled to compensation (attrib); [dommage] indemnifiable

indemnisation /ɛ̃dɛmnizasjɔ̃/ SYN NF (= action) indemnification; (= somme) indemnity, compensation ◆ **l'indemnisation a été fixée à 250 €** the indemnity ou compensation was fixed at €250 ◆ **250 € d'indemnisation** €250 compensation

indemniser /ɛ̃dɛmnize/ SYN ▸ conjug 1 ◂ VT (= dédommager) (d'une perte) to compensate (de for); (de frais) to indemnify, to reimburse (de for) ◆ **se faire indemniser** to get indemnification ou compensation, to get reimbursed ◆ **indemniser qn en argent** to pay sb compensation in cash ◆ **les victimes seront indemnisées** the victims will get ou receive compensation ◆ **vous serez indemnisés de tous vos frais de déplacement** all your travelling expenses will be reimbursed

indemnitaire /ɛ̃dɛmnitɛr/ ADJ compensational, compensatory ◆ **régime indemnitaire du personnel** employees' allowance scheme

indemnité /ɛ̃dɛmnite/ SYN
NF (= dédommagement) [de perte] compensation (NonC), indemnity; [de frais] allowance
COMP **indemnité de chômage** unemployment benefit
indemnité compensatoire (gén) compensatory allowance; (pour agriculteurs) deficiency payment
indemnité de départ severance pay
indemnité de fonction (gén Admin) allowance paid to a civil servant; (payée à un élu) attendance allowance
indemnité de guerre war indemnity
indemnités journalières daily allowance (of sickness benefit)
indemnité (légale) de licenciement redundancy payment ou money
indemnité de logement housing allowance
indemnité parlementaire député's salary
indemnité de résidence weighting allowance
indemnité de rupture de contrat (contract) termination penalty
indemnité de transfert (Football) (pour le club) transfer fee; (pour le joueur) signing-on fee
indemnité de transport travel allowance
indemnité de vie chère cost of living allowance

indémodable /ɛ̃demɔdabl/ ADJ [vêtement, mobilier, livre] classic, that will never go out of fashion

indémontrable /ɛ̃demɔ̃trabl/ ADJ indemonstrable, unprovable

indéniable /ɛ̃denjabl/ GRAMMAIRE ACTIVE 26.1, 26.6 SYN ADJ undeniable, indisputable, unquestionable ◆ **vous avez grossi, c'est indéniable** there's no doubt that ou it's undeniable that you've put on weight

indéniablement /ɛ̃denjabləmɑ̃/ GRAMMAIRE ACTIVE 26.6 ADV undeniably, indisputably, unquestionably

indénombrable /ɛ̃denɔ̃brabl/ ADJ countless, innumerable

indentation /ɛ̃dɑ̃tasjɔ̃/ NF indentation

indépassable /ɛ̃depasabl/ ADJ [limite] impassable

indépendamment /ɛ̃depɑ̃damɑ̃/ SYN ADV
① (= abstraction faite de) ◆ **indépendamment de** irrespective ou regardless of
② (= outre) ◆ **indépendamment de** apart from, over and above
③ (= de façon indépendante) independently (de of)

indépendance /ɛ̃depɑ̃dɑ̃s/ SYN NF (gén) indépendance (de, par rapport à from) ◆ **indépendance d'esprit** independence of mind ◆ **guerre/proclamation d'indépendance** war/proclamation of independence ◆ **à 15 ans, il voulait son indépendance** at 15, he wanted to be independent

indépendant, e /ɛ̃depɑ̃dɑ̃, ɑ̃t/ SYN
ADJ ① (gén, Pol) independent (de of) ◆ **pour des causes** ou **raisons indépendantes de notre volonté** for reasons beyond ou outside our control ◆ **de façon indépendante** independently
② (= séparé) [bâtiment] separate ◆ **« à louer : chambre indépendante »** "to let: self-contained room - own key"
③ [travail] freelance (épith) ◆ **travailleur indépendant** (non salarié) freelance worker, freelancer; (qui est son propre patron) self-employed worker
NM,F ① (= non salarié) freelance worker, freelancer; (= petit patron) self-employed worker ◆ **travailler en indépendant** (= être non salarié) to work freelance; (= être son propre patron) to be self-employed
② (Pol) independent
NF **indépendante** (Gram) independent clause

 Quand l'adjectif **indépendant** qualifie un travail ou un logement, il ne se traduit pas par le mot anglais **independent**.

indépendantisme /ɛ̃depɑ̃dɑ̃tism/ NM separatism

indépendantiste /ɛ̃depɑ̃dɑ̃tist/ SYN
ADJ [mouvement] independence (épith); [organisation, forces] separatist; [parti] separatist, independence (épith) ◆ **combattant indépendantiste** freedom fighter ◆ **le leader indépendantiste** the leader of the independence movement
NMF member of an independence movement

indéracinable /ɛ̃derasinabl/ ADJ [préjugé] deep-rooted, deep-seated; [sentiment] ineradicable; [optimisme] unshakeable ◆ **il est indéracinable** (gén) he's a permanent fixture; [élu] he can't be unseated

indéréglable /ɛ̃dereglabl/ ADJ foolproof, totally reliable

Indes /ɛ̃d/ NPL → **Inde**

indescriptible /ɛ̃dɛskriptibl/ SYN ADJ indescribable

indésirable /ɛ̃dezirabl/ SYN
ADJ [personne, conséquence] undesirable ◆ **effets indésirables** [de médicament] side-effects
NMF undesirable

indestructibilité /ɛ̃dɛstryktibilite/ NF indestructibility

indestructible /ɛ̃dɛstryktibl/ SYN ADJ [objet, bâtiment, matériau, sentiment] indestructible; [marque, impression] indelible

indestructiblement /ɛ̃dɛstryktibləmɑ̃/ ADV indestructibly

indétectable /ɛ̃detɛktabl/ ADJ undetectable

indéterminable /ɛ̃detɛrminabl/ ADJ indeterminable

indétermination /ɛ̃detɛrminasjɔ̃/ NF
① (= imprécision) vagueness
② (= irrésolution) (chronique) indecisiveness; (temporaire) indecision, uncertainty
③ (Math) indetermination

indéterminé, e /ɛ̃detɛrmine/ SYN ADJ ① (= non précisé) [date, cause, nature] unspecified; [forme, longueur, quantité] indeterminate ◆ **pour des raisons indéterminées** for reasons which were not specified ◆ **à une date encore indéterminée** at a date to be specified ou as yet unspecified ou as yet undecided
② (= imprécis) [impression, sentiment] vague; [contours, goût] indeterminable, vague
③ (= irrésolu) undecided ◆ **je suis encore indéterminé sur ce que je vais faire** I'm still undecided ou uncertain about what I'm going to do
④ (Math) indeterminate

indéterminisme /ɛ̃detɛrminism/ NM indeterminism

indéterministe /ɛ̃detɛrminist/ NMF indeterminist

indétrônable /ɛ̃detronabl/ ADJ (Pol) unassailable, impossible to topple; (Sport) [champion] invincible

index /ɛ̃dɛks/ SYN NM ① (= doigt) forefinger, index finger
② (= repère) [d'instrument] pointer; (= aiguille) [de cadran] needle, pointer
③ (= liste alphabétique) index; (Ordin) index
④ (Rel) ◆ **l'Index** the Index ◆ **mettre qn/qch à l'index** (fig) to blacklist sb/sth

indexation /ɛ̃dɛksasjɔ̃/ NF (Écon) indexing, indexation; (Ordin) indexing ◆ **indexation sur le**

indexé | **indigner**

coût de la vie cost-of-living indexation *ou* adjustment

indexé, e /ɛdɛkse/ ADJ [prix] indexed (sur to); [prêt] index-linked ◆ **salaire indexé sur l'inflation** salary index-linked to inflation

indexer /ɛdɛkse/ ▸ conjug 1 ◂ VT [1] (Écon) to index (sur to)
[2] [+ document, mot] to index
[3] (Ordin) to index

Indiana /ɛdjana/ NM Indiana

Indianapolis /ɛ̃djanapɔlis/ N Indianapolis

indianisme /ɛdjanism/ NM (Ling) Indian word (*ou* expression)

indianiste /ɛdjanist/ NMF specialist of India

indianité /ɛdjanite/ NF Indian identity

indic * /ɛdik/ NM (abrév de **indicateur** (arg Police)) informer

indican /ɛdikã/ NM indican

indicateur, -trice /ɛdikatœʀ, tʀis/ SYN
ADJ ◆ panneau, poteau
NM,F ◆ **indicateur (de police)** (police) informer
NM [1] (= guide) guide; (= horaire) timetable
[2] (= compteur, cadran) gauge, indicator
[3] (Chim) ◆ **indicateur (coloré)** (= substance) indicator
[4] (Ling) ◆ **indicateur (de sens)** (semantic) indicator
[5] (= oiseau) honey guide
COMP **indicateur d'altitude** altimeter
indicateur boursier Stock Exchange indicator
indicateur des chemins de fer railway timetable
indicateur de conjoncture ⇒ **indicateur économique**
indicateur de direction [de bateau] direction finder; [de voitures] (direction) indicator
indicateur économique economic indicator
indicateur de niveau de carburant fuel *ou* petrol (Brit) gauge
indicateur de niveau d'eau water(-level) gauge
indicateur de pression pressure gauge
indicateur des rues street directory
indicateurs sociaux social indicators
indicateur de tendance (Bourse) economic indicator
indicateur de vitesse [de voiture] speedometer; [d'avion] airspeed indicator

indicatif, -ive /ɛdikatif, iv/ GRAMMAIRE ACTIVE 27.1 SYN
ADJ [1] indicative (de of)
[2] (Ling) indicative; → **titre**
NM [1] (Radio = mélodie) theme *ou* signature tune
[2] (Télex) answer-back code ◆ **indicatif (d'appel)** [de poste émetteur] call sign ◆ **indicatif téléphonique** code, dialling code (Brit) ◆ **indicatif départemental** area code
[3] (Ling) ◆ **l'indicatif** the indicative ◆ **à l'indicatif** in the indicative

indication /ɛdikasjɔ̃/ SYN
NF [1] (= renseignement) piece of information, information (NonC) ◆ **qui vous a donné cette indication ?** who gave you that (piece of) information?, who told you that?
[2] (= mention) ◆ **quelle indication porte la pancarte ?** what does the notice say?, what has the notice got on it? ◆ **sans indication de date/de prix** with no indication of the date/of the price, without a date stamp/price label ◆ **les indications du compteur** the reading on the meter
[3] (= notification) [de prix, danger, mode d'emploi] indication ◆ **l'indication du virage dangereux a permis d'éviter les accidents** signposting the dangerous bend has prevented accidents ◆ **l'indication d'une date est impérative** a date stamp must be shown, the date must be indicated ◆ **l'indication de l'heure vous sera fournie ultérieurement** you will be given the time *ou* notified of the time later ◆ **rendre obligatoire l'indication des prix** to make it compulsory to mark *ou* show prices
[4] (= indice) indication (de of) ◆ **c'est une indication suffisante de sa culpabilité** that's a good enough indication of his guilt
[5] (= directive) instruction, direction ◆ **sauf indication contraire** unless otherwise stated *ou* indicated ◆ **sur son indication** on his instruction
COMP **indication d'origine** [de produit] place of origin
indications scéniques stage directions

indications (thérapeutiques) [de remède, traitement] indications

indice /ɛdis/ SYN
NM [1] (= signe) indication, sign ◆ **être l'indice de** to be an indication *ou* a sign of ◆ **il n'y avait pas le moindre indice de leur passage** there was no sign *ou* evidence *ou* indication that they had been there
[2] (= élément d'information) clue; (Jur = preuve) piece of evidence ◆ **rechercher des indices du crime** to look for clues about the crime
[3] (Math) suffix; (= degré de racine) index; (Bourse, Écon, Opt, Phys) index; [de fonctionnaire] rating, grading ◆ « **a** » **indice 2** (Math) a (suffix) two ◆ **l'indice Dow Jones/Footsie** the Dow Jones/Footsie index
COMP **indice du coût de la vie** cost of living index
indice de croissance growth index
indice d'écoute audience rating ◆ **avoir un excellent indice d'écoute** to have a high rating, to get good ratings
l'indice INSEE ≈ the retail price index
indice d'octane octane rating
indice de pollution (atmosphérique) air quality index
indice de popularité popularity rating(s)
indice des prix price index
indice (de protection) [de crème solaire] protection factor
indice de réfraction (Phys) refractive index
indice thérapeutique therapeutic index
indice de traitement (Admin) salary grading

indiciaire /ɛdisjɛʀ/ ADJ [traitement] grade-related ◆ **classement indiciaire d'un fonctionnaire** grading of a civil servant

indicible /ɛdisibl/ SYN ADJ [joie, peur] inexpressible; [souffrance] unspeakable; [beauté] indescribable

indiciblement /ɛdisiblǝmã/ ADV inexpressibly, unspeakably

indiciel, -elle /ɛdisjɛl/ ADJ (Écon) indexed

indiction /ɛdiksjɔ̃/ NF indiction

indien, -ienne /ɛdjɛ̃, jɛn/
ADJ Indian; → **chanvre, file, océan**
NM,F **Indien(ne)** (d'Inde) Indian; (d'Amérique) American Indian, Native American
NF **indienne** [1] (Hist = tissu) printed calico
[2] (= nage) overarm sidestroke ◆ **nager l'indienne** to swim sidestroke

indifféremment /ɛdifeʀamã/ ADV [1] (= sans faire de distinction) indiscriminately, equally ◆ **fonctionner indifféremment au gaz ou à l'électricité** to run on either gas or electricity, to run equally well on gas or electricity ◆ **manger de tout indifféremment** to eat indiscriminately, to eat (just) anything ◆ **il lit indifféremment de la poésie et des romans policiers** he's equally happy to read poetry or detective novels
[2] (littér = avec indifférence) indifferently

indifférence /ɛdifeʀãs/ SYN NF [1] (= désintérêt) indifference (à l'égard de, pour to, towards), lack of concern (à l'égard de for) ◆ **avec indifférence** indifferently ◆ **il les a regardés se battre en feignant l'indifférence** he watched them fight with an air of indifference ◆ **il a été renvoyé dans l'indifférence générale** nobody showed the slightest interest when he was dismissed ◆ **être d'une indifférence totale** to be totally indifferent
[2] (= froideur) indifference (envers to, towards)

indifférenciable /ɛdifeʀãsjabl/ ADJ indistinguishable

indifférenciation /ɛdifeʀãsjasjɔ̃/ NF lack of differentiation

indifférencié, e /ɛdifeʀãsje/ ADJ (Bio, Sci) undifferentiated

indifférent, e /ɛdifeʀã, ãt/ GRAMMAIRE ACTIVE 7.5 SYN
ADJ [1] (= peu intéressé) [spectateur] indifferent (à to, towards), unconcerned (à about) ◆ **ça le laisse indifférent** it doesn't touch him in the least, he is quite unconcerned about it ◆ **leur souffrance ne peut laisser personne indifférent** it's impossible to remain indifferent to *ou* to be unmoved by their suffering ◆ **son charme ne peut laisser personne indifférent** no-one is immune *ou* impervious to his charm
[2] (= sans importance) indifferent ◆ **elle m'est/ne m'est pas indifférente** I am/am not indifferent to her ◆ **son sort m'est indifférent** his fate is of no interest to me *ou* is a matter of indifference to me ◆ **il m'est indifférent de**

FRENCH-ENGLISH 486

partir ou de rester it is indifferent *ou* immaterial to me *ou* it doesn't matter to me whether I go or stay ◆ **parler de choses indifférentes** to talk of this and that ◆ « **quartier indifférent** » (dans une annonce) "any area *ou* neighborhood (US)" ◆ « **âge indifférent** » "any age"
[3] (Sci) indifferent
NM,F indifferent person

indifférentisme /ɛdifeʀãtism/ NM indifferentism

indifférer /ɛdifeʀe/ ▸ conjug 6 ◂ VT ◆ **ceci m'indiffère totalement** I'm quite indifferent to that, I couldn't care less about that

indigénat /ɛdiʒena/ NM *administrative system applying to indigenous populations of French colonies before 1945*

indigence /ɛdiʒãs/ NF [1] (= misère) poverty, destitution, indigence (frm) ◆ **tomber/être dans l'indigence** to become/be destitute ◆ **l'indigence de moyens dont souffre le pays** the country's dire lack of resources
[2] (= médiocrité) [de scénario] mediocrity ◆ **indigence intellectuelle** intellectual poverty ◆ **l'indigence du débat intellectuel dans ce pays** the low level of intellectual debate in this country ◆ **indigence d'idées** dearth *ou* paucity of ideas

indigène /ɛdiʒɛn/
NMF (= autochtone) native; (hum, Helv = personne du pays) local
ADJ [1] (= autochtone) [coutume] native; [population] native, indigenous; [animal, plante] (= non importé) indigenous, native
[2] (= local) [main-d'œuvre, population] local

indigéniste /ɛdiʒenist/ ADJ supporting indigenous populations in Latin America

indigent, e /ɛdiʒã, ãt/ SYN
ADJ [1] (matériellement) [personne] destitute, poverty-stricken, indigent (frm)
[2] (intellectuellement) [film, roman] poor; [imagination, spectacle, architecture] mediocre
[3] [végétation] poor, sparse
NM,F pauper ◆ **les indigents** the destitute, the poor, the indigent (frm)

indigeste /ɛdiʒɛst/ SYN ADJ (lit, fig) indigestible, difficult to digest (attrib)

indigestion /ɛdiʒɛstjɔ̃/ NF [1] (Méd) attack of indigestion, indigestion (NonC) ◆ **il a eu une indigestion de pâtisseries** he gave himself *ou* he got indigestion from eating too many cakes
[2] (fig) ◆ **j'ai une indigestion de films policiers** I've been OD'ing* on detective films *ou* I've been watching too many detective films ◆ **j'en ai une indigestion, de toutes ces histoires** * I'm sick (and tired) of all these complications *, I'm fed up with all these complications * ◆ **il nous répétait les mêmes conseils, jusqu'à l'indigestion** he repeated the same advice to us ad nauseam

indigète /ɛdiʒɛt/ ADJ ◆ **dieu indigète** indigete

indignation /ɛdiɲasjɔ̃/ SYN NF indignation ◆ **avec indignation** indignantly ◆ **à ma grande indignation** to my great indignation ◆ **devant l'indignation générale, il changea d'avis** faced with a mood of general indignation, he changed his mind

indigne /ɛdiɲ/ SYN ADJ [1] (= pas digne de) ◆ **indigne de** [+ amitié, confiance, personne] unworthy of, not worthy of ◆ **il est indigne de vivre** he doesn't deserve to live, he's not fit to live ◆ **ce livre est indigne de figurer dans ma bibliothèque** this book is not worthy of a place in my library ◆ **c'est indigne de vous** [travail, emploi] it's beneath you; [conduite, attitude] it's unworthy of you ◆ **empêcher les débats d'idées est indigne d'un démocrate** a democrat worthy of the name doesn't try to stifle intellectual debate
[2] (= abject) [acte] shameful, disgraceful; [mère, époux] unworthy; [fils] ungrateful ◆ **il a eu une attitude indigne** he behaved disgracefully ◆ **c'est un père indigne** he's not fit to be a father

indigné, e /ɛdiɲe/ (ptp de **indigner**) ADJ indignant (par at)

indignement /ɛdiɲmã/ ADV shamefully

indigner /ɛdiɲe/ SYN ▸ conjug 1 ◂
VT ◆ **indigner qn** to make sb indignant
VPR **s'indigner** (= se fâcher) to become *ou* get indignant *ou* annoyed (de about, at; contre with, about, at) ◆ **s'indigner que/de, être indigné que/de** (= être écœuré) to be indignant that/about *ou* at ◆ **je l'écoutais s'indigner contre les**

spéculateurs I listened to him waxing indignant *ou* going on* *ou* sounding off* indignantly about speculators ◆ **je m'indigne de penser/voir que...** it makes me indignant *ou* it fills me with indignation *ou* it infuriates me to think/see that...

indignité /ɛ̃diɲite/ **NF** [1] *(= caractère) [de personne]* unworthiness; *[de conduite]* baseness, shamefulness
[2] *(= acte)* shameful act ◆ **c'est une indignité !** it's a disgrace!, it's shameful!

indigo /ɛ̃digo/
NM *(= matière, couleur)* indigo
ADJ INV indigo (blue)

indigotier /ɛ̃digɔtje/ **NM** *(= plante)* indigo (plant)

indiqué, e /ɛ̃dike/ (ptp de **indiquer**) **ADJ**
[1] *(= conseillé)* advisable ◆ **ce n'est pas très indiqué** it's not really advisable, it's really not the best thing to do
[2] *(= adéquat)* ◆ **prenons ça, c'est tout indiqué** let's take that - it's just the thing *ou* it's just what we need ◆ **pour ce travail M. Legrand est tout indiqué** Mr Legrand is the obvious choice *ou* is just the man we need for that job ◆ **c'est le moyen indiqué** it's the best *ou* right way to do it ◆ **c'était un sujet tout indiqué** it was obviously an appropriate *ou* a suitable subject
[3] *(= prescrit) [médicament, traitement]* appropriate ◆ **le traitement indiqué dans ce cas est...** the appropriate *ou* correct *ou* prescribed treatment in this case is... ◆ **ce remède est particulièrement indiqué dans les cas graves** this drug is particularly appropriate *ou* suitable for serious cases

indiquer /ɛ̃dike/ SYN ► conjug 1 ◄ **VT** [1] *(= désigner)* to point out, to indicate ◆ **indiquer qch/qn du doigt** to point sth/sb out *(à qn* to sb), to point to sth/sb ◆ **indiquer qch de la main/de la tête** to indicate sth with one's hand/with a nod ◆ **il m'indiqua du regard le coupable** his glance *ou* look directed me towards the culprit ◆ **indiquer le chemin à qn** to give directions to sb, to show sb the way ◆ **indiquer la réception/les toilettes à qn** to direct sb to *ou* show sb the way to the reception desk/the toilets
[2] *(= montrer) [flèche, voyant, écriteau]* to show, to indicate ◆ **indiquer l'heure** *[montre]* to give *ou* show *ou* tell the time ◆ **la petite aiguille indique les heures** the small hand shows *ou* marks the hours ◆ **l'horloge indiquait 2 heures** the clock said *ou* showed it was 2 o'clock ◆ **qu'indique la pancarte ?** what does the sign say?
[3] *(= recommander) [+ livre, hôtel, médecin]* to recommend
[4] *(= dire) [personne] [+ heure, solution]* to tell; *[+ dangers, désavantages]* to point out, to show ◆ **il m'indiqua le mode d'emploi/comment le réparer** he told me how to use it/how to fix it
[5] *(= fixer) [+ heure, date, rendez-vous]* to give, to name ◆ **à l'heure indiquée, je...** at the time indicated *ou* stated, I..., at the agreed *ou* appointed time, I... ◆ **à la date indiquée** on the given *ou* agreed day ◆ **au lieu indiqué** at the given *ou* agreed place
[6] *(= faire figurer) [étiquette, plan, cartographe]* to show; *[table, index]* to give, to show ◆ **est-ce indiqué sur la facture/dans l'annuaire ?** is it given *ou* mentioned on the invoice/in the directory? ◆ **il a sommairement indiqué les fenêtres sur le plan** he quickly marked *ou* drew in the windows on the plan ◆ **quelques traits pour indiquer les spectateurs/ombres** a few strokes to give an impression of spectators/shadows ◆ **quelques croquis pour indiquer le jeu de scène** a few sketches to give a rough idea of the action
[7] *(= dénoter)* to indicate, to point to ◆ **tout indique que les prix vont augmenter** everything indicates that prices are going to rise, everything points to a forthcoming rise in prices ◆ **cela indique une certaine négligence/hésitation de sa part** that shows *ou* points to a certain carelessness/hesitation on his part

indirect, e /ɛ̃diʀɛkt/ SYN **ADJ** *(gén)* indirect; *(Jur) [ligne, héritier]* collateral ◆ **d'une manière indirecte** in a roundabout *ou* an indirect way ◆ **apprendre qch de manière indirecte** to hear of sth in a roundabout way; → **discours, éclairage, impôt**

indirectement /ɛ̃diʀɛktəmɑ̃/ SYN **ADV** *(gén)* indirectly; *(= de façon détournée) [faire savoir, apprendre]* in a roundabout way

indiscernable /ɛ̃disɛʀnabl/ SYN **ADJ** indiscernible, imperceptible

indiscipline /ɛ̃disiplin/ SYN **NF** *(= insubordination)* indiscipline, lack of discipline ◆ **faire preuve d'indiscipline** to behave in an undisciplined *ou* unruly manner

indiscipliné, e /ɛ̃disipline/ SYN **ADJ** *[troupes, écolier]* undisciplined; *[cheveux]* unmanageable, unruly

indiscret, -ète /ɛ̃diskʀɛ, ɛt/ SYN **ADJ** [1] *(= trop curieux) [personne]* inquisitive; *[question]* indiscreet; *[regard, yeux]* inquisitive, prying ◆ **à l'abri des regards indiscrets/des oreilles indiscrètes** away from prying *ou* inquisitive eyes/from eavesdroppers ◆ **serait-ce indiscret de vous demander... ?** would it be indiscreet to ask you...? ◆ **mettre des documents à l'abri des indiscrets** to put documents out of the reach of inquisitive people
[2] *(= bavard) [personne]* indiscreet ◆ **ne confiez rien aux indiscrets** don't confide in people who can't keep secrets

indiscrètement /ɛ̃diskʀɛtmɑ̃/ **ADV** *[demander]* inquisitively; *[regarder]* indiscreetly

indiscrétion /ɛ̃diskʀesjɔ̃/ SYN **NF** [1] *(= curiosité) [de question]* indiscreetness, indiscretion; *[de personne, regard]* inquisitiveness ◆ **excusez mon indiscrétion, mais quel âge avez-vous ?** I hope you don't mind me *ou* my asking, but how old are you? ◆ **elle pousse l'indiscrétion jusqu'à lire mon courrier** she's so inquisitive she even reads my mail ◆ **sans indiscrétion, peut-on savoir si... ?** without wanting to be *ou* without being indiscreet, may we ask whether...? ◆ **sans indiscrétion, combien l'avez-vous payé ?** would you mind if I asked how much you paid for it?
[2] *(= tendance à trop parler)* indiscretion ◆ **il est d'une telle indiscrétion !** he's so indiscreet!
[3] *(= parole)* indiscreet word *ou* remark, indiscretion; *(= action)* indiscreet act, indiscretion ◆ **commettre une indiscrétion** to commit an indiscretion ◆ **les indiscrétions de la presse à scandale** tabloid revelations

indiscutable /ɛ̃diskytabl/ SYN **ADJ** indisputable, unquestionable

indiscutablement /ɛ̃diskytabləmɑ̃/ GRAMMAIRE ACTIVE 26.6 **ADV** indisputably, unquestionably

indiscuté, e /ɛ̃diskyte/ **ADJ** undisputed

indispensable /ɛ̃dispɑ̃sabl/ GRAMMAIRE ACTIVE 10.1 SYN
ADJ essential ◆ **cette lecture est indispensable** it's essential reading ◆ **ces outils/précautions sont indispensables** these tools/precautions are essential ◆ **ce collaborateur m'est indispensable** I'd be lost without this colleague ◆ **tu veux que je vienne ? – ce n'est pas indispensable** do you want me to come? – it's not necessary *ou* there's no need ◆ **il est indispensable que/de faire** it is essential *ou* absolutely necessary *ou* vital that/to do ◆ **je crois qu'il est indispensable qu'ils y aillent** I think it's vital *ou* essential that they (should) go ◆ **emporter les vêtements indispensables (pour le voyage)** to take the clothes which are essential *ou* indispensable (for the journey) ◆ **prendre les précautions indispensables** to take the necessary precautions ◆ **crédits/travaux indispensables à la construction d'un bâtiment** funds/work essential *ou* vital for the construction of a building ◆ **l'eau est un élément indispensable à la vie** water is essential to life ◆ **savoir se rendre indispensable** to make o.s. indispensable
NM ◆ **nous n'avions que l'indispensable** we only had what was absolutely essential *ou* necessary *ou* indispensable

> ! **indispensable** se traduit rarement par le mot anglais **indispensable**, qui est d'un registre plus soutenu.

◆ **faire l'indispensable d'abord** to do what is essential *ou* absolutely necessary first ◆ **l'indispensable est de...** it's absolutely necessary *ou* essential to...

indisponibilité /ɛ̃dispɔnibilite/ **NF** unavailability

indisponible /ɛ̃dispɔnibl/ **ADJ** *(gén)* not available *(attrib)*, unavailable; *(Jur)* unavailable

indisposé, e /ɛ̃dispoze/ SYN (ptp de **indisposer**) **ADJ** *(= fatigué, malade)* indisposed, unwell; *(euph) [femme]* indisposed

indisposer /ɛ̃dispoze/ SYN ► conjug 1 ◄ **VT** *(= mécontenter) [personne, remarque]* to antagonize ◆ **il a des allures qui m'indisposent** his way of behaving irritates me *ou* puts me off him* *(Brit)* ◆ **il indispose tout le monde (contre lui)** he antagonizes everybody ◆ **tout l'indispose !** he's never happy with anything! ◆ **cette scène trop violente risque d'indisposer les spectateurs** audiences are likely to find this very violent scene disturbing

indisposition /ɛ̃dispozisjɔ̃/ **NF** *(= malaise)* (slight) indisposition, upset; *(euph = règles)* period

indissociable /ɛ̃disɔsjabl/ **ADJ** *[éléments, problèmes]* indissociable *(de* from) ◆ **être un élément indissociable de qch** to be an integral part of sth

indissociablement /ɛ̃disɔsjabləmɑ̃/ **ADV** inextricably

indissolubilité /ɛ̃disɔlybilite/ **NF** indissolubility

indissoluble /ɛ̃disɔlybl/ **ADJ** indissoluble

indissolublement /ɛ̃disɔlybləmɑ̃/ **ADV** indissolubly ◆ **indissolublement liés** indissolubly *ou* inextricably linked

indistinct, e /ɛ̃distɛ̃(kt), ɛ̃kt/ SYN **ADJ** *[forme, idée, souvenir]* indistinct, vague; *[rumeur, murmure]* indistinct, confused; *[lumière]* faint; *[couleurs]* vague ◆ **des voix indistinctes** a confused murmur of voices

indistinctement /ɛ̃distɛ̃ktəmɑ̃/ **ADV**
[1] *(= confusément)* indistinctly, vaguely ◆ **des bruits provenaient indistinctement du jardin** I could hear confused noises coming from the garden
[2] *(= ensemble)* indiscriminately ◆ **tuant indistinctement femmes et enfants** killing women and children indiscriminately *ou* without distinction
[3] *(= indifféremment)* ◆ **cette cuisinière marche indistinctement au gaz ou à l'électricité** this cooker runs either on gas or on electricity *ou* runs equally well on gas or on electricity ◆ **il se méfie indistinctement de la gauche et de la droite** he has an equal mistrust of the left wing and the right wing

indium /ɛ̃djɔm/ **NM** indium

individu /ɛ̃dividy/ SYN **NM** [1] *(= unité) (gén, Bio)* individual ◆ **le conflit entre l'individu et la société** the conflict between the individual and society
[2] *(hum = corps)* ◆ **dans la partie la plus charnue de son individu** in the fleshiest part of his anatomy
[3] *(péj = homme)* fellow, individual, character ◆ **un individu l'aborda** someone came up to him ◆ **il aperçut un drôle d'individu/un individu louche** he noticed an odd-looking/a shady-looking character *ou* individual

individualisation /ɛ̃dividɥalizasjɔ̃/ **NF** individualization, personalization ◆ **individualisation des salaires** wage negotiation on an individual basis ◆ **individualisation de l'enseignement** tailoring education to suit individual *ou* particular needs ◆ **l'individualisation d'une peine** *(Jur) sentencing according to the characteristics of the offender*

individualisé, e /ɛ̃dividɥalize/ (ptp de **individualiser**) **ADJ** *[caractères, groupe]* distinctive; *[objet personnel, voiture]* personalized, customized; *[formation, programme]* individualized, personalized ◆ **groupe fortement individualisé** highly distinctive group, group with a distinctive identity ◆ **des solutions individualisées selon les besoins** solutions which are tailored to suit individual *ou* particular requirements

individualiser /ɛ̃dividɥalize/ SYN ► conjug 1 ◄
VT [1] *(= personnaliser) [+ objet personnel, voiture]* to personalize, to customize; *[+ solutions, horaire, enseignement]* to tailor to suit individual *ou* particular needs; *(Jur) [+ peine]* to match with the characteristics of the offender
[2] *(= caractériser)* to individualize
VPR s'individualiser *[personne]* to acquire an identity of one's own, to become more individual; *[groupe, région]* to acquire an identity of its own

individualisme /ɛ̃dividɥalism/ **NM** individualism

individualiste /ɛ̃dividɥalist/ SYN
ADJ individualistic
NMF individualist

individualité /ɛ̃dividɥalite/ SYN **NF** *(= caractère individuel)* individuality; *(= personne)* individual; *(= personnalité)* personality

individuation /ɛ̃dividɥasjɔ̃/ **NF** individuation

individuel, -elle /ɛ̃dividɥɛl/ SYN **ADJ** [1] *(= propre à l'individu) (gén)* individual; *[responsabilité, défaut, contrôle, livret]* personal, individual; *[ordinateur]* personal; *[caractères]* distinctive, individual;

[maison] detached ♦ **propriété individuelle** personal *ou* private property ♦ **liberté individuelle** personal freedom, freedom of the individual ♦ **chambre individuelle** (*dans un hôtel*) single room ♦ **voyager en individuel** to travel alone ♦ **parler à titre individuel** to speak in a personal capacity

[2] (= *isolé*) [*fait*] individual, isolated; [*sachet*] individual ♦ **les cas individuels seront examinés** individual cases *ou* each individual case will be examined

[3] (*Sport*) individual ♦ **épreuve individuelle** individual event

individuellement /ɛ̃dividɥɛlmɑ̃/ ADV individually

indivis, e /ɛ̃divi, iz/ ADJ (*Jur*) [*propriété, succession*] undivided, joint (*épith*); [*propriétaires*] joint (*épith*) ♦ **par indivis** [*posséder*] jointly

indivisaire /ɛ̃divizɛʀ/ NMF (*Jur*) tenant in common

indivisément /ɛ̃divizemɑ̃/ ADV (*Jur*) jointly

indivisibilité /ɛ̃divizibilite/ NF indivisibility

indivisible /ɛ̃divizibl/ SYN ADJ indivisible

indivisiblement /ɛ̃divizibləmɑ̃/ ADV indivisibly

indivision /ɛ̃divizjɔ̃/ NF (*Jur*) joint possession *ou* ownership ♦ **propriété en indivision** jointly-held property ♦ **posséder qch en indivision** to own sth jointly

in-dix-huit /indizɥit/
ADJ INV eighteenmo (*épith*), octodecimo (*épith*)
NM INV eighteenmo, octodecimo

Indochine /ɛ̃doʃin/ NF Indo-China

indochinois, e /ɛ̃doʃinwa, waz/
ADJ Indo-Chinese
NM,F **Indochinois(e)** Indo-Chinese

indocile /ɛ̃dɔsil/ ADJ [*enfant*] unruly; [*mémoire*] intractable

indocilité /ɛ̃dɔsilite/ NF [*d'enfant*] unruliness; [*de mémoire*] intractability

indo-européen, -enne /ɛ̃dooʀopeɛ̃, ɛn/
ADJ Indo-European
NM (= *langue*) Indo-European
NM,F **Indo-Européen(ne)** Indo-European

indo-gangétique /ɛ̃dogɑ̃ʒetik/ ADJ Indo-Gangetic

indole /ɛ̃dɔl/ NM indole

indolemment /ɛ̃dɔlamɑ̃/ ADV indolently

indolence /ɛ̃dɔlɑ̃s/ SYN NF [*d'élève*] idleness, indolence; [*de pouvoirs publics*] apathy, lethargy; [*de geste, regard*] indolence, languidness

indolent, e /ɛ̃dɔlɑ̃, ɑ̃t/ SYN ADJ [*élève*] idle, indolent; [*pouvoirs publics*] apathetic, lethargic; [*air, geste, regard*] indolent, languid

indolore /ɛ̃dɔlɔʀ/ ADJ painless

indomptable /ɛ̃dɔ̃(p)tabl/ SYN ADJ [*animal, adversaire, peuple*] (*hum*) [*personne*] untameable; [*cheval*] untameable, which cannot be broken *ou* mastered; [*enfant*] unmanageable, uncontrollable; [*caractère, courage, volonté*] indomitable, invincible; [*passion, haine*] ungovernable, invincible, uncontrollable

indompté, e /ɛ̃dɔ̃(p)te/ ADJ [*enfant, animal, peuple*] untamed, wild; [*cheval*] unbroken, untamed; [*courage*] undaunted; [*énergie*] unharnessed, untamed; [*passion*] ungoverned, unsuppressed

Indonésie /ɛ̃dɔnezi/ NF Indonesia

indonésien, -ienne /ɛ̃dɔnezjɛ̃, jɛn/
ADJ Indonesian
NM (= *langue*) Indonesian
NM,F **Indonésien(ne)** Indonesian

indophénol /ɛ̃dofenɔl/ NM indophenol

indou, e /ɛ̃du/ ADJ, NM,F ⇒ hindou

in-douze /induz/ ADJ INV, NM INV duodecimo, twelvemo

Indra /indʀa/ NM Indra

indri /ɛ̃dʀi/ NM indri(s)

indu, e /ɛ̃dy/
ADJ [1] (= *qui n'est pas dû*) [*somme, charges*] not owed, unowed; [*avantage*] unwarranted, unjustified
[2] (*hum, littér* = *déraisonnable*) undue ♦ **sans optimisme indu** without undue optimism ♦ **à une heure indue** at an *ou* some ungodly hour
NM (*Fin*) unowed sum

indubitable /ɛ̃dybitabl/ SYN ADJ [*preuve*] irrefutable ♦ **c'est indubitable** there is no doubt about it, it's beyond doubt, it's indubitable ♦ **il est indubitable qu'il a tort** he's definitely wrong

indubitablement /ɛ̃dybitabləmɑ̃/ ADV (= *assurément*) undoubtedly, indubitably ♦ **vous vous êtes indubitablement trompé** you have definitely made a mistake

inductance /ɛ̃dyktɑ̃s/ NF inductance

inducteur, -trice /ɛ̃dyktœʀ, tʀis/
ADJ (*gén, Phys*) inductive
NM (*Chim, Phys*) inductor

inductif, -ive /ɛ̃dyktif, iv/ ADJ (*gén Phys*) inductive

induction /ɛ̃dyksjɔ̃/ NF (*gén, Bio, Élec, Phys*) induction ♦ **raisonnement par induction** reasoning by induction ♦ **induction magnétique** magnetic induction

induire /ɛ̃dɥiʀ/ SYN ► conjug 38 ◄ VT [1] ♦ **induire qn en erreur** to mislead sb, to lead sb astray
[2] († = *inciter*) ♦ **induire qn à** [+ *péché, gourmandise*] to lead sb into ♦ **induire qn à faire** to induce sb to do
[3] (= *inférer*) to infer, to induce (*de* from) ♦ **j'en induis que** I infer from this that
[4] (= *occasionner*) to lead to, to result in
[5] (*Élec*) to induce

induit, e /ɛ̃dɥi, it/
ADJ (= *résultant*) [*avantage, risque*] resulting; [*ventes*] related; [*effet induit*] side-effect ♦ **emplois induits** (*Écon*) spinoff jobs
NM (*Élec*) armature

indulgence /ɛ̃dylʒɑ̃s/ SYN NF [1] (= *bienveillance*) [*de parent, critique, commentaire*] indulgence; [*de juge, examinateur*] leniency ♦ **une erreur qui a rencontré l'indulgence du jury** a mistake for which the jury made allowances *ou* which the jury was prepared to overlook *ou* to be lenient about ♦ **il a demandé l'indulgence des jurés** he asked the jury to make allowances for *ou* to show leniency towards his client ♦ **faire preuve d'indulgence envers** *ou* **à l'égard de** [*parent*] to be indulgent with; [*juge, examinateur*] to be lenient with; [*critique*] to be kind to ♦ **avec indulgence** leniently ♦ **d'une indulgence excessive** overindulgent ♦ **sans indulgence** [*juge, jugement*] stern; [*portrait, critique*] brutally frank; [*punir*] without leniency; [*critiquer*] with brutal frankness ♦ **regard plein d'indulgence** indulgent look
[2] (*Rel*) indulgence

indulgent, e /ɛ̃dylʒɑ̃, ɑ̃t/ SYN ADJ indulgent; [*juge, examinateur*] lenient ♦ **se montrer indulgent** [*juge*] to show leniency; [*examinateur*] to be lenient ♦ **la critique s'est montrée indulgente** the critics were kind ♦ **15, c'est une note trop indulgente** 15 is (far) too generous a mark ♦ **sous le regard indulgent de la police** under the benevolent eye of the police

induline /ɛ̃dylin/ NF indulin(e)

indult /ɛ̃dylt/ NM (*Rel*) indult

indûment /ɛ̃dymɑ̃/ ADV [*protester*] unduly; [*détenir*] without due cause *ou* reason, wrongfully ♦ **s'ingérer indûment dans les affaires de qn** to interfere unnecessarily in sb's business

induration /ɛ̃dyʀasjɔ̃/ NF hardening, induration (SPÉC)

induré, e /ɛ̃dyʀe/ (*ptp de* **indurer**) ADJ indurate (SPÉC), hardened

indurer /ɛ̃dyʀe/ ► conjug 1 ◄
VT to indurate (SPÉC), to harden
VPR **s'indurer** to indurate (SPÉC), to become indurate (SPÉC), to harden

Indus /ɛ̃dys/ NM ♦ **l'Indus** the Indus

indusie /ɛ̃dyzi/ NF indusium

industrialisation /ɛ̃dystʀijalizasjɔ̃/ NF industrialization

industrialisé, e /ɛ̃dystʀijalize/ (*ptp de* **industrialiser**) ADJ [*pays, monde*] industrialized ♦ **région fortement industrialisée** heavily industrialized area ♦ **région faiblement industrialisée** area without much industry *ou* with a low level of industry

industrialiser /ɛ̃dystʀijalize/ ► conjug 1 ◄
VT to industrialize
VPR **s'industrialiser** to become industrialized

industrialisme /ɛ̃dystʀijalism/ NM industrialism

industrialiste /ɛ̃dystʀijalist/ ADJ [*politique*] which favours *ou* encourages industrialization

industrie /ɛ̃dystʀi/ SYN

NF [1] (= *activité, secteur, branche*) industry ♦ **industrie légère/lourde** light/heavy industry ♦ **la grande industrie** big industry ♦ **industrie naissante** infant industry ♦ **doter un pays d'une industrie** to provide a country with an industrial structure; → **ministère, pointe**
[2] (= *entreprise*) industry, industrial concern ♦ **petites et moyennes industries** small businesses; → **capitaine**
[3] (*littér,* †) (= *ingéniosité*) ingenuity; (= *ruse*) cunning
[4] (= *activité*) ♦ **il exerçait sa coupable industrie** (*littér, hum*) he plied his evil trade; → **chevalier**
COMP **industrie aéronautique** aviation industry
industrie alimentaire food (processing) industry
industrie automobile car *ou* automobile (*US*) industry
industrie chimique chemical industry
l'industrie cinématographique *ou* **du cinéma** the film industry
l'industrie hôtelière the hotel industry
industries de la langue language industries
industries du livre book-related industries
industrie de *ou* **du luxe** luxury goods industry
industrie manufacturière manufacturing industry
l'industrie du multimédia the multimedia industry
industrie pharmaceutique pharmaceutical *ou* drug industry
industrie de précision precision tool industry
l'industrie du spectacle the entertainment business, show business
industrie de transformation processing industry

industriel, -elle /ɛ̃dystʀijɛl/
ADJ industrial ♦ **aliments industriels** factory feedstuffs ♦ **pain industriel** factory-baked bread ♦ **équipement à usage industriel** heavy-duty equipment ♦ **élevage industriel** (= *système*) factory farming; (= *ferme*) factory farm; → **quantité, zone**
NM (= *fabricant*) industrialist, manufacturer ♦ **les industriels du textile/de l'automobile** textile/car *ou* automobile (*US*) manufacturers

industriellement /ɛ̃dystʀijɛlmɑ̃/ ADV industrially ♦ **poulets élevés industriellement** factory-farmed chickens

industrieux, -ieuse /ɛ̃dystʀijø, ijøz/ ADJ (*littér* = *besogneux*) industrious

inébranlable /inebʀɑ̃labl/ SYN ADJ [1] [*adversaire, interlocuteur*] steadfast, unwavering; [*personne, foi, résolution*] unshakeable, steadfast, unwavering; [*certitude*] unshakeable, unwavering; [*principes, conviction*] steadfast ♦ **il était inébranlable dans sa conviction que...** he was steadfast *ou* unshakeable *ou* unwavering in his belief that...
[2] [*objet pesant*] solid; [*objet encastré*] immovable, solidly *ou* firmly fixed

inébranlablement /inebʀɑ̃labləmɑ̃/ ADV unshakeably

inécoutable /inekutabl/ ADJ [*musique*] unbearable

inécouté, e /inekute/ ADJ unheeded

inédit, e /inedi, it/ SYN
ADJ [1] (= *non publié*) [*texte, auteur*] (previously *ou* hitherto) unpublished ♦ **ce film est inédit en France** this film has never been released *ou* distributed in France
[2] (= *nouveau*) [*méthode, trouvaille*] novel, new, original; [*spectacle*] new
NM (= *texte*) (previously *ou* hitherto) unpublished material (*NonC*) *ou* work ♦ **c'est de l'inédit !** (*hum*) that's never happened before!

inéducable /inedykabl/ ADJ ineducable

ineffable /inefabl/ ADJ ineffable

ineffablement /inefabləmɑ̃/ ADV ineffably

ineffaçable /inefasabl/ ADJ indelible, ineffaceable

ineffaçablement /inefasabləmɑ̃/ ADV indelibly, ineffaceably

inefficace /inefikas/ SYN ADJ [*remède, mesure, traitement*] ineffective; [*employé, machine*] inefficient

inefficacement /inefikasmɑ̃/ ADV (= *sans succès*) ineffectively; (= *de manière incompétente*) inefficiently

inefficacité /inefikasite/ SYN NF [de remède, mesure] ineffectiveness; [de machine, employé] inefficiency ◆ **d'une totale inefficacité** [remède, mesure] totally ineffective; [employé, machine] totally inefficient

inégal, e (mpl -aux) /inegal, o/ SYN ADJ ① (= différent) unequal ◆ **d'inégale grosseur** of unequal size ◆ **de force inégale** of unequal strength ◆ **les hommes sont inégaux** all men are not equal
② (= irrégulier) [sol, pas, mouvement] uneven; [pouls] irregular, uneven; [artiste, sportif] erratic; [œuvre, jeu] uneven; [étalement, répartition] uneven; [humeur, caractère] uneven, changeable; [conduite] changeable ◆ **d'intérêt inégal** of varying ou mixed interest ◆ **de qualité inégale** of varying quality
③ (= disproportionné) [lutte, partage] unequal

inégalable /inegalabl/ SYN ADJ incomparable, matchless

inégalé, e /inegale/ ADJ [record] unequalled, unbeaten; [charme, beauté] unrivalled

inégalement /inegalmã/ ADV (= différemment, injustement) unequally; (= irrégulièrement) unevenly ◆ **livre inégalement apprécié** book which met (ou meets) with varying approval

inégalitaire /inegaliteʀ/ ADJ [société, système] unequal, inegalitarian (frm); [traitement, loi] unequal

inégalité /inegalite/ SYN NF ① (= différence) [d'hauteurs, volumes] difference (de between); [de sommes, parts] difference, disparity (de between) ◆ **inégalité des chances** inequality of opportunity ◆ **l'inégalité de l'offre et de la demande** the difference ou disparity between supply and demand ◆ **l'inégalité de traitement entre hommes et femmes** the unequal treatment of men and women ◆ **les inégalités sociales** social inequalities ◆ **inégalités de revenus** disparities in income
② (Math) inequality
③ (= injustice) inequality
④ (= irrégularité) [de sol, pas, rythme, répartition] unevenness; [d'humeur, caractère] unevenness, changeability ◆ **inégalités de terrain** unevenness of the ground, bumps in the ground ◆ **inégalités d'humeur** moodiness

inélégamment /inelegamã/ ADV inelegantly

inélégance /inelegãs/ NF ① [de geste, toilette, silhouette] inelegance; [d'allure] inelegance, ungainliness
② [de procédé] discourtesy

inélégant, e /inelegã, ãt/ ADJ ① (= disgracieux) [geste, toilette, silhouette] inelegant; [allure] inelegant, ungainly
② (= indélicat) [procédé] discourteous ◆ **c'était très inélégant de sa part** it was very discourteous of him

inéligibilité /ineliʒibilite/ NF (Pol) ineligibility

inéligible /ineliʒibl/ ADJ (Pol) ineligible

inéluctabilité /inelyktabilite/ NF inescapability, ineluctability (frm)

inéluctable /inelyktabl/ GRAMMAIRE ACTIVE 26.4 SYN ADJ, NM unavoidable ◆ **la catastrophe semblait inéluctable** disaster seemed unavoidable ◆ **cette évolution est inéluctable** this development is unavoidable ◆ **le caractère inéluctable du verdict** the inevitability of the verdict

inéluctablement /inelyktabləmã/ ADV inevitably, ineluctably (frm) ◆ **une crise financière, qui conduira inéluctablement à des élections anticipées** a financial crisis which will inevitably lead to early elections

inémotivité /inemotivite/ NF unemotionalism

inemployable /inãplwajabl/ ADJ [procédé] unusable; [personnel] unemployable

inemployé, e /inãplwaje/ ADJ (= inutilisé) [outil, argent] unused; [talent, capacités] untapped; (= gâché) [dévouement, énergie] unchannelled, unused

inénarrable /inenaʀabl/ SYN ADJ ① (= désopilant) hilarious ◆ **son inénarrable mari** her incredible husband *
② (= incroyable) [péripéties, aventure] incredible

inentamé, e /inãtame/ ADJ [réserve d'essence, d'argent] intact; [victuailles] intact (attrib), (= non touché) [bouteille] unopened; [énergie, moral] (as yet) intact (attrib)

inenvisageable /inãvizaʒabl/ ADJ unthinkable

inéprouvé, e /inepʀuve/ ADJ [méthode, vertu, procédé] untested, untried, not yet put to the test (attrib); [émotion] not yet experienced (attrib)

inepte /inɛpt/ SYN ADJ [personne] inept, useless *, hopeless *; [histoire, raisonnement] inept

ineptie /inɛpsi/ SYN NF ① (= caractère) ineptitude
② (= acte, propos) ineptitude; (= idée, œuvre) nonsense (NonC), rubbish (Brit) (NonC) ◆ **dire des inepties** to talk nonsense ◆ **ce qu'il a fait est une ineptie** what he did was utterly stupid

inépuisable /inepɥizabl/ SYN ADJ inexhaustible ◆ **il est inépuisable sur ce sujet** he could talk for ever on that subject ◆ **source inépuisable de conflits** unending ou abiding source of conflict

inépuisablement /inepɥizabləmã/ ADV inexhaustibly

inépuisé, e /inepɥize/ ADJ (littér) not (yet) exhausted

inéquation /inekwasjɔ̃/ NF inequation

inéquitable /inekitabl/ ADJ inequitable

inerme /inɛʀm/ ADJ inerm

inerte /inɛʀt/ SYN ADJ (= immobile) [corps, membre] lifeless, inert; [visage] expressionless; (= sans réaction) [personne] passive, inert; [esprit, élève] apathetic; (Sci) inert ◆ **ne reste pas inerte sur ta chaise** don't just sit there

inertie /inɛʀsi/ SYN NF [de personne] inertia, passivity, apathy; [de service administratif] apathy, inertia; [d'élève] apathy; (Phys) inertia ◆ **navigation par inertie** [d'avion] inertial guidance ou navigation; → **force**

inertiel, -ielle /inɛʀsjɛl/ ADJ inertial

inescomptable /inɛskɔ̃tabl/ ADJ (Fin) undiscountable

inescompté, e /inɛskɔ̃te/ ADJ unexpected, unhoped-for

inespéré, e /inɛspeʀe/ SYN ADJ unexpected, unhoped-for

inesthétique /inɛstetik/ ADJ [pylône, usine, cicatrice] unsightly; [démarche, posture] ungainly

inestimable /inɛstimabl/ SYN ADJ [aide] inestimable, invaluable; [valeur] priceless, incalculable, inestimable; [dommages] incalculable

inétendu, e /inetãdy/ ADJ unextended

inévitable /inevitabl/ SYN
ADJ [obstacle, accident] unavoidable; (= fatal) [résultat] inevitable, inescapable; (hum) [chapeau, cigare] inevitable ◆ **c'était inévitable !** it was inevitable!, it was bound to happen!, it had to happen!
NM ◆ **l'inévitable** the inevitable

inévitablement /inevitabləmã/ SYN GRAMMAIRE ACTIVE 15.1 ADV inevitably

inexact, e /inɛgza(kt), akt/ GRAMMAIRE ACTIVE 26.6 SYN ADJ ① (= faux) [renseignement, calcul, traduction, historien] inaccurate ◆ **non, c'est inexact** no, that's not correct ou that's wrong
② (= sans ponctualité) unpunctual ◆ **être inexact à un rendez-vous** to be late for an appointment

inexactement /inɛgzaktəmã/ ADV [traduire, relater] inaccurately, incorrectly

inexactitude /inɛgzaktityd/ SYN NF ① (= manque de précision) inaccuracy
② (= erreur) inaccuracy
③ (= manque de ponctualité) unpunctuality (NonC)

inexaucé, e /inɛgzose/ ADJ [prière] (as yet) unanswered; [vœu] (as yet) unfulfilled

inexcitabilité /inɛksitabilite/ NF (Physiol) unexcitability

inexcitable /inɛksitabl/ ADJ (Physiol) unexcitable

inexcusable /inɛkskyzabl/ ADJ [faute, action] inexcusable, unforgivable ◆ **vous êtes inexcusable (d'avoir fait cela)** you had no excuse (for doing that)

inexcusablement /inɛkskyzabləmã/ ADV inexcusably, unforgivably

inexécutable /inɛgzekytabl/ ADJ [projet, travail] impractical, impracticable; [musique] unplayable; [ordre] which cannot be carried out ou executed

inexécution /inɛgzekysjɔ̃/ NF [de contrat, obligation] nonfulfilment

inexercé, e /inɛgzɛʀse/ ADJ [soldats] inexperienced, untrained; [oreille] unpractised, untrained

inexigibilité /inɛgziʒibilite/ NF ◆ **l'inexigibilité de la dette** the fact that the debt is not due

inexigible /inɛgziʒibl/ ADJ [dette] not due

inexistant, e /inɛgzistã, ãt/ SYN ADJ nonexistent ◆ **quant à son mari, il est inexistant** (péj) as for her husband, he's a complete nonentity

inexistence /inɛgzistãs/ NF non-existence

inexorabilité /inɛgzoʀabilite/ NF [de destin, vieillesse] inexorability; [de juge, arrêt, loi] inflexibility, inexorability (littér)

inexorable /inɛgzoʀabl/ SYN ADJ ① (= implacable) [destin, vieillesse] inexorable ◆ **l'inexorable montée de la violence** (= inévitable) the inexorable rise of violence
② (= impitoyable) [arrêt, loi] inflexible, inexorable (littér); [juge] unyielding, inflexible, inexorable (littér) ◆ **il fut inexorable à leurs prières** he was unmoved by their entreaties

inexorablement /inɛgzoʀabləmã/ ADV inexorably

inexpérience /inɛkspeʀjãs/ NF inexperience, lack of experience

inexpérimenté, e /inɛkspeʀimãte/ SYN ADJ [personne] inexperienced; [mouvements, gestes] inexpert; [arme, produit] untested

inexpert, e /inɛkspɛʀ, ɛʀt/ ADJ inexpert

inexpiable /inɛkspjabl/ ADJ inexpiable

inexpié, e /inɛkspje/ ADJ unexpiated

inexplicable /inɛksplikabl(ə)/ SYN ADJ, NM inexplicable

inexplicablement /inɛksplikabləmã/ ADV inexplicably

inexpliqué, e /inɛksplike/ ADJ unexplained

inexploitable /inɛksplwatabl/ ADJ (gén) unexploitable; [filon] unworkable

inexploité, e /inɛksplwate/ ADJ (gén) unexploited; [talent, ressources] untapped

inexplorable /inɛksploʀabl/ ADJ unexplorable

inexploré, e /inɛksploʀe/ SYN ADJ unexplored

inexplosible /inɛksploziblə/ ADJ non-explosive

inexpressif, -ive /inɛkspʀesif, iv/ SYN ADJ [visage, regard] expressionless, inexpressive, blank; [style, mots] inexpressive

inexpressivité /inɛkspʀesivite/ NF inexpressiveness, expressionlessness

inexprimable /inɛkspʀimabl/ SYN ADJ, NM inexpressible

inexprimé, e /inɛkspʀime/ ADJ [sentiment] unexpressed; [reproches, doutes] unspoken

inexpugnable /inɛkspygnabl/ ADJ [citadelle] impregnable, unassailable

inextensible /inɛkstãsibl/ ADJ [matériau] that does not stretch, unstretchable; [étoffe] non-stretch

in extenso /inɛkstɛ̃so/ SYN
LOC ADV (écrire, publier, lire) in full, in extenso (frm)
LOC ADJ [texte, discours] full (épith)

inextinguible /inɛkstɛ̃gibl/ ADJ (littér) [passion, feu] inextinguishable; [haine] undying; [besoin, soif] unquenchable; [rire] uncontrollable

inextirpable /inɛkstiʀpabl/ ADJ (lit) deep-rooted; (fig) ineradicable, inextirpable

in extremis /inɛkstʀemis/ SYN
LOC ADV [sauver, arriver] at the last minute
LOC ADJ [sauvetage, succès] last-minute (épith) ◆ **faire un mariage/testament in extremis** to marry/make a will on one's deathbed

inextricable /inɛkstʀikabl/ SYN ADJ inextricable

inextricablement /inɛkstʀikabləmã/ ADV inextricably

infaillibilité /ɛ̃fajibilite/ NF (gén, Rel) infallibility

infaillible /ɛ̃fajibl/ SYN ADJ [méthode, remède, personne] infallible; [instinct] unerring, infallible ◆ **nul n'est infaillible** no one is infallible

infailliblement /ɛ̃fajibləmã/ SYN ADV (= à coup sûr) inevitably, without fail; (= sans erreur) infallibly

infaisable /ɛ̃fəzabl/ SYN ADJ impossible, impracticable, not feasible (attrib) ◆ **ce n'est pas infaisable** it's not impossible, it's (just about) feasible ◆ **pourquoi serait-ce infaisable en France ?** why couldn't this be done in France?

infalsifiable /ɛ̃falsifjabl/ ADJ [document] impossible to forge

infamant, e /ɛ̃famã, ãt/ SYN ADJ [acte] infamous, ignominious; [accusation] libellous; [propos]

infâme | infini

defamatory; [terme] derogatory ◆ **peine infamante** (Jur) sentence involving exile or deprivation of civil rights

infâme /ɛfɑm/ SYN ADJ (gén) vile, loathsome; [métier, action, trahison] unspeakable, vile, loathsome; [traître] infamous, vile; [complaisance, servilité] shameful, vile; [entremetteur, spéculateur] despicable; [nourriture, odeur, taudis] revolting, vile, disgusting

infamie /ɛfami/ NF ⓵ (= honte) infamy ◆ **couvert d'infamie** disgraced
② (= caractère infâme) [de personne, acte] infamy
③ (= insulte) vile abuse (NonC); (= action infâme) infamous ou vile ou loathsome deed; (= ragot) slanderous gossip (NonC) ◆ **c'est une infamie** it's absolutely scandalous, it's an absolute scandal ◆ **dire des infamies sur le compte de qn** to make slanderous remarks about sb

infant /ɛfɑ̃/ NM infante

infante /ɛfɑ̃t/ NF infanta

infanterie /ɛfɑ̃tʀi/ NF infantry ◆ **avec une infanterie de 2 000 hommes** with 2,000 foot, with an infantry of 2,000 men ◆ **infanterie légère/lourde** ou **de ligne** light/heavy infantry ◆ **infanterie de marine** marines ◆ **d'infanterie** [régiment] infantry (épith)

infanticide /ɛfɑ̃tisid/
ADJ infanticidal
NMF (= personne) infanticide, child-killer
NM (= acte) infanticide

infantile /ɛfɑ̃til/ SYN ADJ ⓵ [maladie] infantile; [médecine, clinique] child (épith); → **mortalité**
② (= puéril) infantile, childish, babyish

infantilisant, e /ɛfɑ̃tilizɑ̃, ɑ̃t/ ADJ condescending

infantilisation /ɛfɑ̃tilizasjɔ̃/ NF ◆ **l'infantilisation des personnes âgées/du public** treating old people/the public like children

infantiliser /ɛfɑ̃tilize/ ► conjug 1 ◄ VT to treat like a child (ou like children) ◆ **on fait tout pour infantiliser les détenus** prisoners are treated like children in all sorts of ways

infantilisme /ɛfɑ̃tilism/ NM (Méd, Psych) infantilism; (= puérilité) infantile ou childish ou babyish behaviour ◆ **c'est de l'infantilisme !** how childish!

infarctus /ɛfaʀktys/ NM (Méd) coronary, infarction (SPÉC), infarct (SPÉC) ◆ **infarctus du myocarde** coronary thrombosis, myocardial infarction (SPÉC) ◆ **infarctus pulmonaire** pulmonary infarction (SPÉC) ◆ **il a eu ou fait trois infarctus** he has had three coronaries ◆ **j'ai failli avoir un infarctus quand il me l'a dit** I nearly had a heart attack when he told me

infatigable /ɛfatigabl/ SYN ADJ [personne] indefatigable, tireless; [zèle] tireless

infatigablement /ɛfatigabləmɑ̃/ ADV indefatigably, tirelessly, untiringly

infatuation /ɛfatɥasjɔ̃/ NF (frm = vanité) self-conceit, self-importance

infatué, e /ɛfatɥe/ SYN [ptp de s'infatuer] ADJ [air, personne] conceited, vain ◆ **être infatué de son importance** to be full of one's own importance ◆ **être infatué de son physique** to be vain ou conceited about one's looks ◆ **infatué de sa personne** ou **de lui-même** full of himself ou of self-conceit, self-important

infatuer (s') /ɛfatɥe/ ► conjug 1 ◄ VPR ⓵ (= s'engouer de) ◆ **s'infatuer de** [+ personne, choses] to become infatuated with
② (= tirer vanité de) ◆ **s'infatuer de son importance** to become full of one's own importance ◆ **s'infatuer de son physique** to become vain ou conceited about one's looks ◆ **s'infatuer (de soi-même)** to become full of o.s. ou of self-conceit

infécond, e /ɛfekɔ̃, ɔ̃d/ ADJ [terre, femme, animal] barren, sterile, infertile; [œuf] infertile; [esprit] infertile, sterile

infécondité /ɛfekɔ̃dite/ NF [de terre, femme, animal] barrenness, sterility, infertility; [d'esprit] infertility, sterility

infect, e /ɛfɛkt/ SYN ADJ [goût, nourriture, vin, attitude] revolting; [conduite, personne] obnoxious; [temps] filthy, foul, rotten; [taudis, chambre] squalid; [livre, film] (= très mauvais) rotten*, appalling; (= scandaleux) revolting ◆ **odeur infecte** stench, vile ou foul smell ◆ **il a été infect avec moi** he was horrible to me

infectant, e /ɛfɛktɑ̃, ɑ̃t/ ADJ (Méd) [agent] infective; [contact, piqûre] causing infection

infecter /ɛfɛkte/ SYN ► conjug 1 ◄
VT (gén) [+ atmosphère, eau] to contaminate; [+ personne, plaie, fichier] to infect; (fig littér) to poison, to infect ◆ **cellules infectées par un virus** virus-infected cells
VPR **s'infecter** [plaie] to become infected, to turn septic

infectieux, -ieuse /ɛfɛksjø, jøz/ ADJ (Méd) infectious

infection /ɛfɛksjɔ̃/ SYN NF infection; (= puanteur) stench ◆ **infection généralisée** systemic infection ◆ **infection microbienne/virale** bacterial/viral infection ◆ **quelle infection !, c'est une infection !** what a stench! ◆ **infection sexuellement transmissible** sexually transmitted infection

infectiosité /ɛfɛksjozite/ NF [de produit, virus] infectivity

inféodation /ɛfeɔdasjɔ̃/ NF (Pol) allegiance (à to); (Hist) infeudation, enfeoffment

inféoder /ɛfeɔde/ ► conjug 1 ◄
VT (Hist) to enfeoff
VPR **s'inféoder** ◆ **s'inféoder à** to give one's allegiance to, to pledge allegiance ou o.s. to ◆ **être inféodé à** to be subservient to, to be the vassal of

infère /ɛfɛʀ/ ADJ (Bot) inferior

inférence /ɛfeʀɑ̃s/ NF inference

inférer /ɛfeʀe/ ► conjug 6 ◄ VT to infer, to gather (de from) ◆ **j'infère de ceci que..., j'en infère que...** I infer ou gather from this that..., this leads me to conclude that...

inférieur, e /ɛfeʀjœʀ/ GRAMMAIRE ACTIVE 5.3 SYN
ADJ ⓵ (dans l'espace, gén) lower; [mâchoire, lèvre] lower, bottom; [planètes] inferior ◆ **la partie inférieure du tableau** the bottom part of the picture ◆ **le feu a pris dans les étages inférieurs** fire broke out on the lower floors ◆ **descendez à l'étage inférieur** go down to the next floor ou the floor below, go to the next floor down ◆ **le cours inférieur d'un fleuve** the lower course ou stretches of a river
② (dans une hiérarchie) [classes sociales, animaux, végétaux] lower ◆ **à l'échelon inférieur** on the next rung down ◆ **d'un rang inférieur** of a lower rank, lower in rank
③ [qualité] inferior, poorer; [vitesse] lower; [nombre] smaller, lower; [quantité] smaller; [intelligence, esprit] inferior ◆ **forces inférieures en nombre** forces inferior ou smaller in number(s)
④ ◆ **inférieur à** [nombre] less ou lower ou smaller than, below; [somme] smaller ou less than; [production] inferior to, less ou lower than ◆ **note inférieure à 20** mark below 20 ou less than 20 ◆ **intelligence/qualité inférieure à la moyenne** below average ou lower than average intelligence/quality ◆ **travail d'un niveau inférieur à...** work of a lower standard than..., work below the standard of... ◆ **roman/auteur inférieur à un autre** novel/author inferior to another ◆ **tu ne lui es inférieur en rien** you're in no way inferior to him ◆ **être hiérarchiquement inférieur à qn** to be lower (down) than sb ou be below sb in the hierarchy ◆ **il est inférieur à sa tâche** (fig) he isn't equal to his task, he isn't up to the job
NM,F inferior

⚠ Attention à ne pas traduire automatiquement **inférieur** par **inferior**, qui a des emplois spécifiques.

inférieurement /ɛfeʀjœʀmɑ̃/ ADV (= moins bien) less well ◆ **inférieurement équipé** [armée, laboratoire, bateau] less well-equipped

infériorisation /ɛfeʀjɔʀizasjɔ̃/ NF (= sous-estimation) underestimating ◆ **l'infériorisation des malades** making patients feel inferior

inférioriser /ɛfeʀjɔʀize/ ► conjug 1 ◄ VT (= sous-estimer) to underestimate; (= complexer) to make feel inferior

infériorité /ɛfeʀjɔʀite/ SYN NF inferiority ◆ **en état** ou **position d'infériorité** in an inferior position, in a position of inferiority; → **comparatif, complexe**

infermentescible /ɛfɛʀmɑ̃tesibl/ ADJ which cannot be fermented

infernal, e (mpl -aux) /ɛfɛʀnal, o/ SYN ADJ
⓵ (= intolérable) [bruit, allure, chaleur, cadence] infernal; [enfant] impossible ◆ **c'est infernal !** it's unbearable!, it's sheer hell! ◆ **les disputes/images se succèdent à un rythme infernal** the arguments/images come thick and fast

② (= satanique) [caractère, personne, complot] diabolical, infernal, devilish
③ (= effrayant) [vision, supplice] diabolical; [spirale, engrenage] vicious ◆ **cycle infernal** vicious circle; → **machine**
④ (Myth) [divinité] infernal

inférovarié, e /ɛfeʀɔvaʀje/ ADJ [végétal] having an inferior ovary

infertile /ɛfɛʀtil/ SYN ADJ (lit, fig) infertile

infertilité /ɛfɛʀtilite/ NF (lit, fig) infertility

infestation /ɛfɛstasjɔ̃/ NF (Méd) infestation

infester /ɛfɛste/ SYN ► conjug 1 ◄ VT (gén) to infest, to overrun; (Méd) to infest ◆ **infesté de moustiques** infested with mosquitoes, mosquito-infested ou -ridden ◆ **infesté de souris/pirates** infested with ou overrun with ou by mice/pirates

infeutrable /ɛføtʀabl/ ADJ [textile] which does not mat ou felt

infibulation /ɛfibylasjɔ̃/ NF infibulation

infichu, e* /ɛfiʃy/ ADJ ◆ **infichu de faire qch** totally incapable of doing sth ◆ **je suis infichu de me rappeler où je l'ai mis** I can't remember where the hell I put it *

infidèle /ɛfidɛl/ SYN
ADJ ⓵ [ami] unfaithful, disloyal (à qn to sb); [époux] unfaithful (à qn to sb) ◆ **être infidèle à sa promesse** (littér) to be untrue to one's promise
② [récit, traduction, traducteur] unfaithful, inaccurate; [mémoire] unreliable
③ (Rel) infidel
NMF (Rel) infidel

infidèlement /ɛfidɛlmɑ̃/ ADV [traduire, raconter] unfaithfully, inaccurately

infidélité /ɛfidelite/ SYN NF ⓵ (= inconstance) [d'ami] disloyalty, unfaithfulness; [d'époux] infidelity, unfaithfulness (à to) ◆ **infidélité à une promesse** (littér) being untrue to a promise (littér)
② (= acte déloyal) [d'époux] infidelity ◆ **elle lui pardonna ses infidélités** she forgave him his infidelities ◆ **faire une infidélité à qn** to be unfaithful to sb ◆ **il a fait bien des infidélités à sa femme** he has been unfaithful ou guilty of infidelity to his wife on many occasions ◆ **faire des infidélités à son boucher/éditeur** (hum) to be unfaithful to ou forsake one's butcher/publisher
③ (= manque d'exactitude) [de description, historien] inaccuracy; [de mémoire] unreliability
④ (= erreur) [de description, traducteur] inaccuracy ◆ **on trouve beaucoup d'infidélités dans cette traduction** we find many inaccuracies in this translation

infiltrat /ɛfiltʀa/ NM (Méd) infiltrate

infiltration /ɛfiltʀasjɔ̃/ SYN NF ⓵ [de liquide] percolation, infiltration; (dans le sol) seepage; [d'hommes, idées] infiltration ◆ **il y a une infiltration** ou **des infiltrations dans la cave** there are leaks in the cellar, water is leaking into the cellar
② (Méd = accumulation dans un tissu) infiltration; (= piqûre) injection ◆ **se faire faire des infiltrations** to have injections

infiltrer /ɛfiltʀe/ ► conjug 1 ◄
VT (= noyauter) [+ groupe, réseau] to infiltrate
VPR **s'infiltrer** SYN [liquide] to percolate (through), to seep in, to infiltrate; [lumière] to filter through; [hommes, idées] to infiltrate ◆ **s'infiltrer dans** [personne] to infiltrate; [idées] to filter into, to infiltrate (into); [liquide] to percolate (through), to seep through, to infiltrate; [lumière] to filter into ◆ **s'infiltrer dans un groupe/chez l'ennemi** to infiltrate a group/the enemy

infime /ɛfim/ SYN ADJ (= minuscule) tiny, minute, minuscule; (= inférieur) lowly, inferior ◆ **une infime minorité** a tiny minority

in fine /infine/ LOC ADV ultimately

infini, e /ɛfini/ SYN
ADJ ⓵ (Math, Philos, Rel) infinite
② (= sans limites) [espace] infinite, boundless; [patience, bonté] infinite, unlimited, boundless; [douleur] immense; [prudence, soin, bêtise] infinite, immeasurable; [quantité] infinite, unlimited ◆ **avec d'infinies précautions** with infinite ou endless precautions
③ (= interminable) [luttes, propos] interminable, never-ending ◆ **un temps infini me parut s'écouler** an eternity seemed to pass

NM ◆ **l'infini** *(Philos)* the infinite; *(Math, Photo)* infinity ◆ **faire la mise au point à** *ou* **sur l'infini** *(Photo)* to focus to infinity ◆ **l'infini des cieux** heaven's immensity, the infinity of heaven

◆ **à l'infini** *[discourir]* ad infinitum, endlessly; *[multiplier]* to infinity; *[se diversifier, faire varier]* infinitely ◆ **les champs s'étendaient à l'infini** the fields stretched away endlessly into the distance ◆ **droite prolongée à l'infini** straight line tending towards infinity

infiniment /ɛ̃finimɑ̃/ SYN ADV 1 *(= immensément)* infinitely

2 *(sens affaibli = beaucoup)* infinitely ◆ **infiniment long/grand** immensely *ou* infinitely long/large ◆ **je vous suis infiniment reconnaissant** I am immensely *ou* extremely *ou* infinitely grateful (to you) ◆ **je regrette infiniment** I'm extremely sorry ◆ **ça me plaît infiniment** I like it immensely, there's nothing I like more ◆ **infiniment meilleur/plus intelligent** infinitely better/more intelligent ◆ **avec infiniment de soin/de tendresse** with infinite *ou* with the utmost care/tenderness

3 ◆ **l'infiniment grand** the infinitely great ◆ **l'infiniment petit** the infinitesimal

infinité /ɛ̃finite/ SYN NF *(littér)* infinity ◆ **une infinité de** *(= quantité infinie)* an infinite number of

infinitésimal, e (mpl **-aux**) /ɛ̃finitezimal, o/ SYN ADJ *(gén, Math)* infinitesimal

infinitif, -ive /ɛ̃finitif, iv/ ADJ, NM infinitive ◆ **infinitif de narration** historic infinitive ◆ **à l'infinitif** in the infinitive

infinitude /ɛ̃finityd/ NF infiniteness, infinitude

infirmatif, -ive /ɛ̃firmatif, iv/ ADJ *(Jur)* invalidating ◆ **infirmatif de** invalidating, annulling, quashing

infirmation /ɛ̃firmasjɔ̃/ NF *(Jur)* invalidation, annulment, quashing *(de* of)

infirme /ɛ̃firm/ SYN

ADJ *[personne]* crippled, disabled; *(avec l'âge)* infirm ◆ **l'accident l'avait rendu infirme** the accident had left him crippled *ou* disabled ◆ **il est infirme du bras droit** he has a crippled *ou* disabled right arm ◆ **être infirme de naissance** to be disabled from birth, to be born disabled

NMF disabled person ◆ **les infirmes** the disabled ◆ **infirme mental/moteur** mentally/physically handicapped *ou* disabled person ◆ **infirme du travail** industrially disabled person ◆ **infirme de guerre** disabled veteran

infirmer /ɛ̃firme/ SYN ▸ conjug 1 ◂ VT *(= démentir)* to invalidate; *(Jur) [+ décision, jugement]* to invalidate, to annul, to quash ◆ **merci de confirmer ou infirmer ce qui suit** please confirm or contradict the following

infirmerie /ɛ̃firməri/ NF *(gén)* infirmary; *[d'école]* sickroom, infirmary, sick bay *(Brit)*; *(Univ)* health centre; *[de navire]* sick bay

infirmier, -ière /ɛ̃firmje, jɛr/

ADJ nursing *(épith)* ◆ **personnel infirmier** nursing staff ◆ **élève infirmier** student nurse

NM (male) nurse ◆ **infirmier en chef** charge nurse *(Brit)*, head nurse *(US)*

NF **infirmière** SYN *(gén)* nurse; *[d'internat]* matron *(Brit)*, nurse *(US)* ◆ **infirmière chef** (nursing) sister *(Brit)*, charge nurse *(Brit)*, head nurse *(US)* ◆ **infirmière diplômée** registered nurse ◆ **infirmière diplômée d'État** ≈ state registered nurse ◆ **infirmière-major** *(Mil)* matron ◆ **infirmière visiteuse** visiting nurse, ≈ district nurse *(Brit)*

infirmité /ɛ̃firmite/ SYN NF 1 *(= invalidité)* disability ◆ **infirmité motrice cérébrale** physical disability ◆ **les infirmités de la vieillesse** the infirmities of old age

2 *(† = imperfection)* weakness, failing

infixe /ɛ̃fiks/ NM *(Ling)* infix

inflammabilité /ɛ̃flamabilite/ NF inflammability, inflammableness, flammability

inflammable /ɛ̃flamabl/ ADJ inflammable, flammable

inflammation /ɛ̃flamasjɔ̃/ SYN NF *(Méd)* inflammation

inflammatoire /ɛ̃flamatwar/ ADJ *(Méd)* inflammatory

inflation /ɛ̃flasjɔ̃/ SYN NF *(Écon)* inflation ◆ **croissance de 4% hors inflation** 4% growth over and above inflation ◆ **une inflation de projets/candidatures** a marked increase in the number of projects/applications

inflationniste /ɛ̃flasjɔnist/

ADJ *[politique, économie]* inflationist; *[tendance, risque, pressions]* inflationary; *[craintes, menace]* of inflation

NMF inflationist

infléchi, e /ɛ̃fleʃi/ (ptp de **infléchir**) ADJ *[voyelle]* inflected

infléchir /ɛ̃fleʃir/ SYN ▸ conjug 2 ◂

VT 1 *(lit) [+ rayon]* to inflect, to bend

2 *(fig) [+ politique] (légèrement)* to change *ou* shift the emphasis of; *(plus nettement)* to reorientate; *[+ tendance, stratégie, attitude]* to modify; *[+ position]* to soften; *[+ décision]* to affect ◆ **pour infléchir la courbe du chômage** to bring down unemployment

VPR **s'infléchir** 1 *[route]* to bend, to curve round; *[poutre]* to sag; *[courbe] (vers le bas)* to dip, to go down; *(vers le haut)* to climb, to go up

2 *[politique]* to shift, to change emphasis; *(= conjoncture)* to change ◆ **cette tendance s'infléchit** this trend is becoming less marked

infléchissement /ɛ̃fleʃismɑ̃/ NM *[de politique] (léger)* (slight) shift *(de* in); *(plus marqué)* reorientation; *[de stratégie, attitude]* shift *(de* in); *[de position]* softening ◆ **un net infléchissement des ventes** *(à la baisse)* a sharp drop *ou* fall in sales; *(à la hausse)* a sharp *ou* marked increase in sales

inflexibilité /ɛ̃flɛksibilite/ NF *[de caractère, personne]* inflexibility, rigidity; *[de volonté]* inflexibility; *[de règle]* inflexibility, rigidity

inflexible /ɛ̃flɛksibl/ SYN ADJ *[caractère, personne]* inflexible, rigid, unyielding; *[volonté]* inflexible; *[règle]* inflexible, rigid ◆ **il demeura inflexible dans sa résolution** he remained inflexible *ou* unyielding *ou* unbending in his resolve

inflexiblement /ɛ̃flɛksibləmɑ̃/ ADV inflexibly

inflexion /ɛ̃flɛksjɔ̃/ SYN NF 1 *[de voix]* inflexion, modulation ◆ **inflexion vocalique** *(Ling)* vowel inflexion

2 *(Sci = déviation) [de rayon]* deflection; *[de courbe]* inflexion

3 *(fig) [de politique]* reorientation *(de* of)

infliger /ɛ̃fliʒe/ SYN ▸ conjug 3 ◂ VT *[+ défaite, punition, supplice]* to inflict *(à* on); *[+ amende, tâche]* to impose *(à* on); *[+ affront]* to deliver *(à* to) ◆ **infliger de lourdes pertes à l'ennemi** to inflict heavy losses on the enemy ◆ **infliger sa présence à qn** to inflict one's presence *ou* o.s. on sb ◆ **infliger un avertissement** *ou* **un blâme à qn** *(Scol)* to give sb an order mark *(Brit)* *ou* a bad mark *(Brit)* *ou* a demerit point *(US)* ◆ **infliger un démenti à qn** to give sb the lie ◆ **il s'est infligé volontairement des blessures** he harmed himself deliberately

inflorescence /ɛ̃flɔresɑ̃s/ NF inflorescence

influençable /ɛ̃flyɑ̃sabl/ SYN ADJ easily influenced

influence /ɛ̃flyɑ̃s/ SYN NF influence *(sur* on, upon) ◆ **c'est quelqu'un qui a de l'influence** he's a person of influence, he's an influential person ◆ **avoir beaucoup d'influence sur qn, jouir d'une grande influence auprès de qn** to have *ou* carry a lot of influence with sb ◆ **avoir une influence bénéfique/néfaste sur** *[climat, médicament]* to have a beneficial/harmful effect on ◆ **ces fréquentations ont une mauvaise influence sur ses enfants** these friends are a bad influence on her children ◆ **sous l'influence de** under the influence of ◆ **être sous influence*** *(de l'alcool, d'une drogue)* to be under the influence*; *(de qn)* to be under somebody's control *ou* spell ◆ **zone/sphère d'influence** zone/sphere of influence; → **trafic**

influencer /ɛ̃flyɑ̃se/ SYN ▸ conjug 3 ◂ VT *(gén)* to influence; *(= agir sur)* to act upon ◆ **ne te laisse pas influencer par lui** don't let yourself be influenced by him, don't let him influence you

influent, e /ɛ̃flyɑ̃, ɑ̃t/ SYN ADJ influential

influenza /ɛ̃flyɑ̃za/ NF influenza

influer /ɛ̃flye/ SYN ▸ conjug 1 ◂ **influer sur** VT INDIR to influence, to have an influence on

influx /ɛ̃fly/ NM 1 *(Méd)* ◆ **influx (nerveux)** (nerve) impulse

2 *(Astrol = fluide)* influence

info* /ɛ̃fo/ NF 1 (abrév de **information**) *(Presse, TV)* news item, piece of news; *(= renseignements)* info* *(NonC)* ◆ **les infos** *(Presse, TV)* the news

2 (abrév de **informatique** *(Ordin)*) computing ◆ **il fait de l'info** *(en amateur)* he's into computing; *(professionnellement)* he's in computers

infobulle /ɛ̃fobyl/ NF *(Ordin)* tooltip

infographie ® /ɛ̃fɔgrafi/ NF computer graphics

infographique /ɛ̃fɔgrafik/ ADJ ◆ **document infographique** computer graphic picture ◆ **création infographique** computer graphics *(sg)*

infographiste /ɛ̃fɔgrafist/ NMF computer graphics artist

in-folio /infɔljo/ ADJ INV, NM INV folio

infomercial (pl **infomerciaux**) /ɛ̃fomɛrsjal, o/ ADJ, NM infomercial

infondé, e /ɛ̃fɔ̃de/ ADJ *[critique, crainte, accusation]* unfounded, groundless; *[demande]* unjustified; *[rumeurs]* unfounded ◆ **ces rumeurs ne sont peut-être pas totalement infondées** there may be some truth in these rumours, these rumours are perhaps not totally unfounded

informant, e /ɛ̃fɔrmɑ̃, ɑ̃t/ NM,F informant

informateur, -trice /ɛ̃fɔrmatœr, tris/ SYN NM,F *(gén)* informant; *(Police)* informer; *(Presse)* inside source

informaticien, -ienne /ɛ̃fɔrmatisjɛ̃, jɛn/ NM,F *(= spécialiste)* computer scientist; *(= analyste-programmeur)* computer analyst ◆ **elle est informaticienne** she's in computers

informatif, -ive /ɛ̃fɔrmatif, iv/ ADJ *[brochure]* informative ◆ **campagne de publicité informative pour un produit** advertising campaign giving information on a product

information /ɛ̃fɔrmasjɔ̃/ GRAMMAIRE ACTIVE 19.3 SYN NF 1 *(= renseignement)* piece of information; *(Presse, TV = nouvelle)* news item, piece of news ◆ **voilà une information intéressante** here's an interesting piece of information *ou* some interesting information ◆ **recueillir des informations sur** to gather information on ◆ **voici nos informations** here *ou* this is the news ◆ **informations politiques** political news ◆ **informations télévisées** television news ◆ **écouter/regarder les informations** to listen to/watch the news (bulletins) ◆ **c'était aux informations de 10 heures** it was on the 10 o'clock news ◆ **nous recevons une information de dernière minute** we've just received some last-minute *ou* late news ◆ **bulletin/flash d'informations** news bulletin/flash ◆ **aller aux informations** to (go and) find out

2 *(= diffusion de renseignements)* information ◆ **pour votre information, sachez que...** for your (own) information you should know that... ◆ **pour l'information des voyageurs** for the information of travellers ◆ **assurer l'information du public en matière d'impôts** to ensure that the public is informed *ou* has information on the subject of taxation ◆ **réunion d'information** briefing ◆ **journal d'information** serious newspaper

3 *(Ordin, Sci)* ◆ **l'information** information ◆ **traitement de l'information** data processing, processing of information ◆ **théorie de l'information** information theory ◆ **information génétique** genetic information

4 *(Jur)* ◆ **information judiciaire** (judicial) inquiry ◆ **ouvrir une information** to start an initial *ou* a preliminary investigation ◆ **information contre X** inquiry against person *ou* persons unknown

informationnel, -elle /ɛ̃fɔrmasjɔnɛl/ ADJ *[système]* informational ◆ **révolution informationnelle** information revolution ◆ **le contenu informationnel du document est assez limité** the document is not particularly informative ◆ **molécule informationnelle** *(Bio)* information molecule

informatique /ɛ̃fɔrmatik/

NF *(= science)* computer science, computing; *(= techniques)* data processing ◆ **informatique de bureau/de gestion** office/commercial computing ◆ **il est dans l'informatique** he's in computers ◆ **l'ère de l'informatique** the computer age ◆ **loi informatique et libertés** data protection law, ≈ Data Protection Act *(Brit)*

ADJ computer *(épith)* ◆ **l'industrie informatique** the computer *ou* computing industry

informatiquement /ɛ̃fɔrmatikmɑ̃/ ADV *[détecter]* by means of the computer ◆ **traiter qch informatiquement** to process sth using a computer

informatisation /ɛ̃fɔrmatizasjɔ̃/ NF computerization

informatiser /ɛ̃fɔrmatize/ ▸ conjug 1 ◂

VT to computerize

VPR **s'informatiser** to become computerized

informe /ɛ̃fɔrm/ SYN ADJ *[masse, tas]* shapeless, formless; *[vêtement]* shapeless; *[visage, être]* misshapen, ill-shaped, ill-formed; [projet] rough, undefined

informé /ɛ̃fɔʀme/
ADJ [personne] well-informed ◆ **journaux/milieux bien informés** well-informed newspapers/circles
◆ **tenir qn informé** to keep sb informed, to keep sb up-to-date ◆ **je suis tenu informé par mes collaborateurs** my colleagues keep me up-to-date ou informed ◆ **il se tient informé des dernières évolutions technologiques** he keeps up-to-date with the latest technological developments
NM → **jusque**

informel, -elle /ɛ̃fɔʀmɛl/ **ADJ** (gén, Art) informal ◆ **l'économie informelle** the informal ou unofficial economy

informer /ɛ̃fɔʀme/ **SYN** ▸ conjug 1 ◂
VT 1 (d'un fait) to inform, to tell (de of, about); (d'un problème) to inform (sur about) ◆ **m'ayant informé de ce fait** having informed ou told me of this fact, having acquainted me with this fact ◆ **nous vous informons que nos bureaux ouvrent à 8 heures** we are pleased to inform you that ou for your information our offices open at 8 a.m. ◆ **s'il vient, vous voudrez bien m'en informer** if he comes, please let me know ou inform me ou tell me ◆ **on vous a mal informé** (faussement) you've been misinformed ou wrongly informed; (imparfaitement) you've been badly informed ou ill-informed ◆ **nous ne sommes pas assez informés** we don't have enough information
2 (Philos) ◆ **les concepts informent la matière** concepts impart ou give form to matter
VI (Jur) ◆ **informer sur un crime** to inquire into ou investigate a crime ◆ **informer contre X** to start inquiries against person ou persons unknown
VPR s'informer (d'un fait) to inquire, to find out, to ask (de about); (dans une matière) to inform o.s. (sur about) ◆ **informez-vous s'il est arrivé** find out ou ascertain whether he has arrived ◆ **où puis-je m'informer de l'heure/à ce sujet/si...** ? where can I inquire ou find out ou ask about the time/about this matter/whether...?
◆ **s'informer de la santé de qn** to ask after ou inquire after ou about sb's health

informulé, e /ɛ̃fɔʀmyle/ **ADJ** unformulated

inforoute /ɛ̃fɔʀut/ **NF** information superhighway

infortune /ɛ̃fɔʀtyn/ **NF** (= revers) misfortune; (= adversité) ill fortune, misfortune ◆ **infortunes conjugales** marital misfortunes ◆ **le récit de ses infortunes** the tale of his woes ou misfortunes ◆ **compagnon/frère/sœur d'infortune** companion/brother/sister in misfortune

infortuné, e /ɛ̃fɔʀtyne/ **SYN**
ADJ [personne] hapless (épith), ill-fated, wretched; [démarche, décision] ill-fated
NM,F (poor) wretch

infoutu, e⁎⁎ /ɛ̃futy/ **infoutu de LOC ADJ**
◆ **infoutu de faire quoi que ce soit** damn⁎ ou bloody (Brit) ⁎⁎ incapable of doing anything ◆ **je suis infoutu de m'en souvenir** I can't for the life of me remember⁎

infra /ɛ̃fʀa/ **ADV** ◆ **voir infra** see below

infraction /ɛ̃fʀaksjɔ̃/ **SYN NF** (= délit) offence ◆ **infraction à** [+ loi, règlement, sécurité] breach of ◆ **infraction au code de la route** driving offence ◆ **être en infraction** to be committing an offence, to be breaking ou in breach of the law ◆ **infraction à la loi** breach ou violation ou infraction of the law ◆ **infraction fiscale** breach of the tax code ◆ **toute infraction sera punie** all offenders will be prosecuted

infraliminaire /ɛ̃fʀaliminɛʀ/, **infraliminal, e** (mpl -aux) /ɛ̃fʀaliminal, o/ **ADJ** subliminal

infranchissable /ɛ̃fʀɑ̃ʃisabl/ **ADJ** (lit) impassable; (fig) insurmountable, insuperable

infrangible /ɛ̃fʀɑ̃ʒibl/ **ADJ** (littér) infrangible (littér)

infrarouge /ɛ̃fʀaʀuʒ/ **ADJ, NM** infrared ◆ **missile guidé par infrarouge** heat-seeking missile

infrason /ɛ̃fʀasɔ̃/ **NM** infrasonic vibration

infrasonore /ɛ̃fʀasɔnɔʀ/ **ADJ** infrasonic

infrastructure /ɛ̃fʀastʀyktyʀ/ **SYN NF** (Constr) substructure, understructure; (Écon) infrastructure; (Aviation) ground installations ◆ **infrastructure routière/de transports** road/transport infrastructure

infréquentable /ɛ̃fʀekɑ̃tabl/ **ADJ** not to be associated with ◆ **ce sont des gens infréquentables** they're people you just don't associate with ou mix with

infroissable /ɛ̃fʀwasabl/ **ADJ** crease-resistant, non-crease (épith)

infructueux, -euse /ɛ̃fʀyktɥø, øz/ **SYN ADJ** [tentative, effort, réunion] fruitless, unsuccessful; [démarche] unsuccessful

infule /ɛ̃fyl/ **NF** [de prêtre romain] infula

infumable /ɛ̃fymabl/ **ADJ** unsmokable

infundibuliforme /ɛ̃fɔ̃dibyfifɔʀm/ **ADJ** infundibuliform

infundibulum /ɛ̃fɔ̃dibylɔm/ **NM** infundibulum

infus, e /ɛ̃fy, yz/ **ADJ** (littér) innate, inborn (à in); → **science**

infuser /ɛ̃fyze/ ▸ conjug 1 ◂
VT (littér) [+ idée, conviction] to instil (à into) ◆ **infuser un sang nouveau à qch/à qn** to infuse ou inject ou instil new life into sth/into sb
VI ◆ **(faire) infuser** [+ tisane] to infuse; [+ thé] to brew, to infuse, to steep (US) ◆ **laisser infuser le thé quelques minutes** leave the tea to brew ou infuse a few minutes ◆ **le thé est-il assez infusé ?** has the tea brewed ou infused (long) enough?

infusibilité /ɛ̃fyzibilite/ **NF** infusibility

infusible /ɛ̃fyzibl/ **ADJ** infusible

infusion /ɛ̃fyzjɔ̃/ **NF** 1 (= tisane) infusion, herb tea ◆ **infusion de tilleul** lime tea ◆ **boire une infusion** to drink some herb tea ou an infusion ◆ **la verveine se boit en infusion** verbena is drunk as an infusion
2 (= action) infusion ◆ **préparé par infusion** prepared by infusion

ingagnable /ɛ̃gaɲabl/ **ADJ** unwinnable

ingambe /ɛ̃gɑ̃b/ **ADJ** spry, nimble

ingénier (s') /ɛ̃ʒenje/ **SYN** ▸ conjug 7 ◂ **VPR**
◆ **s'ingénier à faire** to strive (hard) to do, to try hard to do ◆ **dès que j'ai rangé, il s'ingénie à tout remettre en désordre** (iro) as soon as I've tidied things up, he goes out of his way ou he contrives to mess them up again

ingénierie /ɛ̃ʒeniʀi/ **NF** engineering ◆ **ingénierie financière/informatique/génétique** financial/computer/genetic engineering ◆ **ingénierie inverse** reverse engineering ◆ **ingénierie des systèmes** systems engineering

ingénieriste /ɛ̃ʒeniʀist/ **NMF** engineer

ingénieur, e /ɛ̃ʒenjœʀ/ **NM,F** engineer ◆ **ingénieur chimiste/électricien** chemical/electrical engineer ◆ **ingénieur agronome** agronomist ◆ **ingénieur des mines/en génie civil** mining/civil engineer ◆ **ingénieur système** system(s) engineer ◆ **ingénieur électronicien** electronic engineer ◆ **ingénieur du son** sound engineer ◆ **ingénieur des eaux et forêts** forestry expert ◆ **ingénieur des travaux publics** construction ou civil engineer; → **conseil**

ingénieusement /ɛ̃ʒenjøzmɑ̃/ **ADV** ingeniously, cleverly

ingénieux, -ieuse /ɛ̃ʒenjø, jøz/ **SYN ADJ** ingenious, clever

ingéniosité /ɛ̃ʒenjozite/ **SYN NF** ingenuity, cleverness

ingénu, e /ɛ̃ʒeny/ **SYN**
ADJ ingenuous, artless, naïve
NM,F ingenuous ou artless ou naïve person
NF ingénue (Théât) ingénue ◆ **jouer les ingénues** to play ingénue roles; (fig) to pretend to be all sweet and innocent

ingénuité /ɛ̃ʒenɥite/ **NF** ingenuousness, artlessness, naïvety

ingénument /ɛ̃ʒenymɑ̃/ **ADV** ingenuously, artlessly, naïvely

ingérable /ɛ̃ʒeʀabl/ **ADJ** unmanageable

ingérence /ɛ̃ʒeʀɑ̃s/ **NF** interference, interfering (NonC), meddling (NonC) (dans in) ◆ **le devoir d'ingérence** (Pol) the duty to interfere

ingérer /ɛ̃ʒeʀe/ **SYN** ▸ conjug 6 ◂
VT to ingest
VPR s'ingérer ◆ **s'ingérer dans** to interfere in ou with, to meddle in

ingestion /ɛ̃ʒɛstjɔ̃/ **NF** ingestion ◆ **en cas d'ingestion...** if swallowed...

ingouvernable /ɛ̃guvɛʀnabl/ **ADJ** [pays, passion, sentiment] ungovernable ◆ **dans la tempête, le voilier était ingouvernable** in the storm it was impossible to steer the yacht

ingrat, e /ɛ̃gʀa, at/ **SYN**
ADJ 1 [personne] ungrateful (envers to, towards)
2 (fig) [tâche, métier, sujet] thankless (épith), unrewarding; [sol] infertile, difficult; [visage] unprepossessing, unattractive; [contrée] bleak, hostile; [mémoire] unreliable, treacherous; → **âge**
NM,F ungrateful person ◆ **tu n'es qu'un ingrat !** how ungrateful of you! ◆ **vous n'aurez pas affaire à un ingrat** I won't forget what you've done (for me)

ingratitude /ɛ̃gʀatityd/ **NF** ingratitude, ungratefulness (envers to, towards) ◆ **avec ingratitude** ungratefully

ingrédient /ɛ̃gʀedjɑ̃/ **SYN NM** [de recette, produit] ingredient; [de situation, crise] ingredient, component

inguérissable /ɛ̃geʀisabl/ **SYN ADJ** [maladie, malade, blessure, paresse] incurable; [chagrin, amour] inconsolable

inguinal, e (mpl -aux) /ɛ̃gɥinal, o/ **ADJ** inguinal

ingurgitation /ɛ̃gyʀʒitasjɔ̃/ **NF** ingurgitation

ingurgiter /ɛ̃gyʀʒite/ **SYN** ▸ conjug 1 ◂ **VT** [+ nourriture] to swallow; [+ vin] to gulp (down), to swill (péj); (fig) to ingest ◆ **faire ingurgiter de la nourriture/une boisson à qn** to make sb swallow food/a drink, to force food/a drink down sb ◆ **faire ingurgiter aux téléspectateurs des émissions insipides** to feed television viewers a diet of dull programmes ◆ **faire ingurgiter des connaissances à qn** to force facts down sb's throat ◆ **faire ingurgiter des données à un ordinateur** to feed data into a computer

inhabile /inabil/ **SYN ADJ** (littér) 1 (= peu judicieux) [discours, politicien] inept; [manœuvre] inept, clumsy
2 (= gauche) [apprenti] unskilful, clumsy; [gestes, mains, dessin, travail] clumsy, awkward
3 (Jur) incapable ◆ **inhabile à tester** incapable of making a will

inhabileté /inabilte/ **NF** (littér) 1 [de politicien, discours] ineptitude; [de manœuvre] ineptitude, clumsiness
2 [d'apprenti] unskilfulness; [de gestes, mains, dessin, travail] clumsiness, awkwardness

inhabilité /inabilite/ **NF** (Jur) incapacity (à to)

inhabitable /inabitabl/ **ADJ** uninhabitable

⚠ **inhabitable** ne se traduit pas par le mot anglais **inhabitable**, qui a le sens de 'habitable'.

inhabité, e /inabite/ **SYN ADJ** [région] uninhabited; [maison] uninhabited, unoccupied ◆ **la maison a l'air inhabité(e)** it doesn't look as if anyone is living in the house

⚠ **inhabité** ne se traduit pas par **inhabited**, qui a le sens de 'habité'.

inhabituel, -elle /inabitɥɛl/ **SYN ADJ** unusual, unaccustomed

inhabituellement /inabitɥɛlmɑ̃/ **ADV** unusually

inhalateur /inalatœʀ/ **NM** inhaler

inhalation /inalasjɔ̃/ **NF** inhalation ◆ **faire des inhalations** (Méd) to use steam inhalations

inhaler /inale/ **SYN** ▸ conjug 1 ◂ **VT** (Méd) to inhale; (littér) to inhale, to breathe (in)

inharmonieux, -ieuse /inaʀmɔnjø, jøz/ **ADJ** (littér) inharmonious

inharmonique /inaʀmɔnik/ **ADJ** 1 (Mus) inharmonic
2 (= inharmonieux) inharmonious

inhérence /ineʀɑ̃s/ **NF** (Philos) inherence

inhérent, e /ineʀɑ̃, ɑ̃t/ **SYN ADJ** inherent (à in, to)

inhibé, e /inibe/ (ptp de **inhiber**)
ADJ inhibited
NM,F inhibited person

inhiber /inibe/ **SYN** ▸ conjug 1 ◂ **VT** (Physiol, Psych) to inhibit

inhibiteur, -trice /inibitœʀ, tʀis/
ADJ inhibitory, inhibitive
NM (Chim, Méd) inhibitor

inhibition /inibisjɔ̃/ **NF** (Chim, Physiol, Psych) inhibition

inhospitalier, -ière /inɔspitalje, jɛʀ/ **SYN ADJ** inhospitable

inhumain, e /inymɛ̃, ɛn/ **SYN ADJ** inhuman

inhumainement /inymɛnmɑ̃/ ADV (littér) inhumanly

inhumanité /inymanite/ NF (littér) inhumanity

inhumation /inymasjɔ̃/ NF burial, interment, inhumation (frm)

inhumer /inyme/ SYN ▸ conjug 1 ◂ VT to bury, to inter (frm); → **permis**

inimaginable /inimaʒinabl/ SYN
▪ ADJ unthinkable; (sens affaibli) unimaginable, unbelievable
▪ NM ◆ **l'inimaginable s'est produit** the unthinkable happened

inimitable /inimitabl/ SYN ADJ inimitable

inimitié /inimitje/ SYN NF enmity ◆ **avoir de l'inimitié pour** ou **contre qn** to have hostile feelings towards sb

ininflammable /inɛ̃flamabl/ ADJ nonflammable, noninflammable

inintelligence /inɛ̃teliʒɑ̃s/ NF [de personne, esprit] lack of intelligence, unintelligence ◆ **l'inintelligence du problème** (= incompréhension) the failure to understand the problem, the lack of understanding of the problem

inintelligent, e /inɛ̃teliʒɑ̃, ɑ̃t/ ADJ unintelligent

inintelligibilité /inɛ̃teliʒibilite/ NF unintelligibility

inintelligible /inɛ̃teliʒibl/ SYN ADJ unintelligible

inintelligiblement /inɛ̃teliʒiblǝmɑ̃/ ADV unintelligibly

inintéressant, e /inɛ̃teresɑ̃, ɑ̃t/ SYN ADJ uninteresting

ininterrompu, e /inɛ̃terɔ̃py/ SYN ADJ [suite, ligne] unbroken; [file de voitures] unbroken, steady (épith), uninterrupted; [flot, vacarme] steady (épith), uninterrupted, nonstop; [hausse, baisse] steady; [effort, travail] unremitting, continuous, steady (épith) ◆ **12 heures de sommeil ininterrompu** 12 hours' uninterrupted sleep ◆ **30 ans de succès ininterrompu** 30 years of continuous ou unbroken success ◆ **programme de musique ininterrompue** programme of continuous music

inique /inik/ ADJ iniquitous

iniquité /inikite/ NF (gén, Rel) iniquity

initial, e (mpl **-iaux**) /inisjal, jo/ SYN
▪ ADJ initial; → **vitesse**
▪ NF **initiale** SYN initial ◆ **mettre ses initiales sur qch** to put one's initials on sth, to initial sth

initialement /inisjalmɑ̃/ SYN ADV initially

initialisation /inisjalizasjɔ̃/ NF (Ordin) initialization

initialiser /inisjalize/ ▸ conjug 1 ◂ VT (Ordin) to initialize

initiateur, -trice /inisjatœr, tris/ SYN
▪ ADJ innovatory
▪ NM,F (= maître, précurseur) initiator; [de mode, technique] innovator, pioneer; [de projet, mouvement artistique] initiator, originator

initiation /inisjasjɔ̃/ SYN NF initiation (à into) ◆ **stage d'initiation à l'informatique** introductory ou beginners' course in computing ◆ **initiation à la linguistique** (titre d'ouvrage) introduction to linguistics; → **rite**

initiatique /inisjatik/ ADJ [rite, cérémonie] initiation (épith), initiatory; [roman, film] rite(s)-of-passage (épith) ◆ **parcours** ou **voyage** ou **quête initiatique** initiatory voyage ou journey ◆ **épreuves initiatiques** initiation rites

initiative /inisjativ/ SYN NF (gén, Pol) initiative ◆ **prendre l'initiative d'une action/de faire qch** to take the initiative for an action/in doing sth ◆ **garder l'initiative** to keep the initiative ◆ **avoir de l'initiative** to have initiative ◆ **initiative de paix** peace initiative ◆ **initiative de défense stratégique** Strategic Defense Initiative ◆ **à** ou **sur l'initiative de qn** on sb's initiative ◆ **à l'initiative de la France...** following France's initiative... ◆ **conférence à l'initiative des USA** conference initiated by the USA ◆ **de sa propre initiative** on his own initiative; → **droit³, syndicat**

initié, e /inisje/ (ptp de **initier**)
▪ ADJ initiated ◆ **le lecteur initié/non initié** the initiated/uninitiated reader
▪ NM,F initiate ◆ **les initiés** the initiated ou initiates; → **délit**

initier /inisje/ SYN ▸ conjug 7 ◂
▪ VT 1 [+ personne] to initiate (à into) ◆ **initier qn aux joies de la voile** to introduce sb to the joys of sailing
2 [+ enquête, dialogue, politique] to initiate
▪ VPR **s'initier** to become initiated, to initiate o.s. (à into) ◆ **j'ai besoin d'un peu de temps pour m'initier à l'informatique** I need some time to get to know a bit about computers

injectable /ɛ̃ʒɛktabl/ ADJ injectable

injecté, e /ɛ̃ʒɛkte/ (ptp de **injecter**) (Méd, Tech) injected (de with); [visage] congested ◆ **yeux injectés de sang** bloodshot eyes

injecter /ɛ̃ʒɛkte/ SYN ▸ conjug 1 ◂ VT (Méd, Tech) to inject ◆ **elle s'est injecté de l'insuline** she injected herself with insulin ◆ **injecter des fonds dans une entreprise** to pump money into a project

injecteur, -trice /ɛ̃ʒɛktœr, tris/
▪ ADJ injection (épith)
▪ NM injector

injection /ɛ̃ʒɛksjɔ̃/ SYN NF (gén) injection; (Méd : avec une poire) douche ◆ **il s'est fait une injection d'insuline** he injected himself with insulin ◆ **injection d'argent frais** injection of fresh money, new injection of money ◆ **à injection** [seringue, tube] injection (épith); [moteur, système] fuel-injection (épith) ◆ **à injection électronique/directe** [moteur] with electronic/direct fuel injection

injoignable /ɛ̃ʒwaɲabl/ ADJ impossible to contact

injonctif, -ive /ɛ̃ʒɔ̃ktif, iv/ ADJ injunctive

injonction /ɛ̃ʒɔ̃ksjɔ̃/ SYN NF injunction, command, order ◆ **sur son injonction** on his orders ou command ◆ **injonction thérapeutique** (Jur) probation order which stipulates that the offender complete a drug rehabilitation programme

injouable /ɛ̃ʒwabl/ ADJ [musique] unplayable; [pièce] unperformable; (Sport) [coup, match, terrain] unplayable

injure /ɛ̃ʒyr/ SYN NF 1 (= insulte) term of abuse ◆ **« salaud » est une injure** "bastard" is a term of abuse ◆ **une bordée d'injures** a stream of abuse ou insults ◆ **injure et diffamation** (Jur) libel
2 (littér = affront) ◆ **faire injure à qn** to offend sb ◆ **il m'a fait l'injure de ne pas venir** he insulted me by not coming ◆ **ce serait lui faire injure que de le croire si naïf** it would be insulting to him ou an insult to him to think that he could be so naïve
3 (littér = dommage) ◆ **l'injure des ans** the ravages of time ◆ **l'injure du sort** the slings and arrows of fortune (littér)

⚠ **injure** se traduit rarement par **injury**, qui a le sens de 'blessure'.

injurier /ɛ̃ʒyrje/ SYN ▸ conjug 7 ◂ VT to abuse, to shout abuse at

⚠ **injurier** ne se traduit pas par **to injure**, qui a le sens de 'blesser'.

injurieux, -ieuse /ɛ̃ʒyrjø, jøz/ SYN ADJ [termes, propos] abusive, offensive; [attitude, article] insulting, offensive (pour, à l'égard de to)

injuste /ɛ̃ʒyst/ SYN ADJ 1 (= inéquitable) unjust
2 (= partial) unfair (avec, envers to, towards) ◆ **ne sois pas injuste** ! be fair!

injustement /ɛ̃ʒystǝmɑ̃/ ADV [accuser, punir] unfairly ◆ **injustement oublié** unjustly forgotten

injustice /ɛ̃ʒystis/ SYN NF 1 (= iniquité) injustice; (= partialité) unfairness ◆ **il a éprouvé un sentiment d'injustice** he felt he had been treated unfairly ◆ **lutter contre l'injustice sociale** to fight against social injustice
2 (= acte) injustice ◆ **réparer des injustices** to right wrongs ◆ **il a été victime d'une injustice** he was unfairly treated

injustifiable /ɛ̃ʒystifjabl/ ADJ unjustifiable

injustifié, e /ɛ̃ʒystifje/ GRAMMAIRE ACTIVE 26.3 SYN ADJ unjustified, unwarranted

inlandsis /inladsis/ NM (glaciaire) icecap

inlassable /ɛ̃lɑsabl/ ADJ [personne] tireless, untiring; [zèle] unflagging, tireless; [patience] inexhaustible

inlassablement /ɛ̃lɑsabləmɑ̃/ ADV [continuer, poursuivre] tirelessly ◆ **répéter qch inlassablement** to never tire of repeating sth ◆ **revenir inlassablement** to keep (on) coming back

inlay /inlɛ/ NM (Dentisterie) inlay

inné, e /i(n)ne/ SYN ADJ innate, inborn ◆ **idées innées** innate ideas

innéisme /i(n)neism/ NM innatism

innéité /i(n)neite/ NF innateness

innervant, e /inɛrvɑ̃, ɑ̃t/ ADJ ◆ **gaz innervant** nerve gas

innervation /inɛrvasjɔ̃/ NF innervation

innerver /inɛrve/ ▸ conjug 1 ◂ VT to innervate

innocemment /inɔsamɑ̃/ ADV innocently

innocence /inɔsɑ̃s/ SYN NF (gén) innocence ◆ **l'innocence de ces farces** the innocence ou harmlessness of these pranks ◆ **il l'a fait en toute innocence** he did it in all innocence, he meant no harm (by it) ◆ **tu n'as tout de même pas l'innocence de croire que...** come on, you're not so naïve as to believe that...

innocent, e /inɔsɑ̃, ɑ̃t/ GRAMMAIRE ACTIVE 18.2 SYN
▪ ADJ (gén, Jur, Rel) innocent ◆ **être innocent de qch** to be innocent of sth ◆ **remarque/petite farce bien innocente** quite innocent ou harmless remark/little prank ◆ **il est vraiment innocent !** he is a real innocent! ◆ **innocent comme l'enfant** ou **l'agneau qui vient de naître** as innocent as a new-born babe
▪ NM,F 1 (Jur) innocent person
2 (= candide) innocent (person); (= niais) simpleton ◆ **ne fais pas l'innocent** don't act ou play the innocent (with me) ◆ **quel innocent tu fais !** how innocent can you be?, how innocent you are! ◆ **l'innocent du village** the village simpleton ou idiot ◆ **aux innocents les mains pleines** (Prov) fortune favours the innocent; → **massacre**

innocenter /inɔsɑ̃te/ SYN ▸ conjug 1 ◂ VT (Jur = disculper) to clear, to prove innocent (de of); (= excuser) to excuse, to justify

innocuité /inɔkɥite/ NF (frm) innocuousness (frm), harmlessness

innombrable /i(n)nɔ̃brabl/ SYN ADJ [détails, péripéties, variétés] innumerable, countless; [foule] vast

innomé, e /i(n)nɔme/ ADJ ⇒ **innommé**

innommable /i(n)nɔmabl/ SYN ADJ [conduite, action] unspeakable, loathsome, unmentionable; [nourriture, ordures] foul, vile

innommé, e /i(n)nɔme/ ADJ (= non dénommé) unnamed; (= obscur, vague) nameless

innovant, e /inɔvɑ̃, ɑ̃t/ ADJ innovative

innovateur, -trice /inɔvatœr, tris/
▪ ADJ innovatory, innovative
▪ NM,F innovator

innovation /inɔvasjɔ̃/ SYN NF innovation

innover /inɔve/ SYN ▸ conjug 1 ◂ VI to innovate ◆ **innover en matière de mode/d'art** to break new ground ou innovate in the field of fashion/of art ◆ **ce peintre innove par rapport à ses prédécesseurs** this painter is breaking new ground compared with his predecessors

inobservable /inɔpsɛrvabl/ ADJ unobservable

inobservance /inɔpsɛrvɑ̃s/ NF (littér) inobservance, non-observance

inobservation /inɔpsɛrvasjɔ̃/ NF (littér, Jur) non-observance, inobservance

inobservé, e /inɔpsɛrve/ ADJ (littér, Jur) unobserved

inoccupation /inɔkypasjɔ̃/ NF (littér) inoccupation (littér), inactivity

inoccupé, e /inɔkype/ SYN ADJ 1 (= vide) [appartement] unoccupied, empty; [siège, emplacement, poste] vacant, unoccupied, empty
2 (= oisif) unoccupied, idle

in-octavo /inɔktavo/ ADJ INV, NM INV octavo

inoculable /inɔkylabl/ ADJ inoculable

inoculation /inɔkylasjɔ̃/ NF (Méd) (volontaire) inoculation; (accidentelle) infection ◆ **l'inoculation (accidentelle) d'un virus/d'une maladie dans l'organisme par blessure** the (accidental) infection of the organism by a virus/by disease as a result of an injury

inoculer /inɔkyle/ SYN ▸ conjug 1 ◂ VT 1 (Méd) ◆ **inoculer un virus/une maladie à qn** (volontairement) to inoculate sb with a virus/a disease; (accidentellement) to infect sb with a virus/a disease ◆ **inoculer un malade** to inoculate a patient (contre against)
2 (fig = communiquer) ◆ **inoculer une passion/son enthousiasme à qn** to infect ou imbue sb with a passion/one's enthusiasm ◆ **inoculer un vice à qn** to pass on a vice to sb

inodore /inɔdɔʀ/ ADJ [gaz] odourless; [fleur] scentless; (fig) [personne, film, livre] insipid; → incolore

inoffensif, -ive /inɔfɑ̃sif, iv/ SYN ADJ [personne, plaisanterie] inoffensive, harmless, innocuous; [piqûre, animal, remède] harmless, innocuous

inondable /inɔ̃dabl/ ADJ liable to flooding

inondation /inɔ̃dasjɔ̃/ SYN NF ▪ (= débordement d'eaux) flood ◆ **la fuite a provoqué une inondation dans la salle de bains** the leak flooded the bathroom
② (= afflux) flood, deluge ◆ **une véritable inondation de produits allégés** a flood of low-fat products

inonder /inɔ̃de/ SYN ▸ conjug 1 ◂ VT ① (= submerger) [+ prés, cave] to flood ◆ **populations inondées** flood victims, victims of flooding ◆ **tu as inondé toute la cuisine*** you've flooded the whole kitchen
② (= envahir) [+ marché] to flood, to swamp, to inundate (de with) ◆ **la foule a inondé les rues** the crowd flooded onto the streets ◆ **nous sommes inondés de lettres** we have been inundated with letters, we have received a flood of letters ◆ **inondé de soleil** bathed in sunlight ◆ **inondé de lumière** flooded with light ◆ **la joie inonda son cœur** he was overcome with joy
③ (= tremper) to soak, to drench ◆ **se faire inonder (par la pluie)** to get soaked ou drenched (by the rain) ◆ **je suis inondé** I'm soaked (through) ou drenched ou saturated* ◆ **inonder ses cheveux de parfum** to saturate one's hair with scent ◆ **la sueur/le sang inondait son visage** the sweat/blood was pouring ou streaming down his face ◆ **inondé de larmes** [+ joues] streaming with tears; [+ yeux] full of tears

inopérable /inɔpeʀabl/ ADJ inoperable

inopérant, e /inɔpeʀɑ̃, ɑ̃t/ SYN ADJ ineffective ◆ **cet additif rend inopérants les pots catalytiques** this additive makes catalytic converters ineffective ou stops catalytic converters working

inopiné, e /inɔpine/ SYN ADJ [rencontre] unexpected ◆ **mort inopinée** sudden death

inopinément /inɔpinemɑ̃/ ADV unexpectedly

inopportun, e /inɔpɔʀtœ̃, yn/ SYN ADJ [demande, remarque] ill-timed, inopportune, untimely ◆ **le moment est inopportun** it's not the right ou best moment, it's not the most opportune moment

inopportunément /inɔpɔʀtynemɑ̃/ ADV inopportunely

inopportunité /inɔpɔʀtynite/ NF (littér) inopportuneness, untimeliness

inopposabilité /inɔpozabilite/ NF (Jur) non-invocability

inopposable /inɔpozabl/ ADJ (Jur) non-invocable

inorganique /inɔʀganik/ ADJ inorganic

inorganisable /inɔʀganizabl/ ADJ unorganizable

inorganisation /inɔʀganizasjɔ̃/ NF lack of organization

inorganisé, e /inɔʀganize/ ADJ [compagnie, industrie] unorganized; [personne] disorganized, unorganized; (Sci) unorganized

inoubliable /inublijabl/ SYN ADJ unforgettable

inouï, e /inwi/ SYN ADJ [événement, circonstances] unprecedented, unheard-of; [nouvelle] extraordinary, incredible; [vitesse, audace, force] incredible, unbelievable ◆ **c'est/il est inouï !** it's/he's incredible! ou unbelievable!

inox /inɔks/ ADJ, NM (abrév de **inoxydable**) stainless steel ◆ **couteau/évier (en) inox** stainless steel knife/sink

inoxydable /inɔksidabl/
ADJ [acier, alliage] stainless; [couteau] stainless steel (épith)
NM stainless steel

in pace, in-pace /inpase, inpatʃe/ NM INV (= cachot) dungeon (in a convent)

in partibus /inpaʀtibys/ LOC ADJ (Rel) in partibus

in petto /inpeto/ LOC ADV ◆ **« quel idiot »**, **se dit-il in petto** "what a fool", he thought ou said to himself

INPI /iɛnpei/ NM (abrév de **Institut national de la propriété industrielle**) → **institut**

in-plano /inplano/
ADJ INV broadside (épith)
NM INV broadside

input /input/ NM (Écon, Ordin) input

inqualifiable /ɛ̃kalifjabl/ SYN ADJ [conduite, propos] unspeakable ◆ **d'une inqualifiable bassesse** unspeakably low

inquart /ɛ̃kaʀ/ NM quartation

in-quarto /inkwaʀto/ ADJ INV, NM INV quarto

inquiet, inquiète /ɛ̃kjɛ, ɛ̃kjɛt/ SYN ADJ [personne] (momentanément) worried, anxious; (par nature) anxious; [gestes] uneasy; [attente, regards] uneasy, anxious; [sommeil] uneasy, troubled; (littér) [curiosité, amour] restless ◆ **je suis inquiet de son absence** I'm worried at his absence, I'm worried ou anxious that he's not here ◆ **je suis inquiet de ne pas le voir** I'm worried ou anxious at not seeing him ◆ **je suis inquiet qu'il ne m'ait pas téléphoné** I'm worried that he hasn't phoned me ◆ **c'est un (éternel) inquiet** he's a (perpetual) worrier

inquiétant, e /ɛ̃kjetɑ̃, ɑ̃t/ SYN ADJ [situation, tendance] worrying; [signe, expérience, phénomène] disturbing, disquieting (frm), unsettling; [propos, personnage] disturbing

inquiéter /ɛ̃kjete/ SYN ▸ conjug 6 ◂
VT ① (= alarmer) to worry ◆ **la santé de mon fils m'inquiète** I'm worried about my son's health, my son's health worries me ◆ **le champion commence à inquiéter son adversaire** the champion is starting to get his opponent worried ◆ **ils n'ont jamais pu inquiéter leurs adversaires** (Sport) they never presented a real threat to their opponents
② (= harceler) [+ ville, pays] to harass ◆ **l'amant de la victime ne fut pas inquiété (par la police)** the victim's lover wasn't troubled ou bothered by the police
VPR **s'inquiéter** (= s'alarmer) to worry ◆ **ne t'inquiète pas** don't worry ◆ **il n'y a pas de quoi s'inquiéter** there's nothing to worry about ou get worried about ◆ **t'inquiète !*** (= ça ne te regarde pas) none of your business!*, mind your own business!*, keep your nose out of it!*

◆ **s'inquiéter de** (= s'enquérir) to inquire about; (= se soucier) to worry about, to trouble about, to bother about ◆ **s'inquiéter de l'heure/de la santé de qn** to inquire what time it is/about sb's health ◆ **ne t'inquiète pas de ça, je m'en occupe** don't worry, I'll see to it ◆ **sans s'inquiéter des circonstances/conséquences** without worrying ou bothering about the circumstances/consequences ◆ **sans s'inquiéter de savoir si...** without bothering to find out if...

◆ **s'inquiéter pour** ◆ **je ne m'inquiète pas pour elle, elle se débrouille toujours** I'm not worried about her, she always manages somehow

inquiétude /ɛ̃kjetyd/ SYN NF anxiety; (littér = agitation) restlessness ◆ **donner de l'inquiétude** ou **des inquiétudes à qn** to worry sb, to give sb cause for worry ou anxiety ◆ **avoir ou éprouver des inquiétudes au sujet de** to feel anxious ou worried about, to feel some anxiety about ◆ **sujet d'inquiétude** cause for concern ◆ **soyez sans inquiétude** have no fear ◆ **fou d'inquiétude** mad with worry

inquisiteur, -trice /ɛ̃kizitœʀ, tʀis/ SYN
ADJ inquisitive, prying
NM inquisitor ◆ **le Grand Inquisiteur** (Hist) the Grand Inquisitor

inquisition /ɛ̃kizisjɔ̃/ NF ① (Hist) ◆ **l'Inquisition** the Inquisition ◆ **la Sainte Inquisition** the Holy Office
② (péj = enquête) inquisition

inquisitoire /ɛ̃kizitwaʀ/ ADJ (Jur) **procédure inquisitoire** proceeding presided over by an interrogating judge

inquisitorial, e (mpl -iaux) /ɛ̃kizitɔʀjal, jo/ ADJ inquisitorial

INRA /inʀa/ NM (abrév de **Institut national de la recherche agronomique**) → **institut**

inracontable /ɛ̃ʀakɔ̃tabl/ ADJ (= trop osé) unrepeatable; (= trop compliqué) unrecountable

inratable* /ɛ̃ʀatabl/ ADJ ◆ **ce plat est inratable** you can't go wrong with this dish ◆ **cet examen est inratable** you'd have to be an idiot to make a mess* of this exam

INRI (abrév de **Iesus Nazarenus Rex Iudaeorum**) INRI

insaisissabilité /ɛ̃sezizabilite/ NF (Jur) non-distrainability

insaisissable /ɛ̃sezizabl/ SYN ADJ [fugitif, ennemi] elusive; [personnage] enigmatic, elusive; [nuance, différence] imperceptible, indiscernible; (Jur) [biens] not liable to seizure, non-distrainable

insalissable /ɛ̃salisabl/ ADJ dirt-proof

insalivation /ɛ̃salivasjɔ̃/ NF insalivation

insalubre /ɛ̃salybʀ/ SYN ADJ [climat] insalubrious, unhealthy; [logement, bâtiment] unfit for habitation; [profession] unhealthy

insalubrité /ɛ̃salybʀite/ NF [de climat] insalubrity, unhealthiness; [de logement, bâtiment] insalubrity; [de profession] unhealthiness ◆ **l'immeuble a été démoli pour insalubrité** the building was demolished because it was unfit for habitation

insane /ɛ̃san/ ADJ (littér = insensé) insane

insanité /ɛ̃sanite/ SYN NF (= caractère) insanity, madness; (= acte) insane act; (= propos) insane talk (NonC) ◆ **proférer des insanités** to talk insanely

insaponifiable /ɛ̃saponifjabl/ ADJ which cannot be saponified

insatiabilité /ɛ̃sasjabilite/ NF insatiability

insatiable /ɛ̃sasjabl/ SYN ADJ insatiable

insatiablement /ɛ̃sasjablǝmɑ̃/ ADV insatiably

insatisfaction /ɛ̃satisfaksjɔ̃/ NF dissatisfaction

insatisfaisant, e /ɛ̃satisfǝzɑ̃, ɑ̃t/ SYN ADJ unsatisfactory; (sur devoir scolaire) poor

insatisfait, e /ɛ̃satisfɛ, ɛt/ SYN
ADJ [personne] (= non comblé) unsatisfied; (= mécontent) dissatisfied (de with); [désir, passion] unsatisfied
NM,F ◆ **c'est un éternel insatisfait** he's never satisfied, he's perpetually dissatisfied ◆ **les insatisfaits** the malcontents

insaturé, e /ɛ̃satyʀe/ ADJ (Chim) unsaturated

inscriptible /ɛ̃skʀiptibl/ ADJ (gén) inscribable; (Ordin) writable

inscription /ɛ̃skʀipsjɔ̃/ SYN
NF ① (= texte) inscription ◆ **mur couvert d'inscriptions** (graffiti) wall covered in graffiti; (anciennes) wall covered in inscriptions
② (= action) ◆ **l'inscription du texte n'est pas comprise dans le prix** engraving is not included in the price ◆ **l'inscription d'une question à l'ordre du jour** putting an item on the agenda ◆ **cela a nécessité l'inscription de nouvelles dépenses au budget** this meant the budget had to accommodate additional costs
③ (= immatriculation) (gén) registration; (Univ) registration, enrolment (Brit), enrollment (US) (à at) ◆ **l'inscription à un parti/club** joining a party/club ◆ **l'inscription des enfants à l'école est obligatoire** it is compulsory to enrol ou to register children for school ◆ **il y a déjà 20 inscriptions pour la sortie de jeudi** 20 people have already signed up for Thursday's outing ◆ **les inscriptions (en faculté) seront closes le 30 octobre** the closing date for enrolment ou registration (at the university) is 30 October ◆ **dossier d'inscription** (gén) registration form; (Univ) admission form; ≈ UCAS form (Brit) ◆ **votre inscription sur la liste dépend de...** the inclusion of your name on the list depends on... ◆ **faire son inscription** ou **prendre ses inscriptions † en faculté** to register ou enrol at university ◆ **les inscriptions sont en baisse de 5%** enrolment is down by 5% ◆ **droits d'inscription** enrolment ou registration fees ◆ **inscription électorale** registration on the electoral roll (Brit), voter registration (US)
④ (Math) inscribing
COMP ◆ **inscription de faux** (Jur) challenge (to validity of document)

inscription hypothécaire mortgage registration

inscription maritime registration of sailors (in France) ◆ **l'Inscription maritime** (= service) the Register of Sailors

inscrire /ɛ̃skʀiʀ/ SYN ▸ conjug 39 ◂
VT ① (= marquer) [+ nom, date] to note down, to write down; (Football) [+ but] to score, to notch up ◆ **inscrire des dépenses au budget** to list ou include expenses in the budget ◆ **inscrire une question à l'ordre du jour** to put ou place a question on the agenda ◆ **ce n'est pas inscrit à l'ordre du jour** it isn't (down) on the agenda ◆ **inscrire qch dans la pierre/le marbre** to inscribe ou engrave sth on stone/marble ◆ **c'est demeuré inscrit dans ma mémoire** it has remained inscribed ou etched on my memory ◆ **sa culpabilité est inscrite sur son visage** his guilt is written all over his face ou on his face

• greffier, inscrivez (sous ma dictée) clerk, take ou note this down ◆ le temple est inscrit au patrimoine mondial de l'humanité the temple is listed as a World Heritage site ◆ son nom est ou il est inscrit sur la liste des gagnants his name is (written) on the list of winners ◆ il a inscrit une quatrième victoire à son palmarès he has added a fourth victory to his record

② (= enrôler) [+ client] to put down; [+ soldat] to enlist; [+ étudiant] to register, to enrol ◆ inscrire qn sur une liste d'attente to put sb down ou put sb's name down on a waiting list ◆ je ne peux pas vous inscrire avant le 3 août I can't put you down for an appointment ou I can't give you an appointment before 3 August ◆ (faire) inscrire un enfant à l'école to put a child ou child's name down for school, to enrol ou register a child for school ◆ (faire) inscrire qn à la cantine/pour une vaccination to register sb at the canteen/for a vaccination

③ (Math) to inscribe

VPR s'inscrire ① (= apparaître) ◆ un message s'inscrivit sur l'écran a message came up ou appeared on the screen ◆ l'avion ennemi s'inscrivit dans le viseur the enemy aircraft came up on the viewfinder ◆ la tour s'inscrivait tout entière dans la fenêtre the tower was framed in its entirety by the window

② (s'enrôler) (gén) to register; (sur la liste électorale) to put one's name down (sur on); (à l'université) to register, to enrol (Brit), to enroll (US) (à at); (à une épreuve sportive) to put o.s. down, to put one's name down, to enter (à for) ◆ s'inscrire à un parti/club to join a party/club ◆ je me suis inscrit pour des cours du soir I've enrolled in ou for some evening classes ◆ s'inscrire au registre du commerce to register with the Chamber of Commerce (for a trade licence)

③ (= s'insérer dans) ◆ ces réformes s'inscrivent dans le cadre de notre nouvelle politique these reforms lie ou come ou fall within the scope ou framework of our new policy ◆ cette décision s'inscrit dans le cadre de la lutte contre le chômage this decision is part of the general struggle against unemployment ◆ cette mesure s'inscrit dans un ensemble the measure is part of a package

④ (Écon) ◆ s'inscrire en hausse/en baisse [indice, résultat, dépenses] to be up/down ◆ l'indice de la Bourse s'inscrivait en baisse de 3 points à la clôture the share index closed 3 points down

⑤ (Math) to be inscribed (dans in)

⑥ (Jur) ◆ s'inscrire en faux to lodge a challenge ◆ je m'inscris en faux contre de telles assertions I strongly deny such assertions

inscrit, e /ɛskʀi, it/ (ptp de **inscrire**)
ADJ ① [étudiant] registered, enrolled; [candidat, électeur] registered
② (Math) inscribed
NM,F (= membre) registered member; (= étudiant) registered student; (= concurrent) (registered) entrant; (= candidat) registered candidate; (= électeur) registered elector ◆ **inscrit maritime** registered sailor

inscrivant, e /ɛskʀivɑ̃, ɑ̃t/ **NM,F** applicant for mortgage registration

inculper /ɛskylpe/ ► conjug 1 ◄ **VT** to stamp (with a die)

insécabilité /ɛsekabilite/ **NF** indivisibility, undividability

insécable /ɛsekabl/ **ADJ** indivisible, undividable ◆ **espace insécable** (Typographie) hard space

insectarium /ɛsɛktaʀjɔm/ **NM** insectarium

insecte /ɛsɛkt/ **NM** insect

insecticide /ɛsɛktisid/
NM insecticide
ADJ insecticide (épith), insecticidal

insectivore /ɛsɛktivɔʀ/
NM insectivore ◆ **insectivores** insectivores, Insectivorae (SPÉC)
ADJ insectivorous

insécurité /ɛsekyʀite/ **SYN** **NF** ① (= dangers) ◆ **insécurité urbaine** urban violence ◆ **une campagne contre l'insécurité routière** a road safety campaign ◆ **les problèmes d'insécurité alimentaire** food safety issues ◆ **cela provoque un sentiment d'insécurité dans la population** it makes people feel unsafe
② (= malaise) insecurity ◆ **insécurité économique** economic insecurity ◆ **les jeunes en situation d'insécurité** youngsters who feel insecure

INSEE /inse/ **NM** (abrév de **Institut national de la statistique et des études économiques**) → **institut**

in-seize /insɛz/
ADJ INV sixteenmo (épith), sextodecimo (épith)
NM INV sixteenmo, sextodecimo

inselberg /inselbɛʀg/ **NM** inselberg

inséminateur, -trice /ɛseminatœʀ, tʀis/
ADJ inseminating (épith)
NM,F inseminator

insémination /ɛseminasjɔ̃/ **NF** insemination ◆ **insémination artificielle** artificial insemination ◆ **insémination artificielle entre conjoints** artificial insemination by husband ◆ **insémination artificielle avec donneur** donor insemination

inséminer /ɛsemine/ ► conjug 1 ◄ **VT** to inseminate

insensé, e /ɛsɑ̃se/ **SYN**
ADJ ① (= fou) [projet, action, espoir] insane; [personne, propos] insane, demented; [guerre] senseless, insane; [risques, course, défi] mad, insane ◆ **vouloir y aller seul, c'est insensé !** it's insane ou crazy to want to go alone! ◆ **cela demande un travail insensé !** it takes an incredible ou a ridiculous amount of work!
② (= bizarre) [architecture, arabesques] weird, extravagant
③ (= incroyable) [somme] enormous, extravagant; [embouteillage] impossible; [personne, soirée] crazy
NM ◆ **c'est un insensé !** he's demented! ou insane!, he's a madman!

insensibilisation /ɛsɑ̃sibilizasjɔ̃/ **NF** anaesthetization (Brit), anesthetization (US)

insensibiliser /ɛsɑ̃sibilize/ **SYN** ► conjug 1 ◄ **VT** to anaesthetize (Brit), to anesthetize (US) ◆ **nous sommes insensibilisés aux atrocités de la guerre** (fig) we've become insensitive ou inured to the atrocities of war

insensibilité /ɛsɑ̃sibilite/ **SYN** **NF** (morale) insensitivity, insensibility; (physique) numbness ◆ **insensibilité au froid/à la douleur/aux reproches** insensitivity ou insensibility to cold/pain/blame

insensible /ɛsɑ̃sibl/ **SYN** **ADJ** ① (moralement) insensitive (à to); (physiquement) numb ◆ **il est insensible à la douleur/au froid** he doesn't feel pain/the cold ◆ **il est insensible à la poésie** he has no feeling for poetry, he doesn't respond to poetry ◆ **insensible à la critique** impervious ou immune to criticism ◆ **il n'est pas resté insensible à son charme** he was not impervious to her charm
② (= imperceptible) imperceptible

⚠ **insensible** se traduit rarement par le mot anglais **insensible**, qui a le sens de 'inconscient'.

insensiblement /ɛsɑ̃sibləmɑ̃/ **ADV** imperceptibly

inséparable /ɛseparabl/ **SYN**
ADJ inseparable (de from) ◆ **ils sont inséparables** they are inseparable
NM ◆ **inséparables** (= oiseaux) lovebirds

inséparablement /ɛseparabləmɑ̃/ **ADV** inseparably

insérable /ɛseʀabl/ **ADJ** insertable (dans into)

insérer /ɛseʀe/ **SYN** ► conjug 6 ◄
VT [+ feuillet, clause, objet] to insert (dans into; entre between); [+ annonce] to put, to insert (dans in) ◆ **ces séquences ont été insérées après coup** (Ciné, TV) these scenes were edited in afterwards
VPR s'insérer ① (= faire partie de) ◆ **s'insérer dans** to fit into ◆ **ces changements s'insèrent dans le cadre d'une restructuration de notre entreprise** these changes come within ou lie within ou fit into our overall plan for restructuring the firm
② (= s'introduire dans) ◆ **s'insérer dans** to filter into ◆ **le rêve s'insère parfois dans la réalité** sometimes dreams invade reality
③ (= être attaché) to be inserted ou attached

INSERM /insɛʀm/ **NM** (abrév de **Institut national de la santé et de la recherche médicale**) ≈ MRC (Brit), ≈ NIH (US)

insermenté /ɛsɛʀmɑ̃te/ **ADJ M** non-juring (épith)

insert /ɛsɛʀ/ **NM** (Ciné, Radio, TV) insert, cut-in ◆ **film comportant en insert des images d'archives** film with archive footage edited into it ◆ **insert (de cheminée)** enclosed (glass-fronted) roomheater

insertion /ɛsɛʀsjɔ̃/ **NF** (= action) insertion, inserting; (= résultat) insertion ◆ **(mode d')insertion** (Ordin) insert (mode) ◆ **insertion sociale** social integration ◆ **l'insertion professionnelle des jeunes** the integration of young people into the world of work ◆ **logements d'insertion** housing for the rehabilitation of homeless or destitute people; → revenu

insidieusement /ɛsidjøzmɑ̃/ **ADV** insidiously

insidieux, -ieuse /ɛsidjø, jøz/ **SYN** **ADJ** [maladie, question] insidious

insigne¹ /ɛsiɲ/ **SYN** **ADJ** (= éminent) [honneur] distinguished; [services] notable, distinguished; [faveur] signal (épith), notable; (iro) [maladresse, mauvais goût] remarkable

insigne² /ɛsiɲ/ **SYN** **NM** (= cocarde) badge ◆ **l'insigne de, les insignes de** (frm = emblème) the insignia of ◆ **portant les insignes de sa fonction** wearing the insignia of his office

insignifiance /ɛsiɲifjɑ̃s/ **NF** (= banalité) [de personne, propos, œuvre] insignificance
② (= médiocrité) [d'affaire, somme, propos, détails] insignificance, triviality; [de dispute] triviality

insignifiant, e /ɛsiɲifjɑ̃, jɑ̃t/ **SYN** **ADJ** ① (= quelconque) [personne, visage, œuvre] insignificant
② (= dérisoire) [affaire, somme, détail] insignificant, trivial, trifling; [propos] insignificant, trivial; [dispute] trivial

insincère /ɛsɛ̃sɛʀ/ **ADJ** (littér) insincere

insincérité /ɛsɛ̃seʀite/ **NF** (littér) insincerity

insinuant, e /ɛsinɥɑ̃, ɑ̃t/ **ADJ** [façons, ton, personne] ingratiating

insinuation /ɛsinɥasjɔ̃/ **SYN** **NF** insinuation, innuendo

insinuer /ɛsinɥe/ **SYN** ► conjug 1 ◄
VT to insinuate, to imply ◆ **que voulez-vous insinuer ?** what are you insinuating? ou implying? ou suggesting?
VPR s'insinuer ◆ **s'insinuer dans** [personne] to worm one's way into, to insinuate o.s. into; [eau, odeur] to seep ou creep into ◆ **l'humidité s'insinuait partout** the dampness was creeping in everywhere ◆ **les idées qui s'insinuent dans mon esprit** the ideas that steal ou creep into my mind ◆ **ces arrivistes s'insinuent partout** these opportunists worm their way in everywhere ◆ **s'insinuer dans les bonnes grâces de qn** to worm one's way into ou insinuate o.s. into sb's favour

insipide /ɛsipid/ **SYN** **ADJ** ① [plat, boisson] insipid, tasteless
② (péj) [conversation, style] insipid, vapid; [écrivain, film, œuvre, vie] insipid

insipidité /ɛsipidite/ **NF** ① [de plat, boisson] insipidity, tastelessness
② (péj) [de conversation, style] insipidity, vapidity; [d'écrivain, film, œuvre, vie] insipidity

insistance /ɛsistɑ̃s/ **SYN** **NF** insistence (sur qch on sth; à faire qch on doing sth) ◆ **avec insistance** [répéter, regarder] insistently

insistant, e /ɛsistɑ̃, ɑ̃t/ **SYN** **ADJ** insistent

insister /ɛsiste/ **SYN** ► conjug 1 ◄ **VI** ① ◆ **insister sur** [+ sujet, détail] to stress, to lay stress on; [+ syllabe, note] to accentuate, to emphasize, to stress ◆ **j'insiste beaucoup sur la ponctualité** I lay great stress upon punctuality ◆ **frottez en insistant (bien) sur les taches** rub hard, paying particular attention to stains ◆ **c'est une affaire louche, enfin n'insistons pas** it's a shady business – however let us not dwell on it ou don't let us keep on about it * ◆ **je préfère ne pas insister là-dessus** I'd rather not dwell on it, I'd rather let the matter drop
② (= s'obstiner) to be insistent (auprès de with), to insist ◆ **il insiste pour vous parler** he is insistent about wanting to talk to you ◆ **comme ça ne l'intéressait pas, je n'ai pas insisté** since it didn't interest him, I didn't push the matter ou I didn't insist ◆ **sonnez encore, insistez, elle est un peu sourde** ring again and keep (on) trying because she's a little deaf ◆ **j'insiste, c'est très important !** I assure you it's very important! ◆ **bon, je n'insiste pas, je m'en vais *** OK, I won't insist - I'll go

in situ /insity/ **ADV** in situ

insociable /ɛsɔsjabl/ **ADJ** unsociable

insolation /ɛsɔlasjɔ̃/ **NF** ① (= malaise) sunstroke (NonC), insolation (SPÉC) ◆ **attraper une insolation** to get sunstroke ◆ **j'ai eu une insolation** I had a touch of sunstroke

2 (= *ensoleillement*) (period of) sunshine ◆ **ces stations ont une insolation très faible** these resorts get very little sun(shine) ◆ **une insolation de 1 000 heures par an** 1,000 hours of sunshine a year
3 (= *exposition au soleil*) [*de personne*] exposure to the sun; [*de pellicule*] exposure (to the light), insolation (*SPÉC*)

insolemment /ɛ̃sɔlamɑ̃/ ADV 1 (= *effrontément*) [*parler, répondre*] insolently
2 (= *outrageusement*) unashamedly, blatantly, brazenly
3 (*littér* = *avec arrogance*) arrogantly

insolence /ɛ̃sɔlɑ̃s/ SYN NF (= *impertinence*) insolence (*NonC*); (*littér*) (= *morgue*) arrogance; (= *remarque*) insolent remark ◆ **répondre/rire avec insolence** to reply/laugh insolently ◆ **il a eu l'insolence de la contredire** he was insolent enough to contradict her, he had the temerity to contradict her ◆ **encore une insolence comme celle-ci et je te renvoie** one more insolent remark like that *ou* any more of your insolence and I'll send you out

insolent, e /ɛ̃sɔlɑ̃, ɑ̃t/ SYN ADJ 1 (= *impertinent*) cheeky, impertinent ◆ **tu es un insolent !** you're being cheeky!
2 (= *inouï*) [*luxe*] unashamed ◆ **il a une chance insolente !** he has the luck of the devil!
3 (*littér* = *arrogant*) [*parvenu, vainqueur*] arrogant

insoler /ɛ̃sɔle/ ▸ conjug 1 ◂ VT to expose to light, to insolate (*SPÉC*)

insolite /ɛ̃sɔlit/ SYN
ADJ unusual, out of the ordinary (*attrib*)
NM ◆ **aimer l'insolite** to like things which are out of the ordinary, to like unusual things

insolubiliser /ɛ̃sɔlybilize/ ▸ conjug 1 ◂ VT to make insoluble

insolubilité /ɛ̃sɔlybilite/ NF insolubility

insoluble /ɛ̃sɔlybl/ ADJ insoluble

insolvabilité /ɛ̃sɔlvabilite/ NF insolvency

insolvable /ɛ̃sɔlvabl/ ADJ insolvent

insomniaque /ɛ̃sɔmnjak/ ADJ, NMF insomniac ◆ **c'est un insomniaque, il est insomniaque** he suffers from insomnia

insomnie /ɛ̃sɔmni/ NF insomnia (*NonC*) ◆ **nuit d'insomnie** sleepless night ◆ **ses insomnies** his (periods of) insomnia

insondable /ɛ̃sɔ̃dabl/ SYN ADJ [*gouffre, mystère, douleur*] unfathomable; [*stupidité*] immense, unimaginable

insonore /ɛ̃sɔnɔʀ/ ADJ soundproof

insonorisation /ɛ̃sɔnɔʀizasjɔ̃/ NF soundproofing

insonoriser /ɛ̃sɔnɔʀize/ ▸ conjug 1 ◂ VT to soundproof ◆ **immeuble mal insonorisé** badly soundproofed building

insonorité /ɛ̃sɔnɔʀite/ NF lack of sonority

insortable* /ɛ̃sɔʀtabl/ ADJ ◆ **tu es insortable !** I (*ou* we *etc*) can't take you anywhere! *

insouciance /ɛ̃susjɑ̃s/ SYN NF (= *nonchalance*) unconcern, lack of concern; (= *manque de prévoyance*) heedless *ou* happy-go-lucky attitude ◆ **vivre dans l'insouciance** to live a carefree life

insouciant, e /ɛ̃susjɑ̃, jɑ̃t/ SYN ADJ (= *sans souci*) [*personne, vie, humeur*] carefree, happy-go-lucky; [*rire, paroles*] carefree; (= *imprévoyant*) heedless, happy-go-lucky ◆ **quel insouciant (tu fais) !** you're such a heedless *ou* happy-go-lucky person! ◆ **insouciant du danger** heedless of (the) danger

insoucieux, -ieuse /ɛ̃susjø, jøz/ ADJ carefree ◆ **insoucieux du lendemain** unconcerned about the future, not caring about what tomorrow may bring

insoumis, e /ɛ̃sumi, iz/ SYN
ADJ [*caractère, enfant*] rebellious, insubordinate; [*tribu, peuple, région*] undefeated, unsubdued ◆ **soldat insoumis** (*Mil*) draft-dodger
NM (*Mil*) draft-dodger

insoumission /ɛ̃sumisjɔ̃/ NF insubordination, rebelliousness; (*Mil*) absence without leave

insoupçonnable /ɛ̃supsɔnabl/ ADJ [*personne*] above *ou* beyond suspicion (*attrib*); [*cachette*] impossible to find; [*desseins*] unsuspected

insoupçonné, e /ɛ̃supsɔne/ SYN ADJ unsuspected

insoutenable /ɛ̃sut(ə)nabl/ SYN ADJ [*spectacle, douleur, chaleur, odeur*] unbearable; [*théorie*] untenable ◆ **d'une violence insoutenable** unbearably violent

inspecter /ɛ̃spɛkte/ SYN ▸ conjug 1 ◂ VT (= *contrôler*) to inspect; (= *scruter*) to inspect, to examine

inspecteur, -trice /ɛ̃spɛktœʀ, tʀis/ NM,F (*gén*) inspector ◆ **inspecteur des finances** *auditor at the Treasury (with special responsibility for the inspection of public finances)* ◆ **inspecteur des impôts** ≃ tax inspector ◆ **inspecteur de police (judiciaire)** ≃ detective (*Brit*), ≃ (police) lieutenant (*US*) ◆ **inspecteur de police principal** detective chief inspector (*Brit*), (police) lieutenant (*US*) ◆ **inspecteur du travail** factory inspector ◆ **inspecteur primaire** primary school inspector ◆ **inspecteur d'Académie** chief education officer ◆ **inspecteur pédagogique régional** ≃ inspector of schools (*Brit*), ≃ accreditation officer (*US*) ◆ **inspecteur général de l'instruction publique** ≃ chief inspector of schools ◆ **voilà l'inspecteur des travaux finis !** (* *hum ou péj*) it's a bit late to start offering your advice!

inspection /ɛ̃spɛksjɔ̃/ SYN NF 1 (= *examen*) inspection ◆ **faire l'inspection de** to inspect ◆ **soumettre qch à une inspection en règle** to give sth a good *ou* thorough inspection *ou* going-over *
2 (= *inspectorat*) inspectorship; (= *inspecteurs*) inspectorate ◆ **inspection académique** (= *service*) school inspectorate ◆ **inspection (générale) des Finances** *department of the Treasury responsible for auditing public bodies* ◆ **inspection du Travail** ≃ factory inspectorate ◆ **l'Inspection générale des services** (*Police*) the police monitoring service, ≃ the Police Complaints Board (*Brit*) ◆ **Inspection générale de la police nationale** police disciplinary body, ≃ Complaints and Discipline Branch (*Brit*), ≃ Internal Affairs (*US*)

inspectorat /ɛ̃spɛktɔʀa/ NM inspectorship

inspirant, e /ɛ̃spiʀɑ̃, ɑ̃t/ ADJ inspiring

inspirateur, -trice /ɛ̃spiʀatœʀ, tʀis/
ADJ [*idée, force*] inspiring; (*Anat*) inspiratory
NM,F (= *animateur*) inspirer; (= *instigateur*) instigator ◆ **le poète et son inspiratrice** the poet and the woman who inspires (*ou* inspired) him

inspiration /ɛ̃spiʀasjɔ̃/ SYN NF 1 (*divine, poétique*) inspiration ◆ **avoir de l'inspiration** to have inspiration, to be inspired ◆ **selon l'inspiration du moment** according to the mood of the moment, as the mood takes me (*ou* you *etc*) ◆ **Julie fut une source d'inspiration pour lui** Julie was an inspiration to him
2 (= *idée*) inspiration, brainwave * ◆ **par une heureuse inspiration** thanks to a flash of inspiration ◆ **j'eus la bonne/mauvaise inspiration de refuser** I had the bright/bad idea of refusing
3 (= *instigation*) instigation; (= *influence*) inspiration ◆ **sous l'inspiration de qn** at sb's instigation, prompted by sb ◆ **tableau d'inspiration religieuse** picture inspired by a religious subject ◆ **mouvement d'inspiration communiste** communist-inspired movement
4 (= *respiration*) inspiration

inspiratoire /ɛ̃spiʀatwaʀ/ ADJ inspiratory

inspiré, e /ɛ̃spiʀe/ (ptp de **inspirer**) ADJ 1 [*poète, œuvre, air*] inspired ◆ **qu'est-ce que c'est que cet inspiré ?** (*iro*) whoever's this cranky character? *ou* this weirdo? * (*péj*)
2 (* = *avisé*) ◆ **il serait bien inspiré de partir** he'd be well advised *ou* he'd do well to leave ◆ **j'ai été bien/mal inspiré de refuser** *ou* **quand j'ai refusé** I was truly inspired/ill inspired when I refused
3 ◆ **inspiré de** inspired by ◆ **mode inspirée des années cinquante** style inspired by the Fifties

inspirer /ɛ̃spiʀe/ SYN ▸ conjug 1 ◂
VT 1 [+ *poète, prophète*] to inspire ◆ **sa passion lui a inspiré ce poème** his passion inspired him to write this poem ◆ **cette idée ne m'inspire pas beaucoup*** I'm not very taken with that idea, I'm not all that keen on this idea * (*Brit*) ◆ **le sujet de dissertation ne m'a pas vraiment inspiré** I didn't find the essay subject very inspiring
2 (= *susciter*) [+ *acte, personne*] to inspire ◆ **inspirer un sentiment à qn** to inspire sb with a feeling ◆ **inspirer le respect à qn** to command sb's respect ◆ **sa santé m'inspire des inquiétudes** his health gives me cause for concern ◆ **il ne m'inspire pas confiance** he doesn't inspire me with confidence, I don't really trust him ◆ **cela ne m'inspire rien de bon** I don't like the sound (*ou* look) of it ◆ **toute l'opération était inspirée par un seul homme** the whole operation was inspired by one man ◆ **l'horreur qu'il m'inspire** the horror he fills me with ◆ **sa réaction était inspirée par la crainte** his reaction sprang from fear
3 (= *insuffler*) ◆ **inspirer de l'air dans qch** to breathe air into sth
VI (= *respirer*) to breathe in, to inspire (*SPÉC*)
VPR **s'inspirer** ◆ **s'inspirer d'un modèle** [*artiste*] to draw one's inspiration from a model, to be inspired by a model; [*mode, tableau, loi*] to be inspired by a model

instabilité /ɛ̃stabilite/ SYN NF 1 (*gén, Sci*) instability; [*de meuble, échafaudage*] unsteadiness ◆ **l'instabilité du temps** the unsettled (nature of the) weather
2 (*Psych*) [*de personne, caractère*] (emotional) instability

instable /ɛ̃stabl/ SYN ADJ 1 (*gén, Sci*) unstable; [*meuble, échafaudage*] unsteady; [*temps*] unsettled; → **équilibre**
2 (*Psych*) [*personne, caractère*] (emotionally) unstable

installateur /ɛ̃stalatœʀ/ NM fitter ◆ **installateur en chauffage central** central heating installation engineer ◆ **installateur de cuisine** kitchen fitter

installation /ɛ̃stalasjɔ̃/ SYN NF 1 (= *mise en service, pose*) [*d'électricité, chauffage central, téléphone, eau courante*] installation, installing, putting in; [*d'applique*] putting in; [*de rideaux, étagère*] putting up; [*de tente*] putting up, pitching ◆ **l'installation du téléphone n'est pas gratuite** there's a charge for installing the telephone ◆ **ils s'occupent aussi de l'installation du mobilier** they also take care of moving the furniture in *ou* of installing the furniture ◆ **frais/travaux d'installation** installation costs/work
2 (= *aménagement*) [*de pièce, appartement*] fitting out; (= *meubles*) living arrangements, setup * ◆ **ils ont une installation provisoire** they have temporary living arrangements *ou* a temporary setup * ◆ **qu'est-ce que vous avez comme installation ?** what kind of a setup * do you have?
3 (= *établissement*) [*d'artisan, commerçant*] setting up; [*de dentiste, médecin*] setting up one's practice; [*d'usine*] setting up ◆ **il lui fallait songer à l'installation de son fils** he had to think about setting his son up
4 (*dans un logement*) settling; (= *emménagement*) settling in ◆ **il voulait fêter son installation** he wanted to celebrate moving in ◆ **leur installation terminée, ils...** when they had finally settled in, they... ◆ **ils sont en pleine installation** they're moving in at the moment
5 (= *équipement*) (*gén pl*) fittings, installations; (= *usine*) plant (*NonC*) ◆ **l'installation téléphonique** the phone system ◆ **l'installation électrique est défectueuse** the wiring is faulty ◆ **installation(s) sanitaire(s)/électrique(s)** sanitary/electrical fittings *ou* installations ◆ **installations sportives** sports facilities ◆ **les installations industrielles d'une région** the industrial installations *ou* plant of a region ◆ **installations nucléaires** nuclear plant ◆ **installations portuaires** port facilities ◆ **le camping est doté de toutes les installations nécessaires** the campsite has all the necessary facilities
6 (*Art*) installation

installé, e /ɛ̃stale/ (ptp de **installer**) ADJ ◆ **bien/mal installé** (= *aménagé*) [*appartement*] well/badly fitted out; [*atelier, cuisine*] well/badly equipped *ou* fitted out ◆ **ils sont très bien installés** they have a comfortable *ou* nice home ◆ **c'est un homme installé** † he is well-established

installer /ɛ̃stale/ SYN ▸ conjug 1 ◂
VT 1 (= *mettre en service*) [+ *électricité, téléphone, eau courante*] to put in; [+ *chauffage central*] to install, to put in; [+ *usine*] to set up ◆ **faire installer le gaz/le téléphone** to have (the) gas/the telephone put in
2 (= *placer, poser*) [+ *rideaux, étagère*] to put up; [+ *applique*] to put in; [+ *tente*] to put up, to pitch ◆ **où va-t-on installer le lit ?** where shall we put the bed?
3 (= *aménager*) [+ *pièce, appartement*] to furnish ◆ **ils ont très bien installé leur appartement** they've furnished their flat (*Brit*) *ou* apartment (*US*) very nicely ◆ **ils ont installé leur bureau dans le grenier** they've turned the attic into a study, they've made a study in the attic
4 (= *loger*) [+ *malade, jeune couple*] to get settled, to settle ◆ **ils installèrent leurs hôtes dans**

une aile du château they put their guests in a wing of the château

5 (= *établir*) ◆ **il a installé son fils dentiste/à son compte** he set his son up as a dentist/in his own business

6 (= *nommer*) [+ *fonctionnaire, évêque*] to install ◆ **il a été officiellement installé dans ses fonctions** he has been officially installed in his post

7 (*Ordin*) to install

VPR **s'installer** 1 (= *s'établir*) [*artisan, commerçant*] to set up (*comme* as); [*dentiste, médecin*] to set up practice ◆ **s'installer à son compte** to set up on one's own ◆ **ils se sont installés à la campagne/à Lyon** they've settled *ou* they've gone to live in the country/in Lyons

2 (= *se loger*) to settle; (= *emménager*) to settle in ◆ **laisse-leur le temps de s'installer** give them time to settle in ◆ **pendant la guerre, ils s'étaient installés chez des amis** during the war they moved in *ou* lived with friends ◆ **s'installer dans une maison abandonnée** to move into an abandoned house ◆ **ils sont bien installés dans leur nouvelle maison** they're nicely settled in their new house

3 (*sur un siège, à un emplacement*) to sit down ◆ **s'installer commodément** to settle o.s. ◆ **s'installer par terre/dans un fauteuil** to sit down on the floor/in an armchair ◆ **installe-toi comme il faut** (*confortablement*) make yourself comfortable; (= *tiens-toi bien*) sit properly ◆ **installons-nous près de cet arbre** shall we sit by this tree? ◆ **partout où il va il s'installe comme chez lui** wherever he goes he makes himself at home ◆ **les forains se sont installés sur un terrain vague** they've set up the fair on a piece of wasteland ◆ **la fête s'est installée sur la place du marché** they've set up the fair in the marketplace

4 [*grève, maladie*] to take hold ◆ **s'installer dans** [*personne*] [+ *inertie*] to sink into; [+ *malhonnêteté*] to entangle o.s. in, to get involved in ◆ **le doute s'installa dans mon esprit** I began to have doubts ◆ **la peur s'était installée dans la ville** the town was gripped by fear

> (!) Attention à ne pas traduire automatiquement **installer** par **to install** ; l'anglais préfère employer un verbe à particule.

instamment /ɛ̃stamɑ̃/ ADV insistently, earnestly ◆ **il demande instamment au gouvernement de prendre une décision** he is urging the government to make a decision

instance /ɛ̃stɑ̃s/ SYN NF 1 (= *autorité*) authority ◆ **les instances internationales/communautaires** the international/EU authorities ◆ **la plus haute instance judiciaire du pays** the country's highest judicial body *ou* legal authorities ◆ **les plus hautes instances du parti** the party leadership ◆ **le conflit devra être tranché par l'instance supérieure** the dispute will have to be resolved by a higher authority ◆ **les instances dirigeantes du football** football's governing bodies

2 (*Jur*) (legal) proceedings ◆ **introduire une instance** to institute (legal) proceedings ◆ **en seconde instance** on appeal; → **juge, tribunal**

3 (= *prière, insistance*) ◆ **demander qch avec instance** to ask for something with insistence, to make an earnest request for sth ◆ **instances** entreaties ◆ **sur** *ou* **devant les instances de ses parents** in the face of his parents' entreaties

4 (*locutions*)

◆ **en + instance** (= *en cours*) ◆ **l'affaire est en instance** the matter is pending ◆ **être en instance de divorce** to be waiting for a divorce ◆ **le train est en instance de départ** the train is on the point of departure *ou* about to leave ◆ **courrier en instance** mail ready for posting *ou* due to be dispatched ◆ **en dernière instance** in the final analysis, ultimately

5 (*Psych*) agency

instant[1] /ɛ̃stɑ̃/ SYN NM (= *moment*) moment, instant ◆ **des instants de tendresse** tender moments, moments of tenderness ◆ **j'ai cru (pendant) un instant que** I thought for a moment *ou* a second that ◆ **(attendez) un instant !** wait a moment!, just a moment! ◆ **l'instant fatal** the final moment ◆ **je n'en doute pas un (seul) instant** I don't doubt it for a (single) moment ◆ **au même instant** at the (very) same moment *ou* instant ◆ **d'instant en instant** from moment to moment, every moment ◆ **dans un instant** in a moment *ou* minute ◆ **en un instant** in an instant, in no time (at all) ◆ **par instants** at times

◆ **à l'instant** ◆ **je l'ai vu à l'instant** I've just this instant *ou* minute *ou* second seen him ◆ **il faut le faire à l'instant** we must do it this instant *ou* minute ◆ **on me l'apprend à l'instant (même)** I've just been told, I've just heard about it ◆ **à l'instant (présent)** at this very instant *ou* moment *ou* minute ◆ **à l'instant où je vous parle** as I'm speaking to you now, as I speak ◆ **à l'instant (même) où il sortit** just as he went out, (just) at the very moment *ou* instant he went out

◆ **à chaque instant, à tout instant** (= *d'un moment à l'autre*) at any moment *ou* minute; (= *tout le temps*) all the time, every minute

◆ **dans l'instant** (= *immédiatement*) there and then, immediately ◆ **il faut vivre dans l'instant** (= *le présent*) you must live in the present (moment)

◆ **d'un instant à l'autre** any minute now ◆ **ça peut changer d'un instant à l'autre** it can change from one minute to the next

◆ **de tous les instants** [*surveillance*] perpetual, constant; [*dévouement, attention*] constant

◆ **dès l'instant où/que** ◆ **dès l'instant où** *ou* **que vous êtes d'accord** (*puisque*) since you agree ◆ **dès l'instant où je l'ai vu** (*dès que*) as soon as I saw him, from the moment I saw him

◆ **pour l'instant** for the moment, for the time being

instant[2], **e** /ɛ̃stɑ̃, ɑ̃t/ SYN ADJ (*littér* = *pressant*) insistent, pressing, earnest

instantané, e /ɛ̃stɑ̃tane/ SYN

ADJ [*lait, café, soupe*] instant (*épith*); [*mort, réponse, effet*] instantaneous; (*littér* = *bref*) [*vision*] momentary; (*Bourse*) [*indicateur*] immediate

NM (*Photo*) snapshot, snap *; (*fig*) snapshot

instantanéité /ɛ̃stɑ̃taneite/ NF instantaneousness, instantaneity ◆ **cela favorise l'instantanéité de l'accès à l'information** that enables us to have instant access to information

instantanément /ɛ̃stɑ̃tanemɑ̃/ SYN ADV instantaneously ◆ **pour préparer instantanément un bon café** to make good coffee instantly

instar /ɛ̃staʀ/ **à l'instar de** LOC ADV (*frm*) (= *à l'exemple de*) following the example of, after the fashion of; (= *comme*) like

instaurateur, -trice /ɛ̃stɔʀatœʀ, tʀis/ NM,F [*de pratique*] institutor; [*de méthode*] introducer

instauration /ɛ̃stɔʀasjɔ̃/ NF [*de pratique*] institution; [*de régime, dialogue*] establishment; [*de taxe*] introduction; [*d'état d'urgence*] imposition

instaurer /ɛ̃stɔʀe/ SYN ▸ conjug 1 ◂ VT [+ *usage, pratique*] to institute; [+ *paix, régime, dialogue*] to establish; [+ *méthode, quotas, taxe*] to introduce; [+ *couvre-feu, état d'urgence*] to impose ◆ **la révolution a instauré la république** the revolution established the republic ◆ **le doute s'est instauré dans les esprits** people have begun to have doubts

instigateur, -trice /ɛ̃stigatœʀ, tʀis/ SYN NM,F instigator

instigation /ɛ̃stigasjɔ̃/ NF instigation ◆ **à l'instigation de qn** at sb's instigation

instiguer /ɛ̃stige/ ▸ conjug 1 ◂ VT (*Belg*) ◆ **instiguer qn à faire qch** to incite *ou* urge sb to do sth

instillation /ɛ̃stilasjɔ̃/ NF instillation

instiller /ɛ̃stile/ SYN ▸ conjug 1 ◂ VT (*littér, Méd*) to instil (*Brit*), to instill (*US*) (*dans* in, into) ◆ **il m'a instillé la passion du jeu** he instilled the love of gambling in *ou* into me

instinct /ɛ̃stɛ̃/ SYN NM (*gén*) instinct ◆ **instinct maternel** maternal instinct ◆ **instinct de mort** (*Psych*) death wish ◆ **instinct de vie** will to live ◆ **instinct grégaire** gregarious *ou* herd instinct ◆ **instinct de conservation** instinct of self-preservation ◆ **il a l'instinct des affaires** he has an instinct for business ◆ **faire qch d'instinct** *ou* **par instinct** *ou* **à l'instinct** to do sth instinctively ◆ **d'instinct, il comprit la situation** intuitively *ou* instinctively he understood the situation ◆ **mon instinct me dit que** (my) instinct tells me that ◆ **céder à ses (mauvais) instincts** to yield to one's (bad) instincts

instinctif, -ive /ɛ̃stɛ̃ktif, iv/ SYN ADJ (*gén*) instinctive, instinctual ◆ **c'est un instinctif** he (always) acts on instinct

instinctivement /ɛ̃stɛ̃ktivmɑ̃/ SYN ADV instinctively

instinctuel, -elle /ɛ̃stɛ̃ktɥɛl/ ADJ instinctive, instinctual

instit * /ɛ̃stit/ NMF abrév de **instituteur, -trice**

instituer /ɛ̃stitɥe/ SYN ▸ conjug 1 ◂

VT [+ *règle, pratique, organisation*] to institute; [+ *relations commerciales*] to establish; [+ *impôt*] to introduce; [+ *évêque*] to institute; [+ *héritier*] to appoint, to institute

VPR **s'instituer** [*relations commerciales*] to start up, to be (*ou* become) established

institut /ɛ̃stity/

NM institute; (*Univ*) institute, school (*Brit*) ◆ **l'Institut (de France)** the Institut de France, ≃ the Royal Society (*Brit*) ◆ **membre de l'Institut** member of the Institut de France, ≃ Fellow of the Royal Society (*Brit*) ◆ **institut de beauté** beauty salon *ou* parlor (*US*) ◆ **institut de sondage** polling organization

COMP **Institut géographique national** *French geographical institute*, ≃ Ordnance Survey (*Brit*), ≃ United States Geological Survey (*US*), ≃ USGS (*US*)

Institut du Monde Arabe *Arab cultural centre in Paris*

Institut monétaire européen European Monetary Institute, EMI

Institut national de l'audiovisuel *library of radio and television archives*

Institut national de la consommation *consumer research organization*, ≃ Consumers' Association (*Brit*), ≃ Consumer Product Safety Commission (*US*)

Institut national de la propriété industrielle ≃ Patent Office

Institut national de la recherche agronomique *national institute for agronomic research*

Institut national de la santé et de la recherche médicale *national institute for health and medical research*, ≃ Medical Research Council (*Brit*), ≃ National Institute of Health (*US*)

Institut national de la statistique et des études économiques *French national institute of economic and statistical information*

Institut Pasteur Pasteur Institute

Institut universitaire de formation des maîtres *teacher training college*

Institut universitaire de technologie ≃ polytechnic (*Brit*), ≃ technical school *ou* institute (*US*); → **médico-légal**

instituteur, -trice /ɛ̃stitytœʀ, tʀis/

NM,F (primary school) teacher ◆ **instituteur spécialisé** teacher in special school (for the handicapped)

NF **institutrice** (*Hist* = *gouvernante*) governess

institution /ɛ̃stitysjɔ̃/ SYN

NF 1 (= *organisme, structure*) institution; (= *école*) private school ◆ **nos institutions sont menacées** our institutions are threatened ◆ **ce présentateur est devenu une véritable institution** (*iro*) this TV presenter has become a national institution ◆ **la mendicité est ici une véritable institution !** (*iro*) begging is a way of life here!

2 (= *instauration*) [*de pratique*] institution; [*de relations*] establishment; [*d'impôt*] introduction; [*d'évêque*] institution

COMP **institution d'héritier** (*Jur*) appointment of an heir

institution religieuse (*gén*) denominational school; (*catholique*) Catholic school, parochial school (*US*)

institutionnalisation /ɛ̃stitysjɔnalizasjɔ̃/ NF institutionalization

institutionnaliser /ɛ̃stitysjɔnalize/ ▸ conjug 1 ◂

VT to institutionalize

VPR **s'institutionnaliser** to become institutionalized

institutionnel, -elle /ɛ̃stitysjɔnɛl/ ADJ institutional

institutrice /ɛ̃stitytʀis/ NF → **instituteur**

instructeur /ɛ̃stʀyktœʀ/ SYN

NM instructor

ADJ ◆ **juge** *ou* **magistrat instructeur** examining magistrate ◆ **capitaine/sergent instructeur** drill captain/sergeant

instructif, -ive /ɛ̃stʀyktif, iv/ SYN ADJ instructive

instruction /ɛ̃stʀyksjɔ̃/ SYN

NF 1 (= *enseignement*) education ◆ **l'instruction que j'ai reçue** the teaching *ou* education I received ◆ **niveau d'instruction** academic standard ◆ **instruction civique** civics (*sg*) ◆ **instruction militaire** army training ◆ **instruction religieuse** religious instruction *ou* education *ou* studies ◆ **l'instruction publique** state education

2 (= *culture*) education ◆ **avoir de l'instruction** to be well educated ◆ **être sans instruction** to have no education

instruire | **intégration**

③ (Jur) pre-trial investigation of a case ◆ **ouvrir une instruction** to initiate an investigation into a crime; → **juge**

④ (Admin = circulaire) directive ◆ **instruction ministérielle/préfectorale** ministerial/prefectural directive

⑤ (Ordin) instruction ◆ **instructions d'entrée-sortie** input-output instructions

NFPL instructions (= directives) instructions; (= mode d'emploi) instructions, directions ◆ **instructions de lavage** (gén) washing instructions; (= étiquette) care label ◆ **suivre les instructions données sur le paquet** to follow the instructions ou directions given on the packet ◆ **conformément/contrairement à vos instructions** in accordance with/contrary to your instructions

(!) Au sens de 'éducation', 'culture', **instruction** ne se traduit généralement pas par le mot anglais **instruction**.

instruire /ɛ̃stʀɥiʀ/ SYN ▶ conjug 38 ◀

VT ① (= former) (gén) to teach, to educate; [+ recrue] to train ◆ **instruire qn dans l'art oratoire** to educate ou instruct sb in the art of oratory ◆ **c'est la vie qui m'a instruit** life has educated me, life has been my teacher ◆ **instruire qn par l'exemple** to teach ou educate sb by example ◆ **instruit par son exemple** having learnt from his example ◆ **ces émissions ne visent pas à instruire mais à divertir** these broadcasts are not intended to teach ou educate ou instruct but to entertain

② (= informer) ◆ **instruire qn de qch** to inform ou advise sb of sth

③ (Jur) [+ affaire, dossier] to conduct an investigation into ◆ **instruire contre qn** to conduct investigations concerning sb

VPR s'instruire (= apprendre) to educate o.s. ◆ **c'est comme ça qu'on s'instruit !** (hum) that's how you learn! ◆ **on s'instruit à tout âge** (hum) it's never too late to learn ◆ **s'instruire de qch** (frm = se renseigner) to obtain information about sth, to find out about sth ◆ **s'instruire de qch auprès de qn** to obtain information ou find out from sb about sth

instruit, e /ɛ̃stʀɥi, it/ SYN (ptp de **instruire**) ADJ educated ◆ **peu instruit** uneducated

instrument /ɛ̃stʀymɑ̃/ SYN NM ① (= objet) instrument ◆ **instrument de musique/de chirurgie/de mesure/à vent** musical/surgical/measuring/wind instrument ◆ **instruments aratoires** ploughing implements ◆ **instrument de travail** tool ◆ **les instruments de bord** [d'avion] the controls ◆ **naviguer aux instruments** (en avion) to fly on instruments

② (= moyen) ◆ **être l'instrument de qn** to be sb's tool ◆ **le président fut l'instrument de/servit d'instrument à la répression** the president was the instrument ou tool of/served as an ou the instrument of repression ◆ **elle a été l'instrument de cette vengeance** she was ou served as the instrument of this revenge ◆ **elle a été l'instrument privilégié de sa réussite** she was the key ou principal instrument of his success ◆ **instruments de paiement** means of payment ◆ **instruments financiers** financial instruments

instrumentaire /ɛ̃stʀymɑ̃tɛʀ/ ADJ ◆ **témoin instrumentaire** witness to an official document

instrumental, e (mpl -aux) /ɛ̃stʀymɑ̃tal, o/
ADJ (Ling, Mus) instrumental
NM (Ling) instrumental

instrumentalisation /ɛ̃stʀymɑ̃talizasjɔ̃/ NF [de personne, événement] exploitation ◆ **cette instrumentalisation politique de la religion** this use of religion for political ends ◆ **il craint que les biotechnologies ne conduisent à une instrumentalisation du corps humain** he fears that biotechnologies will lead to the human body being treated as a mere object

instrumentaliser /ɛ̃stʀymɑ̃talize/ ▶ conjug 1 ◀ VT [+ chose, événement, personne] to make use of, to exploit ◆ **toutes les nations instrumentalisent l'histoire** all countries use ou exploit history for their own ends ◆ **la société instrumentalise l'individu** society turns people into robots

instrumentalisme /ɛ̃stʀymɑ̃talism/ NM instrumentalism

instrumentaliste /ɛ̃stʀymɑ̃talist/ ADJ, NMF instrumentalist

instrumentation /ɛ̃stʀymɑ̃tasjɔ̃/ NF ① (Mus) instrumentation, orchestration

② (Tech) instrumentation

instrumenter /ɛ̃stʀymɑ̃te/ ▶ conjug 1 ◀
VI (Jur) to draw up a formal document
VT ① (Mus) to orchestrate
② (Tech) to instrument

instrumentiste /ɛ̃stʀymɑ̃tist/ NMF ① (Mus) instrumentalist
② (dans bloc opératoire) theatre nurse

insu /ɛ̃sy/ **à l'insu de** LOC PRÉP ① (= en cachette de) ◆ **à l'insu de qn** without sb's knowledge, without sb's knowing
② (= inconsciemment) ◆ **à mon** (ou **ton** etc) **insu** without my ou me (ou your ou you etc) knowing it ◆ **je souriais à mon insu** I was smiling without knowing it

insubmersible /ɛ̃sybmɛʀsibl/ ADJ insubmersible, unsinkable

insubordination /ɛ̃sybɔʀdinasjɔ̃/ SYN NF (gén) insubordination, rebelliousness; (Mil) insubordination ◆ **pour fait d'insubordination** for insubordination

insubordonné, e /ɛ̃sybɔʀdɔne/ ADJ (gén) insubordinate, rebellious; (Mil) insubordinate

insuccès /ɛ̃syksɛ/ NM failure

insuffisamment /ɛ̃syfizamɑ̃/ ADV (en quantité) insufficiently; (en qualité, intensité, degré) inadequately ◆ **tu dors insuffisamment** you're not getting adequate ou sufficient sleep ◆ **pièce insuffisamment éclairée** room with insufficient ou inadequate lighting, poorly-lit room

insuffisance /ɛ̃syfizɑ̃s/ SYN NF ① (= médiocrité) inadequacy; (= manque) insufficiency, inadequacy ◆ **l'insuffisance de nos ressources** the inadequacy of our resources, the shortfall in our resources, our inadequate ou insufficient resources ◆ **nous souffrons d'une grande insuffisance de moyens** we are suffering from a great inadequacy ou insufficiency ou shortage of means ◆ **une insuffisance de personnel** a shortage of staff

② (= faiblesses) ◆ **insuffisances** inadequacies ◆ **avoir des insuffisances en maths** to be weak in ou at maths ◆ **il y a des insuffisances dans son travail** his work is not entirely adequate

③ (Méd) ◆ **insuffisance(s) cardiaque(s)/thyroïdienne(s)** cardiac/thyroid insufficiency (NonC) ◆ **insuffisance rénale/respiratoire** kidney/respiratory failure

insuffisant, e /ɛ̃syfizɑ̃, ɑ̃t/ SYN
ADJ ① (en quantité) insufficient ◆ **ce qu'il nous donne est insuffisant** what he gives us is insufficient ou not enough ◆ **nous travaillons avec un personnel insuffisant** we have insufficient staff ◆ **nous sommes en nombre insuffisant** there aren't enough of us
② (en qualité, intensité, degré) inadequate; (Scol : sur une copie) poor
NM ◆ **les insuffisants cardiaques/respiratoires** people with cardiac/respiratory insufficiency ◆ **les insuffisants rénaux** people suffering from kidney failure

insufflateur /ɛ̃syflatœʀ/ NM (Méd) insufflator

insufflation /ɛ̃syflasjɔ̃/ NF (Méd) insufflation

insuffler /ɛ̃syfle/ SYN ▶ conjug 1 ◀ VT ① (= inspirer, donner) ◆ **insuffler le courage/le désir à qn** to inspire sb with courage/with desire, to breathe courage/desire into sb ◆ **insuffler la vie à** (Rel) to breathe life into
② (Méd) [+ air] to blow, to insufflate (SPÉC) (dans into) ◆ **se faire insuffler** to be insufflated (SPÉC)

insulaire /ɛ̃sylɛʀ/
ADJ ① [administration, population] island (épith)
② (péj) [conception, attitude] insular
NMF islander

insularité /ɛ̃sylaʀite/ NF insularity

insulinase /ɛ̃sylinaz/ NF insulinase

insuline /ɛ̃sylin/ NF insulin

insulinodépendance /ɛ̃sylinɔdepɑ̃dɑ̃s/ NF insulin-dependent diabetes

insulinodépendant, e /ɛ̃sylinɔdepɑ̃dɑ̃, ɑ̃t/ ADJ [diabète, diabétique] insulin-dependent

insulinothérapie /ɛ̃sylinɔteʀapi/ NF insulin therapy

insultant, e /ɛ̃syltɑ̃, ɑ̃t/ SYN ADJ insulting (pour to)

insulte /ɛ̃sylt/ SYN NF (= grossièreté) abuse (NonC), insult; (= affront) insult ◆ **c'est me faire insulte que de ne pas me croire** (frm) you insult me by not believing me ◆ **c'est une insulte** ou **c'est faire insulte à son intelligence** it's an insult ou affront to his intelligence

insulté, e /ɛ̃sylte/ (ptp de **insulter**)
ADJ insulted
NM (en duel) injured party

insulter /ɛ̃sylte/ SYN ▶ conjug 1 ◀
VT (= faire affront à) to insult; (= injurier) to abuse, to insult
VT INDIR insulter à (littér) to be an insult to
VPR s'insulter to insult one another

insulteur /ɛ̃syltœʀ/ NM insulter

insupportable /ɛ̃sypɔʀtabl/ SYN ADJ unbearable, intolerable; [personne] unbearable, insufferable (frm) ◆ **il est insupportable d'orgueil** he's unbearably ou unsufferably (frm) proud

insupportablement /ɛ̃sypɔʀtabləmɑ̃/ ADV unbearably, intolerably

insupporter /ɛ̃sypɔʀte/ ▶ conjug 1 ◀ VT (hum) ◆ **cela m'insupporte/l'insupporte** I/he can't stand this

insurgé, e /ɛ̃syʀʒe/ SYN (ptp de **s'insurger**) ADJ, NM,F rebel, insurgent

insurger (s') /ɛ̃syʀʒe/ SYN ▶ conjug 3 ◀ VPR (lit, fig) to rebel, to rise up, to revolt (contre against)

insurmontable /ɛ̃syʀmɔ̃tabl/ SYN ADJ
① (= infranchissable) [difficulté, obstacle] insurmountable, insuperable
② (= irrépressible) [peur, dégoût] unconquerable

insurpassable /ɛ̃syʀpɑsabl/ ADJ unsurpassable, unsurpassed

insurrection /ɛ̃syʀɛksjɔ̃/ SYN NF (lit) insurrection, revolt, uprising; (fig) revolt ◆ **mouvement/foyer d'insurrection** movement/nucleus of revolt

insurrectionnel, -elle /ɛ̃syʀɛksjɔnɛl/ ADJ [mouvement, gouvernement, force] insurrectionary ◆ **climat insurrectionnel** atmosphere of open rebellion

intact, e /ɛ̃takt/ SYN ADJ [objet, réputation, argent] intact (attrib) ◆ **le vase est arrivé intact** the vase arrived intact ou in one piece ◆ **le mystère reste intact** the mystery remains unsolved ◆ **son enthousiasme reste intact** he's still as enthusiastic as ever

intaille /ɛ̃taj/ NF intaglio

intangibilité /ɛ̃tɑ̃ʒibilite/ NF inviolability

intangible /ɛ̃tɑ̃ʒibl/ ADJ ① (= impalpable) intangible
② (= sacré) inviolable

intarissable /ɛ̃taʀisabl/ SYN ADJ (lit, fig) inexhaustible ◆ **il est intarissable** he could talk for ever (sur about)

intarissablement /ɛ̃taʀisabləmɑ̃/ ADV inexhaustibly

intégrable /ɛ̃tegʀabl/ ADJ that can be integrated

intégral, e (mpl -aux) /ɛ̃tegʀal, o/ SYN
ADJ complete, full ◆ **le remboursement intégral de qch** the repayment in full of sth, the full ou complete repayment of sth ◆ **publier le texte intégral d'un discours** to publish the text of a speech in full ou the complete text of a speech ◆ **version intégrale** (Ciné) uncut version ◆ **texte intégral** (Presse) unabridged version ◆ **« texte intégral »** "unabridged" ◆ **le nu intégral** complete ou total nudity ◆ **bronzage intégral** all-over suntan ◆ **casque intégral** full-face helmet; → **calcul**
NF intégrale ① (Math) integral
② (Mus) (= série) complete series; (= œuvre) complete works ◆ **l'intégrale des symphonies de Sibelius** the complete symphonies of Sibelius
③ (= outil) single-purpose tool

intégralement /ɛ̃tegʀalmɑ̃/ SYN ADV in full, fully ◆ **le concert sera retransmis intégralement** the concert will be broadcast in full

intégralité /ɛ̃tegʀalite/ SYN NF whole ◆ **l'intégralité de la somme** the whole of the sum, the whole ou entire ou full sum ou amount ◆ **la somme vous sera remboursée dans son intégralité** the sum will be repaid to you in its entirety ou in toto ou in full ◆ **le match sera retransmis dans son intégralité** the match will be broadcast in full ◆ **l'intégralité de mon salaire** the whole of my salary, my whole ou entire salary

intégrant, e /ɛ̃tegʀɑ̃, ɑ̃t/ ADJ → **partie²**

intégrateur, -trice /ɛ̃tegʀatœʀ, tʀis/
ADJ ◆ **le rôle intégrateur de l'école** the role of schools in integrating children into society
NM intégrateur (Ordin) integrator

intégration /ɛ̃tegʀasjɔ̃/ SYN NF (gén) integration (à, dans into) ◆ **politique d'intégration des im-**

migrés policy favouring the integration of immigrants ◆ **après son intégration à Polytechnique** (Univ) after getting into ou being admitted to the École polytechnique ◆ **intégration à très grande échelle** (Ordin) very large-scale integration

intégrationniste /ɛtegʀasjɔnist/ ADJ, NMF integrationist

intégré, e /ɛtegʀe/ (ptp de **intégrer**) ADJ
① [circuit, système] integrated; [lecteur CD-ROM] built-in ◆ **cuisine intégrée** fitted kitchen
② (= assimilé) ◆ **populations bien intégrées** well-assimilated populations

intègre /ɛtɛgʀ/ SYN ADJ upright, honest

intégrer /ɛtegʀe/ SYN ▸ conjug 6 ◂
VT ① (Math) to integrate
② (= assimiler) [+ idées, personne] to integrate (à, dans into)
③ (= entrer dans) [+ entreprise, club] to join
VI (Univ) ◆ **intégrer à...** to get into...
VPR **s'intégrer** to become integrated (à, dans into) ◆ **bien s'intégrer dans une société** to integrate well into a society ◆ **cette maison s'intègre mal dans le paysage** this house doesn't really fit into the surrounding countryside

intégrisme /ɛtegʀism/ SYN NM fundamentalism

intégriste /ɛtegʀist/ SYN ADJ, NMF fundamentalist

intégrité /ɛtegʀite/ SYN NF (= totalité) integrity; (= honnêteté) integrity, honesty, uprightness

intellect /ɛtelɛkt/ SYN NM intellect

intellection /ɛtelɛksjɔ/ NF intellection

intellectualisation /ɛtelɛktɥalizasjɔ/ NF intellectualization

intellectualiser /ɛtelɛktɥalize/ ▸ conjug 1 ◂ VT to intellectualize

intellectualisme /ɛtelɛktɥalism/ NM intellectualism

intellectualiste /ɛtelɛktɥalist/ ADJ, NMF intellectualist

intellectualité /ɛtelɛktɥalite/ NF (littér) intellectuality

intellectuel, -elle /ɛtelɛktɥɛl/ SYN
ADJ [facultés, effort, supériorité] mental, intellectual; [fatigue] mental; [personne, mouvement, œuvre, vie] intellectual; (péj) highbrow (péj) ◆ **activité intellectuelle** mental ou intellectual activity ◆ **les milieux intellectuels** intellectual circles; → **quotient**
NM,F intellectual; (péj) highbrow (péj) ◆ **les intellectuels de gauche** left-wing intellectuals

intellectuellement /ɛtelɛktɥɛlmɑ̃/ ADV intellectually ◆ **un enfant intellectuellement très doué** an intellectually gifted child

intelligemment /ɛteliʒamɑ̃/ ADV [agir] intelligently, cleverly ◆ **les gens consomment plus intelligemment** people are consuming more intelligently ◆ **c'est fait très intelligemment** it's very intelligently ou cleverly done

intelligence /ɛteliʒɑ̃s/ SYN
NF ① (= facultés mentales) intelligence ◆ **personne à l'intelligence vive** person with a sharp ou quick mind ◆ **faire preuve d'intelligence** to show intelligence ◆ **avoir l'intelligence de faire** to have the intelligence ou the wit to do, to be intelligent enough to do ◆ **travailler avec intelligence/sans intelligence** to work intelligently/unintelligently ◆ **il met beaucoup d'intelligence dans ce qu'il fait** he applies great intelligence to what he does ◆ **c'est une intelligence exceptionnelle** he has a great intellect ou mind ou brain, he is a person of exceptional intelligence ◆ **les grandes intelligences** great minds ou intellects ◆ **intelligence artificielle** artificial intelligence
② (= compréhension) understanding ◆ **pour l'intelligence du texte** for a clear understanding of the text, in order to understand the text ◆ **avoir l'intelligence des affaires** to have a good grasp ou understanding of business matters, to have a good head for business
③ (= complicité) secret agreement ◆ **agir d'intelligence avec qn** to act in (secret) agreement with sb ◆ **signe/sourire d'intelligence** sign/smile of complicity ◆ **être d'intelligence avec qn** to have a (secret) understanding ou agreement with sb ◆ **vivre en bonne/mauvaise intelligence avec qn** to be on good/bad terms with sb
NFPL **intelligences** (= relations secrètes) secret relations ou contacts ◆ **entretenir des intelligences avec l'ennemi** to have secret dealings with the enemy

intelligent, e /ɛteliʒɑ̃, ɑ̃t/ SYN ADJ ① [personne] intelligent, clever, bright; [visage, front, regard, animal] intelligent; [choix, réponse] intelligent, clever ◆ **supérieurement intelligent** of superior intelligence ◆ **c'est intelligent !** (iro) very clever! (iro) ◆ **son livre est intelligent** his book shows intelligence ◆ **armes intelligentes** smart weapons ◆ **ce n'était pas très intelligent de sa part !** that wasn't very clever of him!
② (Ordin) intelligent ◆ **terminal intelligent** intelligent terminal

intelligentsia /ɛteliʒɛnsja/ NF **l'intelligentsia** the intelligentsia

intelligibilité /ɛteliʒibilite/ NF intelligibility

intelligible /ɛteliʒibl/ SYN ADJ intelligible ◆ **à haute et intelligible voix** loudly and clearly ◆ **s'exprimer de façon peu intelligible** to express o.s. unintelligibly ou in an unintelligible way ◆ **rendre qch intelligible à qn** to make sth intelligible to sb

intelligiblement /ɛteliʒibləmɑ̃/ ADV intelligibly

intello * /ɛtelo/ ADJ, NMF (péj) highbrow (péj), intellectual ◆ **c'est l'intello de la famille** he's the brains of the family ◆ **il est du genre intello rive gauche** he's the arty * intellectual type

intempérance /ɛtɑ̃peʀɑ̃s/ NF (frm) (= gloutonnerie, ivrognerie) intemperance (frm); (= luxure) overindulgence ◆ **une telle intempérance de langage** such excessive language

intempérant, e /ɛtɑ̃peʀɑ̃, ɑ̃t/ ADJ (frm) (= glouton, ivrogne) intemperate; (= luxurieux) overindulgent

intempéries /ɛtɑ̃peʀi/ SYN NFPL bad weather ◆ **affronter les intempéries** to brave the (bad) weather

intempestif, -ive /ɛtɑ̃pɛstif, iv/ SYN ADJ untimely ◆ **pas de zèle intempestif !** no misplaced ou excessive zeal!

intempestivement /ɛtɑ̃pɛstivmɑ̃/ ADV at an untimely moment

intemporalité /ɛtɑ̃pɔʀalite/ NF (littér) (= atemporalité) timelessness; (= immatérialité) immateriality

intemporel, -elle /ɛtɑ̃pɔʀɛl/ SYN ADJ (littér) (= atemporel) timeless; (= immatériel) immaterial

intenable /ɛt(ə)nabl/ SYN ADJ (= intolérable) [chaleur, situation] intolerable, unbearable; [personne] unruly; (= indéfendable) [position, théorie] untenable

intendance /ɛtɑ̃dɑ̃s/ NF (Mil) (= service) Supply Corps; (= bureau) Supplies office; (Scol) (= métier) school management, financial administration; (= bureau) bursar's office; [de propriété] (= métier) estate management; (= bureau) estate office; (Hist = province) intendancy ◆ **les problèmes d'intendance** (Mil) the problems of supply; (gén) the day-to-day problems of running a house (ou a company etc) ◆ **l'intendance suivra** (fig) all material support will be provided

intendant /ɛtɑ̃dɑ̃/ NM ① (Scol) bursar
② (Mil) quartermaster; (= régisseur) steward
③ (Hist) intendant

intendante /ɛtɑ̃dɑ̃t/ NF ① (Scol) bursar; (= régisseur) stewardess
② (Rel) Superior

intense /ɛtɑ̃s/ SYN ADJ ① [lumière, moment, joie, activité, réflexion, match, chagrin] intense; [froid, douleur] severe, intense ◆ **une chemise d'un bleu intense** a vivid blue shirt ◆ **ça demande un travail intense** it requires really hard work
② [circulation] dense, heavy

intensément /ɛtɑ̃semɑ̃/ ADV intensely

intensif, -ive /ɛtɑ̃sif, iv/ SYN
ADJ (gén, Agr, Ling) intensive; → **cours**, **culture**
NM (Ling) intensive

intensification /ɛtɑ̃sifikasjɔ̃/ SYN NF intensification ◆ **l'intensification du trafic aérien** the increase in air traffic

intensifier /ɛtɑ̃sifje/ SYN ▸ conjug 7 ◂
VT [+ coopération, concurrence, production] to intensify; [+ lutte, effort] to intensify, to step up
VPR **s'intensifier** [combats, bombardements] to intensify; [concurrence] to intensify, to become keener ◆ **le froid va s'intensifier** it's going to get colder

intensité /ɛtɑ̃site/ SYN NF ① [de lumière, moment, activité] intensity; [de froid, douleur] severity, intensity ◆ **un moment d'une grande intensité** a very intense moment ◆ **intensité dramatique** dramatic intensity
② [de circulation] density
③ (Ling) ◆ **accent d'intensité** stress accent
④ (Élec) [de courant] strength; (Phys) [de force] intensity

intensivement /ɛtɑ̃sivmɑ̃/ ADV intensively

intenter /ɛtɑ̃te/ SYN ▸ conjug 1 ◂ VT ◆ **intenter un procès contre** ou **à qn** to take sb to court, to start ou institute proceedings against sb ◆ **intenter une action contre** ou **à qn** to bring an action against sb

intention /ɛtɑ̃sjɔ̃/ GRAMMAIRE ACTIVE 8, 18.1, 18.4 SYN NF (gén) intention ◆ **quelles sont vos intentions ?** what are your intentions?, what do you intend to do? ◆ **bonnes intentions** good intentions ◆ **agir dans une bonne intention** to act with good intentions ◆ **elle l'a fait sans mauvaise intention** she didn't mean any harm ◆ **c'est l'intention qui compte** it's the thought that counts ◆ **il n'entre** ou **n'est pas dans ses intentions de démissionner** it's not his intention to resign, he has no intention of resigning ◆ **à cette intention** with this intention, to this end ◆ **avoir l'intention de faire** to intend ou mean to do, to have the intention of doing ◆ **avec** ou **dans l'intention de faire** with the intention of doing, with a view to doing ◆ **avec** ou **dans l'intention de tuer** with intent to kill ◆ **intention de vote** (Pol) voting intention ◆ **déclaration d'intention** (Pol) declaration of intent; → **enfer**, **procès**
◆ **à l'intention de qn** for sb ◆ **des stages de formation à l'intention des guides** training courses for guides ◆ **un site Web à l'intention des personnes âgées** a website (designed) for older people ◆ **une campagne d'information à l'intention des très jeunes** an information campaign directed towards very young people

intentionnalité /ɛtɑ̃sjɔnalite/ NF intentionality

intentionné, e /ɛtɑ̃sjɔne/ ADJ ◆ **bien intentionné** well-meaning, well-intentioned ◆ **mal intentionné** ill-intentioned

intentionnel, -elle /ɛtɑ̃sjɔnɛl/ SYN ADJ intentional, deliberate

intentionnellement /ɛtɑ̃sjɔnɛlmɑ̃/ SYN ADV intentionally, deliberately

inter¹ † /ɛtɛʀ/ NM (Téléc) abrév de **interurbain**

inter² † /ɛtɛʀ/ NM (Sport) ◆ **inter gauche/droit** inside-left/-right

inter(-)... /ɛtɛʀ/ PRÉF inter... ◆ **inter(-)africain** inter-African ◆ **inter(-)américain** inter-American ◆ **inter(-)arabe** inter-Arab

interactif, -ive /ɛtɛʀaktif, iv/ ADJ interactive

interaction /ɛtɛʀaksjɔ̃/ NF interaction (entre between)

interactivement /ɛtɛʀaktivmɑ̃/ ADV (gén, Ordin) interactively

interactivité /ɛtɛʀaktivite/ NF interactivity

interagir /ɛtɛʀaʒiʀ/ ▸ conjug 2 ◂ VI to interact (avec with)

interallemand, e /ɛtɛʀalmɑ̃, ɑ̃d/ ADJ [frontière, relations] between West and East Germany

interallié, e /ɛtɛʀalje/ ADJ inter-Allied

interarmées /ɛtɛʀaʀme/ ADJ INV (Mil) interservice ◆ **forces interarmées combinées** combined joint task forces ◆ **chef d'état-major interarmées** commander of joint task forces

interarmes /ɛtɛʀaʀm/ ADJ INV [opération] combined-arms (épith), interservice (épith)

interbancaire /ɛtɛʀbɑ̃kɛʀ/ ADJ [relations, marché] interbank

intercalaire /ɛtɛʀkalɛʀ/
ADJ ◆ **feuillet intercalaire** inset, insert ◆ **fiche intercalaire** divider ◆ **jour intercalaire** intercalary day
NM (= feuillet) inset, insert; (= fiche) divider

intercalation /ɛtɛʀkalasjɔ̃/ NF [de mot, exemple] insertion, interpolation; [de feuillet] insertion; [de jour d'année bissextile] intercalation

intercaler /ɛtɛʀkale/ SYN ▸ conjug 1 ◂
VT [+ mot, exemple] to insert, to interpolate; [+ feuille] to insert; [+ jour d'année bissextile] to intercalate ◆ **intercaler quelques jours de repos dans un mois de stage** to fit a few days' rest into a month of training ◆ **on a intercalé dans le stage des visites d'usines** the training course was interspersed with ou broken by visits to factories
VPR **s'intercaler** ◆ **s'intercaler entre** to come in between

intercéder /ɛ̃tɛʀsede/ SYN ▸ conjug 6 ◂ **VI** to intercede *(en faveur de* on behalf of; *auprès de* with)

intercellulaire /ɛ̃tɛʀselylɛʀ/ **ADJ** intercellular

intercensitaire /ɛ̃tɛʀsɑ̃sitɛʀ/ **ADJ** intercensal

intercepter /ɛ̃tɛʀsɛpte/ SYN ▸ conjug 1 ◂ **VT**
1 *[+ ballon, message, conversation téléphonique, personne]* to intercept
2 *[+ lumière, chaleur]* to cut *ou* block off

intercepteur /ɛ̃tɛʀsɛptœʀ/ **NM** interceptor (plane)

interception /ɛ̃tɛʀsɛpsjɔ̃/ SYN **NF** *[de ballon, message, personne]* interception; *[de lumière, chaleur]* cutting *ou* blocking off ◆ **avion** *ou* **chasseur d'interception** *(Mil)* interceptor(-plane)

intercesseur /ɛ̃tɛʀsesœʀ/ **NM** *(littér, Rel)* intercessor

intercession /ɛ̃tɛʀsesjɔ̃/ **NF** *(littér, Rel)* intercession

interchangeabilité /ɛ̃tɛʀʃɑ̃ʒabilite/ **NF** interchangeability

interchangeable /ɛ̃tɛʀʃɑ̃ʒabl/ SYN **ADJ** interchangeable

intercirculation /ɛ̃tɛʀsiʀkylasjɔ̃/ **NF** *(entre wagons)* connection *(between carriages)*

interclasse /ɛ̃tɛʀklɑs/ **NM** *(Scol)* break *(between classes)*

interclasser /ɛ̃tɛʀklɑse/ ▸ conjug 1 ◂ **VT** to collate

interclasseuse /ɛ̃tɛʀklɑsøz/ **NF** collator

interclubs /ɛ̃tɛʀklœb/ **ADJ INV** *[tournoi]* interclub

intercommunal, e (mpl **-aux**) /ɛ̃tɛʀkɔmynal, o/ **ADJ** *[décision, stade] shared by several French communes,* ≃ intervillage, ≃ intermunicipal

intercommunalité /ɛ̃tɛʀkɔmynalite/ **NF** intermunicipal links

intercommunautaire /ɛ̃tɛʀkɔmynotɛʀ/ **ADJ** intercommunity, intercommunal

intercommunication /ɛ̃tɛʀkɔmynikasjɔ̃/ **NF** intercommunication

interconnectable /ɛ̃tɛʀkɔnɛktabl/ **ADJ** which can be interconnected

interconnecter /ɛ̃tɛʀkɔnɛkte/ ▸ conjug 1 ◂ **VT** *(Élec)* to interconnect

interconnexion /ɛ̃tɛʀkɔnɛksjɔ̃/ **NF** interconnection

intercontinental, e (mpl **-aux**) /ɛ̃tɛʀkɔ̃tinɑ̃tal, o/ **ADJ** intercontinental

intercostal, e (mpl **-aux**) /ɛ̃tɛʀkɔstal, o/
ADJ intercostal
NMPL intercostal muscles, intercostals

intercotidal, e (mpl **-aux**) /ɛ̃tɛʀkɔtidal, o/ **ADJ** *(Géog)* ◆ **zone intercotidale** intercotidal zone

intercours /ɛ̃tɛʀkuʀ/ **NM** *(Scol)* break *(between classes)*

interculturel, -elle /ɛ̃tɛʀkyltyʀɛl/ **ADJ** cross-cultural, intercultural

intercurrent, e /ɛ̃tɛʀkyʀɑ̃, ɑ̃t/ **ADJ** intercurrent

interdépartemental, e (mpl **-aux**) /ɛ̃tɛʀdepaʀtəmɑ̃tal, o/ **ADJ** *shared by several French departments*

interdépendance /ɛ̃tɛʀdepɑ̃dɑ̃s/ **NF** interdependence

interdépendant, e /ɛ̃tɛʀdepɑ̃dɑ̃, ɑ̃t/ **ADJ** interdependent, mutually dependent

interdiction /ɛ̃tɛʀdiksjɔ̃/ SYN

NF 1 ◆ **interdiction de qch** *(= action)* banning of sth; *(= état)* ban on sth ◆ **à cause de l'interdiction faite aux fonctionnaires de cumuler plusieurs emplois** because civil servants are not allowed to hold several positions ◆ **l'interdiction de coller des affiches/de servir de l'alcool** the ban on the posting of bills/the serving of alcohol, the ban on posting bills/serving alcohol ◆ « **interdiction de coller des affiches** » "(post *ou* stick *(Brit)*) no bills", "bill-posting *ou* bill-sticking *(Brit)* prohibited" ◆ « **interdiction (formelle** *ou* **absolue) de fumer** » "(strictly) no smoking", "smoking (strictly) prohibited" ◆ « **interdiction de tourner à droite** » "no right turn" ◆ « **interdiction de stationner** » "no parking" ◆ « **interdiction de déposer des ordures** » "no dumping" ◆ **interdiction d'en parler à quiconque/de modifier quoi que ce soit** it is (strictly) forbidden to talk to anyone about it/to alter anything ◆ **malgré l'interdiction d'entrer** despite not being allowed to enter ◆ **renouveler à qn l'interdiction de faire** to reimpose a ban on sb's doing ◆ **interdiction lui a été faite de sortir** he has been forbidden to go out

2 *(= interdit)* ban ◆ **enfreindre/lever une interdiction** to break/lift a ban ◆ **il a garé sa voiture malgré le panneau d'interdiction** he parked his car in spite of the no parking sign

3 *(= suspension) [de livre, film]* banning *(de* of), ban *(de* on); *[de fonctionnaire]* banning from office; *[de prêtre]* interdiction ◆ **interdiction légale** *(Jur) suspension of a convict's civic rights*

COMP **interdiction de séjour** *order denying former prisoner access to specified places* ◆ **interdiction bancaire** suspension of banking privileges ◆ **interdiction de chéquier** withdrawal of chequebook facilities

interdigital, e (mpl **-aux**) /ɛ̃tɛʀdiʒital, o/ **ADJ** interdigital

interdire /ɛ̃tɛʀdiʀ/ GRAMMAIRE ACTIVE 9.3, 10.4 SYN ▸ conjug 37 ◂

VT 1 *(= prohiber)* to forbid; *[+ stationnement, circulation]* to prohibit, to ban ◆ **interdire l'alcool/le tabac à qn** to forbid sb alcohol/tobacco, to forbid sb to drink/smoke ◆ **interdire à qn de faire qch** to tell sb not to do sth, to forbid sb to do sth, to prohibit *(frm)* sb from doing sth ◆ **elle nous a interdit d'y aller seuls, elle a interdit que nous y allions seuls** she forbade us to go on our own ◆ **on a interdit les camions dans le centre de la ville** lorries have been barred from *ou* banned from *ou* prohibited in the centre of the town

2 *(= empêcher) [contretemps, difficulté]* to preclude, to prevent; *[obstacle physique]* to block ◆ **son état de santé lui interdit tout travail/effort** his state of health does not allow *ou* permit him to do any work/to make any effort ◆ **sa maladie ne lui interdit pas le travail** his illness does not prevent him from working ◆ **la gravité de la crise (nous) interdit tout espoir** the gravity of the crisis leaves us no hope *ou* precludes all hope ◆ **leur attitude interdit toute négociation** their attitude precludes *ou* prevents any possibility of negotiation ◆ **une porte blindée interdisait le passage** an armoured door blocked *ou* barred the way

3 *(= frapper d'interdiction) [+ fonctionnaire]* to bar from office; *[+ prêtre]* to suspend; *[+ film, réunion, journal]* to ban ◆ **on lui a interdit le club** *(fig)* he has been barred *ou* banned from the club ◆ **interdire sa porte aux intrus** to bar one's door to intruders

4 *(† = interloquer)* to dumbfound, to take aback, to disconcert

VPR **s'interdire** ◆ **s'interdire toute remarque** to refrain *ou* abstain from making any remark ◆ **nous nous sommes interdit d'intervenir** we have not allowed ourselves to intervene, we have refrained from intervening ◆ **s'interdire la boisson/les cigarettes** to abstain from drink *ou* drinking/smoking ◆ **il s'interdit d'y penser** he doesn't let himself think about it *ou* allow himself to think about it ◆ **il s'est interdit toute possibilité de revenir en arrière** he has (deliberately) denied himself *ou* not allowed himself any chance of going back on his decision

interdisciplinaire /ɛ̃tɛʀdisiplinɛʀ/ **ADJ** interdisciplinary

interdisciplinarité /ɛ̃tɛʀdisiplinaʀite/ **NF** interdisciplinarity

interdit[1], **e** /ɛ̃tɛʀdi, it/ GRAMMAIRE ACTIVE 10.4 SYN (ptp de **interdire**)

ADJ *(= défendu) [film, livre]* banned ◆ **film interdit aux moins de 18 ans** ≃ 18 film *(Brit)*, ≃ NC-17 film *(US)* ◆ **film interdit aux moins de 13 ans** ≃ PG film, ≃ PG-13 film *(US)* ◆ **prêtre interdit** interdicted priest ◆ « **passage/stationnement interdit** » "no entry/parking" ◆ **il est strictement interdit de...** it is strictly forbidden *ou* prohibited to... ◆ **(il est) interdit de fumer** no smoking, smoking (is) prohibited ◆ **être interdit bancaire** to have one's banking privileges suspended ◆ **être interdit de chéquier** to have chequebook facilities withdrawn ◆ **interdit de vol** *[pilote]* grounded ◆ **interdit de vente** *[produit]* banned ◆ « **il est interdit d'interdire** » *(slogan)* forbidding is forbidden → **reproduction**

NM *(= interdiction) (gén)* ban; *(Rel)* interdict; *(social)* prohibition ◆ **interdits alimentaires** *(Rel)* dietary restrictions ◆ **transgresser les interdits** to break taboos ◆ **frapper d'interdit** to ban ◆ **lever l'interdit** to lift the ban

COMP **interdit de séjour** *(Jur) person banned from entering specified areas*; *(fig)* persona non grata ◆ **la violence est interdite de séjour sur les terrains de sport** violence is unacceptable in sports grounds

interdit[2], **e** /ɛ̃tɛʀdi, it/ SYN **ADJ** *(= stupéfait)* dumbfounded, taken aback *(attrib)*, disconcerted ◆ **la réponse le laissa interdit** the answer took him aback, he was dumbfounded *ou* disconcerted by *ou* at the answer

interentreprises /ɛ̃tɛʀɑ̃tʀəpʀiz/ **ADJ** *[crédit, coopération]* inter-company *(Brit)*, inter-corporate *(US)*

intéressant, e /ɛ̃teʀesɑ̃, ɑ̃t/ GRAMMAIRE ACTIVE 26.6 SYN **ADJ** 1 *(= captivant) [livre, détail, visage]* interesting ◆ **un conférencier peu intéressant** a boring speaker ◆ **il faut toujours qu'il cherche à se rendre intéressant** *ou* **qu'il fasse son intéressant** he always has to draw attention to himself ◆ **elle est dans une situation** *ou* **position intéressante** † she is in the family way *

2 *(= avantageux) [offre, prix, affaire]* good ◆ **ce n'est pas très intéressant pour nous** it's not really worth our while, it's not really worth it for us ◆ **ce serait (financièrement) plus intéressant pour nous de prendre le train** we'd be better off taking the train, it would work out cheaper for us to take the train ◆ **c'est une personne intéressante à connaître** he's someone worth knowing

> ⓘ Au sens de 'avantageux', **intéressant** ne se traduit pas par **interesting**

intéressé, e /ɛ̃teʀese/ SYN (ptp de **intéresser**) **ADJ**
1 *(= qui est en cause)* concerned, involved ◆ **les intéressés, les parties intéressées** the interested parties, the parties involved *ou* concerned ◆ **dans cette affaire, c'est lui le principal** *ou* **premier intéressé** in this matter, he's the one who's most concerned
2 *(= qui cherche son intérêt personnel) [personne]* self-seeking, self-interested; *[motif]* interested ◆ **visite intéressée** visit motivated by self-interest ◆ **rendre un service intéressé** to do a good turn out of self-interest ◆ **ce que je vous propose, c'est très intéressé** my suggestion to you is strongly motivated by self-interest

intéressement /ɛ̃teʀɛsmɑ̃/ **NM** *(Écon = système)* profit-sharing (scheme) ◆ **l'intéressement des travailleurs aux bénéfices de l'entreprise** the workers' participation in *ou* sharing of the firm's profits

intéresser /ɛ̃teʀese/ SYN ▸ conjug 1 ◂

VT 1 *(= captiver)* to interest ◆ **intéresser qn à qch** to interest sb in sth ◆ **cela m'intéresserait de faire** I would be interested to do *ou* in doing, it would interest me to do ◆ **ça ne m'intéresse pas** I'm not interested, it doesn't interest me ◆ **rien ne l'intéresse** he isn't interested *ou* he takes no interest in anything ◆ **le film l'a intéressé** he found the film interesting, the film interested him ◆ **ça pourrait vous intéresser** this might interest you *ou* be of interest to you ◆ **cette question n'intéresse pas (beaucoup) les jeunes** this matter is of no (great) interest to *ou* doesn't (greatly) interest young people ◆ **il ne sait pas intéresser son public** he doesn't know how to interest his audience ◆ **continue, tu m'intéresses !** *(iro)* do go on - I find that very interesting *ou* I'm all ears! * ◆ **tes petites histoires n'intéressent personne** no one cares about your little problems

2 *(= concerner)* to affect, to concern ◆ **la nouvelle loi intéresse les petits commerçants** the new law affects *ou* concerns small shopkeepers

3 *(Comm, Fin)* ◆ **intéresser le personnel de l'usine aux bénéfices** to give the factory employees a share *ou* an interest in the profits, to operate a profit-sharing scheme in the factory ◆ **être intéressé dans une affaire** to have a stake *ou* a financial interest in a business

4 *(Jeux)* ◆ **intéresser une partie** to stake money on a game

VPR **s'intéresser** ◆ **s'intéresser à qch/qn** to be interested in sth/sb, to take an interest in sth/sb ◆ **il s'intéresse vivement/activement à cette affaire** he is taking a keen/an active interest in this matter ◆ **il ne s'intéresse pas à nos activités** he isn't interested in our activities ◆ **il mérite qu'on s'intéresse à lui** he deserves one's *ou* people's interest ◆ **il s'intéresse beaucoup à cette jeune fille** he is taking *ou* showing a great deal of interest in that girl

intérêt /ɛ̃teʀɛ/ GRAMMAIRE ACTIVE 1.1, 2.2 SYN **NM**
1 *(= attention)* interest ◆ **écouter avec intérêt/(un) grand intérêt** to listen with interest/with great interest ◆ **prendre intérêt à qch** to take an interest in sth ◆ **il a perdu tout intérêt à son travail** he has lost all interest in his work

2 *(= bienveillance)* interest ◆ **porter/témoigner de l'intérêt à qn** to take/show an interest in sb
3 *(= originalité)* interest ◆ **film dénué d'intérêt** *ou* **sans aucun intérêt** film devoid of interest ◆ **tout l'intérêt réside dans le dénouement** the most interesting part is the ending, what is most interesting is the ending
4 *(= importance)* significance, importance, relevance ◆ **l'intérêt des recherches spatiales** the significance *ou* importance *ou* relevance of space research ◆ **après quelques considérations sans intérêt** after a few unimportant *ou* minor considerations, after considerations of minor interest *ou* importance ◆ **c'est sans intérêt pour la suite de l'histoire** it's of no relevance *ou* consequence *ou* importance for the rest of the story ◆ **une découverte du plus haut intérêt** a discovery of the greatest *ou* utmost importance *ou* significance *ou* relevance ◆ **la nouvelle a perdu beaucoup de son intérêt** the news has lost much of its significance *ou* interest ◆ **être déclaré d'intérêt public** to be officially recognized as being beneficial to the general public
5 *(= avantage)* interest ◆ **ce n'est pas (dans) leur intérêt de le faire** it is not in their interest to do it ◆ **agir dans/contre son intérêt** to act in/against one's own interests ◆ **dans l'intérêt général** in the general interest ◆ **autorisation refusée dans l'intérêt du service** permission refused on administrative grounds *ou* for administrative reasons ◆ **il y trouve son intérêt** he finds it to his (own) advantage, he finds it worth his while ◆ **il sait où est son intérêt** he knows where his interest lies, he knows which side his bread is buttered
◆ **avoir + intérêt** ◆ **il a (tout) intérêt à accepter** it's in his interest to accept, he'd be well advised to accept, he'd do well to accept ◆ **quel intérêt aurait-il à faire cela ?** why would he want to do that? ◆ **tu aurais plutôt intérêt à te taire !** * you'd be well advised *ou* you'd do very well to keep quiet! ◆ **y a-t-il un intérêt quelconque à se réunir ?** is there any point at all in getting together? ◆ **est-ce qu'il faut que je lui en parle ? – (il) y a intérêt !** * should I talk to him about it? – you'd better! ◆ **t'as pas intérêt !** * you'd better not!
6 *(Fin)* interest ◆ **recevoir 7% d'intérêt** to get 7% interest ◆ **prêt à intérêt élevé** high-interest loan ◆ **prêter à** *ou* **avec intérêt** to lend at *ou* with interest ◆ **intérêts simples/composés** simple/compound interest ◆ **intérêts courus** accrued interest; → **taux**
7 *(= recherche d'avantage personnel)* self-interest ◆ **agir par intérêt** to act out of self-interest; → **mariage**
8 ◆ **intérêts** interest(s) ◆ **la défense de nos intérêts** the defence of our interests ◆ **il a des intérêts dans l'affaire** *(Écon, Fin)* he has a stake *ou* an interest *ou* a financial interest in the deal

interétatique /ɛ̃teʀetatik/ ADJ *[accord, coopération]* inter-state *(épith)*

interethnique /ɛ̃teʀɛtnik/ ADJ inter-ethnic

interface /ɛ̃tɛʀfas/ NF interface ◆ **interface utilisateur/graphique** user/graphical interface ◆ **servir d'interface entre** *(fig)* to liaise between, to act as an interface between

interfacer VT, **s'interfacer** VPR /ɛ̃tɛʀfase/ ► conjug 3 ◄ to interface *(avec* with)

interfécond, e /ɛ̃tɛʀfekɔ̃, ɔ̃d/ ADJ interfertile

interfécondité /ɛ̃tɛʀfekɔ̃dite/ NF interfertility

interférence /ɛ̃tɛʀfeʀɑ̃s/ NF 1 *(Phys)* interference
2 *(fig)* *(= conjonction)* conjunction; *(= immixtion)* *[de problème]* intrusion *(dans* into); *[de personne, pays]* interference *(NonC)* *(dans* in) ◆ **l'interférence des problèmes économiques et politiques** the conjunction of economic and political problems ◆ **l'interférence des problèmes économiques dans la vie politique** the intrusion of economic problems into political life ◆ **il se produit des interférences entre les deux services** there's interference between the two services

interférent, e /ɛ̃tɛʀfeʀɑ̃, ɑ̃t/ ADJ *(Phys)* interfering

interférentiel, -ielle /ɛ̃tɛʀfeʀɑ̃sjɛl/ ADJ *(Phys)* interferential

interférer /ɛ̃tɛʀfeʀe/ SYN ► conjug 6 ◄ VI to interfere *(avec* with; *dans* in) ◆ **les deux procédures interfèrent** the two procedures interfere with each other

interféromètre /ɛ̃tɛʀfeʀɔmɛtʀ/ NM interferometer

interférométrie /ɛ̃tɛʀfeʀɔmetʀi/ NF interferometry

interférométrique /ɛ̃tɛʀfeʀɔmetʀik/ ADJ interferometric

interféron /ɛ̃tɛʀfeʀɔ̃/ NM interferon ◆ **interféron humain** human interferon

interfluve /ɛ̃tɛʀflyv/ NM interfluve

interfoliage /ɛ̃tɛʀfɔljaʒ/ NM *[de manuscrit]* interleaving

interfolier /ɛ̃tɛʀfɔlje/ ► conjug 7 ◄ VT *[+ manuscrit]* to interleave

intergalactique /ɛ̃tɛʀgalaktik/ ADJ intergalactic

intergénérationnel, -elle /ɛ̃tɛʀʒeneʀasjɔnɛl/ ADJ intergenerational ◆ **solidarité intergénérationnelle** good relations between generations

interglaciaire /ɛ̃tɛʀglasjɛʀ/ ADJ interglacial

intergouvernemental, e (mpl **-aux**) /ɛ̃tɛʀguvɛʀnəmɑ̃tal, o/ ADJ intergovernmental ◆ **Affaires intergouvernementales** *(au Québec)* Intergovernmental Affairs

intergroupe /ɛ̃tɛʀgʀup/ NM *(Pol)* *[de plusieurs partis]* joint committee; *[de deux partis]* bipartisan committee

intérieur, e /ɛ̃teʀjœʀ/ SYN

ADJ 1 *[paroi]* inner, interior, inside, internal; *[escalier]* internal; *[cour]* inner ◆ **mer intérieure** inland sea ◆ **la poche intérieure de son manteau** the inside pocket of his coat ◆ **angle/point intérieur à un cercle** angle/point interior to a circle; → **conduite**
2 *[vie, monde, voix, sentiment]* inner; → **for**
3 *[politique, dette]* domestic, internal; *[marché]* home *(épith)*, domestic, internal; *[communication, réseau, navigation]* inland; *[vol]* domestic ◆ **le commerce intérieur** domestic trade ◆ **les affaires intérieures** internal *ou* domestic affairs

NM 1 *[de tiroir, piste, champ de course]* inside; *[de maison]* inside, interior ◆ **l'intérieur de la maison était lugubre** the house was gloomy inside, the inside *ou* the interior of the house was gloomy ◆ **l'intérieur de la ville** the inner town ◆ **écrin avec un intérieur de satin** case with a satin lining ◆ **à l'intérieur** inside ◆ **je vous attends à l'intérieur** I'll wait for you inside ◆ **à l'intérieur de la ville** inside the town ◆ **à l'intérieur de l'entreprise** *[promotion, corruption]* within the company; *[stage, formation]* in-house ◆ **rester à l'intérieur** *(gén)* to stay inside; *(de la maison)* to stay inside *ou* indoors ◆ **vêtement/veste d'intérieur** indoor garment/jacket ◆ **chaussures d'intérieur** indoor *ou* house shoes ◆ **fermé/vu de l'intérieur** locked/viewed from the inside ◆ **scènes tournées en intérieur** *(Ciné)* interior scenes, interiors; → **femme**
2 *(fig)* ◆ **à l'intérieur** *[de personne]* within ◆ **il paraissait calme, mais à l'intérieur les soucis le rongeaient** he appeared to be calm, but inwardly *ou* inside he was consumed with anxiety
3 *[de pays]* interior ◆ **l'intérieur (du pays) est montagneux** the country is mountainous inland ◆ **les villes de l'intérieur** the inland cities *ou* towns ◆ **la côte est riante mais l'intérieur est sauvage** the coast is pleasant, but it's wild inland ◆ **en allant vers l'intérieur** going inland ◆ **à l'intérieur de nos frontières** within *ou* inside our frontiers ◆ **les ennemis de l'intérieur** the enemies within (the country) ◆ **le moral de l'intérieur** *(Mil)* the country's morale; → **ministère, ministre**
4 *(= décor, mobilier)* interior ◆ **un intérieur douillet** a cosy interior ◆ **tableau d'intérieur** interior (painting) ◆ **intérieur cuir** *[de voiture]* leather trim
5 *(Football)* ◆ **intérieur gauche/droit** inside-left/-right

intérieurement /ɛ̃teʀjœʀmɑ̃/ SYN ADV inwardly ◆ **rire intérieurement** to laugh inwardly *ou* to o.s.

intérim /ɛ̃teʀim/ SYN NM 1 *(= période)* interim period ◆ **il prendra toutes les décisions dans** *ou* **pendant l'intérim** he will make all the decisions in the interim ◆ **il assure l'intérim en l'absence du directeur** he deputizes for the manager in his absence *ou* in the interim ◆ **diriger une firme par intérim** to be the interim manager of a company ◆ **président/ministre par intérim** acting *ou* interim president/minister
2 *(= travail à temps partiel)* temporary work, temping ◆ **agence** *ou* **société d'intérim** temping agency ◆ **faire de l'intérim** to temp

intérimaire /ɛ̃teʀimɛʀ/ SYN

ADJ *[directeur, ministre]* acting *(épith)*, interim *(épith)*; *[secrétaire, personnel, fonctions]* temporary; *[mesure, solution]* interim *(épith)*, temporary; *(Pol)* *[gouvernement, chef de parti]* caretaker *(épith)*

NMF temporary worker *(recruited from an employment agency)*; *(= secrétaire)* temporary secretary, temp, Kelly girl *(US)*; *(= fonctionnaire)* deputy; *(= médecin, prêtre)* stand-in, locum *(Brit)* ◆ **travailler comme intérimaire** to temp

interindividuel, -elle /ɛ̃tɛʀɛ̃dividɥɛl/ ADJ interpersonal ◆ **psychologie interindividuelle** psychology of interpersonal relationships

intériorisation /ɛ̃teʀjɔʀizasjɔ̃/ NF *[de conflit, émotion]* internalization, interiorization; *(Ling)* *[de règles]* internalization

intérioriser /ɛ̃teʀjɔʀize/ ► conjug 1 ◄ VT *[+ conflit, émotion]* to internalize, to interiorize; *(Ling)* *[+ règles]* to internalize ◆ **son jeu est très intériorisé** his acting is very introspective

intériorité /ɛ̃teʀjɔʀite/ NF interiority

interjectif, -ive /ɛ̃tɛʀʒɛktif, iv/ ADJ interjectional

interjection /ɛ̃tɛʀʒɛksjɔ̃/ NF *(Ling)* interjection; *(Jur)* lodging of an appeal

interjeter /ɛ̃tɛʀʒəte/ ► conjug 4 ◄ VT *(Jur)* ◆ **interjeter appel** to lodge an appeal

interleukine /ɛ̃tɛʀløkin/ NF interleukin

interlignage /ɛ̃tɛʀliɲaʒ/ NM *(Typographie)* interline spacing

interligne /ɛ̃tɛʀliɲ/

NM *(= espace)* space between the lines; *(= annotation)* insertion between the lines; *(Mus)* space ◆ **double interligne** double spacing ◆ **écrire qch dans l'interligne** to write *ou* insert sth between the lines *ou* in the space between the lines ◆ **taper un texte en double interligne** to type a text in double spacing

NF *(Typographie)* lead

interligner /ɛ̃tɛʀliɲe/ ► conjug 1 ◄ VT *(= espacer)* to space; *(= inscrire)* to write between the lines

interlock /ɛ̃tɛʀlɔk/ NM interlock

interlocuteur, -trice /ɛ̃tɛʀlɔkytœʀ, tʀis/ NM,F interlocutor *(frm)* ◆ **mon interlocuteur** *(= la personne à qui je parlais)* the person I was speaking to, my interlocutor *(frm)* ◆ **quel est mon interlocuteur chez vous ?** who is the person I should speak to at your end? ◆ **interlocuteur valable** *(Pol)* recognized negotiator *ou* representative ◆ **les syndicats sont les interlocuteurs privilégiés d'un gouvernement de gauche** the unions have a privileged relationship with a left-wing government ◆ **c'est mon interlocuteur privilégié** he's the person I liaise with

interlocutoire /ɛ̃tɛʀlɔkytwaʀ/

ADJ interlocutory

NM interlocutory decree

interlope /ɛ̃tɛʀlɔp/ SYN ADJ 1 *(= équivoque)* shady
2 *(= illégal)* illicit, unlawful ◆ **navire interlope** *ship carrying illicit merchandise*

interloqué, e /ɛ̃tɛʀlɔke/ SYN (ptp de **interloquer**) ADJ taken aback ◆ **il a eu l'air un peu interloqué** he looked rather taken aback ◆ **tout le monde s'est tu, interloqué** everybody fell into a stunned silence

interloquer /ɛ̃tɛʀlɔke/ ► conjug 1 ◄ VT to take aback

interlude /ɛ̃tɛʀlyd/ SYN NM *(Mus, TV)* interlude

intermariage /ɛ̃tɛʀmaʀjaʒ/ NM intermarriage

intermède /ɛ̃tɛʀmɛd/ SYN NM *(= interruption, Théât)* interlude

intermédiaire /ɛ̃tɛʀmedjɛʀ/ SYN

ADJ *[niveau, choix, position]* intermediate, middle *(épith)*, intermediary ◆ **couleur intermédiaire entre** colour halfway between ◆ **trouver/choisir une solution intermédiaire** to find/choose a compromise ◆ **il n'y a pas de solution intermédiaire** there's no half-way house *ou* no compromise solution ◆ **une date intermédiaire entre le 25 juillet et le 3 août** a date midway between 25 July and 3 August

NM ◆ **sans intermédiaire** *[vendre, négocier]* directly ◆ **par l'intermédiaire de qn** through sb ◆ **par l'intermédiaire de la presse** through (the medium) of the press

NMF *(= médiateur)* intermediary, mediator, go-between; *(Comm, Écon)* middleman

intermédiation /ɛtɛʀmedjasjɔ̃/ NF (Fin) (financial) intermediation

intermétallique /ɛtɛʀmetalik/ ADJ intermetallic

intermezzo /ɛtɛʀmedzo/ NM intermezzo

interminable /ɛtɛʀminabl/ SYN ADJ [conversation, série] endless, interminable, never-ending; (hum) [jambes, mains] extremely long

interminablement /ɛtɛʀminabləmɑ̃/ ADV endlessly, interminably

interministériel, -elle /ɛtɛʀministeʀjɛl/ ADJ interdepartmental

intermission /ɛtɛʀmisjɔ̃/ NF (Méd) intermission

intermittence /ɛtɛʀmitɑ̃s/ SYN NF [1] ◆ **par intermittence** [travailler] in fits and starts, sporadically, intermittently; [pleuvoir] on and off, sporadically, intermittently ◆ **le bruit nous parvenait par intermittence** the noise reached our ears at (sporadic) intervals
[2] (Méd) (entre deux accès) remission; [de pouls, cœur] irregularity
[3] (littér) intermittence, intermittency

intermittent, e /ɛtɛʀmitɑ̃, ɑ̃t/ SYN
ADJ [fièvre, lumière] intermittent; [douleur] sporadic, intermittent; [travail, bruit] sporadic, periodic; [pouls] irregular, intermittent; [fontaine, source] intermittent ◆ **pluies intermittentes sur le nord** scattered showers in the north
NM,F contract worker ◆ **les intermittents du spectacle** workers in the entertainment industry without steady employment

intermoléculaire /ɛtɛʀmɔlekylɛʀ/ ADJ intermolecular

intermusculaire /ɛtɛʀmyskylɛʀ/ ADJ intermuscular

internat /ɛtɛʀna/ NM [1] (Scol) (= établissement) boarding school; (= système) boarding; (= élèves) boarders; → **maître**
[2] (Méd) (= concours) entrance examination (for hospital work); (= stage) hospital training (as a doctor), period ou time as a houseman (Brit) ou an intern (US), internship (US)

international, e (mpl **-aux**) /ɛtɛʀnasjɔnal, o/ SYN
ADJ international
NM,F (Football, Tennis etc) international player; (Athlétisme) international athlete
NM (Écon) ◆ **le tiers du chiffre d'affaires est réalisé à l'international** a third of all sales are on the international market
NF **Internationale** (= association) International; (= hymne) Internationale ◆ **l'Internationale ouvrière** the International Workingmen's Association
NMPL **internationaux** (Sport) internationals ◆ **les internationaux de France (de tennis)** the French Open

internationalement /ɛtɛʀnasjɔnalmɑ̃/ ADV internationally

internationalisation /ɛtɛʀnasjɔnalizasjɔ̃/ NF internationalization

internationaliser /ɛtɛʀnasjɔnalize/ ► conjug 1 ◄ VT to internationalize

internationalisme /ɛtɛʀnasjɔnalism/ NM internationalism

internationaliste /ɛtɛʀnasjɔnalist/ NMF internationalist

internationalité /ɛtɛʀnasjɔnalite/ NF internationality

internaute /ɛtɛʀnot/ NMF net surfer, Internet user

interne /ɛtɛʀn/ SYN
ADJ [partie, politique, organe, hémorragie] internal; [oreille] inner; [angle] interior ◆ **médecine interne** internal medicine
NMF [1] (Scol) boarder ◆ **être interne** to be at boarding school
[2] (Méd) ◆ **interne (des hôpitaux)** house doctor (Brit), houseman (Brit), intern (US) ◆ **interne en médecine** house physician (Brit), intern (US) ◆ **interne en chirurgie** house surgeon (Brit), intern in surgery (US)
[3] ◆ **travail réalisé en interne** work carried out in-house

interné, e /ɛtɛʀne/ (ptp de **interner**) NM,F (Pol) internee; (Méd) inmate (of a mental hospital)

internement /ɛtɛʀnəmɑ̃/ SYN NM (Pol) internment; (Méd) confinement (to a mental hospital) ◆ **internement abusif** wrongful confinement ◆ **internement d'office** sectioning

interner /ɛtɛʀne/ SYN ► conjug 1 ◄ VT (Pol) to intern ◆ **interner qn (dans un hôpital psychiatrique)** (Méd) to confine sb to a mental hospital, to institutionalize sb (US) ◆ **internet qn d'office** to section sb ◆ **on devrait l'interner** he ought to be locked up ou certified*, he's certifiable

Internet /ɛtɛʀnɛt/ SYN NM ◆ **(l')Internet** (the) Internet ◆ **sur Internet** on (the) Internet

internonce /ɛtɛʀnɔ̃s/ NM internuncio

interocéanique /ɛtɛʀɔseanik/ ADJ interoceanic

intéroceptif, -ive /ɛ̃teʀɔsɛptif, iv/ ADJ interoceptive

interopérabilité /ɛtɛʀɔpeʀabilite/ NF (Ordin, Mil) interoperability

interopérable /ɛtɛʀɔpeʀabl/ ADJ (Ordin, Mil) interoperable

interosseux, -euse /ɛtɛʀɔsø, øz/ ADJ interosseous

interparlementaire /ɛtɛʀpaʀləmɑ̃tɛʀ/ ADJ interparliamentary

interpellateur, -trice /ɛtɛʀpelatœʀ, tʀis/ NM,F
[1] (Pol) interpellator, questioner
[2] (dans un débat) questioner; (= perturbateur) heckler

interpellation /ɛtɛʀpelasjɔ̃/ SYN NF [1] (= appel) hailing (NonC)
[2] (dans un débat) questioning; (perturbatrice) heckling (NonC); (Pol) interpellation, questioning (NonC)
[3] (Police) ◆ **il y a eu une dizaine d'interpellations** about ten people were taken in for questioning

interpeller /ɛtɛʀpəle/ SYN ► conjug 1 ◄ VT
[1] (= appeler) to call out to, to shout out to, to hail; (impoliment) to shout at ◆ **les automobilistes se sont interpellés grossièrement** the motorists shouted insults at each other
[2] (au cours d'un débat) to question; (en chahutant) to heckle; (Pol) to interpellate, to question
[3] (Police) to take in for questioning
[4] (= concerner) [de problème, situation] to concern, to be of concern to ◆ **ça m'interpelle (quelque part)** (hum) I can relate to that*

interpénétration /ɛtɛʀpenetʀasjɔ̃/ NF interpenetration

interpénétrer (s') /ɛtɛʀpenetʀe/ ► conjug 6 ◄ VPR to interpenetrate

interpersonnel, -elle /ɛtɛʀpɛʀsɔnɛl/ ADJ interpersonal

interphase /ɛtɛʀfaz/ NF interphase

interphone /ɛtɛʀfɔn/ NM intercom, interphone; [d'immeuble] entry phone

interplanétaire /ɛtɛʀplanetɛʀ/ ADJ interplanetary

Interpol /ɛtɛʀpɔl/ NM (abrév de **International Criminal Police Organization**) Interpol

interpolation /ɛtɛʀpɔlasjɔ̃/ NF interpolation

interpoler /ɛtɛʀpɔle/ ► conjug 1 ◄ VT to interpolate

interposé, e /ɛtɛʀpoze/ (ptp de **interposer**) ADJ ◆ **par personne interposée** through an intermediary ou a third party ◆ **par service interposé** through another department ◆ **par journaux interposés** through the press

interposer /ɛtɛʀpoze/ SYN ► conjug 1 ◄
VT (= intercaler) to interpose (entre between)
VPR **s'interposer** [personne] to intervene, to interpose o.s. (frm) (dans in) ◆ **elle s'interposa entre le père et le fils** she intervened between father and son

interposition /ɛtɛʀpozisjɔ̃/ NF [1] (= intercalation) interposition
[2] (= médiation) intervention ◆ **force d'interposition** (Pol) intervention force
[3] (Jur) fraudulent use of a third party's identity

interprétable /ɛtɛʀpʀetabl/ ADJ interpretable

interprétariat /ɛtɛʀpʀetaʀja/ NM interpreting ◆ **école d'interprétariat** interpreting school

interprétatif, -ive /ɛtɛʀpʀetatif, iv/ ADJ (gén) interpretative ◆ **émettre des réserves interprétatives sur un texte de loi** (Jur) to express reservations about the possible interpretations of a bill ◆ **ce texte requiert un gros travail interprétatif** this text needs a lot of interpreting ◆ **délire interprétatif** (Méd) delusions of reference, referential delusion ◆ **le délire interprétatif de certains critiques** (hum) the tendency of some critics to go overboard in their interpretations

interprétation /ɛtɛʀpʀetasjɔ̃/ SYN NF [1] (Théât, Ciné) performance; (Mus) interpretation, rendering ◆ **son interprétation de Macbeth** his Macbeth; → **prix**
[2] (= explication) interpretation ◆ **donner une interprétation fausse de qch** to give a misleading interpretation of sth ◆ **l'interprétation des rêves** the interpretation of dreams ◆ **c'est une erreur d'interprétation** it's a misinterpretation
[3] (= métier d'interprète) interpreting ◆ **interprétation simultanée** simultaneous translation

interprète /ɛtɛʀpʀɛt/ SYN NMF [1] (= traducteur) interpreter ◆ **interprète de conférence** conference interpreter ◆ **faire l'interprète, servir d'interprète** to act as an interpreter
[2] [de musique] performer; [de chanson] singer; (Théât) performer ◆ **les interprètes par ordre d'entrée en scène...** the cast in order of appearance... ◆ **l'un des plus grands interprètes de Shakespeare** one of the greatest Shakespearean actors ◆ **l'interprète de Phèdre** the actress playing the part of Phèdre ◆ **Paul était l'interprète de cette sonate** Paul played this sonata ◆ **Paul était l'interprète de cette chanson** Paul was the singer of ou sang this song
[3] (= porte-parole) ◆ **servir d'interprète à qn/aux idées de qn** to act ou serve as a spokesman for sb/for sb's ideas ◆ **je me ferai votre interprète auprès du ministre** I'll speak to the minister on your behalf
[4] (= exégète) [de texte] interpreter; [de rêves, signes] interpreter

interpréter /ɛtɛʀpʀete/ GRAMMAIRE ACTIVE 26.6 SYN ► conjug 6 ◄ VT [1] [+ musique] to perform, to play; [+ chanson] to sing; [+ rôle] to play ◆ **il interprète superbement Hamlet** his (performance of) Hamlet is excellent ◆ **je vais maintenant vous interpréter un nocturne de Chopin** I'm now going to play one of Chopin's nocturnes for you
[2] (= comprendre) to interpret ◆ **comment interpréter son silence ?** how should one interpret his silence?, what does his silence mean? ◆ **il a mal interprété mes paroles** he misinterpreted my words ◆ **son attitude peut s'interpréter de plusieurs façons** there are several ways of understanding his position
[3] (= traduire) to interpret
[4] (Ordin) to interpret ◆ **langage interprété** interpreted language

interpréteur /ɛtɛʀpʀetœʀ/ NM (Ordin) interpreter

interprofession /ɛtɛʀpʀɔfɛsjɔ̃/ NF (Écon) joint-trade organization

interprofessionnel, -elle /ɛtɛʀpʀɔfɛsjɔnɛl/ ADJ [réunion] interprofessional; → **salaire**

interracial, e (mpl **-iaux**) /ɛtɛʀʀasjal, jo/ ADJ interracial

interrégional, e (mpl **-aux**) /ɛtɛʀʀeʒjɔnal, o/ ADJ interregional

interrègne /ɛtɛʀʀɛɲ/ NM interregnum

interreligieux, -euse /ɛtɛʀʀəliʒjø, øz/ ADJ [relations, dialogue] interfaith

interro* /ɛtɛʀo/ NF (abrév de **interrogation**) (Scol) test

interrogateur, -trice /ɛtɛʀɔgatœʀ, tʀis/ SYN
ADJ [air, regard, ton] questioning (épith), inquiring (épith) ◆ **d'un air ou ton interrogateur** questioningly, inquiringly
NM,F (oral) examiner
NM (Téléc) ◆ **interrogateur à distance** remote access facility

interrogatif, -ive /ɛtɛʀɔgatif, iv/
ADJ [air, regard] questioning (épith), inquiring (épith); (Ling) interrogative
NM (interrogative) ◆ **mettre à l'interrogatif** to put into the interrogative
NF **interrogative** interrogative clause

interrogation /ɛtɛʀɔgasjɔ̃/ SYN NF
[1] (= interrogatoire) questioning; (serrée, prolongée) interrogation
[2] [d'élève] testing, examination ◆ **interrogation (écrite)** short (written) test (Brit), quiz (US) ◆ **interrogation (orale)** oral (test)
[3] (= question) question ◆ **interrogation directe/indirecte** (Gram) direct/indirect question ◆ **les sourcils levés, en signe d'interrogation** his eyebrows raised questioningly ou inquiringly ◆ **les yeux pleins d'une interrogation muette** his eyes silently questioning; → **point[1]**
[4] (= réflexions) ◆ **interrogations** questioning ◆ **ces interrogations continuelles sur la desti-**

née humaine this continual questioning about human destiny
5 (Ordin, Téléc) ◆ **système d'interrogation à distance** remote access system
6 [de conscience] examination

interrogativement /ɛ̃tɛʀɔgativmɑ̃/ ADV questioningly, interrogatingly

interrogatoire /ɛ̃tɛʀɔgatwaʀ/ NM (Police) questioning; (au tribunal) cross-examination, cross-questioning (NonC); (= compte rendu) statement; (fig = série de questions) cross-examination, interrogation ◆ **subir un interrogatoire en règle** to undergo a thorough ou detailed interrogation ◆ **pendant l'interrogatoire, elle s'est évanouie** while being cross-examined, she fainted

interrogeable /ɛ̃tɛʀɔʒabl/ ADJ ◆ **répondeur interrogeable à distance** answering machine with a remote access facility ◆ **compte en banque interrogeable par Minitel** bank account that can be accessed by Minitel

interroger /ɛ̃tɛʀɔʒe/ SYN ▸ conjug 3 ◂

VT 1 (= questionner) to question; (pour obtenir un renseignement) to ask; (Police) to interview, to question; (de manière serrée, prolongée) to interrogate (sur about); (sondage) to poll ◆ **15% des personnes interrogées** 15% of the people polled ou asked ◆ **interroger qn du regard** to give sb a questioning ou an inquiring look, to look questioningly ou inquiringly at sb
2 (Scol, Univ) ◆ **interroger un élève** to test ou examine a pupil (orally) ◆ **interroger par écrit les élèves** to give the pupils a written test ◆ **elle a été interrogée sur un sujet difficile** she was examined ou questioned on a difficult subject
3 (= examiner) [+ ciel, conscience] to examine; [+ mémoire] to search
4 [+ base de données] to search ◆ **interroger son répondeur** to check calls on one's answering machine

VPR s'interroger (= se poser des questions) (sur un problème) to wonder (sur about) ◆ **s'interroger sur la conduite à tenir** to wonder what course to follow

interrompre /ɛ̃tɛʀɔ̃pʀ/ SYN ▸ conjug 41 ◂

VT 1 (= arrêter) [+ voyage, circuit électrique] to break, to interrupt; [+ conversation] (gén) to interrupt, to break off; (pour s'interposer) to break into, to cut into; [+ études] to break off, to interrupt; [+ émission] to interrupt; [+ négociations, traitement médical] to break off ◆ **il a interrompu la conversation pour téléphoner** he broke off ou interrupted his conversation to telephone ◆ **elle a interrompu sa carrière pour voyager** she took a career break ou she interrupted her career to travel ◆ **le match a été interrompu par la pluie** the match was stopped by rain ◆ **sans interrompre sa lecture** without looking up (from his ou her book) ◆ **interrompre une grossesse** (Méd) to terminate a pregnancy
2 (= couper la parole à, déranger) ◆ **interrompre qn** to interrupt sb ◆ **je ne veux pas qu'on m'interrompe (dans mon travail)** I don't want to be interrupted (in my work) ◆ **je ne veux pas interrompre mais...** I don't want to cut in ou interrupt but...

VPR s'interrompre [personne, conversation] to break off ◆ **nos émissions s'interrompront à 23h50** (TV) we will be going off the air ou closing down (Brit) at 11.50 pm

interrupteur, -trice /ɛ̃tɛʀyptœʀ, tʀis/
NM (Élec) switch
NM,F interrupter

interruption /ɛ̃tɛʀypsjɔ̃/ SYN NF (= action) interruption (de of); (= temps) break (de in), interruption (de of, in); [de négociations] breaking off (de of) ◆ **une interruption de deux heures** a break ou an interruption of two hours ◆ **interruption (volontaire) de grossesse** termination (of pregnancy) ◆ **interruption thérapeutique de grossesse** termination of pregnancy for medical reasons ◆ **il y a eu une interruption de courant** there has been a power cut ◆ **après l'interruption des hostilités** after hostilities had ceased ◆ **sans interruption** [parler] without a break ou an interruption, uninterruptedly, continuously; [pleuvoir] without stopping, without a break, continuously ◆ « **ouvert sans interruption de 9h à 19h** » "open all day from 9 am to 7 pm" ◆ **réélu sans interruption jusqu'en 1998** reelected to hold office until 1998 ◆ **un moment d'interruption** a moment's break

intersaison /ɛ̃tɛʀsɛzɔ̃/ NF (Sport) close season; (Tourisme) low season ◆ **à ou pendant l'intersaison** (Sport) during the close season; (Tourisme) out of season

interscolaire /ɛ̃tɛʀskɔlɛʀ/ ADJ inter-schools
intersecté, e /ɛ̃tɛʀsɛkte/ ADJ intersected
intersection /ɛ̃tɛʀsɛksjɔ̃/ SYN NF [de lignes] intersection; [de routes] intersection, junction ◆ **je suis à l'intersection de la rue X et de la rue Y** I'm on the corner of...; → **point¹**
intersession /ɛ̃tɛʀsɛsjɔ̃/ NF (Pol) recess
intersexualité /ɛ̃tɛʀsɛksyalite/ NF intersexuality
intersexuel, -elle /ɛ̃tɛʀsɛksyɛl/ ADJ intersexual
intersidéral, e (mpl -aux) /ɛ̃tɛʀsideʀal, o/ ADJ interstellar
intersigne /ɛ̃tɛʀsiɲ/ NM mysterious sign
interspécifique /ɛ̃tɛʀspesifik/ ADJ interspecific
interstellaire /ɛ̃tɛʀstɛlɛʀ/ ADJ interstellar
interstice /ɛ̃tɛʀstis/ SYN NM (gén) crack, chink, interstice; [de volet, cageot] slit ◆ **à travers les interstices des rideaux** through the cracks ou chinks in the curtains
interstitiel, -ielle /ɛ̃tɛʀstisjɛl/ ADJ (Anat, Méd) interstitial
intersubjectif, -ive /ɛ̃tɛʀsybʒɛktif, iv/ ADJ intersubjective
intersubjectivité /ɛ̃tɛʀsybʒɛktivite/ NF intersubjectivity
intersyndical, e (mpl -aux) /ɛ̃tɛʀsɛ̃dikal, o/
ADJ interunion
NF intersyndicale interunion association, trade union group (Brit)
intertextualité /ɛ̃tɛʀtɛkstyalite/ NF intertextuality
intertextuel, -elle /ɛ̃tɛʀtɛkstyɛl/ ADJ intertextual
intertidal, e (mpl -aux) /ɛ̃tɛʀtidal, o/ ADJ intertidal
intertitre /ɛ̃tɛʀtitʀ/ NM (Presse) subheading; (Ciné) title
intertrigo /ɛ̃tɛʀtʀigo/ NM intertrigo
intertropical, e (mpl -aux) /ɛ̃tɛʀtʀɔpikal, o/ ADJ intertropical
interurbain, e /ɛ̃tɛʀyʀbɛ̃, ɛn/
ADJ 1 [relations] interurban
2 (Téléc) long-distance
NM ◆ **l'interurbain** the long-distance telephone service, the trunk call service (Brit)
intervalle /ɛ̃tɛʀval/ SYN NM 1 (= espace) space, distance; (entre 2 mots, 2 lignes) space; (= temps) interval; (Mus) interval; (Math) interval ◆ **intervalle fermé/ouvert** closed/open interval
2 (locutions) ◆ **c'est arrivé à 2 jours/mois d'intervalle** it happened after a space ou an interval of 2 days/months ◆ **ils sont nés à 3 mois d'intervalle** they were born 3 months apart ◆ **à intervalles réguliers/rapprochés** at regular/close intervals ◆ **à intervalles de 5 mètres, à 5 mètres d'intervalle** 5 metres apart ◆ **par intervalles** at intervals ◆ **dans l'intervalle** (temporel) in the meantime, meanwhile; (spatial) in between
intervenant, e /ɛ̃tɛʀvənɑ̃, ɑ̃t/ NM,F (Jur) intervener; (= conférencier) contributor; (Écon) participant ◆ **intervenant extérieur** outside contributor
intervenir /ɛ̃tɛʀvəniʀ/ SYN ▸ conjug 22 ◂ VI
1 (= entrer en action) to intervene; (= contribuer) to play a part ◆ **puis-je intervenir ?** (dans une discussion) may I interrupt?, can I say something (here)? ◆ **intervenir auprès de qn pour** to intercede ou intervene with sb (in order) to ◆ **il est intervenu en notre faveur** he interceded ou intervened on our behalf ◆ **intervenir militairement** to intervene militarily ◆ **on a dû faire intervenir l'armée, l'armée a dû intervenir** the army had to intervene, the army had to be brought in ou called in ◆ **les pompiers n'ont pas pu intervenir** the firemen were unable to help
2 (Méd) to operate
3 (= survenir) [fait, événement] to take place, to occur; [accord] to be reached, to be entered into; [décision, mesure] to be taken; [élément nouveau] to arise, to come up ◆ **cette mesure intervient au moment où...** this measure is being taken ou comes at a time when...
4 (Jur) to intervene
intervention /ɛ̃tɛʀvɑ̃sjɔ̃/ SYN NF 1 (gén, Jur) intervention; (= discours) speech ◆ **cela a nécessité l'intervention de la police** the police had to be brought in ou to intervene ◆ **son intervention en notre faveur** his intercession ou intervention on our behalf ◆ **intervention armée** armed intervention ◆ **plusieurs interventions aériennes** several air strikes; → **force**
2 (Écon, Pol) ◆ **intervention de l'État** state intervention ◆ **politique d'intervention** policy of intervention, interventionist policy ◆ **prix d'intervention** intervention price ◆ **beurre d'intervention** (EU) subsidized butter
3 (Méd) operation ◆ **intervention chirurgicale** surgical operation
interventionnisme /ɛ̃tɛʀvɑ̃sjɔnism/ NM interventionism
interventionniste /ɛ̃tɛʀvɑ̃sjɔnist/ ADJ, NMF interventionist
interversion /ɛ̃tɛʀvɛʀsjɔ̃/ SYN NF inversion ◆ **interversion des rôles** reversal ou inversion of roles
intervertébral, e (mpl -aux) /ɛ̃tɛʀvɛʀtebʀal, o/ ADJ intervertebral
intervertir /ɛ̃tɛʀvɛʀtiʀ/ SYN ▸ conjug 2 ◂ VT to invert ou reverse the order of, to invert ◆ **intervertir les rôles** to reverse ou invert roles
interview /ɛ̃tɛʀvju/ SYN NF (Presse, TV) interview
interviewé, e /ɛ̃tɛʀvjuve/ (ptp de **interviewer**) NM,F (Presse, TV) interviewee
interviewer¹ /ɛ̃tɛʀvjuve/ SYN ▸ conjug 1 ◂ VT (Presse, TV) to interview
interviewer² /ɛ̃tɛʀvjuvœʀ/ NMF (= journaliste) interviewer
intervocalique /ɛ̃tɛʀvɔkalik/ ADJ intervocalic
intestat /ɛ̃tɛsta/
ADJ (Jur) ◆ **mourir intestat** to die intestate
NMF intestate
intestin¹ /ɛ̃tɛstɛ̃/ SYN NM intestine ◆ **intestins** intestines, bowels ◆ **intestin grêle** small intestine ◆ **gros intestin** large intestine ◆ **avoir l'intestin fragile** ou **les intestins fragiles** to have an irritable bowel, to have irritable bowel syndrome
intestin², e /ɛ̃tɛstɛ̃, in/ ADJ [lutte, rivalité] internecine, internal ◆ **querelles intestines** internecine quarrels ou strife, infighting
intestinal, e (mpl -aux) /ɛ̃tɛstinal, o/ ADJ intestinal; → **grippe**
inti /inti/ NM inti
Intifada /intifada/ NF ◆ **l'Intifada** the Intifada
intimation /ɛ̃timasjɔ̃/ NF (Jur) (= assignation) summons (sg)(before an appeal court); (= signification) notification
intime /ɛ̃tim/ SYN
ADJ 1 (= privé) [hygiène, confidences] personal; [vie, chagrin] private; [confidences,][secret] close; [cérémonie, mariage] quiet; [atmosphère] cosy ◆ **dîner intime** (entre amis) dinner with (old) friends; (entre amoureux) romantic dinner
2 (= étroit) [relation, rapport] intimate; [union] close; [ami] close, intimate ◆ **être intime avec qn** to be intimate with ou close to sb ◆ **avoir des relations** ou **rapports intimes avec qn** to be on intimate terms with sb ◆ **un mélange intime** a subtle mixture
3 (= profond) [nature, structure] innermost; [sens, sentiment, conviction] deep ◆ **j'ai l'intime conviction que** I'm absolutely convinced that
NMF close friend ◆ **seuls les intimes sont restés dîner** only close friends stayed to dinner ◆ **je m'appelle Jonathan, Jo pour les intimes** * (hum) my name's Jonathan but my friends call me Jo
intimé, e /ɛ̃time/ (ptp de **intimer**) NM,F (Jur) respondent, appellee
intimement /ɛ̃timmɑ̃/ SYN ADV [connaître, lié] intimately ◆ **intimement persuadé** ou **convaincu** deeply ou firmly convinced ◆ **être intimement mêlé à qch** to be closely involved in sth
intimer /ɛ̃time/ SYN ▸ conjug 1 ◂ VT 1 ◆ **intimer à qn (l'ordre) de faire** to order sb to do
2 (Jur) (= assigner) to summon (before an appeal court); (= signifier) to notify
intimidable /ɛ̃timidabl/ ADJ easily intimidated
intimidant, e /ɛ̃timidɑ̃, ɑ̃t/ ADJ intimidating
intimidateur, -trice /ɛ̃timidatœʀ, tʀis/ ADJ intimidating
intimidation /ɛ̃timidasjɔ̃/ SYN NF intimidation ◆ **manœuvre/moyens d'intimidation** device/means of intimidation ◆ **on l'a fait parler en usant d'intimidation** they scared ou frightened him into talking

intimider /ɛ̃timide/ SYN ► conjug 1 ◄ **VT** to intimidate ◆ **ne te laisse pas intimider par lui** don't let him intimidate you, don't let yourself be intimidated by him

intimisme /ɛ̃timism/ **NM** (Art, Littérat) intimism (SPÉC)

intimiste /ɛ̃timist/ **ADJ, NMF** (Art, Littérat) intimist (SPÉC) ◆ **un roman/film intimiste** a novel/film focusing on the private world of people's feelings and relationships ◆ **un peintre intimiste** a painter who specializes in interior scenes

intimité /ɛ̃timite/ SYN **NF** ①(= vie privée) privacy ◆ **dans l'intimité c'est un homme très simple** in private life, he's a man of simple tastes ◆ **nous serons dans l'intimité** there will only be a few of us ou a few close friends and relatives ◆ **se marier dans l'intimité** to have a quiet wedding ◆ **la cérémonie a eu lieu dans la plus stricte intimité** the ceremony took place in the strictest privacy ◆ **pénétrer dans l'intimité de qn** to be admitted into sb's private life ②(= familiarité) intimacy ◆ **dans l'intimité conjugale** in the intimacy of one's married life ◆ **vivre dans l'intimité de qn** to be on very intimate terms with sb ③(= confort) [d'atmosphère, salon] cosiness, intimacy ④(littér = profondeur) depths ◆ **dans l'intimité de sa conscience** in the depths of ou innermost recesses of one's conscience

intitulé /ɛ̃tityle/ **NM** [de livre, loi, jugement] title; [de chapitre] heading, title; [de sujet de dissertation] wording; [de compte en banque] (= type de compte) type; (= coordonnées) name, address and account number

intituler /ɛ̃tityle/ SYN ► conjug 1 ◄ **VT** to entitle, to call **VPR s'intituler** [livre, chapitre] to be entitled ou called; [personne] to call o.s., to give o.s. the title of

intolérable /ɛ̃tɔlerabl/ GRAMMAIRE ACTIVE 7.3 SYN **ADJ** (gén) intolerable, unbearable; [douleur] unbearable

intolérablement /ɛ̃tɔlerabləmɑ̃/ **ADV** intolerably

intolérance /ɛ̃tɔlerɑ̃s/ SYN **NF** ①(gén) intolerance ②(Méd) ◆ **intolérance à un médicament, intolérance médicamenteuse** inability to tolerate a drug

intolérant, e /ɛ̃tɔlerɑ̃, ɑ̃t/ SYN **ADJ** intolerant

intonation /ɛ̃tɔnasjɔ̃/ SYN **NF** (Ling, Mus) intonation ◆ **voix aux intonations douces** soft-toned voice

intouchabilité /ɛ̃tuʃabilite/ **NF** untouchability

intouchable /ɛ̃tuʃabl/ SYN **ADJ, NMF** untouchable

intox(e) * /ɛ̃tɔks/ **NF** (abrév de **intoxication**) (Pol) brainwashing, propaganda, (= désinformation) disinformation ◆ **c'est de l'intox(e) !** it's pure propaganda! ◆ **il nous fait de l'intox(e) pour avoir un magnétoscope** he's trying to brainwash us into getting (him) a video recorder

intoxication /ɛ̃tɔksikasjɔ̃/ SYN **NF** ①(= empoisonnement) poisoning (NonC) ◆ **intoxication alimentaire/au plomb** food/lead poisoning (NonC) ◆ **intoxication médicamenteuse** drug intoxication ②(Pol) brainwashing, indoctrination

intoxiqué, e /ɛ̃tɔksike/ (ptp de **intoxiquer**) **NM,F** ①(= empoisonné) ◆ **quarante enfants ont été très gravement intoxiqués** forty children suffered very serious poisoning ◆ **intoxiqué par le plomb** suffering from lead poisoning ②(par la drogue) addict ③(= fanatique) addict ◆ **les intoxiqués du rugby/de la science-fiction** rugby/sci-fi addicts

intoxiquer /ɛ̃tɔksike/ SYN ► conjug 1 ◄ **VT** ①(= empoisonner) [fumée, pollution] to poison ②(= corrompre) to brainwash, to indoctrinate ◆ **intoxiqué par la publicité** brainwashed by advertisements **VPR s'intoxiquer** to be poisoned

⚠ **intoxiquer** se traduit rarement par **intoxicate**, qui a le sens de 'enivrer'.

intra-atomique (pl **intra-atomiques**) /ɛ̃traatɔmik/ **ADJ** intra-atomic

intracardiaque /ɛ̃trakardjak/ **ADJ** intracardiac

intracellulaire /ɛ̃traselylɛr/ **ADJ** intracellular

intracérébral, e (mpl **-aux**) /ɛ̃traserebral, o/ **ADJ** intracerebral

intracommunautaire /ɛ̃trakɔmynotɛr/ **ADJ** (Pol) intra-Community (épith) ◆ **50% du commerce de l'UE est intracommunautaire** 50% of EU trade is conducted between member states of the Community

intracrânien, -ienne /ɛ̃trakranjɛ̃, jɛn/ **ADJ** intracranial

intradermique /ɛ̃tradɛrmik/ **ADJ** intradermal, intradermic, intracutaneous

intradermo * /ɛ̃tradɛrmo/ **NF** abrév de **intradermo-réaction**

intradermo(-)réaction /ɛ̃tradɛrmoreaksjɔ̃/ **NF INV** skin test

intrados /ɛ̃trado/ **NM** ①(Archit) intrados ②[d'aile d'avion] lower surface (of a wing)

intraduisible /ɛ̃tradɥizibl/ **ADJ** ①[texte] untranslatable ②(= inexprimable) [sentiment, idée] inexpressible ◆ **il eut une intonation intraduisible** his intonation was impossible to reproduce

intraitable /ɛ̃trɛtabl/ SYN **ADJ** uncompromising, inflexible ◆ **il est intraitable sur la discipline** he's a stickler for discipline, he's uncompromising ou inflexible about discipline

intramoléculaire /ɛ̃tramɔlekylɛr/ **ADJ** intramolecular

intra-muros /ɛ̃tramyros/ **ADV** ◆ **habiter intra-muros** to live inside the town ◆ **Paris intra-muros** inner Paris

intramusculaire /ɛ̃tramyskylɛr/ **ADJ** intramuscular **NF** intramuscular injection

Intranet, intranet /ɛ̃tranɛt/ **NM** intranet

intransigeance /ɛ̃trɑ̃ziʒɑ̃s/ SYN **NF** intransigence ◆ **faire preuve d'intransigeance** to be uncompromising ou intransigent

intransigeant, e /ɛ̃trɑ̃ziʒɑ̃, ɑ̃t/ SYN **ADJ** [personne, attitude] uncompromising, intransigent; [morale] uncompromising ◆ **se montrer intransigeant** ou **adopter une ligne de conduite intransigeante envers qn** to take a hard line with sb

intransitif, -ive /ɛ̃trɑ̃zitif, iv/ **ADJ, NM** intransitive

intransitivement /ɛ̃trɑ̃zitivmɑ̃/ **ADV** intransitively

intransitivité /ɛ̃trɑ̃zitivite/ **NF** intransitivity, intransitiveness

intransmissibilité /ɛ̃trɑ̃smisibilite/ **NF** intransmissibility; (Jur) untransferability, non-transferability

intransmissible /ɛ̃trɑ̃smisibl/ **ADJ** intransmissible; (Jur) untransferable, non-transferable

intransportable /ɛ̃trɑ̃spɔrtabl/ **ADJ** [objet] untransportable; [malade] who is unfit ou unable to travel

intrant /ɛ̃trɑ̃/ **NM** (Écon) input

intranucléaire /ɛ̃tranyklɛɛr/ **ADJ** (Bio, Phys) intranuclear

intra-utérin, e (mpl **intra-utérins**) /ɛ̃trayterɛ̃, in/ **ADJ** intra-uterine ◆ **vie intra-utérine** life in the womb, intra-uterine life (SPÉC)

intraveineux, -euse /ɛ̃travɛnø, øz/ **ADJ** intravenous **NF intraveineuse** intravenous injection

in-trente-deux /intrɑ̃tdø/ **ADJ INV** thirty-twomo (épith) **NM INV** thirty-twomo

intrépide /ɛ̃trepid/ SYN **ADJ** (= courageux) intrepid, dauntless, bold; (= résolu) dauntless; [bavard] unashamed; [menteur] barefaced (épith), unashamed

intrépidement /ɛ̃trepidmɑ̃/ **ADV** intrepidly, dauntlessly, boldly

intrépidité /ɛ̃trepidite/ **NF** intrepidity, dauntlessness, boldness ◆ **avec intrépidité** intrepidly, dauntlessly, boldly

intrication /ɛ̃trikasjɔ̃/ **NF** intrication, intricacy

intrigant, e /ɛ̃trigɑ̃, ɑ̃t/ **ADJ** scheming **NM,F** schemer, intriguer

intrigue /ɛ̃trig/ SYN **NF** (= manœuvre) intrigue, scheme; (Ciné, Littérat, Théât) plot ◆ **intrigue amoureuse** ou **sentimentale** (= liaison) (love) affair

intriguer /ɛ̃trige/ SYN ► conjug 1 ◄ **VT** to intrigue, to puzzle **VI** to scheme, to intrigue

intrinsèque /ɛ̃trɛ̃sɛk/ SYN **ADJ** intrinsic

intrinsèquement /ɛ̃trɛ̃sɛkmɑ̃/ **ADV** intrinsically; [lié] inextricably ◆ **des moyens intrinsèquement mauvais** means that are intrinsically evil

intriquer (s') /ɛ̃trike/ ► conjug 1 ◄ **VPR** (souvent ptp) [facteurs] to be interlinked (dans with) ◆ **les deux phénomènes sont étroitement intriqués** the two phenomena are closely interlinked

introducteur, -trice /ɛ̃trɔdyktœr, tris/ **NM,F** (= initiateur) initiator (à to)

introductif, -ive /ɛ̃trɔdyktif, iv/ **ADJ** ①(gén) [chapitre] introductory, opening (épith); [discours] opening (épith) ②(Jur) ◆ **réquisitoire introductif** opening speech for the prosecution

introduction /ɛ̃trɔdyksjɔ̃/ GRAMMAIRE ACTIVE 26.1 SYN **NF** ①(= présentation) introduction ◆ **paroles/chapitre d'introduction** introductory words/chapter ◆ **en (guise d')introduction** by way of introduction ◆ **introduction, développement et conclusion** [de dissertation, exposé] introduction, exposition, conclusion ②(= recommandation) introduction ◆ **lettre/mot d'introduction** letter/note of introduction ③[d'objet] insertion, introduction; [de liquide] introduction; [de visiteur] admission, introduction ④(= lancement) [de mode, idée] launching ◆ **introduction en Bourse** stock market listing ou flotation ⑤(Jur) [d'instance] institution ⑥(Rugby) put-in

introduire /ɛ̃trɔdɥir/ SYN ► conjug 38 ◄ **VT** ①(= faire entrer) [+ objet] to place (dans in), to insert, to introduce (dans into); [+ liquide] to introduce (dans into); [+ visiteur] to show in ◆ **il introduisit sa clé dans la serrure** he put his key in the lock, he inserted his key into the lock ◆ **on m'introduisit dans le salon/auprès de la maîtresse de maison** I was shown into ou ushered into the lounge/shown in ou ushered in to see the mistress of the house ◆ **introduire la balle en mêlée** (Rugby) to put the ball into the scrum ②(= lancer) [+ mode] to launch, to introduce; [+ idées nouvelles] to bring in, to introduce; (Ling) [+ mot] to introduce (dans into) ◆ **introduire un produit sur le marché** (Écon) to launch a product on the market ◆ **introduire des valeurs en Bourse** to list ou float shares on the stock market ③(= présenter) [+ ami, protégé] to introduce ◆ **il m'a introduit auprès du directeur/dans le groupe** he introduced me to the manager/to the group ④(Jur) [+ instance] to institute **VPR s'introduire** ①(= pénétrer) ◆ **s'introduire dans un groupe** to work one's way into a group, to be ou get o.s. admitted ou accepted into a group ◆ **s'introduire chez qn par effraction** to break into sb's home ◆ **s'introduire dans une pièce** to get into ou enter a room ◆ **l'eau/la fumée s'introduisait partout** the water/smoke was getting in everywhere ◆ **le doute s'introduisit dans son esprit** he began to have doubts ②(= être adopté) [usage, mode, idée] to be introduced (dans into)

introduit, e /ɛ̃trɔdɥi, it/ (ptp de **introduire**) **ADJ** (frm) ◆ **être bien introduit dans un milieu** to be well connected in a certain milieu ◆ **bien introduit auprès du ministre** on good terms with the minister

introït /ɛ̃trɔit/ **NM** introit

introjection /ɛ̃trɔʒɛksjɔ̃/ **NF** introjection

intromission /ɛ̃trɔmisjɔ̃/ **NF** intromission

intron /ɛ̃trɔ̃/ **NM** intron

intronisation /ɛ̃trɔnizasjɔ̃/ **NF** [de roi, pape] enthronement ◆ **discours d'intronisation** (hum) [de président] acceptance speech

introniser /ɛ̃trɔnize/ ► conjug 1 ◄ **VT** [+ roi, pape] to enthrone; (hum) [+ président] to set up ◆ **il a été intronisé (comme) chef du parti** he was set up as leader of the party

introrse /ɛ̃trɔrs/ **ADJ** introrse

introspectif, -ive /ɛ̃trɔspɛktif, iv/ **ADJ** introspective

introspection /ɛ̃tʀɔspɛksjɔ̃/ NF introspection

introuvable /ɛ̃tʀuvabl/ ADJ which (ou who) cannot be found ◆ **ma clé est introuvable** I can't find my key anywhere, my key is nowhere to be found ◆ **l'évadé demeure toujours introuvable** the escaped prisoner has still not been found ou discovered, the whereabouts of the escaped prisoner remain unknown ◆ **ces meubles sont introuvables aujourd'hui** furniture like this is unobtainable ou just cannot be found these days ◆ **l'accord reste introuvable entre les deux pays** the two countries are still unable to reach an agreement

introversion /ɛ̃tʀɔvɛʀsjɔ̃/ NF introversion

introverti, e /ɛ̃tʀɔvɛʀti/ SYN
  ADJ introverted
  NM,F introvert

intrus, e /ɛ̃tʀy, yz/ SYN
  NM,F intruder ◆ **cherchez l'intrus** (jeu) find the odd one out
  ADJ intruding, intrusive

intrusion /ɛ̃tʀyzjɔ̃/ NF (gén, Géol) intrusion ◆ **intrusion dans les affaires de qn** interference ou intrusion in sb's affairs ◆ **roches d'intrusion** intrusive rocks

intubation /ɛ̃tybasjɔ̃/ NF (Méd) intubation

intuber /ɛ̃tybe/ ▸ conjug 1 ◂ VT (Méd) to intubate

intuitif, -ive /ɛ̃tyitif, iv/
  ADJ intuitive
  NM,F intuitive person ◆ **c'est un intuitif** he's very intuitive

intuition /ɛ̃tyisjɔ̃/ SYN NF intuition ◆ **avoir de l'intuition** to have intuition ◆ **l'intuition féminine** feminine intuition ◆ **mon intuition me dit que…** I feel instinctively that… ◆ **j'avais l'intuition que ce rôle était fait pour elle** I had a feeling that this role was made for her ◆ **Newton a eu l'intuition de la loi de la gravité en regardant tomber une pomme de son arbre** Newton intuited the law of gravity when he saw an apple fall off a tree

intuitionnisme /ɛ̃tyisjɔnism/ NM intuition(al)ism

intuitionniste /ɛ̃tyisjɔnist/
  ADJ intuitionist(ic)
  NM,F intuition(al)ist

intuitivement /ɛ̃tyitivmɑ̃/ ADV intuitively

intumescence /ɛ̃tymesɑ̃s/ NF intumescence

intumescent, e /ɛ̃tymesɑ̃, ɑ̃t/ ADJ intumescent

intussusception /ɛ̃tyssysɛpsjɔ̃/ NF intussusception

inuit, e /inɥit/
  ADJ INV Inuit
  NM,F Inuit Inuit

inuline /inylin/ NF inulin

inusable /inyzabl/ SYN ADJ [vêtement] hard-wearing

inusité, e /inyzite/ SYN ADJ [mot] uncommon, not in common use (attrib); [méthode] no longer in use ◆ **ce mot est pratiquement inusité** this word is practically never used

inusuel, -elle /inyzɥɛl/ ADJ (littér) unusual

in utero /inyteʀo/ ADJ, ADV in utero

inutile /inytil/ SYN ADJ 1 (= qui ne sert pas) [objet] useless; [effort, parole, démarche] pointless ◆ **connaissances inutiles** useless knowledge ◆ **sa voiture lui est inutile maintenant** his car is (of) no use ou is no good ou is useless to him now ◆ **inutile d'insister !** it's useless ou no use ou no good insisting!, there's no point ou it's pointless (insisting)! ◆ **je me sens inutile** I feel so useless ◆ **vous voulez de l'aide ? – non, c'est inutile** do you want some help? – no, there's no need
  2 (= superflu) [paroles, crainte, travail, effort, dépense] needless; [bagages] unnecessary ◆ **évitez toute fatigue inutile** avoid tiring yourself unnecessarily ◆ **inutile de vous dire que je ne suis pas resté** needless to say I didn't stay, I hardly need tell you I didn't stay; → **bouche**

inutilement /inytilmɑ̃/ SYN ADV unnecessarily, needlessly

inutilisable /inytilizabl/ SYN ADJ unusable

inutilisé, e /inytilize/ SYN ADJ unused

inutilité /inytilite/ SYN NF [d'objet] uselessness; [d'effort, paroles, travail, démarche] pointlessness

invagination /ɛ̃vaʒinasjɔ̃/ NF (Bio) invagination ◆ **invagination intestinale** intestinal intussusception

invaginer (s') /ɛ̃vaʒine/ ▸ conjug 1 ◂ VPR to invaginate

invaincu, e /ɛ̃vɛ̃ky/ ADJ (gén) unconquered, unvanquished, undefeated; (Sport) unbeaten, undefeated

invalidant, e /ɛ̃validɑ̃, ɑ̃t/ ADJ [maladie] incapacitating, disabling

invalidation /ɛ̃validasjɔ̃/ NF [de contrat, élection] invalidation; [de député] removal (from office)

invalide /ɛ̃valid/ SYN
  NM,F disabled person ◆ **grand invalide civil** severely disabled person ◆ **(grand) invalide de guerre** (severely) disabled ex-serviceman ◆ **invalide du travail** industrially disabled person ◆ **l'hôtel des Invalides, les Invalides** the Invalides
  ADJ (Méd) disabled; (Jur) invalid

invalider /ɛ̃valide/ SYN ▸ conjug 1 ◂ VT (Jur) to invalidate; [+ député] to remove from office; [+ élection] to invalidate; (Méd) to disable

invalidité /ɛ̃validite/ SYN NF disablement, disability; → **assurance**

invar ® /ɛ̃vaʀ/ NM Invar ®

invariabilité /ɛ̃vaʀjabilite/ NF invariability

invariable /ɛ̃vaʀjabl/ SYN ADJ (gén, Ling) invariable; (littér) unvarying

invariablement /ɛ̃vaʀjabləmɑ̃/ SYN ADV invariably

invariance /ɛ̃vaʀjɑ̃s/ NF invariance, invariancy

invariant, e /ɛ̃vaʀjɑ̃, jɑ̃t/ ADJ, NM invariant

invasif, -ive /ɛ̃vazif, iv/ ADJ (Méd) [cancer, tumeur, traitement] invasive ◆ **chirurgie non invasive** non-invasive surgery

invasion /ɛ̃vazjɔ̃/ SYN NF invasion ◆ **c'est l'invasion !** it's an invasion!

invective /ɛ̃vɛktiv/ SYN NF invective ◆ **invectives** abuse, invectives ◆ **se répandre en invectives contre qn** to let loose a torrent ou stream of abuse against sb

invectiver /ɛ̃vɛktive/ SYN ▸ conjug 1 ◂
  VT to hurl ou shout abuse at ◆ **ils se sont violemment invectivés** they hurled ou shouted violent abuse at each other
  VI to inveigh, to rail (contre against)

invendable /ɛ̃vɑ̃dabl/ ADJ (gén) unsaleable; (Comm) unmarketable

invendu, e /ɛ̃vɑ̃dy/
  ADJ unsold
  NM (= objet) unsold item; (= magazine) unsold copy ◆ **ce magasin brade ses invendus** this shop is selling off its unsold stock

inventaire /ɛ̃vɑ̃tɛʀ/ SYN NM 1 (gén, Jur) inventory ◆ **faire un inventaire** to make an inventory; → **bénéfice**
  2 (Comm) (= liste) stocklist (Brit), inventory (US); (= opération) stocktaking (Brit), inventory (US) ◆ **faire un inventaire** (Comm) to take stock, to do the stocktaking (Brit) ou inventory (US) ◆ « **fermé pour cause d'inventaire** » "closed for stocktaking (Brit) ou inventory (US)"
  3 [de monuments, souvenirs] survey ◆ **faire l'inventaire de** to assess, to make an assessment of ◆ **c'est un inventaire à la Prévert** it's something of a ragbag

inventer /ɛ̃vɑ̃te/ SYN ▸ conjug 1 ◂
  VT 1 (= créer, découvrir) to invent; [+ moyen, procédé] to devise ◆ **il n'a pas inventé la poudre** ou **le fil à couper le beurre** ou **l'eau chaude** he'll never set the world ou the Thames (Brit) on fire, he's no bright spark*
  2 (= imaginer, trouver) [+ jeu] to think up, to make up; [+ mot] to make up; [+ excuse, histoire fausse] to invent, to make ou think up ◆ **c'est lui qui a inventé le mot** he coined the word ◆ **il ne sait plus quoi inventer pour échapper à l'école** he doesn't know what to think up ou dream up next to get out of school ◆ **ils avaient inventé de faire entrer les lapins dans le salon** they had the bright idea of bringing the rabbits into the drawing room ◆ **je n'invente rien** I'm not making anything up, I'm not inventing a thing ◆ **qu'est-ce que tu vas inventer là !** whatever can you be thinking of!; → **pièce**
  3 (Jur) [+ trésor] to find
  VPR **s'inventer** ◆ **ce sont des choses qui ne s'inventent pas** those are things people just don't make up ◆ **s'inventer une famille** to invent a family for o.s. ◆ **tu t'inventes des histoires !** you're imagining things!

inventeur, -trice /ɛ̃vɑ̃tœʀ, tʀis/ SYN NM,F inventor; (Jur) finder

inventif, -ive /ɛ̃vɑ̃tif, iv/ SYN ADJ [esprit, solution, cuisine] inventive; [personne] resourceful, inventive

invention /ɛ̃vɑ̃sjɔ̃/ SYN NF (gén, péj) invention; (= ingéniosité) inventiveness, spirit of invention; (Jur) [de trésor] finding ◆ **cette excuse est une pure** ou **de la pure invention** that excuse is a pure invention ou fabrication ◆ **l'histoire est de son invention** the story was made up ou invented by him ou was his own invention ◆ **un cocktail de mon invention** a cocktail of my own creation; → **brevet**

inventivité /ɛ̃vɑ̃tivite/ NF [d'esprit, solution, cuisine] inventiveness; [de personne] resourcefulness, inventiveness

inventorier /ɛ̃vɑ̃tɔʀje/ SYN ▸ conjug 7 ◂ VT (gén, Jur) to make an inventory of; (Comm) to make a stocklist of

invérifiable /ɛ̃veʀifjabl/ SYN ADJ (gén) unverifiable; [chiffres] that cannot be checked

inversable /ɛ̃vɛʀsabl/ ADJ [tasse etc] which cannot be knocked over

inverse /ɛ̃vɛʀs/ SYN
  ADJ (gén) opposite; (Logique, Math) inverse ◆ **arriver en sens inverse** to arrive from the opposite direction ◆ **l'image apparaît en sens inverse dans le miroir** the image is reversed in the mirror ◆ **dans l'ordre inverse** in (the) reverse order ◆ **dans le sens inverse des aiguilles d'une montre** counterclockwise, anticlockwise (Brit)
  NM ◆ **l'inverse** (gén) the opposite, the reverse; (Philos) the converse ◆ **tu as fait l'inverse de ce que je t'ai dit** you did the opposite to ou of what I told you ◆ **t'a-t-il attaqué ou l'inverse ?** did he attack you or vice versa?, did he attack you or was it the other way round? ◆ **à l'inverse** conversely ◆ **cela va à l'inverse de nos prévisions** that goes contrary to our plans ◆ **à l'inverse de sa sœur, il est très timide** unlike his sister, he is very shy

inversé, e /ɛ̃vɛʀse/ (ptp de inverser) ADJ [image] reversed; [relief] inverted

inversement /ɛ̃vɛʀsəmɑ̃/ SYN ADV (gén) conversely; (Math) inversely ◆ **inversement proportionnel à** inversely proportional to ◆ **… et/ou inversement …** and/or vice versa

inverser /ɛ̃vɛʀse/ SYN ▸ conjug 1 ◂ VT [+ ordre] to reverse, to invert; [+ courant électrique] to reverse; [+ rôles] to reverse

inverseur /ɛ̃vɛʀsœʀ/ NM (Élec, Tech) reverser ◆ **inverseur de poussée** (Aéronautique) thrust reverser

inversible /ɛ̃vɛʀsibl/ ADJ (Photo) ◆ **film inversible** reversal film

inversion /ɛ̃vɛʀsjɔ̃/ SYN NF 1 (gén, Anat, Ling) inversion; (Élec) reversal ◆ **inversion thermique** (Météo) temperature inversion ◆ **inversion de poussée** (Aéronautique) thrust reversal ◆ **inversion du sucre** (Chim) inversion of sucrose
  2 (Psych) homosexuality, inversion (SPÉC)

invertébré, e /ɛ̃vɛʀtebʀe/ ADJ, NM invertebrate ◆ **invertébrés** invertebrates, Invertebrata (SPÉC)

inverti, e /ɛ̃vɛʀti/ (ptp de invertir)
  ADJ (Chim) ◆ **sucre inverti** invert sugar
  NM,F † homosexual, invert †

invertir † /ɛ̃vɛʀtiʀ/ ▸ conjug 2 ◂ VT to invert

investigateur, -trice /ɛ̃vɛstigatœʀ, tʀis/
  ADJ [technique] investigative; [esprit] inquiring (épith); [regard] searching (épith), scrutinizing (épith)
  NM,F investigator

investigation /ɛ̃vɛstigasjɔ̃/ SYN NF (gén) investigation; (Méd) examination ◆ **investigations** (gén, Police) investigations ◆ **la police poursuit ses investigations** the police are continuing their investigations ◆ **champ d'investigation** [de chercheur] field of research ◆ **journalisme d'investigation** investigative journalism

investiguer /ɛ̃vɛstige/ ▸ conjug 1 ◂ VT INDIR ◆ **investiguer sur qch** to investigate sth

investir /ɛ̃vɛstiʀ/ SYN ▸ conjug 2 ◂
  VT 1 (Fin) [+ capital] to invest (dans in)
  2 [+ fonctionnaire] to induct; [+ évêque] to invest ◆ **investir qn de pouvoirs/droits** to invest ou vest sb with powers/rights, to vest powers/rights in sb ◆ **investir qn de sa confiance** to place one's trust in sb

investissement | **ironie**

③ (Mil) [+ ville] to surround, to besiege; (Police) to surround, to cordon off

VPR **s'investir** ◆ **s'investir dans son travail/une relation** to put a lot into one's work/a relationship ◆ **s'investir beaucoup pour faire qch** to put a lot of effort into doing sth

investissement /ɛ̃vɛstismɑ̃/ NM (Écon, Méd, Psych) investment; (Mil) investing; (= efforts) contribution

investisseur, -euse /ɛ̃vɛstisœʀ, øz/
ADJ investing (épith)
NM investor ◆ **investisseurs institutionnels** institutional investors

investiture /ɛ̃vɛstityʀ/ NF [de candidat] nomination; [d'évêché] investiture ◆ **recevoir l'investiture de son parti** (gén) to be endorsed by one's party; (Pol US) to be nominated by one's party ◆ **discours d'investiture** inaugural speech

invétéré, e /ɛ̃vetere/ SYN ADJ [fumeur, joueur] inveterate, confirmed; [menteur] out-and-out, downright; [habitude] inveterate, deep-rooted

invincibilité /ɛ̃vɛ̃sibilite/ NF [d'adversaire, nation] invincibility

invincible /ɛ̃vɛ̃sibl/ SYN ADJ [adversaire, nation] invincible, unconquerable; [courage] invincible, indomitable; [charme] irresistible; [difficultés] insurmountable, insuperable; [argument] invincible, unassailable

invinciblement /ɛ̃vɛ̃sibləmɑ̃/ ADV invincibly

in-vingt-quatre /invɛ̃tkatʀ/
ADJ INV twenty-fourmo (épith)
NM INV twenty-fourmo

inviolabilité /ɛ̃vjɔlabilite/ NF [de droit] inviolability; [de serrure] impregnability; [de parlementaire, diplomate] immunity

inviolable /ɛ̃vjɔlabl/ SYN ADJ [droit] inviolable; [serrure] impregnable, burglar-proof; [parlementaire, diplomate] immune

inviolé, e /ɛ̃vjɔle/ ADJ (gén) unviolated, inviolate (frm); [tombe] intact; [paysage, île] unspoilt

invisibilité /ɛ̃vizibilite/ NF invisibility

invisible /ɛ̃vizibl/ SYN
ADJ (= impossible à voir) invisible; (= minuscule) barely visible (à to); (Écon) invisible ◆ **invisible à l'œil nu** invisible to the naked eye ◆ **la maison était invisible derrière les arbres** the house was invisible ou couldn't be seen behind the trees ◆ **danger invisible** unseen ou hidden danger ◆ **il est invisible pour l'instant** he can't be seen ou he's unavailable at the moment ◆ **il est invisible depuis deux mois** he hasn't been seen (around) for two months
NM ◆ **l'invisible** the invisible ◆ **invisibles** (Écon) invisibles

invisiblement /ɛ̃vizibləmɑ̃/ ADV invisibly

invitant, e /ɛ̃vitɑ̃, ɑ̃t/ ADJ (littér) inviting ◆ **puissance invitante** (Pol) host country

invitation /ɛ̃vitasjɔ̃/ GRAMMAIRE ACTIVE 25.1, 25.4 SYN NF invitation (à to) ◆ **carte** ou **carton d'invitation** invitation card ◆ **lettre d'invitation** letter of invitation ◆ **« sur invitation (uniquement) »** "by invitation only" ◆ **invitation à dîner** invitation to dinner ◆ **faire une invitation à qn** to invite sb, to extend an invitation to sb ◆ **venir sans invitation** to come uninvited ou without (an) invitation ◆ **à** ou **sur son invitation** at his invitation ◆ **une invitation à déserter** an (open) invitation to desert ◆ **cet événement est une invitation à réfléchir sur le sens de la vie** this event leads us to reflect on the meaning of life ◆ **ses tableaux sont une invitation au voyage** his paintings make us dream of faraway places

invite /ɛ̃vit/ NF (littér) invitation ◆ **à son invite** at his invitation

invité, e /ɛ̃vite/ SYN (ptp de inviter) NM,F guest ◆ **invité de marque** distinguished guest ◆ **invité d'honneur** guest of honour

inviter /ɛ̃vite/ GRAMMAIRE ACTIVE 25.1, 25.4 SYN ▶ conjug 1 ◄ VT ① (= convier) to invite, to ask (à to) ◆ **inviter qn chez soi/à dîner** to invite ou ask sb to one's house/to for dinner ◆ **elle ne l'a pas invité à entrer/monter** she didn't invite ou ask him (to come) in/up ◆ **il s'est invité** he invited himself ◆ **c'est moi qui invite** it's my treat, it's on me*
② (= engager) ◆ **inviter à** to invite to ◆ **inviter qn à démissionner** to invite sb to resign ◆ **il l'invita de la main à s'approcher** he beckoned ou motioned (to) her to come nearer ◆ **ceci invite à croire que...** this induces ou leads us to believe that..., this suggests that... ◆ **la chaleur invitait au repos** the heat tempted one to rest

in vitro /invitro/ LOC ADJ, LOC ADV in vitro

invivable /ɛ̃vivabl/ SYN ADJ (gén) unbearable; [personne] unbearable, obnoxious

in vivo /invivo/ LOC ADJ, LOC ADV in vivo

invocation /ɛ̃vɔkasjɔ̃/ NF invocation (à to)

invocatoire /ɛ̃vɔkatwaʀ/ ADJ (littér) invocatory (littér)

involontaire /ɛ̃vɔlɔ̃tɛʀ/ SYN ADJ [sourire, mouvement] involuntary; [peine, insulte] unintentional, unwitting; [témoin, complice] unwitting

involontairement /ɛ̃vɔlɔ̃tɛʀmɑ̃/ ADV [sourire] involuntarily; [bousculer qn] unintentionally, unwittingly ◆ **l'accident dont je fus (bien) involontairement le témoin** the accident to ou of which I was an ou the unintentional witness

involucre /ɛ̃vɔlykʀ/ NM involucre

involuté, e /ɛ̃vɔlyte/ ADJ involute

involutif, -ive /ɛ̃vɔlytif, iv/ ADJ (Bio, Math) involute ◆ **(processus) involutif** (Méd) involution

involution /ɛ̃vɔlysjɔ̃/ NF (Bio, Méd, Math) involution ◆ **involution utérine** (Méd) involution of the uterus

invoquer /ɛ̃vɔke/ SYN ▶ conjug 1 ◄ VT ① (= alléguer) [+ argument] to put forward; [+ témoignage] to call upon; [+ excuse] to put forward; [+ ignorance] to plead; [+ loi, texte] to cite, to refer to ◆ **il a invoqué sa jeunesse** he said he'd done it because he was young ◆ **invoquer les règles de compétence** (Jur) to invoke the rules of jurisdiction ◆ **les raisons invoquées** the reasons put forward
② (= appeler à l'aide) [+ Dieu] to invoke, to call upon ◆ **invoquer le secours de qn** to call upon sb for help ◆ **invoquer la clémence de qn** to beg sb ou appeal to sb for clemency

invraisemblable /ɛ̃vʀɛsɑ̃blabl/ SYN ADJ ① (= peu plausible) [histoire, nouvelle] unlikely, improbable; [argument] implausible
② (= inimaginable) [insolence, habit] incredible ◆ **aussi invraisemblable que cela paraisse** incredible though it may seem ◆ **c'est invraisemblable !** it's incredible!

invraisemblablement /ɛ̃vʀɛsɑ̃blabləmɑ̃/ ADV incredibly

invraisemblance /ɛ̃vʀɛsɑ̃blɑ̃s/ NF [de fait, nouvelle] unlikelihood (NonC), unlikeliness (NonC), improbability; [d'argument] implausibility ◆ **plein d'invraisemblances** full of improbabilities ou implausibilities

invulnérabilité /ɛ̃vylneʀabilite/ NF invulnerability

invulnérable /ɛ̃vylneʀabl/ SYN ADJ (lit) invulnerable ◆ **invulnérable à** (fig) [+ maladie] immune to; [+ attaque] invulnerable to, impervious to

Io /jo/ NF Io

iodate /jɔdat/ NM iodate

iode /jɔd/ NM iodine ◆ **faites le plein d'iode !** get some healthy sea air!; → **phare, teinture**

iodé, e /jɔde/ ADJ [air, sel] iodized ◆ **les huîtres ont un goût iodé** oysters really taste of the sea

ioder /jɔde/ ▶ conjug 1 ◄ VT to iodize

iodhydrique /jɔdidʀik/ ADJ M ◆ **acide iodhydrique** hydriodic acid

iodique /jɔdik/ ADJ ◆ **acide iodique** iodic acid

iodisme /jɔdism/ NM iodism

iodler /jɔdle/ ▶ conjug 1 ◄ VI ⇒ **jodler**

iodoforme /jɔdɔfɔʀm/ NM iodoform

iodure /jɔdyʀ/ NM iodide

ioduré, e /jɔdyʀe/ ADJ iodized

ion /jɔ̃/ NM ion

Ionie /jɔni/ NF Ionia

ionien, -ienne /jɔnjɛ̃, jɛn/
ADJ Ionian ◆ **la mer Ionienne** the Ionian Sea ◆ **les îles Ioniennes** the Ionian Islands
NM (= langue) Ionic
NMPL **Ioniens** Ionians

ionique /jɔnik/
ADJ (Archit) Ionic; (Sci) ionic
NM (Archit) ◆ **l'ionique** the Ionic

ionisant, e /jɔnizɑ̃, ɑ̃t/ ADJ ionizing

ionisation /jɔnizasjɔ̃/ NF ionization

ioniser /jɔnize/ ▶ conjug 1 ◄ VT to ionize

ionogramme /jɔnɔgʀam/ NM ionogram

ionone /jɔnɔn/ NF ionone

ionosphère /jɔnɔsfɛʀ/ NF ionosphere

ionosphérique /jɔnɔsferik/ ADJ ionospheric

iota /jɔta/ NM iota ◆ **je n'y ai pas changé un iota** I didn't change it one iota, I didn't change one ou an iota of it ◆ **il n'a pas bougé d'un iota** he didn't move an inch, he didn't budge

iotacisme /jɔtasism/ NM iotacism

iourte /juʀt/ NF ⇒ **yourte**

Iowa /ajowa/ NM Iowa

IPC /ipese/ NM (abrév de indice des prix à la consommation) CPI

ipéca /ipeka/ NM ipecacuanha, ipecac (US)

Iphigénie /ifiʒeni/ NF Iphigenia ◆ **« Iphigénie à Aulis** ou **en Aulide »** (Littérat) "Iphigenia in Aulis" ◆ **« Iphigénie en Tauride »** (Littérat) "Iphigenia in Tauris"

ipomée /ipome/ NF ipomoea

IPR /ipeɛʀ/ NM (abrév de inspecteur pédagogique régional) → **inspecteur**

ipso facto /ipsofakto/ LOC ADV ipso facto

IRA /iʀa/ NF (abrév de Irish Republican Army) IRA

Irak /iʀak/ NM Iraq, Irak

irakien, -ienne /iʀakjɛ̃, jɛn/
ADJ Iraqi
NM,F **Irakien(ne)** Iraqi

Iran /iʀɑ̃/ NM Iran

iranien, -ienne /iʀanjɛ̃, jɛn/
ADJ Iranian
NM,F **Iranien(ne)** Iranian

Iraq /iʀak/ NM ⇒ **Irak**

iraqien, -ienne /iʀakjɛ̃, jɛn/ ADJ, NM,F ⇒ **irakien**

irascibilité /iʀasibilite/ NF short- ou quick-temperedness, irascibility

irascible /iʀasibl/ SYN ADJ short- ou quick-tempered, irascible

ire /iʀ/ NF (littér) ire (littér)

irénique /iʀenik/ ADJ irenic(al), eirenic(al)

irénisme /iʀenism/ NM irenicism

iridacée /iʀidase/ NF iridaceous plant ◆ **les iridacées** iridaceous plants, the Iridaceae (SPÉC)

iridacées /iʀidase/ NF PL ◆ **les iridacées** iridaceous plants, the Iridaceae (SPÉC)

iridectomie /iʀidɛktɔmi/ NF iridectomy

iridescent, e /iʀidesɑ̃, ɑ̃t/ ADJ iridescent

iridié, e /iʀidje/ ADJ iridic; → **platine**[1]

iridien, -ienne /iʀidjɛ̃, jɛn/ ADJ iridic

iridium /iʀidjɔm/ NM iridium

iridologie /iʀidɔlɔʒi/ NF iridology

iridologue /iʀidɔlɔg/ NMF iridologist

irien, -ienne /iʀjɛ̃, jɛn/ ADJ iridic

iris /iʀis/ NM ① (Anat, Photo) iris
② (= plante) iris ◆ **iris jaune/des marais** yellow/water flag

irisation /iʀizasjɔ̃/ NF iridescence, irisation

irisé, e /iʀize/ (ptp de iriser) ADJ iridescent

iriser /iʀize/ ▶ conjug 1 ◄
VT to make iridescent
VPR **s'iriser** to become iridescent

iritis /iʀitis/ NF iritis

irlandais, e /iʀlɑ̃dɛ, ɛz/
ADJ Irish
NM ① (= langue) Irish
② ◆ **Irlandais** Irishman ◆ **les Irlandais** the Irish ◆ **les Irlandais du Nord** the Northern Irish
NF **Irlandaise** Irishwoman

Irlande /iʀlɑ̃d/ NF (= pays) Ireland; (= État) Irish Republic, Republic of Ireland ◆ **l'Irlande du Nord** Northern Ireland, Ulster ◆ **de l'Irlande du Nord** Northern Irish ◆ **Irlande du Sud** Southern Ireland

IRM /iɛʀɛm/ NF (abrév de imagerie par résonance magnétique) MRI ◆ **on m'a fait une IRM** I had an MRI scan

Iroise /iʀwaz/ N ◆ **la mer d'Iroise** the Iroise ◆ **le pays d'Iroise** the Iroise region (in Western Brittany)

iroko /iʀoko/ NM iroko

irone /iʀɔn/ NF irone

ironie /iʀɔni/ SYN NF (lit, fig) irony ◆ **par une curieuse ironie du sort** by a strange irony of fate ◆ **ironie grinçante** bitter irony ◆ **il sait manier**

l'ironie he is a master of irony ◆ **je le dis sans ironie** I mean what I say ◆ **ironie de l'histoire...** ironically enough...

ironique /iʀɔnik/ SYN ADJ ironic

ironiquement /iʀɔnikmɑ̃/ ADV ironically

ironiser /iʀɔnize/ SYN ► conjug 1 ◄ VI to be ironic(al) (*sur* about) ◆ **ce n'est pas la peine d'ironiser** there's no need to be ironic(al) (about it)

ironiste /iʀɔnist/ NMF ironist

iroquois, e /iʀɔkwa, waz/
ADJ [*peuplade*] Iroquoian; (*Hist*) Iroquois
NM 1 (= *langue*) Iroquoian
2 (= *coiffure*) Mohican (haircut) (*Brit*), Mohawk (*US*)
NM,F **Iroquois(e)** Iroquoian, Iroquois

IRPP /iɛʀpepe/ NM (abrév de **impôt sur le revenu des personnes physiques**) → **impôt**

irradiant, e /iʀadjɑ̃, ɑ̃t/ ADJ [*douleur*] radiant

irradiation /iʀadjasjɔ̃/ NF (= *action*) irradiation; (= *halo*) irradiation; (= *rayons*) radiation, irradiation; (*Méd*) radiation

irradier /iʀadje/ SYN ► conjug 7 ◄
VT (*Phys*) to irradiate ◆ **les personnes irradiées** the people who were irradiated *ou* exposed to radiation ◆ **combustible irradié** spent (nuclear) fuel, irradiated fuel ◆ **un sourire irradiait son visage** a smile lit up his face
VI [*lumière*] to radiate, to irradiate; [*douleur*] to radiate; (*fig*) to radiate

irraisonné, e /iʀɛzɔne/ SYN ADJ irrational

irrationalisme /iʀasjɔnalism/ NM irrationalism

irrationalité /iʀasjɔnalite/ NF irrationality

irrationnel, -elle /iʀasjɔnɛl/ SYN
ADJ (*gén, Math*) irrational
NM ◆ **l'irrationnel** the irrational

irrationnellement /iʀasjɔnɛlmɑ̃/ ADV irrationally

irrattrapable /iʀatʀapabl/ ADJ [*bévue*] irretrievable

irréalisable /iʀealizabl/ SYN ADJ (*gén*) unrealizable, unachievable; [*projet*] impracticable, unworkable ◆ **c'est irréalisable** it's not feasible, it's unworkable

irréalisé, e /iʀealize/ ADJ (*littér*) unrealized, unachieved

irréalisme /iʀealism/ NM lack of realism, unrealism

irréaliste /iʀealist/ SYN ADJ unrealistic

irréalité /iʀealite/ NF unreality

irrecevabilité /iʀas(ə)vabilite/ NF 1 [*d'argument, demande*] unacceptability
2 (*Jur*) inadmissibility

irrecevable /iʀas(ə)vabl/ ADJ 1 (= *inacceptable*) [*argument, demande*] unacceptable
2 (*Jur*) inadmissible ◆ **témoignage irrecevable** inadmissible evidence ◆ **leur plainte a été jugée irrecevable** their claim was declared inadmissible

irréconciliable /iʀekɔ̃siljabl/ ADJ irreconcilable (*avec* with)

irrécouvrable /iʀekuvʀabl/ ADJ irrecoverable

irrécupérable /iʀekypeʀabl/ SYN ADJ (*gén*) irretrievable; [*créance*] irrecoverable; [*ferraille, meubles*] unreclaimable; [*voiture*] beyond repair (*attrib*) ◆ **il est irrécupérable** [*personne*] he's beyond redemption

irrécusable /iʀekyzabl/ ADJ [*témoin, juge*] unimpeachable; [*témoignage, preuve*] incontestable, indisputable

irrédentisme /iʀedɑ̃tism/ NM irredentism

irrédentiste /iʀedɑ̃tist/ ADJ, NMF irredentist

irréductibilité /iʀedyktibilite/ NF 1 [*de fait, élément*] irreducibility
2 (= *caractère invincible*) [*d'obstacle*] insurmountability, invincibility; [*de volonté*] implacability
3 (*Chim, Math, Méd*) irreducibility

irréductible /iʀedyktibl/ ADJ 1 (= *qui ne peut être réduit*) [*fait, élément*] irreducible
2 (= *invincible*) [*obstacle*] insurmountable, invincible; [*opposition, ennemi*] implacable; [*volonté*] unwavering ◆ **les irréductibles du parti** the hard core of the party
3 (*Chim, Math, Méd*) irreducible

irréductiblement /iʀedyktiblǝmɑ̃/ ADV implacably ◆ **être irréductiblement opposé à une politique** to be implacably opposed to a policy

irréel, -elle /iʀeɛl/ SYN
ADJ unreal
NM ◆ **l'irréel** the unreal ◆ **(mode) irréel** (*Ling*) mood expressing unreal condition ◆ **l'irréel du présent/passé** the hypothetical present/past

irréfléchi, e /iʀefleʃi/ SYN ADJ [*geste, paroles, action*] thoughtless, unconsidered; [*personne*] impulsive; [*courage, audace*] reckless, impetuous

irréflexion /iʀeflɛksjɔ̃/ NF thoughtlessness

irréformable /iʀefɔʀmabl/ ADJ irreformable

irréfragable /iʀefʀagabl/ ADJ irrefragable

irréfutabilité /iʀefytabilite/ NF irrefutability

irréfutable /iʀefytabl/ SYN ADJ [*preuve, logique*] irrefutable; [*signe*] undeniable ◆ **de façon irréfutable** irrefutably

irréfutablement /iʀefytablǝmɑ̃/ ADV irrefutably

irréfuté, e /iʀefyte/ ADJ unrefuted

irrégularité /iʀegylaʀite/ SYN NF 1 (= *asymétrie*) [*de façade, traits, forme*] irregularity; [*d'écriture*] irregularity, unevenness ◆ **les irrégularités du terrain** the unevenness of the ground ◆ **les irrégularités de ses traits** his irregular features
2 (= *variabilité*) [*de développement, horaire, pouls, respiration*] irregularity; [*de rythme, courant, vitesse*] variation; [*de sommeil, vent*] fitfulness; [*de service, visites, intervalles*] irregularity
3 (= *inégalité*) [*de travail, effort, qualité, résultats*] unevenness; [*d'élève, athlète*] erratic performance
4 (= *illégalité*) irregularity ◆ **des irrégularités ont été commises lors du scrutin** irregularities occurred during the ballot
5 [*de verbe, pluriel*] irregularity

irrégulier, -ière /iʀegylje, jɛʀ/ SYN
ADJ 1 (= *asymétrique*) [*façade, traits, forme*] irregular; [*écriture*] irregular, uneven; [*terrain*] irregular, uneven
2 (= *variable*) [*développement, horaire*] irregular; [*rythme, courant, vitesse*] irregular, varying (*épith*); [*sommeil, pouls, respiration*] irregular, fitful; [*service, visites, intervalles*] irregular, [*vent*] fitful
3 (= *inégal*) [*travail, effort, qualité, résultats*] uneven; [*élève, athlète*] erratic
4 (= *illégal*) [*opération, situation, procédure*] irregular; [*détention*] illegal; [*agent, homme d'affaires*] dubious ◆ **absence irrégulière** (*Jur*) unauthorized absence ◆ **étranger en situation irrégulière** foreign national whose papers are not in order ◆ **pour éviter de vous mettre en situation irrégulière** to avoid being in breach of the regulations ◆ **il était en séjour irrégulier** he was in the country illegally
5 [*verbe, pluriel*] irregular
6 (*Mil*) irregular
NM (*Mil : gén pl*) irregular

irrégulièrement /iʀegyljɛʀmɑ̃/ SYN ADV (*gén*) irregularly; (= *sporadiquement*) sporadically; (= *illégalement*) illegally ◆ **il ne paie son loyer que très irrégulièrement** he only pays his rent at very irregular intervals ◆ **ceux entrés irrégulièrement dans le pays** those who came into the country illegally

irréligieux, -ieuse /iʀeliʒjø, jøz/ ADJ irreligious

irréligion /iʀeliʒjɔ̃/ NF irreligiousness, irreligion

irréligiosité /iʀeliʒjozite/ NF irreligiousness

irrémédiable /iʀemedjabl/ SYN ADJ
1 (= *irréparable*) [*dommage, perte*] irreparable ◆ **essayer d'éviter l'irrémédiable** to try to avoid doing anything that can't be undone
2 (= *incurable*) [*mal, vice*] incurable, irremediable
3 (= *irréversible*) [*changement, tendance*] irreversible ◆ **l'irrémédiable montée du chômage** the inexorable rise of unemployment

irrémédiablement /iʀemedjablǝmɑ̃/ ADV irreparably, irremediably

irrémissible /iʀemisibl/ ADJ (*littér*) irremissible

irrémissiblement /iʀemisiblǝmɑ̃/ ADV (*littér*) irremissibly

irremplaçable /iʀɑ̃plasabl/ SYN ADJ irreplaceable ◆ **nul** *ou* **personne n'est irremplaçable** (*Prov*) everyone is replaceable

irréparable /iʀepaʀabl/ SYN ADJ 1 (= *hors d'état*) [*objet*] irreparable, unmendable, beyond repair (*attrib*) ◆ **la voiture est irréparable** the car is beyond repair *ou* is a write-off
2 (= *irrémédiable*) [*dommage, perte, impair*] irreparable ◆ **pour éviter l'irréparable** to avoid doing something that can't be undone

irrépréhensible /iʀepreɑ̃sibl/ ADJ (*littér*) irreprehensible

irrépressible /iʀepresibl/ SYN ADJ irrepressible

irréprochable /iʀepʀɔʃabl/ SYN ADJ [*technique, travail*] perfect, impeccable; [*alibi*] perfect; [*moralité, conduite, vie*] irreproachable, beyond reproach (*attrib*); [*tenue*] impeccable, faultless ◆ **c'est une mère irréprochable** she's the perfect mother

irréprochablement /iʀepʀɔʃabləmɑ̃/ ADV ◆ **irréprochablement pur/propre** impeccably pure/clean

irrésistible /iʀezistibl/ SYN ADJ [*personne, charme, plaisir, force*] irresistible; [*besoin, désir, preuve, logique*] compelling ◆ **il est (d'un comique) irrésistible !** (*amusant*) he's hilarious!

irrésistiblement /iʀezistibləmɑ̃/ ADV irresistibly

irrésolu, e /iʀezɔly/ SYN ADJ [*personne*] irresolute, indecisive; [*problème*] unresolved, unsolved

irrésolution /iʀezɔlysjɔ̃/ SYN NF irresolution, irresoluteness, indecisiveness

irrespect /iʀɛspɛ/ NM disrespect (*envers, de* for)

irrespectueusement /iʀɛspɛktɥøzmɑ̃/ ADV disrespectfully

irrespectueux, -euse /iʀɛspɛktɥø, øz/ SYN ADJ disrespectful (*envers* to, towards)

irrespirable /iʀɛspiʀabl/ SYN ADJ 1 [*air*] (= *pénible à respirer*) unbreathable; (= *dangereux*) unsafe, unhealthy
2 [*ambiance*] oppressive, stifling

irresponsabilité /iʀɛspɔ̃sabilite/ NF irresponsibility

irresponsable /iʀɛspɔ̃sabl/ SYN ADJ irresponsible (*de* for) ◆ **c'est un irresponsable !** he's (totally) irresponsible! ◆ **notre pays est entre les mains d'irresponsables** this country is in irresponsible hands

irrétrécissable /iʀetʀesisabl/ ADJ (*sur étiquette, publicité*) unshrinkable, nonshrink

irrévérence /iʀeveʀɑ̃s/ NF (= *caractère*) irreverence; (= *propos*) irreverent word; (= *acte*) irreverent act

irrévérencieusement /iʀeveʀɑ̃sjøzmɑ̃/ ADV irreverently

irrévérencieux, -ieuse /iʀeveʀɑ̃sjø, jøz/ ADJ irreverent (*envers, à l'égard de* towards)

irréversibilité /iʀevɛʀsibilite/ NF irreversibility

irréversible /iʀevɛʀsibl/ SYN ADJ irreversible

irréversiblement /iʀevɛʀsibləmɑ̃/ ADV irreversibly

irrévocabilité /iʀevɔkabilite/ NF (*littér, Jur*) irrevocability

irrévocable /iʀevɔkabl/ SYN ADJ [*décision, choix, juge*] irrevocable; [*temps, passé*] beyond *ou* past recall (*attrib*), irrevocable ◆ **l'irrévocable** the irrevocable

irrévocablement /iʀevɔkabləmɑ̃/ ADV irrevocably

irrigable /iʀigabl/ ADJ irrigable

irrigation /iʀigasjɔ̃/ NF (*Agr, Méd*) irrigation

irriguer /iʀige/ ► conjug 1 ◄ VT (*Agr, Méd*) to irrigate

irritabilité /iʀitabilite/ NF irritability

irritable /iʀitabl/ SYN ADJ irritable

irritant, e /iʀitɑ̃, ɑ̃t/ SYN
ADJ (= *agaçant*) irritating, annoying, irksome; (*Méd*) irritant
NM irritant

irritatif, -ive /iʀitatif, iv/ ADJ irritative

irritation /iʀitasjɔ̃/ SYN NF (= *colère*) irritation, annoyance; (*Méd*) irritation

irrité, e /iʀite/ SYN (*ptp de* **irriter**) ADJ [*gorge, yeux*] irritated; [*geste, regard*] irritated, annoyed, angry ◆ **être irrité contre qn** to be annoyed *ou* angry with sb

irriter /iʀite/ SYN ► conjug 1 ◄
VT 1 (= *agacer*) to irritate, to annoy, to irk
2 (= *enflammer*) [+ *œil, peau, blessure*] to make inflamed, to irritate ◆ **il avait la gorge irritée par la fumée** the smoke irritated his throat
3 (*littér* = *aviver*) [+ *désir, curiosité*] to arouse

s'irriter 1 (= s'agacer) ◆ **s'irriter de qch/ contre qn** to get annoyed ou angry at sth/with sb, to feel irritated at sth/with sb
2 [œil, peau, blessure] to become inflamed ou irritated

irruption /iʀypsjɔ̃/ SYN NF (= entrée subite ou hostile) irruption (NonC); [de nouvelles technologies, doctrine] sudden emergence ◆ **pour empêcher l'irruption des manifestants dans le bâtiment** to prevent the demonstrators from storming the building ou bursting into the building ◆ **faire irruption (chez qn)** to burst in (on sb) ◆ **les eaux firent irruption dans les bas quartiers** the waters swept into ou flooded the low-lying parts of the town ◆ **ils ont fait irruption dans le monde musical en 1996** they burst onto the music scene in 1996

Isaac /izak/ NM Isaac

Isabelle /izabɛl/ NF Isabel ◆ **Isabelle la Catholique** Isabella the Catholic

isabelle /izabɛl/
ADJ INV light-tan
NM light-tan horse

Isaïe /izai/ NM Isaiah ◆ **(le livre d')Isaïe** (the Book of) Isaiah

isallobare /iza(l)lɔbaʀ/ NF isallobar

isard /izaʀ/ NM izard

isatis /izatis/ NM 1 (= plante) woad, isatis (SPÉC)
2 (= renard polaire) polar fox; (= renard bleu) blue fox

isba /izba/ NF isba

ISBN /iɛsbeɛn/ ADJ, NM (abrév de **International Standard Book Number**) ISBN

ischémie /iskemi/ NF ischaemia (Brit), ischemia (US)

ischémique /iskemik/
ADJ ischaemic (Brit), ischemic (US)
NMF person suffering from ischaemia

ischiatique /iskjatik/ ADJ ischial, ischiatic

ischion /iskjɔ̃/ NM ischium

isentropique /izɑ̃tʀɔpik/ ADJ isentropic

Iseu(l)t /isø/ NF Isolde; → **Tristan**

ISF /iɛsɛf/ NM (abrév de **impôt de solidarité sur la fortune**) → **impôt**

Ishtar /iʃtaʀ/ NM Ishtar

isiaque /izjak/ ADJ Isiac

Isis /izis/ NF Isis

Islam /islam/ NM ◆ **l'Islam** Islam

Islamabad /islamabad/ N Islamabad

islamique /islamik/ ADJ Islamic ◆ **la République islamique de...** the Islamic Republic of...

islamisation /islamizasjɔ̃/ NF Islamization

islamiser /islamize/ ► conjug 1 ◄ VT to Islamize

islamisme /islamism/ NM Islamism

islamiste /islamist/
ADJ Islamic
NMF Islamist

islamophobe /islamɔfɔb/ ADJ Islamophobic

islamophobie /islamɔfɔbi/ NF Islamophobia

islandais, e /islɑ̃dɛ, ɛz/
ADJ Icelandic
NM (= langue) Icelandic
NM,F **Islandais(e)** Icelander

Islande /islɑ̃d/ NF Iceland

ismaélien, -ienne /ismaeljɛ̃, jɛn/ NM,F Ismaili, Ismailian

ismaélisme /ismaelism/, **ismaïlisme** /ismailism/ NM Ismailism, Ismaili

ISO /izo/ NM INV (abrév de **International Standardization Organization**) ◆ **degré/norme/certification ISO** ISO rating/standard/certification

isobare /izɔbaʀ/
ADJ isobaric
NF isobar

isobathe /izɔbat/
ADJ isobathic
NF isobath

isocèle /izɔsɛl/ ADJ isosceles

isochore /izɔkɔʀ/ ADJ isochoric

isochromatique /izɔkʀɔmatik/ ADJ isochromatic

isochrone /izɔkʀɔn/, **isochronique** /izɔkʀɔnik/ ADJ isochronal, isochronous

isochronisme /izɔkʀɔnism/ NM isochronism

isoclinal, e (mpl **-aux**) /izɔklinal, o/ ADJ isoclinal, isoclinic

isocline /izɔklin/
ADJ isoclinal, isoclinic
NF isocline

isodynamie /izɔdinami/ NF isodynamic quality

isodynamique /izɔdinamik/ ADJ isodynamic

isoélectrique /izɔelɛktʀik/ ADJ isoelectric

isoète /izɔɛt/ NM quillwort

isogame /izɔgam/ ADJ isogamous

isogamie /izɔgami/ NF (Bio) [de champignons] isogamy

isoglosse /izɔglɔs/
ADJ isoglossal, isoglottic
NF isogloss

isogone /izɔgɔn, izɔgɔn/ ADJ isogonic, isogonal

isogreffe /izɔgʀɛf/ NF [d'organe] isotransplant; [de tissu] isograft

isohyète /izɔjɛt/ ADJ ◆ **ligne isohyète** isohyet

isoionique /izɔjɔnik/ ADJ isoionic

isolable /izɔlabl/ ADJ isolable ◆ **difficilement isolable** difficult to isolate

isolant, e /izɔlɑ̃, ɑ̃t/
ADJ (Constr, Élec) insulating; (= insonorisant) soundproofing, sound-insulating; (Ling) isolating
NM insulator, insulating material ◆ **isolant thermique/électrique** heat/electrical insulator ◆ **isolant phonique** soundproofing material

isolat /izɔla/ NM (Bio, Chim, Ling) isolate

isolateur, -trice /izɔlatœʀ, tʀis/
ADJ [écran, gaine] insulating
NM (= support) insulator

isolation /izɔlasjɔ̃/ NF (Élec) insulation ◆ **isolation phonique** ou **acoustique** soundproofing, sound insulation ◆ **isolation thermique** thermal ou heat insulation ◆ **isolation de diodes** diode isolation

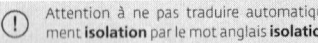
Attention à ne pas traduire automatiquement **isolation** par le mot anglais **isolation**.

isolationnisme /izɔlasjɔnism/ NM isolationism

isolationniste /izɔlasjɔnist/ ADJ, NMF isolationist

isolé, e /izɔle/ SYN
ADJ [cas, personne, protestation, acte] isolated; [incident] isolated, one-off; [lieu] isolated, remote; [philosophe, tireur, anarchiste] lone (épith); (Élec) insulated ◆ **se sentir isolé** to feel isolated ◆ **vivre isolé** to live in isolation ◆ **phrase isolée de son contexte** sentence taken out of context ◆ **quelques voix isolées se sont élevées pour dénoncer...** a few lone voices have been raised in protest against...
NM,F (= personne délaissée) lonely person; (= personne qui agit seule) loner ◆ **le problème des isolés** the problem of the lonely ou isolated ◆ **seuls quelques isolés l'ont encouragé** only a few isolated individuals encouraged him ◆ **ce dissident n'est plus un isolé** this dissident is no longer out on his own

isolement /izɔlmɑ̃/ SYN NM 1 (= solitude) isolation ◆ **leur pays tente de sortir de son isolement** their country is trying to break out of its isolation
2 (Élec) [de câble] insulation

isolément /izɔlemɑ̃/ ADV in isolation, individually ◆ **chaque élément pris isolément** each element considered separately ou individually ou in isolation

isoler /izɔle/ SYN ► conjug 1 ◄
VT 1 (= éloigner) [+ prisonnier] to place in solitary confinement; [+ malade] to isolate (de from); [+ lieu] to cut off (de from), to isolate ◆ **hameau isolé par l'inondation/la neige** village cut off by floods/snow
2 (contre le froid, Élec) to insulate; (contre le bruit) to soundproof, to insulate
3 (Bio, Chim) to isolate
VPR **s'isoler** (dans un coin, pour travailler) to isolate o.s. ◆ **s'isoler du reste du monde** to cut o.s. off ou isolate o.s. from the rest of the world ◆ **pourrait-on s'isoler quelques instants ?** could we go somewhere quiet for a few minutes?

⚠ Au sens de 'protéger contre quelque chose', **isoler** ne se traduit pas par **to isolate**.

isoleucine /izɔløsin/ NF isoleucine

isoloir /izɔlwaʀ/ NM polling booth

isomère /izɔmɛʀ/
ADJ isomeric
NM isomer

isomérie /izɔmeʀi/ NF isomerism

isomérique /izɔmeʀik/ ADJ isomeric

isomérisation /izɔmeʀizasjɔ̃/ NF isomerization

isométrie /izɔmetʀi/ NF isometry

isométrique /izɔmetʀik/ ADJ (Math, Sci) isometric

isomorphe /izɔmɔʀf/ ADJ (Chim) isomorphic, isomorphous; (Math, Ling) isomorphic

isomorphisme /izɔmɔʀfism/ NM isomorphism

isoniazide /izɔnjazid, izɔniazid/ NF isoniazid

isopodes /izɔpɔd/ NMPL ◆ **les isopodes** isopods, the Isopoda (SPÉC)

isoprène /izɔpʀɛn/ NM (Chim) isoprene

isoprénique /izɔpʀenik/ ADJ isoprenoid

isoptères /izɔptɛʀ/ NMPL ◆ **les isoptères** isopterous insects, the Isoptera (SPÉC)

Isorel ® /izɔʀɛl/ NM hardboard

isostasie /izɔstazi/ NF isostasy

isostatique /izɔstatik/ ADJ isostatic

isotherme /izɔtɛʀm/
ADJ isothermal (SPÉC) ◆ **sac isotherme** cool ou insulated bag ◆ **caisse isotherme** ice box ◆ **camion isotherme** refrigerated lorry (Brit) ou truck (US)
NF isotherm

isotonie /izɔtɔni/ NF isotonicity

isotonique /izɔtɔnik/ ADJ isotonic

isotope /izɔtɔp/
ADJ isotopic
NM isotope

isotopie /izɔtɔpi/ NF isotopy

isotopique /izɔtɔpik/ ADJ isotopic

isotron /izɔtʀɔ̃/ NM isotron

isotrope /izɔtʀɔp/ ADJ isotropic, isotropous

isotropie /izɔtʀɔpi/ NF isotropy

Israël /isʀaɛl/ NM Israel ◆ **l'État d'Israël** the state of Israel

israélien, -ienne /isʀaeljɛ̃, jɛn/
ADJ Israeli
NM,F **Israélien(ne)** Israeli

israélite /isʀaelit/
ADJ Jewish
NM (gén) Jew; (Hist) Israelite
NF Jewess; (Hist) Israelite

ISSN /iɛsɛsɛn/ ADJ, NM (abrév de **International Standard Serial Number**) ISSN

issu, e[1] /isy/ SYN **issu de** LOC ADJ [+ parents] born of ◆ **être issu de** (= résulter de) to stem from; (= être né de) [+ parents] to be born of; [+ milieu familial] to be born into; → **cousin**[1]

issue[2] /isy/ SYN NF 1 (= sortie) exit; [d'eau, vapeur] outlet ◆ **voie sans issue** (lit, fig) dead end; (panneau) "no through road" ◆ **issue de secours** emergency exit; (fig) fallback option ◆ **il a su se ménager une issue** he has managed to leave himself a way out
2 (= solution) way out, solution ◆ **la seule issue possible** the only way out ◆ **la situation est sans issue** there is no way the situation can be resolved ◆ **un avenir sans issue** a future without prospects ◆ **ils n'ont pas d'autre issue que la soumission ou que de se soumettre** their only option is to give in
3 (= fin) outcome ◆ **heureuse issue** happy outcome ◆ **issue fatale** fatal outcome ◆ **à l'issue de** at the end of

⚠ Attention à ne pas traduire automatiquement **issue** par le mot anglais **issue**, qui n'a pas le sens de 'sortie', ni de 'solution'.

IST /iɛstɛ/ NF (abrév de **infection sexuellement transmissible**) STI

Istanbul /istɑ̃bul/ N Istanbul

isthme /ism/ NM (Anat, Géog) isthmus ◆ **l'isthme de Corinthe/de Panama/de Suez** the Isthmus of Corinth/of Panama/of Suez

isthmique /ismik/ ADJ isthmian

Istrie /istʀi/ NF Istria

italianisant, e /italjanizɑ̃, ɑ̃t/
- **ADJ** [œuvre] Italianate; [artiste] Italianizing (épith)
- **NM,F** (Univ) Italianist; (= artiste) Italianizer

italianiser /italjanize/ ▸ conjug 1 ◂ **VT** to Italianize

italianisme /italjanism/ **NM** Italianism

Italie /itali/ **NF** Italy

italien, -ienne /italjɛ̃, jɛn/
- **ADJ** Italian
- **NM** (= langue) Italian
- **NM,F** **Italien(ne)** Italian
- **LOC ADJ** à l'italienne [cuisine, mobilier, situation politique] Italian-style; [théâtre] with a proscenium; (Ordin) [format] landscape (épith) ◆ **la comédie à l'italienne** the commedia dell'arte

italique /italik/
- **NM** ① (Typographie) italics ◆ **mettre un mot en italique** to put a word in italics, to italicize a word
  ② (Hist, Ling) Italic
- **ADJ** (Typographie) italic; (Hist, Ling) Italic

item /itɛm/
- **ADV** (Comm) ditto
- **NM** (Ling, Psych) item

itératif, -ive /iteʀatif, iv/ **ADJ** (gén, Gram, Ordin) iterative; (Jur) reiterated, repeated

itération /iteʀasjɔ̃/ **NF** iteration

itérativement /iteʀativmɑ̃/ **ADV** iteratively, repeatedly

itérer /iteʀe/ ▸ conjug 6 ◂ **VT** to iterate

Ithaque /itak/ **NF** Ithaca

ithyphallique /itifalik/ **ADJ** ithyphallic

itinéraire /itineʀɛʀ/ SYN **NM** (= chemin) route, itinerary; (Alpinisme) route ◆ **son itinéraire philosophique/religieux** his philosophical/religious path ◆ **itinéraire bis** ou **de délestage** alternative route ◆ **faire** ou **tracer un itinéraire** to map out a route ou an itinerary

itinérant, e /itineʀɑ̃, ɑ̃t/ SYN **ADJ** itinerant, travelling ◆ **vacances itinérantes** (en voiture) touring holiday (Brit) ou vacation (US); (à pied) rambling holiday (Brit) ou vacation (US) ◆ **ambassadeur itinérant** roving ambassador ◆ **troupe itinérante** (band of) strolling players ◆ **exposition itinérante** travelling exhibition ◆ **bibliothèque itinérante** mobile library, bookmobile (US)

itou* † /itu/ **ADV** likewise ◆ **et moi itou !** (and) me too!*

IUFM /iyɛfɛm/ **NM** (abrév de Institut universitaire de formation des maîtres) → institut

IUP /iype/ **NM** (abrév de Institut universitaire professionnalisé) → institut

IUT /iyte/ **NM** (abrév de Institut universitaire de technologie) → institut

Ivan /ivɑ̃/ **NM** Ivan ◆ **Ivan le Terrible** Ivan the Terrible

IVG /iveʒe/ **NF** (abrév de interruption volontaire de grossesse) → interruption

ivoire /ivwaʀ/ **NM** ① [d'éléphant] (= matière, objet) ivory ◆ **en** ou **d'ivoire** ivory (épith) ◆ **ivoire végétal** vegetable ivory, ivory nut; → côte, tour¹
② [de dent] dentine

ivoirerie /ivwaʀʀi/ **NF** (= art) ivory sculpture; (= objets) ivories, ivory sculptures

ivoirien, -ienne /ivwaʀjɛ̃, jɛn/
- **ADJ** of ou from Côte d'Ivoire
- **NM,F** **Ivoirien(ne)** inhabitant ou native of Côte d'Ivoire

ivoirier /ivwaʀje/ **NM** ivory sculptor

ivraie /ivʀɛ/ **NF** rye grass; → séparer

ivre /ivʀ/ SYN **ADJ** drunk ◆ **ivre mort** dead ou blind drunk ◆ **légèrement ivre** slightly drunk, tipsy ◆ **complètement ivre** blind drunk*, completely drunk ◆ **ivre de joie/rage** wild with joy/rage, beside o.s. with joy/rage ◆ **ivre de vengeance** thirsting for revenge

ivresse /ivʀɛs/ SYN **NF** (= ébriété) drunkenness, intoxication ◆ **dans l'ivresse du combat/de la victoire** in the exhilaration of the fight/of victory ◆ **l'ivresse du plaisir** the (wild) ecstasy of pleasure ◆ **l'ivresse de la vitesse** the thrill ou exhilaration of speed ◆ **avec ivresse** rapturously, ecstatically ◆ **instants/heures d'ivresse** moments/hours of rapture ou (wild) ecstasy ◆ **ivresse chimique** drug dependence ◆ **ivresse des profondeurs** (Méd) staggers; → état

ivrogne /ivʀɔɲ/ SYN
- **NM,F** drunkard; → serment
- **ADJ** drunken (épith)

ivrognerie /ivʀɔɲʀi/ **NF** drunkenness

ivrognesse* /ivʀɔɲɛs/ **NF** lush*

ixage /iksaʒ/ **NM** giving an X rating to

ixer /ikse/ ▸ conjug 1 ◂ **VT** to give an X rating to

ixia /iksja/ **NF** ixia

ixième /'iksjɛm/ **ADJ** nth, umpteenth ◆ **je te le dis pour la ixième fois** I'm telling you for the nth ou umpteenth time

ixode /iksɔd/ **NM** (= tique) tick

J

J¹, j /ʒi/ NM (= lettre) J, j; → **jour**

J² (abrév de **Joule**) J

j' /ʒ/ → **je**

jabiru /ʒabiʀy/ NM jabiru, saddlebill

jable /ʒabl/ NM (= rainure) croze

jabler /ʒable/ ▸ conjug 1 ◂ VT to croze

jablière /ʒabljɛʀ/ NF, **jabloir** /ʒablwaʀ/ NM, **jabloire** /ʒablwaʀ/ NF (= outil) croze

jaborandi /ʒabɔʀɑ̃di/ NM jaborandi

jabot /ʒabo/ NM ① [d'oiseau] crop ② (Habillement) jabot

JAC /ʒak/ NF (abrév de **Jeunesse agricole chrétienne**) young Christian farmers' association

jacaranda /ʒakaʀɑ̃da/ NM jacaranda

jacassement /ʒakasmɑ̃/ NM [de pie] chatter (NonC); (péj) [de personnes] jabber(ing) (NonC), chatter(ing) (NonC)

jacasser /ʒakase/ SYN ▸ conjug 1 ◂ VI [pie] to chatter; (péj) [personne] to jabber, to chatter

jacée /ʒase/ NF brown knapweed

jachère /ʒaʃɛʀ/ NF fallow (NonC); (= procédé) practice of fallowing land • **laisser une terre en jachère** to leave a piece of land fallow, to let a piece of land lie fallow • **rester en jachère** to lie fallow

jacinthe /ʒasɛ̃t/ NF hyacinth • **jacinthe sauvage** ou **des bois** bluebell

jaciste /ʒasist/ NMF member of the JAC

jack /(d)ʒak/ NM (= fiche mâle) jack (plug)

jackpot /(d)ʒakpɔt/ NM (= combinaison) jackpot; (= machine) slot machine • **gagner** ou **ramasser** ou **toucher le jackpot** * to hit the jackpot • **c'est le jackpot assuré !** * you're (ou we're etc) going to make a mint! *

Jacob /ʒakɔb/ NM Jacob; → **échelle**

jacobée /ʒakɔbe/ NF ragwort

jacobin, e /ʒakɔbɛ̃, in/
 ADJ ① (Hist) Jacobinic(al) ② (fig) [État, conception] centralized; [personne] in favour of a centralized government • **la France jacobine** France's centralized system
 NM (Hist) • **Jacobin** Jacobin

jacobinisme /ʒakɔbinism/ NM Jacobinism • **le jacobinisme français** French centralism

jacobite /ʒakɔbit/ NM Jacobite

jacobus /ʒakɔbys/ NM jacobus

jacquard /ʒakaʀ/
 ADJ [pull] Jacquard
 NM (= métier) Jacquard loom; (= tissu) Jacquard (weave)

jacquerie /ʒakʀi/ NF jacquerie

Jacques /ʒak/ NM James • **faire le Jacques** †* to play ou act the fool, to fool about; → **maître**

jacquet /ʒakɛ/ NM backgammon

Jacquot /ʒako/ NM (= prénom de perroquet) Polly

jactance /ʒaktɑ̃s/ NF ① (* = bavardage) chat • **il a de la jactance !** he's got the gift of the gab! * ② (littér = vanité) conceit

jacter* /ʒakte/ ▸ conjug 1 ◂ VI to jabber, to gas*; (arg Police) to talk, to sing*

jacuzzi ® /ʒakyzi/ NM Jacuzzi ®

jade /ʒad/ NM (= pierre) jade; (= objet) jade object ou ornament • **de jade** jade (épith)

jadéite /ʒadeit/ NF jadeite

jadis /ʒadis/
 ADV in times past, formerly, long ago • **mes amis de jadis** my friends of long ago ou of old • **jadis on se promenait dans ces jardins** in olden days ou long ago people used to walk in these gardens
 ADJ • **au temps jadis** in days of old, in days gone by, once upon a time • **du temps jadis** of times gone by, of yesteryear

Jaffa /ʒafa/ N Jaffa

jaguar /ʒagwaʀ/ NM (= animal) jaguar

jaillir /ʒajiʀ/ SYN ▸ conjug 2 ◂ VI ① [liquide, sang] (par à-coups) to spurt out; (abondamment) to gush forth; [larmes] to flow; [geyser] to spout up, to gush forth; [vapeur, source] to gush forth; [flammes] to shoot up, to spurt out; [étincelles] to fly out; [lumière] to flash on (de from, out of) • **faire jaillir des étincelles** to make sparks fly • **un éclair jaillit dans l'obscurité** a flash of lightning split the darkness, lightning flashed in the darkness
② (= apparaître, s'élancer) [personne] to spring out; [voiture] to shoot out • **des soldats jaillirent de tous côtés** soldiers sprang out ou leapt out from all sides • **le train jaillit du tunnel** the train shot ou burst out of the tunnel • **des montagnes jaillissaient au-dessus de la plaine** mountains towered above the plain • **des tours qui jaillissent de terre** soaring tower blocks • **des monstres jaillis de son imagination** monsters sprung from his imagination
③ [cris, rires, réponses] to burst forth ou out
④ [idée] to spring up; [vérité, solution] to spring (de from)

jaillissant, e /ʒajisɑ̃, ɑ̃t/ ADJ [eau] spurting, gushing

jaillissement /ʒajismɑ̃/ SYN NM [de liquide, vapeur] spurt, gush; [d'idées] outpouring

jaïn /ʒain/, **jaïna** /ʒaina/
 ADJ Jain, Jainist
 NMF Jain(a)

jaïnisme /ʒainism/ NM Jainism

jais /ʒɛ/ NM (Minér) jet • **de** ou **en jais** [perles, bijou] jet (épith) • **cheveux de jais** jet-black hair; → **noir**

Jakarta /dʒakaʀta/ N Jakarta

jalap /ʒalap/ NM jalap, jalop

jalon /ʒalɔ̃/ SYN NM ① (= piquet) ranging-pole; [d'arpenteur] (surveyor's) staff ② (= point de référence) landmark, milestone • **planter** ou **poser les premiers jalons de qch** to prepare the ground for sth, to pave the way for sth • **il commence à poser des jalons** he's beginning to prepare the ground

jalonnement /ʒalɔnmɑ̃/ NM [de route] marking out

jalonner /ʒalɔne/ SYN ▸ conjug 1 ◂ VT ① (= déterminer le tracé de) [+ route, chemin de fer] to mark out ou off ② (= border, s'espacer sur) to line, to stretch along • **des champs de fleurs jalonnent la route** fields of flowers line the road ③ (= marquer) [+ vie] to punctuate • **carrière jalonnée de succès/d'obstacles** career punctuated with successes/with obstacles

jalousement /ʒaluzmɑ̃/ ADV jealously • **ils défendent jalousement leur autonomie** they jealously guard their autonomy

jalouser /ʒaluze/ SYN ▸ conjug 1 ◂
 VT to be jealous of • **il est jalousé par tous ses collègues** all his colleagues envy him
 VPR **se jalouser** to be jealous of one another • **les deux entreprises se concurrencent et se jalousent** the two companies are competitors and there is fierce rivalry between them

jalousie /ʒaluzi/ SYN NF ① (entre amants) jealousy; (= envie) jealousy, envy • **jalousies mesquines** petty jealousies • **être malade de jalousie, crever de jalousie** * [amant] to be mad ou sick with jealousy; [envieux] to be green with envy • **c'est la jalousie qui te fait parler** you're only saying that because you're jealous
② (= persienne) slatted blind, jalousie

jaloux, -ouse /ʒalu, uz/ SYN ADJ ① (en amour) jealous • **jaloux comme un tigre** madly jealous • **observer qn d'un œil jaloux** to keep a jealous eye on sb, to watch sb jealously • **c'est un jaloux** he's the jealous type, he's a jealous man
② (= envieux) jealous, envious • **jaloux de qn/de la réussite de qn** jealous of sb/of sb's success • **faire des jaloux** to make people jealous
③ (littér = désireux de) • **jaloux de** intent upon, eager for • **jaloux de perfection** eager for perfection • **il est très jaloux de son indépendance/ses privilèges** (= qui tient à) he jealously guards his independence/his privileges

jamaïcain, e, jamaïquain, e /ʒamaikɛ̃, ɛn/
 ADJ Jamaican
 NM,F **Jamaïcain(e), Jamaïquain(e)** Jamaican

Jamaïque /ʒamaik/ NF Jamaica

jamais /ʒamɛ/ GRAMMAIRE ACTIVE 12.3 SYN ADV ① (avec ne = à aucun moment) never, not ever • **il n'a jamais avoué** he never confessed • **n'a-t-il jamais avoué ?** did he never confess?, didn't he ever confess? • **il n'a jamais autant travaillé** he's never worked as hard (before), he's never done so much work (before) • **jamais je n'ai vu un homme si égoïste** I've never met ou seen such a selfish man (before), never (before) have I met ou seen such a selfish man • **jamais mère ne fut plus heureuse** there was never a happier mother • **il n'est jamais trop tard** it's never too late • **on ne l'a jamais encore entendu se plaindre** he's never yet been heard to complain • **ne dites jamais plus cela !** never say that again!, don't you ever say that again! • **il ne lui a jamais plus écrit** he's never ou he hasn't (ever) written to her since • **il partit pour ne jamais plus revenir** he left never to return • **nous sommes restés deux ans sans**

jamais recevoir de nouvelles we were *ou* went two years without ever hearing any news, for two years we never (once) heard any news ◆ **je n'ai jamais de ma vie vu un chien aussi laid** never in my life have I *ou* I have never in my life seen such an ugly dog ◆ **jamais au grand jamais on ne me reprendra à le faire** you'll never ever catch me doing it again ◆ **jamais de la vie je n'y retournerai** I shall never in my life go back there, I shall never ever go back there ◆ **accepterez-vous ? – jamais de la vie !** will you accept? – never! *ou* not on your life! * ◆ **jamais plus !, plus jamais !** never again! ◆ **c'est ce que vous avez dit – jamais !** that's what you said – never! *ou* I never did! * ◆ **presque jamais** hardly *ou* scarcely ever, practically never ◆ **c'est maintenant ou jamais, c'est le moment ou jamais** it's now or never ◆ **c'est le moment ou jamais d'acheter** now is the time to buy, if ever there was a time to buy it's now ◆ **une symphonie jamais jouée/terminée** an unplayed/unfinished symphony ◆ **il ne faut jamais dire jamais** never say never ◆ **jamais deux sans trois !** (*choses agréables*) good things come *ou* happen in threes!; (*malheurs*) bad things come *ou* happen in threes! ◆ **alors, jamais on ne dit « merci » ?*** didn't anyone ever teach you to say "thank you"? ◆ **y'a jamais penalty ! *** no way was that a penalty!*; → **mieux, savoir**

② (*sans ne* = *intensif*) ◆ **elle est belle comme jamais** she's more beautiful than ever ◆ **il travaille comme jamais (il n'a travaillé)** he's working harder than ever, he's working as he's never worked before

③ (*sans ne* = *un jour, une fois*) ever ◆ **a-t-il jamais avoué ?** did he ever confess? ◆ **si jamais vous passez par Londres venez nous voir** if ever you're passing *ou* if ever you should pass through London come and see us ◆ **si jamais j'avais un poste pour vous je vous préviendrais** if ever I had *ou* if I ever had a job for you I'd let you know ◆ **si jamais tu rates le train, reviens** if by (any) chance you miss *ou* if you (should) happen to miss the train, come back ◆ **si jamais tu recommences, gare !** don't you ever do that again or you'll be in trouble! ◆ **il désespère d'jamais de l'avancement** he despairs of ever getting promotion *ou* of ever being promoted ◆ **avez-vous jamais vu ça ?** have you ever seen *ou* did you ever see such a thing? ◆ **c'est la plus grand que j'aie jamais vu** it's the biggest one I've ever seen ◆ **de telles inondations, c'est du jamais vu** we've never seen such floods

④ (*avec que* : *intensif*) ◆ **je n'ai jamais fait que mon devoir** I've always just done my duty ◆ **il n'a jamais fait que critiquer (les autres)** he's never done anything but criticize (others) ◆ **ça ne fait jamais que deux heures qu'il est parti** it's no more than two hours since he left ◆ **ce n'est jamais qu'un enfant** he is only a child (after all)

⑤ (*avec comparatif*) ever ◆ **les œufs sont plus chers que jamais** eggs are more expensive than ever (before) ◆ **c'est pire que jamais** it's worse than ever

⑥ (*locutions*)
◆ **à jamais** for good, for ever ◆ **leur amitié est à jamais compromise** their friendship will never be the same again
◆ **à tout jamais, pour jamais** for ever (and ever), for evermore ◆ **je renonce à tout jamais à le lui faire comprendre** I've given up ever trying to make him understand it

jambage /ʒɑ̃baʒ/ NM ① [*de lettre*] downstroke, descender
② (*Archit*) jamb

jambe /ʒɑ̃b/ SYN NF ① [*d'animal, humain, vêtement*] leg ◆ **fille aux longues jambes** *ou* **toute en jambes** girl with long legs, long-legged *ou* leggy* girl ◆ **remonte ta jambe (de pantalon)** roll up your trouser leg ◆ **jambe de bois/artificielle/articulée** (*Méd*) wooden/artificial/articulated leg

② (*locutions*) ◆ **avoir les jambes comme du coton** *ou* **en coton** to have legs like jelly *ou* cotton wool (*Brit*) ◆ **n'avoir plus de jambes, en avoir plein les jambes*** to be worn out *ou* on one's knees* ◆ **avoir 20 km dans les jambes** to have walked 20 km ◆ **je n'ai plus mes jambes de vingt ans !** I'm not as quick on my feet as I used to be! ◆ **la peur/l'impatience lui donnait des jambes** fear/impatience lent new strength to his legs *ou* lent him speed ◆ **ça me fait une belle jambe !** (*iro*) a fat lot of good that does me!* ◆ **se mettre en jambes** (*Sport*) to warm up, to limber up ◆ **mise en jambes** warming-up exercises ◆ **tirer** *ou* **traîner la jambe** (*par fatigue*) to drag one's feet, to trudge along; (= *boiter*) to limp along ◆ **elle ne peut plus (se) tenir sur ses jambes** her legs are giving way under her, she can hardly stand ◆ **prendre ses jambes à son cou** to take to one's heels ◆ **traiter qn/qch par-dessous** *ou* **par-dessus la jambe*** to treat sb/deal with sth in a casual *ou* an offhand manner ◆ **faire qch par-dessous** *ou* **par-dessus la jambe** to do sth carelessly *ou* in a slipshod way ◆ **il m'a tenu la jambe pendant des heures*** he kept me hanging about talking for hours ◆ **tirer dans les jambes de qn*** to make life difficult for sb ◆ **il s'est jeté dans nos jambes*** he got under our feet ◆ **elle est toujours dans mes jambes*** she's always getting in my way, she's always under my feet ◆ **j'en ai eu les jambes coupées !** it knocked me sideways* *ou* for six* *ou* for a loop* (*US*) ◆ **il est reparti sur une jambe*** (= *ivre*) he could hardly stand up *ou* he was legless* when he left ◆ **c'est un cautère** *ou* **un emplâtre sur une jambe de bois** it's no use at all; → **dégourdir, partie**[2]

③ (*Tech*) [*de compas*] leg; (= *étai*) prop, stay ◆ **jambe de force** (*pour poteau*) strut; (*dans voiture*) torque rod

jambette /ʒɑ̃bɛt/ NF (*Can* = *croc-en-jambe*) ◆ **faire une jambette à qn** to trip sb up

jambette[2] /ʒɑ̃bɛt/ NF (*Tech*) pointing sill

jambier, -ière[1] /ʒɑ̃bje, jɛʀ/ ADJ, NM ◆ **(muscle) jambier** leg muscle

jambière[2] /ʒɑ̃bjɛʀ/ SYN NF (*gén*) legging, gaiter; (*Sport*) pad; [*d'armure*] greave ◆ **jambières (en laine)** leg-warmers

jambon /ʒɑ̃bɔ̃/ NM ① (*Culin*) ham ◆ **jambon blanc** *ou* **cuit** *ou* **de Paris** boiled *ou* cooked ham ◆ **jambon cru** *ou* **de pays** cured ham ◆ **jambon de Parme/d'York** Parma/York ham ◆ **jambon à l'os** ham on the bone ◆ **jambon au torchon** top-quality cooked ham ◆ **un jambon-beurre*** a ham sandwich (*made from baguette*)
② (* *péj* = *cuisse*) thigh

jambonneau (*pl* **jambonneaux**) /ʒɑ̃bɔno/ NM knuckle of ham

jamboree /ʒɑ̃bɔʀe/ NM (*Scoutisme*) jamboree

jambose /ʒɑ̃boz/ NF rose apple

jambosier /ʒɑ̃bozje/ NM rose apple (tree)

jamerose /ʒamʀoz/ NF ⇒ **jambose**

jamerosier /ʒamʀozje/ NM ⇒ **jambosier**

jam-session (*pl* **jam-sessions**) /dʒamsesjɔ̃/ NF jam session

jan /ʒɑ̃/ NM [*de trictrac*] table

jangada /ʒɑ̃gada/ NF jangada

janissaire /ʒanisɛʀ/ NM janissary

jansénisme /ʒɑ̃senism/ NM Jansenism; (*fig*) austere code of morals

janséniste /ʒɑ̃senist/ SYN ADJ, NMF Jansenist

jante /ʒɑ̃t/ NF [*de bicyclette, voiture*] rim ◆ **jantes (en) alu/en alliage (léger)** aluminium (*Brit*) *ou* aluminum (*US*) /alloy wheels

Janus /ʒanys/ NM Janus ◆ **c'est un Janus** he's two-faced

janvier /ʒɑ̃vje/ NM January ; *pour autres loc voir* **septembre**

Japon /ʒapɔ̃/ NM Japan

japonais, e /ʒapɔnɛ, ɛz/
ADJ Japanese
NM (= *langue*) Japanese
NM,F **Japonais(e)** Japanese

japonaiserie /ʒapɔnɛzʀi/ NF Japanese curio

japonisant, e /ʒapɔnizɑ̃, ɑ̃t/
ADJ [*décor, style*] Japanese-inspired
NM,F expert on Japan

jappement /ʒapmɑ̃/ SYN NM yap, yelp

japper /ʒape/ SYN ► conjug 1 ◄ VI to yap, to yelp

jappeur, -euse /ʒapœʀ, øz/ ADJ yappy, yelping (*épith*)

jaquemart /ʒakmaʀ/ NM (clock) jack

jaquette /ʒakɛt/ SYN NF ① [*d'homme*] morning coat; [*de femme*] jacket; (*Helv* = *cardigan*) cardigan ◆ **il est de la jaquette (flottante)** †‡ he's one of them*, he's a poof‡ (*Brit*) *ou* a fag‡ (*US*)
② [*de livre*] (dust) jacket, (dust) cover; [*de cassette vidéo*] (plastic) cover
③ [*de dent*] crown

jaquier /ʒakje/ NM jackfruit (tree), jack (tree)

jardin /ʒaʀdɛ̃/ SYN
NM garden, yard (*US*) ◆ **rester au** *ou* **dans le jardin** to stay in the garden *ou* yard (*US*) ◆ **faire le jardin** to do the gardening ◆ **siège/table de jardin** garden seat/table ◆ **c'est mon jardin secret** (*fig*) those are my private secrets; → **côté, cultiver, pierre**
COMP **jardin d'acclimatation** zoological garden(s)
jardin d'agrément ornamental *ou* pleasure garden
jardin anglais *ou* **à l'anglaise** landscaped garden
jardin botanique botanical garden(s)
jardin de curé small enclosed garden
jardin d'enfants kindergarten
jardin à la française formal garden
le jardin des Hespérides the garden of Hesperides
jardin d'hiver [*de château*] winter garden; [*de maison*] conservatory
jardin japonais Japanese garden
le jardin des Oliviers (*Bible*) the Garden of Gethsemane
jardins ouvriers small plots of land rented out for gardening, allotments (*Brit*)
jardin potager vegetable *ou* kitchen garden
jardin public (public) park, public gardens
jardin de rapport † market garden
jardins suspendus terraced gardens, hanging gardens ◆ **les jardins suspendus de Babylone** the hanging gardens of Babylon
jardin zoologique ⇒ **jardin d'acclimatation**

jardinage /ʒaʀdinaʒ/ NM (*gén*) gardening; (*Sylviculture*) selective harvesting, selection ◆ **faire du jardinage** to garden, to do some gardening

jardiner /ʒaʀdine/ ► conjug 1 ◄
VI to garden, to do some gardening
VT [+ *forêt*] to manage

jardinerie /ʒaʀdinʀi/ NF garden centre

jardinet /ʒaʀdinɛ/ NM small garden ◆ **les jardinets des pavillons de banlieue** the small gardens *ou* the little patches of garden round suburban houses

jardinier, -ière /ʒaʀdinje, jɛʀ/ SYN
ADJ garden (*épith*) ◆ **culture jardinière** horticulture ◆ **plantes jardinières** garden plants
NM,F gardener
NF **jardinière** ① (= *caisse à fleurs*) window box; (*d'intérieur*) jardinière
② (*Culin*) ◆ **jardinière (de légumes)** mixed vegetables, jardinière
③ (*Scol*) ◆ **jardinière d'enfants** kindergarten teacher

jargon[1] /ʒaʀgɔ̃/ SYN NM ① (= *baragouin*) gibberish (*NonC*), double Dutch* (*NonC*) (*Brit*)
② (= *langue professionnelle*) jargon (*NonC*), lingo* (*NonC*) ◆ **jargon administratif** officialese (*NonC*), official jargon ◆ **jargon informatique** computerese* (*NonC*) ◆ **jargon journalistique** journalese (*NonC*) ◆ **jargon médical** medical jargon ◆ **jargon de métier** trade jargon *ou* slang ◆ **jargon du palais** (*Jur*) legal jargon, legalese (*NonC*)

jargon[2] /ʒaʀgɔ̃/ NM (*Minér*) jargon

jargonaphasie /ʒaʀgɔnafazi/ NF jargon aphasia

jargonner /ʒaʀgɔne/ ► conjug 1 ◄ VI (= *utiliser un jargon*) to talk in *ou* use jargon; (*péj*) to talk gibberish

jargonneux, -euse /ʒaʀgɔnø, øz/ ADJ [*texte*] full of jargon

Jarnac /ʒaʀnak/ N ◆ **coup de Jarnac** stab in the back

jarre[1] /ʒaʀ/ NF (earthenware) jar

jarre[2] /ʒaʀ/ NM [*de fourrure*] overhair, guard hair

jarret /ʒaʀɛ/ NM ① (*Anat*) [*d'homme*] back of the knee, ham; [*d'animal*] hock ◆ **avoir des jarrets d'acier** to have strong legs
② (*Culin*) ◆ **jarret de veau** knuckle *ou* shin of veal, veal shank (*US*)

jarretelle /ʒaʀtɛl/ NF suspender (*Brit*), garter (*US*)

jarretière /ʒaʀtjɛʀ/ NF garter; → **ordre**[1]

jars /ʒaʀ/ NM gander

jas[1] /ʒa/ NM (*Naut*) [*d'ancre*] anchor stock

jas[2] /ʒa/ NM (*dial*) sheepfold

jaser /ʒaze/ SYN ► conjug 1 ◄ VI ① [*enfant*] to chatter, to prattle; [*personne*] to chat away, to chat on*; [*oiseau*] to chatter, to twitter; [*jet d'eau, ruisseau*] to babble, to sing ◆ **on entend jaser la**

jasette | jeter

pie/le geai you can hear the magpie/the jay chattering
[2] (arg Police) to talk, to sing* ◆ **essayer de faire jaser qn** to try to make sb talk
[3] (= médire) to gossip ◆ **cela va faire jaser les gens** that'll set tongues wagging, that'll set people talking ou gossiping

jasette* /ʒazɛt/ NF (Can) ◆ **faire un brin de jasette** to have a chat ou a natter* (Brit) ◆ **avoir de la jasette** to have the gift of the gab*

jaseur, -euse /ʒazœʀ, øz/ SYN
[ADJ] [enfant] chattering (épith), prattling (épith); [oiseau] chattering (épith), twittering (épith); [ruisseau, jet d'eau] babbling (épith), singing (épith); [personne] (= médisant) gossipy, tittle-tattling (épith) (Brit)
[NM] [1] (= bavard) gasbag*, chatterbox; (= médisant) gossip, tittle-tattle
[2] (= oiseau) waxwing

jasmin /ʒasmɛ̃/ NM (= arbuste) jasmine ◆ **(essence de) jasmin** (= parfum) jasmine (perfume)

jaspe /ʒasp/ NM (= pierre) jasper; (= objet) jasper ornament ◆ **jaspe sanguin** bloodstone

jaspé, e /ʒaspe/ ADJ mottled, marbled

jasper /ʒaspe/ ▸ conjug 1 ◂ VT to mottle, to marble

jaspiner* /ʒaspine/ ▸ conjug 1 ◂ VI to chatter, to natter* (Brit)

jaspure /ʒaspyʀ/ NF mottling, marbling

jatte /ʒat/ SYN NF (shallow) bowl, basin

jauge /ʒoʒ/ SYN NF [1] (= instrument) gauge ◆ **jauge d'essence** petrol gauge ◆ **jauge (de niveau) d'huile** (oil) dipstick
[2] (= capacité) [de réservoir] capacity; [de navire] tonnage, burden; [de tricot] tension
[3] (Agr) trench ◆ **mettre en jauge** ≈ to heel in

jaugeage /ʒoʒaʒ/ NM [de navire, réservoir] gauging

jauger /ʒoʒe/ SYN ▸ conjug 3 ◂
[VT] [1] [+ réservoir] to gauge the capacity of; [+ navire] to measure the tonnage of
[2] [+ personne] to size up ◆ **il le jaugea du regard** he looked him up and down ◆ **jauger qn d'un coup d'œil** to size sb up at a glance
[VI] to have a capacity of ◆ **navire qui jauge 500 tonneaux** ship with a tonnage of 500, ship of 500 tonnes ou tons burden

jaugeur /ʒoʒœʀ/ NM gauger

jaumière /ʒomjɛʀ/ NF rudder hole

jaunasse* /ʒonas/ ADJ (péj) yellowish, dirty yellow (épith)

jaunâtre /ʒonɑtʀ/ ADJ [lumière, couleur] yellowish; [teint] sallow, yellowish

jaune /ʒon/
[ADJ] [couleur, dents] yellow; (littér) [blés] golden ◆ **il a le teint jaune** (mauvaise mine) he looks yellow ou sallow; (basané) he has a sallow complexion ◆ **jaune d'or** golden yellow ◆ **jaune moutarde** mustard yellow ◆ **jaune comme un citron** ou **un coing** as yellow as a lemon ◆ **jaune pipi*** pee-yellow*, piss-yellow*‡ → **corps, fièvre, nain, péril**
[NM] [1] (= couleur) yellow
[2] (Culin) ◆ **jaune (d'œuf)** (egg) yolk
[3] (* = pastis) ◆ **un (petit) jaune** (a small glass of) pastis
[NMF] [1] (*‡ : injurieux) ◆ **Jaune** Asian; (= Chinois) Chink*‡ (injurieux); (= Japonais) Jap*‡ (injurieux), Nip*‡ (injurieux)
[2] (péj = non-gréviste) scab*, blackleg (Brit)

jaunet, -ette /ʒonɛ, ɛt/
[ADJ] slightly yellow, yellowish
[NM] †† gold coin

jaunir /ʒoniʀ/ SYN ▸ conjug 2 ◂
[VT] [+ feuillage, vêtements] to turn yellow ◆ **doigts jaunis par la nicotine** nicotine-stained fingers, fingers stained yellow with nicotine ◆ **photos jaunies** yellowed photos
[VI] to yellow, to turn ou become yellow

jaunissant, e /ʒonisɑ̃, ɑ̃t/ ADJ (littér) [papier, feuillage] yellowing; [blé] ripening, yellowing (littér)

jaunisse /ʒonis/ NF (Méd) jaundice ◆ **en faire une jaunisse** (de dépit) to be pretty miffed*; (de jalousie) to be ou turn green with envy ◆ **tu ne vas pas nous en faire une jaunisse !** you're not going to get all huffy*, are you?

jaunissement /ʒonismɑ̃/ NM yellowing

Java /ʒava/ NF Java

java /ʒava/ NF (= danse) popular waltz ◆ **faire la java**‡ to live it up*, to have a rave-up* (Brit) ◆ **ils ont fait une de ces javas** they had a really wild time* ou a real rave-up* (Brit)

javanais, e /ʒavanɛ, ɛz/
[ADJ] Javanese
[NM] [1] (= langue) Javanese; (= argot) slang formed by adding "av" before each vowel of a word; (= charabia) gibberish, double Dutch* (Brit)
[2] (Ordin) ◆ **Java** Java
[NM,F] **Javanais(e)** Javanese

Javel /ʒavɛl/ NF ◆ **(eau de) Javel** bleach

javelage /ʒav(ə)laʒ/ NM laying in swathes, swathing

javeler /ʒav(ə)le/ ▸ conjug 4 ◂ VT to lay in swathes, to swathe

javeleur, -euse /ʒav(ə)lœʀ, øz/ NM,F swather

javeline /ʒavlin/ NF javelin

javelle /ʒavɛl/ NF [de céréales] swath ◆ **mettre en javelles** to lay in swaths

javellisation /ʒavelizasjɔ̃/ NF chlorination

javelliser /ʒavelize/ ▸ conjug 1 ◂ VT to chlorinate ◆ **cette eau est trop javellisée** there's too much chlorine in this water ◆ **eau très javellisée** heavily chlorinated water

javelot /ʒavlo/ NM (Mil, Sport) javelin; → **lancement**

jazz /dʒaz/ NM jazz ◆ **la musique (de) jazz** jazz (music)

jazzman /dʒazman/ (pl **jazzmen** /dʒazmɛn/) NM jazzman, jazz musician

jazzy /dʒazi/ ADJ INV [musique] jazz-style (épith), jazzy; [musicien] jazz-style (épith) ◆ **une version jazzy de leur chanson** a jazz version of their song

J.-C. (abrév de **Jésus-Christ**) ◆ **en (l'an) 300 av. J.-C./apr. J.-C.** in (the year) 300 BC/AD

je, j' /ʒ(ə)/
[PRON PERS] I
[NM] ◆ **le je** (Ling) the I-form, the 1st person singular; (Philos) the I

Jean /ʒɑ̃/ NM John ◆ **(saint) Jean-Baptiste** (St) John the Baptist ◆ **(saint) Jean de la Croix** St John of the Cross ◆ **Jean sans Terre** John Lackland ◆ **c'est Jean qui rit et Jean qui pleure** one minute he's laughing, the next minute he's crying

jean /dʒin/ NM (= tissu) denim; (= vêtement) (pair of) jeans, (pair of) denims ◆ **jean (de** ou **en) velours** cord(uroy) jeans ◆ **blouson en jean vert** green denim jacket ◆ **être en jean(s)** to be wearing jeans

jean-foutre*‡ /ʒɑ̃futʀ/ NM INV (péj) jackass (péj)

jean-le-blanc /ʒɑ̃ləblɑ̃/ NM INV short-toed eagle

Jeanne /ʒan/ NF Jane, Joan, Jean ◆ **Jeanne d'Arc** Joan of Arc ◆ **coiffure à la Jeanne d'Arc** page boy (haircut)

jeannette /ʒanɛt/ NF [1] ◆ **(croix à la) jeannette** gold cross (worn around neck)
[2] (= planche à repasser) sleeve-board
[3] (Scoutisme) Brownie (Guide)

Jeannot /ʒano/ NM Johnny ◆ **Jeannot lapin** bunny (rabbit), Mr Rabbit

Jeep ® /(d)ʒip/ NF Jeep ®

Jéhovah /ʒeova/ NM Jehovah; → **témoin**

jéjunal, e (mpl -aux) /ʒeʒynal, o/ ADJ jejunal

jéjunum /ʒeʒynɔm/ NM jejunum

je-m'en-fichisme* /ʒ(ə)mɑ̃fiʃism/ NM (I-)couldn't-care-less attitude*

je-m'en-fichiste* (pl **je-m'en-fichistes**) /ʒ(ə)mɑ̃fiʃist/
[ADJ] couldn't-care-less* (épith) ◆ **il est trop je-m'en-fichiste** he really just couldn't care less*
[NMF] couldn't-care-less* type*

je-m'en-foutisme‡ /ʒ(ə)mɑ̃futism/ SYN NM (I-)couldn't-give-a-damn attitude‡

je-m'en-foutiste‡ (pl **je-m'en-foutistes**) /ʒ(ə)mɑ̃futist/ SYN
[ADJ] (I-)couldn't-give-a-damn‡ (épith)
[NMF] (I-)couldn't-give-a-damn‡ type‡

je-ne-sais-quoi, je ne sais quoi /ʒ(ə)nsɛkwa/ NM INV (certain) something ◆ **elle a un je-ne-sais-quoi qui attire** there's a (certain) something about her that's very attractive, she has a certain je-ne-sais-quoi ou a certain indefinable charm ◆ **cette journée avait un je-ne-sais-quoi d'inhabituel** there was something unusual about today

jenny /ʒeni/ NF spinning jenny

jérémiades* /ʒeʀemjad/ NFPL moaning, whining

Jérémie /ʒeʀemi/ NM (= prophète) Jeremiah

jerez /xɛʀɛs/ NM ⇒ **xérès**

Jéricho /ʒeʀiko/ N Jericho

jerk /(d)ʒɛʀk/ NM (= danse) jerk

jerker /(d)ʒɛʀke/ ▸ conjug 1 ◂ VI (= danser) to jerk

jéroboam /ʒeʀɔbɔam/ NM [1] (= bouteille) jeroboam (bottle containing 3 litres)
[2] (Bible) ◆ **Jéroboam** Jeroboam

jerricane, jerrycan /(d)ʒeʀikan/ NM jerry can

Jersey /ʒɛʀze/ NF Jersey

jersey /ʒɛʀze/ NM [1] (= vêtement) jersey top (ou garment etc), sweater, jumper (Brit)
[2] (= tissu) jersey (cloth) ◆ **jersey de laine/de soie** jersey wool/silk ◆ **point de jersey** stocking stitch ◆ **tricoter un pull en jersey** to knit a jumper in stocking stitch

jersiais, e /ʒɛʀzjɛ, jɛz/
[ADJ] Jersey (épith), of ou from Jersey ◆ **race jersiaise** (Agr) Jersey breed ◆ **(vache) jersiaise** Jersey (cow)
[NM,F] **Jersiais(e)** inhabitant ou native of Jersey

Jérusalem /ʒeʀyzalɛm/ N Jerusalem ◆ **la Jérusalem nouvelle/céleste** the New/Heavenly Jerusalem

jésuite /ʒezɥit/ ADJ, NM (Rel, péj) Jesuit

jésuitique /ʒezɥitik/ ADJ (Rel, péj) Jesuitical

jésuitisme /ʒezɥitism/ NM (Rel, péj) Jesuitism, Jesuitry

jésus /ʒezy/ NM [1] ◆ **Jésus** (prénom) Jesus ◆ **le petit Jésus** the baby ou infant Jesus ◆ **Jésus-Christ** Jesus Christ ◆ **à un jet de pierre** avant/après Jésus-Christ in 300 BC/AD ◆ **doux Jésus !*** sweet Jesus!*‡
[2] (= statue) statue of the infant Jesus
[3] (= terme d'affection) ◆ **mon jésus** (my) darling
[4] (= saucisson) kind of pork sausage
[5] ◆ **(papier) jésus** super royal (printing paper) ◆ **(papier) petit jésus** super royal (writing paper)

jet¹ /ʒɛ/ SYN
[NM] [1] (= jaillissement) [d'eau, gaz, flamme] jet; [de sang] spurt, gush; [de salive] stream; [de pompe] flow ◆ **jet de lumière** beam of light
[2] [de pierre, grenade] (= action) throwing; (= résultat) throw ◆ **à un jet de pierre** a stone's throw away ◆ **un jet de 60 mètres au disque** a 60-metre discus throw ◆ **il a gagné par jet de l'éponge au troisième round** (Boxe) he won because his opponent's corner threw in the towel in the third round; → **arme**
[3] (locutions) ◆ **premier jet** [de lettre, livre] first ou rough draft; [de dessin] first ou rough sketch ◆ **du premier jet** at the first attempt ◆ **écrire d'un (seul) jet** to write in one go ◆ **à jet continu** in a continuous ou an endless stream
[4] (Tech = coulage) casting ◆ **couler une pièce d'un seul jet** to produce a piece in a single casting
[5] (= pousse) main shoot; (= rameau) branch
[COMP] **jet d'eau** (= fontaine) fountain, (= gerbe) spray; (au bout d'un tuyau) nozzle; (Archit) weathering
jet à la mer (Naut) jettison(ing)

jet² /dʒɛt/ NM (= avion) jet

jetable /ʒ(ə)tabl/
[ADJ] [briquet, mouchoir, rasoir, seringue, lentilles, appareil-photo] disposable ◆ **c'est l'ère du salarié jetable** these days employees are seen as expendable
[NM] (= appareil-photo) disposable camera; (= briquet) disposable lighter

jetage /ʒ(ə)taʒ/ NM nasal discharge; [de lapin] snuffle

jeté, e¹ /ʒ(ə)te/
[ADJ] (*‡ = fou) mad*, crazy*
[NM] [1] (Danse) ◆ **jeté (simple)** jeté ◆ **jeté battu** grand jeté
[2] (Sport) jerk
[3] (Tricot) ◆ **jeté (simple)** make one ◆ **faire un jeté** to drop a stitch
[COMP] **jeté de canapé** throw
jeté de lit bedspread
jeté de table table runner

jetée² /ʒ(ə)te/ SYN NF jetty; (grande) pier ◆ **jetée flottante** floating bridge

jeter /ʒ(ə)te/ SYN ▸ conjug 5 ◂
[VT] [1] (= lancer) to throw; (avec force) to fling, to hurl, to sling; [+ dés] to throw ◆ **jeter qch à qn**

(pour qu'il l'attrape) to throw sth to sb; *(agressivement)* to throw *ou* fling *ou* hurl sth at sb ◆ **jeter qn/qch à l'eau** *(de la rive)* to throw sb/sth into the water; *(d'un bateau)* to throw sb/sth overboard ◆ **le navire a été jeté à la côte** the ship was driven towards the coast ◆ **elle lui a jeté son cadeau à la figure** *ou* **à la tête** she threw *ou* hurled his present at him ◆ **jeter à la mer** *ou* **par-dessus bord** *[+ personne]* to throw overboard; *[+ objet]* to throw overboard, to jettison ◆ **jeter bas** *(littér)* *[+ statue, gouvernement]* to topple ◆ **jeter qn à terre** *ou* **à bas** *[cheval]* to throw sb ◆ **il a jeté son camion contre un arbre** he crashed his truck *ou* lorry *(Brit)* into a tree, his truck *ou* lorry *(Brit)* careered into a tree ◆ **jeter dehors** *ou* **à la porte** *[+ visiteur]* to throw out, to chuck out‡ *(Brit)*; *[+ employé]* to fire, to sack *(Brit)* ◆ **jeter qn en prison** to throw *ou* cast sb into prison ◆ **jeter qch par la fenêtre** to throw sth out of the window ◆ **jeter sa cigarette/un papier par terre** to throw one's cigarette/a piece of paper on the ground ◆ **il a jeté sa serviette/son sac par terre** he threw down his towel/his bag ◆ **les gens qui jettent leurs papiers par terre** people who drop litter ◆ **il a jeté son agresseur par** *ou* **à terre** he threw his attacker to the ground ◆ **n'en jetez plus (la cour est pleine) !*** *(après compliments)* don't! *ou* stop it! you're embarrassing me!; *(après injures etc)* cut it out!*, pack it in!* *(Brit)* ; → **ancre, bébé, dévolu, rue**[1] *etc*

2 *(= mettre au rebut)* *[+ papiers, objets]* to throw away *ou* out; *(Cartes)* to discard ◆ **jeter qch au panier/à la poubelle/au feu** to throw sth into the wastepaper basket/in the dustbin/in *ou* on the fire ◆ **jette l'eau sale dans l'évier** pour *ou* tip the dirty water down the sink ◆ **il n'y a rien à jeter*** *(hum)* it *(ou* he *etc)* can't be faulted ◆ **se faire jeter‡** *(d'une réunion, entreprise)* to get thrown out, to get chucked‡ out *(Brit)* *(de* of); *(lors d'une requête, déclaration d'amour)* to be sent packing*; → **bon**[1]

3 *(= construire)* *[+ pont]* to throw *(sur* over, across); *[+ fondations]* to lay ◆ **jeter les bases d'une nouvelle Europe** *(fig)* to lay the foundations of a new Europe ◆ **jetez la passerelle !** *(d'un bateau)* set up the gangway!

4 *(= émettre)* *[+ lueur]* to give out, to cast, to shed; *[+ ombre]* to cast; *[+ son]* to let out, to give out; *[+ cri]* to utter, to let out ◆ **il en jette, dans son smoking !‡** he's a knockout* *ou* he looks a million dollars* in his dinner jacket! ◆ **ce nouveau tapis dans le salon, ça en jette‡** the new carpet in the sitting room looks really great* ◆ **elle (en) jette, cette voiture !*** that's some car!*; → **feu**[1]

5 *(= mettre rapidement)* ◆ **jeter des vêtements dans un sac** to sling *ou* throw some clothes into a bag ◆ **va jeter cette carte à la boîte** go and pop* this card into the postbox ◆ **jeter une veste sur ses épaules** to slip a jacket over *ou* round one's shoulders ◆ **jeter une idée sur le papier** to jot down an idea

6 *(= plonger)* to plunge, to throw ◆ **jeter qn dans le désespoir** to plunge sb into despair ◆ **jeter qn dans l'embarras** to throw sb into confusion ◆ **il a jeté son pays dans la guerre** he plunged his country into war

7 *(= répandre)* to cast ◆ **jeter l'effroi chez/parmi** to sow alarm and confusion in/among ◆ **jeter le trouble dans les esprits** *(= perturber)* to disturb *ou* trouble people; *(= rendre perplexe)* to sow confusion in people's minds ◆ **sa remarque a jeté un froid** his remark put a damper on things *ou* cast a chill over the company; → **discrédit, sort**

8 *(= dire)* to say *(à* to) ◆ « **dépêche-toi !** », **me jeta-t-il en passant** "hurry up!", he called out to me as he went by ◆ **jeter des remarques dans la conversation** to throw in *ou* toss in remarks ◆ **jeter des insultes/menaces** to hurl insults/threats ◆ **je lui ai jeté la vérité/l'accusation à la figure** *ou* **à la tête** I hurled *ou* flung the truth/accusation at him ◆ **il lui jeta à la tête qu'il n'était qu'un imbécile** he told him to his face that he was nothing but a fool ◆ **il nous jette à la tête ses relations/ses diplômes** he's always trying to impress us with *ou* always harping on* to us about the important people he knows/all the qualifications he's got

9 *(mouvement du corps)* ◆ **jeter les épaules/la tête en avant** to throw *ou* thrust one's shoulders/one's head forward ◆ **jeter les bras autour du cou de qn** to throw *ou* fling one's arms round sb's neck ◆ **elle lui jeta un regard plein de mépris** she cast a withering look at him, she looked *ou* glanced witheringly at him; → **œil**

VPR se jeter 1 *(= s'élancer)* ◆ **se jeter par la fenêtre/du douzième étage** to throw o.s. out of the window/from the twelfth floor ◆ **se jeter à l'eau** *(lit)* to launch o.s. *ou* plunge into the water; *(fig)* to take the plunge ◆ **se jeter à la tête de qn** to throw o.s. at sb ◆ **se jeter dans les bras/aux pieds de qn** to throw o.s. into sb's arms/at sb's feet ◆ **sa voiture s'est jetée contre un arbre** his car crashed into a tree ◆ **un chien s'est jeté sous mes roues** a dog rushed out under the wheels of my car ◆ **il s'est jeté sous un train** he threw himself under *ou* in front of a train ◆ **se jeter sur qn** to rush at sb ◆ **se jeter sur sa proie** to swoop down *ou* pounce on one's prey ◆ **il se jeta sur la nourriture comme un affamé** he fell (up)on the food like a starving man ◆ **se jeter sur** *[+ lit]* to throw *ou* fling o.s. onto; *[+ téléphone]* to rush to; *[+ journal, roman]* to pounce on; *[+ occasion, solution]* to jump at ◆ **se jeter dans la politique/les affaires** to launch o.s. into politics/business; → **corps, cou, genou**

2 *(= se déverser)* *[de rivière]* to flow *(dans* into) ◆ **le Rhône se jette dans la Méditerranée** the Rhone flows into the Mediterranean

3 *(= se lancer)* *[+ pierres, ballon]* to throw *ou* hurl at each other ◆ **ils se jetèrent des injures à la tête** they hurled insults at each other

4 *(‡ = boire)* ◆ **on va s'en jeter un (derrière la cravate)** we'll have a quick one* ◆ **on va s'en jeter un dernier** we'll have one for the road*

5 *(sens passif)* ◆ **ça se jette** it's disposable, you can throw it away (once you've used it)

jeteur /ʒ(ə)tœʀ/ **NM** ◆ **jeteur de sort** wizard

jeteuse /ʒ(ə)tøz/ **NF** ◆ **jeteuse de sort** witch

jeton /ʒ(ə)tɔ̃/ **NM** 1 *(= pièce)* *(gén)* token; *(Jeux)* counter; *(Roulette)* chip ◆ **jeton de téléphone** telephone token ◆ **jeton (de présence)** *(= argent)* director's fees; *(= objet)* token ◆ **toucher ses jetons** *(= somme)* to draw one's fees; → **faux**[2]

2 *‡ (= coup)* bang; *(= marque)* dent ◆ **ma voiture a pris un jeton** my car was dented ◆ **avoir les jetons** to have the jitters* *ou* the willies‡ ◆ **ça lui a fichu les jetons** it gave him the jitters* *ou* the willies‡

jet-set (pl **jet-sets**) /dʒɛtsɛt/ **NM** *ou* **NF**, **jet-society** /dʒɛtsɔsajti/ **NF** jet set ◆ **membre de la jet-set** jet setter

jet-ski /dʒɛtski/ **NM** jet-ski

jet-stream (pl **jet-streams**) /dʒɛtstʀim/ **NM** jet stream

jeu (pl **jeux**) /ʒø/ SYN

NM 1 *(= amusement, divertissement)* ◆ **le jeu** play ◆ **l'enfant s'éduque par le jeu** the child learns through play ◆ **le jeu du soleil sur l'eau** *(fig)* the play of the sunlight on the water ◆ **c'est un jeu d'enfant** it's child's play, it's a snap* *(US)* ◆ **il s'est fait un jeu de résoudre ce problème** he made light work of the problem ◆ **par jeu** for fun ◆ **il critiquait tout, comme par jeu** he criticized everything as if it was some kind of game

2 *(gén avec règles)* game ◆ **jeu d'intérieur/de plein air** indoor/outdoor game ◆ **jeu d'adresse** game of skill ◆ **jeu de cartes** card game ◆ **le jeu d'échecs/de quilles** the game of chess/of skittles ◆ **jeu à 13/15** *(Rugby)* rugby league/union ◆ **le jeu de la vérité** the truth game ◆ **quel jeu de cons !‡** how bloody‡ *(Brit)* *ou* goddam‡ *(US)* stupid! ◆ **c'est le jeu** it's fair (play) ◆ **ce n'est pas de** *ou* **du jeu*** that's not (playing) fair ◆ **ce n'est qu'un jeu** it's just a game ◆ **ce n'est qu'un jeu de l'esprit** it's just a mental exercise ◆ **le jeu n'en vaut pas la chandelle** the game is not worth the candle ◆ **jeux de main(s), jeux de vilain(s) !** *(Prov)* stop fooling around or it will end in tears!; → **jouer**

3 *(Sport = partie)* game ◆ **il mène (par) 5 jeux à 2** *(Tennis)* he leads (by) 5 games to 2 ◆ « **jeu, set, et match** » "game, set and match" ◆ **la pluie a ralenti le jeu** the rain slowed down play (in the game) ◆ **faire jeu égal avec qn** to be evenly matched

4 *(Sport = terrain)* ◆ **jeu de boules** *(sur sol nu)* *area where boules is played*; *(sur gazon)* bowling green ◆ **jeu de quilles** skittle alley ◆ **la balle est sortie du jeu** the ball has gone out of play; → **hors**

5 *(Casino)* gambling ◆ **il a perdu toute sa fortune au jeu** he has gambled away his entire fortune, he lost his fortune (at) gambling ◆ « **faites vos jeux** » "place your bets" ◆ **les jeux sont faits** *(Casino)* les jeux sont faits; *(fig)* the die is cast ◆ **jeux de tirage** lotteries, draws ◆ **jeux de grattage** scratch-card games; → **heureux**

6 *(= ensemble des pions, boîte)* game, set ◆ **jeu d'échecs/de boules/de quilles** chess/bowls/skittle set ◆ **jeu de 52 cartes** pack *ou* deck *(US)* of 52 cards

7 *(= série complète)* *[de clés, aiguilles]* set ◆ **jeu de caractères** *(Ordin)* character set ◆ **jeu d'orgue(s)** organ stop

8 *(= cartes)* hand ◆ **il laisse voir son jeu** he shows his hand ◆ **je n'ai jamais de jeu** I never have a good hand ◆ **le grand jeu** *(aux tarots)* the major arcana ◆ **sortir le grand jeu** *(fig)* to pull out all the stops ◆ **il a beau jeu de protester maintenant** it's easy for him to complain now; → **cacher**

9 *(= façon de jouer)* *(Sport)* game; *(Mus)* technique, (manner of) playing; *(Ciné, Théât)* acting ◆ **il a un jeu rapide/lent/efficace** *(Sport)* he plays a fast/a slow/an effective game ◆ **pratiquer un jeu ouvert** *(Rugby)* to keep the game open ◆ **elle a un jeu saccadé/dur** *(Mus)* she plays jerkily/harshly, her playing is jerky/harsh

10 *(= fonctionnement)* *(Admin, Pol etc)* working, interaction, interplay; *(Tech)* play ◆ **le jeu des pistons** the play of the pistons ◆ **le jeu des alliances/des institutions** the interplay of alliances/of institutions ◆ **le marché est régulé par le jeu de l'offre et de la demande** the market is regulated by (the interplay between) supply and demand ◆ **fausser le jeu de la concurrence** to restrict *ou* hamper the free play of competition

11 *(= stratégie, manège)* game ◆ **j'ai compris son petit jeu !** I know his little game *ou* what he's up to! ◆ **à quel jeu joues-tu ?** what are you playing at? ◆ **c'est un jeu de dupes** it's a fool's *ou* mug's* *(Brit)* game ◆ **entrer** *ou* **marcher dans le jeu de qn** to go *ou* play along with sb, to play sb's game ◆ **faire** *ou* **jouer le jeu de qn** to play into sb's hands ◆ **je vois clair** *ou* **je lis dans son jeu** I know his little game, I know what he's playing at *ou* what he's up to ◆ **il s'est piqué** *ou* **pris au jeu** he really got into it*, he got hooked* ◆ **il a été pris à son propre jeu** he was caught out at his own game; → **bascule, double**

12 *(= espace)* ◆ **donner du jeu à qch** to loosen sth up a bit ◆ **la vis a pris du jeu** the screw has worked loose ◆ **la porte ne ferme pas bien, il y a du jeu** the door isn't a tight fit

LOC ADV en jeu 1 *(Sport)* in play ◆ **mettre** *ou* **remettre en jeu** to throw in ◆ **mise en jeu** *(Tennis)* serve; *(Hockey)* bully-off; *(sur glace)* face-off ◆ **remise en jeu** throw-in

2 *(= en action)* ◆ **les forces en jeu** the forces at work ◆ **entrer/mettre en jeu** to come/bring into play ◆ **mise en jeu** *[de facteur, élément]* bringing into play; *[de mécanisme]* activation, bringing into operation

3 *(= en cause)* ◆ **être en jeu** to be at stake ◆ **les intérêts/les sommes en jeu sont considérables** there are considerable interests/sums of money at stake ◆ **il mettra tout en jeu pour nous aider** he'll risk everything *ou* stake his all to help us

COMP jeu d'arcade arcade video game
jeu blanc *(Tennis)* love game
jeux du cirque *(Hist)* circus games
jeu pour console console game
jeu de construction building *ou* construction set
jeu décisif *(Tennis)* tie-break, tiebreaker
jeux d'eau fountains
jeu d'écritures *(Comm)* dummy entry
jeu électronique electronic game
jeu d'entreprise business *ou* management game
jeu de hasard game of chance
jeu de jambes *(Sport)* footwork, leg movement
jeux de lumière *(artificiels)* lighting effects; *(naturels)* play of light *(NonC)*
jeu de mains *[de pianiste]* playing, technique
jeu de massacre *(à la foire)* Aunt Sally; *(fig)* wholesale massacre *ou* slaughter
jeu de mots play on words *(NonC)*, pun
jeu de l'oie ≈ snakes and ladders
Jeux olympiques Olympic games, Olympics ◆ **les Jeux olympiques d'hiver** the Winter Olympics ◆ **Jeux olympiques handisports** *ou* **pour handicapés** Paralympics
jeu de patience puzzle
jeux de physionomie facial expressions
jeu de piste treasure hunt
jeu radiophonique radio game
jeu de rôles role play
jeu de scène *(Théât)* stage business *(NonC)*
jeu des sept erreurs (game of) spot the difference

jeu de société (charades, portrait etc) parlour game; (Monopoly, Scrabble etc) board game
jeux du stade (Hist) (ancient) Olympic games
jeu de stratégie game of strategy
jeu télévisé television game; (avec questions) (television) quiz
jeu vidéo video game
jeu virtuel computer game ◆ **le jeu virtuel** (computer) gaming

jeu-concours (pl **jeux-concours**) /ʒøkɔ̃kuʀ/ NM (Presse, Radio, TV) competition; (avec questions) quiz

jeudi /ʒødi/ NM Thursday ◆ **le jeudi de l'Ascension** Ascension Day; → **saint** ; pour autres loc voir **samedi**

jeun /ʒœ̃/ SYN **à jeun** LOC ADV ◆ **être à jeun** (= n'avoir rien mangé) to have eaten nothing; (= n'avoir rien bu) to have drunk nothing; (= ne pas être ivre) to be sober ◆ **boire à jeun** to drink on an empty stomach ◆ **à prendre à jeun** (Méd) to be taken on an empty stomach ◆ **venez à jeun** don't eat or drink anything before you come

jeune /ʒœn/ SYN

ADJ 1 (= en années) young ◆ **homme jeune** young man ◆ **jeune chien** young dog ◆ **mes jeunes années** the years of my youth ◆ **dans mon jeune âge** ou **temps** in my youth, when I was young ◆ **vu son jeune âge** in view of his youth ◆ **il n'est plus tout** ou **très jeune** he's not as young as he used to be, he's not in his first youth ◆ **il est plus jeune que moi de cinq ans** he's five years younger than me, he's five years my junior ◆ **ils font jeune(s)** they look young ◆ **il fait plus jeune que son âge** he doesn't look his age, he looks younger than he is ◆ **cette coiffure la fait paraître plus jeune** that hairstyle makes her look younger

2 (après nom) [apparence, visage] youthful; [couleur, vêtement] young, which makes one look young ◆ **soyez/restez jeunes !** be/stay young! ou youthful! ◆ **être jeune d'allure** to be young-looking, to be youthful in appearance ◆ **être jeune de caractère** ou **d'esprit** (puéril) to have a childish outlook, to be immature; (dynamique) to have a young ou youthful outlook ◆ **être jeune de cœur** to be young at heart ◆ **être jeune de corps** to have a youthful figure

3 (= récent) [industrie, science, vin] young

4 (= inexpérimenté) raw, inexperienced, green* ◆ **il est encore bien jeune** he's still very inexperienced ◆ **être jeune dans le métier** to be new ou a newcomer to the trade

5 (= cadet) junior ◆ **mon jeune frère** my younger brother ◆ **mon plus jeune frère** my youngest brother ◆ **Durand jeune** Durand junior

6 (* = insuffisant) short, skimpy ◆ **ça fait jeune, c'est un peu jeune** [temps] it's cutting it a bit short ou fine; [argent] that's not much; [tissu] it's not (going to be) enough; [boisson, nourriture] there's not enough to go round

NM 1 (= personne) youngster, youth, young man ◆ **un petit jeune** a young lad ◆ **les jeunes de maintenant** ou **d'aujourd'hui** young people ou the youth of today ◆ **club** ou **maison de jeunes** youth club
◆ **donner un coup de jeune à*** [+ bâtiment, local] to give a face-lift to, to freshen up; [+ émission] to give a new look to ◆ **ils ont donné un coup de jeune au cinéma australien** they've breathed new life into Australian cinema ◆ **cette relation lui a donné un coup de jeune** this relationship gave him a new lease of life

2 (= animal) young animal

NF girl ◆ **une petite jeune** a young girl

ADV ◆ **s'habiller jeune** to dress young for one's age ◆ **se coiffer jeune** to have a young ou modern hairstyle

COMP **jeune femme** young woman
jeune fille girl
jeune garçon boy, young lad*
jeune génération younger generation
jeunes gens (gén) young people; (= garçons) boys
jeune homme young man
jeune loup (gén) go-getter; (= politicien) young Turk
jeune marié bridegroom ◆ **les jeunes mariés** the newlyweds ◆ **un couple de jeunes mariés** a couple of newlyweds
jeune mariée bride
jeune premier (Ciné, Théât) romantic male lead ◆ **il a un physique** ou **une tête de jeune premier** he has film-star looks ◆ **il veut encore jouer les jeunes premiers** he still thinks he can play young roles
jeune première (Ciné, Théât) romantic female lead

jeûne /ʒøn/ SYN NM fast ◆ **rompre le jeûne** to break one's fast ◆ **jour de jeûne** fast day ◆ **faire un jeûne de trois jours** to fast for three days ◆ **le Jeûne fédéral** (Helv) Swiss holiday weekend at the end of September

jeûner /ʒøne/ ► conjug 1 ◄ VI (gén) to go without food; (Rel) to fast ◆ **faire jeûner un malade** to make a sick person go without food ◆ **laisser jeûner ses enfants** to let one's children go hungry

jeunesse /ʒœnɛs/ SYN NF 1 (= période) youth ◆ **la jeunesse du monde** (littér) the dawn of the world ◆ **en pleine jeunesse** in the prime of youth ◆ **dans ma jeunesse** in my youth, in my younger days ◆ **folie/erreur/péché de jeunesse** youthful prank/mistake/indiscretion ◆ **je n'ai pas eu de jeunesse** I didn't have much of a childhood ◆ **en raison de son extrême jeunesse** owing to his extreme youth ◆ **il n'est plus de la première jeunesse** he's not as young as he was ou as he used to be, he's not in the first flush of youth ◆ **il faut que jeunesse se passe** (Prov) youth must have its fling; → **œuvre**

2 (= qualité) youth, youthfulness ◆ **jeunesse de cœur** youthfulness of heart ◆ **la jeunesse de son visage/de son corps** his youthful face/figure ◆ **avoir un air de jeunesse** to have a youthful look ◆ **il a une grande jeunesse d'esprit** he has a very young outlook

3 (= personnes jeunes) youth, young people ◆ **la jeunesse dorée** the young jet set ◆ **la jeunesse ouvrière** (the) young workers ◆ **la jeunesse étudiante/des écoles** young people at university/at school ◆ **livres pour la jeunesse** books for the young ou for young people ◆ **la jeunesse est partie devant** † the young ones ou the young people have gone on ahead ◆ **si jeunesse savait, si vieillesse pouvait** (Prov) if youth but knew, if old age but could; → **auberge, voyage**

4 († * = jeune fille) (young) girl

5 (gén pl = groupe) youth ◆ **les jeunesses communistes** the Communist Youth Movement

jeunet, -ette* /ʒœnɛ, ɛt/ ADJ (péj) rather young ◆ **il est un peu jeunet pour lire ce roman** he's rather young ou he's a bit on the young side to be reading this novel

jeûneur, -euse /ʒønœʀ, øz/ NM,F person who fasts ou is fasting

jeunisme /ʒœnism/ NM (en faveur des jeunes) ageism, cult of youth; (contre les jeunes) discrimination against young people ◆ **faire du jeunisme** to discriminate in favour of (ou against) young people

jeuniste /ʒœnist/ ADJ (en faveur des jeunes) pro-youth; (contre les jeunes) anti-youth

jeunot, -otte* /ʒœno, ɔt/
ADJ ⇒ **jeunet**
NM young fellow*

jf 1 (abrév de **jeune fille**) → **jeune**
2 (abrév de **jeune femme**) → **jeune**

jh (abrév de **jeune homme**) → **jeune**

jihad /ʒi(j)ad/ NM ⇒ **djihad**

jiu-jitsu /ʒjyʒitsy/ NM jujitsu, jiujitsu

JO /ʒio/
NMPL (abrév de **Jeux olympiques**) Olympics
NM (abrév de **Journal officiel**) → **journal**

joaillerie /ʒɔajʀi/ NF 1 (= travail) jewellery (Brit) ou jewelry (US) making; (= commerce) jewellery (Brit) ou jewelry (US) trade ◆ **travailler dans la joaillerie** to work in jewellery ou in the jewel trade
2 (= marchandise) jewellery (Brit), jewelry (US)
3 (= magasin) jeweller's (Brit) ou jeweler's (US) (shop)

joaillier, -ière /ʒɔaje, jɛʀ/ NM,F jeweller

Job /ʒɔb/ NM (Rel) Job; → **pauvre**

job /dʒɔb/
NM (* = travail) job ◆ **il a trouvé un petit job pour l'été** he's found a summer job
NF (Can) job

jobard, e* /ʒɔbaʀ, aʀd/
ADJ gullible
NM,F (= dupe) sucker*, mug* (Brit)

jobarderie* /ʒɔbaʀd(ə)ʀi/, **jobardise*** /ʒɔbaʀdiz/ NF gullibility

jobiste /(d)ʒɔbist/ NMF (Belg) student who does part-time jobs

jocasse /ʒɔkas/ NF fieldfare

Jocaste /ʒɔkast/ NF Jocasta

jockey /ʒɔkɛ/ NM jockey; → **régime**[1]

Joconde /ʒɔkɔ̃d/ NF ◆ **la Joconde** the Mona Lisa

jocrisse † /ʒɔkʀis/ NM (= niais) simpleton

jodhpur(s) /dʒɔdpyʀ/ NM(PL) jodhpurs

jodler /jɔdle/ ► conjug 1 ◄ VI to yodel

jogger /dʒɔge/ ► conjug 1 ◄ VI to jog, to go jogging

joggeur, -euse /dʒɔgœʀ, øz/ NM,F jogger

jogging /dʒɔgiŋ/ NM 1 (= sport) jogging ◆ **faire du jogging** to go jogging ◆ **il faisait son jogging dans le parc** he was jogging in the park ◆ **je fais mon jogging tous les jours** I go for a jog ou I go jogging every day
2 (= survêtement) jogging suit, sweatsuit (surtout US)

⚠ Au sens de 'survêtement', **jogging** ne se traduit pas par le mot anglais **jogging**.

johannique /ʒɔanik/ ADJ Johannine

johannite /ʒɔanit/ NMF Johannite

joice* /ʒwas/ ADJ* ⇒ **jouasse**

joie /ʒwa/ GRAMMAIRE ACTIVE 24.1 SYN
NF 1 (= sentiment) joy; (sens diminué) pleasure ◆ **à ma grande joie** to my great joy ou delight ◆ **fou** ou **ivre de joie** wild with joy ◆ **la nouvelle le mit au comble de la joie** he was overjoyed at hearing the news ou to hear the news ◆ **accueillir la nouvelle avec une joie bruyante** to greet the news with great shouts of joy ◆ **ses enfants sont sa plus grande joie** his children are his greatest delight ou joy ◆ **c'était une joie de le regarder** it was a joy ou delight to look at him, he was a joy to look at ◆ **quand aurons-nous la joie de vous revoir ?** when shall we have the pleasure of seeing you again? ◆ **il accepta avec joie** he accepted with delight ◆ **sauter** ou **bondir de joie** to jump for joy ◆ **on travaille dans la joie et la bonne humeur ici** (souvent iro) it's a real joy to work here; → **cœur, feu**[1]**, fille**

2 (locutions) **joie de vivre** joie de vivre, joy of life ◆ **être plein de joie de vivre** to be full of joie de vivre ou the joys of life ◆ **cela le mit en joie** he was overjoyed ◆ **ce livre a fait la joie de tous** this book has delighted ou has given great pleasure to everyone ◆ **le clown tomba pour la plus grande joie des enfants** the clown fell over to the (great) delight of the children ◆ **il se faisait une telle joie d'y aller** he was so looking forward to going ◆ **je me ferai une joie de le faire** I shall be delighted ou only too pleased to do it ◆ **c'est pas la joie !*** it's no fun!

NFPL **joies** ◆ **les joies de la vie** the joys of life ◆ **les joies du monde** ou **de la terre** (Rel) worldly ou earthly pleasures ou joys ◆ **les joies du mariage** the joys of marriage ◆ **encore une panne, ce sont les joies de la voiture !** (iro) another breakdown, that's one of the joys ou delights of motoring! (iro)

joignable /ʒwaɲabl/ ADJ ◆ **être difficilement joignable** to be difficult to reach ou contact ◆ **il est joignable à tous moments** he can be reached at any time

joindre /ʒwɛ̃dʀ/ GRAMMAIRE ACTIVE 25.2 SYN
► conjug 49 ◄
VT 1 (= mettre ensemble) to join, to put together ◆ **joindre deux tables/planches** to put two tables/planks together ◆ **joindre un bout de ficelle à un autre** to join one piece of string to another ◆ **joindre les mains** to put ou bring one's hands together, to clasp one's hands ◆ **joindre les talons/les pieds** to put one's heels/one's feet together ◆ **les mains jointes** with his (ou her etc) hands together

2 (= relier) to join, to link ◆ **une digue/un câble joint l'île au continent** a dyke/a cable links the island with the mainland

3 (= unir) [+ efforts] to combine, to join ◆ **joindre l'utile à l'agréable** to combine business with pleasure ◆ **elle joint l'intelligence à la beauté** she combines intelligence and beauty ◆ **joindre le geste à la parole** to act in accordance with what one says, to match one's action to one's words ◆ **joindre les deux bouts*** to make (both) ends meet

4 (= ajouter) to add, to attach (à to); (= inclure) [+ timbre, chèque] to enclose (à with) ◆ **les avantages joints à ce poste** the advantages attached

to this post, the fringe benefits of this post ◆ **carte jointe à un bouquet/cadeau** card attached to a bouquet/a gift ◆ **pièce jointe** *[de lettre]* enclosure; *(Ordin)* attachment ◆ **envoyer qch en pièce jointe** to send sth as an attachment

5 *(= contacter) [+ personne]* to get in touch with, to contact ◆ **essayez de le joindre par téléphone** try to get in touch with *ou* try to get hold of *ou* try to contact him by telephone

VI *[fenêtre, porte]* to shut, to close ◆ **ces fenêtres joignent mal** these windows don't shut *ou* close properly ◆ **est-ce que ça joint bien ?** *[planches]* does it make a good join?, does it join well?

VPR **se joindre** 1 *(= s'unir à)* ◆ **se joindre à** to join ◆ **se joindre à la procession** to join the procession ◆ **se joindre à la foule** to mingle *ou* mix with the crowd ◆ **voulez-vous vous joindre à nous ?** would you like to join us? ◆ **se joindre à la discussion** to join in the discussion ◆ **mon mari se joint à moi pour vous exprimer notre sympathie** my husband and I wish to express our sympathy, my husband joins me in offering our sympathy *(frm)*

2 *[mains]* to join

joint[1] /ʒwɛ̃/ **NM** 1 *(Anat, Géol, Tech) (= assemblage, articulation)* joint; *(= ligne de jonction)* join; *(en ciment)* pointing ◆ **joint de cardan** cardan joint ◆ **joint de culasse** cylinder head gasket ◆ **joint d'étanchéité** seal ◆ **joint de robinet** washer

2 *(locutions)* ◆ **faire le joint** * *(en provisions)* to last *ou* hold out; *(en argent)* to bridge the gap *(jusqu'à* until) ◆ **chercher/trouver le joint** * to look (around) for/find the answer

joint[2] * /ʒwɛ̃/ **NM** *(Drogue)* joint *, spliff * ◆ **se faire** *ou* **se rouler un joint** to roll (o.s.) a joint * *ou* a spliff *

jointé, e /ʒwɛ̃te/ **ADJ** ◆ **cheval court-jointé/long-jointé** short-/long-pasterned horse, horse with short/long pasterns

jointif, -ive /ʒwɛ̃tif, iv/ **ADJ** joined, contiguous; *[planches]* butt-jointed ◆ **(cloison) jointive** butt-jointed partition

jointoiement /ʒwɛ̃twamɑ̃/ **NM** *(Tech)* pointing

jointoyer /ʒwɛ̃twaje/ ► conjug 8 ◄ **VT** *[+ mur]* to point ◆ **des murs de pierre grossièrement jointoyés** stone walls with rather crudely-finished pointing

jointure /ʒwɛ̃tyʀ/ SYN **NF** 1 *(Anat)* joint ◆ **jointure du genou** knee joint ◆ **à la jointure du poignet** at the wrist (joint) ◆ **faire craquer ses jointures** to crack one's knuckles ◆ **à la jointure de deux os** at the joint between two bones ◆ **jointures** *[de cheval]* fetlock-joints

2 *(Tech) (= assemblage)* joint; *(= ligne de jonction)* join

joint-venture, joint venture (pl **joint(-)ventures**) /dʒɔjntvɛntʃœʀ/ **NF** joint venture

jojo * /ʒoʒo/

ADJ *[personne, objet]* ◆ **il est pas jojo** he's (*ou* it's) not much to look at

NM ◆ **affreux jojo** *(= enfant)* little horror; *(= adulte)* nasty piece of work *

jojoba /ʒɔʒɔba/ **NM** jojoba ◆ **huile de jojoba** jojoba oil

joker /(d)ʒɔkɛʀ/ **NM** 1 *(Cartes)* joker ◆ **jouer** *ou* **sortir** *ou* **utiliser son joker** *(lit)* to play one's joker; *(fig)* to play one's trump card

2 *(Ordin)* ◆ **(caractère) joker** wild card

joli, e /ʒɔli/ SYN **ADJ** 1 *[enfant, femme]* pretty, attractive, nice; *[objet]* pretty, nice; *[chanson, pensée, promenade, appartement]* nice ◆ **d'ici, la vue est très jolie** you get a very nice view from here ◆ **joli comme un cœur** (as) pretty as a picture ◆ **il est joli garçon** he's quite good-looking

2 *(* = non négligeable) [revenu, profit]* nice *(épith)*, good, handsome *(épith)*; *[résultat]* good ◆ **ça fait une jolie somme** it's quite a tidy sum ◆ **il a une jolie situation** he has a good position

3 *(iro)* ◆ **embarquez tout ce joli monde !** take this nasty bunch *ou* crew * away! ◆ **un joli coco** * *ou* **monsieur** a nasty character, a nasty piece of work *

4 *(locutions)* ◆ **tout ça c'est bien joli mais...** that's all very well *ou* fine but... ◆ **vous avez fait du joli !** *(iro)* you've made a fine mess of things! ◆ **tu as encore menti, c'est du joli !** *(iro)* you've lied again – shame on you! * ◆ **faire le joli cœur** to play the ladykiller ◆ **ce n'était pas joli à voir** it wasn't a pretty sight ◆ **elle est jolie, votre idée !** *(iro)* that's a great idea! *(iro)* ◆ **c'est joli de dire du mal des gens !** *(iro)* that's nice, spreading nasty gossip about people! *(iro)* ◆ **c'est pas joli-joli !** * *(laid)* it's not a pretty sight *; *(méchant)* that wasn't very nice *

joliesse /ʒɔljɛs/ **NF** *(littér) [de personne]* prettiness; *[de gestes]* grace

joliment /ʒɔlimɑ̃/ SYN **ADV** 1 *(= élégamment) [décoré, habillé]* nicely ◆ **il l'a joliment arrangé !** *(iro)* he sorted him out nicely *ou* good and proper! *

2 *(* = très, beaucoup)* really ◆ **il était joliment content/en retard** he was really glad/late

Jonas /ʒɔnas/ **NM** Jonah, Jonas

jonc /ʒɔ̃/ **NM** 1 *(= plante)* rush, bulrush; *(= canne)* cane, rattan ◆ **corbeille** *ou* **panier de jonc** rush basket

2 *[de voiture]* trim

3 ◆ **jonc (d'or)** *(= bracelet)* (plain gold) bangle; *(= bague)* (plain gold) ring

joncer /ʒɔ̃se/ ► conjug 3 ◄ **VT** *[+ siège]* to cane

jonchaie /ʒɔ̃ʃɛ/ **NF** reed bed

jonchée /ʒɔ̃ʃe/ **NF** swath ◆ **des jonchées de feuilles mortes couvraient la pelouse** dead leaves lay in drifts on *ou* lay scattered *ou* strewn over the lawn

joncher /ʒɔ̃ʃe/ SYN ► conjug 1 ◄ **VT** *[papiers]* to litter, to be strewn over; *[cadavres, détritus, fleurs]* to be strewn over ◆ **jonché de** littered *ou* strewn with

joncheraie /ʒɔ̃ʃʀɛ/, **jonchère** /ʒɔ̃ʃɛʀ/ **NF** ⇒ **jonchaie**

jonchets /ʒɔ̃ʃɛ/ **NMPL** jackstraws, spillikins

jonction /ʒɔ̃ksjɔ̃/ SYN **NF** *(= action)* joining, junction; *(= état)* junction; *(Élec)* junction ◆ **à la jonction des deux routes** at the junction of the two roads, where the two roads meet ◆ **opérer une jonction** *(Mil)* to effect a junction, to link up ◆ **point de jonction** junction, meeting point ◆ **jonction d'instance** *(Jur)* joinder

jongler /ʒɔ̃gle/ SYN ► conjug 1 ◄ **VI** *(lit)* to juggle *(avec* with) ◆ **jongler avec** *[+ dates, emplois du temps, chiffres]* to juggle (with); *[+ difficultés]* to juggle with

jonglerie /ʒɔ̃gləʀi/ **NF** juggling

jongleur, -euse /ʒɔ̃glœʀ, øz/ **NM,F** 1 *(gén)* juggler

2 *(Hist)* jongleur

jonque /ʒɔ̃k/ **NF** *(= bateau)* junk

jonquille /ʒɔ̃kij/

NF daffodil, jonquil

ADJ INV daffodil yellow

Jordanie /ʒɔʀdani/ **NF** Jordan

jordanien, -ienne /ʒɔʀdanjɛ̃, jɛn/

ADJ Jordanian

NM,F **Jordanien(ne)** Jordanian

Joseph /ʒozɛf/ **NM** Joseph

Josué /ʒozɥe/ **NM** Joshua

jota /xɔta/ **NF** jota

jottereau /ʒɔtʀo/ **NM** *(Naut)* hound

jouabilité /ʒuabilite/ **NF** *[de jeu vidéo]* playability

jouable /ʒwabl/ **ADJ** playable ◆ **tu crois que c'est jouable ?** do you think it can be done? ◆ **ce sera difficile, mais c'est jouable** *[projet]* it'll be difficult, but it's worth a try *ou* a go

joual, e /ʒwal/ **ADJ, NM** joual

joualisant, e /ʒwalizɑ̃, ɑ̃t/

ADJ joual-speaking *(épith)*

NM,F joual speaker

joualiser /ʒwalize/ ► conjug 1 ◄ **VI** to speak joual

jouasse * /ʒwas/ **ADJ** pleased as Punch *, chuffed * *(Brit)* ◆ **il n'était pas jouasse !** he wasn't too thrilled!

joubarbe /ʒubaʀb/ **NF** houseleek, hen-and-chickens

joue /ʒu/ **NF** 1 *(Anat)* cheek ◆ **joue contre joue** cheek to cheek ◆ **tendre la joue** to offer one's cheek ◆ **présenter** *ou* **tendre l'autre joue** to turn the other cheek ◆ **joue de bœuf** *(Culin)* ox cheek

2 *(Mil)* ◆ **en joue !** take aim! ◆ **coucher** *ou* **mettre une cible/qn en joue** to aim at *ou* take aim at a target/sb ◆ **coucher** *ou* **mettre en joue un fusil** to take aim with a rifle, to aim a rifle ◆ **tenir qn en joue** to keep one's gun trained on sb

3 ◆ **joues d'un navire** bows of a ship

4 *[fauteuil]* side panel

jouée /ʒwe/ **NF** *(Archit)* reveal

---

jouer /ʒwe/

SYN ► conjug 1 ◄

1 - VERBE INTRANSITIF
2 - VERBE TRANSITIF INDIRECT
3 - VERBE TRANSITIF
4 - VERBE PRONOMINAL

---

1 - VERBE INTRANSITIF

1 [= S'AMUSER] to play *(avec* with) ◆ **arrête, je ne joue plus** stop it, I'm not playing any more ◆ **faire qch pour jouer** to do sth for fun ◆ **elle jouait avec son crayon/son collier** *(= manipuler)* she was toying *ou* fiddling with her pencil/her necklace ◆ **jouer avec les sentiments de qn** to play *ou* trifle with sb's feelings ◆ **jouer avec sa vie/sa santé** *(= mettre en danger)* to gamble with one's life/one's health ◆ **jouer avec le feu** *(lit, fig)* to play with fire ◆ **on ne joue pas avec ces choses-là** *(fig)* matters like these are not to be treated lightly; → **cour**

♦ **jouer à** ◆ **jouer à la poupée** to play with one's dolls ◆ **jouer au golf/au ping-pong/aux cartes/aux échecs** to play golf/table tennis/cards/chess ◆ **jouer aux soldats/aux cow-boys et aux Indiens** to play (at) soldiers/(at) cowboys and Indians ◆ **jouer au docteur (et au malade)** to play (at) doctors and nurses ◆ **jouer à qui sautera le plus loin** to see who can jump the furthest ◆ **jouer au chat et à la souris (avec qn)** to play cat and mouse with sb ◆ **jouer au héros/à l'aristocrate** *(fig)* to play the hero/the aristocrat ◆ **à quoi joues-tu ?** *(fig)* what are you playing at? ◆ **n'essaie pas de jouer au plus fin** *ou* **malin avec moi** don't try to outsmart me ◆ **jouer au con** * to mess about *, to arse around ** *(Brit)* ; → **bille**

2 [= PRATIQUER UN JEU, UN SPORT] ◆ **il joue bien/mal (au tennis)** he is a good/poor (tennis) player, he plays (tennis) well/badly ◆ **il a vraiment bien joué** he played an excellent game, he played really well ◆ **jouer contre qn/une équipe** to play (against) sb/a team ◆ **à qui de jouer ?** whose go *ou* turn is it? ◆ **à vous (ou moi etc) de jouer !** *(lit, fig)* your (*ou* my *etc*) go! *ou* turn!; *(Échecs)* your (*ou* my *etc*) move! ◆ **bien joué !** *(lit)* well played!; *(fig)* well done! ◆ **jouer petit bras** *(Tennis)* to play underarm ◆ **jouer serré** to play (it) tight, to play a close game ◆ **jouer perdant/gagnant** to play a losing/winning game

3 [MUS] to play ◆ **l'orchestre joue ce soir à l'opéra** the orchestra is playing at the opera this evening ◆ **ce pianiste joue bien/mal** this pianist plays well/badly

4 [POUR DE L'ARGENT] *(Casino)* to gamble ◆ **jouer pair/impair** to play (on) the even/odd numbers ◆ **jouer aux courses** to bet on the horses ◆ **jouer à la** *ou* **en Bourse** to speculate *ou* gamble on the Stock Exchange

5 [CINÉ, THÉÂT, TV] to act ◆ **il joue dans « Hamlet »** he's acting *ou* he's in "Hamlet" ◆ **il joue au théâtre des Mathurins** he's playing *ou* acting at the théâtre des Mathurins ◆ **elle joue très bien/mal** she is a very good/bad *ou* poor actress, she acts very well/badly ◆ **elle a très bien joué Juliette** she gave an excellent performance as Juliet ◆ **la troupe va jouer à Avignon** the company is going to perform in Avignon; → **guichet**

6 [LOCUTIONS]

♦ **jouer sur** ◆ **jouer sur les mots** to play with words ◆ **ils ont joué sur votre inquiétude** *(= spéculer sur)* they took advantage of the fact that you were worried ◆ **jouer sur l'effet de surprise** to use the element of surprise ◆ **il joue sur la fibre nationaliste** he is playing on nationalist feeling *ou* exploiting nationalist sentiment ◆ **il a réussi en jouant sur les différences de législations** he succeeded by exploiting differences in legislation ◆ **en jouant sur la qualité du papier, on peut réduire le coût de fabrication** you can reduce manufacturing costs by changing the quality of the paper ; → **velours**

7 [= FONCTIONNER] to work ◆ **la clé joue dans la serrure** the key turns in the lock ◆ **la clé joue mal dans la serrure** the key doesn't fit (in) the lock very well ◆ **faire jouer un ressort** to activate *ou* trigger a spring ◆ **la barque jouait sur son ancre** the boat bobbed about at anchor

8 [= JOINDRE MAL] *[pièce, cheville]* to fit loosely, to be loose; *(= travailler) [bois]* to warp

jouet | jour FRENCH-ENGLISH 516

9 [= BOUGER] *[soleil, lumière]* to play ◆ **la lumière jouait au plafond** the light played *ou* danced on the ceiling

10 [= INTERVENIR, S'APPLIQUER] to apply *(pour* to) ◆ **l'âge ne joue pas** age doesn't come into it *ou* is of no consequence ◆ **cet argument joue à plein** this argument is entirely applicable ◆ **cette augmentation joue pour tout le monde** this rise applies to *ou* covers everybody ◆ **l'augmentation joue depuis le début de l'année** the rise has been operative from *ou* since the beginning of the year ◆ **ses relations ont joué pour beaucoup dans la décision** his connections counted for a lot in the decision ◆ **cet élément a joué en ma faveur/contre moi** this factor worked in my favour/against me ◆ **le temps joue contre lui** time is against him *ou* is not on his side ◆ **faire jouer** *[+ clause de sauvegarde]* to invoke ◆ **les distributeurs font jouer la concurrence** the distributors are playing the competitors off against each other ◆ **il a fait jouer ses appuis politiques pour obtenir ce poste** he made use of his political connections to get this post

2 - VERBE TRANSITIF INDIRECT

jouer de

1 [MUS] ◆ **jouer d'un instrument/du piano/de la guitare** to play an instrument/the piano/the guitar

2 [= MANIER] to make use of, to use ◆ **jouer de l'éventail** to play with one's fan ◆ **ils durent jouer du couteau/du revolver pour s'enfuir** they had to use knives/revolvers to get away ◆ **ils jouent trop facilement du couteau** they are too quick with their knives, they use knives too readily ◆ **jouer de la fourchette** *(hum)* to dig in*, to tuck in* *(Brit)* ◆ **jouer des jambes** * *ou* **des flûtes** ⁑ *(= se servir de)* to leg it⁑, to hare off* ◆ **jouer des coudes pour arriver au buffet/pour entrer** to elbow one's way to the buffet/one's way in; → **prunelle**

3 [= UTILISER] to use, to make use of ◆ **il sait jouer de l'espace et des couleurs** he knows how to use *ou* how to make use of space and colour ◆ **jouer de son influence/charme pour obtenir qch** to use *ou* make use of one's influence/charm to get sth ◆ **il joue de sa maladie pour ne rien faire** he plays on his illness to get out of doing anything

4 [= ÊTRE VICTIME DE] ◆ **jouer de malheur** *ou* **de malchance** to be dogged by ill luck

3 - VERBE TRANSITIF

1 [CINÉ, THÉÂT] *[+ rôle]* to play, to act; *[+ pièce, film]* to put on, to show ◆ **on joue « Macbeth » ce soir** "Macbeth" is on *ou* is being played this evening ◆ **elle joue toujours les soubrettes** she always has the maid's part ◆ **jouer la fille de l'air** *(fig)* to vanish into thin air ◆ **qu'est-ce que tu nous joues, là ?** *(hum :reproche)* what are you playing at?; → **comédie, rôle**

2 [= SIMULER] ◆ **jouer les héros/les victimes** to play the hero/the victim ◆ **jouer la surprise/le désespoir** to pretend to be surprised/in despair, to affect *ou* feign surprise/despair ◆ **jouer un double jeu** to play a double game ◆ **il nous l'a joué macho hier** * he gave us the macho routine yesterday*, he put on the macho act yesterday*

3 [LOCUTIONS]

◆ **jouer + tour(s) à qn** ◆ **jouer un mauvais tour à qn** to play a (dirty) trick on sb ◆ **mes yeux me jouent des tours** my eyes are playing tricks on me ◆ **cela te jouera un mauvais** *ou* **vilain tour** you'll get your comeuppance*, you'll be sorry for it

4 [MUS] *[+ concerto, valse]* to play ◆ **il va jouer du Bach** he is going to play (some) Bach ◆ **il joue très mal Chopin** he plays Chopin very badly

5 [JEUX, SPORT] *[+ partie d'échecs, de tennis]* to play; *[+ carte]* to play; *[+ pion]* to play, to move ◆ **il est interdit de jouer le ballon à la main** *(Football)* it is forbidden to handle the ball ◆ **il préfère jouer le ballon à la main** *(Rugby)* he prefers to run the ball ◆ **jouez le ballon plutôt que l'adversaire** play the ball, not your opponent ◆ **jouer un coup facile/difficile** *(Sport)* to play an easy/a difficult shot; *(Échecs)* to make an easy/a difficult move ◆ **jouer la montre** *(fig)* to play for time, to kill the clock *(US)* ◆ **il faut jouer le jeu** you've got to play the game ◆ **ils ont refusé de jouer le jeu** they refused to play ball* *ou* to play the game ◆ **jouer franc jeu** to play fair; → **atout**

6 [= METTRE EN JEU] *(Casino) [+ argent]* to stake, to wager; *(Courses) [+ argent]* to bet, to stake *(sur* on); *[+ cheval]* to back, to bet on; *(fig) [+ fortune, possessions, réputation]* to wager ◆ **jouer gros jeu** *ou* **un jeu d'enfer** to play for high stakes ◆ **il ne joue que des petites sommes** he only places small bets *ou* plays for small stakes ◆ **il a joué et perdu une fortune** he gambled away a fortune ◆ **jouer son mandat/son ministère sur qch** *(Pol)* to stake one's re-election prospects/one's ministerial position on sth ◆ **dans cette histoire, il joue sa tête/sa réputation** *(fig)* he's risking his neck/his reputation in this affair ◆ **rien n'est encore joué** *(= décidé)* nothing is settled *ou* decided yet, there's still everything to play for; → **gros, tout, va-tout**

7 [BOURSE] ◆ **jouer les financières/les pétrolières** *(= investir dans)* to speculate in financials/oil

8 [FRM = TROMPER] *[+ personne]* to deceive, to dupe

9 [= OPTER POUR] ◆ **jouer la prudence/la sécurité** to be cautious/play safe; → **carte**

4 - VERBE PRONOMINAL

se jouer

1 [MUTUELLEMENT] ◆ **ils se jouent des tours** they're playing tricks on each other

2 [= ÊTRE JOUÉ] ◆ **ce jeu se joue à quatre** this is a game for four people, you need four people to play this game ◆ **la pièce se joue au théâtre des Mathurins** the play is on at the théâtre des Mathurins ◆ **le drame s'est joué très rapidement** *(fig)* the tragedy happened very quickly

3 [= ÊTRE DÉCIDÉ] ◆ **tout va se jouer demain** everything will be settled *ou* decided tomorrow ◆ **l'avenir de l'entreprise va se jouer sur cette décision** the future of the company hinges *ou* depends on this decision ◆ **c'est l'avenir de l'entreprise qui se joue** the future of the company is at stake ◆ **son sort se joue en ce moment** his fate is hanging in the balance at the moment

4 [LOCUTIONS]

◆ **se jouer de** *(frm)*
(= tromper) ◆ **se jouer de qn** to deceive sb, to dupe sb
◆ **se jouer des lois/de la justice** *(= se moquer de)* to scoff at the law/at justice
(= triompher facilement de) ◆ **se jouer des difficultés** to make light of the difficulties ◆ **il fait tout cela (comme) en se jouant** *(ellipt)* he makes child's play of it all

◆ **se la jouer** * to show off ◆ **depuis qu'il a eu sa promotion, il se la joue** getting that promotion has really gone to his head*

---

jouet /ʒwɛ/ SYN NM 1 *[d'enfant]* toy
2 *(= victime)* plaything ◆ **il n'était qu'un jouet entre leurs mains** he was just a plaything in their hands ◆ **être le jouet des vagues/des événements/de rivalités politiques** to be at the mercy of the waves/of events/of rivalries between political parties ◆ **être le jouet d'une hallucination** to be the victim of a hallucination

jouette /ʒwɛt/ ADJ *(Belg)* playful

joueur, joueuse /ʒwœʀ, ʒwøz/
ADJ *[enfant, animal]* playful ◆ **il a un tempérament joueur, il est très joueur** *[enfant, animal]* he loves to play, he's very playful; *[parieur]* he loves to gamble, he's a keen gambler
NM,F *(Échecs, Mus, Sport)* player; *(Jeux)* gambler ◆ **joueur de cricket** cricketer ◆ **joueur de golf** golfer ◆ **joueur de cornemuse** (bag)piper ◆ **joueur de cartes** card player ◆ **être beau/mauvais joueur** to be a good/bad loser ◆ **sois beau joueur !** be a sport! ◆ **il faut être beau joueur** it's important to be a good loser

joufflu, e /ʒufly/ SYN ADJ *[personne]* chubby-cheeked, round-faced; *[visage]* chubby

joug /ʒu/ SYN NM 1 *(Agr, fig)* yoke ◆ **tomber sous le joug de** to come under the yoke of ◆ **mettre sous le joug** to yoke, to put under the yoke
2 *[de balance]* beam
3 *(Antiq)* yoke

jouir /ʒwiʀ/ SYN ▸ conjug 2 ◂
VT INDIR **jouir de** 1 *(frm) [+ autorité, réputation, liberté]* to enjoy; *(Jur) [+ bien]* to enjoy the use of ◆ **jouir de toutes ses facultés** to be in full possession of one's faculties ◆ **la région jouit d'un bon climat** the region has *ou* enjoys a good climate ◆ **cette pièce jouit d'une superbe vue** the room has a magnificent view
2 *(= savourer) [+ vie]* to enjoy ◆ **il jouissait de leur embarras évident** he delighted in *ou* enjoyed their obvious embarrassment
VI 1 (* *: plaisir sexuel)* to have an orgasm, to come⁑ ◆ **ça me fait jouir de les voir s'empoigner** I get a (real) kick out of seeing them at each other's throats*
2 (* *: douleur)* to suffer agonies ◆ **on va jouir !** we're going to have a hell of a time!⁑, we aren't half going to have fun!*

jouissance /ʒwisɑ̃s/ SYN NF 1 *(= volupté)* pleasure, enjoyment, delight; *(sensuelle)* sensual pleasure; *(= orgasme)* orgasm, climax ◆ **cela lui a procuré une vive jouissance** *(frm)* this afforded him intense pleasure
2 *(Jur = usage)* use, possession; *[de propriété, bien]* use, enjoyment ◆ **avoir la jouissance de certains droits** to enjoy certain rights

jouisseur, -euse /ʒwisœʀ, øz/ SYN
ADJ sensual
NM,F sensualist

jouissif, -ive * /ʒwisif, iv/ SYN ADJ fun ◆ **c'est jouissif** it's fun ◆ **c'est un mélange jouissif de hip-hop et de rock** it's a fun mix of hip-hop and rock

joujou (pl **joujoux**) /ʒuʒu/ NM *(langage enfantin)* toy; (* *= revolver)* gun ◆ **cette voiture est son nouveau joujou** this car is his new toy ◆ **faire joujou avec** to play with ◆ **il ne faut pas faire joujou avec ça** *(fig)* that's not a toy

joule /ʒul/ NM joule

---

jour /ʒuʀ/ SYN

1 - NOM MASCULIN
2 - NOM MASCULIN PLURIEL
3 - COMPOSÉS

---

1 - NOM MASCULIN

1 [= ESPACE DE TEMPS] day ◆ **dans deux jours** in two days' time, in two days ◆ **c'était il y a deux jours** it was two days ago ◆ **(à prendre) trois fois par jour** (to be taken) three times a day ◆ **des poussins d'un jour** day-old chicks ◆ **d'un jour** *(fig) [célébrité, joie]* short-lived, fleeting ◆ **c'est à deux jours de marche/de voiture de...** it's a two-day walk/drive from... ◆ **faire 30 jours (de prison)** to do 30 days (in jail)* ◆ **les jours se suivent et ne se ressemblent pas** *(Prov)* time goes by and every day is different, the days go by and each is different from the last ◆ **pas un jour ne se passe sans qu'il y ait une agression** not a day passes without there being a mugging ◆ **sept jours sur sept** seven days a week; → **compter, huit, quinze**

◆ **au jour le jour** *[existence, gestion]* day-to-day *(épith)* ◆ **taux d'intérêt** *ou* **loyer de l'argent au jour le jour** *(Fin)* call-money rate ◆ **vivre au jour le jour** *(= sans soucis)* to live from day to day; *(= pauvrement)* to live from hand to mouth ◆ **il gère la situation au jour le jour** he's dealing with the situation on a day-by-day basis

◆ **de jour en jour** day by day, from day to day

◆ **du jour au lendemain** overnight ◆ **ça ne se fera pas du jour au lendemain** it won't happen overnight

◆ **d'un jour à l'autre** *(= incessamment)* ◆ **on l'attend d'un jour à l'autre** he's expected any day (now) ◆ **il change d'avis d'un jour à l'autre** *(= très rapidement)* he changes his mind from one day to the next

◆ **jour après jour** day after day, day in day out

◆ **jour par jour** day by day

2 [= ÉPOQUE PRÉCISE] day ◆ **quel jour sommes-nous ?** what day is it today? ◆ **ce jour-là** that day ◆ **le jour de Noël/de Pâques** Christmas/Easter Day ◆ **par un jour de pluie/de vent** on a rainy/windy day ◆ **le jour précédent** *ou* **d'avant** the day before, the previous day ◆ **le jour suivant** *ou* **d'après** the day after, the next day, the following day ◆ **l'autre jour** the other day ◆ **un jour il lui écrivit** one day he wrote to her ◆ **un beau jour** *(passé)* one (fine) day; *(futur)* one of these (fine) days, one (fine) day ◆ **le grand jour approche** the big day *ou* D-day is drawing nearer ◆ **le jour où tu sauras conduire, tu m'emmèneras** you can take me there the day you learn to drive ◆ **un jour viendra où...** a day will come when... ◆ **le jour n'est pas loin où...** the day is not far off when... ◆ **premier jour** *[de vacances, mois etc]* first day; *[d'exposition]* opening *ou* first day ◆ **enveloppe premier jour** *(Philat)* first day cover ◆ **ils s'aiment comme au premier jour** they're still as much in love as ever ◆ **dès le premier jour** from day one, from the outset *ou* beginning ◆ **être dans un bon/mauvais jour** to be in a good/bad mood ◆ **il est dans (un de) ses bons**

jours/ses mauvais jours he's having a good spell/a bad spell, it's one of his good/his bad days ◆ décidément c'est mon jour ! (iro) I'm having a real day of it today!, really it's just not my day today! ◆ il y a des jours avec et des jours sans there are good days and bad days ◆ ce n'est vraiment pas le jour ! you've (ou we've etc) picked the wrong day! ◆ prendre jour avec qn to fix a day with sb, to make a date with sb; → autre

◆ à jour = être/mettre/tenir à jour [+ liste, comptes, notes] to be/bring/keep up to date ◆ remettre à jour un catalogue to update a catalogue, to bring a catalogue up to date ◆ ce tarif n'est plus à jour this price list is out of date ◆ se mettre à jour dans son travail to catch up with one's work ◆ mise à jour (= action) updating; (= résultat) update ◆ la mise à jour d'un compte/d'un dossier the updating of an account/of a file ◆ la mise à jour d'un dictionnaire the revision ou updating of a dictionary ◆ programme de mise à jour (Ordin) update routine ◆ il est/n'est pas à jour de sa cotisation he's up to date with/behind with his subscription

◆ à ce jour to date ◆ il n'existe à ce jour aucun traitement efficace no effective treatment has been found to date ou up to now
◆ au jour d'aujourd'hui in this day and age
◆ du jour ▪ un œuf du jour a new-laid egg, a freshly-laid egg ▪ les nouvelles du jour the news of the day, the day's news ▪ le héros du jour the hero of the day ou hour ▪ l'homme du jour the man of the moment ▪ la mode du jour the fashion of the day ▪ il a remis ces vieilles chansons au goût du jour he's done modern versions of these old songs; → cours, ordre[1], plat[2]
◆ du jour où... from the day that... ◆ du jour où sa femme l'a quitté, il s'est mis à boire he started drinking the day his wife left him
◆ jour pour jour ▪ il y a deux ans jour pour jour two years ago to the day
◆ tous les jours every day ▪ cela arrive tous les jours it happens every day, it's an everyday occurrence ▪ tous les deux jours every other day, every two days ▪ tous les jours que (le bon) Dieu fait every blessed day ▪ de tous les jours everyday (épith), ordinary ▪ dans la vie de tous les jours in everyday life ▪ mon manteau de tous les jours my everyday ou ordinary coat
◆ un de ces jours one of these (fine) days ▪ à un de ces jours ! see you again sometime!, be seeing you!*
◆ un jour ou l'autre sometime or other, sooner or later

3 [= LUMIÈRE] day(light) ◆ il fait jour it's daylight ◆ demain, il fera jour à 7 h tomorrow it'll be ou it'll get light at 7 ◆ un faible jour filtrait à travers les volets a faint light filtered through the shutters ◆ le jour entra à flots daylight streamed ou flooded in ◆ le jour tombe ou baisse it's getting dark ◆ avoir le jour dans les yeux to have the light in one's eyes ◆ tes deux enfants, c'est le jour et la nuit your two children are as different as night and day ou chalk and cheese (Brit) ◆ ça va mieux avec le nouveau produit ? – c'est le jour et la nuit ! is it better with this new product? – there's absolutely no comparison!

4 [= PÉRIODE OÙ LE SOLEIL ÉCLAIRE] day(time) ◆ de jour comme de nuit night and day ◆ je fais ça le jour I do it during the day ou in the daytime ◆ se lever avant le jour to get up ou rise before dawn ou daybreak ◆ à la Sainte Luce, les jours augmentent ou croissent du saut d'une puce (Prov) Lucy light, the shortest day and the longest night (Prov); → grand, lumière, plein
◆ au petit jour at dawn ou daybreak
◆ de jour [crème, équipe, service] day (épith) ▪ hôpital de jour (pour traitement) outpatient clinic; (Psych) day hospital; (pour activités) day-care centre ▪ être de jour to be on day duty ▪ il travaille de jour, cette semaine he's on day shifts ou he's working days this week ▪ voyager de jour to travel by day
◆ jour et nuit night and day ▪ ils ont travaillé jour et nuit pour préparer le bateau they worked day and night ou night and day ou round the clock to get the boat ready

5 [FIG = ÉCLAIRAGE] light ◆ montrer/présenter/voir qch sous un jour favorable/flatteur to show/present/see sth in a favourable/flattering light ◆ jeter un jour nouveau sur to throw (a) new light on ◆ se présenter sous un jour favorable [projet] to look promising ou hopeful; [personne] to show o.s. to advantage ou in a favourable light ◆ nous voyons le problème sous un autre jour we can see the problem in a different light ◆ nous le voyons maintenant sous son véritable jour now we see him in his true colours ou see what he is really like ◆ mettre au jour (= révéler) to bring to light ◆ se faire jour (= apparaître) to become clear, to come out ◆ la vérité se fit jour dans mon esprit the truth dawned on me ou became clear to me; → faux[2], grand

6 [= SYMBOLE DE LA NAISSANCE] ◆ donner le jour à to give birth to, to bring into the world ◆ voir le jour [enfant] to be born, to come into the world; [projet] to see the light, to come into being

7 [= OUVERTURE] [de mur] gap, chink; [de haie] gap ◆ clôture à jour openwork fence

8 [COUTURE] ◆ jour simple openwork, drawn-threadwork ◆ drap à jours sheet with an openwork border ◆ faire des jours dans un drap/dans un mouchoir to hemstitch a sheet/a handkerchief

2 - NOM MASCULIN PLURIEL

jours

1 [= PÉRIODE] time, days ◆ la fuite des jours the swift passage of time ◆ il faut attendre des jours meilleurs we must wait for better times ou days ◆ nous avons connu des jours difficiles we've been through hard times ◆ nous gardons cela pour les mauvais jours we're keeping that for a rainy day ou for hard times ◆ aux beaux jours in (the) summertime ◆ il y a encore de beaux jours pour les escrocs there are good times ahead for crooks ◆ ces vedettes ont fait les beaux jours de Broadway these stars made Broadway what it was ◆ comme aux plus beaux jours de la dictature (iro) just like in the good old days of the dictatorship (iro) ◆ du Moyen Âge à nos jours from the Middle Ages right up until today
◆ ces jours-ci (passé) ▪ il a fait très beau ces jours-ci the weather's been very fine lately ou these last few days ◆ elle doit arriver ces jours-ci (futur) she'll be here any day now ◆ ceux qui veulent prendre l'avion ces jours-ci (présent) people wanting to fly now ou at this time
◆ de nos jours these days, nowadays

2 [= VIE] days, life ◆ jusqu'à la fin de mes jours until I die ◆ finir ses jours à l'hôpital to end one's days in hospital ◆ attenter à/mettre fin à ses jours to make an attempt on/put an end to one's life ◆ nous gardons cela pour nos vieux jours we're keeping that for our old age ◆ sur ses vieux jours, il était devenu sourd he had gone deaf in his old age; → couler

3 - COMPOSÉS

le jour de l'An New Year's Day
jour d'arrêt (Mil) day of detention ◆ donner huit jours d'arrêt to give a week's detention
jour de congé day off, holiday
jour de deuil day of mourning
jour férié public holiday
jour de fête feastday, holiday
le jour J D-day
jour de maladie day off sick
jour mobile discretionary holiday (granted by company, boss etc)
le jour des Morts All Souls' Day
jour ouvrable weekday, working day
jour ouvré working day
jour des prix † (Scol) prize (giving) day
jour de réception (Admin) day of opening (to the public); [de dame du monde] "at home" day ◆ le jour de réception du directeur est le lundi the director is available to see people on Mondays
jour de repos [de salarié] day off ◆ après deux jours de repos, il est reparti after taking a two-day break, he set off again
le jour des Rois Epiphany, Twelfth Night
le jour du Seigneur Sunday, the Sabbath †
jour de sortie [de domestique] day off, day out; [d'élève] day out
jour de travail working day

Jourdain /ʒuʁdɛ̃/ NM (= fleuve) ◆ le Jourdain the (river) Jordan

journal (pl -aux) /ʒuʁnal, o/ SYN

NM 1 (Presse) (news)paper; (= magazine) magazine; (= bulletin) journal ◆ je suis passé au journal (= bureaux) I dropped by at the office ou paper ◆ dans ou sur le journal in the (news)paper ◆ journal local local paper ◆ grand journal national paper ou daily ◆ journal du matin/du soir morning/evening paper; → papier

2 (TV, Radio) news (bulletin) ◆ le journal de 20 h the 8 o'clock news
3 (= recueil) diary, journal ◆ tenir un ou son journal intime to keep a private ou personal diary

COMP journal de bord [de bateau] (ship's) log, log book; [d'avion] flight log; (fig) record ◆ tenir un journal de bord to keep a log
journal électronique electronic newspaper
journal d'enfants ou pour enfants children's paper
journal interne in-house newsletter
journal littéraire literary journal
journal lumineux electronic noticeboard
journal de mode fashion magazine
le Journal officiel (de la République française) official bulletin giving details of laws and official announcements, ≈ the Gazette (Brit), ≈ The Congressional Record (US)
journal parlé (Radio) radio news
journal sportif sports magazine
journal télévisé television news

▪ **JOURNAUX**

The main French national daily newspapers are "Le Monde" (centre-left), "Libération" (centre-left) and "Le Figaro" (right). "Le Canard Enchaîné" is an influential satirical weekly famous for uncovering political scandals. There is also a thriving regional press, with prominent newspapers published in all the major provincial cities. The best-selling newspaper in the country, "Ouest-France", is a regional paper. Although some newspapers are tabloid format, the British and American "tabloid" press has no real equivalent in France.

journaleux* /ʒuʁnalø/ NM (péj) hack (journalist) (péj), journo*

journalier, -ière /ʒuʁnalje, jɛʁ/
ADJ (= de chaque jour) [travail, trajet, production, pratique] daily (épith); (= banal) [existence] everyday (épith) ◆ c'est journalier it happens every day; → indemnité
NM (Agr) day labourer

journalisme /ʒuʁnalism/ NM (= métier, style) journalism ◆ faire du journalisme to be in journalism, to be a journalist ◆ journalisme d'investigation investigative journalism

journaliste /ʒuʁnalist/ SYN NMF journalist ◆ journaliste sportif/parlementaire sports/parliamentary correspondent ◆ journaliste d'investigation investigative journalist ◆ journaliste de radio/de télévision radio/television reporter ou journalist ◆ journaliste de (la) presse écrite newspaper ou print journalist

journalistique /ʒuʁnalistik/ ADJ journalistic ◆ style journalistique journalistic style; (péj) journalese

journée /ʒuʁne/ NF 1 (= jour) day ◆ dans ou pendant la journée during the day, in the daytime ◆ dans la journée d'hier yesterday, in the course of yesterday ◆ passer sa journée/toute sa journée à faire qch to spend the day/one's entire day doing sth ◆ passer des journées entières à rêver to daydream for days on end ◆ une journée d'action dans les transports publics (= grève) a day of action organized by the public transport unions

2 [d'ouvrier] ◆ journée (de travail) day's work ◆ journée (de salaire) day's wages ou pay ◆ faire de dures journées to put in a heavy day's work ◆ faire des journées chez les autres † to work as a domestic help ou daily help (Brit) ◆ il se fait de bonnes journées he gets a good daily wage ◆ travailler/être payé à la journée to work/be paid by the day ◆ faire la journée continue [bureau, magasin] to remain open over lunch ou all day; [personne] to work over lunch ◆ journée de 8 heures 8-hour day ◆ journée de repos day off, rest day

3 (= événement) day ◆ journées d'émeute days of rioting ◆ la journée a été chaude, ce fut une chaude journée (Mil) it was a hard struggle ou a stiff fight ◆ journée d'études (Pol) seminar

4 (= distance) ◆ à trois journées de voyage/de marche three days' journey/walk away ◆ voyager à petites journées † to travel in short ou easy stages

journellement /ʒuʁnɛlmɑ̃/ ADV (= quotidiennement) daily, every day; (= souvent) all the time ◆ on est journellement confronté à la violence we are confronted with violence every day

joute /ʒut/ SYN NF ① (au Moyen-Âge) joust, tilt ◆ **joutes nautiques** water jousting
② (= combat verbal) ◆ **joutes politiques/électorales** political/pre-election sparring ou jousting ◆ **joute oratoire** ou **verbale** (= compétition) debate; (entre avocats, députés) verbal jousting ou sparring (NonC) ◆ **joute d'esprit** battle of wits

jouter /ʒute/ ► conjug 1 ◀ VI (Hist) to joust, to tilt; (fig, frm) to joust (contre against), to spar (contre with)

jouteur /ʒutœʀ/ NM jouster, tilter

jouvence /ʒuvɑ̃s/ NF ◆ **Fontaine de Jouvence** Fountain of Youth ◆ **eau de jouvence** waters of youth; → bain

jouvenceau (pl **jouvenceaux**) /ʒuvɑ̃so/ NM (††, hum) stripling †, youth

jouvencelle /ʒuvɑ̃sɛl/ NF (††, hum) damsel † (hum)

jouxter /ʒukste/ ► conjug 1 ◀ VT to adjoin, to be next to

jovial, e (mpl -iaux ou jovials) /ʒɔvjal, jo/ SYN ADJ jovial, jolly ◆ **d'humeur joviale** in a jovial mood

jovialement /ʒɔvjalmɑ̃/ ADV jovially

jovialité /ʒɔvjalite/ SYN NF joviality, jollity

jovien, -ienne /ʒɔvjɛ̃, jɛn/ ADJ Jovian

joyau (pl **joyaux**) /ʒwajo/ SYN NM (lit, fig) gem, jewel ◆ **les joyaux de la couronne** the crown jewels ◆ **joyau de l'art gothique** jewel ou masterpiece of Gothic art

joyeusement /ʒwajøzmɑ̃/ SYN ADV [célébrer] merrily, joyfully; [accepter] gladly; [crier] joyfully ◆ **ils reprirent joyeusement le travail** they cheerfully went back to work

joyeusetés /ʒwajøzte/ NFPL (littér ou iro) ◆ **ce sont les joyeusetés de la vie en couple** these are just some of the joys ou pleasures of living together

joyeux, -euse /ʒwajø, øz/ GRAMMAIRE ACTIVE 23.2, 23.3 SYN ADJ ① [personne, groupe] cheerful, merry, joyous; [repas] cheerful; [cris] merry, joyful; [musique] joyful, joyous; [visage] cheerful, joyful; [nouvelle] joyful ◆ **c'est un joyeux luron** ou **drille** he's a jolly fellow ◆ **être en joyeuse compagnie** to be in merry company ou with a merry group ◆ **mener joyeuse vie** to lead a merry life ◆ **être d'humeur joyeuse** to be in a joyful mood ◆ **ils étaient partis joyeux** they had set out merrily ou in a merry group ◆ **il était tout joyeux à l'idée de partir** he was overjoyed ou (quite) delighted at the idea of going ◆ **c'est joyeux!*** (iro) great! * (iro), brilliant!* (iro) ◆ **ce n'est pas joyeux!*** [film] it's not very funny; [histoire triste] it's no joke! ◆ **le défilé progressait dans un joyeux désordre** the procession went along in an atmosphere of cheerful chaos ◆ « **Les Joyeuses Commères de Windsor** » (Littérat) "The Merry Wives of Windsor"
② (dans les souhaits) ◆ **joyeuses fêtes!** Happy Christmas! (ou New Year)!; (sur carte) Season's Greetings; → anniversaire, Noël

joystick /(d)ʒɔjstik/ NM joystick

JT /ʒite/ NM (abrév de **journal télévisé**) → journal

jubarte /ʒybaʀt/ NF humpback whale

jubé /ʒybe/ NM (= clôture) jube, rood-screen; (= galerie) jube, rood-loft

jubilaire /ʒybilɛʀ/ ADJ (Rel) jubilee (épith)

jubilation /ʒybilasjɔ̃/ SYN NF jubilation, exultation

jubilatoire /ʒybilatwaʀ/ SYN ADJ [spectacle, livre, expérience, humour] exhilarating ◆ **il observait leur dispute avec un enthousiasme quasi jubilatoire** he felt something akin to jubilation as he watched them quarrel

jubilé /ʒybile/ NM jubilee

jubiler* /ʒybile/ SYN ► conjug 1 ◀ VI to be jubilant, to gloat (péj)

juchée /ʒyʃe/ NF (pheasant) perch

jucher VT, **se jucher** VPR /ʒyʃe/ SYN ► conjug 1 ◀ to perch (sur on, upon) ◆ **juchée sur les épaules de son père** perched on her father's shoulders ◆ **juchée sur des talons aiguilles** teetering on stiletto heels

juchoir /ʒyʃwaʀ/ NM perch

Juda /ʒyda/ NM Judah

judaïcité /ʒydaisite/ NF Jewishness

judaïque /ʒydaik/ ADJ [loi] Judaic; [religion] Jewish

judaïser /ʒydaize/ ► conjug 1 ◀ VT to Judaize

judaïsme /ʒydaism/ NM Judaism

judaïté /ʒydaite/ NF Jewishness

judas /ʒyda/ SYN NM ① [de porte] spyhole
② (Bible) ◆ **Judas** Judas

Judée /ʒyde/ NF Judaea, Judea

judéité /ʒydeite/ NF Jewishness

judéo- /ʒydeo/ PRÉF (dans les mots composés à trait d'union, le préfixe reste invariable) Jewish- ◆ **judéo-catholique** Jewish-Catholic

judéo-allemand, e /ʒydeoalmɑ̃, ɑ̃d/ ADJ German-Jewish

judéo-arabe /ʒydeoaʀab/ ADJ, NMF Judeo-Arab, Judaeo-Arab (Brit)

judéo-catholique /ʒydeokatɔlik/ ADJ Jewish-Catholic

judéo-chrétien, -ienne /ʒydeokʀetjɛ̃, jɛn/ ADJ, NM,F Judeo-Christian, Judaeo-Christian (Brit)

judéo-christianisme /ʒydeokʀistjanism/ NM Judeo-Christianity, Judaeo-Christianity (Brit)

judicature /ʒydikatyʀ/ NF judicature

judiciaire /ʒydisjɛʀ/
ADJ judicial ◆ **l'autorité judiciaire** (= concept) the judiciary; (= tribunal) judicial authority ◆ **pouvoir judiciaire** judicial power ◆ **poursuites judiciaires** judicial ou legal proceedings ◆ **vente judiciaire** sale by order of the court ◆ **enquête judiciaire** judicial inquiry ◆ **actes judiciaires** judicial documents ◆ **procédure judiciaire** legal procedure ◆ **cette affaire n'a pas eu de suites judiciaires** there were no legal repercussions to this affair ◆ **de source judiciaire française, on apprend que...** from a French legal source we have learned that...; → casier, erreur, police¹ etc
NM ◆ **le judiciaire** the judiciary

judiciairement /ʒydisjɛʀmɑ̃/ ADV judicially

judiciarisation /ʒydisjaʀizasjɔ̃/ NF ◆ **la judiciarisation croissante de notre société** (législation) the fact that our society is producing more and more legislation; (litiges) the fact that our society is becoming ever more litigious ◆ **la judiciarisation de la relation médecin-patient** the increasingly litigious nature of doctor-patient relationships

judiciariser /ʒydisjaʀize/ ► conjug 1 ◀
VT [+ question] to legislate on
VPR **se judiciariser** ◆ **notre société se judiciarise de plus en plus** (= légifère) our society is producing more and more legislation; (litiges) our society is becoming ever more litigious

judicieusement /ʒydisjøzmɑ̃/ SYN ADV judiciously, wisely ◆ **avec quelques vins judicieusement choisis** with a few well-chosen wines

judicieux, -ieuse /ʒydisjø, jøz/ SYN ADJ [choix, idée, remarque] wise, judicious; [conseils] wise, sound ◆ **faire un emploi judicieux de son temps** to use one's time wisely, to make judicious use of one's time ◆ **son utilisation judicieuse du flash-back** his clever use of flashback ◆ **il serait plus judicieux de...** it would be wiser to... ◆ **ce choix s'est révélé peu judicieux** it proved (to be) an unfortunate choice, it was an unwise choice

judo /ʒydo/ NM judo ◆ **faire du judo** to do judo

judoka /ʒydɔka/ NMF judoka

jugal, e (mpl -aux) /ʒygal, o/ ADJ jugal

juge /ʒyʒ/ SYN
NMF (Jur, Rel, Sport, fig) judge ◆ **oui, Monsieur le Juge** yes, your Honour ◆ **le juge Ledoux** Mrs/Mr Justice Ledoux ◆ **prendre qn pour juge** to ask sb to be (the) judge ◆ **être bon/mauvais juge** to be a good/bad judge (en matière de) ◆ **être à la fois juge et partie** to be both judge and judged ◆ **je te laisse juge** you can see for yourself ◆ **je vous fais juge (de tout ceci)** I'll let you be the judge (of all this) ◆ **se faire juge de ses propres actes/de qch** to be the judge of one's own actions/of sth ◆ **il est seul juge en la matière** he is the only one who can judge ◆ **aller devant le juge** to go before the judge ◆ **le livre des Juges** (Bible) the Book of Judges
COMP **juge aux affaires matrimoniales** divorce court judge
juge de l'application des peines judge responsible for overseeing the terms and conditions of a prisoner's sentence
juge d'arrivée (Sport) finishing judge
juge constitutionnel ≈ constitutional judge
juge consulaire judge in a commercial court
juge de faute de pied (Tennis) foot-fault judge
juge des ou **pour enfants** children's judge, ≈ juvenile court judge
juge de filet (Tennis) net cord judge
juge d'instance justice of the peace, magistrate
juge d'instruction examining ou investigating magistrate
juge de ligne (Tennis) (gén) line judge, linesman; (pour ligne de fond) foot-fault judge
juge de paix † ◆ **cette épreuve sera le juge de paix** (fig) this test will be the determining factor ou will determine the outcome ⇒ **juge d'instance**
juge de proximité ≈ lay judge
juge de touche (Rugby) touch judge, linesman; (Football) linesman

jugé /ʒyʒe/ SYN **au jugé** LOC ADV (lit, fig) by guesswork ◆ **tirer au jugé** to fire blind ◆ **faire qch au jugé** to do sth by guesswork

jugeable /ʒyʒabl/ ADJ (Jur) subject to judgment in court ◆ **difficilement jugeable** (= évaluable) difficult to judge

juge-arbitre (pl **juges-arbitres**) /ʒyʒaʀbitʀ/ NM referee

juge-commissaire (pl **juges-commissaires**) /ʒyʒkɔmisɛʀ/ NM Official Receiver

jugement /ʒyʒmɑ̃/ SYN NM ① (Jur = décision, verdict) [d'affaire criminelle] sentence; [d'affaire civile] decision, award ◆ **prononcer** ou **rendre un jugement** to pass sentence ◆ **passer en jugement** [personne] to stand trial; [affaire] to come to court ◆ **faire passer qn en jugement** to put sb on trial ◆ **jugement par défaut** judgment by default ◆ **jugement déclaratoire** declaratory judgment ◆ **détention sans jugement** detention without trial
② (= opinion) judgment, opinion ◆ **jugement de valeur** value judgment ◆ **exprimer/formuler un jugement** to express/formulate an opinion ◆ **porter un jugement (sur)** to pass judgment (on) ◆ **s'en remettre au jugement de qn** to defer to sb's judgment ◆ **j'ai peur de son jugement** I'm afraid of what he'll think (of me)
③ (= discernement) judgment ◆ **avoir du/manquer de jugement** to have/lack (good) judgment ◆ **on peut faire confiance à son jugement** you can trust his judgment ◆ **il a une grande sûreté de jugement** he has very sound judgment
④ (Rel) judgment ◆ **le jugement de Dieu** Divine Judgment; (Hist) the Ordeal ◆ **le Jugement dernier** the Last Judgment ◆ **le jour du Jugement dernier** Judgment Day, Doomsday ◆ **le jugement de Salomon** the judgment of Solomon

jugeote* /ʒyʒɔt/ NF common sense, gumption * (Brit) ◆ **manquer de jugeote** to lack common sense ◆ **il n'a pas deux sous de jugeote** he hasn't got an ounce of common sense, he's got no gumption * (Brit) ◆ **(aie) un peu de jugeote!** use your head! *, wise up! * (surtout US)

juger¹ /ʒyʒe/ SYN ► conjug 3 ◀
VT ① (Jur) [+ affaire] to judge, to try; [+ accusé] to try ◆ **juger un différend** to arbitrate in a dispute ◆ **le tribunal jugera** the court will decide ◆ **être jugé pour meurtre** to be tried for murder ◆ **le jury a jugé qu'il n'était pas coupable** the jury found him not guilty ◆ **l'affaire doit se juger à l'automne** the case is to come before the court ou is to be heard in the autumn ◆ **l'histoire jugera** history will judge
② (= décider, statuer) to judge, to decide ◆ **à vous de juger (ce qu'il faut faire/si c'est nécessaire)** it's up to you to decide ou to judge (what must be done/whether ou if it's necessary)
③ (= apprécier) [+ livre, film, personne, situation] to judge ◆ **juger qn d'après les résultats** to judge sb on his results ◆ **il ne faut pas juger d'après les apparences** you must not judge from ou go by appearances ◆ **juger qch/qn à sa juste valeur** to judge sth/sb at its/his real value ◆ **juger bien/mal les gens** to be a good/bad judge of character ◆ **jugez combien j'étais surpris** ou **si ma surprise était grande** imagine how surprised I was ou what a surprise I got
④ (= estimer) ◆ **juger qch/qn ridicule** to consider ou find ou think sth/sb ridiculous ◆ **juger que** to think ou consider that ◆ **pourquoi est-ce que vous me jugez mal?** why do you think badly of me?, why do you have such a low opinion of me? ◆ **si vous le jugez bon** if you see fit, if you think it's a good idea ou it's advisable ◆ **juger bon/malhonnête de faire qch** to consider it a good thing ou advisable/dishonest to do sth

- **il se jugea perdu** he thought ou considered himself lost ◆ **il se juge capable de le faire** he thinks ou reckons he is capable of doing it ◆ **je n'ai pas jugé utile de le prévenir** I didn't think it was worth telling him (about it)

VT INDIR **juger de** to appreciate, to judge ◆ **si j'en juge par mon expérience** judging by ou if I (can) judge by my experience ◆ **à en juger par...** judging by..., to judge by... ◆ **à en juger par ce résultat, il...** if this result is any indication ou anything to go by... ◆ **lui seul peut juger de l'urgence** only he can appreciate the urgency, only he can tell how urgent it is ◆ **autant que je puisse en juger** as far as I can judge ◆ **jugez de ma surprise !** imagine my surprise!

juger² /ʒyʒe/ NM ⇒ **jugé**

jugulaire /ʒygylɛʀ/
ADJ [veines, glandes] jugular ◆ **il est jugulaire jugulaire** (†, hum) he's a stickler for the rules
NF 1 (Mil) chin strap
2 (Anat) jugular vein

juguler /ʒygyle/ SYN ▸ conjug 1 ◀ VT [+ maladie] to arrest, to halt; [+ envie, désirs] to suppress, to repress; [+ inflation] to curb, to stamp out; [+ révolte] to put down, to quell, to repress

juif, juive /ʒɥif, ʒɥiv/
ADJ Jewish
NM Jew ◆ **le Juif errant** (Littérat) the Wandering Jew
NF **juive** Jew, Jewish woman

juillet /ʒɥijɛ/ NM July ◆ **la révolution/monarchie de Juillet** the July revolution/monarchy ; *pour autres loc voir* **septembre** *et* **quatorze**

- **LE QUATORZE JUILLET**
- Bastille Day, commemorating the fall of the
- Bastille in 1789, is the most important day of
- national celebration in France. The festivities
- actually begin on 13 July, with dances ("bals")
- organized in the streets of large towns. On
- the day itself there is a large military parade
- in Paris in the morning, and firework displays
- take place throughout France in the evening.

juillettiste /ʒɥijɛtist/ NMF July holiday-maker (Brit) ou vacationer (US)

juin /ʒɥɛ̃/ NM June ; *pour autres loc voir* **septembre**

juive /ʒɥiv/ ADJ F, NF → **juif**

juiverie † /ʒɥivʀi/ NF (injurieux) ◆ **la juiverie** the Jews, the Jewish people

jujube /ʒyʒyb/ NM (= fruit, pâte) jujube

jujubier /ʒyʒybje/ NM jujube (tree)

juke-box (pl juke-boxes) /ʒykbɔks/ NM jukebox

julep /ʒylɛp/ NM julep

jules /ʒyl/ NM 1 († * = amoureux) boyfriend, guy*, bloke* (Brit); (* = proxénète) pimp, ponce* (Brit)
2 († * = vase de nuit) chamberpot, jerry* (Brit)
3 ◆ **Jules** Julius ◆ **Jules César** Julius Caesar

julien, -ienne /ʒyljɛ̃, jɛn/
ADJ (Astron) Julian
NF **julienne** 1 (Culin) [de légumes] julienne
2 (= poisson) ling
3 (= plante) rocket

jumbo-jet (pl jumbo-jets) /dʒœmbodʒɛt/ NM jumbo jet

jumeau, -elle¹ (mpl jumeaux) /ʒymo, ɛl/ SYN
ADJ [frère, sœur] twin ◆ **c'est mon frère jumeau** he's my twin (brother) ◆ **fruits jumeaux** double fruits ◆ **maison jumelle** semi-detached house (Brit), duplex (US) ◆ **muscles jumeaux** gastrocnemius (sg) ◆ **les deux dogmes jumeaux de l'internationalisme** the twin dogmas of internationalism ◆ **le journal est partagé en deux cahiers jumeaux de 24 pages chacun** the newspaper is divided into two equal sections of 24 pages each
NM,F 1 (= personne) twin ◆ **vrais/faux jumeaux** identical/fraternal twins
2 (= sosie) double ◆ **c'est mon jumeau/ma jumelle** he's/she's my double ◆ **j'aimerais trouver le jumeau de ce vase** I'd like to find the partner to this vase
NM (Culin) clod of beef

jumelage /ʒym(ə)laʒ/ NM twinning

jumelé, e /ʒym(ə)le/ (ptp de **jumeler**) ADJ [colonnes, vergues, mât] twin ◆ **roues jumelées** double wheels ◆ **billets jumelés** (Loterie) double series ticket ◆ **villes jumelées** twin towns ◆ **être jumelé avec** [ville] to be twinned with ◆ **pari jumelé** (Courses) dual forecast (for first and second place in the same race)

jumeler /ʒym(ə)le/ SYN ▸ conjug 4 ◀ VT [+ villes] to twin; [+ efforts] to join; [+ mâts, poutres] to double up, to fish (SPÉC)

jumelle² /ʒymɛl/ NF 1 (Opt) ◆ **(paire de) jumelles** (pair of) binoculars ◆ **jumelles de spectacle** ou **théâtre** opera glasses ◆ **jumelle marine** binoculars ◆ **observer qch à la jumelle** to look at sth through binoculars
2 [de mât] fish ◆ **jumelle de ressort** [de véhicule] shackle; → aussi **jumeau**

jument /ʒymɑ̃/ NF mare

jumping /dʒœmpiŋ/ NM (gén) jumping; (= concours équestre) show jumping

jungle /ʒœ̃gl/ NF (lit, fig) jungle ◆ **jungle urbaine** urban jungle; → **loi**

junior /ʒynjɔʀ/ SYN
ADJ ◆ **Dupont junior** Dupont junior ◆ **équipe junior** junior team ◆ **mode junior** young ou junior fashion ◆ **junior entreprise** student organization that obtains contract work from businesses whose activities are related to the students' field of study
NMF junior

junk bond (pl junk bonds) /(d)ʒœnkbɔd/ NM junk bond

junkie * /dʒœnki/ ADJ, NMF junkie*

Junon /ʒynɔ̃/ NF Juno

junonien, -ienne /ʒynɔnjɛ̃, jɛn/ ADJ Junonian

junte /ʒœ̃t/ NF junta

jupe /ʒyp/
NF (Habillement, Tech) skirt ◆ **jupe plissée/droite** pleated/straight skirt ◆ **jupes** skirts ◆ **il est toujours dans les jupes de sa mère** he's still tied to his mother's apron strings ◆ **il est toujours dans mes jupes** he's always under my feet
COMP **jupe portefeuille** wrap-around skirt

jupe-culotte (pl jupes-culottes) /ʒypkylɔt/ NF culottes, divided skirt

jupette /ʒypɛt/ NF (short) skirt

Jupiter /ʒypitɛʀ/ NM (Myth) Jupiter, Jove; (Astron) Jupiter; → **cuisse**

jupitérien, -ienne /ʒypiterjɛ̃, jɛn/ ADJ (Astron) Jovian

jupon /ʒypɔ̃/ NM 1 (Habillement) petticoat, underskirt ◆ **il est toujours dans les jupons de sa mère** he's always clinging to his mother's skirts
2 († = femme) bit of skirt * ◆ **aimer le jupon** to love anything in a skirt

juponné, e /ʒypɔne/ ADJ [robe] with an underskirt

juponner /ʒypɔne/ ▸ conjug 1 ◀ VT [+ jupe, robe] to fit with an underskirt

Jura /ʒyʀa/ NM ◆ **le Jura** (= montagne, région) the Jura

jurassien, -ienne /ʒyʀasjɛ̃, jɛn/
ADJ of ou from the Jura, Jura (épith)
NM,F **Jurassien(ne)** inhabitant ou native of the Jura

jurassique /ʒyʀasik/
ADJ Jurassic
NM ◆ **le jurassique** the Jurassic

juré, e /ʒyʀe/ (ptp de **jurer**)
ADJ (= qui a prêté serment) sworn ◆ **ennemi juré** sworn enemy ◆ **promis ? – juré, craché !*** do you promise? – cross my heart (and hope to die)!
NM juror, juryman ◆ **premier juré** foreman of the jury ◆ **Mesdames et Messieurs les jurés apprécieront** the members of the jury will bear that in mind ◆ **être convoqué comme juré** to be called for jury service ou duty
NF **jurée** juror, jurywoman

jurer /ʒyʀe/ SYN ▸ conjug 1 ◀
VT 1 (= promettre) to swear, to vow ◆ **jurer fidélité/obéissance/amitié à qn** to swear ou pledge loyalty/obedience/friendship to sb ◆ **jurer la perte de qn** to swear to ruin sb ou bring about sb's downfall ◆ **je jure que je me vengerai** I swear ou vow I'll get my revenge ◆ **faire jurer à qn de garder le secret** to swear ou pledge sb to secrecy ◆ **jure-moi que tu reviendras** swear (to me) you'll come back ◆ **jurer sur la Bible/sur la croix/devant Dieu** to swear on the Bible/on the cross/to God ◆ **jurer sur la tête de ses enfants** ou **de sa mère** to swear by all that one holds dear ou sacred, to swear on one's children's ou one's mother's life ◆ **il jurait ses grands dieux qu'il n'avait rien fait** he swore blind* ou by all the gods † that he hadn't done anything ◆ **je vous jure que ce n'est pas facile** I can tell you ou assure you that it isn't easy ◆ **ah ! je vous jure !** honestly! ◆ **il faut de la patience, je vous jure, pour la supporter !** I swear you need a lot of patience to put up with her, you need a lot of patience to put up with her, I can tell you
2 (admiration) ◆ **on ne jure plus que par lui/par ce nouveau remède** everyone swears by him/by this new medicine

VT INDIR **jurer de** to swear to ◆ **j'en jurerais** I could swear to it, I'd swear to it ◆ **il ne faut jurer de rien** (Prov) you never can tell

VI 1 (= pester) to swear, to curse ◆ **jurer après** ou **contre qch/qn** to swear ou curse at sth/sb ◆ **jurer comme un charretier** to swear like a trooper
2 [couleurs] to clash (avec with); [propos] to jar (avec with)

VPR **se jurer** 1 (à soi-même) to vow to o.s., to promise o.s. ◆ **il se jura bien que c'était la dernière fois** he vowed it was the last time
2 (réciproquement) to pledge (to) each other, to swear, to vow ◆ **ils se sont juré un amour éternel** they pledged ou vowed ou swore eternal love

juridiction /ʒyʀidiksjɔ̃/ SYN NF 1 (= compétence) jurisdiction ◆ **hors de/sous sa juridiction** beyond/within his jurisdiction ◆ **exercer sa juridiction** to exercise one's jurisdiction ◆ **tombant sous la juridiction de** falling ou coming within the jurisdiction of
2 (= tribunal) court(s) of law

juridictionnel, -elle /ʒyʀidiksjɔnɛl/ ADJ jurisdictional ◆ **pouvoir juridictionnel** power of jurisdiction ◆ **fonctions juridictionnelles** judicial powers ◆ **aide juridictionnelle** ≈ legal aid

juridique /ʒyʀidik/ ADJ legal, juridical ◆ **études juridiques** law ou legal studies

juridiquement /ʒyʀidikmɑ̃/ ADV juridically, legally ◆ **c'est juridiquement impossible** it's not legally possible

juridisme /ʒyʀidism/ NM legalism

jurisconsulte /ʒyʀiskɔ̃sylt/ NM jurisconsult

jurisprudence /ʒyʀispʀydɑ̃s/ NF (= source de droit) ≈ case law, ≈ jurisprudence; (= décisions) (judicial) precedents ◆ **faire jurisprudence** to set a precedent ◆ **cas qui fait jurisprudence** test case

jurisprudentiel, -ielle /ʒyʀispʀydɑ̃sjɛl/ ADJ jurisprudential ◆ **décision jurisprudentielle** decision taken by a court that sets a legal precedent ◆ **précédent jurisprudentiel** legal ou judicial precedent ◆ **le droit jurisprudentiel** case law

juriste /ʒyʀist/ SYN NMF (= auteur, légiste) jurist ◆ **juriste d'entreprise** corporate lawyer

juron /ʒyʀɔ̃/ NM swearword ◆ **dire des jurons** to swear

jury /ʒyʀi/ NM 1 (Jur) jury ◆ **jury populaire** civilian jury ◆ **jury citoyen** citizen's jury ◆ **président du jury** foreman of the jury ◆ **membre du jury** member of the jury, juror
2 (Art, Sport) panel of judges; (Scol) board of examiners, jury ◆ **jury de thèse** PhD examining board ou committee (US)

jus /ʒy/ SYN NM 1 (= liquide) juice ◆ **jus de fruit** fruit juice ◆ **jus de raisin** grape juice ◆ **jus de viande** juice(s) from the meat, ≈ gravy ◆ **plein de jus** juicy ◆ **jus de la treille*** juice of the vine (hum), wine; → **cuire, mijoter**
2 (* = café) coffee ◆ **c'est un jus infâme** it's a foul brew* ◆ **au jus !** coffee's ready!, coffee's up!* ◆ **jus de chaussette** (péj) dishwater (fig)
3 (* = courant) juice * ◆ **prendre le jus** ou **un coup de jus** to get a shock
4 (* locutions) **jeter/tomber au jus** ou **dans le jus** to throw/fall into the water ou drink * ◆ **au jus !** (en poussant qn) into the water with him!, in he goes!; (en y allant) here I come! ◆ **ça valait le jus !** it was priceless!* ◆ **il a laissé le bâtiment dans son jus** he left the building in its original state
5 (arg Mil) ◆ **soldat de 1er jus** ≈ lance corporal (Brit) ◆ **soldat de 2e jus** ≈ private ◆ **c'est du huit au jus** only a week to go (to the end of military service)
6 (= lavis) colourwash (Brit), colorwash (US)

jusant /ʒyzɑ̃/ NM ebb tide

jusqu'au-boutisme /ʒyskobutism/ SYN NM (= *politique*) hard-line policy; (= *attitude*) extremist attitude

jusqu'au-boutiste (pl **jusqu'au-boutistes**) /ʒyskobutist/ SYN

NMF extremist, hard-liner ♦ **c'est un jusqu'au-boutiste** he takes things to the bitter end, he always goes the whole hog *

ADJ [*attitude*] hardline (*épith*); [*théorie*] extremist

jusque /ʒysk(ə)/

PRÉP 1 (*lieu*) ♦ **jusqu'à la, jusqu'au** to, as far as, (right) up to, all the way to ♦ **j'ai couru jusqu'à la maison/l'école** I ran all the *ou* right the way home/to school ♦ **j'ai marché jusqu'au village** I walked to *ou* as far as the village ♦ **ils sont montés jusqu'à 2 000 mètres** they climbed up to 2,000 metres ♦ **il s'est avancé jusqu'au bord du précipice** he walked (right) up to the edge of the precipice ♦ **il a rampé jusqu'à nous** he crawled up to us ♦ **il avait de la neige jusqu'aux genoux** he had snow up to his knees, he was knee-deep in snow ♦ **la nouvelle est venue jusqu'à moi** the news has reached me ♦ **il menace d'aller jusqu'au ministre** he's threatening to take it to the minister

2 (*temps*) ♦ **jusqu'à, jusqu'en** until, till, up to ♦ **jusqu'en mai** until May ♦ **jusqu'à samedi** until Saturday ♦ **du matin jusqu'au soir** from morning till night ♦ **jusqu'à cinq ans il vécut à la campagne** he lived in the country until *ou* up to the age of five ♦ **les enfants restent dans cette école jusqu'à (l'âge de) dix ans** (the) children stay at this school until they are ten *ou* until the age of ten ♦ **marchez jusqu'à ce que vous arriviez à la mairie** walk until you reach the town hall, walk as far as the town hall ♦ **rester jusqu'au bout** *ou* **à la fin** to stay till *ou* to the end ♦ **de la Révolution jusqu'à nos jours** from the Revolution (up) to the present day

3 (*limite*) ♦ **jusqu'à 20 kg** up to 20 kg, not exceeding 20 kg ♦ **véhicule transportant jusqu'à 15 personnes** vehicle which can carry up to *ou* as many as 15 people ♦ **pousser l'indulgence jusqu'à la faiblesse** to carry indulgence to the point of weakness ♦ **aller jusqu'à dire/faire qch** to go so far as to say/do sth ♦ **j'irai jusqu'à 100** I'll go as far as *ou* up to 100 ♦ **je n'irais pas jusqu'à faire ça** I wouldn't go so far as to do that

4 (= *y compris*) even ♦ **il a mangé jusqu'aux arêtes** he ate everything including *ou* even the bones, he ate the lot (*Brit*) – bones and all (*Brit*) ♦ **ils ont regardé jusque sous le lit** they even looked under the bed ♦ **tous jusqu'au dernier l'ont critiqué** every single *ou* last one of them criticized him

5 (*avec prép ou adv*) ♦ **accompagner qn jusque chez lui** to take *ou* accompany sb (right) home ♦ **veux-tu aller jusque chez le boucher pour moi ?** would you go (along) to the butcher's for me? ♦ **jusqu'où ?** how far? ♦ **jusqu'à quand ?** until when?, how long for? ♦ **jusqu'à quand restez-vous ?** how long *ou* till when are you staying?, when are you staying till? ♦ **jusqu'ici** (*temps présent*) so far, until now; (*au passé*) until then; (*lieu*) up to *ou* as far as here ♦ **jusque-là** (*temps*) until then; (*lieu*) up to there ♦ **j'en ai jusque-là !** I'm sick and tired of it!, I've had about as much as I can take! *ou* I've had it up to here! ♦ **jusqu'alors, jusques alors** until then ♦ **jusqu'à maintenant, jusqu'à présent** until now, so far ♦ **jusque (très) tard** until (very) late ♦ **jusque vers 9 heures** until about 9 o'clock; → **mettre**

6 (*locutions*) ♦ **jusqu'au bout** to the (very) end ♦ **jusqu'à concurrence de 25 €** to the amount of €25 ♦ **vrai jusqu'à un certain point** true up to a certain point ♦ **jusqu'au fond** to the (very) bottom ♦ **elle a été touchée jusqu'au fond du cœur** she was deeply touched ♦ **jusqu'à nouvel ordre** (*Admin*) until further notice ♦ **jusqu'à plus ample informé** until further information is available, pending further information ♦ **tu vois jusqu'à quel point tu t'es trompé** you see how wrong you were ♦ **jusqu'au moment où** until, till ♦ **jusqu'à la gauche** * totally

ADV ♦ **jusque(s) et y compris** up to and including ♦ **jusqu'à** (= *même*) even ♦ **j'ai vu jusqu'à des enfants tirer sur des soldats** I even saw children shooting at soldiers ♦ **il n'est pas jusqu'au paysage qui n'ait changé** the very landscape *ou* even the landscape has changed

LOC CONJ **jusqu'à ce que, jusqu'à tant que** until ♦ **sonnez jusqu'à ce que l'on vienne ouvrir** ring until someone answers the door ♦ **il faudra le lui répéter jusqu'à ce** *ou* **jusqu'à tant qu'il ait compris** you'll have to keep on telling him until he understands

jusques /ʒysk(ə)/ ADV, CONJ, PRÉP (*littér*) ⇒ **jusque**

jusquiame /ʒyskjam/ NF henbane

jussiée /ʒysje/ NF primrose willow

justaucorps /ʒystokɔʀ/ SYN NM (*Hist*) jerkin; [*de gymnaste*] leotard

juste /ʒyst/ GRAMMAIRE ACTIVE 26.3, 26.6 SYN

ADJ 1 (= *équitable*) [*personne, notation*] just, fair; [*sentence, guerre, cause*] just ♦ **être juste pour** *ou* **envers** *ou* **à l'égard de qn** to be fair to sb ♦ **c'est un homme juste** he is a just man ♦ **il faut être juste** one must be fair ♦ **pour être juste envers lui** in fairness to him, to be fair to him ♦ **ce n'est pas juste !** it isn't fair! ♦ **il n'est pas juste de l'accuser** it is unfair to accuse him ♦ **c'est un juste retour des choses** it's poetic justice ♦ **il finira par se faire renvoyer, et ce ne sera qu'un juste retour des choses** he'll end up getting the sack, and it'll serve him right

2 (= *légitime*) [*revendication, vengeance, fierté*] just; [*colère*] righteous, justifiable ♦ **la juste récompense de son travail** the just reward for his work

♦ **à juste titre** justly, rightly ♦ **il en est fier, et à juste titre** he's proud of it and rightly *ou* understandably so

3 (= *exact*) [*addition, réponse, heure*] right, exact ♦ **à l'heure juste** right on time, dead on time * ♦ **à 6 heures justes** on the stroke of 6, at 6 o'clock sharp * ♦ **apprécier qch à son juste prix** *ou* **à sa juste valeur** to appreciate the true worth of sth ♦ **le juste milieu** the happy medium, the golden mean; (*Pol*) the middle course *ou* way ♦ **le mot juste** the right word, the mot juste

4 (= *pertinent, vrai*) [*idée, raisonnement*] sound; [*remarque, expression*] apt ♦ **il a dit des choses très justes** he made some pertinent points, he said some very sound things ♦ **très juste !** good point!, quite right! ♦ **c'est juste** that's right, that's a fair point

5 (= *précis, sûr*) [*appareil, montre*] accurate; [*esprit*] sound; [*balance*] accurate, true; [*oreille*] good

6 (*Mus*) [*note*] right, true; [*voix*] true; [*instrument*] in tune (*attrib*), well-tuned ♦ **il a une voix juste** he has a true voice, he sings in tune ♦ **quinte juste** perfect fifth

7 (= *trop court, étroit*) [*vêtement, chaussure*] tight; [*longueur, hauteur*] on the short side ♦ **1 kg pour six, c'est un peu juste** 1 kg for six people, is barely enough *ou* is a bit on the short *ou* skimpy side ♦ **trois heures pour faire cette traduction, c'est juste** three hours to do that translation is barely enough ♦ **elle n'a pas raté son train mais c'était juste** she didn't miss her train but it was a close thing ♦ **mon salaire est trop juste** my salary is inadequate, I don't earn enough ♦ **je suis un peu juste actuellement** * I'm a bit strapped for cash * *ou* things are a bit tight at the moment ♦ **ses notes sont trop justes** [*d'élève*] his marks aren't good enough ♦ **il est un peu juste (intellectuellement)** * he's not very bright

8 (*excl*) ♦ **juste ciel !** † heavens (above)! ♦ **juste Dieu !** † almighty God!, ye Gods!

ADV 1 (= *avec précision*) [*compter, viser*] accurately; [*raisonner*] soundly; [*deviner*] rightly, correctly; [*chanter*] in tune ♦ **tomber juste** (= *deviner*) to hit the nail on the head, to be (exactly) right; [*calculs*] to come out right ♦ **division qui tombe juste** division which works out exactly ♦ **juste à temps** [*arriver*] just in time ♦ **travailler en juste à temps** (*Écon*) to use the just-in-time system *ou* techniques

2 (= *exactement*) just, exactly ♦ **juste au-dessus** just above ♦ **juste au coin** just on *ou* round the corner ♦ **il a dit juste ce qu'il fallait** he said exactly *ou* just what was needed ♦ **c'est juste le contraire** it's exactly *ou* just the opposite ♦ **juste au moment où j'entrais** (just) at the very moment when I was coming in ♦ **j'arrive juste** I've only just arrived ♦ **je suis arrivé juste quand/comme il sortait** I arrived just when/as he was leaving ♦ **j'ai juste assez** I have just enough ♦ **3 kg juste** 3 kg exactly

3 (= *seulement*) only, just ♦ **j'ai juste à passer un coup de téléphone** I only *ou* just have to make a telephone call ♦ **il est parti il y a juste un moment** he left just *ou* only a moment ago

4 (= *pas assez*) ♦ **(un peu) juste** [*compter, prévoir*] not quite enough, too little ♦ **il est arrivé un peu juste** *ou* **bien juste** he cut it a bit too close *ou* fine * (*Brit*), he arrived at the last minute ♦ **il a mesuré trop juste** he didn't allow quite enough

5 (*locutions*) ♦ **que veut-il au juste ?** what exactly does he want? *ou* is he after? *, what does he actually want? ♦ **au plus juste prix** at the lowest *ou* minimum price ♦ **calculer au plus juste** to work things out to the minimum ♦ **comme de juste il pleuvait !** and of course it was raining!

♦ **tout juste** (= *seulement*) only just; (= *à peine*) hardly, barely; (= *exactement*) exactly ♦ **c'est tout juste s'il ne m'a pas frappé** he came this close to hitting me ♦ **son livre vaut tout juste la peine qu'on le lise** his book is barely worth reading ♦ **c'est tout juste passable** it's just *ou* barely passable

NM (*Rel*) just man ♦ **les justes** (*gén*) the just; (*Rel*) the righteous ♦ **avoir la conscience du juste** to have a clear *ou* an untroubled conscience; → **dormir**

justement /ʒystəmɑ̃/ SYN ADV 1 (= *précisément*) exactly, just, precisely ♦ **il ne sera pas long, justement, il arrive** he won't be long, in fact he's just coming ♦ **on parlait justement de vous** we were just talking about you ♦ **justement, j'allais le dire** actually, that's what I was going to say

2 (= *à plus forte raison*) ♦ **puisque vous me l'interdisez... eh bien, justement je le lui dirai** since you say I mustn't... just for that I'll tell him ♦ **tu n'étais pas obligé d'accepter – si, justement !** you didn't have to accept – that's the problem, I did have to!

3 (= *avec justesse*) [*remarquer*] rightly; [*raisonner*] soundly ♦ **comme l'a rappelé fort justement Paul** as Paul has quite rightly pointed out

4 (= *à juste titre*) justly ♦ **justement puni** justly punished ♦ **justement inquiet/fier** justifiably anxious/proud

justesse /ʒystɛs/ SYN

NF 1 (= *exactitude*) [*d'appareil, montre, balance, tir*] accuracy, precision; [*de calcul*] accuracy, correctness; [*de réponse, comparaison, observation*] exactness; [*de coup d'œil, oreille*] accuracy

2 [*de note, voix, instrument*] accuracy

3 (= *pertinence*) [*d'idée, raisonnement*] soundness; [*de remarque, expression*] aptness, appropriateness ♦ **on est frappé par la justesse de son esprit** one is struck by the soundness of his judgment *ou* by how sound his judgment is

LOC ADV **de justesse** just, barely ♦ **gagner de justesse** to win by a narrow margin ♦ **rattraper qn/qch de justesse** to catch sb/sth just in time ♦ **j'ai évité l'accident de justesse** I barely *ou* only just avoided having an accident ♦ **il s'en est tiré de justesse** he got out of it by the skin of his teeth ♦ **il a eu son examen de justesse** he only just passed his exam, he scraped through his exam

justice /ʒystis/ SYN NF 1 (= *équité*) fairness, justice ♦ **en bonne** *ou* **toute justice** in all fairness ♦ **on lui doit cette justice que...** it must be said in fairness to him that... ♦ **ce n'est que justice qu'il soit récompensé** it's only fair that he should have his reward ♦ **il a la justice pour lui** justice is on his side ♦ **traiter qn avec justice** to treat sb justly *ou* fairly ♦ **justice sociale** social justice

2 (= *fait de juger*) justice ♦ **exercer/rendre la justice** to exercise/dispense justice ♦ **passer en justice** to stand trial ♦ **décision de justice** judicial decision ♦ **aller en justice** to go to court ♦ **traîner qn en justice** to drag sb before the courts ♦ **demander/obtenir justice** to demand/obtain justice ♦ **justice de paix** † court of first instance ♦ **justice immanente** (*Rel, Philos*) immanent justice ♦ **sans le vouloir, il s'est puni lui-même, il y a une sorte de justice immanente** (*fig*) there's a sort of poetic justice in the fact that, without meaning to, he punished himself; → **déni, palais, traduire** *etc*

3 (= *loi*) ♦ **la justice** the law ♦ **la justice le recherche** he is wanted by the law ♦ **il a eu des démêlés avec la justice** he's had a brush *ou* he's had dealings with the law ♦ **la justice de notre pays** the law of our country ♦ **c'est du ressort de la justice militaire** it comes under military law

4 (*locutions*) ♦ **faire justice de qch** (= *récuser qch*) to refute sth; (= *réfuter qch*) to disprove sth ♦ **il a pu faire justice des accusations** he was able to refute the accusations ♦ **se faire justice** (= *se venger*) to take the law into one's own hands, to take (one's) revenge; (= *se suicider*) to take one's own life ♦ **rendre justice à qn** to do sb justice,

to do justice to sb ◆ **il faut lui rendre cette justice qu'il n'a jamais cherché à nier** he's never tried to deny it, we must grant *ou* give him that, in fairness to him it must be said that he's never tried to deny it ◆ **on n'a jamais rendu justice à son talent** his talent has never had fair *ou* due recognition

justiciable /ʒystisjabl/
ADJ 1 (*Jur*) ◆ **criminel justiciable de la cour d'assises** criminal subject to trial in a criminal court
2 (= *responsable*) ◆ **l'homme politique est justiciable de l'opinion publique** politicians are accountable to the public *ou* are publicly accountable
3 (= *qui nécessite*) ◆ **situation justiciable de mesures énergiques** situation where strong measures are indicated *ou* required, situation requiring strong measures
NMF (*Jur*) person subject to trial ◆ **les justiciables** those to be tried

justicier, -ière /ʒystisje, jɛʁ/ SYN **NM,F** 1 (*gén*) upholder of the law, dispenser of justice; (*dans les westerns*) lawman ◆ **il veut jouer au justicier** he wants to take the law into his own hands
2 († † : *Jur*) dispenser of justice

justifiable /ʒystifjabl/ SYN **ADJ** justifiable ◆ **cela n'est pas justifiable** that is unjustifiable, that can't be justified

justificateur, -trice /ʒystifikatœʁ, tʁis/ **ADJ** [*raison, action*] justificatory, justifying

justificatif, -ive /ʒystifikatif, iv/
ADJ [*démarche, document*] supporting, justificatory ◆ **pièce justificative** (*officielle*) written proof; (= *reçu*) receipt
NM (= *pièce officielle*) written proof; (= *reçu*) receipt ◆ **justificatif de domicile** proof of address

justification /ʒystifikasjɔ̃/ SYN **NF** 1 (= *explication*) justification ◆ **cette mesure ne trouve guère de justification économique** there is no economic justification for this measure ◆ **fournir des justifications** to give some justification
2 (= *preuve*) proof
3 (*Typographie*) justification

justifier /ʒystifje/ SYN ► conjug 7 ◄
VT 1 (= *légitimer*) [+ *personne, attitude, action*] to justify ◆ **rien ne justifie cette colère** such anger is quite unjustified
2 (= *donner raison*) [+ *opinion*] to justify, to bear out, to vindicate; [+ *espoir, inquiétude*] to justify ◆ **ça justifie mon point de vue** it bears out *ou* vindicates my opinion ◆ **justifier qn d'une erreur** to clear sb of having made a mistake ◆ **craintes parfaitement justifiées** perfectly justified fears
3 (= *prouver*) to prove, to justify ◆ **pouvez-vous justifier ce que vous affirmez ?** can you justify *ou* prove your assertions?
4 (*Typographie*) to justify ◆ **justifier à droite/gauche** to justify right/left, to right(-)/left(-)justify

VT INDIR justifier de to prove ◆ **justifier de son identité** to prove one's identity ◆ **justifier de son domicile** to show proof of one's address ◆ **cette quittance justifie du paiement** this receipt is evidence *ou* proof of payment
VPR se justifier to justify o.s. ◆ **se justifier d'une accusation** to clear o.s. of an accusation

jute /ʒyt/ **NM** jute; → **toile**

juter /ʒyte/ ► conjug 1 ◄ **VI** [*fruit*] to be juicy, to drip with juice ◆ **pipe qui jute** * dribbling pipe

juteux, -euse /ʒytø, øz/ SYN
ADJ 1 [*fruit*] juicy
2 * [*affaire, contrat, marché*] lucrative ; [*bénéfices*] juicy
NM (*arg Mil* = *adjudant*) adjutant

Juvénal /ʒyvenal/ **NM** Juvenal

juvénile /ʒyvenil/ SYN
ADJ 1 [*criminalité, délinquance*] juvenile ; [*violence*] juvenile, youth (*épith*)
2 [*ardeur, enthousiasme, passion*] youthful; [*allure*] young, youthful
NM (*Zool*) juvenile

juvénilité /ʒyvenilite/ **NF** (*littér*) youthfulness

juxtalinéaire /ʒykstalineɛʁ/ **ADJ** ◆ **traduction juxtalinéaire** line by line translation

juxtaposable /ʒykstapozabl/ **ADJ** which can be juxtaposed

juxtaposer /ʒykstapoze/ SYN ► conjug 1 ◄ **VT** to juxtapose, to place side by side ◆ **propositions juxtaposées** juxtaposed clauses

juxtaposition /ʒykstapozisjɔ̃/ SYN **NF** juxtaposition

K

K¹, k¹ /kɑ/ NM (= *lettre*) K, k; (*Ordin*) K ◆ **K 7** (= *cassette*) cassette, tape

K² (abrév de **Kelvin**) K

k² (abrév de **kilo**) k

kabbale /kabal/ NF ⇒ **cabale**

kabbaliste /kabalist/ NMF ⇒ **cabaliste**

kabbalistique /kabalistik/ ADJ ⇒ **cabalistique**

kabig /kabik/ NM *type of lightweight duffle coat*

Kaboul /kabul/ N Kabul

kabuki /kabuki/ NM Kabuki

Kabul /kabul/ N ⇒ **Kaboul**

kabyle /kabil/
- ADJ Kabyle
- NM (= *langue*) Kabyle
- NMF **Kabyle** Kabyle

Kabylie /kabili/ NF Kabylia ◆ **Grande/Petite Kabylie** Great/Lesser Kabylia

kafkaïen, -ïenne /kafkajɛ̃, jɛn/ ADJ [*univers*] Kafkaesque

kaïnite /kainit/ NF kainite

kaiser /kɛzɛʀ, kajzɛʀ/ NM Kaiser

kakatoès /kakatɔɛs/ NM ⇒ **cacatoès**

kakémono /kakemɔno/ NM kakemono

kaki /kaki/
- ADJ INV khaki, olive drab (US)
- NM INV (= *couleur*) khaki, olive drab (US)
- NM (= *fruit*) persimmon, sharon fruit

kala-azar /kalaazaʀ/ NM kala-azar

kalachnikov /kalaʃnikɔf/ NF Kalashnikov

Kalahari /kalaaʀi/ N ◆ **désert du Kalahari** Kalahari Desert

kaléidoscope /kaleidɔskɔp/ NM kaleidoscope

kaléidoscopique /kaleidɔskɔpik/ ADJ kaleidoscopic

kali /kali/ NM saltwort, glasswort, kali

kaliémie /kaljemi/ NF kal(i)emia

kalmouk /kalmuk/ NM (= *langue*) Kalmuck, Kalmyk

kamala /kamala/ NM kamala

kami /kami/ NM kami

kamichi /kamiʃi/ NM horned screamer

kamikaze /kamikaz/
- ADJ (*lit, fig*) ◆ **opération kamikaze** kamikaze *ou* suicide mission ◆ **être kamikaze*** [*personne*] to have a death wish ◆ **ce serait kamikaze !** it would be suicidal *ou* suicide!
- NM kamikaze ◆ **c'est un vrai kamikaze au volant*** he drives like a maniac

Kampala /kɑ̃pala/ N Kampala

Kampuchea /kɑ̃putʃea/ NM ◆ **Kampuchea (démocratique)** (Democratic) Kampuchea

kampuchéen, -enne /kɑ̃putʃeɛ̃, ɛn/
- ADJ Kampuchean
- NM,F **Kampuchéen(ne)** Kampuchean

kanak, e /kanak/ ADJ, NM,F ⇒ **canaque**

kandjar /kɑ̃dʒaʀ/ NM khanjar

kangourou /kɑ̃guʀu/ NM kangaroo ◆ **sac** *ou* **poche kangourou** baby carrier; → **slip**

Kansas /kɑ̃sas/ NM Kansas

kantien, -ienne /kɑ̃sjɛ̃, jɛn/ ADJ Kantian

kantisme /kɑ̃tism/ NM Kantianism

kaoliang /kaɔljɑ̃(g)/ NM kaoliang

kaolin /kaɔlɛ̃/ NM kaolin(e)

kaolinisation /kaɔlinizasjɔ̃/ NF kaolinization

kaon /kaɔ̃/ NM kaon, K-meson

kapo /kapo/ NM kapo, capo

kapok /kapɔk/ NM kapok

kapokier /kapɔkje/ NM kapok tree, silk cotton tree

Kaposi /kapozi/ N ◆ **(maladie** *ou* **sarcome** *ou* **syndrome de) Kaposi** Kaposi's sarcoma ◆ **il a un (début de) Kaposi** he is suffering from (the early stages of) Kaposi's sarcoma

kappa /kapa/ NM kappa

kaput* /kaput/ ADJ [*personne*] shattered*, bushed*, dead(-beat)*; [*machine*] kaput*

Karachi /kaʀaʃi/ N Karachi

karaoké, karaoke /kaʀaɔke/ NM karaoke ◆ **bar (à) karaoké** karaoke bar ◆ **faire un karaoké** (= *chanter une chanson*) to sing a karaoke song; (= *aller dans un bar*) to go to a karaoke bar

karaté /kaʀate/ NM karate

karatéka /kaʀateka/ NMF karateka

karbau /kaʀbo/ NM water buffalo, carabao

Karcher ® /kaʀʃɛʀ/ NM high-pressure water cleaner

Karisimbi /kaʀisimbi/ NM Mount Karisimbi

karité /kaʀite/ NM shea(-tree) ◆ **beurre de karité** shea butter

karma /kaʀma/ NM karma

Karnak /kaʀnak/ N Karnak

karst /kaʀst/ NM karst

karstique /kaʀstik/ ADJ karstic

kart /kaʀt/ NM go-cart, kart

karting /kaʀtiŋ/ NM go-carting, karting ◆ **faire du karting** to go-cart, to go karting

kascher /kaʃɛʀ/ ADJ kosher

kat /kat/ NM

kata /kata/ NM kata

Katanga /katɑ̃ga/ NM Katanga

katangais, e /katɑ̃gɛ, ɛz/
- ADJ Katangese
- NM,F Katangese

kathak /katak/ NM Kathak

kathakali /katakali/ NM Kathakali

Katmandou /katmɑ̃du/ N Katmandu

kava /kava/ NM kava

kawa* /kawa/ NM (= *café*) (cup of) coffee

kayak /kajak/ NM SYN NM [*d'esquimau*] kayak; [*de sportif*] canoe, kayak; (= *sport*) canoeing ◆ **faire du kayak** to go canoeing

kayakiste /kajakist/ NMF kayaker

kazakh /kazak/
- ADJ kazakh
- NM (= *langue*) Kazakh
- NMF **Kazakh** Kazakh

Kazakhstan /kazakstɑ̃/ N Kazakhstan

kebab /kebab/ NM kebab

keffieh, kéfié /kefje/ NM keffiyeh, kaffiyeh, kufiyah

kéfié, keffieh /kefje/ NM keffiyeh, kaffiyeh, kufiyah

kelvin /kɛlvin/ NM kelvin

kendo /kɛndo/ NM kendo

kénotron /kenɔtʀɔ̃/ NM kenetron

kentia /kɛ̃tja/ NM kentia

Kenya /kenja/ NM Kenya ◆ **le mont Kenya** Mount Kenya

kényan, -ane /kenjɑ̃, jan/
- ADJ Kenyan
- NM,F **Kényan(e)** Kenyan

képi /kepi/ NM kepi

kérabau /keʀabo/ NM ⇒ **karbau**

kératine /keʀatin/ NF keratin

kératinisation /keʀatinizasjɔ̃/ NF keratinization

kératiniser /keʀatinize/ ► conjug 1 ◄
- VT to keratinize
- VPR **se kératiniser** to keratinize, to become keratinized

kératite /keʀatit/ NF keratitis

kératocône /keʀatokon/ NM keratoconus

kératome /keʀatom/ NM keratoma

kératoplastie /keʀatoplasti/ NF keratoplasty

kératose /keʀatoz/ NF keratosis

kératotomie /keʀatotɔmi/ NF keratotomy ◆ **kératotomie radiaire** radial keratotomy

Kerguelen /kɛʀgelɛn/ NFPL ◆ **les (îles) Kerguelen** the Kerguelen (Islands)

kerma /kɛʀma/ NM kerma

kermès /kɛʀmɛs/ NM [1] (= *insecte*) scale insect [2] (= *arbre*) kermes

kermesse /kɛʀmɛs/ SYN NF (= *fête populaire*) fair; (= *fête de charité*) bazaar, charity fête ◆ **kermesse paroissiale** church fête *ou* bazaar

kérogène /keʀɔʒɛn/ NM kerogen

kérosène /keʀozɛn/ NM [*d'avion*] aviation fuel, kerosene (US); [*de jet*] (jet) fuel; [*de fusée*] (rocket) fuel

kerrie /keʀi/ NM kerria

ketch /kɛtʃ/ NM ketch

ketchup /kɛtʃœp/ NM ketchup, catsup (US)

ketmie /kɛtmi/ NF Chinese hibiscus

keuf* /kœf/ NM cop*

keum* /kœm/ NM guy*

keuss* /køs/ NM

kevlar ® /kɛvlaʀ/ NM kevlar ®

keynésianisme /kenezjanism/ NM Keynesianism, Keynesian economics (sg)

keynésien, -ienne /kenezjɛ̃, jɛn/ ADJ Keynesian

kF /kaɛf/ NM (abrév de **kilofranc**) ≈ K ◆ **il gagne 240 kF** he earns 24 K*

kg (abrév de **kilogramme**) kg

KGB /kaʒebe/ NM (abrév de **Komitet Gosudarstvennoy Bezopasnosti**) KGB

khâgne /kaɲ/ NF second year of a two-year preparatory course for the arts section of the École Normale Supérieure → CLASSES PRÉPARATOIRES, GRANDES ÉCOLES

khâgneux, -euse /kaɲø, øz/ NM,F student in khâgne

khalifat /kalifa/ NM ⇒ **califat**

khalife /kalif/ NM ⇒ **calife**

khamsin /xamsin/ NM k(h)amsin, kamseen

khan /kɑ̃/ NM khan

khanat /kana/ NM khanate

kharidjisme /kaʀidʒism/ NM Khariji philosophy

kharidjite /kaʀidʒit/ NMF Kharijite

Khartoum /kaʀtum/ N Khartoum

khat /kat/ NM k(h)at

khédival, e (mpl **-aux**) /kedival, o/ ADJ khediv(i)al

khédivat /kediva/ NM khediv(i)ate

khédive /kediv/ NM khedive

khédivial, e (mpl **-iaux**) /kedivjal, jo/ ADJ ⇒ **khédival**

khi /ki/ NM chi

khmer, -ère /kmɛʀ/
[ADJ] Khmer
[NM] (= langue) Khmer
[NMF] Khmer ◆ **les Khmers rouges** the Khmer Rouge

khôl /kol/ NM kohl

Khonsou /kɔ̃su/ NM Khonsu

kibboutz /kibuts/ NM INV kibbutz

kibboutznik /kibutsnik/ NMF kibbutznik, kibbutz member

kick /kik/ NM kick-start(er) ◆ **démarrer au kick** [personne] to kick-start one's motorbike ◆ **la moto (se) démarre au kick** you have to kick-start the motorbike

kickboxing /kikbɔksiŋ/ NM kickboxing

kidnapper /kidnape/ SYN ► conjug 1 ◄ VT to kidnap, to abduct

kidnappeur, -euse /kidnapœʀ, øz/ SYN NM,F kidnapper, abductor

kidnapping /kidnapiŋ/ SYN NM kidnapping, abduction

kieselguhr /kizɛlgyʀ/ NM kieselguhr

kieselgur /kizɛlgyʀ/ NM ⇒ **kieselguhr**

kiesérite /kjezerit/ NF kieserite

Kiev /kjɛv/ N Kiev

kif¹ /kif/ NM (= hachisch) kif, kef ◆ **c'est le kif !** * (= super) it's great ou cool*!

kif² /kif/ NM ◆ **c'est du kif** it's all the same, it makes no odds * (Brit)

kif(f)ant, e *⁎ /kifɑ̃, ɑ̃t/ ADJ ◆ **c'est kiffant !** it's great!

kif(f)er *⁎ /kife/ ► conjug 1 ◄
[VI] ◆ **ça me fait kiffer** it turns me on *
[VT] ◆ **kiffer qch** to get a kick out of sth * ◆ **je peux pas le kiffer** I can't stand him

kif-kif * /kifkif/ ADJ INV ◆ **c'est kif-kif (bourricot)** it's all the same, it makes no odds* (Brit)

Kigali /kigali/ N Kigali

kiki * /kiki/ NM [1] (= cou) ◆ **serrer le kiki à qn** [personne] to throttle sb, to grab sb by the throat; [cravate, encolure] to choke sb; → **partir¹**
[2] (hum, langage enfantin = pénis) willie* (Brit), peter* (US)

kikouyou, kikuyu /kikuju/
[ADJ] Kikuyu
[NMF] **Kikouyou** Kikuyu ◆ **les Kikouyous** the Kikuyu

kil *⁎ /kil/ NM ◆ **kil de rouge** bottle of cheap (red) wine ou plonk* (Brit)

kilim /kilim/ NM kilim

Kilimandjaro /kilimɑ̃dʒaʀo/ NM ◆ **le Kilimandjaro** Mount Kilimanjaro

killer /kilœʀ/ NM killer

kilo /kilo/ NM kilo ◆ **en faire des kilos** * to go over the top*

kilo... /kilo/ PRÉF kilo...

kilobar /kilɔbaʀ/ NM kilobar

kilocalorie /kilokalɔʀi/ NF kilocalorie

kilocycle /kilosikl/ NM kilocycle

kiloeuro /kiloøʀo/ NM ◆ **3 kiloeuros** 3,000 euros

kilofranc /kilofʀɑ̃/ NM thousand francs

kilogramme /kilɔgʀam/ NM kilogramme

kilogrammètre /kilɔgʀametʀ/ NM kilogrammeter

kilohertz /kiloɛʀts/ NM kilohertz

kilojoule /kiloʒul/ NM kilojoule

kilométrage /kilometʀaʒ/ NM [1] [de voiture, distance] = mileage ◆ **voiture en** ou **à kilométrage illimité** car with unlimited mileage
[2] [de route] = marking with milestones

kilomètre /kilometʀ/ NM [1] (= distance) kilometre (Brit), kilometer (US) ◆ **200 kilomètres à l'heure** ou **kilomètres-heure** 200 kilometres an hour ou per hour ◆ **bouffer du kilomètre** * ≈ to eat up the miles ◆ **kilomètre-passager** passenger kilometre, ≈ passenger mile ◆ **kilomètre lancé** (Ski) speed-record trial ◆ **d'ici à ce qu'il te vienne pas, il n'y a pas des kilomètres** * I wouldn't be surprised if he didn't turn up
[2] (grande quantité) ◆ **des kilomètres de** [+ pellicule] rolls and rolls of; [+ tissu] yards and yards of ◆ **ils produisent des émissions au kilomètre** they churn out one programme after another

kilométrer /kilometʀe/ ► conjug 6 ◄ VT [+ route] ≈ to mark with milestones

kilométrique /kilometʀik/ ADJ ◆ **distance kilométrique** distance in kilometres (Brit) ou kilometer (US) ◆ **borne kilométrique** ≈ milestone ◆ **indemnité kilométrique** ≈ mileage allowance ◆ **tarif kilométrique** rate per kilometre

kilo-octet (pl **kilo-octets**) /kiloɔktɛ/ NM kilobyte

kilotonne /kilotɔn/ NF kiloton

kilowatt /kilowat/ NM kilowatt

kilowattheure /kilowatœʀ/ NM kilowatt-hour

kilt /kilt/ NM kilt; (pour femme) pleated ou kilted skirt

kimberlite /kɛ̃bɛʀlit/ NF kimberlite

kimono /kimono/ NM kimono; → **manche¹**

kinase /kinaz/ NF kinase

kiné(si) * /kine(zi)/ NMF (abrév de **kinésithérapeute**) physio*

kinésithérapeute /kineziteʀapøt/ NMF physiotherapist (Brit), physical therapist (US)

kinésithérapie /kineziteʀapi/ NF physiotherapy (Brit), physical therapy (US)

kinesthésie /kinɛstezi/ NF kinaesthesia (Brit), kinesthesia (US)

kinesthésique /kinɛstezik/ ADJ kinaesthetic

king-charles /kiŋʃaʀl/ NM INV King Charles spaniel

Kingston /kiŋstɔn/ N Kingston

Kingstown /kiŋstaun/ N Kingstown

kinkajou /kɛ̃kaʒu/ NM kinkajou, honey bear, potto

Kinshasa /kinʃasa/ N Kinshasa

kiosque /kjɔsk/ SYN NM [1] (= étal) kiosk, stall ◆ **kiosque à journaux** newsstand, newspaper kiosk ◆ **en vente en kiosque** on sale at newsstands
[2] (Internet) kiosk
[3] [de jardin] pavilion, summerhouse ◆ **kiosque à musique** bandstand
[4] [de sous-marin] conning tower; [de bateau] wheelhouse

kiosquier, -ière /kjɔskje, jɛʀ/ NM,F newspaper seller (at kiosk)

kippa /kipa/ NF kippa

kipper /kipœʀ/ NM kipper

kir /kiʀ/ NM kir (white wine with blackcurrant liqueur) ◆ **kir royal** kir royal (champagne with blackcurrant liqueur)

kirghiz /kiʀgiz/
[ADJ] Kirghiz
[NM] (= langue) Kirghiz
[NMF] **Kirghiz** Kirghiz

Kirghizistan /kiʀgizistɑ̃/, **Kirghzstan** /kiʀgistɑ̃/ NM Kirghizia

Kiribati /kiʀibati/ N Kiribati

kirsch /kiʀʃ/ NM kirsch

kit /kit/ NM kit ◆ **en kit** in kit form ◆ **kit de test de grossesse** pregnancy testing kit ◆ **kit mains libres** ou **piéton** (pour téléphone mobile) hands-free kit ◆ **kit de connexion** connection kit

kit(s)ch /kitʃ/ ADJ INV, NM kitsch

kitchenette /kitʃ(ə)nɛt/ NF kitchenette

kitesurf /kajtsœʀf/ NM kitesurfing

kiwi /kiwi/ NM [1] (= oiseau) kiwi
[2] (= arbre) kiwi tree; (= fruit) kiwi (fruit)

klaxon ® /klaksɔn/ SYN NM horn ◆ **coup de klaxon** (fort) hoot; (léger) toot ◆ **donner des coups de klaxon** to hoot (one's horn), to sound one's horn

klaxonner /klaksɔne/ SYN ► conjug 1 ◄
[VI] (gén) to hoot (one's horn), to sound one's horn; (doucement) to toot (the horn) ◆ **klaxonne, il ne t'a pas vu** hoot your horn ou give him a toot, he hasn't seen you
[VT] ◆ **klaxonner qn** (gén) to hoot at sb; (doucement) to give sb a toot

kleb(s) * /klɛb(s)/ NM dog, mutt*

Kleenex ® /klinɛks/ NM tissue, paper hanky, Kleenex ®

kleptomane /klɛptɔman/ ADJ, NMF kleptomaniac

kleptomanie /klɛptɔmani/ NF kleptomania

klystron /klistʀɔ̃/ NM klystron

km (abrév de **kilomètre(s)**) km

km/h (abrév de **kilomètres/heure**) km/h, kph, ≈ mph

knickerbockers /knikɛʀbɔkɛʀs, nikœʀbɔkœʀ/ NMPL knickerbockers

knock-out /nɔkaut/ SYN
[ADJ] (Boxe, *) knocked out, out for the count * ◆ **mettre qn knock-out** to knock sb out ◆ **il est complètement knock-out** he's out cold *
[NM] knockout

knout /knut/ NM knout

Ko (abrév de **kilo-octet**) kb

K.-O., KO /kao/ abrév de **knock out**
[NM] (Boxe) KO ◆ **K.-O. technique** technical knockout ◆ **perdre par K.-O.** to be knocked out ◆ **gagner par K.-O.** to win by a knockout ◆ **mettre K.-O.** to KO*, to knock out ◆ **il a été mis K.-O. au 5ᵉ round** he was knocked out in round 5 ◆ **être K.-O.** to be out for the count ◆ **être K.-O debout** [boxeur] to be punch-drunk; (vaincu) to be knocked for six*; (stupéfait) to be stunned
[ADJ] (* = fatigué) shattered *, knackered *⁎

koala /kɔala/ NM koala (bear)

kobold /kɔbɔld/ NM kobold

koheul /kɔœl/, **kohol** /kɔɔl/ NM ⇒ **khôl**

koinè /kɔine, kɔinɛ/ NF koine

kola /kɔla/ NM ⇒ **cola**

kolatier /kɔlatje/ NM ⇒ **colatier**

kolinski /kɔlɛ̃ski/ NM kolinsky

kolkhoze /kɔlkoz/ NM kolkhoz

kolkhozien, -ienne /kɔlkozjɛ̃, jɛn/ ADJ, NM,F kolkhozian

kommandantur /kɔmɑ̃dɑ̃tuʀ/ NF German military command

komsomol /kɔmsɔmɔl/ NMF member of the Komsomol

kopeck /kɔpɛk/ NM kopeck ◆ **je n'ai plus un kopeck** ⁎ I haven't got a penny left

korè /kɔʀe/ NM kore

korrigan, e /kɔʀigɑ̃, an/ NM,F Breton goblin

kosovar /kosovaʀ/
[ADJ] Kosovar
[NMF] **Kosovar** Kosovar

Kosovo /kosovo/ NM Kosovo

koubba /kuba/ NF kubba

kouglof /kuglɔf/ NM kugelhopf (kind of bun)

koulak /kulak/ NM kulak

koulibiac /kulibjak/ NM koulibiaca, coulibiaca

koumis, koumys /kumi(s)/ NM koumis, kumiss

Kouriles /kuʀil/ NFPL ◆ **l'archipel des Kouriles** the Kuril Islands

kouros /kuʀos/ NM kouros

Koweït /kɔwɛt/ NM Kuwait

koweïtien, -ienne /kɔwɛtjɛ̃, jɛn/
- **ADJ** Kuwaiti
- **NM,F** **Koweïtien(ne)** Kuwaiti

kraal /kʀal/ **NM** kraal

krach /kʀak/ <u>SYN</u> **NM** (*Bourse*) crash ◆ **krach boursier** stock market crash

kraft /kʀaft/ **NM** → **papier**

kraken /kʀakɛn/ **NM** kraken

Kremlin /kʀɛmlɛ̃/ **NM** ◆ **le Kremlin** the Kremlin

kremlinologie /kʀɛmlinɔlɔʒi/ **NF** Kremlinology

kremlinologique /kʀɛmlinɔlɔʒik/ **ADJ** Kremlinological

kremlinologue /kʀɛmlinɔlɔg/ **NMF** Kremlinologist

kreutzer /kʀøtsɛʀ, kʀødzɛʀ/ **NM** kreu(t)zer

krill /kʀil/ **NM** krill

Krishna /kʀiʃna/ **NM** Krishna

krypton /kʀiptɔ̃/ **NM** krypton

ksar /ksaʀ/ (pl **ksour** /ksuʀ/) **NM** North African fortress

ksi /ksi/ **NM** xi

Kuala Lumpur /kwalalumpuʀ/ **N** Kuala Lumpur

kufique /kufik/ **ADJ** ⇒ **coufique**

Ku Klux Klan /kyklyksklɑ̃/ **NM** Ku Klux Klan

kummel /kymɛl/ **NM** kümmel

kumquat /kɔmkwat/ **NM** kumquat

kung-fu /kuŋfu/ **NM INV** (= *art*) kung fu; (= *personne*) person who practises *ou* does kung fu

kurde /kyʀd/
- **ADJ** Kurdish
- **NM** (= *langue*) Kurdish
- **NMF** **Kurde** Kurd

Kurdistan /kyʀdistɑ̃/ **NM** Kurdistan

kuru /kuʀu/ **NM** kuru

kvas /kvɑs/ **NM** kvas(s), quass

kW (abrév de **kilowatt**) kW

kwas /kvɑs/ **NM** ⇒ **kvas**

kwashiorkor /kwaʃjɔʀkɔʀ/ **NM** kwashiorkor

K-way ® /kawɛ/ **NM** (lightweight nylon) cagoule

kWh (abrév de **kilowattheure**) kWh

kymographe /kimɔgʀaf/ **NM** kymograph, cymograph

kymographie /kimɔgʀafi/ **NF** kymography, cymography

kymrique /kimʀik/
- **ADJ** Cymric, Kymric
- **NM** (= *langue*) Cymric, Kymric

Kyoto /kjɔto/ **N** Kyoto

kyrie (eleison) /kiʀje(eleisɔn)/ **NM INV** (*Rel, Mus*) Kyrie (eleison)

kyrielle /kiʀjɛl/ <u>SYN</u> **NF** [*d'injures, réclamations*] string, stream; [*de personnes, enfants*] crowd, stream; [*d'objets*] pile

kyste /kist/ <u>SYN</u> **NM** cyst ◆ **kyste de l'ovaire** *ou* **ovarien** ovarian cyst

kystique /kistik/ **ADJ** cystic

kyu /kju/ **NM** kyu

Kyushu /kjuʃu/ **NF** Kyushu, Kiushu

L

L, l¹ /ɛl/ **NM** (= lettre) L, l

l² (abrèv de **litre(s)**) l

l' /l/ → **le¹, le²**

la¹ /la/ → **le¹, le²**

la² /la/ **NM INV** (Mus) A; (en chantant la gamme) lah ◆ **donner le la** (lit) to give an A; (fig) to set the tone ou the fashion

là /la/

1 - ADVERBE
2 - LOCUTION ADVERBIALE
3 - LOCUTION ADVERBIALE
4 - EXCLAMATION

1 - ADVERBE

1 [PAR OPPOSITION À ICI] there ◆ **là, on s'occupera bien de vous** you will be well looked after there ◆ **je le vois là, sur la table** I can see it (over) there, on the table ◆ **c'est là que** ou **c'est là où je suis né** that's where I was born; → **ça, fait¹**

2 [= ICI] here, there ◆ **ne restez pas là au froid** don't stand here ou there in the cold ◆ **n'ayez pas peur, je suis là** don't be afraid, I'm here ◆ **qui est là ?** who's there? ◆ **c'est là ! je reconnais le portail !** there it is! ou here we are! I recognize the gate! ◆ **M. Roche n'est pas là** Mr Roche isn't here ou is how far they've got ◆ **je suis là pour ça !** that's what I'm here for! ◆ **ce monument est là pour nous rappeler que...** this monument is here ou exists to remind us that... ◆ **c'est là qu'il est tombé** that's ou this is where he fell ◆ **là où tu es/d'où tu viens** where you are/come from ◆ **déjà là ?** (are you) here already? ◆ **qu'est-ce que tu fais là ?** (lit) what are you doing here?; (fig) what are you up to? ◆ **la crise est là et bien là** there really is a crisis; → **fait¹**

3 [DANS LE TEMPS] then, at this ou that moment ◆ **c'est là qu'il comprit qu'il était en danger** that was when he realized ou it was then that he realized he was in danger ◆ **ce qu'il propose là n'est pas bête** what he's just suggested isn't a bad idea; → **ici, jusque**

4 [= DANS CETTE SITUATION] ◆ **tout cela pour en arriver** ou **en venir là !** all that effort just for this! ◆ **il faut s'en tenir là** ou **en rester là** we'll have to leave it at that ou stop there ◆ **les choses en sont là** that's how things stand at the moment, that's the state of play at present ◆ **ils en sont là** (lit) that's how far they've got, that's the stage they've reached; (péj) that's how low they've sunk ◆ **ils n'en sont pas encore là** they haven't got that far yet ou reached that stage yet; (péj) they haven't reached that stage yet ou come to that yet ◆ **j'en étais là de mes réflexions quand...** such was my state of mind when... ◆ **c'est bien là qu'on voit les paresseux !** that's where ou when you see who the lazy ones are! ◆ **il a été courageux là où d'autres auraient eu peur** he was courageous where others would have been afraid; → **loin**

5 [INTENSIF] ◆ **n'allez pas croire là que...** don't get the idea that..., don't go thinking that...

◆ **qu'est-ce que tu me racontes là ?** what (on earth) are you saying to me?

6 [= EN CELA, DANS CELA] ◆ **c'est là où** ou **que nous ne sommes plus d'accord** that's where I take issue ou start to disagree with you ◆ **là, ils exagèrent !** now they're really going too far! ◆ **je ne vois là rien d'étonnant** I don't see anything surprising in ou about that ◆ **il y a là quelque chose d'inquiétant** there's something worrying about that ◆ **tout est là** that's the whole question ◆ **c'est là qu'est la difficulté, là est la difficulté** that's where the difficulty lies ◆ **il y a là une contradiction** there's a contradiction in that; → **question**

7 [AVEC TRAIT D'UNION]

◆ **ce** ou **cette...-là** that... ◆ **ce jour-là** that day ◆ **cet homme-là est détesté par tout le monde** everybody hates that man ◆ **c'est à ce point-là ?** it's as bad as that, is it? ◆ **en ce temps-là** in those days

◆ **ces...-là** those... ◆ **ces gens-là** those people; → **ce¹**

◆ **celui-là, celle-là** (= objet, personne) that one ◆ **je veux celui-là** I want that one ◆ **celui-/celle-là alors !** (irritation) oh, that man/woman!; (surprise) how does he/she do it! ◆ **il est marrant*, celui-là !** that guy's such a laugh!

◆ **ceux-là, celles-là** (= objets) those ◆ **certains le croient, Luc est de ceux-là** (= personnes) some people, including Luc, believe it ◆ **celles-là, elles ne risquent rien** they're not in any danger; → aussi **celui**

2 - LOCUTION ADVERBIALE

de là

1 [DANS L'ESPACE] ◆ **il est allé à Paris, et de là à Londres** he went to Paris, and from there to London ou and then (from there) on to London ◆ **c'est à 3 km de là** it's 3 km away (from there)

2 [DANS LE TEMPS] ◆ **à partir de là** from then on, after that ◆ **à quelques jours de là** a few days later ou after(wards)

3 [CONSÉQUENCE] ◆ **il n'a pas travaillé, de là son échec** he didn't work, hence his failure ou which explains why he failed ◆ **de là vient que nous ne le voyons plus** that's why we no longer see him ◆ **de là à dire qu'il ment, il n'y a qu'un pas** there isn't much difference between saying that and saying he's lying, that's tantamount to saying he's a liar ◆ **oui, mais de là à prétendre qu'il a tout fait seul !** there's a big difference between saying that and claiming that he did it all himself!

3 - LOCUTION ADVERBIALE

par là

1 [DANS L'ESPACE] ◆ **quelque part par là** (= de ce côté) somewhere around there ou near there ◆ **passez par là** (= par cet endroit) go that way ◆ **c'est par ici ou par là ?** is it this way or that way?

2 [* = ENVIRON] ◆ **il doit avoir 20 ans, par là** he must be about 20, he must be 20 or so

3 [LOCUTIONS] ◆ **que veux-tu dire par là ?** what do you mean by that? ◆ **si tu (y) vas par là...** if that's what you're saying...; → **entendre, passer**

4 - EXCLAMATION

◆ **fiche-moi la paix, là !*** leave me alone, will you!* ◆ **hé là !** (appel) hey!; (surprise) good grief! ◆ **là, là, du calme !** now, now, calm down! ◆ **il est entré dans une rage, mais là, une de ces rages !** he flew into a rage, and what a rage! ◆ **alors là** ou **oh là, ça ne m'étonne pas** (oh) now, that doesn't surprise me ◆ **oh là là (là là) !** (surprise) oh my goodness!; (consternation) oh dear! (oh dear!) ◆ **oh là là !, ce que j'ai froid !** God*, I'm so cold! ◆ **oh là là ! quel désastre !** oh dear! ou oh no! what a disaster!

---

là-bas /lɑbɑ/ **ADV** (over) there, yonder ◆ **là-bas aux USA** over in the USA ◆ **là-bas dans le nord** up (there) in the north ◆ **là-bas dans la plaine** down there in the plain ◆ **Serge a réapparu, tout là-bas** Serge reappeared way over there

labbe /lab/ **NM** skua ◆ **labbe parasite** Arctic skua

labdanum /labdanɔm/ **NM** ⇒ **ladanum**

label /label/ **NM** SYN **NM** label ◆ **label d'origine** label of origin ◆ **label de qualité** (lit) quality label; (fig) guarantee of quality ◆ **label d'exportation** export label ◆ **label rouge** quality label for meat ◆ **label politique** political label ◆ **l'association a accordé son label à 80 projets** the association has given its seal of approval to 80 projects ◆ **ils ont sorti un album sous un label indépendant** they've brought out an album on an independent label

labelle /label/ **NM** [de corolle] labellum; [de coquillage] lip

labellisation /labelizasjɔ̃/ **NF** [de produit] labelling

labelliser /labelize/ ▶ conjug 1 ◆ **VT** [+ produit] to label, to put a label on; [+ projet] to give one's seal of approval to

labeur /labœʀ/ SYN **NM** (littér) labour, toil (NonC) ◆ **c'est un dur labeur** it's hard work

labiacées /labjase/ **NFPL** ◆ **les labiacées** labiate plants, the Labiatae (SPÉC)

labial, e (mpl -iaux) /labjal, jo/

ADJ [consonne] labial; [muscle] lip (épith), labial (SPÉC)

NF labiale labial

labialisation /labjalizasjɔ̃/ **NF** [de consonne] labialization; [de voyelle] labialization, rounding

labialiser /labjalize/ ▶ conjug 1 ◆ **VT** [+ consonne] to labialize; [+ voyelle] to labialize, to round

labié, e /labje/

ADJ labiate

NF labiate ◆ **les labiées** labiates, Labiatae (SPÉC)

labile /labil/ **ADJ** labile

labilité /labilite/ **NF** lability

labiodental, e (mpl -aux) /labjodɑ̃tal, o/ **ADJ, NF** labiodental

labium | lacune

labium /labjɔm/ NM labium

labo* /labo/ NM (abrév de **laboratoire**) lab* ◆ **labo photo** photo lab

laborantin, e /labɔʀɑ̃tɛ̃, in/ NM,F laboratory ou lab* assistant

laboratoire /labɔʀatwaʀ/ NM (gén) laboratory ◆ **laboratoire spatial/de recherches** space/research laboratory ◆ **laboratoire d'analyses (médicales)** (medical) analysis laboratory ◆ **laboratoire (de) photo** photo laboratory ◆ **laboratoire de langue(s)** language laboratory ◆ **laboratoire d'essai** (lit) testing laboratory; (fig) testing ground ◆ **simulation/essais en laboratoire** laboratory simulation/trials ◆ **produit en laboratoire** produced in a laboratory ou under laboratory conditions

laborieusement /labɔʀjøzmɑ̃/ SYN ADV laboriously, with much effort ◆ **gagner laborieusement sa vie** to struggle to earn a living, to earn a living by the sweat of one's brow

laborieux, -ieuse /labɔʀjø, jøz/ SYN ADJ
1 (= pénible) laborious, painstaking; [entreprise, négociations, recherches] laborious; [style, récit] laboured, laborious; [digestion] heavy ◆ **il s'exprimait dans un français laborieux** his French was very laboured ◆ **il a enfin fini, ça a été laborieux !** he's finished at last, it was hard going!
2 (= travailleur) hard-working, industrious ◆ **les classes laborieuses** the working ou labouring classes ◆ **une vie laborieuse** a life of toil ou hard work

labour /labuʀ/ NM 1 (avec une charrue) ploughing (Brit), plowing (US); (avec une bêche) digging (over); → **cheval**
2 (= champ) ploughed (Brit) ou plowed (US) field

labourable /labuʀabl/ ADJ (avec une charrue) ploughable (Brit), plowable (US); (avec une bêche) soft enough for digging ◆ **terres labourables** arable land

labourage /labuʀaʒ/ NM (avec une charrue) ploughing (Brit), plowing (US); (avec une bêche) digging (over)

labourer /labuʀe/ SYN ▶ conjug 1 ◀ VT 1 (avec une charrue) to plough (Brit), to plow (US); (avec une bêche) to dig (over) ◆ **terre qui se laboure bien** land which ploughs well ou is easy to plough ◆ **labourer le fond** [navire] to scrape ou graze the bottom; [ancre] to drag ◆ **terrain labouré par les sabots des chevaux** ground churned ou ploughed up by the horses' hooves
2 ◆ **la balle lui avait labouré la jambe** the bullet had ripped into ou gashed his leg ◆ **labouré de rides** lined ou furrowed with wrinkles ◆ **ce corset me laboure les côtes** this corset is digging into my sides ◆ **se labourer le visage/les mains** to tear at one's face/one's hands ◆ **le chat lui a labouré le visage** the cat scratched his face really badly

laboureur /labuʀœʀ/ NM ploughman (Brit), plowman (US); (Hist) husbandman

Labrador /labʀadɔʀ/ NM (Géog) Labrador

labrador¹ /labʀadɔʀ/ NM (= chien) Labrador (retriever)

labrador² /labʀadɔʀ/ NM (Minér) labradorite

labradorite /labʀadɔʀit/ NF (Minér) labradorite

labre /labʀ/ NM (= poisson) labroid, labrid; [d'insecte] labrum

labrit /labʀi/ NM Pyrenean sheepdog

labyrinthe /labiʀɛ̃t/ SYN NM (lit, fig) maze, labyrinth; (Anat) labyrinth

labyrinthique /labiʀɛ̃tik/ SYN ADJ labyrinthine

labyrinthodonte /labiʀɛ̃tɔdɔ̃t/ NM labyrinthodont

lac /lak/ NM lake ◆ **lac de montagne** mountain lake ◆ **le lac Léman** ou **de Genève** Lake Geneva ◆ **le lac Majeur** Lake Maggiore ◆ **les lacs écossais** the Scottish lochs ◆ **les Grands Lacs** the Great Lakes ◆ **« le Lac des Cygnes »** (Mus) "Swan Lake" ◆ **être (tombé) dans le lac*** (fig) to have fallen through, to have come to nothing

laçage /lasaʒ/ NM lacing(-up)

lacanien, -ienne /lakanjɛ̃, jɛn/ ADJ (Psych) Lacanian

laccolithe /lakɔlit/ NF laccolith, laccolite

Lacédémone /lasedemɔn/ N Lacaedemonia

lacédémonien, -ienne /lasedemɔnjɛ̃, jɛn/
ADJ Lacedaemonian
NM,F **Lacédémonien(ne)** Lacedaemonian

lacement /lasmɑ̃/ NM ⇒ **laçage**

lacer /lase/ SYN ▶ conjug 3 ◀ VT [+ chaussure] to tie; [+ corset] to lace up; (Naut) [+ voile] to lace ◆ **lace tes chaussures** ou **tes lacets** do up ou tie your shoelaces ◆ **ça se lace (par) devant** it laces up at the front

lacération /laseʀasjɔ̃/ SYN NF [de vêtement, affiche] ripping up, tearing up; [de corps, visage] laceration; [de tableau] slashing

lacérer /laseʀe/ SYN ▶ conjug 6 ◀ VT [+ affiche, papier, vêtement] to tear ou rip up, to tear to shreds; [+ tableau] to slash; [+ corps, visage] to lacerate ◆ **il avait été lacéré de coups de couteau** he had been slashed with a knife

lacerie /lasʀi/ NF (en paille) basketry; (en osier) wickerwork

lacertiens /laseʀtjɛ̃/ NMPL ◆ **les lacertiens** lacertilian reptiles, the Lacertilia (SPÉC)

lacet /lase/ SYN NM 1 [de chaussure] (shoe)lace; [de botte] (boot)lace; [de corset] lace ◆ **chaussures à lacets** lace-ups, lace-up shoes ◆ **faire** ou **nouer ses lacets** to do up ou tie one's laces
2 [de route] (sharp) bend, twist ◆ **en lacet(s)** winding, twisty ◆ **la route fait des lacets** ou **monte en lacets** the road twists ou winds steeply upwards
3 (= piège) snare ◆ **prendre des lièvres au lacet** to trap ou snare hares
4 (Couture) braid

laceur, -euse /lasœʀ, øz/ NM,F net-maker

lâchage* /lɑʃaʒ/ SYN NM (= abandon) desertion ◆ **écœuré par le lâchage de ses amis** disgusted at the way his friends had deserted him ou run out on him ◆ **ils dénoncent le lâchage du pays par l'ONU** they're denouncing the UN's abandonment of the country

lâche /lɑʃ/ SYN
ADJ 1 [corde, ressort] slack; [nœud] loose; [vêtement] loose(-fitting); [tissu] loosely-woven, open-weave (épith)
2 [discipline, morale] lax; [règlement, canevas] loose
3 (littér) [style, expression] loose, woolly ◆ **dans ce roman, l'intrigue est un peu lâche** the novel has quite a loose plot
4 [personne, fuite, attitude] cowardly; [attentat] vile, despicable; [procédé] low ◆ **se montrer lâche** to be a coward ◆ **c'est assez lâche de sa part d'avoir fait ça** it was pretty cowardly of him to do that
5 (littér = faible) weak, feeble
NMF coward

lâchement /lɑʃmɑ̃/ SYN ADV 1 (= sans courage) in a cowardly way ◆ **il a lâchement refusé** like a coward, he refused ◆ **il a été lâchement assassiné** he was killed in the most cowardly way
2 [nouer] loosely

lâcher /lɑʃe/ SYN ▶ conjug 1 ◀
VT 1 [+ ceinture] to loosen, to let out, to slacken ◆ **lâcher la taille d'une jupe** to let a skirt out at the waist ◆ **lâcher du fil** (Pêche) to let out some line
2 [+ main, proie] to let go of; [+ bombes] to drop, to release; [+ pigeon, ballon] to release; [+ chien de garde] to unleash, to set loose; [+ frein] to release, to let out; [+ amarres] to cast off; (Chasse) [+ chien, faucon] to slip ◆ **lâche-moi !** let go (of me)! ◆ **attention ! tu vas lâcher le verre** careful, you're going to drop the glass! ◆ **le professeur nous a lâchés à 4 heures** the teacher let us go ou let us out at 4 ◆ **lâcher un chien sur qn** to set a dog on sb ◆ **s'il veut acheter ce tableau, il va falloir qu'il les lâche*** ou **qu'il lâche ses sous*** if he wants this picture, he'll have to part with the cash* ◆ **il les lâche difficilement*** he hates to part with his money
3 [+ bêtise, juron] to come out with; [+ pet] to let out; † [+ coup de fusil] to fire ◆ **lâcher quelques mots** to say a few words ◆ **voilà le grand mot lâché !** there's the fatal word! ◆ **lâcher un coup de poing à qn** † to deal ou fetch (Brit) sb a blow with one's fist
4 (* = abandonner) [+ époux] to leave, to walk out on; [+ amant] to jilt, to drop, to chuck* (Brit); [+ ami] to drop; [+ études, métier] to give up, to pack in* (Brit), to chuck in* (Brit); [+ avantage] to give up ◆ **il a tout lâché pour la rejoindre à New York** he gave everything up and followed her to New York ◆ **lâcher le peloton** to leave the rest of the field behind, to build up a good lead (over the rest of the pack) ◆ **ne pas lâcher qn** [poursuivant, créancier] to stick to sb; [importun, représentant] not to leave sb alone; [mal de tête] not to let up on sb*, not to leave sb ◆ **il nous a lâchés en plein milieu du travail** he walked out on us right in the middle of the work ◆ **il ne m'a pas lâché d'une semelle** he stuck close all the time, he stuck to me like a leech ◆ **la communauté internationale nous a lâchés** the international community has abandoned us ◆ **ma voiture m'a lâché** my car gave up on me* ◆ **une bonne occasion, ça ne se lâche pas** ou **il ne faut pas la lâcher** you don't miss ou pass up* an opportunity like that

5 (locutions) ◆ **lâcher prise** (lit) to let go; (fig) to loosen one's grip ◆ **lâcher pied** to fall back, to give way ◆ **lâcher la bride** ou **les rênes à un cheval** to give a horse its head ◆ **lâcher la bride à qn** (fig) to give sb more of a free rein ◆ **tu me lâches !*** leave me alone! ◆ **lâche-moi les baskets !*** ou **la grappe !*** get off my back!*, get off my case!* (US) ◆ **il les lâche avec des élastiques** he's as stingy as hell*, he's a tight-fisted so-and-so*; → **lest**

VI [corde] to break, to give way; [frein] to fail

VPR **se lâcher*** (= faire ce qu'on veut) to let o.s. go*; (= parler franchement) to speak one's mind

NM ◆ **lâcher de ballons** balloon release

lâcheté /lɑʃte/ SYN NF 1 (= couardise) cowardice, cowardliness; (= bassesse) lowness ◆ **par lâcheté** through ou out of cowardice ◆ **je trouve ça d'une lâcheté !** that's so cowardly!
2 (= acte) cowardly act, act of cowardice
3 (littér = faiblesse) weakness, feebleness

lâcheur, -euse* /lɑʃœʀ, øz/ NM,F unreliable ou fickle so-and-so* ◆ **alors, tu n'es pas venu, lâcheur !** so you didn't come then – you're a dead loss!* ou you old so-and-so!* ◆ **c'est une lâcheuse, ta sœur !** your sister's so unreliable!*

lacinié, e /lasinje/ ADJ laciniate(d)

lacis /lasi/ SYN NM [de ruelles] maze; [de veines] network; [de soie] web

laconique /lakɔnik/ SYN ADJ [personne, réponse] laconic; [style] terse

laconiquement /lakɔnikmɑ̃/ ADV laconically, tersely

laconisme /lakɔnism/ NM terseness

lacryma-christi /lakʀimakʀisti/ NM INV (= vin) lachryma Christi

lacrymal, e (mpl -aux) /lakʀimal, o/ ADJ lacrimal (SPÉC), lachrymal (SPÉC), tear (épith)

lacrymogène /lakʀimɔʒɛn/ ADJ → **gaz, grenade**

lacs /lɑ/ SYN NMPL († †, littér) snare ◆ **lacs d'amour** lover's ou love knot

lactaire /laktɛʀ/
ADJ (Anat) lacteal
NM (= champignon) milk cap

lactalbumine /laktalbymin/ NF lactalbumin

lactarium /laktaʀjɔm/ NM milk bank

lactase /laktɑz/ NF lactase

lactate /laktat/ NM lactate

lactation /laktasjɔ̃/ NF lactation

lacté, e /lakte/ SYN ADJ [sécrétion] milky, lacteal (SPÉC); [couleur, suc] milky; [régime] milk (épith); → **voie**

lactescence /laktesɑ̃s/ NF lactescence

lactescent, e /laktesɑ̃, ɑ̃t/ ADJ (littér) lactescent

lactifère /laktifɛʀ/ ADJ lactiferous

lactique /laktik/ ADJ lactic ◆ **acide lactique** lactic acid

lactobacille /laktobasil/ NM lactobacillus

lactodensimètre /laktodɑ̃simɛtʀ/ NM lactometer, galactometer

lactoflavine /laktoflavin/ NF lactoflavin

lactogène /laktoʒɛn/ ADJ lactogenic

lactose /laktoz/ NM lactose

lactosérum /laktoseʀɔm/ NM whey

lacto-végétarien /laktoveʒetaʀjɛ̃, jɛn/ ADJ, NM,F lacto-vegetarian

lacunaire /lakynɛʀ/ SYN ADJ 1 [informations, documentation, récit, caractère] incomplete ◆ **il a des connaissances lacunaires** there are gaps in his knowledge
2 (Bio) [tissu] lacunary, lacunal

lacune /lakyn/ SYN NF 1 [de texte, mémoire, connaissances] gap; [de manuscrit] lacuna; [de loi] gap, loophole ◆ **les lacunes du système éducatif** the shortcomings of the education system ◆ **elle a de grosses lacunes en histoire** there are big gaps in her knowledge of history ◆ **il y a de sérieuses lacunes dans ce livre** this book has some serious deficiencies *ou* leaves out *ou* overlooks some serious points

[2] *(Anat, Bot)* lacuna

lacustre /lakystʀ/ **ADJ** lake *(épith)*, lakeside *(épith)* ◆ **cité lacustre** lakeside village (on piles)

lad /lad/ **NM** *(Équitation)* stable-boy, stable-lad

ladanum /ladanɔm/ **NM** la(b)danum

là-dedans /lad(ə)dɑ̃/ **ADV** *(lit)* inside, in there ◆ **il y a du vrai là-dedans** there's some truth in that ◆ **il n'a rien à voir là-dedans** it's nothing to do with him ◆ **il a voulu mettre de l'argent là-dedans** he wanted to put some money into it ◆ **quand il s'est embarqué là-dedans** when he got involved in that *ou* in it ◆ **(il) y en a là-dedans !*** *(admiratif)* you see, I'm *(ou* he's *etc)* not just a pretty face! ◆ **et nous, là-dedans, qu'est-ce qu'on devient ?*** and where do we fit into all this?

là-dessous /lad(ə)su/ **ADV** underneath, under there, under that ◆ **il y a quelque chose là-dessous** *(fig)* there's something odd about it *ou* that, there's more to it than meets the eye

là-dessus /lad(ə)sy/ **ADV** (= *sur cet objet*) on that, on there; (= *sur ces mots*) at that point, thereupon *(frm)*; (= *à ce sujet*) about that, on that point ◆ **là-dessus, il sortit** with that, he left ◆ **vous pouvez compter là-dessus** you can count on that ◆ **il n'y a aucun doute là-dessus** there's no doubt about it

ladin /ladɛ̃/ **NM** Ladin

ladino /ladino/ **NM** Ladino

ladite /ladit/ **ADJ** → **ledit**

Ladoga /ladɔga/ **NM** ◆ **le lac Ladoga** Lake Ladoga

ladre /lɑdʀ/ *(littér)*

ADJ (= *avare*) mean, miserly

NMF miser

ladrerie /lɑdʀəʀi/ **NF** [1] *(littér* = *avarice)* meanness, miserliness

[2] *(Hist* = *hôpital)* leper-house

lady /ledi/ **NF** ◆ **Lady** (= *titre*) Lady ◆ **c'est une vraie lady** she's a real lady

lagomorphes /lagɔmɔʀf/ **NMPL** ◆ **les lagomorphes** lagomorphs, the Lagomorpha *(SPÉC)*

lagon /lagɔ̃/ **NM** lagoon

lagopède /lagɔpɛd/ **NM** ◆ **lagopède d'Écosse** (red) grouse ◆ **lagopède blanc** willow grouse ◆ **lagopède des Alpes** ptarmigan

Lagos /lagos/ **N** Lagos

lagotriche /lagɔtʀiʃ/ **NM** woolly monkey

lagunaire /lagynɛʀ/ **ADJ** lagoon *(épith)*, of a lagoon

lagune /lagyn/ **NF** lagoon

là-haut /lao/ **ADV** *(gén)* up there; (= *dessus*) up on top; (= *à l'étage*) upstairs; (= *au ciel*) on high, in heaven above ◆ **tout là-haut, au sommet de la montagne** way up there, at the top of the mountain ◆ **là-haut dans les nuages** above in the clouds

lai[1] /lɛ/ **NM** *(Poésie)* lay

lai[2]**, e**[1] /lɛ/ **ADJ** *(Rel)* lay ◆ **frère lai** lay brother

laïc /laik/ **ADJ, NM** ⇒ **laïque**

laïcat /laika/ **NM** laity

laîche /lɛʃ/ **NF** sedge

laïcisation /laisizasjɔ̃/ **NF** secularization, laicization

laïciser /laisize/ ▸ conjug 1 ◂ **VT** *[+ institutions]* to secularize, to laicize

laïcité /laisite/ **NF** (= *caractère*) secularity; *(Pol* = *système)* secularism

laid, e /lɛ, lɛd/ SYN **ADJ** [1] *(physiquement) [personne, visage, animal, meuble, dessin]* ugly; *[ville, région]* ugly, unattractive; *[bâtiment]* ugly, unsightly ◆ **laid comme un singe** *ou* **un pou** *ou* **un crapaud** *ou* **les sept péchés capitaux** *ou* **à faire peur** as ugly as sin ◆ **il est très laid de visage** he's got a terribly ugly face

[2] *(moralement) [action]* despicable, low; *[vice]* ugly, loathsome ◆ **c'est laid, ce que tu as fait** that was a nasty *ou* disgusting thing to do

laidement /lɛdmɑ̃/ **ADV** (= *sans beauté*) in an ugly way; *(littér* = *bassement)* despicably

laideron /lɛdʀɔ̃/ SYN **NM** ugly girl *ou* woman ◆ **c'est un vrai laideron** she's a real ugly duckling

laideur /lɛdœʀ/ SYN **NF** [1] *(physique) [de personne, visage, animal, meuble, dessin]* ugliness; *[de ville, région]* ugliness, unattractiveness; *[de bâtiment]* ugliness, unsightliness ◆ **c'est d'une laideur !** it's so ugly!

[2] *(morale) [d'action]* lowness, meanness ◆ **la guerre/l'égoïsme dans toute sa laideur** the full horror of war/of selfishness, war/selfishness in all its ugliness ◆ **les laideurs de la vie** the ugly side of life ◆ **les laideurs de la guerre** the ugliness of war

laie[2] /lɛ/ **NF** (= *sanglier*) wild sow

laie[3] /lɛ/ **NF** (= *sentier*) forest track *ou* path

lainage /lɛnaʒ/ SYN **NM** [1] (= *vêtement*) woollen *ou* woolen (US) garment, woolly* ◆ **la production des lainages** the manufacture of woollens *ou* of woollen goods

[2] (= *étoffe*) woollen material *ou* fabric ◆ **beau lainage** fine quality woollen material

laine /lɛn/

NF wool ◆ **de laine** *[vêtement, moquette]* wool, woollen ◆ **tapis de haute laine** deep *ou* thick pile wool carpet ◆ **il faut mettre une petite laine*** (= *vêtement)* you'll need a sweater ◆ **il ne faut pas te laisser tondre** *ou* **manger la laine sur le dos** you shouldn't let people walk all over you; → **bas**[2]

COMP **laine d'acier** steel wool

laine de bois wood-wool

laine à matelas flock

laine peignée *[de pantalon, veston]* worsted wool; *[de pull]* combed wool

laine de roche rockwool

laine à tricoter knitting wool

laine de verre glass wool

laine vierge new *ou* virgin wool

lainer /lene/ ▸ conjug 1 ◂ **VT** to nap, to teasel

laineur, -euse /lɛnœʀ, øz/

NM,F (= *personne)* napper, teaseller

NF **laineuse** (= *machine)* napper, teaseller

laineux, -euse /lɛnø, øz/ **ADJ** *[tissu, plante]* woolly

lainier, -ière /lɛnje, jɛʀ/

ADJ *[industrie]* wool(len) *(épith)*

NM,F (= *marchand)* wool merchant; (= *ouvrier)* wool worker

laïque /laik/

ADJ *[tribunal]* lay, civil; *[vie]* secular; *[habit]* ordinary; *[collège]* non-religious, secular ◆ **l'enseignement** *ou* **l'école laïque** *(gén)* secular education; *(en France)* state education

NM layman ◆ **les laïques** laymen, the laity

NF laywoman

lais /lɛ/ **NMPL** *(Jur)* foreshore

laisse /lɛs/ SYN **NF** [1] (= *attache*) leash, lead ◆ **tenir en laisse** *[+ chien]* to keep on a leash *ou* lead; *(fig) [+ personne]* to keep a tight rein on, to keep in check

[2] *(Géog)* foreshore ◆ **laisse de mer** tide mark ◆ **laisse de haute/basse mer** high-/low-water mark

[3] *(Poésie)* laisse

laissées /lese/ **NFPL** wild boar droppings

laissé-pour-compte, laissée-pour-compte (mpl **laissés-pour-compte**) /lesepuʀkɔ̃t/

ADJ [1] *(Comm)* (= *refusé)* rejected, returned; (= *invendu)* unsold, left over

[2] *[personne]* rejected; *[chose]* rejected, discarded

NM [1] *(Comm) (refusé)* reject; *(invendu)* unsold article ◆ **brader les laissés-pour-compte** to sell off old *ou* leftover stock cheaply

[2] (= *personne)* ◆ **les laissés-pour-compte de la société** society's rejects ◆ **les laissés-pour-compte de la mondialisation/du progrès** those left behind by globalization/progress

laisser /lese/ GRAMMAIRE ACTIVE 9.3 SYN ▸ conjug 1 ◂

VT [1] (= *abandonner) [+ place, fortune, personne, objet]* to leave ◆ **laisser sa clé au voisin** to leave one's key with the neighbour, to leave the neighbour one's key ◆ **laisse-lui du gâteau** leave him some cake, leave some cake for him ◆ **il m'a laissé ce vase pour 25 €** he let me have this vase for €25 ◆ **laissez, je vais le faire/c'est moi qui paie** leave that, I'll do it/I'm paying ◆ **laisse-moi le temps d'y réfléchir** give me time to think about it ◆ **laisse-moi devant la banque** drop *ou* leave me at the bank ◆ **il a laissé un bras dans l'accident** he lost an arm in the accident ◆ **il y a laissé sa vie** it cost him his life ◆ **elle l'a laissé de meilleure humeur** she left him in a better mood ◆ **au revoir, je vous laisse** good-bye, I must leave you ◆ **laisse-moi !** leave me alone! ◆ **je l'ai laissé à son travail** *(accompagné)* I dropped him off at work; *(pour ne plus le déranger)* I left him to get on with his work

[2] (= *faire demeurer) [+ trace, regrets, goût]* to leave ◆ **laisser qn indifférent/dans le doute** to leave sb unmoved/in doubt ◆ **laisser qn debout** to keep sb standing (up) ◆ **on lui a laissé ses illusions, on l'a laissé à ses illusions** we didn't disillusion him ◆ **elle m'a laissé une bonne impression** she made a good impression on me ◆ **on l'a laissé dans l'erreur** we didn't tell him that he was mistaken ◆ **il vaut mieux le laisser dans l'ignorance de nos projets** it is best to leave him in the dark *ou* not to tell him about our plans ◆ **laisser un enfant à ses parents** *(gén)* to leave a child with his parents; *(Jur)* to leave a child in the custody of his parents ◆ **vous laissez le village sur votre droite** you go past the village on your right ◆ **laisser la vie à qn** to spare sb's life

[3] *(locutions)* ◆ **laisser la porte ouverte** *(lit, fig)* to leave the door open ◆ **laisser le meilleur pour la fin** to leave the best till last ◆ **je te laisse à penser combien il était content** you can imagine *ou* I don't need to tell you how pleased he was; → **champ**[1]**, désirer, plan**[1]

[4] *(littér* = *manquer)* ◆ **il n'a pas laissé de me le dire** he didn't fail to tell me, he could not refrain from telling me ◆ **cela n'a pas laissé de me surprendre** I couldn't fail to be surprised by *ou* at that ◆ **cela ne laisse pas d'être vrai** it is true nonetheless

VB AUX ◆ **laisser (qn) faire qch** to let sb do sth ◆ **laisse-le partir** let him go ◆ **laisse-le monter/descendre** let him come *ou* go up/down ◆ **laissez-moi rire !** *(iro)* don't make me laugh! ◆ **laisser voir** (= *révéler*) to show, to reveal ◆ **il a laissé voir sa déception** he couldn't help showing his disappointment ◆ **laisser voir ses sentiments** to let one's feelings show ◆ **il n'en a rien laissé voir** he showed no sign of it, he gave no inkling of it ◆ **laisse-le faire** *(sans l'aider)* let him do it himself; *(à sa manière)* let him do it his own way; *(ce qui lui plaît)* let him do as he likes *ou* wants ◆ **il faut laisser faire le temps** we must let things take their course ◆ **laisse faire !** never mind!, don't bother! ◆ **j'ai été attaqué dans la rue et les gens ont laissé faire** I was attacked in the street and people did nothing *ou* people just stood by ◆ **on ne va pas le laisser faire sans réagir !** we're not going to let him get away with that!; → **courir, penser, tomber**[1]

VPR **se laisser** ◆ **se laisser persuader/exploiter/duper** to let o.s. be persuaded/exploited/fooled ◆ **il ne faut pas se laisser décourager/abattre** you mustn't let yourself become *ou* allow yourself to become discouraged/downhearted ◆ **je me suis laissé surprendre par la pluie** I got caught in the rain ◆ **ce petit vin se laisse boire*** this wine goes down well *ou* nicely ◆ **se laisser aller** to let o.s. go ◆ **se laisser aller à mentir** to stoop to telling lies ◆ **je me suis laissé faire** I let myself be persuaded, I let myself be talked into it ◆ **je n'ai pas l'intention de me laisser faire** I'm not going to let myself be pushed around ◆ **laisse-toi faire !** *(à qn que l'on soigne)* come on, it won't hurt (you)!; *(à qn que l'on habille)* let me do it; *(en offrant une liqueur etc)* go on, be a devil!* ◆ **laisse-toi faire, je vais te peigner** just let me comb your hair, keep still while I comb your hair ◆ **et tu t'es laissé faire sans protester ?** and you just let them do it without saying anything?; → **conter, dire, vivre**[1]

laisser-aller /leseale/ SYN **NM INV** *(gén)* casualness, carelessness; *[de travail, langage, vêtements]* sloppiness, carelessness ◆ **il y a beaucoup de laisser-aller dans ce service** things are very lax in this department, this department is very slack

laisser-faire /lesefɛʀ/ **NM INV** *(Écon)* laissez-faire (policy *ou* economics *(sg)*), non-interventionism

laissez-passer /lesepɑse/ SYN **NM INV** *(gén)* pass; *(Douane)* transire

lait /lɛ/

NM [1] *(animal)* milk ◆ **lait de vache/de chèvre/d'ânesse** cow's/goat's/ass's milk ◆ **lait concentré sucré/non sucré** condensed/evaporated milk ◆ **lait écrémé** skimmed milk ◆ **lait entier** whole *ou* full cream *(Brit)* milk ◆ **lait cru** unpasteurized milk ◆ **mettre qn au lait** to put sb on a milk diet ◆ **boire du (petit) lait** *(fig)* to lap it up ◆ **cela se boit comme du petit lait** you don't notice you're drinking it ◆ **frère/sœur de lait** foster brother/sister; → **café, chocolat, cochon, dent**

laitage | lance-balles

2 (végétal) milk ◆ **lait d'amande/de coco/de soja** almond/coconut/soy(a) milk
3 (Cosmétique) lotion ◆ **lait de beauté** beauty lotion ◆ **lait démaquillant** cleansing milk ◆ **lait solaire** sun lotion
COMP **lait caillé** curds
lait de chaux lime water
lait de croissance vitamin-enriched milk (for babies and young children)
lait fraise strawberry-flavoured milk
lait maternel mother's milk, breast milk
lait maternisé formula, baby milk (Brit)
lait en poudre dried ou powdered milk
lait de poule (Culin) eggflip, eggnog
lait végétal latex

laitage /lɛtaʒ/ NM (= produit laitier) dairy product

laitance /lɛtɑ̃s/ NF soft roe

laite /lɛt/ NF soft roe

laité, e /lete/ ADJ [poisson] with soft roe

laiterie /lɛtʀi/ NF (= usine, magasin) dairy; (= industrie) dairy industry

laiteron /lɛtʀɔ̃/ NM sow-thistle

laiteux, -euse /lɛtø, øz/ SYN ADJ [couleur, liquide, peau, huître] milky; [teint] milky(-white), creamy; [lumière] pearly; [chair] creamy

laitier, -ière /letje, jɛʀ/
  ADJ [industrie, produit] dairy (épith); [production, vache] milk (épith), dairy (épith)
  NM **1** (= livreur) milkman; (= vendeur) dairyman ◆ **à l'heure du laitier** at the crack of dawn, in the early hours
  2 (= scorie) slag
  NF **laitière** (= vendeuse) dairywoman; (= livreuse) milkwoman; (= vache) dairy ou milk cow ◆ **une bonne laitière** a good milker ◆ « **La Laitière** » (Art) "The Kitchen-Maid"

laiton /lɛtɔ̃/ NM (= alliage) brass; (= fil) brass wire

laitonner /lɛtɔne/ ► conjug 1 ◄ VT [+ métal] to cover with brass; (= couvrir de fils de laiton) to cover with brass wire

laitue /lety/ NF lettuce ◆ **laitue de mer** sea lettuce

laïus* /lajys/ SYN NM INV (= discours) long-winded speech; (= verbiage) verbiage (NonC), padding (NonC) ◆ **faire un laïus** to hold forth at great length, to give a long-winded speech

laïusser* /lajyse/ ► conjug 1 ◄ VI to expatiate, to hold forth, to spout* (sur on)

laïusseur, -euse* /lajysœʀ, øz/ NM,F (péj) windbag*

laize /lɛz/ NF [d'étoffe] width

Laksmi /laksmi/ NF Lakshmi

lallation /la(l)lasjɔ̃/ NF (= lambdacisme) lallation; [d'enfant] lallation, lalling

lama /lama/ NM **1** (= animal) llama
2 (= moine) lama

lamaïsme /lamaism/ NM Lamaism

lamaïste /lamaist/ ADJ, NM,F Lamaist

lamantin /lamɑ̃tɛ̃/ NM manatee

lamarckien, -ienne /lamaʀkjɛ̃, jɛn/ ADJ (Bio) Lamarckian

lamarckisme /lamaʀkism/ NM Lamarckism

lamaserie /lamazʀi/ NF lamasery

lambada /lɑ̃bada/ NF lambada

lambda /lɑ̃bda/
  NM (= lettre) lambda
  ADJ INV (= quelconque) [spectateur, lecteur] average ◆ **le citoyen lambda** the average citizen, the man in the street

lambdacisme /lɑ̃bdasism/ NM lambdacism

lambeau (pl **lambeaux**) /lɑ̃bo/ SYN NM [de papier, tissu] scrap ◆ **lambeaux de chair** strips of flesh ◆ **en lambeaux** [vêtements] in tatters ou rags, tattered; [affiche] in tatters, tattered ◆ **mettre en lambeaux** to tear to shreds ou bits ◆ **tomber** ou **partir en lambeaux** to fall to pieces ou bits ◆ **lambeaux de conversation** scraps of conversation ◆ **lambeaux du passé** fragments ou remnants of the past

lambic(k) /lɑ̃bik/ NM kind of strong Belgian beer; → **gueuse**

lambin, e* /lɑ̃bɛ̃, in/ SYN
  ADJ slow ◆ **que tu es lambin !** you're such a dawdler! ou slowcoach* (Brit) ou slowpoke!* (US)
  NM,F dawdler*, slowcoach* (Brit), slowpoke* (US)

lambiner* /lɑ̃bine/ SYN ► conjug 1 ◄ VI to dawdle

lambliase /lɑ̃bljaz/ NF lambliasis

lambourde /lɑ̃buʀd/ NF (pour parquet) backing strip (on joists); (pour solive) wall-plate

lambrequin /lɑ̃bʀəkɛ̃/ NM [de fenêtre] pelmet, lambrequin; [de ciel de lit] valance; (= ornement) lambrequin ◆ **lambrequins** (Héraldique) lambrequin, mantling

lambris /lɑ̃bʀi/ SYN NM (en bois) panelling (NonC), wainscoting (NonC); (en marbre) marble wall panels ◆ **sous les lambris dorés des ministères** (fig) in the corridors of power

lambrisser /lɑ̃bʀise/ ► conjug 1 ◄ VT (avec du bois) to panel, to wainscot; (avec du marbre) to panel ◆ **lambrissé de pin** pine-panelled

lambswool /lɑ̃bswul/ NM lamb's wool

lame /lam/ SYN
  NF **1** [de métal, verre] strip; [de bois] strip, lath; [de ressort de suspension] leaf; [de store] slat; (pour microscope) slide
  2 [de couteau, tondeuse, scie] blade ◆ **visage en lame de couteau** hatchet face
  3 (fig) (= épée) sword ◆ **une bonne** ou **fine lame** (= escrimeur) good swordsman (ou swordswoman)
  4 (= vague) wave
  5 (= partie de la langue) blade
  COMP **lame de fond** (lit) ground swell (NonC); (fig) tidal wave ◆ **c'est une véritable lame de fond qui l'a porté au pouvoir** he came to power following a landslide victory
  lame de parquet floorboard, strip of parquet flooring
  lame de rasoir razor blade

lamé, e /lame/
  ADJ lamé (épith) ◆ **robe lamée (d')or** gold lamé dress
  NM lamé

lamellaire /lamelɛʀ/ ADJ lamellar, lamellate

lamelle /lamɛl/ SYN NF (de métal, plastique) (small) strip; [de persiennes] slat; [de champignon] gill; (pour microscope) coverglass ◆ **lamelle de mica** mica flake ◆ **couper en lamelles** [+ légumes] to cut into thin strips ou slices

lamellé, e /lamele/ ADJ lamellated

lamellé-collé (pl **lamellés-collés**) /lamelekɔle/ NM glued laminated timber

lamellibranche /lamelibʀɑ̃ʃ/ NM bivalve, lamellibranch ◆ **les lamellibranches** lamellibranchia

lamelliforme /lameliform/ ADJ lamelliform

lamellirostres /lamelirɔstʀ/ NMPL ◆ **les lamellirostres** lamellirostral ou lamellirostrate birds

lamentable /lamɑ̃tabl/ SYN ADJ **1** (= mauvais) [conditions, résultat, état, comportement] appalling, lamentable, awful; [concurrent, spectacle] appalling, awful ◆ **cette émission est lamentable !** what a pathetic* programme!
2 (= tragique) [sort] miserable, pitiful; [histoire] dreadful, appalling

lamentablement /lamɑ̃tabləmɑ̃/ ADV [échouer] miserably, lamentably ◆ **il se traînait lamentablement dans la maison** he was moping around the house

lamentation /lamɑ̃tasjɔ̃/ SYN NF (= cri de désolation) lamentation, wailing (NonC); (péj = jérémiades) moaning (NonC) ◆ **le livre des Lamentations** (Bible) (the Book of) Lamentations; → **mur**

lamenter (se) /lamɑ̃te/ SYN ► conjug 1 ◄ VPR to moan, to lament ◆ **se lamenter sur qch** to moan over sth, to bemoan sth ◆ **se lamenter sur son sort** to bemoan ou bewail ou lament one's fate ◆ **arrête de te lamenter sur ton propre sort** stop feeling sorry for yourself ◆ **il se lamente d'avoir échoué** he is bemoaning his failure

lamento /lamɛnto/ NM lament

lamer /lame/ ► conjug 1 ◄ VT [+ broderie] to embroider with lamé; (Tech) to spot-face

lamiacées /lamjase/ NFPL ⇒ **labiées**

lamie /lami/ NF (= monstre) lamia; (= requin) porbeagle

lamier /lamje/ NM dead-nettle

laminage /laminaʒ/ NM (Tech) lamination

laminaire[1] /laminɛʀ/ NF (= algue) laminaria

laminaire[2] /laminɛʀ/ ADJ (Minér, Phys) laminar

laminé /lamine/ NM rolled metal

laminectomie /laminɛktɔmi/ NF laminectomy, rachiotomy

laminer /lamine/ SYN ► conjug 1 ◄ VT **1** [+ métal] to laminate ◆ **laminé à chaud/à froid** hot-/cold-rolled
2 (= détruire) ◆ **ses marges bénéficiaires ont été laminées par les hausses de prix** his profit margins have been eaten away ou eroded by price rises ◆ **les petites formations politiques ont été laminées aux dernières élections** small political groupings were practically wiped out in the last election ◆ **ils les ont laminés*** [équipe] they wiped the floor with them*

lamineur, -euse /laminœʀ, øz/
  ADJ M ◆ **cylindre lamineur** roller
  NM,F rolling mill operator

lamineux, -euse /laminø, øz/ ADJ laminose

laminoir /laminwaʀ/ NM rolling mill ◆ **passer au laminoir** (fig) to steamroller

lampadaire /lɑ̃padɛʀ/ NM [d'intérieur] standard lamp; [de rue] street lamp ◆ **(pied de) lampadaire** [d'intérieur] lamp standard; [de rue] lamp-post

lampant /lɑ̃pɑ̃/ ADJ M → **pétrole**

lamparo /lɑ̃paʀo/ NM lamp ◆ **pêche au lamparo** fishing by lamplight (in the Mediterranean)

lampas /lɑ̃pa(s)/ NM lampas

lampe /lɑ̃p/ SYN
  NF lamp, light; (= ampoule) bulb; (Radio) valve ◆ **éclairé par une lampe** lit by lamplight; → **mettre**
  COMP **lampe à acétylène** acetylene lamp (Brit) ou torch (US)
  lampe à alcool spirit lamp
  lampe à arc arc light ou lamp
  lampe d'architecte Anglepoise lamp ®
  lampe Berger ® Berger lamp ®
  lampe à beurre butter lamp
  lampe à bronzer sun lamp
  lampe de bureau desk lamp ou light
  lampe à carbure carbide lamp
  lampe de chevet bedside lamp ou light
  lampe électrique flashlight, torch (Brit)
  lampe à huile oil lamp
  lampe à incandescence incandescent lamp
  lampe de lecture reading lamp
  lampe de mineur (miner's) safety lamp
  lampe au néon neon light
  lampe à pétrole paraffin (Brit) ou kerosene (US) ou oil lamp
  lampe pigeon (small) oil ou paraffin (Brit) ou kerosene (US) lamp
  lampe de poche flashlight, torch (Brit)
  lampe à sodium sodium light
  lampe solaire sun lamp
  lampe à souder (lit) blowtorch, blowlamp (Brit); (arg Mil) machine gun
  lampe de table table lamp
  lampe témoin (gén) warning light; [de magnétoscope etc] (indicator) light
  lampe à ultraviolets ultraviolet lamp; → **halogène**

lampée* /lɑ̃pe/ SYN NF gulp, swig ◆ **boire qch à grandes lampées** to gulp ou swig* sth down

lamper* † /lɑ̃pe/ ► conjug 1 ◄ VT to gulp down, to swig (down)

lampe-tempête (pl **lampes-tempête**) /lɑ̃ptɑ̃pɛt/ NF storm lantern, hurricane lamp

lampion /lɑ̃pjɔ̃/ NM Chinese lantern; → **air**[3]

lampiste /lɑ̃pist/ NM (lit) light (maintenance) man; (*, hum = subalterne) underling, dogsbody* (Brit) ◆ **c'est toujours la faute du lampiste*** it's always the underling who gets the blame

lampourde /lɑ̃puʀd/ NF cocklebur

lamprillon /lɑ̃pʀijɔ̃/ NM (= poisson) river lamprey; (= larve) ammocoetes

lamproie /lɑ̃pʀwa/ NF ◆ **lamproie (de mer)** lamprey ◆ **lamproie de rivière** river lamprey, lampern

lampyre /lɑ̃piʀ/ NM glow-worm

Lancastre /lɑ̃kastʀ(ə)/ N Lancaster

lance /lɑ̃s/ SYN NF **1** (= arme) spear; [de tournoi] lance ◆ **frapper qn d'un coup de lance** to hit sb with one's lance; → **fer, rompre**
2 (= tuyau) ◆ **lance (à eau)** hose ◆ **lance d'arrosage** garden hose ◆ **lance d'incendie** fire hose

lance-amarre (pl **lance-amarre(s)**) /lɑ̃samaʀ/ NM line-throwing device

lance-balles /lɑ̃sbal/ NM INV ball-throwing machine

lance-bombes /lɑ̃sbɔ̃b/ NM INV bomb launcher

lancée /lɑ̃se/ SYN NF ◆ **être sur sa lancée** to have got started ◆ **continuer sur sa lancée** to keep going ◆ **il a encore travaillé trois heures sur sa lancée** once he was under way *ou* he'd got going he worked for another three hours ◆ **je peux encore courir deux kilomètres sur ma lancée** now I'm in my stride I can run another two kilometres ◆ **je ne voulais pas t'interrompre sur ta lancée** I didn't want to interrupt you in full flow

lance-engins /lɑ̃sɑ̃ʒɛ̃/ NM INV missile launcher ◆ **sous-marin nucléaire lance-engins** nuclear missile submarine

lance-flammes /lɑ̃sflɑm/ NM INV flamethrower

lance-fusées /lɑ̃sfyze/ NM INV *(Mil)* rocket launcher; *[de fusée éclairante]* flare gun

lance-grenades /lɑ̃sgʀənad/ NM INV grenade launcher ◆ **fusil lance-grenades** shoulder-held grenade launcher

lancement /lɑ̃smɑ̃/ SYN NM 1 *[d'entreprise]* launching, starting up; *[de campagne]* launching; *[de fusée]* launching, launch; *[de processus]* starting (off); *[de produit]* launching; *[d'emprunt]* issuing, floating ◆ **lors du lancement du nouveau produit** when the new product was launched ◆ **fenêtre** *ou* **créneau de lancement** launch window

2 *(Sport)* throwing ◆ **lancement du disque/javelot/marteau** throwing the discus/javelin/hammer, discus/javelin/hammer throwing ◆ **lancement du poids** putting the shot, shot put

lance-missiles /lɑ̃smisil/ NM INV missile launcher ◆ **sous-marin lance-missiles** ballistic missile submarine

lancéolé, e /lɑ̃seɔle/ ADJ *(Bot)* lanceolate; *(Archit)* lanceted

lance-pierre (pl **lance-pierres**) /lɑ̃spjɛʀ/ NM catapult ◆ **manger avec un lance-pierre** * to grab a quick bite (to eat) * ◆ **payer qn avec un lance-pierre** * to pay sb peanuts *

lancer¹ /lɑ̃se/ SYN ▸ conjug 3 ◂

VT 1 (= *jeter*) *(gén)* to throw; *(violemment)* to hurl, to fling; *(Sport)* *[+ disque, marteau, javelot]* to throw ◆ **lancer qch à qn** *(pour qu'il l'attrape)* to throw sth to sb, to throw sb sth; *(agressivement)* to throw sth at sb ◆ **lance-moi mes clés** throw me my keys ◆ **lancer une balle/son chapeau en l'air** to throw *ou* toss a ball/one's hat into the air *ou* up in the air ◆ **lancer sa ligne** *(Pêche)* to cast one's line ◆ **il lança sa voiture dans la foule** he drove his car straight at the crowd ◆ **lancer son chien contre qn** to set one's dog on sb ◆ **lancer ses hommes contre l'ennemi/à l'assaut** *(Mil)* to launch one's men against the enemy/into the assault ◆ **lance ta jambe en avant** kick your leg up ◆ **lancer un coup de poing** to throw a punch, to lash out with one's fist ◆ **lancer un coup de pied** to kick out, to lash out with one's foot ◆ **lancer le poids** *(Sport)* to put the shot ◆ **il lance à 15 mètres** he can throw 15 metres ◆ **lancer un pont sur une rivière** *(fig)* to throw a bridge across a river ◆ **la cathédrale lance sa flèche de pierre vers le ciel** the stone spire of the cathedral thrusts up into the sky

2 (= *projeter*) *[+ flèche, obus]* to fire; *[+ bombe]* to drop; *[+ torpille]* to fire, to launch; *[+ fumée]* to send up *ou* out; *[+ flammes, lave]* to throw out ◆ **lancer des éclairs** *[bijoux]* to sparkle ◆ **ses yeux lançaient des éclairs** *(de colère)* his eyes blazed *ou* flashed with anger; → **étincelle**

3 (= *émettre*) *[+ accusations]* to level, to hurl; *[+ menaces, injures]* to hurl; *[+ avertissement, proclamation, mandat d'arrêt]* to issue, to put out; *[+ théorie]* to put forward, to advance; *[+ appel]* to launch; *[+ SOS, signal]* to send out; *[+ fausse nouvelle, rumeur]* to put out; *[+ invitation]* to send off ◆ **lancer un cri** to cry out ◆ **lancer une plaisanterie** to crack a joke ◆ **elle lui lança un coup d'œil furieux** she flashed *ou* darted a furious glance at him ◆ **« je refuse » lança-t-il fièrement** "I refuse," he retorted proudly ◆ **« salut » me lança-t-il du fond de la salle** "hello," he called out to me from the far end of the room

4 (= *faire démarrer*) *[+ fusée, satellite, navire]* to launch; *[+ affaire, entreprise]* to launch, to start up; *[+ attaque, campagne électorale]* to launch; *[+ processus]* to start (off); *[+ emprunt]* to issue, to float; *[+ projet]* to launch; *(Ordin)* *[+ programme, recherche]* to start ◆ **lancer une application** to launch an application ◆ **lancer une impression** to print ◆ **lancer une souscription** to start a fund ◆ **lancer une discussion** to get a discussion going, to start a discussion ◆ **c'est lui qui a lancé l'idée du voyage** he's the one who came up with the idea of the trip ◆ **on a lancé quelques idées** we floated a few ideas ◆ **il a lancé son parti dans une aventure dangereuse** he has launched his party into *ou* set his party off on a dangerous venture ◆ **ne le lancez pas sur son sujet favori** don't set him off on *ou* don't let him get launched on his pet subject ◆ **une fois lancé, on ne peut plus l'arrêter !** once he gets the bit between his teeth *ou* once he gets warmed up there's no stopping him!

5 (= *faire connaître ou adopter*) *[+ vedette]* to launch; *[+ produit]* to launch, to bring out ◆ **lancer une nouvelle mode** to launch *ou* start a new fashion ◆ **lancer qn dans la politique/les affaires/le monde** to launch sb into politics/in business/in society ◆ **c'est ce film qui l'a lancé** it was this film that launched his career ◆ **il est lancé maintenant** he has made a name for himself *ou* has made his mark now

6 (= *donner de l'élan*) *[+ moteur]* to open up; *[+ voiture]* to get up to speed; *[+ balançoire]* to set going ◆ **lancer un cheval** to give a horse its head ◆ **lancer le balancier d'une horloge** to set the pendulum in a clock going ◆ **la moto était lancée à 140 quand elle l'a heurté** the motorbike had reached *ou* had got up to a speed of 140 km/h when it hit him ◆ **une fois lancée, la voiture...** once the car gets up speed *ou* builds up speed, it...

7 (= *faire mal à*) ◆ **ça me lance (dans le bras** *etc***)** I've got shooting pains (in my arm *etc*)

VPR **se lancer** 1 *(mutuellement)* *[+ balle]* to throw to each other; *[+ injures, accusations]* to hurl at each other, to exchange ◆ **ils n'arrêtent pas de se lancer des plaisanteries** they're always cracking jokes together

2 (= *sauter*) to leap, to jump; (= *se précipiter*) to dash, to rush ◆ **se lancer dans le vide** to leap *ou* jump into space ◆ **il faut sauter, n'hésite pas, lance-toi !** you've got to jump, don't hesitate, just do it! *ou* let yourself go! ◆ **se lancer contre un obstacle** to dash *ou* rush at an obstacle ◆ **se lancer en avant** to dash *ou* rush *ou* run forward ◆ **se lancer à l'assaut** to leap to the attack ◆ **se lancer à l'assaut d'une forteresse** to launch an attack on a fortress ◆ **chaque week-end, des milliers de voitures se lancent sur les routes** thousands of cars take to *ou* pour onto the roads every weekend

3 (= *s'engager*) ◆ **se lancer à la recherche de qn/qch** to go off in search of sb/sth ◆ **il s'est lancé à la recherche d'un emploi** he started looking for a job ◆ **l'entreprise se lance sur le marché** the company is entering the market ◆ **il construit un bateau – dis donc, il se lance !** * he's building a boat – wow, he's aiming high! *ou* he's thinking big! * ◆ **elle n'attend que toi ! vas-y, lance-toi !** * it's you she wants! go for it! * ◆ **se lancer dans** *[+ aventure]* to embark on, to set off on; *[+ discussion]* to launch into, to embark on; *[+ dépenses]* to embark on, to take on; *[+ métier]* to go into, to take up; *[+ travaux, grève]* to embark on, to start; *[+ passe-temps]* to take up; *[+ bataille]* to pitch into ◆ **se lancer dans la politique/les affaires** to go into politics/business ◆ **se lancer dans la course au pouvoir/à l'audience** to enter the race for power/the ratings battle ◆ **ils se sont lancés dans des opérations financières hasardeuses** they got involved in some risky financial deals ◆ **se lancer dans la lecture d'un roman** to set about *ou* begin reading a novel ◆ **se lancer dans la production/fabrication de qch** to start producing/manufacturing sth

4 (* = *se faire une réputation*) ◆ **il cherche à se lancer** he's trying to make a name for himself

lancer² /lɑ̃se/ SYN NM 1 *(Sport)* throw ◆ **il a droit à trois lancers** he is allowed three attempts *ou* throws ◆ **lancer annulé** no throw ◆ **lancer franc** *(Basket)* free throw, charity toss *(US)* ◆ **lancer de corde** *(Alpinisme)* lassoing *(NonC)*, lasso ◆ **le lancer du disque/du javelot/du marteau** the discus/javelin/hammer ◆ **le lancer du poids** putting the shot, the shot put

2 *(Pêche)* ◆ **(pêche au) lancer** casting ◆ **lancer léger** spinning ◆ **lancer lourd** bait-casting

lance-roquettes /lɑ̃sʀɔkɛt/ NM INV rocket launcher

lance-satellites /lɑ̃ssatelit/ NM INV satellite launcher

lance-torpilles /lɑ̃stɔʀpij/ NM INV torpedo tube

lancette /lɑ̃sɛt/ NF *(Archit, Méd)* lancet

lanceur, -euse /lɑ̃sœʀ, øz/

NM,F 1 *[de disque, javelot, marteau, pierres]* thrower; *(Cricket)* bowler; *(Base-ball)* pitcher ◆ **lanceur de poids** shot putter ◆ **lanceur de couteau** *(au cirque)* knife thrower ◆ **lanceur de pierre** stone-thrower

2 ◆ **lanceur de mode** trendsetter ◆ **le lanceur du produit** the company which launched the product

NM *(Espace, Mil)* launcher ◆ **lanceur d'engins/de satellites** missile/satellite launcher

lancier /lɑ̃sje/ NM *(Mil)* lancer ◆ **les lanciers** (= *danse*) the lancers

lancinant, e /lɑ̃sinɑ̃, ɑt/ SYN ADJ 1 *[douleur]* shooting *(épith)*, piercing *(épith)*

2 (= *obsédant*) *[souvenir]* haunting; *[musique]* insistent, monotonous; *[problème, question]* nagging ◆ **ce que tu peux être lancinant à toujours réclamer** * you are a real pain * *ou* you get on my nerves the way you're always asking for things

lanciner /lɑ̃sine/ SYN ▸ conjug 1 ◂

VI to throb

VT *[pensée]* to obsess, to haunt, to plague ◆ **il nous a lancinés pendant trois jours pour aller au cirque** * *[enfant]* he tormented *ou* plagued us *ou* he went on at us * for three days about going to the circus

lançon /lɑ̃sɔ̃/ NM sand-eel

landais, e /lɑ̃dɛ, ɛz/ ADJ of *ou* from the Landes region

landau /lɑ̃do/ NM (= *voiture d'enfant*) pram *(Brit)*, baby carriage *(US)*; (= *carrosse*) landau

lande /lɑ̃d/ SYN

NF moor, heath

NFPL **Landes** ◆ **les Landes** the Landes (region) *(south-west France)*

Landern(e)au /lɑ̃dɛʀno/ NM *(hum)* ◆ **dans le Landerneau littéraire/universitaire** in the literary/academic fraternity

landgrave /lɑ̃dgʀav/ NM *(Hist)* landgrave

landolphia /lɑ̃dɔlfja/ NF landolphia, Congo rubber

laneret /lanʀɛ/ NM lanneret

langage /lɑ̃gaʒ/ SYN

NM 1 *(Ling, gén)* language ◆ **le langage de l'amour/des fleurs** the language of love/of flowers ◆ **en langage administratif/technique** in administrative/technical language ◆ **je n'aime pas que l'on me tienne ce langage** I don't like being spoken to like that ◆ **il m'a tenu un drôle de langage** he said some odd things to me ◆ **quel langage me tenez-vous là ?** what do you mean by that? ◆ **il m'a parlé avec** *ou* **il m'a tenu le langage de la raison** he spoke to me with the voice of reason ◆ **tenir un double langage** to use double talk ◆ **il a dû changer de langage** he had to change his tune

2 *(Ordin)* language ◆ **langage évolué/naturel** high-level/natural language ◆ **langage de haut/bas niveau** high-/low-level language ◆ **langage de programmation** programming language

COMP **le langage des animaux** the language of animals

langage argotique slang

langage chiffré cipher, code (language)

langage courant everyday language

langage enfantin childish *ou* children's language; *[de bébé]* baby talk

langage intérieur *(Philos)* inner language

langage machine *(Ordin)* machine language

langage parlé spoken language, speech

langage populaire popular speech

langagier, -ière /lɑ̃gaʒje, jɛʀ/

ADJ linguistic, of language *(épith)*

NM,F *(Can)* linguist

lange /lɑ̃ʒ/ NM (baby's) flannel blanket ◆ **langes** swaddling clothes ◆ **dans les langes** *(fig)* in (its) infancy

langer /lɑ̃ʒe/ ▸ conjug 3 ◂ VT ◆ **langer un bébé** (= *lui mettre une couche*) to change a baby, to change the nappy *(Brit)* *ou* diaper *(US)*; (= *l'emmailloter*) to wrap a baby in swaddling clothes ◆ **table/matelas à langer** changing table/mat

langoureusement /lɑ̃guʀøzmɑ̃/ ADV languorously

langoureux, -euse /lɑ̃guʀø, øz/ SYN ADJ languorous

langouste /lɑ̃gust/ NF spiny *ou* rock lobster, crayfish, crawfish; *(Culin)* lobster

langoustier /lɑ̃gustje/ NM (= *filet*) crayfish net; (= *bateau*) fishing boat *(for crayfish)*

langoustine | lard

langoustine /lɑ̃gustin/ NF langoustine, Dublin bay prawn

langue /lɑ̃g/ SYN

[NF] ① (Anat) tongue ◆ **langue de bœuf/veau** ox/veal tongue ◆ **avoir la langue blanche** ou **chargée** ou **pâteuse** to have a coated ou furred tongue ◆ **tirer la langue** (au médecin) to stick out ou put out one's tongue (à qn for sb); (par impolitesse) to stick out ou put out one's tongue (à qn at sb); (= être dans le besoin) to have a rough time of it*; (* = être frustré) to be green with envy ◆ **il tirait la langue*** (= avoir soif) his tongue was hanging out*, he was dying of thirst* ◆ **coup de langue** lick ◆ **le chien lui a donné un coup de langue** the dog licked him

② (= organe de la parole) tongue ◆ **avoir la langue déliée** ou **bien pendue** to be a bit of a gossip, to have a ready tongue ◆ **avoir la langue bien affilée** to have a quick ou sharp tongue ◆ **avoir la langue fourchue** (hum) to speak with a forked tongue ◆ **il a la langue trop longue, il ne sait pas tenir sa langue** he can't hold his tongue, he doesn't know when to hold his tongue ◆ **il n'a pas la langue dans sa poche** he's never at a loss for words ◆ **tu as avalé** ou **perdu ta langue ?** has the cat got your tongue?, have you lost your tongue? ◆ **tu as retrouvé ta langue ?** so we're talking again, are we? ◆ **délier** ou **dénouer la langue à qn** to loosen sb's tongue ◆ **donner sa langue au chat** to give in ou up ◆ **j'ai le mot sur (le bout de) la langue** the word is on the tip of my tongue ◆ **il faut tourner sept fois sa langue dans sa bouche avant de parler** you should count to ten before you say anything ◆ **prendre langue avec qn** † to make contact with sb ◆ **les langues vont aller bon train** (hum) tongues will start wagging ou will wag

③ (= personne) ◆ **mauvaise** ou **méchante langue** spiteful ou malicious gossip ◆ **je ne voudrais pas être mauvaise langue mais...** I don't want to tittle-tattle ou to spread scandal but... ◆ **les bonnes langues diront que...** (iro) worthy ou upright folk will say that...

④ (Ling) language, tongue (frm) ◆ **la langue française/anglaise** the French/English language ◆ **les gens de langue anglaise/française** English-speaking/French-speaking people ◆ **langue maternelle** mother tongue ◆ **langue mère** parent language ◆ **langue vivante/morte/étrangère** living/dead/foreign language ◆ **j'ai choisi allemand en langue vivante I/II** I'm taking German as my first/second foreign language ◆ **langue officielle** official language ◆ **langue écrite/parlée** written/spoken language ◆ **langue source** ou **de départ/cible** ou **d'arrivée** (en traduction) source/target language ◆ **langue vernaculaire** vernacular (language) ◆ **la langue de Shakespeare** (gén) Shakespearian language, the language of Shakespeare; (= l'anglais) English, the language of Shakespeare ◆ **il parle une langue très pure** his use of the language is very pure, his spoken language is very pure ◆ **nous ne parlons pas la même langue** (lit, fig) we don't speak the same language

⑤ (Géog) ◆ **langue glaciaire** spur of ice ◆ **langue de terre** strip ou spit of land

COMP
la langue du barreau legal parlance, the language of the courts
langue de bois (péj) waffle*, cant
la langue diplomatique the language of diplomacy
langue de feu tongue of fire
la langue journalistique journalistic language, journalese (péj)
langue d'oc langue d'oc
langue d'oïl langue d'oïl
langue populaire (idiome) popular language; (usage) popular speech
langue de serpent (= plante) adder's tongue, ophioglossum (SPÉC)
langue de spécialité specialist language
langue de travail working language
langue verte slang
langue de vipère spiteful gossip ◆ **elle a une langue de vipère** she's got a vicious ou venomous tongue

langué, e /lɑ̃ge/ ADJ langued

langue-de-bœuf (pl **langues-de-bœuf**) /lɑ̃gdəbœf/ NF (= champignon) beefsteak fungus

langue-de-chat (pl **langues-de-chat**) /lɑ̃gdəʃa/ NF (flat) finger biscuit, langue de chat

languette /lɑ̃gɛt/ NF [de bois, cuir] tongue; [de papier] (narrow) strip; [d'orgue] languet(te), languid; [d'instrument à vent] metal reed; [de balance] pointer

langueur /lɑ̃gœr/ SYN NF [de personne] languidness, languor; [de style] languidness ◆ **regard plein de langueur** languid ou languishing look; → **maladie**

languide /lɑ̃gid/ SYN ADJ (littér) languid, languishing

languir /lɑ̃giʀ/ SYN ▸ conjug 2 ◂ VI ① (= dépérir) to languish ◆ **languir dans l'oisiveté/d'ennui** to languish in idleness/in boredom ◆ **(se) languir d'amour pour qn** to be languishing with love for sb

② [conversation, intrigue] to flag; [affaires] to be slack

③ (littér = désirer) ◆ **languir après qn/qch** to languish for ou pine for sb/sth

④ (= attendre) to wait, to hang around * ◆ **je ne languirai pas longtemps ici** I'm not going to hang around here for long * ◆ **faire languir qn** to keep sb waiting ◆ **ne nous fais pas languir, raconte !** don't keep us in suspense, tell us about it!

languissamment /lɑ̃gisamɑ̃/ ADV (littér) languidly

languissant, e /lɑ̃gisɑ̃, ɑ̃t/ SYN ADJ [personne] languid, listless; [regard] languishing (épith); [conversation, industrie] flagging (épith); [récit, action] dull; [activité économique] slack

lanice /lanis/ ADJ ◆ **bourre lanice** wool wadding, flock of wool

lanier /lanje/ NM lanner

lanière /lanjɛʀ/ SYN NF [de cuir] thong, strap; [d'étoffe] strip; [de fouet] lash; [d'appareil photo] strap ◆ **sandales à lanières** strappy sandals ◆ **découper qch en lanières** (Culin) to cut sth into strips

laniste /lanist/ NM (Antiq) lanista

lanoline /lanɔlin/ NF lanolin

lansquenet /lɑ̃skənɛ/ NM (Cartes, Hist) lansquenet

lantanier /lɑ̃tanje/ NM wayfaring tree, lantana

lanterne /lɑ̃tɛʀn/ SYN

[NF] (gén) lantern; (électrique) lamp, light; (Hist = réverbère) street lamp; (Archit) lantern ◆ **allumer ses lanternes** † (en voiture) to switch on one's (side)lights ◆ **éclairer la lanterne de qn** (fig) to enlighten sb ◆ **les aristocrates à la lanterne !** string up the aristocracy!; → **vessie**

COMP **lanterne d'Aristote** Aristotle's lantern
lanterne arrière † [de voiture] rear light
lanterne de bicyclette bicycle lamp
lanterne magique magic lantern
lanterne de projection slide projector
lanterne rouge [de convoi] rear ou tail light; [de maison close] red light ◆ **être la lanterne rouge** (fig = être le dernier) to lag behind
lanterne sourde dark lantern
lanterne vénitienne paper lantern, Chinese lantern

lanterneau (pl **lanterneaux**) /lɑ̃tɛʀno/ NM [de coupole] lantern [d'escalier, atelier] skylight

lanterner /lɑ̃tɛʀne/ SYN ▸ conjug 1 ◂ VI (= traîner) to dawdle ◆ **sans lanterner** straight away ◆ **faire lanterner qn** to keep sb waiting around ou hanging about (Brit)

lanternon /lɑ̃tɛʀnɔ̃/ NM ⇒ **lanterneau**

lanthane /lɑ̃tan/ NM lanthanum

lanthanides /lɑ̃tanid/ NMPL lanthanide series (sg), lanthanides, lanthanons

lanugineux, -euse /lanyʒinø, øz/ ADJ lanuginous

lao /lao/ NM ⇒ **laotien** NM

Laos /laɔs/ NM Laos

laotien, -ienne /laɔsjɛ̃, jɛn/
ADJ Laotian
NM (= langue) Laotian
NM,F **Laotien(ne)** Laotian

Lao-Tseu /laɔtsø/ NM Lao-tze

La Palice /lapalis/ N ◆ **c'est une vérité de La Palice** it's stating the obvious, it's a truism ◆ **avant d'être en panne, cette machine marchait – La Palice n'aurait pas dit mieux !** (hum) this machine worked before it broke down– well, that's very observant of you! (hum)

lapalissade /lapalisad/ SYN NF statement of the obvious ◆ **c'est une lapalissade de dire que...** it's stating the obvious to say that...

laparoscopie /lapaʀɔskɔpi/ NF laparoscopy

laparotomie /lapaʀɔtɔmi/ NF laparotomy

La Paz /lapaz/ N La Paz

lapement /lapmɑ̃/ NM (= bruit, action) lapping (NonC); (= gorgée) lap

laper /lape/ ▸ conjug 1 ◂
VT to lap up
VI to lap

lapereau (pl **lapereaux**) /lapʀo/ NM young rabbit

lapicide /lapisid/ NMF lapidary engraver

lapidaire /lapidɛʀ/ SYN
ADJ ① [musée, inscription] lapidary
② (= concis) [style, formule] terse
NM (= artisan) lapidary

lapidation /lapidasjɔ̃/ NF stoning

lapider /lapide/ ▸ conjug 1 ◂ VT (= tuer) to stone (to death); (= attaquer) to stone, to throw ou hurl stones at

lapidification /lapidifikasjɔ̃/ NF lapidification

lapidifier /lapidifje/ ▸ conjug 7 ◂ VT to lapidify

lapilli /lapi(l)li/ NMPL lapilli

lapin /lapɛ̃/ NM (= animal) rabbit; (= fourrure) rabbit(skin) ◆ **manteau en lapin** rabbitskin coat ◆ **lapin domestique/de garenne** domestic/wild rabbit ◆ **on s'est fait tirer comme des lapins** they were taking potshots at us ◆ **mon petit lapin** (terme d'affection) my lamb, my sweetheart ◆ **coup du lapin*** rabbit punch; (dans un accident de voiture) whiplash ◆ **faire le coup du lapin à qn** * to give sb a rabbit punch ◆ **poser un lapin à qn** * to stand sb up *; → **chaud, courir**

lapine /lapin/ NF (doe) rabbit ◆ **c'est une vraie lapine** (péj) she has one baby after another

lapiner /lapine/ ▸ conjug 1 ◂ VI to litter, to give birth ◆ **elle n'arrête pas de lapiner** (péj) [femme] she churns out babies one after another (péj)

lapinière /lapinjɛʀ/ NF rabbit hutch

lapinisme * /lapinism/ NM (péj) breeding like rabbits

lapis(-lazuli) /lapis(lazyli)/ NM INV lapis lazuli

lapon, e /lapɔ̃, ɔn/
ADJ Lapp, Lappish
NM (= langue) Lapp, Lappish
NM,F **Lapon(e)** Lapp, Laplander

Laponie /lapɔni/ NF Lapland

laps /laps/ NM ◆ **laps de temps** (gén) period of time ◆ **au bout d'un certain laps de temps** (écoulé) after a certain period ou length of time

lapsus /lapsys/ NM (parlé) slip of the tongue; (écrit) slip of the pen ◆ **lapsus révélateur** Freudian slip ◆ **faire un lapsus** to make a slip of the tongue (ou of the pen)

laquage /lakaʒ/ NM [de support] lacquering ◆ **laquage du sang** (Méd) laking of the blood

laquais /lakɛ/ SYN NM (= domestique) lackey, footman; (péj = personne servile) lackey (péj), flunkey (péj)

laque /lak/
NF (= produit brut) lac, shellac; (= vernis) lacquer; (pour les cheveux) hairspray, (hair) lacquer; (pour les ongles) nail varnish ◆ **laque (brillante)** (= peinture) gloss paint
NM OU NF (de Chine) lacquer
NM (= objet d'art) piece of lacquerware

laqué, e /lake/ (ptp de **laquer**) ADJ [cheveux] lacquered; [ongles] painted; [peinture] gloss (épith) ◆ **meubles (en) laqué blanc** furniture with a white gloss finish ◆ **murs laqués (de) blanc** walls painted in white gloss ◆ **ses ongles laqués de rouge** her red fingernails; → **canard**

laquelle /lakɛl/ → **lequel**

laquer /lake/ ▸ conjug 1 ◂ VT [+ support] to lacquer ◆ **se laquer les cheveux** to put hairspray ou lacquer on one's hair ◆ **sang laqué** (Méd) laked blood

laqueur, -euse /lakœʀ, øz/ NM,F lacquerer

laraire /laʀɛʀ/ NM lararium

larbin * /laʀbɛ̃/ NM (péj) servant, flunkey (péj) ◆ **je ne suis pas ton larbin** I'm not your slave!

larcin /laʀsɛ̃/ NM (littér) (= vol) theft; (= butin) spoils, booty ◆ **dissimuler son larcin** to hide one's spoils ou what one has stolen

lard /laʀ/ NM (= gras) fat (of pig); (= viande) bacon ◆ **lard fumé** ≈ smoked bacon ◆ **lard maigre, petit lard** ≈ streaky bacon (usually diced or in strips) ◆ **(se) faire du lard*** to lie back ou sit around doing nothing ◆ **un gros lard*** (fig) a fat

luxueux, -euse /lyksɥø, øz/ SYN ADJ luxurious

luxure /lyksyʀ/ SYN NF lust

luxuriance /lyksyʀjɑ̃s/ SYN NF luxuriance

luxuriant, e /lyksyʀjɑ̃, jɑ̃t/ SYN ADJ *[végétation]* luxuriant, lush; *[imagination]* fertile, luxuriant *(littér)*

luxurieux, -ieuse /lyksyʀjø, jøz/ ADJ lustful, lascivious

luzerne /lyzɛʀn/ NF *(cultivée)* lucerne, alfalfa; *(sauvage)* medick *(Brit)*, medic *(US)*

luzernière /lyzɛʀnjɛʀ/ NF lucerne *ou* alfalfa field

luzule /lyzyl/ NF woodrush

lycanthrope /likɑ̃tʀɔp/ NMF lycanthrope

lycanthropie /likɑ̃tʀɔpi/ NF lycanthropy

lycée /lise/ SYN NM lycée, ≈ secondary school, ≈ high school *(US)* ◆ **lycée (technique et) professionnel, lycée d'enseignement professionnel** † *secondary school for vocational training*

- LYCÉE
- **Lycées** are state secondary schools where pupils study for their "baccalauréat" after leaving the "collège". The **lycée** covers the school years known as "seconde" (15-16 year-olds), "première" (16-17 year-olds) and "terminale" (up to leaving age at 18). The term **lycée professionnel** refers to a **lycée** which provides vocational training as well as the more traditional core subjects. → BACCALAURÉAT, COLLÈGE, ÉDUCATION NATIONALE

lycéen, -enne /liseɛ̃, ɛn/
ADJ *[journal, manifestation]* (secondary school *ou* high school *(US)*) students' *(épith)* ◆ **le mouvement lycéen** the (secondary school) students' protest movement
NM secondary school *ou* high-school *(US)* boy *ou* student ◆ **lorsque j'étais lycéen** when I was at secondary school *ou* in high school *(US)* ◆ **quelques lycéens étaient attablés à la terrasse** some boys from the secondary school were sitting at a table outside the café ◆ **les lycéens sont en grève** secondary school students are on strike
NF **lycéenne** secondary school *ou* high-school *(US)* girl *ou* student

lychee /litʃi/ NM ⇒ litchi

lychnis /liknis/ NM lychnis

lycope /likɔp/ NM gipsywort

lycoperdon /likɔpɛʀdɔ̃/ NM puffball

lycopode /likɔpɔd/ NM lycopod, club moss

lycose /likoz/ NF wolf *ou* hunting spider

Lycra ® /likʀa/ NM Lycra ® ◆ **en Lycra** Lycra *(épith)*

lyddite /lidit/ NF lyddite

lydien, -ienne /lidjɛ̃, jɛn/ ADJ Lydian

lymphangite /lɛ̃fɑ̃ʒit/ NF lymphangitis

lymphatique /lɛ̃fatik/ SYN ADJ *(Bio)* lymphatic; *(péj)* lethargic, sluggish, lymphatic *(frm)*

lymphatisme /lɛ̃fatism/ NM lethargy, sluggishness

lymphe /lɛ̃f/ NF lymph

lymphocytaire /lɛ̃fɔsitɛʀ/ ADJ lymphocytic

lymphocyte /lɛ̃fɔsit/ NM lymphocyte ◆ **lymphocyte T** helper T-cell ◆ **lymphocyte T4** T4 lymphocyte

lymphocytopénie /lɛ̃fɔsitopeni/ NF ⇒ lymphopénie

lymphocytose /lɛ̃fɔsitoz/ NF lymphocytosis

lymphogranulomatose /lɛ̃fogʀanylomatoz/ NF lymphogranulomatosis

lymphographie /lɛ̃fogʀafi/ NF lymphography

lymphoïde /lɛ̃fɔid/ ADJ lymphoid

lymphokine /lɛ̃fɔkin/ NF lymphokine

lymphome /lɛ̃fom/ NM *(Méd)* lymphoma

lymphopénie /lɛ̃fɔpeni/ NF lymphopenia, lymphocytopenia

lymphosarcome /lɛ̃fɔsaʀkom/ NM lymphosarcoma

lynchage /lɛ̃ʃaʒ/ NM *(= exécution, pendaison)* lynching; *(= coups)* beating ◆ **il a fait l'objet d'un lynchage médiatique** he was torn to pieces by the media

lyncher /lɛ̃ʃe/ SYN ▶ conjug 1 ◀ VT *(= tuer, pendre)* to lynch; *(= malmener)* to beat up ◆ **je vais me faire lyncher si je rentre en retard** * they'll lynch *ou* kill me if I come home late

lyncheur, -euse /lɛ̃ʃœʀ, øz/ NM,F aggressor; *(= bourreau)* lyncher

lynx /lɛ̃ks/ NM lynx; → œil

Lyon /ljɔ̃/ N Lyon(s)

lyonnais, e /ljɔnɛ, ɛz/
ADJ of *ou* from Lyon(s)
NM *(= région)* ◆ **le Lyonnais** the Lyon(s) region
NM,F **Lyonnais(e)** inhabitant *ou* native of Lyon(s)

lyophile /ljɔfil/ ADJ lyophilic

lyophilisation /ljɔfilizasjɔ̃/ NF freeze-drying, lyophilization *(SPEC)*

lyophiliser /ljɔfilize/ ▶ conjug 1 ◀ VT to freeze-dry, to lyophilize *(SPÉC)* ◆ **café lyophilisé** freeze-dried coffee

lyre /liʀ/ NF lyre

lyrique /liʀik/ SYN
ADJ [1] *(Poésie)* lyric
[2] *(Mus, Théât)* *[ouvrage, représentation, répertoire]* operatic; *[saison]* opera *(épith)*; *[ténor, soprano]* lyric, operatic ◆ **l'art lyrique** opera ◆ **artiste lyrique** opera singer ◆ **théâtre** *ou* **scène lyrique** opera house ◆ **comédie/tragédie lyrique** comic/tragic opera ◆ **spectacle lyrique** opera; → envolée
[3] *(= exalté)* *[film, style]* lyrical ◆ **il a été lyrique sur le sujet** he waxed lyrical on the topic
NM [1] *(Mus, Théât)* ◆ **le lyrique** opera
[2] *(= poète)* lyric poet

lyriquement /liʀikmɑ̃/ ADV lyrically

lyrisme /liʀism/ SYN NM *(Littérat, Poésie)* lyricism ◆ **s'exprimer avec lyrisme sur** *(= exaltation)* to wax lyrical about, to enthuse over ◆ **film plein de lyrisme** lyrical film

lys /lis/ NM ⇒ lis

lysat /liza/ NM lysate

lyse /liz/ NF lysis

lyser /lize/ ▶ conjug 1 ◀ VT to lyse

lysergamide /lizɛʀgamid/ NM lysergamide

lysergide /lizɛʀʒid/ NM lysergide

lysergique /lizɛʀʒik/ ADJ ◆ **acide lysergique diéthylamide** lysergic acid diethylamide

lysine /lizin/ NF *(= acide aminé)* lysine; *(= anticorps)* lysin

lysosome /lizozom/ NM lysosome

lysozyme /lizozim/ NM lysozyme

lytique /litik/ ADJ lytic ◆ **cocktail lytique** lethal cocktail

M

M, m¹ /ɛm/ NM (= lettre) M, m ◆ **M6** private television channel broadcasting mainly serials and music programmes

m² (abrév de **mètre**) m ◆ **m²** (abrév de **mètre carré**) m², sq. m. ◆ **m³** (abrév de **mètre cube**) m³, cu. m.

M. (abrév de **Monsieur**) Mr ◆ **M. Dupond** Mr Dupond

m' /m/ → **me**

MA /ɛma/ NMF (abrév de **maître auxiliaire**) → **maître**

ma /ma/ ADJ POSS → **mon**

Maastricht /mastʀiʃt/ N ◆ **le traité/les accords de Maastricht** the Maastricht Treaty/agreement ◆ **répondre aux critères de Maastricht** to meet the Maastricht criteria (for economic and monetary union)

maastrichtien, -ienne /mastʀiʃtjɛ̃, jɛn/
  ADJ Maastricht (épith)
  NM,F **Maastrichtien(ne)** inhabitant ou native of Maastricht

maboul, e* † /mabul/
  ADJ crazy*
  NM,F loony*, crackpot*

mac* /mak/ NM (= souteneur) pimp

macabre /makabʀ/ SYN ADJ [histoire, découverte] macabre, gruesome; [goûts, humour] macabre, ghoulish; → **danse**

macache* † /makaʃ/ ADV nothing doing! ◆ **macache ! tu ne l'auras pas** nothing doing!* ou not bloody likely!* (Brit) you're not getting it ◆ **macache (bono) ! il n'a pas voulu** nothing doing!* ou not a chance!* he wouldn't have it

macadam /makadam/ SYN NM [de pierres] macadam; [de goudron] tarmac(adam) ® (Brit), blacktop (US) ◆ **sur le macadam** [de rue] on the road; [d'aéroport] on the tarmac ◆ **sur le macadam parisien** on the streets of Paris

macadamia /makadamja/ NM ◆ **noix de macadamia** macadamia nut

macadamisage /makadamizaʒ/ NM, **macadamisation** /makadamizasjɔ̃/ NF (= empierrement) macadamization, macadamizing; (= goudronnage) tarmacking

macadamiser /makadamize/ ▸ conjug 1 ◂ VT (= empierrer) to macadamize; (= goudronner) to tarmac ◆ **chaussée** ou **route macadamisée** macadamized ou tarmac road

macaque /makak/ NM (= singe) macaque ◆ **macaque rhésus** rhesus monkey ◆ **qui est ce (vieux) macaque ?** (péj) who's that ugly (old) ape?*

macareux /makaʀø/ NM ◆ **macareux (moine)** puffin

macaron /makaʀɔ̃/ NM 1 (Culin) macaroon
  2 (= insigne) (round) badge; (= autocollant) (round) sticker; (* = décoration) medal, gong* ◆ **macaron publicitaire** publicity badge; (sur voiture) advertising sticker
  3 (Coiffure) ◆ **macarons** coils, earphones*

macaroni /makaʀɔni/ NM 1 (Culin) piece of macaroni ◆ **macaronis** macaroni ◆ **macaroni(s) au gratin** macaroni cheese (Brit), macaroni and cheese (US)
  2 (injurieux) ◆ **macaroni, mangeur de macaronis*** (= Italien) Eyeti(e)* (injurieux)

macaronique /makaʀɔnik/ ADJ (Poésie) macaronic

Maccabées /makabe/ NMPL ◆ **les Maccabées** the Maccabees

maccarthysme /makkaʀtism/ NM McCarthyism

maccarthyste /makkaʀtist/ ADJ, NMF McCarthyist

macchabée* /makabe/ NM stiff*, corpse

macédoine /masedwan/ NF 1 (Culin) ◆ **macédoine de légumes** diced mixed vegetables, macedoine (of vegetables) ◆ **macédoine de fruits** (gén) fruit salad; (en boîte) fruit cocktail
  2 (Géog) ◆ **Macédoine** Macedonia

macédonien, -ienne /masedɔnjɛ̃, jɛn/
  ADJ Macedonian
  NM,F **Macédonien(ne)** Macedonian

macérateur /maseʀatœʀ, tʀis/ NM macerater

macération /maseʀasjɔ̃/ NF 1 (= procédé) maceration, soaking; (= liquide) marinade ◆ **pendant leur macération dans le vinaigre** while they are soaking in vinegar ◆ **arroser la viande avec le cognac de macération** baste the meat with the brandy in which it has been marinated
  2 (Rel = mortification) mortification, scourging (of the flesh) ◆ **s'infliger des macérations** to scourge one's body ou flesh

macérer /maseʀe/ ▸ conjug 6 ◂
  VT 1 (Culin) to macerate, to soak ◆ **cerises macérées dans l'eau de vie** cherries macerated in brandy
  2 (Rel) ◆ **macérer sa chair** (= mortifier) to mortify one's ou the flesh
  VI 1 (Culin) ◆ **faire** ou **laisser macérer** to macerate, to soak
  2 (péj) ◆ **macérer dans son ignorance** to wallow in one's ignorance ◆ **laisser macérer qn (dans son jus)*** (= le faire attendre) to let sb stew in his own juice*

macfarlane /makfaʀlan/ NM (= manteau) Inverness cape

Mach /mak/ NM Mach ◆ **voler à Mach 2** to fly at Mach 2 ◆ **nombre de Mach** Mach (number)

machaon /makaɔ̃/ NM swallowtail butterfly

mâche /maʃ/ NF corn salad, lambs' lettuce

mâchefer /maʃfɛʀ/ NM clinker (NonC), cinders

mâcher /maʃe/ SYN ▸ conjug 1 ◂ VT [personne] to chew; (avec bruit) to munch; [animal] to chomp; (Tech) (= couper en déchirant) to chew up ◆ **il faut lui mâcher tout le travail** you have to do half his work for him ou to spoon-feed him* ◆ **il ne mâche pas ses mots** he doesn't mince his words; → **papier**

machette /maʃɛt/ NF machete

Machiavel /makjavɛl/ NM Machiavelli

machiavélique /makjavelik/ SYN ADJ Machiavellian

machiavélisme /makjavelism/ NM Machiavell(ian)ism

mâchicoulis /maʃikuli/ NM machicolation ◆ **à mâchicoulis** machicolated

machin* /maʃɛ̃/ NM 1 (= chose) (dont le nom échappe) what-d'you-call-it*, thingummyjig* (Brit), thingamajig* (US), whatsit* (Brit); (qu'on n'a jamais vu avant) thing, contraption; (qu'on ne prend pas la peine de nommer) thing ◆ **passe-moi ton machin** give me your thingy* ◆ **les antibiotiques ! il faut te méfier de ces machins-là** antibiotics! you should beware of those things ◆ **espèce de vieux machin !** (péj) doddering old fool!*
  2 (= personne) ◆ **Machin (chouette), Machin (chose)** what's-his-name*, what-d'you-call-him*, thingumabob*; ◆ **hé ! Machin !** hey (you), what's-your-name!* ◆ **le père/la mère Machin** Mr/Mrs what's-his-/her-name*; → aussi **Machine**

machinal, e (mpl **-aux**) /maʃinal, o/ SYN ADJ (= automatique) mechanical, automatic; (= instinctif) automatic, unconscious

machinalement /maʃinalmɑ̃/ ADV (= automatiquement) mechanically, automatically; (= instinctivement) unconsciously ◆ **il regarda machinalement sa montre** he looked at his watch without thinking ◆ **j'ai fait ça machinalement** I did it automatically ou without thinking

machination /maʃinasjɔ̃/ SYN NF (= complot) plot, conspiracy; (= coup monté) put-up job*, frame-up* ◆ **je suis victime d'une machination** I've been framed* ◆ **être victime d'une machination politique** to be a victim of a political conspiracy ou of political machinations

Machine* /maʃin/ NF (= personne) what's-her-name*, what-d'you-call-her* ◆ **hé ! Machine !** hey! (you) – what's-your-name!*; → aussi **machin**

machine /maʃin/ SYN
  NF 1 (Tech) machine; (= locomotive) engine, locomotive; (= avion) plane, machine; (* = bicyclette, moto) bike*, machine; (= ordinateur) machine ◆ **« La Machine à explorer le temps »** (Littérat) "The Time Machine" ◆ **il n'est qu'une machine à penser** he's nothing more than a sort of thinking machine ◆ **la machine est usée/fatiguée** (= corps) the old body is wearing out/getting tired; → **salle**
  2 (= lave-linge) (washing) machine; (= lessive) washing ◆ **faire une machine/trois machines** to do a load of washing/three loads of washing ◆ **ça va en machine** it's machine-washable ◆ **laver/passer qch en** ou **à la machine** to wash/put sth in the (washing) machine
  3 (= structure) machine; (= processus) machinery ◆ **la machine politique/parlementaire** the political/parliamentary machine ◆ **la machine de l'État** the machinery of state ◆ **la machine humaine** the human body ◆ **la machine administrative** the bureaucratic machine ou machinery ◆ **une grosse machine hollywoodienne** (= film) a Hollywood blockbuster*
  4 [de navire] engine ◆ **faire machine arrière** (lit) to go astern; (fig) to back-pedal; → **salle**

laxisme /laksism/ NM (= *indulgence*) laxness, laxity • **le gouvernement est accusé de laxisme à l'égard des syndicats** the government is accused of being too soft *ou* lax with the trade unions • **après des années de laxisme budgétaire** after years of poor budget management

laxiste /laksist/ SYN
ADJ *[personne, attitude, interprétation, politique, justice]* lax
NMF 1 *(indulgent)* lax person
2 *(Rel)* latitudinarian

laxité /laksite/ NF laxity, laxness

layer /leje/ ▸ conjug 8 ◂ VT *[+ forêt]* to blaze a trail *ou* a path through

layette /lɛjɛt/ NF baby clothes, layette • **rayon layette** *[de magasin]* babywear department • **couleurs layette** baby *ou* pastel colours • **bleu/rose layette** baby blue/pink

layon /lɛjɔ̃/ NM (forest) track *ou* trail

Lazare /lazaʀ/ NM Lazarus

lazaret /lazaʀɛ/ NM lazaret

lazariste /lazaʀist/ NM Lazarist

lazulite /lazylit/ NF lazulite

lazurite /lazyʀit/ NF lazurite

lazzi /la(d)zi/ SYN NM gibe • **être l'objet des lazzi(s) de la foule** to be gibed at *ou* heckled by the crowd

LCD /ɛlsede/ ADJ, NM (abrèv de **liquid crystal display** *(Ordin)[écran]*) LCD

le¹ /lə/, **la** /la/ (pl **les** /le/) ART DÉF *(contraction avec* **à, de** *:* **au, aux, du, des**) 1 *(détermination)* the • **le propriétaire de la voiture** the owner of the car • **la femme de l'épicier** the grocer's wife • **les parcs de la ville** the town parks, the parks in the town • **je suis inquiète, les enfants sont en retard** I'm worried because the children are late • **le thé/le café que je viens d'acheter** the tea/the coffee I have just bought • **allons à la gare ensemble** let's go to the station together • **il n'a pas le droit/l'intention de le faire** he has no right to do it/no intention of doing it • **il n'a pas eu la patience/l'intelligence d'attendre** he didn't have the patience/the sense to wait • **il a choisi le tableau le plus original de l'exposition** he chose the most original picture in the exhibition • **le plus petit des deux frères est le plus solide** the smaller of the two brothers is the more robust *ou* the stronger • **le Paris de Balzac** Balzac's Paris • **l'Angleterre que j'ai connue** the England (that) I knew
2 *(dans le temps)* the *(souvent omis)* • **venez le dimanche de Pâques** come on Easter Sunday • **l'hiver dernier/prochain** last/next winter • **l'hiver 1998** the winter of 1998 • **le premier/dernier lundi du mois** the first/last Monday of *ou* in the month • **il ne travaille pas le samedi** he doesn't work on Saturdays *ou* on a Saturday • **elle travaille le matin** she works mornings *ou* in the morning • **vers les cinq heures** at about five o'clock • **il est parti le 5 mai** *(à l'oral)* he left on the 5th of May *ou* on May the 5th; *(à l'écrit, dans une lettre)* he left on 5 May • **il n'a pas dormi de la nuit** he didn't sleep a wink all night
3 *(distribution)* a, an • **8 € le mètre/le kg/le litre/la pièce** €8 a metre/a kg/a litre/each *ou* a piece • **60 km à l'heure** 60 km an *ou* per hour • **deux fois la semaine/l'an** twice a week/a year
4 *(fraction)* a, an • **le tiers/quart** a third/quarter • **j'en ai fait à peine la moitié/le dixième** I have barely done (a) half/a tenth of it
5 *(dans les généralisations, les abstractions : gén non traduit)* • **le hibou vole surtout la nuit** owls fly *ou* the owl flies mainly at night • **l'enfant n'aime pas** *ou* **les enfants n'aiment pas l'obscurité** children don't like the dark • **le thé et le café sont chers** tea and coffee are expensive • **j'aime la musique/la poésie/la danse** I like music/poetry/dancing • **le beau/grotesque** the beautiful/grotesque • **les riches** the rich • **aller au concert/au restaurant** to go to a concert/out for a meal
6 *(possession : gén adj poss, parfois art indéf)* • **elle ouvrit les yeux/la bouche** she opened her eyes/her mouth • **elle est sortie le manteau sur le bras** she went out with her coat over her arm • **la tête baissée, elle pleurait** she hung her head and wept • **assis les jambes pendantes** sitting with one's legs dangling • **j'ai mal à la main droite/au pied** I've got a pain in my right hand/in my foot, my right hand/my foot hurts • **il a la jambe cassée** he's got a broken leg • **croisez les bras** fold your arms • **il a l'air fatigué/le regard malin** he has a tired look/a mischievous look • **il a les cheveux noirs/le cœur brisé** he has black hair/a broken heart • **il a l'air hypocrite** he looks like a hypocrite
7 *(valeur démonstrative)* • **il ne faut pas agir de la sorte** you must not do that kind of thing *ou* things like that • **que pensez-vous de la pièce/de l'incident ?** what do you think of the play/of the incident? • **faites attention, les enfants !** be careful children! • **oh le beau chien !** what a lovely dog!, look at that lovely dog!

le² /l(ə)/, **la** /la/ (pl **les**) /le/ PRON M,F,PL 1 (= *homme*) him; (= *femme, bateau*) her; (= *animal, bébé*) it, him, her; (= *chose*) it • **les** them • **je ne le/la/les connais pas** I don't know him/her/them • **regarde-le/-la/-les** look at him *ou* it/her *ou* it/them • **cette écharpe est à vous, je l'ai trouvée par terre** this scarf is yours, I found it on the floor • **voulez-vous ces fraises ? je les ai apportées pour vous** would you like these strawberries? I brought them for you • **le Canada demande aux USA de le soutenir** Canada is asking the USA for its support
2 *(emphatique)* • **il faut le féliciter ce garçon !** this boy deserves congratulations! • **cette femme-là, je la déteste** I can't bear that woman • **cela vous le savez aussi bien que moi** you know that as well as I do • **vous l'êtes, beau** you really do look nice; → **copier, voici, voilà**
3 *(neutre : souvent non traduit)* • **vous savez qu'il est malade ? – je l'ai entendu dire** did you know he was ill? – I had heard • **elle n'est pas heureuse, mais elle ne l'a jamais été et elle ne le sera jamais** she is not happy but she never has been and never will be • **pourquoi il n'est pas venu ? – demande-le-lui/je me le demande** why hasn't he come? – ask him/I wonder • **il était ministre, il ne l'est plus** he used to be a minister but he isn't any longer • **il sera puni comme il le mérite** he'll be punished as he deserves

lé /le/ NM *[d'étoffe]* width; *[de papier peint]* length, strip

LEA /ɛləa/ NM (abrèv de **langues étrangères appliquées**) modern languages

leader /lidœʀ/ SYN NM *(Pol, Écon, Sport)* leader; *(Presse)* leader, leading article • **produit leader** *(Comm)* leader, leading product • **leader d'opinion** opinion former, person who shapes public opinion • **cette entreprise est leader sur son marché** this company is the market leader • **notre société est en position de leader dans son secteur** our company holds a leading *ou* lead position in its sector

leadership /lidœʀʃip/ SYN NM *[de parti]* leadership; *[d'entreprise]* leading position; (= *dirigeants*) leaders • **ils ont perdu leur leadership technologique** they've lost their leading position in the field of technology • **ils ont pris le leadership dans ce secteur** they have taken the lead in this sector

leasing /liziŋ/ NM leasing • **acheter qch en leasing** to buy sth leasehold

lécanore /lekanɔʀ/ NF (= *lichen*) manna

léchage /leʃaʒ/ NM *(gén)* licking • **léchage (de bottes)** * bootlicking *

lèche ✱ /lɛʃ/ NF bootlicking * • **faire de la lèche** to be a bootlicker * • **faire de la lèche à qn** to suck up to sb ✱, to lick sb's boots *

lèche-botte * (pl **lèche-bottes**) /lɛʃbɔt/ NMF bootlicker *

lèche-cul ✱✱ (pl **lèche-culs**) /lɛʃky/ NMF arse-licker ✱✱ *(Brit)*, ass-kisser ✱✱ *(US)*, brown nose ✱ *(US)*

lèchefrite /lɛʃfʀit/ NF dripping-pan *(Brit)*, broiler *(US)*

lécher /leʃe/ SYN ▸ conjug 6 ◂ VT 1 *(gén)* to lick; *[+ assiette]* to lick clean • **se lécher les doigts** to lick one's fingers • **s'en lécher les doigts/babines** *(fig)* to lick one's lips/chops • **lécher la confiture d'une tartine** to lick the jam off a slice of bread • **lécher les bottes de qn** * to suck up to sb ✱, to lick sb's boots * • **lécher le cul à** *ou* **de qn** ✱✱ to lick sb's arse ✱✱ *(Brit)*, to kiss sb's ass ✱✱ *(US)* • **lécher les vitrines** * to go window-shopping; → **ours**
2 *[flammes]* to lick; *[vagues]* to wash against, to lap against
3 (* = *fignoler*) to polish up • **article bien léché** polished *ou* finely honed article • **trop léché** overdone *(attrib)*, overpolished

lécheur, -euse * /leʃœʀ, øz/ NM,F • **lécheur (de bottes)** bootlicker * • **il est du genre lécheur** he's the bootlicking type *, he's always sucking up to someone ✱

lèche-vitrines * /lɛʃvitʀin/ NM INV window-shopping • **faire du lèche-vitrines** to go window-shopping

lécithine /lesitin/ NF lecithin

leçon /l(ə)sɔ̃/ SYN NF 1 *(Scol)* (= *cours*) lesson, class; *(à apprendre)* homework *(NonC)* • **leçon de danse/de français/de piano** dancing/French/piano lesson • **leçons particulières** private lessons *ou* tuition *(Brit)* • **faire la leçon** to teach • **elle a bien appris sa leçon** *(lit)* she's learnt her homework well; *(hum)* she's learnt her script *ou* lines well
2 (= *conseil*) (piece of) advice • **suivre les leçons de qn** to heed sb's advice, to take a lesson from sb • **je n'ai pas de leçon à recevoir de toi** I don't need your advice • **en matière de tact, je pourrais te donner des leçons** I could teach you a thing or two about being tactful • **faire la leçon à qn** (= *l'endoctriner*) to tell sb what to do; (= *le réprimander*) to give sb a lecture • **donner des leçons de morale à qn** to preach at sb • **je n'ai pas besoin de tes leçons de morale** I don't need lessons from you
3 (= *enseignement*) *[de fable, parabole]* lesson • **les leçons de l'expérience** the lessons of experience *ou* that experience teaches • **que cela te serve de leçon** let that be a lesson to you • **cela m'a servi de leçon** that taught me a lesson • **nous avons tiré la leçon de notre échec** we learnt (a lesson) from our failure • **maintenant que notre plan a échoué, il faut en tirer la leçon** now that our plan has failed we should learn from it • **cela lui donnera une leçon** that'll teach him a lesson
4 *[de manuscrit, texte]* reading

lecteur, -trice /lɛktœʀ, tʀis/
NM,F 1 *(gén)* reader • **c'est un grand lecteur de poésie** he reads a lot of poetry • **le nombre de lecteurs de ce journal a doublé** the readership of this paper has doubled • **lecteur-correcteur** proofreader; → **avis**
2 *(Univ)* (foreign language) assistant, (foreign) teaching assistant *(US)*
NM 1 *(Audiov)* • **lecteur de cassettes** cassette deck *ou* player • **lecteur de disques compacts** *ou* **lecteur de CD audio** CD player, compact disc player • **lecteur de DVD** DVD player • **lecteur de vidéodisque** videodisc player • **lecteur de son** (reading) head
2 *(Ordin)* • **lecteur de cartes à puce** smart-card reader • **lecteur de disquettes/de CD-ROM** disk/CD-ROM drive • **lecteur de MP3** MP3 player • **lecteur optique** optical character reader, optical scanner
3 • **lecteur de cartes** (= *lampe dans voiture*) map-light

lecteur-enregistreur /lɛktœʀɑ̃ʀ(ə)ʒistʀœʀ/ NM • **lecteur-enregistreur de DVD** DVD player/recorder

lectorat /lɛktɔʀa/ NM 1 *(Univ)* (teaching) assistantship
2 *[de magazine]* readership

lecture /lɛktyʀ/ SYN NF 1 *[de carte, texte]* reading; (= *interprétation*) reading, interpretation • **la lecture de Proust est difficile** reading Proust is difficult, Proust is difficult to read • **aimer la lecture** to like reading • **d'une lecture facile** easy to read, very readable • **ce livre est d'une lecture agréable** this book makes pleasant reading • **la lecture à haute voix** reading aloud • **faire la lecture à qn** to read to sb • **donner** *ou* **faire lecture de qch** *(frm)* to read sth out *(à qn* to sb) • **faire une lecture marxiste de Balzac** to read Balzac from a Marxist perspective • **lecture à vue** *(Mus)* sight-reading • **méthode de lecture** reading method • **lecture rapide** speed reading • **nous n'avons pas la même lecture des événements** we have a different interpretation of the events; → **cabinet, livre¹**
2 (= *livre*) reading *(NonC)*, book • **c'est une lecture à recommander** it's recommended reading *ou* it's a book to be recommended • **apportez-moi de la lecture** bring me something to read • **lectures pour la jeunesse** books for children • **quelles sont vos lectures favorites ?** what do you like reading best? • **enrichi par ses lectures** enriched by his reading *ou* by what he has read • **il a de mauvaises lectures** he reads the wrong things
3 *[de projet de loi]* reading • **examiner un projet en première lecture** to give a bill its first reading • **le projet a été accepté en seconde lecture** the bill passed its second reading

④ (Audiov) [de CD, cassette] (= bouton) play ◆ **pendant la lecture de la cassette** while the tape is playing

⑤ [de disque dur, CD-ROM] reading ◆ **lecture optique** (= procédé) optical character recognition; (= action) optical scanning ◆ **procédé/tête de lecture-écriture** read-write cycle/head ◆ **en lecture seule** read-only; → **tête**

lécythe /lesit/ NM lecythus

Léda /leda/ NF (Myth) Leda

ledit /lədi/, **ladite** /ladit/ (pl **lesdit(e)s** /ledi(t)/) ADJ (frm) the aforementioned (frm), the aforesaid (frm), the said (frm)

légal, e (mpl **-aux**) /legal, o/ SYN ADJ [âge, dispositions, formalité, statut, base] legal; [armes, moyens] legal, lawful ◆ **cours légal d'une monnaie** official rate of exchange of a currency ◆ **monnaie légale** legal tender, official currency ◆ **la durée légale du temps de travail** maximum working hours ◆ **recourir aux moyens légaux contre qn** to take legal action against sb ◆ **cette entreprise n'a pas d'existence légale** this company has no legal existence; → **fête, heure, médecine, vitrine**

légalement /legalmɑ̃/ SYN ADV legally ◆ **des personnes légalement installées en France** people living legally in France

légalisation /legalizasjɔ̃/ NF ① (= action) legalization

② (= certification) authentication

légaliser /legalize/ SYN ▸ conjug 1 ◂ VT ① (= rendre légal) to legalize

② (= certifier) to authenticate

légalisme /legalism/ SYN NM legalism

légaliste /legalist/ SYN

ADJ legalist(ic)

NMF legalist

légalité /legalite/ SYN NF [de régime, acte] legality, lawfulness ◆ **rester dans/sortir de la légalité** (= loi) to remain ou keep within/breach the law ◆ **en toute légalité** quite legally

légat /lega/ NM ◆ **légat (du Pape)** (papal) legate

légataire /legatɛʀ/ NMF legatee, devisee ◆ **légataire universel** sole legatee

légation /legasjɔ̃/ NF (Diplomatie) legation

legato /legato/ ADV, NM legato

lège /lɛʒ/ ADJ (= vide, peu chargé) light

légendaire /leʒɑ̃dɛʀ/ SYN ADJ legendary

légende /leʒɑ̃d/ SYN NF ① (= histoire, mythe) legend ◆ **entrer dans la légende** to go down in legend, to become legendary ◆ **entrer vivant dans la légende** to become a legend in one's own lifetime ◆ **de légende** [personnage, film, pays] legendary

② (= inscription) [de médaille] legend; [de dessin] caption; [de liste, carte] key ◆ « **sans légende** » [dessin] "no caption"

③ (péj = mensonge) tall story

légender /leʒɑ̃de/ ▸ conjug 1 ◂ VT to caption

léger, -ère /leʒe, ɛʀ/ SYN

ADJ ① (= de faible poids) [objet, gaz] light ◆ **arme/industrie légère** light weapon/industry ◆ **construction légère** light ou flimsy (péj) construction ◆ **léger comme une plume** as light as a feather ◆ **se sentir léger (comme un oiseau)** to feel as light as a bird ◆ **je me sens plus léger** (après un régime, après m'être débarrassé) I feel pounds lighter; (= soulagé) that's a weight off my mind ◆ **je me sens plus léger de 20 €** (hum) I feel €20 poorer ◆ **faire qch l'esprit léger** to do sth with a light heart ◆ **il partit d'un pas léger** he walked away with a spring in his step ◆ **avec une grâce légère** with easy grace; → **main, poids, sommeil**

② (= délicat) [parfum, tissu, style] light

③ (= non gras) [repas, sauce] light ◆ **cuisine légère** low-fat cooking

④ (= faible) [brise] gentle, slight; [bruit] faint; [couche] thin, light; [thé] weak; [coup, vin, maquillage] light; [alcool] not very strong; [blessure] slight, minor; [châtiment, tabac] mild; [accent] slight, faint; [augmentation] slight ◆ **une légère pointe d'ironie** a touch of irony ◆ **il y a un léger mieux** there's been a slight improvement ◆ **soprano/ténor léger** light soprano/tenor ◆ **il a été condamné à une peine légère** he was given a light sentence ◆ **deux bouteilles de vin pour sept, c'est un peu léger** * two bottles of wine for seven people isn't very much ou isn't really enough; → **blessé**

⑤ (= superficiel) [personne] thoughtless; [preuve, argument] lightweight, flimsy; [jugement, propos] thoughtless, flippant, careless ◆ **se montrer léger dans ses actions** to act thoughtlessly ◆ **pour une thèse, c'est un peu léger** it's rather lightweight ou a bit on the flimsy side for a thesis

⑥ (= frivole) [personne, caractère, humeur] fickle; [propos, plaisanterie] ribald, broad; [comédie, livre, film] light ◆ **femme légère** ou **de mœurs légères** loose woman, woman of easy virtue; → **cuisse, musique**

ADV ◆ **voyager léger** to travel light ◆ **manger léger** (non gras) to eat low-fat foods, to avoid fatty foods; (peu) to eat lightly ◆ **s'habiller léger** to wear light clothes

LOC ADV **à la légère** [parler, agir] rashly, thoughtlessly, without giving the matter proper consideration ◆ **il prend toujours tout à la légère** he never takes anything seriously, he's very casual about everything

légèrement /leʒɛʀmɑ̃/ SYN ADV ① [habillé, armé, maquillé] [poser] lightly ◆ **il a mangé légèrement** he ate a light meal ◆ **s'habiller légèrement** to wear light clothes

② [courir] lightly, nimbly

③ [blesser, bouger] slightly; [parfumé] lightly ◆ **légèrement plus grand** slightly bigger ◆ **légèrement surpris** mildly ou slightly surprised ◆ **il boite/louche légèrement** he has a slight limp/squint

④ [agir] rashly, thoughtlessly, without thinking (properly) ◆ **parler légèrement de la mort** to speak flippantly ou thightly of death, to speak of death in an offhand ou a flippant way

légèreté /leʒɛʀte/ SYN NF ① [d'objet, tissu, style, repas, sauce] lightness

② [de démarche] lightness, nimbleness ◆ **légèreté de main** light-handedness ◆ **avec une légèreté d'oiseau** with bird-like grace ◆ **danser avec légèreté** dance lightly ou with a light step

③ [de punition, coup] lightness, mildness; [de tabac] mildness; [de thé] weakness; [de vin] lightness

④ (= superficialité) [de conduite, personne, propos] thoughtlessness; [de preuves, argument] flimsiness ◆ **faire preuve de légèreté** to speak (ou behave) rashly ou thoughtlessly

⑤ (= frivolité) [de personne] fickleness, flightiness; [de propos] flippancy; [de plaisanterie] ribaldry

leggins, leggings /legins/ NFPL leggings

légiférer /leʒifeʀe/ SYN ▸ conjug 6 ◂ VI (Jur) to legislate, to make legislation

légion /leʒjɔ̃/ SYN NF (Hist, fig) legion ◆ **légion de gendarmerie** corps of gendarmes ◆ **la Légion (étrangère)** the Foreign Legion ◆ **Légion d'honneur** Legion of Honour ◆ **ils sont légion** they are legion (frm), there are any number of them ◆ **les volontaires ne sont pas légion** volunteers are few and far between

◦ **LÉGION D'HONNEUR**
◦
◦ Created by Napoleon Bonaparte in 1802, the
◦ **Légion d'honneur** is a prestigious order
◦ awarded for either civil or military merit. The
◦ order is divided into five ranks or "classes" :
◦ "chevalier", "officier", "commandeur", "grand
◦ officier" and "grand-croix" (given here in ascending order). Full regalia worn on official
◦ occasions consists of medals and sashes, but
◦ on less formal occasions these are replaced by
◦ a discreet red ribbon or rosette (according to
◦ rank) worn on the lapel.

légionellose /leʒjɔneloz/ NF legionnaire's ou legionnaires' disease

légionnaire /leʒjɔnɛʀ/

NM (Hist) legionary; [de Légion étrangère] legionnaire; → **maladie**

NMF [de Légion d'honneur] holder of the Legion of Honour

législateur, -trice /leʒislatœʀ, tʀis/ NM,F (= personne) legislator, lawmaker ◆ **le législateur a prévu ce cas** (= la loi) the law makes provision for this case

législatif, -ive /leʒislatif, iv/

ADJ legislative ◆ **les (élections) législatives** the legislative elections, ≈ the general election (Brit), ≈ the Congressional elections (US) → **ÉLECTIONS**

NM legislature

législation /leʒislasjɔ̃/ SYN NF legislation ◆ **législation fiscale** fiscal ou tax legislation, tax laws ◆ **législation du travail** labour laws, industrial ou job legislation

législature /leʒislatyʀ/ NF (Parl) (= durée) term (of office); (= corps) legislature

légiste /leʒist/ NM jurist; → **médecin**

légitimation /leʒitimasjɔ̃/ NF [d'enfant] legitimization; [de pouvoir] recognition, legitimation; (littér) [d'action, conduite] legitimation

légitime /leʒitim/ SYN

ADJ ① (= légal) [droits, gouvernement] legitimate, lawful; [union, femme] lawful; [enfant] legitimate; [héritier] legitimate, rightful ◆ **la légitime défense** self-defence ◆ **j'étais en état de légitime défense** I was acting in self-defence

② (= juste) [excuse, intérêt] legitimate; [colère] justifiable, justified; [revendication] legitimate, rightful; [récompense] just, legitimate ◆ **rien de plus légitime que...** nothing could be more justified than...

NF ◆ **ma légitime** † * the missus *, the wife *

légitimement /leʒitimmɑ̃/ ADV ① (Jur) legitimately

② [penser, espérer, attendre, se demander] reasonably ◆ **on pouvait légitimement penser que...** one might reasonably think that...

légitimer /leʒitime/ SYN ▸ conjug 1 ◂ VT [+ enfant] to legitimate, to legitimize; [+ conduite, action] to legitimate, to legitimize, to justify; [+ titre] to recognize; [+ pouvoir] to recognize, to legitimate

légitimisme /leʒitimism/ NM (Hist) legitimism

légitimiste /leʒitimist/ NMF, ADJ (Hist) legitimist

légitimité /leʒitimite/ SYN NF (gén) legitimacy

Lego ® /lego/ NM Lego ® ◆ **en Lego** Lego (épith)

Le Greco /ləgʀeko/ NM El Greco

legs /lɛg/ SYN NM (Jur) legacy, bequest; (fig) legacy ◆ **faire un legs à qn** to leave sb a legacy ◆ **legs (de biens immobiliers)** devise ◆ **legs (de biens mobiliers)** legacy ◆ **legs (à titre) universel** general legacy

léguer /lege/ SYN ▸ conjug 6 ◂ VT (Jur) to bequeath; [+ tradition, vertu, tare] to hand down ou on, to pass on ◆ **léguer qch à qn par testament** to bequeath sth to sb (in one's will) ◆ **la mauvaise gestion qu'on nous a léguée** the bad management that we inherited

légume /legym/

NM (lit, fig) vegetable ◆ **légumes secs** pulses ◆ **légumes verts** green vegetables, greens *; → **bouillon**

NF (= personne importante) ◆ **grosse légume** * bigwig *, big shot *

légumier, -ière /legymje, jɛʀ/

ADJ vegetable (épith)

NM ① (= agriculteur) market gardener; (Belg = commerçant) greengrocer

② (= plat) vegetable dish

légumine /legymin/ NF legumin

légumineuse /legyminøz/ NF legume, leguminous plant ◆ **les légumineuses** legumes, Leguminosae (SPÉC)

léiomyome /lejomjom/ NM leiomyoma

Leipzig /lɛpzig, lajpsig/ N Leipzig

leishmania /lɛʃmanja/, **leishmanie** /lɛʃmani/ NF leishmania

leishmaniose /lɛʃmanjoz/ NF leishmaniasis, leishmaniosis

leitmotiv /lɛtmɔtiv, lajtmɔtif/ SYN NM (lit, fig) leitmotiv, leitmotif

LEM /lɛm/ NM (abrév de **Lunar Module**) LEM

Léman /lemɑ̃/ NM ◆ **le (lac) Léman** Lake Geneva

lemmatisation /lematizasjɔ̃/ NF lemmatization

lemmatiser /lematize/ ▸ conjug 1 ◂ VT to lemmatize

lemmatiseur /lematizœʀ/ NM lemmatizer

lemme /lɛm/ NM lemma

lemming /lemiŋ/ NM lemming

lemniscate /lemniskat/ NF lemniscate

lémur /lemyʀ/ NM lemur

lémure /lemyʀ/ NM (Antiq) lemur ◆ **lémures** lemures

lémurien /lemyʀjɛ̃/ NM lemur

lendemain /lɑ̃dmɛ̃/ SYN

NM ① (= jour suivant) ◆ **le lendemain** the next ou following day, the day after ◆ **le lendemain de son arrivée/du mariage** the day after he arrived/after the marriage, the day following his arrival/the marriage ◆ **le lendemain matin**/

soir the next ou following morning/evening ◆ **lendemain de fête** day after a holiday ◆ **au lendemain de la guerre** just after the war ◆ **au lendemain de la défaite/de son mariage** soon after ou in the days following the defeat/his marriage ◆ **le lendemain a été difficile** (gén) it was the morning after the night before (= gueule de bois) I had a hangover ◆ **ils vont connaître des lendemains difficiles** they're in for a tough time; → **jour, remettre**

2 (= avenir) ◆ **le lendemain** tomorrow, the future ◆ **penser au lendemain** to think of tomorrow ou the future ◆ **bonheur/succès sans lendemain** short-lived happiness/success

NMPL **lendemains** (= conséquences) consequences, repercussions; (= perspectives) prospects, future ◆ **cette affaire a eu de fâcheux lendemains** this business had unfortunate consequences ou repercussions ◆ **des lendemains qui chantent** a brighter ou better future ◆ **ça nous promet de beaux lendemains** the future looks very promising for us ◆ **on peut s'attendre à des lendemains qui déchantent** we can expect bad days ou hard times ahead

lénifiant, e /lenifjɑ̃, jɑ̃t/ SYN ADJ **1** (= apaisant) [médicament] soothing
2 [propos, discours] mollifying, soothing; (péj = amollissant) [atmosphère] languid, enervating; [climat] enervating, draining (attrib)

lénifier /lenifje/ SYN ▸ conjug 7 ◂ VT (= apaiser) to soothe; (péj = amollir) to enervate

Lénine /lenin/ NM Lenin

léninisme /leninism/ NM Leninism

léniniste /leninist/ ADJ, NMF Leninist

lénitif, -ive /lenitif, iv/ ADJ, NM lenitive

lent, e[1] /lɑ̃, lɑ̃t/ SYN ADJ (gén) slow; [poison] slow, slow-acting; [mort] slow, lingering; [croissance] sluggish, slow ◆ **à l'esprit lent** slow-witted, dim-witted ◆ **marcher d'un pas lent** to walk at a slow pace ou slowly ◆ « **véhicules lents** » "slow-moving vehicles", "crawler lane" (Brit) ◆ **elle est lente à manger** she's a slow eater, she eats slowly ◆ **il est lent à comprendre** he is slow to understand ou slow on the uptake* ◆ **nous avons été trop lents à réagir** we were too slow to act ◆ **les résultats ont été lents à venir** the results were slow to appear

lente[2] /lɑ̃t/ NF (= œuf de pou) nit

lentement /lɑ̃tmɑ̃/ SYN ADV slowly ◆ **progresser lentement** to make slow progress ◆ **lentement mais sûrement** slowly but surely ◆ **qui va lentement va sûrement** (Prov) slow and steady wins the race (Prov)

lenteur /lɑ̃tœʀ/ SYN NF slowness ◆ **avec lenteur** slowly ◆ **lenteur d'esprit** slow-wittedness ◆ **la lenteur de la construction** the slow progress of the building work ◆ **des retards dus à des lenteurs administratives** delays due to slow ou cumbersome administrative procedures

lenticelle /lɑ̃tisɛl/ NF lenticel

lenticulaire /lɑ̃tikylɛʀ/ ADJ lenticular, lentoid

lenticule /lɑ̃tikyl/ NF water lentil

lenticulé, e /lɑ̃tikyle/ ADJ ⇒ **lenticulaire**

lentiforme /lɑ̃tifɔʀm/ ADJ lentiform, lentoid

lentigo /lɑ̃tigo/ NM lentigo

lentille /lɑ̃tij/ NF **1** (= plante, graine) lentil ◆ **lentilles d'eau** duckweed
2 (Opt) lens ◆ **lentilles (cornéennes ou de contact) dures/souples/jetables** hard/soft/disposable contact lenses ◆ **lentille micro-cornéenne** microcorneal lens

⚠ **lentille** se traduit par le mot anglais **lentil** uniquement au sens culinaire et botanique.

lentisque /lɑ̃tisk/ NM mastic tree

lento /lɛnto/ ADV, NM lento

Léonard /leɔnaʀ/ NM Leonard ◆ **Léonard de Vinci** Leonardo da Vinci

léonin, e /leɔnɛ̃, in/ ADJ (= de lion) leonine; [rime] Leonine; (= injuste) [contrat, partage] one-sided

léonure /leɔnyʀ/ NM motherwort

léopard /leɔpaʀ/ NM leopard ◆ **manteau de léopard** leopardskin coat ◆ **tenue léopard** (Mil) camouflage (uniform)

LEP /lɛp/ NM (abrév de lycée d'enseignement professionnel) → **lycée**

lépidodendron /lepidodɛ̃dʀɔ̃/ NM Lepidodendron

lépidolite /lepidɔlit/ NM lepidolite

lépidoptère /lepidɔptɛʀ/
ADJ lepidopterous
NM lepidopteran, lepidopterous insect ◆ **les lépidoptères** Lepidoptera

lépidosirène /lepidosiʀɛn/ NM lepidosiren

lépidostée /lepidɔste/ NM gar (pike), garfish

lépiote /lepjɔt/ NF parasol mushroom

lépisme /lepism/ NM silverfish

lèpre /lɛpʀ/ SYN NF (Méd) leprosy; (fig = mal) scourge, plague ◆ **mur rongé de lèpre** flaking ou peeling wall

lépreux, -euse /lepʀø, øz/ SYN
ADJ (lit) leprous, suffering from leprosy; [mur] flaking, peeling; [quartier, maison] rundown
NM,F (lit, fig) leper

léprologie /lepʀɔlɔʒi/ NF study of leprosy

léprologiste /lepʀɔlɔʒist/ NMF leprosy specialist

léprome /lepʀom/ NM leproma

léproserie /lepʀozʀi/ NF leper-house

leptocéphale /lɛptɔsefal/ NM leptocephalus

leptoméninges /lɛptɔmenɛ̃ʒ/ NFPL leptomeninges

lepton /lɛptɔ̃/ NM lepton

leptospirose /lɛptɔspiʀoz/ NF leptospirosis

lequel /ləkɛl/, **laquelle** /lakɛl/ (pl **lesquel(le)s** /lekɛl/) (contraction avec à, de : auquel, auxquels, auxquelles, duquel, desquels, desquelles)

PRON 1 (relatif, personne : sujet) who; (personne : objet) whom; (chose) which ◆ **j'ai écrit au directeur de la banque, lequel n'a jamais répondu** I wrote to the bank manager, who has never answered ◆ **la patience avec laquelle il écoute** the patience with which he listens ◆ **le règlement d'après lequel...** the ruling whereby... ◆ **la femme à laquelle j'ai acheté mon chien** the woman from whom I bought my dog, the woman (who ou that) I bought my dog from ◆ **c'est un problème auquel je n'avais pas pensé** that's a problem I hadn't thought of ou which hadn't occurred to me ◆ **le pont sur lequel vous êtes passé** the bridge you came over ou over which you came ◆ **le docteur/le traitement sans lequel elle serait morte** the doctor without whom/the treatment without which she would have died ◆ **cette société sur laquelle on dit tant de mal** this society about which so much ill is spoken ◆ **la plupart desquels** (personnes) most of whom; (choses) most of which ◆ **les gens chez lesquels j'ai logé** the people at whose house I stayed, the people I stayed with; → **importer**[2]

2 (interrogatif) which ◆ **lequel des deux acteurs préférez-vous ?** which of the two actors do you prefer? ◆ **dans lequel de ces hôtels avez-vous logé ?** in which of these hotels did you stay? ◆ **laquelle des sonates de Mozart avez-vous entendue ?** which of Mozart's sonatas ou which Mozart sonata did you hear? ◆ **laquelle des chambres est la sienne ?** which is his room?, which of the rooms is his? ◆ **je ne sais à laquelle des vendeuses m'adresser** I don't know which saleswoman I should speak to ◆ **devinez lesquels de ces tableaux elle aimerait avoir** guess which of these pictures she would like to have ◆ **donnez-moi un melon/deux melons – lequel ?/lesquels ?** give me one melon/two melons – which one?/which ones? ◆ **va voir ma sœur – laquelle ?** go and see my sister – which one?

ADJ ◆ **son état pourrait empirer, auquel cas je reviendrais** his condition could worsen, in which case I would come back ◆ **il écrivit au ministre, lequel ministre ne répondit jamais** (littér, iro) he wrote to the minister but the latter ou the said minister never replied

lerch(e) * /lɛʀʃ/ ADV ◆ **pas lerch(e)** not much ◆ **il n'y en a pas lerch(e)** there's not much of it

lérot /leʀo/ NM lerot, garden dormouse

les /le/ → **le**[1], **le**[2]

lesbianisme /lɛsbjanism/ NM lesbianism

lesbien, -ienne /lɛsbjɛ̃, jɛn/
ADJ lesbian
NF **lesbienne** SYN lesbian

lesdits /ledi/, **lesdites** /ledit/ ADJ → **ledit**

lèse-majesté /lɛzmaʒɛste/ NF lese-majesty; → **crime**

léser /leze/ SYN ▸ conjug 6 ◂ VT **1** (Jur = frustrer) [+ personne] to wrong; [+ intérêts] to damage ◆ **je ne voudrais léser personne** I don't want to cheat anyone ◆ **la partie lésée** the injured party ◆ **léser les droits de qn** to infringe on sb's rights ◆ **ils s'estiment lésés par cette réforme** they feel that they were the losers in this reform ◆ **il s'est senti lésé par rapport à son frère** he felt that his brother got a better deal than him, he felt he did less well out of it than his brother ◆ **je me sens lésé quelque part** I somehow feel that I got a raw deal
2 (Méd = blesser) [+ organe] to injure

lésine /lezin/ NF (littér) miserliness

lésiner /lezine/ SYN ▸ conjug 1 ◂ VI to skimp (sur qch on sth) ◆ **ne pas lésiner sur les moyens** (gén) to use all the means at one's disposal; (pour mariage, repas) to push the boat out*, to pull out all the stops*

lésinerie /lezinʀi/ NF stinginess (NonC)

lésion /lezjɔ̃/ SYN NF (Jur, Méd) lesion ◆ **lésions internes** internal injuries

lésionnel, -elle /lezjɔnɛl/ ADJ [trouble] caused by a lesion; [syndrome] of a lesion

Lesotho /lezoto/ NM Lesotho

lesquels, lesquelles /lekɛl/ → **lequel**

lessivable /lesivabl/ ADJ [papier peint] washable

lessivage /lesivaʒ/ NM (gén) washing; (Chim, Géol) leaching

lessive /lesiv/ SYN NF **1** (= produit) (en poudre) washing powder (Brit), (powdered) laundry detergent (US); (liquide) liquid detergent; (Tech = soude) lye
2 (= lavage) washing (NonC) ◆ **le jeudi est mon jour de lessive** Thursday is washday for me ◆ **faire la lessive** to do the washing ◆ **faire quatre lessives par semaine** to do four washes a week ◆ **mettre une chemise à la lessive** to put a shirt in the wash ou in the laundry ◆ **la grande lessive** (fig) the big cleanup
3 (= linge) washing (NonC) ◆ **porter sa lessive à la blanchisserie** to take one's washing to the laundry

lessiver /lesive/ SYN ▸ conjug 1 ◂ VT **1** [+ mur, plancher, linge] to wash
2 (Chim, Géol) to leach
3 (* = battre) (au jeu) to clean out*; [+ adversaire] to lick*
4 (* = fatiguer) to tire out, to exhaust ◆ **être lessivé** to be dead-beat* ou all-in* ou tired out

lessiveuse /lesivøz/ NF boiler (for washing laundry)

lessiviel /lesivjɛl/ ADJ M ◆ **produit lessiviel** detergent product

lessivier /lesivje/ NM (= fabricant) detergent manufacturer

lest /lɛst/ SYN NM [de bateau, avion] ballast ◆ **sur son lest** in ballast ◆ **garnir un bateau de lest** to ballast a ship ◆ **jeter ou lâcher du lest** (lit) to dump ballast; (fig) to make concessions

lestage /lɛstaʒ/ NM ballasting

leste /lɛst/ SYN ADJ **1** [personne, animal] nimble, agile; [démarche] light, nimble; → **main**
2 (= grivois) [plaisanterie] risqué
3 (= cavalier) [ton, réponse] offhand

lestement /lɛstəmɑ̃/ ADV **1** (= souplement) with great agility, nimbly
2 (= cavalièrement) [traiter] offhandedly

lester /lɛste/ SYN ▸ conjug 1 ◂ VT **1** (= garnir de lest) to ballast
2 (* = remplir) [+ portefeuille, poches] to fill, to cram ◆ **lester son estomac, se lester (l'estomac)** to fill one's stomach ◆ **lesté d'un repas copieux** weighed down with a heavy meal

let /lɛt/ NM (Tennis) let ◆ **balle let** let ball ◆ **jouer une balle let, faire un let** to play a let

létal, e (mpl -aux) /letal, o/ ADJ [dose, gène] lethal

létalité /letalite/ NF lethality

léthargie /letaʀʒi/ SYN NF (= apathie, Méd) lethargy ◆ **tomber en léthargie** to fall into a state of lethargy

léthargique /letaʀʒik/ ADJ lethargic ◆ **état léthargique** lethargic state, state of lethargy

lette /lɛt/ NM (= langue) Latvian, Lett, Lettish

letton, -on(n)e /lɛtɔ̃, ɔn/
ADJ Latvian
NM (= langue) Latvian
NM,F **Letton(ne)** Latvian

Lettonie /lɛtɔni/ NF Latvia

lettrage /letʀaʒ/ NM lettering

lettre /lɛtʀ/ GRAMMAIRE ACTIVE 21.1 SYN
NF **1** (= caractère) letter ◆ **mot de six lettres** six-letter word, word of six letters ◆ **écrire un nom**

en toutes lettres to write out a name in full ◆ **écrivez la somme en (toutes) lettres** write out the sum in full ◆ **c'est en toutes lettres dans les journaux** it's there in black and white *ou* it's there for all to read in the newspapers ◆ **c'est en grosses lettres dans les journaux** it's made headlines ◆ **c'est écrit en toutes lettres sur sa figure** it's written all over his face ◆ **c'est à écrire en lettres d'or** it's a momentous event, it's something to celebrate ◆ **inscrit** *ou* **gravé en lettres de feu** written in letters of fire ◆ **cette lutte est écrite en lettres de sang** this bloody struggle will remain branded *ou* engraved on people's memories; → **cinq, majuscule, minuscule**

2 *(= missive)* letter ◆ **lettres** *(= courrier)* letters, mail, post ◆ **faire une lettre** to write a letter *(à* to) ◆ **jeter** *ou* **mettre une lettre à la boîte** *ou* **à la poste** to post *ou* mail *(US)* a letter ◆ **y avait-il des lettres aujourd'hui ?** were there any letters today?, was there any mail *ou* post today? ◆ **écris-lui donc une petite lettre** write him a note, drop him a line* ◆ **lettre d'injures** abusive letter ◆ **lettre de condoléances/de félicitations/de réclamation** letter of condolence/of congratulations/of complaint ◆ **lettre d'amour/d'affaires** love/business letter ◆ **lettre de rupture** letter ending a relationship, Dear John letter ◆ **« lettre suit »** "letter follows" ◆ **« La Lettre écarlate »** *(Littérat)* "The Scarlet Letter" ◆ **« Les Lettres de mon moulin »** *(Littérat)* "Letters from my Mill" ◆ **« Les Lettres persanes »** *(Littérat)* "Persian Letters"

3 *(= sens strict)* ◆ **prendre qch au pied de la lettre** to take sth literally ◆ **suivre la lettre de la loi** to follow the letter of the law ◆ **exécuter des ordres à la lettre** to carry out orders to the letter

4 *(locutions)* ◆ **rester lettre morte** *[remarque, avis, protestation]* to go unheeded ◆ **devenir lettre morte** *[loi, traité]* to become a dead letter ◆ **c'est passé comme une lettre à la poste*** it went off smoothly *ou* without a hitch ◆ **Anne Lemoine, cette féministe (bien) avant la lettre** Anne Lemoine, a feminist (long) before the term existed *ou* had been coined

NFPL **lettres** 1 *(= littérature)* ◆ **les (belles) lettres** literature ◆ **femme/homme/gens de lettres** woman/man/men of letters ◆ **le monde des lettres** the literary world ◆ **avoir des lettres** to be well-read

2 *(Scol, Univ) (gén)* arts (subjects); *(= français)* French literature and language ◆ **il est très fort en lettres** he's very good at arts subjects *ou* at the arts ◆ **il fait des lettres** he's doing an arts degree ◆ **professeur de lettres** teacher of French, French teacher *(in France)* ◆ **lettres classiques** classics *(sg)* ◆ **lettres modernes** *(= section)* French department, department of French (language and literature); *(= discipline)* French (language and literature); → **faculté, licence**

COMP **lettre d'accompagnement** covering *(Brit) ou* cover *(US)* letter
lettre de cachet *(Hist)* lettre de cachet
lettre de change bill of exchange
lettre de château thank-you letter
lettre circulaire circular
lettre de complaisance accommodation bill
lettres de créance credentials
lettre de crédit letter of credit
lettre exprès express letter
lettre d'intention letter of intent
lettres de noblesse *(lit)* letters patent of nobility ◆ **donner ses lettres de noblesse à** *(fig)* to lend credibility to ◆ **gagner ses lettres de noblesse** *(fig)* to win acclaim, to establish one's pedigree
lettre ouverte *(Presse)* open letter
lettres patentes letters (of) patent, letters patent of nobility
lettre de rappel reminder
lettre de recommandation letter of recommendation, reference
lettre de service notification of command
lettres supérieures *(Scol) first year of two-year preparatory course for the arts section of the École normale supérieure*
lettre de voiture consignment note, waybill; → **motivation, recommandé, relance**

lettré, e /letʀe/ SYN
ADJ well-read
NM,F man (*ou* woman) of letters

lettre-transfert (pl **lettres-transferts**) /lɛt(ʀə) tʀɑ̃sfɛʀ/ **NF** letterpress

lettrine /letʀin/ **NF** 1 *[de dictionnaire]* headline
2 *[de chapitre]* dropped initial

lettrisme /letʀism/ **NM** lettrism

lettriste /letʀist/ **NMF** lettrist

leu /lø/ **NM** → **queue**

leucanie /løkani/ **NF** leucania

leucémie /løsemi/ **NF** leukaemia *(Brit)*, leukemia *(US)*

leucémique /løsemik/
ADJ leukaemic *(Brit)*, leukemic *(US)*
NMF leukaemia *(Brit) ou* leukemia *(US)* sufferer

leucine /løsin/ **NF** leucin(e)

leucite /løsit/ **NF** *(Minér)* leucite

leucocytaire /løkositɛʀ/ **ADJ** leucocytic, leukocytic *(US)*

leucocyte /løkɔsit/ **NM** leucocyte, leukocyte *(US)* ◆ **leucocyte mononucléaire** monocyte ◆ **leucocyte polynucléaire** polymorphonuclear leucocyte

leucocytose /løkɔsitoz/ **NF** leucocytosis, leukocytosis *(US)*

leucome /løkom/ **NM** leucoma, leukoma *(US)*

leucopénie /løkɔpeni/ **NF** leucopenia, leukopenia *(US)*

leucoplasie /løkɔplazi/ **NF** leucoplasia, leukoplasia *(US)*

leucopoïèse /løkɔpɔjɛz/ **NF** leucopoiesis, leukopoiesis *(US)*

leucopoïétique /løkɔpɔjetik/ **ADJ** leucopoietic, leukopoietic *(US)*

leucorrhée /løkɔʀe/ **NF** leucorrhoea

leucotomie /løkɔtɔmi/ **NF** leucotomy

leur /lœʀ/
PRON PERS them ◆ **je le leur ai dit** I told them ◆ **il leur est facile de le faire** it is easy for them to do it ◆ **elle leur serra la main** she shook their hand, she shook them by the hand ◆ **je leur en ai donné** I gave them some, I gave some to them

ADJ POSS 1 *(gén)* their ◆ **leur jardin est une vraie forêt vierge** their garden is a real jungle ◆ **leur maladroite de sœur** that clumsy sister of theirs ◆ **ils ont passé tout leur dimanche à travailler** they spent all Sunday working
2 *(littér)* theirs, their own ◆ **un leur cousin** a cousin of theirs ◆ **ils ont fait leurs ces idées** they made these ideas their own ◆ **ces terres qui étaient leurs** these estates of theirs *ou* which were theirs

PRON POSS ◆ **le leur, la leur, les leurs** theirs ◆ **ces sacs sont les leurs** these bags are theirs, these are their bags ◆ **ils sont partis dans une voiture qui n'était pas la leur** they left in a car which wasn't theirs *ou* their own ◆ **à la (bonne) leur !** their good health!, here's to them! ; *pour autres loc voir* **sien**

NM 1 *(= énergie, volonté)* ◆ **ils y ont mis du leur** they pulled their weight, they did their bit*; → aussi **sien**
2 ◆ **les leurs** *(= famille)* their family, their (own) folks*; *(= partisans)* their own people ◆ **nous étions des leurs** we were with them ◆ **l'un des leurs** one of their people

leurre /lœʀ/ SYN **NM** *(= illusion)* delusion, illusion; *(= duperie)* deception; *(= piège)* trap, snare; *(Fauconnerie, Pêche)* lure; *(Chasse, Mil)* decoy

leurrer /lœʀe/ SYN ▸ conjug 1 ◂ **VT** *(gén)* to deceive, to delude; *(Fauconnerie, Pêche)* to lure ◆ **ils nous ont leurrés par des promesses fallacieuses** they deluded us with false promises ◆ **ils se sont laissé leurrer** they let themselves be taken in *ou* deceived ◆ **ne vous leurrez pas** don't delude yourself ◆ **ne nous leurrons pas sur leurs intentions** we should not delude ourselves about their intentions

levage /ləvaʒ/ **NM** *[de charge]* lifting; *[de pâte, pain]* rising, raising; → **appareil**

levain /ləvɛ̃/ **NM** leaven ◆ **sans levain** unleavened ◆ **pain au levain** leavened bread ◆ **levain de haine/de vengeance** seeds of hate/of vengeance

levalloisien, -ienne /ləvalwazjɛ̃, jɛn/ **ADJ** Levalloisian

levant /ləvɑ̃/
ADJ ◆ **soleil levant** rising sun ◆ **au soleil levant** at sunrise
NM 1 *(= est)* east ◆ **du levant au couchant** from east to west ◆ **les chambres sont au levant** the bedrooms face east
2 *(= l'Orient)* ◆ **le Levant** the Levant

levantin, -ine † /ləvɑ̃tɛ̃, in/
ADJ Levantine
NM,F **Levantin(e)** Levantine

levé[1] /l(ə)ve/ **NM** *(= plan)* survey ◆ **levé de terrain** land survey

levé[2], **e**[1] /l(ə)ve/ (ptp de **lever**)
ADJ *(= sorti du lit)* ◆ **être levé** to be up ◆ **sitôt levé** as soon as he is up ◆ **il n'est pas encore levé** he isn't up yet ◆ **toujours le premier levé** always the first up; → **pierre**
NM *(Mus)* up-beat

levée[2] /l(ə)ve/ SYN
NF 1 *[de blocus, siège]* raising; *[de séance]* closing; *[d'interdiction, punition]* lifting ◆ **ils ont voté la levée de son immunité parlementaire** they voted to take away *ou* to withdraw his parliamentary immunity
2 *(Poste)* collection ◆ **la levée du matin est faite** the morning collection has been made, the morning post has gone *(Brit)* ◆ **dernière levée à 19 heures** last collection (at) 7 p.m.
3 *(Cartes)* trick ◆ **faire une levée** to take a trick
4 *[d'impôts]* levying; *[d'armée]* raising, levying
5 *(= remblai)* levee

COMP **levée de boucliers** *(fig)* general outcry, hue and cry
levée du corps ◆ **la levée du corps aura lieu à 10 heures** the funeral will start from the house at 10 o'clock
levée d'écrou release (from prison)
levée de jugement transcript (of a verdict)
levée en masse mass conscription
levée des scellés removal of the seals
levée de terre levee

lève-glace (pl **lève-glaces**) /lɛvglas/ **NM** (window) winder

lever[1] /l(ə)ve/ SYN ▸ conjug 5 ◂
VT 1 *(= soulever, hausser) [+ poids, objet]* to lift; *[+ main, bras, vitre]* to raise; *(à la manivelle)* to wind up; *[+ tête]* to raise, to lift up ◆ **levez la main** *ou* **le doigt** *(en classe)* put your hand up ◆ **lève ton coude, je veux prendre le papier** lift *ou* raise your elbow, I want to take the paper away ◆ **lève les pieds quand tu marches** pick your feet up when you walk ◆ **lever les yeux** to lift up *ou* raise one's eyes, to look up *(de* from) ◆ **lever les yeux sur qn** *(= le regarder)* to look at sb; *(† = vouloir l'épouser)* to set one's heart on marrying sb ◆ **lever le visage vers qn** to look up at sb ◆ **lever un regard suppliant/éploré vers qn** to look up imploringly/tearfully at sb
2 *(= faire cesser, supprimer) [+ blocus]* to raise; *[+ séance, audience]* to close; *[+ obstacle, difficulté]* to remove; *[+ interdiction, sanction, restriction]* to lift; *[+ ambiguïté]* to clear up; *[+ immunité parlementaire]* to withdraw, to take away ◆ **lever les scellés** to remove the seals ◆ **cela a levé tous ses scrupules** that has removed all his scruples ◆ **on lève la séance ?*** shall we call it a day?, shall we break up? *(US)*
3 *(Fin, Jur) [+ option]* to exercise, to take up
4 *(= ramasser) [+ impôts]* to levy; *[+ armée]* to raise, to levy; *[+ fonds]* to raise; *(Cartes) [+ pli]* to take; *[facteur] [+ lettres]* to collect
5 *(Chasse) [+ lapin]* to start; *[+ perdrix]* to flush; ‡ *[+ femme]* to pick up*; → **lièvre**
6 *(= établir) [+ plan]* to draw (up); *[+ carte]* to draw
7 *(= sortir du lit) [+ enfant, malade]* to get up ◆ **le matin, pour le faire lever, il faut se fâcher** in the morning, you have to get angry before he'll get up *ou* to get him out of bed
8 *(= prélever) [+ morceau de viande]* to take off, to remove ◆ **lever les filets d'un poisson** to fillet a fish
9 *(locutions)* ◆ **lever l'ancre** *(lit)* to weigh anchor; *(* = s'en aller)* to make tracks* ◆ **lever les bras au ciel** to throw one's arms up in the air ◆ **lever les yeux au ciel** to raise one's eyes heavenwards ◆ **lever le camp** *(lit)* to strike *ou* break camp; *(fig = partir)* to clear off* ◆ **lever le siège** *(lit)* to lift *ou* raise the siege; *(fig = partir)* to clear off* ◆ **il lève bien le coude*** he enjoys a drink, he drinks a fair bit* ◆ **lever la patte** *[chien] (pour uriner)* to cock *ou* lift its leg; *(pour dire bonjour)* to give a paw ◆ **lever le pied** *(= disparaître)* to vanish; *(= ralentir)* to slow down ◆ **entre Paris et Lyon, il n'a pas levé le pied** he didn't take his foot off the accelerator between Paris and Lyons ◆ **lever la main sur qn** to raise one's hand to sb ◆ **lever le rideau** *(Théât)* to raise the curtain ◆ **lever le voile** to reveal the truth *(sur* about) ◆ **lever le masque** to unmask o.s. ◆ **lever son verre à la santé de qn** to raise one's glass to sb, to drink (to) sb's health; → **main, pied**

537 FRANÇAIS-ANGLAIS lever | libérer

VI 1 *[plante, blé]* to come up
2 *(Culin)* to rise ◆ **faire lever la pâte** leave the dough to rise
VPR **se lever** 1 *[rideau, main]* to go up ◆ **toutes les mains se levèrent** every hand went up
2 *(= se mettre debout)* to stand up, to get up ◆ **se lever de table/de sa chaise** to get down from the table/get up from one's chair ◆ **le maître les fit se lever** the teacher made them stand up *ou* get up ◆ **levez-vous !** stand up!
3 *(= sortir du lit)* to get up ◆ **se lever tôt** to get up early, to rise early ◆ **le convalescent commence à se lever** the convalescent is beginning to walk about ◆ **ce matin, il s'est levé du pied gauche** he got out of bed on the wrong side this morning ◆ **se lever sur son séant** to sit up ◆ **il faut se lever de bonne heure pour le convaincre !*** you've got your work cut out for you if you want to persuade him
4 *[soleil, lune]* to rise; *[jour]* to break ◆ **le soleil n'était pas encore levé** the sun had not yet risen *ou* was not yet up
5 *(Météo) [vent]* to get up, to rise; *[brume]* to lift, to clear; *[mer]* to swell ◆ **le temps se lève, ça se lève** the weather *ou* it is clearing
6 *(= se révolter)* to rise up

lever² /ləve/ **NM** 1 ◆ **lever de soleil** sunrise, sunup* *(US)* ◆ **le lever du jour** daybreak, dawn ◆ **il partit dès le lever du jour** he left at daybreak *ou* dawn
2 *(au réveil)* ◆ **prenez trois comprimés au lever** take three tablets when you get up ◆ **au lever, à son lever** *(présent)* when he gets up; *(passé)* when he got up ◆ **le lever du roi** the levee of the king
3 *(Théât)* ◆ **le lever du rideau** *(= action de monter le rideau)* the raising of the curtain; *(= commencement d'une pièce)* curtain up ◆ **un lever de rideau** *(= pièce, match)* a curtain-raiser ◆ **en lever de rideau, nous avons...** as a curtain-raiser *ou* to start with, we have...
4 ⇒ **levé¹**

lève-tard /lɛvtaʀ/ **NMF INV** late riser

lève-tôt /lɛvto/ **NMF INV** early riser

lève-vitre (pl **lève-vitres**) /lɛvvitʀ/ **NM** (window) winder ◆ **lève-vitre électrique** electric window

Léviathan /levjatɑ̃/ **NM** *(Bible)* Leviathan

levier /ləvje/ SYN **NM** lever ◆ **levier de commande** control lever ◆ **levier de changement de vitesse** gear lever *(Brit)*, gearshift *(US)*, stick shift* *(US)* ◆ **levier de frein** handbrake (lever) ◆ **faire levier sur qch** to lever sth up *(ou off etc)* ◆ **être aux leviers (de commande)** *(fig)* to be in control *ou* command ◆ **l'argent est un puissant levier** money is a powerful lever ◆ **capital à faible effet de levier** *(Fin)* low-geared capital

lévigation /levigasjɔ̃/ **NF** levigation

léviger /leviʒe/ ▸ conjug 3 ◂ **VT** to levigate

lévitation /levitasjɔ̃/ **NF** levitation ◆ **être en lévitation** to be levitating

lévite /levit/ **NM** Levite

léviter /levite/ ▸ conjug 1 ◂ **VI** to levitate

Lévitique /levitik/ **NM** ◆ **le Lévitique** Leviticus

lévogyre /levoʒiʀ/ **ADJ** laevogyrate, laevogyrous

levraut /ləvʀo/ **NM** leveret

lèvre /lɛvʀ/ SYN **NF** 1 *[de bouche]* lip ◆ **le sourire aux lèvres** with a smile on one's lips ◆ **la cigarette aux lèvres** with a cigarette between one's lips ◆ **son nom est sur toutes les lèvres** his name is on everyone's lips ◆ **j'ai les lèvres scellées** *(fig)* my lips are sealed; → **bout, pincer, rouge** *etc*
2 *[de plaie]* edge; *[de vulve]* lip, labium *(SPÉC)* ◆ **petites/grandes lèvres** labia minora/majora *(SPÉC)*
3 *(Géog) [de faille]* side ◆ **lèvre soulevée/abaissée** upthrow/downthrow side

levrette /ləvʀɛt/ **NF** *(= femelle)* greyhound bitch; *(= variété de lévrier)* Italian greyhound ◆ **en levrette** *(= position sexuelle)* doggie-style, doggie-fashion

lévrier /levʀije/ **NM** greyhound ◆ **courses de lévriers** greyhound racing ◆ **lévrier afghan** Afghan (hound) ◆ **lévrier irlandais** Irish wolfhound ◆ **lévrier italien** Italian greyhound

levron, -onne /ləvʀɔ̃, ɔn/ **NM,F** *(= jeune)* young greyhound; *(= lévrier italien)* Italian greyhound

lévulose /levyloz/ **NM** l(a)evulose

levure /l(ə)vyʀ/ **NF** *(= ferment)* yeast ◆ **levure de bière** brewers' yeast ◆ **levure de boulanger** *ou* **de boulangerie** baker's yeast ◆ **levure chimique** baking powder

lexème /lɛksɛm/ **NM** lexeme

lexical, e (mpl **-aux**) /lɛksikal, o/ **ADJ** lexical

lexicalisation /lɛksikalizasjɔ̃/ **NF** lexicalization

lexicalisé, e /lɛksikalize/ **ADJ** lexicalized

lexicaliser /lɛksikalize/ ▸ conjug 1 ◂
VT to lexicalize
VPR **se lexicaliser** to become lexicalized

lexicographe /lɛksikɔɡʀaf/ **NMF** lexicographer

lexicographie /lɛksikɔɡʀafi/ **NF** lexicography

lexicographique /lɛksikɔɡʀafik/ **ADJ** lexicographical

lexicologie /lɛksikɔlɔʒi/ **NF** lexicology

lexicologique /lɛksikɔlɔʒik/ **ADJ** lexicological

lexicologue /lɛksikɔlɔɡ/ **NMF** lexicologist

lexie /lɛksi/ **NF** lexical item

lexique /lɛksik/ SYN **NM** 1 *(= glossaire)* glossary; *(d'une langue ancienne)* lexicon
2 *(= mots d'une langue)* lexicon, lexis *(SPÉC)*; *(= mots d'une personne)* vocabulary, lexicon

lézard /lezaʀ/ **NM** *(= animal)* lizard; *(= peau)* lizardskin ◆ **lézard vert/des murailles** green/wall lizard ◆ **sac/gants en lézard** lizardskin bag/gloves ◆ **faire le lézard (au soleil)*** to bask in the sun ◆ **y a pas de lézard !*** no problem!*, no prob!*

lézarde /lezaʀd/ SYN **NF** *(= fissure)* crack

lézarder¹* /lezaʀde/ SYN ▸ conjug 1 ◂ **VI** to bask in the sun

lézarder² **VT**, **se lézarder** **VPR** /lezaʀde/ SYN ▸ conjug 1 ◂ *(= craquer)* to crack

Lhassa /lasa/ **N** Lhasa, Lassa

liage /ljaʒ/ **NM** binding, tying up

liais /ljɛ/ **NM** hard limestone

liaison /ljɛzɔ̃/ SYN **NF** 1 *(= fréquentation)* ◆ **liaison (amoureuse)** (love) affair, liaison ◆ **avoir/rompre une liaison** to have/break off an affair *ou* a love affair ◆ **« Les Liaisons dangereuses »** *(Littérat)* "Dangerous Acquaintances"
2 *(= contact)* ◆ **assurer la liaison entre les différents services** to liaise between the different departments ◆ **avoir des liaisons avec** *(péj)* to have links *ou* dealings with ◆ **j'espère que nous allons rester en liaison** I hope that we shall remain in contact *ou* in touch ◆ **entrer/être en liaison étroite avec qn** to get/be in close contact with sb ◆ **travailler en liaison étroite avec qn** to work closely with *ou* in close collaboration with sb ◆ **en liaison (étroite) avec nos partenaires, nous avons décidé de...** in (close) collaboration with *ou* after (close) consultation with our partners, we have decided to... ◆ **se tenir en liaison avec l'état-major** to keep in contact with headquarters, to liaise with headquarters ◆ **officier** *ou* **agent de liaison** liaison officer
3 *(Radio, Téléc)* ◆ **liaison radio** radio contact ◆ **les liaisons téléphoniques avec le Japon** telephone links with Japan ◆ **liaison par satellite/câble** satellite/cable link ◆ **je suis en liaison avec notre envoyé spécial à Moscou** I have our special correspondent on the line from Moscow ◆ **liaison de transmission** *(Ordin)* data link
4 *(= rapport, enchaînement)* connection ◆ **manque de liaison entre deux idées** lack of connection between two ideas ◆ **il n'y a aucune liaison entre les deux idées/événements** the two ideas/events are unconnected
5 *(Gram, Phon)* liaison ◆ **consonne de liaison** linking consonant ◆ **mot** *ou* **terme de liaison** link-word ◆ **faire la liaison** to make a liaison
6 *(Transport)* link ◆ **liaison aérienne/routière/ferroviaire/maritime** air/road/rail/sea link
7 *(Culin) (= action)* thickening, liaison; *(= ingrédients)* liaison
8 *(Mus) (même hauteur)* tie; *(hauteurs différentes)* slur
9 *(Chim)* bond
10 *(Constr) (= action)* bonding; *(= mortier)* bond

liaisonner /ljɛzɔne/ ▸ conjug 1 ◂ **VT** *(Constr)* to bond

liane /ljan/ **NF** creeper, liana

liant, liante /ljɑ̃, ljɑ̃t/ SYN
ADJ sociable
NM 1 *(littér : en société)* sociable disposition ◆ **il a du liant** he has a sociable disposition *ou* nature, he is sociable
2 *(Métal = souplesse)* flexibility
3 *(= substance)* binder

liard /ljaʀ/ **NM** *(Hist)* farthing ◆ **je n'ai pas un liard** † I haven't (got) a farthing †

lias /ljɑs/ **NM** *(Géol)* Lias

liasique /ljɑzik/ **ADJ** *(Géol)* Liassic

liasse /ljas/ **NF** *[de billets]* wad; *[de papiers]* bundle ◆ **mettre des billets en liasses** to make (up) wads of notes

Liban /libɑ̃/ **NM** ◆ **(le) Liban** (the) Lebanon

libanais, e /libanɛ, ɛz/
ADJ Lebanese
NM,F **Libanais(e)** Lebanese

libanisation /libanizasjɔ̃/ **NF** *(Pol)* ◆ **la libanisation du pays** the fragmentation of the country

libation /libasjɔ̃/ **NF** *(Antiq)* libation ◆ **faire de copieuses libations** *(fig)* to indulge in great libations *(hum)*

libelle /libɛl/ SYN **NM** *(= satire)* lampoon ◆ **faire des libelles contre qn** to lampoon sb

libellé /libele/ SYN **NM** *(gén)* wording; *(Fin)* description, particulars

libeller /libele/ SYN ▸ conjug 1 ◂ **VT** *[+ acte]* to draw up; *[+ chèque]* to make out *(à l'ordre de* to); *[+ lettre, demande, réclamation]* to word ◆ **sa lettre était ainsi libellée** so went his letter, his letter was worded thus

libelliste /libelist/ **NM** *(littér)* lampoonist

libellule /libelyl/ **NF** dragonfly

liber /libɛʀ/ **NM** *(Bot)* phloem

libérable /libeʀabl/ **ADJ** *[militaire]* dischargeable ◆ **permission libérable** leave in hand *(allowing early discharge)*

libéral, e (mpl **-aux**) /libeʀal, o/ SYN
ADJ 1 *(Pol)* Liberal
2 *(Écon) [économie, modèle]* free-market *(épith)* ◆ **travailler en libéral** *[médecin]* to have a private practice; *[chauffeur de taxi]* to work for oneself; → **profession**
3 *(= tolérant)* liberal, open-minded
NM,F *(Pol)* Liberal

libéralement /libeʀalmɑ̃/ SYN **ADV** liberally

libéralisation /libeʀalizasjɔ̃/ **NF** *(gén)* liberalization ◆ **la libéralisation du commerce** trade liberalization, the easing of restrictions on trade ◆ **libéralisation de l'avortement** liberalization of the abortion laws

libéraliser /libeʀalize/ ▸ conjug 1 ◂ **VT** *(gén)* to liberalize ◆ **libéraliser la vente des seringues** to lift restrictions on the sale of syringes

libéralisme /libeʀalism/ SYN **NM** *(gén)* liberalism ◆ **être partisan du libéralisme économique** to be a supporter of economic liberalism *ou* of free enterprise

libéralité /libeʀalite/ SYN **NF** *(littér)* *(= générosité)* liberality; *(gén pl = don)* generous gift, liberality *(frm)* ◆ **vivre des libéralités d'un ami** to live off a friend's generosity

libérateur, -trice /libeʀatœʀ, tʀis/ SYN
ADJ ◆ **guerre/croisade libératrice** war/crusade of liberation ◆ **rire libérateur** liberating laugh ◆ **expérience libératrice** liberating experience
NM,F liberator

libération /libeʀasjɔ̃/ SYN **NF** 1 *[de prisonnier, otage]* release; *[de soldat]* discharge; *[de pays, peuple, ville]* freeing, liberation ◆ **front/mouvement de libération** liberation front/movement ◆ **la Libération** *(Hist)* the Liberation ◆ **libération anticipée** early release ◆ **libération conditionnelle** release on parole ◆ **la libération de la femme** Women's Liberation ◆ **libération sexuelle** sexual liberation
2 *(Fin)* ◆ **libération de capital** paying up of capital, payment in full of capital ◆ **libération des prix** price deregulation
3 *[d'énergie, électrons]* release; → **vitesse**

libératoire /libeʀatwaʀ/ **ADJ** *(Fin)* ◆ **paiement libératoire** payment in full discharge ◆ **prélèvement libératoire** levy at source *(on share dividends)*

libéré, e /libeʀe/ SYN (ptp de **libérer**) **ADJ** liberated

libérer /libeʀe/ SYN ▸ conjug 6 ◂
VT 1 *[+ prisonnier]* to discharge, to release *(de* from); *[+ otage]* to release, to set free; *[+ soldat]* to discharge *(de* from); *[+ élèves, employés]* to let go; *[+ pays, peuple, ville]* to free, to liberate ◆ **être libéré sur parole** *(Jur)* to be released on parole; → **caution**

[2] *[+ esprit, personne] (de soucis)* to free *(de* from); *(d'inhibition)* to liberate *(de* from) ◆ **libérer qn de** *[+ liens]* to release *ou* free sb from; *[+ promesse]* to release sb from; *[+ dette]* to free sb from ◆ **ça m'a libéré de lui dire ce que je pensais** it was a relief to tell him what I was thinking

[3] *[+ appartement]* to move out of, to vacate; *[+ étagère]* to clear; *[+ tiroir]* to empty ◆ **nous libérerons la salle à 11 heures** we'll clear the room at 11 o'clock ◆ **libérer le passage** to free *ou* unblock the way ◆ **ça a libéré trois postes** it made three jobs available

[4] *(Tech) [+ levier, cran d'arrêt]* to release; *(Écon) [+ échanges commerciaux]* to ease restrictions on; *[+ prix]* to decontrol; *(Méd) [+ intestin]* to unblock

[5] *(= soulager)* ◆ **libérer son cœur/sa conscience** to unburden one's heart/one's conscience ◆ **libérer ses instincts** to give free rein to one's instincts

[6] *[+ énergie, électrons, hormones]* to release; *[+ gaz]* to release, to give off

VPR **se libérer** [1] *[personne] (de ses liens)* to free o.s. *(de* from); *(d'une promesse)* to release o.s. *(de* from); *(d'une dette)* to clear o.s. *(de* of) ◆ **se libérer d'un rendez-vous** to get out of a meeting ◆ **désolé, jeudi je ne peux pas me libérer** I'm sorry, I'm not free on Thursday ◆ **je n'ai pas pu me libérer plus tôt** I couldn't get away any earlier ◆ **se libérer du joug de l'oppresseur** *(= s'affranchir)* to free o.s. from the yoke of one's oppressor

[2] *[appartement]* to become vacant; *[place assise]* to become available; *[poste]* to become vacant *ou* available

Libéria /libeʀja/ NM Liberia

libérien, -ienne /libeʀjɛ̃, jɛn/
ADJ Liberian
NM,F **Libérien(ne)** Liberian

libériste /libeʀist/
NMF *(= sportif)* hang-glider
ADJ hang-gliding

libéro /libeʀo/ NM *(Football)* libero *(SPÉC)*, ≃ sweeper

libertaire /libɛʀtɛʀ/ ADJ, NMF libertarian

liberté /libɛʀte/ SYN
NF [1] *(gén, Jur)* freedom, liberty ◆ **rendre la liberté à un prisonnier** to free *ou* release a prisoner, to set a prisoner free ◆ **elle a quitté son mari et repris sa liberté** she has left her husband and regained her freedom *ou* her independence ◆ **sans la liberté de critiquer/de choisir aucune opinion n'a de valeur** without the freedom to criticize/to choose any opinion is valueless ◆ **avoir toute liberté pour agir** to have full liberty *ou* freedom *ou* scope to act ◆ **donner à qn toute liberté d'action** to give sb complete freedom of action, to give sb a free hand ◆ **agir en toute** *ou* **pleine liberté** to act with complete freedom, to act quite freely

[2] *(locutions)* ◆ **laisser en liberté** to allow to remain at liberty ◆ **mise en liberté** *[de prisonnier]* discharge, release ◆ **être en liberté** to be free ◆ **animaux en liberté** animals in the wild *ou* natural state ◆ **les animaux sont en liberté dans le parc** the animals roam free in the park ◆ **le voleur est encore en liberté** the thief is still at large ◆ **remettre en liberté** *[+ animal]* to set free (again); *[+ otage, prisonnier]* to release, to set free

[3] *(gén, Pol = indépendance)* freedom ◆ **liberté de la presse/d'opinion/de conscience** freedom of the press/of thought/of conscience ◆ **liberté individuelle** personal freedom ◆ **liberté d'information/d'expression** freedom of information/of expression ◆ **liberté religieuse** *ou* **de culte** religious freedom, freedom of worship ◆ **vive la liberté !** long live freedom! ◆ **liberté, égalité, fraternité** liberty, equality, fraternity ◆ **la Statue de la Liberté** the Statue of Liberty ◆ « **La Liberté guidant le peuple** » *(Art)* "Liberty leading the People"

[4] *(= loisir)* ◆ **heures/moments de liberté** free hours/moments ◆ **ils ont droit à deux jours de liberté par semaine** they are allowed two free days a week *ou* two days off each week ◆ **son travail ne lui laisse pas beaucoup de liberté** his work doesn't leave him much free time

[5] *(= absence de retenue, de contrainte)* ◆ **liberté d'esprit/de jugement** independence of mind/of judgment ◆ **liberté de langage/de mœurs** freedom of language/of morals ◆ **la liberté de ton du ministre a étonné** the fact that the minister expressed himself so openly *ou* freely surprised people ◆ **la liberté de ton de l'émission a choqué** the frank approach of the programme shocked people ◆ **s'exprimer avec (grande) liberté** to express o.s. (very) freely ◆ **prendre la liberté de faire** to take the liberty of doing ◆ **prendre** *ou* **se permettre des libertés avec** *[+ personne, texte, grammaire, règlement]* to take liberties with

[6] *(= droit)* ◆ **la liberté du travail** the right *ou* freedom to work ◆ **liberté d'association/de réunion** right of association/to meet *ou* hold meetings ◆ **libertés individuelles** individual freedoms *ou* liberties ◆ **libertés syndicales** union rights ◆ **libertés civiles** civil liberties ◆ **libertés des villes** *(Hist)* borough franchises

COMP **liberté conditionnelle** parole ◆ **être mis en liberté conditionnelle** to be granted parole, to be released on parole ◆ **mise en liberté conditionnelle** release on parole
liberté provisoire temporary release ◆ **être mis en liberté provisoire** to be released temporarily
liberté surveillée release on probation ◆ **être mis en liberté surveillée** to be put on probation

liberticide /libɛʀtisid/ ADJ liberticidal

libertin, e /libɛʀtɛ̃, in/ SYN
ADJ *(= dissolu) [personne]* libertine, dissolute; *(= grivois) [roman]* licentious; *(Hist = irréligieux) [philosophe]* libertine
NM,F *(littér = dévergondé)* libertine
NM *(Hist = libre-penseur)* libertine, freethinker

libertinage /libɛʀtinaʒ/ SYN NM *(= débauche) [de personne]* debauchery, dissoluteness; *(= grivoiserie) [de roman]* licentiousness; *(Hist = impiété)* libertine outlook *ou* philosophy

liberty ® /libɛʀti/ NM INV Liberty fabric ®

libidinal, e (mpl **-aux**) /libidinal, o/ ADJ libidinal

libidineux, -euse /libidinø, øz/ SYN ADJ *(littér, hum)* libidinous, lustful

libido /libido/ SYN NF libido

libouret /libuʀɛ/ NM trolling line

libraire /libʀɛʀ/ NMF bookseller ◆ **libraire-éditeur** publisher and bookseller ◆ **en vente chez votre libraire** available in all good bookshops

librairie /libʀeʀi/ NF [1] *(= magasin)* bookshop *(Brit)*, bookstore *(US)* ◆ **librairie d'art/de livres anciens** art/antiquarian bookshop ◆ **librairie-papeterie** bookseller's and stationer's ◆ **ça ne se vend plus en librairie** it's no longer in the bookshops, the bookshops no longer sell it ◆ **ce livre va bientôt paraître en librairie** this book will soon be on sale (in the shops) *ou* will soon be available

[2] ◆ **la librairie** *(= activité)* bookselling *(NonC)*; *(= corporation)* the book trade

> ⓘ **librairie** ne se traduit pas par **library**, qui a le sens de 'bibliothèque'.

libration /libʀasjɔ̃/ NF libration

libre /libʀ/ GRAMMAIRE ACTIVE 25.3 SYN
ADJ [1] *(= sans contrainte) [personne, presse, commerce, prix]* free; *(Sport) [figure, programme]* free ◆ **garder l'esprit** *ou* **la tête libre** to keep a clear mind ◆ **être libre comme l'air** to be as free as a bird ◆ **être/rester libre** *(non marié)* to be/remain unattached ◆ **il n'est plus libre (de lui-même)** he is no longer a free agent ◆ **être libre de ses mouvements** to be free to do what one pleases ◆ **avoir la libre disposition de ses biens** to have free disposal of one's property ◆ **la libre circulation des personnes** the free movement of people ◆ **le monde libre** *(Pol)* the free world; → **vente**

[2] ◆ **libre de** free from ◆ **libre de tout engagement/préjugé** free from any commitment/all prejudice ◆ **libre de faire qch** free to do sth ◆ **libre à vous de poser vos conditions** you are free to *ou* it's (entirely) up to you to state your conditions ◆ **vous êtes parfaitement libre de refuser l'invitation** you're quite free *ou* at liberty to refuse the invitation

[3] *(= non occupé) [passage, voie]* clear; *[taxi]* for hire; *[personne, place]* free; *[salle]* free, available; *[toilettes,]* vacant ◆ **poste libre** vacancy, vacant position ◆ « **libre de suite** » *(appartement à louer)* "available immediately"; *(appartement à vendre)* "with immediate vacant possession" ◆ **la ligne n'est pas libre** *(Téléc)* the line *ou* number is busy *ou* engaged *(Brit)* ◆ **ça ne sonne pas libre** *(Téléc)* I'm getting an engaged tone *(Brit)*, there's a busy signal *(US)* ◆ **est-ce que cette place est libre ?** is this seat free? *ou* empty? ◆ **heure libre** *ou* **de libre*** free hour; *(Scol)* free period ◆ **avoir du temps libre** *ou* **de libre*** to have some spare *ou* free time ◆ **avoir des journées libres** to have some free days ◆ **êtes-vous libre ce soir ?** are you free this evening? ◆ **vous ne pouvez pas voir M. Durand, il n'est pas libre aujourd'hui** you can't see Mr Durand, he's not free *ou* available today ◆ **le jeudi est son jour libre** Thursday is his free day *ou* his day off ◆ **je vais essayer de me rendre libre pour demain** I'll try to keep tomorrow free; → **air**[1], **champ**[1]

[4] *(Scol = non étatisé) [enseignement]* private and Roman Catholic ◆ **école libre** private *ou* independent Roman Catholic school → **ÉDUCATION NATIONALE**

[5] *(= autorisé, non payant) [entrée, accès]* free; → **auditeur, entrée**

[6] *(= non entravé) [mouvement, respiration]* free; *[traduction, improvisation, adaptation]* free; *[pignon, engrenage]* disengaged ◆ **robe qui laisse le cou libre** dress which leaves the neck bare *ou* which shows the neck ◆ **robe qui laisse la taille libre** dress which is not tight-fitting round the waist *ou* which fits loosely at the waist ◆ **avoir les cheveux libres** to have one's hair loose ◆ **le sujet de la dissertation est libre** the subject of this essay is left open; → **main, roue, vers**[2]

[7] *(= sans retenue) [personne]* free *ou* open in one's behaviour; *[plaisanteries]* broad ◆ **tenir des propos assez libres sur la politique du gouvernement** to be fairly plain-spoken *ou* make fairly candid remarks about the policies of the government ◆ **être très libre avec qn** to be very free with sb ◆ **donner libre cours à sa colère/son indignation** to give free rein *ou* vent to one's anger/one's indignation

COMP **libre arbitre** free will ◆ **avoir son libre arbitre** to have free will
libre concurrence, libre entreprise free enterprise ◆ **un partisan de la libre entreprise** *ou* **concurrence** a free-marketeer, a supporter of the free-market economy *ou* of free enterprise
libre pensée freethinking
libre penseur-euse freethinker

libre-échange (pl **libres-échanges**) /libʀeʃɑ̃ʒ/ NM free trade

libre-échangisme /libʀeʃɑ̃ʒism/ NM (doctrine of) free trade

libre-échangiste (pl **libres-échangistes**) /libʀeʃɑ̃ʒist/
ADJ free-market *(épith)*, free-trade *(épith)*
NMF free-trader

librement /libʀəmɑ̃/ SYN ADV *[agir]* freely ◆ **librement adapté d'une pièce de Molière** freely adapted from a play by Molière

libre-service (pl **libres-services**) /libʀəsɛʀvis/ NM *(= restaurant)* self-service restaurant; *(= magasin)* self-service store ◆ **ce magasin propose un fax et une photocopieuse en libre-service** the shop provides self-service fax and photocopying facilities

librettiste /libʀetist/ NMF librettist

libretto † /libʀeto/ (pl **librettos** *ou* **libretti** /libʀeti/) NM libretto

Libreville /libʀəvil/ N Libreville

Libye /libi/ NF Libya

libyen, -enne /libjɛ̃, ɛn/
ADJ Libyan
NM,F **Libyen(ne)** Libyan

lice[1] /lis/ NF *(Hist)* lists ◆ **entrer en lice** *(fig)* to enter the lists ◆ **les candidats encore en lice** candidates still in contention

lice[2] /lis/ NF *[de métier à tisser]* heddle ◆ **tapisserie de haute/de basse lice** high/low-warp tapestry

lice[3] /lis/ NF *(= chienne)* female hound

licence /lisɑ̃s/ SYN NF [1] *(Univ)* ≃ (bachelor's) degree ◆ **licence ès lettres** Arts degree, ≃ BA ◆ **licence ès sciences** Science degree, ≃ BSc ◆ **faire une licence d'anglais** to do a degree in English → **DIPLÔMES**

[2] *(= autorisation)* permit; *(Comm, Jur)* licence *(Brit)*, license *(US)*; *(Sport)* membership card ◆ **un produit sous licence** a licensed product ◆ **fabriqué sous licence française** manufactured under French licence ◆ **licence d'exploitation** *[de logiciel, réseau]* licence; *[de ligne aérienne]* operating permit ◆ **licence d'exportation** export licence

[3] *(littér = liberté)* ◆ **licence (des mœurs)** licentiousness *(NonC)* ◆ **avoir toute** *ou* **pleine licence pour faire qch** to have a free hand to do sth ◆ **prendre des licences avec qn** to take liberties with sb ◆ **licence poétique** *(Littérat)* poetic licence ◆ **une licence orthographique** an accepted alternative spelling

> Au sens de 'diplôme', **licence** ne se traduit pas par le mot anglais **licence**.

licencié, e /lisɑ̃sje/

ADJ (Univ) • **professeur licencié** graduate teacher • **elle est licenciée** she is a graduate

NM,F [1] (Univ) • **licencié ès lettres/ès sciences/en droit** arts/science/law graduate, ≃ Bachelor of Arts/of Science/of Law

[2] (Sport) member

[3] (Jur) licensee

licenciement /lisɑ̃simɑ̃/ SYN NM (pour raisons économiques) redundancy; (pour faute professionnelle) dismissal • **il y a eu des centaines de licenciements pour raisons économiques** hundreds of people were laid off ou made redundant (Brit), there were hundreds of redundancies • **licenciement abusif** unfair dismissal • **licenciement collectif** mass redundancy ou lay-offs ou redundancies (Brit) • **licenciement sec** compulsory redundancy (without any compensation) • **lettre de licenciement** letter of dismissal, pink slip* (US); → **indemnité**

licencier /lisɑ̃sje/ SYN ► conjug 7 ◄ VT (pour raisons économiques) to lay off, to make redundant (Brit); (pour faute) to dismiss • **on licencie beaucoup dans ce secteur** there are a lot of redundancies in this sector

licencieusement /lisɑ̃sjøzmɑ̃/ ADV licentiously

licencieux, -ieuse /lisɑ̃sjø, jøz/ SYN ADJ (littér) licentious

lichen /likɛn/ NM (Bot, Méd) lichen • **lichen foliacé** foliose lichen • **lichen plan** lichen planus

licher* /liʃe/ ► conjug 1 ◄ VT (= boire) to drink; (= lécher) to lick

lichette* /liʃɛt/ NF [1] (= morceau) • **lichette de pain/de fromage** tiny piece of bread/of cheese • **tu en veux une lichette ?** do you want a bit? • **il n'en restait qu'une lichette** there was only a (tiny) taste left

[2] (Belg = attache) loop

licier /lisje/ NM heddle setter

licitation /lisitasjɔ̃/ NF auctioning (of jointly-owned property)

licite /lisit/ SYN ADJ lawful, licit

licitement /lisitmɑ̃/ ADV lawfully, licitly

liciter /lisite/ ► conjug 1 ◄ VT to auction (jointly-owned property)

licol † /likɔl/ NM halter

licorne /likɔʀn/ NF unicorn • **licorne de mer** narwhal, sea unicorn

licou /liku/ NM halter

licteur /liktœʀ/ NM lictor

lidar /lidaʀ/ NM (abrév de **Light Detecting And Ranging**) lidar, light radar

lido /lido/ NM offshore bar

lie /li/ SYN

NF [de vin] sediment, lees • **la lie (de la société)** (péj) the dregs of society; → **boire**

COMP **lie-de-vin, lie de vin** ADJ INV wine(-coloured)

lié, e /lje/ SYN (ptp de **lier**) ADJ [1] [personne] • **être très lié à** ou **avec qn** to be very close to sb • **ils sont très liés** they're very close

[2] • **note liée** (Mus) tied note • **morphème lié** (Ling) bound morpheme

Liechtenstein /liʃtɛnʃtajn/ NM Liechtenstein

liechtensteinois, e /liʃtɛnʃtajnwa, waz/

ADJ of Liechtenstein

NM,F **Liechtensteinois(e)** inhabitant ou native of Liechtenstein

lied (pl **lieder** ou **lieds**) /lid, lidœʀ/ NM lied

liégé, e /ljeʒe/ ADJ [cadre] decorated with cork

liège /ljɛʒ/ NM cork • **de** ou **en liège** cork (épith); → **bout**

liégeois, e /ljeʒwa, waz/

ADJ of ou from Liège • **café/chocolat liégeois** coffee/chocolate sundae

NM,F **Liégeois(e)** inhabitant ou native of Liège

lien /ljɛ̃/ SYN NM [1] (= attache) bond • **le prisonnier se libéra de ses liens** the prisoner freed himself from his bonds • **de solides liens de cuir** strong leather straps

[2] (= corrélation) link, connection • **il y a un lien entre les deux événements** there's a link ou connection between the two events • **il n'y a aucun lien entre les deux affaires** the two cases are not connected in any way • **servir de lien entre deux personnes** to act as a link between two people • **idées sans lien** unconnected ou unrelated ideas

[3] (= relation) tie • **liens familiaux** ou **de parenté** family ties • **avoir un lien de parenté avec qn** to be related to sb • **liens de sang** blood ties • **liens d'amitié** bonds of friendship • **lien affectif** emotional bond • **un lien très fort l'attache à son pays** he has a very strong attachment to his country • **le lien qui les unit** the bond that unites them • **quels sont vos liens ?** what's your relationship? • **liens du mariage** marriage bonds ou ties • **le lien social** social cohesion • **les liens financiers/économiques entre ces deux entreprises** the financial/economic links between these two companies

[4] (Internet) link • **lien hypertexte** hypertext link

lier /lje/ SYN ► conjug 7 ◄

VT [1] (= attacher) [+ mains, pieds] to bind, to tie up; [+ fleurs, bottes de paille] to tie up • **elle lui a lié les pieds et les mains** she bound him hand and foot • **lier de la paille en bottes** to bind ou tie straw into bales • **lier qn à un arbre/une chaise** to tie sb to a tree/a chair • **lier qch avec une ficelle** to tie sth with a piece of string; → **fou, pied**

[2] (= relier) [+ mots, phrases] to link up, to join up • **lier la cause à l'effet** to link cause to effect • **tous ces événements sont étroitement liés** all these events are closely linked ou connected • **cette maison est liée à tout un passé** there is a whole history attached to this house • **tout est lié** everything links up ou ties up • **lier les notes** (Mus) to slur the notes • **lier un passage** to play a passage legato

[3] (= unir) [+ personnes] to bind, to unite • **l'amitié qui nous lie à elle** the friendship which binds us to her • **l'amitié qui les lie** the friendship which unites them • **un goût/mépris commun pour le théâtre les liait** they were united by a common liking/scorn for the theatre

[4] [contrat] to bind • **lier qn par un serment/une promesse** to bind sb with an oath/a promise

[5] (Culin) [+ sauce] to thicken • **lier des pierres avec du mortier** (Constr) to bind stones with mortar

[6] (locutions) • **lier amitié/conversation** to strike up a friendship/conversation • **lier la langue à qn** † to make sb tongue-tied

VPR **se lier** to make friends (avec qn with sb) • **se lier d'amitié avec qn** to strike up a friendship with sb • **il ne se lie pas facilement** he doesn't make friends easily • **se lier par un serment** to bind o.s. by an oath

lierne /ljɛʀn/ NF (Archit) lierne; (Constr) intertie

lierre /ljɛʀ/ NM ivy • **lierre terrestre** ground ivy

liesse /ljɛs/ SYN NF (littér = joie) jubilation • **en liesse** jubilant

lieu[1] (pl **lieux**) /ljø/ GRAMMAIRE ACTIVE 15.2, 17.2 SYN

NM [1] (gén = endroit) place; [d'événement] scene • **adverbe de lieu** adverb of place • **lieu de pèlerinage/résidence/retraite** place of pilgrimage/residence/retreat • **sur le lieu de travail** in the workplace • **le club est devenu un lieu de vie important dans le quartier** the club has become a major centre of social activity in the area • **il faut maintenir la personne âgée dans son lieu de vie habituel** old people should be allowed to stay in their usual environment • **en quelque lieu qu'il soit** wherever he may be, wherever he is • **en tous lieux** everywhere • **en aucun lieu du monde** nowhere in the world • **cela varie avec le lieu** it varies from place to place • **en lieu sûr** in a safe place; → **haut, nom**

[2] (avec notion temporelle) • **en premier/second lieu** in the first/second place, firstly/secondly • **en dernier lieu** lastly, finally • **ce n'est pas le lieu d'en parler** this isn't the place to speak about it • **en son lieu** in due course; → **temps**[1]

[3] (locutions) • **signer en lieu et place de qn** to sign on behalf of sb

♦ **au lieu de/que** instead of • **tu devrais téléphoner au lieu d'écrire** you should telephone instead of writing • **il devrait se réjouir, au lieu de cela, il se plaint** he should be glad, instead of which he complains ou but instead he complains • **au lieu que nous partions** instead of (us) leaving

♦ **avoir lieu** (= se produire) to take place, to occur • **avoir lieu d'être inquiet/de se plaindre** to have (good) grounds for being worried/for complaining, to have (good) reason to be worried/to complain • **vos craintes/critiques n'ont pas lieu d'être** your fears/criticisms are groundless

♦ **il y a lieu** • **il y a lieu d'être inquiet** there is cause for anxiety ou good reason to be anxious • **il y a tout lieu de s'étonner** we have every reason to be surprised

♦ **s'il y a lieu** if the need arises • **vous appellerez le médecin, s'il y a lieu** send for the doctor if necessary ou if the need arises

♦ **donner lieu à** [débat, critiques] to give rise to • **ce centenaire a donné lieu à de nombreuses manifestations** the centenary was an opportunity for many different events • **ces chiffres donneront lieu à diverses interprétations** these figures will be interpreted in various ways

♦ **tenir lieu de** to be a substitute for • **ces quelques réformes ne peuvent tenir lieu de programme politique** this handful of reforms cannot be a substitute for a proper political programme • **elle lui a tenu lieu de mère** she took the place of his mother • **ce vieux manteau tient lieu de couverture** this old overcoat serves as a blanket

NMPL **lieux** (= locaux) premises • **quitter** ou **vider les lieux** (gén) to get out, to leave; (Admin) to vacate the premises • **se rendre sur les lieux du crime** to go to the scene of the crime • **être sur les lieux de l'accident** to be at ou on the scene of the accident • **notre envoyé est sur les lieux** our special correspondent is on the spot ou at the scene; → **état**

COMP **lieux d'aisances** († ou hum) lavatory (Brit), comfort station (US)

lieu commun commonplace

lieu de débauche († ou hum) den of iniquity

lieu géométrique (Math, fig) locus

lieu de mémoire ≃ heritage site

lieu de naissance (gén) birthplace; (Admin) place of birth

lieu de passage (entre régions) crossing point; (entre villes) stopping-off place; (dans un bâtiment) place where people are constantly coming and going

lieu de perdition den of iniquity

lieu de promenade place ou spot for walking

lieu public public place

lieu de rendez-vous meeting place • **c'est le lieu de rendez-vous de tous les amateurs de jazz** it's a mecca for jazz enthusiasts

les Lieux saints the Holy Places

lieu de vacances (gén) place ou spot for one's holidays (Brit) ou vacation (US); (= ville) holiday (Brit) ou vacation (US) resort • **je l'ai appelé sur son lieu de vacances** I phoned him at the place where he was spending his holiday

lieu[2] /ljø/ NM (= poisson) • **lieu jaune** pollack, pollock • **lieu noir** coley saithe, coalfish

lieu-dit (pl **lieux-dits**) /ljødi/ NM locality • **au lieu-dit le Bouc étourdi** at the place known as the Bouc étourdi

lieue /ljø/ NF (Hist) league • **j'étais à mille lieues de penser à vous** you were far from my mind • **j'étais à cent** ou **mille lieues de penser qu'il viendrait** it never occurred to me ou I never dreamt for a moment that he'd come • **il sent son marin d'une lieue** you can tell he's a sailor a mile off*, the fact that he's a sailor sticks out a mile • **à vingt lieues à la ronde** for miles around; → **botte**[1]

lieuse /ljøz/ NF (Agr) binder

lieutenant /ljøt(ə)nɑ̃/ SYN

NM (armée de terre) lieutenant (Brit), first lieutenant (US); (armée de l'air) flying officer (Brit), first lieutenant (US); (marine marchande) (first) mate, first officer; (gén = second) lieutenant, second in command • **oui mon lieutenant !** yes sir! • **l'un de ses lieutenants** (fig) one of his right-hand men

COMP **lieutenant de vaisseau** (marine nationale) lieutenant

lieutenant-colonel (pl **lieutenants-colonels**) /ljøt(ə)nɑ̃kɔlɔnɛl/ NM (armée de terre) lieutenant colonel; (armée de l'air) wing commander (Brit), lieutenant colonel (US)

lièvre /ljɛvʀ/ NM (= animal) hare; (Sport) pacemaker • **courir** ou **chasser deux/plusieurs lièvres à la fois** (fig) to try to do two/several things at once • **vous avez levé** ou **soulevé un lièvre** (fig) you've hit on a problem there

LIFO /lifo/ (abrév de **last in first out**) LIFO

lift /lift/ NM topspin

lifter /lifte/ ► conjug 1 ◄
VT 1 *(Sport)* to put topspin on ◆ **balle liftée** ball with topspin ◆ **elle a un jeu très lifté** she uses a lot of topspin
2 *[+ personne, bâtiment, image de marque]* to give a face-lift to
VI to put topspin on the ball

liftier, -ière /liftje, jɛʀ/ **NM,F** lift *(Brit)* ou elevator *(US)* attendant

lifting /liftiŋ/ SYN **NM** *(lit, fig)* face-lift ◆ **se faire faire un lifting** to have a face-lift

ligament /ligamɑ̃/ **NM** ligament

ligamentaire /ligamɑ̃tɛʀ/ **ADJ** ligamentary ◆ **lésion ligamentaire** ligament injury

ligamenteux, -euse /ligamɑ̃tø, øz/ **ADJ** ligamentous, ligamentary

ligand /ligɑ̃/ **NM** *(Chim)* ligand

ligase /ligɑz/ **NF** ligase

ligature /ligatyʀ/ SYN **NF** 1 *(Méd) (= opération)* ligation *(SPÉC)*, tying; *(= lien)* ligature ◆ **ligature des trompes** tubal ligation *(SPÉC)*, tying of the Fallopian tubes
2 *(Agr) (= opération)* tying up; *(= lien)* tie
3 *(Typographie)* ligature
4 *(Mus)* ligature, tie

ligaturer /ligatyʀe/ SYN ► conjug 1 ◄ **VT** *(Méd)* to ligature, to tie up; *(Agr)* to tie up ◆ **se faire ligaturer les trompes** to have one's Fallopian tubes tied, to have one's tubes tied*

lige /liʒ/ **ADJ** liege ◆ **homme lige** *(Hist)* liegeman ◆ **être l'homme lige de qn** *(fig)* to be sb's henchman

light /lajt/ **ADJ INV** *(gén)* light; *[boisson, chocolat]* diet *(épith)*, low-calorie *(épith)* ◆ **c'est la version light de l'ancienne secte** it's the 'lite' version of the old sect

lignage /liɲaʒ/ SYN **NM** 1 *(= extraction)* lineage ◆ **de haut lignage** of noble lineage
2 *(Typographie)* linage, lineage

ligne[1] /liɲ/

GRAMMAIRE ACTIVE 27.4, 27.5, 27.7 SYN

1 - NOM FÉMININ
2 - COMPOSÉS

1 - NOM FÉMININ

1 [= TRAIT, LIMITE] line ◆ **ligne brisée/courbe** broken/curved line ◆ **ligne pointillée** dotted line ◆ **ligne droite** *(gén)* straight line; *(= route)* stretch of straight road ◆ **la dernière ligne droite avant l'arrivée** *(lit, fig)* the final ou home straight ◆ **courir en ligne droite** to run in a straight line ◆ **la route coupe la forêt en ligne droite** the road cuts right ou straight through the forest ◆ **ça fait 4 km en ligne droite** it's 4 km as the crow flies ◆ **il arrive en droite ligne de son Texas natal** he has come straight from his native Texas ◆ **ligne de départ/d'arrivée** starting/finishing line ◆ **la ligne de fracture au sein de la majorité** the rift dividing the majority ◆ **la ligne des 10/22 mètres** *(Rugby)* the 10/22 metre line ◆ **les lignes de la main** the lines of the hand ◆ **ligne de vie/de cœur** life/love line ◆ **la ligne des collines dans le lointain** the line of hills in the distance ◆ **passer la ligne (de l'équateur)** to cross the line; → **juge**

2 [= CONTOUR, SILHOUETTE] *[de meuble, voiture]* line(s); *[de personne]* figure ◆ **avoir la ligne** to have a slim figure ◆ **garder/perdre la ligne** to keep/lose one's figure ◆ **elle mange peu pour garder la ligne** she doesn't eat much because she's watching her figure ◆ **la ligne lancée par les dernières collections** the look launched by the most recent collections ◆ **voiture aux lignes aérodynamiques** streamlined car, car built on aerodynamic lines

3 [= RÈGLE, ORIENTATION] line ◆ **ligne de conduite/d'action** line of conduct/of action ◆ **ligne politique** political line ◆ **la ligne du parti** the party line ◆ **les grandes lignes d'un programme** the broad lines ou outline of a programme ◆ **l'objectif a été fixé dans ses grandes lignes** the objective has been established in broad outline ◆ **à propos de ce problème, les deux présidents sont sur la même ligne** *(= ils sont d'accord)* the two presidents are in agreement ou are of one mind with regard to this problem ◆ **ce projet s'inscrit dans la droite ligne de la politique européenne** this project is fully ou directly in line with European policy ◆ **son livre est dans la droite ligne du roman américain** his book is in the direct tradition of the American novel

4 [= SUITE DE PERSONNES, DE CHOSES] line; *(= rangée)* row; *(Mil)* line; *[de cocaïne]* line ◆ **une ligne d'arbres le long de l'horizon** a line ou row of trees on the horizon ◆ **la ligne d'avants** ou **des avants/d'arrières** ou **des arrières** *(Football)* the forwards/backs ◆ **la première/deuxième/troisième ligne (de mêlée)** *(Rugby)* the front/second/back row (of the scrum) ◆ **un première ligne** a man in the front row ◆ **en première ligne** *(Mil, fig)* on the front line; → **hors**

◆ **en ligne**
(= alignés) ◆ **enfants placés en ligne** children in a line ou lined up ◆ **coureurs en ligne pour le départ** runners lined up for the start ou on the starting line ◆ **mettre des personnes en ligne** to line people up, to get people lined up ◆ **se mettre en ligne** to line up, to get lined up, to get into line; → **cylindre**
◆ **monter en ligne** *(Mil)* to go off to war ou to fight
(= en accord) ◆ **ces résultats sont en ligne avec les prévisions** these results are in line ou on target with projections ◆ **pour le chiffre de ventes, nous sommes en ligne** our sales figures are on target → see also **6**

5 [TRANSPORT] line ◆ **ligne d'autobus** *(= service)* bus service; *(= parcours)* bus route ◆ **ligne aérienne** *(= compagnie)* airline; *(= service)* (air) service, air link; *(= trajet)* (air) route ◆ **ligne maritime** shipping line ◆ **ligne de chemin de fer/de métro** railway *(Brit)* ou railroad *(US)* /underground *(Brit)* ou subway *(US)* line ◆ **les grandes lignes** *(= voies)* main lines; *(= services)* main-line services ◆ **lignes intérieures/internationales** *(= vols)* domestic/international flights ◆ **nous espérons vous revoir prochainement sur nos lignes** we look forward to seeing you on board again soon, we hope that you will fly with us again soon ◆ **la ligne d'autobus passe dans notre rue** the bus (route) goes along our street ◆ **quelle ligne faut-il prendre ?** which train (ou bus) should I take? ◆ **il faut prendre la ligne 12** *(en autobus)* you have to take the number 12 bus; → **avion, grand, pilote**

6 [ÉLEC, TÉLÉC, ORDIN] line; *(= câbles)* wires; *(TV : composant l'image)* line ◆ **la ligne est occupée** the line is engaged *(Brit)* ou busy *(US)* ◆ **la ligne a été coupée** we've been cut off ◆ **la ligne passe dans notre jardin** the wires go through our garden ◆ **ligne d'alimentation** *(Élec)* feeder

◆ **en ligne** *(Téléc)* ◆ **être en ligne** to be connected ◆ **vous êtes en ligne** you're connected ou through now, I am connecting you now ◆ **je suis encore en ligne** I'm still holding ◆ **M. Lebrun est en ligne** *(= il est occupé)* Mr Lebrun's line is engaged *(Brit)* ou busy *(US)*; *(= il veut vous parler)* I have Mr Lebrun on the line for you
(Ordin) on-line ◆ **services/réseaux en ligne** on-line services/networks

7 [= TEXTE ÉCRIT] line ◆ **écrire quelques lignes** to write a few lines ◆ **donner 100 lignes à faire à un élève** to give a pupil 100 lines to do ◆ **je vous envoie ces quelques lignes** I'm sending you these few lines ou this short note; → **lire[1]**

◆ **à la ligne** ◆ « **à la ligne** » "new paragraph", "new line" ◆ **aller à la ligne** to start on the next line, to begin a new paragraph ◆ **rédacteur payé à la ligne** editor paid by the line ◆ **tirer à la ligne** to pad out an article

◆ **en ligne de compte** ◆ **entrer en ligne de compte** to be taken into account ou consideration ◆ **prendre** ou **faire entrer en ligne de compte** to take into account ou consideration ◆ **votre vie privée n'entre pas en ligne de compte** your private life doesn't come ou enter into it

◆ **sur toute la ligne** from start to finish ◆ **il m'a menti sur toute la ligne** he lied to me from start to finish ou from beginning to end ◆ **c'est une réussite sur toute la ligne** it's a success throughout

8 [COMM] ◆ **ligne de produits** (product) line ◆ **notre nouvelle ligne de maquillage** our new range of make-up

9 [PÊCHE] (fishing) line

10 [= SÉRIE DE GÉNÉRATIONS] ◆ **ligne directe/collatérale** direct/collateral line ◆ **descendre en ligne directe** ou **en droite ligne de...** to be a direct descendant of...

11 [BELG = RAIE DANS LES CHEVEUX] parting

2 - COMPOSÉS

ligne de ballon mort *(Rugby)* dead-ball line
ligne blanche *(sur route)* white line ◆ **franchir la ligne blanche** *(lit)* to cross the white line; *(fig)* to overstep the mark
ligne de but *(Football)* goal line; *(Rugby)* try line
ligne continue *(sur route)* solid line
ligne de côté *(Tennis)* sideline, tramline *(Brit)*
ligne de crédit credit line, line of credit
ligne de crête *(gén)* ridge; *(= ligne de partage des eaux)* watershed
ligne de défense *(gén, Mil)* line of defence *(Brit)* ou defense *(US)* ◆ **la ligne de défense irlandaise** *(Sport)* the Irish defenders ou defence *(Brit)* ou defense *(US)*
ligne de démarcation *(gén)* boundary; *(Mil)* line of demarcation, demarcation line
ligne directrice *(Géom)* directrix; *(fig)* guiding line
ligne discontinue *(sur route)* broken line
ligne d'eau *(Natation)* lane
ligne d'essai *(Rugby)* try line
ligne de faille fault line
ligne de faîte ⇒ **ligne de crête**
ligne de feu line of fire
ligne de flottaison water line ◆ **ligne de flottaison en charge** load line, Plimsoll line
ligne de fond *(Pêche)* ledger line; *(Basket)* end line ◆ **ligne de fond (de court)** *(Tennis)* baseline
lignes de force *(Phys)* lines of force; *[de discours, politique]* main themes
ligne de front *(Mil)* frontline
ligne à haute tension high-voltage line
ligne d'horizon skyline
ligne jaune *(sur route)* ⇒ **ligne blanche**
ligne médiane *(gén, Tennis)* centre line; *(Football, Rugby etc)* halfway line
ligne de mire line of sight ◆ **avoir qn dans sa ligne de mire** to have sb in one's sights ◆ **être dans la ligne de mire de qn** to be in sb's sights
ligne de partage des eaux watershed, height of land *(US)*
ligne de service *(Tennis)* service line
ligne supplémentaire *(Mus)* ledger line
ligne de tir ⇒ **ligne de feu**
ligne de touche *(gén)* sideline; *(Football, Rugby)* touchline; *(Basket)* boundary line
ligne de visée line of sight

ligne[2] /liɲ/ **NF** *(Can)* line (3,175 mm)

lignée /liɲe/ SYN **NF** *(= postérité)* descendants; *(= race, famille)* line, lineage ◆ **laisser une nombreuse lignée** to leave a lot of descendants ◆ **le dernier d'une longue lignée** the last of a long line ◆ **de bonne lignée irlandaise** of good Irish stock ou lineage ◆ **dans la lignée des grands romanciers** in the tradition of the great novelists

ligner /liɲe/ ► conjug 1 ◄ **VT** *[+ papier]* to line

lignerolle /liɲ(ə)ʀɔl/ **NF** *(Naut = cordage)* twine

ligneux, -euse /liɲø, øz/ **ADJ** woody, ligneous *(SPÉC)*

lignicole /liɲikɔl/ **ADJ** lignicolous, lignicole

lignification /liɲifikasjɔ̃/ **NF** lignification

lignifier (se) /liɲifje/ ► conjug 7 ◄ **VPR** to lignify

lignine /liɲin/ **NF** lignin

lignite /liɲit/ **NM** lignite, brown coal

lignomètre /liɲɔmɛtʀ/ **NM** line gauge

ligot /ligo/ **NM** kindling *(NonC)*

ligoter /ligɔte/ SYN ► conjug 1 ◄ **VT** *[+ personne]* to bind hand and foot ◆ **ligoter qn à un arbre** to tie sb to a tree

ligue /lig/ SYN **NF** league ◆ **la Ligue des droits de l'homme** the League of Human Rights ◆ **la Ligue arabe** the Arab League ◆ **la (Sainte) Ligue** *(Rel)* the Catholic Holy League

liguer /lige/ SYN ► conjug 1 ◄
VT to unite *(contre* against) ◆ **être ligué avec** to be in league with
VPR **se liguer** to league, to form a league *(contre* against) ◆ **tout se ligue contre moi** everything is in league ou is conspiring against me

ligueur, -euse /ligœʀ, øz/ **NM,F** member of a league

ligule /ligyl/ **NF** ligule, ligula

ligulé, e /ligyle/ **ADJ** ligulate

liguliflores /ligyliflɔʀ/ **NFPL** ◆ **les liguliflores** ligulate flowers

ligure /ligyʀ/ *(Hist)*
ADJ Ligurian
NM *(= langue)* Ligurian
NMF **Ligure** Ligurian

Ligurie /ligyʀi/ **NF** Liguria

ligurien, -ienne /ligyʁjɛ̃, jɛn/
- **ADJ** Ligurian
- **NM,F** ◆ **Ligurien(ne)** Ligurian

lilas /lila/ **NM, ADJ INV** lilac

liliacée /liljase/ **NF** liliaceous plant ◆ **les liliacées** liliaceous plants, the Liliaceae (SPÉC)

liliacées /liljase/ **NFPL** ◆ **les liliacées** liliaceous plants, the Liliaceae (SPÉC)

lilliputien, -ienne /lilipysjɛ̃, jɛn/
- **ADJ** Lilliputian
- **NM,F** ◆ **Lilliputien(ne)** Lilliputian

Lilongwe /lilɔ̃gwe/ **N** Lilongwe

Lima /lima/ **N** Lima

limace /limas/ **NF** (= animal) slug; († ‡ = chemise) shirt ◆ **quelle limace !** (= personne) what a sluggard! ou slowcoach! (Brit) * ou slowpoke (US) *; (= train) this train is just crawling along!, what a dreadfully slow train!

limaçon /limasɔ̃/ **NM** († † = escargot) snail; (Anat) cochlea ◆ **limaçon de Pascal** (Math) limaçon

limage /limaʒ/ **NM** filing

limaille /limaj/ **NF** filings ◆ **limaille de fer** iron filings

liman /limɑ̃/ **NM** (Géog) liman

limande /limɑ̃d/ **NF** (= poisson) dab ◆ **limande-sole** lemon sole ◆ **fausse limande** flatfish; → **plat¹**

limbe /lɛ̃b/
- **NM** (Astron, Bot, Math) limb
- **NMPL limbes** (Rel) limbo ◆ **dans les limbes** (Rel) in limbo ◆ **c'est encore dans les limbes** [de projet, science] it's still very much in limbo, it's still up in the air

limbique /lɛ̃bik/ **ADJ** [système] limbic

lime /lim/ **NF** ① (= outil) file ◆ **lime douce** smooth file ◆ **lime à ongles** nail file, fingernail file (US) ◆ **donner un coup de lime à qch** to run a file over sth
② (= mollusque) lima
③ (= fruit) lime; (= arbre) lime (tree)

limer /lime/ **SYN** ► conjug 1 ◄ **VT** [+ ongles] to file; [+ métal] to file (down); [+ aspérité] to file off ◆ **le prisonnier avait limé un barreau** the prisoner had filed through a bar

limerick /limʁik/ **NM** limerick

limette /limɛt/ **NF** (Tahiti) lime

limettier /limetje/ **NM** (Tahiti) lime tree

limicole /limikɔl/ **ADJ** limicolous

limier /limje/ **NM** (= chien) bloodhound; (fig) sleuth, detective ◆ **c'est un fin limier** he's a really good sleuth

liminaire /liminɛʁ/ **ADJ** [discours, note] introductory

liminal, e (mpl **-aux**) /liminal, o/ **ADJ** liminal

limitatif, -ive /limitatif, iv/ **ADJ** restrictive ◆ **liste limitative/non limitative** closed/open list

limitation /limitasjɔ̃/ **SYN NF** limitation, restriction ◆ **limitation des prix/des naissances** price/birth control ◆ **un accord sur la limitation des armements** an agreement on arms limitation ou control ◆ **sans limitation de durée** without a ou with no time limit ◆ **une limitation de vitesse (à 60 km/h)** a (60 km/h) speed limit ◆ **l'introduction de limitations de vitesse** the introduction of speed restrictions ou limits ◆ **limitation de la circulation automobile** traffic restrictions

limite /limit/ **SYN**
- **NF** ① [de pays, jardin] boundary ◆ **la rivière marque la limite du parc** the river marks the boundary of the park
② [de pouvoir, période] limit ◆ **limite d'âge/de poids** age/weight limit ◆ **il connaît ses limites** he knows his limits ◆ **ma patience a des limites !** there's a limit to my patience! ◆ **la tolérance a des limites !** tolerance has its limits! ◆ **la bêtise a des limites !** you can only be so stupid! ◆ **sa joie ne connaissait pas de limites** his joy knew no bounds ◆ **sa colère ne connaît pas de limites** his anger knows no limits ◆ **ce crime atteint les limites de l'horreur** this crime is too horrible to imagine ◆ **il franchit ou dépasse les limites !** he's going a bit too far! ◆ **sans limite(s)** [patience] infinite; [pouvoir] limitless; [joie, confiance] boundless ◆ **son ambition est sans limite** his ambition knows no bounds ou limits
③ (Math) limit
④ (locutions) ◆ **tu peux t'inscrire jusqu'à demain dernière limite** you have until tomorrow to register ◆ **avant la limite** (Boxe) inside ou within the distance
◆ **à la + limite** ◆ **à la limite on croirait qu'il le fait exprès** you'd almost think he's doing it on purpose ◆ **à la limite, j'accepterais ces conditions, mais pas plus** if pushed ou if absolutely necessary, I'd accept those conditions, but no more ◆ **à la limite tout roman est réaliste** ultimately ou at a pinch you could say any novel is realistic ◆ **c'est à la limite de l'insolence** it borders ou verges on insolence ◆ **jusqu'à la dernière limite** [rester, résister] to the bitter end, till the end; [se battre] to the death ◆ **jusqu'à la limite de ses forces** to the point of exhaustion ◆ **aller ou tenir jusqu'à la limite** (Boxe) to go the distance
◆ **dans + limite(s)** ◆ **dans une certaine limite** up to a point, to a certain extent ou degree ◆ « **dans la limite des stocks disponibles** » "while stocks last" ◆ **dans les limites du possible/du sujet** within the limits of what is possible/of the subject ◆ **l'entrée est gratuite dans la limite des places disponibles** admission is free subject to availability ◆ **dans les limites de mes moyens** (aptitude) within my capabilities; (argent) within my means
- **ADJ** ① (= extrême) ◆ **cas limite** borderline case ◆ **prix limite** upper price limit ◆ **cours limite** (Bourse) limit price ◆ **vitesse/âge limite** maximum speed/age ◆ **hauteur/longueur/charge limite** maximum height/length/load ◆ **heure limite** deadline
② (* = juste) ◆ **elle a réussi son examen/à attraper la balle, mais c'était limite** she passed her exam/managed to catch the ball – but only just ◆ **ils ne se sont pas injuriés/battus, mais c'était limite** they didn't actually insult each other/come to blows but they came fairly close ◆ **sa remarque était vraiment limite** she was pushing it with that remark * ◆ **l'acoustique était limite** the acoustics were OK but only just, the acoustics were OK but not brilliant
- **ADV** (* = presque) ◆ **c'est limite raciste** it's borderline racist
- **COMP limite d'élasticité** elastic limit
limite de rupture breaking point

limité, e /limite/ **SYN ADJ** [durée, choix, portée] limited; [nombre] limited, restricted ◆ **je n'ai qu'une confiance limitée en ce remède** I only trust this treatment so far ◆ **il est un peu limité *** (intellectuellement) he's not very bright ◆ **comme romancier, il est un peu limité** as a novelist, he's a bit limited; → **société, tirage**

limiter /limite/ **SYN** ► conjug 1 ◄
- **VT** ① (= restreindre) [+ dépenses, pouvoirs, temps] to limit, to restrict (à to) ◆ **ils ont dû liquider leur affaire pour limiter les dégâts** they had to sell up the business to cut ou minimize their losses ◆ **on a réussi à limiter les dégâts en marquant deux buts** we managed to limit the damage by scoring two goals ◆ **nous limiterons notre étude à quelques cas généraux** we'll limit ou restrict our study to a few general cases ◆ **la vitesse est limitée à 50 km/h** the speed limit is 50 km/h
② (= délimiter) [frontière, montagnes] to border ◆ **les collines qui limitent l'horizon** the hills which bound the horizon
- **VPR se limiter** ① [personne] ◆ **se limiter à** [+ remarque] to confine o.s. to; [+ consommation] to limit o.s. to ◆ **je me limite à cinq cigarettes par jour** I only allow myself five cigarettes a day, I limit ou restrict myself to five cigarettes a day ◆ **il faut savoir se limiter** you have to know when to stop
② [connaissance, sanctions] ◆ **se limiter à** to be limited to

limiteur /limitœʁ/ **NM** limiter ◆ **limiteur de vitesse** [de train] speed controller

limitrophe /limitʁɔf/ **SYN ADJ** [département] bordering, adjoining; [population] border (épith) ◆ **provinces limitrophes de la France** (françaises) border provinces of France; (étrangères) provinces bordering on France

limnée /limne/ **NF** great pond snail

limnologie /limnɔlɔʒi/ **NF** limnology

limnologique /limnɔlɔʒik/ **ADJ** limnologic(al)

limogeage /limɔʒaʒ/ **NM** dismissal

limoger /limɔʒe/ **SYN** ► conjug 3 ◄ **VT** to dismiss

limon /limɔ̃/ **SYN NM** ① (Géog) alluvium; (gén) silt
② [d'attelage] shaft; (Constr) string-board

limonade /limɔnad/ **NF** ① (gazeuse) (fizzy) lemonade (Brit), Seven-Up ® (US), Sprite ® (US)
② († = citronnade) (home-made) lemonade ou lemon drink

limonadier, -ière /limɔnadje, jɛʁ/ **NM,F** ① (= fabricant) soft drinks manufacturer
② († = commerçant) café owner
③ (= tire-bouchon) waiter's corkscrew

limonage /limɔnaʒ/ **NM** liming

limonaire /limɔnɛʁ/ **NM** barrel organ, hurdy-gurdy

limonène /limɔnɛn/ **NM** limonene

limoneux, -euse /limɔnø, øz/ **ADJ** silt-laden, silty

limonière /limɔnjɛʁ/ **NF** (= brancard) shafts

limonite /limɔnit/ **NF** limonite

limoselle /limozɛl/ **NF** mudwort

limousin, e¹ /limuzɛ̃, in/
- **ADJ** of ou from Limousin
- **NM** ① (= dialecte) Limousin dialect
② (= région) Limousin
- **NM,F** ◆ **Limousin(e)** inhabitant ou native of Limousin

limousinage /limuzinaʒ/ **NM** rubble work

limousine² /limuzin/ **NF** ① (= voiture) limousine
② († = pèlerine) cloak

limpide /lɛ̃pid/ **SYN ADJ** [eau, air, ciel, regard] clear, limpid; [explication] clear, crystal-clear (attrib); [style] lucid, limpid; [affaire] clear, straightforward; (iro) straightforward ◆ **tu as compris ? – c'était limpide !** (iro) do you get it? – it was crystal-clear! (iro) ou as clear as mud!

limpidité /lɛ̃pidite/ **SYN NF** [d'eau, air, ciel, regard] clearness, limpidity; [d'explication] clarity, lucidity; [de style] lucidity, limpidity; [d'affaire] clarity, straightforwardness

limule /limyl/ **NM** ou **F** limulus

lin /lɛ̃/ **NM** (= plante, fibre) flax; (= tissu) linen; → **huile, toile**

linaigrette /linɛgʁɛt/ **NF** cotton grass

linaire /linɛʁ/ **NF** toadflax, butter-and-eggs

linceul /lɛ̃sœl/ **NM** (lit, fig) shroud

lindane /lɛ̃dan/ **NM** lindane

linéaire /lineɛʁ/
- **ADJ** linear
- **NM** (= rayonnage) shelf space

linéairement /lineɛʁmɑ̃/ **ADV** linearly

linéal, e (mpl **-aux**) /lineal, o/ **ADJ** linear

linéaments /lineamɑ̃/ **NMPL** (littér) ① [de visage] lineaments (littér), features; [de forme] lines, outline
② (= ébauche) outline

linéarisation /linearizasjɔ̃/ **NF** linearization

linéarité /linearite/ **NF** linearity

linéature /lineatyʁ/ **NF** (TV) number of scanning lines

linette /linɛt/ **NF** linseed, flaxseed

linge /lɛ̃ʒ/ **SYN**
- **NM** ① (= draps, serviettes) linen; (= sous-vêtements) underwear ◆ **le gros linge** household linen ◆ **le petit linge** small items of linen ◆ **il y avait du beau linge à leur mariage** (fig) all the right people were at their wedding
② (= lessive) ◆ **le linge** the washing ◆ **laver/étendre le ou son linge** to wash/hang out the ou one's washing; → **laver**
③ (= morceau de tissu) cloth ◆ **essuyer qch avec un linge** to wipe sth with a cloth ◆ **blanc ou pâle comme un linge** as white as a sheet
④ (Helv = serviette de toilette) towel
- **COMP linges d'autel** altar cloths
linge de corps underwear
linge de maison household linen
linge de table table linen
linge de toilette bathroom linen

lingère /lɛ̃ʒɛʁ/ **NF** (= personne) linen maid; (= meuble) linen cupboard ou closet

lingerie /lɛ̃ʒʁi/ **SYN NF** ① (= local) linen room
② (= sous-vêtements féminins) (women's) underwear ◆ **lingerie fine** lingerie ◆ **rayon lingerie** lingerie department

lingette /lɛ̃ʒɛt/ **NF** towelette

lingot /lɛ̃go/ **NM** [de métal] ingot; (Typographie) slug ◆ **lingot d'or** gold ingot

lingotière /lɛ̃gɔtjɛʁ/ **NF** ingot mould

lingua franca /lingwafʁɑ̃ka/ **NF** lingua franca

lingual, e (pl **-aux**) /lɛ̃gwal, o/ ADJ lingual

linguatule /lɛ̃gwatyl/ NF tongue-worm

lingue /lɛ̃g/ NF (= *poisson*) ling

linguet /lɛ̃gɛ/ NM (*Ciné*) capstan idler; [*de moteur*] breaker arm

linguette /lɛ̃gɛt/ NF lozenge, pastille

linguiforme /lɛ̃gɥifɔʀm/ ADJ linguiform

linguiste /lɛ̃gɥist/ NMF linguist

linguistique /lɛ̃gɥistik/
- NF linguistics (sg)
- ADJ (*gén*) linguistic; [*barrière, politique*] language (*épith*) ◆ **communauté linguistique** speech community

linguistiquement /lɛ̃gɥistikmɑ̃/ ADV linguistically

linier, -ière¹ /linje, jɛʀ/ ADJ linen (*épith*)

linière² /linjɛʀ/ NF flax field

liniment /linimɑ̃/ SYN NM liniment

linkage /liŋkaʒ/ NM linkage

links /liŋks/ NMPL (*Golf*) links

linnéen, -enne /lineɛ̃, ɛn/ ADJ Linn(a)ean

lino */lino/ NM (abrév de **linoléum**) lino

linogravure /linogʀavyʀ/ NF (= *gravure*) linocut

linoléique /linɔleik/ ADJ ◆ **acide linoléique** linoleic acid

linoléum /linɔleɔm/ NM linoleum

linon /linɔ̃/ NM (= *tissu*) lawn

linotte /linɔt/ NF linnet; → **tête**

linotype ® /linɔtip/ NF Linotype ®

linotypie /linɔtipi/ NF Linotype composition

linotypiste /linɔtipist/ NMF Linotypist

linsang /lɛ̃sɑ̃g, lɛ̃sɑ̃ŋ/ NM linsang

linteau (pl **linteaux**) /lɛ̃to/ NM lintel

linter /lintɛʀ/ NM linter

lion /ljɔ̃/ NM 1 (= *animal*) lion ◆ **lion de mer** sea lion ◆ **tu as mangé** *ou* **bouffé** *du lion* ! you're full of beans!*; → **fosse, part**
2 (*Astron*) ◆ **le Lion** Leo, the Lion ◆ **il est Lion, il est du (signe du) Lion** he's (a) Leo

lionceau (pl **lionceaux**) /ljɔ̃so/ NM lion cub

lionne /ljɔn/ NF lioness

liparis /lipaʀis/ NM (= *insecte*) tussock moth; (= *fleur*) fen orchid

lipase /lipɑz/ NF lipase

lipide /lipid/ NM lipid

lipidémie /lipidemi/ NF lipaemia (*Brit*), lipemia (*US*)

lipidique /lipidik/ ADJ lipid (*épith*)

lipo(-)aspiration /lipoaspiʀasjɔ̃/ NF liposuction

lipochrome /lipokʀom/ NM lipochrome

lipogenèse /lipoʒənɛz/ NF lipogenesis

lipogramme /lipogʀam/ NM lipogram

lipoïde /lipɔid/ ADJ lipoid

lipolyse /lipɔliz/ NF lipolysis

lipome /lipom/ NM lipoma

lipophile /lipɔfil/ ADJ lipophilic

lipoprotéine /lipopʀɔtein/ NF lipoprotein

liposarcome /liposaʀkom/ NM liposarcoma

liposoluble /liposɔlybl/ ADJ fat-soluble

liposome /lipozom/ NM liposome

liposuccion /liposy(k)sjɔ̃/ NF liposuction

lipothymie /lipɔtimi/ NF lipothymia, lipothymy

lipotrope /lipɔtʀɔp/ ADJ lipotropic

lipovaccin /lipovaksɛ̃/ NM lipovaccine

lippe /lip/ NF (*littér*) (fleshy) lower lip ◆ **faire la lippe** (= *bouder*) to sulk; (= *faire la moue*) to pout; (= *faire la grimace*) to make *ou* pull a face

lippu, e /lipy/ ADJ thick-lipped

liquation /likwasjɔ̃/ NF liquation

liquéfacteur /likefaktœʀ/ NM (*Tech*) liquefier

liquéfaction /likefaksjɔ̃/ NF (*Chim*) liquefaction

liquéfiable /likefjabl/ ADJ liquefiable

liquéfiant, e /likefjɑ̃, jɑ̃t/ ADJ (*Chim*) liquefying; [*atmosphère, chaleur*] draining (*attrib*), exhausting

liquéfier /likefje/ SYN ▸ conjug 7 ◂
- VT 1 (*Chim*) to liquefy ◆ **gaz naturel liquéfié** liquefied natural gas
2 (* = *amollir*) to drain, to exhaust ◆ **je suis liquéfié** * I'm dead beat * *ou* dog-tired *
- VPR **se liquéfier** 1 (*lit*) to liquefy
2 (* = *avoir peur, être ému*) to turn to jelly; (= *avoir chaud*) to be melting

liquette * /likɛt/ NF (= *chemise d'homme*) shirt ◆ **(chemisier) liquette** (woman's) shirt

liqueur /likœʀ/ SYN NF (= *boisson*) liqueur; (†† = *liquide*) liquid ◆ **liqueur titrée/de Fehling** (*Pharm*) standard/Fehling's solution

liquidambar /likidɑ̃baʀ/ NM liquidambar

liquidateur, -trice /likidatœʀ, tʀis/ NM,F (*Jur*) ≃ liquidator, receiver ◆ **liquidateur judiciaire** *ou* **de faillite** ≃ official liquidator ◆ **placer une entreprise entre les mains d'un liquidateur** to put a company into the hands of a receiver *ou* into receivership (*Brit*)

liquidatif, -ive /likidatif, iv/ ADJ ◆ **valeur liquidative** market price *ou* value

liquidation /likidasjɔ̃/ SYN NF 1 (= *règlement légal*) [*de dettes, compte*] settlement, payment; [*de société*] liquidation; [*de biens, stock*] selling off, liquidation; [*de succession*] settlement; [*de problème*] elimination ◆ **liquidation judiciaire** compulsory liquidation ◆ **liquidation (judiciaire) personnelle** personal bankruptcy ◆ **mettre une société en liquidation** to put a company into liquidation *ou* receivership, to liquidate a company ◆ **afin de procéder à la liquidation de votre retraite** in order to commence payment of your pension ◆ « **50% de rabais jusqu'à liquidation du stock** » "stock clearance, 50% discount"; → **bilan**
2 (= *vente*) selling (off), sale
3 (* = *meurtre*) liquidation, elimination
4 (*Bourse*) ◆ **liquidation de fin de mois** (monthly) settlement

liquide /likid/ SYN
- ADJ [*corps, son*] liquid ◆ **la sauce/peinture est trop liquide** the sauce/paint is too runny *ou* too thin ◆ **argent liquide** cash
- NM 1 (= *substance*) liquid ◆ **liquide de frein** brake fluid ◆ **liquide de refroidissement** coolant ◆ **liquide vaisselle*** washing-up liquid (*Brit*), (liquid) dish soap (*US*) ◆ **liquide amniotique/céphalorachidien** amniotic/cerebrospinal fluid
2 (= *argent*) cash ◆ **je n'ai pas beaucoup de liquide** I haven't much ready money *ou* ready cash ◆ **payer** *ou* **régler en liquide** to pay (in) cash ◆ **être payé en liquide** to be paid cash in hand
- NF (*Ling*) liquid

liquider /likide/ SYN ▸ conjug 1 ◂ VT 1 (*Fin, Jur*) [+ *succession, dettes*] to settle, to pay; [+ *compte*] to settle, to clear; [+ *société*] to liquidate, to wind up; [+ *biens, stock*] to liquidate, to sell off
2 (= *vendre*) to sell (off)
3 (* = *tuer*) to liquidate, to eliminate
4 (* = *régler*) [+ *problème*] to get rid of; (= *finir*) to finish off ◆ **c'est liquidé maintenant** it is all finished *ou* over now

liquidien, -ienne /likidjɛ̃, jɛn/ ADJ liquid (*épith*)

liquidité /likidite/ NF (*Chim, Jur*) liquidity ◆ **liquidités** liquid assets

liquoreux, -euse /likɔʀø, øz/ SYN ADJ [*vin*] syrupy

lire¹ /liʀ/ SYN ▸ conjug 43 ◂ VT 1 (= *déchiffrer*) to read; [+ *message enregistré*] to listen to ◆ **il sait lire l'heure** he can *ou* knows how to tell the time ◆ **à sept ans, il ne lit pas encore** *ou* **il ne sait pas encore lire** he's seven and he still can't read ◆ **lire sur les lèvres** to lip-read ◆ **lire ses notes avant un cours** to read over *ou* read through *ou* go over one's notes before a lecture ◆ **lire un discours/un rapport devant une assemblée** to read (out) a speech/a report at a meeting ◆ **il l'a lu dans le journal** he read (about) it in the paper ◆ **chaque soir, elle lit des histoires à ses enfants** every night she reads stories to her children ◆ **à le lire, on croirait que...** from what he writes *ou* from reading what he writes one would think that... ◆ **là où il y a 634, lire** *ou* **lisez 643** (*erratum*) for 634 read 643 ◆ **ce roman se lit bien** *ou* **se laisse lire** the novel is very readable ◆ **ce roman se lit facilement/très vite** the novel makes easy/quick reading ◆ **ce roman mérite d'être lu** *ou* **est à lire** the novel is worth reading ◆ **lire entre les lignes** to read between the lines ◆ **je lis en lui à livre ouvert** I can read him like an open book; → **aussi lu**
2 (= *deviner*) to read ◆ **lire dans le cœur de qn** to see into sb's heart ◆ **la peur se lisait** *ou* **on lisait la peur sur son visage/dans ses yeux** you could see *ou* read fear in his face/in his eyes, fear showed on his face/in his eyes ◆ **lire l'avenir dans les lignes de la main de qn** to read in sb's palm ◆ **elle m'a lu les lignes de la main** she read my palm, she did a palm-reading for me ◆ **lire l'avenir dans le marc de café** ≃ to read (the future in) tea leaves ◆ **lire dans le jeu de qn** to see through sb, to see what sb is up to
3 (*formule de lettre*) ◆ **nous espérons vous lire bientôt** we hope to hear from you soon ◆ **à bientôt de vous lire** hoping to hear from you soon
4 (= *interpréter*) [+ *statistiques, événement*] to read, to interpret

lire² /liʀ/ NF lira

lirette /liʀɛt/ NF rag rug

lis /lis/ NM lily ◆ **blanc comme un lis, d'une blancheur de lis** lily-white; → **fleur**

Lisbonne /lisbɔn/ N Lisbon

liserage /liz(ə)ʀaʒ/, **lisérage** /lizeʀaʒ/ NM ornamental edging

liseré /liz(ə)ʀe/, **liséré** /lizeʀe/ NM (= *bordure*) border, edging ◆ **un liseré de ciel bleu** a strip of blue sky

liserer /liz(ə)ʀe/, ▸ conjug 5 ◂, **lisérer** /lizeʀe/, ▸ conjug 6 ◂ VT to edge with ribbon

liseron /lizʀɔ̃/ NM bindweed, convolvulus

liseur, -euse /lizœʀ, øz/
- NM,F reader
- NF **liseuse** (= *couvre-livre*) book jacket; (= *vêtement*) bed jacket

lisibilité /lizibilite/ SYN NF [*d'écriture*] legibility; [*de livre*] readability ◆ **d'une parfaite lisibilité** perfectly legible ◆ **le manque de lisibilité des textes officiels** the fact that official documents are so difficult to read ◆ **ils se plaignent d'une mauvaise lisibilité de l'action gouvernementale** they're complaining that the government's policy lacks clarity

lisible /lizibl/ SYN ADJ [*écriture*] legible; [*livre*] readable, worth reading ◆ **une carte peu lisible** a map that is difficult to read ◆ **ce livre est lisible à plusieurs niveaux** the book can be read on several levels ◆ **leur stratégie est peu lisible** their strategy lacks clarity

lisiblement /lizibləmɑ̃/ ADV legibly

lisier /lizje/ NM liquid manure

lisière /lizjɛʀ/ SYN NF 1 [*de bois, village*] edge ◆ **à la lisière de la** *ou* **en lisière de forêt** on the edge of the forest ◆ **ils sont à la lisière de la légalité** they're only just within the law
2 [*d'étoffe*] selvage

LISP /lisp/ NM (abrév de **List Processing**) LISP

lissage /lisaʒ/ NM smoothing

lisse¹ /lis/ SYN ADJ [*peau, surface*] smooth; [*cheveux*] sleek, smooth; [*pneu*] bald; (*Anat*) [*muscle*] smooth

lisse² /lis/ NF (*Naut*) (= *rambarde*) handrail; (*de la coque*) ribband

lisse³ /lis/ NF (*Tex*) ⇒ **lice²**

lisser /lise/ SYN ▸ conjug 1 ◂ VT [+ *cheveux*] to smooth (down); [+ *moustache*] to smooth, to stroke; [+ *papier, drap froissé*] to smooth out; [+ *vêtement*] to smooth (out) ◆ **l'oiseau lisse ses plumes** *ou* **se lisse les plumes** the bird is preening itself *ou* its feathers ◆ **fromage blanc lissé** creamy fromage blanc

lisseur, -euse /lisœʀ, øz/ NM,F (= *personne, machine*) smoother

lissier /lisje/ NM ⇒ **licier**

lissoir /liswaʀ/ NM [*de papier, cuir, étoffe*] smoother

listage /listaʒ/ NM (= *action*) listing; (= *liste*) list; (*Ordin*) print-out

liste¹ /list/ GRAMMAIRE ACTIVE 27.5 SYN
- NF 1 (*gén*) list ◆ **faire** *ou* **dresser une liste** to make a list, to draw up a list ◆ **faire la liste de** to make out *ou* draw up a list of, to list ◆ **faites-moi la liste des absents** make me out a list of people who are absent ◆ **liste des courses** shopping list ◆ **liste nominative des élèves** class roll *ou* list
2 (*Pol*) [*de candidats*] (list of) candidates ◆ **être inscrit sur les listes électorales** to be on the electoral roll, to be registered to vote ◆ **la liste de la gauche** the list of left-wing candidates ◆ **liste unique (commune)** joint list (of candidates); (*sans choix*) single list (of candidates) ◆ **leurs partis présentent une liste commune**

their parties are putting forward a joint list (of candidates); → **scrutin**
COMP **liste d'attente** waiting list
liste civile civil list
liste de contrôle ⇒ liste de vérification
liste de diffusion (Ordin) mailing list, distribution list
liste d'envoi mailing list
liste de mariage wedding list
liste noire blacklist; (pour élimination) hit list
liste de publipostage mailing list
liste rouge (Téléc) ♦ **demander à être sur (la) liste rouge** (to ask) to go ex-directory (Brit) ou unlisted (US) ♦ **il est sur liste rouge** he's ex-directory (Brit), he's unlisted (US)
liste de vérification check list

liste² /list/ NF [de cheval] list

listel (pl listels ou -eaux) /listɛl, o/ NM (Archit) listel, fillet; [de monnaie] rim

lister /liste/ ▸ conjug 1 ◂ VT to list

listeria /listerja/ NF INV listeria

listériose /listerjoz/ NF listeriosis

listing /listiŋ/ NM ⇒ listage

lit /li/ SYN
NM 1 (= meuble) bed; (= structure) bedstead, bed ♦ **lit d'une personne** ou **à une place** single bed ♦ **lit de deux personnes** ou **à deux places** double bed ♦ **lit de fer/de bois** iron/wooden bedstead ♦ **lit d'hôpital/d'hôtel** hospital/hotel bed ♦ **hôpital de 250 lits** hospital with 250 beds ♦ **aller** ou **se mettre au lit** to go to bed ♦ **garder le lit** to stay in bed ♦ **mettre un enfant au lit** to put a child to bed ♦ **être/lire au lit** to be/read in bed ♦ **faire le lit** to make the bed ♦ **faire le lit de** (fig) (= renforcer) to bolster; (= préparer le terrain pour) to pave the way for ♦ **comme on fait son lit, on se couche** (Prov) you've made your bed, now you must lie on it ♦ **faire lit à part** to sleep in separate beds ♦ **le lit n'avait pas été défait** the bed had not been slept in ♦ **au lit les enfants !** bedtime ou off to bed children! ♦ **arracher** ou **sortir** ou **tirer qn du lit** to drag ou haul sb out of bed ♦ **tu es tombé du lit ce matin !** you're up bright and early!; → **saut**
2 (Jur = mariage) ♦ **enfants du premier/deuxième lit** children of the first/second marriage ♦ **enfants d'un autre lit** children of a previous marriage
3 [de rivière] bed ♦ **les pluies ont fait sortir le fleuve de son lit** the river has burst ou overflowed its banks because of the rains
4 (= couche, épaisseur) bed, layer ♦ **lit d'argile** bed ou layer of clay ♦ **lit de cendres** ou **de braises** bed of hot ashes ♦ **lit de salade** (Culin) bed of lettuce
5 [de vent, marée, courant] set
6 (Constr) ♦ **lit de pose** bearing surface
COMP **lit à baldaquin** canopied fourposter bed
lit bateau cabin bed
lit breton box bed
lit de camp campbed
lit clos box bed
lit de coin bed (standing) against the wall
lit à colonnes fourposter bed
lit conjugal marriage bed
lit de douleur bed of pain
lit d'enfant cot
lit gigogne pullout ou stowaway bed
lits jumeaux twin beds
lit de justice bed of justice
lit de mort deathbed
lit nuptial wedding-bed
lit de parade ♦ **sur un lit de parade** lying in state
lit pliant folding bed
lit en portefeuille apple-pie bed
lit de repos couch
lit de sangle trestle bed
lits superposés bunk beds

litanie /litani/ SYN NF (Rel, fig péj) litany

lit-cage (pl lits-cages) /likaʒ/ NM (folding metal) bed

litchi /litʃi/ NM lychee, litchi

liteau¹ /lito/ NM (pour toiture) batten; (pour tablette) bracket; (dans tissu) stripe

liteau² /lito/ NM [de loup] haunt

litée /lite/ NF (= jeunes animaux) litter

liter /lite/ ▸ conjug 1 ◂ VT [+ poissons] to layer

literie /litri/ NF bedding

litham /litam/ NM litham

litharge /litarʒ/ NF (Minér) litharge

lithiase /litjaz/ NF lithiasis

lithine /litin/ NF lithium hydroxide

lithiné, e /litine/
ADJ ♦ **eau lithinée** lithia water
NMPL **lithinés** lithium salts

lithinifère /litinifɛʀ/ ADJ containing lithium

lithique /litik/ ADJ lithic

lithium /litjɔm/ NM lithium

litho * /lito/ NF (abrév de **lithographie**) litho

lithodome /litodom, litodɔm/ NM lithodomus

lithographe /litograf/ NMF lithographer

lithographie /litografi/ NF (= technique) lithography; (= image) lithograph

lithographier /litografje/ ▸ conjug 7 ◂ VT to lithograph

lithographique /litografik/ ADJ lithographic

lithophage /litofaʒ/ ADJ lithophagous

lithophanie /litofani/ NF lithophany

lithosphère /litosfɛʀ/ NF lithosphere

lithothamnium /litotamnjɔm/ NM lithothamnion

lithotripteur /litotriptœʀ/, **lithotriteur** /litotritœʀ/ NM lithotripter

lithotritie /litotrisi/ NF lithotripsy

lithuanien, -ienne /litɥanjɛ̃, jɛn/ ADJ, NM,F ⇒ lituanien, -ienne

litière /litjɛʀ/ NF (= couche de paille) litter (NonC); (pour cheval) bedding; (Hist = palanquin) litter ♦ **il s'était fait une litière avec de la paille** he had made himself a bed of straw ♦ **litière pour chats** cat litter (Brit), Kitty Litter ® (US) ♦ **faire litière de qch** (littér) to scorn ou spurn sth

litige /litiʒ/ SYN NM (gén) dispute; (Jur) lawsuit ♦ **être en litige** (gén) to be in dispute (avec with); (Jur) to be at law ou in litigation ♦ **les parties en litige** the litigants, the disputants (US) ♦ **point/objet de litige** point/object of contention ♦ **l'objet du litige** (fig) the matter at issue ♦ **l'objet du litige est l'organisation du débat entre les deux candidats** the matter at issue is how the discussion between the two candidates should be organized

litigieux, -ieuse /litiʒjø, jøz/ SYN ADJ [point, question] contentious; [article, document] controversial; [facture, frontière] disputed ♦ **cas litigieux** contentious issue

litispendance /litispɑ̃dɑ̃s/ NF (Jur) pendency (of a case)

litorne /litɔʀn/ NF fieldfare

litote /litɔt/ NF (gén) understatement; (Littérat) litotes (SPÉC)

litre /litʀ/ NM (= mesure) litre (Brit), liter (US); (= récipient) litre (Brit) ou liter (US) bottle

litron * /litʀɔ̃/ NM ♦ **litron (de vin)** litre (Brit) ou liter (US) of wine

littéraire /literɛʀ/
ADJ (gén) literary; [souffrance, passion] affected ♦ **faire des études littéraires** to study literature
NMF (par don, goût) literary person; (= étudiant) arts student; (= enseignant) arts teacher, teacher of arts subjects

littérairement /literɛʀmɑ̃/ ADV in literary terms

littéral, e (mpl -aux) /literal, o/ SYN ADJ (littér, Math) literal ♦ **arabe littéral** written Arabic

littéralement /literalmɑ̃/ SYN ADV (lit, fig) literally

littéralité /literalite/ NF literality, literalness

littérarité /literarite/ NF literariness

littérateur /literatœʀ/ SYN NM man of letters; (péj = écrivain) literary hack

littérature /literatyr/ NF 1 (= art) literature; (= profession) writing ♦ **faire de la littérature** to go in for writing, to write ♦ **tout cela, c'est de la littérature** (péj) it's of trifling importance ♦ **écrire de la littérature alimentaire** to write potboilers ♦ **littérature de colportage** chapbooks
2 (= ensemble d'ouvrages, bibliographie) literature ♦ **il existe une abondante littérature sur ce sujet** there's a wealth of literature ou material on this subject
3 (= manuel) history of literature

littoral, e (mpl -aux) /litoral, o/ SYN
ADJ coastal, littoral (SPÉC); → **cordon**
NM coast, littoral (SPÉC)

littorine /litorin/ NF peri(winkle)

Lituanie /litɥani/ NF Lithuania

lituanien, -ienne /litɥanjɛ̃, jɛn/
ADJ Lithuanian
NM (= langue) Lithuanian
NM,F **Lituanien(ne)** Lithuanian

liturgie /lityrʒi/ SYN NF liturgy

liturgique /lityrʒik/ ADJ liturgical

liturgiste /lityrʒist/ NMF liturgist

livarde /livard/ NF sprit

livarot /livaro/ NM Livarot (creamy Normandy cheese)

live * /lajv/ ADJ INV ♦ **partir en live** (= dégénérer) to go arse up *; (= s'énerver) to go up the wall *

livèche /livɛʃ/ NF (= plante) lovage

livedo, livédo /livedo/ NM ou F livedo

livide /livid/ SYN ADJ 1 (= pâle) (par maladie) pallid; (de peur) white
2 (littér = bleuâtre) livid

lividité /lividite/ NF lividness

living /liviŋ/, **living-room** (pl living-rooms) /liviŋrum/ NM (= pièce) living room; (= meuble) unit

Livourne /livurn/ N Leghorn, Livorno

livrable /livrabl/ ADJ which can be delivered ♦ **cet article est livrable dans les 10 jours/à domicile** this article will be delivered within 10 days/can be delivered to your home

livraison /livrɛzɔ̃/ GRAMMAIRE ACTIVE 20.2, 20.3, 20.4 SYN NF 1 [de marchandise] delivery ♦ « **livraison à domicile** » "we deliver", "home deliveries" ♦ « **payable à la livraison** » "payable on delivery", "cash on delivery", "COD" ♦ **la livraison à domicile est comprise dans le prix** the price includes (the cost of) delivery ♦ **faire une livraison** to make a delivery ♦ **faire la livraison de qch** to deliver sth ♦ **prendre livraison de qch** to take ou receive delivery of sth
2 [de revue] part, instalment

livre¹ /livr/ SYN
NM 1 (= ouvrage) book ♦ **le livre** (= commerce) the book industry, the book trade (Brit) ♦ **livre de géographie** geography book ♦ **livre du maître/de l'élève** teacher's/pupil's textbook ♦ **il a toujours le nez dans les livres** he's always got his nose in a book ♦ **je ne connais l'Australie que par les livres** I only know Australia through ou from books ♦ **ça n'arrive que dans les livres** it only happens in books ♦ **écrire/faire un livre sur** to write/do a book on ♦ « **Le Livre de la jungle** » (Littérat) "The Jungle Book" ♦ **parler**
2 (= volume) book ♦ **le livre 2** ou **le second livre de la Genèse** book 2 of Genesis, the second book of Genesis
COMP **livre audio** audiobook
livre blanc (gén) official report; [de gouvernement] white paper
livre de bord [de bateau] logbook
livre de caisse (Comptabilité) cashbook
livre de chevet bedside book
livre de classe schoolbook, textbook
les livres de commerce (Comptabilité) the books, the accounts
livre de comptes account(s) book
livre de cuisine cookbook, cookery book (Brit)
livre électronique e-book
livre d'enfant children's book
livre d'heures book of hours
livre d'images picture book
livre journal (Comptabilité) daybook
livre de lecture reader, reading book
livre de messe missal
livre d'or visitors' book
livre de poche paperback
livre de prières prayer book
livre scolaire ⇒ livre de classe

livre² /livr/ NF 1 (= poids) half a kilo, ≈ pound; (Can) pound
2 (= monnaie) pound; (Hist française) livre ♦ **livre sterling** pound sterling ♦ **livre égyptienne** Egyptian pound ♦ **livre irlandaise** Irish pound, punt ♦ **ce chapeau coûte 6 livres** this hat costs £6

livre-cassette (pl livres-cassettes) /livrəkasɛt/ NM audiobook (on tape)

livrée /livre/ NF 1 (= uniforme) livery ♦ **en livrée** in livery (attrib), liveried
2 [d'animal, oiseau] markings

livre-jeu (pl livres-jeux) /livrəʒø/ NM activity book

livrer /livʀe/ SYN ▸ conjug 1 ◂

VT 1 [+ *commande, marchandises*] to deliver ◆ **se faire livrer qch** to have sth delivered ◆ **livrer qn** to deliver sb's order ◆ **je serai livré demain, ils me livreront demain** they'll do the delivery tomorrow ◆ **nous livrons à domicile** we do home deliveries

2 (= *abandonner* : *à la police, à l'ennemi*) to hand over (*à* to) ◆ **livrer qn à la mort** to send sb to their death ◆ **livrer qn au bourreau** to deliver sb up to have sb put to the executioner ◆ **le pays a été livré au pillage/à l'anarchie** the country was given over to pillage/to anarchy ◆ **être livré à soi-même** to be left to o.s. ou to one's own devices

3 (= *confier*) [+ *informations*] to supply ◆ **il m'a livré un peu de lui-même** he opened up to me a little ◆ **livrer ses secrets** [*personne*] to tell one's secrets ◆ **cette statue n'a pas fini de livrer ses secrets** this statue still holds secrets

VPR se livrer 1 (= *se rendre*) to give o.s. up, to surrender (*à* to) ◆ **se livrer à la police** to give o.s. up to the police

2 (= *se confier*) to open up ◆ **se livrer à un ami** to confide in a friend, to open up to a friend ◆ **il ne se livre pas facilement** he doesn't open up easily

3 (= *s'abandonner à*) ◆ **se livrer à** [+ *destin*] to abandon o.s. to; [+ *plaisir, excès, douleur*] to give o.s. over to ◆ **elle s'est livrée à son amant** she gave herself to her lover

4 (= *faire, se consacrer à*) ◆ **se livrer à** [+ *exercice, analyse, expérience*] to do; [+ *jeu*] to play; [+ *sport*] to practise; [+ *recherches*] to engage in, to carry out; [+ *enquête*] to hold, to set up ◆ **se livrer à l'étude** to study, to devote o.s. to study ◆ **pendant dix ans il s'est livré à des activités politiques** he was involved in political activity for ten years ◆ **se livrer à des pratiques délictueuses** to indulge in illegal practices

livresque /livʀɛsk/ ADJ [*connaissances*] acquired from books, academic ◆ **j'ai une culture livresque assez limitée** I'm not very well-read ◆ **enseignement purement livresque** purely theoretical ou academic training

livret /livʀɛ/

NM 1 (*Mus*) ◆ **livret (d'opéra)** (opera) libretto

2 († = *petit livre*) booklet; (= *catalogue*) catalogue; → **compte**

3 (*Helv* = *table de multiplication*) times tables

COMP livret de caisse d'épargne (= *carnet*) (savings) bankbook; (= *compte*) savings account **livret de famille** official family record book (*containing registration of births and deaths in a family*)
livret matricule (*Mil*) army file
livret militaire military record
livret scolaire (= *carnet*) (school) report book; (= *appréciation*) (school) report

livreur /livʀœʀ/ NM delivery man (*ou* boy)

livreuse /livʀøz/ NF delivery woman (*ou* girl)

lixiviation /liksivjasjɔ̃/ NF lixiviation

Ljubljana /ljublijana/ N Ljubljana

llanos /ljanos/ NMPL llanos

loader /lodœʀ/ NM (*Tech*) loader

lob /lɔb/ NM (*Tennis*) lob ◆ **faire un lob** to hit a lob

lobaire /lɔbɛʀ/ ADJ lobar

lobby (pl **lobbies**) /lɔbi/ NM (*Pol*) lobby

lobbying /lɔbiiŋ/, **lobbyisme** /lɔbiism/ NM lobbying

lobbyiste /lɔbiist/ NMF lobbyist

lobe /lɔb/ NM 1 (*Anat, Bot*) lobe ◆ **lobe de l'oreille** earlobe

2 (*Archit*) foil

lobé, e /lɔbe/ (ptp de **lober**) ADJ [*feuille, pétale*] lobed; (*Archit*) foiled

lobectomie /lɔbɛktɔmi/ NF lobectomy

lobélie /lɔbeli/ NF lobelia

lobéline /lɔbelin/ NF lobeline

lober /lɔbe/ ▸ conjug 1 ◂

VI (*Tennis*) to lob

VT (*Football, Tennis*) to lob (over)

lobotomie /lɔbɔtɔmi/ NF lobotomy

lobotomiser /lɔbɔtɔmize/ ▸ conjug 1 ◂ VT to perform a lobotomy on

lobulaire /lɔbylɛʀ/ ADJ lobular, lobulate

lobule /lɔbyl/ NM lobule

lobulé, e /lɔbyle/ ADJ lobulated

lobuleux, -euse /lɔbylø, øz/ ADJ lobulose

local, e (mpl **-aux**) /lɔkal, o/ SYN

ADJ local ◆ **averses locales** scattered ou local showers, rain in places; → **anesthésie, couleur, impôt**

NM (= *salle*) premises ◆ **local (à usage) commercial** commercial premises ◆ **local d'habitation** domestic premises, private (dwelling) house ◆ **local professionnel** business premises ◆ **le club cherche un local** the club is looking for premises ou for a place in which to meet ◆ **il a un local au fond de la cour qui lui sert d'atelier** he's got a place at the far end of the yard which he uses as a workshop

NMPL locaux (= *bureaux*) offices, premises ◆ **dans les locaux de la police** on police premises ◆ **les locaux de la société sont au deuxième étage** the company's offices ou premises are on the second floor

localement /lɔkalmɑ̃/ ADV (= *ici*) locally; (= *par endroits*) in places

localier /lɔkalje/ NM local affairs correspondent

localisable /lɔkalizabl/ ADJ localizable ◆ **facilement localisable** easy to localize

localisation /lɔkalizasjɔ̃/ SYN NF (= *repérage*) localization; (= *emplacement*) location ◆ **système de localisation par satellite** satellite locating system ◆ **la localisation des investissements est libre** investors are free to invest wherever they wish

localisé, e /lɔkalize/ (ptp de **localiser**) ADJ [*conflit, douleur*] localized; [*gymnastique, musculation*] concentrating on one part of the body ◆ **le cancer est resté très localisé** the cancer remained very localized ◆ **la production est très localisée** production is highly localized

localiser /lɔkalize/ SYN ▸ conjug 1 ◂ VT

1 (= *circonscrire*) (*gén*) to localize; [+ *épidémie, incendie*] to confine ◆ **l'épidémie s'est localisée dans cette région** the epidemic was confined to this area

2 (= *repérer*) to locate

localité /lɔkalite/ SYN NF (= *ville*) town; (= *village*) village

locataire /lɔkatɛʀ/ NMF (*gén*) tenant; (*habitant avec le propriétaire*) lodger, roomer (US) ◆ **locataire à bail** lessee, lease-holder ◆ **les locataires de mon terrain** the people who rent land from me, the tenants of my land ◆ **nous sommes locataires de nos bureaux** we rent our office space ◆ **avoir/prendre des locataires** to have/take in tenants ◆ **l'ancien/le nouveau locataire de Matignon** the former/present French Prime Minister

locatif, -ive /lɔkatif, iv/

ADJ 1 [*valeur, secteur*] rental ◆ **local à usage locatif** premises for letting (*Brit*) ou rent (*US*) ◆ **risques locatifs** tenant's risks ◆ **réparations locatives** repairs incumbent upon the tenant ◆ **marché locatif** rental ou letting market ◆ **immeuble locatif** block of rented flats; → **charge**

2 (*Gram*) ◆ **préposition locative** preposition of place

NM (*Gram*) locative (case) ◆ **au locatif** in the locative

location /lɔkasjɔ̃/ SYN

NF 1 (*par le locataire*) [*de maison, terrain*] renting; [*de matériel, voiture*] renting, hire (*Brit*), hiring (*Brit*) ◆ **prendre en location** [+ *maison*] to rent; [+ *voiture, matériel*] to rent, to hire (*Brit*) ◆ **c'est pour un achat ou pour une location ?** is it to buy or to rent?

2 (*par le propriétaire*) [*de maison, terrain*] renting (out), letting (*Brit*); [*de matériel, véhicule*] renting, hiring (out) (*Brit*) ◆ **mettre en location** [+ *maison*] to rent out, to let (*Brit*); [+ *véhicule*] to rent, to hire out (*Brit*) ◆ **location de voitures** (*écriteau*) "car rental", "cars for hire" (*Brit*), "car-hire" (*Brit*); (*métier*) car rental, car hiring (*Brit*) ◆ « **location de voitures sans chauffeur** » "self-drive car rental ou hire (*Brit*)" ◆ **c'est pour une vente ou pour une location ?** is it to sell or to rent? ou to let? (*Brit*) ◆ **nous ne faisons pas de location de matériel** we don't rent out ou hire out (*Brit*) equipment

3 (= *bail*) lease ◆ **contrat de location** lease

4 (= *logement*) rented accommodation (*NonC*) ◆ **il a trois locations dans la région** he has got three properties (for letting) in the area ◆ **il a pris une location pour un mois** he has taken ou rented a house ou a flat for a month ◆ **être/habiter en location** to be/live in rented accommodation

5 (= *réservation*) [*de spectacle*] reservation, booking (*Brit*) ◆ **bureau de location** (advance) booking office; (*Théât*) box office, booking office ◆ **la location des places se fait quinze jours à l'avance** seats must be reserved ou booked two weeks in advance

COMP location avec option d'achat leasing, lease-option agreement
location saisonnière holiday let (*Brit*), vacation ou summer rental (*US*)

location-gérance (pl **locations-gérances**) /lɔkasjɔ̃ʒeʀɑ̃s/ NF ≈ management agreement ◆ **être en location-gérance** [*entreprise*] to be run by a manager

location-vente (pl **locations-ventes**) /lɔkasjɔ̃vɑ̃t/ NF hire purchase (*Brit*), instalment (*Brit*) ou installment (*US*) plan ◆ **acheter un ordinateur en location-vente** to buy a computer on instalments

loch /lɔk/ NM 1 (= *appareil*) log
2 (= *lac*) loch

loche /lɔʃ/ NF 1 (= *poisson*) ◆ **loche (de rivière)** loach ◆ **loche de mer** rockling
2 (= *limace*) grey slug

lochies /lɔʃi/ NFPL lochia (*sg*)

loci /lɔki/ pl de **locus**

lockout, lock-out /lɔkaut/ NM INV lockout

lockouter, lock-outer /lɔkaute/ ▸ conjug 1 ◂ VT to lock out

loco * /lɔko/ NF (abrév de **locomotive**) loco *

locomobile /lɔkɔmɔbil/ NF locomotive (engine)

locomoteur, -trice[1] /lɔkɔmɔtœʀ, tʀis/ ADJ locomotive ◆ **ataxie locomotrice** locomotor ataxia

locomotion /lɔkɔmɔsjɔ̃/ SYN NF locomotion; → **moyen**[2]

locomotive /lɔkɔmɔtiv/ NF 1 [*de train*] locomotive, engine ◆ **locomotive haut le pied** light engine (*Brit*), wildcat (*US*)

2 (= *entreprise, secteur, région*) driving force, powerhouse; (= *coureur*) pace-setter, pacemaker ◆ **les exportations sont les locomotives de la croissance** exports are the driving force behind economic growth ◆ **cet élève est la locomotive de la classe** this pupil sets the standard for the rest of the class

locomotrice[2] /lɔkɔmɔtʀis/ NF motive ou motor unit

locorégional, e (mpl **-aux**) /lɔkɔʀeʒjɔnal, o/ ADJ [*anesthésie*] regional

locotracteur /lɔkɔtʀaktœʀ/ NM (= *locomotive*) shunter

loculaire /lɔkylɛʀ/, **loculé, e** /lɔkyle/, **loculeux, -euse** /lɔkylø, øz/ ADJ locular, loculate

locus /lɔkys/ (pl **locus** ou **loci** /lɔki/) NM (*Bio*) locus

locuste /lɔkyst/ NF locust

locuteur, -trice /lɔkytœʀ, tʀis/ SYN NM,F (*Ling*) speaker ◆ **locuteur natif** native speaker

locution /lɔkysjɔ̃/ SYN NF phrase, locution (*SPÉC*) ◆ **locution figée** set phrase, idiom ◆ **locution verbale/adverbiale/prépositive** verbal/adverbial/prepositional phrase

loden /lɔdɛn/ NM (= *tissu*) loden; (= *manteau*) loden coat

lœss /løs/ NM loess

lof /lɔf/ NM windward side ◆ **aller** ou **venir au lof** to luff ◆ **virer lof pour lof** to wear (ship)

lofer /lɔfe/ ▸ conjug 1 ◂ VI (*en bateau*) to luff

loft /lɔft/ NM loft (converted living space)

log /lɔg/ NM (abrév de **logarithme**) log

logarithme /lɔgaʀitm/ NM logarithm

logarithmique /lɔgaʀitmik/ ADJ logarithmic

loge /lɔʒ/ SYN NF 1 [*de concierge, francs-maçons*] lodge † [*de bûcheron*] hut ◆ **la Grande Loge de France** the Grand Lodge of France

2 (*Théât*) [*d'artiste*] dressing room; [*de spectateur*] box ◆ **premières loges** boxes in the dress ou grand (*Brit*) circle ◆ **être aux premières loges** (*fig*) to have a ringside seat, to have a front seat ◆ **secondes loges** boxes in the upper circle

3 (= *salle de préparation*) (individual) exam room

4 (*Archit*) loggia

5 [*de végétal*] loculus ◆ **les loges** loculi

logé, e /lɔʒe/ (ptp de **loger**) ADJ ◆ **être logé, nourri, blanchi** to have board and lodging ou room and board (*US*) and one's laundry done ◆ **être bien logé** to be comfortably housed ◆ **les personnes mal logées** people in inadequate housing, people who are poorly housed ◆ **je**

suis mal logé I'm not really comfortable where I live ◆ **être logé à la même enseigne** to be in the same boat ◆ **on n'est pas tous logés à la même enseigne** we don't all get treated in the same way

logeable /lɔʒabl/ ADJ (= *habitable*) habitable, fit to live in (*attrib*); (= *spacieux, bien conçu*) roomy

logement /lɔʒmɑ̃/ SYN NM 1 (= *hébergement*) housing ◆ **le logement était un gros problème en 1950** housing was a big problem in 1950 ◆ **trouver un logement provisoire chez des amis** to find temporary accommodation with friends

2 (= *appartement*) accommodation (*NonC*), flat (*Brit*), apartment (*US*) ◆ **logements collectifs** apartment buildings (*US*), blocks of flats (*Brit*) ◆ **logements sociaux** ≈ council houses (*ou* flats) (*Brit*), ≈ local authority housing (*NonC*) (*Brit*), ≈ housing projects (*US*) ◆ **il a réussi à trouver un logement** he managed to find somewhere to live; → **fonction**

3 (*Mil*) [*de troupes*] (*à la caserne*) quartering; (*chez l'habitant*) billeting ◆ **logements** (*à la caserne*) quarters; (*chez l'habitant*) billet

4 (*Tech*) [*de machine, moteur*] housing

loger /lɔʒe/ SYN ► conjug 3 ◄

VI 1 [*personne*] to live (*dans* in; *chez* with, at) ◆ **loger à l'hôtel/rue Lepic** to live in a hotel/in rue Lepic ◆ **loger chez l'habitant** [*militaire*] to be billeted on the local inhabitants; [*touriste*] to stay with the local inhabitants

2 [*meuble, objet*] to belong, to go

VT 1 [*+ amis*] to put up; [*+ clients, élèves*] to accommodate; [*+ objet*] to put; [*+ soldats*] (*chez l'habitant*) to billet ◆ **on va loger les malles dans le grenier** we're going to put *ou* store the trunks in the loft

2 (= *contenir*) to accommodate ◆ **hôtel qui peut loger 500 personnes** hotel which can accommodate 500 people ◆ **salle qui loge beaucoup de monde** room which can hold *ou* accommodate a lot of people

3 (= *envoyer*) ◆ **loger une balle dans** to lodge a bullet in ◆ **il s'est logé une balle dans la tête** he shot himself in the head, he put a bullet through his head

VPR **se loger** 1 (= *habiter*) (*gén*) to find a house (*ou* flat *etc*), to find somewhere to live, to find accommodation; [*touristes*] to find accommodation, to find somewhere to stay ◆ **il n'a pas trouvé à se loger** he hasn't found anywhere to live *ou* any accommodation ◆ **il a trouvé à se loger chez un ami** a friend put him up

2 (= *tenir*) ◆ **crois-tu qu'on va tous pouvoir se loger dans la voiture ?** do you think we'll all be able to fit into the car?

3 ◆ **se loger dans/entre** [*objet, balle*] to lodge itself in/between ◆ **le ballon alla se loger entre les barreaux de la fenêtre** the ball lodged itself *ou* got stuck between the bars of the window ◆ **le chat est allé se loger sur l'armoire** the cat sought refuge on top of the cupboard ◆ **où est-il allé se loger ?** [*objet tombé*] where has it gone and hidden itself?, where has it got to? ◆ **la haine se logea dans son cœur** hatred filled his heart

logeur /lɔʒœʀ/ NM landlord (*who lets furnished rooms*)

logeuse /lɔʒøz/ NF landlady

loggia /lɔdʒja/ NF (*Archit*) loggia; (= *balcon*) small balcony

logiciel, -ielle /lɔʒisjɛl/ SYN

ADJ software

NM piece of software, software program *ou* package ◆ **logiciel intégré** integrated software (*NonC*) ◆ **logiciel d'application** application software (*NonC*) *ou* program ◆ **logiciel contributif** shareware (*NonC*) ◆ **logiciel gratuit** *ou* **public** freeware (*NonC*) ◆ **logiciel espion** (piece of) spyware ◆ **logiciel de navigation** browser ◆ **logiciel néfaste** piece of malware

logicien, -ienne /lɔʒisjɛ̃, jɛn/ NM,F logician

logicisme /lɔʒisism/ NM (*Logique*) logicism

logicopositivisme /lɔʒikopozitivism/ NM logical positivism

logique /lɔʒik/ GRAMMAIRE ACTIVE 26.4 SYN

NF 1 (= *rationalité*) logic ◆ **en toute logique** logically ◆ **cela manque un peu de logique** that's rather unreasonable ◆ **c'est dans la logique des choses** it's in the nature of things

2 (= *façon de raisonner*) logic ◆ **logique déductive** deductive reasoning

3 (= *processus*) ◆ **le pays est entré dans une logique de guerre** the country has embarked on a course that will inevitably lead to war ◆ **ces négociations s'inscrivent dans une logique de paix** these negotiations are part of the peace process ◆ **cet accord répond à une logique de marché** this agreement is in keeping with market principles *ou* practice ◆ **les chaînes publiques vont entrer dans une logique de rentabilité** state-owned channels are going to start putting emphasis on profitability

4 (= *science*) ◆ **la logique** logic

ADJ 1 (= *conforme à la logique*) logical; → **analyse**

2 (= *conforme au bon sens*) sensible ◆ **il ne serait pas logique de refuser** it wouldn't make sense to refuse

3 (= *normal*) ◆ **c'est toujours moi qui fais tout, ce n'est pas logique !*** I'm the one who does everything, it's not fair! ◆ **il n'est pas logique que toute la banlieue soit obligée d'aller au cinéma à Paris** people from the suburbs shouldn't have to go into Paris to go to the cinema

4 (= *cohérent*) ◆ **tu n'es pas logique** you're not thinking straight ◆ **sois logique avec toi-même** don't contradict yourself ◆ **sa candidature s'inscrit dans la suite logique des choses** it is quite understandable that he should become a candidate

COMP **logique formelle** formal logic
logique moderne (*Math*) modern logic
logique pure ⇒ **logique formelle**

> (!) Au sens de 'normal', l'adjectif **logique** ne se traduit pas par **logical**.

logiquement /lɔʒikmɑ̃/ SYN GRAMMAIRE ACTIVE 26.4 ADV (= *rationnellement*) logically ◆ **logiquement, il devrait faire beau** (= *normalement*) the weather should be good

logis /lɔʒi/ SYN NM (*littér*) dwelling, abode (*littér*) ◆ **rentrer au logis** to return to one's abode (*littér*) ◆ **le logis paternel** the paternal home; → **corps, fée, fou, maréchal**

logiste /lɔʒist/ NMF *student allowed to sit in a loge for the Prix de Rome*

logisticien, -ienne /lɔʒistisjɛ̃, jɛn/ NM,F logistician

logistique /lɔʒistik/

ADJ logistic

NF logistics

logithèque /lɔʒitɛk/ NF software library

logo /lɔgo/ SYN NM logo

logogramme /lɔgɔgʀam/ NM logogram

logographe /lɔgɔgʀaf/ NM logographer

logographie /lɔgɔgʀafi/ NF logography

logogriphe /lɔgɔgʀif/ NM logogriph

logomachie /lɔgɔmaʃi/ NF (= *verbiage*) verbosity

logomachique /lɔgɔmaʃik/ ADJ verbose

logopédie /lɔgɔpedi/ NF logopaedics (*sg*) (*Brit*), logopedics (*sg*) (*US*)

logorrhée /lɔgɔʀe/ SYN NF logorrhoea (*Brit*), logorrhea (*US*)

logotype /lɔgɔtip/ NM ⇒ **logo**

loguer (se) /lɔge/ VPR (*Ordin*) to log on

loi /lwa/ SYN

NF 1 (= *concept, justice*) ◆ **la loi** the law ◆ **la loi du plus fort** the law of the strongest ◆ **c'est la loi de la jungle** it's the law of the jungle ◆ **la loi naturelle** *ou* **de la nature** natural law ◆ **dicter** *ou* **imposer sa loi** to lay down the law ◆ **subir la loi de qn** (*frm*) to be ruled by sb ◆ **se faire une loi de faire qch** (*frm*) to make a point *ou* rule of doing sth, to make it a rule to do sth ◆ **avoir la loi pour soi** to have the law on one's side ◆ **il n'a pas la loi chez lui !*** he's not master in his own house! ◆ **tu ne feras pas la loi ici !*** you're not going to lay down the law here! ◆ **ce qu'il dit fait loi** his word is law, what he says goes ◆ **c'est la loi et les prophètes** it's taken as gospel ◆ **tomber sous le coup de la loi** [*activité, acte*] to be an offence *ou* a criminal offence ◆ **être hors la loi** to be outlawed ◆ **mettre** *ou* **déclarer hors la loi** to outlaw; → **force, nom**

2 (= *décret*) law, act ◆ **la loi sur l'égalité des chances** the Equal Opportunities Act ◆ **voter une loi** to pass a law *ou* an act ◆ **les lois de la République** the laws of the Republic

3 (= *vérité d'expérience*) law ◆ **la loi de la chute des corps** the law of gravity ◆ **la loi de Faraday** Faraday's law ◆ **la loi de l'offre et de la demande** the law of supply and demand ◆ **la loi des grands nombres** the law of large numbers ◆ **trois trains ont déraillé ce mois-ci, c'est la loi des séries** three trains have been derailed this month – disasters always seem to happen in a row *ou* it's one disaster after another

4 (= *code humain*) ◆ **les lois de la mode** the dictates of fashion ◆ **les lois de l'honneur** the code of honour ◆ **les lois de l'hospitalité** the laws of hospitality ◆ **la loi du milieu** the law of the underworld ◆ **la loi du silence** the law of silence ◆ **les lois de l'étiquette** the rules of etiquette

COMP **loi de finances** Finance Act
loi informatique et liberté data protection act
loi martiale martial law
loi d'orientation blueprint law
loi salique Salic law
loi du talion (*Hist*) lex talionis ◆ **appliquer la loi du talion** (*fig*) to demand an eye for an eye

loi-cadre (pl **lois-cadres**) /lwakadʀ/ NF framework law

loin /lwɛ̃/ SYN ADV 1 (*en distance*) far, a long way ◆ **est-ce loin ?** is it far? ◆ **ce n'est pas très loin** it's not very far ◆ **plus loin** further, farther ◆ **moins loin** not so far ◆ **la gare n'est pas loin du tout** the station is no distance at all *ou* isn't far at all ◆ **vous nous gênez, mettez-vous plus loin** you're in our way, go and stand (*ou* sit) somewhere else ◆ **il est loin derrière/devant** he's a long way behind/in front, he's far behind/ahead ◆ **être loin** (*Helv* = *parti, absent*) to be away ◆ **foutre*** **qch loin** (*Helv*) to throw sth out

2 (*dans le temps*) ◆ **le temps est loin où cette banlieue était un village** it's a long time since this suburb was a village ◆ **c'est loin tout cela !, comme c'est loin !** (*passé*) that was a long time ago!, what a long time ago that was!; (*futur*) that's a long way in the future!, that's (still) a long way off! ◆ **l'été n'est plus loin maintenant** summer's not far off now, summer's just around the corner ◆ **Noël est encore loin** Christmas is still a long way off ◆ **loin dans le passé** in the remote past, a long time ago ◆ **voir** *ou* **prévoir loin** to be farsighted, to see a long way *ou* far ahead ◆ **ne pas voir plus loin que le bout de son nez** to see no further than the end of one's nose ◆ **d'aussi loin que je me rappelle** for as long as I can remember ◆ **en remontant loin dans le temps** if you go back a long way in time ◆ **en remontant plus loin encore dans le passé** by looking even further back into the past

3 (*locutions*)

◆ **loin de** (*en distance*) far from, a long way from, far away from; (*dans le temps*) a long way off from ◆ **loin de là** (*lieu*) far from there; (*fig*) far from it ◆ **c'est assez loin d'ici** it's quite a long way from here ◆ **non loin de là** not far from there ◆ **leur maison est loin de toute civilisation** their house is a long way from civilization ◆ **loin des yeux, loin du cœur** (*Prov*) out of sight, out of mind (*Prov*) ◆ **il y a loin de la coupe aux lèvres** (*Prov*) there's many a slip 'twixt cup and lip (*Prov*) ◆ **on est encore loin de la vérité/d'un accord** we're still a long way from the truth/from reaching an agreement ◆ **il leur doit pas loin de 200 €** he owes them little short of *ou* not far off €200 ◆ **il ne doit pas y avoir loin de 5 km d'ici à la gare** it can't be much less than 5 km from here to the station ◆ **il n'est pas loin de 10 heures** it's getting on for 10 o'clock ◆ **il n'y a pas loin de 5 ans qu'ils sont partis** it's not far off 5 years since they left ◆ **on est loin du compte** we're far short of the target ◆ **être très loin du sujet** to be way off the subject ◆ **loin de moi/de lui la pensée de vous blâmer !** far be it from me/from him to blame you! ◆ **loin de moi** *ou* **de nous !** (*littér, hum*) begone! (*littér*) (*aussi hum*) ◆ **elle est loin d'être certaine de réussir** she is far from being certain of success, she is by no means assured of success ◆ **ceci est loin de lui plaire** he's far from pleased with this ◆ **c'est très loin de ce que nous attendions de lui** this is not at all what we expected of him ◆ **ils ne sont pas loin de le croire coupable** they almost believe him to be guilty

◆ **au loin** in the distance, far off ◆ **partir au loin** to go a long way away

◆ **de + loin** ◆ **de loin** (*dans l'espace*) from a distance; (*dans une comparaison*) by far ◆ **de très loin** from a great distance, from afar (*littér*) ◆ **il voit mal de loin** he can't see distant objects clearly ◆ **d'aussi loin** *ou* **du plus loin qu'elle le vit, elle courut vers lui** she saw him in the distance and she ran towards him ◆ **suivre de loin les événements** to follow events from a distance ◆ **le directeur voit ces problèmes de très**

loin the manager is very detached from these issues ◆ **il est de loin le meilleur** he is by far the best, he is far and away the best

◆ **de loin en loin** *(= parfois)* every now and then, every now and again ◆ **de loin en loin brillaient quelques lumières** a few lights shone here and there

◆ **aller + loin** *(lit)* to go a long way, to go far (afield) ◆ **nous n'avons pas loin à aller** we don't have far to go ◆ **aussi loin que vous alliez, vous ne trouverez pas d'aussi beaux jardins** however far you go *ou* wherever you go, you won't find such lovely gardens ◆ **il est doué, il ira loin** he's very gifted, he'll go far (in life) ◆ **tu vas trop loin !** you're going too far! ◆ **on ne va pas loin avec 20 €** €20 doesn't go very far ◆ **j'irais même plus loin** I would go even further

◆ **mener loin** ◆ **cette affaire peut mener (très) loin** this matter could have far-reaching consequences *ou* repercussions

◆ **il n'y a pas loin** ◆ **d'ici à l'accuser de vol il n'y a pas loin** it's tantamount to an accusation of theft, it's practically an accusation of theft

lointain, e /lwɛ̃tɛ̃, ɛn/ SYN

ADJ [1] *(dans l'espace) [région]* faraway, distant, remote; *[musique, horizons, exil]* distant ◆ **contrées lointaines** *(littér)* far-off lands *(littér)*

[2] *(dans le temps) [ancêtre, passé]* distant, remote; *[avenir]* distant ◆ **les jours lointains** far-off days

[3] *(= vague) [parent, rapport]* remote, distant; *[regard]* faraway; *[cause]* indirect, distant; *[ressemblance]* remote

NM [1] ◆ **au lointain, dans le lointain** in the distance

[2] *(Peinture)* background

lointainement /lwɛ̃tɛnmɑ̃/ ADV *(= vaguement)* remotely, vaguely

loi-programme (pl **lois-programmes**) /lwapʀɔgʀam/ NF *act providing framework for government programme*

loir /lwaʀ/ NM dormouse; → **dormir**

Loire /lwaʀ/ NF ◆ **la Loire** *(= fleuve, département)* the Loire

loisible /lwazibl/ ADJ *(frm)* ◆ **s'il vous est loisible de vous libérer quelques instants** if you could possibly spare a few moments ◆ **il vous est tout à fait loisible de refuser** you are perfectly at liberty to refuse

loisir /lwaziʀ/ SYN

NM [1] *(gén pl = temps libre)* leisure *(NonC)*, spare time *(NonC)* ◆ **pendant mes heures de loisir** in my spare *ou* free time, in my leisure hours *ou* time ◆ **que faites-vous pendant vos loisirs ?** what do you do in your spare *ou* free time?

[2] *(= activités)* ◆ **loisirs** leisure *ou* spare-time activities ◆ **quels sont vos loisirs préférés ?** what are your favourite leisure activities?, what do you like doing best in your spare *ou* free time? ◆ **équipements de loisirs** recreational *ou* leisure facilities ◆ **la société de loisirs** the leisure society; → **base, parc**

[3] *(locutions frm)* ◆ **avoir (tout) le loisir de faire qch** to have leisure *(frm) ou* time to do sth ◆ **je n'ai pas eu le loisir de vous écrire** I have not had the leisure *ou* time to write to you ◆ **(tout) à loisir** *(en prenant son temps)* at leisure; *(autant que l'on veut)* at will, at one's pleasure *(frm)*, as much as one likes ◆ **donner** *ou* **laisser à qn le loisir de faire** to allow sb (the opportunity) to do

COMP **loisir créatif** creative hobby

lolita * /lɔlita/ NF nymphet

lolo /lolo/ NM [1] *(langage enfantin = lait)* milk

[2] *(*‡ *= sein)* tit*‡*, boob*‡*

lombaire /lɔ̃bɛʀ/

ADJ lumbar; → **ponction**

NF lumbar vertebra

lombalgie /lɔ̃balʒi/ NF lumbago

lombard, e /lɔ̃baʀ, aʀd/

ADJ Lombard

NM *(= dialecte)* Lombard dialect

NM,F **Lombard(e)** Lombard

Lombardie /lɔ̃baʀdi/ NF Lombardy

lombarthrose /lɔ̃baʀtʀoz/ NF lumbar spondylosis

lombes /lɔ̃b/ NMPL loins

lombosacré, e /lɔ̃bosakʀe/ ADJ lumbosacral

lombostat /lɔ̃bɔsta/ NM lumbar support

lombric /lɔ̃bʀik/ NM earthworm

lombricoïde /lɔ̃bʀikɔid/ ADJ earthworm-like

Lomé /lɔme/ N Lomé

lompe /lɔ̃p/ NM ⇒ **lump**

londonien, -ienne /lɔ̃dɔnjɛ̃, jɛn/

ADJ London *(épith)*, of London

NM,F **Londonien(ne)** Londoner

Londres /lɔ̃dʀ/ N London

long, longue /lɔ̃, lɔ̃g/ SYN

ADJ [1] *(dans l'espace) [cheveux, liste, robe]* long ◆ **un pont long de 30 mètres** a 30-metre bridge, a bridge 30 metres long ◆ **2 cm plus long/trop long** 2 cm longer/too long ◆ **plus long/trop long de 2 cm** longer/too long by 2 cm; → **chaise, culotte**

[2] *(dans le temps) [carrière, série, tradition, voyage]* long; *[amitié, habitude]* long-standing ◆ **il est mort des suites d'une longue maladie** he died after a long illness ◆ **version longue** *(Ciné)* uncut version ◆ **lait longue conservation** longlife milk ◆ **il écouta (pendant) un long moment le bruit** he listened to the noise for a long while ◆ **l'attente fut longue** there was a long *ou* lengthy wait, I *(ou* they *etc)* waited a long time ◆ **les heures lui paraissaient longues** the hours seemed long to him *ou* seemed to drag by ◆ **faire de longues phrases** to produce long-winded sentences ◆ **avoir une longue habitude de qch/de faire qch** to be long accustomed to sth/to doing sth ◆ **cinq heures, c'est long** five hours is a long time ◆ **ne sois pas trop long** don't be too long ◆ **nous pouvons vous avoir ce livre, mais ce sera long** we can get you the book, but it will take some time *ou* a long time ◆ **vin long en bouche** wine which lingers long on the palate

[3] *(+ infinitif)* ◆ **ce travail est long à faire** this work takes a long time ◆ **il fut long à se mettre en route/à s'habiller** he took a long time *ou* it took him a long time to get started/to get dressed ◆ **la réponse était longue à venir** the reply was a long time coming

[4] *(Culin) [sauce]* thin

[5] *(locutions)* ◆ **au long cours** *[voyage]* ocean *(épith)*; *[navigation]* deep-sea *(épith)*, ocean *(épith)*; *[capitaine]* seagoing *(épith)*, ocean-going *(épith)* ◆ **faire long feu** *(lit, fig)* to fizzle out ◆ **ce pot de confiture n'a pas fait long feu** that jar of jam didn't last long ◆ **il n'a pas fait long feu à la tête du service** he didn't last long as head of department ◆ **préparé de longue main** prepared well *ou* long beforehand, prepared well in advance ◆ **il est long comme un jour sans pain** he's a real beanpole *(Brit) ou* string bean *(US)*; → **date, échéance, haleine, terme**

ADV ◆ **s'habiller long** to wear long clothes ◆ **s'habiller trop long** to wear clothes that are too long ◆ **en savoir long/trop long/plus long** to know a lot/too much/more *(sur* about) ◆ **en dire long** *[attitude]* to speak volumes; *[images]* to be eloquent ◆ **regard qui en dit long** meaningful *ou* eloquent look, look that speaks volumes ◆ **cela en dit long sur ses intentions** that tells us a good deal *ou* speaks volumes about his intentions ◆ **son silence en dit long** his silence speaks for itself *ou* speaks volumes *ou* tells its own story

NM [1] ◆ **un bateau de 7 mètres de long** a boat 7 metres long ◆ **en long** lengthways, lengthwise

[2] *(= vêtements)* ◆ **le long** long skirts *(ou* dresses) ◆ **la mode est au long cette année** hemlines are down this year

[3] *(locutions)* ◆ **tomber de tout son long** to fall sprawling (onto the ground), to fall headlong ◆ **étendu de tout son long** spread out at full length ◆ **(tout) le long du fleuve/de la route** (all) along the river/the road ◆ **tout le long du jour/de la nuit** all *ou* the whole day/night long ◆ **tout au long de sa carrière/son récit** throughout his career/his story ◆ **l'eau coule le long du caniveau** the water flows down *ou* along the gutter ◆ **grimper le long d'un mât** to climb up a mast ◆ **tout du long** *(dans le temps)* the whole time, all along ◆ **tirer un trait tout du long (de la page)** to draw a line right down the page ◆ **tout au long du parcours** all along the route, the whole way ◆ **de long en large** back and forth, to and fro, up and down ◆ **en long et en large** in great detail, at great length ◆ **je lui ai expliqué en long, en large et en travers** * I explained it to him over and over again ◆ **écrire qch au long** to write sth in full

NF **longue** *(Ling = voyelle)* long vowel; *(Poésie = syllabe)* long syllable; *(Mus = note)* long note ◆ **avoir une longue à carreaux** *(Cartes)* to have a long suit of diamonds

LOC ADV **à la longue** ◆ **à la longue, il s'est calmé** in the end he calmed down ◆ **à la longue, ça a fini par coûter cher** in the long run *ou* in the end it turned out very expensive ◆ **à la longue ça s'arrangera/ça s'usera** it will sort itself out/it will wear out in time *ou* eventually

longane /lɔ̃gan/ NM longan, lungan

longanimité /lɔ̃ganimite/ NF *(littér)* forbearance

long-courrier (pl **long-courriers**) /lɔ̃kuʀje/

ADJ *[navire]* ocean-going *(épith)*; *[vol, avion]* long-haul *(épith)*, long-distance *(épith)*

NM *(= navire)* ocean liner, ocean-going ship; *(= avion)* long-haul *ou* long-distance aircraft

longe /lɔ̃ʒ/ NF [1] *(pour attacher)* tether; *(pour mener)* lead

[2] *(Boucherie)* loin

longer /lɔ̃ʒe/ SYN ► conjug 3 ◄ VT [1] *[bois]* to border; *[mur, sentier, voie ferrée]* to border, to run along(side) ◆ **la voie ferrée longe la nationale** the railway line runs along(side) the main road

[2] *[personne]* to go along, to walk along *ou* alongside; *[voiture, train]* to go *ou* pass along *ou* alongside ◆ **naviguer en longeant la côte** to sail along *ou* hug the coast ◆ **longer les murs pour ne pas se faire voir** to keep close to the walls to stay out of sight

longeron /lɔ̃ʒʀɔ̃/ NM [1] *[de pont]* (central) girder

[2] *[de châssis]* side frame; *[de fuselage]* longeron; *[d'aile]* spar

longévité /lɔ̃ʒevite/ NF *(= longue vie)* longevity; *(Sociol = durée de vie)* life expectancy ◆ **il attribue sa longévité à la pratique de la bicyclette** he attributes his long life *ou* longevity to cycling ◆ **tables de longévité** life-expectancy tables

longicorne /lɔ̃ʒikɔʀn/ ADJ, NM ◆ **(insecte) longicorne** longicorn insect

longiligne /lɔ̃ʒiliɲ/ ADJ *[objet, forme]* slender; *[personne]* tall and slender ◆ **sa silhouette longiligne** her willowy figure

longitude /lɔ̃ʒityd/ NF longitude ◆ **à** *ou* **par 50° de longitude ouest/est** at 50° longitude west/east

longitudinal, e (mpl **-aux**) /lɔ̃ʒitydinal, o/ ADJ *[section, coupe]* longitudinal; *[vallée, poutre, rainure]* running lengthways ◆ **moteur longitudinal** front-to-back engine

longitudinalement /lɔ̃ʒitydinalmɑ̃/ ADV longitudinally, lengthways

longrine /lɔ̃gʀin/ NF *(Constr)* piece of frame *ou* long timber

longtemps /lɔ̃tɑ̃/ SYN ADV (for) a long time; *(dans phrase nég ou interrog)* (for) long ◆ **pendant longtemps** (for) a long time, (for) long ◆ **absent pendant longtemps** absent (for) a long time ◆ **pendant longtemps ils ne sont pas sortis** for a long time *ou* a long while they didn't go out ◆ **avant longtemps** *(= sous peu)* before long ◆ **pas avant longtemps** not for a long time ◆ **longtemps avant/après** long before/after ◆ **on ne le verra pas de longtemps** we won't see him for a long time *ou* for ages ◆ **il ne reviendra pas d'ici longtemps** he won't be back for a long time *ou* for ages * yet ◆ **il vivra encore longtemps** he'll live (for) a long time yet ◆ **il n'en a plus pour longtemps** *(pour finir)* it won't be long before he's finished; *(avant de mourir)* he hasn't got long ◆ **y a-t-il longtemps à attendre ?** is there long to wait?, is there a long wait?, will it take long? ◆ **je n'en ai pas pour longtemps** I won't be long, it won't take me long ◆ **il a mis** *ou* **été * longtemps, ça lui a pris longtemps** it took him a long time, he was a long time over it *ou* doing it ◆ **il arrivera dans longtemps ?** will it be long before he gets here? ◆ **rester assez longtemps quelque part** *(trop)* to stay somewhere (for) quite *ou* rather a long time *ou* (for) quite a while; *(suffisamment)* to stay somewhere long enough ◆ **tu es resté si longtemps !** you stayed so long! *ou* (for) such a long time! ◆ **tu peux le garder aussi longtemps que tu veux** you can keep it as long as you want ◆ **il y a** *ou* **cela fait** *ou* **voilà longtemps qu'il habite ici** he has been living here (for) a long time ◆ **c'était il y a longtemps/il n'y a pas longtemps** that was a long time ago/not long ago ◆ **il y a** *ou* **cela fait** *ou* **voilà longtemps que j'ai fini** I finished a long time ago *ou* ages ago ◆ **ça fait longtemps qu'il n'est plus venu** it's (been) a long time now since he came, he hasn't come for a long time ◆ **il a cassé un carreau ! – ça faisait longtemps !** * *(iro)* he's broken a window! – not again!

◆ **depuis longtemps** ◆ **il habite ici depuis longtemps** he has been living here (for) a long time ◆ **il n'était pas là depuis longtemps quand je suis arrivé** he hadn't been here (for) long when I arrived ◆ **je n'y mangeais plus depuis longtemps** I had given up eating there long before then ◆ **j'ai fini depuis longtemps** I finished a long time ago *ou* long ago

longue /lɔ̃g/ **ADJ F, NF** → **long**

longuement /lɔ̃gmɑ̃/ SYN **ADV** *(= longtemps) [regarder, parler, hésiter]* for a long time; *(= en détail) [expliquer, étudier, raconter, interroger]* at length ◆ **plus longuement** for longer; *(= en plus grand détail)* at greater length ◆ **le plan avait été longuement médité** the plan had been pondered over at length ◆ **elle a longuement insisté sur le fait que...** she strongly emphasized the fact that... ◆ **il m'a remercié longuement** he thanked me profusely ◆ **j'ai écrit longuement sur le sujet** I wrote at length on the subject ◆ **je t'écrirai plus longuement plus tard** I'll write to you more fully later

longuet, -ette* /lɔ̃gɛ, ɛt/

ADJ *[film, discours]* a bit long *(attrib)*, a bit on the long side* *(attrib)* ◆ **tu as été longuet !** you took your time! ◆ **il est longuet à manger** he's a bit of a slow eater

NM *(= gressin)* bread stick

longueur /lɔ̃gœʀ/ SYN **NF** 1 *(= espace)* length ◆ **mesures/unités de longueur** measures/units of length, linear measures/units ◆ **la pièce fait trois mètres de** *ou* **en longueur** the room is three metres in length *ou* three metres long ◆ **la plage s'étend sur une longueur de 7 km** the beach stretches for 7 km ◆ **dans le sens de la longueur** lengthways, lengthwise ◆ **s'étirer en longueur** to stretch out lengthways ◆ **pièce tout en longueur** long, narrow room ◆ **longueur d'onde** *(lit, fig)* wavelength ◆ **nous ne sommes pas sur la même longueur d'onde** *(fig)* we're not on the same wavelength

2 *(= durée)* length ◆ **à longueur de journée/de semaine/d'année** all day/week/year long ◆ **à longueur de temps** all the time ◆ **traîner** *ou* **tirer en longueur** to drag on ◆ **tirer les choses en longueur** to drag things out ◆ **attente qui tire** *ou* **traîne en longueur** long-drawn-out wait

3 *(Courses, Natation)* length ◆ **faire des longueurs** *[nageur]* to do lengths ◆ **l'emporter de plusieurs longueurs** to win by several lengths ◆ **avoir une longueur d'avance (sur qn)** *(lit)* to be one length ahead (of sb); *(fig)* to be ahead (of sb) ◆ **prendre deux longueurs d'avance** to go into a two-length lead ◆ **longueur de corde** *(Alpinisme) (= passage)* pitch; *(= distance)* rope-length

4 *(= remplissage)* ◆ **longueurs** overlong passages ◆ **ce film/livre a des longueurs** parts of this film/book are overlong *ou* seem to drag on

longue-vue (pl **longues-vues**) /lɔ̃gvy/ **NF** telescope

looch /lɔk/ **NM** linctus

loofa(h) /lufa/ **NM** *(= plante)* luffa, dishcloth gourd; *(= éponge)* loofa(h), luffa *(US)*

look* /luk/ SYN **NM** *(= style, allure) [de personne]* look, image; *[de chose]* look, style ◆ **soigner son look** to pay great attention to one's look *ou* one's image ◆ **il a un look d'enfer** he looks dead cool*

looké, e* /luke/ **ADJ** *[produit]* sexy*, well-packaged ◆ **la pochette de l'album est lookée sixties** the album cover has got a very sixties look ◆ **je veux pas être looké impeccable** I don't want to look too well-groomed

looping /lupiŋ/ **NM** looping the loop *(NonC)* ◆ **faire des loopings** to loop the loop

looser /luzœʀ/ **NM** ⇒ **loser**

lope** /lɔp/, **lopette**** /lɔpɛt/ **NF** *(péj)* queer** *(péj)*, fag** *(péj) (surtout US)*

lophobranche /lɔfɔbʀɑ̃ʃ/ **NM** lophobranch

lophophore /lɔfɔfɔʀ/ **NM** *(= oiseau, panache)* lophophore

lopin /lɔpɛ̃/ SYN **NM** ◆ **lopin (de terre)** patch of land, plot (of land)

loquace /lɔkas/ SYN **ADJ** talkative, loquacious *(frm)*

loquacité /lɔkasite/ SYN **NF** talkativeness, loquacity *(frm)*

loque /lɔk/ SYN **NF** 1 *(= vêtements)* ◆ **loques** rags (and tatters) ◆ **être en loques** to be in rags ◆ **vêtu de loques** dressed in rags ◆ **tomber en loques** to be falling to bits

2 *(péj = personne)* ◆ **loque (humaine)** wreck ◆ **je suis une vraie loque ce matin** I feel a wreck *ou* like a wet rag this morning

loquet /lɔkɛ/ **NM** latch

loqueteau (pl **loqueteaux**) /lɔk(ə)to/ **NM** (small) latch, catch

loqueteux, -euse /lɔk(ə)tø, øz/ SYN

ADJ *[personne]* ragged, (dressed) in rags *ou* in tatters; *[vêtement, livre]* tattered, ragged

NM,F pauper

loran /lɔʀɑ̃/ **NM** loran

lord-maire (pl **lords-maires**) /lɔʀ(d)mɛʀ/ **NM** Lord Mayor

lordose /lɔʀdoz/ **NF** hollow-back *(NonC)*, lordosis *(SPÉC)*

lorgner* /lɔʀɲe/ SYN ► conjug 1 ◄

VT *[+ objet]* to peer at, to eye; *[+ personne] (gén)* to eye; *(avec concupiscence)* to ogle, to eye up* *(Brit)*; *[+ poste, décoration, héritage, pays]* to have one's eye on ◆ **lorgner qch du coin de l'œil** to look *ou* peer at sth out of the corner of one's eye, to cast sidelong glances at sth

VI ◆ **lorgner sur** *[+ journal, copie]* to sneak a look at; *[+ entreprise, marché]* to have one's eye on; *[+ personne]* to ogle, to eye up* *(Brit)* ◆ **ils lorgnent vers l'Amérique pour y trouver des modèles économiques** they are looking towards *ou* to America for economic models

lorgnette /lɔʀɲɛt/ **NF** opera glasses ◆ **regarder** *ou* **voir les choses par le petit bout de la lorgnette** *(fig)* to take a very limited *ou* narrow view of things

lorgnon /lɔʀɲɔ̃/ **NM** *(= face-à-main)* lorgnette; *(= pince-nez)* pince-nez

lori /lɔʀi/ **NM** *(= oiseau)* lory

loricaire /lɔʀikɛʀ/ **NM** loricarian, loricarioid

loriot /lɔʀjo/ **NM** ◆ **loriot (jaune)** golden oriole

loris /lɔʀi/ **NM** loris

lorrain, e /lɔʀɛ̃, ɛn/

ADJ of *ou* from Lorraine; → **quiche**

NM *(= dialecte)* Lorraine dialect

NM,F **Lorrain(e)** inhabitant *ou* native of Lorraine

NF **Lorraine** *(= région)* Lorraine

lorry (pl **lorries** *ou* **lorrys**) /lɔʀi/ **NM** *(= wagon)* lorry

lors /lɔʀ/ **ADV** ◆ **lors de** *(= au moment de)* at the time of; *(= durant)* during ◆ **lors de sa mort** at the time of his death ◆ **elle a annoncé sa démission lors de la réunion** she announced her resignation during the meeting ◆ **lors même que** even though *ou* if ◆ **pour lors** for the time being, for the moment; → **dès**

lorsque /lɔʀsk(ə)/ SYN **CONJ** when ◆ **lorsqu'il entra/entrera** when *ou* as he came/comes in

losange /lɔzɑ̃ʒ/ **NM** diamond, lozenge ◆ **en forme de losange** diamond-shaped ◆ **dallage en losanges** diamond tiling

losangé, e /lɔzɑ̃ʒe/ **ADJ** *[morceau]* diamond-shaped; *[dessin, tissu]* with a diamond pattern

loser * /luzœʀ/ **NM** *(péj)* loser*

Lot /lɔt/ **NM** Lot

lot /lo/ SYN **NM** 1 *(Loterie)* prize ◆ **le gros lot** the first prize, the jackpot ◆ **lot de consolation** consolation prize

2 *(= portion)* share ◆ **lot (de terre)** plot (of land) ◆ **chaque jour apporte son lot de surprises/mauvaises nouvelles** every day brings its share of surprises/bad news

3 *[de tablettes de chocolat, cassettes]* pack; *[de livres, chiffons]* batch; *[de draps, vaisselle]* set; *(aux enchères)* lot; *(Ordin)* batch ◆ **vendu par lots de cinq** sold in packs of five ◆ **dans le lot, il n'y avait que deux candidats valables** in the whole batch there were only two worthwhile applicants ◆ **se détacher du lot** *[personne, produit]* to stand out

4 *(fig, littér = destin)* lot *(littér)*, fate ◆ **lot commun** common fate *ou* lot *ou* destiny ◆ **lot quotidien** daily *ou* everyday lot

loterie /lɔtʀi/ **NF** 1 *(= jeu)* lottery; *(dans une kermesse)* raffle ◆ **mettre qch en loterie** to put sth up to be raffled ◆ **la Loterie nationale** the French national lottery *ou* sweepstake ◆ **jouer à la loterie** to buy tickets for the raffle *ou* lottery ◆ **gagner à la loterie** to win on the raffle *ou* lottery

2 *(= hasard)* lottery ◆ **c'est une vraie loterie** it's (all) the luck of the draw ◆ **la vie est une loterie** life is a game of chance, life is a lottery

Loth /lɔt/ **NM** Lot

loti, e /lɔti/ SYN (ptp de **lotir**) **ADJ** ◆ **être bien/mal loti** to be well-/badly off ◆ **il n'est guère mieux loti (que nous)** he's scarcely any better off (than we are) ◆ **on est bien loti avec un chef comme lui !** *(iro)* with a boss like him who could ask for more? *(iro)*

lotier /lɔtje/ **NM** bird's-foot trefoil

lotion /losjɔ̃/ **NF** lotion ◆ **lotion capillaire** hair lotion ◆ **lotion après rasage** after-shave lotion ◆ **lotion avant rasage** preshave lotion

lotionner /losjɔne/ ► conjug 1 ◄ **VT** to apply (a) lotion to

lotir /lɔtiʀ/ SYN ► conjug 2 ◄ **VT** 1 *[+ terrain] (= diviser)* to divide into plots; *(= vendre)* to sell by lots ◆ **terrains à lotir** plots for sale

2 *(Jur) [+ succession]* to divide up, to share out ◆ **lotir qn de qch** to allot sth to sb, to provide sb with sth

lotissement /lɔtismɑ̃/ **NM** 1 *(= terrains à bâtir)* housing estate *ou* site; *(= terrains bâtis)* (housing) development *ou* estate; *(= parcelle)* plot, lot

2 *[de terrain] (= division)* division; *(= vente)* sale (by lots)

3 *(Jur) [de succession]* sharing out

lotisseur, -euse /lɔtisœʀ, øz/ **NM,F** *[de terrain]* property developer

loto /lɔto/ **NM** *(= jeu de société)* lotto; *(= matériel)* lotto set; *(= loterie à numéros)* national lottery ◆ **le loto sportif** ≈ the pools ◆ **gagner au loto** to win the Lottery

lotte /lɔt/ **NF** *(de rivière)* burbot; *(de mer)* angler(fish), devilfish, monkfish; *(Culin)* monkfish

lotus /lɔtys/ **NM** lotus ◆ **être/se mettre en position du lotus** to be/sit in the lotus position

louable /lwabl/ SYN **ADJ** 1 *[efforts]* praiseworthy, commendable, laudable

2 *[maison]* rentable ◆ **bureau difficilement louable à cause de sa situation** office that is hard to let *(Brit)* *ou* rent *(US)* because of its location

louage /lwaʒ/ **NM** hiring ◆ **(contrat de) louage** rental contract ◆ **louage de services** work contract

louange /lwɑ̃ʒ/ SYN **NF** praise ◆ **il méprise les louanges** he despises praise ◆ **chanter les louanges de qn** to sing sb's praises ◆ **faire un discours à la louange de qn** to make a speech in praise of sb ◆ **je dois dire, à sa louange, que...** I must say, to his credit *ou* in his praise, that...

louanger /lwɑ̃ʒe/ SYN ► conjug 3 ◄ **VT** *(littér)* to praise, to extol, to laud *(littér)*

louangeur, -euse /lwɑ̃ʒœʀ, øz/ **ADJ** *(littér)* laudatory, laudative

loubard, e* /lubaʀ, aʀd/ **NM,F** hooligan, yob* *(Brit)*

louche¹ /luʃ/ SYN **ADJ** *[affaire, manœuvre, milieu, passé]* shady; *[individu]* shifty, shady, dubious; *[histoire]* dubious, fishy*; *[bar, hôtel]* seedy; *[conduite, acte]* dubious, suspicious, shady; *[réaction, attitude]* dubious, suspicious ◆ **j'ai entendu du bruit, c'est louche** I heard a noise, that's funny *ou* odd ◆ **il y a du louche dans cette affaire** this business is a bit shady *ou* fishy* *ou* isn't quite above board

louche² /luʃ/ **NF** *(= ustensile)* ladle; *(= quantité)* ladleful ◆ **serrer la louche à qn**** to shake hands with sb, to shake sb's hand ◆ **il y en a environ 3 000, à la louche*** there are about 3,000 of them, roughly

loucher /luʃe/ SYN ► conjug 1 ◄ **VI** *(Méd)* to squint, to have a squint ◆ **loucher sur*** *[+ objet]* to eye; *[+ personne]* to ogle, to eye up* *(Brit)*; *[+ poste, héritage]* to have one's eye on ◆ **ils louchent vers l'Europe pour y trouver des modèles économiques** they are looking towards *ou* to Europe for economic models

loucheur, -euse /luʃœʀ, øz/ **NM,F** squinter

louer¹ /lwe/ SYN ► conjug 1 ◄

VT to praise ◆ **louer qn de** *ou* **pour qch** to praise sb for sth ◆ **on ne peut que le louer d'avoir agi ainsi** he deserves only praise *ou* one can only praise him for acting in that way ◆ **louons le Seigneur !** *(Rel)* (let us) praise the Lord! ◆ **Dieu soit loué !** *(fig)* thank God! ◆ **loué soit le fax !** thank God for fax machines!

VPR **se louer** ◆ **se louer de** *[+ employé, appareil]* to be very happy *ou* pleased with; *[+ action, mesure]* to congratulate o.s. on ◆ **se louer d'avoir fait qch** to congratulate o.s. on *ou* for having done sth ◆ **n'avoir qu'à se louer de** *[+ employé, appareil]* to have nothing but praise for ◆ **nous**

n'avons qu'à nous louer de ses services we have nothing but praise for the service he gives, we have every cause for satisfaction with his services

louer[2] /lwe/ SYN ▸ conjug 1 ◂ VT 1 *[propriétaire] [+ maison, chambre]* to rent out, to let (out) *(Brit)*; *[+ voiture, tente, téléviseur]* to rent (out), to hire out *(Brit)* ◆ **louer ses services à qn** to work for sb
2 *[locataire] [+ maison, chambre]* to rent; *[+ voiture, tente]* to rent, to hire *(Brit)*; *[+ place]* to reserve, to book *(Brit)* ◆ **ils ont loué une maison au bord de la mer** they rented a house by the sea ◆ **à louer** *[appartement, bureau]* to let *(Brit)*, for rent *(US)*; *[véhicule]* for hire *(Brit)*, for rent *(US)* ◆ **cette maison doit se louer cher** that house must be expensive to rent ◆ **louer les services de qn** to hire sb

loueur, -euse /lwœʀ, øz/ NM,F *(= entreprise)* rental *ou* hire *(Brit)* company ◆ **loueur de bateaux/de gîtes** *(= personne)* person who rents *ou* hires *(Brit)* out boats/who rents holiday homes

louf * /luf/ ADJ ⇒ **loufoque**

loufiat * /lufja/ NM waiter

loufoque * /lufɔk/ ADJ *[personne, humour, film]* zany * ◆ **comédie loufoque** screwball * comedy

loufoquerie * /lufɔkʀi/ NF zaniness *

louftingue * /luftɛ̃g/ ADJ * ⇒ **loufoque**

lougre /lugʀ/ NM *(= bateau)* lugger

Louis /lwi/ NM Louis

louis /lwi/ NM ◆ **louis (d'or)** (gold) louis

louise-bonne (pl **louises-bonnes**) /lwizbɔn/ NF louise-bonne pear

Louisiane /lwizjan/ NF Louisiana

louis-philippard, e /lwifilipaʀ, aʀd/ ADJ *(péj)* of *ou* relating to the reign of Louis Philippe

loukoum /lukum/ NM Turkish delight *(NonC)* ◆ **un loukoum** a piece of Turkish delight

loulou[1] /lulu/ NM *(= chien)* spitz ◆ **loulou de Poméranie** Pomeranian dog, Pom *

loulou[2] *, **loulout(t)e** * /lulu, lulut/ NM,F
1 *(terme affectueux)* darling; *(péj)* fishy customer *, seedy character
2 ⇒ **loubard, e**

loup /lu/ SYN
NM 1 *(= carnassier)* wolf ◆ **mon (gros** *ou* **petit) loup** * (my) pet * *ou* love ◆ **le grand méchant loup** the big bad wolf ◆ **les loups ne se mangent pas** *ou* **ne se dévorent pas entre eux** *(Prov)* there is honour among thieves *(Prov)* ◆ **l'homme est un loup pour l'homme** brother will turn on brother ◆ **quand on parle du loup (on en voit la queue)** *(Prov)* talk *ou* speak of the devil ◆ **enfermer** *ou* **mettre le loup dans la bergerie** to set the fox to mind the geese ◆ **crier au loup** to cry wolf ◆ **voir le loup** *(hum)* to lose one's virginity; → **gueule, hurler, jeune** *etc*
2 *(= poisson)* bass
3 *(= masque)* (eye) mask
4 *(= malfaçon)* flaw
COMP **loup de mer** * *(= marin)* old salt *, old seadog *; *(= vêtement)* (short-sleeved) jersey

loupage * /lupaʒ/ NM failure ◆ **après plusieurs loupages** after several failures

loup-cervier (pl **loups-cerviers**) /lusɛʀvje/ NM lynx

loupe /lup/ NF 1 *(Opt)* magnifying glass ◆ **examiner** *ou* **regarder qch à la loupe** *(lit)* to look at sth with *ou* through a magnifying glass; *(fig)* to go through sth with a fine-tooth comb, to look into *ou* examine sth in great detail
2 *(Méd)* wen
3 *[d'arbre]* burr ◆ **table en loupe de noyer** table in burr walnut

loupé * /lupe/ (ptp de **louper**) NM *(= échec)* failure; *(= défaut)* defect, flaw

louper * /lupe/ ▸ conjug 1 ◂
VT 1 *[+ occasion, train, balle, personne]* to miss ◆ **loupé !** missed! ◆ **il n'en loupe pas une !** *(iro)* he's forever putting his big foot in it! * ◆ **la prochaine fois, je ne te louperai pas !** I'll get you next time!
2 *[+ travail, gâteau]* to mess up *, to make a mess of; *[+ examen]* to flunk * ◆ **louper son entrée** to fluff * *ou* bungle one's entrance ◆ **il a loupé son coup/son suicide** he bungled *ou* botched * it/his suicide attempt
VI ◆ **je t'ai dit qu'il ferait une erreur, ça n'a pas loupé !** I told you that he'd make a mistake and sure enough he did! ◆ **ça va tout faire louper** that'll muck everything up *
VPR **se louper** * 1 *(= rater son suicide)* to bungle one's suicide attempt ◆ **tu ne t'es pas loupée !** *(accident)* that's a nasty cut *(ou* bruise *etc)*!
2 *(= ne pas se rencontrer)* ◆ **nous nous sommes loupés de peu** we just missed each other

loup-garou (pl **loups-garous**) /lugaʀu/ NM werewolf ◆ **le loup-garou va te manger !** the Bogeyman will get you!

loupiot, -iotte * /lupjo, jɔt/ NM,F kid *

loupiote * /lupjɔt/ NF *(= lampe)* (small) light

lourd, e[1] /luʀ, luʀd/ SYN
ADJ 1 *(= de poids élevé) [objet, vêtement]* heavy; *[armement, artillerie, industrie, métal]* heavy *(épith)* ◆ **terrain lourd** heavy *ou* soft ground ◆ **c'est trop lourd à porter** it's too heavy to carry; → **eau, franc**[2]
2 *(= désagréablement pesant) [silence, sommeil]* heavy, deep; *[chagrin]* deep; *[parfum, odeur]* heavy, strong; *[aliment, vin]* heavy; *[repas]* heavy, big ◆ **yeux lourds de sommeil/fatigue** eyes heavy with sleep/tiredness ◆ **il avait les paupières lourdes** his eyelids were *ou* felt heavy ◆ **c'est lourd (à digérer)** it's heavy (on the stomach *ou* the digestion) ◆ **se sentir lourd, avoir l'estomac lourd** to feel bloated ◆ **j'ai** *ou* **je me sens les jambes lourdes** my legs feel heavy ◆ **j'ai** *ou* **je me sens la tête lourde** my head feels fuzzy, I feel a bit headachy * ◆ **il a un lourd passé** he's a man with a past; → **hérédité**
3 *[ciel, nuage]* heavy; *[temps, chaleur]* sultry, close ◆ **il fait lourd** the weather is close, it's sultry
4 *(= massif, gauche) [construction]* inelegant; *[mouvement, style]* heavy, ponderous; *[plaisanterie]* unsubtle; *[compliment]* clumsy ◆ **marcher d'un pas lourd** to tread heavily, to walk with a heavy step ◆ **avoir une démarche lourde** to walk awkwardly ◆ **cet oiseau a un vol assez lourd** this bird is quite clumsy in the air ◆ **il est un peu lourd** * *(= bête)* he's a bit slow; *(d'un plaisantin)* his jokes are a bit heavy
5 *(= important) [dettes, impôts, tâche, responsabilité, charge]* heavy, weighty; *[pertes]* heavy, severe, serious; *[faute]* serious, grave; *[chirurgie]* extensive ◆ **les tendances lourdes du marché** the broad *ou* main trends in the market ◆ **de lourdes présomptions pèsent sur lui** suspicion falls heavily on him ◆ **les cas les plus lourds sont gardés à l'hôpital** the most serious *ou* severe cases are kept in hospital
6 *(= difficile à gérer) [dispositif]* unwieldy ◆ **35 enfants par classe, c'est trop lourd** 35 children per class is too much ◆ **trois enfants à élever, c'est lourd/trop lourd (pour elle)** bringing up three children is a lot/too much (for her)
7 *(= chargé)* ◆ **le silence était lourd de menaces** there was a threatening *ou* an ominous silence ◆ **décision lourde de conséquences** decision fraught with consequences ◆ **cette défaite est lourde de signification** this defeat is extremely *ou* highly significant ◆ **cette démarche est lourde de dangers** this approach is fraught with danger ◆ **un geste lourd de symboles** a highly symbolic gesture
ADV * ◆ **il n'y a pas lourd de pain** there isn't much bread ◆ **du bon sens, il n'en a pas lourd !** he hasn't got much common sense ◆ **il n'en sait/n'en fait pas lourd** he doesn't know/do much ◆ **il ne gagne pas lourd** he doesn't earn much ◆ **ça ne fait pas lourd** it doesn't amount to much; → **peser**

lourdaud, e * /luʀdo, od/ SYN
ADJ oafish, clumsy
NM,F oaf

lourde[2] * /luʀd/ NF *(= porte)* door

lourdement /luʀdəmɑ̃/ SYN ADV *(gén)* heavily ◆ **marcher lourdement** to walk with a heavy tread ◆ **se tromper lourdement** to be sadly mistaken, to make a big mistake ◆ **insister lourdement sur qch/pour faire qch** to insist strenuously on sth/on doing sth ◆ **s'endetter lourdement** to get heavily into debt

lourder * /luʀde/ ▸ conjug 1 ◂ VT to kick out *, to boot out * ◆ **se faire lourder** to get kicked out * *ou* booted out *

lourdeur /luʀdœʀ/ SYN NF 1 *(= pesanteur) [d'objet, fardeau]* heaviness, weight; *[de bureaucratie, infrastructure]* cumbersomeness; *[de tâche, responsabilité]* weight; *(Bourse) [de marché]* slackness, sluggishness ◆ **les lourdeurs administratives/bureaucratiques** administrative/bureaucratic red tape
2 *[d'édifice]* heaviness, massiveness; *[de démarche]* heaviness; *[de style, forme]* heaviness, ponderousness ◆ **lourdeur d'esprit** dull-wittedness, slow-wittedness ◆ **s'exprimer avec lourdeur** to express o.s. clumsily *ou* ponderously ◆ **avoir des lourdeurs de tête** to have a fuzzy * head, to feel headachy * ◆ **avoir des lourdeurs d'estomac** to have indigestion, to feel a bit bloated ◆ **j'ai des lourdeurs dans les jambes** my legs feel heavy ◆ **cette traduction comporte des lourdeurs** this translation is a bit heavy *ou* awkward in places
3 *[de temps]* sultriness, closeness

lourdingue * /luʀdɛ̃g/ ADJ *[plaisanterie]* predictable; *[personne]* oafish, clumsy; *[construction]* hefty-looking *; *[phrase]* laboured *(Brit)*, labored *(US)*, clumsy

loustic * /lustik/ SYN NM *(= enfant)* kid *; *(= taquin)* villain * *(hum)*; *(= type)* (funny) guy * *ou* chap * *(Brit)* ◆ **faire le loustic** to play the fool, to act the goat * *(Brit)* ◆ **un drôle de loustic** *(= type)* an oddball *, an oddbod * *(Brit)*; *(= enfant)* a little villain * *(hum) ou* rascal

loutre /lutʀ/ NF *(= animal)* otter; *(= fourrure)* otter-skin ◆ **loutre de mer** sea otter

louve /luv/ NF 1 *(= femelle du loup)* she-wolf
2 *(= levier)* lewisson

louveteau (pl **louveteaux**) /luv(ə)to/ NM *(= animal)* (wolf) cub; *(Scoutisme)* cub (scout)

louveter /luv(ə)te/ ▸ conjug 4 ◂ VI *[louve]* to whelp

louvoiement /luvwamɑ̃/ SYN NM 1 *(en bateau)* tacking *(NonC)*
2 *(= tergiversations)* hedging *(NonC)*, dithering, shilly-shallying * *(Brit)* ◆ **assez de louvoiements** stop beating about the bush

louvoyer /luvwaje/ SYN ▸ conjug 8 ◂ VI 1 *(en bateau)* to tack ◆ **louvoyer au plus près** to beat to windward ◆ **louvoyer entre les écueils** *(fig)* to tread a delicate path ◆ **il doit louvoyer entre les tendances différentes de son parti** he has to tread a delicate path *ou* steer a delicate course between the different political currents in his party
2 *(= tergiverser)* to hedge, to dither, to shilly-shally * *(Brit)*

Louvre /luvʀ/ NM ◆ **le (Musée du) Louvre** the Louvre (museum) ◆ **l'École du Louvre** the Ecole du Louvre *(training college for museum curators and guides based at the Louvre)*

Louxor /luksɔʀ/ N Luxor

lover /lɔve/ ▸ conjug 1 ◂
VT to coil
VPR **se lover** SYN *[serpent]* to coil up; *[personne]* to curl up

loxodromie /lɔksɔdʀɔmi/ NF *(Naut)* loxodromics *(sg)*, loxodromy

loxodromique /lɔksɔdʀɔmik/ ADJ loxodromic(al)

loyal, e (mpl **-aux**) /lwajal, o/ SYN ADJ 1 *(= fidèle) [sujet, ami]* loyal, faithful, trusty ◆ **après 50 ans de bons et loyaux services** after 50 years of good and faithful service
2 *(= honnête) [personne, procédé]* fair, honest; *[conduite]* upright, fair; *[jeu]* fair, straight * ◆ **se battre à la loyale** * to fight cleanly

loyalement /lwajalmɑ̃/ SYN ADV *[agir]* fairly, honestly; *[servir]* loyally, faithfully; *[se battre]* cleanly ◆ **accepter loyalement une défaite** to take a defeat sportingly *ou* in good part *(Brit)*

loyalisme /lwajalism/ SYN NM loyalty

loyaliste /lwajalist/
ADJ 1 *(= fidèle)* loyal
2 *(Pol)* loyalist, Loyalist
NMF 1 *(= fidèle)* loyal supporter
2 *(Pol)* loyalist, Loyalist

loyauté /lwajote/ SYN NF 1 *(= fidélité)* loyalty, faithfulness
2 *(= honnêteté)* honesty, fairness; *[de conduite]* fairness, uprightness ◆ **avec loyauté** fairly, honestly

loyer /lwaje/ NM rent ◆ **loyer commercial** office rent ◆ **loyer de l'argent** rate of interest, interest rate

LP /ɛlpe/ NM (abrév de **lycée professionnel**) → **lycée**

LSD /ɛlɛsde/ NM (abrév de **Lysergsäure Diethylamid**) LSD

lu, e /ly/ (ptp de **lire**) ADJ ◆ **lu et approuvé** read and approved ◆ **elle est très lue en Europe** she is widely read in Europe

Luanda /luɑ̃da/ N Luanda

lubie /lybi/ SYN NF (= centre d'intérêt, passe-temps) fad; (= idée) hare-brained idea; (= mode) craze, fad • **encore une de ses lubies !** another of his hare-brained ou mad ideas! • **il lui a pris la lubie de ne plus manger de pain** he has taken it into his head not to eat bread any more

lubricité /lybʀisite/ NF [de personne] lustfulness, lechery; [de propos, conduite] lewdness

lubrifiant, e /lybʀifjɑ̃, jɑ̃t/
ADJ lubricating
NM lubricant

lubrification /lybʀifikasjɔ̃/ SYN NF lubrication

lubrifier /lybʀifje/ SYN ▸ conjug 7 ◂ VT to lubricate

lubrique /lybʀik/ SYN ADJ [personne] lustful, lecherous; [propos] lewd, libidinous; [danse] lewd; [amour] lustful, carnal • **regarder qch d'un œil lubrique** to gaze at sth with a lustful eye

Luc /lyk/ NM Luke

lucane /lykan/ NM stag beetle

lucarne /lykaʀn/ SYN NF [de toit] skylight; (en saillie) dormer window • **envoyer la balle dans la lucarne** (Football) to send the ball into the top corner of the net • **la petite lucarne, les étranges lucarnes** (= télévision) the small screen

lucernaire /lysɛʀnɛʀ/ NF (= animal) lucernarian

Lucerne /lysɛʀn/ N Lucerne

lucide /lysid/ SYN ADJ [1] (= conscient) [malade, vieillard] lucid; [accidenté] conscious
[2] (= perspicace) [personne] lucid, clear-headed; [esprit, analyse, raisonnement] lucid, clear • **il a une vision plus lucide des choses** he has a clearer view of things • **le témoin le plus lucide de son temps** the most clear-sighted ou perceptive observer of the times he lived in • **juger qch d'un œil lucide** to judge sth with a lucid ou clear eye

lucidement /lysidmɑ̃/ ADV lucidly, clearly

lucidité /lysidite/ SYN NF [1] [de malade, vieillard] lucidity; [d'accidenté] consciousness • **il a des moments de lucidité** he has moments of lucidity, he has lucid moments ou intervals • **il a toute sa lucidité** he still has the use of his faculties, he's still quite lucid
[2] (= perspicacité) [de personne] lucidity, clear-headedness; [d'esprit, analyse, raisonnement] lucidity, clearness • **il a analysé la situation avec lucidité** he gave a very clear-headed analysis of the situation

Lucifer /lysifɛʀ/ NM Lucifer

lucifuge /lysifyʒ/
ADJ lucifugous
NM licifugous termite

lucilie /lysili/ NF greenbottle

lucimètre /lysimɛtʀ/ NM lucimeter, photometer

luciole /lysjɔl/ NF firefly

lucite /lysit/ NF polymorphous light eruption

lucratif, -ive /lykʀatif, iv/ SYN ADJ [activité, marché, trafic, entreprise] lucrative, profitable; [emploi] lucrative, well-paid • **association à but lucratif/non lucratif** profit-making/non-profit-making ou not-for-profit (US) organization

lucrativement /lykʀativmɑ̃/ ADV lucratively

lucre /lykʀ/ SYN NM (péj) lucre (péj)

Lucrèce /lykʀɛs/
NM Lucretius
NF Lucretia

ludiciel /lydisjɛl/ NM computer game • **ludiciels** computer games, game software (NonC)

ludion /lydjɔ̃/ NM Cartesian diver

ludique /lydik/ ADJ playful; ludic (SPÉC) • **activité ludique** (Scol) play activity; (de loisir) recreational activity • **l'informatique ludique** computer games • **il veut une émission plus ludique** he wants the programme to be more entertaining • **nous avons donné une dimension ludique aux exercices** we've made the exercises more like games

ludisme /lydism/ NM play activities

ludo-éducatif, -ive (mpl **ludo-éducatifs**) /lydoedykatif, iv/ ADJ [programme, logiciel] edutainment (épith)

ludothèque /lydɔtɛk/ NF games library

luette /lɥɛt/ NF uvula (SPÉC)

lueur /lɥœʀ/ SYN NF [1] [de flamme] glimmer (NonC); [d'étoile, lune, lampe] (faint) light; [de braises] glow (NonC) • **à la lueur d'une bougie** by candlelight • **les lueurs de la ville** the city lights • **les premières lueurs de l'aube/du jour** the first light of dawn/of day • **les lueurs du couchant** the glow of sunset
[2] [de désir, colère] gleam; [d'intelligence] glimmer • **il avait une lueur malicieuse dans le regard** he had a mischievous gleam ou glint in his eye • **pas la moindre lueur d'espoir** not the faintest glimmer of hope
[3] (gén hum = connaissances) • **il a quelques lueurs sur le sujet** he knows a bit about the subject • **peux-tu apporter quelques lueurs sur le fonctionnement de cette machine ?** can you shed some light on the working of this machine?

luffa /lufa/ NM ⇒ **loofa(h)**

luge /lyʒ/ NF toboggan, sledge (Brit), sled (US) • **faire de la luge** to toboggan, to sledge (Brit), to sled (US)

luger /lyʒe/ ▸ conjug 3 ◂ VI to toboggan, to sledge (Brit), to sled (US)

lugeur, -euse /lyʒœʀ, øz/ NM,F tobogganist

lugubre /lygybʀ/ SYN ADJ [pensée, ambiance, récit] gloomy, dismal, lugubrious (littér); [paysage] dreary, dismal; [maison] gloomy; [musique, cri] mournful • **d'un ton lugubre** in a funereal voice

lugubrement /lygybʀəmɑ̃/ SYN ADV gloomily, dismally, lugubriously

lui /lɥi/

PRON PERS (objet indirect) (homme) him; (femme) her; (animal, bébé) it, him, her; (bateau, nation) her, it; (insecte, chose) it • **je le lui ai dit** (à un homme) I told him; (à une femme) I told her • **tu lui as donné de l'eau ?** (à un animal) have you given it (ou him ou her) some water?; (à une plante) have you watered it? • **je ne le lui ai jamais caché** I have never kept it from him (ou her) • **il lui est facile de le faire** it's easy for him (ou her) to do it • **je ne lui connais pas de défauts** he's (ou she's) got no faults that I know of • **je lui ai entendu dire que** I heard him (ou her) say that • **le bateau est plus propre depuis qu'on lui a donné un coup de peinture** the boat is cleaner now they've given her (ou it) a coat of paint

PRON M [1] (fonction objet, personne) him; (animal) him, her, it; (chose) it; (pays, bateau) her, it • **elle n'admire que lui** she only admires him • **à lui, elle n'a pas dit un mot** she never said a word to him • **lui, le revoir ? jamais !** see him again? never! • **c'est lui, je le reconnais** it's him, I recognize him • **je l'ai bien vu, lui !** I saw him all right! *, I definitely saw him! • **si j'étais lui, j'accepterais** if I were him ou he (frm) I would accept; → aussi **même, non, seul**
[2] (sujet, gén emphatique) (personne) he; (chose) it; (animal) it, he, she • **elle est vendeuse, lui est maçon** she's a saleswoman and he's a bricklayer • **lui, furieux, a refusé** furious, he refused • **le Japon, lui, serait d'accord** Japan, for its ou her part, would agree • **l'enfant, lui, avait bien vu les bonbons** the child had seen the sweets all right • **qu'est-ce qu'ils ont dit ? – lui, rien** what did they say? – he said nothing • **elle est venue mais pas lui** she came but not him ou but he didn't • **mon frère et lui sont partis ensemble** my brother and he went off together • **lui parti, j'ai pu travailler** with him gone ou after he had gone I was able to work • **lui(, il) n'aurait jamais fait ça, lui** he would never have done that • **est-ce qu'il le sait, lui ?, est-ce que lui(, il) le sait ?** does he know about it? • **lui, se marier ? jamais !** him get married? that'll be the day!
[3] (emphatique avec qui, que) • **c'est lui que nous avions invité** it's ou it was him we had invited • **c'est à lui que je veux parler** it's him I want to speak to, I want to speak to him • **il y a un hibou dans le bois, c'est lui que j'ai entendu** there is an owl in the wood – that's what I heard • **c'est lui qui me l'a dit** he told me himself, it was he who told me • **c'est lui qui le dit !** that's his story!, that's what he says! • **ce fut lui qui le premier découvrit...** (frm) it was he who first discovered... • **chasse le chien, c'est lui qui m'a mordu** chase that dog away – it's the one that bit me • **de tous les arbres, c'est lui qui a le bois le plus dur** of all the trees it's this one that has the hardest wood • **ils ont trois chats, et lui qui ne voulait pas d'animaux !** they have three cats and to think that he didn't want any animals!
[4] (dans des comparaisons : sujet) he, him; (objet) him • **elle est plus mince que lui** she is slimmer than he is ou than him • **j'ai mangé plus/moins que lui** I ate more/less than he did ou than him • **ne fais pas comme lui** don't do as he does ou did, don't do the same as he did • **je ne la connais pas aussi bien que lui** (que je le connais) I don't know her as well as (I know) him; (qu'il la connaît) I don't know her as well as he does

lui-même lɥimɛm PRON → **même**

luire lɥiʀ SYN ▸ conjug 38 ◂ VI [métal] to shine, to gleam; [surface mouillée] to glisten; [reflet intermittent] to glint; [étoile] to twinkle; (en scintillant) to glimmer, to shimmer; (en rougeoyant) to glow • **l'herbe/l'étang luisait au soleil du matin** the grass/the pond glistened in the morning sunlight • **yeux qui luisent de colère/d'envie** eyes gleaming with anger/with desire • **le lac luisait sous la lune** the lake shimmered ou glimmered in the moonlight • **l'espoir luit encore** there is still a glimmer of hope

luisant, e lɥizɑ̃, ɑ̃t SYN
ADJ [métal] gleaming, shining; [surface mouillée] glistening; (reflet intermittent) glinting; (en scintillant) glimmering, shimmering; (en rougeoyant) glowing • **front luisant de sueur** forehead gleaming ou glistening with sweat • **vêtements luisants d'usure** clothes shiny with wear • **yeux luisants de fièvre** eyes bright with fever; → **ver**
NM [d'étoffe] sheen; [de pelage] gloss

lulu lyly NM woodlark

lumachelle lymaʃɛl NF lumachella

lumbago lɔ̃bago NM lumbago

lumen lymɛn NM lumen

lumière lymjɛʀ SYN

NF [1] (gén, Phys) light • **la lumière du jour** daylight • **la lumière du soleil l'éblouit** he was dazzled by the sunlight • **à la lumière artificielle/électrique** by artificial/electric light • **la lumière entrait à flots dans la pièce** daylight streamed into the room • **il n'y a pas beaucoup/ça ne donne guère de lumière** there isn't/it doesn't give much light • **donne-nous de la lumière** switch ou put the light on, will you? • **il y a de la lumière dans sa chambre** there's a light on in his room • **Il dit « que la lumière soit » et la lumière fut** (Bible) He said "let there be light" and there was light • **les lumières de la ville** (gén) the lights of the town; (plus grande) the city lights • **« Les Lumières de la ville »** (Ciné) "City Lights" → **effet, habit, siècle**
[2] (= connaissance) light • **avoir/acquérir quelque lumière sur qch** to have/gain some knowledge of sth, to have/gain some insight into sth • **avoir des lumières sur une question** to have some ideas ou some knowledge on a question, to know something about a question • **aidez-nous de vos lumières** give us the benefit of your wisdom ou insight
[3] (= personne) light • **il fut une des lumières de son siècle** he was one of the (shining) lights of his age • **le pauvre garçon, ce n'est pas une lumière** the poor boy, he's no Einstein * ou no genius
[4] (Tech) [de machine à vapeur] port; [de canon] sight • **lumière d'admission/d'échappement** (dans moteur) inlet/exhaust port ou valve
[5] (locutions) • **faire (toute) la lumière sur qch** to get right to the bottom of sth • **il faut que toute la lumière soit faite sur cette affaire** we must get to the bottom of this business • **entrevoir la lumière au bout du tunnel** to see the light at the end of the tunnel • **jeter une nouvelle lumière sur qch** to throw ou shed new light on sth

♦ **à la lumière de** • **à la lumière des étoiles** by the light of the stars, by starlight • **à la lumière des récents événements** in the light of recent events

♦ **mettre qch en lumière** to bring sth to light

COMP **lumière blanche** white light
lumière cendrée (Astron) earth-light, earthshine
lumière noire black light
lumière stroboscopique strobe lighting
lumière de Wood ⇒ **lumière noire**

lumignon lymiɲɔ̃ NM (= lampe) (small) light; (= bougie) candle-end

luminaire luminɛʀ NM (gén) light, lamp; (= cierge) candle • **magasin de luminaires** lighting shop

luminance lyminɑ̃s NF luminance

luminescence lyminesɑ̃s NF luminescence

luminescent, e /lyminesɑ̃, ɑ̃t/ ADJ (littér) luminescent

lumineusement /lyminøzmɑ̃/ ADV [expliquer] lucidly, clearly ◆ **son explication était lumineusement claire** his explanation was crystal clear

lumineux, -euse /lyminø, øz/ SYN ADJ ① [corps, intensité, cadran, aiguille] luminous; [fontaine, enseigne] illuminated; [rayon, faisceau] of light ◆ **onde/source lumineuse** light wave/source; → **flèche¹, panneau**
② [teint, regard] radiant; [ciel, couleur] luminous; [pièce, appartement] bright, light
③ (littér = pur, transparent) luminous (littér), lucid; (iro) [exposé] limpid, brilliant ◆ **j'ai compris, c'est lumineux** I understand, it's as clear as daylight ou it's crystal clear; → **idée**

luministe /lyminist/ NMF luminist

luminosité /lyminozite/ SYN NF ① [de teint, regard] radiance; [de ciel, couleur] luminosity ◆ **il y a beaucoup de luminosité** there's lots of light, it's very bright
② (Photo, Sci) luminosity

lump /lœp/ NM lumpfish, lumpsucker; → **œuf**

lumpenprolétariat /lumpɛnpʀɔletaʀja/ NM lumpenproletariat

lunaire¹ /lynɛʀ/ ADJ [année, cycle, paysage, sol] lunar; [roche] moon (épith); [visage] moonlike

lunaire² /lynɛʀ/ NF (= plante) honesty

lunaison /lynɛzɔ̃/ NF lunar month

lunapark /lynapaʀk/ NM (fun)fair

lunatique /lynatik/ SYN ADJ moody

lunch (pl **lunch(e)s**) /lœntʃ/ NM buffet

lundi /lœdi/ NM Monday ◆ **le lundi de Pâques/de Pentecôte** Easter/Whit Monday ◆ **ça va ? – (ça va) comme un lundi** how are you? – I've got the Monday blues * ou I'm already longing for the weekend; *pour autres loc voir* **samedi**

lune /lyn/ NF ① (Astron) moon ◆ **pleine/nouvelle lune** full/new moon ◆ **nuit sans lune** moonless night ◆ **lune rousse** April moon; → **clair, croissant¹**
② (* = derrière) bottom*, backside*
③ ◆ **lune de mer** (= poisson) moonfish
④ (locutions) ◆ **lune de miel** (lit, fig) honeymoon ◆ **être dans la lune** to have one's head in the clouds, to be in a dream ◆ **tomber de la lune** to have dropped in from another planet ◆ **demander ou vouloir la lune** to ask ou cry for the moon ◆ **il décrocherait la lune pour elle** he'd move heaven and earth to please her ◆ **promettre la lune** to promise the moon ou the earth ◆ **elle veut lui faire voir la lune en plein midi** she's trying to pull the wool over his eyes ◆ **il y a (bien) des lunes** † many moons ago; → **face, vieux**

luné, e /lyne/ ADJ ◆ **être bien/mal luné** to be in a good/bad mood ◆ **comment est-elle lunée ce matin ?** what sort of (a) mood is she in this morning?

lunetier, -ière /lyn(ə)tje, jɛʀ/
ADJ [industrie] spectacle (épith)
NM,F (= vendeur) optician; (= fabricant) spectacle ou eyeglasses (US) manufacturer

lunette /lynɛt/
NF ① (Astron = télescope) telescope; [de fusil] sight(s)
② (Archit) lunette
NFPL **lunettes** (correctives) glasses, eyeglasses (US), spectacles †; (de protection) goggles, glasses ◆ **mets tes lunettes !** (lit, fig) put your glasses ou specs* on! ◆ **un intello* à lunettes** a bespectacled intellectual
COMP **lunette d'approche** telescope
lunette arrière [de voiture] rear window
lunette astronomique astronomical telescope
lunette (des cabinets) toilet rim
lunettes de glacier snow goggles
lunette méridienne meridian circle
lunettes de natation swimming goggles
lunettes noires dark glasses
lunettes de plongée swimming ou diving goggles
lunettes de ski ski goggles
lunettes de soleil sunglasses
lunettes de vue prescription ou corrective glasses

lunetterie /lynɛtʀi/ NF spectacle trade

lunisolaire /lynisɔlɛʀ/ ADJ lunisolar

lunule /lynyl/ NF [d'ongle] half-moon, lunula (SPÉC); (Math) lune

lupanar /lypanaʀ/ NM (littér) brothel

lupin /lypɛ̃/ NM lupin

lupuline /lypylin/ NF (= luzerne) black medick, nonesuch; (= alcaloïde) lupulin(e)

lupulin /lypylɛ̃/ NM lupulin

lupus /lypys/ NM lupus

lurette /lyʀɛt/ NF ◆ **il y a belle lurette de cela*** that was ages ago ou donkey's years* (Brit) ago ◆ **il y a belle lurette que je ne fume plus*** I stopped smoking ages ago, it's ages since I stopped smoking

lurex /lyʀɛks/ NM lurex

luron* /lyʀɔ̃/ SYN NM ◆ **(joyeux ou gai) luron** likely lad ◆ **c'est un (sacré) luron** † he's a great one for the girls*, he's quite a lad*

luronne* /lyʀɔn/ NF ◆ **(gaie) luronne** (lively) lass* ◆ **c'est une (sacrée) luronne** † she's a great one for the men*, she's quite a lass*

Lusaka /lusaka/ N Lusaka

lusin /lyzɛ̃/ NM marline, marlin(g)

lusitanien, -ienne /lyzitanjɛ̃, jɛn/
ADJ Lusitanian
NM,F **Lusitanien(ne)** Lusitanian

lusophone /lyzɔfɔn/
ADJ Portuguese-speaking
NMF Portuguese speaker

lusophonie /lyzɔfɔni/ NF ◆ **la lusophonie** the Portuguese-speaking world

lustrage /lystʀaʒ/ NM (Tech) [d'étoffe, peaux, fourrures] lustring; [de glace] shining

lustral, e (mpl **-aux**) /lystʀal, o/ ADJ (littér) lustral (littér)

lustrant /lystʀɑ̃/ ADJ M, NM ◆ **(produit) lustrant** polish

lustre /lystʀ/ SYN NM ① [d'objet, peaux, vernis] shine, lustre (Brit), luster (US); [de personne, cérémonie] lustre ◆ **redonner du lustre à une institution** to restore the prestige of an institution
② (= luminaire) centre light (with several bulbs); (très élaboré) chandelier
③ (littér = 5 ans) lustrum (littér) ◆ **depuis des lustres** for ages, for aeons

lustré, e /lystʀe/ SYN (ptp de **lustrer**) ADJ [cheveux, fourrure, poil] glossy; [manche usée] shiny

lustrer /lystʀe/ SYN ► conjug 1 ◄ VT (Tech) [+ étoffe, peaux, fourrure] to lustre; [+ glace] to shine; (gén = faire briller) to shine, to put a shine on; (par l'usure) to make shiny ◆ **le chat lustre son poil** the cat is licking its fur ◆ **la pluie lustrait le feuillage** the rain put a sheen on the leaves ◆ **ce tissu se lustre facilement** this fabric gets shiny very quickly

lustrerie /lystʀəʀi/ NF lighting (appliance) trade

lustrine /lystʀin/ NF lustre (fabric)

lut /lyt/ NM lute, luting

Lutèce /lytɛs/ N Lutetia

lutécium /lytesjɔm/ NM lutetium, lutecium

lutéine /lytein/ NF lutein

luter /lyte/ SYN ► conjug 1 ◄ VT to lute

lutétium /lytesjɔm/ NM lutetium

luth /lyt/ NM lute

Luther /lytɛʀ/ NM Luther

luthéranisme /lyteʀanism/ NM Lutheranism

lutherie /lytʀi/ NF (= fabrication) (stringed-)instrument making; (= instruments) (stringed-)instruments

luthérien, -ienne /lyteʀjɛ̃, jɛn/
ADJ Lutheran
NM,F **Luthérien(ne)** Lutheran

luthier, -ière /lytje, jɛʀ/ NM,F (stringed-)instrument maker

luthiste /lytist/ NMF lutenist, lutanist

lutin, e /lytɛ̃, in/
ADJ impish, mischievous
NM (= farfadet) (gentil) imp, sprite; (méchant) goblin; (irlandais) leprechaun ◆ **(petit) lutin** (= enfant) (little) imp

lutiner /lytine/ SYN ► conjug 1 ◄ VT to fondle, to tickle

lutrin /lytʀɛ̃/ NM (sur pied) lectern; (sur table) bookrest

lutte /lyt/ SYN
NF ① (gén = combat) struggle, fight (contre against) ◆ **luttes politiques** political struggles ◆ **lutte antipollution/contre l'alcoolisme** fight against pollution/against alcoholism ◆ **lutte biologique** biological (pest) control ◆ **lutte contre le crime** crime prevention ◆ **lutte antidrogue** battle ou fight against drugs ◆ **lutte pour la vie** (Bio, fig) struggle for existence ou survival ◆ **lutte entre le bien et le mal** conflict ou struggle between good and evil ◆ **lutte de l'honneur et de l'intérêt** conflict between honour and self-interest ◆ **aimer la lutte** to enjoy a struggle ◆ **engager/abandonner la lutte** to take up/give up the struggle ou fight ◆ **nous sommes engagés dans une lutte inégale** we're fighting an uneven battle, it's an unequal struggle ◆ **après plusieurs années de lutte** after several years of struggling ◆ **gagner ou conquérir qch de haute lutte** to win sth after a brave fight ou struggle
② (locutions) ◆ **entrer/être en lutte (contre qn)** to enter into/be in conflict (with sb) ◆ **en lutte ouverte contre sa famille** in open conflict with his family ◆ **travailleurs en lutte** (en grève) striking workers ◆ **le pays en lutte** (Mil) the country at war ◆ **les partis en lutte** (Pol) the opposing parties
③ (Sport) wrestling ◆ **lutte libre/gréco-romaine** all-in/Greco-Roman ou Graeco-Roman (Brit) wrestling ◆ **faire de la lutte** to wrestle
COMP **lutte armée** armed struggle ◆ **en lutte armée** in armed conflict
lutte des classes class struggle ou war
lutte d'influence(s) struggle for influence
lutte d'intérêts conflict ou clash of interests

lutter /lyte/ SYN ► conjug 1 ◄ VI ① (= se battre) to struggle, to fight ◆ **lutter contre un adversaire** to struggle ou fight against an opponent ◆ **lutter contre le vent** to fight against ou battle with the wind ◆ **lutter contre l'ignorance/un incendie** to fight ignorance/a fire ◆ **lutter contre l'adversité/le sommeil** to fight off adversity/sleep ◆ **lutter contre la mort** to fight ou struggle for one's life ◆ **lutter pour ses droits/la liberté** to fight for one's rights/freedom ◆ **lutter avec sa conscience** to struggle ou wrestle with one's conscience ◆ **les deux navires luttaient de vitesse** the two ships were racing each other
② (Sport) to wrestle

lutteur, -euse /lytœʀ, øz/ NM,F (Sport) wrestler; (fig) fighter

lux /lyks/ NM lux

luxation /lyksasjɔ̃/ SYN NF dislocation, luxation (SPÉC)

luxe /lyks/ SYN NM ① (= richesse) luxury; [de maison, objet] luxuriousness, sumptuousness ◆ **vivre dans le luxe** to live in (the lap of) luxury ◆ **de luxe** [produits] de luxe (épith); [voiture, appartement] luxury (épith) ◆ **modèle (de) grand luxe** de luxe model ◆ **boutique de luxe** shop selling luxury goods ◆ **deux salles de bains, c'est le ou du luxe !** two bathrooms, it's the height of luxury! ou what luxury! ◆ **je me suis acheté un nouveau manteau, ce n'était pas du luxe** I bought myself a new coat, I badly needed one ◆ **j'ai lavé la cuisine, ce n'était pas du luxe !** I washed the kitchen floor, it badly needed it
② (= plaisir coûteux) luxury ◆ **son seul luxe : sa chaîne hi-fi** his only luxury ou indulgence was his stereo system ◆ **il s'est offert ou payé le luxe d'aller au casino** he allowed himself the indulgence ou luxury of a trip to the casino ◆ **je ne peux pas me payer ou m'offrir le luxe d'être malade/d'aller au restaurant** I can't afford the luxury of being ill/eating out
③ (= profusion) [de détails] wealth, host; [de précautions] host ◆ **il nous l'a décrit avec un luxe de précisions** he described it to us in great ou lavish detail

Luxembourg /lyksɑ̃buʀ/ NM ◆ **(le grand-duché de) Luxembourg** (the Grand Duchy of) Luxembourg ◆ **le palais du Luxembourg** (Pol) the seat of the French Senate

luxembourgeois, e /lyksɑ̃buʀʒwa, waz/
ADJ of ou from Luxembourg
NM,F **Luxembourgeois(e)** inhabitant ou native of Luxembourg

luxer /lykse/ SYN ► conjug 1 ◄ VT to dislocate, to luxate (SPÉC) ◆ **se luxer un membre** to dislocate a limb ◆ **avoir l'épaule luxée** to have a dislocated shoulder

luxueusement /lyksɥøzmɑ̃/ SYN ADV luxuriously

luxueux, -euse /lyksɥø, øz/ SYN ADJ luxurious
luxure /lyksyʀ/ SYN NF lust
luxuriance /lyksyʀjɑ̃s/ SYN NF luxuriance
luxuriant, e /lyksyʀjɑ̃, jɑ̃t/ SYN ADJ [végétation] luxuriant, lush; [imagination] fertile, luxuriant (littér)
luxurieux, -ieuse /lyksyʀjø, jøz/ ADJ lustful, lascivious
luzerne /lyzɛʀn/ NF (cultivée) lucerne, alfalfa; (sauvage) medick (Brit), medic (US)
luzernière /lyzɛʀnjɛʀ/ NF lucerne ou alfalfa field
luzule /lyzyl/ NF woodrush
lycanthrope /likɑ̃tʀɔp/ NMF lycanthrope
lycanthropie /likɑ̃tʀɔpi/ NF lycanthropy
lycée /lise/ SYN NM lycée, ≈ secondary school, ≈ high school (US) ◆ **lycée (technique et) professionnel, lycée d'enseignement professionnel** † secondary school for vocational training

LYCÉE

Lycées are state secondary schools where pupils study for their "baccalauréat" after leaving the "collège". The **lycée** covers the school years known as "seconde" (15-16 year-olds), "première" (16-17 year-olds) and "terminale" (up to leaving age at 18). The term **lycée professionnel** refers to a **lycée** which provides vocational training as well as the more traditional core subjects. → BACCALAURÉAT, COLLÈGE, ÉDUCATION NATIONALE

lycéen, -enne /liseɛ̃, ɛn/
ADJ [journal, manifestation] (secondary school ou high school (US)) students' (épith) ◆ **le mouvement lycéen** the (secondary school) students' protest movement
NM secondary school ou high-school (US) boy ou student ◆ **lorsque j'étais lycéen** when I was at secondary school ou in high school (US) ◆ **quelques lycéens étaient attablés à la terrasse** some boys from the secondary school were sitting at a table outside the café ◆ **les lycéens sont en grève** secondary school students are on strike
NF **lycéenne** secondary school ou high-school (US) girl ou student
lychee /litʃi/ NM ⇒ litchi

lychnis /liknis/ NM lychnis
lycope /likɔp/ NM gipsywort
lycoperdon /likɔpɛʀdɔ̃/ NM puffball
lycopode /likɔpɔd/ NM lycopod, club moss
lycose /likoz/ NF wolf ou hunting spider
Lycra® /likʀa/ NM Lycra® ◆ **en Lycra** Lycra (épith)
lyddite /lidit/ NF lyddite
lydien, -ienne /lidjɛ̃, jɛn/ ADJ Lydian
lymphangite /lɛ̃fɑ̃ʒit/ NF lymphangitis
lymphatique /lɛ̃fatik/ SYN ADJ (Bio) lymphatic; (péj) lethargic, sluggish, lymphatic (frm)
lymphatisme /lɛ̃fatism/ NM lethargy, sluggishness
lymphe /lɛ̃f/ NF lymph
lymphocytaire /lɛ̃fɔsitɛʀ/ ADJ lymphocytic
lymphocyte /lɛ̃fɔsit/ NM lymphocyte ◆ **lymphocyte T** helper T-cell ◆ **lymphocyte T4** T4 lymphocyte
lymphocytopénie /lɛ̃fɔsitopeni/ NF ⇒ **lymphopénie**
lymphocytose /lɛ̃fɔsitoz/ NF lymphocytosis
lymphogranulomatose /lɛ̃fogʀanylomatoz/ NF lymphogranulomatosis
lymphographie /lɛ̃fogʀafi/ NF lymphography
lymphoïde /lɛ̃fɔid/ ADJ lymphoid
lymphokine /lɛ̃fɔkin/ NF lymphokine
lymphome /lɛ̃fom/ NM (Méd) lymphoma
lymphopénie /lɛ̃fɔpeni/ NF lymphopenia, lymphocytopenia
lymphosarcome /lɛ̃fosaʀkom/ NM lymphosarcoma
lynchage /lɛ̃ʃaʒ/ NM (= exécution, pendaison) lynching; (= coups) beating ◆ **il a fait l'objet d'un lynchage médiatique** he was torn to pieces by the media
lyncher /lɛ̃ʃe/ SYN ▸ conjug 1 ◂ VT (= tuer, pendre) to lynch; (= malmener) to beat up ◆ **je vais me faire lyncher si je rentre en retard*** they'll lynch ou kill me if I come home late
lyncheur, -euse /lɛ̃ʃœʀ, øz/ NM,F aggressor; (= bourreau) lyncher
lynx /lɛ̃ks/ NM lynx; → œil

Lyon /ljɔ̃/ N Lyon(s)
lyonnais, e /ljɔnɛ, ɛz/
ADJ of ou from Lyon(s)
NM (= région) ◆ **le Lyonnais** the Lyon(s) region
NM,F **Lyonnais(e)** inhabitant ou native of Lyon(s)
lyophile /ljɔfil/ ADJ lyophilic
lyophilisation /ljɔfilizasjɔ̃/ NF freeze-drying, lyophilization (SPEC)
lyophiliser /ljɔfilize/ ▸ conjug 1 ◂ VT to freeze-dry, to lyophilize (SPÉC) ◆ **café lyophilisé** freeze-dried coffee
lyre /liʀ/ NF lyre
lyrique /liʀik/ SYN
ADJ 1 (Poésie) lyric
2 (Mus, Théât) [ouvrage, représentation, répertoire] operatic; [saison] opera (épith); [ténor, soprano] lyric, operatic ◆ **l'art lyrique** opera ◆ **artiste lyrique** opera singer ◆ **théâtre** ou **scène lyrique** opera house ◆ **comédie/tragédie lyrique** comic/tragic opera ◆ **spectacle lyrique** opera; → **envolée**
3 (= exalté) [film, style] lyrical ◆ **il a été lyrique sur le sujet** he waxed lyrical on the topic
NM 1 (Mus, Théât) ◆ **le lyrique** opera
2 (= poète) lyric poet
lyriquement /liʀikmɑ̃/ ADV lyrically
lyrisme /liʀism/ SYN NM (Littérat, Poésie) lyricism ◆ **s'exprimer avec lyrisme sur** (= exaltation) to wax lyrical about, to enthuse over ◆ **film plein de lyrisme** lyrical film
lys /lis/ NM ⇒ **lis**
lysat /liza/ NM lysate
lyse /liz/ NF lysis
lyser /lize/ ▸ conjug 1 ◂ VT to lyse
lysergamide /lizɛʀgamid/ NM lysergamide
lysergide /lizɛʀʒid/ NM lysergide
lysergique /lizɛʀʒik/ ADJ ◆ **acide lysergique diéthylamide** lysergic acid diethylamide
lysine /lizin/ NF (= acide aminé) lysine; (= anticorps) lysin
lysosome /lizozom/ NM lysosome
lysozyme /lizozim/ NM lysozyme
lytique /litik/ ADJ lytic ◆ **cocktail lytique** lethal cocktail

M

M, m¹ /ɛm/ NM (= lettre) M, m ◆ **M6** private television channel broadcasting mainly serials and music programmes

m² (abrév de **mètre**) m ◆ **m²** (abrév de **mètre carré**) m², sq. m. ◆ **m³** (abrév de **mètre cube**) m³, cu. m.

M. (abrév de **Monsieur**) Mr ◆ **M. Dupond** Mr Dupond

m' /m/ → me

MA /ɛma/ NMF (abrév de **maître auxiliaire**) → maître

ma /ma/ ADJ POSS → mon

Maastricht /mastʀiʃt/ N ◆ **le traité/les accords de Maastricht** the Maastricht Treaty/agreement ◆ **répondre aux critères de Maastricht** to meet the Maastricht criteria (for economic and monetary union)

maastrichtien, -ienne /mastʀiʃtjɛ̃, jɛn/
ADJ Maastricht (épith)
NM,F **Maastrichtien(ne)** inhabitant ou native of Maastricht

maboul, e* † /mabul/
ADJ crazy*
NM,F loony*, crackpot*

mac* ‡ /mak/ NM (= souteneur) pimp

macabre /makɑbʀ/ SYN ADJ [histoire, découverte] macabre, gruesome; [goûts, humour] macabre, ghoulish; → danse

macache* † /makaʃ/ ADV nothing doing! ◆ **macache ! tu ne l'auras pas** nothing doing!* ou not bloody likely!* (Brit) you're not getting it ◆ **macache (bono) ! il n'a pas voulu** nothing doing!* ou not a chance!* he wouldn't have it

macadam /makadam/ SYN NM [de pierres] macadam; [de goudron] tarmac(adam) ® (Brit), blacktop (US) ◆ **sur le macadam** [de rue] on the road; [d'aéroport] on the tarmac ◆ **sur le macadam parisien** on the streets of Paris

macadamia /makadamja/ NM ◆ **noix de macadamia** macadamia nut

macadamisage /makadamizaʒ/ NM, **macadamisation** /makadamizasjɔ̃/ NF (= empierrement) macadamization, macadamizing; (= goudronnage) tarmacking

macadamiser /makadamize/ ▸ conjug 1 ◂ VT (= empierrer) to macadamize; (= goudronner) to tarmac ◆ **chaussée** ou **route macadamisée** macadamized ou tarmac road

macaque /makak/ NM (= singe) macaque ◆ **macaque rhésus** rhesus monkey ◆ **qui est ce (vieux) macaque ?*** (péj) who's that ugly (old) ape?‡

macareux /makaʀø/ NM ◆ **macareux (moine)** puffin

macaron /makaʀɔ̃/ NM ①(Culin) macaroon
②(= insigne) (round) badge; (= autocollant) (round) sticker; (* = décoration) medal, gong* ◆ **macaron publicitaire** publicity badge; (sur voiture) advertising sticker
③(Coiffure) ◆ **macarons** coils, earphones*

macaroni /makaʀɔni/ NM ①(Culin) piece of macaroni ◆ **macaronis** macaroni ◆ **macaroni(s) au gratin** macaroni cheese (Brit), macaroni and cheese (US)
②(injurieux) ◆ **macaroni, mangeur de macaronis***‡(= Italien) Eyeti(e)‡ (injurieux)

macaronique /makaʀɔnik/ ADJ (Poésie) macaronic

Maccabées /makabe/ NMPL ◆ **les Maccabées** the Maccabees

maccarthysme /makkaʀtism/ NM McCarthyism

maccarthyste /makkaʀtist/ ADJ, NMF McCarthyist

macchabée‡ /makabe/ NM stiff‡, corpse

macédoine /masedwan/ NF ①(Culin) ◆ **macédoine de légumes** diced mixed vegetables, macedoine (of vegetables) ◆ **macédoine de fruits** (gén) fruit salad; (en boîte) fruit cocktail
②(Géog) ◆ **Macédoine** Macedonia

macédonien, -ienne /masedɔnjɛ̃, jɛn/
ADJ Macedonian
NM,F **Macédonien(ne)** Macedonian

macérateur /maseʀatœʀ, tʀis/ NM macerater

macération /maseʀasjɔ̃/ NF ①(= procédé) maceration, soaking; (= liquide) marinade ◆ **pendant leur macération dans le vinaigre** while they are soaking in vinegar ◆ **arroser la viande avec le cognac de macération** baste the meat with the brandy in which it has been marinated
②(Rel = mortification) mortification, scourging (of the flesh) ◆ **s'infliger des macérations** to scourge one's body ou flesh

macérer /maseʀe/ ▸ conjug 6 ◂
VT ①(Culin) to macerate, to soak ◆ **cerises macérées dans l'eau de vie** cherries macerated in brandy
②(Rel) ◆ **macérer sa chair** (= mortifier) to mortify one's ou the flesh
VI ①(Culin) ◆ **faire** ou **laisser macérer** to macerate, to soak
②(péj) ◆ **macérer dans son ignorance** to wallow in one's ignorance ◆ **laisser macérer qn (dans son jus)*** (= le faire attendre) to let sb stew in his own juice*

macfarlane /makfaʀlan/ NM (= manteau) Inverness cape

Mach /mak/ NM Mach ◆ **voler à Mach 2** to fly at Mach 2 ◆ **nombre de Mach** Mach (number)

machaon /makaɔ̃/ NM swallowtail butterfly

mâche /maʃ/ NF corn salad, lambs' lettuce

mâchefer /maʃfɛʀ/ NM clinker (NonC), cinders

mâcher /maʃe/ SYN ▸ conjug 1 ◂ VT [personne] to chew; (avec bruit) to munch; [animal] to chomp; (Tech) (= couper en déchirant) to chew up ◆ **il faut lui mâcher tout le travail** you have to do half his work for him ou to spoon-feed him* ◆ **il ne mâche pas ses mots** he doesn't mince his words; → papier

machette /maʃɛt/ NF machete

Machiavel /makjavɛl/ NM Machiavelli

machiavélique /makjavelik/ SYN ADJ Machiavellian

machiavélisme /makjavelism/ NM Machiavell(ian)ism

mâchicoulis /maʃikuli/ NM machicolation ◆ **à mâchicoulis** machicolated

machin* /maʃɛ̃/ NM ①(= chose) (dont le nom échappe) what-d'you-call-it*, thingummyjig* (Brit), thingamajig* (US), whatsit* (Brit); (qu'on n'a jamais vu avant) thing, contraption; (qu'on ne prend pas la peine de nommer) thing ◆ **passe-moi ton machin** give me your thingy* ◆ **les antibiotiques ! il faut te méfier de ces machins-là** antibiotics! you should beware of those things ◆ **espèce de vieux machin !** (péj) doddering old fool!*
②(= personne) ◆ **Machin (chouette), Machin (chose)** what's-his-name*, what-d'you-call-him*, thingumabob* ◆ **hé ! Machin !** hey (you), what's-your-name!* ◆ **le père/la mère Machin** Mr/Mrs what's-his-/her-name*; → aussi Machine

machinal, e (mpl **-aux**) /maʃinal, o/ SYN ADJ (= automatique) mechanical, automatic; (= instinctif) automatic, unconscious

machinalement /maʃinalmɑ̃/ ADV (= automatiquement) mechanically, automatically; (= instinctivement) unconsciously ◆ **il regarda machinalement sa montre** he looked at his watch without thinking ◆ **j'ai fait ça machinalement** I did it automatically ou without thinking

machination /maʃinasjɔ̃/ SYN NF (= complot) plot, conspiracy; (= coup monté) put-up job*, frame-up* ◆ **je suis victime d'une machination** I've been framed* ◆ **être victime d'une machination politique** to be a victim of a political conspiracy ou political machinations

Machine* /maʃin/ NF (= personne) what's-her-name*, what-d'you-call-her* ◆ **hé ! Machine !** hey! (you) – what's-your-name!*; → aussi machin

machine /maʃin/ SYN
NF ①(Tech) machine; (= locomotive) engine, locomotive; (= avion) plane, machine; (* = bicyclette, moto) bike*, machine; (= ordinateur) machine ◆ « **La Machine à explorer le temps** » (Littérat) "The Time Machine" ◆ **il n'est qu'une machine à penser** he's nothing more than a sort of thinking machine ◆ **la machine est usée/fatiguée** (= corps) the old body is wearing out/getting tired; → salle
②(= lave-linge) (washing) machine; (= lessive) washing ◆ **faire une machine/trois machines** to do a load of washing/three loads of washing ◆ **ça va en machine** it's machine-washable ◆ **laver/passer qch en** ou **à la machine** to wash/put sth in the (washing) machine
③(= structure) machine; (= processus) machinery ◆ **la machine politique/parlementaire** the political/parliamentary machine ◆ **la machine de l'État** the machinery of state ◆ **la machine humaine** the human body ◆ **la machine administrative** the bureaucratic machine ou machinery ◆ **une grosse machine hollywoodienne** (= film) a Hollywood blockbuster*
④[de navire] engine ◆ **faire machine arrière** (lit) to go astern; (fig) to back-pedal; → salle

LOC ADV à la machine ♦ faire qch à la machine to machine sth, to do sth on a machine ♦ fait à la machine machine-made, done *ou* made on a machine ♦ cousu/tricoté à la machine machine-sewn/-knitted; → taper
COMP machine à adresser addressing machine
machine à affranchir franking machine
machine agricole agricultural machine
machine à café coffee machine
machine à calculer calculating machine
machine à coudre sewing machine
machine à écrire typewriter
machine de guerre machine of war, instrument of warfare
machine infernale † time bomb, (explosive) device
machine à laver washing machine
machine à laver séchante washer-dryer
machine à laver la vaisselle dishwasher
machine simple simple machine
machine à sous (de jeu) slot machine, one-armed bandit (Brit), fruit machine (Brit); (= distributeur automatique) slot *ou* vending machine
machine à timbrer ⇒ machine à affranchir
machine à tisser power loom
machine à *ou* de traitement de texte word processor
machine à tricoter knitting machine
machine à vapeur steam engine
machine volante flying machine

machine-outil (pl **machines-outils**) /maʃinuti/ NF machine tool

machiner /maʃine/ ► conjug 1 ◄ VT [+ trahison] to plot; [+ complot] to hatch ♦ **tout était machiné d'avance** the whole thing was fixed beforehand *ou* was prearranged, it was all a put-up job * ♦ **c'est lui qui a tout machiné** he engineered the whole thing ♦ **qu'est-ce qu'il est en train de machiner ?** what's he cooking up? * *ou* hatching? *

machinerie /maʃinʀi/ NF ① (= équipement) machinery, plant (NonC)
② (= salle dans un navire) engine room; (= atelier) machine room

machine-transfert (pl **machines-transferts**) /maʃintʀɑ̃sfɛʀ/ NF automated machine tool

machinisme /maʃinism/ NM mechanization

machiniste /maʃinist/ NMF (*Théât*) scene shifter, stagehand; (*Ciné*) grip; (*Transport*) driver ♦ « **faire signe au machiniste** » ≈ "request stop"

machisme /ma(t)ʃism/ NM (= sexisme) male chauvinism

machiste /ma(t)ʃist/ SYN ADJ (male) chauvinist

machmètre /makmɛtʀ/ NM Machmeter

macho * /matʃo/
ADJ [comportement] macho, male chauvinist (épith) ♦ **il est (un peu) macho** he's a (bit of a) male chauvinist *
NM (d'apparence physique) macho man; (sexiste) male chauvinist ♦ **sale macho !** male chauvinist pig! *

mâchoire /mɑʃwaʀ/ NF (Anat, Tech) jaw ♦ **mâchoires de frein** brake shoes; → **bâiller**

mâchonnement /mɑʃɔnmɑ̃/ NM chewing; (Méd) bruxism (SPÉC)

mâchonner /mɑʃɔne/ ► conjug 1 ◄ VT [personne] to chew (at); [cheval] to munch ♦ **mâchonner son crayon** to chew *ou* bite one's pencil

mâchouiller * /mɑʃuje/ ► conjug 1 ◄ VT to chew (away) at *ou* on

mâchurer /mɑʃyʀe/ ► conjug 1 ◄ VT ① (= salir) [+ papier, habit] to stain (black); [+ visage] to blacken; (Typographie) to mackle, to blur
② (Tech = écraser) to dent
③ (= mâcher) to chew

macle[1] /makl/ NF (= plante) water chestnut

macle[2] /makl/ NF (= cristal) twin, macle; (Héraldique) mascle

maclé, e /makle/ ADJ [cristal] twinned, hemitrope

maçon /masɔ̃/ NM ① (gén) builder; (qui travaille la pierre) (stone) mason; (qui pose les briques) bricklayer ♦ **ouvrier** *ou* **compagnon maçon** builder's mate (Brit) *ou* helper (US)
② ⇒ **franc-maçon**

maçonnage /masɔnaʒ/ NM ① (= travail) building; (en briques) bricklaying
② (= ouvrage) (en pierres) masonry, stonework; (en briques) brickwork; (= revêtement) facing

maçonne /masɔn/ ADJ F → abeille, fourmi

maçonner /masɔne/ ► conjug 1 ◄ VT (= construire) to build; (= consolider) to build up; (= revêtir) to face; (= boucher) (avec briques) to brick up; (avec pierres) to block up (with stone) ♦ **la partie maçonnée** the part made of bricks, the brickwork

maçonnerie /masɔnʀi/ NF ① (= ouvrage) [de pierres] masonry, stonework; [de briques] brickwork ♦ **maçonnerie de béton** concrete ♦ **maçonnerie en blocage** *ou* **de moellons** rubble work
② (= travail) building; (avec briques) bricklaying ♦ **entrepreneur/entreprise de maçonnerie** building contractor/firm ♦ **grosse maçonnerie** erection of the superstructure ♦ **petite maçonnerie** finishing and interior building
③ ⇒ **franc-maçonnerie**

maçonnique /masɔnik/ ADJ masonic, Masonic

macoute /makut/ ADJ (terme d'Haïti) [groupe, prison] Macoute ♦ **(tonton) macoute** Macoute, member of the Tonton Macoute(s)

macramé /makʀame/ NM macramé ♦ **en macramé** macramé (épith)

macre /makʀ/ NF → **macle**[1]

macreuse /makʀøz/ NF ① (= viande) shoulder of beef
② (= oiseau) scoter

macro /makʀo/
PRÉF ♦ **macro(-)** macro(-)
NF (Ordin) macro (instruction)

macrobiote /makʀɔbjɔt/ ADJ practising macrobiotics

macrobiotique /makʀɔbjɔtik/
ADJ macrobiotic
NF macrobiotics (sg)

macrocéphale /makʀosefal/ ADJ macrocephalic

macrocéphalie /makʀosefali/ NF macrocephaly, macrocephalia

macrocosme /makʀokɔsm/ NM macrocosm

macrocosmique /makʀokɔsmik/ ADJ macrocosmic

macrocyste /makʀosist/, **macrocystis** /makʀosistis/ NM (= algue) macrocystis

macrocyte /makʀosit/ NM macrocyte

macrodécision /makʀodesizjɔ̃/ NF large-scale decision

macro-économie /makʀoekɔnɔmi/ NF macroeconomics (sg)

macro-économique /makʀoekɔnɔmik/ ADJ macroeconomic

macroglobuline /makʀoglɔbylin/ NF macroglobulin

macroglobulinémie /makʀoglɔbylinemi/ NF macroglobulinaemia (Brit), macroglobulinemia (US)

macrographie /makʀogʀafi/ NF macrography

macrographique /makʀogʀafik/ ADJ macrographic

macro-instruction /makʀoɛ̃stʀyksjɔ̃/ NF macro instruction

macromoléculaire /makʀomolekylɛʀ/ ADJ macromolecular

macromolécule /makʀomolekyl/ NF macromolecule

macrophage /makʀofaʒ/
ADJ macrophagic
NM macrophage

macrophotographie /makʀofotogʀafi/ NF macrophotography

macropode /makʀopɔd/
ADJ macropodous
NM paradise fish

macroscélide /makʀoselid/ NM elephant shrew

macroscopique /makʀoskɔpik/ ADJ macroscopic

macroséisme /makʀoseism/ NM major earthquake, macroseism (SPÉC)

macrosporange /makʀospɔʀɑ̃ʒ/ NM megasporangium, macrosporangium

macrospore /makʀospɔʀ/ NF megaspore, macrospore

macrostructure /makʀostʀyktyʀ/ NF macrostructure

macroure /makʀuʀ/ NM macruran

macula /makyla/ NF macula

maculage /makylaʒ/ NM ① (gén) maculation
② (Typographie) (= action) offsetting; (= tache) offset, set-off

macule /makyl/ NF ① [d'encre] smudge
② (Astron, Méd) macula
③ (Typo) (= feuille intercalaire) interleaf

maculer /makyle/ SYN ► conjug 1 ◄ VT ① (= salir) to stain (de with) ♦ **chemise maculée de boue/sang** shirt spattered *ou* covered with mud/blood
② (d'encre) to smudge, to mackle (SPÉC)

Madagascar /madagaskaʀ/ N Madagascar ♦ **République démocratique de Madagascar** Malagasy Republic

Madame /madam/ (pl **Mesdames** /medam/) NF
① (s'adressant à qn) ♦ **bonjour Madame** (gén) good morning; (nom connu) good morning, Mrs X; (frm) good morning, Madam ♦ **bonjour Mesdames** good morning ♦ **Madame, vous avez oublié quelque chose** excuse me *ou* Madam (frm) you've forgotten something ♦ **Mesdames** (devant un auditoire) ladies ♦ **Mesdames, Mesdemoiselles, Messieurs** ladies and gentlemen ♦ **Madame la Présidente** [de société, assemblée] Madam Chairman; [de gouvernement] Madam President ♦ **oui, Madame la Générale/la Marquise** yes Mrs X/Madam ♦ **Madame !** (Scol) please Mrs X!, please Miss! ♦ **et pour (vous) Madame ?** (au restaurant) and for (you) madam? ♦ **Madame est servie** (frm) dinner is served (Madam) ♦ **Madame n'est pas contente !** (iro) her ladyship *ou* Madam isn't pleased! (iro)
② (parlant de qn) ♦ **Madame X est malade** Mrs X is ill ♦ **Madame votre mère** † your dear *ou* good mother ♦ **Madame est sortie** (frm) Madam *ou* the mistress is not at home ♦ **je vais le dire à Madame** (parlant à un visiteur) I'll inform Madam (frm) *ou* Mrs X; (parlant à un autre employé de maison) I'll tell Mrs X *ou* the missus * † ♦ **Madame dit que c'est à elle** the lady says it belongs to her ♦ **Madame la Présidente** (en adresse) Madam Chairman ♦ **veuillez vous occuper de Madame** please attend to this lady('s requirements)
③ (sur une enveloppe) ♦ **Madame X** Mrs X ♦ **Madame veuve X** (Admin) Mrs X, widow of the late John etc X ♦ **Mesdames X** the Mrs X ♦ **Mesdames X et Y** Mrs X and Mrs Y ♦ **Monsieur X et Madame** Mr and Mrs X ♦ **Madame la Maréchale** X Mrs X ♦ **Madame la Marquise de X** the Marchioness of X ♦ **Mesdames les employées de la comptabilité** (the ladies on) the staff of the accounts department
④ (en-tête de lettre) Dear Madam ♦ **Chère Madame** Dear Mrs X ♦ **Madame, Mademoiselle, Monsieur** (Admin) Dear Sir or Madam ♦ **Madame la Maréchale/Présidente/Duchesse** Dear Madam
⑤ (Hist) Madame (title given to female members of the French royal family)
⑥ (sans majuscule, pl **madames** : souvent péj) lady ♦ **jouer à la madame** to play the fine lady, to put on airs and graces ♦ **toutes ces (belles) madames** all these fine ladies ♦ **c'est une petite madame maintenant** she's quite a (grown-up) young lady now

madapolam /madapolam/ NM madpol(l)am

made in /mɛdin/ LOC ADJ (Comm) made in ♦ **la machine est made in Germany** the machine is German-made *ou* made in Germany ♦ **le prestige du made in France** the prestige of French brand names ♦ **des habitudes made in USA** typically American habits

Madeleine /madlɛn/ NF Magdalen(e), Madel(e)ine; → **pleurer**

madeleine /madlɛn/ NF (Culin) madeleine ♦ **c'est la madeleine de Proust** (fig) it brings back a flood of memories

Madelon /madlɔ̃/ NF ♦ **la Madelon** old French song popular during World War I

Mademoiselle /madmwazɛl/ (pl **Mesdemoiselles** /medmwazɛl/) NF ① (s'adressant à qn) ♦ **bonjour Mademoiselle** (gén) good morning; (nom connu : frm) good morning, Miss X ♦ **bonjour Mesdemoiselles** good morning ladies; (jeunes filles) good morning young ladies ♦ **Mademoiselle, vous avez oublié quelque chose** excuse me miss, you've forgotten something ♦ **et pour vous Mademoiselle ?** (au restaurant) and for the young lady?, and for you, miss? ♦ **Mesdemoiselles** (devant un auditoire) ladies ♦ **Mademoiselle n'est pas contente !** her ladyship isn't pleased!

madère | **magnétoscope**

② (parlant de qn) ◆ **Mademoiselle X est malade** Miss X is ill ◆ **Mademoiselle votre sœur** † your dear sister ◆ **Mademoiselle est sortie** (frm) the young lady (of the house) is out ◆ **je vais le dire à Mademoiselle** I shall tell Miss X ◆ **Mademoiselle dit que c'est à elle** the young lady says it's hers

③ (sur une enveloppe) ◆ **Mademoiselle X** Miss X ◆ **Mesdemoiselles X** the Misses X ◆ **Mesdemoiselles X et Y** Miss X and Miss Y

④ (en-tête de lettre) Dear Madam ◆ **Chère Mademoiselle** Dear Miss X

⑤ (Hist) Mademoiselle (title given to the nieces of the French King)

madère /madɛʀ/
NM Madeira (wine); → **sauce**
NF **Madère** ◆ **(l'île de) Madère** Madeira

madériser (se) /madeʀize/ ▸ conjug 1 ◂ **VPR** [eau-de-vie, vin] to maderize

Madone /madɔn/ **NF** ① (Art, Rel) Madonna
② (= beauté) ◆ **madone** beautiful woman, Madonna-like woman ◆ **elle a un visage de madone** she has the face of a Madonna

madrague /madʀag/ **NF** madrague

madras /madʀas/
NM (= étoffe) madras (cotton); (= foulard) (madras) scarf
N **Madras** Madras

madré, e /madʀe/ **ADJ** ① (littér = malin) crafty, wily, sly ◆ **c'est une petite madrée !** (hum) she's a crafty ou fly* (Brit) one! (hum)
② [bois] whorled

madréporaires /madʀepɔʀɛʀ/ **NMPL** ◆ **les madréporaires** madreporians, the Madrepora (SPÉC)

madrépore /madʀepɔʀ/ **NM** madrepore ◆ **les madrépores** madrepores, Madrepora (SPÉC)

madréporique /madʀepɔʀik/ **ADJ** madreporal, madreporic

Madrid /madʀid/ **N** Madrid

madrier /madʀije/ **NM** (Constr) beam

madrigal (pl **-aux**) /madʀigal, o/ **NM** (Littérat, Mus) madrigal; († = propos galant) compliment

madrigaliste /madʀigalist/ **NMF** madrigalist

madrilène /madʀilɛn/
ADJ of ou from Madrid
NMF **Madrilène** inhabitant ou native of Madrid

maelström, maelstrom /malstʀɔm/ **SYN NM** (lit, fig) maelstrom

maestoso /maɛstozo/ **ADV** maestoso

maestria /maɛstʀija/ **SYN NF** (masterly) skill, mastery (à faire qch in doing sth) ◆ **avec maestria** brilliantly, with consummate skill

maestro /maɛstʀo/ **NM** (Mus) maestro

mafflu, e /mafly/ **ADJ** (littér) [visage, joues] round, full; [personne] chubby(-cheeked ou -faced)

maf(f)ia /mafja/ **NF** ① ◆ **la Maf(f)ia** the Maf(f)ia
② [de bandits, trafiquants] gang, ring ◆ **c'est une vraie maf(f)ia !** what a bunch* ou shower* (Brit) of crooks! ◆ **maf(f)ia d'anciens élèves** old boy network

maf(f)ieux , -ieuse /mafjø, jøz/
ADJ Mafia (épith) ◆ **pratiques maf(f)ieuses** Mafia-like practices
NM,F maf(f)ioso

maf(f)ioso /mafjozo/ (pl **maf(f)iosi**/mafjozi/) **NM** maf(f)ioso

magasin /magazɛ̃/ **SYN**
NM ① (= boutique) shop, store; (= entrepôt) warehouse ◆ **grand magasin** department store ◆ **faire ou courir les magasins** to go shopping, to go (a)round ou do* the shops ◆ **nous ne l'avons pas en magasin** we haven't got it in stock; → **chaîne**
② [de fusil, appareil-photo] magazine
COMP **magasin des accessoires** (Théât) prop room
magasin d'alimentation grocery store
magasin d'armes armoury
magasin (d'articles) de sport sports shop (Brit), sporting goods store (US)
magasin de confection (ready-to-wear) dress shop ou tailor's, clothing store (US)
magasin des décors (Théât) scene dock
magasins généraux (Comm, Jur) bonded warehouse
magasin à grande surface supermarket, hypermarket (Brit)
magasin d'habillement (Mil) quartermaster's stores
magasin à succursales (multiples) chain store
magasin d'usine factory shop ou outlet
magasin de vivres (Mil) quartermaster's stores

magasinage /magazinaʒ/ **NM** ① (Comm) warehousing ◆ **frais de magasinage** storage costs
② (Can) shopping ◆ **faire son magasinage** to do one's shopping

magasiner /magazine/ ▸ conjug 1 ◂ **VI** (Can) to go shopping

magasinier /magazinje/ **NM** [d'usine] storekeeper, storeman; [d'entrepôt] warehouseman

magazine /magazin/ **SYN NM** ① (Presse) magazine ◆ **magazine de luxe** glossy* (magazine)
② (TV, Radio) magazine (programme (Brit) ou program (US)) ◆ **magazine féminin/pour les jeunes** women's/children's programme ◆ **magazine d'actualités** news magazine ◆ **magazine d'information** current affairs programme

magdalénien, -ienne /magdalenjɛ̃, jɛn/
ADJ Magdalenian
NM ◆ **le Magdalénien** the Magdalenian

mage /maʒ/ **NM** (Antiq, fig) magus; (= devin, astrologue) witch ◆ **les (trois) Rois mages** (Rel) the Magi, the (Three) Wise Men, the Three Kings

Magellan /maʒelɑ̃/ **NM** Magellan ◆ **le détroit de Magellan** the Strait of Magellan ◆ **les nuages de Magellan** the Magellanic Clouds

magenta /maʒɛta/ **ADJ INV, NM** magenta

Maghreb /magʀɛb/ **NM** ◆ **le Maghreb** the Maghreb, North Africa

maghrébin, e /magʀebɛ̃, in/
ADJ of ou from the Maghreb ou North Africa
NM,F **Maghrébin(e)** North African

magicien, -ienne /maʒisjɛ̃, jɛn/ **SYN NM,F** (= illusionniste) magician, conjuror; (= sorcier) magician; (= sorcière) enchantress; (fig) wizard, magician ◆ **c'est un magicien du verbe** ou **des mots** he's a wizard ou magician with words

magie /maʒi/ **SYN NF** magic ◆ **magie blanche/noire** white/black magic ◆ **la magie du verbe** the magic of words ◆ **comme par magie** like magic, (as if) by magic ◆ **c'est de la magie** it's (like) magic ◆ **faire de la magie** [prestidigitateur] to perform ou do magic tricks

Maginot /maʒino/ **NM** ◆ **la ligne Maginot** the Maginot Line

magique /maʒik/ **SYN ADJ** [mot, baguette, pouvoir] magic; (= enchanteur) [spectacle] magical; → **lanterne**

magiquement /maʒikmɑ̃/ **ADV** magically ◆ **le portail s'ouvrit magiquement** the gate opened as if by magic

magister † /maʒistɛʀ/ **NM** (village) schoolmaster; (péj) pedant

magistère /maʒistɛʀ/ **NM** ① (Univ) diploma taken over 3 years after completing 2 years at university, usually in vocational subjects, ≈ master's degree
② (Rel) magisterium
③ (Alchimie) magistery

magistral, e (mpl **-aux**) /maʒistʀal, o/ **SYN ADJ**
① [œuvre] masterly, brilliant; [réussite, démonstration] brilliant; [adresse] masterly ◆ **elle est magistrale dans le rôle de Phèdre** she's brilliant as Phèdre ◆ **son interprétation du concerto fut magistrale** he gave a brilliant performance of the concerto ◆ **de façon magistrale** brilliantly ◆ **ça a été une leçon magistrale de football** it was a brilliant demonstration of how to play football
② [ton] authoritative, masterful ◆ **cours magistral** (Univ) lecture ◆ **enseignement magistral** lecturing
③ (intensif) [victoire, réussite] magnificent
④ (Pharm) magistral
⑤ (Tech) ◆ **ligne magistrale** magistral line

magistralement /maʒistʀalmɑ̃/ **ADV** brilliantly ◆ **réussir magistralement qch** to make a brilliant job of sth ◆ **le film est magistralement interprété** the film is beautifully acted

magistrat, e /maʒistʀa, at/ **NM,F** (Jur) (gén) magistrate; (= juge) judge ◆ **magistrat du parquet** public prosecutor (Brit), prosecuting ou district attorney (US) ◆ **magistrat du siège** judge ◆ **magistrat municipal** town councillor ◆ **c'est le premier magistrat de France/du département** he holds the highest public office in France/the department ◆ **magistrat militaire** judge advocate

magistrature /maʒistʀatyʀ/ **NF** ① (Jur) magistracy, magistrature ◆ **la magistrature assise** ou **du siège** the judges, the bench ◆ **la magistrature debout** ou **du parquet** the state prosecutors ◆ **entrer dans la magistrature** to be appointed a judge (ou a state prosecutor)
② (Admin, Pol) public office ◆ **la magistrature suprême** the supreme ou highest office

magma /magma/ **SYN NM** (Chim, Géol) magma; (= mélange) jumble, muddle

magmatique /magmatik/ **ADJ** magmatic

magnanerie /maɲanʀi/ **NF** (= local) magnanerie, silk-worm breeding establishment; (= sériciculture) silk-worm breeding

magnanier, -ière /maɲanje, jɛʀ/ **NM,F** silkworm breeder

magnanime /maɲanim/ **SYN ADJ** magnanimous ◆ **se montrer magnanime** to show magnanimity

magnanimement /maɲanimmɑ̃/ **ADV** magnanimously

magnanimité /maɲanimite/ **NF** magnanimity

magnat /magna/ **SYN NM** tycoon, magnate ◆ **magnat de la presse/de la télévision** press/television baron ou lord ou tycoon ◆ **magnat de l'audiovisuel** broadcasting tycoon ◆ **magnat du pétrole** oil tycoon ou magnate

magner (se) * /maɲe/ ▸ conjug 1 ◂ **VPR** to get a move on*, to hurry up ◆ **on a intérêt à se magner** we'd better get cracking* ◆ **magne-toi (le train** ou **le popotin) !** get a move on!*, get moving!* ◆ **magne-toi le cul !*:*** shift your arse!* (Brit) ou ass!* (US)

magnésie /maɲezi/ **NF** magnesia

magnésien, -ienne /maɲezjɛ̃, jɛn/ **ADJ** [roche, magma] magnesian ◆ **déficit magnésien** magnesium deficiency

magnésium /maɲezjɔm/ **NM** magnesium; → **éclair**

magnétique /maɲetik/ **SYN ADJ** (Phys, fig) magnetic; → **bande**¹

magnétisable /maɲetizabl/ **ADJ** ① (Phys) magnetizable
② (= sujet à l'hypnose) hypnotizable

magnétisant, e /maɲetizɑ̃, ɑ̃t/ **ADJ** magnetizing

magnétisation /maɲetizasjɔ̃/ **NF** ① (Phys) magnetization
② (= hypnose) mesmerization, hypnotization

magnétiser /maɲetize/ **SYN** ▸ conjug 1 ◂ **VT**
① (Phys) to magnetize
② (= hypnotiser) to mesmerize, to hypnotize

magnétiseur, -euse /maɲetizœʀ, øz/ **NM,F** (= hypnotiseur) hypnotizer; (= guérisseur) magnetic healer

magnétisme /maɲetism/ **SYN NM** (= charme, Phys) magnetism; (= hypnotisme) hypnotism, mesmerism ◆ **magnétisme terrestre** terrestrial magnetism ◆ **le magnétisme d'un grand homme** the magnetism ou charisma of a great man

magnétite /maɲetit/ **NF** lodestone, magnetite

magnéto¹ * /maɲeto/ **NM** abrév de **magnétophone**

magnéto² /maɲeto/ **NF** (Élec) magneto

magnétocassette /maɲetokasɛt/ **NM** cassette player ou recorder

magnétodynamique /maɲetodinamik/ **ADJ** fixed-magnet (épith)

magnétoélectrique /maɲetoelɛktʀik/ **ADJ** magnetoelectric

magnétohydrodynamique /maɲetoidʀodinamik/ **NF** magnetohydrodynamics (sg)

magnétomètre /maɲetomɛtʀ/ **NM** magnetometer

magnétomoteur, -trice /maɲetomɔtœʀ, tʀis/ **ADJ** [force] magnetomotive

magnéton /maɲetɔ̃/ **NM** magneton

magnétophone /maɲetɔfɔn/ **NM** tape recorder ◆ **magnétophone à cassette(s)** cassette recorder ◆ **enregistré au magnétophone** (tape-) recorded, taped

magnétoscope /maɲetɔskɔp/ **NM** (= appareil) video (tape ou cassette) recorder, VCR ◆ **enregistrer au magnétoscope** to video(-tape)

magnétosphère /maɲetɔsfɛʀ/ NF magnetosphere

magnétostriction /maɲetɔstʀiksjɔ̃/ NF magnetostriction

magnétron /maɲetʀɔ̃/ NM magnetron

magnificence /maɲifisɑ̃s/ NF (littér) ⓵ (= faste) magnificence, splendour
⓶ (= prodigalité) munificence (littér), lavishness

magnifier /maɲifje/ ► conjug 7 ◄ VT (littér) (= louer) to magnify (littér), to glorify; (= idéaliser) to idealize

magnifique /maɲifik/ SYN ADJ magnificent ◆ **magnifique !** fantastic!, great!* ◆ **il a été magnifique hier soir !** he was magnificent ou fantastic last night! ◆ **Soliman/Laurent le Magnifique** Suleiman/Lorenzo the Magnificent ◆ **« Gatsby le Magnifique »** (Littérat) "The Great Gatsby"

magnifiquement /maɲifikmɑ̃/ ADV magnificently

magnitude /maɲityd/ NF (Astron, Géol) magnitude ◆ **séisme de magnitude 7 sur l'échelle de Richter** earthquake measuring 7 ou of magnitude 7 on the Richter scale

magnolia /maɲɔlja/ NM magnolia

magnum /magnɔm/ NM magnum

magot /mago/ NM ⓵ (= singe) Barbary ape, magot
⓶ (= figurine) magot
⓷ (= somme d'argent) pile (of money)*, packet*; (= argent volé) loot; (= économies) savings, nest egg ◆ **ils ont amassé un joli magot** (gén) they've made a nice little pile * ou packet *; (économies) they've got a tidy sum put by ou a nice little nest egg ◆ **où ont-ils caché le magot ?** where did they stash * the loot?

magouillage* /maguja3/ NM, **magouille*** /maguj/ NF (péj) scheming ◆ **c'est le roi de la magouille** he's a born schemer ◆ **ça sent la magouille** there's some funny business * going on ◆ **magouillage électoral** pre-election scheming ◆ **magouilles politiques** political skulduggery ◆ **magouilles financières** financial wheeling and dealing * (NonC), sharp practice * (NonC) (Brit) ◆ **c'était une sombre magouille** it was a very shady deal

magouiller* /maguje/ SYN ► conjug 1 ◄
VI (péj) to wheel and deal * ◆ **il a dû magouiller pour avoir le permis de construire** he had to do a bit of wheeling and dealing * to get planning permission
VT **qu'est-ce qu'il magouille ?** what's he up to?*

magouilleur, -euse* /magujœʀ, øz/
ADJ (péj) crafty*
NM,F (péj) schemer (péj), crafty operator * (Brit)

magret /magʀɛ/ NM ◆ **magret (de canard)** fillet of duck, duck breast

magyar, e /magjaʀ/
ADJ Magyar
NM,F **Magyar(e)** Magyar

Mahabharata /maabaʀata/ NM ◆ **le Mahabharata** the Mahabharata

mahara(d)jah /maaʀa(d)ʒa/ NM Maharajah

maharani /ma(a)ʀani/, **maharané** /maaʀane/ NF Maharanee

mahatma /maatma/ NM mahatma

mahdi /madi/ NM Mahdi

mahdisme /madism/ NM Mahdism

mahdiste /madist/ ADJ, NMF Mahdist

mah-jong (pl **mah-jongs**) /maʒɔ̃g/ NM mah-jong(g)

Mahomet /maɔmɛt/ NM Mahomet, Mohammed

mahométan, -ane † /maɔmetɑ̃, an/ ADJ Mahometan, Mohammedan

mahométisme † /maɔmetism/ NM Mohammedanism

mahonia /maɔnja/ NM mahonia

mahorais, e /maɔʀɛ, ɛz/
ADJ of ou from Mayotte
NM,F **Mahorais(e)** inhabitant ou native of Mayotte

mahous* /maus/ ADJ ⇒ **maous**

mai /mɛ/ NM May ◆ **le joli mois de mai** the merry month of May ; *pour autres loc voir* **septembre** *et* **premier**

▪ **MAI 68**
Widespread unrest in 1968, both in French industry and among students, resulted in huge demonstrations in May and culminated in a general strike. The events were perceived both as a challenge to the established order and a utopian cry for freedom, though the government was not in fact overthrown and order soon returned. The term "soixante-huitard(e)" literally means a person who participated in the events, but used as an adjective it also refers to the kind of anarchistic and utopian ideals expressed by many of the demonstrators. These ideals are also effectively summed up in their best-known slogan, "sous les pavés, la plage" (literally, "under the paving stones there's a beach").

maïa /maja/ NM spider crab, maia (SPÉC)

maie /mɛ/ NF (= huche) bread box; (pour pétrir) dough trough

maïeuticien /majøtisjɛ̃/ NM male midwife

maïeutique /majøtik/ NF midwifery

maigre /mɛgʀ/ SYN
ADJ ⓵ [personne] thin, skinny (péj); [animal] thin, scraggy; [visage, joue] thin, lean; [membres] thin, scrawny (péj), skinny (péj) ◆ **maigre comme un clou** ou **un coucou** as thin as a rake ou a lath (Brit) ou a rail (US)
⓶ (Culin : après n) [bouillon] clear; [viande] lean; [fromage] low-fat
⓷ (Rel) ◆ **repas maigre** meal without meat ◆ **faire maigre (le vendredi)** (gén) to abstain from meat (on Fridays); (= manger du poisson) to eat fish (on Fridays) ◆ **le vendredi est un jour maigre** people don't eat meat on Fridays
⓸ (= peu important) [profit, revenu] meagre, small, slim; [ration, salaire] meagre, poor; [ressources, moyens, budget] meagre, scanty; [résultat] poor; [exposé, conclusion] sketchy, skimpy, slight; [espoir, chance] slim, slight; [public] sparse ◆ **comme dîner, c'est un peu maigre** it's a bit of a skimpy ou meagre dinner, it's not much of a dinner ◆ **c'est une maigre consolation** it's small consolation, it's cold comfort
⓹ (= peu épais) [végétation] thin, sparse; [récolte, terre] poor ◆ **un maigre filet d'eau** a thin trickle of water ◆ **avoir le cheveu maigre** (hum) to be a bit thin on top
⓺ (Typographie) ◆ **caractère maigre** light-faced letter
NMF ◆ **grand/petit maigre** tall/small thin person ◆ **les gros et les maigres** fat people and thin people ◆ **c'est une fausse maigre** she looks deceptively thin
NM ⓵ (Culin) (= viande) lean meat; (= jus) thin gravy
⓶ (Typographie) light face ◆ **en maigre** in light face
⓷ (= poisson) meagre

maigrelet, -ette /mɛgʀəlɛ, ɛt/
ADJ thin, scrawny, skinny ◆ **gamin maigrelet** skinny little kid*
NM ◆ **un petit maigrelet** a skinny little chap ou fellow ou man

maigrement /mɛgʀəmɑ̃/ ADV poorly, meagrely ◆ **la somme qu'on lui a maigrement allouée** the meagre sum that has been allotted to him

maigreur /mɛgʀœʀ/ SYN NF ⓵ [de personne] thinness, leanness; [d'animal] thinness, scrawniness, scragginess; [de membre] thinness, scrawniness, skinniness ◆ **il est d'une maigreur !** he's so thin! ou skinny! ◆ **d'une maigreur excessive** ou **extrême** extremely thin, emaciated
⓶ [de végétation] thinness, sparseness; [de sol] poverty; [de profit] meagreness, smallness, scantiness; [de salaire] meagreness, poorness; [de réponse, exposé] sketchiness, poverty; [de preuve, sujet, auditoire] thinness

maigrichon, -onne* /mɛgʀiʃɔ̃, ɔn/, **maigriot, -iotte*** /mɛgʀijo, ijɔt/ ADJ ⇒ **maigrelet**

maigrir /mɛgʀiʀ/ SYN ► conjug 2 ◄
VI to grow ou get thinner, to lose weight ◆ **je l'ai trouvé maigri** I thought he had got thinner ou he was thinner ou he had lost weight ◆ **il a maigri de visage** his face has got thinner ◆ **il a maigri de 5 kg** he has lost 5 kg ◆ **régime pour maigrir** reducing ou slimming (Brit) diet ◆ **se faire maigrir** to diet (to lose weight), to slim (Brit) ◆ **faire maigrir qn** to make sb lose weight
VT ⓵ ◆ **maigrir qn** [vêtement] to make sb look slim(mer); [maladie, régime] to make sb lose weight
⓶ (Tech) [+ pièce de bois] to thin

mail[1] /maj/ NM ⓵ (= promenade) mall †, tree-lined walk
⓶ († † = jeu, terrain) (pall-)mall; (= maillet) mall

mail[2] /mɛl/ NM (= courrier) e-mail

mailing /melin/ NM mailing ◆ **faire un mailing** to do a mailing ou a mailshot (Brit)

maillage /majaʒ/ NM ⓵ (Pêche) [de filet] meshing
⓶ (= quadrillage) ◆ **un système ferroviaire au maillage très lâche** a very loose railway network ◆ **le maillage complet du territoire avec des centres de soins** the creation of a network of clinics throughout the country ◆ **le maillage de la région par l'entreprise est insuffisant** the company has not set up enough outlets in the region

maillant /majɑ̃/ ADJ M ◆ **filet maillant** gill net

maille /maj/ SYN NF ⓵ (Couture) stitch ◆ **maille qui a filé** [de tissu, tricot] stitch which has run ◆ **maille filée** [de bas] run, ladder (Brit) ◆ **maille (à l')endroit** plain (stitch) ◆ **maille (à l')envers** purl (stitch) ◆ **une maille à l'endroit, une maille à l'envers** knit one, purl one ◆ **tissu à fines mailles** fine-knit material ◆ **la maille** (= tissu) knitwear; (= secteur économique) the knitwear industry
⓶ [de filet] mesh ◆ **passer entre** ou **à travers les mailles (du filet)** (lit, fig) to slip through the net ◆ **à larges/fines mailles** wide/fine mesh (épith)
⓷ [d'armure, grillage] link; → **cotte**
⓸ (locution) ◆ **avoir maille à partir avec qn** to get into trouble with sb, to have a brush with sb

maillé, e /maje/ (ptp de **mailler**) ADJ ⓵ [organisation] network-based ◆ **réseau maillé** dense ou closely-knit network ◆ **au niveau transports en commun, la région est maintenant maillée** the area now has an integrated public transport network
⓶ [oiseau] speckled; [poisson] netted

maillechort /majʃɔʀ/ NM nickel silver

mailler /maje/ ► conjug 1 ◄
VT ⓵ (Naut) [+ chaîne] to shackle; [+ filet] to mesh
⓶ [+ région] to create a network in
⓷ (Helv = tordre) to twist ◆ **se mailler de rire** to be doubled up ou bent double with laughter
VI ⓵ [poisson] to get netted
⓶ [oiseau] to show speckles

maillet /majɛ/ NM mallet

mailloche /majɔʃ/ NF ⓵ (= outil) beetle, maul
⓶ (Mus) bass drumstick

maillon /majɔ̃/ SYN NM ⓵ (lit, fig = anneau) link ◆ **il n'est qu'un maillon de la chaîne** he's just one link in the chain ◆ **c'est le maillon faible** it's the weak link (in the chain)
⓶ (= petite maille) small stitch

maillot /majo/ SYN
NM ⓵ (gén) vest (Brit), undershirt (US); [de danseur] leotard; [de footballeur] (football) shirt ou jersey; [de coureur, basketteur] singlet ◆ **s'épiler** ou **se faire le maillot** to do one's bikini line ◆ **maillot jaune** (Cyclisme) yellow jersey (worn by the leading cyclist in the Tour de France) ◆ **il est maillot jaune** he's the leader in the Tour (de France)
⓶ [de bébé] swaddling clothes (Hist), baby's wrap ◆ **enfant** ou **bébé au maillot** † babe in arms
COMP **maillot de bain** [d'homme] swimming ou bathing (Brit) trunks; [de femme] swimming ou bathing (Brit) costume, swimsuit ◆ **maillot de bain une pièce/deux pièces** one-piece/two-piece swimsuit
maillot de corps vest (Brit), undershirt (US)

---

main /mɛ̃/ SYN

1 - NOM FÉMININ
2 - ADVERBE
3 - COMPOSÉS

---

1 - NOM FÉMININ

⓵ [ANAT] hand ◆ **donner la main à qn, tenir la main** † ou **de qn** to hold sb's hand ◆ **donne-moi**

la main pour traverser give me your hand *ou* let me hold your hand to cross the street ◆ **ils se tenaient (par) la main** *ou* **se donnaient la main** they were holding hands ◆ **tu es aussi maladroit que moi, on peut se donner la main** *(fig)* you're as clumsy as me, we're two of a kind ◆ **il entra le chapeau à la main** he came in with his hat in his hand ◆ **il me salua de la main** he waved to me ◆ **il me fit adieu de la main** he waved goodbye to me ◆ **il m'a pris le plateau des mains** he took the tray from me ◆ **prendre qch des** *ou* **à deux mains/de la main gauche** to take sth with both hands/with one's left hand ◆ **à main droite/gauche** on the right-/left-hand side ◆ **applaudir/signer des deux mains** *(avec enthousiasme)* to applaud/sign enthusiastically ◆ **il y a main !** *(Football)* hands!, hand ball! ◆ **regarde, sans les mains !** look, no hands! ◆ **les mains en l'air !, haut les mains !** hands up!, stick 'em up!* ◆ **j'en mettrais ma main au feu** *ou* **ma main à couper** I'd stake my life on it ◆ **passer la main dans le dos à qn** *(fig)* to butter sb up* ◆ **ils se passaient la main dans le dos** they were patting one another on the back ◆ **la main sur le cœur** *(hum)* *[déclarer, protester]* hand on heart ◆ **il va prendre ma main sur la figure !*** he's going to get a smack in the face! ◆ **il lui a mis la main aux fesses*** *ou* **au panier*** *ou* **au cul*** he groped her behind* ◆ **prendre qn par la main** *(lit, fig)* to take sb by the hand ◆ **tu n'as qu'à te prendre par la main si tu veux que ça soit terminé plus vite** you'll just have to sort things out yourself if you want it finished more quickly ◆ **prends-toi par la main si tu n'es pas content** do it yourself if you're not happy ◆ **mettre la main à la poche** *(= payer)* to put one's hand in one's pocket ◆ **avoir deux mains gauches** to be all fingers and thumbs

◆ **de la main à la main** *[payer, verser]* directly *(without receipt)*

◆ **de main en main** *[passer, circuler]* from hand to hand ◆ **cette moto a passé de main en main depuis cinq ans** this motorbike has had a number of owners in the past five years

◆ **en main** ◆ **il se promenait, micro en main** he walked around holding the microphone *ou* with the microphone in his hand ◆ **ce livre est en main** *(= non disponible)* this book is in use *ou* is out ◆ **elle est en main*** *(= elle a un petit ami)* she's spoken for; → **clé, montre**[1]

◆ **(la) main dans la main** *(contact physique, collaboration)* hand in hand; *(complicité)* hand in glove

◆ **les mains dans les poches** *(lit)* with one's hands in one's pockets; *(= sans rien préparer)* unprepared

◆ **la main dans le sac** ◆ **on l'a pris la main dans le sac** he was caught red-handed *ou* in the act

◆ **sous la main** ◆ **avoir tout sous la main** to have everything to hand *ou* at hand *ou* handy ◆ **j'ai pris ce qui m'est tombé sous la main** I took whatever came to hand ◆ **ce papier m'est tombé sous la main** I came across this paper

2 [= INSTRUMENT DE L'ACTION, DU CHOIX] hand ◆ **être adroit/maladroit de ses mains** to be clever/clumsy with one's hands ◆ **il ne sait rien faire de ses mains** he's no good *ou* he's useless with his hands ◆ **d'une main experte** with an expert hand ◆ **dans cette affaire, on a cru voir la main de la CIA** the CIA was believed to have had a hand in *ou* some involvement in this affair ◆ **mettre la dernière main à qch** to put the finishing touches to sth ◆ **il a eu la main heureuse : il a choisi le numéro gagnant** he was lucky - he picked the winning number ◆ **en engageant cet assistant, on a vraiment eu la main heureuse** when we took on that assistant we really picked a winner ◆ **avoir la main légère** *(pour toucher, masser)* to have a light touch; *(pour diriger)* to be lenient ◆ **tu as eu la main légère avec le sel** you didn't put enough salt in ◆ **il a la main leste** he's free *ou* quick with his hands ◆ **laisser les mains libres à qn** to give sb a free hand *ou* rein ◆ **avoir les mains liées** to have one's hands tied ◆ **ce boucher a toujours la main lourde** this butcher always gives *ou* cuts you more than you ask for ◆ **le juge a eu la main lourde** the judge gave him *(ou her etc)* a stiff sentence ◆ **j'ai eu la main lourde avec le sel** I overdid the salt ◆ **mettre la main à la pâte** to lend a hand, to muck in* ◆ **il n'y va pas de main morte** he doesn't pull his punches ◆ **avoir la main verte** to have green fingers *(Brit)*, to have a green thumb *(US)* ; → **plein, quatre**

◆ **à la main** ◆ **fait à la main** *(gén)* handmade; *[artisanat]* handmade, handcrafted ◆ **écrit à la main** handwritten ◆ **cousu à la main** hand-sewn, hand-stitched

◆ **à main armée** ◆ **vol/attaque à main armée** armed robbery/attack

◆ **à main levée** *[vote]* *[voter]* on *ou* by a show of hands; *[dessin]* *[dessiner]* freehand

◆ **à mains nues** *[boxer]* without gloves; *[combattre]* with one's bare fists *ou* hands; *[combat]* bare-knuckle, bare-fisted

◆ **à sa** *(ou* **ma** *etc)* **main** ◆ **il faudrait être à sa main pour réparer ce robinet** you'd have to be able to get at this tap properly to mend it ◆ **je ne suis pas à ma main** I can't get a proper hold *ou* grip

◆ **de la main de** ◆ **dessin de la main de Cézanne** drawing by Cézanne ◆ **c'était (écrit) de sa main** it was in his hand(writing) ◆ **une lettre signée de sa main** a personally signed letter, a letter signed in his own hand

◆ **de main de maître** masterfully, expertly

◆ **en sous main** → **sous-main**

3 [= SYMBOLE D'AUTORITÉ, D'AIDE, DE POSSESSION] hand ◆ **la main de Dieu/du destin** the hand of God/of fate ◆ **il lui faut une main ferme** he needs a firm hand ◆ **une main de fer dans un gant de velours** an iron hand in a velvet glove ◆ **avoir la haute main sur qch** to have supreme control of sth ◆ **trouver une main secourable** to find a helping hand ◆ **donner la main à qn** *(= l'aider)* to give sb a hand ◆ **se donner la main** *(= s'aider)* to give one another a helping hand ◆ **tomber aux** *ou* **dans les mains de l'ennemi** to fall into the hands of the enemy *ou* into enemy hands ◆ **dans** *ou* **entre des mains étrangères** in foreign hands ◆ **être en (de) bonnes mains** to be in good hands ◆ **en mains sûres** in safe hands ◆ **en main tierce** *(Fin)* in escrow ◆ **les mains vides** empty-handed ◆ **faire main basse sur qch** *(gén)* to help o.s. to sth; *(et prendre la fuite)* to run off *ou* make off with sth ◆ **ils font main basse sur nos plus beaux hôtels** they're buying up all our best hotels ◆ **mettre la main sur** *[+ objet, livre]* to lay (one's) hands on; *[+ coupable]* to lay hands on, to collar* ◆ **je ne peux pas mettre la main sur mon passeport** I can't lay my hands on my passport ◆ **si vous portez la main sur elle, je...** if you lay a hand on her, I'll...; → **opération, prêter, tendre**[1]

◆ **coup de main*** *(= aide)* (helping) hand, help ◆ **donne-moi un coup de main** give me a hand → see also 4

◆ **de première/seconde main** *[information, témoignage]* firsthand/secondhand ◆ **acheter une voiture de première main** *(Comm)* to buy a car secondhand *(which has only had one previous owner)* ◆ **il a obtenu ces renseignements de seconde main** he got this information secondhand ◆ **travailler sur des ouvrages de seconde main** *[chercheur]* to work from secondary sources

◆ **en main** *(= sous contrôle)* ◆ **avoir une voiture bien en main** to have the feel of a car ◆ **avoir la situation (bien) en main** to have the situation (well) in hand *ou* (well) under control ◆ **prendre qn/qch en main** to take sb/sth in hand ◆ **il lui a fallu deux heures pour prendre en main sa nouvelle voiture** it took him a couple of hours to get used to *ou* to get the feel of his new car ◆ **la prise en main de l'organisation par des professionnels** the takeover of the organization by professionals

◆ **en mains propres** ◆ **il me l'a remis en mains propres** he handed *ou* gave it to me personally

◆ **entre les mains de** ◆ **être entre les mains de qn** to be in sb's hands ◆ **la décision est entre ses mains** the decision is in his hands *ou* lies with him ◆ **je l'ai mis entre les mains d'un bon entraîneur** I put him in the hands of a good coach ◆ **ce livre n'est pas à mettre entre toutes les mains** this book is not suitable for the general public

4 [= MANIÈRE, HABILETÉ] ◆ **se faire la main** to get one's hand in ◆ **garder la main** to keep one's hand in ◆ **perdre la main** to lose one's touch ◆ **on reconnaît la main de l'artiste/de l'auteur** it is easy to recognize the artist's/the writer's touch

◆ **coup de main** *(= habileté)* knack ◆ **avoir le coup de main (pour faire qch)** to have the knack (of doing sth) ◆ **j'ai dû m'y reprendre à plusieurs fois avant d'avoir le coup de main** I had to try several times before getting the hang of it *ou* the knack ◆ **pour la mayonnaise, tout est dans le coup de main** there's a knack to making mayonnaise

(= attaque) raid; → **homme**

5 [† = PERMISSION D'ÉPOUSER] ◆ **demander/obtenir la main d'une jeune fille** to ask for/win a girl's hand (in marriage) ◆ **accorder la main de sa fille à qn** to give sb one's daughter's hand in marriage

6 [CARTES] hand ◆ **avoir la main** *(= jouer le premier)* to lead; *(= distribuer les cartes)* to deal ◆ **perdre la main** to lose the lead ◆ **passer la main à qn** *(lit)* to lead to sb ◆ **à 65 ans, il est temps qu'il passe la main** *(= qu'il se retire)* at 65 it's time he made way for someone else *ou* stood down ◆ **la main passe !** *(Casino)* next deal! ◆ **faire la main, être à la main** *(Casino)* to have the deal

7 [COUTURE] ◆ **première main** head seamstress; → **petit**

8 [= QUANTITÉ DE PAPIER] ≃ quire *(25 sheets)*

9 [IMPRIM] bulk

10 [PAR ANALOGIE DE FORME] *[de bananes]* hand, bunch

2 - ADVERBE

◆ **entièrement fait main** *(gén)* entirely handmade; *(artisanat)* entirely handmade *ou* handcrafted ◆ **cousu main** *(lit)* hand-sewn, hand-stitched ◆ **c'est du cousu main*** *(de qualité)* it's first-rate *ou* top-quality stuff

3 - COMPOSÉS

la main chaude *(Jeux)* hot cockles
main courante *(= câble)* handrail; *(Comm)* rough book, daybook ◆ **faire établir une main courante** *(Police)* to notify the police of a complaint
main de Fatma hand of Fatima
mains libres *[fonction, kit, téléphone]* hands-free
main de ressort *[de véhicule]* dumb iron

mainate /mɛnat/ **NM** myna(h) bird

main-d'œuvre (pl **mains-d'œuvre**) /mɛ̃dœvʀ/ **NF** *(= travail)* labour *(Brit)*, labor *(US)*, manpower; *(= personnes)* workforce, labour *(Brit) ou* labor *(US)* force ◆ **embaucher de la main-d'œuvre** to hire workers ◆ **main-d'œuvre qualifiée** skilled labour ◆ **la main-d'œuvre locale disponible** the local available workforce *ou* labour force ◆ **industries de main-d'œuvre** labour-intensive industries ◆ **il m'a compté deux heures de main-d'œuvre** he charged me two hours' labour

main(-)forte /mɛ̃fɔʀt/ **NF INV** → **prêter**

mainlevée /mɛ̃l(ə)ve/ **NF** *(Jur)* withdrawal ◆ **mainlevée d'hypothèque** *(Fin)* release of mortgage

mainmise /mɛ̃miz/ SYN **NF** *(= prise de contrôle)* takeover; *(= emprise)* grip; *(autoritaire)* stranglehold ◆ **la mainmise de l'Église sur l'éducation** the Church's stranglehold on education ◆ **avoir la mainmise sur** to have a grip *ou* a stranglehold on

mainmorte /mɛ̃mɔʀt/ **NF** *(Jur)* mortmain

maint, mainte /mɛ̃, mɛ̃t/ **ADJ** *(frm)* (a great *ou* good) many (+ *npl*), many a (+ *nsg*) ◆ **maint exemple** many an example ◆ **maints exemples** many *ou* numerous examples ◆ **à maintes reprises, (maintes et) maintes fois** time and (time) again, many a time ◆ **en maint endroit** in many places ◆ **en maintes occasions** on numerous *ou* many occasions

maintenance /mɛ̃t(ə)nɑ̃s/ SYN **NF** maintenance, servicing ◆ **contrat de maintenance** maintenance *ou* service contract ◆ **assurer la maintenance d'une machine** to service a machine

maintenant /mɛ̃t(ə)nɑ̃/ GRAMMAIRE ACTIVE 26.2 SYN **ADV** 1 *(= en ce moment)* now ◆ **que fait-il maintenant ?** what's he doing now? ◆ **il doit être arrivé maintenant** he must have arrived by now ◆ **maintenant qu'il est grand** now that he's bigger ◆ **à toi maintenant** it's your turn now ◆ **plus maintenant** not any longer; → **dès, jusque, partir**[1]

2 *(= à ce moment)* now, by now ◆ **ils devaient maintenant chercher à se nourrir** they now had to try and find something to eat ◆ **ils étaient maintenant très fatigués** by now they were very tired ◆ **ils marchaient maintenant depuis deux heures** (by) now they had been walking for two hours

3 *(= actuellement)* today, nowadays ◆ **les jeunes de maintenant** young people nowadays *ou* today

4 *(= ceci dit)* now (then) ◆ **maintenant ce que j'en dis, c'est pour ton bien** now (then) what I say is for your own good ◆ **il y a un cadavre, certes, maintenant, y a-t-il un crime ?** we're agreed there's a corpse, now the question is, is there a crime?

5 *(= à partir de ce moment)* from now on ◆ **il l'ignorait ? maintenant il le saura** he didn't know that? he will now *ou* from now on

maintenir /mɛ̃t(ə)niʀ/ SYN ▸ conjug 22 ◂

VT 1 *(= soutenir, contenir) [+ édifice]* to hold *ou* keep up, to support; *[+ cheville, os]* to give support to, to support ◆ **maintenir qch fixe/en équilibre** to keep *ou* hold sth in position/balanced ◆ **les oreillers le maintiennent assis** the pillows keep him in a sitting position *ou* keep him sitting up ◆ **maintenir la tête hors de l'eau** to keep one's head above water ◆ **maintenir les prix** to keep prices steady *ou* in check

2 *(= garder) (gén)* to keep; *[+ statu quo, tradition]* to maintain, to preserve, to uphold; *[+ décision]* to maintain, to stand by, to uphold; *[+ candidature]* to maintain ◆ **maintenir qn en vie** to keep sb alive ◆ **maintenir des troupes en Europe** to keep troops in Europe ◆ **maintenir l'ordre/la paix** to keep *ou* maintain law and order/the peace ◆ **maintenir qn en poste** to keep sb on, to keep sb at *ou* in his job ◆ **pour maintenir les personnes âgées à leur domicile** to enable old people to go on living in their own homes

3 *(= affirmer)* to maintain ◆ **je l'ai dit et je le maintiens !** I've said it and I'm sticking to it! *ou* I'm standing by it! ◆ **maintenir que...** to maintain *ou* hold that...

VPR se maintenir *[temps]* to stay fair, to hold; *[amélioration]* to persist; *[préjugé]* to live on, to persist, to remain; *[malade]* to be doing well ◆ **se maintenir en bonne santé** to keep in good health, to manage to keep well ◆ **les prix se maintiennent** prices are keeping *ou* holding steady ◆ **cet élève devrait se maintenir dans la moyenne** this pupil should be able to keep up with the middle of the class ◆ **comment ça va ? – ça se maintient** * how are you doing? – not so bad * ◆ **se maintenir en équilibre sur un pied/sur une poutre** to balance on one foot/on a beam ◆ **se maintenir au pouvoir** to remain in power ◆ **le candidat s'est maintenu au deuxième tour** *(Pol)* the candidate stayed through to the second round

maintien /mɛ̃tjɛ̃/ SYN **NM** 1 *(= sauvegarde) [de tradition]* preservation, upholding, maintenance ◆ **assurer le maintien de** *[+ tradition]* to maintain, to preserve, to uphold ◆ **le maintien de troupes/de l'ordre** the maintenance of troops/of law and order ◆ **ils veulent le maintien du pouvoir d'achat** they want to keep *ou* maintain their purchasing power ◆ **qu'est-ce qui a pu justifier le maintien de sa décision/candidature ?** what(ever) were his reasons for standing by his decision/for maintaining his candidature? ◆ **ils souhaitent le maintien des personnes âgées à domicile** they want old people to be looked after *ou* cared for in their own homes

2 *(= soutien)* support ◆ **ce soutien-gorge assure un bon maintien de la poitrine** this bra gives firm support

3 *(= posture)* bearing, deportment ◆ **leçon de maintien** lesson in deportment ◆ **professeur de maintien** teacher of deportment

maire /mɛʀ/ **NM** mayor ◆ **passer devant (monsieur) le maire** *(hum)* to tie the knot *, to get married; → **adjoint, écharpe**

> **Maire**
>
> Each French "commune" has its **maire**, elected by the "conseil municipal" (or, in Paris, Lyons and Marseille, by the "conseil d'arrondissement"). The "maire" is responsible for organizing council meetings and ensuring that the decisions of the "conseil municipal" are carried out. He or she has a wide range of administrative duties as the chief civic representative of the "commune", including maintaining public order through the municipal police. As a representative of the State, he or she is empowered to perform marriages (which take place in the "salle des mariages" at the "mairie") and is responsible for keeping the local register of births, marriages and deaths.
>
> The **maire** is assisted in his or her functions by one or several "adjoints" (deputies). Note that a "député-maire" is not a deputy mayor but a **maire** who is also a member of parliament. → **Conseil, Commune, Député**

mairesse † /mɛʀɛs/ **NF** mayoress

mairie /meʀi/ **NF** *(= bâtiment)* town hall, city hall; *(= administration)* town council, municipal corporation; *(= charge)* mayoralty, office of mayor ◆ **la mairie a décidé que...** the (town) council has decided that... ◆ **projet financé par la Mairie de Paris** project funded by the City of Paris ◆ **mairie d'arrondissement** *town hall of an arrondissement*; → **secrétaire** ; → **Maire**

mais[1] /mɛ/ GRAMMAIRE ACTIVE 26.3

CONJ 1 *(objection, restriction, opposition)* but ◆ **ce n'est pas bleu mais (bien) mauve** it isn't blue, it's (definitely) mauve ◆ **non seulement il boit mais (encore** *ou* **en outre) il bat sa femme** not only does he drink but on top of that *ou* even worse he beats his wife ◆ **il est peut-être le patron mais tu as quand même des droits** he may be the boss but you've still got your rights ◆ **il est parti ? mais tu m'avais promis qu'il m'attendrait !** he has left? but you promised he'd wait for me!

2 *(renforcement)* ◆ **je n'ai rien mangé hier, mais vraiment rien** I ate nothing at all yesterday, absolutely nothing ◆ **tu me crois ? – mais oui** *ou* **bien sûr** *ou* **certainement** do you believe me? – (but) of course *ou* of course I do ◆ **mais je te jure que c'est vrai !** but I swear it's true! ◆ **mais si, je veux bien !** but of course I agree!, sure, I agree! ◆ **mais ne te fais pas de soucis !** don't you worry! ◆ **je vous dérange ? – mais pas du tout** am I disturbing you? – not at all ◆ **je croyais qu'il serait content, mais pas du tout !** I thought he'd be happy – but no!

3 *(transition, surprise)* ◆ **mais qu'arriva-t-il ?** but what happened (then)? ◆ **mais alors qu'est-ce qui est arrivé ?** well then *ou* for goodness' sake what happened? ◆ **mais dites-moi, c'est intéressant tout ça !** well, well *ou* well now that's all very interesting! ◆ **mais j'y pense, vous n'avez pas déjeuné** by the way I've just thought, you haven't had any lunch ◆ **mais, vous pleurez** good Lord *ou* good gracious, you're crying ◆ **mais enfin, tant pis !** well, too bad!

4 *(protestation, indignation)* ◆ **ah mais ! il verra de quel bois je me chauffe !** I can tell you he'll soon see what I have to say about it! ◆ **non mais (des fois) !** * *ou* **(alors) !** * hey look here! *, for goodness sake! * ◆ **non mais (des fois)** * **tu me prends pour un imbécile ?** I ask you! * *ou* come off it! *, do you think I'm a complete idiot? ◆ **mais enfin, tu vas te taire ?** look here, are you going to *ou* will you shut up? *

NM *(sg)* objection, snag; *(pl)* buts ◆ **je ne veux pas de mais** I don't want any buts ◆ **il n'y a pas de mais qui tienne** there's no but about it ◆ **il y a un mais** there's one snag *ou* objection ◆ **il va y avoir des si et des mais** there are sure to be some ifs and buts

mais[2] † /mɛ/ **ADV** *(littér)* ◆ **il n'en pouvait mais** *(impuissant)* he could do nothing about it; *(épuisé)* he was exhausted *ou* worn out

maïs /mais/ **NM** *(gén)* maize *(Brit)*, Indian corn *(Brit)*, corn *(US)*; *(en conserve)* sweet corn ◆ **maïs en épi** corn on the cob ◆ **papier maïs** corn paper *(used for rolling cigarettes)*; → **farine**

maïserie /maisʀi/ **NF** corn-processing factory

maison /mɛzɔ̃/ SYN

NF 1 *(= bâtiment)* house; *(= immeuble)* building; *(locatif)* block of flats *(Brit)*, apartment building *(US)* ◆ **maison individuelle** house *(as opposed to apartment)* ◆ **la maison individuelle** *(secteur)* private housing

2 *(= logement, foyer)* home ◆ **être/rester à la maison** to be/stay at home *ou* in ◆ **rentrer à la maison** to go (back) home ◆ **quitter la maison** to leave home ◆ **tenir la maison de qn** to keep house for sb ◆ **les dépenses de la maison** household expenses ◆ **fait à la maison** homemade ◆ **c'est la maison du bon Dieu** their door is always open ◆ **remettre de l'ordre dans la maison** *(fig)* to put one's house in order; → **linge, maître, train**

3 *(= famille, maisonnée)* family ◆ **quelqu'un de la maison m'a dit...** someone in the family told me... ◆ **un ami de la maison** a friend of the family ◆ **il n'est pas heureux à la maison** he doesn't have a happy home life *ou* family life ◆ **nous sommes 7 à la maison** there are 7 of us at home

4 *(= entreprise)* firm, company; *(= magasin de vente) (grand)* store; *(petit)* shop ◆ **il est dans la maison depuis 15 ans, il a 15 ans de maison** he's been *ou* he has worked with the firm for 15 years ◆ **la maison n'est pas responsable de...** the company *ou* management accepts no responsibility for... ◆ **c'est offert par la maison** it's on the house ◆ **la maison ne fait pas crédit** no credit (given) ◆ **« la Maison du Cerf-volant »** *(= enseigne)* "your specialist in kites" ◆ **la grande maison** *(arg Police)* the police force

5 *(= famille royale)* House ◆ **la maison de Hanovre/de Bourbon** the House of Hanover/of Bourbon

6 *(= place de domestiques, domesticité)* household ◆ **la maison du Roi/du président de la République** the Royal/Presidential Household ◆ **maison civile/militaire** civil/military household ◆ **gens** † *ou* **employés de maison** servants, domestic staff

7 *(Astrol)* house, mansion; *(Rel)* house

ADJ INV 1 *[gâteau, confiture]* home-made; *[personne] (* = formé sur place)* trained by the firm; *(* = travaillant exclusivement pour l'entreprise)* in-house *(épith)* ◆ **pâté maison** *(au restaurant)* pâté maison, chef's own pâté ◆ **est-ce que c'est fait maison ?** do you make it yourself?

2 *(* : intensif)* first-rate ◆ **il y a eu une bagarre (quelque chose de) maison** there was an almighty * *ou* a stand-up fight ◆ **il avait une bosse maison sur la tête** he had one hell of a bump on his head * ◆ **il s'est fait engueuler** * **quelque chose (de) maison !** he got one hell of a talking to! *

COMP **maison d'arrêt** prison

la Maison Blanche the White House

maison bourgeoise large impressive house

maison de campagne house in the country

maison centrale prison, (state) penitentiary *(US)*

maison close brothel

maison de commerce (commercial) firm

maison de correction † *(Jur)* reformatory †

maison de couture couture house

maison de la culture (community) arts centre

la Maison de Dieu ⇒ **la Maison du Seigneur**

maison de disques record company

maison d'édition publishing house

maison d'éducation surveillée ≃ approved school *(Brit)*, ≃ reform school *(US)*

maison familiale *[de famille]* family home; *(= centre de formation) training centre for young apprentices*; *(= lieu de vacances)* holiday *(Brit) ou* vacation *(US)* centre *(for low-income families)*

maison de fous * *(lit, fig)* ≃ madhouse

maison de gros wholesaler's

maison de jeu gambling *ou* gaming club

maison des jeunes et de la culture ≃ community arts centre, ≃ youth club and arts centre

maison de maître mansion

maison mère *(= société)* parent company; *(Rel)* mother house

maison de passe *hotel used as a brothel*

maison de poupée doll's house

maison de la presse ≃ newsagent's *(Brit)*, ≃ newsdealer *(US)*

maison de rapport block of flats for letting *(Brit)*, rental apartment building *(US)*

maison de redressement † reformatory †

maison religieuse convent

maison de rendez-vous † *house used by lovers as a discreet meeting-place*

maison de repos convalescent home

maison de retraite old people's home

maison de santé *(= clinique)* nursing home; *(= asile)* mental home

la Maison du Seigneur the House of God

maison de titres securities firm *ou* house

maison de tolérance ⇒ **maison close**

maisonnée /mɛzɔne/ **NF** household, family

maisonnette /mɛzɔnɛt/ **NF** small house

maistrance /mɛstʀɑ̃s/ **NF** petty officers

maître, maîtresse /mɛtʀ, mɛtʀɛs/ SYN

ADJ 1 *(= principal) [branche]* main; *[qualité]* chief, main, major; *[atout, carte]* master *(épith)*; *(Ordin) [document, ordinateur]* master *(épith)* ◆ **c'est une œuvre maîtresse** it's a major work ◆ **c'est la pièce maîtresse de la collection** it's the major *ou* main *ou* principal piece in the collection ◆ **poutre maîtresse** main beam ◆ **position maîtresse** major *ou* key position ◆ **idée maîtresse** principal *ou* governing idea ◆ **c'est le maître mot** it's the key word *ou* THE word ◆ **en mode maître-esclave** *(Ordin)* in master-slave mode; → **pièce**

2 *(avant n : intensif)* ◆ **un maître filou** *ou* **fripon** an arrant *ou* out-and-out rascal ◆ **c'est une maîtresse femme** she's a very capable woman

NM 1 *(gén)* master; *(Art)* master; *(Pol = dirigeant)* ruler ◆ **parler/agir en maître** to speak/act authoritatively ◆ **ils se sont installés en maîtres dans ce pays** they have set themselves up as the ruling power in the country, they have taken command of the country ◆ **d'un ton de**

maître in an authoritative *ou* a masterful tone ◆ **je vais t'apprendre qui est le maître ici !** I'll teach you who's the boss * round here! *ou* who's in charge round here! ◆ **la main/l'œil du maître** the hand/the eye of the master ◆ **le maître de céans** the master of the house ◆ **le maître/la maîtresse des lieux** the master/the mistress *ou* lady of the house ◆ **seul maître à bord après Dieu** *(Naut)* sole master on board under God ◆ **les maîtres du monde** the masters of the world ◆ **grand maître** *(Échecs)* grandmaster; *(Franc-maçonnerie)* Grand Master ◆ **le grand maître des études celtiques** *(fig)* the greatest authority on Celtic studies; → **chauffeur, toile**

2 *(Scol)* ◆ **maître (d'école)** teacher, (school) master ◆ **maître de piano/d'anglais** piano/English teacher

3 *(= artisan)* ◆ **maître charpentier/maçon** master carpenter/builder

4 *(= titre)* ◆ **Maître** *term of address given to lawyers, artists, professors etc*; *(Art)* maestro; *(dans la marine)* petty officer ◆ **mon cher Maître** Dear Mr *ou* Professor *etc* X ◆ **Maître X** *(Jur)* Mr X

5 *(locutions)* ◆ **coup de maître** masterstroke ◆ **être maître à cœur** *(Cartes)* to have *ou* hold the master *ou* best heart ◆ **le roi de cœur est maître** the king of hearts is master, the king is the master *ou* best heart ◆ **être maître chez soi** to be master in one's own home ◆ **être son (propre) maître** to be one's own master ◆ **être maître de refuser/faire** to be free to refuse/do ◆ **rester maître de soi** to retain *ou* keep one's self-control ◆ **être maître de soi** to be in control *ou* have control of o.s. ◆ **être/rester maître de la situation** to be/remain in control of the situation, to have/keep the situation under control ◆ **être/rester maître de son véhicule** to be/remain in control of one's vehicle ◆ **être maître de sa destinée** to be the master of one's fate ◆ **être/rester maître du pays** to be/remain in control *ou* command of the country ◆ **être maître d'un secret** to be in possession of a secret ◆ **être maître de son sujet** to have a mastery of one's subject ◆ **se rendre maître de** *[+ ville, pays]* to gain control *ou* possession of; *[+ personne, animal, incendie, situation]* to bring *ou* get under control ◆ **il est passé maître dans l'art de mentir** he's a past master in the art of lying

NF **maîtresse** SYN 1 *(= amante)* mistress

2 *(Scol)* ◆ **maîtresse (d'école)** teacher, (school)mistress ◆ **maîtresse !** (please) Miss!

3 *(locution)* ◆ **être/rester/se rendre/passer maîtresse (de)** → **nm 5**

COMP **maître d'armes** fencing master
maître artisan *(gén)* master craftsman; *(= boulanger)* master baker
maître assistant † *(Univ)* ≈ (senior) lecturer *(Brit)*, ≈ assistant professor *(US)*
maître auxiliaire non-certified teacher
maître/maîtresse de ballet ballet master/mistress
maître de cérémonies master of ceremonies
maître chanteur *(= escroc)* blackmailer ; *(Mus)* Meistersinger, mastersinger ◆ « **Les Maîtres chanteurs de Nuremberg** » *(Mus)* "The Mastersingers of Nuremberg"
maître de chapelle choirmaster, precentor
maître de conférences **NMF** *(Univ)* ≈ (senior) lecturer *(Brit)*, ≈ assistant professor *(US)*
maître d'équipage boatswain
maître/maîtresse d'études † *(Scol)* master/mistress in charge of homework preparation
maître de forges † ironmaster
maître d'hôtel *[de maison]* butler; *[d'hôtel, restaurant]* head waiter, maître (d'hôtel) *(US)*; *(sur un navire)* chief steward ◆ **pommes de terre maître d'hôtel** maître d'hôtel potatoes
maître/maîtresse d'internat house master/mistress
maître Jacques jack-of-all-trades
maître de maison host
maîtresse de maison housewife; *(= hôtesse)* hostess
maître nageur swimming teacher *ou* instructor
maître d'œuvre *(Constr)* project manager
maître d'ouvrage *(Constr)* owner; *(dans le public)* contracting authority ◆ **la mairie est maître d'ouvrage de ce projet** the town council has contracted the project
maître à penser intellectual guide *ou* leader
maître queux *(Culin)* chef
maître des requêtes *(Admin)* **NMF** counsel of the Conseil d'État
maître titulaire permanent teacher *(in primary school)*

maître-autel (pl **maîtres-autels**) /mɛtʀotɛl/ **NM** *(Rel)* high altar

maître-chien (pl **maîtres-chiens**) /mɛtʀəʃjɛ̃/ **NM** dog handler

maîtrisable /metʀizabl/ **ADJ** 1 *(= contrôlable)* controllable ◆ **l'incendie était difficilement maîtrisable** the fire was hard to control ◆ **la crise/la situation est difficilement maîtrisable** the crisis/the situation is getting out of hand

2 *[langue, technique]* which can be mastered

maîtrise /metʀiz/ SYN

NF 1 *(= sang-froid)* ◆ **maîtrise (de soi)** self-control, self-command, self-possession

2 *(= contrôle)* *[de domaine]* mastery, command, control; *[de budget]* control ◆ **sa maîtrise du français** his command of the French language ◆ **avoir la maîtrise de la mer** *(Mil)* to have command *ou* control *ou* mastery of the sea(s), to control the sea ◆ **avoir la maîtrise d'un marché** to control *ou* have control of a market ◆ **avoir la maîtrise de l'atome** to have mastered the atom ◆ **pour une plus grande maîtrise des dépenses de santé** to ensure better control of health expenditure

3 *(= habileté)* skill, mastery, expertise ◆ **faire** *ou* **exécuter qch avec maîtrise** to do sth with skill *ou* skilfully

4 *(dans une usine)* supervisory staff; → **agent**

5 *(Rel)* *(= école)* choir school; *(= groupe)* choir

6 *(Univ)* *research degree*, ≈ master's degree ◆ **maîtrise de conférences** ≈ senior lectureship → **DIPLÔMES**

COMP **maîtrise d'œuvre** *(= action)* project management; *(= personnes)* project managers ◆ **ce cabinet d'architectes assurera la maîtrise d'œuvre** this firm of architects will manage the project
maîtrise d'ouvrage contracting; *(= commanditaire)* owner; *(dans le public)* contracting authority ◆ **le ministère de la Culture assure la maîtrise d'ouvrage du projet** the Ministry of Culture is the contracting authority for the project

maîtriser /metʀize/ SYN ▸ conjug 1 ◂

VT 1 *(= soumettre)* *[+ cheval, feu, foule, forcené]* to control, to bring under control; *[+ adversaire]* to overcome, to overpower; *[+ émeute, révolte]* to suppress, to bring under control; *[+ problème, difficulté]* to master, to overcome; *[+ inflation]* to curb ◆ **nous maîtrisons la situation** the situation is under control

2 *[+ langue, technique]* to master ◆ **il ne maîtrise pas du tout cette langue** he has no command of the language, he has a very poor grasp of the language

3 *(= contenir)* *[+ émotion, geste, passion]* to control, to master; *[+ larmes, rire]* to force back, to control ◆ **il ne peut plus maîtriser ses nerfs** he can no longer control *ou* contain his temper

VPR **se maîtriser** to control o.s. ◆ **elle ne sait pas se maîtriser** she has no self-control

maïzena ® /maizena/ **NF** cornflour *(Brit)*, cornstarch *(US)*

majesté /maʒɛste/ **NF** 1 *(= dignité)* majesty; *(= splendeur)* majesty, grandeur ◆ **la majesté divine** divine majesty ◆ **de** *ou* **en majesté** *(Art)* in majesty, enthroned; → **lèse-majesté, pluriel**

2 ◆ **Votre Majesté** Your Majesty ◆ **Sa Majesté** *(= roi)* His Majesty; *(= reine)* Her Majesty

majestueusement /maʒɛstɥøzmɑ̃/ **ADV** majestically

majestueux, -euse /maʒɛstɥø, øz/ SYN **ADJ** *(= solennel)* *[personne, démarche]* majestic, stately; *(= imposant)* *[taille]* imposing, impressive; *(= beau)* *[fleuve, paysage]* majestic, magnificent

majeur, e /maʒœʀ/ SYN

ADJ 1 *[problème, crise]* *(= très important)* major; *(= le plus important)* main, major, greatest ◆ **ils ont rencontré une difficulté majeure** they came up against a major *ou* serious difficulty ◆ **c'est son œuvre majeure** it's his magnum opus *ou* his greatest work ◆ **c'est une œuvre majeure de la littérature irlandaise** it's one of the major *ou* greatest works of Irish literature ◆ **sa préoccupation majeure** his major *ou* main *ou* prime concern ◆ **pour des raisons majeures** for reasons of the greatest importance ◆ **en majeure partie** for the most part ◆ **la majeure partie de...** the greater *ou* major part of..., the bulk of... ◆ **la majeure partie des gens sont restés** most of *ou* the majority of the people have stayed on ◆ **le Lac Majeur** Lake Maggiore → **cas**

2 *(Jur)* of age *(attrib)* ◆ **il sera majeur en l'an 2005** he will come of age in the year 2005 ◆ **il n'est pas encore majeur** he's still under age ◆ **il est majeur et vacciné** *(hum)* he's old enough to look after himself ◆ **les électeurs sont majeurs** *(= responsables)* voters are responsible adults

3 *(Mus)* *[intervalle, mode]* major ◆ **en sol majeur** in G major

4 *(Logique)* *[terme, prémisse]* major

5 *(Rel)* ◆ **ordres majeurs** major orders ◆ **causes majeures** causae majores

6 *(Cartes)* ◆ **tierce/quarte majeure** tierce/quart major

NM,F person who has come of *ou* who is of age, person who has attained his *(ou* her) majority, major *(SPÉC)*

NM middle finger

NF **majeure** 1 *(Logique)* major premise

2 *(Univ = matière)* main subject *(Brit)*, major *(US)*

3 *(Écon)* major company

majolique /maʒɔlik/ **NF** majolica, maiolica

major /maʒɔʀ/

NM 1 *(Mil = sous-officier)* ≈ warrant officer; *(Helv = commandant)* major ◆ **(médecin) major** medical officer, MO ◆ **major général** *(Mil)* ≈ deputy chief of staff *(Brit)*, ≈ major general *(US)*; *(dans la Marine)* ≈ rear admiral

2 *(Univ)* ◆ **être major de promotion** ≈ to be *ou* come first in one's year

NF *(Écon)* major company

ADJ INV → **état-major, infirmier, sergent**[1], **tambour**

majorant /maʒɔʀɑ̃/ **NM** *(Math)* upper bound

majoration /maʒɔʀasjɔ̃/ **NF** *(= hausse)* rise, increase *(de* in); *(= supplément)* surcharge, additional charge; *(= surestimation)* overvaluation, overestimation ◆ **majoration sur une facture** surcharge on a bill ◆ **majoration pour retard de paiement** surcharge *ou* additional charge for late payment → **IMPÔTS**

majordome /maʒɔʀdɔm/ **NM** butler, majordomo

majorer /maʒɔʀe/ SYN ▸ conjug 1 ◂ **VT** 1 *(= accroître)* *[+ impôt, prix]* to increase, to raise, to put up *(de* by); *[+ facture]* to increase, to put a surcharge on; *[+ risque]* to increase

2 *(= surestimer)* to overestimate

3 *(= accorder trop d'importance à)* to lend *ou* give too much importance to

majorette /maʒɔʀɛt/ **NF** (drum) majorette

majoritaire /maʒɔʀitɛʀ/

ADJ *[actionnaire, groupe, motion]* majority *(épith)* ◆ **vote majoritaire** majority vote ◆ **les femmes sont majoritaires dans cette profession** women are in the majority in this profession ◆ **les socialistes sont majoritaires dans le pays** the socialists are the majority *ou* largest party in the country ◆ **ils sont majoritaires à l'assemblée** they are the majority party *ou* in the majority in Parliament ◆ **dans ce vote, nous serons sûrement majoritaires** we shall certainly have a majority on this vote; → **scrutin**

NMF *(Pol)* member of the majority party

majoritairement /maʒɔʀitɛʀmɑ̃/ **ADV** *[choisir, voter]* by a majority ◆ **le lectorat est majoritairement féminin** the readership is predominantly female, the majority of the readers are women ◆ **les enseignants sont majoritairement favorables aux réformes** the majority of teachers are in favour of the reforms ◆ **il est celui que, majoritairement, les Français soutiennent** he is the one who most French people support ◆ **le groupe contrôle majoritairement notre société** *(Fin)* the group has a majority holding in our company

majorité /maʒɔʀite/ **NF** 1 *(électorale)* majority ◆ **majorité absolue/relative/simple** absolute/relative/simple majority ◆ **majorité qualifiée** *ou* **renforcée** qualified majority ◆ **élu à une majorité de...** elected by a majority of... ◆ **avoir la majorité** to have the majority

2 *(= parti majoritaire)* government, party in power ◆ **député de la majorité** member of the governing party *ou* of the party in power, ≈ government backbencher *(Brit)*, ≈ majority party Representative *(US)* ◆ **la majorité et l'opposition** the majority party *ou* the government *(Brit)* and the opposition

3 *(= majeure partie)* majority ◆ **ils détiennent la majorité du capital de l'entreprise** they have a majority holding in the company ◆ **il y a des**

mécontents, mais ce n'est pas la majorité there are some dissatisfied people, but they're not in the majority ◆ **la majorité silencieuse** the silent majority ◆ **être en majorité** to be in (the) majority ◆ **la majorité est d'accord** the majority agree ◆ **les hommes dans leur grande majorité** the great majority of mankind ◆ **dans la majorité des cas** in the majority of cases, in most cases ◆ **groupe composé en majorité de...** group mainly *ou* mostly composed of... ◆ **les enseignants sont en majorité des femmes** teachers are, in the majority, women

[4] *(Jur)* ◆ **atteindre sa majorité** to come of age, to reach one's majority ◆ **jusqu'à sa majorité** until he comes of age *ou* reaches his majority ◆ **majorité pénale** legal majority ◆ **atteindre la majorité civile** to reach voting age

Majorque /maʒɔʀk/ **NF** Majorca

majorquin, e /maʒɔʀkɛ̃, in/
ADJ Majorcan
NM,F **Majorquin(e)** Majorcan

majuscule /maʒyskyl/
ADJ capital; *(Typographie)* upper case ◆ **A majuscule** capital A
NF ◆ **(lettre) majuscule** capital letter; *(Typographie)* upper case letter ◆ **en majuscules d'imprimerie** in block *ou* capital letters ◆ **écrivez votre nom en majuscules (d'imprimerie)** please print your name in block letters ◆ **mettre une majuscule à qch** *(gén)* to write sth with a capital; *(Typographie)* to capitalize sth

makaire /makɛʀ/ **NM** *(= poisson)* marlin

makémono /makemɔno/, **makimono** /makimɔno/ **NM** makimono

maki /maki/ **NM** ring-tailed lemur

making of /meikiŋɔf/ **NM** ◆ **le making of de son film** the documentary about how his film was made

mal[1] /mal/ SYN

1 - ADVERBE
2 - ADJECTIF INVARIABLE

1 - ADVERBE

► Lorsque **mal** est suivi d'un participe passé adjectif (ex : **mal logé/loti/connu/aimé/vécu**) chercher aussi sous l'adjectif ou le verbe concerné.

[1] [= DE FAÇON DÉFECTUEUSE] *[entretenu, organisé, réparé]* badly, poorly ◆ **ce travail est mal fait, c'est du travail mal fait** this is poor *ou* shoddy work, this work is badly done ◆ **c'est mal fait !** *(Helv = dommage)* it's a pity! ◆ **il se nourrit mal** he doesn't eat properly ◆ **il travaille mal** he doesn't do his work properly, his work isn't good ◆ **cette porte ferme mal** this door doesn't shut properly ◆ **j'ai mal dormi** I didn't sleep well, I slept badly ◆ **il parle mal l'anglais** his English isn't good *ou* is poor ◆ **nous sommes mal nourris/logés à l'hôtel** the food/accommodation is poor *ou* bad at the hotel ◆ **tout va mal** everything's going wrong; → **tomber**[1]

◆ **de mal en pis** from bad to worse ◆ **son entreprise va de mal en pis** things are going from bad to worse in his company

[2] [= DE FAÇON PEU JUDICIEUSE OU OPPORTUNE] ◆ **mal choisi/inspiré** ill-chosen/-advised ◆ **cette annonce tombe au plus mal** this announcement couldn't have come at a worse moment

[3] [= AVEC DIFFICULTÉ] with difficulty ◆ **il respire mal** he has difficulty in breathing, he can't breathe properly ◆ **ils vivent très mal avec un seul salaire** they have difficulty living on *ou* off just one income ◆ **on s'explique** *ou* **comprend mal pourquoi** it is not easy *ou* it is difficult to understand why ◆ **nous voyons très mal comment...** we fail to see how...

[4] [= DE FAÇON RÉPRÉHENSIBLE] *[se conduire]* badly, wrongly ◆ **il ne pensait pas mal faire, il ne pensait pas à mal** he didn't think he was doing the wrong thing *ou* doing wrong ◆ **il ne pense qu'à mal faire** he's always up to no good, he's always thinking up some nasty trick ◆ **tu trouves ça mal qu'il y soit allé ?** do you think it was wrong of him to go?; → **juger**[1], **porter, sentir, trouver** *etc*

[5] [LOCUTIONS]

◆ **pas mal** *(= assez bien)* not badly, rather well ◆ **on est pas mal (assis) dans ces fauteuils** these armchairs are quite comfortable ◆ **il ne s'est pas trop mal débrouillé** he managed quite well ◆ **vous (ne) vous en êtes pas mal tirés** you haven't done *ou* come off badly, you've done rather well ◆ **vous (ne) feriez pas mal de le surveiller** you would be well-advised to keep *ou* it wouldn't be a bad thing if you kept an eye on him ◆ **ça va ? – pas mal** how are you? – not (too) bad *ou* pretty good
(= très, beaucoup) [déçu, surpris] quite, rather ◆ **on a pas mal travaillé aujourd'hui** we've done quite a lot of work today, we've worked pretty hard today ◆ **il est pas mal fatigué** he's rather *ou* pretty tired ◆ **il a pas mal vieilli** he's aged quite a bit *ou* quite a lot ◆ **elle a pas mal grossi** she's put on quite a bit *ou* quite a lot of weight

◆ **pas mal de** *(= beaucoup)* quite a lot of ◆ **il y a pas mal de temps qu'il est parti** it's quite a time since he left, he's been away for quite a time ◆ **pas mal de gens pensent que...** quite a lot of people think that...

2 - ADJECTIF INVARIABLE

[1] [= CONTRAIRE À LA MORALE] wrong, bad ◆ **c'est mal de mentir/de voler** it is bad *ou* wrong to lie/to steal ◆ **(pour elle) il ne peut rien faire de mal** *(iro)* (in her eyes) he can do no wrong ◆ **c'est mal à lui** *(frm) ou* **de sa part de dire cela** it's bad *ou* wrong of him to say this

[2] [= MALADE] ill ◆ **j'ai été mal toute la matinée** I felt ill all morning ◆ **il est très mal ce soir** he's very ill *ou* not at all well tonight ◆ **le malade est au plus mal** the patient's condition couldn't be worse ◆ **je me sens mal quand il fait trop chaud** the heat doesn't agree with me ◆ **elle s'est sentie mal** she felt faint ◆ **il est mal dans sa tête** he's not a happy person

◆ **mal en point** *[personne, voiture]* in a bad *ou* sorry state, in a bad way; *[secteur économique, parti]* in a bad way

[3] [= MAL À L'AISE] uncomfortable ◆ **vous devez être mal sur ce banc** you can't be comfortable on that seat, that seat can't be comfortable *ou* must be uncomfortable; → **aise, peau**

[4] [= EN MAUVAIS TERMES] ◆ **être mal avec qn** to be on bad terms with sb, to be in sb's bad books* ◆ **les deux cousins sont au plus mal** the two cousins are at daggers drawn ◆ **se mettre mal avec qn** to get on the wrong side of sb, to get into sb's bad books*

[5] [LOCUTIONS]

◆ **pas mal** *(= assez bien)* not bad, quite *ou* fairly good ◆ **il n'est pas mal dans le rôle** he's not bad *ou* quite good in that role ◆ **c'est pas mal (du tout)** it's not bad (at all)
(= assez beau) [personne] quite good-looking, not bad; *[maison]* quite nice, not bad ◆ **tu n'es pas mal sur cette photo** that's quite a good picture of you

mal[2] /mal/ SYN (pl maux)

1 - NOM MASCULIN
2 - COMPOSÉS

1 - NOM MASCULIN

[1] [PHILOS : OPPOSÉ AU BIEN] ◆ **le mal** evil ◆ **le conflit entre le bien et le mal** the conflict between good and evil ◆ **distinguer le bien du mal** to tell right from wrong, to know the difference between right and wrong ◆ **faire le mal pour le mal** to do *ou* commit evil for its own sake *ou* for evil's sake ◆ **rendre le mal pour le mal** to return evil for evil

[2] [= SOUFFRANCE MORALE, PEINE] sorrow, pain ◆ **le mal du siècle** *(= fléau)* the scourge of the age; *(littér = mélancolie)* world-weariness ◆ **des paroles qui font du mal** words that hurt, hurtful words

[3] [= DOMMAGE] harm ◆ **excusez-moi – il n'y a pas de mal** I'm sorry – no harm done ◆ **il n'y a pas grand mal** there's no real harm done ◆ **il n'y a pas de mal à (faire) ça/à ce qu'il fasse** there's no harm in (doing) that/in his *ou* him doing ◆ **mal lui en a pris !** he's had cause to regret it! ◆ **mal m'en a pris de sortir** going out was a grave mistake (on my part) ◆ **ces médicaments, ça fait plus de mal que de bien** these medicines do more harm than good ◆ **ça fait du mal au commerce** it's not good for business ◆ **vouloir du mal à qn** to wish sb ill *ou* harm, to be ill-disposed towards sb ◆ **je ne lui veux pas de** *ou* **aucun mal** I don't wish him any harm ◆ **elle va réussir, et c'est tout le mal que je lui souhaite** *(iro)* she'll succeed, and I couldn't wish anything better for her; → **peur**

◆ **mettre à mal** *[+ personne, relations]* to harm; *[+ principe, politique, processus, système, réputation]* to harm, to damage

[4] [= TRAVAIL PÉNIBLE, DIFFICULTÉ] difficulty ◆ **on n'a rien sans mal** you get nothing without (some) effort ◆ **faire qch sans trop de mal/non sans mal** to do sth without undue difficulty/not without difficulty ◆ **j'ai obtenu son accord/le document, mais non sans mal !** I got him to agree/I got the document, but it wasn't easy! ◆ **il a dû prendre son mal en patience** *(= attendre)* he had to put up with the delay; *(= supporter)* he had to grin and bear it

◆ **avoir du mal (à faire qch)** to have trouble *ou* difficulty (doing sth) ◆ **je n'ai eu aucun mal à l'imaginer** I had no difficulty imagining it ◆ **j'ai du mal** *(elliptiquement)* it's hard for me, I find it hard *ou* difficult

◆ **donner du mal à qn** to give sb trouble ◆ **ce travail/cet enfant m'a donné du mal/bien du mal** this work/this child gave me some trouble/a lot of trouble ◆ **se donner du mal** to go to a lot of trouble

◆ **se donner du mal** ◆ **se donner du mal pour faire qch** to take trouble *ou* pains over sth, to go to great pains to do sth ◆ **ne vous donnez pas ce mal** don't bother ◆ **se donner un mal de chien pour faire qch*** to bend over backwards *ou* go to great lengths to do sth

[5] [= CE QUI EST MAUVAIS] evil, ill ◆ **c'est un mal nécessaire** it's a necessary evil ◆ **accuser qn de tous les maux** to accuse sb of all the evils in the world ◆ **les maux dont souffre notre société** the ills *ou* evils afflicting our society ◆ **penser/dire du mal de qn/qch** to think/speak ill of sb/sth ◆ **sans penser** *ou* **songer à mal** without meaning any harm ◆ **aux grands maux les grands remèdes** *(Prov)* desperate times call for desperate measures; → **moindre**

[6] [= DOULEUR PHYSIQUE] pain, ache; *(= maladie)* illness, disease, sickness ◆ **le mal s'aggrave** *(lit)* the disease is getting worse, he (*ou* she *etc*) is getting worse; *(fig)* the situation is deteriorating, things are getting worse ◆ **faire du mal à qn** to harm *ou* hurt sb ◆ **ne leur faites pas de mal !** don't harm *ou* hurt them! ◆ **il ne ferait pas de mal à une mouche** he wouldn't hurt *ou* harm a fly ◆ **prendre mal** † to be taken ill, to feel unwell ◆ **mal de tête** headache ◆ **des maux d'estomac** stomach pains

◆ **avoir mal** ◆ **je me suis cogné – tu as mal ?/très mal ?** I bumped myself – does it hurt?/really hurt? ◆ **où avez-vous mal ?** where does it hurt?, where is the pain? ◆ **avoir mal partout** to be aching all over ◆ **avoir mal au cœur** to feel nauseous *ou* sick *(Brit)* ◆ **ils ont souvent mal au cœur en voiture** they often get carsick ◆ **avoir mal à la gorge** to have a sore throat ◆ **avoir mal à la tête** to have a headache *ou* a bad head* ◆ **avoir mal aux dents/aux oreilles** to have toothache/earache ◆ **j'ai mal au pied** my foot hurts ◆ **j'ai mal au dos/à l'estomac** I've got backache/stomach ache, I've got a pain in my back/stomach, my back/stomach hurts

◆ **faire mal** *(physiquement)* to hurt; *(psychologiquement)* to be hurtful ◆ **des critiques qui font mal** hurtful criticism ◆ **500 € de réparations, ça fait mal !*** €500 in repairs, that hurts! ◆ **ça va faire mal !*** *(confrontation, match)* it's going to be tough! ◆ **le jour où le fisc s'occupera de lui, ça va faire mal !*** the day the taxman catches up with him, he'll be in real trouble! ◆ **ils sortent un nouvel album, ça va faire mal !*** they're bringing out a new album, it's going to be a big hit!

◆ **faire mal à** to hurt ◆ **tu m'as fait mal !** you hurt me! ◆ **mon coude me fait mal** my elbow hurts ◆ **ces chaussures me font mal (au pied)** these shoes hurt *ou* pinch (my feet) ◆ **il s'est fait mal en tombant** he hurt himself when he fell ◆ **se faire mal au genou** to hurt one's knee ◆ **ça me fait mal au cœur** *(= ça me rend malade)* it makes me feel sick; *(= ça me fait pitié, ça me fait de la peine)* it breaks my heart; *(= ça me révolte)* it makes me sick, it's sickening ◆ **ça me ferait mal (au ventre** *ou* **aux seins) !*** it would make me sick!, it would really piss me off!**

◆ **en mal de** *(= en manque de) [+ argent, idées]* short of; *[+ tendresse, amour]* yearning for ◆ **journaliste en mal de copie** journalist short of copy ◆ **être en mal d'inspiration** to be lacking in inspiration, to have no inspiration ◆ **association en mal de publicité/reconnaissance** organization craving publicity/recognition

2 - COMPOSÉS

mal de l'air airsickness
mal blanc † whitlow

mal de l'espace space sickness
mal des grands ensembles sick building syndrome
le mal joli † (hum) the pains of (giving) birth
mal de mer seasickness ◆ **avoir le mal de mer** to be seasick
mal des montagnes mountain sickness ◆ **avoir le mal des montagnes** to have mountain sickness
le mal du pays homesickness ◆ **avoir le mal du pays** to feel homesick
mal de la route carsickness
mal des transports travel ou motion (US) sickness ◆ **pilule contre le mal des transports** travel-sickness pill, anti-motion-sickness pill (US)
mal de vivre profound discontentment

Malabar /malabaʀ/ NM ◆ **le Malabar, la côte de Malabar** the Malabar (Coast)

malabar* /malabaʀ/ NM muscle man*, hefty fellow*

Malabo /malabo/ N Malabo

malabsorption /malapsɔʀpsjɔ̃/ NF malabsorption

Malachie /malaʃi/ NM (Bible) Malachi

malachite /malaʃit/ NF malachite

malacologie /malakɔlɔʒi/ NF malacology

malacostracés /malakɔstʀase/ NMPL ◆ **les malacostracés** malacostracans, the Malacostraca (SPÉC)

malade /malad/ SYN
[ADJ] ① (= atteint) [personne] ill, unwell (attrib), sick (surtout US); [organe, plante] diseased; [dent, poitrine] bad; [jambe, bras] bad, gammy* (Brit) (épith) ◆ **être bien/gravement/sérieusement malade** to be really/gravely/seriously ill ◆ **être malade du cœur, avoir le cœur malade** to have heart trouble ou a bad heart ou a heart condition ◆ **être malade des reins** to have kidney trouble ◆ **tomber malade** to fall ill ou sick ◆ **se faire porter malade** to report ou go sick ◆ **faire le malade** to feign ou sham illness ◆ **j'ai été malade** (gén) I was ill; (= j'ai vomi) I was sick ◆ **je me sens (un peu) malade** I feel (a bit) peculiar*, I don't feel very well ◆ **être malade comme un chien*** ou **une bête*** (gén) to be dreadfully ill; (euph = vomir) to be as sick as a dog* ◆ **être malade à crever**‡ to be dreadfully ill, to feel like death (warmed up (Brit) ou warmed over (US))*
② (= fou) mad ◆ **tu n'es pas (un peu) malade ?*** are you out of your mind? ◆ **tu es complètement malade !*** you need your head examining! ◆ **être malade d'inquiétude** to be sick ou ill with worry ◆ **être malade de jalousie** to be mad ou sick with jealousy ◆ **rien que d'y penser j'en suis malade***, **ça me rend malade rien que d'y penser*** the very thought of it makes me sick ou ill
③ (= en mauvais état) [objet, pays] in a sorry state ◆ **l'entreprise étant malade, ils durent licencier** as the business was failing, they had to lay people off ◆ **le gouvernement est trop malade pour durer jusqu'aux élections** the government is too shaky to last till the elections ◆ **notre économie est bien malade** our economy is in bad shape ou a bad way
[NMF] ① (Méd) (gén) invalid, sick person; (d'un médecin) patient ◆ **grand malade** seriously ill person ◆ **faux malade** malingerer ◆ **malade imaginaire** hypochondriac ◆ **malade mental** mentally sick ou ill person ◆ **les malades** the sick ◆ **les grands malades** the seriously ou critically ill ◆ **le médecin et ses malades** the doctor and his patients ◆ « **Le Malade imaginaire** » (Littérat) "The Hypochondriac"
② (* = fanatique) ◆ **un malade de la moto** a (motor)bike freak‡ ou fanatic ◆ **un malade de la vitesse** a speed merchant* (Brit) ou demon* (US)
③ (* = fou) maniac ◆ **il conduit comme un malade** he drives like a maniac ou madman* ◆ **elle frappait comme une malade** she was knocking like mad* ou like a mad woman ◆ **on a bossé comme des malades** we worked like crazy*

maladie /maladi/ SYN
[NF] ① (Méd) illness, disease; [de plante, vin] disease ◆ **maladie bénigne** minor ou slight illness, minor complaint ◆ **maladie grave** serious illness ◆ **maladie de cœur/foie** heart/liver complaint ou disease ◆ **ces enfants ont eu une maladie après l'autre** these children have had one sickness ou illness after another ◆ **le cancer est la maladie du siècle** cancer is the disease of this century ◆ **il a fait une petite maladie*** he's been slightly ill, he's had a minor illness ◆ **elle est en maladie*** she's off sick* ◆ **en longue maladie** (off) on extended sick leave ◆ **il en a fait une maladie*** (fig) he got into a terrible state about it, he had a fit* ◆ **tu ne vas pas en faire une maladie !*** don't you get in (such a) state over it!, don't make a song and dance about it!* ◆ **mes rosiers ont la maladie*** my rose bushes are in a bad way*
② ◆ **la maladie** illness, ill health ◆ **la maladie et la famine dans le monde** disease and famine in the world; → **assurance**
③ ◆ **la maladie** (= maladie de Carré) distemper
④ (* = obsession) mania ◆ **avoir la maladie de la vitesse** to be a speed maniac ◆ **quelle maladie as-tu de toujours intervenir !** what a mania you have for interfering! ◆ **c'est une maladie chez lui** it's a mania with him
[COMP] **la maladie bleue** the blue disease, cyanosis
maladie honteuse † ⇒ **maladie vénérienne**
maladie infantile childhood ou infantile disease ou complaint
maladie de langueur wasting disease
maladie du légionnaire legionnaires' disease
maladie mentale mental illness
maladie mortelle fatal illness ou disease
maladie de peau skin disease ou complaint
maladie professionnelle occupational disease
maladie sexuellement transmissible sexually transmitted disease, STD
la maladie du sommeil sleeping sickness
maladie du travail ⇒ **maladie professionnelle**
maladie tropicale tropical disease
maladie vénérienne venereal disease, VD; → **Alzheimer, Carré, Hodgkin**

maladif, -ive /maladif, iv/ SYN [ADJ] ① [personne] sickly, weak; [air, pâleur] sickly, unhealthy
② [obsession, peur] pathological ◆ **il est d'une timidité maladive** he's pathologically shy ◆ **il faut qu'il mente, c'est maladif chez lui** he's a pathological liar

maladivement /maladivmɑ̃/ ADV [pâle, maigre] unhealthily; [anxieux, timide] pathologically

maladrerie † /maladʀəʀi/ NF lazaret †, lazar house †

maladresse /maladʀɛs/ SYN [NF] ① (= gaucherie) [de personne, geste, expression] clumsiness, awkwardness; [d'ouvrage, style, intervention] clumsiness
② (= indélicatesse) [de personne, remarque] clumsiness, tactlessness ◆ **quelle maladresse !** how tactless!
③ (= bévue) blunder, gaffe ◆ **maladresses de style** awkward ou clumsy turns of phrase

maladroit, e /maladʀwa, wat/ SYN
[ADJ] ① (= malhabile) [personne, geste, expression] clumsy, awkward; [ouvrage, style, dessin, intervention, mensonge] clumsy ◆ **il est vraiment maladroit de ses mains** he's really useless with his hands
② (= indélicat) [personne, remarque] clumsy, tactless ◆ **ce serait maladroit de lui en parler** it would be tactless ou ill-considered to mention it to him
[NM,F] (= malhabile) clumsy person ou oaf*; (= qui fait tout tomber) butterfingers*; (= indélicat) tactless person, blunderer ◆ **quel maladroit je fais !** how clumsy of me!

maladroitement /maladʀwatmɑ̃/ ADV [marcher, dessiner] clumsily, awkwardly; [agir] clumsily ◆ **il a tenté maladroitement de se justifier** he made a clumsy attempt to justify himself

malaga /malaga/ NM (= vin) Malaga (wine); (= raisin) Malaga grape

mal-aimé, e (mpl mal-aimés) /maleme/ NM,F unpopular figure ◆ **il est devenu le mal-aimé de la presse** he has become the man the press love to hate, he has become an unpopular figure with the press

malaire /malɛʀ/ ADJ malar

malais, e¹ /malɛ, ɛz/
[ADJ] Malay(an)
[NM] (= langue) Malay
[NM,F] **Malais(e)** Malay(an)

malaise² /malɛz/ SYN [NM] ① (gén) feeling of general discomfort ou ill-being; (Méd) feeling of sickness ou faintness, malaise (frm) ◆ **malaise cardiaque** mild heart attack ◆ **être pris d'un malaise, avoir un malaise** to feel faint ou dizzy, to come over faint ou dizzy
② (= trouble) uneasiness ◆ **éprouver un malaise** to feel uneasy ◆ **le malaise étudiant/politique** student/political unrest ◆ **malaise économique/social** economic/social malaise

malaisé, e /maleze/ SYN ADJ difficult

malaisément /malezemɑ̃/ ADV with difficulty

Malaisie /malɛzi/ NF Malaysia

malaisien, -ienne /malɛzjɛ̃, jɛn/
[ADJ] Malaysian
[NM,F] **Malaisien(ne)** Malaysian

malandre /malɑ̃dʀ/ NF (= maladie du cheval) mal(l)anders (sg), mallenders (sg)

malandrin † /malɑ̃dʀɛ̃/ NM (littér) brigand (littér), bandit

malappris, e /malapʀi, iz/
[ADJ] ill-mannered, boorish
[NM] ill-mannered lout, boor, yob* (Brit)

malard /malaʀ/ NM drake; (sauvage) mallard

malaria /malaʀja/ NF malaria (NonC)

malavisé, e /malavize/ ADJ [personne, remarque] ill-advised, injudicious, unwise

Malawi /malawi/ NM Malawi

malawien, -ienne /malawjɛ̃, jɛn/
[ADJ] Malawian
[NM,F] **Malawien(ne)** Malawian

malaxage /malaksaʒ/ NM ① [d'argile, pâte] kneading; [de muscle] massaging; [de beurre] creaming
② (= mélange) blending, mixing

malaxer /malakse/ SYN ► conjug 1 ◄ VT ① [+ argile, pâte] to knead; [+ muscle] to massage; [+ beurre] to cream
② (= mélanger) to blend, to mix

malaxeur /malaksœʀ/
[ADJ M] mixing
[NM] mixer

malayalam /malajalam/ NM Malayal(a)m

malayo-polynésien, -ienne (mpl malayo-polynésiens) /malɛjopɔlinezjɛ̃, jɛn/ ADJ [langue] Malayo-Polynesian, Austronesian

mal-bouffe*, **malbouffe*** /malbuf/ NF ◆ **la mal-bouffe** junk food

malchance /malʃɑ̃s/ SYN NF (= déveine) bad ou ill luck, misfortune; (= mésaventure) misfortune, mishap ◆ **il a eu beaucoup de malchance** he's had a lot of bad luck ◆ **j'ai eu la malchance de...** I had the misfortune to..., I was unlucky enough to... ◆ **par malchance** unfortunately, as ill luck would have it ◆ **il a joué de malchance** (gén) he was out of luck; (de manière répétée) he had one bit of bad luck after another

malchanceux, -euse /malʃɑ̃sø, øz/ ADJ unlucky

malcommode /malkɔmɔd/ ADJ [objet, vêtement] impractical, unsuitable; [horaire] awkward, inconvenient; [outil, meuble] inconvenient, impractical ◆ **c'est vraiment très malcommode** it's really most inconvenient for me, it really doesn't suit me at all

Maldives /maldiv/ NFPL ◆ **les Maldives** the Maldives

maldonne /maldɔn/ NF (Cartes) misdeal ◆ **faire (une) maldonne** to misdeal, to deal the cards wrongly ◆ **il y a maldonne** (lit) there's been a misdeal, the cards have been dealt wrongly; (fig) there's been a mistake somewhere

Malé /male/ N Malé

mâle /mɑl/ SYN
[ADJ] ① (Bio, Tech) male
② (= viril) [voix, courage] manly; [style, peinture] virile, strong, forceful
[NM] male ◆ **titre de noblesse transmis par les mâles** noble title handed down through the male line ◆ **c'est un mâle ou une femelle ?** is it a he or a she?*, is it a male or a female? ◆ **c'est un beau mâle** (hum) he's a real hunk*, he's a fine specimen (of manhood) (hum) ◆ **(éléphant) mâle** bull (elephant) ◆ **(lapin) mâle** buck (rabbit) ◆ **(moineau) mâle** cock (sparrow) ◆ **(ours) mâle** he-bear ◆ **souris mâle** male mouse

malédiction /malediksjɔ̃/ SYN
[NF] (Rel = imprécation, adversité) curse, malediction (littér) ◆ **la malédiction divine** the curse of God ◆ **n'écoute pas les malédictions de cette vieille folle** don't listen to the curses of that old fool ◆ **la malédiction pèse sur nous** a curse is hanging over us, we're under a curse ◆ **appeler la malédiction sur qn** to call down curses upon sb

EXCL (††, *hum*) curse it!*, damn!* ◆ **malédiction ! j'ai perdu la clé** curse it!* I've lost the key

maléfice /malefis/ SYN **NM** evil spell

maléfique /malefik/ SYN **ADJ** *[étoile]* unlucky; *[charme, signe, pouvoir]* evil, baleful ◆ **les puissances maléfiques** the forces of evil

malemort /malmɔʀ/ **NF** (††, *littér*) cruel death ◆ **mourir de malemort** to die a cruel *ou* violent death

malencontreusement /malɑ̃kɔ̃tʀøzmɑ̃/ **ADV** *[arriver]* at the wrong moment, inopportunely, inconveniently; *[faire tomber]* inadvertently ◆ **faire malencontreusement remarquer que...** to make the unfortunate remark that...

malencontreux, -euse /malɑ̃kɔ̃tʀø, øz/ SYN **ADJ**
1 (= *malheureux*) *[erreur, incident]* unfortunate; *[geste]* awkward; *[remarque]* awkward, unfortunate; *[décision]* unwise, unfortunate
2 (= *déplacé*) *[allusion]* inopportune
3 (= *à contretemps*) *[événement]* untimely

malentendant, e /malɑ̃tɑ̃dɑ̃, ɑ̃t/ **NM,F** person who is hard of hearing ◆ **les malentendants** hearing-impaired people, people who are hard of hearing

malentendu /malɑ̃tɑ̃dy/ SYN **NM** misunderstanding

mal-être /malɛtʀ/ **NM INV** *[de personne]* malaise, disquiet, ill-being *(US)*; *[de groupe social]* malaise

malfaçon /malfasɔ̃/ SYN **NF** fault, defect *(due to bad workmanship)*

malfaisant, e /malfəzɑ̃, ɑ̃t/ SYN **ADJ** *[personne]* evil, wicked, harmful; *[influence]* evil, harmful; *[animal, théories]* harmful

malfaiteur /malfɛtœʀ/ SYN **NM** *(gén)* criminal; (= *gangster*) gangster; (= *voleur*) burglar, thief ◆ **dangereux malfaiteur** dangerous criminal

malformation /malfɔʀmasjɔ̃/ SYN **NF** malformation

malfrat /malfʀa/ **NM** (= *escroc*) crook; (= *bandit*) thug, gangster

malgache /malgaʃ/
ADJ Malagasy, Madagascan
NM (= *langue*) Malagasy
NMF **Malgache** Malagasy, Madagascan

malgracieux, -ieuse /malgʀasjø, jøz/ **ADJ** *(littér)* *[silhouette]* ungainly, clumsy; † *[caractère]* loutish, boorish

malgré /malgʀe/ SYN **PRÉP** (= *en dépit de*) in spite of, despite ◆ **malgré son père/l'opposition de son père, il devint avocat** despite his *ou* in spite of his father/his father's objections he became a barrister ◆ **malgré son intelligence, il n'a pas réussi** in spite of *ou* for all *ou* notwithstanding *(frm)* his undoubted intelligence he hasn't succeeded ◆ **j'ai signé ce contrat malgré moi** *(en hésitant)* I signed the contract reluctantly *ou* against my better judgment; *(contraint et forcé)* I signed the contract against my will ◆ **j'ai fait cela presque malgré moi** I did it almost in spite of myself ◆ **il est devenu célèbre/un sex-symbol malgré lui** he became a reluctant celebrity/sex-symbol, he became famous/a sex-symbol in spite of himself
◆ **malgré tout** (= *en dépit de tout*) in spite of everything, despite everything; *(concession = quand même)* all the same, even so, after all ◆ **malgré tout, c'est dangereux** all the same *ou* after all it's dangerous ◆ **il a continué malgré tout** he went on in spite of *ou* despite everything ◆ **je le ferai malgré tout** I'll do it all the same *ou* come what may
◆ **malgré que** (* = *bien que*) in spite of the fact that, despite the fact that, although ◆ **malgré qu'il en ait** *(littér)* despite his wishes

malhabile /malabil/ SYN **ADJ** clumsy, awkward ◆ **malhabile à (faire) qch** unskilful *ou* bad at (doing) sth

malhabilement /malabilmɑ̃/ **ADV** clumsily, awkwardly

malheur /malœʀ/ SYN **NM** 1 (= *événement pénible*) misfortune; (= *événement très grave*) calamity; (= *épreuve*) ordeal, hardship; (= *accident*) accident, mishap ◆ **il a supporté ses malheurs sans se plaindre** he suffered his misfortunes without complaint ◆ **cette famille a eu beaucoup de malheurs** this family has had a lot of misfortune ◆ **un malheur est si vite arrivé** accidents *ou* mishaps happen so easily ◆ **en cas de malheur** in case anything should go wrong ◆ **cela a été le grand malheur de sa vie** it was the great tragedy of his life ◆ **ce n'est pas un gros malheur !, c'est un petit malheur !** it's not such a calamity! *ou* tragedy! *ou* disaster! ◆ **un malheur n'arrive jamais seul** *(Prov)* troubles never come singly, it never rains but it pours *(Prov)* ◆ **à quelque chose malheur est bon** *(Prov)* every cloud has a silver lining *(Prov)*, it's an ill wind that blows nobody any good *(Prov)*
2 ◆ **le malheur** (= *l'adversité*) adversity; (= *la malchance*) ill luck, misfortune ◆ **dans son malheur** amongst all his misfortune ◆ **ils ont eu le malheur de perdre leur mère** they had the misfortune to lose their mother ◆ **nos voisins sont dans le malheur** our neighbours are going through hard times ◆ **le malheur des uns fait le bonheur des autres** *(Prov)* it's an ill wind that blows nobody any good *(Prov)* ◆ **le malheur a voulu qu'un policier le voie** as ill luck would have it a policeman saw him ◆ **c'est dans le malheur qu'on connaît ses amis** *(Prov)* a friend in need is a friend indeed *(Prov)*, it's in times of trouble that you know who your real friends are
3 *(locutions)* ◆ **malheur !** oh, lord!*, hell!* ◆ **le malheur c'est que... , il n'y a qu'un malheur, c'est que...** the trouble *ou* snag is that... ◆ **son malheur, c'est qu'il boit** his trouble is that he drinks ◆ **le malheur dans tout cela, c'est qu'elle a perdu tout son argent** the sad thing about it *ou* the tragedy is that she lost all her money ◆ **faire le malheur de ses parents** to bring sorrow to one's parents, to cause one's parents nothing but unhappiness ◆ **faire un malheur** (= *avoir un gros succès*) *[spectacle]* to be a big hit; *[artiste, joueur]* to make a great hit, to be all the rage ◆ **s'il continue à m'ennuyer, je fais un malheur*** if he carries on annoying me I'll do something I'll regret ◆ **quel malheur qu'il ne soit pas venu** what a shame *ou* pity he didn't come ◆ **il a eu le malheur de dire que cela ne lui plaisait pas** he made the big mistake of saying he didn't like it ◆ **pour son malheur** for his sins ◆ **ne parle pas de malheur !** God forbid!
◆ **de malheur*** (= *maudit*) wretched ◆ **cette pluie de malheur a tout gâché** this wretched rain has spoilt everything
◆ **malheur à** ◆ **malheur à l'homme** *ou* **à celui par qui le scandale arrive** *(Bible)* woe to that man by whom the offence cometh ◆ **malheur à (celui) qui...** † woe betide him who... ◆ **malheur à toi si tu y touches !** woe betide you if you touch it!
◆ **par malheur** unfortunately, as ill luck would have it

malheureusement /maløʀøzmɑ̃/ GRAMMAIRE ACTIVE 2.3, 12.2, 20.4, 25.5, 25.6 **ADV** unfortunately

malheureux, -euse /maløʀø, øz/ SYN
ADJ 1 (= *infortuné*) unfortunate ◆ **les malheureuses victimes des bombardements** the unfortunate *ou* hapless *(frm)* victims of the bombings
2 (= *regrettable, fâcheux*) *[résultat, jour, geste]* unfortunate ◆ **pour un mot malheureux** because of an unfortunate remark ◆ **c'est bien malheureux qu'il ne puisse pas venir** it's very unfortunate *ou* it's a great shame *ou* it's a great pity that he can't come ◆ **si c'est pas malheureux d'entendre ça !*** it makes you sick to hear that!* ◆ **ah te voilà enfin, c'est pas malheureux !*** oh, there you are at last and about time too!*
3 (= *triste, qui souffre*) *[enfant, vie]* unhappy, miserable ◆ **on a été très malheureux pendant la guerre** we had a miserable life during the war ◆ **il était très malheureux de ne pouvoir nous aider** he was most distressed *ou* upset at not being able to help us ◆ **prendre un air malheureux** to look unhappy *ou* distressed ◆ **rendre qn malheureux** to make sb unhappy ◆ **être malheureux comme les pierres** to be wretchedly unhappy *ou* utterly wretched
4 *(après n = malchanceux)* *[candidat]* unsuccessful, unlucky; *[tentative]* unsuccessful; *[expérience]* unfortunate ◆ **il prit une initiative malheureuse** he took an unfortunate step ◆ **Leblanc, héros malheureux de ce championnat** Leblanc, the heroic loser of the championship ◆ **être malheureux au jeu/en amour** to be unlucky at gambling/in love ◆ **amour malheureux** unhappy love affair; → **heureux, main**
5 (* : *avant n = insignifiant*) wretched, miserable ◆ **toute une histoire pour un malheureux billet de 20 €/pour une malheureuse erreur** such a to-do for a wretched *ou* measly* *ou* mouldy* 20-euro note/for a miserable mistake ◆ **il y avait deux ou trois malheureux spectateurs** there was a miserable handful of spectators ◆ **sans même un malheureux coup de fil** without so much as a phone call
NM,F (= *infortuné*) poor wretch *ou* soul *ou* devil*; (= *indigent*) needy person ◆ **il a tout perdu ? le malheureux !** did he lose everything? the poor man! ◆ **un malheureux de plus** another poor devil* ◆ **ne fais pas cela, malheureux !** don't do that, you fool! ◆ **aider les malheureux** *(indigents)* to help the needy *ou* those who are badly off ◆ **la malheureuse a agonisé pendant des heures** the poor woman suffered for hours before she died

malhonnête /malɔnɛt/ SYN
ADJ 1 (= *déloyal*) dishonest; (= *crapuleux*) crooked
2 († = *indécent*) rude
NMF (= *personne déloyale*) dishonest person; (= *escroc*) crook

malhonnêtement /malɔnɛtmɑ̃/ **ADV** dishonestly

malhonnêteté /malɔnɛtte/ **NF** 1 (= *improbité*) dishonesty, crookedness ◆ **faire des malhonnêtetés** to carry on dishonest *ou* crooked dealings
2 († = *manque de politesse*) rudeness ◆ **dire des malhonnêtetés** to make rude remarks, to say rude things

Mali /mali/ **NM** Mali

malice /malis/ SYN **NF** 1 (= *espièglerie*) mischievousness ◆ **réponse pleine de malice** mischievous reply ◆ **... dit-il non sans malice** ... he said somewhat mischievously ◆ **boîte/sac à malice** box/bag of tricks
2 (= *méchanceté*) malice, spite ◆ **par malice** out of malice *ou* spite ◆ **elle a dit ça sans malice** she meant no harm by it ◆ **il est sans malice** he is quite guileless ◆ **il n'y voit** *ou* **entend pas malice** he means no harm by it

malicieusement /malisjøzmɑ̃/ **ADV** mischievously

malicieux, -ieuse /malisjø, jøz/ SYN **ADJ** *[personne, remarque]* mischievous; *[sourire]* mischievous, impish ◆ **notre oncle est très malicieux** our uncle is a great tease ◆ **petit malicieux !** little imp *ou* monkey!

> ! Évitez de traduire **malicieux** par **malicious**, qui a le sens de 'malveillant'.

malien, -enne /maljɛ̃, ɛn/
ADJ of *ou* from Mali, Malian
NM,F **Malien(ne)** Malian

maligne /maliɲ/ **ADJ F, NF** → **malin**

malignité /maliɲite/ **NF** 1 (= *malveillance*) malice, spite
2 *(Méd)* malignancy

malin /malɛ̃/ SYN, **maligne** *ou* **maline*** /maliɲ, malin/
ADJ 1 (= *intelligent*) *[personne, air]* smart, shrewd, cunning ◆ **sourire malin** cunning *ou* knowing *ou* crafty smile ◆ **il est malin comme un singe** *[adulte]* he's a crafty old devil*; *[enfant]* he's a crafty little devil* ◆ **bien malin qui le dira !** who can tell! ◆ **il n'est pas bien malin** he isn't very bright *ou* clever ◆ **c'est malin !** *(iro)* oh, very clever! *(iro)* ◆ **si tu te crois malin de faire ça !** I suppose you think that's clever?; → **jouer**
2 († * = *difficile*) ◆ **ce n'est pourtant pas bien malin** but it isn't so difficult *ou* tricky ◆ **ce n'est pas plus malin que ça** it's as easy *ou* simple as that, that's all there is to it
3 (= *mauvais*) *[influence]* malignant, baleful, malicious ◆ **prendre un malin plaisir à faire qch** to take (a) malicious pleasure in doing sth ◆ **l'esprit malin** the devil
4 *(Méd)* malignant
NM,F ◆ **c'est un (petit) malin** he's a crafty one, he knows a thing or two, there are no flies on him *(Brit)* ◆ **gros malin !** *(iro)* you're a bright one! *(iro)* ◆ **ne fais pas ton** *ou* **le malin*** don't try to show off ◆ **à malin, malin et demi** there's always someone cleverer than you
NM ◆ **le Malin** the Devil

malines /malin/ **NF** Mechlin lace, malines *(sg)*

malingre /malɛ̃gʀ/ SYN **ADJ** *[personne]* sickly, puny; *[corps]* puny

malinois /malinwa/ **NM** police dog, ≃ German Shepherd, ≃ Alsatian *(Brit)*

malintentionné, e /malɛ̃tɑ̃sjɔne/ **ADJ** ill-intentioned, malicious, spiteful *(envers* towards*)*

malique /malik/ **ADJ** ◆ **acide malique** malic acid

malle /mal/ NF ① (= *valise*) trunk ◆ **faire sa malle** *ou* **ses malles** to pack one's trunk ◆ **il est parti avec ça dans ses malles** *(fig)* he took it with him ◆ **ils se sont fait la malle**[*] they've cleared off[*], they've done a bunk[*] *(Brit)* ou a runner[*] *(Brit)* ◆ **on a intérêt à se faire la malle**[*] we'd better make ourselves scarce[*], we'd better scarper[*] *(Brit)*
② [*de voiture*] ◆ **malle (arrière)** boot *(Brit)*, trunk *(US)*
③ *(Hist)* ◆ **la Malle des Indes** the Indian Mail

malléabiliser /maleabilize/ ▸ conjug 1 ◂ VT to make (more) malleable

malléabilité /maleabilite/ NF malleability

malléable /maleabl/ SYN ADJ malleable

malléolaire /maleɔlɛʀ/ ADJ malleolar

malléole /maleɔl/ NF malleolus

malle-poste (pl **malles-poste**) /malpɔst/ NF (*Hist* = *diligence*) mail coach

mallette /malɛt/ SYN NF ① (= *valise*) (small) suitcase; (= *porte-documents*) briefcase, attaché case ◆ **mallette de voyage** overnight case, grip
② (*Belg* = *cartable*) schoolbag, satchel

mal-logé, e /malɔʒe/ NM,F person living in substandard housing

mal-logement /malɔʒmã/ NM poor housing

malmener /malmǝne/ SYN ▸ conjug 5 ◂ VT (= *brutaliser*) [+ *personne*] to manhandle, to handle roughly; (*Mil, Sport*) [+ *adversaire*] to give a rough time *ou* handling to ◆ **être malmené par la critique** to be given a rough ride by the critics

malnutrition /malnytʀisjɔ̃/ NF malnutrition

malodorant, e /malɔdɔʀã, ãt/ SYN ADJ [*personne, pièce*] foul-smelling, malodorous *(frm)*, smelly; [*haleine*] bad, foul *(Brit)*

malotru, e /malɔtʀy/ SYN NM,F lout, yob[*] *(Brit)*

malouin, e /malwɛ̃, in/
ADJ of *ou* from Saint-Malo
NM,F **Malouin(e)** inhabitant *ou* native of Saint-Malo
NFPL **Malouines** ◆ **les (îles) Malouines** the Falkland Islands, the Falklands

mal-pensant, e (mpl **mal-pensants**) /malpãsã, ãt/
ADJ malicious
NM,F malicious person

malpoli, e /malpɔli/ ADJ impolite, discourteous

malposition /malpozisjɔ̃/ NF malposition

malpropre /malpʀɔpʀ/ SYN
ADJ ① (= *sale*) [*personne, objet*] dirty; [*travail*] slovenly
② (= *indécent*) [*allusion, histoire*] smutty, dirty, unsavoury
③ (= *indélicat*) [*conduite, personne, action*] unsavoury, dishonest, despicable
NMF *(hum)* swine ◆ **se faire chasser comme un malpropre**[*] to be thrown *ou* kicked out

malproprement /malpʀɔpʀǝmã/ ADV in a dirty way ◆ **manger malproprement** to be a messy eater

malpropreté /malpʀɔpʀǝte/ NF ① ◆ **la malpropreté** dirtiness, griminess
② (= *acte*) despicable trick; (= *parole*) low *ou* unsavoury remark

malsain, e /malsɛ̃, ɛn/ SYN ADJ ① [*climat, logement*] unhealthy; [*travail*] hazardous to one's health
② [*influence, littérature, curiosité*] unhealthy, unwholesome; [*esprit, mentalité*] nasty, unhealthy ◆ **il a une relation malsaine avec l'argent** he has an unhealthy relationship with money ◆ **c'est un film malsain** it's a pretty sick film ◆ **le climat malsain qui règne dans certaines entreprises** the unsavoury *ou* unwholesome atmosphere in some companies ◆ **l'atmosphère devient malsaine au bureau** things are getting a bit unpleasant at work ◆ **tous ces monopoles, c'est malsain pour l'économie** all these monopolies are bad for the economy ◆ **sauvons-nous, ça devient malsain** *(dangereux)* let's get out of here, things are looking a bit dangerous *ou* dodgy[*] *(Brit)* ◆ **c'est quelqu'un de malsain** he's an unsavoury character

malséant, e /malseã, ãt/ ADJ *(littér)* unseemly, unbecoming, improper

malsonnant, e /malsɔnã, ãt/ ADJ *(littér)* [*propos*] offensive

malstrom /malstʀɔm/ NM ⇒ **maelström**

malt /malt/ NM malt ◆ **whisky pur malt** malt (whisky)

maltage /maltaʒ/ NM malting

maltais, e /maltɛ, ɛz/
ADJ Maltese ◆ **(orange) maltaise** type of juicy orange
NM (= *langue*) Maltese
NM,F **Maltais(e)** Maltese

maltase /maltaz/ NF maltase

Malte /malt/ NF Malta

malter /malte/ ▸ conjug 1 ◂ VT to malt

malterie /maltǝʀi/ NF (= *usine*) malt factory; (= *magasin*) malt warehouse; (= *commerce*) malt trade

malteur /maltœʀ/ NM malt preparer

malthusianisme /maltyzjanism/ NM Malthusianism ◆ **malthusianisme économique** Malthusian economics *(sg)*

malthusien, -ienne /maltyzjɛ̃, jɛn/
ADJ (*Écon, Sociol*) Malthusian
NM,F Malthusian

maltose /maltoz/ NM maltose, malt sugar

maltraitance /maltʀɛtɑ̃s/ NF ◆ **maltraitance d'enfants** *ou* **à enfants** ill-treatment of children; (*sexuelle*) child abuse

maltraitant, e /maltʀɛtã, ãt/ ADJ [*famille, parent*] abusive

maltraiter /maltʀete/ SYN ▸ conjug 1 ◂ VT ① (= *brutaliser*) to manhandle, to handle roughly, to ill-treat; [+ *enfant*] to abuse
② (= *mal user de*) [+ *langue, grammaire*] to misuse
③ (= *critiquer*) [+ *œuvre, auteur*] to give a rough ride to

malus /malys/ NM (car insurance) surcharge

malveillance /malvejɑ̃s/ SYN NF (= *méchanceté*) spite, malevolence; (= *désobligeance*) ill will *(pour, envers* towards*)* ◆ **avoir agi sans malveillance** *(Jur)* to have acted without malicious intent ◆ **acte de malveillance** spiteful *ou* malevolent action ◆ **propos dus à la malveillance publique** spiteful *ou* malicious public rumour ◆ **regarder qn avec malveillance** to look at sb malevolently ◆ **je dis cela sans malveillance à son égard** I say that without wishing to be spiteful to him ◆ **c'est par pure malveillance qu'il a agi ainsi** he did that out of sheer spite *ou* malevolence

malveillant, e /malvejã, ãt/ SYN ADJ [*personne, regard, remarque*] malevolent, malicious, spiteful

malvenu, e /malvǝny/ SYN ADJ (= *déplacé*) out of place *(attrib)*, out-of-place *(épith)*; (= *mal développé*) malformed; → **venu**

malversation /malvɛʀsasjɔ̃/ SYN NF *(gén pl)* embezzlement *(NonC)*, misappropriation of funds

mal-vivre /malvivʀ/ NM INV malaise

malvoisie /malvwazi/ NM (= *vin*) malmsey (wine); (= *cépage*) malvasia

malvoyant, e /malvwajã, ãt/ NM,F person who is partially sighted ◆ **les malvoyants** the partially sighted

maman /mamã/ NF mother, mum[*] *(Brit)*, mummy[*] *(Brit)*, mom[*] *(US)*, mommy[*] *(US)* ◆ **les mamans qui viennent chercher leurs enfants** mums[*] *(Brit)* ou moms[*] *(US)* coming to pick their kids up; → **futur**

mambo /mã(m)bo/ NM mambo

mamelle /mamɛl/ NF ① [*d'animal*] teat; (= *pis*) udder, dug
② † [*de femme*] breast; *(péj)* tit[*]; [*d'homme*] breast ◆ **à la mamelle** at the breast ◆ **dès la mamelle** *(fig)* from infancy ◆ **les deux mamelles de...** *(fig)* the lifeblood of...

mamelon /mamlɔ̃/ NM ① *(Anat)* nipple
② *(Géog)* knoll, hillock

mamelonné, e /mam(ǝ)lɔne/ ADJ hilly

mamelu, e /mam(ǝ)ly/ ADJ *(péj ou hum)* big-breasted, well-endowed *(hum)*

mamel(o)uk /mamluk/ NM Mameluke

mamie[1] /mami/ NF *(langage enfantin* = *grand-mère)* granny[*], gran[*]

mamie[2], **m'amie** †† /mami/ NF ⇒ **ma mie**; → **mie**[2]

mamillaire /mamilɛʀ/
ADJ mamillary *(Brit)*, mammillary *(US)*
NF (= *plante*) nipple cactus

mammaire /mamɛʀ/ ADJ [*glande*] mammary

mammalien, -ienne /mamaljɛ̃, jɛn/ ADJ mammalian

mammalogie /mamalɔʒi/ NF mammalogy

mammectomie /mamɛktɔmi/ NF mastectomy

mammifère /mamifɛʀ/
NM mammal ◆ **les mammifères** mammals
ADJ mammalian

mammite /mamit/ NF *(Méd)* mastitis

mammographie /mamɔgʀafi/ NF mammography

Mammon /mamɔ̃/ NM Mammon

mammoplastie /mamɔplasti/ NF mammoplasty, mammaplasty

mammouth /mamut/ NM mammoth

mammy /mami/ NF ⇒ **mamie**[1]

mamours[*] /mamuʀ/ NMPL *(hum)* ◆ **faire des mamours à qn** to caress *ou* fondle sb ◆ **se faire des mamours** to bill and coo

mam'selle[*], **mam'zelle**[*] /mamzɛl/ NF abrév de **mademoiselle**

Man /mã/ NF ◆ **l'île de Man** the Isle of Man

mana /mana/ NM mana

manade /manad/ NF *(en Provence)* [*de taureaux*] herd of bulls; [*de chevaux*] herd of horses

management /manaʒmã/ /manadʒmɛnt/ SYN NM management

manager[1] /manadʒɛʀ/ NM *(Écon, Sport)* manager; *(Théât)* agent

manager[2] /mana(d)ʒe/ SYN ▸ conjug 3 ◂ VT to manage

managérial, e (mpl **-iaux**) /manaʒeʀjal, jo/ ADJ [*pratique*] managerial ◆ **équipe managériale** management team

manageur, -euse /manadʒœʀ, øz/ SYN NM,F ⇒ **manager**[1]

Managua /managwa/ N Managua

Manama /manama/ N Manāma

manant /manã/ NM ① †, *littér)* churl †
② *(Hist)* (= *villageois*) yokel; (= *vilain*) villein

Manaus /manaos/ N Manaus, Manáos

mancenille /mɑ̃s(ǝ)nij/ NF manchineel fruit

mancenillier /mɑ̃s(ǝ)nije/ NM manchineel (tree)

Manche /mɑ̃ʃ/ NF ◆ **la Manche** (= *mer*) the English Channel; (= *département français*) the Manche; (= *région d'Espagne*) la Mancha ◆ **des deux côtés/de l'autre côté de la Manche** on both sides of/across the Channel

manche[1] /mɑ̃ʃ/
NF ① *(Habillement)* sleeve ◆ **à manches courtes/longues** short-/long-sleeved ◆ **sans manches** sleeveless ◆ **se mettre en manches** to roll up one's sleeves ◆ **avoir qn dans sa manche** † to be well in with sb[*] ◆ **relever** *ou* **retrousser ses manches** *(lit, fig)* to roll up one's sleeves ◆ **faire la manche**[*] [*mendiant*] to beg; [*artiste*] to perform in the streets, to busk *(Brit)* ; → **chemise, effet, paire**[2]
② (= *partie*) *(gén, Pol, Sport)* round; *(Bridge)* game; *(Tennis)* set ◆ **manche décisive** tiebreak(er) ◆ **on a gagné la première manche** *(fig)* we've won the first round in the battle
③ [*de ballon*] neck
COMP **manche à air** *(Aviation)* wind sock
manche ballon puff sleeve
manche à crevés slashed sleeve
manche gigot leg-of-mutton sleeve
manche kimono kimono *ou* loose sleeve
manche montée set-in sleeve
manche raglan raglan sleeve
manche trois-quarts three-quarter sleeve
manche à vent airshaft

manche[2] /mɑ̃ʃ/
NM ① *(gén)* handle; *(long)* shaft; *(Mus)* neck ◆ **être du côté du manche**[*] to be on the winning side ◆ **se mettre du côté du manche**[*] to side with the winner ◆ **jeter le manche après la cognée** to throw in one's hand ◆ **il ne faut pas jeter le manche après la cognée !** don't give up so easily!; → **branler**
② ([*] = *incapable*) clumsy fool *ou* oaf, clot *(Brit)* ◆ **conduire comme un manche** to be a hopeless *ou* rotten[*] driver ◆ **tu t'y prends comme un manche !** you're making a real mess[*] *ou* a hash[*] of it!
COMP **manche à balai** *(gén)* broomstick, broomshaft *(Brit)*; (= *manette de contrôle*) joystick
manche à gigot leg-of-mutton holder
manche de gigot knuckle (of a leg-of-mutton)

mancheron¹ /mɑ̃ʃʀɔ̃/ NM [de vêtement] short sleeve

mancheron² /mɑ̃ʃʀɔ̃/ NM [de charrue] handle

manchette /mɑ̃ʃɛt/ NF ① [de chemise] cuff; (protectrice) oversleeve
② (Presse = titre) headline ◆ **mettre en manchette** to headline, to put in headlines
③ (= note) marginal note ◆ **en manchette** in the margin
④ (= coup) forearm blow

manchon /mɑ̃ʃɔ̃/ NM ① (Habillement) (pour les mains) muff; (= guêtre) snow gaiter; → **chien**
② (Tech) [de tuyau] coupler ◆ **manchon à incandescence** incandescent (gas) mantle
③ (Culin) wing ◆ **manchons de canard** duck wings
④ (fabrication du papier) muff

manchot, e /mɑ̃ʃo, ɔt/
ADJ (d'un bras) one-armed; (des deux bras) armless; (d'une main) one-handed; (des deux mains) with no hands, handless ◆ **être manchot du bras droit/gauche** to have the use of only one's left/right arm ◆ **il n'est pas manchot !** (adroit) he's clever ou he's no fool with his hands!; (courageux) he's no lazybones! *
NM,F (d'un bras) one-armed person; (des deux bras) person with no arms
NM (= oiseau) penguin ◆ **manchot royal/empereur** king/emperor penguin

mandala /mɑ̃dala/ NM mandala

mandale⁕ /mɑ̃dal/ NF biff*, cuff, clout (Brit)

mandant, e /mɑ̃dɑ̃, ɑ̃t/ NM,F (Jur) principal ◆ **je parle au nom de mes mandants** (frm :Pol) I speak on behalf of my constituents

mandarin /mɑ̃daʀɛ̃/ SYN NM (Hist, péj) mandarin; (= langue) Mandarin (Chinese); (= canard) mandarin duck

mandarinal, e (mpl -aux) /mɑ̃daʀinal, o/ ADJ mandarin

mandarinat /mɑ̃daʀina/ NM (Hist) mandarinate; (péj) academic establishment (péj)

mandarine /mɑ̃daʀin/
NF mandarin (orange), tangerine
ADJ INV tangerine

mandarinier /mɑ̃daʀinje/ NM mandarin (orange) tree

mandat /mɑ̃da/ SYN
NM ① (gén, Pol) mandate ◆ **donner à qn mandat de faire** to mandate sb to do, to give sb a mandate to do ◆ **obtenir le renouvellement de son mandat** to be re-elected, to have one's mandate renewed ◆ **la durée du mandat présidentiel** the president's term of office ◆ **territoires sous mandat** mandated territories, territories under mandate
② ◆ **mandat (postal)** money order, postal order (Brit)
③ (Jur = procuration) power of attorney, proxy; (Police) warrant
COMP **mandat d'amener** ≈ summons
mandat d'arrêt (Jur) ≈ warrant for arrest
mandat de comparution ≈ summons (to appear); ≈ subpoena
mandat de dépôt ≈ committal order ◆ **placer qn sous mandat de dépôt** ≈ to place sb under a committal order
mandat d'expulsion eviction order
mandat international (Fin) international money order
mandat de perquisition search warrant

mandataire /mɑ̃datɛʀ/ SYN NMF (Jur) proxy, attorney; (= représentant) representative ◆ **je ne suis que son mandataire** I'm only acting as a proxy for him ◆ **mandataire aux Halles** (sales) agent (at the Halles)

mandat-carte (pl mandats-cartes) /mɑ̃dakaʀt/ NM money ou postal (Brit) order (in postcard form)

mandatement /mɑ̃datmɑ̃/ NM ① [de somme] payment (by money order)
② [de personne] appointment, commissioning

mandater /mɑ̃date/ SYN ➤ conjug 1 ◄ VT
① (= donner pouvoir à) [+ personne] to appoint, to commission; (Pol) [+ député] to give a mandate to, to elect
② (Fin) ◆ **mandater une somme** (= écrire) to write out a money order for a sum; (= payer) to pay a sum by money order

mandat-lettre (pl mandats-lettres) /mɑ̃datlɛtʀ/ NM money ou postal (Brit) order (with space for correspondence)

mandature /mɑ̃datyʀ/ NF (Pol) term (of office)

mandchou, e /mɑ̃tʃu/
ADJ Manchu(rian)
NM (= langue) Manchu
NM,F **Mandchou(e)** Manchu

Mandchourie /mɑ̃tʃuʀi/ NF Manchuria

mandement /mɑ̃dmɑ̃/ NM ① (Rel) pastoral
② (Hist = ordre) mandate, command; (Jur = convocation) subpoena

mander /mɑ̃de/ ➤ conjug 1 ◄ VT †† (= ordonner) to command; (= convoquer) to summon
② (littér = dire par lettre) ◆ **mander qch à qn** to send ou convey the news of sth to sb, to inform sb of sth

mandibulaire /mɑ̃dibylɛʀ/ ADJ mandibular

mandibule /mɑ̃dibyl/ NF mandible ◆ **jouer des mandibules*** to nosh* (Brit), to chow down* (US)

mandoline /mɑ̃dɔlin/ NF mandolin(e)

mandoliniste /mɑ̃dɔlinist/ NMF mandolinist, mandolin-player

mandorle /mɑ̃dɔʀl/ NF mandorla, vesica

mandragore /mɑ̃dʀagɔʀ/ NF mandrake

mandrill /mɑ̃dʀil/ NM mandrill

mandrin /mɑ̃dʀɛ̃/ NM (pour serrer) chuck; (pour percer, emboutir) punch; (pour élargir, égaliser des trous) drift; [de tour] mandrel

manduction /mɑ̃dyksjɔ̃/ NF manducation

manécanterie /manekɑ̃tʀi/ NF (parish) choir school

manège /manɛʒ/ SYN NM ① [de fête foraine] fairground attraction ◆ **manège (de chevaux de bois)** merry-go-round, roundabout (Brit), carousel (US); → **tour²**
② (Équitation = piste, salle) ring, school ◆ **manège couvert** indoor school ◆ **faire du manège** to do exercises in the indoor school
③ (péj) (= agissements) game, ploy ◆ **j'ai deviné son petit manège** I guessed what he was up to, I saw through his little game

mânes /mɑn/ NMPL (Antiq Rel) manes ◆ **les mânes de ses ancêtres** (littér) the shades of his ancestors (littér)

maneton /man(ə)tɔ̃/ NM [de moteur] clankpin

manette /manɛt/ NF lever ◆ **manette des gaz** throttle lever ◆ **manette de jeux** joystick ◆ **être aux manettes*** to be in charge; → **fond**

manga /mɑ̃ga/ NF manga

manganate /mɑ̃ganat/ NM manganate

manganèse /mɑ̃ganɛz/ NM manganese

manganeux /mɑ̃ganø/ ADJ M manganous

manganique /mɑ̃ganik/ ADJ manganic

manganite /mɑ̃ganit/ NM manganese dioxide

mangeable /mɑ̃ʒabl/ SYN ADJ edible

mangeaille /mɑ̃ʒaj/ NF (péj) (= nourriture mauvaise) pigswill, disgusting food; (= grande quantité de nourriture) mounds of food ◆ **il nous venait des odeurs de mangeaille** we were met by an unappetizing smell of food (cooking)

mange-disques /mɑ̃ʒdisk/ NM INV slot-in record player (for singles)

mangeoire /mɑ̃ʒwaʀ/ SYN NF (gén) trough, manger; [d'oiseaux] feeding dish

mangeotter* /mɑ̃ʒɔte/ ➤ conjug 1 ◄ VT to nibble

manger /mɑ̃ʒe/ SYN ➤ conjug 3 ◄
VT ① (gén) to eat; [+ soupe] to drink, to eat ◆ **manger dans une assiette/dans un bol** to eat off ou from a plate/out of a bowl ◆ **il mange peu** he doesn't eat much ◆ **il ne mange pas** ou **rien en ce moment** he's off his food at present, he is not eating at all at present ◆ **ils ont mangé tout ce qu'elle avait (à la maison)** they ate her out of house and home ◆ **il a mangé tout ce qui restait** he has eaten (up) all that was left ◆ **ils leur ont fait** ou **donné à manger un excellent poisson** they served ou gave them some excellent fish (to eat) ◆ **faire manger qn** to feed sb ◆ **faire manger qch à qn** to give sb sth to eat, to make sb eat sth ◆ **donner à manger à un bébé/un animal** to feed a baby/an animal ◆ **manger goulûment** to wolf down one's food, to eat greedily ◆ **manger salement** to be a messy eater ◆ **manger comme un cochon*** to eat like a pig * ◆ **finis de manger !, mange !** eat up! ◆ **on mange bien/mal ici** the food is good/bad here ◆ **les enfants ne mangent pas à leur faim à l'école** the children don't get ou are not given enough to eat at school
② (= faire un repas) ◆ **manger dehors** ou **au restaurant** to eat out, to have a meal out ◆ **c'est l'heure de manger** (midi) it's lunchtime; (soir) it's dinnertime ◆ **inviter qn à manger** to invite sb for a meal ◆ **boire en mangeant** to drink with one's meal ◆ **manger sur le pouce** to have a (quick) snack, to snatch a bite (to eat); → **carte**
③ (fig) ◆ **manger qn des yeux** to gaze hungrily at sb ◆ **manger qn de baisers** to smother sb with kisses ◆ **allez le voir, il ne vous mangera pas** go and see him, he won't eat you ◆ **il va te manger tout cru** he'll have you for breakfast, he'll swallow you whole ◆ **se faire manger par les moustiques** to get eaten alive ou bitten to death by mosquitoes
④ (= ronger) to eat (away) ◆ **mangé par les mites** ou **aux mites** moth-eaten ◆ **la grille (de fer) est mangée par la rouille** the (iron) railing is eaten away ou by rust
⑤ (= faire disparaître, consommer) ◆ **toutes ces activités lui mangent son temps** all these activities take up his time ◆ **manger ses mots** to swallow one's words ◆ **les grosses entreprises mangent les petites** the big firms swallow up the smaller ones ◆ **une barbe touffue lui mangeait le visage** his face was half hidden under a bushy beard ◆ **des yeux énormes lui mangeaient le visage** his face seemed to be just two great eyes
⑥ (= dilapider) [+ fortune, capital, économies] to go through, to squander ◆ **l'entreprise mange de l'argent** the business is eating money ◆ **dans cette affaire il mange de l'argent** he's spending more than he earns ou his outgoings are more than his income in this business
⑦ (locutions) ◆ **manger la consigne** ou **la commission** to forget one's errand ◆ **manger comme un oiseau** to eat like a bird ◆ **manger le morceau*** (= parler) to spill the beans*, to talk, to come clean* ◆ **manger son pain blanc le premier** to have it easy at the start ◆ **je ne mange pas de ce pain-là !** I'm having nothing to do with that!, I'm not stooping to anything like that! ◆ **ça ne mange pas de pain !** it doesn't cost much!, you won't have to do much! ◆ **il faut manger pour vivre et non vivre pour manger** one must eat to live and not live to eat ◆ **manger son blé en herbe** to spend one's money in advance ou before one gets it, to eat one's seed corn (US) ◆ **manger à tous les râteliers** to cash in * on all sides ◆ **manger la soupe sur la tête de qn*** to tower over sb; → **laine, sang, vache** etc

VPR **se manger** ① [aliment] ◆ **cela se mange ?** can you eat it?, is it edible? ◆ **ce plat se mange très chaud** this dish should be eaten piping hot
② (* = se heurter à) ◆ **se manger une porte (dans la figure)** to bash * into a door ◆ **je me suis mangé le trottoir** I banged my foot on the kerb

NM food ◆ **préparer le manger des enfants*** to get the children's food ou meal ready ◆ « **ici on peut apporter son manger** »* "customers may consume their own food on the premises" ◆ **à prendre après manger** to be taken after meals ◆ **je rentrerai avant manger** I'll be back before lunch (ou dinner); → **perdre**

mange-tout /mɑ̃ʒtu/ NM INV ◆ (pois) **mange-tout** mange-tout peas ◆ (haricots) **mange-tout** string beans

mangeur, -euse /mɑ̃ʒœʀ, øz/ NM,F eater ◆ **être gros** ou **grand/petit mangeur** to be a big/small eater ◆ **c'est un gros mangeur de pain** he eats a lot of bread, he's a big bread-eater * ◆ **mangeur d'hommes** man-eater

manglier /mɑ̃glije/ NM mangrove tree

mangoustan /mɑ̃gustɑ̃/ NM mangosteen

mangouste /mɑ̃gust/ NF (= animal) mongoose; (= fruit) mangosteen

mangrove /mɑ̃gʀɔv/ NF mangrove swamp

mangue /mɑ̃g/ NF mango

manguier /mɑ̃gje/ NM mango(tree)

maniabilité /manjabilite/ NF [d'objet] handiness, manageability; [de voiture] driveability; [d'avion, bateau] manoeuvrability ◆ **appareil d'une grande maniabilité** implement which is very easy to handle, very handy implement ◆ **c'est un véhicule d'une étonnante maniabilité** this vehicle is incredibly easy to handle ou drive

maniable /manjabl/ SYN ADJ ① [objet, taille] handy, manageable, easy to handle (attrib); [véhicule] easy to handle ou drive (attrib); [avion, bateau] easy to manoeuvre (attrib) ◆ **peu maniable**

maniaco-dépressif | manique

[objet] awkward, cumbersome; [véhicule] difficult to handle
② (= influençable) [électeur] easily swayed ou influenced (attrib)
③ (= accommodant) [personne, caractère] accommodating, amenable
④ (Naut) [temps] good; [vent] moderate

maniaco-dépressif, -ive (mpl **maniaco-dépressifs**) /manjakodepʀesif, iv/ **ADJ, NM,F** manic-depressive

maniaque /manjak/ SYN
ADJ [personne] finicky, fussy, pernickety ◆ **faire qch avec un soin maniaque** to do sth with almost fanatical ou obsessive care
NMF ① (= fou) maniac, lunatic ◆ **maniaque sexuel** sex maniac
② (= fanatique) fanatic, enthusiast ◆ **quel maniaque tu fais !** (= méticuleux) you're so fussy! ◆ **c'est un maniaque de la propreté** he's fanatical about cleanliness, cleanliness is an obsession with him ◆ **c'est un maniaque de l'exactitude** he's fanatical about punctuality, he's a stickler for punctuality ◆ **c'est un maniaque de la voile** he's sailing mad* ou a sailing fanatic

maniaquerie /manjakʀi/ **NF** fussiness ◆ **il est d'une maniaquerie !** he's so fussy!

manichéen, -enne /manikeɛ̃, ɛn/ **ADJ, NM,F** Manich(a)ean

manichéisme /manikeism/ **NM** (Philos) Manich(a)eism; (péj) over-simplification ◆ **il fait du manichéisme** (fig) he sees everything in black and white, everything is either good or bad to him

manichéiste /manikeist/ **ADJ, NM,F** ⇒ manichéen, -enne

manicle /manikl/ **NF** (= protection) protective glove

manie /mani/ SYN **NF** ① (= habitude) odd habit ◆ **elle est pleine de (petites) manies** she's got all sorts of funny little ways ou habits ◆ **avoir ses petites manies** to have one's little ways ◆ **mais quelle manie tu as de te manger les ongles !** you've got a terrible habit of biting your nails! ◆ **elle a la manie de tout nettoyer** she's a compulsive ou obsessive cleaner
② (= obsession) mania ◆ **manie de la persécution** (Méd) persecution mania ou complex

maniement /manimɑ̃/ SYN **NM** ① (= manipulation) handling ◆ **d'un maniement difficile** difficult to handle ◆ **ils apprennent le maniement du logiciel** they are learning how to use the software ◆ **le maniement de cet objet est pénible** this object is difficult to handle ◆ **il possède à fond le maniement de la langue** he has a very good mastery of the language
② (Mil) ◆ **maniement d'armes** arms drill (Brit), manual of arms (US)

manier /manje/ SYN ► conjug 7 ◄
VT ① [+ objet, explosifs, armes, outil] to handle; [+ pâte] to knead; [+ logiciel] to use ◆ **manier l'aviron** to pull ou ply (littér) the oars ◆ **manier de grosses sommes d'argent** to handle large sums of money ◆ **cheval/voiture facile à manier** horse/car which is easy to handle ◆ **il sait manier le pinceau, il manie le pinceau avec adresse** he knows how to handle a brush, he's a painter of some skill ◆ **savoir manier la plume** to be a good writer ◆ **savoir manier l'ironie** to make good use of irony ◆ **il manie très bien le français** he has good mastery of French, he speaks fluent French ◆ **ces chiffres doivent être maniés avec prudence** these figures must be used with caution
② [+ personne, foule] to handle
VPR **se manier** ⇒ se magner

manière /manjɛʀ/ SYN
NF ① (= façon) way ◆ **sa manière d'agir/de parler** the way he behaves/speaks ◆ **il le fera à sa manière** he'll do it (in) his own way ◆ **manière de vivre** way of life ◆ **manière de voir (les choses)** outlook (on things) ◆ **c'est sa manière d'être habituelle** that's just the way he is, that's just how he usually is ◆ **ce n'est pas la bonne manière de s'y prendre** this is not the right ou best way to go about it ◆ **d'une manière efficace** in an efficient way ◆ **de quelle manière as-tu fait cela ?** how did you do that? ◆ **à la manière d'un singe** like a monkey, as a monkey would do
② (= savoir-faire) ◆ **avec les animaux/les enfants, il a la manière** he's good with animals/children ◆ **c'est un Matisse dernière manière** (Art = style) it's a late Matisse ou an example of Matisse's later work ◆ **dans la manière classique** in the classical style ◆ **à la manière de Racine** in the style of Racine ◆ **robe/examen nouvelle manière** new-style ou new-look dress/exam ◆ **démocrate/directeur nouvelle manière** new-style democrat/director
③ (Gram) ◆ **adverbe/complément de manière** adverb/adjunct of manner
④ (locutions) ◆ **employer la manière forte**, **user de la manière forte** to use strong-arm methods ou tactics ◆ **il l'a giflé de belle manière !** he gave him a sound ou good slap! ◆ **en manière d'excuse** by way of (an) excuse ◆ **d'une manière générale** generally speaking, as a general rule ◆ **de toute(s) manière(s)** in any case, at any rate, anyway ◆ **de cette manière** (in) this way ◆ **de telle manière que...** in such a way that... ◆ **d'une manière ou d'une autre** somehow or other ◆ **d'une certaine manière** in a way, in some ways ◆ **en quelque manière** (frm) in a certain way ◆ **en aucune manière, d'aucune manière** in no way, under no circumstances ◆ **je n'accepterai en aucune manière** I shall not agree on any account ◆ **de manière à faire** so as to do ◆ **de manière (à ce) que nous arrivions à l'heure, de manière à arriver à l'heure** so that we get there on time
⑤ († = genre) kind ◆ **une manière de pastiche** a kind of pastiche ◆ **quelle manière d'homme est-ce ?** what kind ou sort of a man is he?, what manner of man is he? †
NFPL **manières** manners ◆ **avoir de bonnes/mauvaises manières** to have good/bad manners ◆ **apprendre les belles manières** to learn good manners ◆ **il n'a pas de manières, il est sans manières** he has no manners ◆ **ce ne sont pas des manières !** that's no way to behave! ◆ **en voilà des manières !** what a way to behave! ◆ **je n'aime pas ces manières !** I don't like this kind of behaviour! ◆ **faire des manières** (minauderies) to be affected, to put on airs; (chichis) to make a fuss ◆ **ne fais pas de manières avec nous** you needn't stand on ceremony with us

maniéré, e /manjeʀe/ SYN **ADJ** ① (péj = affecté) [personne, style, voix] affected
② (Art) [genre] mannered ◆ **les tableaux très maniérés de ce peintre** the mannered style of this painter's work

maniérisme /manjeʀism/ **NM** (Art) mannerism

maniériste /manjeʀist/
ADJ mannerist(ic)
NMF mannerist

manieur, -ieuse /manjœʀ, jøz/ **NM,F** ◆ **manieur d'argent** ou **de fonds** big businessman

manif* /manif/ **NF** (abrév de **manifestation**) demo*

manifestant, e /manifɛstɑ̃, ɑ̃t/ **NM,F** demonstrator, protester

manifestation /manifɛstasjɔ̃/ SYN **NF** ① (Pol) demonstration
② (= expression) [d'opinion, sentiment] expression; [de maladie] (= apparition) appearance; (= symptômes) outward sign ou symptom ◆ **manifestation de mauvaise humeur** show of bad temper ◆ **manifestation de joie** demonstration ou expression of joy ◆ **accueillir qn avec de grandes manifestations d'amitié** to greet sb with great demonstrations of friendship
③ [de Dieu] (= vérité) revelation
④ (= réunion, fête) event ◆ **manifestation artistique/culturelle/sportive** artistic/cultural/sporting event ◆ **le maire assistait à cette sympathique manifestation** the mayor was present at this happy gathering ou on this happy occasion

 Au sens politique, et au sens de 'réunion' en général, **manifestation** ne se traduit pas par le mot anglais **manifestation**.

manifeste /manifɛst/ SYN
ADJ [vérité, injustice] manifest, obvious, evident; [sentiment, différence] obvious, evident ◆ **erreur manifeste** glaring error ◆ **il est manifeste que...** it is quite obvious ou evident that...
NM (Littérat, Pol) manifesto; (= document de bord) manifest

manifestement /manifɛstəmɑ̃/ **ADV** obviously, manifestly (frm) ◆ **manifestement, ça n'a servi à rien** it was obviously a waste of time ◆ **il est manifestement ivre** he's obviously drunk ◆ **c'est fini ? – manifestement** is it finished? – apparently

manifester /manifɛste/ SYN ► conjug 1 ◄
VT [+ opinion, intention, sentiment] to show, to indicate; [+ courage] to show, to demonstrate ◆ **il m'a manifesté son désir de venir** he indicated to me that he wanted to come ◆ **par ce geste, la France tient à nous manifester son amitié** (frm) France intends this gesture as a demonstration ou an indication of her friendship towards us
VI (Pol) to demonstrate, to hold a demonstration
VPR **se manifester** ① (= se révéler) [émotion] to express itself; [difficultés] to emerge, to arise; [phénomène] to be apparent ◆ **sa frustration se manifeste par des crises de colère** his frustration expresses ou manifests itself in angry outbursts ◆ **cette maladie se manifeste par l'apparition de boutons** the appearance of a rash is the first symptom of this disease ou indicates the onset of this disease ◆ **la crise se manifeste par l'effondrement des marchés** the crisis is reflected in the collapse of the markets ◆ **la violence se manifeste à différents niveaux de la société** violence occurs at various levels of society ◆ **Dieu s'est manifesté aux hommes** God revealed himself to mankind
② (= se présenter) [personne] to appear, to turn up; (par écrit, par téléphone) to get in touch ou contact; [bénévole, candidat, témoin] to come forward
③ (= intervenir) [élève] to participate (in class) ◆ **il n'a pas eu l'occasion de se manifester dans le débat** he didn't get a chance to make himself heard in the discussion ◆ **il s'est manifesté par une déclaration fracassante** he came to public notice ou he attracted attention with a sensational statement

manigance /manigɑ̃s/ SYN **NF** (gén pl) scheme, trick, ploy ◆ **encore une de ses manigances** another of his little schemes ou tricks ou ploys

manigancer /manigɑ̃se/ SYN ► conjug 3 ◄ **VT** to plot, to devise ◆ **qu'est-ce qu'il manigance maintenant ?** what's he up to now?, what's his latest little scheme? ◆ **c'est lui qui a tout manigancé** he set the whole thing up*, he engineered it all

manille[1] /manij/
NM Manila cigar
N **Manille** Manila

manille[2] /manij/ **NF** ① (Cartes) (= jeu) manille; (= dix) ten
② (Tech) shackle

manillon /manijɔ̃/ **NM** ace (in game of manille)

manioc /manjɔk/ **NM** manioc, cassava

manip* /manip/ **NF** abrév de **manipulation**

manipulateur, -trice /manipylatœʀ, tʀis/
ADJ ① (péj) [personne] manipulative
② (Tech) ◆ **bras manipulateur** manipulator arm
NM,F ① (= technicien) technician ◆ **manipulateur de laboratoire** laboratory technician ◆ **manipulateur radio** radiographer
② (péj) manipulator
③ (= prestidigitateur) conjurer
NM (Téléc) key

manipulation /manipylasjɔ̃/ SYN **NF**
① (= maniement) handling ◆ **ces produits chimiques sont d'une manipulation délicate** these chemicals should be handled with great care, great care should be taken in handling these chemicals
② (scientifique) experiment ◆ **obtenu par manipulation génétique** genetically engineered ◆ **les manipulations génétiques posent des problèmes éthiques** genetic engineering poses ethical problems
③ (péj) manipulation (NonC) ◆ **il y a eu des manipulations électorales** there's been some vote-rigging ◆ **pour éviter la manipulation des chiffres** to avoid tampering with the figures
④ (= prestidigitation) sleight of hand
⑤ (Méd) [d'os] manipulation

manipule /manipyl/ **NM** (Antiq, Rel) maniple

manipuler /manipyle/ SYN ► conjug 1 ◄ **VT**
① [+ objet, produit] to handle
② (péj) [+ électeurs, presse, information] to manipulate; [+ statistiques] to massage, to doctor ◆ **manipuler une élection** to rig an election ◆ **manipuler les écritures** to rig ou fiddle* (Brit) the accounts, to cook the books* (Brit)

manique /manik/ **NF** [d'ouvrier] protective glove; [de cuisinier] oven glove

Manitoba /manitɔba/ **NM** Manitoba

manitou /manitu/ **NM** 1 ◆ **grand manitou*** big shot*, big noise* *(Brit)* ◆ **le grand manitou de l'entreprise** the big boss* in the company
2 *(Rel)* manitou

manivelle /manivɛl/ **NF** *(gén)* handle; *(Aut)* *(pour changer une roue)* wheel crank; *(pour démarrer)* crank, starting handle ◆ **faire partir à la manivelle** to crank(-start); → **retour, tour²**

manne /man/ **NF** 1 *(Rel)* ◆ **la manne** manna ◆ **recevoir la manne (céleste)** *(la bonne parole)* to receive the word from on high
2 *(= aubaine)* godsend, manna ◆ **ça a été pour nous une manne (providentielle** *ou* **céleste)** that was a godsend for us, it was heaven-sent
3 *(Bot)* manna
4 *(= panier)* large wicker basket

mannequin /mankɛ̃/ **NM** 1 *(= personne)* model, mannequin † ◆ **être mannequin chez...** to model for...; → **défilé, taille¹**
2 *(= objet)* *[de couturière]* (tailor's) dummy, mannequin; *[de vitrine]* model, dummy; *[de peintre]* model; *(= pantin)* stuffed dummy
3 *(= panier)* small (gardener's) basket

mannequinat /mankina/ **NM** modelling

mannite /manit/ **NF**, **mannitol** /manitɔl/ **NM** mannite, mannitol

mannose /manoz/ **NM** mannose

manœuvrabilité /manœvʀabilite/ **NF** manoeuvrability

manœuvrable /manœvʀabl/ **ADJ** manoeuvrable, easy to handle

manœuvre /manœvʀ/ SYN

NF 1 *(= opération)* manoeuvre *(Brit)*, maneuver *(US)*, operation ◆ **manœuvre (d'aiguillage)** *(d'un train)* shunting *(NonC)* *(Brit)*, switching *(NonC)* *(US)* ◆ **diriger/surveiller la manœuvre** to control/supervise the operation *ou* manoeuvre ◆ **faire une manœuvre** *(en voiture, en bateau)* to do a manoeuvre ◆ **je ne sais pas faire les manœuvres** *(en voiture)* I'm not good at parking *(ou reversing etc)* ◆ **les manœuvres sont difficiles par gros temps** *(en bateau)* it's difficult to manoeuvre (the boat) in bad weather ◆ **il voulait se garer mais il a manqué sa manœuvre** he tried to park but he got the angle wrong ◆ **fausse manœuvre** *(lit)* mistake; *(fig)* wrong *ou* false move ◆ **une fausse manœuvre et il perd les élections** if he puts one foot wrong *ou* makes one wrong move he'll lose the election ◆ **faire la manœuvre** *(= aiguiller un train)* to shunt
2 *(Mil)* manoeuvre *(Brit)*, maneuver *(US)* ◆ **champ** *ou* **terrain de manœuvres** parade ground ◆ **manœuvre d'encerclement** encircling movement ◆ **les grandes manœuvres de printemps** spring army manoeuvres *ou* exercises ◆ **être en manœuvres, faire des manœuvres** to be on manoeuvres
3 *(= agissements, combinaison)* manoeuvre *(Brit)*, maneuver *(US)*; *(= machination, intrigue)* manoeuvring, ploy ◆ **il a toute liberté de manœuvre** he has complete freedom of manoeuvre ◆ **manœuvre de diversion** diversionary tactic ◆ **manœuvres électorales** vote-catching ploys ◆ **manœuvres frauduleuses** fraudulent schemes *ou* devices ◆ **manœuvre d'obstruction** obstructive move ◆ **manœuvre boursière** stock-market manipulation ◆ **les grandes manœuvres politiques** intense political manoeuvring
4 ◆ **manœuvres dormantes/courantes** *(= cordages)* standing/running rigging

NM *(gén)* labourer; *(en usine)* unskilled worker ◆ **c'est un travail de manœuvre** it's unskilled labour *ou* work ◆ **manœuvre agricole** farm labourer *ou* hand

manœuvrer /manœvʀe/ SYN ▸ conjug 1 ◂

VT 1 *[+ véhicule]* to manoeuvre *(Brit)*, to maneuver *(US)*; *[+ machine]* to operate, to work
2 *(= manipuler)* *[+ personne]* to manipulate ◆ **il se laisse manœuvrer par sa femme** he allows himself to be manipulated by his wife

VI *(gén)* to manoeuvre ◆ **il a manœuvré habilement** *(fig)* he moved *ou* manoeuvred skilfully

manœuvrier, -ière /manœvʀije, ijɛʀ/

ADJ manoeuvring

NM,F *(Mil)* tactician; *(Pol)* manoeuvrer

manoir /manwaʀ/ **NM** manor *ou* country house

manomètre /manɔmɛtʀ/ **NM** gauge, manometer

manométrie /manɔmetʀi/ **NF** manometry

manométrique /manɔmetʀik/ **ADJ** manometric

manostat /manɔsta/ **NM** manostat

manouche* /manuʃ/ **NMF** gipsy

manouvrier, -ière † /manuvʀije, ijɛʀ/ **NM,F** (casual) labourer

manquant, e /mɑ̃kɑ̃, ɑ̃t/

ADJ missing; → **chaînon**

NM,F missing one

manque /mɑ̃k/ SYN

NM 1 ◆ **manque de** *(= pénurie)* *[+ nourriture, argent]* lack of, shortage of, want of; *(= faiblesse)* *[+ intelligence, goût]* lack of, want of ◆ **son manque de sérieux au travail** his unreliability at work ◆ **par manque de** through lack *ou* shortage of, for want of ◆ **quel manque de chance !** *ou* **de pot !*** *ou* **de bol !*** what bad *ou* hard luck! ◆ **manque à gagner** loss of earnings ◆ **cela représente un sérieux manque à gagner pour les cultivateurs** that means a serious loss of income *ou* a serious drop in earnings for the farmers ◆ **c'est un manque de respect** it shows a lack of respect *(pour, à l'égard de* for), it's disrespectful *(pour, à l'égard de* to)
2 *(= vide)* gap, emptiness; *(Drogue)* withdrawal ◆ **je ressens comme un grand manque** it's as if there were a great emptiness inside me ◆ **un manque que rien ne saurait combler** a gap which nothing could fill ◆ **symptômes de manque** withdrawal symptoms ◆ **en (état de) manque, être en état de manque** to be experiencing withdrawal symptoms

◆ **en manque de** ◆ **des hôpitaux en manque de moyens** cash-starved hospitals ◆ **des enfants en manque d'amour** children deprived of affection ◆ **il était en manque d'inspiration** he had run out of inspiration
3 *(dans un tissu)* flaw ◆ **il faut faire un raccord (de peinture), il y a des manques** we'll have to touch up the paintwork, there are bare patches
4 *(Roulette)* manque

NMPL **manques** *(= défauts)* *[de roman]* faults, flaws; *[de personne]* failings, shortcomings; *[de mémoire, connaissances]* gaps

LOC ADJ **à la manque*** *(péj)* *[chanteur]* crummy*, second-rate ◆ **lui et ses idées à la manque** him and his half-baked* *ou* crummy* ideas

manqué, e /mɑ̃ke/ SYN (ptp de **manquer**) **ADJ**
1 *[essai]* failed, abortive, missed; *[photo]* spoilt; *[vie]* wasted; *(Tech)* *[pièce]* faulty ◆ **occasion manquée** lost *ou* wasted opportunity ◆ **roman manqué** flawed novel ◆ **c'est un écrivain manqué** *(vocation ratée)* he should have been a writer; → **garçon, rendez-vous**
2 *(Culin)* ◆ **(gâteau) manqué** ≈ sponge cake

manquement /mɑ̃kmɑ̃/ SYN **NM** *(frm)* ◆ **manquement à** *[+ discipline, règle]* breach of ◆ **manquement au devoir** dereliction of duty ◆ **au moindre manquement** at the slightest lapse ◆ **manquement (à des obligations contractuelles)** *(Jur)* default ◆ **manquement à une obligation de sécurité ou de prudence** ≈ negligence

manquer /mɑ̃ke/ GRAMMAIRE ACTIVE 10.1 SYN ▸ conjug 1 ◂

VT 1 *(= ne pas atteindre, saisir ou rencontrer)* *[+ but, occasion, personne, train]* to miss ◆ **la gare est sur la place, tu ne peux pas la manquer** the station's right on the square, you can't miss it ◆ **manquer une marche** to miss a step ◆ **il l'a manqué qn de peu** *(en lui tirant dessus)* he missed him by a fraction, he just missed him; *(à un rendez-vous)* he just missed him ◆ **je l'ai manqué de 5 minutes** I missed him by 5 minutes ◆ **c'est un film/une pièce à ne pas manquer** this film/play is a must*, it's a film/play that's not to be missed ◆ **il ne faut pas manquer ça !** it's not to be missed! ◆ **il n'en manque jamais une !*** *(iro)* he puts his foot in it every time!* ◆ **vous n'avez rien manqué (en ne venant pas)** you didn't miss anything (by not coming) ◆ **je ne le manquerai pas** *(= je vais lui donner une leçon)* I won't let him get away with it; → **coche**
2 *(= ne pas réussir)* *[+ photo, gâteau]* to spoil, to make a mess of*, to botch*; *[+ examen]* to fail ◆ **il a manqué sa vie** he has wasted his life; → **coup**
3 *(= être absent de)* *(involontairement)* to be absent from, to miss; *(volontairement)* to miss, to skip ◆ **manquer l'école** to be absent from *ou* miss school ◆ **il a manqué deux réunions** he missed two meetings

VI 1 *(= faire défaut)* to be lacking ◆ **l'argent/la nourriture vint à manquer** money/food ran out *ou* ran short ◆ **les occasions ne manquent pas (de faire)** there is no shortage of *ou* there are endless opportunities (to do) ◆ **ici, les chats c'est pas ça qui manque*** there's no shortage of cats round here ◆ **les mots manquent pour décrire...** no words can describe... ◆ **ce qui lui manque, c'est l'imagination** what he lacks *ou* what he hasn't got is (the) imagination ◆ **les mots me manquent pour exprimer...** I can't find the words to express... ◆ **le temps me manque pour raconter la suite** I don't have (the) time to tell you the rest of the story ◆ **j'irais bien, ce n'est pas l'envie qui me** *ou* **m'en manque** I would like to go, it's not that I don't want to ◆ **le pied lui manqua** his foot slipped, he missed his footing ◆ **la voix lui manqua** words failed him, he stood speechless ◆ **un carreau manquait à la fenêtre** there was a pane missing in *ou* from the window ◆ **qu'est-ce qui manque à ton bonheur ?** *(hum)* is there something not to your liking?, what are you unhappy about? ◆ **il lui manque toujours dix-neuf sous pour faire un franc** *(hum)* he doesn't have two pennies to rub together
2 *(= être absent)* to be absent; *(= avoir disparu)* to be missing *(à* from) ◆ **il a souvent manqué l'an dernier** *(Scol)* he was often absent last year, he missed a lot of school last year ◆ **manquer à l'appel** *(lit)* to be absent from roll call; *(fig)* to be missing ◆ **il ne manque pas un bouton de guêtre** *(fig)* everything's in apple-pie order, there's not a thing out of place
3 *(= échouer)* *[expérience]* to fail
4 *(= être dans le besoin)* ◆ **il a toujours peur de manquer** he's always afraid of being hard up*
5 *(= se dérober)* ◆ **le sol a manqué sous ses pieds** the ground gave (way) beneath his feet
6 *(avec infin = faillir)* ◆ **il a manqué mourir** he nearly *ou* almost died ◆ **elle a manqué (de) se faire écraser** she nearly *ou* almost got run over

VT INDIR **manquer à** 1 *(= être regretté)* ◆ **il nous manque, sa présence nous manque** we miss him ◆ **la campagne me manque** I miss the country
2 *(= ne pas respecter)* ◆ **manquer à ses promesses** to go back on one's promises, to fail to keep one's word ◆ **manquer à tous les usages** to flout every convention ◆ **il manque à tous ses devoirs** he neglects all his duties ◆ **manquer à son honneur/devoir** to fail in one's honour/duty ◆ **manquer à qn** † *(= être impoli)* to be disrespectful to sb

VT INDIR **manquer de** 1 *(= être dépourvu de)* *[+ intelligence, générosité]* to lack; *[+ argent, main-d'œuvre]* to be short of, to lack ◆ **ils ne manquent de rien** they want for nothing, they don't want for anything, they lack nothing ◆ **le pays ne manque pas d'un certain charme** the country is not without a certain charm ◆ **on manque d'air ici** there's no air in here, it's stuffy in here ◆ **tu ne manques pas d'audace !** *ou* **d'air !*** *ou* **de culot !*** you've got a *ou* some nerve!* ◆ **nous manquons de personnel** we're short-staffed, we're short of staff
2 *(formules négatives)* ◆ **ne manquez pas de le remercier pour moi** don't forget to thank him for me, be sure to thank him for me ◆ **je ne manquerai pas de le lui dire** I'll be sure to tell him ◆ **nous ne manquerons pas de vous en informer** we shall inform you without fail ◆ **il n'a pas manqué de le lui dire** he made sure he told him ◆ **remerciez-la – je n'y manquerai pas** thank her – I won't forget ◆ **on ne peut manquer d'être frappé par...** one cannot fail to marvel at..., one cannot help but be struck by... ◆ **ça ne va pas manquer (d'arriver)*** it's bound to happen ◆ **j'avais prévu qu'il se fâcherait, et ça n'a pas manqué !** I knew he'd be angry and sure enough he was!

VB IMPERS ◆ **il manque un pied à la chaise** there's a leg missing from the chair ◆ **il (nous) manque dix personnes/deux chaises** *(= elles ont disparu)* there are ten people/two chairs missing; *(= on en a besoin)* we are ten people/two chairs short, we are short of ten people/two chairs ◆ **il ne manquera pas de gens pour dire...** there'll be no shortage of people who say... ◆ **il ne lui manque que de savoir danser** the only thing he can't do is dance ◆ **il ne lui manque que la parole** *(en parlant d'un animal)* if only he could talk ◆ **il ne manquait plus que ça** that's all we needed, that's the last straw* ◆ **il ne manquerait plus que ça !** that really would be the end!* ◆ **il ne manquerait plus qu'il parte sans elle !** it really would be the end* if he went off without her!

VPR **se manquer** 1 *(= rater son suicide)* to fail *(in one's attempt to commit suicide)* ◆ **cette fois-ci, il**

mansarde | marbrier

ne s'est pas manqué he made a good job of it this time
② (à un rendez-vous) to miss each other ◆ **ils se sont manqués à la gare** they missed each other at the station

mansarde /mɑ̃saʀd/ NF (= pièce) attic, garret

mansardé, e /mɑ̃saʀde/ ADJ [chambre, étage] attic (épith) ◆ **la chambre est mansardée** the room has a sloping ceiling, it's an attic room

mansion /mɑ̃sjɔ̃/ NF (Hist) mansion

mansuétude /mɑ̃sɥetyd/ NF leniency, indulgence

manta /mɑ̃ta/ NF (= poisson) manta (ray), devilfish, devil ray

mante /mɑ̃t/ NF ① (= insecte) mantis; (= poisson) manta (ray) ◆ **mante religieuse** (lit) praying mantis; (fig) man-eater (hum)
② († = manteau) (woman's) mantle, cloak

manteau (pl **manteaux**) /mɑ̃to/
NM ① (Habillement) coat ◆ **manteau de pluie** raincoat ◆ **manteau trois-quarts** three-quarter-length coat ◆ **sous le manteau** (fig) clandestinely, on the sly
② (littér) [de neige] mantle, blanket; [d'ombre, hypocrisie] cloak ◆ **sous le manteau de la nuit** under (the) cover of darkness
③ [de mollusque] mantle
④ (Héraldique) mantle, mantling
⑤ (Géol) mantle
COMP **manteau d'Arlequin** proscenium arch **manteau de cheminée** mantelpiece

mantelé, e /mɑ̃t(ə)le/ ADJ saddle-backed

mantelet /mɑ̃t(ə)lɛ/ NM (Habillement) short cape, mantelet; (= volet de hublot) deadlight

mantille /mɑ̃tij/ NF mantilla

mantique /mɑ̃tik/ NF manticism

mantisse /mɑ̃tis/ NF mantissa

Mantoue /mɑ̃tu/ N Mantua

mantra /mɑ̃tʀa/ NM mantra

manubrium /manybʀijɔm/ NM manubrium

manucure /manykyʀ/
NMF (= personne) manicurist
NM OU NF (= soins) manicure

manucurer /manykyʀe/ ▶ conjug 1 ◀ VT to manicure ◆ **se faire manucurer** to have a manicure

manuel, -elle /manɥɛl/ SYN
ADJ manual ◆ **passer en manuel** to switch to manual; → travail¹, travailleur
NM,F (= travailleur) manual worker ◆ **c'est/ce n'est pas un manuel** (qui a du sens pratique) he's good/he's not very good with his hands
NM (= livre) manual, handbook ◆ **manuel de lecture** reader ◆ **manuel scolaire** textbook ◆ **manuel d'entretien** service manual ◆ **manuel d'utilisation/de l'utilisateur** instruction/user's manual

manuellement /manɥɛlmɑ̃/ ADV [fabriquer] by hand, manually; [fonctionner] manually ◆ **être bon manuellement** to be good with one's hands

manufacture /manyfaktyʀ/ NF ① (= usine) factory ◆ **manufacture d'armes/de porcelaine/de tabac** munitions/porcelain/tobacco factory ◆ **manufacture de tapisserie** tapestry workshop
② (= fabrication) manufacture

manufacturer /manyfaktyʀe/ ▶ conjug 1 ◀ VT to manufacture; → produit

manufacturier, -ière /manyfaktyʀje, jɛʀ/
ADJ manufacturing (épith)
NM † factory owner

manu militari /manymilitaʀi/ LOC ADV by (main) force

manumission /manymisjɔ̃/ NF manumission

manuscrit, e /manyskʀi, it/
ADJ (= écrit à la main) handwritten ◆ **pages manuscrites** manuscript pages
NM manuscript; (dactylographié) manuscript, typescript ◆ **les manuscrits de la mer Morte** the Dead Sea Scrolls

manutention /manytɑ̃sjɔ̃/ NF (= opération) handling; (= local) storehouse ◆ **frais de manutention** handling charges ◆ **manutention portuaire** dock work

manutentionnaire /manytɑ̃sjɔnɛʀ/ NMF packer

manutentionner /manytɑ̃sjɔne/ ▶ conjug 1 ◀ VT to handle, to pack

manuterge /manytɛʀʒ/ NM manutergium

manzanilla /mɑ̃dzanija/ NM ou F manzanilla

Mao (Tsé-toung) /mao(tsetuŋ)/ NM Mao (Tse Tung)

maoïsme /maɔism/ NM Maoism

maoïste /maɔist/ ADJ, NMF Maoist

maori, e /maɔʀi/
ADJ Maori
NM (= langue) Maori
NM,F **Maori(e)** Maori

maous, -ousse * /maus/ ADJ huge

Mao Zedong /maozedɔŋ/ NM Mao Zedong

mappemonde /mapmɔ̃d/ NF (= carte) map of the world (in two hemispheres); (= sphère) globe

Maputo /maputo/ N Maputo

maquer * /make/ ▶ conjug 1 ◀
VT (= prostituer) to be a pimp for
VPR **se maquer avec qn** to (go and) live with sb, to shack up with sb * (péj) ◆ **il est déjà maqué** he's already got a woman

maquereau¹ (pl **maquereaux**) /makʀo/ NM (= poisson) mackerel; → groseille

maquereau² * (pl **maquereaux**) /makʀo/ NM (= proxénète) pimp, ponce * (Brit)

maquerelle * /makʀɛl/ NF ◆ **(mère) maquerelle** madam *

maquette /makɛt/ SYN NF ① (à échelle réduite) [d'art, bâtiment] (scale) model; [de décor, œuvre d'art] model
② (grandeur nature) mock-up, model; (= livre) dummy
③ (Peinture = carton) sketch
④ (Typographie) (= conception graphique) design; (= mise en page) layout; (= couverture) artwork

maquetter /makete/ ▶ conjug 1 ◀ VT [+ livre] to dummy; [+ page] to lay out

maquettisme /maketism/ NM [de modèles réduits] model making

maquettiste /maketist/ NMF [de modèles réduits] model maker; [de livre] dummy maker

maquignon /makiɲɔ̃/ NM (lit) horse dealer; (péj) shady ou crooked dealer

maquignonnage /makiɲɔnaʒ/ NM (lit) horse dealing; (péj) underhand dealings, sharp practice (Brit)

maquignonner /makiɲɔne/ ▶ conjug 1 ◀ VT (péj) [+ animal] to sell by shady methods; [+ affaire] to rig, to fiddle

maquillage /makijaʒ/ SYN NM ① (= crème, fard) make-up ◆ **passer du temps à son maquillage** to spend a long time putting on one's make-up ou making up ◆ **produits de maquillage** make-up
② (péj) [de voiture] disguising, doing over *; [de document, vérité, faits] faking, doctoring; [de chiffres, résultats] massaging, fiddling * (Brit)

maquiller /makije/ SYN ▶ conjug 1 ◀
VT ① [+ visage, personne] to make up ◆ **très maquillé** heavily made-up
② [+ document, vérité, faits] to fake, to doctor; [+ résultats, chiffres] to massage, to fiddle * (Brit); [+ voiture] to do over *, to disguise ◆ **meurtre maquillé en accident** murder made to look like an accident
VPR **se maquiller** to make up, to put on one's make-up ◆ **elle est trop jeune pour se maquiller** she is too young to use make-up ◆ **se maquiller les yeux** to put eye make-up on

maquilleur /makijœʀ/ NM make-up artist, make-up man

maquilleuse /makijøz/ NF make-up artist, make-up girl

maquis /maki/ SYN NM ① (Géog) scrub, bush ◆ **le maquis corse** the Corsican scrub ◆ **prendre le maquis** to take to the bush
② (= labyrinthe) tangle, maze ◆ **le maquis de la procédure** the jungle of legal procedure
③ (= résistance) resistance movement; (Deuxième Guerre mondiale) maquis ◆ **prendre le maquis** to take to the maquis, to go underground

maquisard /makizaʀ/ NM maquis, member of the Resistance

marabout /maʀabu/ NM ① (= oiseau) marabou(t)
② (Rel) marabout; (= envoûteur) witch doctor

marabouter /maʀabute/ ▶ conjug 1 ◀ VT (Afrique) to bewitch, to put ou cast a spell on

maraca /maʀaka/ NF maraca

Maracaibo /maʀakaibo/ N Maracaibo ◆ **le lac Maracaibo** Lake Maracaibo

maracuja /maʀakyʒa/ NM passion fruit

maraîchage /maʀɛʃaʒ/ NM market gardening (Brit), truck farming (US) ◆ **maraîchage sous verre** glasshouse cultivation

maraîcher, -ère /maʀɛʃe, ɛʀ/
NM,F market gardener (Brit), truck farmer (US)
ADJ ◆ **culture maraîchère** market gardening (NonC) (Brit), truck farming (NonC) (US) ◆ **produits maraîchers** market garden produce (NonC) (Brit), truck (NonC) (US) ◆ **jardin maraîcher** market garden (Brit), truck farm (US)

maraîchin, e /maʀɛʃɛ̃, in/
ADJ of ou from the marshland (of Poitou or Brittany)
NM,F inhabitant of the marshland (of Poitou or Brittany)

marais /maʀɛ/ NM ① (= terrain) marsh, swamp ◆ **marais salant** (gén) salt marsh; (exploité) saltern; → gaz
② **le Marais** historic area in the centre of Paris that contains the old Jewish quarter and fashionable bars and galleries

maranta /maʀɑ̃ta/ NM maranta

marasme /maʀasm/ SYN NM ① (Écon, Pol) stagnation, slump ◆ **les affaires sont en plein marasme** business is completely stagnant, there is a complete slump in business
② (= accablement) dejection, depression
③ (Méd) marasmus

marasque /maʀask/ NF marasca cherry

marasquin /maʀaskɛ̃/ NM maraschino

marathon /maʀatɔ̃/ NM (Sport, fig) marathon ◆ **marathon de danse** dance marathon ◆ **faire/courir un marathon** to do/run a marathon ◆ **visite-/négociations-marathon** marathon visit/talks

marathonien, -ienne /maʀatɔnjɛ̃, jɛn/ NM,F marathon runner

marâtre /maʀɑtʀ/ NF (= mauvaise mère) cruel ou unnatural mother; († = belle-mère) stepmother

maraud, e¹ †† /maʀo, od/ NM,F rascal, rogue

maraudage /maʀodaʒ/ NM pilfering, thieving (of poultry, crops etc)

maraude² /maʀod/ NF ① (= vol) thieving, pilfering (of poultry, crops etc), pillaging (from farms, orchards)
② (locutions) ◆ **taxi en maraude** cruising ou prowling taxi, taxi cruising ou prowling for fares ◆ **vagabond en maraude** tramp on the prowl

marauder /maʀode/ SYN ▶ conjug 1 ◀ VI [personne] to thieve, to pilfer; [taxi] to cruise ou prowl for fares

maraudeur, -euse /maʀodœʀ, øz/
NM,F (= voleur) prowler; (= soldat) marauder
ADJ ◆ **oiseau maraudeur** thieving bird

marbre /maʀbʀ/ NM ① (Géol) marble ◆ **de ou en marbre** marble ◆ **marbre de Carrare** Carrara marble ◆ **peindre un mur en faux marbre** to marble a wall ◆ **rester de marbre, garder un visage de marbre** to remain stony-faced ou impassive ◆ **ça l'a laissé de marbre** it left him cold ◆ **avoir un cœur de marbre** to have a heart of stone ◆ **passer une voiture au marbre** to check a car for structural damage; → froid
② (= surface) marble top; (= statue) marble (statue)
③ (Typographie) stone, bed ◆ **être sur le marbre** [journal] to be put to bed, to be on the stone; [livre] to be at ou in press ◆ **rester sur le marbre** to be excess copy

marbré, e /maʀbʀe/ (ptp de **marbrer**) ADJ [papier, cuir] marbled; [peau] mottled, blotchy; [fromage] veined ◆ **(gâteau) marbré** marble cake

marbrer /maʀbʀe/ ▶ conjug 1 ◀ VT [+ papier, cuir] to marble; [+ bois, surface] to vein, to mottle

marbrerie /maʀbʀəʀi/ NF (= atelier) marble mason's workshop ou yard; (= industrie) marble industry ◆ **travailler dans la marbrerie** to be a marble mason; (funéraire) to be a monumental mason

marbreur, -euse /maʀbʀœʀ, øz/ NM,F marbler

marbrier, -ière /maʀbʀije, ijɛʀ/
ADJ [industrie] marble (épith)
NM (funéraire) monumental mason
NF **marbrière** marble quarry

marbrure /maʀbʀyʀ/ SYN NF [1] *[de papier, cuir]* marbling
[2] *[de peau]* ◆ **marbrures** *(par le froid)* blotches, mottling; *(par un coup)* marks; *[de bois, surface]* veins, mottling

Marc /maʀk/ NM Mark ◆ **Marc Aurèle** Marcus Aurelius ◆ **Marc-Antoine** Mark Antony

marc¹ /maʀ/ NM *(= poids, monnaie)* mark ◆ **au marc le franc** *(Jur)* pro rata, proportionally

marc² /maʀ/ NM *[de raisin, pomme]* marc ◆ **marc (de café)** (coffee) grounds *ou* dregs ◆ **(eau de vie de) marc** marc brandy; → **lire¹**

marcassin /maʀkasɛ̃/ NM young wild boar

marcassite /maʀkasit/ NF marcasite

marcel * /maʀsɛl/ NM *(= maillot)* vest *(Brit)*, undershirt *(US)*

marcescence /maʀsesɑ̃s/ NF marcescence

marcescent, e /maʀsesɑ̃, ɑ̃t/ ADJ marcescent

marchand, e /maʀʃɑ̃, ɑ̃d/ SYN
ADJ *[valeur]* market *(épith)*; *[prix]* trade *(épith)*; *[rue]* shopping *(épith)* ◆ **navire marchand** merchant ship ◆ **secteur marchand/non marchand** market sector/non-market sector; → **galerie, marine²**
NM,F [1] *(= boutiquier)* shopkeeper, tradesman *(ou* tradeswoman); *(sur un marché)* stallholder; *[de vins, fruits, charbon, grains]* merchant; *[de meubles, bestiaux, cycles]* dealer ◆ **marchand au détail** retailer ◆ **marchand en gros** wholesaler ◆ **la marchande de chaussures me l'a dit** the woman in the shoe shop *ou* the shoe shop owner told me ◆ **jouer au marchand (***ou* **à la marchande)** to play shop *(Brit) ou* store *(US)* ◆ **« Le Marchand de Venise »** *(Littérat)* "The Merchant of Venice"
[2] *(= boutique)* shop, store ◆ **rapporte-le chez le marchand** take it back to the shop
COMP **marchand ambulant** hawker, door-to-door salesman, pedlar *(Brit)*, peddler *(US)*
marchande d'amour *(hum)* lady of pleasure *(hum)*
marchand d'art art dealer
marchand de biens property agent
marchand de canons *(péj)* arms dealer
marchand de couleurs hardware dealer, ironmonger *(Brit)*
marchand d'esclaves slave trader
marchand de frites *(= boutique)* chip shop *(Brit)*, chippy * *(Brit)*
marchand de fromages cheese vendor *ou* seller, cheesemonger *(Brit)*
marchand de fruits fruit merchant *ou* vendor *ou* seller, fruiterer *(Brit)*
marchand de glaces ice cream vendor
marchand d'illusions purveyor of illusions
marchand de journaux newsagent *(Brit)*, newsdealer *(US)*
marchand de légumes greengrocer *(Brit)*, produce dealer *(US)*
marchand de marrons chestnut seller
marchand de meubles furniture dealer
marchand de poissons fish merchant, fishmonger *(Brit)*, fish vendor *ou* seller *(US)*
marchand des quatre saisons street merchant (selling fresh fruit and vegetables), costermonger *(Brit)*
marchand de rêves dream-merchant
marchand de sable *(fig)* sandman ◆ **le marchand de sable est passé** it's bedtime, the sandman is coming
marchand de sommeil *(péj)* slum landlord, slumlord * *(US)*
marchand de soupe *(péj = restaurateur)* low-grade restaurant owner, profiteering café owner; *(Scol)* money-grubbing *ou* profit-minded headmaster (of a private school)
marchand de tableaux art dealer
marchand de tapis carpet dealer ◆ **c'est un vrai marchand de tapis** *(péj)* he drives a really hard bargain, he haggles over everything ◆ **des discussions de marchand de tapis** endless haggling
les marchands du Temple *(Bible)* the money-changers in the Temple
marchand de vin wine merchant, vintner
marchand de voyages tour operator

marchandage /maʀʃɑ̃daʒ/ SYN NM [1] *(au marché)* bargaining, haggling; *(péj : aux élections)* bargaining ◆ **je viens si tu promets de m'aider – mais qu'est-ce-que c'est que ce marchandage ?** I'll come if you promise to help me – what's this, blackmail?
[2] *(Jur)* ◆ **le marchandage** *subcontracting of labour*

marchander /maʀʃɑ̃de/ ▸ conjug 1 ◂ VT [1] *[+ objet]* to haggle over, to bargain over ◆ **savoir marchander** to know how to haggle ◆ **il a l'habitude de marchander** he is used to haggling *ou* bargaining ◆ **marchander son soutien électoral** to use one's political support as a bargaining chip
[2] *(fig)* ◆ **il ne marchande pas sa peine** he spares no pains, he grudges no effort ◆ **il ne m'a pas marchandé ses compliments** he wasn't sparing of his compliments
[3] *(Jur)* to subcontract

marchandeur, -euse /maʀʃɑ̃dœʀ, øz/ NM,F
[1] *[d'objet, prix]* haggler
[2] *(Jur)* subcontractor (of labour)

marchandisage /maʀʃɑ̃dizaʒ/ NM merchandizing

marchandisation /maʀʃɑ̃dizasjɔ̃/ NF ◆ **nous sommes contre la marchandisation de la culture** we do not want to see culture treated as a commodity

marchandise /maʀʃɑ̃diz/ GRAMMAIRE ACTIVE 20.3
SYN NF [1] *(= article, unité)* commodity ◆ **marchandises** goods, merchandise *(NonC)*, wares † ◆ **marchandises en gros/au détail** wholesale/retail goods ◆ **il a de la bonne marchandise** he has *ou* sells good stuff
[2] *(= cargaison, stock)* ◆ **la marchandise** the goods, the merchandise ◆ **la marchandise est dans l'entrepôt** the goods are *ou* the merchandise is in the warehouse ◆ **faire valoir** *ou* **vanter la marchandise** * to show o.s. off *ou* to show off one's wares to advantage, to make the most of o.s. *ou* one's wares ◆ **elle étale la marchandise** ‡ she displays her charms *(hum)*, she shows you *ou* she flaunts all she's got *

marchandiseur /maʀʃɑ̃dizœʀ/ NM merchandizer

marchante /maʀʃɑ̃t/ ADJ F → **aile**

marchantia /maʀʃɑ̃tja/, **marchantie** /maʀʃɑ̃ti/ NF liverwort

marche¹ /maʀʃ/ SYN
NF [1] *(= action, Sport)* walking ◆ **il fait de la marche** he goes in for walking, he does quite a bit of walking ◆ **poursuivre sa marche** to walk on ◆ **chaussures de marche** walking shoes
[2] *(= démarche)* walk, step, gait; *(= allure, rythme)* pace, step ◆ **une marche pesante** a heavy step *ou* gait ◆ **régler sa marche sur celle de qn** to adjust one's pace *ou* step to sb else's
[3] *(= trajet)* walk ◆ **faire une longue marche** to go for a long walk ◆ **la Longue Marche** *(Hist)* the Long March ◆ **le village est à deux heures/à dix km de marche d'ici** the village is a two-hour walk/a 10-km walk from here ◆ **une marche de 10 km** a 10-km walk
[4] *(= mouvement, Mil, Pol)* march ◆ **air/chanson de marche** marching tune/song ◆ **fermer la marche** to bring up the rear ◆ **ouvrir la marche** *(lit, fig)* to lead the way ◆ **faire marche sur** to march upon ◆ **marche victorieuse sur la ville** victorious march on the town ◆ **en avant, marche !** quick march!, forward march!; → **ordre¹**
[5] *(= fonctionnement) [de train, voiture]* running; *[de machine]* running, working; *[de navire]* sailing; *[d'étoile]* course; *[d'horloge]* working; *[d'usine, établissement]* running, working, functioning ◆ **dans le sens de la marche** facing the engine ◆ **dans le sens contraire de la marche** with one's back to the engine ◆ **en (bon) état de marche** in (good) working order ◆ **régler la marche d'une horloge** to adjust the workings *ou* movement of a clock ◆ **assurer la bonne marche d'un service** to ensure the smooth running of a service ◆ **marche – arrêt** *(sur appareil)* on – off
[6] *(= développement) [de maladie]* progress; *[d'affaire, événements, opérations]* course; *[d'histoire, temps, progrès]* march ◆ **la marche de l'intrigue** the unfolding *ou* development of the plot
[7] *(locutions)*
◆ **en marche** ◆ **armée en marche** marching army ◆ **être en marche** *[personnes, soldats]* to be on the move; *[moteur]* to be running; *[machine]* to be (turned) on ◆ **ne montez pas dans un véhicule en marche** do not board a moving vehicle ◆ **j'ai pris le bus en marche** I jumped onto the bus while it was moving ◆ **se mettre en marche** *[personne]* to make a move, to get moving; *[machine]* to start ◆ **mettre en marche** *[+ moteur, voiture]* to start (up); *[+ machine]* to put on, to turn on, to set going; *[+ pendule]* to start (going) ◆ **lire les instructions avant la mise en marche de l'appareil** read the instructions before starting the machine ◆ **remettre en marche** *[+ usine, machine]* to restart
[8] *(Mus)* march ◆ **marche funèbre/militaire/nuptiale** funeral *ou* dead/military/wedding march
COMP **marche arrière** reverse ◆ **entrer/sortir en marche arrière** to reverse in/out, to back in/out ◆ **faire marche arrière** *(lit)* to reverse; *(fig)* to back-pedal, to backtrack
marche avant forward ◆ **en marche avant** in forward gear
marche forcée *(Mil)* forced march ◆ **se rendre vers un lieu à marche(s) forcée(s)** to get to a place by forced marches ◆ **la privatisation à marche forcée des entreprises** the accelerated privatization of companies ◆ **ils avancent à marche forcée sur la voie de la démocratisation** they're on the fast track to democracy ◆ **l'entreprise se modernise à marche forcée** the company is undergoing a rapid modernization programme
marche à suivre *(= procédure)* (correct) procedure *(pour* for); *(= mode d'emploi)* directions (for use)

marche² /maʀʃ/ SYN NF *[de véhicule]* step; *[d'escalier]* step, stair ◆ **manquer une marche** to miss a step ◆ **attention à la marche** mind *(Brit) ou* watch *(US)* the step ◆ **sur les marches** *(de l'escalier)* on the stairs; *(de l'escalier extérieur, de l'escabeau)* on the steps ◆ **marche palière** last step before the landing, ≃ top step ◆ **marche dansante** winder

marche³ /maʀʃ/ NF *(gén pl : Géog, Hist)* march ◆ **les marches** the Marches

marché /maʀʃe/ SYN
NM [1] *(= lieu)* market; *(= ville)* trading centre ◆ **marché aux bestiaux/aux fleurs/aux poissons** cattle/flower/fish market ◆ **marché couvert/en plein air** covered/open-air market ◆ **aller au marché, aller faire le marché** to go to (the) market ◆ **aller faire son marché** to go to the market; *(plus gén)* to go shopping ◆ **le choix est vaste, il faut faire son marché** *(fig)* there is a vast choice available, you have to shop around ◆ **faire les marchés** *[marchand, acheteur]* to go round *ou* do the markets ◆ **boucher qui fait les marchés** butcher who has a market stall ◆ **vendre/acheter au marché** *ou* **sur les marchés** to buy/sell at the market ◆ **Lyon, le grand marché des soieries** Lyons, the great trading centre for silk goods
[2] *(Comm, Écon = débouchés, opérations)* market ◆ **marché monétaire** money market ◆ **marché libre** open market ◆ **le marché libre de Rotterdam** *(Pétrole)* the Rotterdam spot market ◆ **le marché unique européen** the single European market ◆ **marché gris** grey market ◆ **acquérir** *ou* **trouver de nouveaux marchés (pour)** to find new markets (for) ◆ **lancer/offrir qch sur le marché** to launch/put sth on the market ◆ **le marché de l'immobilier** the real estate market ◆ **le marché du travail** the labour market ◆ **il n'y a pas de marché pour ces produits** there is no market for these goods; → **analyse, étude**
[3] *(= transaction, contrat)* bargain, transaction, deal ◆ **faire un marché avantageux** to make *ou* strike a good bargain ◆ **un marché de dupes** a fool's bargain *ou* deal ◆ **conclure** *ou* **passer un marché avec qn** to make a deal with sb ◆ **marché conclu !** it's a deal! ◆ **marché ferme** firm deal ◆ **marché de gré à gré** mutual agreement, private contract ◆ **marché public** procurement contract ◆ **mettre le marché en main à qn** to give sb an ultimatum
[4] *(Bourse)* market ◆ **le marché est animé** the market is lively ◆ **marché des valeurs/des actions** securities/share market ◆ **marché des changes** *ou* **des devises** foreign exchange market ◆ **marché financier** financial market ◆ **marché obligataire** bond market ◆ **marché au comptant/à terme** *ou* **à règlement mensuel** spot *ou* cash/forward market ◆ **marché à terme d'instruments financiers, marché à terme international de France** *French financial futures market*, ≃ LIFFE *(Brit)* ◆ **second marché** ≃ unlisted securities market
[5] *(locutions)*
◆ **bon marché** *[acheter]* cheap; *[produit]* cheap, inexpensive
◆ **meilleur marché** ◆ **c'est meilleur marché** it's better value, it's cheaper
COMP **Marché commun** *(Hist)* Common Market
marché d'intérêt national *wholesale market for perishable food and horticultural products*
marché international du disque et de l'édition musicale *music industry trade fair*
marché noir black market ◆ **faire du marché noir** to buy and sell on the black market
marché aux puces flea market

marchéage /maʁʃeaʒ/ NM marketing

marché-gare (pl **marchés-gares**) /maʁʃegaʁ/ NM *wholesale market to which goods are transported by rail*

marchepied /maʁʃəpje/ NM [*de train*] step; [*de voiture*] running board; (*fig*) stepping stone ◆ **servir de marchepied à qn** to be sb's stepping stone

marcher /maʁʃe/ SYN ▸ conjug 1 ◂ VI ▯1▯ (*gén*) to walk; [*soldats*] to march ◆ **marcher à grandes enjambées** *ou* **à grands pas** to stride (along) ◆ **il marche en boitant** he walks with a limp ◆ **marcher en canard** to walk like a duck ◆ **marcher sur les mains/à quatre pattes** to walk on one's hands/on all fours ◆ **on marche sur la tête !*** it's crazy!, there's no rhyme or reason to it! ◆ **venez, on va marcher un peu** come on, let's have a walk *ou* let's go for a walk ◆ **il marchait sans but** he walked *ou* wandered (along) aimlessly ◆ **marcher sur des œufs** (*fig*) to act with caution ◆ **faire marcher un bébé** to get a baby to walk, to help a baby walk ◆ **c'est marche ou crève !*** it's sink or swim!; → **pas**¹

▯2▯ (= *mettre le pied sur, dans*) ◆ **marcher dans une flaque d'eau** to step in a puddle ◆ **défense de marcher sur les pelouses** keep off the grass ◆ **marcher sur les pieds de qn/sur sa robe** (*lit*) to stand *ou* tread on sb's toes/on one's dress ◆ **ne te laisse pas marcher sur les pieds** (*fig*) don't let anyone tread on your toes *ou* take advantage of you ◆ **marcher sur qn** (*fig*) to walk all over sb; → **brisées, côté, trace** *etc*

▯3▯ (= *progresser*) ◆ **marcher à la conquête de la gloire/vers le succès** to be on the road to fame/to success, to step out *ou* stride towards fame/success ◆ **marcher au supplice** to walk to one's death *ou* to the stake ◆ **marcher au combat** to march into battle ◆ **marcher sur une ville/un adversaire** (*Mil*) to advance on *ou* march against a town/an enemy

▯4▯ (= *obéir*) to toe the line; (*** = *consentir*) to agree, to play* ◆ **il marche à tous les coups*** (= *croire naïvement*) he is taken in *ou* falls for it* every time ◆ **on lui raconte n'importe quoi et il marche** you can tell him anything and he'll swallow it* ◆ **il n'a pas voulu marcher dans la combine** he didn't want to be involved in the affair ◆ **faire marcher qn** (= *taquiner*) to pull sb's leg; (= *tromper*) to take sb for a ride*, to lead sb up the garden path* ◆ **il sait faire marcher sa grand-mère** he knows how to get round his grandmother ◆ **son père saura le faire marcher (droit)** his father will soon have him toeing the line

▯5▯ (*avec véhicule*) ◆ **le train a/nous avons bien marché jusqu'à Lyon** the train/we made good time as far as Lyon ◆ **nous marchions à 100 à l'heure** we were doing a hundred

▯6▯ (= *fonctionner*) [*appareil*] to work; [*ruse*] to work, to come off; [*usine*] to work (well); [*affaires, études*] to go (well); [*train*] to run ◆ **faire marcher** [+ *appareil*] to work, to operate; [+ *entreprise*] to run ◆ **ça fait marcher les affaires** it's good for business ◆ **ça marche à l'électricité** it works by *ou* on electricity ◆ **est-ce que le métro marche aujourd'hui ?** is the underground running today? ◆ **ces deux opérations marchent ensemble** these two procedures go *ou* work together ◆ **les affaires marchent mal** things are going badly, business is bad ◆ **son restaurant marche bien** his restaurant does good business *ou* does a brisk trade ◆ **le film a bien marché en Europe** the film was a big success in Europe ◆ **il marche au whisky*** whisky keeps him going ◆ **les études, ça marche ?*** how's studying going? ◆ **rien ne marche** nothing's going right, nothing's working ◆ **ça marche !** (*dans un restaurant*) coming up!; (= *c'est d'accord*) great!, OK!* ◆ **ça marche pour 8 h/lundi** 8 o'clock/Monday is fine; → **roulette**

marcheur, -euse /maʁʃœʁ, øz/
▧ADJ▧ [*oiseau*] flightless
▧NM,F▧ (*gén*) walker; (= *manifestant*) marcher
▧NF▧ **marcheuse** (= *figurante*) walk-on

Marco Polo /maʁkɔpɔlo/ NM Marco Polo

marcottage /maʁkɔtaʒ/ NM [*de végétaux*] layering

marcotte /maʁkɔt/ NF [*de plante*] layer, runner

marcotter /maʁkɔte/ ▸ conjug 1 ◂ VT [+ *plantes*] to layer

mardi /maʁdi/ NM Tuesday ◆ **Mardi gras** Shrove *ou* Pancake* (*Brit*) Tuesday, Mardi Gras ◆ **elle se croit à mardi gras !** (*hum*) she's dressed up like a dog's dinner!; *pour autres loc voir* **samedi**

mare /maʁ/ SYN NF ▯1▯ (= *étang*) pond ◆ **mare aux canards** duck pond ◆ **c'est la mare aux grenouilles** (*péj*) it's a shady milieu ◆ **la mare aux harengs*** the North Atlantic → **pavé**
▯2▯ (= *flaque*) pool ◆ **mare de sang/d'huile** pool of blood/of oil

marécage /maʁekaʒ/ SYN NM (*Géog*) marsh, swamp, bog; (*péj*) quagmire

marécageux, -euse /maʁekaʒø, øz/ SYN ADJ [*terrain*] marshy, swampy, boggy; [*plante*] marsh (*épith*) ◆ **c'est très marécageux par ici** the ground is very marshy *ou* boggy in this area

maréchal (pl **-aux**) /maʁeʃal, o/ NM (*armée française*) marshal; (*armée britannique*) field marshal ◆ **maréchal de camp** (*Hist*) brigadier ◆ **Maréchal de France** Marshal of France ◆ **maréchal des logis** ≈ sergeant ◆ **maréchal des logis-chef** ≈ battery *ou* squadron sergeant-major; → **bâton**

maréchalat /maʁeʃala/ NM rank of marshal, marshalcy

maréchale /maʁeʃal/ NF marshal's wife; → **Madame**

maréchalerie /maʁeʃalʁi/ NF (= *atelier*) smithy, blacksmith's (shop); (= *métier*) blacksmith's trade

maréchal-ferrant /maʁeʃalferɑ̃/ (pl **maréchaux-ferrants** /maʁeʃoferɑ̃/) NM blacksmith, farrier

maréchaussée /maʁeʃose/ NF (*hum*) ◆ **la maréchaussée** the police (force); (*Hist*) the mounted constabulary

marée /maʁe/ SYN NF ▯1▯ (*lit*) tide ◆ **marée montante/descendante** flood *ou* rising/ebb tide ◆ **à (la) marée montante/descendante** when the tide comes in/goes out, when the tide is rising/ebbing *ou* falling ◆ **(à) marée haute** (at) high tide *ou* water ◆ **(à) marée basse** (at) low tide *ou* water ◆ **grande marée** spring tide ◆ **faible** *ou* **petite marée** neap tide ◆ **marée noire** oil slick ◆ **ça sent la marée** it smells of the sea
▯2▯ (*fig*) [*produits*] flood; [*de touristes*] flood, influx ◆ **marée humaine** great flood *ou* influx of people
▯3▯ (*Comm*) ◆ **la marée** (= *poissons de mer*) the fresh catch, the fresh (sea) fish

marégraphe /maʁegʁaf/ NM marigraph, self-registering tide gauge

marelle /maʁɛl/ NF (= *jeu*) hopscotch; (= *dessin*) (drawing of a) hopscotch game ◆ **jouer à la marelle** to play hopscotch

marémoteur, -trice /maʁemɔtœʁ, tʁis/ ADJ (*Élec*) [*énergie*] tidal ◆ **usine marémotrice** tidal power station

marengo /maʁɛ̃go/
▧ADJ INV▧ (*Culin*) ◆ **poulet/veau (à la) marengo** chicken/veal marengo
▧NM▧ black flecked cloth

marennes /maʁɛn/ NF Marennes oyster

mareyage /maʁɛjaʒ/ NM fish trade

mareyeur, -euse /maʁɛjœʁ, øz/ NM,F wholesale fish merchant

margarine /maʁgaʁin/ NF margarine, marge* (*Brit*), oleo* (*US*)

margay /maʁgɛ/ NM margay

marge /maʁʒ/ SYN
▧NF▧ ▯1▯ [*de feuille*] margin
▯2▯ (= *latitude*) ◆ **il y a de la marge** (*du temps*) there's time to spare; (*de l'espace*) there's plenty of room; (*de l'argent*) there's enough (money) left over ◆ **une taille 42, j'ai de la marge !** it's size 14, it's easily big enough for me ◆ **donner de la marge à qn** (*temps*) to give sb a reasonable margin of time; (*latitude*) to give sb some leeway *ou* latitude *ou* scope
◆ **en marge** ◆ **faire des annotations en marge** to make notes in the margin ◆ **ceux qui sont en marge, les exclus de la société** people on the margins of society, the socially excluded ◆ **dans son parti, il est toujours resté en marge** he's always been on the sidelines of the party
◆ **en marge de** ◆ **vivre en marge de la société** to live on the fringe of society ◆ **vivre en marge du monde** to live cut off from the world ◆ **la Suisse reste en marge de l'intégration européenne** Switzerland remains on the sidelines of European integration ◆ **activités en marge du festival** fringe activities ◆ **ils ne veulent pas rester en marge du débat** they don't want to be left on the sidelines of the debate ◆ **en marge de cette affaire, on peut aussi signaler que...** in addition, one might also point out that...

▧COMP▧ **marge (bénéficiaire)** (profit) margin, mark-up
marge brute gross margin
marge brute d'autofinancement cash flow
marge commerciale gross margin *ou* profit, trading margin
marge continentale (*Géog*) continental terrace
marge d'erreur margin of error
marge de garantie (*Fin*) margin
marge de liberté *ou* **de manœuvre** room for *ou* to manoeuvre, leeway ◆ **ça ne nous laisse pas une grande marge de manœuvre** it doesn't leave us much room for manoeuvre
marge de sécurité safety margin
marge de tolérance tolerance

margelle /maʁʒɛl/ NF [*de puits*] edge, coping (SPÉC)

marger /maʁʒe/ ▸ conjug 3 ◂ VT [+ *machine à écrire, feuille*] to set the margins on; (*Typographie*) to feed (in)

margeur /maʁʒœʁ/ NM [*de machine à écrire*] margin stop

marginal, e (mpl **-aux**) /maʁʒinal, o/ SYN
▧ADJ▧ ▯1▯ (= *secondaire*) [*phénomène*] marginal, minor; [*activité, rôle*] marginal, peripheral ◆ **ces réactions/critiques restent marginales** only a minority of people have these reactions/make these criticisms ◆ **l'évasion fiscale reste marginale** tax evasion is still relatively rare *ou* uncommon
▯2▯ (*Écon, Fin, Stat*) [*coût, taux*] marginal
▯3▯ (= *non conformiste*) unconventional ◆ **groupe marginal** fringe *ou* marginal group ◆ **l'accroissement d'une population marginale** the increase in the number of people living on the fringes *ou* margins of society ◆ **les partis politiques plus marginaux** the more marginal political parties
▯4▯ (= *sur le bord*) ◆ **notes marginales** marginal notes, marginalia (pl) ◆ **récifs marginaux** fringing reefs
▧NM,F▧ (= *déshérité*) dropout; (= *non-conformiste*) unconventional figure

marginalement /maʁʒinalmɑ̃/ ADV marginally ◆ **cela n'influence le chiffre d'affaires que très marginalement** this has only a marginal impact on turnover

marginalisation /maʁʒinalizasjɔ̃/ NF marginalization ◆ **pour éviter la marginalisation sociale** to prevent people from being marginalized in society *ou* from becoming marginalized

marginaliser /maʁʒinalize/ SYN ▸ conjug 1 ◂
▧VT▧ to marginalize, to edge out ◆ **il n'a pas l'intention de se laisser marginaliser** he has no intention of being marginalized *ou* of being sidelined *ou* of being left out in the cold ◆ **ils se sentent de plus en plus marginalisés** they feel more and more marginalized
▧VPR▧ **se marginaliser** [*personne, pays, parti*] to become marginalized

marginalisme /maʁʒinalism/ NM (*Écon*) marginalism

marginalité /maʁʒinalite/ NF marginality ◆ **vivre/tomber dans la marginalité** to live as/become a dropout

marginer /maʁʒine/ ▸ conjug 1 ◂ VT to write in the margins of

margis /maʁʒi/ NM (abrév de **maréchal des logis** (arg Mil)) sarge (arg)

margouillat /maʁguja/ NM agama, agamid

margoulette* /maʁgulɛt/ NF ◆ **se casser la margoulette** to fall flat on one's face

margoulin /maʁgulɛ̃/ NM (*péj*) swindler, shark (*fig*)

margrave /maʁgʁav/ NM (*Hist*) margrave

margraviat /maʁgʁavja/ NM margraviate

Marguerite /maʁgəʁit/ NF Margaret

marguerite /maʁgəʁit/ NF ▯1▯ [*plante*] (*cultivée*) marguerite; (*des champs*) daisy; → **effeuiller**
▯2▯ [*de machine à écrire*] daisywheel

marguillier /maʁgije/ NM (*Hist*) churchwarden

mari /maʁi/ SYN NM husband ◆ **son petit mari** her hubby*

mariable /maʁjabl/ ADJ marriageable

mariage /maʁjaʒ/ GRAMMAIRE ACTIVE 24.3 SYN
▧NM▧ ▯1▯ (= *institution, union*) marriage; (*Rel*) matrimony ◆ **50 ans de mariage** 50 years of married life *ou* of marriage ◆ **ils ont fêté leurs 20 ans de**

mariage they celebrated their 20th (wedding) anniversary ◆ **au début de leur mariage** when they were first married, at the beginning of their marriage ◆ **son mariage avec son cousin** her marriage to her cousin ◆ **on parle de mariage entre eux** there is talk of their getting married ◆ **il avait un enfant d'un premier mariage** he had a child from his first marriage ◆ **il l'a demandée en mariage** he asked if he could marry her ◆ **promettre/donner qn en mariage à** to promise/give sb in marriage to ◆ **elle lui a apporté beaucoup d'argent en mariage** she brought him a lot of money when she married him ◆ **faire un riche mariage** to marry into money ◆ **hors mariage** [*cohabitation*] outside of marriage; [*naissance, né*] out of wedlock; [*relations sexuelles*] extramarital ◆ **« Le Mariage de Figaro »** (*Littérat*) "The Marriage of Figaro" → **acte, demande**
 [2] (= *cérémonie*) wedding ◆ **grand mariage** society wedding ◆ **cadeau/faire-part/messe de mariage** wedding present/invitation/service; → **corbeille, liste**[1] ; → **MAIRE**
 [3] [*de couleurs, parfums, matières*] marriage, blend; [*d'entreprises*] merger, amalgamation ◆ **c'est le mariage de la carpe et du lapin** (*couple*) they make an odd couple; (*associés*) they are strange *ou* unlikely bedfellows
 [4] (*Cartes*) ◆ **avoir le mariage à cœur** to have *ou* hold (the) king and queen of hearts ◆ **faire des mariages** to collect kings and queens
 COMP mariage d'amour love match ◆ **faire un mariage d'amour** to marry for love, to make a love match
mariage d'argent marriage for money, money match
mariage blanc (*non consommé*) unconsummated marriage ; (*de convenance*) marriage of convenience
mariage en blanc white wedding
mariage civil civil wedding, registry (office) wedding (*Brit*)
mariage de convenance *ou* **de complaisance** marriage of convenience
mariage à l'essai trial marriage
mariage d'intérêt marriage for money (*and other advantages*); (*entre entreprises*) merger ◆ **faire un mariage d'intérêt** to marry for money
mariage mixte mixed marriage
mariage politique political alliance
mariage de raison marriage of convenience
mariage religieux church wedding

marial, e (mpl **marials**) /maʁjal/ **ADJ** (*Rel*) [*culte*] Marian

Marianne /maʁjan/ **NF** (*Pol*) Marianne (*symbol of the French Republic*)

 MARIANNE

 Marianne is an allegorical figure representing a woman wearing a "bonnet phrygien" (a red woollen conical hat worn by commoners under the "Ancien Régime"). The name **Marianne** was used at the end of the 18th century to refer to the French Republic, and statues and busts began to appear around fifty years later. All "mairies" have a bust of **Marianne** on public view, and she also appears on postage stamps. **Marianne**'s face changes from time to time, Catherine Deneuve and Laetitia Casta both having been used as models in recent years.

Mariannes /maʁjan/ **NFPL** ◆ **les (îles) Mariannes, l'archipel des Mariannes** the Mariana Islands ◆ **les Mariannes-du-Nord** the Northern Mariana Islands

Marie /maʁi/ **NF** Mary ◆ **Marie Stuart** Mary Stuart, Mary Queen of Scots

marié, e /maʁje/ (ptp de **marier**)
 ADJ married ◆ **non marié** unmarried, single
 NM (bride) groom ◆ **les mariés** (*jour du mariage*) the bride and (bride)groom; (*après le mariage*) the newly-weds; → **jeune, nouveau**
 NF mariée bride ◆ **trouver** *ou* **se plaindre que la mariée est trop belle** (*fig*) to object that everything's too good to be true ◆ **couronne/robe/voile de mariée** wedding headdress/dress/veil; → **jeune**

marie-couche-toi-là †‡ /maʁikuʃtwala/ **NF INV** (*péj*) slut, tart‡ (*Brit*)

Marie-Galante /maʁigalɑ̃t/ **NF** Marie Galante

marie-jeanne /maʁiʒan/ **NF INV** (*arg Drogue*) Mary Jane (*arg*), pot (*arg*)

marie-louise (pl **maries-louises**) /maʁilwiz/ **NF** [*d'assiette*] inner surface; [*d'encadrement*] inner frame

Marie-Madeleine /maʁimad(ə)lɛn/ **NF** Mary Magdalene

marier /maʁje/ **GRAMMAIRE ACTIVE 24.3** **SYN** ► conjug 7 ◄
 VT [1] [*maire, prêtre*] to marry ◆ **il a marié sa fille à un homme d'affaires** he married his daughter to a businessman ◆ **il a fini par marier sa fille** he finally got his daughter married, he finally married off his daughter ◆ **demain, je marie mon frère** (*hum*) tomorrow I see my brother (get) married ◆ **nous sommes mariés depuis 15 ans** we have been married for 15 years ◆ **il a encore deux filles à marier** he still has two unmarried daughters, he still has two daughters to marry off ◆ **fille (bonne) à marier** daughter of marriageable age, marriageable daughter ◆ **on n'est pas mariés avec lui !** (*fig*) we don't owe him anything!
 [2] [+ *couleurs, goûts, parfums, styles*] to blend, to harmonize; [+ *entreprises*] to merge, to amalgamate
 VPR se marier [1] [*personne*] to get married ◆ **se marier à** *ou* **avec qn** to marry sb, to get married to sb ◆ **se marier à la mairie/à l'église** to get married at a registry office/in church ◆ **se marier de la main gauche** † to live as man and wife
 [2] [*couleurs, goûts, parfums, styles*] to blend, to harmonize ◆ **le beige se marie très bien avec le noir** beige goes very well with black

marie-salope (pl **maries-salopes**) /maʁisalɔp/ **NF**
 [1] (= *péniche*) hopper (barge)
 [2] (‡ *péj* = *souillon*) slut

marieur, -ieuse /maʁjœʁ, jøz/ **NM,F** matchmaker

marigot /maʁigo/ **NM** backwater, cutoff, oxbow lake

marihuana, marijuana /maʁiʁwana/ **NF** marijuana

marimba /maʁimba/ **NM** marimba

marin, e[1] /maʁɛ̃, in/ **SYN**
 ADJ [*air*] sea; [*carte*] maritime, navigational; [*faune, flore*] marine, sea ◆ **bateau (très) marin** seaworthy ship ◆ **missile marin** sea-based missile ◆ **sciences marines** marine science ◆ **costume marin** sailor suit; → **mille**[2], **pied** *etc*
 NM sailor ◆ **(simple) marin** (*grade*) ordinary seaman ◆ **marin pêcheur** fisherman ◆ **marin d'eau douce** landlubber ◆ **un peuple de marins** a seafaring nation, a nation of seafarers ◆ **béret/tricot de marin** sailor's hat/jersey; → **fusilier**

marina /maʁina/ **NF** marina

marinade /maʁinad/ **NF** [1] (*Culin*) marinade ◆ **marinade de viande** meat in (a) marinade, marinaded meat
 [2] (*Can*) ◆ **marinades** pickles

marine[2] /maʁin/
 NF [1] (= *flotte, administration*) navy ◆ **terme de marine** nautical term ◆ **au temps de la marine à voiles** in the days of sailing ships ◆ **marine (de guerre)** navy ◆ **marine marchande** merchant navy; → **lieutenant, officier**[1]
 [2] (= *tableau*) seascape
 NM (= *soldat*) (*britannique*) Royal Marine; (*américain*) US Marine ◆ **les marines** the Marines
 ADJ INV (*couleur*) navy (blue); → **bleu**

mariner /maʁine/ ► conjug 1 ◄
 VT (*Culin*) to marinate; (*dans la saumure*) to pickle ◆ **harengs marinés** pickled herrings
 VI [1] (*Culin*) ◆ **(faire) mariner** to marinade, to marinate
 [2] (* = *attendre*) to hang about* ◆ **mariner en prison** to stew* in prison ◆ **faire** *ou* **laisser mariner qn** (*à un rendez-vous*) to keep sb waiting *ou* hanging about*; (*pour une décision*) to let sb stew* (for a bit)

maringouin /maʁɛ̃gwɛ̃/ **NM** (*Can*) mosquito

marinier /maʁinje/ **NM** bargee (*Brit*), bargeman (*US*); → **officier**[1]

marinière /maʁinjɛʁ/ **NF** (*Habillement*) overblouse, smock; → **moule**[2]

mariol(le) * /maʁjɔl/ [1] ◆ **c'est un mariol(le)** (*malin*) he's a crafty *ou* sly one; (*qui plaisante*) he's a bit of a joker *ou* a waster*; (*incompétent*) he's a bungling idiot * ◆ **(ne) fais pas le mariol(le)** stop trying to be clever *ou* smart *, stop showing off

marionnette /maʁjɔnɛt/ **SYN NF** (*lit, fig* = *pantin*) puppet ◆ **marionnettes** (= *spectacle*) puppet show ◆ **marionnette à fils** marionette ◆ **marionnette à doigt/à gaine** finger/glove puppet ◆ **faire les marionnettes** to move one's hands (*to amuse a baby*); → **montreur, théâtre**

marionnettiste /maʁjɔnetist/ **NMF** puppeteer, puppet-master (*ou* -mistress)

marisque /maʁisk/ **NF** marisca

mariste /maʁist/ **NMF** Marist ◆ **frère/sœur mariste** Marist brother/sister

marital, e (mpl **-aux**) /maʁital, o/ **ADJ** (*Jur*) ◆ **autorisation maritale** husband's permission *ou* authorization ◆ **la vie maritale** living together, cohabitation

maritalement /maʁitalmɑ̃/ **ADV** ◆ **vivre maritalement** to live as husband and wife, to cohabit

maritime /maʁitim/ **ADJ** [1] [*climat*] maritime; [*ville*] seaboard, coastal, seaside; [*province*] seaboard, coastal, maritime; → **gare**[1], **pin, port**[1]
 [2] [*navigation*] maritime; [*commerce, agence*] shipping; [*droit*] shipping, maritime; [*assurance*] marine ◆ **une grande puissance maritime** (*Pol*) a great sea power ◆ **affecté à la navigation maritime** sea-going; → **arsenal**

maritorne † /maʁitɔʁn/ **NF** (= *souillon*) slut, slattern

marivaudage /maʁivodaʒ/ **NM** (*littér* = *badinage*) light-hearted gallantries; (*Littérat*) sophisticated banter in the style of Marivaux

marivauder /maʁivode/ ► conjug 1 ◄ **VI** (*littér*) to engage in lively sophisticated banter; († : *Littérat*) to write in the style of Marivaux

marjolaine /maʁʒɔlɛn/ **NF** marjoram

mark /maʁk/ **NM** (*Fin*) mark ◆ **le deutsche mark** the Deutsche mark ◆ **le mark allemand/finlandais** the German/Finnish mark

marketing /maʁketiŋ/ **NM** marketing ◆ **marketing direct** direct marketing ◆ **marketing téléphonique** telemarketing, telephone sales ◆ **marketing politique** political marketing

marli /maʁli/ **NM** [*d'assiette*] inner border

marlin /maʁlɛ̃/ **NM** marlin

marlou‡ /maʁlu/ **NM** (= *souteneur*) pimp; (= *voyou*) wide boy‡ (*Brit*), punk‡ (*US*)

marmaille * /maʁmaj/ **NF** gang *ou* horde of kids * *ou* brats * (*péj*) ◆ **toute la marmaille était là** the whole brood was there

marmelade /maʁməlad/ **NF** (*Culin*) stewed fruit, compote ◆ **marmelade de pommes/poires** stewed apples/pears, compote of apples/pears ◆ **marmelade d'oranges** (*orange*) marmalade ◆ **en marmelade** [*légumes, fruits*] (= *cuits*) cooked to a mush; (= *crus*) reduced to a pulp ◆ **avoir le nez en marmelade** to have one's nose reduced to a pulp ◆ **réduire qn en marmelade** to smash sb to pulp, to reduce sb to a pulp

marmite /maʁmit/ **SYN**
 NF (*Culin*) (cooking) pot; (*arg Mil*) heavy shell ◆ **une marmite de soupe** a pot of soup; → **bouillir, nez**
 COMP marmite (de géants) (*Géog*) pothole
 marmite norvégienne ≈ haybox

marmiton /maʁmitɔ̃/ **NM** kitchen boy

marmonnement /maʁmɔnmɑ̃/ **NM** mumbling, muttering

marmonner /maʁmɔne/ **SYN** ► conjug 1 ◄ **VTI** to mumble, to mutter ◆ **marmonner dans sa barbe** to mutter into one's beard, to mutter to o.s.

marmoréen, -éenne /maʁmɔʁeɛ̃, ɛɛn/ **ADJ** (*littér*) marble (*épith*), marmoreal (*littér*)

marmot * /maʁmo/ **NM** kid *, brat * (*péj*); → **croquer**

marmotte /maʁmɔt/ **NF** (= *animal*) marmot; (*fig*) sleepyhead, dormouse; (= *cerise*) type of bigarreau cherry; → **dormir**

marmottement /maʁmɔtmɑ̃/ **NM** mumbling, muttering

marmotter /maʁmɔte/ ► conjug 1 ◄ **VTI** to mumble, to mutter ◆ **qu'est-ce que tu as à marmotter ?** * what are you mumbling (on) about? *ou* muttering about?

marmouset /maʁmuzɛ/ **NM** [1] (*Sculp*) quaint *ou* grotesque figure; († * = *enfant*) pipsqueak *
 [2] (= *singe*) marmoset

marnage[1] /maʁnaʒ/ **NM** (*Agr*) marling

marnage[2] /maʁnaʒ/ **NM** (*Naut*) tidal range

marne /maʁn/ **NF** (*Géol*) marl, calcareous clay

marner /maʀne/ ▸ conjug 1 ◂
VT (Agr) to marl
VI (* = travailler dur) to slog * ◆ **faire marner qn** to make sb slog *

marneux, -euse /maʀnø, øz/ ADJ marly

marnière /maʀnjɛʀ/ NF marlpit

Maroc /maʀɔk/ NM Morocco

marocain, e /maʀɔkɛ̃, ɛn/
ADJ Moroccan
NM,F Marocain(e) Moroccan

maronite /maʀɔnit/ ADJ, NMF Maronite

maronner /maʀɔne/ ▸ conjug 1 ◂ VI
1 (= grommeler) to grouse *, to moan *
2 ◆ **faire maronner qn** (= faire attendre qn) keep sb hanging about *

maroquin /maʀɔkɛ̃/ NM 1 (= cuir) morocco (leather) ◆ **relié en maroquin** morocco-bound
2 (Pol) (minister's) portfolio ◆ **obtenir un maroquin** to be made a minister

maroquinerie /maʀɔkinʀi/ NF (= boutique) leather goods shop; (= atelier) tannery; (= métier) fine leather craft; (= préparation) tanning ◆ **(articles de) maroquinerie** fancy ou fine leather goods ◆ **il travaille dans la maroquinerie** [artisan] he does leatherwork; [commerçant] he sells leather goods

maroquinier /maʀɔkinje/ NM (= marchand) dealer in fine leather goods; (= fabricant) leather worker ou craftsman

marotte /maʀɔt/ SYN NF 1 (= dada) hobby, craze ◆ **c'est sa marotte !** it's his pet craze! ◆ **encore une de ses marottes** another one of his daft ideas * ◆ **le voilà lancé sur sa marotte !** there he goes on his pet subject!
2 (Hist = poupée) fool's bauble; (Coiffure, Habillement = tête) milliner's ou hairdresser's dummy head

marouette¹ /maʀwɛt/ NF ⇒ maroute

marouette² /maʀwɛt/ NF (= oiseau) spotted crake

marouflage /maʀuflaʒ/ NM (= action) mounting; (= toile) backing

maroufler /maʀufle/ ▸ conjug 1 ◂ VT [+ toile] to mount

maroute /maʀut/ NF stinking chamomile

marquage /maʀkaʒ/ NM 1 [de linge, marchandises] marking; [d'animal] branding; [d'arbre] blazing
2 (sur la chaussée) road-marking
3 (Sport) [de joueur] marking ◆ **marquage à la culotte** close marking
4 (Sci) labelling ◆ **marquage radioactif** radioactive tracing

marquant, e /maʀkɑ̃, ɑ̃t/ SYN ADJ [personnage, événement, rôle] outstanding, striking; [souvenir] vivid ◆ **le fait le plus marquant** the most significant ou striking fact ◆ **c'est l'un des aspects les plus marquants de son œuvre** it is one of the most striking aspects of his work

marque /maʀk/ SYN NF 1 (= repère, trace) mark; (= signe) (lit, fig) mark, sign; (= preuve) token; (= marque-page) bookmark; [de linge] name tab ◆ **marques de doigts** fingermarks, fingerprints ◆ **marques de pas** footmarks, footprints ◆ **marques d'une blessure/de coups/de fatigue** marks of a wound/of blows/of fatigue ◆ **il porte encore les marques de son accident** he still bears the scars from his accident ◆ **faites une marque au crayon devant chaque nom** put a pencil mark beside each name, tick each name ◆ **marque de confiance/de respect** sign ou token ou mark of confidence/of respect ◆ **porter la marque du pluriel** to be in the plural (form)
2 (= estampille) [d'or, argent] hallmark; [de meubles, œuvre d'art] mark; [de viande, œufs] stamp ◆ **la marque du génie** the hallmark ou stamp of genius
3 [de nourriture, produits chimiques] brand; [d'automobiles, produits manufacturés] make ◆ **marque de fabrication** ou **du fabricant** trademark, trade name, brand name ◆ **marque d'origine** maker's mark ◆ **marque déposée** registered trademark ou trade name ou brand name ◆ **une grande marque de vin/de voiture** a well-known brand of wine/make of car ◆ **produits de marque** high-class products ◆ **personnage de marque** distinguished person, VIP ◆ **visiteur de marque** important ou distinguished visitor; → image
4 (= insigne) [de fonction, grade] badge ◆ **les marques de sa fonction** (frm) the insignia ou regalia of his office

5 (= décompte de points) ◆ **la marque** the score ◆ **tenir la marque** to keep (the) score ◆ **mener à la marque** to lead on the scoresheet, to be ahead on goals, to be in the lead ◆ **ouvrir la marque** to open the scoring

6 (Sport = empreinte) marker ◆ **à vos marques ! prêts ! partez !** (athlètes) on your marks! get set! go!; (enfants) ready, steady, go! (Brit), ready, set, go! (US) ◆ **marque !** (Rugby) mark! ◆ **prendre ses marques** (lit) to place one's marker (for one's run-up); (fig) to get one's bearings ◆ **il cherche encore ses marques** (fig) he's trying to find his bearings

marqué, e /maʀke/ SYN (ptp de marquer) ADJ
1 (= accentué) marked, pronounced; (Ling) marked
2 (= signalé) ◆ **le prix marqué** the price on the label ◆ **au prix marqué** at the labelled price, at the price shown on the label ◆ **c'est un homme marqué** (fig) he's a marked man ◆ **il est très marqué politiquement** his political leanings are very obvious

marque-page (pl **marque-pages**) /maʀk(ə)paʒ/ NM bookmark

marquer /maʀke/ SYN ▸ conjug 1 ◂
VT 1 (par un signe distinctif) [+ objet personnel] to mark (au nom de qn with sb's name); [+ animal, criminel] to brand; [+ arbre] to blaze; [+ marchandise] to label, to stamp
2 (= indiquer) [+ limite, position] to mark; (sur une carte) [+ village, accident de terrain] to mark, to show, to indicate; [thermomètre] to show, to register; [balance] to register; [isotope radioactif] to trace ◆ **marquer sa page** (avec un signet) to mark one's page (with a bookmark) ◆ **marquez la longueur voulue d'un trait de crayon** mark off the length required with a pencil ◆ **l'animal marque son territoire** the animal marks its territory ◆ **j'ai marqué ce jour-là d'une pierre blanche/noire** I'll remember it as a red-letter day/black day ◆ **marquez d'une croix l'emplacement du véhicule** mark the position of the vehicle with a cross ◆ **la pendule marque 6 heures** the clock shows ou says 6 o'clock ◆ **des pinces marquent la taille** (Couture) darts emphasize the waist(line) ◆ **robe qui marque la taille** dress which shows off the waistline ◆ **cela marque (bien) que le pays veut la paix** that definitely indicates ou shows that the country wants peace, that's a clear sign that the country wants peace
3 [+ événement] to mark ◆ **un bombardement a marqué la reprise des hostilités** a bomb attack marked the renewal ou resumption of hostilities ◆ **des réjouissances populaires ont marqué la prise de pouvoir par la junte** the junta's takeover was marked by public celebrations ◆ **pour marquer cette journée on a distribué...** to mark ou commemorate this day they distributed...
4 (= écrire) [+ nom, rendez-vous, renseignement] to write down, to note down, to make a note of ◆ **marquer les points** ou **les résultats** to keep ou note the score ◆ **on l'a marqué absent** he was marked absent ◆ **j'ai marqué 3 heures sur mon agenda** I've got 3 o'clock (noted) down in my diary ◆ **il a marqué qu'il fallait prévenir les élèves** he noted down that the pupils should be told, he made a note to tell the pupils ◆ **c'est marqué en bas de la feuille** it's written at the bottom of the sheet ◆ **qu'y a-t-il de marqué ?** what does it say?, what's written (on it)?
5 (= endommager) [+ glace, bois] to mark; (= affecter) [+ personne] to mark ◆ **marquer son époque** (influencer) to put one's mark ou stamp on one's time ◆ **la souffrance l'a marqué** suffering has left its mark on him ◆ **il est marqué par la vie** life has left its mark on him ◆ **visage marqué par la maladie** face marked by illness ◆ **visage marqué par la petite vérole** face pitted ou scarred with smallpox ◆ **la déception se marquait sur son visage** disappointment showed in his face ou was written all over his face
6 (= manifester, montrer) [+ désapprobation, fidélité, intérêt] to show
7 (Sport) [+ joueur] to mark; [+ but, essai] to score ◆ **marquer qn de très près** ou **à la culotte** (Sport) to mark sb very closely ou tightly; (fig) to keep close tabs on sb
8 (locutions) ◆ **marquer le coup** * (= fêter un événement) to mark the occasion; (= accuser le coup) to react ◆ **il a risqué une allusion, mais il n'a pas marqué le coup** * I made an allusion to it but he showed no reaction ◆ **marquer un point/des points** (sur qn) to score a point/several points (against sb) ◆ **marquer la mesure** to keep the beat ◆ **marquer le pas** (lit) to beat ou

mark time; (fig) to mark time ◆ **marquer un temps d'arrêt** to pause momentarily
VI 1 [événement, personnalité] to stand out, to be outstanding; [coup] to reach home, to tell ◆ **cet incident a marqué dans sa vie** that particular incident stood out in ou had a great impact on his life
2 [crayon] to write; [tampon] to stamp ◆ **ne pose pas le verre sur ce meuble, ça marque** don't put the glass down on that piece of furniture, it will leave a mark

marqueté, e /maʀkəte/ ADJ [bois] inlaid

marqueterie /maʀkɛtʀi/ NF (= technique) marquetry; (= objet) marquetry, inlaid work; (fig) mosaic ◆ **table en marqueterie** inlaid ou marquetry table

marqueteur /maʀkətœʀ/ NM inlayer

marqueur, -euse /maʀkœʀ, øz/
NM,F 1 (Sport, Jeux) [de points] score-keeper, scorer; (= buteur) scorer; [de joueur] marker
2 [de bétail] brander
NM 1 (= stylo) felt-tip pen; (indélébile) marker pen
2 (Méd = substance radioactive) tracer ◆ **marqueur génétique** genetic marker
3 (= tableau) scoreboard
4 (Ling) marker ◆ **marqueur syntagmatique** phrase marker
NF marqueuse (Comm = appareil) (price) labeller

marquis /maʀki/ NM marquis, marquess ◆ **petit marquis** (péj) lordling

marquisat /maʀkiza/ NM marquisate

marquise /maʀkiz/ NF 1 (= noble) marchioness; → Madame
2 (= auvent) glass canopy ou awning; (= tente de jardin) marquee (Brit), garden tent (US)
3 ◆ **les (îles) Marquises** the Marquesas Islands
4 (Culin) ◆ **marquise au chocolat** chocolate charlotte
5 (= siège) marquise
6 (= bague) marquise

marquoir /maʀkwaʀ/ NM marker

marraine /maʀɛn/ NF [d'enfant] godmother; [de navire] christener, namer; (dans un club) sponsor, proposer ◆ **marraine de guerre** soldier's wartime (woman) penfriend

Marrakech /maʀakɛʃ/ N Marrakech, Marrakesh

marrane /maʀan/ NMF Marrano

marrant, e * /maʀɑ̃, ɑ̃t/ ADJ 1 (= amusant) funny ◆ **c'est un marrant, il est marrant** he's a scream * ou a great laugh * ◆ **ce n'est pas marrant** it's not funny, it's no joke ◆ **il n'est pas marrant** (ennuyeux, triste) he's pretty dreary *, he's not much fun; (sévère) he's pretty grim *; (empoisonnant) he's a pain in the neck * ◆ **tu es marrant toi ! comment vais-je faire sans voiture ?** don't make me laugh! what am I going to do without a car?
2 (= étrange) funny, odd

marre * /maʀ/ ADV ◆ **en avoir marre** to be fed up * ou cheesed off * (Brit) (de with), to be sick * (de of) ◆ **j'en ai marre de toi** I've just about had enough of you *, I am fed up with you * ◆ **c'est marre !, il y en a marre !** that's enough!

marrer (se) * /maʀe/ ▸ conjug 1 ◂ VPR to laugh, to have a good laugh * ◆ **on s'est (bien) marré !** (= on a ri) we had a good laugh! *; (= on s'est bien amusés) we had a great time!; (iro) that was a barrel of laughs! ◆ **il se marrait comme un fou** he was in fits * (of laughter) ou kinks * (Brit) ◆ **on ne se marre pas tous les jours au boulot !** work isn't always fun and games * ou a laugh a minute ◆ **faire marrer qn** to make sb laugh ◆ **tu me fais marrer avec ta démocratie !** you make me laugh with all your talk about democracy!

marri, e † /maʀi/ ADJ (littér = triste) sad, doleful (de about); (= désolé) sorry, grieved † (de about)

marron¹ /maʀɔ̃/
NM 1 (= fruit) chestnut ◆ **marron d'Inde** horse chestnut ◆ **marrons chauds** roast chestnuts ◆ **marron glacé** marron glacé ◆ **tirer les marrons du feu** (= être le bénéficiaire) to reap the benefits; (= être la victime) to be a cat's paw; → purée
2 (= couleur) brown

marron
3 (✳ = *coup*) blow, thump, cuff, clout (Brit) ◆ **tu veux un marron ?** do you want a cuff ou a thick ear ✳ (Brit)
ADJ INV 1 (= *couleur*) brown
2 (✳ = *trompé*) ◆ **être marron** to be had ✳

marron², -onne /maʀɔ̃, ɔn/ ADJ ◆ **médecin marron** (= *sans titres*) quack, unqualified doctor ◆ **notaire/avocat marron** (= *sans scrupule*) crooked notary/lawyer ◆ **esclave marron** (Hist) runaway ou fugitive slave

marronnier /maʀɔnje/ NM 1 (= *arbre*) chestnut (tree) ◆ **marronnier (d'Inde)** horse chestnut tree
2 (*arg Presse*) chestnut (*arg*)

marrube /maʀyb/ NM horehound ◆ **marrube noir** black horehound

Mars /maʀs/ NM (Astron, Myth) Mars; → **champ¹**

mars /maʀs/ NM (= *mois*) March ◆ **arriver** ou **venir** ou **tomber comme mars en carême** to come ou happen as sure as night follows day ; *pour loc voir* **septembre**

marseillais, e /maʀsɛjɛ, ɛz/
ADJ of ou from Marseilles; → **histoire**
NM,F **Marseillais(e)** inhabitant ou native of Marseilles
NF **Marseillaise** ◆ **la Marseillaise** the Marseillaise (*French national anthem*)

Marseille /maʀsɛj/ N Marseilles

Marshall /maʀʃal/ N ◆ **les îles Marshall** the Marshall Islands

marshmallow /maʀʃmalo/ NM marshmallow

marsouin /maʀswɛ̃/ NM (= *animal*) porpoise; († : Mil) marine

marsupial, e (mpl **-iaux**) /maʀsypjal, jo/ ADJ, NM marsupial ◆ **poche marsupiale** marsupium

martagon /maʀtagɔ̃/ NM martagon (lily), Turk's-cap lily

marte /maʀt/ NF ⇒ **martre**

marteau (pl **marteaux**) /maʀto/
NM 1 (*Menuiserie, Mus, Sport*) hammer; [*d'enchères, médecin*] hammer; [*de président, juge*] gavel; [*d'horloge*] striker; [*de porte*] knocker; [*de forgeron*] (sledge) hammer ◆ **il l'a cassé à coups de marteau** he broke it with a hammer ◆ **donner un coup de marteau sur qch** to hit sth with a hammer ◆ **enfoncer qch à coups de marteau** to hammer sth in, to drive sth in with a hammer ◆ **passer sous le marteau du commissaire-priseur** to be put up for auction, to go under the (auctioneer's) hammer ◆ **entre le marteau et l'enclume** (*fig*) between the devil and the deep blue sea ◆ **être marteau** ✳ to be nuts ✳ ou bats ✳ ou cracked ✳; → **faucille, requin**
2 (*Anat*) hammer, malleus (SPÉC)
COMP **marteau pneumatique** pneumatic drill

marteau-perforateur (pl **marteaux-perforateurs**) /maʀtopɛʀfɔʀatœʀ/ NM hammer drill

marteau-pilon (pl **marteaux-pilons**) /maʀtopilɔ̃/ NM power hammer

marteau-piolet (pl **marteaux-piolets**) /maʀtopjɔlɛ/ NM piton hammer

marteau-piqueur (pl **marteaux-piqueurs**) /maʀtopikœʀ/ NM pneumatic drill

martel /maʀtɛl/ NM ◆ **se mettre martel en tête** to worry o.s. sick, to get all worked up ✳

martelage /maʀtəlaʒ/ NM (*Métal*) hammering, planishing

martelé, e /maʀtəle/ (ptp de **marteler**) ADJ ◆ **cuivre martelé** planished ou beaten copper ◆ **notes martelées** (Mus) martelé notes

martèlement /maʀtɛlmɑ̃/ NM [*de bruit, obus*] hammering, pounding; [*de pas*] pounding, clanking; [*de mots*] hammering out, rapping out

marteler /maʀtəle/ SYN ► conjug 5 ◄ VT [*marteau, obus, coups de poings*] to hammer, to pound; [*+ objet d'art*] to planish, to beat; [*+ thème, message*] to drum out ◆ **marteler ses mots** to hammer out ou rap out one's words ◆ **ce bruit qui me martèle la tête** that noise hammering ou pounding through my head ◆ **ses pas martelaient le sol gelé** his footsteps were pounding on the frozen ground

marteleur /maʀtəlœʀ/ NM hammerer

martellement /maʀtɛlmɑ̃/ NM ⇒ **martèlement**

martensite /maʀtɛ̃sit/ NF martensite

martensitique /maʀtɛ̃sitik/ ADJ martensitic

martial, e (mpl **-iaux**) /maʀsjal, jo/ SYN ADJ (*hum, littér*) [*peuple, discours*] martial, warlike, soldierlike; [*allure*] soldierly, martial ◆ **arts martiaux** martial arts; → **cour, loi**

martialement /maʀsjalmɑ̃/ ADV (*hum, littér*) martially, in a soldierly manner

martien, -ienne /maʀsjɛ̃, jɛn/ ADJ, NM,F Martian

martin-chasseur (pl **martins-chasseurs**) /maʀtɛ̃ʃasœʀ/ NM arboreal kingfisher

martinet /maʀtinɛ/ NM 1 (= *fouet*) small whip (*used on children*), strap
2 (= *oiseau*) swift
3 (= *marteau*) tilt hammer

martingale /maʀtɛ̃gal/ NF (*Habillement*) half belt; (*Équitation*) martingale; (*Roulette*) (= *combinaison*) winning formula; (= *mise double*) doubling-up

martini ® /maʀtini/ NM (= *vermouth*) Martini ® ; (= *cocktail*) martini

martiniquais, e /maʀtinikɛ, ɛz/
ADJ of ou from Martinique
NM,F **Martiniquais(e)** inhabitant ou native of Martinique

Martinique /maʀtinik/ NF Martinique

martin-pêcheur (pl **martins-pêcheurs**) /maʀtɛ̃pɛʃœʀ/ NM kingfisher

martre /maʀtʀ/ NF marten ◆ **martre zibeline** sable

martyr, e¹ /maʀtiʀ/ SYN
ADJ [*soldats, peuple*] martyred ◆ **enfant martyr** battered child
NM,F martyr (*d'une cause* to a cause) ◆ **ne prends pas ces airs de martyr !** stop acting the martyr!, it's no use putting on that martyred look! ◆ **c'est le martyr de la classe** he's always being bullied by the rest of the class

martyre² /maʀtiʀ/ SYN NM (*Rel*) martyrdom; (*fig = souffrance*) martyrdom, agony ◆ **le martyre de ce peuple** the martyrdom ou suffering of this people ◆ **sa vie fut un long martyre** his life was one long agony ◆ **cette longue attente est un martyre** it's agony waiting so long ◆ **mettre au martyre** to torture

martyriser /maʀtiʀize/ SYN ► conjug 1 ◄ VT
1 (= *faire souffrir*) [*+ personne, animal*] to torture; [*+ élève*] to bully; [*+ enfant, bébé*] to batter
2 (*Rel*) to martyr

martyrologe /maʀtiʀɔlɔʒ/ NM list of martyrs, martyrology

marxien, -ienne /maʀksjɛ̃, jɛn/ ADJ Marxian

marxisant, e /maʀksizɑ̃, ɑ̃t/ ADJ leaning towards Marxism

marxisme /maʀksism/ NM Marxism ◆ **marxisme-léninisme** Marxism-Leninism

marxiste /maʀksist/ ADJ, NMF Marxist ◆ **marxiste-léniniste** Marxist-Leninist

maryland /maʀilɑ̃(d)/ NM 1 (= *tabac*) type of Virginia tobacco, ≈ virginia
2 (= *État*) ◆ **le Maryland** Maryland

mas /mɑ(s)/ NM mas (*house or farm in Provence*)

mascara /maskaʀa/ NM mascara

mascarade /maskaʀad/ SYN NF 1 (*péj* = *tromperie*) farce, masquerade ◆ **ce procès est une mascarade** this trial is a farce
2 (= *réjouissance, déguisement*) masquerade

Mascareignes /maskaʀɛɲ/ NFPL ◆ **l'archipel des Mascareignes** the Mascarene Islands

mascaret /maskaʀɛ/ NM (tidal) bore

mascaron /maskaʀɔ̃/ NM (*Archit*) grotesque figure

mascarpone /maskaʀpɔn/ NM Mascarpone

Mascate /maskat/ N Muscat

mascotte /maskɔt/ SYN NF mascot

masculin, e /maskylɛ̃, in/ SYN
ADJ [*hormone, population, sexe*] male; [*mode*] men's; (*péj = hommasse*) [*femme, silhouette*] mannish, masculine; (*Gram*) masculine ◆ **voix masculine** [*d'homme*] male voice; [*de femme*] masculine voice; (*virile*) manly voice ◆ **l'équipe masculine** (*Sport*) the men's team; → **rime**
NM (*Gram*) masculine ◆ « **fer** » **est (du) masculin** "fer" is masculine

masculiniser /maskylinize/ ► conjug 1 ◄ VT
1 ◆ **masculiniser qn** to make sb look mannish ou masculine
2 (*Bio*) to make masculine

masculinité /maskylinite/ NF masculinity; (= *virilité*) manliness; [*de femme*] mannishness ◆ **taux de masculinité** (*Démographie*) male population rate

maser /mazɛʀ/ NM maser

Maseru /mazeʀu/ N Maseru

maskinongé /maskinɔ̃ʒe/ NM (*Can* = *brochet*) muskellunge, muskie ✳ (*Can*), maskinonge

maso ✳ /mazo/ (abrév de **masochiste**)
ADJ masochistic ◆ **il est complètement maso !** (*fig*) he's a glutton for punishment!
NMF masochist

masochisme /mazɔʃism/ NM masochism

masochiste /mazɔʃist/
ADJ masochistic
NMF masochist

masquant, e /maskɑ̃, ɑ̃t/ ADJ ◆ **produit masquant** masking drug

masque /mask/ SYN
NM 1 (= *objet, Méd, Ordin*) mask ◆ **masque de saisie** data entry form ◆ **effet de masque** (*Phys*) masking effect; → **bas¹**
2 (= *expression du visage*) mask-like expression ◆ **dès que je lui ai dit ça, ça été le masque** ✳ when I told him his face froze
3 (= *cosmétique*) ◆ **masque (de beauté)** face pack ◆ **masque nettoyant** cleansing mask ◆ **se faire un masque** to put on a face pack ou mask
4 (= *apparence*) mask, façade, front ◆ **ce n'est qu'un masque** it's just a mask ou front ou façade ◆ **sous** ou **derrière le masque de la respectabilité** beneath the façade of respectability ◆ **lever** ou **jeter le masque** to unmask o.s., to reveal o.s. in one's true colours ◆ **arracher son masque à qn** to unmask sb
5 (*Hist* = *personne déguisée*) mask, masker
COMP **masque antipollution** anti-pollution mask
masque de carnaval carnival mask
masque chirurgical ou **de chirurgien** surgical mask
masque funéraire funeral mask
masque à gaz gas mask
masque de grossesse chloasma
masque mortuaire death mask
masque à oxygène oxygen mask
masque de plongée diving mask

masqué, e /maske/ (ptp de **masquer**) ADJ [*bandit*] masked; [*personne déguisée*] wearing ou in a mask ◆ **s'avancer masqué** (*fig*) to hide one's hand ◆ **virage masqué** blind corner ou bend; → **bal**

masquer /maske/ SYN ► conjug 1 ◄
VT (*lit, fig* = *cacher*) (*gén*) to hide, to mask, to conceal (*à qn* from sb); [*+ lumière*] to screen, to shade; [*+ vue*] to block out; (*Mil*) [*+ troupes*] to screen, to mask ◆ **ça masque le goût** it masks the flavour ◆ **ces questions secondaires ont masqué l'essentiel** these questions of secondary importance masked ou obscured the essential point ◆ **avec un mépris à peine masqué** with barely concealed contempt
VPR **se masquer** 1 (= *mettre un masque*) to put on a mask
2 (= *se cacher*) [*sentiment*] to be hidden; [*personne*] to hide, to conceal o.s. (*derrière* behind)

Massachusetts /masaʃysɛts/ NM ◆ **le Massachusetts** Massachusetts

massacrante /masakʀɑ̃t/ ADJ F → **humeur**

massacre /masakʀ/ SYN NM 1 (= *tuerie*) [*de personnes*] slaughter (*NonC*), massacre; [*d'animaux*] slaughter (*NonC*) ◆ **ce fut un véritable massacre** it was sheer butchery ◆ **échapper au massacre** to escape the massacre ou slaughter ◆ **envoyer des soldats au massacre** to send soldiers to the slaughter ◆ **le massacre des bébés phoques** seal cull(ing) ◆ **massacre écologique** ecological disaster ◆ **le massacre des innocents** (*Bible*) the massacre of the innocents ◆ **le Massacre de la Saint-Barthélemy** the Saint Bartholomew's Day Massacre ◆ **je vais faire un massacre !** ✳ I'm going to kill somebody!; → **jeu**
2 ✳ ◆ **quel massacre !, c'est un vrai massacre !** (= *sabotage*) it's a complete mess!; (= *défaite sportive*) what a massacre! ✳ ◆ **arrête le massacre !** stop before you do any more damage!
3 (✳ = *succès*) ◆ **faire un massacre** [*spectacle, chanteur*] to be a roaring success ✳
4 (*Chasse*) stag's head ou antlers
5 (*Héraldique*) attire

massacrer /masakʀe/ SYN ► conjug 1 ◄ VT
1 (= *tuer*) [*+ personnes*] to slaughter, to massa-

massacreur | **match**

cre; [+ animaux] to slaughter, to butcher ◆ **se massacrer** to massacre ou slaughter one another

[2] (* = saboter) [+ opéra, pièce] to murder, to botch up; [+ travail] to make a mess ou hash * of; (= mal découper, scier) [+ viande, planche] to hack to bits, to make a mess of

[3] (* = vaincre) [+ adversaire] to massacre, to slaughter, to make mincemeat of* ◆ **il s'est fait massacrer par son adversaire** he was massacred by his opponent, his opponent made mincemeat of him*

[4] (= éreinter) [+ œuvre, auteur] to slam*, to tear to pieces, to slate (Brit)

massacreur, -euse* /masakʀœʀ, øz/ NM,F (= saboteur) bungler, botcher; (= tueur) slaughterer, butcher

massage /masaʒ/ NM massage ◆ **massage facial** facial ou face massage ◆ **massage thaïlandais** Thai massage ◆ **faire un massage à qn** to give sb a massage ◆ **faire un massage cardiaque à qn** to give sb cardiac ou heart massage ◆ **salon de massage** massage parlour

masse /mas/ SYN NF [1] (= volume, Phys) mass; (= forme) massive shape ou bulk ◆ **masse d'eau** [de lac] body ou expanse of water; [de chute] mass of water ◆ **masse de nuages** bank of clouds ◆ **masse d'air** (Météo) air mass ◆ **masse musculaire** muscle mass ◆ **la masse de l'édifice** the massive structure of the building ◆ **pris ou taillé dans la masse** carved from the block ◆ **la masse instrumentale/vocale** the massed instruments/voices ◆ **la masse manquante (de l'Univers)** (Astron) the missing ou dark mass (of the Universe) ◆ **s'écrouler ou tomber comme une masse** to slump down ou fall in a heap

[2] (= foule) ◆ **les masses (laborieuses)** the (working) masses, the toiling masses ◆ **les masses populaires** the masses ◆ **les masses paysannes** the agricultural work force; † the peasantry ◆ **la (grande) masse des lecteurs** the (great) majority of readers ◆ **ça plaît à la masse** ou **aux masses** it appeals to the masses ◆ **éducation/psychologie des masses** mass education/ psychology, education/psychology of the masses ◆ **culture/manifestation/tourisme/ production de masse** mass culture/demonstration/tourism/production; → **fondre, noyer²**

[3] (= quantité) quantity ◆ **la masse d'informations est telle que...** there is so much information that... ◆ **la grande masse des jeunes** the majority of young people

◆ **une masse de, des masses de** (= beaucoup de) masses of, loads of * ◆ **des masses de touristes** crowds ou masses of tourists ◆ **cela représente une masse de travail énorme** it represents an enormous amount ou quantity of work

◆ **pas des masses*** ◆ **des gens comme lui, je n'en connais pas des masses*** I don't know many people like him ◆ **tu as aimé ce film ? - pas des masses !*** did you like that film? - not all that much! ◆ **il n'y en a pas des masses*** [d'eau, argent] there isn't much; [de chaises, spectateurs] there aren't many

◆ **en masse** [exécutions, production] mass (épith) ◆ **arrivée en masse** mass influx ◆ **il y a eu des démissions/licenciements en masse** there have been mass resignations/redundancies ◆ **fabriquer ou produire en masse** to mass-produce ◆ **acheter/vendre en masse** to buy/sell in bulk ◆ **manifester/protester en masse** to hold a mass demonstration/protest ◆ **venir en masse** to come en masse ◆ **ils sont venus en masse à son concert** people flocked to his concert, people came in droves to his concert ◆ **il en a en masse** he has masses ou lots ou loads*

[4] (Élec) earth (Brit), ground (US) ◆ **mettre à la masse** to earth (Brit), to ground (US) ◆ **faire masse** to act as an earth (Brit) ou a ground (US) ◆ **être à la masse*** (fou) to be nuts* ou crazy*; (fatigué) to be out of it*

[5] (= argent) (Mil) fund; (Prison) prisoner's earnings ◆ **masse monétaire** money supply ◆ **masse salariale** wage bill ◆ **masse active** (Jur) assets ◆ **masse passive** liabilities

[6] (= maillet) sledgehammer; [d'huissier] mace ◆ **masse d'armes** mace ◆ **ça a été le coup de masse !** (fig) (choc émotif) it was quite a blow!; (prix excessif) it cost a bomb!*

massé /mase/ NM (Billard) massé (shot) ◆ **faire un massé** to play a massé shot

masselotte /mas(ə)lɔt/ NF [de voiture] lead (for wheel balancing); (en fonderie) feeder

massepain /maspɛ̃/ NM marzipan

masser¹ /mase/ SYN ▶ conjug 1 ◀

VT [1] (= grouper) [+ gens] to assemble, to bring ou gather together; [+ choses] to put ou gather together; [+ troupes] to mass ◆ **les cheveux massés en (un) chignon/derrière la tête** her hair gathered in a chignon/at the back of the head

[2] (Art) to group

VPR **se masser** [foule] to mass, to gather, to assemble

masser² /mase/ SYN ▶ conjug 1 ◀ VT [1] (= frotter) [+ personne] to massage ◆ **se faire masser** to have a massage, to be massaged ◆ **masse-moi le dos !** massage ou rub my back!

[2] (Billard) ◆ **masser la bille** to play a massé shot

massette /masɛt/ NF [1] (= outil) sledgehammer

[2] (= plante) bulrush, reed mace

masseur /masœʀ/ NM (= personne) masseur; (= machine) massager ◆ **masseur-kinésithérapeute** physiotherapist

masseuse /masøz/ NF masseuse

massicot /masiko/ NM (Typographie) guillotine; (Chim) massicot

massicoter /masikɔte/ ▶ conjug 1 ◀ VT [+ papier] to guillotine

massif, -ive /masif, iv/ SYN

ADJ [1] (d'aspect) [meuble, bâtiment, porte] massive, solid, heavy; [personne] sturdily built; [visage] large, heavy ◆ **front massif** massive forehead ◆ **homme de carrure massive** big strong man

[2] (= pur) ◆ **or/argent/chêne massif** solid gold/ silver/oak

[3] (= important) [afflux, bombardements, dose, vote] massive

[4] (= de nombreuses personnes) [arrestations, licenciements, exode, manifestation] mass (épith) ◆ **armes de destruction massive** weapons of mass destruction ◆ **l'arrivée massive des réfugiés** the mass ou massive influx of refugees

[5] (Ling) ◆ **terme massif** mass noun

NM [1] (Géog) ◆ **massif (montagneux)** massif ◆ **le Massif central** the Massif Central

[2] [de fleurs] clump, bank; [d'arbres] clump

[3] (Archit) pillar

massique /masik/ ADJ [volume] mass (épith) ◆ **puissance massique** power-weight ratio ◆ **activité massique** specific activity

massivement /masivmɑ̃/ ADV [démissionner, partir] en masse; [voter, réduire] massively; [rejeter] overwhelmingly; [investir] heavily ◆ **le pays importe massivement les céréales** the country imports huge quantities of cereals ◆ **les Parisiens ont massivement approuvé le projet** an overwhelming majority of Parisians are in favour of the project ◆ **la Banque centrale a dû intervenir massivement pour soutenir le yen** the Central Bank had to intervene heavily to support the yen

mass(-)media /masmedja/ NMPL mass media

massorah /masɔʀa/, **massore** /masɔʀ/ NF Masora(h), Massora(h)

massorète /masɔʀɛt/ NM Mas(s)orete, Masorite

massue /masy/ SYN NF club, bludgeon ◆ **massue de gymnastique** (Indian) club ◆ **coup de massue** (lit) blow with a club (ou bludgeon) ◆ **ça a été le coup de massue !** (très cher) it cost a bomb!*; (choc émotif) it was quite a blow!; → **argument**

mastaba /mastaba/ NM mastaba(h) (Egyptian burial chamber)

mastectomie /mastɛktɔmi/ NF mastectomy

mastère /mastɛʀ/ NM diploma awarded by a grande école or university for a year's advanced study or research

mastic /mastik/

NM [1] [de vitrier] putty; [de menuisier] filler, mastic

[2] (= résine) mastic

[3] (Typographie) [de caractères, pages] (faulty) transposition

ADJ INV putty-coloured ◆ **imperméable (couleur) mastic** light-coloured ou off-white raincoat

masticage /mastikaʒ/ NM [de vitre] puttying; [de fissure] filling

masticateur, -trice /mastikatœʀ, tʀis/ ADJ chewing (épith), masticatory

mastication /mastikasjɔ̃/ NF chewing, mastication

masticatoire /mastikatwaʀ/ ADJ chewing, masticatory NM masticatory

mastiff /mastif/ NM mastiff

mastiquer¹ /mastike/ SYN ▶ conjug 1 ◀ VT (= mâcher) to chew, to masticate

mastiquer² /mastike/ ▶ conjug 1 ◀ VT (avec du mastic) [+ vitre] to putty, to apply putty to; [+ fissure] to fill, to apply filler to ◆ **couteau à mastiquer** putty knife

mastite /mastit/ NF mastitis

mastoc* /mastɔk/ ADJ INV [personne] hefty*, strapping (épith); [chose] large and cumbersome ◆ **c'est un (type) mastoc** he's a big hefty guy* ou bloke* (Brit), he's a great strapping fellow* ◆ **une statue mastoc** a great hulking statue

mastodonte /mastɔdɔ̃t/ NM [1] (= animal) mastodon

[2] (hum) (= personne) colossus, mountain of a man (ou woman); (= animal) monster; (= véhicule) great bus (hum) ou tank (hum); (= camion) huge vehicle, juggernaut (Brit); (= firme) mammoth company

mastoïde /mastɔid/ NF (= os) mastoid

mastoïdien, -ienne /mastɔidjɛ̃, jɛn/ ADJ mastoid

mastoïdite /mastɔidit/ NF mastoiditis

mastroquet* † /mastʀɔkɛ/ NM (= bar) pub, bar; (= tenancier) publican

masturbateur, -trice /mastyʀbatœʀ, tʀis/ ADJ [activité] masturbatory NM masturbator

masturbation /mastyʀbasjɔ̃/ NF masturbation ◆ **c'est de la masturbation intellectuelle** (péj) it's mental masturbation

masturbatoire /mastyʀbatwaʀ/ ADJ masturbatory

masturber VT, **se masturber** VPR /mastyʀbe/ ▶ conjug 1 ◀ to masturbate

m'as-tu-vu* /matyvy/ NMF INV (pl inv) show-off*, swank* ◆ **il est du genre m'as-tu-vu** he's a real show-off* ADJ INV [mobilier, style] showy

masure /mazyʀ/ SYN NF tumbledown ou dilapidated house, hovel (péj)

mat¹ /mat/ ADJ INV (Échecs) ◆ **être mat** to be in checkmate ◆ **(tu es) mat !** checkmate! ◆ **faire mat** to checkmate ◆ **il a fait mat en 12 coups** he got checkmate in 12 moves ◆ **tu m'as fait mat en 10 coups** you've (check)mated me in 10 moves NM checkmate; → **échec²**

mat², e /mat/ SYN ADJ (= sans éclat) [métal] mat(t), dull; [couleur] mat(t), dull, flat; [peinture, papier, photo] mat(t) ◆ **bruit mat** dull noise, thud ◆ **avoir la peau mate** ou **le teint mat** to have a dark complexion

mat' /mat/ NM (abrév de **matin**) morning ◆ **deux/six heures du mat'** at two/six in the morning

mât /mɑ/

NM [1] [de bateau] mast ◆ **grand mât** mainmast

[2] (= pylône, poteau) pole, post; (= hampe) flagpole; (Sport) climbing pole

COMP **mât d'artimon** mizzenmast ◆ **mât de charge** derrick, cargo boom ◆ **mât de cocagne** greasy pole ◆ **mât de hune** topmast ◆ **mât de misaine** foremast ◆ **mât de perroquet** topgallant mast

matador /matadɔʀ/ NM matador, bullfighter

mataf /mataf/ NM (arg Marine) sailor

matage /mataʒ/ NM [de dorure, verre] matting; [de soudure] caulking

matamore /matamɔʀ/ NM (= fanfaron) braggart ◆ **jouer les matamores** to swagger

match /matʃ/ SYN NM (Sport) match, game (US) ◆ **match aller** first-leg match ◆ **match avancé/en retard** match that has been brought forward/delayed ◆ **match retour** return match, second-leg match ◆ **match amical** friendly (match) ◆ **match nul** tie, draw ◆ **ils ont fait match nul** they tied, they drew ◆ **ils ont fait match nul 0 à 0/2 à 2** it was a nil-nil/2-all (Brit) draw, they drew nil-nil/2-all (Brit), they tied at zero all/2-all (US) ◆ **match à l'extérieur** ou **sur terrain adverse** away match ◆ **match à domicile** ou **sur son propre terrain** home match

maté /mate/ NM maté

matefaim /matfɛ̃/ NM ≈ pancake

matelas /mat(ə)la/ SYN NM ① [de lit] mattress ◆ **matelas de laine/à ressorts** wool/(interior-)sprung mattress ◆ **matelas de** ou **en mousse** foam mattress ◆ **matelas d'eau** water bed ◆ **matelas pneumatique** (= lit) air bed; (de plage) Lilo ® (Brit), air mattress (US) ◆ **matelas d'air** (Constr) air space ou cavity ◆ **dormir sur un matelas de feuilles mortes** to sleep on a carpet of dead leaves; → **toile**
② (= réserve) [de devises] reserve, cushion ◆ **pour préserver son petit matelas de voix** (Pol) to preserve his small majority ◆ **j'ai un matelas de sécurité** I have something to fall back on ◆ **matelas (de billets)** * wad of notes ◆ **il a un joli petit matelas** * he's got a tidy sum put by *

matelassé, e /mat(ə)lase/ (ptp de **matelasser**)
ADJ [veste, jupe, manteau] quilted, padded; [doublure] padded
NM quilting

matelasser /mat(ə)lase/ SYN ▸ conjug 1 ◂ VT [+ meuble, porte] to pad, to upholster; [+ tissu] to quilt; [+ vêtement] (= rembourrer) to pad; (= doubler) to line; (avec tissu matelassé) to quilt

matelassier, -ière /mat(ə)lasje, jɛʀ/ NM,F mattress maker

matelassure /mat(ə)lasyʀ/ NF (= rembourrage) padding; (= doublure) quilting, lining

matelot /mat(ə)lo/ SYN NM ① (gén = marin) sailor, seaman; (dans la marine de guerre) ordinary rating (Brit), seaman recruit (US) ◆ **matelot de première/deuxième/troisième classe** leading/able/ordinary seaman ◆ **matelot breveté** able rating (Brit), seaman apprentice (US)
② (= navire) ◆ **matelot d'avant/d'arrière** (next) ship ahead/astern

matelote /mat(ə)lɔt/ NF ① (= plat) matelote; (= sauce) matelote sauce (made with wine) ◆ **matelote d'anguille** eels stewed in wine sauce
② (= danse) hornpipe

mater[1] /mate/ SYN ▸ conjug 1 ◂ VT ① [+ rebelles] to bring to heel, to subdue; [+ terroristes] to bring ou get under control; [+ enfant] to take in hand; [+ révolution] to put down, to quell, to suppress; [+ incendie] to bring under control, to check ◆ **je vais les mater !** I'll show them who's boss!
② (Échecs) to put in checkmate, to checkmate, to mate

mater[2] * /mate/ ▸ conjug 1 ◂ VT (= regarder) to eye up *, to ogle; (= épier) to spy on ◆ **mate si le prof arrive !** keep an eye out for the teacher coming!

mater[3] /mate/ ▸ conjug 1 ◂ VT ① (= marteler) [+ métal] to caulk
② ⇒ **matir**

mater[4] * /matɛʀ/ NF mum * (Brit), mom * (US) ◆ **ma mater** my old woman * ou mum * (Brit) ou mom * (US)

mâter /mate/ ▸ conjug 1 ◂ VT [+ bateau] to mast

mater dolorosa /matɛʀdɔlɔʀoza/ NF INV mater dolorosa

mâtereau /matʀo/ NM (= petit mât) small mast

matérialisation /materjalizasjɔ̃/ NF [de projet, promesse, doute] materialization; (Phys) mass energy conversion; (Spiritisme) materialization

matérialiser /materjalize/ SYN ▸ conjug 1 ◂
VT ① (= concrétiser) [+ projet] to bring about, to carry out; [+ promesse, doute] to realize; (= symboliser) [+ vertu, vice] to embody; (Philos) to materialize
② (= signaliser) [+ frontière] to mark ◆ **matérialiser au sol un passage clouté** to mark a pedestrian crossing ◆ « **chaussée non matérialisée** » "unmarked road"
VPR **se matérialiser** to materialize

matérialisme /materjalism/ NM materialism

matérialiste /materjalist/ SYN
ADJ materialistic
NMF materialist

matérialité /materjalite/ NF materiality

matériau (pl **matériaux**) /materjo/ SYN NM (Constr) material; (= documents) material (NonC) ◆ **matériaux de récupération** waste material ◆ **matériaux de construction** building materials; → **résistance**

matériel, -elle /materjɛl/ SYN
ADJ ① [monde, preuve, bien-être, confort] material ◆ **être matériel** material ou physical being ◆ **dégâts matériels** material damage ◆ **j'ai la preuve matérielle de son crime** I have tangible ou material proof of his crime ◆ **je suis dans l'impossibilité matérielle de le faire** it's materially impossible for me to do it ◆ **je n'ai pas le temps matériel de le faire** I simply don't have the time to do it
② [plaisirs, biens, préoccupations] worldly
③ (= financier) [gêne, obstacles] financial; (= pratique) [organisation, obstacles] practical ◆ **aide matérielle** material aid ◆ **de nombreux avantages matériels** a large number of material advantages ◆ **sa vie matérielle est assurée** his material needs are provided for, he is provided for materially
NM (Agr, Mil) equipment (NonC), materials; (Tech) equipment (NonC), plant (NonC); (= attirail) gear (NonC), kit (NonC); (= données) material (NonC) ◆ **le matériel** (Ordin) the hardware ◆ **matériel de camping/d'enregistrement/de jardinage** camping/recording/gardening equipment ◆ **matériel de bureau/d'imprimerie/de laboratoire** office/printing/laboratory equipment ◆ **matériel de pêche** fishing tackle ◆ **matériel pédagogique** teaching equipment ou aids

COMP **matériel d'exploitation** plant (NonC)
matériel génétique genetic material
matériel de guerre weaponry (NonC)
matériel humain human material, labour force
matériel roulant rolling stock
matériel scolaire (= livres, cahiers) school (reading ou writing) materials; (= pupitres, projecteurs) school equipment

matériellement /materjɛlmɑ̃/ ADV ① (= physiquement) [se concrétiser, exister] physically ◆ **c'est matériellement possible** it can be done, it's feasible ◆ **c'est matériellement impossible** it cannot be done, it's physically impossible
② (= financièrement) [aider] financially

maternage /matɛʀnaʒ/ NM (= dorlotement) mothering, babying *, cosseting; (fait de mâcher le travail) spoonfeeding

maternant, e /matɛʀnɑ̃, ɑ̃t/ ADJ motherly

maternel, -elle /matɛʀnɛl/
ADJ ① (= d'une mère) [instinct, amour] maternal, motherly; (= comme d'une mère) [geste, soin] motherly; [lait] mother's (épith)
② (= de la mère) of the mother, maternal ◆ **du côté maternel** (Généalogie) on one's mother's side, on the maternal side ◆ **c'est mon grand-père maternel** he's my grandfather on my mother's side, he's my maternal grandfather ◆ **écoute les conseils maternels !** listen to your mother's advice! ◆ **la protection maternelle et infantile** (Admin) ≈ mother and infant welfare; → **allaitement, lait, langue**
NF **maternelle** ◆ **(école) maternelle** nursery school ◆ **il est en** ou **à la maternelle** he's at nursery school

maternellement /matɛʀnɛlmɑ̃/ ADV maternally, like a mother

materner /matɛʀne/ SYN ▸ conjug 1 ◂ VT (= dorloter) to mother, to baby *, to cosset; (= mâcher le travail à) to spoonfeed ◆ **se faire materner** (gén) to be babied *; [employé] to be spoonfed

maternisé /matɛʀnize/ ADJ M → **lait**

maternité /matɛʀnite/ SYN NF ① (= bâtiment) maternity hospital ou home
② (Bio) pregnancy ◆ **fatiguée par plusieurs maternités** exhausted by several pregnancies ou from having had several babies
③ (= état de mère) motherhood, maternity ◆ **la maternité l'a mûrie** motherhood ou being a mother has made her more mature; → **allocation, congé**
④ (Art) painting of mother and child (ou children)

mateur, -euse * /matœʀ, øz/ NM,F ogler

math /mat/ NFPL ⇒ **math(s)**

mathématicien, -ienne /matematisjɛ̃, jɛn/ NM,F mathematician

mathématique /matematik/ SYN
ADJ [problème, méthode, précision, rigueur] mathematical ◆ **c'est mathématique !** * (sûr) it's bound to happen!, it's a dead cert! * (Brit); (logique) it's logical!
NF ◆ **mathématique** mathematics (sg)

NFPL **mathématiques** mathematics (sg) ◆ **mathématiques modernes/pures** modern/pure maths (Brit) ou math (US) ◆ **mathématiques supérieures/spéciales** first/second year advanced maths class preparing for the Grandes Écoles

mathématiquement /matematikmɑ̃/ ADV (Math, fig) mathematically ◆ **mathématiquement, il n'a aucune chance** logically he hasn't a hope

mathématiser /matematize/ ▸ conjug 1 ◂ VT to express mathematically

matheux, -euse * /matø, øz/ NM,F (= spécialiste) mathematician, maths (Brit) ou math (US) specialist; (= étudiant) maths (Brit) ou math (US) student ◆ **c'est la matheuse de la famille** she's the mathematician ou maths expert in the family

Mathieu /matjø/ NM Matthew

math(s) * /mat/ NFPL (abrév de **mathématiques**) maths * (Brit), math * (US) ◆ **être en math sup/spé** to be in the first/second year advanced maths class preparing for the Grandes Écoles

Mathusalem /matyzalɛm/ NM Methuselah ◆ **ça date de Mathusalem** * [situation] it goes back a long way; [objet] it's as old as the hills

matière /matjɛʀ/ SYN
NF ① (Philos, Phys) ◆ **la matière** matter ◆ **la matière vivante** living matter
② (= substances) matter (NonC), material ◆ **matière combustible/inflammable** combustible/inflammable material ◆ **matière organique** organic matter ◆ **matière précieuse** precious substance ◆ **matières (fécales)** faeces (Brit), feces (US) ◆ **le transport de matières dangereuses** the transport of hazardous materials
③ (= fond, sujet) material, matter; (Scol) subject ◆ **cela lui a fourni la matière de son dernier livre** that gave him the material for his latest book ◆ **il est bon dans toutes les matières** (Scol) he is good at all subjects ◆ **il est très ignorant en la matière** he is completely ignorant on the subject, it's a matter ou subject he knows nothing about ◆ **il faudrait demander à un spécialiste** it's better to ask a specialist about that kind of thing ◆ **matière principale** (Univ) main subject (Brit), major (US) ◆ **matière secondaire** (Univ) subsidiary (Brit), second subject (Brit), minor (US) ◆ **entrée en matière** introduction; → **option, table**
④ (locutions) ◆ **en matière poétique/commerciale** where ou as far as poetry/commerce is concerned ◆ **en matière d'art/de jardinage** as regards art/gardening ◆ **donner matière à plaisanter** to give cause for laughter ◆ **il y a là matière à réflexion** this is a matter for serious thought ◆ **ça lui a donné matière à réflexion** it gave him food for thought ◆ **il n'y a pas là matière à rire** this is no laughing matter ◆ **il n'y a pas là matière à se réjouir** this is no matter for rejoicing

COMP **matière(s) grasse(s)** fat content, fat ◆ **yaourt à 15% de matière grasse** yoghurt with 15% fat content
matière grise (lit, fig) grey (Brit) ou gray (US) matter ◆ **faire travailler sa matière grise** to use one's grey matter
matière imposable object of taxation
matière noire (Astron) dark matter
matière plastique plastic ◆ **en matière plastique** plastic (épith)
matière première raw material

MATIF /matif/ NM (abrév de **marché à terme d'instruments financiers** ou **marché à terme international de France**) ≈ LIFFE (Brit)

matifiant, e /matifjɑ̃, ɑ̃t/ ADJ matifying

matifier /matifje/ ▸ conjug 7 ◂ VT [fond de teint, crème] to matify

Matignon /matiɲɔ̃/ NM ◆ **(l'hôtel) Matignon** the Hotel Matignon (the offices of the Prime Minister of the French Republic) ◆ **les accords Matignon** the Matignon Agreements (which laid down workers' rights)

matin /matɛ̃/ SYN
NM ① (= partie de journée) morning ◆ **par un matin de juin** on a June morning, one June morning ◆ **le 10 au matin, le matin du 10** on the morning of the 10th ◆ **2h du matin** 2 a.m., 2 in the morning ◆ **je suis du matin** (actif dès le matin) I'm a morning person; (de l'équipe du matin) I'm on ou I work mornings ◆ **du matin au soir** from morning till night, morning noon and night ◆ **je ne travaille que le matin** I only work mornings * ou in the morning ◆ **à prendre ma-**

mâtin | **mauvais**

tin midi et soir (Méd) to be taken three times a day ◆ **jusqu'au matin** until morning ◆ **de bon** *ou* **de grand matin** early in the morning ◆ **au petit matin** in the small *ou* early hours ◆ **nous avons parlé jusqu'au petit matin** we talked into the small *ou* early hours; → **quatre**

[2] (littér) ◆ **au matin de sa vie** in the morning of one's life

ADV † ◆ **partir/se lever matin** to leave/get up very early *ou* at daybreak

mâtin /matɛ̃/

NM [1] († = coquin) cunning devil*, sly dog*

[2] (= chien) (de garde) (big) watchdog; (de chasse) hound

EXCL † by Jove!, my word!

matinal, e (mpl **-aux**) /matinal, o/ ADJ [tâches, toilette] morning (épith) ◆ **gelée matinale** early morning frost ◆ **heure matinale** early hour ◆ **être matinal** to be an early riser, to get up early ◆ **il est bien matinal aujourd'hui** he's up early today

mâtine /matin/ NF hussy

mâtiné, e /matine/ SYN (ptp de **mâtiner**) ADJ [animal] crossbred ◆ **chien mâtiné** mongrel (dog) ◆ **mâtiné de** [animal] crossed with; (fig) mixed with ◆ **il parle un français mâtiné d'espagnol** he speaks a mixture of French and Spanish ◆ **un libéralisme mâtiné de socialisme** liberalism mixed with socialism ◆ **il est mâtiné cochon d'Inde**‡* (injurieux) he's a half-breed (pej)

matinée /matine/ NF [1] (= matin) morning ◆ **je le verrai demain dans la matinée** I'll see him sometime (in the course of) tomorrow morning ◆ **en début/en fin de matinée** at the beginning/at the end of the morning ◆ **après une matinée de chasse** after a morning's hunting; → **gras**

[2] (Ciné, Théât) matinée, afternoon performance ◆ **j'irai en matinée** I'll go to the matinée (performance) ◆ **matinée dansante** tea dance ◆ **matinée enfantine** children's matinée

mâtiner /matine/ ▶ conjug 1 ◀ VT [+ chien] to cross

matines /matin/ NFPL matins

matir /matiʀ/ ▶ conjug 2 ◀ VT [+ verre, argent] to mat(t), to dull

matité /matite/ NF [de peinture, teint] mat(t) aspect; [de son] dullness ◆ **matité pulmonaire** (Méd) flatness

matois, e /matwa, waz/ SYN ADJ (littér = rusé) wily, sly, crafty ◆ **c'est un(e) matois(e)** he's (*ou* she's) a sly *ou* a crafty one

maton, -onne /matɔ̃, ɔn/ NM,F (arg Prison) warder, screw (arg)

matos* /matos/ NM equipment (NonC), gear (NonC)

matou /matu/ NM tomcat, tom

matraquage /matʀakaʒ/ SYN NM [1] (par la police) beating (up) (with a truncheon)

[2] (Presse, Radio) plugging ◆ **le matraquage publicitaire** media hype* *ou* overkill ◆ **le matraquage idéologique** ideological brainwashing

matraque /matʀak/ SYN NF [de police] baton, truncheon (Brit), billy (club) (US); [de malfaiteur] club, cosh (Brit) ◆ **coup de matraque** (lit) blow from *ou* with a baton *ou* club ◆ **ça a été le coup de matraque*** (fig) (cher) it cost a bomb*; (inattendu) it was a bolt from the blue

matraquer /matʀake/ SYN ▶ conjug 1 ◀ VT [1] [police] to beat up (with a truncheon); [malfaiteur] to club, to cosh (Brit)

[2] (* = escroquer) ◆ **matraquer le client** to fleece *ou* soak‡ (US) customers ◆ **se faire matraquer*** to get ripped off* *ou* fleeced* *ou* done*

[3] (Presse, Radio) [+ chanson, produit, publicité] to plug, to hype*; [+ public] to bombard (de with)

matraqueur /matʀakœʀ/ NM (arg Sport) dirty player; (= policier, malfaiteur) dirty worker

matras¹ /matʀa/ NM (Archéol) quarrel

matras² /matʀa/ NM (= vase) mat(t)rass

matriarcal, e (mpl **-aux**) /matʀijaʀkal, o/ ADJ matriarchal

matriarcat /matʀijaʀka/ NM matriarchy

matriarche /matʀijaʀʃ/ NF matriarch

matriçage /matʀisaʒ/ NM moulding, die-cutting

matricaire /matʀikɛʀ/ NF mayweed

matrice /matʀis/ NF [1] (= utérus) womb

[2] (Tech) mould, die; (Ordin, Typographie) matrix; [de disque] matrix

[3] (Ling, Math) matrix ◆ **matrice réelle/complexe** matrix of real/complex numbers

[4] (Admin) register ◆ **matrice cadastrale** cadastre ◆ **matrice du rôle des contributions** ≃ original of register of taxes

matricer /matʀise/ ▶ conjug 3 ◀ VT to mould, to die-cut

matricide /matʀisid/

ADJ matricidal

NMF, NM matricide

matriciel, -ielle /matʀisjɛl/ ADJ (Math) matrix (épith), done with a matrix; (Admin) pertaining to assessment of taxes ◆ **loyer matriciel** rent assessment (to serve as basis for calculation of rates or taxes) ◆ **imprimante matricielle** dot-matrix printer

matriclan /matʀiklɑ̃/ NM matrilineal clan

matricule /matʀikyl/

NM (Mil) regimental number; (Admin) administrative *ou* official *ou* reference number ◆ **dépêche-toi, sinon ça va barder** *ou* **mal aller pour ton matricule !*** hurry up or your number'll be up!* *ou* you'll really get yourself bawled out!‡

NF roll, register

ADJ ◆ **numéro matricule** → nm ◆ **registre matricule** → nf; → **livret**

matrilinéaire /matʀilineɛʀ/ ADJ matrilineal

matrilocal, e (mpl **-aux**) /matʀilɔkal, o/ ADJ matrilocal

matrimonial, e (mpl **-iaux**) /matʀimɔnjal, jo/ ADJ matrimonial, marriage (épith); → **agence, régime¹**

matrone /matʀɔn/ NF (péj) (= mère de famille) matronly woman; (= grosse femme) stout woman; (Antiq) wife of a Roman citizen

matronyme /matʀɔnim/ NM metronymic, matronymic

matronymique /matʀɔnimik/ ADJ metronymic, matronymic

matte /mat/ NF matte

Matthieu /matjø/ NM Matthew

matthiole /matjɔl/ NF stock, gillyflower

matu* /maty/ NF (Helv Scol) abrév de **maturité**

maturation /matyʀasjɔ̃/ NF (Bot, Méd) maturation; [de fromage] maturing, ripening; [d'idée, projet] gestation

mature /matyʀ/ ADJ mature

mâture /mɑtyʀ/ NF masts ◆ **dans la mâture** aloft

maturité /matyʀite/ SYN NF [1] (gén) maturity ◆ **arriver** *ou* **parvenir à maturité** [fruit] to become ripe; [plante] to reach maturity; [idée] to come to maturity; [technique] to be perfected; [entreprise, service] to be fully operational; [sportif] to be at one's best ◆ **manquer de maturité** to be immature ◆ **il manque de maturité politique** he's politically immature ◆ **un homme en pleine maturité** a man in his prime *ou* at the height of his powers ◆ **maturité d'esprit** maturity of mind ◆ **il fait preuve d'une grande maturité** he's very mature ◆ **cet enfant a gagné en maturité** this child has matured

[2] (Helv = baccalauréat) secondary school examination giving university entrance qualification, ≃ A-levels (Brit), ≃ high school diploma (US)

matutinal, e (mpl **-aux**) /matytinal, o/ ADJ matutinal

maubèche /mobɛʃ/ NF (= oiseau) knot

maudire /modiʀ/ SYN ▶ conjug 2 ◀ VT to curse

maudit, e /modi, it/ SYN (ptp de **maudire**)

ADJ [1] (* : avant n) blasted*, damned‡* ◆ **quel maudit temps !** what lousy* *ou* filthy weather!

[2] (après n : littér = réprouvé) (ac)cursed (by God, society) ◆ **poète/écrivain maudit** (Littérat) accursed poet/writer

[3] (littér) ◆ **maudite soit la guerre !, la guerre soit maudite !** cursed be the war! ◆ **maudit soit le jour où...** cursed be the day on which..., a curse *ou* a plague on the day on which... ◆ **soyez maudit !** curse you!, a plague on you!

NM,F damned soul ◆ **les maudits** the damned

NM ◆ **le Maudit** the Devil

maugréer /mogʀee/ SYN ▶ conjug 1 ◀ VI to grouse, to grumble (contre about, at)

maul /mol/ NM (Rugby) maul ◆ **faire un maul** to maul

maurandie /mɔʀɑ̃di/ NF maurandia

maure, mauresque /mɔʀ, mɔʀɛsk/

ADJ Moorish

NM **Maure** Moor

NF **Mauresque** Moorish woman

maurelle /mɔʀɛl/ NF turnsole

Maurice /mɔʀis/ NM Maurice, Morris; → **île**

mauricien, -ienne /mɔʀisjɛ̃, jɛn/

ADJ Mauritian

NM,F **Mauricien(ne)** Mauritian

Mauritanie /mɔʀitani/ NF Mauritania

mauritanien, -ienne /mɔʀitanjɛ̃, jɛn/

ADJ Mauritanian

NM,F **Mauritanien(ne)** Mauritanian

mauser /mozɛʀ/ NM Mauser ®

mausolée /mozɔle/ NM mausoleum

maussade /mosad/ SYN ADJ [personne] glum; [ciel, temps, paysage] gloomy, sullen; [conjoncture] bleak; [marché] sluggish ◆ **d'un air maussade** sullenly, morosely ◆ **être d'humeur maussade** to be sullen

maussaderie /mosadʀi/ NF sullenness, glumness, moroseness

mauvais, e /movɛ, ɛz/ SYN

ADJ [1] (= défectueux) [appareil, instrument] bad, faulty; [marchandise] inferior, shoddy, bad; [route] bad, in bad repair; [santé, vue, digestion, mémoire, roman, film] poor, bad ◆ **elle a de mauvais yeux** her eyes are *ou* her eyesight is bad ◆ **mauvaise excuse** poor *ou* lame *ou* feeble excuse ◆ **un mauvais contact** (Élec) a faulty connection ◆ **la balle est mauvaise** (Tennis) the ball is out ◆ **son français est bien mauvais** his French is very bad *ou* poor

[2] (= inefficace, incapable) [père, élève, acteur, ouvrier] poor, bad ◆ **il est mauvais en géographie** he's bad *ou* weak at geography ◆ **les mauvais ouvriers ont toujours de mauvais outils** (Prov) a bad workman always blames his tools (Prov)

[3] (= erroné) [méthode, moyens, direction, date] wrong ◆ **tu as fait le mauvais choix** you made the wrong choice ◆ **il roulait sur le mauvais côté de la route** he was driving on the wrong side of the road ◆ **c'est un (très) mauvais calcul de sa part** he's (badly) misjudged it *ou* things ◆ **il ne serait pas mauvais de se renseigner** *ou* **que nous nous renseignions** it wouldn't be a bad idea *ou* it would be no bad thing if we found out more about this

[4] (= inapproprié) [jour, heure] awkward, bad, inconvenient ◆ **il a choisi un mauvais moment** he picked an awkward *ou* a bad time ◆ **il a choisi le mauvais moment** he picked the wrong time

[5] (= dangereux, nuisible) [maladie, blessure] nasty, bad ◆ **il a fait une mauvaise grippe/rougeole** he's had a bad *ou* nasty attack *ou* bout of flu/measles ◆ **la mer est mauvaise** the sea is rough ◆ **c'est mauvais pour la santé** it's bad for your health ◆ **il est mauvais de se baigner en eau froide** it's not good for you *ou* it's not a good idea to bathe in cold water ◆ **vous jugez mauvais qu'il sorte le soir ?** do you think it's a bad thing for him to go out at night?

[6] (= défavorable) [rapport, critique] unfavourable, bad; (Scol) [bulletin, note] bad

[7] (= désagréable) [temps] bad, unpleasant, nasty; [nourriture, repas] bad, poor; [odeur] bad, unpleasant, offensive; (= pénible) [nouvelle, rêve] bad ◆ **ce n'est pas mauvais !** it's not bad!, it's quite good! ◆ **il fait mauvais aujourd'hui** the weather's bad today ◆ **la soupe a un mauvais goût** the soup has an unpleasant *ou* a nasty taste, the soup tastes nasty ◆ **ce n'est qu'un mauvais moment à passer** it's just a bad spell *ou* patch you've got to get through; → **caractère, gré, volonté**

[8] (= immoral, nuisible) [instincts, action, fréquentations, lectures] bad ◆ **il n'a pas un mauvais fond** he's not bad at heart; → **génie**

[9] (= méchant) [sourire, regard] nasty, malicious, spiteful; [personne, joie] malicious, spiteful ◆ **être mauvais comme la gale*** to be a nasty piece of work (fig) ◆ **ce n'est pas un mauvais garçon** he's not a bad boy ◆ **ce n'est pas un mauvais bougre*** *ou* **le mauvais type*** *ou* **le mauvais cheval*** he's not a bad guy* ◆ **il est vraiment mauvais aujourd'hui** he's in an evil *ou* a foul mood today

[10] (locutions) ◆ **quand on l'a renvoyé, il l'a trouvée** *ou* **eue mauvaise*** he was really angry when he got the sack* ◆ **il fait mauvais le contredire** it is not advisable to contradict him

mauvais, e NM [1] (= *partie*) ◆ **enlève le mauvais et mange le reste** cut out the bad part and eat the rest ◆ **la presse ne montre que le mauvais** the press only shows the bad side (of things)
[2] (= *personnes*) ◆ **les mauvais** the wicked; → **bon**[1]
COMP **mauvais coucheur** awkward customer
mauvais coup ◆ **recevoir un mauvais coup** to get a nasty blow ◆ **un mauvais coup porté à nos institutions** a blow to ou an attack on our institutions ◆ **faire un mauvais coup** to play a mean ou dirty trick (à qn on sb)
mauvaise graine ◆ **c'est de la mauvaise graine** he's (ou she's ou they're) a bad lot (Brit) ou seed (US)
mauvaise herbe weed ◆ **enlever** ou **arracher les mauvaises herbes du jardin** to weed the garden ◆ **la mauvaise herbe, ça pousse !** (hum) kids grow like weeds! (hum)
mauvais lieu place of ill repute
mauvais œil ◆ **avoir le mauvais œil** to have the evil eye
mauvais pas ◆ **tirer qn/se sortir d'un mauvais pas** to get sb out of/get out of a tight spot ou corner
mauvais plaisant hoaxer
mauvaise plaisanterie rotten trick
mauvaise saison rainy season
mauvais sort misfortune, ill fate
mauvais sujet bad lot (Brit) ou seed (US)
mauvaise tête ◆ **c'est une mauvaise tête** he's headstrong ◆ **faire la** ou **sa mauvaise tête** (= *bouder*) to sulk; (= *être difficile*) to be awkward ou difficult
mauvais traitement ill treatment ◆ **subir de mauvais traitements** to be ill-treated ◆ **mauvais traitements à enfants** child abuse, child battering ◆ **faire subir des mauvais traitements à** to ill-treat; → **passe**[1]

mauve /mov/
ADJ, NM (= *couleur*) mauve
NF (= *plante*) mallow

mauvéine /movein/ NF mauveine, mauve dye

mauviette /movjɛt/ SYN NF (péj) wimp*, weakling

mauvis /movi/ NM redwing

maux */mo/ NPL → mal[2]

max* /maks/ (abrév de **maximum**)
ADV max* ◆ **à 8 heures max** at 8 o'clock at the latest
NM (= *condamnation*) ◆ **il a pris le max, ils lui ont filé le max** they threw the book at him*
◆ **un max** [*dépenser*] a hell of a lot * ◆ **ça coûte un max** it costs a packet * ◆ **il se fait un max de fric** he makes loads* ou pots * (Brit) of money ◆ **il m'agace un max** he drives me up the wall *

maxi /maksi/
PRÉF **maxi... maxi...** ◆ **maxi-jupe** maxi-skirt ◆ **maxi-bouteille/-paquet** giant-size bottle/packet
ADJ INV [1] (* = *maximum*) maximum
[2] (= *long*) ◆ **manteau/jupe maxi** maxi-coat/-skirt ◆ **la mode maxi** the maxi-length fashion
NM (= *mode*) maxi ◆ **elle s'habille en maxi** she wears maxis ◆ **la mode est au maxi** maxis are in (fashion)
ADV (* = *maximum*) (at the) maximum, at the most

maxillaire /maksilɛʀ/
ADJ maxillary ◆ **os maxillaire** jawbone
NM jawbone, maxilla (SPÉC) ◆ **maxillaire supérieur/inférieur** upper/lower maxilla (SPÉC) ou jawbone

maxille /maksil/ NF maxilla

maxima /maksima/ → **appel, maximum**

maximal, e (mpl **-aux**) /maksimal, o/ ADJ maximum, maximal ◆ **il a été condamné à la peine maximale** he was given the maximum sentence ◆ **la température maximale a été de 33 degrés** the top ou maximum temperature was 33°C, there was a high of 33°C

maximalisation /maksimalizasjɔ̃/ NF maximization

maximaliser /maksimalize/ ▶ conjug 1 ◀ VT to maximize

maximalisme /maksimalism/ NM [*de personne*] extremist attitude, extremism

maximaliste /maksimalist/ ADJ maximalist

maxime /maksim/ SYN NF maxim

maximisation /maksimizasjɔ̃/ NF maximization

maximiser /maksimize/ ▶ conjug 1 ◀ VT to maximize

maximum (pl **maximum(s)** ou **maxima**) /maksimɔm, maksima/ SYN
ADJ maximum ◆ **la température maximum** the maximum ou highest temperature ◆ **dans un délai maximum de dix jours** within ten days at the latest
NM maximum; (Jur) maximum sentence ◆ **faire le** ou **son maximum** to do one's level best ou one's utmost (pour to) ◆ **atteindre son maximum** [*production*] to reach its maximum, to reach an all-time high; [*valeur*] to reach its highest ou maximum point
◆ **au maximum** at the maximum, at the most ◆ **ça vous coûtera 800 € au maximum** it will cost you €800 at the most ◆ **sa radio était au maximum** his radio was on full ◆ **au maximum de ses capacités** ou **possibilités** [*employé, sportif*] stretched to one's limits; [*usine, chaîne hi-fi*] at maximum ou full capacity
◆ **un maximum*** (= *beaucoup*) ◆ **il y a un maximum de frais sur un bateau** boats cost a fortune to run ◆ **il m'a fait payer un maximum** he charged me a fortune ◆ **ça consomme un maximum, ces voitures** these cars are real gas guzzlers*, these cars are really heavy on petrol (Brit)
ADV at the maximum, at the most ◆ **à six heures maximum** at six o'clock at the latest ◆ **j'en ai pour 2 heures maximum** I'll be 2 hours maximum ou at the most

maya /maja/
ADJ Mayan
NM (= *langue*) Maya(n)
NMF **Maya** Maya(n)

mayday /mɛdɛ/ NM Mayday

maye /mɛ/ NF oil-press trough

mayen /majɛ̃/ NM (Helv) summer and autumn pasture

mayo* /majo/ NF (abrév de **mayonnaise**) mayo

mayonnaise /majɔnɛz/ NF mayonnaise ◆ **poisson/œufs (à la) mayonnaise** fish/eggs (with ou in) mayonnaise ◆ **la mayonnaise n'a pas pris** (lit) the mayonnaise didn't thicken; (fig) the mix was all wrong ◆ **la mayonnaise prend** (lit) the mayonnaise is thickening; (fig) things are looking good ◆ **faire monter la mayonnaise** (fig) to stir things up *

Mayotte /majɔt/ NF Mayotte

mazagran /mazagʀɑ̃/ NM pottery goblet (for coffee)

mazdéen, -enne /mazdeɛ̃, ɛn/ ADJ Mazdean

mazdéisme /mazdeism/ NM Mazdaism

mazette † /mazɛt/
EXCL (*admiration, étonnement*) my!, my goodness!
NF (= *incapable*) nonentity

mazot /mazo/ NM (Helv) ≈ small farmhouse

mazout /mazut/ NM heating ou domestic oil ◆ **chaudière/poêle à mazout** oil-fired boiler/stove ◆ **chauffage central au mazout** oil-fired central heating

mazoutage /mazutaʒ/ NM polluting with oil

mazouté, e /mazute/ ADJ [*mer, plage*] oil-polluted (épith), polluted with oil (attrib); [*oiseaux*] oil-covered (épith), covered in oil (attrib)

mazurka /mazyʀka/ NF maz(o)urka

Mbabane /mbaban/ N Mbabane

MCJ /ɛmseʒi/ NF (abrév de **maladie de Creutzfeldt-Jakob**) CJD

MCM /ɛmseɛm/ NMPL (abrév de **Montants compensatoires monétaires**) MCA

MD ® /ɛmde/ NM (abrév de **MiniDisc**) MD

Me (abrév de **Maître**) barrister's title ◆ **Me Marlon** ≈ Mr (ou Mrs) Marlon QC (Brit)

me, m' /m(ə)/ PRON PERS [1] (objet direct ou indirect) me ◆ **me voyez-vous ?** can you see me? ◆ **elle m'attend** she is waiting for me ◆ **il me l'a dit** he told me (it), he told me about it ◆ **il m'en a parlé** he spoke to me about it ◆ **il me l'a donné** he gave it to me, he gave it me * (Brit) ◆ **va me fermer cette porte !** (intensif) shut the door, would you!
[2] (réfléchi) myself ◆ **je ne me vois pas dans ce rôle-là** I can't see myself in that part ◆ **je me regardais dans le miroir** I was looking at myself in the mirror

mea-culpa /meakylpa/ NM INV ◆ **faire son mea-culpa** (lit) to say one's mea culpa ◆ **j'ai fait mon mea culpa** (fig) I admitted I was wrong ◆ **mea culpa !** my fault!, my mistake!

méandre /meɑ̃dʀ/ SYN NM (Art, Géog) meander; [*de politique*] twists and turns; [*d'intrigue*] ins and outs ◆ **les méandres de sa pensée** the twists and turns ou ins and outs ou complexities of his thought ◆ **se perdre dans les méandres administratifs/juridiques** to get lost in the maze of the administrative/legal system

méandrine /meɑ̃dʀin/ NF type of brain coral, meandrine (SPÉC)

méat /mea/ NM [1] (Anat) meatus
[2] [*de végétal*] lacuna

méatoscopie /meatɔskɔpi/ NF meatoscopy

mec* /mɛk/ NM [1] (= *homme*) guy*, bloke* (Brit) ◆ **ça va les mecs ?** how's it going guys?* ◆ **ça c'est un mec ! he's a real man!** ◆ **c'est des histoires de mecs** it's man talk*
[2] (= *compagnon*) ◆ **son mec** her man *

mécanicien, -ienne /mekanisjɛ̃, jɛn/
ADJ [*civilisation*] mechanistic
NM,F [1] (pour voitures) (garage ou motor) mechanic ◆ **ouvrier mécanicien** garage hand ◆ **c'est un bon mécanicien** he's a good mechanic, he's good with cars ou with machines ◆ **ingénieur mécanicien** mechanical engineer
[2] (dans avion, bateau) engineer ◆ **mécanicien navigant, mécanicien de bord** (dans avion) flight engineer; → **officier**[1]
[3] (= *chauffeur de train*) train ou engine driver (Brit), engineer (US)
[4] ◆ **mécanicien dentiste** dental technician ou mechanic (Brit)

mécanique /mekanik/
ADJ [1] (gén) mechanical; [*tapis*] machine-made; [*jouet*] clockwork , wind-up (épith) ◆ **les industries mécaniques** mechanical engineering industries ◆ **avoir des ennuis mécaniques** to have engine trouble ◆ **sports mécaniques** motor sports ◆ **énergie mécanique** mechanical energy ◆ **lois mécaniques** laws of mechanics; → **escalier**[1], **piano**[1], **rasoir**
[2] (= *automatique*) [*hausse, effets*] automatic
[3] (= *machinal*) [*geste, réflexe*] mechanical
NF [1] (= *science des machines*) (mechanical) engineering; (= *science du mouvement*) mechanics (sg) ◆ **il fait de la mécanique (sur sa voiture)** he's tinkering with his car ◆ **la mécanique, ça le connaît*** he knows what he's doing in mechanics ◆ **mécanique céleste/ondulatoire** celestial/wave mechanics ◆ **mécanique hydraulique** hydraulics (sg) ◆ **mécanique des fluides/quantique** quantum/fluid mechanics
[2] (= *mécanisme*) ◆ **la mécanique d'une horloge** the mechanism of a clock ◆ **cette voiture, c'est de la** ou **une belle mécanique** this car is a fine piece of engineering ◆ **la mécanique est rouillée** ou **usée*** (= *corps*) the old bones * aren't what they used to be

mécaniquement /mekanikmɑ̃/ SYN ADV [1] (= *automatiquement*) automatically ◆ **cela entraîne mécaniquement une hausse de l'inflation** it automatically leads to a rise in inflation
[2] (= *par des machines*) mechanically ◆ **objet fait mécaniquement** machine-made object

mécanisation /mekanizasjɔ̃/ NF mechanization

mécaniser /mekanize/ ▶ conjug 1 ◀ VT to mechanize

mécanisme /mekanism/ SYN NM mechanism ◆ **les mécanismes économiques/politiques** economic/political mechanisms ◆ **mécanismes psychologiques/biologiques** psychological/biological workings ou mechanisms ◆ **le mécanisme de change(s)** the exchange rate mechanism ◆ **le mécanisme d'une action** the mechanics of an action

mécaniste /mekanist/ ADJ mechanistic

mécano* /mekano/ NM (abrév de **mécanicien**) mechanic, grease monkey * (US)

mécanothérapie /mekanoteʀapi/ NF mechanotherapy

Meccano ® /mekano/ NM Meccano ®

mécénat /mesena/ SYN NM (Art) patronage ◆ **mécénat d'entreprise** corporate sponsorship

mécène /mesɛn/ SYN NM [1] sponsor; (Hist) patron (of the arts) ◆ **il a trouvé un mécène** he has found a sponsor ◆ **le mécène du festival** the sponsor of the festival
[2] ◆ **Mécène** (Antiq) Maecenas

méchage /meʃaʒ/ NM (Tech) sulphuring; (Méd) packing with gauze

méchamment

méchamment /meʃamɑ̃/ SYN ADV
1 (= cruellement) [rire, agir] spitefully, nastily, wickedly
2 (* = très) fantastically*, terrifically* ◆ **méchamment bon** fantastically* ou bloody**(Brit) good ◆ **méchamment abîmé** really badly damaged ◆ **il a été méchamment surpris** he got one hell* ou heck* of a surprise ◆ **ils se sont méchamment disputés** they had a blazing row (surtout Brit) ou a terrible argument ◆ **on est méchamment en retard** we're terribly late

méchanceté /meʃɑ̃ste/ SYN NF 1 (= caractère) [de personne, action] nastiness, spitefulness, wickedness ◆ **faire qch par méchanceté** to do sth out of spite ◆ **soit dit sans méchanceté, il n'est pas à la hauteur** I don't want to be nasty, but he's not up to it
2 (= action) mean ou nasty action; (= parole) mean ou nasty remark ◆ **méchanceté gratuite** unwarranted piece of unkindness ou spitefulness ◆ **dire des méchancetés à qn** to say nasty things to sb

méchant, e /meʃɑ̃, ɑ̃t/ SYN
ADJ 1 (= malveillant) [personne] nasty, malicious; [enfant] naughty; [intention] malicious ◆ **devenir méchant** to turn ou get nasty ◆ **arrête, tu es méchant** stop it, you're being horrid ou nasty ◆ **il n'est pas méchant, ce n'est pas un méchant homme** he's not such a bad fellow; → chien
2 (= dangereux, désagréable) ◆ **ce n'est pas bien méchant*** [blessure, difficulté, dispute] it's nothing to worry about; [examen] it's not too difficult ◆ **impliqué dans une méchante affaire de pots de vin** mixed up in an unsavoury bribery scandal ◆ **de méchante humeur** in a foul ou rotten mood
3 (avant n)(† = médiocre, insignifiant) miserable, mediocre ◆ **méchant vers/poète** poor ou second-rate verse/poet ◆ **un méchant morceau de fromage** one miserable ou sorry-looking bit of cheese ◆ **que de bruit pour une méchante clé perdue !** what a fuss over one stupid lost key!
4 (avant n) (* intensif) ◆ **il a une méchante bosse au front** he's got a nasty lump on his forehead ◆ **un méchant cigare** a great big cigar* ◆ **il a une méchante moto** he's got a fantastic* motorbike

NM,F ◆ **tais-toi, méchant !** be quiet you naughty boy! ◆ **les méchants** (gén) the wicked; (dans un film) the baddies*, the bad guys* ◆ **faire le méchant*** to be difficult, to be nasty

mèche /mɛʃ/ SYN NF 1 [de bougie, briquet, lampe] wick; [de bombe, mine] fuse; [de canon] match ◆ **mèche fusante** safety fuse
2 [de cheveux] tuft of hair, lock; (sur le front) forelock, lock of hair ◆ **mèche postiche, fausse mèche** hairpiece ◆ **mèches folles** straggling locks ou wisps of hair ◆ **mèche rebelle** stray lock (of hair) ◆ **se faire faire des mèches** to have highlights ou streaks put in (one's hair), to have one's hair streaked
3 (Méd) pack, dressing; [de fouet] lash; [de perceuse] bit
4 [de gouvernail] main piece
5 [de métier à filer] rove
6 (locutions) ◆ **il a éventé** ou **vendu la mèche** he gave the game away*, he let the cat out of the bag* ◆ **allumer la mèche** to light the fuse (fig) ◆ **être de mèche avec qn** to be in cahoots with sb* ◆ **un employé de la banque devait être de mèche** a bank employee must have been in on it* ◆ **y a pas mèche !** † nothing doing!*

mécher /meʃe/ ► conjug 6 ◄ VT (Tech) to sulphurize; (Méd) to pack

méchoui /meʃwi/ NM (= repas) barbecue of a whole roast sheep

mécompte /mekɔ̃t/ NM (frm) 1 (= désillusion : gén pl) disappointment
2 (= erreur de calcul) miscalculation, miscount

méconduire (se) /mekɔ̃dɥiʀ/ ► conjug 38 ◄ VPR (Belg) to misbehave, to behave badly

méconduite /mekɔ̃dɥit/ NF (Belg) misbehaviour

méconium /mekɔnjɔm/ NM meconium

méconnaissable /mekɔnɛsabl/ SYN ADJ (= impossible à reconnaître) unrecognizable; (= difficile à reconnaître) hardly recognizable

méconnaissance /mekɔnɛsɑ̃s/ NF (= ignorance) lack of knowledge (de about), ignorance (de of); (littér = mauvais jugement) lack of comprehension, misappreciation (de of); (= refus de reconnaître) refusal to take into consideration ◆ **il fait preuve d'une méconnaissance totale de la si-**

médiatique

tuation he knows absolutely nothing about the situation

méconnaître /mekɔnɛtʀ/ SYN ► conjug 57 ◄ VT (frm) 1 (= ignorer) [+ faits] to be unaware of ◆ **je ne méconnais pas que...** I am fully ou quite aware that...
2 (= mésestimer) [+ situation, problème, personne] to misjudge; [+ mérites, talent] to underrate
3 (= ne pas tenir compte de) [+ lois, devoirs] to ignore

méconnu, e /mekɔny/ SYN (ptp de méconnaître)
ADJ 1 (= peu connu) little-known ◆ **des textes largement méconnus** little-known writings ◆ **les films les plus méconnus de Godard** Godard's least-known films ◆ **ce sport est largement méconnu en France** this sport is largely unknown in France
2 (= non reconnu) [talent, génie] unrecognized ◆ **son œuvre est injustement méconnue en France** his work has been unjustly ignored ou neglected in France

mécontent, e /mekɔ̃tɑ̃, ɑ̃t/ SYN
ADJ (= insatisfait) discontented, displeased, dissatisfied (de with); (= contrarié) annoyed (de with, at) ◆ **il a l'air très mécontent** he looks very annoyed ou displeased ◆ **il n'est pas mécontent de cela** he is not altogether dissatisfied ou displeased with it
NM,F malcontent, grumbler* ◆ **les mécontents** (Pol) the malcontents ◆ **cette décision va faire des mécontents** this decision is going to make some people very unhappy

mécontentement /mekɔ̃tɑ̃tmɑ̃/ SYN NM (Pol) discontent; (= déplaisir) dissatisfaction, displeasure; (= irritation) annoyance ◆ **exprimer** ou **manifester son mécontentement** to express one's dissatisfaction ◆ **motif** ou **sujet de mécontentement** cause for dissatisfaction ◆ **provoquer un vif mécontentement** to cause considerable discontent (chez among)

mécontenter /mekɔ̃tɑ̃te/ SYN ► conjug 1 ◄ VT [personne, décision] to displease, to annoy

Mecque /mɛk/ NF ◆ **La Mecque** (lit) Mecca ◆ **ces îles sont la Mecque des surfers** these islands are a Mecca for surfers

mécréant, e /mekʀeɑ̃, ɑ̃t/ NM,F 1 († ou hum = non-croyant) non-believer ◆ **tu n'es qu'un mécréant** you're just a heathen
2 († péj = bandit) scoundrel, miscreant †

médaillable /medajabl/ ADJ [sportif] likely to win a medal ◆ **les médaillables des Jeux olympiques** the potential medal-winners at the Olympic Games

médaille /medaj/ GRAMMAIRE ACTIVE 26.3 NF 1 (= pièce, décoration) medal; († * = tache) stain, mark ◆ **médaille militaire** military decoration ◆ **médaille pieuse** medal (of a saint etc) ◆ **médaille du travail** long-service medal (in industry etc) ◆ **elle est médaille d'argent** she's got a silver medal, she's a silver medallist; → profil, revers
2 (= insigne d'identité) [d'employé] badge; [de chien] identification disc, name tag; [de volaille] guarantee tag

médaillé, e /medaje/ (ptp de médailler)
ADJ (Admin, Mil) decorated (with a medal); (Sport) holding a medal
NM,F medal-holder ◆ **il est** ou **c'est un médaillé olympique** he is an Olympic medallist, he is the holder of an Olympic medal

médailler /medaje/ ► conjug 1 ◄ VT (Admin, Sport) to award a medal to; (Mil) to decorate, to award a medal to ◆ **se médailler** † * (= se tacher) to get a stain ou mark on one's clothing

médaillier /medaje/ NM (= meuble) medal cabinet; (= collection) medal collection

médailliste /medajist/ NMF (= amateur) medal collector; (= fabricant) medal maker

médaillon /medajɔ̃/ NM (Art) medallion; (= bijou) locket; (Culin) medaillon

mède /mɛd/
ADJ of Media
NM,F **Mède** Mede

médecin /med(ə)sɛ̃/ SYN NM doctor, physician (frm) ◆ **femme médecin** woman doctor ◆ **médecin de l'âme** confessor ◆ **médecin de bord** ship's doctor ◆ **médecin de campagne** country doctor ◆ **médecin-chef** head doctor ◆ **médecin-conseil** doctor who decides whether certain forms of medical treatment should be reimbursed by the Sécurité sociale ◆ **médecin de famille** family practitioner ou doctor ◆ **médecin des hôpitaux** ≈ consultant, ≈ physician ou doctor (Brit) with a hospital appointment ◆ **médecin légiste** forensic scientist ou pathologist, expert in forensic medicine, medical examiner (US) ◆ **médecin généraliste** ou **de médecine générale** general practitioner, GP (Brit), family practitioner (US) ◆ **médecin hospitalier** hospitalist ◆ **médecin militaire** army medical officer ◆ **médecin scolaire** school doctor, schools medical officer (Brit) (Admin) ◆ **médecin du sport** sports doctor ◆ **médecin traitant** attending physician ◆ **votre médecin traitant** your (usual ou family) doctor ◆ **quel est votre médecin référent ?** who's your G.P. (Brit) ou your family doctor (US)? ◆ **médecin du travail** company doctor ◆ **médecin de ville** doctor (working in a town) ◆ « **Le Médecin malgré lui** » (Littérat) "The Doctor in Spite of Himself"

médecine /med(ə)sin/ NF 1 (= science) medicine ◆ **médecine alternative** ou **parallèle** alternative ou complementary medicine ◆ **médecine douce** ou **naturelle** natural medicine ◆ **médecine générale** general medicine ◆ **médecine hospitalière** medicine practised in hospitals ◆ **médecine infantile** paediatrics (sg) (Brit), pediatrics (US) ◆ **médecine légale** forensic medicine ou science ◆ **médecine libérale** medicine as practised by doctors in private practice ◆ **médecine opératoire** surgery ◆ **médecine préventive** preventive medicine ◆ **médecine du travail** occupational ou industrial medicine ◆ **médecine du sport** sports medicine ◆ **médecine spécialisée** specialized branches of medicine ◆ **médecine de ville** medicine as practised in general practices in towns ◆ **médecine d'urgence** emergency medicine ◆ **faire des études de médecine, faire (sa) médecine** to study ou do medicine ◆ **pratiquer une médecine révolutionnaire** to practise a revolutionary type of medicine ◆ **il exerçait la médecine dans un petit village** he had a (medical) practice ou he was a doctor in a small village; → docteur, étudiant, faculté
2 († = médicament) medicine

medecine-ball (pl **medecine-balls**) /medsinbol/ NM medicine ball

Medellín /medelin/ N Medellín

média /medja/ NM medium ◆ **les médias** the media ◆ **dans les médias** in the media ◆ **un nouveau média** a new medium

médial, e (mpl -aux) /medjal, o/
ADJ medial
NF **médiale** median

médian, e /medjɑ̃, jan/
ADJ (Math, Stat) median; (Ling) medial
NF **médiane** (Math, Stat) median; (Ling) medial sound, mid vowel; → ligne¹

médiante /medjɑ̃t/ NF (Mus) mediant

médiastin /medjastɛ̃/ NM mediastinum

médiat, e /medja, jat/ ADJ mediate

médiateur, -trice /medjatœʀ, tʀis/ SYN
ADJ (gén, Pol) mediatory, mediating; (relations sociales) arbitrating
NM,F (gén) mediator; (entre partenaires sociaux) arbitrator; (Pol) ≈ Ombudsman, ≈ Parliamentary Commissioner (Brit) ◆ **médiateur chimique** (Méd) transmitter substance ◆ **jouer le rôle de médiateur, servir de médiateur** to act as a mediator
NF **médiatrice** (Géom) median

médiathèque /medjatɛk/ NF multimedia library

médiatico- /medjatiko/ PRÉF ◆ **c'est un événement médiatico-politique** it's both a media and a political event ◆ **une affaire médiatico-judiciaire** a legal case with a lot of media hype ◆ **groupe médiatico-financier** media and finance group ◆ **dans le monde médiatico-littéraire** in the world of the media and publishing

médiation /medjasjɔ̃/ SYN NF 1 (gén, Philos, Pol) mediation; (entre partenaires sociaux) arbitration ◆ **offrir sa médiation dans un conflit** (Pol) to offer to mediate in a conflict; (conflits sociaux) to offer to arbitrate ou intervene in a dispute ◆ **tenter une médiation entre deux parties** to attempt to mediate between two parties
2 (Logique) mediate inference

médiatique /medjatik/ ADJ [image, couverture, battage] media (épith) ◆ **c'est quelqu'un de très médiatique** he comes across really well in the media, he's very media-friendly ◆ **sport très médiatique** sport that lends itself to media coverage ◆ **ce fut une rencontre très médiatique** this meeting got a lot of media attention

médiatisation /medjatizasjɔ̃/ **1** (= diffusion par les médias) media coverage ◆ **la médiatisation à outrance de ces jeunes chanteurs** the excessive media coverage given to these young singers
2 (Hist, Philos) mediatization

médiatiser /medjatize/ ▸ conjug 1 ◂ VT **1** (= diffuser par les médias) to give media coverage to ◆ **cet événement a été très médiatisé** the event was given a lot of (media) coverage
2 (Hist, Philos) to mediatize

médiator /medjatɔʀ/ NM plectrum

médiatrice /medjatʀis/ ADJ F, NF → médiateur

médical, e (mpl **-aux**) /medikal, o/ SYN ADJ medical ◆ **délégué** ou **visiteur médical** medical representative au rep *; → **examen, visite**

médicalement /medikalmɑ̃/ ADV medically ◆ **suicide médicalement assisté** medically-assisted suicide; → **procréation**

médicalisation /medikalizasjɔ̃/ NF **1** [de région, population] provision of medical care for
2 [de problème, grossesse] medicalization

médicaliser /medikalize/ ▸ conjug 1 ◂ VT **1** [+ région, population] to provide with medical care ◆ **c'est une population peu médicalisée** these people have little access to medical care ◆ **la distribution médicalisée de la drogue** the distribution of drugs under medical supervision ◆ **ils sont traités en milieu médicalisé** they receive treatment in a medical environment ◆ **résidence** ou **maison de retraite médicalisée** nursing home ◆ **ils prônent la maîtrise médicalisée des dépenses de santé** they want health expenditure to be supervised by medical professionals ◆ **avion/hélicoptère médicalisé** hospital plane/helicopter
2 [+ problème, grossesse] to medicalize

médicament /medikamɑ̃/ SYN NM medicine, drug ◆ **prendre des médicaments** to take medicines ou medication ◆ **médicament de confort** ≈ pain-relieving medicine

médicamenteux, -euse /medikamɑ̃tø, øz/ ADJ [plante, substance] medicinal; [traitement, intoxication, prescription] drug (épith) ◆ **produits médicamenteux** medicines ◆ **associations médicamenteuses** medicines used in combination

médicastre † /medikastʀ/ NM (hum) charlatan, quack

médication /medikasjɔ̃/ NF (medical) treatment, medication

médicinal, e (mpl **-aux**) /medisinal, o/ ADJ [plante, substance] medicinal

medicine-ball (pl **medicine-balls**) /medisinbol/ NM medicine ball

médicinier /medisinje/ NM officinal

médico- /mediko/ PRÉF (dans les mots composés à trait d'union, le préfixe reste invariable) ◆ **médico-social** [mesure, structure] for health care and social welfare ◆ **centre** ou **institut médico-éducatif** ou **médico-pédagogique** special school (for physically or mentally handicapped children) ◆ **examen médico-psychologique** medical and psychological examination ◆ **centre médico-psychiatrique** psychiatric clinic mainly dealing with prisoners, people who have attempted suicide and drug addicts

médico-chirurgical, e (mpl **-aux**) /medikoʃiʀyʀʒikal, o/ ADJ ◆ **centre médico-chirurgical** clinic (with a surgical unit) ◆ **personnel/matériel médico-chirurgical** medical and surgical staff/equipment

médico-légal, e (mpl **-aux**) /medikolegal, o/ ADJ [expert] forensic ◆ **certificat** ou **rapport médico-légal** forensic report ◆ **expertise médico-légale** forensic analysis ou examination ◆ **institut médico-légal** mortuary (where autopsies and forensic examinations are carried out), medico-legal institute (US)

médiéval, e (mpl **-aux**) /medjeval, o/ ADJ medieval

médiévisme /medjevism/ NM medi(a)evalism

médiéviste /medjevist/ NMF medievalist

médina /medina/ NF medina

Médine /medin/ N Medina

médiocratie /medjɔkʀasi/ NF mediocracy

médiocre /medjɔkʀ/ SYN
ADJ [travail, roman, élève] mediocre, second-rate; (sur copie d'élève) poor; [intelligence, qualité] poor, mediocre, inferior; [résultats, situation économique] poor; [revenu, salaire] meagre, poor; [vie, existence] mediocre ◆ **il a une situation médiocre** he holds some second-rate position ◆ **il a montré un intérêt médiocre pour ce projet** he showed little or no interest in the project ◆ **génie incompris par les esprits médiocres** genius misunderstood by those with small minds
NMF nonentity, second-rater*

médiocrement /medjɔkʀəmɑ̃/ ADV [intéressé, intelligent] not very, not particularly ◆ **gagner médiocrement sa vie** to earn a poor living ◆ **médiocrement satisfait** barely satisfied, not very well satisfied ◆ **c'est un roman médiocrement réussi** it's not a particularly good novel ◆ **il joue médiocrement du piano** he plays the piano indifferently, he's not very good at (playing) the piano

médiocrité /medjɔkʀite/ SYN NF [de travail] poor quality, mediocrity; [d'élève, homme politique] mediocrity; [de copie d'élève] poor standard; [de revenu, salaire] meagreness, poorness; [d'intelligence] mediocrity, inferiority; [de vie] mediocrity ◆ **étant donné la médiocrité de ses revenus** given the slimness of his resources, seeing how slight ou slim his resources are ◆ **cet homme est une (vraie) médiocrité** this man is a complete mediocrity

médique /medik/ ADJ (Antiq) Median

médire /mediʀ/ SYN ▸ conjug 37 ◂ VI ◆ **médire de qn** to speak ill of sb; (à tort) to malign sb ◆ **elle est toujours en train de médire** she's always running people down ou saying nasty things about people ◆ **je ne voudrais pas médire mais...** I don't want to tittle-tattle ou to gossip, but...

médisance /medizɑ̃s/ SYN NF **1** (= diffamation) malicious gossip (NonC) ◆ **être en butte à la médisance** to be made a target of malicious gossip
2 (= propos) piece of scandal ◆ **médisances** scandal (NonC), gossip (NonC) ◆ **ce sont des médisances !** that's just scandal! ou malicious gossip! ◆ **arrête de dire des médisances** stop spreading scandal ou gossip

médisant, e /medizɑ̃, ɑ̃t/ SYN
ADJ [paroles] slanderous; [personne] malicious ◆ **les gens sont médisants** people say nasty things ◆ **ne soyons pas médisants** let's not be nasty ◆ **sans vouloir être médisant, il faut reconnaître que...** I don't want to sound nasty, but we have to admit that...
NM,F scandalmonger, slanderer

méditatif, -ive /meditatif, iv/ ADJ [caractère] meditative, thoughtful; [air] musing, thoughtful

méditation /meditasjɔ̃/ SYN NF (= pensée) meditation; (= recueillement) meditation (NonC) ◆ **après de longues méditations sur le sujet** after giving the subject much ou deep thought, after lengthy meditation on the subject ◆ **il était plongé dans la méditation** ou **une profonde méditation** he was sunk in deep thought, he was deep in thought

méditer /medite/ SYN ▸ conjug 1 ◂
VT [+ pensée] to meditate on, to ponder (over); [+ livre, projet, vengeance] to meditate ◆ **méditer de faire qch** to contemplate doing sth, to plan to do sth
VI to meditate ◆ **méditer sur qch** to ponder ou muse over sth

Méditerranée /mediteʀane/ NF ◆ **la (mer) Méditerranée** the Mediterranean (Sea)

méditerranéen, -enne /mediteʀaneɛ̃, ɛn/
ADJ Mediterranean
NM,F **Méditerranéen(ne)** (gén) inhabitant ou native of a Mediterranean country; (en France) (French) Southerner

médium /medjɔm/ NM **1** (= spirite, moyen de communication) medium
2 (Mus) middle register
3 (Logique) middle term
4 (= bois) MDF

médiumnique /medjɔmnik/ ADJ [dons, pouvoir] of a medium

médiumnité /medjɔmnite/ NF powers of a medium, mediumship

médius /medjys/ NM middle finger

médoc /medɔk/ NM **1** (= vin) Médoc (wine) ◆ **le Médoc** (= région) the Médoc
2 (* = médicament) med *

médullaire /medylɛʀ/ ADJ medullary

médulleux, -euse /medylø, øz/ ADJ [tige] medullary

médullosurrénale /medylosyʀenal/ NF adrenal glands

méduse /medyz/ NF **1** (= animal) jellyfish
2 (Myth) ◆ **Méduse** Medusa

méduser /medyze/ SYN ▸ conjug 1 ◂ VT (gén pass) to dumbfound, to stupefy ◆ **je suis resté médusé** I was dumbfounded

meeting /mitiŋ/ SYN NM (Pol, Sport) meeting ◆ **meeting aérien** ou **d'aviation** air show ou display ◆ **meeting d'athlétisme** athletics meeting

méfait /mefɛ/ SYN NM **1** (= ravages) ◆ **méfaits** [de temps] ravages; [de passion, épidémie] ravages, damaging effects ◆ **les méfaits de l'alcoolisme/de la drogue/du soleil** the damaging ou ill effects of alcohol/of drugs/of the sun
2 (= acte) wrongdoing; (hum) misdeed

méfiance /mefjɑ̃s/ SYN NF distrust, mistrust, suspicion ◆ **avoir de la méfiance envers qn** to mistrust ou distrust sb ◆ **apaiser/éveiller la méfiance de qn** to allay/arouse sb's suspicion(s) ◆ **regarder qn/qch avec méfiance** to look at sb/sth suspiciously ◆ **être sans méfiance** (= avoir confiance) to be completely trusting; (= ne rien soupçonner) to be quite unsuspecting ◆ **ce projet paraît peu sérieux, méfiance !** this project doesn't seem very worthwhile, we'd better be careful!

méfiant, e /mefjɑ̃, jɑ̃t/ SYN ADJ [personne] distrustful, mistrustful, suspicious ◆ **air** ou **regard méfiant** distrustful ou mistrustful ou suspicious look, look of distrust ou mistrust ou suspicion

méfier (se) /mefje/ SYN ▸ conjug 7 ◂ VPR **1** (= ne pas avoir confiance) ◆ **se méfier de qn/des conseils de qn** to mistrust ou distrust sb/sb's advice ◆ **je me méfie de lui** I mistrust him, I don't trust him, I'm suspicious of him ◆ **méfiez-vous de lui, il faut vous méfier de lui** don't trust him, beware of him ◆ **je ne me méfie pas assez de mes réactions** I should be more wary of my reactions ◆ **méfiez-vous des imitations** ou **des contrefaçons** beware of imitations ◆ **se méfier de qn/qch comme de la peste** to be highly suspicious of sb/sth
2 (= faire attention) ◆ **se méfier de qch** to be careful about sth ◆ **il faut vous méfier** you must be careful ou watch out ◆ **méfie-toi de cette marche** watch ou mind (Brit) the step, look out for the step * ◆ **méfie-toi, tu vas tomber** look out * ou be careful or you'll fall

méforme /mefɔʀm/ NF (Sport) lack of fitness ◆ **traverser une période de méforme** to be (temporarily) off form ◆ **être en méforme** to be off form

méga /mega/
PRÉF **1** mega ◆ **mégawatt** megawatt ◆ **mégavolt** megavolt
2 (* : intensif) ◆ **méga-concert** mega-concert ◆ **méga-entreprise** huge ou enormous company, mega-company ◆ **méga-dissertation** essay and a half * ◆ **un méga-cigare à la bouche** a whopping great * ou humungous * (US) cigar in his mouth
NM (abrév de **méga-octet** (Ordin)) megabyte

mégabit /megabit/ NM megabyte

mégacéros /megaseʀos/ NM Irish elk, megaceros (SPÉC)

mégacôlon /megakɔlɔ̃/ NM megacolon

mégacycle /megasikl/ NM megacycle

mégahertz /megaɛʀts/ NM megahertz

mégalithe /megalit/ NM megalith

mégalithique /megalitik/ ADJ megalithic

mégalo* /megalo/ ADJ, NMF (abrév de **mégalomaniaque**, **mégalomane**) [personne] megalomaniac; [projet] self-indulgent ◆ **il est complètement mégalo, c'est un mégalo** he thinks he's God

mégalomane /megaloman/
ADJ [personne] megalomaniac; [projet] self-indulgent
NMF megalomaniac

mégalomaniaque /megalomanjak/ ADJ (Méd) megalomaniac; [projet] self-indulgent ◆ **délire mégalomaniaque** (Méd) megalomaniac delusion

mégalomanie /megalomani/ NF megalomania

mégalopole /megalɔpɔl/ NF megalopolis

Mégalopolis /megalɔpɔlis/ N Megalopolis

mégaoctet /megaɔktɛ/ NM megabyte

mégaphone † /megafɔn/ NM (= *porte-voix*) megaphone

mégapole /megapɔl/ NF ⇒ **mégalopole**

mégaptère /megaptɛʀ/ NM humpback whale

mégarde /megaʀd/ SYN **par mégarde** LOC ADV (= *accidentellement*) accidentally, by accident; (= *par erreur*) by mistake, inadvertently; (= *par négligence*) accidentally ◆ **un livre que j'avais emporté par mégarde** a book that I had accidentally *ou* inadvertently taken away with me

mégastore /megastɔʀ/ NM megastore

mégatonne /megatɔn/ NF megaton

mégawatt /megawat/ NM megawatt

mégère /meʒɛʀ/ SYN NF (*péj* = *femme*) shrew ◆ « **la Mégère apprivoisée** » (*Théât*) "the Taming of the Shrew"

mégir /meʒiʀ/ ▸ conjug 2 ◂ VT to taw

mégis /meʒi/ ADJ M tawed

mégisser /meʒise/ ▸ conjug 1 ◂ VT ⇒ **mégir**

mégisserie /meʒisʀi/ NF (= *lieu*) tawery

mégissier /meʒisje/ NM tawer

mégohm /megom/ NM megohm

mégot * /mego/ NM [*de cigarette*] cigarette butt *ou* end, fag end * (*Brit*); [*de cigare*] stub, butt

mégotage * /megɔtaʒ/ NM cheeseparing *ou* miserly attitude

mégoter * /megɔte/ ▸ conjug 1 ◂ VI to skimp ◆ **le patron mégote sur des détails et dépense des fortunes en repas d'affaires** the boss skimps over small items and spends a fortune on business lunches ◆ **pour marier leur fille ils n'ont pas mégoté** they spared no expense for their daughter's wedding

méharée /meaʀe/ NF camel safari ◆ **j'ai fait une méharée dans le Sahara** I went on a camel safari across the Sahara

méhari /meaʀi/ NM dromedary, mehari

méhariste /meaʀist/ NM camel rider; (*Hist*) *soldier in the French Camel corps*

meilleur, e /mɛjœʀ/ SYN

ADJ [1] (*compar de* **bon**) better ◆ **il est meilleur que moi** (*plus charitable*) he's a better person than I am; (*plus doué*) he's better than I am (*en* at) ◆ **avoir meilleur goût** [*aliment*] to taste better ◆ **ce gâteau est (bien) meilleur avec du rhum** this cake tastes *ou* is (much) better with rum ◆ **il est meilleur chanteur que compositeur** he makes a better singer than (a) composer, he is better at singing than (at) composing ◆ **de meilleure qualité** of better *ou* higher quality ◆ **meilleur marché** cheaper ◆ **être en meilleure santé** to be better, to be in better health ◆ **faire un meilleur temps au deuxième tour** (*Sport*) to put up *ou* do a better time on the second lap ◆ **il a meilleur temps de rester chez lui** (*Helv ou vieilli*) he'd be better off staying at home ◆ **partir de meilleure heure** † to leave earlier ◆ **prendre (une) meilleure tournure** to take a turn for the better ◆ **meilleurs vœux** best wishes ◆ **ce sera pour des jours/des temps meilleurs** that will be for better days/happier times ◆ **il n'y a rien de meilleur** there's nothing better, there's nothing to beat it

[2] (*superl de* **bon**) ◆ **le meilleur des deux** the better of the two ◆ **la meilleure de toutes** the best of all ◆ **c'est le meilleur des hommes, c'est le meilleur homme du monde** he is the best of men, he's the best man in the world ◆ **les meilleurs spécialistes** the best *ou* top specialists ◆ **son meilleur ami** his best *ou* closest friend ◆ **servir les meilleurs mets/vins** to serve the best *ou* finest dishes/wines ◆ **information tirée des meilleures sources** information from the most reliable sources ◆ **tissu de la meilleure qualité** best quality material ◆ **le meilleur marché** the cheapest ◆ **acheter au meilleur prix** to buy at the lowest price

ADV ◆ **il fait meilleur qu'hier** it's better *ou* nicer (weather) than yesterday ◆ **sentir meilleur** to smell better *ou* nicer

NM,F (= *personne*) ◆ **le meilleur, la meilleure** the best one ◆ **ce sont toujours les meilleurs qui partent les premiers** the best people always die young ◆ **que le meilleur gagne** may the best man win; → **raison**

NM (= *partie, chose*) ◆ **le meilleur** the best ◆ **il a choisi le meilleur** he took the best (one) ◆ **pour le meilleur et pour le pire** for better or for worse ◆ **donner le meilleur de soi-même** to give of one's best ◆ « **Le Meilleur des Mondes** » (*Littérat*) "Brave New World" ◆ **passer le meilleur de sa vie à faire...** to spend the best days *ou* years of one's life doing... ◆ **prendre le meilleur sur qn** (*Sport*) to get the better of sb ◆ **garder** *ou* **réserver le meilleur pour la fin** to keep the best till last ◆ **et le meilleur dans tout ça, c'est qu'il avait raison !** and the best bit about it all was that he was right! ◆ **tu le laisses faire ? mais c'est le meilleur !** † * I can't believe you're letting him do that!

NF **meilleure** * ◆ **ça alors, c'est la meilleure !** that's the best one yet! ◆ **j'en passe et des meilleures** and that's not all ◆ **tu connais la meilleure ? il n'est même pas venu !** haven't you heard the best (bit) though? he didn't even come!

méiose /mejoz/ NF meiosis

méiotique /mejotik/ ADJ meiotic

meistre /mɛstʀ/ NM ⇒ **mestre**

méjuger /meʒyʒe/ SYN ▸ conjug 3 ◂ (*littér*)

VT to misjudge

VT INDIR **méjuger de** to underrate, to underestimate

VPR **se méjuger** to underestimate o.s.

Mékong /mekɔ̃g/ NM Mekong

mél /mɛl/ NM e-mail

mélæna /melena/ NM malaena (*Brit*), melena (*US*)

mélamine /melamin/ NF melamine

mélaminé, e /melamine/ ADJ melamine-coated

mélampyre /melɑ̃piʀ/ NM cow wheat

mélancolie /melɑ̃kɔli/ SYN NF melancholy, gloom; (*Méd*) melancholia ◆ **elle avait des accès de mélancolie** she suffered from bouts of melancholy; → **engendrer**

mélancolique /melɑ̃kɔlik/ SYN ADJ [*personne, paysage, musique*] melancholy; (*Méd*) melancholic

mélancoliquement /melɑ̃kɔlikmɑ̃/ ADV with a melancholy air, melancholically

Mélanésie /melanezi/ NF Melanesia

mélanésien, -ienne /melanezjɛ̃, jɛn/

ADJ Melanesian

NM (= *langue*) Melanesian

NM,F **Mélanésien(ne)** Melanesian

mélange /melɑ̃ʒ/ SYN NM [1] (= *opération*) [*de produits*] mixing; [*de vins, tabacs*] blending ◆ **faire un mélange de** [+ *substances*] to make a mixture of; [+ *idées*] to mix up ◆ **quand on boit il ne faut pas faire de mélanges** you shouldn't mix your drinks

[2] (= *résultat*) mixture; [*de vins, tabacs, cafés*] blend ◆ **mélange détonant** *ou* **explosif** (*lit*) explosive mixture; (*fig*) explosive combination *ou* mixture ◆ **mélange réfrigérant** freezing mixture ◆ **mélange pauvre/riche** (= *carburant*) weak/rich mixture ◆ **joie sans mélange** unalloyed *ou* unadulterated joy ◆ **sans mélange de...** (*littér*) free from..., unadulterated by... ◆ **mélanges** (*Littérat*) miscellanies, miscellany

mélanger /melɑ̃ʒe/ SYN ▸ conjug 3 ◂

VT [1] (*gén*) to mix; [+ *salade*] to toss; [+ *couleurs, vins, parfums, tabacs*] to blend; [+ *cartes*] to shuffle ◆ **mélangez le beurre et la farine** mix the butter and flour together ◆ **un public très mélangé** a very varied *ou* mixed audience

[2] (= *confondre*) [+ *dates, idées*] to mix (up), to muddle up (*surtout Brit*), to confuse ◆ **tu mélanges tout !** you're getting it all mixed up! *ou* muddled up! (*surtout Brit*) ◆ **il ne faut pas mélanger les torchons et les serviettes** (*fig*) we (*ou* you *etc*) must sort out the sheep from the goats

[3] (= *mettre en désordre*) [+ *documents*] to mix up, to muddle up

VPR **se mélanger** [1] [*produits, personnes*] to mix; [*vins*] to mix, to blend

[2] (*en désordre*) ◆ **les dates se mélangent dans ma tête** I'm confused about the dates, I've got the dates mixed up *ou* in a muddle ◆ **se mélanger les pieds** * *ou* **les pédales** * *ou* **les pinceaux** * *ou* **les crayons** * to get mixed up *ou* into a muddle (*surtout Brit*)

mélangeur /melɑ̃ʒœʀ/ NM (= *appareil*) mixer; (= *robinet*) mixer tap (*Brit*), mixing faucet (*US*); (*Ciné, Radio*) mixer

mélanine /melanin/ NF melanin

mélanocyte /melanɔsit/ NM melanocyte

mélanoderme /melanodɛʀm/ ADJ dark-skinned, melanodermic (*SPÉC*)

mélanodermie /melanodɛʀmi/ NF melanoderma

mélanome /melanom/ NM melanoma

mélasse /melas/ NF [1] (*Culin*) treacle (*Brit*), molasses (*US*)

[2] (*, *péj*) (= *boue*) muck; (= *brouillard*) murk ◆ **quelle mélasse !** (= *problèmes, confusion*) what a mess! ◆ **être dans la mélasse** (= *avoir des ennuis*) to be in the soup *, to be in a sticky situation *; (= *être dans la misère*) to be down and out, to be on one's beam ends * (*Brit*)

mélatonine /melatɔnin/ NF melatonin

Melba /mɛlba/ ADJ INV Melba ◆ **pêche/ananas Melba** peach/pineapple Melba

melchite /mɛlkit/ NMF Melchite

mêlé, e[1] /mele/ (ptp de **mêler**) ADJ [*sentiments*] mixed, mingled; [*couleurs, tons*] mingled; [*monde, société*] mixed

méléagrine /meleagʀin/ NF pearl oyster

mêlée[2] /mele/ SYN NF [1] (= *bataille*) mêlée; (*hum*) fray, kerfuffle * (*Brit*) ◆ **mêlée générale** free-for-all ◆ **la mêlée devint générale** it developed into a free-for-all, scuffles broke out all round *ou* on all sides ◆ **se jeter dans la mêlée** (*lit, fig*) to plunge into the fray ◆ **rester au-dessus de** *ou* **à l'écart de la mêlée** (*fig*) to stay *ou* keep aloof, to keep out of the fray

[2] (*Rugby*) scrum, scrummage ◆ **faire une mêlée** to go into a scrum ◆ **mêlée ordonnée** set scrum ◆ **mêlée ouverte** *ou* **spontanée** ruck, loose scrum ◆ **dans la mêlée ouverte** in the loose

méléna /melena/ NM ⇒ **mélæna**

mêler /mele/ SYN ▸ conjug 1 ◂

VT [1] (= *unir, mettre ensemble*) [+ *substances*] to mingle, to mix together; [+ *races*] to mix; [+ *animaux*] to cross; (*Culin* = *mélanger*) to mix, to blend; (= *joindre, allier*) to combine, to mingle ◆ **les deux fleuves mêlent leurs eaux** the two rivers mingle their waters ◆ **elles mêlèrent leurs larmes/leurs soupirs** their tears/their sighs mingled ◆ **vin mêlé d'eau** wine mixed with water

[2] (= *mettre en désordre, embrouiller*) [+ *papiers, dossiers*] to muddle (up), to mix up; (= *battre*) [+ *cartes*] to shuffle ◆ **mêler la réalité et le rêve** to confuse reality and dream

[3] (= *associer*) ◆ **mêler à** *ou* **avec** to mix *ou* mingle with ◆ **mêler la douceur à la fermeté** to combine gentleness with firmness ◆ **mêler du feuillage à un bouquet** to put some greenery in with a bouquet ◆ **récit mêlé de détails comiques** story interspersed with comic(al) details ◆ **joie mêlée de remords** pleasure mixed with *ou* tinged with remorse

[4] (= *impliquer*) ◆ **mêler qn à** [+ *affaire suspecte*] to involve sb in, to get sb mixed up *ou* involved in; [+ *action, négociations*] to involve sb in ◆ **j'y ai été mêlé contre mon gré** I was dragged into it against my will, I got mixed up *ou* involved in it against my will ◆ **il a été mêlé au scandale/à une affaire d'espionnage** he got mixed up in *ou* got involved in the scandal/in a spy scandal ◆ **mêler qn à la conversation** to bring *ou* draw sb into the conversation

VPR **se mêler** [1] (= *se mélanger*) [*odeurs, voix*] to mingle; [*cultures, races*] to mix

[2] ◆ **se mêler à** (= *se joindre à*) to join; (= *s'associer à*) to mix with; [*cris, sentiments*] to mingle with ◆ **il se mêla à la foule** he joined the crowd, he mingled with the crowd ◆ **se mêler à une querelle** to get mixed up *ou* involved in a quarrel ◆ **il ne se mêle jamais aux autres enfants** he never mixes with other children ◆ **il se mêlait à toutes les manifestations** he got involved *ou* took part in all the demonstrations ◆ **des rires se mêlaient aux applaudissements** there was laughter mingled with the applause ◆ **se mêler à la conversation** to join in the conversation

[3] ◆ **se mêler de** (= *s'impliquer dans*) to get mixed up *ou* involved in; (= *s'ingérer dans*) to meddle with, to interfere with ◆ **je ne veux pas me mêler de politique** I don't want to get mixed up in *ou* involved in politics ◆ **se mêler des affaires des autres** to meddle *ou* interfere in other people's business *ou* affairs ◆ **mêle-toi de ce qui te regarde !** *ou* **de tes affaires !** *ou* **de tes oignons !** * mind your own business! ◆ **de quoi je me mêle !** * (*iro*) what business is it of yours?, what's it got to do with you? ◆ **si le mauvais temps s'en mêle, nous n'y arriverons jamais** if the weather turns against us, we'll never make it ◆ **quand la politique/l'amour s'en mêle...** when politics/love comes into it... ◆ **se mêler de faire qch** to take it upon o.s. to do sth,

to make it one's business to do sth ◆ **voilà qu'il se mêle de nous donner des conseils !** who is he to give us advice!, look at him butting in with his advice! ◆ **ne vous mêlez pas d'intervenir !** don't you take it into your head to interfere!, just you keep out of it!

mêle-tout /mɛltu/ NM INV (Belg) nosy parker*

mélèze /melɛz/ NM larch

mélia /melja/ NM ◆ **mélia azedarach** China tree

mélilot /melilo/ NM melilot, sweet clover

méli-mélo* (pl **mélis-mélos**) /melimelo/ SYN NM [de situation] mess, muddle (surtout Brit); [d'objets] jumble ◆ **cette affaire est un véritable méli-mélo !** what a terrible mess ou muddle this business is! ◆ **méli-mélo de poissons/de légumes** (Culin) assortment of fish/of vegetables

mélinite /melinit/ NF melinite

mélioratif, -ive /meljɔʀatif, iv/
  ADJ meliorative
  NM meliorative term

mélique /melik/ ADJ melic

mélisse /melis/ NF (= plante) (lemon) balm; melissa (SPÉC)

mélitte /melit/ NF bastard balm

melkite /mɛlkit/ NMF ⇒ **melchite**

mellifère /melifɛʀ/ ADJ melliferous

mellification /melifikasjɔ̃/ NF mellification

melliflu, e /melifly/ ADJ (littér) mellifluous, mellifluent

mellite /melit/ NM mellitum oxymel

mélo* /melo/
  ADJ (abrév de **mélodramatique**) [film, roman] soppy*, sentimental ◆ **feuilleton mélo** (Presse) sentimental serial; (TV) soap (opera)
  NM abrév de **mélodrame**

mélodie /melɔdi/ SYN NF 1 (= motif, chanson) melody, tune ◆ **les mélodies de Debussy** Debussy's melodies ou songs ◆ **une petite mélodie entendue à la radio** a little tune heard on the radio
2 (= qualité) melodiousness

mélodieusement /melɔdjøzmɑ̃/ ADV melodiously, tunefully

mélodieux, -ieuse /melɔdjø, jøz/ SYN ADJ melodious, tuneful

mélodique /melɔdik/ ADJ melodic

mélodiste /melɔdist/ NMF melodist ◆ **c'est un excellent mélodiste** he composes fine melodies, he's a very good melodist

mélodramatique /melɔdʀamatik/ SYN ADJ (Littérat, péj) melodramatic

mélodrame /melɔdʀam/ NM (Littérat, péj) melodrama

méloé /melɔe/ NM oil beetle

mélomane /melɔman/
  ADJ music-loving (épith), keen on music (attrib)
  NMF music lover

melon /m(ə)lɔ̃/
  NM 1 (= fruit) melon ◆ **melon (cantaloup)** cantaloup(e) ◆ **choper le melon*** (= la grosse tête) to get bigheaded* ◆ **il a le melon*** depuis qu'il a eu sa promotion that promotion has really gone to his head*
  2 ◆ **(chapeau) melon** bowler (hat) (Brit), derby (hat) (US)
  COMP **melon d'eau** watermelon
  melon d'Espagne ≃ honeydew melon

melonnière /m(ə)lɔnjɛʀ/ NF melon field

mélopée /melɔpe/ NF 1 (gén = chant monotone) monotonous chant, threnody (littér)
2 (Hist Mus) recitative

mélophage /melɔfaʒ/ NM sheep ked ou tick

membranaire /mɑ̃bʀanɛʀ/ ADJ membrane (épith)

membrane /mɑ̃bʀan/ NF (gén) membrane ◆ **fausse membrane** false membrane(Anat) [de haut-parleur] ◆ **membrane vibrante** vibrating diaphragm diaphragm ◆ **membrane cellulaire** (Bio) plasma ou cell membrane

membraneux, -euse /mɑ̃bʀanø, øz/ ADJ membran(e)ous

membre /mɑ̃bʀ/ SYN NM 1 (= partie du corps) limb ◆ **membre inférieur/supérieur** lower/upper limb ◆ **membre antérieur/postérieur** fore-/hind limb ◆ **membre (viril)** male member ou organ

2 [de famille, groupe, société savante] member; [d'académie] fellow ◆ **membre fondateur** founder member ◆ **membre actif/perpétuel** active/life member ◆ **membre permanent du Conseil de sécurité** permanent member of the Security Council ◆ **un membre de la société/du public** a member of society/of the public ◆ **les membres du gouvernement** the members of the government ◆ **être membre de** to be a member of ◆ **devenir membre d'un club** to become a member of a club, to join a club ◆ **ce club a 300 membres** this club has a membership of 300 ou has 300 members ◆ **pays/États membres (de l'Union européenne)** member countries/states (of the European union)

3 (Math) member ◆ **premier/second membre** left-hand/right-hand member

4 (Ling) ◆ **membre de phrase** (sentence) member

5 (Archit) member

6 (Naut) [de bateau] timber, rib

membré, e /mɑ̃bʀe/ ADJ limbed ◆ **bien/mal membré** strong-/weak-limbed ◆ **bien membré*** [homme] well-hung*

membru, e /mɑ̃bʀy/ ADJ (littér) strong-limbed

membrure /mɑ̃bʀyʀ/ NF (Anat) limbs, build; (Naut) [de bateau] rib; (collectif) frame ◆ **homme à la membrure puissante** strong-limbed ou powerfully built man

mémé* /meme/
  NF (langage enfantin = grand-mère) gran(ny)*, grandma; (= vieille dame) old lady; (péj) old granny* (péj)
  ADJ INV ◆ **ça fait mémé** it looks dowdy ◆ **tu fais mémé avec cette robe** that dress makes you look like an old lady ou makes you look dowdy

même /mɛm/ GRAMMAIRE ACTIVE 5.4, 26.5 SYN
  ADJ 1 (avant n = identique) same, identical ◆ **des bijoux de même valeur** jewels of equal ou of the same value ◆ **ils ont la même taille/la même couleur, ils sont de même taille/de même couleur** they are the same size/the same colour ◆ **j'ai exactement la même robe qu'hier** I am wearing the very same dress I wore yesterday ou exactly the same dress as yesterday ◆ **nous sommes du même avis** we are of the same mind ou opinion, we agree ◆ **ils ont la même voiture que nous** they have the same car as we have ou as us* ◆ **que vous veniez ou non, c'est la même chose** it makes no difference ou odds (Brit) whether you come or not ◆ **c'est toujours la même chose !** it's always the same (old story)! ◆ **c'est la même chose** (= c'est équivalent) it amounts to the same (thing), it's six of one and half a dozen of the other* ◆ **arriver en même temps (que)** to arrive at the same time (as) ◆ **en même temps qu'il le faisait, l'autre s'approchait** as ou while he was doing it the other drew nearer

2 (après n ou pron = exact, personnifié) very, actual ◆ **ce sont ses paroles mêmes** those are his very ou actual words ◆ **il est la générosité/gentillesse même** he is generosity/kindness itself, he is the (very) soul of generosity/kindness ◆ **il est la méchanceté/bêtise même** he's wickedness/stupidity itself ◆ **la grande maison, celle-là même que vous avez visitée** the big house, the very one you visited ou precisely the one you visited

3 ◆ **moi-même** myself ◆ **toi-même** yourself ◆ **lui-même** himself ◆ **elle-même** herself ◆ **nous-mêmes** ourselves ◆ **vous-même** yourself ◆ **vous-mêmes** yourselves ◆ **eux-** ou **elles-mêmes** themselves ◆ **un autre soi-même** another self ◆ **on est soi-même conscient de ses propres erreurs** one is aware (oneself) of one's own mistakes ◆ **nous devons y aller nous-mêmes** we must go ourselves ◆ **s'apitoyer sur soi-même** to feel sorry for oneself ◆ **tu n'as aucune confiance en toi-même** you have no confidence in yourself ◆ **c'est lui-même qui l'a dit, il l'a dit lui-même** he said it himself, he himself said it ◆ **au plus profond d'eux-mêmes/de nous-mêmes** in their/our heart of hearts ◆ **elle fait ses habits elle-même** she makes her own clothes, she makes her clothes herself ◆ **c'est ce que je me dis en** ou **à moi-même** that's what I tell myself (inwardly), that's what I think to myself ◆ **elle se disait en elle-même que...** she thought to herself that..., she thought privately ou inwardly that... ◆ **faire qch de soi-même** to do sth on one's own initiative ou off one's own bat (Brit) ◆ **faire qch (par) soi-même** to do sth (by) oneself

  PRON INDÉF (avec le, la, les) ◆ **ce n'est pas le même** it's not the same (one) ◆ **la réaction n'a pas été la même qu'à Paris** the reaction was not the same as in Paris ◆ **elle est bien toujours la même !** she's just the same as ever! ◆ **ce sont toujours les mêmes qui se font prendre** it's always the same ones who catch it* ◆ **c'est le même que j'ai revu plus tard** it was the same man that I saw later on ◆ **les mêmes, trois heures plus tard** (aussi hum) same scene, three hours later; → **pareil, revenir**

  ADV 1 (gén) even ◆ **ils sont tous sortis, même les enfants** they are all out, even the children ◆ **il n'a pas même** ou **pas même de quoi écrire** he hasn't even got anything to write with ◆ **il est intéressant et même amusant** he's interesting and amusing too ou besides ◆ **elle ne me parle même plus** she no longer even speaks to me, she doesn't even speak to me anymore ◆ **même lui ne sait pas** even he doesn't know ◆ **personne ne sait, même pas lui** nobody knows, not even him ◆ **même si** even if, even though ◆ **c'est vrai, même que je peux le prouver !*** it's true, and what's more I can prove it!

2 (= précisément) ◆ **aujourd'hui même** this very day ◆ **ici même** in this very place, on this very spot ◆ **c'est celui-là même qui...** he's the very one who... ◆ **c'est cela même** that's just ou exactly it

3 (locutions)
  ◆ **à même** ◆ **boire à même la bouteille** to drink (straight) from the bottle ◆ **coucher à même le sol** to lie on the bare ground ◆ **à même la peau** next to the skin ◆ **être à même de faire** to be able ou to be in a position to do ◆ **je ne suis pas à même de juger** I'm in no position to judge

  ◆ **de même** ◆ **il fera de même** he'll do the same, he'll do likewise, he'll follow suit ◆ **vous le détestez ? moi de même** you hate him? so do I ou I do too ou me too ou same here* ◆ **de même qu'il nous a dit que...** just as he told us that... ◆ **il en est** ou **il en va de même pour moi** it's the same for me, same here *

  ◆ **quand même, tout de même** (= en dépit de cela) all the same, even so; (= vraiment) really ◆ **tout de même !, quand même !** (indignation) honestly! ◆ **quel crétin quand même !** really, what an idiot! ◆ **merci quand même** (lit, hum) thanks all the same ou just the same ◆ **c'est tout de même** ou **quand même agaçant** (= cependant) all the same it is annoying; (= vraiment) it's really annoying ◆ **elle m'agace ! – elle est gentille tout de même** she annoys me! – but she's quite nice really ◆ **tout de même** ou **quand même, il aurait pu nous prévenir !** well, he might have warned us ! ◆ **il exagère tout de même !** really, he's going too far! ◆ **il a tout de même réussi à s'échapper** he managed to escape all the same ◆ **c'est tout de même étonnant** it's quite surprising ◆ **je lui ai interdit de le faire, mais il l'a fait quand même** I told him not to do it, but he did it anyway

mêmement /mɛmmɑ̃/ ADV (frm) likewise

mémento /memɛ̃to/ NM (= agenda) appointments book ou diary (Brit), engagement diary (Brit) ou calendar (US); (Scol = aide-mémoire) summary ◆ **mémento des vivants/des morts** (Rel) prayers for the living/the dead

mémère* /memɛʀ/ NF (langage enfantin = grand-mère) granny*, grandma; (péj = vieille dame) old dear* ◆ **le petit chien à sa mémère** (hum) mummy's little doggy (hum) ◆ **elle fait mémère avec ce chapeau** she looks like an old granny in that hat*

mémo* /memo/ NM (abrév de **mémorandum**) memo

mémoire¹ /memwaʀ/ SYN NF 1 (Psych, Sci) memory ◆ **citer de mémoire** to quote from memory ◆ **de mémoire d'homme** in living memory ◆ **de mémoire de Parisien, on n'avait jamais vu ça !** no one could remember such a thing happening in Paris before ◆ **pour mémoire** (gén) as a matter of interest; (Comm) for the record ◆ **mémoire associative/collective** associative/collective memory ◆ **mémoire auditive/visuelle/olfactive** aural/visual/olfactory memory; → **effort, rafraîchir, trou**

2 (locutions) ◆ **avoir de la mémoire/une très bonne mémoire** to have a good memory/a very good memory ◆ **si j'ai bonne mémoire** if I remember right ou rightly, if my memory serves me right ◆ **il n'a pas de mémoire, il n'a aucune mémoire** he can never remember anything ◆ **avoir la mémoire courte** to have a short memory ◆ **avoir une mémoire d'éléphant** to have a memory like an elephant('s) ◆ **perdre la mémoire** to lose one's memory

◆ **avoir la mémoire des noms** to have a good memory for names ◆ **je n'ai pas la mémoire des dates/visages** I have no memory for dates/faces, I can never remember dates/faces ◆ **garder qch en mémoire** to remember sth ◆ **j'ai gardé (la) mémoire de cette conversation** *(frm)* I remember *ou* recall this conversation ◆ **chercher un nom dans sa mémoire** to try to recall a name, to rack one's brains to remember a name ◆ **ça y est, ça me revient en mémoire** I remember now, it's coming back to me now ◆ **il me l'a remis en mémoire** he reminded me of it, he brought it back to me ◆ **son nom restera (gravé) dans notre mémoire** his name will remain (engraved) in our memories ◆ **nous avons un devoir de mémoire** it is our duty to remember

[3] *(= réputation)* memory, good name; *(= renommée)* memory, fame, renown ◆ **soldat de glorieuse mémoire** soldier of blessed memory ◆ **de sinistre mémoire** of evil memory, remembered with fear *ou* horror; *(hum)* fearful, ghastly ◆ **salir la mémoire de qn** to sully the memory of sb ◆ **à la mémoire de** in memory of, to the memory of

[4] *(Ordin)* memory ◆ **mémoire à bulles** bubble memory ◆ **mémoire cache/externe** cache/external storage ◆ **mémoire vive** RAM, random access memory ◆ **mémoire morte** ROM, read-only memory ◆ **mémoire volatile** volatile memory ◆ **mémoire de masse, mémoire auxiliaire** mass memory *ou* storage ◆ **mémoire centrale** *ou* **principale** main memory ◆ **avoir 24 Mo de mémoire centrale** to have 24 Mb of main memory ◆ **mémoire tampon** buffer memory ◆ **capacité de mémoire** storage capacity, memory size ◆ **mettre qch en mémoire** to store sth ◆ **mise en mémoire** storage

mémoire² /memwaʀ/ SYN

NM *(= requête)* memorandum; *(= rapport)* report; *(= exposé)* paper, dissertation *(Brit)*; *(= facture)* bill; *(Jur)* statement of case ◆ **mémoire de maîtrise** *(Univ) dissertation done for research degree,* ≃ master's thesis → DIPLÔMES

NMPL **mémoires** *(= souvenirs)* memoirs ◆ **tu écris tes mémoires ?** *(hum)* are you writing your life story? *(hum)*

mémorable /memɔʀabl/ SYN ADJ memorable, unforgettable

mémorandum /memɔʀɑ̃dɔm/ NM *(Pol)* memorandum; *(Comm)* order sheet, memorandum; *(= carnet)* notebook, memo book

mémorial (pl **-iaux**) /memɔʀjal, jo/ NM *(Archit)* memorial ◆ **Mémorial** *(Littérat)* Chronicles

mémorialiste /memɔʀjalist/ NMF writer of memoirs

mémoriel, -ielle /memɔʀjɛl/ ADJ memory *(épith)*

mémorisation /memɔʀizasjɔ̃/ NF memorization, memorizing; *(Ordin)* storage

mémoriser /memɔʀize/ ▸ conjug 1 ◂ VT to memorize, to commit to memory; *(Ordin)* to store

menaçant, e /mənasɑ̃, ɑ̃t/ SYN ADJ *[geste, paroles, foule, orage, regard]* threatening, menacing; *[nuages]* ominous, threatening; *[ciel]* lowering *(épith)*, threatening, menacing ◆ **sa voix se fit menaçante** his voice took on a threatening *ou* menacing tone ◆ **elle se fit menaçante** she started to make *ou* issue threats

menace /mənas/ SYN NF [1] *(= intimidation)* threat ◆ **c'est une menace ?** is that a threat?, are you threatening me? ◆ **il eut un geste de menace** he made a threatening gesture ◆ **il eut des paroles de menace** he made some threats ◆ **malgré les menaces de représailles** despite the threat of reprisals ◆ **il y a des menaces de grève** there's a threat of strike action ◆ **signer sous la menace** to sign under duress ◆ **sous la menace de** under (the) threat of ◆ **sous la menace d'un couteau/d'un pistolet** at knife-point/gun-point

[2] *(= danger)* threat ◆ **la menace nucléaire** the nuclear threat ◆ **menace d'épidémie** threat of an epidemic ◆ **être sous la menace d'une expulsion/de sanctions** to be threatened with *ou* be under threat of expulsion/of sanctions

[3] *(Jur)* ◆ **menaces** intimidation, threats ◆ **recevoir des menaces de mort** to receive death threats *ou* threats on one's life

menacer /mənase/ SYN ▸ conjug 3 ◂ VT [1] *(= faire peur à)* to threaten, to menace *(gén pass)* ◆ **menacer qn de mort/d'un revolver** to threaten sb with death/with a gun ◆ **menacer qn du poing/de sa canne** to shake one's fist/one's stick at sb ◆ **menacer de faire qch** to threaten to do sth

[2] *(= mettre en danger) [+ équilibre, projet]* to jeopardize ◆ **ses jours sont menacés** his life is threatened *ou* in danger ◆ **la guerre menaçait le pays** the country was threatened *ou* menaced by *ou* with war ◆ **espèces menacées** threatened *ou* endangered species ◆ **le processus de paix est menacé** the peace process is in jeopardy ◆ **être menacé de disparition** *[espèce]* to be threatened by extinction, to be in danger of extinction; *[culture, parti, revue, institution, profession]* to be in danger of disappearing ◆ **le théâtre est menacé de fermeture** the theatre is threatened with closure

[3] *(= risquer de survenir) [chômage, grève, guerre]* to loom large ◆ **la pluie menace** it looks like rain, it's threatening to rain ◆ **l'orage menace (d'éclater)** the storm is about to break *ou* is threatening to break ◆ **chaise qui menace de se casser** chair which is showing signs of *ou* looks like breaking *(Brit)* *ou* looks like it will break ◆ **pluie/discours qui menace de durer** rain/speech which threatens to last some time ◆ **la maison menace ruine** the house is in danger of falling down

ménade /menad/ NF m(a)enad

ménage /menaʒ/ SYN NM [1] *(= entretien d'une maison)* housekeeping; *(= nettoyage)* housework ◆ **les soins du ménage** the housework, the household duties ◆ **s'occuper de** *ou* **tenir son ménage** to look after one's house, to keep house ◆ **faire du ménage** to do some housework *ou* cleaning ◆ **faire le ménage** *(= nettoyer)* to do the housework; *(= remettre en ordre)* to put one's house in order; *(= licencier)* to get rid of the deadwood ◆ **faire le ménage à fond** *ou* **en grand** to clean the house from top to bottom, to do the housework thoroughly ◆ **faire le** *ou* **du ménage dans ses archives/ses tiroirs** to sort out *ou* tidy one's files/one's drawers ◆ **faire du ménage dans sa vie** to sort one's life out ◆ **faire des ménages** to work as a cleaner ◆ **le grand ménage** *(Can)* the spring-cleaning; → **femme**

[2] *(= couple, communauté familiale)* married couple, household; *(Écon)* household ◆ **ménage sans enfant** childless couple ◆ **ménage à trois** ménage à trois ◆ **jeune/vieux ménage** young/old couple ◆ **cela ne va pas dans le ménage** their marriage is a bit shaky *ou* isn't really working ◆ **être heureux/malheureux en ménage** to have a happy/an unhappy married life ◆ **se mettre en ménage avec qn** to set up house with sb, to move in with sb ◆ **querelles de ménage** domestic quarrels *ou* rows ◆ **faire bon/mauvais ménage avec qn** to get on well/badly with sb, to hit it off/not hit it off with sb* ◆ **notre chat et la perruche font très bon ménage** our cat and the budgie are good friends ◆ **bêtise et lâcheté font bon ménage** stupidity and cowardice go hand in hand ◆ **économie et culture font rarement bon ménage** economics and culture are rarely compatible; → **paix, scène**

[3] *(† = ordinaire)* ◆ **de ménage** *[chocolat]* for ordinary *ou* everyday consumption; *[pain]* homemade

ménagement /menaʒmɑ̃/ SYN NM *(= douceur)* care; *(= attention)* attention ◆ **ménagements** *(= égards)* consideration ◆ **traiter qn avec ménagement** to treat sb considerately *ou* tactfully ◆ **il lui annonça la nouvelle avec ménagement** he broke the news to her gently *ou* cautiously ◆ **elle a besoin de ménagement car elle est encore très faible** she needs care and attention as she's still very weak

◆ **sans ménagement(s)** ◆ **traiter qn sans ménagement(s)** to show no consideration towards sb; *(avec brutalité)* to manhandle sb ◆ **il les a congédiés sans ménagement(s)** he dismissed them without further ado *ou* with scant ceremony ◆ **la police les a expulsés sans ménagement(s)** they were forcibly evicted by the police ◆ **annoncer qch sans ménagement(s) à qn** to break the news of sth bluntly to sb, to tell sb sth bluntly

ménager¹, -ère /menaʒe, ɛʀ/ SYN

ADJ *[ustensiles, appareils]* household *(épith)*, domestic *(épith)* ◆ **travaux ménagers, tâches ménagères** housework, domestic chores ◆ **collège d'enseignement ménager** † school of domestic science; → **art, eau, ordure**

NF **ménagère** [1] *(= femme d'intérieur)* housewife

[2] *(= couverts)* canteen (of cutlery)

ménager² /menaʒe/ SYN ▸ conjug 3 ◂

VT [1] *(= traiter avec prudence) [+ personne puissante, adversaire]* to handle carefully, to treat tactfully *ou* considerately; *[+ sentiments]* to spare, to show consideration for ◆ **elle est très sensible, il faut la ménager** she's very sensitive, you must treat her gently ◆ **ménager les deux parties** to keep both parties happy ◆ **afin de ménager les susceptibilités** so as not to offend people's sensibilities ◆ **ménager la chèvre et le chou** *(= rester neutre)* to sit on the fence; *(= être conciliant)* to keep both parties sweet*

[2] *(= utiliser avec économie ou modération) [+ appareil]* to go easy on; *[+ réserves]* to use carefully *ou* sparingly; *[+ vêtement]* to treat with care; *[+ argent, temps]* to use carefully, to economize; *[+ expressions]* to moderate, to tone down ◆ **c'est un homme qui ménage ses paroles** he's a man of few words ◆ **ménager ses forces** to save *ou* conserve one's strength ◆ **ménager sa santé** to take great care of one's health, to look after o.s. ◆ **il n'a pas ménagé ses efforts** he spared no effort ◆ **nous n'avons rien ménagé pour vous plaire** we've spared no pains to please you ◆ **il ne lui a pas ménagé les louanges** he heaped praise on him

[3] *(= préparer) [+ entretien, rencontre]* to arrange, to organize, to bring about; *[+ transition]* to contrive, to bring about ◆ **ménager l'avenir** to prepare for the future ◆ **il nous ménage une surprise** he's got a surprise in store for us ◆ **il sait ménager ses effets** *[orateur]* he knows how to make the most of his effects

[4] *(= disposer, pratiquer) [+ porte, fenêtre]* to put in; *[+ chemin]* to cut ◆ **ménager un espace entre** to make a space between ◆ **ménager une place pour** to make room for

VPR **se ménager** [1] *(= ne pas abuser de ses forces)* to take it easy ◆ **il faut** *ou* **vous devriez vous ménager un peu** you should take things easy, you should try not to overtax yourself ◆ **l'athlète se ménage pour la finale** the athlete is conserving his energy *ou* is saving himself for the final

[2] *(= se réserver)* ◆ **se ménager du temps pour se reposer** to set time aside to rest ◆ **se ménager une marge de manœuvre** to leave o.s. room for manoeuvre ◆ **se ménager un passage** to clear a path for o.s. ◆ **se ménager une revanche** to plan one's revenge

ménagerie /menaʒʀi/ NF *(lit)* menagerie; *(* fig)* zoo

ménagiste /menaʒist/ NMF *(= fabricant)* (household-)appliance maker; *(= vendeur)* (household-)appliance seller

menchevik /mɛnʃevik/ NMF Menshevik *(épith)*

mendélévium /mɛ̃delevjɔm/ NM mendelevium

mendélien, -ienne /mɛ̃deljɛ̃, jɛn/ ADJ Mendelian

mendélisme /mɛ̃delism/ NM Mendel(ian)ism

mendiant, e /mɑ̃djɑ̃, jɑ̃t/

NM,F beggar; → **frère, ordre¹**

NM *(= pâtisserie)* mixed dried fruit(s) and nuts *(on a chocolate base),* ≃ florentine ◆ **des mendiants** *(= fruits et noix)* dried fruit and nuts

mendicité /mɑ̃disite/ NF begging ◆ **arrêter qn pour mendicité** to arrest sb for begging ◆ **être réduit à la mendicité** to be reduced to beggary *ou* begging

mendier /mɑ̃dje/ SYN ▸ conjug 7 ◂

VT *[+ argent, nourriture, caresse, emploi]* to beg for ◆ **mendier qch à qn** to beg sb for sth ◆ **mendier des compliments** to fish for compliments

VI to beg

mendigot* /mɑ̃digo/ NM *(péj)* beggar

mendigote* /mɑ̃digɔt/ NF *(péj)* beggar woman

mendigoter* /mɑ̃digɔte/ ▸ conjug 1 ◂ VTI to beg ◆ **toujours à mendigoter (quelque chose)** always begging (for something)

mendole /mɑ̃dɔl/ NF picarel

Mendoza /mɛndoza/ NM Mendoza

meneau (pl **meneaux**) /məno/ NM *(horizontal)* transom; *(vertical)* mullion; → **fenêtre**

menée /məne/

NF [1] *(Vénerie)* stag's track *(in flight)*

[2] *(Helv = amas de neige)* snowdrift

NFPL **menées** *(= machinations)* intrigues, manoeuvres, machinations ◆ **déjouer les menées de qn** to foil sb's manoeuvres *ou* little game* ◆ **menées subversives** subversive activities

mener /m(ə)ne/ SYN ▸ conjug 5 ◂ VT [1] *(= conduire) [+ personne]* to take, to lead; *(en voiture)* to drive, to take *(à* to; *dans* into) ◆ **mener un enfant à l'école/chez le médecin** to take a child to school/to see the doctor ◆ **mener la voiture au garage** to take the car to the garage ◆ **mène ton ami à sa chambre** show *ou* take *ou* see your friend to his room • **mener promener le chien** to take the dog for a walk • **mener qn en bateau*** to take sb for a ride*, to lead sb up the garden path*, to have sb on* • **il a bien su mener sa barque** he's managed his career very effectively

2 *[véhicule, personne]* to take; *[route]* to lead, to take; *[profession, action]* to lead, to get (*à* to; *dans* into) • **c'est le chemin qui mène à la mer** this is the path (leading) to the sea • **le car vous mène à Chartres en deux heures** the bus will take *ou* get you to Chartres in two hours • **cette route vous mène à Chartres** this road will take you to Chartres, you'll get to Chartres on this road • **où mène ce chemin ?** where does this path go *ou* lead (to)? • **où tout cela va-t-il nous mener ?** where's all this going to get us?, where does all this lead us? • **cela ne (nous) mène à rien** this won't get us anywhere, this will get us nowhere • **le journalisme mène à tout** all roads are open to you in journalism • **de telles infractions pourraient le mener loin** offences such as these could get him into trouble *ou* into deep water • **mener qn à faire qch** to lead sb to do qch; → **chemin**

3 *(= commander) [+ personne, cortège]* to lead; *[+ pays]* to run, to rule; *[+ entreprise]* to manage, to run; *[+ navire]* to command • **il sait mener les hommes** he knows how to lead men, he is a good leader • **mener qn par le bout du nez** to lead sb by the nose • **il est mené par le bout du nez par sa femme** his wife has got him on a string • **elle se laisse mener par son frère** she lets herself be led by her brother • **l'argent mène le monde** money rules the world, money makes the world go round • **mener le jeu** *ou* **la danse** to call the tune, to say what goes* • **mener les débats** to chair the discussion

4 *(gén, Sport = être en tête)* to lead; *(emploi absolu)* to lead, to be in the lead • **il mène (par) 3 jeux à 1** *(Tennis)* he's leading (by) 3 games to 1 • **la France mène (l'Écosse par 2 buts à 1)** France is in the lead *ou* is leading (by 2 goals to 1 against Scotland)

5 *(= orienter) [+ vie]* to lead, to live; *[+ négociations, lutte, conversation]* to carry on; *[+ enquête]* to carry out, to conduct; *[+ affaires]* to manage, to run; *[+ carrière]* to handle, to manage • **mener les choses rondement** to manage things efficiently • **mener qch à bien** *ou* **à bonne fin** *ou* **à terme** to see sth through, to carry sth through to a successful conclusion • **il mène deux affaires de front** he runs *ou* manages two businesses at once • **mener la vie dure à qn** to rule sb with an iron hand, to keep a firm hand on sb • **il n'en menait pas large** his heart was in his boots; → **barque, train** *etc*

6 *(Math)* • **mener une parallèle à une droite** to draw a line parallel to a straight line

ménestrel /menɛstʀɛl/ **NM** minstrel

ménétrier /menetʀije/ **NM** fiddler

meneur, -euse /mənœʀ, øz/ SYN **NM,F** *(= chef)* (ring) leader; *(= agitateur)* agitator • **meneur d'hommes** born leader • **meneur de jeu** *[de spectacles, variétés]* master of ceremonies, compere *(Brit)*, emcee *(US)*; *[de jeux-concours]* quizmaster; *(Sport)* team leader • **meneuse de revue** *(Music-hall)* captain *(of chorus girls)*

menhir /meniʀ/ **NM** menhir, standing stone

menin /menɛ̃/ **NM** *(Hist) (en Espagne)* young nobleman; *(en France) young nobleman attached to the Dauphin*

menine /menin/ **NF** *(Hist)* young noblewoman

méninge /menɛ̃ʒ/ **NF** *(Méd)* meninx • **méninges** meninges • **se creuser les méninges*** to rack one's brains • **tu ne t'es pas fatigué les méninges !*** you didn't strain* *ou* overtax yourself!

méningé, e /menɛ̃ʒe/ **ADJ** meningeal

méningiome /menɛ̃ʒjom/ **NM** meningioma

méningite /menɛ̃ʒit/ **NF** meningitis *(NonC)* • **faire une méningite** to have meningitis • **ce n'est pas lui qui attrapera une méningite !*** he's not one to strain himself!*

méningitique /menɛ̃ʒitik/ **ADJ** meningitic

méningocoque /menɛ̃gɔkɔk/ **NM** meningococcus

méniscal, e (mpl -aux) /meniskal, o/ **ADJ** meniscus *(épith)*

méniscite /menisit/ **NF** meniscitis

ménisque /menisk/ **NM** *(Anat, Opt, Phys)* meniscus; *(Bijouterie) crescent-shaped jewel*

mennonite /menɔnit/ **ADJ, NMF** Mennonite

ménopause /menopoz/ **NF** menopause • **troubles de la ménopause** menopausal problems

ménopausée /menopoze/

ADJ F post-menopausal

NF post-menopausal woman, woman past the menopause

ménopausique /menɔpozik/ **ADJ** *[troubles]* menopausal

ménorragie /menɔʀaʒi/ **NF** menorrhagia

menotte /mənɔt/

NF *(langage enfantin)* little *ou* tiny hand, handy *(langage enfantin)*

NFPL **menottes** handcuffs • **il est parti, menottes aux poignets** he left handcuffed *ou* in handcuffs • **mettre** *ou* **passer les menottes à qn** to handcuff sb

mensonge /mɑ̃sɔ̃ʒ/ SYN **NM** 1 *(= contre-vérité)* lie • **faire** *ou* **dire un mensonge** to tell a lie • **mensonge par omission** lie by omission • **pieux mensonge** white lie • **c'est vrai, ce mensonge ?** *(hum)* are you sure you're not fibbling? • **tout ça, c'est des mensonges*** it's all a pack of lies; → **détecteur**

2 • **le mensonge** lying, untruthfulness • **je hais le mensonge** I hate lies *ou* untruthfulness • **il vit dans le mensonge** he's living a lie

3 *(littér = illusion)* illusion

mensonger, -ère /mɑ̃sɔ̃ʒe, ɛʀ/ SYN **ADJ** *(= faux) [rapport, nouvelle]* untrue, false; *[promesse]* deceitful, false; *(littér = trompeur) [bonheur]* illusory, delusive, deceptive

mensongèrement /mɑ̃sɔ̃ʒɛʀmɑ̃/ **ADV** untruthfully, falsely • **témoigner mensongèrement** to give a false statement

menstruation /mɑ̃stʀyasjɔ̃/ **NF** menstruation

menstruel, -elle /mɑ̃stʀyɛl/ **ADJ** menstrual

menstrues /mɑ̃stʀy/ **NFPL** menses

mensualisation /mɑ̃sɥalizasjɔ̃/ **NF** *[de salaires, impôts, factures]* monthly payment • **effectuer la mensualisation des salaires** to put workers on monthly salaries, to pay salaries monthly • **la mensualisation de l'impôt** the monthly payment of tax → **IMPÔTS**

mensualiser /mɑ̃sɥalize/ ▸ conjug 1 ◂ **VT** *[+ salaires, employés, impôts, factures]* to pay on a monthly basis • **être mensualisé** *[salaire]* to be paid monthly *ou* on a monthly basis; *[employé]* to be on a monthly salary; *[contribuable]* to pay income tax monthly

mensualité /mɑ̃sɥalite/ **NF** *(= traite)* monthly payment *ou* instalment; *(= salaire)* monthly salary • **payer par mensualités** to pay monthly *ou* in monthly instalments

mensuel, -elle /mɑ̃sɥɛl/

ADJ monthly

NM *(Presse)* monthly (magazine)

mensuellement /mɑ̃sɥɛlmɑ̃/ **ADV** monthly, every month

mensuration /mɑ̃syʀasjɔ̃/ **NF** *(= mesure, calcul)* mensuration • **mensurations** *(= mesures)* measurements • **quelles sont ses mensurations ?** *[de femme]* what are her measurements *ou* vital statistics* *(hum)*?

mental, e (mpl -aux) /mɑ̃tal, o/ SYN

ADJ *[maladie, âge, processus]* mental; → **calcul, malade**

NM *(= état d'esprit)* • **le mental** the mental state

mentalement /mɑ̃talmɑ̃/ **ADV** mentally • **calculer qch mentalement** to calculate sth *ou* work sth out in one's head • **c'est quelqu'un de très solide mentalement** mentally he's very strong

mentalité /mɑ̃talite/ SYN **NF** mentality • **les mentalités ont changé** people think differently now, (people's) attitudes have changed • **faire changer les mentalités** to change the way people think • **quelle mentalité !, jolie mentalité !** *(iro)* what an attitude! • **avoir une sale mentalité*** to be a nasty piece of work*

menterie † /mɑ̃tʀi/ **NF** *(= mensonge)* untruth, falsehood • **ce sont des menteries** *(hum)* it's all a pack of lies

menteur, -euse /mɑ̃tœʀ, øz/ SYN

ADJ *[proverbe]* fallacious, false; *[enfant]* untruthful, lying • **il est très menteur** he's an awful liar, he's always lying

NM,F liar, fibber* • **sale menteur !*** you dirty liar!

NM *(Cartes)* cheat

menthe /mɑ̃t/ **NF** 1 *(= plante)* mint • **menthe poivrée** peppermint • **menthe verte** spearmint, garden mint • **à la** *ou* **de menthe** mint *(épith)*; → **alcool, pastille, thé**

2 *(= boisson fraîche)* peppermint cordial; *(= infusion)* mint tea • **une menthe à l'eau** a glass of peppermint cordial; → **diabolo**

menthol /mɑ̃tɔl/ **NM** menthol

mentholé, e /mɑ̃tɔle/ **ADJ** mentholated, menthol *(épith)*

mention /mɑ̃sjɔ̃/ SYN **NF** 1 *(= note brève)* mention • **faire mention de** to mention, to make mention of • **il n'y a pas mention de son nom dans la liste** his name is not on the list • **faire l'objet d'une mention** to be mentioned

2 *(= annotation)* note, comment • **le paquet est revenu avec la mention « adresse inconnue »** the parcel was returned marked "address unknown" • **« rayer la mention inutile »** *(Admin)* "delete as appropriate"

3 *(Scol, Univ)* grade • **mention très honorable** *[de doctorat]* (with) distinction • **être reçu avec mention** to pass with distinction *ou* honours • **être reçu sans mention** to get a pass • **mention passable** ≃ pass, ≃ pass mark *(Brit)*, ≃ passing grade *(US)*, ≃ (grade) C • **mention assez bien** *(Scol)* ≃ (grade) B; *(Univ)* ≃ lower second class honours *(Brit)*, ≃ (grade) B *(US)* • **mention bien** *(Scol)* ≃ B+ *ou* A-; *(Univ)* ≃ upper second class honours *(Brit)*, ≃ cum laude *(US)* • **mention très bien** *(Scol)* ≃ A *ou* A+; *(Univ)* ≃ first class honours *(Brit)*, ≃ magna cum laude *(US)* • **son film a obtenu une mention spéciale lors du dernier festival** his film received a special award at the last festival

4 *(Ling)* mention

> (!) Au sens de 'annotation' ou pour un examen, **mention** ne se traduit pas par le mot anglais **mention**.

mentionner /mɑ̃sjɔne/ GRAMMAIRE ACTIVE 26.2 SYN ▸ conjug 1 ◂ **VT** to mention • **la personne mentionnée ci-dessus** the above-mentioned person • **l'île n'est pas mentionnée sur la carte** the island doesn't appear on the map

mentir /mɑ̃tiʀ/ SYN ▸ conjug 16 ◂

VI 1 *[personne]* to lie (*à qn* to sb; *sur* about); *[photo, apparences]* to be deceptive • **tu mens !** you're a liar!, you're lying! • **mentir effrontément** to lie boldly, to be a barefaced liar • **je t'ai menti** I lied to you, I told you a lie • **sans mentir** (quite) honestly • **il ment comme il respire** *ou* **comme un arracheur de dents** he's a compulsive liar, he lies in *ou* through his teeth* • **a beau mentir qui vient de loin** *(Prov)* long ways long lies *(Prov)* • **ne me fais pas mentir !** don't prove me wrong! • **faire mentir le proverbe** to give the lie to the proverb, to disprove the proverb

2 *(littér)* • **mentir à** *(= manquer à)* to betray; *(= démentir)* to belie • **il ment à sa réputation** he belies *ou* does not live up to his reputation • **vous en avez menti** († *ou hum*) you told an untruth

VPR **se mentir** *[personnes]* to lie to each other • **se mentir à soi-même** to fool o.s. • **il se ment à lui-même** he's not being honest with himself, he's fooling himself

mentisme /mɑ̃tism/ **NM** mentism

menton /mɑ̃tɔ̃/ **NM** *(= partie du visage)* chin • **menton en galoche** protruding *ou* jutting chin • **menton fuyant** receding chin, weak chin • **double/triple menton** double/triple chin • **coup de menton** *(lit)* chin-jut; *(fig)* aggressive stance

mentonnier, -ière /mɑ̃tɔnje, jɛʀ/ **ADJ** mental, genial

mentonnière /mɑ̃tɔnjɛʀ/ **NF** *[de chapeau]* (chin) strap; *(Hist) [de casque]* chin piece; *(Mus)* chin rest; *(Méd)* chin bandage

mentor /mɛ̃tɔʀ/ SYN **NM** *(frm)* mentor

menu[1] /məny/ **NM** 1 *(= repas)* meal; *(= carte)* menu • **faites votre menu à l'avance** plan your meal in advance • **quel est le** *ou* **qu'y a-t-il au menu ?** what's on the menu? • **vous prenez le menu (à prix fixe) ou la carte ?** are you having the set menu or the à la carte (menu)? • **menu du jour** today's menu • **menu dégustation** tasting menu • **menu touristique** set menu • **menu gastronomique** gourmet menu • **menu enfant** children's menu

2 *(= programme)* • **quel est le menu de la réunion ?*** what's the agenda for the meeting? • **au menu du festival** in the festival programme *(Brit)* *ou* program *(US)* • **au menu de l'émission, il y a...** lined up (for you) on the programme *(Brit)* *ou* program *(US)* is... • **au**

menu de son voyage officiel, il... during his official visit, he...
③ (Ordin) menu ◆ **menu déroulant** pull-down menu

menu², e /məny/ SYN
ADJ ① (= fin) [doigt, tige, taille] slender, slim; [personne] slim, slight; [pied] slender; [herbe] fine; [écriture] small, tiny; [voix] thin ◆ **en menus morceaux** in tiny pieces
② (= peu important) [difficultés, incidents, préoccupations] minor, petty, trifling ◆ **dire/raconter dans les menus détails** to tell/relate in minute detail ◆ **menus frais** incidental ou minor expenses ◆ **menu fretin** (lit, fig) small fry ◆ **menus larcins** pilferage, pilfering ◆ **menue monnaie** small ou loose change ◆ **menu peuple** humble folk ◆ **Menus Plaisirs** (Hist) (royal) entertainment (NonC) ◆ **se réserver de l'argent pour ses menus plaisirs** to keep some money by for (one's) amusements ◆ **menus propos** small talk (NonC)
③ (locutions) ◆ **par le menu** in detail ◆ **raconter qch par le menu** to relate sth in great detail ◆ **on fit par le menu la liste des fournitures** they made a detailed list of the supplies
ADV [couper, hacher, piler] fine(ly) ◆ **écrire menu** to write small

menuet /mənɥɛ/ NM minuet

menuiser /mənɥize/ ▶ conjug 1 ◀ VT [+ bois] to work

menuiserie /mənɥizʀi/ NF ① (= métier) joinery; (pour le bâtiment) carpentry ◆ **menuiserie d'art** cabinetwork ◆ **spécialiste en menuiserie métallique** specialist in metal fittings (for doors, windows etc) ◆ **faire de la menuiserie** (passetemps) to do woodwork ou carpentry ou joinery
② (= atelier) joiner's workshop
③ (= ouvrage) woodwork (NonC), joinery (NonC), carpentry (NonC)

menuisier /mənɥizje/ NM [de meubles] joiner; [de bâtiment] carpenter ◆ **menuisier d'art** cabinetmaker

ménure /menyʀ/ NM menura, lyrebird

ményanthe /menjɑ̃t/ NM buckbean

Méphistophélès /mefistɔfeles/ NM Mephistopheles

méphistophélique /mefistɔfelik/ ADJ Mephistophelean

méphitique /mefitik/ ADJ noxious, noisome †, mephitic

méphitisme /mefitism/ NM sulphurous (air) pollution

méplat /mepla/ NM (Anat, Archit) plane

méprendre (se) /meprɑ̃dr/ SYN ▶ conjug 58 ◀ VPR (littér) to make a mistake, to be mistaken (sur about) ◆ **se méprendre sur qn** to misjudge sb, to be mistaken about sb ◆ **se méprendre sur qch** to make a mistake about sth, to misunderstand sth ◆ **ils se ressemblent tellement que c'est à s'y méprendre** ou **qu'on pourrait s'y méprendre** they are so alike that you can't tell them apart ou that it's difficult to tell which is which

mépris /mepʀi/ SYN NM ① (= mésestime) contempt, scorn ◆ **avoir** ou **éprouver du mépris pour qn** to despise sb, to feel contempt for sb ◆ **sourire/regard de mépris** scornful ou contemptuous smile/look ◆ **avec mépris** contemptuously, scornfully, with contempt ou scorn
② (= indifférence) ◆ **mépris de** ou **pour** [+ argent, gens, honneurs, danger] contempt for, disregard for ◆ **avoir le mépris des convenances/traditions** to have no regard for conventions/traditions ◆ **au mépris du danger/des lois/de l'opinion publique** regardless ou in defiance of danger/the law/public opinion ◆ **au mépris de leur (propre) vie** without giving a single thought to ou without thought for their own lives

méprisable /mepʀizabl/ SYN ADJ contemptible, despicable

méprisant, e /mepʀizɑ̃, ɑ̃t/ SYN ADJ contemptuous, scornful; (= hautain) disdainful

méprise /mepʀiz/ SYN NF (= erreur) mistake, error; (= malentendu) misunderstanding ◆ **par méprise** by mistake

mépriser /mepʀize/ SYN ▶ conjug 1 ◀ VT [+ personne] to despise, to look down on; [+ danger, conseil, offre] to scorn, to spurn; [+ vice, faiblesse] to scorn, to despise ◆ **mépriser les conventions** to scorn ou spurn convention

mer /mɛʀ/ SYN
NF ① (= océan) sea ◆ **mer fermée** ou **intérieure** inland ou landlocked sea ◆ **mer de glace** glacier ◆ **mer de sable** sea of sand ◆ **naviguer sur une mer d'huile** to sail on a glassy sea ou on a sea as calm as a millpond ◆ **aller à la mer** to go to the seaside ◆ **il a navigué sur toutes les mers** he has sailed the seven seas ◆ **vent/port de mer** sea breeze/harbour ◆ **gens de mer** sailors, seafarers, seafaring men ◆ **coup de mer** heavy swell ◆ **mer calme/peu agitée** (Météo marine) calm/moderate sea → **bras, mal²**
② (= marée) tide ◆ **la mer est haute** ou **pleine/basse** the tide is high ou in/low ou out ◆ **c'est haute** ou **pleine/basse mer** it is high/low tide
③ (locutions) ◆ **en mer** at sea ◆ **en haute** ou **pleine mer** out at sea, on the open sea ◆ **prendre la mer** [personne, bateau] to put out to sea ◆ **mettre une embarcation à la mer** to launch a boat ◆ **bateau qui tient bien la mer** good seagoing boat ◆ **aller/voyager par mer** to go/travel by sea ◆ **ce n'est pas la mer à boire !*** it's no big deal! ◆ **j'avalerais** ou **boirais la mer et les poissons** I could drink gallons (and gallons)
COMP **la mer des Antilles** the Caribbean (Sea)
la mer d'Aral the Aral Sea
la mer d'Azov the Sea of Azov
la mer des Caraïbes the Caribbean (Sea)
la mer Caspienne the Caspian Sea
la mer de Chine the China Sea
la mer Égée the Aegean Sea
la mer Icarienne the Icarian Sea
la mer Ionienne the Ionian Sea
la mer d'Irlande the Irish Sea
la mer d'Iroise the Iroise Sea
la mer de Marmara the Sea of Marmara
la mer Morte the Dead Sea
la mer Noire the Black Sea
la mer du Nord the North Sea
la mer d'Oman the sea of Oman
la mer Rouge the Red Sea
la mer des Sargasses the Sargasso Sea
les mers du Sud the South Seas
la mer Tyrrhénienne the Tyrrhenian Sea

mercanti /mɛʀkɑ̃ti/ NM (péj) profiteer; (= marchand oriental ou africain) bazaar merchant

mercantile /mɛʀkɑ̃til/ ADJ (péj) mercenary, venal

mercantilisme /mɛʀkɑ̃tilism/ NM (péj) mercenary ou venal attitude; (Écon, Hist) mercantile system, mercantilism

mercantiliste /mɛʀkɑ̃tilist/ ADJ, NM mercantilist

mercaticien, -ienne /mɛʀkatisjɛ̃, jɛn/ NM,F marketer

mercatique /mɛʀkatik/ NF marketing

mercenaire /mɛʀsənɛʀ/
ADJ [soldat] mercenary, hired; (péj) [attitude, personne] mercenary
NM (Mil) mercenary ◆ **tous ces mercenaires qui se vendent au plus offrant** (péj) all these mercenary individuals who sell themselves to the highest bidder

mercerie /mɛʀsəʀi/ NF (= boutique) haberdasher's shop (Brit), notions store (US); (= articles) haberdashery (Brit), notions (US), dry goods (US); (= profession) haberdashery (Brit) ou notions (US) (trade)

mercerisé /mɛʀsəʀize/ ADJ ◆ **coton mercerisé** mercerized cotton

merchandising /mɛʀʃɑ̃dajziŋ, mɛʀʃɑ̃diziŋ/ NM merchandising

merci /mɛʀsi/ GRAMMAIRE ACTIVE 21.1, 22, 25.4
EXCL ① (pour remercier) thank you ◆ **merci bien** thank you, many thanks ◆ **merci beaucoup** thank you very much, thanks a lot ◆ **merci mille fois** thank you (ever) so much ◆ **merci de** ou **pour votre carte** thank you for your card ◆ **merci d'avoir répondu** thank you for replying ◆ **sans même me dire merci** without even thanking me, without even saying thank you ◆ **merci du compliment !** (iro) thanks for the compliment! ◆ **tu peux lui dire merci** (= c'est grâce à lui) you've got him to thank ◆ **merci mon chien !** (iro) thank you too! (iro), don't bother saying thank you! (iro); → **dieu**
② (pour accepter) ◆ **du lait ? – (oui) merci** some milk? – (yes) please
③ (pour refuser) ◆ **Cognac ? – (non) merci** Cognac? – no thank you ◆ **y retourner ? merci (bien) !** no go back there? No thank you!
NM thank-you ◆ **je n'ai pas eu un merci** I didn't get ou hear a word of thanks ◆ **nous vous devons/nous devons vous dire un grand merci pour...** we owe you/we must say a big thankyou for... ◆ **et encore un grand merci pour votre cadeau** and once again thank you so much ou many thanks for your present ◆ **mille mercis** many thanks
NF (= pitié) mercy ◆ **crier/implorer merci** to cry/beg for mercy
◆ **sans merci** [concurrence] merciless, ruthless; [guerre, lutte] ruthless; [combattre] ruthlessly
◆ **à merci** ◆ **exploitable à merci** liable to be ruthlessly exploited, open to ruthless exploitation ◆ **réduire à merci** to force into submission ◆ **l'image photo est manipulable à merci** photographic images can be manipulated at will
◆ **à la merci de** ◆ **à la merci de qn** at sb's mercy ◆ **tout le monde est à la merci d'une erreur** anyone can make a mistake ◆ **nous sommes toujours à la merci d'un accident** accidents can happen at any time

mercier, -ière /mɛʀsje, jɛʀ/ NM,F haberdasher (Brit), notions dealer (US)

mercredi /mɛʀkʀədi/
NM Wednesday ◆ **mercredi des Cendres** Ash Wednesday ; pour autres loc voir **samedi**
EXCL * sugar! *, shoot! * (US)

mercure /mɛʀkyʀ/ NM ① (Chim) mercury
② (Astron, Myth) ◆ **Mercure** Mercury

mercureux /mɛʀkyʀø/ ADJ M mercurous

mercuriale /mɛʀkyʀjal/ NF ① (littér = reproche) reprimand, rebuke
② (= plante) mercury
③ (= tableau de prix) market price list

mercuriel, -ielle /mɛʀkyʀjɛl/ ADJ mercurial

mercurique /mɛʀkyʀik/ ADJ mercuric

mercurochrome ® /mɛʀkyʀɔkʀɔm/ NM Mercurochrome ®

merde /mɛʀd/
NF **‡** ① (= excrément) shit*‡, (= étron) turd*‡ ◆ **une merde de chien** some dog shit*‡, a dog turd*‡
② (= livre, film) crap* ◆ **son dernier bouquin est de la vraie** ou **une vraie merde** his latest book is a load of crap* ◆ **quelle voiture de merde !** what a fucking awful car!*‡, what a shitty car!*‡ ◆ **quel boulot de merde !** what a crap*‡ou shitty*‡job!
③ (= ennuis) ◆ **quelle merde !** shit!* ◆ **la moto est en panne, quelle merde** ou **c'est la merde !** the bike's broken down, what a bummer!*‡ ◆ **on est dans la merde** we're really in the shit*‡, we're in one hell of a mess‡ ◆ **ils sont venus pour foutre*‡ la merde** they came to cause trouble ◆ **il a mis** ou **foutu*‡ la merde dans mes affaires** he messed up * my things ◆ **mettre** ou **foutre*‡qn dans la merde** to land sb in the shit*‡ ◆ **il ne m'arrive que des merdes** I've had one goddam‡ problem after another
④ (locutions) ◆ **je te dis merde !** (insulte) you can go to hell!‡; (bonne chance) good luck!, break a leg!* ◆ **tu le veux, oui ou merde ?** for Christ's sake ou for God's sake, do you want it or not?‡ ◆ **tu as de la merde dans les yeux !** are you blind or what? ◆ **il ne se prend pas pour de la** ou **une merde** he thinks the sun shines out of his arse*‡(Brit) ou ass*‡(US), he thinks his shit doesn't stink*‡(US)
EXCL ‡ (impatience, contrariété) hell!‡, shit!*‡; (indignation, surprise) shit!*‡, bloody hell!‡ (Brit) ◆ **merde alors !** damn‡!

merder‡ /mɛʀde/ ▶ conjug 1 ◀ VI [personne] to cock up*‡, to fuck up*‡ ◆ **t'arrives à le réparer ? – non, ça merde** can you fix it? – no, it's knackered* ◆ **le projet a merdé du début à la fin** the project was a bloody*‡ (Brit) ou goddam*‡ (US) mess ou shambles from start to finish ◆ **j'ai merdé en anglais/à l'écrit** I fucked up*‡my English exam/the written paper

merdeux, -euse‡ /mɛʀdø, øz/
ADJ shitty*‡ ◆ **il se sent merdeux** he feels shitty*‡
NM,F squirt*, twerp*

merdier‡ /mɛʀdje/ NM (= situation) fuck-up*‡, muck-up*; (= désordre) shambles (sg) ◆ **être dans un beau merdier** to be really in the shit*‡, to be up shit creek (without a paddle)* ◆ **c'est le merdier dans ses dossiers** his files are an absolute shambles

merdique‡ /mɛʀdik/ ADJ [film, discours, idée] pathetic, moronic, crappy*‡ ◆ **c'était merdique, cette soirée** that party was the pits‡ ou was bloody awful*‡(Brit)

merdouille‡ /mɛʀduj/ NF ⇒ **merde**

merdouiller‡ /mɛʀduje/ ▶ conjug 1 ◀ VI ⇒ **merder**

mère /mɛʀ/
NF 1 (= génitrice) mother ◆ **elle est mère de quatre enfants** she is a ou the mother of four (children) ◆ **tu es une mère pour moi** (fig hum) you are like a mother to me ◆ **la France, mère des arts** (littér) France, mother of the arts ◆ **frères par la mère** half-brothers (on the mother's side) ◆ **devenir mère** to become a mother; → **Madame, reine**
2 (= femme) ◆ **la mère Morand** * (péj) old mother Morand, old Ma Morand (péj) ◆ **allons la petite mère, dépêchez-vous !** * come on missis, hurry up! * ◆ **ma petite mère** (affectueux : à une enfant, un animal) my little pet ou love ◆ **bonjour, mère Martin** (dial) good day to you, Mrs Martin
3 (Rel) mother ◆ **(la) Mère Catherine** Mother Catherine ◆ **oui, ma mère** yes, Mother
4 (Tech = moule) mould
5 (apposition : après n) (= cellule, compagnie) parent ◆ **fichier mère** (Ordin) mother file ◆ **langue mère** (Ling) mother tongue ou language; → **carte, maison**
COMP **Mère abbesse** mother abbess
mère d'accueil ⇒ **mère porteuse**
mère biologique natural ou biological mother
mère de famille mother, housewife
mère génétique ⇒ **mère biologique**
mère patrie motherland
mère porteuse surrogate mother
mère poule * mother hen ◆ **c'est une vraie mère poule** *, **elle est très mère poule** * she's a real mother hen
mère de substitution ⇒ **mère porteuse**
Mère supérieure Mother Superior
mère de vinaigre mother of vinegar

mère-grand † (pl **mères-grand**) /mɛʀɡʀɑ̃/ **NF** grandma

merguez /mɛʀɡɛz/ **NF** merguez sausage (spicy sausage from North Africa)

mergule /mɛʀɡyl/ ◆ **mergule (nain)** little auk

méridien, -ienne /meʀidjɛ̃, jɛn/
ADJ meridian; (littér) meridian (littér), midday (épith)
NM (Astron, Géog) meridian ◆ **méridien d'origine** prime meridian ◆ **le méridien de Greenwich** the Greenwich meridian
NF **méridienne** 1 (Astron) meridian line; (Géodésie) line of triangulation points
2 (= fauteuil) meridienne
3 (littér = sieste) siesta

méridional, e (mpl **-aux**) /meʀidjɔnal, o/
ADJ (= du Sud) southern; (= du sud de la France) Southern (French)
NM,F **Méridional(e)** (= du Sud) Southerner; (= du sud de la France) Southern Frenchman (ou Frenchwoman), Southerner

meringue /məʀɛ̃ɡ/ **NF** meringue

meringuer /məʀɛ̃ɡe/ ► conjug 1 ◄ **VT** (gén ptp) to coat ou cover with meringue ◆ **tarte au citron meringuée** lemon meringue pie

mérinos /meʀinos/ **NM** merino; → **pisser**

merise /məʀiz/ **NF** wild cherry

merisier /məʀizje/ **NM** (= arbre) wild cherry (tree); (= bois) cherry (wood)

mérisme /meʀism/ **NM** distinctive feature

méristème /meʀistɛm/ **NM** meristem

méritant, e /meʀitɑ̃, ɑ̃t/ **ADJ** deserving

mérite /meʀit/ SYN **NM** 1 (= vertu intrinsèque) merit; (= respect accordé) credit ◆ **le mérite de cet homme est grand** he is a man of great merit ◆ **il n'en a que plus de mérite** he deserves all the more credit, it's all the more to his credit ◆ **il n'y a aucun mérite à cela** there's no merit in that ◆ **tout le mérite lui revient** all the credit is due to him, he deserves all the credit ◆ **il a le grand mérite d'avoir réussi** it's greatly to his credit that ou his great merit is that he succeeded ◆ **il a au moins le mérite d'être franc** at least he's frank ◆ **cette explication a la mérite de la clarté** this explanation has the virtue of being clear ◆ **elle a bien du mérite de le supporter** she deserves a lot of credit for putting up with him
2 (= valeur) merit, worth; (= qualité) quality ◆ **salaire au mérite** merit pay ◆ **promotion au mérite** promotion on merit ◆ **de grand mérite** of great worth ou merit ◆ **ce n'est pas sans mérite** it's not without merit ◆ **si nombreux que soient ses mérites** however many qualities he may have ◆ **son geste n'a eu d'autre mérite que...** the only good point about ou merit in what he did was that...
3 (= décoration) ◆ **l'ordre national du Mérite** the national order of merit (French decoration)
4 (Rel) ◆ **mérite(s) du Christ** merits of Christ

mériter /meʀite/ SYN ► conjug 1 ◄ **VT** 1 [+ louange, châtiment] to deserve, to merit ◆ **il mérite la prison** he deserves to go to prison ◆ **tu mériterais qu'on t'en fasse autant** you deserve (to get) the same treatment ◆ **mériter l'estime de qn** to be worthy of ou deserve ou merit sb's esteem ◆ **tu n'as que ce que tu mérites** you've got what you deserved, it serves you right ◆ **un repos bien mérité** a well-deserved rest ◆ **on a les amis qu'on mérite** you have the friends you deserve ◆ **ça se mérite !** you have to earn it!
2 (= valoir) to merit, to deserve, to be worth; (= exiger) to call for, to require ◆ **le fait mérite d'être noté** the fact is worth noting, the fact is worthy of note ◆ **ceci mérite réflexion** ou **qu'on y réfléchisse** (exiger) this calls for ou requires careful thought; (valoir) this merits ou deserves careful thought ◆ **ça lui a mérité le respect de tous** this earned him everyone's respect
3 ◆ **il a bien mérité de la patrie** (frm) he deserves well of his country; (hum) he deserves a medal for that

méritocratie /meʀitɔkʀasi/ **NF** meritocracy

méritocratique /meʀitɔkʀatik/ **ADJ** meritocratic

méritoire /meʀitwaʀ/ **ADJ** praiseworthy, meritorious (frm)

merlan /mɛʀlɑ̃/ **NM** 1 (= poisson) whiting
2 († * = coiffeur) barber, hairdresser
3 (Boucherie) ≈ topside (Brit), ≈ top round (US)

merle /mɛʀl/ **NM** 1 (= oiseau européen) blackbird ◆ **merle à plastron** ring ouzel ◆ **elle cherche le merle blanc** (gén) she's asking for the impossible; (mari) she's looking for her Prince Charming ◆ **vilain merle** (péj) nasty customer
2 (= oiseau américain) (American) robin

merlette /mɛʀlɛt/ **NF** female blackbird

merlin /mɛʀlɛ̃/ **NM** 1 [de bûcheron] axe; (Boucherie) cleaver
2 (Naut = cordage) marline

merlot /mɛʀlo/ **NM** (= raisin) merlot, type of red grape

merlu /mɛʀly/ **NM** hake

merluche /mɛʀlyʃ/ **NF** 1 (Culin) dried cod, stockfish
2 ⇒ **merlu**

merluchon /mɛʀlyʃɔ̃/ **NM** small hake

mérostomes /meʀɔstɔm/ **NMPL** ◆ **les mérostomes** merostomes, the Merostomata (SPÉC)

mérou /meʀu/ **NM** grouper

mérovingien, -ienne /meʀɔvɛ̃ʒjɛ̃, jɛn/
ADJ Merovingian
NM,F **Mérovingien(ne)** Merovingian

merrain /meʀɛ̃/ **NM** [de cerf] beam

merveille /mɛʀvɛj/ SYN
NF 1 (= chose exceptionnelle) marvel, wonder ◆ **les merveilles de la technique moderne** the wonders ou marvels of modern technology ◆ **cette montre est une merveille de précision** this watch is a marvel of precision ◆ **les merveilles de la nature** the wonders of nature ◆ **cette machine est une (petite) merveille** this machine is a (little) marvel ◆ **regarde ma bague - quelle merveille !** look at my ring - it's beautiful! ◆ **faire merveille** ou **des merveilles** to work wonders ◆ **c'est merveille que vous soyez vivant** it's a wonder ou a marvel that you are alive ◆ **on en dit merveille** ou **des merveilles** people say it's marvellous; → **huitième, sept**
2 (Culin) fritter
LOC ADV **à merveille** perfectly, wonderfully, marvellously ◆ **cela te va à merveille** it suits you perfectly ou to perfection ◆ **se porter à merveille** to be in excellent health, to be in the best of health ◆ **ça s'est passé à merveille** it went off like a dream ou without a single hitch ◆ **ça tombe à merveille** this comes at an ideal moment ou just at the right time

merveilleusement /mɛʀvɛjøzmɑ̃/ **ADV** [propre] wonderfully, amazingly; [interpréter] brilliantly ◆ **elle joue merveilleusement bien au tennis** she's a brilliant tennis player ◆ **la maison est merveilleusement située** the house is in a marvellous position ◆ **l'endroit se prête merveilleusement à ce genre de festival** the place is wonderful for this kind of festival

merveilleux, -euse /mɛʀvɛjø, øz/ SYN
ADJ 1 (= magnifique) [paysage, bijoux] wonderful
2 (= sensationnel) [nouvelle, événement heureux, personne] wonderful, fantastic ◆ **il est merveilleux de dévouement** he's wonderfully devoted
3 (après n = surnaturel) magic
NM ◆ **le merveilleux** the supernatural; (Art, Littérat) the fantastic element
NF **merveilleuse** (Hist) fine lady, belle

mérycisme /meʀisism/ **NM** merycism

mes /me/ **ADJ POSS** → **mon**

mesa /meza/ **NF** mesa

mésalliance /mezaljɑ̃s/ **NF** misalliance, marriage beneath one's station † ◆ **faire une mésalliance** to marry beneath o.s. ou one's station †

mésallier (se) /mezalje/ ► conjug 7 ◄ **VPR** to marry beneath o.s. ou one's station †

mésange /mezɑ̃ʒ/ **NF** tit(mouse) ◆ **mésange bleue** blue tit ◆ **mésange charbonnière** great tit ◆ **mésange huppée** crested tit ◆ **mésange à longue queue** long-tailed tit ◆ **mésange noire** coal tit

mésaventure /mezavɑ̃tyʀ/ SYN **NF** misadventure ◆ **il a connu bien des mésaventures** he's had many misadventures ◆ **après la récente mésaventure survenue à notre navigateur** after our navigator's recent misadventure ou accident

mescal /mɛskal/ **NM** mescal

mescaline /mɛskalin/ **NF** mescaline

mesclun /mɛsklœ̃/ **NM** mixed green salad

Mesdames /medam/ **NFPL** → **Madame**

Mesdemoiselles /medmwazɛl/ **NFPL** → **Mademoiselle**

mésencéphale /mezɑ̃sefal/ **NM** midbrain, mesencephalon (SPÉC)

mésenchyme /mezɑ̃ʃim/ **NM** mesenchyme

mésentente /mezɑ̃tɑ̃t/ SYN **NF** (= désaccord profond) dissension, disagreement; (= incompréhension) misunderstanding ◆ **la mésentente règne dans leur famille** there is constant disagreement in their family ◆ **il y a eu (une) mésentente entre les deux joueurs** (Sport) the two players misread each other ◆ **faire le ménage est une source de mésentente conjugale** housework is a source of marital strife ◆ **mésentente sexuelle** sexual incompatibility

mésentère /mezɑ̃tɛʀ/ **NM** mesentery

mésestime /mezɛstim/ **NF** (littér) [de personne] low regard, low esteem ◆ **tenir qn en mésestime** to have little regard for sb, to hold sb in low esteem

mésestimer /mezɛstime/ ► conjug 1 ◄ **VT** (littér = sous-estimer) [+ difficulté, adversaire] to underestimate, to underrate; [+ opinion] to set little store by, to have little regard for; [+ personne] to have little regard for, to hold in low esteem

mésintelligence /mezɛ̃teliʒɑ̃s/ **NF** disagreement (entre between), dissension, discord

mesmérisme /mɛsmeʀism/ **NM** mesmerism

mésoblaste /mezɔblast/ **NM** [d'embryon] mesoblast

mésoblastique /mezɔblastik/ **ADJ** mesoblastic

mésocarpe /mezɔkaʀp/ **NM** mesocarp

mésoderme /mezɔdɛʀm/ **NM** mesoderm, mesoblast

mésodermique /mezɔdɛʀmik/ **ADJ** mesodermal, mesodermic

mésolithique /mezɔlitik/
ADJ Mesolithic
NM ◆ **le mésolithique** the Mesolithic

mésomorphe /mezɔmɔʀf/ **ADJ** mesomorphic

méson /mezɔ̃/ **NM** meson

Mésopotamie /mezɔpɔtami/ **NF** Mesopotamia

mésopotamien, -ienne /mezɔpɔtamjɛ̃, jɛn/
ADJ Mesopotamian
NM,F **Mésopotamien(ne)** Mesopotamian

mésosphère /mezɔsfɛʀ/ **NF** mesosphere

mésothérapeute /mezoteʀapøt/ **NMF** person specialized in treating patients with injections from several small needles

mésothérapie /mezoteʀapi/ **NF** mesotherapy

mésothorax /mezotɔʀaks/ NM mesothorax

mésozoïque /mezɔzɔik/
ADJ Mesozoic
NM • **le mésozoïque** the Mesozoic (era)

mesquin, e /mɛskɛ̃, in/ SYN ADJ (= avare) stingy, mean (Brit); (= vil) mean, petty • **c'est un esprit mesquin** he is a mean-minded ou small-minded ou petty person • **le repas faisait un peu mesquin** the meal was a bit stingy

mesquinement /mɛskinmɑ̃/ ADV [agir] meanly, pettily

mesquinerie /mɛskinʀi/ SYN NF (= bassesse) meanness, pettiness; (= avarice) stinginess, meanness; (= procédé) mean ou petty trick

mess /mɛs/ NM (Mil) mess

message /mesaʒ/ GRAMMAIRE ACTIVE 27.3 SYN NM message • **message chiffré** coded message, message in code ou cipher • **message d'erreur** (Ordin) error message • **message publicitaire** ou **commercial** commercial, advertisement • **film/chanson à message** film/song with a message • **dans ce livre, l'auteur essaie de faire passer un message** the author tries to put a message across in this book • **j'espère que le message est passé** I hope they've (ou he's etc) got the message • **j'ai compris le message !** I got the message!

messager, -ère /mesaʒe, ɛʀ/
NM,F messenger • **messager de bonheur/du printemps** (littér) harbinger of glad tidings/of spring (littér) • **messager de malheur** bearer of bad tidings ou news
NM (= appareil) • **messager (de poche)** pager

messagerie /mesaʒʀi/ SYN NF 1 (Transport) • **(service de) messageries** parcel service • **messageries aériennes/maritimes** (= entreprise) air freight/shipping company • **messageries de presse** press distribution service • **les messageries royales** (Hist) the royal mail-coach service
2 (Ordin, Téléc) • **messagerie électronique** electronic mail, e-mail • **messagerie instantanée** instant messaging • **messagerie photo** photo messaging, picture messaging • **messagerie vidéo** video messaging • **messagerie vocale** (Internet) voice mail; → **rose**

Messaline /mesalin/ NF Messal(l)ina

messe /mɛs/
NF (Mus, Rel) mass • **aller à la messe** to go to mass • **célébrer la messe** to celebrate mass • **entendre la messe** to hear ou attend mass • **la messe est dite** (fig) the die is cast; → **livre¹**
COMP **messe basse** (Rel) low mass • **messes basses** (péj) muttering, muttered conversation ou talk • **finissez vos messes basses** stop muttering ou whispering together
messe chantée sung mass
messe de minuit midnight mass
messe des morts mass for the dead
messe noire black mass

Messeigneurs /mesɛɲœʀ/ NMPL → **Monseigneur**

messeoir †† /meswaʀ/ ► conjug 26 ◄ VI (littér) (moralement) to be unseemly (littér) (à for), to ill befit (littér); (pour l'allure) to ill become (littér), to be unbecoming (littér) (à to) • **avec un air qui ne lui messied pas** with a look that is not unbecoming to him • **il vous messiérait de le faire** it would be unseemly for you to do it, it would ill become you to do it

messianique /mesjanik/ ADJ messianic

messianisme /mesjanism/ NM (Rel, fig) messianism • **la tendance au messianisme de certains révolutionnaires** the messianic tendencies of certain revolutionaries

messidor /mesidɔʀ/ NM Messidor (tenth month in the French Republican Calendar)

messie /mesi/ NM messiah • **le Messie** the Messiah • **ils l'ont accueilli comme le Messie** they welcomed him like a saviour ou the Messiah; → **attendre**

Messieurs /mesjø/ NMPL → **Monsieur**

Messine /mɛsin/ N Messina

messire †† /mesiʀ/ NM (= noble) my lord; (= bourgeois) Master • **oui messire** yes my lord, yes sir • **messire Jean** my lord John, master John

mestrance /mɛstʀɑ̃s/ NF ⇒ **maistrance**

mestre /mɛstʀ/ NM (Naut = mât) mainmast

mesurable /məzyʀabl/ ADJ [grandeur, quantité] measurable • **difficilement mesurable** [grandeur, quantité] hard to measure; [conséquences, impact] difficult to assess

mesure /m(ə)zyʀ/ GRAMMAIRE ACTIVE 16.4, 26.6 SYN NF
1 (= évaluation, dimension) measurement • **appareil de mesure** measuring instrument ou device • **système de mesure** system of measurement • **prendre les mesures de qch** to take the measurements of sth; → **poids**
2 (= taille) • **la mesure de ses forces/sentiments** the measure of his strength/feelings • **monde/ville à la mesure de l'homme** world/town on a human scale • **il est à ma mesure** [de travail] it's within my capabilities, I am able to do it; [d'adversaire] he's a match for me • **trouver un adversaire à sa mesure** to find one's match • **le résultat n'est pas à la mesure de nos espérances** the result is not up to our expectations • **prendre la (juste ou pleine) mesure de qn/qch** to size sb/sth up, to get the measure of sb/sth • **donner (toute) sa mesure ou sa pleine mesure** to show one's worth, to show what one is capable of ou made of • **elle a donné toute la mesure de son talent** she showed the (full) extent of her talent
3 (= unité, récipient, quantité) measure • **mesure de capacité** (pour liquides) liquid measure; (pour poudre, grains) dry measure • **mesure de superficie/volume** square/cubic measure • **mesure de longueur** measure of length • **mesure graduée** measuring jug • **donne-lui deux mesures d'avoine** give it two measures of oats • **faire bonne mesure** to give good measure • **pour faire bonne mesure** (fig) for good measure • « **Mesure pour mesure** » (Littérat) "Measure for Measure"
4 (= quantité souhaitable) • **la juste ou bonne mesure** the happy medium • **la mesure est comble** that's the limit • **dépasser ou excéder ou passer la mesure** to overstep the mark, to go too far • **boire outre mesure** to drink immoderately ou to excess • **cela ne me gêne pas outre mesure** that doesn't bother me overmuch, I'm not too bothered
5 (= modération) moderation • **il n'a pas le sens de la mesure** he has no sense of moderation • **avec mesure** with ou in moderation • **il a beaucoup de mesure** he's very moderate • **se dépenser sans mesure** (= se dévouer) to give one's all; (= se fatiguer) to overtax one's strength ou o.s.
6 (= disposition, moyen) measure, step • **mesures d'hygiène** health ou hygiene measures • **par mesure d'hygiène** in the interest of hygiene • **mesures sociales** social measures • **mesures de soutien à l'économie** measures to bolster the economy • **mesures de rétorsion** reprisals, retaliatory measures • **prendre des mesures d'urgence** to take emergency action ou measures • **il faut prendre les mesures nécessaires pour...** the necessary measures ou steps must be taken to... • **par mesure de restriction** as a restrictive measure
7 (Mus) (= cadence) time, tempo; (= division) bar; (Poésie) metre • **en mesure** in time ou tempo • **mesure composée/simple/à deux temps/à quatre temps** compound/simple/duple/common ou four-four time • **être/ne pas être en mesure** to be in/out of time • **jouer quelques mesures** to play a few bars • **deux mesures pour rien** two bars for nothing; → **battre**
8 (Habillement) measure, measurement • **prendre les mesures de qn** to take sb's measurements • **ce costume est-il bien à ma mesure ? ou à mes mesures ?** is this suit my size?, will this suit fit me? • **costume fait à la mesure** made-to-measure suit
9 (Escrime) (fencing) measure
10 (locutions)
♦ **sur mesure** • **acheter ou s'habiller sur mesure** to have one's clothes made to measure • **costume fait sur mesure** made-to-measure suit • **c'est du sur mesure** (lit) it's made to measure, it's tailor-made; (fig) it's tailor-made • **j'ai un emploi du temps/un patron sur mesure** my schedule/boss suits me down to the ground • **c'est un rôle/emploi (fait) sur mesure** it's a role/job that was tailor-made for me (ou him etc)
♦ **dans + mesure** • **dans la mesure de mes forces ou capacités** as far as ou insofar as I am able, to the best of my ability • **dans la mesure de mes moyens** as far as my circumstances permit, as far as I am able • **dans la mesure du possible** as far as possible • **dans la mesure où** inasmuch as, insofar as • **dans une certaine mesure** to some ou to a certain extent • **dans une large mesure** to a large extent, to a great extent • **dans une moindre mesure** to a lesser extent
♦ **être en mesure de faire qch** to be able to do sth; (= avoir le droit) to be in a position to do sth
♦ **au fur et à mesure** • **il les pliait et me les passait au fur et à mesure** he folded them and handed them to me one by one ou as he went along • **tu devrais ranger tes dossiers au fur et à mesure** you should put your files in order as you go along
♦ **(au fur et) à mesure que** as • **(au fur et) à mesure que le temps passe** as time goes by
♦ **hors de mesure** out of proportion (avec with)

mesuré, e /məzyʀe/ SYN (ptp de **mesurer**) ADJ [ton] steady; [pas] measured; [personne, attitude, propos] moderate • **il est mesuré dans ses paroles/ses actions** he is moderate ou temperate in his language/his actions

mesurer /məzyʀe/ SYN ► conjug 1 ◄
VT 1 [+ chose] to measure; [+ personne] to take the measurements of, to measure (up); (par le calcul) [+ distance, pression, volume] to calculate; [+ longueur à couper] to measure off ou out • **il a mesuré 3 cl d'acide** he measured out 3 cl of acid • **il m'a mesuré 3 mètres de tissu** he measured me off ou out 3 metres of fabric • **mesurer les autres à son aune** to judge others by one's own standards
2 (= évaluer, juger) [+ risque, efficacité] to assess, to weigh up; [+ valeur d'une personne] to assess, to rate • **vous n'avez pas mesuré la portée de vos actes !** you did not weigh up ou consider the consequences of your actions! • **on n'a pas encore mesuré l'étendue des dégâts** the extent of the damage has not yet been assessed • **mesurer les efforts aux ou d'après les résultats (obtenus)** to gauge ou assess the effort expended by ou according to the results (obtained) • **mesurer ses forces avec qn** to pit o.s. against sb, to measure one's strength with sb • **mesurer qn du regard** to look sb up and down
3 (= avoir pour taille) to measure • **cette pièce mesure 3 mètres sur 10** this room measures 3 metres by 10 • **il mesure 1 mètre 80** [personne] he's 1 metre 80 tall; [objet] it's 1 metre 80 long ou high, it measures 1 metre 80
4 (avec parcimonie) to limit • **elle leur mesure la nourriture** she rations them on food, she limits their food • **le temps nous est mesuré** our time is limited, we have only a limited amount of time
5 (avec modération) • **mesurer ses paroles** (= savoir rester poli) to moderate one's language; (= être prudent) to weigh one's words
6 (= proportionner) to match (à, sur to), to gear (à, sur to) • **mesurer le travail aux forces de qn** to match ou gear the work to sb's strength • **mesurer le châtiment à l'offense** to make the punishment fit the crime, to match the punishment to the crime; → **brebis**
VPR **se mesurer** • **se mesurer à ou avec** [+ personne] to pit o.s. against; [+ difficulté] to confront, to tackle • **se mesurer des yeux** to weigh ou size each other up

mesureur /məzyʀœʀ/
NM (= personne) measurer; (= appareil) gauge, measure
ADJ M • **verre mesureur** measuring cup (ou glass ou jug)

mésuser /mezyze/ ► conjug 1 ◄ **mésuser de** VT INDIR (littér) (gén) to misuse • **mésuser de son pouvoir** to abuse one's power

métabole /metabɔl/
ADJ metabolous
NM metabolian

métabolique /metabɔlik/ ADJ metabolic

métaboliser /metabɔlize/ ► conjug 1 ◄ VT (Physiol) to metabolize

métabolisme /metabɔlism/ NM metabolism

métabolite /metabɔlit/ NM metabolite

métacarpe /metakaʀp/ NM metacarpus

métacarpien, -ienne /metakaʀpjɛ̃, jɛn/
ADJ metacarpal
NMPL **métacarpiens** metacarpals, metacarpal bones

métacentre /metasɑ̃tʀ/ NM metacentre

métairie /meteʀi/ NF smallholding, farm (held on a métayage agreement)

métal (pl **-aux**) /metal, o/ NM 1 (gén, Chim, Fin, Min) metal • **métal blanc** white metal • **le métal jaune** (Fin) gold • **les métaux précieux** pre-

cious metals ◆ **en métal argenté/doré** [couverts] silver-/gold-plated
[2] (littér = matière) metal (littér), stuff

métalangage /metalɑ̃gaʒ/ NM, **métalangue** /metalɑ̃g/ NF metalanguage

métaldéhyde /metaldeid/ NM ou F metaldehyde

métalexicographe /metalɛksikɔgʀaf/ NMF metalexicographer

métalexicographie /metalɛksikɔgʀafi/ NF metalexicography

métalinguistique /metalɛ̃gɥistik/
ADJ metalinguistic
NF metalinguistics (sg)

métallifère /metalifɛʀ/ ADJ metalliferous (SPÉC), metal-bearing (épith)

métallique /metalik/ ADJ [1] (gén, Chim) metallic; [voix, couleur] metallic; [objet] (= en métal) metal (épith); (= qui ressemble au métal) metallic ◆ **bruit ou son métallique** [de clés] jangle, clank; [d'épée] clash
[2] (Fin) → encaisse, monnaie

métallisation /metalizasjɔ̃/ NF [de métal] plating; [de miroir] silvering

métallisé, e /metalize/ (ptp de **métalliser**) ADJ [bleu, gris] metallic; [peinture, couleur] metallic, with a metallic finish; [miroir] silvered; [papier] metallic, metallized

métalliser /metalize/ ▸ conjug 1 ◂ VT [1] (= couvrir) [+ surface] to plate, to metallize; [+ miroir] to silver
[2] (= donner un aspect métallique à) to give a metallic finish to

métallo* /metalo/ NM (abrév de **métallurgiste**) steelworker, metalworker

métallochromie /metalɔkʀɔmi/ NF metallochromy

métallographie /metalɔgʀafi/ NF metallography

métallographique /metalɔgʀafik/ ADJ metallographic

métalloïde /metalɔid/ NM metalloid

métallophone /metalɔfɔn/ NM metallophone

métalloplastique /metaloplastik/ ADJ copper asbestos (épith)

métallurgie /metalyʀʒi/ NF (= industrie) metallurgical industry; (= technique, travail) metallurgy

métallurgique /metalyʀʒik/ ADJ metallurgic

métallurgiste /metalyʀʒist/ NM ◆ **(ouvrier) métallurgiste** steelworker, metalworker ◆ **(industriel) métallurgiste** metallurgist

métalogique /metalɔʒik/
ADJ metalogical
NF metalogic

métamathématique /metamatematik/ NF metamathematics (sg)

métamère /metamɛʀ/
ADJ (Chim) metameric
NM [de ver] metamere

métamérie /metameʀi/ NF (Chim, Zool) metamerism

métamorphique /metamɔʀfik/ ADJ metamorphic, metamorphous

métamorphiser /metamɔʀfize/ ▸ conjug 1 ◂ VT (Géol) to metamorphose

métamorphisme /metamɔʀfism/ NM metamorphism

métamorphose /metamɔʀfoz/ SYN NF (Bio, Myth) metamorphosis; (fig) (complete) transformation, metamorphosis

métamorphoser /metamɔʀfoze/ SYN ▸ conjug 1 ◂
VT (Myth, fig) to transform, to metamorphose (gén pass) (en into) ◆ **son succès l'a métamorphosé** his success has (completely) transformed him ou has made a new man of him
VPR **se métamorphoser** (Bio) to be metamorphosed; (Myth, fig) to be transformed (en into)

métamphétamine /metɑ̃fetamin/ NF metamphetamine

métaphore /metafɔʀ/ SYN NF metaphor ◆ **par métaphore** metaphorically

métaphorique /metafɔʀik/ SYN ADJ metaphorical

métaphoriquement /metafɔʀikmɑ̃/ ADV metaphorically

métaphosphorique /metafɔsfɔʀik/ ADJ ◆ **acide métaphosphorique** metaphosphoric acid

métaphyse /metafiz/ NF metaphysis

métaphysicien, -ienne /metafizisjɛ̃, jɛn/
ADJ metaphysical
NM,F metaphysician, metaphysicist

métaphysique /metafizik/
ADJ (Philos) metaphysical; [amour] spiritual; (péj) [argument] abstruse, obscure
NF (Philos) metaphysics (sg)

métaphysiquement /metafizikmɑ̃/ ADV metaphysically

métaplasie /metaplazi/ NF metaplasia

métapsychique /metapsiʃik/ ADJ psychic ◆ **recherches métapsychiques** psychic(al) research

métapsychologie /metapsikɔlɔʒi/ NF parapsychology, metapsychology

métastable /metastabl/ ADJ metastable

métastase /metastɑz/ NF metastasis ◆ **former des métastases** to metastasize ◆ **il a des métastases** he's got secondaries ou secondary cancer ou metastases (SPÉC)

métastaser /metastaze/ ▸ conjug 1 ◂ VI to metastasize

métastatique /metastatik/ ADJ metastatic

métatarse /metataʀs/ NM metatarsus

métatarsien, -ienne /metataʀsjɛ̃, jɛn/
ADJ metatarsal
NMPL **métatarsiens** metatarsals, metatarsal bones

métathèse /metatɛz/ NF metathesis

métathorax /metatɔʀaks/ NM metathorax

métayage /metɛjaʒ/ NM métayage system (where farmer pays rent in kind), sharecropping (US)

métayer /meteje/ NM (tenant) farmer (paying rent in kind), sharecropper (tenant) (US)

métayère /metejɛʀ/ NF (= épouse) farmer's ou sharecropper's (US) wife; (= paysanne) (woman) farmer ou sharecropper (US)

métazoaire /metazɔɛʀ/ NM metazoan ◆ **les métazoaires** metazoans, Metazoa (SPÉC)

méteil /metɛj/ NM mixed crop of wheat and rye

métempsycose /metɑ̃psikoz/ NF metempsychosis, transmigration of the soul

météo /meteo/
ADJ abrév de **météorologique**
NF [1] (= science, service) ⇒ **météorologie**
[2] (= bulletin) (weather) forecast, weather report ◆ **la météo est bonne/mauvaise** the weather forecast is good/bad ◆ **la météo marine** the shipping forecast ◆ **présentateur (de la) météo** weather forecaster, weatherman*

météore /meteɔʀ/ NM (lit) meteor ◆ **passer comme un météore** (fig) to have a brief but brilliant career

météorique /meteɔʀik/ ADJ (Astron) meteoric

météorisme /meteɔʀism/ NM (Méd) meteorism

météorite /meteɔʀit/ NM ou NF meteorite

météorologie /meteɔʀɔlɔʒi/ NF (= science) meteorology ◆ **la météorologie nationale** (= services) the meteorological office, ≃ the Met Office* (Brit), ≃ the Weather Bureau (US)

météorologique /meteɔʀɔlɔʒik/ ADJ [phénomène, observation] meteorological; [conditions, carte, prévisions, station] weather (épith); → **bulletin**

météorologiquement /meteɔʀɔlɔʒikmɑ̃/ ADV meteorologically

météorologiste /meteɔʀɔlɔʒist/, **météorologue** /meteɔʀɔlɔg/ NMF meteorologist

métèque /metɛk/ NMF [1] (*,*, injurieux) Mediterranean, wop*,*(injurieux)
[2] (Hist) metic

méthacrylique /metakʀilik/ ADJ ◆ **acide méthacrylique** methacrylic acid

méthadone /metadɔn/ NF methadone

méthane /metan/ NM methane

méthanier /metanje/ NM (liquefied) gas carrier ou tanker

méthanol /metanɔl/ NM methanol

méthémoglobine /metemɔglɔbin/ NF methaemoglobin (Brit), methemoglobin (US)

méthionine /metjɔnin/ NF methionine

méthode /metɔd/ SYN NF [1] (= moyen) method ◆ **de nouvelles méthodes d'enseignement du français** new methods of ou for teaching French, new teaching methods for French ◆ **la méthode douce** the softly-softly approach ◆ **avoir une bonne méthode de travail** to have a good way ou method of working ◆ **avoir sa méthode pour faire qch** to have one's own way of ou method for ou of doing sth ◆ **elle n'a pas vraiment la méthode avec les enfants** she doesn't really know how to handle children, she's not very good with children ◆ **service des méthodes** process planning department
[2] (= ordre) ◆ **il a beaucoup de méthode** he's very methodical, he's a man of method ◆ **il n'a aucune méthode** he's not in the least methodical, he has no (idea) of method ◆ **faire qch avec/sans méthode** to do sth methodically ou in a methodical way/unmethodically
[3] (= livre) manual, tutor ◆ **méthode de piano** piano manual ou tutor ◆ **méthode de latin** Latin primer

méthodique /metɔdik/ SYN ADJ methodical

méthodiquement /metɔdikmɑ̃/ ADV methodically

méthodisme /metɔdism/ NM Methodism

méthodiste /metɔdist/ ADJ, NMF Methodist

méthodologie /metɔdɔlɔʒi/ NF methodology

méthodologique /metɔdɔlɔʒik/ ADJ methodological

méthodologiquement /metɔdɔlɔʒikmɑ̃/ ADV methodologically

méthyle /metil/ NM methyl

méthylène /metilɛn/ NM (Comm) methyl alcohol; (Chim) methylene; → **bleu**

méthylique /metilik/ ADJ methyl

méticuleusement /metikyløzmɑ̃/ ADV meticulously

méticuleux, -euse /metikylø, øz/ SYN ADJ [soin] meticulous, scrupulous; [personne] meticulous ◆ **d'une propreté méticuleuse** [endroit, objets] spotlessly ou scrupulously clean

méticulosité /metikylozite/ NF meticulousness

métier /metje/ SYN NM [1] (= travail) job; (Admin) occupation; (commercial) trade; (artisanal) craft; (intellectuel) profession ◆ **métier manuel** manual job ◆ **donner un métier à son fils** to have one's son learn a trade ◆ **enseigner son métier à son fils** to teach one's son one's trade ◆ **il a fait tous les métiers** he's tried his hand at everything, he's done all sorts of jobs ◆ **après tout ils font leur métier** they are only doing their job (after all) ◆ **les métiers du livre/de la communication** the publishing/communications industry ◆ **prendre le métier des armes** to become a soldier, to join the army ◆ **les métiers de bouche** catering and allied trades; → **corps, gâcher**
[2] (= technique) (acquired) skill; (= expérience) experience ◆ **avoir du métier** to have practical experience ◆ **manquer de métier** to be lacking in practical experience ◆ **avoir deux ans de métier** to have two years' experience, to have been in the job (ou trade ou profession) for two years
[3] (locutions) ◆ **homme de métier** expert, professional, specialist ◆ **il est plombier de son métier** he is a plumber by trade ◆ **le plus vieux métier du monde** (euph) the oldest profession (in the world) ◆ **il est du métier** he is in the trade ◆ **il connaît son métier** he knows his job, he's good at his job ◆ **je connais mon métier !** I know what I'm doing! ◆ **tu ne vas pas m'apprendre mon métier !** you're not going to teach me my job! ◆ **ce n'est pas mon métier** it's not my job ◆ **c'est le métier qui rentre*** (hum) it's just learning the hard way ◆ **chacun son métier (et les vaches seront bien gardées)** you should stick to what you know
[4] (= machine) loom ◆ **métier à tisser** (weaving) loom ◆ **métier à filer** spinning frame ◆ **métier à broder** embroidery frame ◆ **remettre qch sur le métier** (littér) to make some improvements to sth ◆ **vingt fois sur le métier remettez votre ouvrage** you should keep going back to your work and improving it

métis, -isse /metis/ SYN
ADJ [personne] mixed-race (épith), of mixed race (attrib); [animal] crossbred; [chien] crossbred, mongrel; [plante] hybrid; [tissu, toile] made of cotton and linen
NM,F (= personne) person of mixed race; (= animal) crossbreed; (= chien) crossbreed, mongrel; (= plante) hybrid
NM ◆ **toile/drap de métis** linen-cotton mix ou blend fabric/sheet

métissage /metisaʒ/ NM *[d'animaux]* crossbreeding, crossing; *[de plantes]* crossing; *[de musiques, genres]* mixing ◆ **cette population est le produit d'un métissage** these people are of mixed origins ◆ **le métissage culturel** *ou* **de cultures** the mixing of cultures

métisser /metise/ SYN ▸ conjug 1 ◂ VT *[+ plantes, animaux]* to crossbreed, to cross ◆ **c'est une population très métissée** it's a very mixed population ◆ **une culture métissée** an ethnically diverse culture ◆ **une musique métissée** a musical style that draws from many cultural sources

métonymie /metɔnimi/ NF metonymy

métonymique /metɔnimik/ ADJ metonymical

métope /metɔp/ NF metope

métrage /metʀaʒ/ NM [1] *(Couture)* length ◆ **grand/petit métrage** long/short length ◆ **quel métrage vous faut-il ?** how many yards *ou* metres do you need?

[2] *(= mesure)* measurement, measuring (in metres) ◆ **procéder au métrage de qch** to measure sth out

[3] *(Ciné)* footage, length ◆ **court métrage** short (film), one-reeler *(US)* ◆ **(film) long métrage** feature(-length) film ◆ **moyen métrage** medium-length film

métré /metʀe/ NM *(= métier)* quantity surveying; *(= mesure)* measurement; *(= devis)* bill of quantities

mètre /mɛtʀ/ NM [1] *(Math)* metre *(Brit)*, meter *(US)* ◆ **mètre carré/cube** square/cubic metre ◆ **vendre qch au mètre linéaire** to sell sth by the metre

[2] *(= instrument)* (metre *(Brit)* *ou* meter *(US)*) rule ◆ **mètre étalon** standard metre ◆ **mètre pliant** folding rule ◆ **mètre à ruban** tape measure, measuring tape

[3] *(Athlétisme)* ◆ **le 100/400 mètres** the 100/400 metres *(Brit)* *ou* meters *(US)*, the 100-/400-metre *(Brit)* *ou* -meter *(US)* race

[4] *(Football, Rugby)* ◆ **les 22/50 mètres** the 22 metre *(Brit)* *ou* meter *(US)* /halfway line

[5] *(Littérat)* metre *(Brit)*, meter *(US)*

métrer /metʀe/ SYN ▸ conjug 6 ◂ VT to measure (in metres); *[vérificateur]* to survey

métreur, -euse /metʀœʀ, øz/

NM,F ◆ **métreur (vérificateur)** quantity surveyor

NF **métreuse** *(Ciné)* footage counter

métricien, -ienne /metʀisjɛ̃, jɛn/ NM,F metrist

métrique /metʀik/

ADJ *(Littérat)* metrical, metric; *(Mus)* metrical; *(Math)* *[système, tonne]* metric ◆ **géométrie métrique** metrical geometry

NF *(Littérat)* metrics *(sg)*; *(Math)* metric theory

métro /metʀo/

NM *(= système)* underground *(Brit)*, subway *(US)*; *(= station)* *(gén)* underground *(Brit)* *ou* subway *(US)* station; *(à Paris)* metro station ◆ **métro aérien** elevated railway, el* *(US)* ◆ **le métro de Paris** the Paris metro ◆ **le métro de Londres** the London underground, the tube ◆ **j'irai en métro** I'll go by underground ◆ **le premier métro** the first *ou* milk train ◆ **le dernier métro** the last train ◆ **c'est métro, boulot, dodo*** it's the same old routine day in day out, it's work work work ◆ **il a toujours un métro de retard*** he's always one step behind

NMF *(* : terme des îles) person from metropolitan France*

métrologie /metʀɔlɔʒi/ NF metrology

métrologique /metʀɔlɔʒik/ ADJ metrological

métrologiste /metʀɔlɔʒist/ NMF metrologist

métronome /metʀɔnɔm/ NM metronome ◆ **avec la régularité d'un métronome** with clockwork regularity, like clockwork

métronomique /metʀɔnɔmik/ ADJ *[mouvement]* metronomic ◆ **avec une régularité métronomique** with clockwork *ou* metronomic regularity

métropole /metʀɔpɔl/ SYN NF [1] *(= ville)* metropolis ◆ **métropole régionale** large regional centre ◆ **la Métropole** (metropolitan) France ◆ **quand est prévu votre retour en métropole ?** when do you go back home? *ou* back to the home country? ◆ **en métropole comme à l'étranger** at home and abroad

[2] *(Rel)* metropolis

métropolitain, e /metʀɔpɔlitɛ̃, ɛn/

ADJ *(Admin, Rel)* metropolitan ◆ **la France métropolitaine** metropolitan France ◆ **troupes métropolitaines** home troops

NM [1] *(Rel)* metropolitan

[2] († = *métro*) underground *(Brit)*, subway *(US)*

métropolite /metʀɔpɔlit/ NM metropolitan, metropolite

métrorragie /metʀɔʀaʒi/ NF metrorrhagia

métrosexuel, -elle /metʀɔsɛksɥɛl/ ADJ, NMF metrosexual

mets /mɛ/ NM *(Culin)* dish

mettable /metabl/ ADJ *(gén nég)* wearable, decent ◆ **ça n'est pas mettable** this is not fit to wear *ou* to be worn ◆ **je n'ai rien de mettable** I've got nothing (decent) to wear *ou* nothing that's wearable ◆ **ce costume est encore mettable** you can still wear that suit, that suit is still decent *ou* wearable

metteur /metœʀ/ NM ◆ **metteur en œuvre** *(Bijouterie)* mounter ◆ **metteur en ondes** *(Radio)* producer ◆ **metteur en pages** *(Typographie)* layout *ou* make-up artist ◆ **metteur au point** *(Tech)* adjuster ◆ **metteur en scène** *(Théât, Ciné)* director

◆ ◆

mettre /mɛtʀ/

SYN ▸ conjug 56 ◂

1 - VERBE TRANSITIF

2 - VERBE PRONOMINAL

◆ ◆

1 - VERBE TRANSITIF

▸ Lorsque **mettre** s'emploie dans des expressions telles que **mettre qch en place, mettre qn au pas/au régime** etc, cherchez sous le nom.

[1] [= PLACER] to put *(dans* in, into; *sur* on); *(fig = classer)* to rank, to rate ◆ **mettre une assiette/carte sur une autre** to put one *ou* a plate/card on top of another ◆ **où mets-tu tes verres ?** where do you keep your glasses?, where are your glasses kept? ◆ **elle lui mit la main sur l'épaule** she put *ou* laid her hand on his shoulder ◆ **elle met son travail avant sa famille** she puts her work before her family ◆ **je mets Molière parmi les plus grands écrivains** I rank *ou* rate Molière among the greatest writers ◆ **mettre qch debout** to stand sth up ◆ **mettre qn sur son séant/sur ses pieds** to sit/stand sb up ◆ **mettre qch à** *ou* **par terre** to put sth down (on the ground) ◆ **mettre qch à l'ombre/au frais** to put sth in the shade/in a cool place ◆ **mettre qch à plat** to lay sth down (flat) ◆ **mettre qch droit** to put *ou* set sth straight *ou* to rights, to straighten sth out *ou* up ◆ **mettre qn au** *ou* **dans le train** to put sb on the train ◆ **mettez-moi à la gare, s'il vous plaît*** take me to *ou* drop me at the station please ◆ **elle a mis la tête à la fenêtre** she put *ou* stuck her head out of the window ◆ **mettez les mains en l'air** put your hands up, put your hands in the air ◆ **mets le chat dehors** put the cat out

◆ **mettre qch à** + *infinitif* ◆ **mettre qch à cuire/à chauffer** to put sth on to cook/heat ◆ **mettre du linge à sécher** *(à l'intérieur)* to put *ou* hang washing up to dry; *(à l'extérieur)* to put *ou* hang washing out to dry

[2] [= AJOUTER] ◆ **mettre du sucre dans son thé** to put sugar in one's tea ◆ **mettre une pièce à un drap** to put a patch in *ou* on a sheet, to patch a sheet ◆ **mettre une idée dans la tête de qn** to put an idea into sb's head ◆ **ne mets pas d'encre sur la nappe** don't get ink on the tablecloth

[3] [= PLACER DANS UNE SITUATION] ◆ **mettre un enfant à l'école** to send a child to school ◆ **mettre qn au régime** to put sb on a diet ◆ **mettre qn dans la nécessité** *ou* **l'obligation de faire** to oblige *ou* compel sb to do ◆ **mettre au désespoir** to throw into despair ◆ **cela m'a mis dans une situation difficile** that has put me in *ou* got me into a difficult position ◆ **on l'a mis* à la manutention/aux réclamations** he was put in the packing/complaints department ◆ **mettre qn au pas** to bring sb into line, to make sb toe the line

[4] [= REVÊTIR] *[+ vêtements, lunettes]* to put on ◆ **mettre une robe/du maquillage** to put on a dress/some make-up ◆ **depuis qu'il fait chaud je ne mets plus mon gilet** since it has got warmer I've stopped wearing my cardigan ◆ **elle n'a plus rien à mettre sur elle** she's got nothing (left) to wear ◆ **mets-lui son chapeau et on sort** put his hat on (for him) and we'll go ◆ **il avait mis un manteau** he was wearing a coat, he had a coat on ◆ **elle avait mis du bleu** she was wearing blue, she was dressed in blue

[5] [= CONSACRER] ◆ **j'ai mis 2 heures à le faire** I took 2 hours to do it *ou* 2 hours over it, I spent 2 hours on *ou* over it *ou* 2 hours doing it ◆ **le train met 3 heures** it takes 3 hours by train, the train takes 3 hours ◆ **mettre toute son énergie à faire** to put all one's effort *ou* energy into doing ◆ **mettre tous ses espoirs dans** to pin all one's hopes on ◆ **mettre beaucoup de soin à faire** to take great care in doing, to take great pains to do ◆ **mettre de l'ardeur à faire qch** to do sth eagerly *ou* with great eagerness ◆ **il y a mis le temps !** he's taken his time (about it)!, he's taken an age *ou* long enough!; → **cœur**

[6] [= FAIRE FONCTIONNER] ◆ **mettre la radio/le chauffage** to put *ou* switch *ou* turn the radio/the heating on ◆ **mettre les informations** to put *ou* turn the news on ◆ **mettre le réveil (à 7 heures)** to set the alarm (for 7 o'clock) ◆ **mettre le réveil à l'heure** to put the alarm clock right ◆ **mettre le verrou** to bolt *ou* lock the door ◆ **mets France Inter/la 2e chaîne** put on France Inter/channel 2 ◆ **mettre une machine en route** to start up a machine

[7] [= INSTALLER] *[+ eau]* to lay on; *[+ placards]* to put in, to build, to install; *[+ étagères]* to put up *ou* in, to build; *[+ moquette]* to fit, to lay; *[+ rideaux]* to put up ◆ **mettre du papier peint** to hang some wallpaper ◆ **mettre de la peinture** to put on a coat of paint

[8] [= ÉCRIRE] ◆ **mettre en anglais/au pluriel** to put into English/the plural ◆ **mettre à l'infinitif/au futur** to put in(to) the infinitive/the future tense ◆ **mettre des vers en musique** to set verse to music ◆ **mettre sa signature (à)** to put *ou* append one's signature (to) ◆ **mettre un mot à qn*** to drop a line to sb ◆ **mettez bien clairement que...** put (down) quite clearly that... ◆ **il met qu'il est bien arrivé** he says in his letter *ou* writes that he arrived safely

[9] [= DÉPENSER] ◆ **mettre de l'argent sur un cheval** to put money on a horse ◆ **mettre de l'argent dans une affaire** to put money into a business ◆ **combien avez-vous mis pour cette table ?** how much did you pay for that table? ◆ **mettre de l'argent sur son compte** to put money into one's account ◆ **je suis prêt à mettre 100 €** I'm willing to give *ou* I don't mind giving €100 ◆ **si on veut du beau il faut y mettre le prix** if you want something nice you have to pay the price *ou* pay for it; → **caisse**

[10] [= LANCER] ◆ **mettre la balle dans le filet** to put the ball into the net ◆ **mettre une balle à la peau de qn*** to put a bullet in sb* ◆ **mettre son poing dans** *ou* **sur la figure de qn** to punch sb in the face, to give sb a punch in the face

[11] [= SUPPOSER] ◆ **mettons que je me suis** *ou* **sois trompé** let's say *ou* (just) suppose *ou* assume I've got it wrong ◆ **nous arriverons vers 10 heures, mettons, et après ?** say we arrive about 10 o'clock, then what?, we'll arrive about 10 o'clock, say, then what?

[12] [LOCUTIONS] ◆ **mettre les bouts** *ou* **les voiles*, les mettre**‡ to clear off*, to beat it*, to scarper‡ *(Brit)* ◆ **qu'est-ce qu'ils nous ont mis !*** *(bagarre, match)* they gave us a real hammering!* ◆ **va te faire mettre !**** fuck off!**, bugger off!** *(Brit)*

2 - VERBE PRONOMINAL

se mettre

[1] [= SE PLACER] *[d'objet]* to go ◆ **mets-toi là** *(debout)* (go and) stand there; *(assis)* (go and) sit there ◆ **se mettre au piano/dans un fauteuil** to sit down at the piano/in an armchair ◆ **se mettre au chaud/à l'ombre** to come *ou* go into the warmth/into the shade ◆ **elle ne savait plus où se mettre** *(fig)* she didn't know where to look, she didn't know where to put herself *ou* what to do with herself ◆ **il s'est mis dans une situation délicate** he's put himself in *ou* got himself into an awkward situation ◆ **se mettre autour (de)** to gather round ◆ **ces verres se mettent dans le placard** these glasses go in the cupboard ◆ **l'infection s'y est mise** it has become infected ◆ **les vers s'y sont mis** the maggots have got at it ◆ **il y a un bout de métal qui s'est mis dans l'engrenage** a piece of metal has got caught in the works; → **poil, rang, table, vert**

[2] [MÉTÉO] ◆ **se mettre au froid/au chaud/à la pluie** to turn cold/warm/wet ◆ **on dirait que ça se met à la pluie** it looks like rain, it looks as though it's turning to rain

meublant | mi-corps

③ [= S'HABILLER] ✦ **se mettre en robe/en short, se mettre une robe/un short** to put on a dress/a pair of shorts ✦ **se mettre en bras de chemise** to take off one's jacket ✦ **se mettre nu** to strip (off ou naked), to take (all) one's clothes off ✦ **comment je me mets ?** what (sort of thing) should I wear? ✦ **elle s'était mise très simplement** she was dressed very simply ✦ **elle s'était mise en robe du soir** she was wearing ou she had on an evening dress ✦ **se mettre une veste/du maquillage** to put on a jacket/some make-up ✦ **elle n'a plus rien à se mettre** she's got nothing (left) to wear

④ [= S'AJOUTER] ✦ **se mettre une idée dans la tête** to get an idea into one's head ✦ **il s'est mis de l'encre sur les doigts** he's got ink on his fingers ✦ **il s'en est mis partout** he's covered in it, he's got it all over him

⑤ [= COMMENCER]
• **se mettre à** + nom ✦ **se mettre au régime** to go on a diet ✦ **se mettre au travail** to set to work, to get down to work, to set about one's work ✦ **se mettre à une traduction** to start ou set about (doing) a translation ✦ **se mettre à la peinture** to take up painting, to take to painting ✦ **se mettre au latin** to take up Latin ✦ **il s'est bien mis à l'anglais** he's really taken to English
• **se mettre à** + infinitif ✦ **se mettre à rire/à manger** to start laughing/eating, to start ou begin to laugh/eat ✦ **se mettre à traduire** to start to translate, to start translating, to set about translating ✦ **se mettre à boire** to take to drink ou the bottle * ✦ **voilà qu'il se met à pleuvoir !** and now it's beginning ou starting to rain!, and now it's coming on to (Brit) rain!
• **s'y mettre** ✦ **il est temps de s'y mettre** it's (high) time we got down to it ou got on with it ✦ **qu'est-ce que tu es énervant quand tu t'y mets !** * you can be a real pain when you get going! * ou once you get started! *

⑥ [= SE GROUPER] ✦ **ils se sont mis à plusieurs/ deux pour pousser la voiture** several of them/ the two of them joined forces to push the car ✦ **se mettre avec qn** (= faire équipe) to team up with sb; (= prendre parti) to side with sb; (* : en ménage) to move in with sb*, to shack up* (péj) with sb ✦ **se mettre bien/mal avec qn** to get on the right/wrong side of sb; → **partie²**

⑦ [LOCUTIONS] ✦ **on s'en est mis jusque-là** ou **plein la lampe** * we had a real blow-out* ✦ **qu'est-ce qu'ils se sont mis !** * (bagarre) they really laid into each other! * ou had a go at each other! *, they didn't half (Brit) lay into each other! * ou have a go at each other! *

---

meublant, e /mœblɑ̃, ɑ̃t/ ADJ [papier, étoffe] decorative, effective ✦ **ce papier est très meublant** this paper finishes off the room nicely, this paper really makes * the room → **meuble**

meuble /mœbl/
NM ① (= objet) piece of furniture ✦ **les meubles** the furniture (NonC) ✦ **meuble de rangement** cupboard, storage unit ✦ **meuble hi-fi** hi-fi unit ✦ **faire la liste des meubles** to make a list ou an inventory of the furniture, to list each item of furniture ✦ **nous sommes dans nos meubles** we have our own home ✦ **il fait partie des meubles** (péj, hum) he's part of the furniture; → **sauver**
② (= ameublement) ✦ **le meuble** furniture
③ (Jur) movable ✦ **meubles meublants** furniture, movables ✦ **en fait de meubles possession vaut titre** possession is nine tenths ou points of the law
④ (Héraldique) charge
ADJ [terre, sol] loose, soft; [roche] soft, crumbly; → **bien**

meublé, e /mœble/ (ptp de meubler)
ADJ furnished ✦ **non meublé** unfurnished
NM (= pièce) furnished room; (= appartement) furnished apartment ou flat (Brit) ✦ **être** ou **habiter en meublé** to be ou live in furnished accommodation

meubler /mœble/ SYN ▸ conjug 1 ◂
VT [+ pièce, appartement] to furnish (de with); [+ pensée, mémoire, loisirs] to fill (de with); [+ dissertation] to fill out, to pad out (de with) ✦ **meubler la conversation** to keep the conversation going ✦ **une table et une chaise meublaient la pièce** the room was furnished with a table and a chair ✦ **étoffe/papier qui meuble bien** decorative ou effective material/paper
VPR **se meubler** to buy ou get (some) furniture, to furnish one's home ✦ **ils se sont meublés dans ce magasin/pour pas cher** they got ou bought their furniture from this shop/for a very reasonable price

meuf * /mœf/ NF (= femme) woman ✦ **sa meuf** his girlfriend

meuglement /møgləmɑ̃/ NM mooing (NonC), lowing † (NonC)

meugler /møgle/ SYN ▸ conjug 1 ◂ VI to moo, to low †

meuh /mø/ EXCL, NM moo ✦ **faire meuh** to moo

meulage /mølaʒ/ NM grinding

meule¹ /møl/ NF ① (à moudre) millstone; (à polir) buff wheel; (Dentisterie) wheel ✦ **meule (à aiguiser)** grindstone ✦ **meule courante** ou **traînante** upper (mill)stone
② (Culin) ✦ **meule (de gruyère)** round of gruyère
③ (* = motocyclette) bike, hog * (US)

meule² /møl/ NF (Agr) stack, rick; (= champignonnière) mushroom bed ✦ **meule de foin** haystack, hayrick ✦ **meule de paille** stack ou rick of straw ✦ **mettre en meules** to stack, to rick

meuler /møle/ ▸ conjug 1 ◂ VT (Tech, Dentisterie) to grind down

meuleuse /møløz/ NF grinder

meulière /møljɛʀ/ NF ✦ **(pierre) meulière** millstone, buhrstone

meunerie /mønʀi/ NF (= industrie) flour trade; (= métier) milling

meunier, -ière /mønje, jɛʀ/
ADJ milling
NM miller
NF **meunière** miller's wife ✦ **sole/truite meunière** (Culin) sole/trout meunière

meurette /mœʀɛt/ NF red wine sauce ✦ **œufs en meurette** eggs in red wine sauce

meurtre /mœʀtʀ/ SYN NM murder ✦ **au meurtre !** murder! ✦ **crier au meurtre** (fig) to scream blue murder

meurtrier, -ière /mœʀtʀije, ijɛʀ/ SYN
ADJ [attentat, combat, affrontements] bloody; [épidémie] fatal; [intention, fureur] murderous; [arme] deadly, lethal; † [personne] murderous ✦ **week-end meurtrier** weekend of carnage on the roads ✦ **cette route est meurtrière** this road is lethal ou a deathtrap ✦ **c'est le séisme le plus meurtrier depuis 1995** it's the worst ou deadliest earthquake since 1995 ✦ **le bombardement a été particulièrement meurtrier** the bombing claimed very many lives ✦ **être saisi par une folie meurtrière** to be possessed by murderous rage
NM murderer
NF **meurtrière** SYN ① (= criminelle) murderess
② (Archit) arrow slit, loophole

meurtrir /mœʀtʀiʀ/ SYN ▸ conjug 2 ◂ VT ① [+ chair, fruit] to bruise ✦ **être meurtri** [personne] to be covered in bruises, to be black and blue all over ✦ **il est encore meurtri par son échec** he's still smarting from his defeat
② (littér) [+ personne, âme] to wound ✦ **un pays meurtri par la guerre** a country ravaged by war

meurtrissure /mœʀtʀisyʀ/ SYN NF ① [de chair, fruit] bruise
② (littér) [d'âme] scar, bruise ✦ **les meurtrissures laissées par la vie/le chagrin** the scars ou bruises left by life/sorrow

meute /møt/ SYN NF (Chasse, péj) pack ✦ **lâcher la meute sur** to set the pack on ✦ **une meute de journalistes** a pack of journalists

mévente /mevɑ̃t/ NF (Écon) slump ou drop in sales; († = vente à perte) selling at a loss ✦ **une période de mévente** a slump, a period of poor sales

mexicain, e /mɛksikɛ̃, ɛn/
ADJ Mexican
NM,F **Mexicain(e)** Mexican

Mexico /mɛksiko/ N Mexico City

Mexique /mɛksik/ NM ✦ **le Mexique** Mexico

mézail /mezaj/ NM mesail

mézigue * /mezig/ PRON PERS me, yours truly * ✦ **c'est pour mézigue** it's for yours truly *

mezzanine /mɛdzanin/ NF (Archit) (= étage) mezzanine (floor); (= fenêtre) mezzanine window; (Théât) mezzanine

mezza-voce /mɛdzavotʃe/ ADV (Mus) mezza voce; (littér) in an undertone

mezzo /mɛdzo/
NM mezzo (voice)
NF mezzo

mezzo-soprano (pl **mezzo-sopranos**) /mɛdzosopʀano/
NM mezzo-soprano (voice)
NF mezzo-soprano

mezzo-tinto /mɛdzotinto/ NM INV mezzotint

MF ① (abrév de **modulation de fréquence**) FM
② (abrév de **millions de francs**) → million

mg (abrév de **milligramme**) mg

Mgr (abrév de **Monseigneur**) Mgr

mi /mi/ NM (Mus) E; (en chantant la gamme) mi, me

mi- /mi/ PRÉF (le préfixe reste invariable dans les mots composés à trait d'union) half, mid- ✦ **la mi-janvier** the middle of January, mid-January ✦ **à mi-cuisson ajoutez le vin** add the wine half way through cooking ✦ **pièce mi-salle à manger mi-salon** living-dining room, dining-cum-living room (Brit) ✦ **mi-riant mi-pleurant** half-laughing half-crying, halfway between laughing and crying

MIAGE /mjaʒ/ NF (abrév de **maîtrise d'informatique appliquée à la gestion des entreprises**) master's degree in business data processing

miam-miam * /mjammjam/ EXCL (langage enfantin) yum-yum! *, yummy! * ✦ **faire miam-miam** to eat

miaou /mjau/ EXCL, NM miaow ✦ **faire miaou** to miaow

miasme /mjasm/ NM (gén pl) miasma ✦ **miasmes putrides** fumes, miasmas

miaulement /mjolmɑ̃/ NM mewing, meowing

miauler /mjole/ ▸ conjug 1 ◂ VI to mew, to meow

miauleur, -euse /mjolœʀ, øz/ ADJ mewing (épith)

mi-bas /miba/ NM INV (pour homme) knee-length sock; (pour femme) pop sock (Brit), knee-high (US)

mi-blanc /miblɑ̃/ NM (Helv = pain) white bread containing a little bran

mica /mika/ NM (= roche) mica; (pour vitre, isolant) Muscovy glass, white mica

micacé, e /mikase/ ADJ [couleur] mica-tinted; [substance] mica-bearing, micaceous

mi-carême /mikaʀɛm/ NF ✦ **la mi-carême** the third Thursday in Lent

micaschiste /mikaʃist/ NM mica-schist

micellaire /misɛlɛʀ/ ADJ micellar

micelle /misɛl/ NF micell(e), micella

miche /miʃ/
NF [de pain] round loaf, cob loaf (Brit)
NFPL **miches** * (= fesses) bum * (Brit), butt * (surtout US)

Michel-Ange /mikɛlɑ̃ʒ/ NM Michelangelo

micheline /miʃlin/ NF railcar

mi-chemin /miʃ(ə)mɛ̃/ ✦ **à mi-chemin** LOC ADV ✦ **je l'ai rencontré à mi-chemin** I met him halfway there ✦ **la poste est à mi-chemin** the post office is halfway there, the post office is halfway ou midway between the two ✦ **à mi-chemin de la gare** halfway to the station ✦ **ces reportages sont à mi-chemin de la fiction et du réel** these reports are a mixture of fiction and truth ou are half fiction half truth ✦ **à mi-chemin entre...** (lit, fig) halfway ou midway between...

micheton † /miʃtɔ̃/ NM (arg Crime) punter * (Brit), John * (US)

Michigan /miʃigɑ̃/ NM Michigan ✦ **le lac Michigan** Lake Michigan

mi-clos, e /miklo, kloz/ ADJ half-closed ✦ **les yeux mi-clos** with half-closed eyes, with one's eyes half-closed

micmac * /mikmak/ NM (péj) (= intrigue) funny business * ; (= confusion) mix-up ✦ **je devine leur petit micmac** I can guess their little game * ou what they're playing at * ✦ **tu parles d'un micmac pour aller jusqu'à chez elle !** it's such a hassle getting to her place!

micocoulier /mikɔkulje/ NM nettle tree, European hackberry

mi-combat /mikɔ̃ba/ ✦ **à mi-combat** LOC ADV halfway through the match

mi-corps /mikɔʀ/ ✦ **à mi-corps** LOC ADV up to ou down to the waist ✦ **plongé à mi-corps dans l'eau glacée** waist-deep in the icy water

mi-côte | miette

mi-côte /mikot/ **à mi-côte** LOC ADV halfway up (ou down) the hill

mi-course /mikuʀs/ **à mi-course** LOC ADV (Sport) halfway through the race, at the halfway mark

micro /mikʀo/
NM ① (abrév de **microphone**) microphone, mike* (Radio, TV) ◆ **dites-le au micro** ou **devant le micro** say it in front of the mike* ◆ **parlez dans le micro** speak into the microphone ◆ **ils l'ont dit au micro** (dans un aéroport, une gare) they announced it over the intercom ou PA system ◆ **il était au micro de France Inter** he was on France Inter
② abrév de **micro-ordinateur**
NF abrév de **micro-informatique**

micro... /mikʀo/ PRÉF micro... ◆ **microcurie** microcurie ◆ **microséisme** microseism

microalgue /mikʀoalg/ NF microalga

microampère /mikʀoɑ̃pɛʀ/ NM microamp

microanalyse /mikʀoanaliz/ NF microanalysis

microbalance /mikʀobalɑ̃s/ NF microbalance

microbe /mikʀɔb/ NM ① (Méd) germ, bug*, microbe (SPÉC)
② (*péj) pipsqueak*, little runt* (péj)

microbien, -ienne /mikʀɔbjɛ̃, jɛn/ ADJ [culture] microbial, microbic; [infection] bacterial ◆ **maladie microbienne** bacterial disease

microbille, micro-bille (pl **micro-billes**) /mikʀobij/ NF [d'abrasif] micro-granule, microparticle

microbiologie /mikʀobjɔlɔʒi/ NF microbiology

microbiologique /mikʀobjɔlɔʒik/ ADJ microbiological

microbiologiste /mikʀobjɔlɔʒist/ NMF microbiologist

microbrasserie /mikʀobʀasʀi/ NF micro-brewery

microbus /mikʀobys/ NM minibus

microcalorimètre /mikʀokalɔʀimɛtʀ/ NM microcalorimeter

microcalorimétrie /mikʀokalɔʀimetʀi/ NF microcalorimetry

microcassette /mikʀokaset/ NF microcassette

microcéphale /mikʀosefal/ ADJ, NMF microcephalic

microchimie /mikʀoʃimi/ NF microchemistry

microchirurgie /mikʀoʃiʀyʀʒi/ NF microsurgery

microcircuit /mikʀosiʀkɥi/ NM microcircuit

microclimat /mikʀoklima/ NM microclimate

microcoque /mikʀokɔk/ NM micrococcus

microcosme /mikʀokɔsm/ NM microcosm

microcosmique /mikʀokɔsmik/ ADJ microcosmic

microcoupure /mikʀokupyʀ/ NF (Ordin) power dip

micro-cravate (pl **micros-cravates**) /mikʀokʀavat/ NM clip-on microphone ou mike*

microcrédit /mikʀokʀedi/ NM microcredit

microculture /mikʀokyltyʀ/ NF (Bio) microculture

microdissection /mikʀodisɛksjɔ̃/ NF microdissection

microéconomie /mikʀoekɔnɔmi/ NF microeconomics (sg)

microéconomique /mikʀoekɔnɔmik/ ADJ microeconomic

microédition /mikʀoedisjɔ̃/ NF desktop publishing, DTP

microélectrode /mikʀoelɛktʀɔd/ NF microelectrode

microélectronique /mikʀoelɛktʀɔnik/ NF microelectronics (sg)

micro-entreprise (pl **micro-entreprises**) /mikʀoɑ̃tʀəpʀiz/ NF micro-business

microfibre /mikʀofibʀ/ NF microfibre ◆ **tissu/fil microfibre** microfibre fabric/thread ◆ **en microfibres** microfibre (épith)

microfiche /mikʀofiʃ/ NF microfiche

microfilm /mikʀofilm/ NM microfilm

microfilmer /mikʀofilme/ ▸ conjug 1 ◂ VT to microfilm

microflore /mikʀoflɔʀ/ NF microflora

microforme /mikʀofɔʀm/ NF microform

microgramme /mikʀogʀam/ NM microgram

micrographie /mikʀogʀafi/ NF micrography

micrographique /mikʀogʀafik/ ADJ micrographic

microgravité /mikʀogʀavite/ NF microgravity

micro-informatique /mikʀoɛ̃fɔʀmatik/ NF microcomputing

microlit(h)e /mikʀolit/ NM (= outil) microlith

micromécanique /mikʀomekanik/ NF micromechanics (sg)

micrométéorite /mikʀometeɔʀit/ NF micrometeorite

micromètre /mikʀomɛtʀ/ NM micrometer

micrométrie /mikʀometʀi/ NF micrometry

micrométrique /mikʀometʀik/ ADJ micrometric(al)

micron /mikʀɔ̃/ NM micron

Micronésie /mikʀonezi/ NF Micronesia

micronésien, -ienne /mikʀonezjɛ̃, jɛn/
ADJ Micronesian
NM,F **Micronésien(ne)** Micronesian

micro-onde (pl **micro-ondes**) /mikʀoɔ̃d/
NF microwave
NM ◆ **(four à) micro-ondes** microwave (oven)

micro-ordinateur (pl **micro-ordinateurs**) /mikʀoɔʀdinatœʀ/ NM microcomputer

micro-organisme (pl **micro-organismes**) /mikʀoɔʀganism/ NM microorganism

microphage /mikʀofaʒ/ NM microphagous animal

microphone /mikʀofon/ NM microphone

microphonique /mikʀofonik/ ADJ microphonic

microphotographie /mikʀofotogʀafi/ NF (= procédé) photomicrography; (= image) photomicrograph

microphysique /mikʀofizik/ NF microphysics (sg)

micropilule /mikʀopilyl/ NF minipill

microprocesseur /mikʀopʀɔsesœʀ/ NM microprocessor

microprogramme /mikʀopʀogʀam/ NM microprogram, applet

micropyle /mikʀopil/ NM micropyle

microscope /mikʀoskɔp/ NM microscope ◆ **examiner qch au microscope** (lit) to examine sth ou look at sth under a microscope; (fig) to put sth under the microscope ◆ **microscope électronique** electron microscope ◆ **microscope (électronique) à balayage (par transmission)** scanning electron microscope

microscopie /mikʀoskɔpi/ NF microscopy

microscopique /mikʀoskɔpik/ SYN ADJ microscopic

microseconde /mikʀos(ə)gɔ̃d/ NF microsecond

microsillon /mikʀosijɔ̃/ NM (= sillon) microgroove ◆ **(disque) microsillon** LP, microgroove record

microsociologie /mikʀososjɔlɔʒi/ NF microsociology

microsonde /mikʀosɔ̃d/ NF microprobe

microsporange /mikʀospɔʀɑ̃ʒ/ NM microsporangium

microspore /mikʀospɔʀ/ NF microspore

microstructure /mikʀostʀyktyʀ/ NF microstructure

microtome /mikʀotom, mikʀotɔm/ NM microtome

microtracteur /mikʀotʀaktœʀ/ NM small tractor

micro-trottoir (pl **micros-trottoirs**) /mikʀotʀɔtwaʀ/ NM ◆ **faire un micro-trottoir** to interview people in the street, to do a vox pop* (Brit)

microtubule /mikʀotybyl/ NM microtubule

miction /miksjɔ̃/ NF micturition

mi-cuisse(s) /mikɥis/ **à mi-cuisses** LOC ADV ◆ **ses bottes lui arrivaient à mi-cuisses** his boots came up to his thighs ou over his knees ◆ **l'eau leur arrivait à mi-cuisses** they were thigh-deep in water, they were up to their thighs in water

MIDEM /midɛm/ NM (abrév de **marché international du disque et de l'édition musicale**) → marché

midi /midi/
NM ① (= heure) midday, 12 (o'clock), noon ◆ **midi dix** 10 past 12 ◆ **de midi à 2 heures** from 12 ou (12) noon to 2 ◆ **entre midi et 2 heures** between 12 ou (12) noon and 2 ◆ **hier à midi** yesterday at 12 o'clock ou at noon ou at midday ◆ **pour le ravoir, c'est midi (sonné)** † * there isn't a hope ou you haven't a hope of getting it back → **chacun, chercher, coup**
② (= période du déjeuner) lunchtime, lunch hour; (= mi-journée) midday, middle of the day ◆ **à/pendant midi** at/during lunchtime, at/during the lunch hour ◆ **demain midi** tomorrow lunchtime ◆ **tous les midis** every lunchtime ou lunch hour ◆ **que faire ce midi ?** what shall we do at lunchtime? ou midday?, what shall we do this lunch hour? ◆ **le repas de midi** the midday meal, lunch ◆ **qu'est-ce que tu as eu à midi ?** what did you have for lunch? ◆ **à midi on va au restaurant** we're going to a restaurant for lunch ◆ **en plein midi** (= à l'heure du déjeuner) (right) in the middle of the day, at midday; (= en plein zénith) at the height of noon, at high noon ◆ **ça s'est passé en plein midi** it happened right in the middle of the day; → **démon**
③ (Géog = sud) south ◆ **exposé au** ou **en plein midi** facing due south ◆ **le midi de la France, le Midi** the South of France, the Midi; → **accent**
ADJ INV [chaîne hi-fi, slip, jupe] midi

midinette /midinɛt/ NF (= jeune fille) young girl; († = vendeuse) shopgirl (in the dress industry); († = ouvrière) dressmaker's apprentice ◆ **elle a des goûts de midinette** (péj) she has the tastes of a sixteen-year-old schoolgirl

mi-distance /midistɑ̃s/ **à mi-distance (entre)** LOC PRÉP halfway ou midway (between) ◆ **à mi-distance de Vienne et de Prague** halfway ou midway between Vienna and Prague

midship /midʃip/ NM (Naut) midshipman, middy*

mie¹ /mi/ NF soft part (of bread); (Culin) bread with crusts removed ◆ **il a mangé la croûte et laissé la mie** he's eaten the crust and left the soft part ou the inside (of the bread) ◆ **faire une farce avec de la mie de pain** to make stuffing with fresh white breadcrumbs; → **pain**

mie² †† /mi/ NF (littér = bien-aimée) lady-love †, beloved (littér)

mie³ †† /mi/ ADV not ◆ **ne le croyez mie** believe it not †

miel /mjɛl/
NM honey ◆ **bonbon/boisson au miel** honey sweet (Brit) ou candy (US) /drink ◆ **être tout miel** [personne] to be all sweetness and light ◆ **miel rosat** rose honey ◆ **faire son miel de qch** (fig) to turn sth to one's advantage; → **gâteau, lune**
EXCL (euph *) sugar! *

miellat /mjela/ NM honeydew

miellé, e¹ /mjele/ ADJ (littér) honeyed

miellée² /mjele/ NF (= suc) honeydew

mielleusement /mjeløzmɑ̃/ ADV (péj) unctuously

mielleux, -euse /mjelø, øz/ SYN ADJ (péj) [personne] unctuous, syrupy, smooth-tongued; [paroles] honeyed, smooth; [ton] honeyed, sugary; [sourire] sugary, sickly sweet; († ou littér) [saveur] sickly sweet

mien, mienne /mjɛ̃, mjɛn/
PRON POSS ◆ **le mien, la mienne, les miens, les miennes** mine ◆ **ce sac n'est pas le mien** this bag is not mine, this is not my bag ◆ **ton prix/ton jour sera le mien** name your price/the day ◆ **vos fils sont sages comparés aux miens** your sons are well-behaved compared to mine ou my own
NMPL **miens** ◆ **les miens** (= ma famille) my family, my (own) folks*; (= mon peuple) my people
ADJ POSS († ou littér) ◆ **un mien cousin** a cousin of mine ◆ **je fais miennes vos observations** I agree wholeheartedly (with you); → **sien**

miette /mjɛt/ SYN NF [de pain, gâteau] crumb ◆ **miettes de crabe/de thon** (Culin) flaked crab/tuna ◆ **il ne perdait pas une miette de la conversation/du spectacle** he didn't miss a scrap of the conversation/the show ◆ **les miettes de sa fortune** the remnants of his fortune ◆ **je n'en prendrai qu'une miette** I'll just have a tiny bit ou a sliver ◆ **il n'a pas laissé une miette** (repas) he didn't leave a scrap; (fortune) he didn't leave a penny (Brit) ou one red cent (US)

◆ **en miettes** [gâteau] in pieces; [bonheur] in pieces ou shreds; [pays, union] fragmented ◆ **leur voiture est en miettes** there's nothing left of their car, their car was totaled* (US) ◆ **mettre** *ou* **réduire qch en miettes** to break *ou* smash sth to bits *ou* to smithereens

mieux /mjø/ SYN (compar, superl de **bien**)

ADV 1 *(gén)* better ◆ **aller** *ou* **se porter mieux** to be better ◆ **il ne s'est jamais mieux porté** he's never been *ou* felt better in his life ◆ **plus il s'entraîne, mieux il joue** the more he practises the better he plays ◆ **elle joue mieux que lui** she plays better than he does ◆ **c'est (un peu/beaucoup) mieux expliqué** it's (slightly/much) better explained ◆ **il n'écrit pas mieux qu'il ne parle** he writes no better than he speaks ◆ **s'attendre à mieux** to expect better ◆ **espérer mieux** to hope for better (things) ◆ **il peut faire mieux** he can do *ou* is capable of better ◆ **tu ferais mieux de te taire** you'd better shut up*; → **reculer, tant, valoir** *etc*

2 ◆ **le mieux, la mieux, les mieux** *(de plusieurs)* (the) best; *(de deux)* (the) better ◆ **je passe par les rues les mieux éclairées** I take the better lit streets ◆ **c'est ici qu'il dort le mieux** he sleeps best here, this is where he sleeps best ◆ **tout va le mieux du monde** everything's going beautifully ◆ **tout est pour le mieux dans le meilleur des mondes** everything is for the best in the best of all possible worlds ◆ **une école des mieux conçues/équipées** one of the best planned/best equipped schools ◆ **un dîner des mieux réussis** a most *ou* highly successful dinner ◆ **j'ai fait le mieux** *ou* **du mieux que j'ai pu** I did my (level *ou* very) best, I did the best I could ◆ **des deux, elle est la mieux habillée** she is the better dressed of the two

3 *(locutions)* ◆ **mieux que jamais** better than ever ◆ **mieux vaut trop de travail que pas assez** too much work is better than not enough ◆ **mieux vaut tard que jamais** *(Prov)* better late than never *(Prov)* ◆ **mieux vaut prévenir que guérir** *(Prov)* prevention is better than cure *(Prov)*

♦ **au mieux** *(gén)* at best ◆ **en mettant les choses au mieux** at (the very) best ◆ **tout se passe au mieux avec nos collègues** we get on extremely well with our colleagues ◆ **utiliser au mieux les ressources/le temps** to make best use of (one's) resources/time ◆ **pour apprécier au mieux les charmes de la ville** to best appreciate *ou* enjoy the charms of the town ◆ **il sera là au mieux à midi** he'll be there by midday at the earliest ◆ **faites au mieux** do what you think best *ou* whatever is best ◆ **être au mieux avec qn** to be on the best of terms with sb ◆ **acheter/vendre au mieux** *(Fin)* to buy/sell at the best price

♦ **au mieux de** ◆ **au mieux de sa forme** in peak condition ◆ **au mieux de nos intérêts** in our best interests

♦ **de mieux en mieux** ◆ **il va de mieux en mieux** he's getting better and better ◆ **de mieux en mieux ! maintenant il s'est mis à boire** *(iro)* that's great *ou* terrific *(iro)*, now he has taken to the bottle*

♦ **à qui mieux mieux** *(gén)* each one more so than the other; *[crier]* each one louder than the other; *[frapper]* each one harder than the other

ADJ INV 1 *(= plus satisfaisant)* better ◆ **le mieux, la mieux, les mieux** *(de plusieurs)* (the) best; *(de deux)* (the) better ◆ **c'est la mieux de nos secrétaires*** *(de toutes)* she is the best of our secretaries, she's our best secretary; *(de deux)* she's the better of our secretaries ◆ **il est mieux qu'à son arrivée** he's improved since he (first) came, he's better than when he (first) came ◆ **c'est beaucoup mieux ainsi** it's (much) better this way ◆ **le mieux serait de...** the best (thing *ou* plan) would be to... ◆ **c'est ce qu'il pourrait faire de mieux** it's the best thing he could do

2 *(= en meilleure santé)* better; *(= plus à l'aise)* better, more comfortable ◆ **le mieux, la mieux, les mieux** (the) best, (the) most comfortable ◆ **être mieux/le mieux du monde** to be better/in perfect health ◆ **je le trouve mieux aujourd'hui** I think he is looking better *ou* he seems better today ◆ **ils seraient mieux à la campagne qu'à la ville** they would be better (off) in the country than in (the) town ◆ **c'est à l'ombre qu'elle sera le mieux** she'll be more comfortable in the shade; → **sentir**

3 *(= plus beau)* better looking, more attractive ◆ **le mieux, la mieux, les mieux** *(de plusieurs)* (the) best looking, (the) most attractive; *(de deux)* (the) better looking, (the) more attractive ◆ **elle est mieux les cheveux longs** she looks better with her hair long *ou* with long hair, long hair suits her better ◆ **c'est avec les cheveux courts qu'elle est le mieux** she looks best with her hair short *ou* with short hair, short hair suits her best ◆ **il est mieux que son frère** he's better looking than his brother

4 *(locutions)* ◆ **c'est ce qui se fait de mieux** it's the best there is *ou* one can get ◆ **tu n'as rien de mieux à faire que (de) traîner dans les rues ?** haven't you got anything better to do than hang around the streets? ◆ **ce n'est pas mal, mais il y a mieux** it's not bad, but I've seen better; → **changer, faute**

♦ **en mieux** ◆ **c'est son frère, en mieux** he's (just) like his brother only better looking ◆ **ça rappelle son premier film, mais en mieux** it's like his first film, only better

♦ **qui mieux est** even better, better still

NM 1 *(= ce qui est préférable)* ◆ **le mieux** best ◆ **le mieux serait d'accepter** the best thing to do would be to accept ◆ **j'ai fait pour le mieux** I did what I thought best ◆ **tout allait pour le mieux avant qu'il n'arrive** everything was perfectly fine before he came ◆ **le mieux est l'ennemi du bien** *(Prov)* (it's better to) let well alone ◆ **partez tout de suite, c'est le mieux** it's best (that) you leave immediately, the best thing would be for you to leave immediately

2 *(avec adj poss)* ◆ **faire de son mieux** to do one's (level *ou* very) best, to do the best one can ◆ **aider qn de son mieux** to do one's best to help sb, to help sb the best one can *ou* to the best of one's ability ◆ **j'ai essayé de répondre de mon mieux aux questions** I tried to answer the questions to the best of my ability

3 *(= amélioration, progrès)* improvement ◆ **il y a un mieux** *ou* **du mieux** there's (been) some improvement

mieux-disant (pl **mieux-disants**) /mjødizɑ̃/ NM best offer ◆ **le choix s'est fait sur le mieux-disant culturel** the choice was based on a view of what was, culturally, the best offer ◆ **c'est le mieux-disant social qui devrait guider le choix du gouvernement** the government should choose the option that is most socially beneficial

mieux-être /mjøzɛtʀ/ NM INV *(gén)* greater welfare; *(matériel)* improved standard of living ◆ **ils ressentent un mieux-être psychologique** they feel better in themselves

mieux-vivre /mjøvivʀ/ NM INV improved standard of living

mièvre /mjɛvʀ/ SYN ADJ *[paroles, musique, roman]* soppy; *[tableau]* pretty-pretty*; *[sourire]* mawkish; *[charme]* vapid ◆ **elle est un peu mièvre** she's a bit colourless *(Brit) ou* colorless *(US) ou* insipid

mièvrerie /mjɛvʀəʀi/ NF *[de paroles, musique]* sentimentality, soppiness; *[de tableau]* pretty-prettiness*; *[de sourire]* mawkishness; *[de charme]* vapidity; *[de personne]* colourlessness *(Brit)*, colorlessness *(US)*, insipidness; *(= propos)* insipid *ou* sentimental talk *(NonC)* ◆ **il faut éviter de tomber dans la mièvrerie** we must avoid getting all sentimental ◆ **ses chansons sont d'une mièvrerie affligeante** his songs are incredibly soppy

mi-figue mi-raisin /mifigmiʀɛzɛ̃/ ADJ INV *[sourire]* wry; *[remarque]* half-humorous, wry ◆ **on leur fit un accueil mi-figue mi-raisin** they received a mixed reception

mi-fin /mifɛ̃/ ADJ M *[petits pois]* medium

migmatite /migmatit/ NF migmatite

mignard, e /miɲaʀ, aʀd/ ADJ *[style]* mannered, precious; *[décor]* pretty-pretty*, over-ornate; *[musique]* pretty-pretty*, over-delicate; *[manières]* precious, dainty, simpering *(péj)*

mignardise /miɲaʀdiz/ NF 1 *[de tableau, poème, style]* preciousness; *[de décor]* ornateness; *[de manières]* preciousness *(péj)*, daintiness, affectation *(péj)*

2 *(= fleur)* ◆ **de la mignardise, des œillets mignardise** pinks

3 *(Culin)* ◆ **mignardises** petits fours

mignon, -onne /miɲɔ̃, ɔn/ SYN

ADJ *(= joli) [enfant]* sweet, cute; *[femme]* sweet(-looking), pretty; *[homme]* cute; *[bras, pied, geste]* dainty, cute; *(= gentil, aimable)* nice, sweet ◆ **donne-le-moi, tu seras mignonne*** give it to me, there's a dear* *ou* love* *(Brit)*, be a dear* and give it to me ◆ **c'est mignon chez vous** you've got a nice little place; → **péché**

NM,F (little) darling, poppet* *(Brit)*, cutie* *(US)* ◆ **mon mignon, ma mignonne** sweetheart, pet*

NM 1 *(Hist = favori)* minion

2 *(Boucherie)* ◆ **(filet) mignon** fillet *(Brit) ou* filet *(US)* mignon

mignonnet, -ette /miɲɔnɛ, ɛt/

ADJ *[enfant, objet]* sweet, cute* ◆ **c'est mignonnet chez eux** they've got a cute little place*

NF **mignonnette** 1 *(= bouteille)* miniature

2 *(= œillet)* wild pink; *(= saxifrage)* Pyrenean saxifrage

3 *(= poivre)* coarse-ground pepper

4 *(= gravier)* fine gravel

migraine /migʀɛn/ SYN NF *(gén)* headache; *(Méd)* migraine ◆ **j'ai la migraine** I've got a bad headache, my head aches

migraineux, -euse /migʀɛnø, øz/

ADJ migrainous

NM,F person suffering from migraine

migrant, e /migʀɑ̃, ɑ̃t/ SYN ADJ, NM,F migrant

migrateur, -trice /migʀatœʀ, tʀis/

ADJ migratory

NM migrant, migratory bird

migration /migʀasjɔ̃/ SYN NF *(gén)* migration; *(Rel)* transmigration ◆ **oiseau en migration** migrating bird

migratoire /migʀatwaʀ/ ADJ migratory

migrer /migʀe/ ► conjug 1 ◄ VI to migrate *(vers* to)

mi-hauteur /mihotœʀ/ **à mi-hauteur** LOC ADV halfway up *(ou* down) ◆ **des carreaux s'élevaient à mi-hauteur du mur** the lower half of the wall was covered with tiles

mihrab /miʀab/ NM mihrab

mi-jambe(s) /miʒɑ̃b/ **à mi-jambe(s)** LOC ADV up *(ou* down) to the knees ◆ **l'eau leur arrivait à mi-jambes** they were knee-deep in water, they were up to their knees in water

mijaurée /miʒɔʀe/ SYN NF pretentious *ou* affected woman *ou* girl ◆ **faire la mijaurée** to give o.s. airs (and graces) ◆ **regarde-moi cette mijaurée !** just look at her with her airs and graces! ◆ **petite mijaurée !** little madam!

mijoter /miʒɔte/ SYN ► conjug 1 ◄

VT 1 *(= cuire) [+ plat, soupe]* to simmer; *(= préparer avec soin)* to cook *ou* prepare lovingly ◆ **plat mijoté** dish which has been slow-cooked *ou* simmered ◆ **il lui mijote des petits plats** he cooks (up) *ou* concocts tempting *ou* tasty dishes for her

2 *(* = tramer)* to cook up* ◆ **mijoter un complot** to hatch a plot ◆ **il mijote un mauvais coup** he's cooking up* *ou* plotting some mischief ◆ **qu'est-ce qu'il peut bien mijoter ?** what's he up to?*, what's he cooking up?* ◆ **il se mijote quelque chose** something's brewing *ou* cooking*

VI *[plat, soupe]* to simmer; *[complot]* to be brewing ◆ **laissez** *ou* **faites mijoter 20 mn** (leave to) simmer for 20 mins ◆ **laisser qn mijoter (dans son jus)*** to leave sb to stew*, to let sb stew in his own juice*

mijoteuse ® /miʒɔtøz/ NF slow cooker

mikado /mikado/ NM *(= jeu)* jackstraws *(sg)*, spillikins *(sg)* ◆ **jouer au mikado** to play jackstraws, to have a game of jackstraws

mil[1] /mil/ NM *(dans une date)* a *ou* one thousand

mil[2] /mij, mil/ NM ⇒ **millet**

milady /miledi/ NF (titled English) lady ◆ **oui milady** yes my lady

milan /milɑ̃/ NM *(= oiseau)* kite

milanais , e /milanɛ, ɛz/

ADJ Milanese ◆ **escalope (à la) milanaise** escalope milanaise

NM,F **Milanais(e)** Milanese

mildiou /mildju/ NM *(Agr)* mildew

mildiousé, e /mildjuze/ ADJ *(Agr)* mildewed

mile /majl/ NM mile *(1 609 m)*

milice /milis/ NF 1 *(= corps paramilitaire)* militia ◆ **la Milice** *(Hist de France)* the Milice *(collaborationist militia during the German occupation)*

2 *(Belg) (= armée)* army; *(= service militaire)* military service

milicien /milisjɛ̃/ NM *(gén)* militiaman; *(Belg)* conscript *(Brit)*, draftee *(US)*

milicienne /milisjɛn/ NF woman serving in the militia

milieu (pl **milieux**) /miljø/ SYN NM 1 *(= centre)* middle ◆ **casser/couper/scier qch en son milieu** *ou* **par le milieu** to break/cut/saw sth down *ou* through the middle ◆ **le bouton/la porte du milieu** the middle *ou* centre knob/door ◆ **je prends celui du milieu** I'll take the one in the middle *ou* the middle one ◆ **tenir le milieu de la chaussée** to keep to the middle of the road ◆ **milieu de terrain** (*Football*) midfield player ◆ **le milieu du terrain** (*Football*) the midfield ◆ **il est venu vers le milieu de l'après-midi/la matinée** he came towards the middle of the afternoon/the morning, he came about mid-afternoon/mid-morning ◆ **vers/depuis le milieu du 15ᵉ siècle** towards/since the mid-15th century, towards/since the mid-1400s; → **empire**

[2] (= *état intermédiaire*) middle course *ou* way ◆ **il n'y a pas de milieu (entre)** there is no middle course *ou* way (between) ◆ **avec lui, il n'y a pas de milieu** there's no in-between with him ◆ **le juste milieu** the happy medium, the golden mean ◆ **un juste milieu** a happy medium ◆ **il est innocent ou coupable, il n'y a pas de milieu** he is either innocent or guilty, he can't be both ◆ **tenir le milieu** to steer a middle course

[3] (*Bio, Géog*) environment; (*Chim, Phys*) medium ◆ **milieu physique/géographique/humain** physical/geographical/human environment ◆ **milieu de culture** culture medium ◆ **les animaux dans leur milieu naturel** animals in their natural surroundings *ou* environment *ou* habitat

[4] (= *entourage social, moral*) milieu, environment; (= *groupe restreint*) set, circle; (= *provenance*) background ◆ **le milieu familial** (*gén*) the family circle; (*Sociol*) the home *ou* family background, the home environment ◆ **s'adapter à un nouveau milieu** to adapt to a different milieu *ou* environment ◆ **il ne se sent pas dans son milieu** he feels out of place, he doesn't feel at home ◆ **elle se sent ou est dans son milieu chez nous** she feels (quite) at home with us ◆ **de quel milieu sort-il ?** what is his (social) background? ◆ **les milieux littéraires/financiers** literary/financial circles ◆ **dans les milieux autorisés/bien informés** in official/well-informed circles ◆ **c'est un milieu très fermé** it is a very closed circle *ou* exclusive set

[5] (*Crime*) ◆ **le milieu** the underworld ◆ **les gens du milieu** (people of) the underworld ◆ **membre du milieu** gangster, mobster

[6] (*locutions*)

◆ **au milieu** in the middle

◆ **au milieu de** (= *au centre de*) in the middle of; (= *parmi*) amid, among, in the midst of, amidst (*littér*) ◆ **il est là au milieu de ce groupe** he's over there in the middle of that group ◆ **au milieu de toutes ces difficultés/aventures** in the middle *ou* midst of *ou* amidst all these difficulties/adventures ◆ **au milieu de son affolement** in the middle *ou* midst of his panic ◆ **elle n'est heureuse qu'au milieu de sa famille/de ses enfants** she's only happy when she's among *ou* surrounded by her family/her children with her family/her children around her ◆ **au milieu de la journée** in the middle of the day ◆ **au milieu de la nuit** in the middle of the night ◆ **comment travailler au milieu de ce vacarme ?** how can anyone work in this din? ◆ **au milieu de la descente** halfway down (the hill) ◆ **au milieu de la page** in the middle of the page, halfway down the page ◆ **au milieu/en plein milieu de l'hiver** in the depth of winter ◆ **au milieu de l'été** in midsummer, at the height of summer ◆ **au beau milieu de, en plein milieu de** right *ou* bang* *ou* slap bang* in the middle of, in the very middle of ◆ **il est parti au beau milieu de la réception** he left right in the middle of the party

militaire /militɛʀ/ SYN

ADJ military, army (*épith*); → **attaché, service**

NM serviceman, soldier ◆ **il est militaire** he's in the forces *ou* services, he's a soldier ◆ **militaire de carrière** professional *ou* career soldier ◆ **les militaires sont au pouvoir** the army *ou* the military are in power

militairement /militɛʀmɑ̃/ ADV militarily ◆ **la ville a été occupée militairement** the town was occupied by the army ◆ **occuper militairement une ville** to occupy a town

militant, e /militɑ̃, ɑ̃t/ SYN ADJ, NM,F activist, militant ◆ **militant de base** rank and file *ou* grassroots militant ◆ **militant pour les droits de l'homme** human rights activist *ou* campaigner

militantisme /militɑ̃tism/ NM (political) activism, militancy

militarisation /militaʀizasjɔ̃/ NF militarization

militariser /militaʀize/ ▶ conjug 1 ◀
VT to militarize
VPR **se militariser** to become militarized

militarisme /militaʀism/ NM militarism

militariste /militaʀist/
ADJ militaristic
NMF militarist

militer /milite/ SYN ▶ conjug 1 ◀ VI [1] [*personne*] to be a militant *ou* an activist ◆ **il milite au parti communiste** he is a communist party militant, he is a militant in the communist party ◆ **militer pour les droits de l'homme** to campaign for human rights

[2] [*arguments, raisons*] ◆ **militer en faveur de ou pour** to militate in favour of, to argue for ◆ **militer contre** to militate *ou* tell against

milk-shake (pl **milk-shakes**) /milkʃɛk/ NM milk shake

millage /milaʒ/ NM (*Can*) mileage

mille¹ /mil/
ADJ INV [1] (= *nombre*) a *ou* one thousand ◆ **mille un** a *ou* one thousand and one ◆ **trois mille** three thousand ◆ **deux mille neuf cents** two thousand nine hundred ◆ **page mille** page one thousand ◆ **l'an mille** (*dans les dates*) the year one thousand

[2] (= *nombreux*) ◆ **mille regrets** I'm terribly sorry ◆ **je lui ai dit mille fois** I've told him a thousand times ◆ **tu as mille fois raison** you're absolutely right ◆ **c'est mille fois trop grand** it's far too big ◆ **mille excuses** *ou* **pardons** I'm (*ou* we're) terribly sorry ◆ **le vase s'est cassé/était en mille morceaux** the vase smashed into smithereens/was in smithereens

[3] (*locutions*) ◆ **mille et un problèmes/exemples** a thousand and one problems/examples ◆ « **Les contes des Mille et Une Nuits** » (*Littérat*) "The Thousand and One Nights", "(Tales from) the Arabian Nights" ◆ **dans un décor des Mille et Une Nuits** in a setting like something from the Arabian Nights ◆ **je vous le donne en mille** you'll never guess ◆ **mille sabords !*** (*hum*) blistering barnacles!*

NM INV [1] (= *chiffre*) a *ou* one thousand ◆ **cinq pour mille d'alcool** five parts of alcohol to a thousand ◆ **cinq enfants sur mille** five children out of *ou* in every thousand ◆ **vendre qch au mille** to sell sth by the thousand ◆ **deux mille de boulons** two thousand bolts ◆ **l'ouvrage en est à son centième mille** the book has sold 100,000 copies; → **gagner**

[2] [*de cible*] bull's-eye, bull (*Brit*) ◆ **mettre ou taper (en plein) dans le mille** (*lit*) to hit the bull's-eye *ou* the bull (*Brit*); (*fig*) to score a bull's-eye, to be bang on target ◆ **tu as mis dans le mille en lui faisant ce cadeau** you were bang on target* with the present you gave him

mille² /mil/ NM [1] ◆ **mille (marin)** nautical mile
[2] (*Can*) mile (1 609 m)

millefeuille¹ /milfœj/ NM (*Culin*) mille feuilles, ≈ cream *ou* vanilla slice (*Brit*), ≈ napoleon (*US*)

millefeuille² /milfœj/ NF (= *plante*) milfoil, yarrow

millénaire /milenɛʀ/ SYN
ADJ (*lit*) thousand-year-old (*épith*), millenial; (= *très vieux*) ancient, very old ◆ **monument millénaire** thousand-year-old monument ◆ **des rites plusieurs fois millénaires** rites several thousand years old, age-old rites
NM (= *période*) millennium, a thousand years; (= *anniversaire*) thousandth anniversary, millennium ◆ **nous entrons dans le troisième millénaire** we're beginning the third millennium

millénarisme /milenaʀism/ NM millenarianism

millénariste /milenaʀist/ ADJ, NMF millenarian

millénium /milenjɔm/ NM millennium

mille-pattes /milpat/ NM INV centipede, millipede

millepertuis, mille-pertuis /milpɛʀtɥi/ NM St.-John's-wort

millépore /mi(l)lepɔʀ/ NM millepore

mille-raies /milʀɛ/ NM INV (= *tissu*) finely-striped material ◆ **velours mille-raies** needlecord

millésime /milezim/ NM (= *date, Admin, Fin*) year, date; [*de vin*] year, vintage ◆ **vin d'un bon millésime** vintage wine ◆ **quel est le millésime de ce vin ?** what is the vintage *ou* year of this wine?

millésimé, e /milezime/ ADJ vintage ◆ **bouteille millésimée** bottle of vintage wine ◆ **un bordeaux millésimé** a vintage Bordeaux ◆ **un champagne millésimé 1990** a 1990 champagne ◆ **la version millésimée 2002 du dictionnaire** the 2002 edition of the dictionary

millet /mije/ NM (*Agr*) millet ◆ **donner des grains de millet aux oiseaux** to give the birds some millet *ou* (bird)seed

milli... /mili/ PRÉF milli... ◆ **millirem** millirem

milliaire /miljɛʀ/ ADJ (*Antiq*) milliary ◆ **borne milliaire** milliary column

milliampère /miliɑ̃pɛʀ/ NM milliamp

milliampèremètre /miliɑ̃pɛʀmetʀ/ NM milliamp(ere)meter

milliard /miljaʀ/ NM billion, thousand million ◆ **un milliard de personnes** a billion *ou* a thousand million people ◆ **2 milliards d'euros** 2 billion euros, 2 thousand million euros ◆ **des milliards de** billions of, thousands of millions of

milliardaire /miljaʀdɛʀ/
NMF multimillionaire
ADJ ◆ **il est milliardaire** he's worth millions, he's a multimillionaire ◆ **une société plusieurs fois milliardaire en dollars** a company worth (many) billions of dollars

milliardième /miljaʀdjɛm/ ADJ, NM thousand millionth, billionth

millibar /miliba/ NM millibar

millième /miljɛm/ ADJ, NM thousandth ◆ **c'est la millième fois que je te le dis !** I've told you a thousand times! ◆ **la millième (représentation)** (*Théât*) the thousandth performance

millier /milje/ NM (= *mille*) thousand; (= *environ*) a thousand or so, about a thousand ◆ **par milliers** in (their) thousands, by the thousand ◆ **il y en a des milliers** there are thousands (of them)

milligramme /miligʀam/ NM milligram(me)

millilitre /mililitʀ/ NM millilitre (*Brit*), milliliter (*US*)

millimétré, e /milimetʀe/ ADJ [1] [*papier*] graduated (*in millimetres*)
[2] (= *précis*) [*passe, tir, réglage*] perfectly judged; [*organisation*] meticulous ◆ **un spectacle millimétré** a perfectly choreographed spectacle

millimètre /milimetʀ/ NM millimetre (*Brit*), millimeter (*US*)

millimétrique /milimetʀik/ ADJ (*Sci*) millimetric ◆ **avec une précision millimétrique** (*fig*) with absolute precision

million /miljɔ̃/ SYN NM million ◆ **2 millions de francs** 2 million francs ◆ **être riche à millions** to be a millionaire, to have millions, to be worth millions ◆ **ça a coûté des millions** it cost millions

millionième /miljɔnjɛm/ ADJ, NMF millionth

millionnaire /miljɔnɛʀ/
NMF millionaire
ADJ ◆ **la société est millionnaire** the company is worth millions *ou* worth a fortune ◆ **il est plusieurs fois millionnaire** he's a millionaire several times over ◆ **un millionnaire en dollars** a dollar millionaire

milliseconde /milis(ə)gɔd/ NF millisecond

millivolt /milivɔlt/ NM millivolt

millivoltmètre /milivɔltmetʀ/ NM millivoltmeter

mi-long, mi-longue /milɔ̃, milɔ̃g/ ADJ [*manteau, jupe*] calf-length (*épith*); [*manche*] elbow-length (*épith*); [*cheveux*] shoulder-length (*épith*)

milord †* /milɔʀ/ NM (= *noble anglais*) lord, nobleman; (= *riche étranger*) immensely rich foreigner ◆ **oui milord !** yes my lord!

milouin /milwɛ̃/ NM pochard

mi-lourd /miluʀ/ NM, ADJ (*Boxe*) light heavyweight

mime /mim/ NM [1] (= *personne*) (*Théât*) mime artist, mime; (= *imitateur*) mimic
[2] (*Théât = art, action*) mime, miming ◆ **il fait du mime** he's a mime (artist) ◆ **(spectacle de) mime** mime show

mimer /mime/ SYN ▶ conjug 1 ◀ VT (*Théât*) to mime; (= *singer*) to mimic, to imitate; (*pour ridiculiser*) to take off

mimétique /mimetik/ ADJ mimetic

mimétisme /mimetism/ NM (*Bio*) (protective) mimicry; (*fig*) unconscious imitation, mimetism ◆ **il croisa les bras, par mimétisme avec son frère** he folded his arms, unconsciously imitating *ou* in unconscious imitation of his brother

mimi* /mimi/
- **NM** 1 (langage enfantin) (= chat) pussy(cat), puss*; (= baiser) little kiss; (= câlin) cuddle ◆ **faire des mimis à qn** to kiss and cuddle sb
2 (terme affectueux) ◆ **mon mimi** darling, sweetie*
- **ADJ INV** (= mignon) cute, lovely

mimique /mimik/ **SYN NF** 1 (= grimace comique) comical expression, funny face ◆ **ce singe a de drôles de mimiques !** this monkey makes such funny faces! ◆ **il eut une mimique de dégoût** he grimaced in disgust
2 (= signes, gestes) gesticulations; [de sourds-muets] sign language (NonC) ◆ **il eut une mimique expressive pour dire qu'il avait faim** his gestures ou gesticulations made it quite clear that he was hungry

mimodrame /mimɔdʀam/ **NM** (Théât) mime show

mimolette /mimɔlɛt/ **NF** type of Dutch cheese

mi-mollet /mimɔlɛ/ **à mi-mollet LOC ADV** ◆ (arrivant à) **mi-mollet** [jupe] calf-length, below-the-knee (épith) ◆ **j'avais de l'eau jusqu'à mi-mollet** the water came up to just below my knees

mimologie /mimɔlɔʒi/ **NF** mimicry

mimosa /mimoza/ **NM** mimosa; → œuf

mi-moyen /mimwajɛ̃/ **NM, ADJ** (Boxe) welterweight

MIN /min/ **NM** (abrév de **marché d'intérêt national**) → marché

min. 1 (abrév de **minimum**) min
2 (abrév de **minute**) min

minable /minabl/ **SYN**
- **ADJ** (= décrépit) [lieu, aspect, personne] shabby(-looking), seedy(-looking); (= médiocre) [devoir, film, personne] hopeless*, useless*, pathetic*; [salaire, vie] miserable, wretched; [voyou] wretched; [complot] shoddy ◆ **habillé de façon minable** shabbily dressed
- **NMF** (péj) loser*, dead loss* ◆ **(espèce de) minable !** you're so pathetic!* ◆ **une bande de minables** a pathetic ou useless bunch*

minablement /minabləmɑ̃/ **ADV** 1 (= médiocrement) hopelessly*, uselessly*, pathetically*
2 [habillé] shabbily

minage /minaʒ/ **NM** [de pont, tranchée] mining

minahouet /minawɛ/ **NM** serving mallet

minaret /minaʀɛ/ **NM** minaret

minauder /minode/ ▸ conjug 1 ◂ **VI** to simper, to put on simpering airs ◆ **oh oui, dit-elle en minaudant** oh yes, she simpered ◆ **je n'aime pas sa façon de minauder** I don't like her (silly) simpering ways

minauderie /minodʀi/ **NF** ◆ **minauderies** simpering (airs) ◆ **faire des minauderies** to put on simpering airs, to simper

minaudier, -ière /minodje, jɛʀ/ **ADJ** affected, simpering (épith)

minbar /minbaʀ/ **NM** minbar

mince /mɛ̃s/ **SYN**
- **ADJ** 1 (= peu épais) thin; (= svelte, élancé) slim, slender ◆ **tranche mince** thin slice ◆ **elle est mince comme un fil** she's (as) thin as a rake ◆ **mince comme une feuille de papier à cigarette** ou **comme une pelure d'oignon** paper-thin, wafer-thin ◆ **avoir la taille mince** to be slim ou slender
2 (= faible, insignifiant) [profit] slender; [salaire] meagre (Brit), meager (US), small; [prétexte] lame, weak; [preuve, chances] slim, slender; [excuse] lame; [connaissances, rôle, mérite] slight, small ◆ **l'intérêt du film est bien mince** the film is decidedly lacking in interest ou is of very little interest ◆ **ce n'est pas une mince affaire** it's quite a job ou business, it's no easy task ◆ **l'espoir de les retrouver est bien mince** there is very little hope of finding them ◆ **il n'y sera pas non plus – mince consolation !** he won't be there either – that's not much of a consolation! ◆ **ce n'est pas une mince victoire** ou **un mince exploit** it's no mean feat ◆ **c'est un peu mince comme réponse*** that's not much of an answer
- **ADV** [couper] thinly, in thin slices
- **EXCL** ◆ **mince (alors) !*** (contrariété) drat (it)!*, blow (it)! (Brit), darn (it)! (US); (surprise) you don't say!; (admiration) wow!*

minceur /mɛ̃sœʀ/ **SYN NF** 1 (= finesse) thinness; (= gracilité) slimness, slenderness ◆ **elle est d'une minceur remarquable** she's remarkably thin ou slim ◆ **cuisine minceur** cuisine minceur ◆ **régime minceur** slimming diet ◆ **produits minceur** slimming products
2 (= insignifiance) ◆ **la minceur des preuves** the slimness ou the insufficiency of the evidence

mincir /mɛ̃siʀ/ **SYN** ▸ conjug 2 ◂
- **VI** to get slimmer, to get thinner
- **VT** [vêtement] ◆ **cette robe te mincit** this dress makes you look slimmer

Mindanao /mindanao/ **NF** Mindanao

mine¹ /min/ **SYN**
- **NF** 1 (= physionomie) expression, look ◆ **... dit-il, la mine réjouie** ... he said with a cheerful ou delighted expression on his face ◆ **elle est arrivée, la mine boudeuse** she arrived, looking sulky ou with a sulky expression on her face ◆ **ne fais pas cette mine-là** stop making ou pulling that face ◆ **faire triste mine à qn** to give sb a cool reception; → gris
2 (= allure) exterior, appearance ◆ **tu as la mine de quelqu'un qui n'a rien compris** you look as if you haven't understood a single thing ◆ **il cachait sous sa mine modeste un orgueil sans pareil** his modest exterior concealed an overweening pride ◆ **votre rôti a bonne mine** your roast looks good ou appetizing ◆ **tu as bonne mine maintenant !** (iro) now you look (like) an utter ou a right* idiot!; → payer
3 (= teint) ◆ **avoir bonne mine** to look well ◆ **il a mauvaise mine** he doesn't look well, he looks unwell ou poorly ◆ **avoir une sale mine** to look awful ou dreadful ◆ **avoir une mine de papier mâché** to look washed out ◆ **il a meilleure mine qu'hier** he looks better than (he did) yesterday ◆ **tu as une mine superbe** you look terrific
4 (locutions) ◆ **faire mine de faire qch** to pretend to do sth ◆ **j'ai fait mine de le croire** I acted as if I believed it ◆ **j'ai fait mine de lui donner une gifle** I made as if to slap him ◆ **il n'a même pas fait mine de résister** he didn't even put up a token resistance, he didn't even offer a show of resistance
◆ **mine de rien*** ◆ **il est venu nous demander comment ça marchait, mine de rien*** he came and asked us with a casual air ou casually* how things were going ◆ **mine de rien, tu sais qu'il n'est pas bête*** though you wouldn't think it to look at him he's no dummy* you know ◆ **mine de rien, ça fait deux heures qu'on attend/ça nous a coûté 200 €** you wouldn't think it but we've been waiting for two hours/it cost us €200
- **NFPL mines** [de personne] simpering airs; [de bébé] expressions ◆ **faire des mines** to put on simpering airs, to simper ◆ **il fait ses petites mines de bébé** he makes (funny) little faces

mine² /min/ **SYN**
- **NF** 1 (= gisement) deposit, mine; (exploité) mine ◆ **mine d'or** (lit, fig) gold mine ◆ **région de mines** mining area ou district ◆ **mine à ciel ouvert** opencast mine ◆ **la nationalisation des mines** (gén) the nationalization of the mining industry; (charbon) the nationalization of coal ou of the coalmining industry ◆ **mine de charbon** (gén) coalmine; (puits) pit, mine; (entreprise) colliery ◆ **descendre dans la mine** to go down the mine ou pit ◆ **travailler à la mine** to work in the mines, to be a miner; → carreau, galerie, puits
2 (= source) [de renseignements] mine ◆ **une mine inépuisable de documents** an inexhaustible source of documents ◆ **cette bibliothèque est une (vraie) mine** this library is a treasure trove
3 ◆ **mine (de crayon)** (pencil) lead ◆ **crayon à mine dure/tendre** hard/soft pencil, pencil with a hard/soft lead ◆ **mine de plomb** black lead, graphite
4 (Mil) (= galerie) gallery, sap, mine; (= explosif) mine ◆ **mine dormante/flottante** unexploded/floating mine ◆ **mine terrestre** landmine; → champ¹, détecteur
- **NFPL Mines** ◆ **les Mines** (Admin) ≈ the (National) Mining and Geological service ◆ **l'École des Mines** ≈ the (National) School of Mining Engineering ◆ **ingénieur des Mines** (state qualified) mining engineer ◆ **le service des Mines** the French government vehicle testing service

miner /mine/ **SYN** ▸ conjug 1 ◂ **VT** 1 (= garnir d'explosifs) to mine ◆ **ce pont est miné** this bridge has been mined
2 (= ronger) [+ falaise, fondations] to undermine, to erode, to eat away; [+ société, autorité, santé] to undermine; [+ force] to sap, to undermine ◆ **la maladie l'a miné** his illness has left him drained (of energy) ou has sapped his strength ◆ **miné par le chagrin/l'inquiétude** worn down by grief/anxiety ◆ **miné par la jalousie** eaten up ou consumed with jealousy ◆ **tout ça le mine** all this is eating into him ◆ **c'est un sujet/terrain miné** (fig) it's a highly sensitive subject/area

minerai /minʀɛ/ **NM** ore ◆ **minerai de fer/cuivre** iron/copper ore

minéral, e (mpl -aux) /mineʀal, o/
- **ADJ** [huile, sel, règne] mineral; [chimie] inorganic; [paysage] stony; → chimie, eau
- **NM** mineral

minéralier /mineʀalje/ **NM** ore tanker

minéralisateur, -trice /mineʀalizatœʀ, tʀis/
- **ADJ** mineralizing
- **NM** mineralizer

minéralisation /mineʀalizasjɔ̃/ **NF** mineralization

minéralisé, e /mineʀalize/ (ptp de **minéraliser**) **ADJ** [eau] mineralized ◆ **peu/moyennement minéralisée** with a low/medium mineral content

minéraliser /mineʀalize/ ▸ conjug 1 ◂ **VT** to mineralize

minéralogie /mineʀalɔʒi/ **NF** mineralogy

minéralogique /mineʀalɔʒik/ **ADJ** 1 ◆ **numéro minéralogique** [de véhicule] registration (Brit) ou license (US) number; → plaque
2 (Géol) mineralogical

minéralogiste /mineʀalɔʒist/ **NMF** mineralogist

minerval /minɛʀval/ **NM** (Belg) school fees (Brit), tuition (US)

minerve /minɛʀv/ **NF** 1 (Méd) surgical collar
2 (Typographie) platen machine
3 (Myth) ◆ **Minerve** Minerva

minestrone /minɛstʀon/ **NM** minestrone

minet, -ette /minɛ, ɛt/
- **NM,F** (langage enfantin = chat) puss*, pussy (cat), kitty (cat) (surtout US) ◆ **mon minet, ma minette** (terme affectif) (my) pet*, sweetie(-pie)*
- **NM** (péj = jeune élégant) pretty boy*, young trendy* (Brit)
- **NF minette** **SYN** (* = jeune fille) (cute) chick*

mineur¹, e /minœʀ/ **SYN**
- **ADJ** 1 (Jur) minor ◆ **enfant mineur** young person who is under age, minor ◆ **être mineur** to be under age, to be a minor
2 (= peu important) [soucis, œuvre, artiste] minor; → Asie
3 (Mus) [gamme, intervalle, mode] minor ◆ **en do mineur** in C minor
4 (Logique) [terme, proposition] minor
- **NM,F** (Jur) minor, young person under 18 (years of age) ◆ **« établissement interdit aux mineurs »** "no person under 18 allowed on the premises" ◆ **le film est interdit aux mineurs de moins de 12 ans** the film is unsuitable for children under 12; → détournement
- **NM** (Mus) minor ◆ **en mineur** in a minor key
- **NF mineure** 1 (Logique) minor premise
2 (Univ = matière) subsidiary (Brit), second subject (Brit), minor (US)

mineur² /minœʀ/ **NM** 1 (= ouvrier) miner; [de houille] (coal) miner ◆ **mineur de fond** pitface ou underground worker, miner at the pitface ◆ **village de mineurs** mining village
2 (Mil) sapper (who lays mines)

Ming /miŋ/ **NM** ◆ **la dynastie Ming** the Ming Dynasty

mini /mini/
- **ADJ INV** 1 (Mode) ◆ **la mode mini** the fashion for minis
2 (= très petit) ◆ **c'est mini chez eux*** they've got a minute ou tiny (little) place ◆ **mini budget, budget mini** shoestring budget
- **NM, INV** (Mode) ◆ **elle s'habille (en) mini** she wears minis ◆ **la mode est au mini** minis are in (fashion)

mini- /mini/ **PRÉF** mini ◆ **mini-conférence de presse** mini press-conference

miniature /minjatyʀ/
- **NF** 1 (gén) miniature ◆ **en miniature** in miniature ◆ **cette région, c'est la France en miniature** this region is a miniature France ou France in miniature
2 (Art) miniature

miniaturé | minoratif

3 (* = *nabot*) (little) shrimp* *ou* tich* (*Brit*), tiddler* (*Brit*) ◆ **tu as vu cette miniature ?** did you see that little shrimp?*

ADJ miniature ◆ **train/jeu d'échecs miniature** miniature train/chess set

miniaturé, e /minjatyʀe/ **ADJ** [*livre*] illustrated with miniatures

miniaturisation /minjatyʀizasjɔ̃/ **NF** miniaturization

miniaturiser /minjatyʀize/ ► conjug 1 ◆ **VT** to miniaturize ◆ **transistor miniaturisé** miniaturized transistor ◆ **les ordinateurs se miniaturisent** computers are becoming smaller and smaller

miniaturiste /minjatyʀist/ **NMF** miniaturist

minibar /minibaʀ/ **NM** (= *réfrigérateur*) minibar; (= *chariot*) refreshments trolley (*Brit*) *ou* cart

minibombe /minibɔ̃b/ **NF** bomblet

minibus /minibys/ **NM** minibus

minicam /minikam/ **NF** minicam

minicassette /minikasɛt/ **NF** minicassette

minichaîne /miniʃɛn/ **NF** mini (music) system

miniclub /miniklœb/ **NM** children's club

MiniDisc ® /minidisk/ **NM** MiniDisc ®

minidosée /minidoze/ **ADJ F** ◆ **pilule minidosée** mini-pill

minier, -ière /minje, jɛʀ/ **ADJ** mining

minigolf /minigɔlf/ **NM** (= *jeu*) mini-golf, crazy-golf; (= *lieu*) mini-golf *ou* crazy-golf course

minijupe /miniʒyp/ **NF** miniskirt

minima /minima/ → **minimum**

minimal, e (mpl **-aux**) /minimal, o/ **ADJ** minimum, minimal ◆ **les logements doivent répondre à des normes minimales de sécurité** housing must meet minimum safety requirements ◆ **art minimal** minimal art

minimalisme /minimalism/ **NM** minimalism

minimaliste /minimalist/ **ADJ, NMF** minimalist

minime /minim/ SYN

ADJ [*dégât, rôle, différence*] minimal; [*salaire, somme*] modest, paltry (*pej*) ◆ **le plus minime changement** the slightest change ◆ **le plus minime écart de température** the tiniest difference in temperature ◆ **les progrès sont très minimes** very minimal progress has been made

NMF **1** (*Sport*) junior (13-15 years)
2 (*Rel*) Minim

mini-message /minimesaʒ/ **NM** (pl **mini-messages**) text message

minimisation /minimizasjɔ̃/ **NF** minimization

minimiser /minimize/ SYN ► conjug 1 ◆ **VT** [+ *risque, rôle*] to minimize; [+ *incident, importance*] to play down

minimum /minimɔm/ SYN (pl **minimum(s)** *ou* **minima**)

ADJ minimum ◆ **vitesse/âge minimum** minimum speed/age ◆ **la température minimum a été de 6° C** the minimum temperature was 6° C, there was a low of 6° C today ◆ **assurer un service minimum** (*Transport*) to run a reduced service ◆ **programme minimum** (*TV*) restricted service; → **revenu, salaire**

NM **1** minimum; (*Jur*) minimum sentence ◆ **dans le minimum de temps** in the shortest time possible ◆ **il faut un minimum de temps/d'intelligence pour le faire** you need a minimum amount of time/a modicum of intelligence to be able to do it ◆ **il faut quand même travailler un minimum** you still have to do a minimum (amount) of work ◆ **ils ont fait le minimum syndical** they did no more than they had to ◆ **avec un minimum d'efforts il aurait réussi** with a minimum of effort he would have succeeded ◆ **il n'a pris que le minimum de précautions** he took only minimum *ou* minimal precautions ◆ **c'est vraiment le minimum que tu puisses faire** it's the very least you can do ◆ **la production a atteint son minimum** production has sunk to its lowest level (yet) *ou* an all-time low ◆ **avoir tout juste le minimum vital** (*salaire*) to earn barely a living wage; (*subsistance*) to be *ou* live at subsistence level ◆ **il faut rester le minimum (de temps) au soleil** you must stay in the sun as little as possible

◆ **au minimum** at least, at a minimum ◆ **ça coûte au minimum 15 €** it costs at least €15 *ou* a minimum of €15 ◆ **dépenses réduites au minimum** expenditure cut (down) to the minimum

2 (*Admin*) ◆ **minimum vieillesse** basic old age pension ◆ **les minima sociaux** basic welfare benefits ◆ **dépenses réduites à un minimum** expenditure cut (down) to a minimum

ADV at least, at a minimum ◆ **ça dure quinze jours minimum** it lasts at least fifteen days

mini-ordinateur (pl **mini-ordinateurs**) /miniɔʀdinatœʀ/ **NM** minicomputer

minipilule /minipilyl/ **NF** minipill

ministère /ministɛʀ/ SYN

NM **1** (= *département*) ministry, department (*US*) ◆ **employé de ministère** government employee ◆ **ministère de l'Agriculture/ de l'Éducation (nationale)** ministry *ou* department (*US*) of Agriculture/of Education → see also **comp**

2 (= *cabinet*) government, cabinet ◆ **sous le ministère (de) Pompidou** under the premiership of Pompidou, under Pompidou's government ◆ **le premier ministère Poincaré** Poincaré's first government *ou* cabinet ◆ **former un ministère** to form a government *ou* a cabinet ◆ **ministère de coalition** coalition government

3 (*Jur*) ◆ **le ministère public** (= *partie*) the Prosecution; (= *service*) the public prosecutor's office ◆ **par ministère d'huissier** served by a bailiff

4 (*Rel*) ministry ◆ **exercer son ministère à la campagne** to have a country parish

5 (*littér* = *entremise*) agency ◆ **proposer son ministère à qn** to offer to act for sb

COMP ministère des Affaires étrangères Ministry of Foreign Affairs, Foreign Office (*Brit*), Department of State (*US*), State Department (*US*)
ministère des Affaires européennes Ministry of European Affairs
ministère des Affaires sociales Social Services Ministry
ministère des Anciens Combattants Ministry responsible for ex-servicemen, ≃ Veterans Administration (*US*)
ministère du Budget Ministry of Finance, ≃ Treasury (*Brit*), ≃ Treasury Department (*US*)
ministère du Commerce Ministry of Trade, Department of Trade and Industry (*Brit*), Department of Commerce (*US*)
ministère du Commerce extérieur Ministry of Foreign Trade, Board of Trade (*Brit*)
ministère de la Culture Ministry for the Arts
ministère de la Défense nationale Ministry of Defence (*Brit*), Department of Defense (*US*)
ministère des Départements et Territoires d'outre-mer Ministry for French overseas territories
ministère de l'Économie et des Finances Ministry of Finance, ≃ Treasury (*Brit*), ≃ Treasury Department (*US*)
ministère de l'Environnement Ministry of the Environment, ≃ Department of the Environment (*Brit*), ≃ Environmental Protection Agency (*US*)
ministère de l'Industrie ≃ Department of Trade and Industry (*Brit*), ≃ Department of Commerce (*US*)
ministère de l'Intérieur Ministry of the Interior, ≃ Home Office (*Brit*)
ministère de la Jeunesse et des Sports Ministry of Sport
ministère de la Justice Ministry of Justice, Lord Chancellor's Office (*Brit*), Department of Justice (*US*)
ministère de la Santé Ministry of Health, ≃ Department of Health and Social Security (*Brit*), ≃ Department of Health and Human Services (*US*)
ministère des Transports Ministry of Transport (*Brit*), Department of Transportation (*US*)
ministère du Travail Ministry of Employment (*Brit*), Department of Labor (*US*)

ministériel, -elle /ministeʀjɛl/ **ADJ** [*document, solidarité*] ministerial; [*crise, remaniement*] cabinet (*épith*) ◆ **département ministériel** ministry, department (*surtout US*) ◆ **accéder à une fonction ministérielle** to become a minister ◆ **équipe ministérielle** cabinet; → **arrêté, officier**[1]

ministrable /ministʀabl/ **ADJ, NMF** ◆ **il fait partie des ministrables** he's one of those in line for a ministerial post ◆ **il y a plusieurs premiers ministrables** there are several possible candidates for the premiership

ministre /ministʀ/

NMF **1** [*de gouvernement*] minister (*Brit*), secretary (*surtout US*) ◆ **pourriez-vous nous dire Monsieur** (*ou* **Madame**) **le ministre...** could you tell us Minister... (*Brit*), could you tell us Mr (*ou* Madam) Secretary (*US*) ... ◆ **Premier ministre** Prime Minister, Premier ◆ **Madame/Monsieur le Premier ministre** Prime Minister ◆ **les ministres** the members of the cabinet ◆ **ministre de l'Agriculture/de l'Éducation (nationale)** minister (*Brit*) *ou* secretary (*surtout US*) of Agriculture/of Education, Agriculture/Education minister (*Brit*) *ou* secretary (*surtout US*) ◆ **ministre délégué** minister of state (*à* for; *auprès de* reporting to), ≃ junior minister (*Brit*), ≃ undersecretary (*US*) ◆ **ministre d'État** (*sans portefeuille*) minister without portfolio; (*de haut rang*) senior minister ◆ **ministre sans portefeuille** minister without portfolio → see also **nm**; → **bureau, conseil, papier**

2 (= *envoyé, ambassadeur*) envoy ◆ **ministre plénipotentiaire** (minister) plenipotentiary (*Brit*), ambassador plenipotentiary (*US*)

NM **1** (*Rel*) (*protestant*) minister, clergyman; (*catholique*) priest ◆ **ministre du culte** minister of religion ◆ **ministre de Dieu** minister of God
2 (*littér* = *représentant*) agent

COMP ministre des Affaires étrangères Minister of Foreign Affairs, Foreign Secretary (*Brit*), ≃ Secretary of State (*US*)
ministre des Affaires européennes Minister of European Affairs
ministre des Affaires sociales Social Services Minister
ministre du Budget Finance Minister *ou* Secretary, ≃ Chancellor of the Exchequer (*Brit*), ≃ Secretary of the Treasury (*US*)
ministre du Commerce Minister of Trade (*Brit*), Secretary of Commerce (*US*)
ministre de la Culture ≃ Minister for Arts
ministre de la Défense nationale Defence Minister (*Brit*), Defense Secretary (*US*)
ministre des Départements et Territoires d'outre-mer Minister for French overseas territories
ministre de l'Économie et des Finances Finance Minister *ou* Secretary, ≃ Chancellor of the Exchequer (*Brit*), ≃ Secretary of the Treasury (*US*)
ministre de l'Environnement ≃ Minister of the Environment (*Brit*), ≃ Director of the Environmental Protection Agency (*US*)
ministre de l'Industrie Secretary of State for Trade and Industry (*Brit*), Secretary of Commerce (*US*)
ministre de l'Intérieur Minister of the Interior, Home Secretary (*Brit*), Secretary of the Interior (*US*)
ministre de la Jeunesse et des Sports Sports Minister
ministre de la Justice Minister of Justice, ≃ Lord Chancellor (*Brit*), ≃ Attorney General (*US*)
ministre de la Santé (et de la Sécurité sociale) ≃ Minister of Health and Social Security (*Brit*), ≃ Secretary of Health and Human Services (*US*)
ministre des Transports Minister of Transport (*Brit*), Transportation Secretary (*US*)
ministre du Travail Minister of Employment, Labor Secretary (*US*)

Minitel ® /minitɛl/ **NM** Minitel ® ◆ **obtenir un renseignement par (le) Minitel** to get information on Minitel ®

MINITEL

The **Minitel** has been widely used in French businesses and households for many years, and despite the growing importance of the Internet it remains a familiar feature of daily life. **Minitel** is a public-access information system consisting of a small terminal with a built-in modem, screen and keyboard. Users key in the access code for the service they require, and pay for the time spent linked to the server as part of their regular telephone bill. The term "Minitel rose" refers to sex chatlines available on **Minitel**.

minitéliste /minitelist/ **NMF** Minitel user

minium /minjɔm/ **NM** (*Chim*) red lead, minium; (*Peinture*) red lead paint

minivague /minivag/ **NF** soft perm ◆ **se faire faire une minivague** to have a soft perm

Minnesota /minezɔta/ **NM** Minnesota

minoen, -enne /minɔɛ̃, ɛn/ **ADJ, NM** Minoan

minois /minwa/ **NM** (= *visage*) little face ◆ **son joli minois** her pretty little face

minorant /minɔʀɑ̃/ **NM** (*Math*) lower bound

minoratif, -ive /minɔʀatif, iv/ **ADJ** minorating

minoration /minɔʀasjɔ̃/ NF (= *réduction*) cut, reduction (*de* in) ◆ **ce projet n'entraîne pas une minoration de leur influence** their influence will not be reduced as a result of this project

minorer /minɔʀe/ SYN ▶ conjug 1 ◀ VT ① [+ *taux, impôts*] to cut, to reduce (*de* by) ◆ **ces tarifs seront minorés de 40%** these rates will be cut ou reduced by 40% ② [+ *incident*] to play down (the importance of); [+ *importance*] to play down; [+ *rôle*] to reduce, to minimize

minoritaire /minɔʀitɛʀ/
ADJ minority (*épith*) ◆ **groupe minoritaire** minority group ◆ **ils sont minoritaires** they are a minority, they are in a ou in the minority ◆ **ils sont minoritaires au Parlement** they have a minority in Parliament
NMF member of a minority party (ou group *etc*) ◆ **les minoritaires** the minority (party)

minorité /minɔʀite/ SYN NF ① (= *âge*) (*gén*) minority; (*Jur*) minority, (legal) infancy, nonage ◆ **pendant sa minorité** while he is (ou was) under age, during his minority ou infancy (*Jur*) ◆ **minorité pénale** ≈ legal infancy ② (= *groupe*) minority (group) ◆ **minorité ethnique/nationale** racial ou ethnic/national minority ◆ **minorité agissante/opprimée** active/oppressed minority ◆ **minorité de blocage** (*Écon*) blocking minority ③ ◆ **minorité de** minority of ◆ **dans la minorité des cas** in the minority of cases ◆ **je m'adresse à une minorité d'auditeurs** I'm addressing a minority of listeners ◆ **en minorité** ◆ **être en minorité** to be in a ou the minority, to be a minority ◆ **le gouvernement a été mis en minorité sur la question du budget** the government was defeated on the budget

Minorque /minɔʀk/ NF Minorca

minorquin, e /minɔʀkɛ̃, in/
ADJ Minorcan
NM,F **Minorquin(e)** Minorcan

Minos /minɔs/ NM Minos

Minotaure /minɔtɔʀ/ NM Minotaur

minoterie /minɔtʀi/ NF (= *industrie*) flour-milling (industry); (= *usine*) (flour-)mill

minotier /minɔtje/ NM miller

minou /minu/ NM ① (*langage enfantin* = *chat*) pussy(cat), puss* ② (*terme d'affection*) ◆ **mon minou** sweetie (-pie)*, (my) pet* ③ (⚥ = *sexe de femme*) pussy*⚥*

minuit /minɥi/ NM midnight, twelve (o'clock) (at night) ◆ **à minuit** at (twelve) midnight, at twelve (o'clock) (at night) ◆ **minuit vingt** twenty past twelve ou midnight ◆ **il est minuit, l'heure du crime** (*hum*) it's midnight, the witching hour ◆ **de minuit** [*soleil, messe*] midnight (*épith*) ◆ **bain de minuit** midnight ou moonlight swim

minus /minys/ NMF (*péj*) dead loss*, washout* ◆ **viens ici, minus !** come over here, you wimp! ◆ **minus habens** moron

minuscule /minyskyl/ SYN
ADJ ① (= *très petit*) minute, tiny, minuscule ② (*Écriture*) small; (*Typographie*) lower case ◆ **h minuscule** small h
NF small letter; (*Typographie*) lower case letter

minutage /minytaʒ/ NM (strict ou precise) timing

minutaire /minytɛʀ/ ADJ minute (*épith*)

minute /minyt/ NF ① (= *division de l'heure, d'un degré*) minute; (= *moment*) minute, moment ◆ **une minute de silence** a minute's silence, a minute of silence ◆ **la minute de vérité** the moment of truth ◆ **je n'ai pas une minute à moi/à perdre** I don't have a minute ou moment to myself/to lose ◆ **une minute d'inattention a suffi** a moment's inattention was enough ◆ **minute (papillon) !** hey, just a minute!*, hold ou hang on (a minute)!* ◆ **une minute, j'arrive !** just a second ou a minute, I'm coming! ◆ **attendez une petite minute** can you wait just a ou half a minute? ◆ **une (petite) minute ! je n'ai jamais dit ça !** hang on a minute! I never said that! ◆ **elle va arriver d'une minute à l'autre** she'll be here any minute now ◆ **en (l'espace de) cinq minutes, c'était fait** it was done in five minutes ◆ **à la minute** ◆ **on me l'a apporté à la minute** it has just this instant ou moment been brought to me ◆ **avec toi, il faut toujours tout faire à la minute** you always have to have things done there and then ou on the spot ◆ **réparations à la minute** on-the-spot repairs, repairs while you wait ◆ **elle arrive toujours à la minute (près)** she's always there on the dot*, she always arrives to the minute ou right on time* ◆ **on n'est pas à la minute près** there's no rush ② (*en apposition*) ◆ **steak** ou **entrecôte minute** minute steak ◆ « **talons minute** » "shoes repaired while you wait", "heel bar" (*Brit*) ◆ « **clé minute** » "keys cut while you wait" ③ (*Jur*) [*de contrat*] original draft ◆ **les minutes de la réunion** the minutes of the meeting ◆ **rédiger les minutes de qch** to minute sth

minuter /minyte/ ▶ conjug 1 ◀ VT ① (= *chronométrer, limiter*) to time; (= *organiser*) to time (carefully ou to the last minute) ◆ **dans son emploi du temps tout est minuté** everything's worked out ou timed down to the last second in his timetable ◆ **mon temps est minuté** I've got an extremely tight schedule ② (*Jur*) to draw up, to draft

minuterie /minytʀi/ NF [*de lumière*] time switch; [*d'horloge*] regulator; [*de four*] timer; [*de bombe*] timing device, timer ◆ **allumer la minuterie** to switch on the (automatic) light (*on stairs, in passage etc*)

minuteur /minytœʀ/ NM [*de cafetière, four*] timer

minutie /minysi/ SYN NF ① [*de personne, travail*] meticulousness ◆ **j'ai été frappé par la minutie de son inspection** I was amazed by the detail of his inspection, I was amazed how detailed his inspection was ◆ **l'horlogerie demande beaucoup de minutie** clock-making requires a great deal of precision ◆ **avec minutie** (= *avec soin*) meticulously; (= *dans le détail*) in minute detail ② (= *détails*) ◆ **minuties** (*péj*) trifles, trifling details, minutiae

minutier /minytje/ NM (= *registre*) minute book

minutieusement /minysjøzmɑ̃/ ADV (= *avec soin*) meticulously; (= *dans le détail*) in minute detail

minutieux, -ieuse /minysjø, jøz/ SYN ADJ [*personne, soin, analyse*] meticulous; [*description, inspection*] minute; [*dessin*] minutely detailed ◆ **il s'agit d'un travail minutieux** it's a job that demands painstaking attention to detail ◆ **c'est une opération minutieuse** it's an extremely delicate operation ◆ **il est très minutieux** he is very meticulous

miocène /mjɔsɛn/
ADJ Miocene
NM ◆ **le Miocène** the Miocene

mioche* /mjɔʃ/ NMF (= *gosse*) kid*, nipper* (*Brit*); (*péj*) brat* ◆ **sale mioche !** dirty ou horrible little brat!*

mi-pente /mipɑ̃t/ ◆ **à mi-pente** LOC ADV halfway up ou down the hill

mirabelle /miʀabɛl/ NF (= *prune*) cherry plum; (= *alcool*) plum brandy

mirabellier /miʀabɛlje/ NM cherry-plum tree

mirabilis /miʀabilis/ NM (= *plante*) four-o'clock

miracle /miʀakl/ SYN
NM ① (*lit, fig*) miracle ◆ **miracle économique** economic miracle ◆ **son œuvre est un miracle d'équilibre** his work is a miracle ou marvel of balance ◆ **cela tient** ou **relève du miracle** it's a miracle ◆ **faire** ou **accomplir des miracles** (*lit*) to work ou do ou accomplish miracles; (*fig*) to work wonders ou miracles ◆ **c'est miracle qu'il résiste dans ces conditions** it's a wonder ou a miracle he manages to cope in these conditions ◆ **il faudrait un miracle pour qu'il soit élu** nothing short of a miracle will get him elected, it'll take a miracle for him to get elected ◆ **par miracle** miraculously, by a ou by some miracle ◆ **comme par miracle !** (*iro*) surprise, surprise! ◆ **miracle ! il est revenu !** amazing! he's come back!; → **crier** ② (*Hist, Littérat*) miracle (play)
ADJ INV ◆ **remède/solution miracle** miracle cure/solution ◆ **potion miracle** magic potion ◆ **il n'y a pas de recette miracle** there's no miracle solution ◆ **médicament miracle** wonder ou miracle drug

miraculé, e /miʀakyle/ ADJ, NM,F ◆ (*malade*) **miraculé** (person) who has been miraculously cured ou who has been cured by a miracle ◆ **les trois miraculés de la route** the three (people) who miraculously ou who by some miracle survived the accident ◆ **voilà le miraculé !** (*hum*) here comes the miraculous survivor!

miraculeusement /miʀakyløzmɑ̃/ ADV miraculously

miraculeux, -euse /miʀakylø, øz/ SYN ADJ [*guérison, victoire, source*] miraculous; [*progrès, réussite*] wonderful ◆ **traitement** ou **remède miraculeux** miracle cure ◆ **ça n'a rien de miraculeux** there's nothing so amazing ou extraordinary about that ◆ **il n'y a pas de solution miraculeuse** there is no miracle solution; → **pêche²**

mirador /miʀadɔʀ/ NM (*Mil*) watchtower, mirador; (*pour l'observation d'animaux*) raised (observation) hide; (*Archit*) belvedere, mirador

mirage /miʀaʒ/ SYN NM ① (*lit, fig*) mirage ◆ **c'est un mirage !** (*hum*) you (ou I *etc*) must be seeing things! ② [*d'œufs*] candling

miraud, e* /miʀo, od/ ADJ (= *myope*) short-sighted ◆ **tu es miraud !** you need glasses! ◆ **il est complètement miraud** he's as blind as a bat

mirbane /miʀban/ NF nitrobenzene

mire /miʀ/ NF (*TV*) test card; (*Arpentage*) surveyor's rod ◆ **prendre sa mire** (= *viser*) to take aim ◆ **point de mire** (*lit*) target; (*fig*) focal point; → **cran, ligne¹**

mire-œufs /miʀø/ NM INV light (*for candling eggs*)

mirer /miʀe/ ▶ conjug 1 ◀
VT ① [+ *œufs*] to candle ② (*littér*) to mirror
VPR **se mirer** (*littér*) [*personne*] to gaze at o.s. ou at one's reflection (*in the mirror, water etc*); [*chose*] to be mirrored ou reflected (*in the water etc*)

mirettes* /miʀɛt/ NFPL eyes, peepers* (*hum*) ◆ **ils en ont pris plein les mirettes** they were completely dazzled by it

mireur, -euse /miʀœʀ, øz/ NM,F candler

mirifique /miʀifik/ ADJ (*hum*) [*contrat*] extremely lucrative; [*salaire*] huge; [*promesses*] extravagant; [*offre*] fantastic ◆ **des projets mirifiques** (= *irréalistes*) harebrained schemes

mirliflore †† /miʀliflɔʀ/ NM fop †, coxcomb † ◆ **faire le mirliflore** (*péj*) to put on foppish airs †

mirliton /miʀlitɔ̃/ NM (*Mus*) reed pipe; [*de carnaval*] party whistle; → **vers²**

mirmidon /miʀmidɔ̃/ NM ⇒ **myrmidon**

mirmillon /miʀmijɔ̃/ NM mirmillon

miro /miʀo/ ADJ ⇒ **miraud, e**

mirobolant, e* /miʀɔbɔlɑ̃, ɑ̃t/ ADJ (*hum*) [*contrat, salaire*] extravagant; [*résultats*] brilliant

miroir /miʀwaʀ/ SYN
NM (*lit*) mirror; (*fig*) mirror, reflection ◆ **le miroir des eaux** (*littér*) the glassy waters ◆ **un roman n'est jamais le miroir de la réalité** a novel is never a true reflection of reality ou never really mirrors reality ◆ **écriture/image en miroir** mirror writing/image
COMP **miroir aux alouettes** (*lit*) decoy; (*fig*) lure **miroir de courtoisie** [*de voiture*] vanity mirror **miroir déformant** distorting mirror **miroir d'eau** ornamental pond **miroir grossissant** magnifying mirror

miroitant, e /miʀwatɑ̃, ɑ̃t/ ADJ [*eau, lac*] sparkling, shimmering; [*étoffe*] shimmering; [*collier, vitres*] sparkling; [*métal*] gleaming

miroité, e /miʀwate/ (ptp *de* **miroiter**) ADJ [*cheval*] dappled

miroitement /miʀwatmɑ̃/ NM (= *étincellement*) sparkling (*NonC*), gleaming (*NonC*); (= *chatoiement*) shimmering (*NonC*)

miroiter /miʀwate/ SYN ▶ conjug 1 ◀ VI (= *étinceler*) to sparkle, to gleam; (= *chatoyer*) to shimmer ◆ **il lui fit miroiter les avantages qu'elle aurait à accepter ce poste** he painted in glowing colours what she stood to gain from taking the job ◆ **ils ont fait miroiter la perspective d'une baisse des cotisations** they held out the possibility of a cut in contributions

miroiterie /miʀwatʀi/ NF ① (= *commerce*) mirror trade; (= *industrie*) mirror industry ② (= *usine*) mirror factory

miroitier, -ière /miʀwatje, jɛʀ/ NM,F (= *vendeur*) mirror dealer; (= *fabricant*) mirror manufacturer; (= *artisan*) mirror cutter, silverer

mironton* /miʀɔ̃tɔ̃/, **miroton** /miʀɔtɔ̃/ NM ◆ **(bœuf) miroton** boiled beef in onion sauce

MIRV /miʀv/ NM INV (abrév de **Multiple Independently Targetable Reentry Vehicle**) MIRV

mis, e¹ †/mi, miz/ SYN (ptp de **mettre**) ADJ (= *vêtu*) attired †, clad ◆ **bien mis** nicely turned out

misaine /mizɛn/ NF ◆ **(voile de) misaine** foresail; → **mât**

misandre /mizɑ̃dʀ/
  ADJ misandrous, misandrist
  NMF misandrist

misandrie /mizɑ̃dʀi/ NF misandry

misanthrope /mizɑ̃tʀɔp/ SYN
  ADJ [*attitude*] misanthropic ◆ **il est devenu très misanthrope** he's come to dislike everyone ou to hate society, he's turned into a real misanthropist
  NMF misanthropist, misanthrope

misanthropie /mizɑ̃tʀɔpi/ NF misanthropy

misanthropique /mizɑ̃tʀɔpik/ ADJ (*frm*) misanthropic, misanthropical

miscellanées /miselane/ NFPL miscellanea

miscible /misibl/ ADJ miscible (*à* with)

mise² /miz/ SYN
  NF ① (= *enjeu*) stake, ante; (*Comm*) outlay ◆ **récupérer sa mise** to recoup one's outlay ◆ **gagner 100 € pour une mise de 10 €** to make €100 on an outlay of €10 ◆ **remporter la mise** (*fig*) to carry the day; → **sauver**
  ② (= *habillement*) attire, clothing ◆ **avoir une mise débraillée** to be untidily dressed ◆ **juger qn sur** *ou* **à sa mise** to judge sb by his clothes *ou* by what he wears ◆ **soigner sa mise** to take pride in one's appearance
  ③ ◆ **être de mise** †† (*Fin*) to be in circulation, to be legal currency; (*fig*) to be acceptable ◆ **ces propos ne sont pas de mise** those remarks are out of place
  ④ (= *action de mettre*) putting, setting; → **boîte, bouteille** etc
  COMP **mise en plis** (*Coiffure*) set ◆ **se faire faire une mise en plis** to have a set, to have one's hair set

miser /mize/ SYN ▸ conjug 1 ◂ VT ① (= *parier*) [+ *argent*] to stake, to bet (*sur* on) ◆ **miser sur un cheval** to back a horse, to put money on a horse ◆ **miser à 8 contre 1** to bet at odds of 8 to 1, to take 8 to 1 ◆ **il a misé sur le mauvais cheval** (*fig*) he backed the wrong horse; → **tableau**
② (** = compter sur*) ◆ **miser sur** to bank on, to count on
③ (*Helv*) (= *vendre*) to sell by auction; (= *acheter*) to buy by auction ◆ **miser sur qn** to overbid sb

misérabilisme /mizeʀabilism/ NM miserabilism, tendency to dwell on the sordid side of life

misérabiliste /mizeʀabilist/ ADJ [*personne, livre, film*] dwelling on the sordid side of life ◆ **ils contestent l'image misérabiliste qu'on donne de leur région** they reject the bleak picture that is generally painted of their region

misérable /mizeʀabl/ SYN
  ADJ ① (= *pauvre*) [*famille, personne*] destitute, poverty-stricken; [*région*] impoverished, poverty-stricken; [*logement*] seedy, mean, dingy; [*vêtements*] shabby ◆ **d'aspect misérable** shabby-looking, seedy-looking
  ② (= *pitoyable*) [*existence, conditions*] miserable, wretched, pitiful; [*personne, famille*] pitiful, wretched
  ③ (= *sans valeur, minable*) [*somme d'argent*] paltry, miserable ◆ **un salaire misérable** a pittance, a miserable salary ◆ **ne te mets pas en colère pour 5 misérables euros** don't get all worked up about a measly * 5 euros
  ④ († †, *littér* = *méprisable*) vile †, base †, contemptible
  NMF (†, *littér*) (= *méchant*) wretch, scoundrel; (= *pauvre*) poor wretch ◆ **petit misérable !** you (little) rascal! *ou* wretch!

misérablement /mizeʀabləmɑ̃/ ADV (= *pitoyablement*) miserably, wretchedly; (= *pauvrement*) in great *ou* wretched poverty

misère /mizeʀ/ SYN NF ① (= *pauvreté*) (extreme) poverty, destitution (*frm*) ◆ **la misère en gants blancs** *ou* **dorée** genteel poverty ◆ **être dans la misère** to be destitute *ou* poverty-stricken ◆ **vivre dans la misère** to live in poverty ◆ **tomber dans la misère** to fall on hard *ou* bad times, to become destitute ◆ **traitement** *ou* **salaire de misère** starvation wage ◆ **misère noire** utter destitution ◆ **réduire qn à la misère** to make sb destitute, to reduce sb to a state of (dire) poverty ◆ **crier** *ou* **pleurer misère** (*pour ne pas payer*) to plead poverty ◆ **il est venu chez nous crier** *ou* **pleurer misère** (*pour obtenir de l'argent*) he came to us begging for money, he came to us with a sob story * about having no money
② (= *carence*) ◆ **misère culturelle** lack of culture ◆ **misère sexuelle** sexual deprivation ◆ **misère physiologique** (*Méd*) malnutrition
③ (= *malheur*) ◆ **misères** woes, miseries, misfortunes ◆ **petites misères** * (= *ennuis*) little troubles ◆ **faire des misères à qn** * to be nasty to sb ◆ **les misères de la guerre** the miseries of war ◆ **une misère de la voir s'anémier** it's pitiful *ou* wretched to see her growing weaker ◆ **quelle misère !** what a wretched shame! ◆ **misère !, misère de moi !** (†, *hum*) woe is me! † (*hum*) ◆ **la misère de l'homme** (*Rel*) man's wretchedness
④ (= *somme négligeable*) ◆ **il l'a eu pour une misère** he got it for a song * *ou* for next to nothing ◆ **c'est une misère pour eux** that's nothing *ou* a trifle to them
⑤ (= *plante*) tradescantia, wandering Jew

miserere, miséréré /mizeʀeʀe/ NM (= *psaume, chant*) Miserere

miséreux, -euse /mizeʀø, øz/ SYN
  ADJ [*existence, ville*] poverty-stricken; [*population, famille*] destitute
  NM,F destitute person ◆ **les miséreux** the destitute

miséricorde /mizeʀikɔʀd/ SYN
  NF ① (= *pitié*) mercy, forgiveness ◆ **la miséricorde divine** divine mercy; → **péché**
  ② [*de stalle*] misericord
  EXCL † mercy me! †, mercy on us! †

miséricordieux, -ieuse /mizeʀikɔʀdjø, jøz/ ADJ merciful, forgiving

miso /mizo/ NM miso

misogyne /mizɔʒin/
  ADJ misogynous
  NMF misogynist, woman-hater

misogynie /mizɔʒini/ NF misogyny

mispickel /mispikɛl/ NM arsenopyrite, mispickel

miss /mis/ NF ① [*de concours de beauté*] beauty queen ◆ **Miss France** Miss France
② († = *nurse*) (English *ou* American) governess
③ (= *vieille demoiselle*) ◆ **miss anglaise** elderly English spinster

missel /misɛl/ NM missal

missile /misil/ NM missile ◆ **missile antichar/antiaérien** antitank/antiaircraft missile ◆ **missile antimissile** antimissile missile ◆ **missile nucléaire/balistique** nuclear/ballistic missile ◆ **missile sol-sol/sol-air** *etc* ground-to-ground/ground-(to)-air *etc* missile ◆ **missile de moyenne portée** *ou* **de portée intermédiaire** intermediate-range weapon *ou* missile ◆ **missile tactique/de croisière** tactical/cruise missile ◆ **missile de courte/longue portée** short-/long-range missile ◆ **missile à tête chercheuse** homing missile

missilier /misilje/ NM missileman, missileer

mission /misjɔ̃/ SYN NF ① (= *charge, tâche*) (*gén, Rel*) mission; (*Pol*) mission, assignment; [*d'intérimaire*] brief, assignment ◆ **mission lui fut donnée de...** he was commissioned to... ◆ **partir, être en mission** (*Admin, Mil*) to go/be on an assignment; [*de prêtre*] to go/be on a mission ◆ **mission accomplie** mission accomplished ◆ **mission de reconnaissance** (*Mil*) reconnaissance (mission), recce * (*Brit*) ◆ **mission diplomatique/scientifique/d'information** diplomatic/scientific/fact-finding mission ◆ **mission impossible** (*lit*) impossible task; (*hum*) mission impossible; → **chargé, ordre²**
② (= *but, vocation*) task, mission ◆ **la mission de la littérature** the task of literature ◆ **il s'est donné pour mission de faire cela** he set himself the task of doing it, he has made it his mission (in life) to do it
③ (*Rel*) (= *bâtiment*) mission (station); (= *groupe*) mission

missionnaire /misjɔnɛʀ/ ADJ, NMF missionary

Mississippi /misisipi/ NM Mississippi

missive /misiv/ SYN
  ADJ F (*Jur*) ◆ **(lettre) missive** document (*in the form of a letter, postcard or telegram*)
  NF (*hum* = *lettre*) missive

Missouri /misuʀi/ NM Missouri

mistigri /mistigʀi/ NM ① († * = *chat*) malkin †
② (*Cartes*) jack of clubs ◆ **repasser** *ou* **refiler** * **le mistigri à qn** (*fig*) to leave sb holding the baby

mistoufle †† * /mistufl/ NF ◆ **être dans la mistoufle** to have hit hard *ou* bad times, to be on one's beam ends * (*Brit*)

mistral /mistʀal/ NM mistral (*cold, dry wind that blows in the Rhône Valley and the South of France*)

mitage /mitaʒ/ NM ◆ **le mitage des campagnes** intensive building of houses in the countryside

mitaine /mitɛn/ NF (fingerless) mitten *ou* mitt

mitan /mitɑ̃/ NM († † *ou dial*) middle, centre ◆ **dans le mitan de** in the middle of

mitard /mitaʀ/ NM (*arg Crime*) solitary * ◆ **il a fait 15 jours de mitard** he did 2 weeks (in) solitary *

mite /mit/ NF clothes moth ◆ **mangé aux mites** moth-eaten ◆ **mite du fromage** cheese mite ◆ **avoir la mite à l'œil** † * to have sleep in one's eyes

mité, e /mite/ SYN (ptp de **se miter**) ADJ moth-eaten

mi-temps /mitɑ̃/
  NF INV (*Sport*) (= *période*) half; (= *repos*) half-time ◆ **à la mi-temps** at half-time ◆ **première/seconde mi-temps** first/second half ◆ **l'arbitre a sifflé la mi-temps** the referee blew (the whistle) for half-time ◆ **la troisième mi-temps** (*hum*) the post-match celebrations
  NM (*travail à*) **mi-temps** part-time work ◆ **mi-temps thérapeutique** part-time working hours granted for medical reasons ◆ **à mi-temps** part-time ◆ **travailler à mi-temps** to work part-time, to do part-time work ◆ **elle est serveuse à mi-temps** she's a part-time waitress

miter (se) /mite/ ▸ conjug 1 ◂ VPR to be *ou* become moth-eaten ◆ **pour éviter que les vêtements se mitent** to stop the moths getting at the clothes

miteux, -euse /mitø, øz/ SYN
  ADJ [*lieu*] seedy, grotty * (*Brit*); [*vêtement*] shabby, tatty *, grotty * (*Brit*); [*personne*] shabby(-looking), seedy(-looking)
  NM,F seedy(-looking) character

mithracisme /mitʀasism/, **mithriacisme** /mitʀijasism/ NM Mithra(ic)ism

mithriaque /mitʀijak/ ADJ Mithraic, Mithraistic

Mithridate /mitʀidat/ NM Mithridates

mithridatisation /mitʀidatizasjɔ̃/ NF, **mithridatisme** /mitʀidatism/ NM mithridatism

mithridatiser /mitʀidatize/ ▸ conjug 1 ◂ VT ◆ **mithridatiser qn** to mithridatize sb (*SPÉC*), to make sb immune to a poison by administering small doses in gradually increasing amounts ◆ **mithridatisé** immunized

mithridatisme /mitʀidatism/ NM mithridatism

mitigation /mitigasjɔ̃/ NF (*Jur*) mitigation

mitigé, e /mitiʒe/ SYN (ptp de **mitiger**) ADJ [*accueil, enthousiasme*] lukewarm, half-hearted ◆ **sentiments mitigés** mixed feelings ◆ **joie mitigée de regrets** joy mixed *ou* mingled with regret ◆ **ils ont eu un succès mitigé** they weren't particularly successful ◆ **les réactions ont été très mitigées** we've had some very mixed reactions ◆ **le bilan est mitigé** things haven't turned out as well as they might have

mitiger † /mitiʒe/ ▸ conjug 3 ◂ VT to mitigate

mitigeur /mitiʒœʀ/ NM mixer tap (*Brit*) *ou* faucet (*US*) ◆ **mitigeur thermostatique** temperature control tap (*Brit*) *ou* faucet (*US*)

mitochondrie /mitokɔ̃dʀi/ NF mitochondrion

miton /mitɔ̃/ NM miton

mitonner /mitɔne/ SYN ▸ conjug 1 ◂
  VT ① (*Culin*) (*à feu doux*) to simmer, to cook slowly; (*avec soin*) to prepare *ou* cook with loving care ◆ **elle (lui) mitonne des petits plats** she cooks (up) *ou* concocts tasty dishes (for him)
  ② * [+ *affaire*] to cook up quietly *; [+ *personne*] to cosset
  VI to simmer, to cook slowly

mitose /mitoz/ NF mitosis ◆ **se reproduire par mitose** to replicate ◆ **reproduction par mitose** replication

mitotique /mitotik/ ADJ mitotic

mitoyen, -yenne /mitwajɛ̃, jɛn/ SYN ADJ [*bâtiments, jardins*] adjoining ◆ **mur mitoyen** party wall ◆ **cloison mitoyenne** partition wall ◆ **maisons mitoyennes** (*deux*) semi-detached houses (*Brit*), duplex houses (*US*); (*plus de deux*) terraced houses (*Brit*), town houses (*US*) ◆ **notre jardin est mitoyen avec le leur** our garden adjoins theirs

mitoyenneté /mitwajɛnte/ NF [de mur] common ownership ◆ **la mitoyenneté des maisons** the (existence of a) party wall between the houses

Mitra /mitʀa/ NF Mitra

mitraillade /mitʀajad/ NF ① (= coups de feu) (volley of) shots; (= échauffourée) exchange of shots ② ⇒ **mitraillage**

mitraillage /mitʀajaʒ/ NM machine-gunning ◆ **mitraillage au sol** strafing

mitraille /mitʀaj/ NF ① († Mil) (= projectiles) grapeshot; (= décharge) volley of shots, hail of bullets ◆ **fuir sous la mitraille** to flee under a hail of bullets ② (* = petite monnaie) loose ou small change

mitrailler /mitʀaje/ SYN ▸ conjug 1 ◂ VT ① (Mil) to machine-gun ◆ **mitrailler au sol** to strafe ◆ **mitrailler qn de cailloux/grains de riz** to pelt sb with stones/grains of rice ② (* = photographier) [+ monument] to take shot after shot of ◆ **les touristes mitraillaient la cathédrale** the tourists' cameras were clicking away madly at the cathedral ◆ **être mitraillé par les photographes** to be mobbed ou besieged by the photographers ③ ◆ **mitrailler qn de questions** to bombard sb with questions, to fire questions at sb

mitraillette /mitʀajɛt/ NF submachine gun ◆ **tirer à la mitraillette** to shoot ou fire with a submachine gun

mitrailleur /mitʀajœʀ/ NM (au sol) machine gunner; (dans avion) air gunner

mitrailleuse /mitʀajøz/ NF machine gun

mitral, e (mpl -aux) /mitʀal, o/ ADJ (Anat) mitral

mitre /mitʀ/ NF ① (Rel) mitre ◆ **recevoir** ou **coiffer la mitre** to be appointed bishop, to be mitred ② [de cheminée] cowl

mitré, e /mitʀe/ ADJ mitred; → **abbé**

mitron /mitʀɔ̃/ NM ① (= boulanger) baker's boy; (= pâtissier) pastrycook's boy ② [de cheminée] chimney top

mi-vitesse /mivitɛs/ ◆ **à mi-vitesse** LOC ADV at half speed

mi-voix /mivwa/ SYN ◆ **à mi-voix** LOC ADV [parler] in a low ou hushed voice; [lire] in a low voice; [chantonner] softly

mixage /miksaʒ/ NM ① (Ciné, Radio) (sound) mixing ② (= mélange) mix

mixer¹ /mikse/ ▸ conjug 1 ◂ VT (Ciné, Radio) to mix; (Culin) to blend

mixer², mixeur /miksœʀ/ NM (Culin) blender, liquidizer (Brit)

mixité /miksite/ NF (de sexes, gén) mixing of the sexes; (Scol) coeducation ◆ **il faut une plus grande mixité sociale/de l'habitat dans nos villes** we need a greater social mix/more variety of housing in our towns

mixte /mikst/ SYN ADJ ① (= des deux sexes) [équipe] mixed; [classe, école, enseignement] mixed, coeducational, coed *; (= de races différentes) [couple, mariage] mixed; → **double** ② (= d'éléments divers) [économie, train] mixed (épith); [équipe] combined (épith); [tribunal, commission] joint; [rôle] dual (épith) (Chim, Géog) [roche, végétation] mixed ◆ **outil à usage mixte** dual-purpose tool ◆ **peau mixte** combination skin ◆ **navire** ou **cargo mixte** cargo-passenger ship ou vessel ◆ **cuisinière mixte** combined gas and electric stove ou cooker (Brit) ◆ **l'opéra-bouffe est un genre mixte** comic opera is a mixture of genres ◆ **mode de scrutin mixte** mixed electoral ou voting system ◆ **le local est à usage mixte** the premises can be used for either business or residential purposes ◆ **une solution mixte** a hybrid solution

mixtion /mikstjɔ̃/ NF (= action) blending, compounding; (= médicament) mixture

mixture /mikstyʀ/ SYN NF (Chim, Pharm) mixture; (Culin) mixture, concoction; (péj) concoction

MJC /ɛmʒise/ NF (abrév de **maison des jeunes et de la culture**) → **maison**

MKSA /ɛmkaɛsa/ ADJ (abrév de **mètre, kilogramme, seconde, ampère**) ◆ **système MKSA** Giorgi ou MKSA system

ml abrév de **millilitre**) ml

MLF /ɛmlɛf/ NM (abrév de **Mouvement de libération de la femme**) Women's Liberation Movement, Women's Lib *

Mlle (abrév de **Mademoiselle**) ◆ **Mlle Martin** Miss Martin

Mlles (abrév de **Mesdemoiselles**) → **Mademoiselle**

mm (abrév de **millimètre**) mm

MM. (abrév de **Messieurs**) Messrs

Mme (abrév de **Madame**) Mrs ◆ **Mme Martin** Mrs Martin

Mmes (abrév de **Mesdames**) → **Madame**

MMS /ɛmɛmɛs/ NM (abrév de **multimedia messaging service**) MMS

mn (abrév de **minute**) min

mnémonique /mnemɔnik/ ADJ mnemonic

mnémotechnique /mnemotɛknik/
ADJ mnemonic
NF mnemonics, mnemotechnics

mnésique /mnezik/ ADJ mnesic

Mo (abrév de **mégaoctet**) Mb, MB

mob * /mɔb/ NF abrév de **mobylette**

mobile /mɔbil/ SYN
ADJ ① [pièce, objet] (= qui bouge) moving; (= qui peut bouger) movable; [feuillets de cahier, calendrier] loose; → **échelle, fête** ② [main-d'œuvre, population] mobile ③ [reflet] changing; [traits] mobile, animated; [regard, yeux] mobile, darting (épith) ④ [troupes] mobile ◆ **boxeur très mobile** boxer who is very quick on his feet, nimble-footed boxer ◆ **avec la voiture on est très mobile** you can really get around ou about with a car, having a car makes you very mobile; → **garde¹, garde²**
NM ① (= impulsion) motive (de for) ◆ **quel était le mobile de son action ?** what was the motive for ou what prompted his action? ◆ **chercher le mobile du crime** to look for the motive for the crime ② (Art, Jeux) mobile ③ (Phys) moving object ou body ④ (**téléphone**) **mobile** mobile phone
COMP **mobile(-)home** SYN mobile home

mobilier, -ière /mɔbilje, jɛʀ/
ADJ (Jur) [propriété, bien] movable, personal; [valeurs] transferable ◆ **saisie/vente mobilière** seizure/sale of personal ou movable property ◆ **contribution** ou **cote mobilière** † property tax
NM ① (= ameublement) furniture ◆ **le mobilier du salon** the lounge furniture ◆ **nous avons un mobilier Louis XV** our furniture is Louis XV, our house is furnished in Louis XV (style) ◆ **il fait partie du mobilier** (hum) he's part of the furniture (hum) ◆ **mobilier de bureau** office furniture ◆ **mobilier urbain** street furniture ◆ **le Mobilier national** state-owned furniture (used to furnish buildings of the state) ② (Jur) personal ou movable property

mobilisable /mɔbilizabl/ ADJ [citoyen] who can be called up ou mobilized; [énergie, ressources] that can be mobilized; [capitaux] mobilizable ◆ **il n'est pas mobilisable** (Mil) he cannot be called up

mobilisateur, -trice /mɔbilizatœʀ, tʀis/ ADJ ◆ **c'est un slogan mobilisateur** it's a slogan which will stir people into action ◆ **c'est un thème très mobilisateur chez les étudiants** it's an issue that students feel strongly about ◆ **il faut définir de nouveaux objectifs mobilisateurs** new objectives capable of attracting people's support must be defined

mobilisation /mɔbilizasjɔ̃/ SYN NF ① (Mil) [de citoyens] mobilization, calling up; [de troupes, ressources, syndicats] mobilization ◆ **mobilisation générale/partielle** general/partial mobilization ◆ **il y a eu une forte mobilisation des électeurs** there was a big turnout at the polls ◆ **grâce à la forte mobilisation des écologistes au second tour** because so many Greens turned out for the second ballot ◆ **il appelle à la mobilisation de tous contre le racisme** he's calling on everybody to join forces and fight racism ◆ **les syndicats appellent à une mobilisation générale** the unions are calling for widespread industrial action ② (Fin) [de fonds] mobilization of realty, raising ◆ **mobilisation d'actif** conversion into movable property, mobilization of realty (US) ③ (Physiol) mobilization

mobiliser /mɔbilize/ SYN ▸ conjug 1 ◂
VT ① (= faire appel à) [+ citoyens] to call up, to mobilize; [+ troupes, ressources, adhérents, opinion publique] to mobilize; [+ fonds] to raise, to mobilize ◆ **les (soldats) mobilisés** the mobilized troops ◆ **ce projet a mobilisé les énergies de 600 personnes** the project mobilized 600 people ◆ **cette nouvelle a mobilisé les esprits** the news has alerted people to the issue ◆ **tout le monde était mobilisé pour l'aider** everyone rallied round to help her ② (Méd = faire bouger) [+ articulation, muscle] to mobilize
VPR **se mobiliser** [personnes] to join forces (and take action) (contre against) ◆ **il faut se mobiliser contre le chômage/pour la sauvegarde de nos droits** we must join forces and fight unemployment/to protect our rights ◆ **ils se sont mobilisés autour du Premier ministre** they rallied around the Prime Minister

mobilité /mɔbilite/ SYN NF (gén) mobility ◆ **mobilité géographique/professionnelle/sociale** geographic/professional/social mobility ◆ **mobilité sociale ascendante** upward (social) mobility ◆ « **mobilité géographique totale** » (sur CV) "willing to relocate" ◆ **la mobilité de son regard** his darting eyes ◆ **la voiture nous permet une plus grande mobilité** having the car means we can get around more easily ou makes us more mobile

mobinaute /mɔbinot/ NMF mobile Internet user

Möbius /møbjys/ NM (Math) ◆ **bande** ou **ruban de Möbius** Möbius strip ou band

Mobylette ® /mɔbilɛt/ NF moped

mocassin /mɔkasɛ̃/ NM (gén) moccasin, loafer; (indien) moccasin

mochard, e * /mɔʃaʀ, aʀd/ ADJ ugly

moche * /mɔʃ/ ADJ ① (= laid) ugly ◆ **moche comme un pou** as ugly as sin ② (= mauvais, méchant) rotten *, nasty ◆ **tu es moche avec elle** you're rotten * to her ◆ **c'est moche ce qu'il a fait** that was a nasty thing he did ◆ **c'est moche ce qui lui arrive** it's awful what's happening to him

mocheté * /mɔʃte/ NF ① (= laideur) ugliness ② (= personne) fright; (= objet, bâtiment) eyesore ◆ **c'est une vraie mocheté !** she's as ugly as sin!

modal, e (mpl -aux) /mɔdal, o/
ADJ modal
NM (= verbe) modal (verb)

modalité /mɔdalite/ SYN NF ① (= forme) form, mode; (= méthode) method ◆ **modalité d'application de la loi** mode of enforcement of the law ◆ **modalités de financement** methods of funding ◆ **modalités de remboursement** terms of repayment ◆ **modalités de paiement** methods ou modes of payment ◆ **modalités de mise en œuvre** (Jur) details of implementation ◆ **modalités de contrôle** (Scol) methods of assessment ② (Ling, Mus, Philos) modality ◆ **adverbe de modalité** modal adverb ③ (Jur = condition) clause

mode¹ /mɔd/ SYN
NF ① (= tendance) fashion; (péj) fad *, craze ◆ **la mode des années 60** Sixties' fashions ◆ **la mode automne-hiver de cette année** this year's autumn and winter fashions ◆ **c'est la dernière mode** it's the very latest thing ou fashion ◆ **suivre la mode** to follow fashion, to keep up with the fashions ◆ **une de ces nouvelles modes** (péj) one of these new fads * ou crazes ◆ **passer de mode** [vêtement] to go out of fashion; [pratique] to become outdated ◆ **c'est passé de mode** [vêtement] it's gone out of fashion; [pratique] it's outdated ◆ **c'est la mode des talons hauts** high heels are in fashion ou are in * ◆ **marchande de modes** †† milliner
◆ **à la mode** fashionable, in fashion ◆ **femme très à la mode** very fashionable woman ◆ **les jupes courtes sont très à la mode** short skirts are very much in fashion ou are really in * ou are all the rage * ◆ **être habillé très à la mode** (gén) to be very fashionably dressed; [de jeunes] to be very trendily * dressed ◆ **habillé à la dernière mode** dressed in the latest fashion ou style ◆ **mettre qch à la mode** to make sth fashionable, to bring sth into fashion ◆ **revenir à la mode** to come back into fashion ou vogue, to come back (in) *
② (= industrie) ◆ **la mode** the fashion industry ou business ◆ **travailler dans la mode** to work ou be in the fashion world ou industry ou business ◆ **journal/présentation/rédactrice de mode** fashion magazine/show/editor; → **gravure**
③ † (= mœurs) custom; (= goût, style) style, fashion ◆ **selon la mode de l'époque** according to

mode | modulant

the custom of the day ◆ **(habillé) à l'ancienne mode** (dressed) in the old style ◆ **cousin à la mode de Bretagne** (hum) distant cousin, cousin six times removed (hum) ◆ **oncle** ou **neveu à la mode de Bretagne** (Jur, hum) first cousin once removed ◆ **à la mode du 18ᵉ siècle** in the style of ou after the fashion of the 18th century, in 18th century style; → **bœuf, tripe**

ADJ INV [coiffure] fashionable ◆ **tissu mode** fashion fabric ◆ **coloris mode** fashion ou fashionable colours ◆ **c'est très mode** it's very fashionable

mode² /mɔd/ SYN NM ① (= méthode) form, mode, method; (= genre) way ◆ **quel est le mode d'action de ce médicament ?** how does this medicine work? ◆ **mode de gouvernement/de transport** mode of government/of transport ◆ **mode de scrutin** voting system ◆ **mode de pensée/de vie** way of thinking/of life ◆ **mode de paiement** method ou mode of payment ◆ **mode d'emploi** (gén) directions for use; (= document) instructions leaflet ◆ **mode de cuisson** (gén) cooking method; (sur boîte, paquet) cooking instructions ◆ **mode de calcul/fonctionnement** way of calculating/working ◆ **mode de production** mode ou method of production ◆ **mode de gestion** management method

② (Gram, Ling) mood; (Mus, Philos) mode ◆ **au mode subjonctif** in the subjunctive mood

③ (Ordin) mode ◆ **mode synchrone/asynchrone** synchronous/asynchronous mode ◆ **mode interactif/émulation/natif** interactive/emulation/native mode ◆ **fonctionner en mode local** to operate in local mode ◆ **mode texte** text mode

modelage /mɔd(ə)laʒ/ NM (= activité) modelling; (= ouvrage) model

modelé /mɔd(ə)le/ NM [de sculpture, corps] contours; (Géog) relief

modèle /mɔdɛl/ SYN

NM ① (Comm) model; (Mode) design, style ◆ **nous avons tous nos modèles en vitrine** our full range is ou all our models are in the window ◆ **petit/grand modèle** small/large version ou model ◆ **voulez-vous le petit ou le grand modèle ?** (boîte) do you want the small or the big size (box)? ◆ **il a le modèle 5 portes** (voiture) he has the 5-door hatchback model ou version ◆ **Chanel présente ses modèles d'automne** Chanel presents its autumn models ou styles

② (à reproduire, à imiter) pattern, model; (Scol = corrigé) fair copy ◆ **fabriquer qch d'après le modèle** to make sth from the model ou pattern ◆ **faire qch sur le modèle de...** to model sth on..., to make sth on the pattern ou model of... ◆ **modèle de conjugaison/déclinaison** conjugation/declension pattern ◆ **son courage devrait nous servir de modèle** his courage should be a model ou an example to us ◆ **c'est un modèle du genre** it's a model of the genre

③ (= personne exemplaire) model, example ◆ **modèle de vertu** paragon of virtue ◆ **c'est le modèle du bon élève/ouvrier** he's a model pupil/workman, he's the epitome of the good pupil/workman ◆ **elle est un modèle de loyauté** she is a model of ou the very model of loyalty ◆ **il restera pour nous un modèle** he will remain an example to us ◆ **prendre qn pour modèle** to model ou pattern o.s. upon sb ◆ **il rejette le modèle paternel** he rejects everything his father stands for

④ (Art) model ◆ **dessiner/peindre d'après modèle** to draw/paint from a model ou from life

ADJ (= parfait) [conduite, ouvrier, mari, usine] model (épith); (= référence) [appartement] show (épith) ◆ **petite fille modèle** perfect little girl

COMP modèle courant standard ou production model
modèle déposé registered design
modèle économique (Écon) economic model; (= paquet géant) economy-size pack; (= voiture) economy model
modèle de fabrique factory model
modèle réduit small-scale model ◆ **modèle réduit au 1/100** model on the scale (of) 1 to 100 ◆ **modèle réduit d'avion, avion modèle réduit** model plane, scale model of a plane ◆ **monter des modèles réduits d'avions/de bateaux** to build model aircraft/ships
modèle de série ⇒ **modèle courant**

modeler /mɔd(ə)le/ SYN ▸ conjug 5 ◂ VT ① (= façonner) [+ statue, poterie, glaise] to model; [+ corps] to shape; [+ chevelure] to style; [+ intelligence, caractère] to shape, to mould (Brit), to mold (US) ◆ **le relief a été modelé par la glaciation** the ground ou the terrain was moulded ou shaped by glaciation ◆ **cuisse bien modelée** shapely thigh; → **pâte**

② (= conformer) ◆ **modeler ses attitudes/réactions sur** to model one's attitudes/reactions on ◆ **se modeler sur qn/qch** to model ou pattern o.s. (up)on sb/sth

modeleur, -euse /mɔd(ə)lœʀ, øz/ NM,F
① (= sculpteur) modeller
② (= ouvrier) pattern maker

modélisation /mɔdelizasjɔ̃/ NF modelling ◆ **modélisation par** ou **sur ordinateur** computer modelling

modéliser /mɔdelize/ ▸ conjug 1 ◂ VT to model

modélisme /mɔdelism/ NM model-making

modéliste /mɔdelist/ NMF ① [de mode] (dress) designer
② [de maquettes] model maker

modem /mɔdɛm/ NM (abrév de **modulateur-démodulateur**) modem ◆ **modem courte/longue distance** limited-distance/long-haul modem ◆ **transmettre des données par modem** to transmit data via ou by modem

modérantisme /mɔdeʀɑ̃tism/ NM (Hist) moderantism

modérantiste /mɔdeʀɑ̃tist/ ADJ, NMF (Hist) moderantist

modérateur, -trice /mɔdeʀatœʀ, tʀis/

ADJ [rôle, effet, action, influence] moderating (épith) ◆ **il est considéré comme un élément modérateur de l'extrême-droite** he is said to have a moderating influence on the far right; → **ticket**

NM (Tech) regulator; (Nucl Phys) moderator ◆ **jouer le rôle de modérateur** (fig) to have a moderating influence, to play a moderating role

modération /mɔdeʀasjɔ̃/ SYN NF ① (= retenue) moderation, restraint ◆ **avec modération** [réagir] with restraint, [utiliser] sparingly ◆ **à consommer avec modération** to be taken in moderation ◆ **faire preuve de modération dans ses propos** to take a moderate line

② (= diminution) [d'inflation, impôt, vitesse] reduction (de in); (Jur) [de peine] mitigation

moderato /mɔdeʀato/ ADV, NM moderato

modéré, e /mɔdeʀe/ SYN (ptp de **modérer**)

ADJ moderate ◆ **il a tenu des propos très modérés** he took a very moderate line ◆ **d'un optimisme modéré** cautiously ou guardedly optimistic ◆ **prix modérés** moderate ou reasonable prices; → **habitation**

NM,F les modérés (Pol) the moderates

modérément /mɔdeʀemɑ̃/ SYN ADV [boire, manger] in moderation; [augmenter, progresser] slightly; [satisfait, enthousiaste] moderately ◆ **je n'apprécie que modérément ses plaisanteries** I don't find his jokes very funny ◆ **il se montre modérément optimiste** he's cautiously ou guardedly optimistic

modérer /mɔdeʀe/ SYN ▸ conjug 6 ◂
VT [+ colère, passion] to restrain; [+ ambitions, exigences] to moderate; [+ dépenses, désir, appétit] to curb; [+ vitesse] to reduce; [+ impact négatif] to reduce, to limit ◆ **modérez vos propos !** tone down your remarks! ou language!

VPR se modérer (= s'apaiser) to calm down, to control o.s.; (= montrer de la mesure) to restrain o.s.

moderne /mɔdɛʀn/ SYN

ADJ (gén) modern; [cuisine, équipement] up-to-date, modern; (opposé à classique) [études] modern ◆ **le héros moderne** the modern-day hero ◆ **la femme moderne** the woman of today, today's woman ◆ **à l'époque moderne** in modern times; → **confort, lettre**

NM ① ◆ **le moderne** (= style) modern style; (= meubles) modern furniture ◆ **aimer le moderne** to like modern furniture ou the contemporary style of furniture ◆ **meublé en moderne** with modern furniture, furnished in contemporary style

② (= personne) modern painter (ou novelist etc); → **ancien**

modernisateur, -trice /mɔdɛʀnizatœʀ, tʀis/
ADJ modernizing
NM,F modernizer

modernisation /mɔdɛʀnizasjɔ̃/ SYN NF modernization ◆ **des efforts de modernisation ont été faits dans notre entreprise** steps have been taken towards modernizing our company

moderniser /mɔdɛʀnize/ SYN ▸ conjug 1 ◂
VT to modernize, to bring up to date
VPR se moderniser to modernize, to be modernized

modernisme /mɔdɛʀnism/ NM modernism

moderniste /mɔdɛʀnist/
NMF modernist
ADJ modernistic

modernité /mɔdɛʀnite/ SYN NF modernity ◆ **ce texte est d'une modernité surprenante** this text is amazingly modern ◆ **la modernité des pièces de Shakespeare** the modernity of ou the contemporary relevance of Shakespeare's plays

modern style /mɔdɛʀnstil/ ADJ INV, NM ≈ Art Nouveau

modeste /mɔdɛst/ SYN ADJ ① (= humble) [personne, attitude, air] modest ◆ **faire le modeste** to put on ou make a show of modesty ◆ **tu fais le modeste** you're just being modest

② (= simple) [vie, appartement, tenue, revenu] modest ◆ **c'est un cadeau bien modeste** it's a very modest gift, it's not much of a present ◆ **un train de vie modeste** an unpretentious ou a modest way of life ◆ **je ne suis qu'un modeste employé** I'm just an ordinary employee ◆ **être d'un milieu** ou **d'origine modeste** to have ou come from a modest ou humble background ◆ **il est modeste dans ses ambitions** his ambitions are modest, he has modest ambitions

③ († ou littér = pudique) modest

modestement /mɔdɛstəmɑ̃/ ADV ① (= avec modestie) modestly ◆ **j'ai très modestement contribué au débat** I made a very modest contribution to the discussion ◆ **il a commencé modestement sa carrière comme simple courtier** he began his career as a humble insurance broker ◆ **le chiffre d'affaires a progressé plus modestement cette année** increase in turnover has been more modest this year

② (= simplement) ◆ **ils sont vêtus très modestement** they are dressed simply ◆ **elle vit modestement dans une petite ville de province** she lives very simply in a small country town

modestie /mɔdɛsti/ SYN NF (= absence de vanité) modesty; (= réserve, effacement) self-effacement; (littér = pudeur) modesty ◆ **en toute modestie** with all due modesty ◆ **fausse modestie** false modesty

modicité /mɔdisite/ NF [de prix, salaire] lowness; [de retraite, bourse] smallness ◆ **malgré la modicité des sommes en jeu** in spite of the small sums involved

modif* /mɔdif/ NF abrév de **modification**

modifiable /mɔdifjabl/ ADJ modifiable ◆ **les dates du billet ne sont pas modifiables** the dates on the ticket cannot be changed ◆ **ce billet est-il modifiable ?** can this ticket be changed?

modificateur, -trice /mɔdifikatœʀ, tʀis/
ADJ modifying, modificatory
NM modifier

modificatif, -ive /mɔdifikatif, iv/ ADJ ◆ **décision modificative de budget** decision to alter a budget ◆ **permis (de construire) modificatif** planning permission (for alterations)

modification /mɔdifikasjɔ̃/ SYN NF [comportement] change, alteration; [de règles, statut] change, alteration ◆ **apporter des modifications à** [+ statut, règles] to change, to alter; [+ constitution] to alter, to modify; [+ texte] to make alterations to

modifier /mɔdifje/ SYN ▸ conjug 7 ◂
VT [+ statut, règles] to change, to alter; [+ constitution, comportement] to alter, to modify; (Gram) to modify, to alter
VPR se modifier [comportement, situation] to change, to alter; [habitudes] to change

modillon /mɔdijɔ̃/ NM modillion

modique /mɔdik/ SYN ADJ [salaire, prix] modest ◆ **pour la modique somme de** for the modest sum of ◆ **il ne recevait qu'une pension modique** he received only a modest ou meagre pension

modiste /mɔdist/ NF milliner

modulable /mɔdylabl/ ADJ [tarif, mesure, siège, espace, salle] adjustable; [horaire] flexible; [prêt] adjustable, flexible; [technologie, réseau informatique] scalable

modulaire /mɔdylɛʀ/ ADJ modular

modulant, e /mɔdylɑ̃, ɑ̃t/ ADJ modulative

modulateur, -trice /mɔdylatœʀ, tʀis/
ADJ modulating *(épith)*
NM *(Élec, Radio)* modulator ◆ **modulateur démodulateur** modulator-demodulator

modulation /mɔdylasjɔ̃/ SYN **NF** *(Ling, Mus, Radio)* modulation; *[de tarif, mesure]* adjustment ◆ **modulation de fréquence** frequency modulation ◆ **poste à modulation de fréquence** VHF *ou* FM radio ◆ **écouter une émission sur** *ou* **en modulation de fréquence** to listen to a programme on VHF *ou* on FM

module /mɔdyl/ **NM** *(= étalon, Archit, Espace, Ordin)* module; *(Math, Phys)* modulus; *(Univ)* module, unit; *(= éléments d'un ensemble)* unit ◆ **module lunaire** lunar module, mooncraft ◆ **acheter une cuisine par modules** to buy a kitchen in separate units ◆ **module d'extension** *(Ordin)* extension module

moduler /mɔdyle/ SYN ► conjug 1 ◄
VT *[+ voix]* to modulate, to inflect; *[+ tarif, mesure]* to adjust; *(Mus, Radio)* to modulate ◆ **moduler les peines en fonction des délits** to make the punishment fit the crime
VI *(Mus)* to modulate

modulo /mɔdylo/ **PRÉP** modulo

modulor /mɔdylɔʀ/ **NM** Modulor

modus operandi /mɔdysɔpeʀɑ̃di/ **NM** modus operandi ◆ **trouver un modus operandi avec qn** to work out a modus operandi with sb

modus vivendi /mɔdysvivɛ̃di/ **NM INV** modus vivendi, working arrangement ◆ **trouver un modus vivendi avec qn** to reach *ou* find a modus vivendi with sb

moelle /mwal/ **NF** *(Anat)* marrow, medulla *(SPÉC)*; *[de plante]* pith; *(fig)* pith, core ◆ **moelle osseuse** bone marrow ◆ **moelle jaune/rouge** yellow/red marrow ◆ **moelle épinière** spinal cord ◆ **moelle (de bœuf)** *(Culin)* beef marrow ◆ **être transi jusqu'à la moelle (des os)** to be frozen to the marrow ◆ **pourri*** *ou* **corrompu jusqu'à la moelle** rotten to the core, rotten through and through; → **os, substantifique**

moelleusement /mwaløzmɑ̃/ **ADV** *[étendu]* luxuriously

moelleux, -euse /mwalø, øz/ SYN
ADJ *[tapis, lit]* soft; *[couleur, son]* mellow; *[viande]* tender; *[gâteau]* moist ◆ **vin moelleux** sweet wine
NM 1 *[de tapis, lit, veste]* softness; *[de vin]* mellowness
2 *(= gâteau)* ◆ **moelleux au chocolat** rich chocolate cake

moellon /mwalɔ̃/ **NM** *(Constr)* rubble stone

mœurs /mœʀ(s)/ SYN **NFPL** 1 *(= morale)* morals ◆ **il a des mœurs particulières** *(euph)* he has certain tendencies *(euph)* ◆ **contraire aux bonnes mœurs** contrary to accepted standards of (good) behaviour ◆ **femme de mœurs légères** *ou* **faciles** woman of easy virtue ◆ **femme de mauvaises mœurs** loose woman ◆ **affaire** *ou* **histoire de mœurs** *(Jur, Presse)* sex case ◆ **la police des mœurs, les Mœurs*** ≃ the vice squad; → **attentat, certificat, outrage**
2 *(= coutumes, habitudes) [de peuple, époque]* customs, habits, mores *(frm)*; *[d'abeilles, fourmis]* habits ◆ **c'est (entré) dans les mœurs** it's (become) normal practice, it's (become) a standard *ou* an everyday feature of life ◆ **les mœurs politiques/littéraires de notre siècle** the political/literary practices *ou* usages of our century ◆ **avoir des mœurs simples/aristocratiques** to lead a simple/an aristocratic life, to have a simple/an aristocratic life style; → **autre**
3 *(= manières)* manners, ways; *(Littérat)* manners ◆ **ils ont de drôles de mœurs** they have some peculiar ways *ou* manners ◆ **quelles mœurs !, drôles de mœurs !** what a way to behave! *ou* carry on!, what manners!; → **comédie, peinture**

mofette /mɔfɛt/ **NF** 1 *(= animal)* skunk
2 *(Géol)* mofette gas

Mogadiscio /mɔgadiʃjo/ **N** Mogadishu

mohair /mɔɛʀ/ **NM** mohair ◆ **laine mohair** mohair

Mohammed /mɔamɛd/ **NM** Mohammed

Mohican /mɔikɑ̃/ **NM** Mohican ◆ « **Le Dernier des Mohicans** » *(Littérat)* "The Last of the Mohicans"

moi /mwa/ SYN
PRON PERS 1 *(objet direct ou indirect)* me ◆ **aide-moi** help me ◆ **donne-moi ton livre** give me your book, give your book to me ◆ **donne-le-moi** give it to me ◆ **si vous étiez moi, que feriez-vous ?** if you were me *ou* in my shoes what would you do? ◆ **il nous a regardés ma femme et moi** he looked at my wife and me ◆ **écoute-moi ça !*** just listen to that! ◆ **il n'obéit qu'à moi** he only obeys me, I'm the only one he obeys ◆ **moi, elle me déteste** she hates me; → aussi **même, non**
2 *(sujet)* I *(emphatique)*, I myself *(emphatique)*, me ◆ **qui a fait cela ? – (c'est) moi/(ce n'est) pas moi** who did this? – I did/I didn't *ou* me*/not me* ◆ **moi, le saluer ? jamais !** me, say hallo to him? never! ◆ **mon mari et moi (nous) refusons** my husband and I refuse ◆ **moi malade, que ferez-vous ?** when I'm ill what will you do?, what will you do with me ill? ◆ **et moi de rire de plus belle !** and so I (just) laughed all the more! ◆ **je ne l'ai pas vu, moi** I didn't see him myself, I myself didn't see him ◆ **moi, je ne suis pas d'accord** (for my part) I don't agree
3 *(emphatique avec* **qui, que***)* ◆ **c'est moi qui vous le dis !** you can take it from me!, I'm telling you! ◆ **merci – c'est moi (qui vous remercie)** thank you – thank YOU ◆ **moi qui vous parle, je l'ai vu** I saw him personally *ou* with my own eyes ◆ **c'est moi qu'elle veut voir** it's me she wants to see ◆ **moi que le théâtre passionne, je n'ai jamais vu cette pièce** even I, with all my great love for the theatre, have never seen this play ◆ **et moi qui avais espéré gagner !** and to think that I had hoped to win!
♦ **à moi !** *(= au secours)* help (me)!; *(dans un jeu)* my turn!; *(passe au rugby etc)* over here!
4 *(dans comparaisons)* I, me ◆ **il est plus grand que moi** he is taller than I (am) *ou* than me ◆ **il mange plus/moins que moi** he eats more/less than I (do) *ou* than me ◆ **fais comme moi** do as I do, do like me*, do the same as me ◆ **il l'aime plus que moi** *(plus qu'il ne m'aime)* he loves her more than (he loves) me; *(plus que je ne l'aime)* he loves her more than I do
NM ◆ **le moi** the self, the ego ◆ **notre vrai moi** our true self ◆ **son moi profond** his *(ou* her *ou* one's) inner self

moignon /mwaɲɔ̃/ **NM** stump ◆ **il n'avait plus qu'un moignon de bras** he had just the *ou* a stump of an arm left

moi-même /mwamɛm/ **PRON** → **autre, même**

moindre /mwɛ̃dʀ/ **ADJ** 1 *(compar)* *(= moins grand)* less, lesser; *(= inférieur)* lower, poorer ◆ **les dégâts sont bien** *ou* **beaucoup moindres** the damage is much less ◆ **à moindre coût** at a lower cost ◆ **de moindre qualité, de qualité moindre** of lower *ou* poorer quality ◆ **enfant de moindre intelligence** child of lower intelligence ◆ **c'est un inconvénient moindre** it's less of a drawback ◆ **c'est un moindre mal** it's the lesser evil
2 *(superl)* ◆ **le moindre, la moindre, les moindres** the slightest; *(de deux)* the lesser ◆ **le moindre bruit/doute/risque** the slightest noise/doubt/risk ◆ **la moindre chance/idée** the slightest *ou* remotest chance/idea ◆ **jusqu'au moindre détail** down to the smallest detail ◆ **au moindre signe de fatigue, il faut arrêter** at the least sign of tiredness, you must stop ◆ **sans se faire le moindre souci** without worrying in the slightest ◆ **il n'a pas fait le moindre commentaire** he didn't make a single comment ◆ **la loi du moindre effort** the line of least resistance *ou* effort ◆ **de deux maux il faut choisir le moindre** you must choose the lesser of two evils ◆ **certains spécialistes et non des moindres disent que...** some specialists and important ones at that say that... ◆ **c'est un de nos problèmes et non le moindre** *ou* **des moindres** it is by no means the least of our problems
♦ **le/la moindre de** ◆ **c'est la moindre de mes difficultés** that's the least of my difficulties ◆ **merci – c'est la moindre des choses** *ou (Helv)* **la moindre !** thank you – it's a pleasure! *ou* you're welcome! *ou* not at all! ◆ **remerciez-le de m'avoir aidé – c'était la moindre des choses** *ou (Helv)* **la moindre** thank him for helping me – it was the least he could do ◆ **la moindre des politesses veut que...** common politeness *ou* courtesy demands that... ◆ **ce n'est pas la moindre de ses qualités** it's not the least of his qualities

moindrement /mwɛ̃dʀəmɑ̃/ **ADV** *(littér : avec nég)* ◆ **il n'était pas le moindrement surpris** he was not in the least surprised, he was not surprised in the slightest ◆ **sans l'avoir le moindrement voulu** without having in any way wanted this

moine /mwan/ **NM** 1 *(Rel)* monk, friar ◆ **moine bouddhiste** Buddhist monk; → **habit**
2 *(= phoque)* monk seal; *(= macareux)* puffin
3 *(Hist = chauffe-lit)* bedwarmer

moineau (pl **moineaux**) /mwano/ **NM** *(= oiseau)* sparrow ◆ **moineau domestique** house sparrow ◆ **sale** *ou* **vilain moineau** *(†, péj)* dirty dog *(péj)* ◆ **manger comme un moineau, avoir un appétit de moineau** to eat like a bird

moinillon /mwanijɔ̃/ **NM** young monk; *(hum)* little monk *(hum)*

◆ ◆

moins /mwɛ̃/

1 - ADVERBE (EMPLOI COMPARATIF)
2 - ADVERBE (EMPLOI SUPERLATIF)
3 - PRÉPOSITION
4 - NOM MASCULIN
5 - COMPOSÉS

◆ ◆

1 - ADVERBE (EMPLOI COMPARATIF)

1 [GÉN]
♦ **moins... (que)** less... (than) *(+ adjectif)* ◆ **rien n'est moins sûr, (il n'y a) rien de moins sûr** nothing is less certain ◆ **non moins célèbre/idiot** no less famous/silly

Notez que l'anglais a souvent recours à d'autres formes, en particulier **not as** ou **not so... as**

◆ **il est moins intelligent qu'elle** he's not as *ou* so intelligent as her *ou* as she is, he's less intelligent than her *ou* than she is ◆ **c'est moins grand que je ne croyais** it's not as big as I thought (it was) ◆ **il ressemble à son père, en moins grand** he looks like his father only he's not as tall, he's a smaller version of his father ◆ **c'est le même genre de livre, en moins bien** it's the same kind of book, only *ou* but not as *ou* so good ◆ **il est non moins évident que...** it is equally *ou* just as clear that... ◆ **c'est deux fois moins grand/large** it's half as big/wide *(+ adverbe)* ◆ **beaucoup/un peu moins** much/a little less ◆ **tellement moins** so much less ◆ **encore moins** even less ◆ **trois fois moins** three times less *(+ verbe)* less (than) ◆ **exiger/donner moins** to demand/give less ◆ **je gagne (un peu) moins que lui** I earn (a little) less than him *ou* than he does ◆ **il travaille moins que vous** he works less than you (do) ◆ **il a fait moins froid qu'hier** it's been less cold than yesterday ◆ **nous sortons moins (souvent)** we don't go out so often *ou* so much, we go out less often ◆ **il tousse moins qu'avant** he coughs less than he used to

Notez que là encore l'anglais a souvent recours à d'autres formes que **less**, en particulier **not as** ou **not so... as**

◆ **j'aime moins la campagne en hiver (qu'en été)** I don't like the countryside as *ou* so much in winter (as in summer), I like the countryside less in winter (than in summer) ◆ **cela coûtait deux/trois fois moins** it was half/one-third the price

2 [LOCUTIONS]
♦ **moins de (... que)** *(avec nom non comptable)* less (... than), not so much (... as); *(avec nom comptable)* fewer (... than), not so many (... as) ◆ **je mange moins de pain (qu'avant)** I eat less bread (than I used to), I don't eat so much bread (as I used to) ◆ **j'ai perdu moins d'argent/de poids que je ne croyais** I've lost less money/weight that I thought I had, I haven't lost as much money/weight as I thought I had ◆ **mange moins de bonbons** eat fewer sweets, don't eat so many sweets ◆ **il y aura moins de monde demain** there'll be fewer people tomorrow, there won't be so many people tomorrow ◆ **il a eu moins de mal que nous à trouver une place** he had less trouble than we did *ou* than us finding a seat ◆ **ils publient moins d'essais que de romans** they publish fewer essays than novels
♦ **moins de** + *nombre* ◆ **les moins de 25 ans** the under-25s ◆ **nous l'avons fait en moins de cinq minutes** we did it in less than *ou* in under five minutes ◆ **il y a moins de deux ans qu'il vit ici** he's been living here (for) less than two years ◆ **il devrait y avoir moins de 100 personnes** there should be under 100 people *ou* fewer *ou* less than 100 people ◆ **il y avait beaucoup moins de 100 personnes** there were well under 100 people ◆ **il est moins de minuit** it is not yet

midnight ◆ **il était un peu moins de 6 heures** it was a little before 6 o'clock ◆ **vous ne pouvez pas lui donner moins de 15 €** you can't give him less than €15 ◆ **vous ne trouverez rien à moins de 15 €** you won't find anything under €15 *ou* for less than €15 ◆ **la frontière est à moins de 3 km** the border is less than 3 km away

◆ **en moins de rien, en moins de deux*** in next to no time

◆ **moins..., moins...** ◆ **moins je mange, moins j'ai d'appétit** the less I eat, the less hungry I feel ◆ **moins il y a de clients, moins j'ai de travail** the fewer customers I have, the less work I have to do

◆ **moins..., plus.../mieux...** ◆ **moins je fume, plus je mange/mieux je me porte** the less I smoke, the more I eat/the better I feel ◆ **moins j'ai de coups de fil, mieux je travaille** the fewer phone calls I get, the better I work

◆ **moins que rien** ◆ **cela m'a coûté moins que rien** it cost me next to nothing ◆ **je l'ai eu pour moins que rien** I got it for next to nothing ◆ **ne me remerciez pas, c'est moins que rien** don't thank me, it's nothing at all → see also **composés**

◆ **à moins** ◆ **vous ne l'obtiendrez pas à moins** you won't get it for less ◆ **il est ravi/fatigué – on le serait à moins** he's delighted/tired – as well he might (be) *ou* that's hardly surprising

◆ **à moins de** + *infinitif* unless ◆ **à moins de faire une bêtise, il devrait gagner** unless he does something silly he should win ◆ **vous ne trouverez plus de billet, à moins de payer 10 fois le prix** you won't get a ticket unless you're prepared to pay 10 times the price [MAIS] ◆ **à moins d'un accident/d'un désastre, ça devrait marcher** barring accidents/disasters, it should work ◆ **à moins d'une blessure, il jouera dans le prochain match** barring injury, he'll play in the next match

◆ **à moins que** + *subjonctif* unless ◆ **à moins qu'il ne vienne** unless he comes ◆ **l'entreprise devra fermer, à moins qu'on ne trouve un repreneur** the company will have to close unless a buyer is found

◆ **de moins** ◆ **il gagne 100 € de moins qu'elle** he earns €100 less than she does ◆ **vous avez cinq ans de moins qu'elle** you're five years younger than her *ou* than she is ◆ **ah, si j'avais 20 ans de moins...** ah, if only I were 20 years younger... ◆ **avec 5 kilos de moins, je me sentirais mieux** I'd feel better if I was 5 kilos lighter

◆ **de moins de** ◆ **les enfants de moins de quatre ans voyagent gratuitement** children under four (years of age) travel free ◆ **les entreprises de moins de 50 salariés** companies with less than 50 employees

◆ **de moins en moins** less and less ◆ **c'est de moins en moins utile** it's less and less useful ◆ **il entend de moins en moins bien** his hearing is getting worse and worse ◆ **il a de moins en moins de clients** he has fewer and fewer clients ◆ **j'ai de moins en moins de temps libre** I've got less and less free time ◆ **je supporte de moins en moins ces conditions de travail** I find these working conditions harder and harder to put up with

◆ **en moins** ◆ **il y a trois verres en moins** there are three glasses missing ◆ **ça me fera du travail en moins !** that'll be less work for me! ◆ **c'est la même voiture, le toit ouvrant en moins** it's the same car minus the sunroof *ou* except it hasn't got a sunroof

◆ **pas moins (de/que)** ◆ **un crapaud ne mange pas moins de 400 insectes chaque jour** a toad eats no less than 400 insects a day ◆ **pas moins de 40 km les sépare de la ville la plus proche** the nearest town is no less than 40 km away ◆ **gravement malade, il n'en continue pas moins d'écrire** despite being seriously ill, he still continues to write ◆ **la situation n'en comporte pas moins de nombreux risques** the situation is still very risky for all that ◆ **je suis tolérante mais je n'en suis pas moins choquée par leur attitude** I'm tolerant but that doesn't mean I'm not shocked by their behaviour ◆ **le résultat n'en demeure pas moins surprenant** the result is none the less surprising for that ◆ **il n'en reste pas moins que...** the fact remains that..., even so... ◆ **il n'en est pas moins vrai que...** it is no less true that...; → **penser**

2 - ADVERBE (EMPLOI SUPERLATIF)

◆ **le** *ou* **la** *ou* **les moins** + *adjectif ou adverbe (de plusieurs)* the least; *(de deux)* the less ◆ **c'est le moins doué de mes élèves** he's the least gifted of my pupils ◆ **c'est le moins doué des deux** he's the less gifted of the two ◆ **ce sont les fleurs les moins chères** they are the least expensive *ou* the cheapest flowers

◆ *verbe + le moins* (the) least ◆ **c'est celle que j'aime le moins** it's the one I like (the) least ◆ **l'émission que je regarde le moins (souvent)** the programme I watch (the) least often ◆ **de nous tous, c'est lui qui a bu le moins (d'alcool)** of all of us, he was the one who drank the least (alcohol) ◆ **c'est bien le moins qu'on puisse faire** it's the least one can do ◆ **ce qui me dérangerait le moins** what would be least inconvenient for me [MAIS] ◆ **c'est le moins qu'on puisse dire !** that's putting it mildly! ◆ **ce qui lui déplairait le moins** what he would prefer

◆ **le moins (...) possible** ◆ **je lui parle le moins possible** I talk to him as little as possible ◆ **je prends le métro/des médicaments le moins souvent possible** I take the underground/medicine as little as possible ◆ **afin de payer le moins d'impôts possible** in order to pay as little tax as possible ◆ **j'y resterai le moins longtemps** *ou* **de temps possible** I won't stay there any longer than I have to ◆ **pour que les choses se passent le moins mal possible** so that things go as smoothly as possible

3 - PRÉPOSITION

1 [SOUSTRACTION] ◆ **6 moins 2 font 4** 6 minus 2 equals 4, 2 from 6 makes 4 ◆ **j'ai retrouvé mon sac, moins le portefeuille** I found my bag, minus the wallet ◆ **nous avons roulé sept heures, moins l'arrêt pour déjeuner** we drove for seven hours not counting the stop for lunch

2 [HEURE] to ◆ **il est 4 heures moins 5 (minutes)** it's 5 (minutes) to 4 ◆ **nous avons le temps, il n'est que moins 10*** we've got plenty of time, it's only 10 to* ◆ **il s'en est tiré, mais il était moins cinq*** *ou* **moins une*** *(fig)* he got out of it but it was a close shave* *ou* a near thing*

3 [NOMBRE NÉGATIF, TEMPÉRATURE] below ◆ **il fait moins 5°** it's 5° below freezing *ou* minus 5° ◆ **dix puissance moins sept** *(Math)* ten to the power (of) minus seven

4 - NOM MASCULIN

1 [MATH] ◆ **(signe) moins** minus sign
2 [LOCUTIONS]
◆ **à tout le moins** *(frm)* to say the least, at the very least
◆ **au moins** at least ◆ **elle a payé cette robe au moins 500 €** she paid at least €500 for that dress ◆ **600 au moins** at least 600, 600 at the least ◆ **la moitié au moins** at least half ◆ **la moitié au moins du personnel/des candidats** at least half (of) the staff/the candidates ◆ **ça fait au moins dix jours qu'il est parti** it's at least ten days since he left ◆ **vous en avez au moins entendu parler** you must at least have heard about it ◆ **tout au moins** (at the very) least
◆ **du moins** *(restriction)* at least ◆ **il ne pleuvra pas, du moins c'est ce qu'annonce la radio** it's not going to rain, at least that's what it says on the radio ◆ **laissez-le sortir, du moins s'il** *ou* **si du moins il ne fait pas froid** let him go out, as long as it isn't cold [MAIS] ◆ **j'arriverai vers 4 heures, du moins si l'avion n'a pas de retard** I'll be there around 4 o'clock – if the plane's on time, that is
◆ **pour le moins** *(avec adjectif ou verbe)* to say the least; *(évaluation d'une quantité)* at the very least ◆ **sa décision est pour le moins bizarre** his decision is odd to say the least ◆ **ils étaient 2 000, pour le moins** there were 2,000 of them at the very least

5 - COMPOSÉS

moins que rien* NMF *(péj = minable)* complete loser*, schlemiel‡ *(US)* ◆ **on les traite comme des moins que rien** they're treated like scum

---

moins-disant, e /mwɛ̃dizɑ̃, ɑ̃t/
ADJ ◆ **personne moins-disante** *(enchères)* lowest bidder
NM ◆ **le moins-disant social** minimalist approach to welfare ◆ **c'est le pays champion du moins-disant fiscal** it's the country with the lowest rate of taxation

moins-perçu (pl **moins-perçus**) /mwɛ̃pɛʀsy/ **NM** amount not drawn, short payment

moins-value (pl **moins-values**) /mwɛ̃valy/ **NF** *(Comm)* depreciation, capital loss ◆ **moins-value de recettes fiscales** taxation shortfall

moirage /mwaʀaʒ/ **NM** (= *procédé*) watering; (= *reflet*) watered effect

moire /mwaʀ/ **NF** (= *tissu*) moiré; (= *soie*) watered *ou* moiré silk; (= *procédé*) watering

moiré, e /mwaʀe/ SYN (ptp de **moirer**)
ADJ [*papier peint, tissu*] moiré; [*soie*] watered, moiré; [*papier*] marbled; *(fig)* shimmering
NM *(Tech)* moiré, water; *(littér)* [*de lac*] shimmering ripples

moirer /mwaʀe/ ► conjug 1 ◄ **VT** *(Tech)* to water ◆ **la lune moirait l'étang de reflets argentés** *(littér)* the moon cast a shimmering silvery light over the pool

Moires /mwaʀ/ NFPL ◆ **les Moires** the Moirai

moireur /mwaʀœʀ/ **NM** *(Tech)* waterer

moirure /mwaʀyʀ/ **NF** *(Tech)* moiré; *(littér)* shimmering ripples

mois /mwa/ **NM** **1** (= *période*) month ◆ **le mois de Marie** the month of Mary ◆ **manger les huîtres les mois en R** to eat oysters when there is an R in the month ◆ **au mois de janvier** in (the month of) January ◆ **dans un mois** in a month('s time) ◆ **le 10 de ce mois** the 10th of this month ◆ **au mois** [*payer, louer*] monthly, by the month ◆ **50 € par mois** €50 a *ou* per month ◆ **billet à 3 mois** *(Comm)* bill at 3 months ◆ **un bébé de 6 mois** a 6-month-old baby ◆ **tous les 4 mois** every 4 months ◆ **devoir 3 mois de loyer** to owe 3 months' rent; → **tout**
2 (= *salaire*) monthly pay, monthly salary ◆ **toucher son mois*** to draw one's pay *ou* salary for the month *ou* one's month's pay *ou* salary ◆ **mois double** extra month's pay *(as end-of-year bonus)* ◆ **treizième/quatorzième mois** one month's/two months' extra pay; → **fin²**

moise /mwaz/ **NF** *(Tech)* tie

Moïse /mɔiz/ **NM** *(Bible)* Moses

moïse /mɔiz/ **NM** (= *berceau*) Moses basket

moiser /mwaze/ ► conjug 1 ◄ **VT** to tie

moisi, e /mwazi/ (ptp de **moisir**)
ADJ mouldy, moldy *(US)* mildewed
NM mould *(NonC)*, mold *(US)* *(NonC)*, mildew *(NonC)* ◆ **odeur de moisi** musty *ou* fusty smell ◆ **goût de moisi** musty taste ◆ **ça sent le moisi** it smells musty *ou* fusty

moisir /mwaziʀ/ SYN ► conjug 2 ◄
VT to make mouldy *ou* moldy *(US)*
VI **1** (= *se gâter*) to go mouldy *ou* moldy *(US)*, to mould, to mold *(US)*
2 [*personne*] *(dans une prison, une entreprise)* to rot; (= *attendre*) to hang around ◆ **on ne va pas moisir ici jusqu'à la nuit !*** we're not going to hang around here till night-time!* ◆ **il ne faut pas laisser moisir votre argent** you shouldn't let your money gather dust

moisissure /mwazisyʀ/ **NF** *(gén)* mould *(NonC)*, mold *(US)* *(NonC)*; *(par l'humidité)* mould *(NonC)*, mold *(US)* *(NonC)*, mildew *(NonC)* ◆ **enlever les moisissures sur un fromage** to scrape the mould off a piece of cheese

moissine /mwasin/ **NF** [*de grappe de raisin*] stem

moisson /mwasɔ̃/ SYN **NF** **1** *(Agr)* (= *saison, travail*) harvest; (= *récolte*) harvest ◆ **à l'époque de la moisson** at harvest time ◆ **rentrer la moisson** to bring in the harvest ◆ **faire la moisson** to harvest, to reap
2 [*de données*] wealth, crop ◆ **faire une abondante moisson de renseignements/souvenirs** to gather *ou* amass a wealth of information/memories ◆ **les Français ont récolté une belle moisson de médailles** the French have picked up a good crop of medals

moissonner /mwasɔne/ SYN ► conjug 1 ◄ **VT** [+ *céréale*] to harvest, to reap; [+ *champ*] to reap; [+ *récompenses*] to carry off, to reap; [+ *renseignements*] to gather, to garner ◆ **il a commencé à moissonner** he's started harvesting ou the harvest ◆ **notre pays moissonne les médailles** our country is winning one medal after the other

moissonneur, -euse /mwasɔnœʀ, øz/
NM,F harvester, reaper † *(littér)*
NF **moissonneuse** (= *machine*) harvester

moissonneuse-batteuse(-lieuse) (pl **moissonneuses-batteuses(-lieuses)**) /mwasɔnøzbatøz(ljøz)/ **NF** combine harvester

moissonneuse-lieuse (pl **moissonneuses-lieuses**) /mwasɔnøzljøz/ **NF** self-binder

moite /mwat/ SYN ADJ [peau, mains] sweaty, clammy; [atmosphère] sticky, muggy; [chaleur] sticky ◆ **il a le front moite de sueur** his forehead is damp with sweat

moiteur /mwatœʀ/ NF [de peau, mains] sweatiness; [d'atmosphère] stickiness, mugginess

moitié /mwatje/ NF ⓵ (= partie) half ◆ **partager qch en deux moitiés** to halve sth, to divide sth in half ou into (two) halves ◆ **quelle est la moitié de 40 ?** what is half of 40? ◆ **donne-m'en la moitié** give me half (of it) ◆ **faire la moitié du chemin avec qn** to go halfway ou half of the way with sb ◆ **je veux bien faire la moitié du chemin** (dans une négociation) I'm prepared to meet you halfway ◆ **la moitié des habitants a été sauvée** ou **ont été sauvés** half (of) the inhabitants were rescued ◆ **la moitié du temps** half the time ◆ **il en faut moitié plus/moins** you need half as much again/half (of) that ◆ **moitié anglais, moitié français** half-English, half-French
⓶ (= milieu) halfway mark, half ◆ **parvenu à la moitié du trajet** having completed half the journey, having reached halfway ou the halfway mark ◆ **parvenu à la moitié de sa vie, il...** halfway through his life, he..., when he reached the middle of his life, he... ◆ **arrivé à la moitié du travail** having done half the work ou got halfway through the work
⓷ (hum = époux, épouse) ◆ **ma moitié** my better half* (hum) ◆ **ma tendre moitié** my ever-loving wife (ou husband) (hum)
⓸ (locutions)
◆ **moitié moitié** ◆ **on a partagé le pain moitié moitié** we halved ou shared the bread between us ◆ **ils ont partagé** ou **fait moitié moitié** they went halves ou fifty-fifty ou Dutch* ◆ **ça a marché ? – moitié moitié*** how did it go? – so-so*
◆ **à moitié** half ◆ **il a fait le travail à moitié** he has (only) half done the work ◆ **il a mis la table à moitié** he's half set the table ◆ **il ne fait jamais rien à moitié** he never does things by halves ◆ **à moitié plein/mûr** half-full/-ripe ◆ **à moitié chemin** (at) halfway, at the halfway mark ◆ **à moitié prix** (at) half-price
◆ **de moitié** by half ◆ **réduire de moitié** [+ trajet, production, coût] to cut ou reduce by half, to halve ◆ **plus grand de moitié** half as big again, bigger by half ◆ **être/se mettre de moitié dans une entreprise** to have half shares/go halves in a business
◆ **par moitié** in two, in half ◆ **diviser qch par moitié** to divide sth in two ou in half
◆ **pour moitié** ◆ **il est pour moitié dans cette faillite** he is half responsible ou half to blame for this bankruptcy

moka /mɔka/ NM (= gâteau à la crème) cream cake, cream gâteau; (= gâteau au café) mocha ou coffee cake, mocha ou coffee gâteau; (= café) mocha coffee

mol /mɔl/ ADJ M → **mou¹**

molaire¹ /mɔlɛʀ/ NF (= dent) molar

molaire² /mɔlɛʀ/ ADJ (Chim) molar

molarité /mɔlaʀite/ NF molarity

molasse /mɔlas/ NF ⇒ **mollasse²**

moldave /mɔldav/
ADJ Moldavian
NMF **Moldave** Moldavian

Moldavie /mɔldavi/ NF Moldavia

mole /mɔl/ NF (Chim) mole, mol

môle¹ /mol/ NM (= digue) breakwater, mole; (= quai) pier, jetty

môle² /mol/ NF (= poisson) sunfish

môle³ /mol/ NF (Méd) (hydatidiform) mole

moléculaire /mɔlekylɛʀ/ ADJ molecular

molécule /mɔlekyl/ NF molecule

moleskine /mɔlɛskin/ NF imitation leather, leatherette ®

molester /mɔlɛste/ SYN ▶ conjug 1 ◆ VT to manhandle, to rough up ◆ **molesté par la foule** mauled by the crowd

moleté, e /mɔlte/ ADJ [roue, vis] knurled

moleter /mɔl(ə)te/ ▶ conjug 4 ◆ VT to (k)nurl

molette /mɔlɛt/ NF ⓵ (Tech) toothed wheel; (pour couper) cutting wheel
⓶ [de briquet] striker wheel; [de clé] adjusting screw; [d'éperon] rowel ◆ **molette de mise au point** [de jumelles] focussing wheel; → **clé**

moliéresque /mɔljeʀɛsk/ ADJ in the style of Molière

molinisme /mɔlinism/ NM Molinism

moliniste /mɔlinist/
ADJ Molinistic
NMF Molinist

mollah /mɔ(l)la/ NM mulla(h)

mollard* /mɔlaʀ/ NM (= crachat) gob of spit*

mollasse¹ /mɔlas/ (péj)
ADJ (= léthargique) sluggish, lethargic; (= flasque) flabby, flaccid ◆ **une grande fille mollasse** a great lump* of a girl
NMF great lump*

mollasse² /mɔlas/ NF (Géol) molasse

mollasserie /mɔlasʀi/ NF sluggishness, lethargy

mollasson, -onne /mɔlasɔ̃, ɔn/ (péj)
ADJ sluggish, lethargic
NM,F great lump*

molle /mɔl/ ADJ F → **mou¹**

mollement /mɔlmɑ̃/ ADV (= doucement) [tomber] softly; [couler] gently, sluggishly; (= paresseusement) [travailler] half-heartedly, unenthusiastically; (= faiblement) [réagir, protester] feebly, weakly ◆ **il s'est défendu assez mollement** he didn't defend himself very vigorously ◆ **la journée avait commencé mollement** the day had got off to a sluggish start ◆ **les jours s'écoulaient mollement** one day turned into the next, the days drifted by

mollesse /mɔlɛs/ SYN NF ⓵ (au toucher) [de substance, oreiller] softness; [de poignée de main] limpness, flabbiness
⓶ (à la vue) [de contours, lignes] softness; [de relief] softness, gentleness; [de traits du visage] flabbiness, sagginess; (Peinture) [de dessin, traits] lifelessness, weakness
⓷ (= manque d'énergie) [de geste] lifelessness, feebleness; [de protestations, opposition] weakness, feebleness; [de style] vagueness, woolliness (Brit) ; (Mus) [d'exécution] lifelessness, dullness; [de personne] (= indolence) sluggishness, lethargy; (= manque d'autorité) spinelessness; (= grande indulgence) laxness; [marché] sluggishness ◆ **la mollesse des réformes** the fact that the reforms are not far-reaching enough ◆ **la mollesse de la police face aux manifestants** the feebleness of the police's response to the demonstrators ◆ **accusé de mollesse dans la répression des attentats** accused of lacking determination in the fight against terrorism

mollet¹, -ette /mɔlɛ, ɛt/ ADJ [lit] soft; → **œuf**

mollet² /mɔlɛ/ NM (Anat) calf ◆ **mollets de coq** (fig) wiry legs

molletière /mɔltjɛʀ/ ADJ, NF ◆ **(bande) molletière** puttee

molleton /mɔltɔ̃/ NM (= tissu) cotton fleece, swansdown; (pour table) felting

molletonner /mɔltɔne/ ▶ conjug 1 ◆ VT to put a warm lining in ◆ **anorak molletonné** quilted anorak, anorak with a warm lining

mollir /mɔliʀ/ SYN ▶ conjug 2 ◆ VI ⓵ (= fléchir) [sol] to give (way), to yield; [ennemi] to yield, to give way, to give ground; [père, créancier] to come round, to relent; [courage, personne] to flag ◆ **sa plaidoirie a fait mollir les jurés** his speech for the defence softened the jury's attitude ou made the jury relent ◆ **ce n'est pas le moment de mollir !*** you (ou we etc) mustn't slacken now! ◆ **il a senti ses jambes/genoux mollir sous lui** he felt his legs/knees give way beneath him
⓶ [substance] to soften, to go soft
⓷ [vent] to abate, to die down

mollo* /mɔlo/ ADV ◆ **vas-y mollo !** take it easy!*, (go) easy!*, easy does it!*

molluscum /mɔlyskɔm/ NM molluscum

mollusque /mɔlysk/ NM (= animal) mollusc, mollusk (US); (*péj = personne) great lump*

moloch /mɔlɔk/ NM moloch

molosse /mɔlɔs/ NM (littér, hum) big (ferocious) dog, huge hound

Molotov /mɔlɔtɔf/ NM → **cocktail**

Moluques /mɔlyk/ NFPL ◆ **les Moluques** the Moluccas, the Molucca Islands

molybdène /mɔlibdɛn/ NM molybdenum

molybdénite /mɔlibdenit/ NF molybdenite

molybdique /mɔlibdik/ ADJ molybdic

Mombasa, Mombassa /mɔ̃basa/ N Mombasa

môme /mom/ NMF (* = enfant) kid*; (péj) brat*; (* = fille) bird*, (Brit), chick* (US) ◆ **belle môme*** nice-looking girl, cute chick* (US) ◆ **quels sales mômes !*** horrible little brats!*

moment /mɔmɑ̃/ SYN NM ⓵ (= court instant) moment ◆ **il réfléchit pendant un moment** he thought for a moment ◆ **c'est l'affaire d'un moment** it won't take a minute ou moment, it'll only take a minute ◆ **je n'en ai que pour un petit moment** it won't take me long, it'll only take me a moment ◆ **ça ne dure qu'un moment** it doesn't last long, it (only) lasts a minute ◆ **un moment de silence** a moment of silence, a moment's silence ◆ **j'ai eu un moment de panique** I had a moment's panic, for a moment I panicked ◆ **dans un moment de colère** in a moment of anger, in a momentary fit of anger ◆ **dans un moment** in a little while, in a moment ◆ **un moment, il arrive !** just a moment ou a minute ou a mo'* (Brit), he's coming!
⓶ (= période) time ◆ **à quel moment est-ce arrivé ?** at what point in time ou when exactly did this occur? ◆ **connaître/passer de bons moments** to have/spend (some) happy times ◆ **les moments que nous avons passés ensemble** the times we spent together ◆ **il a passé un mauvais** ou **sale moment** he went through ou had a difficult time, he had a rough time ◆ **je n'ai pas un moment à moi** I haven't got a moment to myself ◆ **le moment présent** the present time ◆ **à ses moments perdus** in his spare time ◆ **les grands moments de l'histoire** the great moments of history ◆ **il a ses bons et ses mauvais moments** he has his good times and his bad (times) ◆ **il est dans un de ses mauvais moments** it's one of his off ou bad spells, he's having one of his off ou bad spells ◆ **la célébrité/le succès du moment** the celebrity/the success of the moment ou day ◆ **n'attends pas le dernier moment pour réviser ta leçon** don't wait till the last minute to do your revision
⓷ (= long instant) while ◆ **je ne l'ai pas vu depuis un (bon) moment** I haven't seen him for a (good) while ou for quite a time ou while ◆ **j'en ai pour un petit moment** it'll take me some time ou quite a while
⓸ (= occasion) ◆ **il faut profiter du moment** you must take advantage of ou seize the opportunity ◆ **ce n'est pas le moment** this is not the right moment ◆ **tu arrives au bon moment** you've come just at the right time ◆ **c'était le moment de réagir** it was time to react ◆ **le moment psychologique** the psychological moment; → **jamais**
⓹ (Tech) moment; (Phys) momentum
⓺ (locutions)

◆ **le moment venu** ◆ **il se prépare afin de savoir quoi dire le moment venu** he's getting ready so that he'll know what to say when the time comes ◆ **le moment venu ils s'élancèrent** when the time came they hurled themselves forward

◆ **à ce moment-là** (temps) at that point ou time; (circonstance) in that case, if that's the case, if that's so

◆ **à aucun moment** ◆ **à aucun moment je n'ai dit que...** I never at any time said that..., at no point did I say that...

◆ **au moment où** ◆ **au moment où elle entrait, lui sortait** as she was going in he was coming out ◆ **au moment où il s'y attendait le moins** (at a time) when he was least expecting it ◆ **au moment où je te parle, ils sont au musée** right now, they're at the museum

◆ **au moment de** ◆ **au moment de l'accident** at the time of the accident, when the accident happened ◆ **au moment de partir** just as I (ou he etc) was about to leave, just as I (ou he etc) was on the point of leaving

◆ **à un moment donné** ◆ **à un moment donné il cesse d'écouter** at a certain point he stops listening ◆ **à un moment donné, il faut savoir dire non** there comes a time when you have to say no

◆ **à tout moment , à tous moments** ◆ **des voitures arrivaient à tout moment** ou **à tous moments** cars were constantly ou continually arriving, cars kept on arriving ◆ **il peut arriver à tout moment** he may arrive (at) any time (now) ou any moment (now)

◆ **d'un moment à l'autre** [changer] from one moment to the next ◆ **on l'attend d'un moment à l'autre** he is expected any moment now ou (at) any time now

◆ **du moment où** ou **que** (dans le temps) since, seeing that; (= pourvu que) as long as ◆ **je m'en fiche, du moment que c'est fait** I don't care, as long as it's done

♦ **dès le moment que** *ou* **où** as soon as, from the moment *ou* time when
♦ **en ce moment** *(= maintenant)* at the moment, at present, just now; *(= ces temps-ci)* currently, presently
♦ **par moments** now and then, at times, every now and again
♦ **pour le moment** for the time being *ou* the moment, at present
♦ **sur le moment** at the time

momentané, e /mɔmɑ̃tane/ SYN ADJ *[absence, gêne, crise, arrêt, interruption]* momentary *(épith)*; *[espoir, effort]* short-lived, brief

momentanément /mɔmɑ̃tanemɑ̃/ ADV 1 *(= provisoirement)* for a short while, momentarily ◆ **il est privé de ce droit, au moins momentanément** this right has been taken away from him, at least for the time being ◆ **certains se retrouvent momentanément sans contrat** some people find themselves temporarily without a contract ◆ **la signature de l'accord est momentanément suspendue** the signing of the agreement has been postponed for the moment
2 *(= en ce moment)* at the moment, at present ◆ **je suis momentanément absent, merci de laisser un message** *(sur répondeur)* I'm not here at the moment, please leave a message

mômeries * /momʀi/ NFPL childish behaviour ◆ **arrête tes mômeries !** don't be so childish!

momie /mɔmi/ NF mummy ◆ **ne reste pas là comme une momie** * don't stand there like a stuffed dummy *

momification /mɔmifikasjɔ̃/ NF mummification

momifier /mɔmifje/ ► conjug 7 ◄
VT to mummify
VPR **se momifier** *[esprit]* to atrophy, to fossilize

momordique /mɔmɔʀdik/ NF ◆ **momordique balsamique** balsam apple (plant)

mon /mɔ̃/, **ma** /ma/ (pl **mes** /me/) ADJ POSS
1 *(possession, relation)* my, my own *(emphatique)* ◆ **mon fils et ma fille** my son and (my) daughter ◆ **j'ai mon idée là-dessus** I have my own ideas *ou* views about that; *pour autres loc voir* **son**[1]
2 *(valeur affective, ironique, intensive)* ◆ **alors voilà mon type/mon François qui se met à m'injurier** * and then the fellow/our François starts bawling insults at me ◆ **voilà mon mal de tête qui me reprend** that's my headache back again ◆ **on a changé mon Paris** they've changed the Paris I knew *ou* what I think of as Paris ◆ **j'ai eu mon lundi** * I got Monday off; → **son**[1]
3 *(dans termes d'adresse)* my ◆ **mon cher ami** my dear friend ◆ **mon cher Monsieur** my dear Sir ◆ **oui mon père/ma sœur/ma mère** *(Rel)* yes Father/Sister/Mother ◆ **mes (bien chers) frères** *(Rel)* my (dear) brethren

monacal, e (mpl **-aux**) /mɔnakal, o/ ADJ *(lit, fig)* monastic

monachisme /mɔnaʃism/ NM monachism

Monaco /mɔnako/ NM ◆ **(la principauté de) Monaco** (the principality of) Monaco

monade /mɔnad/ NF monad

monadelphe /mɔnadɛlf/ ADJ monadelphous

monadisme /mɔnadism/ NM, **monadologie** /mɔnadɔlɔʒi/ NF monadism, monadology

monandre /mɔnɑ̃dʀ/ ADJ monandrous

monarchie /mɔnaʀʃi/ SYN NF monarchy ◆ **monarchie absolue/constitutionnelle/parlementaire** absolute/constitutional/parliamentary monarchy ◆ **la monarchie de Juillet** *(Hist)* the July Monarchy

monarchique /mɔnaʀʃik/ ADJ monarchic, monarchial

monarchisme /mɔnaʀʃism/ NM monarchism

monarchiste /mɔnaʀʃist/ ADJ, NMF monarchist

monarque /mɔnaʀk/ SYN NM monarch ◆ **monarque absolu** absolute monarch ◆ **monarque de droit divin** monarch *ou* king by divine right

monastère /mɔnastɛʀ/ SYN NM monastery

monastique /mɔnastik/ SYN ADJ monastic

monazite /mɔnazit/ NF monazite

monceau (pl **monceaux**) /mɔ̃so/ SYN NM ◆ **un monceau de** *[+ objets]* a heap *ou* pile of; *[+ erreurs]* a heap *ou* load * of ◆ **des monceaux de** heaps *ou* piles of

mondain, e /mɔ̃dɛ̃, ɛn/ SYN
ADJ 1 *[réunion, vie]* society *(épith)* ◆ **plaisirs mondains** pleasures of society ◆ **alcoolisme mondain** *alcoholism brought about by social drinking* ◆ **mener une vie mondaine** to be a socialite ◆ **goût pour la vie mondaine** taste for society life *ou* the high life ◆ **leurs obligations mondaines** their social obligations ◆ **ils sont très mondains** they are great socialites, they like moving in fashionable society *ou* circles ◆ **ce festival est l'événement mondain de l'année** the festival is the society event of the year ◆ **c'est un peu trop mondain (à mon goût)** it's a bit too posh * (for my taste); → **soirée**
2 *(= qui traite de la haute société)* ◆ **chronique mondaine** society gossip column ◆ **journaliste** *ou* **chroniqueur mondain** society writer ◆ **journal d'actualité mondaine** society paper; → **carnet**
3 *[politesse, ton]* refined, urbane, sophisticated ◆ **il a été très mondain avec moi** he treated me with studied politeness *ou* courtesy
4 *(Philos)* mundane; *(Rel)* worldly, earthly
5 *(anciennt)* ◆ **la police** *ou* **brigade mondaine, la Mondaine** * *(des mœurs)* ≃ the vice squad; *(des stupéfiants)* ≃ the drugs squad
NM socialite
NF **mondaine** *(= femme)* society woman, socialite

mondanité /mɔ̃danite/ SYN
NF 1 *(= goût)* taste for *ou* love of society life; *(= habitude, connaissance des usages)* savoir-faire
2 *(Rel)* worldliness
NFPL **mondanités** *(= divertissements, soirées)* society life; *(= politesses, propos)* polite small talk; *(Presse = chronique)* society gossip column ◆ **je n'aime pas trop les mondanités** I'm not much of a socialite ◆ **toutes ces mondanités me fatiguent** I'm exhausted by this social whirl *ou* round

monde /mɔ̃d/ SYN NM 1 *(= univers, terre)* world ◆ **dans le monde entier, de par le monde** all over the world, the world over, throughout the world ◆ **le monde entier s'indigna** the whole world was outraged ◆ **le monde des vivants** the land of the living ◆ **il se moque** *ou* **se fiche** * *ou* **se fout** ‡ **du monde** he's got a nerve * *ou* cheek * *(Brit)*, he's got a damn ‡ *ou* bloody *‡ *(Brit)* nerve ◆ **venir au monde** to be born, to come into the world ◆ **mettre un enfant au monde** to bring a child into the world ◆ **si je suis encore de ce monde** if I'm still here *ou* in the land of the living ◆ **depuis qu'il est de ce monde** since he was born ◆ **elle n'est plus de ce monde** she is no longer with us, she has departed this life ◆ **rêver à un monde meilleur** to dream of a better world ◆ **où va le monde ?** whatever is the world coming to? ◆ **dans ce (bas) monde** here below, in this world ◆ **l'Ancien/le Nouveau Monde** the Old/the New World; → **depuis, unique**
2 *(= ensemble, groupement spécifique)* world ◆ **le monde végétal/animal** the vegetable/animal world ◆ **le monde des affaires/du théâtre** the world of business/of (the) theatre, the business/the theatre world ◆ **le monde chrétien/communiste** the Christian/communist world
3 *(= domaine)* world, realm ◆ **le monde de l'illusion/du rêve** the realm of illusion/of dreams ◆ **le monde de la folie** the world *ou* realm of madness ◆ **elle vit dans son monde** *ou* **dans un monde à elle** she lives in a world of her own
4 *(= gens)* ◆ **j'entends du monde à côté** I can hear people in the next room ◆ **est-ce qu'il y a du monde ?** *(= qn est-il présent ?)* is there anybody there?; *(= y a-t-il foule ?)* are there many people there?, are there a lot of people there? ◆ **il y a du monde** *(= ce n'est pas vide)* there are some people there; *(= il y a foule)* there's quite a crowd ◆ **il n'y a pas grand monde** there aren't very many (people) here ◆ **il y a beaucoup de monde** there's a real crowd, there are a lot of people ◆ **il y avait un monde ! ou un monde fou !** * there were crowds!, the place was packed! ◆ **ils voient beaucoup de monde** they have a busy social life ◆ **ils reçoivent beaucoup de monde** they entertain a lot, they do a lot of entertaining ◆ **ce week-end nous avons du monde** we have people coming *ou* visitors this weekend ◆ **il y avait du beau monde au vernissage** there were lots of celebrities at the opening ◆ **il y a du monde au balcon !** ‡ she's very well-endowed! * ◆ **elle est venue avec tout son petit monde** she came with her entire brood ◆ **tout ce petit monde s'est bien amusé ?** and did everyone have a nice time?, did we all enjoy ourselves? ◆ **il connaît son monde** he knows the people he deals with ◆ **je n'ai pas encore tout mon monde** my group *ou* lot * *(Brit)* aren't all here yet; → **Monsieur, tout**
5 *(Rel)* ◆ **le monde** the world ◆ **les plaisirs du monde** worldly pleasures, the pleasures of the world
6 *(= milieu social)* set, circle ◆ **le (grand** *ou* **beau) monde** *(= la bonne société)* (high) society ◆ **embarquez** ‡ **tout ce beau monde** *(péj)* cart this lot * away ◆ **aller dans le monde** to mix with high society ◆ **appartenir au meilleur monde** to move in the best circles ◆ **il n'est pas de notre monde** he is from a different set, he's not one of our set *ou* crowd * ◆ **nous ne sommes pas du même monde** we don't move in *ou* belong to the same circles (of society) ◆ **cela ne se fait pas dans le monde** that isn't done in the best circles *ou* in polite society ◆ **homme/femme/gens du monde** society man/woman/people ◆ **se conduire en parfait homme du monde** to be a perfect gentleman
7 *(locutions)* ◆ **l'autre monde** *(Rel)* the next world ◆ **envoyer** *ou* **expédier qn dans l'autre monde** to send sb to meet his (*ou* her) maker ◆ **c'est le monde à l'envers !** *ou* **renversé !** whatever next! ◆ **comme le monde est petit !** it's a small world! ◆ **se faire (tout) un monde de qch** to get worked up about sth ◆ **se faire un monde de rien** to make a mountain out of a molehill, to make a fuss over nothing ◆ **se faire un monde de tout** to make a fuss over everything, to make everything into a great issue ◆ **c'est un monde !** * it's (just) not right!, it's (just) not on! * *(Brit)* ◆ **il y a un monde entre ces deux personnes/conceptions** these two people/concepts are worlds apart, there's a world of difference between these two people/concepts
♦ **au monde, du monde** *(intensif)* in the world, on earth ◆ **produit parmi les meilleurs au** *ou* **du monde** product which is among the best in the world *ou* among the world's best ◆ **au demeurant, le meilleur homme du** *ou* **au monde** *(littér)* otherwise, the finest man alive ◆ **tout s'est passé le mieux du monde** everything went (off) perfectly *ou* like a dream * ◆ **pas le moins du monde !** not at all!, not in the least! ◆ **il n'était pas le moins du monde anxieux** he was not the slightest *ou* least bit worried, he wasn't worried in the slightest *ou* in the least, he wasn't the least bit worried ◆ **sans se préoccuper le moins du monde de ses adversaires** without giving a single thought *ou* the least thought to his opponents ◆ **je ne m'en séparerais pour rien au monde, je ne m'en séparerais pas pour tout l'or du monde** I wouldn't part with it for anything (in the world) *ou* for all the world *ou* for all the tea in China ◆ **nul au monde ne peut...** nobody in the world can... ◆ **j'en pense tout le bien du monde** I have the highest opinion of him (*ou* her *ou* it)
♦ **le bout du monde** ◆ **ce village, c'est le bout du monde** that village is in the middle of nowhere *ou* at the back of beyond * ◆ **il irait au bout du monde pour elle** he would go to the ends of the earth for her ◆ **ce n'est pas le bout du monde !** *(fig)* it won't kill you! ◆ **si tu as 5 € à payer, c'est le bout du monde** * at the (very) worst it might cost you €5

monder /mɔ̃de/ ► conjug 1 ◄ VT *[+ orge]* to hull; *[+ amandes]* to blanch; *[+ pistaches, noisettes]* to shell

mondial, e (mpl **-iaux**) /mɔ̃djal, jo/ SYN
ADJ *[guerre, population, production]* world *(épith)*; *[épidémie, tendance, réseau, crise]* world *(épith)*, world-wide ◆ **une célébrité mondiale** a world-famous personality *ou* celebrity
NM ◆ **le Mondial** the World Cup

mondialement /mɔ̃djalmɑ̃/ ADV throughout the world, the (whole) world over ◆ **il est mondialement connu** he's known the (whole) world over *ou* throughout the world, he's world-famous

mondialisation /mɔ̃djalizasjɔ̃/ SYN NF *[d'échanges, économie, marchés]* globalization ◆ **pour éviter la mondialisation du conflit** to prevent the conflict from spreading throughout the world *ou* worldwide

mondialiser /mɔ̃djalize/ ► conjug 1 ◄
VT *[+ activité, capitaux]* to globalize
VPR **se mondialiser** *[économie, offre]* to become globalized ◆ **l'entreprise s'est mondialisée** the company has extended its operations worldwide *ou* globalized its operations ◆ **ce phénomène se mondialise** this is becoming a world-wide phenomenon ◆ **dans une écono-**

mie de plus en plus **mondialisée** in an increasingly globalized economy

mondialisme /mɔ̃djalism/ **NM** internationalism

mondialiste /mɔ̃djalist/ **ADJ**, **NMF** internationalist

mond(i)ovision /mɔ̃d(j)ɔvizjɔ̃/ **NF** worldwide (satellite) television broadcast ♦ **retransmis en mond(i)ovision** broadcast (by satellite) worldwide

monégasque /mɔnegask/
- **ADJ** Monegasque, Monacan
- **NMF Monégasque** Monegasque, Monacan

monel ® /mɔnɛl/ **NM** Monel(l) metal ®

monème /mɔnɛm/ **NM** moneme

MONEP /mɔnɛp/ **NM** (abrév de **Marché des options négociables de Paris** (Fin)) ♦ **le MONEP** the traded-options exchange in the Paris stock market

monétaire /mɔnetɛʀ/ **ADJ** [crise, valeur, unité, système, politique, stabilité] monetary ♦ **le marché monétaire** the money market ♦ **les dirigeants monétaires internationaux** the international monetary authorities; → **circulation**, **masse**, **union**

monétarisme /mɔnetaʀism/ **NM** monetarism

monétariste /mɔnetaʀist/ **ADJ**, **NMF** monetarist

monétique /mɔnetik/ **NF** electronic banking (services)

monétisation /mɔnetizasjɔ̃/ **NF** monetization

monétiser /mɔnetize/ ► conjug 1 ◄ **VT** to monetize

mongol, e /mɔ̃gɔl/
- **ADJ** Mongol, Mongolian ♦ **République populaire mongole** Mongolian People's Republic
- **NM** (= langue) Mongolian
- **NM,F Mongol(e)** (gén) Mongol, Mongoloid; (= habitant ou originaire de la Mongolie) Mongolian

Mongolie /mɔ̃gɔli/ **NF** Mongolia ♦ **République populaire de Mongolie** People's Republic of Mongolia ♦ **Mongolie-Intérieure** Inner Mongolia ♦ **Mongolie-Extérieure** Outer Mongolia

mongolien, -ienne † /mɔ̃gɔljɛ̃, jɛn/ (Méd)
- **ADJ** with Down's syndrome (attrib), Down's syndrome (épith)
- **NM,F** (= enfant) Down's syndrome baby (ou boy ou girl); (= adulte) person with Down's syndrome

mongolique /mɔ̃gɔlik/ **ADJ** (Géog) Mongol(ic), Mongolian

mongolisme † /mɔ̃gɔlism/ **NM** Down's syndrome, mongolism †

moniale /mɔnjal/ **NF** cloistered nun

monisme /mɔnism/ **NM** monism

moniste /mɔnist/
- **ADJ** monistic
- **NMF** monist

moniteur /mɔnitœʀ/ **NM** ① (Sport) instructor, coach; [de colonie de vacances] supervisor (Brit), (camp) counselor (US) ♦ **moniteur de ski** skiing instructor ♦ **moniteur d'auto-école** driving instructor
② (= appareil) monitor ♦ **moniteur cardiaque** heart-rate monitor
③ (Univ) graduate assistant

monition /mɔnisjɔ̃/ **NF** monition

monitoire /mɔnitwaʀ/ **ADJ**, **NM** monitory

monitorage /mɔnitɔʀaʒ/ **NM** ⇒ **monitoring**

monitorat /mɔnitɔʀa/ **NM** (= formation) training to be an instructor; (= fonction) instructorship ♦ **il prépare son monitorat de ski** he's training to be a ski instructor

monitoring /mɔnitɔʀiŋ/ **NM** (gén) monitoring

monitrice /mɔnitʀis/ **NF** (Sport) instructress; [de colonie de vacances] supervisor (Brit), (camp) counselor (US) (Univ) graduate assistant

monnaie /mɔnɛ/ SYN
NF ① (= espèces, devises) currency ♦ **monnaie forte/faible** strong/weak currency ♦ **monnaie d'or/d'argent** gold/silver currency ♦ **monnaie décimale** decimal coinage ou currency ♦ **la monnaie américaine** (Bourse) the American dollar ♦ **la monnaie allemande** the German mark; → **battre**, **faux²**
② (= pièce, médaille) coin ♦ **une monnaie d'or** a gold coin ♦ **émettre/retirer une monnaie** to issue/withdraw a coin
③ (= appoint) change; (= petites pièces) (loose) change ♦ **petite** ou **menue monnaie** small change ♦ **vous n'avez pas de monnaie ?** don't you have (the) change? ou any change? ♦ **auriez-vous de la monnaie ?, pourriez-vous me faire de la monnaie ?** could you give me some change? ♦ **faire de la monnaie** to get (some) change ♦ **faire la monnaie de 50 €** to get change for ou to change a 50-euro note ou 50 euros ♦ **faire** ou **donner à qn la monnaie de 10 €** to change €10 for sb, to give sb change for €10 ♦ **elle m'a rendu la monnaie sur 10 €** she gave me the change out of ou from €10 ♦ **passez** ou **envoyez de la monnaie !*, par ici la monnaie !*** let's have the money!, cough up* everyone!
④ (= bâtiment) ♦ **la Monnaie, l'hôtel des monnaies** the Mint
⑤ (locutions) ♦ **c'est monnaie courante** [faits, événements] it's common ou widespread, it's a common ou an everyday occurrence; [actions, pratiques] it's common practice ♦ **donner** ou **rendre à qn la monnaie de sa pièce** to pay sb back in the same ou in his own coin, to repay sb in kind ♦ **à l'école, les billes servent de monnaie d'échange** at school, marbles are used as money ou as a currency ♦ **otages qui servent de monnaie d'échange** hostages who are used as bargaining chips ou counters ♦ **payer qn en monnaie de singe** to fob sb off with empty promises

COMP **monnaie de banque** ⇒ **monnaie scripturale**
monnaie divisionnaire fractional currency
monnaie électronique plastic money
monnaie fiduciaire fiduciary currency, paper money
monnaie légale legal tender
monnaie métallique coin (NonC)
monnaie de papier paper money
monnaie plastique plastic money
monnaie scripturale representative ou bank money
monnaie unique (Europe) single currency

monnaie-du-pape (pl **monnaies-du-pape**) /mɔnɛdypap/ **NF** (= plante) honesty

monnayable /mɔnɛjabl/ **ADJ** [terres, titres] convertible into cash; [diplôme] marketable ♦ **c'est un diplôme facilement monnayable** you can easily get a job with that qualification

monnayer /mɔneje/ SYN ► conjug 8 ◄ **VT** [+ terres, titres] to convert into cash ♦ **monnayer son talent/ses capacités** to make money from one's talents/one's abilities ♦ **monnayer son silence/soutien** to sell one's silence/support ♦ **ce genre de service, ça se monnaie** you have to pay to get that kind of help ♦ **dans ce pays, tout se monnaie** in that country, you can get whatever you want as long as you're willing to pay for it

monnayeur /mɔnɛjœʀ/ **NM** (= machine) (pour fabriquer la monnaie) minting machine; (pour changer) (automatic) change maker; (système à pièces) coin-operated device; (ouvrier) minter, coiner

mono* /mɔno/
- **NMF** (abrév de **moniteur**) [Sport] instructor; [de colonie de vacances] supervisor (Brit), (camp) counselor (US)
- **NM** abrév de **monoski**
- **NF** (abrév de **monophonie**) ♦ **en mono** in mono
- **ADJ INV** (abrév de **monophonique** [disque, électrophone]) mono

monoacide /mɔnɔasid/ **ADJ** mon(o)acid

monobasique /mɔnɔbazik/ **ADJ** monobasic

monobloc /mɔnɔblɔk/ **ADJ INV** cast in one piece (attrib)

monocaméral (pl **-aux**) /mɔnɔkameral, o/ **ADJ M** unicameral

monocamérisme /mɔnɔkamerism/ **NM** unicameralism

monochromateur /mɔnɔkʀɔmatœʀ/ **NM** monochromator

monochromatique /mɔnɔkʀɔmatik/ **ADJ** monochromatic

monochrome /mɔnɔkʀom/ **ADJ** monochrome, monochromatic

monochromie /mɔnɔkʀɔmi/ **NF** monochromaticity

monocinétique /mɔnɔsinetik/ **ADJ** monokinetic

monocle /mɔnɔkl/ **NM** monocle, eyeglass

monoclinal, e (mpl **-aux**) /mɔnɔklinal, o/ **ADJ**, **NM** monoclinal

monoclinique /mɔnɔklinik/ **ADJ** monoclinic

monoclonal, e (mpl **-aux**) /mɔnɔklɔnal, o/ **ADJ** monoclonal

monocoque /mɔnɔkɔk/
- **ADJ** [voiture, avion] monocoque; [yacht] monohull, single-hull ♦ **voilier monocoque** monohull
- **NM** (= voilier) monohull

monocorde /mɔnɔkɔʀd/
- **ADJ** [instrument] with a single chord; [voix, timbre, discours] monotonous ♦ **sur un ton monocorde** in a monotonous voice
- **NM** monochord

monocorps /mɔnɔkɔʀ/ **ADJ** [voiture] monobox, with a one-box design

monocotylédone /mɔnɔkɔtiledɔn/
- **ADJ** monocotyledon
- **NF** monocotyledon ♦ **les monocotylédones** monocotyledons, the Monocotyledonae (SPÉC)

monocratie /mɔnɔkʀasi/ **NF** monocracy

monoculaire /mɔnɔkylɛʀ/ **ADJ** monocular

monoculture /mɔnɔkyltyʀ/ **NF** single-crop farming, monoculture

monocycle /mɔnɔsikl/ **NM** monocycle, unicycle

monocyclique /mɔnɔsiklik/ **ADJ** monocyclic

monocylindre /mɔnɔsilɛ̃dʀ/ **NM** single-cylinder engine

monocylindrique /mɔnɔsilɛ̃dʀik/ **ADJ** single-cylinder (épith)

monocyte /mɔnɔsit/ **NM** monocyte

monodie /mɔnɔdi/ **NF** monody

monœcie /mɔnesi/ **NF** monoeciousness

monogame /mɔnɔgam/
- **ADJ** monogamous ♦ **union monogame** [d'animaux] pair-bonding
- **NMF** monogamist

monogamie /mɔnɔgami/ **NF** monogamy

monogamique /mɔnɔgamik/ **ADJ** monogamistic

monogramme /mɔnɔgʀam/ **NM** monogram

monographie /mɔnɔgʀafi/ **NF** monograph

monoï /mɔnɔj/ **NM INV** monoï (perfumed oil made from coconut and Tahitian flowers)

monoïdéique /mɔnɔideik/ **ADJ** monoide(ist)ic

monoïdéisme /mɔnɔideism/ **NM** monoideism

monoïque /mɔnɔik/ **ADJ** mon(o)ecious

monokini /mɔnɔkini/ **NM** topless swimsuit, monokini ♦ **faire du monokini** to go topless

monolingue /mɔnɔlɛ̃g/ **ADJ** monolingual

monolinguisme /mɔnɔlɛ̃gɥism/ **NM** monolingualism

monolithe /mɔnɔlit/
- **NM** monolith
- **ADJ** monolithic

monolithique /mɔnɔlitik/ **ADJ** (lit, fig) monolithic

monolithisme /mɔnɔlitism/ **NM** (Archit, Constr) monolithism

monologue /mɔnɔlɔg/ **NM** monologue ♦ **monologue intérieur** interior monologue

monologuer /mɔnɔlɔge/ ► conjug 1 ◄ **VI** to soliloquize ♦ **il monologue pendant des heures** (péj) he talks away ou holds forth for hours

monomane /mɔnɔman/, **monomaniaque** /mɔnɔmanjak/ **ADJ**, **NMF** monomaniac

monomanie /mɔnɔmani/ **NF** monomania

monôme /mɔnom/ **NM** (Math) monomial; (arg Scol) students' rag procession

monomère /mɔnɔmɛʀ/
- **ADJ** monomeric
- **NM** monomer

monométallisme /mɔnɔmetalism/ **NM** monometallism

monomoteur, -trice /mɔnɔmɔtœʀ, tʀis/
- **ADJ** single-engined
- **NM** single-engined aircraft

mononucléaire /mɔnɔnykleɛʀ/
- **ADJ** (Bio) mononuclear
- **NM** mononuclear (cell), mononucleate

mononucléose /mɔnɔnykleoz/ **NF** mononucleosis ♦ **mononucléose infectieuse** infectious mononucleosis (SPÉC), glandular fever (Brit)

monopalme /mɔnɔpalm/ **NM** monofin

monoparental, e (mpl **-aux**) /mɔnɔpaʀɑ̃tal, o/ **ADJ** ♦ **famille monoparentale** single-parent ou lone-parent ou one-parent family ♦ **foyer mo-**

monopartenaire | montage

monoparental single-parent *ou* lone-parent *ou* one-parent household

monopartenaire /mɔnopaʁtənɛʁ/ ADJ [*personne*] monogamous

monophasé, e /mɔnɔfɑze/
- ADJ single-phase (*épith*)
- NM single-phase current

monophonie /mɔnɔfɔni/ NF monaural *ou* monophonic reproduction

monophonique /mɔnɔfɔnik/ ADJ monaural, monophonic

monophysisme /mɔnɔfizism/ NM Monophysitism

monophysite /mɔnɔfizit/ ADJ, NMF Monophysite

monoplace /mɔnoplas/
- ADJ single-seater (*épith*), one-seater (*épith*)
- NMF (= *voiture, avion*) single-seater, one-seater

monoplan /mɔnoplɑ̃/ NM monoplane

monoplégie /mɔnopleʒi/ NF monoplegia

monopole /mɔnɔpɔl/ SYN NM (*Écon, fig*) monopoly ▸ **avoir le monopole de** (*Écon*) to have the monopoly of; [+ *vérité, savoir*] to have a monopoly on ▸ **avoir un monopole sur** to have a monopoly in ▸ **être en situation de monopole** to have a monopoly, to be in a monopoly position ▸ **monopole d'achat** monopsony, buyer's monopoly ▸ **monopole d'État** state *ou* public monopoly ▸ **monopole fiscal** tax monopoly

monopoleur, -euse /mɔnɔpɔlœʁ, øz/ NM,F monopoly holder ▸ **trust monopoleur** monopoly trust

monopolisateur, -trice /mɔnɔpɔlizatœʁ, tʁis/ NM,F monopolizer

monopolisation /mɔnɔpɔlizasjɔ̃/ NF monopolization

monopoliser /mɔnɔpɔlize/ SYN ▸ conjug 1 ◂ VT (*lit, fig*) to monopolize ▸ **il a monopolisé la parole toute la soirée** he monopolized the conversation all evening, he didn't let anybody get a word in all evening

monopoliste /mɔnɔpɔlist/, **monopolistique** /mɔnɔpɔlistik/ ADJ monopolistic

Monopoly ® /mɔnɔpɔli/ NM Monopoly ® ▸ **jouer au Monopoly** to play Monopoly ▸ **c'est un vaste jeu de Monopoly** (*fig*) it's one great big Monopoly game

monoposte /mɔnɔpɔst/ ADJ (*Ordin*) [*version, licence*] single-user

monoprix ® /mɔnɔpʁi/ NM well-known French department store

monoptère /mɔnɔptɛʁ/ ADJ, NM ▸ **(temple) monoptère** monopteral temple, monopteros

monorail /mɔnɔʁaj/ NM (= *voie*) monorail; (= *voiture*) monorail coach

monorime /mɔnɔʁim/
- ADJ monorhymed
- NM monorhyme, monorime

monosaccharide /mɔnosakaʁid/ NM monosaccharide

monosémique /mɔnosemik/ ADJ monosemic

monosépale /mɔnosepal/ ADJ gamosepalous, monosepalous

monoski /mɔnoski/ NM monoski ▸ **faire du monoski** to go monoskiing

monoskieur, -ieuse /mɔnoskjœʁ, jøz/ NM,F monoskier

monospace /mɔnospas/ NM people carrier (*Brit*), minivan (*US*)

monosperme /mɔnospɛʁm/ ADJ monospermous, monospermal

monosyllabe /mɔnosi(l)lab/ NM (*lit, fig*) monosyllable ▸ **répondre par monosyllabes** to reply in monosyllables

monosyllabique /mɔnosi(l)labik/ ADJ monosyllabic

monosyllabisme /mɔnosi(l)labism/ NM monosyllabism

monothéique /mɔnɔteik/ ADJ monotheistic

monothéisme /mɔnɔteism/ NM monotheism

monothéiste /mɔnɔteist/
- ADJ monotheist
- NMF monotheist

monothérapie /mɔnɔteʁapi/ NF (*Méd*) monotherapy, single-drug treatment

monotone /mɔnɔtɔn/ SYN ADJ [*son, voix, paysage, tâche*] monotonous; [*spectacle, style, discours*] monotonous, dull, dreary; [*existence, vie*] monotonous, humdrum, dull; (*Math*) monotone

monotonie /mɔnɔtɔni/ SYN NF [*de son, voix, paysage, tâche*] monotony; [*de discours, spectacle, vie*] monotony, dullness

monotrace /mɔnɔtʁas/ ADJ single-track (*épith*)

monotrème /mɔnɔtʁɛm/
- ADJ monotrematous
- NM monotreme ▸ **les monotrèmes** monotremes, the Monotremata (SPÉC)

monotrope /mɔnɔtʁɔp/ NM (= *plante*) pinesap, monotropa (SPÉC)

Monotype ® /mɔnɔtip/ NM Monotype ®

monotype /mɔnɔtip/ NM (*Art*) monotype; (= *voilier*) one-design sailboat

monovalent, e /mɔnɔvalɑ̃, ɑ̃t/ ADJ (*Chim*) monovalent, univalent

monoxyde /mɔnɔksid/ NM monoxide ▸ **monoxyde de carbone** carbon monoxide ▸ **monoxyde d'azote** nitric oxide

monoxyle /mɔnɔksil/ ADJ monoxylic, monoxylous

monozygote /mɔnɔzigɔt/ ADJ monozygotic

Monrovia /mɔ̃ʁɔvja/ N Monrovia

Monseigneur /mɔ̃sɛɲœʁ/ (pl **Messeigneurs** /mesɛɲœʁ/) NM ① (*formule d'adresse*) (*à archevêque, duc*) Your Grace; (*à cardinal*) Your Eminence; (*à évêque*) Your Lordship, My Lord (*Bishop*); (*à prince*) Your (Royal) Highness

② (*à la troisième personne*) (*à archevêque, duc*) His Grace; (*à cardinal*) His Eminence; (*à évêque*) His Lordship; (*à prince*) His (Royal) Highness

Monsieur /məsjø/ (pl **Messieurs** /mesjø/) NM ① (*s'adressant à qn*) ▸ **bonjour Monsieur** (*gén*) good morning; (*nom connu*) good morning Mr X; (*nom inconnu*) good morning, good morning, sir (*frm*) ▸ **bonjour Messieurs** good morning (gentlemen) ▸ **(bonjour) Messieurs Dames** * morning all *ou* everyone* ▸ **Monsieur, vous avez oublié quelque chose** excuse me, you've forgotten something ▸ **et pour (vous) Monsieur/Messieurs ?** (*au restaurant*) and for you, sir/gentlemen? ▸ **Messieurs** (*devant un auditoire*) gentlemen ▸ **Messieurs et chers collègues** gentlemen ▸ **Monsieur le Président** [*de gouvernement*] Mr President; [*d'entreprise*] Mr Chairman ▸ **oui, Monsieur le juge** = yes, Your Honour *ou* My Lord *ou* Your Worship ▸ **Monsieur l'abbé** Father ▸ **Monsieur le curé** Father ▸ **Monsieur le ministre** Minister ▸ **Monsieur le duc** Your Grace ▸ **Monsieur le comte** (*ou* **baron** etc) Your Lordship, my Lord ▸ **Monsieur devrait prendre son parapluie** (*frm*) I suggest you take your umbrella, sir (*frm*) ▸ **Monsieur est servi** (*frm*) dinner is served, sir (*frm*) ▸ **Monsieur n'est pas content ?** (*iro*) is something not to Your Honour's (*iro*) *ou* Your Lordship's (*iro*) liking? ▸ **mon bon** *ou* **pauvre Monsieur** * my dear sir; → **Madame**

② (*parlant de qn*) ▸ **Monsieur X est malade** Mr X is ill ▸ **Monsieur votre fils** (*vieilli ou iro*) your dear son ▸ **Monsieur est sorti** (*frm*) Mr X *ou* the Master (of the house) is not at home ▸ **Monsieur dit que c'est à lui** the gentleman says it's his ▸ **Monsieur le Président** the President, the Chairman ▸ **Monsieur le juge X** ≈ (His Honour) Judge X ▸ **Monsieur le duc de X** (His Grace) the Duke of X ▸ **Monsieur l'abbé (X)** Father X ▸ **Monsieur le curé X** Father X ▸ **Monsieur loyal** (*Cirque*) ringmaster

③ (*sur une enveloppe*) ▸ **Monsieur John X** Mr John X, John X Esq; (*à un enfant*) Master John X ▸ **Messieurs Dupont** Messrs Dupont and Dupont ▸ **Messieurs J. et P. Dupont** Messrs J and P Dupont ▸ **Messieurs Dupont et fils** Messrs Dupont and Son ▸ **Messieurs X et Y** Messrs X and Y; → **Madame**

④ (*en-tête de lettre*) ▸ **Monsieur** (*gén*) Dear Sir; (*personne connue*) Dear Mr X ▸ **cher Monsieur** Dear Mr X ▸ **Monsieur et cher collègue** My dear Sir, Dear Mr X ▸ **Monsieur le Président** [*de gouvernement*] Dear Mr President; [*d'entreprise*] Dear Mr Chairman

⑤ (*Hist* = *parent du roi*) Monsieur

⑥ (*sans majuscule*) gentleman; (= *personnage important*) great man ▸ **ces messieurs désirent ?** what would you like, gentlemen? ▸ **maintenant il se prend pour un monsieur** he thinks he's quite the gentleman now, he fancies himself as a (proper) gentleman now (*Brit*) ▸ **les beaux messieurs** the well-to-do *ou* smart (*Brit*) gentlemen ▸ **c'est un grand monsieur** he's a great man ▸ **un méchant monsieur** (*langage enfantin*) a nasty man

⑦ (= *représentant*) ▸ **Monsieur Tout-le-monde** the man in the street, the average man ▸ **Monsieur Muscle** Muscleman (= *responsable*) ▸ **Monsieur Météo** the weatherman ▸ **Monsieur Immigration/Drogue** the immigration/drug csar

monstre /mɔ̃stʁ/ SYN

NM ① (*par la difformité*) freak (of nature), monster; (*par la taille*) monster ▸ **monstre de foire** fairground freak

② (*Myth*) monster ▸ **monstre sacré** (*fig*) giant ▸ **un monstre sacré du théâtre** a legendary figure in the theatre ▸ **un monstre sacré du cinéma** a screen giant *ou* legend

③ (*péj* = *méchant*) monster, brute ▸ **c'est un monstre (de laideur)** he is monstrously *ou* hideously ugly ▸ **c'est un monstre (de méchanceté)** he's a wicked *ou* an absolute monster ▸ **quel monstre d'égoïsme !/d'orgueil !** what fiendish *ou* monstrous egoism!/pride! ▸ **être un monstre froid** to be pitiless

④ (* : *affectueux*) ▸ **petit monstre !** you little monster!* *ou* horror!*

ADJ * [*rabais*] gigantic, colossal, mammoth; [*manifestation, foule, embouteillage*] massive ▸ **succès monstre** runaway *ou* raving * success ▸ **elle a un culot monstre** she's got a hell of a nerve* ▸ **il gagne un argent monstre** he earns a vast amount of money ▸ **faire une publicité monstre à qch** to launch a massive publicity campaign for sth ▸ **j'ai un travail monstre** I've got loads* of work to do *ou* a horrendous amount of work to do ▸ **un dîner monstre** a colossal dinner, a whacking* great dinner (*Brit*)

monstrueusement /mɔ̃stʁyøzmɑ̃/ ADV [*laid*] monstrously, hideously; [*intelligent*] prodigiously, stupendously; [*riche*] enormously ▸ **il est monstrueusement gros** he's massively overweight

monstrueux, -euse /mɔ̃stʁyø, øz/ SYN ADJ (= *difforme*) [*bête*] monstrous; [*personne*] freakish; [*bâtiment*] hideous; (= *abominable*) [*guerre, massacre*] horrendous; [*crime*] heinous, monstrous; (* = *gigantesque*) [*erreur, bruit*] horrendous; [*appétit*] terrific, huge ▸ **faire du chantage, c'est monstrueux !** blackmail! it's monstrous!

monstruosité /mɔ̃stʁyozite/ SYN NF ① [*de crime*] monstrousness, monstrosity

② (= *acte*) monstrous act, monstrosity; (= *propos*) monstrous remark ▸ **dire des monstruosités** to say monstrous *ou* horrendous things

③ (= *laideur*) hideousness

mont /mɔ̃/ SYN

NM ① (= *montagne*) (*littér*) mountain ▸ **le mont X** (*avec un nom propre*) Mount X ▸ **par monts et par vaux** (*littér*) up hill and down dale ▸ **être toujours par monts et par vaux*** to be always on the move*; → **promettre**

② (*Voyance*) [*de main*] mount

COMP **les monts d'Auvergne** the mountains of Auvergne, the Auvergne mountains
le mont Blanc Mont Blanc
le mont Carmel Mount Carmel
le mont des Oliviers the Mount of Olives
le mont Sinaï Mount Sinaï
mont de Vénus (*Anat*) mons veneris

montage /mɔ̃taʒ/ SYN NM ① (= *assemblage*) [*d'appareil, montre*] assembly; [*de bijou*] mounting, setting; [*de manche*] setting in; [*de tente*] pitching, putting up ▸ **le montage d'une opération publicitaire** the mounting *ou* organization of an advertising campaign ▸ **montage financier** financial set-up *ou* arrangement ▸ **il faut décider du montage financier de l'opération** we must decide how the operation is to be funded ▸ **le montage juridique adopté pour l'entreprise** the legal arrangements for setting up the company; → **chaîne**

② (*Ciné* = *opération*) editing ▸ **montage final** final cut *ou* edit ▸ **montage réalisé par** edited *ou* editing by ▸ **montage photographique** photomontage ▸ **montage audiovisuel** slide show with sound ▸ **montage vidéo** (= *film*) videotape) ▸ **table/salle de montage** cutting table/room ▸ **le film est en cours de montage** the film is being cut out *ou* edited ▸ **cette scène a disparu au montage** this scene ended up on the cutting room floor *ou* was edited out

③ (*Élec*) wiring (up); [*de radio etc*] assembly ▸ **montage en parallèle/en série** connection in parallel/in series

④ (*Typographie*) paste-up

montagnard, e /mɔ̃taɲaʀ, aʀd/
ADJ mountain *(épith)*, highland *(épith)*; *(Hist Pol)* Mountain *(épith)*
NM,F [1] *(Géog)* mountain dweller • **montagnards** mountain people *ou* dwellers
[2] *(Hist Pol)* • **Montagnard(e)** Montagnard

montagne /mɔ̃taɲ/ SYN
NF [1] *(= sommet)* mountain • **la montagne** *(= région montagneuse)* the mountains • **vivre à** *ou* **habiter la montagne** to live in the mountains • **faire de la montagne** *(en randonnée)* to go mountain-hiking; *(en escalade)* to go mountain-climbing *ou* mountaineering • **haute/moyenne/basse montagne** high/medium/low mountains • **plantes des montagnes** mountain plants; → **chaîne, guide**
[2] *(intensif)* • **une montagne de** a mountain of, masses* *ou* mountains of • **une montagne de travail l'attendait** a mountain of work was waiting for him, there was masses* of work waiting for him • **recevoir une montagne de lettres/cadeaux** to receive a whole stack of *ou* a (great) mountain of letters/presents
[3] *(locutions)* • **se faire une montagne de** *ou* **d'un rien** to make a mountain out of a molehill • **il se fait une montagne de cet examen** he's getting really worked up about this exam, he's blown this exam out of all proportion • **il n'y a que les montagnes qui ne se rencontrent pas** *(Prov)* there are none so distant that fate cannot bring them together • **déplacer** *ou* **soulever des montagnes** to move mountains • **c'est la montagne qui accouche d'une souris** after all that it's a bit of an anticlimax • **c'est gros comme une montagne*** it's obvious, it's plain for all to see
[4] *(Hist Pol)* • **la Montagne** the Mountain
COMP **montagnes russes** roller-coaster, big dipper, scenic railway
montagne à vaches low hills • **nous faisons de la montagne à vaches mais pas d'escalade** *(hum)* we only go hill walking, not rock climbing

montagneux, -euse /mɔ̃taɲø, øz/ **ADJ** *(Géog)* mountainous; *(= accidenté)* hilly

montaison /mɔ̃tɛzɔ̃/ **NF** *[de saumon]* ascent, upstream migration

Montana /mɔ̃tana/ **NM** Montana

montanisme /mɔ̃tanism/ **NM** Montanism

montaniste /mɔ̃tanist/
ADJ Montanist(ic)
NMF Montanist

montant, e /mɔ̃tɑ̃, ɑ̃t/ SYN
ADJ *[mouvement]* upward, rising; *[bateau]* (travelling) upstream; *[col]* high; *[robe, corsage]* high-necked; *[chemin]* uphill • **train montant** up train • **voie montante** up line • **une star montante de la chanson française** a rising star in French pop music; → **chaussure, colonne, garde**[1]
NM [1] *[d'échelle]* upright; *[de lit]* post; *[de porte]* jamb; *[d'échafaudage]* pole • **les montants de la fenêtre** the uprights of the window frame • **montant (de but)** *(Football)* (goal) post
[2] *(= somme)* (sum) total, total amount • **le montant s'élevait à** the total added up to, the total (amount) came to *ou* was • **chèque d'un montant de 50 €** cheque for the sum of €50 • **emprunt d'un montant d'un million d'euros** loan of one million euros • **montants compensatoires en matière agricole** *(Europe)* farming subsidies • **montants compensatoires monétaires** monetary compensation amounts • **montant dû/forfaitaire** *(Fin, Jur)* outstanding/flat-rate amount • **montant nominal** *(Fin, Jur)* par value • **montant net d'une succession** *(Jur)* residuary estate
[3] *(Équitation)* cheek-strap

mont-blanc (pl **monts-blancs**) /mɔ̃blɑ̃/ **NM** *(Culin)* chestnut cream dessert *(topped with cream)*

mont-de-piété (pl **monts-de-piété**) /mɔ̃d(ə)pjete/ **NM** (state-owned) pawnshop *ou* pawnbroker's • **mettre qch au mont-de-piété** to pawn sth

monte /mɔ̃t/ **NF** [1] *(Équitation)* horsemanship
[2] *(= accouplement)* • **station/service de monte** stud farm/service • **mener une jument à la monte** to take a mare to be covered

monté, e /mɔ̃te/ (ptp de **monter**) **ADJ** [1] *(= équipé, pourvu)* equipped • **être bien/mal monté en qch** to be well/ill equipped with sth
[2] *(** : physiquement)* • **il est bien monté** he's well hung‡ *ou* well endowed*

Monte-Carlo /mɔ̃tekaʀlo/ **N** Monte Carlo

monte-charge (pl **monte-charges**) /mɔ̃tʃaʀʒ/ **NM** hoist, goods lift *(Brit)*, service elevator *(US)*

montée /mɔ̃te/ SYN **NF** [1] *(= escalade)* climb, climbing • **la montée de la côte** the ascent of the hill, the climb up the hill, climbing *ou* going up the hill • **la montée de l'escalier** climbing the stairs • **c'est une montée difficile** it's a hard *ou* difficult climb • **en escalade, la montée est plus facile que la descente** when you're climbing, going up is easier than coming down • **la côte était si raide qu'on a fait la montée à pied** the hill was so steep that we walked up *ou* we went up on foot
[2] *(= ascension) [de ballon, avion]* ascent • **pendant la montée de l'ascenseur** while the lift is (*ou* was) going up
[3] *[d'eaux, sève]* rise; *[de lait]* inflow • **la soudaine montée des prix/de la température** the sudden rise in prices/in (the) temperature • **la montée des océans** the rise in the level of the oceans
[4] *(= augmentation) [de chômage, homme politique]* rise; *[d'hostilités]* escalation; *[de colère]* increase • **la montée des tensions raciales** rise in racial tension, increasing racial tension • **la montée des périls en Europe** the growing danger of war in Europe
[5] *(= côte, pente)* hill, uphill slope • **la maison était en haut de la montée** the house stood at the top of the hill *ou* rise • **une petite montée mène à leur maison** there is a little slope leading up to their house

monte-en-l'air* † /mɔ̃tɑ̃lɛʀ/ **NM INV** *(= voleur)* cat burglar

monténégrin, e /mɔ̃tenegʀɛ̃, in/
ADJ Montenegrin, from Montenegro
NM,F **Monténégrin(e)** Montenegrin

Monténégro /mɔ̃tenegʀo/ **NM** Montenegro

monte-plats /mɔ̃tpla/ **NM INV** service lift *(Brit)*, dumbwaiter

monter[1] /mɔ̃te/ SYN ▸ conjug 1 ◂
VI *(avec auxiliaire être)* [1] *(gén)* to go up *(à* to; *dans* into); *[oiseau]* to fly up; *[avion]* to climb • **monter à pied/à bicyclette/en voiture** to walk/cycle/drive up • **monter en courant/en titubant** to run/stagger up • **monter en train/par l'ascenseur** to go up by train/in the lift • **monter dans** *ou* **à sa chambre** to go up(stairs) to one's room • **il est monté en courant jusqu'au grenier** he ran up to the attic • **monte me voir** come up and see me • **monte le prévenir** go up and tell him • **faites-le monter** *(visiteur)* ask him to come up • **monter aux arbres** to climb trees • **monter à Paris** *(en voyage)* to go up to Paris; *(pour travailler)* to go to work in Paris; *(pour s'installer)* to move to Paris
[2] • **monter sur** *[+ table, rocher, toit]* to climb (up) on *ou* onto • **monté sur une chaise, il accrochait un tableau** he was standing on a chair hanging a picture • **monter sur un arbre/une échelle** to climb up a tree/a ladder • **monter sur une colline** to go up *ou* climb up *ou* walk up a hill • **monter sur une bicyclette** to get on a bicycle • **monté sur un cheval gris** riding *ou* on a grey horse • **monter sur le trône** *(fig)* to come to *ou* ascend the throne
[3] *(Transport)* • **monter en voiture** to get into a car • **monter dans un train/un avion** to get on *ou* into a train/an aircraft, to board a train/an aircraft • **beaucoup de voyageurs sont montés à Lyon** a lot of people got on at Lyon • **monter à bord (d'un navire)** to go on board *ou* aboard (a ship) • **monter à bicyclette** *(= faire du vélo)* to ride a bicycle • **monter à cheval** *(= se mettre en selle)* to get on *ou* mount a horse; *(= faire de l'équitation)* to ride, to go riding • **je n'ai jamais monté** I've never been on a horse • **elle monte bien** she's a good horsewoman, she rides well
[4] *(= progresser) (dans une hiérarchie)* to rise, to go up; *[vedette]* to be on the way up • **c'est l'artiste qui monte** he's the up-and-coming artist • **c'est l'homme qui monte** he's on the way up; → **grade**
[5] *[eau, vêtements]* • **monter à** *ou* **jusqu'à** to come up to • **robe qui monte jusqu'au cou** high-necked dress • **la vase lui montait jusqu'aux genoux** the mud came right up to his knees, he was knee-deep in the mud
[6] *(= s'élever) [colline, route]* to go up, to rise; *[soleil, flamme, brouillard]* to rise • **monter en pente douce** to slope gently upwards, to rise gently • **le chemin monte en lacets** the path winds *ou* twists upwards • **jusqu'où monte le téléphérique ?** where does the cable car go up to? • **notre maison monte très lentement** building is progressing very slowly on our house, our house is going up very slowly • **un bruit/une odeur montait de la cave** there was a noise/a smell coming from the cellar, a noise was drifting up/a smell was wafting up from the cellar
[7] *(= hausser de niveau) [mer, marée]* to come in; *[fleuve]* to rise; *[prix, température, baromètre]* to rise, to go up; *(Mus) [voix, note]* to go up • **le lait monte** *(sur le feu)* the milk's about to boil over; *(dans le sein)* the milk is coming in • **monter dans l'estime de qn** to go up *ou* rise in sb's estimation • **ça a fait monter les prix** it sent *ou* put *ou* pushed prices up • **la colère/la tension monte** tempers are/tension is rising • **le ton monte** *(colère)* the discussion is getting heated, voices are being raised; *(animation)* the conversation is getting noisier • **le tricot monte vite avec cette laine*** this wool knits up quickly • **la voiture peut monter jusqu'à 250 km/h** the car can do up to 250 km/h, the car can reach speeds of up to 250 km/h • **ce tableau peut monter jusqu'à 5 000 €** this painting could fetch up to €5,000 • **les blancs montent/n'arrivent pas à monter** *(Culin)* the egg whites are going stiff/won't whip up *ou* won't go stiff; → **flèche**[1], **neige**
[8] *(exprimant des émotions)* • **elle sentait la colère/peur monter en elle** she could feel (the) anger/fear well up inside her • **les larmes lui montaient aux yeux** tears were welling up in her eyes, tears filled her eyes • **ça lui a fait monter les larmes aux yeux** it brought tears to his eyes • **le vin lui monte à la tête** wine goes to his head • **le succès lui monte à la tête** success is going to his head; → **moutarde, rouge**
[9] *(Agr) [plante]* to bolt, to go to seed • **la salade est (toute) montée** the lettuce has bolted *ou* has gone to seed; → **graine**
[10] *(Cartes)* to play a higher card • **il est monté à cœur** he played a higher heart
VT *(avec auxiliaire avoir)* [1] *(= gravir)* to go up • **monter l'escalier** *ou* **les marches précipitamment** to rush upstairs *ou* up the steps • **monter l'escalier** *ou* **les marches quatre à quatre** to go upstairs *ou* up the steps four at a time • **monter une côte** *(en marchant)* to walk *ou* go *ou* come up a hill; *(en courant)* to run up a hill • **monter la gamme** *(Mus)* to go up the scale
[2] *(= porter) [+ valise, meuble]* to take *ou* carry *ou* bring up • **montez-lui son petit déjeuner** take his breakfast up to him • **faire monter ses valises** to have one's luggage brought *ou* taken *ou* sent up
[3] • **monter un cheval** to ride a horse • **ce cheval n'a jamais été monté** this horse has never been ridden
[4] *(= augmenter)* • **monter le son** to turn the sound *ou* volume up
[5] *(= exciter)* • **monter qn contre qn** to set sb against sb • **être monté contre qn** to be dead set against sb • **monter la tête** *ou* **le bourrichon*** **à qn** to get sb worked up • **quelqu'un lui a monté la tête contre moi** someone has set him against me
[6] *[+ animal] (= couvrir)* to cover, to serve
[7] • **monter la garde** *(Mil)* to mount guard, to go on guard; *[chien]* to be on guard • « **je monte la garde !** » *(sur un écriteau)* "beware of the dog"
VPR **se monter** [1] • **se monter à** *[prix, frais]* to come to, to amount to; *[dette]* to amount to
[2] • **se monter la tête** *ou* **le bourrichon*** to get (all) worked up *ou* het up* • **il se monte la tête pour un rien** he gets het up* *ou* worked up over nothing

monter[2] /mɔ̃te/ SYN ▸ conjug 1 ◂ **VT** *(avec auxiliaire avoir)* [1] *(= assembler) [+ machine]* to assemble; *[+ tente]* to pitch, to put up; *[+ film]* to edit, to cut; *[+ robe]* to assemble, to sew together • **monter des mailles** to cast on stitches • **monter en parallèle/en série** *(Élec, Radio)* to connect in parallel/in series
[2] *(= organiser) [+ pièce de théâtre]* to put on, to stage; *[+ opération, campagne publicitaire]* to mount, to organize, to set up; *[+ affaire]* to set up; *[+ canular]* to play; *[+ complot]* to hatch • **monter un coup** to plan a job • **monter le coup à qn**‡ to take sb for a ride‡ • **monter une histoire pour déshonorer qn** to cook up* *ou* invent a scandal to ruin sb's good name • **c'est une histoire montée de toutes pièces** it's a complete fabrication
[3] *(† = pourvoir, équiper)* to equip • **monter son ménage** *ou* **sa maison** to set up house • **se monter en linge** to equip o.s. with linen • **se monter** to get o.s. (well) set up

[4] (= fixer) [+ diamant, perle] to set, to mount; [+ pneu] to put on • **monter qch en épingle** to blow sth up out of all proportion, to make a thing of sth* • **faire monter un diamant en bague** to have a ring made with a diamond

monte-sac (pl monte-sacs) /mɔ̃tsak/ NM sack hoist

monteur, -euse /mɔ̃tœʀ, øz/ NM,F [1] (= ouvrier) fitter
[2] [de films] (film) editor
[3] (Typographie) paste-up artist

Montevideo /mɔ̃tevideo/ N Montevideo

montgolfière /mɔ̃gɔlfjɛʀ/ NF hot-air balloon • **voyage en montgolfière** hot-air balloon trip

monticule /mɔ̃tikyl/ SYN NM (= colline) hillock, mound; (= tas) mound, heap

montmartrois, e /mɔ̃maʀtʀwa, waz/
ADJ of ou from Montmartre
NM,F **Montmartrois(e)** inhabitant ou native of Montmartre

montmorency /mɔ̃mɔʀɑ̃si/ NF INV morello cherry

montrable /mɔ̃tʀabl/ ADJ [personne] fit to be seen (attrib); [objet] which can be shown • **tu es tout à fait montrable** you're quite presentable

montre[1] /mɔ̃tʀ/ NF [1] (gén) watch • **montre analogique** analogue watch • **montre-bracelet** wrist watch • **montre digitale** ou **à affichage numérique** digital watch • **montre de gousset** fob watch • **montre de plongée** diver's watch • **montre de précision** precision watch • **montre à quartz** quartz watch • **montre à remontoir** stem-winder, stem-winding watch • **montre à répétition** repeating ou repeater watch
[2] (locutions) • **il est 2 heures à ma montre** it is 2 o'clock by my watch • **j'ai mis 2 heures montre en main** it took me exactly ou precisely 2 hours, it took me 2 hours exactly by the clock • **course** ou **épreuve contre la montre** (Sport) race against the clock, time-trial; (fig) race against time ou the clock • **ils sont engagés dans une course contre la montre** (fig) they are in a race against time • **le contre la montre individuel/par équipe** (Sport) individual/team time-trial • **jouer la montre** (fig) to play for time; → **chaîne, sens**

montre[2] /mɔ̃tʀ/ NF [1] • **faire montre de** [+ courage, ingéniosité, détermination, qualités] to show, to display
[2] (littér = ostentation) • **pour la montre** for show, for the sake of appearances
[3] († Comm = en vitrine) display, show • **publication interdite à la montre** publication banned from public display • **en montre** on display ou show

Montréal /mɔ̃ʀeal/ N Montreal

montréalais, e /mɔ̃ʀealɛ, ɛz/
ADJ of ou from Montreal
NM,F **Montréalais(e)** Montrealer

montrer /mɔ̃tʀe/ GRAMMAIRE ACTIVE 26.4 SYN
► conjug 1 ◄
VT [1] (gén) to show (à to); (par un geste) to point to; (= faire remarquer) [+ détail, personne, faute] to point out (à to); (avec ostentation) to show off, to display (à to) • **je vais vous montrer le jardin** (= faire visiter) I'll show you (round) the garden • **montrer un enfant au docteur** to let the doctor see a child • **l'aiguille montre le nord** the needle points north • **montrer ses fesses*** ou **son cul**** (= se déculotter) to show one's bare bottom ou arse**(Brit) ou ass**(US); (= se déshabiller) to bare all, to strip naked • **je l'ai ici – montre !** I've got it here – show me!
[2] (= laisser voir) to show • **jupe qui montre le genou** skirt which leaves the knee uncovered ou bare • **elle montrait ses jambes en s'asseyant** she showed her legs as she sat down • **elle montre ses charmes** (hum) she's showing off ou displaying her charms (hum)
[3] (= mettre en évidence) to show, to prove • **il a montré que l'histoire était fausse** he has shown ou proved the story to be false ou that the story was false • **l'avenir montrera qui avait raison** the future will show ou prove who was right • **montrer la complexité d'un problème** to show how complex a problem is, to demonstrate the complexity of a problem • **l'auteur montre un pays en décadence** the author shows ou depicts a country in decline • **ce qui montre bien que j'avais raison** which just goes to show that I was right
[4] (= manifester) [+ humeur, courage] to show, to display; [+ surprise] to show • **son visage montra de l'étonnement** his face registered (his) surprise
[5] (= apprendre) • **montrer à qn à faire** ou **comment faire qch** to show sb how ou the way to do sth
VPR **se montrer** [1] [personne] to appear, to show o.s.; [chose] to appear • **elle ne s'est pas montrée au dîner** she didn't appear at dinner • **il n'aime pas se montrer avec elle** he doesn't like to be seen with her • **j'y vais juste pour me montrer** I'm going there just to put in an appearance • **montre-toi voir si la robe te va** let's have a look at you in that dress • **il ne se montre pas beaucoup dans les réunions** he doesn't go to many meetings • **ton père devrait se montrer davantage** (fig) your father should assert himself more ou show his authority more • **sa lâcheté s'est montrée au grand jour** his cowardice was plain for all to see
[2] (= s'avérer) [personne] to show o.s. (to be), to prove (o.s.) (to be); [chose] to prove (to be) • **se montrer digne de sa famille** to show o.s. (to be) ou prove o.s. worthy of one's family • **il s'est montré très désagréable** he was very unpleasant, he behaved very unpleasantly • **il s'est montré intraitable** he was ou he showed himself quite unrelenting • **il faudrait se montrer plus prudent** we should be more careful • **le traitement s'est montré efficace** the treatment proved (to be) effective • **se montrer d'une lâcheté révoltante** to show ou display despicable cowardice • **si les circonstances se montrent favorables** if conditions prove (to be) ou turn out to be favourable • **il faut se montrer ferme** you must appear firm, you must show firmness

montreur, -euse /mɔ̃tʀœʀ, øz/ NM,F • **montreur de marionnettes** puppet master (ou mistress), puppeteer • **montreur d'ours** bear leader

Mont-Saint-Michel /mɔ̃sɛ̃miʃɛl/ NM • **le Mont-Saint-Michel** the Mont-Saint-Michel

Montserrat /mɔ̃seʀa/ NM Montserrat

montueux, -euse /mɔ̃tɥø, øz/ ADJ (littér) (very) hilly

monture /mɔ̃tyʀ/ NF [1] (= cheval) mount; → **voyager**
[2] (Tech) mounting; [de lunettes] frame; [de bijou, bague] setting; [d'appareil photo] mount • **lunettes à monture d'écaille/de métal** horn-/metal-rimmed glasses

monument /mɔnymɑ̃/ SYN NM [1] (= statue, ouvrage commémoratif) monument, memorial • **monument (funéraire)** monument • **monument aux morts** war memorial
[2] (= bâtiment, château) monument, building • **monument historique** ancient monument, historic building • **la maison est classée monument historique** the house is listed (Brit) ou is a listed building (Brit), the house is on the historical register (US) • **monument public** public building • **visiter les monuments de Paris** to go sight-seeing in Paris, to see the sights of Paris
[3] (= œuvre majeure) monument • **c'est un monument de la littérature française** it's one of the monuments ou great masterpieces of French literature • **c'est un monument du genre** it's a classic of its kind • **ce buffet est un monument, on ne peut pas le soulever** this sideboard is so huge, we can't shift it* • **c'est un monument de bêtise !*** what colossal ou monumental stupidity!

monumental, e (mpl -aux) /mɔnymɑ̃tal, o/ SYN ADJ [1] [taille, erreur] monumental, colossal; [œuvre] monumental • **d'une bêtise monumentale** incredibly ou unbelievably stupid
[2] (Archit) monumental

monumentalité /mɔnymɑ̃talite/ NF monumentality

moquer /mɔke/ ► conjug 1 ◄
VT († ou littér) to mock • **j'ai été moqué** I was laughed at ou mocked
VPR **se moquer de** SYN [1] (= ridiculiser) to make fun of, to poke fun at • **on va se moquer de toi** people will laugh at you ou make fun of you (ou him etc), you'll make yourself a laughing stock • **tu riais – oui, mais je ne me moquais pas** († ou frm) you were laughing – yes but I wasn't laughing at you ou making fun of you • **vous vous moquez, j'espère** I trust that you are not in earnest (frm)
[2] (= tromper) • **vous vous moquez du monde** ou **des gens !** you've got a nerve! • **je n'aime pas qu'on se moque de moi !** I don't like being made a fool of • **le réparateur s'est vraiment moqué de nous** the repairman really took us for a ride* • **de qui se moque-t-on ?** who are they trying to kid?* • **du champagne ? ils ne se sont pas moqués de vous !*** champagne? they really treat you right!*
[3] (= mépriser) [+ conseils, autorité] to scorn • **il se moque bien de nous maintenant qu'il est riche** he looks down on us ou looks down his nose at us now that he's rich
[4] (= être indifférent) • **je m'en moque** I don't care • **je m'en moque pas mal*** I couldn't care less* • **je me moque de ne pas être cru** ou **qu'on ne me croie pas** I don't care if nobody believes me; → **an, chemise, tiers**

moquerie /mɔkʀi/ SYN NF [1] (= caractère) mockery, mocking
[2] (= quolibet, sarcasme) mockery (NonC), jibe • **en butte aux moqueries continuelles de sa sœur** the target of constant mockery from his sister ou of his sister's constant mockery

moquette /mɔkɛt/ NF [1] (= tapis) (wall-to-wall) carpet, fitted carpet (Brit) • **faire poser une moquette** ou **de la moquette** to have a wall-to-wall ou a fitted (Brit) carpet laid • **moquette murale** fabric wall covering
[2] (= étoffe) moquette

moquetter /mɔkete/ ► conjug 1 ◄ VT to carpet (wall-to-wall) • **chambre moquettée** bedroom with wall-to-wall ou (a) fitted (Brit) carpet

moqueur, -euse /mɔkœʀ, øz/ SYN ADJ [1] [remarque, sourire] mocking • **il est très moqueur** he's always making fun of people
[2] • **(oiseau) moqueur** mocking bird

moqueusement /mɔkøzmɑ̃/ ADV mockingly

moraillon /mɔʀajɔ̃/ NM (Tech) hasp

moraine /mɔʀɛn/ NF moraine

morainique /mɔʀenik/ ADJ morainic, morainal

moral, e[1] (mpl -aux) /mɔʀal, o/ SYN
ADJ [1] (= éthique) [ordre, valeurs, problème] moral • **j'ai pris l'engagement moral de le faire** I'm morally committed to doing it • **avoir l'obligation morale de faire** to be under a moral obligation ou be morally obliged to do • **conscience morale** moral conscience • **n'avoir aucun sens moral** to be totally amoral, to have no sense of right and wrong
[2] (= honnête, vertueux) [personne, œuvre] moral; [conduite] ethical, moral • **ce n'est pas très moral de faire cela** it's not very moral ou ethical to do that
[3] (= mental, psychologique) [autorité, crise, préjudice, force, courage, soutien, victoire] moral; [douleur] mental • **il a fait preuve d'une grande force morale** he showed great moral fibre; → **personne**
NM [1] (= état d'esprit) morale • **les troupes ont bon/mauvais moral** the morale of the troops is high/low • **avoir le moral, avoir (un) bon moral, avoir un moral d'acier** to be in good spirits • **tu vas garder ses enfants ? tu as le moral !*** you're going to babysit for him? that's brave of you! • **il a mauvais moral, il n'a pas le moral** he is in low ou poor spirits • **avoir le moral à zéro*** to be (feeling) down in the dumps* • **son moral est (tombé) très bas** his morale is very low ou is at a low ebb, he's in very low spirits • **le moral est atteint** it has shaken ou undermined his morale ou his confidence • **garder le moral** to keep one's spirits up • **remonter le moral de qn** to cheer sb up • **il faut remonter le moral de l'équipe** we need to boost the team's morale
[2] • **au moral comme au physique** mentally as well as physically • **au moral il est irréprochable** morally he is beyond reproach

morale[2] /mɔʀal/ SYN NF [1] (= doctrine) moral doctrine ou code, ethic (Philos); (= mœurs) morals; (= valeurs traditionnelles) morality, moral standards, ethic (Philos) • **la morale** (Philos) moral philosophy, ethics • **action conforme à la morale** act in keeping with morality ou moral standards • **c'est contraire à la morale** it's immoral • **faire la morale à qn** to lecture sb, to preach at sb • **avoir une morale relâchée** to have loose morals • **morale protestante** Protestant ethic
[2] [de fable] moral • **la morale de cette histoire** the moral of this story

moralement /mɔʀalmɑ̃/ SYN ADV ① (= selon l'éthique) morally
② (= psychologiquement) ◆ **soutenir qn moralement** to give moral support to sb ◆ **physiquement et moralement** physically and mentally

moralisant, e /mɔʀalizɑ̃, ɑ̃t/ ADJ moralizing

moralisateur, -trice /mɔʀalizatœʀ, tʀis/ SYN
ADJ [discours, ton] moralizing, sententious (frm); [histoire] edifying, elevating
NM,F moralizer

moralisation /mɔʀalizasjɔ̃/ NF raising of moral standards (de in)

moraliser /mɔʀalize/ ► conjug 1 ◄
VI to moralize, to sermonize (péj) (sur about)
VT ① (= sermonner) ◆ **moraliser qn** to preach at sb, to lecture sb
② (= rendre plus moral) [+ société] to moralize, to improve the morals of; [+ vie politique, profession] to make more ethical

moralisme /mɔʀalism/ NM moralism

moraliste /mɔʀalist/
ADJ moralistic
NM,F moralist

moralité /mɔʀalite/ SYN NF ① (= mœurs) morals, morality, moral standards ◆ **d'une moralité douteuse** [personne] of doubtful morals; [film] of dubious morality ◆ **d'une haute moralité** [personne] of high moral standards; [discours] of a high moral tone ◆ **la moralité publique** public morality ◆ **il n'a aucune moralité** he has no sense of right or wrong, he's totally amoral; → **témoin**
② (= valeur) [d'attitude, action] morality
③ (= enseignement) [de fable] moral ◆ **moralité : il ne faut jamais mentir !** the moral is: never tell lies! ◆ **moralité, j'ai eu une indigestion*** the result was (that) I had indigestion
④ (Littérat) morality play

morasse /mɔʀas/ NF (Typographie) final ou foundry proof

moratoire¹ /mɔʀatwaʀ/ ADJ moratory ◆ **intérêts moratoires** interest on arrears

moratoire² /mɔʀatwaʀ/ SYN, **moratorium** †
/mɔʀatɔʀjɔm/ NM (Jur) moratorium (sur on)

morave /mɔʀav/
ADJ Moravian
NM,F **Morave** Moravian

Moravie /mɔʀavi/ NF Moravia

morbide /mɔʀbid/ SYN ADJ (gén, Méd) morbid

morbidité /mɔʀbidite/ NF morbidity

morbier /mɔʀbje/ NM ① (= fromage) cow's milk cheese from the Jura
② (Helv = comtoise) grandfather clock

morbilleux, -euse /mɔʀbijø, øz/ ADJ morbillous

morbleu /mɔʀblø/ EXCL (††, hum) zounds! †, gadzooks! †

morceau (pl **morceaux**) /mɔʀso/ SYN NM
① (comestible) [de pain] piece, bit; [de sucre] lump; [de viande] (à table) piece, bit; (chez le boucher) piece, cut ◆ **morceau de choix** choice morsel ou piece ◆ **c'était un morceau de roi** it was fit for a king ◆ **manger un morceau** to have a bite (to eat) ou a snack ◆ **manger** ou **lâcher** ou **cracher le morceau*** (= dénoncer) to spill the beans*; (= avouer) to come clean * ◆ **il a emporté le morceau*** (= il a gagné) he carried it off; → **bas¹, sucre**
② (= fragment) (gén) piece; [de bois] piece, lump; [de fer] lump; [de ficelle] bit, piece; [de terre] piece, patch, plot; [de tissu] piece
◆ **en morceaux** in pieces ◆ **couper en morceaux** to cut into pieces ◆ **mettre qch en morceaux** to pull sth to bits ou pieces ◆ **tomber en morceaux** [gâteau] to crumble to bits; [empire, relation] to crumble, to fall apart
③ (Littérat, Mus) (= œuvre) piece; (= extrait) passage, excerpt ◆ **(recueil de) morceaux choisis** (collection of) selected passages ou extracts ◆ **un beau morceau d'éloquence** a fine piece of eloquence ◆ **c'est un morceau d'anthologie** it's a classic ◆ **morceau de bravoure** (Littérat) purple passage; (Mus) bravura passage ◆ **morceau de concours** competition piece ◆ **morceau pour piano/violon** piece for piano/violin
④ (* = personne, objet) ◆ **c'est un sacré morceau** he (ou il etc) is a hell of a size * ◆ **beau morceau** (= femme) nice-looking woman

morcelable /mɔʀsəlabl/ ADJ [domaine, héritage] dividable

morceler /mɔʀsəle/ SYN ► conjug 4 ◄ VT [+ domaine, terrain] to parcel out, to divide up; [+ héritage] to divide up; [+ troupes, territoire] to divide up, to split up ◆ **opposition morcelée** (Pol) divided opposition

morcellement /mɔʀsɛlmɑ̃/ NM ① (= action) [de domaine, terrain] parcelling (out), dividing (up); [d'héritage] division, dividing (up); [de troupes, territoire] division, dividing (up), splitting (up)
② (= résultat) division

mordache /mɔʀdaʃ/ NF (Tech) temporary jaws

mordacité /mɔʀdasite/ NF (littér) causticity

mordancer /mɔʀdɑ̃se/ ► conjug 3 ◄ VT to give mordant to

mordant, e /mɔʀdɑ̃, ɑ̃t/ SYN
ADJ ① (= caustique) [ton, réplique] cutting, scathing, mordant, caustic; [pamphlet] scathing, cutting; [polémiste, critique] scathing ◆ **avec une ironie mordante** with caustic ou biting ou mordant irony
② [froid] biting (épith)
NM ① (= dynamisme) [de personne] spirit, drive; [de troupe, équipe] spirit, keenness; [de style, écrit] bite, punch ◆ **discours plein de mordant** speech full of bite ou punch
② [de scie] bite
③ (Tech) (= substance) mordant
④ (Mus) mordent

mordicus* /mɔʀdikys/ ADV [défendre, soutenir, affirmer] obstinately, stubbornly

mordieu †† /mɔʀdjø/ EXCL 'sdeath! †

mordillage /mɔʀdijaʒ/, **mordillement**
/mɔʀdijmɑ̃/ NM nibble, nibbling (NonC)

mordiller /mɔʀdije/ SYN ► conjug 1 ◄ VT to nibble at ◆ **il lui mordillait l'oreille** he nibbled her ear

mordoré, e /mɔʀdɔʀe/ ADJ, NM (lustrous) bronze ◆ **les tons mordorés de l'automne** the rich bronze tints ou the browns and golds of autumn

mordorure /mɔʀdɔʀyʀ/ NF (littér) bronze ◆ **les mordorures de l'étoffe** the bronze lustre of the cloth

mordre /mɔʀdʀ/ SYN ► conjug 41 ◄
VT ① [animal, personne] to bite ◆ **mordre qn à la main** to bite sb's hand ◆ **un chien l'a mordu à la jambe, il s'est fait mordre à la jambe par un chien** a dog bit him on the leg, he was bitten on the leg by a dog ◆ **mordre une pomme (à belles dents)** to bite into an apple ◆ **mordre un petit bout de qch** to bite off a small piece of sth, to take a small bite (out) of sth ◆ **le chien l'a mordu jusqu'au sang** the dog bit him and drew blood ◆ **approche, je ne mords pas** come closer, I won't bite you ◆ **mordre la poussière** to bite the dust ◆ **faire mordre la poussière à qn** to make sb bite the dust
② [lime, vis] to bite into; [acide] to bite (into), to eat into; [froid] to bite, to nip ◆ **les crampons mordaient la glace** the crampons gripped the ice ou bit into the ice ◆ **l'inquiétude/la jalousie lui mordait le cœur** worry/jealousy was eating at ou gnawing at his heart
③ (= toucher) ◆ **la balle a mordu la ligne** the ball (just) touched the line ◆ **mordre la ligne de départ** to be touching the starting line ◆ **mordre la ligne blanche** (en voiture) to go over ou cross the white line
VT INDIR **mordre sur** (= empiéter sur) [+ vacances] to overlap into, to eat into; [+ espace] to overlap into, to encroach onto; (= corroder) to bite into ◆ **ça va mordre sur l'autre semaine** that will go over into ou overlap into ou cut into the following week ◆ **mordre sur la marge** to go over into the margin ◆ **ils mordent sur notre clientèle** they're eating into ou cutting into our customer base ◆ **il a mordu sur la ligne blanche** (en voiture) he went over ou crossed the white line
VI ① ◆ **mordre dans** [+ fruit] to bite into ◆ **mordre dans le sable** (Naut) [ancre] to grip ou hold the sand
② (Pêche, fig) to bite ◆ **mordre (à l'hameçon ou à l'appât)** (lit) to bite, to rise (to the bait); (fig) to rise to the bait ◆ **ça mord aujourd'hui ?** are the fish biting ou rising today? ◆ **il a mordu au latin/aux maths*** he's taken to Latin/to maths
③ (Gravure) to bite; [étoffe] to take the dye; [teinture] to take
④ (Tech) ◆ **l'engrenage ne mord plus** the gear won't mesh any more
VPR **se mordre** ◆ **se mordre la joue** to bite the inside of one's mouth ◆ **se mordre la langue**

(lit) to bite one's tongue; (fig) (= se retenir) to hold one's tongue; (= se repentir) to bite one's tongue ◆ **maintenant il s'en mord les doigts** he could kick himself now * ◆ **tu t'en mordras les doigts** you'll live to regret it, you'll rue the day ◆ **se mordre la queue** [chien] to chase its tail; (* fig) to chase one's tail

mordu, e /mɔʀdy/ (ptp de **mordre**)
ADJ ① (* = amoureux) smitten ◆ **il est vraiment mordu** he's really smitten with her, he's crazy* about her
② (* = fanatique) ◆ **mordu de football/jazz** crazy* ou mad* about ou mad keen* on (Brit) football/jazz
NM,F (* = fanatique) enthusiast, buff*, fan ◆ **mordu de la voile/de musique** sailing/music enthusiast ou buff * ◆ **mordu d'informatique** computer buff * ou freak * ◆ **c'est un mordu de football** he's a great football fan ou buff *

more /mɔʀ/, **moresque** /mɔʀɛsk/ ADJ, NM,F ⇒ maure, mauresque

moreau, -elle¹ (mpl **-aux**) /mɔʀo, ɛl/ ADJ shiny black

morelle² /mɔʀɛl/ NF (= plante) solanum

morfal, e* (mpl **morfals**) /mɔʀfal/ NM,F greedy guts*, pig*

morfil /mɔʀfil/ NM [d'acier] wire edge

morfler* /mɔʀfle/ ► conjug 1 ◄ VI (= souffrir) to have a hard time of it; (= se faire battre) to catch it*, to cop it* (Brit) ◆ **j'ai une rage de dents, qu'est-ce que je morfle !** I've got a toothache, it's agony!* ou it's killing me! * ◆ **ça va morfler !** there's going to be trouble!

morfondre (se) /mɔʀfɔ̃dʀ/ SYN ► conjug 41 ◄ VPR (tristement) to mope; (nerveusement) to fret ◆ **il se morfondait en attendant le résultat** he waited fretfully for the result ◆ **les enfants qui se morfondent dans les orphelinats** children languishing in orphanages

morfondu, e /mɔʀfɔ̃dy/ (ptp de **se morfondre**)
ADJ (littér) dejected, crestfallen

morganatique /mɔʀganatik/ ADJ morganatic

morgeline /mɔʀʒəlin/ NF common chickweed

morgue¹ /mɔʀg/ SYN NF (littér = orgueil) pride, haughtiness ◆ **il me répondit plein de morgue que...** he answered me haughtily that...

morgue² /mɔʀg/ NF (Police) morgue; [d'hôpital] mortuary

moribond, e /mɔʀibɔ̃, ɔ̃d/ SYN
ADJ [personne] dying; [économie, marché, institution] moribund
NM,F dying man (ou woman) ◆ **les moribonds** the dying

moricaud, e* /mɔʀiko, od/ (injurieux)
ADJ dark(-skinned)
NM,F darkie* (injurieux)

morigéner /mɔʀiʒene/ SYN ► conjug 6 ◄ VT (littér) to take to task, to reprimand ◆ **il faut le morigéner** he will have to be taken to task (over it) ou reprimanded (for it)

morille /mɔʀij/ NF morel

morillon /mɔʀijɔ̃/ NM ① (= canard) tufted duck
② (= raisin) kind of black grape
③ (= pierre) small rough emerald

morion /mɔʀjɔ̃/ NM morion

mormon, e /mɔʀmɔ̃, ɔn/ ADJ, NM,F Mormon

mormonisme /mɔʀmɔnism/ NM Mormonism

morne¹ /mɔʀn/ SYN ADJ [personne, visage] doleful, glum; [temps] gloomy, dismal, dull; [silence] mournful, gloomy, dismal; [conversation, vie, paysage, ville] dismal, dreary, dull ◆ **d'un ton morne** gloomily ◆ **passer un après-midi morne** to spend a dreary ou dismal afternoon

morne² /mɔʀn/ NM (aux Antilles etc = colline) hill

mornifle* /mɔʀnifl/ NF slap, clout * (Brit) ◆ **donner** ou **filer** ou **flanquer une mornifle à qn** to box sb's ears, to give sb a clip round the ear (Brit)

Moroni /mɔʀɔni/ N Moroni

morose /mɔʀoz/ SYN ADJ [humeur, personne, ton] sullen, morose; [marché, Bourse, journée] sluggish, dull; → **délectation**

morosité /mɔʀozite/ NF [de personne] sullenness, moroseness; [de temps] dullness; [de marché, économie] sluggishness ◆ **climat de morosité économique/sociale** gloomy ou depressed economic/social climate

morphe /mɔʀf/ NM morph

Morphée /mɔʁfe/ NM Morpheus; → **bras**

morphème /mɔʁfɛm/ NM morpheme ◆ **morphème libre/lié** free/bound morpheme

morphine /mɔʁfin/ NF morphine ◆ **morphine-base** morphine base

morphinique /mɔʁfinik/ ADJ [médicament, substance] morphinated, containing morphine

morphinisme /mɔʁfinism/ NM morphinism

morphinomane /mɔʁfinɔman/
ADJ addicted to morphine
NMF morphine addict

morphinomanie /mɔʁfinɔmani/ NF morphine addiction, morphinomania

morphisme /mɔʁfism/ NM homomorphism, homomorphy

morphogène /mɔʁfɔʒɛn/ ADJ morphogenic

morphogenèse /mɔʁfɔʒənɛz/ NF morphogenesis

morphologie /mɔʁfɔlɔʒi/ SYN NF morphology

morphologique /mɔʁfɔlɔʒik/ ADJ morphological

morphologiquement /mɔʁfɔlɔʒikmɑ̃/ ADV morphologically

morphophonologie /mɔʁfɔfɔnɔlɔʒi/ NF morphophonology

morphosyntaxe /mɔʁfosɛ̃taks/ NF morphosyntax

morphosyntaxique /mɔʁfosɛ̃taksik/ ADJ morphosyntactical

morpion /mɔʁpjɔ̃/ NM 1 (Jeux) = noughts and crosses (Brit), = tic tac toe (US)
2 (**⁎** = pou du pubis) crab**⁎**
3 (**⁎**, péj = gamin) brat**⁎**

mors /mɔʁ/ NM 1 (Équitation) bit ◆ **prendre le mors aux dents** [cheval] to take the bit between its teeth; (= agir) to take the bit between one's teeth; (= s'emporter) to fly off the handle**⁎**, to blow one's top**⁎** ou stack**⁎** (US); (= prendre l'initiative) to take the matter into one's own hands
2 (Tech) jaw; (Reliure) joint

morse¹ /mɔʁs/ NM (= animal) walrus

morse² /mɔʁs/ NM (= code) Morse (code)

morsure /mɔʁsyʁ/ SYN NF bite ◆ **morsure de chien** dog bite ◆ **morsure de serpent** snakebite ◆ **les morsures du vent/du froid** (littér) the biting wind/cold

mort¹ /mɔʁ/ SYN NF 1 (lit) death ◆ **mort clinique/cérébrale** clinical/brain death ◆ **mort naturelle** natural death ◆ **mort subite du nourrisson** cot (Brit) ou crib (US) death, sudden infant death syndrome ◆ **mort volontaire** suicide ◆ **tu veux ma mort ?⁎** do you want to kill me or what?⁎ ◆ **trouver la mort dans un accident** to die ou be killed in an accident ◆ **souhaiter la mort** to long for death, to long to die ◆ **souhaiter la mort de qn** to wish death upon sb (littér), to wish sb (were) dead ◆ **donner la mort (à qn)** to kill (sb) ◆ **se donner la mort** to take one's own life, to kill o.s. ◆ **périr** ou **mourir de mort violente/accidentelle** to die a violent/an accidental death ◆ **mourir dans son sommeil, c'est une belle mort** dying in one's sleep is a good way to go ◆ **à la mort de sa mère** on the death of his mother, when his mother died ◆ **il a vu la mort de près** he has come close to death, he has looked death in the face ◆ **il n'y a pas eu mort d'homme** no one was killed, there was no loss of life ◆ **il n'y a pas mort d'homme !** (fig) it's not the end of the world! ◆ **la petite mort** (littér) orgasm, petite mort (littér) ◆ « **Mort et Transfiguration** » (Littér) "Death and Transfiguration" ◆ **ça coûte 30 €, ce n'est pas la mort !⁎** it's only 30 euros, it won't kill you (ou me etc)!⁎; → **hurler**, **pâle**
2 (fig) death, end ◆ **c'est la mort de ses espoirs** that puts an end to ou is the end of his hopes, that puts paid to his hopes (Brit) ◆ **le supermarché sera la mort du petit commerce** supermarkets will spell the end ou the death of small businesses ◆ **cet enfant sera ma mort !⁎** this child will be the death of me!⁎
3 (locutions) ◆ **mort au tyran !, à mort le tyran !** down with the tyrant!, death to the tyrant! ◆ **mort aux vaches !⁎** down with the cops!⁎ ou pigs!⁎ ◆ **souffrir mille morts** to suffer agonies, to be in agony ◆ **la mort dans l'âme** with a heavy ou an aching heart, grieving inwardly ◆ **il avait la mort dans l'âme** his heart ached

◆ **à mort** ◆ **lutte à mort** fight to the death ◆ **détester qn à mort** to hate sb to death ◆ **blessé à mort** (dans un combat) mortally wounded; (dans un accident) fatally injured ◆ **frapper qn à mort** to strike sb dead ◆ **mettre à mort** [+ personne] to deliver the death blow to; [+ taureau] to put to death ◆ **mise à mort** [de taureau] kill ◆ **nous sommes fâchés à mort** we're at daggers drawn (with each other) ◆ **en vouloir à mort à qn** to be bitterly resentful of sb ◆ **il m'en veut à mort** he hates me (for it) ◆ **défendre qch à mort** (fig) to defend sth to the bitter end ◆ **freiner à mort⁎** to jam on the brakes ou the anchors⁎ (Brit) ◆ **s'ennuyer à mort** to be bored to death ◆ **visser qch à mort⁎** to screw sth right home, to screw sth tight

◆ **de mort** ◆ **silence de mort** deathly ou deathlike hush ◆ **d'une pâleur de mort** deathly ou deadly pale ◆ **engin de mort** lethal ou deadly weapon

mort², **e** /mɔʁ, mɔʁt/ GRAMMAIRE ACTIVE 24.4 SYN (ptp de **mourir**)
ADJ 1 [être animé, arbre, feuille] dead ◆ **il est mort depuis deux ans** he's been dead (for) two years, he died 2 years ago ◆ **on l'a laissé pour mort** he was left for dead ◆ **il est mort et bien mort** he's dead and gone ◆ **il est mort et enterré** he's dead and buried ◆ **ramenez-les morts ou vifs** bring them back dead or alive ◆ **mort au champ d'honneur** (Mil) killed in action ◆ **il était comme mort** he looked (as though he were) dead ◆ **tu es un homme mort !** you're a dead man!
2 (fig) ◆ **je suis mort (de fatigue) !** I'm dead (tired)! ou dead beat!⁎, I'm all in!⁎ (Brit) ◆ **il était mort de peur** ou **plus mort que vif** he was frightened to death ou scared stiff⁎ ◆ **ils étaient morts de rire** they were doubled up with laughter; → **ivre**
3 (= inerte, sans vie) [chair, peau, rivière] dead; [pied, doigt] dead, numb; [yeux] lifeless, dull; (Fin) [marché] dead ◆ **la ville est morte le dimanche** the town is dead on a Sunday ◆ **opération ville morte** decision to close shops and businesses for a short period in protest, mourning etc; → **poids**, **point¹**, **temps¹**
4 (= qui n'existe plus) [civilisation] extinct, dead; [langue] dead ◆ **leur vieille amitié est morte** their old friendship is dead ◆ **le passé est bien mort** the past is over and done with ou is dead and gone
5 (⁎ = usé, fini) [pile, radio, moteur] dead
NM 1 (= personne) dead man ◆ **les morts** the dead ◆ **les morts de la guerre** those ou the men killed in the war, the war dead ◆ **il y a eu un mort** one person was killed, there was one death ◆ **il y a eu de nombreux morts** many (people) were killed, there were many deaths ◆ **l'accident a fait cinq morts** five (people) were killed in the accident ◆ **jour** ou **fête des morts** All Souls' Day ◆ **office/messe/prière des morts** office/mass/prayer for the dead ◆ **c'est un mort vivant/un mort en sursis** he's more dead than alive/living on borrowed time ◆ **les morts-vivants** the living dead ◆ **faire le mort** (lit) to pretend to be dead, to sham death; (fig = ne pas se manifester) to lie low ◆ **la place du mort** (dans une voiture) the (front) seat next to the driver; → **monument**, **tête**
2 (Cartes) dummy ◆ **être le mort** to be dummy
NF **morte** dead woman

mortadelle /mɔʁtadɛl/ NF mortadella

mortaisage /mɔʁtɛzaʒ/ NM mortising

mortaise /mɔʁtɛz/ NF (Menuiserie), [de gâche]mortise

mortaiser /mɔʁtɛze/ ▸ conjug 1 ◂ VT to mortise

mortalité /mɔʁtalite/ NF mortality, death rate ◆ **mortalité infantile** infant mortality ◆ **régression de la mortalité** fall in the death rate

mort-aux-rats /mɔʁ(t)oʁa/ NF INV rat poison

morte-eau (pl **mortes-eaux**) /mɔʁto/ NF neap tide

mortel, **-elle** /mɔʁtɛl/ SYN
ADJ 1 (= qui périt) mortal; → **dépouille**
2 (entraînant la mort) [chute, maladie] fatal; [blessure, plaie] fatal, lethal; [poison] deadly, lethal ◆ **danger mortel** mortal danger ◆ **coup mortel** (lit) lethal ou fatal blow; (fig) deathblow, mortal blow ◆ **cela a porté un coup mortel au parti** this dealt the death-blow to the party ◆ **cette révélation lui serait mortelle** such a discovery would kill him ou would be fatal to him
3 (= intense) [frayeur] mortal; [pâleur, silence] deadly, deathly; [ennemi] mortal, deadly; [haine] deadly ◆ **il fait un froid mortel** it's deathly cold, it's as cold as death ◆ **cette attente mortelle se prolongeait** this deadly wait dragged on ◆ **allons, ce n'est pas mortel !⁎** come on, it's not all that bad! ou it won't kill you!
4 (⁎ = ennuyeux) [livre, soirée] deadly⁎, deadly boring ou dull ◆ **il est mortel** he's a deadly⁎ ou crashing⁎ bore
5 (⁎ = excellent) fabulous; (= mauvais) terrible
NM,F (littér, hum) mortal ◆ **simple mortel** mere mortal ◆ **heureux mortel !⁎** lucky fellow!⁎ ou chap!⁎ (Brit) ◆ **nous autres pauvres mortels** (hum) we lesser mortals; → **commun**

mortellement /mɔʁtɛlmɑ̃/ ADV 1 [blesser] (dans un combat) mortally; (dans un accident) fatally ◆ **il a été mortellement atteint d'une balle de fusil** he was shot and fatally wounded ◆ **elle a été mortellement poignardée** she was stabbed to death
2 (fig) [offenser, vexer] mortally, deeply ◆ **mortellement ennuyeux** deadly boring ou dull

morte-saison (pl **mortes-saisons**), **morte saison** /mɔʁt(ə)sɛzɔ̃/ NF off-season, slack season ◆ **à la morte-saison** in ou during the off-season

mortier /mɔʁtje/ NM (Constr, Culin, Mil, Pharm) mortar; (= toque) cap (worn by certain French judges) ◆ **attaque au mortier** mortar attack

mortifère /mɔʁtifɛʁ/ ADJ (hum) [ambiance, discours] deadly⁎

mortifiant, **e** /mɔʁtifjɑ̃, jɑ̃t/ ADJ [paroles] hurtful; [expérience] mortifying; [échec] humiliating

mortification /mɔʁtifikasjɔ̃/ SYN NF mortification

mortifier /mɔʁtifje/ SYN ▸ conjug 7 ◂ VT (Rel) to mortify; (= vexer) to mortify

mortinatalité /mɔʁtinatalite/ NF incidence of stillbirths

mort-né, **mort-née** (mpl **mort-nés**, fpl **mort-nées**) /mɔʁne/ ADJ [enfant] stillborn; [projet] abortive, stillborn

mortuaire /mɔʁtɥɛʁ/ ADJ [chapelle] mortuary (épith); [rites] mortuary (épith), funeral (épith); [cérémonie] funeral (épith) ◆ **salon mortuaire** (Can) funeral home ou parlor (US, Can) ◆ **la chambre mortuaire** the death chamber ◆ **la maison mortuaire** the house of the departed ou deceased; → **couronne**, **drap**, **masque**

morue /mɔʁy/ NF 1 (= poisson) cod ◆ **morue fraîche/séchée/salée** fresh/dried/salted cod ◆ **morue verte** undried salted cod; → **brandade**, **huile**
2 (⁎ = prostituée) whore, tart⁎

morula /mɔʁyla/ NF morula

morutier, **-ière** /mɔʁytje, jɛʁ/
ADJ cod-fishing (épith)
NM (= pêcheur) cod-fisherman; (= bateau) cod-fishing boat

morve /mɔʁv/ NF snot⁎, (nasal) mucus; (= maladie du cheval) glanders (sg)

morveux, **-euse** /mɔʁvø, øz/
ADJ 1 [enfant] snotty(-nosed)⁎ ◆ **qui se sent morveux, qu'il se mouche** (Prov) if the cap ou shoe (US) fits, wear it (Prov)
2 [cheval] glandered
NM,F (⁎ = enfant) nasty little brat⁎; (= adulte) jerk⁎

MOS /mos/ NM (abrév de Metal Oxyde Semiconductor) MOS

mosaïque¹ /mɔzaik/ SYN NF (Art, Bot) mosaic; [de champs] chequered pattern, patchwork; [d'idées, peuples] medley ◆ **de** ou **en mosaïque** mosaic

mosaïque² /mɔzaik/ ADJ (Bible) Mosaic(al), of Moses

mosaïqué, **e** /mɔzaike/ ADJ mosaic (épith)

mosaïsme /mɔzaism/ NM Mosaism

mosaïste /mɔzaist/ NMF mosaicist

mosan, **e** /mɔzɑ̃, an/ ADJ Mosan

Moscou /mɔsku/ N Moscow

moscovite /mɔskɔvit/
ADJ of ou from Moscow, Moscow (épith), Muscovite
NMF **Moscovite** Muscovite

Moselle /mɔzɛl/ NF Moselle

mosette /mɔzɛt/ NF moz(z)etta

mosquée /mɔske/ NF mosque

mot /mo/ GRAMMAIRE ACTIVE 21.1 SYN
NM 1 (gén) word ◆ **le mot (d')orange** the word "orange" ◆ **ce ne sont que des mots** it's just (so many) empty words, it's just talk ◆ **je n'en crois pas un (traître) mot** I don't believe a

(single) word of it ◆ **paresseux, c'est bien le mot !** lazybones is the right word to describe him! ◆ **ça alors, c'est bien le mot !** you've said it!, you never spoke *ou* said a truer word! ◆ **de grands mots** high-flown *ou* fancy words ◆ **tout de suite les grands mots !** you start straight in with these high-sounding words! ◆ **voilà le grand mot lâché !** you've come out with it at last! ◆ **génie, c'est un bien grand mot !** genius, that's a big word! ◆ **à ces mots** at this *ou* that ◆ **sur ces mots** with this *ou* that, so saying, with these words ◆ **à mots couverts** in veiled terms ◆ **en d'autres mots** in other words ◆ **en un mot** in a word ◆ **en un mot comme en cent** in a nutshell, in brief ◆ **faire du mot à mot, traduire mot à mot** to translate word for word ◆ **c'est du mot à mot** it's a word for word rendering *ou* translation ◆ **rapporter une conversation mot pour mot** to give a word for word *ou* a verbatim report of a conversation ◆ **il n'a pas eu de mots assez durs pour condamner les attentats** he condemned the attacks in the strongest possible terms

2 *(= message)* word; *(= courte lettre)* note, line ◆ **je vais lui en toucher un mot** I'll have a word with him about it, I'll mention it to him ◆ **glisser un mot à qn** *ou* **dans l'oreille de qn** to have a word in sb's ear ◆ **se donner** *ou* **se passer le mot** to send *ou* pass the word round, to pass the word on ◆ **mettez-lui un petit mot** drop him a line *ou* note, write him a note ◆ **il ne m'a même pas dit un mot de remerciement** he didn't even thank me

3 *(= expression frappante)* saying ◆ **mots célèbres/historiques** famous/historic sayings ◆ **bon mot** witticism, witty remark ◆ **il aime faire des bons mots** he likes to make witty remarks

4 *(Ordin)* word ◆ **mot machine** machine word

5 *(locutions)* ◆ **avoir des mots avec qn** to have words with sb ◆ **avoir toujours le mot pour rire** to be a born joker ◆ **le mot de l'énigme** the key to the mystery ◆ **avoir le mot de la fin** *ou* **le dernier mot** to have the last word ◆ **c'est votre dernier mot ?** *(gén)* is that your last word in the matter?; *(dans négociations)* is that your final offer? ◆ **je n'ai pas dit mon dernier mot** you *(ou* they *etc)* haven't heard the last of me ◆ **sans mot dire** without saying a *ou* one word ◆ **vous n'avez qu'un mot à dire et je le ferai** (you have only to) say the word and I'll do it ◆ **j'estime avoir mon mot à dire dans cette affaire** I think I'm entitled to have my say in this matter ◆ **je vais lui dire deux mots** I'll give him a piece of my mind ◆ **prendre qn au mot** to take sb at his word ◆ **il n'en connaît** *ou* **n'en sait pas le premier mot** he doesn't know the first thing about it ◆ **il ne sait pas le premier mot de sa leçon** he doesn't know a word of his lesson ◆ **il ne sait pas un (traître) mot d'allemand** he doesn't know a (single) word of German ◆ **je n'ai pas pu lui tirer un mot** I couldn't get a word out of him ◆ **il lui a dit le mot de Cambronne** ≈ he said a four-letter word to him ◆ **pas un mot à qui que ce soit** mum's the word, don't breathe a word of this to anyone ◆ **il n'a jamais un mot plus haut que l'autre** he's very even-tempered ◆ **j'ai dû dire un mot de travers** I must have said something wrong ◆ **au bas mot** at the very least, at the lowest estimate ◆ **qui ne dit mot consent** *(Prov)* silence gives consent

COMP **mot apparenté** *(Ling)* cognate
mot d'auteur revealing *ou* witty remark from the author
mot composé compound
mots croisés crossword (puzzle) ◆ **faire des mots croisés** to do crosswords ◆ **faire les mots croisés** *(d'un journal)* to do the crossword (puzzle)
mot d'emprunt loan word
mot d'enfant child's (funny) remark
mot d'esprit witticism, witty remark
mot d'excuse *(gén)* letter of apology; *(Scol)* *(gén)* (absence) note; *(pour maladie)* sick note
mots fléchés crossword (puzzle) *(with clues given inside the boxes)*
mot d'ordre watchword, slogan
mot de passe password
mot souche root-word

motard, -arde /mɔtaʀ, aʀd/
NM,F motorcyclist, biker*
NM *(Police)* motorcycle policeman *ou* cop*; *(de la gendarmerie, de l'armée)* motorcyclist ◆ **les motards de l'escorte présidentielle** the president's motorcycle escort, the president's motorcade

mot-clé (pl **mots-clés**) **, mot clé** /mokle/ NM keyword

motel /mɔtɛl/ NM motel

motet /mɔtɛ/ NM motet, anthem

moteur¹ /mɔtœʀ/ SYN NM 1 *(Tech)* engine; *(électrique)* motor ◆ **moteur atmosphérique** atmospheric engine ◆ **moteur à combustion interne, moteur à explosion** internal combustion engine ◆ **moteur à 2/4 temps** 2-/4-stroke engine ◆ **à moteur** power-driven, motor *(épith)* ◆ **moteur !** *(Ciné)* action! ◆ **moteur de recherche** *(Ordin)* search engine; → **frein**

2 *(= force)* mover, mainspring ◆ **le grand moteur de l'univers** *(littér)* the prime mover of the universe ◆ **être le moteur de qch** to be the mainspring of sth, to be the driving force behind sth

moteur², -trice /mɔtœʀ, tʀis/
ADJ 1 *(Anat)* *[muscle, nerf, troubles]* motor *(épith)*
2 ◆ **engin moteur** power unit ◆ **force motrice** *(lit, fig)* driving force; → **arbre, roue**
NF **motrice** *[de train]* power unit

moteur-fusée (pl **moteurs-fusées**) /mɔtœʀfyze/ NM rocket engine *ou* motor

motif /mɔtif/ SYN NM 1 *(= raison)* motive *(de* for), grounds *(de* for); *(= but)* purpose *(de* of) ◆ **quel est le motif de votre visite ?** what is the motive for *ou* the purpose of your visit? ◆ **quel motif as-tu de te plaindre ?** what grounds have you got for complaining? ◆ **il a de bons motifs pour le faire** he has good grounds for doing it ◆ **fréquenter une jeune fille pour le bon motif** († *ou hum*) to court a girl with honourable intentions ◆ **faire qch sans motif** to have no motive for doing sth ◆ **colère sans motif** groundless *ou* irrational anger ◆ **motif d'inquiétude** cause for concern ◆ **donner des motifs de satisfaction à qn** to give sb grounds *ou* cause for satisfaction

2 *(= ornement)* motif, design, pattern; *(Peinture, Mus)* motif ◆ **tissu à motifs** patterned material ◆ **papier peint à motif de fleurs** floral wallpaper, wallpaper with a floral design *ou* motif

3 *(Jur)* *[de jugement]* grounds *(de* for)

motion /mosjɔ̃/
NF *(Jur, Pol)* motion
COMP **motion de censure** censure motion ◆ **déposer une motion de censure** to table a censure motion ◆ **voter la motion de censure** to pass a vote of no confidence *ou* of censure

motivant, e /mɔtivɑ̃, ɑ̃t/ ADJ *[travail]* rewarding, satisfying ◆ **rémunération motivante** attractive salary

motivation /mɔtivasjɔ̃/ SYN NF 1 *(= justification)* motivation *(de* for) ◆ **quelles sont ses motivations ?** *(raisons personnelles)* what are his motives? *(pour* for) ◆ **lettre de motivation** covering letter, letter in support of one's application
2 *(= dynamisme)* motivation

motivé, e /mɔtive/ SYN (ptp de **motiver**) ADJ
1 *[action]* *(= expliqué)* reasoned, justified; *(= légitime)* well-founded, motivated ◆ **non motivé** unexplained, unjustified ◆ **absence motivée** *(Scol)* legitimate *ou* genuine absence ◆ **refus motivé** justified refusal
2 *[personne]* motivated ◆ **non motivé** unmotivated

motiver /mɔtive/ SYN ► conjug 1 ◄ VT 1 *(= justifier, expliquer)* *[+ action, attitude, réclamation]* to justify, to account for ◆ **il a motivé sa conduite en disant que...** he justified his behaviour by saying that... ◆ **rien ne peut motiver une telle conduite** nothing can justify *ou* warrant such behaviour
2 *(= fournir un motif à)* *[+ refus, intervention, jugement]* to motivate, to found; *(Psych)* to motivate
3 *(= pousser à agir)* *[personne, salaire]* to motivate

moto /moto/ SYN NF (abrèv de **motocyclette**)
1 *(= véhicule)* motorbike, motorcycle, bike* ◆ **je viendrai à** *ou* **en moto** I'll come by bike* *ou* on my bike* ◆ **moto de course** racing motorcycle ◆ **moto de route** (standard) motorbike ◆ **moto de trial** trail bike *(Brit)*, dirt bike *(US)*
2 *(= activité)* motorcycling, biking*

motocross, moto-cross /motokʀɔs/ NM INV *(= sport)* motocross, scrambling; *(= épreuve)* motocross race, scramble

moto-crottes* (pl **motos-crottes**) /motokʀɔt/ NF motorbike pooper scooper

motoculteur /mɔtɔkyltœʀ/ NM (motorized) cultivator

motocycle /mɔtɔsikl/ NM *(Admin)* motor bicycle

motocyclette /mɔtɔsiklɛt/ NF motorcycle, motorbike

motocyclisme /mɔtɔsiklism/ NM motorcycle racing

motocycliste /mɔtɔsiklist/
NMF motorcyclist
ADJ *[course]* motorcycle *(épith)* ◆ **le sport motocycliste** motorcycle racing

motomarine /mɔtɔmaʀin/ NF jetski

motonautique /motonotik/ ADJ ◆ **sport motonautique** speedboat *ou* motorboat racing

motonautisme /motonotism/ NM speedboat *ou* motorboat racing

motoneige /motonɛʒ/ NF snow-bike, skidoo ® *(Can)*

motoneigiste /motonɛʒist/ NMF snow-bike *ou* skidoo *(Can)* rider

motopaver /motopavœʀ/ NM paver

motopompe /motopɔ̃p/ NF motor-pump, power-driven pump

motor-home (pl **motor-homes**) /mɔtɔʀom/ NM motor home

motorisation /mɔtɔʀizasjɔ̃/ NF motorization; *(= type de moteur)* engine type

motorisé, e /mɔtɔʀize/ ADJ 1 *[mécanisme]* motorized, motor-driven; *(Mil)* *[compagnie, patrouille]* motorized, mechanized ◆ **la circulation motorisée** motor traffic ◆ **sports motorisés** motor sports; → **deux-roues**
2 ◆ **être motorisé*** *(= posséder un véhicule)* to have a car; *(= être en voiture)* to have transport *(Brit)* *ou* transportation *(US)*, to be car-borne* ◆ **tu es motorisé ? sinon je te ramène** have you got transport? if not I'll drop you home ◆ **les voyageurs non motorisés** passengers without cars, foot passengers

motoriser /mɔtɔʀize/ ► conjug 1 ◄ VT to motorize

motoriste /mɔtɔʀist/ NM *(= mécanicien)* car *ou* auto *(US)* mechanic; *(= constructeur)* engine manufacturer

motoski /motoski/ NM ⇒ **motoneige**

mot-outil (pl **mots-outils**) /mouti/ NM grammatical word

motrice /mɔtʀis/ ADJ, NF → **moteur²**

motricité /mɔtʀisite/ NF motivity

motte /mɔt/ NF 1 *(Agr)* ◆ **motte (de terre)** lump of earth, clod (of earth) ◆ **motte de gazon** turf, sod ◆ **en motte** *[plante]* balled
2 *(Culin)* ◆ **motte de beurre** lump *ou* block of butter ◆ **acheter du beurre en** *ou* **à la motte** to buy butter loose

motter (se) /mɔte/ ► conjug 1 ◄ VPR *[animal]* to take cover *(behind a clod)*

motteux /mɔtø/ NM wheatear

motu proprio /mɔtypʀɔpʀijo/
LOC ADV of one's (own) accord
NM INV *(Rel)* motu proprio

motus* /mɔtys/ EXCL ◆ **motus (et bouche cousue) !** mum's the word!*, keep it under your hat!, don't breathe a word!

mot-valise (pl **mots-valises**) /movaliz/ NM portmanteau word

mou¹, molle /mu, mɔl/ (m : devant voyelle ou h muet **mol** /mɔl/) SYN
ADJ 1 *(au toucher)* *[substance, oreiller]* soft; *[tige, tissu]* limp; *[chair, visage]* flabby ◆ **ce melon est tout mou** this melon has gone all soft *ou* mushy ◆ **ajouter le beurre mou** add the softened butter; → **chapeau, ventre**
2 *[traits du visage]* weak, slack
3 *(à l'oreille)* ◆ **bruit mou** muffled noise, soft thud ◆ **voix aux inflexions molles** gently lilting voice
4 *(= sans énergie)* *[geste, poignée de main]* limp, lifeless; *[protestations, opposition]* weak, feeble; *[style]* feeble, dull; *(Mus)* *[exécution]* dull, lifeless; *[croissance, reprise économique, marché]* sluggish; *[dictature]* benign ◆ **personne molle** *(apathique)* lethargic *ou* sluggish person; *(sans autorité)* spineless character; *(trop indulgent)* lax *ou* soft person ◆ **j'ai les jambes molles** my legs feel weak *ou* like jelly *(Brit)* ◆ **dépêche-toi, c'est mou tout ça !** you're so slow, hurry up! ◆ **il est mou comme une chiffe** *ou* **chique** he's spineless ◆ **qu'est-ce qu'il est mou !** he's so hopeless! ◆ **il est un peu mou du genou*** he hasn't got much get-up-and-go
5 *[temps]* muggy; *[tiédeur]* languid
ADV ◆ **vas-y mou** †* go easy*, take it easy*

mou | moulin

NM 1 [de corde] ◆ **avoir du mou** to be slack ou loose ◆ **donner du mou** to give some slack, to loosen ◆ **il y a du mou dans la pédale de frein** the brakes are soft ou spongy ◆ **donne un peu de mou pour que je puisse faire un nœud** let the rope out a bit ou give a bit of play on the rope so that I can make a knot ◆ **donner** ou **laisser du mou à qn** (fig) to give sb some leeway

2 (= personne) spineless character

mou² /mu/ **NM** (Boucherie) lights, lungs ◆ **bourrer le mou à qn**‡ to take sb in, to have sb on* (Brit)

mouais* /mwɛ/ **EXCL** yeah*

moucharabié, moucharabieh /muʃaRabje/ **NM** (Archit) moucharaby, moucharabieh

mouchard, e /muʃaR, aRd/
  NM,F (* : Scol) sneak*
  NM 1 (arg Police) informer, grass* (Brit), fink‡ (US)
  2 (Tech = enregistreur) [d'avion, train] black box; [de camion] tachograph; [de veilleur de nuit] control clock; (Mil) spy plane; [de porte] spyhole

mouchardage* /muʃaRdaʒ/ **NM** (Scol) sneaking*; (arg Police) informing, grassing* (Brit), ratting* (US) ◆ **il y a eu des mouchardages auprès de la direction** someone's been sneaking to the management

moucharder* /muʃaRde/ ▶ conjug 1 ◀ **VT** (Scol) to sneak on*, to split on* (Brit); (arg Police) to inform on, to grass on* (Brit), to rat on* (US)

mouche /muʃ/
  NF 1 (= insecte, appât) fly ◆ **quelle mouche t'a piqué ?** what's bitten you?*, what's got into you? ◆ **il faut toujours qu'il fasse la mouche du coche** he's always fussing around as if he's indispensable ◆ **mourir/tomber comme des mouches** to die (off)/fall like flies ◆ **prendre la mouche** to get into ou go into a huff*, to get huffy* ◆ **on ne prend pas les mouches avec du vinaigre** (Prov) you have to be nice if you want something; → **voler¹, fin¹, mal²**
  2 (Escrime) button ◆ **faire mouche** (Tir) to score a ou hit the bull's-eye; (fig) to score, to hit home; → **poids**
  3 (en taffetas) patch, beauty spot; (= touffe de poils sous la lèvre) short goatee
  NFPL mouches (Opt) specks, spots
  COMP mouche bleue ⇒ **mouche de la viande**
  mouche d'escadre (= bateau) advice boat
  mouche à feu (Can) firefly
  mouche à merde‡ dung fly
  mouche à miel honey bee
  mouche tsé-tsé tsetse fly
  mouche à vers blowfly
  mouche verte greenbottle
  mouche de la viande bluebottle
  mouche du vinaigre fruit fly

moucher /muʃe/ ▶ conjug 1 ◀
  VT 1 ◆ **moucher (le nez de) qn** to blow sb's nose ◆ **mouche ton nez** blow your nose ◆ **il mouche du sang** there are traces of blood (in his handkerchief) when he blows his nose
  2 (* = remettre à sa place) ◆ **moucher qn** to put sb in his place ◆ **se faire moucher** to get put in one's place
  3 [+ chandelle] to snuff (out)
  VPR se moucher to blow one's nose ◆ **il ne se mouche pas du coude* ou du pied*** (= il est prétentieux) he thinks he's it* ou the cat's whiskers* (Brit) ou meow (US); (= il ne se refuse rien) he doesn't deny himself anything

moucheron /muʃRɔ̃/ **NM** (= insecte) midge, gnat; (* = enfant) kid*, nipper* (Brit)

moucheté, e /muʃ(ə)te/ **SYN** (ptp de **moucheter**) **ADJ** [œuf] speckled; [poisson] spotted; [laine] flecked; → **fleuret**

moucheter /muʃ(ə)te/ ▶ conjug 4 ◀ **VT** 1 (= tacheter) to fleck (de with) 2 [+ fleuret] to put a button on; → **fleuret**

mouchetis /muʃ(ə)ti/ **NM** (Constr) pebble dash (Brit), rock dash (US)

mouchette /muʃɛt/
  NF (Archit) [de larmier] lip; [de fenêtrage] outer fillet
  NFPL mouchettes (Hist) snuffers

moucheture /muʃ(ə)tyR/ **NF** (sur les habits) speck, spot, fleck; (sur un animal) spot, patch ◆ **mouchetures d'hermine** (Héraldique) ermine tips

mouchoir /muʃwaR/ **NM** (de poche, en tissu) handkerchief, hanky*; († : autour du cou) neckerchief ◆ **mouchoir (en papier)** tissue, paper handkerchief ◆ **jardin grand comme un mouchoir de poche** garden as big as ou the size of ou no bigger than a pocket handkerchief ◆ **cette pièce est grande comme un mouchoir de poche** this room's tiny, there isn't room to swing a cat in here (Brit) ◆ **ils sont arrivés dans un mouchoir** it was a close finish ◆ **les deux candidats se tiennent dans un mouchoir** the two candidates are neck and neck; → **nœud**

moudjahiddin /mudʒa(j)idin/ **NMPL** mujaheddin, mujahideen

moudre /mudR/ **SYN** ▶ conjug 47 ◀ **VT** [+ blé] to mill, to grind; [+ café, poivre] to grind; († : Mus) [+ air] to grind out ◆ **moudre qn de coups** † to thrash sb, to give sb a drubbing; → **grain, moulu**

moue /mu/ pout ◆ **faire la moue** (gén) to pull a face; [enfant gâté] to pout ◆ **faire une moue de dédain/de dégoût** to give a disdainful pout/a pout of disgust ◆ **il eut une moue dubitative** he looked doubtful ◆ **il a fait la moue à notre proposition** our proposition didn't do much for him*

mouette /mwɛt/ **NF** (sea) gull ◆ **mouette rieuse** black-headed gull ◆ **mouette tridactyle** kittiwake

mou(f)fette /mufɛt/ **NF** skunk

moufle /mufl/
  NF (= gant) mitt, mitten; (pour plats chauds) oven glove
  NM OU NF (Tech) (= poulie) pulley block; [de four] muffle

mouflet, -ette* /muflɛ, ɛt/ **NM,F** brat (péj), kid*

mouflon /muflɔ̃/ **NM** mouf(f)lon (mountain sheep)

mouf(e)ter‡ /mufte/ ▶ conjug 10u4 ◀ **VI** to blink ◆ **il n'a pas mouf(e)té** he didn't bat an eyelid

mouillage /mujaʒ/ **NM** 1 (Naut) (= action) [de navire] anchoring, mooring; [d'ancre] casting; [de mine] laying ◆ **au mouillage** (lying) at anchor
  2 (= abri, rade) anchorage, moorage
  3 (Tech) [de cuir, linge] moistening, damping; [de vin, lait] watering(-down)

mouillant, e /mujɑ̃, ɑ̃t/
  ADJ wetting (épith)
  NM wetting agent

mouille /muj/ **NF** flood ou water damage

mouillé, e /muje/ **SYN** (ptp de **mouiller**) **ADJ** 1 [herbe, vêtement, personne] wet; [regard] watery, tearful; [voix] tearful ◆ **tout mouillé** all wet ◆ **il pèse 50 kilos tout mouillé** (hum) he weighs 50 kilos soaking wet ou with his socks on (Brit) (hum) ◆ **tu sens le chien mouillé** you smell like a wet dog ◆ **ne marche pas dans le mouillé** don't tread in the wet patch; → **poule¹**
  2 (Ling) ◆ **l mouillé** palatalized l, palatal l

mouillement /mujmɑ̃/ **NM** (Ling) palatalization

mouiller /muje/ **SYN** ▶ conjug 1 ◀
  VT 1 (pour humidifier) [+ linge, sol] to dampen; (accidentellement) [+ vêtement, livre] to get ou make wet ◆ **mouiller son doigt pour tourner la page** to moisten one's finger to turn the page ◆ **mouiller sa chemise** ou **son maillot** (fig) to put in some hard work ou graft* (Brit)
  2 [pluie] [+ route] to make wet ◆ **se faire mouiller** to get wet
  3 (Culin) [+ vin, lait] to water (down); [+ viande] to moisten (with stock ou wine etc)
  4 (Naut) [+ mine] to lay; [+ sonde] to heave ◆ **mouiller l'ancre** to cast ou drop anchor
  5 (* = compromettre) [+ personne] to drag (dans into), to mix up (dans in) ◆ **plusieurs personnes ont été mouillées dans l'histoire** several people were mixed up in the affair
  6 (Ling) to palatalize
  VI 1 (Naut) [bateau] to lie ou be at anchor ◆ **ils mouillèrent 3 jours à Papeete** they anchored ou they lay at anchor at Papeete for 3 days
  2 (* = avoir peur) to be scared out of one's mind, to be scared shitless‡
  3 (‡ : sexuellement) to be wet
  VPR se mouiller 1 (= se tremper) (accidentellement) to get o.s. wet; (pour un bain rapide) to have a quick dip ◆ **se mouiller les pieds** (sans faire exprès) to get one's feet wet; (exprès) to dabble one's feet in the water, to have a little paddle
  2 [yeux] to fill ou brim with tears
  3 * (= prendre des risques) to get one's feet wet, to commit o.s.; (= se compromettre) to get mixed up ou involved (dans in)

mouillette /mujɛt/ **NF** finger of bread, soldier* (Brit)

mouilleur /mujœR/ **NM** 1 [de timbres] (stamp) sponge
  2 (Naut) [d'ancre] tumbler ◆ **mouilleur de mines** minelayer

mouillure /mujyR/ **NF** 1 (= trace) wet mark
  2 (Ling) palatalization

mouise‡ /mwiz/ **NF** ◆ **être dans la mouise** (misère) to be flat broke*, to be on one's beamends* (Brit); (ennuis) to be up the creek* ◆ **c'est lui qui m'a sorti de la mouise** he got me out of a hole*

moujik /muʒik/ **NM** mujik, muzhik

moujingue‡ /muʒɛ̃g/ **NMF** brat* (péj), kid*

moukère †‡ /mukɛR/ **NF** woman, female

moulage¹ /mulaʒ/ **NM** 1 (= fabrication) [de briques, pain] moulding (Brit), molding (US); [de caractères d'imprimerie] casting; [de statue, buste] casting ◆ **le moulage d'un bas-relief** making ou taking a cast of a bas-relief
  2 (= reproduction) cast ◆ **prendre un moulage de** to take a cast of ◆ **sur la cheminée il y avait le moulage en plâtre d'une statue** there was a plaster figure on the mantelpiece ◆ **ce n'est qu'un moulage** it's only a copy ◆ **les enfants ont fait des moulages en plâtre** the children have been making plaster models

moulage² /mulaʒ/ **NM** [de grain] milling, grinding

moulant, e /mulɑ̃, ɑ̃t/ **SYN** **ADJ** [robe] figure-hugging; [pantalon, pull] tight(-fitting)

moule¹ /mul/ **SYN**
  NM 1 (pour objet fabriqué) mould (Brit), mold (US); (Typographie) matrix ◆ **le moule est cassé** ou **on a cassé le moule** (fig) they broke the mould ◆ **il n'a jamais pu sortir du moule étroit de son éducation** he has never been able to free himself from the straitjacket of his strict upbringing ◆ **fait sur** ou **coulé dans le même moule** (lit, fig) cast in the same mould ◆ **être fait au moule** (= être beau) to be shapely ◆ **se couler** ou **se fondre** ou **entrer dans le** ou **un moule** to conform to the ou a norm ◆ **il refuse d'entrer dans le moule de l'école** he refuses to fit into the school mould
  2 (Culin) (pour gâteaux) tin (Brit), pan (US); (pour aspic) mould (Brit), mold (US)
  COMP moule à beurre butter print
  moule à briques brick mould
  moule à cake loaf tin
  moule à gâteaux cake tin (Brit), cake pan (US)
  moule à gaufres waffle-iron
  moule à manqué (deep) sandwich tin (Brit), deep cake pan (US)
  moule à pisé clay mould
  moule à soufflé soufflé dish
  moule à tarte pie plate, flan dish

moule² /mul/ **NF** 1 (= coquillage) mussel ◆ **moules marinières** moules marinières (mussels cooked in their own juice with white wine and shallots)
  2 (* = idiot) idiot, twit*
  3 (*‡ = sexe féminin) cunt‡

mouler /mule/ **SYN** ▶ conjug 1 ◀ **VT** 1 (= couler) [+ briques, pain] to mould (Brit), to mold (US); [+ caractères d'imprimerie] to cast; [+ statue, buste] to cast ◆ **mouler un buste en plâtre** to cast a bust in plaster ◆ **fromage blanc moulé à la louche** ≈ farmhouse fromage frais ◆ **selles moulées** (Méd) solid stools
  2 (= prendre l'empreinte de) [+ bas-relief, buste] to make ou take a cast of ◆ **mouler en plâtre/en cire** [+ visage, buste] to make a plaster/wax cast of
  3 [+ lettre, mot] to shape ou form with care
  4 (= calquer sur) ◆ **mouler son style/sa conduite sur** to model one's style/one's conduct on
  5 [+ cuisses, hanches] to hug, to fit closely round ◆ **une robe qui moule** a figure-hugging dress ◆ **pantalon qui moule** tight(-fitting) trousers ◆ **une robe qui lui moulait les hanches** a dress which clung to ou around her hips ◆ **son corps se moulait au sien** her body pressed closely against his

mouleur /mulœR/ **NM** caster, moulder (Brit), molder (US)

moulière /muljɛR/ **NF** mussel bed

moulin /mulɛ̃/ **NM** 1 (= instrument, bâtiment) mill ◆ **moulin à eau** water mill ◆ **moulin à vent** windmill ◆ **moulin à café/poivre** coffee/pepper mill ◆ **moulin à légumes** vegetable mill ◆ **moulin à paroles** chatterbox ◆ **moulin à**

prières prayer wheel • **on y entre comme dans un moulin** anyone can just walk right in
2 (* = *moteur*) engine

mouliner /muline/ ► conjug 1 ◄
VT 1 (*Culin*) to put through a vegetable mill; (*Pêche*) to reel in
2 (* : *Ordin*) to process, to crunch *
3 [*+ soie*] to throw
VI [*cycliste*] to pedal rapidly (*without any effort*)

moulinet /mulinɛ/ NM (*Pêche*) reel; (*Tech*) winch; (*Escrime*) flourish; (*Danse*) moulinet • **faire des moulinets avec une canne** to twirl *ou* whirl a walking stick • **faire des moulinets avec les bras** to whirl one's arms about *ou* round

moulinette ® /mulinɛt/ NF vegetable mill • **passer qch à la moulinette** (*Culin*) to put sth through the vegetable mill; (*fig*) to subject sth to close scrutiny; (* : *Ordin*) to process *ou* crunch * sth

moulineur, -euse /mulinœʀ, øz/ NM,F [*de soie*] thrower

moult /mult/
ADV (†† *ou hum*) (= *beaucoup*) many; (= *très*) very • **moult gens** many people, many a person • **moult fois** oft(en)times (*hum*), many a time
ADJ many, numerous

moulu, e /muly/ (ptp de **moudre**) ADJ 1 [*café, poivre*] ground (*épith*)
2 († = *meurtri*) bruised, black and blue • **moulu (de fatigue)** * dead-beat *, worn-out, all-in *

moulure /mulyʀ/ NF (*gén*) moulding (*Brit*), molding (*US*); (*sur porte*) beading

moulurer /mulyʀe/ ► conjug 1 ◄ VT to decorate with mouldings (*Brit*) *ou* moldings (*US*) • **machine à moulurer** moulding (*Brit*) *ou* molding (*US*) machine • **panneau mouluré** moulded (*Brit*) *ou* molded (*US*) panel

moumoute * /mumut/ NF 1 (*hum*) (= *perruque*) wig; (= *postiche*) (*pour hommes*) hairpiece, toupee; (*pour femmes*) hairpiece
2 (= *veste*) fleece-lined *ou* fleecy jacket

mound /maund, mund/ NM mound

mouquère †* /mukɛʀ/ NF ⇒ **moukère**

mourant, e /muʀɑ̃, ɑ̃t/ SYN
ADJ [*personne, feu, jour*] dying; [*voix*] faint; [*regard*] languishing
NM,F • **un mourant** a dying man • **une mourante** a dying woman • **les mourants** the dying

mourir /muʀiʀ/ SYN ► conjug 19 ◄
VI 1 [*être animé, plante*] to die • **mourir dans son lit** to die in one's bed • **mourir de sa belle mort** to die a natural death • **mourir avant l'âge** to die young *ou* before one's time • **mourir à la peine** *ou* **à la tâche** to die in harness (*fig*) • **mourir assassiné** to be murdered • **mourir empoisonné** (*crime*) to be poisoned (and die); (*accident*) to die of poisoning • **mourir en héros** to die a hero's death • **il est mort très jeune** he died very young, he was very young when he died • **faire mourir qn** to kill sb • **cet enfant me fera mourir** this child will be the death of me • **c'est une simple piqûre, tu n'en mourras pas !** it's only a little injection, it won't kill you! • **je l'aime à (en) mourir** I love him more than life itself • **s'ennuyer à mourir** to be bored to death *ou* to tears • **ennuyeux à mourir** deadly boring • **elle est belle à mourir** she's heart-stoppingly beautiful, she's drop-dead gorgeous * • **triste à mourir** deadly dull • **il attend que le patron meure pour prendre sa place** he's waiting for his boss to die so that he can step into his shoes • **on ne meurt qu'une fois** (*Prov*) you only die once (*Prov*) • **plus bête que lui, tu meurs !** * you can't possibly be more stupid than he is!, he's as stupid as they come! *
2 [*civilisation, empire, coutume*] to die out; [*bruit*] to die away; [*jour*] to fade, to die; [*feu*] to die out, to die down • **la vague vint mourir à ses pieds** the wave died away at his feet • **le ballon vint mourir à ses pieds** the ball came to rest at his feet
3 (*suivi d'un complément*) • **mourir de vieillesse/chagrin** to die of old age/grief • **mourir d'une maladie/d'une blessure** to die of a disease/from a wound • **mourir de froid** (*lit*) to die of exposure • **on meurt de froid ici** (*fig*) it's freezing *ou* perishing (*Brit*) cold in here • **je meurs de sommeil** I'm dead on my feet • **mourir de faim** (*lit*) to starve to death, to die of hunger; (*fig* = *avoir faim*) to be starving *ou* famished *ou* ravenous • **faire mourir qn de faim** to starve sb to death • **mourir de soif** (*lit*) to die of thirst; (*fig* = *avoir soif*) to be parched • **il me fera mourir d'inquiétude** he'll drive me to my death with worry • **mourir de honte** to die of shame • **mourir** *ou* **être mort de peur** to be frightened *ou* scared to death • **il me fera mourir de peur** he'll frighten the life out of me • **mourir d'ennui** to be bored to death *ou* to tears • **il meurt d'envie de le faire** he's dying to do it • **faire mourir qn d'impatience** to keep sb on tenterhooks • **faire mourir qn à petit feu** (*lit*) to kill sb slowly *ou* by inches; (*fig*) to torment the life out of sb • **(se) mourir d'amour pour qn** (*littér*) to pine for sb
VPR **se mourir** (*littér*) to be dying

mouroir /muʀwaʀ/ NM (*péj* : *pour vieillards*) old people's home • **le camp/l'hôpital est devenu un mouroir** the camp/the hospital has become a place for people to die

mouron /muʀɔ̃/ NM 1 (= *plante*) pimpernel • **mouron rouge** scarlet pimpernel • **mouron blanc** *ou* **des oiseaux** chickweed
2 (*locution*) • **se faire du mouron** * to worry o.s. sick * • **arrête de te faire du mouron (pour lui)** * stop worrying *ou* fretting (about him)

mouscaille * /muskɑj/ NF • **être dans la mouscaille** (*misère*) to be down and out, to be stony broke *, to be on one's beam-ends * (*Brit*); (*ennuis*) to be up the creek *

mousmé /musme/ NF mousmee

mousquet /muskɛ/ NM musket

mousquetaire /muskətɛʀ/ NM musketeer • **col/poignet mousquetaire** mousquetaire collar/cuff

mousqueton /muskətɔ̃/ NM (= *boucle*) snap hook, clasp; (= *fusil*) carbine; (*Alpinisme*) crab, karabiner • **coup de mousqueton** musket shot

moussaillon * /musajɔ̃/ NM ship's boy • **par ici moussaillon !** over here, (my) boy!

moussaka /musaka/ NF moussaka

moussant, e /musɑ̃, ɑ̃t/ ADJ [*savon, crème à raser*] foaming, lathering; → **bain**

mousse[1] /mus/
NF 1 (= *plante*) moss; → **pierre, vert**
2 (= *écume*) [*de bière, eau, café, lait*] froth; [*de savon*] lather; [*de champagne*] bubbles • **la mousse sur le verre de bière** the head on the beer
3 (* = *bière*) pint *
4 (*Culin*) mousse • **mousse au chocolat** chocolate mousse • **mousse d'avocat** avocado mousse
5 (= *caoutchouc*) foam rubber • **matelas en mousse** foam rubber mattress • **balle (en) mousse** rubber ball • **collant/bas mousse** (= *nylon*) stretch tights (*Brit*) *ou* pantyhose (*US*) /stockings • **mousse de caoutchouc** foam rubber
6 • **se faire de la mousse** †* to worry o.s. sick *, to get all het up * • **ne te fais pas de mousse *, tout ira bien** don't worry *ou* don't get so het up *, everything'll be alright
COMP **mousse carbonique** (fire-fighting) foam
mousse coiffante styling mousse
mousse de nylon (= *tissu*) stretch nylon; (*pour rembourrer*) foam
mousse de platine platinum sponge
mousse à raser shaving foam; → **point**[2]

mousse[2] /mus/ NM ship's boy

mousse[3] /mus/ ADJ [*pointe*] blunt

mousseline /muslin/ NF 1 (= *coton*) muslin; (= *soie, tergal*) chiffon • **verre mousseline** muslin glass
2 (*Culin* = *mousse*) mousseline; → **pomme, sauce**

mousser /muse/ ► conjug 1 ◄ VI 1 [*bière, eau*] to froth; [*champagne*] to bubble, to sparkle; [*détergent*] to foam, to lather; [*savon, shampooing, crème à raser*] to lather • **faire mousser** [*+ savon, détergent*] to lather up
2 • **faire mousser qn** * (*vanter*) to boost sb *, to puff sb up * (*US*); (*mettre en colère*) to make sb mad * *ou* wild * • **se faire mousser** * to blow one's own trumpet, to sing one's own praises (*auprès de* to) (*auprès d'un supérieur*) to sell o.s. hard * (*auprès de* to)

mousseron /musʀɔ̃/ NM meadow mushroom

mousseux, -euse /musø, øz/ SYN
ADJ [*vin*] sparkling (*épith*); [*bière, chocolat*] frothy • **eau mousseuse** soapy water
NM sparkling wine

mousson /musɔ̃/ NF monsoon

moussu, e /musy/ ADJ [*sol, arbre*] mossy; [*banc*] moss-covered

moustache /mustaʃ/ NF [*d'homme*] moustache, mustache (*US*) • **moustaches** [*d'animal*] whiskers • **porter la moustache** *ou* **des moustaches** to have *ou* wear a moustache • **avoir de la moustache** [*de femme*] to have a moustache, to have hair on one's upper lip • **il s'était fait une moustache blanche en buvant le lait** he had a white moustache from drinking the milk • **moustache en brosse** toothbrush moustache • **moustache en croc** *ou* **en guidon de vélo** * handlebar moustache • **moustache (à la) gauloise** walrus moustache

moustachu, e /mustaʃy/ ADJ with a moustache, moustached • **c'est un moustachu** he has a moustache • **elle est un peu moustachue** she's got a bit of a moustache

moustérien, -ienne /musteʀjɛ̃, jɛn/
ADJ Mousterian
NM • **le Moustérien** the Mousterian

moustiquaire /mustikɛʀ/ NF (= *rideau*) mosquito net; [*de fenêtre, porte*] mosquito screen

moustique /mustik/ NM (= *insecte*) mosquito; (* = *enfant*) (little) kid *, tich * (*Brit*), nipper * (*Brit*)

moût /mu/ NM [*de raisin*] must; [*de bière*] wort

moutard * /mutaʀ/ NM brat * (*péj*), kid *

moutarde /mutaʀd/
NF mustard • **moutarde blanche** white mustard • **moutarde (extra-)forte** English mustard, hot mustard (*US*) • **moutarde à l'estragon** *ou* **aux aromates** French mustard • **moutarde à l'ancienne** grain mustard • **moutarde de Dijon** Dijon mustard • **graines de moutarde** mustard seeds • **la moutarde me monta au nez** I flared up, I lost my temper • **il sentit la moutarde lui monter au nez** he felt his temper flaring, he felt he was going to flare up
ADJ INV • **(jaune) moutarde** mustard(-yellow); → **gaz, sauce**

moutardier /mutaʀdje/ NM (= *pot*) mustard pot; (= *fabricant*) mustard maker *ou* manufacturer • **il se croit le premier moutardier du pape** † he thinks he's the bee's knees (*Brit*) *ou* the cat's whiskers (*Brit*) *ou* the cat's meow (*US*)

mouton, -onne /mutɔ̃, ɔn/
ADJ sheeplike
NM 1 (= *animal*) sheep; (= *peau*) sheepskin • **doublé de mouton** lined with sheepskin • **relié en mouton** bound in sheepskin, sheepskin-bound • **manteau en mouton doré** Persian lamb coat • **mais revenons** *ou* **retournons à nos moutons** (*fig*) but let's get back to the subject, but to get back to the subject • **compter les moutons** (*pour s'endormir*) to count sheep
2 (= *viande*) mutton • **côte de mouton** mutton chop
3 (* = *personne*) (*grégaire, crédule*) sheep; (*doux, passif*) sheep, lamb • **c'est un mouton** (*grégaire*) he's easily led, he goes with the crowd; (*doux*) he's as gentle as a lamb • **il m'a suivi comme un mouton** he followed me like a lamb • **ils se comportent comme des moutons de Panurge** they behave like sheep
4 (*arg Police* : *dans une prison*) stool pigeon (*arg*), grass (*Brit*) (*arg*)
5 (*Constr*) ram, monkey
NMPL **moutons** (*sur la mer*) white horses (*Brit*), white caps (*US*); (*sur le plancher*) (bits of) fluff; (*dans le ciel*) fluffy *ou* fleecy clouds
COMP **mouton à cinq pattes** rare bird, rara avis (*littér*)
mouton à laine sheep reared for wool
mouton retourné sheepskin
mouton à viande sheep reared for meat

MOUTONS DE PANURGE

The expression **moutons de Panurge** is an allusion to a famous scene in Rabelais' "Pantagruel", in which Pantagruel throws a sheep into the sea and the rest of the flock throw themselves in after it. The term **mouton de Panurge** is used metaphorically to refer to any person who blindly follows the herd.

moutonnant, e /mutɔnɑ̃, ɑ̃t/ ADJ [*mer*] flecked with white horses (*Brit*) *ou* with white caps (*US*); (*littér*) [*collines*] rolling (*épith*)

moutonné, e /mutɔne/ (ptp de **moutonner**) ADJ [*ciel*] flecked with fleecy *ou* fluffy clouds • **roche moutonnée** (*Géol*) roche moutonnée

moutonnement /mutɔnmɑ̃/ **NM** ◆ **contempler le moutonnement de la mer** to look at the white horses *(Brit)* *ou* white caps *(US)* on the sea ◆ **le moutonnement des collines** *(littér)* the rolling hills

moutonner /mutɔne/ SYN ▸ conjug 1 ◂ **VI** *[mer]* to be flecked with white horses *(Brit)* *ou* white caps *(US)*; *(littér)* *[collines]* to roll; *[ciel]* to be flecked with fleecy *ou* fluffy clouds

moutonnerie /mutɔnʀi/ **NF** *(péj)* sheeplike behaviour

moutonneux, -euse /mutɔnø, øz/ **ADJ** *[mer]* flecked with white horses *(Brit)* *ou* with white caps *(US)*; *[ciel]* flecked with fleecy *ou* fluffy clouds

moutonnier, -ière /mutɔnje, jɛʀ/ SYN **ADJ** *[réflexe, personne]* sheep-like ◆ **ils ont un comportement moutonnier** they behave like sheep

mouture /mutyʀ/ SYN **NF** 1 *(= action)* *[de blé]* milling, grinding; *[de café]* grinding

2 *(= résultat)* ◆ **une mouture fine** *[de café]* finely ground coffee ◆ **c'est la première mouture** *[d'article, rapport]* it's the first draft ◆ **c'est la 3e mouture du même livre** *(péj)* it's the 3rd rehash of the same book

mouvance /muvɑ̃s/ **NF** 1 *(= domaine d'influence)* sphere of influence ◆ **entraîner qn dans sa mouvance** to draw sb into one's sphere of influence ◆ **il n'appartient pas à la mouvance présidentielle** *(Pol)* he's not at the same end of the political spectrum as the president ◆ **au sein de la mouvance écologiste** among the different ecological parties

2 *(gén péj)* *[de pensée, situation]* ever-changing nature ◆ **la mouvance politique/sociale** the ever-changing political/social scene ◆ **une culture en perpétuelle mouvance** an ever-changing culture

3 *(Hist)* subinfeudation; *(Philos)* mobility

mouvant, e /muvɑ̃, ɑ̃t/ SYN **ADJ** *[situation]* unsettled, fluid; *[ombre, flamme]* moving, changing; *[pensée, univers]* changing; *[frontières]* shifting; *[terrain]* unsteady, shifting ◆ **être sur un** *ou* **en terrain mouvant** *(fig)* to be on shaky *ou* uncertain ground; → **sable¹**

mouvement /muvmɑ̃/ SYN **NM** 1 *(= geste)* movement, motion ◆ **mouvements de gymnastique** (physical) exercises ◆ **il a des mouvements très lents** he is very slow in his movements ◆ **il approuva d'un mouvement de tête** he nodded his approval, he gave a nod of approval ◆ **elle refusa d'un mouvement de tête** she shook her head in refusal, she refused with a shake of her head ◆ **elle eut un mouvement de recul** she started back ◆ **le mouvement des lèvres** the movement of the lips ◆ **faire un mouvement** to move, to make a move ◆ **elle ne pouvait plus faire le moindre mouvement** she could no longer move at all ◆ **rester sans mouvement** to remain motionless; → **faux², temps¹**

2 *(= impulsion, réaction)* ◆ **dans un mouvement de colère/d'indignation** in a fit *ou* a burst of anger/of indignation ◆ **les mouvements de l'âme** the impulses of the soul ◆ **des mouvements dans l'auditoire** a stir in the audience ◆ **discours accueilli avec des mouvements divers** speech which got a mixed reception ◆ **son premier mouvement fut de refuser** his first impulse was to refuse ◆ **agir de son propre mouvement** to act of one's own accord ◆ **avoir un bon mouvement** to make a nice *ou* kind gesture ◆ **allons, un bon mouvement !** come on, just a small gesture! ◆ **dans un bon mouvement** on a kindly impulse

3 *(= activité)* *[de ville, entreprise]* activity, bustle ◆ **une rue pleine de mouvement** a busy *ou* lively street ◆ **il aime le mouvement** *(= il est dynamique)* he likes to be on the go; *(= il aime l'animation)* he likes the bustle of the city ◆ **il n'y a pas beaucoup de mouvement le dimanche** not much happens on Sundays

4 *(= déplacement)* movement ◆ **suivre le mouvement** to follow the crowd ◆ **presser le mouvement** *(lit, fig)* to step up the pace ◆ **mouvement de balancier** *(lit, fig)* swing of the pendulum, pendulum swing ◆ **le mouvement perpétuel** perpetual motion ◆ **mouvement de foule** movement in the crowd ◆ **mouvements de population** *(Sociol)* shifts in population ◆ **d'importants mouvements de troupes à la frontière** large-scale troop movements at *ou* along the frontier ◆ **mouvement de repli** *(Mil)* withdrawal ◆ **mouvement tournant** (out-)flanking movement ◆ **mouvement de marchandises/de capitaux** *ou* **de fonds** movement of goods/of capital ◆ **les mouvements monétaires internationaux** fluctuations on the world money markets ◆ **mouvement d'un compte** *(Banque)* account activity, turnover in an account ◆ **mouvement de personnel** changes in staff *ou* personnel

♦ **en mouvement** ◆ **être sans cesse en mouvement** to be constantly on the move *ou* on the go ◆ **mettre qch en mouvement** to set sth in motion, to set sth going ◆ **se mettre en mouvement** to set off, to get going; → **guerre**

5 *(Philos, Pol etc = évolution)* ◆ **le mouvement des idées** the evolution of ideas ◆ **le parti du mouvement** the party in favour of change, the party of progress ◆ **être dans le mouvement** to keep up-to-date ◆ **un mouvement d'opinion se dessine en faveur de...** one can detect a trend of opinion in favour of... ◆ **le mouvement des prix** price trends ◆ **mouvement de baisse/de hausse (sur les ventes)** downward/upward movement *ou* trend (in sales)

6 *(= rythme)* *[de phrase]* rhythm; *[de tragédie]* movement, action; *[de mélodie]* tempo

7 *(Pol, Sociol = groupe, action)* movement ◆ **mouvement politique** political movement ◆ **le mouvement ouvrier/étudiant** the labour/student movement ◆ **Mouvement de libération de la femme** Women's Liberation Movement, Women's Lib * ◆ **mouvement(s) de grève** strike *ou* industrial action *(NonC)* ◆ **mouvement de protestation** *ou* **de contestation** protest movement

8 *(Mus)* movement

9 *(Tech = mécanisme)* movement ◆ **par un mouvement d'horlogerie** by clockwork ◆ **fermeture à mouvement d'horlogerie** time lock

10 *(= ligne, courbe)* *[de sculpture]* contours; *[de draperie, étoffe]* drape; *[de collines]* undulations, rise and fall *(NonC)* ◆ **mouvement de terrain** undulation

mouvementé, e /muvmɑ̃te/ SYN **ADJ** *[vie, poursuite, récit]* eventful; *[séance]* turbulent, stormy; *[terrain]* rough ◆ **j'ai eu une journée assez mouvementée** I've had quite a hectic day

mouvoir /muvwaʀ/ SYN ▸ conjug 27 ◂

VT *(gén ptp)* 1 *[+ machine]* to drive, to power; *[+ bras, levier]* to move ◆ **il se leva comme mû par un ressort** he sprang up as if propelled by a spring *ou* like a Jack-in-the-box

2 *[motif, sentiment]* to drive, to prompt

VPR **se mouvoir** to move ◆ **faire (se) mouvoir** *[+ partie du corps]* to move; *[+ robot]* *(gén)* to move; *[source d'énergie]* to drive, to power

Moviola ® /mɔvjɔla/ **NF** Moviola ®

moyen¹, -yenne¹ /mwajɛ̃, jɛn/ SYN **ADJ** 1 *(= ni grand ni petit, modéré)* *[taille]* medium, average; *[ville, maison]* medium-sized; *[prix]* moderate ◆ **les moyennes entreprises** medium-sized companies ◆ **un produit de qualité moyenne** a product of average *ou* medium quality; → **cours, onde, poids**

2 *(= intermédiaire)* *[cadre, classe, revenu]* middle ◆ **la solution moyenne** the middle-of-the-road solution ◆ **il doit exister une voie moyenne entre liberté totale et discipline** there must be a middle way between complete freedom and discipline ◆ **une voiture de gamme moyenne** *(Écon)* a mid-range *ou* middle-of-the-range car; → aussi **cours**

3 *(= du type courant)* average ◆ **le Français/le lecteur moyen** the average Frenchman/reader

4 *(= ni bon ni mauvais)* *[résultats, intelligence, équipe]* average; *(Scol : sur copie d'élève)* fair, average ◆ **nous avons eu un temps moyen** we had mixed weather, the weather was so-so * ◆ **il est moyen en géographie** he is average at geography ◆ **son devoir est très moyen** his essay is pretty poor * ◆ **comment as-tu trouvé le spectacle ? – très moyen** what did you think of the show? – pretty average

5 *(d'après des calculs)* *[température, âge]* average, mean; *[prix, durée, densité, vitesse]* average ◆ **le revenu moyen par tête d'habitant** the average per capita income ◆ **la consommation moyenne annuelle de chocolat** the average annual consumption of chocolate

6 *(Géog)* ◆ **le cours moyen du fleuve** the middle reaches of the river ◆ **les régions de la Loire moyenne** the middle regions of the Loire

7 *(Ling)* ◆ **voyelle moyenne** mid *ou* central vowel

moyen² /mwajɛ̃/ GRAMMAIRE ACTIVE 17.1 SYN

NM 1 *(= procédé, manière)* means, way ◆ **il y a toujours un moyen** there's always a way, there are ways and means ◆ **par quel moyen allez-vous le convaincre ?** how will you manage to convince him? ◆ **connaissez-vous un bon moyen pour... ?** do you know a good way to...? ◆ **c'est le meilleur moyen de rater ton examen** it's the best way to fail your exam ◆ **c'est l'unique moyen de s'en sortir** it's the only way out, it's the only way we can get out of it ◆ **tous les moyens lui sont bons** *(péj)* he'll stop at nothing *ou* he'll do anything to get what he wants ◆ **quand on veut réussir tous les moyens sont bons** anything goes when one wants to succeed ◆ **tous les moyens seront mis en œuvre pour réussir** we shall use all possible means to succeed ◆ **se débrouiller avec les moyens du bord** to get by as best one can, to make do and mend ◆ **employer les grands moyens** to resort to *ou* take drastic *ou* extreme measures ◆ **trouver le moyen de faire qch** *(lit)* to find some means *ou* way of doing sth ◆ **il a trouvé (le) moyen de se perdre** *(fig hum)* he managed *ou* contrived *(frm)* to get lost ◆ **il trouve toujours (un) moyen de me mettre en colère** he always manages to make me angry ◆ **nous avons les moyens de vous faire parler !** we have ways of making you talk! ◆ **adverbe de moyen** *(Gram)* adverb of means

♦ **au moyen de, par le moyen de** by means of, using ◆ **au moyen d'un parachute** by means of *ou* using a parachute ◆ **enlevez la rouille au moyen d'une brosse métallique** remove the rust with a wire brush

♦ **par tous les moyens** *(gén)* by all possible means; *(même malhonnêtes)* by fair means or foul, by hook or by crook ◆ **essayer par tous les moyens** to try every possible means ◆ **j'ai essayé par tous les moyens de le convaincre** I've done everything to try and convince him

2 *(= possibilité)* ◆ **est-ce qu'il y a moyen de lui parler ?** is it possible to speak to him? ◆ **voyons s'il y a moyen de trouver les fonds** let's see if it's possible to get *ou* if there's some way of getting the funding ◆ **le moyen de dire autre chose !** what else could I say? ◆ **le moyen de lui refuser !** how could I possibly refuse? ◆ **il n'y a pas moyen de sortir par ce temps** you can't go out in this weather ◆ **pas moyen d'avoir une réponse claire !** there's no way you can get a clear answer! ◆ **pas moyen de savoir ce qu'ils se sont dit** there's no (way of) knowing what they said to each other ◆ **non, il n'y a pas moyen !** no, nothing doing! *, no, no chance! * ◆ **il n'y a plus moyen de lui parler** you can't talk to him any more ◆ **il n'y a jamais moyen qu'il fasse son lit** you'll never get him to make his bed, he'll never make his bed

NMPL **moyens** 1 *(= capacités intellectuelles, physiques)* ◆ **il a de grands moyens (intellectuels)** he has great powers of intellect *ou* intellectual powers ◆ **ça lui a enlevé** *ou* **fait perdre tous ses moyens** it left him completely at a loss, it completely threw him * ◆ **il était en pleine possession de ses moyens** *ou* **en possession de tous ses moyens** *(gén)* his powers were at their peak; *[personne âgée]* he was in full possession of his faculties ◆ **c'est au-dessus de ses moyens** it's beyond him, it's beyond his abilities *ou* capabilities ◆ **par ses propres moyens** *[réussir]* all by oneself, on one's own ◆ **ils ont dû rentrer par leurs propres moyens** they had to make their own way home, they had to go home under their own steam * *(Brit)*

2 *(= ressources financières)* means ◆ **il a les moyens** he has the means, he can afford it ◆ **avoir de gros/petits moyens** to have a large/small income, to be well/badly off ◆ **c'est dans mes moyens** I can afford it ◆ **il vit au-dessus de ses moyens** he lives beyond his means ◆ **il n'a pas les moyens de s'acheter une voiture** he can't afford to buy a car ◆ **c'est au-dessus de ses moyens** he can't afford it, it's beyond his means

COMP **moyen d'action** means of action
moyen anglais Middle English
moyens audiovisuels audiovisual aids
moyen de communication means of communication
moyen de défense means of defence
moyen d'existence means of existence
moyen d'expression means of expression
moyen de locomotion means of transport
moyen de paiement method *ou* means of payment
moyen de pression means of (applying) pressure ◆ **nous n'avons aucun moyen de pression sur lui** we have no means of putting pressure on him *ou* no hold on him

moyen de production means of production
moyen de transport means *ou* mode of transport

Moyen Âge, Moyen-Âge /mwajɛnɑʒ/ NM ◆ **le Moyen Âge** the Middle Ages ◆ **le haut Moyen Âge** the early Middle Ages ◆ **au Moyen Âge** in the Middle Ages

moyenâgeux, -euse /mwajɛnɑʒø, øz/ ADJ [ville, costumes] medieval; (péj) [pratiques, théorie] antiquated, outdated

moyen-courrier (pl **moyens-courriers**) /mwajɛ̃kuʀje/
ADJ [vol] medium-haul
NM (= avion) medium-haul aircraft

moyennant /mwajɛnɑ̃/ SYN PRÉP [+ argent] for; [+ service] in return for; [+ travail, effort] with ◆ **moyennant finance(s)** for a fee *ou* a consideration ◆ **moyennant quoi** in return for which, in consideration of which

moyenne² /mwajɛn/ SYN
NF 1 (gén) average ◆ **au-dessus/au-dessous de la moyenne** above/below average ◆ **faites la moyenne de ces chiffres** work out the average of these figures ◆ **la moyenne d'âge/des températures** the average *ou* mean age/temperature ◆ **la moyenne des gens pense que...** most people *ou* the broad mass of people think that... ◆ **moyenne géométrique/arithmétique** (Math) geometric/arithmetic mean ◆ **le taux de natalité y est inférieur à la moyenne nationale** the birthrate there is lower than the national average
2 (Scol) ◆ **avoir la moyenne** (à un devoir) to get fifty per cent, to get half marks (Brit); (à un examen) to get a pass *ou* a pass mark (Brit) ◆ **moyenne générale** (de l'année) average (for the year) ◆ **améliorer** *ou* **remonter sa moyenne** to improve one's marks *ou* grades ◆ **la moyenne de la classe est de 9 sur 20** the class average is 9 out of 20 ◆ **cet élève est dans la moyenne/la bonne moyenne** this pupil is about/above average
3 (= vitesse) average speed ◆ **faire du 100 de moyenne** to average 100 km/h, to drive at an average speed of 100 km/h
LOC ADV **en moyenne** on average ◆ **l'usine produit en moyenne 500 voitures par jour** the factory turns out 500 cars a day on average, the factory averages 500 cars a day

moyennement /mwajɛnmɑ̃/ SYN ADV
1 (= médiocrement) ◆ **c'est moyennement bon** it's pretty average ◆ **c'est moyennement intéressant/drôle** it's not that interesting/funny ◆ **il est moyennement apprécié** he's not liked that much ◆ **c'est très moyennement payé** it's poorly paid ◆ **je ne suis que moyennement convaincu** I'm only half convinced ◆ **j'ai réussi moyennement en anglais** I didn't do that well in English ◆ **j'aime moyennement ça** I don't like it that much, I'm not that keen on it (Brit) ◆ **ça va ? – moyennement*** how are things? – so-so* *ou* could be worse*
2 (= dans la moyenne) [radioactif, sucré] moderately ◆ **moyennement intelligent** of average intelligence

Moyen-Orient /mwajɛnɔʀjɑ̃/ NM ◆ **le Moyen-Orient** the Middle East ◆ **au Moyen-Orient** in the Middle East ◆ **les pays/villes du Moyen-Orient** Middle Eastern countries/cities

moyen-oriental, e (mpl **moyen-orientaux**) /mwajɛ̃ɔʀjɑ̃tal, o/ ADJ Middle Eastern

moyeu (pl **moyeux**) /mwajø/ NM [de roue] hub; [d'hélice] boss

mozambicain, e /mɔzɑ̃bikɛ̃, ɛn/
ADJ Mozambican
NM,F **Mozambicain(e)** Mozambican

Mozambique /mɔzɑ̃bik/ NM Mozambique

mozarabe /mɔzaʀab/
ADJ Mozarabic
NMF Mozarab

Mozart /mɔzaʀ/ NM Mozart

mozartien, -ienne /mɔzaʀtjɛ̃, jɛn/ ADJ Mozartian, of Mozart

mozette /mɔzɛt/ NF ⇒ mosette

mozzarella /mɔdzaʀela/ NF mozzarella

mp3 /ɛmpetʀwa/ NM (Mus, Ordin) MP3 ◆ **lecteur mp3** MP3 player

MRAP /mʀap/ NM (abrév de mouvement contre le racisme, l'antisémitisme et pour l'amitié des peuples) French anti-racist and peace movement

MRSA /ɛmɛʀɛsa/ NM (abrév de methicilline-resistant staphylococcus aureus) MRSA

MST /ɛmɛste/ NF 1 (abrév de maladie sexuellement transmissible) STD
2 (abrév de maîtrise de sciences et techniques) master's degree in science and technology

mu /my/ NM mu

mû, mue¹ /my/ ptp de **mouvoir**

mucilage /mysilaʒ/ NM mucilage

mucosité /mykozite/ NF (gén pl) mucus (NonC)

mucoviscidose /mykovisidoz/ NF cystic fibrosis, mucoviscidosis (SPÉC)

mucron /mykʀɔ̃/ NM mucro

mucus /mykys/ NM mucus (NonC)

mudéjar /mudexaʀ, mydeʒaʀ/ ADJ, NMF Mudéjar

mue² /my/ SYN NF 1 (= transformation) [d'oiseau] moulting (Brit), molting (US); [de serpent] sloughing; [de mammifère] shedding, moulting (Brit), molting (US); [de cerf] casting; [de voix] breaking (Brit), changing (US) ◆ **la mue (de la voix) intervient vers 14 ans** the voice breaks (Brit) *ou* changes (US) at about 14 years of age
2 (= époque) moulting etc season
3 (= peau, plumes) [de serpent] slough; [de mammifère] moulted *ou* shed hair; [d'oiseau] moulted *ou* shed feathers
4 (Agr = cage) coop

muer /mɥe/ ► conjug 1 ◄
VI [oiseau] to moult (Brit), to molt (US); [serpent] to slough (its skin), to shed its skin; [mammifère] to moult (Brit), to molt (US), to shed hair (*ou* skin etc); [cerf] to cast its antlers ◆ **sa voix mue, il mue** his voice is breaking (Brit) *ou* changing (US)
VT (littér) ◆ **muer qch en** to transform *ou* change *ou* turn sth into
VPR **se muer** (littér) ◆ **se muer en** to transform *ou* change *ou* turn into ◆ **il s'est mué en défenseur acharné de notre cause** he's turned into a fervent supporter of our cause

muesli /mysli/ NM muesli

muet, muette /mɥɛ, mɥɛt/ SYN
ADJ 1 (Méd) dumb
2 (= silencieux) [colère, prière, personne] silent, mute; (littér) [forêt] silent ◆ **muet de colère/surprise** speechless with anger/surprise ◆ **muet de peur** dumb with fear ◆ **le code est muet à ce sujet** the law is silent on this matter ◆ **muet comme une tombe** (as) silent as the grave ◆ **rester muet** [témoin, rapport] to remain silent (sur on) ◆ **il est resté muet comme une carpe** he never opened his mouth ◆ **en rester muet (d'étonnement)** to stand speechless, to be struck dumb (with astonishment)
3 (Ciné, Théât) [film, cinéma] silent; [rôle] non-speaking (épith); [scène] with no dialogue ◆ **carte muette** (au restaurant) menu without prices (given to guests)
4 (Ling) mute, silent
5 (Scol, Géog) [carte, clavier de machine à écrire] blank ◆ **clavier muet** (Mus) dummy keyboard
NM 1 (= infirme) mute, dumb man
2 (Ciné) ◆ **le muet** the silent cinema *ou* screen
NF **muette** mute, dumb woman ◆ **la grande Muette** (Mil) the army

muezzin /mɥɛdzin/ NM muezzin

mufle /myfl/ SYN NM 1 [de bovin] muffle; [de chien, lion] muzzle
2 (* = goujat) boor, lout ◆ **ce qu'il est mufle alors !** he's such a lout *ou* yob* (Brit)!

muflerie /myfləʀi/ NF boorishness (NonC), loutishness (NonC)

muflier /myflije/ NM antirrhinum, snapdragon

mufti /myfti/ NM (Rel) mufti

mug /mœg/ NM mug

muge /myʒ/ NM grey mullet

mugir /myʒiʀ/ SYN ► conjug 2 ◄ VI 1 [vache] to low, to moo; [bœuf] to bellow
2 (littér) [vent] to howl; [mer] to roar; [sirène] to wail

mugissant, e /myʒisɑ̃, ɑ̃t/ ADJ (littér) [flots] howling, roaring, booming

mugissement /myʒismɑ̃/ NM 1 [de vache] lowing, mooing; [de bœuf] bellowing
2 (littér) [de vent] howling; [de mer] roaring; [de sirène] wailing

muguet /mygɛ/ NM 1 (= plante) lily of the valley
2 (Méd) thrush
3 (†† = élégant) fop, coxcomb †, popinjay †

mulassier, -ière /mylasje, jɛʀ/ ADJ mule (épith)

mulâtre, mulâtresse /mylɑtʀ, mylɑtʀɛs/ NM,F, **mulâtre** INV mulatto

mule /myl/ NF 1 (= animal) (female) mule; → **tête, têtu**
2 (= pantoufle) mule ◆ **la mule du pape** the Pope's slipper
3 (arg Drogue) mule (arg)

mule-jenny (pl **mule-jennys**) /mylʒeni/ NF mule(-jenny)

mulet /mylɛ/ NM 1 (= animal) (male) mule; (= poisson) mullet
2 (arg = voiture) spare *ou* replacement car

muleta /muleta, myleta/ NF muleta

muletier, -ière /myl(ə)tje, jɛʀ/
ADJ ◆ **sentier** *ou* **chemin muletier** mule track
NM,F mule-driver, muleteer

mulette /mylɛt/ NF freshwater mussel, unio (SPÉC)

mullah /myla/ NM ⇒ mollah

Müller /mylœʀ/ N ◆ **canaux de Müller** Mullerian ducts

mulon /mylɔ̃/ NM salt pile

mulot /mylo/ NM field mouse

mulsion /mylsjɔ̃/ NF milking

multi(-) /mylti/ PRÉF multi(-) ◆ **multi-usage** multipurpose

multibrin /myltibʀɛ̃/ ADJ having multiple wires

multicâble /myltikabl/
ADJ multicabled
NM [de mine] multicabled skip (*ou* cage)

multicarburant /myltikaʀbyʀɑ̃/ ADJ flex-fuel

multicarte /myltikaʀt/ ADJ → **représentant**

multicellulaire /myltiselylɛʀ/ ADJ multicellular

multicolore /myltikɔlɔʀ/ SYN ADJ multicoloured (Brit), many-coloured (US)

multiconfessionnel, -elle /myltikɔ̃fesjɔnɛl/ ADJ [association, État] multi-denominational

multicoque /myltikɔk/ ADJ, NM ◆ **(voilier) multicoque** multihull

multicouche /myltikuʃ/ ADJ [revêtement] multi-layered ◆ **objectif multicouche** (Photo) lens with multiple coatings

multicritères, multi-critères /myltikʀitɛʀ/ ADJ (Ordin) [recherche] multicriteria (épith)

multiculturalisme /myltikyltyʀalism/ NM multiculturalism

multiculturel, -elle /myltikyltyʀɛl/ ADJ multicultural

multidiffusion /myltidifyzjɔ̃/ NF (Audiov) repeat broadcasting ◆ **le film passera en multidiffusion** the film will be broadcast several times, there will be several repeats *ou* repeat broadcasts of the film

multidimensionnel, -elle /myltidimɑ̃sjɔnɛl/ ADJ multidimensional

multidisciplinaire /myltidisiplinɛʀ/ ADJ multidisciplinary

multiethnique, multi-ethnique /myltiɛtnik/ ADJ multi-ethnic

multifactoriel, -elle /myltifaktɔʀjɛl/ ADJ multifactorial

multifenêtre /myltifənɛtʀ/ ADJ (Ordin) multi-window (épith)

multifilaire /myltifilɛʀ/ ADJ [vis] multiple-threaded (épith)

multiflore /myltiflɔʀ/ ADJ multiflora

multifonction /myltifɔ̃ksjɔ̃/ ADJ (gén) multifunction (épith); (Ordin) multiprocessing (épith), multitask(ing) (épith)

multifonctionnel, -elle /myltifɔ̃ksjɔnɛl/ ADJ multipurpose (épith)

multiforme /myltifɔʀm/ SYN ADJ [apparence] multiform; [problème] many-sided

multigrade /myltigʀad/ ADJ ◆ **huile multigrade** multigrade oil

multilatéral, e (mpl **-aux**) /myltilateʀal, o/ ADJ multilateral

multilatéralisme /myltilateʀalism/ NM (Écon) multilateralism

multilingue /myltilɛ̃g/ ADJ multilingual

multilinguisme /myltilɛ̃gɥism/ NM multilingualism

multilobé, e /myltilɔbe/ ADJ multilobed

multiloculaire /myltilɔkylɛʀ/ ADJ multilocular

multimédia /myltimedja/
- ADJ multimedia
- NM ◆ **le multimédia** multimedia

multimédiathèque /myltimedjatɛk/ NF multimedia library

multimédiatique /myltimedjatik/ ADJ multimedia (épith)

multimilliardaire /myltimiljaʀdɛʀ/, **multimillionnaire** /myltimiljɔnɛʀ/ ADJ, NMF multimillionaire

multinational, e (mpl -aux) /myltinasjɔnal, o/
- ADJ multinational
- NF **multinationale** multinational (company)

multiniveaux /myltinivo/ ADJ multilevel

multipare /myltipaʀ/
- ADJ multiparous
- NF (= femme) multipara; (= animal) multiparous animal

multiparité /myltipaʀite/ NF multiparity

multipartenariat /myltipaʀtənaʀja/ NM having several sexual partners

multipartisme /myltipaʀtism/ NM (Pol) multi-party system

multipartite /myltipaʀtit/ ADJ (Pol) multiparty (épith)

multiple /myltipl/ SYN
- ADJ 1 (= nombreux) numerous, multiple, many; [fracture, blessures, grossesses, naissances, partenaires] multiple ◆ **dans de multiples cas** in numerous ou many instances ◆ **en de multiples occasions** on numerous ou many occasions ◆ **pour des raisons multiples** ou **de multiples raisons** for many different reasons ◆ **à de multiples reprises** time and again, repeatedly ◆ **à têtes multiples** [missile] multiple-warhead; [outil] with (a range of) attachments ◆ **outil à usages multiples** multi-purpose tool ◆ **choix multiple** multiple choice ◆ **la xénophobie revêt des formes multiples** xenophobia comes in many different guises ou forms ◆ **c'est une évolution aux causes multiples** there are many different reasons behind this development; → **magasin, prise²**
- 2 (= varié) [activités, aspects] many, multifarious, manifold
- 3 (= complexe) [pensée, problème, homme] many-sided, multifaceted; [monde] complex, mixed
- 4 (Math) ◆ **100 est multiple de 10** 100 is a multiple of 10
- NM multiple ◆ **plus petit commun multiple** lowest common multiple

⚠ Attention à ne pas traduire automatiquement **multiple** par le mot anglais **multiple**, qui est d'un registre plus soutenu.

multiplet /myltiplɛ/ NM (Phys) multiplet; (Ordin) byte

multiplex /myltiplɛks/ ADJ, NM (Téléc) multiplex ◆ **émission (réalisée) en multiplex** multiplex programme

multiplexage /myltiplɛksaʒ/ NM (Téléc) multiplexing

multiplexe /myltiplɛks/ NM (Ciné) multiplex (cinema), multiscreen cinema

multiplexeur /myltiplɛksœʀ/ NM (Téléc) multiplexer

multipliable /myltiplijabl/ ADJ multipli(c)able

multiplicande /myltiplikãd/ NM multiplicand

multiplicateur, -trice /myltiplikatœʀ, tʀis/
- ADJ multiplying ◆ **effet multiplicateur** multiplier effect
- NM multiplier

multiplicatif, -ive /myltiplikatif, iv/ ADJ (Math) multiplying; (Gram) multiplicative

multiplication /myltiplikasjɔ̃/ SYN NF
- 1 (= prolifération) proliferation ◆ **devant la multiplication des accidents** with the increasing number of accidents ◆ **ils demandent la multiplication des contrôles** they are asking for more checks ou for an increase in the number of checks ◆ **on observe la multiplication des faillites d'entreprises** there has been an increase in the number of bankruptcies ◆ **la multiplication des pains** (Bible) the miracle of the loaves and fishes
- 2 (Bio, Bot, Math) multiplication ◆ **faire une multiplication** (Math) to do a multiplication
- 3 (Tech) gear ratio

multiplicité /myltiplisite/ SYN NF multiplicity

multiplier /myltiplije/ SYN ▸ conjug 7 ◂
- VT 1 (Math) to multiply (par by) ◆ **les prix ont été multipliés par deux/trois** prices have doubled/tripled, prices have increased twofold/threefold
- 2 (= répéter) ◆ **multiplier les attaques/avertissements** to make repeated attacks/warnings ◆ **nous multiplions les initiatives pour aider les sans-abri** we are bringing in more schemes to help the homeless ◆ **les universités multiplient les contacts avec les entreprises** universities are having more and more contact with businesses ◆ **les autorités multiplient les appels au calme** the authorities are issuing repeated appeals for calm ◆ **je pourrais multiplier les exemples** I could give you hundreds of examples ◆ **malgré nos efforts multipliés** in spite of our increased efforts
- VPR **se multiplier** 1 [incidents, attaques, difficultés] to increase ◆ **les rumeurs se multiplient sur son éventuelle démission** there is increasing speculation about his possible resignation ◆ **les licenciements se multiplient dans ce secteur** redundancies are on the increase in this sector ◆ **les parcs à thème se multiplient en France** the number of theme parks in France is on the increase ◆ **les réunions se multiplient** there are more and more meetings
- 2 (= se reproduire) [animaux] to multiply; → **croître**
- 3 (= se donner à fond) [personne] to do one's utmost, to give of one's best (pour faire in order to do)

⚠ Au sens de 'répéter', **multiplier** ne se traduit pas par **to multiply**.

multipoint(s) /myltipwɛ̃/ ADJ INV [serrure] multipoint ◆ **injection multipoint(s)** (dans moteur) multipoint fuel injection

multipolaire /myltipɔlɛʀ/ ADJ (Tech, fig) multipolar

multiposte /myltipɔst/ ADJ → **configuration**

multiprise /myltipʀiz/ NF adaptor

multiprocesseur /myltipʀɔsɛsœʀ/ NM multiprocessor

multiprogrammation /myltipʀɔgʀamasjɔ̃/ NF multiprogramming

multipropriété /myltipʀɔpʀijete/ NF timesharing ◆ **acheter un appartement en multipropriété** to buy a timeshare in a flat (Brit) ou apartment (US)

multiracial, e (mpl -iaux) /myltiʀasjal, jo/ ADJ multiracial

multirécidive /myltiʀesidiv/ NF repeat offending

multirécidiviste /myltiʀesidivist/ (Jur)
- ADJ [personne] who has committed several criminal offences
- NMF persistent offender

multirésistant, e /myltiʀezistɑ̃, ɑ̃t/ ADJ (Bio) [microbe, souche] multi-resistant

multirisque(s) /myltiʀisk/ ADJ ◆ **assurance multirisque(s)** ≈ comprehensive insurance ◆ **contrat multirisques habitation** comprehensive home insurance policy

multisalle(s) /myltisal/ ADJ ◆ **(cinéma** ou **complexe) multisalle(s)** multiplex (cinema), multiscreen cinema (complex)

multistandard /myltistɑ̃daʀ/ ADJ [téléviseur, magnétoscope] multistandard

multitâche /myltitaʃ/ ADJ (Ordin) multitask(ing) (épith)

multithérapie /myltiteʀapi/ NF combination therapy

multitraitement /myltitʀɛtmɑ̃/ NM (Ordin) multiprocessing

multitubulaire /myltitybylɛʀ/ ADJ multitubular

multitude /myltityd/ SYN NF 1 (= grand nombre) ◆ **(toute) une multitude de** [+ personnes] a multitude of, a vast number of; [+ objets, idées] a vast number of ◆ **une multitude de gens** a multitude ou a throng of people
- 2 (= ensemble, masse) mass ◆ **on pouvait voir d'en haut la multitude des champs** from the air you could see the mass of fields
- 3 († ou littér = foule de gens) ◆ **la multitude** the multitude, the myriad

mumuse* /mymyz/ NF ◆ **faire mumuse** to play (avec with) ◆ **alors, on fait mumuse ?** are you having a nice time then?

Munich /mynik/ N Munich

munichois, e /mynikwa, waz/
- ADJ of ou from Munich, Munich (épith) ◆ **bière munichoise** Munich beer
- NM,F **Munichois(e)** inhabitant ou native of Munich ◆ **les Munichois** (Pol) the men of Munich

municipal, e (mpl -aux) /mynisipal, o/
- ADJ [élection, taxe, bibliothèque] municipal; [employé] council (épith); [conseil, conseiller] local, town (épith), borough (épith); → **arrêté**
- NFPL **municipales** ◆ **les municipales** the local ou council elections

municipalité /mynisipalite/ SYN NF 1 (= ville) town
- 2 (= conseil) town council, municipality (Admin)

munificence /mynifisɑ̃s/ NF (littér) munificence

munificent, e /mynifisɑ̃, ɑ̃t/ ADJ (littér) munificent

munir /myniʀ/ SYN ▸ conjug 2 ◂
- VT ◆ **munir un objet de** to provide ou fit an object with ◆ **munir une machine de** to equip ou fit a machine with ◆ **munir un bâtiment de** to equip ou fit out a building with ◆ **munir qn de** to provide ou supply ou equip sb with ◆ **canne munie d'un bout ferré** walking stick with an iron tip ◆ **muni de ces conseils** armed with this advice ◆ **muni d'un bon dictionnaire** equipped with a good dictionary ◆ **muni des sacrements de l'Église** fortified with the rites of the Church
- VPR **se munir** ◆ **se munir de** [+ papiers] to provide o.s. with; [+ imperméable] to take; [+ argent, nourriture] to take a supply of ◆ **se munir de courage** to pluck up one's courage ◆ **munissez-vous de votre passeport** take your passport (with you)

munitions /mynisjɔ̃/ NFPL 1 (Mil, Chasse) ammunition (NonC), munitions
- 2 († = ressources) supplies

munster /mœ̃stɛʀ/ NM Munster (cheese)

muntjac /mœ̃tʒak/ NM muntjac, montjak, barking deer

muon /myɔ̃/ NM muon

muphti /myfti/ NM ⇒ **mufti**

muqueux, -euse /mykø, øz/
- ADJ mucous
- NF **muqueuse** mucous membrane

mur /myʀ/ SYN
- NM 1 (Constr) wall ◆ **leur jardin est entouré d'un mur** their garden is walled ou is surrounded by a wall ◆ **une maison de brique** a brick house ◆ **mur d'appui** parapet ◆ **mettre/pendre qch au mur** to put/hang sth on the wall ◆ **sauter** ou **faire le mur** * to go over the wall ◆ **on va droit dans le mur** (fig) we're heading straight for disaster ◆ **ils n'ont laissé que les (quatre) murs** they left nothing but the bare walls ◆ **rester entre quatre murs** [prisonnier] to stay within the confines of one's cell; (chez soi) to stay indoors ou inside ◆ **l'ennemi est dans nos murs** the enemy is within our gates ◆ **M. X est dans nos murs aujourd'hui** we have Mr X with us today ◆ **maintenant que nous sommes dans nos murs** now (that) we're in our new house (ou flat etc), now we have our own four walls ◆ **être propriétaire des murs** (Jur) to own the premises ◆ **les murs ont des oreilles !** walls have ears! ◆ **faire le mur** (Sport) to make a wall ◆ **faire du mur** (Tennis) to practise against a wall
- 2 (= obstacle) (Ski) wall; [de feu, pluie] wall; [de silence, hostilité] barrier, wall ◆ **il y a un mur entre nous** there is a barrier between us ◆ **se heurter à** ou **se trouver devant un mur** to come up against a stone ou a brick wall ◆ **se heurter à un mur d'incompréhension** to come up against a wall of incomprehension ◆ **être** ou **avoir le dos au mur** to have one's back to the wall ◆ **on parle à un mur** it's like talking to a brick wall; → **pied**
- 3 ◆ **mur du son/de la chaleur** sound/heat barrier ◆ **passer** ou **franchir le mur du son** to break the sound barrier

COMP **mur artificiel** ⇒ **mur d'escalade**
- **le mur de l'Atlantique** (Mil, Pol) the Atlantic Wall
- **le mur de Berlin** the Berlin Wall
- **mur d'escalade** climbing wall
- **le mur d'Hadrien** Hadrian's Wall
- **le mur des Lamentations** the Wailing Wall
- **mur pare-feu** (Internet) firewall
- **mur-rideau** curtain wall

mûr, e¹ /myʀ/ SYN ADJ ① [fruit, projet] ripe; [toile, tissu] worn ◆ **fruit pas mûr/trop mûr** unripe/overripe fruit
② [personne] (= sensé) mature; (= âgé) middle-aged ◆ **une femme assez mûre** a woman of mature years ◆ **il est mûr pour le mariage** he is ready for marriage ◆ **leur pays est-il mûr pour la démocratie ?** is their country ripe for democracy?
③ (‡ = ivre) tight*, plastered‡
④ ◆ **après mûre réflexion** after much thought, on mature reflection

murage /myʀaʒ/ NM [d'ouverture] walling up, bricking up, blocking up

muraille /myʀaj/ SYN NF (high) wall ◆ **la Grande Muraille de Chine** the Great Wall of China ◆ **muraille de glace/roche** wall of ice/rock, ice/rock barrier ◆ **couleur (de) muraille** (stone) grey

mural, e (mpl **-aux**) /myʀal, o/ ADJ (gén) wall (épith); (Art) mural; [télévision, panneau] wall-mounted ◆ **peinture** ou **fresque murale** mural (painting) ◆ **revêtement mural** wall-covering ◆ **papier (peint) mural** wallpaper

mûre² /myʀ/ NF (gén) blackberry; [de mûrier blanc] mulberry

mûrement /myʀmɑ̃/ ADV ◆ **mûrement réfléchi** [décision] carefully thought out ◆ **après avoir mûrement réfléchi** ou **délibéré** after much ou considerable thought, after careful consideration

murène /myʀɛn/ NF moray (eel)

murénidés /myʀenide/ NMPL ◆ **les murénidés** morays, the Murenidae (SPÉC)

murer /myʀe/ SYN ► conjug 1 ◄
VT ① [+ ouverture] to wall up, to brick up, to block up; [+ lieu, ville] to wall (in)
② [+ personne] (lit) to wall in, to wall up; (fig) to isolate
VPR **se murer** (chez soi) to shut o.s. away ◆ **se murer dans sa douleur/son silence** to immure o.s. in one's grief/in silence ◆ **il est muré dans la solitude** he has shut himself away

muret /myʀɛ/ NM, **murette** /myʀɛt/ NF low wall

murex /myʀɛks/ NM murex

murge* /myʀʒ/ NF ◆ **se prendre une murge** (= se saouler) to get pissed* (Brit)

murger (se)* /myʀʒe/ VPR (= se saouler) to get pissed* (Brit)

muridés /myʀide/ NMPL ◆ **les muridés** murines, the Muridae (SPÉC)

mûrier /myʀje/ NM (cultivé) blackberry bush; (sauvage) blackberry bush, bramble (bush) ◆ **mûrier blanc** (white) mulberry tree

mûrir /myʀiʀ/ SYN ► conjug 2 ◄
VI [fruit] to ripen; [idée] to mature, to develop; [personne] to mature; [abcès, bouton] to come to a head ◆ **faire mûrir** [+ fruit] to ripen ◆ **il a beaucoup mûri** he has matured a lot, he has become much more mature
VT [+ fruit] to ripen; [+ idée, projet] to nurture; [+ personne] to (make) mature

mûrissage /myʀisaʒ/ NM [de fruits] ripening

mûrissant, e /myʀisɑ̃, ɑ̃t/ ADJ [fruit] ripening; [personne] of mature years

mûrissement /myʀismɑ̃/ NM [de fruit] ripening; [d'idée] maturing, development; [de projet] nurturing

mûrisserie /myʀisʀi/ NF [de bananes] ripening room

murmel /myʀmɛl/ NM marmot fur

murmure /myʀmyʀ/ SYN NM ① (= chuchotement) [de personne] murmur; [de ruisseau] murmur(ing), babble; [de vent] murmur(ing) ◆ **murmure vésiculaire** (Méd) vesicular murmur
② (= commentaire) murmur ◆ **murmure d'approbation/de protestation** murmur of approval/of protest ◆ **obéir sans murmure** to obey without a murmur ◆ **murmures** (= protestations) murmurings, mutterings; (= objections) objections; (= rumeurs) rumours (Brit), rumors (US)

murmurer /myʀmyʀe/ SYN ► conjug 1 ◄
VT (= parler bas) to murmur ◆ **ils se murmuraient des mots tendres** they were whispering sweet nothings to each other ◆ **on murmure que...**, **certains murmurent que...** (= rumeurs) it's whispered that..., it is rumoured that... ◆ **la situation va s'aggraver, murmurent les spécialistes** there are rumours among the experts that the situation is going to get worse ◆ **de mauvaises langues murmurent que...** malicious tongues are putting (it) about that...
VI ① (= chuchoter) [personne, vent] to murmur; [ruisseau] to murmur, to babble
② (= protester) to mutter, to complain (contre about) ◆ **il a consenti sans murmurer** he agreed without a murmur (of protest)

murrhin, e /myʀɛ̃, in/ ADJ ◆ **vases murrhins** murr(h)ine vases

musaraigne /myzaʀɛɲ/ NF shrew

musarder /myzaʀde/ SYN ► conjug 1 ◄ VI (littér) (en se promenant) to dawdle (along); (en perdant son temps) to idle (about)

musardise /myzaʀdiz/ NF → **musarder** (littér) dawdling, idling

musc /mysk/ NM musk

muscade /myskad/ NF ① (Culin) nutmeg; → **noix**
② [de prestidigitateur] (conjurer's) ball ◆ **passez muscade !** hey presto!

muscadet /myskadɛ/ NM muscadet (wine)

muscadier /myskadje/ NM nutmeg (tree)

muscadin /myskadɛ̃/ NM (Hist = élégant) fop, coxcomb †, popinjay †

muscardin /myskaʀdɛ̃/ NM dormouse

muscardine /myskaʀdin/ NF calcino

muscari /myskaʀi/ NM grape hyacinth

muscarine /myskaʀin/ NF muscarine

muscat /myska/ NM (= raisin) muscat grape; (= vin) muscat(el)

muscidés /myside/ NMPL ◆ **les muscidés** muscids, the Muscidae (SPÉC)

muscle /myskl/ NM muscle ◆ **muscle cardiaque** heart ou cardiac muscle ◆ **muscles lisses/striés** smooth/striated muscles ◆ **il est tout en muscle** he's all muscle ◆ **il a des muscles** ou **du muscle*** he's muscular ou beefy* ou brawny ◆ **pour gagner** ou **prendre du muscle** to build up your muscles

musclé, e /myskle/ SYN (ptp de **muscler**) ADJ ① [corps, membre, personne] muscular ◆ **elle est très musclée des jambes** she's got very muscular legs, her legs are very muscular
② (= autoritaire) [régime, appariteur] strong-arm (épith); [interrogatoire] brutal, violent; [discours] forceful ◆ **méthodes musclées** strong-arm tactics ◆ **une intervention musclée de la police** a forceful intervention by the police ◆ **l'OTAN a lancé un avertissement musclé au dictateur** NATO has sent a strong warning to the dictator
③ (* = difficile) ◆ **un problème musclé** a stinker‡ of a problem, a knotty problem

muscler /myskle/ SYN ► conjug 1 ◄
VT ① [+ corps, membre, personne] to develop the muscles of
② [+ économie, industrie, projet, défense, équipe] to strengthen
VPR **se muscler** [personne] to develop one's muscles ◆ **pour que vos jambes se musclent** to develop your leg muscles

muscu* /mysky/ NF (abrév de **musculation**) ◆ **faire de la muscu** to do body building

musculaire /myskylɛʀ/ ADJ [effort, force, puissance] muscular; [cellule, douleur, fibre, masse] muscle (épith) ◆ **une déchirure musculaire** a torn muscle

musculation /myskylasjɔ̃/ NF body building ◆ **exercices de musculation** muscle-development exercises ◆ **salle de musculation** weights room ◆ **faire de la musculation** to do body building

musculature /myskylatyʀ/ NF muscle structure, musculature (SPÉC) ◆ **il a une musculature imposante** he has an impressive set of muscles

musculeux, -euse /myskylø, øz/ ADJ [corps, membre, femme] muscular; [homme] muscular, brawny

muse /myz/ NF (Littérat, Myth) Muse ◆ **les (neuf) muses** the Muses ◆ **cultiver** ou **taquiner la muse** (hum) to court the Muse (hum)

muséal (mpl **muséaux**) /myzeal, o/ ADJ museum (épith)

museau (pl **museaux**) /myzo/ SYN NM ① [de chien] muzzle; [de bovin] muffle; [de porc] snout; [de souris] nose
② (Culin) brawn (Brit), headcheese (US)
③ * (= visage) face, snout*; (= bouche) mouth ◆ **elle a un joli petit museau** she's got a pretty little face ◆ **essuie ton museau** wipe your mouth

musée /myze/ SYN NM (art, peinture) art gallery; (technique, scientifique) museum ◆ **le musée des Offices** the Uffizi (gallery) ◆ **musée de cire** waxworks (sg), wax museum ◆ **Nîmes est une ville-musée** Nîmes is a historical town, Nîmes is a town of great historical interest ◆ **musée des horreurs** (hum) junkshop (hum) ◆ **il ferait bien dans un musée des horreurs** he should be in a chamber of horrors ◆ **objet** ou **pièce de musée** (lit, fig) museum piece

museler /myz(ə)le/ SYN ► conjug 4 ◄ VT [+ animal] to muzzle; [+ personne, liberté, presse] to muzzle, to gag

muselet /myz(ə)lɛ/ NM cork wire

muselière /myzəljɛʀ/ NF muzzle ◆ **mettre une muselière à** to muzzle

musellement /myzɛlmɑ̃/ NM [d'animal] muzzling; [de personne, liberté, presse] muzzling, gagging

muséographie /myzeɔgʀafi/ NF museography

muséographique /myzeɔgʀafik/ ADJ [atelier, programme, projet] museum (épith)

muséologie /myzeɔlɔʒi/ NF museology

muser /myze/ ► conjug 1 ◄ VI († ou littér) (en se promenant) to dawdle (along); (en perdant son temps) to idle (about)

musette /myzɛt/
NF ① (= sac) [d'ouvrier] lunchbag; †† [d'écolier] satchel; [de soldat] haversack; [de cheval] nosebag ◆ **avec cinq médailles dans sa musette, il...** with five medals under his belt, he...
② (Mus = instrument, air) musette
③ (= animal) common shrew
NM (= bal) popular dance (to the accordion) ◆ **le musette** (= genre) accordion music
ADJ INV [genre, style] musette; [orchestre] accordion (épith); → **bal**

muséum /myzeɔm/ NM ◆ **muséum (d'histoire naturelle)** (natural history) museum

musical, e (mpl **-aux**) /myzikal, o/ SYN ADJ [chaîne, critique, programmation] music (épith); [directeur, musical, ratio (épith) ◆ **l'œuvre musicale de Debussy** Debussy's musical works ou compositions ◆ **avoir l'oreille musicale** to have a good ear for music ◆ **spectacle musical** (gén) music show; (= comédie) musical; → **comédie**

musicalement /myzikalmɑ̃/ ADV musically

musicalité /myzikalite/ NF musicality, musical quality

music-hall (pl **music-halls**) /myzikol/ NM (= spectacle) music hall; (= salle) variety theatre, music hall ◆ **faire du music-hall** to be in ou do variety ◆ **spectacle/numéro de music-hall** variety show/turn ou act ou number

musicien, -ienne /myzisjɛ̃, jɛn/
ADJ musical
NM,F musician

musicographe /myzikɔgʀaf/ NMF musicographer

musicographie /myzikɔgʀafi/ NF musicography

musicologie /myzikɔlɔʒi/ NF musicology

musicologique /myzikɔlɔʒik/ ADJ musicological

musicologue /myzikɔlɔg/ NMF musicologist

musicothérapie /myzikoteʀapi/ NF music therapy

musique /myzik/ SYN
NF ① (= art, harmonie, notations) music; [morceau] piece of music ◆ **musique folklorique/militaire/sacrée** folk/military/sacred music ◆ **musique pour piano** piano music ◆ **elle fait de la musique** she does music, she plays an instrument ◆ **si on faisait de la musique** let's make some music ◆ **mettre un poème en musique** to set a poem to music ◆ **déjeuner en musique** to lunch against a background of music ◆ **travailler en musique** to work to music ◆ **je n'aime pas travailler en musique** I don't like working with music playing ◆ **elle nous chante maintenant « Manhattan »**, **sur une musique de Georges Leblanc** she's now going to sing "Manhattan" for us, music by Georges Leblanc ◆ **qui a écrit la musique du film ?** who wrote the film score? ou the soundtrack? ◆ **il compose beaucoup de musiques de film** he composes a lot of film music ◆ **la musique adoucit les mœurs** music has a civilizing influence, music soothes the savage breast ◆ **c'est toujours la même musique*** it's al-

musiquette | mystificateur

ways the same old song *ou* tune ◆ **tu veux toujours aller plus vite que la musique** you always want to do things too quickly; → **boîte, connaître, papier**

2 (= *orchestre, fanfare*) band ◆ **musique militaire** military band ◆ **marcher** *ou* **aller musique en tête** (*Mil*) to march with the band leading; → **chef¹**

COMP **musique d'ambiance** background *ou* ambient music
musique d'ascenseur (*péj*) Muzak ®, elevator *ou* lift (*Brit*) music
musique de ballet ballet music
musique de chambre chamber music
musique classique classical music
musique concrète concrete music, musique concrète
musique de fond (*gén*) background music; [*de film*] incidental music
musique légère light music
musique noire black music
musique pop pop music
musique de scène incidental music
musique de supermarché ⇒ **musique d'ascenseur**

musiquette /myzikɛt/ **NF** (*péj*) bland music

musli /mysli/ **NM** ⇒ **muesli**

musoir /myzwaʀ/ **NM** [*de digue, jetée*] pierhead

musqué, e /myske/ **ADJ** [*odeur, goût*] musky ◆ **bœuf musqué** musk ox ◆ **rose musquée** musk rose; → **rat**

mussif /mysif/ **ADJ M** ◆ **or mussif** mosaic gold

mussitation /mysitasjɔ̃/ **NF** mussitation

mussolinien, -ienne /mysɔlinjɛ̃, jɛn/ **ADJ** (*lit*) Mussolini (*épith*); (*péj*) [*architecture*] Mussolini-style ◆ **l'Italie mussolinienne** Italy under the rule of Mussolini

must* /mœst/ **NM** (*film, livre etc*) ◆ **c'est un must** it's a must *

mustang /mystɑ̃g/ **NM** mustang

mustélidés /mystelide/ **NMPL** ◆ **les mustélidés** mustelines, the Mustelidae (*SPÉC*)

musulman, e /myzylmɑ̃, an/ **ADJ, NM,F** Moslem, Muslim

mutabilité /mytabilite/ **NF** (*Bio, Jur*) mutability

mutable /mytabl/ **ADJ** mutable

mutage /mytaʒ/ **NM** mutage

mutagène /mytaʒɛn/ **ADJ** mutagenic

mutagenèse /mytaʒənɛz/ **NF** mutagenesis

mutant, e /mytɑ̃, ɑ̃t/ **ADJ, NM,F** mutant

mutation /mytasjɔ̃/ **SYN** **NF** **1** (= *transfert*) [*d'employé*] transfer
2 (= *changement*) (*gén*) transformation; (*Bio*) mutation ◆ **société en mutation** changing society ◆ **entreprise en pleine mutation** company undergoing massive changes
3 (*Jur*) transfer; (*Mus*) mutation ◆ **mutation consonantique/vocalique/phonétique** (*Ling*) consonant/vowel/sound shift

mutationnisme /mytasjɔnism/ **NM** mutationism

mutationniste /mytasjɔnist/ **ADJ, NMF** mutationist

mutatis mutandis /mytatismytɑ̃dis/ **LOC ADV** mutatis mutandis, allowing for a few minor variations

muter /myte/ **SYN** ► conjug 1 ◄
VT (*Admin*) to transfer ◆ **il a été muté à Caen/au service informatique** he has been transferred to Caen/to the computer department
VI to mutate

mutilant, e /mytilɑ̃, ɑ̃t/ **ADJ** [*opération*] mutilating, mutilative

mutilateur, -trice /mytilatœʀ, tʀis/ (*littér*)
ADJ mutilating, mutilative
NM,F mutilator

mutilation /mytilasjɔ̃/ **SYN** **NF** [*de corps*] mutilation, maiming; [*de texte, statue, arbre*] mutilation ◆ **mutilation volontaire** self-inflicted injury ◆ **mutilation sexuelle** sexual mutilation

mutilé, e /mytile/ (ptp de **mutiler**) **NM,F** (= *infirme*) cripple, disabled person ◆ **les (grands) mutilés** the (badly *ou* severely) disabled ◆ **mutilé de la face** disfigured person ◆ **mutilé de guerre** disabled ex-serviceman ◆ **mutilé du travail** disabled worker

mutiler /mytile/ **SYN** ► conjug 1 ◄ **VT** [+ *personne*] to mutilate, to maim; [+ *statue, tableau, arbre, texte*] to mutilate; [+ *paysage*] to disfigure ◆ **être mutilé des deux jambes** to have lost both legs ◆ **se mutiler (volontairement)** to mutilate o.s.

mutin, e /mytɛ̃, in/ **SYN**
ADJ (= *espiègle*) mischievous, impish
NM (= *révolté*) rebel; (*Mil, Naut*) mutineer

mutiné, e /mytine/ (ptp de **se mutiner**)
ADJ [*marin, soldat*] mutinous
NM (= *soldat, marin*) mutineer; (*gén*) rebel

mutiner (se) /mytine/ **SYN** ► conjug 1 ◄ **VPR** [*soldat, marin*] to mutiny; (*gén*) to rebel, to revolt

mutinerie /mytinʀi/ **SYN** **NF** [*de soldats, marins*] mutiny; (*gén*) rebellion, revolt

mutique /mytik/ **ADJ** mutist(ic)

mutisme /mytism/ **NM** **1** (= *silence*) silence ◆ **elle s'enferma dans un mutisme total** she withdrew into total silence ◆ **la presse observe un mutisme total** the press is maintaining a complete silence *ou* blackout on the subject
2 (*Psych*) mutism

mutité /mytite/ **NF** (*Méd*) muteness

mutualiser /mytɥalize/ ► conjug 1 ◄ **VT** to mutualize

mutualisme /mytɥalism/ **NM** mutual (benefit) insurance system

mutualiste /mytɥalist/
ADJ mutualistic ◆ **société (d'assurances) mutualiste** mutual benefit society, mutual (benefit) insurance company, ≃ Friendly Society (*Brit*)
NMF mutualist

mutualité /mytɥalite/ **NF** (= *système d'entraide*) mutual (benefit) insurance system ◆ **la mutualité française** (= *compagnies*) French mutual insurance companies

mutuel, -elle /mytɥɛl/ **SYN**
ADJ (= *réciproque*) mutual; → **pari**
NF **mutuelle** **SYN** mutual benefit society, mutual (benefit) insurance company, ≃ Friendly Society (*Brit*) ◆ **prendre une mutuelle** ≃ to take out (supplementary) private health insurance ◆ **payer sa cotisation à la mutuelle** ≃ to pay one's insurance premium (*for back-up health cover*)

> **MUTUELLE**
>
> In addition to standard health cover provided by the "Sécurité sociale", many French people contribute to complementary insurance schemes run by mutual benefit organizations known as **mutuelles**, often linked to specific professions. The **mutuelle** reimburses some or all of the medical expenses that cannot be met by the "Sécurité sociale". → **SÉCURITÉ SOCIALE**

mutuellement /mytɥɛlmɑ̃/ **ADV** [*s'accuser, se renforcer*] one another, each other ◆ **mutuellement ressenti** mutually felt ◆ **s'aider mutuellement** to give each other mutual help, to help one another ◆ **ces options s'excluent mutuellement** these options are mutually exclusive

mutule /mytyl/ **NF** mutule

MW **NM** (abrév de **mégawatt**) MW

myalgie /mjalʒi/ **NF** myalgia

myalgique /mjalʒik/ **ADJ** myalgic

Myanmar /mijanmaʀ/ **NM** Myanmar

myasthénie /mjasteni/ **NF** myasthenia

myasthénique /mjastenik/ **ADJ** myasthenic

mycélien, -ienne /miseljɛ̃, jɛn/ **ADJ** mycelial

mycélium /miseljɔm/ **NM** mycelium

Mycènes /misɛn/ **N** Mycenae

mycénien, -ienne /misenjɛ̃, jɛn/ **ADJ** Mycenaean

mycoderme /mikɔdɛʀm/ **NM** mycoderma

mycologie /mikɔlɔʒi/ **NF** mycology

mycologique /mikɔlɔʒik/ **ADJ** mycologic(al)

mycologue /mikɔlɔg/ **NMF** mycologist

mycoplasme /mikɔplasm/ **NM** mycoplasma

mycorhize /mikɔʀiz/ **NM** myco(r)rhiza

mycose /mikoz/ **NF** fungal infection, mycosis (*SPÉC*) ◆ **la mycose du pied** athlete's foot ◆ **mycose vaginale** vaginal thrush

mycosique /mikɔsik/ **ADJ** mycotic

mydriase /midʀijaz/ **NF** mydriasis

mydriatique /midʀijatik/ **ADJ** mydriatic

mye /mi/ **NF** (= *animal*) gaper

myéline /mjelin/ **NF** myelin

myélinisé, e /mjelinize/ **ADJ** (*Bio*) myelinated

myélite /mjelit/ **NF** myelitis

myéloblaste /mjelɔblast/ **NM** myeloblast

myélocyte /mjelɔsit/ **NM** myelocyte

myélographie /mjelɔgʀafi/ **NF** myelography, myelogram

myélome /mjelom/ **NM** myeloma

mygale /migal/ **NF** trap-door spider

myiase /mijɑz/ **NF** myiasis

Mykérinos /mikeʀinɔs/ **NM** Menkaure, Mykerinos

myocarde /mjɔkaʀd/ **NM** myocardium; → **infarctus**

myogramme /mjɔgʀam/ **NM** myogram

myographe /mjɔgʀaf/ **NM** myograph

myologie /mjɔlɔʒi/ **NF** myology

myologique /mjɔlɔʒik/ **ADJ** myological

myome /mjom/ **NM** myoma

myopathe /mjɔpat/
ADJ suffering from myopathy, ≃ suffering from muscular dystrophy
NMF person suffering from myopathy, ≃ person suffering from muscular dystrophy

myopathie /mjɔpati/ **NF** myopathy, ≃ muscular dystrophy

myope /mjɔp/ **SYN**
ADJ short-sighted, near-sighted (*US*), myopic (*SPÉC*) ◆ **tu es myope ou quoi ?** * are you blind? ◆ **myope comme une taupe** * (as) blind as a bat *
NMF short-sighted *ou* near-sighted (*US*) person, myope (*SPÉC*)

myopie /mjɔpi/ **NF** short-sightedness, near-sightedness (*US*), myopia (*SPÉC*)

myopotame /mjɔpɔtam/ **NM** coypu, nutria

myosine /mjɔzin/ **NF** myosin

myosis /mjɔzis/ **NM** miosis, myosis

myosotis /mjɔzɔtis/ **NM** forget-me-not

myriade /miʀjad/ **SYN** **NF** myriad

myriapode /miʀjapɔd/ **NM** myriapods ◆ **les myriapodes** Myriapoda (*SPÉC*)

myriophylle /miʀjɔfil/ **NM** water milfoil

myrmécophile /miʀmekɔfil/
ADJ myrmecophilous
NMF myrmecophile

myrmidon /miʀmidɔ̃/ **NM** († *péj* = *nabot*) pipsqueak *

myrosine /miʀozin/ **NF** myrosin

myroxyle /miʀɔksil/, **myroxylon** /miʀɔksilɔ̃/ **NM** myroxylon

myrrhe /miʀ/ **NF** myrrh

myrte /miʀt/ **NM** myrtle

myrtiforme /miʀtifɔʀm/ **ADJ** myrtiform

myrtille /miʀtij/ **NF** whortleberry, bilberry (*Brit*), blueberry (*US*)

mystère /mistɛʀ/ **SYN** **NM** **1** (= *énigme, dissimulation*) mystery ◆ **pas tant de mystère(s) !** don't be so mysterious! *ou* secretive! ◆ **faire (un) mystère de** to make a mystery out of ◆ **elle en fait grand mystère** she makes a big mystery of it ◆ **il restera un mystère pour moi** he'll always be a mystery *ou* a closed book to me ◆ **mystère et boule de gomme !** * who knows!, search me! * ◆ **ce n'est un mystère pour personne** it's no secret ◆ **il faut travailler beaucoup, il n'y a pas de mystère** * you just have to work hard, there's no two ways about it! * ◆ **le mystère de la Trinité/de l'Incarnation** (*Rel*) the mystery of the Trinity/of the Incarnation
2 (*Littérat*) mystery (play)
3 ® (= *glace*) ice-cream with a meringue centre, decorated with chopped hazelnuts

mystérieusement /misteʀjøzmɑ̃/ **ADV** mysteriously

mystérieux, -ieuse /misteʀjø, jøz/ **SYN** **ADJ** (= *secret, bizarre*) mysterious; (= *cachottier*) secretive

mysticisme /mistisism/ **NM** mysticism

mystifiant, e /mistifjɑ̃, jɑ̃t/ **ADJ** deceptive

mystificateur, -trice /mistifikatœʀ, tʀis/
ADJ ◆ **j'ai reçu un coup de fil mystificateur** I had a phone call which was a hoax ◆ **tenir des**

propos mystificateurs à qn to say things to trick sb
◆ NM,F (= *farceur*) hoaxer, practical joker

mystification /mistifikasjɔ̃/ SYN NF (= *farce*) hoax, practical joke; (*péj* = *mythe*) myth

mystifier /mistifje/ SYN ▸ conjug 7 ◂ VT to fool, to deceive

mystique /mistik/ SYN
◆ ADJ mystic(al)
◆ NMF (= *personne*) mystic
◆ NF (= *science, pratiques*) mysticism; (*péj* = *vénération*) blind belief (*de* in) ◆ **avoir la mystique du travail** to have a blind belief in work

mystiquement /mistikmɑ̃/ ADV mystically

mythe /mit/ SYN NM (*gén*) myth

mythification /mitifikasjɔ̃/ NF mythicization

mythifier /mitifje/ ▸ conjug 7 ◂ VT (*surtout au ptp*) [+ *passé, personne*] to mythologize, to mythicize

mythique /mitik/ SYN ADJ mythical

mytho* /mito/ ADJ, NMF (abrév de **mythomane**)

mythologie /mitɔlɔʒi/ NF mythology

mythologique /mitɔlɔʒik/ ADJ mythological

mythologue /mitɔlɔg/ NMF mythologist

mythomane /mitɔman/ ADJ, NMF (*Psych*) mythomaniac; (= *menteur*) compulsive liar ◆ **elle est un peu mythomane** she has a tendency to embroider the truth ◆ **il est complètement mythomane** he makes up the most incredible stories

mythomanie /mitɔmani/ NF mythomania

mytiliculteur, -trice /mitilikyltœʀ, tʀis/ NM,F mussel breeder

mytiliculture /mitilikyltyʀ/ NF mussel breeding

mytilotoxine /mitilotɔksin/ NF mytilotoxine

myxœdémateux, -euse /miksedematø, øz/
◆ ADJ myxoedemic (*Brit*), myxoedematous (*Brit*), myxedemic (*US*), myxedematous (*US*)
◆ NM,F person suffering from myxoedema

myxœdème /miksedɛm/ NM myxoedema (*Brit*), myxedema (*US*)

myxomatose /miksomatoz/ NF myxomatosis

myxomycètes /miksomisɛt/ NMPL ◆ **les myxomycètes** slime moulds, mycetozoans (SPÉC), the Myxomycetes (SPÉC)

N¹, n /ɛn/ NM (= lettre) N, n; (Math) n
N² (abrév de **Nord**) N
n' /n/ → **ne**
na /na/ EXCL (langage enfantin) so there! ◆ **je n'en veux pas, na !** I don't want any, so there!
nabab /nabab/ NM (Hist, † ou littér) nabob
nabi /nabi/ NM (Art) Nabi
nabla /nabla/ NM nabla
nabot, e /nabo, ɔt/ NM,F (péj) dwarf, midget
Nabucco /nabuko/ NM (Mus) Nabucco
nabuchodonosor /nabykɔdɔnɔzɔʀ/ NM (= bouteille) nebuchadnezzar ◆ **Nabuchodonosor** Nebuchadnezzar
nacelle /nasɛl/ NF [de ballon, montgolfière, dirigeable] gondola; [de landau] carriage; [d'engin spatial] pod; [d'ouvrier] cradle; (littér = bateau) skiff
nacre /nakʀ/ NF mother-of-pearl
nacré, e /nakʀe/ SYN (ptp de **nacrer**) ADJ pearly, nacreous (littér); [vernis à ongles] pearly
nacrer /nakʀe/ ► conjug 1 ◄ VT (= iriser) to cast a pearly sheen over; [+ fausse perle] to give a pearly gloss to
nadir /nadiʀ/ NM nadir
nævo-carcinome (pl **nævo-carcinomes**) /nevokaʀsinom/ NM naevocarcinoma (Brit), nevocarcinoma (US)
nævus /nevys/ SYN (pl **nævi** /nevi/) NM naevus
Nagasaki /nagazaki/ N Nagasaki
nage /naʒ/ SYN NF ① (= activité) swimming; (= manière) stroke, style of swimming ◆ **nage sur le dos** backstroke ◆ **nage en eau vive** white-water swimming ◆ **nage indienne** sidestroke ◆ **faire un 100 m nage libre** to swim a 100 m (in) freestyle ◆ **nage sous-marine** underwater swimming, skin diving ◆ **nage de vitesse** speed stroke ◆ **nage synchronisée** synchronized swimming
② **se sauver à la nage** to swim away ou off ◆ **gagner la rive/traverser une rivière à la nage** to swim to the bank/across a river ◆ **homard/écrevisses à la nage** (Culin) lobster/crayfish (cooked) in a court-bouillon
③ ◆ **en nage** pouring with sweat, bathed in sweat ◆ **cela m'a mis en nage** it made me sweat, it brought me out in a sweat ◆ **ne te mets pas en nage** don't get yourself in a lather*
④ (= action de ramer) ◆ **nage à couple/en pointe** rowing two abreast/in staggered pairs; → **banc, chef¹**
nageoire /naʒwaʀ/ NF [de poisson] fin; [de phoque, dauphin] flipper ◆ **nageoire anale/dorsale/ventrale** anal/dorsal/ventral fin ◆ **nageoire caudale** [de poisson] caudal fin; [de baleine] tail flukes
nager /naʒe/ SYN ► conjug 3 ◄
VI ① [personne, poisson] to swim; [objet] to float ◆ **elle nage bien** she's a good swimmer ◆ **nager comme un fer à repasser*/un poisson*** to swim like a brick/a fish ◆ **la viande nage dans la graisse** the meat is swimming in fat ◆ **tes manches nagent dans la soupe** your sleeves are dipping in the soup ◆ **on nageait dans le sang** the place was swimming in blood, the place was awash with blood; → **apprendre, savoir**
② (fig) ◆ **il nage dans le bonheur** he is overjoyed, his joy knows no bounds ◆ **nager dans l'opulence** to be rolling in money* ◆ **il nage dans ses vêtements** his clothes are miles too big for him ◆ **on nage dans l'absurdité/le grotesque dans ce film** this film is totally absurd/ridiculous ◆ **en allemand, je nage complètement*** I'm completely at sea* ou lost in German
③ (= ramer) to row ◆ **nager à couple/en pointe** to row two abreast/in staggered pairs
VT to swim ◆ **nager la brasse/le 100 mètres** to swim breast-stroke/the 100 metres

nageur, -euse /naʒœʀ, øz/ SYN NM,F swimmer; (= rameur) rower ◆ **nageur de combat** naval frogman
Nagorny(ï)-Karabakh /nagɔʀni(i)kaʀabak/, **Nagorno-Karabakh** /nagɔʀnokaʀabak/ NM Nagorno-Karabakh
Nagoya /nagɔja/ N Nagoya
naguère /nagɛʀ/ ADV (frm) ① (= il y a peu de temps) not long ago, recently
② (= autrefois) formerly ◆ **la rivière, qui naguère zigzaguait librement...** the river, which in the past meandered freely ou which used to meander freely...
naïade /najad/ NF (= divinité, plante) naiad; (hum, littér) nymph
naïf, naïve /naif, naiv/ GRAMMAIRE ACTIVE 26.1 SYN
ADJ ① (= ingénu) innocent, naïve ◆ **d'un air naïf** innocently
② (= crédule) [personne] naïve, gullible; [foi] naïve
③ (Art) [peintre, art] naïve
NM,F gullible fool, innocent ◆ **vous me prenez pour un naïf** you must think I'm a gullible fool ou a complete innocent
NM (Art) naïve painter
nain, e /nɛ̃, nɛn/ SYN
ADJ dwarfish, dwarf (épith) ◆ **chêne/haricot nain** dwarf oak/runner bean ◆ **poule naine** bantam (hen) ◆ **rosier nain** miniature rose (bush)
NM,F dwarf ◆ **le nain jaune** (Cartes) pope Joan ◆ **nain de jardin** garden gnome
NF **naine** (Astron) dwarf ◆ **naine blanche/rouge** white/red dwarf
Nairobi /nɛʀɔbi/ N Nairobi
naissain /nɛsɛ̃/ NM (= larves d'huîtres) spat
naissance /nɛsɑ̃s/ GRAMMAIRE ACTIVE 24.1 SYN NF
① [de personne, animal] birth ◆ **à la naissance** at birth ◆ **il est aveugle/muet/sourd de naissance** he has been blind/dumb/deaf from birth, he was born blind/dumb/deaf ◆ **français de naissance** French by birth ◆ **chez lui, c'est de naissance*** he was born like that ◆ **nouvelle naissance** new arrival ou baby ◆ **naissance double** birth of twins ◆ **naissance multiple** multiple birth; → **contrôle, extrait, limitation** etc
② (frm = origine, famille) birth ◆ **de naissance obscure/illustre** of obscure/illustrious birth ◆ **de haute** ou **bonne naissance** of noble ou high birth ◆ **peu importe sa naissance** no matter what his birth ou parentage (is)
③ (= point de départ) [de rivière] source; [de langue, ongles] root; [de cou, colonne] base ◆ **à la naissance des cheveux** at the roots of the hair ◆ **la naissance des seins** the top of the cleavage
④ (littér = commencement) [de printemps, monde, idée, amour] dawn, birth ◆ **la naissance du jour** daybreak ◆ **la naissance du cinéma** the birth ou advent of cinema
⑤ (locutions) ◆ **prendre naissance** [projet, idée] to originate, to take form ou shape; [soupçon, sentiment] to arise (dans in) ◆ **donner naissance à** [+ enfant] to give birth to; [+ rumeurs, sentiment] to give rise to ◆ « **La Naissance de Vénus** » (Art) "The Birth of Venus"

naissant, e /nɛsɑ̃, ɑ̃t/ ADJ [calvitie] incipient; [passion] burgeoning; [industrie, marché, démocratie, talent] burgeoning, budding; [capitalisme] burgeoning, nascent (frm) ◆ **une barbe naissante** the beginnings of a beard ◆ **(à l'état) naissant** (Chim) nascent
naître /nɛtʀ/ SYN ► conjug 59 ◄
VI ① [personne, animal] to be born ◆ **quand l'enfant doit-il naître ?** when is the baby due? ◆ **il vient tout juste de naître** he has only just been born, he is just newly born ◆ **il est né** ou **il naquit** (frm) **le 4** he was born on the 4th ◆ **l'homme naît libre** man is born free ◆ **l'enfant qui naît aveugle/infirme** the child who is born blind/disabled ◆ **l'enfant qui va naître, l'enfant à naître** the unborn child ◆ **l'enfant qui vient de naître** the newborn child ◆ **en naissant** at birth ◆ **prématuré né à 7 mois** baby born prematurely at 7 months, premature baby born at 7 months ◆ **né sous le signe du Verseau** born under (the sign of) Aquarius ◆ **enfant né de père inconnu** child of an unknown father ◆ **être né de parents français** to be of French parentage, to be born of French parents ◆ **être né d'une mère anglaise** to be born of an English mother ◆ **un sauveur nous est né** (Bible) a saviour is born to us ◆ **être né coiffé** (Méd) to be born with a caul ◆ **être né coiffé** ou **sous une bonne étoile** (fig) to be born lucky ou under a lucky star ◆ **il est né avec une cuiller d'argent dans la bouche** (fig) he was born with a silver spoon in his mouth ◆ **il n'est pas né d'hier** ou **de la dernière pluie** ou **de la dernière couvée** (fig) he wasn't born yesterday, he is not as green as he looks ◆ **je l'ai vu naître !** (fig) I've known him since he was born ou since he was a baby ◆ **le pays qui l'a vu naître** the land of his birth, his native country; → aussi **né**
② (= apparaître) [sentiment, craintes] to arise, to be born; [idée, projet] to be born; [ville, industrie] to spring up; [jour] to break; [difficultés] to arise; [fleur, plante] to burst forth ◆ **la rivière naît au pied de ces collines** the river has its source ou rises at the foot of these hills ◆ **je vis naître un sourire sur son visage** I saw the beginnings of a smile on his face, I saw a smile creep over his face ◆ **faire naître** [+ industrie, difficultés] to create; [+ soupçons, désir] to arouse
③ (= résulter de) ◆ **naître de** to spring from, to arise from ◆ **la haine née de ces querelles** the

hatred arising from *ou* which sprang from these quarrels ◆ **de cette rencontre naquit le mouvement qui…** from this meeting sprang the movement which…

[4] (= *être destiné à*) ◆ **il était né pour commander/pour la magistrature** he was born to command/to be a judge ◆ **ils sont nés l'un pour l'autre** they were made for each other ◆ **il est né poète** he is a born *ou* natural poet

[5] (*littér* = *s'éveiller à*) ◆ **naître à l'amour/la poésie** to awaken to love/poetry

VB IMPERS ◆ **il naît plus de garçons que de filles** there are more boys born than girls ◆ **il vous est né un fils** (*littér*) a son has been born to you (*littér*); → aussi **né**

naïvement /naivmɑ̃/ SYN ADV (= *ingénument*) innocently, naïvely; (= *avec crédulité*) naïvely

naïveté /naivte/ SYN NF [1] (= *ingénuité*) [*de personne*] innocence, naivety; [*de réponse, gaieté*] naivety
[2] (= *crédulité*) [*de personne*] naivety, gullibility; [*de foi*] naivety ◆ **il a eu la naïveté de…** he was naïve enough to… ◆ **d'une grande naïveté** very naïve ◆ **tu es d'une naïveté !** you're so naïve!

naja /naʒa/ NM cobra

Namibie /namibi/ NF Namibia

namibien, -ienne /namibjɛ̃, jɛn/
ADJ Namibian
NM,F **Namibien(ne)** Namibian

nana* /nana/ NF (= *femme*) woman; (= *petite amie*) girlfriend

nanan* /nanɑ̃/ NM ◆ **c'est du nanan** (*agréable*) it's really nice; (*facile*) it's a walkover* *ou* a doddle* (*Brit*) *ou* a cakewalk* (*US*); (*succulent*) it's scrumptious*

nanar* /nanaʀ/ NM (*péj*) (= *objet invendable*) piece of junk ◆ **nanar des années 30** (= *film démodé*) second-rate film from the 1930s

nandou /nɑ̃du/ NM rhea, nandu

nandrolone /nɑ̃dʀɔlɔn/ NF nandrolone

nanifier /nanifje/ ▸ conjug 7 ◂ VT [+ *arbre*] to dwarf

nanisme /nanism/ NM dwarfism, nanism (SPÉC)

nankin /nɑ̃kɛ̃/ NM (= *tissu*) nankeen

nano… /nano/ PRÉF nano…

nanomètre /nanomɛtʀ/ NM nanometre (*Brit*), nanometer (*US*)

nanoréseau /nanoʀezo/ NM nanonetwork

nanoscience /nanosjɑ̃s/ NF nanoscience

nanoseconde /nanos(ə)ɡɔ̃d/ NF nanosecond

nanotechnologie /nanoteknɔlɔʒi/ NF nanotechnology

nansouk /nɑ̃zuk/ NM nainsook

nantais, e /nɑ̃tɛ, ɛz/
ADJ of *ou* from Nantes
NM,F **Nantais(e)** inhabitant *ou* native of Nantes

Nantes /nɑ̃t/ N Nantes

nanti, e /nɑ̃ti/ SYN (ptp de **nantir**) ADJ rich, affluent, well-to-do ◆ **les nantis** the rich, the affluent, the well-to-do

nantir /nɑ̃tiʀ/ SYN ▸ conjug 2 ◂
VT († , Jur) [+ *créancier*] to secure ◆ **nantir qn de** (*fig, littér* = *munir*) to provide *ou* equip sb with ◆ **nanti de** equipped with
VPR **se nantir** († , Jur) to secure o.s. ◆ **se nantir de** (*fig,littér*) to provide o.s. with, to equip o.s. with

nantissement /nɑ̃tismɑ̃/ NM (Jur) security

nanzouk /nɑ̃zuk/ NM ⇒ **nansouk**

naos /naos, naɔs/ NM naos

NAP /nap/ ADJ INV (abrév de **Neuilly, Auteuil, Passy**) Sloane (*épith*) (*Brit*), preppy (*US*)

napalm /napalm/ NM napalm

napel /napɛl/ NM monkshood

naphtalène /naftalɛn/ NM naphthalene, naphthalin(e)

naphtaline /naftalin/ NF (= *antimite*) mothballs ◆ **sa théorie sent la naphtaline** his theory is straight out of the ark

naphte /naft/ NM naphtha

naphtol /naftɔl/ NM naphthol

napoléon /napɔleɔ̃/
NM (*Fin*) napoleon ◆ **Napoléon** (*Hist*) Napoleon
NF (= *cerise*) type of bigaroon cherry

napoléonien, -ienne /napɔleɔnjɛ̃, jɛn/ ADJ Napoleonic

napolitain, e /napɔlitɛ̃, ɛn/
ADJ Neapolitan
NM,F **Napolitain(e)** Neapolitan

nappage /napaʒ/ NM (*Culin*) topping

nappe /nap/
NF [1] [*de table*] tablecloth ◆ **mettre la nappe** to put the tablecloth on
[2] (= *couche*) layer, sheet ◆ **nappe de gaz** layer of gas ◆ **nappe d'eau** sheet *ou* expanse of water
[3] (*Géom*) nappe
[4] (= *bande de textile*) lap
COMP **nappe d'autel** altar cloth ◆ **nappe de brouillard** blanket *ou* layer of fog ◆ **des nappes de brouillard** fog patches ◆ **nappe de charriage** nappe ◆ **nappe de feu** sheet of flame ◆ **nappe de mazout, nappe de pétrole** oil slick ◆ **nappe phréatique** ground water

napper /nape/ ▸ conjug 1 ◂ VT (*Culin*) to top (*de* with) ◆ **nappé de chocolat** topped with chocolate, with a chocolate topping

napperon /napʀɔ̃/ NM doily, tablemat; (*pour vase, lampe*) mat

narcéine /naʀsein/ NF narceine, narceen

narcisse /naʀsis/ NM (= *plante*) narcissus ◆ **Narcisse** (*Myth*) Narcissus ◆ **c'est un vrai Narcisse** he's terribly vain

narcissique /naʀsisik/ SYN
ADJ narcissistic, vain
NMF narcissist

narcissisme /naʀsisism/ NM narcissism, vanity

narco- /naʀko/ PRÉF narco- ◆ **narco-analyse** narco-analysis ◆ **narco-terroriste** narco-terrorist

narcoanalyse /naʀkoanaliz/ NF narcoanalysis

narcodollars /naʀkodɔlaʀ/ NMPL drug(s) money (*usually in dollars*) ◆ **3 millions de narcodollars** 3 million dollars' worth of drug(s) money

narcolepsie /naʀkɔlɛpsi/ NF narcolepsy

narcose /naʀkoz/ NF narcosis

narcothérapie /naʀkoteʀapi/ NF narcotherapy

narcotine /naʀkɔtin/ NF narcotine

narcotique /naʀkɔtik/ SYN ADJ, NM narcotic

narcotrafic /naʀkotʀafik/ NM drug trafficking

narcotrafiquant, e /naʀkotʀafikɑ̃, ɑ̃t/ NM,F drug trafficker

nard /naʀ/ NM (= *valérianacée*) valerian ◆ **nard (indien)** nard, spikenard ◆ **nard raide** mat grass

narghileh /naʀɡile/ NM hookah, nargileh, narghile

narguer /naʀɡe/ SYN ▸ conjug 1 ◂ VT [+ *danger, traditions*] to flout, to thumb one's nose at; [+ *personne*] to deride, to scoff at ◆ **il nous nargue avec son argent** we're not good enough for him now he's got all that money

narguilé /naʀɡile/ NM ⇒ **narghileh**

narine /naʀin/ NF nostril

narquois, e /naʀkwa, waz/ SYN ADJ (= *railleur*) derisive, sardonic, mocking

narquoisement /naʀkwazmɑ̃/ ADV derisively, sardonically, mockingly

narrateur, -trice /naʀatœʀ, tʀis/ NM,F narrator

narratif, -ive /naʀatif, iv/ ADJ narrative

narration /naʀasjɔ̃/ SYN NF [1] (= *action*) narration; → **infinitif, présent**[1]
[2] (= *récit*) narrative, account; (*Scol* = *rédaction*) essay, composition; (*Rhétorique*) narration

narrer /naʀe/ SYN ▸ conjug 1 ◂ VT (*frm*) to narrate, to relate

narthex /naʀtɛks/ NM narthex

narval /naʀval/ NM narwhal

NASA, Nasa /naza/ NF (abrév de **National Aeronautics and Space Administration**) NASA

nasal, e (mpl **-aux**) /nazal, o/
ADJ nasal; → **fosse**
NF **nasale** nasal

nasalisation /nazalizasjɔ̃/ NF nasalization

nasaliser /nazalize/ ▸ conjug 1 ◂ VT to nasalize

nasalité /nazalite/ NF nasality

nasard /nazaʀ/ NM nazard, nasard

nase‡ /naz/
ADJ [1] (= *hors d'usage*) bust* (*attrib*), kaput* (*attrib*) ◆ **ma télé est nase** my TV's conked out‡ *ou* is bust* ◆ **je suis nase** (*exténué*) I'm exhausted *ou* knackered‡ (*Brit*); (*psychologiquement*) I'm out of it*
[2] (= *fou*) cracked* (*attrib*), touched* (*attrib*)
[3] (= *nul*) [*projet*] useless; [*personne*] hopeless*; (= *stupide*) stupid, daft* (*Brit*)
NMF (= *personne nulle*) moron*
NM (= *nez*) conk*, hooter‡ (*Brit*)

naseau (pl **naseaux**) /nazo/ NM [*de cheval, bœuf*] nostril

nasillard, e /nazijaʀ, aʀd/ ADJ [*voix*] nasal; [*gramophone*] whiny, tinny; [*instrument*] tinny

nasillement /nazijmɑ̃/ NM [*de voix*] (nasal) twang; [*de microphone, gramophone*] whine; [*d'instrument*] tinny sound; [*de canard*] quack

nasiller /nazije/ ▸ conjug 1 ◂
VT to say (*ou* sing *ou* intone) with a (nasal) twang
VI [*personne*] to have a (nasal) twang, to speak with a nasal voice; [*instrument*] to give a tinny *ou* twangy sound; [*microphone, gramophone*] to whine; [*canard*] to quack

nasique /nazik/ NM (= *singe*) proboscis monkey

nasonnement /nazɔnmɑ̃/ NM rhinophonia

Nassau /naso/ N Nassau

nasse /nas/ SYN NF (*pour oiseaux*) hoop net; (*Pêche*) fish trap, creel ◆ **être pris dans la nasse** (*fig*) to be caught in the net

Natal /natal/ NM (*Géog*) Natal

natal, e (mpl **natals**) /natal/ SYN ADJ native ◆ **ma maison natale** the house where I was born ◆ **ma terre natale** my native soil

nataliste /natalist/ ADJ [*politique, argument*] pro-birth, which supports a rising birth rate

natalité /natalite/ NF ◆ **(taux de) natalité** birth rate

natation /natasjɔ̃/ NF swimming ◆ **natation artistique** *ou* **synchronisée** synchronized swimming ◆ **faire de la natation** to go swimming, to swim

natatoire /natatwaʀ/ ADJ swimming (*épith*); → **vessie**

Natel ® /natɛl/ NM (*Helv*) (= *téléphone portable*) mobile

natif, -ive /natif, iv/ SYN ADJ, NM,F (*gén*) native ◆ **natif de Nice** native of Nice ◆ **locuteur natif** native speaker ◆ **les natifs du Lion** people born under the sign of Leo

nation /nasjɔ̃/ SYN NF (= *pays, peuple*) nation ◆ **les Nations Unies** the United Nations; → **société**

national, e (mpl **-aux**) /nasjɔnal, o/ SYN
ADJ (*gén*) national; [*économie, monnaie*] domestic ◆ **au plan national et international** at home and abroad, at the national and international level ◆ **entreprise nationale** state-owned company ◆ **grève nationale** nationwide *ou* national strike ◆ **obsèques nationales** state funeral ◆ **route nationale** ≈ A *ou* trunk road (*Brit*), ≈ state highway (*US*); → **assemblée, éducation, fête**
NMPL **nationaux** (= *citoyens*) nationals
NF **nationale** (= *route*) A *ou* trunk road (*Brit*), state highway (*US*)

⚠ Attention à ne pas traduire automatiquement **national** par le mot anglais **national**.

nationalement /nasjɔnalmɑ̃/ ADV nationally

nationalisable /nasjɔnalizabl/ ADJ targetted for nationalization

nationalisation /nasjɔnalizasjɔ̃/ SYN NF nationalization

nationaliser /nasjɔnalize/ SYN ▸ conjug 1 ◂ VT to nationalize ◆ **(entreprises) nationalisées** nationalized companies

nationalisme /nasjɔnalism/ SYN NM nationalism

nationaliste /nasjɔnalist/ SYN ADJ, NMF nationalist

nationalité /nasjɔnalite/ NF nationality ◆ **les personnes de nationalité française** French citizens ◆ **il a la double nationalité française et suisse** he has dual French and Swiss *ou* French/Swiss nationality

national-socialisme /nasjɔnalsɔsjalism/ NM National Socialism

national-socialiste /nasjɔnalsɔsjalist/ (mpl **nationaux-socialistes**) ADJ, NM,F National Socialist

nativisme /nativism/ NM (*Philos*) nativism

nativiste /nativist/ ADJ (*Philos*) nativistic

nativité /nativite/ NF nativity; (Art) (painting of the) nativity, nativity scene

natrémie /natremi/ NF plasma sodium level

natron /natʁɔ̃/, **natrum** /natʁɔm/ NM natron

natte /nat/ SYN NF (= tresse) plait (Brit), braid (US); (= paillasse) mat, matting (NonC) ◆ **se faire des nattes** to plait (Brit) ou braid (US) one's hair, to put one's hair in plaits (Brit) ou braids (US) ◆ **nattes africaines** corn rows

natté /nate/ NM (= tissu) natte

natter /nate/ ▸ conjug 1 ◂ VT [+ cheveux, laine] to plait (Brit), to braid (US)

nattier, -ière /natje, jɛʁ/ NM,F mat maker

naturalisation /natyʁalizasjɔ̃/ SYN NF 1 [de personne, espèce, mot] naturalization
2 [d'animaux morts] stuffing; [de plantes] preserving

naturalisé, e /natyʁalize/ (ptp de **naturaliser**)
ADJ naturalized ◆ **Français naturalisé** naturalized Frenchman ◆ **il est naturalisé français** he's a naturalized Frenchman, he has French citizenship
NM,F naturalized citizen

naturaliser /natyʁalize/ SYN ▸ conjug 1 ◂ VT 1 [+ personne, espèce, mot] to naturalize ◆ **se faire naturaliser français** to be granted French citizenship, to become a naturalized Frenchman
2 [+ animal] to stuff; [+ plante] to preserve (with glycerine)

naturalisme /natyʁalism/ NM naturalism

naturaliste /natyʁalist/
ADJ naturalistic
NMF (= auteur, scientifique) naturalist; (= empailleur) taxidermist; (pour les plantes) flower-preserver

nature /natyʁ/ SYN
NF 1 (= monde physique) ◆ **la nature** nature ◆ **la nature a horreur du vide** nature abhors a vacuum ◆ **laisser agir la nature** to let nature take its course, to leave it to nature ◆ **la nature fait bien les choses** nature is a wonderful thing ◆ **crimes contre nature** unnatural crimes ◆ **goûts contre nature** depraved tastes; → **force**
2 (= campagne) countryside ◆ **il aime la nature, les fleurs, les bêtes** he loves the countryside, flowers and animals ◆ **perdu dans la nature, en pleine nature** in the middle of nowhere ◆ **lâcher qn dans la nature** * to send sb off without any directions; (pour commettre un crime) to let sb loose ◆ **disparaître ou s'évanouir dans la nature** * [personne] to vanish into thin air; → **retour**
3 (= caractère) [de personne, substance, sentiment] nature ◆ **la nature humaine** human nature ◆ **c'est une ou il est d'une nature arrogante** he has an ou he is of an arrogant nature ◆ **il est arrogant de ou par nature** he is naturally arrogant ou arrogant by nature ◆ **ce n'est pas dans sa nature** it is not (in) his nature (d'être to be) ◆ **c'est/ce n'est pas de nature à arranger les choses** it's liable to/not likely to make things easier ◆ **il n'est pas de nature à accepter** he's not the sort of person who would agree ◆ **il a une heureuse nature** he has a happy disposition ou a sunny temperament ◆ **tu es une petite nature !** you're so delicate!, you've got a delicate constitution! ◆ **quelle petite nature tu fais !** (péj) what a weakling you are! ◆ **c'est dans la nature des choses** it's in the nature of things; → **habitude**
4 (= sorte) nature, kind, sort ◆ **de toute(s) nature(s)** of all kinds, of every kind
5 (Art) ◆ **peindre d'après nature** to paint from life ◆ **plus que nature** larger than life ◆ **nature morte** still life; → **grandeur**
6 (Fin) ◆ **en nature** [payer] [don] in kind
ADJ INV 1 (= sans adjonction) [café] black; [eau, crêpe, omelette] plain; [thé] without milk; [yaourt] natural, plain; [salade] without dressing ◆ **riz nature** (plain) boiled rice ◆ **boire le whisky nature** to drink whisky neat ou straight ◆ **manger les fraises nature** to eat strawberries without anything on them
2 * [personne] (= sans artifice) natural, unaffected ◆ **il est très nature !** (= spontané) he's very spontaneous!

⚠ Au sens de 'campagne', **nature** ne se traduit pas par le mot anglais **nature**.

naturel, -elle /natyʁɛl/ SYN
ADJ 1 [caractère, frontière, produit, phénomène] natural; [besoins, fonction] bodily (épith); [soie, laine] pure ◆ **aliments/produits naturels** natural ou organic foods/products
2 (= inné) natural ◆ **son intelligence naturelle** his natural intelligence, his native wit ◆ **elle a un talent naturel pour le piano** playing the piano comes naturally to her, she has a natural talent for the piano
3 (= normal, habituel) natural ◆ **avec sa voix naturelle** in his normal voice ◆ **c'est un geste naturel chez lui** it's a natural thing for him to do ◆ **votre indignation est bien naturelle** your indignation is quite ou very natural ou quite understandable ◆ **je vous remercie ! - c'est (tout) naturel** thank you! - don't mention it ou you're welcome ◆ **ne me remerciez pas, c'est bien ou tout naturel** don't thank me, anybody would have done the same ou it was the obvious thing to do ◆ **il trouve ça tout naturel** he finds it the most natural thing in the world ou perfectly normal ◆ **il trouve tout naturel de...** he thinks nothing of...
4 (= simple, spontané) [voix, style, personne] natural, unaffected ◆ **elle sait rester très naturelle** she manages to stay very natural ◆ **il est très naturel sur les photos** he always looks very natural in photos
5 (Mus) natural
6 (Math) ◆ **(nombre entier) naturel** natural number
NM 1 (= caractère) nature, disposition ◆ **être d'un ou avoir un bon naturel** to have a happy ou sunny nature ou disposition ◆ **il est d'un naturel optimiste/méfiant** he is an optimistic/wary kind of person; → **chasser**
2 (= absence d'affectation) naturalness ◆ **avec (beaucoup de) naturel** (completely) naturally ◆ **il manque de naturel** he's not very natural, he has a rather self-conscious manner
3 ◆ **au naturel** (= sans assaisonnement) [thon] in brine; [salade, asperges] without any dressing (ou seasoning) ◆ **pêches au naturel** peaches in natural fruit juice ◆ **elle est mieux en photo qu'au naturel** (= en réalité) she's better in photos than in real life
4 († = indigène) native

naturellement /natyʁɛlmɑ̃/ SYN ADV 1 (= sans artifice, avec aisance) naturally
2 (= bien sûr) naturally, of course

naturisme /natyʁism/ NM (= nudisme) naturism; (Philos) naturism; (Méd) naturopathy

naturiste /natyʁist/ ADJ, NMF (= nudiste) naturist; (Philos) naturist; (Méd) naturopath

naturopathe /natyʁɔpat/ NMF naturopath

naturopathie /natyʁɔpati/ NF naturopathy, naturopathic medicine

naucore /nokɔʁ/ NF water bug, saucerbug

naufrage /nofʁaʒ/ SYN NM 1 [de bateau] wreck, wrecking ◆ **le naufrage du Titanic** the sinking of the Titanic ◆ **ils ont trouvé la mort dans un naufrage** they drowned in a shipwreck ◆ **ces rochers ont causé bien des naufrages** many ships have been wrecked on these rocks ◆ **faire naufrage** [bateau] to be wrecked; [personne] to be shipwrecked
2 (= déchéance) [d'ambitions, réputation] ruin, ruination; [de projet, pays] foundering, ruination; [d'entreprise] collapse ◆ **sauver du naufrage** [+ personne] to save from disaster; [+ argent, biens] to salvage (from the wreckage); [+ entreprise] to save from collapse

naufragé, e /nofʁaʒe/
ADJ [marin] shipwrecked; [bateau] wrecked
NM,F shipwrecked person; (sur une île) castaway ◆ **les naufragés de la croissance économique** the casualties of economic growth

naufrageur, -euse /nofʁaʒœʁ, øz/ NM,F (lit, fig) wrecker

naumachie /nomaʃi/ NF naumachia, naumachy

naupathie /nopati/ NF seasickness

nauplius /noplijys/ NM nauplius

Nauru /nauʁu/ N Nauru

nauséabond, e /nozeabɔ̃, ɔ̃d/ SYN ADJ [odeur] putrid, nauseating, foul; [effluves, fumées] foul-smelling; [cloaque] stinking; (fig) nauseating, sickening

nausée /noze/ SYN NF (= sensation) nausea (NonC); (= haut-le-cœur) bout of nausea ◆ **avoir la nausée** to feel sick ou nauseous ou queasy ◆ **avoir des nausées** to have bouts of nausea ◆ **ça me donne la nausée** (lit, fig) it makes me (feel) sick, it nauseates me

nauséeux, -euse /nozeø, øz/ SYN ADJ [personne] nauseous, queasy; [odeur, goût] nauseating, nauseous ◆ **état nauséeux** nausea ◆ **je me sens un peu nauséeux** I'm feeling a bit queasy ou nauseous

nautile /notil/ NM (= animal) nautilus

nautique /notik/ SYN ADJ [science, mille] nautical ◆ **fête/ballet nautique** water festival/ballet ◆ **club nautique** watersports club ◆ **loisirs nautiques** water-based recreational activities ◆ **salon nautique** boat show; → **ski, sport**

nautisme /notism/ NM water sport(s)

navajo /navaxo/
ADJ Navajo, Navaho
NMF **Navajo** Navajo, Navaho ◆ **les Navajos** the Navajo(s) ou Navaho(s), the Navajo ou Navaho Indians

naval, e (mpl **navals**) /naval/ ADJ [combat, base] naval; [industrie] shipbuilding ◆ **école navale** naval college; → **chantier, construction, force**

navarin /navaʁɛ̃/ NM navarin, ≈ mutton stew

navarrais, e /navaʁɛ, ɛz/
ADJ Navarrian
NM,F **Navarrais(e)** Navarrian

Navarre /navaʁ/ NF Navarre

navel /navɛl/ NF navel orange

navet /navɛ/ NM 1 (= légume) turnip ◆ **navet fourrager** fodder beet; → **sang**
2 (péj = film) rubbishy ou third-rate film ◆ **quel navet !** what a load of trash ou rubbish! (Brit)

navette¹ /navɛt/ SYN NF 1 [de métier à tisser] shuttle; (= aiguille) netting ou meshing needle ◆ **navette volante** flying shuttle
2 (= service de transport) shuttle (service) ◆ **navette diplomatique** diplomatic shuttle ◆ **faire la navette entre** [banlieusard, homme d'affaires] to commute between; [véhicule] to operate a shuttle (service) between; [bateau] to ply between; [projet de loi, circulaire] to be sent backwards and forwards between ◆ **elle fait la navette entre la cuisine et la chambre** she comes and goes between the kitchen and the bedroom ◆ **faire faire la navette à qn/qch** to have sb/sth going back and forth (entre between)
3 (Espace) ◆ **navette spatiale** space shuttle
4 (à encens) incense holder

navette² /navɛt/ NF (= plante) rape

navetteur, -euse /navetœʁ, øz/ NM,F (Belg) commuter

navicert /navisɛʁ/ NM navicert

naviculaire /navikylɛʁ/ ADJ navicular

navicule /navikyl/ NF navicula

navigabilité /navigabilite/ NF [de rivière] navigability; [de bateau] seaworthiness; [d'avion] airworthiness

navigable /navigabl/ ADJ [rivière] navigable

navigant, e /navigɑ̃, ɑ̃t/ ADJ, NM ◆ **le personnel navigant, les navigants** (dans avion) flying personnel; (dans bateau) seagoing personnel

navigateur, -trice /navigatœʁ, tʁis/
NM,F (= marin) sailor; (= personne chargée d'un itinéraire) navigator ◆ **navigateur solitaire** singlehanded sailor ou yachtsman
NM (Internet) browser

navigation /navigasjɔ̃/ NF 1 (= trafic maritime) (sea) traffic (NonC); (= pilotage) navigation (NonC), sailing (NonC) ◆ **les récifs rendent la navigation dangereuse** the reefs make sailing ou navigation dangerous ◆ **canal ouvert/fermé ou interdit à la navigation** canal open/closed to shipping ou ships ◆ **navigation côtière/intérieure** coastal/inland navigation ◆ **navigation de plaisance** (pleasure) sailing ◆ **navigation à voiles** sailing, yachting ◆ **compagnie de navigation** shipping company ◆ **terme de navigation** nautical term
2 (= trafic aérien) (air) traffic (NonC); (= pilotage) navigation (NonC), flying (NonC) ◆ **navigation aérienne/spatiale** aerial/space navigation
3 (Ordin) ◆ **navigation sur Internet** browsing the Internet ◆ **navigation hypertexte** browsing hypertext ◆ **logiciel de navigation** browser

naviguer /navige/ SYN ▸ conjug 1 ◂ VI 1 (= voyager) [bateau, passager, marin] to sail; [avion, passager, pilote] to fly ◆ **naviguer à la voile** to sail ◆ **ce bateau n'a jamais navigué** this ship has never been to sea ou has never sailed ◆ **bateau en état de naviguer** seaworthy ship ◆ **naviguer à 24 000 pieds** to fly at an altitude of 24,000 feet

[2] *(= piloter) [marin, pilote]* to navigate ◆ **naviguer au compas/aux instruments/à l'estime** to navigate by (the) compass/by instruments/by dead reckoning ◆ **naviguer à travers Detroit** *(en voiture)* to find *ou* negotiate one's way through Detroit ◆ **naviguer entre les obstacles** to negotiate one's way between obstacles

[3] *(Ordin)* ◆ **naviguer sur Internet** to surf *ou* browse the Internet

[4] *(fig)* ◆ **pour réussir ici, il faut savoir naviguer** * to succeed here you need to know how to get around *ou* you need to know the ropes ◆ **c'est un type qui a beaucoup navigué** * he's a man who's been around a lot *ou* who's knocked about quite a bit * ◆ **le gouvernement doit naviguer entre les écueils** the government must tread a delicate path ◆ **le dossier a navigué de bureau en bureau** the file found its way from office to office, the file went the rounds of the offices

naviplane /naviplan/ NM hovercraft

navire /naviʀ/ NM *(= bateau)* ship; *(Jur)* vessel ◆ **navire amiral** flagship ◆ **navire-citerne** tanker ◆ **navire marchand** *ou* **de commerce** merchant ship, merchantman ◆ **navire jumeau** sister ship ◆ **navire de guerre** warship

navire-école (pl **navires-écoles**) /naviʀekɔl/ NM training ship

navire-hôpital (pl **navires-hôpitaux**) /naviʀɔpital, o/ NM hospital ship

navire-usine (pl **navires-usines**) /naviʀyzin/ NM factory ship

navrant, e /navʀɑ̃, ɑ̃t/ SYN ADJ *(= attristant) [spectacle, conduite, nouvelle]* distressing, upsetting; *(= regrettable) [contretemps, malentendu]* unfortunate, regrettable ◆ **tu es navrant !** you're hopeless! ◆ **un spectacle navrant de bêtise** a depressingly silly show ◆ **ce film est d'une médiocrité navrante** this film is terribly mediocre ◆ **il n'écoute personne, c'est navrant** he won't listen to anybody, it's a shame

navré, e /navʀe/ SYN GRAMMAIRE ACTIVE 18.3 (ptp de **navrer**) ADJ sorry *(de* to) ◆ **je suis (vraiment) navré** I'm (so *ou* terribly) sorry ◆ **navré de vous décevoir mais...** sorry to disappoint you but... ◆ **avoir l'air navré** *(pour s'excuser, compatir)* to look sorry; *(d'une nouvelle)* to look distressed *ou* upset ◆ **d'un ton navré** *(exprimant la tristesse)* in a distressed *ou* an upset voice; *(pour s'excuser)* in an apologetic tone, apologetically; *(pour compatir)* in a sympathetic tone

navrer /navʀe/ SYN ▸ conjug 1 ◂ VT [1] *(= consterner) [spectacle, conduite, nouvelle]* to distress, to upset
[2] *(= contrarier) [contretemps, malentendu]* to annoy

nazaréen, -enne /nazaʀeɛ̃, ɛn/
ADJ Nazarene
NM,F **Nazaréen(ne)** Nazarene

Nazareth /nazaʀɛt/ N Nazareth

naze * /naz/ ADJ, NM ⇒ **nase** *

nazi, e /nazi/ ADJ, NM,F Nazi

nazisme /nazism/ NM Nazism

N.B., NB /ɛnbe/ NM (abrèv de **nota bene**) N.B.

NBC /ɛnbese/ ADJ INV (abrèv de **Nucléaire-Biologique-Chimique**) NBC

N.-D. (abrèv de **Notre-Dame**) → **notre**

N'Djamena /nʒamena/ N Ndjamena

NDLR (abrèv de **note de la rédaction**) → **note**

NdT (abrèv de **note du traducteur**) translator's note

ne /nə/ ADV NÉG [1] *(valeur négative, avec négation avant ou après)* ◆ **il n'a rien dit** he didn't say anything, he said nothing ◆ **elle ne nous a pas vus** she didn't *ou* did not see us, she hasn't *ou* has not seen us ◆ **personne** *ou* **nul** *(frm)* **n'a compris** nobody *ou* no one understood ◆ **il n'y a aucun mal à ça** there's no harm *ou* there's nothing wrong in that ◆ **il n'est pas du tout** *ou* **nullement idiot** he's no fool, he's by no means stupid ◆ **je ne le ferai jamais** I'll never do it ◆ **je n'ai pas d'argent** I haven't got *ou* I don't have any money, I have no money ◆ **il ne sait plus ce qu'il dit** he no longer knows what he's saying, he doesn't know what he's saying any more ◆ **plus rien ne l'intéresse, rien ne l'intéresse plus** nothing interests him any more, he's not interested in anything any more ◆ **ne me dérangez pas** don't *ou* do not disturb me ◆ **je ne connais ni son fils ni sa fille** I know neither his son nor his daughter, I don't know (either) his son or his daughter ◆ **je n'ai pas du tout** *ou* **aucunement l'intention de refuser** I have not the slightest *ou* least intention of refusing ◆ **je n'ai guère le temps** I scarcely *ou* hardly have the time ◆ **il ne sait pas parler** he can't *ou* cannot speak ◆ **pas un seul ne savait sa leçon** not (a single) one (of them) knew his lesson

[2] *(valeur négative, sans autre négation : littér)* ◆ **il ne cesse de se plaindre** he's always *ou* constantly complaining, he doesn't stop *ou* never stops complaining ◆ **je ne sais qui a eu cette idée** I don't know who had that idea ◆ **elle ne peut jouer du violon sans qu'un voisin (ne) proteste** she can't play her violin without some neighbour objecting ◆ **il n'a que faire de vos conseils** he has no use for your advice, he's not interested in your advice ◆ **que n'a-t-il songé à me prévenir** if only he had thought to warn me ◆ **n'était la situation internationale, il serait parti** had it not been for *ou* were it not for the international situation he would have left ◆ **il n'est de paysage qui ne soit maintenant gâché** not a patch of countryside remains unspoilt, there is no unspoilt countryside left ◆ **il n'est de jour qu'elle ne se plaigne** not a day goes by but she complains (about something) *ou* without her complaining ◆ **cela fait des années que je n'ai été au cinéma** it's years since I (last) went to the cinema, I haven't been to the cinema for years ◆ **il a vieilli depuis que je ne l'ai vu** he has aged since I (last) saw him ◆ **si je ne me trompe** if I'm not mistaken; → **cure**[1], **empêcher**, **importer**[2]

[3] ◆ **ne... que** only ◆ **elle n'a confiance qu'en nous** she trusts only us, she only has confidence in us ◆ **c'est mauvais de ne manger que des conserves** it's bad to eat only canned foods *ou* nothing but canned foods ◆ **il n'a que trop d'assurance** he's only too self-assured ◆ **il n'a d'autre idée en tête que de se lancer dans la politique** his (one and) only thought is to go into politics ◆ **il n'y a que lui pour dire des choses pareilles !** only he *ou* nobody but he would say such things! ◆ **il n'y a pas que vous qui le dites !** you're not the only one who says so! ◆ **et il n'y a pas que ça !** and that's not all!; → **demander**

[4] *(explétif sans valeur nég, gén omis dans la langue parlée)* ◆ **je crains** *ou* **j'ai peur qu'il ne vienne** I am afraid *ou* I fear (that) he is coming *ou* (that) he will come ◆ **je ne doute pas/je ne nie pas qu'il ne soit compétent** I don't doubt/deny that he's competent ◆ **empêche que les enfants ne touchent aux animaux** stop the children touching *ou* prevent the children from touching the animals ◆ **mangez avant que la viande ne refroidisse** do eat before the meat gets cold ◆ **j'irai la voir avant qu'il/à moins qu'il ne pleuve** I shall go and see her before/unless it rains ◆ **il est parti avant que je ne l'aie remercié** he left before I'd thanked him ◆ **il est parti sans que je ne l'aie remercié** he left without my having thanked him ◆ **peu s'en faut qu'il n'ait oublié la réunion** he all but *ou* he very nearly forgot the meeting ◆ **il est plus/moins malin qu'on ne pense** he's more cunning than/not as cunning as you (might) think

né, e /ne/ (ptp de **naître**) ADJ ◆ **orateur-/acteur-né** born orator/actor ◆ **bien/mal né** of noble *ou* high/humble *ou* low birth ◆ **Paul est son premier-/dernier-né** Paul is her first-/last-born *ou* her first/last child ◆ **Mme Durand, née Dupont** Mrs Durand née Dupont; → aussi **naître**

néandertalien, -ienne /neɑ̃dɛʀtaljɛ̃, jɛn/
ADJ Neanderthal *(épith)*
NM Neanderthal man

néanmoins /neɑ̃mwɛ̃/ SYN ADV *(= pourtant)* nevertheless, yet ◆ **il était malade, il est néanmoins venu** he was ill, (and) nevertheless *ou* (and) yet he came ◆ **c'est incroyable mais néanmoins vrai** it's incredible but nonetheless true *ou* but it's true nevertheless ◆ **il est agressif et néanmoins patient** he is aggressive yet patient, he is aggressive but nevertheless patient

néant /neɑ̃/ SYN NM ◆ **le néant** nothingness *(NonC)* ◆ **le néant de la vie/de l'homme** the emptiness of life/man ◆ **replonger dans le néant** to sink back into oblivion ◆ **et après c'est le néant** then there's a total blank ◆ **signes particuliers : néant** distinguishing marks: none ◆ **sortir/surgir du néant** to appear/spring up out of nowhere; → **réduire**

Nébraska /nebʀaska/ NM Nebraska

nébuleuse[1] /nebyløz/ NF *(Astron)* nebula; *(fig)* loose conglomeration ◆ **c'est encore à l'état de nébuleuse** *(fig)* it's still very vague

nébuleusement /nebyløzmɑ̃/ ADV nebulously, vaguely

nébuleux, -euse[2] /nebylø, øz/ SYN ADJ *[ciel]* cloudy, overcast; *[écrivain]* nebulous, obscure; *[projet, idée, discours]* nebulous, vague, woolly (Brit), wooly (US)

nébulisation /nebylizasjɔ̃/ NF nebulization

nébuliseur /nebylizœʀ/ NM nebulizer

nébulosité /nebylozite/ NF *[de ciel]* cloud covering, nebulosity *(SPÉC)*; *[de discours]* obscureness, vagueness, woolliness *(Brit)*, wooliness *(US)*

nécessaire /nesesɛʀ/ GRAMMAIRE ACTIVE 10.2, 10.3, 17.2 SYN
ADJ [1] *(gén, Math, Philos)* necessary ◆ **est-ce (bien) nécessaire ?** is it (really) necessary? ◆ **ce n'est pas nécessaire** it's not necessary ◆ **il est nécessaire de le faire** *ou* **qu'on le fasse** it needs to be done ◆ **il n'est pas nécessaire que tu le fasses** you don't need *ou* have to (do it), it's not (really) necessary (for you to do it) ◆ **l'eau est nécessaire à la vie** *ou* **pour vivre/aux hommes** water is a necessity of life/a human necessity ◆ **une alimentation variée apporte à l'organisme tout ce qui lui est nécessaire en vitamines** a varied diet provides the body with everything it needs as regards vitamins ◆ **cette attitude lui est nécessaire pour réussir** it's necessary for him to have this attitude if he wants to be successful ◆ **c'est une condition nécessaire** it's a necessary condition ◆ **le temps nécessaire pour maquiller une star** the time it takes to make up a star ◆ **a-t-il les moyens financiers nécessaires ?** does he have the necessary funds? ◆ **faire les démarches nécessaires** to take the necessary *ou* requisite steps ◆ **nous ferons la grève si nécessaire** we'll go on strike if necessary
[2] *[personne]* needed ◆ **se sentir nécessaire** to feel needed
NM [1] *(= l'indispensable)* ◆ **as-tu emporté le nécessaire ?** have you got all *ou* everything you need? ◆ **tout le nécessaire pour préparer et réussir votre voyage** everything you need to prepare for and make a success of your trip ◆ **il peut faire froid, prenez le nécessaire** it may be cold so take the right things *ou* gear * ◆ **emporter le strict nécessaire** to take only what's absolutely necessary ◆ **il faut d'abord penser au nécessaire** one must first consider the essentials ◆ **manquer du nécessaire** to lack the (basic) necessities of life ◆ **j'ai fait le nécessaire** I've seen to it ◆ **je vais faire le nécessaire** I'll see to it
[2] *(Philos)* ◆ **le nécessaire** the necessary
COMP **nécessaire à couture** (pocket) sewing kit
nécessaire à ongles manicure set
nécessaire à ouvrage ⇒ **nécessaire à couture**
nécessaire de toilette travel pack (of toiletries)
nécessaire de voyage overnight bag, grip

nécessairement /nesesɛʀmɑ̃/ SYN ADV necessarily ◆ **dois-je nécessairement m'en aller ?** is it (really) necessary for me to go?, do I (really) have to go? ◆ **passeras-tu par Londres ? – oui, nécessairement/non, pas nécessairement** will you go via London? – yes, it's unavoidable *ou* you have to/no, not necessarily ◆ **il devra nécessairement s'y faire** he will (just) have to get used to it ◆ **il ne m'a pas nécessairement vu** I can't be sure (that) he saw me ◆ **il y a nécessairement une raison** there must be a reason ◆ **ce n'est pas nécessairement faux** it isn't necessarily wrong ◆ **causes et effets sont liés nécessairement** *(Philos)* causes and effects are necessarily linked *ou* are of necessity linked

nécessité /nesesite/ SYN
NF [1] *(= obligation)* necessity ◆ **c'est une nécessité absolue** it's an absolute necessity ◆ **sévère sans nécessité** unnecessarily severe ◆ **il souligne la nécessité d'un débat** he emphasizes the need *ou* necessity for a debate ◆ **je n'en vois pas la nécessité** I don't see the need for it ◆ **se trouver** *ou* **être dans la nécessité de faire qch** to have no choice *ou* alternative but to do sth ◆ **mettre qn dans la nécessité de faire** to make it necessary for sb to do ◆ **la nécessité où nous nous trouvons de faire cela** the fact that we have no choice *ou* alternative but to do that ◆ **état de nécessité** *(Jur)* necessity
[2] *(Philos)* ◆ **la nécessité** necessity ◆ **la nécessité de mourir** the inevitability of death
[3] *(†† = pauvreté)* destitution ◆ **être dans la nécessité** to be in need, to be poverty-stricken
[4] *(locutions)* ◆ **je l'ai fait par nécessité** I did it because I had to *ou* because I had no choice ◆ **de première nécessité** absolutely essential ◆ **arti-**

nécessiter | néocapitalisme

FRENCH-ENGLISH 620

cles de première **nécessité** bare necessities ou essentials ◆ **faire de nécessité vertu** to make a virtue of necessity ◆ **nécessité fait loi** (Prov) necessity knows no law (Prov)

NFPL **nécessités** ◆ **les nécessités de la vie** the necessities ou essentials of life ◆ **les nécessités du service** the demands ou requirements of the job ◆ **nécessités financières** (financial) liabilities

nécessiter /nesesite/ SYN ▸ conjug 1 ◂ VT (= *requérir*) to require, to call for, to necessitate ◆ **l'intervention nécessite plusieurs jours d'hospitalisation** the operation means ou requires a hospital stay of several days ◆ **la maison nécessite de gros travaux** the house needs a lot of work (done on it) ou is in need of a lot of renovation

nécessiteux, -euse (frm) /nesesitø, øz/ SYN
ADJ needy, necessitous (frm)
NM,F needy person ◆ **les nécessiteux** the needy, the poor

neck /nɛk/ NM (Géol) neck

nec plus ultra /nɛkplysyltʀa/ NM ◆ **c'est le nec plus ultra** it's the last word (*de* in)

nécrobie /nekʀɔbi/ NF necrobia

nécrologe /nekʀɔlɔʒ/ NM necrology

nécrologie /nekʀɔlɔʒi/ NF (= *liste*) obituary column; (= *notice biographique*) obituary

(!) Attention à ne pas traduire automatiquement **nécrologie** par le mot anglais **necrology**, qui est d'un registre plus soutenu.

nécrologique /nekʀɔlɔʒik/ ADJ obituary (*épith*)

nécrologue /nekʀɔlɔg/ NM obituarist

nécromancie /nekʀɔmɑ̃si/ NF necromancy

nécromancien, -ienne /nekʀɔmɑ̃sjɛ̃, jɛn/ NM,F necromancer

nécrophage /nekʀɔfaʒ/ ADJ necrophagous

nécrophile /nekʀɔfil/
ADJ necrophilic
NMF necrophiliac

nécrophilie /nekʀɔfili/ NF necrophilia

nécrophore /nekʀɔfɔʀ/ NM burying beetle

nécropole /nekʀɔpɔl/ NF necropolis

nécrose /nekʀoz/ NF necrosis

nécroser VT, **se nécroser** VPR /nekʀoze/ ▸ conjug 1 ◂ to necrose, to necrotize

nécrosique /nekʀozik/, **nécrotique** /nekʀotik/ ADJ necrotic

nectaire /nɛktɛʀ/ NM nectary

nectar /nɛktaʀ/ NM nectar

nectarine /nɛktaʀin/ NF nectarine

necton /nɛktɔ̃/ NM nekton

néerlandais, e /neɛʀlɑ̃dɛ, ɛz/
ADJ Dutch, of the Netherlands
NM ① (= *langue*) Dutch
② ◆ **Néerlandais** Dutchman ◆ **les Néerlandais** the Dutch
NF **Néerlandaise** Dutchwoman

néerlandophone /neɛʀlɑ̃dɔfɔn/
ADJ Dutch-speaking
NMF Dutch speaker

nef /nɛf/ NF ① (Archit) nave ◆ **nef latérale** side aisle
② († ou littér = *bateau*) vessel, ship

néfaste /nefast/ SYN ADJ (= *nuisible*) harmful (à to); (= *funeste*) ill-fated, unlucky ◆ **cela lui fut néfaste** it had disastrous consequences for him

Néfertiti /nefɛʀtiti/ NF Nefertiti

nèfle /nɛfl/ NF medlar ◆ **des nèfles !**⁎ nothing doing!⁎, not likely!⁎

néflier /neflije/ NM medlar (tree)

négateur, -trice /negatœʀ, tʀis/ (littér)
ADJ given to denying, contradictory
NM,F denier

négatif, -ive /negatif, iv/ SYN
ADJ [attitude, réponse] negative; [quantité, nombre] negative, minus (*épith*) ◆ **particule négative** negative particle
NM (Photo, Ling) negative ◆ **au négatif** in the negative
ADV ◆ **vous êtes prêts ? – négatif !**⁎ are you ready? – negative!⁎
NF **négative** ◆ **répondre par la négative** to reply in the negative ◆ **dans la négative** if not

négation /negasjɔ̃/ SYN NF (*gén*) negation; (Ling) negative ◆ **double négation** double negative

négationnisme /negasjɔnism/ NM revisionism (*denying the existence of the Nazi gas chambers*)

négationniste /negasjɔnist/ ADJ, NMF revisionist (*denying the existence of the Nazi gas chambers*)

négativement /negativmɑ̃/ ADV [*réagir*] negatively ◆ **répondre négativement** to reply in the negative ◆ **juger qch/qn négativement** to be critical of sth/sb

négativisme /negativism/ NM negativism, negativity

négativité /negativite/ NF (Phys) negativity; [d'attitude] negativeness, negativity

négaton † /negatɔ̃/ NM negatron

négatoscope /negatɔskɔp/ NM negatoscope

négligé, e /negliʒe/ SYN (ptp de **négliger**)
ADJ [*épouse, ami*] neglected; [*personne, tenue*] slovenly, sloppy; [*ongles*] uncared-for, neglected; [*travail*] slapdash, careless; [*style*] slipshod; [*occasion*] missed (*épith*)
NM (= *laisser-aller*) slovenliness; (= *déshabillé*) négligé ◆ **il était en négligé** he was casually dressed ou wearing casual clothes ◆ **le négligé de sa tenue** the slovenliness of his dress

négligeable /negliʒabl/ SYN ADJ (*gén*) negligible; [*détail*] unimportant, trivial, trifling; [*adversaire*] insignificant ◆ **qui n'est pas négligeable, non négligeable** [facteur, élément] not inconsiderable; [adversaire, aide, offre] by no means insignificant; [détail, rôle, nombre] not insignificant ◆ **une quantité non négligeable** an appreciable amount

négligemment /negliʒamɑ̃/ SYN ADV (= *sans soin*) carelessly, negligently, in a slovenly way; (= *nonchalamment*) casually

négligence /negliʒɑ̃s/ SYN NF (= *manque de soin*) negligence, slovenliness; (= *faute, erreur*) omission, act of negligence; (Jur) criminal negligence ◆ **il est d'une (telle) négligence !** he's so careless! ◆ **c'est une négligence de ma part** it's an oversight ou a careless mistake on my part ◆ **par négligence** out of carelessness ◆ **négligence (de style)** stylistic blunder, carelessness (*NonC*) of style ◆ **faire preuve de négligence** to be negligent

négligent, e /negliʒɑ̃, ɑ̃t/ SYN ADJ (= *sans soin*) negligent, careless; (= *nonchalant*) casual

négliger /negliʒe/ SYN ▸ conjug 3 ◂
VT (*gén*) to neglect; [+ *style, tenue*] to be careless about; [+ *conseil*] to pay no attention ou no heed to, to disregard; [+ *occasion*] to miss; [+ *rhume, plaie*] to ignore ◆ **il néglige ses amis** he neglects his friends ◆ **ce n'est pas à négliger** (*offre*) it's not to be sneezed at; (*difficulté*) it mustn't be overlooked ◆ **ne rien négliger (pour)** to do everything possible (to)
◆ **négliger de faire** to fail to do ◆ **certains services négligent de répondre aux lettres de la clientèle** some departments fail to reply to customers' letters
VPR **se négliger** (*santé*) to neglect o.s., not to look after o.s.; (*tenue*) to neglect one's appearance, not to bother with one's appearance

négoce /negɔs/ SYN NM ① (Écon) trade ◆ **le négoce international** international trade ou trading ◆ **faire du négoce** to be in business ◆ **faire du négoce avec un pays** to trade with a country ◆ **il fait le négoce de** he trades ou deals in
② († = *boutique, affaire*) business ◆ **dans mon négoce** in my trade ou business ◆ **il tenait un négoce de fruits et légumes** he sold fruit and vegetables, he had a greengrocery business (*surtout Brit*)

négociabilité /negɔsjabilite/ NF negotiability

négociable /negɔsjabl/ SYN ADJ negotiable

négociant, e /negɔsjɑ̃, jɑ̃t/ SYN NM,F merchant ◆ **négociant en gros** wholesaler ◆ **négociant en vin(s)** wine merchant

négociateur, -trice /negɔsjatœʀ, tʀis/ SYN NM,F negotiator

négociation /negɔsjasjɔ̃/ SYN NF (Comm, Pol) negotiation ◆ **engager** ou **entamer des négociations** to enter into negotiations ◆ **négociations commerciales** trade talks ◆ **négociations salariales/bilatérales** wage/bilateral negotiations ou talks ◆ **le contrat est actuellement en négociation** the contract is currently under negotiation

négocier /negɔsje/ SYN ▸ conjug 7 ◂
VI ① (*gén*) to negotiate
② († : *Comm*) to trade
VT to negotiate ◆ **négocier un virage** to negotiate a bend

négondo /negɔ̃do/ NM box elder, ash-leaved maple

nègre /nɛgʀ/
NM ① († , *injurieux* = *personne*) Negro ◆ **travailler comme un nègre** to work like a slave, to slave away
② (*péj* = *écrivain*) ghost (writer)
③ (Culin) ◆ **nègre en chemise** chocolate and cream dessert
ADJ († , *injurieux*) Negro (*épith*); → **art**

négresse /negʀɛs/ NF († , *injurieux*) Negress

négrier, -ière /negʀije, ijɛʀ/
ADJ slave (*épith*) ◆ **(bateau) négrier** slave ship ◆ **(capitaine) négrier** slave-ship captain
NM (= *marchand d'esclaves*) slave trader; (*fig péj* = *patron*) slave driver⁎

négrillon⁎⁎ /negʀijɔ̃/ NM (*injurieux*) pickaninny⁎⁎(*injurieux*)

négrillonne⁎⁎ /negʀijɔn/ NF (*injurieux*) pickaninny⁎⁎(*injurieux*)

négritude /negʀityd/ NF negritude

négro⁎⁎ /negʀo/ NM (*injurieux*) nigger⁎⁎(*injurieux*)

négro-africain, e (mpl négro-africains) /negʀoafʀikɛ̃, ɛn/ ADJ [*littérature*] of Sub-Saharan Africa and the African diaspora [*population*] of Sub-Saharan Africa

négro-américain, e (mpl négro-américains) /negʀoameʀikɛ̃, ɛn/ ADJ, NM,F African-American, Afro-American

négroïde /negʀɔid/ ADJ Negroid

negro-spiritual (pl negro-spirituals) /negʀo spiʀitɥɔl/ NM Negro spiritual

Néguev /negɛv/ NM ◆ **le désert du Néguev** the Negev desert

négus /negys/ NM (= *titre*) Negus

neige /nɛʒ/
NF ① (Météo) snow; (*arg Drogue* = *cocaïne*) snow (*arg*) ◆ **le temps est à la neige** it looks like (it's going to) snow ◆ **aller à la neige**⁎ to go to the ski resorts, to go on a skiing holiday ◆ **cheveux/teint de neige** snow-white hair/complexion
② (Culin) ◆ **battre** ou **faire monter des blancs en neige** to whisk ou beat (up) egg whites to form stiff peaks ◆ **blancs** ou **œufs battus en neige** stiffly beaten egg whites
COMP **neige artificielle** artificial snow
neige carbonique dry ice
neiges éternelles eternal ou everlasting snow(s)
neige fondue (= *pluie*) sleet; (*par terre*) slush
neige fraîche fresh snow, newly fallen snow
neige poudreuse powder snow
neige pourrie slush
neige de printemps spring snow; → **bonhomme, boule, train** *etc*

neiger /neʒe/ ▸ conjug 3 ◂ VB IMPERS to snow ◆ **il neige** it's snowing

neigeux, -euse /nɛʒø, øz/ ADJ [*sommet*] snow-covered, snow-clad; [*temps, aspect*] snowy

nélombo /nelɔ̃bo/ NM nelumbo

nem /nɛm/ NM (Vietnamese) small spring roll

némale /nemal/ NM nemalion

némathelminthes /nematɛlmɛ̃t/ NMPL ◆ **les némathelminthes** nemathelminths, the Nemathelminthes (SPÉC)

nématocyste /nematɔsist/ NM nematocyst

nématode /nematɔd/ NM nematode (worm) ◆ **les nématodes** nematodes, Nematoda (SPÉC)

nématodes /nematɔd/ NMPL ◆ **les nématodes** nematodes, the Nematoda (SPÉC)

Némésis /nemezis/ NF Nemesis

néné⁎ /nene/ NM boob⁎, tit⁎

nénette⁎ /nenɛt/ NF (= *jeune femme*) chick⁎, bird⁎ (*Brit*); → **casser** vpr 3

nenni /neni/ ADV († ou *régional* = *non*) nay

nénuphar /nenyfaʀ/ NM water lily

néo- /neo/ PRÉF neo- ◆ **néo-libéral/-gaulliste** neo-conservative/-Gaullist

néoblaste /neoblast/ NM neoblast

néo-calédonien, -ienne /neokaledɔnjɛ̃, jɛn/
ADJ New Caledonian
NM,F **Néo-Calédonien(ne)** New Caledonian

néo-canadien, -ienne /neokanadjɛ̃, jɛn/
ADJ New Canadian
NM,F **Néo-Canadien(ne)** New Canadian

néocapitalisme /neokapitalism/ NM neocapitalism

néocapitaliste /neokapitalist/ ADJ neocapitalist

néoclassicisme /neoklasisism/ NM neoclassicism

néoclassique /neoklasik/ ADJ neoclassical

néocolonialisme /neokɔlɔnjalism/ NM neocolonialism

néocolonialiste /neokɔlɔnjalist/ ADJ neocolonialist

néocomien, -ienne /neokɔmjɛ̃, jɛn/
ADJ Neocomian
NM ◆ **le néocomien** the Necomian (division)

néocortex /neokɔrtɛks/ NM neocortex, isocortex

néodarwinisme /neodarwinism/ NM neo-Darwinism

néodyme /neodim/ NM neodymium

néo-écossais, e /neoekɔse, ɛz/ ADJ, NM,F Nova Scotian

néofascisme, néo-fascisme (pl **néo-fascismes**) /neofaʃism/ NM neofascism

néofasciste, néo-fasciste (pl **néo-fascistes**) /neofaʃist/ ADJ, NMF neofascist

néoformation /neofɔrmasjɔ̃/ NF (Méd) neoplasm; [de végétal] neoformation, new growth

néoformé, e /neofɔrme/ ADJ (Méd) neoplastic; [végétal] newly grown

néogène /neoʒɛn/ NM ◆ **le néogène** the Neocene

néoglucogenèse /neoglykoʒənɛz/ NF gluconeogenesis, glyconeogenesis

néogothique /neogotik/ ADJ, NM neogothic

néogrec, néogrecque /neogrɛk/ ADJ Neo-Greek

néo-impressionnisme /neoɛ̃presjɔnism/ NM neoimpressionism

néokantisme /neokɑ̃tism/ NM Neo-Kantianism

néo-libéralisme /neoliberalism/ NM neoliberalism

néolithique /neolitik/ ADJ, NM neolithic

néologie /neolɔʒi/ NF neology

néologique /neolɔʒik/ ADJ neological

néologisme /neolɔʒism/ NM neologism

néomycine /neomisin/ NF neomycin

néon /neɔ̃/ NM (= gaz) neon; (= éclairage) neon lighting (NonC)

néonatal, e (mpl **néonatals**) /neonatal/ ADJ neonatal

néonatologie /neonatɔlɔʒi/, **néonatalogie** /neonatalɔʒi/ NF neonatology

néonazi, e /neonazi/ ADJ, NM,F neo-Nazi

néonazisme /neonazism/ NM neo-Nazism

néophyte /neofit/ SYN
ADJ neophytic
NMF (Rel) neophyte; (fig) novice, neophyte (frm)

néoplasique /neoplazik/ ADJ neoplastic

néoplasme /neoplasm/ NM neoplasm

néoplatonicien, -ienne /neoplatɔnisjɛ̃, jɛn/
ADJ neoplatonic
NM,F neoplatonist

néoplatonisme /neoplatɔnism/ NM Neo-Platonism

néopositivisme /neopozitivism/ NM logical positivism

néopositiviste /neopozitivist/ ADJ, NMF logical positivist

néoprène /neoprɛn/ NM ◆ **colle au néoprène** neoprene glue

néoprotectionnisme /neoprɔtɛksjɔnism/ NM neoprotectionism

néoréalisme /neorealism/ NM neorealism

néoréaliste /neorealist/ ADJ neorealist

néoténie /neoteni/ NF neoteny

néothomisme /neotɔmism/ NM Neo-Thomism

néottie /neɔti/ NF bird's-nest orchid

néo-zélandais, e /neozelɑ̃dɛ, ɛz/
ADJ New Zealand (épith)
NM,F **Néo-Zélandais(e)** New Zealander

Népal /nepal/ NM Nepal

népalais, e /nepalɛ, ɛz/
ADJ Nepalese, Nepali
NM (= langue) Nepalese, Nepali
NM,F **Népalais(e)** Nepalese, Nepali

nèpe /nɛp/ NF water scorpion

népenthès /nepɛ̃tɛs/ NM ① (Hist) nepenthe ② (= plante) pitcher plant

népérien, -ienne /neperjɛ̃, jɛn/ ADJ Nap(i)erian ◆ **logarithmes népériens** natural ou Nap(i)erian logarithms

népète /nepɛt/ NF nepeta

néphélométrie /nefelɔmetri/ NF nephelometry

néphrectomie /nefrɛktɔmi/ NF nephrectomy

néphrétique /nefretik/ ADJ, NMF nephritic; → **colique**

néphridie /nefridi/ NF nephridium

néphrite /nefrit/ NF ① (Méd) nephritis ◆ **avoir une néphrite** to have nephritis ② (= jade) nephrite

néphrographie /nefrɔgrafi/ NF nephrography

néphrologie /nefrɔlɔʒi/ NF nephrology

néphrologue /nefrɔlɔg/ NMF nephrologist, kidney specialist

néphron /nefrɔ̃/ NM nephron

néphropathie /nefropati/ NF nephropathy

néphrose /nefroz/ NF nephrosis

népotisme /nepotism/ NM nepotism

Neptune /nɛptyn/ NM, NF (Astron, Myth) Neptune

neptunium /nɛptynjɔm/ NM neptunium

néréide /nereid/ NF (= divinité, ver marin) nereid

nerf /nɛr/ SYN
NM ① (Anat) nerve
② (locutions) ◆ **avoir les nerfs malades** to suffer from nerves ◆ **avoir les nerfs fragiles** to be highly strung ◆ **avoir les nerfs à vif** to be very edgy ou nervy (Brit), to be on edge ◆ **avoir les nerfs en boule*** ou **en pelote*** to be very tensed up ou tense ou edgy ◆ **avoir les nerfs à toute épreuve** ou **des nerfs d'acier** to have nerves of steel ◆ **avoir ses nerfs** to have an attack ou a fit of nerves, to have a temperamental outburst ◆ **être sur les nerfs** to be all keyed up ◆ **vivre sur les nerfs** to live on one's nerves ◆ **porter** ou **taper*** **sur les nerfs de qn** to get on sb's nerves ◆ **passer ses nerfs sur qn** to take it out on sb ◆ **ça me met les nerfs à vif** that gets on my nerves ◆ **ça va te calmer les nerfs** that will calm ou settle your nerves ◆ **ses nerfs ont été ébranlés** that shook him ◆ **ses nerfs ont craqué** ou **lâché** he went to pieces ou cracked up*; → **bout, crise, fleur**
③ (= vigueur) ◆ **allons du nerf !** ou **un peu de nerf !** come on, buck up! * ou show some spirit! ◆ **son style a du nerf** he has a vigorous style ◆ **c'est une voiture qui a du nerf** it's a responsive car ◆ **dépêche-toi, ça manque de nerf tout ça** ! come on, let's have some new life about you! ◆ **l'argent est le nerf de la guerre** money is the sinews of war
④ (* = tendon) nerve ◆ **nerfs** [de viande] gristle (NonC)
⑤ (Reliure) cord
COMP **nerf de bœuf** † cosh (Brit), ≈ blackjack (US)
nerf gustatif gustatory nerve
nerf moteur motor nerve
nerf optique optic nerve
nerf pneumogastrique vagus
nerf sensitif sensory nerve
nerf vague vagus

néritique /neritik/ ADJ neritic

néroli /neroli/ NM neroli

Néron /nerɔ̃/ NM Nero

nerprun /nɛrprœ̃/ NM buckthorn

nervation /nɛrvasjɔ̃/ NF venation, nervation

nerveusement /nɛrvøzmɑ̃/ SYN ADV (= d'une manière excitée) nervously, tensely; (= de façon irritable) irritably, touchily; (= avec vigueur) energetically, vigorously ◆ **ébranlé nerveusement** shaken, with shaken nerves

nerveux, -euse /nɛrvø, øz/ SYN
ADJ ① (Méd) [tension, dépression, fatigue, système] nervous; (Anat) [cellule, centre, tissu] nerve (épith) ◆ **pourquoi pleures-tu ? – c'est nerveux !** why are you crying? – it's my nerves!; → **grossesse, système**
② (= agité) [personne, animal, rire] nervous, tense; (= irritable) irritable; (Écon) [marché] nervous, jittery ◆ **ça me rend nerveux** (= anxieux) it makes me nervous; (= excité, tendu) it puts me on edge
③ (= vigoureux) [corps] energetic, vigorous; [cheval] spirited, skittish; [moteur, voiture] responsive; [style] energetic, vigorous ◆ **il n'est pas très nerveux** (dans ce qu'il fait) he doesn't go about things with much energy
④ (= sec) [personne, main] wiry; [viande] gristly
NM,F ◆ **c'est un grand nerveux** he's very highly strung (Brit) ou high-strung (US)

nervi /nɛrvi/ NM (gén pl) bully boy, hatchet man

nervosité /nɛrvozite/ SYN NF ① (= agitation) (permanente) nervousness, excitability; (passagère) nervousness, agitation, tension; (Écon) [de marché] nervousness, jumpiness, jitteriness ◆ **dans un état de grande nervosité** in a highly nervous state, in a state of great agitation
② (= irritabilité) (permanente) irritability; (passagère) irritability, touchiness
③ [de moteur] responsiveness ◆ **manque de nervosité** sluggishness

nervure /nɛrvyr/ SYN NF [de plante, animal] nervure, vein; [de voûte, pièce métallique] rib; (Typographie) raised band

nervuré, e /nɛrvyre/ ADJ [feuille] veined, nervate (SPÉC); [aile] veined; [couvercle, voûte] ribbed

Nescafé ® /nɛskafe/ NM Nescafé ® , instant coffee

n'est-ce pas /nɛspa/ ADV ① (appelant l'acquiescement) isn't it?, doesn't he? etc (selon le verbe qui précède) ◆ **il est fort, n'est-ce pas ?** he's strong, isn't he? ◆ **c'est bon, n'est-ce pas ?** it's nice, isn't it? ou don't you think? ◆ **il n'est pas trop tard, n'est-ce pas ?** it's not too late, is it? ◆ **tu iras, n'est-ce pas ?** you will go, won't you?
② (intensif) ◆ **n'est-ce pas que c'est bon/difficile ?** it's nice/difficult, isn't it? ◆ **eux, n'est-ce pas, ils peuvent se le permettre** of course they can afford it ◆ **le problème, n'est-ce pas, c'est qu'il s'en fiche** he doesn't care - that's the problem, isn't it?

nestorianisme /nɛstɔrjanism/ NM Nestorianism

nestorien, -ienne /nɛstɔrjɛ̃, jɛn/ NM,F Nestorian

Net /nɛt/ SYN NM (abrév de Internet) ◆ **le Net** the Net

net¹, nette /nɛt/ SYN
ADJ ① (= propre : après nom) [surface, ongles, mains] clean; [intérieur, travail, copie] neat, tidy ◆ **elle est toujours très nette (dans sa tenue)** she's always neatly dressed ou turned out, she's always very neat and tidy ◆ **avoir la conscience nette** to have a clear conscience
◆ **au net** ◆ **mettre au net** [rapport, devoir] to copy out, to make a neat ou fair copy of; [plan, travail] to tidy up ◆ **mise au net** copying out, tidying up
② (Comm, Fin : après nom) [bénéfice, prix, poids] net ◆ **net de** free of ◆ **emprunt net de tout impôt** tax-free loan ◆ **revenu net** disposable income
③ (= clair, précis : après nom) [idée, explication, esprit] clear; (= sans équivoque) [réponse] straight, clear, plain; [refus] flat (épith); [situation, position] clear-cut ◆ **je serai net avec vous** I shall be (quite) candid ou frank with you ◆ **son attitude dans cette affaire n'est pas très nette** his attitude in this matter is a bit dubious ◆ **ce type n'est pas très net*** (bizarre) that guy's slightly odd ou strange*; (fou) that guy's slightly mad*
④ (= marqué, évident) [différence, amélioration] marked, distinct, sharp; [distinction] marked, sharp, clear(-cut); [avantage] clear ◆ **il y a une très nette odeur** ou **une odeur très nette de brûlé** there's a distinct ou a very definite smell of burning ◆ **il est très net qu'il n'a aucune intention de venir** it's quite clear ou obvious that he doesn't intend to come
⑤ (= distinct : après nom) [dessin, écriture] clear; [ligne, contour, image] sharp; [voix, son] clear, distinct; [cassure, coupure] clean ◆ **j'ai un souvenir très net de sa visite** I remember his visit very clearly, I have a very clear ou vivid memory of his visit
ADV ① (= brusquement) [s'arrêter] dead ◆ **se casser net** to snap (in two), to break clean through ◆ **il a été tué net** he was killed outright ou instantly
② (= franchement) [refuser] flatly, point-blank ◆ **il (m')a dit tout net que...** he made it quite clear (to me) that..., he told me frankly ou bluntly that... ◆ **parlons net** let's be frank ◆ **je vous le dis tout net** I'm telling you ou I'm giving it to you straight *, I'm telling you bluntly ou frankly ◆ **pour vous** ou **à parler net** to be blunt ou frank with you
③ (Comm) net ◆ **il reste 40 € net** there remains €40 net ◆ **cela pèse 2 kg net** it weighs 2 kg net
NM (Écon) ◆ **le net** net profit

net² /nɛt/
ADJ INV (Tennis) net (épith)
NM net shot

nettement /nɛtmɑ̃/ SYN ADV ① (= sans ambiguïté) [expliquer, répondre] clearly ◆ **il refusa nettement** he flatly refused, he refused point-blank ◆ **je lui ai dit nettement ce que j'en pensais** I told him bluntly ou frankly what I thought of it ◆ **il a nettement pris position contre nous** he has clearly ou quite obviously taken up a stance against us
② (= distinctement) [apercevoir, entendre, se souvenir] clearly, distinctly; [se détacher, apparaître] clearly, distinctly, sharply
③ (= incontestablement) [s'améliorer, se différencier] markedly, distinctly; [mériter] definitely ◆ **j'aurais nettement préféré ne pas venir** I would have definitely ou distinctly preferred not to come ◆ **ça va nettement mieux** things are decidedly ou distinctly better ◆ **nettement meilleur/plus grand** markedly ou distinctly better/bigger ◆ **coûter nettement moins cher** to cost much less ou a great deal less ◆ **ils sont nettement moins nombreux** there are far fewer of them ◆ **arriver nettement en avance** to arrive far too early

netteté /nɛtte/ SYN NF ① (= propreté) [de tenue, travail] neatness
② (= clarté) [d'explication, expression, esprit, idées] clearness, clarity
③ (= caractère distinct) [de dessin, écriture] clearness; [de contour, image] sharpness, clarity, clearness; [de souvenir, voix, son] clearness, clarity; [de cassure] cleanness

nettoiement /nɛtwamɑ̃/ NM [de rues] cleaning; (Agr) [de terre] clearing ◆ **service du nettoiement** refuse disposal ou collection service

nettoyable /nɛtwajabl/ ADJ ◆ **facilement/difficilement nettoyable** easy/difficult to clean ◆ **nettoyable à sec** dry-cleanable

nettoyage /nɛtwajaʒ/ SYN NM (gén) cleaning; [de plage, rue, rivière] cleaning (up); [d'écurie, cage, réfrigérateur] cleaning (out); (Mil, Police) cleaning up ou out ◆ **faire le nettoyage par le vide*** to throw everything out ◆ **nettoyage de printemps** spring-cleaning ◆ **nettoyage à sec** dry cleaning ◆ **un nettoyage complet** a thorough cleanup ◆ **nettoyage de peau** skin cleansing ◆ **opération de nettoyage** (Mil) mopping-up operation ◆ **entreprise/produit de nettoyage** cleaning firm/agent ◆ **ils ont fait du nettoyage dans cette entreprise** (fig) they've got rid of the deadwood in this company; → **ethnique**

nettoyant, e /nɛtwajɑ̃, ɑ̃t/
ADJ cleaning (épith); (Cosmétiques) cleansing ◆ **crème** ou **lotion nettoyante** cleanser
NM cleaner; (Cosmétiques) cleanser

nettoyer /nɛtwaje/ SYN ▶ conjug 8 ◀ VT ① (gén) [+ objet] to clean; [+ plaie] to cleanse, to clean; [+ jardin] to clear; [+ canal, rue, plage] to clean (up); [+ écurie, cage, réfrigérateur] to clean (out) ◆ **nettoyer au chiffon** ou **avec un chiffon** to dust ◆ **nettoyer au balai** to sweep (out) ◆ **nettoyer à l'eau/avec du savon** to wash in water/with soap ◆ **nettoyer à la brosse** to brush (out) ◆ **nettoyer à l'éponge** to sponge (down) ◆ **nettoyer à sec** to dry-clean ◆ **nettoyez-vous les mains au robinet** wash your hands under the tap, give your hands a rinse under the tap ◆ **nettoyer son assiette** to clean one's plate ◆ **le chien avait nettoyé le réfrigérateur*** the dog had cleaned out ou emptied the fridge ◆ **l'orage a nettoyé le ciel** the storm has cleared away the clouds
② * [+ personne] (= tuer) to kill, to finish off*; (= ruiner) to clean out; (= fatiguer) to wear out ◆ **il a été nettoyé en une semaine par la grippe** the flu finished him off* ou did for him* in a week ◆ **nettoyer son compte en banque** to clear one's bank account ◆ **se faire nettoyer au jeu** to be cleaned out at gambling
③ (Mil, Police) to clean out ou up

nettoyeur, -euse /nɛtwajœʀ, øz/ NM,F cleaner

Neuchâtel /nøʃatɛl/ N Neuchâtel ◆ **le lac de Neuchâtel** Neuchâtel Lake

neuf¹ /nœf/ ADJ INV, NM INV (= chiffre) nine; → **preuve**; pour loc voir **six**

neuf², neuve /nœf, nœv/ SYN
ADJ (gén) new; [vision, esprit, pensée] fresh, new; [pays] young, new ◆ **quelque chose de neuf** something new ◆ **regarder qch avec un œil neuf** to look at sth with new eyes ou a fresh eye ◆ **être neuf dans le métier/en affaires** to be new to the trade/to business ◆ **à l'état neuf, comme neuf** as good as new, as new ◆ **c'est tout neuf** [objet] it's brand new ◆ **son bonheur tout neuf** (littér) his new-found happiness; → **flambant, peau**
NM new ◆ **il y a du neuf** something new has turned up, there's been a new development ◆ **quoi de/rien de neuf ?** what's/nothing new? ◆ **faire du neuf** (politique) to introduce new ou fresh ideas; (artisanat) to make new things ◆ **être vêtu** ou **habillé de neuf** to be wearing new clothes, to have new clothes on ◆ **son appartement est meublé de neuf** all the furniture in his flat is new ◆ **remettre** ou **refaire à neuf** to do up like new ou as good as new ◆ **remise à neuf** restoration ◆ **repeindre un appartement à neuf** to redecorate a flat ◆ **on ne peut pas faire du neuf avec du vieux** you can't make new things out of old

neuneu* /nønø/ NM (= idiot) dummy*

neural, e (pl **-aux**) /nøral, o/ ADJ neural

neurasthénie /nørasteni/ SYN NF (gén) depression; (Méd) neurasthenia (SPÉC) ◆ **faire de la neurasthénie** to be depressed, to be suffering from depression

neurasthénique /nørastenik/ SYN
ADJ depressed, depressive; (Méd) neurasthenic (SPÉC)
NMF depressed person, depressive; (Méd) neurasthenic (SPÉC)

neuro... /nøro/ PRÉF neuro...

neurobiologie /nørobjɔlɔʒi/ NF neurobiology

neurobiologiste /nørobjɔlɔʒist/ NMF neurobiologist

neuroblaste /nøroblast/ NM neuroblast

neurochimie /nøroʃimi/ NF neurochemistry

neurochirurgical, e (mpl **-aux**) /nøroʃiryrʒikal, o/ ADJ neurosurgical

neurochirurgie /nøroʃiryrʒi/ NF neurosurgery

neurochirurgien, -ienne /nøroʃiryrʒjɛ̃, jɛn/ NM,F neurosurgeon

neurodégénératif, -ive /nørodeʒeneratif, iv/ ADJ [maladie, affection] neurodegenerative

neuroendocrinien, -ienne /nøroɑ̃dokrinjɛ̃, jɛn/ ADJ neuroendocrine

neuroendocrinologie /nøroɑ̃dokrinɔlɔʒi/ NF neuroendocrinology

neuroleptique /nørolɛptik/ SYN ADJ, NM neuroleptic

neurolinguistique /nørolɛ̃gɥistik/ NF neurolinguistics (sg)

neurologie /nørɔlɔʒi/ NF neurology

neurologique /nørɔlɔʒik/ ADJ neurological

neurologiste /nørɔlɔʒist/, **neurologue** /nørɔlɔg/ NMF neurologist

neurome /nørom/ NM neuroma ◆ **neurome acoustique** acoustic neuroma

neuromédiateur /nøromedjatœr/ NM neurotransmitter

neuromusculaire /nøromyskylɛr/ ADJ neuromuscular

neurone /nøron/ NM neuron

neuropathie /nøropati/ NF neuropathy

neuropathologie /nøropatɔlɔʒi/ NF neuropathology

neuropédiatre /nøropedjatr/ NMF neuropaediatrician (Brit), neuropediatrician (US)

neuropédiatrie /nøropedjatri/ NF neuropaediatrics (Brit), neuropediatrics (US)

neuropeptide /nøropɛptid/ NM neuropeptide

neurophysiologie /nørofizjɔlɔʒi/ NF neurophysiology

neurophysiologique /nørofizjɔlɔʒik/ ADJ neurophysiological

neurophysiologiste /nørofizjɔlɔʒist/ NMF neurophysiologist

neuroplégique /nøropleʒik/ ADJ, NM neuroplegic

neuropsychiatre /nøropsikjatr/ NMF neuropsychiatrist

neuropsychiatrie /nøropsikjatri/ NF neuropsychiatry

neuropsychiatrique /nøropsikjatrik/ ADJ neuropsychiatric

neuropsychologie /nøropsikɔlɔʒi/ NF neuropsychology

neuropsychologue /nøropsikɔlɔg/ NMF neuropsychologist

neurosciences /nørosjɑ̃s/ NFPL neuroscience

neurotoxine /nørotoksin/ NF neurotoxin

neurotoxique /nørotoksik/ ADJ neurotoxic

neurotransmetteur /nørotrɑ̃smetœr/ NM neurotransmitter

neurotrope /nørotrop/ ADJ neurotropic

neurovégétatif, -ive, neuro-végétatif, -ive (mpl **neuro-végétatifs**) /nøroveʒetatif, iv/ ADJ neurovegetative

neurula /nøryla/ NF neurula

neutralisant, e /nøtralizɑ̃, ɑ̃t/ ADJ neutralizing

neutralisation /nøtralizasjɔ̃/ NF neutralization

neutraliser /nøtralize/ SYN ▶ conjug 1 ◀
VT (Mil, Pol, Sci) to neutralize; [+ gardien, agresseur] to overpower ◆ **la voie de gauche est neutralisée** (sur autoroute) the left-hand lane is closed to traffic ◆ **les poubelles sont neutralisées** the bins have been sealed
VPR se neutraliser ◆ **les deux influences/produits se neutralisent** the two influences/products cancel each other out

neutralisme /nøtralism/ NM neutralism

neutraliste /nøtralist/ ADJ, NMF neutralist

neutralité /nøtralite/ SYN NF neutrality ◆ **rester dans la neutralité** to remain neutral ◆ **neutralité bienveillante** benevolent neutrality

neutre /nøtr/ SYN
ADJ ① neutral ◆ **rester neutre** (dans un conflit) to remain neutral, not to take sides (dans in)
② [genre grammatical, animal] neuter
NM (= genre grammatical) neuter; (= nom) neuter noun; (Élec) neutral; (= animal) neuter (animal) ◆ **les neutres** (= pays) the neutral nations

neutrino /nøtrino/ NM neutrino

neutrographie /nøtrografi/ NF neutron radiography

neutron /nøtrɔ̃/ NM neutron; → **bombe**

neutronique /nøtronik/ ADJ neutron (épith)

neutrophile /nøtrofil/
ADJ neutrophil(e)
NM neutrophil(e), polymorph

neuvain /nœvɛ̃/ NM nine-line poem

neuvaine /nœvɛn/ NF novena ◆ **faire une neuvaine** to make a novena

neuvième /nœvjɛm/ ADJ, NMF ninth ; pour loc voir **sixième**

neuvièmement /nœvjɛmmɑ̃/ ADV ninthly, in the ninth place ; pour loc voir **sixièmement**

Nevada /nevada/ NM Nevada

ne varietur /nevarjetyr/
LOC ADJ [édition] definitive
LOC ADV without any variation

névé /neve/ NM névé, firn

neveu (pl **neveux**) /n(ə)vø/ NM nephew; (††, littér = descendant) descendant ◆ **un peu, mon neveu !*** you bet!*, of course!, and how!*

névralgie /nevralʒi/ SYN NF neuralgia (NonC) ◆ **névralgie dentaire** dental neuralgia ◆ **avoir des névralgies** to suffer from neuralgia

névralgique /nevralʒik/ ADJ neuralgic ◆ **centre** ou **point névralgique** (Méd) nerve centre; (fig) (= point sensible) sensitive spot; (= point capital) nerve centre ◆ **question névralgique** sensitive issue

névraxe /nevraks/ NM neuraxis

névrite /nevrit/ NF neuritis (NonC)

névritique /nevritik/ ADJ neuritic

névrodermite /nevrodɛrmit/ NF neurodermatitis, neurodermatosis

névroglie /nevrogli/ NF neuroglia

névropathe /nevropat/
ADJ neuropathic, neurotic
NMF neuropath, neurotic

névropathie /nevropati/ NF neuropathy

névrose /nevroz/ NF neurosis ◆ **névrose obsessionnelle** obsessional neurosis ◆ **névrose phobique** phobia

névrosé, e /nevroze/ ADJ, NM,F neurotic

névrotique /nevʁɔtik/ ADJ neurotic
New Delhi /njudɛli/ N New Delhi
New Hampshire /njuɑ̃pʃəʁ/ NM New Hampshire
New Jersey /njuʒɛʁze/ NM New Jersey
new-look* /njuluk/ ADJ, NM INV new look
Newton /njutɔn/ NM (= savant) Newton ◆ **newton** (= unité) newton
newtonien, -ienne /njutɔnjɛ̃, jɛn/ ADJ Newtonian
New York /njujɔʁk/
  N (= ville) New York
  NM ◆ **l'État de New York** New York State
new-yorkais, e /njujɔʁkɛ, ɛz/
  ADJ New-York (épith.), of ou from New York
  NM,F **New-Yorkais(e)** New Yorker
nez /ne/ SYN NM 1 (= organe) nose ◆ **avoir le nez grec/aquilin** to have a Grecian/an aquiline nose ◆ **nez épaté** ou **écrasé** ou **aplati** flat nose ◆ **nez en trompette** turned-up nose ◆ **nez en pied de marmite** bulbous turned-up nose ◆ **ton nez remue, tu mens** I can tell by looking at you that you're lying ◆ **parler du nez** to talk through one's nose ◆ **cela se voit comme le nez au milieu de la figure** ou **du visage** it's as plain as the nose on your face, it sticks out a mile ◆ **cela sent le brûlé à plein nez** there's a strong smell of burning ◆ **le bureau sentait la fumée à plein nez** the office reeked of cigarette smoke
  2 (= visage, face) ◆ **le nez en l'air** ou **au vent** with one's nose in the air ◆ **où est mon sac ? – tu as le nez dessus !** ou **sous ton nez !** where's my bag? – (right) under your nose! ◆ **baisser/lever le nez** to bow/raise one's head ◆ **le nez dans son assiette** with his head bent over his plate ◆ **il ne lève jamais le nez de ses livres** he's always got his nose in a book, he's a real bookworm* ◆ **il ne lève jamais le nez de son travail** he never looks up from his work ◆ **mettre le nez à la fenêtre/au bureau** to show one's face at the window/at the office ◆ **je n'ai pas mis le nez dehors hier** I didn't put my nose outside the door yesterday ◆ **il fait un temps à ne pas mettre le nez dehors** it's weather you wouldn't put a dog out in ◆ **rire/fermer la porte au nez de qn** to laugh/shut the door in sb's face ◆ **elle m'a raccroché au nez** (au téléphone, couper la communication) she hung up on me; (avec colère) she slammed the phone down on me ◆ **faire qch au nez et à la barbe de qn** to do sth under sb's very nose ◆ **regarder qn sous le nez** to stare sb in the face ◆ **sous son nez** (right) under his nose, under his (very) nose ◆ **se trouver nez à nez avec qn** to find o.s. face to face with sb ◆ **faire un (drôle de) nez** to pull a (funny) face
  3 (= flair) ◆ **il a du nez** he has good instincts ◆ **en affaires, il a du nez** ou **le nez fin** he has a flair for business ◆ **j'ai eu le nez creux de m'en aller*** I had a hunch that I should leave; → **vue²**
  4 [d'avion, bateau] nose ◆ **sur le nez** [bateau] down at the bows; → **piquer**
  5 (= créateur de parfums, Œnol) nose
  6 (locutions) ◆ **avoir qn dans le nez*** to have it in for sb*, to have something against sb ◆ **il m'a dans le nez*** he's got it in for me*, he's got something against me ◆ **avoir un verre** ou **un coup dans le nez*** to have had one too many*, to have had a drop too much * ◆ **se manger** ou **se bouffer le nez*** to be at each others' throats ◆ **mettre** ou **fourrer*** **le nez ou son dans qch** to poke ou stick * one's nose into sth, to nose ou pry into sth ◆ **l'affaire lui est passée sous le nez*** the bargain slipped through his fingers ◆ **je vais lui mettre le nez dans sa crotte*** ou **son caca***ou **sa merde****,* I'll rub his (ou her) nose in it* ◆ **montrer (le bout de)** ou **pointer son nez** (= se manifester) to make an appearance, to show up ◆ **il a montré** ou **pointé le bout de son nez à la porte et il a disparu** he popped his head round the door ou he just showed his face then disappeared ◆ **aujourd'hui, le soleil montre le bout de son nez** today the sun has peeped through; → **casser, doigt, mener**

NF /ɛnɛf/ 1 (abrév de **norme française**) ◆ **avoir le label NF** to have the mark of the approved French standard of manufacture, ≈ to have the Kite mark (Brit)
  2 (abrév de **nouveau(x) franc(s)**) → **franc²**
ni /ni/ CONJ (après la négation) nor, or ◆ **il ne boit ni ne fume** he neither drinks nor smokes, he neither drinks nor smokes ◆ **il ne pouvait (ni) parler ni entendre** he could neither speak nor hear, he

couldn't speak nor hear ◆ **personne ne l'a (jamais) aidé ni (même) encouragé** nobody (ever) helped or (even) encouraged him ◆ **je ne veux ni ne peux accepter** I neither wish to nor can accept, I don't wish to accept, nor can I ◆ **il ne veut pas, ni moi non plus** he doesn't want to and neither do I ou and nor do I

◆ **ni... ni...** neither... nor... ◆ **ni lui ni moi** neither he nor I, neither of us, neither him nor me * ◆ **ni l'un ni l'autre** neither one nor the other, neither of them ◆ **ni d'un côté ni de l'autre** on neither one side nor the other, on neither side ◆ **il n'a dit ni oui ni non** he didn't say either yes or no ◆ **ni vu ni connu (je t'embrouille)*** no one'll be any the wiser * ◆ **il n'est ni plus bête ni plus paresseux qu'un autre** he is neither more stupid nor any lazier than anyone else, he's no more stupid and no lazier than anyone else

◆ **ni plus ni moins** ◆ **elle est secrétaire, ni plus ni moins** she's just a secretary, no more no less

niable /njabl/ ADJ deniable ◆ **cela n'est pas niable** that's undeniable, you can't deny that
Niagara /njagaʁa/ NM ◆ **le Niagara** the Niagara (river); → **chute**
niais, niaise /njɛ, njɛz/ SYN
  ADJ [personne, air] silly; [rire, sourire, style, livre, film] silly, inane
  NM,F simpleton ◆ **pauvre niais !** poor fool!
niaisement /njɛzmɑ̃/ ADV [rire] inanely
niaiserie /njɛzʁi/ SYN NF 1 (= bêtise) silliness
  2 (= action) foolish ou inane behaviour (NonC); (= parole) foolish ou inane talk (NonC) ◆ **dire des niaiseries** to talk rubbish ou twaddle (Brit) ou nonsense ◆ **ils regardent des niaiseries à la télé** they're watching some rubbish on TV
niaiseux, -euse /njɛzø, øz/ (Can)
  ADJ stupid, idiotic
  NM,F idiot
Niamey /njame/ N Niamey
niaque* /njak/ NF determination (to succeed) ◆ **elle a de la niaque** she's really determined (to succeed)
Nicaragua /nikaʁagwa/ NM Nicaragua
nicaraguayen, -enne /nikaʁagwajɛ̃, jɛn/
  ADJ Nicaraguan
  NM,F **Nicaraguayen(ne)** Nicaraguan
niche /niʃ/ SYN NF 1 (= alcôve) niche, recess
  2 [de chien] kennel ◆ **à la niche !** (à un chien) (into your) kennel!; (hum : à une personne) scram!*, make yourself scarce! *
  3 († = farce) trick, hoax ◆ **faire des niches à qn** to play tricks on sb
  4 (Comm, Écol) niche
nichée /niʃe/ NF [d'oiseaux] brood ◆ **nichée de chiens** litter of puppies ◆ **nichée de pinsons** nest ou brood of chaffinches ◆ **l'instituteur et toute sa nichée (d'enfants)*** the teacher and all his charges
nicher /niʃe/ SYN ◆ conjug 1 ◆
  VI [oiseau] to nest; * [personne] to hang out *
  VPR **se nicher** [oiseau] to nest; (littér = se blottir) [village, maison] to nestle (dans in); (* = se cacher) [personne] to stick * ou put o.s., [objet] to lodge itself ◆ **où la vertu va-t-elle se nicher !** (hum) of all the unlikely places to find such virtue! ◆ **les cerises nichées dans les feuilles** the cherries nestling among the leaves
nichet /niʃɛ/ NM (Agr) nest egg
nichon */niʃɔ̃/ NM tit***, boob**
nichrome ® /nikʁɔm/ NM Nichrome ®
nickel /nikɛl/
  NM nickel
  ADJ * (= propre) spotless; (= irréprochable) perfect ◆ **chez eux, c'est nickel** their home is always spick and span
nickelage /niklaʒ/ NM nickel-plating
nickelé, e /nikle/ ADJ nickelled, nickel-plated ◆ **acier nickelé** nickel-plated steel
nickeler /nikle/ conjug 4 ◆ VT to nickel-plate
nickélifère /nikelifɛʁ/ ADJ nickeliferous
niçois, e /niswa, waz/
  ADJ of ou from Nice; → **salade**
  NM,F **Niçois(e)** inhabitant ou native of Nice ◆ **à la niçoise** (Culin) with tomatoes and garlic
nicol /nikɔl/ NM Nicol prism
Nicolas /nikɔla/ NM Nicholas
Nicosie /nikɔzi/ N Nicosia

nicotine /nikɔtin/ NF nicotine
nicotinique /nikɔtinik/ ADJ ◆ **amide nicotinique** nicotinamide
nictation /niktasjɔ̃/ NF nict(it)ation
nictitant, e /niktitɑ̃, ɑ̃t/ ADJ ◆ **paupière nictitante** nictitating membrane
nictitation /niktitasjɔ̃/ NF ⇒ **nictation**
nid /ni/ SYN
  NM 1 [d'animal, oiseau] nest ◆ **nid d'oiseau/de guêpes** bird's/wasps' nest
  2 (= abri, foyer) cosy little nest; (= repaire) den ◆ **le nid familial** the family nest ◆ **trouver le nid vide** to find the bird has ou the birds have flown, to find the nest empty ◆ **surprendre qn au nid, trouver l'oiseau au nid** to find ou catch sb at home ou in
  COMP ◆ **nid(s) d'abeilles** (= point) honeycomb stitch; (= tissu) waffle cloth ◆ **radiateur en nid(s) d'abeilles** cellular radiator ◆ **nid d'aigle** (lit, fig) eyrie ◆ **nid d'amoureux** love nest ◆ **nid d'ange** ≈ (baby) nest ◆ **nid de brigands** robbers' den ◆ **nids d'hirondelles** (Culin) birds' nest ◆ **potage aux nids d'hirondelles** birds' nest soup ◆ **nid de mitrailleuses** nest of machine guns ◆ **nid de pie** [de navire] crow's-nest ◆ **nid de poule** pothole ◆ **nid à poussière** dust trap ◆ **nid de résistance** (Mil) pocket of resistance ◆ **nid de vipères** (lit, fig) nest of vipers
nidation /nidasjɔ̃/ NF nidation, implantation
nidification /nidifikasjɔ̃/ NF nesting
nidifier /nidifje/ ◆ conjug 7 ◆ VI to nest
nièce /njɛs/ NF niece
niellage /njɛlaʒ/ NM nielloing
nielle /njɛl/
  NF (Agr) (= plante) corncockle ◆ **nielle (du blé)** (= maladie) blight
  NM (= incrustation) niello
nieller /njele/ ◆ conjug 1 ◆ VT (Agr) to blight; (Tech) to niello
nielleur /njelœʁ/ NM niellist
niellure /njelyʁ/ NF (Agr) blight; (Tech) niello
n-ième, nième /ɛnjɛm/ ADJ (Math) nth; (* fig) nth, umpteenth ◆ **x à la n-ième puissance** x to the power (of) n, x to the nth power ◆ **je te le dis pour la n-ième fois** I'm telling you for the nth ou umpteenth time
nier /nje/ SYN ◆ conjug 7 ◆ VT (gén) to deny; (Jur = désavouer) [+ dette, fait] to repudiate ◆ **il nie l'avoir fait** he denies having done it ◆ **nier l'évidence** to deny the obvious ◆ **je ne (le) nie pas** I'm not denying it, I don't deny it ◆ **on ne peut nier que** one cannot deny that ◆ **l'accusé nia** the accused denied the charges
niet* /njɛt/ EXCL no way!, nothing doing!*
nietzschéen, -enne /nitʃeɛ̃, ɛn/ ADJ, NM,F Nietzschean
nigaud, e /nigo, od/ SYN
  ADJ silly, simple
  NM,F simpleton ◆ **grand** ou **gros nigaud !** big silly!, big ninny!*, silly billy! * (Brit)
nigauderie /nigodʁi/ NF (= caractère) silliness, simpleness; (= action) silly thing to do
nigelle /niʒɛl/ NF nigella
Niger /niʒɛʁ/ NM ◆ **le Niger** (the) Niger
Nigéria, Nigeria /niʒeʁja/ NM Nigeria
nigérian, e /niʒeʁjɑ̃, an/
  ADJ Nigerian
  NM,F **Nigérian(e)** Nigerian
nigérien, -ienne /niʒeʁjɛ̃, jɛn/
  ADJ of ou from Niger
  NM,F **Nigérien(ne)** inhabitant ou native of Niger
night-club (pl **night-clubs**) /najtklœb/ NM nightclub
nihilisme /niilism/ NM nihilism
nihiliste /niilist(ə)/
  ADJ nihilistic
  NM,F nihilist
Nikkei /nikej/ NM (Bourse) ◆ **l'indice Nikkei, le Nikkei** the Nikkei (index)
Nil /nil/ NM ◆ **le Nil** the Nile ◆ **le Nil Blanc/Bleu** the White/Blue Nile
nilgaut /nilgo/ NM nilgai, nilghau, nylghau
nille /nij/ NF crank handle

nilotique /nilɔtik/ ADJ of *ou* from the Nile, Nile (*épith*)

nimbe /nɛ̃b/ NM (*Rel, fig*) nimbus, halo

nimber /nɛ̃be/ SYN ► conjug 1 ◄ VT (= *auréoler*) to halo ◆ **nimbé de lumière** radiant *ou* suffused with light

nimbostratus /nɛ̃bostʀatys/ NM nimbostratus

nimbus /nɛ̃bys/ NM (= *nuage*) nimbus

n'importe /nɛ̃pɔʀt(ə)/ → **importer²**

ninas /ninas/ NM small cigar

niobium /njɔbjɔm/ NM niobium

niôle /njol/ NF ⇒ **gnôle**

nippe* /nip/ NF (old) thing* *ou* rag* ◆ **nippes** togs*, gear* ◆ **de vieilles nippes** old togs*, old clothes

nipper* /nipe/ ► conjug 1 ◄
 VT (= *habiller*) to deck out, to tog out* (*Brit*) ◆ **bien/mal nippé** in a nice/an awful getup* *ou* rig-out* (*Brit*)
 VPR **se nipper** to get decked out, to get togged up* (*Brit*)

nippon, -one *ou* **-onne** /nipɔ̃, ɔn/
 ADJ Japanese
 NM,F **Nippon(e), Nippon(ne)** Japanese
 NM (= *pays*) **Nippon** Japan

nique /nik/ NF ◆ **faire la nique à qn** to thumb one's nose at sb, to cock a snook at sb (*Brit*)

niquedouille* /nik(ə)duj/ ADJ, NM,F nigaud

niquer* /nike/ ► conjug 1 ◄ VT (*sexuellement*) to fuck**, to screw**; (= *abîmer*) [+ *machine, ordinateur*] to fuck up**, to bugger up** (*Brit*), to knacker** (*Brit*) ◆ **se faire niquer** (*fig*) to get screwed**

nirvana /niʀvana/ NM nirvana

nitouche /nituʃ/ NF → **saint**

nitratation /nitʀatasjɔ̃/ NF (*Tech*) nitration

nitrate /nitʀat/ NM nitrate ◆ **nitrate d'argent** silver nitrate

nitrater /nitʀate/ ► conjug 1 ◄ VT (*Tech*) to nitrate

nitration /nitʀasjɔ̃/ NF (*Chim*) nitration

nitré, e /nitʀe/ ADJ ◆ **dérivés nitrés** nitro compounds

nitrer /nitʀe/ ► conjug 1 ◄ VT (*Chim*) to nitrate

nitreux, -euse /nitʀø, øz/ ADJ nitrous

nitrification /nitʀifikasjɔ̃/ NF nitrification

nitrifier /nitʀifje/ ► conjug 1 ◄ VT to nitrify

nitrile /nitʀil/ NM nitrile

nitrique /nitʀik/ ADJ nitric

nitrite /nitʀit/ NM nitrite

nitro... /nitʀo/ PRÉF nitro... ◆ **nitrosamine** nitrosamine

nitrobactérie /nitʀobakteʀi/ NF nitrobacterium

nitrobenzène /nitʀobɛ̃zɛn/ NM nitrobenzene

nitrocellulose /nitʀoselyloz/ NF nitrocellulose

nitrogénase /nitʀoʒenaz/ NF nitrogenase

nitroglycérine /nitʀogliseʀin/ NF nitroglycerine

nitrophile /nitʀofil/ ADJ nitrophilous

nitrosation /nitʀozasjɔ̃/ NF nitrozation

nitrotoluène /nitʀotɔlɥɛn/ NM nitrotoluene

nitruration /nitʀyʀasjɔ̃/ NF nitriding

nitrure /nitʀyʀ/ NM nitride

nitrurer /nitʀyʀe/ ► conjug 1 ◄ VT to nitride

nival, e (mpl **-aux**) /nival, o/ ADJ nival

nivéal, e (mpl **-aux**) /niveal, o/ ADJ nival

niveau (pl **niveaux**) /nivo/ GRAMMAIRE ACTIVE 5.3 SYN
 NM 1 [*d'huile, eau*] level; [*de bâtiment*] level, floor ◆ **le niveau de l'eau** the water level ◆ **cent mètres au-dessus du niveau de la mer** a hundred metres above sea level; → **courbe, passage**

◆ **au niveau de** ◆ **au niveau de l'eau/du sol** at water/ground level ◆ **l'eau est arrivée au niveau du quai** the water has risen to the level of the embankment ◆ **la neige m'arrivait au niveau des genoux** the snow came up to my knees *ou* was knee-deep ◆ **une tache au niveau du coude** a mark at the elbow ◆ **serré au niveau de la taille** tight at the waist ◆ **il avait une cicatrice au niveau de la joue au niveau de la bouche** he had a scar on his cheek about level with his mouth ◆ **il s'arrêta au niveau du village** he stopped once he got to the village

◆ **de niveau (avec), au même niveau (que)** level (with) ◆ **le plancher n'est pas de niveau** the floor isn't level ◆ **les deux pièces ne sont pas de niveau** the two rooms are not on a level ◆ **mettre qch de** *ou* **à niveau** to make sth level ◆ **les deux vases sont au même niveau** the two vases are level *ou* at the same height

2 (*Scol*) [*de connaissances, études*] standard ◆ **le niveau des études en France** the standard of French education ◆ **le niveau d'instruction baisse** educational standards are falling ◆ **cet élève est d'un bon niveau** this pupil keeps up a good level of attainment *ou* a good standard ◆ **son anglais est d'un bon niveau** his English is of a good standard ◆ **il est/il n'est pas au niveau** he is/he isn't up to standard ◆ **ils ne sont pas du même niveau** they're not (of) the same standard, they're not on a par *ou* on the same level ◆ **les cours ne sont pas à son niveau** the classes aren't up to his standard ◆ **remettre à niveau** to bring up to standard ◆ **cours** *ou* **stage de remise à niveau** refresher course

3 (= *degré*) level ◆ **le niveau intellectuel de la classe moyenne** the intellectual level of the middle class ◆ **le franc a atteint son niveau le plus haut/bas depuis 3 ans** the franc has reached its highest/lowest point for 3 years ◆ **la production littéraire a atteint son niveau le plus bas** literary production has reached its lowest ebb *ou* level ◆ **à tous les niveaux** at all levels ◆ **le directeur envisage une remise à niveau des salaires** the director is considering bringing salaries into line with standard rates *ou* upgrading salaries to standard rates ◆ **cela exige un haut niveau de concentration** it demands a high level *ou* degree of concentration ◆ **athlète/cadre de haut niveau** top athlete/executive ◆ **des candidats (ayant le) niveau licence** candidates at degree level

◆ **au + niveau** ◆ **au niveau de l'usine/des gouvernements** at factory/government level ◆ **au niveau européen** at the European level ◆ **négociations au plus haut niveau** top-level negotiations ◆ **il faut se mettre au niveau des enfants** you have to put yourself on the same level as the children

4 (*Constr = instrument*) level; (= *jauge dans voiture*) gauge

COMP **niveau de base** (*Géog*) base level
niveau à bulle (d'air) spirit level
niveau d'eau water level
niveau d'énergie energy level
niveau hydrostatique water table
niveau de langue register
niveau à lunette dumpy level
niveau de maçon plumb level
niveau social social standing *ou* rank
niveau de vie standard of living, living standards

nivelage /niv(ə)laʒ/ NM [*de surface*] levelling; [*de fortunes, conditions sociales*] levelling out, evening out

niveler /niv(ə)le/ SYN ► conjug 4 ◄ VT 1 (= *égaliser*) [+ *surface*] to level; [+ *fortunes, conditions sociales*] to level *ou* even out ◆ **l'érosion nivelle les montagnes** erosion wears down *ou* wears away the mountains ◆ **sommets nivelés** mountain tops worn down *ou* worn away by erosion ◆ **niveler par le bas/le haut** to level down/up

2 (= *mesurer avec un niveau*) to measure with a spirit level, to level

niveleur, -euse /niv(ə)lœʀ, øz/
 ADJ [*doctrine, morale*] egalitarian
 NM (*Hist*) Leveller
 NF **niveleuse** (*Constr*) grader

nivelle /nivɛl/ NF spirit level

nivellement /nivɛlmɑ̃/ NM 1 [*de surface*] levelling; [*de fortunes, conditions sociales*] levelling out, evening out ◆ **nivellement par le bas/par le haut** levelling down/up

2 (= *mesure*) surveying

nivéole /niveɔl/ NF (= *plante*) snowflake

nivoglaciaire /nivoglasjɛʀ/ ADJ snow and ice (*épith*)

nivopluvial, e (mpl **-iaux**) /nivoplyvjal, jo/ ADJ snow and rain (*épith*)

nivôse /nivoz/ NM Nivôse (*fourth month of French Republican calendar*)

nixe /niks/ NF nix(ie)

NN (abrév de **nouvelles normes**) revised standard of hotel classification

nô /no/ NM No(h) ◆ **le théâtre nô** the No(h) theatre

Nobel /nɔbɛl/ NM ◆ **le (prix) Nobel** the Nobel prize

nobélisable /nɔbelizabl/
 ADJ potential Nobel prize-winning (*épith*)
 NMF potential Nobel prize-winner

nobélisé, e /nɔbelize/ ADJ [*personne*] Nobel prize-winning

nobélium /nɔbeljɔm/ NM nobelium

nobiliaire /nɔbiljɛʀ/
 ADJ nobiliary
 NM (= *livre*) peerage list

noble /nɔbl/ SYN
 ADJ 1 (= *de haute naissance*) noble
 2 (= *généreux, digne*) [*ton, attitude*] noble, dignified; [*cause*] noble, worthy ◆ **âme/cœur noble** noble spirit/heart ◆ **le noble art (de la boxe)** the noble art (of boxing)
 3 (= *supérieur*) [*matière, métal, vin*] noble
 NM 1 (= *personne*) nobleman ◆ **les nobles** the nobility
 2 (= *monnaie*) noble
 NF noblewoman

noblement /nɔbləmɑ̃/ SYN ADV (= *généreusement*) nobly; (= *dignement*) with dignity

noblesse /nɔblɛs/ SYN NF 1 (= *générosité, dignité*) nobleness, nobility ◆ **noblesse d'esprit/de cœur** nobleness *ou* nobility of spirit/heart
 2 (= *caste*) ◆ **la (haute) noblesse** the nobility ◆ **la noblesse d'épée** the old nobility *ou* aristocracy ◆ **la noblesse de robe** the noblesse de robe ◆ **la noblesse de cour** the courtiers, the nobility at court ◆ **la petite noblesse** the minor nobility, the gentry (*Brit*) ◆ **noblesse terrienne** landed gentry ◆ **noblesse oblige** noblesse oblige ◆ **« Noblesse oblige »** (*Ciné*) "Kind Hearts and Coronets"

nobliau (pl **nobliaux**) /nɔblijo/ NM (*péj*) one of the lesser nobility, petty noble

noce /nɔs/ SYN NF 1 (= *cérémonie*) wedding; (= *cortège, participants*) wedding party ◆ **noces** (*frm*) wedding, nuptials (*frm*) ◆ **être de la noce** to be a member of the wedding party, to be among the wedding guests ◆ **être de noce** to be invited to a wedding ◆ **aller à la noce de qn** to go to sb's wedding ◆ **repas/robe/nuit de noce(s)** wedding banquet/dress/night ◆ **noces d'argent/d'or/de diamant** silver/golden/diamond wedding ◆ **les noces de Cana** (*Bible*) the wedding *ou* marriage feast at Cana ◆ **il l'avait épousée en premières/secondes noces** she was his first/second wife ◆ **« Les Noces de Figaro »** (*Mus*) "The Marriage of Figaro" ◆ **convoler, voyage**
 2 (*locutions*) ◆ **faire la noce*** to live it up*, to have a wild time ◆ **je n'étais pas à la noce*** I wasn't exactly enjoying myself, I was having a pretty uncomfortable time

noceur, -euse* /nɔsœʀ, øz/ SYN NM,F fast liver, reveller ◆ **il est assez noceur** he likes to live it up*

nocif, -ive /nɔsif, iv/ SYN ADJ harmful ◆ **nocif pour la couche d'ozone** harmful to the ozone layer

nocivité /nɔsivite/ SYN NF harmfulness

noctambule /nɔktɑ̃byl/ ADJ, NMF ◆ **il est noctambule, c'est un noctambule** (= *noceur*) he's a night reveller; (= *qui veille la nuit*) he's a night bird *ou* night owl; († † = *somnambule*) he's a noctambulist †

noctambulisme /nɔktɑ̃bylism/ NM (= *débauche*) night-time revelling, night revels; (= *habitudes nocturnes*) nocturnal habits; († † = *somnambulisme*) noctambulism †

noctiluque /nɔktilyk/
 ADJ noctilucent
 NF (= *protozoaire*) noctiluca

noctuelle /nɔktɥɛl/ NF noctuid

noctule /nɔktyl/ NF noctule

nocturne /nɔktyʀn/
 ADJ [*animal*] nocturnal; [*visite, sortie*] night (*épith*) ◆ **la vie nocturne à Paris** Parisian nightlife ◆ **équipement de vision nocturne** night-vision equipment; → **tapage**
 NM 1 (= *oiseau*) night hunter
 2 (*Rel*) nocturn
 3 (*Mus*) nocturne; (*Peinture*) nocturne, night scene
 NF evening fixture; [*de magasin*] late night opening ◆ **réunion en nocturne** evening meeting ◆ **la rencontre sera jouée en nocturne** (*Sport*) the game will be played under floodlights ◆ **le magasin est ouvert en nocturne le vendredi** the shop is open *ou* opens late on Fridays

nocuité /nɔkɥite/ NF noxiousness, harmfulness

nodal, e (mpl **-aux**) /nɔdal, o/ ADJ *(Phys, Ling)* nodal

nodosité /nɔdozite/ NF *(= corps dur)* node, nodule; *(= état)* knottiness, nodosity *(SPÉC)*

nodulaire /nɔdylɛʀ/ ADJ nodular

nodule /nɔdyl/ NM nodule ◆ **nodule polymétallique** polymetallic nodule

Noé /nɔe/ NM Noah

Noël /nɔɛl/ GRAMMAIRE ACTIVE 23.2 NM [1] *(= fête)* Christmas; *(= chant)* (Christmas) carol ◆ **à la Noël** at Christmas (time) ◆ **que faites-vous pour (la) Noël ?** what are you doing for *ou* at Christmas? ◆ **joyeux Noël !** merry *ou* happy Christmas! ◆ **Noël au balcon, Pâques au tison** *(Prov)* a warm Christmas means a cold Easter; → **bûche, sapin, veille**

[2] *(= cadeau)* ◆ **noël** Christmas present ◆ **que veux-tu pour ton (petit) noël ?** what would you like for Christmas?

noème /nɔɛm/ NM noema

noèse /nɔɛz/ NF noesis

noétique /nɔetik/ ADJ noetic

nœud /nø/ SYN

NM [1] *(gén : pour attacher)* knot; *(ornemental : de ruban)* bow ◆ **faire/défaire un nœud** to make *ou* tie/untie *ou* undo a knot *ou* bow ◆ **la fillette avait des nœuds dans les cheveux** *(rubans)* the little girl had bows *ou* ribbons in her hair; *(cheveux emmêlés)* the little girl's hair was all tangled ◆ **fais un nœud à ton mouchoir !** tie *ou* make a knot in your hanky! ◆ **je ne sais pas faire les nœuds de cravate** I don't know how to put a tie on ◆ **avoir un nœud dans la gorge** to have a lump in one's throat ◆ **il y a un nœud !*** there's a hitch! *ou* snag! ◆ **les nœuds d'un serpent** the coils of a snake ◆ **nœud de perles/de diamants** pearl/diamond knot; → **corde**

[2] *(= vitesse d'un bateau)* knot; → **filer**

[3] *(= protubérance) [de planche, canne]* knot; *[de branche, tige]* knot, node

[4] *(fig)* ◆ **le nœud de** *[de problème, débat]* the crux *ou* nub of ◆ **le nœud de l'intrigue** *(Littérat, Théât)* the crux of the plot

[5] *(littér = lien)* bond ◆ **le (saint) nœud du mariage** the bonds of (holy) wedlock ◆ **les nœuds de l'amitié** the bonds *ou* ties of friendship

[6] *(Astron, Élec, Géog, Ling, Phys, Tech)* node

[7] *(‡ = pénis)* cock*‡, dick*‡, prick*‡

[8] *(‡ = crétin)* ninny‡ ◆ **il est nœud-nœud** he's a real ninny*

COMP **nœud autoroutier** interchange
nœud de chaise bowline
nœud coulant slipknot, running knot
nœud de cravate tie knot ◆ **faire son nœud de cravate** to knot one's tie
nœud ferroviaire *(= endroit)* rail junction
nœud gordien Gordian knot ◆ **couper** *ou* **trancher le nœud gordien** to cut the Gordian knot
nœud pap*, **nœud papillon** bow tie
nœud plat reef knot
nœud routier *(= endroit)* crossroad(s)
nœud de vache granny knot
nœud de vipères *(lit, fig)* nest of vipers
nœud vital nerve centre

noir, e /nwaʀ/ SYN

ADJ [1] *(= couleur)* black; *[yeux]* dark; *[fumée, mer, ciel, nuage]* black, dark ◆ **noir de coups** black and blue ◆ **noir comme du jais/de l'encre** jet/ink(y) black, black as jet/ink ◆ **noir comme du cirage** as black as soot ◆ **noir comme l'ébène** jet-black ◆ **mets-moi ça noir sur blanc** put it down in black and white for me ◆ **je l'ai vu/c'est écrit noir sur blanc** I saw it/it is (written down) in black and white ◆ **les murs étaient noirs de crasse/suie** the walls were black with dirt/soot ◆ **avoir les mains noires/les ongles noirs** to have dirty *ou* grubby hands/dirty *ou* grubby fingernails; → **beurre, chemise, marée**

[2] *[personne, race]* black

[3] *(* = bronzé)* black

[4] *(= obscur)* dark ◆ **il faisait noir comme dans un four*** it was pitch dark ◆ **la rue était noire de monde** the street was teeming *ou* swarming with people; → **boîte, chambre, nuit**

[5] *(fig) [désespoir]* deep; *[humeur, pressentiment, colère]* black; *[idée]* gloomy, sombre *(Brit)*, somber *(US)*; *[jour, année]* dark ◆ **faire un tableau assez noir de la situation** to paint a rather black *ou* gloomy picture of the situation ◆ **le jeudi noir** *(Hist)* black Thursday ◆ **plongé dans le plus noir désespoir** *ou* **le désespoir le plus noir** plunged in the depths of despair ◆ **être dans la misère noire** to be in utter *ou* abject poverty; → **bête, humour, liste**[1] *etc*

[6] *(= hostile, mauvais) [âme, ingratitude, trahison, regard]* black ◆ **regarder qn d'un œil noir** to give sb a black look ◆ **il se trame un noir complot** some dark plot is being hatched ◆ **nourrir de noirs desseins** to be plotting dark deeds; → **magie, messe**

[7] *(= policier)* ◆ **roman noir** thriller ◆ **film noir** film noir

[8] *(* = ivre)* drunk, sloshed‡, tight*

NM [1] *(= couleur)* black ◆ **photo/télévision en noir et blanc** black and white photo/television ◆ **film en noir et blanc** black and white film ◆ **le noir et blanc** *(Photo)* black and white *ou* monochrome photography ◆ **le noir** *(Casino)* black ◆ **le noir de ses cheveux accentuait sa pâleur** her dark *ou* black hair accentuated her pallor, the blackness of her hair accentuated her pallor ◆ **la mer était d'un noir d'encre** the sea was inky black ◆ **peindre les choses en noir** *(fig)* to paint things black, to paint a black picture ◆ **voir les choses en noir** to take a black view of things ◆ **il voit tout en noir** he sees the black side of everything; → **broyer, pousser**

[2] *(= matière)* ◆ **elle avait du noir sur le menton** she had a black mark *ou* smudge on her chin ◆ **se mettre du noir aux yeux** to put black eyeliner on ◆ **noir de fumée** lampblack ◆ **noir animal** bone charcoal

[3] *(Habillement)* ◆ **elle ne porte jamais de noir, elle n'est jamais en noir** she never wears black ◆ **elle est en noir** she is in *ou* is wearing black; *(en deuil)* she is in mourning

[4] *(= obscurité)* dark, darkness ◆ **avoir peur du noir** to be afraid of the dark ◆ **dans le noir** *(lit)* in the dark *ou* darkness; *(fig)* in the dark ◆ **nous sommes dans le noir le plus complet** we're completely in the dark

[5] *(* = café)* ◆ **(petit) noir** (cup of) black coffee

[6] *(Agr)* smut

NM,F **Noir(e)** black (person) ◆ **les Noirs d'Amérique** American blacks, African Americans

NF **noire** *(Mus)* crotchet *(Brit)*, quarter note *(US)*

LOC ADV **au noir** *(= illégalement)* ◆ **acheter/vendre au noir** to buy/sell on the black market ◆ **travailler au noir** *(gén)* to work on the side; *(deuxième emploi)* to moonlight; *[clandestin]* to work illegally ◆ **le travail au noir** *(gén)* working on the side; *(= deuxième emploi)* moonlighting ◆ **il se fait payer au noir** he gets paid cash in hand ◆ **embaucher qn au noir** to hire sb without declaring him

noirâtre /nwaʀɑtʀ/ ADJ blackish

noiraud, e /nwaʀo, od/

ADJ dark, swarthy

NM,F dark *ou* swarthy person

noirceur /nwaʀsœʀ/ SYN NF *(littér)* [1] *(= couleur noire)* blackness; *[de fumée, mer, ciel, nuage, temps, nuit]* blackness, darkness

[2] *(= perfidie) [d'âme, ingratitude, trahison, dessein, regard]* blackness

[3] *(= acte perfide)* black *ou* evil deed

noircir /nwaʀsiʀ/ SYN ▸ conjug 2 ◂

VT [1] *(= salir) [fumée]* to blacken; *[encre, charbon]* to dirty ◆ **les murs noircis par la crasse** walls black with dirt ◆ **noircir du papier** *(fig)* to write page after page

[2] *(= colorer)* to blacken; *(à la cire, à la peinture)* to darken

[3] *(= dénigrer) [+ réputation]* to blacken ◆ **noircir qn** to blacken sb's reputation *ou* name

[4] *(= assombrir)* ◆ **noircir le tableau** *ou* **la réalité** to paint a black picture of the situation

VI *[fruit, légume]* to go black, to discolour *(Brit)*, to discolor *(US)*; *[ciel]* to darken, to grow black *ou* dark; *[couleur]* to darken

VPR **se noircir** [1] *[ciel]* to darken, to grow black *ou* dark; *[temps]* to turn stormy; *[couleur, bois]* to darken

[2] *(† ‡ = s'enivrer)* to get plastered‡

noircissement /nwaʀsismɑ̃/ NM [1] *(= salissure) (par la fumée)* blackening; *(par l'encre, le charbon)* dirtying

[2] *(= coloration)* blackening; *(à la cire, à la peinture)* darkening; *[de fruit, légume]* blackening, discolouring *(Brit)*, discoloring *(US)*; *[de ciel]* darkening ◆ **pour éviter le noircissement de l'avocat** to stop the avocado discolouring

noircissure /nwaʀsisyʀ/ NF black smudge

noise /nwaz/ NF ◆ **chercher noise** *ou* **des noises à qn** to try to pick a quarrel with sb

noisetier /nwaz(ə)tje/ NM hazel tree

noisette /nwazɛt/

NF *(= fruit)* hazel(nut); *(= café) espresso coffee with a drop of milk* ◆ **noisette de beurre** *(= morceau)* knob of butter ◆ **noisette d'agneau** *(Culin)* noisette of lamb

ADJ INV *[couleur, yeux]* hazel ◆ **beurre noisette** browned butter; → **pomme**

noix /nwa/

NF *(= fruit)* walnut; *(‡ = idiot)* nut*; *(Culin) [de côtelette]* eye ◆ **à la noix*** pathetic*, crummy‡; → **brou, coquille, gîte**[1]

COMP **noix de beurre** knob of butter
noix du Brésil Brazil nut
noix de cajou cashew nut
noix de coco coconut
noix de (coquille) Saint-Jacques scallops *(with roe removed)*
noix de galle oak apple, oak-gall
noix (de) muscade nutmeg
noix de pacane pecan nut
noix pâtissière cushion of veal
noix de pécan pecan nut
noix de veau cushion of veal
noix vomique nux vomica

nolens volens /nɔlɛ̃svɔlɛ̃s/ ADV *(frm)* willingly or unwillingly

noli me tangere /nɔlimetɑ̃ʒeʀe/ NM INV *(= plante)* noli-me-tangere

nolisement /nɔlizmɑ̃/ NM chartering

noliser /nɔlize/ SYN ▸ conjug 1 ◂ VT to charter ◆ **avion nolisé** charter plane

nom /nɔ̃/ SYN

NM [1] *(= nom propre)* name ◆ **nom de fille/de garçon** girl's/boy's name ◆ **vos nom et prénom ?** your surname and first name, please? ◆ **Henri le troisième du nom** Henry III ◆ **un homme du nom de Dupont** *ou* **qui a (pour) nom Dupont** a man called Dupont, a man by the name of Dupont ◆ **il porte le nom de sa mère** he has his mother's surname ◆ **il ne connaît pas ses élèves par leur nom** he doesn't know his pupils by name *ou* by their names ◆ **je le connais de nom** I know him by name ◆ **il écrit sous le nom de Martin Suard** he writes under the name of Martin Suard ◆ **c'est un nom** *ou* **ce n'est qu'un nom pour moi !** he *ou* it is just a name to me! ◆ **je n'arrive pas à mettre un nom sur son visage** I can't put a name to his (*ou* her) face ◆ **nom à coucher dehors*** *(péj)* unpronounceable *ou* impossible-sounding name ◆ **nom à charnière** *ou* **à rallonge** *ou* **à tiroirs** *(péj)* double-barrelled name; → **faux**[2], **petit, répondre**

[2] *(= désignation)* name ◆ **quel est le nom de cet arbre ?** what is the name of this tree?, what's this tree called? ◆ **c'est une sorte de fascisme qui n'ose pas dire son nom** it's fascism of a kind hiding under *ou* behind another name ◆ **c'est du dirigisme qui n'ose pas dire son nom** it's covert *ou* disguised state control ◆ **comme son nom l'indique** as is indicated by its name, as the name indicates ◆ **il appelle les choses par leur nom** he's not afraid to call a spade a spade ◆ **les beaux noms de justice, de liberté** these fine-sounding words of justice and liberty ◆ **il n'est spécialiste que de nom** he is only nominally a specialist, he is a specialist in name only ◆ **crime sans nom** unspeakable crime ◆ **ce qu'il a fait n'a pas de nom** what he did was unspeakable

[3] *(= célébrité)* name; *(= noblesse)* name ◆ **se faire un nom** to make a name for o.s. ◆ **laisser un nom** to make one's mark ◆ **c'est un (grand) nom dans l'histoire** he's one of the great names of history

[4] *(Gram)* noun; → **complément**

[5] *(locutions)* ◆ **en mon/votre nom** in my/your name ◆ **il a parlé au nom de tous les employés** he spoke for all *ou* on behalf of all the employees ◆ **au nom de la loi, ouvrez** open up in the name of the law ◆ **au nom de quoi vous permettez-vous... ?** whatever gives you the right to...? ◆ **au nom du Père, du Fils...** in the name of the Father and of the Son... ◆ **au nom du ciel !** in heaven's name! ◆ **au nom de ce que vous avez de plus cher** in the name of everything you hold most dear ◆ **nom de Dieu !‡** God damn it!‡, bloody hell!‡ *(Brit)* ◆ **nom de nom !** *ou* **d'un chien !** *ou* **d'une pipe !** *ou* **d'un petit bonhomme !*** heck!*, blimey!* *(Brit)* ◆ **donner à qn des noms d'oiseaux** to call sb names ◆ **traiter qn de tous les noms** to call sb everything under the sun

COMP **nom de baptême** Christian name, given name *(US)*
nom de chose concrete noun

nom commercial (company) name
nom commun common noun
nom composé compound (word *ou* noun)
nom déposé (registered) trade name
nom d'emprunt (gén) alias, assumed name; [d'écrivain] pen name, nom de plume ◆ **se présenter sous un nom d'emprunt** to use an assumed name *ou* an alias
nom de famille surname
nom de femme mariée married name
nom de guerre nom de guerre
nom de jeune fille maiden name
nom de lieu place name
nom de marque trade name
nom de plume nom de plume, pen name
nom propre proper noun
nom de rue street name
nom de scène *ou* **de théâtre** stage name

nomade /nɔmad/ SYN
[ADJ] [peuple, vie] nomadic; [animal, oiseau] migratory
[NMF] (Ethnol) nomad; (= gitan) traveller

nomadisme /nɔmadism/ NM nomadism

no man's land /nomanslɑ̃d/ NM no-man's-land

nombrable /nɔ̃bʀabl/ ADJ countable, numerable ◆ **difficilement nombrable** difficult to count

nombre /nɔ̃bʀ/ SYN
[NM] ① (Ling, Sci) number ◆ **loi des grands nombres** law of large numbers ◆ **les Nombres** (Bible) (the Book of) Numbers ◆ **nombres rationnels/réels** rational/real numbers ◆ **s'accorder en nombre** (Gram) to agree in number
② (= quantité) number ◆ **le nombre des victimes** the number of victims ◆ **un certain/grand nombre de** a certain/great number of ◆ **dans (un) bon nombre de pays** in a good *ou* great many countries ◆ **je lui ai dit nombre de fois que...** I've told him many *ou* a number of times that... ◆ **depuis nombre d'années** for many years, for a number of years ◆ **les gagnants sont au nombre de 3** there are 3 winners, the winners are 3 in number ◆ **être supérieur en nombre** to be superior in numbers ◆ **être en nombre suffisant** to be in sufficient number(s) *ou* sufficient in number ◆ **ils sont en nombre égal** their numbers are equal *ou* even, they are equal in number ◆ **des ennemis sans nombre** innumerable *ou* countless enemies
③ (= masse) numbers ◆ **être/venir en nombre** to be/come in large numbers ◆ **faire nombre** to make up the number(s) ◆ **être submergé par le nombre, succomber sous le nombre** to be overcome by sheer weight of *ou* force of numbers ◆ **il y en avait dans le nombre qui riaient** there were some among them who were laughing ◆ **ça ne se verra pas dans le nombre** it won't be seen among all the rest *ou* when they're all together ◆ **pour le plus grand nombre** for the great majority (of people) ◆ **le plus grand nombre d'entre eux** the great majority, most of them
④ (= parmi) ◆ **je le compte au nombre de mes amis** I count him as *ou* consider him one of my friends, I number him among my friends ◆ **il n'est plus du nombre des vivants** he is no longer of this world ◆ **est-il du nombre des reçus ?** is he among those who passed?
[COMP] **nombre aléatoire** random number
nombre atomique atomic number
nombre d'Avogadro Avogadro number *ou* constant
nombre complexe complex number
nombre entier whole number, integer
nombre imaginaire imaginary number
nombre d'or golden section
nombre parfait perfect number
nombre premier prime number; → **Mach**

nombrer /nɔ̃bʀe/ ► conjug 1 ◀ VT († *ou* littér) to number †, to count

nombreux, -euse /nɔ̃bʀø, øz/ SYN ADJ ① (= en grand nombre) ◆ **être nombreux** [exemples, visiteurs] to be numerous; [accidents] to be numerous *ou* frequent ◆ **les cambriolages sont très nombreux dans ce quartier** there are a great many burglaries in that area ◆ **nombreux sont ceux qui souhaiteraient travailler davantage** there are many people who would like to work more hours ◆ **nombreux furent ceux qui...** there were many who... ◆ **les gens étaient venus nombreux** a lot of people *ou* a great many people had come ◆ **venez nombreux !** all welcome! ◆ **certains, et ils sont nombreux** certain people, and there are quite a few of them ◆ **peu nombreux** few ◆ **le public était moins/plus nombreux hier** there was a smaller/bigger audience yesterday, the audience was smaller/bigger yesterday ◆ **nous ne sommes pas si nombreux** there aren't so many of us ◆ **les visiteurs arrivaient sans cesse plus nombreux** *ou* **de plus en plus nombreux** visitors came in ever-increasing numbers ◆ **ils étaient plus nombreux que nous** they outnumbered us, there were more of them than of us
② (= le grand nombre de) numerous, many ◆ **parmi les nombreuses personnalités** amongst the numerous *ou* many personalities
③ (= un grand nombre de) ◆ **de nombreux** [accidents, exemples] many, numerous
④ (= important) [foule, assistance, collection] large

nombril /nɔ̃bʀi(l)/ NM [de personne] navel, belly button* ◆ **il se prend pour le nombril du monde*** he thinks he's the cat's whiskers* ◆ **se regarder le nombril*** to contemplate one's navel

nombrilisme* /nɔ̃bʀilism/ NM (péj) navel-gazing ◆ **faire du nombrilisme** to contemplate one's navel

nombriliste* /nɔ̃bʀilist/ ADJ, NMF ◆ **être nombriliste** to spend one's time contemplating one's navel

nome /nom/ NM nome

nomenclateur, -trice /nɔmɑ̃klatœʀ, tʀis/ NM,F nomenclator

nomenclature /nɔmɑ̃klatyʀ/ SYN NF (gén = liste) list; (Ling, Sci) nomenclature; [de dictionnaire] word list

nomenklatura /nɔmɛnklatuʀa/ NF (Pol) nomenklatura, elite

nominal, e (mpl **-aux**) /nɔminal, o/
[ADJ] ① (gén) nominal; (Ling) [groupe, phrase] nominal, noun (épith) ◆ **liste nominale** list of names ◆ **procéder à l'appel nominal** to call the register *ou* the roll, to do the roll call ◆ **expression nominale** nominal expression ◆ **syntagme nominal** noun phrase
② (= sans réalité) [autorité, pouvoir] nominal
③ (Écon, Fin) [salaire] nominal; → **valeur**
④ (Tech) [puissance, vitesse] rated
[NM] (Ling) pronoun

nominalement /nɔminalmɑ̃/ ADV (gén, Ling) nominally ◆ **appeler qn nominalement** to call sb by name

nominalisation /nɔminalizasjɔ̃/ NF nominalization

nominaliser /nɔminalize/ ► conjug 1 ◀ VT to nominalize

nominalisme /nɔminalism/ NM nominalism

nominaliste /nɔminalist/ ADJ, NMF nominalist

nominatif, -ive /nɔminatif, iv/
[ADJ] (Fin) [titre, action] registered ◆ **état nominatif** (Comm) list of items ◆ **liste nominative** list of names ◆ **carte nominative** nontransferable card ◆ **l'invitation n'est pas nominative** the invitation doesn't specify a name
[NM] (Ling) nominative

nomination /nɔminasjɔ̃/ SYN NF ① (= promotion) appointment, nomination (à to); (= titre, acte) appointment *ou* nomination papers ◆ **obtenir sa nomination** to be nominated *ou* appointed (au poste de to the post of) ◆ **le film a reçu 6 nominations aux Oscars** the film has received 6 Oscar nominations
② (Ling, Philos) naming

nominativement /nɔminativmɑ̃/ ADV by name

nominé, e /nɔmine/ ADJ [film, acteur, auteur] nominated ◆ **être nominé à qch** to be nominated *ou* shortlisted for sth

nommément /nɔmemɑ̃/ SYN ADV ① (= par son nom) by name
② (= spécialement) notably, especially, particularly

nommer /nɔme/ SYN ► conjug 1 ◀
[VT] ① (= promouvoir) [+ fonctionnaire] to appoint; [+ candidat] to nominate ◆ **nommer qn à un poste** to appoint *ou* nominate sb to a post ◆ **nommer qn son héritier** to name sb (as) one's heir ◆ **il a été nommé gérant/ministre** he was appointed *ou* made manager/minister
② (= appeler) [+ personne] to call, to name; (= dénommer) [+ produit] to name, to give a name to ◆ **ils l'ont nommé Richard** they called *ou* named him Richard ◆ **un homme nommé Martin** a man named *ou* called *ou* by the name of Martin ◆ **le nommé Martin** the man named *ou* called Martin ◆ **ce que nous nommons le bonheur** what we call happiness; → **point¹**
③ (= citer) [+ fleuves, batailles, auteurs, complices] to name ◆ **M. Sartin, pour ne pas le nommer,...** (hum) without mentioning any names, Mr Sartin... ◆ **quelqu'un que je ne nommerai pas** somebody who shall remain nameless
[VPR] **se nommer** ① (= s'appeler) to be called ◆ **comment se nomme-t-il ?** what is he called?, what is his name? ◆ **il se nomme Paul** he's called Paul, his name is Paul
② (= se présenter) to introduce o.s. ◆ **il se leva et se nomma** he stood up and gave his name

nomogramme /nɔmɔgʀam/ NM nomogram, nomograph

nomographie /nɔmɔgʀafi/ NF nomography

nomologie /nɔmɔlɔʒi/ NF nomology

◆ ◆ ◆ ◆ ◆ ◆ ◆ ◆ ◆ ◆ ◆ ◆ ◆

non /nɔ̃/ SYN

1 - ADVERBE
2 - NOM MASCULIN INV
3 - PRÉFIXE
4 - COMPOSÉS

◆ ◆ ◆ ◆ ◆ ◆ ◆ ◆ ◆ ◆ ◆ ◆ ◆

1 - ADVERBE

① [RÉPONSE NÉGATIVE] no ◆ **le connaissez-vous ? – non** do you know him? – no (I don't) ◆ **est-elle chez elle ? – non** is she at home? – no (she isn't *ou* she's not) ◆ **je vais ouvrir la fenêtre – non, il y aura des courants d'air** I'll open the window – no (don't), it'll make a draught ◆ **il n'a pas encore dit non !** he hasn't said no yet!, he hasn't refused yet! ◆ **je ne dis pas non** (= ce n'est pas de refus) I wouldn't say no; (= je n'en disconviens pas) I don't disagree ◆ **ah ça non !** certainly *ou* definitely not!, no way!* ◆ **non et non !** no, no, no!, absolutely not! ◆ **que non !** I should say not!, definitely not! ◆ **non merci !** no thank you! ◆ **certes non !** most certainly *ou* definitely not! ◆ **vous n'y allez pas ? – mais non !** *ou* **bien sûr que non !** aren't you going? – of course not! *ou* I should think not! ◆ **répondre (par) non à toutes les questions** to answer no *ou* answer in the negative to all the questions ◆ **faire non de la tête** to shake one's head

② [REMPLAÇANT UNE PROPOSITION] not ◆ **est-ce que c'est nécessaire ? – je pense** *ou* **crois que non** is that necessary? – I don't think so *ou* I don't think it is *ou* I think not (frm) ◆ **je crains que non** I'm afraid not, I fear not (frm) ◆ **il nous quitte ? – j'espère que non** is he leaving us? – I hope not *ou* I hope he isn't ◆ **je le crois – moi non** I believe him – well I don't *ou* not me* ◆ **il l'aime bien, moi non** he likes him but I don't ◆ **répondre que non** to say/answer it isn't (*ou* it won't etc) ◆ **j'ai demandé si elle était venue, lui dit que non** I asked if she had come – he says not *ou* he says no *ou* he says she hadn't ◆ **ah non ?** really?, no? ◆ **partez-vous ou non ?** are you going or not?, are you going or aren't you? ◆ **il se demandait s'il irait ou non** he wondered whether to go or not ◆ **erreur ou non/qu'il l'ait voulu ou non le mal est fait** mistake or no mistake/whether he meant it or not the damage is done; → **signe**

③ [FRM = PAS] not ◆ **c'est par paresse et non par prudence que...** it is through laziness and not caution that... ◆ **je veux bien de leur aide mais non de leur argent** I'm willing to accept their help but not their money *ou* but I want none of their money ◆ **c'est votre avis non le mien** it's your opinion not mine
◆ **non que** + subjonctif not that... ◆ **non qu'il soit stupide, mais...** not that he's stupid, but...

④ [EXPRIMANT L'IMPATIENCE, L'INDIGNATION] ◆ **tu vas cesser de pleurer non ?** will you stop crying?, just stop that crying(, will you)? ◆ **non par exemple !** for goodness sake!, good gracious! ◆ **non mais alors !***, **non mais (des fois) !*** for goodness sake!*, honestly! ◆ **non mais (des fois)*, tu me prends pour qui ?** look here* *ou* for God's sake‡ what do you take me for? ◆ **non mais je rêve !*** I don't believe this!

⑤ [EXPRIMANT LE DOUTE] no? ◆ **il me l'a dit lui-même – non ?** he told me so himself – no *ou* really? ◆ **c'est bon, non ?** it's good, isn't it?

⑥ [LOCUTIONS]
◆ **non** + adverbe *ou* conjonction *ou* préposition not
◆ **non loin d'ici, il y a...** not far from here there's... ◆ **c'est une expérience non moins intéressante** it's an experience that is no less interesting ◆ **il est non moins vrai/évident que...** it is nonetheless true/obvious that...
◆ **un homme non pas érudit mais instruit** a

man who is not erudite but well-informed ◆ **non pas que j'aie peur, mais...** not that I'm afraid, but... ◆ **il l'a fait non sans raison/non sans mal** he did it not without reason/difficulty ◆ **il y est allé non sans protester** he went, but not without protest *ou* protesting; → **seulement**

◆ **non plus** ◆ **il a continué non plus en voiture mais en train** he continued on his way, no longer by car but by train ◆ **il parle non plus en médecin mais en ami** he is talking now not as a doctor but as a friend ◆ **ils sont désormais associés, et non plus rivaux** they're no longer rivals *ou* they're not rivals any more but associates ◆ **il n'a pas hésité, non plus qu'eux d'ailleurs** he didn't hesitate any more than they did

◆ *pronom personnel* + **non plus** ◆ **il ne l'a pas vu ni moi non plus** he didn't see him and neither did I *ou* and I didn't either ◆ **nous ne l'avons pas vu – nous non plus** we didn't see him – neither did we *ou* we didn't either ◆ **nous non plus nous ne l'avons pas vu** we didn't see him either ◆ **il n'a pas compris lui non plus** he didn't understand either

2 - NOM MASCULIN INV

no ◆ **répondre par un non catégorique** to reply with a categorical no ◆ **il y a eu 30 non** there were 30 votes against *ou* 30 noes; → **oui**

3 - PRÉFIXE

Nouns starting with **non** are usually hyphenated, eg **non-agression**, adjectives are usually not, eg **non spécialisé**.

◆ **non** + *adjectif ou participe*

▶ Pour ce type de composés (ex : **non coupable, non négligeable, non polluant** etc), cherchez ci-dessous, en entrée ou sous l'adjectif concerné.

non-, un- ◆ **non ferreux/gazeux** non-ferrous/gaseous ◆ **non covalent** non-covalent ◆ **non vérifié** unverified ◆ **non spécialisé** unspecialized, non-specialized ◆ **les objets non réclamés** unclaimed items ◆ **toutes les places non réservées** all the unreserved seats, all seats not reserved ◆ **les travaux non terminés** the unfinished work

◆ **non-** + *nom* ◆ **la non-reconnaissance de qch** the fact that sth is unrecognized ◆ **en cas de non-réponse** if there is no reply ◆ **le non-respect de cette règle entraînerait la rupture du contrat** non-observance of this rule will result in breach of contract

4 - COMPOSÉS

non accompli, e ADJ (*Ling*) continuous
non aligné, e ADJ nonaligned
non arrondi, e ADJ (*Phon*) spread
non belligérant, e ADJ, NM,F nonbelligerent
non combattant, e ADJ, NM,F noncombatant
non conformiste SYN ADJ, NM,F nonconformist
non dénombrable ADJ (*Ling*) uncountable
non directif-ive ADJ [*entretien, questionnaire*] with no leading questions; [*thérapie*] nondirective
non engagé, e ADJ [*artiste*] with no political commitment; [*pays*] neutral, nonaligned
non euclidien-ienne ADJ non-Euclidean
non existant, e ADJ nonexistent
non figuratif-ive ADJ nonrepresentational
non lucratif-ive ADJ ◆ **à but non lucratif** non-profit-making
non marqué, e ADJ (*Ling*) unmarked
non voisé, e ADJ (*Phon*) unvoiced, voiceless

non-activité /nɔnaktivite/ NF inactivity

nonagénaire /nɔnaʒenɛʀ/ ADJ, NMF nonagenarian, ninety-year-old

nonagésime /nɔnaʒezim/ ADJ nonagesimal

non-agression /nɔnagʀesjɔ̃/ NF non-aggression

non-alignement /nɔnaliɲmɑ̃/ NM nonalignment

nonante /nɔnɑ̃t/ ADJ (*Belg, Helv*) ninety

nonantième /nɔnɑ̃tjɛm/ ADJ (*Belg, Helv*) ninetieth

non-appartenance /nɔnapaʀtənɑ̃s/ NF (*à un parti, un organisme*) non-membership ◆ **sa non-appartenance à l'ethnie dominante** the fact that he did not belong to the dominant ethnic group

non-assistance /nɔnasistɑ̃s/ NF (*Jur*) ◆ **non-assistance à personne en danger** failure to assist a person in danger

non-belligérance /nɔ̃beliʒeʀɑ̃s/ NF nonbelligerence

nonce /nɔ̃s/ NM nuncio ◆ **nonce apostolique** apostolic nuncio

nonchalamment /nɔ̃ʃalamɑ̃/ ADV nonchalantly

nonchalance /nɔ̃ʃalɑ̃s/ SYN NF nonchalance

nonchalant, e /nɔ̃ʃalɑ̃, ɑ̃t/ SYN ADJ nonchalant

nonciature /nɔ̃sjatyʀ/ NF nunciature

non-communication /nɔ̃kɔmynikasjɔ̃/ NF ⒈ [*de document, information*] non-disclosure ⒉ (*dans une entreprise, un couple*) non-communication, lack of communication

non-comparant, e /nɔ̃kɔ̃paʀɑ̃, ɑ̃t/ ADJ (*Jur*) defaulting (*épith*)

non-comparution /nɔ̃kɔ̃paʀysjɔ̃/ NF (*Jur*) non-appearance

non-conciliation /nɔ̃kɔ̃siljasjɔ̃/ NF refusal to settle out of court

non-concurrence /nɔ̃kɔ̃kyʀɑ̃s/ NF lack of competition ◆ **clause de non-concurrence** non-competition clause, non-compete clause (*surtout US*)

non-conformisme /nɔ̃kɔ̃fɔʀmism/ SYN NM nonconformism

non-conformité /nɔ̃kɔ̃fɔʀmite/ NF nonconformity

non-contradiction /nɔ̃kɔ̃tʀadiksjɔ̃/ NF ◆ **principe de non-contradiction** law of noncontradiction

non-croyant, e /nɔ̃kʀwajɑ̃, ɑ̃t/ NM,F unbeliever, non-believer

non-cumul /nɔ̃kymyl/ NM (*Jur*) ◆ **il y a non-cumul de peines** sentences run concurrently ◆ **le principe du non-cumul des fonctions** the rule prohibiting anyone from holding more than one post at a time

non-dénonciation /nɔ̃denɔ̃sjasjɔ̃/ NF [*de crime, sévices*] failure to report ◆ **il a été poursuivi pour non-dénonciation de malfaiteur** he was prosecuted for failing to report an offence

non-discrimination /nɔ̃diskʀiminasjɔ̃/ NF non-discrimination

non-dit /nɔ̃di/ NM ◆ **cette dispute a fait ressortir tous les non-dits** in the quarrel unspoken resentments surfaced ◆ **ces non-dits qui se transmettent de génération en génération** these things that remain unmentioned from generation to generation ◆ **dix émissions sur les mensonges et les non-dits familiaux** ten programmes on family secrets and lies

non-droit /nɔ̃dʀwa/ NM ◆ **zone de non-droit** ≈ no-go area*, urban area where law and order have broken down ◆ **État de non-droit** state in which human and civil rights are not respected

none /nɔn/ NF nones

non-engagement /nɔnɑ̃gaʒmɑ̃/ NM non-involvement

non-être /nɔnɛtʀ/ NM (*Philos*) non-being

non-événement /nɔnevɛnmɑ̃/ NM nonevent

non-exécution /nɔnɛgzekysjɔ̃/ NF [*de contrat*] non-completion

non-existence /nɔnɛgzistɑ̃s/ NF nonexistence

non-fumeur, -euse /nɔ̃fymœʀ, øz/
ADJ no-smoking (*épith*); [*compartiment*] non-smoking (*épith*)
NM,F non-smoker ◆ **(compartiment) non-fumeurs** non-smoking compartment (*Brit*) *ou* car (*US*), non-smoker ◆ **place fumeur ou non-fumeur ?** (*en train, en avion*) smoking or non-smoking?

non-ingérence /nɔnɛ̃ʒeʀɑ̃s/ NF noninterference

non(-)initié, e /nɔninisje/
ADJ [*lecteur*] lay; [*observateur*] uninformed
NM,F lay person ◆ **pour les non-initiés** for the uninitiated

non(-)inscrit, e /nɔnɛ̃skʀi, it/ (*Pol*)
ADJ independent
NM,F independent (member)

non-intervention /nɔnɛ̃tɛʀvɑ̃sjɔ̃/ NF nonintervention

non(-)interventionniste /nɔnɛ̃tɛʀvɑ̃sjɔnist/ ADJ, NMF noninterventionist

non-jouissance /nɔ̃ʒwisɑ̃s/ NF (*Jur*) nonenjoyment

non-lieu (pl **non-lieux**) /nɔ̃ljø/ NM (*Jur*) ◆ (**arrêt** *ou* **ordonnance de**) **non-lieu** dismissal of a charge ◆ **bénéficier d'un non-lieu** to be discharged *ou* have one's case dismissed for lack of evidence ◆ **rendre une ordonnance de non-lieu** to dismiss a case for lack of evidence, to direct a nonsuit

non-moi /nɔ̃mwa/ NM INV (*Philos*) nonego

nonne /nɔn/ SYN NF (††, *hum*) nun

nonnette /nɔnɛt/ NF (*Culin*) spiced bun (*made of pain d'épice*)

nonobstant /nɔnɔpstɑ̃/
PRÉP († *ou Jur* = **malgré**) notwithstanding, despite, in spite of
ADV († = **néanmoins**) notwithstanding †, nevertheless

non-paiement /nɔ̃pɛmɑ̃/ NM nonpayment

nonpareil, -eille †† /nɔ̃paʀɛj/ ADJ nonpareil, peerless

non-partant /nɔ̃paʀtɑ̃/ NM (*Sport*) non-runner

non-parution /nɔ̃paʀysjɔ̃/ NF failure to appear *ou* be published

non-pratiquant, e /nɔ̃pʀatikɑ̃, ɑ̃t/ NM,F (*Rel, gén*) person who does not practise his *ou* her religion; (= chrétien) non-churchgoer

non-prolifération /nɔ̃pʀɔlifeʀasjɔ̃/ NF nonproliferation

non-recevoir /nɔ̃ʀ(ə)səvwaʀ/ NM INV (*Jur*) demurrer, objection; (*fig*) blunt refusal ◆ **il m'a opposé une fin de non-recevoir** he turned down my request point-blank

non-résident, e /nɔ̃ʀezidɑ̃, ɑ̃t/ NM,F nonresident

non-respect /nɔ̃ʀɛspɛ/ NM [*de droit, engagement, règle*] failure to respect ◆ **en cas de non-respect des délais...** if the deadlines are not met *ou* observed...

non-retour /nɔ̃ʀətuʀ/ NM no return; → **point¹**

non-rétroactivité /nɔ̃ʀetʀɔaktivite/ NF (*Jur*) nonretroactivity

non-salarié, e /nɔ̃salaʀje/ NM,F self-employed person

non-sens /nɔ̃sɑ̃s/ SYN NM INV (= absurdité) (piece of) nonsense; (= erreur de traduction) meaningless word (*ou* phrase *etc*)

non-signataire /nɔ̃siɲatɛʀ/ NMF non-signatory

non-spécialiste /nɔ̃spesjalist/ NMF nonspecialist

non-stop /nɔnstɔp/ SYN ADJ INV, ADV non-stop

non(-)syndiqué, e /nɔ̃sɛ̃dike/
ADJ nonunion(ized)
NM,F nonunion member, nonmember (of a *ou* the union)

non-tissé (pl **non-tissés**) /nɔ̃tise/ NM nonwoven

non-usage /nɔnyzaʒ/ NM non-use

non-valeur /nɔ̃valœʀ/ NF ⒈ (*Jur*) unproductiveness; (*Fin*) bad debt; (*fig*) nonproductive asset, wasted asset
⒉ (*péj* = personne) nonentity

non viable /nɔ̃vjabl/ ADJ (*Méd*) non-viable; [*situation, projet*] not viable

non-violence /nɔ̃vjɔlɑ̃s/ NF nonviolence

non(-)violent, e /nɔ̃vjɔlɑ̃, ɑ̃t/
ADJ nonviolent
NM,F advocate *ou* supporter of nonviolence

non(-)voyant, e /nɔ̃vwajɑ̃, ɑ̃t/
NM,F visually handicapped *ou* impaired person
ADJ visually handicapped *ou* impaired

noologique /nɔɔlɔʒik/ ADJ noological

noosphère /nɔɔsfɛʀ/ NF noosphere

nopal /nɔpal/ NM nopal

noradrénaline /nɔʀadʀenalin/ NF noradrenaline (*Brit*), norepinephrine (*US*)

nord /nɔʀ/ SYN
NM INV ⒈ (= point cardinal) north ◆ **nord géographique/magnétique** true/magnetic north ◆ **le vent du nord** the north wind ◆ **un vent du nord** (*gén*) a north(erly) wind; (*chez les marins*) a northerly ◆ **le vent tourne/est au nord** the wind is veering north(wards) *ou* towards the north/is blowing from the north ◆ **regarder vers le nord** *ou* **dans la direction du nord** to look north(wards) *ou* towards the north ◆ **au nord** (*situation*) in the north; (*direction*) to the north, north(wards) ◆ **au nord de** north of, to

the north of ◆ **la maison est (exposée) au nord/en plein nord** the house faces (the) north *ou* northwards/due north; → **perdre**

2 (= *région*) north ◆ **pays/peuples du nord** northern countries/peoples, countries/peoples of the north ◆ **l'Europe/l'Italie/la Bourgogne du nord** Northern Europe/Italy/Burgundy ◆ **la mer du Nord** the North Sea ◆ **le nord de la France, le Nord** the North (of France) ◆ **les gens du Nord** (*dans un pays*) Northerners ◆ **le Grand Nord** the far North

[ADJ INV] [*région, partie*] northern (*épith*); [*entrée, paroi*] north (*épith*); [*versant, côte*] north(ern) (*épith*); [*côté*] north(ward) (*épith*); [*direction*] northward (*épith*), northerly (*Mét*); → **hémisphère, latitude, pôle**

nord-africain, e (mpl **nord-africains**) /nɔʀafʀikɛ̃, ɛn/
[ADJ] North African
[NM,F] **Nord-Africain(e)** North African

nord-américain, e (mpl **nord-américains**) /nɔʀameʀikɛ̃, ɛn/
[ADJ] North American
[NM,F] **Nord-Américain(e)** North American

nord-coréen, -enne (mpl **nord-coréens**) /nɔʀkɔʀeɛ̃, ɛn/
[ADJ] North Korean
[NM,F] **Nord-Coréen(ne)** North Korean

nord-est /nɔʀɛst/ [ADJ INV, NM] northeast

Nordeste /nɔʀdeste/ [NM] Nordeste

nordet /nɔʀdɛ/ [NM] (= *vent*) northeaster(ly)

nordique /nɔʀdik/
[ADJ] [*pays, race*] Nordic; [*langues*] Scandinavian, Nordic; → **ski**
[NMF] **Nordique** Nordic

nordir /nɔʀdiʀ/ ► conjug 2 ◄ [VI] [*vent*] to turn northwards

nordiste /nɔʀdist/ (*Hist US*)
[ADJ] Northern, Yankee
[NMF] **Nordiste** Northerner, Yankee

nord-nord-est /nɔʀnɔʀɛst/ [ADJ INV, NM] north-northeast

nord-nord-ouest /nɔʀnɔʀwɛst/ [ADJ INV, NM] north-northwest

nord-ouest /nɔʀwɛst/ [ADJ INV, NM] northwest

nord-vietnamien, -ienne (mpl **nord-vietnamiens**) /nɔʀvjɛtnamjɛ̃, jɛn/
[ADJ] North Vietnamese
[NM,F] **Nord-Vietnamien(ne)** North Vietnamese

noria /nɔʀja/ [NF] noria, bucket waterwheel ◆ **une noria d'hélicoptères transportait les blessés vers les hôpitaux** a fleet of helicopters shuttled *ou* ferried the wounded to the hospitals

normal, e (mpl **-aux**) /nɔʀmal, o/ [SYN]
[ADJ] **1** (= *habituel*) normal, usual ◆ **de dimension normale** normal-sized, standard-sized ◆ **c'est une chose très normale, ça n'a rien que de très normal** that's quite usual *ou* normal ◆ **rien à signaler, tout est normal** nothing to report, everything is fine ◆ **il n'est pas normal** he's not normal, there's something wrong with him

2 (= *correct, logique*) ◆ **c'est normal !** it's (quite) natural ◆ **ce n'est pas normal** (= *bizarre*) there must be something wrong; (= *ce n'est pas juste*) that's not right ◆ **ce n'est pas normal qu'ils aient droit aux soins gratuits** it's not right that they get free treatment, it's outrageous that they get free treatment; → **état, temps¹**

[NF] **normale** **1** ◆ **s'écarter de la normale** to diverge from the norm ◆ **revenir à la normale** to return to normality, to get back to normal ◆ **au-dessus de la normale** above average ◆ **température voisine des normales saisonnières** temperature close to the seasonal average

2 (*Math*) normal (à to)

3 ◆ **Normale (sup)** (*abrév de* **École normale supérieure**) → **école**

⚠ Au sens de 'correct', 'logique', **normal** ne se traduit pas par le mot anglais **normal**.

normalement /nɔʀmalmɑ̃/ [SYN] [ADV] **1** (= *d'une manière normale*) [*se dérouler, fonctionner*] normally

2 (= *si tout va bien*) ◆ **normalement, il devrait être là demain** he should be here tomorrow ◆ **tu pourras venir ? - normalement, oui** will you be able to come? – yes, I should think so

3 (= *d'habitude*) usually, generally ◆ **normalement il vient le jeudi** he usually *ou* generally comes on a Thursday

⚠ **normalement** se traduit par **normally** uniquement au sens de 'd'une manière normale'.

normalien, -ienne /nɔʀmaljɛ̃, jɛn/ [NM,F] (= *futur professeur*) student at the École normale supérieure; (= *diplômé*) graduate of the École normale supérieure; (*anciennt* = *futur instituteur*) student at teacher training college

normalisateur, -trice /nɔʀmalizatœʀ, tʀis/ [ADJ] [*effet*] normalizing ◆ **une conception normalisatrice de l'éducation** a rigidly conventional approach to education

normalisation /nɔʀmalizasjɔ̃/ [SYN] [NF] **1** (= *régularisation*) [*de situation, relations*] normalization ◆ **on espère une normalisation des relations diplomatiques** we are hoping diplomatic relations will be back to normal soon

2 (= *standardisation*) [*de produit*] standardization

⚠ Au sens de 'standardisation', **normalisation** ne se traduit pas par le mot anglais **normalization**.

normaliser /nɔʀmalize/ [SYN] ► conjug 1 ◄
[VT] **1** (= *régulariser*) [+ *situation, relations*] to normalize
2 (= *standardiser*) [+ *produit*] to standardize ◆ **taille normalisée** standard size
[VPR] **se normaliser** **1** (= *revenir à la normale*) to get back to normal; (= *devenir normal*) to normalize
2 (= *devenir standard*) to be standardized

normalité /nɔʀmalite/ [NF] normality

normand, e /nɔʀmɑ̃, ɑ̃d/
[ADJ] (= *de Normandie*) Norman; (*Hist* = *scandinave*) Norse; → **armoire, trou**
[NM] ◆ **Normand** (= *de Normandie*) Norman; (*Hist* = *Scandinave*) Norseman, Northman; → **réponse**
[NF] **Normande** (= *de Normandie*) Norman; (*Hist* = *Scandinave*) Norsewoman

Normandie /nɔʀmɑ̃di/ [NF] Normandy

normatif, -ive /nɔʀmatif, iv/ [ADJ] prescriptive, normative

norme /nɔʀm/ [SYN] [NF] (*Math, gén*) norm; (*Tech*) standard ◆ **normes de fabrication** manufacturing standards, standards of manufacture ◆ **mettre qch aux normes de sécurité** to ensure that sth complies with safety standards ◆ **ce produit n'est pas conforme aux normes françaises** this product doesn't conform to French standards ◆ **tant que ça reste dans la norme** as long as it's kept within limits ◆ **pourvu que vous restiez dans la norme** provided you don't overdo it *ou* you don't overstep the limits ◆ **hors norme(s)** [*personnage*] unconventional; [*carrière*] unusual ◆ **c'est une voiture hors norme(s)** it's no ordinary car

normé, e /nɔʀme/ [ADJ] (*Math*) normed

normographe /nɔʀmɔɡʀaf/ [NM] stencil

nor(r)ois, e /nɔʀwa, waz/ [ADJ, NM] Old Norse

norrois, e /nɔʀwa, waz/ [ADJ, NM] Old Norse

Norvège /nɔʀvɛʒ/ [NF] Norway ◆ **la mer de Norvège** the Norwegian sea

norvégien, -ienne /nɔʀveʒjɛ̃, jɛn/
[ADJ] Norwegian; → **marmite, omelette**
[NM] (= *langue*) Norwegian
[NM,F] **Norvégien(ne)** Norwegian

nos /no/ [ADJ POSS] → **notre**

nosocomial, e (mpl **-iaux**) /nɔzɔkɔmjal, jo/ [ADJ] nosocomial (*SPÉC*) ◆ **les infections nosocomiales** hospital-acquired infections

nosographie /nozoɡʀafi/ [NF] nosography

nosologie /nozoloʒi/ [NF] nosology

nostalgie /nɔstalʒi/ [SYN] [NF] nostalgia ◆ **avoir** *ou* **garder la nostalgie de...** to feel nostalgic for... ◆ **avoir la nostalgie du pays natal** to be homesick

nostalgique /nɔstalʒik/ [SYN]
[ADJ] nostalgic
[NMF] ◆ **les nostalgiques des années 60** those who feel nostalgic for the 1960s ◆ **les nostalgiques de la monarchie** those who look back nostalgically to the monarchy

nostoc /nɔstɔk/ [NM] nostoc

nota (bene) /nɔta (bene)/ [NM INV] nota bene

notabilité /nɔtabilite/ [NF] notability

notable /nɔtabl/ [SYN]
[ADJ] [*fait*] notable, noteworthy; [*changement, progrès*] notable
[NM] notable, worthy

notablement /nɔtabləmɑ̃/ [ADV] notably

notaire /nɔtɛʀ/ [NM] notary (public); (*en Grande-Bretagne*) ≈ solicitor (Brit)

notamment /nɔtamɑ̃/ [SYN] [ADV] (= *entre autres*) among others; (= *plus particulièrement*) particularly, in particular, notably ◆ **elle a notamment publié une histoire de l'aviation** among other books she has written a history of flying ◆ **les constructeurs automobiles français, notamment Renault** French car manufacturers, particularly Renault

notarial, e (mpl **-iaux**) /nɔtaʀjal, jo/ [ADJ] ◆ **étude notariale** office of a notary (public); (*en Grande-Bretagne*) ≈ solicitor's office

notariat /nɔtaʀja/ [NM] profession of (a) notary (public); (*en Grande-Bretagne*) ≈ profession of a solicitor

notarié, e /nɔtaʀje/ [ADJ] drawn up by a notary (public), notarized (*SPÉC*); (*en Grande-Bretagne*) ≈ drawn up by a solicitor

notation /nɔtasjɔ̃/ [SYN] [NF] **1** (= *symboles, système*) notation
2 (= *touche, note*) [*de couleurs*] touch; [*de sons*] variation ◆ **une notation intéressante** (*Littérat*) an interesting touch *ou* variation
3 (= *transcription*) [*de sentiment, geste, son*] expression
4 (= *jugement*) [*de devoir*] marking (Brit), grading (US); [*d'employé*] assessment ◆ **agence de notation (financière)** (*Fin*) (credit) rating agency

note /nɔt/ [SYN]
[NF] **1** (= *remarque, communication*) note ◆ **note diplomatique/officielle** diplomatic/official note ◆ **prendre des notes** to take notes ◆ **prendre (bonne) note de qch** to take (good) note of sth ◆ **prendre qch en note** to make a note of sth, to write sth down; (*hâtivement*) to jot sth down ◆ **relire ses notes** to read over one's notes ◆ **remarque en note** marginal comment, note in the margin ◆ **c'est écrit en note** it's written in the margin

2 (= *appréciation chiffrée*) mark (Brit), grade (US) ◆ **mettre une note à** [+ *dissertation*] to mark (Brit), to grade (US); [+ *élève*] to give a mark to (Brit), to grade (US); [+ *employé*] to assess ◆ **avoir de bonnes/mauvaises notes** to have good/bad marks *ou* grades ◆ **avoir une bonne/mauvaise note à un devoir/en histoire** to get a good/bad mark for a homework exercise/for *ou* in history ◆ **c'est une mauvaise note pour lui** (*fig*) it's a black mark against him

3 (= *compte*) [*de gaz, blanchisserie*] bill, account; [*de restaurant, hôtel*] bill, check (US) ◆ **demander/présenter/régler la note** (*à l'hôtel*) to ask for/present/settle the bill ◆ **vous me donnerez la note, s'il vous plaît** (*au restaurant*) may I have the bill *ou* check (US) please?, I'd like my bill ◆ **je vais vous faire la note** I'll make out the bill ◆ **mettez-le sur ma note** put it on my bill *ou* check (US) ◆ **note de frais** (= *bulletin*) claim form (for expenses); (= *argent dépensé*) expenses ◆ **note d'honoraires** (doctor's *ou* lawyer's) account

4 (*Mus, fig*) note ◆ **donner la note** (*Mus*) to give the key; (*fig*) to set the tone ◆ **la note juste** the right note ◆ **c'est tout à fait dans la note** it fits in perfectly with the rest ◆ **ses paroles étaient tout à fait dans la note/n'étaient pas dans la note** his words struck exactly the right note/struck the wrong note (altogether) ◆ **ce n'est pas dans la note** it doesn't strike the right note at all; → **faux²**

5 (= *trace, touche*) note, touch ◆ **mettre une note triste** *ou* **de tristesse dans qch** to lend a touch *ou* note of sadness to sth ◆ **une note d'anxiété/de fierté perçait sous ses paroles** a note of anxiety/pride was discernible in his words ◆ **une note de santal** [*de parfum*] a hint of sandalwood

[COMP] **note de l'auteur** author's note
note en bas de page footnote
note de conjoncture economic outlook report
note d'information memorandum
note marginale marginal note, note in the margin
note de passage (*Mus*) passing note
note de la rédaction editor's note
note de service memorandum
note du traducteur translator's note

> (!) Dans un contexte scolaire et au sens de 'facture', **note** ne se traduit pas par le mot anglais **note**.

noter /nɔte/ SYN ▸ conjug 1 ◂ VT 1 (= *inscrire*) *[+ adresse, rendez-vous]* to write down, to note down, to make a note of; *[+ idées]* to jot down, to write down, to note down; *(Mus) [+ air]* to write down, to take down ◆ **si vous pouviez le noter quelque part** could you make a note of it *ou* write it down somewhere? ◆ **notez que nous serons absents** note that we'll be away
2 (= *remarquer*) *[+ faute, progrès]* to notice ◆ **notez la précision du bas-relief** note the fine bas relief work ◆ **on note une certaine amélioration** there has been some improvement, some improvement has been noted ◆ **notez (bien) que je n'ai rien dit, je n'ai rien dit, notez-le** *ou* **notez (bien)** note that I didn't say anything, mark you, I didn't say anything ◆ **il faut noter qu'il a des excuses** admittedly he has an excuse, he has an excuse mind you *ou* mark you *(Brit)* ◆ **ceci est à noter** *ou* **mérite d'être noté** this is worth noting *ou* making a note of
3 (= *cocher, souligner*) *[+ citation, passage]* to mark
4 (= *juger*) *[+ devoir]* to mark, to grade *(US)*; *[+ élève]* to give a mark to, to grade *(US)*; *[+ employé]* to assess ◆ **noter sur 10/20** to mark out of 10/20 ◆ **devoir bien/mal noté** homework with a good/bad mark *ou* grade ◆ **employé bien/mal noté** highly/poorly rated employee, employee with a good/bad record ◆ **elle note sévèrement/large** she is a strict/lenient marker

notice /nɔtis/ SYN NF (= *préface, résumé*) note; (= *mode d'emploi*) instructions ◆ **notice biographique/bibliographique** biographical/bibliographical note ◆ **notice explicative** *ou* **d'emploi** directions for use, explanatory leaflet ◆ **notice technique** specification sheet, specifications ◆ **notice nécrologique** obituary

notificatif, -ive /nɔtifikatif, iv/ ADJ notifying ◆ **lettre notificative** letter of notification

notification /nɔtifikasjɔ̃/ SYN NF *(Admin)* notification ◆ **notification vous a été envoyée de vous présenter** notification has been sent to you to present yourself ◆ **recevoir notification de** to be notified of, to receive notification of ◆ **notification d'actes** *(Jur)* service of documents

notifier /nɔtifje/ SYN ▸ conjug 7 ◂ VT to notify ◆ **notifier qch à qn** to notify sb of sth, to notify sth to sb ◆ **on lui a notifié que...** he was notified that..., he received notice that... ◆ **notifier une citation à qn** to serve a summons *ou* a writ on sb ◆ **il s'est vu notifier son licenciement** he received notice of his dismissal

notion /nosjɔ̃/ SYN NF 1 (= *conscience*) notion ◆ **je n'ai pas la moindre notion de** I haven't the faintest notion of ◆ **perdre la notion du temps** *ou* **de l'heure** to lose track of the time
2 (= *connaissances*) ◆ **notions** notion, elementary knowledge ◆ **avoir quelques notions de grammaire** to have some knowledge of grammar, to have a smattering of grammar ◆ **notions d'algèbre/d'histoire** *(titre)* algebra/history primer

notionnel, -elle /nosjɔnɛl/ ADJ notional

notocorde /nɔtɔkɔʀd/ NF notochord

notoire /nɔtwaʀ/ SYN ADJ *[criminel, méchanceté]* notorious; *[fait, vérité]* well-known, acknowledged *(épith)* ◆ **il est notoire que** it is common *ou* public knowledge that, it's an acknowledged fact that

notoirement /nɔtwaʀmɑ̃/ ADV *[insuffisant]* manifestly; *[malhonnête]* notoriously ◆ **c'est notoirement reconnu** it's generally recognized, it's well known

notonecte /nɔtɔnɛkt/ NM *ou* F *(Zool)* water boatman, common backswimmer

notoriété /nɔtɔʀjete/ SYN NF *[de fait]* notoriety; (= *renommée*) fame ◆ **c'est de notoriété publique** that's common *ou* public knowledge

notre (pl **nos**) /nɔtʀ, no/ ADJ POSS 1 *(possession, relation)* our; *(emphatique)* our own ◆ **notre fils et notre fille** our son and daughter ◆ **nous avons tous laissé notre manteau et notre chapeau au vestiaire** we have all left our coats and hats in the cloakroom ◆ **notre bonne ville de Tours est en fête** our fine city of Tours is celebrating; *pour autres loc voir* **son**[1]
2 *(valeur affective, ironique, intensive)* ◆ **et comment va notre malade aujourd'hui ?** and how's the *ou* our patient today? ◆ **notre héros décide alors...** and so our hero decides... ◆ **notre homme a filé sans demander son reste** the fellow *ou* chap *(Brit)* has run off without asking for his due ◆ **voilà notre bon Martin !** here's good old Martin! ◆ **notre maître** *(dial)* the master; → **son**[1]
3 *(représentant la généralité des hommes)* ◆ **notre planète** our planet ◆ **notre corps/esprit** our bodies/minds ◆ **notre maître à tous** our master, the master of us all ◆ **Notre Seigneur/Père** Our Lord/Father ◆ **Notre-Dame** Our Lady; *(église)* Notre Dame, Our Lady ◆ **Notre-Dame de Paris** *(cathédrale)* Notre Dame of Paris ◆ « **Notre-Dame de Paris** » *(Littérat)* "The Hunchback of Notre Dame" ◆ **Notre-Dame de Chartres/Lourdes** Our Lady of Chartres/Lourdes ◆ **le Notre Père** the Lord's Prayer, Our Father
4 *(de majesté, dans un discours etc = mon, ma, mes)* our ◆ **car tel est notre bon plaisir** for such is our wish, for so it pleases us ◆ **dans cet exposé notre intention est de...** in this essay we intend to...

nôtre /notʀ/
PRON POSS ◆ **le nôtre, la nôtre, les nôtres** ours ◆ **cette voiture n'est pas la nôtre** this car is not ours, this is not our car ◆ **leurs enfants sont sortis avec les nôtres** their children are out with ours ◆ **à la (bonne) nôtre !** our good health!, here's to us!; *pour autres loc voir* **sien**
NM 1 ◆ **nous y mettrons du nôtre** we'll do our bit*; → aussi **sien**
2 ◆ **les nôtres** (= *famille*) our family, our folks*; (= *partisans*) our own people ◆ **j'espère que vous serez des nôtres ce soir** I hope you will join our party *ou* join us tonight ◆ **il est des nôtres** he's one of us
ADJ POSS *(littér)* ours, our own ◆ **ces idées ne sont plus exclusivement nôtres** these ideas are no longer ours alone *ou* exclusively ◆ **ces principes, nous les avons faits nôtres** we have made these principles our own

notule /nɔtyl/ NF short note

nouage /nwaʒ/ NM *[de tissu]* splicing

Nouakchott /nwakʃɔt/ N Nouakchott

nouba‡ /nuba/ NF ◆ **faire la nouba** to live it up*, to have a rave-up‡ *(Brit)*

nouer /nwe/ SYN ▸ conjug 1 ◂
VT 1 (= *faire un nœud avec*) *[+ ficelle]* to tie, to knot; *[+ lacets, foulard, ceinture]* to tie; *[+ cravate]* to knot, to fasten ◆ **nouer les bras autour de la taille de qn** to put one's arms round sb's waist ◆ **l'émotion lui nouait la gorge** his throat was tight with emotion ◆ **avoir la gorge nouée (par l'émotion)** to have a lump in one's throat ◆ **j'ai l'estomac noué** my stomach is in knots
2 (= *entourer d'une ficelle*) *[+ bouquet, paquet]* to tie up, to do up; *[+ cheveux]* to tie up *ou* back
3 (= *former*) *[+ complot]* to hatch; *[+ alliance]* to make, to form; *[+ relations]* to strike up; *[+ amitié]* to form, to build up ◆ **nouer conversation avec qn** to start (up) *ou* strike up a conversation with sb
4 *(Tissage)* ◆ **nouer la chaîne/la trame** to splice the warp/weft
5 *(Littérat) [+ action, intrigue]* to build up
VI *[fleur, fruit]* to set
VPR **se nouer** 1 (= *s'unir*) *[mains]* to join together ◆ **sa gorge se noua** a lump came to his throat
2 (= *se former*) *[complot]* to be hatched; *[alliance]* to be made, to be formed; *[amitié]* to be formed, to build up; *[conversation]* to start, to be started
3 *(pièce de théâtre)* ◆ **c'est là où l'intrigue se noue** it's at that point that the plot takes shape *ou* develops

noueux, -euse /nwø, øz/ SYN ADJ *[branche]* knotty, gnarled; *[main]* gnarled; *[vieillard]* wizened

nougat /nuga/ NM *(Culin)* nougat ◆ **nougats**‡ (= *pieds*) feet ◆ **c'est du nougat*** it's dead easy*, it's a cinch* *ou* a piece of cake* ◆ **c'est pas du nougat*** it's not so easy

nougatine /nugatin/ NF nougatine

nouille /nuj/ NF 1 *(Culin)* piece *ou* bit of pasta ◆ **nouilles** *(gén)* pasta; *(en rubans)* noodles ◆ **nouilles chinoises** Chinese noodles ◆ **style nouille** *(Art)* Art Nouveau
2 * (= *imbécile*) idiot, noodle* *(Brit)*; (= *mollasson*) big lump* ◆ **ce que c'est nouille*** how idiotic (it is)

Nouméa /numea/ N Nouméa

noumène /numɛn/ NM noumenon

nounou* /nunu/ NF nanny

nounours /nunuʀs/ NM teddy (bear)

nourrain /nuʀɛ̃/ NM (= *fretin*) alevin; (= *cochon*) piglet

nourri, e /nuʀi/ SYN (ptp de **nourrir**) ADJ *[fusillade]* heavy; *[applaudissements]* hearty, prolonged; *[conversation]* lively; *[style]* rich ◆ **tirs nourris** heavy *ou* sustained gunfire

nourrice /nuʀis/ SYN NF 1 (= *gardienne*) childminder, nanny; *(qui allaite)* wet nurse ◆ **nourrice sèche** † dry nurse ◆ **nourrice agréée** registered childminder ◆ **mettre un enfant en nourrice** to put a child in the care of a nurse *ou* out to nurse *(Brit)* ◆ **prendre un enfant en nourrice** to act as nurse to a child; → **épingle**
2 (= *bidon*) jerry can *(Brit)*, can *(US)*
3 (= *abeille*) nurse bee

nourricier, -ière /nuʀisje, jɛʀ/
ADJ *(Anat) [canal, artère]* nutrient; *(Bot) [suc, sève]* nutritive; († = *adoptif*) *[mère, père]* foster *(épith)* ◆ **la terre nourricière** *(littér)* the nourishing earth
NM († = *père adoptif*) foster father ◆ **les nourriciers** the foster parents

nourrir /nuʀiʀ/ SYN ▸ conjug 2 ◂
VT 1 (= *alimenter*) *[+ animal, personne]* to feed; *[+ feu]* to stoke; *[+ récit, devoir]* to fill out; *[+ cuir, peau]* to nourish ◆ **nourrir au biberon** to bottle-feed ◆ **nourrir au sein** to breast-feed, to nurse ◆ **nourrir à la cuiller** to spoon-feed ◆ **nourrir un oiseau au grain** to feed a bird (on) seed ◆ **les régions qui nourrissent la capitale** the areas which provide food for the capital *ou* provide the capital with food ◆ **bien/mal nourri** well-/poorly-fed; → **logé**
2 (= *faire vivre*) *[+ famille, pays]* to feed, to provide for ◆ **cette entreprise nourrit 10 000 ouvriers** this firm provides work for 10,000 workers ◆ **ce métier ne nourrit pas son homme** this job doesn't give a man a living wage
3 (= *caresser*) *[+ désir, espoir, illusion]* to have, to cherish; *[+ haine, rancune]* to feel; *[+ vengeance]* to harbour *(Brit)* *ou* harbor *(US)* thoughts of ◆ **nourrir le projet de faire qch** to plan to do sth
4 *(littér = former)* ◆ **être nourri dans les bons principes** to be nurtured on good principles ◆ **la lecture nourrit l'esprit** reading improves the mind
VI to be nourishing
VPR **se nourrir** to eat ◆ **se nourrir de** *[+ aliments]* to feed (o.s.) on, to eat; *[+ illusions]* to feed on, to live on ◆ **il se nourrit de romans** *(fig)* novels are his staple diet

nourrissant, e /nuʀisɑ̃, ɑ̃t/ SYN ADJ *[aliment]* nourishing, nutritious; *[crème, cosmétique]* nourishing *(épith)*

nourrisseur /nuʀisœʀ/ NM (= *personne*) feeder; (= *récipient*) trough

nourrisson /nuʀisɔ̃/ SYN NM (unweaned) infant, nursling *(littér)*

nourriture /nuʀityʀ/ SYN NF 1 (= *aliments, fig*) food ◆ **assurer la nourriture de qn** to provide sb's meals *ou* sb with food
2 (= *alimentation*) food ◆ **il lui faut une nourriture saine** he needs a healthy diet ◆ **il ne supporte aucune nourriture solide** he can't take solids ◆ **nourriture pour animaux** *(de compagnie)* pet food; *(de ferme)* animal feed ◆ **la lecture est une bonne nourriture pour l'esprit** reading is good nourishment for the mind ◆ « **Les Nourritures terrestres** » *(Littérat)* "Fruits of the Earth"

nous /nu/
PRON PERS 1 *(sujet)* we ◆ **nous vous écrirons** we'll write to you ◆ **nous avons bien ri tous les deux** the two of us had a good laugh, we both had a good laugh ◆ **eux ont accepté, nous non** *ou* **pas nous** they accepted but we didn't, they accepted but not us* ◆ **c'est enfin nous, nous voilà enfin** here we are at last ◆ **qui l'a vu ? – nous/pas nous** who saw him? – we did/we didn't *ou* us/not us* ◆ **nous, accepter ? jamais !** us accept that? never!, you expect us to accept that?, never!; → aussi **même**
2 *(objet)* us ◆ **aide-nous** help us, give us a hand ◆ **donne-nous ton livre** give us your book, give your book to us ◆ **si vous étiez nous que feriez-vous ?** if you were us *ou* if you were in our shoes what would you do? ◆ **donne-le-nous** give it to us, give us it ◆ **écoutez-nous** listen to us ◆ **il n'obéit qu'à nous** we are the only ones he obeys, he obeys only us
3 *(insistance, sujet)* we, we ourselves; *(objet)* us ◆ **nous, nous le connaissons bien – mais nous aussi** we know him well ourselves – but so do

we *ou* we do too ◆ **pourquoi ne le ferait-il pas ?, nous l'avons bien fait, nous** why shouldn't he do it?, we did it (all right) ◆ **alors nous, nous restons pour compte ?** and what about us, are we to be left out? ◆ **nous, elle nous déteste** she hates us ◆ **elle nous connaît bien, nous** she knows us all right

4 *(emphatique avec qui, que, sujet)* we; *(objet)* us ◆ **c'est nous qui sommes fautifs** we are the culprits, we are the ones to blame ◆ **merci – c'est nous qui vous remercions** thank you – it's we who should thank you ◆ **et nous (tous) qui vous parlons l'avons vu** we (all) saw him personally ◆ **est-ce nous qui devons vous le dire ?** do we have to tell you?, are we the ones to have to tell you? ◆ **et nous qui n'avions pas le sou !** and there were we without a penny!, and to think we didn't have a penny! ◆ **nous que le théâtre passionne, nous n'avons jamais vu cette pièce** great theatre lovers that we are we've still never seen that play, even we with our great love for the theatre have never seen that play ◆ **il nous dit cela à nous qui l'avons tant aidé** and that's what he says to us who have helped him so much ◆ **c'est nous qu'elle veut voir** it's us she wants to see

5 *(avec prép)* us ◆ **à nous cinq, nous devrions pouvoir soulever ça** between the five of us we should be able to lift that ◆ **cette maison est à nous** this house belongs to us *ou* is ours ◆ **nous avons une maison à nous** we have a house of our own, we have our own house ◆ **avec/sans nous** with/without us ◆ **c'est à nous de décider** it's up to us *ou* for us to decide ◆ **elle l'a appris par nous** she heard about it through *ou* from us ◆ **un élève à nous** one of our pupils ◆ **l'un de nous** *ou* **d'entre nous doit le savoir** one of us must know (it) ◆ **nos enfants à nous** our children ◆ **l'idée vient de nous** the idea comes from us *ou* is ours ◆ **elle veut une photo de nous tous** she wants a photo of us all *ou* of all of us

6 *(dans comparaisons)* we, us ◆ **il est aussi fort que nous** he is as strong as we are *ou* as us ◆ **il mange plus/moins que nous** he eats more/less than we do *ou* than us ◆ **faites comme nous** do as we do, do the same as us ◆ **il vous connaît aussi bien que nous** *(aussi bien que nous vous connaissons)* he knows you as well as we do *ou* as us; *(aussi bien qu'il nous connaît)* he knows you as well as (he knows) us

7 *(avec vpr)* ◆ **nous nous sommes bien amusés** we had a good time, we thoroughly enjoyed ourselves ◆ **(lui et moi) nous nous connaissons depuis le lycée** we have known each other since we were at school ◆ **nous nous détestons** we hate (the sight of) each other ◆ **asseyons-nous donc** let's sit down, shall we sit down? ◆ **nous nous écrirons** we'll write to each other

8 *(pl de majesté, dans discours etc = moi)* we ◆ **nous, préfet des Yvelines, décidons que** we, (the) prefect of the Yvelines, decide that ◆ **dans cet exposé, nous essaierons d'expliquer** in this paper, we shall try to explain

NM ◆ **le nous de majesté** the royal we

nous-même (pl **nous-mêmes**) /numɛm/ **PRON** → **même**

nouveau, nouvelle[1] /nuvo, nuvɛl/ **GRAMMAIRE ACTIVE 21.1, 21.2** SYN (devant nm commençant par une voyelle ou h muet **nouvel**, mpl **nouveaux**)

ADJ 1 *(gén après nom = qui apparaît pour la première fois)* new ◆ **pommes de terre nouvelles** new potatoes ◆ **vin nouveau** new wine ◆ **carottes nouvelles** spring carrots ◆ **la mode nouvelle** the latest fashion ◆ **la mode nouvelle du printemps** the new spring fashions ◆ **un sentiment si nouveau pour moi** such a new feeling for me ◆ **montrez-moi le chemin, je suis nouveau ici** show me the way, I'm new here ◆ **ce rôle est nouveau pour lui** this is a new role for him ◆ **tout nouveau tout beau** * (just) wait till the novelty wears off; → **art, quoi**

2 *(après nom = original) [idée]* novel, new, original; *[style]* new, original; *(= moderne) [méthode]* new, up-to-date, new-fangled *(péj)* ◆ **le dernier de ses romans, et le plus nouveau** his latest and most original novel ◆ **présenter qch sous un jour nouveau** to present sth in a new light ◆ **c'est tout nouveau, ce projet** this project is brand-new ◆ **il n'y a rien de/ce n'est pas nouveau !** there's/it's nothing new!

3 *(= inexpérimenté)* new *(en, dans* to) ◆ **il est nouveau en affaires** he's new to business

4 *(avant nom = qui succède)* new ◆ **le nouveau président** the new president, the newly-elected president ◆ **le nouvel élu** the newly-elected representative ◆ **nous avons un nouveau président/une nouvelle voiture** we have a new president/car ◆ **avez-vous lu son nouveau livre ?** have you read his new *ou* latest book? ◆ **un nouveau Napoléon** a second Napoleon ◆ **les nouveaux philosophes** the new philosophers ◆ **les nouveaux pauvres** the new poor ◆ **les nouveaux parents** today's parents, the parents of today ◆ **il y a eu un nouveau tremblement de terre** there has been a further *ou* another earthquake ◆ **je ferai un nouvel essai** I'll make another *ou* a new *ou* a fresh attempt ◆ **il y eut un nouveau silence** there was another silence ◆ **c'est la nouvelle mode maintenant** it's the new fashion now; → **jusque**

5 *(= qui s'ajoute)* new, fresh ◆ **c'est là une nouvelle preuve que** it's fresh proof *ou* further proof that ◆ **avec une ardeur/énergie nouvelle** with renewed ardour/energy

NM 1 *(= homme)* new man; *(Scol)* new boy

2 *(= nouveauté)* ◆ **y a-t-il du nouveau à ce sujet ?** is there anything new on this? ◆ **il y a du nouveau dans cette affaire** there has been a fresh *ou* new *ou* further development in this business ◆ **le public veut sans cesse du nouveau** the public always wants something new ◆ **il n'y a rien de nouveau sous le soleil** there's nothing new under the sun

3 *(= encore)* ◆ **de nouveau** again ◆ **faire qch de nouveau** to do sth again, to repeat sth ◆ **à nouveau** *(= d'une manière différente)* anew, afresh, again; *(= encore une fois)* again ◆ **nous examinerons la question à nouveau** we'll examine the question anew *ou* afresh *ou* again

NF **nouvelle** *(= femme)* new woman *ou* girl; *(Scol)* new girl; → aussi **nouvelle**[2]

COMP **Nouvel An, Nouvelle Année** New Year ◆ **pour le/au Nouvel An** for/at New Year ◆ **le Nouvel An juif/chinois** the Jewish/Chinese New Year
nouvelle cuisine nouvelle cuisine
nouvelle lune new moon
nouveaux mariés newlyweds, newly married couple
Nouveau Monde New World
nouveaux pays industrialisés newly industrialized countries
nouveau riche nouveau riche
le nouveau roman *(Littérat)* the nouveau roman
le Nouveau Testament the New Testament
Nouvelle Vague *(Ciné)* New Wave, Nouvelle Vague
nouveau venu, nouvelle venue **NM,F** newcomer *(à, dans* to)

Nouveau-Brunswick /nuvobʀœsvik/ **NM** New Brunswick

Nouveau-Mexique /nuvomɛksik/ **NM** New Mexico

nouveau-né, nouveau-née (mpl **nouveau-nés**, fpl **nouveau-nées**) /nuvone/ SYN

ADJ newborn

NM,F *(= enfant)* newborn child; *(= dernière création)* newest *ou* latest model ◆ **les nouveau-nés de notre gamme de jouets** the newest *ou* latest additions to our range of toys

nouveauté /nuvote/ SYN **NF** 1 *(= objet)* new thing *ou* article ◆ **les nouveautés du mois** *(= disques)* the month's new releases; *(= livres)* the month's new titles ◆ **les nouveautés du salon** *(= machines, voitures)* the new models on display at the show ◆ **la grande nouveauté de cet automne** the latest thing this autumn

2 *(Habillement)* ◆ **nouveautés de printemps** new spring fashions ◆ **le commerce de la nouveauté** † the fashion trade ◆ **magasin de nouveautés** † draper's shop *(Brit)*, fabric store *(US)*

3 *(= caractère nouveau)* novelty, newness; *(= originalité)* novelty; *(= chose)* new thing, something new ◆ **il n'aime pas la nouveauté** he hates anything new *ou* new ideas, he hates change ◆ **il travaille ? c'est une nouveauté !** he's working? that's new! ◆ **il boit – ce n'est pas une nouveauté !** he's drinking too much – that's nothing new!

nouvel /nuvɛl/ **ADJ M** → **nouveau**

nouvelle[2] /nuvɛl/ SYN **NF** 1 *(= écho)* news *(NonC)* ◆ **une nouvelle** a piece of news ◆ **une bonne/mauvaise nouvelle** some good/bad news ◆ **la nouvelle de cet événement nous a surpris** we were surprised by the news of this event ◆ **ce n'est pas une nouvelle !** that's not news!, that's nothing new! ◆ **vous connaissez la nouvelle ?** have you heard the news? ◆ **première nouvelle !** that's the first I've heard about it!, it's news to me!; → **faux**[2]

2 ◆ **nouvelles** news *(NonC)* ◆ **quelles nouvelles ?** * what's new?, what's been happening? ◆ **aller aux nouvelles** to go and find out what is happening ◆ **voici les dernières nouvelles concernant l'accident** here is the latest news of the accident, here is an up-to-the-minute report on the accident ◆ **aux dernières nouvelles, il était à Paris** the last I *(ou we etc)* heard (of him) he was in Paris ◆ **avez-vous de ses nouvelles ?** *(de sa propre main)* have you heard from him?, have you had any news from him?; *(= par un tiers)* have you heard anything about *ou* of him?, have you had any news of him? ◆ **j'irai prendre de ses nouvelles** I'll go and see how he's doing *ou* how he's getting along *ou* on *(Brit)* ◆ **il a fait prendre de mes nouvelles (par qn)** he asked for news of me (from sb) ◆ **il ne donne plus de ses nouvelles** you never hear from him any more ◆ **je suis sans nouvelles (de lui) depuis huit jours** I haven't heard anything (of him) for a week, I've had no news (of him) for a week ◆ **pas de nouvelles, bonnes nouvelles** no news is good news ◆ **il aura** *ou* **entendra de mes nouvelles !** * I'll give him a piece of my mind!, I'll give him what for! * ◆ **goûtez mon vin, vous m'en direz des nouvelles** * taste my wine, I'm sure you'll like it

3 *(Presse, Radio, TV)* ◆ **les nouvelles** the news *(NonC)* ◆ **écouter/entendre les nouvelles** to listen to/hear the news ◆ **voici les nouvelles** here is the news ◆ **les nouvelles sont bonnes** the news is good

4 *(= court récit)* short story

Nouvelle-Amsterdam /nuvɛlamstɛʀdam/ **NF** New Amsterdam

Nouvelle-Angleterre /nuvɛlɑ̃glətɛʀ/ **NF** New England

Nouvelle-Calédonie /nuvɛlkaledɔni/ **NF** New Caledonia

Nouvelle-Écosse /nuvɛlekɔs/ **NF** Nova Scotia

Nouvelle-Galles-du-Sud /nuvɛlgaldysyd/ **NF** New South Wales

Nouvelle-Guinée /nuvɛlgine/ **NF** New Guinea

nouvellement /nuvɛlmɑ̃/ **ADV** newly

Nouvelle-Orléans /nuvɛlɔʀleɑ̃/ **NF** New Orleans

Nouvelles-Hébrides /nuvɛlzebʀid/ **NFPL** ◆ **les Nouvelles-Hébrides** the New Hebrides

Nouvelle-Zélande /nuvɛlzelɑ̃d/ **NF** New Zealand

Nouvelle-Zemble /nuvɛlzɑ̃bl/ **NF** Novaya Zemlya

nouvelliste /nuvelist/ **NMF** short story writer, writer of short stories

nova /nɔva/ (pl **novæ**) /nɔve/ **NF** nova

novateur, -trice /nɔvatœʀ, tʀis/ SYN

ADJ innovatory, innovative

NM,F innovator

novation /nɔvasjɔ̃/ **NF** 1 *(frm = nouveauté)* innovation

2 *(Jur)* novation

novelette /nɔvlɛt/ **NF** novelette

novélisation, novellisation /nɔvelizasjɔ̃/ **NF** novelization

novéliser /nɔvelize/ ► conjug 1 ◄ **VT** to novelize

novembre /nɔvɑ̃bʀ/ **NM** November ; *pour autres loc voir* **septembre** *et* **onze**

nover /nɔve/ ► conjug 1 ◄ **VT** to novate

novice /nɔvis/ SYN

ADJ inexperienced *(dans* in), green * *(dans* at)

NMF *(= débutant)* novice, beginner, greenhorn *; *(Rel)* novice, probationer ◆ **être novice en affaires** to be a novice in business matters

noviciat /nɔvisja/ **NM** *(= bâtiment, période)* noviciate, novitiate ◆ **de noviciat** *(Rel)* probationary

Novlangue /nɔvlɑ̃g/ **NM** Newspeak

Novocaïne ® /nɔvɔkain/ **NF** Novocaine ®

Novossibirsk /novosibiʀsk/ **N** Novosibirsk

noyade /nwajad/ **NF** drowning; *(= événement)* drowning accident, death by drowning ◆ **il y a eu de nombreuses noyades à cet endroit** many people have drowned *ou* there have been many deaths by drowning at this spot ◆ **sauver qn de la noyade** to save sb from drowning

noyau (pl **noyaux**) /nwajo/ SYN **NM** 1 *[de fruit]* stone, pit; *(Astron, Bio, Phys)* nucleus; *(Géol)* core; *(Ling)* kernel, nucleus; *(Ordin)* kernel; *(Art)* centre, core; (Élec) core (of induction coil etc); (Constr) newel ◆ **enlevez les noyaux** remove the stones (from the fruit), pit the fruit

② (= groupe humain) nucleus; (= groupe de fidèles) small circle; (= groupe de manifestants, d'opposants) small group ◆ **noyau de résistance** hard core ou pocket of resistance ◆ **noyau dur** (Écon) hard core shareholders; [de groupe] (= irréductibles) hard core; [= éléments essentiels] kernel ◆ **le noyau familial** the family unit

noyautage /nwajotaʒ/ SYN NM (Pol) infiltration

noyauter /nwajote/ ▶ conjug 1 ◀ VT (Pol) to infiltrate

noyé, e /nwaje/ (ptp de **noyer**²)

 ADJ ◆ **être noyé** (= ne pas comprendre) to be out of one's depth, to be all at sea (en in)

 NM,F drowned person ◆ **il y a eu beaucoup de noyés ici** a lot of people have drowned here

noyer¹ /nwaje/ NM (= arbre) walnut (tree); (= bois) walnut

noyer² /nwaje/ SYN ▶ conjug 8 ◀

 VT ① (gén) [+ personne, animal, flamme] to drown; [+ moteur] to flood ◆ **la crue a noyé les champs** the high water has flooded ou drowned ou swamped the fields ◆ **il avait les yeux noyés de larmes** his eyes were brimming ou swimming with tears ◆ **ils ont noyé la révolte dans le sang** they quelled the revolt with much bloodshed ◆ **noyer la poudre** (Mil) to wet the powder ◆ **noyer son chagrin dans l'alcool** to drown one's sorrows ◆ **noyer le poisson** (fig) to evade the issue, to duck ou sidestep the question ◆ **qui veut noyer son chien l'accuse de la rage** (Prov) give a dog a bad name and hang him (Prov)

② (gén pass = perdre) ◆ **noyer qn sous un déluge d'explications** to swamp sb with explanations ◆ **quelques bonnes idées noyées dans des détails inutiles** a few good ideas lost in ou buried in ou swamped by a mass of irrelevant detail ◆ **être noyé dans l'obscurité/la brume** to be shrouded in darkness/mist ◆ **être noyé dans la foule** to be lost in the crowd ◆ **noyé dans la masse, ce détail architectural était passé inaperçu** this architectural detail went unnoticed because it was surrounded by so many other features ◆ **cette dépense ne se verra pas, noyée dans la masse** this expense won't be noticed when it's lumped ou put together with the rest ◆ **ses paroles furent noyées par** ou **dans le vacarme** his words were drowned in the din

③ (Culin) [+ alcool, vin] to water down; [+ sauce] to thin too much, to make too thin

④ (Tech) [+ clou] to drive right in; [+ pilier] to embed ◆ **noyé dans la masse** embedded

⑤ (= effacer) [+ contours, couleur] to blur

 VPR **se noyer** ① (lit) (accidentellement) to drown; (volontairement) to drown o.s. ◆ **une personne qui se noie** a drowning person ◆ **il s'est noyé** (accidentellement) he drowned ou was drowned; (volontairement) he drowned himself

② (fig) ◆ **se noyer dans un raisonnement** to become tangled up ou bogged down in an argument ◆ **se noyer dans les détails** to get bogged down in details ◆ **se noyer dans la foule/dans la nuit** to disappear into the crowd/the night ◆ **se noyer dans un verre d'eau** to make a mountain out of a molehill, to make heavy weather of the simplest thing ◆ **se noyer l'estomac** to overfill one's stomach (by drinking too much liquid)

NPI /ɛnpei/ NMPL (abrév de **nouveaux pays industrialisés**) NIC

N.-S. J.-C. abrév de **Notre-Seigneur Jésus-Christ**

NTSC /ɛnteesse/ NM (abrév de **National Television System Committee**) NTSC

NU NFPL (abrév de **Nations Unies**) UN

nu¹, **e**¹ /ny/ SYN

 ADJ ① [personne] naked, nude; [torse, membres] naked; [crâne] bald ◆ **nu-pieds, (les) pieds nus** barefoot, with bare feet ◆ **aller pieds nus** ou **nu-pieds** to go barefoot(ed) ◆ **nu-tête, (la) tête nue** bareheaded ◆ **nu-jambes, (les) jambes nues** barelegged, with bare legs ◆ **(les) bras nus** barearmed, with bare arms ◆ **(le) torse nu, nu jusqu'à la ceinture** stripped to the waist, naked from the waist up ◆ **à moitié** ou **à demi nu** half-naked ◆ **il est nu comme un ver** ou **comme la main** he is as naked as the day he was born ◆ **tout nu** stark naked ◆ **ne reste pas tout nu !** put something on! ◆ **se mettre nu** to strip (off), to take one's clothes off ◆ **se mon-** trer nu à l'écran to appear in the nude on the screen ◆ **poser nu** to pose nude; → **épée, main, œil**

② [mur, chambre] bare; [arbre, pays, plaine] bare, naked; [style] plain; [vérité] plain, naked; [fil électrique] bare

③ [mollusque, souris] naked

④ (locutions) ◆ **mettre à nu** [+ fil électrique] to strip; [+ erreurs, vices] to expose, to lay bare ◆ **mettre son cœur à nu** to lay bare one's heart ou soul ◆ **monter un cheval à nu** † to ride bareback

 NM (Peinture, Photo) nude ◆ **album de nus** album of nude photographs ◆ **le nu intégral** full frontal nudity

nu² /ny/ NM INV (= lettre grecque) nu

nuage /nɥaʒ/ SYN NM (lit, fig) cloud ◆ **nuage de grêle/de pluie** hail/rain cloud ◆ **nuage de fumée/de tulle/de poussière/de sauterelles** cloud of smoke/tulle/dust/locusts ◆ **nuage radioactif** radioactive cloud ◆ **nuage de points** (Math) scatter of points ◆ **il y a des nuages noirs à l'horizon** (lit, fig) there are dark clouds on the horizon ◆ **le ciel se couvre de nuages/est couvert de nuages** the sky is clouding over/has clouded over ◆ **juste un nuage (de lait)** just a drop (of milk) ◆ **il est (perdu) dans les nuages, il vit sur son petit nuage** he's got his head in the clouds ◆ **sans nuages** [ciel] cloudless; [bonheur] unmarred, unclouded ◆ **une amitié qui n'est pas sans nuages** a friendship which is not entirely untroubled ou quarrelfree; → **Magellan**

nuageux, -euse /nɥaʒø, øz/ SYN ADJ ① [temps] cloudy; [ciel] cloudy, overcast; [zone, bande] cloud (épith) ◆ **système nuageux** cloud system ◆ **couche nuageuse** layer of cloud

② (= vague) nebulous, hazy

nuance /nɥɑ̃s/ SYN NF ① [de couleur] shade, hue; (Littérat, Mus) nuance ◆ **nuance de sens** shade of meaning, nuance ◆ **nuance de style** nuance of style ◆ **nuance politique** shade of political opinion ◆ **de toutes les nuances politiques** of all shades of political opinion

② (= différence) slight difference ◆ **il y a une nuance entre mentir et se taire** there's a slight difference between lying and keeping quiet ◆ **je ne lui ai pas dit non, je lui ai dit peut-être, nuance !** I didn't say no to him, I said perhaps, and there's a difference between the two! ◆ **tu vois** ou **saisis la nuance ?** do you see the difference?

③ (= subtilité, variation) ◆ **apporter des nuances à une affirmation** to qualify a statement ◆ **faire ressortir les nuances** to bring out the finer ou subtler points ◆ **tout en nuances** [esprit, discours, personne] very subtle, full of nuances ◆ **sans nuance** [discours] unsubtle, cut and dried; [esprit, personne] unsubtle

④ [+ petit élément] touch, hint ◆ **avec une nuance de tristesse** with a touch ou a hint ou a slight note of sadness

nuancé, e /nɥɑ̃se/ SYN (ptp de **nuancer**) ADJ [opinion] qualified; [attitude, réponse] balanced; (Mus) nuanced ◆ **il dresse un portrait** ou **un tableau nuancé de cette époque** he gives a well-balanced account of the period ◆ **ironie nuancée d'amertume** irony with a tinge ou a note ou a hint of bitterness

nuancer /nɥɑ̃se/ SYN ▶ conjug 3 ◀ VT [+ tableau, couleur] to shade; [+ opinion] to qualify; (Mus) to nuance

nuancier /nɥɑ̃sje/ NM colour (Brit) ou color (US) chart

Nubie /nybi/ NF Nubia

nubien, -ienne /nybjɛ̃, jɛn/

 ADJ [personne] Nubian; [région] of Nubia

 NM,F **Nubien(ne)** Nubian

nubile /nybil/ SYN ADJ nubile

nubilité /nybilite/ NF nubility

nubuck /nybyk/ NM nubuck ◆ **en nubuck** nubuck (épith)

nucal, e (mpl **-aux**) /nykal, o/ ADJ nuchal

nucelle /nysɛl/ NM nucellus

nucléaire /nykleɛʁ/ SYN

 ADJ nuclear

 NM ◆ **le nucléaire** (= énergie) nuclear energy; (= technologie) nuclear technology

nucléarisation /nykleaʁizasjɔ̃/ NF [de pays] nuclearization, equipping with nuclear weapons

nucléariser /nykleaʁize/ ▶ conjug 1 ◀ VT [+ pays] (en armes) to equip with nuclear weapons; (en énergie) to equip with nuclear energy

nucléase /nykleaz/ NF nuclease

nucléé, e /nyklee/ ADJ nucleate(d)

nucléide /nykleid/ NM nuclide

nucléine /nyklein/ NF nuclein

nucléique /nykleik/ ADJ nucleic

nucléocapside /nykleokapsid/ NF nucleocapsid

nucléole /nykleɔl/ NM nucleolus

nucléon /nykleɔ̃/ NM nucleon

nucléonique /nykleɔnik/ ADJ nucleonic

nucléophile /nykleɔfil/

 ADJ nucleophilic

 NM nucleophile

nucléoprotéine /nykleopʁɔtein/ NF nucleoprotein

nucléoside /nykleozid/ NM nucleoside

nucléosome /nykleozom/ NM nucleosome

nucléosynthèse /nykleosɛ̃tɛz/ NF nucleosynthesis

nucléotide /nykleɔtid/ NM nucleotide

nudisme /nydism/ NM nudism ◆ **faire du nudisme** to practise nudism

nudiste /nydist/ ADJ, NMF nudist ◆ **plage/camp de nudistes** nudist beach/camp

nudité /nydite/ SYN NF [de personne] nakedness, nudity; [de mur] bareness; (Art) nude ◆ **la laideur des gens s'étale dans toute sa nudité** people are exposed in all their ugliness, people's ugliness is laid bare for all to see

nue² /ny/ NF ① († ou littér) ◆ **nue(s)** (= nuage) clouds ◆ **la nue, les nues** (= ciel) the skies

② ◆ **porter** ou **mettre qn aux nues** to praise sb to the skies ◆ **tomber des nues** to be completely taken aback ou flabbergasted ◆ **je suis tombé des nues** you could have knocked me down with a feather, I was completely taken aback

nuée /nye/ SYN NF ① (littér = nuage) thick cloud ◆ **nuées d'orage** storm clouds ◆ **nuée ardente** nuée ardente, glowing cloud

② (= multitude) [d'insectes] cloud, horde; [de flèches] cloud; [de photographes, spectateurs, ennemis] horde, host ◆ **comme une nuée de sauterelles** (fig) like a plague ou swarm of locusts

nue-propriété /nypʁɔpʁijete/ NF ownership without usufruct ◆ **avoir un bien en nue-propriété** to have property without usufruct

nuer /nye/ ▶ conjug 1 ◀ VT (littér) [+ couleurs] to blend ou match the different shades of

nuire /nɥiʁ/ SYN ▶ conjug 38 ◀

 VT INDIR **nuire à** (= desservir) [+ personne] to harm, to injure; [+ santé, réputation] to damage, to harm; [+ action] to prejudice ◆ **sa laideur lui nuit beaucoup** his ugliness is very much against him ou is a great disadvantage to him ◆ **il a voulu le faire mais ça va lui nuire** he wanted to do it, but it will go against him ou it will do him harm ◆ **chercher à nuire à qn** to try to harm sb, to try to do ou run sb down ◆ **cela risque de nuire à nos projets** there's a risk that it will spoil our plans ◆ **un petit whisky, ça peut pas nuire !*** a little glass of whisky won't hurt you! ou won't do you any harm!

 VPR **se nuire** (à soi-même) to do o.s. a lot of harm; (l'un l'autre) to work against each other's interests, to harm each other

nuisance /nɥizɑ̃s/ SYN NF (gén pl) (environmental) pollution (NonC) ou nuisance (NonC) ◆ **les nuisances (sonores)** noise pollution

nuisette /nɥizɛt/ NF very short nightdress ou nightie*

nuisible /nɥizibl/ SYN ADJ [climat, temps] harmful, injurious (à to); [influence, gaz] harmful, noxious (à to) ◆ **animaux nuisibles** vermin, pests ◆ **insectes nuisibles** pests ◆ **nuisible à la santé** harmful ou injurious to (the) health

nuit /nɥi/ SYN

 NF ① (= obscurité) darkness, night ◆ **il fait nuit** it's dark ◆ **il fait nuit à 5 heures** it gets dark at 5 o'clock ◆ **il fait nuit noire** it's pitch dark ou black ◆ **une nuit d'encre** a pitch dark ou black night ◆ **la nuit tombe** it's getting dark, night is falling ◆ **à la nuit tombante** at nightfall, at dusk ◆ **pris** ou **surpris par la nuit** overtaken by darkness ou night ◆ **rentrer avant la nuit/à la nuit** to come home before dark/in the dark ◆ **la nuit polaire** the polar night ou darkness ◆ **la**

nuit tous les chats sont gris (Prov) everyone looks the same ou all cats are grey in the dark

② (= *espace de temps*) night ◆ **cette nuit** (*passée*) last night; (*qui vient*) tonight ◆ **j'ai passé la nuit chez eux** I spent the night at their house ◆ **dans la nuit de jeudi** during Thursday night ◆ **dans la nuit de jeudi à vendredi** during the night of Thursday to Friday ◆ **souhaiter (une) bonne nuit à qn** to wish sb goodnight ◆ **nuit blanche** ou **sans sommeil** sleepless night ◆ **nuit d'amour** night of love ◆ **leur bébé fait ses nuits*** their baby sleeps right through the night ◆ **nuit et jour** night and day ◆ **au milieu de la nuit, en pleine nuit** in the middle of the night, at dead of night ◆ **elle part cette nuit** ou **dans la nuit** she's leaving tonight ◆ **ouvert la nuit** open at night ◆ **sortir/travailler la nuit** to go out/work at night ◆ « **Une Nuit sur le mont chauve** » (*Mus*) "Night on the Bare Mountain" ◆ « **Nuit et Brouillard** » (*Ciné*) "Night and Fog" ◆ **la nuit porte conseil** (*Prov*) it's best to sleep on it ◆ **de nuit** [*service, travail, garde, infirmière*] night (*épith*) ◆ **elle est de nuit cette semaine** she's on nights ou she's working nights this week ◆ **voyager de nuit** to travel by night ◆ **conduire de nuit ne me gêne pas** I don't mind night-driving ou driving at night

③ (*littér*) darkness ◆ **dans la nuit de ses souvenirs** in the darkness of his memories ◆ **ça se perd dans la nuit des temps** it's lost in the mists of time ◆ **ça remonte à la nuit des temps** that goes back to the dawn of time, that's as old as the hills ◆ **la nuit du tombeau/de la mort** the darkness of the grave/of death

COMP **nuit américaine** day for night
nuit bleue night of bombings
nuit d'hôtel night spent in a hotel room, overnight stay in a hotel ◆ **payer sa nuit d'hôtel** to pay one's hotel bill
la Nuit des longs couteaux (*Hist*) the Night of the Long Knives
nuit de noces wedding night
nuit de Noël Christmas Eve
la nuit des Rois Twelfth Night

nuitamment /nɥitamɑ̃/ ADV (*frm*) by night

nuitée /nɥite/ NF (*Tourisme*) night ◆ **trois nuitées** three nights (in a hotel room)

Nuku'alofa /nukualɔfa/ N Nuku'alofa

nul, nulle /nyl/ SYN

ADJ INDÉF ① (*devant nom = aucun*) no ◆ **il n'avait nul besoin/nulle envie de sortir** he had no need/no desire to go out at all ◆ **nul doute qu'elle ne l'ait vu** there is no doubt (whatsoever) that she saw him ◆ **nul autre que lui (n'aurait pu le faire)** no one (else) but he (could have done it) ◆ **sans nul doute/nulle exception** without any doubt/any exception

② (*après nom*) (= *proche de zéro*) [*résultat, différence, risque*] nil (*attrib*); (= *invalidé*) [*testament, élection, bulletin de vote*] null and void (*attrib*) (= *inexistent*) [*récolte*] non-existent ◆ **pour toute valeur non nulle de x** (*Math*) where x is not equal to zero ◆ **nul et non avenu** (*Jur*) invalid, null and void ◆ **rendre nul** (*Jur, fig*) to annul, to nullify ◆ **nombre nul/non-nul** zero/non-zero number

③ (*Sport*) ◆ **le résultat** ou **le score est nul** (*pour l'instant*) there's no score; (*en fin de match*) (= *0 à 0*) the match has ended in a nil draw; (= *2 à 2 etc*) the match has ended in a draw; → **match**

④ (= *qui ne vaut rien*) [*film, livre, personne*] useless, hopeless; [*intelligence*] nil; [*travail*] worthless, useless ◆ **être nul en géographie** to be hopeless ou useless at geography ◆ **il est nul pour** ou **dans tout ce qui est manuel** he's hopeless ou useless at anything manual ◆ **ce devoir est nul** this piece of work is worth nothing ou doesn't deserve any marks ◆ **c'est nul de lui avoir dit ça*** it was really stupid to tell him that

NM,F * idiot

PRON INDÉF (*sujet sg = personne, aucun*) no one ◆ **nul n'est censé ignorer la loi** ignorance of the law is no excuse ◆ **nul d'entre vous n'ignore que...** none of you is ignorant of the fact that... ◆ **afin que nul n'en ignore** (*frm*) so that nobody is left in ignorance ◆ **à nul autre pareil** peerless, unrivalled ◆ **nul n'est prophète en son pays** (*Prov*) no man is a prophet in his own country (*Prov*); → **impossible**

LOC ADV **nulle part** nowhere ◆ **il ne l'a trouvé nulle part** he couldn't find it anywhere ◆ **je n'ai nulle part où aller** I've got nowhere to go ◆ **nulle part ailleurs** nowhere else

nullard, e* /nylaʀ, aʀd/
ADJ hopeless, useless (*en* at)
NM,F numskull ◆ **c'est un nullard** he's a complete numskull, he's a dead loss*

nullement /nylmɑ̃/ SYN ADV not at all, not in the least ◆ **il n'a nullement l'intention de...** he has no intention whatsoever ou he hasn't got the slightest intention of... ◆ **cela n'implique nullement que...** this doesn't in any way ou by any means imply that...

nullipare /nylipaʀ/
ADJ nulliparous
NF nullipara

nullité /nylite/ SYN NF ① (*Jur*) nullity ◆ **frapper de nullité** to render void; → **entacher**

② (= *médiocrité*) [*d'employé*] incompetence; [*d'élève*] uselessness ◆ **ce film est d'une nullité affligeante** the film is absolutely dreadful

③ (= *futilité*) [*de raisonnement, objection*] invalidity

④ (= *personne*) nonentity, wash-out*

nûment /nymɑ̃/ ADV (*littér*) (= *sans fard*) plainly, frankly; (= *crûment*) bluntly ◆ **dire (tout) nûment que...** to say (quite) frankly that...

numéraire /nymeʀɛʀ/ SYN
ADJ ◆ **pierres numéraires** milestones ◆ **espèces numéraires** legal tender ou currency ◆ **valeur numéraire** face value
NM specie (*SPÉC*), cash ◆ **paiement en numéraire** cash payment, payment in specie (*SPÉC*)

numéral, e (*mpl* -aux) /nymeʀal, o/ ADJ, NM numeral

numérateur /nymeʀatœʀ/ NM numerator

numération /nymeʀasjɔ̃/ NF (= *comptage*) numeration; (= *code*) notation ◆ **numération globulaire** (*Méd*) blood count ◆ **numération formulaire sanguine** (*Méd*) full blood count ◆ **numération binaire** (*Math, Ordin*) binary notation

numérique /nymeʀik/
ADJ ① (= *relatif aux nombres*) numerical
② (= *digital*) digital
NM ◆ **le numérique** digital technology

numériquement /nymeʀikmɑ̃/ ADV ① (= *en nombre*) numerically ◆ **numériquement inférieur** numerically inferior
② (= *de façon numérique*) digitally ◆ **enregistré numériquement** digitally recorded

Numéris ® /nymeʀis/ NM ◆ **(réseau) Numéris** Numeris (network) (*France Télécom's digital communications system*) ◆ **données Numéris** data transmitted on the Numeris network

numérisation /nymeʀizasjɔ̃/ NF digitization

numériser /nymeʀize/ ▸ conjug 1 ◂ VT to digitize

numériseur /nymeʀizœʀ/ NM digitizer

numéro /nymeʀo/ GRAMMAIRE ACTIVE 27 SYN NM
① (*gén*) number ◆ **j'habite au numéro 6** I live at number 6 ◆ **numéro atomique** atomic number ◆ **numéro d'ordre** number, queue ticket (*Brit*) ◆ **numéro minéralogique** ou **d'immatriculation ou de police** registration (*Brit*) ou license (*US*) number, car number ◆ **numéro d'immatriculation à la Sécurité sociale** National Insurance number (*Brit*), Social Security number (*US*) ◆ **numéro (de téléphone), numéro d'appel** (tele)phone number ◆ **numéro vert** ® ou **d'appel gratuit** Freefone ® (*Brit*) ou toll-free (*US*) number ◆ **numéro de fax** fax number ◆ **numéro de compte** account number ◆ **numéro de série** serial number ◆ **numéro postal** (*Helv*) post code (*Brit*), zip code (*US*) ◆ **faire** ou **composer un numéro** to dial a number ◆ **pour eux, je ne suis qu'un numéro** I'm just a ou another number to them ◆ **notre ennemi/problème numéro un** our number one enemy/problem ◆ **le numéro un/deux du textile** the number one/two textile producer ou manufacturer ◆ **le numéro un/deux du parti** the party's leader/deputy leader ou number two ◆ **le bon/mauvais numéro** (*lit*) the right/wrong number ◆ **tirer le bon numéro** (*dans une loterie*) to draw the lucky number; (*fig*) to strike lucky ◆ **tirer le mauvais numéro** (*fig*) to draw the short straw ◆ **numéro gagnant** winning number

② (*Presse*) issue, number ◆ **le numéro du jour** the day's issue ◆ **vieux numéro** back number, back issue ◆ **numéro spécial** special issue ◆ **numéro zéro** dummy issue; → **suite**

③ (= *spectacle*) [*de chant, danse*] number; [*de cirque, music-hall*] act, turn, number ◆ **il nous a fait son numéro habituel** ou **son petit numéro** (*fig*) he gave us ou put on his usual (little) act

④ (= *personne*) ◆ **quel numéro !***, **c'est un drôle de numéro !***, **c'est un sacré numéro !*** what a character!

numérologie /nymeʀɔlɔʒi/ NF numerology

numérologue /nymeʀɔlɔg/ NMF numerologist

numérotage /nymeʀɔtaʒ/ NM numbering, numeration

numérotation /nymeʀɔtasjɔ̃/ SYN NF numbering, numeration ◆ **numérotation téléphonique** telephone number system ◆ **numérotation à 10 chiffres** (*Téléc*) 10-digit dialling (*Brit*) ou dialing (*US*)

numéroter /nymeʀɔte/ SYN ▸ conjug 1 ◂ VT to number ◆ **si tu continues, tu as intérêt à numéroter tes abattis !*** if you go on like this you'll get what's coming to you!

numéroteur /nymeʀɔtœʀ/ NM (e)numerator

numerus clausus /nymeʀysklozys/ NM restricted intake

numide /nymid/
ADJ Numidian
NMF **Numide** Numidian

Numidie /nymidi/ NF Numidia

numismate /nymismat/ NMF numismatist

numismatique /nymismatik/
ADJ numismatic
NF numismatics (*sg*), numismatology

nummulaire /nymylɛʀ/ ADJ (*Méd*) nummular

nummulite /nymylit/ NF nummulite

nummulitique /nymylitik/
ADJ nummulitic
NM ◆ **le nummulitique** the Nummulitic formation

nunatak /nynatak/ NM nunatak

Nunavut /nunavut/ NM Nunavut

nunchaku /nunʃaku/ NM nunchaku

nunuche* /nynyʃ/
ADJ (*gén*) silly
NMF ninny*

nu-pieds /nypje/
NM (= *sandale*) beach sandal, flip-flop (*Brit*)
ADV barefoot

nu-propriétaire, nue-propriétaire (*mpl* **nus-propriétaires**) /nypʀɔpʀijetɛʀ/ NM,F (*Jur*) owner without usufruct

nuptial, e (*mpl* -iaux) /nypsjal, jo/ ADJ [*bénédiction, messe*] nuptial (*littér*); [*robe, marche, anneau, cérémonie*] wedding (*épith*); [*lit, chambre*] bridal, nuptial (*littér*); (*en parlant d'un comportement animal*) nuptial

nuptialité /nypsjalite/ NF ◆ **(taux de) nuptialité** marriage rate

nuque /nyk/ NF nape of the neck ◆ **tué d'une balle dans la nuque** killed by a bullet in the back of the neck

nuraghe /nyʀag/ (*pl* **nuraghi** /nyʀagi/) NM nuraghe

Nuremberg /nyʀɛbɛʀ/ N Nuremberg ◆ **le procès de Nuremberg** (*Hist*) the Nuremberg trials

nursage /nœʀsaʒ/ NM nursing care

nurse /nœʀs/ NF nanny, (children's) nurse †

⚠ **nurse** se traduit rarement par le mot anglais **nurse**, qui dans ce sens est vieilli.

nursery (*pl* **nurserys** ou **nurseries**) /nœʀsəʀi/ SYN NF [*de maison, maternité*] nursery

nutation /nytasjɔ̃/ NF nutation

nutriment /nytʀimɑ̃/ NM nutriment

nutritif, -ive /nytʀitif, iv/ SYN ADJ (= *nourrissant*) nourishing, nutritious; (*Méd*) [*besoins, fonction, appareil*] nutritive ◆ **qualité** ou **valeur nutritive** food value, nutritional value

nutrition /nytʀisjɔ̃/ NF nutrition

nutritionnel, -elle /nytʀisjɔnɛl/ ADJ nutritional

nutritionniste /nytʀisjɔnist/ NMF nutritionist

Nyasaland, Nyassaland /njasalɑ̃d/ NM Nyasaland

nyctalope /niktalɔp/
ADJ day-blind, hemeralopic (*SPÉC*) ◆ **les chats sont nyctalopes** cats see well in the dark
NMF day-blind ou hemeralopic (*SPÉC*) person

nyctalopie /niktalɔpi/ NF day blindness, hemeralopia (*SPÉC*)

nycthémère /niktemɛʀ/ NM nychthemeron

nycturie /niktyʀi/ NF nycturia, nocturia

nylon ® /nilɔ̃/ NM nylon ◆ **bas (de) nylon** nylons, nylon stockings

nymphe /nɛ̃f/ NF (*Myth, fig*) nymph; (= *insecte*) nymph, pupa ◆ **nymphes** (*Anat*) nymphae, labia minora

nymphéa /nɛ̃fea/ NM white water lily

nymphéacées /nɛ̃fease/ NFPL ◆ **les nymphéacées** nymphaeaceous plants, the Nymphaeaceae (SPÉC)

nymphée /nɛ̃fe/ NM ou F nymphaeum

nymphette /nɛ̃fɛt/ NF nymphet

nymphomane /nɛ̃fɔman/ ADJ, NF nymphomaniac

nymphomanie /nɛ̃fɔmani/ NF nymphomania

nymphose /nɛ̃foz/ NF nymphosis

nystagmus /nistagmys/ NM nystagmus

O

O¹, o /o/ NM (= lettre) O, o
O² (abrèv de **Ouest**) W
ô /o/ EXCL oh!, O!
OAS /oɑɛs/ NF (abrèv de **Organisation de l'armée secrète**) OAS (illegal military organization supporting French rule in Algeria in the 60s)
oasien, -ienne /ɔazjɛ̃, jɛn/
  ADJ oasis (épith)
  NM,F oasis dweller
oasis /ɔazis/ SYN NF (lit) oasis; (fig) oasis, haven ◆ **oasis de paix** haven of peace
obédience /ɔbedjɑ̃s/ SYN NF ① (= appartenance) ◆ **d'obédience communiste** of Communist allegiance ◆ **de même obédience religieuse** of the same religious persuasion ◆ **musulman de stricte obédience** strict ou devout Muslim ◆ **socialiste de stricte obédience** staunch socialist
② (Rel, littér = obéissance) obedience
obéir /ɔbeiʀ/ SYN ▶ conjug 2 ◆ **obéir à** VT INDIR ① [+ personne] to obey; [+ ordre] to obey, to comply with; [+ loi, principe, règle] to obey; [+ critère] to meet ◆ **il sait se faire obéir de ses élèves** he knows how to command obedience from his pupils ou how to make his pupils obey him ◆ **on lui obéit au doigt et à l'œil** he commands strict obedience ◆ **obéissez !** do as you're told! ◆ **je lui ai dit de le faire mais il n'a pas obéi** I told him to do it but he took no notice ou didn't obey (me) ◆ **ici, il faut obéir** you have to toe the line ou obey orders here
② (fig) [+ conscience, mode] to follow (the dictates of) ◆ **obéir à une impulsion** to act on an impulse ◆ **obéissant à un sentiment de pitié** prompted ou moved by a feeling of pity ◆ **obéir à ses instincts** to submit to ou obey one's instincts ◆ **son comportement n'obéit à aucune logique** his behaviour is completely illogical ◆ **l'orthographe obéit à des règles complexes** spelling is governed by ou follows complex rules
③ [voilier, moteur, monture] to respond to ◆ **le cheval obéit au mors** the horse responds to the bit ◆ **le moteur/voilier obéit bien** the engine/boat responds well
obéissance /ɔbeisɑ̃s/ SYN NF [d'animal, personne] obedience (à to)
obéissant, e /ɔbeisɑ̃, ɑ̃t/ SYN ADJ obedient (à to, towards)
obel, obèle /ɔbɛl/ NM (= marque) obelus
obélisque /ɔbelisk/ NM (= monument) obelisk
obérer /ɔbeʀe/ ▶ conjug 6 ◀ VT (frm) [+ bilan, budget] to be a burden on; [+ avenir, situation] to compromise, to be a threat to
obèse /ɔbɛz/ SYN
  ADJ obese
  NM,F obese person
obésité /ɔbezite/ NF obesity
obésogène /ɔbezoʒɛn/ ADJ obesogenic
obi /ɔbi/ NF (= ceinture) obi
obier /ɔbje/ NM guelder-rose
obit /ɔbit/ NM memorial service
obituaire /ɔbityɛʀ/ ADJ, NM ◆ **(registre) obituaire** record of memorial services
objectal, e /ɔbʒɛktal, o/ ADJ (Psych) object (épith) ◆ **libido/lien objectal** object libido/relationship
objecter /ɔbʒɛkte/ SYN ▶ conjug 1 ◀ VT ① (à une idée ou une opinion) ◆ **objecter un argument à une théorie** to put forward an argument against a theory ◆ **il m'objecta une très bonne raison, à savoir que...** against that he argued convincingly that..., he gave me ou he put forward a very sound reason against (doing) that, namely that... ◆ **objecter que...** to object that... ◆ **il m'objecta que...** he objected to me that..., the objection he mentioned ou raised to me was that... ◆ **que puis-je lui objecter ?** what can I say to him? ◆ **je n'ai rien à objecter** I have no objection (to make) ◆ **elle a toujours quelque chose à objecter** she always has some objection or other (to make), she always raises some objection or other
② (à une demande) ◆ **il objecta le manque de temps/la fatigue pour ne pas y aller** he pleaded lack of time/tiredness to save himself going ◆ **il m'a objecté mon manque d'expérience/le manque de place** he objected on the grounds of my lack of experience/on the grounds that there was not enough space, he objected that I lacked experience/that there was not enough space
objecteur /ɔbʒɛktœʀ/ NM ◆ **objecteur de conscience** conscientious objector
objectif, -ive /ɔbʒɛktif, iv/ SYN
  ADJ ① [article, jugement, observateur] objective, unbiased
  ② (Ling, Philos) objective; (Méd) [symptôme] objective
  NM ① (= but) objective, purpose; (Mil = cible) objective, target ◆ **objectif de vente** sales target
  ② [de télescope, lunette] objective, object glass, lens; [de caméra] lens, objective ◆ **objectif traité coated lens** ◆ **braquer son objectif sur** to train one's camera on
objection /ɔbʒɛksjɔ̃/ GRAMMAIRE ACTIVE 1.1, 9.2, 11.1, 11.3 SYN NF objection ◆ **faire une objection** to raise ou make an objection, to object ◆ **si vous n'y voyez pas d'objection** if you've no objection (to that) ◆ **la proposition n'a soulevé aucune objection** there were no objections to the proposal ◆ **objection !** (Jur) objection! ◆ **objection de conscience** conscientious objection
objectivement /ɔbʒɛktivmɑ̃/ SYN ADV objectively
objectiver /ɔbʒɛktive/ ▶ conjug 1 ◀ VT to objectivize
objectivisme /ɔbʒɛktivism/ NM objectivism
objectivité /ɔbʒɛktivite/ SYN NF objectivity ◆ **juger en toute objectivité** to judge with complete objectivity
objet /ɔbʒɛ/ SYN
  NM ① (= chose) object ◆ **objet décoratif/inanimé/usuel** decorative/inanimate/household object ◆ **emporter quelques objets de première nécessité** to take a few basic essentials ou a few essential items ou things ◆ **il collectionne toutes sortes d'objets** he collects all sorts of things
  ② (= sujet) [de méditation, rêve, désir] object; [de discussion, recherches, science] subject ◆ **l'objet de la psychologie est le comportement humain** psychology is the study of human behaviour
  ③ (= cible) [de mépris, convoitise] object ◆ **un objet de raillerie/d'admiration** an object of fun/of admiration ◆ **femme-/homme-objet** woman/man as a sex object ◆ **objet sexuel** sex object
  ④ ◆ **faire** ou **être l'objet de** [+ discussion, recherches] to be the subject of; [+ surveillance, enquête] to be subjected to; [+ pressions] to be subjected to, to be under; [+ soins] to be given ◆ **le malade fut l'objet d'un dévouement de tous les instants** the patient was given every care and attention ◆ **faire l'objet d'une attention particulière** to receive particular attention ◆ **les marchandises faisant l'objet de cette facture** goods covered by this invoice
  ⑤ (= but) [de visite, réunion, démarche] object, purpose ◆ **cette enquête a rempli son objet** the investigation has achieved its purpose ou object ou objective ◆ **craintes sans objet** unfounded ou groundless fears ◆ **votre plainte est dès lors sans objet** you therefore have no grounds for complaint
  ⑥ (Ling, Philos, Ordin) object ◆ **objet mathématique** mathematical object; → **complément**
  COMP **l'objet aimé** the object of one's affection
  objet d'art objet d'art
  objet social [d'une entreprise] business
  objets de toilette toilet requisites ou articles
  objets trouvés lost property (office) (Brit), lost and found (US)
  objets de valeur valuables
  objet volant non identifié unidentified flying object
objurgations /ɔbʒyʀgasjɔ̃/ NFPL (littér) (= exhortations) objurgations (frm); (= prières) pleas, entreaties
oblat, e /ɔbla, at/ NM,F oblate
oblatif, -ive /ɔblatif, iv/ ADJ selfless
oblation /ɔblasjɔ̃/ NF oblation
obligataire /ɔbligatɛʀ/
  ADJ [marché] bond (épith) ◆ **emprunt obligataire** bond issue
  NM,F bond ou debenture holder
obligation /ɔbligasjɔ̃/ SYN NF ① (= contrainte) obligation ◆ **il faudrait les inviter – ce n'est pas une obligation** we should invite them – we don't have to ◆ **avoir l'obligation de faire** to be under an obligation to do, to be obliged to do ◆ **il se fait une obligation de cette visite/de lui rendre visite** he feels (himself) obliged ou he feels he is under an obligation to make this visit/to visit him ◆ **être** ou **se trouver dans l'obligation de faire** to be obliged to do ◆ **sans obligation d'achat** with no ou without obligation to buy ◆ **c'est sans obligation de votre part** there's no obligation on your part, you're under no obligation; → **réserve**
  ② ◆ **obligations** (= devoirs) obligations, duties; (= engagements) commitments ◆ **obligations sociales/professionnelles** social/professional obligations ◆ **obligations de citoyen/de chré-

tien one's obligations *ou* responsibilities *ou* duties as a citizen/Christian ◆ **être dégagé des obligations militaires** to have completed one's military service ◆ **obligations familiales** family commitments *ou* responsibilities ◆ **avoir des obligations envers une autre entreprise** to have a commitment to another firm ◆ **remplir ses obligations vis-à-vis d'un autre pays** *(Pol)* to discharge one's commitments towards another country

3 *(littér = reconnaissance)* ◆ **obligation(s)** obligation ◆ **avoir de l'obligation à qn** to be under an obligation to sb

4 *(Jur)* obligation; *(= dette)* obligation ◆ **faire face à ses obligations (financières)** to meet one's liabilities ◆ **obligation légale** legal obligation ◆ **obligation alimentaire** maintenance obligation ◆ **l'obligation scolaire** *legal obligation to provide an education for children* ◆ **contracter une obligation envers qn** to contract an obligation towards sb

5 *(Fin = titre)* bond, debenture ◆ **obligation cautionnée** guaranteed bond ◆ **obligation d'État** government bond ◆ **obligations convertibles/à taux fixe/à taux variable** convertible/fixed-rate/variable-rate bonds

obligatoire /ɔbligatwaʀ/ GRAMMAIRE ACTIVE 10.1 SYN ADJ 1 *(= à caractère d'obligation)* compulsory, obligatory ◆ **la scolarité est obligatoire jusqu'à 16 ans** schooling is compulsory until 16 ◆ **réservation obligatoire** *(dans un train, pour un spectacle)* reservations *ou* bookings *(Brit)* required

2 *(= inévitable)* inevitable ◆ **il est arrivé en retard ? – c'était obligatoire !** he arrived late? – that goes without saying! ◆ **c'était obligatoire qu'il rate son examen** it was a foregone conclusion that he would fail the exam

obligatoirement /ɔbligatwaʀmɑ̃/ SYN ADV 1 *(= nécessairement)* necessarily ◆ **les candidats doivent obligatoirement passer une visite médicale** applicants are required to *ou* must have a medical examination ◆ **la réunion se tiendra obligatoirement ici** the meeting will have to be held here ◆ **pas obligatoirement** not necessarily

2 *(= inévitablement)* inevitably ◆ **il aura obligatoirement des ennuis s'il continue comme ça** he's bound to *ou* he'll be bound to make trouble for himself if he carries on like that

obligé, e /ɔbliʒe/ GRAMMAIRE ACTIVE 10.1, 10.3, 18.4 SYN (ptp de **obliger**)

ADJ 1 *(= inévitable)* *[conséquence]* inevitable ◆ **c'est obligé !** it's inevitable! ◆ **c'était obligé !** it had to happen!, it was sure *ou* bound to happen!

2 *(= indispensable)* necessary, required ◆ **le parcours obligé pour devenir ministre** the career path a would-be minister needs to follow ◆ **ce port est le point de passage obligé pour les livraisons vers l'Europe** all deliveries to Europe have to go through *ou* via this port ◆ **apprendre la langue d'un pays est un passage obligé pour comprendre sa civilisation** learning the language of a country is a prerequisite to understanding *ou* is essential if you want to understand its civilization

3 *(frm = redevable)* ◆ **être obligé à qn** to be (most) obliged to sb, to be indebted to sb *(de qch* for sth; *d'avoir fait* for having done, for doing)

NM,F 1 *(Jur)* obligee, debtor ◆ **le principal obligé** the principal obligee

2 *(frm)* ◆ **être l'obligé de qn** to be under an obligation to sb

(!) **obligé** se traduit par **obliged** uniquement au sens de 'redevable'.

obligeamment /ɔbliʒamɑ̃/ ADV obligingly

obligeance /ɔbliʒɑ̃s/ SYN NF ◆ **ayez l'obligeance de vous taire pendant que je parle** have the goodness *ou* be good enough to keep quiet while I'm speaking ◆ **il a eu l'obligeance de me reconduire en voiture** he was obliging *ou* kind enough to drive me back ◆ **nous connaissons tous son obligeance** we all know how obliging he is

obligeant, e /ɔbliʒɑ̃, ɑ̃t/ SYN ADJ *[offre]* kind, helpful; *[personne, parole]* kind, obliging, helpful

obliger /ɔbliʒe/ SYN ▸ conjug 3 ◂ VT 1 *(= forcer)* ◆ **obliger qn à faire** *[circonstances, agresseur]* to force sb to do, to make sb do; *[règlement, autorités]* to require sb to do, to make it compulsory for sb to do; *[principes moraux]* to oblige *ou* obligate *(US)* sb to do ◆ **le règlement vous y oblige** you are required to by the regulations ◆ **mes principes m'y obligent** my principles compel me to do it ◆ **l'honneur m'y oblige** I'm honour bound to do it ◆ **quand le temps l'y oblige, il travaille dans sa chambre** if the weather makes it necessary, he works in his room ◆ **ses parents l'obligent à travailler dur** his parents make him work hard ◆ **rien ne l'oblige à partir** there's no reason why he should leave ◆ **le manque d'argent l'a obligé à emprunter** lack of money forced him to borrow ◆ **tu vas m'obliger à me mettre en colère** you're going to make me lose my temper ◆ **je suis obligé de vous laisser** I have to *ou* I must leave you ◆ **il va accepter ? – il est bien obligé !** is he going to agree? – he'll have to! *ou* he has no choice *ou* alternative! ◆ **tu n'es pas obligé de me croire** you don't have to believe me

2 *(locutions)* ◆ **crise économique/compétitivité oblige** in view of the economic crisis/the need to be competitive ◆ **tradition oblige** as is the tradition ◆ **campagne électorale oblige** because of the electoral campaign; → **noblesse**

3 *(Jur)* to bind

4 *(= rendre service à)* to oblige ◆ **vous m'obligeriez en acceptant** *ou* **si vous acceptiez** I would be delighted if you would agree ◆ **je vous serais très obligé de bien vouloir...** *(formule de politesse)* I would be very grateful if you would... ◆ **nous vous serions obligés de bien vouloir nous répondre dans les plus brefs délais** we would be grateful if you could reply as soon as possible ◆ **entre voisins, il faut bien s'obliger** neighbours have to help each other

(!) Attention à ne pas traduire automatiquement **obliger** par **to oblige**, qui est d'un registre plus soutenu.

oblique /ɔblik/ SYN

ADJ *(gén, Ling, Math)* oblique ◆ **regard oblique** sidelong *ou* side glance ◆ **(muscle) oblique** oblique muscle ◆ **en oblique** obliquely ◆ **il a traversé la rue en oblique** he crossed the street diagonally

NF *(Math)* oblique line

obliquement /ɔblikmɑ̃/ SYN ADV *[planter, fixer]* at an angle; *[se diriger]* obliquely ◆ **regarder qn obliquement** to look sideways *ou* sidelong at sb, to give sb a sidelong look *ou* glance

obliquer /ɔblike/ SYN ▸ conjug 1 ◂ VI ◆ **obliquez juste avant l'église** turn off just before the church ◆ **obliquer à droite** to turn off *ou* bear right ◆ **obliquez en direction de la ferme** *(à travers champs)* cut across towards the farm; *(sur un sentier)* turn off towards the farm

obliquité /ɔblik(ɥ)ite/ NF *[de rayon]* *(Math)* obliqueness, obliquity; *(Astron)* obliquity

oblitérateur /ɔbliteʀatœʀ/ NM canceller

oblitération /ɔbliteʀasjɔ̃/ NF 1 *[de timbre]* cancelling, cancellation; *[de billet]* stamping ◆ **cachet d'oblitération** postmark

2 *(vieilli ou littér)* *[de souvenir]* obliteration

3 *(Méd)* *[d'artère]* obstruction

oblitérer /ɔbliteʀe/ SYN ▸ conjug 6 ◂ VT 1 *[+ timbre]* to cancel ◆ **il faut oblitérer son billet** tickets must be stamped

2 *(† ou littér = effacer)* *[+ souvenir]* to obliterate

3 *(Méd)* *[+ artère]* to obstruct

oblong, -ongue /ɔblɔ̃, ɔ̃g/ ADJ oblong

obnubilation /ɔbnybilasjɔ̃/ NF obsession; *(Méd)* obnubilation

obnubiler /ɔbnybile/ SYN ▸ conjug 1 ◂ VT to obsess ◆ **se laisser obnubiler par** to become obsessed by ◆ **elle est obnubilée par l'idée que...** she's obsessed with the idea that...

obole /ɔbɔl/ SYN NF 1 *(= contribution)* offering ◆ **verser** *ou* **apporter son obole à qch** to make one's small (financial) contribution to sth

2 *(= monnaie française)* obole; *(= monnaie grecque)* obol

obscène /ɔpsɛn/ SYN ADJ *[film, propos, geste]* obscene ◆ **il est si riche que c'en est obscène !*** he's obscenely *ou* disgustingly rich!

obscénité /ɔpsenite/ SYN NF 1 *(= caractère)* obscenity

2 *(= propos, écrit)* obscenity ◆ **dire des obscénités** to make obscene remarks

obscur, e /ɔpskyʀ/ SYN ADJ 1 *(= sombre)* *[nuit, ruelle, pièce]* dark; → **salle**

2 *(= incompréhensible)* *[texte, passage]* obscure

3 *(= mystérieux)* obscure ◆ **pour des raisons obscures** for some obscure reason ◆ **forces obscures** dark forces

4 *(= vague)* *[malaise]* vague; *[pressentiment, sentiment]* vague, dim

5 *(= méconnu)* *[œuvre, auteur]* obscure; *(= humble)* *[vie, situation, besogne]* humble ◆ **des gens obscurs** humble folk ◆ **de naissance obscure** of obscure *ou* humble birth

(!) Au sens de 'sombre', **obscur** ne se traduit pas par le mot anglais **obscure**.

obscurantisme /ɔpskyʀɑ̃tism/ NM obscurantism

obscurantiste /ɔpskyʀɑ̃tist/ ADJ, NMF obscurantist

obscurcir /ɔpskyʀsiʀ/ SYN ▸ conjug 2 ◂

VT 1 *(= assombrir)* to darken ◆ **ce tapis obscurcit la pièce** this carpet makes the room look dark *ou* darkens the room ◆ **des nuages obscurcissaient le ciel** the sky was dark with clouds

2 *(= compliquer)* to obscure ◆ **ce critique aime obscurcir les choses les plus simples** this critic likes to obscure *ou* cloud the simplest issues ◆ **cela obscurcit encore plus l'énigme** that deepens the mystery even further

3 *(= troubler)* ◆ **le vin obscurcit les idées** wine makes it difficult to think straight

VPR **s'obscurcir** 1 *[ciel]* to darken, to grow dark; *[regard]* to darken ◆ **tout d'un coup le temps s'obscurcit** suddenly the sky grew dark *ou* darkened ◆ **son horizon politique s'obscurcit** his political future is looking less and less bright

2 *[style]* to become obscure; *[esprit]* to become confused; *[vue]* to grow dim

obscurcissement /ɔpskyʀsismɑ̃/ NM *[de ciel]* darkening; *[d'esprit]* confusing; *[de vue]* dimming

obscurément /ɔpskyʀemɑ̃/ ADV obscurely ◆ **il sentait obscurément que...** he felt in an obscure way *ou* a vague (sort of) way that..., he felt obscurely that...

obscurité /ɔpskyʀite/ SYN NF 1 *[de nuit]* darkness ◆ **dans l'obscurité** in the dark, in darkness ◆ **la maison fut soudain plongée dans l'obscurité** the house was suddenly plunged into darkness ◆ **il a laissé cet aspect du problème dans l'obscurité** he cast no light *ou* didn't enlighten us on that aspect of the problem

2 *[de texte]* obscurity

3 *[de vie, situation, besogne, œuvre, auteur]* obscurity ◆ **vivre/travailler dans l'obscurité** to live/work in obscurity

4 *(littér = passage peu clair)* obscure passage

obsécration /ɔpsekʀasjɔ̃/ NF obsecration

obsédant, e /ɔpsedɑ̃, ɑ̃t/ ADJ *[musique, souvenir]* haunting, obsessive; *[question, idée]* obsessive

obsédé, e /ɔpsede/ SYN (ptp de **obséder**) NM,F obsessive ◆ **obsédé (sexuel)** sex maniac ◆ **c'est un obsédé de propreté** he's obsessed with cleanliness ◆ **les obsédés du caméscope** *(hum)* camcorder freaks*

obséder /ɔpsede/ SYN ▸ conjug 6 ◂ VT 1 *(= obnubiler)* to haunt; *(maladivement)* to obsess ◆ **cette tragédie, dont la mémoire douloureuse continue d'obséder les esprits** this tragedy which continues to haunt people's memories ◆ **le remords l'obsédait** he was racked *ou* consumed by remorse ◆ **être obsédé par** *[+ souvenir, peur]* to be haunted by; *(maladivement)* to be obsessed by; *[+ idée, problème, mort, image, sexe]* to be obsessed with *ou* by ◆ **il est obsédé** *(sexuellement)* he's obsessed (with sex), he's got a one-track mind*

2 *(littér = importuner)* to pester ◆ **obséder qn de ses assiduités** to pester *ou* importune sb with one's attentions

obsèques /ɔpsɛk/ SYN NFPL funeral ◆ **obsèques civiles/religieuses/nationales** civil/religious/state funeral

obséquieusement /ɔpsekjøzmɑ̃/ ADV obsequiously

obséquieux, -ieuse /ɔpsekjø, jøz/ SYN ADJ obsequious

obséquiosité /ɔpsekjozite/ SYN NF obsequiousness

observable /ɔpsɛʀvabl/ ADJ observable ◆ **ce phénomène est difficilement observable** this phenomenon is not easy to observe

observance /ɔpsɛʀvɑ̃s/ SYN NF observance ◆ **de stricte observance** devout

observateur, -trice /ɔpsɛʀvatœʀ, tʀis/ SYN

ADJ *[personne, regard]* observant

NM,F observer ◆ **avoir des talents d'observateur** to have a talent for observation ◆ **observa-**

teur des Nations Unies United Nations *ou* UN observer

observation /ɔpsɛʀvasjɔ̃/ SYN **NF** [1] *(= obéissance) [de règle]* observance

[2] *(= examen, surveillance)* observation • **être/mettre en observation** *(Méd)* to be/put under observation • **observation aérienne** *(Mil)* aerial observation • **technique/instrument d'observation** observation technique/instrument • **round/set d'observation** *(Sport)* first round/set *(in which one plays a guarded or a wait-and-see game)*; → **poste²**, **satellite**

[3] *(= chose observée)* observation • **il consignait ses observations dans son carnet** he noted down his observations *ou* what he had observed in his notebook

[4] *(= remarque)* observation, remark; *(= objection)* remark; *(= reproche)* reproof; *(Scol)* warning • **il fit quelques observations judicieuses** he made one or two judicious remarks *ou* observations • **je lui en fis l'observation** I pointed it out to him • **ce film appelle quelques observations** this film calls for some comment • **pas d'observations je vous prie** no remarks *ou* comments please • **faire une observation à qn** to reprove sb • **observations** *(Scol)* teacher's comments

observationnel, -elle /ɔpsɛʀvasjɔnɛl/ **ADJ** observational

observatoire /ɔpsɛʀvatwaʀ/ SYN **NM** [1] *(Astron)* observatory

[2] *(Mil = lieu)* observation *ou* look-out post • **observatoire économique** economic research institute

observer /ɔpsɛʀve/ SYN ▸ conjug 1 ◂

VT [1] *(= regarder) (gén)* to watch; *[+ phénomène, réaction]* to observe; *(au microscope)* to examine • **se sentant observée, elle se retourna** feeling she was being watched she turned round • **il ne dit pas grand-chose mais il observe** he doesn't say much but he observes what goes on around him *ou* he watches keenly what goes on around him

[2] *(= contrôler)* • **observer ses manières** to be mindful of *ou* watch one's manners

[3] *(= remarquer)* to notice, to observe • **elle n'observe jamais rien** she never notices anything • **faire observer que** to point out *ou* remark *ou* observe that • **faire observer un détail à qn** to point out a detail to sb, to bring a detail to sb's attention • **je vous ferai observer qu'il est interdit de fumer ici** please note that you're not allowed to smoke here, can I point out that smoking is forbidden here?

[4] *(= dire)* to observe, to remark • **vous êtes en retard, observa-t-il** you're late, he observed *ou* remarked

[5] *(= respecter) [+ règlement]* to observe, to abide by; *[+ fête, jeûne]* to keep, to observe; *[+ coutume, trêve, neutralité]* to observe • **observer une minute de silence** to observe a minute's silence • **faire observer un règlement** to enforce a rule

[6] *(littér) [+ attitude, maintien]* to keep (up), to maintain

VPR **s'observer** [1] *(réciproque)* to observe *ou* watch each other

[2] *(réfléchi = surveiller sa tenue, son langage)* to keep a check on o.s., to be careful of one's behaviour • **il ne s'observe pas assez en public** he's not careful enough of his behaviour in public

[3] *(passif = se manifester)* to be observed

obsession /ɔpsesjɔ̃/ SYN **NF** obsession • **il avait l'obsession de la mort/l'argent** he had an obsession with death/money, he was obsessed by death/money • **je veux aller à Londres – c'est une obsession !/ça tourne à l'obsession !** I want to go to London – you're obsessed!/it's becoming an obsession!

obsessionnel, -elle /ɔpsesjɔnɛl/

ADJ obsessional, obsessive; → **névrose**

NM,F obsessive

obsidienne /ɔpsidjɛn/ **NF** obsidian, volcanic glass

obsolescence /ɔpsɔlesɑ̃s/ **NF** *(Tech, littér)* obsolescence

obsolescent, e /ɔpsɔlesɑ̃, ɑ̃t/ **ADJ** *(Tech, littér)* obsolescent

obsolète /ɔpsɔlɛt/ SYN **ADJ** obsolete

obstacle /ɔpstakl/ SYN **NM** *(gén)* obstacle; *(Hippisme)* fence; *(Équitation)* jump, fence • **obstacle technique/juridique** technical/legal barrier *ou* obstacle • **faire obstacle à la lumière** to block (out) *ou* obstruct the light • **faire obstacle à un projet** to hinder a project, to put obstacles *ou* an obstacle in the way of a project • **tourner l'obstacle** *(Équitation)* to go round *ou* outside the jump; *(fig)* to get round the obstacle *ou* difficulty • **progresser sans rencontrer d'obstacles** *(lit, fig)* to make progress without meeting any obstacles • **dans ce métier, son âge n'est pas un obstacle** his age is no impediment *ou* obstacle in this job • **je ne vois pas d'obstacle à sa venue** *ou* **à ce qu'il vienne** I don't see any reason why he shouldn't come • **si vous n'y voyez pas d'obstacle** if that's all right with you; → **course**, **refuser**

obstétrical, e (mpl **-aux**) /ɔpstetʀikal, o/ **ADJ** obstetric(al)

obstétricien, -ienne /ɔpstetʀisjɛ̃, jɛn/ **NM,F** obstetrician

obstétrique /ɔpstetʀik/

ADJ obstetric(al)

NF obstetrics *(sg)*

obstination /ɔpstinasjɔ̃/ SYN **NF** *[de personne, caractère]* obstinacy, stubbornness • **obstination à faire** obstinate *ou* stubborn determination to do • **son obstination à refuser** his persistent refusal

obstiné, e /ɔpstine/ SYN (ptp de **s'obstiner**) **ADJ** *[personne, caractère]* obstinate, stubborn; *[efforts, résistance, travail, demandes]* obstinate, persistent; *[refus, silence]* stubborn; *[brouillard, pluie, malchance]* persistent; *[toux]* persistent, stubborn

obstinément /ɔpstinemɑ̃/ SYN **ADV** stubbornly, obstinately • **le téléphone reste obstinément muet** the telephone stubbornly refuses to ring

obstiner (s') /ɔpstine/ SYN ▸ conjug 1 ◂ **VPR** to insist, to dig one's heels in • **s'obstiner sur un problème** to keep working *ou* labour away stubbornly at a problem • **s'obstiner dans une opinion** to cling stubbornly *ou* doggedly to an opinion • **s'obstiner dans son refus (de faire qch)** to refuse categorically *ou* absolutely (to do sth) • **s'obstiner à faire** to persist in doing • **s'obstiner au silence** to remain obstinately silent, to maintain an obstinate *ou* a stubborn silence • **j'ai dit non mais il s'obstine !** I said no but he insists!

obstructif, -ive /ɔpstʀyktif, iv/ **ADJ** obstructive; *(Méd)* obstruent

obstruction /ɔpstʀyksjɔ̃/ SYN **NF** [1] *(= blocage)* obstruction, blockage; *(Méd)* obstruction

[2] *(= tactique)* obstruction • **faire de l'obstruction** *(Pol)* to obstruct (the passage of) legislation; *(gén)* to use obstructive tactics, to be obstructive; *(Football)* to obstruct • **faire de l'obstruction parlementaire** to filibuster

obstructionnisme /ɔpstʀyksjɔnism/ **NM** obstructionism, filibustering

obstructionniste /ɔpstʀyksjɔnist/

ADJ obstructionist, filibustering *(épith)*

NMF obstructionist, filibuster, filibusterer

obstruer /ɔpstʀye/ SYN ▸ conjug 1 ◂

VT *[+ passage, circulation, artère]* to obstruct, to block • **obstruer la vue/le passage** to block *ou* obstruct the view/the way

VPR **s'obstruer** *[passage]* to get blocked up; *[artère]* to become blocked

obtempérer /ɔptɑ̃peʀe/ SYN ▸ conjug 6 ◂ **obtempérer à** **VT INDIR** to obey, to comply with • **il refusa d'obtempérer** he refused to comply *ou* obey • **refus d'obtempérer** refusal to comply

obtenir /ɔptəniʀ/ SYN ▸ conjug 22 ◂ **VT** [1] *(= réussir à avoir)* to get, to obtain; *[+ récompense]* to receive, to get; *[+ prix]* to be awarded, to get • **obtenir satisfaction** to get *ou* obtain satisfaction • **obtenir la main de qn** to win sb's hand • **je peux vous obtenir ce livre rapidement** I can get you this book quite quickly • **il m'a fait obtenir** *ou* **il m'a obtenu de l'avancement** he got promotion for me, he got me promoted • **il obtint de lui parler** he was (finally) allowed to speak to him • **elle a obtenu qu'il paie** she got him to pay, she managed to make him pay • **j'ai obtenu de lui qu'il ne dise rien** I got him to agree not to say anything

[2] *(= parvenir à) [+ résultat, total]* to get • **cette couleur s'obtient par un mélange** you get this colour by mixing • **en additionnant ces quantités, on obtient 2 000** when you add these amounts together you get 2,000 • **obtenir un corps à l'état gazeux** to get a substance in the gaseous state

> (!) Attention à ne pas traduire automatiquement **obtenir** par **to obtain**, qui est d'un usage moins courant que 'to get'.

obtention /ɔptɑ̃sjɔ̃/ **NF** *[de permission, explication, diplôme]* obtaining; *[de résultat, température]* achieving • **pour l'obtention du visa** to obtain the visa • **les délais d'obtention de la carte de séjour** the time it takes to obtain a resident's permit • **mélangez le tout jusqu'à (l')obtention d'une pâte onctueuse** *(Culin)* mix everything together until the mixture is smooth

obturateur, -trice /ɔptyʀatœʀ, tʀis/

ADJ *(Tech) [plaque]* obturating; *[membrane, muscle]* obturator *(épith)*

NM [1] *(Photo)* shutter • **obturateur à secteur** rotary shutter • **obturateur à rideau** focal plane shutter • **obturateur à tambour** *ou* **à boisseaux** drum shutter

[2] *(Tech)* obturator; *[de fusil]* gas check

obturation /ɔptyʀasjɔ̃/ **NF** *[de conduit, ouverture]* closing (up), sealing; *[de fuite]* sealing; *[de dent]* filling • **faire une obturation (dentaire)** to fill a tooth, to do a filling • **vitesse d'obturation** *(Photo)* shutter speed

obturer /ɔptyʀe/ SYN ▸ conjug 1 ◂ **VT** *[+ conduit, ouverture]* to close (up), to seal; *[+ fuite]* to seal *ou* block off; *[+ dent]* to fill

obtus, e /ɔpty, yz/ SYN **ADJ** *(Math) [angle]* obtuse; *(fig = stupide)* dull-witted, obtuse

obtusangle /ɔptyzɑ̃gl/ **ADJ** *(Géom)* obtuse

obus /ɔby/ **NM** shell • **obus explosif** high-explosive shell • **obus fumigène** smoke bomb • **obus incendiaire** incendiary *ou* fire bomb • **obus de mortier** mortar shell • **obus perforant** armour-piercing shell; → **éclat**, **trou**

obusier /ɔbyzje/ **NM** howitzer • **obusier de campagne** field howitzer

obvenir /ɔbvəniʀ/ ▸ conjug 22 ◂ **VI** *(Jur)* • **obvenir à qn** to revert *ou* pass to sb

obvie /ɔbvi/ **ADJ** *[sens]* obvious

obvier /ɔbvje/ SYN ▸ conjug 7 ◂ **obvier à** **VT INDIR** *(littér) [+ danger, mal]* to take precautions against, to obviate *(frm)*; *[+ inconvénient]* to overcome, to obviate *(frm)*

OC (abrév de **ondes courtes**) SW

oc /ɔk/ **NM** → **langue**

> **LANGUE D'OC, LANGUE D'OÏL**
>
> The terms **langue d'oc** (also called "occitan") and **langue d'oïl** broadly refer to the local languages and dialects spoken in the southern and northern half of France respectively. "Oc" and "oïl" mean "yes" in southern and northern dialects respectively.

ocarina /ɔkaʀina/ **NM** ocarina

occase* /ɔkaz/ **NF** (abrév de **occasion**) [1] *(= article usagé)* secondhand buy; *(= achat avantageux)* bargain, snip* *(Brit)* • **d'occase** *[livres, vêtements]* secondhand, used *(US)*, pre-owned *(US)*; *[acheter, vendre]* secondhand

[2] *(= conjoncture favorable)* (lucky) chance

occasion /ɔkazjɔ̃/ SYN **NF** [1] *(= circonstance)* occasion • **à cette occasion** on this occasion • **à cette occasion, il a lancé un appel à l'OTAN** on this occasion he appealed to NATO • **dans/pour les grandes occasions** on/for important *ou* special occasions • **la bouteille/la robe des grandes occasions** the bottle put by/the dress kept for special *ou* great occasions • **pour l'occasion** for the occasion • **je l'ai rencontré à plusieurs occasions** I've met him several times • **l'occasion fait le larron** *(Prov)* opportunity makes the thief *(Prov)* • **cela a été l'occasion d'une grande discussion** this led to a lengthy discussion

• **à l'occasion** sometimes, on occasions • **à l'occasion venez dîner** come and have dinner some time • **à l'occasion de son anniversaire** on the occasion of his birthday, on his birthday • **à l'occasion du cinquantième anniversaire de l'OTAN** on NATO's 50th anniversary

• **par la même occasion** at the same time • **j'irai à Paris et, par la même occasion, je leur rendrai visite** I'll go to Paris, and visit them while I'm there

[2] *(= conjoncture favorable)* opportunity, chance • **avoir l'occasion de faire** to have the opportunity to do • **profiter de l'occasion pour faire qch** to take the opportunity to do sth • **sauter sur*** *ou* **saisir l'occasion** to jump at *ou* seize the opportunity *ou* chance • **il a laissé échapper** *ou* **passer l'occasion** he let slip the opportunity • **manquer** *ou* **rater*** *ou* **perdre une occasion de faire** to miss an opportunity to do • **tu as manqué** *ou* **raté*** **une belle** *ou* **bonne occasion**

de te taire *(iro)* you'd have done better to have kept quiet, why couldn't you keep your mouth shut? ◆ **c'est l'occasion rêvée !** it's a heaven-sent opportunity! ◆ **c'est l'occasion rêvée de faire** it's an ideal opportunity to do ◆ **c'est l'occasion ou jamais !** it's now or never! ◆ **c'est l'occasion ou jamais d'observer cette comète** it's a once-in-a-lifetime chance *ou* opportunity to see this comet ◆ **si l'occasion se présente** if the opportunity arises, should the opportunity *ou* occasion arise ◆ **à la première occasion** at the earliest *ou* first opportunity

[3] *(= objet d'occasion)* secondhand buy; *(= acquisition avantageuse)* bargain ◆ **(le marché de) l'occasion** the secondhand market ◆ **faire le neuf et l'occasion** to deal in new and secondhand goods

[4] *(locutions)*

◆ **d'occasion** *(= accidentel) [amitié, rencontre]* casual; *(= pas neuf)* secondhand; *[voiture]* secondhand, used *(US)*, pre-owned *(US)*; *[acheter, vendre]* secondhand

> (!) Au sens de 'acquisition avantageuse', **occasion** ne se traduit pas par le mot anglais **occasion**.

occasionnalisme /ɔkazjɔnalism/ **NM** occasionalism

occasionnel, -elle /ɔkazjɔnɛl/ <u>SYN</u> **ADJ** [1] *(= non régulier)* occasional; *[travaux, emploi]* casual

[2] *(= fortuit) [incident, rencontre]* chance *(épith)*

[3] *(Philos)* occasional

occasionnellement /ɔkazjɔnɛlmɑ̃/ <u>SYN</u> **ADV** occasionally, from time to time

occasionner /ɔkazjɔne/ <u>SYN</u> ► conjug 1 ◄ **VT** *[+ frais, dérangement]* to cause, to occasion *(frm)*; *[+ accident]* to cause, to bring about ◆ **en espérant ne pas vous occasionner trop de dérangement** hoping not to put you to *ou* to cause you too much trouble ◆ **cet accident va m'occasionner beaucoup de frais** this accident is going to involve me in *ou* to cause me a great deal of expense

occident /ɔksidɑ̃/ **NM** *(littér = ouest)* west ◆ **l'Occident** the West, the Occident *(littér)*; → **empire**

> (!) **Occident** se traduit rarement par le mot anglais **Occident**, qui est d'un registre plus soutenu que 'West'.

occidental, e (mpl **-aux**) /ɔksidɑ̃tal, o/

ADJ *(littér = d'ouest)* western; *(Pol) [pays, peuple]* Western, Occidental *(littér)*; → **Inde**

NM,F **Occidental(e)** Westerner, Occidental *(littér)* ◆ **les Occidentaux** *(gén)* Westerners; *(Pol)* the West, western countries

occidentalisation /ɔksidɑ̃talizasjɔ̃/ **NF** westernization

occidentaliser /ɔksidɑ̃talize/ ► conjug 1 ◄

VT to westernize

VPR **s'occidentaliser** to become westernized

occipital, e (mpl **-aux**) /ɔksipital, o/

ADJ occipital ◆ **trou occipital** occipital foramen, foramen magnum

NM occipital (bone)

occiput /ɔksipyt/ **NM** back of the head, occiput *(SPÉC)*

occire /ɔksiʀ/ **VT** *(†† ou hum)* to slay

occitan, e /ɔksitɑ̃, an/

ADJ, NM Occitan

NM,F **Occitan(e)** Occitan

Occitanie /ɔksitani/ **NF** *region in France where Occitan is spoken*

occitanisme /ɔksitanism/ **NM** *movement defending Occitan and its culture*

occitaniste /ɔksitanist/ **NMF** specialist in Occitan

occlure /ɔklyʀ/ ► conjug 35 ◄ **VT** *(Chim, Méd)* to occlude

occlusif, -ive /ɔklyzif, iv/ **ADJ** *(gén)* occlusive; *(Ling)* occlusive, plosive ◆ **(consonne) occlusive** occlusive, stop (consonant)

occlusion /ɔklyzjɔ̃/ **NF** *(Ling, Méd, Météo, Tech)* occlusion ◆ **occlusion intestinale** intestinal blockage, obstruction of the bowels *ou* intestines, ileus *(SPÉC)*

occultation /ɔkyltasjɔ̃/ **NF** *(Astron)* occultation; *(fig)* overshadowing, eclipse ◆ **l'occultation du problème du chômage pendant la campagne électorale** the temporary eclipse of the issue of unemployment during the election campaign

occulte /ɔkylt/ <u>SYN</u> **ADJ** [1] *(= surnaturel)* supernatural, occult; → **science**

[2] *(= secret) [+ financement, fonds]* secret, covert; *[+ commission, prime]* hidden; *[+ pouvoir, rôle]* secret, hidden

> (!) **occulte** se traduit par **occult** uniquement au sens de 'surnaturel'.

occulter /ɔkylte/ <u>SYN</u> ► conjug 1 ◄ **VT** *(Astron, Tech)* to occult ◆ **n'essayez pas d'occulter le problème** don't try to hide the problem ◆ **cela ne doit pas occulter les dures réalités de la situation sur le terrain** this should not blind us to the harsh realities of the situation ◆ **ses musiques de film ont souvent été occultées par ses chansons à succès** his film scores have often been overshadowed by his hit songs ◆ **ces questions capitales, longtemps occultées, devront faire l'objet d'un débat national** we need a national debate on the key issues, which have long been lost sight of *ou* neglected

occultisme /ɔkyltism/ **NM** occultism

occultiste /ɔkyltist/ **ADJ, NMF** occultist

occupant, e /ɔkypɑ̃, ɑ̃t/ <u>SYN</u>

ADJ *(Pol) [autorité, puissance]* occupying ◆ **l'armée occupante** the army of occupation, the occupying army

NM,F *[de maison]* occupant, occupier; *[de place, compartiment, voiture]* occupant ◆ **le premier occupant** *(gén, Jur)* the first occupier

NM ◆ **l'occupant, les occupants** the occupying forces

occupation /ɔkypasjɔ̃/ <u>SYN</u> **NF** [1] *(Mil, Pol)* occupation ◆ **les forces/l'armée d'occupation** the forces/the army of occupation, the occupying forces/army ◆ **pendant l'Occupation** *(Hist)* during the Occupation ◆ **grève avec occupation d'usine** sit-in, sit-down strike

[2] *(Jur) [de logement]* occupancy, occupation

[3] *(= passe-temps)* occupation; *(= emploi)* occupation, job ◆ **vaquer à ses occupations** to go about one's business, to attend to one's affairs ◆ **une occupation fixe/temporaire** a permanent/temporary job *ou* occupation ◆ **les enfants, ça donne de l'occupation** having children certainly keeps you busy

occupationnel, -elle /ɔkypasjɔnɛl/ **ADJ** *[maladie, psychologie]* occupational

occupé, e /ɔkype/ **GRAMMAIRE ACTIVE 27.5** <u>SYN</u> (ptp de **occuper**) **ADJ** [1] *(= non disponible, affairé)* busy ◆ **je suis très occupé en ce moment** I'm very busy at the moment ◆ **il ne peut pas vous recevoir, il est occupé** he can't see you, he's busy

[2] *[ligne téléphonique]* engaged *(Brit) (attrib)*, busy *(US) (attrib)*; *[toilettes]* occupied, engaged *(Brit) (attrib)*; *[places, sièges]* taken *(attrib)* ◆ **ça sonne occupé** * it's engaged *(Brit) ou* busy *(US)* ◆ **c'est occupé ?** *(place)* is this seat taken?

[3] *(Mil, Pol) [zone, usine]* occupied

occuper /ɔkype/ <u>SYN</u> ► conjug 1 ◄

VT [1] *[+ endroit, appartement]* to occupy; *[+ place, surface]* to occupy, to take up ◆ **le bureau occupait le coin de la pièce** the desk stood in the corner of the room ◆ **leurs bureaux occupent tout l'étage** their offices take up *ou* occupy the whole floor ◆ **le piano occupe très peu/trop de place** the piano takes up very little/too much room ◆ **l'appartement qu'ils occupent est trop exigu** their present flat is *ou* the flat they're in now is too small

[2] *[+ moment, période] (= prendre)* to occupy, to fill, to take up; *(= faire passer)* to occupy, to spend, to employ ◆ **cette besogne occupait le reste de la journée** this task took (up) the rest of the day ◆ **la lecture occupe une trop petite part de mon temps** I don't spend enough time reading ◆ **la lecture occupe une très grande part de mon temps** I spend a lot of my time reading ◆ **comment occuper ses loisirs ?** how can one fill one's free time? ◆ **ça occupe** it's something to do, it fills the time

[3] *[+ poste, fonction]* to hold, to occupy; *[+ rang]* to hold, to have

[4] *(= absorber) [+ personne, enfant]* to occupy, to keep occupied *ou* busy; *(= employer) [+ main d'œuvre]* to employ ◆ **mon travail m'occupe beaucoup** my work keeps me very busy ◆ **laisse-le faire, ça l'occupe !** let him get on with it, it keeps him busy! *ou* occupied! ◆ **la ganterie occupait naguère un millier d'ouvriers dans cette région** the glove industry used to employ to about a thousand workers in this area ◆ **le sujet qui nous occupe aujourd'hui** the matter which concerns us today

[5] *(Mil, Pol) (= envahir)* to occupy; *(= être maître de)* to occupy ◆ **ils ont occupé tout le pays/l'immeuble** they occupied the whole country/the whole building ◆ **les forces qui occupaient le pays** the forces occupying the country ◆ **grâce à son nouveau produit, l'entreprise occupe le terrain** thanks to its new product the company has been able to take a prominent position in the market ◆ **il veut occuper le terrain médiatique** he wants to hog * the media limelight ◆ **ils occupent le terrain de l'informatique** they've cornered a significant share of the computer market

VPR **s'occuper** [1] ◆ **s'occuper de qch** *(= se charger de)* to deal with sth, to take care *ou* charge of sth; *(= être chargé de)* to be in charge of sth, to be dealing with *ou* taking care of sth; *(= s'intéresser à)* to take an interest in sth, to interest o.s. in sth ◆ **je vais m'occuper de ce problème** I'll deal with *ou* take care of this problem ◆ **c'est lui qui s'occupe de cette affaire** he's the one responsible for this, he's the one who's dealing with this ◆ **il s'occupe de vous trouver un emploi** he'll see about finding you a job ◆ **je vais m'occuper de rassembler les documents nécessaires** I'll get to work and collect the documents we need , I'll undertake to get the necessary documents together ◆ **il s'occupe un peu de politique** he takes a bit of an interest *ou* he dabbles a bit in politics ◆ **je m'occupe de tout** I'll see to everything, I'll take care of everything ◆ **je m'occuperai des boissons** I'll organize *ou* look after the drinks ◆ **il veut s'occuper de trop de choses à la fois** he tries to take on *ou* to do too many things at once ◆ **ne t'occupe pas de ça, c'est leur problème** don't worry about it, that's their problem ◆ **occupe-toi de tes affaires** * *ou* **oignons** * mind your own business ◆ **t'occupe (pas) !** ‡ none of your business! *, mind your own business!

[2] ◆ **s'occuper de** *(= se charger de) [+ enfants, malades]* to take care of sb, to look after sb; *[+ client]* to attend to sb; *(= être responsable de) [+ enfants, malades]* to be in charge of sb, to look after sb ◆ **je vais m'occuper des enfants** I'll take care of *ou* I'll look after the children ◆ **qui s'occupe des malades ?** who is in charge of *ou* looks after the patients? ◆ **je m'occupe de vous tout de suite** I'll be with you in a moment ◆ **est-ce qu'on s'occupe de vous Madame ?** are you being attended to *ou* served?

[3] *(= s'affairer)* to occupy o.s., to keep o.s. busy ◆ **s'occuper à faire qch/à qch** to busy o.s. doing sth/with sth ◆ **il a trouvé à s'occuper** he has found something to do *ou* to occupy his time ◆ **il y a de quoi s'occuper** there is plenty to do ◆ **je ne sais pas à quoi m'occuper** I don't know what to do with myself ◆ **s'occuper l'esprit** to keep one's mind occupied

occurrence /ɔkyʀɑ̃s/ **NF** [1] *(frm)* instance, case ◆ **en cette/toute autre occurrence** in this/in any other instance ◆ **en l'occurrence** to be specific ◆ **un même sport, en l'occurrence le football, peut être très différent en deux endroits de la planète** the same sport, football to be specific, can be very different in two parts of the world ◆ **en pareille occurrence** in such circumstances, in such a case ◆ **suivant** *ou* **selon l'occurrence** *(frm)* according to the circumstances

[2] *(Ling)* occurrence, token

OCDE /ɔsedeə/ **NF** (abrèv de **Organisation de coopération et de développement économiques**) OECD

océan /ɔseɑ̃/ **NM** [1] *(lit)* ocean ◆ **l'Océan** *(= Atlantique)* the Atlantic (Ocean) ◆ **un océan de verdure/de sable** a sea of greenery/of sand ◆ **l'océan Antarctique** *ou* **Austral** the Antarctic (Ocean) ◆ **l'océan Arctique** the Arctic (Ocean) ◆ **l'océan Atlantique** the Atlantic (Ocean) ◆ **l'océan glacial** the polar sea ◆ **l'océan Indien** the Indian Ocean ◆ **l'océan Pacifique** the Pacific (Ocean)

[2] *(Myth)* ◆ **Océan** Oceanus

océanarium /oseanaʀjɔm/ **NM** oceanarium

océane /ɔsean/ **ADJ F** [1] *(littér) [vague, tempête]* ocean *(épith)*; *[fureur, senteur]* of the sea *ou* ocean ◆ **l'(autoroute) océane** *the motorway that links Paris to Brittany*

[2] *(Culin) [salade, paella]* seafood *(épith)*

océanide /ɔseanid/ **NF** Oceanid

Océanie /ɔseani/ **NF** ◆ **l'Océanie** Oceania, the South Sea Islands

océanien, -ienne /ɔseanjɛ̃, jɛn/

ADJ Oceanian, Oceanic

NM,F ◆ **Océanien(ne)** South Sea Islander, Oceanian

océanique /ɔseanik/ **ADJ** oceanic

océanographe /ɔseanɔgraf/ **NMF** oceanographer

océanographie /ɔseanɔgrafi/ **NF** oceanography

océanographique /ɔseanɔgrafik/ **ADJ** oceanographic

océanologie /ɔseanɔlɔʒi/ **NF** oceanology

océanologique /ɔseanɔlɔʒik/ **ADJ** oceanological

océanologue /ɔseanɔlɔg/ **NMF** oceanologist

ocelle /ɔsɛl/ **NM** ocellus

ocellé, e /ɔsele, ɔsɛlle/ **ADJ** ocellate(d)

ocelot /ɔs(ə)lo/ **NM** (= animal) ocelot; (= fourrure) ocelot fur

ocre /ɔkr/ **NMF, ADJ INV** ochre

ocré, e /ɔkre/ **ADJ** ochred

octaèdre /ɔktaɛdr/
  ADJ octahedral
  NM octahedron

octaédrique /ɔktaedrik/ **ADJ** octahedral

octal, e (pl **-aux**) /ɔktal, o/ **ADJ** octal ◆ **système octal** octal notation

octane /ɔktan/ **NM** octane; → **indice**

octant /ɔktɑ̃/ **NM** (Géom) octant

octante /ɔktɑ̃t/ **ADJ INV** (dial) eighty

octave /ɔktav/ **NF** ① (Mus) octave ◆ **monter à l'octave** to go an octave higher
② (Escrime, Rel) octave

octet /ɔktɛ/ **NM** byte

octobre /ɔktɔbr/ **NM** October ; pour loc voir **septembre**

octocoralliaire /ɔktokɔraljɛr/ **NM** octocorallia

octogénaire /ɔktɔʒenɛr/ **ADJ, NMF** octogenarian

octogonal, e (mpl **-aux**) /ɔktɔgɔnal, o/ **ADJ** octagonal, eight-sided

octogone /ɔktɔgɔn/ **NM** octagon

octopode /ɔktɔpɔd/
  ADJ octopod
  NM octopod ◆ **les octopodes** octopods, Octopoda (SPÉC)

octostyle /ɔktɔstil/ **ADJ** octastyle

octosyllabe /ɔktɔsil(l)ab/
  ADJ octosyllabic
  NM octosyllable

octosyllabique /ɔktɔsil(l)abik/ **ADJ** octosyllabic

octroi /ɔktrwa/ SYN **NM** ① [de charte, permission, délai, augmentation] granting; [de faveur, pardon] bestowing, granting ◆ **l'octroi d'une bourse n'est pas automatique** grants are not given automatically
② (Hist) octroi, city toll

octroyer /ɔktrwaje/ SYN ▶ conjug 8 ◀
  VT (frm) [+ charte, permission, délai, augmentation] to grant (à to); [+ bourse] to give (à to); [+ faveur, pardon] to bestow (à on, upon), to grant (à to)
  VPR s'octroyer [+ droit, pouvoirs] to claim; (Sport) [+ médaille, place] to claim, win ◆ **s'octroyer une augmentation** to give o.s. a pay rise ◆ **je vais m'octroyer quelques jours de congé** I'm going to allow myself a few days off

octuor /ɔktyɔr/ **NM** (Mus) octet

octuple /ɔktypl/
  ADJ [quantité, rangée, nombre] octuple ◆ **une quantité octuple de l'autre** a quantity eight times (as great as) the other
  NM (Math) octuple ◆ **je l'ai payé l'octuple (de l'autre)** I paid eight times as much (as the other) for it

octupler /ɔktyple/ ▶ conjug 1 ◀ **VTI** to octuple, to increase eightfold ou eight times

oculaire /ɔkylɛr/
  ADJ (Anat) ocular; → **globe, témoin**
  NM (Opt) eyepiece, ocular (SPÉC)

oculariste /ɔkylarist/ **NMF** ocularist

oculiste /ɔkylist/ **NMF** eye specialist, oculist, eye doctor (US)

oculomoteur, -trice /ɔkylomɔtœr, tris/ **ADJ** oculomotor ◆ **nerf oculomoteur** oculomotor nerve

oculus /ɔkylys/ **NM** (Archit) (small) round window, oculus, œil-de-bœuf

ocytocine /ɔsitɔsin/ **NF** oxytocin

odalisque /ɔdalisk/ **NF** odalisque

ode /ɔd/ **NF** ode

odelette /ɔd(ə)lɛt/ **NF** short ode

odéon /ɔdeɔ̃/ **NM** odeon

Odessa /ɔdesa/ **N** Odessa

odeur /ɔdœr/ SYN **NF** ① (gén : bonne ou mauvaise) smell; [de fleur, parfum] fragrance, scent ◆ **sans odeur** odourless (Brit), odorless (US), which has no smell ◆ **mauvaise odeur** bad ou unpleasant smell ◆ **produit qui combat les (mauvaises) odeurs** air freshener ◆ **odeur suave/délicieuse** sweet/delicious smell ou scent ◆ **à l'odeur fétide** evil-smelling, foul-smelling ◆ **odeur de brûlé/de gaz** smell of burning/of gas ◆ **odeur de renfermé** musty ou fusty smell ◆ **avoir une bonne/une mauvaise odeur** to smell nice/bad; → **argent**
② (locutions) ◆ **ne pas être en odeur de sainteté auprès de qn** to be in sb's bad books, to be out of favour with sb, to be in bad odour with sb ◆ **mourir en odeur de sainteté** (Rel) to die in the odour of sanctity

⚠ Attention à ne pas traduire automatiquement **odeur** par *odour*, qui a des emplois spécifiques et est d'un registre plus soutenu.

odieusement /ɔdjøzmɑ̃/ **ADV** odiously

odieux, -ieuse /ɔdjø, jøz/ SYN **ADJ** ① (= infâme) [personne, conduite, caractère, tâche] horrible; [crime, chantage, accusation] appalling ◆ **tu as été odieux avec elle** you were horrible to her ◆ **c'est odieux ce que tu viens de dire !** that's a horrible thing to say! ◆ **tu es odieux !** you're horrible!
② (= insupportable) ◆ **la vie m'est odieuse** life is unbearable to me ◆ **cette femme m'est odieuse** I can't bear that woman, I can't stand that woman

Odin /ɔdɛ̃/ **NM** Odin

odomètre /ɔdɔmɛtr/ **NM** [de voiture] mil(e)ometer (Brit), odometer (US); [de piéton] pedometer

odonates /ɔdɔnat/ **NMPL** ◆ **les odonates** odonates, the Odonata (SPÉC)

odontalgie /ɔdɔ̃talʒi/ **NF** toothache (NonC), odontalgia (SPÉC)

odontocètes /ɔdɔ̃tɔsɛt/ **NMPL** ◆ **les odontocètes** odontocetes, the Odontoceti (SPÉC)

odontoïde /ɔdɔ̃tɔid/ **ADJ** odontoid

odontologie /ɔdɔ̃tɔlɔʒi/ **NF** odontology

odontologique /ɔdɔ̃tɔlɔʒik/ **ADJ** odontological

odontologiste /ɔdɔ̃tɔlɔʒist/ **NMF** odontologist

odontostomatologie /ɔdɔ̃tɔstɔmatɔlɔʒi/ **NF** odontology and stomatology

odorant, e /ɔdɔrɑ̃, ɑ̃t/ SYN **ADJ** (gén) scented; (plus agréable) fragrant, sweet-smelling; [herbes, essences] aromatic; [substance, molécule] odorous

odorat /ɔdɔra/ **NM** (sense of) smell ◆ **avoir l'odorat fin** to have a keen sense of smell

odoriférant, e /ɔdɔriferɑ̃, ɑ̃t/ **ADJ** sweet-smelling, fragrant, odoriferous (littér)

odyssée /ɔdise/ **NF** odyssey ◆ « **L'Odyssée** » (Littérat) "the Odyssey" ◆ « **2001 Odyssée de l'espace** » (Ciné) "2001: A Space Odyssey"

OEA /oea/ **NF** (abrév de **Organisation des États américains**) OAS

œcuménicité /ekymenisite/ **NF** (o)ecumenicality

œcuménique /ekymenik/ **ADJ** (o)ecumenical; → **concile**

œcuménisme /ekymenism/ **NM** (o)ecumenicalism, (o)ecumenism

œcuméniste /ekymenist/ **ADJ, NMF** (o)ecumenist

œdémateux, -euse /edematø, øz/ **ADJ** oedematous, oedematose

œdème /edɛm/ SYN **NM** oedema ◆ **œdème du poumon** pulmonary oedema

œdipien, -ienne /edipjɛ̃, jɛn/ **ADJ** oedipal, oedipean

œil /œj/ SYN (pluriel **yeux**)

1 - NOM MASCULIN
2 - COMPOSÉS

---

1 - NOM MASCULIN

① [ANAT] eye ◆ **il a les yeux bleus** he has blue eyes, his eyes are blue ◆ **aux yeux bleus** blue-eyed, with blue eyes ◆ **yeux de biche** doe eyes ◆ **aux yeux de biche** doe-eyed (épith) ◆ **yeux en boutons de bottines** button eyes ◆ **elle se fait les yeux** she's putting her eye make-up on ◆ **elle a les yeux faits, elle s'est fait les yeux** she's wearing eye make-up ◆ **avoir un œil au beurre noir** * ou **un œil poché** * to have a black eye ou a shiner * ◆ **avoir les yeux battus** to have dark ou black rings under one's eyes ◆ **avoir un œil qui dit zut** * ou **merde** ⁑ **à l'autre, avoir les yeux qui se croisent (les bras)** *, **avoir un œil à Paris, l'autre à Pontoise** * to be cross-eyed * ou boss-eyed *, to have a squint ◆ **les yeux lui sortaient de la tête, il avait les yeux hors de la tête** his eyes were (nearly) popping out of his head, his eyes were out on stalks * (Brit) ◆ **je vois mal de cet œil** I don't see well with this eye ◆ **je l'ai vu de mes (propres) yeux, je l'ai vu, de mes yeux vu** I saw it with my own eyes ◆ **regarde-moi dans les yeux** look me in the eye ◆ **j'ai le soleil dans les yeux** the sun is in my eyes, I've got the sun in my eyes ◆ **la casquette sur l'œil** with his cap cocked over one eye ◆ **faire qch pour les beaux yeux de qn** to do sth just for sb ou just to please sb ◆ **il n'a pas les yeux en face des trous** * (= il est endormi) he's half asleep; (= il n'arrive pas à réfléchir) he's not thinking straight ◆ **il a les yeux plus grands** ou **gros que le ventre** (gloutonnerie) his eyes are bigger than his belly ou stomach; (ambition) he has bitten off more than he can chew ◆ **œil pour œil, dent pour dent** (Prov) an eye for an eye, a tooth for a tooth (Prov); → **fermer, gros**

◆ **à l'œil nu** [visible, identifiable, invisible] to the naked eye ◆ **on peut observer cette comète à l'œil nu** the comet is visible to the naked eye

◆ **les yeux dans les yeux** ◆ **se regarder dans les yeux** to gaze into each other's eyes ◆ **je lui ai dit/répliqué les yeux dans les yeux...** I looked him straight in the eye and said/replied... ◆ **ils en ont discuté les yeux dans les yeux** (franchement) they spoke very frankly with each other

② [= REGARD] ◆ **attirer** ou **tirer l'œil de qn** to catch sb's eye ◆ **publicité qui attire l'œil** eye-catching advertisement ◆ **être agréable à l'œil** to be easy on the eye ◆ **n'avoir d'yeux que pour qn/qch** to have one's attention focussed on sb/sth ◆ **il n'a d'yeux que pour elle** he only has eyes for her ◆ **jeter un œil** * **à** ou **sur qn/qch** to have a look* at sb/sth ◆ **cela s'est passé devant nos yeux** it happened in front of ou before ou under our very eyes; → **chercher, couver, dévorer, suivre**

◆ **aux yeux de** (= en étant vu de) ◆ **faire qch aux yeux de tous** to do sth in full view of everyone ◆ **aux yeux de l'opinion publique** in the eyes of the public

◆ **les yeux fermés** (= sans regarder) with one's eyes closed ou shut; (= avec confiance) with complete confidence ◆ **j'irais les yeux fermés** I could get there with my eyes closed

◆ **sous l'œil** ou **les yeux (de)** ◆ **vous avez l'article sous les yeux** you have the article there before you ou right in front of you ou your eyes ◆ **sous l'œil (vigilant/inquiet) de** under the (watchful/anxious) eye ou gaze of ◆ **ils jouaient sous l'œil de leur mère** they played under the watchful eye of their mother ou with their mother looking on ◆ **sous l'œil des caméras** in front of the cameras

③ [= FACULTÉ DE VOIR] ◆ **avoir de bons/mauvais yeux** to have good/bad eyes ou eyesight ◆ **il n'a plus ses yeux de vingt ans** his eyes aren't what they used to be ◆ **avoir un œil** ou **des yeux de lynx** (= avoir une très bonne vue) to have eyes like a hawk; (fig) to be eagle-eyed ◆ **avoir des yeux de chat** (= voir dans le noir) to have good night vision ◆ **il faudrait avoir des yeux derrière la tête** you need eyes in the back of your head

④ [= EXPRESSION] look ◆ **il a l'œil taquin/méchant** he has a twinkle/a malicious look in his eye ◆ **elle a l'œil vif** she has a lively look about her ou a lively expression ◆ **il le regardait l'œil mauvais** ou **d'un œil mauvais** he fixed him with a threatening stare ou look, he looked ou stared at him threateningly ◆ **faire des yeux de velours à qn, faire les yeux doux à qn** to make sheep's eyes at sb ◆ **faire de l'œil à qn** * to make eyes at sb, to give sb the eye* ◆ **faire** ou **ouvrir des yeux ronds, ouvrir de grands yeux** to stare wide-eyed ◆ **il me regardait avec des yeux comme des soucoupes** he looked at me with eyes like saucers ◆ **regarder qn avec des yeux de merlan frit** * ou **de crapaud mort d'amour** * to look at sb like a lovesick puppy ◆ **faire des yeux de merlan frit** * (surprise) to gawp*

⑤ [= ATTENTION, OBSERVATION] ◆ **il a l'œil** * he has sharp ou keen eyes ◆ **avoir l'œil à tout** to keep an eye on everything ◆ **avoir l'œil américain** to have a quick eye ◆ **avoir l'œil du spécialiste/du**

maître to have a trained/an expert eye, to have the eye of a specialist/of an expert ◆ **cacher qch aux yeux de qn** to hide sth from sb's eyes ◆ **il n'a pas les yeux dans sa poche** he doesn't miss a thing ◆ **garder un œil sur qn/qch** to keep an eye on sb/sth ◆ **être tout yeux*** to be all eyes*; → compas, ouvrir

◆ **à l'œil** *(= sous surveillance)* ◆ **avoir** *ou* **tenir qn à l'œil** to keep an eye on sb ◆ **je vous ai à l'œil !** I've got my eye on you!

6 [= JUGEMENT] ◆ **voir** *ou* **regarder qch d'un bon/d'un mauvais œil** to look on *ou* view sth favourably/unfavourably, to view sth in a favourable/in an unfavourable light ◆ **considérer qch d'un œil critique** to consider sth with a critical eye, to look at sth critically ◆ **il ne voit pas cela du même œil qu'elle** he doesn't take the same view as she does ◆ **il voit cela avec les yeux de la foi** he sees it through the eyes of a believer ◆ **à mes yeux** in my opinion *ou* eyes

7 [LOCUTIONS] ◆ **coûter/payer les yeux de la tête** *(= très cher)* to cost/pay the earth *ou* a (small) fortune ◆ **à l'œil*** *(= gratuitement)* for nothing, for free* ◆ **mon œil !*** *(= je n'y crois pas)* my eye!*, my foot!*; *(= je ne le ferai pas)* nothing doing!*, not likely!*

◆ **coup d'œil** *(= regard rapide)* glance, quick look; *(= vue)* view ◆ **d'ici, le coup d'œil est joli** there's a lovely view from here ◆ **ça vaut le coup d'œil** it's worth seeing ◆ **au** *ou* **du premier coup d'œil** at first glance ◆ **avoir le coup d'œil pour** *(fig)* to have an eye for ◆ **jeter** *ou* **lancer un coup d'œil à qn** to glance at sb, to look quickly at sb ◆ **jeter un coup d'œil à** *[+ texte, objet]* to glance at, to take *ou* have *(Brit)* a glance *ou* quick look at ◆ **allons jeter un coup d'œil** let's go and take *ou* have *(Brit)* a look

8 [= TROU, BOUCLE] *[d'aiguille, marteau]* eye; *[de filin]* eye, loop

9 [TYPOGRAPHIE] *[de caractère]* (pl **œils**) face

10 [= BOURGEON] bud; *[de pomme de terre]* eye

11 [CULIN] ◆ **les yeux du bouillon** the globules *ou* droplets of fat in the stock

2 - COMPOSÉS

l'œil du cyclone *(Météo)* the eye of the cyclone *ou* hurricane; *(fig)* the eye of the storm
œil électronique electric eye
œil de verre glass eye

œil-de-bœuf (pl **œils-de-bœuf**) /œjdəbœf/ NM bull's-eye (window), œil-de-bœuf

œil-de-chat (pl **œils-de-chat**) /œjdəʃa/ NM *(Minér)* cat's eye

œil-de-perdrix (pl **œils-de-perdrix**) /œjdəpɛʀdʀi/ NM *(= cor au pied)* soft corn

œil-de-pie (pl **œils-de-pie**) /œjdəpi/ NM *(Naut)* *[de voile]* eyelet

œil-de-tigre (pl **œils-de-tigre**) /œjdətigʀ/ NM *(Minér)* tiger's-eye, tigereye

œillade /œjad/ NF wink ◆ **faire des œillades à qn** to make eyes at sb, to give sb the eye* ◆ **jeter** *ou* **décocher une œillade à qn** to wink at sb, to give sb a wink

œillard /œjaʀ/ NM millstone eye

œillère /œjɛʀ/
NF *(Méd)* eyebath, eyecup
NFPL **œillères** *[de cheval]* blinkers ◆ **avoir des œillères** *(fig, péj)* to wear blinkers, to be blinkered

œillet /œjɛ/ NM 1 *(= fleur)* carnation ◆ **œillet d'Inde** French marigold ◆ **œillet mignardise** pink ◆ **œillet de poète** sweet william
2 *(= petit trou)* eyelet; *(= bordure)* grommet

œilleton /œjtɔ̃/ NM *[de télescope]* eyepiece; *[de porte]* spyhole; *(= bourgeon)* bud

œilletonner /œjtɔne/ ▸ conjug 1 ◂ VT *(= ébourgeonner)* to disbud; *(= multiplier)* to bud

œillette /œjɛt/ NF *(= pavot)* oil poppy; *(= huile)* poppy(seed) oil

œkoumène /ekumɛn/ NM ecumene

œnanthe /enɑ̃t/ NF water dropwort

œnanthique /enɑ̃tik/ ADJ oenanthic

œnolique /enɔlik/ ADJ ◆ **acide œnolique** oenolic acid

œnolisme /enɔlism/ NM wine addiction

œnologie /enɔlɔʒi/ NF oenology

œnologique /enɔlɔʒik/ ADJ oenological

... ɔlɔg/ NMF oenologist, wine expert

... alcoholometry

œnométrique /enɔmetʀik/ ADJ alcoholometric

œrsted /œʀstɛd/ NM oersted

œsophage /ezɔfaʒ/ NM oesophagus *(Brit)*, esophagus *(US)*

œsophagien, -ienne /ezɔfaʒjɛ̃, jɛn/, **œsophagique** /ezɔfaʒik/ ADJ oesophageal *(Brit)*, esophageal *(US)*

œsophagite /ezɔfaʒit/ NF inflammation of the oesophagus

œsophagoscope /ezɔfagɔskɔp/ NM oesophagoscope *(Brit)*, esophagoscope *(US)*

œsophagoscopie /ezɔfagɔskɔpi/ NF oesophagoscopy *(Brit)*, esophagoscopy *(US)*

œstradiol /ɛstʀadjɔl/ NM oestradiol *(Brit)*, estradiol *(US)*

œstral, e (mpl **-aux**) /ɛstʀal, o/ ADJ ◆ **cycle œstral** oestrous *(Brit)* *ou* estrous *(US)* cycle

œstre /ɛstʀ/ NM sheep-nostril fly

œstrogène /ɛstʀɔʒɛn/ NM oestrogen *(Brit)*, estrogen *(US)*

œstrone /ɛstʀɔn/ NF oestrone *(Brit)*, estrone *(US)*

œstrus /ɛstʀys/ NM oestrus *(Brit)*, estrus *(US)*

œuf (pl **œufs**) /œf, ø/
NM 1 *(Bio, Culin)* egg ◆ **œuf du jour/frais** new-laid *(Brit)* *ou* freshly-lain *(US)* /fresh egg ◆ **œuf de caille/de poule** quail's/hen's egg ◆ **œufs de poisson** *(dans l'eau)* spawn; *(utilisés en cuisine)* fish roe ◆ **en (forme d')œuf** egg-shaped; → blanc, jaune
2 *(* = idiot)* ◆ **quel œuf ce type !** what a blockhead* this fellow is!
3 *(= télécabine)* (egg-shaped) cablecar
4 *(locutions)* ◆ **étouffer** *ou* **écraser** *ou* **détruire qch dans l'œuf** to nip sth in the bud ◆ **mettre tous ses œufs dans le même panier** to put all one's eggs in one basket ◆ **c'est comme l'œuf de Colomb (, il fallait y penser) !** it's simple when you know how!, it's easy once you think of it! ◆ **c'est l'œuf et la poule** it's a chicken and egg situation ◆ **il est à peine sorti de l'œuf*** he's still wet behind the ears* ◆ **va te faire cuire un œuf !*** (go and) take a running jump!*, get stuffed!*; → marcher, omelette
COMP **œufs brouillés** scrambled eggs
œuf en chocolat chocolate egg
œuf à la coque (soft-)boiled egg
œuf dur hard-boiled egg
œuf en gelée egg in aspic *ou* jelly
œufs au lait ≈ egg custard
œufs de lump lumpfish roe
œufs mimosa eggs mimosa *(hors d'oeuvre made with chopped egg yolks)*
œuf (au) miroir ⇒ **œuf sur le plat**
œuf mollet soft-boiled egg
œufs à la neige œufs à la neige, floating islands
œuf de Pâques Easter egg
œuf de pigeon *(lit)* pigeon's egg; *(* = bosse)* bump (on the head) ◆ **gros comme un œuf de pigeon** the size of a pigeon's egg
œuf sur le plat *ou* **au plat** fried egg ◆ **elle n'a que deux œufs sur le plat*** *(fig)* she's as flat as a pancake* ou as a board*
œuf poché poached egg
œuf à repriser darning egg

œufrier /œfʀije/ NM *[de réfrigérateur]* egg compartment *ou* rack

œuvé, e /œve/ ADJ with eggs

œuvre /œvʀ/ SYN
NF 1 *(= livre, tableau, film)* work; *(= ensemble d'une production artistique)* works ◆ **c'est une œuvre de jeunesse** it's an early work ◆ **toute l'œuvre de Picasso** Picasso's entire oeuvre ◆ **les œuvres complètes/choisies de Victor Hugo** the complete/selected works of Victor Hugo ◆ **l'œuvre romanesque de Balzac** the novels of Balzac
2 *(= tâche)* undertaking, task; *(= travail achevé)* work *(NonC)* ◆ **ce sera une œuvre de longue haleine** it will be a long-term task *ou* undertaking ◆ **admirant leur œuvre** admiring their work ◆ **la satisfaction de l'œuvre accomplie** the satisfaction of a job well done ◆ **ce beau gâchis, c'est l'œuvre des enfants** this fine mess is the children's doing *ou* work ◆ **ces formations sont l'œuvre du vent et de l'eau** these formations are the work of wind and water; → maître, pied
3 *(= acte)* ◆ **œuvre(s)** deed, work ◆ **être jugé selon ses œuvres** to be judged by one's works *ou* deeds ◆ **enceinte de ses œuvres** *(frm, hum)* with child by him, bearing his child ◆ **(bonnes) œuvres** good *ou* charitable works ◆ **faire œuvre pie** *(littér)* to do a pious deed ◆ **aide-le, ce sera une bonne œuvre** help him, that will be a *ou* an act of kindness; → fils
4 *(= organisation)* ◆ **œuvre (de bienfaisance, de charité)** charitable organization, charity ◆ **les œuvres** charity, charities
5 *(locutions)* ◆ **être/se mettre à l'œuvre** to be at/get down to work ◆ **voir qn à l'œuvre** *(lit)* to see sb at work; *(iro)* to see sb in action ◆ **faire œuvre utile** to do something worthwhile *ou* useful ◆ **faire œuvre de pionnier/médiateur** to act as a pioneer/mediator ◆ **la mort avait fait son œuvre** death had (already) claimed its own ◆ **le feu avait fait son œuvre** the fire had wrought its havoc *ou* had done its work ◆ **faire œuvre durable** to create a work of lasting significance *ou* importance ◆ **mettre en œuvre** *[+ moyens]* to implement, to make use of ◆ **il avait tout mis en œuvre pour éviter la dévaluation/pour les aider** he had done everything possible *ou* had taken all possible steps to avoid devaluation/to help them ◆ **la mise en œuvre d'importants moyens** the implementation *ou* the bringing into play of considerable resources ◆ **à l'œuvre on** *ou* **c'est à l'œuvre qu'on connaît l'ouvrier** *(Prov)* a man is judged *ou* known by his works *ou* by the work he does
NM 1 *(littér)* ◆ **l'œuvre gravé/sculpté de Picasso** the etchings/sculptures of Picasso
2 *(Constr)* ◆ **second œuvre** finishings; → grand, gros
COMP **œuvre d'art** *(lit, fig)* work of art
œuvres mortes *[de navire]* upper works, topsides
œuvres sociales *(Jur)* company benefit scheme *(Brit)* *ou* plan *(US)*
œuvres vives *(Naut)* *[de navire]* quickwork; *(fig, littér)* vitals

œuvrer /œvʀe/ ▸ conjug 1 ◂ VI *(littér ou hum)* to work (à, pour for) ◆ **œuvrer aux côtés de qn** to work side by side with sb

off /ɔf/ ADJ INV *[concert, festival]* fringe, alternative; → voix

offensant, e /ɔfɑ̃sɑ̃, ɑ̃t/ SYN ADJ insulting, offensive

offense /ɔfɑ̃s/ SYN NF 1 *(frm = affront)* insult ◆ **faire offense à** to offend, to insult ◆ **il n'y a pas d'offense*** *(hum)* no offence taken ◆ **soit dit sans offense** *(frm)* no offence (intended *ou* meant)
2 *(Rel = péché)* transgression, trespass, offence ◆ **pardonne-nous nos offenses** forgive us our trespasses ◆ **offense à** *ou* **envers** *[+ chef d'État]* libel against; *[+ Dieu]* offence against

offensé, e /ɔfɑ̃se/ (ptp de **offenser**)
ADJ offended
NM,F offended *ou* injured party

offenser /ɔfɑ̃se/ SYN ▸ conjug 1 ◂
VT 1 *[+ personne]* to offend, to give offence to ◆ **je n'ai pas voulu vous offenser** I didn't mean to offend you *ou* to give offence ◆ **offenser Dieu** to offend God, to trespass against God
2 *(littér)* *[+ sentiments]* to offend, to insult; *[+ souvenir]* to insult; *[+ personne, bon goût]* to offend; *[+ règles, principes]* to offend against
VPR **s'offenser** to take offence *(de qch* at sth)

offenseur /ɔfɑ̃sœʀ/ NM offender

offensif, -ive /ɔfɑ̃sif, iv/ SYN ADJ *(Mil)* offensive ◆ **il sont très offensifs, ils ont un jeu très offensif** *(Sport)* they play an attacking game

offensive /ɔfɑ̃siv/ SYN NF offensive ◆ **prendre l'offensive** to take the offensive ◆ **passer à l'offensive** to go on the offensive ◆ **lancer une offensive** to launch an offensive *(contre* against) ◆ **elle a lancé une offensive de charme** she turned on the charm ◆ **l'offensive de l'hiver/du froid** the onslaught of winter/of the cold ◆ **offensive diplomatique/de paix** diplomatic/peace offensive ◆ **offensive commerciale de grande envergure** large-scale commercial offensive

offensivement /ɔfɑ̃sivmɑ̃/ ADV *(Mil)* offensively ◆ **jouer offensivement** *(Sport)* to be always on the attack

offert, e /ɔfɛʀ, ɛʀt/ (ptp de **offrir**) ADJ *(Bourse)* *[cours]* offered

offertoire /ɔfɛʀtwaʀ/ NM *(Rel)* offertory

office /ɔfis/ SYN NM 1 *(littér = tâche)* duties, office; *(Hist)* charge, office; *(Admin)* office ◆ **remplir l'office de directeur/chauffeur** to hold the office *ou* post of manager/chauffeur ◆ **office ministériel** ministerial office ◆ **le bourreau a fait** *ou* **rempli son office** the executioner carried out his duties

officialisation | oiselle

2 (= usage) ♦ **faire office de** to act ou serve as ♦ **faire office de chauffeur** to act as (a) chauffeur ♦ **remplir son office** [appareil, loi] to serve its purpose, to fulfil its function, to do its job *

3 (= bureau) office, bureau ♦ **office national/départemental** national/regional office ♦ **office du tourisme** tourist information (centre), tourist office ♦ **Office national des forêts** ≈ Forest Commission (Brit), ≈ Forestry Service (US); → **musée**

4 (Rel) (= messe) (church) service; (= prières) prayers ♦ **l'office (divin)** the (divine) office ♦ **l'office des morts** the office ou service for the dead ♦ **aller à/manquer l'office** to go to/miss church ou the church service

5 (locutions)
♦ **d'office** ♦ **être nommé/mis à la retraite d'office** to be appointed/retired automatically ou as a matter of course ♦ **faire qch d'office** (Admin) to do sth automatically; (gén) to do sth as a matter of course ou automatically ♦ **avocat/expert (commis) d'office** officially appointed lawyer/expert

6 (littér = service) office ♦ **bons offices** (Pol) good offices ♦ **Monsieur bons offices*** mediator

7 (= pièce de rangement) pantry; (= lieu de repas des domestiques) servants' hall

L'OFFICE DE LA LANGUE FRANÇAISE

The **Office de la langue française** is a government body set up by the National Assembly of Quebec in 1977. It plays an important role in defending the Francophone identity of Quebec by promoting the use of French in the workplace, in business and in government. The OLF is also responsible for decision-making on points of usage and terminology, and produces regular bulletins setting out its recommendations. → **QUÉBEC, RÉVOLUTION TRANQUILLE**

officialisation /ɔfisjalizasjɔ̃/ NF officializing, officialization

officialiser /ɔfisjalize/ ► conjug 1 ◄ VT to make official, to officialize

officiant, e /ɔfisjɑ̃, jɑ̃t/
ADJ officiating
NM ♦ (prêtre) officiant officiant, officiating priest
NF ♦ (sœur) officiante officiating sister

officiel, -elle /ɔfisjɛl/ SYN
ADJ (gén) official ♦ **(c'est) officiel !*** it's no joke!, it's for sure!* ♦ **rendre officiel** to make official ou public ♦ **à titre officiel** officially; → **journal**
NM,F official ♦ **les officiels de la course** the race officials

officiellement /ɔfisjɛlmɑ̃/ ADV officially

officier[1] /ɔfisje/ NM officer ♦ **officier subalterne/supérieur/général** junior/field/general officer ♦ **officier de garde** duty officer ♦ **officier de marine** naval officer ♦ **officier marinier** petty officer ♦ **officier mécanicien** engineer officer ♦ **officier d'ordonnance** aide-de-camp ♦ **officier de paix** (police) inspector (Brit), (police) lieutenant (US) ♦ **officier de police** senior police officer ♦ **officier de police judiciaire** official empowered to make arrests and act as a policeman ♦ **officier de semaine** ≈ orderly officer ♦ **officier de l'état civil** (mayor considered in his capacity as) registrar ♦ **officier/grand officier de la Légion d'honneur** Officer/Grand Officer of the Legion of Honour ♦ **officier ministériel** member of the legal profession ♦ **officier technicien** technical officer; → **col**

officier[2] /ɔfisje/ ► conjug 7 ◄ VI (Rel, hum) to officiate

officieusement /ɔfisjøzmɑ̃/ ADV unofficially

officieux, -ieuse /ɔfisjø, jøz/ ADJ unofficial ♦ **à titre officieux** unofficially, in an unofficial capacity

(!) **officieux** ne se traduit pas par **officious**, qui a le sens de 'trop zélé'.

officinal, e (mpl -aux) /ɔfisinal, o/ ADJ [plante] medicinal

officine /ɔfisin/ NF [de pharmacie] dispensary; (Admin, Jur = pharmacie) pharmacy; (péj = repaire) headquarters, agency

offrande /ɔfʀɑ̃d/ SYN NF (= don) offering ♦ **l'offrande** (Rel = cérémonie) the offertory ♦ **apporter qch en offrande** to bring sth as a gift ou an offering

offrant /ɔfʀɑ̃/ NM (Jur, Fin) ♦ **au plus offrant** to the highest bidder ♦ « **au plus offrant** » (petites annonces) "highest offer secures sale"

offre /ɔfʀ/ GRAMMAIRE ACTIVE 19.5 SYN
NF 1 (gén) offer; (aux enchères) bid; (Admin = soumission) tender ♦ **il m'a fait une offre** (pour un prix, un emploi) he made me an offer ♦ **offre spéciale** (Comm) special offer, special (US) ♦ **offres de paix** (Pol) peace overtures; → **appel**
2 (Écon) supply ♦ **l'offre et la demande** supply and demand ♦ **théorie de l'offre** supply-side economics
COMP **offre d'emploi** job ad * ♦ **as-tu regardé les offres d'emploi ?** have you checked the job ads* ou situations vacant column? (Brit) ♦ **il y avait plusieurs offres d'emploi pour des ingénieurs** there were several jobs advertised for engineers, there were several advertisements ou ads* for engineering jobs
offre publique d'achat takeover bid, tender offer (US)
offre publique d'échange public offer of exchange
offre publique de vente offer for sale
offre(s) de service (frm) offer of service

(!) Au sens économique, **offre** ne se traduit pas par **offer**.

offreur, -euse /ɔfʀœʀ, øz/ NM,F offerer, offeror

offrir /ɔfʀiʀ/ GRAMMAIRE ACTIVE 3 SYN ► conjug 18 ◄
VT 1 (= donner) to give (à to); (= acheter) to buy (à for) ♦ **c'est pour offrir ?** is it for a present ou a gift? ♦ **la joie d'offrir** the joy of giving ♦ **il lui a offert un bracelet** he gave her a bracelet, he presented her with a bracelet ♦ **il s'est fait offrir une voiture** he was given a car ♦ **il nous a offert à boire** (chez lui) he gave us a drink; (au café) he bought ou stood (Brit) us a drink ♦ **c'est moi qui offre !** [+ tournée] it's my round!, this is on me!; [+ repas] I'm paying!, this is on me!
2 (= proposer) [+ aide, marchandise, excuse] to offer; [+ sacrifice] to offer up; [+ choix, possibilité] to offer, to give; [+ démission] to tender, to offer ♦ **offrir l'hospitalité à qn** to offer sb hospitality ♦ **il m'offrit un fauteuil** he offered me a chair ♦ **offrir son bras à qn** to offer sb one's arm ♦ **offrir ses services à qn** to offer sb one's services ♦ **offrir de faire** to offer to do ♦ **combien m'en offrez-vous ?** how much will you give me for it? ou will you offer for it? ♦ **offrir sa vie pour une cause** to offer up one's life to a cause
3 (= présenter) [+ spectacle, image] to present, to offer; [+ vue] to offer ♦ **offrir son corps aux regards** to reveal ou expose one's body to the world at large ♦ **offrir sa poitrine aux balles** to proffer (frm) ou present one's chest to the bullets ♦ **le paysage n'offrait rien de particulier** the countryside had no particular features ♦ **ces ruines n'offrent guère d'intérêt** these ruins are of little interest
4 (= apporter) [+ avantage, inconvénient] to offer, to present; [+ exemple, explication] to provide, to afford (frm); [+ analogie] to offer, to have; [+ échappatoire] to offer ♦ **offrir de la résistance** [coffre-fort] to resist, to offer resistance; [personne] to put up ou offer resistance (à to)
VPR **s'offrir** 1 (= se présenter) ♦ **s'offrir aux regards** [personne] to expose ou reveal o.s. to the public gaze; [spectacle] to present itself to the gaze, to meet ou greet our (ou your etc) eyes ♦ **la première idée qui s'est offerte à mon esprit** the first idea that occurred to me ou that came into my mind ♦ **il a saisi l'occasion qui s'offrait à lui** he seized the opportunity presented to him ♦ **il s'est offert aux coups** he let the blows rain down on him, he submitted to the blows
2 (sexuellement) to offer o.s.
3 ♦ **s'offrir à** ou **pour faire qch** to offer ou volunteer to do sth ♦ **s'offrir comme guide** to volunteer to act as a guide
4 (= se payer) [+ repas, vacances] to treat o.s. to; [+ disque] to buy o.s., to treat o.s. to; → **luxe**

(!) Quand on parle d'un cadeau, **offrir** ne se traduit pas par **to offer**.

offset /ɔfsɛt/
NM, ADJ INV (Typographie) offset ♦ **journal tiré en offset** offset (litho-)printed newspaper
NF INV offset (printing) machine

offsettiste /ɔfsetist/ NMF offset machine operator

offshore /ɔfʃɔʀ/
ADJ INV [plateforme, exploitation, pétrole] offshore; (Fin) [fonds] offshore
NM INV (Sport) (= bateau) powerboat; (= activité) powerboat racing ♦ **faire du offshore** to go powerboat racing

offusquer /ɔfyske/ SYN ► conjug 1 ◄
VT to offend ♦ **ses manières offusquent beaucoup de gens** his manners offend many people
VPR **s'offusquer** to take offence ou umbrage (de at), to be offended (de at, by)

oflag /ɔflag/ NM oflag

ogham /ɔgam/ NM og(h)am

oghamique /ɔgamik/ ADJ ♦ **écriture oghamique** og(h)am

ogival, e (mpl -aux) /ɔʒival, o/ ADJ [voûte] rib (épith), ogival (SPÉC); [arc] pointed, ogival (SPÉC); [architecture, art] gothic

ogive /ɔʒiv/ NF 1 (Archit) diagonal rib ♦ **arc d'ogives** pointed ou equilateral arch ♦ **arc en ogive** lancet arch; → **croisée**[2], **voûte**
2 (Mil) [de missile] nose cone ♦ **ogive nucléaire** nuclear warhead

OGM /oʒeɛm/ NM (abrév de **organisme génétiquement modifié** (Bio)) GMO

ogre /ɔgʀ/ SYN NM ogre ♦ **manger comme un ogre, être un vrai ogre** to eat like a horse

ogresse /ɔgʀɛs/ NF ogress ♦ **elle a un appétit d'ogresse** she's got an appetite like a horse

oh /o/ EXCL oh! ♦ **pousser des oh** to exclaim

ohé /ɔe/ EXCL hey (there)! ♦ **ohé du bateau !** ahoy (there)!, hey (there)!, hullo (there)!

Ohio /ojo/ NM Ohio

ohm /om/ NM ohm

ohmmètre /ommɛtʀ/ NM ohmmeter

oïdium /ɔidjɔm/ NM powdery mildew

oie /wa/ NF (= oiseau) goose; (péj = niaise) silly goose ♦ **oie cendrée** greylag goose ♦ **oie sauvage** wild goose ♦ **oie des neiges** snow goose ♦ **oie blanche** (péj) innocent young thing; → **caca, jeu, patte-d'oie** etc

oignon /ɔɲɔ̃/ SYN NM 1 (= légume) onion ♦ **petits oignons** pickling onions ♦ **aux petits oignons** (Culin) with (pickling) onions ♦ **soigner qn aux petits oignons*** (fig) to treat sb like a king (ou queen) ♦ **c'était aux petits oignons*** (fig) it was first-rate ♦ **ce n'est pas** ou **ce ne sont pas mes oignons*** it's none of my business, it's nothing to do with me ♦ **mêle-toi** ou **occupe-toi de tes oignons*** mind your own business; → **pelure, rang**
2 (= bulbe de fleur) bulb
3 (Méd) bunion
4 (= montre) turnip watch

oignonière /ɔɲɔnjɛʀ/ NF onion field

oïl /ɔjl/ NM → **langue**

oindre /wɛ̃dʀ/ ► conjug 49 ◄ VT to anoint

oint, ointe /wɛ̃, wɛ̃t/ (ptp de **oindre**) ADJ, NM,F anointed ♦ **l'oint du Seigneur** the Lord's anointed

oiseau (pl **oiseaux**) /wazo/
NM bird ♦ **être comme l'oiseau sur la branche** to be here today and gone tomorrow ♦ **trouver** ou **dénicher l'oiseau rare** to find the man (ou woman) in a million ♦ **les oiseaux s'étaient envolés** (fig) the birds had flown ♦ **drôle d'oiseau** (= personne) odd customer, oddball* ♦ **un oiseau de passage** a bird of passage ♦ **le petit oiseau va sortir !** (hum) watch the birdie! ♦ « **L'Oiseau de feu** » (Mus) "The Firebird" → **appétit, cervelle, vol**[1]
COMP **oiseaux de basse-cour** poultry
oiseau chanteur songbird
oiseau des îles exotic bird
oiseau de malheur, oiseau de mauvais augure (fig) bird of ill omen
oiseau migrateur migratory bird, migrant
oiseau moqueur mocking bird
oiseau de nuit (lit) night-bird, bird of the night; (fig) night owl, night-bird
oiseau de paradis bird of paradise
oiseau de proie bird of prey

oiseau-lyre (pl **oiseaux-lyres**) /wazoliʀ/ NM lyrebird

oiseau-mouche (pl **oiseaux-mouches**) /wazomuʃ/ NM hummingbird

oiseler /waz(ə)le/ ► conjug 4 ◄ VI to catch birds

oiselet /waz(ə)lɛ/ NM fledgling

oiseleur /wazlœʀ/ NM bird-catcher

oiseleur, -ière /wazəlje, jɛʀ/ NM,F bird-seller

oiselle /wazɛl/ NF (littér = oiseau; = jeune fille) silly little

oisellerie /wazɛlʀi/ NF (= *magasin*) birdshop; (= *commerce*) bird-selling

oiseux, -euse /wazø, øz/ SYN ADJ [*dispute, digression, commentaire*] pointless; [*propos*] idle (*épith*), pointless; [*question*] trivial, trifling

oisif, -ive /wazif, iv/ SYN
  ADJ idle ◆ **une vie oisive** a life of leisure, an idle life
  NM,F man (*ou* woman) of leisure ◆ **les oisifs** (*gén*) the idle (*Écon* = *non-actifs*) those not in active employment

oisillon /wazijɔ̃/ NM young bird, fledgling

oisivement /wazivmɑ̃/ ADV idly ◆ **vivre oisivement** to live a life of leisure *ou* idleness

oisiveté /wazivte/ SYN NF idleness ◆ **heures d'oisiveté** leisure time ◆ **oisiveté forcée** forced idleness *ou* inactivity ◆ **l'oisiveté est (la) mère de tous les vices** (*Prov*) the devil finds work for idle hands (*Prov*)

oison /wazɔ̃/ NM gosling

OIT /ɔite/ NF (*abrév de* **Organisation internationale du travail**) ILO

OK */oke/ EXCL, ADJ INV OK*, okay* ◆ **OK, d'accord !** OK, fine!*

okapi /ɔkapi/ NM okapi

Oklahoma /ɔklaɔma/ NM Oklahoma

okoumé /ɔkume/ NM gaboon (mahogany)

ola /ɔla/ NF (*Sport*) Mexican wave

olé /ɔle/
  EXCL olé!
  ADJ INV **olé olé*** (= *excentrique*) [*tenue*] crazy, over the top* (*Brit*); (= *osé*) [*film, livre, chanson*] risqué, near the knuckle* (*attrib*); [*tenue*] risqué, daring ◆ **elle est un peu olé olé** (*d'allure*) she's a bit over the top* (*Brit*) *ou* outrageous; (*de mœurs*) she leads quite a wild life

oléacée /ɔlease/ NF member of the Oleaceae family ◆ **oléacées** Oleaceae

oléagineux, -euse /ɔleaʒinø, øz/
  ADJ oil-producing, oleaginous (SPÉC) ◆ **graines oléagineuses** oilseeds ◆ **fruits oléagineux** nuts, oleaginous fruits (SPÉC)
  NM oil-producing *ou* oleaginous (SPÉC) plant

oléastre /ɔleastʀ/ NM Russian olive, oleaster (SPÉC)

oléate /ɔleat/ NM oleate

olécrane /ɔlekʀan/ NM olecranon

oléfiant, e /ɔlefjɑ̃, jɑ̃t/ ADJ olefiant ◆ **gaz oléfiant** olefiant gas

oléfine /ɔlefin/ NF olefine, alkene

oléiculteur, -trice /ɔleikyltœʀ, tʀis/ NM olive grower

oléiculture /ɔleikyltyʀ/ NF olive growing

oléifère /ɔleifɛʀ/ ADJ oil-producing, oleiferous (SPÉC)

oléiforme /ɔleifɔʀm/ ADJ oil-like (*épith*)

oléine /ɔlein/ NF olein, triolein

oléique /ɔleik/ ADJ ◆ **acide oléique** oleic acid

oléoduc /ɔleɔdyk/ NM oil pipeline

oléomètre /ɔleɔmɛtʀ/ NM oleometer

oléoprotéagineux /ɔleɔpʀɔteaʒinø/ NM (*Agr*) oilseed

oléorésine /ɔleɔʀezin/ NF oleoresin

oléum /ɔleɔm/ NM oleum

OLF /ɔɛlɛf/ NM (*abrév de* **Office de la Langue Française**) → **office**

olfactif, -ive /ɔlfaktif, iv/ ADJ olfactory

olfaction /ɔlfaksjɔ̃/ NF olfaction

olibrius /ɔlibʀijys/ SYN NM (*péj*) (queer) customer* *ou* fellow*

olifant /ɔlifɑ̃/ NM (ivory) horn

oligarchie /ɔligaʀʃi/ NF oligarchy

oligarchique /ɔligaʀʃik/ ADJ oligarchic

oligarque /ɔligaʀk/ NM oligarch

oligiste /ɔliʒist/ ADJ, NM ◆ **(fer) oligiste** oligist iron

oligocène /ɔligɔsɛn/
  ADJ oligocene
  NM ◆ **l'oligocène** the Oligocene

oligochètes /ɔligɔkɛt/ NMPL ◆ **les oligochètes** oligochaetes

oligoclase /ɔligɔklaz/ NF oligoclase

oligoélément /ɔligɔelemɑ̃/ NM trace element

oligomère /ɔligɔmɛʀ/ NM oligomer

oligopeptide /ɔligɔpɛptid/ NM oligopeptide

oligophrénie /ɔligɔfʀeni/ NF mental deficiency, oligophrenia (SPÉC)

oligopole /ɔligɔpɔl/ NM oligopoly

oligopolistique /ɔligɔpɔlistik/ ADJ oligopolistic

oligosaccharide /ɔligɔsakaʀid/ NM oligosaccharide

oligurie /ɔligyʀi/ NF oliguria, oliguresis

olivacé, e /ɔlivase/ ADJ olive (green)

olivaie /ɔlivɛ/ NF ⇒ **oliveraie**

olivâtre /ɔlivɑtʀ/ ADJ (*gén*) olive-greenish; [*teint*] sallow

olive /ɔliv/
  NF 1 (= *fruit*) olive ◆ **olive noire/verte** black/green olive; → **huile**
  2 (= *ornement*) bead *ou* pearl moulding; (= *interrupteur*) switch
  3 (*Anat*) olivary body
  4 (= *coquillage*) olive(-shell)
  ADJ INV olive(-green)

oliveraie /ɔlivʀɛ/ NF olive grove

olivette /ɔlivɛt/ NF plum tomato

olivier /ɔlivje/ NM (= *arbre*) olive tree; (= *bois*) olive (wood); → **jardin, mont, rameau**

olivine /ɔlivin/ NF olivine

ollaire /ɔlɛʀ/ ADJ ◆ **pierre ollaire** potstone

olographe /ɔlɔgʀaf/ ADJ → **testament**

OLP /ɔɛlpe/ NF (*abrév de* **Organisation de libération de la Palestine**) PLO

Olympe¹ /ɔlɛ̃p/ NM ◆ **l'Olympe** (= *mont*) Mount Olympus

Olympe² /ɔlɛ̃p/ NF (*Myth*) Olympia

olympiade /ɔlɛ̃pjad/ NF Olympiad

Olympie /ɔlɛ̃pi/ N Olympia

olympien, -ienne /ɔlɛ̃pjɛ̃, jɛn/ ADJ [*dieux*] Olympic; [*calme*] Olympian ◆ **air olympien** air of Olympian aloofness

olympique /ɔlɛ̃pik/ ADJ Olympic ◆ **il est dans une forme olympique** he's in great shape *ou* top form (*Brit*); → **jeu, piscine**

olympisme /ɔlɛ̃pism/ NM (= *organisation*) organization of the Olympic games; (= *principe*) Olympic spirit

OM (*abrév de* **ondes moyennes**) MW

Oman /ɔmɑn/ NM ◆ **(le Sultanat d')Oman** (the Sultanate of) Oman

omanais, e /ɔmanɛ, ɛz/
  ADJ Omani
  NM,F ◆ **Omanais(e)** Omani

ombelle /ɔ̃bɛl/ NF umbel ◆ **en ombelle** umbellate (SPÉC), parasol-shaped

ombellé, e /ɔ̃bele/ ADJ umbellated

ombellifère /ɔ̃belifɛʀ/
  ADJ umbelliferous
  NF umbellifer ◆ **ombellifères** Umbelliferae (SPÉC)

ombilic /ɔ̃bilik/ NM 1 (= *nombril*) umbilicus, navel
  2 (= *plante*) navelwort
  3 [*de fruit, champignon*] hilum; (= *renflement*) [*de bouclier*] boss; (*Math*) umbilic

ombilical, e (*mpl* **-aux**) /ɔ̃bilikal, o/ ADJ (*Anat*) umbilical; (= *en forme d'ombilic*) navel-like; → **cordon**

ombiliqué, e /ɔ̃bilike/ ADJ umbilicate

omble /ɔ̃bl(ə)/ NM char(r) fish ◆ **omble(-)chevalier** arctic char(r)

ombrage /ɔ̃bʀaʒ/ NM 1 (= *ombre*) shade ◆ **sous les ombrages (du parc)** (= *feuillage*) in the shade of the trees (in the park), in the leafy shade (of the park)
  2 (*locutions*) ◆ **prendre ombrage de qch** (*frm*) to take umbrage *ou* offence at sth ◆ **porter ombrage à qn** † (*aussi littér*), **causer** *ou* **donner de l'ombrage à qn** to offend sb

ombragé, e /ɔ̃bʀaʒe/ (*ptp de* **ombrager**) ADJ shaded, shady

ombrager /ɔ̃bʀaʒe/ ►**conjug 3**◄ VT [*arbres*] to shade ◆ **une mèche ombrageait son front** (*fig littér*) a lock of hair shaded his brow

ombrageux, -euse /ɔ̃bʀaʒø, øz/ SYN ADJ 1 [*personne*] touchy, quick to take offence (*attrib*), easily offended; [*caractère*] touchy, prickly
  2 [*âne, cheval*] skittish, nervous

ombre¹ /ɔ̃bʀ/ SYN
  NF 1 (*lit*) shade (NonC); (= *ombre portée*) shadow; (*littér* = *obscurité*) darkness ◆ **25° à l'ombre** 25° in the shade ◆ **dans l'ombre de l'arbre/du vestibule** in the shade of the tree/of the hall ◆ **ces arbres font de l'ombre** these trees give (us) shade ◆ **ôte-toi de là, tu me fais de l'ombre** get out of my light, move - you're in my light ◆ **places sans ombre/pleines d'ombre** shadeless/shady squares ◆ **tapi dans l'ombre** crouching in the darkness *ou* in the shadows; → **théâtre**
  2 (= *forme vague*) shadow, shadowy figure *ou* shape
  3 (= *anonymat*) obscurity; (= *secret, incertitude*) dark ◆ **laisser une question dans l'ombre** to leave a question unresolved, to deliberately ignore a question ◆ **tramer quelque chose dans l'ombre** to plot something in the dark ◆ **travailler dans l'ombre** to work behind the scenes ◆ **sortir de l'ombre** [*auteur*] to emerge from one's obscurity; [*terroriste*] to come out into the open ◆ **rester dans l'ombre** [*artiste*] to remain in obscurity; [*meneur*] to keep in the background; [*détail*] to be still obscure, to remain unclear ◆ **c'est un homme de l'ombre** he works in the background
  4 (= *soupçon*) ◆ **une ombre de moustache** a hint *ou* suspicion of a moustache ◆ **il n'y a pas** *ou* **ça ne fait pas l'ombre d'un doute** there's not the (slightest) shadow of a doubt ◆ **sans l'ombre d'un doute** beyond *ou* without the shadow of a doubt ◆ **tu n'as pas l'ombre d'une chance** you haven't got a ghost of a chance ◆ **sans l'ombre d'une hésitation** without a moment's hesitation ◆ **une ombre de tristesse passa sur son visage** a look of sadness darkened his face ◆ **il y avait dans sa voix l'ombre d'un reproche** there was a hint of reproach in his voice
  5 (= *fantôme*) shade; → **royaume**
  6 (*locutions*) ◆ **à l'ombre de** (= *tout près de*) in the shadow of, close beside; (= *à l'abri de*) in the shade of ◆ « **À l'ombre des jeunes filles en fleurs** » (*Littérat*) "Within a Budding Grove" ◆ **vivre dans l'ombre de qn** to live in the shadow of sb ◆ **être l'ombre de qn** to be sb's (little) shadow ◆ **faire de l'ombre à qn** (*fig*) to overshadow sb ◆ **mettre qn à l'ombre*** to put sb behind bars, to lock sb up ◆ **il y a une ombre au tableau** there's a fly in the ointment ◆ **seule ombre au tableau : il ne parle pas grec** the only snag *ou* problem is that he doesn't speak Greek ◆ **n'être plus que l'ombre de soi-même** to be a (mere) shadow of one's former self ◆ **jeter une ombre sur qch** to cast a shadow over sth ◆ **il tire plus vite que son ombre** (*hum*) he's the fastest draw in the West; → **peur, proie, suivre**
  COMP **ombres chinoises** (*improvisées*) shadowgraph; (= *spectacle*) shadow show *ou* pantomime
  ombre méridienne noonday shadow
  ombre à paupières eye shadow
  ombre portée shadow

ombre² /ɔ̃bʀ/ NM (= *poisson*) grayling

ombre³ /ɔ̃bʀ/ NF (= *terre, couleur*) umber ◆ **terre d'ombre** umber

ombrelle /ɔ̃bʀɛl/ NF (= *parasol*) parasol, sunshade; [*de méduse*] umbrella

ombrer /ɔ̃bʀe/ ►**conjug 1**◄ VT [+ *dessin*] to shade ◆ **ombrer ses paupières** to put on eye shadow

ombrette /ɔ̃bʀɛt/ NF umbrette, hammerkop

ombreux, -euse /ɔ̃bʀø, øz/ ADJ (*littér*) [*pièce, forêt*] shady

Ombrie /ɔ̃bʀi/ NF Umbria

ombrien, -ienne /ɔ̃bʀjɛ̃, jɛn/ ADJ Umbrian

ombrine /ɔ̃bʀin/ NF (= *poisson*) umbra

ombudsman /ɔmbydsman/ NM (*Can*) ombudsman

OMC /oɛmse/ NF (*abrév de* **Organisation mondiale du commerce**) WTO

oméga /ɔmega/ NM omega; → **alpha**

omelette /ɔmlɛt/ NF omelette ◆ **omelette aux champignons/au fromage** mushroom/cheese omelette ◆ **omelette baveuse** runny omelette ◆ **omelette norvégienne** baked Alaska ◆ **on ne fait pas d'omelette sans casser des œufs** (*Prov*) you can't make an omelette without breaking eggs (*Prov*)

omerta /ɔmɛʀta/ NF code of silence, omertà

omettre /ɔmɛtʀ/ [SYN] ▸ conjug 56 ◂ VT to leave out, to omit ◆ **omettre de faire qch** to fail ou omit ou neglect to do sth

OMI /ɔemi/ NF (abrév de **Organisation maritime internationale**) IMO

omicron /ɔmikʀɔn/ NM omicron

omis, e /ɔmi, iz/ (ptp de **omettre**)
 ADJ omitted
 NM (Mil) man left out of conscription by mistake

omission /ɔmisjɔ̃/ [SYN] NF (= action) omission; (= chose oubliée) omission, oversight ◆ **pécher par omission** to sin by omission

OMM /ɔemɛm/ NF (abrév de **Organisation météorologique mondiale**) WMO

omnibus /ɔmnibys/ NM ◆ **(train) omnibus** slow ou local train; (Hist = bus) omnibus ◆ **le train est omnibus jusqu'à Paris** the train stops at every station before ou until Paris; → **barre**

omnicolore /ɔmnikɔlɔʀ/ ADJ many-coloured

omnidirectif, -ive /ɔmnidiʀɛktif, iv/ ADJ omnidirectional

omnidirectionnel, -elle /ɔmnidiʀɛksjɔnɛl/ ADJ omnidirectional

omnipotence /ɔmnipɔtɑ̃s/ [SYN] NF omnipotence

omnipotent, e /ɔmnipɔtɑ̃, ɑ̃t/ [SYN] ADJ omnipotent, all-powerful

omnipraticien, -ienne /ɔmnipʀatisjɛ̃, jɛn/ NM,F general practitioner

omniprésence /ɔmnipʀezɑ̃s/ NF omnipresence

omniprésent, e /ɔmnipʀezɑ̃, ɑ̃t/ ADJ omnipresent ◆ **son influence est omniprésente** his influence is felt everywhere

omniscience /ɔmnisjɑ̃s/ NF omniscience

omniscient, e /ɔmnisjɑ̃, jɑ̃t/ ADJ omniscient

omnisports /ɔmnispɔʀ/ ADJ INV [terrain] general-purpose (épith) ◆ **association omnisports** (general) sports club ◆ **salle omnisports** games hall ◆ **palais omnisports** sports centre

omnium /ɔmnjɔm/ NM 1 (Cyclisme) prime; (Courses) open handicap
 2 (Comm) corporation

omnivore /ɔmnivɔʀ/
 ADJ omnivorous
 NM omnivorous creature, omnivore (SPÉC)

omoplate /ɔmɔplat/ NF shoulder blade, scapula (SPÉC)

OMS /ɔems/ NF (abrév de **Organisation mondiale de la santé**) WHO

OMT /ɔemte/ NF (abrév de **Organisation mondiale du tourisme**) WTO

on /ɔ̃/ PRON 1 (indétermination : souvent traduit par passif) ◆ **on les interrogea sans témoins** they were questioned without (any) witnesses ◆ **on va encore augmenter l'essence** (the price of) petrol's going up again, they are putting up the price of petrol again ◆ **on demande jeune fille** (annonce) young girl wanted ou required ◆ **on ne nous a pas demandé notre avis** nobody asked our opinion, our opinion wasn't asked ◆ **on ne devrait pas poser des questions si ambiguës** you ou one shouldn't ask such ambiguous questions ◆ **dans cet hôtel, on n'accepte pas les chiens** dogs aren't allowed in this hotel ◆ **on prétend que...** they say that..., it is said that... ◆ **on se précipita sur les places vides** there was a rush for the empty seats ◆ **on n'est jamais si bien servi que par soi-même** (Prov) a job is never so well done as when you do it yourself; → **dire**
 2 (= quelqu'un) someone, anyone ◆ **on a déposé ce paquet pendant que vous étiez sorti** someone left this parcel ou this parcel was left while you were out ◆ **qu'est-ce que je dis si on demande à vous parler ?** what shall I say if someone ou anyone asks to speak to you? ◆ **on vous demande au téléphone** you're wanted on the phone, there's someone on the phone for you ◆ **on frappe à la porte** there was a knock at the door ◆ **est-ce qu'on est venu réparer la porte ?** has anyone ou someone been to repair the door? ◆ **on peut très bien aimer la pluie** some people may well like the rain ◆ **je n'admets pas qu'on ou que l'on ne sache pas nager** I can't understand how (some) people can't swim
 3 (indéf = celui qui parle) you, one (frm), we ◆ **on ne dort pas par cette chaleur** you (ou one (frm)) can't sleep in this heat ◆ **est-ce qu'on est censé s'habiller pour le dîner ?** is one (frm) ou are we expected to dress for dinner? ◆ **on aimerait être sûr que...** one ou we would like to be sure that... ◆ **de nos fenêtres, on voit les collines** from our windows you (ou we) can see the hills ◆ **on a trop chaud ici** it's too hot here ◆ **quand on est inquiet rien ne peut vous ou nous distraire** when you are (ou one is) worried nothing can take your (ou one's) mind off it ◆ **on comprend difficilement pourquoi** it is difficult to understand why ◆ **on ne pense jamais à tout** you can't think of everything ◆ **on ne lui donnerait pas 70 ans** you wouldn't think she was 70 ◆ **on ne dirait pas que...** you wouldn't think that...
 4 (éloignement dans temps, espace) they, people ◆ **autrefois, on se préoccupait peu de l'hygiène** years ago, they (ou people) didn't worry about hygiene ◆ **en Chine on mange avec des baguettes** in China they eat with chopsticks ◆ **dans aucun pays on ne semble pouvoir arrêter l'inflation** it doesn't seem as if inflation can be stopped in any country, no country seems (to be) able to stop inflation
 5 (* = nous) we ◆ **on a décidé tous les trois de partir chacun de son côté** the three of us decided to go (each) our separate ways ◆ **chez nous on mange beaucoup de pain** we eat a lot of bread in our family ◆ **lui et moi on n'est pas d'accord** we don't see eye to eye, him and me * ◆ **nous, on a amené notre chien** we've brought along the dog ◆ **nous, on a tous réclamé une augmentation** we all (of us) demanded a rise ◆ **on fait ce qu'on peut** ou **de son mieux** you can only do your best ◆ **il faut bien qu'on vive** a guy's (ou a girl's) got to eat * ◆ **dans ce chapitre on essaiera de prouver...** in this chapter we (frm) shall attempt to prove...
 6 (gén langue parlée : familiarité, reproche etc) ◆ **on est bien sage aujourd'hui !** aren't we a good boy (ou girl) today!, we are a good boy (ou girl) today! ◆ **alors, on ne dit plus bonjour aux amis !** don't we say hello to our friends any more? ◆ **alors, on est content ?** well, are you pleased? ◆ **on n'a pas un sou mais on s'achète une voiture !** (iro) he hasn't (ou they haven't etc) a penny to his (ou their etc) name but he goes and buys (ou they go and buy etc) a car! ◆ **on parle, on parle et puis on finit par dire des sottises** talk, talk, talk and it's all nonsense in the end
 7 (intensif) ◆ **c'est on ne peut plus beau/ridicule** it couldn't be lovelier/more ridiculous ◆ **je suis on ne peut plus heureux de vous voir** I couldn't be more delighted to see you, I'm absolutely delighted to see you; → **pouvoir¹**

onagracée /ɔnagʀase/ NF onagraceous plant

onagre¹ /ɔnagʀ/ NM (= âne, machine de guerre) onager

onagre² /ɔnagʀ/ NF (= plante) evening primrose

onanisme /ɔnanism/ NM onanism

onc †† /ɔ̃k/ ADV ⇒ **oncques**

once¹ /ɔ̃s/ NF (= mesure) ounce ◆ **il n'a pas une once de bon sens** he hasn't an ounce of common sense

once² /ɔ̃s/ NF (= animal) ounce, snow leopard

onchocercose /ɔ̃kɔsɛʀkoz/ NF river blindness, onchocerciasis (SPÉC)

oncial, e (mpl **-iaux**) /ɔ̃sjal, jo/
 ADJ uncial
 NF onciale uncial

oncle /ɔ̃kl/ NM uncle ◆ **oncle d'Amérique** (fig) rich uncle ◆ **l'Oncle Sam** Uncle Sam ◆ **l'Oncle Tom** Uncle Tom

oncogène /ɔ̃kɔʒɛn/
 ADJ oncogenic, oncogenous
 NM oncogene

oncologie /ɔ̃kɔlɔʒi/ NF oncology

oncologiste /ɔ̃kɔlɔʒist/, **oncologue** /ɔ̃kɔlɔg/ NMF oncologist

oncotique /ɔ̃kɔtik/ ADJ oncotic

oncques †† /ɔ̃k/ ADV never

onction /ɔ̃ksjɔ̃/ NF (Rel, fig) unction ◆ **onction des malades** anointing of the sick

onctueusement /ɔ̃ktɥøzmɑ̃/ ADV [couler] unctuously; [parler] with unction, suavely

onctueux, -euse /ɔ̃ktɥø, øz/ [SYN] ADJ [crème] smooth, creamy, unctuous; [manières, voix] unctuous, smooth

onctuosité /ɔ̃ktɥozite/ NF unctuousness, smoothness, creaminess

ondatra /ɔ̃datʀa/ NM muskrat

onde /ɔ̃d/ NF 1 (gén, Phys) wave ◆ **ondes hertziennes/radioélectriques/sonores** Hertzian/radio/sound waves ◆ **ondes courtes** short waves ◆ **petites ondes, ondes moyennes** medium waves ◆ **grandes ondes** long waves ◆ **transmettre sur ondes courtes/petites ondes/grandes ondes** to broadcast on short/medium/long wave ◆ **onde de choc** (lit, fig) shock wave; → **longueur**
 2 (locutions) ◆ **sur les ondes et dans la presse** on the radio and in the press ◆ **nous espérons vous retrouver sur nos ondes demain à 6 heures** we hope you'll join us again on the air tomorrow at 6 o'clock ◆ **il passe sur les ondes demain** he's going on the air tomorrow ◆ **mise en onde** (Radio) production ◆ **mettre en ondes** [+ pièce, récit] to produce for the radio ◆ **par ordre d'entrée en ondes** in order of appearance
 3 (littér = lac, mer) ◆ **l'onde** the waters ◆ **l'onde amère** the briny deep (littér)

ondé, e¹ /ɔ̃de/ ADJ (littér) [tissu] watered; [cheveux] wavy

ondée² /ɔ̃de/ [SYN] NF shower (of rain)

ondemètre /ɔ̃dmɛtʀ/ NM wavemeter

ondin, e /ɔ̃dɛ̃, in/ NM,F water sprite

on-dit /ɔ̃di/ [SYN] NM INV rumour, hearsay (NonC) ◆ **ce ne sont que des on-dits** it's only hearsay

ondoiement /ɔ̃dwamɑ̃/ NM 1 (littér) [de blés, surface moirée] undulation
 2 (Rel) provisional baptism

ondoyant, e /ɔ̃dwajɑ̃, ɑ̃t/ [SYN] ADJ 1 [eaux, blés] undulating; [flamme] wavering; [reflet] shimmering; [démarche] swaying, supple
 2 († ou littér) [caractère, personne] unstable, changeable

ondoyer /ɔ̃dwaje/ [SYN] ▸ conjug 8 ◂
 VI [blés] to undulate, to ripple; [drapeau] to wave, to ripple
 VT (Rel) to baptize (in an emergency)

ondulant, e /ɔ̃dylɑ̃, ɑ̃t/ ADJ 1 [démarche] swaying, supple; [ligne, profil, surface] undulating
 2 (Méd) [pouls] uneven

ondulation /ɔ̃dylasjɔ̃/ [SYN] NF [de vagues, blés, terrain] undulation ◆ **ondulations** [de sol] undulations; [de cheveux] waves

ondulatoire /ɔ̃dylatwaʀ/ ADJ (Phys) undulatory, wave (épith); → **mécanique**

ondulé, e /ɔ̃dyle/ [SYN] (ptp de **onduler**) ADJ [surface] undulating; [chevelure] wavy; [carton, tôle] corrugated

onduler /ɔ̃dyle/ [SYN] ▸ conjug 1 ◂
 VI (gén) to undulate; [drapeau] to ripple, to wave; [route] to snake up and down, to undulate; [cheveux] to be wavy, to wave
 VT † [+ cheveux] to wave

onduleur /ɔ̃dylœʀ/ NM (Élec) inverter

onduleux, -euse /ɔ̃dylø, øz/ ADJ [courbe, ligne] wavy; [plaine] undulating; [silhouette, démarche] sinuous, swaying, supple

onéreux, -euse /ɔneʀø, øz/ [SYN] ADJ expensive, costly; → **titre**

ONF /ɔenɛf/ NM (abrév de **Office national des forêts**) → **office**

ONG /ɔenʒe/ NF (abrév de **organisation non gouvernementale**) NGO

ongle /ɔ̃gl/ NM [de personne] (finger)nail; [d'animal] claw ◆ **ongle de pied** toenail ◆ **porter** ou **avoir les ongles longs** to have long nails ◆ **avoir les ongles en deuil *** to have dirty (finger)nails ◆ **se faire les ongles** to do one's nails ◆ **avoir les ongles faits** to be wearing nail varnish (Brit) ou nail polish, to have painted nails; → **bout, incarné, payer**

onglée /ɔ̃gle/ NF ◆ **j'avais l'onglée** my fingers were numb with cold

onglet /ɔ̃glɛ/ NM 1 [de tranche de livre] (dépassant) tab; (en creux) thumb index ◆ **dictionnaire à onglets** dictionary with a thumb index
 2 [de lame de canif] (thumbnail) groove
 3 (Menuiserie) mitre (Brit), miter (US) ◆ **boîte à onglets** mitre (Brit) ou miter (US) box
 4 (Math) ungula; [de pétale] unguis; (Reliure) guard
 5 (Boucherie) prime cut of beef
 6 (Ordin) thumbnail

onglette /ɔ̃glɛt/ NF graver

onglier /ɔ̃glije/ NM manicure set

onglon /ɔ̃glɔ̃/ NM unguis

onguent /ɔ̃gɑ̃/ NM 1 (Pharm) ointment, salve
 2 († = parfum) unguent

onguiculé, e /ɔ̃g(ɥ)ikyle/ ADJ [plante, animal] unguiculate

onguiforme /ɔ̃g(ɥ)ifɔʀm/ ADJ unguiform

ongulé, e /ɔ̃gyle/
- ADJ hoofed, ungulate (SPÉC)
- NM hoofed ou ungulate (SPÉC) animal ◆ **ongulés** ungulata

onguligrade /ɔ̃gyligʀad/ ADJ unguligrade

onirique /ɔniʀik/ ADJ (Art, Littérat) dreamlike, dream (attrib), oneiric (frm)

onirisme /ɔniʀism/ NM (Psych) hallucinosis; (Littérat) fantasizing ◆ **la demi-brume portait à l'onirisme** the mist created a dreamy atmosphere

oniromancie /ɔniʀɔmɑ̃si/ NF oneiromancy

oniromancien, -ienne /ɔniʀɔmɑ̃sjɛ̃, jɛn/ ADJ oneiromancer

onirothérapie /ɔniʀɔteʀapi/ NF therapy through dream interpretation

onomasiologie /ɔnɔmazjɔlɔʒi/ NF onomasiology

onomastique /ɔnɔmastik/
- ADJ onomastic
- NF onomastics (sg)

onomatopée /ɔnɔmatɔpe/ NF onomatopoeia

onomatopéique /ɔnɔmatɔpeik/ ADJ onomatopoeic

ontarien, -ienne /ɔ̃taʀjɛ̃, jɛn/
- ADJ Ontarian
- NM,F **Ontarien(ne)** Ontarian

Ontario /ɔ̃taʀjo/ NM Ontario ◆ **le lac Ontario** Lake Ontario

ontogenèse /ɔ̃tɔʒənɛz/ ADJ ontogeny, ontogenesis

ontogénétique /ɔ̃tɔʒenetik/ ADJ ontogenetic, ontogenic

ontogénie /ɔ̃tɔʒeni/ NF ⇒ **ontogenèse**

ontogénique /ɔ̃tɔʒenik/ ADJ ⇒ **ontogénétique**

ontologie /ɔ̃tɔlɔʒi/ NF ontology

ontologique /ɔ̃tɔlɔʒik/ ADJ ontological

ONU /ɔny/ NF (abrév de **Organisation des Nations Unies**) UNO ◆ **l'ONU** the UN, (the) UNO

onusien, -ienne /ɔnyzjɛ̃, jɛn/
- ADJ UN (épith)
- NM,F UN official

onychophagie /ɔnikɔfaʒi/ NF nail-biting

onyx /ɔniks/ NM onyx

onyxis /ɔniksis/ NM onyxis

onzain /ɔ̃zɛ̃/ NM eleven-line stanza

onze /ɔ̃z/
- ADJ INV eleven ◆ **le onze novembre** Armistice Day ; pour autres loc voir **six**
- NM INV (Football) ◆ **le onze de France** the French eleven ou team; pour autres loc voir **six**

onzième /ɔ̃zjɛm/ ADJ, NMF eleventh ◆ **les ouvriers de la onzième heure** (péj) last-minute helpers, people who turn up when the work is practically finished ; pour autres loc voir **sixième**

onzièmement /ɔ̃zjɛmmɑ̃/ ADV in the eleventh place ; pour loc voir **sixièmement**

oocyte /ɔɔsit/ NM oocyte

oogone /ɔɔgɔn/ NF oogonium

oolithe /ɔɔlit/ NM oolite

oolithique /ɔɔlitik/ ADJ oolitic

oosphère /ɔɔsfɛʀ/ NF oosphere

oospore /ɔɔspɔʀ/ NF oospore

oothèque /ɔɔtɛk/ NF ootheca

OPA /ɔpea/ NF (abrév de **offre publique d'achat** (Fin)) takeover bid (Brit), tender offer (US) ◆ **faire une OPA sur** (lit, fig) to take over

opacifiant /ɔpasifjɑ̃/ NM (Méd) contrast medium

opacification /ɔpasifikasjɔ̃/ NF opacification

opacifier /ɔpasifje/ ▶ conjug 7 ◀ VT to make opaque

opacimétrie /ɔpasimetʀi/ NF opacimetry

opacité /ɔpasite/ SYN NF 1 (Phys) [de verre, corps] opacity
2 [de brouillard, nuit] impenetrability
3 [de mot, personnage, texte] opaqueness, lack of clarity

opale /ɔpal/ NF opal

opalescence /ɔpalesɑ̃s/ NF opalescence

opalescent, e /ɔpalesɑ̃, ɑ̃t/ ADJ opalescent

opalin, e[1] /ɔpalɛ̃, in/ ADJ opaline

opaline[2] /ɔpalin/ NF opaline

opaliser /ɔpalize/ ▶ conjug 1 ◀ VT to opalize

opaque /ɔpak/ SYN ADJ 1 [verre, corps] opaque (à to) ◆ **collants opaques** opaque tights
2 [brouillard, nuit, forêt] impenetrable
3 [mot, personnage] opaque

op' art /ɔpart/ NM op art

op. cit. (abrév de **opere citato**) op. cit.

OPE /ɔpeə/ NF (abrév de **offre publique d'échange**) → **offre**

ope /ɔp/ NF ou M ope

opéable /ɔpeabl/
- ADJ liable to be taken over (attrib)
- NF firm liable to be taken over

open /ɔpɛn/ ADJ INV, NM open ◆ **(tournoi) open** open (tournament)

OPEP /ɔpɛp/ NF (abrév de **Organisation des pays exportateurs de pétrole**) OPEC

opéra /ɔpeʀa/ NM 1 (= œuvre, genre, spectacle) opera ; (= édifice) opera house ◆ **opéra bouffe** opéra bouffe, comic opera ◆ **opéra rock** rock opera ◆ **opéra ballet** opéra ballet ◆ « **L'Opéra de quat' sous** » (Littérat) "The Threepenny Opera"
2 (Culin) coffee and chocolate gâteau

opérable /ɔpeʀabl/ ADJ operable ◆ **le malade est-il opérable ?** can the patient be operated on? ◆ **ce cancer n'est plus opérable** this cancer is too far advanced for an operation ou to be operable

opéra-comique (pl **opéras-comiques**) /ɔpeʀakɔmik/ NM light opera, opéra comique

opérande /ɔpeʀɑ̃d/ NM (Math, Ordin) operand

opérant, e /ɔpeʀɑ̃, ɑ̃t/ ADJ (= efficace) effective

opérateur, -trice /ɔpeʀatœʀ, tʀis/ SYN
- NM,F 1 (sur machine, téléphone, radio) operator ◆ **opérateur (de prise de vues)** cameraman ◆ **opérateur de saisie** keyboard operator, keyboarder
2 (Bourse) dealer, trader, operator
- NM 1 (Math, Ordin) operator ◆ **opérateur booléen** Boolean operator
2 [de calculateur] processing unit
3 (Bourse, Fin) operator
4 (Téléc) telecommunication company ◆ **opérateur (de téléphonie mobile)** network provider

opération /ɔpeʀasjɔ̃/ SYN NF 1 (Méd) operation ◆ **opération à cœur ouvert** open-heart surgery (NonC) ◆ **salle/table d'opération** operating theatre (Brit) ou room (US) /table ◆ **faire ou pratiquer une opération** to operate, to perform an operation ◆ **subir une opération (chirurgicale)** to have ou undergo surgery, to have an operation
2 (Math) operation ◆ **les opérations fondamentales** the fundamental operations ◆ **ça peut se résoudre en 2 ou 3 opérations** that can be solved in 2 or 3 calculations ou operations ◆ **tu as fini tes opérations ?** (Scol) have you done your sums?
3 (Mil, gén) operation ◆ **opération de police/de sauvetage** police/rescue operation ◆ « **opération Tango** » (nom de code) "operation Tango" ◆ **opération mains propres** anti-corruption operation; → **théâtre**
4 (Comm) (= campagne) campaign, drive; (= action) operation ◆ **opération promotionnelle** promotional campaign ◆ « **opération baisse des prix** » "cut-price sale" ◆ **opération escargot** go-slow (Brit), slow-down (US) ◆ **faire une opération coup de poing sur** [+ prix] to slash; [+ trafic] to crack down on
5 (= tractation) (Comm) deal; (Bourse) deal, transaction, operation ◆ **opération bancaire** ou **de banque** banking operation ou transaction ◆ **opération financière/commerciale/immobilière** financial/commercial/property deal ◆ **opérations de Bourse** stock-exchange transactions ◆ **notre équipe a réalisé une bonne opération** (en affaires) our team got a good deal; (en sport) our team did a really good job
6 (Tech, gén) process, operation ◆ **les diverses opérations de la fabrication du papier** the different operations ou processes in the making of paper ◆ **l'opération de la digestion** the operation of the digestive system ◆ **les opérations de la raison** the processes of thought ◆ **par l'opération du Saint-Esprit** (Rel) through the workings of the Holy Spirit; (hum) by magic

opérationnalité /ɔpeʀasjɔnalite/ NF ◆ **pour une opérationnalité immédiate des nouvelles recrues** so that new starts can immediately become effective workers

opérationnel, -elle /ɔpeʀasjɔnɛl/ ADJ operational

opératique /ɔpeʀatik/ ADJ [convention, musique, version] operatic ◆ **le marché opératique mondial** the world opera market

opératoire /ɔpeʀatwaʀ/ ADJ (Méd) [méthodes, techniques] operating; [maladie, commotion, dépression] post-operative ; → **bloc**

opercule /ɔpɛʀkyl/ NM [de plante, animal] operculum; (= couvercle) protective cap ou cover; [de pot de crème, carton de lait] seal

operculé, e /ɔpɛʀkyle/ ADJ [animal, plante] operculate

opéré, e /ɔpeʀe/ (ptp de **opérer**) NM,F (Méd) patient (who has undergone an operation)

opérer /ɔpeʀe/ SYN ▶ conjug 6 ◀
- VT 1 (Méd) [+ malade, organe] to operate on (de for); [+ tumeur] to remove ◆ **on l'a opéré d'une tumeur** he had an operation for a tumour ou to remove a tumour ◆ **opérer qn de l'appendicite** to operate on sb for appendicitis, to take sb's appendix out ◆ **se faire opérer** to have an operation, to have surgery ◆ **se faire opérer des amygdales** to have one's tonsils removed ou out* ◆ **il faut opérer** we'll have to operate
2 (= exécuter) [+ transformation, réforme] to carry out, to implement; [+ choix, distinction, transition] to make ◆ **la Bourse a opéré un redressement spectaculaire** the stock exchange made a spectacular recovery ◆ **cette méthode a opéré des miracles** this method has worked wonders ◆ **opérer un retrait/transfert** to make a withdrawal/transfer ◆ **ce traitement a opéré sur lui un changement remarquable** this treatment has brought about an amazing change in him ◆ **un changement considérable s'était opéré** a major change had taken place ou occurred
- VI (= agir) [remède] to act, to work, to take effect; [charme] to work; (= procéder) [photographe, technicien] to proceed ◆ **comment faut-il opérer pour nettoyer le moteur ?** how does one go about ou what's the procedure for cleaning the engine? ◆ **opérons en douceur** let's go about it gently ◆ **les cambrioleurs qui opèrent dans cette région** the burglars who work this area

⚠ **opérer qn** ne se traduit pas par **to operate sb**.

opérette /ɔpeʀɛt/ NF operetta, light opera ◆ **paysage/village d'opérette** chocolate-box landscape/village ◆ **général/bandit d'opérette** caricature of a general/bandit

opéron /ɔpeʀɔ̃/ NM (Bio) operator

Ophélie /ɔfeli/ NF Ophelia

ophicléide /ɔfikleid/ NM ophicleide

ophidien /ɔfidjɛ̃/ NM ophidian ◆ **ophidiens** Ophidia

ophioglosse /ɔfjɔglɔs/ NM ophioglossum

ophite /ɔfit/ NM ophite

ophiure /ɔfjyʀ/ NF ophiuran

ophrys /ɔfʀis/ NM ou NF ophrys

ophtalmie /ɔftalmi/ NF ophthalmia ◆ **ophtalmie des neiges** snow blindness

ophtalmique /ɔftalmik/ ADJ ophthalmic

ophtalmo* /ɔftalmo/ NMF abrév de **ophtalmologiste**

ophtalmologie /ɔftalmɔlɔʒi/ NF ophthalmology

ophtalmologique /ɔftalmɔlɔʒik/ ADJ ophthalmological

ophtalmologiste /ɔftalmɔlɔʒist/, **ophtalmologue** /ɔftalmɔlɔg/ NMF ophthalmologist

ophtalmomètre /ɔftalmɔmɛtʀ/ NM ophthalmometer

ophtalmoscope /ɔftalmɔskɔp/ NM ophthalmoscope

ophtalmoscopie /ɔftalmɔskɔpi/ NF ophthalmoscopy

opiacé, e /ɔpjase/
- ADJ [médicament, substance] opiate, opium-containing ◆ **odeur opiacée** smell of ou like opium
- NM opiate

opimes /ɔpim/ ADJ PL (hum, littér) ◆ **dépouilles opimes** rich booty ou spoils

opinel ® /ɔpinɛl/ NM (wooden-handled) penknife

opiner /ɔpine/ ▸ conjug 1 ◂ VI *(littér)* ◆ **opiner pour/contre qch** *(= se prononcer)* to come out in favour of/against sth, to pronounce o.s. in favour of/against sth ◆ **opiner de la tête** *(= acquiescer)* to nod one's agreement, to nod assent ◆ **opiner du bonnet** *ou* **du chef** *(hum)* to nod (in agreement) ◆ **opiner à qch** *(Jur)* to give one's consent to sth

opiniâtre /ɔpinjɑtʀ/ SYN ADJ [1] *(= entêté) [personne, caractère]* stubborn, obstinate
[2] *(= acharné) [efforts, haine]* unrelenting, persistent; *[résistance, lutte, toux]* stubborn, persistent; *[fièvre]* persistent

opiniâtrement /ɔpinjɑtʀəmɑ̃/ ADV *(= avec entêtement)* stubbornly; *(= avec acharnement)* persistently

opiniâtreté /ɔpinjɑtʀəte/ SYN NF *(= entêtement)* stubbornness; *(= acharnement)* persistence

opinion /ɔpinjɔ̃/ GRAMMAIRE ACTIVE 6, 12.1, 14, 26.1, 26.3 SYN NF [1] *(= jugement, conviction, idée)* opinion *(sur* on, about) ◆ **opinions politiques/religieuses** political/religious beliefs *ou* convictions ◆ **avoir une opinion/des opinions** to have an opinion *ou* a point of view/(definite) opinions *ou* views *ou* points of view ◆ **être sans opinion** to have no opinion ◆ **se faire une opinion** to form an opinion *(sur* on), to make up one's mind *(sur* about) ◆ **mon opinion est faite sur son compte** I've made up my mind about him ◆ **c'est une affaire d'opinion** it's a matter of opinion ◆ **j'ai la même opinion** I am of the same opinion, I hold the same view ◆ **être de l'opinion du dernier qui a parlé** to agree with whoever spoke last ◆ **avoir bonne/mauvaise opinion de qn/de soi** to have a good/bad opinion of sb/of o.s. ◆ **j'ai piètre opinion de lui** I've a very low *ou* poor opinion of him ◆ **opinions toutes faites** cut-and-dried opinions, uncritical opinions
[2] *(= manière générale de penser)* ◆ **l'opinion publique** public opinion ◆ **l'opinion ouvrière** working-class opinion ◆ **l'opinion française** French public opinion ◆ **informer/alerter l'opinion** to inform/alert the public ◆ **braver l'opinion** to defy public opinion ◆ **l'opinion est unanime/divisée** opinion is unanimous/divided ◆ **il se moque de l'opinion des autres** he doesn't care what (other) people think ◆ **avoir l'opinion pour soi** to have public opinion on one's side; → presse
[3] *(dans les sondages)* ◆ **le nombre d'opinions favorables** those who agreed *ou* said yes ◆ **les « sans opinion »** the "don't knows"

opiomane /ɔpjɔman/ NMF opium addict

opiomanie /ɔpjɔmani/ NF opium addiction

opisthobranches /ɔpistɔbʀɑ̃ʃ/ NMPL ◆ **les opisthobranches** opisthobranches, the Opisthobranchia *(SPÉC)*

opisthodome /ɔpistɔdɔm/ NM opisthodomos, opisthodome

opisthographe /ɔpistɔgʀaf/ ADJ opisthographic(al)

opium /ɔpjɔm/ NM opium ◆ **l'opium du peuple** *(fig)* the opium of the people

oponce /ɔpɔ̃s/ NM opuntia

opopanax /ɔpɔpanaks/ NM opopanax

opossum /ɔpɔsɔm/ NM opossum

opothérapie /ɔpɔteʀapi/ NF opotherapy

oppidum /ɔpidɔm/ NM oppidum

opportun, e /ɔpɔʀtœ̃, yn/ SYN ADJ *[démarche, visite, remarque]* timely, opportune ◆ **il n'avait pas jugé opportun d'avertir la police** he didn't see fit to alert the police ◆ **le président avait alors jugé opportun de briser un tabou** the president had then decided that the time had come to break a taboo ◆ **il serait opportun de faire** it would be appropriate *ou* advisable to do ◆ **nous le ferons en temps opportun** we shall do it at the appropriate *ou* right time ◆ **je donnerai plus de détails au moment opportun** I'll give more details when the time is right ◆ **prendre au moment opportun les mesures nécessaires** to take the necessary action at the right time

opportunément /ɔpɔʀtynemɑ̃/ SYN ADV opportunely ◆ **il est arrivé opportunément** his arrival was timely *ou* opportune, he arrived opportunely *ou* just at the right time

opportunisme /ɔpɔʀtynism/ NM opportunism

opportuniste /ɔpɔʀtynist/
ADJ *[personne]* opportunist; *[maladie, infection]* opportunistic
NMF opportunist

opportunité /ɔpɔʀtynite/ SYN NF [1] *[de mesure, démarche] (qui vient au bon moment)* timeliness; *(qui est approprié)* appropriateness ◆ **ils ont contesté l'opportunité de cette intervention** they said they thought the intervention had been ill-judged
[2] *(= occasion)* opportunity

opposabilité /ɔpozabilite/ NF *(Jur)* opposability

opposable /ɔpozabl/ ADJ *(Jur)* opposable *(à* to)

opposant, e /ɔpozɑ̃, ɑ̃t/ SYN
NM,F opponent *(à* of)
ADJ [1] *[minorité] (Jur) [partie]* opposing *(épith)*
[2] *(Anat) [muscle]* opponent

opposé, e /ɔpoze/ SYN (ptp de **opposer**)
ADJ [1] *[rive, direction]* opposite; *[parti, équipe]* opposing *(épith)* ◆ **venant en sens opposé** coming in the opposite *ou* other direction ◆ **la maison opposée à la nôtre** the house opposite *ou* facing ours ◆ **l'équipe opposée à la nôtre** the team playing against ours
[2] *(= contraire) [intérêts, forces]* conflicting, opposing; *[opinions]* conflicting; *[caractères]* opposite; *[couleurs, styles]* contrasting; *(Math) [nombres, angles]* opposite ◆ **opposé à** conflicting *ou* contrasting with, opposed to ◆ **opinions totalement opposées** totally conflicting *ou* opposed opinions, opinions totally at variance ◆ **ils sont d'un avis opposé** *(au nôtre)* they are of a different *ou* the opposite opinion; *(l'un à l'autre)* they disagree, they are at odds ◆ **angles opposés par le sommet** *(Math)* vertically opposite angles; → **diamétralement**
[3] *(= hostile à)* ◆ **opposé à** opposed to, against ◆ **je suis opposé à la publicité/à ce mariage** I'm opposed to *ou* I'm against advertising/this marriage ◆ **je ne serais pas opposé à cette solution** I wouldn't be against this solution
NM [1] *(= contraire)* ◆ **l'opposé** the opposite, the reverse ◆ **il fait tout l'opposé de ce qu'on lui dit** he does the opposite *ou* the reverse of what he is told ◆ **à l'opposé, il serait faux de dire...** on the other hand *ou* conversely it would be wrong to say... ◆ **ils sont vraiment à l'opposé l'un de l'autre** they are totally unalike ◆ **à l'opposé de Paul, je pense que...** contrary to *ou* unlike Paul, I think that...
[2] *(= direction)* ◆ **à l'opposé** *(= dans l'autre direction)* the other *ou* opposite way *(de* from); *(= de l'autre côté)* on the other *ou* opposite side *(de* from)

opposer /ɔpoze/ GRAMMAIRE ACTIVE 12.3, 14 SYN ▸ conjug 1 ◂
VT [1] *[+ équipes, boxeurs]* to bring together; *[+ rivaux, pays]* to bring into conflict; *[+ idées, personnages, couleurs]* to contrast *(à* with); *[+ objets, meubles]* to place opposite each other ◆ **le match opposant l'équipe de Lyon et** *ou* **à celle de Caen** the Lyons v Caen game ◆ **on m'a opposé à un finaliste olympique** they made me compete against an Olympic finalist ◆ **des questions d'intérêts les ont opposés/les opposent** matters of personal interest have brought them into conflict/divide them ◆ **quel orateur peut-on opposer à Cicéron ?** what orator compares with Cicero?
[2] *(= utiliser comme défense contre)* ◆ **opposer à qn/qch** *[+ armée, tactique]* to set against sb/sth ◆ **opposer son refus le plus net** to give an absolute refusal *(à* to) ◆ **opposer de véhémentes protestations à une accusation** to protest vehemently at an accusation ◆ **opposant son calme à leurs insultes** setting his calmness against their insults ◆ **il nous opposa une résistance farouche** he put up a fierce resistance to us ◆ **il n'y a rien à opposer à cela** there's nothing you can say *(ou* do) against that, there's no answer to that ◆ **opposer la force à la force** to match strength with strength
[3] *(= objecter) [+ raisons]* to put forward *(à* to) ◆ **que va-t-il opposer à notre proposition/nous opposer ?** what objections will he make *ou* raise to our proposal/to us? ◆ **il nous opposa que cela coûtait cher** he objected that it was expensive
VPR **s'opposer** [1] *[équipes, boxeurs]* to confront each other, to meet; *[rivaux, partis]* to clash *(à* with); *[opinions, théories]* to conflict; *[couleurs, styles]* to contrast *(à* with); *[immeubles]* to face each other ◆ **haut s'oppose à bas** high is the opposite of low ◆ **il s'est opposé à plus fort que lui** *(dans un combat)* he took on *ou* he pitted himself against someone *ou* an opponent who was stronger than him
[2] *(= se dresser contre)* ◆ **s'opposer à** *[+ parents]* to rebel against; *[+ mesure, mariage, progrès]* to oppose ◆ **je m'oppose à lui en tout** I am opposed to him in everything ◆ **rien ne s'oppose à leur bonheur** nothing stands in the way of their happiness ◆ **je m'oppose formellement à ce que vous y alliez** I am strongly opposed to *ou* I am strongly against your going there ◆ **ma conscience s'y oppose** it goes against my conscience ◆ **sa religion s'y oppose** it is against his religion, his religion doesn't allow it ◆ **votre état de santé s'oppose à tout excès** your state of health makes any excess extremely inadvisable

opposite /ɔpozit/ NM *(frm)* ◆ **à l'opposite** on the other *ou* opposite side *(de* from)

opposition /ɔpozisjɔ̃/ GRAMMAIRE ACTIVE 5.1 SYN
NF [1] *(= résistance)* opposition *(à* to) ◆ **faire de l'opposition systématique (à tout ce qu'on propose)** to oppose systematically (everything that is put forward) ◆ **loi passée sans opposition** *(Jur, Pol)* law passed unopposed
[2] *(= conflit, contraste) (gén)* opposition; *[d'idées, intérêts]* conflict; *[de couleurs, styles, caractères]* contrast ◆ **l'opposition des deux partis en cette circonstance...** *(divergence de vue)* the opposition between the two parties on that occasion...; *(affrontement)* the clash *ou* confrontation between the two parties on that occasion... ◆ **l'opposition du gris et du noir a permis de...** contrasting grey with *ou* and black has made it possible to... ◆ **mettre deux styles/théories en opposition** to oppose *ou* contrast two styles/theories
[3] *(Pol)* ◆ **l'opposition** the opposition ◆ **les partis de l'opposition** the opposition parties ◆ **les élus de l'opposition** the members of the opposition parties, opposition MPs *(Brit)* ◆ **l'opposition parlementaire** the parliamentary opposition, the opposition in parliament
[4] *(locutions)* ◆ **en opposition avec** *(contraste, divergence)* in opposition to, at variance with; *(rébellion)* in conflict with; *(situation dans l'espace)* in opposition to ◆ **agir en opposition avec ses principes** to act contrary to one's principles ◆ **nous sommes en opposition sur ce point** we differ on this point ◆ **ceci est en opposition avec les faits** this conflicts with the facts ◆ **les deux planètes sont en opposition** *(Astron)* the two planets are in opposition ◆ **faire** *ou* **mettre opposition à** *[+ loi, décision]* to oppose; *[+ chèque]* to stop ◆ **par opposition** in contrast ◆ **par opposition à** as opposed to, in contrast with
COMP **opposition à mariage** *(Jur)* objection to a marriage
opposition à paiement *(Jur) objection by unpaid creditor to payment being made to debtor*

oppositionnel, -elle /ɔpozisjɔnɛl/
ADJ oppositional
NM,F oppositionist

oppressant, e /ɔpʀesɑ̃, ɑ̃t/ SYN ADJ *[temps, souvenirs, ambiance, chaleur]* oppressive

oppresser /ɔpʀese/ SYN ▸ conjug 1 ◂ VT *[chaleur, ambiance, souvenirs]* to oppress; *[poids, vêtement serré]* to suffocate; *[remords, angoisse]* to oppress, to weigh heavily on, to weigh down ◆ **avoir une respiration oppressée** to have difficulty with one's breathing ◆ **se sentir oppressé** to feel suffocated

oppresseur /ɔpʀesœʀ/ SYN
NM oppressor
ADJ M oppressive

oppressif, -ive /ɔpʀesif, iv/ SYN ADJ oppressive

oppression /ɔpʀesjɔ̃/ SYN NF *(= asservissement)* oppression; *(= gêne, malaise)* feeling of suffocation *ou* oppression

opprimé, e /ɔpʀime/ SYN (ptp de **opprimer**)
ADJ oppressed
NM,F ◆ **les opprimés** the oppressed

opprimer /ɔpʀime/ SYN ▸ conjug 1 ◂ VT [1] *[+ peuple]* to oppress; *[+ opinion, liberté]* to suppress, to stifle
[2] *(= oppresser) [chaleur]* to suffocate, to oppress

opprobre /ɔpʀɔbʀ/ SYN NM *(littér = honte)* opprobrium *(littér)*, obloquy *(littér)*, disgrace ◆ **accabler** *ou* **couvrir qn d'opprobre** to cover sb with opprobrium ◆ **jeter l'opprobre sur** to heap opprobrium on ◆ **être l'opprobre de la famille** to be a source of shame to the family ◆ **vivre dans l'opprobre** to live in infamy

opsine /ɔpsin/ NF opsin

opsonine | Orcades

opsonine /ɔpsɔnin/ NF opsonin
optatif, -ive /ɔptatif, iv/ ADJ, NM optative
opter /ɔpte/ SYN ▶ conjug 1 ◀ VI (= choisir) ◆ **opter pour** [+ carrière, solution, nationalité] to opt for, to choose ◆ **opter entre** to choose ou decide between
opticien, -ienne /ɔptisjɛ̃, jɛn/ NM,F (dispensing) optician
optimal, e (mpl **-aux**) /ɔptimal, o/ SYN ADJ optimal, optimum (épith)
optimalisation /ɔptimalizasjɔ̃/ NF ⇒ **optimisation**
optimaliser /ɔptimalize/ ▶ conjug 1 ◀ VT ⇒ **optimiser**
optimisation /ɔptimizasjɔ̃/ NF optimization
optimiser /ɔptimize/ ▶ conjug 1 ◀ VT to optimize
optimisme /ɔptimism/ SYN NM optimism ◆ **pécher par excès d'optimisme** to be overoptimistic ◆ **faire preuve d'optimisme** to be optimistic
optimiste /ɔptimist/ SYN
 ADJ optimistic ◆ **il est optimiste de nature** he's a born optimist, he always looks on the bright side
 NMF optimist
optimum (pl **optimums** ou **optima**) /ɔptimɔm, a/
 NM optimum
 ADJ optimum (épith), optimal
option /ɔpsjɔ̃/ SYN
 NF (= choix) option, choice; (Comm, Jur) option; (= accessoire auto) optional extra ◆ (**matière à**) **option** (Scol) optional subject (Brit), option (Brit), elective ◆ **texte à option** optional text ◆ **avec option mathématique(s)** (Scol) with a mathematical option, with optional mathematics ◆ **poser une option** to make a provisional booking ◆ **prendre une option sur** (Fin) to take (out) an option on ◆ **grâce à cette victoire, il a pris une option sur le championnat** with this victory he now has a chance of winning the championship ◆ **l'option zéro** (Pol) the zero option ◆ **climatisation en option** optional air-conditioning, air-conditioning available as an optional extra
 COMP **option d'achat** (Fin) option to buy, call option ◆ **option de vente** (Fin) option to sell, put
optionnel, -elle /ɔpsjɔnɛl/ SYN ADJ optional ◆ **matière optionnelle** optional subject (Brit), option (Brit), elective (US)
optique /ɔptik/ SYN
 ADJ [verre, disque] optical; [nerf] optic; → **angle, fibre, télégraphie**
 NF 1 (= science, technique, commerce) optics (sg) ◆ **optique médicale/photographique** medical/photographic optics ◆ **instrument d'optique** optical instrument; → **illusion**
 2 (= lentilles, miroirs) [de caméra, microscope] optics (sg)
 3 (= manière de voir) perspective ◆ **il faut situer ses arguments dans une optique sociologique** we must place his arguments in a sociological perspective ◆ **voir qch avec** ou **dans une certaine optique** to look at sth from a certain angle ou viewpoint ◆ **j'ai une tout autre optique que la sienne** my way of looking at things is quite different from his, I have a completely different perspective from his
optoélectronique /ɔptoelɛktrɔnik/
 ADJ optoelectronic
 NF optoelectronics (sg)
optomètre /ɔptɔmɛtr/ NM optometer
optométrie /ɔptɔmɛtri/ NF optometry
optométriste /ɔptɔmɛtrist/ NMF optometrist
optronique /ɔptrɔnik/ NF optronics (sg)
opulence /ɔpylɑ̃s/ SYN NF 1 (= richesse) [de province, région, pays] wealthiness, richness; [de prairie] richness; [de personne] wealth; [de luxe, vie] opulence ◆ **vivre dans l'opulence** to live an opulent life ◆ **nager dans l'opulence** to live in the lap of luxury ◆ **il est né dans l'opulence** he was born into a life of opulence
 2 (= ampleur) ◆ **opulence des formes** richness ou fullness of form ◆ **l'opulence de sa poitrine** the ampleness of her bosom
opulent, e /ɔpylɑ̃, ɑ̃t/ SYN ADJ 1 (= riche) [province, pays, personne] wealthy, rich; [prairie] rich; [luxe, vie] opulent
 2 (= abondant) [formes] full; [poitrine] ample, generous ◆ **une chevelure opulente** (= abondant) a mane of hair
opuntia /ɔpsja/ NM opuntia

opus /ɔpys/ NM opus
opuscule /ɔpyskyl/ SYN NM (= brochure) opuscule
OPV /ɔpeve/ NF (abrév de **offre publique de vente**) → **offre**
or¹ /ɔr/
 NM 1 (= métal) gold; (= dorure) gilt, gilding, gold ◆ **or gris/jaune/rouge** white/yellow/red gold ◆ **or fin/massif** fine/solid gold ◆ **en lettres d'or** in gilt ou gold lettering ◆ **ses cheveux d'or** his golden hair ◆ **les blés d'or** the golden cornfields ◆ **les ors des coupoles/de l'automne** the golden tints of the cupolas/of autumn ◆ **peinture/franc or** gold paint/franc ◆ **« L'Or du Rhin »** (Mus) "The Rhine Gold" → **cœur, cousu, étalon², lingot** etc
 2 (locutions) ◆ **c'est de l'or en barre** (commerce, investissement) it's a rock-solid investment, it's as safe as houses (Brit) ◆ **pour (tout) l'or du monde** for all the money in the world, for all the tea in China
 ◆ **en or** [objet] gold; [occasion] golden (épith); [mari, enfant, sujet] marvellous, wonderful ◆ **bijoux en or massif** solid gold jewellery, jewellery in solid gold ◆ **c'est une affaire en or** (achat) it's a real bargain; (commerce, magasin) it's a gold mine ◆ **ils font des affaires en or** (ponctuellement) they're making money hand over fist, they're raking it in *
 COMP **or blanc** (= métal) white gold; (= neige) snow
 or bleu (= eau) water
 or noir (= pétrole) oil, black gold
 or vert (= agriculture) agricultural wealth
or² /ɔr/ CONJ 1 (mise en relief) ◆ **or, ce jour-là, le soleil brillait** now, on that particular day, the sun was shining ◆ **il m'a téléphoné hier, or j'avais pensé à lui le matin même** he phoned me yesterday, and it just so happened that I'd been thinking about him that very morning
 2 (opposition) and yet, but ◆ **nous l'attendions, or il n'est pas venu** we waited for him and yet ou but he didn't come
 3 (dans un syllogisme : non traduit) ◆ **tous les chats ont quatre pattes ; or mon chien a quatre pattes ; donc mon chien est un chat** all cats have four legs; my dog has four legs; therefore my dog is a cat
 4 († ou frm) ◆ **or donc** thus, therefore
oracle /ɔrakl/ NM (gén) oracle ◆ **rendre un oracle** to pronounce an oracle ◆ **l'oracle de la famille** (hum) the oracle of the family ◆ **il parlait en oracle** ou **comme un oracle** he talked like an oracle
orage /ɔraʒ/ SYN
 NM 1 (= tempête) thunderstorm, (electric) storm ◆ **pluie/temps d'orage** thundery ou stormy shower/weather ◆ **vent d'orage** stormy wind ◆ **il va y avoir de l'orage** ou **un orage** there's going to be a (thunder)storm
 2 (= dispute) upset ◆ **laisser passer l'orage** to let the storm blow over ◆ **elle sentait venir l'orage** she could sense the storm brewing
 3 (littér = tumulte) ◆ **les orages de la vie** the turmoils of life ◆ **les orages des passions** the tumult ou storm of the passions
 4 (locutions) ◆ **il y a de l'orage dans l'air** (lit) there is a (thunder)storm brewing; (fig) there's trouble ou a storm brewing ◆ **le temps est à l'orage** there's thunder in the air, the weather is thundery
 COMP **orage de chaleur** summer storm
 orage magnétique magnetic storm
orageusement /ɔraʒøzmɑ̃/ ADV (fig) tempestuously
orageux, -euse /ɔraʒø, øz/ SYN ADJ 1 (lit) [ciel] stormy, lowering (épith); [région, saison] stormy; [pluie, chaleur, atmosphère] thundery ◆ **temps orageux** thundery weather
 2 (fig = mouvementé) [époque, vie, adolescence, discussion] turbulent, stormy
oraison /ɔrɛzɔ̃/ NF orison (frm), prayer ◆ **oraison funèbre** funeral oration
oral, e (mpl **-aux**) /ɔral, o/ SYN
 ADJ [tradition, littérature, épreuve] oral; [confession, déposition] verbal, oral; (Ling, Méd, Psych) oral; → **stade, voie**
 NM (Scol) oral (examination) ◆ **il est meilleur à l'oral qu'à l'écrit** his oral work is better than his written work
oralement /ɔralmɑ̃/ SYN ADV [transmettre] orally, by word of mouth; [conclure un accord, confesser] verbally, orally; (Méd, Scol) orally

oraliser /ɔralize/ ▶ conjug 1 ◀ VT to say aloud ◆ **sourd oralisé** deaf person with speech
oralité /ɔralite/ NF oral character
Oran /ɔrɑ̃/ N Oran
Orange /ɔrɑ̃ʒ/ N Orange
orange /ɔrɑ̃ʒ/
 NF (= fruit) orange ◆ **je t'apporterai des oranges** (hum) I'll come and visit you in prison (ou in hospital) ◆ **« Orange mécanique »** (Ciné) "A Clockwork Orange"
 NM (= couleur) orange ◆ **l'orange** (= feu de signalisation) amber (Brit), yellow (US) ◆ **le feu était à l'orange** the lights were on amber (Brit), the light was yellow (US) ◆ **passer à l'orange** to go through on amber (Brit) ou when the lights are (on) amber (Brit), to go through a yellow light (US) ou when the light is yellow (US)
 ADJ INV orange; [feu de signalisation] amber (Brit), yellow (US)
 COMP **orange amère** bitter orange
 orange douce sweet orange
 orange sanguine blood orange

 Quand il qualifie la couleur d'un feu de signalisation, **orange** ne se traduit pas par le mot anglais **orange**.

orangé, e /ɔrɑ̃ʒe/
 ADJ orangey, orange-coloured
 NM orangey colour ◆ **l'orangé de ces rideaux** the orangey shade of these curtains
orangeade /ɔrɑ̃ʒad/ NF orange squash
oranger /ɔrɑ̃ʒe/ NM orange tree; → **fleur**
orangeraie /ɔrɑ̃ʒRɛ/ NF orange grove
orangerie /ɔrɑ̃ʒRi/ NF (= serre) orangery
orangette /ɔrɑ̃ʒɛt/ NF (= fruit) Seville orange, bitter orange; (= friandise) strip of orange covered with chocolate
orangiste /ɔrɑ̃ʒist/ (Hist, Pol)
 ADJ ◆ **défilé orangiste** Orange parade ou march
 NM Orangeman
 NF Orangewoman
orang-outan(g) (pl **orangs-outan(g)s**) /ɔrɑ̃utɑ̃/ NM orang-outang
orant, e /ɔrɑ̃, ɑ̃t/ NM,F praying figure
orateur, -trice /ɔratœr, tris/ SYN NM,F (gén) speaker; (= homme politique, tribun) orator, speaker; (Can) Speaker (of House of Commons)
oratoire /ɔratwaR/
 ADJ [art, morceau] oratorical, of oratory; [ton, style] oratorical ◆ **il a des talents oratoires** he's a very good speaker; → **joute, précaution**
 NM (= chapelle) oratory, small chapel; (au bord du chemin) (wayside) shrine
oratorien /ɔratɔrjɛ̃/ NM Oratorian
oratorio /ɔratɔrjo/ NM oratorio
orbe¹ /ɔrb/ NM (littér = globe) orb; (Astron) (= surface) plane of orbit; (= orbite) orbit
orbe² /ɔrb/ ADJ (Constr) ◆ **mur orbe** blind wall
orbiculaire /ɔrbikylɛR/ ADJ orbicular
orbitaire /ɔrbitɛR/ ADJ orbital
orbital, e (mpl **-aux**) /ɔrbital, o/ ADJ orbital
orbite /ɔrbit/ SYN NF 1 (Anat) (eye-)socket, orbit (SPÉC) ◆ **aux yeux enfoncés dans les orbites** with sunken eyes
 2 (Astron, Phys) orbit ◆ **mettre** ou **placer sur** ou **en orbite** to put ou place in(to) orbit ◆ **la mise en** ou **sur orbite d'un satellite** putting a satellite into orbit ◆ **être sur** ou **en orbite** [satellite] to be in orbit ◆ **satellite en orbite à 900 km de la Terre** satellite orbiting 900 km above the earth
 3 (= sphère d'influence) sphere of influence, orbit ◆ **être/entrer dans l'orbite de** to be in/enter the sphere of influence of ◆ **vivre dans l'orbite de** to live in the sphere of influence of ◆ **attirer qn dans son orbite** to draw sb into one's orbit
 4 (locutions) ◆ **mettre** ou **placer sur orbite** [+ auteur, projet, produit] to launch ◆ **être sur orbite** [auteur, produit, méthode, projet] to be successfully launched
orbitèle /ɔrbitɛl/ NF orbitele
orbiter /ɔrbite/ ▶ conjug 1 ◀ VI [satellite] to orbit ◆ **orbiter autour de la terre** to orbit (around) the earth
orbiteur /ɔrbitœR/ NM orbiter
Orcades /ɔrkad/ NFPL ◆ **les Orcades** Orkney, the Orkneys, the Orkney Islands

orcanète, orcanette /ɔʀkanɛt/ NF orcanet

orchestral, e (mpl -aux) /ɔʀkɛstʀal, o/ ADJ orchestral

orchestrateur, -trice /ɔʀkɛstʀatœʀ, tʀis/ NM,F orchestrator

orchestration /ɔʀkɛstʀasjɔ̃/ SYN NF 1 *(Mus)* *(= composition)* orchestration; *(= adaptation)* orchestration, scoring

2 *(= organisation)* *[de manifestation, propagande, campagne de presse]* organization, orchestration

orchestre /ɔʀkɛstʀ/ SYN

NM 1 *(= musiciens)* *[de musique classique, bal]* orchestra; *[de jazz, danse]* band ◆ **grand orchestre** full orchestra; → **chef[1]**

2 *(Ciné, Théât)* *(= emplacement)* stalls *(Brit)*, orchestra (section) *(US)*; *(= fauteuil)* seat in the (orchestra) stalls *(Brit)*, seat in the orchestra (section) *(US)* ◆ **l'orchestre applaudissait** applause came from the stalls *(Brit)* ou orchestra (section) *(US)*; → **fauteuil, fosse**

COMP **orchestre de chambre** chamber orchestra

orchestre à cordes string orchestra

orchestre de cuivres brass band

orchestre de danse dance band

orchestre de jazz jazz band

orchestre symphonique symphony orchestra

orchestrer /ɔʀkɛstʀe/ SYN ► conjug 1 ◄ VT 1 *(Mus)* *(= composer)* to orchestrate; *(= adapter)* to orchestrate, to score

2 *(= organiser)* *[+ campagne, manifestation, propagande]* to organize, to orchestrate ◆ **une campagne savamment orchestrée** a well-orchestrated ou well-organized campaign

orchidacées /ɔʀkidase/ NFPL ◆ **les orchidacées** orchidaceans, the Orchidaceae *(SPÉC)*

orchidée /ɔʀkide/ NF orchid

orchis /ɔʀkis/ NM orchis

orchite /ɔʀkit/ NF orchitis

ordalie /ɔʀdali/ NF *(Hist)* ordeal

ordi* /ɔʀdi/ NM computer

ordinaire /ɔʀdinɛʀ/ SYN

ADJ 1 *(= habituel)* ordinary, normal; *(Jur)* *[session]* ordinary ◆ **avec sa maladresse ordinaire** with his customary ou usual clumsiness ◆ **personnage/fait peu ordinaire** unusual character/fact ◆ **avec un courage pas*** ou **peu ordinaire** with incredible ou extraordinary courage ◆ **ça alors, c'est pas ordinaire !*** that's (really) unusual! ou out of the ordinary!

2 *(= courant)* *[vin]* ordinary; *[vêtement]* ordinary, everyday *(épith)*; *[service de table]* everyday *(épith)*; *[qualité]* standard; *[essence]* two-star *(Brit)*, 2-star *(Brit)*, regular *(US)* ◆ **croissant ordinaire** *croissant made with margarine instead of butter*

3 *(péj = commun)* *[personne, manières]* common; *[conversation]* ordinary, run-of-the-mill ◆ **un vin très ordinaire** a very indifferent wine ◆ **mener une existence très ordinaire** to lead a humdrum existence

NM 1 *(= la banalité)* ◆ **l'ordinaire** the ordinary ◆ **ça sort de l'ordinaire** that's out of the ordinary ◆ **cet homme-là sort de l'ordinaire** he's one of a kind

2 *(= nourriture)* ◆ **l'ordinaire** ordinary ou everyday fare

3 *(locutions)* *(littér)* ◆ **à l'ordinaire** usually, ordinarily ◆ **comme à l'ordinaire** as usual ◆ **d'ordinaire** ordinarily, usually ◆ **il fait plus chaud que d'ordinaire** ou **qu'à l'ordinaire** it's warmer than usual ◆ **(comme) à son/mon ordinaire** in his/my usual way, as was his/my wont *(littér)* *(aussi hum)*

COMP **l'ordinaire de la messe** the ordinary of the Mass

ordinairement /ɔʀdinɛʀmɑ̃/ SYN ADV ordinarily, usually

ordinal, e (mpl -aux) /ɔʀdinal, o/

ADJ ordinal

NM ordinal number

ordinand /ɔʀdinɑ̃/ NM ordinand

ordinant /ɔʀdinɑ̃/ NM ordinant

ordinateur[1] /ɔʀdinatœʀ/ SYN NM computer ◆ **ordinateur individuel** ou **personnel** personal computer ◆ **ordinateur familial** home computer ◆ **ordinateur de bureau** desktop (computer) ◆ **ordinateur de bord** onboard computer ◆ **ordinateur central** mainframe computer ◆ **mettre sur ordinateur** *[+ données]* to enter into a computer; *[+ système]* to computerize, to put onto a computer ◆ **l'ensemble du système est géré par ordinateur** the entire system is managed by computer ou is computerized ◆ **simulation sur** ou **par ordinateur** computer simulation

ordinateur[2] /ɔʀdinatœʀ/ NM *(Rel)* ordainer

ordination /ɔʀdinasjɔ̃/ NF *(Rel)* ordination

ordinogramme /ɔʀdinɔgʀam/ NM flow chart ou sheet

ordo /ɔʀdo/ NM INV ordo

ordonnance /ɔʀdɔnɑ̃s/ SYN

NF 1 *(Méd)* prescription ◆ **préparer une ordonnance** to make up a prescription ◆ **ce médicament n'est délivré** ou **vendu que sur ordonnance** this medicine is only available on prescription ◆ **médicament vendu** ou **délivré sans ordonnance** over-the-counter medicine

2 *(Jur = arrêté)* *[de gouvernement]* order, edict; *[de juge]* (judge's) order, ruling ◆ **par ordonnance du 2-2-92** in the edict of 2/2/92 ◆ **rendre une ordonnance** to give a ruling

3 *(= disposition)* *[de poème, phrase, tableau]* organization, layout; *[de bâtiment]* plan, layout; *[de cérémonie]* organization; *[de repas]* order

NM OU NF *(Mil)* 1 *(= subalterne)* orderly, batman *(Brit)*

2 ◆ **d'ordonnance** *[revolver, tunique]* regulation *(épith)*; → **officier[1]**

COMP **ordonnance de paiement** authorization of payment

ordonnance de police police regulation

ordonnance royale royal decree ou edict

ordonnancement /ɔʀdɔnɑ̃smɑ̃/ SYN NM 1 *(Fin)* order to pay

2 *(= disposition)* *[de phrase, tableau]* organization, layout; *[de cérémonie]* organization

ordonnancer /ɔʀdɔnɑ̃se/ ► conjug 3 ◄ VT 1 *(Fin)* *[+ dépense]* to authorize

2 *(= agencer)* *[+ phrase, tableau]* to put together; *[+ cérémonie]* to organize

ordonnancier /ɔʀdɔnɑ̃sje/ NM *(= liasse d'ordonnances)* book of prescription forms; *(= registre)* register of prescriptions

ordonnateur, -trice /ɔʀdɔnatœʀ, tʀis/ NM,F

1 *[de fête, cérémonie]* organizer, arranger ◆ **ordonnateur des pompes funèbres** funeral director *(in charge of events at the funeral itself)*

2 *(Fin)* official with power to authorize expenditure

ordonné, e /ɔʀdɔne/ SYN (ptp de **ordonner**)

ADJ 1 *(= méthodique)* *[enfant]* tidy; *[employé]* methodical

2 *(= bien arrangé)* *[maison]* orderly, tidy; *[vie]* (well-)ordered, orderly; *[idées, discours]* well-ordered; → **charité**

3 *(Math)* ordered ◆ **couple ordonné** ordered pair

NF **ordonnée** *(Math)* ordinate, Y-coordinate ◆ **axe des ordonnées** Y-axis

ordonner /ɔʀdɔne/ SYN ► conjug 1 ◄

VT 1 *(= arranger)* *[+ espace, idées, éléments]* to arrange, to organize; *[+ discours, texte]* to organize; *(Math)* *[+ polynôme]* to arrange in order ◆ **il avait ordonné sa vie de telle façon que...** he had arranged ou organized his life in such a way that...

2 *(= commander)* *(Méd)* *[+ traitement, médicament]* to prescribe; *(Jur)* *[+ huis-clos, enquête]* to order ◆ **ordonner à qn de faire qch** to order sb to do sth, to give sb orders to do sth ◆ **il nous ordonna le silence** he ordered us to be quiet ◆ **ils ordonnèrent la fermeture des cafés** they ordered the closure of the cafés ◆ **ce qui m'a été ordonné** what I've been ordered to do ◆ **je vais ordonner que cela soit fait immédiatement** I'm going to order that it be done immediately

3 *(Rel)* *[+ prêtre]* to ordain ◆ **être ordonné prêtre** to be ordained priest

VPR **s'ordonner** *[idées, faits]* to organize themselves ◆ **les idées s'ordonnaient dans sa tête** the ideas began to organize themselves ou sort themselves out in his head

ordre[1] /ɔʀdʀ/ SYN

NM 1 *(= succession régulière)* order ◆ **l'ordre des mots** *(Ling)* word order ◆ **par ordre alphabétique** in alphabetical order ◆ **par ordre d'ancienneté/de mérite** in order of seniority/of merit ◆ **alignez-vous par ordre de grandeur** line up in order of height ou size ◆ **par ordre d'importance** in order of importance ◆ **dans l'ordre** in order ◆ **dans le bon ordre** in the right order ◆ **par ordre** ou **dans l'ordre d'entrée en scène** in order of appearance ◆ **ordre de départ/d'arrivée** *(Sport)* order (of competitors) at the starting/finishing line ou post ◆ **ordre des descendants** ou **héritiers** *(Jur)* order of descent ◆ **le nouvel ordre mondial** the new world order

♦ **en + ordre** ◆ **en ordre de bataille/de marche** *(Mil)* in battle/marching order ◆ **se replier en bon ordre** to retreat in good order ◆ **en ordre dispersé** *(Mil)* in extended order; *(fig)* without a common line ou plan of action ; → **numéro, procéder**

2 *(Archit, Bio = catégorie)* order ◆ **l'ordre ionique/dorique** the Ionic/Doric order

3 *(= nature, catégorie)* ◆ **dans le même ordre d'idées** similarly ◆ **dans un autre ordre d'idées** in a different ou another connection ◆ **pour des motifs d'ordre personnel/différent** for reasons of a personal/different nature ◆ **c'est dans l'ordre des choses** it's in the nature ou order of things ◆ **une affaire/un chiffre du même ordre** a matter/a figure of the same nature ou order ◆ **un chiffre de l'ordre de 2 millions** a figure in the region of ou of the order of 2 million ◆ **avec une somme de cet ordre** with a sum of this order ◆ **donnez-nous un ordre de grandeur** *(prix)* give us a rough estimate ou a rough idea ◆ **un chiffre de** ou **dans cet ordre de grandeur** a figure in that region ◆ **de premier/deuxième/troisième ordre** first-/second-/third-rate ◆ **de dernier ordre** third-rate, very inferior ◆ **considérations d'ordre pratique/général** considerations of a practical/general nature

4 *(= légalité)* ◆ **l'ordre** order ◆ **l'ordre établi** the established order ◆ **l'ordre public** law and order ◆ **le maintien de l'ordre (public)** the maintenance of law and order ou of public order ◆ **quand tout fut rentré dans l'ordre** when order had been restored, when all was back to order ◆ **le parti de l'ordre** the party of law and order ◆ **un partisan de l'ordre** a supporter of law and order; → **force, rappeler, service**

5 *(= méthode, bonne organisation)* *[de personne, chambre]* tidiness, neatness, orderliness ◆ **avoir de l'ordre** *(rangements)* to be tidy ou orderly; *(travail)* to have method, to be systematic ou methodical ◆ **manquer d'ordre, n'avoir pas d'ordre** to be untidy ou disorderly, to have no method, to be unsystematic ou unmethodical ◆ **travailler avec ordre et méthode** to work in an orderly ou a methodical ou systematic way ◆ **mettre bon ordre à qch** to put sth to rights, to sort out sth ◆ **un homme d'ordre** a man of order ◆ **(re)mettre de l'ordre dans** *[+ affaires]* to set ou put in order, to tidy up; *[+ papiers, bureau]* to tidy (up), to clear up

♦ **en ordre** *[tiroir, maison, bureau]* tidy, orderly; *[comptes]* in order ◆ **tenir en ordre** *[+ chambre]* to keep tidy; *[+ comptes]* to keep in order ◆ **(re)mettre en ordre** *[+ affaires]* to set ou put in order, to tidy up; *[+ papiers, bureau]* to tidy (up), to clear up ◆ **ils travaillent à une remise en ordre de l'économie** they are trying to sort out the economy ◆ **la remise en ordre du pays** restoring the country to order ◆ **défiler en ordre** to go past in an orderly manner

♦ **en ordre de marche** *[machine]* in (full) working order

6 *(= association, congrégation)* order; *[de profession libérale]* ≃ professional association ◆ **ordre de chevalerie** order of knighthood ◆ **ordre monastique** monastic order ◆ **ordre mendiant** mendicant order ◆ **l'ordre de la jarretière/du mérite** the Order of the Garter/of Merit ◆ **les ordres** *(Rel)* (holy) orders ◆ **les ordres majeurs/mineurs** *(Rel)* major/minor orders ◆ **entrer dans les ordres** *(Rel)* to take (holy) orders, to go into the Church ◆ **l'ordre des architectes** the association of architects ◆ **l'ordre des avocats** ≃ the Bar, ≃ the Bar Association *(US)* ◆ **l'ordre des médecins** the medical association, ≃ the British Medical Association *(Brit)*, ≃ the American Medical Association *(US)* ◆ **l'ordre des pharmaciens** the pharmaceutical association; → **radier**

COMP **ordre du jour** *[de conférence, réunion]* agenda ◆ « **autres questions à l'ordre du jour** » *(en fin de programme)* "any other business" ◆ **l'ordre du jour de l'assemblée** *(Admin)* the business before the meeting ◆ **passons à l'ordre du jour** let's turn to the business of the day ◆ **inscrit à l'ordre du jour** on the agenda ◆ **être à l'ordre du jour** *(lit)* to be on the agenda; *(fig = être d'actualité)* to be (very) topical ◆ **ce n'est pas à l'ordre du jour** *(fig)* it's not on the agenda

ordre[2] /ɔʀdʀ/ SYN

NM 1 *(= commandement, directive)* *(gén)* order; *(Mil)* order, command ◆ **donner (l')ordre de** to give an order ou the order to, to give orders to ◆ **par ordre** ou **sur les ordres du ministre** by order of the minister, on the orders of the minister ◆ **j'ai reçu des ordres formels** I have formal instructions ◆ **j'ai reçu l'ordre de...** I've been given orders to... ◆ **je n'ai d'ordre à recevoir de personne** I don't take orders from anyone ◆ **être aux ordres de qn** to be at sb's disposal ◆ **je suis à vos ordres** (formule de politesse) I am at your service ◆ **dis donc, je ne suis pas à tes ordres** ! you can't give me orders!, I don't take orders from you!, I'm not at your beck and call! ◆ **à vos ordres** ! (Mil) yes sir! ◆ **être/combattre sous les ordres de qn** to be/fight under sb's command ◆ **j'ai agi sur ordre** I was (just) following orders; → **désir, jusque, mot**

2 (Comm, Fin) order ◆ **à l'ordre de** payable to, to the order of ◆ **chèque à mon ordre** cheque made out to me ◆ **passer un ordre** (de Bourse) to put in an order; → **billet, chèque, citer**

COMP **ordre d'achat** buying order
ordre d'appel (Mil) call-up papers (Brit), draft notice (US)
ordre de Bourse stock exchange order
ordre de grève strike call
ordre du jour (Mil) order of the day ◆ **citer qn à l'ordre du jour** to mention sb in dispatches
ordre au mieux (Fin) order at best
ordre de mission (Mil) orders (for a mission)
ordre de prélèvement automatique direct debit instruction
ordre de route (Mil) marching orders
ordre de vente sale order
ordre de virement transfer order

ordré, e /ɔʀdʀe/ ADJ (Helv = ordonné) [personne] tidy

ordure /ɔʀdyʀ/ SYN
NF 1 (= saleté) dirt (NonC), filth (NonC) ◆ **les chiens qui font leurs ordures sur le trottoir** dogs that foul the pavement
2 (péj) ◆ **ce film est une ordure** this film is pure filth ◆ **ce type est une belle ordure**‡ that guy's a real bastard‡
3 (littér = abjection) mire (littér) ◆ **il aime à se vautrer dans l'ordure** he likes to wallow in filth
NFPL **ordures** 1 (= détritus) refuse (NonC), rubbish (NonC) (Brit), garbage (NonC) (US) ◆ **ordures ménagères** household refuse ◆ **l'enlèvement** ou **le ramassage des ordures** refuse ou rubbish (Brit) ou garbage (US) collection ◆ **jeter** ou **mettre qch aux ordures** to throw ou put sth into the dustbin (Brit) ou rubbish bin (Brit) ou garbage can (US) ◆ **c'est juste bon à mettre aux ordures** it's fit for the dustbin ou rubbish bin (Brit), it belongs in the garbage can (US); → **boîte**
2 (= grossièretés) obscenities, filth ◆ **dire des ordures** to utter obscenities, to talk filth ◆ **écrire des ordures** to write filth

ordurier, -ière /ɔʀdyʀje, jɛʀ/ SYN ADJ filthy

orée /ɔʀe/ NF (littér) [de bois] edge ◆ **à l'orée de l'an 2000** at the beginning of the year 2000

Oregon /ɔʀegɔ̃/ NM Oregon

oreillard /ɔʀejaʀ/ NM (gén) long-eared animal; (= chauve-souris) long-eared bat

oreille /ɔʀɛj/ SYN NF 1 (Anat) ear ◆ **l'oreille moyenne/interne** the middle/inner ear ◆ **l'oreille externe** the outer ou external ear, the auricle (SPÉC) ◆ **oreilles décollées** protruding ou sticking-out ears ◆ **oreilles en feuille de chou** big flappy ears ◆ **oreilles en chou-fleur** cauliflower ears ◆ **le béret sur l'oreille** his beret cocked over one ear ou tilted to one side ◆ **animal aux longues oreilles** (fig) long-eared animal ◆ **aux oreilles pointues** with pointed ears ◆ **l'oreille basse** (fig) crestfallen, (with) one's tail between one's legs ◆ **c'est l'avocat qui montre le bout de l'oreille** it's the lawyer coming out in him, it's the lawyer in him showing through ◆ **tirer les oreilles à qn** (lit) to pull ou tweak sb's ears (fig) to give sb a (good) telling off*, to tell sb off* ◆ **se faire tirer l'oreille** (fig) to take ou need a lot of persuading; → **boucher[1], boucle, dresser, puce** etc
2 (= ouïe) hearing, ear ◆ **avoir l'oreille fine** to have keen ou acute hearing, to have a sharp ear ◆ **avoir de l'oreille** to have a good ear (for music) ◆ **il n'a pas d'oreille** he has no ear for music; → **casser, écorcher, écouter**
3 (comme organe de communication) ear ◆ **écouter de toutes ses oreilles, être tout oreilles** to be all ears ◆ **n'écouter que d'une oreille, écouter d'une oreille distraite** to only half listen, to listen with (only) one ear ◆ **ouvre bien tes oreilles** listen carefully ◆ **dire qch à l'oreille de qn, dire qch à qn dans le creux** ou **tuyau de l'oreille** to have a word in sb's ear about sth ◆ **il**

pédalait, casque sur les oreilles he was pedalling along with his headphones on ◆ **les oreilles ont dû lui tinter** ou **siffler** (hum) his ears must have been burning ◆ **ce n'est pas tombé dans l'oreille d'un sourd** it didn't fall on deaf ears ◆ **ça entre par une oreille et ça (res)sort par l'autre*** it goes in one ear and out the other ◆ **il y a toujours des oreilles qui traînent** there's always someone listening ◆ **avoir l'oreille de qn** to have sb's ear ◆ **porter qch/venir aux oreilles de qn** to let sth be/come to be known to sb, to bring sth/come to sb's attention; → **bouche, prêter, rebattre**
4 [d'écrou, fauteuil] wing; [de soupière] handle; [de casquette] earflap

oreille-de-mer (pl oreilles-de-mer) /ɔʀɛjdəmɛʀ/ NF (= coquillage) ear shell, abalone

oreiller /ɔʀeje/ NM pillow ◆ **se réconcilier sur l'oreiller** to make it up in bed; → **confidence, taie**

oreillette /ɔʀejɛt/ NF 1 [de cœur] auricle ◆ **orifice de l'oreillette** atrium
2 [de casquette] earflap; [de téléphone portable, baladeur] earpiece
3 (= écouteur) earphone; → **fauteuil**

oreillon /ɔʀejɔ̃/
NM [d'abricot] (apricot) half
NMPL **oreillons** (Méd) ◆ **les oreillons** (the) mumps

Orénoque /ɔʀenɔk/ NM Orinoco

ores /ɔʀ/ **d'ores et déjà** LOC ADV already

Oreste /ɔʀɛst/ NM Orestes

orfèvre /ɔʀfɛvʀ/ NM silversmith, goldsmith ◆ **il est orfèvre en la matière** (fig) he's an expert (on the subject)

orfèvrerie /ɔʀfɛvʀəʀi/ NF (= art, commerce) silversmith's (ou goldsmith's) trade; (= magasin) silversmith's (ou goldsmith's) shop; (= ouvrage) (silver) plate, (gold) plate

orfraie /ɔʀfʀɛ/ NF white-tailed eagle

orfroi /ɔʀfʀwa/ NM orphrey, orfreis

organdi /ɔʀgɑ̃di/ NM organdie

organe /ɔʀgan/ SYN
NM 1 (Anat, Physiol) organ ◆ **organes des sens/sexuels** sense/sex(ual) organs ◆ **organes génitaux** genitals; → **fonction, greffe[1]**
2 (fig) (= véhicule, instrument) instrument, organ; (= institution, organisme) organ ◆ **le juge est l'organe de la loi** the judge is the instrument of the law ◆ **la parole est l'organe de la pensée** speech is the medium ou vehicle of thought ◆ **un des organes du gouvernement** one of the organs of government
3 (= porte-parole) representative, spokesman; (= journal) mouthpiece, organ
4 († ou littér = voix) voice ◆ **avoir un bel organe** to have a beautiful voice
COMP **organes de commande** controls
organe de presse newspaper
organes de transmission transmission system

organeau /ɔʀgano/ NM mooring ou anchoring ring

organelle /ɔʀganɛl/ NF organelle

organicien, -ienne /ɔʀganisjɛ̃, jɛn/ NM,F specialist in organic chemistry

organicisme /ɔʀganisism/ NM organicism

organigramme /ɔʀganigʀam/ NM (= tableau hiérarchique, structurel) organization chart; (= tableau des opérations de synchronisation, Ordin) flow chart ou diagram

organique /ɔʀganik/ ADJ (Chim, Jur, Méd) organic; → **chimie**

organiquement /ɔʀganikmɑ̃/ ADV organically

organisable /ɔʀganizabl/ ADJ organizable

organisateur, -trice /ɔʀganizatœʀ, tʀis/ SYN
ADJ [faculté, puissance] organizing (épith)
NM,F organizer ◆ **organisateur-conseil** management consultant ◆ **organisateur de voyages** tour operator

organisation /ɔʀganizasjɔ̃/ SYN
NF 1 (= préparation) [de voyage, fête, réunion] organization, arranging; [de campagne] organization; [de pétition] organization, getting up; [de service, coopérative] organization, setting up; (= agencement) [d'emploi du temps, travail] organization, setting out; [de journée] organization ◆ **organisation scientifique du travail** scientific management ◆ **il a l'esprit d'organisa-**

tion he's good at organizing things ◆ **il manque d'organisation** he's not very organized
2 (= structure) [de service, armée, parti] organization; [de texte] organization, layout ◆ **une organisation sociale encore primitive** a still rather basic social structure ◆ **l'organisation infiniment complexe du corps humain** the infinitely complex organization of the human body
3 (= association, organisme) organization ◆ **organisation non gouvernementale** non-governmental organization ◆ **organisation humanitaire** humanitarian organization ◆ **organisation syndicale** trade(s) union (Brit), labor union (US)
COMP **Organisation de coopération et de développement économique** Organization for Economic Cooperation and Development
Organisation des États américains Organization of American States
Organisation internationale du travail International Labour Organization
Organisation de libération de la Palestine Palestine Liberation Organization
Organisation maritime internationale International Maritime Organization
Organisation météorologique mondiale World Meteorological Organization
Organisation mondiale du commerce World Trade Organization
Organisation mondiale de la santé World Health Organization
Organisation mondiale du tourisme World Tourism Organization
Organisation des Nations Unies United Nations Organization
Organisation des pays exportateurs de pétrole Organization of Petroleum Exporting Countries
Organisation des territoires de l'Asie du Sud-Est South-East Asia Treaty Organization
Organisation du Traité de l'Atlantique Nord North Atlantic Treaty Organization
Organisation de l'unité africaine Organization of African Unity

organisationnel, -elle /ɔʀganizasjɔnɛl/ ADJ [problème, moyens] organizational

organisé, e /ɔʀganize/ SYN (ptp de organiser) ADJ organized ◆ **personne bien organisée** well-organized person; → **voyage**

organiser /ɔʀganize/ GRAMMAIRE ACTIVE 25.2 SYN
▶ conjug 1 ◀
VT 1 (= mettre sur pied) [+ voyage, réunion] to organize, to arrange; [+ campagne] to organize; [+ pétition] to organize, to get up; [+ service, coopérative] to organize, to set up ◆ **j'organise une petite fête** I'm having a little party
2 (= structurer) [+ travail, opérations, armée, parti, journée] to organize; [+ emploi du temps] to organize, to set out
VPR **s'organiser** 1 (= se regrouper) [personne, entreprise] to organize o.s. (ou itself), to get (o.s. ou itself) organized
2 (= agencer son temps) to organize o.s. ◆ **il ne sait pas s'organiser** he doesn't know how to organize himself, he can't get (himself) organized ◆ **je m'organiserai en fonction de toi** I'll just fit in with you, I'll fit ou arrange my plans round yours
3 (= s'articuler) ◆ **s'organiser autour d'un thème** [ouvrage, histoire] to be organized around a theme

organiseur /ɔʀganizœʀ/ NM (personal) organizer ◆ **organiseur électronique** electronic organizer

organisme /ɔʀganism/ SYN NM 1 (= organes, corps) body, organism (SPÉC) ◆ **les besoins/fonctions de l'organisme** the needs/functions of the body ou organism, bodily needs/functions ◆ **organisme génétiquement modifié** genetically modified organism
2 (= individu) organism ◆ **une nation est un organisme vivant** a nation is a living organism
3 (= institution, bureaux) body, organization ◆ **organisme de crédit** credit company ou institution ◆ **organisme de recherche** research body ou organization ◆ **organisme de formation** training institution ou body ◆ **les organismes sociaux** social welfare bodies

 Au sens de 'institution', **organisme** ne se traduit pas par le mot anglais **organism**.

organiste /ɔʀganist/ NMF organist

organite /ɔʀganit/ NM organelle

organogenèse /ɔʀganoʒənɛz/ NF organogenesis

organoleptique /ɔʀganɔlɛptik/ ADJ organoleptic

organométallique /ɔʀganɔmetalik/ ADJ organometallic

organsin /ɔʀgɑ̃sɛ̃/ NM organzine

orgasme /ɔʀgasm/ NM orgasm, climax

orgasmique /ɔʀgasmik/, **orgastique** /ɔʀgastik/ ADJ orgasmic, climactic(al)

orge /ɔʀʒ/ NF, NM barley ◆ **orge perlé** pearl barley; → **sucre**

orgeat /ɔʀʒa/ NM orgeat; → **sirop**

orgelet /ɔʀʒəlɛ/ NM (Méd) sty(e)

orgiaque /ɔʀʒjak/ ADJ orgiastic

orgie /ɔʀʒi/ SYN NF ① (Hist) (= repas) orgy; (= beuverie) drinking orgy ◆ **faire une orgie** to have an orgy ◆ **faire des orgies de gâteaux** to gorge o.s. on cakes

② (fig) ◆ **orgie de** profusion of ◆ **orgie de fleurs** profusion of flowers ◆ **orgie de couleurs** riot of colour

orgue /ɔʀg/

NM organ ◆ **tenir l'orgue** to play the organ ◆ **orgue de chœur/de cinéma/électrique/portatif** choir/theatre/electric/portable organ ◆ **orgue de Barbarie** barrel organ, hurdy-gurdy; → **point¹**

NFPL **orgues** ① (Mus) organ ◆ **les grandes orgues** the great organ ◆ **les petites orgues** the small pipe organ

② (Géol) ◆ **orgues basaltiques** basalt columns
③ (Mil) ◆ **orgues de Staline** rocket launcher (mounted on a truck)

orgueil /ɔʀɡœj/ SYN NM ① (= arrogance) pride, arrogance; (= amour-propre) pride ◆ **gonflé d'orgueil** puffed up ou bursting with pride ◆ **orgueil démesuré** overweening pride ou arrogance ◆ **il a l'orgueil de son rang** he has all the arrogance associated with his rank ◆ **avec l'orgueil légitime du vainqueur** with the victor's legitimate pride ◆ **par orgueil il ne l'a pas fait** he was too proud to do it, it was his pride that stopped him doing it ◆ **le péché d'orgueil** the sin of pride

② (locutions) ◆ **ce tableau, orgueil de la collection** this picture, pride of the collection ◆ **l'orgueil de se voir confier les clés lui fit oublier sa colère** his pride at being entrusted with the keys made him forget his anger ◆ **avoir l'orgueil de qch, tirer orgueil de qch** to take pride in sth, to pride o.s. on sth ◆ **mettre son orgueil à faire qch** to take pride in doing sth

orgueilleusement /ɔʀgøjøzmɑ̃/ ADV proudly, arrogantly

orgueilleux, -euse /ɔʀgøjø, øz/ SYN

ADJ (défaut) proud, arrogant; (qualité) proud ◆ **orgueilleux comme un paon** as proud as a peacock

NM,F (very) proud person

oriel /ɔʀjɛl/ NM oriel window

orient /ɔʀjɑ̃/ NM ① (littér = est) orient (littér), east ◆ **l'Orient** (= Moyen-Orient) the Middle East; (= Extrême-Orient) the Far East ◆ **les pays d'Orient** the countries of the Orient (littér), the oriental countries

② [de perle] orient
③ → **grand**

orientable /ɔʀjɑ̃tabl/ ADJ [bras d'une machine] swivelling, rotating; [lampe, antenne, lamelles de store] adjustable

oriental, e (mpl -aux) /ɔʀjɑ̃tal, o/

ADJ (= de l'Orient) oriental ; (= de l'est) [partie, côte, frontière, extrémité] eastern (= du Maghreb) North African ; → **Inde**

NM **Oriental** Oriental

NF **Orientale** Oriental woman

orientaliser (s') /ɔʀjɑ̃talize/ ▸ conjug 1 ◂ VPR [quartier] to take on an oriental character (influence maghrébine) to take on a North African character [personne] to become orientalized

orientalisme /ɔʀjɑ̃talism/ NM orientalism

orientaliste /ɔʀjɑ̃talist/ NMF, ADJ orientalist

orientation /ɔʀjɑ̃tasjɔ̃/ SYN NF ① (= position) [de maison] aspect; [de phare, antenne] direction ◆ **l'orientation du jardin au sud** the garden's southern aspect ou the fact that the garden faces south

② [de carte] orientating, orientation (Math) [de droite] orientating, orientation
③ [de touristes, voyageurs, recherches, enquête] directing ◆ **en ville, j'ai des problèmes d'orientation** I have problems finding my way around town; → **course, sens, table**

④ (Scol) ◆ **l'orientation professionnelle** careers advice ou guidance (Brit) ◆ **l'orientation scolaire** advice ou guidance (Brit) on courses ◆ **ils lui suggèrent une orientation vers un lycée professionnel/vers les sciences** they're suggesting he should go to a technical college/he should specialize in science ◆ **il veut changer d'orientation** he wants to change courses; → **centre, conseiller², cycle¹**

⑤ (= tendance, Bourse) trend; [de magazine] leanings, (political) tendencies ◆ **l'orientation générale de notre enquête/de ses recherches** the general direction ou orientation of our inquiry/of his research ◆ **orientation à la hausse** upward trend, upturn ◆ **orientation à la baisse** downward trend, downturn

⑥ (= ajustement) adjustment

orienté, e /ɔʀjɑ̃te/ SYN (ptp de **orienter**) ADJ
① (= disposé) ◆ **orienté à l'est/au sud** [maison] facing east/south, with an eastern/a southern aspect; [antenne] directed ou turned towards the east/the south ◆ **bien/mal orienté** [maison] well/badly positioned; [antenne] properly/badly directed

② (= tendancieux) [article] biased ◆ **question orientée** leading question

③ (= marqué) [plan, carte] orientated; (Math) [droite, vecteur] oriented

④ (Bourse) ◆ **bien/mal orienté** [marché] rising/falling ◆ **valeurs bien orientées** shares which are rising

⑤ (Ordin) ◆ **orienté objet** [langage, méthode] object-oriented

orienter /ɔʀjɑ̃te/ SYN ▸ conjug 1 ◂

VT ① (= disposer) [+ maison] to position; [+ lampe, phare, rétroviseur] to adjust; [+ miroir, bras de machine] to position, to adjust; [+ antenne] to direct, to adjust ◆ **orienter un poste de radio pour améliorer la réception** to move a radio to get better reception ◆ **orienter qch vers qch** to turn sth towards sth ◆ **orienter une maison vers le ou au sud** to build a house facing south ◆ **orienter une antenne vers le ou au nord** to turn ou direct an aerial towards the north ◆ **la lampe peut s'orienter dans toutes les positions** the lamp is fully adjustable

② (= guider) [+ touristes, voyageurs] to direct, to orient (vers to); [+ enquête, recherches] to direct (vers towards) ◆ **orienter un élève** to advise a pupil on what courses to follow ou on what subjects to specialize in ◆ **elle a été mal orientée** she was put on the wrong courses ◆ **il a été orienté vers les sciences/vers un lycée professionnel** he was steered towards science subjects/towards technical college ◆ **le patient a été orienté vers un service de cardiologie** the patient was referred to a cardiology unit ◆ **orienter la conversation vers un sujet** to turn the conversation towards a subject

③ (= marquer) [+ carte] to orientate; (Math) [+ droite] to orient

④ [+ voiles] to trim

VPR **s'orienter** ① (= se repérer) to find one's bearings

② (= se diriger vers) ◆ **s'orienter vers** (lit) to turn towards; [goûts] to turn towards; [chercheur, parti, société] to move towards ◆ **s'orienter vers les sciences** [étudiant] to specialize in science ◆ **il s'est orienté vers un lycée professionnel** he decided to go to a technical college

③ (Bourse) ◆ **le marché s'oriente à la hausse/à la baisse** the market is on a rising/a falling trend, the market is trending upward/downward (US)

orienteur, -euse /ɔʀjɑ̃tœʀ, øz/
NM,F (Scol) careers adviser
NM (Tech) orientator

orifice /ɔʀifis/ SYN NM [de caverne, digue] opening, orifice, aperture; [de puits, gouffre, four, tuyau] opening, mouth; (Anat) orifice; (Phon) cavity ◆ **orifice d'admission/d'échappement (des gaz)** intake/exhaust port

oriflamme /ɔʀiflam/ NF (= bannière) banner, standard; (Hist) oriflamme

origami /ɔʀigami/ NM origami

origan /ɔʀigɑ̃/ NM oregano

originaire /ɔʀiʒinɛʀ/ SYN ADJ ① ◆ **originaire de** (= natif de) [famille, personne] originating from; (= provenant de) [plante, coutume, mets] native to ◆ **il est originaire de** he is a native of, he was born in

② (= originel) [titulaire, propriétaire] original, first; [vice, défaut] innate, inherent

originairement /ɔʀiʒinɛʀmɑ̃/ ADV originally, at first

original, e (mpl -aux) /ɔʀiʒinal, o/ SYN

ADJ ① (= premier, originel) original ◆ **édition originale** original ou first edition; → **bande¹, version**

② (= neuf, personnel) [idée, décor] original, novel; [artiste, talent, style, œuvre] original ◆ **cela n'a rien d'original** there's nothing original about that

③ (péj = bizarre) eccentric, odd

NM,F (péj) (= excentrique) eccentric; (= fantaisiste) clown*, joker* ◆ **c'est un original** he's a (real) character ou a bit of an eccentric

NM [d'ouvrage, tableau] original; [de document] original (copy); [de texte dactylographié] top copy, original (US) ◆ **l'original de ce personnage** the model for ou the original of this character

ⓘ Au sens de 'bizarre', **original** ne se traduit pas par le mot anglais **original**.

originalement /ɔʀiʒinalmɑ̃/ ADV (= de façon personnelle) originally, in an original way; (= originellement) originally

originalité /ɔʀiʒinalite/ SYN NF ① (= nouveauté) [d'idée, décor] originality, novelty; [d'artiste, talent, œuvre] originality ◆ **d'une grande originalité** very original

② (= caractéristique originale) original aspect ou feature

③ (= excentricité) eccentricity

origine /ɔʀiʒin/ GRAMMAIRE ACTIVE 17.2 SYN NF origin; (= commencement) origin, beginning ◆ **les origines de la vie** the origins of life ◆ **tirer son origine de, avoir son origine dans** to have one's (ou its) origins in, to originate in ◆ **avoir pour origine** to be caused by ◆ **quelle est l'origine de sa fortune ?** where did his fortune come from?, how did he make his fortune? ◆ « **l'Automobile, des origines à nos jours** » (titre d'ouvrage) "the Motor Car, from its Origins to the Present Day" ◆ **elle a de lointaines origines bretonnes** she has distant Breton roots ◆ **dès l'origine** at ou from the outset, at ou from the very beginning

◆ **d'origine** [nationalité, région de production] of origin; [langue, pays d'une personne] native ◆ **d'origine française/noble** of French/noble origin ou extraction ◆ **être d'origine paysanne/ouvrière** to come from peasant stock/a working-class background ◆ **produit d'origine animale** product of animal origin ◆ **mot d'origine française** word of French origin ◆ **coutume d'origine ancienne** long-standing custom, custom of long standing ◆ **les pneus sont d'origine** it still has its original tyres, the tyres are the original ones; → **méridien**

◆ **à l'origine** originally, to begin with ◆ **être à l'origine de** (gén) to be the cause of; [+ proposition, initiative, projet, attentat] to be behind

originel, -elle /ɔʀiʒinɛl/ ADJ [innocence, pureté, beauté] original, primeval; [état, sens] original; → **péché**

originellement /ɔʀiʒinɛlmɑ̃/ ADV (= primitivement) originally; (= dès le début) from the (very) beginning, from the outset

orignal (pl -aux) /ɔʀiɲal, o/ NM moose, Canadian elk

orin /ɔʀɛ̃/ NM buoy rope

Orion /ɔʀjɔ̃/ NM Orion ◆ **le Baudrier d'Orion** Orion's Belt ◆ **la constellation d'Orion** the constellation (of) Orion

oripeaux /ɔʀipo/ NMPL (= haillons) rags; (= guenilles clinquantes) showy ou flashy rags

ORL /ɔɛʀɛl/
NF (abrév de **oto-rhino-laryngologie**) ENT
NMF (abrév de **oto-rhino-laryngologiste**) ENT doctor ou specialist

orle /ɔʀl/ NM (Archit) orlo; (Héraldique) orle

orléaniste /ɔʀleanist/ ADJ, NMF Orleanist

Orlon ® /ɔʀlɔ̃/ NM Orlon ®

ormaie /ɔʀmɛ/ NF elm grove

orme /ɔʀm/ NM elm

ormeau (pl ormeaux) /ɔʀmo/ NM ① (= arbre) (young) elm

② (= coquillage) ormer, abalone, ear shell

ormoie /ɔʀmwa/ NF → **ormaie**

Ormuz /ɔʀmuz/ N Hormuz, Ormuz ◆ **le détroit d'Ormuz** the Strait of Hormuz ou Ormuz

orné, e /ɔʀne/ (ptp de **orner**) ADJ [style] ornate, florid ◆ **lettres ornées** illuminated letters

ornemaniste /ɔʀnəmanist/ NMF ornamentalist

ornement /ɔʀnəmɑ̃/ SYN NM (gén) ornament; (Archit, Art) embellishment, adornment; (Mus) grace note(s), ornament ◆ **sans ornement(s)** [élégance, toilette, style] plain, unadorned ◆ **d'ornement** [arbre, jardin] ornamental ◆ **ornements de style** ornaments of style ◆ **ornements sacerdotaux** vestments

ornemental, e (mpl **-aux**) /ɔʀnəmɑ̃tal, o/ ADJ [style, plante] ornamental; [motif] decorative

ornementation /ɔʀnəmɑ̃tasjɔ̃/ NF ornamentation

ornementer /ɔʀnəmɑ̃te/ ▸ conjug 1 ◂ VT to ornament

orner /ɔʀne/ SYN ▸ conjug 1 ◂ VT ①(= décorer) [+ chambre, vêtement] to decorate (de with); (= embellir) [+ discours, récit] to embellish (de with) ◆ **orner une rue de drapeaux** to deck out a street with flags ◆ **sa robe était ornée d'un galon** her dress was trimmed with braid ◆ **livre orné de dessins** book illustrated with drawings ◆ **orner la vérité** (littér) to adorn ou embellish the truth ◆ **orner son esprit** (littér) to enrich one's mind ②(= servir d'ornement à) to adorn, to decorate, to embellish ◆ **la fleur qui ornait sa boutonnière** the flower which adorned ou decorated his buttonhole ◆ **les sculptures qui ornaient la façade** the sculptures which adorned ou decorated ou embellished the façade

ornière /ɔʀnjɛʀ/ NF (lit) rut ◆ **il est sorti de l'ornière maintenant** (fig) he's out of the wood(s) now ◆ **retomber dans l'ornière** to go back to one's old ways

ornithogale /ɔʀnitɔgal/ NM star-of-Bethlehem

ornithologie /ɔʀnitɔlɔʒi/ NF ornithology; (= hobby) birdwatching

ornithologique /ɔʀnitɔlɔʒik/ ADJ ornithological

ornithologiste /ɔʀnitɔlɔʒist/ NMF ornithologist

ornithologue /ɔʀnitɔlɔg/ NMF ornithologist

ornithomancie /ɔʀnitɔmɑ̃si/ NF ornithomancy

ornithorynque /ɔʀnitɔʀɛ̃k/ NM duck-billed platypus, ornithorhynchus (SPÉC)

ornithose /ɔʀnitoz/ NF ornithosis

orobanche /ɔʀɔbɑ̃ʃ/ NF broomrape

orobe /ɔʀɔb/ NM bitter-vetch

orogenèse /ɔʀɔʒənɛz/ NF (= processus) orogenesis; (= période) orogeny

orogénie /ɔʀɔʒeni/ NF orogeny

orogénique /ɔʀɔʒenik/ ADJ orogenic, orogenetic

orographie /ɔʀɔgʀafi/ NF or(e)ography

orographique /ɔʀɔgʀafik/ ADJ or(e)ographic(al)

oronge /ɔʀɔ̃ʒ/ NF agaric ◆ **oronge vraie** imperial mushroom ◆ **fausse oronge** fly agaric

oropharynx /ɔʀɔfaʀɛ̃ks/ NM oropharynx

orpaillage /ɔʀpajaʒ/ NM gold washing

orpailleur /ɔʀpajœʀ/ NM gold washer

Orphée /ɔʀfe/ NM Orpheus ◆ « **Orphée et Eurydice** » (Myth) "Orpheus and Eurydice" ◆ « **Orphée aux enfers** » (Mus) "Orpheus in the Underworld"

orphelin, e /ɔʀfəlɛ̃, in/
ADJ orphan(ed) ◆ **être orphelin de père/de mère** to be fatherless/motherless, to have lost one's father/mother
NM,F orphan; → **veuf**

orphelinat /ɔʀfəlina/ NM (= lieu) orphanage; (= orphelins) children of the orphanage

orphéon /ɔʀfeɔ̃/ NM (= fanfare) (village ou town) band

orphéoniste /ɔʀfeɔnist/ NMF [de fanfare] member of a (village ou town) band

orphie /ɔʀfi/ NF garfish

orphique /ɔʀfik/ ADJ Orphic

orphisme /ɔʀfism/ NM Orphism

orpiment /ɔʀpimɑ̃/ NM orpiment

orpin /ɔʀpɛ̃/ NM stonecrop

orque /ɔʀk/ NF killer whale

ORSEC /ɔʀsɛk/ NF (abrév de **Organisation des secours**) → **plan**[1]

orseille /ɔʀsɛj/ NF (= lichen, pâte) orchil, archil

orteil /ɔʀtɛj/ NM toe ◆ **gros/petit orteil** big/little toe

ORTF † /ɔɛʀteɛf/ NF (abrév de **Office de radiodiffusion-télévision française**) former French broadcasting service

orthocentre /ɔʀtɔsɑ̃tʀ/ NM orthocentre

orthochromatique /ɔʀtɔkʀɔmatik/ ADJ orthochromatic

orthodontie /ɔʀtɔdɔ̃si/ NF orthodontics (sg), dental orthopaedics (sg) (Brit) ou orthopedics (sg) (US)

orthodontique /ɔʀtɔdɔ̃tik/ ADJ orthodontic

orthodontiste /ɔʀtɔdɔ̃tist/ NMF orthodontist

orthodoxe /ɔʀtɔdɔks/ SYN
ADJ ① (Rel, gén) Orthodox; → **église** ② (en emploi négatif) [peu orthodoxe, pas très orthodoxe [méthode, pratiques] rather unorthodox, not very orthodox
NMF (Rel) Orthodox; (Pol) one who follows the orthodox (party) line ◆ **les orthodoxes grecs/russes** the Greek/Russian Orthodox

orthodoxie /ɔʀtɔdɔksi/ NF orthodoxy

orthodromie /ɔʀtɔdʀɔmi/ NF orthodromy

orthogenèse /ɔʀtɔʒənɛz/ NF orthogenesis

orthogénie /ɔʀtɔʒeni/ NF family planning ◆ **centre d'orthogénie** family planning ou birth control centre

orthogénisme /ɔʀtɔʒenism/ NM study of family planning

orthogonal, e (mpl **-aux**) /ɔʀtɔgɔnal, o/ ADJ orthogonal

orthogonalement /ɔʀtɔgɔnalmɑ̃/ ADV orthogonally

orthographe /ɔʀtɔgʀaf/ SYN NF (gén) spelling, orthography (SPÉC); (= forme écrite correcte) spelling; (= système) spelling (system) ◆ **réforme de l'orthographe** spelling reform, reform of the spelling system ◆ **quelle est l'orthographe de votre nom ?** how do you spell your name?, how is your name spelt? ◆ **ce mot a deux orthographes** this word has two different spellings ou can be spelt in two (different) ways ◆ **il a une bonne orthographe** he's good at spelling, he's a good speller ◆ **orthographe d'usage** spelling ◆ **orthographe d'accord** spelling of grammatical agreements; → **faute**

orthographier /ɔʀtɔgʀafje/ ▸ conjug 7 ◂ VT to spell (in writing) ◆ **mal orthographié** incorrectly ou wrongly spelt

orthographique /ɔʀtɔgʀafik/ ADJ spelling (épith), orthographical ◆ **signe orthographique** orthographical sign

orthonormé, e /ɔʀtɔnɔʀme/ ADJ orthonormal

orthopédie /ɔʀtɔpedi/ NF orthopaedics (sg) (Brit), orthopedics (sg) (US)

orthopédique /ɔʀtɔpedik/ ADJ orthopaedic (Brit), orthopedic (US) ◆ **chaussures orthopédiques** orthopaedic shoes

orthopédiste /ɔʀtɔpedist/ NMF (= médecin) orthopaedic (Brit) ou orthopedic (US) specialist, orthopaedist (Brit), orthopedist (US); (= fabricant) maker of orthopaedic (Brit) ou orthopedic (US) devices ◆ **chirurgien orthopédiste** orthopaedic (Brit) ou orthopedic (US) surgeon

orthophonie /ɔʀtɔfɔni/ NF (= traitement) speech therapy; (= prononciation correcte) correct pronunciation

orthophoniste /ɔʀtɔfɔnist/ NMF speech therapist

orthopnée /ɔʀtɔpne/ NF orthopn(o)ea

orthoptère /ɔʀtɔptɛʀ/
ADJ orthopterous, orthopteran
NM orthopteran, orthopteron

orthoptie /ɔʀtɔpsi/ NF orthoptics (sg)

orthoptique /ɔʀtɔptik/
ADJ orthoptic
NF orthoptics (sg)

orthoptiste /ɔʀtɔptist/ NMF orthoptist

orthorexie /ɔʀtɔʀɛksi/ NF orthorexia

orthorhombique /ɔʀtɔʀɔ̃bik/ ADJ orthorhombic

orthoscopique /ɔʀtɔskɔpik/ ADJ orthoscopic

orthose † /ɔʀtoz/ NM orthose

orthostatique /ɔʀtɔstatik/ ADJ orthostatic

orthosympathique /ɔʀtɔsɛ̃patik/ ADJ sympathetic

ortie /ɔʀti/ NF (stinging) nettle ◆ **ortie blanche** white dead-nettle ◆ **jeter qch aux orties** to throw sth out of the window ◆ **jeter la soutane** ou **le froc aux orties** to leave the priesthood; → **piqûre**

ortolan /ɔʀtɔlɑ̃/ NM ortolan (bunting) ◆ **à l'époque, je ne me nourrissais pas d'ortolans** those were lean days for me

orvale /ɔʀval/ NF clary

orvet /ɔʀvɛ/ NM slow worm

oryctérope /ɔʀiktɛʀɔp/ NM aardvark

oryx /ɔʀiks/ NM oryx

OS /oɛs/ NM (abrév de **ouvrier spécialisé**) → **ouvrier**

os (pl **os**) /ɔs, o/
NM ①(Anat) bone ◆ **avoir de petits/gros os** to be small-boned/big-boned ◆ **viande avec os** meat on the bone ◆ **viande sans os** ou **boneless meat**, meat off the bone ◆ **fait en os** made of bone ◆ **jetons/manche en os** bone counters/handle ◆ **à manche en os** bone-handled
②(locutions) ◆ **c'est un paquet** ou **sac d'os** he's a bag of bones, he's (all) skin and bone(s) ◆ **mouillé** ou **trempé jusqu'aux os** soaked to the skin, wet through ◆ **donner** ou **jeter un os à ronger à qn** to give sb something to keep him occupied ou quiet ◆ **il ne fera pas de vieux os** (= il ne vivra pas longtemps) he won't last ou live long ◆ **il n'a pas fait de vieux os dans cette entreprise** he didn't last long in that firm ◆ **il est pourri jusqu'à l'os** * he's rotten to the core ◆ **ils t'ont eu** ou **possédé jusqu'à l'os** * they had you good and proper * ◆ **l'avoir dans l'os** ‡ (= être roulé) to be had * ◆ **il y a un os** * there's a snag ou hitch ◆ **tomber sur un os** * (obstacle temporaire) to come across ou hit * a snag; (impasse) to be stymied; (échec) to come unstuck; → **chair**, **rompre**
COMP **os à moelle** marrowbone
os de seiche cuttlebone

Osaka /ɔzaka/ N Osaka

oscabrion /ɔskabʀijɔ̃/ NM chiton, coat-of-mail shell

oscar /ɔskaʀ/ NM (Ciné) Oscar; (autres domaines) prize, award (de for) ◆ **l'oscar du meilleur film/scénario** the Oscar for best film/screenplay

oscarisé, e /ɔskaʀize/ ADJ (Ciné) Oscar-winning

oscillaire /ɔsilɛʀ/ NF oscillatoria

oscillant, e /ɔsilɑ̃, ɑ̃t/ ADJ oscillating

oscillateur /ɔsilatœʀ/ NM (Phys) oscillator

oscillation /ɔsilasjɔ̃/ SYN NF (Élec, Phys) oscillation; [de pendule] swinging (NonC), oscillation; [de navire] rocking (NonC); [de température, cours, taux, opinion] fluctuation, variation (de in) ◆ **les oscillations de son esprit** his (mental) fluctuations

oscillatoire /ɔsilatwaʀ/ ADJ (Sci) oscillatory; [mouvement] swinging, oscillatory (SPÉC)

osciller /ɔsile/ SYN ▸ conjug 1 ◂ VI (Sci) to oscillate; [pendule] to swing, to oscillate; [navire] to rock ◆ **le vent fit osciller la flamme/la statue** the wind made the flame flicker/made the statue rock ◆ **sa tête oscillait de droite à gauche** his head rocked from side to side ◆ **il oscillait sur ses pieds** he rocked on his feet ◆ **osciller entre** (fig) [personne] to waver ou oscillate between; [prix, température] to fluctuate ou vary between

oscillogramme /ɔsilɔgʀam/ NM oscillogram

oscillographe /ɔsilɔgʀaf/ NM oscillograph

oscillomètre /ɔsilɔmɛtʀ/ NM oscillometer

oscilloscope /ɔsilɔskɔp/ NM oscilloscope

osculateur, -trice /ɔskylatœʀ, tʀis/ ADJ osculatory

osculation /ɔskylasjɔ̃/ NF osculation

oscule /ɔskyl/ NM oscule

ose /oz/ NM monosaccharide

osé, e /oze/ SYN (ptp de **oser**) ADJ [tentative, démarche, toilette] bold, daring; [sujet, plaisanterie] risqué, daring

Osée /oze/ NM Hosea

oseille /ozɛj/ NF ①(= plante) sorrel ②(* = argent) dough ‡, bread ‡, dosh ‡ (surtout Brit) ◆ **avoir de l'oseille** to be in the money *, to have plenty of dough ‡ ou dosh ‡ (surtout Brit)

oser /oze/ SYN ▸ conjug 1 ◂ VT ①to dare ◆ **oser faire qch** to dare (to) do sth ◆ **oser qch** (littér) to dare sth ◆ **il faut oser !** one must take risks! ◆ **(il) fallait oser !** * he's (ou they've etc) certainly got a nerve! ◆ **il n'osait (pas) bouger** he did not dare (to) move ◆ **je voudrais bien mais je n'ose pas** I'd like to but I don't dare ou I daren't ◆ **ose le répéter !** I dare you to repeat it! ◆ **approche si tu**

l'oses ! come over here if you dare! ◆ **il a osé m'insulter** he dared ou presumed to insult me ◆ **comment osez-vous !** how dare you! ◆ **on n'ose pas faire la lessive le dimanche** (Helv) you're not allowed to do washing on Sundays ◆ **est-ce que j'ose entrer ?** (Helv) can I come in? ▭2 (locutions) ◆ **si j'ose dire** if I may say so, if I may make (Brit) ou be (US) so bold † (aussi hum) ◆ **si j'ose m'exprimer ainsi** if I can put it that way, if you'll pardon the expression ◆ **j'ose espérer** ou **croire que...** I hope that... ◆ **j'ose l'espérer** I should hope so ◆ **je n'ose y croire** I daren't believe it ◆ **j'oserais même dire que...** I'd even venture to ou go as far as to say that...

oseraie /ozʀɛ/ NF osier plantation

oside /ozid/ NM (Chim) oside

osier /ozje/ NM (= arbre) willow, osier; (= fibres) wicker (NonC) ◆ **corbeille en osier** wicker(work) basket ◆ **fauteuil en osier** wicker(work) chair, basket chair; → brin

osiériculture /ozjeʀikyltyʀ/ NF willow growing

Osiris /oziʀis/ NM Osiris

Oslo /ɔslo/ N Oslo

osmique /ɔsmik/ ADJ ◆ **acide osmique** osmic acid

osmium /ɔsmjɔm/ NM osmium

osmomètre /ɔsmɔmɛtʀ/ NM osmometer

osmonde /ɔsmɔ̃d/ NF osmund

osmose /ɔsmoz/ NF (lit, fig) osmosis ◆ **osmose inverse** reverse osmosis ◆ **vivre en osmose avec** to live in harmony with

osmotique /ɔsmɔtik/ ADJ osmotic

ossature /ɔsatyʀ/ SYN NF [de corps] frame, skeletal structure (SPÉC); [de tête, visage] bone structure; [d'appareil, immeuble] framework; [de voûte] frame(work); [de société, discours] framework, structure ◆ **à ossature grêle/robuste** slender-/heavy-framed

osséine /ɔsein/ NF ossein

osselet /ɔslɛ/ NM ▭1 (= jeu) ◆ **osselets** knucklebones, jacks
▭2 (Anat) [d'oreille] ossicle
▭3 [d'animal] osselet

ossements /ɔsmɑ̃/ NMPL (= squelettes) bones

osseux, -euse /ɔsø, øz/ ADJ ▭1 (Anat) [tissu] bone (épith), osseous (SPÉC); [charpente, carapace] bony; (Bio) [poisson] bony; (Méd) [greffe] bone (épith); [maladie] bone (épith), of the bones
▭2 (= maigre) [main, visage] bony

Ossian /ɔsjɑ̃/ N Ossian

ossianique /ɔsjanik/ ADJ Ossianic

ossification /ɔsifikasjɔ̃/ NF (Méd) ossification

ossifier VT, **s'ossifier** VPR /ɔsifje/ ▸ conjug 7 ◂ (lit, fig) to ossify

osso buco /ɔsobuko/ NM INV osso bucco

ossu, e /ɔsy/ ADJ (littér) large-boned

ossuaire /ɔsɥɛʀ/ NM (= lieu) ossuary

ostéalgie /ɔstealʒi/ NF ostalgia

ostéichtyens /ɔsteiktjɛ̃/ NMPL ◆ **les ostéichtyens** the Osteichthyes

ostéite /ɔsteit/ NF osteitis

ostensible /ɔstɑ̃sibl/ SYN ADJ conspicuous ◆ **de façon ostensible** conspicuously ◆ **signes religieux ostensibles** visible religious symbols

⚠ **ostensible** ne se traduit pas par le mot anglais **ostensible**, qui a le sens de 'prétendu'.

ostensiblement /ɔstɑ̃siblǝmɑ̃/ SYN ADV conspicuously

ostensoir /ɔstɑ̃swaʀ/ NM monstrance

ostentation /ɔstɑ̃tasjɔ̃/ NF ostentation ◆ **il détestait toute ostentation** he hated any kind of ostentation ◆ **agir avec ostentation** to act with ostentation ou ostentatiously ◆ **un style résolument dépourvu d'ostentation** a style that is totally without pretentiousness ◆ **élégance sans ostentation** quiet elegance ◆ **faire qch sans ostentation** to do sth without ostentation ou unostentatiously ◆ **faire ostentation de qch** (littér) to make a display ou show of sth, to parade sth

ostentatoire /ɔstɑ̃tatwaʀ/ SYN ADJ (littér) ostentatious ◆ **port ostentatoire de signes religieux** wearing of visible religious symbols

ostéoblaste /ɔsteoblast/ NM osteoblast

ostéochondrose /ɔsteokɔ̃dʀoz/ NF osteochondrosis

ostéoclasie /ɔsteoklazi/ NF osteoclasis

ostéoclaste /ɔsteoklast/ NM osteoclast

ostéocyte /ɔsteosit/ NM osteocyte

ostéogenèse /ɔsteoʒǝnɛz/, **ostéogénie** /ɔsteoʒeni/ NF osteogenesis

ostéologie /ɔsteolɔʒi/ NF osteology

ostéologique /ɔsteolɔʒik/ ADJ osteological

ostéomalacie /ɔsteomalasi/ NF osteomalacia

ostéomyélite /ɔsteomjelit/ NF osteomyelitis

ostéopathe /ɔsteopat/ NMF osteopath

ostéopathie /ɔsteopati/ NF (= maladie) bone disease; (= pratique) osteopathy

ostéophyte /ɔsteofit/ NM osteophyte

ostéoplastie /ɔsteoplasti/ NF osteoplasty

ostéoporose /ɔsteopɔʀoz/ NF osteoporosis

ostéosarcome /ɔsteosaʀkom/ NM osteosarcoma

ostéosynthèse /ɔsteosɛ̃tɛz/ NF osteosynthesis

ostéotomie /ɔsteotɔmi/ NF osteotomy

ostiak /ɔstjak/ NM Ostyak

ostiole /ɔstjɔl/ NM ostiole

ostraciser /ɔstʀasize/ ▸ conjug 1 ◂ VT to ostracize

ostracisme /ɔstʀasism/ NM ostracism ◆ **être frappé d'ostracisme** to be ostracized ◆ **leur ostracisme m'était indifférent** being ostracized by them didn't bother me

ostréicole /ɔstʀeikɔl/ ADJ [production] oyster (épith); [techniques] oyster-farming (épith)

ostréiculteur, -trice /ɔstʀeikyltœʀ, tʀis/ NM,F oyster-farmer, ostreiculturist (SPÉC)

ostréiculture /ɔstʀeikyltyʀ/ NF oyster-farming, ostreiculture (SPÉC)

ostréidés /ɔstʀeide/ NMPL oysters

ostrogot(h), e /ɔstʀogo, gɔt/
▭ADJ Ostrogothic
▭NM,F **Ostrogot(h)(e)** Ostrogoth
▭NM († ou hum) (= mal élevé) barbarian; (= original, olibrius) odd fish * ou fellow

ostyak /ɔstjak/ NM ⇒ ostiak

otage /ɔtaʒ/ SYN NM hostage ◆ **prendre qn en ou comme otage** to take sb hostage ◆ **être pris ou retenu en otage** to be held hostage ◆ **la prise d'otages** the hostage-taking incident ◆ **le gouvernement s'élève contre les prises d'otages** the government condemns hostage-taking ou the taking ou seizure of hostages

otalgie /ɔtalʒi/ NF otalgia

OTAN /ɔtɑ̃/ NF (abrév de **Organisation du Traité de l'Atlantique Nord**) NATO

otarie /ɔtaʀi/ NF sea-lion

OTASE /ɔtaz/ NF (abrév de **Organisation des territoires de l'Asie du Sud-Est**) SEATO

ôter /ote/ SYN ▸ conjug 1 ◂
▭VT ▭1 (= enlever) [+ ornement] to take away, to remove (de from); [+ lunettes, vêtement] to take off, to remove; [+ arêtes, épine] to take out (de of), to remove (de from); [+ tache] to take out (de of), to remove (de from), to lift (de from); [+ hésitation, scrupule] to remove, to take away; [+ remords] to relieve ◆ **ôter les assiettes (de la table)** clear the table, clear the dishes off the table ◆ **un produit qui ôte l'acidité (à une** ou **d'une substance)** a product which removes the acidity (from a substance) ◆ **ôte tes mains de la porte !** take your hands off the door! ◆ **ôte tes pieds de là !** get your feet off there! ◆ **cela lui a ôté un gros poids** that took a great weight off his chest ou lifted a great weight from his chest ◆ **on lui ôta ses menottes** they took his handcuffs off, they unhandcuffed him
▭2 (= retrancher) [+ somme] to take away; [+ paragraphe] to remove, to cut out (de from) ◆ **ôter un nom d'une liste** to remove a name from a list, to take a name off a list ◆ **5 ôté de 8 égale 3** 5 (taken away) from 8 equals or leaves 3
▭3 (= prendre) ◆ **ôter qch à qn** to take sth (away) from sb ◆ **ôter un enfant à sa mère** to take a child (away) from its mother ◆ **ôter à qn ses illusions** to rid ou deprive sb of his illusions ◆ **ôter à qn ses forces/son courage** to deprive sb of his strength/his courage ◆ **ça lui ôtera toute envie de recommencer** that will stop him wanting to do it again, that will rid him of any desire to do it again ◆ **ôte-lui le couteau (des mains)** take the knife (away) from him, take the knife out ou from his hands ◆ **on ne m'ôtera pas de l'idée que...** I can't get it out of my mind ou head that... ◆ **il faut absolument**

lui ôter cette idée de la tête we must get this idea out of his head; → pain

▭VPR **s'ôter** ◆ **ôtez-vous de là** move yourself!, get out of there! ◆ **ôtez-vous de la lumière, ôte-toi de mon soleil** (hum) get out of my light ◆ **ôte-toi de là (que je m'y mette) !** * (hum) (get) out of the way (and give me some room)!, move ou shift * out of the way (and give me some room)!
◆ **je ne peux pas m'ôter ça de l'idée** I can't get it out of my mind ou head ◆ **comment est-ce que ça s'ôte ?** how do you remove it? ou take it off? ◆ **s'ôter la vie** to take one's (own) life

otique /ɔtik/ ADJ otic

otite /ɔtit/ NF ear infection, otitis (SPÉC) ◆ **otite moyenne/interne** otitis media/interna

otocyon /ɔtɔsjɔ̃/ NM long-eared fox, otocyon (SPÉC)

otocyste /ɔtɔsist/ NM otocyst

otolithe /ɔtɔlit/ NM otolith

otologie /ɔtɔlɔʒi/ NF otology

oto-rhino (pl **oto-rhinos**) /ɔtɔʀino/ NMF ⇒ oto-rhino-laryngologiste

oto-rhino-laryngologie /ɔtɔʀinolaʀɛ̃gɔlɔʒi/ NF oto(rhino)laryngology

oto-rhino-laryngologiste (pl **oto-rhino-laryngologistes**) /ɔtɔʀinolaʀɛ̃gɔlɔʒist/ NMF ear, nose and throat specialist, oto(rhino) laryngologist

otorragie /ɔtɔʀaʒi/ NF bleeding from the ear, otorrhagia (SPÉC)

otorrhée /ɔtɔʀe/ NF otorrhoea (Brit), otorrhea (US)

otoscope /ɔtɔskɔp/ NM otoscope

Ottawa /ɔtawa/ N Ottawa

ottoman, e /ɔtɔmɑ̃, an/
▭ADJ Ottoman
▭NM ▭1 (= personne) ◆ **Ottoman** Ottoman
▭2 (= tissu) ottoman
▭NF **ottomane** ▭1 (= personne) ◆ **Ottomane** Ottoman woman
▭2 (= canapé) ottoman

ou /u/ SYN CONJ ▭1 (alternative) or ◆ **est-ce qu'il doit venir aujourd'hui ou demain ?** is he coming today or tomorrow? ◆ **il faut qu'il vienne aujourd'hui ou demain** he must come (either) today or tomorrow ◆ **avec ou sans sucre ?** with or without sugar? ◆ **que vous alliez chez cet épicier ou chez l'autre, c'est le même prix** it's the same price whether you go to this grocer or (to) the other one ◆ **un kilo de plus ou de moins, cela ne se sent pas** one kilo more or less doesn't show up ◆ **que vous le vouliez ou non** whether you like it or not ◆ **jolie ou non, elle plaît** (whether she's) pretty or not, she's attractive ◆ **est-ce qu'elle veut se lever ou préfère-t-elle attendre demain ?** does she want to get up or does she prefer to wait until tomorrow? ◆ **il nous faut 3 pièces, ou plutôt/ou même 4** we need 3 rooms, or preferably/or even 4 ◆ **apportez-moi une bière, ou plutôt non, un café** bring me a beer, or rather a coffee ◆ **ou pour mieux dire** or rather, or I should say
▭2 (approximation) or ◆ **à 5 ou 6 km d'ici** 5 or 6 km from here ◆ **ils étaient 10 ou 12** there were (some) 10 or 12 of them
▭3 (avec exclusion) ◆ **donne-moi ça ou je me fâche** give me that or I'll get cross ◆ **il faut qu'il travaille ou (bien) il échouera à son examen** he'll have to work or (else) otherwise he'll fail his exam

◆ **ou (bien)... ou (bien)** either... or ◆ **ou il est malade ou (bien) il est fou** he's either sick or mad, either he's sick or (else) he's mad ◆ **ou (bien) tu m'attends ou (bien) alors tu pars à pied** either you wait for me or (else) you'll have to walk, you (can) either wait for me or (else) go on foot

où /u/
▭PRON ▭1 (situation, direction) where ◆ **l'endroit où je vais/je suis** the place where I'm going/I am, the place I'm going to/I'm in ◆ **l'endroit idéal où s'établir** the ideal place to settle ◆ **je cherche un endroit où m'asseoir** I'm looking for a place to sit down or for somewhere to sit ◆ **la ville où j'habite** the town I live in ou where I live ◆ **le mur où il est accoudé** the wall he's leaning against ◆ **le tiroir où tu as rangé le livre** the drawer you put the book in ou where you put the book ◆ **le tiroir où tu a pris le livre** the drawer you took the book from ◆ **le livre où il a trouvé ce renseignement** the book where ou in which he found this piece of information ◆ **le livre où il a copié ceci** the book he copied

this from *ou* from which he copied this ◆ **le chemin par où il est passé** the road he went along *ou* he took ◆ **le village par où il est passé** the village he went through ◆ **l'endroit d'où je viens** the place I've come from ◆ **la pièce d'où il sort** the room he's come out of ◆ **la crevasse d'où on l'a retiré** the crevasse they pulled him out of ◆ **une chambre d'où s'échappent des gémissements** a room from which moans are coming ◆ **l'endroit jusqu'où ils ont grimpé** the place (where) they have climbed to *ou* to which they've climbed; → **là, partout**

2 *(antécédent abstrait : institution, groupe, état, condition)* ◆ **la famille où il est entré** the family he has become part of, the family he has joined ◆ **la famille/la firme d'où il sort** the family/firm he comes *ou* has come from ◆ **la ville d'où il vient** *(origine)* the town he comes from ◆ **l'école où il est inscrit** the school where *ou* in which he is enrolled ◆ **les mathématiques, domaine où je ne suis guère compétent** mathematics, an area in which I have little skill ◆ **dans l'état où il est** in the state he's in *ou* in which he is ◆ **l'obligation où il se trouve de partir** the fact that he finds himself obliged to leave ◆ **dans l'embarras où j'étais** in my embarrassment ◆ **les conditions où ils travaillent** the conditions they work in *ou* in which they work ◆ **la rêverie où il est plongé/d'où je l'ai tiré** the daydream he's in/from which I roused him ◆ **les extrêmes où il s'égare** the extremes into which he is straying ◆ **le but où tout homme tend** the goal towards which all men strive ◆ **la mélancolie où il se complaît** the melancholy in which he wallows ◆ **au rythme/train où ça va** at the speed/rate it's going ◆ **au prix où c'est** at the price it is ◆ **au tarif où ils font payer ça** at the rate they charge for it ◆ **à l'allure où ils vont** at the rate they're going ◆ **voilà où nous en sommes** that's the position to date *ou* so far, that's where we're at*; → **prix, train**

► Pour d'autres constructions voir les verbes appropriés.

3 *(temporel)* ◆ **le siècle où se passe cette histoire** the century in which this story takes place ◆ **le jour où je l'ai rencontré** the day (when *ou* on which) I met him ◆ **l'époque où on n'avait rien à manger** the time when we had nothing to eat ◆ **à l'instant où il est arrivé** the moment he arrived ◆ **mais là où je me suis fâché, c'est quand il a recommencé** but what (finally) made me explode was when he started doing it again; → **moment**

ADV REL 1 *(situation, direction)* where ◆ **j'irai où il veut** I'll go where *ou* wherever he wants ◆ **s'établir où l'on veut** to settle where one likes ◆ **je ne sais pas d'où il vient** I don't know where he comes from ◆ **on ne peut pas passer par où on veut** you can't just go where you like ◆ **d'où je suis on voit la mer** you can see the sea from where I am

◆ **où que** ◆ **où que l'on aille/soit** wherever one goes/is ◆ **d'où que l'on vienne** wherever one comes from ◆ **par où que l'on passe** wherever one goes

2 *(abstrait)* ◆ **où cela devient grave, c'est lorsqu'il prétend que...** where it gets serious is when he claims that... ◆ **savoir où s'arrêter** to know where *ou* when to stop ◆ **d'où l'on peut conclure que...** from which one may conclude that... ◆ **d'où son silence/ma méfiance** hence his silence/my wariness ◆ « **où l'on voit que...** » *(titre de chapitre)* "in which the reader sees *ou* learns that..." ◆ **où il y a de la gêne, il n'y a pas de plaisir** *(Prov)* comfort comes first, there's no sense in being uncomfortable; *(reproche)* talk about making yourself at home!, some people think only of their own comfort

ADV INTERROG 1 *(situation, direction)* where ◆ **où vas-tu/es-tu/l'as-tu mis ?** where are you going/are you/did you put it? ◆ **d'où viens-tu ?** where have you come from? ◆ **par où y aller ?** which way should we (*ou* I *etc*) go? ◆ **où aller ?** where should I (*ou* he *etc*) go? ◆ **où ça ?*** where's that?

2 *(abstrait)* ◆ **où en étais-je ?** where was I?, where had I got to? ◆ **où en êtes-vous ?** where are you up to? ◆ **où allons-nous ?** where are we going? ◆ **d'où vient cette attitude ?** what's the reason for this attitude? ◆ **d'où vient qu'il n'a pas répondu ?** how come he hasn't replied?*, what's the reason for his not having replied? ◆ **d'où le tenez-vous ?** where did you hear that? ◆ **où voulez-vous en venir ?** what are you leading up to? *ou* getting at?

OUA /ɔya/ **NF** (abrév de **Organisation de l'unité africaine**) OAU

ouabaïne /wabain/ **NF** ouabain

Ouagadougou /wagadugu/ **N** Ouagadougou

ouah /'wa/ **EXCL** *(* joie)* wow!*, ooh!* ◆ **ouah, ouah !** *(aboiement)* woof! woof!

ouailles /waj/ **NFPL** *(Rel, hum)* flock ◆ **l'une de ses ouailles** one of his flock

ouais* /'wɛ/ **EXCL** *(= oui)* yeah*, yep*; *(sceptique)* oh yeah?*

ouananiche /wananiʃ/ **NM** *(Can)* fresh water salmon

ouaouaron* /wawaʀɔ̃/ **NM** *(Can)* bullfrog

ouate /(')wat/

NF 1 *(pour pansement)* cotton wool *(Brit)*, cotton *(US)*

2 *(pour rembourrage)* padding, wadding ◆ **doublé d'ouate** quilted

COMP **ouate hydrophile** cotton wool *(Brit)*, absorbent cotton *(US)*

ouate thermogène Thermogene ®

ouaté, e /'wate/ (ptp de **ouater**) **ADJ** 1 *[pansement]* cotton-wool *(épith)* *(Brit)*, cotton *(épith)* *(US)*; † *[vêtement]* quilted

2 *[univers]* safe and comfortable ◆ **le confort ouaté de l'appartement de mes parents** the comfort and safety of my parents' flat ◆ **dans cette atmosphère ouatée, elle se retranche du monde** in this safe cocoon she takes refuge from the world

ouater /'wate/ ► conjug 1 ◄ **VT** *[+ manteau, couverture]* to quilt ◆ **les collines ouatées de neige** the hills covered *ou* blanketed in snow

ouatine /watin/ **NF** wadding, padding

ouatiner /watine/ ► conjug 1 ◄ **VT** to quilt ◆ **veste ouatinée** quilted jacket

oubli /ubli/ SYN **NM** 1 *(= omission)* oversight ◆ **il s'agit d'un simple oubli** it was just an oversight ◆ **il y a des oublis dans ce récit** there are gaps *ou* things missed out in this account ◆ **l'oubli de cette date a eu des conséquences graves** the fact the date was forgotten has had serious repercussions ◆ **j'ai réparé mon oubli** I made up for having forgotten

2 *(= trou de mémoire)* ◆ **ses oublis répétés m'inquiètent** his constant lapses of memory worry me, his constant forgetfulness worries me

3 ◆ **l'oubli** oblivion, forgetfulness ◆ **l'oubli de soi(-même)** self-effacement, selflessness ◆ **tirer qch de l'oubli** to bring sth out of oblivion ◆ **tomber dans l'oubli** to sink into oblivion ◆ **le temps apporte l'oubli** memories fade with the passage of time

oublié, e /ublije/ **NM,F** (ptp de **oublier**) forgotten person ◆ **c'est un peu l'oublié parmi les grands chanteurs** among the great singers he tends to be overlooked ◆ **les oubliés de l'Histoire** those who have been left out of the history books, those who have been forgotten by history

oublier /ublije/ GRAMMAIRE ACTIVE 26.1 SYN ► conjug 7 ◄

VT 1 *(= ne pas se souvenir de)* to forget; *(= ne plus penser à)* *[+ soucis, chagrin, client, visiteur]* to forget (about) ◆ **oublier de faire qch** to forget to do sth ◆ **oublier pourquoi** to forget why ◆ **ça s'oublie facilement** it's easily forgotten ◆ **j'ai oublié qui je dois prévenir** I can't remember who (it is) *ou* I've forgotten who (it is) I should warn ◆ **j'ai complètement oublié l'heure** I completely forgot about the time ◆ **j'ai oublié si j'ai bien éteint le gaz** I forget *ou* I can't remember if I turned off the gas ◆ **n'oublie pas que nous sortons ce soir** remember *ou* don't forget we're going out tonight ◆ **boire pour oublier** to drink to forget ◆ **ah oui, j'oubliais, il faut que tu rappelles ton frère** oh, yes, I almost forgot, you should phone your brother ◆ **il oubliera avec le temps** he'll forget in time, time will help him forget ◆ **oublions le passé** let's forget about the past, let's let bygones be bygones ◆ **c'est oublié, n'y pensons plus** it's all forgotten now, let's not think about it any more ◆ **j'avais complètement oublié sa présence** I had completely forgotten that he was there ◆ **sa gentillesse fait oublier sa laideur** the fact he's so nice makes you forget how ugly he is ◆ **il essaie de se faire oublier** he's trying to keep out of the limelight ◆ **mourir oublié** to die forgotten

2 *(= laisser)* *[+ chose]* to forget, to leave behind; *[+ fautes d'orthographe]* to miss; *(= omettre)* *[+ virgule, phrase]* to leave out ◆ **j'ai oublié mon parapluie dans le train** I left my umbrella on the train ◆ **j'ai oublié mon parapluie** I forgot my umbrella, I left my umbrella behind ◆ **tu as oublié (de laver) une vitre** you've missed a pane ◆ **un jour tu oublieras ta tête !** *(hum)* you'll forget your head one of these days!

3 *(= négliger)* *[+ famille, devoir, travail, promesse]* to forget, to neglect ◆ **oublier les règles de la politesse** to forget *ou* neglect the rules of etiquette ◆ **n'oubliez pas le guide !** don't forget (to tip) the guide! ◆ **il ne faut pas oublier que c'est un pays pauvre** we must not lose sight of the fact *ou* forget that it's a poor country ◆ **oublier qn dans son testament** to forget (to include) sb in one's will ◆ **il ne vous oublie pas** he hasn't forgotten (about) you ◆ **on l'a oublié sur la liste** he's been left off the list

VPR **s'oublier** 1 *(= ne pas être retenu)* to be forgotten ◆ **quelqu'un comme ça ne s'oublie pas facilement** someone like that is not easily forgotten ◆ **il ne s'est pas oublié (dans le partage)** *(iro)* he didn't forget himself (in the share-out)

2 *(littér = manquer d'égards)* ◆ **vous vous oubliez !** you're forgetting yourself!

3 *(euph = faire ses besoins)* ◆ **le chat s'est oublié sur la moquette** the cat had an accident on the carpet

oubliettes /ublijɛt/ **NFPL** oubliettes ◆ **jeter** *ou* **mettre aux oubliettes** *[+ projet]* to shelve ◆ **tomber dans les oubliettes (de l'histoire)** *[déclaration, procès]* to sink into oblivion ◆ **ce livre/projet est tombé aux oubliettes** this book/plan has been forgotten

oublieux, -ieuse /ublijø, ijøz/ **ADJ** *(frm)* deliberately forgetful ◆ **oublieux de** *[+ bienfaits]* quick to forget; *[+ obligations, devoirs]* neglectful of

oud /ud/ **NM** oud *(Middle Eastern string instrument)*

oued /wɛd/ **NM** wadi

ouest /wɛst/

NM INV 1 *(= point cardinal)* west ◆ **le vent d'ouest** the west wind ◆ **un vent d'ouest** a west(erly) wind, a westerly *(SPÉC)* ◆ **le vent tourne/est à l'ouest** the wind is veering west(wards) *ou* towards the west/is blowing from the west ◆ **regarder vers l'ouest** *ou* **dans la direction de l'ouest** to look west(wards) *ou* towards the west ◆ **à l'ouest** *(situation)* in the west; *(direction)* to the west, west(wards) ◆ **le soleil se couche à l'ouest** the sun sets in the west ◆ **à l'ouest de** west of, to the west of ◆ **la maison est (exposée) à l'ouest/exposée plein ouest** the house faces (the) west *ou* westwards/due west, the house looks west(wards)/due west ◆ **il est à l'ouest*** *(= il ne sait plus quoi faire)* he's totally out of it* ◆ **l'Europe/la France/la Bourgogne de l'ouest** Western Europe/France/Burgundy; → **Allemagne**

2 *(= régions occidentales)* west ◆ **l'Ouest** *(Pol)* the West ◆ **l'ouest de la France, l'Ouest** the West of France ◆ **les rapports entre l'Est et l'Ouest** East-West relations, relations between the East and the West ◆ « **À l'ouest rien de nouveau** » *(Littérat)* "All Quiet on the Western Front"

ADJ INV *[région, partie]* western; *[entrée, paroi]* west; *[versant, côte]* west(ern); *[côté]* west(ward); *[direction]* westward, westerly; → **longitude**

ouest-allemand, e /wɛstalmɑ̃, ɑ̃d/ *(Hist)*

ADJ West German

NM,F **Ouest-Allemand(e)** West German

ouest-nord-ouest /wɛstnɔʀwɛst/ **ADJ INV, NM** west-northwest

ouest-sud-ouest /wɛstsydwɛst/ **ADJ INV, NM** west-southwest

ouf /'uf/ **EXCL, NM** phew, whew ◆ **pousser un ouf de soulagement** to breathe *ou* give a sigh of relief ◆ **ils ont dû repartir sans avoir le temps de dire ouf*** they had to leave again before they had time to catch their breath *ou* before they knew where they were

Ouganda /ugɑ̃da/ **NM** Uganda

ougandais, e /ugɑ̃dɛ, ɛz/

ADJ Ugandan

NM,F **Ougandais(e)** Ugandan

ougrien, -ienne /ugʀijɛ̃, ijɛn/ **ADJ, NM,F** → **finno-ougrien**

oui /'wi/ SYN

ADV 1 *(réponse affirmative)* yes ◆ **le connaissez-vous ? – oui** do you know him? – yes (I do) ◆ **est-elle chez elle ? – oui** is she at home? – yes (she is) ◆ **vous avez aimé le film ? – oui et non** did you like the film? – yes and no *ou* I did and I didn't ◆ **je vais ouvrir la fenêtre – oui, cela fera un peu d'air** I'll open the window – yes (do), we could do with some fresh air ◆ **il n'a pas encore dit oui** he hasn't said yes yet, he hasn't agreed *ou* accepted (as) yet ◆ **dire oui**

(pendant le mariage) to say "I do" ◆ **il ne dit ni oui ni non** he's not saying either yes or no ◆ **ah, ça oui !** you can say that again! *, and how! * ◆ **que oui !** I should say so!, rather! *(Brit)* ◆ **certes oui !** (yes) most definitely *ou* certainly!, yes indeed! ◆ **vous en voulez ? – mais oui *ou* bien sûr que oui *ou* oui, bien sûr** do you want some? – of course (I do) *ou* I most certainly do ◆ **oui, mais il y a un obstacle** yes but there is a difficulty ◆ **eh bien oui, j'avoue** all right (then), I confess ◆ **contraception oui, avortement non** *(slogan)* yes to contraception, no to abortion, contraception – yes, abortion -- no ◆ **répondre (par) oui à toutes les questions** to answer yes *ou* answer in the affirmative to all the questions ◆ **répondez par oui ou par non** answer yes or no ◆ **faire oui de la tête, faire signe que oui** to nod (one's head) ◆ **ah oui ?** really?, yes? ◆ **oui-da** (†, *hum*) yes indeed, absolutely ◆ **oui, capitaine** *(Naut)* aye aye sir

2 *(remplaçant une proposition)* ◆ **est-il chez lui ?/ est-ce qu'il travaille ? – je pense *ou* je crois que oui** is he at home?/is he working? – (yes) I think so *ou* I believe he is ◆ **il nous quitte ? – je crains bien/j'espère que oui** is he leaving us? – I am afraid so *ou* I am afraid he is/I hope so *ou* I hope he is ◆ **est-ce qu'elle sort souvent ? – j'ai l'impression que oui** does she often go out? – I have an idea *ou* the impression that she does ◆ **tu as aimé ce film ? – moi oui** did you like the film? – I did ◆ **j'ai demandé si elle était venue, lui dit que oui** I asked if she had been and he says she has

3 *(intensif)* ◆ **je suis surprise, oui très surprise** I'm surprised – indeed very surprised ◆ **c'est un escroc, oui, un escroc** he's a rogue, an absolute rogue ◆ **oui vraiment, il a répondu ça ?** did he really answer that? ◆ **tu vas cesser de pleurer, oui ?** have you quite finished crying?, will you stop crying? ◆ **oui (évidemment), c'est toujours facile de critiquer** of course it's always easy to criticize ◆ **c'est bon, oui ?** isn't that good? ◆ **il va accepter, oui ou non ?** is he or isn't he going to accept? ◆ **tu te presses, oui ou non ?** will you please hurry up?, will you hurry up? ◆ **tu te décides oui ou merde !** ✱ make up your mind for Christ's sake! ✱

NM INV yes, aye ◆ **il y a eu 30 oui** there were 30 votes for, there were 30 ayes ◆ **j'aimerais un oui plus ferme** I should prefer a more definite yes ◆ **pleurer pour un oui (ou) pour un non** to cry over the slightest thing

ouï-dire /widiʀ/ SYN NM INV hearsay *(NonC)* ◆ **par ouï-dire** by hearsay

ouïe[1] /uj/ EXCL ⇒ **ouille**

ouïe[2] /wi/ SYN NF hearing *(NonC)* ◆ **avoir l'ouïe fine** to have sharp hearing, to have a keen sense of hearing ◆ **être tout ouïe** to be all ears

ouïes /wi/ NFPL *[de poisson]* gills; *[d'instrument de musique]* sound holes

ouïghour, ouïgour /uiguʀ/ NM Uig(h)ur

ouille /uj/ EXCL ouch!

ouiller /uje/ ▸ conjug 1 ◂ VT to ullage

ouïr /wiʀ/ ▸ conjug 10 ◂ VT (††, *littér, hum*) to hear; *(Jur)* *[+ témoins]* to hear ◆ **j'ai ouï dire à mon père que…** I've heard my father say that… ◆ **j'ai ouï dire que…** it has come to my ears that…, I've heard it said that… ◆ **oyez !** *(hum)* hark! *(vieilli ou hum)*, hear ye! *(vieilli ou hum)* ◆ **oyez, oyez, braves *ou* bonnes gens !** oyez! oyez! oyez!

ouistiti /wistiti/ NM *(= animal)* marmoset ◆ **un drôle de ouistiti** * *(= type)* an oddball *

oukase /ukaz/ NM *(Hist, fig)* ukase

Oulan-Bator /ulanbatɔʀ/ N Ulan Bator

ouléma /ulema/ NM ⇒ **uléma**

ouolof /wɔlɔf/ ADJ, NMF ⇒ **wolof**

ouragan /uʀagɑ̃/ SYN NM 1 *(Météo)* hurricane

2 *(fig)* storm ◆ **cet homme est un véritable ouragan** he's like a whirlwind, he's a human tornado ◆ **ce livre va déchaîner un ouragan** this book is going to create an uproar ◆ **arriver comme un ouragan** to arrive like a whirlwind ◆ **« Ouragan sur le Caine »** *(Ciné)* "The Caine Mutiny"

Oural /uʀal/ NM ◆ **l'Oural** *(= fleuve)* the Ural ◆ **l'Oural, les monts Oural** the Urals, the Ural Mountains

ouralien, -ienne /uʀaljɛ̃, jɛn/

ADJ Uralic

NM *(= langue)* Uralic

ouralo-altaïque /uʀalɔaltaik/ ADJ, NM Ural-Altaic

ourdir /uʀdiʀ/ SYN ▸ conjug 2 ◂ VT 1 *[+ tissu]* to warp

2 *(littér)* *[+ complot]* to hatch; *[+ intrigue]* to weave

ourdissoir /uʀdiswaʀ/ NM warp beam

ourdou /uʀdu/ ADJ INV, NM Urdu

ourlé, e /uʀle/ (ptp de **ourler**) ADJ hemmed ◆ **oreilles délicatement ourlées** delicately rimmed ears ◆ **lèvres bien ourlées** well-defined lips

ourler /uʀle/ ▸ conjug 1 ◂ VT *(Couture)* to hem ◆ **ourler de** *(fig littér)* to fringe with

ourlet /uʀlɛ/ NM 1 *(Couture)* hem ◆ **faux ourlet** false hem ◆ **faire un ourlet à** to hem

2 *(Tech)* hem

3 *[d'oreille]* rim, helix *(SPÉC)*

ourlien, -ienne /uʀljɛ̃, jɛn/ ADJ parotitic

ours /uʀs/

NM 1 *(= animal)* bear ◆ **être *ou* tourner comme un ours en cage** to pace up and down like a caged animal; → **fosse, montreur, vendre**

2 *(= jouet)* ◆ **ours (en peluche)** teddy bear

3 *(péj = misanthrope)* (old) bear ◆ **vivre comme un ours** to be at odds with the world ◆ **elle est un peu ours** she's a bit of a bear *ou* a gruff individual

4 *(arg Presse)* ≈ credits *(for written publication)*

5 (✱ = *règles*) ◆ **avoir ses ours** to have one's period

COMP **ours blanc** polar bear

ours brun brown bear

ours mal léché *(péj)* uncouth fellow

ours marin furseal

ours polaire ⇒ **ours blanc**

ours savant trained *ou* performing bear

ourse /uʀs/ NF 1 *(= animal)* she-bear

2 *(Astron)* ◆ **la Petite Ourse** the Little Bear, Ursa Minor, the Little Dipper *(US)* ◆ **la Grande Ourse** the Great Bear, Ursa Major, the Plough *(Brit)*, the Big Dipper *(US)*

oursin /uʀsɛ̃/ NM sea urchin

ourson /uʀsɔ̃/ NM bear cub ◆ **« Winnie l'Ourson »** *(Littérat)* "Winnie-the-Pooh"

oust(e) * /ust/ EXCL buzz off! *, hop it! * *(Brit)* ◆ **allez, ouste ! dehors !** go on, out with you! *ou* out you go!

out /aut/ ADJ INV *[personne]* out of touch * *(attrib)*; *(Tennis)* out

outarde /utaʀd/ NF bustard; *(Can = bernache)* Canada goose

outil /uti/ SYN NM *(lit, fig)* tool; *(agricole, de jardin)* implement, tool ◆ **outil de travail** tool ◆ **outil pédagogique** teaching aid ◆ **outil de programmation** programming tool ◆ **outil de production/gestion** production/management tool ◆ **il maîtrise bien l'outil informatique** he's good with computers ◆ **nous avons tous les outils en main** we have the right tools in hand; → **mauvais**

outillage /utijaʒ/ SYN NM *[de mécanicien, bricoleur]* (set of) tools; *[de fermier, jardinier]* implements, equipment *(NonC)*; *[d'atelier, usine]* equipment *(NonC)*

outiller /utije/ ▸ conjug 1 ◂ VT *[+ ouvrier]* to supply *ou* provide with tools, to equip, to kit out *(Brit)*, to outfit *(US)*; *[+ atelier]* to fit out, to equip ◆ **je suis bien/mal outillé pour ce genre de travail** I'm well-/badly-equipped for this kind of work ◆ **pour ce travail, il faudra qu'on s'outille** to do this job, we'll have to equip ourselves *ou* kit ourselves out *(Brit)* properly ◆ **les ouvriers s'outillent à leurs frais** the workers buy their own tools

outilleur /utijœʀ/ NM tool-maker

outplacement /autplɛsmɛnt/ NM outplacement ◆ **cabinet d'outplacement** outplacement consultancy firm

outrage /utʀaʒ/ SYN

NM insult ◆ **accabler qn d'outrages** to heap insults on sb ◆ **faire outrage à** *[+ réputation, mémoire]* to dishonour *(Brit)*, to dishonor *(US)*; *[+ pudeur]* to outrage, to be an outrage to ◆ **faire subir les derniers outrages à une femme** *(euph †)* to ravish *ou* violate a woman ◆ **les outrages du temps** *(littér)* the ravages of time

COMP **outrage à agent** insulting behaviour *(to police officer)*

outrage aux bonnes mœurs outrage *ou* affront to public decency

outrage à magistrat contempt of court

outrage à la pudeur gross indecency

outrage public à la pudeur indecent exposure *(NonC)*

outragé, e /utʀaʒe/ (ptp de **outrager**) ADJ *[air, personne]* gravely offended

outrageant, e /utʀaʒɑ̃, ɑ̃t/ ADJ offensive

outrager /utʀaʒe/ SYN ▸ conjug 3 ◂ VT *(littér)* *[+ personne]* to offend gravely; *[+ mœurs, morale]* to outrage; *[+ bon sens, raison]* to insult

outrageusement /utʀaʒøzmɑ̃/ ADV *(= excessivement)* outrageously, excessively

outrageux, -euse /utʀaʒø, øz/ ADJ *(= excessif)* outrageous, excessive ◆ **de manière outrageuse** outrageously, excessively

outrance /utʀɑ̃s/ SYN NF 1 *(= caractère)* extravagance ◆ **pousser le raffinement jusqu'à l'outrance** to take refinement to extremes *ou* to excess ◆ **choqué par l'outrance de ses propos** shocked by the outrageousness of his remarks

2 *(= excès)* excess ◆ **il y a des outrances dans ce roman** there are some extravagant passages in this novel ◆ **ses outrances de langage** his outrageous language

◆ **à outrance** *[urbanisation, automatisation]* excessive; *[raffiné]* excessively, to excess ◆ **spécialisé à outrance** over-specialized ◆ **cette affaire a été médiatisée à outrance** this affair has been hyped up * by the media *ou* has been the subject of intense media hype *

outrancier, -ière /utʀɑ̃sje, jɛʀ/ SYN ADJ *[personne, propos]* extreme ◆ **son caractère outrancier** the extreme nature of his character, the extremeness of his character

outre[1] /utʀ/ NF goatskin, wine *ou* water skin ◆ **gonflé *ou* plein comme une outre** full to bursting

outre[2] /utʀ/ GRAMMAIRE ACTIVE 26.5 PRÉP *(= en plus de)* as well as, besides ◆ **outre sa cargaison, le bateau transportait des passagers** besides *ou* as well as its cargo the boat was carrying passengers ◆ **outre son salaire, il a des pourboires** on top of *ou* in addition to his salary, he gets tips ◆ **outre le fait que** as well as *ou* besides the fact that

◆ **en outre** moreover, besides, further(more)

◆ **outre mesure** to excess, overmuch, inordinately ◆ **manger/boire outre mesure** to eat/drink to excess *ou* immoderately ◆ **cela ne lui plaît pas outre mesure** he doesn't like that too much, he's not overkeen on that *(Brit)* ◆ **ma décision ne l'a pas étonné/inquiété outre mesure** he wasn't unduly *ou* overly surprised at/worried by my decision

◆ **outre que** ◆ **outre qu'il a le temps, il a les capacités pour le faire** not only does he have the time but he also has the ability to do it, apart from having the time *ou* besides having the time he also has the ability to do it

◆ **passer outre** to carry on regardless ◆ **passer outre à un ordre** to disregard an order, to carry on regardless of an order

◆ **d'outre en outre** † through and through

outré, e /utʀe/ SYN (ptp de **outrer**) ADJ 1 *(littér = exagéré)* *[éloges, flatterie]* excessive, exaggerated, overdone *(attrib)*; *[description]* exaggerated, extravagant, overdone *(attrib)*

2 *(= indigné)* outraged *(de, par* at, by)

outre-Atlantique /utʀatlɑ̃tik/ ADV across the Atlantic, in the United States ◆ **les films d'outre-Atlantique** American films

outrecuidance /utʀəkɥidɑ̃s/ SYN NF 1 *(littér = présomption)* presumptuousness ◆ **parler avec outrecuidance** to speak presumptuously

2 *(= effronterie)* impertinence ◆ **répondre à qn avec outrecuidance** to answer sb impertinently ◆ **outrecuidances** impudence *(NonC)*, impertinences

outrecuidant, e /utʀəkɥidɑ̃, ɑ̃t/ SYN ADJ 1 *(= présomptueux)* presumptuous

2 *(= effronté)* *[attitude, réponse]* impertinent

outre-Manche /utʀəmɑ̃ʃ/ ADV across the Channel, in Britain ◆ **nos voisins d'outre-Manche** our British neighbours

outremer /utʀəmɛʀ/

NM *(= pierre)* lapis lazuli; *(= couleur)* ultramarine

ADJ INV ultramarine

outre-mer /utʀəmɛʀ/

ADV overseas

NM overseas territories ◆ **l'outre-mer français** France's overseas departments and territories

outrepassé /utʀəpɑse/ (ptp de **outrepasser**) ADJ → **arc**

outrepasser /utʀəpɑse/ SYN ► conjug 1 ◄ VT *[+ droits]* to go beyond; *[+ pouvoir, ordres]* to exceed; *[+ limites]* to go beyond, to overstep

outre-Pyrénées /utʀəpiʀene/ ADV in Spain ◆ **d'outre-Pyrénées** Spanish

outrer /utʀe/ SYN ► conjug 1 ◄ VT 1 *(littér = exagérer)* to exaggerate ◆ **cet acteur outre son jeu** this actor overacts

2 *(= indigner)* to outrage ◆ **votre ingratitude m'a outré** your ingratitude has outraged me, I am outraged at *ou* by your ingratitude

outre-Rhin /utʀəʀɛ̃/ ADV across the Rhine ◆ **d'outre-Rhin** *(= allemand)* German

outre-tombe /utʀətɔ̃b/ ADV beyond the grave ◆ **d'une voix d'outre-tombe** in a lugubrious voice

outrigger /autʀigœʀ/ NM outrigger canoe *ou* skiff

outsider /autsajdœʀ/ NM *(Sport, fig)* outsider

outsourcer /autsuʀse/ ► conjug 3 ◄ VT to outsource

ouvert, e /uvɛʀ, ɛʀt/ SYN (ptp de **ouvrir**) ADJ

1 *[porte, magasin, valise, lieu, espace]* open; *[voiture]* open, unlocked; *[voyelle, syllabe]* open; *[angle]* wide; *[série, ensemble]* open-ended; *[robinet]* on, running; *[col, chemise]* open, undone *(attrib)* ◆ **la bouche ouverte** *[dormir]* with one's mouth open; *[rester]* open-mouthed ◆ **entrez, c'est ouvert !** come in, the door isn't locked! *ou* the door's open! ◆ **ouvert au public** open to the public ◆ **bibliothèque ouverte à tous** library open to all members of the public ◆ **le magasin restera ouvert pendant les travaux** the shop will remain open (for business) during the alterations ◆ **nous sommes ouverts jusqu'à Noël** we're open till Christmas ◆ **ouvert à la circulation** open to traffic ◆ **le col du Simplon est ouvert** the Simplon pass is open (to traffic) ◆ **ouvert à la navigation** open to ships *ou* for sailing ◆ **une rose trop ouverte** a rose which is too (far) open ◆ **elle est partie en laissant le robinet/le gaz ouvert** she went away leaving the tap *ou* the water on *ou* running/the gas on; → **bras, ciel** *etc*

2 *(= commencé)* open ◆ **la chasse/pêche est ouverte** the shooting season/fishing season is open; → **pari**

3 *(= percé, incisé)* *[plaie]* open ◆ **il a le crâne/le bras ouvert** he has a gaping wound in his head/in his arm; → **cœur, fracture**

4 *[débat, compétition sportive]* open ◆ **la question reste ouverte** the question remains open ◆ **une partie très ouverte** an open-ended game ◆ **pratiquer un jeu ouvert** to play an open game

5 *(= déclaré, non dissimulé)* *[guerre, conflit, crise, haine]* open ◆ **de façon ouverte** openly, overtly

6 *(= communicatif, franc)* *[personne, caractère]* open, frank; *[visage, physionomie]* open; *(= éveillé, accessible)* *[intelligence, milieu, marché]* open ◆ **à l'esprit ouvert** open-minded ◆ **je suis ouvert à toute discussion/négociation** I'm open to discussion/negotiation

ouvertement /uvɛʀtəmɑ̃/ SYN ADV *[dire, avouer]* openly; *[agir]* openly, overtly

ouverture /uvɛʀtyʀ/ SYN NF 1 *(= action)* *[de porte, fenêtre, bouteille, parapluie, huîtres, compte bancaire]* opening; *[de porte fermée à clé, verrou]* unlocking; *[de frontière, passage, chaussée]* opening up; *[de robinet]* turning on ◆ **à ouverture facile** easy to open ◆ **l'ouverture de la porte est automatique** the door opens *ou* is operated automatically ◆ **les documents nécessaires à l'ouverture d'un compte bancaire** the papers required to open a bank account

2 *(Écon)* *[de marché]* opening ◆ **pour obtenir l'ouverture des marchés nippons** to open up Japanese markets ◆ **ils ont mis en place une politique d'ouverture économique** they have established a policy of economic openness ◆ **procéder à une ouverture de capital** *(Fin)* to float shares

3 *(Comm)* opening ◆ **jours d'ouverture** days of opening ◆ **heures d'ouverture** *[de magasin]* opening hours, hours of business *ou* of opening; *[de musée]* opening hours, hours of opening ◆ **le client était là dès l'ouverture** the customer was there as soon as the shop opened ◆ **« ouverture de 10 h à 15 h »** "open from 10 till 3" ◆ **à l'heure d'ouverture, à l'ouverture** at opening time

4 *(= commencement)* *[de colloque]* opening ◆ **cérémonie/discours/match d'ouverture** opening ceremony/speech/match ◆ **en ouverture du festival** to open the festival ◆ **avant l'ouverture officielle de la campagne électorale** before the official opening of the electoral campaign ◆ **après une ouverture en hausse** *(Bourse)* after a strong opening ◆ **ils réclament l'ouverture immédiate de négociations** they want to open talks immediately ◆ **il a demandé l'ouverture d'une enquête** he has requested an enquiry ◆ **faire l'ouverture** *(Chasse)* to go on *ou* be at the first shoot ◆ **c'est demain l'ouverture de la chasse** tomorrow sees the opening of *ou* is the first day of the shooting season

5 *(= trou, passage, issue)* opening; *[de puits]* mouth, opening ◆ **toutes les ouvertures sont gardées** all the openings *ou* all means of access *(ou* exit) are guarded, all the access points *(ou* exit points) are guarded ◆ **il y a de petites ouvertures sur le couvercle** there are little holes in the lid

6 *(= opportunité)* opening ◆ **il y a peut-être une ouverture dans notre filiale suisse** there may be an opening in our Swiss subsidiary ◆ **je crois que j'ai une ouverture avec lui** *(pour relation amoureuse)* I think I'm in with a chance with him

7 *(= proposition)* overture ◆ **faire des ouvertures à qn** to make overtures to sb ◆ **faire des ouvertures de paix/conciliation** to make peace/conciliatory overtures

8 *(= tolérance)* ◆ **ouverture d'esprit, esprit d'ouverture** open-mindedness ◆ **il a une grande ouverture d'esprit** he is extremely open-minded

9 *(= rapprochement, relation)* ◆ **l'absence d'ouverture sur le monde de certaines universités** the inward-looking attitude of some universities ◆ **leur manque d'ouverture sur le monde menace leur communauté** their reluctance to embrace other cultures poses a threat to their community ◆ **l'ouverture (politique)** the opening up of the political spectrum ◆ **être partisan de l'ouverture au centre** *(Pol)* to be in favour of an alliance with the centre ◆ **ils multiplient les signes d'ouverture en direction des Verts** they are showing more and more signs of being open to an alliance with the Green party ◆ **adopter une politique de plus grande ouverture avec l'Est** to develop a more open relationship with the East

10 *(Mus)* overture

11 *(Math)* *[d'angle]* magnitude; *[de compas]* degree of opening; *(Photo)* aperture

12 *(Cartes)* opening ◆ **avoir l'ouverture** *(Échecs)* to have the first *ou* opening move

13 *(Football)* through-ball; *(Rugby)* pass *(by the stand-off half to the three-quarter backs)* ◆ **faire une ouverture** *(Football)* to hit *ou* play a through-ball; *(Rugby)* to pass the ball to the three-quarter backs; → **demi**[2]

ouvrable /uvʀabl/ ADJ ◆ **jour ouvrable** weekday, working day ◆ **heures ouvrables** business hours

ouvrage /uvʀaʒ/ SYN

NM 1 *(= travail)* work *(NonC)* ◆ **se mettre à l'ouvrage** to set to *ou* get (down) to *ou* start work ◆ **l'ouvrage du temps/du hasard** *(littér)* the work of time/of chance; → **cœur**

2 *(= objet produit)* piece of work; *(Couture)* work *(NonC)* ◆ **ouvrage d'orfèvrerie** piece of goldwork ◆ **ouvrage à l'aiguille** (piece of) needlework; → **boîte, corbeille, panier**

3 *(= œuvre)* work; *(= volume)* book ◆ **ouvrage collectif** *book to which several authors have contributed* ◆ **ce dictionnaire est un ouvrage collectif** this dictionary was written by a team of editors; → **référence**

4 *(Constr)* work

NF *(vieilli ou hum = travail)* ◆ **de la belle ouvrage** a nice piece of work

COMP **ouvrage d'art** *(Génie Civil)* structure *(bridge or tunnel etc)*

ouvrage avancé *(Mil)* outwork

ouvrage de dames († *ou hum*) fancy work *(NonC)*

ouvrage défensif *(Mil)* defences, defence work(s)

ouvrage de maçonnerie masonry work

ouvrage militaire fortification

ouvragé, e /uvʀaʒe/ ADJ *[meuble, bois]* (finely) carved; *[napperon]* (finely) embroidered; *[signature]* elaborate; *[métal, bijou]* finely worked

ouvrant, e /uvʀɑ̃, ɑ̃t/ ADJ *[panneau]* which opens *(attrib)*; → **toit**

ouvré, e /uvʀe/ ADJ 1 *(Tech, littér)* *[meuble, bois]* (finely) carved; *[napperon]* (finely) embroidered; *[métal, bijou]* finely worked

2 *(Admin)* ◆ **jour ouvré** working day

ouvreau /uvʀo/ NM tapping spout

ouvre-boîte (pl **ouvre-boîtes**) /uvʀəbwat/ NM can-opener, tin-opener *(Brit)*

ouvre-bouteille (pl **ouvre-bouteilles**) /uvʀəbutɛj/ NM bottle opener

ouvre-huître (pl **ouvre-huîtres**) /uvʀ(ə)ɥitʀ/ NM oyster knife

ouvrer /uvʀe/ ► conjug 1 ◄ VT *[+ bois]* to craft; *[+ linge]* to work

ouvreur, -euse /uvʀœʀ, øz/

NM,F *(Cartes)* opener; *(Ski)* forerunner

NM *[de cinéma, théâtre]* usher

NF **ouvreuse** *[de cinéma, théâtre]* usherette

ouvrier, -ière /uvʀije, ijɛʀ/

ADJ *[enfance, éducation, quartier]* working-class *(épith)*; *[conflit, agitation, législation]* industrial *(épith)*, labour *(épith)*; *[questions, mouvement]* labour *(épith)* ◆ **association ouvrière** workers' *ou* working men's association; → **cité, classe, syndicat**

NM *(gén, Pol, Sociol)* worker; *(= membre du personnel)* workman ◆ **les revendications des ouvriers** the workers' claims ◆ **il a 15 ouvriers** he has 15 workmen, he has 15 men working for him ◆ **des mains d'ouvrier** workman's hands ◆ **150 ouvriers ont été mis en chômage technique** 150 men *ou* workers have been laid off ◆ **l'ouvrier de cette réforme** *(fig)* the author of this reform; → **mauvais, œuvre**

NF **ouvrière** 1 *(gén, Admin)* female worker ◆ **ouvrière (d'usine)** female factory worker *ou* factory hand; *(jeune)* factory girl, young factory hand ◆ **les ouvrières sortaient de l'usine** the women *ou* girls were coming out of the factory

2 ◆ **(abeille) ouvrière** worker (bee)

COMP **ouvrier agricole** agricultural labourer, farm worker, farmhand

ouvrier de chantier labourer

ouvrier à façon pieceworker, jobber

ouvrier hautement qualifié highly-skilled worker

ouvrier à la journée day labourer

ouvrier qualifié skilled workman

ouvrier spécialisé unskilled *ou* semiskilled worker

ouvrier d'usine factory worker *ou* hand

ouvriérisme /uvʀijeʀism/ NM worker control, worker power

ouvriériste /uvʀijeʀist/

ADJ *[doctrine, attitude]* in favour of giving power to the workers

NMF supporter of control by the workers

ouvrir /uvʀiʀ/ SYN ► conjug 18 ◄

VT 1 *[+ porte, fenêtre, bouteille, huître]* to open; *[+ verrou, porte fermée à clé]* to unlock; *(par effraction)* *[+ porte, coffre]* to break open ◆ **ouvrir la porte toute grande/le portail tout grand** to open the door/the gate wide ◆ **il a ouvert brusquement la porte** he opened the door abruptly, he threw *ou* flung the door open ◆ **ouvrir sa porte** *ou* **sa maison à qn** to throw open one's doors *ou* one's house to sb ◆ **ils ouvrent leur maison au public tous les étés** they open up their house to the public every summer, they throw their house open to the public every summer; → **parenthèse;** → aussi **porte**

2 *[+ bouche, yeux, paupières]* to open ◆ **ouvrir le bec, l'ouvrir***, **ouvrir la** *ou* **sa gueule**** *(fig)* to open one's mouth *ou* trap* ◆ **ouvrir l'œil** *(fig)* to keep one's eyes open *(fig)* ◆ **ouvrir les yeux** *(lit)* to open one's eyes ◆ **ce voyage en Asie m'a ouvert les yeux** that trip through Asia opened my eyes *ou* was an eye-opener (to me) ◆ **ouvre l'œil, et le bon !*** keep your eyes peeled!* ◆ **ouvrir les oreilles** to pin back one's ears* ◆ **elle m'a ouvert son cœur** she opened her heart to me ◆ **ça m'a ouvert l'appétit** that whetted my appetite ◆ **ce séjour à l'étranger lui a ouvert l'esprit** that time he spent abroad has widened his horizons; → aussi **œil**

3 *(= déplier, déployer)* *[+ journal, couteau, livre]* to open; *[+ parapluie]* to open, to put up; *[+ éventail, bras, ailes, main]* to open (out); *[+ manteau, veste]* to undo, to unfasten, to open; *[+ lit, drap]* to turn down; *[+ couture]* to iron flat ◆ **ouvrez les rangs !** *(Mil)* dress! ◆ **ouvrir ses rangs à qn** *(fig)* to welcome sb among one's ranks

4 *(= faire un trou dans)* *[+ chaussée, mur]* to open up; *[+ membre, ventre]* to open up, to cut open

◆ **les rochers lui ont ouvert la jambe** he cut his leg open on the rocks ◆ **le médecin pense qu'il faudra ouvrir** * the doctor thinks that they will have to open him (ou her etc) up *

⑤ (= faire, construire) [+ porte, passage] to open up, to make; [+ autoroute] to build; (fig) [+ horizons, perspectives] to open up ◆ **il a fallu ouvrir une porte dans ce mur** a doorway had to be made in this wall ◆ **ouvrir un passage dans le roc à la dynamite** to open up ou blast a passage in the rock with dynamite ◆ **ils lui ont ouvert un passage** ou **le passage dans la foule** they made way for him through the crowd ◆ **ouvrir un passage à travers la forêt** to open up ou cut a path for o.s. through the forest ◆ **cette autoroute a été ouverte pour desservir la nouvelle banlieue** this motorway has been built to serve the new suburb

⑥ (= rendre accessible) [+ chemin, passage] to open; [+ route, col, frontière] to open (up) ◆ **le chasse-neige a ouvert la route** the snowplough opened up the road ◆ **ouvrir le jeu** (Sport) to open up the game ◆ **ouvrir la voie (à qn)** (fig) to lead the way (for sb) ◆ **le pays a ouvert son marché aux produits étrangers** the country has opened up its market to foreign products ◆ **l'entreprise a ouvert son capital à de nouveaux actionnaires** the country has opened up its capital to new shareholders ◆ **l'ordinateur à l'école ouvre de nouvelles perspectives aux enseignants** having computers in the classroom opens up new possibilities for teachers; → **horizon**

⑦ (= créer, commencer à exploiter) [+ restaurant, théâtre, magasin, usine] to open; [+ école, succursale] to open (up)

⑧ (= commencer, mettre en train) [+ période, négociations] to begin; [+ débat, dialogue, enquête] to begin, to open ◆ **ouvrir le feu** to open fire

⑨ (Ordin) [+ fichier, boîte de dialogue] to open

⑩ (Ski) ◆ **ouvrir la piste** to open the piste ou run ◆ **ouvrir la marque à la 16e minute du jeu** (Football) to open the scoring after 16 minutes of play ◆ **il ouvre toujours sur un joueur faible** (Football, Rugby) he always passes to a weak player ◆ **ouvrir le jeu** (Cartes) to open play ◆ **il a ouvert à pique** (Cartes) he opened on ou with spades; → **bal**, **hostilité**

⑪ [+ compte bancaire] to open; [+ emprunt] to take out

⑫ (= être au début de) [+ liste, œuvre] to head; [+ procession] to lead; → **marche¹**

⑬ (= faire fonctionner) [+ électricité, gaz, radio, télévision] to turn on, to switch on, to put on; [+ eau, robinet] to turn on; [+ vanne] to open

VI ① (= ouvrir la porte) ◆ **on a frappé, va ouvrir !** there's someone at the door, go and open it! ◆ **ouvrez, au nom de la loi !** open up, in the name of the law! ◆ **n'ouvre à personne !** don't open the door to anybody! ◆ **fais-toi ouvrir par le gardien** ask ou get the caretaker to let you in

② [fenêtre, porte] to open ◆ **cette fenêtre ouvre sur la cour** this window opens (out) onto the yard ◆ **la porte de derrière n'ouvre pas** the back door doesn't open

③ [magasin] to open ◆ **le boulanger ouvre de 7 heures à 19 heures** the baker is open ou opens from 7 am till 7 pm

④ (= commencer) to open

VPR **s'ouvrir** ① (gén) to open; [fleur] to open (out); [esprit] to open out ◆ **robe qui s'ouvre par devant** dress that undoes ou unfastens at the front ◆ **sa robe s'est ouverte** her dress came undone ou unfastened ◆ **la fenêtre s'ouvre sur une cour** the window opens (out) onto a courtyard ◆ **la foule s'ouvrit pour le laisser passer** the crowd parted to let him through ◆ **la porte s'ouvrit violemment** the door flew open ou was flung open ou was thrown open ◆ **la porte/boîte a dû s'ouvrir** the door/box must have come open

② (= commencer) [récit, séance, exposition] to open (par with) ◆ **la séance s'ouvrit par un chahut** the meeting opened in uproar

③ (= se présenter) ◆ **un chemin poussiéreux s'ouvrit devant eux** a dusty path opened in front of ou before them ◆ **la vie qui s'ouvre devant elle est pleine d'embûches** the life which is opening in front of ou before her is full of pitfalls

④ (= béer) to open (up) ◆ **la terre s'ouvrit devant eux** the ground opened up before them ◆ **le gouffre s'ouvrait à leurs pieds** the chasm lay open ou gaped at their feet

⑤ (= se blesser) to cut open ◆ **elle s'est ouvert les veines** she slashed ou cut her wrists ◆ **il s'ouvrit la jambe en tombant sur une faux** he cut his leg open when he fell onto a scythe

⑥ (= devenir accessible, communiquer) ◆ **s'ouvrir à** [+ amour, art, problèmes économiques] to open one's mind to, to become aware of ◆ **son esprit s'est ouvert aux souffrances d'autrui** he became aware of the suffering of others ◆ **pays qui s'ouvre sur le monde extérieur** country which is opening up to the outside world

⑦ (= se confier) ◆ **s'ouvrir à qn de** to open one's heart to sb about ◆ **il s'en est ouvert à son confesseur** he opened his heart to his confessor about it

ouvroir /uvʀwaʀ/ NM [de couvent] workroom; [de paroisse] sewing room

ouzbek /uzbɛk/
ADJ Uzbek
NM (= langue) Uzbek
NMF Ouzbek Uzbek

Ouzbékistan /uzbekistɑ̃/ NM Uzbekistan

ouzo /uzo/ NM ouzo

ovaire /ɔvɛʀ/ NM ovary

ovalbumine /ɔvalbymin/ NF ovalbumen, ovalbumin

ovale /ɔval/
ADJ [table, surface] oval; [volume] egg-shaped; → **ballon¹**
NM oval ◆ **l'ovale du visage** the oval of the face ◆ **en ovale** oval(-shaped)

ovalie /ɔvali/ NF (journalistique) ◆ **l'ovalie** the world of rugby

ovariectomie /ɔvaʀjɛktɔmi/ NF ovariectomy, oophorectomy

ovarien, -ienne /ɔvaʀjɛ̃, jɛn/ ADJ ovarian

ovariotomie /ɔvaʀjɔtɔmi/ NF ovariotomy

ovarite /ɔvaʀit/ NF ovaritis, oophoritis

ovation /ɔvasjɔ̃/ SYN NF ovation ◆ **faire une ovation à qn** to give sb an ovation ◆ **ils se levèrent pour lui faire une ovation** they gave him a standing ovation ◆ **sous les ovations du public** to the rapturous applause of the audience (ou crowd etc)

ovationner /ɔvasjɔne/ ▶ conjug 1 ◀ VT ◆ **ovationner qn** to give sb an ovation

ove /ɔv/ NM (Archit) ovum

ové, e /ɔve/ ADJ egg-shaped

overdose /ɔvœʀdoz/ NF (Méd) (drug) overdose; * [de musique, informations] overdose ◆ **c'est l'overdose !** * I've had enough!

overdrive /ɔvœʀdʀajv/ NM overdrive

ovibos /ɔvibos/ NM musk ox

Ovide /ɔvid/ NM Ovid

oviducte /ɔvidykt/ NM oviduct

ovin, e /ɔvɛ̃, in/
ADJ [viande, élevage] sheep (épith) ◆ **la race ovine limousine** the sheep of Limousin
NMPL ◆ **les ovins** sheep

ovinés /ɔvine/ NMPL ovines

ovipare /ɔvipaʀ/
ADJ oviparous
NM oviparous animal ◆ **ovipares** ovipara

oviparité /ɔvipaʀite/ NF oviparity

ovipositeur /ɔvipozitœʀ/ NM ovipositor

ovni /ɔvni/ NM (abrév de **objet volant non identifié**) UFO ◆ **c'est un véritable ovni** (fig) it's like something from another planet

ovocyte /ɔvɔsit/ NM oocyte

ovogenèse /ɔvɔʒənɛz/ NF ovogenesis

ovogonie /ɔvɔɡɔni/ NF oogonium

ovoïde /ɔvɔid/ ADJ egg-shaped, ovoid (SPÉC)

ovotestis /ɔvɔtɛstis/ NM ovotestis

ovotide /ɔvɔtid/ NM ovum

ovovivipare /ɔvɔvivipaʀ/ ADJ ovoviviparous

ovoviviparité /ɔvɔviviparite/ NF ovoviviparity

ovulaire /ɔvyleʀ/ ADJ ovular

ovulation /ɔvylasjɔ̃/ NF ovulation

ovulatoire /ɔvylatwaʀ/ ADJ ovulatory

ovule /ɔvyl/ NM (Physiol) ovum; [de plante] ovule; (Pharm) pessary

ovuler /ɔvyle/ ▶ conjug 1 ◀ VI to ovulate

oxacide /ɔksasid/ NM oxyacid, oxygen acid

oxalate /ɔksalat/ NM oxalate

oxalide /ɔksalid/ NF wood sorrel

oxalique /ɔksalik/ ADJ ◆ **acide oxalique** oxalic acid

oxer /ɔksɛʀ/ NM oxer, ox-fence

Oxford /ɔksfɔʀd/ N Oxford

oxford /ɔksfɔʀ(d)/ NM (= tissu) oxford

oxfordien, -ienne /ɔksfɔʀdjɛ̃, jɛn/
ADJ Oxonian
NM,F Oxfordien(ne) Oxonian

oxhydrique /ɔksidʀik/ ADJ oxyhydrogen (épith)

oxime /ɔksim/ NF oxime

oxonien, -ienne /ɔksɔnjɛ̃, jɛn/
ADJ Oxonian
NM,F Oxonien(ne) Oxonian

oxyacétylénique /ɔksiasetilenik/ ADJ oxyacetylene (épith)

oxycarboné, e /ɔksikaʀbɔne/ ADJ ◆ **hémoglobine oxycarbonée** carbonylhaemoglobin (Brit), carbonylhemoglobin (US)

oxychlorure /ɔksiklɔʀyʀ/ NM oxychloride

oxycoupage /ɔksikupaʒ/ NM oxyhydrogen ou oxyacetylene cutting

oxydable /ɔksidabl/ ADJ liable to rust, oxidizable (SPÉC)

oxydant, e /ɔksidɑ̃, ɑ̃t/
ADJ oxidizing
NM oxidizer, oxidizing agent

oxydase /ɔksidɑz/ NF oxidase

oxydation /ɔksidasjɔ̃/ NF oxid(iz)ation

oxyde /ɔksid/ NM oxide ◆ **oxyde de carbone** carbon monoxide ◆ **oxyde de plomb** lead oxide ou monoxide ◆ **oxyde de cuivre/de fer** copper/iron oxide

oxyder /ɔkside/ ▶ conjug 1 ◀
VT to oxidize
VPR **s'oxyder** to become oxidized

oxydoréduction /ɔksidoʀedyksjɔ̃/ NF oxidation-reduction

oxydorurgie /ɔksidɔʀyʀʒi/ NF oxygen metallurgy

oxygénateur /ɔksiʒenatœʀ/ NM [d'aquarium] oxygenator

oxygénation /ɔksiʒenasjɔ̃/ NF oxygenation

oxygène /ɔksiʒɛn/ NM oxygen ◆ **il est allé chercher un bol d'oxygène à la campagne** he's gone to the countryside to get some fresh air into his lungs ◆ **ce week-end fut pour moi une bouffée d'oxygène** that weekend did me a power of good * ou really lifted my spirits ◆ **apporter un peu ou une bouffée d'oxygène à l'économie** to give the economy a shot in the arm; → **ballon¹**

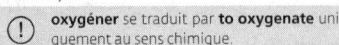 **oxygène** se traduit par le mot anglais **oxygen** uniquement au sens chimique.

oxygéner /ɔksiʒene/ ▶ conjug 6 ◀ VT (Chim) to oxygenate; [+ cheveux] to peroxide, to bleach ◆ **s'oxygéner (les poumons)** * to get some fresh air (into one's lungs) ◆ **elle est allée au concert pour s'oxygéner la tête** ou **l'esprit** she went to the concert to take her mind off things; → **blond**, **eau**

⚠ **oxygéner** se traduit par **to oxygenate** uniquement au sens chimique.

oxygénothérapie /ɔksiʒenoteʀapi/ NF oxygen therapy

oxyhémoglobine /ɔksiemɔɡlɔbin/ NF oxyhaemoglobin

oxymore /ɔksimɔʀ/, **oxymoron** /ɔksimɔʀɔ̃/ NM oxymoron

oxysulfure /ɔksisylfyʀ/ NM oxysulphide

oxyton /ɔksitɔ̃/ NM oxytone

oxyure /ɔksjyʀ/ NM pinworm, threadworm

oyat /ɔja/ NM beachgrass

oyez /ɔje/ → **ouïr**

ozalid /ɔzalid/ NM ozalid

ozène /ɔzɛn/ NM ozena

ozocérite /ɔzɔseʀit/, **ozokérite** /ɔzɔkeʀit/ NF ozocerite, ozokerite

ozone /ozon/ NM ozone ◆ **la couche d'ozone** the ozone layer ◆ « **préserve la couche d'ozone** » (sur emballage) "ozone-friendly"

ozonisation /ozonizasjɔ̃/ NF ozonization

ozoniser /ozonize/ ▶ conjug 1 ◀ VT to ozonize

ozoniseur /ozonizœʀ/ NM ozonizer

ozonosphère /ozonosfɛʀ/ NF ozonosphere

P

P, p¹ /pe/ NM (= *lettre*) P, p

p² (abrév de *page*) p

Pa (abrév de *pascal²*) Pa

PAC /pak/ NF (abrév de **politique agricole commune**) CAP

PACA /paka/ NF (abrév de **Provence-Alpes-Côte d'Azur**) region in southern France

pacage /pakaʒ/ NM pasture, grazing (land) (*NonC*)

pacager /pakaʒe/ ▶ conjug 3 ◀
- VT to pasture, to graze
- VI to graze

pacane /pakan/ NF ◆ **(noix de) pacane** pecan (nut)

pacanier /pakanje/ NM pecan (tree)

pacemaker /pɛsmɛkœʀ/ NM pacemaker

pacfung /pakfɔ̃/ NM pakfong

pacha /paʃa/ NM pasha ◆ **mener une vie de pacha, faire le pacha** (= *vivre richement*) to live like a lord; (= *se prélasser*) to live a life of ease

pachyderme /paʃidɛʀm/ NM ① (*SPÉC*) pachyderm (*SPÉC*); (= *éléphant*) elephant
② (*péj, hum = personne*) elephant ◆ **de pachyderme** [*allure, démarche*] elephantine, heavy

pachydermie /paʃidɛʀmi/ NF pachydermia

pacificateur, -trice /pasifikatœʀ, tʀis/
- ADJ [*action, discours*] placatory, pacifying ◆ **les vertus pacificatrices de la musique** the soothing qualities of music
- NM,F (= *personne*) peacemaker

pacification /pasifikasjɔ̃/ NF pacification

pacifier /pasifje/ SYN ▶ conjug 7 ◀ VT [+ *pays*] to pacify, to bring peace to; [+ *esprits*] to pacify ◆ **il rêve d'un monde pacifié** he dreams of a world at peace

pacifique /pasifik/ SYN
- ADJ ① [*coexistence, manifestation, règlement, intention, solution*] peaceful; [*humeur*] peaceable; [*personne, peuple*] peace-loving, peaceable ◆ **utilisé à des fins pacifiques** used for peaceful purposes
② (*Géog*) Pacific
- NM (*Géog*) ◆ **le Pacifique** the Pacific ◆ **le Pacifique Sud** the South Pacific ◆ **les îles du Pacifique** the Pacific Islands

pacifiquement /pasifikmɑ̃/ ADV peacefully

pacifisme /pasifism/ NM pacifism

pacifiste /pasifist/ SYN
- NMF pacifist
- ADJ [*doctrine*] pacifistic, pacifist ◆ **manifestation pacifiste** peace march *ou* demonstration

pack /pak/ NM ① (*Rugby*) pack
② (*Comm*) pack ◆ **pack de bière/yaourts** pack of beer/yoghurts
③ (= *banquise*) pack ice

package /paka(d)ʒ, pakɛdʒ/ NM (*Écon, Ordin*) package ◆ **package (tour)** (*Tourisme*) package holiday

packageur /paka(d)ʒœʀ/ NM packager

packaging /paka(d)ʒiŋ/ NM packaging

pacotille /pakɔtij/ SYN NF ① (*de mauvaise qualité*) cheap junk* *ou* trash*; (*clinquant*) showy stuff ◆ **c'est de la pacotille** it's junk*, it's cheap rubbish (*Brit*) ◆ **meubles/bijoux de pacotille** cheap furniture/jewellery
② (*Hist*) goods carried free of freightage

pacquer /pake/ ▶ conjug 1 ◀ VT to pack in barrels

PACS /paks/ NM (abrév de **pacte civil de solidarité**) contract for people in long-term relationships

pacsé, e /pakse/ ADJ ◆ **ils sont pacsés** they've signed a PACS contract

pacser (se) /pakse/ VPR to sign a PACS contract

pacson* /paksɔ̃/ NM packet

pacte /pakt/ SYN NM pact, treaty ◆ **pacte d'alliance** treaty of alliance ◆ **pacte de non-agression** non-aggression pact ◆ **le pacte de Varsovie** the Warsaw Pact ◆ **faire** *ou* **conclure** *ou* **signer un pacte avec qn** to sign a pact *ou* treaty with sb ◆ **il a signé un pacte avec le diable** he made a pact with the devil

pactiser /paktize/ SYN ▶ conjug 1 ◀ VI (*péj = se liguer*) to make a deal (*avec* with) ◆ **pactiser avec l'ennemi** to collude with the enemy ◆ **pactiser avec le diable** to make a pact with the devil ◆ **pactiser avec le racisme/le nazisme** to condone racism/Nazism

pactole /paktɔl/ NM (= *source de richesse*) gold mine; (* = *argent*) fortune ◆ **un bon pactole** a tidy sum* *ou* packet* ◆ **un petit pactole** a tidy little sum*, a small fortune ◆ **le Pactole** (*Géog*) the Pactolus

paddock /padɔk/ NM ① [*de champ de courses*] paddock
② (* = *lit*) bed ◆ **aller au paddock** to hit the sack* *ou* the hay*, to turn in*

paddy /padi/ NM INV (= *riz*) paddy

padine /padin/ NF peacock's tail

Padoue /padu/ N Padua

paella /paela/ NF paella

PAF /paf/
- NM (abrév de **paysage audiovisuel français**) → **paysage**
- NF (abrév de **police de l'air et des frontières**) → **police¹**

paf /paf/
- EXCL (*chute*) bam!; (*gifle*) slap!, wham!
- ADJ INV (* = *ivre*) drunk, tight* (*Brit*) ◆ **complètement paf** plastered*

pagaie /pagɛ/ NF paddle

pagaille, pagaïe /pagaj/ SYN NF ① (= *objets en désordre*) mess, shambles (*NonC*); (= *cohue, manque d'organisation*) chaos (*NonC*) ◆ **quelle pagaille dans cette pièce !** what a mess this room is in! ◆ **c'est la pagaille sur les routes/dans le gouvernement** there is (complete) chaos on the roads/in the government ◆ **il a mis** *ou* **semé la pagaille dans mes affaires/dans la réunion** he has messed up all my things/the meeting
② (= *beaucoup*) ◆ **il y en a en pagaille*** there are loads* *ou* masses of them

paganiser /paganize/ ▶ conjug 1 ◀ VT to paganize, to heathenize

paganisme /paganism/ NM paganism, heathenism

pagaye /pagaj/ NF ⇒ **pagaille**

pagayer /pageje/ ▶ conjug 8 ◀ VI to paddle

pagayeur, -euse /pagɛjœʀ, øz/ NM,F paddler

page¹ /paʒ/ SYN
- NF (= *feuillet*) page; (*fig = passage*) passage, page; (= *événement*) page, chapter, episode ◆ **(à la) page 35** on page 35 ◆ **une pleine page de publicité** a full-page ad ◆ **belle/fausse page** (*Typographie*) right-hand/left-hand page ◆ **page suivante/précédente** (*Ordin*) page down/up ◆ **page d'accueil/de démarrage/de recherche** (*Internet*) home/start-up/search page ◆ **une page d'écriture** a page of writing ◆ **les plus belles pages de Corneille** the finest passages of Corneille ◆ **une page glorieuse/nouvelle de l'histoire de France** a glorious chapter/new page in the history of France ◆ **tourner la page** (*lit, fig*) to turn the page ◆ **une page est tournée** a page has been turned; → **garde¹**
◆ **en page** ◆ **mettre en page** (*Typographie*) to lay out, to make up (into pages) ◆ **mise en page** (*Typographie*) layout, make-up; (*Ordin*) layout
◆ **à la page*** (= *à la mode*) ◆ **être à la page** to be with it* ◆ **ne plus être à la page** to be out of touch ◆ **se mettre à la page** [*institution*] to bring itself up to date ◆ **j'essaie de me mettre à la page** I try to keep in touch with what's going on
- COMP **page blanche** blank page ◆ **l'angoisse de l'écrivain devant la page blanche** writer's block ◆ **les pages blanches** [*d'annuaire*] the phone book, the white pages ◆ **les pages jaunes (de l'annuaire)** the Yellow pages ® ◆ **page de publicité** (*Radio, TV*) commercial break, commercials ◆ **page de titre** title page

page² /paʒ/ NM (*Hist*) page (boy)

page³* /paʒ/ NM bed ◆ **se mettre au page** to turn in*, to hit the sack* *ou* the hay*

page-écran (pl **pages-écrans**) /paʒekʀɑ̃/ NF (*Ordin*) screenful

pagel /paʒɛl/ NM, **pagelle** /paʒɛl/ NF (= *poisson*) red sea bream

pageot¹* /paʒo/ NM ⇒ **page³**

pageot² /paʒo/ NM (= *poisson*) ◆ **pageot rouge** pandora

pageoter (se)* /paʒɔte/ ▶ conjug 1 ◀ VPR to turn in*, to hit the sack* *ou* the hay*

pager, pageur /paʒœʀ/ NM (*Téléc*) pager

pagination /paʒinasjɔ̃/ NF (*gén = numérotation*) pagination; (*Ordin*) paging; (*Presse = nombre de pages*) pagination, page count ◆ **erreur de pagination** pagination error

paginer /paʒine/ SYN ▶ conjug 1 ◀ VT (*gén*) to paginate; (*Ordin*) to page ◆ **livre non paginé** book without page numbers ◆ **mémoire paginée** expanded memory

pagne /paɲ/ NM (*en tissu*) loincloth; (*en paille*) grass skirt

pagnoter (se) /paɲɔte/ ► conjug 1 ◄ VPR to turn in*, to hit the sack* *ou* the hay*

pagode /pagɔd/ NF pagoda ◆ **manche pagode** pagoda sleeve

pagre /pagʀ/ NM (= *poisson*) porgy

pagure /pagyʀ/ NM hermit crab

paie /pɛ/ NF *[de militaire]* pay; *[d'ouvrier]* pay, wages ◆ **jour de paie** payday ◆ **bulletin** *ou* **feuille de paie** payslip ◆ **toucher sa paie** to be paid, to get one's wages ◆ **il travaille à la paie** *ou* **au service paie** he works in the wages department ◆ **il y a** *ou* **ça fait une paie que nous ne nous sommes pas vus*** it's been ages since we last saw each other, we haven't seen each other for ages *ou* yonks‡ *(Brit)*

paiement /pɛmɑ̃/ SYN NM payment *(de* for) ◆ **faire un paiement** to make a payment ◆ **paiement à la commande** payment *ou* cash with order ◆ **paiement à la livraison** cash on delivery ◆ **paiement comptant** payment in full ◆ **paiement échelonné** payment by *ou* in instalments ◆ **paiement en liquide** cash payment ◆ **paiement par chèque/d'avance** payment by cheque/in advance ◆ **paiement électronique** electronic payment ◆ **paiement sécurisé** secure payment; → **facilité**

païen, païenne /pajɛ̃, pajɛn/ SYN ADJ, NM,F pagan, heathen

paierie /peʀi/ NF ◆ **paierie (générale)** local office of the treasury *(paying salaries, state bills etc)*

paillage /pɑjaʒ/ NM *(Agr)* mulching

paillard, e* /pɑjaʀ, aʀd/ SYN ADJ *[personne]* bawdy, coarse; *[histoire]* bawdy, lewd, dirty ◆ **chanson paillarde** bawdy song

paillardise /pɑjaʀdiz/ SYN NF (= *débauche*) bawdiness; (= *plaisanterie*) dirty *ou* lewd joke *(ou* story *ou* remark *etc)*

paillasse[1] /pɑjas/ SYN NF [1] (= *matelas*) straw mattress

[2] *[d'évier]* draining board, drainboard *(US)*; *[de laboratoire]* (tiled) work surface

[3] († = *prostituée*) trollop †

[4] (* : *locutions*) ◆ **crever la paillasse à qn** to do sb in* ◆ **se crever la paillasse à faire qch** to slog one's guts out doing sth

paillasse[2] /pajas/ NM (= *clown*) clown

paillasson /pɑjasɔ̃/ SYN NM *[de porte]* doormat; *(péj* = *personne)* doormat *(fig)*; *(Agr)* matting; → **clé**

paillassonner /pɑjasɔne/ ► conjug 1 ◄ VT to mat

paille /pɑj/ SYN

NF [1] (= *tige coupée*) straw; *(pour boire)* (drinking) straw ◆ **chapeau/panier de paille** straw hat/basket ◆ **botte de paille** bale of straw ◆ **boire avec une paille** to drink through a straw

[2] *(locutions)* ◆ **être sur la paille** to be penniless ◆ **mettre qn sur la paille** to reduce sb to poverty ◆ **mourir sur la paille** to die penniless *ou* in poverty ◆ **voir la paille dans l'œil du prochain (mais pas la poutre dans le sien)** to see the mote in one's neighbour's *ou* one's brother's eye (but not the beam in one's own) ◆ **c'est la paille et la poutre** it's the pot calling the kettle black ◆ **deux millions de francs ? une paille !*** two million francs? that's peanuts!*; → **court[1]**, **feu[1]**, **homme**

[3] *(Tech* = *défaut)* flaw

ADJ INV ◆ **jaune paille** straw-coloured *(Brit) ou* -colored *(US)*

COMP **paille de fer** steel wool

paille de riz rice straw ◆ **balai en paille de riz** straw broom

paille-en-queue (pl **pailles-en-queue**) /pɑjɑ̃kø/ NM (= *oiseau*) tropicbird

pailler[1] /pɑje/ ► conjug 1 ◄ VT *[+ chaise]* to put a straw bottom in; *[+ arbre, fraisier]* to mulch ◆ **chaise paillée** straw-bottomed chair

pailler[2] /pɑje/ NM (= *meule*) stack of straw; (= *hangar*) straw shed

pailleté, e /pɑj(ə)te/ (ptp de **pailleter**) ADJ *[robe]* sequined ◆ **yeux noisette pailletés d'or** hazel eyes speckled with gold

pailleter /pɑj(ə)te/ ► conjug 4 ◄ VT *(gén)* to spangle; *[+ robe]* to sew sequins on

pailleteur /pɑj(ə)tœʀ/ NM gold washer

paillette /pɑjɛt/ NF [1] *(Habillement)* sequin, spangle ◆ **corsage à paillettes** sequined blouse, blouse with sequins on it ◆ **des émissions paillettes** glitzy* TV shows

[2] *[d'or]* speck; *[de mica, lessive]* flake ◆ **savon en paillettes** soapflakes

[3] *(Méd)* ◆ **paillette de sperme** sperm straw

[4] *[de maquillage]* ◆ **paillettes** glitter *(NonC)*

pailleux, -euse /pɑjø, øz/ ADJ *[acier]* flawed; *[fumier]* strawy

paillis /pɑji/ NM mulch

paillon /pɑjɔ̃/ NM *[de bouteille]* straw case *ou* wrapping; *[de métal]* small strip

paillote /pɑjɔt/ NF straw hut

pain /pɛ̃/

NM [1] (= *substance*) bread *(NonC)* ◆ **du gros pain** bread sold by weight ◆ **du pain frais/dur/rassis** fresh/dry/stale bread ◆ **pain de ménage/de boulanger** home-made/baker's bread ◆ **le pain et le vin** *(Rel)* the bread and wine ◆ **notre pain quotidien** *(Rel)* our daily bread ◆ **mettre qn au pain sec** to put sb on dry bread ◆ **je vais au pain*** I'm going to get the bread

[2] (= *miche*) loaf ◆ **un pain (de 2 livres)** a (2-lb) loaf ◆ **un pain long/rond** a long/round loaf ◆ **deux pains** two loaves (of bread) ◆ **gros pain** large (crusty) loaf

[3] *(en forme de pain) [de cire]* bar; *[de savon]* bar, cake ◆ **pain de poisson/de légumes** *etc (Culin)* fish/vegetable *etc* loaf ◆ **pain de glace** block of ice ◆ **le liquide s'est pris en pain (dans le congélateur)** the liquid has frozen into a block of ice (in the deep-freeze) ◆ **pain dermatologique** hypoallergenic cleansing bar

[4] (‡ = *coup)* punch, sock* ◆ **se prendre un pain** to get punched *ou* socked one* ◆ **mettre un pain à qn** to punch *ou* sock sb one*

[5] *(locutions)* ◆ **on a du pain sur la planche*** *(beaucoup à faire)* we've got a lot to do, we've got a lot on our plate *(Brit)*; *(travail difficile)* we have our work cut out (for us) ◆ **il reste du pain sur la planche** there's still a lot to do *ou* to be done ◆ **ôter** *ou* **retirer le pain de la bouche de qn** to take the bread out of sb's mouth ◆ **ôter** *ou* **faire passer le goût du pain à qn*** to do sb in*; → **bouchée[2]**, **manger**, **petit** *etc*

COMP **pain azyme** unleavened bread

pain bénit consecrated bread ◆ **c'est pain bénit** *(fig)* it's a godsend

pain bis brown bread

pain brioché brioche bread; (= *miche)* brioche loaf

pain brûlé ADJ INV deep golden brown

pain à cacheter bar of sealing wax, sealing wafer

pain de campagne farmhouse bread; (= *miche)* farmhouse loaf

pain au chocolat pain au chocolat, chocolate croissant

pain complet wholewheat *ou* wholemeal *(Brit)* bread; (= *miche)* wholewheat *ou* wholemeal *(Brit)* loaf

pain d'épice(s) *cake made with honey, rye, aniseed, etc*, ≃ gingerbread

pain de Gênes sponge cake

pain grillé toast

pain de gruau ⇒ **pain viennois**

pain au lait *kind of sweet bun*

pain au levain leavened bread

pain de mie sandwich bread; (= *miche)* sandwich loaf

pain parisien *long loaf of bread*

pain perdu French toast

pain pita pitta *ou* pita bread

pain de plastic stick of gelignite

pain polaire polar bread *(type of soft flatbread)*

pain aux raisins ≃ Danish pastry *(with raisins)*

pain de seigle rye bread; (= *miche)* rye loaf

pain de son bran bread; (= *miche)* bran loaf

pain de sucre sugar loaf ◆ **montagne en pain de sucre** sugar-loaf mountain ◆ **tête en pain de sucre** egg-shaped head

pain suédois → **pain polaire**

pain viennois Vienna bread; (= *miche)* Vienna loaf

pair[1] /pɛʀ/ SYN NM [1] (= *dignitaire*) peer

[2] (= *égaux*) ◆ **pairs** peers; → **hors**

[3] *(Fin)* par ◆ **valeur remboursée au pair** stock repayable at par ◆ **cours au pair** par rate

[4] *(locutions)*

◆ **au pair** ◆ **travailler/être au pair** to work as/be an au pair ◆ **jeune fille au pair** au pair (girl) ◆ **jeune homme au pair** (male) au pair

◆ **de pair** ◆ **aller** *ou* **marcher de pair** to go hand in hand ◆ **aller de pair avec** to go hand in hand with

pair[2], e[1] /pɛʀ/ ADJ *[nombre]* even ◆ **le côté pair de la rue** the side of the street with even numbers ◆ **jours pairs** even dates ◆ **jouer pair** to bet on the even numbers

paire[2] /pɛʀ/ SYN NF [1] *[de ciseaux, lunettes, tenailles, chaussures]* pair; *[de bœufs]* yoke; *[de pistolets, pigeons]* brace; *(Cartes)* pair ◆ **ils forment une paire d'amis** the two of them are great friends ◆ **une belle paire d'escrocs** a real pair of crooks ◆ **avoir une bonne paire de joues** to be chubby-cheeked

[2] *(locutions)* ◆ **les deux font la paire** they're two of a kind ◆ **ils font la paire ces deux-là !*** they're a right pair!* ◆ **c'est une autre paire de manches*** that's another kettle of fish, that's another story ◆ **se faire la paire‡** to clear off‡, to beat it‡

pairesse /pɛʀɛs/ NF peeress

pairie /peʀi/ NF peerage

pairle /pɛʀl/ NM *(Héraldique)* pall

paisible /pezibl/ SYN ADJ [1] *[personne, caractère]* quiet; *[vie, quartier, village, retraite]* peaceful, quiet ◆ **dormir d'un sommeil paisible** to be sleeping peacefully

[2] *(Jur)* quiet, peaceable

paisiblement /pezibləmɑ̃/ SYN ADV peacefully

paissance /pɛsɑ̃s/ NF *(Jur)* grazing on common land

paître /pɛtʀ/ SYN ► conjug 57 ◄

VI to graze ◆ **le pâturage où ils font paître leur troupeau** the pasture where they graze their herd ◆ **envoyer paître qn‡** to send sb packing*

VT *[+ herbe]* to graze on; *[+ feuilles, fruits]* to feed on ◆ **paître l'herbe d'un pré** to graze in a meadow

paix /pɛ/ SYN NF [1] *(Mil, Pol)* peace ◆ **paix armée** armed peace ◆ **paix séparée** separate peace agreement ◆ **demander la paix** to sue for peace ◆ **signer la paix** to sign a peace treaty ◆ **en temps de paix** in peacetime ◆ **traité/pourparlers de paix** peace treaty/talks ◆ **soldats de la paix** peacekeeping force ◆ **Mouvement pour la paix** Peace Movement ◆ **si tu veux la paix, prépare la guerre** *(Prov)* if you wish to have peace, prepare for war

[2] (= *état d'accord)* peace ◆ **paix sociale** social peace ◆ **pour rétablir la paix sociale au sein de l'entreprise** to re-establish peaceful relations within the company ◆ **ramener la paix entre...** to make peace between... ◆ **il a fait la paix avec son frère** he has made his peace with his brother, he and his brother have made up *ou* made it up *(Brit)* ◆ **être pour la paix des ménages** *(hum)* to believe in domestic harmony; → **baiser[1]**, **gardien**, **juge**

[3] (= *tranquillité)* peace, quiet; (= *silence)* stillness, peacefulness ◆ **tout le monde est sorti, quelle paix dans la maison !** how peaceful *ou* quiet it is in the house now everyone has gone out! ◆ **est-ce qu'on pourrait avoir la paix ?** could we have a bit of peace and quiet?

[4] (= *calme intérieur)* peace ◆ **la paix de l'âme** inner peace ◆ **allez** *ou* **partez en paix** *(Rel)* go in peace ◆ **paix à sa mémoire** *ou* **à son âme** *ou* **à ses cendres** *(hum)* God rest his soul ◆ **paix sur la terre aux hommes de bonne volonté** *(Bible)* peace on Earth and good will to all men ◆ **avoir la conscience en paix, être en paix avec sa conscience** to have a clear *ou* an easy conscience, to be at peace with one's conscience ◆ **qu'il repose en paix** may he rest in peace ◆ **laisser qn en paix, laisser la paix à qn** to leave sb alone *ou* in peace ◆ **fous-moi‡** *ou* **fiche-moi* la paix !** stop pestering me!, clear off!‡ ◆ **la paix !** shut up!*, quiet!

pajot‡ /paʒo/ NM ⇒ **page[3]**

Pakistan /pakistɑ̃/ NM Pakistan

pakistanais, e /pakistanɛ, ɛz/

ADJ Pakistani

NM,F **Pakistanais(e)** Pakistani

PAL /pal/ NM (abrév de **Phase Alternative Line**) PAL

pal (pl **pals**) /pal/ NM *(Héraldique)* pale; (= *pieu)* stake ◆ **le (supplice du) pal** torture by impalement

palabrer /palabʀe/ SYN ► conjug 1 ◄ VI (= *bavarder)* to talk *ou* chat away; (= *parlementer)* to argue endlessly ◆ **je n'ai pas envie de l'entendre palabrer pendant des heures** I don't want to listen to him going on *ou* waffling on* *(Brit)* for hours ◆ **assez palabré, il faut agir** that's enough talk, let's have some action

palabres /palabʀ/ SYN NFPL never-ending discussions

palace /palas/ NM luxury hotel ◆ **ils habitent un vrai palace** their house is (like) a palace

paladin /paladɛ̃/ NM paladin
palafitte /palafit/ NM palafitte
palais /palɛ/
[1] (= édifice) palace; → révolution
[2] (Jur) • **le Palais** the law courts • **en argot du Palais, en termes de Palais** in legal parlance • **les gens du Palais** lawyers
[3] (Anat) palate • **palais dur/mou** hard/soft palate • **avoir le palais desséché** to be parched, to be dying of thirst • **avoir le palais fin** to have a discerning palate • **palais fendu** (Méd) cleft palate; → flatter, voile²
COMP **le palais Brongniart** the Paris Stock Exchange
le palais de Buckingham Buckingham Palace
palais des congrès convention centre
le palais de l'Élysée the Élysée Palace
palais des expositions exhibition centre
Palais de justice law courts
le palais du Luxembourg the seat of the French Senate
le palais des Nations the Palais des Nations
Palais des sports sports stadium
Palais-Bourbon /palɛbuʀbɔ̃/ NM • **le Palais-Bourbon** (the seat of) the French National Assembly
palan /palɑ̃/ NM hoist
palanche /palɑ̃ʃ/ NF (= tige) yoke
palançon /palɑ̃sɔ̃/ NM [de torchis] lath
palangre /palɑ̃gʀ/ NF (Pêche) long-line • **la pêche à la palangre** long-lining
palanque /palɑ̃k/ NF stockade
palanquée /palɑ̃ke/ NF **une palanquée** ou **des palanquées de** * loads of *
palanquer /palɑ̃ke/ ▸ conjug 1 ◂ VT (Naut) to hoist
palanquin /palɑ̃kɛ̃/ NM palanquin, palankeen
palastre /palastʀ/ NM [de serrure] box
palatal, e (mpl -aux) /palatal, o/
ADJ (Ling) [consonne] palatal (épith); [voyelle] front (épith); (Anat) palatal
NF **palatale** (= consonne) palatal consonant; (= voyelle) front vowel
palatalisation /palatalizasjɔ̃/ NF palatalization
palataliser /palatalize/ ▸ conjug 1 ◂ VT to palatalize
palatin, e /palatɛ̃, in/
ADJ [1] (Hist) Palatine • **le comte/l'électeur palatin** the count/the elector Palatine • **princesse Palatine** Princess Palatine
[2] (Géog) • **le (mont) Palatin** the Palatine Hill
[3] (Anat) palatine
NM (Hist) Palatine; (Anat) palatine
Palatinat /palatina/ NM • **le Palatinat** the Palatinate
palâtre /palɑtʀ/ NM ⇒ palastre
pale¹ /pal/ NF [d'hélice, rame] blade; [de roue, écluse] paddle
pale² /pal/ NF (Rel) pall
palé, e /pale/ ADJ (Héraldique) paly
pâle /pɑl/ SYN ADJ [1] [teint, personne] pale; (= maladif) pallid, pale • **pâle comme un linge** as white as a sheet • **pâle comme la mort** deathly pale ou white • **pâle de peur** white with fear • **pâle de colère** pale ou white ou livid with anger • **se faire porter pâle*** to report ou go* sick; → visage
[2] [lueur] pale, weak; [couleur, soleil, ciel] pale
[3] [style] weak; [imitation] pale, poor; [sourire] faint, wan • **un pâle crétin** (péj) a downright ou an utter fool
palefrenier, -ière /palfʀənje, jɛʀ/ NM,F groom; (Hist) [d'auberge] ostler
palefroi /palfʀwa/ NM (Hist) palfrey
palémon /palemɔ̃/ NM (= crevette) prawn
paléoanthropologie /paleoɑ̃tʀɔpɔlɔʒi/ NF palaeoanthropology (Brit), paleoanthropology (US)
paléoanthropologue /paleoɑ̃tʀɔpɔlɔg/ NMF palaeoanthropologist (Brit), paleoanthropologist (US)
paléobiologie /paleobjɔlɔʒi/ NF palaeobiology (Brit), paleobiology (US)
paléobotanique /paleobɔtanik/ NF palaeobotany (Brit), paleobotany (US)
paléobotaniste /paleobɔtanist/ NMF palaeobotanist (Brit), paleobotanist (US)

paléochrétien, -ienne /paleokʀetjɛ̃, jɛn/ ADJ early Christian
paléogène /paleoʒɛn/ NM • **le paléogène** the Palaeogene (Brit), the Paleogene (US)
paléogéographie /paleoʒeɔgʀafi/ NF palaeogeography (Brit), paleogeography (US)
paléographe /paleɔgʀaf/ NMF palaeographer (Brit), paleographer (US)
paléographie /paleɔgʀafi/ NF palaeography (Brit), paleography (US)
paléographique /paleɔgʀafik/ ADJ palaeographic(al) (Brit), paleographic(al) (US)
paléohistologie /paleoistɔlɔʒi/ NF palaeohistology (Brit), paleohistology (US)
paléolithique /paleolitik/
ADJ Palaeolithic (Brit), Paleolithic (US)
NM • **le paléolithique** the Palaeolithic (Brit) ou Paleolithic (US) (age)
paléomagnétisme /paleomaɲetism/ NM palaeomagnetism (Brit), paleomagnetism (US)
paléontologie /paleɔ̃tɔlɔʒi/ NF palaeontology (Brit), paleontology (US)
paléontologique /paleɔ̃tɔlɔʒik/ ADJ palaeontologic(al) (Brit), paleontologic(al) (US)
paléontologiste /paleɔ̃tɔlɔʒist/, **paléontologue** /paleɔ̃tɔlɔg/ NMF palaeontologist (Brit), paleontologist (US)
paléosol /paleosɔl/ NM Palaeozoic (Brit) ou Paleozoic (US) soil
paléothérium /paleoteʀjɔm/ NM palaeothere (Brit), paleothere (US)
paléozoïque /paleozɔik/
ADJ Palaeozoic (Brit), Paleozoic (US)
NM • **le paléozoïque** the Palaeozoic (Brit) ou Paleozoic (US) (age)
paléozoologie /paleozɔɔlɔʒi/ NF palaeozoology (Brit), paleozoology (US)
Palerme /palɛʀm/ N Palermo
paleron /palʀɔ̃/ NM (Boucherie) chuck (steak)
Palestine /palɛstin/ NF Palestine
palestinien, -ienne /palɛstinjɛ̃, jɛn/
ADJ Palestinian
NM,F **Palestinien(ne)** Palestinian
palet /palɛ/ NM (gén) (metal ou stone) disc; [de hockey] puck
paletot /palto/ NM (thick) cardigan • **il m'est tombé** ou **m'a sauté sur le paletot*** he jumped on me
palette /palɛt/ SYN NF [1] (Peinture : lit, fig) palette
[2] [de produits, services] range • **palette graphique/d'outils** (Ordin) graphics/tool palette
[3] (Boucherie) shoulder
[4] (= aube de roue) paddle; (= battoir à linge) beetle; (Manutention, Constr) pallet
palettiser /paletize/ ▸ conjug 1 ◂ VT to palletize
palétuvier /paletyvje/ NM mangrove
pâleur /pɑlœʀ/ SYN NF [de teint] paleness; (maladive) pallor, paleness; [de couleur, ciel] paleness
pali /pali/ NM (= langue) Pali
pâlichon, -onne* /pɑliʃɔ̃, ɔn/ ADJ [personne] (a bit) pale ou peaky* (Brit) ou peaked* (US); [soleil] watery
palier /palje/ SYN NM [1] [d'escalier] landing • **être voisins de palier, habiter sur le même palier** to live on the same landing • **palier de repos** half landing
[2] (= étape) stage; [de graphique] plateau • **les prix ont atteint un nouveau palier** prices have found a ou risen to a new level • **procéder par paliers** to proceed in stages
[3] [de route, voie] level, flat • **voler en palier** [avion] to fly level
[4] (Tech) bearing • **palier de butée** thrust bearing
palière /paljɛʀ/ ADJ F → marche², porte
palilalie /palilali/ NF palilalia
palimpseste /palɛ̃psɛst/ NM palimpsest
palindrome /palɛ̃dʀom/ NM palindrome
palinodie /palinɔdi/ NF (Littérat) palinode • **palinodies** (fig) recantations
pâlir /pɑliʀ/ SYN ▸ conjug 2 ◂
VI [1] [personne] to turn ou go pale; [lumière, étoiles] to grow dim; [ciel] to grow pale; [couleur, encre] to fade • **pâlir de colère** to go ou turn pale ou white with anger • **pâlir de crainte** to turn pale ou white with fear, to blench (with fear) • **faire**

pâlir qn d'envie ou **de jalousie** to make sb green with envy
[2] (littér) [souvenir] to fade (away), to dim; [gloire] to dim, to fade
VT (littér) [+ ciel] to turn pale • **encre pâlie par le soleil** ink faded by the sun
palis /pali/ NM (= pieu) picket; (= clôture) picket fence
palissade /palisad/ SYN NF [de pieux] fence; [de planches] boarding; (Mil) stockade
palissader /palisade/ ▸ conjug 1 ◂ VT to fence in
palissandre /palisɑ̃dʀ/ NM rosewood
pâlissant, e /pɑlisɑ̃, ɑ̃t/ ADJ [teinte, lumière] wan, fading
palisser /palise/ ▸ conjug 1 ◂ VT to espalier
palladien, -ienne /paladjɛ̃, jɛn/ ADJ Palladian
palladium /paladjɔm/ NM (Chim, fig) palladium
Pallas Athena /palasatena/ NF Pallas Athena
palliatif, -ive /paljatif, iv/ SYN
ADJ (Méd) palliative • **soins palliatifs** palliative care
NM (Méd) palliative (à to, for); (= mesure) palliative, stopgap measure; (= réparation sommaire) makeshift repair
pallidectomie /palidɛktɔmi/ NF pallidectomy
pallidum /palidɔm/ NM pallidum
pallier /palje/ SYN ▸ conjug 7 ◂
VT [+ difficulté] to overcome, to get round; [+ manque] to offset, to compensate for, to make up for; (littér) [+ défaut] to disguise, to palliate (littér)
VT INDIR **pallier à** (usage critiqué) [+ difficulté, manque] ⇒ pallier
pallium /paljɔm/ NM [1] (Rel) pallium
[2] [d'animal] pallium, mantle
palmarès /palmaʀɛs/ NM [1] (= classement) [de lauréats, cinéastes] (list of) prizewinners ou award winners; [de sportifs] (list of) medal winners; [de chansons] charts, hit parade • **le palmarès des universités françaises** (the list of) the top French universities • **le palmarès des émissions les plus écoutées** (the list of) the most popular programmes • **cette voiture est** ou **figure au palmarès des meilleures ventes** this car is among the best-selling models ou is a best-seller • **la Grèce figure au palmarès des pays les plus visités** Greece is one of the most visited countries in the world
[2] (= liste de victoires, de titres etc) record ou list of achievements • **il a de nombreuses victoires à son palmarès** he has a number of victories to his credit ou under his belt • **c'est un titre qu'il n'a pas encore à son palmarès** this is a title that he can't yet call his own
palmature /palmatyʀ/ NF palmation
palme /palm/ NF (Archit, Bot) palm leaf; (= symbole) palm • **vin/huile de palme** palm wine/oil
[2] (= distinction) prize • **la palme revient à...** the prize goes to... • **disputer la palme à qn** to compete with sb • **remporter la palme** to win, to be the winner • **pour ce qui est des bêtises, il remporte la palme** when it comes to being silly he wins hands down • **la Palme d'or** (Ciné) the Palme d'or • **la palme du martyre** the crown of martyrdom • **décoration avec palme** (Mil) ≈ decoration with a bar • **palmes académiques** decoration for services to education in France
[3] [de nageur] flipper
palmé, e /palme/ ADJ [feuille] palmate (SPÉC); [patte] webbed; [oiseau] webfooted, palmate (SPÉC) • **avoir les pieds palmés** to have webbed feet • **il les a palmées*** (hum) he's bone-idle *
palmer¹ /palmɛʀ/ NM (Tech) micrometer
palmer² /palme/ ▸ conjug 1 ◂ VI to kick (when wearing flippers) • **j'ai dû palmer fort contre le courant** I had to kick hard because of the current
palmeraie /palməʀɛ/ NF palm grove
palmette /palmɛt/ NF (Archit) palmette
palmier /palmje/ NM [1] (= plante) palm tree • **palmier-dattier** date palm
[2] (= gâteau) heart-shaped biscuit made of flaky pastry
palmifide /palmifid/ ADJ palmatifid
palmilobé, e /palmilɔbe/ ADJ palmatilobate(d)
palmipède /palmipɛd/
NM palmiped (SPÉC)
ADJ webfooted
palmiste /palmist/ ADJ M → chou¹

palmitine /palmitin/ NF tri(palmitin)

palmitique /palmitik/ ADJ M ◆ **acide palmitique** palmitic acid

palmure /palmyʀ/ NF [d'animal] web; (Méd) palmature

palombe /palɔ̃b/ NF woodpigeon, ringdove

palonnier /palɔnje/ NM [d'avion] rudder bar; [de voiture] compensator; [de cheval] swingletree; (en ski nautique) handle; [d'appareil de levage] crosspiece

palot* /palo/ NM (= baiser) kiss

pâlot, -otte* /palo, ɔt/ ADJ [personne] (a bit) pale ou peaky* (Brit) ou peaked* (US)

palourde /paluʀd/ NF clam

palpable /palpabl/ SYN ADJ (lit, fig) palpable ◆ **il rend palpable l'atmosphère du Paris des années 20** he vividly evokes the atmosphere of 1920s Paris

palpation /palpasjɔ̃/ NF palpation

palpe /palp/ NM palp(us)

palpébral, e (mpl -aux) /palpebʀal, o/ ADJ palpebral

palper /palpe/ SYN ► conjug 1 ◄ VT ⓵ [+ objet] to feel, to finger; (Méd) to palpate
⓶ * [+ argent] (= recevoir) to get; (= gagner) to make ◆ **qu'est-ce qu'il a dû palper (comme argent) !** he must have made a fortune ou a mint!*

palpeur /palpœʀ/ NM [de chaleur, lumière] sensor

palpitant, e /palpitɑ̃, ɑ̃t/ SYN
ADJ ⓵ (= passionnant) [livre, moment] thrilling, exciting; [vie] exciting ◆ **d'un intérêt palpitant, palpitant d'intérêt** terribly exciting, thrilling ◆ **être palpitant d'émotion** to be quivering with emotion
⓶ [chair] quivering (épith), wobbly; [blessure] throbbing (épith)
NM † (* = cœur) ticker*

palpitation /palpitasjɔ̃/ SYN NF [de cœur] racing (NonC); [de paupières] fluttering (NonC); [de lumière, flamme] quivering (NonC) ◆ **avoir des palpitations** (Méd) to have palpitations ◆ **ça m'a donné des palpitations** (fig) it gave me quite a turn

palpiter /palpite/ SYN ► conjug 1 ◄ VI [cœur] (= battre) to beat; (= battre rapidement) to race; [paupières] to flutter; [chair] to quiver; [blessure] to throb; [narines, lumière, flamme] to quiver

paltoquet /paltɔkɛ/ NM (littér : péj) (= rustre) boor, (= freluquet) pompous fool

palu* /paly/ NM abrév de **paludisme**

paluche* /palyʃ/ NF (= main) hand, paw* ◆ **serrer la paluche à qn** to shake hands with sb, to shake sb's hand

paludéen, -enne /palydeɛ̃, ɛn/ ADJ (Méd) malarial

paludier, -ière /palydje, jɛʀ/ NM,F salt-marsh worker

paludique /palydik/
ADJ paludial, malarial; [personne] suffering from paludism (SPÉC) ou malaria
NMF person suffering from paludism (SPÉC) ou malaria

paludisme /palydism/ SYN NM paludism (SPÉC), malaria

paludologie /palydɔlɔʒi/ NF study of paludism (SPÉC) ou of malaria

paludologue /palydɔlɔg/ NMF paludism (SPÉC) ou malaria specialist

palustre /palystʀ/ ADJ paludal ◆ **plante palustre** marsh plant

palynologie /palinɔlɔʒi/ NF palynology

pâmer (se) /pame/ SYN ► conjug 1 ◄ VPR (littér) to swoon † ◆ **se pâmer ou être pâmé devant qch** (fig) to swoon ou be in raptures ou be ecstatic over sth ◆ **se pâmer d'admiration/d'amour** to be overcome with admiration/with love ◆ **se pâmer de rire** to be convulsed with laughter

pâmoison /pamwazɔ̃/ NF (littér, hum) swoon † ◆ **tomber en pâmoison** (lit) to swoon † ◆ **tomber en pâmoison devant un tableau** (fig) to swoon over ou go into raptures over a painting

pampa /pɑ̃pa/ NF pampas (pl)

pamphlet /pɑ̃flɛ/ SYN NM satirical tract, lampoon

pamphlétaire /pɑ̃fletɛʀ/ NMF lampoonist

pampille /pɑ̃pij/ NF [de lustre] pendant

pamplemousse /pɑ̃pləmus/ NM grapefruit

pamplemoussier /pɑ̃pləmusje/ NM grapefruit tree

pampre /pɑ̃pʀ/ NM (littér) vine branch

Pan /pɑ̃/ NM Pan; → **flûte**

pan¹ /pɑ̃/ SYN
NM ⓵ (= morceau) piece; [d'habit] tail; (= face, côté) side, face; [de toit] side; [de nappe] overhanging part; [de lumière] patch
⓶ [d'économie, industrie] area; [de société] section ◆ **un pan de ma vie/de l'histoire de France** a chapter in ou of my life/in the history of France
COMP **pan de chemise** shirt-tail ◆ **se promener en pans de chemise** to wander about in (one's) shirt-tails ou with just one's shirt on
pan de ciel patch of sky
pan coupé cut-off corner (of room) ◆ **maison en pan coupé** house with a slanting ou cut-off corner ◆ **mur en pan coupé** wall with a cut-off corner
pan de mur (section of) wall
pan de rideau curtain

pan² /pɑ̃/ EXCL [de coup de feu] bang!; [de gifle] slap!, whack! ◆ **je vais te faire pan pan (les fesses)** (langage enfantin) you'll get your bottom smacked

panacée /panase/ SYN NF panacea, cure-all

panachage /panaʃaʒ/ NM ⓵ (Pol) voting for candidates from different parties instead of for the set list of one party
⓶ (= mélange) [de couleurs] combination; [de programmes, plats] selection

panache /panaʃ/ SYN NM ⓵ (= plumet) plume, panache ◆ **panache de fumée** plume of smoke
⓶ (= brio) [de personne] panache ◆ **avoir du panache** to have panache ◆ **personnage sans panache** lacklustre individual ◆ **victoire sans panache** unimpressive victory

panaché, e /panaʃe/ SYN (ptp de **panacher**)
ADJ ⓵ [fleur, feuilles] variegated, many-coloured (Brit) ou -colored (US) ◆ **pétunias blancs panachés de rouge** white petunias with splashes of red ou with red stripes
⓶ [foule, assortiment] motley; [glace] two- ou mixed-flavour (Brit) ou -flavor (US) (épith); [salade] mixed ◆ **bière panachée** shandy
NM (= boisson) shandy

panacher /panaʃe/ SYN ► conjug 1 ◄ VT (= mélanger) [+ couleurs, fleurs] to put together; [+ genres] to mix, to combine; [+ plantes] to cross; [+ biscuits, bonbons] to make an assortment ou a selection of; (= varier) [+ programmes, exercices] to vary ◆ **dois-je prendre l'un des menus ou puis-je panacher (les plats) ?** do I have to take a set menu or can I make my own selection (of courses)? ◆ **panacher une liste électorale** to vote for candidates from different parties instead of for the set list of one party

panachure /panaʃyʀ/ NF (gén pl) motley colours (Brit) ou colors (US)

panade /panad/ NF bread soup ◆ **être dans la panade*** (= avoir des ennuis) to be in the soup*, to be in a sticky situation; (= avoir des ennuis d'argent) to be strapped for cash* (Brit), to be down to one's last dollar (US)

panafricain, e /panafʀikɛ̃, ɛn/ ADJ Pan-African

panafricanisme /panafʀikanism/ NM Pan-Africanism

panais /panɛ/ NM parsnip

panama /panama/ NM ⓵ (Géog) ◆ **le Panama** Panama
⓶ (= chapeau) Panama hat

Paname* /panam/ N Paris

panaméen, -enne /panameɛ̃, ɛn/
ADJ Panamanian
NM,F **Panaméen(ne)** Panamanian

panaméricain, e /panameʀikɛ̃, ɛn/ ADJ Pan-American ◆ **route panaméricaine** Pan-American Highway

panaméricanisme /panameʀikanism/ NM Pan-Americanism

panamien, -ienne /panamjɛ̃, jɛn/ ADJ ⇒ **panaméen**

panarabe /panaʀab/ ADJ Pan-Arab(ic)

panarabisme /panaʀabism/ NM Pan-Arabism

panard* /panaʀ/ NM foot ◆ **c'est le panard !** it's magic! ou ace* (Brit)!

panaris /panaʀi/ NM whitlow

panax /panaks/ NM panax

pan-bagnat (pl **pans-bagnats**) /pɑ̃baɲa/ NM sandwich (with tomatoes, lettuce, hard-boiled eggs, tuna and anchovies, seasoned with olive oil)

panca /pɑ̃ka/ NM punka(h)

pancarte /pɑ̃kaʀt/ SYN NF (gén) sign, notice; (sur route) (road)sign; [de manifestant] placard

panchromatique /pɑ̃kʀɔmatik/ ADJ panchromatic

pancréas /pɑ̃kʀeas/ NM pancreas

pancréatectomie /pɑ̃kʀeatɛktɔmi/ NF pancreatectomy

pancréatine /pɑ̃kʀeatin/ NF pancreatin

pancréatique /pɑ̃kʀeatik/ ADJ pancreatic

pancréatite /pɑ̃kʀeatit/ NF pancreatitis

panda /pɑ̃da/ NM panda ◆ **grand panda** giant panda

pandanus /pɑ̃danys/ NM pandanus

pandémie /pɑ̃demi/ NF pandemic (disease) ◆ **la pandémie de sida** the Aids pandemic

pandémonium /pɑ̃demɔnjɔm/ NM (littér) pandemonium ◆ **le Pandémonium** Pandemonium

pandit /pɑ̃di(t)/ NM pandit, pundit

Pandore /pɑ̃dɔʀ/ NF (Myth) Pandora

pandore* † /pɑ̃dɔʀ/ NM (= gendarme) cop*, gendarme

panégyrique /paneʒiʀik/ SYN NM (frm) panegyric ◆ **faire le panégyrique de qn** to extol sb's merits ◆ **quel panégyrique il a fait de son chef !** what a tribute he paid to his boss!

panégyriste /paneʒiʀist/ SYN NMF panegyrist

panel /panɛl/ SYN NM (= jury) panel; (= échantillon) sample group

paner /pane/ ► conjug 1 ◄ VT to coat with breadcrumbs ◆ **pané** [escalope] coated with breadcrumbs, breaded

paneterie /pan(ə)tʀi, panɛtʀi/ NF (lieu) bread room

panetière /pan(ə)tjɛʀ/ NF breadbin (Brit), breadbox (US)

paneton /pan(ə)tɔ̃/ NM bread basket

paneuropéen, -enne /panøʀɔpeɛ̃, ɛn/ ADJ Pan-European

panga /pɑ̃ga/ NM panga

pangermanisme /pɑ̃ʒɛʀmanism/ NM Pan-Germanism

pangermaniste /pɑ̃ʒɛʀmanist/
ADJ Pan-German(ic)
NMF Pan-German

pangolin /pɑ̃gɔlɛ̃/ NM pangolin, scaly anteater

panhellénique /panelenik/ ADJ Panhellenic

panhellénisme /panelenism/ NM Panhellenism

panic /panik/ NM panic grass

panicaut /paniko/ NM sea holly

panicule /panikyl/ NF panicle

panier /panje/ SYN
NM ⓵ (gén, Sport) basket; (= contenu) basket(ful) ◆ **ils sont tous à mettre dans le même panier** (fig) there's not much to choose between them, they are all much of a muchness (Brit) ◆ **ne les mets pas tous dans le même panier** (fig) don't lump them all together ◆ **mettre** ou **jeter qch au panier** to throw sth out ◆ **réussir** ou **marquer un panier** (Basket) to score ou make a basket; → **anse, dessus, œuf**
⓶ (Photo : pour diapositives) magazine ◆ **panier circulaire** rotary magazine
⓷ (= vêtement) pannier ◆ **robe à paniers** dress with panniers
COMP **panier à bouteilles** bottle-carrier
panier de crabes (fig) ◆ **c'est un panier de crabes** they're always fighting among themselves, they're always at each other's throats
panier à frites chip basket (Brit), fry basket (US)
panier à linge linen basket
le panier de la ménagère, le panier moyen (Écon) the housewife's shopping basket
panier de monnaies (Fin) basket of currencies
panier à ouvrage workbasket
panier percé (fig) spendthrift
panier à provisions shopping basket
panier à salade (Culin) salad shaker ou basket; (* = camion) police van, Black Maria* (Brit), paddy waggon* (US)

panière /panjɛʁ/ NF large basket

panier-repas (pl **paniers-repas**) /panjeʁəpa/ NM lunch ou dinner ou picnic basket, packed lunch

panifiable /panifjabl/ ADJ (suitable for) bread-making (épith)

panification /panifikasjɔ̃/ NF bread-making

panifier /panifje/ ► conjug 7 ◄ VT to make bread from

panini /panini/ NM panini

paniquant, e */panikɑ̃, ɑ̃t/ ADJ scary*

paniquard */panikaʁ/ NM (péj) coward, yellow belly*

panique /panik/ SYN
[NF] panic ► **pris de panique** panic-stricken ► **un mouvement de panique a saisi** ou **s'est emparé de la foule** a wave of panic swept through the crowd ► **cela a provoqué un mouvement de panique parmi la population** it caused panic among ou sent a wave of panic through the population ► **il y a eu un début de panique chez les investisseurs** investors were beginning to panic ou were showing signs of panic ► **pas de panique !*** don't panic!, there's no need to panic! ► **c'était la panique (générale)*** it was panic all round ou panic stations * (Brit); → **semer, vent**
[ADJ] ► **terreur** ou **peur panique** panic

paniquer */panike/ SYN ► conjug 1 ◄
[VT] ► **paniquer qn** to put the wind up sb*, to give sb a scare ► **il a essayé de me paniquer** he tried to put the wind up me*
[VI] **se paniquer** VPR to panic, to get the wind up * ► **commencer à paniquer** ou **à se paniquer** to get panicky ► **il n'a pas paniqué, il ne s'est pas paniqué** he didn't panic, he kept his head ► **être paniqué** to be in a panic ► **être paniqué à l'idée de faire qch** to be scared stiff at the idea of doing sth

panislamique /panislamik/ ADJ Panislamic

panislamisme /panislamism/ NM Panislamism

panka /pɑ̃ka/ NM ⇒ panca

panne¹ /pan/ SYN NF [1] (= incident) breakdown ► **panne de courant** ou **d'électricité** power ou electrical failure ► **panne de secteur** local mains failure ► **panne de moteur** [d'avion, voiture] engine failure ► **tolérant aux pannes** (Ordin) fault-tolerant ► **il n'a pas trouvé la panne** he couldn't find the fault ou problem ► **il m'a fait le coup de la panne** (hum) he tried on the old trick about the car breaking down ► **avoir une panne d'oreiller** (hum) to oversleep ► **il a eu une panne** (sexuellement) he couldn't rise to the occasion (hum)
► **en panne** [machine] out of order; [voiture] broken-down ► **être ou tomber en panne** [machine] to break down ► **je suis tombé en panne (de voiture)** my car has broken down ► **je suis tombé en panne sèche** ou **en panne d'essence** I have run out of petrol (Brit) ou gas (US) ► **je suis en panne de réfrigérateur** my refrigerator is broken ► **mettre en panne** (Naut) [+ bateau] to bring to, to heave to ► **le candidat est resté en panne** (= ne savait pas quoi dire) the candidate was at a loss for words ► **les travaux sont en panne** work has come to a halt ► **ce projet est en panne** work is at a standstill ou has come to a halt on this project ► **laisser qn en panne** to leave sb in the lurch, to let sb down ► **je suis en panne de cigarettes/d'idées/d'inspiration** I've run out of ou I'm out of cigarettes/of ideas/of inspiration ► **rester en panne devant une difficulté** to be stumped* (by a problem)
[2] (Théât) rôle mineur) bit part

panne² /pan/ NF [1] (= graisse) fat
[2] (= étoffe) panne
[3] (= poutre) purlin
[4] [de marteau] peen; [de piolet] adz(e)

panneau (pl **panneaux**) /pano/ SYN
[NM] (Art, Couture, Menuiserie) panel; (= écriteau) sign, notice; (Constr) prefabricated section; (Basket) backboard ► **les panneaux qui ornent la salle** the panelling round the room ► **à panneaux** panelled ► **tomber** ou **donner dans le panneau*** to fall ou walk (right) into the trap, to fall for it*
[COMP] **panneau d'affichage** (pour résultats etc) notice board (Brit), bulletin board (US); (pour publicité) billboard, hoarding (Brit)
panneau d'écoutille [de navire] hatch cover
panneaux électoraux notice boards for election posters
panneau indicateur signpost
panneau lumineux electronic display (sign) board; [de stade] electronic scoreboard
panneau de particules chipboard (NonC)
panneau publicitaire billboard, hoarding (Brit)
panneau de signalisation roadsign, traffic sign
panneau solaire solar panel
panneau de stop stop sign
panneau vitré glass panel

panneton /pan(ə)tɔ̃/ NM [de clé] bit

pannicule /panikyl/ NM ► **pannicule adipeux** panniculus adiposus

panonceau (pl **panonceaux**) /panɔ̃so/ NM (= plaque de médecin) plaque; (= écriteau publicitaire) sign

panophtalmie /panɔftalmi/ NF panophthalmitis

panoplie /panɔpli/ SYN NF [1] (= jouet) outfit ► **panoplie d'Indien** Red Indian outfit ► **panoplie d'armes** (sur un mur) display of weapons; [de gangster, policier] armoury (Brit), armory (US) ► **il a sorti toute sa panoplie** (hum = instruments) he brought out all his equipment ► **il a la panoplie du parfait explorateur** he has everything the best-equipped explorer could require
[2] (= gamme) [d'arguments, médicaments, sanctions, services] range; [de mesures] package, range

panoptique /panɔptik/ ADJ panoptic

panorama /panɔʁama/ SYN NM (lit) panorama ► **l'émission dresse un panorama complet de l'histoire du 20ᵉ siècle** the programme gives a comprehensive overview of the history of the 20th century ► **le panorama politique a complètement changé** the political landscape has been transformed

panoramique /panɔʁamik/
[ADJ] [vue, appareil-photo, photo] panoramic; [restaurant] with a panoramic view; [carrosserie] with panoramic ou wraparound windows; [car, voiture] with wraparound windows ► **ascenseur panoramique** glass lift (Brit) ou elevator (US) ► **écran panoramique** (Ciné) wide ou panoramic screen ► **wagon panoramique** observation car
[NM] (Ciné, TV) panoramic shot

panorpe /panɔʁp/ NF scorpion fly

panosse /panɔs/ NF (Helv) floorcloth ► **passer la panosse** to mop the floor

pansage /pɑ̃saʒ/ NM [de cheval] grooming

panse /pɑ̃s/ SYN NF [de ruminant] paunch; * [de personne] paunch, belly*; [de bouteille] belly ► **s'en mettre plein la panse*** to stuff o.s. ou one's face* ► **j'ai la panse bien remplie*** I'm full to bursting* ► **manger à s'en faire crever** ou **éclater la panse*** to eat until one's fit to burst, to stuff o.s. ou one's face* ► **je pourrais manger des cerises à m'en faire crever la panse*** I could eat cherries till they come out of my ears*

pansement /pɑ̃smɑ̃/ SYN NM [Méd] [de plaie, membre] dressing; (= bandage) bandage; (= sparadrap) plaster (Brit), Band Aid ® ► **faire un pansement** (gén) to dress a wound; (sur une dent) to put in a temporary filling ► **refaire un pansement** to put a clean dressing on a wound ► **(tout) couvert de pansements** (all) bandaged up ► **pansement adhésif** sticking plaster (Brit), Band Aid ®

panser /pɑ̃se/ SYN ► conjug 1 ◄ VT [1] [Méd] [+ plaie] to dress; [+ bras, jambe] to put a dressing on; (avec un bandage) to bandage; (avec du sparadrap) to put a plaster (Brit) ou a Band Aid ® on; [+ blessé] to dress the wounds of ► **panser ses blessures** ou **ses plaies** (fig) to lick one's wounds ► **panser les blessures de l'histoire** to heal the wounds of history ► **le temps panse les blessures (du cœur)** time is a great healer
[2] [+ cheval] to groom

panseur, -euse /pɑ̃sœʁ, øz/ NM,F wound care nurse

panslavisme /pɑ̃slavism/ NM Pan-Slavism

panslaviste /pɑ̃slavist/
[ADJ] Pan-Slav(onic)
[NMF] Pan-Slavist

pansu, e /pɑ̃sy/ SYN ADJ [personne] potbellied, paunchy; [vase] potbellied

pantacourt /pɑ̃takuʁ/ NM (pair of) pedalpushers

pantagruélique /pɑ̃tagʁyelik/ SYN ADJ pantagruelian

pantalon /pɑ̃talɔ̃/ SYN NM [1] (Habillement) (pair of) trousers, (pair of) pants (US); († = sous-vêtement) knickers ► **un pantalon neuf** a new pair of trousers ou pants (US), new trousers ou pants (US) ► **10 pantalons** 10 pairs of trousers ou pants (US) ► **pantalon cigarette** straight(-leg) ou cigarette trousers ou pants (US) ► **pantalon de** ou **en flanelle** flannels ► **pantalon de golf** plus fours ► **pantalon de pyjama** pyjama ou pajama (US) bottoms ► **pantalon de ski** ski pants; → **corsaire, porter**
[2] (Théât) ► **Pantalon** Pantaloon

pantalonnade /pɑ̃talɔnad/ NF (Théât) slapstick comedy, knockabout farce (Brit); (péj) tomfoolery (NonC)

pantelant, e /pɑ̃t(ə)lɑ̃, ɑ̃t/ ADJ [personne] gasping for breath (attrib), panting; [gorge] heaving; [cadavre, animal] twitching

pantène, pantenne /pɑ̃tɛn/ NF (Chasse) net ► **en pantène** (Naut = en désordre) in disorder

panthéisme /pɑ̃teism/ NM pantheism

panthéiste /pɑ̃teist/
[ADJ] pantheistic
[NMF] pantheist

panthéon /pɑ̃teɔ̃/ NM [1] (= bâtiment) pantheon ► **le Panthéon** the Pantheon
[2] (= divinités, personnages célèbres) pantheon ► **le panthéon grec/romain** the Greek/Roman pantheon ► **le panthéon littéraire** the literary pantheon, the great names of literature ► **ce film est entré au panthéon du cinéma** this film has become a classic

panthéoniser /pɑ̃teɔnize/ ► conjug 1 ◄ VT [+ personne] to elevate to the Hall of Fame

panthère /pɑ̃tɛʁ/ NF [1] (= félin) panther ► **panthère noire** black panther ► **sa femme est une vraie panthère** his wife is a real hellcat*
[2] (Hist US) ► **Panthères noires** Black Panthers

pantière /pɑ̃tjɛʁ/ NF (bird) net

pantin /pɑ̃tɛ̃/ NM (= jouet) jumping jack; (péj = personne) puppet

pantographe /pɑ̃tɔgʁaf/ NM pantograph

pantois, e /pɑ̃twa, az/ SYN ADJ stunned ► **j'en suis resté pantois** I was stunned

pantomètre /pɑ̃tɔmɛtʁ/ NM pantometer

pantomime /pɑ̃tɔmim/ SYN NF (= art) mime (NonC); (= spectacle) mime show; (fig) scene, fuss (NonC) ► **il nous a fait la pantomime pour avoir un vélo** he made a great fuss about having a bike

pantothénique /pɑ̃tɔtenik/ ADJ ► **acide pantothénique** pantothenic acid

pantouflage /pɑ̃tuflaʒ/ NM (arg Admin) [de fonctionnaire] leaving the civil service to work in the private sector

pantouflard, e */pɑ̃tuflaʁ, aʁd/ SYN
[ADJ] [personne, caractère] stay-at-home (épith); [vie] quiet, uneventful, humdrum
[NM,F] stay-at-home

pantoufle /pɑ̃tufl/ SYN NF slipper ► **il était en pantoufles** he was in his slippers

pantoufler /pɑ̃tufle/ ► conjug 1 ◄ VI [1] (arg Admin) [fonctionnaire] to leave the civil service to work in the private sector
[2] (* = paresser) to laze ou lounge around (at home)

pantoum /pɑ̃tum/ NM pantoum

panty (pl **panties**) /pɑ̃ti/ NM (= gaine) panty girdle

panure /panyʁ/ NF breadcrumbs

Panurge /panyʁʒ/ NM → **mouton**

PAO /peao/ NF (abrév de **publication assistée par ordinateur**) DTP

paon /pɑ̃/ NM peacock ► **faire le paon** to strut about (like a peacock) ► **fier** ou **vaniteux comme un paon** proud as a peacock; → **parer¹**

paonne /pan/ NF peahen

PAP /pap/ NM (abrév de **prêt aidé d'accession à la propriété**) → **prêt²**

papa /papa/ SYN NM (gén) dad; (langage enfantin) daddy; (langage de bébé) dada ► **papa-poule** doting father ► **la musique/les voitures de papa*** old-fashioned music/cars ► **c'est vraiment l'usine de papa !*** this factory is really antiquated* ou behind the times! ► **conduire à la papa*** to potter along (Brit), to drive at a snail's pace ► **alors papa, tu avances ?*** come on grandad, get a move on!* ► **fils** (ou **fille**) **à papa** (péj) rich kid* ► **jouer au papa et à la maman** to play mummies (Brit) ou mommies (US) and

papaïne /papain/ NF papain

papal, e (mpl -aux) /papal, o/ ADJ papal

papamobile /papamɔbil/ NF popemobile

paparazzi /paparadzi/ NMPL (péj) paparazzi

papas /papas/ NM [de Église grecque] papa

papauté /popote/ NF papacy

papaver /papavɛʀ/ NM poppy

papavéracées /papaveʀase/ NFPL ▸ **les papavéracées** papaveraceous plants, the Papaveraceae (SPÉC)

papavérine /papaveʀin/ NF papaverine

papaye /papaj/ NF pawpaw, papaya

papayer /papaje/ NM pawpaw ou papaya (tree)

pape /pap/ SYN NM pope; [d'école littéraire etc] leading light ▸ **le pape Jean XXIII** Pope John XXIII ▸ **du pape** papal

papé /pape/ NM ⇒ **papet**

Papeete /papet/ N Papeete

papelard[1] * /paplaʀ/ NM (= feuille) (bit of) paper; (= article de journal) article; (= journal) paper ▸ **papelards** (= papiers d'identité) papers

papelard[2], **e** /paplaʀ, aʀd/ ADJ (littér) suave

papelardise /paplaʀdiz/ NF (littér) suaveness, suavity

paperasse /papʀas/ NF (péj) ▸ **paperasse(s)** (= documents) papers, bumf * (Brit); (à remplir) forms ▸ **j'ai des paperasses** ou **de la paperasse à faire** I've got some paperwork to do

paperasserie /papʀasʀi/ SYN NF (péj : = travail) paperwork ▸ **paperasserie administrative** red tape

paperassier, -ière /papʀasje, jɛʀ/ (péj)
ADJ [personne] fond of paperwork; [administration] cluttered with red tape, obsessed with form filling
NM,F (= bureaucrate) penpusher (Brit), pencilpusher (US) ▸ **quel paperassier !** he's forever poring over his papers!

papesse /papɛs/ NF female pope; [d'école littéraire etc] leading light ▸ **la papesse Jeanne** Pope Joan

papet /pape/ NM (terme du Sud) (= grand-père) grandpa * (= vieil homme) old man

papeterie /papɛtʀi/ NF (= magasin) stationer's (shop); (= fourniture) stationery; (= fabrique) paper mill; (= fabrication) paper-making industry; (= commerce) stationery trade

papetier, -ière /pap(ə)tje, jɛʀ/ NM,F (= vendeur) stationer; (= fabricant) paper-maker ▸ **papetier-libraire** stationer and bookseller

papi /papi/ NM (langage enfantin) grandad *, grandpa *; (* = vieil homme) old man

papier /papje/ SYN
NM [1] (= matière) paper ▸ **morceau/bout de papier** piece/bit ou slip of paper ▸ **de** ou **en papier** paper (épith) ▸ **mets-moi cela sur papier** (pour ne pas oublier) write that down for me; (pour confirmation écrite) let me have that in writing ▸ **sur le papier** (= en projet, théoriquement) on paper ▸ **jeter une idée sur le papier** to jot down an idea; → **noircir, pâte**
[2] (= feuille écrite) paper; (= feuille blanche) sheet ou piece of paper; (Presse = article) article ▸ **papiers personnels** personal papers ▸ **être/ne pas être dans les petits papiers de qn** to be in sb's good/bad books ▸ **un papier à signer/à remplir** a form to be signed/filled in ▸ **faire un papier sur qn** (Presse) to do an article ou a story on sb ▸ **rayez cela de vos papiers !** (fig) you can forget about that!
[3] (= emballage) paper; [de bonbon] paper, wrapper
[4] ▸ **papiers (d'identité)** (identity) papers ▸ **vos papiers, s'il vous plaît !** could I see your identity papers, please?; (automobiliste) may I see your driving licence (Brit) ou driver's license (US), please? ▸ **ses papiers ne sont pas en règle** his papers are not in order

COMP **papier alu***, **papier aluminium** aluminium (Brit) ou aluminum (US) foil, tinfoil ▸ **papier d'argent** silver foil ou paper, tinfoil ▸ **papier d'Arménie** incense paper ▸ **papier bible** bible paper, India paper ▸ **papier (de) brouillon** rough paper ▸ **papier buvard** blotting paper ▸ **papier cadeau** gift wrap, wrapping paper ▸ **papier calque** tracing paper ▸ **papier carbone** carbon paper ▸ **papier chiffon** rag paper ▸ **papier à cigarettes** cigarette paper ▸ **papier collant** † sticky tape ▸ **papier collé** (Art) (paper) collage ▸ **papier en continu** (Ordin) continuous stationery ▸ **papier couché** art paper ▸ **papier crépon** crêpe paper ▸ **papier cul**‡ bogpaper‡ (Brit), TP * (US) ▸ **papier à dessin** drawing paper ▸ **papier doré** gold paper ▸ **papier d'emballage** (gén) wrapping paper; (brun, kraft) brown paper ▸ **papier à en-tête** headed notepaper ▸ **papier d'étain** tinfoil, silver paper ▸ **papier glacé** glazed paper ▸ **papiers gras** (= ordures) litter, rubbish ▸ **papier hygiénique** toilet paper ▸ **papier journal** newspaper ▸ **papier kraft** ® brown wrapping paper ▸ **papier à lettres** writing paper, notepaper ▸ **papier libre** plain unheaded paper ▸ **envoyez votre réponse sur papier libre à...** send your answer on a sheet of paper to... ▸ **papier mâché** papier-mâché ▸ **mine de papier mâché** pasty complexion ▸ **papier machine** typing paper ▸ **papiers militaires** army papers ▸ **papier millimétré** graph paper ▸ **papier ministre** ≈ foolscap paper ▸ **écrit sur papier ministre** written on official paper ▸ **papier à musique** manuscript (Brit) ou music (US) paper ▸ **papier paraffiné** (gén) wax paper; (Culin) greaseproof (Brit) ou wax (US) paper ▸ **papier peint** wallpaper ▸ **papier pelure** India paper ▸ **papier sensible** (Photo) bromide paper ▸ **papier de soie** tissue paper ▸ **papier sulfurisé** ⇒ **papier paraffiné** ▸ **papier timbré** stamped paper ▸ **papier toilette** toilet paper ▸ **papier de tournesol** litmus paper ▸ **papier de verre** glasspaper, sandpaper

papier-émeri (pl **papiers-émeris**) /papjeem(ə)ʀi/ NM emery paper

papier-filtre (pl **papiers-filtres**) /papjefiltʀ/ NM filter paper

papier-monnaie (pl **papiers-monnaies**) /papjemɔnɛ/ NM paper money

papilionacé, e /papiljɔnase/
ADJ papilionaceous
NFPL **les papilionacées** papilionaceous plants, the Papilionacileae (SPÉC)

papillaire /papilɛʀ/ ADJ papillary, papillate

papille /papij/ NF papilla ▸ **papilles gustatives** taste buds

papillon /papijɔ̃/ SYN NM [1] (= insecte) butterfly; (= personne volage) fickle person ▸ **(brasse) papillon** (= nage) butterfly (stroke) ▸ **papillon de nuit** moth; → **minute, nœud**
[2] (Tech = écrou) wing ou butterfly nut
[3] (* = contravention) (parking) ticket; (= autocollant) sticker

papillonnant, e /papijɔnɑ̃, ɑ̃t/ ADJ [personne] fickle ▸ **esprit papillonnant** butterfly mind

papillonner /papijɔne/ SYN ▸ conjug 1 ◂ VI
[1] (= voltiger) to flit about ou around (entre between)
[2] (entre activités diverses) to switch back and forth, to chop and change (Brit) (entre between) ▸ **papillonner d'un sujet/d'un homme à l'autre** to flit from one subject/one man to another ▸ **papillonner autour d'une femme** to hover round a woman

papillote /papijɔt/ NF (= bigoudi) curlpaper; [de bonbon] (sweet (Brit) ou candy (US)) wrapper, (sweet (Brit) ou candy (US)) paper; [de gigot] frill; (= papier beurré) buttered paper; (= papier aluminium) tinfoil ▸ **poisson en papillote** fish cooked in a parcel ou en papillote ▸ **tu peux en faire des papillotes** * you can just chuck it in the bin

papillotement /papijɔtmɑ̃/ NM [de lumière, étoiles] twinkling (NonC); [de reflets] sparkling (NonC)
[2] [de paupières] fluttering (NonC); [d'yeux] blinking (NonC)

papilloter /papijɔte/ SYN ▸ conjug 1 ◂ VI [1] [lumière, étoiles] to twinkle; [reflets] to sparkle
[2] [paupières] to flutter; [yeux] to blink

papion /papjɔ̃/ NM baboon, papio (SPÉC)

papisme /papism/ NM papism, popery

papiste /papist/ NMF papist

papivore /papivɔʀ/ NMF avid reader

papotage /papɔtaʒ/ SYN NM (= action) chattering (NonC); (= propos) (idle) chatter (NonC)

papoter /papɔte/ SYN ▸ conjug 1 ◂ VI to chatter, to have a natter * (Brit)

papou, e /papu/
ADJ Papuan
NM (= langue) Papuan
NM,F **Papou(e)** Papuan

papouan-néo-guinéen, -enne /papwɑ̃neɔginéɛ̃, ɛn/
ADJ Papua-New-Guinean, (of) Papua New Guinea
NM,F **Papouan-Néo-Guinéen(ne)** Papua-New-Guinean

Papouasie-Nouvelle-Guinée /papwazinuvɛlgine/ NF Papua New Guinea

papouille * /papuj/ NF tickling (NonC) ▸ **faire des papouilles à qn** to tickle sb

papounet /papunɛ/ NM (langage enfantin) dad *

paprika /papʀika/ NM paprika

papule /papyl/ NF papule, papula

papuleux, -euse /papylø, øz/ ADJ (couvert de papules) papuliferous; (formé de papules) papular

papy /papi/ NM ⇒ **papi**

papy-boom /papibum/ NM population boom among the over 50s

papyrologie /papiʀɔlɔʒi/ NF papyrology

papyrologue /papiʀɔlɔg/ NMF papyrologist

papyrus /papiʀys/ NM papyrus

paqson‡ /paksɔ̃/ NM ⇒ **pacson**

pâque /pɑk/ NF ▸ **la pâque** Passover; → aussi **Pâques**

paquebot /pak(ə)bo/ SYN NM (ocean) liner

pâquerette /pɑkʀɛt/ NF daisy

Pâques /pɑk/
NM Easter ▸ **le lundi/la semaine de Pâques** Easter Monday/week ▸ **à Pâques ou à la Trinité** (fig) some fine day (iro) ▸ **faire Pâques avant les Rameaux** † to become pregnant before marriage ▸ **l'île de Pâques** Easter Island; → **dimanche, œuf**
NFPL ▸ **bonnes** ou **joyeuses Pâques !** Happy Easter! ▸ **faire ses Pâques** to go to Easter mass (and take communion)

paquet /pakɛ/ SYN
NM [1] (pour emballer etc) [de café, biscuits, pâtes, riz, farine, lessive] packet (Brit), package (US); [de cigarettes] packet, pack (US); [de bonbons, sucre] bag, packet; [de cartes à jouer] pack (Brit), deck (surtout US); [de linge] bundle ▸ **il fume deux paquets par jour** he smokes forty a day, he smokes two packs a day (US) ▸ **porter qn comme un paquet de linge sale** to carry sb like a sack of potatoes ▸ **c'est un vrai paquet de nerfs** (fig) he's a bag ou bundle of nerves ▸ **c'est un vrai paquet d'os** he's a bag of bones
[2] (= colis) parcel, package ▸ **mettre en paquet** to parcel up, to package up ▸ **faire un paquet** to make up a parcel ou package
[3] (= tas) ▸ **paquet de** [+ neige] pile ou mass of; [+ boue] lump of; [+ billets] wad of
[4] (Rugby) ▸ **paquet (d'avants)** pack (of forwards)
[5] (* = argent) ▸ **ça coûte un paquet** it costs a small fortune ou a packet * (Brit) ▸ **il a touché un bon paquet** he got a tidy sum * ▸ **ils lui ont donné un bon petit paquet pour qu'il se taise** they gave him a tidy little sum * to keep him quiet
[7] (locutions) ▸ **faire son paquet** ou **ses paquets** to pack one's bags ▸ **lâcher son paquet à qn** † to tell sb a few home truths ▸ **mettre le paquet** (argent) to spare no expense; (efforts, moyens) to pull out all the stops; → **risquer**

COMP **paquet fiscal** fiscal package
paquet de mer (Naut) big wave

paquetage /pak(ə)taʒ/ SYN NM (Mil) pack, kit ▸ **faire son paquetage** to get one's pack ou kit ready

paquet-cadeau (pl **paquets-cadeaux**) /pakɛkado/ NM giftwrapped parcel ▸ **pouvez-vous me faire un paquet-cadeau ?** could you giftwrap it for me?

paquet-poste (pl **paquets-poste**) /pakɛpɔst/ **NM** mailing box

◆ ◆

par[1] /paʀ/

GRAMMAIRE ACTIVE 17.1

▸ Lorsque **par** s'emploie dans des expressions telles que **par cœur, par terre, par principe, passer par, un par un**, etc, cherchez sous l'autre mot.

PRÉPOSITION

◆ ◆

1 [AGENT, CAUSE] ◆ **le carreau a été cassé par l'orage/par un enfant** the pane was broken by the storm/by a child ◆ **accablé par le désespoir** overwhelmed with despair ◆ **elle nous a fait porter des fraises par son fils** she got her son to bring us some strawberries, she had her son bring us some strawberries ◆ **il a appris la nouvelle par le journal/par un ami** he learned the news from the paper/from *ou* through a friend ◆ **elle veut tout faire par elle-même** she wants to do everything (for) herself ◆ **la découverte de la pénicilline par Fleming** Fleming's discovery of penicillin, the discovery of penicillin by Fleming

2 [MANIÈRE, MOYEN] ◆ **par le train** by rail *ou* train ◆ **par route** by road ◆ **par la poste** by post *ou* mail, through the post ◆ **communiquer par fax/Internet** to communicate by *ou* via fax/the Internet ◆ **la porte ferme par un verrou** the gate is locked with a bolt *ou* by means of a bolt ◆ **obtenir qch par la force/la persuasion/la ruse** to obtain sth by force/with persuasion/by *ou* through cunning ◆ **arriver par l'intelligence/le travail** to succeed through intelligence/hard work ◆ **ils se ressemblent par leur sens de l'humour** they are alike in their sense of humour ◆ **ils diffèrent par bien des côtés** they are different *ou* they differ in many ways *ou* aspects ◆ **il descend des Bourbons par sa mère** he is descended from the Bourbons through his mother *ou* on his mother's side

3 [RAISON, MOTIF : GÉNÉRALEMENT SANS ARTICLE] ◆ **par pure bêtise** through *ou* out of sheer stupidity ◆ **par habitude** by *ou* out of *ou* from (sheer) habit ◆ **faire qch par plaisir/pitié** to do sth for pleasure/out of pity ◆ **par souci d'exactitude** for the sake of accuracy, out of a concern for accuracy ◆ **par manque de temps** owing to lack of time ◆ **la ville est célèbre par ses musées** the city is famous for its museums

4 [LIEU, DIRECTION] *(= en empruntant ce chemin)* by (way of); *(= en traversant)* through, across; *(suivi d'un nom propre)* via; *(= en longeant)* along ◆ **il est sorti par la fenêtre** he went out by *ou* through the window ◆ **il est venu par le chemin le plus court** he took the shortest route ◆ **nous sommes venus par la côte/par Lyon/par l'Espagne** we came along the coast/via Lyons/via *ou* through Spain ◆ **se promener par les rues/les champs** to walk through the streets/through *ou* across the fields ◆ **par tout le pays** throughout *ou* all over the country ◆ **sortez par ici/là** go out this/that way ◆ **par où sont-ils entrés ?** which way *ou* how did they get in? ◆ **par où est-il venu ?** which way did he come? ◆ **la rumeur s'était répandue par la ville** the rumour had spread through the town ◆ **l'épave repose par 20 mètres de fond** the wreck is lying 20 metres down ◆ **par 10° de latitude sud** at a latitude of 10° south ◆ **arriver par le nord/la gauche/le haut** *ou* **en haut** to arrive from the north/the left/the top

5 [DISTRIBUTION, MESURE] ◆ **gagner tant par semaine/mois** to earn so much a *ou* per week/month ◆ **par an** a *ou* per year ◆ **rendement de 10% par an** an yield of 10% per annum ◆ **trois fois par jour/semaine/mois** three times a day/a week/a month ◆ **marcher deux par deux/trois par trois** to walk two by two *ou* in twos/three by three *ou* in threes ◆ **six étudiants par appartement** six students to a flat *ou* per flat ◆ **ils déduisent 5 € par enfant** they take off €5 for each child *ou* per child ◆ **par poignées/charretées** in handfuls/cartloads, by the handful/cartload

6 [= PENDANT] ◆ **par une belle nuit d'été** on a beautiful summer('s) night ◆ **il partit par une pluvieuse journée de mars** he left on a rainy March day ◆ **ne restez pas dehors par ce froid/cette chaleur** *(en parlant du climat, de la température)* don't stay out in this cold/this heat ◆ **évitez cette route par temps de pluie/de brouillard** avoid that road in wet weather *ou* when it's wet/in fog *ou* when it's foggy ◆ **sortir par moins 10°** to go out when it's minus 10°

7 [DANS DES EXCLAMATIONS, DES SERMENTS] by ◆ **par tous les dieux du ciel** in heaven's name, by heaven ◆ **par tout ce que j'ai de plus cher, je vous promets que...** I promise you by all that I hold most dear that...

8 [LOCUTIONS]

♦ **commencer/finir** *etc* **par** to start/end with ◆ **on a commencé par des huîtres** we started with oysters, we had oysters to start ◆ **la fête se termina par un feu d'artifice** the party ended with a fireworks display ◆ **on a clôturé la séance par des élections** elections brought the meeting to a close, the meeting closed with elections ◆ **il a fini par tout avouer** he finally confessed everything, he ended up confessing everything ◆ **il finit par m'agacer avec ses plaisanteries !** his jokes are starting to get on my nerves!

♦ **de par** *(frm = à travers)* ◆ **il voyageait de par le monde** he travelled throughout *ou* all over the world ◆ **il y a de par le monde des milliers de gens qui pensent que...** thousands of people the world over *ou* throughout the world think that...
(= à cause de) because of ◆ **de par son milieu et son éducation, il...** because of *ou* by virtue of his background and upbringing, he... ◆ **de par la nature même de ses activités** by the very nature of his activities
(= par l'autorité de, au nom de) ◆ **de par le roi** by order of the king, in the name of the king ◆ **de par la loi** by law, legally

---

par[2] /paʀ/ **NM** *(Golf)* par

para * /paʀa/ **NM** (abrév de **parachutiste**) para *

parabase /paʀabɑz/ **NF** *(Antiq)* parabasis

parabellum /paʀabelɔm/ **NM** parabellum, big automatic pistol

parabiose /paʀabjoz/ **NF** parabiosis

parabole /paʀabɔl/ SYN **NF** *(Math)* parabola; *(Rel)* parable; *(TV)* dish aerial, satellite dish, dish antenna *(US)*

parabolique /paʀabɔlik/
ADJ parabolic ◆ **antenne parabolique** satellite dish, dish aerial, dish antenna *(US)*; → **ski**
NM *(= radiateur)* electric fire

paraboloïde /paʀabɔlɔid/ **NM** paraboloid

paracentèse /paʀasɛ̃tɛz/ **NF** paracentesis

paracétamol /paʀasetamɔl/ **NM** paracetamol

parachèvement /paʀaʃɛvmɑ̃/ **NM** perfection, perfecting

parachever /paʀaʃ(ə)ve/ SYN ▸ conjug 5 ◂ **VT** to perfect, to put the finishing touches to

parachronisme /paʀakʀɔnism/ **NM** parachronism

parachutage /paʀaʃytaʒ/ SYN **NM** *[de soldats, vivres]* parachuting, dropping *ou* landing by parachute ◆ **ils n'ont pas apprécié le parachutage d'un ministre dans leur département** they didn't like the way a minister was suddenly landed on them ◆ **tout le monde parle de son parachutage à la tête du service** everybody is talking about the way he's suddenly been appointed head of department

parachute /paʀaʃyt/ **NM** parachute ◆ **parachute ventral/dorsal/de secours** lap-pack/back(-pack)/reserve parachute ◆ **descendre en parachute** to parachute down ◆ **faire du parachute ascensionnel** *(tiré par une voiture)* to go parascending; *(tiré par un bateau)* to go parasailing ◆ **parachute doré** *ou* **en or** *(= indemnités)* golden parachute

parachuter /paʀaʃyte/ SYN ▸ conjug 1 ◂ **VT** 1 *(Mil, Sport)* to parachute, to drop by parachute
2 *(* = désigner)* ◆ **parachuter qn à un poste** to pitchfork sb into a job ◆ **parachuter un candidat dans une circonscription** *(Pol)* to bring in *ou* field a candidate from outside a constituency ◆ **ils nous ont parachuté un nouveau directeur de Paris** a new manager from Paris has suddenly been landed on us *

parachutisme /paʀaʃytism/ **NM** parachuting ◆ **parachutisme ascensionnel** *(par voiture)* parascending; *(par bateau)* parasailing ◆ **faire du parachutisme** to go parachuting ◆ **faire du parachutisme en chute libre** to skydive, to go skydiving

parachutiste /paʀaʃytist/
NMF *(Sport)* parachutist; *(Mil)* paratrooper ◆ **nos unités de parachutistes** our paratroops
ADJ *[unité]* paratrooper *(épith)*

paraclet /paʀaklɛ/ **NM** ◆ **le Paraclet** the Paraclete

parade /paʀad/ SYN **NF** 1 *(= ostentation)* show, ostentation ◆ **faire parade de** *[+ érudition]* to parade, to display, to show off; *[+ relations]* to boast about, to brag about ◆ **de parade** *[uniforme, épée]* ceremonial ◆ **afficher une générosité de parade** *(péj)* to make an outward show *ou* display of generosity ◆ **ce n'est que de la parade** it's just done for show
2 *(= spectacle)* parade ◆ **parade militaire/foraine** military/circus parade ◆ **les troupes s'avancèrent comme à la parade** the troops moved forward as if they were (still) on the parade ground *ou* on parade ◆ **parade nuptiale** *[d'animaux]* mating *ou* courtship display ◆ **comme à la parade** *(= avec facilité)* with panache
3 *(Équitation)* pulling up
4 *(Escrime)* parry, parade; *(Boxe)* parry; *(Football)* dummy; *(fig)* answer; *(orale)* riposte, rejoinder ◆ **il faut trouver la (bonne) parade** we must find the (right) answer ◆ **nous n'avons pas encore trouvé la parade contre cette maladie** we still haven't found a way to counter this disease

parader /paʀade/ SYN ▸ conjug 1 ◂ **VI** *(péj)* to strut about, to show off; *(Mil)* to parade

paradigmatique /paʀadigmatik/
ADJ paradigmatic
NF paradigmatics *(sg)*

paradigme /paʀadigm/ SYN **NM** paradigm

paradis /paʀadi/ SYN **NM** 1 paradise, heaven ◆ **le Paradis terrestre** *(Bible)* the Garden of Eden; *(fig)* heaven on earth ◆ **aller au** *ou* **en paradis** to go to heaven ◆ **c'est le paradis des enfants/chasseurs ici** it's a children's/hunters' paradise here ◆ **il s'est cru au paradis** *(fig)* he was over the moon, he was in (seventh) heaven ◆ **paradis fiscal** tax haven ◆ **« Le Paradis perdu »** *(Littérat)* "Paradise Lost" → **emporter, oiseau**
2 † ◆ **le paradis** *(Théât)* the gallery, the gods * *(Brit)*

paradisiaque /paʀadizjak/ SYN **ADJ** heavenly ◆ **une vision paradisiaque** a vision of paradise ◆ **c'est paradisiaque ici** it's paradise here

paradisier /paʀadizje/ **NM** bird of paradise

paradoxal, e (mpl **-aux**) /paʀadɔksal, o/ **GRAMMAIRE ACTIVE 26.3** SYN **ADJ** paradoxical ◆ **il est assez paradoxal de...** it doesn't make sense to..., it's somewhat illogical to...; → **sommeil**

paradoxalement /paʀadɔksalmɑ̃/ SYN **ADV** paradoxically

paradoxe /paʀadɔks/ SYN **NM** paradox

parafe /paʀaf/ **NM** ⇒ **paraphe**

parafer /paʀafe/ ▸ conjug 1 ◂ **VT** ⇒ **parapher**

parafeur /paʀafœʀ/ **NM** ⇒ **parapheur**

paraffinage /paʀafinaʒ/ **NM** paraffining

paraffine /paʀafin/ **NF** *(gén : solide)* paraffin wax; *(Chim)* paraffin

paraffiner /paʀafine/ ▸ conjug 1 ◂ **VT** to paraffin(e); → **papier**

parafiscal, e (mpl **-aux**) /paʀafiskal, o/ **ADJ** ◆ **taxe parafiscale** special tax *(road-fund tax, stamp duty etc)*

parafiscalité /paʀafiskalite/ **NF** *(= système)* special taxation; *(= impôts)* special taxes

parafoudre /paʀafudʀ/ **NM** lightning conductor *(Brit)*, lightning rod *(US)*

parages /paʀaʒ/ SYN **NMPL** 1 ◆ **dans les parages** *(= dans la région)* in the area, in the vicinity; *(* = pas très loin)* round about ◆ **est-ce que Sylvie est dans les parages ?** * is Sylvie about? ◆ **dans ces parages** in these parts ◆ **dans les parages de** near, round about, in the vicinity of
2 *(Naut : en mer)* waters, region

paragraphe /paʀagʀaf/ SYN **NM** paragraph; *(Typographie)* section (mark)

paragrêle /paʀagʀɛl/ **ADJ** anti-hail *(épith)*

Paraguay /paʀagwɛ/ **NM** Paraguay

paraguayen, -enne /paʀagwajɛ̃, ɛn/
ADJ Paraguayan
NM,F **Paraguayen(ne)** Paraguayan

paraître /paʀɛtʀ/ SYN ▸ conjug 57 ◂
VI 1 *(= se montrer) (gén)* to appear; *[personne]* to appear, to make one's appearance ◆ **paraître en scène/à** *ou* **sur l'écran/au balcon** to appear on stage/on the screen/on the balcony ◆ **il n'a pas paru de la journée** he hasn't appeared all

day ◆ **il n'a pas paru à la réunion** he didn't appear ou turn up at the meeting ◆ **paraître en public** to appear in public, to make a public appearance ◆ **un sourire parut sur ses lèvres** a smile appeared on his lips

[2] (*Presse*) to appear, to be published, to come out ◆ **faire paraître qch** [*éditeur*] to bring sth out, to publish sth; [*auteur*] to have sth published ◆ « **vient de paraître** » "just out", "just published" ◆ « **à paraître** » "forthcoming"

[3] (= *briller*) to be noticed ◆ **chercher à paraître** to show off ◆ **le désir de paraître** the desire to be noticed ou to show off

[4] (= *être visible*) to show (through) ◆ **laisser paraître ses sentiments/son irritation** to let one's feelings/one's annoyance show

[5] (= *sembler*) to look, to seem, to appear ◆ **elle paraît heureuse** she seems (to be) happy ◆ **cela me paraît être une erreur** it looks like a mistake to me ◆ **elle paraissait l'aimer** she seemed ou appeared to love him ◆ **il paraît 20 ans** (= *il est plus jeune*) he looks (at least) 20; (= *il est plus âgé*) he only looks 20 ◆ **le voyage a paru long** the journey seemed long ◆ **cette robe la fait paraître plus grande** that dress makes her look taller

VB IMPERS [1] (= *il semble*) ◆ **il me paraît difficile qu'elle puisse venir** it seems to me that it will be difficult for her to come ◆ **il ne lui paraît pas essentiel qu'elle sache** he doesn't think it essential for her to know ◆ **il lui paraissait impossible de refuser** he didn't see how he could refuse ◆ **il paraîtrait ridicule de s'offenser** it would seem stupid to take offence

[2] (= *le bruit court*) ◆ **il va se marier, paraît-il** ou **à ce qu'il paraît** apparently he's getting married, he's getting married apparently ◆ **il paraît** ou **il paraîtrait qu'on va construire une autoroute** apparently it seems they're going to build a motorway ◆ **il paraît que oui** so it seems ou appears, apparently so ◆ **il paraît que non** apparently not

[3] (*avec nég*) ◆ **il n'y paraîtra bientôt plus** (*tache, cicatrice*) there will soon be no trace of it left; (*maladie*) soon no one will ever know you've had it ◆ **sans qu'il n'y paraisse rien** without anything being obvious, without letting anything show ◆ **sans qu'il y paraisse, elle a obtenu ce qu'elle voulait** she got what she wanted without appearing to

NM ◆ **le paraître** appearance(s)

paralangage /paʀalɑ̃gaʒ/ NM paralanguage

paralinguistique /paʀalɛ̃gɥistik/ ADJ paralinguistic

paralittéraire /paʀaliteʀɛʀ/ ADJ (= *concernant la littérature*) related to literature; (= *concernant la paralittérature*) of marginal literature

paralittérature /paʀaliteʀatyʀ/ NF marginal literature

parallactique /paʀalaktik/ ADJ parallactic

parallaxe /paʀalaks/ NF parallax

parallèle /paʀalɛl/ SYN

ADJ [1] (*Géom, Math*) parallel (à to); → **barre**

[2] (= *comparable*) parallel, similar; [*enquêtes*] parallel ◆ **mener une action parallèle** to take similar action, to act on ou along the same lines ◆ **les deux institutions ont suivi une évolution parallèle** the two institutions have developed in parallel

[3] (= *non officiel*) [*marché, cours, police, économie*] unofficial; [*énergie, société, médecine*] alternative; [*diplomatie*] parallel, unofficial

[4] (= *indépendant*) [*univers*] parallel; (*Ordin*) [*machine, traitement*] parallel ◆ **nous menons des vies parallèles** (*dans un couple*) we lead (two) separate lives ◆ **nous avons développé des activités parallèles** we've developed some activities in parallel

NF (*Math*) parallel (line) ◆ **monté en parallèle** (*Élec*) wired (up) in parallel

NM (*Géog, fig*) parallel ◆ **établir un parallèle entre deux textes** to draw a parallel between two texts

◆ **en parallèle** ◆ **faire** ou **mettre en parallèle** [+ *choses opposées*] to compare; [+ *choses semblables*] to draw a parallel between ◆ **avancer en parallèle** [*projets*] to move along at the same pace ◆ **une exposition était organisée en parallèle à sa visite** an exhibition was mounted to coincide with his visit ◆ **elle suit des cours en parallèle à son travail** she's doing a course at the same time as working

parallèlement /paʀalɛlmɑ̃/ SYN ADV (*lit*) parallel (à to); (*fig*) (= *ensemble*) in parallel; (= *en même temps*) at the same time; (= *similairement*) in the same way

parallélépipède /paʀalelepiped/ NM parallelepiped

parallélépipédique /paʀalelepipedik/ ADJ parallelepipedal, parallelepipedic

parallélisme /paʀalelism/ SYN NM (*lit, fig*) parallelism; [*de voiture*] wheel alignment ◆ **faire vérifier le parallélisme de ses roues** to have one's wheels aligned

parallélogramme /paʀalelɔgʀam/ NM parallelogram

paralogisme /paʀalɔʒism/ NM paralogism

paralympiques /paʀalɛ̃pik/ ADJ, NMPL ◆ **les Jeux paralympiques, les Paralympiques** the Paralympics

paralysant, e /paʀalizɑ̃, ɑ̃t/ ADJ paralyzing

paralysé, e /paʀalize/ SYN (ptp de **paralyser**)

ADJ paralyzed ◆ **rester paralysé** to be left paralyzed ◆ **il est paralysé des jambes** his legs are paralyzed

NM,F paralytic

paralyser /paʀalize/ SYN ▸ conjug 1 ◀ VT (*Méd, fig*) to paralyze ◆ **paralysé par le brouillard** [*aéroport*] fogbound ◆ **paralysé par la neige** snowbound ◆ **paralysé par la grève** [*gare*] strikebound; [*hôpital*] crippled by a strike ◆ **le trafic a été complètement paralysé** the traffic was at a complete halt ou standstill

paralysie /paʀalizi/ SYN NF (*Méd, fig*) paralysis; (*Bible*) palsy ◆ **paralysie infantile** infantile paralysis ◆ **paralysie générale (progressive)** general paralysis of the insane ◆ **être frappé de paralysie** to be struck down with paralysis

paralytique /paʀalitik/ SYN ADJ, NMF paralytic

paramagnétique /paʀamaɲetik/ ADJ paramagnetic

paramagnétisme /paʀamaɲetism/ NM paramagnetism

paramécie /paʀamesi/ NF paramecium

paramédical, e (mpl -aux) /paʀamedikal, o/ ADJ paramedical ◆ **le personnel paramédical** the paramedics, the paramedical staff

paramétrage /paʀametʀaʒ/ NM [*de logiciel*] parametering

paramètre /paʀamɛtʀ/ SYN NM parameter

paramétrer /paʀametʀe/ ▸ conjug 1 ◀ VT to define, to parametrize; [+ *logiciel*] to set the parameters of

paramétrique /paʀametʀik/ ADJ parametric(al)

paramilitaire /paʀamilitɛʀ/ ADJ paramilitary

paramnésie /paʀamnezi/ NF paramnesia

parangon /paʀɑ̃gɔ̃/ SYN NM paragon ◆ **parangon de vertu** paragon of virtue

parangonner /paʀɑ̃gɔne/ ▸ conjug 1 ◀ VT (*Typographie*) to line up

parano* /paʀano/

ADJ, NMF abrév de **paranoïaque**

NF abrév de **paranoïa**

paranoïa /paʀanɔja/ NF paranoia

paranoïaque /paʀanɔjak/ SYN ADJ, NMF paranoiac, paranoid

paranoïde /paʀanɔid/ ADJ paranoid

paranormal, e (mpl -aux) /paʀanɔʀmal, o/ ADJ paranormal ◆ **le paranormal** the paranormal

parapente /paʀapɑ̃t/ NM (= *engin*) paraglider ◆ **le parapente** (= *sport*) paragliding ◆ **faire du parapente** to go paragliding ◆ **parapente à ski** paraskiing, parapenting

parapentiste /paʀapɑ̃tist/ NMF paraglider ◆ **parapentiste à ski** paraskier

parapet /paʀapɛ/ SYN NM parapet

parapharmaceutique /paʀafaʀmasøtik/ ADJ [*produit*] parapharmaceutical

parapharmacie /paʀafaʀmasi/ NF personal hygiene products (*sold in pharmacies*)

paraphasie /paʀafazi/ NF paraphasia

paraphe /paʀaf/ SYN NM (= *trait*) paraph, flourish; (= *initiales*) initials; (*littér* = *signature*) signature

parapher /paʀafe/ ▸ conjug 1 ◀ VT (*Admin*) to initial; (*littér* = *signer*) to sign

parapheur /paʀafœʀ/ NM signature book

paraphimosis /paʀafimozis/ NM paraphimosis

paraphrase /paʀafʀaz/ SYN NF paraphrase ◆ **faire de la paraphrase** to paraphrase

paraphraser /paʀafʀaze/ ▸ conjug 1 ◀ VT to paraphrase

paraphraseur, -euse /paʀafʀazœʀ, øz/ NM,F paraphraser

paraphrastique /paʀafʀastik/ ADJ paraphrastic

paraphrénie /paʀafʀeni/ NF paraphrenia

paraphyse /paʀafiz/ NF paraphysis

paraplégie /paʀapleʒi/ NF paraplegia

paraplégique /paʀapleʒik/ ADJ, NMF paraplegic

parapluie /paʀaplɥi/ SYN NM umbrella ◆ **parapluie atomique** ou **nucléaire** nuclear shield ou umbrella ◆ **ouvrir le parapluie** (*fig*) to take cover (*from criticism*)

parapsychique /paʀapsiʃik/ ADJ parapsychological

parapsychologie /paʀapsikɔlɔʒi/ NF parapsychology

parapsychologue /paʀapsikɔlɔg/ NMF parapsychologist

parapublic, -ique /paʀapyblik/ ADJ (= *semi-public*) semi-public

parascève /paʀasɛv/ NF parasceve

parascolaire /paʀaskɔlɛʀ/ ADJ extracurricular ◆ **l'édition parascolaire, le parascolaire** educational publishing (*excluding textbooks*)

parasexualité /paʀasɛksɥalite/ NF (*Bio*) parasexuality

parasismique /paʀasismik/ ADJ earthquake-resistant

parasitage /paʀazitaʒ/ NM [*de discussion, situation*] interference (*de* in, with)

parasitaire /paʀazitɛʀ/ ADJ [1] [*maladie, affection*] parasitic

[2] [*activités*] parasitic(al)

parasite /paʀazit/ SYN

NM parasite; (*péj* = *personne*) parasite, sponger *, scrounger *

NMPL parasites (= *électricité statique*) atmospherics, static; (*Radio, TV*) interference

ADJ parasitic(al) ◆ **bruits parasites** (*Radio, TV*) interference; (*électricité statique*) atmospherics, static

parasiter /paʀazite/ SYN ▸ conjug 1 ◀ VT [+ *plante, animal*] to live as a parasite on; (*Radio, TV*) to cause interference on; (*fig*) to interfere with, to get in the way of

parasiticide /paʀazitisid/

ADJ parasiticidal

NM parasiticide

parasitique /paʀazitik/ ADJ parasitic(al)

parasitisme /paʀazitism/ NM parasitism

parasitologie /paʀazitɔlɔʒi/ NF parasitology

parasitose /paʀazitoz/ NF parasitosis

parasol /paʀasɔl/ NM [*de plage*] beach umbrella, parasol; [*de café, terrasse*] sunshade, parasol; († = *ombrelle*) parasol, sunshade; → **pin**

parasympathique /paʀasɛ̃patik/ ADJ parasympathetic

parasynthétique /paʀasɛ̃tetik/

ADJ parasynthetic

NM parasynthesis

parataxe /paʀataks/ NF parataxis

parathormone /paʀatɔʀmɔn/ NF parathyroid hormone

parathyroïde /paʀatiʀɔid/ NF parathyroid (gland)

paratonnerre /paʀatɔnɛʀ/ NM lightning conductor

paratyphique /paʀatifik/ ADJ paratyphoid

paratyphoïde /paʀatifɔid/ NF paratyphoid fever

paravalanche /paʀavalɑ̃ʃ/ NM ⇒ **pare-avalanches**

paravent /paʀavɑ̃/ SYN NM folding screen ou partition; (*fig*) screen

parbleu †† /paʀblø/ EXCL by Jove!* †

parc /paʀk/ SYN

NM [1] (= *jardin public*) park; [*de château*] grounds; (*Mil* = *entrepôt*) depot

[2] (*Écon* = *ensemble*) stock ◆ **parc automobile** [*de pays*] number of vehicles on the road; [*d'entreprise*] fleet ◆ **parc immobilier/locatif** housing/rental stock ◆ **parc ferroviaire** rolling stock ◆ **parc nucléaire** nuclear installations ◆ **le parc français des ordinateurs individuels** the total

number of personal computers owned in France • **la ville dispose d'un parc hôtelier de 7 000 chambres** the town has a total of 7,000 hotel rooms

3 *(Helv = stationnement)* → **place**

COMP **parc à l'anglaise** landscaped garden
parc animalier safari park
parc d'attractions amusement park
parc à bébé playpen
parc à bestiaux cattle pen *ou* enclosure
parc des expositions exhibition centre
parc à la française formal (French) garden
parc à huîtres oyster bed
parc industriel industrial estate *(Brit) ou* park
parc de loisirs leisure park
parc à moules mussel bed
parc à moutons sheep pen, sheepfold
parc national national park
parc naturel nature reserve
parc récréatif amusement park
parc régional country park
parc scientifique science park
parc de stationnement car park *(Brit)*, parking lot *(US)*
parc à thème theme park
parc zoologique zoological gardens

parcage /parkaʒ/ NM *[de moutons]* penning; *[de voitures]* parking

parcellaire /parselɛr/ ADJ *(= fragmentaire) [informations, vision]* incomplete; *[témoignage]* incomplete, fragmentary; *[travail]* fragmented

parcelle /parsɛl/ SYN NF fragment, particle, bit; *(sur un cadastre)* parcel *(of land)* • **parcelle de terre** plot of land • **parcelle de vérité/bon sens** grain of truth/commonsense • **il n'y a pas la moindre parcelle de vérité dans ce que tu dis** there's not a grain *ou* scrap of truth in what you say • **une parcelle de bonheur/gloire** a bit of happiness/fame

parcellisation /parselizasjɔ̃/ NF *[de tâche]* breakdown into individual operations; *[de terrain]* dividing up, division

parcelliser /parselize/ ▸ conjug 1 ◂ VT *[+ tâche]* to break down into individual operations; *[+ terrain]* to divide up

parce que /pars(ə)kə/ SYN CONJ because • **Robert, de mauvaise humeur parce que fatigué, répondit...** Robert, who was in a bad mood because he was tired, replied... • **pourquoi n'y vas-tu pas ? – parce que !** why aren't you going? – because!

parchemin /parʃəmɛ̃/ NM parchment; *(hum : Univ)* diploma, degree

parcheminé, e /parʃəmine/ (ptp de **parcheminer**) ADJ *[peau]* wrinkled; *[visage]* wizened

parcheminer /parʃəmine/ ▸ conjug 1 ◂
VT to give a parchment finish to
VPR **se parcheminer** to wrinkle up

parcimonie /parsimɔni/ SYN NF parsimony • **avec parcimonie** sparingly

parcimonieusement /parsimɔnjøzmɑ̃/ ADV parsimoniously, sparingly

parcimonieux, -ieuse /parsimɔnjø, jøz/ SYN ADJ *[personne]* parsimonious; *[distribution]* miserly, ungenerous

par-ci par-là /parsiparla/ ADV *(espace)* here and there; *(temps)* now and then, from time to time • **elle mangeait un yaourt par-ci, une pomme par-là** she'd eat the odd yoghurt or apple • **avec lui, c'est toujours ma maison par-ci, ma voiture par-là** with him it's always my house this, my car that • **il m'agace avec ses bien sûr par-ci, bien sûr par-là** he gets on my nerves saying "of course" all the time

parcmètre /parkmɛtr/, **parcomètre** /parkɔmɛtr/ NM (parking) meter

parcotrain /parkotrɛ̃/ NM train users' car park *(Brit) ou* parking lot *(US)*

parcourir /parkurir/ SYN ▸ conjug 11 ◂ VT
1 *[+ trajet, distance]* to cover, to travel; *[+ lieu]* to go all over; *[+ pays]* to travel up and down • **ils ont parcouru toute la région en un mois** they travelled the length and breadth of the region *ou* they covered the whole region in a month • **parcourir la ville à la recherche de qch** to search for sth all over (the) town, to scour the town for sth • **leurs navires parcourent les mers** their ships sail all over • **un frisson parcourut tout son corps** a shiver ran through his body • **le ruisseau parcourt toute la vallée** the stream runs along *ou* through the whole valley *ou* right along the valley • **l'obus parcourut le ciel** the shell flew through *ou* across the sky

2 *(= regarder rapidement) [+ lettre, livre]* to glance *ou* skim through • **il parcourut la foule des yeux** he cast *ou* ran his eye over the crowd

parcours /parkur/ SYN
NM 1 *(= distance)* distance; *(= trajet)* journey; *(= itinéraire)* route; *[de fleuve]* course • **le prix du parcours** the fare

2 *(Sport)* course • **sur un parcours difficile** over a difficult course • **parcours de golf** *(= terrain)* golf course; *(= partie, trajet)* round of golf • **faire** *ou* **accomplir un parcours sans faute** *(Équitation)* to have a clear round; *(dans un jeu télévisé)* to get all the answers right • **jusqu'à présent, il a réussi un parcours sans faute** *(dans sa carrière etc)* up to now, he hasn't put a foot wrong; → **accident, incident**

3 *(= activités, progression)* • **son parcours politique/scolaire** his political/school career • **son parcours professionnel** his career path • **son parcours d'écrivain n'a pas toujours été facile** making a career as a writer has not always been easy for him

COMP **parcours du combattant** *(Mil)* assault course; *(fig)* obstacle course • **faire le parcours du combattant** *(Mil)* to go round an assault course
parcours de santé fitness trail
parcours Vita ® *(Helv)* fitness trail

par-delà /pardəla/ PRÉP *[+ dans l'espace]* beyond; *[+ dans le temps]* across • **par-delà les montagnes/les mers** beyond the mountains/the seas • **par-delà le temps/les années** across time/the years • **par-delà les querelles, la solidarité demeure** there is a feeling of solidarity which goes beyond the quarrels

par-derrière /parderjɛr/
PRÉP (round) behind, round the back of
ADV *[passer]* round the back; *[attaquer, emboutir]* from behind, from the rear; *[être endommagé]* at the back *ou* rear; *[se boutonner]* at the back • **dire du mal de qn par-derrière** to speak ill of sb behind their back

par-dessous /pard(ə)su/ PRÉP, ADV under(neath); → **jambe**

pardessus /pardəsy/ SYN NM overcoat

par-dessus /pard(ə)sy/
PRÉP over (the top of) • **il a mis un pull-over par-dessus sa chemise** he has put a pullover over *ou* on top of his shirt • **sauter par-dessus une barrière/un mur** to jump over a barrier/a wall • **par-dessus tout** above all • **en avoir par-dessus la tête** * to be fed up to the back teeth * • **j'en ai par-dessus la tête de toutes ces histoires** I'm sick and tired * of *ou* I'm fed up to the back teeth * with all this • **par-dessus le marché** on top of all that • **par-dessus bord** overboard; → **jambe**
ADV over (the top)

par-devant /pard(ə)vɑ̃/
PRÉP *(Jur)* • **par-devant notaire** in the presence of *ou* before a lawyer
ADV *[passer]* round the front; *[attaquer, emboutir]* from the front; *[être abîmé, se boutonner]* at the front • **il te fait des compliments par-devant puis dit du mal de toi par-derrière** he pays you compliments to your face but says nasty things about you behind your back

par-devers /pardəvɛr/ PRÉP *(Jur)* before • **par-devers soi** *(frm) (= en sa possession)* in one's possession

pardi † /pardi/ EXCL by Jove! * †

pardieu †† /pardjø/ EXCL by Jove! * †

pardon /pardɔ̃/ SYN NM 1 *(pour s'excuser)* • **demander pardon à qn d'avoir fait qch** to apologize to sb for doing *ou* having done sth • **demande pardon !** say you're sorry! • **(je vous demande) pardon** (I'm) sorry, excuse me • **c'est Maud – pardon ?** it's Maud – (I beg your) pardon? *ou* (I'm) sorry? • **t'es débile * – pardon ?** you're a moron * – I beg your pardon? • **pardon Monsieur, avez-vous l'heure ?** excuse me, have you got the time? • **tu n'y es pas allé – (je te demande bien) pardon, j'y suis allé ce matin** you didn't go – oh yes I did, I went this morning

2 *(= grâce)* forgiveness, pardon *(frm) (Jur)*

3 *(Rel) (en Bretagne)* pardon *(religious festival)* • **le Grand pardon, le jour du Pardon** *(= fête juive)* the Day of Atonement

4 *(* : intensif)* • **et puis pardon ! il travaille dur** he works hard, I'm telling you *ou* I can tell you! • **je suis peut-être un imbécile mais alors lui, pardon !** maybe I'm stupid but he's even worse! *ou* he takes the biscuit! * *(Brit) ou* cake! * *(US)* • **j'ai une belle voiture mais alors celle de mon frère, pardon !** I've got a nice car but wow *, you should see my brother's! • **elle a un œil au beurre noir, pardon !** she's got one hell of a black eye! *, she's got a real shiner! *

pardonnable /pardɔnabl/ SYN ADJ forgivable, excusable • **il l'a oublié mais c'est pardonnable** he forgotten it but he can be forgiven for forgetting it, he has forgotten it but you have to forgive *ou* excuse him • **une erreur pareille, ce n'est pas pardonnable** there's no excuse for making a mistake like that

pardonner /pardɔne/ GRAMMAIRE ACTIVE 18.1 SYN ▸ conjug 1 ◂
VT *[+ péché]* to forgive, to pardon; *[+ indiscrétion]* to forgive, to excuse • **pardonner (à) qn** to forgive sb • **pardonner qch à qn/à qn d'avoir fait qch** to forgive sb for sth/for doing sth • **pour se faire pardonner son erreur** so as to be forgiven for his mistake • **pardonnez-moi de vous avoir dérangé** I'm sorry to have disturbed you, excuse me for disturbing you • **vous êtes tout pardonné** I'll let you off, you're forgiven • **on lui pardonne tout** he gets away with everything • **je ne me le pardonnerai jamais** I'll never forgive myself • **ce genre d'erreur ne se pardonne pas** this is an unforgivable *ou* inexcusable mistake • **pardonnez-moi, mais je crois que...** excuse me but I think that... • **pardonnez-leur car ils ne savent pas ce qu'ils font** *(Bible)* forgive them, for they know not what they do; → **faute**
VI to forgive • **il faut savoir pardonner** you have to forgive and forget • **c'est une erreur qui ne pardonne pas** it's a fatal mistake • **c'est une maladie qui ne pardonne pas** it's an illness that's always fatal

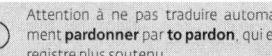

> (!) Attention à ne pas traduire automatiquement **pardonner** par **to pardon**, qui est d'un registre plus soutenu.

paré, e /pare/ SYN (ptp de **parer²**) ADJ *(= prêt)* ready, all set; *(= préparé)* prepared • **être paré contre le froid** to be prepared for the cold weather

pare-avalanches /paravalɑ̃ʃ/ NM INV avalanche barrier

pare-balles /parbal/
ADJ INV bulletproof
NM INV bullet shield

pare-boue /parbu/ NM INV mud flap

pare-brise NM INV, **parebrise** NM /parbriz/ windscreen *(Brit)*, windshield *(US)*

pare-buffle(s) /parbyfl/ NM bullbars

pare-chocs /parʃɔk/ NM INV bumper *(Brit)*, fender *(US)* • **avancer pare-chocs contre pare-chocs** to be bumper to bumper

pare-douche (pl **pare-douches**) /parduʃ/ NM shower screen

pare-éclats /parekla/
ADJ INV • **gilet pare-éclats** flak jacket
NM INV *(Mil)* traverse

pare-étincelles /paretɛ̃sɛl/ NM INV fireguard

pare-feu /parfø/ NM INV *[de forêt]* firebreak, fire line; *[de foyer]* fireguard; *(Ordin)* firewall

parégorique /paregɔrik/ ADJ, NM paregoric; → **élixir**

pareil, -eille /parɛj/ GRAMMAIRE ACTIVE 5.4 SYN
ADJ 1 *(= identique)* the same, similar, alike *(attrib)* • **il n'y en a pas deux pareils** no two are the same *ou* alike • **pareil que, pareil à** the same as, similar to, just like • **comment va-t-elle ? – c'est toujours pareil** how is she? – (she's) just the same (as ever) *ou* there's no change (in her) • **c'est toujours pareil, il ne peut pas être à l'heure** it's always the same, he's never on time • **il est pareil à lui-même** he doesn't change, he's the same as ever • **tu as vu son sac ? j'en ai un pareil/presque pareil** have you seen her bag? I've got one the same *ou* one just like it/one very similar *ou* almost identical • **à nul autre pareil** *(littér)* peerless *(littér)*, unrivalled, unmatched • **l'an dernier à pareille époque** this time last year

2 *(= tel)* such (a) • **je n'ai jamais entendu pareil discours** *ou* **un discours pareil** I've never heard such a speech *ou* a speech like it • **en pareil cas** in such a case • **des gens pareils** people like that • **en pareille occasion** on such an occasion • **à pareille heure, il devrait être debout** he ought to be up at this hour • **se cou-**

cher à une heure pareille ! what a time to be going to bed!

NM,F ◆ **nos pareils** *(= nos semblables)* our fellow men; *(= nos égaux)* our equals *ou* peers ◆ **je ne retrouverai jamais son pareil** *(chose)* I'll never find another one like it; *(employé)* I'll never find another one like him *ou* to match him ◆ **ne pas avoir son pareil (ou sa pareille)** to be second to none ◆ **il n'a pas son pareil pour faire la mayonnaise** no-one makes mayonnaise as well as he does ◆ **vous et vos pareils** you and your kind, people like you ◆ **sans pareil** unparalleled, unequalled ◆ **c'est du pareil au même** * it doesn't make the slightest difference, it comes to the same thing, it makes no odds; → **rendre**

ADV * *[s'habiller]* the same, in the same way, alike ◆ **faire pareil** to do the same thing *(que* as)

pareillement /parɛjmɑ̃/ GRAMMAIRE ACTIVE 26.5 SYN **ADV** *(= de la même manière) [s'habiller]* in the same way *(à* as); *(= également)* likewise, also, equally ◆ **cela m'a pareillement surpris** it surprised me also *ou* too ◆ **pareillement heureux** equally happy ◆ **mon père va bien et ma mère pareillement** my father is well and so is my mother *ou* and my mother too ◆ **à vous pareillement !** the same to you!

parélie /pareli/ **NM** ⇒ **parhélie**

parement /parmɑ̃/ **NM** *(Constr, Couture)* facing

parementer /parmɑ̃te/ ► conjug 1 ◄ **VT** *(Constr)* to face

parementure /parmɑ̃tyr/ **NF** *(Couture)* facing

parenchymateux, -euse /parɑ̃ʃimatø, øz/ **ADJ** parenchymal, parenchymatic

parenchyme /parɑ̃ʃim/ **NM** parenchyma

parent, e /parɑ̃, ɑ̃t/ SYN

ADJ related

NM,F 1 *(= personne apparentée)* relative, relation ◆ **être parent de qn** to be related to *ou* a relative of sb ◆ **nous sommes parents par alliance/par ma mère** we are related by marriage/on my mother's side ◆ **parents en ligne directe** blood relations ◆ **parents proches** close relations *ou* relatives ◆ **parents et amis** friends and relations *ou* relatives ◆ **nous ne sommes pas parents** we aren't related ◆ **parent pauvre** *(fig)* poor relation *(de* to)

2 *(= père ou mère)* parent ◆ **parent isolé** *ou* **unique** single *ou* lone parent

NMPL parents *(= père et mère)* parents; *(littér = ancêtres)* ancestors, forefathers ◆ **les devoirs des parents** parental duties ◆ **accompagné de l'un de ses parents** accompanied by one parent *ou* one of his parents ◆ **nos premiers parents** our first parents, Adam and Eve

parental, e (mpl **-aux**) /parɑ̃tal, o/ **ADJ** parental ◆ **retrait d'autorité parentale** loss of parental rights ◆ **participation parentale** parental involvement

parenté /parɑ̃te/ SYN **NF** *(= rapport)* relationship, kinship; *(= ensemble des parents)* relations, relatives ◆ **degré de parenté** degree of relationship ◆ **ils se sont découvert une lointaine parenté** they found out they were distantly related ◆ **ces deux langues n'ont aucune parenté** these two languages are not in any way related *ou* have no common roots; → **lien**

parentéral, e (mpl **-aux**) /parɑ̃teral, o/ **ADJ** parenteral

parenthèse /parɑ̃tɛz/ SYN **NF** *(= digression)* parenthesis, digression; *(= signe)* parenthesis, bracket *(Brit)* ◆ **ouvrir/fermer la parenthèse** *(lit)* to open/close the parentheses *ou* brackets *(Brit)* ◆ **ouvrir une parenthèse** *(fig)* to digress, to make a digression ◆ **je me permets d'ouvrir une parenthèse pour dire...** may I interrupt *ou* digress for a moment to say... ◆ **je ferme la parenthèse** *(fig)* ... (but) to get back to the subject... ◆ **mettre qch entre parenthèses** to put sth in *ou* between parentheses *ou* brackets *(Brit)* ◆ **entre parenthèses** *(lit)* in parentheses *ou* brackets *(Brit)*; *(fig)* incidentally, in parenthesis ◆ **il vaut mieux mettre cet aspect entre parenthèses** it would be better to leave that aspect aside ◆ **entre parenthèses, ce qu'il dit est faux** by the way, what he says is wrong ◆ **par parenthèse** incidentally, in passing ◆ **soit dit par parenthèse, elle aurait mieux fait de rester** it could *ou* let it be said incidentally *ou* in passing that she would have done better to stay

parenthétisation /parɑ̃tetizasjɔ̃/ **NF** parenthesizing, bracketing *(Brit)*

paréo /pareo/ **NM** pareo

parer¹ /pare/ SYN ► conjug 1 ◄

VT 1 *(= orner) [+ chose]* to adorn, to bedeck; *[+ personne]* to adorn, to deck out *(de* with) ◆ **robe richement parée** richly trimmed *ou* ornamented dress ◆ **parer qn de toutes les vertus** *(fig)* to attribute every virtue to sb

2 *(= préparer) [+ viande]* to dress, to trim; *[+ cuir]* to dress

VPR se parer *(littér = se faire beau)* to put on all one's finery ◆ **se parer de** *[+ bijoux]* to adorn o.s. with; *[+ robe]* to attire o.s. in; *(péj) [+ faux titre]* to assume, to invest o.s. with ◆ **se parer des plumes du paon** *(fig)* to take all the credit (for o.s.)

parer² /pare/ SYN ► conjug 1 ◄

VT *(= se protéger de) [+ coup]* to stave off, to fend off; *(Boxe, Escrime)* to parry; *(Football) [+ tir]* to deflect; *(fig) [+ attaque]* to stave off, to parry

VT INDIR parer à 1 *(= remédier) [+ inconvénient]* to deal with, to remedy, to overcome; *[+ danger]* to ward off

2 *(= pourvoir à) [+ éventualité]* to prepare for, to be prepared for ◆ **parer au plus pressé** to attend to the most urgent things first ◆ **il faut parer au plus pressé** first things first ◆ **paré à virer !** *(Naut)* about ship! ◆ **paré ? alors on s'en va !** ready? off we go!

parésie /parezi/ **NF** paresis

pare-soleil /parsɔlɛj/ **NM INV** *[de voiture]* sun visor; *(Archit)* sun screen; *[d'appareil photo]* sun hood

paresse /parɛs/ SYN **NF** *[de personne]* laziness, idleness; *(= péché)* sloth ◆ **paresse intellectuelle** *ou* **d'esprit** intellectual laziness ◆ **il est enclin à la paresse** he tends to be lazy ◆ **c'est une solution de paresse** it's the lazy way out ◆ **paresse intestinale** *(Méd)* sluggishness of the digestive system

paresser /parese/ SYN ► conjug 1 ◄ **VI** to laze about *ou* around ◆ **paresser au lit** to laze in bed

paresseusement /paresøzmɑ̃/ SYN **ADV** *(= avec indolence)* lazily; *(= avec lenteur)* sluggishly, slowly

paresseux, -euse /paresø, øz/ SYN

ADJ *[personne]* lazy, idle; *[allure, pose]* lazy; *[esprit]* slow; *[fleuve]* lazy, sluggish ◆ **paresseux comme une couleuvre** * *ou* **un loir** * *ou* **un lézard** * thoroughly lazy, bone-idle * *(Brit)* ◆ **il est paresseux pour se lever** he's not very good at getting up

NM,F lazy *ou* idle person, lazybones *

NM *(= animal)* sloth

paresthésie /parɛstezi/ **NF** paraesthesia *(Brit)*, paresthesia *(US)*

pareur, -euse /parœr, øz/ **NM,F** *(Tech)* finisher

parfaire /parfɛr/ SYN ► conjug 60 ◄ **VT** *[+ travail]* to perfect, to bring to perfection; *[+ connaissances]* to perfect, to round off; *[+ décor, impression]* to complete, to put the finishing touches to; *[+ somme]* to make up

parfait, e /parfɛ, ɛt/ SYN (ptp de **parfaire**)

ADJ 1 *(= impeccable) [travail, condition, exemple, crime]* perfect; *[exécution, raisonnement]* perfect, flawless; *[manières]* perfect, faultless; → **filer**

2 *(= absolu) [bonne foi, tranquillité]* complete, total, perfect; *[ressemblance]* perfect ◆ **il a été d'une discrétion parfaite** *ou* **parfait de discrétion** *(frm)* he has shown absolute discretion, he has been the soul of discretion ◆ **dans la plus parfaite ignorance** in total *ou* utter *ou* complete ignorance ◆ **en parfait accord avec** in perfect *ou* total agreement with ◆ **en parfaite harmonie** in perfect harmony

3 *(= accompli, achevé) [élève, employé]* perfect; *(péj) [crétin, crapule]* utter, perfect ◆ **le type même du parfait mari** the epitome of the perfect husband ◆ **parfait homme du monde** perfect gentleman

4 *(= à son plein développement) [fleur, insecte]* perfect; → **accord, gaz, nombre**

5 *(= très bon)* ◆ **(c'est) parfait !** (that's) perfect! *ou* excellent! *ou* great! *; *(iro)* (that's) marvellous! *ou* great! * ◆ **vous refusez ? (voilà qui est) parfait, vous l'aurez voulu !** you won't? (that's) fine – it's up to you! ◆ **vous avez été parfait !** you were fantastic!

NM 1 *(Culin)* parfait ◆ **parfait au café** coffee parfait

2 *(Ling)* perfect

parfaitement /parfɛtmɑ̃/ SYN **ADV** 1 *(= très bien) [connaître]* perfectly ◆ **je comprends parfaitement** I quite understand, I understand perfectly

2 *(= tout à fait) [heureux, clair, exact]* perfectly, quite; *[hermétique, étanche]* completely; *[idiot]* utterly, absolutely, perfectly ◆ **cela m'est parfaitement égal** it makes absolutely no difference to me, it's all the same to me ◆ **vous avez parfaitement le droit de le garder** you have a perfect right to keep it, you're perfectly entitled to keep it

3 *(= certainement)* (most) certainly ◆ **tu as fait ce tableau tout seul ? – parfaitement !** you did this picture all on your own? – I (most) certainly did! *ou* I did indeed! ◆ **tu ne vas pas partir sans moi ! – parfaitement !** you're not going to leave without me! – oh yes *ou* indeed I am! ◆ **je refuse d'obéir, parfaitement, et j'en suis fier** yes, I'm refusing to obey, and I'm proud of it

parfois /parfwa/ SYN **ADV** *(= dans certains cas)* sometimes; *(= de temps en temps)* sometimes, occasionally, at times ◆ **parfois je lis, parfois je sors** sometimes I (may) read *ou* I'll read, other times I (may) go out *ou* I'll go out ◆ **il y a parfois du brouillard en hiver** occasionally *ou* sometimes there's fog in winter

parfum /parfœ̃/ SYN **NM** 1 *(= substance)* perfume, scent, fragrance

2 *(= odeur) [de fleur, herbe]* scent; *[de tabac, vin, café]* aroma; *[de glace]* flavour *(Brit)*, flavor *(US)*; *[de savon]* scent, fragrance; *[de fruit]* smell; *(littér) [de louanges, vertu]* odour *(Brit)*, odor *(US)* ◆ **ceci a un parfum de scandale/d'hérésie** that has a whiff of scandal/of heresy about it

3 *(locutions)* ◆ **être au parfum** * to be in the know * ◆ **mettre qn au parfum** * to put sb in the picture *, to give sb the lowdown *

parfumé, e /parfyme/ SYN (ptp de **parfumer**) **ADJ** *[papier à lettres, savon]* scented; *[air, fleur]* fragrant, sweet-smelling; *[vin, fruit]* fragrant; *[huile]* aromatic; *[bougie]* perfumed, scented ◆ **elle est trop parfumée** she's wearing too much scent ◆ **parfumé au citron** *[glace]* lemon-flavour(ed) *(Brit)*, lemon-flavor(ed) *(US)*; *[savon]* lemon-scented

parfumer /parfyme/ SYN ► conjug 1 ◄

VT *[+ pièce, air] [fleurs]* to perfume, to scent; *[café, tabac]* to fill with its aroma; *[+ mouchoir]* to put scent *ou* perfume on; *(Culin)* to flavour *(Brit)*, to flavor *(US)* *(à* with) ◆ **pour parfumer votre linge** to make your linen smell nice ◆ **vous voulez que je vous parfume ?** would you like to try some perfume?

VPR se parfumer to use *ou* wear perfume *ou* scent ◆ **elle se parfuma rapidement** she quickly put *ou* dabbed some perfume *ou* scent on

parfumerie /parfymri/ **NF** *(= usine, industrie)* perfumery; *(= boutique)* perfume shop; *(= rayon)* perfumery (department); *(= produits)* perfumery, perfumes, fragrances

parfumeur, -euse /parfymœr, øz/ **NM,F** perfumer

parhélie /pareli/ **NM** parhelion, mock sun, sun dog

pari /pari/ SYN **NM** bet, wager; *(Sport)* bet; *(= activité)* betting ◆ **faire/tenir un pari** to make *ou* lay/take up a bet ◆ **pari mutuel (urbain)** ≈ tote, ≈ parimutuel ◆ **les paris sont ouverts** *(fig)* there's no knowing, it's anyone's guess * ◆ **c'est un pari sur l'avenir** it's a gamble on the future ◆ **je tiens le pari !** you're on! ◆ **il avait dit qu'il arriverait premier : pari tenu !** he said he would come first and so he did! *ou* and he managed it! *ou* and he pulled it off!

PMU

The **PMU** ("pari mutuel urbain") is a government-regulated network of horse-racing betting counters run from bars displaying the **PMU** sign. Punters buy fixed-price tickets predicting winners or finishing positions. The traditional bet is a triple forecast ("tiercé"), although other multiple forecasts ("quarté", "quarté +", "quinté" *etc*) are also popular.

paria /parja/ SYN **NM** (social) outcast, pariah; *(en Inde)* Pariah

pariade /parjad/ **NF** *(= saison)* pairing season; *(= couple)* pair

parian /parjɑ̃/ **NM** Parian (porcelain)

paridés /paride/ **NMPL** ◆ **les paridés** titmice, the Paridae *(SPÉC)*

paridigitidé, e /paridiʒitide/

ADJ paridigitate

NM paridigitate animal

parier /paʁje/ SYN ▸ conjug 7 ◂ VT ① (= gager) to bet, to wager ◆ **je (te) parie que c'est lui/tout ce que tu veux** I bet you it's him/anything you like ◆ **tu ne le feras pas – qu'est-ce que tu paries ?** you won't do it – what do you bet? ou do you want to bet? ◆ **il y a gros à parier qu'elle...** the odds are (that) she..., ten to one she... ◆ **je l'aurais parié** I might have known ◆ **tu as faim, je parie** I bet you're hungry
② (Courses) [+ argent] to bet, to lay, to stake ◆ **parier 20 € sur le favori** to bet ou lay €20 on the favourite ◆ **parier sur un cheval** to bet on a horse, to back a horse ◆ **parier gros sur un cheval** to bet heavily on ou lay a big bet on a horse ◆ **parier aux courses** to bet on the races

pariétaire /paʁjetɛʁ/ NF (wall) pellitory, pellitory-of-the-wall

pariétal, e (mpl **-aux**) /paʁjetal, o/
ADJ (Anat) parietal; (Art) wall (épith)
NM parietal bone

parieur, -ieuse /paʁjœʁ, jøz/ NM,F punter, better

parigot, e* /paʁigo, ɔt/
ADJ Parisian
NM,F **Parigot(e)** Parisian

paripenné, e /paʁipene/ ADJ paripinnate

Paris /paʁi/ N Paris

Pâris /paʁis/ NM (Myth) Paris

paris-brest (pl **paris-brests**) /paʁibʁɛst/ NM choux pastry ring filled with praline-flavoured cream

parisette /paʁizɛt/ NF herb Paris

parisianisme /paʁizjanism/ NM (= habitude) Parisian habit; (= façon de parler) Parisian way of speaking; (= importance donnée à Paris) Paris bias ◆ **faire du parisianisme** to focus excessively on Paris

parisien, -ienne /paʁizjɛ̃, jɛn/
ADJ (gén) Paris (épith), of Paris; [société, goûts, ambiance] Parisian ◆ **le Bassin parisien** the Paris basin ◆ **la région parisienne** the Paris region ou area, the region ou area around Paris ◆ **la vie parisienne** Paris ou Parisian life, life in Paris; → **pain**
NM,F **Parisien(ne)** Parisian
NM (= pain) long loaf of bread

parisyllabique /paʁisi(l)labik/ ADJ parisyllabic

paritaire /paʁitɛʁ/ ADJ [commission] joint (épith), with equal representation of both sides; [représentation] equal

paritarisme /paʁitaʁism/ NM (Écon) (theory of) co-management

parité /paʁite/ SYN NF parity ◆ **la parité des changes** exchange parity ◆ **réclamer la parité des** ou **entre les salaires** to demand equal pay ◆ **elles réclament la parité hommes-femmes** they are demanding equality between men and women

parjure /paʁʒyʁ/ SYN
ADJ [personne] disloyal; [serment] false
NM (= violation de serment) betrayal
NMF traitor

parjurer (se) /paʁʒyʁe/ ▸ conjug 1 ◂ VPR to betray one's oath ou promise

parka /paʁka/ NF parka

parkérisation ® /paʁkeʁizasjɔ̃/ NF Parkerizing ®

parking /paʁkiŋ/ SYN
NM car park (Brit), parking lot (US) ◆ **parking souterrain/à étages** underground/multistorey car park (Brit) ou parking lot (US) ◆ « **parking gratuit** » "free parking", "free car park" (Brit) ◆ **parking payant** = pay and display car park (Brit) ou parking lot (US) ◆ **parking sauvage** area used illegally for parking
ADJ (péj) dead-end (épith), which leads nowhere (attrib) ◆ **section-parking** dead-end department ◆ **stage-parking** dead-end training course, training course which leads nowhere

Parkinson /paʁkinsɔn/ NM ◆ **la maladie de Parkinson** Parkinson's disease

parkinsonien, -ienne /paʁkinsɔnjɛ̃, jɛn/
ADJ associated with Parkinson's disease
NM,F patient suffering from Parkinson's disease

parlant, e /paʁlɑ̃, ɑ̃t/ SYN
ADJ ① [comparaison, description] graphic, vivid; [exemple] eloquent; [geste, regard] eloquent, meaningful ◆ **les chiffres sont parlants/très parlants** the figures speak for themselves ◆ **un schéma est souvent plus parlant qu'un texte** a diagram often conveys more than written text
② (= doué de parole) speaking (épith), talking (épith) ◆ **il n'est pas très parlant** he's not very talkative; → **cinéma**
ADV **scientifiquement/économiquement** etc **parlant** scientifically/economically etc speaking

parlé, e /paʁle/ (ptp de **parler**)
ADJ [langue] spoken; → **chaîne, journal**
NM (Théât) spoken part

parlement /paʁləmɑ̃/ NM parliament ◆ **le Parlement européen** the European Parliament

parlementaire /paʁləmɑ̃tɛʁ/ SYN
ADJ (Pol) parliamentary
NMF ① (Pol) member of Parliament; (aux USA) member of Congress; (Hist Brit = partisan) Parliamentarian
② (= négociateur) negotiator, mediator

parlementairement /paʁləmɑ̃tɛʁmɑ̃/ ADV parliamentarily

parlementarisme /paʁləmɑ̃taʁism/ NM parliamentarism

parlementer /paʁləmɑ̃te/ SYN ▸ conjug 1 ◂ VI (= négocier) to negotiate, to parley †; (* = discuter) to argue things over ◆ **parlementer avec qn** (hum = palabrer) to argue endlessly with sb

✦✦✦✦✦✦✦✦✦✦✦✦✦✦✦✦✦

parler /paʁle/
GRAMMAIRE ACTIVE 19.2, 26.2
SYN ▸ conjug 1 ◂

1 - VERBE INTRANSITIF
2 - VERBE TRANSITIF INDIRECT
3 - VERBE TRANSITIF INDIRECT
4 - VERBE TRANSITIF
5 - VERBE PRONOMINAL
6 - NOM MASCULIN

✦✦✦✦✦✦✦✦✦✦✦✦✦✦✦✦✦

1 - VERBE INTRANSITIF

① [FACULTÉ PHYSIQUE] to talk, to speak ◆ **il a commencé à parler à 2 ans** he started talking when he was 2 ◆ **votre perroquet parle ?** can your parrot talk? ◆ **parler du nez** to talk through one's nose ◆ **parler distinctement** to speak distinctly ◆ **je n'aime pas sa façon de parler** I don't like the way he talks ou speaks ◆ **parlez plus fort !** speak up!, speak louder!; → **dent, façon**
② [= EXPRIMER SA PENSÉE] to speak; (= bavarder) to talk ◆ **parler franc/crûment** to speak frankly/bluntly ◆ **parler bien/mal** to be a good/not to be a (very) good speaker ◆ **parler d'or** to speak words of wisdom ◆ **parler avec les mains** to speak with one's hands ◆ **parler comme un livre** (péj) to talk like a book ◆ **parler par paraboles** ou **par énigmes** to talk sb ou speak in riddles ◆ **il aime s'écouter parler** he likes the sound of his own voice ◆ **parlons peu mais parlons bien** let's get straight to the point ◆ **parler pour qn** to speak for sb ◆ **parle pour toi !** (iro) speak for yourself! ◆ **c'est à vous de parler** (Cartes) it's your bid ◆ **au lieu de parler en l'air, renseignez-toi/agis** don't just talk about it, find out/do something ◆ **plutôt que de parler en l'air, allons lui demander** instead of talking (wildly) let's go and ask him ◆ **parler à tort et à travers** to blether, to talk drivel*, to talk through one's hat ◆ **parler pour ne rien dire** to talk for the sake of talking ◆ **voilà qui est (bien) parlé !** hear hear!, well said! ◆ **mais je parle, je parle, et toi, comment vas-tu ?** but that's enough about me – how are you (doing)?
③ [FIG] ◆ **parler par gestes** to use sign language ◆ **faire parler la poudre** (= se battre) to start a gunfight; (= faire la guerre) to resort to war ◆ **le devoir a parlé** (ou he etc) heard the call of duty, duty called ◆ **son cœur a parlé** he heeded the call of his heart
④ [= RÉVÉLER LES FAITS] to talk ◆ **faire parler** [+ suspect] to make talk, to loosen the tongue of; [+ introverti, timide] to draw out ◆ **les chiffres/faits parlent d'eux-mêmes** the figures/facts speak for themselves
⑤ [LOCUTIONS] ◆ **vous n'avez qu'à parler** just say the word, you've only to say the word ◆ **ne m'en parlez pas !** you're telling me!*, I don't need telling!* ◆ **n'en parlons plus !** let's forget (about) it, let's not mention it again ◆ **sans parler de...** not to mention..., to say nothing of..., let alone... ◆ **tu as été dédommagé, parlons-en !** (= ça ne change rien) compensated, haven't you? – some use that is (to me)!*; (= pas du tout) been compensated, haven't you? – not ou you must be joking!* ◆ **tu p** (Charles) !*, **vous parlez !*** (= bien sûr) you telling me!*, you bet!*; (iro) no chance!*, you must be joking!* ◆ **tu parles** ou **vous parlez d'une brute !** talk about a brute! ◆ **leur proposition, tu parles si on s'en fiche !*** a fat lot we think of their idea!* ◆ **tu parles si ça nous aide/si c'est pratique !*** (iro) a fat lot of help/use that is!* ◆ **tu peux parler !*** you can talk!*

2 - VERBE TRANSITIF INDIRECT

parler à
① [= CONVERSER] ◆ **parler à qn** to talk ou speak to sb ◆ **il faut que je lui parle** I must talk to him ou have a word with him ◆ **nous ne nous parlons pas** we're not on speaking terms ◆ **moi qui vous parle** I myself ◆ **trouver à qui parler** (fig) to meet one's match ◆ **c'est parler à un mur** it's like talking to a (brick) wall
② [FIG] ◆ **parler aux yeux/à l'imagination** to appeal to the eye/the imagination ◆ **parler au cœur** to speak to the heart ◆ **ce tableau/cette œuvre me parle** this painting/this work really speaks to me ◆ **ses romans/sculptures ne me parlent pas du tout** his novels/sculptures don't do anything for me

3 - VERBE TRANSITIF INDIRECT

parler de
① [= S'ENTRETENIR] ◆ **parler de qch/qn** to talk about sth/sb ◆ **parler de la pluie et du beau temps, parler de choses et d'autres** (fig) to talk about the weather (fig) to talk of this and that ◆ **faire parler de soi** to get o.s. talked about ◆ **parler mal de qn** to speak ill of sb ◆ **on parle beaucoup de lui comme ministre** he's being talked about ou spoken of as a possible ou future minister, he's tipped as a likely minister ◆ **on ne parle que de ça** it's the only topic of conversation, it's the only thing ou that's all people are talking about ◆ **tout le monde en parle** everybody's talking about it ◆ **toute la ville en parle** it's the talk of the town ◆ **il n'en parle jamais** he never mentions it ou refers to it ou talks about it ◆ **nous recevons un immense acteur, je veux parler bien sûr de Jean Lattu** we'll be welcoming a great actor, I am, of course, referring to Jean Lattu ◆ **et je ne parle pas de...** not to mention..., to say nothing of... ◆ **de quoi ça parle, ton livre ?** – **ça parle de bateaux** what is your book about? – it's about ships; → **loup**
② [POUR INFORMER] ◆ **parler de qch à qn** to tell sb about sth ◆ **parlez-nous de vos vacances/projets** tell us about your holidays/plans ◆ **on m'avait parlé d'une vieille maison** I had been told about an old house ◆ **je lui parlerai de cette affaire** I'll speak to him ou I'll have a word with him about this business ◆ **il a parlé de moi au patron** (= soutenir) he put in a word for me with the boss ◆ **on m'a beaucoup parlé de vous** I've heard a lot about you
③ [POUR ANNONCER UNE INTENTION] ◆ **parler de faire qch** to talk of doing sth ◆ **elle a parlé d'aller voir un docteur** she has talked of going to see a doctor ◆ **on parle de construire une route** they're talking of building a road, there's talk of a road being built ou of building a road
④ [= ÉVOQUER] ◆ **le jardin lui parlait de son enfance** the garden brought back memories of his childhood (to him) ◆ **tout ici me parle de toi** everything here reminds me of you

4 - VERBE TRANSITIF

① [+ langue] to speak ◆ **parler (l')anglais** to speak English
② ◆ **parler politique/affaires** to talk politics/business ◆ **parler boutique*** to talk shop ◆ **si nous parlions finances ?** (hum) how about talking cash?*

5 - VERBE PRONOMINAL

se parler
① [A SOI-MÊME] to talk to o.s.; (les uns aux autres) to talk to each other ou one another ◆ **depuis cette querelle, ils ne se parlent plus** they haven't been on speaking terms since that argument
② [= ÊTRE PARLÉ] ◆ **ce dialecte ne se parle plus** this dialect is no longer spoken, nobody speaks this dialect any more

parleur | part

6 - NOM MASCULIN

1 [= MANIÈRE DE PARLER] speech ◆ **le parler vrai** straight talking ◆ **le parler de tous les jours** everyday speech, common parlance ◆ **il a un parler vulgaire** he has a coarse way of speaking; → **franc¹**

2 [= LANGUE RÉGIONALE] dialect

parleur /paʀlœʀ/ NM ◆ **beau parleur** smooth ou glib talker

parloir /paʀlwaʀ/ NM [d'école, prison] visiting room; [de couvent] parlour (Brit), parlor (US)

parlot(t)e */paʀlɔt/ NF chitchat* (NonC) ◆ **toutes ces parlot(t)es ne mènent à rien** all this chitchat* is a waste of time ◆ **c'est de la parlot(t)e tout ça** it's all ou just talk

Parme /paʀm/
- N (= ville) Parma
- NM ◆ **(jambon de) Parme** Parma ham
- ADJ (= couleur) ◆ **parme** violet

Parmentier /paʀmɑ̃tje/ N → **hachis**

parmenture /paʀmɑ̃tyʀ/ NF ⇒ **parementure**

parmesan, e /paʀməzɑ̃, an/
- ADJ Parmesan, of ou from Parma
- NM,F **Parmesan(e)** inhabitant ou native of Parma
- NM (= fromage) Parmesan (cheese)

parmi /paʀmi/ SYN
PRÉP among(st) ◆ **parmi la foule** among ou in the crowd ◆ **venez ici parmi nous** come over here with us ◆ **je passerai parmi vous distribuer les questionnaires** I'll come round and give you each a questionnaire ◆ **c'est un cas parmi d'autres** it's one case among many, it's one of many cases ◆ **qui parmi vous en a entendu parler ?** have any of you heard of it? ◆ **personne parmi nous/eux/les victimes** none of us/them/the victims
ADV (Helv = mutuellement) * each other ◆ **on s'invite parmi** we have each other to dinner

Parnasse /paʀnas/ NM Parnassus ◆ **le Mont Parnasse** (Mount) Parnassus

parnassien, -ienne /paʀnasjɛ̃, jɛn/
- ADJ, NM,F Parnassian
- NM (= papillon) apollo

parodie /paʀɔdi/ SYN NF parody ◆ **une parodie de procès/de démocratie/d'élection** a travesty of a trial/of democracy/of an election

parodier /paʀɔdje/ SYN ▶ conjug 7 ◀ VT to parody

parodique /paʀɔdik/ ADJ [style] parodic(al)

parodiste /paʀɔdist/ NM,F parodist

parodontal, e (mpl -aux) /paʀɔdɔ̃tal, o/ ADJ periodontal

parodonte /paʀɔdɔ̃t/ NM periodontium

paroi /paʀwa/ SYN NF (gén, Anat, Bot) wall; [de récipient] (inside) surface, (inner) wall; [de véhicule, baignoire] side; (= cloison) partition ◆ **paroi rocheuse** rock face

paroisse /paʀwas/ SYN NF parish

paroissial, e (mpl -iaux) /paʀwasjal, jo/ ADJ parish (épith) ◆ **église paroissiale** parish church ◆ **salle paroissiale** church hall ◆ **à l'échelon paroissial** at the parochial ou parish level

paroissien, -ienne /paʀwasjɛ̃, jɛn/
- NM,F parishioner ◆ **un drôle de paroissien** †* a funny customer*
- NM (= missel) prayer book, missal

parole /paʀɔl/ SYN NF 1 (= mot) word ◆ **comprenez-vous le sens de ses paroles ?** can you understand (the meaning of) what he says? ◆ **assez de paroles, des actes !** that's enough talking, now it's time to act! ◆ **il n'a pas dit une parole de la soirée** he didn't say a word ou open his mouth all evening ◆ **les paroles s'envolent, les écrits restent** (Prov) verba volant, scripta manent (Prov) ◆ **voilà une bonne parole !** (hum) that's what I like to hear! ◆ **la parole de Dieu, la bonne parole** the word of God ◆ **porter** ou **prêcher la bonne parole** (lit) to preach ou spread the (good) word ◆ **toutes ces belles paroles n'ont convaincu personne** all these fine(-sounding) words failed to convince anybody ◆ **parole célèbre** famous words ou saying ◆ **prononcer une parole historique** to make a historic remark ◆ **ce sont des paroles en l'air** it's just idle talk ◆ **il est surtout courageux en paroles** he's brave enough when it's just a matter of words ou talking about it ◆ **tout cela est bien joli en paroles mais...** it sounds fair enough but...; → **boire, moulin, payer**

2 (= texte) ◆ **paroles** [de chanson] words, lyrics ◆ **histoire sans paroles** wordless cartoon ◆ **« sans paroles »** (légende) "no caption"

3 (= promesse) word ◆ **tenir parole** to keep one's word ◆ **il a tenu parole** he kept his word, he was as good as his word ◆ **c'est un homme de parole, il est de parole, il n'a qu'une parole** he's a man of his word, his word is his bond ◆ **il n'a aucune parole** you (just) can't trust a word he says ◆ **je l'ai cru sur parole** I took his word for it ◆ **(je vous donne** ou **vous avez ma) parole d'honneur !** I give you my word, you have my word (of honour)! ◆ **parole de scout/marin** etc scout's/sailor's etc honour ◆ **manquer à sa parole** to fail to keep one's word, to go back on one's word ◆ **ma parole !** * (upon) my word! ◆ **tu es fou ma parole !** * heavens - you're mad! ◆ **prisonnier sur parole** prisoner on parole

4 (= faculté d'expression) speech ◆ **doué de parole** capable of speech ◆ **avoir la parole facile** to find it easy to talk, to have the gift of the gab* ◆ **avoir le don de la parole** to be a gifted speaker ◆ **la parole est d'argent, le silence est d'or** (Prov) speech is silver, silence is golden (Prov) ◆ **perdre/retrouver la parole** to lose/recover one's speech; (fig) to lose/find one's tongue* ◆ **il n'a jamais droit à la parole** he's never allowed to get a word in edgeways; → **manquer**

5 (Ling) speech, parole (SPÉC) ◆ **acte de parole** speech act

6 (Cartes) ◆ **parole !** (I) pass!

7 (dans un débat, une discussion) ◆ **droit de parole** right to speak ◆ **temps de parole** speaking time ◆ **puis-je avoir la parole ?** may I say something? ◆ **vous avez la parole** (gén) it's your turn to speak; (au parlement etc) you have the floor ◆ **je vous rends la parole** back ou over to you ◆ **qui veut la parole ?** who wants to speak? ◆ **laissez-moi la parole** let me speak ◆ **la parole est à M. Duval** it's Mr Duval's turn to speak ◆ **passer** ou **céder la parole à qn** to hand over to sb ◆ **demander la parole** to ask to be allowed to speak ◆ **prendre la parole** to begin to speak ◆ **je voudrais prendre la parole pour dire...** (gén) I'd like to say...; (au parlement etc) I'd like to take the floor to say... ◆ **pour empêcher la prise de parole des extrémistes** to prevent extremists from voicing their opinions

parolier, -ière /paʀɔlje, jɛʀ/ SYN NM,F lyric writer

paronomase /paʀɔnɔmaz/ NF paronomasia

paronyme /paʀɔnim/ NM paronym

paronymie /paʀɔnimi/ NF paronymy

paronymique /paʀɔnimik/ ADJ paronymic

paros /paʀɔs, paʀɔs/ NM Parian (marble)

parotide /paʀɔtid/ NF ◆ **(glande) parotide** parotid gland

parotidite /paʀɔtidit/ NF parotiditis

parousie /paʀuzi/ NF parousia, Second Coming

paroxysmal, e (mpl -aux) /paʀɔksismal, o/ ADJ ⇒ **paroxysmique**

paroxysme /paʀɔksism/ SYN NM [de maladie] crisis (point), paroxysm (SPÉC); [de crise, sensation, sentiment] paroxysm, height ◆ **être au paroxysme de la joie/colère** to be beside o.s. with joy/anger ◆ **le bruit était à son paroxysme** the noise was at its loudest ou height ◆ **son désespoir était à son paroxysme** he was in the depths of despair ◆ **l'incendie/la douleur avait atteint son paroxysme** the fire/the pain was at its height ou at its fiercest ◆ **la crise avait atteint son paroxysme** the crisis had reached a head ou climax

paroxysmique /paʀɔksismik/ ADJ paroxysmal, paroxysmic

paroxystique /paʀɔksistik/ ADJ (Méd) paroxysmal; (= extrême) [émotion, pression] intense; [situation, état] extreme ◆ **au moment le plus paroxystique de la pièce** at the very climax ou climactic moment of the play

paroxyton /paʀɔksitɔ̃/ ADJ M paroxytone

parpaillot, e /paʀpajo, ɔt/ NM,F (Hist, péj) Protestant

parpaing /paʀpɛ̃/ NM (= pierre pleine) perpend, parpen (US); (aggloméré) breeze-block

Parque /paʀk/ NF (Myth) ◆ **la Parque** Fate ◆ **les Parques** the Fates, the Parcae

parquer /paʀke/ SYN ▶ conjug 1 ◀
VT [+ voiture, artillerie] to park; [+ moutons, bétail] to pen (in ou up); [+ huîtres, moules] to put in a bed (ou beds); (péj) [+ personnes] to pack in ◆ **on les parquait dans des réserves** they were herded into reservations ◆ **les réfugiés étaient parqués comme des bestiaux** the refugees were cooped up ou penned in like animals
VPR **se parquer*** (en voiture) to park

parquet /paʀkɛ/ NM 1 (= plancher) (gén) wooden floor; (à chevrons etc) parquet (floor) ◆ **les lattes du parquet** the floorboards ◆ **parquet flottant** floating floor

2 (Jur) ◆ **le parquet** the public prosecutor's department ou office

3 (Bourse) ◆ **le parquet** (= enceinte) the (dealing ou trading) floor; (= agents) the stock exchange ou market

parqueter /paʀkəte/ ▶ conjug 4 ◀ VT to lay a wooden ou parquet floor in ◆ **pièce parquetée** room with a wooden ou parquet floor

parqueteur /paʀkətœʀ/ NM wooden ou parquet floor layer

parqueur, -euse /paʀkœʀ, øz/, **parquier, -ière** /paʀkje, jɛʀ/ NM,F [de bétail] pen hand; [d'huîtres] oyster bed worker

parrain /paʀɛ̃/ SYN NM 1 (Rel) godfather ◆ **accepter d'être le parrain d'un enfant** to agree to be a child's godfather ou to stand godfather to a child

2 [de navire] namer, christener

3 (qui introduit dans un cercle, un club) proposer; (qui aide financièrement) sponsor; [d'entreprise, initiative] promoter; [d'œuvre, fondation] patron ◆ **un parrain de la Mafia** a godfather in the Mafia

parrainage /paʀɛnaʒ/ SYN NM 1 (= introduction dans un cercle, un club) proposing (for membership)

2 (= aide financière) sponsorship; [d'entreprise, initiative] promoting; (= appui moral) [d'œuvre, fondation] patronage ◆ **parrainage publicitaire** advertising sponsorship

3 [de navire] naming, christening

parrainer /paʀene/ SYN ▶ conjug 1 ◀ VT
1 (= introduire : dans un cercle, un club) to propose (for membership) ◆ **se faire parrainer par qn** to be proposed by sb

2 (= aider financièrement) to sponsor; [+ entreprise, initiative] to promote; (= patronner) [+ œuvre, fondation, association] to be the patron of

parraineur /paʀenœʀ/ NM sponsor

parricide /paʀisid/
- ADJ parricidal
- NM,F parricide
- NM (= crime) parricide

parsec /paʀsɛk/ NM parsec

parsemer /paʀsəme/ SYN ▶ conjug 5 ◀
1 (= répandre) ◆ **parsemer de** to sprinkle with, to strew with (littér) ◆ **parsemer le sol de fleurs** to scatter flowers over the ground, to strew the ground with flowers (littér) ◆ **parsemer un tissu de paillettes d'or** to sew gold sequins all over a piece of material ◆ **parsemer un texte de citations** to scatter quotations through a text

2 (= être répandu sur) to be scattered ou sprinkled over ◆ **les feuilles qui parsèment le gazon** the leaves which are scattered ou which lie scattered over the lawn ◆ **ciel parsemé d'étoiles** star-studded sky, sky sprinkled ou strewn ou studded with stars ◆ **champ parsemé de fleurs** field dotted with flowers ◆ **parsemé de difficultés/fautes** riddled with difficulties/mistakes

parsi, e /paʀsi/
- ADJ Parsee
- NM (= langue) Parsee
- NM,F **Parsi(e)** Parsee

parsisme /paʀsism/ NM Parseeism

---

part /paʀ/

GRAMMAIRE ACTIVE 26.5 SYN

NOM FÉMININ

1 [DANS UN PARTAGE] share; (= portion) portion; (= tranche) slice ◆ **sa part d'héritage/de soucis** his share of the inheritance/of worries ◆ **faire huit parts dans un gâteau** to cut a cake into eight (slices) ◆ **c'est 2 € la part de gâteau** it's €2 a slice ◆ **vouloir sa part du gâteau** (fig) to want one's slice ou share of the cake ◆ **la part du lion** the lion's share ◆ **la part du pauvre** (repas) notion kept for a poor visitor; (fig) the crumb

deux ! share and share alike! ◆ **chacun paie sa part** everyone pays his share, everyone chips in *

◆ **faire la part belle à qn** to give sb more than his (*ou* her) due

◆ **faire la part de qch** ◆ **faire la part de la fatigue/du hasard** to take tiredness/chance into account, to allow for *ou* make allowances for tiredness/chance ◆ **il faut faire la part du vrai et du faux dans ce qu'elle dit** you can't believe everything she says ◆ **faire la part des choses** to make allowances ◆ **faire la part du feu** *(fig)* to cut one's losses

2 [= PARTICIPATION] part ◆ **part patronale/salariale** *(Sécurité sociale)* employer's/worker's contribution ◆ **le hasard n'a eu aucune part dans leur rencontre** chance had nothing to do with *ou* played no part in their meeting ◆ **il a pris une part importante dans l'élaboration du projet** he played an important part in the development of the project

◆ **à part entière** ◆ **membre/citoyen à part entière** full member/citizen ◆ **Français à part entière** person with full French citizenship, fully-fledged French citizen ◆ **artiste à part entière** artist in his (*ou* her) own right ◆ **l'Europe sera le partenaire à part entière des USA** Europe will be a fully-committed partner for the USA

◆ **avoir part à** *(littér)* to have a share in

◆ **faire part de qch à qn** to announce sth to sb, to inform sb of sth, to let sb know *ou* tell sb about sth ◆ **il m'a fait part de son inquiétude** he told me how worried he was

◆ **prendre part à** *[+ travail]* to take part in, to join in, to collaborate in; *[+ frais]* to share in, to contribute to; *[+ manifestation]* to join in, to take part in ◆ **prendre part à un débat** to participate in *ou* take part in a debate ◆ « **prenez part au développement de votre ville !** » "help to develop your town!" ◆ **je prends part à vos soucis** I share (in) your worries

3 [= PARTIE] part ◆ **c'est une toute petite part de sa fortune** it's only a tiny fraction *ou* part of his fortune ◆ **part de marché** *(Écon)* market share

◆ **pour une part** partly ◆ **cela explique pour une part l'ambiance qui règne ici** this partly explains the atmosphere here ◆ **pour une part, son attitude s'explique par sa timidité** to some extent, one can put his attitude down to shyness

◆ **pour une bonne** *ou* **large part** largely, to a great extent

◆ **pour une petite part** in a small way

4 [FIN] ≃ share *(giving right to participate in profits but not running of firm)*; *(Impôts)* ≃ tax unit ◆ **part de fondateur** founder's share ◆ **part d'intérêt** *ou* **sociale** partner's *ou* partnership share

5 [EXPRESSIONS FIGÉES]

◆ **à part** *(= de côté)* aside, on one side; *(= séparément)* separately, on its (*ou* their) own; *(= excepté)* except for, apart from, aside from *(surtout US)*; *(Théât = en aparté)* aside ◆ **nous mettrons ces livres à part pour vous** we'll put these books aside *ou* on one side for you ◆ **prendre qn à part** to take sb aside ◆ **étudier chaque problème à part** to study each problem separately *ou* on its own ◆ **à part vous, je ne connais personne ici** apart from *ou* aside from *ou* except for you I don't know anyone here ◆ **à part cela** apart *ou* aside from that, otherwise ◆ **plaisanterie à part** joking apart *ou* aside
(= exceptionnel) special, extraordinary ◆ **un cas/une place à part** a special case/place ◆ **c'est un homme à part** he's in a class of his own ◆ **il est vraiment à part** there aren't many like him around; → **bande²**, **chambre**

◆ **à part soi** (*ou* **moi** *etc*) *(littér)* ◆ **garder qch à part soi** to keep sth to o.s. ◆ **je pensais à part moi que...** I thought to myself that...

◆ **autre part** somewhere else, elsewhere ◆ **il ne veut plus habiter autre part** he doesn't want to live anywhere else

◆ **d'autre part** *(= de plus)* moreover; *(= par ailleurs)* on the other hand ◆ **il est beau, et d'autre part il est riche** he's handsome, and what's more he's rich ◆ **il n'est pas très doué, d'autre part il est travailleur** *(= en revanche)* he's not very talented, but on the other hand he's very hard-working ◆ **d'une part..., d'autre part...** on the one hand..., on the other hand...

◆ **de la part de** *(provenance)* from; *(= au nom de)* on behalf of ◆ **je viens de la part de Guy** *(il m'a envoyé)* I've been sent by Guy; *(comme porte-parole)* I've come *ou* I'm here on behalf of Guy ◆ **de la part de qui venez-vous ?** who sent you? ◆ **cela demande un peu de bon sens de la part de l'utilisateur** it requires a little common-sense on the part of the user *ou* from the user ◆ **cela m'étonne de sa part** I'm surprised at that (coming) from him ◆ **dites-lui bonjour de ma part** give him my regards ◆ **c'est gentil de sa part** that's nice of him ◆ **c'est de la part de qui ?** *(Téléc)* who's calling? *ou* speaking?

◆ **de part en part** right through

◆ **de part et d'autre** on both sides, on either side

◆ **de toute(s) part(s)** from all sides *ou* quarters

◆ **en bonne/mauvaise part** ◆ **prendre qch en bonne part** to take sth in good part ◆ **prendre qch en mauvaise part** to take sth amiss, to take offence at sth

◆ **pour ma** (*ou* **ta** *etc*) **part** as for me (*ou* you *etc*), for my (*ou* your *etc*) part ◆ **pour ma part je pense que...** I for one think that...; → **nul, quelque**

---

partage /paʀtaʒ/ SYN NM 1 *(= fractionnement, division) [de terrain, surface]* dividing up, division; *[de gâteau]* cutting; *(Math) [de nombre]* factorizing ◆ **faire le partage de qch** to divide sth up ◆ **le partage du pays en deux camps** the division of the country into two camps ◆ **partage de temps** *(Ordin)* time sharing ◆ **partage de fichiers** file-sharing ◆ **partage du travail** job sharing; → **ligne¹**

2 *(= distribution) [de butin, héritage]* sharing out ◆ **procéder au partage de qch** to share sth out ◆ **le partage n'est pas juste** the way it's shared out isn't fair, it isn't fairly shared out ◆ **j'ai été oublié dans le partage** I've been left out (in the share-out) ◆ **quel a été le partage des voix entre les candidats ?** how were the votes divided among the candidates? ◆ **en cas de partage des voix** *(Pol)* in the event of a tie in the voting

3 *(= participation)* sharing ◆ **l'enquête a conclu au partage des responsabilités** the inquiry came to the conclusion that the responsibility was shared ◆ **le partage du pouvoir avec nos adversaires** the sharing of power with our opponents ◆ **fidélité sans partage** *(fig)* undivided loyalty ◆ **un pouvoir sans partage** absolute power ◆ **régner sans partage** to rule supreme

4 *(= part)* share ◆ **donner/recevoir qch en partage** to give/receive sth in a will ◆ **la maison lui échut en partage** the house came to him in the will ◆ **le bon sens qu'il a reçu en partage** the common sense with which he has been endowed

partagé, e /paʀtaʒe/ SYN (ptp de **partager**) ADJ 1 *(= divisé) [avis, opinion]* divided ◆ **les experts sont très partagés sur la question** the experts are divided on the question ◆ **partagé entre l'amour et la haine** torn between love and hatred

2 *(littér = doté)* endowed ◆ **il est bien/mal partagé par le sort** fate has been/has not been kind to him

3 *(Ordin)* ◆ **logiciel partagé** shareware; → **temps¹**

partageable /paʀtaʒabl/ ADJ divisible, which can be shared out *ou* divided up ◆ **frais partageables entre tous** costs that are shared by all ◆ **votre gaieté est difficilement partageable** it is difficult to share (in) your happiness

partager /paʀtaʒe/ GRAMMAIRE ACTIVE 11.1, 13.1 SYN ► conjug 3 ◄

VT 1 *(= fractionner) [+ terrain, feuille, gâteau]* to divide up ◆ **partager en deux/en deux bouts/par moitié** to divide sth in two/into two pieces *ou* bits/in half

2 *(= distribuer, répartir) [+ butin, gâteau]* to share (out); *[+ frais]* to share ◆ **il partage son temps entre son travail et sa famille** he divides his time between his work and his family ◆ **il partage son affection entre plusieurs personnes** several people have to share his affections

3 *(= avoir une part de, avoir en commun) [+ héritage, gâteau, appartement, sort]* to share *(avec* with) ◆ **voulez-vous partager notre repas ?** will you share our meal? ◆ **partager le lit de qn** to share sb's bed ◆ **il n'aime pas partager** he doesn't like sharing ◆ **les torts sont partagés** both (*ou* all) parties are at fault, there is fault on both (*ou* all) sides

4 *(= s'associer à) [+ sentiments, bonheur, goûts]* to share (in); *[+ opinion, idée]* to share, to agree with ◆ **je partage votre douleur/surprise** I share your sorrow/surprise ◆ **amour partagé** mutual love ◆ **c'est une opinion largement partagée** it is an opinion that is widely shared

5 *(= diviser)* to divide ◆ **ce débat partage le monde scientifique** th scientific community is divided over this issue

6 *(frm = douer)* to endow ◆ **la nature l'a bien partagé** nature has been generous to him

VPR **se partager** 1 *(= se fractionner)* to be divided ◆ **ça peut facilement se partager en trois/en trois morceaux** it can easily be divided (up) *ou* cut in three/into three pieces *ou* bits ◆ **se partager entre diverses tendances** *[vote]* to be divided between different groups ◆ **pour lui, le monde se partage en deux** for him, there are two kinds of people ◆ **à l'endroit où les branches se partagent** where the branches fork *ou* divide ◆ **le reste des voix s'est partagé entre les autres candidats** the remaining votes are distributed *ou* shared among the other candidates ◆ **le pouvoir ne se partage pas** power is not something which can be shared ◆ **il se partage entre son travail et son jardin** he divides his time between his work and his garden

2 *(= se distribuer)* ◆ **ils se sont partagé le gâteau** *(lit)* they shared the cake between them *ou* among themselves; *(fig)* they shared it out ◆ **ils se sont partagé le butin** they shared the booty between them ◆ **nous nous sommes partagé le travail** we shared the work between us ◆ **les trois candidats se sont partagé les suffrages** the votes were divided among the three candidates ◆ **se partager les faveurs du public** to be equally popular

partageur, -euse¹ /paʀtaʒœʀ, øz/ ADJ ready *ou* willing to share ◆ **il n'est pas partageur** he doesn't like sharing

partageux, -euse² † /paʀtaʒø, øz/ NM,F distributionist

partance /paʀtɑ̃s/ **en partance** LOC ADV *[train]* due to leave; *[avion]* outward bound; *[bateau]* sailing *(attrib)*, outward bound ◆ **en partance pour Londres** *[train, avion]* for London, London *(épith)*; *[bateau]* bound *ou* sailing for London *(attrib)*; *[passager]* (bound) for London *(attrib)*

partant¹, e /paʀtɑ̃, ɑ̃t/ SYN GRAMMAIRE ACTIVE 11.1

NM,F 1 *(= coureur)* starter; *(= cheval)* runner ◆ **tous partants** all horses running ◆ **non-partant** non-runner

2 *(= personne)* person leaving, departing traveller (*ou* visitor *etc*) ◆ **les partants et les arrivants** the departures and arrivals

ADJ ◆ **je suis partant** count me in ◆ **il est toujours partant pour un bon repas** * he's always ready for a good meal ◆ **si c'est comme ça, je ne suis plus partant** if that's how it is (you can) count me out

partant² /paʀtɑ̃/ CONJ *(littér)* hence, therefore, consequently

partenaire /paʀtənɛʀ/ SYN NMF partner ◆ **les partenaires sociaux** ≃ unions and management, ≃ management and labour ◆ **il était son partenaire dans le film** he played opposite her in the film ◆ **partenaire sexuel** sexual partner

partenarial, e (pl **-iaux**) /paʀtənaʀjal, jo/ ADJ *[accord]* partnership, joint; *[négociations]* joint

partenariat /paʀtənaʀja/ NM partnership

parterre /paʀtɛʀ/ SYN NM 1 *(= plate-bande)* border, (flower)bed; *(* = plancher)* floor

2 *(Théât) (= emplacement)* stalls *(Brit)*, orchestra *(US)*; *(= public)* (audience in the) stalls *(Brit)* *ou* orchestra *(US)*

Parthe /paʀt/ NM Parthian; → **flèche¹**

parthénogenèse /paʀtenoʒenɛz/ NF parthenogenesis

parthénogénétique /paʀtenoʒenetik/ ADJ parthenogenetic

parthénogénétiquement /paʀtenoʒenetikmɑ̃/ ADV parthenogenetically

Parthénon /paʀtenɔ̃/ NM ◆ **le Parthénon** the Parthenon

parti¹ /paʀti/ SYN

NM 1 *(= groupe : gén, Pol)* party ◆ **le parti des mécontents** the malcontents ◆ **le parti de la défaite** the defeatists ◆ **le parti (communiste)** the Communist party

2 *(= solution)* option, course of action ◆ **hésiter entre deux partis** to wonder which of two courses *ou* which course to follow ◆ **prendre un parti** to come to *ou* make a decision, to make up one's mind ◆ **prendre le parti de faire qch** to make up one's mind to do sth, to decide *ou* resolve to do sth ◆ **mon parti est pris** my mind is made up ◆ **crois-tu que c'est le meilleur parti (à prendre) ?** do you think that's the best

course (to take)? *ou* the best idea? ◆ **prendre le parti de qn, prendre parti pour qn** (= *se mettre du côté de qn*) to side with sb, to take sb's side; (= *donner raison à qn*) to stand up for sb ◆ **prendre parti (dans une affaire)** (= *se rallier*) to take sides (on an issue); (= *dire ce qu'on pense*) to take a stand (on an issue) ◆ **prendre son parti de qch** to come to terms with sth, to reconcile o.s. to sth ◆ **il faut bien en prendre son parti** you just have to come to terms with it *ou* put up with it

③ (= *personne à marier*) match ◆ **beau** *ou* **bon** *ou* **riche parti** good match

④ (*locutions*) ◆ **tirer parti de** [*+ situation, occasion, information*] to take advantage of, to turn to (good) account; [*+ outil, ressources*] to put to (good) use; [*+ victoire*] to take advantage of ◆ **tirer le meilleur parti possible d'une situation** to turn a situation to best account, to get the most one can out of a situation ◆ **il sait tirer parti de tout** (*situation*) he can turn anything to his advantage, he can make capital out of anything; (*objets*) he can put everything to good use ◆ **faire un mauvais parti à qn** to beat sb up

COMP **parti pris** (= *préjugé*) **SYN** prejudice, bias ◆ **je crois, sans parti pris...** I think without bias (on my part)... *ou* being quite objective about it... ◆ **juger sans parti pris** to take an unbiased *ou* objective view ◆ **il est de parti pris** he's prejudiced *ou* biased ◆ **éviter le parti pris** to avoid being prejudiced *ou* biased ◆ **parti pris théorique** (= *choix*) theoretical perspective *ou* standpoint ◆ **parti pris artistique/esthétique** artistic/aesthetic choice

● **PARTIS POLITIQUES FRANÇAIS**

● Among the many active right-wing political
● parties in France, the most prominent in-
● clude the centre-right UMP ("Union pour un
● mouvement populaire"), the UDF ("l'Union
● pour la démocratie française" founded by Va-
● léry Giscard d'Estaing), and the extreme ri-
● ght-wing Front national (FN). On the left, the
● Parti socialiste (PS) is the most influential
● party, though the Parti communiste français
● (PCF) continues to draw a significant number
● of votes. Of the numerous ecological parties,
● Les Verts is the most prominent. → COMMU-
● NISTE, ÉLECTIONS

parti², e¹ /paʀti/ (ptp de *partir¹*) **ADJ** ① (* = *ivre*) tipsy, tight * ◆ **il est bien parti** he's had a few *, he's well away * (*Brit*)
② (*Héraldique*) party

partial, e (mpl -iaux) /paʀsjal, jo/ **SYN ADJ** biased, prejudiced, partial ◆ **être partial envers qn** to be biased *ou* prejudiced against sb

partialement /paʀsjalmã/ **ADV** in a biased way ◆ **juger qch partialement** to take a biased view of sth

partialité /paʀsjalite/ **SYN NF** ◆ **partialité (envers** *ou* **contre qn)** bias (against sb) ◆ **faire preuve de partialité envers** *ou* **contre qn** to be unfair to sb, to be biased against sb, to show bias against sb ◆ **se montrer d'une regrettable partialité** to be dreadfully biased

participant, e /paʀtisipɑ̃, ɑ̃t/ **SYN**
ADJ participating
NM,F (*à un concours, une course*) entrant (*à* in); (*à un débat, un projet*) participant, person taking part (*à* in); (*à une association*) member (*à* of); (*à une cérémonie, un complot*) person taking part (*à* in) ◆ **les participants aux bénéfices** those sharing in the profits ◆ **les participants à la manifestation/au concours** those taking part in the demonstration/in the competition

participatif, -ive /paʀtisipatif, iv/ **ADJ** ◆ **gestion participative** participative management ◆ **prêt participatif** participating capital loan ◆ **titre participatif** non-voting share (*in a public sector company*)

participation /paʀtisipɑsjɔ̃/ **SYN NF** ① (= *action*) ◆ **participation à** [*+ concours, colloque, cérémonie, entreprise*] taking part in, participation in; [*+ spectacle*] appearance in; [*+ aventure, complot, escroquerie*] involvement in ◆ **la réunion aura lieu sans leur participation** the meeting will take place without their taking part *ou* without them ◆ **peu importe l'habileté : c'est la participation qui compte** skill doesn't really matter: what counts is taking part *ou* joining in ◆ **il s'est assuré la participation de deux équilibristes** he has arranged for two tightrope walkers to appear ◆ **c'est la participation de Marie Vincent qui va attirer les spectateurs** it's Marie Vincent who'll draw the crowds, it's the fact that Marie Vincent is appearing *ou* per-

forming that will draw the crowds ◆ **ce soir, grand gala avec la participation de plusieurs vedettes** tonight, grand gala with several star appearances ◆ **avec la participation de Deneuve** (*Ciné*) with guest appearance by Deneuve, with (special) guest star Deneuve ◆ **participation électorale** turnout at the polls (*Brit*), voter turnout (*US*) ◆ **fort/faible taux de participation électorale** high/low turnout at the polls; → *participer*

② (*Écon* = *détention d'actions*) interest ◆ **prise de participations** acquisition of holdings ◆ **prendre une participation majoritaire dans une entreprise** to acquire a majority interest in a firm ◆ **la participation (ouvrière)** worker participation ◆ **participation aux bénéfices** profit-sharing ◆ **participation du personnel à la marche d'une entreprise** staff participation *ou* involvement in the running of a firm ◆ **participations croisées** cross holdings

③ (*financière*) contribution ◆ **participation aux frais : 10 €** contribution towards costs: €10 ◆ **nous demandons une petite participation (de 5 €)** we request a small donation (of €5)

participe /paʀtisip/ **NM** participle ◆ **participe passé/présent** past/present participle

participer /paʀtisipe/ **SYN** ▸ conjug 1 ◂

VT INDIR **participer à** ① (= *prendre part à*) [*+ concours, colloque, cérémonie*] to take part in ◆ **je compte participer au concours/à l'épreuve de fond** I intend to take part in *ou* enter the competition/the long-distance event ◆ **peu d'électeurs ont participé au scrutin** there was a low turnout at the polls, there was a low voter turnout (*US*)

② (= *prendre une part active à*) [*+ entreprise, discussion, jeu*] to participate in, to take part in, to join in; [*+ spectacle*] [*artiste*] to appear in; [*+ aventure, complot, escroquerie*] to take part in, to be involved in ◆ **l'important n'est pas de gagner mais de participer** the important thing is not winning but taking part ◆ **participer à la joie/au chagrin de qn** to share sb's joy/sorrow ◆ **ils ont participé à l'allégresse générale** they joined in the general happy mood ◆ **on demande aux élèves de participer davantage pendant le cours** pupils are asked to participate more *ou* take a more active part in class

③ (= *payer sa part de*) [*+ frais, dépenses*] to share in, to contribute to ◆ **participer (financièrement) à** [*+ entreprise, projet*] to make a (financial) contribution to

④ (= *avoir part à*) [*+ profits, pertes, succès*] to share (in)

VT INDIR **participer de** (*littér* = *tenir de*) to partake of (*frm*), to have something of the nature of

participial, e (mpl -iaux) /paʀtisipjal, jo/
ADJ participial
NF **participiale** participial phrase *ou* clause

particularisation /paʀtikylaʀizɑsjɔ̃/ **NF** particularization

particulariser /paʀtikylaʀize/ **SYN** ▸ conjug 1 ◂
VT to particularize
VPR **se particulariser** to be distinguished *ou* characterized (*par* by)

particularisme /paʀtikylaʀism/ **SYN NM** ① (*Pol* = *attitude*) sense of identity ◆ **particularisme(s)** (= *particularité*) specific (local) character (*NonC*), specific characteristic(s) ◆ **particularismes régionaux** (*Pol, Sociol*) regional idiosyncrasies
② (*Rel*) particularism

particularité /paʀtikylaʀite/ **SYN NF**
① (= *caractéristique*) [*d'individu, caractère, religion*] particularity, (distinctive) characteristic; [*de texte, paysage*] (distinctive) characteristic *ou* feature; [*d'appareil, modèle*] (distinctive) feature ◆ **ces modèles ont en commun la particularité d'être...** these models all have the distinctive feature of being..., these models are all distinguished by being... ◆ **cet animal présente la particularité d'être herbivore** a distinctive feature *ou* characteristic of this animal is that it is herbivorous
② († , *littér* = *détail*) particular
③ (*littér* = *unicité*) particularity

particule /paʀtikyl/ **SYN NF** (*Ling, Phys*) particle ◆ **particule (nobiliaire)** nobiliary particle ◆ **nom à particule** *name with a "de" usually belonging to a noble family*, ≈ name with a handle ◆ **il a un nom à particule** he has a handle to his name

particulier, -ière /paʀtikylje, jɛʀ/ **GRAMMAIRE ACTIVE 26.1 SYN**

ADJ ① (= *spécifique*) [*aspect, point, exemple*] particular, specific; [*trait, style, manière de parler*] characteristic, distinctive ◆ **dans ce cas particulier** in this particular case ◆ **il n'avait pas d'aptitudes particulières** he had no particular *ou* special aptitudes ◆ **cette habitude lui est particulière** this habit is peculiar to him ◆ **signes particuliers** (*gén*) distinctive signs; (*sur un passeport*) distinguishing marks

② (= *spécial*) exceptional, special, particular ◆ **la situation est un peu particulière** the situation is rather exceptional ◆ **ce que j'ai à dire est un peu particulier** what I have to say is slightly unusual ◆ **cela constitue un cas particulier** this is a special *ou* an unusual *ou* an exceptional case ◆ **rien de particulier à signaler** nothing unusual to report ◆ **je l'ai préparé avec un soin tout particulier** I prepared it with very special care *ou* with particular care

③ (= *étrange*) [*mœurs*] peculiar, odd; [*goût, odeur*] strange, odd ◆ **il a toujours été un peu particulier** he has always been a bit peculiar *ou* odd

④ (= *privé*) [*voiture, secrétaire, conversation, intérêt*] private ◆ **l'entreprise a son service particulier de livraison** the company has its own delivery service ◆ **intervenir à titre particulier** to intervene in a private capacity; → *hôtel, leçon*

NM ① (= *personne*) person; (*Admin, Comm*) private individual ◆ **comme un simple particulier** like any ordinary person ◆ **vente/location de particulier à particulier** (*petites annonces*) private sale/let (*Brit*) *ou* rental (*US*) ◆ « **particulier vend** » (*petite annonce*) "for sale privately", "for private sale"

② (* = *individu*) individual, character ◆ **un drôle de particulier** an odd individual *ou* character

③ (= *chose*) ◆ **le particulier** the particular ◆ **du général au particulier** from the general to the particular

◆ **en particulier** (= *en privé*) [*parler*] in private; (= *séparément*) [*examiner*] separately; (= *surtout*) in particular, particularly, especially; (= *entre autres choses*) in particular

particulièrement /paʀtikyljɛʀmã/ **SYN ADV** particularly, especially, specially ◆ **particulièrement bon/évolué** particularly *ou* specially good/well-developed ◆ **je ne le connais pas particulièrement** I don't know him very *ou* particularly well ◆ **il aime tous les arts et tout particulièrement la peinture** he enjoys all the arts, especially *ou* specially painting ◆ **particulièrement difficile** particularly difficult ◆ **particulièrement drôle** exceptionally funny ◆ **je voudrais plus particulièrement vous faire remarquer ce détail** I'd particularly like to draw your attention to this detail ◆ **voulez-vous du café ? – je n'y tiens pas particulièrement** would you like a coffee? – not particularly *ou* specially

partie² /paʀti/ **SYN**

NF ① (= *portion, fraction*) part; (= *quantité*) part, amount ◆ **diviser qch en trois parties** to divide sth into three parts ◆ **il y a des parties amusantes dans le film** the film is funny in parts, the film has its funny moments ◆ **il ne possède qu'une partie du terrain** he only owns part of the land ◆ **parties communes/privatives** (*Constr*) common/privately-owned parts ◆ **une petite partie de l'argent** a small part *ou* amount of the money ◆ **une grande** *ou* **bonne partie du travail** a large *ou* good part of *ou* a good deal of the work ◆ **la majeure** *ou* **plus grande partie du temps/du pays** most of *ou* the greater *ou* the best part of the time/of the country ◆ **la majeure partie des gens** the majority of people, most people ◆ **la plus grande partie de ce que l'on vous a dit** most of what you were told ◆ **tout ou partie de** all or part of ◆ **le film sera diffusé en première partie de soirée** (*TV*) the film will be shown early on in the evening

◆ **faire partie** + **de** [*+ ensemble, obligations, risques*] to be part of; [*+ club, association*] to belong to, to be a member of; [*+ catégorie, famille*] to belong to; [*+ élus, gagnants*] to be among, to be one of ◆ **la rivière fait partie du domaine** the river is part of the estate ◆ **les villes faisant partie de ma circonscription** the towns that make up my constituency ◆ **elle fait partie de notre groupe** she belongs to our group, she's one of our group ◆ **faire partie intégrante de** to be an integral part of, to be part and parcel of

◆ **en + partie** = en partie partly, in part ◆ **en grande** *ou* **majeure partie** largely, mainly ◆ **cela s'explique, en grande partie, par...** this can be explained, for the most part, by..., this can largely be explained by...

[2] *(= spécialité)* field, subject ◆ **moi qui suis de la partie** knowing the field *ou* subject as I do ◆ **il n'est pas dans** *ou* **de la partie** it's not his line *ou* field ◆ **quand on lui parle électricité, il est dans sa partie** when it comes to electricity, he knows what he's talking about ◆ **demande à ton frère, c'est sa partie** *ou* **il est de la partie** ask your brother – it's his field *ou* his line

[3] *(Cartes, Sport)* game; *(Golf)* round; *(= lutte)* struggle, fight ◆ **faisons une partie de...** let's have a game of... ◆ **on a fait une bonne partie** we had a good game ◆ **abandonner la partie** *(fig)* to give up the fight ◆ **la partie est délicate** it's a tricky situation *ou* business ◆ **la partie n'est pas égale** *(lit, fig)* it's an uneven contest

[4] *(Jur) [de contrat]* party; *[de procès]* litigant; *(Mil = adversaire)* opponent ◆ **la partie adverse** the opposing party ◆ **les parties en présence** the parties ◆ **les parties belligérantes** the warring factions ◆ **avoir affaire à forte partie** to have a strong *ou* tough opponent to contend with ◆ **être partie prenante dans une négociation** to be a party to a negotiation ◆ **prise à partie** *(Jur) action against a judge*; → **juge**

[5] *(Mus)* part

[6] *(†, euph)* ◆ **parties sexuelles** *ou* **génitales** private parts ◆ **parties viriles** male organs ◆ **les parties** * the privates *

[7] *(locutions)* ◆ **avoir la partie belle** to be sitting pretty * ◆ **se mettre de la partie** to join in ◆ **je veux être de la partie** I don't want to miss this, I want to be in on this * ◆ **avoir partie liée (avec qn)** *(littér)* to be hand in glove (with sb) ◆ **ce n'est que partie remise** it will be for another time, we'll take a raincheck * *(US)* ◆ **prendre qn à partie** *(= apostropher)* to take sb to task; *(= malmener)* to set on sb ◆ **comptabilité en partie simple/double** single-/double-entry book-keeping

COMP **partie de campagne** day *ou* outing in the country
partie carrée wife-swapping party
partie de chasse shooting party *ou* expedition
partie civile *(Jur) private party associating in a court action with public prosecutor* ◆ **se porter** *ou* **se constituer partie civile** *to associate in a court action with the public prosecutor* ◆ **constitution de partie civile** *independent action for damages*
partie du discours *(Ling)* part of speech
partie fine orgy
partie de jambes en l'air ** ◆ **tout ce qui l'intéresse, c'est une partie de jambes en l'air** all he's interested in is getting his leg over **
partie de pêche fishing party *ou* trip
partie de plaisir *(fig)* ◆ **ce n'est pas une partie de plaisir !** it's no picnic! *, it's not my idea of fun!

partiel, -elle /paʀsjɛl/ SYN
ADJ *(gén)* partial ◆ **paiement partiel** part payment ◆ **les (élections) partielles** by(e)-elections; → **temps**[1]
NM *(Univ)* class *(Brit)* *ou* mid-term *(US)* exam

partiellement /paʀsjɛlmɑ̃/ SYN **ADV** partially, partly

partir[1] /paʀtiʀ/ SYN ▸ conjug 16 ◂
VI [1] *(= quitter un lieu)* to go, to leave; *(= se mettre en route)* to leave, to set off, to set out; *(= s'éloigner)* to go away *ou* off; *(= disparaître)* to go ◆ **pars, tu vas être en retard** go *ou* off you go, you're going to be late ◆ **pars, tu m'embêtes** go away, you're annoying me ◆ **es-tu prêt à partir ?** are you ready to go? ◆ **allez, je pars** I'm off now ◆ **il est parti sans laisser d'adresse** he left without leaving an address ◆ **nos voisins sont partis il y a six mois** our neighbours left six months ago ◆ **depuis que mon pauvre mari est parti** *(euph = mourir)* since my poor husband passed on *ou* away ◆ **ma lettre ne partira pas ce soir** my letter won't go this evening ◆ **quand partez-vous (pour Paris) ?** when are you going (to Paris)? *ou* leaving (for Paris)?, when are you off (to Paris)? * ◆ **partir pour le bureau** to leave *ou* set off for the office ◆ **elle est partie de Nice à 9 heures** she left Nice *ou* set off from Nice at 9 o'clock ◆ **sa femme est partie de la maison** his wife has left home ◆ **sa femme est partie avec un autre** his wife has gone off with another man ◆ **le mauvais temps a fait partir les touristes** the bad weather has driven the tourists away ◆ **j'espère que je ne vous fais pas partir** I hope I'm not chasing you away ◆ **fais partir le chat de ma chaise** get the cat off my chair ◆ **ceux-là, quand ils viennent bavarder, c'est dur de les faire partir** when that lot come round for a chat, it's hard to get rid of them * ◆ **partir, c'est mourir un peu** to leave is to die a little

[2] *(= aller)* to go ◆ **il est parti en Irlande** *(il y est encore)* he has gone to Ireland; *(il en est revenu)* he went to Ireland ◆ **il est parti dans sa chambre/acheter du pain** he has gone to his room/to buy some bread ◆ **partir faire des courses/se promener** to go (out) shopping/for a walk ◆ **pars devant acheter les billets** go on ahead and buy the tickets ◆ **partir à la chasse/à la pêche** to go shooting/fishing ◆ **partir en vacances/en voyage** to go on holiday/on a trip ◆ **partir à pied** to set off on foot ◆ **tu pars en avion ou en voiture ?** are you flying or driving?, are you going by plane or (by) car? ◆ **partir à la guerre/au front** to go (off) to the war/to the front

[3] *(= démarrer) [moteur]* to start; *[avion]* to take off; *[train]* to leave; *[coureur]* to be off; *[plante]* to take ◆ **la voiture partit sous son nez** the car started up *ou* drove off and left him standing ◆ **il partit en courant** he ran *ou* dashed off ◆ **il partit en trombe** *ou* **comme une flèche** he was off *ou* set off like a shot ◆ **attention, le train va partir** look out, the train's leaving ◆ **l'avion va partir dans quelques minutes** the plane is taking off in a few minutes ◆ **ce cheval est bien/mal parti** that horse got off to a good/bad start ◆ **partir gagnant** to begin as if one is sure of success ◆ **les voilà partis !** they're off! ◆ **c'est parti (mon kiki) !** * here we go! * ◆ **faire partir une voiture/un moteur** to start (up) a car/an engine; → **marque**

[4] *(= être lancé) [fusée]* to go off *ou* up; *[coup de feu]* to go off; *[bouchon]* to pop *ou* shoot out ◆ **le coup est parti tout seul** the gun went off on its own ◆ **le coup ne partit pas** the gun didn't go off, the gun misfired ◆ **le bouchon est parti au plafond** the cork shot up to *ou* hit the ceiling ◆ **les cris qui partaient de la foule** the shouts *ou* cries (coming *ou* that came) from the crowd ◆ **le pétard n'a pas voulu partir** the banger wouldn't go off ◆ **le mot partit malgré lui** the word came out *ou* slipped out before he could stop it ◆ **le ballon partit comme un boulet de canon** the ball shot off like a bullet ◆ **faire partir** *[+ fusée]* to launch; *[+ pétard]* to set off, to light

[5] *(= être engagé)* ◆ **partir sur une idée fausse/une mauvaise piste** to start off with the wrong idea/on the wrong track ◆ **partir bien/mal** to get off to a good/bad start, to start (off) well/badly ◆ **le pays est mal parti** the country is in a bad way *ou* in a mess *ou* in a sorry state ◆ **nous sommes mal partis pour arriver à l'heure** it seems unlikely we'll arrive on time now ◆ **son affaire est bien partie** his business has got off to a good start ◆ **il est bien parti pour gagner** he seems all set to win ◆ **partir dans des digressions sans fin** to wander off *ou* launch into endless digressions ◆ **quand ils sont partis à discuter, il y en a pour des heures** * once they're off * *ou* launched on one of their discussions, they'll be at it for hours * ◆ **partir à rire** * *ou* **d'un éclat de rire** to burst out laughing ◆ **il est (bien) parti pour parler deux heures** the way he's going, he'll be talking for *ou* he looks all set to talk for two hours ◆ **la pluie est partie pour (durer) toute la journée** the rain has set in for the day ◆ **on est parti pour ne pas déjeuner** at this rate *ou* the way things are going, we won't get any lunch

[6] *(= commencer)* ◆ **partir de** *[contrat, vacances]* to begin on, to run from; *[course, excursion]* to start *ou* leave from ◆ **l'autoroute part de Lille** the motorway starts at Lille ◆ **un chemin qui part de l'église** a path going from *ou* leaving the church ◆ **les branches qui partent du tronc** the branches going out from the trunk ◆ **c'est le troisième en partant de la droite** it's (the) third from the right ◆ **cet industriel est parti de rien** *ou* **de zéro** this industrialist started from scratch *ou* from *ou* with nothing ◆ **cette rumeur est partie de rien** this rumour grew up out of nothing ◆ **notre analyse part de cette constatation** our analysis is based on this observation *ou* takes this observation as its starting point ◆ **partons de l'hypothèse que...** let's assume that... ◆ **si tu pars du principe que tu as toujours raison/qu'ils ne peuvent pas gagner** if you start off by assuming that you're always right/that they can't win ◆ **en partant de ce principe, rien n'est digne d'intérêt** on that basis, nothing's worthy of interest ◆ **en partant de là, on peut faire n'importe quoi** looking at things that way, one can do anything

[7] *(= provenir)* ◆ **partir de** to come from ◆ **ces mots partent/ça part du cœur** these words come/it comes (straight) from the heart ◆ **cela part d'un bon sentiment/d'un bon naturel** that comes from his *(ou her etc)* kindness/good nature

[8] *(= disparaître) [tache]* to go, to come out; *[crochet, bouton]* to come off; *[douleur]* to go; *[rougeurs, boutons]* to go, to clear up; *[odeur]* to go, to clear ◆ **la tache est partie au lavage** the stain has come out in the wash *ou* has washed out ◆ **toute la couleur est partie** all the colour has gone *ou* faded ◆ **faire partir** *[+ tache]* to remove; *[+ odeur]* to clear, to get rid of

LOC PRÉP **à partir de** from ◆ **à partir d'aujourd'hui** (as) from today, from today onwards ◆ **à partir de 4 heures** from 4 o'clock on(wards) ◆ **à partir de maintenant** from now on ◆ **à partir de ce moment-là** from then on ◆ **à partir du moment où...** *(= dès que)* as soon as...; *(= pourvu que)* so *ou* as long as... ◆ **à partir d'ici le pays est plat** from here on(wards) the land is flat ◆ **c'est le troisième à partir de la gauche** it's the third (along) from the left ◆ **lire à partir de la page 5** to start reading at page 5 ◆ **allez jusqu'à la poste et, à partir de là, c'est tout droit** go as far as the post office and after that it's straight ahead ◆ **pantalons à partir de 45 €** trousers from €45 (upwards) ◆ **à partir de ces 3 couleurs vous pouvez obtenir toutes les nuances** with *ou* from these 3 colours you can get any shade ◆ **c'est fait à partir de produits chimiques** it's made from chemicals

partir[2] /paʀtiʀ/ **VT** → **maille**

partisan, e /paʀtizɑ̃, an/ SYN
ADJ [1] *(= partial)* partisan
[2] ◆ **être partisan de qch/de faire qch** to be in favour *(Brit)* *ou* favor *(US)* of sth/of doing sth ◆ **être partisan du moindre effort** to be a believer in (taking) the line of least resistance
NM,F *[de personne, thèse, régime]* supporter; *[d'action]* supporter, advocate, proponent; *[de doctrine, réforme]* partisan, supporter, advocate; *(Mil)* partisan ◆ **c'est un partisan de la fermeté** he's an advocate of *ou* a believer in firm measures, he supports *ou* advocates firm measures

partita /paʀtita/ **NF** *(Mus)* partita

partitif, -ive /paʀtitif, iv/
ADJ partitive
NM partitive (article)

partition /paʀtisjɔ̃/ **NF** [1] *(Mus)* score ◆ **grande partition** full score
[2] *(frm, gén Pol = division)* partition
[3] *(Ordin)* partition

parton /paʀtɔ̃/ **NM** parton

partousard, e ** /paʀtuzaʀ, aʀd/ **NM,F** orgy lover

partouse ** /paʀtuz/ **NF** orgy

partouser ** /paʀtuze/ ▸ conjug 1 ◂ **VI** to have an orgy *ou* orgies

partout /paʀtu/ SYN **ADV** everywhere, everyplace *(US)* ◆ **partout où** everywhere (that), wherever ◆ **avoir mal partout** to ache all over ◆ **tu as mis des papiers partout** you've put papers all over the place ◆ **2/15 partout** *(Sport)* 2/15 all ◆ **40 partout** *(Tennis)* deuce

partouzard, e ** /paʀtuzaʀ, aʀd/ **NM,F** ⇒ **partousard, e**

partouze ** /paʀtuz/ **NF** ⇒ **partouse**

parturiente /paʀtyʀjɑ̃t/ **ADJ F, NF** parturient

parturition /paʀtyʀisjɔ̃/ **NF** parturition

parulie /paʀyli/ **NF** gumboil, parulis

parure /paʀyʀ/ SYN **NF** [1] *(= toilette)* costume, finery *(NonC)*; *(= bijoux)* jewels; *(= sous-vêtements)* set of lingerie; *(littér)* finery, livery *(littér)* ◆ **parure de table/de lit** set of table/bed linen ◆ **parure de berceau** cot *(Brit)* *ou* crib *(US)* set ◆ **parure de diamants** set of diamond jewellery ◆ **les arbres ont revêtu leur parure de feuilles** *(littér)* the trees have put on their leafy finery *(littér)*
[2] *(= déchet)* trimming

parurerie /paʀyʀʀi/ **NF** *(= fabrication)* finery making; *(= commerce)* finery trade

parurier, -ière /paʀyʀje, jɛʀ/ **NM,F** *(= fabricant)* finery maker; *(= vendeur)* finery seller

parution /paʀysjɔ̃/ SYN **NF** publication ◆ **dès sa parution, ce roman a eu beaucoup de succès** this novel was a huge success as soon as it came out

parvenir /paʀvəniʀ/ SYN ▸ conjug 22 ◂
VT INDIR **parvenir à** [1] *(= arriver) [+ sommet]* to get to, to reach; *[+ honneurs]* to achieve; *[+ état, âge]* to reach ◆ **parvenir aux oreilles de qn** to reach

sb's ears • **ma lettre lui est parvenue** my letter reached him, he got my letter • **ses ordres nous sont parvenus** his orders reached us • **faire parvenir qch à qn** to send sth to sb • **parvenir à ses fins** to achieve one's ends, to get what one wants • **sa renommée est parvenue jusqu'à notre époque** *ou* **nous** his renown survives to this day

2 *(= réussir)* • **parvenir à faire qch** to manage to do sth, to succeed in doing sth • **il y est parvenu** he managed it • **il n'y parvient pas tout seul** he can't manage on his own

VI *(péj = faire fortune)* to succeed *ou* get on in life, to arrive

parvenu, e /paʀvəny/ SYN (ptp de **parvenir**)

ADJ upstart

ADJ, NM,F *(péj)* parvenu, upstart

parvis /paʀvi/ SYN NM square *(in front of church or public building)*

PAS /peaɛs/ NM (abrèv de **acide para-amino-salicylique**) PAS

pas[1] /pɑ/ SYN

NM 1 *(gén)* step; *(= bruit)* footstep; *(= trace)* footprint • **faire un pas en arrière/en avant, reculer/avancer d'un pas** to step back/forward, to take a step *ou* a pace back/forward • **(il fait) un pas en avant et deux en arrière** *(fig)* (he takes) one step forward and two steps back • **il reconnut son pas dans le couloir** he recognized the sound of her footsteps in the corridor • **revenir** *ou* **retourner sur ses pas** to retrace one's steps • **je vais là où me conduisent mes pas** I am going where my steps take me • **avancer à petits pas** *(lit, fig)* to inch forward, to inch one's way along • **faire de grands pas/de petits pas** to take long strides/short steps • **la politique des petits pas** the policy of taking things one step at a time • **marcher à grands pas** to stride along • **à pas mesurés** *ou* **comptés** with measured steps • **pas à pas** *(lit, fig)* step by step • **à chaque pas** *(lit, fig)* at every step • **il ne peut pas faire un pas sans elle/sans la rencontrer** he can't go anywhere without her/without meeting her • **ne le quittez pas d'un pas** follow him wherever he goes • **arriver sur les pas de qn** to arrive just after sb, to follow close on sb's heels • **marcher sur les pas de qn** to follow in sb's footsteps • **faire ses premiers pas** to start walking *ou* to walk

2 *(= distance)* pace • **à 20 pas** at 20 paces • **c'est à deux pas d'ici** it's only a minute away, it's just a stone's throw from here

3 *(= vitesse)* pace; *(Mil)* step; *[de cheval]* walk • **aller** *ou* **marcher d'un bon pas** to walk at a good *ou* brisk pace • **marcher d'un pas lent** to walk slowly • **changer de pas** to change step • **allonger** *ou* **hâter** *ou* **presser le pas** to hurry on, to quicken one's step *ou* pace • **ralentir le pas** to slow down • **marcher au pas** to march • **se mettre au pas** to get in step • **mettre son cheval au pas** to walk one's horse • **rouler** *ou* **aller au pas** *(en voiture)* to crawl along, to go at a walking pace • « **roulez au pas** » "dead slow" • **au pas cadencé** in quick time • **au pas de charge** at the double • **au pas de course** at a run • **au pas de gymnastique** at a jog trot • **au pas redoublé** in double time, double-quick

4 *(= démarche)* tread • **d'un pas lourd** *ou* **pesant** with a heavy tread • **pas d'éléphant** heavy tread

5 *(Danse)* step • **pas de danse/valse** dance/waltz step; → **esquisser**

6 *(Géog = passage) [de montagne]* pass; *[de mer]* strait

7 *[de vis, écrou]* thread; *[d'hélice]* pitch

8 *(locutions)* • **faire un grand pas en avant** to take a big step *ou* a great leap forward • **la science avance à grands pas/à pas de géant** science is taking great/gigantic steps forward • **il progresse à pas de géant** he's coming on in leaps and bounds • **faire le(s) premier(s) pas** to take the initiative, to make the first move • **il n'y a que le premier pas qui coûte** the first step is the hardest • **à pas de loup, à pas feutrés** stealthily • **d'un pas léger** *(= avec insouciance)* airily, blithely; *(= joyeusement)* with a spring in one's step • **entrer/sortir d'un pas léger** *(= agilement)* to pad in/out • **j'y vais de ce pas** I'll go straightaway *(Brit)* *ou* at once • **mettre qn au pas** to bring sb to heel, to make sb toe the line • **avoir le pas sur qn** to rank before *ou* above sb • **prendre le pas sur** *[+ considérations, préoccupations]* to override; *[+ théorie, méthode]* to supplant; *[+ personne]* to steal a lead over • **franchir** *ou* **sauter le pas** to take the plunge • **du mensonge à la calomnie il n'y a qu'un pas** it's a short *ou* small step from lies to slander; → **céder, cent[1], faux[2]**

COMP **pas battu** *(Danse)* pas battu

le pas de Calais *(= détroit)* the Straits of Dover

pas de clerc *(littér)* blunder

pas de deux *(Danse)* pas de deux

pas de l'oie *(Mil)* goose-step • **faire le pas de l'oie** to goose-step

le pas de la porte the doorstep • **sur le pas de la porte** on the doorstep, in the doorway

pas de tir *[de champ de tir]* shooting range; *(Espace)* launching pad

pas de vis thread

pas[2] /pɑ/

ADV NÉG 1 *(avec ne : formant nég verbale)* not • **je ne vais pas à l'école** *(aujourd'hui)* I'm not *ou* I am not going to school; *(habituellement)* I don't *ou* I do not go to school • **ce n'est pas vrai, c'est pas vrai** * it isn't *ou* it's not *ou* it is not true • **je ne suis pas/il n'est pas allé à l'école** I/he didn't *ou* did not go to school • **je ne trouve pas mon sac** I can't *ou* cannot find my bag • **je ne la vois pas** I can't *ou* cannot see her • **je ne prends pas/je ne veux pas de pain** I won't have/I don't want any bread • **ils n'ont pas de voiture/d'enfants** they don't have *ou* haven't got a car/any children, they have no car/children • **il m'a dit de (ne) pas le faire** he told me not to do it • **ça me serait insupportable de ne pas le voir, ne pas le voir me serait insupportable** it would be unbearable not to see him, not to see him would be unbearable • **je pense qu'il ne viendra pas** I don't think he'll come • **ce n'est pas sans peine que je l'ai convaincu** it was not without (some) difficulty that I convinced him • **non pas** *ou* **ce n'est pas qu'il soit bête** (it's) not that he's a fool • **ce n'est pas que je refuse** it's not that I refuse • **il n'y a pas que ça** it's not just that • **il n'y a pas que lui** he's not the only one • **je n'en sais pas plus que vous** I don't know any more about it than you (do) • **il n'y avait pas plus de 20 personnes** there were no more than 20 people there • **il n'est pas plus/moins intelligent que vous** he is no more/no less intelligent than you • **ne me parle pas sur ce ton** don't speak to me like that, do NOT speak to me like that

2 *(indiquant ou renforçant opposition)* • **elle travaille, (mais) lui pas** she works, but he doesn't • **il aime ça, pas toi ?** he likes it, don't you? • **ils sont quatre et non pas trois** there are four of them, not three • **vient-il ou (ne vient-il) pas ?** is he coming or not?, is he coming or isn't he? • **leur maison est chauffée, la nôtre pas** their house is heated but ours isn't *ou* is not

3 *(dans réponses négatives)* not • **pas de sucre, merci !** no sugar, thanks! • **pas du tout** not at all, not a bit • **il t'a remercié, au moins ? – pas du tout** *ou* **absolument pas** he did at least thank you? – he certainly didn't *ou* did not • **pas encore** not yet • **tu as aimé le film ? – pas plus que ça** did you like the film? – it was so-so * • **pas tellement** *, **pas tant que ça** not (all) that much, not so very much • **pas des masses** * not a lot *, not an awful lot * • **qui l'a prévenu ? – pas moi/elle** *etc* who told him? – not me/her *etc ou* I didn't/she didn't *etc*

4 *(devant adj, n, dans excl : *)* • **ce sont des gens pas fiers** they're not proud people • **il est dans une situation pas banale** *ou* **pas ordinaire** he's in an unusual situation • **pas un n'est venu** not one *ou* none (of them) came • **pas possible !** no!, you don't say! * • **pas de chance** * hard *ou* bad luck *!, too bad * • **pas vrai ?** * isn't that so?, (isn't that) right? • **tu es content ? eh bien pas moi !** are you satisfied? well I'm not! • **tu es content, pas vrai ?** * you're pleased, aren't you? *ou* admit it • **t'es pas un peu fou ?** * you must be *ou* you're crazy! * • **pas d'histoires** *ou* **de blagues, il faut absolument que j'arrive à l'heure** no nonsense now, I absolutely must be on time • **(c'est) pas bête, cette idée !** that's not a bad idea (at all)! • **si c'est pas malheureux !** * *ou* **honteux !** * isn't that disgraceful! • **tu viendras, pas ?** * you're coming, aren't you?, you'll come, won't you? • **pas de ça !** we'll have none of that! • **ah non, pas ça !** oh no, anything but that! • **ah non, pas lui !** oh no, not him!; → **falloir, fou**

COMP **pas grand-chose** *(péj)* NMF INV good-for-nothing

Pascal /paskal/ NM *(Ordin)* Pascal

pascal[1], e (mpl **-aux**) /paskal, o/ ADJ *[agneau]* paschal; *[messe]* Easter

pascal[2] (pl **pascals**) /paskal/ NM *(Phys)* pascal; († * = *billet*) 500 franc note

pascalien, -ienne /paskaljɛ̃, jɛn/ ADJ of Pascal

pas-de-porte /padpɔʀt/ NM INV *(= argent)* ≈ key money *(for shop, flat etc)*

pashmina /paʃmina/ NM pashmina

pasionaria /pasjɔnaʀja/ NF passionate (female) militant • **Marie Dupont, la pasionaria de la libération des femmes** Marie Dupont, the ardent champion of women's liberation

Pasiphaé /pazifae/ NF Pasiphaë

paso doble /pasodɔbl/ NM paso doble

passable /pasabl/ SYN ADJ passable, tolerable; *(sur copie d'élève)* fair • **mention passable** *(Univ)* ≈ pass(mark) • **à peine passable** barely passable, not so good

passablement /pasabləmɑ̃/ SYN ADV *(= moyennement) [jouer, travailler]* tolerably *ou* reasonably well; *(= assez) [irritant, long]* rather, fairly, pretty *; *(= beaucoup)* quite a lot *ou* a bit * • **il faut passablement de courage pour...** it requires a fair amount of courage to...

passacaille /pasakaj/ NF passacaglia

passade /pasad/ SYN NF passing fancy, whim, fad; *(amoureuse)* brief affair

passage /pasaʒ/ SYN

NM 1 *(= venue)* • **guetter le passage du facteur** to watch for the postman to come by, to be on the look-out for the postman • **attendre le passage de l'autobus** to wait for the bus to come • **agrandir une voie pour permettre le passage de gros camions** to widen a road to allow heavy vehicles to use it *ou* to allow heavy vehicles through • **observer le passage des oiseaux dans le ciel** to watch the birds fly by *ou* over • **pour empêcher le passage de l'air sous la porte** to stop draughts (coming in) under the door • **lors de votre passage à la douane** when you go *ou* pass through customs • **lors d'un récent passage à Paris** when I *(ou he etc)* was in *ou* visiting Paris recently, on a recent trip to Paris • **la navette d'autobus fait quatre passages par jour** the shuttle bus runs four times a day • **prochain passage de notre représentant le 8 mai** our representative will be in the area again on 8 May • « **passage interdit** » "no entry", "no thoroughfare" • « **passage de troupeaux** » "cattle crossing" • **livrer passage** to make way • **livrer passage à qn** to let sb pass, to make way for sb • **il y a beaucoup de passage l'été** a lot of people come through here in the summer • **lors de son passage au gouvernement** during his time in the government

◆ **de passage** • **il est de passage à Paris** he is in *ou* passing through Paris at the moment • **amours/amants de passage** casual affairs/lovers • **les commerçants travaillent avec les clients de passage** the shopkeepers cater for passing trade; → **lieu[1]**

◆ **au passage** • **il a saisi le panier au passage** he picked up the basket as he went past • **ils l'ont, au passage, délesté de son portefeuille** in passing they relieved him of his wallet • **il a rappelé au passage que ce sont les socialistes qui ont proposé cette réforme** he recalled in passing that it was the Socialists who proposed this reform • **il oublia, au passage, de prévenir le maire** incidentally he forgot to inform the mayor

2 *(= transfert)* • **le passage de l'état solide à l'état gazeux** the change from the solid to the gaseous state • **le passage de l'enfance à l'adolescence** the transition *ou* passage from childhood to adolescence • **le passage du jour à la nuit** the change from day to night • **le passage du grade de capitaine à celui de commandant** promotion from captain to major • **le passage de l'alcool dans le sang** the entry of alcohol into the bloodstream • **son passage en classe supérieure est problématique** there are problems about his moving up *ou* promotion *(US)* to the next class *(Brit)* *ou* grade *(US)* • **pour réussir le passage à l'euro** to make a smooth transition to the euro, to make the changeover to the euro successful • **le passage à l'heure d'été** changing to summer time ; → **examen**

3 *(= lieu)* passage; *(= rue couverte avec commerces)* arcade; *(= chemin)* way, passage; *(= itinéraire)* route; *(= rue)* passage(way), alley(way) • **un passage dangereux sur la falaise** a dangerous section of the cliff • **il faut trouver un passage dans ces broussailles** we must find a way through this undergrowth • **on a mis des barrières sur le passage de la procession** barriers have been put up along the route of the procession • **on se retourne sur son passage** people turn round and look when he goes past • **l'ouragan dévasta tout sur son passage** the hurricane demolished everything in its path

• **barrer le passage à qn** to block sb's way
• **laisser le passage à qn** to let sb pass ou past
• **va plus loin, tu gênes le passage** move along, you're in the way • **ne laissez pas vos valises dans le passage** don't leave your cases in the way • **le passage du Nord-Ouest** the North-West Passage; → **frayer**

[4] *(en bateau)* • **payer son passage** to pay for one's passage, to pay one's fare

[5] *(= fragment)* [de livre, symphonie] passage

[6] *(= traversée)* [de rivière, limite, montagnes] crossing • **le passage de la ligne** *(en bateau)* crossing the Line

[7] *(= moment)* • **ça a été un passage difficile dans sa vie** it was a difficult period in his life • **passages nuageux** cloudy spells

COMP **passage à l'acte** acting out • **ce qui a déclenché le passage à l'acte** *(crime, suicide)* what pushed him to carry out the murder *(ou suicide)*
passage clouté pedestrian crossing, ≈ zebra crossing *(Brit)*, ≈ crosswalk *(US)*
passage à niveau level crossing *(Brit)*, grade crossing *(US)*
passage (pour) piétons pedestrian walkway
passage protégé *(sur route)* priority ou right of way *(over secondary roads)*
passage souterrain *(gén)* underground ou subterranean passage; *(pour piétons)* underpass, subway *(Brit)*
passage à tabac beating up
passage à vide *(= baisse de forme, mauvaises performances)* [d'équipe, entreprise, économie] bad patch • **j'ai toujours un petit passage à vide vers 16 h** I always start to flag around 4 o'clock • **j'ai eu un passage à vide pendant l'exam** my mind went blank during the exam

passager, -ère /pasaʒe, ɛʀ/ SYN
ADJ [1] *(= de courte durée)* [malaise] passing *(épith)*, brief; [inconvénient] temporary; [bonheur, beauté] passing *(épith)*, transient, ephemeral • **j'ai eu un malaise passager** I felt faint for a few minutes • **pluies passagères** intermittent ou occasional showers
[2] [rue] busy
NM,F passenger • **passager clandestin** stowaway

passagèrement /pasaʒɛʀmɑ̃/ SYN ADV for a short time, temporarily • **il était revenu passagèrement au gouvernement** he returned to the government for a short time, he made a brief return to the government • **ce sera une assez belle journée, passagèrement nuageuse** it will be quite a fine day, cloudy at times

passant, e /pasɑ̃, ɑ̃t/ SYN
ADJ [rue] busy; → **bande¹**
NM,F passer-by
NM [de ceinture] loop

passation /pasasjɔ̃/ SYN NF [de contrat] signing; *(Comm)* [d'écriture] entry • **passation de pouvoirs** handing over of office ou power, transfer of power

passavant /pasavɑ̃/ NM [1] *(Comm, Jur)* transire, carnet
[2] *(Naut)* [de bateau] catwalk

passe¹ /pas/ SYN
NF [1] *(Sport)* pass • **faire une passe** to pass (à to) • **passe en retrait/en avant** back/forward pass • **passe croisée** *(Football)* cross • **faire une passe croisée à qn** to cross to sb
[2] *(= situation)* • **être dans une bonne passe** [personne, économie, équipe] to be doing well • **être dans ou traverser une mauvaise passe** [personne, économie, entreprise, monnaie] to be going through a bad patch • **est-ce qu'il va sortir de cette mauvaise passe ?** will he manage to pull through?; → **mot**
• **être en passe de faire qch** to be on one's ou the way to doing sth • **il est en passe de réussir** he is poised to succeed • **c'est un rêve en passe de devenir réalité** it's a dream that is about to become a reality • **cette ville est en passe de devenir le centre de la mode européenne** this city is poised to become the centre of European fashion • **cette espèce est en passe de disparaître** this species is on the way to extinction ou is dying out
[3] [de magnétiseur, prestidigitateur] pass
[4] *(Roulette)* passe
[5] *(= chenal)* pass, channel
[6] [de prostituée] • **c'est 50 € la passe** it is 50 euros a time • **faire 20 passes par jour** to have 20 clients ou customers a day; → **hôtel, maison**
[7] *(Imprim)* • **(main de) passe** surplus paper • **exemplaire de passe** over, surplus copy

COMP **passe d'armes** *(fig)* heated exchange
passe de caisse *(Comm)* sum allowed for cashier's errors

passe² */*pas/ NM abrév de **passe-partout**

passé, e /pase/ SYN (ptp de **passer**)
ADJ [1] *(= dernier)* last • **c'est arrivé le mois passé/l'année passée** it happened last month/last year • **au cours des semaines/années passées** over these last ou the past (few) weeks/years
[2] *(= révolu)* [action, conduite] past • **songeant à sa gloire passée/ses angoisses passées** thinking of his past ou former glory/distress • **regrettant sa jeunesse/sa beauté passée** yearning for her vanished youth/beauty • **si l'on se penche sur les événements passés** if one looks back over past events • **cette époque est passée maintenant** that era is now over • **ce qui est passé est passé** what's done is done, that's all in the past (now) • **il a 60 ans passés** he's over 60 • **où sont mes années passées ?** where has my life gone? • **il se rappelait le temps passé** he was thinking back to days ou times gone by
[3] *(= fané)* [couleur, fleur] faded • **tissu passé** material that has lost its colour, faded material
[4] *(= plus de)* • **il est 8 heures passées** it's past ou gone *(Brit)* 8 o'clock • **il est rentré à 9 heures passées** it was past ou gone *(Brit)* 9 o'clock when he got back • **ça fait une heure passée que je t'attends** I've been waiting for you for more than ou over an hour
NM [1] • **le passé** the past • **il faut oublier le passé** we should forget the past • **c'est du passé, n'en parlons plus** it's (all) in the past now, let's not say any more about it • **il est revenu nous voir comme par le passé** he came back to see us as he used to in the past • **il a eu plusieurs condamnations dans le passé** he had several previous convictions
[2] *(= vie écoulée)* past • **pays fier de son passé** country proud of its past • **bandit au passé chargé** gangster with a past • **son passé m'est inconnu** I know nothing of his past
[3] *(Gram)* past tense • **les temps du passé** the past tenses • **mettez cette phrase au passé** put this sentence into the past (tense) • **passé antérieur** past anterior • **passé composé** perfect • **passé simple** past historic, preterite
PRÉP after • **passé 6 heures on ne sert plus les clients** after 6 o'clock we stop serving • **passé cette maison, on quitte le village** after this house, you are out of the village

passe-bande /pasbɑ̃d/ ADJ INV [filtre] band-pass *(épith)*

passe-bas /pasba/ ADJ INV [filtre] low-pass *(épith)*

passe-boule (pl **passe-boules**) /pasbul/ NM ≈ Aunt Sally

passe-crassane (pl **passe-crassanes**) /paskʀasan/ NF type of winter pear

passe-droit (pl **passe-droits**) /pasdʀwa/ SYN NM (undeserved) privilege, favour *(Brit)*, favor *(US)* • **il a obtenu un passe-droit** he got preferential treatment

passée /pase/ NF *(= trace)* track; *(= vol)* flight

passe-haut /paso/ ADJ INV [filtre] high-pass *(épith)*

passéisme /paseism/ NM *(péj)* attachment to the past

passéiste /paseist/
ADJ *(péj)* backward-looking
NMF *(péj)* devotee of the past

passe-lacet (pl **passe-lacets**) /paslasɛ/ NM bodkin; → **raide**

passement /pasmɑ̃/ NM braid *(NonC)*

passementer /pasmɑ̃te/ ▸ conjug 1 ◂ VT to braid

passementerie /pasmɑ̃tʀi/ NF *(= objets)* soft furnishings; *(= commerce)* soft furnishings, sale of soft furnishings • **rayon de passementerie** department selling soft furnishings

passementier, -ière /pasmɑ̃tje, jɛʀ/
ADJ • **industrie passementière** soft furnishings industry
NM,F *(= fabricant)* manufacturer of soft furnishings; *(= vendeur)* salesman *(ou* -woman*)* specializing in soft furnishings

passe-montagne (pl **passe-montagnes**) /pasmɔ̃taɲ/ NM balaclava

passe-muraille /pasmyʀaj/
ADJ [personne, tenue] unremarkable
NM INV unremarkable person

passe-partout /paspaʀtu/ SYN
ADJ INV [tenue] for all occasions, all-purpose *(épith)*; [formule] all-purpose *(épith)*, catch-all *(épith)*
NM INV [1] *(= clé)* master ou skeleton key
[2] *(= encadrement)* passe-partout
[3] *(= scie)* crosscut saw

passe-passe /paspas/ NM INV • **tour de passe-passe** [de magicien] conjuring trick; *(fig)* trick, sleight of hand • **faire des tours de passe-passe** to perform conjuring tricks • **par un tour de passe-passe financier** by a financial sleight of hand

passe-pierre (pl **passe-pierres**) /paspjɛʀ/ NF ⇒ **perce-pierre**

passe-plat (pl **passe-plats**) /paspla/ NM serving hatch

passepoil /paspwal/ NM piping *(NonC)*

passepoilé, e /paspwale/ ADJ piped

passeport /paspɔʀ/ SYN NM passport • **demander ses passeports** [ambassadeur] to withdraw one's credentials • **ce diplôme est un passeport pour l'emploi** this degree is a passport to a job

---

passer /pase/
GRAMMAIRE ACTIVE 27.1, 27.2, 27.4

SYN ▸ conjug 1 ◂

1 - VERBE INTRANSITIF
2 - VERBE TRANSITIF
3 - VERBE PRONOMINAL

▸ Lorsque **passer** s'emploie dans des locutions figurées telles que **passer sous le nez de qn, passer sur le ventre/le corps à qn** etc, cherchez sous le nom.

---

1 - VERBE INTRANSITIF

[AVEC AUXILIAIRE ÊTRE]

[1] [GÉN] to pass, to go ou come past • **passer en courant** to run past • **passer à pas lents** to go slowly past • **le train va bientôt passer** the train will be coming past ou by soon • **où passe la route ?** where does the road go? • **faire passer les piétons** to let the pedestrians cross; → **bouche, main**

• **passer** + préposition ou adverbe • **passer sous/sur/devant/derrière** etc to go under/over/in front of/behind etc • **la route passe à Vierzon** the road goes through Vierzon • **la Seine passe à Paris** the Seine flows through Paris • **les poissons sont passés au travers du filet** the fish slipped through the net • **les camions ne passent pas dans notre rue** lorries don't come along ou down our street • **il passait dans la rue avec son chien/en voiture** he was walking down the street with his dog/driving down the street • **le fil passe dans ce tuyau** the wire goes down ou through this pipe • **une lueur cruelle passa dans son regard** a cruel gleam came into his eyes • **l'autobus lui est passé dessus, il est passé sous l'autobus** he was run over by the bus • **passer devant la maison de qn** to go past ou to pass sb's house • **je passe devant vous pour vous montrer le chemin** I'll go in front to show you the way • **passez donc devant** you go first • **la voie ferrée passe le long du fleuve** the railway line runs alongside the river • **la balle/flèche n'est pas passée loin** the bullet/arrow didn't miss by much • **pour y aller, je passe par Amiens** I go ou pass through Amiens to get there, I go there via Amiens • **je passe par la gare, je peux vous déposer** I'm going by the station, I can drop you off • **par où êtes-vous passé ?** which way did you go? ou come? • **le chien est trop gros pour passer par le trou** the dog is too big to get through the hole • **ça fait du bien par où ça passe !*** that's just what the doctor ordered!* • **l'air passe sous la porte** there's a draught from under the door • **passer sous les fenêtres de qn** to go past ou to pass sb's window • **le confort, ça passe après*** comfort is less important ou comes second • **le travail passe avant tout/avant les loisirs** work comes first/before leisure • **passer devant Monsieur le maire** to get married ou hitched* • **passer devant un jury** to go before a jury • **ma famille passe en premier** my family comes first • **une idée m'est passée par la tête** an idea occurred to me • **elle dit tout ce qui lui passe par la tête** she says whatever comes into her head

♦ **passer sur** *[+ faute]* to pass over, to overlook; *[+ détail inutile ou scabreux]* to pass over ◆ **je veux bien passer sur cette erreur** I'm willing to pass over *ou* overlook this mistake ◆ **je passe sur les détails** I shall pass over *ou* leave out *ou* skip the details

♦ **en passant** *(= sur le chemin)* ◆ **j'irai le voir en passant** I'll call in to see him *ou* I'll call in and see him on my way ◆ **il m'a glissé quelques remarques en passant** *(dans la conversation)* he said a few words to me in passing; → **dire**

♦ **en passant par** ◆ **il aime tous les sports, du football à la boxe en passant par le golf** *(dans une énumération)* he likes all sports, from football to golf to boxing

[2] [= FAIRE UNE HALTE RAPIDE] ◆ **passer au** *ou* **par le bureau/chez un ami** to call in at *ou* drop in at *ou* drop by the office/a friend's ◆ **je ne fais que passer** *(chez qn)* I'm not stopping*, I can't stay long; *(dans une ville)* I'm just passing through ◆ **passer à la visite médicale** to go for a medical ◆ **passer à la douane** to go through customs, to clear customs ◆ **le facteur est passé** the postman has been ◆ **à quelle heure passe le laitier ?** what time does the milkman come? ◆ **le releveur du gaz passera demain** the gasman will call tomorrow

♦ **passer** + *infinitif* ◆ **passer chercher** *ou* **prendre qn** to call for sb, to go *ou* come and pick sb up ◆ **je passerai prendre ce colis demain** I'll come and pick the parcel up tomorrow ◆ **passer voir qn** *ou* **rendre visite à qn** to call (in) on sb ◆ **le médecin passera te voir ce soir** the doctor will come and see you this evening ◆ **puis-je passer te voir en vitesse ?** can I pop round (to see you)?

[3] [= CHANGER DE LIEU, D'ATTITUDE, D'ÉTAT] to go ◆ **passer d'une pièce dans une autre** to go from one room to another ◆ **si nous passions au salon ?** shall we go into *ou* through to the sitting room? ◆ **passer à table** to sit down to eat ◆ **il est passé en Belgique** he went over to Belgium ◆ **passer à l'ennemi/l'opposition** to go over *ou* defect to the enemy/the opposition ◆ **la photo passa de main en main** the photo was passed *ou* handed round ◆ **passer d'un extrême à l'autre** to go from one extreme to the other ◆ **passer de l'état solide à l'état liquide** to go *ou* change from the solid to the liquid state ◆ **passer du rire aux larmes** to switch from laughter to tears ◆ **passer à un ton plus sévère** to take a harsher tone ◆ **passer dans les mœurs/les habitudes** to become the custom/the habit ◆ **passer dans la langue** to pass *ou* come into the language ◆ **passer en proverbe** to become proverbial ◆ **son argent de poche passe en bonbons** *ou* **dans les bonbons** all his pocket money goes on sweets ◆ **l'alcool passe dans le sang** alcohol enters the bloodstream ◆ **le reste des légumes est passé dans le potage** the leftover vegetables went into the soup

[4] [= CHANGER DE VITESSE] ◆ **passer en première/marche arrière** to go into first/reverse ◆ **passer en seconde/quatrième** to go *ou* change into second/fourth ◆ **les vitesses passent mal** the gears are stiff

[5] [= FRANCHIR UN OBSTACLE] *[véhicule]* to get through; *[cheval, sauteur]* to get over; *(Alpinisme)* to get up ◆ **ça passe ?** *(en manœuvrant en voiture)* can I make it?, have I got enough room?

[6] [= S'ÉCOULER : TEMPS] to go by, to pass ◆ **comme le temps passe (vite) !** how time flies! ◆ **ça fait passer le temps** it passes the time

[7] [= S'ÉCOULER : LIQUIDE] to go *ou* come through, to seep through; *[café]* to go through; *(= circuler) [courant électrique]* to get through

[8] [= ÊTRE DIGÉRÉ, AVALÉ] to go down ◆ **mon déjeuner ne passe pas** my lunch won't go down ◆ **prendre un cachet pour faire passer le déjeuner** to take a tablet to help one's lunch down ◆ **prends de l'eau pour faire passer le gâteau** have some water to wash down the cake

[9] [= ÊTRE ACCEPTÉ] *[demande, proposition]* to pass ◆ **je ne pense pas que ce projet de loi passera** I don't think this bill will be passed *ou* will go through ◆ **cette plaisanterie ne passe pas dans certains milieux** that joke doesn't go down well *ou* isn't appreciated in some circles ◆ **il y a des plaisanteries/erreurs qui passent dans certaines circonstances mais pas dans d'autres** there are certain jokes/mistakes which are all right in some circumstances but not in others ◆ **le gouvernement se demande comment faire passer les hausses de prix** the government is wondering how to get the price increases through ◆ **il est passé de justesse à l'examen** he only just scraped through *ou* passed the exam ◆ **il est passé dans la classe supérieure** he's moved up to the next class (Brit), he's passed *ou* been promoted to the next grade (US) ◆ **l'équipe est passée en 2e division** *(progrès)* the team were promoted to *ou* have moved up to the second division; *(recul)* the team have been relegated to *ou* have moved down to the second division ◆ **ça passe ou ça casse** it's make or break (time)

[10] [= DEVENIR] to become ◆ **passer directeur/président** to become *ou* be appointed director/chairman

[11] [= ÊTRE MONTRÉ] *(Ciné) [film]* to be showing, to be on; (TV) *[émission]* to be on; *[personne]* to be on, to appear ◆ **passer à la radio/à la télé*** to be on the radio/on TV

[12] [= ÊTRE PRÉSENTÉ] *(Jur, Parl)* to come up ◆ **le projet de loi va passer devant la Chambre** the bill will come *ou* be put before Parliament ◆ **il est passé devant le conseil de discipline de l'école** he came up *ou* was brought up before the school disciplinary committee

[13] [= DÉPASSER] ◆ **le panier est trop petit, la queue du chat passe** the basket is too small – the cat's tail is sticking out ◆ **son manteau est trop court, la robe passe** her coat is too short – her dress shows underneath ◆ **ne laisse pas passer ton bras par la portière** don't put your arm out of the window

[14] [= DISPARAÎTRE] *[douleur]* to pass, to wear off; *(lit, fig) [orage]* to blow over, to die down; *[beauté, couleur]* to fade; *[colère]* to die down; *[mode]* to die out; *(= mourir) [personne]* to pass on *ou* away ◆ **la jeunesse passe (vite)** you're old before you know it ◆ **faire passer à qn le goût** *ou* **l'envie de faire** to cure sb of doing ◆ **cela fera passer votre rhume** that will get you over your cold *ou* get rid of your cold for you ◆ **le plus dur est passé** the worst is over now ◆ **il était très amoureux, mais ça lui a passé** he was very much in love but he got over it ◆ **il voulait être pompier mais ça lui a passé** he wanted to be a fireman but he grew out of it ◆ **ça lui passera (avant que ça me reprenne) !*** *[sentiment]* he'll get over it!; *[habitude]* he'll grow out of it!

[15] [CARTES] to pass

[16] [LOCUTIONS] ◆ **qu'il soit menteur, passe (encore), mais voleur c'est plus grave** he may be a liar, that's one thing, but a thief, that's more serious ◆ **passe pour cette erreur, mais si tu recommences...** we'll forget about it this time, but if you make the same mistake again... ◆ **passons** let's say no more (about it)

♦ **passer par** *[+ intermédiaire]* to go through; *[+ expérience]* to go through, to undergo ◆ **pour lui parler, j'ai dû passer par sa secrétaire** I had to go through *ou* via his secretary *ou* I had to see his secretary before I could speak to him ◆ **pour téléphoner, il faut passer par le standard** you have to go through the switchboard to make a call ◆ **passer par de dures épreuves** to go through some very trying times ◆ **il est passé par des moments difficiles** he's been through some hard times ◆ **passer par l'université/un lycée technique** to go through university/technical college ◆ **elle est passée par toutes les couleurs de l'arc-en-ciel** *(gêne)* she blushed to the roots of her hair; *(peur)* she turned pale ◆ **nous sommes tous passés par là** we've all been through that, that's happened to all of us

♦ **en passer par** ◆ **il faudra bien en passer par là** there's no way round it ◆ **il a bien fallu en passer par là** it had to come to that (in the end) ◆ **il faudra bien en passer par ce qu'il demande** we'll have to give him what he wants, we'll have to comply with *ou* give in to his request

♦ **passer pour** ◆ **je ne voudrais pas passer pour un imbécile** I wouldn't like to be taken for a fool ◆ **il pourrait passer pour un Allemand** you could take him for a German, he could pass for *ou* as a German ◆ **auprès de ses amis, il passait pour un séducteur** he was regarded by his friends as (being) a ladies' man ◆ **il passe pour un intellectuel** he passes for an intellectual ◆ **il passe pour intelligent** he's thought of as intelligent, he's supposed to be intelligent ◆ **il passe pour beau auprès de certaines femmes** some women think *ou* find him good-looking, he's considered good-looking by some women ◆ **il passe pour un escroc** people say he's a crook ◆ **cela passe pour vrai** it's thought to be true ◆ **se faire passer pour** to pass o.s. off as ◆ **il s'est fait passer pour son patron** he passed himself off as his boss ◆ **il s'est fait passer pour fou pour se faire réformer** he pretended to be mad so he could be declared unfit for service ◆ **faire passer qn pour** to make sb out to be ◆ **tu veux me faire passer pour un idiot !** do you want to make me look stupid?

♦ **y passer*** ◆ **on a eu la grippe, tout le monde y est passé** we've had the flu – everybody got it *ou* nobody escaped it ◆ **si tu conduis comme ça, on va tous y passer** if you go on driving like that, we've all had it* ◆ **toute sa fortune y est passée** he spent all his fortune on it, his whole fortune went on it ◆ **si elle veut une promotion, il faudra bien qu'elle y passe** *(sexuellement)* if she wants to be promoted, she'll have to sleep with the boss

♦ **laisser passer** *[+ air, lumière]* to let in; *[+ personne, procession]* to let through *ou* past; *[+ erreur]* to overlook, to miss; *[+ occasion]* to let slip, to miss ◆ **il faut laisser passer le temps** give it time ◆ **s'écarter pour laisser passer qn** to move back to let sb (get) through *ou* past ◆ **nous ne pouvons pas laisser passer cette affaire sans protester** we cannot let this matter pass without a protest, we can't let this matter rest there – we must protest

2 - VERBE TRANSITIF

[AVEC AUXILIAIRE AVOIR]

[1] [= FRANCHIR] *[+ rivière, frontière, seuil]* to cross; *[+ porte]* to go through; *[+ haie]* to jump *ou* get over ◆ **passer une rivière à la nage/en bac** to swim across/take the ferry across a river

[2] [= SE SOUMETTRE À] *[+ examen]* to sit, to take ◆ **passer son permis (de conduire)** to take one's driving test ◆ **passer une visite médicale** to have a medical (examination) ◆ **passer un examen avec succès** to pass an exam

[3] [= UTILISER] *[+ temps, vacances]* to spend ◆ **passer sa vie à faire** to spend one's life doing ◆ **(faire qch) pour passer le temps** (to do sth) to while away *ou* pass the time ◆ **j'ai passé la soirée chez Luc** I spent the evening at Luc's (place); → **mauvais**

[4] [= ASSOUVIR] ◆ **passer sa colère/sa mauvaise humeur sur qn** to take one's anger/one's bad mood out on sb ◆ **passer son envie de chocolat** to satisfy one's craving for chocolate

[5] [= OMETTRE] *[+ mot, ligne]* to leave out, to miss out *(Brit)* ◆ **passer son tour** to miss one's turn ◆ **et j'en passe !** and that's not all! ◆ **j'en passe, et des meilleures !** and that's not all – I could go on!, and that's the least of them!; → **silence**

[6] [= PERMETTRE] ◆ **passer une faute à qn** to overlook sb's mistake ◆ **passer un caprice à qn** to humour sb, to indulge sb's whim ◆ **on lui passe tout** *[+ bêtises]* he gets away with anything; *[+ désirs]* he gets everything he wants ◆ **passez-moi l'expression** (if you'll) pardon the expression

[7] [= TRANSMETTRE] *[+ consigne, message, maladie]* to pass on; *(Sport) [+ ballon]* to pass ◆ **passer qch à qn** to give *ou* hand sth to sb ◆ **tu (le) fais passer** pass *ou* hand it round ◆ **passer une affaire/un travail à qn** to hand a matter/a job over to sb ◆ **passe-moi une cigarette** pass *ou* give me a cigarette ◆ **passez-moi du feu** give me a light ◆ **il m'a passé un livre** he's lent me a book ◆ **je suis fatigué, je vous passe le volant** I'm tired, you take the wheel *ou* you drive ◆ **je vous passe M. Duroy** *(au téléphone) [standard]* I'm putting you through to Mr Duroy; *(= je lui passe l'appareil)* here's Mr Duroy ◆ **passe-lui un coup de fil** phone *ou* call *ou* ring *(Brit)* him, give him a ring *(Brit)* ◆ **passez-moi tous vos paquets** give me *ou* let me have all your parcels

[8] [DOUANE] ◆ **passer la douane** to go through customs ◆ **après avoir passé la douane, je...** once I'd been through *ou* cleared Customs, I... ◆ **passer des marchandises en transit** to carry goods in transit ◆ **passer qch en fraude** to smuggle sth (in *ou* out *ou* through *etc*) ◆ **passer des faux billets** to pass forged notes

[9] [= ENFILER] *[+ pull]* to slip on; *[+ robe]* to slip into ◆ **passer une bague au doigt de qn** to slip a ring on sb's finger ◆ **passer un lacet dans qch** to thread a lace through sth ◆ **passer la corde au cou de qn** to put the rope round sb's neck

[10] [= METTRE] ◆ **passer la tête à la porte** to poke one's head round the door ◆ **passer la main/tête à travers les barreaux** to stick one's hand/head through the bars

[11] [= DÉPASSER] *[+ gare, maison]* to pass, to go past ◆ **passer le poteau** to pass the post, to cross the finishing line ◆ **passer les limites** *ou* **les bornes** to go too far ◆ **tu as passé l'âge (de ces jeux)** you're too old (for these games) ◆ **il ne passera pas la nuit/la semaine** he won't last the night/the week, he won't see the night/the week out; → **cap**[1]

12 [CULIN] [+ thé, lait] to strain; † [+ café] to pour the water on ◆ **passer la soupe** (à la passoire) to strain the soup; (au mixer) to blend the soup, to put the soup through the blender

13 [+ vitesse] ◆ **passer la seconde/la troisième** to go ou change (up ou down) into second/third (gear)

14 [= MONTRER, FAIRE ÉCOUTER] [+ film, diapositives] to show; [+ disque] to put on, to play ◆ **qu'est-ce qu'ils passent au cinéma ?** what's on ou showing at the cinema?

15 [COMM] [+ écriture] to enter; [+ commande] to place; [+ accord] to reach, to come to; [+ contrat] to sign ◆ **passer un marché** to do a deal; → **profit**

16 [= FAIRE SUBIR UNE ACTION] ◆ **passer une pièce à l'aspirateur** to vacuum ou hoover ® (Brit) a room, to go over a room with the vacuum cleaner ◆ **passer la cuisine à la serpillière, passer la serpillière dans la cuisine** to wash (down) the kitchen floor ◆ **passer le balai/l'aspirateur/le chiffon dans une pièce** to sweep/vacuum ou hoover ® (Brit) /dust a room ◆ **passe le chiffon dans le salon** dust the sitting room, give the sitting room a dust ◆ **passer une couche de peinture sur qch** to give sth a coat of paint ◆ **passer un mur à la chaux** to whitewash a wall ◆ **passer qch sous le robinet** to rinse ou run sth under the tap ◆ **elle lui passa la main dans les cheveux** she ran her hand through his hair ◆ **passe-toi de l'eau sur le visage** give your face a (quick) wash ◆ **qu'est-ce qu'il lui a passé (comme savon) !*** he gave him a really rough time!*, he really laid into him!*; → **arme, éponge, menotte, revue, tabac**

3 - VERBE PRONOMINAL

se passer

1 [= AVOIR LIEU] to take place; (= arriver) to happen ◆ **la scène se passe à Paris** (Théât) the scene takes place in Paris ◆ **qu'est-ce qui s'est passé ?** what happened? ◆ **que se passe-t-il ?, qu'est-ce qu'il se passe ?** what's going on?, what's happening? ◆ **ça ne s'est pas passé comme je l'espérais** it didn't work out as I'd hoped ◆ **tout s'est bien passé** everything went off smoothly ◆ **ça s'est mal passé** it turned out badly, it went off badly ◆ **je ne sais pas ce qui se passe en lui** I don't know what's the matter with him ou what's come over him ou what's got into him ◆ **ça ne se passera pas comme ça !** I won't stand for that!, I won't let it rest at that!

2 [= S'ÉCOULER] to pass; (= finir) to pass, to be over ◆ **il ne se passe pas un jour sans qu'il ne pleuve** not a day goes by ou passes without it raining ◆ **il faut attendre que ça se passe** you'll have to wait till it's over ou it passes

3 [= S'APPLIQUER, SE METTRE À SOI-MÊME] ◆ **elle s'est passé de la crème solaire sur les épaules** [+ produit] she put some sun cream on her shoulders ◆ **il se passa un mouchoir sur le front** he wiped his forehead with a handkerchief ◆ **se passer les mains à l'eau** to rinse one's hands

4 [= S'ACCORDER] ◆ **il faut bien se passer quelques fantaisies** you've got to allow yourself a few ou indulge in a few extravagances

5 [SE TRANSMETTRE] [+ ballon, plat] to pass to each other; [+ notes de cours, livre] to give to each other

6 [LOCUTIONS]

◆ **se passer de** [+ chose] to do without; [+ personne] to manage without ◆ **s'il n'y en a plus, je m'en passerai** if there isn't any more, I'll do without ◆ **je peux me passer de ta présence** I can manage without you around ◆ **nous nous voyons dans l'obligation de nous passer de vos services** we find ourselves obliged to dispense with your services ◆ **je me passe de tes conseils !** I can do without your advice! ◆ **la citation se passe de commentaires** the quotation needs no comment ou speaks for itself

◆ **se passer de** + infinitif ◆ **on peut se passer d'aller au théâtre** we can do without going to the theatre ◆ **je me passerais bien d'y aller !** I could do without having to go! ◆ **il se passerait de manger plutôt que de faire la cuisine** he'd go without eating rather than cook ◆ **tu pourrais te passer de fumer** (iro) you could refrain from smoking

passereau (pl **passereaux**) /pasʁo/ NM (= oiseau) passerine; († = moineau) sparrow

passerelle /pasʁɛl/ SYN NF (= pont) footbridge; (= pont supérieur d'un bateau) bridge; (= voie d'accès) gangway; (fig) bridge; (Ordin) gateway ◆ **(classe) passerelle** (Scol) reorientation class (facilitating change of course at school) ◆ **jeter ou lancer des passerelles entre** to build bridges between

passériformes /paseʁifɔʁm/ NMPL ◆ **les passériformes** passerines, the Passeriformes (SPÉC)

passerine /pasʁin/ NF (= plante) sparrow wort; (= oiseau) bunting

passerose, passe-rose (pl **passe(-)roses**) /pasʁoz/ NF hollyhock

passe-temps /pastɑ̃/ SYN NM INV pastime, hobby ◆ **c'est un passe-temps national** it's a national pastime

passe-thé /paste/ NM INV tea strainer

passette /pasɛt/ NF tea strainer

passeur /pasœʁ/ NM [de rivière] ferryman, boatman; [de frontière] smuggler (of drugs, refugees etc)

passe-vue (pl **passe-vues**) /pasvy/ NM slide changer

passible /pasibl/ SYN ADJ ◆ **passible d'une amende/peine** [personne] liable to a fine/penalty ◆ **passible d'un impôt** liable for tax ◆ **passible de droits** (Comm) liable to duty

passif, -ive /pasif, iv/ SYN

ADJ passive ◆ **rester passif devant une situation** to remain passive in the face of a situation; → **défense**[1]

NM 1 (Ling) passive ◆ **au passif** in the passive (voice)

2 (Fin) liabilities ◆ **le passif d'une succession** the liabilities on an estate ◆ **au passif de ce gouvernement, plus de 3 millions de chômeurs** the fact that there are over 3 million unemployed is a black mark against the government ◆ **ces problèmes sont à mettre au passif de la nouvelle équipe** these problems reflect badly on the new team

passifloracées /pasifloʁase/ NFPL ◆ **les passifloracées** passifloraceous plants, the Passifloraceae (SPÉC)

passiflore /pasiflɔʁ/ NF passionflower, passiflora (SPÉC)

passim /pasim/ ADV passim

passing-shot (pl **passing-shots**) /pasiŋʃɔt/ NM passing shot ◆ **faire un passing-shot** to play a passing shot

passion /pasjɔ̃/ SYN NF 1 (= goût) passion ◆ **avoir la passion du jeu/des voitures** to have a passion for gambling/for cars ◆ **le tennis est sa passion ou est une passion chez lui** he is mad* ou crazy* about tennis, his one passion is tennis

2 (= amour) passion ◆ **déclarer sa passion** to declare one's love ◆ **aimer à la ou avec passion** to love passionately

3 (= émotion, colère) passion ◆ **emporté par la passion** carried away by passion ◆ **discuter avec passion/sans passion** to argue passionately ou heatedly/dispassionately ou coolly ◆ **débat sans passion** lifeless debate ◆ **œuvre pleine de passion** work full of passion

4 (Mus, Rel) ◆ **Passion** Passion ◆ **le dimanche de la Passion** Passion Sunday ◆ **le jour de la Passion** the day of the Passion ◆ **la semaine de la Passion** Passion week ◆ **la Passion selon saint Matthieu** (Rel) the St Matthew Passion; (Mus) the St Matthew Passion; → **fruit**[1]

passionaria /pasjɔnaʁja/ NF ⇒ **pasionaria**

passioniste /pasjɔnist/ NM ⇒ **passionniste**

passionnant, e /pasjɔnɑ̃, ɑ̃t/ SYN ADJ [personne] fascinating; [livre, film] gripping, fascinating; [métier, match] exciting

passionné, e /pasjɔne/ SYN (ptp de **passionner**)

ADJ 1 (= exalté) [personne, tempérament, haine] passionate; [description, orateur, jugement] impassioned ◆ **débat passionné** heated ou impassioned debate

2 (= enthousiaste) [amateur, photographe] keen ◆ **être passionné de ou pour qch** to have a passion for sth

NM,F 1 (= personne exaltée) passionate person

2 (= amateur) enthusiast ◆ **c'est un passionné de jazz** he's a jazz enthusiast ◆ **c'est un passionné de voyages** he loves travelling

passionnel, -elle /pasjɔnɛl/ SYN ADJ [débat, relation, sentiment] passionate ◆ **les négociations se sont déroulées dans un climat passionnel** the atmosphere at the talks was heated; → **crime**

passionnément /pasjɔnemɑ̃/ SYN ADV [aimer] passionately ◆ **passionnément amoureux de** madly ou passionately in love with ◆ **s'intéres**ser **passionnément à qch** to have a passionate interest in sth ◆ **écrivain, il l'est passionnément** he writes with a passion

passionner /pasjɔne/ SYN ◆ conjug 1 ◆

VT [+ personne] [mystère, match] to fascinate, to grip; [livre, sujet] to fascinate; [sport, science] to be a passion with; [+ débat] to inflame ◆ **ce film/roman m'a passionné** I found that film/novel fascinating ◆ **la musique le passionne** music is his passion, he has a passion for music ◆ **j'ai un métier qui me passionne** I have a fascinating job

VPR **se passionner** ◆ **se passionner pour** [+ livre, mystère] to be fascinated by; [+ sport, science] to have a passion for, to be mad keen on *; [+ métier] to be fascinated by

passionniste /pasjɔnist/ NM Passionist

passivation /pasivasjɔ̃/ NF (Ling) putting in the passive (voice); (Tech) passivation; (Chim) making passive

passivement /pasivmɑ̃/ ADV passively ◆ **ils ont assisté, passivement, au lynchage** they were passive spectators at the lynching

passiver /pasive/ ▶ conjug 1 ◆ VT (Tech) to passivate; (Chim) to make passive

passivité /pasivite/ SYN NF passivity, passiveness

passoire /paswaʁ/ SYN NF (gén) sieve; [de thé] strainer; [de légumes] colander ◆ **être une (vraie) passoire** (fig) to be like a sieve ◆ **quelle passoire ce gardien de but !** what a useless goalkeeper – he lets everything in! ◆ **avoir la tête ou la mémoire comme une passoire** to have a memory like a sieve ◆ **troué comme une passoire** riddled with ou full of holes

pastel /pastɛl/

NM (= plante) woad, pastel; (= teinture bleue) pastel; (= bâtonnet de couleur) pastel (crayon); (= œuvre) pastel ◆ **au pastel** in pastels

ADJ INV [tons] pastel ◆ **un bleu/vert pastel** a pastel blue/green

pastelliste /pastelist/ NMF pastellist

pastenague /pastənag/ NF stingray

pastèque /pastɛk/ NF watermelon

pasteur /pastœʁ/ NM 1 (Rel = prêtre) minister, pastor, preacher (US)

2 (littér, Rel = berger) shepherd ◆ **le Bon Pasteur** the Good Shepherd

pasteurien, -ienne /pastœʁjɛ̃, jɛn/

ADJ of Pasteur ◆ **la méthode pasteurienne** Pasteur's method

NM,F scientist of the Pasteur Institute

pasteurisation /pastœʁizasjɔ̃/ NF pasteurization

pasteuriser /pastœʁize/ ▶ conjug 1 ◆ VT to pasteurize

pastiche /pastiʃ/ SYN NM (= imitation) pastiche

pasticher /pastiʃe/ SYN ▶ conjug 1 ◆ VT to do (ou write etc) a pastiche of

pasticheur, -euse /pastiʃœʁ, øz/ NM,F (gén) imitator; (= auteur) author of pastiches

pastille /pastij/ SYN NF [de médicament, sucre] pastille, lozenge; [d'encens, couleur] block; [de papier, tissu] disc ◆ **pastilles de menthe** mints ◆ **pastilles pour la toux** cough drops ou lozenges ou pastilles (Brit) ◆ **pastilles pour la gorge** throat lozenges ou pastilles (Brit) ◆ **pastille de silicium** silicon chip

pastis /pastis/ NM (= boisson) pastis; (* dial = ennui) fix* ◆ **être dans le pastis** to be in a fix* ou a jam*

pastoral, e (mpl **-aux**) /pastɔʁal, o/ SYN

ADJ (gén) pastoral

NF **pastorale** SYN (Littérat, Peinture, Rel) pastoral; (Mus) pastorale ◆ **la (Symphonie) Pastorale** « The Pastoral (Symphony) »

pastorat /pastɔʁa/ NM pastorate

pastorien, -ienne /pastɔʁjɛ̃, jɛn/ ADJ, NM,F ⇒ **pasteurien**

pastoureau (pl **pastoureaux**) /pastuʁo/ NM (littér) shepherd boy

pastourelle /pastuʁɛl/ NF (littér) shepherd girl; (Mus) pastourelle

pat /pat/

ADJ INV stalemate(d)

NM ◆ **le pat** stalemate ◆ **faire pat** to end in (a) stalemate ◆ **faire qn pat** to stalemate sb

patachon /pataʃɔ̃/ SYN NM → **vie**

patagon | patiner

patagon, -onne /patagɔ̃, ɔn/
- **ADJ** Patagonian
- **NM,F** **Patagon(ne)** Patagonian

Patagonie /patagɔni/ **NF** Patagonia

patagonien, -ienne /patagɔnjɛ̃, jɛn/
- **ADJ** Patagonian
- **NM,F** **Patagonien(ne)** Patagonian

pataphysique /patafizik/ **NF** pataphysics (sg)

patapouf /patapuf/
- **EXCL** (langage enfantin) whoops! ◆ **faire patapouf** to tumble (down)
- **NMF** * fatty* ◆ **un gros patapouf** a big fat lump*

pataquès /patakɛs/ **SYN** **NM** [1] (= faute de liaison) mistaken elision; (= faute de langage) malapropism
[2] (péj) (= discours) incoherent jumble; (= confusion) muddle ◆ **il a fait un pataquès** (discours) his speech was an incoherent jumble; (confusion) he got things really confused, he muddled things up (surtout Brit)

pataras /pataʀa/ **NM** preventer stay

patata */patata/ **EXCL** → patati

patate /patat/ **NF** [1] ◆ **patate (douce)** sweet potato
[2] (* = pomme de terre) potato, spud* (surtout Brit)
[3] (* = imbécile) chump*, clot*
[4] (* = coup de poing) punch ◆ **il s'est reçu une patate en pleine figure** he got smacked in the mouth*, he got punched in the face ; → **gros**
[5] (* = argent) 10,000 francs

patati /patati/ **EXCL** **et patati et patata** * and so on and so forth

patatras /patatʀa/ **EXCL** crash!

pataud, e /pato, od/ **SYN**
- **ADJ** clumsy, lumpish (Brit)
- **NM,F** lump
- **NM** (= chien) puppy (with large paws)

pataugas ® /patogas/ **NM** hiking boot

pataugeoire /patoʒwaʀ/ **NF** paddling pool

patauger /patoʒe/ **SYN** ▸ conjug 3 ◂ **VI**
[1] (= marcher) (avec effort) to wade about; (avec plaisir) to paddle, to splash about ◆ **on a dû patauger dans la boue pour y aller** we had to squelch through the mud to get there
[2] (dans un discours) to get bogged down; (dans une matière) to flounder ◆ **le projet patauge** the project is getting nowhere

patch /patʃ/ **NM** (Méd = timbre) (skin) patch

patchouli /patʃuli/ **NM** patchouli

patchwork /patʃwœʀk/ **NM** patchwork ◆ **en patchwork** patchwork (épith)

pâte /pɑt/ **SYN**
- **NF** [1] (Culin) (à tarte) pastry; (à gâteaux) mixture; (à pain) dough; (à frire) batter ◆ **il est de la pâte dont sont faits les héros** he's the stuff heroes are made of; → **bon¹, coq¹, main**
[2] [de fromage] cheese ◆ **(fromage à) pâte dure/molle/cuite/fermentée** hard/soft/cooked/fermented cheese
[3] ◆ **pâtes (alimentaires)** pasta; (dans la soupe) noodles
[4] (gén) (= substance) paste; (= crème) cream
[5] (Art) paste
- **COMP** **pâte d'amandes** almond paste, marzipan
- **pâte brisée** shortcrust (Brit) ou pie crust (US) pastry
- **pâte à choux** choux pastry
- **pâte à crêpes** pancake (Brit) ou crepe batter
- **pâte dentifrice** toothpaste
- **pâte feuilletée** puff ou flaky (Brit) pastry
- **pâte à frire** batter
- **pâte de fruits** fruit jelly ◆ **une framboise en pâte de fruit** a raspberry fruit jelly
- **pâte à modeler** modelling clay, Plasticine ®
- **pâte molle** (péj) milksop, spineless individual
- **pâte à pain** (bread) dough
- **pâte à papier** wood pulp
- **pâtes pectorales** cough drops ou pastilles (Brit)
- **pâte sablée** sablé (Brit) ou sugar crust (US) pastry
- **pâte à sel** salt dough
- **pâte de verre** molten glass ◆ **bijoux en pâte de verre** paste jewellery

pâté /pɑte/ **SYN** **NM** [1] (Culin) pâté ◆ **pâté en croûte** ≈ pork pie ◆ **petit pâté** meat patty, small pork pie ◆ **pâté de campagne** pâté de campagne, farmhouse pâté ◆ **pâté de foie** liver pâté ◆ **pâté impérial** spring roll (Brit), egg roll (US)
[2] (= tache d'encre) (ink) blot
[3] ◆ **pâté de maisons** block (of houses)
[4] ◆ **pâté (de sable)** sandpie

pâtée /pɑte/ **NF** [1] [de volaille] mash (NonC), feed (NonC); [de porcs] swill (NonC) ◆ **pâtée pour chiens** dog food
[2] (* = punition, défaite) hiding * ◆ **recevoir la ou une pâtée** to get a hiding ◆ **donner la ou une pâtée à qn** to give sb a hiding*

patelin¹ * /patlɛ̃/ **NM** village ◆ **patelin paumé** (péj) godforsaken place*

patelin², e /patlɛ̃, in/ **SYN** **ADJ** (littér péj) bland, smooth, ingratiating

patelinerie /patlinʀi/ **NF** (littér péj) blandness (NonC), smoothness (NonC)

patelle /patɛl/ **NF** (= coquillage) limpet; (= vase) patera

patène /patɛn/ **NF** paten

patenôtre /pat(ə)notʀ(ə)/ **NF** († , péj) (= prière) paternoster, orison † (littér); (= marmonnement) gibberish (NonC)

patent, e¹ /patɑ̃, ɑ̃t/ **SYN** **ADJ** obvious, manifest, patent (frm) ◆ **il est patent que...** it is patently obvious that...; → **lettre**

patentable /patɑ̃tabl/ **ADJ** (Comm) liable to trading dues, subject to a (trading) licence

patentage /patɑ̃taʒ/ **NM** (Tech) patenting

patente² /patɑ̃t/ **NF** (Comm) trading dues ou licence; [de navire] bill of health

patenté, e /patɑ̃te/ **ADJ** (Comm) licensed; (hum = attitré) established, officially recognized ◆ **c'est un menteur patenté** he's a thoroughgoing liar

pater /patɛʀ/ **NM INV** [1] (* = père) old man*, pater* † (Brit)
[2] (Rel) ◆ **Pater** pater, paternoster
[3] (Antiq, fig) ◆ **pater familias** paterfamilias

patère /patɛʀ/ **NF** (= portemanteau) (hat- ou coat-) peg; [de rideau] curtain hook; (= vase, rosace) patera

paternalisme /patɛʀnalism/ **NM** paternalism

paternaliste /patɛʀnalist/ **ADJ** paternalistic

paterne /patɛʀn/ **ADJ** (littér) bland

paternel, -elle /patɛʀnɛl/
- **ADJ** [autorité, descendance] paternal; [famille] on one's father's side ◆ **la maison paternelle** his (ou her etc) father's home ◆ **du côté paternel** on one's father's side ◆ **ma grand-mère paternelle** my grandmother on my father's side, my paternal grandmother ◆ **quitter le domicile paternel** to leave one's father's house ◆ **demander l'autorisation paternelle** to ask for one's father's permission ◆ **elle a repris l'entreprise paternelle** she took over her father's company ◆ **l'amour paternel** fatherly ou paternal love
[2] (= bienveillant) [personne, regard, conseil] fatherly
- **NM** (* = père) old man*

paternellement /patɛʀnɛlmɑ̃/ **ADV** [agir, sourire] paternally, in a fatherly way

paternité /patɛʀnite/ **NF** [1] (Jur) paternity, fatherhood ◆ **attribution de paternité** paternity ◆ **action en recherche de paternité** paternity suit ◆ **jugement en constatation de paternité** paternity order
[2] [de roman] paternity, authorship; [d'invention, théorie] paternity ◆ **il s'attribue la paternité de cette découverte** he claims to be the one who made the discovery

pâteux, -euse /pɑtø, øz/ **SYN** **ADJ** (gén) pasty; [pain] doughy; [encre] thick; [langue] coated, furred (Brit); [voix] thick; [style] fuzzy, woolly (Brit) ◆ **avoir la bouche pâteuse** to have a coated tongue

pathétique /patetik/ **SYN**
- **ADJ** [1] (= émouvant) moving ◆ **c'est une scène très pathétique** it's a very moving scene
[2] (= lamentable) [tentative, personne] pathetic
[3] (Anat) pathetic
- **NM** ◆ **le pathétique** pathos

⚠ Au sens de 'émouvant', **pathétique** ne se traduit pas par le mot anglais **pathetic**.

pathétiquement /patetikmɑ̃/ **ADV** movingly

pathétisme /patetism/ **NM** (littér) pathos

pathogène /patɔʒɛn/ **ADJ** pathogenic

pathogenèse /patɔʒənɛz/, **pathogénie** /patɔʒeni/ **NF** pathogenesis, pathogeny

pathogénique /patɔʒenik/ **ADJ** pathogenetic

pathognomonique /patɔgnɔmɔnik/ **ADJ** pathognomonic

pathologie /patɔlɔʒi/ **NF** pathology

pathologique /patɔlɔʒik/ **SYN** **ADJ** pathological ◆ **c'est un cas pathologique*** he's (ou she's) sick*

pathologiquement /patɔlɔʒikmɑ̃/ **ADV** pathologically

pathologiste /patɔlɔʒist/ **NMF** pathologist

pathomimie /patɔmimi/ **NF** pathomimicry, pathomimesis

pathos /patos/ **SYN** **NM** (overdone) pathos, emotionalism

patibulaire /patibylɛʀ/ **SYN** **ADJ** [personnage] sinister-looking ◆ **avoir une mine ou un air patibulaire** to look sinister, to be sinister-looking

patiemment /pasjamɑ̃/ **SYN** **ADV** patiently

patience¹ /pasjɑ̃s/ **SYN** **NF** [1] (gén) patience ◆ **souffrir avec patience** to bear one's sufferings with patience ou patiently ◆ **perdre patience** to lose (one's) patience ◆ **prendre ou s'armer de patience** to be patient, to have patience ◆ **il faut avoir une patience d'ange pour le supporter** it takes the patience of a saint ou of Job to put up with him ◆ **je suis à bout de patience** I'm at the end of my patience, my patience is exhausted ◆ **ma patience a des limites !** there are limits to my patience!; → **mal²**
[2] (Cartes) (= jeu) patience (Brit) (NonC), solitaire (US) (NonC); (= partie) game of patience (Brit) ou solitaire (US) ◆ **faire des patiences** to play patience (Brit) ou solitaire (US)
[3] (locutions) ◆ **patience, j'arrive !** wait a minute! ou hang on!*, I'm coming ◆ **patience, il est bientôt l'heure** be patient - it's almost time ◆ **encore un peu de patience** not long now - hold on ◆ **patience, j'aurai ma revanche** I'll get even in the end

patience² /pasjɑ̃s/ **NF** (= plante) (patience) dock

patient, e /pasjɑ̃, jɑ̃t/ **SYN**
- **ADJ** patient
- **NM,F** (Méd) patient

patienter /pasjɑ̃te/ **SYN** ▸ conjug 1 ◂ **VI** to wait ◆ **faites-le patienter** (pour un rendez-vous) ask him to wait, have him wait; (au téléphone) ask him to hold ◆ **si vous voulez patienter un instant** could you wait ou bear with me a moment? ◆ **lisez ce journal, ça vous fera patienter** read this paper to fill in ou pass the time ◆ **pour patienter, il regardait les tableaux** to fill in ou pass the time, he looked at the paintings

patin /patɛ̃/ **NM** [1] [de patineur] skate; [de luge] runner; [de rail] base; (pour le parquet) cloth pad (used as slippers on polished wood floors) ◆ **patin (de frein)** brake block ◆ **patins à glace** ice-skates ◆ **patins à roulettes** roller skates ◆ **patins en ligne** rollerblades, in-line skates ◆ **faire du patin à glace** to go ice-skating ◆ **faire du patin à roulettes** to go roller-skating ◆ **faire du patin en ligne** to go rollerblading
[2] (* = baiser) French kiss ◆ **rouler un patin à qn** to give sb a French kiss

patinage¹ /patinaʒ/ **NM** [1] (Sport) skating ◆ **patinage artistique** figure skating ◆ **patinage à roulettes** roller-skating ◆ **patinage de vitesse** speed skating
[2] (en voiture) [de roue] spinning; [d'embrayage] slipping

patinage² /patinaʒ/ **NM** (Tech) patination

patine /patin/ **NF** (= dépôt naturel, vert-de-gris) patina; (= coloration, vernis) sheen ◆ **la patine du temps** the patina of age ◆ **la table a pris une certaine patine avec le temps** the table has acquired a patina with age

patiner¹ /patine/ **SYN** ▸ conjug 1 ◂ **VI** [1] (Sport) to skate
[2] [roue] to spin; [embrayage] to slip ◆ **la voiture patina sur la chaussée verglacée** the car skidded on the icy road ◆ **faire patiner l'embrayage** to slip the clutch ◆ **ça patine sur la route** the roads are very slippery
[3] [négociations] to be at a virtual standstill, to be making no headway; [projet] to be making no headway

patiner² /patine/ ▸ conjug 1 ◂ **VT** (= vieillir) [+ bois, bronze, meuble] to patinate, to give a patina to

◆ **des meubles patinés (par les siècles)** furniture that has acquired a patina (over the centuries)

patinette /patinɛt/ NF scooter ◆ **patinette à pédale** pedal scooter ◆ **faire de la patinette** to ride a scooter

patineur, -euse /patinœʀ, øz/ NM,F skater

patinoire /patinwaʀ/ NF skating rink, ice rink ◆ **cette route est une vraie patinoire** this road is like an ice rink

patio /pasjo/ NM patio

pâtir /patiʀ/ SYN ▶ conjug 2 ◀ VI (littér) to suffer (de because of, on account of)

pâtis /pati/ NM grazing (land), pasture

pâtisser /patise/ ▶ conjug 1 ◀ VI to make cakes; → **chocolat**

pâtisserie /patisʀi/ NF ① (= magasin) cake shop, patisserie; (= gâteau) cake; (avec pâte à tarte) pastry ◆ **pâtisserie industrielle** (= gâteaux) factory-baked cakes; (= usine) bakery, cake factory ② **la pâtisserie** (= art ménager) cake-making, pastry-making, baking; (= métier, commerce) ≃ confectionery ◆ **apprendre la pâtisserie** (comme métier) to learn to be a pastrycook, ≃ to learn confectionery ◆ **faire de la pâtisserie** (en amateur) to make cakes ◆ **moule/ustensiles à pâtisserie** pastry dish/utensils; → **rouleau** ③ (= stuc) fancy (plaster) moulding

pâtissier, -ière /patisje, jɛʀ/ NM,F (de métier) pastrycook, ≃ confectioner ◆ **pâtissier-glacier** confectioner and ice-cream maker ◆ **pâtissier-chocolatier** confectioner and chocolate maker ◆ **il est bon pâtissier** he makes good cakes; → **crème**

pâtisson /patisɔ̃/ NM custard marrow (Brit) ou squash (US)

patois, e /patwa, waz/ SYN
 ADJ patois (épith), dialectal, dialect (épith)
 NM patois, (provincial) dialect ◆ **parler (en) patois** to speak (in) patois

patoisant, e /patwazɑ̃, ɑ̃t/
 ADJ patois-speaking, dialect-speaking
 NM,F patois ou dialect speaker

patoiser /patwaze/ ▶ conjug 1 ◀ VI to speak (in) dialect ou patois

patouiller* /patuje/ SYN ▶ conjug 1 ◀ VI ◆ **patouiller dans la boue** to wade ou squelch (Brit) through the mud

patraque* /patʀak/ SYN ADJ peaky* (Brit), off-colour (Brit) (attrib), peaked* (US) ◆ **être/se sentir patraque** to be/feel off-colour (Brit) ou peaked* (US)

pâtre /patʀ/ NM (littér) shepherd

patriarcal, e (mpl -aux) /patʀijaʀkal, o/ ADJ patriarchal

patriarcat /patʀijaʀka/ NM (Rel) patriarchate; (Sociol) patriarchy, patriarchate

patriarche /patʀijaʀʃ/ NM patriarch

patricien, -ienne /patʀisjɛ̃, jɛn/ SYN ADJ, NM,F patrician

patriclan /patʀiklɑ̃/ NM patrilineal clan

patrie /patʀi/ SYN NF [de personne] (= pays) homeland, native country ou land; (= région) native region; (= ville) native town ◆ **mourir pour la patrie** to die for one's country ◆ **c'est ma seconde patrie** it's my adoptive country ◆ **Florence, la patrie de l'art** Florence, cradle of the arts ◆ **la France, patrie des droits de l'homme** France, the birthplace of human rights; → **mère**

patrilinéaire /patʀilineɛʀ/ ADJ patrilineal, patrilinear

patrilocal, e (mpl -aux) /patʀilɔkal/ ADJ patrilocal

patrimoine /patʀimwan/ SYN NM ① (gén) inheritance, patrimony (frm); (= bien commun) heritage, patrimony (frm) ◆ **patrimoine héréditaire** ou **génétique** genetic inheritance ◆ **patrimoine culturel/national/naturel** cultural/national/natural heritage ◆ **site inscrit au patrimoine mondial de l'Unesco** Unesco World Heritage Site
② (Jur) patrimony; (Fin = biens) property ◆ **patrimoine immobilier** [de ville] public buildings; [de personne] residential property ◆ **patrimoine social** (= logements) public housing

 JOURNÉES DU PATRIMOINE
 The term **les Journées du patrimoine** refers to an annual cultural event held throughout France, during which state properties are opened to the public for the weekend. The rare opportunity to visit the inside of such prestigious institutions as ministries and the Élysée Palace has made the **Journées du patrimoine** extremely popular.

patrimonial, e (mpl -iaux) /patʀimɔnjal, jo/ ADJ (d'un pays) relating to its national (ou cultural) heritage; (d'un particulier) relating to personal assets ◆ **déclaration de situation patrimoniale** statement of net personal assets (made by a politician when taking up office) ◆ **le droit patrimonial** inheritance law, law of succession ◆ **intérêts patrimoniaux** proprietary interests

patriotard, e /patʀijɔtaʀ, aʀd/ (péj)
 ADJ jingoistic
 NM,F jingoist

patriote /patʀijɔt/ SYN
 ADJ patriotic
 NMF (gén) patriot ◆ **les patriotes** (Hist) the Patriots

patriotique /patʀijɔtik/ SYN ADJ patriotic

patriotiquement /patʀijɔtikmɑ̃/ ADV patriotically

patriotisme /patʀijɔtism/ SYN NM patriotism

patristique /patʀistik/
 ADJ patristic(al)
 NF patristics (sg)

Patrocle /patʀɔkl/ NM Patroclus

patron¹ /patʀɔ̃/ SYN
 NM ① (= propriétaire) owner, boss; (= gérant) manager, boss; (= employeur) employer ◆ **le patron est là ?** is the boss in? ◆ **le patron de l'usine** the factory owner ou manager ◆ **le patron du restaurant** the restaurant owner ◆ **il est patron d'hôtel** he's a hotel proprietor ◆ **c'est le grand patron** he's (ou she's) the big boss* ◆ **un petit patron** a boss of a small company ◆ **patron boulanger/boucher** master baker/butcher ◆ **le patron des patrons** (= représentant) the head of the employers' union
② (Hist, Rel = protecteur) patron ◆ **saint patron** patron saint
③ (* = mari) ◆ **le patron** her (ou my ou your) old man*
④ (Hôpital) ≃ senior consultant (of teaching hospital)
 COMP **patron (pêcheur)** skipper
 patron d'industrie captain of industry
 patron de presse press baron ou tycoon ou magnate
 patron de thèse (Univ) supervisor (of a doctoral thesis)

patron² /patʀɔ̃/ SYN NM (Couture) pattern; (= pochoir) stencil ◆ **patron de robe** dress pattern ◆ **(taille) demi-patron/patron/grand patron** small/medium/large (size)

patronage /patʀɔnaʒ/ SYN NM ① (= protection) patronage ◆ **sous le (haut) patronage de** under the patronage of
② (= organisation) youth club; (Rel) youth fellowship ◆ **film/spectacle de patronage** (péj) childish film/show

patronal, e (mpl -aux) /patʀɔnal, o/ ADJ ① [charges, responsabilité, cotisation, syndicat, organisation, fédération] employers'
② (Rel) [fête] patronal

patronat /patʀɔna/ NM ◆ **le patronat** the employers

patronne /patʀɔn/ NF ① (= propriétaire) owner, boss; (= gérante) manager, boss; (= employeur) employer
② (* = épouse) ◆ **la patronne** the ou his (ou my ou your) missus* (Brit), his (ou my ou your) old lady*
③ (= sainte) patron saint

patronner /patʀɔne/ SYN ▶ conjug 1 ◀ VT [+ association, personne, projet, candidature] to support; (financièrement) to sponsor ◆ **négociations de paix patronnées par l'ONU** peace talks sponsored by the UN

patronnesse /patʀɔnɛs/ NF → **dame**

patronyme /patʀɔnim/ NM patronymic

patronymique /patʀɔnimik/ ADJ patronymic

patrouille /patʀuj/ NF patrol ◆ **partir** ou **aller en/être de patrouille** to go/be on patrol ◆ **patrouille de reconnaissance/de chasse** reconnaissance/fighter patrol

patrouiller /patʀuje/ SYN ▶ conjug 1 ◀ VI to patrol, to be on patrol ◆ **patrouiller dans les rues** to patrol the streets

patrouilleur /patʀujœʀ/ NM (= soldat) soldier on patrol (duty), patroller; (= bateau) patrol boat; (= avion) patrol ou scout plane

patte¹ /pat/ SYN
 NF ① (= jambe d'animal) leg; (= pied) [de chat, chien] paw; [d'oiseau] foot ◆ **pattes de devant** forelegs, forefeet ◆ **pattes de derrière** hindlegs, hind feet ◆ **coup de patte** (fig) cutting remark ◆ **donner un coup de patte à qch** [animal] to hit sth with its paw ◆ **le chien tendit la patte** the dog put its paw out ou gave a paw ◆ **faire patte de velours** [de chat] to draw in ou sheathe its claws; [de personne] to be all sweetness and light ◆ **ça ne va** ou **ne marche que sur trois pattes** [affaire, projet] it limps along; [relation amoureuse] it struggles along; → **bas¹, mouton**
② (* = jambe) leg ◆ **nous avons 50 km dans les pattes** we've walked 50 km ◆ **à pattes** on foot ◆ **nous y sommes allés à pattes** we walked ou hoofed‡ it ◆ **bas** ou **court sur pattes** [personne] short-legged; [table, véhicule] low ◆ **il est toujours dans mes pattes** he's always under my feet ◆ **tirer** ou **traîner la patte** to hobble along ◆ **avoir une patte folle** to have a gammy* (Brit) ou a game* (US) leg
③ (* = main) hand, paw* ◆ **s'il me tombe sous la patte, gare à lui !** if I get my hands on him he'd better look out! ◆ **tomber dans les/se tirer des pattes de qn** to fall into/get out of sb's clutches ◆ **montrer patte blanche** to show one's credentials
④ (= style) [d'auteur, peintre] style, touch ◆ **elle a un bon coup de patte** she has a nice style ou touch
⑤ [d'ancre] palm, fluke; (= languette) [de poche] flap; [de vêtement] strap; (sur l'épaule) epaulette; [de portefeuille] tongue; [de chaussure] tongue
⑥ (= favoris) ◆ **pattes (de lapin)** sideburns; → **fil, graisser, quatre** etc
 COMP **pantalon (à) pattes d'éléphant** ou **pattes d'ef*** bell-bottom ou flared trousers, bell-bottoms, flares
 patte à glace mirror clamp
 patte(s) de mouche spidery scrawl ◆ **faire des pattes de mouche** to write (in) a spidery scrawl

patte² /pat/ NF (Helv = chiffon) rag ◆ **patte à poussière** duster (Brit), dustcloth (US) ◆ **patte à relaver** tea ou dish towel

patte-d'oie (pl **pattes-d'oie**) /patdwa/ NF (= rides) crow's-foot; (= carrefour) branching crossroads ou junction

pattemouille /patmuj/ NF damp cloth (for ironing)

pattu, e /paty/ ADJ [oiseau] feather-footed; [chien] large-pawed

pâturage /patyʀaʒ/ SYN NM (= lieu) pasture; (= action) grazing, pasturage; (= droits) grazing rights

pâture /patyʀ/ SYN NF ① (= nourriture) food ◆ **donner qn en pâture aux fauves** (lit, fig) to throw sb to the lions ◆ **il fait sa pâture de romans noirs** he is an avid reader of detective stories, detective stories form his usual reading matter ◆ **les dessins animés qu'on donne en pâture à nos enfants** the cartoons served up to our children ◆ **donner une nouvelle en pâture aux journalistes** to feed a story to journalists
② (= pâturage) pasture

pâturer /patyʀe/ SYN ▶ conjug 1 ◀
 VI to graze
 VT ◆ **pâturer l'herbe** to graze

pâturin /patyʀɛ̃/ NM meadow grass

paturon /patyʀɔ̃/ NM pastern

Paul /pɔl/ NM Paul

paulinien, -ienne /polinjɛ̃, jɛn/ ADJ of Saint Paul, Pauline

paulinisme /polinism/ NM Pauline doctrine

pauliste /polist/ NMF Paulist

paulownia /polɔnja/ NM paulownia

paume /pom/ NF [de main] palm ◆ **jeu de paume** (= sport) real ou royal tennis; (= lieu) real-tennis ou royal-tennis court ◆ **jouer à la paume** to play real ou royal tennis

paumé, e* /pome/ (ptp de **paumer**)
 ADJ ① (dans un lieu) lost; (dans un milieu inconnu) bewildered; (dans une explication) lost, at sea*

◆ **habiter un bled** *ou* **trou paumé** *(isolé)* to live in a godforsaken place *ou* hole*, to live in the middle of nowhere; *(sans attrait)* to live in a real dump *ou* godforsaken hole*

[2] *(= socialement inadapté)* ◆ **la jeunesse paumée d'aujourd'hui** the young drop-outs* of today ◆ **il est complètement paumé** he's totally lost, he hasn't got a clue where he's going in life

NM,F *(= marginal)* misfit ◆ **un pauvre paumé** a poor bum*

paumelle /pomɛl/ **NF** *(= gond)* split hinge; *(Naut = protection)* palm

paumer* /pome/ ▸ conjug 1 ◂

VT [1] *(= perdre)* to lose

[2] *(= prendre)* ◆ **se faire paumer** *[criminel]* to get nabbed*

VPR **se paumer** to get lost

paumoyer /pomwaje/ ▸ conjug 8 ◂ **VT** *(Naut)* to haul in by hand

paumure /pomyʀ/ **NF** *[de cerf]* palm

paupérisation /popeʀizasjɔ̃/ **NF** pauperization, impoverishment

paupériser /popeʀize/ ▸ conjug 1 ◂ **VT** to pauperize, to impoverish

paupérisme /popeʀism/ **NM** pauperism

paupière /popjɛʀ/ **NF** eyelid ◆ **il écoutait, les paupières closes** he was listening with his eyes closed ◆ **battre** *ou* **cligner des paupières** to flutter one's eyelashes

paupiette /popjɛt/ **NF** ◆ **paupiette de veau** veal olive

pause /poz/ SYN **NF** *(= arrêt)* break; *(en parlant)* pause; *(Mus)* pause; *(Sport)* half-time ◆ **faire une pause** to have a break, to break off ◆ **marquer une pause** *[orateur]* to pause; *[négociations]* to break off momentarily ◆ **ils ont marqué une pause dans la diversification** they have stopped diversifying for the time being, they have put their diversification programme on hold ◆ **ça fait sept ans que je fais ce métier, j'ai besoin de marquer une pause** I've been doing this job for seven years now, I need (to take) a break ◆ **pause-café/-thé/-déjeuner** coffee/tea/lunch break ◆ **la pause de midi** the midday break ◆ **pause publicitaire** commercial break ◆ **faire une pause-cigarette** to stop for a cigarette

pauser /poze/ ▸ conjug 1 ◂ **VI** ◆ **laissez pauser la permanente/le masque 20 minutes** leave the perm in/the face-pack on for 20 minutes ◆ **faire pauser qn** † to keep sb waiting

pauvre /povʀ/ SYN

ADJ [1] *[personne, pays, sol, minerai, gisement]* poor; *[végétation]* sparse, poor; *[style]* weak; *[mélange de carburant]* weak; *[mobilier, vêtements]* cheap-looking; *[nourriture, salaire]* meagre *(Brit)*, meager *(US)*, poor ◆ **minerai pauvre en cuivre** ore with a low copper content, ore poor in copper ◆ **air pauvre en oxygène** air low in oxygen ◆ **pays pauvre en ressources/hommes** country short of *ou* lacking resources/men ◆ **nourriture pauvre en calcium** *(par manque)* diet lacking in calcium; *(par ordonnance)* low-calcium diet ◆ **un village pauvre en distractions** a village which is lacking in *ou* short of amusements ◆ **pauvre comme Job** as poor as a church mouse ◆ **les couches pauvres de la population** the poorer *ou* deprived sections of the population ◆ **je suis pauvre en vaisselle** I don't have much crockery; → **rime**

[2] *(avant n = piètre) [excuse, argument]* weak, pathetic; *[devoir]* poor; *[orateur]* weak, bad ◆ **de pauvres chances de succès** only a slim *ou* slender chance of success ◆ **il esquissa un pauvre sourire** he smiled weakly *ou* gave a weak smile

[3] *(avant n)* poor ◆ **pauvre type !*** *(= malheureux)* poor guy!* *ou* chap!* *(Brit)*; *(= crétin)* stupid bastard!** ◆ **c'est un pauvre type*** *(mal adapté)* he's a sad case; *(minable)* he's a dead loss*; *(salaud)* he's a swine* ◆ **pourquoi une fille comme elle épouserait-elle un pauvre type comme moi ?** why would a girl like that marry a nobody* like me? ◆ **pauvre con !**** you stupid bastard!** *ou* sod!** *(Brit)* ◆ **tu es bien naïve ma pauvre fille !** poor dear, you're so naïve! ◆ **c'est une pauvre fille** she's a sad case ◆ **pauvre hère** *(littér, hum)* down-and-out ◆ **pauvre d'esprit** *(= simple d'esprit)* half-wit ◆ **les pauvres d'esprit** *(Rel)* the poor in spirit ◆ **comme disait mon pauvre mari** as my poor (dear) husband used to say ◆ **pauvre de moi !** *(hum)* poor (little) me! ◆ **pauvre petit !** poor (little) thing! ◆ **mon pauvre ami** my dear friend ◆ **tu es complètement fou, mon pauvre vieux !** you must be crazy, mate!* *(Brit)* *ou* man!* ◆ **elle me faisait pitié avec son pauvre petit air** I felt sorry for her, she looked so wretched *ou* miserable

NMF [1] *(= personne pauvre)* poor man *ou* woman, pauper † ◆ **les pauvres** the poor ◆ **ce pays compte encore beaucoup de pauvres** there's still a lot of poverty *ou* there are still many poor people in this country ◆ **le caviar du pauvre** the poor man's caviar

[2] *(marquant dédain ou commisération)* ◆ **mon** *(ou* **ma) pauvre, si tu voyais comment ça se passe...** but my dear fellow *(ou* girl *etc)* *ou* friend, if you saw what goes on... ◆ **le pauvre, il a dû en voir !*** the poor guy* *ou* chap* *(Brit)*, he must have had a hard time of it! ◆ **les pauvres !** the poor things!

pauvrement /povʀəmɑ̃/ SYN **ADV** *[meublé, éclairé] [vivre]* poorly; *[vêtu]* poorly, shabbily

pauvresse † /povʀɛs/ **NF** poor woman *ou* wretch

pauvret, -ette /povʀɛ, ɛt/ **NM,F** poor (little) thing

pauvreté /povʀəte/ SYN **NF** *[de personne]* poverty; *[de mobilier]* cheapness; *[de langage]* weakness, poorness; *[de sol]* poverty, poorness ◆ **la pauvreté des moyens disponibles** the dearth of available resources, the inadequacy of the available resources ◆ **la pauvreté de leur vocabulaire** the poverty of their vocabulary ◆ **pauvreté n'est pas vice** *(Prov)* poverty is not a vice, there is no shame in being poor; → **vœu**

pavage /pavaʒ/ **NM** *(avec des pavés)* cobbling; *(avec des dalles)* paving ◆ **refaire le pavage d'une rue** to recobble *(ou* repave) a street

pavane /pavan/ **NF** pavane ◆ « **Pavane pour une infante défunte** » *(Mus)* "Pavana for a Dead Princess"

pavaner (se) /pavane/ SYN ▸ conjug 1 ◂ **VPR** to strut about ◆ **se pavaner comme un dindon** to strut about like a turkey-cock

pavé /pave/ SYN **NM** [1] *[de chaussée, cour]* cobblestone ◆ **déraper sur le pavé** *ou* **les pavés** to skid on the cobbles ◆ **être sur le pavé** *(sans domicile)* to be on the streets, to be homeless; *(sans emploi)* to be out of a job ◆ **mettre** *ou* **jeter qn sur le pavé** *(domicile)* to turn *ou* throw sb out (onto the streets); *(emploi)* to give sb the sack*, to throw sb out ◆ **j'ai l'impression d'avoir un pavé sur l'estomac*** I feel as if I've got a lead weight in my stomach ◆ **c'est l'histoire du pavé de l'ours** it's another example of misguided zeal ◆ **lancer** *ou* **jeter un pavé dans la mare** *(fig)* to set the cat among the pigeons ◆ **ça a fait l'effet d'un pavé dans la mare** that really set the cat among the pigeons; → **battre, brûler, haut**

[2] *(* = livre épais)* massive *ou* hefty* tome

[3] *(Culin) (= viande) thickly-cut steak* ◆ **pavé au chocolat** *(= gâteau)* chocolate slab cake

[4] *(Presse)* ◆ **pavé publicitaire** (large) display advertisement

[5] *(Ordin)* ◆ **pavé numérique** numeric keypad

pavement /pavmɑ̃/ **NM** ornamental tiling

paver /pave/ SYN ▸ conjug 1 ◂ **VT** *(avec des pavés)* to cobble; *(avec des dalles)* to pave ◆ **cour pavée** cobbled *(ou* paved) yard; → **enfer**

paveur /pavœʀ/ **NM** paver

pavillon /pavijɔ̃/ SYN

NM [1] *(= villa)* house; *(= loge de gardien)* lodge; *(= section d'hôpital)* ward, pavilion; *(= corps de bâtiment)* wing, pavilion; *[de jardin]* pavilion; *[de club de golf]* clubhouse

[2] *(Naut = drapeau)* flag ◆ **sous pavillon panaméen** under the Panamanian flag; → **baisser, battre**

[3] *(Mus) [d'instrument]* bell; *[de phonographe]* horn

[4] *[d'oreille]* pavilion, pinna

COMP **pavillon de banlieue** suburban house, house in the suburbs

pavillon de chasse hunting lodge

pavillon de complaisance flag of convenience

pavillon de détresse distress flag

pavillon de guerre war flag

pavillon noir Jolly Roger

pavillon de quarantaine yellow flag

pavillon à tête de mort skull and crossbones

pavillon de verdure leafy arbour *ou* bower

pavillonnaire /pavijɔnɛʀ/ **ADJ** ◆ **lotissement pavillonnaire** private housing estate ◆ **banlieue pavillonnaire** residential suburb *(consisting of houses rather than apartment blocks)*

pavillonnerie /pavijɔnʀi/ **NF** *(= atelier)* flag workshop; *(= magasin)* flag warehouse

pavimenteux, -euse /pavimɑ̃tø, øz/ **ADJ** ◆ **épithélium pavimenteux** stratified squamous epithelium

Pavlov /pavlɔv/ **N** Pavlov ◆ **le chien de Pavlov** Pavlov's dog ◆ **réflexe de Pavlov** Pavlovian response *ou* reaction

pavlovien, -ienne /pavlɔvjɛ̃, jɛn/ **ADJ** Pavlovian

pavois /pavwa/ **NM** *(Naut = bordage)* bulwark; *(Hist = bouclier)* shield ◆ **hisser le grand pavois** to dress over all *ou* full ◆ **hisser le petit pavois** to dress with masthead flags ◆ **hisser qn sur le pavois** to carry sb shoulder-high

pavoiser /pavwaze/ SYN ▸ conjug 1 ◂

VT *[+ navire]* to dress; *[+ monument]* to deck with flags

VI to put out flags; *(fig, Sport) [supporters]* to rejoice, to wave the banners, to exult ◆ **toute la ville a pavoisé** there were flags out all over the town ◆ **il pavoise maintenant qu'on lui a donné raison publiquement** he's rejoicing openly now that he has been publicly acknowledged to be in the right ◆ **il n'y a pas de quoi pavoiser !** it's nothing to write home about! *ou* to get excited about!

pavot /pavo/ **NM** poppy

paxon /paksɔ̃/ * **NM** ⇒ **pacson**

payable /pɛjabl/ **ADJ** payable ◆ **payable en 3 fois** *[somme]* payable in 3 instalments; *[objet]* that can be paid for in 3 instalments ◆ **l'impôt est payable par tous** taxes must be paid by everyone ◆ **billet payable à vue** *(Fin)* bill payable at sight ◆ **chèque payable à** cheque payable to ◆ **appareil payable à crédit** piece of equipment which can be paid for on credit

payant, e /pɛjɑ̃, ɑt/ SYN **ADJ** *[spectateur]* paying; *[billet, place]* which one must pay for, not free *(attrib)*; *[spectacle]* with an admission charge; *(= rentable) [affaire]* profitable; *[politique, conduite, effort]* which pays off ◆ « **entrée payante** » "admission fee payable" ◆ **c'est payant ?** do you have to pay (to get in)?

paye /pɛj/ SYN **NF** ⇒ **paie**

payement /pɛjmɑ̃/ **NM** ⇒ **paiement**

payer /peje/ SYN ▸ conjug 8 ◂

VT [1] *[+ somme, cotisation, intérêt]* to pay; *[+ facture, dette]* to pay, to settle ◆ **payer comptant** to pay cash ◆ **payer rubis sur l'ongle** † to pay cash on the nail ◆ **c'est lui qui paie** he's paying ◆ **qui paie ses dettes s'enrichit** *(Prov)* the rich man is the one who pays his debts

[2] *[+ employé]* to pay; *[+ tueur]* to hire; *[+ entrepreneur]* to pay, to settle up with ◆ **être payé par chèque/en espèces/en nature/à l'heure** to be paid by cheque/in cash/in kind/by the hour ◆ **être payé à la pièce** to be on piecework ◆ **payer qn de** *ou* **en paroles/promesses** to fob sb off with (empty) words/promises ◆ **je ne suis pas payé pour ça*** that's not what I'm paid for ◆ **il est payé pour le savoir !** *(fig)* he should know!

[3] *[+ travail, service, maison, marchandise]* to pay for ◆ **je l'ai payé de ma poche** I paid for it out of my own pocket ◆ **les réparations ne sont pas encore payées** the repairs haven't been paid for yet ◆ **il m'a fait payer 5 €** he charged me €5 *(pour for)* ◆ **payer le déplacement de qn** to pay sb's travelling expenses ◆ **payer la casse** to pay for the damage ◆ **payer les pots cassés** *(fig)* to pick up the pieces ◆ **travail bien/mal payé** well-paid/badly-paid work; → **addition, congé**

[4] *(* = offrir)* ◆ **payer qch à qn** to buy sth for sb ◆ **c'est moi qui paie (à boire)** the drinks are on me*, have this one on me* ◆ **payer des vacances/un voyage à qn** to pay for sb to go on holiday/on a trip ◆ **payer à boire à qn** to stand *ou* buy sb a drink ◆ **sa mère lui a payé une voiture** his mother bought him a car

[5] *(= récompenser)* to reward ◆ **le succès le paie de tous ses efforts** his success makes all his efforts worthwhile *ou* rewards him for all his efforts ◆ **il l'aimait et elle le payait de retour** he loved her and she returned his love

[6] *(= expier) [+ faute, crime]* to pay for ◆ **payer qch de cinq ans de prison** to get five years in jail for sth ◆ **il l'a payé de sa vie/santé** it cost him his life/health ◆ **il a payé cher son imprudence** he paid dearly for his rashness, his rashness cost him dear(ly) ◆ **il me le paiera !** *(en menace)* he'll pay for this!, I'll make him pay for this!

VI [1] *[effort, tactique]* to pay off; *[métier]* to be well-paid ◆ **le crime ne paie pas** crime doesn't pay ◆ **payer pour qn** *(lit)* to pay for sb; *(fig)* to take the blame instead of sb, to carry the can for sb*

FRANÇAIS-ANGLAIS

2 (locutions) ◆ **payer d'audace** to take a gamble ou a risk ◆ **payer de sa personne** to make sacrifices ◆ **pour que notre association fonctionne, il faut que chacun paie de sa personne** in order for our association to work, everyone must pull their weight ou make a real effort ◆ **ce poisson ne paie pas de mine** this fish doesn't look very appetizing ◆ **l'hôtel ne paie pas de mine** the hotel isn't much to look at

VPR se payer 1 ◆ **tout se paie** (lit) everything must be paid for; (fig) everything has its price ◆ **payez-vous et rendez-moi la monnaie** take what I owe you and give me the change

2 (* = s'offrir) [+ objet] to buy o.s., to treat o.s. to ◆ **on va se payer un bon dîner/le restaurant** we're going to treat ourselves to a slap-up* meal/to a meal out ◆ **se payer une pinte de bon sang** † to have a good laugh* ◆ **se payer la tête de qn** (= ridiculiser) to make fun of sb, to take the mickey out of sb* (Brit); (= tromper) to take sb for a ride*, to have sb on* (Brit) ◆ **se payer une bonne grippe** to get a bad dose of the flu ◆ **il s'est payé un arbre/le trottoir/un piéton** he wrapped his car round a tree/ran into the kerb/mowed a pedestrian down ◆ **j'ai glissé et je me suis payé la chaise** I slipped and banged ou crashed into the chair ◆ **ils s'en sont drôlement payé, ils s'en sont payé une bonne tranche** they had (themselves) a good time ou a whale of a time* ◆ **se payer qn**⁑ (physiquement) to knock the living daylights out of sb*; (verbalement) to give sb what for*; → **luxe**

3 (= se contenter) ◆ **on ne peut plus se payer de mots** it's time to end all the talking and took some action ◆ **dans la lutte contre le chômage, il ne s'agit pas de se payer de mots** fine words are not enough in the battle against unemployment

payer-prendre /pejepʀɑ̃dʀ/ NM INV cash-and-carry

payeur, -euse /pejœʀ, øz/

ADJ ◆ **organisme/service payeur** claims department/office ◆ **établissement payeur** [de chèque] paying bank

NM,F payer; (dans l'armée, la marine) paymaster ◆ **mauvais payeur** bad debtor; → **conseiller**

pays¹ /pei/ SYN

NM 1 (= contrée, habitants) country ◆ **des pays lointains** far-off countries ou lands ◆ **les pays membres de l'Union européenne** the countries which are members of ou the member countries of the European Union ◆ **la France est le pays du vin** France is the land of wine; → **mal²**

2 (= région) region ◆ **un pays de légumes, d'élevage et de lait** a vegetable-growing, cattle-breeding and dairy region ◆ **c'est le pays de la tomate** it's tomato-growing country ◆ **le pays de Colette/Yeats** Colette/Yeats country ◆ **nous sommes en plein pays du vin** we're in the heart of the wine country ◆ **revenir au pays** to go back home ◆ **il est du pays** he's from these parts ou this area ◆ **les gens du pays** the local people, the locals ◆ **vin du ou de pays** locally-produced ou local wine, vin de pays (Brit) ◆ **melons/pêches de ou du pays** local(ly)-grown melons/peaches; → **jambon**

3 († = village) village

4 (locutions) ◆ **le pays des fées** fairyland ◆ **le pays des rêves** ou **des songes** the land of dreams, dreamland ◆ **je veux voir du pays** I want to travel around ◆ **il a vu du pays** he's been round a bit ou seen the world ◆ **se comporter comme en pays conquis** to lord it over everyone, to act all high and mighty ◆ **être en pays de connaissance** (dans une réunion) to be among friends ou familiar faces; (sur un sujet, dans un lieu) to be on home ground ou on familiar territory

COMP **pays d'accueil** [de conférences, jeux] host country; [de réfugiés] country of refuge
le Pays basque the Basque Country
pays de cocagne land of plenty, land of milk and honey
pays développé developed country ou nation
le pays de Galles Wales
pays industrialisé industrialized country ou nation ◆ **nouveaux pays industrialisés** newly industrialized countries
les pays les moins avancés the less developed countries
le pays du Soleil Levant the Land of the Rising Sun
pays en voie de développement developing country

pays en voie d'industrialisation industrializing country

pays²,e /pei, peiz/ NM,F (dial = compatriote) ◆ **nous sommes pays** we come from the same village ou region ou part of the country ◆ **elle est ma payse** she comes from the same village ou region ou part of the country as me

paysage /peizaʒ/ SYN NM 1 (gén) landscape, scenery (NonC); (Peinture) landscape (painting) ◆ **on découvrait un paysage magnifique/un paysage de montagne** a magnificent/a mountainous landscape lay before us ◆ **nous avons traversé des paysages magnifiques** we drove through some magnificent scenery ◆ **les paysages orientaux** the landscape ou the scenery of the East ◆ **ce bâtiment nous gâche le paysage** that building spoils our view ◆ **le paysage urbain** the urban landscape ◆ **ça fait bien dans le paysage !** (iro) it's all part of the image!, it fits the image! ◆ **il ne fait plus partie de mon paysage** he's not part of my life anymore

2 (= situation) scene ◆ **le paysage politique/cinématographique** the political/film scene ◆ **dans le paysage audiovisuel français** on the French broadcasting scene

3 (Ordin) **mode paysage** landscape mode

paysagé, e /peizaʒe/, **paysager, -ère** /peizaʒe, ɛʀ/ ADJ ◆ **parc paysager** landscaped garden ◆ **bureau paysagé** open-plan office

paysagiste /peizaʒist/ NMF (Peinture) landscape painter ◆ **architecte/jardinier paysagiste** landscape architect/gardener

paysan, -anne /peizɑ̃, an/ SYN

ADJ 1 (= agricole) [monde, problème] farming (épith); [agitation, revendications] farmers', of the farmers; (= rural) [vie, coutumes] country (épith); (péj) [air, manières] peasant (attrib)

2 (Culin) ◆ **salade paysanne** salad with onions and chopped bacon ◆ **à la paysanne** with onions and chopped bacon

NM (gén) (small) farmer; (Hist) peasant; (péj) peasant

NF **paysanne** (gén) (small) farmer; (Hist) peasant (woman); (péj) peasant

paysannat /peizana/ NM (small) farmers

paysannerie /peizanʀi/ NF (Hist ou péj) peasantry

Pays-Bas /peiba/ NMPL ◆ **les Pays-Bas** the Netherlands

PC /pese/ NM 1 (abrév de **parti communiste**) → **parti¹**

2 (abrév de **poste de commandement**) → **poste²**

3 (Ordin) (abrév de **personal computer**) PC

PCB /pesebe/ NM (abrév de **polychlorobiphényle**) PCB

Pcc (abrév de **pour copie conforme**) → **copie**

PCF /peseɛf/ NM (abrév de **Parti communiste français**) French political party

pci /pesei/ NM (abrév de **Peripheral Component Interconnect** (Ordin)) PCI

PCV /peseve/ GRAMMAIRE ACTIVE 27.5, 27.6 NM (abrév de **percevoir** (Télec)) ◆ **(appel en) PCV** reverse-charge call (Brit), collect call (US) ◆ **appeler en PCV** to make a reverse-charge call (Brit), to call collect (US)

pdf /pedeɛf/ NM (abrév de **Portable Document Format** (Ordin)) PDF

PDG /pedeʒe/ NM INV (abrév de **président-directeur général**) ◆ président

PE /peə/ NM (abrév de **Parlement européen**) EP

PEA /peəa/ NM (abrév de **plan d'épargne en actions**) → **plan¹**

péage /peaʒ/ NM (= droit) toll; (= barrière) tollgate ◆ **autoroute à péage** toll motorway (Brit), turnpike (US) ◆ **pont à péage** toll bridge ◆ **poste de péage** tollbooth ◆ **chaîne/télévision à péage** (TV) pay channel/TV

péagiste /peaʒist/ NMF tollbooth attendant

peau (pl **peaux**) /po/ SYN

NF 1 [de personne] skin ◆ **avoir une peau de pêche** to have a peach-like complexion ◆ **soins de la/maladie de peau** skin care/disease ◆ **peaux mortes** dead skin ◆ **n'avoir que la peau et les os** to be all skin and bones ◆ **attraper qn par la peau du cou ou du dos ou des fesses**⁑ (= empoigner rudement) to grab sb by the scruff of the neck; (= s'en saisir à temps) to grab hold of sb in the nick of time ◆ **faire peau neuve** [parti politique, administration] to adopt ou find a new image; [personne] (en changeant d'habit) to change (one's

payer-prendre

clothes); (en changeant de conduite) to turn. new leaf; → **coûter, fleur**

2 (* = corps, vie) ◆ **jouer** ou **risquer sa pea** risk one's neck* ou hide* ◆ **il y a laissé sa pι** it cost him his life ◆ **sauver sa peau** to sa one's skin ou hide* ◆ **tenir à sa peau** to valu. one's life ◆ **sa peau ne vaut pas cher, je ne donnerai pas cher de sa peau** he's dead meat* ◆ **se faire crever** ou **trouer la peau**⁑ to get killed, to get a bullet in one's hide* ◆ **recevoir douze balles dans la peau** to be gunned down by a firing squad ou an execution squad ◆ **on lui fera la peau**⁑ we'll bump him off⁑ ◆ **je veux** ou **j'aurai sa peau !** I'll have his hide for this!* ◆ **être bien/mal dans sa peau** (physiquement) to feel great*/awful ◆ **être bien dans sa peau** (mentalement) to be happy in o.s. ◆ **il est mal dans sa peau** he's not a happy person ◆ **avoir qn dans la peau*** to be crazy about sb* ◆ **avoir le jeu** etc **dans la peau** to have gambling etc in one's blood ◆ **se mettre dans la peau de qn** to put o.s. in sb's place ou shoes ◆ **entrer dans la peau du personnage** to get (right) into the part ◆ **je ne voudrais pas être dans sa peau** I wouldn't like to be in his shoes ou place ◆ **avoir la peau dure*** (= être solide) to be hardy; (= résister à la critique) [personne] to be thick-skinned, to have a thick skin; [idées, préjugés] to be difficult to get rid of ou to overcome

3 [d'animal] (gén) skin; (= cuir) hide; (= fourrure) pelt; [d'éléphant, buffle] hide ◆ **gants/vêtements de peau** leather gloves/clothes ◆ **cuir pleine peau** full leather; → **vendre**

4 [de fruit, lait, peinture] skin; [de fromage] rind; (= épluchure) peel ◆ **enlever la peau de** [+ fruit] to peel; [+ fromage] to take the rind off

5 ◆ **peau de balle !**⁑ nothing doing!*, not a chance!*, no way!⁑

COMP **peau d'âne** † (= diplôme) diploma, sheepskin* (US)
peau de banane banana skin ◆ **glisser sur une peau de banane** to slip on a banana skin ◆ **glisser** ou **placer des peaux de banane sous les pieds de qn** to try to trip sb up
peau de chagrin (lit) shagreen ◆ **diminuer** ou **rétrécir** ou **se réduire comme une peau de chagrin** to shrink away
peau de chamois chamois leather, shammy
peau d'hareng* ◆ **quelle peau d'hareng tu fais !** you naughty thing!*
peau lainée treated sheepskin
peau de mouton sheepskin ◆ **en peau de mouton** sheepskin (épith)
peau d'orange (Physiol) orange peel effect
peau de porc pigskin
peau de serpent snakeskin
peau de tambour drumskin
peau de vache⁑ (= homme) bastard*⁑; (= femme) bitch*⁑
peau de zénana ou **de zébi** ◆ **c'est en peau de zénana** ou **de zébi** it's made of some sort of cheap stuff

peaucier /posje/ ADJ M, NM ◆ **(muscle) peaucier** platysma

peaufiner /pofine/ SYN ► conjug 1 ◀ VT [+ travail] to polish up, to put the finishing touches to; [+ style] to polish

Peau-Rouge (pl **Peaux-Rouges**) /poʀuʒ/ NMF Red Indian, Redskin

peausserie /posʀi/ NF (= articles) leatherwear (NonC); (= commerce) skin trade; (= boutique) suede and leatherware shop

peaussier /posje/

ADJ M leather (épith)

NM (= ouvrier) leatherworker; (= commerçant) leather dealer

pébroc*, **pébroque*** /pebʀɔk/ NM umbrella, brolly* (Brit)

pécan, pecan /pekɑ̃/ NM ◆ **(noix de) pécan** pecan (nut)

pécari /pekaʀi/ NM peccary

peccadille /pekadij/ SYN NF (= vétille) trifle; (= faute) peccadillo

pechblende /pɛʃblɛ̃d/ NF pitchblende

péché /peʃe/ SYN

NM sin ◆ **pour mes péchés** for my sins ◆ **à tout péché miséricorde** every sin can be forgiven ou pardoned ◆ **vivre dans le péché** (gén) to lead a sinful life; (sans être marié) to live in sin ◆ **mourir en état de péché** to die a sinner ◆ **commettre un péché** to sin, to commit a sin

COMP **péché capital** deadly sin ◆ **les sept péchés capitaux** the seven deadly sins
péché de chair † sin of the flesh

pêche | **peigne-cul**

péché de jeunesse youthful indiscretion ◆ **péché mignon** ou **le whisky, c'est son péché mignon** he's rather partial to whisky ◆ **péché mortel** mortal sin ◆ **le péché d'orgueil** the sin of pride ◆ **le péché originel** original sin ◆ **péché véniel** venial sin

pêche[1] /pɛʃ/

NF 1 (= *fruit*) peach ◆ **pêche-abricot, pêche jaune** ou **abricotée** yellow peach ◆ **pêche blanche** white peach ◆ **pêche de vigne** bush peach ◆ **avoir un teint de pêche** to have a peaches and cream complexion; → **fendre, peau**

2 (* = *vitalité*) ◆ **avoir la pêche** to be on form ◆ **avoir une pêche d'enfer** to be on top form, to be full of beans* (Brit) ◆ **ça donne la pêche** it gets you going ◆ **il n'a pas la pêche** he's feeling a bit low

3 (*‡ = *coup*) punch, clout* (Brit) ◆ **donner une pêche à qn** to punch sb, to give sb a clout* (Brit)

ADJ peach-coloured (Brit) ou -colored (US)

pêche[2] /pɛʃ/ **NF** 1 (= *activité*) fishing; (= *saison*) fishing season ◆ **la pêche à la ligne** (en mer) line fishing; (en rivière) angling ◆ **la pêche à la baleine** whaling ◆ **la pêche au gros** big-game fishing ◆ **grande pêche au large** deep-sea fishing ◆ **la pêche au harpon** harpoon fishing ◆ **la pêche à la crevette** shrimp fishing ◆ **la pêche à la truite** trout fishing ◆ **la pêche aux moules** mussel gathering ◆ **aller à la pêche** (lit) to go fishing ◆ **aller à la pêche aux informations** to go fishing for information ◆ **aller à la pêche aux voix** to canvass, to go vote-catching* ◆ **filet/barque de pêche** fishing net/boat; → **canne**

2 (= *poissons*) catch ◆ **faire une belle pêche** to have ou make a good catch ◆ **la pêche miraculeuse** (Bible) the miraculous draught of fishes; (fête foraine) the bran tub (Brit), the lucky dip (Brit), the go-fish tub (US)

pécher /peʃe/ **GRAMMAIRE ACTIVE 26.3** SYN ▶ conjug 6 ◀

VI 1 (Rel) to sin ◆ **pécher par orgueil** to commit the sin of pride

2 ◆ **pécher contre la politesse/l'hospitalité** to break the rules of courtesy/of hospitality ◆ **pécher par négligence/imprudence** to be too careless/reckless ◆ **pécher par ignorance** to err through ignorance ◆ **pécher par excès de prudence/d'optimisme** to be over-careful/over-optimistic, to err on the side of caution/of optimism ◆ **ça pèche par bien des points** ou **sur bien des côtés** it has a lot of weaknesses ou shortcomings

pêcher[1] /peʃe/ SYN ▶ conjug 1 ◀

VT (= *être pêcheur de*) to fish for; (= *attraper*) to catch, to land ◆ **pêcher des coquillages** to gather shellfish ◆ **pêcher la baleine/la crevette** to go whaling/shrimping ◆ **pêcher la truite/la morue** to fish for trout/cod, to go trout-/cod-fishing ◆ **pêcher qch à la ligne/à l'asticot** to fish for sth with rod and line/with maggots ◆ **pêcher qch au chalut** to trawl for sth ◆ **où as-tu été pêcher cette idée/cette boîte?*** where did you dig that idea/that box up from?* ◆ **où a-t-il été pêcher que…?*** wherever did he get the idea that…?

VI to fish, to go fishing; (avec un chalut) to trawl, to go trawling ◆ **pêcher à la ligne** to go angling ◆ **pêcher à l'asticot** to fish with maggots ◆ **pêcher à la mouche** to fly-fish ◆ **pêcher en eau trouble** (fig) to fish in troubled waters

pêcher[2] /peʃe/ **NM** (= *arbre*) peach tree

pêcherie /peʃri/ **NF** fishery, fishing ground

pêcheur, pêcheresse /peʃœʀ, peʃʀɛs/

ADJ sinful

NM,F sinner

pêcheur /peʃœʀ/

NM fisherman; (à la ligne) angler ◆ **pêcheur de crevettes** shrimper ◆ **pêcheur de baleines** whaler ◆ **pêcheur de palourdes** clamdigger ◆ **pêcheur de perles** pearl diver ◆ **pêcheur de corail** coral fisherman

ADJ [bateau] fishing

pêcheuse /peʃøz/ **NF** fisherwoman; (à la ligne) (woman) angler

pêchu, e* /peʃy/ **ADJ** ◆ **être pêchu** to be full of energy

pecnot /pɛkno/ **NM** ⇒ **péquenaud**

PECO /peko/ **NMPL** (abrév de **pays d'Europe centrale et orientale**) ◆ **les PECO** the CEEC

pécore* /pekɔʀ/

NF (péj = *imbécile*) silly goose*

NMF (péj = *paysan*) country bumpkin, yokel, hick* (US)

pecten /pɛktɛn/ **NM** pecten

pectine /pɛktin/ **NF** pectin

pectiné, e /pɛktine/

ADJ [feuille] pectinate; [muscle] pectineal

NM (Anat) pectineus

pectique /pɛktik/ **ADJ** pectic

pectoral, e (mpl -aux) /pɛktɔʀal, o/

ADJ 1 (= *relatif à la poitrine*) pectoral

2 [sirop, pastille] throat (épith), cough (épith), expectorant (SPÉC) (épith)

NM (= *muscle*) pectoral muscle ◆ **avoir de beaux pectoraux** to have big pecs* ou chest muscles

pécule /pekyl/ SYN **NM** (= *économies*) savings, nest egg; [de détenu, soldat] earnings, wages (paid on release or discharge) ◆ **se faire** ou **se constituer un petit pécule** to build up a little nest egg

pécuniaire /pekynjɛʀ/ SYN **ADJ** [embarras] financial, pecuniary (frm); [aide, avantage, situation] financial

pécuniairement /pekynjɛʀmɑ̃/ **ADV** financially

pédagogie /pedagɔʒi/ **NF** (= *éducation*) education; (= *art d'enseigner*) teaching skills; (= *méthodes d'enseignement*) educational methods ◆ **avoir beaucoup de pédagogie** to have excellent teaching skills, to be a skilled teacher ◆ **il manque de pédagogie** he's not a good teacher ◆ **faire œuvre de pédagogie** to explain things clearly ◆ **il a dû faire œuvre de pédagogie auprès de ses collègues** he had to exercise great skills in persuading his colleagues

pédagogique /pedagɔʒik/ SYN **ADJ** [intérêt, contenu, théorie, moyens, méthode, projet] educational, pedagogic(al) ◆ **outils pédagogiques** teaching aids ◆ **stage (de formation) pédagogique** teacher-training course ◆ **il a fait un exposé très pédagogique** he gave a very clear lecture ◆ **ouvrage/musée à vocation pédagogique** educational work/museum; → **conseiller**[2]

pédagogiquement /pedagɔʒikmɑ̃/ **ADV** (= *sur le plan de la pédagogie*) from an educational standpoint, pedagogically (SPÉC); (= *avec pédagogie*) clearly

pédagogue /pedagɔg/ SYN **NMF** (= *professeur*) teacher; (= *spécialiste*) teaching specialist, educationalist ◆ **c'est un bon pédagogue, il est bon pédagogue** he's a good teacher

pédale /pedal/ **NF** 1 [de bicyclette, piano, voiture] pedal; [de machine à coudre ancienne, tour] treadle

2 (Mus) ◆ **pédale douce/forte** soft/sustaining pedal ◆ **(note de) pédale** pedal (point) ◆ **pédale wah-wah** wah-wah pedal ◆ **mettre la pédale douce*** (fig) to soft-pedal*, to go easy*; → **emmêler, perdre**

3 (*‡ péj = *homosexuel*) queer*‡, poof*‡ (Brit), fag*‡ (US) ◆ **être de la pédale** † to be (a) queer*‡

pédaler /pedale/ ▶ conjug 1 ◀ **VI** to pedal; (* = *dépêcher*) to hurry ◆ **pédaler dans la choucroute*** ou **la semoule*** ou **le yaourt*** (= *ne rien comprendre*) to be all at sea, to be at a complete loss; (= *ne pas progresser*) to get nowhere (fast)*

pédaleur, -euse /pedalœʀ, øz/ **NM,F** (Cyclisme) pedaler

pédalier /pedalje/ **NM** [de bicyclette] pedal and gear mechanism; [d'orgue] pedal-board, pedals

pédalo ® /pedalo/ **NM** pedalo, pedal boat ◆ **faire du pédalo** to go for a ride on a pedal boat

pédant, e /pedɑ̃, ɑ̃t/ SYN

ADJ pretentious

NM,F pretentious person

pédanterie /pedɑ̃tʀi/ **NF** (littér) pretentiousness

pédantesque /pedɑ̃tɛsk/ **ADJ** abstruse

pédantisme /pedɑ̃tism/ SYN **NM** ◆ **sans pédantisme** without being pedantic

pédé*‡ /pede/ **NM** (abrév de **pédéraste** (péj)) queer*‡, poof*‡ (Brit), fag*‡ (US) ◆ **être pédé** to be (a) queer*‡ ou a fag*‡ (US) ◆ **il est pédé comme un phoque*‡** he's as queer as a coot*‡ ou as a three-dollar bill* (US)

pédéraste /pederast/ SYN **NM** pederast; (par extension) homosexual

pédérastie /pederasti/ **NF** pederasty; (par extension) homosexuality

pédérastique /pederastik/ **ADJ** pederast; (par extension) homosexual

pédestre /pedɛstʀ/ **ADJ** (littér, hum) ◆ **promenade** ou **circuit pédestre** walk, ramble, hike ◆ **sentier pédestre** pedestrian footpath

pédestrement /pedɛstʀəmɑ̃/ **ADV** (littér, hum) on foot

pédiatre /pedjatʀ/ **NMF** paediatrician (Brit), pediatrician (US)

pédiatrie /pedjatʀi/ **NF** paediatrics (sg) (Brit), pediatrics (sg) (US)

pédiatrique /pedjatʀik/ **ADJ** paediatric (Brit), pediatric (US)

pedibus (cum jambis) /pedibys(kumʒɑ̃bis)/ **ADV** on foot, on Shanks' pony* (Brit) ou mare* (US)

pédicellaire /pedisɛlɛʀ/ **NM** pedicellaria

pédicelle /pedisɛl/ **NM** [de plante] pedicel

pédicellé, e /pedisele/ **ADJ** pedicellate

pédiculaire /pedikylɛʀ/

ADJ (Méd) pedicular

NF (= *plante*) lousewort

pédicule /pedikyl/ **NM** [d'organe] pedicle; [de plante] peduncle

pédiculé, e /pedikyle/ **ADJ** (Anat) pedicled; (Bot, Zool) peduncled

pédiculose /pedikyloz/ **NF** pediculosis

pédicure /pedikyʀ/ **NMF** chiropodist, podiatrist (US)

pédicurie /pedikyʀi/ **NF** (= *soins médicaux*) chiropody, podiatry (US); (= *soins de beauté*) pedicure

pédieux, -ieuse /pedjø, jøz/ **ADJ** (Anat) pedial

pedigree /pedigre/ SYN **NM** pedigree

pédiment /pedimɑ̃/ **NM** pediment

pédipalpe /pedipalp/ **NM** pedipalp

pédodontie /pedɔdɔ̃si/ **NF** paedodontics (sg) (Brit), pedodontics (sg) (US)

pédologie /pedɔlɔʒi/ **NF** 1 (Géol) pedology 2 (Méd) paedology (Brit), pedology (US)

pédologique /pedɔlɔʒik/ **ADJ** (Géol) pedological

pédologue /pedɔlɔg/ **NMF** (Géol) pedologist

pédonculaire /pedɔ̃kylɛʀ/ **ADJ** peduncular

pédoncule /pedɔ̃kyl/ **NM** peduncle ◆ **ôtez les pédoncules des poivrons** cut the stalks off the peppers

pédonculé, e /pedɔ̃kyle/ **ADJ** pedunculate(d) ◆ **chêne pédonculé** pedunculate oak

pédophile /pedɔfil/ SYN

NM pedophile, paedophile (Brit)

ADJ pedophile (épith), paedophile (épith) (Brit)

pédophilie /pedɔfili/ **NF** pedophilia, paedophilia (Brit)

pédopsychiatre /pedɔpsikjatʀ/ **NMF** child psychiatrist

pédopsychiatrie /pedɔpsikjatʀi/ **NF** child psychiatry

pedzouille* /pɛdzuj/ **NM** (péj) peasant, country bumpkin, hick* (US)

PEE /peəə/ **NM** (abrév de **plan d'épargne entreprise**) → **plan**[1]

peeling /piliŋ/ **NM** (= *gommage*) facial scrub; (Méd) peel, dermabrasion ◆ **se faire un peeling** to use a facial scrub; (Méd) to have dermabrasion

Pégase /pegaz/ **NM** Pegasus

pégase /pegaz/ **NM** (= *poisson*) pegasus

PEGC /peəʒese/ **NM** (abrév de **professeur d'enseignement général des collèges**) → **professeur**

pegmatite /pɛgmatit/ **NF** pegmatite

pègre /pɛgʀ/ SYN **NF** ◆ **la pègre** the underworld ◆ **membre de la pègre** gangster, mobster

pehlvi /pelvi/ **NM** Pahlavi, Pehlevi

peignage /pɛɲaʒ/ **NM** [de laine] carding; [de lin, chanvre] carding, hackling

peigne /pɛɲ/ **NM** 1 [de cheveux] comb; [de laine] card; [de lin, chanvre] card, hackle; [de métier] reed ◆ **peigne de poche** pocket comb ◆ **passer qch au peigne fin** (fig) to go through sth with a fine-tooth comb ◆ **se donner un coup de peigne** to run a comb through one's hair

2 [de scorpion] comb; [d'oiseau] pecten; (= *mollusque*) pecten

peigne-cul*‡ (pl **peigne-culs**) /pɛɲky/ **NM** (péj) (= *mesquin*) creep*; (= *inculte*) lout, yob* (Brit)

peignée* /pɛɲe/ **NF** (= *raclée*) thrashing, hiding* • **donner/recevoir une** *ou* **la peignée** to give/get a thrashing *ou* hiding*

peigner /peɲe/ SYN ▸ conjug 1 ◂

VT [*+ cheveux*] to comb; [*+ laine*] to card; [*+ lin, chanvre*] to card, to hackle • **peigner qn** to comb sb's hair • **être bien peigné** [*+ personne*] to have well-combed hair • **des cheveux bien peignés** well-combed hair • **mal peigné** dishevelled, tousled • **faire ça ou peigner la girafe** (*hum*) it's either that or some other pointless task

VPR **se peigner** to comb one's hair, to give one's hair a comb

peigneur, -euse /pɛɲœʀ, øz/ **NM,F** [*de laine*] carder; [*de lin, chanvre*] carder, heckler

peignier /pɛɲe/ **NM** comb maker

peignoir /pɛɲwaʀ/ SYN **NM** dressing gown • **peignoir (de bain)** bathrobe

peille /pɛj/ **NF** (*Tech*) rag (*used in papermaking*)

peinard, e* /pɛnaʀ, aʀd/ **ADJ** 1 (= *sans tracas*) [*travail, vie*] cushy*, easy • **on est peinards dans ce service** we have a cushy* time of it in this department • **il fait ses 35 heures, peinard** he does his 35 hours and that's it • **rester** *ou* **se tenir peinard** to keep out of trouble, to keep one's nose clean*

2 (= *au calme*) [*coin*] quiet, peaceful • **on va être peinards** (*pour se reposer*) we'll have a bit of peace, we can take it easy; (*pour agir*) we'll be left in peace • **il vit peinard sur une île** he leads a nice quiet life on an island

peindre /pɛ̃dʀ/ SYN ▸ conjug 52 ◂

VT (*gén*) to paint; [*+ mœurs*] to paint, to depict • **peindre qch en jaune** to paint sth yellow • **peindre à la chaux** to whitewash • **tableau peint à l'huile** picture painted in oils • **peindre au pinceau/au rouleau** to paint with a brush/a roller • **se faire peindre par qn** to have one's portrait painted by sb • **romancier qui sait bien peindre ses personnages** novelist who portrays his characters well • **il l'avait peint sous les traits d'un vieillard dans son livre** he had depicted *ou* portrayed him as an old man in his book • **la cruauté était peinte sur son visage** his face was a mask of cruelty

VPR **se peindre** (= *se décrire*) to portray o.s. • **Montaigne s'est peint dans « Les Essais »** "Les Essais" are a self-portrayal of Montaigne • **la consternation/le désespoir se peignait sur leur visage** dismay/despair was written on their faces

peine /pɛn/ SYN **NF** 1 (= *chagrin*) sorrow, sadness (*NonC*) • **avoir de la peine** to be sad *ou* upset • **être dans la peine** to be grief-stricken • **faire de la peine à qn** to upset sb, to make sb sad, to distress sb • **elle m'a fait de la peine et je lui ai donné de l'argent** I felt sorry for her and gave her some money • **je ne voudrais pas te faire de (la) peine, mais...** I don't want to disappoint you but... • **avoir des peines de cœur** to have an unhappy love life • **cela fait peine à voir** it hurts to see it • **il faisait peine à voir** he looked a sorry *ou* pitiful sight; → **âme**

2 (= *effort*) effort, trouble (*NonC*) • **il faut se donner de la peine, cela demande de la peine** it requires an effort, you have to make an effort • **se donner de la peine pour faire qch** to go to a lot of trouble to do sth • **si tu te mettais seulement en peine d'essayer, si tu te donnais seulement la peine d'essayer** if you would only bother to try *ou* take the trouble to try • **il ne se donne aucune peine** he just doesn't try *ou* bother • **donnez-vous** *ou* **prenez donc la peine d'entrer/de vous asseoir** (*formule de politesse*) please *ou* do come in/sit down • **ne vous donnez pas la peine de venir me chercher** please don't bother to come and get me • **c'est peine perdue** it's a waste of time (and effort) • **on lui a donné 50 € pour sa peine** he was given €50 for his trouble • **en être pour sa peine** to get nothing for one's pains *ou* trouble • **tu as été sage, pour la peine, tu auras un bonbon** here's a sweet for being good • **ne vous mettez pas en peine pour moi** don't go to *ou* put yourself to any trouble for me • **toute peine mérite salaire** the labourer is worthy of his hire (*Prov*), any effort should be rewarded • **à chaque jour suffit sa peine** (*Prov*) sufficient unto the day is the evil thereof (*Prov*)

♦ **c'est/c'était + peine** • **est-ce que c'est la peine d'y aller ?** is it worth going? • **ce n'est pas la peine de me le répéter** there's no point in repeating that, you've no need to repeat that • **ce n'est pas la peine** don't bother • **c'était bien la peine !** (*iro*) after all that trouble! • **c'était bien la peine de l'inviter !** *ou* **qu'on l'invite !** (*iro*) it was a waste of time inviting him!

♦ **valoir la peine** • **cela vaut la peine** it's worth it, it's worth the trouble • **cela valait la peine d'essayer** it was worth trying *ou* a try *ou* a go • **ça vaut la peine qu'il y aille** it's worth it for him to go, it's worth his while going • **cela ne vaut pas la peine d'en parler** (= *c'est trop mauvais*) it's not worth wasting one's breath over, it's not worth talking about; (= *c'est insignifiant*) it's hardly *ou* not worth mentioning

3 (= *difficulté*) difficulty • **il a eu de la peine à finir son repas/la course** he had difficulty finishing his meal/the race • **il a eu de la peine mais il y est arrivé** it wasn't easy (for him) but he managed it • **avoir de la peine à faire** to have difficulty in doing, to find it difficult *ou* hard to do • **j'ai (de la) peine à croire que...** I find it hard to believe that..., I can hardly believe that... • **avec peine** with difficulty • **sans peine** without (any) difficulty, easily • **il n'est pas en peine pour trouver des secrétaires** he has no difficulty *ou* trouble finding secretaries • **j'ai eu toutes les peines du monde à le convaincre/à démarrer** I had a real job convincing him/getting the car started • **je serais bien en peine de vous le dire/d'en trouver** I'd be hard pushed* *ou* hard pressed to tell you/to find any

4 (= *punition*) punishment, penalty; (*Jur*) sentence • **peine capitale** *ou* **de mort** capital punishment, death sentence *ou* penalty • **peine de prison** prison sentence • **peine alternative** *ou* **de substitution** alternative sentence • **sous peine de mort** on pain of death • **« défense d'afficher sous peine d'amende »** "billposters will be fined" • **« défense d'entrer sous peine de poursuites »** "trespassers will be prosecuted" • **la peine n'est pas toujours proportionnée au délit** the punishment does not always fit the crime • **on ne peut rien lui dire, sous peine d'être renvoyé** you daren't *ou* can't say anything to him for fear of being fired • **pour la** *ou* **ta peine tu mettras la table** for that you can set the table

♦ **à peine** hardly, scarcely, barely • **il est à peine 2 heures** it's only just 2 o'clock, it's only just turned 2 • **il leur reste à peine de quoi manger** they hardly have any food left • **il gagne à peine de quoi vivre** he hardly earns enough to keep body and soul together • **il parle à peine** [*personne silencieuse*] he hardly says anything; [*enfant*] he can hardly *ou* barely talk • **il était à peine rentré qu'il a dû ressortir** he had only just got in when he had to go out again • **à peine dans la voiture, il s'est endormi** no sooner had he got in the car than he fell asleep • **c'est à peine si on l'entend** you can hardly hear him • **il était à peine aimable** he was barely civil • **celui-ci est à peine plus cher que les autres** this one is hardly any more expensive than the others

peiner /pene/ SYN ▸ conjug 1 ◂

VI [*personne*] to work hard, to toil; [*moteur*] to labour (*Brit*), to labor (*US*); [*voiture, plante*] to struggle • **peiner sur un problème** to struggle with a problem • **le coureur peinait dans les derniers mètres** the runner was struggling over the last few metres • **le chien peine quand il fait chaud** the dog suffers when it's hot

VT to grieve, to sadden • **j'ai été peiné de l'apprendre** I was sad to hear it • **... dit-il d'un ton peiné** (*gén*) ... he said in a sad voice; (*vexé*) ... he said in a hurt *ou* an aggrieved tone • **il avait un air peiné** he looked upset

peint, e /pɛ̃, pɛ̃t/ ptp de **peindre**

peintre /pɛ̃tʀ/ SYN **NMF** (*lit*) painter • **peintre en bâtiment** house painter, painter and decorator • **peintre-décorateur** painter and decorator • **c'est un merveilleux peintre de notre société** (*écrivain*) he paints a marvellous picture of the society we live in

peintre-graveur (pl **peintres-graveurs**) /pɛ̃tʀ(ə)gʀavœʀ/ **NM** (= *artiste*) engraver

peinture /pɛ̃tyʀ/ SYN

NF 1 (= *action, art*) painting • **faire de la peinture (à l'huile/à l'eau)** to paint (in oils/in watercolours)

2 (= *ouvrage*) painting, picture • **vendre sa peinture** to sell one's paintings; → **voir**

3 (= *surface peinte*) paintwork (*NonC*) • **toutes les peintures sont à refaire** all the paintwork needs re-doing

4 (= *matière*) paint • **« attention à la peinture », « peinture fraîche »** "wet paint" • **donner un coup de peinture à un mur** to give a wall a coat of paint

5 (*fig*) (= *action*) portrayal; (= *résultat*) portrait • **c'est une peinture des mœurs de l'époque** it portrays *ou* depicts the social customs of the period

COMP **peinture abstraite** (*NonC*) abstract art; (= *tableau*) abstract (painting)
peinture acrylique acrylic paint
peinture en bâtiment house painting, painting and decorating
peinture brillante gloss paint
peinture au doigt fingerpainting
peinture à l'eau (= *tableau, matière*) watercolour (*Brit*), watercolor (*US*); (*pour le bâtiment*) water(-based) paint
peinture à l'huile (= *tableau*) oil painting; (= *matière*) oil paint; (*pour le bâtiment*) oil-based paint
peinture laquée gloss paint
peinture mate matt emulsion (paint)
peinture métallisée metallic paint
peinture murale mural
peinture au pinceau painting with a brush
peinture au pistolet spray painting
peinture au rouleau roller painting
peinture satinée satin-finish paint
peinture sur soie silk painting

peinturer /pɛ̃tyʀe/ SYN ▸ conjug 1 ◂ **VT** 1 (* = *mal peindre*) to slap paint on
2 (*Can*) to paint

peinturlurer* /pɛ̃tyʀlyʀe/ SYN ▸ conjug 1 ◂ **VT** (*péj*) to daub (with paint) • **peinturlurer qch de bleu** to daub sth with blue paint • **visage peinturluré** painted face • **lèvres peinturlurées en rouge** lips with a slash of red across them • **se peinturlurer le visage** to slap make-up on one's face

péjoratif, -ive /peʒɔʀatif, iv/ SYN
ADJ derogatory, pejorative
NM (*Ling*) pejorative word

péjoration /peʒɔʀasjɔ̃/ **NF** pejoration

péjorativement /peʒɔʀativmɑ̃/ **ADV** in a derogatory fashion, pejoratively

pékan /pekɑ̃/ **NM** (= *animal*) fisher, pekan

Pékin /pekɛ̃/ **N** Beijing, Peking

pékin /pekɛ̃/ **NM** (*arg Mil*) civvy (*arg*) • **s'habiller en pékin** to dress in civvies *ou* mufti

pékinois, e /pekinwa, waz/
ADJ Pekinese
NM 1 (= *chien*) Pekinese, peke*
2 (= *langue*) Mandarin (Chinese), Pekinese
NM,F **Pékinois(e)** Pekinese

PEL /peəɛl/ **NM** (abrév de **plan d'épargne logement**) → **plan**[1]

pelade /pəlad/ **NF** alopecia

pelage /pəlaʒ/ SYN **NM** coat, fur

pélagianisme /pelaʒjanism/ **NM** Pelagianism

pélagien, -ienne /pelaʒjɛ̃, jɛn/ **ADJ, NM,F** Pelagian

pélagique /pelaʒik/ **ADJ** pelagic

pelagos /pelagɔs/ **NM** pelagic marine life

pélamide, pélamyde /pelamid/ **NF** (= *poisson*) pelamid; (= *serpent*) sea snake

pelard /pəlaʀ/ **ADJ M, NM** • **(bois) pelard** barked wood

pélargonium /pelaʀgɔnjɔm/ **NM** pelargonium

pelé, e /pəle/ SYN (ptp de **peler**)
ADJ [*personne*] bald(-headed); [*animal*] hairless; [*vêtement*] threadbare; [*terrain, montagne*] bare
NM (* = *personne*) bald-headed man, baldie* • **il n'y avait que trois** *ou* **quatre pelés et un tondu à la réunion** * there was hardly anyone at the meeting

pêle-mêle /pɛlmɛl/ SYN
ADV any old how • **ils s'entassaient pêle-mêle dans l'autobus** they piled into the bus any old how • **on y trouvait pêle-mêle des chapeaux, des rubans, des colliers** there were hats, ribbons and necklaces all mixed *ou* jumbled up together • **un roman où l'on trouve pêle-mêle une rencontre avec Charlemagne, un voyage sur Mars...** a novel containing a hotchpotch of meetings with Charlemagne, trips to Mars...
NM INV (= *cadre*) multiple photo frame

peler /pəle/ SYN ▸ conjug 5 ◂ **VTI** (*gén*) to peel • **ce fruit se pèle bien** this fruit peels easily *ou* is easy to peel • **on pèle (de froid) ici !*** it's damn cold here!*, it's bloody freezing here!* (*Brit*)

pèlerin /pɛlʀɛ̃/ NM pilgrim ◆ **(faucon) pèlerin** peregrine falcon ◆ **(requin) pèlerin** basking shark ◆ **criquet pèlerin** migratory locust ◆ **qui c'est ce pèlerin ?** * (= *individu*) who's that guy? * *ou* bloke * (*Brit*)?

pèlerinage /pɛlʀinaʒ/ NM (= *voyage*) pilgrimage ◆ **(lieu de) pèlerinage** place of pilgrimage, shrine ◆ **aller en** *ou* **faire un pèlerinage à** to go on a pilgrimage to

pèlerine /pɛlʀin/ NF cape

pélican /pelikɑ̃/ NM pelican

pelisse /pəlis/ NF pelisse, dress-coat

pellagre /pelagʀ/ NF pellagra

pellagreux, -euse /pelagʀø, øz/ ADJ pellagrous

pelle /pɛl/

NF [1] (*gén*) shovel; [*d'enfant*] spade ◆ **ramasser qch à la pelle** to shovel sth up ◆ **on en ramasse** *ou* **il y en a à la pelle** there are loads of them * ◆ **avoir de l'argent** *ou* **remuer l'argent à la pelle** to have loads * *ou* pots * of money ◆ **(se) ramasser** *ou* **se prendre une pelle** * (= *tomber, échouer*) to fall flat on one's face, to come a cropper * (*Brit*); (*après avoir demandé qch*) to be sent packing *; → **rond**

[2] (* = *baiser*) ◆ **rouler une pelle à qn** to give sb a French kiss

COMP **pelle à charbon** coal shovel
pelle mécanique mechanical shovel *ou* digger
pelle à ordures dustpan
pelle à poisson fish slice
pelle à tarte cake *ou* pie server

pelle-pioche (pl **pelles-pioches**) /pɛlpjɔʃ/ NF pick and shovel

pellet /pelɛ/ NM (*Méd*) pellet

pelletage /pɛltaʒ/ NM shovelling

pelletée /pɛlte/ NF shovelful, spadeful ◆ **des pelletées de** masses of

pelleter /pɛlte/ ► conjug 4 ◄ VT to shovel (up)

pelleterie /pɛltʀi/ NF (= *commerce*) fur trade, furriery; (= *préparation*) fur dressing; (= *peau*) pelt

pelleteur /pɛltœʀ/ NM workman (*who does the digging*)

pelleteuse /pɛltøz/ NF mechanical shovel *ou* digger, excavator

pelletier, -ière /pɛltje, jɛʀ/ NM,F furrier

pelliculage /pelikylaʒ/ NM (*Photo*) stripping; (*Tech*) filming

pelliculaire /pelikylɛʀ/ ADJ (= *qui forme une pellicule*) pellicular ◆ **shampoing pour état pelliculaire** (anti-)dandruff shampoo

pellicule /pelikyl/ SYN NF [1] (= *couche fine*) film, thin layer; (*Photo*) film ◆ **pellicule couleur/noir et blanc** colour/black and white film ◆ **ne gâche pas de la pellicule** don't waste film ◆ **(rouleau de) pellicule** (roll of) film

[2] (*Méd*) ◆ **pellicules** dandruff (*NonC*) ◆ **lotion contre les pellicules** dandruff lotion

pelliculé, e /pelikyle/ ADJ [*pochette, couverture de livre*] plastic-coated

pelliculer /pelikyle/ ► conjug 1 ◄ VT (*Photo*) to strip; (*Tech*) to film

pellucide /pelysid/ ADJ pellucid

péloche * /pelɔʃ/ NF (= *film*) film; (= *rouleau*) roll of film

Péloponnèse /pelɔpɔnɛz/ NM ◆ **le Péloponnèse** the Peloponnese ◆ **la guerre du Péloponnèse** the Peloponnesian War

pelotage * /p(ə)lɔtaʒ/ NM petting * (*NonC*)

pelotari /p(ə)lɔtaʀi/ NM pelota player

pelote /p(ə)lɔt/ NF [1] [*de laine*] ball ◆ **mettre de la laine en pelote** to wind wool into a ball ◆ **faire sa pelote** † to feather one's nest, to make one's pile * ◆ **pelote d'épingles** pin cushion ◆ **c'est une vraie pelote d'épingles** (*fig*) he (*ou* she) is really prickly; → **nerf**

[2] (*Sport*) ◆ **pelote (basque)** pelota

[3] ◆ **pelote (plantaire)** (*d'un animal*) pad

peloter * /p(ə)lɔte/ ► conjug 1 ◄ VT to feel up *, to touch up * ◆ **elle se faisait peloter par Paul** Paul was feeling * *ou* touching * her up ◆ **arrêtez de me peloter !** stop pawing me! *, keep your hands to yourself! ◆ **ils se pelotaient** they were petting *

peloteur, -euse * /p(ə)lɔtœʀ, øz/

ADJ ◆ **il a des gestes peloteurs** *ou* **des mains peloteuses** he can't keep his hands to himself

NM,F groper * ◆ **c'est un peloteur** he can't keep his hands to himself

peloton /p(ə)lɔtɔ̃/ SYN

NM [1] [*de laine*] small ball

[2] (= *groupe*) cluster, group; [*de pompiers, gendarmes*] squad; (*Mil*) platoon; (*Sport*) pack, bunch

COMP **peloton d'exécution** firing squad
peloton de tête (*Sport*) leaders, leading runners (*ou* riders *etc*) ◆ **être dans le peloton de tête** (*Sport*) to be up with the leaders; (*en classe*) to be among the top few; [*pays, entreprise*] to be one of the front runners

pelotonner /p(ə)lɔtɔne/ ► conjug 1 ◄

VT [+ *laine*] to wind into a ball

VPR **se pelotonner** SYN to curl (o.s.) up ◆ **se pelotonner contre qn** to snuggle up to sb, to nestle close to sb ◆ **il s'est pelotonné entre mes bras** he snuggled up in my arms

pelouse /p(ə)luz/ NF lawn; (*Courses*) public enclosure; (*Football, Rugby*) field, ground ◆ « **pelouse interdite** » "keep off the grass"

pelté, e /pɛlte/ ADJ peltate

peluche /p(ə)lyʃ/ NF [1] (= *tissu*) plush; (= *poil*) fluff (*NonC*), bit of fluff ◆ **ce pull fait des peluches** this jumper pills

[2] ◆ **(jouet en) peluche** soft *ou* cuddly toy ◆ **chien/lapin en peluche** stuffed *ou* fluffy (*Brit*) dog/rabbit; → **ours**

peluché, e /p(ə)lyʃe/ (ptp de **pelucher**) ADJ [*étoffe*] plush (*épith*), fluffy

pelucher /p(ə)lyʃe/ ► conjug 1 ◄ VI (*par l'aspect*) to pill, to go fluffy; (= *perdre des poils*) to leave fluff

pelucheux, -euse /p(ə)lyʃø, øz/ ADJ fluffy

pelure /p(ə)lyʀ/ SYN NF [1] (= *épluchure*) peel (*NonC*), peeling, piece of peel; (* *hum* = *manteau*) overcoat ◆ **pelure d'oignon** (*lit*) onion skin; (= *vin*) (pale) rosé wine; (= *couleur*) pinkish orange

[2] ◆ **(papier) pelure** flimsy (paper), copy *ou* bank paper; (= *feuille*) flimsy (copy)

pelvien, -ienne /pɛlvjɛ̃, jɛn/ ADJ pelvic; → **ceinture**

pelvigraphie /pɛlvigʀafi/ NF X-ray pelvimetry

pelvis /pɛlvis/ NM pelvis

pénal, e (mpl **-aux**) /penal, o/ ADJ [*responsabilité, enquête, justice, loi*] criminal ◆ **le droit pénal** criminal law ◆ **poursuivre qn au pénal** to sue sb, to take legal action against sb; → **clause, code**

pénalement /penalmɑ̃/ ADV ◆ **être pénalement responsable** to be criminally responsible ◆ **acte pénalement répréhensible** act for which one is liable to prosecution

pénalisant, e /penalizɑ̃, ɑt/ ADJ [*mesure, réforme*] disadvantageous ◆ **cette réglementation est très pénalisante pour notre industrie** this regulation puts our industry at a serious disadvantage *ou* severely penalizes our industry

pénalisation /penalizasjɔ̃/ SYN NF [1] (*Sport*) (= *action*) penalization; (= *sanction*) penalty ◆ **points de pénalisation** penalty points ◆ **cette mesure prévoit la pénalisation financière de certains produits polluants** this measure makes provision for imposing financial penalties *ou* sanctions against certain products that cause pollution

[2] (*Jur*) [*d'usage, pratique*] criminalization

pénaliser /penalize/ SYN ► conjug 1 ◄ VT [+ *contrevenant, faute, joueur*] to penalize; (= *défavoriser*) to penalize, to put at a disadvantage ◆ **ils ont été lourdement pénalisés par cette mesure** they were severely penalized by this measure

pénaliste /penalist/ NMF criminal lawyer

pénalité /penalite/ SYN NF (*Fin, Sport* = *sanction*) penalty ◆ **pénalité de retard** (*Fin*) late payment penalty; (*pour retard de livraison*) late delivery penalty ◆ **coup de pied de pénalité** (*Football, Rugby*) penalty (kick) ◆ **il a marqué sur un coup de pénalité** he scored from a penalty

penalty /penalti/ (pl **penalties** /penaltiz/) NM (*Football*) (= *coup de pied*) penalty (kick); (= *sanction*) penalty ◆ **marquer sur penalty** to score a penalty goal *ou* from a penalty ◆ **tirer un penalty** to take a penalty (kick) ◆ **siffler le** *ou* **un penalty** to award a penalty ◆ **point de penalty** (= *endroit*) penalty spot

pénard, e * /penaʀ, aʀd/ ADJ ⇒ **peinard, e**

pénates /penat/ SYN NMPL (*Myth*) Penates; (*fig hum*) home ◆ **regagner ses pénates** to go back home ◆ **installer ses pénates quelque part** to settle down somewhere

penaud, e /pəno, od/ SYN ADJ sheepish, contrite ◆ **d'un air penaud** sheepishly, contritely ◆ **il en est resté tout penaud** he became quite sheepish *ou* contrite

pence /pɛns/ NMPL pence

penchant /pɑ̃ʃɑ̃/ SYN NM (= *tendance*) tendency, propensity (*à faire* to do); (= *faible*) liking, fondness (*pour qch* for sth) ◆ **avoir un penchant à faire qch** to be inclined *ou* have a tendency to do sth ◆ **avoir un penchant pour qch** to be fond of *ou* have a liking *ou* fondness for sth ◆ **avoir un penchant pour la boisson** to be partial to a drink ◆ **avoir du penchant pour qn** (*littér*) to be in love with sb ◆ **le penchant qu'ils ont l'un pour l'autre** the fondness they have for each other ◆ **mauvais penchants** baser instincts

penché, e /pɑ̃ʃe/ (ptp de **pencher**) ADJ [*tableau*] lop-sided; [*mur*] sloping; [*poteau, arbre, colonne*] leaning; [*écriture*] sloping, slanting; [*tête*] tilted (to one side) ◆ **le corps penché en avant/en arrière** leaning forward/back(ward) ◆ **être penché sur ses livres** [*personne*] to be bent over one's books; → **tour**[1]

pencher /pɑ̃ʃe/ SYN ► conjug 1 ◄

VT [+ *meuble, bouteille*] to tip up, to tilt ◆ **pencher son assiette** to tip one's plate up ◆ **pencher la tête** (*en avant*) to bend one's head forward; (*sur le côté*) to tilt one's head

VI [1] (= *être incliné*) [*mur, arbre*] to lean; [*navire*] to list; [*objet en déséquilibre*] to tilt, to tip (to one side) ◆ **le tableau penche un peu de ce côté** the picture is leaning to this side, this side of the picture is lower than the other ◆ **faire pencher la balance** (*fig*) to tip the scales (*en faveur de* in favour of)

[2] (= *être porté à*) ◆ **je penche pour la première hypothèse** I'm inclined to favour the first hypothesis ◆ **je penche à croire qu'il est sincère** I'm inclined to believe he's sincere

VPR **se pencher** [1] (= *s'incliner*) to lean over; (= *se baisser*) to bend down ◆ **se pencher en avant** to lean forward ◆ **se pencher par-dessus bord** to lean overboard ◆ **se pencher sur un livre** to bend over a book ◆ « **défense de se pencher au dehors** *ou* **par la fenêtre** » "do not lean out of the window"

[2] (= *examiner*) ◆ **se pencher sur un problème/cas** to look into *ou* study a problem/case ◆ **se pencher sur les malheurs de qn** to turn one's attention to sb's misfortunes

pendable /pɑ̃dabl/ ADJ → **cas, tour**[2]

pendaison /pɑ̃dɛzɔ̃/ NF hanging ◆ **pendaison de crémaillère** house warming, house-warming party

pendant[1]**, e** /pɑ̃dɑ̃, ɑt/ SYN ADJ [1] (= *qui pend*) [*bras, jambes*] hanging, dangling; [*langue*] hanging out (*attrib*); [*joue*] sagging; [*oreilles*] drooping; (*Jur*) [*fruits*] on the tree (*attrib*) ◆ **ne reste pas là les bras pendants** don't just stand there (doing nothing) ◆ **assis sur le mur les jambes pendantes** sitting on the wall with his legs hanging down ◆ **le chien haletait la langue pendante** the dog was panting with its tongue hanging out ◆ **chien aux oreilles pendantes** dog with drooping ears, lop-eared dog ◆ **les branches pendantes du saule** the hanging *ou* drooping branches of the willow

[2] (*Admin* = *en instance*) [*question*] outstanding, in abeyance (*attrib*); [*affaire*] pending (*attrib*); (*Jur*) [*procès*] pending (*attrib*)

pendant[2] /pɑ̃dɑ̃/ SYN NM [1] (= *objet*) ◆ **pendant (d'oreille)** drop earring, pendant earring ◆ **pendant d'épée** frog

[2] (= *contrepartie*) ◆ **le pendant de** [+ *œuvre d'art, meuble*] the matching piece to; [+ *personne, institution*] the counterpart of ◆ **faire pendant à** to match, to be the counterpart of ◆ **se faire pendant** to match ◆ **j'ai un chandelier et je cherche le pendant** I've got a candlestick and I'm looking for one to match it *ou* and I'm trying to make up a pair

pendant[3] /pɑ̃dɑ̃/ SYN

PRÉP (= *au cours de*) during; (*indiquant la durée*) for ◆ **pendant la journée/son séjour** during the day/his stay ◆ **pendant ce temps Paul attendait** during this time *ou* meanwhile Paul was waiting ◆ **qu'est-ce qu'il faisait pendant ce temps-là ?** what was he doing during that time? *ou* in the meantime? ◆ **à prendre pendant le repas** [*médicament*] to be taken at mealtimes *ou* with meals ◆ **on a marché pendant des kilomètres** we walked for miles ◆ **il a vécu en France pendant plusieurs années** he lived in France for several years ◆ **pendant quelques mois, il n'a pas pu travailler** for several months he was unable to work ◆ **on est resté sans nouvelles de lui pendant longtemps** we had no news from him for a long time ◆ **pendant un moment on a cru qu'il ne reviendrait pas** for a while we thought he would not return ◆ **avant la guerre et pendant** before and during the war

LOC CONJ **pendant que** SYN while, whilst *(frm)* ◆ **pendant qu'elle se reposait, il écoutait la radio** while she was resting he would listen to the radio ◆ **pendant que vous serez à Paris, pourriez-vous aller le voir ?** while you're in Paris could you go and see him? ◆ **pendant que j'y pense, n'oubliez pas de fermer la porte à clé** while I think of it, don't forget to lock the door ◆ **arrosez le jardin et, pendant que vous y êtes, arrachez les mauvaises herbes** water the garden and do some weeding while you're at *ou* about it ◆ **finissez le plat pendant que vous y êtes !** *(iro)* why don't you eat it all (up) while you're at it! *(iro)* ◆ **dire que des gens doivent suivre un régime pendant que des enfants meurent de faim** to think that some people have to go on a diet while there are children dying of hunger

pendard, e †† /pɑ̃daʀ, aʀd/ **NM,F** *(hum)* scoundrel

pendeloque /pɑ̃d(ə)lɔk/ **NF** *[de boucles d'oreilles]* pendant; *[de lustre]* lustre, pendant

pendentif /pɑ̃dɑ̃tif/ SYN **NM** *(= bijou)* pendant; *(Archit)* pendentive

penderie /pɑ̃dʀi/ **NF** *(= meuble)* wardrobe *(with hanging space only)*; *(= barre)* clothes rail ◆ **le placard du couloir nous sert de penderie** we hang our clothes in the hall cupboard *(Brit) ou* closet *(US)* ◆ **le côté penderie de l'armoire** the part of the wardrobe you hang things in

pendiller /pɑ̃dije/ ▸ conjug 1 ◂ **VI** *[clés, boucles d'oreilles, corde]* to dangle; *[linge]* to flap gently

Pendjab /pɛdʒab/ **NM** ◆ **le Pendjab** the Punjab

pendoir /pɑ̃dwaʀ/ **NM** meat hook

pendouiller * /pɑ̃duje/ ▸ conjug 1 ◂ **VI** to dangle, to hang down

pendre /pɑ̃dʀ/ SYN ▸ conjug 41 ◂

VT 1 *[+ rideau]* to hang, to put up *(à* at); *[+ tableau, manteau]* to hang (up) *(à* on); *[+ lustre]* to hang (up) *(à* from) ◆ **pendre le linge pour le faire sécher** *(dans la maison)* to hang up the washing to dry; *(dehors)* to hang out the washing to dry ◆ **pendre la crémaillère** to have a house-warming party *ou* a house warming

2 *[+ criminel]* to hang ◆ **pendre qn haut et court** *(Hist)* to hang sb ◆ **qu'il aille se faire pendre ailleurs !** * he can go hang! *, he can take a running jump! * ◆ **je veux être pendu si...** I'll be damned* *ou* hanged if... ◆ **dussé-je être pendu, je ne dirais jamais cela !** I wouldn't say that even if my life depended on it!; → **pis²**

VI 1 *(= être suspendu)* to hang (down) ◆ **des fruits pendaient aux branches** there was fruit hanging from the branches ◆ **cela lui pend au nez** * he's got it coming to him *

2 *[bras, jambes]* to dangle; *[joue]* to sag; *[langue]* to hang out; *[robe]* to dip, to hang down; *[cheveux]* to hang down ◆ **un lambeau de papier pendait** a strip of wallpaper was hanging off ◆ **laisser pendre ses jambes** to dangle one's legs

VPR **se pendre** 1 *(= se tuer)* to hang o.s.

2 *(= se suspendre)* ◆ **se pendre à une branche** to hang from a branch ◆ **se pendre au cou de qn** to throw one's arms round sb *ou* sb's neck

pendu, e /pɑ̃dy/ (ptp de **pendre**)

ADJ 1 *(= accroché)* hung up, hanging up ◆ **pendu à** *(lit)* hanging from ◆ **être toujours pendu aux basques de qn** *(fig)* to keep pestering sb ◆ **il est toujours pendu aux jupes** *ou* **jupons de sa mère** he's always clinging to his mother's skirts, he's still tied to his mother's apron strings ◆ **pendu au bras de qn** holding on to sb's arm ◆ **elle est toujours pendue au téléphone** she spends all her time on the phone ◆ **ça fait deux heures qu'il est pendu au téléphone** he's been on the phone for two hours; → **langue**

2 *(= mort)* hanged

NM,F hanged man *(ou* woman) ◆ **le (jeu du) pendu** hangman ◆ **jouer au pendu** to play hangman

pendulaire /pɑ̃dylɛʀ/ **ADJ** pendular ◆ **train pendulaire** tilting train

pendule /pɑ̃dyl/

NF clock ◆ **pendule à coucou** cuckoo clock ◆ **remettre les pendules à l'heure** * *(fig)* to set the record straight ◆ **tu ne vas pas nous en chier**** **une pendule (à treize coups) !** you're not going to make a fucking** song and dance about it, are you?

NM pendulum ◆ **pendule astronomique** pendulum clock ◆ **faire un pendule** *[alpiniste]* to do a pendule *ou* a pendulum

penduler /pɑ̃dyle/ ▸ conjug 1 ◂ **VI** *[alpiniste]* to do a pendule *ou* a pendulum

pendulette /pɑ̃dylɛt/ **NF** small clock ◆ **pendulette de voyage** travelling clock

pêne /pɛn/ **NM** *[de serrure]* bolt ◆ **pêne dormant** dead bolt ◆ **pêne demi-tour** latch *ou* spring bolt

Pénélope /penelɔp/ **NF** Penelope ◆ **c'est un travail de Pénélope** it's a never-ending task

pénéplaine /peneplɛn/ **NF** peneplain, peneplane

pénétrabilité /penetʀabilite/ **NF** penetrability

pénétrable /penetʀabl/ **ADJ** *[endroit]* penetrable ◆ **difficilement pénétrable** barely *ou* scarcely penetrable

pénétrant, e /penetʀɑ̃, ɑ̃t/ SYN

ADJ 1 *[pluie]* drenching; *[froid]* biting, bitter; *[odeur]* penetrating, pervasive; *[crème]* penetrating; *(Phys Nucl) [radiations, rayons]* penetrating

2 *[regard]* penetrating, searching, piercing; *[esprit]* penetrating, keen, shrewd; *[analyse, remarque]* penetrating, shrewd; *[charme]* irresistible

NF **pénétrante** urban motorway *(Brit) ou* freeway *(US) (linking centre of town to inter-city routes)*

pénétration /penetʀasjɔ̃/ SYN **NF** penetration ◆ **force de pénétration** *(Mil)* force of penetration ◆ **la pénétration des idées nouvelles** the establishment *ou* penetration of new ideas ◆ **taux de pénétration** *[d'un marché]* penetration rate

pénétré, e /penetʀe/ (ptp de **pénétrer**) **ADJ** ◆ **être pénétré de son importance** *ou* **de soi-même** to be full of self-importance, to be imbued *(frm)* with a sense of one's own importance ◆ **pénétré de l'importance de son rôle** imbued *(frm)* with a sense of the importance of his role ◆ **orateur pénétré de son sujet** speaker totally enthused by his subject ◆ **il est pénétré de l'idée que...** he is deeply convinced that... ◆ **pénétré de reconnaissance** full of gratitude ◆ **écouter qch d'un air pénétré** to listen to sth with solemn intensity

pénétrer /penetʀe/ SYN ▸ conjug 6 ◂

VI 1 *[personne, véhicule]* ◆ **pénétrer dans** *[+ lieu]* to enter; *[+ groupe, milieu]* to get into ◆ **personne ne doit pénétrer ici** nobody must be allowed to enter ◆ **pénétrer chez qn par la force** to force an entry *ou* one's way into sb's home ◆ **les envahisseurs/les troupes ont pénétré dans le pays** the invaders/the troops have entered the country ◆ **il est difficile de pénétrer dans les milieux de la finance** it is hard to get into financial circles ◆ **faire pénétrer qn dans une pièce** to show sb into a room ◆ **des voleurs ont pénétré dans la maison en son absence** thieves broke into his house while he was away ◆ **l'habitude n'a pas encore pénétré dans les mœurs** the habit hasn't established itself yet ◆ **faire pénétrer une idée dans la tête de qn** to instil an idea in sb, to get an idea into sb's head

2 *[soleil]* to shine *ou* come in; *[vent]* to blow *ou* come in; *[air, liquide, insecte]* to come *ou* get in ◆ **pénétrer dans** to shine *ou* come *ou* blow into, to get into ◆ **la lumière pénétrait dans la cellule (par une lucarne)** light came into *ou* entered the cell (through a skylight) ◆ **le liquide pénètre à travers une membrane** the liquid comes *ou* penetrates through a membrane ◆ **la fumée/l'odeur pénètre par tous les interstices** the smoke/the smell comes *ou* gets in through all the gaps ◆ **faire pénétrer de l'air (dans)** to let fresh air in(to)

3 *(en s'enfonçant)* ◆ **pénétrer dans** *[crème, balle, verre]* to penetrate; *[aiguille]* to go in, to penetrate; *[habitude]* to make its way into; *[huile, encre]* to soak into ◆ **ce vernis pénètre dans le bois** this varnish soaks into the wood ◆ **faire pénétrer une crème (dans la peau)** to rub a cream in(to the skin)

VT 1 *(= percer) [froid, air]* to penetrate; *[odeur]* to spread through, to fill; *[liquide]* to penetrate, to soak through; *[regard]* to penetrate, to go through ◆ **le froid les pénétrait jusqu'aux os** the cold cut *ou* went right through them

2 *(= découvrir) [+ mystère, secret]* to fathom; *[+ intentions, idées, plans]* to fathom, to understand ◆ **il est difficile à pénétrer** it is difficult to fathom him

3 *(= remplir)* ◆ **son sang-froid me pénètre d'admiration** his composure fills me with admiration ◆ **le remords pénétra sa conscience** he was filled with remorse, he was conscience-stricken ◆ **il se sentait pénétré de pitié/d'effroi** he was filled with pity/with fright

4 *[+ marché]* to penetrate, to break into

5 *(sexuellement)* to penetrate

VPR **se pénétrer** 1 ◆ **se pénétrer d'une idée** to get an idea firmly fixed *ou* set in one's mind ◆ **s'étant pénétré de l'importance de sa mission** firmly convinced of the importance of his mission ◆ **il faut bien vous pénétrer du fait que...** you must be absolutely clear in your mind that *ou* have it firmly in your mind that... ◆ **j'ai du mal à me pénétrer de l'utilité de tout cela** I find it difficult to convince myself of the usefulness of all this

2 *(= s'imbiber)* ◆ **se pénétrer d'eau/de gaz** to become permeated with water/with gas

(!) Attention à ne pas traduire automatiquement **pénétrer** par **to penetrate** ; l'anglais préfère employer un verbe à particule.

pénétromètre /penetʀɔmɛtʀ/ **NM** penetrometer

pénibilité /penibilite/ **NF** difficulty

pénible /penibl/ SYN **ADJ** 1 *(= fatigant, difficile) [travail, voyage, ascension]* hard; *[personne]* tiresome ◆ **pénible à lire** hard *ou* difficult to read ◆ **les derniers kilomètres ont été pénibles (à parcourir)** the last few kilometres were heavy going *ou* hard going ◆ **l'hiver a été pénible** it's been a hard winter, the winter has been unpleasant ◆ **tout effort lui est pénible** any effort is difficult for him, he finds it hard to make the slightest effort ◆ **il est vraiment pénible** *[enfant]* he's a real nuisance; *[adulte]* he's a real pain in the neck * ◆ **sa façon de parler est vraiment pénible !** he's got a really irritating way of speaking!

2 *(= douloureux) [sujet, séparation, moment, maladie]* painful *(à* to); *[nouvelle, spectacle]* sad, painful; *[respiration]* laboured *(Brit)*, labored *(US)* ◆ **la lumière violente lui est pénible** bright light hurts his eyes ◆ **ce bruit est pénible à supporter** this noise is unpleasant *ou* painful to listen to ◆ **il m'est pénible de constater/d'avoir à vous dire que...** I'm sorry to find/to have to tell you that...

péniblement /peniblәmɑ̃/ SYN **ADV** *(= difficilement)* with difficulty; *(= tristement)* painfully; *(= tout juste)* only just ◆ **il a réussi péniblement son examen** he scraped through the exam ◆ **leurs salaires atteignent péniblement 500 euros par mois** they barely earn 500 euros a month

péniche /peniʃ/ SYN **NF** *(= bateau)* barge ◆ **péniche de débarquement** *(Mil)* landing craft ◆ **il a une vraie péniche** * *(= grosse voiture)* he's got a great tank of a car ◆ **tu as vu ses péniches !** * *(= grands pieds)* did you see the size of his feet!

pénichette /peniʃɛt/ **NF** small barge

pénicillé, e /penisile/ **ADJ** penicillate

pénicillinase /penisilinaz/ **NF** penicillinase

pénicilline /penisilin/ **NF** penicillin

penicillium /penisiljɔm/ **NM** penicillium

pénicillorésistant, e /penisiloʀezistɑ̃, ɑ̃t/ **ADJ** resistant to penicillin

pénien, -ienne /penjɛ̃, jɛn/ **ADJ** *[artère, étui]* penile

pénil /penil/ **NM** mons veneris

péninsulaire /penɛ̃sylɛʀ/ **ADJ** peninsular

péninsule /penɛ̃syl/ **NF** peninsula ◆ **la péninsule ibérique/italienne/coréenne** the Iberian/Italian/Korean peninsula ◆ **la péninsule balkanique** the Balkan peninsula

pénis /penis/ SYN **NM** penis

pénitence /penitɑ̃s/ SYN **NF** 1 *(Rel) (= repentir)* penitence; *(= peine, sacrement)* penance ◆ **faire pénitence** to repent *(de* of) ◆ **pour votre pénitence** as a penance

2 *(gén, Scol = châtiment)* punishment ◆ **infliger une pénitence à qn** to punish sb ◆ **mettre un enfant en pénitence** to make a child stand in the corner ◆ **pour ta pénitence** as a punishment (to you)

3 *[de jeux]* forfeit

pénitencier /penitɑ̃sje/ **NM** 1 *(= prison)* prison, penitentiary *(US)*

2 *(Rel)* penitentiary

pénitent, e /penitɑ̃, ɑ̃t/ **ADJ, NM,F** penitent

pénitentiaire /penitɑ̃sjɛʀ/ SYN ADJ penitentiary, prison *(épith)* ◆ **établissement pénitentiaire** penal establishment, prison; → **colonie**

pénitential, e (mpl **-aux**) /penitɑ̃sjal, jo/ ADJ ◆ **psaumes pénitentiaux** Penitential Psalms

pénitentiel, -ielle /penitɑ̃sjɛl/ ADJ, NM penitential

pennage /penaʒ/ NM plumage

penne /pɛn/ NF (= *plume*) large feather, penna (SPÉC); *[de flèche]* flight

penné, e /pene/ ADJ pinnate(d), pennate

penniforme /penifɔʀm/ ADJ pinnate(d), pennate

Pennine /penin/

ADJ F ◆ **la chaîne Pennine** the Pennine Chain *ou* Range

NFPL **Pennines** ◆ **les Pennines** the Pennines

pennon /penɔ̃/ NM *(Archéol)* pennon

Pennsylvanie /pɛnsilvani/ NF Pennsylvania

penny (pl **pennies**) /peni/ NM penny

pénologie /penɔlɔʒi/ NF penology

pénombre /penɔ̃bʀ/ SYN NF (= *faible clarté*) half-light, shadowy light; (= *obscurité*) darkness; *(Astron)* penumbra ◆ **ses yeux s'étaient habitués à la pénombre** his eyes had got accustomed to the dark ◆ **demeurer dans la pénombre** *(fig)* to stay in the background

penon /pənɔ̃/ NM *(Naut = girouette)* dogvane, telltale

pensable /pɑ̃sabl/ SYN ADJ thinkable ◆ **ce n'est pas pensable** it's unthinkable

pensant, e /pɑ̃sɑ̃, ɑ̃t/ ADJ thinking

pense-bête (pl **pense-bêtes**) /pɑ̃sbɛt/ SYN NM *(gén)* reminder; (= *objet*) note *ou* memo board

pensée¹ /pɑ̃se/ SYN NF [1] (= *ce que l'on pense*) thought ◆ **sans déguiser sa pensée** without hiding one's thoughts *ou* feelings ◆ **je l'ai fait dans la seule pensée de vous être utile** I only did it thinking it would help you, my only thought in doing it was to help you ◆ **recevez mes plus affectueuses pensées** with fondest love ◆ **saisir/deviner les pensées de qn** to grasp/guess sb's thoughts *ou* what sb is thinking (about) ◆ **plongé dans ses pensées** deep in thought ◆ **avoir une pensée pour qn** to think of sb ◆ **j'ai eu une pensée émue pour toi** *(hum)* I spared a thought for you *(hum)* ◆ **si vous voulez connaître le fond de ma pensée** if you want to know what I really think (about it) *ou* how I really feel about it ◆ **aller jusqu'au bout de sa pensée** (= *raisonner*) to carry one's line of thought through to its conclusion; (= *dire ce qu'on pense*) to say what's on one's mind ◆ **à la pensée de faire qch** at the thought of doing sth ◆ **à la pensée que...** to think that..., when one thinks that...

[2] (= *faculté, fait de penser*) thought ◆ **la dignité de l'homme est dans la pensée** human dignity lies in man's capacity for thought ◆ **arrêter sa pensée sur qch** *(littér)* to pause to think about sth

[3] (= *manière de penser*) thinking ◆ **pensée claire/obscure** clear/muddled thinking

[4] (= *esprit*) thought, mind ◆ **venir à la pensée de qn** to occur to sb ◆ **se représenter qch par la pensée** *ou* **en pensée** to imagine sth in one's mind, to conjure up a mental picture of sth ◆ **transportons-nous par la pensée au XVIe siècle** let's imagine ourselves back in the 16th century ◆ **j'ai essayé de chasser ce souvenir de ma pensée** I tried to banish this memory from my mind

[5] (= *doctrine*) thought, thinking ◆ **la pensée unique** *(péj gén)* doctrinaire approach; *(Pol) doctrinaire approach to government exclusively based on market forces and liberalism* ◆ **la pensée marxiste** Marxist thinking *ou* thought ◆ **la pensée de cet auteur est difficile à comprendre** it is difficult to understand what this author is trying to say

[6] (= *maxime*) thought ◆ **les pensées de Pascal** the thoughts of Pascal

pensée² /pɑ̃se/ NF (= *plante*) pansy ◆ **pensée sauvage** wild pansy

penser /pɑ̃se/ GRAMMAIRE ACTIVE 1.1, 6.1, 8.1, 8.2, 26.2
SYN ▸ conjug 1 ◂

VI [1] (= *réfléchir*) to think ◆ **façon de penser** way of thinking ◆ **une nouvelle qui donne** *ou* **laisse à penser** a piece of news which makes you (stop and) think *ou* which gives (you) food for thought ◆ **penser tout haut** to think aloud *ou* out loud

[2] ◆ **penser à** *[+ ami]* to think of *ou* about; *[+ problème, offre]* to think about *ou* over, to turn over in one's mind ◆ **pensez donc à ce que vous dites** just think about what you're saying ◆ **penser aux autres/aux malheureux** to think of others/of those who are unhappy ◆ **vous pensez à quelqu'un de précis pour ce travail ?** do you have anyone in particular in mind for this job? ◆ **tu vois à qui/à quoi je pense ?** you see who/what I'm thinking of? ◆ **faire penser à** to make one think of, to remind one of ◆ **cette mélodie fait penser à Debussy** this tune reminds you of Debussy *ou* is reminiscent of Debussy ◆ **il ne pense qu'à jouer** playing is all he ever thinks about ◆ **pensez-y avant d'accepter** think it over *ou* give it some thought before you accept ◆ **j'ai bien autre chose à penser** * I've got other things on my mind ◆ **il ne pense qu'à ça** * *(hum)* he's got a one-track mind * ◆ **il lui a donné un coup de pied où je pense** * he kicked him you know where * ◆ **faire/dire qch sans y penser** to do/say sth without thinking (about it) ◆ **n'y pensons plus !** let's forget it! ◆ **c'est simple mais il fallait y penser** it's simple when you know how ◆ **mais j'y pense, c'est aujourd'hui, l'anniversaire de Lisa !** I've just remembered, it's Lisa's birthday today! ◆ **ça me fait penser qu'il ne m'a toujours pas répondu** that reminds me that he still hasn't replied

[3] ◆ **penser à** (= *prévoir*) to think of; (= *se souvenir de*) to remember ◆ **il pense à tout** he thinks of everything ◆ **penser à l'avenir/aux conséquences** to think of the future/of the consequences ◆ **a-t-il pensé à rapporter du pain ?** did he think of bringing *ou* did he remember to bring some bread? ◆ **pense à l'anniversaire de ta mère** remember *ou* don't forget your mother's birthday ◆ **fais m'y penser** remind me (about that), don't let me forget ◆ **il suffisait d'y penser** it was just a matter of thinking of it ◆ **voyons, pense un peu au danger !** just think of *ou* consider the danger!

[4] *(locutions excl)* ◆ **il vient ? – penses-tu !** *ou* **pensez-vous !** is he coming? – is he heck! *(Brit)* * *ou* you must be joking! * ◆ **tu penses !** *ou* **vous pensez ! je le connais trop bien pour le croire** not likely! * I know him too well to believe him ◆ **il va accepter ? – je pense bien !** will he accept? – of course he will! *ou* I should think so! *ou* I should think he will! ◆ **mais vous n'y pensez pas, c'est bien trop dangereux !** don't even think about it, it's much too dangerous! ◆ **tu penses que je vais lui dire !** * you bet I'll tell him! *

VT [1] (= *avoir une opinion*) to think *(de* of, about) ◆ **penser du bien/du mal de qch/qn** to have a high/poor opinion of sth/sb ◆ **que pense-t-il du film ?** what does he think of the film? ◆ **que pensez-vous de ce projet ?** what do you think *ou* how do you feel about this plan? ◆ **il est difficile de savoir ce qu'il pense** it's difficult to know what he's thinking ◆ **je pense comme toi** I agree with you ◆ **je ne dis rien mais je n'en pense pas moins** I am not saying anything but that doesn't mean that I don't have an opinion ◆ **que penseriez-vous d'un voyage à Rome ?** what would you say to *ou* how would you fancy *ou* how about a trip to Rome?

[2] (= *supposer*) to think, to suppose, to believe; (= *imaginer*) to think, to expect, to imagine ◆ **il n'aurait jamais pensé qu'elle ferait cela** he would never have thought *ou* imagined *ou* dreamt she would do that, he would never have expected her to do that ◆ **quand on lui dit musique, il pense ennui** when you mention the word music to him, his only thought is that it's boring ◆ **je pense que non** I don't think so, I think not *(frm)* ◆ **je pense que oui** I think so ◆ **ce n'est pas si bête qu'on le pense** it's not such a silly idea as you might think *ou* suppose ◆ **pensez-vous qu'il vienne ?** *ou* **viendra ?** do you think he'll come?, are you expecting him to come? ◆ **je vous laisse à penser s'il était content** you can imagine how pleased he was ◆ **pensez (qu')il est encore si jeune !** to think that he's still so young! ◆ **ils pensent avoir trouvé une maison** they think they've found a house ◆ **c'est bien ce que je pensais !** I thought as much!, just as *ou* what I thought! ◆ **vous pensez bien qu'elle a refusé** you can well imagine (that) she refused, as you may well expect, she refused ◆ **j'ai pensé mourir/m'évanouir** I thought I was going to die/faint ◆ **tout laisse à penser qu'elle l'a quitté** there is every indication that she has left him

[3] ◆ **penser faire** (= *avoir l'intention de*) to be thinking of doing, to consider doing; (= *espérer*) to hope to do ◆ **il pense partir jeudi** he's thinking of going on Thursday ◆ **elle pense arriver demain** she's hoping *ou* expecting to arrive tomorrow

[4] (= *concevoir*) *[+ problème, projet, machine]* to think out ◆ **c'est bien/fortement pensé** it's well/very well thought out

NM *(littér)* thought

penseur /pɑ̃sœʀ/

NM thinker; → **libre**

ADJ M † thoughtful

pensif, -ive /pɑ̃sif, iv/ SYN ADJ thoughtful, pensive ◆ **il était tout pensif** he was lost in thought ◆ **d'un air pensif** pensively, thoughtfully

pension /pɑ̃sjɔ̃/ SYN

NF [1] (= *allocation*) pension ◆ **pension de guerre** war pension ◆ **pension d'invalidité** disablement pension ◆ **pension de retraite** old age pension, retirement pension ◆ **pension réversible** *ou* **de réversion** survivor's *ou* reversion pension, reversionary annuity ◆ **toucher sa pension** to draw one's pension

[2] (= *hôtel*) boarding house; *[de chats]* cattery; *[de chiens]* (boarding) kennels; *[de chevaux]* livery (stables) ◆ **mettre en pension** *[+ chien]* to put in kennels; *[+ cheval]* to put in livery (stables) ◆ **son poney est en pension** her pony's at livery

[3] *(Scol)* (boarding) school ◆ **mettre qn/être en pension** to send sb to/be at boarding school

[4] (= *hébergement*) *[de personne]* board and lodging, bed and board ◆ **la pension coûte 60 € par jour** board and lodging is €60 a day ◆ **être en pension chez qn** to board with sb *ou* at sb's ◆ **prendre pension chez qn** *(lit)* to take board and lodging at sb's; *(hum)* to take up residence at sb's ◆ **prendre qn en pension** to take sb (in) as a lodger, to board sb ◆ **chambre sans pension** room *(with no meals provided)* ◆ **chambre avec pension complète** full board ◆ **avoir en pension** *(hum) [+ chat, chien]* to look after

[5] *(Fin)* ◆ **taux de prise en pension** repurchase rate

COMP **pension alimentaire** *[d'étudiant]* living allowance; *[de divorcée]* alimony, maintenance allowance

pension de famille ≈ boarding house

pensionnaire /pɑ̃sjɔnɛʀ/ SYN NMF *(Scol)* boarder; *[de famille]* lodger; *[d'hôtel]* resident; *[de sanatorium]* patient; *[de Comédie-Française] salaried actor having no share in the profits*

pensionnat /pɑ̃sjɔna/ SYN NM (boarding) school

pensionné, e /pɑ̃sjɔne/ (ptp de **pensionner**)

ADJ who gets *ou* draws a pension

NM,F pensioner

pensionner /pɑ̃sjɔne/ ▸ conjug 1 ◂ VT to give a pension to

pensivement /pɑ̃sivmɑ̃/ ADV pensively, thoughtfully

pensum † /pɛ̃sɔm/ SYN NM *(Scol)* punishment, lines *(Brit)*; *(fig)* chore

pentacle /pɛ̃takl/ NM pentagram, pentacle

pentacrine /pɛ̃takʀin/ NM pentacrinite

pentadactyle /pɛ̃tadaktil/ ADJ pentadactyl

pentaèdre /pɛ̃taɛdʀ/

ADJ pentahedral

NM pentahedron

pentagonal, e (mpl **-aux**) /pɛ̃tagɔnal, o/ ADJ pentagonal

pentagone /pɛ̃tagɔn/ NM pentagon ◆ **le Pentagone** *(Mil)* the Pentagon

pentamètre /pɛ̃tamɛtʀ/ ADJ, NM pentameter

pentane /pɛ̃tan/ NM pentane

Pentateuque /pɛ̃tatøk/ NM Pentateuch

pentathlon /pɛ̃tatlɔ̃/ NM pentathlon

pentathlonien, -ienne /pɛ̃tatlɔnjɛ̃, jɛn/ NM,F pentathlete

pentatome /pɛ̃tatɔm/ NM *ou* F pentatomid

pentatonique /pɛ̃tatɔnik/ ADJ pentatonic

pente /pɑ̃t/ SYN NF [1] *(gén)* slope ◆ **la pente d'un toit** the pitch *ou* slope of a roof ◆ **pente à 4%** *[de route]* gradient of 1 in 25, 4% gradient *ou* incline *(US)*

◆ **en pente** *[toit]* sloping; *[allée, pelouse]* on a slope *(attrib)* ◆ **de petites rues en pente raide** steep little streets ◆ **garé dans une rue en pente** parked on a slope ◆ **être en pente douce/raide** to slope (down) gently/steeply

[2] *(locutions)* ◆ **être sur une** *ou* **la mauvaise pente** to be going downhill, to be on a downward path ◆ **remonter la pente** *(fig)* to get back on one's feet again, to fight one's way back

again ◆ **être sur une pente glissante** ou **dangereuse** ou **savonneuse** (fig) to be on a slippery slope (fig) ◆ **suivre sa pente naturelle** to follow one's natural bent ou inclination; → **dalle, rupture**

Pentecôte /pɑ̃tkot/ NF ① (Rel = dimanche) Whit Sunday, Pentecost, Whitsun; (= période) Whit(suntide) ◆ **lundi de Pentecôte** Whit Monday ◆ **de la Pentecôte** Pentecostal, Whit (épith) ② (= fête juive) Pentecost

pentecôtisme /pɑ̃tkotism/ NM Pentecostalism

pentecôtiste /pɑ̃tkotist/
ADJ [personne] Pentecostalist; [église] Pentecostal
NMF Pentecostalist

penthiobarbital /pɛ̃tjobaʀbital/ NM thiopentone sodium, Sodium Pentothal

penthode /pɛ̃tod/ NF ⇒ **pentode**

penthotal ® /pɛ̃tɔtal/ NM Pentothal ®

pentode /pɛ̃tɔd/ NF pentode

pentose /pɛ̃toz/ NM pentose

pentu, e /pɑ̃ty/ ADJ sloping

penture /pɑ̃tyʀ/ NF [de volet, porte] strap hinge

pénultième /penyltjɛm/
ADJ penultimate
NF penultimate (syllable)

pénurie /penyʀi/ SYN NF shortage ◆ **pénurie de** shortage ou lack of ◆ **pénurie de main-d'œuvre/sucre** labour/sugar shortage ◆ **on ne peut guère qu'organiser la pénurie** we must just make the best of a bad job* ou the best of what we've got

people /pipəl/ ADJ INV ◆ **magazine/photo people** celebrity magazine/photo ◆ **émission people** programme with celebrity guests ◆ **rubrique people** gossip column

PEP /pɛp/ NM (abrév de **plan d'épargne populaire**) → **plan**[1]

pep * /pɛp/ NM (= dynamisme) pep*, liveliness ◆ **elle a du pep** she's full of pep* ou beans* (Brit) ◆ **ça m'a donné un coup de pep !** that pepped* me up! ou gave me a boost!

pépé* /pepe/ NM grandad*, grandpa*

pépée‡ /pepe/ NF (= fille) girl, chick‡ (US)

pépère* /pepeʀ/
NM ① (= pépé) grandad*, grandpa* ◆ **un petit pépère** a little old man ② ◆ **un gros pépère** (enfant) a bonny (Brit) ou cute (US) child; (homme) an old fatty*
ADJ [vie] quiet, uneventful; [travail] cushy*, easy ◆ **un petit coin pépère** a nice quiet spot ◆ **avoir une conduite pépère** (en voiture) to potter (Brit) ou putter (US) along ◆ **c'est quelqu'un d'assez pépère** he's the stay-at-home type

péperin /pepʀɛ̃/ NM peperino

pépettes, pépètes †* /pepɛt/ NFPL dough‡, lolly‡ (Brit) ◆ **avoir les pépettes** (= avoir peur) to have the heebie-jeebies*

pépie /pepi/ NF (= maladie aviaire) pip ◆ **avoir la pépie** † to have a terrible thirst, to be parched *

pépiement /pepimɑ̃/ NM chirping (NonC), chirruping (NonC)

pépier /pepje/ SYN ► conjug 7 ◄ VI to chirp, to chirrup

Pépin /pepɛ̃/ NM ◆ **Pépin le Bref** Pepin the Short

pépin /pepɛ̃/ NM ① (= graine) pip ◆ **sans pépins** seedless ② (*= ennui) snag, hitch ◆ **avoir un pépin** to hit a snag*, to have a spot of bother (Brit) ◆ **j'ai eu un pépin avec ma voiture** I had a problem with my car ◆ **gros/petit pépin de santé** major/slight health problem ◆ **c'est un gros pépin pour l'entreprise** it's a major setback for the company ③ (* = parapluie) umbrella, brolly* (Brit)

pépinière /pepinjɛʀ/ SYN NF (lit) tree nursery; (fig) breeding-ground, nursery (de for); (de formation en entreprise) graduate training scheme ◆ **pépinière d'entreprises** (= parc) enterprise zone

pépiniériste /pepinjeʀist/
NM nurseryman
NF nurserywoman

pépite /pepit/ NF [d'or] nugget ◆ **pépites de chocolat** chocolate chips

péplum /peplɔm/ NM (Antiq) peplos, peplum; (= film) epic (set in antiquity)

péponide /pepɔnid/ NF pepo

peps* /pɛps/ NM ⇒ **pep**

pepsine /pɛpsin/ NF pepsin

peptide /pɛptid/ NM peptide

peptique /pɛptik/ ADJ peptic

peptone /pɛptɔn/ NF peptone

péquenaud, e‡ /pɛkno, od/
ADJ peasant (épith)
NM,F country bumpkin

péquenot /pɛkno/ ADJ, NM ⇒ **péquenaud**

péquin /pekɛ̃/ NM (arg Mil) ⇒ **pékin**

péquiste /pekist/
ADJ of the Parti québécois
NMF member of the Parti québécois

PER /pɛɛʀ/ NM (abrév de **plan d'épargne retraite**) → **plan**[1]

péramèle /peʀamɛl/ NM bandicoot

perborate /pɛʀbɔʀat/ NM perborate

perçage /pɛʀsaʒ/ NM [de trou] boring, drilling; [de matériau] boring through

percale /pɛʀkal/ NF percale

percaline /pɛʀkalin/ NF percaline

perçant, e /pɛʀsɑ̃, ɑ̃t/ SYN ADJ [cri, voix] piercing, shrill; [froid] biting, bitter; [vue] sharp, keen; [regard] piercing; [esprit] penetrating

per capita /pɛʀkapita/ LOC ADV per capita

perce /pɛʀs/ NF ◆ **mettre en perce** [+ tonneau] to broach, to tap

percée /pɛʀse/ SYN NF (dans une forêt) opening, clearing; (dans un mur) breach, gap; (Mil, Sci, Écon) breakthrough; (Rugby) break ◆ **percée technologique** technological breakthrough ◆ **faire ou réaliser une percée sur un marché/dans une élection** to achieve a breakthrough in a market/in an election

percement /pɛʀsəmɑ̃/ NM [de trou] piercing; (avec perceuse) drilling, boring; [de rue] building; [de tunnel] cutting, driving; [de fenêtre] making

perce-muraille (pl **perce-murailles**) /pɛʀs(ə)myʀaj/ NF (wall) pellitory, pellitory-of-the-wall

perce-neige (pl **perce-neige(s)**) /pɛʀsənɛʒ/ NM ou NF snowdrop

perce-oreille (pl **perce-oreilles**) /pɛʀsɔʀɛj/ NM earwig

perce-pierre (pl **perce-pierres**) /pɛʀsəpjɛʀ/ NF samphire

percept /pɛʀsɛpt/ NM percept

percepteur, -trice /pɛʀsɛptœʀ, tʀis/
ADJ perceptive, of perception
NM tax collector, tax man*

perceptibilité /pɛʀsɛptibilite/ NF perceptibility

perceptible /pɛʀsɛptibl/ SYN ADJ ① [son, ironie] perceptible (à to) ◆ **elle fit un mouvement à peine perceptible** she moved almost imperceptibly ◆ **sa voix était à peine perceptible** his voice was barely audible ◆ **une amélioration nettement perceptible** a marked improvement ② [impôt] collectable, payable

perceptiblement /pɛʀsɛptibləmɑ̃/ ADV perceptibly

perceptif, -ive /pɛʀsɛptif, iv/ ADJ perceptive

perception /pɛʀsɛpsjɔ̃/ SYN NF ① [d'objet, douleur, son] perception ◆ **perception visuelle** visual perception ◆ **perception extra-sensorielle** extrasensory perception ② (= compréhension, appréhension) perception ◆ **nous n'avons pas la même perception de la situation** we don't perceive the situation in quite the same way ◆ **la perception que nous avons de l'artiste/de la vie** our view of ou the way we perceive the artist/life ③ [d'impôt, amende, péage] collection; [d'avantages financiers, allocation] receipt; (= bureau) tax (collector's) office

percer /pɛʀse/ SYN ► conjug 3 ◄
VT ① (gén = perforer) to pierce, to make a hole in; (avec perceuse) to bore through, to drill ou bore a hole in; [+ lobe d'oreille] to pierce; [+ chaussette, chaussure] to wear a hole in; [+ coffre-fort] to break open, to crack*; [+ tonneau] to broach, to tap; (Méd) [+ abcès] to lance; [+ tympan] to burst ◆ **avoir une poche/une chaussure percée** to have a hole in one's pocket/shoe ◆ **percé de trous** full of holes, riddled with holes ◆ **la rouille avait percé le métal** rust had eaten into the metal ◆ **on a retrouvé son corps percé de coups de couteau** his body was found full of stab wounds ◆ **se faire percer les oreilles** to have one's ears pierced; → **chaise, panier**
② [+ fenêtre, ouverture] to pierce, to make; [+ canal] to build; [+ tunnel] to cut, to drive, to bore (dans through) ◆ **percer un trou dans** to pierce ou make a hole in; (avec perceuse) to drill ou bore a hole through ou in ◆ **ils ont percé une nouvelle route à travers la forêt** they have built a new road through the forest ◆ **percer une porte dans un mur** to make ou open a doorway in a wall ◆ **mur percé de petites fenêtres** wall with small windows set in it
③ (= traverser) ◆ **percer l'air/le silence** to pierce the air/the silence ◆ **percer les nuages/le front ennemi** to pierce ou break through the clouds/the enemy lines ◆ **percer la foule** to force ou elbow one's way through the crowd ◆ **bruit qui perce les oreilles** ear-splitting noise ◆ **percer qn du regard** to give sb a piercing look ◆ **ses yeux essayaient de percer l'obscurité** he tried to peer through the darkness ◆ **cela m'a percé le cœur** † it cut me to the heart
④ (= découvrir) [+ mystère] to penetrate; [+ complot] to uncover ◆ **percer qch à jour** to see (right) through sth
⑤ [bébé] ◆ **percer des** ou **ses dents** to be teething, to cut one's teeth ◆ **il a percé deux dents** he has cut two teeth
VI ① [abcès] to burst; [plante] to come up; [soleil] to come out, to break through; (Mil) to break through; (Sport) to make a break ◆ **il a une dent qui perce** he's cutting a tooth ◆ **percer sur un nouveau marché** to break into a new market
② [sentiment, émotion] to show; [nouvelle] to filter through ou out ◆ **rien n'a percé des négociations** no news of the negotiations has filtered through ◆ **il ne laisse jamais percer ses sentiments** he never lets his feelings show ◆ **un ton où perçait l'ironie** a tone tinged with irony
③ (= réussir, acquérir la notoriété) to make a name for o.s.

percerette /pɛʀsəʀɛt/, **percette** /pɛʀsɛt/ NF small drill

perceur /pɛʀsœʀ/ NM ① (pour piercing) (body) piercer
② ◆ **perceur de coffre-fort*** safe-breaker, safecracker ◆ **perceur de muraille*** burglar

perceuse /pɛʀsøz/ SYN NF drill ◆ **perceuse à percussion** hammer drill

percevable /pɛʀsəvabl/ SYN ADJ [impôt] collectable, payable

percevoir /pɛʀsəvwaʀ/ GRAMMAIRE ACTIVE 6.1 SYN
► conjug 28 ◄ VT ① (= ressentir) [+ objet, son, couleur] to perceive; [+ odeur, nuance, changement] to detect; [+ douleur, émotion] to feel ◆ **j'ai cru percevoir une légère hésitation dans sa voix** I thought I detected a slight note of hesitation in his voice
② (= comprendre) [+ situation] to perceive ◆ **son action a été bien/mal perçue** what he did was well/badly received ou was perceived as something positive/negative ◆ **je le perçois comme quelqu'un de sensible** I see him as a sensitive person ◆ **il perçoit mal les problèmes** he hasn't got a clear grasp of the problems ◆ **c'est quelqu'un que je perçois mal** I can't make him out, I find it hard to get a sense of him ◆ **il perçoit bien les enfants** he understands children
③ (= faire payer) [+ taxe, loyer] to collect; (= recevoir) [+ indemnité, revenu] to receive, to be paid

perche[1] /pɛʀʃ/ NF (= poisson) perch ◆ **perche de mer** sea perch

perche[2] /pɛʀʃ/ SYN NF ① (gén) pole; [de tuteur] stick; [de téléski] ski tow; (Ciné, Radio, TV) boom; → **saut, tendre**[1]
② (* = personne) ◆ **(grande) perche** beanpole* (Brit), stringbean* (US)

perché, e /pɛʀʃe/ (ptp de **percher**) ADJ ◆ **voix haut perchée** high-pitched voice ◆ **perchée sur des talons aiguille** perched on stilettos ◆ **village perché sur la montagne** village set high up ou perched in the mountains

percher /pɛʀʃe/ ► conjug 1 ◄
VI [oiseau] to perch; [volailles] to roost; ‡ [personne] to live, to hang out*; (pour la nuit) to stay, to crash‡; → **chat**
VT to stick ◆ **percher qch sur une armoire** to stick sth up on top of a cupboard ◆ **la valise est perchée sur l'armoire** the case is perched up on top of the wardrobe

VPR **se percher** *[oiseau]* to perch; *(* = se jucher)* to perch

percheron, -onne / pɛʀʃəʀɔ̃, ɔn/
ADJ of *ou* from the Perche
NM,F **Percheron(ne)** inhabitant *ou* native of the Perche
NM *(= cheval)* Percheron

percheur, -euse / pɛʀʃœʀ, øz/ ADJ ◆ **oiseau percheur** perching bird

perchiste / pɛʀʃist/ NMF *(Sport)* pole vaulter; *(Ciné, Radio, TV)* boom operator; *[de téléski]* ski lift *ou* ski tow attendant

perchlorate / pɛʀklɔʀat/ NM perchlorate

perchlorique / pɛʀklɔʀik/ ADJ ◆ **acide perchlorique** perchloric acid, chloric (VII) acid *(SPÉC)*

perchoir / pɛʀʃwaʀ/ NM *(lit, fig)* perch; *[de volailles]* roost; *(Pol) seat of the president of the French National Assembly*

perclus, e / pɛʀkly, yz/ SYN ADJ *(= paralysé)* crippled, paralyzed *(de* with); *(= ankylosé)* stiff; *(fig)* paralyzed

percnoptère / pɛʀknɔptɛʀ/ NM Egyptian vulture

perçoir / pɛʀswaʀ/ NM drill, borer

percolateur / pɛʀkɔlatœʀ/ NM coffee machine *(for making expresso, cappuccino etc)*

percolation / pɛʀkɔlasjɔ̃/ NF percolation

percussion / pɛʀkysjɔ̃/ SYN NF *(Méd, Mus, Phys)* percussion ◆ **instrument à** *ou* **de percussion** percussion instrument ◆ **les percussions** *[d'orchestre]* the percussion (section)

percussionniste / pɛʀkysjɔnist/ SYN NMF percussionist

percutané, e / pɛʀkytane/ ADJ percutaneous

percutant, e / pɛʀkytɑ̃, ɑ̃t/ SYN ADJ 1 *(Mil)* percussion *(épith)*; *(Phys)* percussive
2 *[slogan, titre]* snappy, punchy; *[réponse]* trenchant; *[analyse]* incisive; *[argument, discours, pensée]* forceful, powerful; *[images]* powerful ◆ **il n'a pas été très percutant pendant le débat** he didn't express himself very forcefully in the debate

percuter / pɛʀkyte/ SYN ▸ conjug 1 ◂
VT *(Mil, Phys)* to strike; *(Méd)* to percuss; *[conducteur, véhicule]* to smash into *ou* crash into
VI 1 ◆ **percuter contre** *[conducteur, véhicule]* to smash *ou* crash into; *[obus]* to strike
2 *(* = comprendre)* ◆ **il percute vite** he catches on * quickly, he's quick on the uptake ◆ **je n'ai pas percuté** I didn't twig * *ou* catch on *

percuteur / pɛʀkytœʀ/ NM firing pin, striker

perdant, e / pɛʀdɑ̃, ɑ̃t/ SYN
ADJ *[numéro, cheval]* losing *(épith)* ◆ **je suis perdant** *(gén)* I lose out *; *(financièrement)* I'm out of pocket, I've lost out ◆ **tu es loin d'être perdant** *(gén)* you're certainly not losing out; *(financièrement)* you're certainly not out of pocket *ou* not losing out
NM,F loser ◆ **partir perdant** to have lost before one starts ◆ **être bon/mauvais perdant** to be a good/a bad loser

perdition / pɛʀdisjɔ̃/ NF *(Rel)* perdition ◆ **lieu de perdition** den of iniquity ◆ **en perdition** *[bateau]* in distress; *[jeunesse]* on the wrong path; *[entreprise]* on the road to ruin

perdre / pɛʀdʀ(ə)/ SYN ▸ conjug 41 ◂
VT 1 *[+ match, guerre, procès, travail, avantage]* to lose; *[+ habitude]* to lose, to get out of; *(volontairement)* to break, to get out of ◆ **il a perdu son père à la guerre** he lost his father in the war ◆ **ce quartier est en train de perdre son cachet** this district is losing its distinctive charm ◆ **j'ai perdu le goût de manger** I've lost all interest in food ◆ **j'ai perdu le goût de rire** I don't feel like laughing any more ◆ **n'avoir rien à perdre** *(fig)* to have nothing to lose ◆ **perdre un set/son service** *(Tennis)* to lose *ou* drop a set/one's serve ◆ **le Président perd 3 points dans le dernier sondage** the President is down 3 points in the latest poll ◆ **l'agriculture a perdu des milliers d'emplois** thousands of jobs have been lost in farming
2 *[+ objet]* *(= ne plus trouver)* to lose; *(= égarer)* to mislay ◆ **perdre (le souvenir de)** *[+ nom, date]* to forget ◆ **perdre sa page** *(en lisant)* to lose one's place ◆ **perdre son chemin** to lose one's way
3 *[+ membre, cheveux, dent]* to lose ◆ **perdre du poids** to lose weight ◆ **perdre l'appétit/la mémoire/la vie** to lose one's appetite/one's memory/one's life ◆ **il perd la vue** his sight is failing ◆ **il a perdu le souffle** he's out of breath ◆ **perdre la parole** to lose the power of speech ◆ **ce tableau a perdu beaucoup de valeur** this painting has lost a lot of its value ◆ **perdre l'équilibre** to lose one's balance ◆ **perdre espoir/patience** to lose hope/(one's) patience ◆ **perdre l'esprit** *ou* **la raison** to go out of one's mind, to take leave of one's senses ◆ **perdre courage** to lose heart, to be downhearted ◆ **perdre confiance** to lose one's confidence ◆ **elle a perdu les eaux** *[femme enceinte]* her waters have broken ◆ **la voiture perd de la vitesse** the car is losing speed; → **langue**
4 *[+ feuille, pétale, pelage, corne]* to lose, to shed ◆ **il perd son pantalon** his trousers are falling *ou* coming down ◆ **tu perds ton collier !** your necklace is coming off! ◆ **ce réservoir perd beaucoup d'eau** this tank leaks badly *ou* loses a lot of water
5 *(= gaspiller)* *[+ temps, peine, souffle, argent]* to waste *(à qch* on sth); *(= abîmer)* *[+ aliments]* to spoil ◆ **tu as du temps/de l'argent à perdre !** you've got time to waste/money to burn! ◆ **il a perdu une heure à la chercher** he wasted an hour looking for her ◆ **vous n'avez pas une minute à perdre** you haven't (got) a minute to lose ◆ **sans perdre une minute** without wasting a minute
6 *(= manquer)* *[+ occasion]* to lose, to miss ◆ **tu ne l'as jamais vu ? tu n'y perds rien !** you've never seen him? you haven't missed anything! ◆ **il n'a pas perdu un mot/une miette de la conversation** he didn't miss a single word/a single syllable of the conversation ◆ **il ne perd rien pour attendre !** he's got it coming to him! * ◆ **rien n'est perdu !** nothing is lost!
7 *(= porter préjudice à)* to ruin, to be the ruin of ◆ **perdre qn dans l'esprit de qn** to lower sb's opinion of sb, to send sb down in sb's esteem ◆ **son ambition l'a perdu** ambition was his downfall *ou* the ruin of him, ambition proved his undoing ◆ **c'est le témoignage de son cousin qui l'a perdu** it was his cousin's evidence which was his undoing ◆ **ta bonté te perdra !** *(iro)* you're too kind! *(iro)*
8 *(locutions fig)* ◆ **perdre le nord** * to lose one's way ◆ **il ne perd pas le nord** * he keeps his wits about him ◆ **tu ne perds pas le nord, toi !** * you don't miss a trick! ◆ **perdre les pédales** * *(dans une explication)* to get all mixed up; *(= s'affoler)* to lose one's head *ou* one's grip; *[vieillard]* to lose one's marbles * ◆ **perdre ses moyens** to crack up * ◆ **perdre la tête** *(= s'affoler)* to lose one's head; *(= devenir fou)* to go mad *ou* crazy *; *[vieillard]* to lose one's marbles *; → **boule, face, illusion, pied** *etc*
VI 1 *(gén)* to lose ◆ **perdre sur un article** *(Comm)* to lose on an article, to sell an article at a loss ◆ **vous y perdez** *(dans une transaction)* you lose by it, you lose out on it; *(= vous ratez quelque chose)* it's your loss; → **change**
2 *[citerne, réservoir]* to leak
VPR **se perdre** 1 *(= s'égarer)* to get lost, to lose one's way
2 *(fig)* ◆ **se perdre dans les détails/dans ses explications** to get bogged down *ou* get lost in details/in one's explanations ◆ **se perdre en conjectures** to become lost in conjecture ◆ **se perdre dans ses pensées** to be lost in thought ◆ **il y a trop de chiffres, je m'y perds** there are too many figures, I'm all confused *ou* all at sea *
3 *(= disparaître)* to disappear, to vanish; *[coutume]* to be dying out; *(Naut = couler)* to sink, to be wrecked ◆ **c'est un métier qui se perd** it's a dying trade ◆ **se perdre dans la foule** to disappear *ou* vanish into the crowd ◆ **son cri se perdit dans le vacarme** his shout was lost in the din *ou* was drowned (out) by the din ◆ **leurs silhouettes se perdirent dans la nuit** their figures vanished into the night *ou* were swallowed up by the darkness ◆ **ce sens s'est perdu** this meaning has died out *ou* has been lost ◆ **rien ne se perd, rien ne se crée(, tout se transforme)** matter can neither be created nor destroyed(, only transformed)
4 *(= devenir inutilisable)* to be wasted, to go to waste; *[denrées]* to go bad ◆ **il y a des gifles/des coups de pied qui se perdent** * *(fig)* he *(ou* she *etc)* deserves to be slapped *ou* a good slap/deserves a kick in the pants *

perdreau (pl **perdreaux**) / pɛʀdʀo/ NM (young) partridge

perdrix / pɛʀdʀi/ NF partridge ◆ **perdrix blanche** *ou* **des neiges** ptarmigan ◆ **perdrix de mer** pratincole

perdu, e / pɛʀdy/ SYN (ptp de **perdre**)
ADJ 1 *[bataille, cause, réputation, aventurier]* lost ◆ **il est perdu** *[malade]* there's no hope for him ◆ **je suis perdu !** I'm done for!, it's all up with me! * *(Brit)* ◆ **quand il se vit perdu** when he saw he was lost *ou* done for * ◆ **tout est perdu** all is lost ◆ **rien n'est perdu** nothing's lost, there's no harm done; → **corps**
2 *(= égaré)* *[personne, objet]* lost; *[balle, chien]* stray ◆ **ce n'est pas perdu pour tout le monde** somebody's made good use of it ◆ **un(e) de perdu(e), dix de retrouvé(e)s** there are plenty more fish in the sea; → **salle**
3 *(= gaspillé)* *[occasion]* lost, wasted, missed; *[temps]* wasted ◆ **c'était une soirée de perdue** it was a wasted evening *ou* a waste of an evening ◆ **c'est de l'argent perdu** it's money down the drain ◆ **il y a trop de place perdue** there's too much space wasted ◆ **à ses moments perdus, à temps perdu** in his spare time; → **pain, peine**
4 *(= abîmé)* *[aliment]* spoilt, wasted; *[récolte]* ruined
5 *(= écarté)* *[pays, endroit]* out-of-the-way, isolated
6 *(= non consigné)* *[emballage, verre]* non-returnable, no-deposit *(épith)*
7 *[personne]* *(= embrouillé)* lost, all at sea * *(attrib)* ◆ **perdu dans ses pensées** *(= absorbé)* lost in thought
NM †† madman ◆ **crier/rire comme un perdu** to shout/laugh like a madman

perdurer / pɛʀdyʀe/ ▸ conjug 1 ◂ VI *(littér)* *[tradition]* to endure

père / pɛʀ/ SYN
NM 1 *(gén)* father ◆ **marié et père de trois enfants** married with three children *ou* and father of three children ◆ **il est père depuis hier** he became a father yesterday ◆ **Martin (le) père** Martin senior ◆ **né de père inconnu** of an unknown father ◆ **c'est bien la fille de son père !** she really takes after her father! ◆ **à père avare, enfant** *ou* **fils prodigue** *(Prov)* a miser will father a spendthrift son ◆ **le coup du père François** * a stab in the back ◆ **il m'a fait le coup du père François** he stabbed me in the back; → **tel**
◆ **de père en fils** from father to son, from one generation to the next ◆ **ils sont bouchers de père en fils** they've been butchers for generations
2 *(pl = ancêtres)* ◆ **pères** forefathers, ancestors
3 *(= inventeur)* father ◆ **le père de la bombe H** the father of the H-bomb ◆ **père fondateur** *[de parti, association, idéologie]* founding father
4 *[d'animal]* sire
5 *(Rel)* father ◆ **le père René** Father René ◆ **mon père** Father; → **dieu**
6 *(* = monsieur)* ◆ **le père Benoît** old (man) Benoît * ◆ **un gros père** *(= homme)* a big fat guy * ◆ **dis donc, petit père** tell me old man *ou* buddy *
7 *(* = enfant)* ◆ **un brave petit père** a fine little fellow * ◆ **un (bon) gros père** a chubby chap *
COMP **père abbé** *(Rel)* abbot
les Pères blancs the White Fathers
les Pères de l'Église *(Rel)* the Church Fathers
le Père éternel *(Rel)* our Heavenly Father
père de famille *(Jur)* father ◆ **tu es père de famille, ne prends pas de risques** you have a wife and family to think about *ou* you're a family man, don't take risks ◆ **en bon père de famille, il...** as a good father should, he... ◆ **maintenant, c'est le vrai père de famille** *(hum)* now he's the serious family man
le père Fouettard the Bogeyman
le père Noël Father Christmas, Santa Claus
père peinard, père tranquille genial fellow
père spirituel *[de groupe]* spiritual leader; *[de personne]* spiritual father; → **croire, placement, valeur**

pérégrination / peʀegʀinasjɔ̃/ SYN NF *(surtout pl)* peregrination

péremption / peʀɑ̃psjɔ̃/ NF *(Jur)* limitation period ◆ **il y a péremption au bout de trois ans** there is a three-year limitation period (after which claims are time-barred); → **date**

péremptoire / peʀɑ̃ptwaʀ/ SYN ADJ *[argument, ton]* peremptory

péremptoirement / peʀɑ̃ptwaʀmɑ̃/ ADV peremptorily

pérennant, e / peʀenɑ̃, ɑ̃t/ ADJ *[plante]* perennial

pérenne / peʀɛn/ ADJ perennial

pérennisation / peʀenizasjɔ̃/ NF perpetuation

pérenniser / peʀenize/ SYN ▸ conjug 1 ◂ VT to perpetuate

pérennité / peʀenite/ SYN NF *[d'institution, goûts]* durability; *[de tradition]* continuity, perpetuity; *[de lignée]* continuity

péréquation /peʁekwasjɔ̃/ NF [de prix, impôts] balancing out, evening out; [de notes] coordination, adjustment; [de salaires] adjustment, realignment

perestroïka /peʁestʁɔika/ NF perestroika

perfectibilité /pɛʁfɛktibilite/ NF perfectibility

perfectible /pɛʁfɛktibl/ ADJ perfectible

perfectif, -ive /pɛʁfɛktif, iv/ ADJ, NM perfective

perfection /pɛʁfɛksjɔ̃/ SYN NF perfection ◆ **la perfection n'est pas de ce monde** there's no such thing as perfection, nothing's perfect ◆ **parvenir à** ou **atteindre la perfection** to attain perfection ◆ **c'est une perfection** † he's (ou she's ou it's) a gem
◆ **à la perfection** [jouer, fonctionner] to perfection; [connaître] perfectly ◆ **cela illustre à la perfection ce que je disais** that's a perfect illustration of ou that perfectly illustrates what I was saying

perfectionné, e /pɛʁfɛksjɔne/ SYN (ptp de **perfectionner**) ADJ [dispositif, machine] sophisticated

perfectionnement /pɛʁfɛksjɔnmɑ̃/ SYN NM
⃞1 (NonC) (= amélioration) improving; (pour parfaire) perfecting ◆ **les ordinateurs ont atteint un tel degré de perfectionnement que...** computers have become so sophisticated that...
◆ **des cours de perfectionnement en danse/en anglais** advanced dance classes/English course
⃞2 (= raffinement) improvement ◆ **ce logiciel nécessite encore quelques perfectionnements** this software still needs a few improvements ◆ **les derniers perfectionnements techniques** the latest technical developments ou improvements

perfectionner /pɛʁfɛksjɔne/ SYN ▸ conjug 1 ◂
⃞VT (= améliorer) to improve; (= parfaire) to perfect
⃞VPR **se perfectionner** [technique] to improve; [personne] to improve o.s. ◆ **se perfectionner en anglais** to improve one's English

perfectionnisme /pɛʁfɛksjɔnism/ NM perfectionism

perfectionniste /pɛʁfɛksjɔnist/ NMF perfectionist

perfide /pɛʁfid/ SYN
⃞ADJ (littér) [personne, manœuvre, promesse] perfidious, treacherous, deceitful, false; [chose] treacherous
⃞NMF (littér) traitor; (en amour) perfidious ou falsehearted person

perfidement /pɛʁfidmɑ̃/ ADV (littér) perfidiously, treacherously

perfidie /pɛʁfidi/ SYN NF (= caractère) perfidy, treachery; (= acte) act of perfidy ou treachery

perforage /pɛʁfɔʁaʒ/ NM (= poinçonnage) punching; (= forage) boring, drilling

perforant, e /pɛʁfɔʁɑ̃, ɑ̃t/ ADJ [instrument] perforating; [balle, obus] armour-piercing (Brit), armor-piercing (US)

perforateur, -trice /pɛʁfɔʁatœʁ, tʁis/
⃞ADJ perforating
⃞NM,F (= ouvrier) punch-card operator
⃞NM (Méd) perforator
⃞NF **perforatrice** (= perceuse) drilling ou boring machine; (Ordin) card punch ◆ **perforatrice à clavier** key punch ◆ **perforatrice à air comprimé** compressed-air drill

perforation /pɛʁfɔʁasjɔ̃/ SYN NF (gén, Méd) perforation; (Ordin) (= action) punching; (= trou) punched hole

perforer /pɛʁfɔʁe/ SYN ▸ conjug 1 ◂ VT (= percer) to pierce; (Méd) to perforate; (= poinçonner) to punch ◆ **carte perforée** (Ordin) punch card ◆ **bande/feuille perforée** punched tape/sheet

perforeuse /pɛʁfɔʁøz/ NF card punch

performance /pɛʁfɔʁmɑ̃s/ SYN NF ⃞1 (= résultat) result, performance (NonC); (= exploit) feat, achievement ◆ **ses performances en anglais** his results ou performance in English ◆ **s'il y parvient, ce sera une performance remarquable** if he succeeds, it'll be an outstanding feat ou achievement ◆ **réussir une bonne performance** to achieve a good result
⃞2 [de voiture, machine, économie, industrie] performance (NonC)
⃞3 (Ling) ◆ **la performance** performance

performant, e /pɛʁfɔʁmɑ̃, ɑ̃t/ SYN ADJ [machine, voiture] high-performance (épith); [résultat] outstanding, impressive; [entreprise, économie] successful; [investissement] high-return (épith); [administrateur, procédé] effective

performatif, -ive /pɛʁfɔʁmatif, iv/ ADJ, NM performative

perfuser /pɛʁfyze/ ▸ conjug 1 ◂ VT [+ patient] to put on a drip

perfusion /pɛʁfyzjɔ̃/ NF (Méd) drip (Brit), IV (US), perfusion ◆ **mettre qn/être sous perfusion** to put sb/be on a drip (Brit) ou an IV (US) ◆ **alimenter qn par perfusion** to drip-feed sb ◆ **le pays est encore sous perfusion (financière)** this country is still heavily subsidized ou still dependent on subsidies

pergélisol /pɛʁʒelisɔl/ NM permafrost

pergola /pɛʁgɔla/ NF pergola

péri /peʁi/ ADJ M, NM ◆ **(marin) péri en mer** sailor lost at sea ◆ **au profit des péris en mer** in aid of those lost at sea

périanthe /peʁjɑ̃t/ NM perianth

périarthrite /peʁjaʁtʁit/ NF periarthritis

périastre /peʁjastʁ/ NM periastron

péribole /peʁibɔl/ NM peribolos

péricarde /peʁikaʁd/ NM pericardium

péricardique /peʁikaʁdik/ ADJ pericardial, pericardiac

péricardite /peʁikaʁdit/ NF pericarditis

péricarpe /peʁikaʁp/ NM (= partie du fruit) pericarp

périchondre /peʁikɔ̃dʁ/ NM perichondrium

Périclès /peʁikles/ NM Pericles

péricliter /peʁiklite/ SYN ▸ conjug 1 ◂ VI [affaire, économie] to be in a state of collapse, to collapse

péricycle /peʁisikl/ NM pericycle

péridot /peʁido/ NM peridot

péridural, e (mpl -aux) /peʁidyʁal, o/
⃞ADJ epidural
⃞NF **péridurale** epidural ◆ **faire une péridurale à qn** to give sb an epidural

périf* /peʁif/ NM (abrév de **boulevard) périphérique**) → **périphérique**

périgée /peʁiʒe/ NM perigee

périglaciaire /peʁiglasjɛʁ/ ADJ periglacial

périhélie /peʁieli/ NM perihelion

péri-informatique /peʁiɛ̃fɔʁmatik/
⃞ADJ peripheral
⃞NF computer peripherals

péril /peʁil/ SYN NM (littér) peril, danger ◆ **le péril rouge/jaune** the red/yellow peril ◆ **au péril de sa vie** at the risk of his life ◆ **il n'y a pas péril en la demeure** there's no need to hurry ◆ **il y a péril à faire** it is perilous to do
◆ **en péril** [monument, institution] in peril ◆ **mettre en péril** to imperil, to endanger, to jeopardize

périlleusement /peʁijøzmɑ̃/ ADV (littér) perilously

périlleux, -euse /peʁijø, øz/ SYN ADJ perilous; → **saut**

périmé, e /peʁime/ SYN (ptp de **périmer**) ADJ [billet, bon] out-of-date (épith), no longer valid (attrib); [idée] dated, outdated; * [nourriture] past its use-by date ◆ **ce passeport est périmé** this passport has expired

périmer /peʁime/ ▸ conjug 1 ◂
⃞VI ◆ **laisser périmer un passeport/billet** to let a passport/ticket expire
⃞VPR **se périmer** (Jur) to lapse; [passeport, billet] to expire; [idée] to date, to become outdated

périmètre /peʁimɛtʁ/ SYN NM (Math) perimeter; (= zone) area ◆ **dans un périmètre de 3 km** within a 3 km radius ◆ **périmètre de sécurité** safety zone

périnatal, e (mpl **périnatals**) /peʁinatal/ ADJ perinatal

périnatalité /peʁinatalite/ NF perinatal period

périnatalogie /peʁinatalɔʒi/ NF perinatal medecine

périnéal, e (mpl -aux) /peʁineal, o/ ADJ perineal

périnée /peʁine/ NM perineum

période /peʁjɔd/ SYN NF ⃞1 (gén) period ◆ **par périodes** from time to time ◆ **pendant la période des vacances** during the holiday period ◆ **en période scolaire** during termtime (Brit), while school is in session (US) ◆ **pendant la période électorale** at election time ◆ **période (d'instruction)** (Mil) training (NonC) ◆ **période d'essai** trial period ◆ **période ensoleillée/de chaleur** sunny/warm spell ou period ◆ **c'est la bonne période pour les champignons** it's the right time for mushrooms ◆ **j'ai eu une période concert/théâtre*** I went through a period ou phase of going to concerts/the theatre a lot ◆ **elle a traversé une période difficile** she has been through a difficult period ou patch ◆ **la période bleue de Picasso** Picasso's blue period ◆ **période bleue/blanche** (Transport) slack/relatively slack period during which discounts are available on tickets ◆ **période rouge** peak period during which tickets are at their most expensive
⃞2 (Math) [de fonction] period; [de fraction] repetend
⃞3 (Phys) ◆ **période radioactive** half-life

périodicité /peʁjɔdisite/ NF periodicity

périodique /peʁjɔdik/ SYN
⃞ADJ (gén, Chim, Phys) periodic; (Presse) periodical; (Méd) [fièvre] recurring ◆ **fraction périodique** (Math) recurring decimal ◆ **fonction périodique** (Math) periodic function; → **garniture**
⃞NM (Presse) periodical

périodiquement /peʁjɔdikmɑ̃/ SYN ADV periodically

périoste /peʁjɔst/ NM periosteum

périostite /peʁjɔstit/ NF periostitis

péripatéticien, -ienne /peʁipatetisjɛ̃, jɛn/
⃞ADJ, NM,F (Philos) peripatetic
⃞NF **péripatéticienne** SYN (hum = prostituée) streetwalker

péripétie /peʁipesi/ SYN NF ⃞1 (= épisode) event, episode ◆ **les péripéties d'une révolution/d'une exploration** the various episodes in a revolution/an exploration ◆ **après bien des péripéties** after all sorts of incidents ◆ **voyage plein de péripéties** eventful journey
⃞2 (Littérat) peripeteia

périph* /peʁif/ NM (abrév de **boulevard) périphérique**) → **périphérique**

périphérie /peʁifeʁi/ SYN NF (= limite) periphery; (= banlieue) outskirts ◆ **la proche périphérie** the inner suburbs

périphérique /peʁifeʁik/ SYN
⃞ADJ (Anat, Math) peripheral; [quartier] outlying (épith); [communes, régions,][activités] associated ◆ **poste** ou **radio** ou **station périphérique** private radio station (broadcasting from a neighbouring country)
⃞NM ⃞1 (Ordin) peripheral ◆ **périphérique entrée-sortie** input-output device
⃞2 ◆ **(boulevard) périphérique** ring road (Brit), beltway (US) ◆ **(boulevard) périphérique intérieur/extérieur** inner/outer ring road (Brit) ou beltway (US)

périphlébite /peʁiflebit/ NF periphlebitis

périphrase /peʁifʁɑz/ SYN NF circumlocution, periphrasis (SPÉC), periphrase (SPÉC)

périphrastique /peʁifʁastik/ ADJ circumlocutory, periphrastic

périple /peʁipl/ SYN NM (par mer) voyage; (par terre) tour, journey ◆ **au cours de son périple américain** during his tour of the USA

périptère /peʁiptɛʁ/
⃞ADJ peripteral
⃞NM peripteros

périr /peʁiʁ/ SYN ▸ conjug 2 ◂ VI (littér) to perish (littér), to die; [navire] to go down, to sink; [empire] to perish, to fall ◆ **périr noyé** to drown, to be drowned ◆ **faire périr** [+ personne, plante] to kill ◆ **son souvenir ne périra jamais** his memory will never die ou perish (littér) ◆ **périr d'ennui** (fig) to die of boredom

périscolaire /peʁiskɔlɛʁ/ ADJ extracurricular

périscope /peʁiskɔp/ NM periscope

périscopique /peʁiskɔpik/ ADJ periscopic

périsperme /peʁispɛʁm/ NM perisperm

périssable /peʁisabl/ SYN ADJ perishable ◆ **denrées périssables** perishable goods, perishables

périssodactyles /peʁisodaktil/ NMPL ◆ **les périssodactyles** perissodactyl(e)s, the Perissodactyla (SPÉC)

périssoire /peʁiswaʁ/ NF canoe

périssologie /peʁisɔlɔʒi/ NF perissology

péristaltique /peʁistaltik/ ADJ peristaltic

péristaltisme /peʁistaltism/ NM peristalsis

péristome /peʁistɔm, peʁistom/ NM peristome

péristyle /peʁistil/ NM peristyle

péritel | perpétrer

péritel ® /peritɛl/ ADJ F, NF ✦ **(prise) péritel** SCART (socket)

péritéléphonie /peritelefɔni/ NF telephone-related technology

péritélévision /peritelevizjɔ̃/ NF television-related technology

périthèce /peritɛs/ NM perithecium

péritoine /peritwan/ NM peritoneum

péritonéal, e (mpl -aux) /peritɔneal, o/ ADJ peritoneal

péritonite /peritɔnit/ NF peritonitis

pérityphlite /peritiflit/ NF perityphlitis

périurbain, e /periyʀbɛ̃, ɛn/ ADJ outlying ✦ **zone périurbaine** outlying suburbs, peri-urban area

perlant /pɛʀlɑ̃/ ADJ M [vin] beading (épith)

perle /pɛʀl/ SYN

  NF 1 (= bijou) pearl; (= boule) bead ✦ **des dents de perle** pearly teeth ✦ **c'est jeter ou donner des perles aux pourceaux** it's like casting pearls before swine; → **enfiler**

  2 (littér = goutte) [d'eau, sang] drop(let); [de sueur] bead

  3 (= personne, chose de valeur) gem ✦ **la cuisinière est une perle** the cook is an absolute gem ou a perfect treasure ✦ **c'est la perle des maris** he's the best of husbands, you couldn't hope for a better husband ✦ **vous êtes une perle rare** you're a (real) gem ✦ **la perle d'une collection** the highlight of a collection

  4 (= erreur) gem, howler

  COMP **perle de culture** cultured pearl
  perle fine, perle naturelle natural pearl
  perle de rosée dewdrop

perlé, e /pɛʀle/ (ptp de **perler**) ADJ [orge] pearl (épith); [riz] polished; [coton, laine] pearlized; [tissu] beaded; [travail] perfect, exquisite; [rire] rippling; → **grève**

perlèche /pɛʀlɛʃ/ NF perleche

perler /pɛʀle/ ► conjug 1 ◄

  VI [sueur] to form ✦ **la sueur perlait sur son front** beads of sweat stood out ou formed on his forehead

  VT † [+ travail] to take great pains over

perlier, -ière /pɛʀlje, jɛʀ/ ADJ pearl (épith)

perlimpinpin /pɛʀlɛ̃pɛ̃pɛ̃/ NM → **poudre**

perlingual, e (mpl -aux) /pɛʀlɛ̃gwal, o/ ADJ perlingual ✦ **administrer par voie perlinguale** to administer by placing under the tongue

perlite /pɛʀlit/ NF pe(a)rlite

perlouse※, **perlouze**※ /pɛʀluz/ NF (= perle) pearl; (= pet) smelly fart※

perm * /pɛʀm/ NF 1 (abrév de **permanence**³)
  2 (arg Mil) (abrév de **permission**²)

permafrost /pɛʀmafʀɔst/ NM permafrost

permalien /pɛʀmaljɛ̃/ NM permalink

permalloy /pɛʀmalɔj, pɛʀmalwa/ NM permalloy

permanence /pɛʀmanɑ̃s/ SYN NF 1 (= durée) permanence, permanency

  ✦ **en permanence** [siéger] permanently; [crier] continuously ✦ **dans ce pays ce sont des émeutes/c'est la guerre en permanence** in that country there are constant ou continuous riots/there is a permanent state of war ✦ **elle ment en permanence** she's always lying

  2 (= service) ✦ **être de permanence** to be on duty ou on call ✦ **une permanence est assurée le dimanche** there is someone on duty on Sundays, the office is manned on Sundays

  3 (= bureau) (duty) office; (Pol) committee room; (Scol) study room ou hall (US) ✦ **heure de permanence** (Scol) private study period

permanencier, -ière /pɛʀmanɑ̃sje, jɛʀ/ NM,F person on duty

permanent, e /pɛʀmanɑ̃, ɑ̃t/ SYN

  ADJ permanent; [armée, comité] standing (épith); [spectacle, angoisse] continuous; [conflit, effort] ongoing ✦ « **permanent de 14 heures à minuit** » (Ciné) "continuous showings from 2 o'clock to midnight" ✦ **cinéma permanent** cinema showing a continuous programme ✦ **ils sont en contact permanent** they are in constant contact ✦ **elle s'est installée en France de façon permanente** she has settled in France permanently ✦ **cela implique un travail permanent de recherche** this necessitates ongoing research work; → **formation**

  NM (Pol) (paid) official (of union, political party); (dans une entreprise) permanent employee ✦ **un permanent du parti** a party worker

  NF **permanente** (Coiffure) perm ✦ **se faire faire une permanente** to have one's hair permed, to get a perm

permanenter /pɛʀmanɑ̃te/ ► conjug 1 ◄ VT to perm ✦ **se faire permanenter** to have one's hair permed, to get a perm ✦ **cheveux permanentés** permed hair

permanganate /pɛʀmɑ̃ganat/ NM permanganate

permanganique /pɛʀmɑ̃ganik/ ADJ ✦ **acide permanganique** permanganic acid

perméabilité /pɛʀmeabilite/ SYN NF [de matière, frontière] permeability (à to) ✦ **perméabilité à l'air** air permeability

perméable /pɛʀmeabl/ SYN ADJ 1 [matière, frontière] permeable (à to) ✦ **perméable à l'air** permeable to air

  2 (= réceptif) ✦ **perméable à** [personne] receptive to, open to ✦ **trop perméable aux idées extrémistes** too easily influenced by extremist ideas

permettre /pɛʀmɛtʀ/ GRAMMAIRE ACTIVE 1.1, 3, 9.1, 10.4 SYN ► conjug 56 ◄

  VT 1 (= tolérer) to allow, to permit ✦ **permettre à qn de faire qch, permettre que qn fasse qch** to allow ou permit sb to do sth, to let sb do sth ✦ **la loi le permet** it is allowed ou permitted by law, the law allows ou permits it ✦ **le docteur me permet l'alcool** the doctor allows me to drink ou lets me drink ✦ **il se croit tout permis** he thinks he can do what he likes ou as he pleases ✦ **est-il permis d'être aussi bête !** how can anyone be so stupid! ✦ **il est permis à tout le monde de se tromper !** anyone can make mistakes ou a mistake! ✦ **le professeur lui a permis de ne pas aller à l'école aujourd'hui** the teacher has given him permission to stay off school ou not to go to school today ✦ **il hurlait comme ce n'est pas permis** * he was yelling like mad*

  2 (= rendre possible) to allow, to permit ✦ **ce diplôme va lui permettre de trouver du travail** this qualification will allow ou enable ou permit him to find a job ✦ **mes moyens ne me le permettent pas** I can't afford it ✦ **mes occupations ne me le permettent pas** I'm too busy to do that ✦ **sa santé ne le lui permet pas** his health doesn't allow him to do that ✦ **son attitude permet tous les soupçons** his way of behaving gives cause for suspicion ✦ **si le temps le permet** weather permitting ✦ **autant qu'il est permis d'en juger** as far as one can tell

  3 (= donner le droit) to entitle ✦ **cette carte lui permet d'obtenir des réductions** this card entitles him to reductions ✦ **être majeur permet de voter** once you're 18 you're eligible to vote ✦ **qu'est-ce qui te permet de me juger ?** what gives you the right to judge me?

  4 (idée de sollicitation) ✦ **vous permettez ?** may I? ✦ **permettez-moi de vous présenter ma sœur/de vous interrompre** may I introduce my sister/interrupt (you)? ✦ **s'il m'est permis de faire une objection** if I may ou might raise an objection ✦ **vous permettez que je fume ?** do you mind if I smoke? ✦ **vous permettez que je passe !** (ton irrité) if you don't mind I'd like to come past! ✦ **permettez ! je ne suis pas d'accord** I'm very sorry but I disagree! ✦ **permets-moi de te le dire** let me tell you

  VPR **se permettre** 1 (= s'offrir) to allow o.s. ✦ **je me permets une petite fantaisie de temps en temps** I indulge myself from time to time ✦ **je ne peux pas me permettre d'acheter ce manteau** I can't afford this coat

  2 (= risquer) [+ grossièreté, plaisanterie] to dare to make ✦ **ce sont des plaisanteries qu'on ne peut se permettre qu'entre amis** these jokes are only acceptable among friends ✦ **je me suis permis de sourire ou un sourire** I allowed myself ou ventured a smile ✦ **il s'est permis de partir sans permission** he took the liberty of going without permission ✦ **il se permet bien des choses** he takes a lot of liberties ✦ **je me permettrai de vous faire remarquer que...** I'd like to point out (to you) that... ✦ **puis-je me permettre de vous offrir un verre ?** will you let me buy you a drink? ✦ **je me permets de vous écrire au sujet de...** (formule épistolaire) I am writing to you in connection with...

  ⓘ Attention à ne pas traduire automatiquement **permettre** par **to permit**, qui est d'un usage moins courant que 'to get'.

permien, -ienne /pɛʀmjɛ̃, jɛn/
  ADJ permian
  NM ✦ **le permien** the Permian era

permis, e /pɛʀmi, iz/ GRAMMAIRE ACTIVE 9.1, 10.4 SYN (ptp de **permettre**)

  ADJ [limites] permitted ✦ **il est permis de s'interroger sur la nécessité de...** (frm) one might ou may well question the necessity of...

  NM permit, licence ✦ **permis de chasse** hunting licence ✦ **permis (de conduire)** (= carte) driving licence (Brit), driver's license (US); (= épreuve) driving test ✦ **permis à points** driving licence with a penalty point system ✦ **permis de construire** planning permission (NonC) ✦ **permis d'inhumer** burial certificate ✦ **permis bateau** boating licence ✦ **permis moto** motorbike licence ✦ **permis de pêche** fishing permit ✦ **permis poids lourd** heavy-goods vehicle licence ✦ **permis de port d'armes** gun licence ✦ **permis de séjour** residence permit ✦ **permis de travail** work permit

permissif, -ive /pɛʀmisif, iv/ SYN ADJ permissive

permission /pɛʀmisjɔ̃/ SYN NF 1 (= autorisation) permission ✦ **avec votre permission** with your permission ✦ **accorder à qn la permission de faire qch** to give sb permission to do sth ✦ **demander la permission** to ask permission (de to) ✦ **je lui ai demandé la permission** I asked his permission (de to) ✦ **demander à qn la permission** to ask sb his permission (de to) ✦ **est-ce qu'il t'a donné la permission (de faire) ?** did he give you permission (to do it)?

  2 (Mil) (= congé) leave, furlough; (= certificat) pass ✦ **en permission** on leave ou furlough ✦ **permission de minuit** late pass

permissionnaire /pɛʀmisjɔnɛʀ/ NM soldier on leave

permissivité /pɛʀmisivite/ NF permissiveness

permittivité /pɛʀmitivite/ NF permittivity

permutabilité /pɛʀmytabilite/ NF permutability

permutable /pɛʀmytabl/ ADJ which can be changed ou swapped ou switched round; (Math) permutable

permutation /pɛʀmytasjɔ̃/ SYN NF permutation

permuter /pɛʀmyte/ SYN ► conjug 1 ◄

  VT (gén) to change ou swap ou switch round, to permutate; (Math) to permutate, to permute

  VI to change, to swap, to switch (seats ou positions ou jobs etc)

pernicieusement /pɛʀnisjøzmɑ̃/ ADV (littér) perniciously

pernicieux, -ieuse /pɛʀnisjø, jøz/ SYN ADJ (gén, Méd) pernicious ✦ **pernicieux pour** injurious ou harmful to

péroné /peʀɔne/ NM fibula

péroniste /peʀɔnist/
  ADJ Peronist
  NMF **Péroniste** Peronist

péronnelle /peʀɔnɛl/ NF (péj) silly goose* (péj)

péroraison /peʀɔʀɛzɔ̃/ NF (Littérat = conclusion) peroration, summing up; (péj = discours) windy discourse (péj)

pérorer /peʀɔʀe/ ► conjug 1 ◄ VI to hold forth (péj), to declaim (péj)

per os /pɛʀɔs/ LOC ADV (Méd) orally

Pérou /peʀu/ NM (Géog) Peru ✦ **ce qu'il gagne, ce n'est pas le Pérou !** * he doesn't exactly earn a fortune ✦ **on a 60 €** ? **c'est le Pérou !** (iro) we've got €60? we're loaded! ou we're rolling in it!*

Pérouse /peʀuz/ N Perugia

peroxydase /pɛʀɔksidaz/ NF peroxidase

peroxydation /pɛʀɔksidasjɔ̃/ NF peroxidation

peroxyde /pɛʀɔksid/ NM peroxide ✦ **peroxyde d'hydrogène** hydrogen peroxide

peroxydé, e /pɛʀɔkside/ ADJ ✦ **cheveux peroxydés** peroxide hair

peroxyder /pɛʀɔkside/ ► conjug 1 ◄ VT to peroxidize

perpendiculaire /pɛʀpɑ̃dikylɛʀ/ ADJ, NF perpendicular (à to)

perpendiculairement /pɛʀpɑ̃dikylɛʀmɑ̃/ ADV perpendicularly ✦ **perpendiculaire à** at right angles to, perpendicular to

perpète* /pɛʀpɛt/ NF 1 ✦ **il a eu la perpète** (= perpétuité) he got life* ✦ **jusqu'à perpète** * (= longtemps) forever and a day*

  2 (= loin) ✦ **à perpète (les oies)** miles away*

perpétration /pɛʀpetʀasjɔ̃/ NF perpetration

perpétrer /pɛʀpetʀe/ SYN ► conjug 6 ◄ VT to perpetrate

perpette * / pɛʀpɛt / NF ⇒ perpète

perpétuation / pɛʀpetɥasjɔ̃ / NF *(littér)* perpetuation

perpétuel, -elle / pɛʀpetɥɛl / SYN ADJ *(= pour toujours)* perpetual, everlasting; *(= incessant)* perpetual, never-ending; *[fonction, secrétaire]* permanent

perpétuellement / pɛʀpetɥɛlmɑ̃ / SYN ADV *(= constamment)* constantly; *(littér = toujours)* perpetually

perpétuer / pɛʀpetɥe / SYN ▸ conjug 1 ◂
VT *(= immortaliser)* to perpetuate; *(= maintenir)* to perpetuate, to carry on
VPR **se perpétuer** *[usage, abus]* to be perpetuated, to be carried on; *[espèce]* to survive • **se perpétuer dans son œuvre/dans ses enfants** to live on in one's work/in one's children

perpétuité / pɛʀpetɥite / SYN NF perpetuity, perpetuation • **à perpétuité** *[condamnation]* for life; *[concession]* in perpetuity; → **réclusion**

perplexe / pɛʀplɛks / SYN ADJ perplexed, puzzled • **rendre** *ou* **laisser perplexe** to perplex, to puzzle

perplexité / pɛʀplɛksite / SYN NF perplexity • **je suis dans une grande perplexité** I just don't know what to think • **être dans la plus complète perplexité** to be completely baffled *ou* utterly perplexed

perquisition / pɛʀkizisjɔ̃ / SYN NF *(Police)* search • **ils ont fait une perquisition** they carried out *ou* made a search, they searched the premises; → **mandat**

perquisitionner / pɛʀkizisjɔne / SYN ▸ conjug 1 ◂
VI to carry out a search, to make a search • **perquisitionner au domicile de qn** to search sb's house, to carry out *ou* make a search of sb's house
VT * to search

perrière / pɛʀjɛʀ / NF *(Archéol)* perrier

perron / pɛʀɔ̃ / NM steps *(leading to entrance)*, perron *(SPÉC)* • **sur le perron de l'Élysée** on the steps of the Élysée Palace

perroquet / pɛʀɔkɛ / NM [1] *(= oiseau)* parrot • **perroquet de mer** puffin • **répéter qch comme un perroquet** to repeat sth parrot fashion
[2] *(Naut = voile)* topgallant (sail)
[3] *(= boisson) apéritif made of pastis and mint syrup*

perruche / peʀyʃ / NF [1] *(= oiseau)* budgerigar, budgie *; *(= femelle du perroquet)* female parrot; *(péj = femme bavarde)* chatterbox *, windbag * *(péj)*
[2] *(Naut = voile)* mizzen topgallant (sail)

perruque / peʀyk / SYN NF [1] *(= coiffure)* wig; *(Hist)* wig, periwig, peruke
[2] *(Pêche = enchevêtrement)* tangle
[3] *(* = travail clandestin)* • **faire des perruques** to work on the side *(during office hours)* • **faire de la perruque** *(= détournement de matériel)* to pilfer office equipment for personal use

perruquier, -ière / peʀykje, jɛʀ / NM,F wigmaker

pers / pɛʀ / ADJ M *[yeux]* greenish-blue, blue-green

persan, e / pɛʀsɑ̃, an /
ADJ Persian • **(chat) persan** Persian (cat); → **tapis**
NM *(= langue)* Persian
NM,F **Persan(e)** Persian

perse / pɛʀs /
ADJ Persian
NM *(= langue)* Persian
NMF **Perse** Persian
NF *(Géog)* • **Perse** Persia

persécuté, e / pɛʀsekyte / SYN NM,F *(gén)* persecuted person; *(Psych)* person suffering from a persecution mania *ou* complex

persécuter / pɛʀsekyte / SYN ▸ conjug 1 ◂ VT *(= opprimer)* to persecute; *(= harceler)* to harass, to plague

persécuteur, -trice / pɛʀsekytœʀ, tʀis / SYN
ADJ persecuting
NM,F persecutor

persécution / pɛʀsekysjɔ̃ / NF persecution • **délire de persécution** persecution mania *ou* complex

Persée / pɛʀse / NM Perseus

perséides / pɛʀseid / NFPL Perseids

persel / pɛʀsɛl / NM persalt

Perséphone / pɛʀsefɔn / NF Persephone

persévérance / pɛʀseveʀɑ̃s / SYN NF perseverance

persévérant, e / pɛʀseveʀɑ̃, ɑ̃t / SYN ADJ persevering • **être persévérant** to persevere, to be persevering

persévération / pɛʀseveʀasjɔ̃ / NF perseveration

persévérer / pɛʀseveʀe / SYN ▸ conjug 6 ◂ VI to persevere • **persévérer dans** *[+ effort, entreprise, recherches]* to persevere with *ou* in, to persist in; *[+ erreur, voie]* to persevere in • **je persévère à le croire coupable** I continue to believe he's guilty

persicaire / pɛʀsikɛʀ / NF red shank, persicaria, lady's-thumb

persienne / pɛʀsjɛn / NF (louvred) shutter

persiflage / pɛʀsiflaʒ / NM mockery *(NonC)*

persifler / pɛʀsifle / SYN ▸ conjug 1 ◂ VT to mock, to make fun of

persifleur, -euse / pɛʀsiflœʀ, øz / SYN
ADJ mocking
NM,F mocker

persil / pɛʀsi / NM parsley • **persil plat/frisé** flat-leaved/curly parsley • **faux persil** fool's parsley

persillade / pɛʀsijad / NF *(= sauce)* parsley vinaigrette; *(= viande) cold beef served with parsley vinaigrette*

persillé, e / pɛʀsije / ADJ *[plat]* sprinkled with chopped parsley; *[viande]* marbled; *[fromage]* veined

persique / pɛʀsik / ADJ Persian; → **golfe**

persistance / pɛʀsistɑ̃s / SYN NF *[de pluie, fièvre, douleur, odeur]* persistence; *[de personne]* persistence, persistency *(à faire in doing)* • **cette persistance dans le mensonge** this persistent lying • **avec persistance** *(= tout le temps)* persistently; *(= avec obstination)* persistently, doggedly, stubbornly

persistant, e / pɛʀsistɑ̃, ɑ̃t / SYN ADJ *(gén)* persistent; *[feuilles]* evergreen, persistent *(SPÉC)* • **arbre à feuillage persistant** evergreen (tree)

persister / pɛʀsiste / SYN ▸ conjug 1 ◂ VI *[pluie]* to persist, to keep up; *[fièvre, douleur, odeur]* to persist, to linger; *[symptôme, personne]* to persist • **la pluie/la douleur n'a pas persisté** the rain/the pain didn't last *ou* persist • **persister dans qch/à faire qch** to persist in sth/in doing sth • **il persiste dans son refus** he won't go back on his refusal • **persister dans son opinion/ses projets** to stick to one's opinion/one's plans • **il persiste dans son silence** he persists in keeping quiet • **il persiste à faire cela** he persists in doing *ou* keeps (on) doing that • **je persiste à croire que...** I still believe that... • **c'est non, je persiste et signe !** *(fig)* the answer is no, and that's final! • **il persistait une odeur de moisi** a musty smell lingered *ou* persisted • **il persiste un doute** some doubt remains

perso * / pɛʀso / ADJ (abrév de **personnel**) *(= privé)* personal; *(= égoïste)* selfish • **jouer perso** *(gén)* to go one's own way, to go solo • **il joue trop perso** *(Sport)* he tends to keep the ball to himself

persona / pɛʀsɔna / NF • **persona grata/non grata** persona grata/non grata

personales / pɛʀsɔnal / NFPL personate flowers

personé, e / pɛʀsɔne / ADJ personate

personnage / pɛʀsɔnaʒ / SYN NM [1] *(= individu)* character, individual • **c'est un personnage !** he's *(ou she's)* quite a character!
[2] *(= célébrité)* (very) important person • **personnage influent/haut placé** influential/highly placed person • **personnage connu** celebrity, well-known person • **personnage officiel** VIP • **un grand personnage** a great figure • **grands personnages de l'État** State dignitaries • **personnages de l'Antiquité/historiques** great names of Antiquity/in history • **il est devenu un personnage** he's become a very important person *ou* a big name * • **il se prend pour un grand personnage** he really thinks he's someone important, he really thinks he's somebody *
[3] *(Littérat)* character • **liste des personnages** dramatis personae, list of characters • **jouer un personnage** *(lit, fig)* to play a part, to act a part *ou* role; → **peau**
[4] *(Art) [de tableau]* figure

personnalisation / pɛʀsɔnalizasjɔ̃ / NF personalization

personnaliser / pɛʀsɔnalize / SYN ▸ conjug 1 ◂ VT *[+ produit] [fabricant]* to customize; *[propriétaire]* to personalize; *[+ appartement]* to give a personal touch to • **crédit/service personnalisé** personalized loan/service

personnalisme / pɛʀsɔnalism / NM personalism

personnaliste / pɛʀsɔnalist /
ADJ personalist(ic)
NMF personalist

personnalité / pɛʀsɔnalite / SYN NF [1] *(Psych)* personality • **avoir une forte personnalité/de la personnalité** to have a strong personality/lots of personality • **sans personnalité** lacking in personality
[2] *(= personne importante)* personality • **il y aura de nombreuses personnalités pour l'inauguration** there will be a number of key figures *ou* personalities at the opening
[3] *(Jur)* • **acquérir une personnalité juridique** to acquire legal status

personne / pɛʀsɔn / SYN
NF [1] *(= être humain)* person • **deux personnes** two people • **grande personne** adult, grown-up • **le respect de la personne humaine** respect for human dignity • **les personnes qui...** those who..., the people who... • **c'est une personne sympathique** he *(ou she)* is a very nice *ou* pleasant person • **une personne de connaissance m'a dit...** someone *ou* a person I know told me... • **il n'y a pas personne plus discrète que lui** there's no one more discreet than he is *ou* than him • **c'est une drôle de petite/une jolie personne** † she's a funny little/a pretty little thing • **trois gâteaux par personne** three cakes per person, three cakes each • **15 € par personne** €15 each *ou* a head *ou* per person • **par personne interposée** through an intermediary, through a third party *ou* person • **querelles/rivalités de personnes** personal quarrels/rivalries • **les droits de la personne** *(Jur)* the rights of the individual; → **tiers**
[2] *(= personnalité)* • **toute sa personne inspire confiance** everything about him inspires confidence • **j'admire son œuvre mais je le méprise en tant que personne** I admire his works but I have no time for him as a person • **la personne et l'œuvre de Balzac** Balzac, the man and his work
[3] *(= corps)* • **être bien (fait) de sa personne** to be good-looking • **exposer** *ou* **risquer sa personne** to risk one's life *ou* one's neck • **sur ma personne** on my person • **il semble toujours très content de sa petite personne** he always seems very pleased with himself • **il prend soin de sa petite personne** he looks after himself
♦ **en personne** • **je l'ai vu en personne** I saw him in person • **je m'en occupe en personne** I'll see to it personally • **c'est la paresse/la bonté en personne** he's *ou* she's laziness/kindness itself *ou* personified
[4] *(Gram)* person • **à la première/troisième personne** in the first/third person
PRON [1] *(= quelqu'un)* anyone, anybody • **elle le sait mieux que personne (au monde)** she knows that better than anyone *ou* anybody (else) • **il est entré sans que personne le voie** he came in without anyone *ou* anybody seeing him • **personne de blessé ?** is anyone *ou* anybody injured?, no one hurt? • **elle sait faire le café comme personne** she makes better coffee than anyone (else)
[2] *(avec ne = aucun)* no one, nobody • **presque personne** hardly anyone *ou* anybody, practically no one *ou* nobody • **personne (d'autre) ne l'a vu** no one *ou* nobody (else) saw him • **il n'a vu personne (d'autre)** he didn't see anyone *ou* anybody (else), he saw no one *ou* nobody (else) • **personne d'autre que lui** no one *ou* nobody but him *ou* he • **il n'y a personne** there's no one *ou* nobody in, there isn't anyone *ou* anybody in • **il n'y a eu personne de blessé** no one *ou* nobody was injured, there wasn't anyone *ou* anybody injured • **à qui as-tu demandé ? – à personne** who did you ask? – no one *ou* nobody *ou* I didn't ask anyone *ou* anybody • **ce n'est la faute de personne** it's no one's *ou* nobody's fault • **il n'y avait personne d'intéressant à qui parler** there was no one *ou* nobody interesting to talk to • **il n'y est pour personne** he doesn't want to see anyone *ou* anybody • **pour le travail, il n'y a plus personne** * *(iro)* as soon as there's a bit of work to be done, everyone disappears *ou* clears off * *ou* there's suddenly no one *ou* nobody around • **n'y a-t-il personne qui sache où il est ?** doesn't anyone *ou* anybody know where he is?

personnel | pèse-alcool

COMP **personne âgée** elderly person ◆ **mesure en faveur des personnes âgées** measure benefiting the elderly
personne à charge dependent
personne civile (Jur) legal entity
personnes déplacées (Pol) displaced persons
personne humaine potentielle potential human being
personne morale (Jur) ⇒ **personne civile**
personne physique (Jur) natural person

personnel, -elle /pɛʁsɔnɛl/ SYN

ADJ **1** (= particulier, privé) personal; [appel téléphonique] private ◆ **fortune personnelle** personal ou private fortune ◆ **strictement personnel** [lettre] highly confidential, private and personal; [billet] not transferable (attrib) ◆ **il a des idées/des opinions très personnelles sur la question** he has ideas/opinions of his own ou he has his own ideas/opinions on the subject ◆ **critiques personnelles** personal criticism
2 (= égoïste) selfish, self-centred; (Sport) [joueur] selfish
3 (Gram) [pronom, nom, verbe] personal; [mode] finite

NM [d'école] staff; [de château, hôtel] staff, employees; [d'usine] workforce, employees, personnel; [de service public] personnel, employees ◆ **manquer de personnel** to be shortstaffed ou understaffed ◆ **il y a trop de personnel dans ce service** this department is overstaffed ◆ **faire partie du personnel** to be on the staff ◆ **l'usine a 60 membres de personnel** ou **un personnel de 60** the factory has 60 people on the payroll, the factory has a workforce ou payroll of 60 ◆ **personnel de maison** domestic staff ◆ **personnel à terre/navigant** ground/flight personnel ou staff ◆ **personnel en civil/en tenue** plain-clothes/uniformed staff ◆ **bureau/chef du personnel** personnel office/officer

personnellement /pɛʁsɔnɛlmɑ̃/ GRAMMAIRE ACTIVE 6.2, 26.5 SYN ADV personally ◆ **je lui dirai personnellement** I'll tell him myself ou personally ◆ **personnellement je veux bien** personally I don't mind, I for one don't mind

personnification /pɛʁsɔnifikasjɔ̃/ SYN NF personification ◆ **c'est la personnification de la cruauté** he's the personification ou the embodiment of cruelty

personnifier /pɛʁsɔnifje/ SYN ▸ conjug 7 ◂ VT to personify ◆ **cet homme personnifie le mal** this man is the embodiment of evil ou is evil itself ou is evil personified ◆ **être la bêtise personnifiée** to be stupidity itself ou personified ◆ **il personnifie son époque** he personifies ou typifies his age, he's the embodiment of his age

perspectif, -ive¹ /pɛʁspɛktif, iv/ ADJ perspective

perspective² /pɛʁspɛktiv/ SYN NF **1** (Art) perspective ◆ **effet de perspective** 3-D ou 3 dimensional effect
2 (= point de vue) (lit) view; (fig) angle, viewpoint ◆ **dans une perspective historique** from a historical angle ou viewpoint, in a historical perspective ◆ **examiner une question sous des perspectives différentes** to examine a question from different angles ou viewpoints
3 (= événement en puissance) prospect; (= idée) prospect, thought ◆ **des perspectives d'avenir** future prospects ◆ **quelle perspective!** what a thought ou prospect!
4 (locutions)
◆ **à la perspective de** with the prospect of ◆ **l'optimisme est revenu à la perspective d'un accord** optimism has returned with the prospect of an agreement ◆ **à la perspective de le voir gagner les élections, ils ont formé une coalition** faced with the prospect of him winning the election, they formed a coalition
◆ **en perspective** [dessin] in perspective ◆ **il y a du travail en perspective** there's a lot of work ahead ◆ **mettre qch en perspective** to put sth in(to) perspective ◆ **il faut mettre les choses en perspective** you have to put things in(to) perspective ◆ **il propose une nouvelle mise en perspective de l'art moderne** he offers a new perspective on modern art ◆ **la mise en perspective historique de cette évolution s'impose** this development must be put into historical perspective
◆ **dans la perspective de** with the prospect of ◆ **dans la perspective de l'élection présidentielle, nous devrons...** with the presidential election coming up, we must...

perspicace /pɛʁspikas/ SYN ADJ shrewd, perspicacious (frm)

perspicacité /pɛʁspikasite/ SYN NF insight, perspicacity (frm)

perspiration /pɛʁspiʁasjɔ̃/ NF perspiration

persuader /pɛʁsɥade/ SYN ▸ conjug 1 ◂
VT (= convaincre) to persuade, to convince (qn de qch sb of sth) ◆ **persuader qn (de faire qch)** to persuade sb (to do sth) ◆ **il les a persuadés que tout irait bien** he persuaded ou convinced them that all would be well ◆ **on l'a persuadé de partir** he was persuaded to leave ◆ **j'en suis persuadé** I'm quite sure ou convinced (of it) ◆ **il sait persuader** he's very persuasive, he knows how to convince people
VI (littér) ◆ **persuader à qn (de faire)** to persuade sb (to do) ◆ **on lui a persuadé de rester** he was persuaded to stay
VPR **se persuader** ◆ **se persuader de qch** to convince ou persuade o.s. of sth ◆ **se persuader que...** to convince ou persuade o.s. that...

persuasif, -ive /pɛʁsɥazif, iv/ SYN ADJ [ton, éloquence] persuasive; [argument, orateur] persuasive, convincing

persuasion /pɛʁsɥazjɔ̃/ SYN NF (= action, art) persuasion; (= croyance) conviction, belief

persulfate /pɛʁsylfat/ NM persulphate

perte /pɛʁt/ GRAMMAIRE ACTIVE 24.4 SYN
NF **1** (gén) loss ◆ **vendre à perte** to sell at a loss ◆ **la perte d'une bataille/d'un procès** the loss of a battle/of a court case, losing a battle/a court case ◆ **essuyer une perte importante** to suffer heavy losses ◆ **de lourdes pertes (en hommes)** (Mil) heavy losses (in men) ◆ **ce n'est pas une grosse perte** it's not a serious loss ◆ **la perte cruelle d'un être cher** the cruel ou grievous loss of a loved one; → **profit**
2 (= ruine) ruin ◆ **il a juré sa perte** he has sworn to ruin him ◆ **il court à sa perte** he is on the road to ruin
3 (= déperdition) loss; (= gaspillage) waste ◆ **perte de chaleur/d'énergie** loss of heat/of energy, heat/energy loss ◆ **perte de lumière** loss of light ◆ **c'est une perte de temps/d'énergie** it's a waste of time/of energy
4 (locutions)
◆ **avec pertes et fracas** ◆ **mis à la porte avec pertes et fracas** thrown out ◆ **il a quitté le parti avec pertes et fracas** after a big scene he left the party
◆ **à perte de vue** (= très loin) as far as the eye can see; (= longtemps) interminably
COMP **pertes blanches** (Méd) vaginal discharge, leucorrhoea (SPÉC)
perte de charge pressure drop, drop in ou loss of pressure
perte de connaissance ou **de conscience** loss of consciousness ◆ **avoir une perte de connaissance** ou **de conscience** to lose consciousness
perte de mémoire loss of memory, memory loss
perte de poids weight loss
pertes de sang (Méd) heavy bleeding
perte sèche (Fin) dead loss (Fin), absolute loss
perte à la terre (Élec) earth (Brit) ou ground (US) leakage
perte de vitesse ◆ **être en perte de vitesse** [avion] to lose lift; [mouvement] to be losing momentum; [entreprise, vedette] to be going downhill

pertinemment /pɛʁtinamɑ̃/ SYN ADV [parler] pertinently ◆ **il a répondu pertinemment** his reply was to the point ◆ **savoir pertinemment que...** to know full well that..., to know for a fact that...

pertinence /pɛʁtinɑ̃s/ SYN NF **1** (= à-propos) [de remarque, question, idée, analyse] pertinence, relevance ◆ **il remarqua avec pertinence que...** he aptly pointed out that...
2 (Ling) significance, distinctive nature

pertinent, e /pɛʁtinɑ̃, ɑ̃t/ SYN ADJ **1** [remarque, question, idée, analyse] pertinent, relevant
2 (Ling) significant, distinctive

pertuis /pɛʁtɥi/ NM (= détroit) strait(s), channel; [de fleuve] narrows

pertuisane /pɛʁtɥizan/ NF partisan (weapon)

perturbant, e /pɛʁtyʁbɑ̃, ɑ̃t/ SYN ADJ disturbing, perturbing ◆ **le divorce a été très perturbant pour l'enfant** the divorce was a very disturbing ou unsettling experience for the child

perturbateur, -trice /pɛʁtyʁbatœʁ, tʁis/ SYN
ADJ disruptive
NM,F (gén) troublemaker; (dans un débat) heckler

perturbation /pɛʁtyʁbasjɔ̃/ SYN NF [de services publics, travaux, cérémonie, réunion, transmission] disruption; (Astron) perturbation ◆ **jeter** ou **semer la perturbation dans** to disrupt ◆ **facteur de perturbation** disruptive factor ◆ **perturbations dans l'acheminement du courrier** disruption(s) in the mail service ◆ **les perturbations ont surtout affecté les lignes de banlieue** it was mainly the suburban lines that were disrupted ◆ **perturbation (atmosphérique)** (atmospheric) disturbance

perturbé, e /pɛʁtyʁbe/ ADJ **1** [personne] upset
2 [services publics, trafic] disrupted ◆ **le trafic reste très perturbé** traffic is still severely disrupted ◆ **j'ai un sommeil très perturbé** I have trouble sleeping

perturber /pɛʁtyʁbe/ SYN ▸ conjug 1 ◂ VT
1 [+ services publics, travaux, cérémonie, réunion] to disrupt; (Radio, TV) [+ transmission] to disrupt; (Astron) to perturb; (Météo) to disturb ◆ **le match/tournoi a été fortement perturbé par la pluie** the match/tournament was severely disrupted by rain
2 (= déstabiliser) [+ personne] to upset ◆ **son divorce l'a profondément perturbé** he was deeply upset by his divorce ◆ **qu'est-ce qui te perturbe?** what's bothering you?

péruvien, -ienne /peʁyvjɛ̃, jɛn/
ADJ Peruvian
NM,F **Péruvien(ne)** Peruvian

pervenche /pɛʁvɑ̃ʃ/
NF (= plante) periwinkle; (* = contractuelle) female traffic warden (Brit), meter maid (US)
ADJ INV periwinkle blue

pervers, e /pɛʁvɛʁ, ɛʁs/ SYN
ADJ (littér) (= diabolique) perverse; (= vicieux) perverted, depraved ◆ **les effets pervers de la publicité** the pernicious effects of advertising
NM,F pervert ◆ **pervers sexuel** (sexual) pervert

perversion /pɛʁvɛʁsjɔ̃/ SYN NF perversion, corruption; (Méd, Psych) perversion

perversité /pɛʁvɛʁsite/ SYN NF perversity, depravity

pervertir /pɛʁvɛʁtiʁ/ SYN ▸ conjug 2 ◂
VT (= dépraver) to corrupt, to pervert, to deprave; (= altérer) to pervert
VPR **se pervertir** to become corrupt(ed) ou perverted ou depraved

pervibrage /pɛʁvibʁaʒ/ NM [de béton] vibration

pervibrateur /pɛʁvibʁatœʁ/ NM vibrating poker

pervibrer /pɛʁvibʁe/ ▸ conjug 1 ◂ VT [+ béton] to vibrate

pesade /pəzad/ NF pesade

pesage /pəzaʒ/ NM weighing; [de jockey] weighin; (= salle) weighing room; (= enceinte) enclosure

pesamment /pəzamɑ̃/ SYN ADV [chargé, tomber] heavily; [marcher] with a heavy step ou tread, heavily

pesant, e /pəzɑ̃, ɑ̃t/ SYN
ADJ **1** (= lourd) [paquet] heavy, weighty; [sommeil] deep; [démarche, pas, architecture] heavy; [esprit] slow, sluggish; [style, ton] heavy, weighty, ponderous
2 (= pénible) [charge, silence] heavy; [présence] burdensome ◆ **il devient pesant avec ses questions** he's becoming a nuisance with all those questions
NM ◆ **valoir son pesant d'or** [personne] to be worth one's weight in gold; [diplôme] to be worth its weight in gold ◆ **il faut le voir faire un discours, ça vaut son pesant d'or** ou **de cacahuètes*** (hum) you should hear him make a speech, it's priceless*

pesanteur /pəzɑ̃tœʁ/ SYN NF **1** (Phys) gravity ◆ **défier les lois de la pesanteur** to defy (the laws of) gravity
2 (= lourdeur) [de paquet] heaviness, weightiness; [de démarche] heaviness; [d'esprit] slowness, sluggishness; [d'architecture] heaviness; [de style] heaviness, weightiness, ponderousness ◆ **avoir des pesanteurs d'estomac** to have problems with one's digestion ◆ **les pesanteurs administratives** cumbersome administrative procedures

pèse-acide (pl **pèse-acides**) /pɛzasid/ NM acidimeter

pèse-alcool (pl **pèse-alcools**) /pɛzalkɔl/ NM alcoholometer

pèse-bébé (pl pèse-bébés) /pɛzbebe/ NM (baby) scales

pesée /pəze/ NF ① (= action) weighing ◆ **effectuer une pesée** to find out the weight ② (= pression, poussée) push, thrust ③ (Sport) ◆ **aller à la pesée** to weigh in

pèse-lait (pl pèse-laits) /pɛzlɛ/ NM lactometer

pèse-lettre (pl pèse-lettres) /pɛzlɛtʀ/ NM letter scales

pèse-moût (pl pèse-moûts) /pɛzmu/ NM saccharometer

pèse-personne (pl pèse-personnes) /pɛzpɛʀsɔn/ NM scales; (dans une salle de bains) (bathroom) scales

peser /pəze/ GRAMMAIRE ACTIVE 26.4 SYN ▶ conjug 5 ◀
■ VT ① [+ objet, personne] to weigh ◆ **peser qch dans sa main** to feel the weight of sth (in one's hand) ◆ **se peser** to weigh o.s. ◆ **se faire peser** [sportif] to get weighed in ◆ **il pèse 3 millions** he is worth 3 million
② (= évaluer) to weigh (up) ◆ **peser le pour et le contre** to weigh (up) the pros and cons ◆ **peser ses mots/chances** to weigh one's words/chances ◆ **tout bien pesé** all things considered ◆ **ce qu'il dit est toujours pesé** what he says is always carefully thought out
■ VI ① (gén) to weigh; [sportif] to weigh in ◆ **cela pèse beaucoup** it weighs a lot ◆ **cela pèse peu** it doesn't weigh much ◆ **peser 60 kg** to weigh 60 kg ◆ **peser lourd** to be heavy ◆ **ce ministre ne pèse pas lourd*** this minister doesn't carry much weight ou doesn't count for much ◆ **il n'a pas pesé lourd (devant son adversaire)** he was no match for his opponent
② (= appuyer) to press, to push ◆ **peser sur/contre qch (de tout son poids)** to press ou push down on/against sth (with all one's weight) ◆ **peser sur l'estomac** [aliment, repas] to lie (heavy) on the stomach ◆ **cela lui pèse sur le cœur** that makes him heavy-hearted ◆ **les remords lui pèsent sur la conscience** remorse lies heavy on his conscience, he is weighed down with remorse ◆ **le soupçon/l'accusation qui pèse sur lui** the suspicion/the accusation hanging ou which hangs over him ◆ **la menace/sentence qui pèse sur sa tête** the threat/sentence which hangs over his head ◆ **toute la responsabilité pèse sur lui ou sur ses épaules** all the responsibility is on him ou on his shoulders, he has to shoulder all the responsibility
③ (= accabler) **peser à qn** to weigh sb down, to weigh heavy on sb ◆ **le silence/la solitude lui pèse** the silence/solitude is getting him down* ou weighs heavy on him ◆ **le temps lui pèse** time hangs heavy on his hands ◆ **ses responsabilités de maire lui pèsent** his responsibilities as mayor weigh heavy on him
④ (= avoir de l'importance) to carry weight ◆ **cela va peser (dans la balance)** that will carry some weight ◆ **sa timidité a pesé dans leur décision** his shyness influenced their decision

pèse-sel (pl pèse-sels) /pɛzsɛl/ NM sali(no)meter

pèse-sirop (pl pèse-sirops) /pɛzsiʀo/ NM syrup hydrometer

peseta /pezeta/ NF peseta

pesette /pəzɛt/ NF assay balance

peseur, -euse /pəzœʀ, øz/ NM,F weigher

pèse-vin (pl pèse-vins) /pɛzvɛ̃/ NM [de vin] alcoholmeter

peso /pezo, peso/ NM peso

Pessah /pesa/ NM Pesach, Pesah

pessaire /pesɛʀ/ NM pessary

pessimisme /pesimism/ SYN NM pessimism

pessimiste /pesimist/ SYN
■ ADJ pessimistic (sur about)
■ NMF pessimist

peste /pɛst/ SYN
■ NF (Méd) plague; (péj = personne) pest, nuisance ◆ **la peste bubonique** the bubonic plague ◆ **la peste noire** the black plague, the Black Death ◆ **peste bovine** rinderpest, cattle plague ◆ **fuir qch/qn comme la peste** to avoid sth/sb like the plague
■ EXCL (littér) good gracious! ◆ **peste soit de…** a plague on…

pester /pɛste/ SYN ▶ conjug 1 ◀ VI to curse ◆ **pester contre qn/qch** to curse sb/sth

pesteux, -euse /pɛstø, øz/ ADJ [bubon] pestilential; [rat] pestilent

pesticide /pɛstisid/
■ ADJ pesticidal
■ NM pesticide

pestiféré, e /pɛstifeʀe/ SYN
■ ADJ plague-stricken
■ NM,F plague victim ◆ **fuir qn comme un pestiféré** to avoid sb like the plague ◆ « **Les Pestiférés de Jaffa** » (Art) "Napoleon Visiting the Pesthouse of Jaffa"

pestilence /pɛstilɑ̃s/ NF stench

pestilentiel, -elle /pɛstilɑ̃sjɛl/ SYN ADJ (gén) stinking, foul(-smelling); (Méd) pestilent

pet¹ /pe/ SYN NM ① (⁂ = gaz) fart* ◆ **faire ou lâcher un pet** to break wind, to fart* ◆ **il a toujours un pet de travers** he's always got something wrong with him ◆ **partir comme un pet (sur une toile cirée)** to scarper⁂ (Brit), to split*; → VALOIR
② († = guet) ◆ **faire le pet** to be on watch ou on look-out

pet² /pɛt/ NM (= coup) thump, bash; (= marque) dent ◆ **la table a pris un pet** the table has taken a bash ◆ **il y a plein de pets sur l'étagère** the shelf is all dented

pétainiste /petenist/
■ ADJ Pétain (épith)
■ NMF Pétainiste Pétain supporter

pétale /petal/ NM petal

pétaloïde /petaloid/ ADJ petaloid

pétanque /petɑ̃k/ NF petanque (type of bowls played in the South of France) → BOULES

pétant, e* /petɑ̃, ɑ̃t/ ADJ ◆ **à 2 heures pétant(es)** at 2 on the dot*

pétaradant, e /petaʀadɑ̃, ɑ̃t/ ADJ [moto] noisy, spluttering, back-firing

pétarade /petaʀad/ NF [de moteur, véhicule] back-firing (NonC); [de feu d'artifice, fusillade] crackling (NonC)

pétarader /petaʀade/ ▶ conjug 1 ◀ VI [moteur, véhicule] to backfire; [feu d'artifice] to go off ◆ **il les entendait pétarader dans la cour** he could hear them revving up their engines in the backyard

pétard /petaʀ/ NM ① (= feu d'artifice) firecracker, banger (Brit); (= accessoire de cotillon) cracker; (Rail) detonator (Brit), torpedo (US); (Mil) petard, explosive charge ◆ **tirer ou faire partir un pétard** to let off a firecracker ou banger (Brit) ◆ **lancer un pétard** (fig) to drop a bombshell ◆ **c'était un pétard mouillé** (fig) it was a damp squib
② (⁂ = tapage) din*, racket*, row ◆ **il va y avoir du pétard** sparks will fly, there's going to be a hell of a row ◆ **faire du pétard** [nouvelle] to cause a stir, to raise a stink*; [personne] to kick up a row* ou fuss* ou stink* ◆ **être en pétard** to be raging mad*, to be in a flaming temper (contre at)
③ (⁂ = revolver) gun
④ (⁂ = derrière) bottom*, bum* (Brit)
⑤ (Drogue) joint*, reefer*

pétasse⁂ /petas/ NF slut⁂

pétaudière /petodjɛʀ/ NF ◆ **c'est une pétaudière** it's bedlam ◆ **quelle pétaudière !** it's bedlam in here!

pétauriste /petoʀist/ NM (= animal) flying phalanger, petaurist

pet-de-nonne (pl pets-de-nonne) /pɛd(ə)nɔn/ NM fritter (made with choux pastry)

pété, e⁂ /pete/ (ptp de **péter**) ADJ ① (= ivre) plastered⁂, pissed⁂ (Brit); (= drogué) stoned⁂; (= fou) crazy, bonkers*
② ◆ **pété de thunes*** rolling in it*

pétéchie /peteʃi/ NF petechia

pet-en-l'air † /pɛtɑ̃lɛʀ/ NM INV bumfreezer*

péter /pete/ ▶ conjug 6 ◀
■ VI ① ⁂ [personne] to break wind, to fart⁂ ◆ **il veut péter plus haut que son derrière ou son cul**⁂* he thinks he's it* ◆ **il m'a envoyé péter** he told me to go to hell* ◆ **péter dans la soie** to live in the lap of luxury
② [détonation] to go off; [tuyau] to burst; [ballon] to pop, to burst; [ficelle] to snap ◆ **la bombe lui a pété à la figure** the bomb went off ou blew up in his face ◆ **l'affaire lui a pété dans la main** the deal fell through ◆ **la crise est si grave qu'un jour ça va péter** the crisis is so serious that one day all hell's going to break loose* ◆ **il faut que ça pète ou que ça dise pourquoi** if we don't talk it out, all hell's going to break loose*
■ VT ① [+ ficelle] to snap; [+ transistor, vase] to bust* ◆ **je me suis pété une cheville** I did my ankle in* ◆ **péter la gueule à qn**⁂ to smash sb's face in* ◆ **se péter la gueule**⁂ (= tomber) to fall flat on one's face; (= s'enivrer) to get plastered⁂ ou pissed⁂* (Brit) ◆ **c'est un coup à se péter la gueule**⁂ you'll (ou he'll etc) break your (ou his etc) neck doing that ◆ **il s'est pété la gueule en vélo**⁂ he smashed himself up when he came off his bike⁂
② (locutions) ◆ **péter le feu ou les flammes** [personne] to be full of go* ou beans* (Brit) ◆ **péter la ou de santé** to be bursting with health ◆ **il pète la forme*** he's on top form ◆ **ça va péter des flammes** there's going to be a heck of a row ◆ **péter les plombs ou un plomb ou une durite*** to flip one's lid* ◆ **il se la pète** he thinks he's God's gift*

pète-sec* /pɛtsɛk/ NM,F INV, ADJ INV ◆ **c'est un pète-sec, il est très pète-sec** he has a very curt ou abrupt manner

péteux, -euse* /petø, øz/
■ ADJ (= peureux) cowardly, yellow, yellow-bellied*; (= honteux) ashamed (attrib)
■ NM,F (= peureux) coward, yellowbelly*; (= prétentieux) pretentious twit*

pétillant, e /petijɑ̃, ɑ̃t/ SYN ADJ [eau, vin] sparkling; [yeux] sparkling, twinkling ◆ **discours pétillant d'esprit** speech sparkling with wit

pétillement /petijmɑ̃/ SYN NM [de feu] crackling (NonC); [de champagne, vin, eau] bubbling (NonC); [d'yeux] sparkling (NonC), twinkling (NonC) ◆ **entendre des pétillements** to hear crackling ou crackles ◆ **ce pétillement de malice dans son regard** the mischievous twinkle in his eye

pétiller /petije/ SYN ▶ conjug 1 ◀ VI to crackle; [champagne, vin, eau] to bubble; [joie] to sparkle (dans in); [yeux] to sparkle, to twinkle (de with) ◆ **ses yeux pétillaient de malice** his eyes were sparkling ou twinkling mischievously ◆ **il pétillait de bonne humeur** he was bubbling (over) with good humour ◆ **pétiller d'intelligence** to sparkle with intelligence

pétiole /pesjɔl/ NM leafstalk, petiole (SPÉC)

pétiolé, e /pesjɔle/ ADJ petiolate

petiot, e* /pətjo, jɔt/
■ ADJ teenyweeny*, tiny (little)
■ NM little boy ou lad* (Brit)
■ NF **petiote** little girl ou lass* (US)

---

petit, e /p(ə)ti, it/ SYN

1 - ADJECTIF
2 - LOCUTION ADVERBIALE
3 - NOM MASCULIN
4 - NOM FÉMININ
5 - COMPOSÉS

---

1 - ADJECTIF

▶ Lorsque **petit** s'emploie dans des expressions telles que **les petites gens, entrer par la petite porte, ce n'est pas une petite affaire** etc., cherchez au nom.

① [GÉN, EN DIMENSION] [main, personne, objet, colline] small, little (épith); [pointure] small ◆ **petit et mince** short and thin ◆ **petit et carré** squat ◆ **petit et rond** dumpy ◆ **il est tout petit** he's very small ou a very small man; (nuance affective) he's a little ou a tiny (little) man ◆ **se faire tout petit** (fig) to keep a low profile, to make o.s. as inconspicuous as possible ◆ **depuis, il se fait tout petit devant moi** ever since then, he's been acting like he's afraid of me ◆ **un petit vieux** a little old man ◆ **ces chaussures sont un peu petites/trop petites pour moi** these shoes are a bit small ou rather a small fit/too small for me ◆ **petit poisson deviendra grand** (Prov), **les petits ruisseaux font les grandes rivières** (Prov) great ou mighty oaks from little acorns grow (Prov)

◆ **en petit** ◆ **c'est écrit en petit** it's written in small letters ◆ **une cour d'école, c'est le monde en petit** a school playground is the world in miniature ◆ **le dessin est répété en petit sur les fauteuils** there's a smaller version of the pattern on the armchairs, the pattern is the same on the armchairs but smaller

② [= MINCE] [tranche] thin ◆ **avoir de petits os** to be small-boned ou slight-boned ◆ **avoir de pe-**

tits bras to have slender *ou* thin arms ◆ **une petite pluie (fine) tombait** a (fine) drizzle was falling

3 [= MINIATURE, JOUET] toy (épith) ◆ **petite voiture** toy *ou* miniature car ◆ **petit train** (= *jouet*) toy train; (= *dans un parc*) miniature train ◆ **faire le petit train** (= *jeu*) to play trains

4 [= MALADIF] ◆ **avoir une petite santé** to be in poor health, to be frail ◆ **avoir une petite figure** *ou* **mine** to look pale *ou* wan ◆ **tu as de petits yeux ce matin** you're a bit bleary-eyed this morning

5 [= JEUNE] small, young; (*avec nuance affective*) little ◆ **quand il était petit** when he was small *ou* little ◆ **un petit Anglais** an English boy ◆ **les petits Anglais** English children ◆ **tu es encore trop petit pour comprendre** you're still too young to understand ◆ **petit chat/chien** (little) kitten/puppy ◆ **petit lion/tigre/ours** lion/tiger/bear cub ◆ **dans sa petite enfance** when he was very small, in his early childhood ◆ **petit garçon** little boy ◆ **je ne suis plus un petit garçon !** I'm not a child anymore! ◆ **il fait très petit garçon** he's very boyish ◆ **à côté de lui, Marc est un petit garçon** (*fig*) compared to him, Marc is a babe in arms ◆ « **Le Petit Chaperon Rouge** » (*Littérat*) "Little Red Riding Hood" ◆ « **le Petit Poucet** » (*Littérat*) "Tom Thumb" ◆ « **Le Petit Prince** » (*Littérat*) "The Little Prince"

6 [= CADET] ◆ **son petit frère** his younger *ou* little brother; (*très petit*) his baby *ou* little brother ◆ **tu vas bientôt avoir une petite sœur** you'll soon have a baby *ou* little sister

7 [= COURT] [*promenade, voyage*] short, little ◆ **sur une petite distance** over a short distance ◆ **par petites étapes** in short *ou* easy stages ◆ **c'est une petite semaine/un petit mois** (*écourtés par congé*) it's a short week/a short month ◆ **il est resté deux (pauvres) petites heures** he stayed for a mere two hours ◆ **il en a pour une petite heure** it will take him an hour at the most, it won't take him more than an hour ◆ **c'est à un petit kilomètre d'ici** it's no more than *ou* just under a kilometre from here

8 [= FAIBLE] [*bruit*] faint, slight; [*cri*] little, faint; [*coup, tape*] light, gentle; [*pente*] gentle, slight; [*somme d'argent, budget*] small; [*loyer*] low ◆ **on entendit deux petits coups à la porte** we heard two light *ou* gentle knocks at the door ◆ **il a un petit appétit** he has a small appetite, he hasn't much of an appetite ◆ **une toute petite voix** a tiny voice ◆ **film à petit budget** low-budget film ◆ **c'est un petit mardi** (= *la recette est faible*) it's a poor showing for a Tuesday ◆ **ils ont gagné par un petit 1 à 0** (*Sport*) they won by a very slim 1-0; → **salaire**

9 [= PEU IMPORTANT] [*commerçant, pays, entreprise, groupe*] small; [*opération, détail*] small, minor; [*amélioration, changement, inconvénient*] slight, minor; [*espoir, chance*] faint, slight; [*odeur, rhume*] slight; [*fonctionnaire, employé, romancier*] minor; [*cadeau, bibelot, soirée, réception*] little ◆ **le petit commerce** small businesses ◆ **les petites et moyennes entreprises/industries** small and medium-sized businesses/industries ◆ **chez le petit épicier du coin** at the little grocer's down the street ◆ **avec un petit effort** with a bit of an *ou* with a little effort ◆ **ce fait n'est connu que d'un petit nombre** only a small number of people *ou* a few people are aware of this fact

10 [PÉJ = MESQUIN] [*attitude, action*] mean, petty, low; [*personne*] petty ◆ **c'est petit ce qu'il a fait là** that was a mean thing to do, that was mean of him

11 [AVEC NUANCE AFFECTIVE OU EUPH] little ◆ **vous prendrez bien un petit dessert/verre ?** you'll have a little dessert/drink, won't you? ◆ **faire une petite partie de cartes** to play a little game of cards ◆ **juste une petite signature** can I just have your signature ◆ **un petit coup de rouge** a (little) glass of red wine ◆ **une petite robe d'été** a light summer dress ◆ **ma petite maman** my mummy ◆ **mon petit papa** my daddy ◆ **mon petit chou** *ou* **rat** *etc* (my little) darling ◆ **un petit coin tranquille** a nice quiet spot ◆ **on va se faire un bon petit souper** we'll make ourselves a nice little (bit of) supper ◆ **cela coûte une petite fortune** it costs a small fortune ◆ **ce n'est pas grand-chose, mais c'est tout de même une petite victoire** it's not much but it's a small victory nonetheless ◆ **il y a un petit vent** (*agréable*) there's a bit of a breeze; (*désagréable*) it's a bit windy

12 [POUR DÉPRÉCIER] ◆ **espèce de petit impertinent** you cheeky little so-and-so* ◆ **je vous préviens, mon petit ami** *ou* **monsieur** I warn you my good man *ou* dear fellow ◆ **petit con !**‡ stupid jerk!‡

13 [LOCUTIONS] ◆ **c'est de la petite bière** it's small beer (*Brit*), it's small potatoes (*US*) ◆ **ce n'est pas de la petite bière** it's no small matter, it's not without importance ◆ **être aux petits soins pour qn** to wait on sb hand and foot; → **semaine, soulier** *etc*

2 - LOCUTION ADVERBIALE

petit à petit little by little, gradually ◆ **petit à petit, l'oiseau fait son nid** (*Prov*) with time and perseverance one accomplishes one's goals

3 - NOM MASCULIN

1 [= ENFANT] (little) boy ◆ **les petits** the children ◆ **viens ici, mon petit** come here, son ◆ **pauvre petit** poor little thing ◆ **le petit Durand** the Durands' son, the Durand boy ◆ **les petits Durand** the Durand children ◆ **jeu pour petits et grands** game for old and young (alike); → **tout-petit**

2 [SCOL] junior (boy)

3 [= JEUNE ANIMAL] ◆ **les petits** the young ◆ **la chatte et ses petits** the cat and her kittens ◆ **la lionne et ses petits** the lioness and her young *ou* cubs ◆ **faire des petits** to have kittens (*ou* puppies *ou* lambs *etc*) ◆ **son argent a fait des petits** (*fig*) his money has made more money

4 [= PERSONNE DE PETITE TAILLE] small man; (= *personne sans pouvoir*) little man ◆ **les petits** small people ◆ **c'est toujours le petit qui a tort** it's always the little man who's in the wrong

4 - NOM FÉMININ

petite (= *enfant*) (little) girl; (= *femme*) small woman ◆ **la petite Durand** the Durands' daughter, the Durand girl ◆ **pauvre petite** poor little thing ◆ **viens ici, petite** come here, little one

5 - COMPOSÉS

petit ami boyfriend
petite amie girlfriend
petit banc low bench
les petits blancs poor white settlers
petit bleu † wire (*telegram*)
petits chevaux ◆ **jouer aux petits chevaux** ≃ to play ludo (*Brit*)
le petit coin (*euph*) the smallest room (*euph*), the bathroom (*euph*), the toilet
petit cousin, petite cousine (= *enfant, jeune*) little *ou* young cousin; (= *enfant du cousin germain*) second cousin; (= *parent éloigné*) distant cousin
le petit endroit (*euph*) ⇒ **le petit coin**
petit four petit four
petit gâteau (sec) biscuit
le Petit Livre rouge the Little Red Book
petite main (*Couture*) apprentice seamstress; (= *subalterne*) minion
petit nom* (= *prénom*) Christian name, first name; (= *surnom*) nickname; (*entre amoureux*) pet name
petit pain ≃ bread roll ◆ **ça part** *ou* **se vend comme des petits pains*** they're selling like hot cakes*
petit point (*Couture*) petit point
la petite reine (= *bicyclette*) the bicycle
petit salé (*Culin*) salt pork
la petite vérole smallpox
petite voiture (d'infirme) (*gén*) wheelchair; (*à moteur*) invalid carriage

---

petit-beurre (pl **petits-beurre**) /p(ə)tibœʀ/ NM petit beurre biscuit (*Brit*), butter cookie (*US*)

petit-bois (pl **petits-bois**) /p(ə)tibwɑ/ NM window bar

petit-bourgeois, petite-bourgeoise (pl **petits-bourgeois**) /p(ə)tibuʀʒwa, p(ə)titbuʀʒwaz/
ADJ (*gén*) lower middle-class; (*péj*) petit-bourgeois, middle-class
NM,F (*gén*) lower middle-class person; (*péj*) petit-bourgeois

petit(-)déjeuner (pl **petits(-)déjeuners**) /p(ə)tideʒœne/
NM breakfast ◆ **petit-déjeuner anglais/continental** English/continental breakfast
VI **petit-déjeuner** * ▸ conjug 1 ◂ to have breakfast

---

petite-fille (pl **petites-filles**) /p(ə)titfij/ NF granddaughter

petite-maîtresse †† (pl **petites-maîtresses**) /p(ə)titmɛtʀɛs/ NF lady of fashion

petitement /pətitmɑ̃/ ADV (= *chichement*) poorly; (= *mesquinement*) meanly, pettily ◆ **nous sommes petitement logés** our accommodation is cramped

petit-enfant (pl **petits-enfants**) /pətitɑ̃fɑ̃, pətizɑ̃fɑ̃/ NM grandchild

petite-nièce (pl **petites-nièces**) /p(ə)titnjɛs/ NF great-niece, grand-niece

petitesse /pətitɛs/ SYN NF [*de taille, endroit*] smallness, small size; [*de somme*] smallness, modesty; [*d'esprit, acte*] meanness (NonC), pettiness (NonC)

petit-fils (pl **petits-fils**) /p(ə)tifis/ NM grandson

petit-gris (pl **petits-gris**) /p(ə)tigʀi/ NM
1 (= *escargot*) garden snail
2 (= *écureuil*) Siberian squirrel; (= *fourrure*) grey squirrel fur

pétition /petisjɔ̃/ NF 1 (= *demande, requête*) petition ◆ **faire une pétition auprès de qn** to petition sb ◆ **faire signer une pétition** to set up a petition
2 (*Philos*) ◆ **pétition de principe** petitio principii (SPÉC), begging the question (NonC) ◆ **c'est une pétition de principe** it's begging the question

pétitionnaire /petisjɔnɛʀ/ NMF petitioner

petit-lait (pl **petits-laits**) /p(ə)tilɛ/ NM whey; → **lait**

petit-maître †† (mpl **petits-maîtres**) /p(ə)timɛtʀ/ NM coxcomb ††, fop †

petit-nègre /pətinɛgʀ/ NM (*péj*) pidgin French; (= *galimatias*) gibberish, gobbledygook*

petit-neveu (pl **petits-neveux**) /p(ə)tin(ə)vø/ NM great-nephew, grand-nephew

pétitoire /petitwaʀ/
ADJ petitory
NM petitory action

petit-pois (pl **petits-pois**) /pətipwa/ NM (garden) pea ◆ **il a un petit-pois dans la tête** *ou* **à la place de la cervelle*** he's a bit feather-brained

petit-suisse (pl **petits-suisses**) /p(ə)tisɥis/ NM petit-suisse (*kind of cream cheese eaten as a dessert*)

pétochard, e‡ /petoʃaʀ, aʀd/
ADJ cowardly, yellow-bellied*
NM,F coward, yellowbelly*

pétoche‡ /petɔʃ/ NF ◆ **avoir la pétoche** to be scared silly* *ou* stiff* ◆ **flanquer la pétoche à qn** to scare the living daylights out of sb*, to put the wind up sb*‡ (*Brit*)

pétoire /petwaʀ/ NF (= *sarbacane*) peashooter; (= *vieux fusil*) old gun; (= *cyclomoteur*) (motor) scooter

peton* /pətɔ̃/ NM (= *pied*) foot, tootsy*

pétoncle /petɔ̃kl/ NM queen scallop

Pétrarque /petʀaʀk/ NM Petrarch

pétrarquisme /petʀaʀkism/ NM Petrarchism

pétrel /petʀɛl/ NM (stormy) petrel

pétreux, -euse /petʀø, øz/ ADJ petrosal

pétri, e /petʀi/ SYN (ptp de **pétrir**) ADJ ◆ **pétri d'orgueil** filled with pride ◆ **il est pétri de qualités** he's got lots of good points ◆ **pétri de contradictions** full of contradictions ◆ **pétri de culture orientale/littérature slave** steeped in Eastern culture/Slavic literature

pétrifiant, e /petʀifjɑ̃, jɑ̃t/ ADJ [*spectacle*] petrifying; [*nouvelle*] horrifying

pétrification /petʀifikasjɔ̃/ NF 1 (*Géol*) petrifaction, petrification
2 [*d'idées*] fossilization

pétrifier /petʀifje/ SYN ▸ conjug 7 ◂
VT 1 (*Géol*) to petrify
2 [+ *personne*] to paralyze, to transfix; [+ *idées*] to fossilize, to ossify ◆ **être pétrifié de terreur** to be petrified
VPR **se pétrifier** 1 (*Géol*) to petrify, to become petrified
2 [*sourire*] to freeze; [*personne*] to be petrified; [*idées*] to become fossilized *ou* ossified

pétrin /petʀɛ̃/ NM 1 (* = *ennui*) mess*, jam*, fix* ◆ **tirer qn du pétrin** to get sb out of a mess* *ou* fix *ou* tight spot* ◆ **être dans le pétrin** to be in a mess* *ou* jam* *ou* fix* ◆ **laisser**

qn dans le pétrin to leave sb in *ou* jam* *ou* fix* ◆ **être/se mettre dans un beau pétrin** to be in/get (o.s.) into a fine mess* *ou* a jam*

2 *(Boulangerie)* kneading trough; *(mécanique)* kneading machine

pétrir /petʀiʀ/ SYN ► conjug 2 ◄ VT *[+ pâte, argile, muscle, main]* to knead; *[+ personne, esprit]* to mould, to shape

pétrissage /petʀisaʒ/ NM *[de pâte]* kneading

pétrisseur, -euse /petʀisœʀ, øz/ NM,F *(= personne)* kneader

pétrochimie /petʀoʃimi/ NF petrochemistry

pétrochimique /petʀoʃimik/ ADJ petrochemical

pétrochimiste /petʀoʃimist/ NMF petrochemist

pétrodollar /petʀodɔlaʀ/ NM petrodollar

pétrogale /petʀɔgal/ NM rock wallaby, petrogale *(SPÉC)*

pétrographe /petʀɔgʀaf/ NMF petrographer

pétrographie /petʀɔgʀafi/ NF petrography

pétrographique /petʀɔgʀafik/ ADJ petrographic(al)

pétrole /petʀɔl/ NM *(brut)* oil, petroleum ◆ **pétrole (lampant)** paraffin (oil) *(Brit)*, kerosene *(US)* ◆ **pétrole brut** crude (oil), petroleum ◆ **lampe/réchaud à pétrole** paraffin *(Brit) ou* kerosene *(US) ou* oil lamp/heater ◆ **le pétrole vert** agricultural produce *ou* resources

> (!) Attention à ne pas traduire automatiquement **pétrole** par le mot anglais **petrol**, qui a le sens de 'essence'.

pétrolette † /petʀɔlɛt/ NF moped

pétroleuse /petʀɔløz/ NF *(Hist)* pétroleuse *(female fire-raiser during the Commune)*; *(fig)* agitator

pétrolier, -ière /petʀɔlje, jɛʀ/ SYN

ADJ *[industrie, produits]* petroleum *(épith)*, oil *(épith)*; *[port, société]* oil *(épith)*; *[pays]* oil-producing *(épith)*

NM *(= navire)* (oil) tanker; *(= personne, financier)* oil magnate, oilman; *(= technicien)* petroleum engineer

pétrolifère /petʀɔlifɛʀ/ ADJ *[roches, couches]* oil-bearing ◆ **gisement pétrolifère** oilfield

pétrologie /petʀɔlɔʒi/ NF petrology

pétromonarchie /petʀomɔnaʀʃi/ NF oil kingdom, oil-rich nation ◆ **les pétromonarchies du Golfe** the oil-kingdoms of the Gulf

P. et T. /peete/ NFPL (abrèv de **Postes et Télécommunications**) → **poste²**

pétulance /petylɑ̃s/ SYN NF exuberance, vivacity

pétulant, e /petylɑ̃, ɑ̃t/ SYN ADJ exuberant, vivacious

> (!) **pétulant** ne se traduit pas par le mot anglais **petulant**, qui a le sens de 'irritable' ou 'irrité'.

pétunia /petynja/ NM petunia

peu /pø/

1 - ADVERBE
2 - PRONOM INDÉFINI
3 - NOM MASCULIN

1 - ADVERBE

> ► Lorsque **peu** suit un autre mot dans une locution figée telle que **avant peu, sous peu, quelque peu, si peu que**, cherchez sous l'autre mot.

1 [= PAS BEAUCOUP] little, not much ◆ **il gagne/mange/lit peu** he doesn't earn/eat/read much ◆ **il s'intéresse peu à la peinture** he isn't very *ou* greatly interested in painting, he takes little interest in painting ◆ **il se contente de peu** it doesn't take much to satisfy him ◆ **il a donné 10 €, c'est peu** he gave €10, which isn't (very) much; → **dire**

◆ *adverbe* + **peu** ◆ **il gagne/mange/lit assez peu** he doesn't earn/eat/read very much ◆ **il gagne/mange/lit très peu** he earns/eats/reads very little ◆ **il y a bien peu à faire/à voir ici** there's very little *ou* precious little* to do/see here, there's not much at all to do/see here ◆ **il boit trop peu** he doesn't drink enough ◆ **je le connais bien trop peu pour le juger** I don't know him (nearly) well enough to judge him

◆ **à peu près** about ◆ **il pèse à peu près 50 kilos** he weighs about 50 kilos ◆ **il sait à peu près tout ce qui se passe** he knows just about everything that goes on ◆ **à peu près terminé/cuit** almost finished/cooked, more or less finished/cooked; → **à-peu-près**

◆ **de peu** ◆ **il est le plus âgé de peu** he's slightly *ou* a little older ◆ **il l'a battu de peu** he just beat him ◆ **il a manqué le train de peu** he just missed the train; → **falloir**

◆ **peu de** *(quantité)* little, not much ◆ **nous avons eu (très) peu de soleil** we had (very) little sunshine, we didn't have (very) much sunshine ◆ **il me reste très peu de pain, du pain, il m'en reste très peu** I haven't very much bread left ◆ **il est ici depuis peu de temps** he hasn't been here long, he's been here (only) for a short while *ou* time ◆ **il est ici pour peu de temps** he isn't here for long, he's here for (only) a short time *ou* while ◆ **cela a peu d'importance** that's not important, that's of little importance ◆ **il suffit de peu de chose pour le choquer** it doesn't take much to shock him ◆ **ne me remerciez pas, c'est peu de chose** there's no need to thank me, it's nothing

(nombre) few, not (very) many ◆ **nous avons eu peu d'orages** we had few storms, we didn't have many storms ◆ **on attendait beaucoup de touristes, mais il en est venu (très) peu** we were expecting a lot of tourists but not (very) many came *ou* but (very) few came ◆ **peu de monde** *ou* **de gens** few people, not many people ◆ **en peu de mots** briefly, in a few words ◆ **peu de choses ont changé** not much has changed

◆ **peu ou prou** *(littér)* to a greater or lesser degree, more or less ◆ **ils pensent tous peu ou prou la même chose** they are all more or less of one mind

◆ **pour peu que** + *subjonctif* if ◆ **pour peu qu'il soit sorti sans sa clé...** if he should have come out without his key... ◆ **je saurai le convaincre, pour peu qu'il veuille bien m'écouter** I'll be able to persuade him if *ou* as long as he's willing to listen to me

2 *(= pas très)* **peu** + *adjectif* (a) little, not very ◆ **il est peu sociable** he's not very sociable, he's unsociable ◆ **c'est peu probable** it's unlikely *ou* not very likely

◆ *adverbe* + **peu** + *adjectif* ◆ **il est très peu sociable** he is not very sociable at all, he is very unsociable ◆ **ils sont (bien) trop peu nombreux** there are (far) too few of them ◆ **fort peu intéressant** decidedly uninteresting, of very little interest ◆ **un auteur assez peu connu** a relatively little-known *ou* relatively unknown author ◆ **il n'est pas peu fier d'avoir réussi** he's as pleased as Punch about his success ◆ **elle n'est pas peu soulagée d'être reçue** she's more than a little relieved at passing her exam

3 [= PAS LONGTEMPS] ◆ **il était tombé malade peu avant** he had been taken ill shortly before(hand) ◆ **je l'ai rencontré peu avant Noël/midi** I met him shortly *ou* just before Christmas/midday ◆ **elle est arrivée peu après** she arrived shortly *ou* soon after(wards) ◆ **peu après 11 heures/son arrivée** shortly after 11 o'clock/his arrival

4 [= RAREMENT] ◆ **ils se voient peu** they don't see much of each other, they don't see each other very often ◆ **elle sort peu** she doesn't go out much

5 [LOCUTIONS]

◆ **peu à peu** gradually, little by little ◆ **peu à peu, l'idée a gagné du terrain** little by little *ou* gradually *ou* bit by bit the idea has gained ground

2 - PRONOM INDÉFINI

[= PERSONNES OU CHOSES EN PETIT NOMBRE] ◆ **ils sont peu à croire que...** few believe that..., there are few people *ou* there aren't many people who believe that... ◆ **bien peu/trop peu le savent** very few/too few people know ◆ **peu d'entre eux sont restés** few (of them) stayed, not many (of them) stayed

3 - NOM MASCULIN

1 [= PETITE QUANTITÉ] little ◆ **j'ai oublié le peu (de français) que j'avais appris** I've forgotten the little (French) I'd learnt ◆ **elle se contente du peu (d'argent) qu'elle a** she is satisfied with what little (money) *ou* the little (money) she has ◆ **son peu de compréhension/patience lui a nui** his lack of understanding/patience hasn't helped him ◆ **elle s'est aliéné le peu d'amis qu'elle avait** she alienated the few friends she had ◆ **le peu de cheveux qu'il lui reste** what little hair he has left

◆ **un peu de** a little, a bit of ◆ **un peu d'eau** a little water, a drop of water ◆ **un peu de patience** a little patience, a bit of patience ◆ **un peu de silence/de calme, s'il vous plaît !** can we have some quiet *ou* a bit of quiet/some peace *ou* a bit of peace please! ◆ **il a un peu de sinusite/bronchite** he has a touch of sinusitis/bronchitis ◆ **tu refuses parce que tu as peur ? – il y a un peu de ça*** you're refusing because you're afraid? – that's partly it

◆ *verbe* + **un peu** a little, slightly, a bit ◆ **essaie de manger un peu** try to eat a little *ou* a bit ◆ **il boite un peu** he limps slightly *ou* a little *ou* a bit, he is slightly *ou* a bit lame ◆ **il te ressemble un peu** he looks rather *ou* a bit like you ◆ **restez encore un peu** stay a little longer ◆ **tu en veux encore ? – un (petit) peu** would you like some more? – a little bit *ou* just a little ◆ **un peu, beaucoup, passionnément, à la folie, pas du tout** *(en effeuillant la marguerite)* he loves me, he loves me not ◆ **il t'agace ? – un peu beaucoup, oui !*** is he annoying you? – you could say that!

◆ **un peu** + *adverbe* ◆ **elle va un tout petit peu mieux** she's slightly *ou* a little better ◆ **il y a un peu moins de bruit** it is slightly *ou* a little less noisy, there's slightly *ou* a little less noise ◆ **nous avons un peu moins de clients aujourd'hui** we don't have quite so many customers today ◆ **on trouve ce produit un peu partout** you can get this product just about anywhere ◆ **j'aimerais avoir un peu plus d'argent/d'amis** I'd like to have a bit *ou* a little more money/a few more friends ◆ **il y a un peu plus d'un an** a little more than *ou* just over a year ago ◆ **un peu plus et il écrasait le chien/oubliait son rendez-vous** he very nearly ran over the dog/forgot his appointment ◆ **un peu plus et j'étais parti** I'd very nearly left ◆ **il travaille un peu trop/un peu trop lentement** he works a bit too much/a little *ou* a bit too slowly

◆ **un peu** + *adjectif* ◆ **c'est un peu grand/petit** it's a little *ou* a bit (too) big/small ◆ **elle était un peu perturbée** she was a bit *ou* rather upset ◆ **il est un peu artiste** he's a bit of an artist, he's something of an artist

◆ **pour un peu** ◆ **pour un peu, il m'aurait accusé d'avoir volé** he all but *ou* just about* accused me of stealing ◆ **pour un peu, je l'aurais giflé !** I could have slapped him!

2 [INTENSIF] ◆ **montre-moi donc un peu comment tu fais** just (you) show me how you do it then ◆ **je me demande un peu où sont les enfants** I just wonder where the children are *ou* can be ◆ **c'est un peu fort !** that's a bit much!* ◆ **un peu !*** and how!* ◆ **tu as vraiment vu l'accident ? – un peu (mon neveu) !*** did you really see the accident? – you bet!* *ou* and how!* *ou* I sure did!* *(US)* ◆ **un peu, qu'il nous a menti !*** I'll say he lied to us!* ◆ **il nous a menti, et pas qu'un peu !*** he lied to us big-time!* ◆ **comme menteur/comique il est un peu là !*** as liars/comedians go, he must be hard to beat!*; → **poser**

peuchère /pøʃɛʀ/ EXCL *(dial Midi)* well! well!

peuh /pø/ EXCL pooh!, bah!, phooey* *(US)*

peu(h)l, e /pøl/

ADJ Fulani

NM *(= langue)* Fula(h), Fulani

NM,F **Peu(h)l(e)** Fula(h), Fulani

peuplade /pœplad/ SYN NF (small) tribe, people

peuple /pœpl/ SYN NM 1 *(Pol = communauté)* people, nation ◆ **les peuples d'Europe** the peoples *ou* nations of Europe ◆ **le peuple élu** *(Rel)* the chosen people

2 *(= prolétariat)* ◆ **le peuple** the people ◆ **les gens du peuple** the common people, ordinary people ◆ **homme du peuple** man of the people ◆ **le bas** *ou* **petit peuple** †† *(péj)* the lower classes *(péj)* ◆ **faire peuple** *(péj) (= ne pas être distingué)* to be common *(péj)*; *(= vouloir paraître simple)* to try to appear working-class ◆ **que demande le peuple !** *(hum)* what more could anyone want! ◆ **trois heures pour faire ça, il se moque** *ou* **se fiche du peuple** 3 hours to do that, he must be joking!

3 *(= foule)* crowd (of people) ◆ **un peuple de badauds/d'admirateurs** *(littér)* a crowd of onlookers/of admirers ◆ **il y a du peuple !*** there's a big crowd!

peuplé, e /pœple/ SYN (ptp de **peupler**) ADJ *[ville, région]* populated, inhabited ◆ **très/peu peuplé** densely/sparsely populated

peuplement /pœpləmɑ̃/ SYN NM 1 *(= action) [de colonie]* populating; *[d'étang]* stocking; *[de forêt]* planting *(with trees)*

2 *(= population)* population

peupler /pœple/ SYN ▸ conjug 1 ◂
VT ① (= pourvoir d'une population) [+ colonie] to populate; [+ étang] to stock; [+ forêt] to plant out, to plant with trees; (littér) to fill (de with) ◆ **les rêves/souvenirs qui peuplent mon esprit** the dreams/memories that fill my mind ◆ **les cauchemars/monstres qui peuplent ses nuits** the nightmares/monsters which haunt his nights
② (= habiter) [+ terre] to inhabit, to populate; [+ maison] to live in, to inhabit ◆ **maison peuplée de souvenirs** house filled with ou full of memories
VPR se peupler [ville, région] to become populated; (= s'animer) to fill (up), to be filled (de with) ◆ **la rue se peuplait de cris** the street filled with cries

peupleraie /pœpləʀɛ/ NF poplar grove

peuplier /pøplije/ NM poplar (tree)

peur /pœʀ/ SYN NF fear ◆ **inspirer de la peur** to cause ou inspire fear ◆ **prendre peur** to take fright ◆ **la peur lui donnait des ailes** fear lent him wings ◆ **être vert** ou **mort de peur** to be frightened ou scared out of one's wits, to be petrified (with fear) ◆ **la peur de la punition/de mourir/du qu'en-dira-t-on** (the) fear of punishment/of death ou dying/of what people might say ◆ **la peur de gagner** the fear of winning ◆ **la peur du gendarme** * the fear of being caught ◆ **il y a eu plus de peur que de mal** it was more frightening than anything else ◆ **être sans peur** to be fearless (de of) ◆ **faire qch sans peur** to do sth fearlessly
♦ **avoir + peur** ◆ **avoir peur** to be frightened ou afraid ou scared (de of) ◆ **avoir peur pour qn** to be afraid for sb ou on sb's behalf, to fear for sb ◆ **avoir grand peur que...** to be very much afraid that... ◆ **n'ayez pas peur** (craindre) don't be afraid ou frightened ou scared; (s'inquiéter) don't worry ◆ **il sera puni, n'aie pas peur !** he will be punished – don't worry! ◆ **il veut faire ce voyage en deux jours, il n'a pas peur, lui au moins !*** he wants to do the trip in two days – well, he's a braver man than I ! ◆ **il prétend qu'il a téléphoné, il n'a pas peur, lui au moins !*** he says he phoned – he's got a nerve! ◆ **n'ayez pas peur de dire la vérité** don't be afraid ou scared to tell ou of telling the truth ◆ **il n'a peur de rien** he's afraid of nothing, he's not afraid of anything ◆ **avoir peur d'un rien** to frighten easily ◆ **avoir peur de son ombre** to be frightened ou scared of one's own shadow ◆ **je n'ai pas peur des mots** I'm not afraid of using plain language ◆ **j'ai bien peur/très peur qu'il ne pleuve** I'm afraid/very much afraid it's going to rain ◆ **il va échouer ? – j'en ai (bien) peur** is he going to fail? – I'm (very much) afraid so ou I'm afraid he is ◆ **j'ai peur qu'il ne vous ait menti/que cela ne vous gêne** I'm afraid ou worried ou I fear that he might have lied to you/that it might inconvenience you ◆ **je n'ai pas peur qu'il dise la vérité** I'm not afraid ou frightened he'll tell the truth ◆ **il a eu plus de peur que de mal** he was more frightened than hurt, he wasn't hurt so much as frightened ◆ **je n'ai qu'une peur, c'est qu'il ne revienne pas** my only fear is that he won't come back, I have only one fear, that he won't come back ◆ **il a eu une peur bleue** he had a bad fright ou scare ◆ **il a une peur bleue de sa femme** he's scared stiff * of his wife
♦ **faire + peur** ◆ **faire peur à qn** (= intimider) to frighten ou scare sb; (= causer une frayeur à) to give sb a fright, to frighten ou scare sb ◆ **pour faire peur aux oiseaux** to frighten ou scare the birds away ou off ◆ **l'idée de l'examen lui fait peur** the idea of sitting the exam frightens ou scares him, he's frightened ou scared at the idea of sitting the exam ◆ **cette pensée fait peur** it's a frightening ou scary* thought ◆ **il m'a fait une de ces peurs !** he gave me a horrible fright! ou scare!, he didn't half* give me a fright! ou scare! (Brit) ◆ **tout lui fait peur** he's afraid ou frightened ou scared of everything ◆ **le travail ne lui fait pas peur** he's not afraid of hard work ◆ **laid** ou **hideux à faire peur** frighteningly ugly ◆ **il est compétent, ça fait peur !*** (iro) he's so efficient it's frightening! ◆ **il joue à se faire peur** he gets a kick out of being scared*
♦ **de peur de/que** for fear of ◆ **il a couru de peur de manquer le train** he ran because he was afraid he might miss the train ou so as not to miss the train ◆ **il a accepté de peur de les vexer** he accepted for fear of annoying them ou lest he (should) annoy them ◆ **il renonça, de peur du ridicule** he gave up for fear of ridicule ◆ **j'ai fermé la porte, de peur qu'elle ne prenne froid** I closed the door so that she didn't catch cold ou lest she (should) catch cold

peureusement /pørøzmɑ̃/ ADV fearfully, timorously (frm)

peureux, -euse /pørø, øz/ SYN
ADJ fearful, timorous (frm)
NM,F fearful ou timorous (frm) person

peut-être /pøtɛtʀ/ GRAMMAIRE ACTIVE 1.1, 15.3, 26.6
SYN ADV perhaps, maybe ◆ **il est peut-être intelligent, peut-être est-il intelligent** perhaps ou maybe he's clever, he may ou might (well) be clever ◆ **il n'est peut-être pas beau mais il est intelligent** he may ou might not be handsome but he is clever, maybe ou perhaps he's not handsome but he is clever, maybe ou perhaps ◆ **peut-être bien** perhaps (so), it could well be ◆ **peut-être pas** perhaps ou maybe not ◆ **peut-être bien mais...** that's as may be but..., perhaps so but... ◆ **peut-être que...** perhaps... ◆ **peut-être bien qu'il pleuvra** it may well rain ◆ **peut-être que oui** perhaps so, perhaps he will (ou they are etc) ◆ **tu vas y aller ? – peut-être bien que oui, peut-être bien que non** will you go? – maybe, maybe not ou maybe I will, maybe I won't ◆ **je ne sais pas conduire peut-être ?** who's (doing the) driving? (iro), I do know how to drive, you know! ◆ **tu le sais mieux que moi peut-être ?** so (you think) you know more about it than I do, do you?, I do know more about it than you, you know!

p.ex. (abrév de par exemple) e.g.

peyotl /pɛjɔtl/ NM mescal, peyote

pèze * /pɛz/ NM (= argent) dough *, bread *

pézize /peziz/ NF peziza

pff(t) /pf(t)/, **pfut** /pfyt/ EXCL pooh!, bah!

PGCD /peʒɛsede/ NM (abrév de plus grand commun diviseur) HCF

pH /peaʃ/ NM (abrév de potentiel d'hydrogène) pH

phacochère /fakɔʃɛʀ/ NM wart hog

Phaéton /faetɔ̃/ NM (Myth) Phaëthon

phaéton /faetɔ̃/ NM (= calèche) phaeton; (= oiseau) tropicbird

phage /faʒ/ NM phage

phagédénisme /faʒedenism/ NM phagedaena (Brit), phagedena (US)

phagocytaire /fagɔsitɛʀ/ ADJ phagocytic

phagocyte /fagɔsit/ NM phagocyte

phagocyter /fagɔsite/ ▸ conjug 1 ◂ VT (Bio) to phagocytose; (fig) to absorb, to engulf

phagocytose /fagɔsitoz/ NF phagocytosis

phalange /falɑ̃ʒ/ NF (Anat) phalanx; (Antiq, littér = armée) phalanx ◆ **la phalange** (Pol :espagnole) the Falange

phalanger /falɑ̃ʒe/ NM phalanger

phalangette /falɑ̃ʒɛt/ NF distal phalanx

phalangien, -ienne /falɑ̃ʒjɛ̃, jɛn/ ADJ (Anat) phalangeal

phalangine /falɑ̃ʒin/ NF middle phalanx

phalangiste /falɑ̃ʒist/ ADJ, NMF Falangist

phalanstère /falɑ̃stɛʀ/ NM phalanstery

phalanstérien, -ienne /falɑ̃steʀjɛ̃, jɛn/ ADJ, NM,F phalansterian

phalène /falɛn/ NF ou M emerald, geometrid (SPÉC)

phalline /falin/ NF phalloidin

phallique /falik/ ADJ phallic

phallocentrique /falosɑ̃tʀik/ ADJ phallocentric

phallocentrisme /falosɑ̃tʀism/ NM phallocentrism

phallocrate /falɔkʀat/ SYN
ADJ chauvinist
NM (male) chauvinist

phallocratie /falɔkʀasi/ NF male chauvinism

phallocratique /falɔkʀatik/ ADJ (male) chauvinist

phalloïde /faloid/ ADJ phalloid; → amanite

phallus /falys/ SYN NM (= verge) phallus; (= champignon) stinkhorn

phanérogame /faneʀɔgam/
ADJ phanerogamic, phanerogamous
NFPL ◆ les phanérogames phanerogams

phantasme /fɑ̃tasm/ NM ⇒ fantasme

pharamineux, -euse /faʀaminø, øz/ ADJ ⇒ faramineux

pharaon /faʀaɔ̃/ NM Pharaoh

pharaonien, -ienne /faʀaɔnjɛ̃, jɛn/, **pharaonique** /faʀaɔnik/ ADJ Pharaonic

phare /faʀ/ SYN
NM ① (= tour) lighthouse; (pour avions) beacon ◆ **phare à feu fixe/tournant** fixed/revolving light ou beacon
② [de voiture] headlight, headlamp ◆ **phare antibrouillard** fog lamp ◆ **phares longue portée** high intensity headlamps ◆ **phare à iode** quartz halogen lamp ◆ **rouler pleins phares** ou **en phares** to drive with one's headlights full on ou on full beam (Brit) ou with high beams on (US); → appel, code
ADJ INV [entreprise, produit, secteur, pays, titre boursier] leading ◆ **l'émission phare de notre chaîne** our channel's flagship programme ◆ **c'est un film phare** it's a seminal ou highly influential film ◆ **personnalité phare** leading light ◆ **c'est l'épreuve phare de cette compétition** it's the main event ou it's the highlight of the competition

pharillon /faʀijɔ̃/ NM (Pêche) flare

pharisaïque /faʀizaik/ ADJ (Hist) Pharisaic; (fig) pharisaic(al)

pharisaïsme /faʀizaism/ NM (Hist) Pharisaism, Phariseeism; (fig) pharisaism, phariseeism

pharisien, -ienne /faʀizjɛ̃, jɛn/ SYN NM,F (Hist) Pharisee; (fig) pharisee

pharmaceutique /faʀmasøtik/ ADJ pharmaceutical, pharmaceutic

pharmacie /faʀmasi/ NF ① (= magasin) pharmacy, chemist's (shop) (Brit), drugstore (Can, US); (= officine) dispensary; [d'hôpital] dispensary, pharmacy ◆ **ce produit est vendu en pharmacie** this product is available in pharmacies ou from chemists (Brit)
② (= science) pharmacy ◆ **laboratoire de pharmacie** pharmaceutical laboratory
③ (= produits) medicines ◆ **(armoire à) pharmacie** medicine chest ou cabinet ou cupboard

pharmacien, -ienne /faʀmasjɛ̃, jɛn/ NM,F (= qui tient une pharmacie) pharmacist, (dispensing) chemist (Brit), druggist (US); (= préparateur) pharmacist, chemist (Brit)

pharmacocinétique /faʀmakosinetik/ NF pharmacokinetics (sg)

pharmacodépendance /faʀmakodepɑ̃dɑ̃s/ NF drug dependency

pharmacodynamie /faʀmakodinami/ NF pharmacodynamics (sg)

pharmacologie /faʀmakɔlɔʒi/ NF pharmacology

pharmacologique /faʀmakɔlɔʒik/ ADJ pharmacological

pharmacologue /faʀmakɔlɔg/ NMF pharmacologist

pharmacomanie /faʀmakɔmani/ NF pharmacomania

pharmacopée /faʀmakɔpe/ NF pharmacopoeia

pharmacovigilance /faʀmakoviʒilɑ̃s/ NF monitoring of the side effects of drugs

pharyngal, e (mpl -aux) /faʀɛ̃gal, o/
ADJ pharyngeal
NF pharyngale (Ling) pharyngeal

pharyngé, e /faʀɛ̃ʒe/, **pharyngien, -ienne** /faʀɛ̃ʒjɛ̃, jɛn/ ADJ pharyngeal, pharyngal

pharyngite /faʀɛ̃ʒit/ NF pharyngitis (NonC) ◆ **il a fait trois pharyngites** he had three bouts of pharyngitis

pharyngolaryngite /faʀɛ̃gɔlaʀɛ̃ʒit/ NF pharyngolaryngitis

pharynx /faʀɛ̃ks/ NM pharynx

phase /faz/ SYN NF (gén, Méd) phase, stage; (Astron, Chim, Phys) phase ◆ **la phase** (Élec) the live wire ◆ **phase de jeu** (Sport) passage of play ◆ **phase terminale** (Méd) terminal stage ou phase ◆ **l'économie a connu une longue phase de croissance** the economy went through a long period of growth ◆ **être en phase** (Phys) to be in phase; [personnes] to be on the same wavelength; [projets] to be in line (avec with)

phasemètre /fazmɛtʀ/ NM phasemeter

phasianidés /fazjanide/ NMPL ◆ **les phasianidés** phasianids, the Phasianidae (SPÉC)

phasme /fasm/ NM stick insect, phasmid (SPÉC)

phasmidés /fasmide/ NMPL ◆ **les phasmidés** phasmids, the Phasmida (SPÉC)

phatique /fatik/ ADJ ◆ **fonction phatique** phatic function

Phébus /febys/ NM Phoebus
Phèdre /fɛdʀ/ NF Phaedra
phelloderme /fɛlɔdɛʀm/ NM phelloderm
phellogène /fɛlɔʒɛn/ ADJ phellogen(et)ic
phénakistiscope /fenakistiskɔp/ NM phenakistoscope
phénanthrène /fenɑ̃tʀɛn/ NM phenanthrene
Phénicie /fenisi/ NF Phoenicia
phénicien, -ienne /fenisjɛ̃, jɛn/
  ADJ Phoenician
  NM (= langue) Phoenician
  NM,F **Phénicien(ne)** Phoenician
phénix /feniks/ SYN NM [1] (Myth) phoenix
  [2] († : littér) ◆ **ce n'est pas un phénix** * he (ou she) is no genius
  [3] (= plante) ⇒ **phœnix**
phénobarbital (pl **phénobarbitals**) /fenɔbaʀbital/ NM phenobarbitone
phénol /fenɔl/ NM carbolic acid, phenol
phénolate /fenɔlat/ NM phenoxide, phenolate
phénologie /fenɔlɔʒi/ NF phenology
phénoménal, e (mpl **-aux**) /fenɔmenal, o/ SYN ADJ (gén) phenomenal
phénoménalement /fenɔmenalmɑ̃/ ADV phenomenally
phénomène /fenɔmɛn/ SYN NM [1] (gén, Philos) phenomenon ◆ **phénomènes** phenomena ◆ **phénomène de société/de mode** social/fashion phenomenon ◆ **les phénomènes de violence dans les écoles** incidents of violence ou violent incidents in schools
  [2] (= monstre de foire) freak (of nature); (* = personne) (génial) phenomenon; (excentrique) character *; (anormal) freak * ◆ **son petit dernier est un sacré phénomène !** his youngest is a real devil! *
phénoménisme /fenɔmenism/ NM phenomenalism
phénoméniste /fenɔmenist/ ADJ, NMF phenomenalist
phénoménologie /fenɔmenɔlɔʒi/ NF phenomenology
phénoménologique /fenɔmenɔlɔʒik/ ADJ phenomenological
phénoménologue /fenɔmenɔlɔg/ NMF phenomenologist
phénoplaste /fenɔplast/ NM phenolic resin
phénotype /fenɔtip/ NM phenotype
phénotypique /fenɔtipik/ ADJ phenotypic(al)
phénylalanine /fenilalanin/ NF phenylalanine
phénylcétonurie /fenilsetɔnyʀi/ NF phenylketonuria
phényle /fenil/ NM phenyl (radical)
phéophycées /feɔfise/ NFPL ◆ **les phéophycées** phaeophyceans, the Phaeophycea (SPÉC)
phéromone /feʀɔmɔn/ NF pheromone
phi /fi/ NM phi
Philadelphie /filadɛlfi/ N Philadelphia
philanthe /filɑ̃t/ NM bee-killer wasp
philanthrope /filɑ̃tʀɔp/ SYN NMF philanthropist
philanthropie /filɑ̃tʀɔpi/ SYN NF philanthropy
philanthropique /filɑ̃tʀɔpik/ ADJ philanthropic(al)
philatélie /filateli/ NF philately, stamp collecting
philatélique /filatelik/ ADJ philatelic
philatéliste /filatelist/ NMF philatelist, stamp collector
philharmonie /filaʀmɔni/ NF philharmonic society
philharmonique /filaʀmɔnik/ ADJ philharmonic
philhellène /filɛlɛn/
  ADJ philhellenic
  NMF philhellene, philhellenist
philhellénique /filelenik/ ADJ philhellenic
philhellénisme /filelenism/ NM philhellenism
philippin, e /filipɛ̃, in/
  ADJ Philippine
  NM,F **Philippin(e)** Filipino
Philippines /filipin/ NFPL ◆ **les Philippines** the Philippines

philippique /filipik/ NF (littér) diatribe, philippic (littér)
philistin /filistɛ̃/ ADJ M, NM (Hist) Philistine; (fig) philistine
philistinisme /filistinism/ NM philistinism
philo * /filo/ NF abrév de **philosophie**
philodendron /filɔdɛ̃dʀɔ̃/ NM philodendron
philologie /filɔlɔʒi/ NF philology
philologique /filɔlɔʒik/ ADJ philological
philologiquement /filɔlɔʒikmɑ̃/ ADV philologically
philologue /filɔlɔg/ NMF philologist
philosophale /filɔzɔfal/ ADJ F → **pierre**
philosophe /filɔzɔf/ SYN
  NMF philosopher
  ADJ philosophical
philosopher /filɔzɔfe/ ▶ conjug 1 ◀ VI to philosophize (sur about)
philosophie /filɔzɔfi/ SYN NF philosophy ◆ **il l'a accepté avec philosophie** he was philosophical about it ◆ **c'est ma philosophie (de la vie)** it's my philosophy (of life)
philosophique /filɔzɔfik/ ADJ philosophical
philosophiquement /filɔzɔfikmɑ̃/ ADV philosophically
philtre /filtʀ/ SYN NM philtre ◆ **philtre d'amour** love potion
phimosis /fimozis/ NM phimosis
phishing /fiʃiŋ/ NM phishing
phlébite /flebit/ NF phlebitis
phlébographie /flebɔgʀafi/ NF venography, phlebography
phlébologie /flebɔlɔʒi/ NF phlebology
phlébologue /flebɔlɔg/ NMF vein specialist
phléborragie /flebɔʀaʒi/ NF phleborrhagia
phlébotome /flebɔtɔm, flebɔtɔm/ NM (= insecte) sandfly
phlébotomie /flebɔtɔmi/ NF phlebotomy
phlegmon /flɛgmɔ̃/ NM abscess, phlegmon (SPÉC)
phléole /fleɔl/ NF ⇒ **fléole**
phlox /flɔks/ NM INV phlox
phlyctène /fliktɛn/ NF phlyctaena (Brit), phlyctena (US)
pH-mètre /peaʃmɛtʀ/ NM pH meter
Phnom Penh /pnɔ̃mpɛn/ N Phnom Penh
phobie /fɔbi/ SYN NF phobia ◆ **avoir la phobie de** to have a phobia about
phobique /fɔbik/ ADJ, NMF phobic
phocéen, -enne /fɔseɛ̃, ɛn/
  ADJ Phocaean ◆ **la cité phocéenne** Marseilles
  NM,F **Phocéen(ne)** Phocaean
phocomèle /fɔkɔmɛl/
  ADJ phocomelic
  NMF phocomelus
phocomélie /fɔkɔmeli/ NF phocomelia, phocomely
phœnix /feniks/ NM (= plante) phoenix
pholade /fɔlad/ NF piddock
pholiote /fɔljɔt/ NF pholiota
phonateur, -trice /fɔnatœʀ, tʀis/ ADJ phonatory
phonation /fɔnasjɔ̃/ NF phonation
phonatoire /fɔnatwaʀ/ ADJ ⇒ **phonateur**
phone /fɔn/ NM phon
phonématique /fɔnematik/ NF phonology, phonemics (sg)
phonème /fɔnɛm/ NM phoneme
phonémique /fɔnemik/
  ADJ phonemic
  NF ⇒ **phonématique**
phonéticien, -ienne /fɔnetisjɛ̃, jɛn/ NM,F phonetician
phonétique /fɔnetik/
  NF phonetics (sg) ◆ **phonétique articulatoire/acoustique/auditoire** articulatory/acoustic/auditory phonetics
  ADJ phonetic ◆ **loi/système phonétique** phonetic law/system
phonétiquement /fɔnetikmɑ̃/ ADV phonetically
phoniatre /fɔnjatʀ/ NMF speech therapist

phoniatrie /fɔnjatʀi/ NF speech therapy
phonie¹ /fɔni/ NF (Téléc) radiotelegraphy, wireless telegraphy (Brit)
phonie² /fɔni/ NF (Ling) phonation
phonique /fɔnik/ SYN ADJ phonic
phono /fono/ NM abrév de **phonographe**
phonocapteur, -trice /fonokaptœʀ, tʀis/ ADJ sound-reproducing (épith)
phonogénique /fɔnɔʒenik/ ADJ ◆ **voix phonogénique** good recording voice; (Rad) good radio voice
phonogramme /fɔnɔgʀam/ NM (= signe) phonogram
phonographe /fɔnɔgʀaf/ NM (à rouleau) phonograph; (à disque) (wind-up) gramophone, phonograph (US); (= électrophone) record player, phonograph (US)
phonographique /fɔnɔgʀafik/ ADJ phonographic
phonolit(h)e /fɔnɔlit/ NM ou F phonolite
phonologie /fɔnɔlɔʒi/ NF phonology
phonologique /fɔnɔlɔʒik/ ADJ phonological
phonologue /fɔnɔlɔg/ NMF phonologist
phonométrie /fɔnɔmetʀi/ NF phonometry
phonon /fɔnɔ̃/ NM phonon
phonothèque /fɔnɔtɛk/ NF sound archives
phoque /fɔk/ NM (= animal) seal; (= fourrure) sealskin; → **souffler**
phormion /fɔʀmjɔ̃/, **phormium** /fɔʀmjɔm/ NM phormium
phosgène /fɔsʒɛn/ NM phosgene
phosphatage /fɔsfataʒ/ NM treating with phosphates
phosphatase /fɔsfataz/ NF phosphatase
phosphatation /fɔsfatasjɔ̃/ NF phosphatization, phosphation
phosphate /fɔsfat/ NM phosphate
phosphaté, e /fɔsfate/ (ptp de **phosphater**) ADJ phosphatic, phosphated ◆ **engrais phosphatés** phosphate-enriched fertilizers
phosphater /fɔsfate/ ▶ conjug 1 ◀ VT to phosphatize, to phosphate, to treat with phosphates
phosphène /fɔsfɛn/ NM phosphene
phosphine /fɔsfin/ NF phosphine
phosphite /fɔsfit/ NM phosphite
phospholipide /fɔsfolipid/ NM phospholipid
phosphoprotéine /fɔsfopʀɔtein/ NF phosphoprotein
phosphore /fɔsfɔʀ/ NM phosphorus
phosphoré, e /fɔsfɔʀe/ ADJ phosphorous
phosphorer* /fɔsfɔʀe/ ▶ conjug 1 ◀ VI to think hard
phosphorescence /fɔsfɔʀesɑ̃s/ SYN NF luminosity, phosphorescence (SPÉC)
phosphorescent, e /fɔsfɔʀesɑ̃, ɑ̃t/ SYN ADJ luminous, phosphorescent (SPÉC)
phosphoreux, -euse /fɔsfɔʀø, øz/ ADJ [acide] phosphorous; [bronze] phosphor (épith)
phosphorique /fɔsfɔʀik/ ADJ phosphoric
phosphorisme /fɔsfɔʀism/ NM phosphorism
phosphorite /fɔsfɔʀit/ NF phosphorite
phosphorylation /fɔsfɔʀilasjɔ̃/ NF phosphorylation
phosphoryle /fɔsfɔʀil/ NM phosphoryl
phosphure /fɔsfyʀ/ NM phosphide
phot /fɔt/ NM (Phys) phot
photo /fɔto/ SYN NF (abrév de **photographie**)
  [1] (= image) photo, picture; (instantané, d'amateur) snap(shot); [de film] still ◆ **faire une photo de, prendre en photo** to take a photo ou picture of ◆ **ça rend bien en photo** it looks good in a photo ◆ **j'ai mon fils en photo** I've got a photo ou picture of my son ◆ **elle est bien en photo** she takes a good photo, she's photogenic ◆ **qui est sur cette photo ?** who is in this photo ou picture? ◆ **photo de famille** (gén) family photo; (= portrait) family portrait; [de collègues etc] group photo ◆ **photo d'identité** passport photo ◆ **photo de mode** fashion photo ou shot ◆ **photos de vacances** holiday (Brit) ou vacation (US) photos ou snaps ◆ **tu veux ma photo ?** * what are you staring at? ◆ **il n'y a pas photo** * there's no question about it ◆ **entre les deux candidats**

photobiologie | physiothérapeute

il n'y a pas photo there's no competition between the two candidates; → **appareil**
[2] (= art) photography ◆ **faire de la photo** (en amateur) to be an amateur photographer; (en professionnel) to be a (professional) photographer ◆ **je fais de la photo à mes heures perdues** I take photo(graph)s in my spare time, I do photography in my spare time

photobiologie /fɔtobjɔlɔʒi/ NF photobiology

photocathode /fɔtokatɔd/ NF photocathode

photochimie /fɔtoʃimi/ NF photochemistry

photochimique /fɔtoʃimik/ ADJ photochemical

photocomposer /fɔtokɔ̃poze/ ► conjug 1 ◄ VT to photocompose, to filmset

photocomposeur /fɔtokɔ̃pozœʀ/ NM ⇒ **photocompositeur**

photocomposeuse /fɔtokɔ̃pozøz/ NF (= machine) photocomposer, filmsetter

photocompositeur /fɔtokɔ̃pozitœʀ/ NM (photo)typesetter

photocomposition /fɔtokɔ̃pozisjɔ̃/ NF filmsetting (Brit), photocomposition (US)

photoconducteur, -trice /fɔtokɔ̃dyktœʀ, tʀis/ ADJ photoconductive

photocopie /fɔtɔkɔpi/ NF (= action) photocopying; (= copie) photocopy

photocopier /fɔtɔkɔpje/ ► conjug 7 ◄ VT to photocopy ◆ **photocopier qch en trois exemplaires** to make three photocopies of sth

photocopieur /fɔtɔkɔpjœʀ/ NM, **photocopieuse** /fɔtɔkɔpjøz/ NF photocopier

photocopillage /fɔtɔkɔpijaʒ/ NM illegal photocopying of copyright material

photodiode /fɔtodjɔd/ NF photodiode

photodissociation /fɔtodisɔsjasjɔ̃/ NF photodisintegration

photoélasticimétrie /fɔtoelastisimetʀi/ NF photoelasticity

photoélectricité /fɔtoelɛktʀisite/ NF photoelectricity

photoélectrique /fɔtoelɛktʀik/ ADJ photoelectric ◆ **cellule photoélectrique** photoelectric cell, photocell

photoémetteur, -trice /fɔtoemetœʀ, tʀis/ ADJ photoemissive

photo-finish (pl **photos-finish**) /fɔtofiniʃ/ NM ◆ **l'arrivée de la deuxième course a dû être contrôlée au photo-finish** the second race was a photo finish

photogène /fɔtɔʒɛn/ ADJ (Bot) photogenic

photogénique /fɔtɔʒenik/ ADJ photogenic

photogrammétrie /fɔtɔgʀa(m)metʀi/ NF photogrammetry

photographe /fɔtɔgʀaf/ NMF (= artiste) photographer; (= commerçant) camera dealer ◆ **photographe de mode/de presse** fashion/press photographer ◆ **vous trouverez cet article chez un photographe** you will find this item at a camera shop ou store (US)

photographie /fɔtɔgʀafi/ SYN NF [1] (= art) photography ◆ **faire de la photographie** (comme passe-temps) to be an amateur photographer, to take photographs; (en professionnel) to be a (professional) photographer
[2] (= image) photograph, picture ◆ **ce sondage est une photographie de l'opinion publique** this survey is a snapshot of public opinion ; pour autres loc voir **photo**

photographier /fɔtɔgʀafje/ ► conjug 7 ◄ VT to photograph, to take a photo(graph) of, to take a picture of ◆ **se faire photographier** to have one's photo(graph) ou picture taken ◆ **il avait photographié l'endroit** (= mémoriser) he had got the place firmly fixed in his mind ou in his mind's eye

photographique /fɔtɔgʀafik/ ADJ photographic; → **appareil**

photograveur /fɔtɔgʀavœʀ/ NM photoengraver

photogravure /fɔtɔgʀavyʀ/ NF photoengraving

photo-interprétation /fɔtoɛ̃tɛʀpʀetasjɔ̃/ NF analysis of aerial photography

photojournalisme /fɔtoʒuʀnalism/ NM photojournalism

photojournaliste /fɔtoʒuʀnalist/ NMF photojournalist

photolithographie /fɔtolitɔgʀafi/ NF photolithography

photoluminescence /fɔtolyminesɑ̃s/ NF photoluminescence

photolyse /fɔtoliz/ NF photolysis

photomacrographie /fɔtomakʀɔgʀafi/ NF ⇒ **macrophotographie**

Photomaton ® /fɔtomatɔ̃/
NM automatic photo booth
NF (photo booth) photo ◆ **se faire faire des Photomatons** to get one's pictures taken (in a photo booth)

photomécanique /fɔtomekanik/ ADJ photomechanical

photomètre /fɔtomɛtʀ/ NM photometer

photométrie /fɔtometʀi/ NF photometry

photométrique /fɔtometʀik/ ADJ photometric(al)

photomontage /fɔtomɔ̃taʒ/ NM photomontage

photomultiplicateur /fɔtomyltiplikatœʀ/ NM photomultiplier

photon /fɔtɔ̃/ NM photon

photonique /fɔtonik/ ADJ photon (épith)

photopériode /fɔtopeʀjɔd/ NF photoperiod

photopériodique /fɔtopeʀjɔdik/ ADJ photoperiodic

photopériodisme /fɔtopeʀjɔdism/ NM photoperiodism

photophobie /fɔtofɔbi/ NF photophobia

photophore /fɔtofɔʀ/ NM [de mineur] (miner's) cap lamp; (Anat) photophore; (= objet décoratif) tealight holder

photopile /fɔtopil/ NF solar cell

photoréalisme /fɔtoʀealizm/ NM photorealism

photorécepteur /fɔtoʀesɛptœʀ/ NM photoreceptor

photoreportage /fɔtoʀəpɔʀtaʒ/ NM photo story

photo-robot (pl **photos-robots**) /fɔtoʀobo/ NM Identikit picture ®, Photofit ® (picture)

photoroman /fɔtoʀɔmɑ̃/ NM photo story

photosensibilisant, e /fɔtosɑ̃sibiliza, ɑ̃t/ ADJ [médicament] photosensitive

photosensibilisation /fɔtosɑ̃sibilizasjɔ̃/ NF photosensitivity

photosensibilité /fɔtosɑ̃sibilite/ NF photosensitivity

photosensible /fɔtosɑ̃sibl/ ADJ photosensitive ◆ **dispositif photosensible** photosensor

photosphère /fɔtosfɛʀ/ NF (Astron) photosphere

photostat /fɔtosta/ NM photostat

photostoppeur, -euse /fɔtostɔpœʀ, øz/ NM,F street photographer

photostyle /fɔtostil/ NM light pen

photosynthèse /fɔtosɛ̃tɛz/ NF photosynthesis

photosynthétique /fɔtosɛ̃tetik/ ADJ photosynthetic

phototaxie /fɔtotaksi/ NF phototaxis

photothèque /fɔtotɛk/ NF photographic library, picture library

photothérapie /fɔtoteʀapi/ NF phototherapy, phototherapeutics (sg)

phototransistor /fɔtotʀɑ̃zistɔʀ/ NM phototransistor

phototropisme /fɔtotʀɔpism/ NM phototropism

photovoltaïque /fɔtovɔltaik/ ADJ photovoltaic

phragmite /fʀagmit/ NM (= plante) reed; (= oiseau) warbler

phrase /fʀɑz/ SYN NF [1] (Ling) sentence; (= propos) words ◆ **faire des phrases** [enfant] to make sentences; (péj) to talk in flowery language ◆ **assez de grandes phrases !** enough of the rhetoric ou fine words! ◆ **il termina son discours sur cette phrase** he closed his speech with these words ◆ **phrase toute faite** stock phrase ◆ **citer une phrase célèbre** to quote a famous phrase ou saying ◆ **petite phrase** (Pol) soundbite; → **membre**
[2] (Mus) phrase

phrasé /fʀaze/ NM (Mus) phrasing

phraséologie /fʀazeɔlɔʒi/ SYN NF (gén) phraseology ◆ **la phraséologie marxiste/capitaliste** (péj) Marxist/capitalist jargon

phraser /fʀaze/ ► conjug 1 ◄
VT (Mus) to phrase
VI (péj) to use fine words (péj) ou high-flown language (péj)

phraseur, -euse /fʀazœʀ, øz/ SYN NM,F man (ou woman) of fine words (péj)

phrastique /fʀastik/ ADJ phrasal

phratrie /fʀatʀi/ NF phratry

phréatique /fʀeatik/ ADJ → **nappe**

phrénique /fʀenik/ ADJ phrenic

phrénologie /fʀenɔlɔʒi/ NF phrenology

phrénologue /fʀenɔlɔg/, **phrénologiste** /fʀenɔlɔʒist/ NMF phrenologist

Phrygie /fʀiʒi/ NF Phrygia

phrygien, -ienne /fʀiʒjɛ̃, jɛn/
ADJ Phrygian; → **bonnet**
NM,F **Phrygien(ne)** Phrygian

phtaléine /ftalein/ NF phthalein

phtalique /ftalik/ ADJ phtalic

phtiriase /ftiʀjaz/ NF phtiriasis

phtisie /ftizi/ NF consumption, phthisis (SPÉC) ◆ **phtisie galopante** galloping consumption

phtisiologie /ftizjɔlɔʒi/ NF phthisiology

phtisiologue /ftizjɔlɔg/ NMF phthisiologist

phtisique /ftizik/ ADJ consumptive, phthisical (SPÉC)

phycologie /fikɔlɔʒi/ NF phycology

phycomycètes /fikomisɛt/ NMPL ◆ **les phycomycètes** phycomycetes, the Phycomycetes (SPÉC)

phylactère /filaktɛʀ/ NM phylactery

phylarque /filaʀk/ NM phylarch

phylétique /filetik/ ADJ phyletic, phylogenetic

phyllie /fili/ NF leaf insect

phylloxéra /filokseʀa/ NM phylloxera

phylogenèse /filoʒənɛz/ NF phylogenesis

phylogénétique /filoʒenetik/ ADJ phylogenetic, phyletic

phylum /filɔm/ NM phylum

physalie /fizali/ NF Portuguese man-of-war, physalia (SPÉC)

physalis /fizalis/ NM physalis

physicalisme /fizikalism/ NM physicalism

physicien, -ienne /fizisjɛ̃, jɛn/ NM,F physicist ◆ **physicien atomiste** ou **nucléaire** atomic ou nuclear physicist

⚠ **physicien** ne se traduit pas par le mot anglais **physician**, qui a le sens de 'médecin'.

physicochimie /fizikoʃimi/ NF physical chemistry

physicochimique /fizikoʃimik/ ADJ physicochemical

physicochimiste /fizikoʃimist/ NMF physical chemistry specialist

physicomathématique /fizikomatematik/ ADJ of mathematical physics

physiocrate /fizjɔkʀat/
NMF physiocrat
ADJ physiocratic

physiocratie /fizjɔkʀasi/ NF physiocracy

physiocratique /fizjɔkʀatik/ ADJ physiocratic

physiologie /fizjɔlɔʒi/ NF physiology

physiologique /fizjɔlɔʒik/ SYN ADJ physiological

physiologiquement /fizjɔlɔʒikmɑ̃/ ADV physiologically

physiologiste /fizjɔlɔʒist/
NMF physiologist
ADJ physiological

physionomie /fizjɔnɔmi/ SYN NF (= traits du visage) facial appearance (NonC), physiognomy (frm); (= expression) countenance (frm), face; (= aspect) appearance ◆ **en fonction de la physionomie du marché** (Bourse) depending on how the market looks ◆ **la physionomie de l'Europe a changé** the face of Europe has changed

physionomiste /fizjɔnɔmist/ ADJ ◆ **il est (très) physionomiste** he has a (very) good memory for faces

physiopathologie /fizjopatɔlɔʒi/ NF physiopathology

physiothérapeute /fizjoteʀapøt/ NMF person practising natural medicine

FRENCH-ENGLISH 694

physiothérapie /fizjoterapi/ NF natural medicine

physique /fizik/ SYN
[ADJ] 1 (gén) physical ◆ **je ne peux pas le supporter, c'est physique** I can't stand him, the very sight of him makes me sick; → **amour, culture, personne** etc
2 (= athlétique) [joueur, match, jeu] physical
[NM] (= aspect) physical appearance; (= stature, corps) physique ◆ **elle sait se servir de son physique** she knows how to use her looks ◆ **avoir un physique agréable** to be good-looking ◆ **avoir le physique de l'emploi** to look the part ◆ **au physique** physically ◆ **il a un physique de jeune premier** he looks really cute, he has the looks of a film star
[NF] physics (sg) ◆ **physique nucléaire/des particules** nuclear/particle physics

physiquement /fizikmɑ̃/ SYN ADV physically ◆ **il est plutôt bien physiquement** physically he's quite attractive

physisorption /fizisɔrpsjɔ̃/ NF van der Waals adsorption

physostigma /fizostigma/ NM (= plante) Calabar bean (plant), Physostigma (SPÉC)

physostome /fizostom/ NM physostomous fish

phytéléphas /fitelefas/ NM phytelephas

phytobiologie /fitobjɔlɔʒi/ NF phytology

phytogéographie /fitoʒeɔgrafi/ NF phytogeography

phytohormone /fitoɔrmɔn/ NF phytohormone

phytopathologie /fitopatɔlɔʒi/ NF phytopathology

phytophage /fitofaʒ/
[ADJ] phytophagous
[NM] phytophagan

phytopharmacie /fitofarmasi/ NF phytopharmacology

phytophthora /fitoftɔra/ NM phytophthora

phytoplancton /fitoplɑ̃ktɔ̃/ NM phytoplankton

phytosanitaire /fitosaniter/ ADJ phytosanitary ◆ **produit phytosanitaire** (de soins) plant-care product; (= pesticide) pesticide; (= herbicide) weedkiller ◆ **contrôles phytosanitaires** phytosanitary regulations

phytosociologie /fitosɔsjɔlɔʒi/ NF phytosociology

phytothérapeute /fitoterapøt/ NMF (medical) herbalist, phytotherapist (SPÉC)

phytothérapie /fitoterapi/ NF herbal medicine

phytotron /fitotrɔ̃/ NM phytotron

phytozoaire /fitozɔer/ NM phytozoan

pi /pi/ NM (= lettre, Math) pi

p.i. (abrév de **par intérim**) acting, actg

piaf* /pjaf/ NM sparrow

piaffement /pjafmɑ̃/ NM [de cheval] stamping, pawing

piaffer /pjafe/ SYN ► conjug 1 ◄ VI [cheval] to stamp, to paw the ground ◆ **piaffer d'impatience** [personne] to be champing at the bit

piaillement* /pjajmɑ̃/ SYN NM [d'oiseau] cheeping (NonC), peeping (NonC) ◆ **piaillements** (péj) [d'enfant] whining (NonC)

piailler* /pjaje/ SYN ► conjug 1 ◄ VI [oiseau] to cheep, to peep; [enfant] to whine

piaillerie* /pjajri/ NF ⇒ **piaillement**

piailleur, -euse* /pjajœr, øz/
[ADJ] [oiseau] cheeping, peeping; [enfant] whining
[NM,F] whiner

pian /pjɑ̃/ NM yaws (sg), framboesia

piane-piane* /pjanpjan/ ADV gently ◆ **allez-y piane-piane** go gently ou easy*, easy ou gently does it* ◆ **le projet avance piane-piane** the project is coming along slowly but surely

pianissimo /pjanisimo/
[ADV] (Mus) pianissimo; (* fig) very gently
[NM] (Mus) pianissimo

pianiste /pjanist/ NMF pianist, piano player

pianistique /pjanistik/ ADJ pianistic

piano¹ /pjano/ NM piano ◆ **piano acoustique/électronique** acoustic/electric piano ◆ **piano de concert/crapaud** concert grand/boudoir grand (piano) ◆ **piano droit/à queue** upright/grand piano ◆ **piano demi-queue/quart de queue** baby grand/miniature grand (piano) ◆ **piano mécanique** player piano, piano organ, Pianola ® ◆ **piano préparé** prepared piano ◆ **piano à bretelles** (hum) accordion ◆ **faire ou jouer du piano** to play the piano ◆ **se mettre au piano** (= apprendre) to take up ou start the piano; (= s'asseoir) to sit down at the piano ◆ **accompagné au piano par...** accompanied on the piano by...

piano² /pjano/ ADV (Mus) piano; (* fig) gently ◆ **allez-y piano** easy ou gently does it*, go easy* ou gently

piano-bar (pl **pianos-bars**) /pjanobar/ NM piano bar

piano(-)forte /pjanoforte/ NM pianoforte

pianola ® /pjanola/ NM Pianola ®, player piano

pianotage /pjanotaʒ/ NM (sur un piano) tinkling; (sur un clavier) tapping; (sur une table) drumming

pianoter /pjanote/ ► conjug 1 ◄
[VI] 1 (= jouer du piano) to tinkle away (at the piano)
2 (= tapoter) to drum one's fingers; (sur un clavier) to tap away ◆ **il pianotait sur son ordinateur** he was tapping away at his computer
[VT] [+ signal, code] to tap out ◆ **pianoter un air** to tinkle out a tune on the piano

piassava /pjasava/ NM piassava, piassaba

piastre /pjastr/ NF piastre (Brit), piaster (US); (Can = dollar) (Canadian) dollar

piaule* /pjol/ NF (= chambre louée) room ◆ **ma piaule** my (bed)room

piaulement /pjolmɑ̃/ NM [d'oiseau] cheeping (NonC), peeping (NonC); (* péj) [d'enfant] whining (NonC), whimpering (NonC)

piauler /pjole/ SYN ► conjug 1 ◄ VI [oiseau] to cheep, to peep; (* péj) [enfant] to whine, to whimper

piazza /pjadza/ NF piazza, gallery (US)

PIB /peibe/ NM (abrév de **produit intérieur brut**) GDP

pible /pibl/ NM ◆ **mât à pible** pole mast

pic /pik/ SYN NM 1 [de montagne, courbe] peak ◆ **à chaque pic de pollution** whenever pollution levels peak ou reach a peak ◆ **atteindre un pic** to reach ou hit a peak, to peak

◆ **à pic** [rochers] sheer, precipitous (frm); [mont, chemin] steep, precipitous (frm) ◆ **le chemin s'élève ou monte à pic** the path rises steeply ◆ **la falaise plonge à pic dans la mer** the cliff falls ou drops sheer (in)to the sea ◆ **arriver ou tomber à pic*** to come just at the right time ou moment ◆ **vous arrivez à pic*** you couldn't have come at a better time ou moment, you've come just at the right time ou moment

2 (= pioche) pick(axe) ◆ **pic à glace** ice pick
3 (= oiseau) ◆ **pic(-vert)** (green) woodpecker ◆ **pic épeiche** great-spotted woodpecker, pied woodpecker

pica¹ /pika/ NM (Typographie) pica

pica² /pika/ NM (Méd) pica

picage /pikaʒ/ NM (= maladie des oiseaux) feather pecking

picaillons* /pikajɔ̃/ NMPL cash* (NonC)

picarel /pikarel/ NM picarel

picaresque /pikaresk/ ADJ picaresque

piccolo /pikɔlo/ NM piccolo

pichenette* /piʃnɛt/ NF flick ◆ **faire tomber qch d'une pichenette** to flick sth off ou away

pichet /piʃɛ/ SYN NM pitcher, jug ◆ **un pichet de vin** (dans un restaurant) a carafe of wine

pickpocket /pikpɔkɛt/ NM pickpocket

pick-up /pikœp/ NM INV 1 (= véhicule) pickup
2 († = bras) pickup; (= électrophone) record player

pico- /piko/ PRÉF pico- ◆ **pico-seconde** picosecond

picoler* /pikɔle/ ► conjug 1 ◄ VI to booze* ◆ **qu'est-ce qu'il peut picoler !** he sure can knock it back!* ◆ **picoler dur** (habituellement) to be a real boozer*; (à l'occasion) to hit the bottle* ou sauce* (US)

picoleur, -euse* /pikɔlœr, øz/ NM,F tippler*, boozer*

picorer /pikɔre/ SYN ► conjug 1 ◄
[VI] to peck (about); (= manger très peu) to nibble
[VT] to peck, to peck (away) at

picot /piko/ NM [de dentelle] picot; [de planche] burr; (= petite pointe) spike ◆ **dispositif d'entraînement à picots** (Ordin) tractor drive

picotement /pikɔtmɑ̃/ SYN NM [de peau, membres] tingling (NonC) ◆ **j'ai des picotements dans les yeux** my eyes are smarting ou stinging ◆ **j'ai des picotements dans la gorge** I've got a tickle in my throat ◆ **la décharge électrique provoque de légers picotements** the electrical discharge creates a slight tingling sensation

picoter /pikɔte/ SYN ► conjug 1 ◄
[VT] 1 (= provoquer des picotements) ◆ **picoter la gorge** to tickle the throat ◆ **picoter la peau** to make the skin tingle ◆ **picoter les yeux** to make the eyes smart, to sting the eyes ◆ **j'ai les yeux qui me picotent** my eyes are stinging ou smarting
2 (avec une épingle) to prick
3 (= picorer) to peck, to peck (away) at
[VI] [gorge] to tickle; [peau] to tingle; [yeux] to smart, to sting

picotin /pikɔtɛ̃/ NM (= ration d'avoine) oats, ration of oats; (= mesure) peck

picouse* /pikuz/ NF → **piquouse**

picrate /pikrat/ NM (Chim) picrate; (* : péj) cheap wine, plonk* (Brit)

picrique /pikrik/ ADJ ◆ **acide picrique** picric acid

picris /pikris/ NM picris

picrocholin, e /pikrɔkɔlɛ̃, in/ ADJ (frm) ◆ **guerre ou dispute picrocholine** petty wrangling (NonC)

Pictes /pikt/ NMPL Picts

pictogramme /piktɔgram/ NM pictogram

pictographie /piktɔgrafi/ NF pictography

pictographique /piktɔgrafik/ ADJ pictographic

pictural, e (mpl **-aux**) /piktyral, o/ ADJ pictorial

pidgin /pidʒin/ NM pidgin ◆ **pidgin-english** pidgin English

Pie /pi/ NM Pius

pie¹ /pi/ SYN
[NF] (= oiseau) magpie; (* péj = personne) chatterbox* ◆ « **La Pie voleuse** » (Mus) "The Thieving Magpie" → **bavard, voleur**
[ADJ INV] [cheval] piebald; [vache] black and white; → **voiture**

pie² /pi/ ADJ F ◆ **œuvre**

pièce /pjɛs/ SYN
[NF] 1 (= fragment) piece ◆ **en pièces** in pieces ◆ **mettre en pièces** (lit) (= casser) to smash to pieces; (= déchirer) to pull ou tear to pieces; (fig) to tear ou pull to pieces ◆ **c'est inventé ou forgé de toutes pièces** it's made up from start to finish, it's a complete fabrication ◆ **fait d'une seule pièce** made in one piece ◆ **fait de pièces et de morceaux** (lit) made with ou of bits and pieces; (fig péj) cobbled together ◆ **il est tout d'une pièce** he's very cut and dried about things; → **tailler**

2 (gén = unité, objet) piece; [de jeu d'échecs, de dames] piece; [de tissu, drap] length, piece; (Mil) gun; (Chasse, Pêche = prise) specimen ◆ **se vendre à la pièce** to be sold separately ou individually ◆ **2 F (la) pièce** 2 francs each ou apiece ◆ **travail à la pièce** ou **aux pièces** piecework ◆ **payé à la pièce** ou **aux pièces** on piece(work) rate, on piecework ◆ **on n'est pas aux pièces !*** there's no rush! ◆ **un deux-pièces** (Habillement) (= costume, tailleur) a two-piece suit; (= maillot de bain) a two-piece (swimsuit) ◆ **pièces honorables** (Héraldique) honourable ordinaries → **chef¹**

3 [de machine, voiture] part, component ◆ **pièces (de rechange)** spares, (spare) parts ◆ **pièce d'origine** guaranteed genuine spare part

4 (= document) paper, document ◆ **avez-vous toutes les pièces nécessaires ?** have you got all the necessary papers? ou documents? ◆ **juger/décider sur pièces** to judge/decide on actual evidence ◆ **avec pièces à l'appui** with supporting documents ◆ **les plaintes doivent être accompagnées de pièces justificatives** (Admin, Jur) complaints must be documented ou accompanied by written proof ou evidence

5 (pour vêtement abîmé, en chirurgie) patch ◆ **mettre une pièce à qch** to put a patch on sth

6 [de maison] room ◆ **appartement de cinq pièces** five-room(ed) apartment ou flat (Brit) ◆ **un deux pièces (cuisine)** a two-room(ed) apartment ou flat (Brit) (with kitchen)

7 (Théât) play; (Littérat, Mus) piece ◆ **jouer ou monter une pièce de Racine** to put on a play by Racine ◆ **une pièce pour hautbois** a piece for oboe

8 ◆ **pièce (de monnaie)** coin ◆ **pièce d'argent/d'or** silver/gold coin ◆ **une pièce de 5 euros/de 50 centimes** a 5-euro/50-centime coin ◆ **pièces jaunes** centime coins, ≈ coppers (Brit) ◆ **don-**

ner la pièce à qn* to give sb a tip, to tip sb; → rendre

9 *(littér)* ◆ **faire pièce à qn/à un projet** to thwart sb *ou* sb's plans/a project

COMP **pièce d'artifice** firework
pièce d'artillerie piece of ordnance, gun
pièce de bétail head of cattle ◆ **50 pièces de bétail** 50 head of cattle
pièce de blé wheat field, cornfield *(Brit)*
pièce de bois piece of wood *ou* timber *(for joinery etc)*
pièce du boucher *(Culin)* (large) steak
pièce de charpente member
pièce de collection collector's item *ou* piece
pièce comptable accounting record
pièce à conviction *(Jur)* exhibit
pièce détachée spare, (spare) part ◆ **livré en pièces détachées** (delivered) in kit form
pièce d'eau ornamental lake; *(plus petit)* ornamental pond
pièce d'identité identity paper ◆ **avez-vous une pièce d'identité ?** have you (got) any identification?
pièce maîtresse *[de collection, musée] (gén)* showpiece; *(en exposition)* showpiece, prize *ou* main exhibit; *[de politique, stratégie]* cornerstone
pièce montée *(Culin) pyramid-shaped cake made out of choux puffs, eaten on special occasions; (à un mariage)* ≃ wedding cake
pièce de musée museum piece
pièce rapportée *(Couture)* patch; *[de marqueterie, mosaïque]* insert, piece; *(* hum = belle-sœur, beau-frère etc)* in-law*; *(dans un groupe)* late addition
pièce de résistance main dish, pièce de résistance
pièce de terre piece *ou* patch of land
pièce de théâtre play
pièce de vers piece of poetry, short poem
pièce de viande side of meat
pièce de vin cask of wine

piécette /pjesɛt/ NF small coin

◆ ◆

pied /pje/ SYN

1 - NOM MASCULIN
2 - COMPOSÉS

◆ ◆

1 - NOM MASCULIN

1 [ANAT] *[de personne, animal]* foot; *(= sabot) [de cheval, bœuf]* hoof; *[de mollusque]* foot ◆ **avoir les pieds plats** to have flat feet, to be flatfooted ◆ **sauter d'un pied sur l'autre** to hop from one foot to the other ◆ **avoir pied** *[nageur]* to be able to touch the bottom ◆ **je n'ai plus pied** I'm out of my depth ◆ **avoir bon pied bon œil** to be as fit as a fiddle, to be fighting fit, to be hale and hearty ◆ **avoir le pied léger** to be light of step ◆ **avoir le pied marin** to be a good sailor ◆ **avoir les (deux) pieds sur terre** to have one's feet firmly (planted) on the ground ◆ **avoir un pied dans la tombe** to have one foot in the grave ◆ **avoir/garder un pied dans l'entreprise** to have a foot/keep one's foot in the door, to have/maintain a foothold *ou* a toehold in the firm ◆ **conduire** *ou* **foncer (le) pied au plancher** to drive with one's foot to the floor ◆ **faire du pied à qn** *(= prévenir qn)* to give sb a warning kick; *(galamment)* to play footsie with sb* ◆ **faire le pied de grue*** to stand about (waiting), to kick one's heels *(Brit)* ◆ **faire des pieds et des mains pour obtenir qch*** to move heaven and earth to get sth ◆ **cela lui fera les pieds*** that'll teach him (a thing or two)* ◆ **le pied lui a manqué** he lost his footing, his foot slipped ◆ **mettre pied à terre** to dismount ◆ **mettre les pieds chez qn** to set foot in sb's house ◆ **je n'y remettrai jamais les pieds** I'll never set foot (in) there again ◆ **je n'ai pas mis les pieds dehors aujourd'hui** I haven't been outside all day ◆ **mettre les pieds dans le plat*** *(= gaffer)* to boob‡, to put one's foot in it; *(= se fâcher)* to put one's foot down ◆ **il est incapable de mettre un pied devant l'autre** he can't walk straight ◆ **partir du bon pied** to get off to a good start ◆ **partir** *ou* **sortir les pieds devant*** *(= mourir)* to go out feet first ◆ **perdre pied** *(lit, fig)* to be *ou* get out of one's depth; *(en montagne)* to lose one's footing ◆ **prendre pied sur un marché** to gain *ou* get a foothold in a market ◆ **leur parti a pris pied dans la région** their party has gained a foothold in the region ◆ **se prendre les pieds dans le tapis*** *(fig)* to slip up ◆ **il va prendre mon pied au derrière !*** I'll give him a kick up the backside!* ◆ **repartir du bon pied** to make a clean *ou* fresh start ◆ **sans remuer** *ou* **bouger ni pied ni patte*** without moving a muscle ◆ **avec lui, on ne sait jamais sur quel pied danser** you never know where you stand with him ◆ **je ne sais pas sur quel pied danser** I don't know what to do ◆ **il ne tient pas sur ses pieds** *(ivre)* he can hardly stand up; *(faible)* he's dead on his feet ◆ **il écrit avec les pieds*** he can't write to save his life* ◆ **« les pieds dans l'eau »** *(sur une annonce)* "on the waterfront" ◆ **« au pied ! »** *(à un chien)* "heel!"; → casser, deux, lâcher, retomber

◆ **à pied** *(en marchant)* on foot ◆ **aller à pied** to go on foot, to walk ◆ **nous avons fait tout le chemin à pied** we walked all the way, we came all the way on foot ◆ **faire de la marche/course à pied** to go walking/running ◆ **ce type, on l'emmerde‡ à pied, à cheval et en voiture !** *(fig)* he can go to hell!‡ ◆ **mettre qn à pied** to suspend sb ◆ **mise à pied** suspension

◆ **à pied sec** without getting one's feet wet

◆ **à pieds joints** with one's feet together; → sauter

◆ **au pied levé** ◆ **remplacer qn au pied levé** to stand in for sb at a moment's notice

◆ **aux pieds de** ◆ **le chien est couché aux pieds de son maître** the dog is lying at its master's feet ◆ **tomber aux pieds de qn** to fall at sb's feet

◆ **de pied en cap** from head to foot, from top to toe

◆ **de pied ferme** resolutely ◆ **s'il veut me créer des ennuis, je l'attends de pied ferme** if he wants to create trouble for me, I'm ready and waiting for him

◆ **des pieds à la tête** from head to foot

◆ **en pied** *[portrait]* full-length; *[statue]* full-scale, full-size

◆ **le pied à l'étrier** ◆ **avoir le pied à l'étrier** to be well on the way ◆ **mettre le pied à l'étrier à qn** to give sb a boost *ou* a leg up *(Brit)*

◆ **pieds et poings liés** *(fig)* tied *ou* bound hand and foot

◆ **pied à pied** *[se défendre, lutter]* every inch of the way

◆ **sur pied** *(= levé, guéri)* ◆ **être sur pied** *[personne, malade]* to be up and about ◆ **remettre qn sur pied** to set sb back on his feet again
(= constitué) ◆ **maintenant que l'équipe est sur pied...** now that the team has been set up... ◆ **l'organisation sera sur pied en mai** the organization will be operational in May ◆ **mettre qch sur pied** to set sth up ◆ **la mise sur pied de qch** the setting up of sth
(= vivant, non coupé) ◆ **bétail sur pied** beef *(ou mutton etc)* on the hoof ◆ **blé sur pied** standing *ou* uncut corn *(Brit) ou* wheat *(US)*

◆ **coup de pied** *(gén, Sport)* kick ◆ **coup de pied arrêté** free kick ◆ **un coup de pied au derrière*** *ou* **aux fesses*** a kick in the pants* *ou* up the backside* ◆ **coup de pied au cul‡** kick up the arse*‡ *(Brit) ou* in the ass*‡ *(US)* ◆ **donner un coup de pied à** *ou* **dans** to kick ◆ **donner un coup de pied dans la fourmilière** *(fig)* to stir things up ◆ **il a reçu un coup de pied** he was kicked ◆ **le coup de pied de l'âne** *(fig)* delayed revenge ◆ **coup de pied à suivre** *(Rugby)* up and under; → pénalité, touche

2 [= PARTIE INFÉRIEURE, BASE, SUPPORT] *[d'arbre, colline, échelle, lit, mur]* foot, bottom; *[de table]* leg; *[de champignon]* stalk; *[d'appareil-photo]* stand, tripod; *[de lampe]* base; *[de lampadaire]* stand; *[de verre]* stem; *[de colonne]* base, foot; *(Math) [de perpendiculaire]* foot; *[de chaussette]* foot ◆ **le pied droit me va, mais le gauche est un peu grand** *(= chaussure)* the right shoe fits me, but the left one is a bit too big

◆ **au pied du mur** *(fig)* ◆ **être au pied du mur** to have one's back to the wall ◆ **mettre qn au pied du mur** to call sb's bluff

◆ **à pied d'œuvre** ready to get down to the job

3 [AGR] *[de salade, tomate]* plant ◆ **pied de laitue** lettuce (plant) ◆ **pied de céleri** head of celery ◆ **pied de vigne** vine

4 [CULIN] *[de porc, mouton, veau]* trotter ◆ **pieds paquets** *dish made of mutton tripe and sheep's trotters*

5 [= MESURE] foot ◆ **un poteau de six pieds** a six-foot pole ◆ **j'aurais voulu être à 100 pieds sous terre** I wished the ground would open up (and swallow me), I could have died*

6 [POÉSIE] foot

7 [‡ = IDIOT] twit*, idiot ◆ **quel pied, celui-là !** what an idiot!, what a (useless) twit!*

◆ **comme un pied** ◆ **jouer comme un pied** to be a useless* *ou* lousy‡ player ◆ **il s'y prend comme un pied** he hasn't a clue how to go about it* ◆ **il conduit/chante comme un pied** he's a hopeless *ou* lousy‡ driver/singer

8 [‡ = PLAISIR] ◆ **c'est le pied !, quel pied !** it's brilliant!* *ou* great!* ◆ **ce n'est pas le pied** it's no picnic* *ou* fun ◆ **c'est une solution, mais c'est pas le pied** it's a solution but it's not brilliant* *ou* great* ◆ **prendre son pied** *(= s'amuser)* to get one's kicks‡ *(avec* with); *(sexuellement)* to have it away *ou* off‡ *(avec* with)

9 [LOCUTIONS]

◆ **au petit pied** *(littér)* ◆ **un Balzac/un Versailles au petit pied** a poor man's Balzac/Versailles ◆ **un don Juan** *ou* **un séducteur au petit pied** a small-time Casanova

◆ **au pied de la lettre** literally ◆ **ne prends pas tout au pied de la lettre !** don't take everything so literally! ◆ **il a suivi vos conseils au pied de la lettre** he followed your advice to the letter

◆ **sur le pied de guerre** (all) ready to go, ready for action

◆ **sur un grand pied** ◆ **vivre sur un grand pied** to live in (great *ou* grand) style

◆ **sur un pied d'égalité, sur le même pied** *[être, mettre]* on an equal footing; *[traiter]* as equals

2 - COMPOSÉS

pied d'athlète *(Méd)* athlete's foot
pied autoréglable ⇒ **pied de nivellement**
pied de col NM *(Couture)* collarstand
pied à coulisse calliper rule
pied de fer (cobbler's) last
pied de lit footboard
pied de nez NM ◆ **faire un pied de nez à qn** to thumb one's nose at sb, to cock a snook at sb *(Brit)*
les Pieds Nickelés *early 20th century French cartoon characters* ◆ **la bande de pieds nickelés qui traîne dans ce café*** the gang of good-for-nothings *ou* layabouts* who hang out* in this café
pied de nivellement *(sur un meuble)* self-levelling foot
pied de page footer

pied-à-terre /pjetatɛʀ/ NM INV pied-à-terre

pied-bot (pl **pieds-bots**) /pjebo/ NM person with a club-foot

pied-d'alouette (pl **pieds-d'alouette**) /pjedalwɛt/ NM larkspur

pied-de-biche (pl **pieds-de-biche**) /pjed(ə)biʃ/ NM *[de machine à coudre]* presser foot; *[de meuble]* cabriole leg; *(= levier)* wrecking bar; *(= arrache-clous)* nail puller *ou* extractor

pied-de-cheval (pl **pieds-de-cheval**) /pjed(ə)ʃəval/ NM *large specially cultivated oyster*

pied-de-coq (pl **pieds-de-coq**) /pjed(ə)kɔk/
ADJ (large) hound's-tooth *ou* dog's-tooth check *(épith)*
NM (large) hound's-tooth *ou* dog's-tooth check cloth *(NonC) ou* material *(NonC)*

pied-de-loup (pl **pieds-de-loup**) /pjed(ə)lu/ NM club moss

pied-de-mouton (pl **pieds-de-mouton**) /pjed(ə)mutɔ̃/ NM wood hedgehog

pied-de-poule (pl **pieds-de-poule**) /pjed(ə)pul/
ADJ INV hound's-tooth, dog's-tooth
NM hound's-tooth check *(NonC)*, dog's-tooth check *(NonC)*

pied-de-roi (pl **pieds-de-roi**) /pjed(ə)ʀwa/ NM *(Can)* folding foot-rule

pied-de-veau (pl **pieds-de-veau**) /pjed(ə)vo/ NM *(= plante)* lords and ladies, cuckoopint

pied-d'oiseau (pl **pieds-d'oiseau**) /pjedwazo/ NM *(= plante)* bird's-foot

piédestal (pl **-aux**) /pjedɛstal, o/ SYN NM *(lit, fig)* pedestal ◆ **mettre** *ou* **placer qn sur un piédestal** to put sb on a pedestal ◆ **descendre/tomber de son piédestal** to come down from/fall off one's pedestal

piedmont /pjemɔ̃/ NM ⇒ **piémont**

pied-noir (pl **pieds-noirs**) /pjenwaʀ/ NMF pied-noir *(French colonial born in Algeria)*

piédouche /pjeduʃ/ NM piedouche

pied-plat †† (pl **pieds-plats**) /pjepla/ NM lout

piédroit /pjedʀwa/ NM *[de baie, cheminée]* jamb; *[d'arcade]* abutment

piégé, e /pjeʒe/ (ptp de **piéger**) ADJ ◆ **engin piégé** booby trap ◆ **lettre piégée** letter bomb ◆ **colis** *ou* **paquet piégé** parcel *ou* mail bomb ◆ **voiture piégée** car bomb

piège /pjɛʒ/ SYN NM (lit, fig) trap; (= fosse) pit; (= collet) snare ◆ **piège à rats/à moineaux** rat-/sparrow-trap ◆ **piège à loups** mantrap ◆ **piège à touristes** tourist trap ◆ **c'est un piège à cons**⁑ it's a con⁑ ou a gyp⁑ (US) ◆ **prendre au piège** to (catch in a) trap ◆ **être pris à son propre piège** to be caught in ou fall into one's own trap ◆ **tendre un piège (à qn)** to set a trap (for sb) ◆ **traduction/dictée pleine de pièges** translation/dictation full of pitfalls ◆ **donner** ou **tomber dans le piège** to fall into the trap, to be trapped ◆ **c'était un piège et tu es tombé dedans !** [question] it was a trick question and you got caught out!

piégeage /pjeʒaʒ/ NM ① [d'animal] trapping ② [de bois, arbre] setting of traps (de in); (avec des explosifs) [de colis, voiture] setting of booby traps (de in)

piéger /pjeʒe/ SYN ► conjug 3 et 6 ◄ VT ① [+ animal, substance] to trap; [+ personne] (gén) to trap; (par une question) to trick ◆ **se faire piéger par un radar** to get caught in a radar trap ◆ **il s'est laissé piéger par un journaliste** he got caught out by a journalist ◆ **je me suis laissé piéger par son charme** I was completely taken in by his charm ◆ **l'eau se retrouve piégée dans la roche** the water gets trapped in the rock ◆ **la question était piégée** it was a trick question ② [+ bois, arbre] to set a trap ou traps in; (avec des explosifs) [+ engin, colis, voiture] to booby-trap

piégeur, -euse /pjeʒœʀ, øz/ NM,F trapper

pie-grièche (pl **pies-grièches**) /pigʀijɛʃ/ NF shrike, butcherbird

pie-mère (pl **pies-mères**) /pimɛʀ/ NF pia mater

Piémont /pjemɔ̃/ NM Piedmont

piémont /pjemɔ̃/ NM ◆ **glacier de piémont** piedmont glacier

piémontais, e /pjemɔ̃tɛ, ɛz/
ADJ Piedmontese
NM (= dialecte) Piedmontese
NM,F **Piémontais(e)** Piedmontese

piercing /pirsiŋ/ NM body piercing

piéride /pjeʀid/ NF pierid, pieridine butterfly ◆ **piéride du chou** cabbage white (butterfly)

pierraille /pjeʀaj/ NF [de route, sentier] loose stones, chippings; [de pente, montagne] scree (NonC), loose stones

Pierre /pjɛʀ/ NM Peter ◆ **Pierre le Grand** (Hist) Peter the Great ◆ « **Pierre et le Loup** » (Mus) "Peter and the Wolf"

pierre /pjɛʀ/ SYN
NF ① (gén, Méd) stone ◆ **maison de** ou **en pierre** stone(-built) house, house built of stone ◆ **mur en pierres sèches** dry-stone wall ◆ **attaquer qn à coups de pierres** to throw stones at sb ◆ **il resta** ou **son visage resta de pierre** he remained stony-faced ◆ **jeter la première pierre** to cast the first stone ◆ **je ne veux pas lui jeter la pierre** I don't want to be too hard on him; → **âge**, **casseur**
② (= immobilier) ◆ **la pierre** bricks and mortar ◆ **investir dans la pierre** to invest in bricks and mortar
③ (locutions) ◆ **faire d'une pierre deux coups** to kill two birds with one stone ◆ **il s'est mis une pierre au cou** he's taken on a heavy burden ◆ **pierre qui roule n'amasse pas mousse** (Prov) a rolling stone gathers no moss (Prov) ◆ **c'est une pierre dans son jardin** it is a black mark against him ◆ **jour à marquer d'une pierre blanche** red-letter day ◆ **jour à marquer d'une pierre noire** black day ◆ **bâtir qch pierre à pierre** to build sth up piece by piece ou stone by stone ◆ **ils n'ont pas laissé pierre sur pierre** they didn't leave a stone standing ◆ **apporter sa pierre à qch** to add one's contribution to sth ◆ **aimer les vieilles pierres** to like old buildings

COMP **pierre à aiguiser** whetstone
pierre angulaire (lit, fig) cornerstone
pierre à bâtir building stone
pierre à briquet flint
pierre à chaux limestone
pierre à feu flint
pierre fine semiprecious stone
pierre funéraire tombstone, gravestone
pierre à fusil gunflint
pierre de lard French chalk, tailor's chalk
pierre levée standing stone
pierre de lune moonstone
pierre ollaire soapstone, steatite (SPÉC)
pierre philosophale philosopher's stone
pierre ponce pumice stone, pumice (NonC)
pierre précieuse precious stone, gem

la pierre de Rosette the Rosetta stone
pierre de taille freestone
pierre tombale tombstone, gravestone
pierre de touche (lit, fig) touchstone

pierrée /pjeʀe/ NF dry-stone drain

pierreries /pjeʀʀi/ SYN NFPL gems, precious stones

pierreux, -euse /pjeʀø, øz/ SYN ADJ [terrain] stony; [fruit] gritty; (Méd) calculous (SPÉC)

Pierrot /pjeʀo/ NM (Théât) Pierrot

pierrot /pjeʀo/ NM (= oiseau) sparrow

pietà /pjeta/ NF pietà

piétaille /pjetaj/ NF (péj) (Mil) rank and file; (= subalternes) rank and file, menials; (= piétons) footsloggers*, pedestrians

piété /pjete/ SYN NF (Rel) piety; (= attachement) devotion, reverence ◆ **piété filiale** filial devotion ou respect ◆ **articles/livre de piété** devotional articles/book ◆ **images de piété** pious images

piètement /pjɛtmɑ̃/ NM [de meuble] base

piéter /pjete/ ► conjug 6 ◄ VI [oiseau] to run

piétin /pjetɛ̃/ NM foot rot

piétinement /pjetinmɑ̃/ SYN NM ① (= stagnation) ◆ **le piétinement de la discussion** the fact that the discussion is not (ou was not) making (any) progress ◆ **vu le piétinement de l'enquête** given that the investigation is (ou was) at a virtual standstill
② (= marche sur place) standing about ◆ **ce fut moins un défilé qu'un gigantesque piétinement** it was more of a slow shuffle than a march
③ (= bruit) stamping

piétiner /pjetine/ SYN ► conjug 1 ◄
VI ① (= trépigner) to stamp (one's foot ou feet) ◆ **piétiner de colère/d'impatience** to stamp (one's feet) angrily/impatiently
② (= ne pas avancer) [personne] to stand about; [cortège] to mark time; [discussion] to make no progress; [affaire, enquête] to be at a virtual standstill, to be making no headway; [économie, science] to stagnate, to be at a standstill ◆ **piétiner dans la boue** to trudge through the mud
VT [+ sol] to trample on; [+ victime] (fig) [+ adversaire] to trample underfoot; [+ parterres, fleurs] to trample on, to trample underfoot, to tread on ◆ **plusieurs personnes furent piétinées** several people were trampled on ou trampled underfoot ◆ **piétiner les principes de qn** to trample sb's principles underfoot, to ride roughshod over sb's principles; → **plat¹**

piétisme /pjetism/ NM pietism

piétiste /pjetist/
ADJ pietistic
NMF pietist

piéton¹ /pjetɔ̃/ NM pedestrian

piéton², -onne /pjetɔ̃, ɔn/, **piétonnier, -ière** /pjetɔnje, jɛʀ/ ADJ pedestrian (épith) ◆ **rue piétonne** ou **piétonnière** (gén) pedestrianized street; (commerciale) pedestrian shopping street ◆ **zone piétonne** ou **piétonnière** (gén) pedestrian precinct; (commerciale) shopping precinct

piètre /pjɛtʀ/ SYN ADJ (frm) [adversaire, écrivain, roman] very poor, mediocre; [excuse] paltry, lame ◆ **c'est une piètre consolation** it's small ou little comfort ◆ **dans un piètre état** in a very poor state ◆ **faire piètre figure** to cut a sorry figure ◆ **avoir piètre allure** to be a sorry ou wretched sight

piètrement /pjɛtʀəmɑ̃/ ADV very poorly

pieu (pl **pieux**) /pjø/ SYN NM ① (= poteau) post; (pointu) stake, pale; (Constr) pile
② (⁑ = lit) bed ◆ **se mettre au pieu** to hit the hay* ou sack*, to turn in*

pieusement /pjøzmɑ̃/ SYN ADV (Rel) piously; (= respectueusement) reverently ◆ **un vieux tricot qu'il avait pieusement conservé** (hum) an old sweater which he had lovingly kept

pieuter⁑ /pjøte/ ► conjug 1 ◄
VI ◆ **(aller) pieuter chez qn** to crash ou kip (Brit) at sb's place⁑
VPR **se pieuter** to hit the hay* ou sack*, to turn in*

pieuvre /pjœvʀ/ NF ① (= animal) octopus ◆ **cette entreprise est une pieuvre** this is a very tentacular company ◆ **cette ville est une pieuvre** this is a huge, sprawling city ◆ **la Pieuvre** (= Mafia) the Mob
② (= sandow) spider

pieux, pieuse /pjø, pjøz/ SYN ADJ [personne] (= religieux) pious, devout; (= dévoué) devoted, dutiful; [pensée, souvenir, lecture, image] pious; [silence] reverent, respectful ◆ **pieux mensonge** white lie (told out of pity etc)

piézoélectricité /pjezoelɛktʀisite/ NF piezoelectricity

piézoélectrique /pjezoelɛktʀik/ ADJ piezoelectric

piézomètre /pjezomɛtʀ/ NM piezometer

pif¹ /pif/ NM (= nez) nose, conk⁑ (Brit), schnozzle⁑ (US) ◆ **j'ai failli y aller, j'ai eu du pif** I nearly went but I had a funny feeling about it ◆ **je l'ai dans le pif** I can't stand ou stick* (Brit) him
◆ **au pif** (= approximativement) at a rough guess; (= au hasard) [répondre, choisir] at random ◆ **faire qch au pif** [+ plan, exercice, recette] to do sth by guesswork

pif² /pif/ EXCL ◆ **pif ! paf !** (explosion) bang! bang!; (gifle) smack! smack!, slap! slap!

pif(f)er⁑ /pife/ ► conjug 1 ◄ VT ◆ **je ne peux pas le pif(f)er** I can't stand ou stick* (Brit) him

pifomètre⁑ /pifɔmɛtʀ/ NM intuition, instinct
◆ **au pifomètre** at a rough guess ◆ **faire qch au pifomètre** to do sth by guesswork ◆ **j'y suis allé au pifomètre** I followed my nose*

pifrer⁑ /pifʀe/ ► conjug 1 ◄ VT ⇒ **pif(f)er**

pige /piʒ/ NF ① (⁑ = année) ◆ **il a 50 piges** he's 50 ◆ **à 60 piges** at 60
② (dans la presse, dans l'édition) ◆ **être payé à la pige** [typographe] to be paid at piecework rates; [journaliste] to be paid by the line; [artiste] to be paid per commission ◆ **faire des piges pour un journal** to do freelance work for a newspaper
③ (⁑ = surpasser) ◆ **faire la pige à qn** to leave sb standing*, to put sb in the shade

pigeon /piʒɔ̃/
NM ① (= oiseau) pigeon
② (* = dupe) mug⁑, sucker⁑
COMP **pigeon d'argile** clay pigeon
pigeon ramier woodpigeon, ring dove
pigeon vole (= jeu) game of forfeits, ≈ Simon says
pigeon voyageur carrier ou homing pigeon ◆ **par pigeon voyageur** by pigeon post

pigeonnant, e /piʒɔnɑ̃, ɑ̃t/ ADJ ◆ **soutien-gorge pigeonnant** uplift bra ◆ **avoir une poitrine pigeonnante** to have a lot of cleavage

pigeonne /piʒɔn/ NF hen-pigeon

pigeonneau (pl **pigeonneaux**) /piʒɔno/ NM young pigeon, squab

pigeonner /piʒɔne/ ► conjug 1 ◄
VT (* = duper) ◆ **pigeonner qn** to do sb⁑, to take sb for a ride⁑ ◆ **se laisser** ou **se faire pigeonner** to be done⁑, to be taken for a ride⁑, to be had*
VI ◆ **ce soutien-gorge fait pigeonner les seins** this bra pushes the breasts up

pigeonnier /piʒɔnje/ NM pigeon house ou loft; (* = logement) garret, attic room

piger⁑ /piʒe/ ► conjug 3 ◄ VT (= comprendre) to get it* ◆ **il a pigé** he's got it*, he's twigged* (Brit), the penny has dropped* (Brit) ◆ **tu piges ?** (do you) get it?* ◆ **je ne pige rien à la chimie** chemistry's all Greek* ou double Dutch* (Brit) to me ◆ **je n'y pige rien** I just don't get it (at all)*, I can't make head (n)or tail of it ◆ **tu piges quelque chose, toi ?** can you make anything of it?

pigiste /piʒist/ NMF (= typographe) (piecework) typesetter; (= journaliste) freelance journalist (paid by the line); (= artiste) freelance artist

pigment /pigmɑ̃/ NM pigment

pigmentaire /pigmɑ̃tɛʀ/ ADJ pigmentary, pigmental

pigmentation /pigmɑ̃tasjɔ̃/ NF pigmentation

pigmenter /pigmɑ̃te/ ► conjug 1 ◄ VT to pigment

pigne /piɲ/ NF (= pomme de pin) pine cone; (= graine) pine kernel ou nut

pignocher /piɲɔʃe/ ► conjug 1 ◄ VI to pick ou nibble at one's food

pignon /piɲɔ̃/ NM ① (Archit) gable ◆ **à pignon** gabled ◆ **avoir pignon sur rue** (fig) to be well-established
② (= roue dentée) cog(wheel), gearwheel; (= petite roue) pinion
③ (= fruit) ◆ **pignon (de pin)** pine kernel ou nut

pignoratif, -ive /piɲɔʀatif, iv/ ADJ pignorative

pignouf⁑ /piɲuf/ NM peasant*, boor

pilaf /pilaf/ NM pilaf(f), pilau ◆ **riz pilaf** pilau rice

pilage /pilaʒ/ NM crushing, pounding

pilaire /pilɛʀ/ ADJ pilar(y)

pilastre /pilastʀ/ NM pilaster

Pilate /pilat/ NM Pilate

pilchard /pilʃaʀ/ NM pilchard

pile¹ /pil/ SYN

　NF ① (= tas) pile, stack; (Ordin) stack
　② [de pont] support, pile, pier
　③ (Élec) battery ◆ **à pile(s)** battery (épith), battery-operated ◆ **pile sèche** dry cell ou battery ◆ **pile bâton** pencil battery ◆ **pile rechargeable** rechargeable battery ◆ **pile plate/ronde** flat/round battery ◆ **pile bouton** watch battery ◆ **pile atomique** nuclear reactor, (atomic) pile ◆ **pile solaire** solar cell ◆ **appareil à piles** ou **fonctionnant sur piles** battery-operated ou battery-driven appliance
　④ * (= coups) belting, thrashing; (= défaite) hammering*, thrashing ◆ **donner une pile à qn** (rosser) to give sb a belting ou thrashing, to lay into sb*; (vaincre) to lick sb*, to beat sb hollow* (Brit) ◆ **prendre** ou **recevoir une pile** (coups) to get a belting; (défaite) to be licked*, to be beaten hollow* (Brit)
　⑤ [de pièce] ◆ **c'est tombé sur (le côté) pile** it came down tails ◆ **pile ou face ?** heads or tails? ◆ **pile c'est moi, face c'est toi** tails it's me, heads it's you ◆ **sur le côté pile il y a…** on the reverse side there's… ◆ **on va jouer** ou **tirer ça à pile ou face** we'll toss (up) for it ◆ **tirer à pile ou face pour savoir si…** to toss up to find out if…
　⑥ (Héraldique) pile

　ADV (* = net) ◆ **s'arrêter pile** to stop dead * ◆ **ça l'a arrêté pile** it stopped him dead* ou in his tracks, it brought him up short* ◆ **vous êtes tombé pile en m'offrant ce cadeau** (personne) you've chosen exactly the right present for me ◆ **j'ai ouvert l'annuaire et je suis tombé pile sur le numéro** I opened the directory and came up with the number right ou straight (Brit) away ◆ **il lâcha sa gomme qui tomba pile dans la corbeille à papier** he let go of his eraser and it fell right ou straight into the wastepaper basket ◆ **ça tombe pile !** that's just ou exactly what I (ou we etc) need(ed)! ◆ **on est six et il y en a douze – ça tombe pile** there are six of us and twelve of them – that works out exactly ou evenly ◆ **son mariage tombe pile le jour de son anniversaire** her wedding is on the same day as her birthday ◆ **tomber** ou **arriver pile** (survenir) [personne] to turn up* just at the right moment ou time; [chose] to come just at the right moment ou time ◆ **à 2 heures pile** (at) dead on 2*, at 2 on the dot* ◆ **il est 11 heures pile** it's dead on 11*, it's 11 o'clock exactly ◆ **c'est pile poil ce que je voulais** * it's just what I wanted ◆ **ça rentre pile poil** * it just fits in

pile² /pil/ NF [de pâte à papier] poacher

piler /pile/ SYN ▸ conjug 1 ◂
　VT ① (lit) to crush, to pound
　② ◆ **piler qn*** (= rosser) to lay into sb*, to give sb a hammering*; ou belting*; (= vaincre) to lick sb*, to beat sb hollow* (Brit)
　VI (* = freiner) to jam on the brakes

pilet /pilɛ/ NM (= oiseau) pintail

pileux, -euse /pilø, øz/ ADJ [follicule] hair (épith); → **système**

pilier /pilje/ SYN NM ① (Anat, Constr) pillar; [de dispositif, institution, politique] mainstay, linchpin; (= personne) [d'organisation, parti] mainstay ◆ **la famille, pilier de la société** the family, the bedrock of society ◆ **c'est un pilier de bar** ou **de bistro** ou **de comptoir** he spends his life propping up the bar, he's a barfly* (US)
　② (Rugby) prop (forward)

pilifère /pilifɛʀ/ ADJ piliferous

pili-pili /pilipili/ NM INV (= piment) (very hot) chili

pillage /pijaʒ/ SYN NM ① [de ville] pillage, plundering; [de magasin, maison] looting; [d'église, tombe] looting, plundering; [de ruche] robbing ◆ **mettre au pillage** to pillage, to plunder, to loot ◆ **le pillage des caisses de l'État** plundering the state coffers
　② (= plagiat) [d'ouvrage, auteur] plagiarism

pillard, e /pijaʀ, aʀd/ SYN
　ADJ [soldats, bande] pillaging (épith), looting (épith); [oiseau] thieving (épith)
　NM,F pillager, plunderer, looter

piller /pije/ SYN ▸ conjug 1 ◂ VT ① [+ ville] to pillage, to plunder; [+ magasin, maison] to loot; [+ église, tombe] to loot, to plunder; [+ verger] to raid ◆ **piller les caisses de l'État/les richesses minières d'un pays** to plunder the state coffers/the mineral resources of a country
　② (= plagier) [+ ouvrage, auteur] to plagiarize, to borrow wholesale from

pilleur, -euse /pijœʀ, øz/ NM,F pillager, plunderer, looter; († = plagiaire) literary pirate, plagiarist ◆ **pilleur d'épaves** looter (of wrecked ships) ◆ **pilleur de tombes** tomb robber

pilocarpe /pilɔkaʀp/ NM jaborandi

pilocarpine /pilɔkaʀpin/ NF pilocarpin(e)

pilon /pilɔ̃/ SYN NM ① (= instrument) pestle; (= jambe) wooden leg; [de poulet] drumstick ◆ **mettre un livre au pilon** to pulp a book

pilonnage /pilɔnaʒ/ NM ① (Mil) shelling, bombardment ◆ **il y a eu des pilonnages intensifs** there has been intense ou heavy shelling
　② [de livres] pulping
　③ (Culin, Pharm) pounding, crushing

pilonner /pilɔne/ SYN ▸ conjug 1 ◂ VT ① (Mil) to shell, to bombard ◆ **l'artillerie a pilonné la capitale** artillery pounded the capital
　② [+ livre] to pulp
　③ (Culin, Pharm) to pound, to crush

pilori /pilɔʀi/ NM pillory, stocks ◆ **mettre** ou **clouer au pilori** (lit) to put in the stocks; (fig) to pillory ◆ **être condamné au pilori** to be put in the stocks

pilosébacé, e /pilosebase/ ADJ pilosebaceous

pilosité /pilozite/ NF pilosity ◆ **avoir une pilosité très développée** to be very hairy

pilot /pilo/ NM (Tech) pile

pilotage /pilɔtaʒ/ SYN NM ① [d'avion] piloting, flying; [de bateau] piloting ◆ **école de pilotage** (d'avion) flying school; (de voiture) driving school (specializing in advanced driving skills) ◆ **pilotage automatique** automatic piloting ◆ **l'accident a été attribué à une erreur de pilotage** the accident was put down to pilot error; → **poste²**
　② [d'entreprise, économie, projet] running, management; → **comité**

pilote /pilɔt/ SYN
　NM ① [d'avion, bateau] pilot; [de voiture] driver; (= guide) guide ◆ **servir de pilote à qn** to show sb round, to be sb's guide
　② (Ordin) driver
　③ (= poisson) pilotfish
　④ (en apposition = expérimental) [école, ferme] experimental; [projet, entreprise, usine] pilot (épith); [produit] low-priced

　COMP **pilote automatique** automatic pilot, autopilot ◆ **être/passer en pilote automatique** to be on/switch to automatic pilot ou autopilot
pilote automobile racing driver
pilote de chasse fighter pilot
pilote de course ⇒ **pilote automobile**
pilote d'essai test pilot
pilote de guerre fighter pilot
pilote de ligne airline pilot

piloter /pilɔte/ SYN ▸ conjug 1 ◂ VT ① [+ avion] to pilot, to fly; [+ navire] to pilot; [+ voiture] to drive
　② [+ entreprise, projet] to run, to manage ◆ **piloter qn** (fig) to show sb round

pilotis /pilɔti/ NM pile, pilotis (SPÉC) ◆ **sur pilotis** on piles

pilou /pilu/ NM flannelette

pilulaire /pilylɛʀ/
　ADJ (Pharm) pilular
　NM (pour animaux) balling iron ou gun

pilule /pilyl/ SYN NF ① (Pharm) pill ◆ **prendre la pilule, être sous pilule** * (contraceptive) to be on ou be taking the pill ◆ **pilule abortive/du lendemain** abortion/morning-after pill ◆ **pilule du bonheur** happy pill ◆ **il a eu du mal à avaler la pilule, il a trouvé la pilule un peu amère** ou **un peu dure à avaler** (fig) he found it a bitter pill to swallow, he found it hard to take ◆ **faire qch pour faire passer la pilule** to do sth to sweeten ou sugar the pill; → **dorer**
　② (* = défaite) thrashing*, hammering* ◆ **on a pris la pilule** we were thrashed* ou hammered*

pilulier /pilylje/ NM (Pharm) pill machine; (= boîte) pill box

pimbêche /pɛ̃bɛʃ/ SYN
　ADJ,F stuck-up *, full of herself (attrib)
　NF stuck-up thing* ◆ **c'est une horrible pimbêche** she's so full of herself, she's horribly stuck-up*

pimbina /pɛ̃bina/ NM (Can) pembina (Can) (type of cranberry)

piment /pimɑ̃/ SYN NM ① (= plante) pepper, capsicum ◆ **piment rouge** (= épice) chilli ◆ **piment doux** (= fruit) pepper, capsicum; (= poudre) paprika ◆ **piment vert** green chilli
　② (fig) spice, piquancy ◆ **avoir du piment** to be spicy ou piquant ◆ **donner du piment à une situation** to add ou give spice to a situation ◆ **ça donne du piment à la vie** it adds a bit of spice to life, it makes life more exciting ◆ **trouver du piment à qch** to find sth spicy ou piquant

pimenté, e /pimɑ̃te/ SYN (ptp de pimenter) ADJ [plat] hot, spicy; [récit] spicy

pimenter /pimɑ̃te/ SYN ▸ conjug 1 ◂ VT (Culin) to put chilli in; (fig) to add ou give spice to

pimpant, e /pɛ̃pɑ̃, ɑ̃t/ SYN ADJ [robe, personne] spruce

pimprenelle /pɛ̃pʀənɛl/ NF (à fleurs verdâtres) (salad) burnet; (à fleurs rouges) great burnet

pin /pɛ̃/
　NM (= arbre) pine (tree); (= bois) pine(wood); → **aiguille, pomme**
　COMP **pin laricio** ou **noir** Corsican pine
pin maritime maritime pine
pin d'Oregon Oregon pine
pin parasol ou **pignon** umbrella pine
pin sylvestre Scots ou Scotch fir, Scots ou Scotch pine

pinacle /pinakl/ NM (Archit) pinnacle ◆ **être au pinacle** (fig) to be at the top ◆ **porter** ou **mettre qn au pinacle** (fig) to praise sb to the skies

pinacothèque /pinakɔtɛk/ NF art gallery

pinaillage* /pinajaʒ/ NM hair-splitting, quibbling

pinailler* /pinaje/ SYN ▸ conjug 1 ◂ VI to quibble, to split hairs ◆ **il pinaille sur tout** he's forever splitting hairs

pinailleur, -euse* /pinajœʀ, øz/ SYN
　ADJ pernickety, nitpicking* (épith), hair-splitting (épith)
　NM,F nitpicker*, quibbler

pinard* /pinaʀ/ NM (gén) wine; (péj) cheap wine, plonk* (Brit)

pinardier* /pinaʀdje/ NM wine tanker

pinçage /pɛ̃saʒ/ NM (Agr) pinching out

pince /pɛ̃s/ SYN
　NF ① (= outil) ◆ **pince(s)** (gén) pair of pliers, pliers; (à charbon) pair of tongs, tongs
　② (= levier) crowbar
　③ [de crabe, homard] pincer, claw
　④ (Couture) dart ◆ **faire des pinces à** to put darts in ◆ **pince de poitrine** bust darts ◆ **pantalon à pinces** front-pleated trousers
　⑤ (* = main) hand, mitt*, paw* ◆ **je lui ai serré la pince** I shook hands with him
　⑥ (* = jambe) leg ◆ **aller à pinces** to foot* ou hoof* it ◆ **j'ai fait 15 km à pinces** I footed it for 15 km*

　COMP **pince à billets** note (Brit) ou bill (US) clip
pince à cheveux hair clip
pince coupante wire cutters
pince crocodile crocodile clip
pince de cycliste bicycle clip
pince à dénuder wire strippers, wire stripping pliers
pince à épiler (eyebrow) tweezers
pince à escargots special tongs used for eating snails
pince à glace ice tongs
pince à linge clothes peg (Brit), clothespin (US, Écos)
pince multiprise ⇒ **pince crocodile**
pince à ongles nail clippers
pince plate flat-nose pliers
pince à sucre sugar tongs
pince universelle (universal) pliers
pince à vélo bicycle clip

pincé, e¹ /pɛ̃se/ SYN (ptp de pincer) ADJ [personne, air] stiff, starchy; [sourire] stiff, tight-lipped; [ton] stiff ◆ **d'un air pincé** stiffly ◆ **les lèvres pincées** with pursed lips ◆ **aux lèvres pincées** thin-lipped ◆ **instrument à cordes pincées** (Mus) plucked stringed instrument

pinceau (pl **pinceaux**) /pɛ̃so/ SYN NM (gén) brush; (Peinture) (paint)brush; (= manière de peindre) brushwork; (* = pied) foot ◆ **pinceau à colle** paste brush ◆ **pinceau lumineux** pencil of light ◆ **coup de pinceau** brushstroke, stroke of the brush ◆ **donner un coup de pinceau à un mur** to give a wall a lick of paint ◆ **avoir un bon coup de pinceau** to paint well, to be a good painter

pincée² /pɛ̃se/ NF [de sel, poivre] pinch

pince-fesses †‡ /pɛ̃sfɛs/ NM INV dance, hop*

pincelier /pɛ̃səlje/ NM [de pinceaux] dipper

pincement /pɛ̃smɑ̃/ NM (Mus) plucking; (Agr) pinching out ◆ **pincement des roues** (en voiture) toe-in ◆ **elle a eu un pincement de cœur** she felt a twinge of sorrow

pince-monseigneur (pl **pinces-monseigneur**) /pɛ̃smɔ̃sɛɲœʁ/ NF jemmy (Brit), crowbar

pince-nez /pɛ̃sne/ NM INV pince-nez

pince-oreille (pl **pince-oreilles**) /pɛ̃sɔʁɛj/ NM earwig

pincer /pɛ̃se/ SYN ▸ conjug 3 ◂

VT 1 (accidentellement, pour faire mal) to pinch; [froid] to nip ◆ **je me suis pincé dans la porte/avec l'ouvre-boîte** I caught myself in the door/with the can opener ◆ **se (faire) pincer le doigt** to catch one's finger ◆ **se (faire) pincer le doigt dans une porte** to trap ou catch one's finger in a door ◆ **il s'est fait pincer par un crabe** he was nipped by a crab ◆ **pince-moi, je rêve !** pinch me, I'm dreaming!

2 (= tenir, serrer) to grip ◆ **pincer les lèvres** to purse (up) one's lips ◆ **se pincer le nez** to hold one's nose ◆ **une robe qui pince la taille** a dress which is tight at the waist

3 (Mus) to pluck

4 (Couture) [+ veste] to put darts in

5 (‡ = arrêter, prendre) to catch, to cop‡; [police] to cop‡, to catch, to nick‡ (Brit) ◆ **se faire pincer** to get caught

6 (Agr) to pinch out, to nip out

7 ◆ **en pincer pour qn** ‡ to be stuck on sb*, to be mad about sb* ◆ **il est pincé** ‡ he's hooked*

VI ◆ **ça pince (dur)** ‡ it's freezing (cold), it's bitterly cold

pince-sans-rire /pɛ̃ssɑ̃ʁiʁ/
ADJ INV deadpan
NMF INV ◆ **c'est un pince-sans-rire** he's got a deadpan sense of humour

pincette /pɛ̃sɛt/ NF (gén pl, pour le feu) pair of (fire) tongs, (fire) tongs; [d'horloger] pair of tweezers, tweezers; (Helv = pince à linge) peg ◆ **il n'est pas à toucher** ou **prendre avec des pincettes** (sale) he's filthy dirty; (mécontent) he's like a bear with a sore head

pinçon /pɛ̃sɔ̃/ NM pinch-mark

Pindare /pɛ̃daʁ/ NM Pindar

pindarique /pɛ̃daʁik/ ADJ Pindaric

pindarisme /pɛ̃daʁism/ NM Pindarism

pine‡‡ /pin/ NF cock‡‡, prick‡‡

pinéal, e (mpl **-aux**) /pineal, o/ ADJ pineal ◆ **glande pinéale** pineal gland ou body

pineau /pino/ NM Pineau (brandy-based drink)

pinède /pinɛd/, **pineraie** /pinʁɛ/ NF pinewood, pine forest

pingouin /pɛ̃gwɛ̃/ NM auk; (abusivement = manchot) penguin ◆ **(petit) pingouin** razorbill ◆ **habillé en pingouin** (hum) in tails ◆ **qui c'est ce pingouin ?*** (= individu) who's that guy?* ou bloke* (Brit)?

ping-pong /piŋpɔ̃g/ NM INV table tennis, Ping-Pong®

pingre /pɛ̃gʁ/ SYN (péj)
ADJ stingy
NMF skinflint

pingrerie /pɛ̃gʁəʁi/ SYN NF (péj) stinginess

pinne /pin/ NF pinna

pinnipèdes /piniped/ NMPL ◆ **les pinnipèdes** pinnipedians, the Pinnepedia (SPÉC)

pinnothère /pinɔtɛʁ/ NM pinnothere

Pinocchio /pinɔkjo/ NM Pinocchio

pinocytose /pinɔsitoz/ NF pinocytosis

pinot /pino/ NM Pinot

pin-pon /pɛ̃pɔ̃/ EXCL nee naw!

pin's /pins/ NM INV lapel badge, pin

pinson /pɛ̃sɔ̃/ NM chaffinch ◆ **pinson du nord** brambling; → **gai**

pintade /pɛ̃tad/ NF guinea-fowl

pintadeau (pl **pintadeaux**) /pɛ̃tado/ NM young guinea-fowl, guinea-poult (SPÉC)

pinte /pɛ̃t/ NF 1 (= ancienne mesure) ≈ quart (0.93 litre); (= mesure anglo-saxonne) pint; (Can) quart (1.136 litre); → **payer**

2 (Helv = débit de boissons) bar

pinté, e ‡ /pɛ̃te/ (ptp de **pinter**) ADJ smashed‡, plastered‡

pinter ‡ /pɛ̃te/ VI, **se pinter** VPR ▸ conjug 1 ◂ to booze*, to liquor up* (US) ◆ **on s'est pintés au whisky** we got smashed‡ ou plastered‡ on whisky

pin up /pinœp/ NF INV (= personne) sexy(-looking) girl; (= photo) pinup

pinyin /pinjin/ NM Pinyin

piochage /pjɔʃaʒ/ NM pickaxing

pioche /pjɔʃ/ NF 1 (à deux pointes) pick, pickaxe, pickax (US); (à pointe et à houe) mattock, pickaxe, pickax (US); → **tête**

2 (= tas de dominos, cartes) stock, pile ◆ **bonne/mauvaise pioche !** good/bad choice!

piocher /pjɔʃe/ SYN ▸ conjug 1 ◂

VT [+ terre] to pickaxe, to pickax (US); (‡ = étudier) [+ sujet] to swot up* (Brit), to slave ou slog (Brit) away at*; [+ examen] to cram ou swot* (Brit) for; (Jeux) [+ carte, domino] to take (from the stock ou pile); [+ numéro] to take

VI (= creuser) to dig (with a pick); (‡ : Jeux) to pick up ou take a card (ou domino) (from the stock ou pile) ◆ **piocher dans le tas** (nourriture) to dig in; (objets) to dig into the pile ◆ **piocher dans ses économies** to dip into one's savings

piocheur, -euse* /pjɔʃœʁ, øz/
ADJ hard-working
NM,F swot* (Brit), grind* (US)

piolet /pjɔlɛ/ NM ice axe

pion¹ /pjɔ̃/ SYN NM (Échecs) pawn; (Dames) piece, draught (Brit), checker (US) ◆ **n'être qu'un pion (sur l'échiquier)** to be just a pawn ou be nothing but a pawn (in the game) ◆ **avancer** ou **pousser ses pions** (fig) to position o.s.; → **damer**

pion², pionne /pjɔ̃, pjɔn/ SYN NM,F (arg Scol = surveillant) supervisor (student paid to supervise schoolchildren)

pion³ /pjɔ̃/ NM (Phys) pion, pi meson

pioncer ‡ /pjɔ̃se/ ▸ conjug 3 ◂ VI to sleep, to get some shut-eye* ◆ **j'ai pas pioncé de la nuit** I didn't get a wink of sleep (all night) ◆ **il a pioncé deux heures** he got two hours' sleep ou kip‡ (Brit)

pionnier, -ière /pjɔnje, jɛʁ/ SYN NM,F (lit, fig) pioneer

pioupiou* † /pjupju/ NM young soldier, tommy* † (Brit)

pipa /pipa/ NM pipa

pipe /pip/ SYN NF 1 (à fumer) (= contenant) pipe; (= contenu) pipeful, pipe ◆ **fumer la pipe** (gén) to smoke a pipe; (habituellement) to be a pipe-smoker ◆ **pipe de bruyère/de terre** briar/clay pipe; → **casser, fendre, tête**

2 (* = cigarette) cig*, fag‡ (Brit)

3 (= futaille) pipe

4 (‡‡ = acte sexuel) blow job‡‡ ◆ **tailler une pipe à qn** to give sb a blow job‡‡

pipeau (pl **pipeaux**) /pipo/ SYN NM (Mus) (reed-)pipe; (d'oiseleur) bird call ◆ **pipeaux** (gluaux) limed twigs ◆ **c'est du pipeau*** that's a load of rubbish*

pipelette* /piplɛt/ NF (péj) chatterbox

pipeline /piplin/ SYN NM pipeline ◆ **traitement en pipeline** (Ordin) pipelining

piper /pipe/ ▸ conjug 1 ◂ VT [+ cartes] to mark; [+ dés] to load ◆ **les dés sont pipés** (fig) the dice are loaded ◆ **il n'a pas pipé (mot)*** he didn't breathe a word, he kept mum*

pipéracée /piperase/ NF ◆ **les pipéracées** piperaceous plants, the Piperaceae (SPÉC)

piperade /piperad/ NF piperade (kind of omelette with tomatoes and peppers)

piperie /pipri/ NF (littér) ploy

pipérin /piperɛ̃/ NM, **pipérine** /piperin/ NF piperine

pipéronal /piperɔnal/ NM piperonal

pipette /pipɛt/ NF pipette

pipi* /pipi/ SYN NM pee*, wee*, wee-wee (langage enfantin) ◆ **faire pipi** to have a pee* ou a wee*, to have a wee-wee (langage enfantin) ◆ **faire pipi au lit** to wet the bed ◆ **le chien a fait pipi sur le tapis** the dog has made a puddle* on ou has done a wee* on the carpet ◆ **c'est du pipi de chat** [boisson] it's dishwater*, it's like cat's piss‡‡; [livre, film, théorie] it's pathetic*, it's a waste of time; → **dame**

pipier, -ière /pipje, jɛʁ/
ADJ pipe-making (épith)
NM,F pipe maker

pipi-room* (pl **pipi-rooms**) /pipirum/ NM loo* (Brit), bathroom (US) ◆ **aller au pipi-room** to go and spend a penny* (Brit), to go to the bathroom (US)

pipistrelle /pipistʁɛl/ NF pipistrelle

pipit /pipit/ NM pipit ◆ **pipit des arbres** tree pipit

pipo /pipo/ NM (arg Scol) student of the École Polytechnique

piquage /pikaʒ/ NM (Couture) sewing up, stitching, machining

piquant, e /pikɑ̃, ɑ̃t/ SYN
ADJ 1 [barbe] prickly; [tige] thorny, prickly

2 [goût, radis, sauce, moutarde] hot; [odeur] pungent; [fromage] sharp; [vin] sour, tart ◆ **eau piquante** * fizzy water ◆ **sauce piquante** (Culin) sauce piquante, piquant sauce

3 [air, froid] biting

4 [détail] (= paradoxal) surprising; (= grivois) spicy; [description, style] racy, piquant; [conversation, charme, beauté] piquant

5 (= mordant) [mot, réplique] biting, cutting

NM 1 [d'hérisson, oursin] spine; [de porc-épic] quill; [de rosier] thorn, prickle; [de chardon] prickle; [de barbelé] barb

2 [de style, description] raciness; [de conversation] piquancy; [d'aventure] spice ◆ **le piquant de l'histoire, c'est que..., et, détail qui ne manque pas de piquant,...** the most entertaining thing (about it) is that...

pique /pik/ SYN
NF (= arme) pike; [de picador] lance; (= parole blessante) dig, cutting remark ◆ **il n'a pas arrêté de me lancer des piques** he kept making cutting remarks

NM (= carte) spade; (= couleur) spades ◆ **le trois de pique** the three of spades

piqué, e /pike/ SYN (ptp de **piquer**)
ADJ 1 (Couture = cousu) (machine-)stitched; [couvre-lit] quilted

2 (= marqué) [linge] mildewed, mildewy; [miroir] speckled; [livre] foxed; [meuble] worm-eaten; (= aigre) [vin] sour ◆ **visage piqué de taches de rousseur** freckled face ◆ **piqué de rouille** [métal] pitted with rust; [linge] covered in rust spots ◆ **piqué par l'acide** pitted with acid marks ◆ **pas piqué des hannetons** * ou **des vers** * (= excellent) brilliant*, great*; (= excentrique) wild* ◆ **son article n'est pas piqué des hannetons** ou **des vers** * his article is spot on* ◆ **ce problème n'était pas piqué des hannetons !*** ou **des vers !*** it was a tough problem!*

3 (* = fou) nuts*, barmy* (Brit) ◆ **il est piqué, c'est un piqué*** he's nuts* ou barmy* (Brit), he's a nutter* (Brit)

4 (Mus) [note] staccato

5 (Phot) [d'objectif, image] sharpness

NM 1 (en avion) dive ◆ **attaque en piqué** (bombardement) dive bombing run; (à la mitrailleuse) strafing run ◆ **bombardement en piqué** dive bombing run ◆ **faire un piqué** to (go into a) dive

2 (= tissu) piqué

3 (Danse) piqué

pique-assiette* (pl **pique-assiettes**) /pikasjɛt/ SYN NMF scrounger*, sponger* (for a free meal)

pique-feu (pl **pique-feu(x)**) /pikfø/ NM poker

pique-fleurs /pikflœʁ/ NM INV flower-holder

pique-nique (pl **pique-niques**) /piknik/ NM picnic ◆ **faire un pique-nique** to picnic, to have a picnic ◆ **demain nous allons faire un pique-nique** tomorrow we're going for ou on a picnic

pique-niquer /piknike/ ▸ conjug 1 ◂ VI to have a picnic, to picnic

pique-niqueur, -euse (mpl **pique-niqueurs**) /piknikœʁ, øz/ NM,F picnicker

piquer /pike/ SYN ▸ conjug 1 ◂

VT 1 [guêpe] to sting; [moustique, serpent] to bite; (avec une épingle, une pointe) to prick; (Méd) to give an injection to, to give a shot* ou jab* (Brit) to ◆ **se faire piquer contre la variole** to have a smallpox injection ou shot* ou jab* (Brit) ◆ **faire piquer qn contre qch** to have sb vaccinated ou inoculated against sth ◆ **faire piquer un chat/chien** (euph) to have a cat/dog put down ou put to sleep ◆ **se piquer le doigt** to prick one's finger ◆ **les ronces, ça pique** brambles are prickly; → **mouche**

2 [+ aiguille, fourche, fléchette] to stick, to stab, to jab (dans into) ◆ **rôti piqué d'ail** joint stuck

with cloves of garlic • **piqué de lardons** larded • **piquer la viande avec une fourchette** to prick the meat with a fork • **piquer des petits pois avec une fourchette** to stab peas with a fork • **piquer qch au mur** to put *ou* stick sth up on the wall • **piquer une fleur sur un corsage** to pin a flower on(to) a blouse • **piquer une fleur dans ses cheveux** to stick a flower in one's hair • **des papillons piqués sur une planche** butterflies pinned on a board • **piquer (une frite/un haricot) dans le plat*** to help o.s. (to a chip/a bean or two) • **piquer au hasard*** *ou* **dans le tas*** to choose *ou* pick at random

3 *(Couture)* • **piquer qch (à la machine)** to machine sth, to (machine) stitch sth, to sew sth up • **ta mère sait-elle piquer ?** can your mother use a sewing machine?

4 *[barbe]* to prick, to prickle; *[ortie]* to sting • **tissu qui pique (la peau)** prickly material, material that prickles the skin • **liqueur qui pique la gorge** liqueur which burns the throat • **la fumée me pique les yeux** the smoke is stinging my eyes *ou* making my eyes sting *ou* smart • **le froid/le vent nous piquait le** *ou* **au visage** the cold/the wind stung our faces • **ça (me) pique** *[démangeaison]* it's itching *ou* itchy, it's making me itch • **les yeux me piquent, j'ai les yeux qui piquent** my eyes are smarting *ou* stinging • **ma gorge me pique** my throat's burning • **tu piques avec ta barbe** your beard's scratchy • **attention, ça pique** OK now, this is going to sting; → **frotter**

5 *(= exciter) [+ bœufs]* to goad; *[+ curiosité]* to arouse, to excite; *[+ intérêt]* to arouse, to provoke; *(† = vexer) [+ personne]* to pique, to nettle; *[+ amour-propre]* to pique, to hurt • **piquer qn au vif** to cut sb to the quick

6 *(* = faire brusquement)* • **piquer un cent mètres** *ou* **un sprint** to (put on a) sprint, to put on a burst of speed • **piquer un roupillon*** *ou* **un somme** to have forty winks* *ou* a nap, to get a bit of shut-eye‡ • **piquer un galop** to break into a gallop • **piquer une** *ou* **sa crise** to throw a fit • **piquer une crise de larmes** to have a crying fit • **piquer une colère** to fly into a rage, to have a fit* • **piquer un fard** to go (bright) red • **piquer une suée** to break out in a sweat • **piquer un plongeon** to dive • **piquer une tête dans une piscine** to dive (headfirst) into a pool

7 *(* = attraper) [+ manie, maladie]* to pick up, to catch, to get

8 *(* = voler) [+ portefeuille]* to pinch*, to swipe*, to nick‡ *(Brit)*; *[+ idée]* to pinch*, to steal *(à qn* from sb)

9 *(‡ = arrêter) [+ voleur]* to cop‡, to nab*, to nick‡ *(Brit)*

10 *(Mus)* • **piquer les notes** to play staccato

VI 1 *[avion]* to go into a dive; *[oiseau]* to swoop down • **le cavalier piqua droit sur nous** the horseman came straight at us • **il faudrait piquer vers le village** we'll have to head towards the village • **piquer du nez** *[avion]* to go into a nose-dive; *[bateau]* to dip its head; *[fleurs]* to droop; *[personne]* to fall headfirst • **piquer du nez dans son assiette*** *(de sommeil)* to nod off* *ou* doze off* (during a meal); *(de honte)* to hang one's head in shame • **piquer des deux** to go full tilt

2 *[moutarde, radis]* to be hot; *[vin]* to be sour, to have a sour taste; *[fromage]* to be sharp • **eau qui pique*** fizzy water

VPR se piquer 1 *(= se blesser) (avec une aiguille)* to prick o.s.; *(dans les orties)* to get stung, to sting o.s.

2 *[morphinomane]* to shoot up; *[diabétique]* to give o.s. an injection, to inject o.s. • **il se pique à l'héroïne** he uses heroin

3 *[bois, linge]* to go mildewed *ou* mildewy; *[livre]* to become foxed; *[miroir]* to become speckled; *[métal]* to be pitted; *[vin, cidre]* to go *ou* turn sour

4 *(= prétendre connaître ou pouvoir)* • **se piquer de littérature/psychologie** to like to think one knows a lot about literature/psychology, to pride o.s. on one's knowledge of literature/psychology • **se piquer de faire qch** to pride o.s. on one's ability to do sth

5 *(= se vexer)* to take offence

6 • **il s'est piqué au jeu** he became quite taken with it

piquet /pikɛ/ **NM** 1 *(= pieu)* post, stake, picket; *[de tente]* peg; *(Ski)* (marker) pole; → **raide**

2 • **piquet (de grève)** (strike-)picket, picket line • **organiser un piquet de grève** to organize a picket line • **il y a un piquet de grève à l'usine** there's a picket line at the factory • **piquet d'incendie** *(Mil)* fire-fighting squad

3 *(Scol)* • **mettre qn au piquet** to make sb stand *ou* put sb in the corner

4 *(Cartes)* piquet

piquetage /pik(ə)taʒ/ **NM** staking (out)

piqueter /pik(ə)te/ ► conjug 4 ◄ **VT** 1 *[+ allée]* to stake out, to put stakes along

2 *(= moucheter)* to dot *(de* with) • **ciel piqueté d'étoiles** star-studded *ou* star-spangled sky, sky studded with stars

piquette /pikɛt/ **NF** 1 *(= cru local)* local wine; *(= mauvais vin)* cheap wine, plonk* *(Brit)*

2 *(‡ = défaite)* hammering*, thrashing* • **prendre une piquette** to be hammered* *ou* thrashed*

piqueur, -euse /pikœʀ, øz/

ADJ *[insecte]* stinging *(épith)*

NM 1 *[d'écurie]* groom; *(Chasse)* whip

2 *(= mineur)* hewer

3 *(= surveillant)* foreman

4 *(* = voleur)* thief

NM,F *(Couture)* machinist

piquier /pikje/ **NM** pikeman

piquouse* /pikuz/ **NF** shot*, jab* • **il m'a fait une piquouse** he gave me a jab* *ou* an injection

piqûre /pikyʀ/ SYN **NF** 1 *[d'insecte, moustique]* bite; *[de guêpe, ortie]* sting • **piqûre d'épingle** pinprick • **la piqûre faite par l'aiguille** *(= plaie)* the hole made by the needle

2 *(Méd)* injection, shot*, jab* *(Brit)* • **faire une piqûre à qn** to give sb an injection *ou* a shot* *ou* a jab* *(Brit)* • **se faire faire une piqûre** to have an injection *ou* a shot* *ou* a jab* *(Brit)* • **piqûre de rappel** booster injection *ou* shot*, booster *(Brit)*

3 *(= petit trou)* hole; *[de moisi, rouille]* speck, spot • **piqûre de ver** wormhole

4 *(Couture) (= point)* stitch; *(= rang)* stitching *(NonC)* • **rang de piqûres** row *ou* line of stitches *ou* stitching • **jupe à piqûres apparentes** skirt with overstitched seams

piranha /piʀana/ **NM** piranha

piratage /piʀataʒ/ **NM** *[de cassette, vidéo]* pirating; *[de ligne téléphonique]* hacking *(de* into) • **piratage (informatique)** (computer) hacking

pirate /piʀat/ SYN

NM pirate *(† = escroc)* swindler, shark* • **pirate de l'air** hijacker, skyjacker* • **pirate (informatique)** (computer) hacker • **c'est un vrai pirate, cet enfant !** that child's a little rascal! • **pirate de la route** carjacker

ADJ *[bateau, émission, radio, télévision]* pirate *(épith)*

pirater /piʀate/ SYN ► conjug 1 ◄ **VT** *[+ cassette, film, logiciel]* to pirate; *[+ ligne téléphonique]* to hack into • **pirater un ordinateur** to hack into a computer

piraterie /piʀatʀi/ SYN **NF** *(NonC)* piracy; *(= acte)* act of piracy; *(fig)* swindle, swindling *(NonC)* • **piraterie commerciale** illegal copying, forgery *(of famous brand name goods)* • **acte de piraterie** act of piracy • **piraterie aérienne** hijacking, skyjacking* • **c'est de la piraterie !** it's daylight robbery!

piraya /piʀaja/ **NM** ⇒ **piranha**

pire /piʀ/

ADJ 1 *(compar)* worse • **c'est bien pire** it's much worse • **c'est pire que jamais** it's worse than ever • **c'est pire que tout** it's the worst thing you can imagine • **c'est de pire en pire** it's getting worse and worse • **il y a pire comme chef** you could do worse for a boss • **j'ai déjà entendu pire !** I've heard worse! • **il n'est pire eau que l'eau qui dort** *(Prov)* still waters run deep *(Prov)* • **il n'est pire sourd que celui qui ne veut pas entendre** *(Prov)* there are none so deaf as those who will not hear *(Prov)*

2 *(superl)* • **le pire, la pire** the worst • **les pires rumeurs/difficultés** the most terrible rumours/severe difficulties

NM • **le pire** the worst • **le pire de tout c'est de...** the worst thing of all is to... • **le pire c'est que...** the worst of it (all) is that... • **(en mettant les choses) au pire** at (the very) worst, if the worst comes to the worst • **je m'attends au pire** I expect the worst • **le pire est à venir** the worst is yet to come; → **politique**

Pirée /piʀe/ **NM** • **le Pirée** Piraeus

piriforme /piʀifɔʀm/ **ADJ** *(gén)* pear-shaped; *[organe]* pyriform organ

pirogue /piʀɔg/ **NF** dugout, canoe, pirogue • **pirogue à balancier** outrigger

piroguier /piʀɔgje/ **NM** boatman *(in a pirogue)*

pirole /piʀɔl/ **NF** wintergreen *(Brit)*, shinleaf *(US)*

pirouette /piʀwɛt/ SYN **NF** 1 *[de danseuse, cheval]* pirouette

2 *(= faux-fuyant)* evasive reply • **répondre par une pirouette** to cleverly side-step *ou* evade the question • **il s'est sorti de la situation par une pirouette** he managed to wriggle out of the situation

pirouetter /piʀwete/ SYN ► conjug 1 ◄ **VI** to pirouette

pis[1] /pi/ SYN **NM** *[de vache]* udder

pis[2] /pi/ *(littér)*

ADJ worse • **qui pis est** what is worse

ADV worse • **aller de pis en pis** to get worse and worse • **dire pis que pendre de qn** to badmouth* sb; → **mal**[1], **tant**

NM • **le pis** the worst (thing) • **au pis** at the (very) worst • **au pis aller** if the worst comes to the worst

pis-aller /pizale/ **NM INV** stopgap • **cette solution n'est qu'un pis-aller** it's only a stopgap solution • **nous verrons ce film en vidéo, c'est un pis-aller** we'll have to make do with second best and watch the film on video • **au pis-aller** if the worst comes to the worst

piscicole /pisikɔl/ **ADJ** *[réserve, vie, élevage]* fish, piscicultural *(SPÉC)* • **ferme piscicole** fish farm • **la faune piscicole** fish life

pisciculteur, -trice /pisikyltœʀ, tʀis/ **NM,F** fish breeder *ou* farmer, pisciculturist *(SPÉC)*

pisciculture /pisikyltyʀ/ **NF** fish breeding *ou* farming, pisciculture *(SPÉC)*

pisciforme /pisifɔʀm/ **ADJ** pisciform

piscine /pisin/ SYN **NF** 1 *(= bassin)* swimming pool; *[de réacteur nucléaire]* cooling pond • **piscine municipale** public (swimming) pool, public baths *(Brit)* • **piscine olympique** Olympic-size(d) (swimming) pool • **faire de la gymnastique en piscine** to do water gymnastics

2 *(arg Police)* • **la piscine** *the French secret service*

piscivore /pisivɔʀ/

ADJ fish-eating *(épith)*, piscivorous *(SPÉC)*

NM fish eater

Pise /piz/ **N** Pisa; → **tour**[1]

pisé /pize/ **NM** adobe, pisé

pisiforme /pizifɔʀm/ **ADJ M** pisiform

pisolithe /pizɔlit/ **NF** pisolite

pisolithique /pizɔlitik/ **ADJ** pisolitic

pissaladière /pisaladjɛʀ/ **NF** *(Culin) Provençal pizza with onions, anchovy fillets and olives*

pissat /pisa/ **NM** *(= urine d'animal)* urine

pisse‡ /pis/ **NF** pee*, piss*‡ • **de la pisse d'âne** *(fig)* cat's piss*‡

pisse-copie /piskɔpi/ **NM INV** *(péj)* hack*

pisse-froid‡ /pisfʀwa/ **NM INV** wet blanket*

pissement /pismɑ̃/ **NM** • **pissement de sang** passing of blood (with the urine)

pissenlit /pisɑ̃li/ **NM** dandelion • **manger les pissenlits par la racine*** to be pushing up the daisies*, to be dead and buried

pisser‡ /pise/ SYN ► conjug 1 ◄

VI 1 *(= uriner) [personne]* to (have a) pee* *ou* piss*‡; *[animal]* to pee*, to piss*‡ • **je vais pisser un coup** I'm going for a pee* *ou* a piss*‡ • **il a pissé dans sa culotte** he wet his trousers, he peed in his pants* • **pisser au lit** to wet the *ou* one's bed, to pee in the bed* • **il ne se sent plus pisser** *(péj)* he thinks the sun shines out of his arse*‡ *(Brit)* *ou* ass*‡ *(US)*, he thinks his shit doesn't stink*‡ *(US)* • **ça l'a pris comme une envie de pisser** he suddenly got an urge to do it* • **les principes, je leur pisse dessus !** I couldn't give a shit*‡ about principles! • **c'est comme si on pissait dans un violon** it's like pissing in the wind*‡ • **laisse pisser (le mérinos) !** forget it!*, let him (*ou* them *etc*) get on with it! • **ça ne pisse pas loin** it's nothing to shout about *ou* to write home about*

2 *(= couler)* to gush; *(= fuir)* to gush out • **ça pisse** *(= il pleut)* it's coming down in buckets*, it's pissing down*‡ *(Brit)*

VT • **pisser du sang** to pass blood (with the urine) • **son nez pissait le sang** blood was gushing *ou* pouring from his nose • **il pissait le sang** the blood was gushing out of him • **le réservoir pissait l'eau** water was gushing *ou* pouring out of the tank • **pisser de la copie*** *(péj)* to churn out garbage *ou* rubbish *(Brit)*

pissette* /pisɛt/ **NF** *(= filet de liquide)* trickle

pisseur, -euse[1] /pisœʀ, øz/
- **N,F** ‡ weak-bladdered individual, person who is always going for a pee* ou a piss*‡
- **NF** **pisseuse** ‡ female (péj)
- **COMP** **pisseur de copie** * writer (or journalist etc) who churns out rubbish

pisseux, -euse[2] /pisø, øz/ ADJ [couleur] wishy-washy*, insipid; [aspect] tatty*, scruffy ◆ **odeur pisseuse** smell of pee* ou piss*‡

pisse-vinaigre‡ /pisvinɛgʀ/ NM INV (= rabat-joie) wet blanket*; (= avare) skinflint

pissoir /piswaʀ/ NM (dial) urinal

pissotière ‡ /pisɔtjɛʀ/ NF (street) urinal

pistache /pistaʃ/
- **NF** pistachio (nut)
- **ADJ INV** pistachio (green)

pistachier /pistaʃje/ NM pistachio (tree)

pistage /pistaʒ/ NM [de gibier] tracking, trailing; [de personne] tailing

pistard /pistaʀ/ NM track cyclist, track racer ou specialist

piste /pist/ SYN
- **NF** 1 (= traces) [d'animal, suspect] track, tracks, trail ◆ **suivre/perdre la piste** to follow/lose the trail ◆ **être/mettre qn sur la (bonne) piste** to be/put sb on the right track ◆ **être sur/perdre la piste d'un meurtrier** to be on/lose a murderer's trail ◆ **se lancer sur la piste de qn** to follow sb's trail, to set out to track sb down; → **brouiller, faux**[2], **jeu**
- 2 (Police = indice) lead
- 3 (fig) **c'est une piste à explorer** it's an avenue worth exploring ◆ **il a proposé de nouvelles pistes de recherche** he suggested some new avenues of research ◆ **tu as trouvé un emploi ? – pas encore, mais j'ai quelques pistes** have you found a job? – not yet, but I've got some possibilities to follow up
- 4 [d'hippodrome] course; [de vélodrome, autodrome, stade] track; [de patinage] rink; [de danse] (dance) floor; [de cirque] ring
- ◆ **en piste** ◆ **en piste !** (cirque) into the ring!; (fig) off you go! ◆ **être en piste** (lit) to be in the ring; (dans un concours, une élection etc) to be in the running ◆ **entrer en piste** (lit) to enter the ring; (fig) to enter the arena, to come on(to) the scene ◆ **dès leur entrée en piste** (lit) as soon as they entered the ring; (fig) as soon as they entered the arena ou came on(to) the scene
- 5 (Ski) (ski) run, piste; [de ski de fond] trail ◆ **il y a 30 km de pistes dans cette station** there are 30 km of pistes ou ski runs at this resort ◆ **piste artificielle** dry ou artificial ski slope ◆ **piste pour débutants** nursery slope ◆ **piste rouge/noire** red/black piste ou ski run ◆ **ski hors piste** off-piste skiing ◆ **faire du hors piste** to go off-piste skiing
- 6 [d'aéroport] runway; [de petit aéroport] airstrip ◆ **piste d'atterrissage/d'envol** landing/take-off runway
- 7 (= sentier) track; [de désert] trail
- 8 [de magnétophone] track ◆ **à 2/4 pistes** 2/4 track ◆ **piste sonore** (Ciné) sound track ◆ **piste magnétique** [de carte] magnetic strip
- **COMP** **piste cavalière** bridle path **piste cyclable** (sur route) (bi)cycle lane; (= voie séparée) (bi)cycle path ou track

pister /piste/ SYN ▸ conjug 1 ◂ VT [+ gibier] to track, to trail; [police] [+ personne] to tail

pisteur /pistœʀ/ NM (member of the) ski patrol ◆ **les pisteurs** the ski patrol

pistil /pistil/ NM pistil

pistole /pistɔl/ NF pistole

pistolet /pistɔlɛ/ SYN
- **NM** (= arme) pistol, gun; (= jouet) (toy) pistol, (toy) gun; [de peintre] spray gun; (* = alèse) bed-bottle ◆ **peindre au pistolet** to spray-paint ◆ **un drôle de pistolet** * † an odd customer*, a weird duck* (US)
- **COMP** **pistolet agrafeur** staple gun **pistolet à air comprimé** airgun **pistolet d'alarme** alarm gun **pistolet d'arçon** horse pistol **pistolet à bouchon** popgun **pistolet à capsules** cap gun **pistolet à eau** water pistol

pistolet-mitrailleur (pl **pistolets-mitrailleurs**) /pistɔlɛmitʀajœʀ/ NM submachine gun, tommy gun, Sten gun ® (Brit)

pistoleur /pistɔlœʀ/ NM spray gun painter

piston /pistɔ̃/ SYN NM 1 [de moteur] piston
- 2 * string-pulling*, wire-pulling (US) ◆ **avoir du piston** to have friends in the right places * ◆ **il a eu le poste par piston** he got the job thanks to a bit of string-pulling*
- 3 (Mus) (= valve) valve; (= instrument) cornet

pistonner* /pistɔne/ SYN ▸ conjug 1 ◂ VT to pull strings ou wires (US) for * (auprès de with) ◆ **il s'est fait pistonner** he got somebody to pull some strings ou wires (US) for him *

pistou /pistu/ NM ◆ **soupe au pistou** vegetable soup with basil and garlic

pita /pita/ NM pitta (bread)

pitance † /pitɑ̃s/ SYN NF (péj) (means of) sustenance † (frm)

pit-bull (pl **pit-bulls**) /pitbyl/ NM pit bull (terrier)

pitchpin /pitʃpɛ̃/ NM pitch pine

piteusement /pitøzmɑ̃/ ADV pathetically ◆ **échouer piteusement** to fail miserably

piteux, -euse /pitø, øz/ ADJ (= minable) [apparence] sorry (épith), pitiful, pathetic; [résultats] pitiful, pathetic; (= honteux) [personne, air] ashamed, shamefaced ◆ **en piteux état** in a sorry ou pitiful state ◆ **faire piteuse figure** to cut a sorry figure, to be a sorry ou pitiful sight ◆ **avoir piteuse mine** to be shabby-looking

pithécanthrope /pitekɑ̃tʀɔp/ NM pithecanthrope

pithiviers /pitivje/ NM pastry with an almond paste filling

pitié /pitje/ SYN NF 1 (= compassion) pity ◆ **avoir pitié de qn** to pity sb, to feel pity for sb ◆ **prendre qn en pitié** to take pity on sb ◆ **il me fait pitié** I feel sorry for him, I pity him ◆ **cela me faisait pitié de le voir si malheureux** it was pitiful to see him so unhappy ◆ **son sort me fit pitié** I took pity on his fate ◆ **il est si maigre que c'est à faire pitié** he is pitifully ou painfully thin ◆ **il ne fait pas pitié !** (= il est gros, riche) it's hard to feel sorry for him ! ◆ **quelle pitié !**, **c'est une pitié !** what a pity!, it's such a pity! ◆ **c'est (une vraie) pitié** ou **quelle pitié de voir ça** it's pitiful to see (that)
- 2 (= miséricorde) pity, mercy ◆ **avoir pitié d'un ennemi** to take pity on an enemy, to have pity ou mercy on an enemy ◆ **pitié !** (= grâce) (have) mercy!; (= assez) for goodness' ou pity's ou Pete's sake!* ◆ **par pitié !** for pity's sake! ◆ **sans pitié** [agir] pitilessly, mercilessly; [regarder] pitilessly ◆ **il est sans pitié** he's pitiless ou merciless ou ruthless ◆ **un monde sans pitié** a cruel world

piton /pitɔ̃/ SYN NM 1 (à anneau) eye; (à crochet) hook; (Alpinisme) piton, peg
- 2 (Géog) peak

pitonner /pitɔne/ ▸ conjug 1 ◂
- **VI** 1 (Alpinisme) to drive pitons ou pegs into the rock
- 2 (Can) (= zapper) to channel-hop, to zap from channel to channel; (= saisir sur ordinateur) to keyboard
- **VT** (Can) [+ numéro de téléphone] to dial; [+ code] to enter
- **VT INDIR** **pitonner sur** (Can) [+ clavier] to tap away on

pitonneuse /pitɔnøz/ NF (Can = télécommande) channel-hopper, zapper

pitoyable /pitwajabl/ SYN ADJ (gén) pitiful ◆ **il était dans un état pitoyable** he was in a pitiful ou a sorry state

pitoyablement /pitwajabləmɑ̃/ ADV pitifully ◆ **échouer pitoyablement** to fail miserably

pitre /pitʀ/ SYN NM (lit, fig) clown ◆ **faire le pitre** to clown ou fool about ou around, to act the fool

pitrerie /pitʀəʀi/ SYN NF tomfoolery (NonC) ◆ **il n'arrête pas de faire des pitreries** he's always ou he never stops clowning around ou acting the fool ◆ **arrête de faire des pitreries !** stop fooling around!

pittoresque /pitɔʀɛsk/ SYN
- **ADJ** [site] picturesque; [personnage] picturesque, colourful (Brit), colorful (US); [récit, style, détail] colourful (Brit), colorful (US), picturesque, vivid
- **NM** ◆ **le pittoresque** the picturesque ◆ **le pittoresque de qch** the picturesque quality of sth, the colourfulness ou vividness of sth ◆ **le pittoresque dans tout cela c'est que...** (fig) the amusing ou ironic thing about it all is that...

pittoresquement /pitɔʀɛskəmɑ̃/ ADV picturesquely

pittosporum /pitɔspɔʀɔm/ NM pittospore

pituitaire /pitɥitɛʀ/ ADJ pituitary

pituite /pitɥit/ NF gastrorrhoea (Brit), gastrorrhea (US)

pityriasis /pitiʀjazis/ NM pityriasis

pive /piv/ NF (Helv) pine cone

pivert /pivɛʀ/ NM green woodpecker

pivoine /pivwan/ NF peony; → **rouge**

pivot /pivo/ SYN NM (gén, Sport, Mil) pivot; (= chose essentielle) mainspring, linchpin; (= personne essentielle) linchpin; [de dent] post; (= racine) tap-root ◆ **cours pivot** (Écon) central rate ◆ **il a eu un rôle pivot** he played a pivotal role

pivotant, e /pivotɑ̃, ɑ̃t/ ADJ [bras, panneau] pivoting (épith), revolving (épith); [fauteuil] swivel (épith); → **racine**

pivotement /pivotmɑ̃/ NM [de porte] revolving, pivoting; (Mil) wheeling round

pivoter /pivote/ ▸ conjug 1 ◂ VI [porte] to revolve, to pivot; (Mil) to wheel round ◆ **pivoter (sur ses talons)** [personne] to turn ou swivel round, to turn on one's heels ◆ **faire pivoter qch** to pivot ou swivel sth round

pixel /piksɛl/ NM pixel

pizza /pidza/ NF pizza

pizzeria /pidzeʀja/ NF pizzeria

pizzicato /pidzikato/ (pl **pizzicatos** ou **pizzicati**) /pidzikati/ NM pizzicato

PJ[1] (abrév de **pièce(s) jointe(s)**) enc, encl

PJ[2] /peʒi/ NF (abrév de **police judiciaire**) = CID (Brit), = FBI (US)

PL (abrév de **poids lourd**) HGV (Brit), heavy truck (US)

Pl (abrév de **place**) Pl

placage /plakaʒ/ NM 1 (en bois) veneering (NonC), veneer; (en marbre, pierre) facing ◆ **placage en acajou** mahogany veneer
- 2 (Rugby) ⇒ **plaquage**

placard /plakaʀ/ SYN NM 1 (= armoire) cupboard ◆ **placard à balai/de cuisine** broom/kitchen cupboard
- 2 (= affiche) poster, notice ◆ **placard publicitaire** [de journal] display advertisement
- 3 (Typographie) galley (proof)
- 4 (* = couche) thick layer, thick coating (NonC)
- 5 (arg Police = casier judiciaire) (police) record
- 6 (locutions) ◆ **mettre qn au placard**‡ (en prison) to put sb away*, to send sb down*; (renvoyer) to fire sb, to give sb the push*; (mettre à l'écart) to push sb to one side ◆ **mettre qch au placard** to shelve sth

placarder /plakaʀde/ SYN ▸ conjug 1 ◂ VT [+ affiche] to stick up, to put up; [+ mur] to stick posters on ◆ **mur placardé d'affiches** wall covered with posters

placardiser /plakaʀdize/ ▸ conjug 1 ◂ VT [+ personne] to sideline

◆ ◆ ◆ ◆ ◆ ◆ ◆ ◆ ◆ ◆ ◆ ◆ ◆ ◆ ◆ ◆ ◆

place /plas/

GRAMMAIRE ACTIVE 1, 2 SYN

NOM FÉMININ

◆ ◆ ◆ ◆ ◆ ◆ ◆ ◆ ◆ ◆ ◆ ◆ ◆ ◆ ◆ ◆ ◆

1 [= ESPLANADE] square ◆ **la place Rouge** Red Square ◆ **la place du marché** the market square, the marketplace ◆ **ils ont porté le débat sur la place publique** they've brought the discussion into the public arena ◆ **étaler ses divergences sur la place publique** to air one's differences in public ◆ **clamer qch sur la place publique** to proclaim sth from the rooftops

2 [D'OBJET] place ◆ **changer la place de qch** to change the place of sth ◆ **changer qch de place** to move ou shift sth, to put sth in a different place ◆ **la place des mots dans la phrase** word order in sentences ◆ **une place pour chaque chose et chaque chose à sa place** (Prov) a place for everything and everything in its place (Prov)

3 [DE PERSONNE] place; (assise) seat ◆ **place d'honneur** ou **seat of honour** ◆ **à vos places !** to your places! ◆ **places assises 20, places debout 40** seating capacity 20, standing passengers 40 ◆ **il n'y a que des places debout** it's standing room only ◆ **une (voiture de) 4 places** a 4-seater (car) ◆ **la place du mort** (dans une voiture) the (front) passenger seat ◆ **tente à 4 places** tent that sleeps 4, 4-man tent ◆ **j'ai trois places dans ma voiture** I've room for three in my car ◆ **avoir sa place dans le cœur de qn/l'histoire** to have a place in sb's heart/in history ◆ **il ne**

donnerait pas sa place pour un empire he wouldn't change places with anyone for all the tea in China* *ou* for the world ◆ **sa place n'est pas ici** he doesn't belong here ◆ **se faire une place dans la société/dans la littérature** to carve out a place *ou* niche for o.s. in society/in literature ◆ **se faire une place au soleil** to find o.s. a place in the sun *(fig)* ◆ **laisser sa place à qn** *(lit)* to give (up) one's seat to sb; *(fig)* to hand over to sb ◆ **prenez place** take a seat ◆ **prendre la place de qn** to take sb's place; *(= remplacer qn)* to take over from sb, to take sb's place ◆ **la religion tient une place importante dans cette société** religion holds *ou* has an important place in this society ◆ **elle tient une grande place dans ma vie** she means a great deal *ou* a lot to me ◆ **tenir sa place** *(= faire bonne figure)* to put up a good show, to hold one's own ◆ **trouver** *ou* **prendre place parmi/dans** to find a place (for o.s.) among/in; → **chasse**[1]

[4] [= ESPACE LIBRE] room, space ◆ **tenir** *ou* **prendre de la place** to take up a lot of room *ou* space ◆ **faire/gagner de la place** to make/save room *ou* space ◆ **j'ai trouvé une place** *ou* **de la place pour me garer** *ou (Helv)* **une place de parc** I've found a parking space *ou* place ◆ **pouvez-vous me faire une petite place ?** can you make a bit of room for me? ◆ **il y a juste la place de mettre un lave-vaisselle** there's just enough room *ou* space for a dishwasher ◆ **on n'a pas la place de se retourner** there's no room to move *ou* not enough room to swing a cat* *(Brit)* ◆ **ne mange pas trop, garde une place pour le gâteau** don't eat too much, leave some room for the cake ◆ **ce journal accorde** *ou* **consacre une place importante au sport** this newspaper gives a lot of coverage to sport ◆ **dans notre société, il y a place pour de nouvelles initiatives** our company provides scope for new initiatives ◆ **faire place à qch** *(fig)* to give way to sth ◆ **faire place à qn** *(lit)* to let sb pass; *(fig)* to give way to sb ◆ **place aux jeunes !** make way for the young! ◆ **faire place nette** to make a clean sweep

[5] [= BILLET] seat; *(= prix, trajet)* fare; *(= emplacement réservé)* space ◆ **louer** *ou* **réserver sa place** to book one's seat ◆ **il n'a pas payé sa place** he hasn't paid for his seat, he hasn't paid his fare ◆ **payer place entière** *(au cinéma etc)* to pay full price; *(dans le bus etc)* to pay full fare ◆ **place de parking** parking space ◆ **parking de 500 places** parking (space) for 500 cars ◆ **cinéma de 400 places** cinema seating 400 (people) *ou* with a seating capacity of 400

[6] [= RANG] *(Scol)* place (in class); *(Sport)* place, placing ◆ **il a eu une bonne place** he got a good place *ou* a good placing ◆ **être reçu dans les premières places** to get one of the top places, to be amongst the top ◆ **il a eu une première place** *ou* **une place de premier en histoire** he was *ou* came *(Brit)* first in history ◆ **ce champion a reconquis la première place mondiale** the champion has won back the number one world ranking *ou* title ◆ **l'entreprise occupe la seconde place sur le marché des ordinateurs** the company ranks second in the computer market ◆ **figurer en bonne place** *[personne]* to be prominent ◆ **son nom figure en bonne place dans la liste** his name is high on the list ◆ **la question figure en bonne place dans l'ordre du jour** the matter is *ou* features high on the agenda ◆ **ses livres trônent en bonne place dans la vitrine** his books have pride of place in the shop window

[7] [= EMPLOI] job; *[de domestique]* position, situation ◆ **une place de serveuse/coursier** a job as a waitress/courier ◆ **dans les médias, les places sont chères** there's a lot of competition for jobs in the media, jobs in the media are hard to come by

[8] [MIL] ◆ **place (forte** *ou* **de guerre)** fortified town ◆ **le commandant de la place** the fortress commander ◆ **s'introduire/avoir des contacts dans la place** to get/have contacts on the inside ◆ **maintenant il est dans la place** *(fig)* now he's on the inside ◆ **place d'armes** parade ground

[9] [COMM, FIN] market ◆ **vous ne trouverez pas moins cher sur la place de Paris** you won't find cheaper on the Paris market ◆ **dans toutes les places financières du monde** in all the money markets of the world ◆ **place bancaire/commerciale** banking/trade centre ◆ **place boursière** stock market

[10] [LOCUTIONS]

◆ **à la place** *(= en échange)* instead ◆ **si tu n'en veux pas, prends autre chose à la place** if you don't want any, take something else instead ◆ **ils ont démoli la maison et construit un immeuble à la place** they've demolished the house and built an apartment building in its place

◆ **à la place de** *(= au lieu de)* instead of ◆ **elle a emporté ma veste à la place de la sienne** she went off with my jacket instead of her own ◆ **ils ont construit un parking à la place de la maison** they've built a car park where the house used to be ◆ **faire une démarche à la place de qn** *(= en le remplaçant)* to take steps on sb's behalf ◆ **répondre à la place de qn** to reply in sb's place *ou* on sb's behalf ◆ **se mettre à la place de qn** to put o.s. in sb's place *ou* in sb's shoes

◆ **à sa** (*ou* **ma** *etc*) **place** *(= à l'endroit habituel ou convenable)* ◆ **cette lampe n'est pas à sa place** this lamp isn't in the right place *ou* in its proper place *ou* is in the wrong place ◆ **il n'est pas à sa place dans ce milieu** he feels out of place in this setting ◆ **remettre qch à sa place** to put sth back where it belongs *ou* in its proper place ◆ **remettre les choses à leur place** *(en perspective)* to put things in perspective; *(au clair)* to put the record straight ◆ **remettre qn à sa place** to put sb in his place, to take sb down a peg or two* ◆ **savoir rester à sa place** to know one's place ◆ **à votre/sa place** *(= si j'étais vous)* if I were you/him, in your/his place ◆ **je n'aimerais pas être à sa place** I wouldn't like to be in his shoes ◆ **à ma place, tu aurais accepté ?** in my place *ou* position would you have agreed?, would you have accepted if you were in my shoes?

◆ **de place en place, par places** here and there, in places

◆ **en place** ◆ **les gens en place** *(= influents)* influential people; *(= décisionnaires)* decision-makers ◆ **le pouvoir/régime en place** *(maintenant)* the current government/regime; *(à l'époque)* the government/regime at the time ◆ **l'arrivée d'un cadre de haut niveau peut inquiéter les gens en place** if a senior manager joins them, it can be worrying for the existing team ◆ **être en place** *[plan]* to be ready; *[forces de l'ordre]* to be in position; † *[domestique]* to be in service *(chez* with) ◆ **maintenant qu'il est en place** *(dans un emploi)* now that he has got the position ◆ **tout le monde est en place** everyone is in place *ou* is seated ◆ **le gouvernement est en place depuis trois mois** the government has been in power *ou* office for three months ◆ **tout est en place pour le drame** the scene is set for the tragedy ◆ **en place pour la photo !** everybody take up your positions for the photograph! ◆ **mettre en place** *[+ plan]* to set up, to organize; *[+ marchandises]* to put on the shelves; *[+ service d'ordre]* to deploy; *[+ mécanisme, dispositif]* to install ◆ **le dispositif d'évacuation s'est mis en place** evacuation procedures have been set up ◆ **mise en place** *[de plan]* setting up; *[de service d'ordre]* deployment ◆ **il a terminé la mise en place au rayon confiserie** *[de marchandises]* he finished stocking the shelves in the confectionery department ◆ **remettre qch en place** to put sth back where it belongs *ou* in its proper place ◆ **il ne tient pas en place** he can't keep *ou* stay still, he's always fidgeting

◆ **sur place** on the spot ◆ **être/rester/se rendre sur place** to be/stay/go there ◆ **les sauveteurs sont déjà sur place** rescuers are already on the spot *ou* at the scene ◆ **on annonce l'envoi sur place d'observateurs internationaux** it has been announced that international observers are being sent out there ◆ **la situation sur place est catastrophique** the situation on the ground is disastrous ◆ **on peut faire la réparation sur place** we can repair it right here *ou* on the spot ◆ **sa présence sur place est indispensable** his presence on the spot *ou* on site is essential ◆ **vous trouverez des vélos/des brochures sur place** bicycles/leaflets are available on site ◆ **(à consommer) sur place ou à emporter ?** *(Comm)* eat in or take away? ◆ **les produits fabriqués sur place** *(dans la région)* locally-manufactured products; *(dans le magasin)* goods made on the premises ◆ **il s'est enfui, abandonnant sur place la moto volée** he abandoned the stolen motorbike and fled; → **clouer, sur-place**

placé, e /plase/ (ptp de **placer**) **ADJ** [1] *(gén)* ◆ **la fenêtre/leur maison est placée à gauche** the window/their house is (situated) on the left ◆ **je suis** *ou* **je me trouve placé dans une position délicate** I am (placed) in *ou* I find myself (placed) in a tricky position ◆ **être bien/mal placé** *[terrain]* to be well/badly situated, to be favourably/unfavourably situated; *[objet]* to be well/badly placed; *[spectateur]* to have a good/a poor seat; *[concurrent]* to be in a good/bad position, to be well/badly placed ◆ **leur confiance a été bien/mal placée** their trust was justified/misplaced ◆ **sa fierté est mal placée** his pride is misplaced *ou* out of place ◆ **il est bien placé pour gagner** he is in a good position *ou* well placed to win ◆ **il est bien placé pour le savoir** he should know ◆ **je suis bien/mal placé pour vous répondre** I'm in a/in no position to answer ◆ **tu es mal placé pour te plaindre !*** you've got nothing to complain about!; → **haut**

[2] *(Courses)* ◆ **arriver placé** to be placed ◆ **jouer (un cheval) placé** to back a horse each way *(Brit)*, to put an each-way *(Brit)* bet on (a horse), to back a horse across the board *(US)*

placebo /plasebo/ **NM** placebo ◆ **effet placebo** placebo effect

placement /plasmɑ̃/ SYN **NM** [1] *(Fin)* investment ◆ **faire un placement d'argent** to invest (some) money ◆ **placement de père de famille** gilt-edged investment, safe investment

[2] *[d'employés]* placing ◆ **l'école assure le placement des élèves** the school ensures that the pupils find employment; → **bureau**

[3] *(Psych)* ◆ **placement d'office** compulsory admission ◆ **placement volontaire** voluntary admission

placenta /plasɛ̃ta/ **NM** *(Anat)* placenta; *(= arrière-faix)* afterbirth, placenta

placentaire /plasɛ̃tɛʀ/

ADJ placental

NM placental mammal, eutherian ◆ **les placentaires** eutherians, Eutheria *(SPÉC)*

placentation /plasɛ̃tasjɔ̃/ **NF** placentation

placer[1] /plase/ SYN ▸ conjug 3 ◂

VT [1] *(= assigner une place à) [+ objet, personne]* to place, to put; *[+ invité]* to seat, to put; *[+ spectateur]* to seat, to give a seat to, to put; *[+ sentinelle]* to post, to station; *(Football) [+ ballon]* to place; *(Boxe) [+ coup]* to land, to place; *(Tech = installer)* to put in, to fit ◆ **vous me placez dans une situation délicate** you're placing *ou* putting me in a tricky position ◆ **placer sa voix** to pitch one's voice ◆ **placer ses affaires bien en ordre** to tidy up one's things

[2] *(= situer)* to place, to set, to put ◆ **il a placé l'action de son roman en Provence** he has set *ou* situated the action of his novel in Provence ◆ **où placez-vous Lyon ?** whereabouts do you think Lyons is?, where would you put Lyons? ◆ **placer l'honnêteté avant l'intelligence** to set *ou* put *ou* place honesty above intelligence ◆ **placer le bonheur dans la vie familiale** to consider that happiness is found in family life ◆ **placer un nom sur un visage** to put a name to a face ◆ **je ne peux pas placer de nom sur son visage** I can't place him, I can't put a name to his face ◆ **placer ses espérances en qn/qch** to set *ou* pin one's hopes on sb/sth

[3] *(= introduire) [+ remarque, anecdote, plaisanterie]* to put in, to get in ◆ **il n'a pas pu placer un mot** he couldn't get a word in (edgeways)

[4] *[+ ouvrier, malade, écolier]* to place *(dans* in) ◆ **placer qn comme vendeur** to get *ou* find sb a job as a salesman ◆ **placer qn comme apprenti (chez qn)** to apprentice sb (to sb) ◆ **placer qn à la comptabilité** to give sb a job *ou* place sb in the accounts department ◆ **placer qn à la tête d'une entreprise** to put sb at the head of a business, to put sb in charge of a business ◆ **ils n'ont pas encore pu placer leur fille** *(hum)* they've still not been able to marry off their daughter *ou* to get their daughter off their hands ◆ **placer qn/qch sous l'autorité/les ordres de** to place *ou* put sb/sth under the authority/orders of

[5] *(= vendre) [+ marchandise]* to place, to sell ◆ **elle a réussi à placer sa vieille machine à laver** *(hum)* she managed to find a home *(hum) ou* a buyer for her old washing machine

[6] *[+ argent] (à la Bourse)* to invest; *(à la caisse d'épargne, sur un compte)* to deposit ◆ **placer une somme sur son compte** to put *ou* pay a sum into one's account

VPR se placer [1] *[personne]* to take up a position; *(debout)* to stand; *(assis)* to sit (down); *[événement, action]* to take place ◆ **se placer de face/contre le mur/en cercle** to stand face on/against the wall/in a circle ◆ **se placer sur le chemin de qn** to stand in sb's path ◆ **cette démarche se place dans le cadre de nos revendications** these steps should be seen in the context of our claims ◆ **si nous nous plaçons à ce point de vue** *ou* **dans cette perspective** *(fig)* if we look at things from this point of view, if we view the situation in this way ◆ **plaçons-nous dans le**

cas où cela arriverait let us suppose that this happens, let us put ourselves in the situation where this actually happens

2 *[cheval]* to be placed ◆ **se placer 2e** *(Scol, Sport)* to be *ou* come 2nd, to be in 2nd place ◆ **il s'est bien placé dans la course** he was well placed in the race ◆ **se placer parmi les premiers** to be in the first few

3 *(= prendre une place)* to get *ou* find a job *(comme* as) ◆ **retraité qui voudrait bien se placer (dans une institution)** pensioner who would like to find a place in a home

placer[2] /plasɛʀ/ NM *(= gisement)* placer

placet /plasɛ/ NM *(Hist, Jur)* petition

placeur /plasœʀ/ NM *[de spectateurs, invités]* usher

placeuse /plasøz/ NF *[de spectateurs]* usherette

placide /plasid/ SYN ADJ placid, calm

placidement /plasidmɑ̃/ ADV placidly, calmly

placidité /plasidite/ SYN NF placidity, placidness, calmness

placier /plasje/ NM travelling salesman, traveller ◆ **placier en assurances** insurance broker

Placoplatre ® /plakoplɑtʀ/ NM *well-known brand of plasterboard*

plafond /plafɔ̃/ SYN NM 1 *[de salle]* ceiling; *[de voiture, caverne]* roof; *(Art)* ceiling painting ◆ **plafond à caissons** coffered ceiling ◆ **pièce haute/basse de plafond** high-ceilinged/low-ceilinged room, room with a high/low ceiling ◆ **il est bas de plafond** * he hasn't got much up top *; → **araignée**

2 *(= limite) [de prix, loyer]* ceiling; *(= nuages)* ceiling, cloud cover; *(= altitude maximale d'un avion)* ceiling, maximum height; *(= vitesse maximale d'une voiture)* top *ou* maximum speed ◆ **niveau/prix-plafond** ceiling, ceiling *ou* maximum limit/price ◆ **âge(-)plafond** maximum age ◆ **plafond de crédit** lending *ou* credit limit ◆ **plafond de la Sécurité sociale** *upper limit on salary deductions for social security contributions* ◆ **le plafond est bas** *(Météo)* the cloud cover is low

plafonnement /plafɔnmɑ̃/ NM ◆ **il y a un plafonnement des salaires/cotisations** there is an upper limit on salaries/contributions

plafonner /plafɔne/ SYN ▸ conjug 1 ◂

VI *[prix, écolier, salaire]* to reach a ceiling *ou* maximum; *(en avion)* to reach one's ceiling; *(en voiture)* to reach one's top speed *ou* maximum speed ◆ **les ventes plafonnent** sales have reached their *ou* a ceiling (limit) ◆ **la voiture plafonne à 100 km/h** the car can't do more than 100 km/h

VT 1 *(Constr)* to put a ceiling in ◆ **grenier plafonné** loft which has had a ceiling put in

2 *[+ salaires]* to put an upper limit on ◆ **cotisations plafonnées à 250 €** contributions which have had their ceiling *ou* upper limit fixed at €250

plafonneur /plafɔnœʀ/ NM ceiling plasterer

plafonnier /plafɔnje/ NM *[de voiture]* courtesy *ou* interior light; *[de chambre]* ceiling light *ou* lamp

plagal, e (mpl **-aux**) /plagal, o/ ADJ plagal

plage /plaʒ/ SYN

NF 1 *[de mer, rivière, lac]* beach ◆ **plage de sable/de galets** sandy/pebble beach ◆ **sac/serviette/robe de plage** beach bag/towel/robe

2 *(= ville)* (seaside) resort

3 *(= zone) (dans un barème, une progression)* range, bracket; *(dans un horaire etc)* (time) slot ◆ **plage d'ombre** band of shadow, shadowy area ◆ **temps d'écoute divisé en plages (horaires)** listening time divided into slots ◆ **plage horaire** *(Scol)* slot (in timetable) ◆ **plage musicale** intermission ◆ **plage publicitaire** commercial break, commercials ◆ **plage de prix** price range *ou* bracket

4 *[de disque]* track

COMP **plage arrière** *[de bateau]* quarter-deck; *[de voiture]* parcel shelf, back shelf

plage avant *[de bateau]* forecastle (head *ou* deck), fo'c'sle

plagiaire /plaʒjɛʀ/ SYN NMF plagiarist, plagiarizer

plagiat /plaʒja/ SYN NM plagiarism, plagiary ◆ **c'est un véritable plagiat** it's absolute plagiarism ◆ **faire du plagiat** to plagiarize

plagier /plaʒje/ SYN ▸ conjug 7 ◂ VT to plagiarize

plagioclase /plaʒjoklɑz/ NM plagioclase

plagiste /plaʒist/ NM beach manager *ou* attendant

plaid /plɛd/ SYN NM *(= couverture)* car rug, lap robe *(US)*

plaidable /plɛdabl/ ADJ pleadable

plaidant, e /plɛdɑ̃, ɑ̃t/ ADJ *[partie]* litigant; *[avocat]* pleading

plaider /plede/ SYN ▸ conjug 1 ◂

VT to plead ◆ **plaider coupable/non coupable/la légitime défense** to plead guilty/not guilty/self-defence ◆ **plaider la cause de qn** *(fig)* to plead sb's cause, to argue *ou* speak in favour of sb; *(Jur)* to plead for sb, to plead sb's case, to defend sb ◆ **plaider sa propre cause** to speak in one's own defence ◆ **l'affaire s'est plaidée à Paris/à huis clos** the case was heard in Paris/in closed court *ou* in camera

VI 1 *[avocat]* to plead *(pour* for, on behalf of; *contre* against) ◆ **plaider pour** *ou* **en faveur de qn/qch** *(fig)* to speak in favour of sb/sth

2 *(= intenter un procès)* to go to court, to litigate ◆ **plaider contre qn** to take sb to court, to take proceedings against sb ◆ **ils ont plaidé pendant des années** their case has dragged on for years

plaideur, -euse /plɛdœʀ, øz/ NM,F litigant

plaidoirie /plɛdwaʀi/ NF *(Jur)* speech for the defence, defence speech; *(fig)* plea, appeal *(en faveur de* on behalf of)

plaidoyer /plɛdwaje/ SYN NM *(Jur)* speech for the defence; *(fig)* defence, plea ◆ **plaidoyer en faveur de/contre qch** *(fig)* plea for/against sth

plaie /plɛ/ SYN NF *(physique, morale)* wound; *(= coupure)* cut; *(= fléau)* scourge ◆ **rouvrir une plaie** *(fig)* to open an old wound ◆ **plaie ouverte/béante/profonde/vive** open/gaping/deep/raw wound ◆ **quelle plaie !** * *(personne)* he's such a nuisance! *ou* pest *!; *(chose)* what a nuisance! *ou* bind * *(Brit)*! ◆ **remuer** *ou* **tourner le couteau** *ou* **le fer dans la plaie** to twist *ou* turn the knife in the wound, to rub salt in the wound ◆ **plaie d'argent n'est pas mortelle** *(Prov)* money isn't everything ◆ **les plaies d'Égypte** *(Bible)* the plagues of Egypt; → **rêver**

plaignant, e /plɛɲɑ̃, ɑ̃t/ SYN

ADJ ◆ **la partie plaignante** the plaintiff, the complainant

NM,F plaintiff, complainant

plain /plɛ̃/ NM *(Naut = marée)* ◆ **le plain** high tide

plain-chant (pl **plains-chants**) /plɛ̃ʃɑ̃/ NM plainchant (NonC), plainsong (NonC)

plaindre /plɛ̃dʀ/ SYN ▸ conjug 52 ◂

VT 1 *[+ personne]* to pity, to feel sorry for ◆ **aimer se faire plaindre** to like to be pitied ◆ **il est bien à plaindre** he is to be pitied ◆ **elle n'est pas à plaindre** *(= c'est bien fait)* she doesn't deserve (any) sympathy, she doesn't deserve to be pitied; *(= elle a de la chance)* she's got nothing to complain about ◆ **je vous plains de vivre avec lui** I pity you *ou* I sympathize with you (for) having to live with him

2 *(* = donner chichement)* to begrudge, to grudge ◆ **donne-moi plus de papier, on dirait que tu le plains** give me some more paper – anybody would think you begrudged it (me) ◆ **il ne plaint pas son temps/sa peine** he doesn't grudge his time/his efforts

VPR **se plaindre** *(= gémir)* to moan; *(= protester)* to complain, to grumble, to moan * *(de* about); *(frm, Jur = réclamer)* to make a complaint *(de* about; *auprès de* to) ◆ **se plaindre de** *(souffrir)[+ maux de tête etc]* to complain of ◆ **se plaindre de qn/qch à qn** to complain to sb about sb/sth ◆ **de quoi te plains-tu ?** *(lit)* what are you complaining *ou* grumbling *ou* moaning * about?; *(iro)* what have you got to complain *ou* grumble *ou* moan * about? ◆ **il se plaint que les prix montent** he's complaining about rising prices *ou* that prices are going up ◆ **ne viens pas te plaindre si tu es puni** don't come and complain *ou* moan * (to me) if you're punished ◆ **je vais me plaindre à qui de droit** I'm going to make a formal complaint

plaine /plɛn/ NF plain ◆ **c'est de la plaine** it is flat open country ◆ **en plaine** in the plains ◆ **haute plaine** high plain ◆ **les Grandes Plaines** the Great Plains

plain-pied /plɛ̃pje/ SYN **de plain-pied** LOC ADV *[pièce]* on the same level *(avec* as) ◆ **maison de plain-pied** single-storey house ◆ **entrer de plain-pied dans le sujet** to come straight to the point

plainte /plɛ̃t/ SYN NF 1 *(= gémissement)* moan, groan; *(littér) [de vent]* moaning

2 *(= doléance)* complaint, moaning * (NonC) *(péj)*

3 *(Jur)* complaint ◆ **porter plainte** *ou* **déposer une plainte contre qn** to lodge *ou* register a complaint against sb ◆ **je vais porter plainte !** I'm going to make a formal complaint! ◆ **désirez-vous porter plainte ?** do you wish to press charges? ◆ **plainte contre X** complaint against person or persons unknown

plaintif, -ive /plɛ̃tif, iv/ SYN ADJ plaintive, doleful

plaintivement /plɛ̃tivmɑ̃/ ADV plaintively, dolefully

plaire /plɛʀ/ GRAMMAIRE ACTIVE 12.2, 14 SYN ▸ conjug 54 ◂

VI 1 *(= être apprécié)* ◆ **ce garçon me plaît** I like that boy ◆ **ce garçon ne me plaît pas** I don't like that boy, I don't care for that boy ◆ **ce spectacle/dîner/livre m'a plu** I liked *ou* enjoyed that show/dinner/book ◆ **ce genre de musique ne me plaît pas beaucoup** I don't really care for *ou* I'm not very keen on * *(Brit)* that kind of music, that kind of music doesn't appeal to me very much ◆ **ton nouveau travail te plaît ?** (how) do you like your new job?, how are you enjoying your new job? ◆ **les brunes me plaisent** I like *ou* go for * dark-haired girls, dark-haired girls appeal to me ◆ **tu ne me plais pas avec cette coiffure** I don't like you with your hair like that ◆ **c'est une chose qui me plairait beaucoup à faire** it's something I'd very much like to do *ou* I'd love to do ◆ **on ne peut pas plaire à tout le monde** you can't be liked by everyone ◆ **c'est le genre d'homme qui plaît aux femmes** he's the sort of man that women like *ou* who appeals to women ◆ **le désir de plaire** the desire to please ◆ **c'est le genre de personne qui plaît en société** he's the type of person that people like to have around ◆ **tu commences à me plaire (avec tes questions) !** * *(iro)* you're starting to get on my nerves (with your questions)!

2 *(= convenir à)* ◆ **ce plan me plaît** this plan suits me ◆ **ça te plairait d'aller au théâtre ?** would you like to go to the theatre?, do you feel like *ou* do you fancy *(Brit)* going to the theatre? ◆ **j'irai si ça me plaît** I'll go if I feel like it *ou* if I want (to) ◆ **je travaille quand ça me plaît** I work when I feel like it *ou* when it suits me ◆ **je fais ce qui me plaît** I do what I like *ou* as I please ◆ **si ça ne te plaît pas c'est le même prix !** * if you don't like it (that's just) too bad! * *ou* that's tough! *

3 *(= avoir du succès)* ◆ **achète des fleurs, cela plaît toujours** buy some flowers, they're always appreciated *ou* welcome ◆ **la pièce/cette réponse a plu** the play/this reply went down well

VB IMPERS ◆ **ici, je fais ce qu'il me plaît** I do as I please *ou* like here ◆ **et s'il me plaît d'y aller ?** and what if I want to go? ◆ **vous plairait-il de venir dîner ce soir ?** would you care *ou* like to come for dinner this evening? ◆ **il lui plaît de croire que...** *(littér)* he likes to think that... ◆ **comme il vous plaira** just as you like *ou* please *ou* choose *ou* wish ◆ **plaise** *ou* **plût à Dieu** *ou* **au ciel qu'il réussisse !** *(littér)* please God that he succeed! *(littér)* ◆ **plaît-il ?** *(frm)* I beg your pardon?

◆ **s'il te/vous plaît** please ◆ **deux croissants, s'il vous plaît** two croissants, please ◆ **et elle a un manteau de vison, s'il vous plaît !** * and she's got a mink coat if you please! *ou* no less!

VPR **se plaire** 1 *(= se sentir bien, à l'aise)* ◆ **il se plaît à Londres** he likes *ou* enjoys being in London, he likes it in London ◆ **j'espère qu'il s'y plaira** I hope he'll like it there ◆ **se plaire avec qn** to enjoy being with sb, to enjoy sb's company ◆ **te plais-tu avec tes nouveaux amis ?** do you like being with your new friends? ◆ **les fougères se plaisent à l'ombre** ferns like shade

2 *(= s'apprécier)* ◆ **je ne me plais pas en robe** I don't like myself in a dress ◆ **tu te plais avec ce chapeau ?** do you like yourself in that hat? ◆ **ces deux-là se plaisent** those two get on *ou* along *(Brit)* well together, those two have really hit it off *

3 *(littér = prendre plaisir à)* ◆ **se plaire à lire** to take pleasure in reading, to like *ou* be fond of reading ◆ **se plaire à tout critiquer** to delight in criticizing everything ◆ **je me plais à penser que...** I like to think that...

plaisamment /plɛzamɑ̃/ SYN ADV 1 *(= agréablement)* pleasantly, agreeably

2 *(= de façon amusante)* amusingly

plaisance /plɛzɑ̃s/ NF ◆ **la (navigation de) plaisance** boating; *(à voile)* sailing, yachting; → **bateau, port**[1]

plaisancier /plɛzɑ̃sje/ **NM** (amateur) sailor *ou* yachtsman

plaisant, e /plɛzɑ̃, ɑ̃t/ SYN **ADJ** [1] *(= agréable) [personne, séjour, souvenir]* pleasant, agreeable; *[maison]* pleasant, nice • **plaisant à l'œil** pleasing to the eye, nice *ou* attractive to look at • **ce n'est guère plaisant** it's not exactly pleasant, it's not very nice • **c'est une ville très plaisante à vivre** it's a very pleasant *ou* nice town to live in • **il n'est pas très plaisant à vivre** he's not that easy to get along with; → **mauvais**

[2] *(= amusant) [histoire, aventure]* amusing, funny • **le plaisant de la chose** the funny side *ou* part of it, the funny thing about it

[3] *(= ridicule)* laughable, ridiculous

[4] *(† = bizarre)* bizarre, singular • **voilà qui est plaisant !** it's quite bizarre!

plaisanter /plɛzɑ̃te/ SYN ► conjug 1 ◄

VI to joke, to have a joke *(sur* about) • **je ne suis pas d'humeur à plaisanter** I'm in no mood for jokes *ou* joking, I'm not in a joking mood • **et je ne plaisante pas !** and I mean it!, and I'm not joking! • **c'est quelqu'un qui ne plaisante pas** he's not the sort you can have a joke with • **non, je plaisante !*** just kidding!* • **vous plaisantez** you must be joking *ou* kidding*, you're joking *ou* kidding* • **c'était juste pour plaisanter** it was just a joke • **dit-il pour plaisanter** he said jokingly *ou* in jest • **on ne plaisante pas avec cela** this is no joking *ou* laughing matter • **il ne faut pas plaisanter avec les médicaments** you shouldn't mess around* with medicines • **il ne plaisante pas sur la discipline/cette question** there's no joking with him over matters of discipline/this subject • **on ne plaisante pas avec la police** the police are not to be trifled with

VT to make fun of, to tease • **plaisanter qn sur qch** to tease sb about sth

plaisanterie /plɛzɑ̃tʀi/ SYN **NF** [1] *(= blague)* joke *(sur* about) • **aimer la plaisanterie** to be fond of a joke • **plaisanterie de corps de garde** barrack-room joke • **par plaisanterie** for fun *ou* a joke *ou* a laugh* • **faire une plaisanterie** to tell *ou* crack a joke • **tourner qch en plaisanterie** to make a joke of sth, to laugh sth off • **les plaisanteries les plus courtes sont (toujours) les meilleures** brevity is the soul of wit

[2] *(= raillerie)* joke • **il est en butte aux plaisanteries de ses amis** his friends are always making fun of him *ou* poking fun at him • **faire des plaisanteries sur** to joke *ou* make jokes about *ou* at the expense of • **il comprend** *ou* **prend bien la plaisanterie** he knows how to *ou* he can take a joke • **il ne faudrait pas pousser la plaisanterie trop loin** we mustn't take the joke too far

[3] *(= farce)* (practical) joke, prank; → **mauvais**

[4] *(locutions)* • **résoudre ce problème/gagner la course est une plaisanterie pour lui** he could solve this problem/win the race with his eyes shut *ou* standing on his head* • **la plaisanterie a assez duré !** this has gone far enough!, this has gone beyond a joke! • **lui, se lever tôt ? c'est une plaisanterie !** him, get up early? what a joke! *ou* you must be joking! *ou* you must be kidding!*

plaisantin /plɛzɑ̃tɛ̃/ SYN **NM** [1] *(= blagueur)* joker • **c'est un petit plaisantin** he's quite a joker

[2] *(= fumiste)* phoney*

plaisir /plɛziʀ/ GRAMMAIRE ACTIVE 3, 9.2, 19.5, 24.1, 24.2 SYN **NM** [1] *(= joie)* pleasure • **avoir du plaisir** *ou* **prendre plaisir à faire qch** to find *ou* take pleasure in doing sth, to delight in doing sth • **prendre (un malin) plaisir à faire qch** to take (a mischievous) delight in doing sth • **j'ai le plaisir de vous annoncer que…** I am pleased to inform you that…, I have great pleasure to inform you that… • **M. et Mme Lebrun ont le plaisir de vous faire part de…** Mr and Mrs Lebrun are pleased to announce… • **c'est un plaisir de le voir** it's a pleasure to see him • **c'est un plaisir chaque fois renouvelé de te voir** it's always a pleasure to see you • **par plaisir, pour le plaisir** *(gén)* for pleasure; *[bricoler, peindre]* as a hobby • **ranger pour le plaisir de ranger** to tidy up just for the sake of it • **je vous souhaite bien du plaisir !** *(iro)* good luck to you! *(iro)*, I wish you (the best of) luck! *(iro)* • **ça nous promet du plaisir (en perspective)** *(iro)* I can hardly wait! *(iro)* • **avec (le plus grand) plaisir** with (the greatest of) pleasure • **au plaisir de vous revoir, au plaisir*** (I'll) see you again sometime, (I'll) be seeing you* • **les plaisirs de la table** good food; → **durer, gêne**

[2] *(sexuel)* pleasure • **avoir du plaisir** to experience pleasure • **le plaisir solitaire** self-abuse • **les plaisirs de la chair** the pleasures of the flesh

[3] *(= distraction)* pleasure • **les plaisirs de la vie** life's (little) pleasures • **courir après les plaisirs** to be a pleasure-seeker • **le golf est un plaisir coûteux** golf is an expensive hobby *ou* pleasure • **lieu de plaisir** house of pleasure

[4] *(littér = volonté)* pleasure *(littér)*, wish • **si c'est votre (bon) plaisir** if such is your will *ou* wish, if you so desire • **les faits ont été grossis à plaisir** the facts have been wildly exaggerated • **il s'inquiète/ment à plaisir** he worries/lies for the sake of it

[5] *(locutions)* • **faire plaisir à qn** to please sb • **ce cadeau m'a fait plaisir** I was very pleased with this gift, this gift gave me great pleasure • **ça me fait plaisir de vous entendre dire cela** I'm pleased *ou* delighted to hear you say that • **cela fait plaisir à voir** it is a pleasure to see *ou* to behold • **ça t'a agacé ? – au contraire, ça m'a fait plaisir** did it annoy you? – no, I was pleased • **pour me faire plaisir** (just) to please me • **fais-moi plaisir : mange ta soupe/arrête la radio** do me a favour, eat your soup/turn off the radio, be a dear and eat your soup/turn off the radio • **voulez-vous me faire le plaisir de venir dîner ?** *(frm)* I should be most pleased if you would come to dinner, would you do me the pleasure of dining with me *(ou* us)? *(frm)* • **fais-moi le plaisir de te taire !** would you mind being quiet!, do me a favour and shut up!* • **il se fera un plaisir de vous reconduire** he'll be (only too) pleased *ou* glad to drive you back, it will be a pleasure for him to drive you back • **bon, c'est bien pour vous faire plaisir** *ou* **si cela peut vous faire plaisir** all right, if it will make you happy • **j'irai, mais c'est bien pour vous faire plaisir** I'll go (just) to keep you happy • **se faire plaisir** *(= s'amuser)* to enjoy o.s., to have fun • **faites-vous plaisir, allez dîner au « Gourmet »** treat *ou* spoil yourself, go and have dinner at the "Gourmet"

plan¹ /plɑ̃/ SYN

NM [1] *[de maison]* plan, blueprint; *[de machine]* plan, scale drawing; *[de ville, métro]* map, plan; *[de région]* map • **acheter une maison sur plan** to buy a house while it's still only a plan on paper • **faire** *ou* **tracer** *ou* **tirer un plan** to draw a plan • **tirer des plans sur la comète*** to build castles in the air

[2] *(Math, Phys = surface)* plane

[3] *(Ciné, Photo)* shot • **premier plan** *(Peinture, Photo)* foreground • **dernier plan** background • **au second plan** in the background • **au deuxième plan** *(Peinture)* in the middle distance • **plan américain** *(Ciné)* medium close shot; → **gros**

[4] *(fig)* • **mettre qch au deuxième plan** to consider sth of secondary importance • **ce problème est au premier plan de nos préoccupations** this problem is uppermost in our minds *ou* is one of our foremost preoccupations • **parmi toutes ces questions, l'inflation vient au premier plan** *ou* **nous mettons l'inflation au premier plan** of all these questions, inflation is the key *ou* priority issue *ou* we consider inflation to be the most important • **personnalité de premier plan** key figure • **personnalité de second plan** minor figure • **un savant de tout premier plan** a scientist of the first rank, one of our foremost scientists • **au premier plan de l'actualité** at the forefront of the news, very much in the news

[5] *(= niveau)* level • **mettre sur le même plan** to put on the same plane *ou* level • **au plan national/international** at the national/international level • **sur le plan du confort** as far as comfort is concerned, as regards comfort • **sur le plan moral/intellectuel** morally/intellectually speaking, on the moral/intellectual plane • **sur tous les plans** in every way, on all fronts

[6] *(= projet)* plan, project; *(Écon)* plan, programme • **avoir/exécuter un plan** to have/carry out a plan • **plan de carrière** career path • **plan de cinq ans** five-year plan • **plan de relance** *ou* **de redressement de l'économie** economic recovery plan • **plan d'action/d'attaque** plan of action/of attack • **plan de paix** peace plan • **plan de modernisation/de restructuration** modernization/restructuring plan • **plan de développement économique et social** economic and social development plan • **plan social** *ou* **de licenciements** redundancy scheme *ou* plan • **plan média** media campaign

[7] *(* = idée)* idea • **tu as un plan pour les vacances ?** have you any ideas for the holidays? *ou* about where to go on holiday? • **c'est un super plan !** *ou* **un plan d'enfer !** it's a great idea! • **il a toujours des plans foireux‡** he's full of madcap* ideas *ou* schemes • **on s'est fait un plan restau/ciné hier soir** we ate out/we went to the cinema last night

[8] *[de livre, dissertation, devoir]* plan, outline • **faire un plan de qch** to make a plan for sth, to plan sth out

[9] *(* : locutions)* • **rester en plan** *[personne]* to be left stranded, to be left high and dry; *[voiture]* to be abandoned *ou* ditched*; *[projets]* to be abandoned in midstream, to be left (hanging) in mid air • **laisser en plan** *[+ personne]* to leave in the lurch *ou* high and dry *ou* stranded; *[+ voiture]* to abandon, to ditch*; *[+ affaires]* to abandon; *[+ projet, travail]* to drop, to abandon • **il a tout laissé en plan pour venir me voir** he dropped everything to come and see me

COMP **plan d'affaires** business plan
plan d'aménagement rural rural development plan
plan d'amortissement *(pour un bien, un investissement)* depreciation schedule; *(pour un emprunt)* redemption plan
plan comptable *French accounting standards*
plan de cuisson hob *(Brit)*, stovetop *(US)*
plan directeur *(Mil) map of the combat area*; *(Écon)* blueprint, master plan
plan d'eau *(lac)* lake; *(sur un cours d'eau)* stretch of smooth water
plan d'épargne en actions stock portfolio *(with tax advantages)*
plan d'épargne entreprise company savings plan
plan d'épargne-logement *savings plan for property purchase*
plan d'épargne populaire individual savings plan
plan d'épargne-retraite personal pension plan *ou* scheme
plan d'équipement industrial development programme
plan d'études study plan *ou* programme
plan de faille fault plane
plan de financement financing plan
plan fixe *(Ciné)* static shot
plan incliné inclined plane • **en plan incliné** sloping
plan (de) masse site plan
plan de niveau floor plan
plan d'occupation des sols land use plan *(Brit)*, zoning regulations *ou* ordinances *(US)*
plan ORSEC *scheme set up to deal with major civil emergencies*
plan rapproché *ou* **serré** *(Ciné)* close-up (shot)
plan séquence *(Ciné)* sequence shot
plan de travail *(dans une cuisine)* work-top, work(ing) surface *(Brit)*, counter (top) *(US)*; *(planning)* work plan *ou* programme *ou* schedule
plan de vol flight plan; → **plan-concave, plan-convexe**

plan², e¹ /plɑ̃, plan/ SYN **ADJ** [1] *[miroir]* flat; *[surface]* flat, level

[2] *(Math)* plane

planaire /planɛʀ/ **NF** planarian

planant, e* /planɑ̃, ɑ̃t/ **ADJ** *[musique]* mind-blowing*

planche /plɑ̃ʃ/ SYN

NF [1] *(en bois)* plank; *(plus large)* board; *(= rayon)* shelf; *(= passerelle d'un bateau)* gangplank; *(= plongeoir)* diving board; *(* = ski)* ski • **cabine/sol en planches** wooden hut/floor • **dormir sur une planche** to sleep on a wooden board • **quand il sera entre quatre planches*** when he's six foot under*; → **pain**

[2] *(= illustration)* plate

[3] *(= plantation)* bed

[4] *(Natation)* • **faire la planche** to float on one's back

NFPL **planches** *(Théât)* • **les planches** the boards, the stage (NonC) • **monter sur les planches** *(= faire du théâtre)* to go on the stage, to tread the boards; → **brûler**

COMP **planche anatomique** anatomical chart
planche à billets banknote plate • **faire marcher la planche à billets*** to print money
planche à découper *[de cuisinière]* chopping board; *[de boucher]* chopping block
planche à dessin *ou* **à dessiner** drawing board
planche à laver washboard
planche à pain *(lit)* breadboard • **c'est une planche à pain** *(péj)* she's as flat as a board* *ou* pancake*

planche à pâtisserie pastry board
planche à repasser ironing board
planche à roulettes (= *objet*) skateboard; (= *sport*) skateboarding ◆ **faire de la planche à roulettes** to skateboard, to go skateboarding
planche de salut (= *appui*) mainstay; (= *dernier espoir*) last hope
planche de surf surfboard
planche à voile (*plɑ̃ʃkɔ̃takt*) windsurfing board, sailboard; (= *sport*) windsurfing ◆ **faire de la planche à voile** to windsurf, to go windsurfing

planche-contact (pl **planches-contacts**) /plɑ̃ʃkɔ̃takt/ NF (Photo) contact sheet

planchéié, e /plɑ̃ʃeje/ ADJ floored (lit)

plancher¹ /plɑ̃ʃe/ SYN NM ① (= *sol*) floor ◆ **faux plancher** false floor ◆ **le plancher des vaches**∗ dry land ; → **débarrasser, pied**
② (= *limite*) lower limit ◆ **plancher des cotisations** lower limit on contributions ◆ **prix plancher** minimum *ou* floor *ou* bottom price
③ (Anat) floor ◆ **plancher pelvien** pelvic floor

plancher²∗ /plɑ̃ʃe/ ▸ conjug 1 ◂ VI (= *parler*) to talk ◆ **sur quoi as-tu planché ?** what did they get you to talk on ? ◆ **plancher sur un rapport** (= *travailler*) to work on a report

planchette /plɑ̃ʃɛt/ NF (*gén*) (small) board; (= *rayon*) (small) shelf

planchiste /plɑ̃ʃist/ NMF windsurfer

plan-concave (pl **plan-concaves**) /plɑ̃kɔ̃kav/ ADJ plano-concave

plan-convexe (pl **plan-convexes**) /plɑ̃kɔ̃vɛks/ ADJ plano-convex

plancton /plɑ̃ktɔ̃/ NM plankton

planctonique /plɑ̃ktɔnik/ ADJ [*algue, larve*] planktonic

planctonivore /plɑ̃ktɔnivɔʀ/, **planctophage** /plɑ̃ktɔfaʒ/ ADJ plankton-eating

plane² /plan/ NF drawknife

planéité /planeite/ NF ① [*de miroir*] flatness; [*de surface*] flatness, levelness
② (Math) planeness

planer¹ /plane/ SYN ▸ conjug 1 ◂ VI ① [*oiseau, avion*] to glide; [*brume, fumée*] to hang ◆ **l'oiseau planait au-dessus de sa tête** the bird was hovering above his head *ou* overhead ◆ **il laissa son regard planer sur la foule** his gaze swept over the crowd; → **vol¹**
② [*danger, soupçons*] ◆ **planer sur** to hang over ◆ **laisser planer le doute/une incertitude (sur)** to allow some doubt/some uncertainty to remain (about) ◆ **il faisait planer la menace d'un licenciement** he was using the threat of redundancy ◆ **il a laissé planer le mystère sur ses intentions** he remained mysterious about his intentions
③ (∗ = *se détacher*) [*personne*] to have one's head in the clouds
④ [*drogué*] to be high ∗ *ou* spaced out ∗ ◆ **ça fait planer** [*musique, spectacle*] it's really trippy ∗

planer² /plane/ ▸ conjug 1 ◂ VT (Tech) to flatten, to level, to plane

planétaire /planetɛʀ/ SYN ADJ ① (Astron, Tech) planetary
② (= *mondial*) [*réchauffement*] global; [*succès, réseau*] global, worldwide; [*dimension, événement, stratégie*] global, international ◆ **à l'échelle planétaire** on a global *ou* worldwide scale

planétarisation /planetaʀizasjɔ̃/ NF [*de conflit, marché*] globalization

planétarium /planetaʀjɔm/ NM planetarium

planète /planɛt/ SYN NF planet ◆ **planète naine** dwarf planet ◆ **la planète bleue/rouge** the blue/red planet ◆ **sur toute la planète** all over the world ◆ **l'épidémie s'est étendue à la planète entière** the epidemic has spread throughout the world

planétologie /planetɔlɔʒi/ NF planetology

planétologue /planetɔlɔg/ NMF planetologist

planeur /planœʀ/ NM glider ◆ **faire du planeur** to go gliding

planificateur, -trice /planifikatœʀ, tʀis/ (Écon)
ADJ planning (*épith*)
NM,F planner

planification /planifikasjɔ̃/ NF ◆ **planification (économique)** (economic) planning ◆ **planification familiale** family planning

planifier /planifje/ SYN ▸ conjug 7 ◂ VT to plan ◆ **économie planifiée** planned *ou* controlled economy

planimètre /planimɛtʀ/ NM planimeter

planimétrie /planimetʀi/ NF planimetry

planimétrique /planimetʀik/ ADJ planimetric(al)

planisme /planism/ NM support of economic planning

planisphère /planisfɛʀ/ NM planisphere

planiste /planist/ NMF supporter of economic planning

planning /planiŋ/ SYN NM schedule ◆ **je vais regarder mon planning** I'll just take a look at my schedule ◆ **avoir un planning très serré** to have a very tight schedule ◆ **planning familial** family planning

plan-plan∗ /plɑ̃plɑ̃/ ADJ INV [*allure*] laid-back∗ ◆ **ils mènent une vie plan-plan** they lead a humdrum life ◆ **c'était plan-plan** it was easy going

planque∗ /plɑ̃k/ SYN NF (= *cachette*) hideaway, hideout, hidey-hole∗; (Police) hideout; (= *travail tranquille*) cushy job *ou* number ◆ **c'est la planque !** it's a real cushy number! ∗

planqué, e /plɑ̃ke/ (*péj*)
NM,F (*au travail*) ◆ **c'est un planqué** he's got a cushy job ∗
NM (Mil) (= *non mobilisé*) draft dodger; (*qui évite l'action*) soldier with a desk job

planquer∗ /plɑ̃ke/ ▸ conjug 1 ◂
VT to hide (away), to stash away ∗
VI **se planquer** VPR to hide

plan-relief (pl **plans-reliefs**) /plɑ̃ʀəljɛf/ NM (= *maquette*) architectural model, scale model (*of a building*)

plansichter /plɑ̃siʃtɛʀ/ NM mechanical sieve

plant /plɑ̃/ NM (= *plante*) [*de légume*] seedling, young plant; [*de fleur*] bedding plant; (= *plantation*) [*de légumes*] bed, (vegetable) patch; [*de fleurs*] (flower) bed; [*d'arbres*] plantation ◆ **un plant de salade** a lettuce seedling, a young lettuce (plant) ◆ **un plant de vigne/de bégonia** a young vine/begonia

plantage∗ /plɑ̃taʒ/ NM (Ordin) crash ◆ **il y a eu un plantage dans la comptabilité** someone made a mistake in the accounts

Plantagenêt /plɑ̃taʒnɛ/ NMF Plantagenet

plantain /plɑ̃tɛ̃/ NM (= *herbacée*) plantain ◆ **(banane) plantain** plantain

plantaire /plɑ̃tɛʀ/ ADJ plantar ◆ **verrue plantaire** verruca (Brit), plantar wart (US); → **voûte**

plantation /plɑ̃tasjɔ̃/ SYN NF ① (= *action*) planting; (= *culture*) plant; (= *terrain*) [*de légumes*] bed, (vegetable) patch; [*de fleurs*] (flower) bed; [*d'arbres, café, coton*] plantation ◆ **faire des plantations de fleurs** to plant flowers (out) ◆ **comment vont tes plantations ?** how's your garden doing?
② (= *exploitation agricole*) plantation

plante¹ /plɑ̃t/ SYN NF plant ◆ **plante annuelle** annual (plant) ◆ **plante d'appartement** *ou* **d'agrément** house *ou* pot plant ◆ **plante à fleurs** flowering plant ◆ **plante fourragère** fodder plant ◆ **plante grasse** succulent (plant) ◆ **plante grimpante** creeper ◆ **plantes médicinales** medicinal plants ◆ **plante de serre** (lit) greenhouse *ou* hothouse plant; (fig) hothouse plant, delicate flower ◆ **plante textile** fibre (Brit) *ou* fiber (US) plant ◆ **plante verte** house plant, green (foliage) plant ◆ **c'est une belle plante** (fig) she's a lovely *ou* fine specimen

plante² /plɑ̃t/ NF (Anat) ◆ **plante (des pieds)** sole (of the foot)

planté, e /plɑ̃te/ (ptp de **planter**) ADJ ◆ **avoir les dents bien/mal plantées** to have straight/uneven teeth ◆ **ses cheveux sont plantés très bas** he has a very low hairline ◆ **être bien planté (sur ses jambes)** to be sturdily built ◆ **il est resté planté au milieu de la rue** he stood stock-still in the middle of the road ◆ **ne restez pas planté (debout** *ou* **comme un piquet) à ne rien faire !** don't just stand there doing nothing! ◆ **rester planté devant une vitrine** to stand looking in a shop window

planter /plɑ̃te/ SYN ▸ conjug 1 ◂
VT ① [+ *plante, graine*] to plant, to put in; [+ *jardin*] to put plants in; (= *repiquer*) to plant out ◆ **on a planté la région en vignes** the region was planted with vines ◆ **planter un terrain en gazon** to grass over a piece of ground ◆ **avenue plantée d'arbres** tree-lined avenue ◆ **aller planter ses choux** (fig) to retire to the country
② (= *enfoncer*) [+ *clou*] to hammer in, to knock in; [+ *pieu*] to drive in ◆ **planter un poignard dans le dos de qn** to stick a knife into sb's back, to knife *ou* stab sb in the back ◆ **l'ours planta ses griffes dans son bras** the bear stuck its claws into his arm ◆ **se planter une épine dans le doigt** to get a thorn stuck in one's finger ◆ **la flèche se planta dans la cible** the arrow hit the target
③ (= *mettre*) to stick, to put ◆ **il planta son chapeau sur sa tête** he stuck his hat on his head ◆ **il planta sa voiture au milieu de la rue et il est parti** he stuck his car in the middle of the road and went off ◆ **il nous a plantés sur le trottoir pour aller chercher un journal** he left us hanging about ∗ *ou* standing on the pavement while he went to get a paper ◆ **planter un baiser sur la joue de qn** to plant a kiss on sb's cheek ◆ **planter son regard** *ou* **ses yeux sur qn** to fix one's eyes on sb ◆ **il se planta devant moi** he planted *ou* plonked ∗ himself in front of me ◆ **planter là** (= *laisser sur place*) [+ *personne*] to dump ∗, to leave behind; [+ *voiture*] to dump ∗, to ditch ∗; [+ *travail, outils*] to dump ∗, to drop; (= *délaisser*) [+ *épouse*] to walk out on ∗, to ditch ∗; [+ *travail*] to pack in
④ (= *installer*) [+ *échelle, drapeau*] to put up; [+ *tente*] to put up, to pitch ◆ **planter une échelle contre un mur** to put a ladder (up) *ou* stand a ladder (up) against a wall ◆ **planter le décor** (Théât) to put up *ou* set up the scenery; [*auteur*] to set the scene ◆ **cet auteur sait planter ses personnages** this author is good at characterization
⑤ (∗ = *poignarder*) to stab
VPR **se planter** ① (= *se tromper*) to mess up ∗ ◆ **il s'est planté dans ses calculs** he got his calculations wrong ◆ **se planter à un examen** to fail *ou* flunk ∗ an exam, to blow it ∗ in an exam (US) ◆ **je me suis planté en histoire** I flunked ∗ history, I really blew it ∗ in history ◆ **l'ordinateur s'est planté** the computer crashed
② (= *avoir un accident*) to crash ◆ **il s'est planté en moto** he had a motorbike crash, he crashed his motorbike
VI (= *tomber en panne*) ◆ **l'ordinateur a planté, on a planté** the computer crashed

planteur /plɑ̃tœʀ/ NM ① (= *colon*) planter
② (= *cocktail*) planter's punch

planteuse /plɑ̃tøz/ NF (Agr) (potato) planter

plantigrade /plɑ̃tigʀad/ ADJ, NM plantigrade

plantoir /plɑ̃twaʀ/ NM dibble, dibber

planton /plɑ̃tɔ̃/ NM (Mil) orderly ◆ **être de planton** to be on orderly duty ◆ **faire le planton** ∗ to hang about ∗, to stand around *ou* about (waiting)

plantureusement /plɑ̃tyʀøzmɑ̃/ ADV [*manger, boire*] copiously

plantureux, -euse /plɑ̃tyʀø, øz/ SYN ADJ ① [*repas*] copious, lavish; [*femme*] buxom; [*poitrine*] ample
② [*région, terre*] fertile ◆ **année plantureuse** bumper year

plaquage /plakaʒ/ NM ① (*de bois*) veneering; (*de métal*) plating
② (Rugby) tackling (NonC), tackle ◆ **plaquage à retardement** late tackle
③ (∗ = *abandon*) [*de fiancé*] jilting ∗, ditching ∗, chucking ∗; [*d'épouse*] ditching ∗; [*d'emploi*] chucking (in *ou* up) ∗, packing in ∗ (Brit)

plaque /plak/ SYN
NF ① [*de métal, verre*] sheet, plate; [*de marbre*] slab; [*de chocolat*] block; [*de beurre*] pack; (= *revêtement*) plate, cover(ing) ◆ **légumes surgelés vendus en plaques** frozen vegetables sold in blocks
② [*de verglas*] sheet, patch
③ (= *tache sur la peau*) patch, blotch, plaque (SPÉC); [*d'eczéma*] patch; → **sclérose**
④ (*portant une inscription*) plaque; (= *insigne*) badge; (*au casino*) chip ◆ **poser** *ou* **visser sa plaque** [*de médecin, avocat*] to set up in practice
⑤ (Élec, Photo) plate
⑥ (Géol) plate ◆ **plaque continentale/océanique** continental/oceanic plate
⑦ (∗ = 10 000 F) ten thousand francs
⑧ (*locutions*) ◆ **il est à côté de la plaque** ∗ he hasn't got a clue ∗ ◆ **j'ai mis à côté de la plaque** ∗ I got it completely wrong, I was way off the mark

COMP **plaque de blindage** armour-plate (NonC), armour-plating (NonC)
plaque chauffante [*de cuisinière*] hotplate
plaque de cheminée fireback

plaque commémorative commemorative plaque *ou* plate
plaque de cuisson *[de four]* baking tray; *(= table de cuisson)* hob, cooktop
plaque dentaire dental plaque
plaque d'égout manhole cover
plaque de four baking tray
plaque à gâteau *(Helv)* baking tin
plaque d'identité *[de soldat]* identity disc; *[de chien]* name tag, identity disc; *[de bracelet]* nameplate
plaque d'immatriculation *ou* **minéralogique** *ou* **de police** number plate, registration plate *(Brit)*, license plate *(US)*
plaque de propreté fingerplate
plaque sensible *(Photo)* sensitive plate
plaque tournante *(= plateforme pour trains)* turntable; *(fig) (= lien)* hub; *(= personne)* linchpin

plaqué, e /plake/ (ptp de **plaquer**)
ADJ *[bracelet]* plated; *[poches]* patch *(épith)*; *[accord]* non-arpeggiated • **plaqué or/argent** gold-/silver-plated • **plaqué chêne** oak-veneered
NM 1 *(Orfèvrerie)* plate • **en plaqué** plated • **c'est du plaqué** it's plated
2 *(Menuiserie)* veneer

plaquemine /plakmin/ NM persimmon

plaqueminier /plakminje/ NM persimmon (tree)

plaquer /plake/ SYN ▸ conjug 1 ◂ VT 1 *(Tech)* *[+ bois]* to veneer; *[+ bijoux]* to plate • **plaquer du métal sur du bois** to plate wood with metal • **plaquer des bijoux d'or/d'argent** to plate jewellery with gold/silver, to gold-plate/silver-plate jewellery
2 *(= surajouter)* to tack on • **ce passage semble plaqué sur le reste du texte** this passage looks like it has just been stuck onto *ou* tacked onto the rest of the text
3 *(* = abandonner)* *[+ fiancé]* to jilt*, to ditch*; *[+ époux]* to ditch*, to walk out on; *[+ emploi]* to chuck (in *ou* up)*, to pack in* *(Brit)* • **elle a tout plaqué pour le suivre** she chucked up* *ou* packed in* *(Brit)* everything to follow him
4 *(= aplatir)* *[+ cheveux]* to plaster down • **la sueur plaquait sa chemise contre son corps** the sweat made his shirt cling *ou* stick to his body • **le vent plaquait la neige contre le mur** the wind was flattening *ou* plastering the snow up against the wall • **plaquer une personne contre un mur/au sol** to pin a person to a wall/to the ground • **se plaquer les cheveux** to plaster one's hair down *(sur* on, *over)* • **se plaquer au sol/contre un mur** to flatten o.s. on the ground/against a wall
5 *(= appliquer)* • **elle lui plaqua un baiser sur la joue** she planted a kiss on his cheek • **plaquer sa main sur la bouche de qn** to slap one's hand over sb's mouth
6 *(Rugby)* to tackle, to bring down
7 *(Mus)* *[+ accord]* to strike, to play

plaquette /plakɛt/ SYN NF 1 *(= petite plaque)* *[de métal]* plaque; *[de marbre]* tablet
2 *[de chocolat]* block, bar; *[de pilules]* blister *ou* bubble pack *ou* package; *[de beurre]* small pack *(Brit)*, ≈ stick *(US)* • **plaquette de frein** brake pad
3 *(= livre)* small volume • **plaquette (publicitaire** *ou* **promotionnelle)** (promotional) leaflet • **plaquette de présentation** presentation brochure • **plaquette d'information** information leaflet
4 *[de sang]* platelet

plaqueur, -euse /plakœʀ, øz/ NM,F *(Ébénisterie)* veneerer • **plaqueur sur métaux** metal plater

plasma /plasma/ NM *(Anat, Phys)* plasma • **plasma sanguin** blood plasma

plasmaphérèse /plasmafeʀɛz/ NF plasmapheresis

plasmatique /plasmatik/ ADJ plasm(at)ic

plasmide /plasmid/ NM plasmid

plasmifier /plasmifje/ ▸ conjug 7 ◂ VT to transform into plasma

plasmocyte /plasmɔsit/ NM plasma cell, plasmocyte

plasmode /plasmɔd/ NM *(= cellule)* plasmodium

plasmodium /plasmɔdjɔm/ NM *(Méd)* plasmodium

plasmolyse /plasmɔliz/ NF plasmolysis

plaste /plast/ NM plastid

plastic /plastik/ NM plastic explosive

plasticage /plastikaʒ/ NM bombing *(de* of), bomb attack *(de* on)

plasticien, -ienne /plastisjɛ̃, jɛn/ NM,F 1 *(Art)* visual artist
2 *(= chirurgien)* plastic surgeon
3 *(Tech)* plastics specialist

plasticité /plastisite/ NF *(lit)* plasticity; *(fig)* malleability, plasticity

plastie /plasti/ NF plastic surgery • **elle a subi une plastie des doigts** she had plastic surgery on her fingers

plastifiant, e /plastifjɑ̃, jɑ̃t/
ADJ plasticizing
NM plasticizer

plastification /plastifikasjɔ̃/ NF • **plastification de documents** lamination of documents

plastifier /plastifje/ ▸ conjug 7 ◂ VT to coat with plastic; *[+ document]* to laminate • **plastifié** plastic-coated; *[document]* laminated

plastiquage /plastikaʒ/ NM ⇒ **plasticage**

plastique /plastik/ SYN
ADJ 1 *(Art)* plastic • **chirurgie plastique** plastic surgery
2 *(= malléable)* malleable, plastic • **en matière plastique** plastic
NM plastic • **en plastique** plastic
NF *[de sculpteur]* modelling, plastic art; *[de statue]* modelling; *(= arts)* plastic arts; *[de personne]* physique

plastiquement /plastikmɑ̃/ ADV from the point of view of form, plastically *(SPÉC)*

plastiquer /plastike/ ▸ conjug 1 ◂ VT to blow up, to carry out a bomb attack on

plastiqueur /plastikœʀ/ NM terrorist *(planting a plastic bomb)*

plastisol /plastisɔl/ NM plastisol

plastoc* /plastɔk/ NM plastic • **en plastoc** plastic *(épith)*

plastron /plastʀɔ̃/ NM *(Habillement)* *[de corsage]* front; *[de chemise]* shirt front; *(amovible)* false shirt front, dicky*; *[d'escrimeur]* plastron; *[d'armure]* plastron, breastplate

plastronner /plastʀɔne/ SYN ▸ conjug 1 ◂
VI to swagger
VT to put a plastron on

plasturgie /plastyʀʒi/ NF plastics technology

plat¹, plate /pla, plat/ SYN
ADJ 1 *[surface, pays, couture, pli]* flat; *[mer]* smooth, still; *[eau]* plain, still; *(Géom)* *[angle]* straight; *[encéphalogramme, ventre, poitrine]* flat; *[cheveux]* straight • **bateau à fond plat** flat-bottomed boat • **chaussure plate** *ou* **à talon plat** flat(-heeled) *ou* low(-heeled) shoe • **elle est plate de poitrine, elle a la poitrine plate** she is flat-chested • **elle est plate comme une galette*** *ou* **une limande*** *ou* **une planche à pain*** she's as flat as a board*; → **assiette, battre**
2 *(= fade)* *[style]* flat, dull, unimaginative; *[dissertation, livre]* dull, unremarkable, unimaginative; *[adaptation]* unimaginative, unremarkable; *[voix]* flat, dull; *[vin]* insipid; *[personne, vie]* dull, uninteresting • **ce qu'il écrit est très plat** what he writes is very dull *ou* flat
3 *(= obséquieux)* *[personne]* obsequious, ingratiating *(épith)* • **il nous a fait ses plus plates excuses** he made the humblest of apologies to us
NM *(= partie plate)* flat (part); *[de main]* flat • **il y a 15 km de plat avant la montagne** there is a 15 km flat stretch before the mountain • **course de plat** flat race • **faire un plat** *(Natation)* to (do a) belly flop • **faire du plat à*** *[+ supérieur]* to crawl *ou* grovel *ou* toady to; *[+ femme]* to try to pick up, to chat up* *(Brit)*
◆ **à plat** • **mettre** *ou* **poser qch à plat** to lay sth (down) flat • **posez le ruban bien à plat** lay the ribbon down nice and flat • **mettre qch à plat** *(fig)* to have a close look at things • **remettre qch à plat** *(fig)* to reexamine sth from every angle • **remise à plat** *[de dossier, problème, situation]* complete *ou* thorough review • **poser la main à plat sur qch** to lay one's hand flat on sth • **être à plat** *[pneu, batterie]* to be flat; * *[personne]* to be washed out* *ou* run down • **la grippe l'a mis à plat*** he was laid low by (the) flu • **être/rouler à plat** *[automobiliste]* to have/drive on a flat (tyre) • **tomber à plat** *[remarque, plaisanterie]* to fall flat • **tomber à plat ventre** to fall flat on one's face, to fall full-length • **se mettre à plat ventre** to lie face down • **se mettre à plat ventre devant qn** *(fig)* to crawl *ou* grovel *ou* toady to sb

NF **plate** *(= bateau)* punt, flat-bottomed boat
COMP **plat de côtes, plates côtes** middle *ou* best *ou* short *(US)* rib

plat² /pla/ SYN
NM *(= récipient, mets)* dish; *(= partie du repas)* course; *(= contenu)* dish, plate(ful) • **plat à gratin** gratin dish • **on en était au plat de viande** we had reached the meat course • **deux plats de viande au choix** a choice of two meat dishes *ou* courses • **il en a fait tout un plat*** he made a song and dance* *ou* a great fuss* about it • **il voudrait qu'on lui apporte tout sur un plat (d'argent)** he wants everything handed to him on a plate *(Brit)* *ou* a silver platter *(US)* • **mettre les petits plats dans les grands** to lay on a first-rate meal • **il lui prépare de bons petits plats** he makes tasty little dishes for her • **pour un plat de lentilles** *(Bible, fig)* for a mess of potage • **quel plat de nouilles !*** *(péj)* he's *(ou* she's) such an idiot!; → **œuf, pied**
COMP **plat à barbe** shaving mug
plat cuisiné *(chez un traiteur)* ready-made meal
plat à four oven dish
plat garni main course (served with vegetables)
plat du jour dish of the day, plat du jour • **quel est le plat du jour ?** what's today's special?
plat de résistance main course; *(fig)* pièce de résistance
plat de service serving dish

platane /platan/ NM plane tree • **faux platane** sycamore • **rentrer dans un platane*** to crash into a tree

plat-bord (pl **plats-bords**) /plabɔʀ/ NM gunwale

plateau (pl **plateaux**) /plato/ SYN
NM 1 *(gén)* tray • **plateau à fromages** cheeseboard • **plateau de fromages** cheeseboard, choice of cheeses *(on a menu)* • **plateau d'huîtres** plate of oysters • **plateau de fruits de mer** seafood platter • **il faut tout lui apporter sur un plateau (d'argent)** *(fig)* he wants everything to be handed to him on a plate *(Brit)* *ou* a silver platter *(US)* • **la victoire leur a été offerte sur un plateau (d'argent)** victory was handed to them on a plate
2 *[de balance]* pan; *[d'électrophone]* turntable, deck; *[de table]* top; *[de graphique]* plateau • **la courbe fait un plateau avant de redescendre** the curve levels off *ou* reaches a plateau before falling again • **arriver à un plateau** *(dans une activité, une progression)* to reach a plateau • **mettre qch dans** *ou* **sur les plateaux de la balance** *(fig)* to weigh sth up *(fig)*
3 *(Géog)* plateau • **haut plateau** high plateau
4 *(Théât)* stage; *(Ciné, TV)* set • **nous avons un plateau exceptionnel ce soir** *(= invités)* we have an exceptional line-up this evening • **sur le plateau de l'émission** on the set
5 *(= wagon)* flat wagon *(Brit)* *ou* car *(US)*; *(= plateforme roulante)* trailer
6 *[de pédalier]* chain wheel
7 *(de ball-trap)* clay pigeon
COMP **plateau continental** continental shelf
plateau d'embrayage *[de voiture]* pressure plate
plateau sous-marin submarine plateau
plateau technique *[d'hôpital etc]* technical wherewithal *ou* capacity
plateau télé TV dinner
plateau de tournage *(Ciné)* film set

plateau-repas (pl **plateaux-repas**) /platoʀəpa/ NM *(en avion, en train)* tray meal; *(devant la télévision)* TV dinner

plate-bande (pl **plates-bandes**), **platebande** /platbɑ̃d/ SYN NF *(de fleurs)* flower bed; *(Archit)* platband • **marcher sur** *ou* **piétiner les plates-bandes de qn*** to encroach on sb's preserve, to poach on sb's territory

platée /plate/ NF dish(ful), plate(ful)

plate-forme (pl **plates-formes**), **plateforme** /platfɔʀm/ NF 1 *(gén = terrasse, estrade)* platform; *[d'autobus]* platform; *(= wagon)* flat wagon *(Brit)* *ou* car *(US)* • **plate-forme continentale** *(Géog)* continental shelf • **plate-forme (de forage en mer)** (off-shore) oil rig • **plate-forme flottante** floating rig
2 *(Ordin)* platform • **plate-forme logiciel/matériel** software/hardware platform
3 *(Pol)* platform • **plate-forme électorale** election platform

platement /platmɑ̃/ ADV *[écrire, s'exprimer]* dully, unimaginatively; *[s'excuser]* humbly

plateresque /platʀɛsk/ ADJ plateresque

plathelminthes /platɛlmɛ̃t/ NMPL • **les plathelminthes** the Platyhelminthes

platine[1] /platin/

NM platinum • **platine iridié** platinum-iridium alloy

ADJ INV (= *couleur*) platinum (*épith*) • **blond platine** platinum blond

platine[2] /platin/ NF *[d'électrophone]* deck, turntable; *[de microscope]* stage; *[de presse]* platen; *[de montre, serrure]* plate; *[de machine à coudre]* throat plate • **platine laser** laser disk player • **platine cassette** cassette deck

platiné, e /platine/ ADJ *[cheveux]* platinum (*épith*) • **une blonde platinée** a platinum blonde; → vis

platiner /platine/ ► conjug 1 ◄ VT to platinize

platinifère /platinifɛʀ/ ADJ platiniferous

platitude /platityd/ SYN NF 1 *[de style]* flatness, dullness; *[de livre, film, discours, remarque]* dullness, lack of imagination (*de* in, of); *[de vie, personnage]* dullness

2 (= *propos*) platitude • **dire des platitudes** to make trite remarks, to utter platitudes

3 † (= *servilité*) *[de personne]* obsequiousness; *[d'excuse]* humility; (= *acte*) obsequiousness (*NonC*)

Platon /platɔ̃/ NM Plato

platonicien, -ienne /platɔnisjɛ̃, jɛn/

ADJ Platonic

NM,F Platonist

platonique /platɔnik/ SYN ADJ *[amour]* platonic • **avoir un intérêt platonique pour qch** (*hum* = *de pure forme*) to have a casual *ou* passing interest in sth • **les déclarations de l'ONU paraissent plutôt platoniques** the statements issued by the UN seem to be nothing more than talk *ou* a matter of pure form

platoniquement /platɔnikmɑ̃/ ADV platonically

platonisme /platɔnism/ NM Platonism

plâtrage /plɑtʀaʒ/ NM 1 *[de mur]* plastering

2 (*Méd*) *[de membre]* setting *ou* putting in plaster; *[d'estomac]* lining

3 (*Agr*) *[de prairie]* liming

plâtras /plɑtʀɑ/ SYN NM (= *débris*) rubble; (= *morceau de plâtre*) chunk *ou* lump of plaster

plâtre /plɑtʀ/ NM 1 (= *matière*) (*gén*) plaster; (*Agr*) lime • **mettre une jambe dans le plâtre** to put *ou* set a leg in plaster • **j'avais une jambe dans le plâtre** I had my leg in plaster • **c'est du plâtre !** *[fromage]* it's like chalk!; → **battre**

2 (*Art, Chirurgie* = *objet*) plaster cast • **les plâtres** (*Constr*) the plasterwork (*NonC*) • **porter un plâtre au bras** to have one's arm in plaster • **plâtre de marche** walking plaster (*Brit*) *ou* cast (*US*); → **essuyer**

plâtrer /plɑtʀe/ ► conjug 1 ◄ VT 1 *[+ mur]* to plaster

2 (*Méd*) *[+ membre]* to set *ou* put in plaster; *[+ estomac]* to line • **il a la jambe plâtrée** his leg is in plaster • **elle est plâtrée du genou à la cheville** her leg is in plaster from her knee down to her ankle

3 (*Agr*) *[+ prairie]* to lime

plâtrerie /plɑtʀəʀi/ NF (= *usine*) plaster works

plâtreux, -euse /plɑtʀø, øz/ ADJ *[sol]* limey, chalky; *[surface]* plastered, coated with plaster; *[fromage]* chalky

plâtrier /plɑtʀije/ NM plasterer

plâtrière /plɑtʀijɛʀ/ NF (= *carrière*) gypsum *ou* lime quarry; (= *four*) gypsum kiln

platyrhiniens /platiʀinjɛ̃/ NMPL • **les platyrhiniens** platyrrhines, the Platyrrhina (*SPÉC*)

plausibilité /plozibilite/ NF plausibility, plausibleness

plausible /plozibl/ SYN ADJ plausible

plausiblement /plozibləmɑ̃/ ADV plausibly

Plaute /plot/ NM Plautus

play-back /plɛbak/ NM INV lip-synching • **c'est du play-back** they're (*ou* he is *etc*) just miming to a prerecorded tape *ou* lip-synching • **chanter en play-back** to mime to a prerecorded tape, to lip-synch

play-boy (pl **play-boys**) /plɛbɔj/ NM playboy

plèbe /plɛb/ NF • **la plèbe** (*péj*) the plebs, the proles; (*Hist*) the plebeians

plébéien, -ienne /plebejɛ̃, jɛn/

ADJ (*Hist*) plebeian; *[goûts]* plebeian, common

NM,F plebeian

plébiscitaire /plebisitɛʀ/ ADJ of a plebiscite

plébiscite /plebisit/ NM plebiscite • **faire** *ou* **organiser un plébiscite** to hold a referendum

plébisciter /plebisite/ ► conjug 1 ◄ VT (*Pol*) (*lit*) to elect by plebiscite; (= *élire à la majorité*) to elect by an overwhelming majority • **se faire plébisciter** *[candidat]* to be elected by an overwhelming majority • **le public a plébiscité ce nouveau magazine** this new magazine has proved a tremendous success with the public

plectre /plɛktʀ/ NM plectrum

pléiade /plejad/ SYN

NF (= *groupe*) group • **la Pléiade** (*Littérat*) the Pléiade • **une pléiade d'artistes** a whole host of stars

NFPL **Pléiades** (*Astron*) • **les Pléiades** the Pleiades

◆ ◆

plein , pleine /plɛ̃, plɛn/ SYN

1 - ADJECTIF

2 - ADVERBE

3 - NOM MASCULIN

► Lorsque **plein** s'emploie dans des locutions telles que **de plein droit, à plein régime, en plein air, en mettre plein la vue,** etc., cherchez au nom.

◆ ◆

1 - ADJECTIF

1 [= REMPLI] *[boîte]* full; *[bus, salle]* full (up); *[crustacé, coquillage]* full; *[vie, journée]* full, busy • **plein à craquer** *[valise]* full to bursting, crammed full; *[salle, bus, train]* packed (out), crammed full, full to bursting • **un plein verre de vin** a full glass of wine • **un plein panier de pommes** a whole basketful of apples, a full basket of apples • **j'ai les mains pleines** my hands are full, I've got my hands full • **plein comme un œuf*** *[tiroir]* chock-a-block* (*Brit*), chock-full*; *[nez]* stuffed up • **être plein aux as**‡ to be rolling in money* *ou* in it*, to be filthy rich‡ • **un gros plein de soupe*** (*péj*) a big fat slob‡ (*péj*)

◆ **plein de**

> Lorsque **plein de** signifie 'couvert de', il ne se traduit pas par **full of**.

[bonne volonté, admiration, fautes, vie] full of; (= *couvert de*) *[taches, graisse]* covered in *ou* with • **salle pleine de monde** room full of people, crowded room • **j'ai la tête pleine de projets** I'm full of ideas • **son film est plein de sensualité** his film is very sensual • **leur maison est pleine d'enfants/de fleurs** their house is full of children/of flowers • **voilà une remarque pleine de finesse** that's a very shrewd remark • **il est plein de santé/d'idées** he's bursting with health/with ideas • **il est plein de son sujet/de sa nouvelle voiture** he's full of his subject/of his new car • **mets plein de saveur** dish full of flavour, tasty dish • **être plein de soi-même** to be full of o.s. *ou* of one's own importance

2 [= COMPLET] *[succès]* complete; *[confiance]* complete, total; *[satisfaction]* full, complete, total • **vous avez mon plein accord** you have my wholehearted consent *ou* approval • **au plein sens du terme** in the full *ou* fullest sense of the word • **absent un jour plein** absent for a whole day • **il a plein pouvoir pour agir** he has full power *ou* authority to act • **avoir les pleins pouvoirs** to have full powers; → **arc, temps**[1]

3 [= À SON MAXIMUM] • **pleine lune** (*Astron*) full moon • **la mer est pleine, c'est la pleine mer** (= *marée haute*) the tide is in, it's high tide

4 [= ENTIER] • **deux volumes, reliure plein cuir** two volumes fully bound in leather • **manteau de fourrure pleine peau** fur coat made of solid *ou* full skins

5 [= NON CREUX] *[paroi, porte, pneu, roue]* solid; *[trait]* unbroken, continuous; *[son]* solid; *[voix]* rich, sonorous; (= *rond*) *[visage]* full; *[joues]* chubby

6 [‡ = IVRE] plastered‡, stoned‡ (*US*) • **plein comme une barrique** as drunk as a lord*

7 [= GRAVIDE] pregnant, in calf (*ou* foal *ou* lamb *etc*)

8 [INDIQUANT L'INTENSITÉ] • **la pleine lumière le fatiguait** he found the bright light tiring • **avoir pleine conscience de qch** to be fully aware of sth • **heurter qch de plein fouet** to crash headlong into sth • **rincer le sol à pleins seaux** to rinse the floor with bucketfuls of water • **ramasser qch à pleins bras/à pleines mains** to pick up armfuls/handfuls of sth • **prendre qch à pleines mains** to lay a firm hold on sth, to grasp sth firmly

9 [LOCUTIONS]

◆ **en plein** + *nom* (= *au milieu de, au plus fort de*) • **en pleine poitrine** full *ou* right in the chest • **en pleine tête** right in the head • **arriver en plein (milieu du) cours/en pleine répétition** to arrive (right) in the middle of the class/rehearsal • **en plein cœur de la ville** right in the centre of the town • **c'est arrivé en plein Paris/en pleine rue** it happened in the middle of Paris/in the middle of the street • **restaurant en plein ciel** restaurant up in the sky • **en plein jour** in broad daylight • **en pleine nuit** in the middle of the night, at dead of night • **en plein hiver** in the depths *ou* middle of winter • **son visage était en pleine lumière** the light was shining straight into his face *ou* at him • **en pleine obscurité** in complete *ou* utter darkness • **oiseau en plein vol** bird in full flight • **je suis en plein travail** I'm in the middle of (my) work, I'm hard at work • **arriver en plein drame** to arrive in the middle of a crisis • **enfant en pleine croissance** child who is growing fast *ou* shooting up • **affaire en plein essor** rapidly expanding *ou* growing business

2 - ADVERBE

1 [= EN GRANDE QUANTITÉ DANS, PARTOUT SUR] • **il a des bonbons plein les poches** his pockets are full of *ou* stuffed with sweets • **j'ai de l'encre plein les mains** I've got ink all over my hands, my hands are covered in ink • **il a des jouets plein son placard** he's got a cupboardful *ou* a cupboard full of toys • **en avoir plein le dos*** *ou* **le cul**** **de qch** to be fed up with sth*, to be sick and tired of sth*, to be pissed off** with sth • **en avoir plein les jambes*** *ou* **les bottes*** *ou* **les pattes*** to be all-in*

2 (* = *beaucoup*) **plein de** lots of, loads of* • **il y a plein de bouteilles dans la cave/de gens dans la rue** the cellar/street is full of bottles/people, there are lots *ou* loads of bottles in the cellar/people in the street • **un gâteau avec plein de crème** a cake with lots of *ou* plenty of cream • **il a mis plein de chocolat sur sa veste** he's got chocolate all over his jacket • **tu as des romans ? – j'en ai plein** have you any novels? – I've got loads; → **tout**

3 [= EXACTEMENT VERS] • **se diriger/donner plein ouest** to head/face due west

4 [LOCUTIONS]

◆ **à plein** *[fonctionner, tourner]* at full capacity; *[exploiter]* to the full *ou* maximum • **utiliser à plein son potentiel/une machine/ses connaissances** to use one's potential/a machine/one's knowledge to the full, to make full use of one's potential/a machine/one's knowledge • **il faut profiter à plein de ces jours de congé** you should make the very most of your time off • **le partenariat joue à plein dans notre entreprise** partnership plays a full role in our company

◆ **en plein** • **la lumière frappait son visage en plein** the light was shining straight *ou* right into his face

◆ **en plein dans/sur/dedans** • **en plein dans l'eau/l'œil** right *ou* straight in the water/the eye • **la branche est tombée en plein sur la voiture** the branch fell right on top of the car • **j'ai marché en plein dedans** I stepped right in it

3 - NOM MASCULIN

1 [DE CARBURANT] full tank, tankful • **faire le plein (d'essence)** to fill up • **(faites) le plein, s'il vous plaît** fill it *ou* her* up please • **on a fait deux pleins pour descendre jusqu'à Nice** we had to fill up twice to get down to Nice • **faire le plein d'eau/d'huile** to top up the water/the oil • **le théâtre fait le plein tous les soirs** the theatre has a full house every night • **faire le plein de soleil** to get a good dose of the sun • **mangez des fruits, faites le plein de vitamines** eat fruit and get a full dose of vitamins • **la gauche a fait le plein des voix aux élections** the left got their maximum possible vote in the elections • **la coalition n'a pas fait le plein de ses voix** the coalition didn't pick up its full quota of votes • **j'ai fait le plein de sensations fortes au cours de ce voyage** I had lots of exciting experiences during the trip • **j'ai fait le plein de souvenirs** I came back with lots of memories • **tu**

as acheté beaucoup de conserves/livres – oui, j'ai fait le plein * you bought lots of tins/books – yes I stocked up; → **battre**
2 [ARCHIT] solid
3 [CALLIGRAPHIE] downstroke

pleinement /plɛnmɑ̃/ SYN ADV *[approuver]* wholeheartedly, fully ◆ **utiliser qch pleinement** to make full use of sth, to use sth to the full *ou* fully ◆ **jouir pleinement de qch** to enjoy full use of sth ◆ **vivre pleinement** to live life to the full ◆ **pleinement responsable/satisfait de** wholly *ou* entirely *ou* fully responsible for/satisfied with ◆ **pleinement rassuré** completely *ou* totally reassured

plein-emploi, plein emploi /plɛnɑ̃plwa/ NM full employment

plein-temps (pl **pleins-temps**) /plɛ̃tɑ̃/ NM (= *emploi*) full-time job ◆ **je fais un plein-temps** I work full time

pléistocène /pleistɔsɛn/
ADJ Pleistocene
NM ◆ **le pléistocène** the Pleistocene (period)

plénier, -ière /plenje, jɛʀ/ ADJ plenary

plénipotentiaire /plenipɔtɑ̃sjɛʀ/ SYN ADJ, NM plenipotentiary; → **ministre**

plénitude /plenityd/ SYN NF *[de forme]* plenitude *(littér)*, fullness; *[de son]* fullness, richness; *[de droit]* completeness ◆ **réaliser ses désirs dans leur plénitude** to realize one's desires in their entirety ◆ **vivre la vie avec plénitude** to live one's life to the full ◆ **dans la plénitude de sa jeunesse/beauté** in the fullness of his youth/beauty *(littér)*

plenum /plenɔm/ NM plenary session *ou* meeting

pléonasme /pleɔnasm/ SYN NM pleonasm

pléonastique /pleɔnastik/ ADJ pleonastic

plésiosaure /plezjɔzɔʀ/ NM plesiosaurus

pléthore /pletɔʀ/ SYN NF overabundance, plethora

pléthorique /pletɔʀik/ SYN ADJ 1 *[production, nombre]* excessive; *[offre]* excess; *[administration, bureaucratie]* bloated, excessive; *[majorité]* massive ◆ **avoir un personnel pléthorique** *ou* **des effectifs pléthoriques** *[entreprise]* to be overmanned, to have excess staff ◆ **des classes aux effectifs pléthoriques** overcrowded classes
2 *(Méd)* obese

pleur /plœʀ/ NM 1 *(littér)* (= *larme*) tear; (= *sanglot*) sob ◆ **verser un pleur** *(hum)* to shed a tear
2 *(locutions)* ◆ **en pleurs** in tears ◆ **il y aura des pleurs et des grincements de dents quand...** there'll be much wailing and gnashing of teeth when... ◆ **essuyer** *ou* **sécher les pleurs de qn** to wipe away *ou* dry sb's tears
3 (= *écoulement de sève*) bleeding

pleurage /plœʀaʒ/ NM *(Élec)* wow

pleural, e (mpl **-aux**) /plœʀal, o/ ADJ pleural

pleurant /plœʀɑ̃/ NM *(Art)* weeping figure

pleurard, e /plœʀaʀ, aʀd/ *(péj)*
ADJ *[enfant]* whining *(épith)*, who never stops crying; *[ton]* whimpering *(épith)*, whining *(épith)*
NM,F crybaby *, whiner

pleurer /plœʀe/ SYN ► conjug 1 ◄
VI 1 (= *larmoyer*) *[personne]* to cry, to weep; *[yeux]* to water, to run ◆ **s'endormir en pleurant** to cry oneself to sleep ◆ **pleurer de rire** to shed tears of laughter, to laugh until one cries ◆ **pleurer de rage** to weep *ou* cry with rage, to shed tears of rage ◆ **pleurer de joie** to cry *ou* weep for joy, to shed tears of joy ◆ **pleurer d'avoir fait qch** to cry *ou* weep at *ou* over having done sth ◆ **j'ai perdu mon sac, j'en aurais pleuré** I lost my bag – I could have cried *ou* wept ◆ **il vaut mieux en rire que d'en pleurer** it's better to laugh (about it) than cry about *ou* over it ◆ **faire pleurer qn** to make sb cry, to bring tears to sb's eyes ◆ **les oignons me font pleurer** onions make my eyes water *ou* make me cry ◆ **pleurer comme un veau** *(péj)* *ou* **une Madeleine** *ou* **à chaudes larmes** to cry one's eyes *ou* one's heart out ◆ **être sur le point de pleurer** to be almost in tears, to be on the point *ou* verge of tears ◆ **aller pleurer dans le gilet de qn** * to run crying to sb ◆ **triste à (faire) pleurer** dreadfully *ou* terribly sad ◆ **bête à (faire) pleurer** pitifully stupid ◆ **c'est bête à (faire) pleurer** it's enough to make you weep
2 ◆ **pleurer sur** to lament (over) ◆ **pleurer sur son propre sort** to bemoan one's lot
3 *(péj* = *réclamer)* ◆ **elle est tout le temps à pleurer** she's always whining *ou* begging for something ◆ **pleurer après qch** to shout for sth ◆ **il a été pleurer à la direction pour obtenir une augmentation** he's been whingeing to the management about getting a rise
4 *(littér)* *[sirène, violon]* to wail
VT 1 *[+ personne]* to mourn (for); *[+ chose]* to bemoan; *[+ faute]* to bewail, to bemoan, to lament ◆ **mourir sans être pleuré** to die unlamented *ou* unmourned ◆ **pleurer des larmes de joie** to weep *ou* shed tears of joy, to weep for joy ◆ **pleurer des larmes de sang** to shed tears of blood ◆ **pleurer tout son soûl** *ou* **toutes les larmes de son corps** to cry one's eyes out ◆ **pleurer misère** to cry poverty ◆ **pleurer sa jeunesse** to mourn for one's lost youth
2 *(péj)* (= *quémander*) *[+ augmentation, objet]* to beg for; (= *lésiner sur*) *[+ nourriture, fournitures]* to begrudge, to stint ◆ **il ne pleure pas sa peine** * he spares no effort ◆ **il ne pleure pas son argent** * he's very free with his money

pleurésie /plœʀezi/ NF pleurisy ◆ **avoir une pleurésie** to have pleurisy

pleurétique /plœʀetik/ ADJ pleuritic

pleureur, -euse /plœʀœʀ, øz/
ADJ 1 *[enfant]* whining *(épith)*, always crying *(attrib)*; *[ton]* tearful, whimpering *(épith)* ◆ **c'est un pleureur/une pleureuse** *(pleurard)* he/she is always crying; *(péj : quémandeur)* he/she is always begging for something
2 *[frêne, mûrier etc]* weeping; → **saule**
NF **pleureuse** (hired) mourner

pleurite /plœʀit/ NF localized pleurisy

pleurnichard, e /plœʀniʃaʀ, aʀd/ SYN ADJ, NM,F ⇒ **pleurnicheur**

pleurnichement /plœʀniʃmɑ̃/ NM ⇒ **pleurnicherie**

pleurnicher /plœʀniʃe/ SYN ► conjug 1 ◄ VI to snivel *, to whine

pleurnicherie /plœʀniʃʀi/ NF snivelling * *(NonC)*, whining *(NonC)*, grizzling * *(Brit)* *(NonC)*

pleurnicheur, -euse /plœʀniʃœʀ, øz/
ADJ *[enfant]* snivelling * *(épith)*, whining *(épith)*, grizzling * *(Brit)* *(épith)*; *[ton]* whining *(épith)*
NM,F crybaby *

pleurodynie /plœʀɔdini/ NF pleurodynia

pleuronectes /plœʀɔnɛkt/ NMPL ◆ **les pleuronectes** pleuronectids, the Pleuronectidae *(SPÉC)*

pleuropneumonie /plœʀopnømɔni/ NF pleuropneumonia

pleurote /plœʀɔt/ NF oyster mushroom, pleurotus *(SPÉC)*

pleurotomie /plœʀɔtɔmi/ NF pleurotomy

pleutre /pløtʀ/ SYN *(littér)*
ADJ cowardly
NM coward

pleutrerie /pløtʀəʀi/ NF *(littér)* (= *caractère*) cowardice; (= *acte*) act of cowardice

pleuvasser /pløvase/, **pleuviner** /pløvine/, **pleuvioter** /pløvjɔte/ VB IMPERS ► conjug 1 ◄ (= *crachiner*) to drizzle, to spit (with rain); *(par averses)* to be showery

pleuvoir /pløvwaʀ/ SYN ► conjug 23 ◄
VB IMPERS to rain ◆ **il pleut** it's raining ◆ **les jours où il pleut** on rainy days ◆ **on dirait qu'il va pleuvoir** it looks like rain ◆ **il pleut à grosses gouttes** it's raining heavily ◆ **il pleut à flots** *ou* **à torrents** *ou* **à seaux** *ou* **à verse, il pleut des cordes** *ou* **des hallebardes** it's pouring (with rain) ◆ **il pleut comme vache qui pisse** ** it's pouring down, it's pissing it down ** *(Brit)* ◆ **qu'il pleuve ou qu'il vente** (come) rain or shine ◆ **il a reçu des cadeaux comme s'il en pleuvait** he was showered with presents ◆ **il ramasse de l'argent comme s'il en pleuvait** * he's raking it in *, he's raking in the money * ◆ **tu vas faire pleuvoir !** *(hum)* *(à une personne qui chante mal)* you'll shatter the (glass in the) windows! *(hum)*
VI *[coups, projectiles]* to rain down; *[critiques, invitations]* to shower down ◆ **faire pleuvoir des coups sur qn** to rain blows on sb ◆ **faire pleuvoir des injures sur qn** to shower insults on sb, to subject sb to a torrent of insults *ou* abuse ◆ **les invitations pleuvaient sur lui** he was showered with invitations, invitations were showered on him

pleuvoter /pløvɔte/ ► conjug 1 ◄ VB IMPERS ⇒ **pleuvasser**

plèvre /plɛvʀ/ NF pleura

Plexiglas ® /plɛksiglas/ NM Perspex ®, Plexiglass ® *(US)*

plexus /plɛksys/ NM plexus ◆ **plexus solaire** solar plexus

pli /pli/ SYN
NM 1 *[de tissu, rideau, ourlet, accordéon]* fold; *(Couture)* pleat ◆ **(faux) pli** crease ◆ **faire un pli à un pantalon** *(au fer)* to put a crease in a pair of trousers; *(par négligence)* to crease a pair of trousers ◆ **jupe/robe à plis** pleated skirt/dress ◆ **son manteau est plein de plis** his coat is all creased ◆ **ton manteau fait un pli dans le dos** your coat has a crease at the back, your coat creases (up) at the back ◆ **son corsage est trop étroit, il fait des plis** her blouse is too tight – it's all puckered (up) ◆ **les plis et les replis de sa cape** the many folds of her cloak ◆ **il va refuser, cela ne fait pas un pli** * he'll refuse, no doubt about it ◆ **j'avais dit qu'elle oublierait, ça n'a pas fait de pli !** I'd said she'd forget and sure enough she did!
2 (= *jointure*) *[de genou, bras]* bend; (= *bourrelet*) *[de menton, ventre]* (skin-)fold; (= *ligne*) *[de bouche, yeux]* crease; (= *ride*) *[de front]* crease, furrow, line ◆ **sa peau faisait des plis au coin des yeux/sur son ventre** his skin was creased round his eyes/made folds on his stomach ◆ **le pli de l'aine** the (fold of the) groin ◆ **les plis et les replis de son menton** the many folds under his chin, his quadruple chin *(hum)*
3 (= *forme*) *[de vêtement]* shape ◆ **garder un beau** *ou* **bon pli** to keep its shape ◆ **prendre un mauvais pli** *[vêtement]* to get crushed; *[cheveux]* to curl the wrong way; → **mise**²
4 (= *habitude*) habit ◆ **prendre le pli de faire qch** to get into the habit of doing sth ◆ **il a pris un mauvais pli** he's got into a bad habit ◆ **c'est un pli à prendre !** you get used to it!
5 (= *enveloppe*) envelope; *(Admin* = *lettre)* letter ◆ **sous ce pli** enclosed, herewith ◆ **sous pli cacheté** in a sealed envelope
6 *(Cartes)* trick ◆ **faire un pli** to win *ou* take a trick
7 *(Géol)* fold
COMP **pli d'aisance** *(Couture)* inverted pleat
pli creux *(Couture)* box pleat
pli de pantalon trouser crease
pli plat *(Couture)* flat pleat
pli de terrain fold in the ground, undulation

pliable /plijabl/ ADJ *[chaise, trottinette]* folding

pliage /plijaʒ/ NM (= *action*) folding; (= *feuille*) folded piece of paper ◆ **l'art du pliage** origami

pliant, e /plijɑ̃, ɑ̃t/
ADJ *[lit, table, vélo]* collapsible, folding *(épith)*; *[mètre]* folding *(épith)*; *[canot]* collapsible
NM folding *ou* collapsible (canvas) stool, campstool

plie /pli/ NF plaice

plié /plije/ NM *(Danse)* plié

plier /plije/ SYN ► conjug 7 ◄
VT 1 *[+ papier, tissu]* *(gén)* to fold; (= *ranger*) to fold up ◆ **plier le coin d'une page** to fold over *ou* fold down *ou* turn down the corner of a page
2 (= *rabattre*) *[+ lit, table, tente]* to fold up; *[+ éventail]* to fold; *[+ livre, cahier]* to close (up); *[+ volets]* to fold back ◆ **plier bagage** *(fig)* to pack up (and go)
3 (= *ployer*) *[+ branche]* to bend; *[+ genou, bras]* to bend, to flex ◆ **plier le genou devant qn** *(lit)* to go down on one knee before sb; *(fig)* to bow before sb ◆ **être plié par l'âge** to be bent (double) with age ◆ **être plié (en deux), être plié de rire** to be doubled up with laughter ◆ **être plié de douleur** to be doubled up with pain
4 *[+ personne]* ◆ **plier qn à une discipline** to force a discipline upon sb ◆ **plier qn à sa volonté** to bend sb to one's will ◆ **plier qn à sa loi** to lay down the law to sb
5 (* = *endommager*) *[+ voiture]* to wreck ◆ **sa voiture est complètement pliée** his car is a wreck *ou* a write-off * *(Brit)*
VI 1 *[arbre, branche]* to bend (over); *[plancher, paroi]* to sag, to bend over ◆ **les branches pliant sous le poids des pêches** the branches bending *ou* sagging under the weight of the peaches ◆ **faire plier le plancher sous son poids** to make the floor sag beneath one's weight ◆ **plier sous le poids des soucis/des ans** to be weighed down by worry/the years
2 (= *céder*) *[personne]* to yield, to give in, to knuckle under; *[armée]* to give way, to lose

ground; [résistance] to give way ◆ **plier devant l'autorité** to give in ou yield ou bow to authority ◆ **faire plier qn** to make sb give in ou knuckle under ◆ **notre défense plie mais ne rompt pas** (Sport) our defence is weakening but isn't breaking down completely

VPR se plier ① [meuble, objet] to fold (up)

② ◆ **se plier à** [+ règle] to submit to, to abide by; [+ discipline] to submit o.s. to; [+ circonstances] to bow to, to submit to, to yield to; [+ désirs, caprices de qn] to give in to, to submit to

plieur, -ieuse /plijœʀ, jøz/
NM,F (= ouvrier) folder
NF plieuse (= machine) [de papier] folder; [de tôles] folding machine

Pline /plin/ **NM** Pliny

plinthe /plɛ̃t/ **NF** (gén) skirting board; (Archit) plinth

pliocène /plijɔsɛn/
ADJ Pliocene
NM ◆ **le pliocène** the Pliocene

plioir /plijwaʀ/ **NM** (Tech) folder; (Pêche) winder

plissage /plisaʒ/ **NM** pleating

plissé, e /plise/ **SYN** (ptp de **plisser**)
ADJ [jupe] pleated; [terrain] folded; [peau] creased, wrinkled
NM pleats ◆ **plissé soleil** sunray pleats

plissement /plismɑ̃/ **SYN NM** ① [de lèvres] puckering (up); [d'yeux] screwing up; [de front] creasing; [de nez] wrinkling
② [de papier] folding
③ (Géol) folding ◆ **le plissement alpin** the folding of the Alps ◆ **plissement de terrain** fold

plisser /plise/ **SYN** ▸ conjug 1 ◂
VT ① [+ jupe] to pleat, to put pleats in; [+ papier] to fold (over)
② [+ lèvres, bouche] to pucker (up); [+ yeux] to screw up; [+ nez] to wrinkle ◆ **un sourire plissa son visage** his face creased into a smile ◆ **il plissa le front** he knitted his brow ◆ **une ride lui plissa le front** a wrinkle furrowed his brow
③ (= froisser) [+ vêtement] to crease
④ (Géol) to fold
VI [vêtement] to be creased ◆ **elle a les bas qui plissent** her stockings are wrinkled
VPR se plisser ① [front] to crease, to furrow; [lèvres, bouche] to pucker (up); [nez] to wrinkle
② (= se froisser) to become creased ◆ **le lin se plisse très facilement** linen creases easily ou is easily creased

plisseur, -euse /plisœʀ, øz/
NM,F (= ouvrier) pleater
NF plisseuse pleating machine

plissure /plisyʀ/ **NF** pleats

pliure /plijyʀ/ **SYN NF** fold; [de bras, genou] bend; (Typographie) folding

ploc /plɔk/ **EXCL** plop!

ploiement /plwamɑ̃/ **NM** bending

plomb /plɔ̃/ **SYN NM** ① (= métal) lead ◆ **de plomb** [tuyau] lead; [soldat] tin; [ciel] leaden; [soleil] blazing; [sommeil] deep, heavy ◆ **j'ai des jambes de plomb** my legs are ou feel like lead ◆ **sans plomb** [essence] unleaded, lead-free ◆ **il n'a pas de plomb dans la tête** ou **la cervelle** he's featherbrained ◆ **ça lui mettra du plomb dans la tête** ou **la cervelle** that will knock some sense into him
② (Chasse) (lead) shot (NonC) ◆ **j'ai trouvé trois plombs dans le lièvre en le mangeant** I found three pieces of (lead) shot in the hare when I was eating it ◆ **du gros plomb** buckshot ◆ **du petit plomb** small shot ◆ **avoir du plomb dans l'aile** (fig) to be in a bad way
③ (Pêche) sinker; (Typographie) type; [de vitrail] lead; (= sceau) (lead) seal; (Élec = fusible) fuse; (Couture) lead weight ◆ **plomb (de sonde)** (Naut = outil de mesure) sounding lead ◆ **les plombs ont sauté** the fuses have blown ou gone; → **péter vt 2**
④ (locutions) ◆ **mettre un mur à plomb** to plumb a wall ◆ **le soleil tombe à plomb** the sun is blazing straight down

plombage /plɔ̃baʒ/ **SYN NM** ① [de dent] filling ◆ **j'ai perdu mon plombage** my filling has come out
② [de canne, ligne, rideaux] weighting (with lead)
③ [de colis, wagon] sealing (with lead)

plombagine /plɔ̃baʒin/ **NF** plumbago, graphite

plombe* /plɔ̃b/ **NF** hour ◆ **ça fait deux plombes que j'attends** I've been waiting two hours now

◆ **à trois plombes du matin** at three o'clock in the morning

plombé, e /plɔ̃be/ **SYN** (ptp de **plomber**)
ADJ ① [teint, couleur, ciel] leaden
② [essence] leaded; [dent] filled ◆ **canne plombée** ou **à bout plombé** walking stick with a lead(en) tip
NF plombée **SYN** (= arme) bludgeon; (Pêche) sinkers, weights

plombémie /plɔ̃bemi/ **NF** plasma lead level

plomber /plɔ̃be/ **SYN** ▸ conjug 1 ◂
VT ① [+ dent] to fill, to put a filling in
② (= garnir de plomb) [+ canne, ligne, rideaux] to weight (with lead)
③ (= sceller) [+ colis, wagon] to seal (with lead), to put a lead seal on
④ (Constr) [+ mur] to plumb
⑤ (Agr) to tamp (down)
⑥ (= colorer en gris) to turn leaden
⑦ (= handicaper) [+ marché] to drag down, to cripple; [+ projet] to hamper ◆ **un système bancaire plombé par d'énormes créances** a banking system crippled by heavy debts ◆ **les nouveaux investissements ont plombé les comptes de l'entreprise** the new investments have been a drain on the company accounts
⑧ (* = contaminer) to infect
VPR se plomber [ciel] to turn leaden; [visage] to become livid

plomberie /plɔ̃bʀi/ **NF** (= métier, installations) plumbing; (= atelier) plumber's (work)shop; (= industrie) lead industry ◆ **faire de la plomberie** to do some plumbing

plombeur /plɔ̃bœʀ/ **NM** (Agr) roller

plombier /plɔ̃bje/ **NM** ① (= ouvrier) plumber
② (* = agent secret) mole*, spy (who plants bugs)

plombières /plɔ̃bjɛʀ/ **NF INV** tutti-frutti (ice cream)

plombifère /plɔ̃bifɛʀ/ **ADJ** plumbiferous

plombure /plɔ̃byʀ/ **NF** [de vitrail] armature

plonge* /plɔ̃ʒ/ **NF** dishwashing, washing-up (in restaurant) ◆ **faire la plonge** to do the washing-up

plongé, e¹ /plɔ̃ʒe/ (ptp de **plonger**) **ADJ** ◆ **plongé dans** [+ obscurité, désespoir, misère] plunged in; [+ vice] steeped in; [+ méditation, pensées] immersed in, deep in ◆ **plongé dans la lecture d'un livre** buried ou immersed in a book ◆ **plongé dans le sommeil** sound asleep, in a deep sleep

plongeant, e /plɔ̃ʒɑ̃, ɑ̃t/ **SYN ADJ** [décolleté, tir] plunging ◆ **vue plongeante** view from above

plongée² /plɔ̃ʒe/ **SYN NF** ① [de nageur, sous-marin, gardien de but] dive ◆ **faire de la plongée** to go diving ◆ **effectuer plusieurs plongées** to make several dives ◆ **en plongée, le sous-marin...** when diving, the submarine... ◆ **plongée libre** free(-)diving ◆ **plongée sous-marine** (gén) diving; (avec scaphandre autonome) skin ou scuba diving ◆ **plongée avec bouteille(s)** diving with breathing apparatus ◆ **l'avion a fait une plongée sur la ville** the plane swooped down over the town ◆ **cette plongée dans la préhistoire/le passé** this journey deep into prehistory/the past
② [de cours, monnaie] (nose-)dive
③ (Ciné = prise de vue) high angle shot ◆ **faire une plongée sur qch** to take a high angle shot of sth ◆ **en plongée verticale** from above

plongeoir /plɔ̃ʒwaʀ/ **NM** diving board

plongeon¹ /plɔ̃ʒɔ̃/ **SYN NM** (Football, Natation) dive ◆ **faire un plongeon** [nageur] to dive; [gardien de but] to make a dive; [+ tomber] to go head over heels ◆ **faire le plongeon** [société] to go under suddenly; [prix, valeurs] to nose-dive, to take a nose dive

plongeon² /plɔ̃ʒɔ̃/ **NM** (= oiseau) diver (Brit), loon (US)

plonger /plɔ̃ʒe/ **SYN** ▸ conjug 3 ◂
VI ① [personne, sous-marin] to dive (dans into; sur on, onto); [avion, oiseau] to dive, to swoop; [gardien de but] to dive, to make a dive ◆ **l'avion a plongé sur son objectif** the plane dived (down) ou swooped down towards its target ◆ **l'oiseau plongea sur sa proie** the bird swooped (down) on its prey
② [route, terrain] to plunge (down), to dip (sharply ou steeply); [racines] to go down ◆ **plonger dans le sommeil** to fall (straight) into a deep sleep ◆ **mon regard plongeait sur la vallée** I gazed down on the valley ◆ **il a plongé**

dans l'alcool/la drogue he turned to drink/to drugs ◆ **il a plongé dans la dépression** he sank into a deep depression
③ [société] to go under; [prix, valeurs] to nose-dive, to take a nose-dive, to plummet; [notes scolaires] to plummet
④ (arg Crime) [truand] to get busted* ou done* (Brit) (pour for)
VT ◆ **plonger qch dans** [+ sac] to plunge ou thrust sth into; [+ eau] to plunge sth into ◆ **plonger qn dans** [+ obscurité, misère, sommeil, méditation, vice] to plunge sb into; [+ désespoir] to throw ou plunge sb into ◆ **il plongea sa main dans sa poche pour prendre son mouchoir** he plunged his hand into his pocket to get his handkerchief out ◆ **plonger qn dans la surprise** to surprise sb greatly ◆ **vous me plongez dans l'embarras** you've put me in a difficult position ◆ **il lui plongea un poignard dans le cœur** he plunged a dagger into his heart ◆ **plante qui plonge ses racines dans le sol** plant that thrusts its roots deep into the ground ◆ **plonger son regard sur/vers** to cast one's eyes at/towards ◆ **il plongea son regard dans mes yeux** he looked deeply into my eyes
VPR se plonger ◆ **se plonger dans** [+ études, lecture] to bury ou immerse o.s. in, to throw o.s. into; [+ dossier, eau, bain] to plunge into, to immerse o.s. in ◆ **se plonger dans le vice** to throw o.s. into a life of vice

plongeur, -euse /plɔ̃ʒœʀ, øz/ **SYN**
ADJ diving
NM,F ① (Sport) diver ◆ **plongeur sous-marin** (gén) diver; (sans scaphandre) skin diver; → **cloche**
② [de restaurant] dishwasher, washer-up (Brit)
NM (= oiseau) diver (Brit), loon (US)

plosive /plozɪv/ **NF** plosive

plot /plo/ **NM** (Élec) contact; [de billard électrique] pin ◆ **plot (de départ)** [de piscine] (starting) block

plouc* /pluk/
NM (péj) (= paysan) country bumpkin; (= crétin) ninny*
ADJ ◆ **il est plouc** he's a ninny* ◆ **sa robe fait plouc** her dress looks dowdy

plouf /pluf/ **EXCL** splash! ◆ **il est tombé dans l'eau avec un gros plouf** he fell into the water with a splash ◆ **la pierre a fait plouf en tombant dans l'eau** the stone made a splash as it fell into the water

ploutocrate /plutɔkʀat/ **NM** plutocrat

ploutocratie /plutɔkʀasi/ **NF** plutocracy

ploutocratique /plutɔkʀatik/ **ADJ** plutocratic

ployer /plwaje/ **SYN** ▸ conjug 8 ◂ (littér)
VI [branche, dos] to bend; [poutre, plancher] to sag; [genoux, jambes] to give way, to bend; [armée] to yield, to give in; [résistance] to give way ◆ **faire ployer le plancher sous son poids** to make the floor sag beneath one's weight ◆ **ployer sous l'impôt** to be weighed down by taxes ◆ **notre défense ploie mais ne rompt pas** (Sport) our defence is weakening but not breaking down completely ◆ **ployer sous le joug** (fig) to bend beneath the yoke
VT to bend ◆ **ployer un pays sous son autorité** to make a country bow down ou submit to one's authority

pluches /plyʃ/ **NFPL** ① (arg Mil) ◆ **être de (corvée de) pluches** to be on potato-peeling ou spud-bashing* (Brit) duty
② (Culin) ◆ **pluches de cerfeuil** chervil sprigs

pluie /plɥi/ **SYN NF** ① (gén) rain; (= averse) shower (of rain) ◆ **les pluies** the rains ◆ **la saison des pluies** the rainy season ◆ **le temps est à la pluie** we're in for some rain, it looks like rain ◆ **jour/temps de pluie** wet ou rainy day/weather ◆ **sous la pluie** in the rain ◆ **pluie battante** driving ou lashing rain ◆ **pluie diluvienne** pouring rain (NonC), downpour ◆ **pluie fine** drizzle ◆ **une pluie fine tombait** it was drizzling ◆ **pluie jaune/acide** yellow/acid rain
② [de cadeaux, cendres] shower; [de balles, pierres, coups] hail, shower ◆ **en pluie** in a shower ◆ **tomber en pluie** to shower down ◆ **versez le riz en pluie** (Culin) add the rice gradually
③ (locutions) ◆ **après la pluie (vient) le beau temps** (lit) the sun is shining again after the rain; (fig) everything's fine again ◆ **faire la pluie et le beau temps** (fig) to call the shots* ◆ **il n'est pas né** ou **tombé de la dernière pluie** (fig) he wasn't born yesterday ◆ **petite pluie abat grand vent** (Prov) a small effort can go a long way; → **ennuyeux, parler**

plumage /plymaʒ/ NM plumage (NonC), feathers

plumard‡ /plymaʀ/ NM bed ◆ **aller au plumard** to turn in *, to hit the hay * *ou* the sack *

plume /plym/ SYN
NF ① *[d'oiseau]* feather ◆ **chapeau à plumes** feathered hat, hat with feathers ◆ **oreiller/lit de plumes** feather pillow/bed ◆ **être aussi léger qu'une plume, ne pas peser plus lourd qu'une plume** to be as light as a feather ◆ **soulever qch comme une plume** to lift sth up as if it weighed practically nothing ◆ **se mettre dans les plumes** * to hit the sack *, *ou* the hay *, to turn in * ◆ **il y a laissé des plumes** * (*gén*) he came off badly; (*financièrement*) he got his fingers burnt ◆ **il perd ses plumes** * (*hum*) his hair is falling out, he's going bald; → **gibier, poids, voler**¹
② (*pour écrire*) (*d'oiseau*) quill (pen); (*en acier*) (pen) nib ◆ **écrire à la plume** (= *stylo*) to write with a fountain pen ◆ **plume d'oie** goose quill ◆ **dessin à la plume** pen-and-ink drawing ◆ **écrire au fil** *ou* **de la plume** to write just as the ideas come to one *ou* come into one's head ◆ **il a la plume facile** writing comes easy to him ◆ **vivre de sa plume** to live by writing *ou* by one's pen ◆ **prendre la plume pour...** to take up one's pen to..., to put pen to paper to... ◆ **il a pris sa plus belle plume pour écrire au percepteur** (*hum*) he wrote the tax inspector a very elaborate letter ◆ **je lui passe la plume** (*dans une lettre*) I'll hand over to him, I'll let him carry on ◆ **tremper sa plume dans le poison** (*fig*) to steep one's pen in venom; → **homme**
③ *(Pêche)* quill
④ *(de coquille)* pen
NM ⇒ **plumard**
COMP **plume à vaccin** vaccine point

plumeau (pl **plumeaux**) /plymo/ NM feather duster

plumer /plyme/ ► conjug 1 ◄ VT ① *[+ volaille]* to pluck
② * *[+ personne]* to fleece ◆ **se faire plumer** to be *ou* get fleeced *

plumet /plymɛ/ NM plume

plumetis /plym(ə)ti/ NM (= *tissu*) Swiss muslin; (= *broderie*) raised satin stitch

plumeuse /plymøz/ NF (= *machine*) plucker

plumeux, -euse /plymø, øz/ ADJ feathery

plumier /plymje/ NM pencil box

plumitif /plymitif/ NM (*péj*) (= *employé*) penpusher (*péj*); (= *écrivain*) scribbler (*péj*)

plum-pouding (pl **plum-poudings**), **plum-pudding** (pl **plum-puddings**) /plumpudiŋ/ NM (rich) fruit cake

plumule /plymyl/ NF *[de duvet]* plumule

plupart /plypaʀ/ GRAMMAIRE ACTIVE 26.1 SYN NF ◆ **la plupart des gens** most people, the majority of people ◆ **la plupart des gens qui se trouvaient là** most of the people there ◆ **la plupart (d'entre eux) pensent que...** most (of them) *ou* the majority (of them) think that... ◆ **dans la plupart des cas** in most cases, in the majority of cases ◆ **pour la plupart** mostly, for the most part ◆ **ces gens qui, pour la plupart, avaient tout perdu** these people who, for the most part, had lost everything, these people, most of whom had lost everything ◆ **la plupart du temps** most of the time ◆ **la plupart de mon temps** most of my time, the greater part of my time

plural, e (mpl -**aux**) /plyʀal, o/ ADJ *[vote]* plural

pluralisme /plyʀalism/ NM pluralism

pluraliste /plyʀalist/
ADJ pluralistic
NMF pluralist

pluralité /plyʀalite/ SYN NF multiplicity, plurality

pluriannuel, -elle /plyʀianɥɛl/ ADJ *[contrat]* long-term; *[plante]* perennial

pluricellulaire /plyʀiselylɛʀ/ ADJ pluricellular

pluriculturel, -elle /plyʀikyltyʀɛl/ ADJ multicultural

pluridisciplinaire /plyʀidisiplinɛʀ/ ADJ (*Scol*) pluridisciplinary, multidisciplinary

pluridisciplinarité /plyʀidisiplinaʀite/ NF pluridisciplinary, multidisciplinary nature

pluriel, -elle /plyʀjɛl/
ADJ ① (*Ling*) plural
② (= *composite*) *[musique]* that draws on several sources ; *[sanctions]* various ◆ **la gauche plurielle** (*Pol*) the left coalition ◆ **liste plurielle** single voting list with candidates from different parties ◆ **c'est une œuvre plurielle** [*livre, pièce de théâtre*] it is a work which can be read (*ou* understood *etc*) on many different levels
NM plural ◆ **au pluriel** in the plural ◆ **la première personne du pluriel** the first person plural ◆ **le pluriel de majesté** the royal "we" ◆ **le pluriel de « cheval » est « chevaux »** the plural of "cheval" is "chevaux"

pluriethnique /plyʀiɛtnik/ ADJ multiethnic

plurifonctionnalité /plyʀifɔ̃ksjɔnalite/ NF *[d'appareil, salle]* versatility

plurilatéral, e (mpl -**aux**) /plyʀilateʀal, o/ ADJ multilateral

plurilingue /plyʀilɛ̃g/ ADJ multilingual

plurilinguisme /plyʀilɛ̃gɥism/ NM multilingualism

plurinational, e (mpl -**aux**) /plyʀinasjɔnal, o/ ADJ multinational

pluripartisme /plyʀipaʀtism/ NM (*Pol*) multi-party system

plurivalent, e /plyʀivalɑ̃, ɑ̃t/ ADJ multivalent, polyvalent

✦ ✦ ✦ ✦ ✦ ✦ ✦ ✦ ✦ ✦ ✦ ✦ ✦ ✦ ✦ ✦

plus /ply, plys/

1 - ADVERBE DE NÉGATION
2 - ADVERBE (EMPLOI COMPARATIF)
3 - ADVERBE (EMPLOI SUPERLATIF)
4 - CONJONCTION
5 - NOM MASCULIN
6 - COMPOSÉS

► Lorsque **plus** s'emploie dans des locutions telles que *d'autant plus, raison de plus, tant et plus, à plus forte raison, non... plus* etc, cherchez à l'autre mot.

✦ ✦ ✦ ✦ ✦ ✦ ✦ ✦ ✦ ✦ ✦ ✦ ✦ ✦ ✦ ✦

1 - ADVERBE DE NÉGATION

plus adverbe de négation se prononce [ply] devant une consonne et en fin de phrase, [plyz] devant une voyelle.

◆ **(ne +)** *verbe* + **plus** (*temps*) not any longer *ou* any more, no longer; (*quantité*) no more, not any more ◆ **il ne la voit plus** he no longer sees her, he doesn't see her any more ◆ **il n'a plus besoin de son parapluie** he doesn't need his umbrella any longer *ou* any more ◆ **il n'a plus à s'inquiéter/travailler maintenant** he doesn't need to worry/work any more now ◆ **je ne reviendrai plus/plus jamais** I won't/I'll never come back again ◆ **il n'a plus dit un mot** he didn't say another word (after that) ◆ **il n'est plus là, il n'est plus là** * he isn't here anymore ◆ **son père n'est plus** (*euph*) his father has passed away (*euph*) ◆ **elle n'est plus très jeune** she's not as young as she used to be ◆ **plus besoin de rester !** there's no need to stay now ◆ **t'as plus faim ?** * aren't you hungry any more?
◆ **plus de** + *nom* ◆ **elle n'a plus de pain/d'argent** she's got no more *ou* she hasn't got any more bread/money, she's got no (more) bread/money left ◆ **elle ne veut plus de pain** she doesn't want any more bread ◆ **il n'y a plus guère** *ou* **beaucoup de pain** there's hardly any bread left ◆ **il n'y a plus d'enfants/de jeunesse !** (*hum*) children/young people aren't what they used to be! ◆ **plus de doute !** there's no longer any doubt about it ◆ **plus de vin, merci** no more wine, thank you ◆ **des fruits ? y en a plus** * fruit? there's none left *ou* there's no more left *ou* there isn't any (more) left
◆ **plus que** (= *seulement*) ◆ **il n'y a plus que des miettes** there are only crumbs left, there's nothing left but crumbs ◆ **ça ne tient plus qu'à elle** it's up to her now ◆ **il n'y a (guère) plus que huit jours avant les vacances** there's only (about) a week to go before the holidays ◆ **il ne nous reste plus qu'à attendre** all we've got to do now is wait ◆ **il ne me reste plus qu'à vous dire au revoir** it only remains for me to say goodbye ◆ **plus que 5 km à faire** only another 5 km to go
◆ **plus rien/personne/aucun** ◆ **il n'y a plus rien** there's nothing left ◆ **il n'y a plus rien d'autre à faire** there's nothing else to do ◆ **on n'y voit presque plus rien** you can hardly see anything now ◆ **(il n'y a) plus personne à la maison** there's no one left in the house ◆ **il n'y a plus aucun espoir** there's no hope left

2 - ADVERBE (EMPLOI COMPARATIF)

plus comparatif se prononce [ply] devant une consonne, [plyz] devant une voyelle, [plys] en fin de phrase, [ply(s)] devant **que**.

① *verbe* + **plus (que)** ◆ **il devrait sortir/lire plus** he should go out/read more ◆ **vous travaillez plus (que nous)** you work more (than us) ◆ **il ne gagne pas plus (que vous)** he doesn't earn any more (than you) ◆ **j'aime la poésie plus que tout au monde** I like poetry more than anything (else) in the world ◆ **plus fait douceur que violence** (*Prov*) kindness succeeds where force will fail

② **plus** + *adjectif ou adverbe court* (+ **que**)

Lorsque l'adjectif ou l'adverbe est court, c'est-à-dire qu'il n'a qu'une ou deux syllabes, son comparatif se forme généralement avec **-er**.

◆ **il est plus foncé/large (que l'autre)** it's darker/wider (than the other one) ◆ **elle n'est pas plus grande (que sa sœur)** she isn't any taller *ou* she is no taller (than her sister) ◆ **il est plus vieux qu'elle de 10 ans** he's 10 years older than her *ou* than she is *ou* than she (*frm*) ◆ **il court plus vite (qu'elle)** he runs faster (than her *ou* than she does) ◆ **une heure plus tôt/tard** an hour earlier/later ◆ **ne venez pas plus tard que 6 heures** don't come any later than 6 o'clock

Lorsque l'adjectif se termine par **y**, son comparatif est formé avec **-ier**.

◆ **elle est plus jolie/bête** she's prettier/sillier ◆ **c'était plus drôle** it was funnier

Lorsque l'adjectif n'a qu'une syllabe avec une voyelle brève et se termine par une consonne, il y a doublement de cette consonne finale.

◆ **il est plus gros/mince** he's bigger/slimmer

Certains mots de deux syllabes admettent les deux types de comparatifs mais l'usage privilégie une forme plutôt que l'autre.

◆ **c'est plus simple** it's simpler, it's more simple ◆ **cette méthode est plus courante que l'autre** this method is more common *ou* is commoner than the other one ◆ **plus souvent que tu ne le penses** more often than you think, oftener than you think

Certaines terminaisons telles que **-ing**, **-ed**, **-s**, **-ly** interdisent l'ajout du suffixe de comparaison sur des mots de deux syllabes.

◆ **il est plus malin** he's more cunning ◆ **c'est encore plus pompeux** it's even more pompous ◆ **pour y arriver plus rapidement** to get there more quickly ◆ **prends-le plus doucement** take hold of it more gently

Attention aux comparatifs irréguliers.

◆ **c'est plus loin** it's further, it's farther

Notez les autres traductions possibles lorsque la comparaison porte sur une même personne ou un même objet.

◆ **il est plus bête que méchant** he's stupid rather than malicious, he's more stupid than malicious ◆ **c'est plus agaçant que douloureux** it's not so much painful as annoying, it's more annoying than painful

③ **plus** + *adjectif ou adverbe long*

Lorsque l'adjectif ou l'adverbe anglais est long (au moins trois syllabes), son comparatif se forme généralement avec **more**.

◆ **il est plus compétent (que vous/moi)** he is more competent (than you (are)/than me *ou* than I am *ou* than I (*frm*)) ◆ **beaucoup plus facilement** much more *ou* a lot more easily MAIS ◆ **il est plus malheureux que jamais** he's unhappier than ever

Notez l'emploi possible de **as** pour traduire les expressions avec **fois**.

◆ **deux fois plus souvent que...** twice as often as... ◆ **deux ou trois fois plus cher que...** two or three times more expensive than..., two or three times as expensive as... ◆ **il est deux fois plus âgé qu'elle** he's twice as old as her, he's twice her age

◆ **à plus tard !, à plus !** * see you later!

④ [CONSTRUCTIONS]

◆ **plus que** + *adjectif ou adverbe* ◆ **il est plus qu'intelligent** he's clever to say the least ◆ **un résultat plus qu'honorable** a more than honourable result, an honourable result to say the least ◆ **plus que jamais** more than ever ◆ **je lui ai parlé plus que gentiment** I spoke to him most kindly ◆ **j'en ai plus qu'assez !** I've had more than enough of this !

◆ **de plus** (comparaison) ◆ **elle a 10 ans de plus (que lui)** she's 10 years older (than him) ◆ **il y a dix personnes de plus (qu'hier)** there are ten more people (than yesterday) ◆ **ça leur a pris dix minutes de plus (que la veille)** it took them ten minutes longer (than the day before) (= en outre) furthermore, what is more, moreover
(= encore) ◆ **une fois de plus** once more, once again ◆ **il me faut une heure de plus** I need one more ou another hour

◆ **de plus en plus** more and more ◆ **il fait de plus en plus beau** the weather's getting better and better ◆ **aller de plus en plus vite** to go faster and faster ◆ **de plus en plus drôle** funnier and funnier, more and more funny

◆ **en plus** (= en supplément) ◆ **les frais d'envoi sont en plus** postal charges are extra ou are not included ◆ **on nous a donné deux verres en plus** we were given two more ou extra glasses; (= de trop) we were given two glasses too many; (= en prime) we were given two glasses free ◆ **vous n'avez pas une chaise en plus ?** you wouldn't have a spare chair? ◆ **elle a choisi le même chapeau avec les fleurs en plus** she chose the same hat but with flowers on it ◆ **il est doué, rapide, et en plus il travaille !** he's talented, quick and on top of that ou and what's more he's a good worker!

◆ **en plus** + adjectif ◆ **il ressemble à sa mère, mais en plus blond** he's like his mother only fairer ◆ **je cherche le même genre de maison en plus grand** I'm looking for the same kind of house only bigger

◆ **en plus de** ◆ **en plus de son travail, il prend des cours du soir** on top of his work, he's taking evening classes ◆ **en plus de cela** on top of (all) that, in addition to that

◆ **... et plus** ◆ **les enfants de six ans et plus** children aged six and over ◆ **les familles de trois enfants et plus** families with three or more children ◆ **10 000 € et plus** €10,000 and more ou and over

◆ **ni plus ni moins** ◆ **il est compétent, mais ni plus ni moins que sa sœur** he's competent, but neither more (so) nor less so than his sister ◆ **elle est secrétaire, ni plus ni moins** she's just a secretary, no more no less ◆ **c'est du vol, ni plus ni moins** it's sheer ou daylight robbery ◆ **il envisage, ni plus ni moins, de licencier la moitié du personnel** (iro) he's considering sacking half of the staff, no less

◆ **plus de** (= davantage de) ◆ **(un peu) plus de pain** (a little ou a bit) more bread ◆ **j'ai plus de pain que vous** I've got more bread than you (have) ◆ **il y aura (beaucoup) plus de monde demain** there will be (a lot ou many) more people tomorrow ◆ **il n'y aura pas plus de monde demain** there won't be any more people tomorrow (= au-delà de) ◆ **il y aura plus de 100 personnes** there will be more than ou over 100 people ◆ **à plus de 100 mètres d'ici** more than ou over 100 metres from here ◆ **il roulait à plus de 100 km/h** he was driving at over 100 km per hour ◆ **les enfants de plus de 4 ans** children over 4 ◆ **les plus de 30/40 ans** the over 30s/40s ◆ **il n'y avait pas plus de 10 personnes** there were no more than 10 people ◆ **il est plus de 9 heures** it's after ou past ou gone* 9 o'clock ◆ **plus d'un** more than one ◆ **plus d'un aurait refusé** many would have refused

◆ **plus..., moins...** the more..., the less... ◆ **plus on le connaît, moins on l'apprécie** the more you get to know him, the less you like him

◆ **plus..., plus...** the more..., the more... ◆ **plus il en a, plus il en veut** the more he has, the more he wants ◆ **plus on boit, plus on a soif** the more you drink, the thirstier you get ◆ **plus on est de fous, plus on rit** ou **s'amuse** (Prov) the more the merrier

◆ **plus ou moins** (= à peu près, presque) more or less ◆ **ils sont plus ou moins fiancés** they're more or less engaged ◆ **des pratiques plus ou moins douteuses** more or less shady practices ◆ **à plus ou moins long terme** sooner or later ◆ **je l'ai trouvé plus ou moins sympathique** (= pas très) I didn't find him very friendly ◆ **est-elle efficace ? – plus ou moins** is she efficient? – not particularly ◆ **les gens sont plus ou moins réceptifs à la publicité** (variant avec les individus) some people are more receptive to advertising than others; (selon leur humeur etc) people can be more or less receptive to advertising ◆ **il supporte plus ou moins bien cette situation** he just about puts up with the situation ◆ **je le connais plus ou moins** I know him vaguely ◆ **ils utilisent cette méthode avec plus ou moins de succès/d'enthousiasme** they use this method with varying degrees of success/of enthusiasm

◆ **qui plus est** furthermore, what's more, moreover

3 - ADVERBE (EMPLOI SUPERLATIF)

plus superlatif se prononce [ply(s)] devant une consonne, [plyz] devant une voyelle, [plys] en fin de phrase.

◆ verbe + **le plus** ◆ **ce qui m'a frappé le plus** what struck me most ◆ **ce qui les a le plus étonnés** what surprised them (the) most ◆ **ce que j'aime le plus** what I most like, what I like (the) most ou (the) best

◆ **le plus** + adjectif ou adverbe court

Lorsque l'adjectif ou l'adverbe est court, c'est-à-dire qu'il n'a qu'une ou deux syllabes, son superlatif se forme avec **-est**.

◆ **c'est le plus grand peintre qui ait jamais vécu** he is the greatest painter that ever lived ◆ **il a couru le plus vite** he ran the fastest

Lorsque l'adjectif se termine par **y** son superlatif se forme avec **-iest**.

◆ **c'est la plus jolie/bête** she's the prettiest/silliest ◆ **c'était le moment le plus drôle du film** that was the funniest part of the film

Lorsque l'adjectif n'a qu'une syllabe avec une voyelle brève et se termine par une consonne, il y a un doublement de cette consonne finale.

◆ **c'est le plus gros/mince** he's the biggest/slimmest

Certains mots de deux syllabes admettent les deux types de superlatifs mais l'usage privilégie une forme plutôt que l'autre.

◆ **c'est le plus simple** it's the simplest, it's the most simple ◆ **c'est la méthode la plus courante** it's the commonest ou the most common method

Certaines terminaisons telles que **-ing, -ed, -s, -ly** interdisent l'ajout du suffixe sur des mots de deux syllabes.

◆ **l'enfant le plus doué que je connaisse/de la classe** the most gifted child I've (ever) met/in the class ◆ **c'est la partie la plus ennuyeuse** it's the most boring part ◆ **c'est ce que j'ai de plus précieux** it's the most precious thing I possess ◆ **c'est le livre que je lis le plus souvent** it's the book I read most often

Attention aux superlatifs irréguliers.

◆ **c'est le plus loin** it's the furthest, it's the farthest

Lorsque la comparaison se fait entre deux personnes ou deux choses, on utilise la forme du comparatif.

◆ **le plus petit (des deux)** the smaller (of the two) MAIS ◆ **le plus petit (de tous)** the smallest (of all)

◆ **le plus** + adjectif ou adverbe long

Lorsque l'adjectif ou l'adverbe est long, c'est-à-dire qu'il a au moins trois syllabes, son superlatif se forme généralement avec **the most**.

◆ **c'est le plus intéressant** it's the most interesting ◆ **le plus beau de tous mes livres** the most beautiful of all my books MAIS ◆ **c'est la personne la plus désordonnée que je connaisse** she's the untidiest person I know

Attention : lorsque la comparaison se fait entre deux personnes ou deux choses, on utilise la forme du comparatif.

◆ **le plus beau (des deux)** the more beautiful (of the two)

◆ **le plus de** + nom ◆ **c'est nous qui avons cueilli le plus de fleurs** we've picked the most flowers ◆ **c'est le samedi qu'il y a le plus de monde** it's on Saturdays that there are the most people ◆ **les films qui rapportent le plus d'argent** the films that make the most money ◆ **ce qui m'a donné le plus de mal** the thing I found (the) most difficult ◆ **celui qui a le plus de chances de gagner** the one who has the most chances of winning

◆ **le plus (...) possible** ◆ **pour y arriver le plus rapidement possible** to get there as quickly as possible ◆ **il a couru le plus vite possible** he ran as fast as possible ou as fast as he could ◆ **prends-en le plus possible** take as much (ou as many) as possible ou as you can ◆ **prends le plus possible de livres/de beurre** take as many books/as much butter as possible

◆ **au plus** at the most ◆ **il y a au plus un quart d'heure qu'il est parti** he left a quarter of an hour ago at the most ◆ **ça vaut 15 € au plus** it's worth €15 maximum ou at (the) most ◆ **ils étaient une vingtaine au plus** there were twenty of them at (the) most ou at the outside

◆ **au plus** + adverbe ◆ **rappelle-moi au plus vite** call me back as soon as you can ou as soon as possible; → **tard, tôt**

◆ **des plus** + adjectif ◆ **une situation des plus embarrassantes** a most embarrassing situation ◆ **l'entreprise est des plus rentables** the company is highly profitable ◆ **ses craintes sont des plus justifiées** he has every reason to be afraid

◆ **tout au plus** at the very most ◆ **il a trente ans, tout au plus** he's thirty at (the) most ou at the outside ◆ **tout au plus peut-on** ou **on peut tout au plus affirmer que...** all we can say is that..., the best we can say is that...

4 - CONJONCTION

GRAMMAIRE ACTIVE 26.5 SYN

plus conjonction se prononce [plys]

plus, and ◆ **deux plus deux font quatre** two and two are four, two plus two make four ◆ **tous les voisins, plus leurs enfants** all the neighbours, plus their children ou and their children (as well) ◆ **il paie sa chambre, plus le téléphone et l'électricité** he pays for his room, plus the telephone and electricity bills ◆ **il fait plus deux aujourd'hui** it's plus two (degrees) today, it's two above freezing today

5 - NOM MASCULIN

plus nom se prononce [plys]

[1] [MATH] ◆ **(signe) plus** plus (sign)
[2] [= AVANTAGE] plus ◆ **ici, parler breton est un plus indéniable** being able to speak Breton is definitely a plus ou is quite an asset here ◆ **les plus de ce nouveau modèle : ABS, airbag etc** the new model's plus points: ABS, airbag etc ◆ **quels sont les plus de ce produit par rapport aux autres ?** what does this product have that the others don't?

6 - COMPOSÉS

plus grand commun diviseur highest common factor
plus petit commun multiple lowest common multiple

plusieurs /plyzjœʀ/ SYN
ADJ INDÉF PL several ◆ **on ne peut pas être en plusieurs endroits à la fois** you can't be in more than one place at once ◆ **ils sont plusieurs** there are several (of them), there are a number of them ◆ **ils sont plusieurs à vouloir venir** several of them want to come ◆ **un ou plusieurs** one or more ◆ **plusieurs fois, à plusieurs reprises** several times, on several occasions ◆ **payer en plusieurs fois** to pay in instalments
PRON INDÉF PL several (people) ◆ **plusieurs (d'entre eux)** several (of them) ◆ **ils se sont mis à plusieurs pour...** several people got together to... ◆ **nous nous sommes mis à plusieurs pour...** several of us got together to...

plus-que-parfait /plyskəpaʀfɛ/ NM (Gram) pluperfect (tense), past perfect

plus-value (pl **plus-values**) /plyvaly/ SYN NF
[1] (= accroissement de valeur) appreciation (NonC), increase in value; (= bénéfice réalisé) capital gain; (= excédent) surplus, profit ◆ **réaliser** ou **faire** ou **dégager une plus-value** [personne] to make a profit ◆ **ces actions ont enregistré une plus-value importante** the shares have yielded a substantial capital gain; → **impôt**
[2] (dans la pensée marxiste) surplus value

Plutarque /plytaʀk/ NM Plutarch

Pluton /plytɔ̃/ NM (Astron, Myth) Pluto

pluton /plytɔ̃/ NM (Géol) pluton

plutonique /plytɔnik/ ADJ plutonic, abyssal

plutonium /plytɔnjɔm/ NM plutonium

plutôt /plyto/ SYN ADV ① (= de préférence) rather; (= à la place) instead ◆ **ne lis pas ce livre, prends plutôt celui-ci** don't read that book, take this one instead ◆ **prends ce livre plutôt que celui-là** take this book rather than ou instead of that one ◆ **cette maladie affecte plutôt les enfants** this illness affects children for the most part ou tends to affect children ◆ **je préfère plutôt celui-ci** (= je voudrais celui-ci de préférence) I'd rather ou sooner have this one; (= j'aime mieux celui-ci) I prefer this one, I like this one better ◆ **plutôt mourir que souffrir** it is better to die than to suffer ◆ **plutôt que de me regarder, viens m'aider** instead of (just) watching me, come and help ◆ **n'importe quoi plutôt que cela !** anything but that!, anything rather than that! ◆ **plutôt mourir (que de...) !** I'd sooner die (than...)!
② (= plus exactement) rather ◆ **il n'est pas paresseux mais plutôt apathique** he's not so much lazy as apathetic ◆ **il est ignorant plutôt que sot** he's more ignorant than stupid, he's not so much stupid as ignorant ◆ **ou plutôt, c'est ce qu'il pense** or rather that's what he thinks ◆ **c'est un journaliste plutôt qu'un romancier** he's more of a journalist than a novelist, he's a journalist more ou rather than a novelist ◆ **il s'y habitue plutôt qu'il n'oublie** he's getting used to it rather than ou more than forgetting about it
③ (= assez) [chaud, bon] rather, quite, fairly ◆ **il remange, c'est plutôt bon signe** he's eating again – that's quite a good sign ◆ **nos vacances sont plutôt compromises avec cet événement** our holidays are somewhat in the balance because of this incident ◆ **un homme brun, plutôt petit** a dark-haired man, rather ou somewhat on the short side ou rather short ◆ **il est plutôt pénible, celui-là !** he's a bit of a pain in the neck!* ◆ **il faisait beau ? – non, il faisait plutôt frais** was the weather good? – no, if anything it was cool ◆ **qu'est-ce qu'il est pénible, celui-là ! – ah oui, plutôt !*** what a pain in the neck he is! – you said it! ou you're telling me!*

pluvial, e (mpl -iaux) /plyvjal, jo/ ADJ [régime, écoulement] pluvial ◆ **eau pluviale** rainwater

pluvian /plyvjɑ̃/ NM crocodile bird

pluvier /plyvje/ NM plover ◆ **pluvier guignard** dotterel

pluvieux, -ieuse /plyvjø, jøz/ SYN ADJ [journée, temps] rainy, wet; [été, climat] wet

pluviner /plyvine/ ▸ conjug 1 ◂ VB IMPERS ⇒ **pleuvasser**

pluviomètre /plyvjɔmɛtʀ/ NM pluviometer (SPÉC), rain gauge

pluviométrie /plyvjɔmetʀi/ NF pluviometry

pluviométrique /plyvjɔmetʀik/ ADJ pluviometric(al) ◆ **carte pluviométrique** isopluvial map ◆ **courbe pluviométrique** rainfall graph

pluviôse /plyvjoz/ NM Pluviôse (fifth month in the French Republican calendar)

pluviosité /plyvjozite/ NF [de temps, saison] raininess, wetness; (= pluie tombée) (average) rainfall

PLV /peelve/ NF (abrév de **publicité sur le lieu de vente**) → **publicité**

PM /peɛm/
NF ① (abrév de **préparation militaire**) → **préparation**
② (abrév de **police militaire**) MP
NM ① (abrév de **pistolet-mitrailleur**)
② (abrév de **poids moléculaire**) → **poids**

PMA /peɛma/
NF (abrév de **procréation médicale(ment) assistée**) → **procréation**
NMPL (abrév de **pays les moins avancés**) LDCs

PME /peɛme/ NF INV (abrév de **petite et moyenne entreprise**) small (ou medium-sized) business, SME ◆ **les PME** small (and medium-sized) businesses, SMEs ◆ **les PME-PMI** small and medium-sized businesses and industries, SMEs/SMIs

PMI /peɛmi/ NF ① (abrév de **petite et moyenne industrie**) small (ou medium-sized) industry, SMI ◆ **les PMI** small and medium-sized industries, SMIs
② (abrév de **protection maternelle et infantile**) → **protection**

PMU /peɛmy/ NM (abrév de **Pari mutuel urbain**) pari-mutuel, ≈ tote* (Brit) ◆ **jouer au PMU** to bet on the horses, ≈ to bet on the tote* (Brit) ◆ **le bureau du PMU** the betting office → **PMU**

PNB /peɛnbe/ NM (abrév de **Produit national brut**) GNP

pneu /pnø/ NM (abrév de **pneumatique**) ① [de véhicule] tyre (Brit), tire (US) ◆ **pneu clouté** studded tyre ◆ **pneu sans chambre** ou **tubeless** tubeless tyre ◆ **pneu-neige** snow tyre ◆ **pneu plein** solid tyre ◆ **pneu radial** ou **à carcasse radiale** radial(ply) tyre
② (= message) letter sent by pneumatic dispatch ou tube ◆ **par pneu** by pneumatic dispatch ou tube

pneumatique /pnømatik/
ADJ (= relatif à l'air, aux gaz) pneumatic; (= gonflable) inflatable; → **canot, marteau, matelas**
NF pneumatics (sg)
NM ⇒ **pneu**

pneumatophore /pnømatɔfɔʀ/ NM pneumatophore

pneumectomie /pnømɛktɔmi/ NF pneumectomy

pneumoconiose /pnømokɔnjoz/ NF pneumoconiosis

pneumocoque /pnømokɔk/ NM pneumococcus

pneumocystose /pnømosistoz/ NF pneumocystis carinii pneumonia, PCP

pneumogastrique /pnømogastʀik/
ADJ pneumogastric
NM vagus nerve

pneumographie /pnømɔgʀafi/ NF ◆ **pneumographie cérébrale** pneumoencephalography

pneumologie /pnømɔlɔʒi/ NF pneumology

pneumologue /pnømɔlɔg/ NMF lung specialist

pneumonectomie /pnømonɛktɔmi/ NF pneumonectomy

pneumonie /pnømoni/ NF pneumonia (NonC) ◆ **faire** ou **avoir une pneumonie** to have pneumonia

pneumonique /pnømonik/
ADJ pneumonic
NMF pneumonia patient

pneumopéritoine /pnømopeʀitwan/ NM pneumoperitoneum

pneumothorax /pnømotɔʀaks/ NM pneumothorax ◆ **pneumothorax artificiel** artificial pneumothorax

Pnom-Penh /pnɔmpen/ N Phnom Penh

PO (abrév de **petites ondes**) MW

Pô /po/ NM ◆ **le Pô** the Po

pochade /pɔʃad/ NF (= dessin) quick sketch (in colour); (= histoire) humorous piece

pochard, e* /pɔʃaʀ, aʀd/ NM,F drunk, lush*

poche¹ /pɔʃ/ SYN NF ① [de vêtement, sac] pocket ◆ **poche revolver/intérieure** hip/inside pocket ◆ **poche de pantalon** trouser pocket ◆ **poche appliquée** ou **plaquée** patch pocket ◆ **poche coupée** inset pocket ◆ **fausse poche** false pocket
② (locutions) ◆ **connaître un endroit comme sa poche** to know a place like the back of one's hand ou inside out ◆ **faire les poches à qn** to go through sb's pockets ◆ **s'en mettre plein les poches***, **se remplir les poches*** to line one's pockets ◆ **en être de sa poche** to be out of pocket, to lose out* (financially) ◆ **il a payé de sa poche** it came ou he paid for it out of his (own) pocket ◆ **de poche** [collection, livre] paperback (épith); [sous-marin, couteau, mouchoir] pocket (épith); [jeu, ordinateur] pocket-size (épith)
◆ **dans + poche** ◆ **il a mis le maire dans sa poche** he's got the mayor in his pocket ◆ **c'est dans la poche !*** it's in the bag!* ◆ **ce n'est pas dans la poche*** it's not in the bag yet! ◆ **mets ça dans ta poche (et ton mouchoir par-dessus)** [+ somme d'argent] put that in your pocket (and forget about it); [+ renseignement] keep it under your hat ◆
◆ **en poche** ◆ **j'avais 5 euros/je n'avais pas un sou en poche** I had 5 euros/I didn't have a penny on me ◆ **(son) diplôme en poche, il a cherché du travail** armed with his diploma ou with his diploma under his belt, he started looking for a job ◆ **il a sa nomination en poche** his appointment is in the bag ◆ **sans diplôme en poche, on ne peut rien faire** you can't do anything without qualifications
③ (= déformation) ◆ **faire des poches** [veste] to lose its shape; [pantalon] to go baggy ◆ **avoir des poches sous les yeux** to have bags under one's eyes
④ (Helv = sac) (carrier) bag
⑤ [de kangourou] pouch
⑥ (= cavité) pocket ◆ **poche d'air** air pocket ◆ **poche d'eau** pocket of water ◆ **poche de pus** pus sac ◆ **poche de sang** haematoma (Brit), hematoma (US) ◆ **poche des eaux** amniotic sac
⑦ (Culin) ◆ **poche à douille** piping bag
⑧ (= secteur) ◆ **poche de résistance** pocket of resistance ◆ **poche de chômage/pauvreté** pocket of unemployment/poverty
⑨ (Méd) colostomy bag

poche² /pɔʃ/ NM (= livre) paperback ◆ **ce roman est paru en poche** this novel has come out in paperback

poche³ /pɔʃ/ NF (Helv) ladle

pocher /pɔʃe/ SYN ▸ conjug 1 ◂
VT (Culin) to poach; (Art) to sketch ◆ **pocher un œil à qn** to give sb a black eye
VI [pantalon] ◆ **pocher aux genoux** to go baggy at the knees ◆ **pocher derrière** to go baggy in the bottom ou seat (Brit)

pochetée†* /pɔʃte/ NF oaf, twit*

pochetron, -onne* /pɔʃtʀɔ̃, ɔn/ NM,F ⇒ **pochard, e**

pochette /pɔʃɛt/ SYN NF (= mouchoir) pocket handkerchief; (= petite poche) breast pocket; (= sac) clutch ou envelope bag; [de timbres, photos] wallet, envelope; [de serviette, aiguilles] case; [de disque] sleeve, jacket (US) ◆ **pochette d'allumettes** book of matches

pochette-surprise (pl **pochettes-surprises**) /pɔʃɛtsyʀpʀiz/ NF lucky bag, Cracker Jack ® (US) ◆ **il a eu son permis dans une pochette-surprise !** (hum) God knows where he got his driving licence from! ◆ **elle a eu son diplôme dans une pochette-surprise** (hum) she's got a Mickey Mouse* degree

pocheuse /pɔʃøz/ NF (egg)poacher

pochoir /pɔʃwaʀ/ NM (= cache) stencil; (= tampon) transfer ◆ **dessin au pochoir** stencil drawing ◆ **faire** ou **peindre qch au pochoir** to stencil sth

pochon /pɔʃɔ̃/ NM bag

pochothèque /pɔʃɔtɛk/ NF (= librairie) paperback bookshop (Brit) ou bookstore (US); (= rayon) paperback section

podagre /pɔdagʀ/
NF †† gout
ADJ † suffering from gout

podcaster /pɔdkaste/ VT to podcast

podcasting /pɔdkastiŋ/ NM podcasting

podium /pɔdjɔm/ NM (= estrade) podium; [de défilé de mode] catwalk ◆ **il peut espérer une place sur le podium (du 400 m haies)** [sportif] he can hope to come away with a medal (in the 400 metre hurdles) ◆ **pour assurer notre présence sur les podiums olympiques** to ensure that we are among the Olympic medal winners ◆ **monter sur le podium** to mount the podium ◆ **monter sur la plus haute marche du podium** [sportif, équipe] (gén) to be the winner; (aux Jeux olympiques) to get the gold medal

podologie /pɔdɔlɔʒi/ NF chiropody, podiatry (US)

podologue /pɔdɔlɔg/ NMF chiropodist, podiatrist (US)

podomètre /pɔdɔmɛtʀ/ NM pedometer

podzol /pɔdzɔl/ NM podzol, podsol

poêle¹ /pwal/ NF ◆ **poêle (à frire)** frying pan; (* = détecteur de métaux) metal detector ◆ **passer qch à la poêle** to fry sth ◆ **poêle à crêpes** pancake (Brit) ou crêpe pan ◆ **poêle à marrons** chestnut-roasting pan

poêle² /pwal/ NM stove ◆ **poêle à mazout/à pétrole** oil/paraffin (Brit) ou kerosene (US) stove ◆ **poêle à bois** wood(-burning) stove

poêle³ /pwal/ NM [de cercueil] pall

poêlée /pwale/ NF ◆ **une poêlée de** a frying pan full of ◆ **poêlée de champignons/de légumes** (= plat) mixed fried mushrooms/vegetables

poêler /pwale/ ▸ conjug 1 ◂ VT to fry

poêlon /pwalɔ̃/ NM casserole

poème /pɔɛm/ NM poem ◆ **poème en prose/symphonique** prose/symphonic poem ◆ **c'est tout un poème** * (= c'est compliqué) it's a whole lot of hassle*, it's a real palaver* (Brit)

poésie /pɔezi/ SYN NF (= art, qualité) poetry; (= poème, pièce) piece of poetry ◆ **faire de la poésie** to write poetry ◆ **roman/film plein de poésie** poetic novel/film

poète /pɔɛt/ SYN
NM poet; (= rêveur) poet, dreamer; → œillet
ADJ *[tempérament]* poetic ◆ **être poète** to be a poet ◆ **femme poète** poetess

poétesse /pɔetɛs/ NF poetess

poétique /pɔetik/ SYN
ADJ poetic, poetical *(frm)*
NF poetics *(sg)*

poétiquement /pɔetikmɑ̃/ ADV poetically

poétisation /pɔetizasjɔ̃/ NF *(= action)* poetizing; *(= résultat)* poetic depiction

poétiser /pɔetize/ ► conjug 1 ◄ VT to poetize

pogne⁑ /pɔɲ/ NF mitt⁑, paw* ◆ **être à la pogne de qn** to be under sb's thumb ◆ **avoir qn à sa pogne** to have sb under one's thumb

pognon⁑ /pɔɲɔ̃/ NM cash, dough⁑ ◆ **ils sont pleins de pognon**⁑ they're loaded*

pogonophores /pɔgɔnɔfɔʀ/ NMPL ◆ **les pogonophores** pognophorans, the Pognophora *(SPÉC)*

pogrom(e) /pɔgʀɔm/ NM pogrom

poids /pwɑ/ SYN
NM [1] *(gén)* weight ◆ **prendre du poids** *[adulte]* to put on *ou* gain weight; *[bébé]* to gain weight ◆ **perdre du poids** to lose weight ◆ **ce genre d'alimentation favorise la prise de poids** this kind of food makes you put on weight ◆ **quel poids fait-il ?** how much does he weigh?, what's his weight? ◆ **vendu au poids** sold by weight ◆ **ces bijoux d'argent seront vendus au poids du métal** this silver jewellery will be sold by the weight of the metal ◆ **la branche pliait sous le poids des fruits** the branch was weighed down with (the) fruit *ou* was bending beneath the weight of the fruit ◆ **elle s'appuyait contre lui de tout son poids** she leaned against him with all her weight ◆ **elle a ajouté une pomme pour faire le poids** she put in an extra apple to make up the weight ◆ **faire bon poids** to give good weight ◆ **notre entreprise ne fait vraiment pas le poids** our firm really doesn't measure up ◆ **il ne fait pas le poids face à son adversaire** he's no match for his opponent ◆ **faire deux poids, deux mesures** to have double standards

[2] *(= objet) [de balance, horloge]* weight; *(Sport)* shot ◆ **lancer le poids** *(Sport)* to put(t) the shot; → **deux**

[3] *(= charge)* weight ◆ **tout le poids de l'entreprise repose sur lui** he carries the weight of the whole business on his shoulders ◆ **syndicat qui a beaucoup de poids** union which carries a lot of weight ◆ **plier sous le poids des soucis/des impôts** to be weighed down by worries/taxes ◆ **être courbé sous le poids des ans** to be bent by (the weight of) years ◆ **c'est le poids des ans** *(hum)* old age never comes alone *(hum)* ◆ **enlever un poids (de la conscience) à qn** to take a weight *ou* a load off sb's mind ◆ **c'est un poids sur sa conscience** it lies *ou* weighs heavy on his conscience, it's a weight on his conscience ◆ **avoir** *ou* **se sentir un poids sur l'estomac** to have something lying heavy on one's stomach ◆ **j'ai un poids sur la poitrine** my chest feels tight

[4] *(= force, influence)* weight ◆ **argument de poids** weighty *ou* forceful argument, argument of great weight ◆ **homme de poids** man who carries weight *ou* influence ◆ **cela donne du poids à son hypothèse** that gives *ou* lends weight to his hypothesis ◆ **ses arguments ont eu beaucoup de poids dans les négociations** his arguments carried a lot of weight in the negotiations

[5] *(Boxe)* ◆ **poids coq** bantamweight ◆ **poids léger** lightweight ◆ **poids mi-lourd** light heavyweight ◆ **poids mi-mouche** light flyweight ◆ **poids mi-moyen** *ou* **welter** welterweight ◆ **poids mouche** flyweight ◆ **poids moyen** middleweight ◆ **poids plume** featherweight ◆ **c'est un poids plume*** *[personne légère]* he's *(ou* she's) as light as a feather; *[objet]* it's as light as a feather; *[personne peu importante]* he's *(ou* she's) a lightweight ◆ **c'est un tissu poids plume** it's an ultra-light fabric ◆ **poids super-léger** light welterweight ◆ **poids superwelter** *ou* **super-mi-moyen** light middleweight
→ see also **comp**

COMP **poids atomique** † atomic weight
poids brut gross weight
poids et haltères *(Sport)* NMPL weightlifting ◆ **faire des poids et haltères** *(spécialité)* to be a weightlifter; *(pour s'entraîner)* to do weight training *ou* weightlifting
poids lourd *(= boxeur)* heavyweight; *(= camion)* heavy goods vehicle, heavy truck *(US)*; *(= entreprise)* big name*; *(= personne)* heavyweight, big name* ◆ **c'est un poids lourd de la finance/de l'industrie** he's a financial/industrial heavyweight, he's a big name in finance/in industry ◆ **le championnat du monde (des) poids lourds** *(Boxe)* the world heavyweight championship
poids et mesures NMPL weights and measures
poids moléculaire molecular weight
poids mort *(Tech, péj)* dead weight
poids net net weight
poids net égoutté drained weight
poids spécifique specific gravity
poids total autorisé en charge gross weight
poids utile net weight
poids à vide *[de véhicule]* tare

poignant, e /pwaɲɑ̃, ɑ̃t/ SYN ADJ *[témoignage]* heartbreaking; *[texte, roman, histoire, voix, simplicité]* deeply moving; *[tristesse]* extreme ◆ **c'était poignant** it was heartrending

poignard /pwaɲaʀ/ NM dagger ◆ **coup de poignard** *(lit)* stab ◆ **frappé d'un coup de poignard en plein cœur** stabbed in *ou* through the heart ◆ **on l'a tué à coups de poignard** he was stabbed to death ◆ **cette décision est un coup de poignard au processus de paix** this decision is a serious blow for the peace process ◆ **c'est un coup de poignard dans le dos** it's a stab in the back

poignarder /pwaɲaʀde/ ► conjug 1 ◄ VT to stab, to knife ◆ **mortellement poignardé** stabbed to death ◆ **poignarder qn dans le dos** *(lit, fig)* to stab sb in the back

poigne /pwaɲ/ SYN NF *(= étreinte)* grip; *(= main)* hand; *(= autorité)* firm-handedness ◆ **avoir de la poigne** *(lit)* to have a strong grip; *(fig)* to rule with a firm hand ◆ **à poigne** *[personne, gouvernement]* firm-handed

poignée /pwaɲe/ SYN
NF [1] *(lit = quantité)* handful; *[de billets de banque]* fistful; *(= petit nombre)* handful ◆ **ajoutez une poignée de sel** add a handful of salt ◆ **à** *ou* **par poignées** in handfuls ◆ **je perds mes cheveux par poignées** my hair is coming out in handfuls

[2] *[de porte, tiroir, valise]* handle; *[d'épée]* handle, hilt ◆ **poignée de frein** brake handle ◆ **poignées d'amour** *(hum)* love handles

COMP **poignée de main** handshake ◆ **donner une poignée de main à qn** to shake hands with sb, to shake sb's hand *ou* sb by the hand

poignet /pwaɲɛ/ NM *(Anat)* wrist; *[de vêtement]* cuff ◆ **poignet de force** wrist band; → **force**

poïkilotherme /pɔikilɔtɛʀm/ ADJ poikilothermic, poikilothermal

poil /pwal/ SYN
NM [1] *[d'humain]* hair ◆ **avoir du poil** *ou* **des poils sur la poitrine** to have a hairy chest ◆ **avoir du poil aux pattes**⁑ to have hairy legs ◆ **les poils de sa barbe** *(entretenue)* the bristles *ou* hairs of his beard; *(mal rasée)* the stubble on his face ◆ **sans poils** *[poitrine, bras]* hairless ◆ **il n'a pas un poil sur le caillou*** he's as bald as a coot* *ou* an egg* ◆ **il n'a pas un poil de sec*** *(pluie)* he's drenched, he's soaked to the skin; *(sueur)* he's drenched with sweat

[2] *[d'animal]* hair; *(= pelage)* coat ◆ **animal à poil ras/court/long** smooth-/short-/long-haired animal ◆ **animal au poil soyeux/roux** animal with a silky/ginger coat ◆ **en poil de chèvre** goathair *(épith)* ◆ **en poil de chameau** camelhair *(épith)* ◆ **caresser dans le sens du poil** *[+ chat]* to stroke the right way; *[+ personne]* to butter up; → **gibier**

[3] *[de brosse à dents, pinceau]* bristle; *[de tapis, étoffe]* strand; *[de plante]* down *(NonC)*; *[d'artichaut]* choke *(NonC)* ◆ **les poils d'un tapis** the pile of a carpet ◆ **les poils d'un tissu** the pile *ou* nap of a fabric

[4] *(* = un petit peu)* ◆ **s'il avait un poil de bon sens** if he had an iota *ou* an ounce of good sense ◆ **à un poil près, l'armoire ne passait pas dans la porte** a fraction more and the cupboard wouldn't have gone through the doorway ◆ **ça mesure environ un mètre, à un poil près** it measures one metre as near as makes no difference ◆ **il n'y a pas un poil de différence entre les deux** there isn't the slightest difference between the two ◆ **pousser qch d'un poil** to shift sth a fraction ◆ **il s'en est fallu d'un poil** it was a near *ou* close thing *ou* a close shave*; → **quart**

[5] *(locutions)* ◆ **avoir un poil dans la main*** to be bone-idle* ◆ **ce n'est plus un poil qu'il a dans la main, c'est une canne !** *ou* **un bambou !*** he's as lazy as they come ◆ **un jeune blanc-bec qui n'a même pas de poil au menton*** *(péj)* a young guy who's still wet behind the ears* *(péj)*, a babe in arms *(péj)* ◆ **tu parleras quand tu auras du poil au menton** you can have your say when you're out of short pants* ◆ **être de bon/de mauvais poil*** to be in a good/bad mood ◆ **avoir qn sur le poil*** to have sb breathing down one's neck ◆ **tomber sur le poil à qn*** *(agresser)* to go for* *ou* lay into* sb; *[police]* to pounce on sb*; *[fisc]* to come down on sb ◆ **reprendre du poil de la bête*** *[malade]* to pick up (again), to regain strength; *[plante]* to pick up (again); *[rebelles, mouvement]* to regain strength; *[parti]* to be on the way up again ◆ **réglé au quart de poil*** strictly regulated

◆ **à poil**⁑ *(= nu)* stark naked, starkers⁑ *(Brit)* ◆ **des mecs*/des filles à poil** naked guys*/girls ◆ **à poil !** *(= déshabillez-vous)* get your clothes off!, get 'em off!⁑ *(Brit)*; *(à chanteur, orateur)* get off!* ◆ **se mettre à poil** to strip off ◆ **se baigner à poil** to go skinny-dipping*

◆ **au poil*** *(= magnifique)* great*, fantastic*; *(= précisément) [réglé, convenir]* perfectly ◆ **tu arrives au poil, j'allais partir** you've come just at the right moment - I was just about to leave ◆ **ça me va au poil*** it suits me fine* *ou* to a T*

◆ **de tout poil, de tous poils** of all sorts *ou* kinds ◆ **des artistes de tout poil** all sorts *ou* kinds of artists

COMP **poil de carotte** *[personne]* red-haired, red-headed; *[cheveux]* red, carroty
poils follets down *(NonC)*
poil à gratter itching powder *(fig)* provocateur

poilant, e⁑ /pwalɑ̃, ɑ̃t/ ADJ hilarious

poiler (se)⁑ /pwale/ ► conjug 1 ◄ VPR to kill o.s. (laughing)⁑

poilu, e /pwaly/ SYN
ADJ hairy
NM poilu *(French soldier in First World War)*

poinçon /pwɛ̃sɔ̃/ SYN NM [1] *(= outil) [de cordonnier]* awl; *[de menuisier]* awl, bradawl; *[de brodeuse]* bodkin; *[de graveur]* style; *[de bijou, or]* die, stamp
[2] *(= estampille)* hallmark
[3] *(= matrice)* pattern

poinçonnage /pwɛ̃sɔnaʒ/, **poinçonnement** /pwɛ̃sɔnmɑ̃/ NM [1] *[de marchandise]* stamping; *[de pièce d'orfèvrerie]* hallmarking
[2] *[de billet]* punching, clipping
[3] *[de tôle]* punching

poinçonner /pwɛ̃sɔne/ SYN ► conjug 1 ◄ VT
[1] *(= estampiller) [+ marchandise]* to stamp; *[+ pièce d'orfèvrerie]* to hallmark
[2] *(= perforer) [+ billet]* to punch (a hole in), to clip
[3] *(= découper) [+ tôle]* to punch

poinçonneur, -euse /pwɛ̃sɔnœʀ, øz/
NM,F *(Hist = personne)* ticket-puncher
NF **poinçonneuse** *(= machine)* punching machine, punch press

poindre /pwɛ̃dʀ/ SYN ► conjug 49 ◄
VI *(littér) [jour]* to break, to dawn; *[aube]* to break; *[plante]* to come up, to peep through ◆ **un sentiment de jalousie/haine commençait à poindre** he *(ou* she) began to feel the first stirrings of jealousy/hatred
VT *(littér) [tristesse]* to afflict; *[douleur, amour]* to sting *(littér)*

poing /pwɛ̃/ SYN
NM [1] *(gén)* fist ◆ **les poings sur les hanches** with (one's) hands on (one's) hips, with (one's) arms akimbo ◆ **lever le poing** *(gén)* to raise one's fist; *(salut)* to give the clenched fist salute ◆ **ils défilaient le poing levé** they marched with clenched fists raised ◆ **montrer le poing** to shake one's fist ◆ **menacer qn du poing** to shake one's fist at sb ◆ **taper** *ou* **frapper du poing sur la table** *(lit)* to thump the table (with one's fist), to bang *ou* thump one's fist on the table; *(fig)* to put one's foot down ◆ **revolver au poing** revolver in hand ◆ **je vais t'envoyer** *ou* **te coller* mon poing dans la figure** you'll get my fist in your face* ◆ **tu veux mon poing dans** *ou* **sur la gueule ?**⁑ do you want my fist in your face?, do you want a knuckle sandwich?⁑; → **dormir, pied, serrer** *etc*

[2] ◆ **coup de poing** punch ◆ **donner un coup de poing** *ou* **des coups de poing à qn** to punch sb ◆ **donner des coups de poing dans une porte** to bang on a door ◆ **il a reçu** *ou* **pris un coup de poing dans la figure** he was punched in the face ◆ **faire le coup de poing avec qn/contre qn** to fight alongside sb/against sb ◆ **opération coup de poing** *(= raid)* lightning raid; *(= action d'envergure)* blitz ◆ **opération coup de poing contre le chômage/les fraudeurs** assault on

unemployment/blitz *ou* crackdown on tax dodgers ◆ « **opération coup de poing sur les prix** » "prices slashed"

COMP **poing américain** (*= arme*) knuckleduster

poinsettia /pwɛ̃setja/ NM poinsettia

◆ ◆

point¹ /pwɛ̃/

GRAMMAIRE ACTIVE 6.3, 26.3, 26.4 SYN

1 - NOM MASCULIN
2 - COMPOSÉS

◆ ◆

1 - NOM MASCULIN

1 [= ENDROIT] point, place; *(Astron, Géom)* point ◆ **pour aller d'un point à un autre** to go from one point *ou* place to another ◆ **fixer un point précis dans l'espace** to stare at a fixed point in space ◆ **le fleuve déborde en plusieurs points** the river overflows at several points *ou* in several places ◆ **ils étaient venus de tous les points de l'horizon** they had come from the four corners of the earth ◆ **je reprends mon discours au point où je l'ai laissé** I take up my speech where I left off

2 [= SITUATION] point, stage ◆ **avoir atteint le point où..., en être arrivé au point où...** to have reached the point *ou* stage where... ◆ **nous en sommes toujours au même point** we haven't got any further, we're no further forward ◆ **c'est bête d'en être (arrivé) à ce point-là et de ne pas finir** it's silly to have got so far *ou* to have reached this point *ou* stage and not to finish ◆ **au point où en sont les choses** as matters *ou* things stand ◆ **au point où nous en sommes, cela ne changera pas grand-chose** considering the situation we're in, it won't make much difference ◆ **on continue ? – au point où on en est** shall we go on? – we've got this far so we might as well

3 [LOCUTIONS]

◆ **au point** *[image, photo]* in focus; *[affaire]* completely finalized *ou* settled; *[procédé, technique, machine]* perfected; *[discours, ouvrage]* finalized, up to scratch *(attrib)* ◆ **ce n'est pas encore au point** *[machine, spectacle, organisation]* it isn't quite up to scratch yet; *[discours, devoir]* it's not quite finalized yet, it still needs some working on ◆ **ce n'est pas au point** *[appareil photo, caméra]* it's out of focus

◆ **mettre + au point** *[+ photo, caméra]* to (bring into) focus; *[+ stratégie, technique]* to perfect; *[+ médicament, invention, système]* to develop; *[+ moteur]* to tune; *[+ mécanisme]* to tune, to adjust; *[+ projet]* to finalize ◆ **mettre une affaire au point avec qn** to finalize *ou* settle all the details of a matter with sb

◆ **mise au point** *[d'appareil photo, caméra]* focusing; *[de stratégie, technique]* perfecting; *[de médicament, invention, système]* development; *[de moteur]* tuning; *[de mécanisme]* tuning, adjustment; *(Ordin)* debugging; *[d'affaire, projet]* finalizing; *(fig = explication, correction)* clarification ◆ **publier une mise au point** to issue a statement *(setting the record straight or clarifying a point)*

4 [= DEGRÉ, NIVEAU] *(gén)* point, stage; *(Sci)* point ◆ **point d'ébullition/de congélation** boiling/freezing point ◆ **est-il possible d'être bête à ce point(-là) !** how stupid can you get? * ◆ **il n'est pas inquiet à ce point-là** he's not that worried ◆ **il s'est montré grossier au dernier point** *(littér)* he was extremely rude ◆ **vous voyez à quel point il est généreux** you see how (very) generous he is *ou* the extent of his generosity ◆ **sa colère avait atteint un point tel** *ou* **un tel point que...** he was so (very) angry that..., his anger was such that... ◆ **il en était arrivé à un tel point d'avarice que...** he had become so miserly that..., his miserliness had reached such proportions that...

◆ **à ce** *ou* **tel point que...** ◆ **c'était à ce point absurde que...** it was so (very) absurd that... ◆ **elles se ressemblent à ce** *ou* **tel point qu'on pourrait les confondre** they look so alike that you could easily mistake one for the other ◆ **son invention a eu du succès, à tel point qu'il est devenu célèbre** his invention was a success, so much so that *ou* to such an extent *ou* degree that he became famous

◆ **à point** *(Culin)* (*= bon à consommer*) *[fruit]* just ripe *(attrib)*, nicely ripe; *[fromage]* just right for eating *(attrib)*; *[viande]* medium ◆ **quelle cuisson ? – à point** how would you like it cooked? – medium rare ◆ **le rôti est cuit à point** the roast is cooked *ou* done to a turn

◆ **au plus haut point** *[détester, admirer]* intensely ◆ **se méfier au plus haut point de qch** to be extremely mistrustful of *ou* highly sceptical about sth ◆ **être au plus haut point de la gloire** to be at the peak *ou* summit of glory

◆ **au point de** + *infinitif* so much that ◆ **il ne pleut pas au point de mettre des bottes** it isn't raining enough for you to put boots on, it isn't raining so much that you need boots ◆ **tirer sur une corde au point de la casser** to pull on a rope so hard that it breaks, to pull a rope to the point where it breaks

◆ **au point que** ⇒ **à ce** *ou* **tel point que**

5 [= ASPECT, DÉTAIL, SUBDIVISION] point ◆ **exposé en trois points** three-point presentation ◆ **point de théologie/de philosophie** point of theology/of philosophy ◆ **passons au point suivant de l'ordre du jour** let us move on to the next item on the agenda ◆ **point d'accord/de désaccord** point of agreement/of disagreement ◆ **point mineur** *ou* **de détail** minor point, point of detail ◆ **nous abordons maintenant un point capital** we now come to a crucial point *ou* issue ◆ **voilà déjà un point acquis** *ou* **réglé** that's one thing *ou* point settled ◆ **avoir des points communs** to have things in common ◆ **je n'ai aucun point commun avec elle** I have nothing in common with her ◆ **ils sont d'accord sur ce point/sur tous les points** they agree on this point *ou* score/on all points *ou* scores *ou* counts ◆ **exécutez ces instructions de point en point** *(frm)* carry these instructions out point by point *ou* in every detail

◆ **en tout point, en tous points** in every respect ◆ **ils se ressemblent en tout point** they resemble each other in every respect ◆ **ce fut en tous points réussi** it was an all-round *ou* unqualified success

◆ **jusqu'à un certain point** up to a point, to a certain extent

◆ **point par point** point by point ◆ **nous avons repris la question point par point** we went over the question point by point ◆ **il répondit point par point aux accusations** he answered the charges point by point *ou* taking each point in turn

6 [TEMPS] **à point (nommé)** *[arriver, venir]* just at the right moment, just when needed ◆ **cela tombe à point (nommé)** that comes just at the right moment, that's just *ou* exactly what I (*ou* we *etc*) need

◆ **sur le point de** + *infinitif* ◆ **être sur le point de faire qch** to be (just) about to do sth, to be just going to do sth, to be on the point of doing sth ◆ **j'étais sur le point de faire du café** I was just going to *ou* (just) about to make some coffee ◆ **une bombe sur le point d'exploser** a bomb about to go off ◆ **elle est sur le point de quitter son mari** she is about to leave *ou* is on the verge of leaving her husband

7 [= POSITION] *[d'avion, bateau]* position ◆ **recevoir le point par radio** to be given one's position by radio ◆ **faire le point** *(en mer)* to take a bearing, to plot one's position ◆ **faire le point cartographique** *ou* **géographique** *(Mil)* to take a bearing ◆ **faire le point horaire** to give regular bulletins, to have regular updates ◆ **faire le point de la situation** (*= examiner*) to take stock of the situation, to review the situation; (*= faire un compte rendu*) to sum up the situation ◆ **nous allons faire le point sur les derniers événements** let's have an update on the latest events ◆ **et maintenant, le point sur la grève des transports** *(Journalisme)* and now, the latest (update) on the transport strike ◆ **point fixe** *(en avion)* (engine) run-up

8 [= MARQUE] *(gén, Mus, en morse, sur i)* dot; (*= ponctuation*) full stop *(Brit)*, period *(US)*; (*= petite tache*) spot, speck; *[de dé]* pip ◆ **le bateau n'était plus qu'un point à l'horizon** the ship was now nothing but a dot *ou* speck *ou* spot on the horizon ◆ **mettre les points sur les i** *(fig)* to spell it out ◆ **il a toujours besoin qu'on lui mette les points sur les i** you always have to spell things out to him ◆ **point, à la ligne** *(lit)* new paragraph; *(fig)* full stop *(Brit)*, period *(US)* ◆ **tu n'iras pas, un point c'est tout** you're not going and that's all there is to it *ou* and that's that, you're not going – full stop *(Brit)* *ou* period *(US)*

9 [D'UN SCORE] *(Cartes, Sport)* point; *(Scol, Univ)* mark, point ◆ **points d'honneurs/de distribution** *(Cartes)* points for honours/for distribution ◆ **je n'ai pas les points d'annonce** *(Cartes)* I haven't got enough points to open the bidding ◆ **gagner aux points** *(Boxe)* to win on points ◆ **il a échoué d'un point** he failed by one mark *ou* point ◆ **la partie se joue en 15 points** the winner is the first person to get to *ou* to score 15 (points) ◆ **on joue le point** *(Tennis)* let's play on ◆ **faire** *ou* **marquer le point** *(Tennis)* to win the point ◆ **rendre des points à qn** *(fig)* to give sb points, to give sb a (head) start ◆ **enlever un point par faute** *(Scol)* to take a mark *ou* point off for every mistake ◆ **bon/mauvais point** good/bad mark *(for conduct etc)*; *(fig)* plus/minus (mark) ◆ **la maîtresse m'a donné deux bons points** † ≈ the teacher gave me two stars ◆ **un bon point pour vous !** *(fig)* that's a point in your favour!; → **compter, marquer**

10 [= POUR CENT] point ◆ **sa cote de popularité a baissé de 3 points** his popularity rating has fallen (by) 3 points *ou* is down 3 points ◆ **point de base** basis point

11 [MÉD] ◆ **avoir un point dans le dos** to have a twinge (of pain) in one's back ◆ **vous avez un point de congestion là** you have a spot of congestion there

12 [TV, TYPOGRAPHIE] point ◆ **caractère de 8/10 points** 8-/10-point type

2 - COMPOSÉS

point d'appui *(Mil)* base of operations; *[de levier]* fulcrum; *[de personne]* *(lit, fig)* support ◆ **chercher un point d'appui** to look for something to lean on ◆ **l'échelle a glissé de son point d'appui** the ladder slipped from where it was leaning

point barre * (*= c'est tout*) ◆ **je fais mon travail, point barre** I do my job, full stop *(Brit)* *ou* period *(US)* ◆ **c'est non, point barre** the answer is no, and that's all there is to it

points cardinaux points of the compass, cardinal points

point chaud *(Mil)* trouble spot, hot spot; *(fig)* (*= endroit*) trouble spot ◆ **c'est un des points chauds de l'actualité** (*= fait*) it's one of the burning *ou* most topical issues of the moment

point de chute *(lit)* landing place ◆ **vous avez un point de chute à Rome ?** do you have somewhere to stay in Rome? ◆ **l'ex-ministre est à la recherche d'un point de chute dans l'industrie** *(emploi)* the former minister is looking for a job in industry to retire into

point com *(Internet)* dotcom, dot.com

points de conduite *(Typographie)* dot leaders

point de contrôle checkpoint

point de côté stitch, pain in the side

point critique *(Phys, fig)* critical point

point culminant SYN *[de gloire, réussite, panique, épidémie]* height; *[d'affaire, scandale]* climax, culmination; *[de montagne]* peak, summit; *[de carrière]* height, zenith

point de départ *[de train, autobus]* point of departure; *[de science, réussite, aventure]* starting point; *[d'enquête]* point of departure, starting point; *(Sport)* start ◆ **revenir à son point de départ** to come back to where it (*ou* one) started ◆ **nous voilà revenus au point de départ** *(fig)* (so) we're back to square one*, we're back where we started

point de distribution *[d'eau]* supply point; *(Comm)* distribution outlet

point de droit point of law

point d'eau (*= source*) watering place; *[de camping]* water (supply) point

point d'équilibre *(Phys)* equilibrium point; *(Fin)* break-even point ◆ **le gouvernement doit trouver le point d'équilibre** *(fig)* the government needs to find the right balance *ou* the happy medium

point d'exclamation exclamation mark *(Brit)* *ou* point *(US)*

point faible weak point

point final *(lit)* full stop *(Brit)*, period *(US)* ◆ **je refuse, point final** *(fig)* I refuse, full stop *(Brit)* *ou* period *(US)*, I refuse and that's final ◆ **mettre un point final à qch** *(fig)* to put an end to sth, to bring sth to an end

point fort strong point

point géométrique (geometrical) point

point d'honneur point of honour ◆ **mettre un point d'honneur à** *ou* **se faire un point d'honneur de faire qch** to make it a point of honour to do sth

point d'impact point of impact

point d'incidence point of incidence

point d'information point of information

point d'interrogation question mark ◆ **qui sera élu, c'est là le point d'interrogation** who will be elected – that's the big question (mark) *ou* that's the 64,000-dollar question *

point d'intersection point of intersection

point du jour daybreak, break of day

point lumineux dot *ou* spot of light

point mort *(Tech)* dead centre; *(en voiture)* neutral; *(Fin)* break-even point ◆ **au point mort** *(en voiture)* in neutral; *[de négociations, affaires]* at a standstill

point de neutralisation end point
point névralgique (Méd) nerve centre; (fig) sensitive spot
point noir (= comédon) blackhead; (= problème) problem, difficulty; (= lieu d'accidents) blackspot
point de non-retour point of no return
point d'ordre point of order
point d'orgue (Mus) pause; [de festival] grand finale
point de passage (lit) crossing point ◆ **ce café est le point de passage obligé du tout-Paris médiatique** this café is the place to be seen in Parisian media circles
point de presse press briefing
point de ralliement rallying point
point de rassemblement (à l'aéroport etc) meeting point; (dans un bateau) muster station
point de ravitaillement (en nourriture) refreshment point, staging point; (en essence) refuelling point
points de reprise (Mus) repeat marks
points de retraite points calculated on the basis of social security contributions that count towards retirement pensions
point de rouille spot ou speck of rust
point de saturation (Sci, fig) saturation point
point sensible (sur la peau) tender spot; (Mil) trouble spot; (fig) sensitive area, sore point
point de soudure spot ou blob of solder
point stratégique key point
points de suspension (gén) suspension points; (en dictant) dot, dot, dot
point de tangence tangential point
point de vente point of sale, sales outlet ◆ « **points de vente dans toute la France** » "on sale throughout France" ◆ **liste des points de vente** list of stockists ou retailers
point de vue (lit) view(point); (fig) point of view, standpoint ◆ **du** ou **au point de vue moral** from a moral point of view, from a moral standpoint ◆ **au point de vue argent** as regards money, moneywise* ◆ **nous aimerions connaître votre point de vue sur ce sujet** we should like to know your point of view ou standpoint ou where you stand in this matter

point² /pwɛ̃/
NM (Couture, Tricot) stitch ◆ **bâtir à grands points** to tack ◆ **coudre à grands points** to sew using a long stitch ◆ **faire un (petit) point à qch** to put a stitch in sth
COMP **point d'Alençon** Alençon lace
point d'arrêt finishing-off stitch
point arrière backstitch
point de chaînette chain stitch
point de chausson (Couture) blind hem stitch; (Broderie) closed herringbone stitch
point de couture stitch
point de croix cross-stitch
point devant running stitch
point d'épine feather stitch
point de feston blanket stitch
point de jersey stocking stitch
point mousse garter stitch
point d'ourlet hem-stitch
point de riz moss stitch
point de suture (Méd) stitch ◆ **faire des points de suture à qch** to put stitches in sth, to stitch sth up
point de tapisserie canvas stitch
point de tige stem stitch
point de torsade cable stitch
point de tricot (gén) knitting stitch; (maille à l'endroit) knit stitch
point de Venise rose point

point³ /pwɛ̃/ **ADV** (littér, hum) ⇒ **pas²**

pointage /pwɛ̃taʒ/ SYN **NM** ① (= fait de cocher) ticking ou checking ou marking off; [de personnel] (à l'arrivée) clocking in ou on; (au départ) clocking out ◆ **procéder au pointage des voix** to count the votes
② [de fusil] pointing, aiming, levelling (vers, sur at); [de jumelles, lunette, télescope] training (vers, sur on); [de lampe] directing (vers, sur towards)
③ (Mus) [de note] dotting
④ [de trou de vis] starting off
⑤ (= contrôle) check

pointal (pl **-aux**) /pwɛ̃tal, o/ **NM** [de charpente] stay, strut, prop

pointe /pwɛ̃t/ SYN
NF ① (= extrémité) [d'aiguille, épée] point; [de flèche, lance] head, point; [de couteau, crayon, craie, clou] point, tip; [de canne] (pointed) end, tip, point; [de montagne] peak, top; [de menton, nez, langue, sein, ski] tip; [de moustache, col] point; [de chaussure] toe, tip ◆ **à la pointe de l'île** at the tip of the island ◆ **chasser l'ennemi à la pointe de l'épée/de la baïonnette** to chase away the enemy with swords drawn/at bayonet point
② (= partie saillante) [de grillage] spike; [de côte] headland ◆ **la côte forme une pointe** ou **s'avance en pointe à cet endroit** the coast juts out (into the sea) ou forms a headland at that point ◆ **objet qui forme une pointe** object that tapers (in)to a point
③ (= clou) tack; [de chaussure de football, d'alpiniste] spike; (= outil pointu) point ◆ **tu cours avec des tennis ou avec des pointes ?** do you run in trainers or spikes?
④ (Danse) ◆ **(chaussons à) pointes** points, point shoes ◆ **faire des pointes** to dance on points
⑤ (= foulard) triangular (neck)scarf; († = couche de bébé) (triangular-shaped) nappy (Brit) ou diaper (US)
⑥ (= allusion ironique) pointed remark; (= trait d'esprit) witticism
⑦ (= petite quantité) ◆ **une pointe d'ail/d'ironie/de jalousie** a touch ou hint of garlic/of irony/of jealousy ◆ **il a une pointe d'accent** he has the merest hint of an accent ou a very slight accent
⑧ (= maximum) peak ◆ **faire** ou **pousser une pointe jusqu'à Paris** (en voiture) to push ou press on as far as Paris ◆ **faire** ou **pousser une pointe de vitesse** [athlète, cycliste, automobiliste] to put on a burst of speed, to put on a spurt ◆ **j'ai fait une pointe (de vitesse) de 180 (km/h)** I hit 180 km/h ◆ **faire du 200 km/h en pointe** to have a top ou maximum speed of 200 km/h
⑨ [de compas] point
⑩ (locutions) ◆ **à la pointe du combat** in the forefront of (the) battle ◆ **à la pointe de l'actualité** in the forefront of current affairs ou of the news ◆ **à la pointe du progrès** in the forefront ou the front line ou at the leading edge of progress
◆ **de pointe** [industrie] leading, high-tech; [technique] latest, ultramodern, advanced; [vitesse] top, maximum ◆ **heure** ou **période de pointe** (gaz, électricité, téléphone) peak period; (circulation) rush ou peak hour; (magasin) peak shopping period, busy period
◆ **en pointe** [barbe, col] pointed ◆ **décolleté en pointe** V-neckline ◆ **tailler en pointe** [+ arbre, barbe] to cut ou trim into a point; [+ crayon] to sharpen (in)to a point ◆ **canne qui se termine en pointe** pointed stick
COMP **pointe d'asperge** asparagus tip ou spear
pointe Bic ® Biro ® (Brit), Bic (pen) ® (US)
pointe fibre (stylo) fibre-tip (pen) (Brit), fiber-tip (pen) (US)
pointe du jour (littér) ◆ **à la pointe du jour** at daybreak, at the crack of dawn
la pointe des pieds the toes ◆ **(se mettre) sur la pointe des pieds** (to stand) on tiptoe ou on one's toes ◆ **marcher/entrer sur la pointe des pieds** to walk/come in on tiptoe ou on one's toes, to tiptoe in/out ◆ **il faut y aller sur la pointe des pieds (avec lui)** (fig) you have to tread very carefully (with him)
pointe sèche (Art) dry-point ◆ **gravure à la pointe sèche** dry-point engraving
pointe du sein nipple
pointe de terre spit ou tongue of land, headland

pointeau (pl **pointeaux**) /pwɛ̃to/ **NM** ① [de carburateur, graveur] needle
② (= surveillant) timekeeper

pointer¹ /pwɛ̃te/ SYN ► conjug 1 ◄
VT ① (= cocher) to tick off, to check off, to mark off ◆ **pointer (sa position sur) la carte** (en mer) to prick off ou plot one's position; → **zéro**
② [personnel] (à l'arrivée) to clock in ou on; (au départ) to clock out
③ [+ braquer] [+ fusil] to point, to aim, to level (vers, sur at); [+ jumelles] to train (vers, sur on); [+ lampe] to direct (vers, sur towards); [+ boule de pétanque] to roll (as opposed to throw) ◆ **il pointa vers elle un index accusateur** he pointed an accusing finger at her
④ (Mus) [+ note] to dot ◆ **notes pointées** dotted rhythm
⑤ [+ trou de vis] to start off
VI [employé] (à l'arrivée) to clock in ou on; (au départ) to clock out ◆ **pointer à l'ANPE** to sign on (at the national employment agency) ◆ **il pointe au chômage depuis trois mois** he's been on the dole* (Brit) ou on welfare (US) for three months
VPR **se pointer** * (= arriver) to turn up*, to show up*
COMP **pointer-cliquer** (Ordin) point-and-click

pointer² /pwɛ̃te/ SYN ► conjug 1 ◄
VT ① (= piquer) to stick (dans into) ◆ **il lui pointa sa lance dans le dos** he stuck his lance into his back
② (= dresser) ◆ **église qui pointe ses tours vers le ciel** church whose towers soar (up) into the sky ◆ **le chien pointa les oreilles** the dog pricked up its ears
VI (littér) ① (= s'élever) [tour] to soar up
② (= apparaître) [plante] to peep out; [ironie] to pierce through ◆ **ses seins pointaient sous la robe** her nipples showed beneath her dress ◆ **le jour pointait** day was breaking ou dawning

pointer³ /pwɛ̃tɛʀ/ **NM** (= chien) pointer

pointeur /pwɛ̃tœʀ/ **NM** (dans une usine, pour athlètes) timekeeper; (Ordin) pointer; [de boules] player who aims at the jack; [de canon] gun-layer

pointeuse /pwɛ̃tøz/ **NF** (= personne) timekeeper; (= machine-outil) jig borer ◆ **(horloge) pointeuse** time clock

pointillage /pwɛ̃tijaʒ/ **NM** stipple, stippling

pointillé, e /pwɛ̃tije/ (ptp de **pointiller**)
ADJ dotted
NM ① (Art) (= procédé) stipple, stippling; (= gravure) stipple
② (= trait) dotted line; (= perforations) perforation(s) ◆ **détacher** ou **découper suivant le pointillé** "tear ou cut along the dotted line"
◆ **en pointillé** (lit) dotted; [sous-entendu] hinted at; (= discontinu) [carrière, vie] marked by stops and starts ◆ **un nouvel accord se dessine en pointillé** the first signs of a new agreement are emerging

pointillement /pwɛ̃tijmɑ̃/ **NM** ⇒ **pointillage**

pointiller /pwɛ̃tije/ ► conjug 1 ◄ (Art)
VI to draw (ou engrave) in stipple
VT to stipple

pointilleux, -euse /pwɛ̃tijø, øz/ SYN **ADJ** particular, pernickety (péj), fussy (péj) (sur about)

pointillisme /pwɛ̃tijism/ **NM** pointillism

pointilliste /pwɛ̃tijist/ **ADJ, NMF** pointillist

pointu, e /pwɛ̃ty/ SYN
ADJ ① (= en forme de pointe) pointed; (= aiguisé) sharp
② (péj) [air] peeved; [caractère] touchy, peevish; [voix, ton] shrill ◆ **accent pointu** northern French accent
③ (= précis) [domaine, connaissances, compétence] specialized; [question] well-informed; [analyse] in-depth; [diagnostic] precise ◆ **des normes d'hygiène de plus en plus pointues** increasingly stringent ou rigorous standards of hygiene
ADV ◆ **parler pointu** to speak with ou have a northern French accent
NM (= bateau) provençal fishing boat

pointure /pwɛ̃tyʀ/ SYN **NF** [de gant, chaussure] size ◆ **quelle est votre pointure ?, quelle pointure faites-vous ?** what size do you take? ou are you? ◆ **c'est une (grande** ou **grosse) pointure dans la chanson/ce domaine*** he's a big name* in songwriting/this field

point-virgule (pl **points-virgules**) /pwɛ̃viʀgyl/ **NM** semi-colon

poire /pwaʀ/
NF ① (= fruit) pear ◆ **il m'a dit cela entre la poire et le fromage** he told me that quite casually over lunch (ou dinner); → **couper, garder**
② (* = tête) mug*, face ◆ **il a une bonne poire** he's got a nice enough face ◆ **se ficher de** ou **se payer la poire de qn** (ridiculiser) to have a good laugh at sb's expense, to take the mickey out of sb* (Brit); (tromper) to take sb for a ride* ◆ **en pleine poire** right in the face
③ (* = dupe) sucker*, mug* (Brit) ◆ **c'est une bonne poire** he's a real sucker ou mug* (Brit) ◆ **et moi, bonne poire, j'ai dit oui** and like a sucker* ou mug* (Brit) I said yes
④ [de vaporisateur] squeezer
ADJ ◆ **être poire*** to be a sucker* ou mug* (Brit)
COMP **poire Belle-Hélène** stewed pear with chocolate sauce and cream
poire électrique (pear-shaped) switch
poire à injections douche, syringe
poire à lavement enema syringe
poire à poudre powder horn

poiré /pwaʀe/ **NM** perry

poireau (pl **poireaux**) /pwaʀo/ **NM** leek ◆ **faire le poireau*** to hang about*

poireauter | police

poireauter* /pwaʁote/ ▸ conjug 1 ◂ VI to hang about* ◆ **faire poireauter qn** to leave sb hanging about*

poirée /pwaʁe/ NF (= bette) Swiss chard

poirier /pwaʁje/ NM (= arbre) pear tree ◆ **faire le poirier** (= acrobatie) to do a headstand

poiroter* /pwaʁote/ ▸ conjug 1 ◂ VI = poireauter

pois /pwa/
▸ NM ▸ 1 (= légume) pea ◆ **petits pois** (garden) peas
▸ 2 (Habillement) (polka) dot, spot ◆ **robe à pois** spotted ou polka dot dress; → **purée**
▸ COMP **pois cassés** split peas
pois chiche chickpea, garbanzo (bean) ◆ **il a un pois chiche dans la tête*** he's a peabrain*, he's short on grey matter*
pois gourmands mangetout peas
pois de senteur sweet pea; → **mange-tout**

poiscaille* /pwaskaj/ NF ou M (souvent péj) fish

poise /pwaz/ NF (Phys) poise

poison /pwazɔ̃/ SYN
▸ NM (lit, fig) poison
▸ NMF * (= personne) nuisance; (= enfant) little horror*; (= chose) drag*, bind* (Brit)

poissard, e /pwasaʁ, aʁd/
▸ ADJ [accent, langage] vulgar, coarse
▸ NF **poissarde** ◆ **parler comme une poissarde** to talk like a fishwife

poisse* /pwas/ NF rotten luck*, bad luck ◆ **avoir la poisse** to have rotten* ou bad luck ◆ **quelle poisse !, c'est la poisse !** just my (ou our) (rotten) luck!* ◆ **ne le fais pas, ça porte la poisse** don't do that – it's bad luck ou it's unlucky ◆ **ça leur a porté la poisse** it brought them bad luck

poisser /pwase/ ▸ conjug 1 ◂ VT ▸ 1 (* = attraper) to nab*, to cop*
▸ 2 (= salir) to make sticky; (= engluer) [+ cordage] to pitch ◆ **ça poisse** it's all sticky

poisseux, -euse /pwasø, øz/ SYN ADJ [mains, surface] sticky

poisson /pwasɔ̃/ SYN
▸ NM ▸ 1 (gén) fish ◆ **pêcher du poisson** to fish ◆ **deux poissons** two fish ou fishes ◆ **fourchette/couteau à poisson** fish fork/knife ◆ **être (heureux) comme un poisson dans l'eau** to be in one's element ◆ **être comme un poisson hors de l'eau** to be like a fish out of water ◆ **engueuler qn comme du poisson pourri*** to call sb all the names under the sun, to bawl sb out ◆ **un gros poisson** a big fish*; → **petit, queue**
▸ 2 (Astrol) ◆ **les Poissons** Pisces, the Fishes ◆ **c'est un Poissons, il est (du signe du) Poissons** he's a Pisces
▸ COMP **poisson d'argent** silverfish
poisson d'avril ! April fool! ◆ **c'est un poisson d'avril** it's an April fool's trick
poisson d'eau douce freshwater fish
poisson gras oily fish
poisson lune sunfish
poisson de mer saltwater fish
poisson pilote pilotfish
poisson plat flatfish
poisson rouge goldfish
poisson volant flying fish

> **POISSON D'AVRIL**
>
> In France, as in Britain, 1 April is a day for playing practical jokes. The expression **poisson d'avril** comes from the tradition of pinning or sticking a paper fish on the back of an unsuspecting person, though by extension it can also refer to any form of practical joke played on 1 April.

poisson-chat (pl **poissons-chats**) /pwasɔ̃ʃa/ NM catfish

poisson-épée (pl **poissons-épées**) /pwasɔ̃epe/ NM swordfish

poissonnerie /pwasɔnʁi/ NF (= boutique) fish shop, fishmonger's (shop) (surtout Brit); (= métier) fish trade

poissonneux, -euse /pwasɔnø, øz/ ADJ full of fish (attrib), well-stocked with fish

poissonnier /pwasɔnje/ NM fishmonger (surtout Brit), fish merchant (US)

poissonnière /pwasɔnjɛʁ/ NF ▸ 1 (= personne) (woman) fishmonger (surtout Brit), fish merchant (US)
▸ 2 (= ustensile) fish kettle

poisson-perroquet (pl **poissons-perroquets**) /pwasɔ̃peʁɔkɛ/ NM parrotfish

poisson-scie (pl **poissons-scies**) /pwasɔ̃si/ NM sawfish

poitrail /pwatʁaj/ NM [d'animal] breast; (hum = poitrine) chest; (Constr) lintel

poitrinaire † /pwatʁinɛʁ/
▸ ADJ ◆ **être poitrinaire** to have TB, to be tuberculous (SPÉC)
▸ NMF tuberculosis sufferer

poitrine /pwatʁin/ SYN NF (gén) chest, breast (littér); (= seins) bust, bosom; (Culin) [de veau, mouton] breast; [de porc] belly ◆ **poitrine salée (ou fumée)** ≈ streaky bacon ◆ **poitrine de bœuf** brisket (of beef) ◆ **maladie de poitrine** † chest complaint ◆ **elle a beaucoup de poitrine** she's got a big bust ou bosom, she's big-busted ◆ **elle n'a pas de poitrine** she's flat-chested ◆ **un cri jaillit de sa poitrine** he uttered a cry; → **fluxion, tour², voix**

poivrade /pwavʁad/ NF ▸ 1 (= sauce) vinaigrette (sauce) with pepper ◆ **(à la) poivrade** with salt and pepper
▸ 2 ◆ **(artichaut) poivrade** baby artichoke

poivre /pwavʁ/
▸ NM pepper; → **moulin, steak**
▸ COMP **poivre blanc** white pepper
poivre de Cayenne Cayenne pepper
poivre en grains whole pepper, peppercorns
poivre gris black pepper
poivre moulu ground pepper
poivre noir black pepper
poivre en poudre ⇒ **poivre moulu**
poivre rouge red pepper
poivre et sel ADJ INV [cheveux] pepper-and-salt
poivre vert green pepper (spice)

poivré, e /pwavʁe/ SYN (ptp de **poivrer**) ADJ
▸ 1 [plat, goût, odeur] peppery; [histoire] spicy, juicy*, saucy*
▸ 2 (* = soûl) pickled*, plastered*

poivrer /pwavʁe/ ▸ conjug 1 ◂
▸ VT to pepper, to put pepper in ou on
▸ VPR **se poivrer** * (= se soûler) to get pickled* ou plastered*

poivrier /pwavʁije/ NM ▸ 1 (= plante) pepper plant
▸ 2 (= récipient) pepperpot, pepper shaker (US)

poivrière /pwavʁijɛʁ/ NF ▸ 1 (Culin) pepperpot, pepper shaker (US)
▸ 2 (= plantation) pepper plantation
▸ 3 (Archit) pepper-box

poivron /pwavʁɔ̃/ NM ◆ **poivron (doux)** (sweet) pepper, capsicum ◆ **poivron (vert)** green pepper ◆ **poivron rouge** red pepper

poivrot, e* /pwavʁo, ɔt/ NM,F drunkard, wino*

poix /pwa/ NF pitch (tar)

poker /pɔkɛʁ/ NM (Cartes) (= jeu) poker; (= partie) game of poker ◆ **faire un poker** to have a game of poker ◆ **poker d'as/de dames** four aces/queens ◆ **poker d'as** (= jeu) poker dice ◆ **poker menteur** type of poker ◆ **c'est une partie de poker menteur**, **ils jouent au poker menteur** (fig) they're calling his (ou their etc) bluff ◆ **coup de poker** gamble ◆ **tenter un coup de poker** to take a gamble ◆ **tout s'est joué sur un coup de poker** it was all a big gamble ◆ **on ne joue pas sa carrière sur un coup de poker** you don't gamble ou risk your entire career on a throw of the dice

polaire /pɔlɛʁ/ SYN
▸ ADJ (Chim, Géog, Math) polar ◆ **froid polaire** arctic cold ◆ **laine polaire** (= tissu) fleece ◆ **(sweat en) laine polaire** fleece (sweatshirt); → **cercle, étoile**
▸ NF ▸ 1 (Math) polar
▸ 2 (= vêtement) fleece jacket (ou sweatshirt etc)

polaque* /pɔlak/ NM (injurieux) Polack*** (injurieux)

polar¹* /pɔlaʁ/ NM (= roman) detective novel

polar² /pɔlaʁ/ NM (arg Scol) swot* (Brit), grind* (US)

polarimètre /pɔlaʁimɛtʁ/ NM polarimeter

polarimétrie /pɔlaʁimetʁi/ NF polarimetry

polarisant, e /pɔlaʁizɑ̃, ɑ̃t/ ADJ (Élec, Phys) polarizing

polarisation /pɔlaʁizasjɔ̃/ NF (Élec, Phys) polarization; (fig) focusing

polariser /pɔlaʁize/ SYN ▸ conjug 1 ◂
▸ VT ▸ 1 (Élec, Phys) to polarize ◆ **lumière polarisée** polarized light
▸ 2 (= faire converger sur soi) [+ attention, regards] to attract ◆ **ce problème polarise tout le mécontentement** this problem is the focus of all the discontent
▸ 3 (= concentrer) ◆ **polariser son attention/ses efforts sur qch** to focus ou centre one's attention/one's efforts on sth ◆ **polariser son énergie sur qch** to bring all one's energies to bear on sth
▸ VPR **se polariser** (Phys) to polarize ◆ **se polariser** ou **être polarisé sur qch** [débat, mécontentement, critiques] to be centred around ou upon sth, to be focused upon sth; [personne] to focus ou centre one's attention on sth ◆ **elle est trop polarisée sur sa réussite professionnelle** she's too bound up ou wrapped up in her career

polariseur /pɔlaʁizœʁ/ ADJ, NM ◆ **(prisme) polariseur** polarizer

polarité /pɔlaʁite/ NF (Bio, Ling, Math, Phys) polarity

Polaroïd ® /pɔlaʁɔid/ N Polaroid ® ◆ **(appareil-photo) Polaroïd** Polaroid ® (camera)

polatouche /pɔlatuʃ/ NM flying squirrel, polatouche (SPÉC)

polder /pɔldɛʁ/ NM polder

poldérisation /pɔldeʁizasjɔ̃/ NF converting into a polder

pôle /pol/ SYN NM ▸ 1 (Sci) pole ◆ **le pôle Nord/Sud** the North/South Pole ◆ **pôle magnétique** magnetic pole
▸ 2 (= centre) ◆ **pôle d'activité** [d'entreprise] area of activity ◆ **pôle de conversion** relocation area ◆ **pôle de développement** pole of development ◆ **pôle universitaire** university centre ◆ **la ville est devenue un pôle d'attraction pour les artistes/les investisseurs** the town has become a magnet for artists/investors, the town is drawing artists/investors like a magnet ◆ **Montpellier est le pôle économique de la région** Montpellier is the economic hub of the region

polémique /pɔlemik/ SYN
▸ ADJ [sujet] controversial, contentious; [écrit, article] polemical ◆ **j'ai pris part à la discussion sans aucun esprit polémique** I took part in the discussion without wanting to be contentious
▸ NF (= controverse) controversy, argument (sur about, over) ◆ **chercher à faire de la polémique** to try to stir up controversy ◆ **engager une polémique avec qn** to enter into an argument with sb ◆ **une violente polémique s'est engagée sur...** a fierce controversy has flared up about... ◆ **relancer une polémique** to rekindle a controversy

polémiquer /pɔlemike/ ▸ conjug 1 ◂ VI to argue (sur about, over) ◆ **sans vouloir polémiquer, j'ai toujours pensé que...** I don't want to be controversial, but I've always thought that... ◆ **je ne veux pas polémiquer sur ce point** I don't want to be drawn into an argument on this issue

polémiste /pɔlemist/ NMF polemicist

polémologie /pɔlemɔlɔʒi/ NF study of war

polémologue /pɔlemɔlɔg/ NMF war specialist

polémoniacées /pɔlemɔnjase/ NFPL ◆ **les polémoniacées** polemoniaceous plants, the Polemoniaceae (SPÉC)

polenta /pɔlɛnta/ NF polenta

pole position /polpozisjɔ̃/ NF pole position ◆ **être en pole position** to be in pole position

poli¹, e /pɔli/ ADJ polite ◆ **ce n'est pas poli de parler la bouche pleine** it's bad manners ou it's rude ou it's not nice to talk with your mouth full ◆ **ce n'est pas très poli de dire ça** that's a rather rude thing to say, it's rather rude to say that ◆ **soyez poli !** don't be rude! ◆ **elle a été tout juste polie avec moi** she was barely civil to me

poli², e /pɔli/ SYN (ptp de **polir**)
▸ ADJ [bois, ivoire] polished; [métal] burnished, polished; [caillou] smooth
▸ NM shine ◆ **donner du poli à** to put a shine on, to polish (up)

police¹ /pɔlis/ SYN
▸ NF ▸ 1

> L'anglais **police** se construit généralement avec un verbe au pluriel.

(= corps) police (NonC), police force ◆ **voiture de police** police car ◆ **être dans ou de la police** to be in the police (force) ◆ **la police est à ses trousses** the police are after him ou are on his tail ◆ **la guerre des polices** the rivalry between different branches of the police ◆ **toutes les**

polices de France the police throughout France ◆ **après avoir passé la douane et les formalités de police** once you've gone through customs and immigration; → **plaque, salle**

②(= *maintien de l'ordre*) policing, enforcement of (law and) order ◆ **les pouvoirs de police dans la société** powers to enforce *ou* maintain law and order in society ◆ **exercer** *ou* **faire la police** to keep (law and) order ◆ **faire la police dans une classe** to keep order in a class, to keep a class in order ◆ **faire sa propre police** to do one's own policing, to keep (law and) order for o.s.

③(† = *règlements*) regulations ◆ **police intérieure d'une école** internal regulations of a school

④(= *tribunal*) ◆ **passer en simple police** to be tried in a police *ou* magistrates' court; → **tribunal**

COMP **police de l'air et des frontières** border police
police à cheval (*Can*) mounted police, Mounties*
police de la circulation traffic police
police judiciaire ≃ Criminal Investigation Department
police des mœurs, police mondaine ≃ vice squad
police montée (*Can*) mounted police, Mounties*
police municipale ≃ local police
police nationale national police force
police parallèle ≃ secret police
la police des polices Complaints and Discipline Branch (*Brit*), Internal Affairs (*US*)
police privée private police force
police de la route traffic police (*Brit*), state highway patrol (*US*)
police secours ≃ emergency services ◆ **appeler police secours** ≃ to dial 999 (*Brit*) *ou* 911 (*US*), ≃ to call the emergency services
police secrète secret police

police² /pɔlis/ **NF** ① (*Assurances*) (insurance) policy ◆ **police d'assurance vie** life insurance *ou* assurance policy ◆ **police d'assurance contre l'incendie** fire insurance policy
②(*Typographie, Ordin*) ◆ **police (de caractères)** font

policé, e /pɔlise/ (ptp de **policer**) **ADJ** (*frm*) [*musique, société*] refined; [*langue, manières*] refined, polished

policer /pɔlise/ **SYN** ▶ conjug 3 ◀ **VT** (*littér ou archaïque*) to civilize

polichinelle /pɔliʃinɛl/ **SYN NM** ① (*Théât*) ◆ **Polichinelle** Punchinello; → **secret**
②(= *marionnette*) Punch ◆ **avoir un polichinelle dans le tiroir*** to have a bun in the oven*
③(*péj* = *personne*) buffoon ◆ **faire le polichinelle** to act the buffoon

policier, -ière /pɔlisje, jɛʁ/ **SYN**
ADJ [*chien, enquête, régime*] police (*épith*); [*film, roman*] detective (*épith*)
NM ① (= *agent*) policeman, police officer ◆ **femme policier** policewoman, woman police officer
②(= *roman*) detective novel; (= *film*) detective film
NF **policière** policewoman, woman police officer

policlinique /pɔliklinik/ **NF** out-patients' clinic

policologie /pɔlikɔlɔʒi/ **NF** study of police organization and methods

poliment /pɔlimɑ̃/ **SYN ADV** politely

polio /pɔljo/
NF (abrév de **poliomyélite**) polio
NMF *(abrév de **poliomyélitique**) polio victim

poliomyélite /pɔljɔmjelit/ **NF** poliomyelitis, polio

poliomyélitique /pɔljɔmjelitik/
ADJ suffering from polio
NMF polio victim

polir /pɔliʁ/ **SYN** ▶ conjug 2 ◀ **VT** ① [+ *meuble, chaussures, pierre, verre*] to polish; [+ *métal*] to polish, to burnish, to buff ◆ **se polir les ongles** to buff one's nails
②(= *parfaire*) [+ *discours, style, phrase*] to polish; [+ *manières*] to polish, to refine

polissage /pɔlisaʒ/ **NM** [*de meuble, chaussures, pierre, verre*] polishing; [*de métal*] polishing, burnishing, buffing; [*d'ongles*] buffing

polisseur, -euse /pɔlisœʁ, øz/
NM,F polisher

polisseuse (= *machine*) polisher, polishing machine

polissoir /pɔliswaʁ/ **NM** polisher, polishing machine ◆ **polissoir à ongles** nail buffer

polisson, -onne /pɔlisɔ̃, ɔn/ **SYN**
ADJ ① (= *espiègle*) [*enfant, air*] naughty, mischievous
②(= *grivois*) [*chanson*] naughty, saucy; [*regard*] saucy, randy*
NM,F (= *enfant*) (little) rascal, (little) devil*, mischief*; (= *personne égrillarde*) saucy devil*; (†† = *petit vagabond*) street urchin

polissonner † /pɔlisɔne/ ▶ conjug 1 ◀ **VI** to be naughty

polissonnerie /pɔlisɔnʁi/ **SYN NF** ① (= *espièglerie*) naughty trick
②(= *grivoiserie*) (= *parole*) naughty *ou* saucy remark; (= *action*) naughty thing

poliste /pɔlist/ **NF** *ou* **M** paper wasp

politesse /pɔlitɛs/ **SYN NF** ① (= *savoir-vivre*) politeness, courtesy ◆ **par politesse** out of politeness, to be polite ◆ **je vais t'apprendre la politesse !** I'll teach you some manners! ◆ **tu aurais pu avoir la politesse de lui répondre** you could at least have had the courtesy to reply to him ◆ **il a eu la politesse de ne rien dire** he was polite enough to say nothing, he politely said nothing; → **brûler, formule, visite**
②(= *parole*) polite remark; (= *action*) polite gesture ◆ **rendre une politesse** to return a favour ◆ **se faire des politesses** (*paroles*) to exchange polite remarks; (*actions*) to make polite gestures to one another ◆ **ce serait la moindre des politesses** it's the least you (*ou* he *etc*) can do, it would only be polite

politicaillerie* /pɔlitikajʁi/ **NF** (*péj*) politicking (*péj*)

politicard, e /pɔlitikaʁ, aʁd/ (*péj*)
ADJ [*ambitions*] petty political
NM,F politician, political schemer (*péj*)

politicien, -ienne /pɔlitisjɛ̃, jɛn/
ADJ (*péj*) [*manœuvre, querelle*] (petty) political ◆ **la politique politicienne** politicking
NM,F politician, political schemer (*péj*)

politico- /pɔlitiko/ **PRÉF** politico- ◆ **des questions politico-religieuses** politico-religious issues

politique /pɔlitik/ **SYN**
ADJ ① [*institutions, économie, parti, prisonnier, pouvoir, réfugié*] political; [*carrière*] political, in politics ◆ **compte rendu de la semaine politique** report on the week in politics; → **homme, science**
②(*littér* = *habile*) [*personne*] diplomatic; [*acte, invitation*] diplomatic, politic
NF ① (= *science, carrière*) politics (*sg*) ◆ **parler politique** to talk politics ◆ **faire de la politique** (*militantisme*) to be a political activist; (*métier*) to be in politics
②(*Pol*) (= *ligne de conduite*) policy; (= *manière de gouverner*) policies ◆ **politique intérieure/industrielle/sociale** domestic/industrial/social policy ◆ **il critique la politique du gouvernement** he criticizes the government's policies ◆ **avoir une politique de gauche/droite** to follow left-/right-wing policies ◆ **discours** *ou* **déclaration de politique générale** policy speech ◆ **politique agricole commune** (*Europe*) common agricultural policy
③(= *manière d'agir*) policy ◆ **il est de bonne politique de...** it is good policy to... ◆ **la politique du moindre effort** the principle of least effort ◆ **la politique du pire** making things worse in order to further one's own ends ◆ **faire** *ou* **pratiquer la politique de la chaise vide** to make a show of non-attendance ◆ **pratiquer la politique de l'autruche** to bury one's head in the sand ◆ **c'est la politique de l'autruche** it's like burying one's head in the sand
NM (= *politicien*) politician ◆ **le politique** (= *aspects politiques*) politics (*sg*)

politique-fiction /pɔlitikfiksjɔ̃/ **NF** political fantasy *ou* fiction ◆ **film de politique-fiction** political thriller ◆ **ce n'est pas de la politique-fiction, ces lois existent** this does not belong to the realms of political fantasy, these laws exist

politiquement /pɔlitikmɑ̃/ **ADV** (*lit*) politically; (*littér*) diplomatically ◆ **politiquement correct** politically correct, PC ◆ **politiquement incorrect** politically incorrect, non-PC

politiquer* † /pɔlitike/ ▶ conjug 1 ◀ **VI** to talk (about) politics

politisation /pɔlitizasjɔ̃/ **NF** politicization

politiser /pɔlitize/ ▶ conjug 1 ◀
VT [+ *débat*] to politicize, to bring politics into; [+ *événement*] to make a political issue of; [+ *personne, mouvement, action*] to politicize ◆ **être très politisé** [*personne*] to be highly politicized, to be politically aware
VPR **se politiser** [*action, mouvement, débat*] to become politicized; [*personne*] to become politicized *ou* politically aware

politiste /pɔlitist/ **NMF** political scientist

politologie /pɔlitɔlɔʒi/ **NF** political science

politologue /pɔlitɔlɔɡ/ **NMF** political pundit *ou* analyst *ou* expert

poljé /pɔlje/ **NM** polje

polka /pɔlka/ **NF** polka

pollakiurie /pɔlakjyʁi/ **NF** pollakiuria

pollen /pɔlɛn/ **NM** pollen

pollicitation /pɔlisitasjɔ̃/ **NF** (*Jur*) unaccepted offer, pollicitation (SPÉC)

pollinique /pɔlinik/ **ADJ** pollinic

pollinisateur, -trice /pɔlinizatœʁ, tʁis/ **ADJ** ◆ **insecte pollinisateur** insect pollinator, pollinating insect

pollinisation /pɔlinizasjɔ̃/ **NF** pollination

polluant, e /pɔlɥɑ̃, ɑ̃t/ **ADJ** polluting ◆ **produit polluant** pollutant, polluting agent ◆ **non polluant** non-polluting, environment-friendly ◆ **c'est très/peu polluant** it produces a lot of/little pollution ◆ **industrie très polluante** highly polluting industry

polluer /pɔlɥe/ **SYN** ▶ conjug 1 ◀ **VT** to pollute ◆ **ça me pollue la vie*** it really makes life hell for me*

pollueur, -euse /pɔlɥœʁ, øz/
ADJ polluting
NM,F (= *substance*) pollutant, polluting agent; (= *industrie, personne*) polluter ◆ **le principe pollueur-payeur** the polluter-pays principle

pollution /pɔlysjɔ̃/ **SYN NF** pollution ◆ **pollution atmosphérique/radioactive** atmospheric/radioactive pollution ◆ **pollution sonore** noise pollution ◆ **pollution de l'air/des eaux/de l'environnement** air/water/environmental pollution ◆ **pollution génétique** genetic pollution ◆ **pollution par les nitrates** nitrate pollution ◆ **pollutions nocturnes** (*Méd*) nocturnal emissions (SPÉC), wet dreams

Pollux /pɔlyks/ **NM INV** Pollux

polo /pɔlo/ **NM** ① (*Sport*) polo
②(= *chemise*) polo shirt

polochon* /pɔlɔʃɔ̃/ **NM** bolster ◆ **sac polochon** duffel bag

Pologne /pɔlɔɲ/ **NF** Poland

polonais, e /pɔlɔnɛ, ɛz/
ADJ Polish
NM ① (= *langue*) Polish
② ◆ **Polonais** Pole; → **soûl**
NF **polonaise** ① ◆ **Polonaise** Pole
②(= *danse, Mus*) polonaise
③(= *gâteau*) polonaise (meringue-covered sponge cake containing preserved fruit and Kirsch)

polonium /pɔlɔnjɔm/ **NM** polonium

poltron, -onne /pɔltʁɔ̃, ɔn/ **SYN**
ADJ cowardly, craven (*littér*)
NM,F coward

poltronnerie /pɔltʁɔnʁi/ **NF** cowardice

polyacide /pɔliasid/ **ADJ, NM** polyacid

polyalcool /pɔlialkɔl/ **NM** polyalcohol

polyamide /pɔliamid/ **NM** polyamide

polyamine /pɔliamin/ **NF** polyamine

polyandre /pɔljɑ̃dʁ/ **ADJ** polyandrous

polyandrie /pɔljɑ̃dʁi/ **NF** polyandry

polyarchie /pɔljaʁʃi/ **NF** polyarchy

polyarthrite /pɔliaʁtʁit/ **NF** polyarthritis

polycarburant /pɔlikaʁbyʁɑ̃/ **ADJ M** [*moteur*] multifuel (*épith*)

polycentrique /pɔlisɑ̃tʁik/ **ADJ** polycentric

polycentrisme /pɔlisɑ̃tʁism/ **NM** (*Pol*) polycentrism

polycéphale /pɔlisefal/ **ADJ** polycephalous

polychètes /pɔliket/ **NMPL** ◆ **les polychètes** polychaetes, the Polychaeta (SPÉC)

polychlorure /pɔliklɔʁyʁ/ **NM** ◆ **polychlorure de vinyle** polyvinyl chloride

polychrome | pompe

polychrome /pɔlikʀɔm/ ADJ polychrome, polychromatic

polychromie /pɔlikʀɔmi/ NF polychromatism; (Art) polychromy

polyclinique /pɔliklinik/ NF private general hospital

polycondensat /pɔlikɔ̃dɑ̃sa/ NM polycondensate

polycondensation /pɔlikɔ̃dɑ̃sasjɔ̃/ NF polycondensation

polycopie /pɔlikɔpi/ NF duplication, stencilling ◆ **tiré à la polycopie** duplicated, stencilled

polycopié /pɔlikɔpje/ NM (Univ) duplicated lecture notes

polycopier /pɔlikɔpje/ ► conjug 7 ◄ VT to duplicate, to stencil ◆ **cours polycopiés** duplicated lecture notes ◆ **machine à polycopier** duplicator

polyculture /pɔlikyltyʀ/ NF mixed farming

polycyclique /pɔlisiklik/ ADJ polycyclic

polydactyle /pɔlidaktil/ ADJ polydactyl(ous)

polydactylie /pɔlidaktili/ NF hyperdactyly, polydactyly

polyèdre /pɔljɛdʀ/
- ADJ [angle, solide] polyhedral
- NM polyhedron

polyédrique /pɔljedʀik/ ADJ polyhedral

polyembryonie /pɔliɑ̃bʀijɔni/ NF polyembryony

polyester /pɔliɛstɛʀ/ NM polyester

polyéthylène /pɔlietilɛn/ NM polyethylene

polygala /pɔligala/ NM polygala

polygame /pɔligam/
- ADJ polygamous
- NM polygamist

polygamie /pɔligami/ NF polygamy

polygénisme /pɔliʒenism/ NM polygenesis, polygenism

polyglobulie /pɔliɡlɔbyli/ NF polycythaemia (Brit), polycythemia (US)

polyglotte /pɔliɡlɔt/ ADJ, NMF polyglot

polygonacées /pɔliɡɔnase/ NFPL ◆ **les polygonacées** polygonaceous plants, the Polygonaceae (SPÉC)

polygonal, e (mpl -aux) /pɔliɡɔnal, o/ ADJ polygonal, many-sided

polygone /pɔliɡɔn/ NM (Math) polygon ◆ **polygone de tir** (Mil) rifle range

polygraphe /pɔliɡʀaf/ NMF polygraph

polyhandicapé, e /pɔliɑ̃dikape/
- ADJ multi-disabled
- NM,F multi-disabled person

poly-insaturé, e /pɔliɛ̃satyʀe/ ADJ polyunsaturated

polymère /pɔlimɛʀ/
- ADJ polymeric
- NM polymer

polymérie /pɔlimeʀi/ NF (Chim) polymerism

polymérisation /pɔlimeʀizasjɔ̃/ NF polymerization

polymériser VT, **se polymériser** VPR /pɔlimeʀize/ ► conjug 1 ◄ to polymerize

polymorphe /pɔlimɔʀf/ ADJ polymorphous, polymorphic

polymorphie /pɔlimɔʀfi/ NF, **polymorphisme** /pɔlimɔʀfism/ NM polymorphism

Polynésie /pɔlinezi/ NF Polynesia ◆ **Polynésie française** French Polynesia

polynésien, -ienne /pɔlinezjɛ̃, jɛn/
- ADJ Polynesian
- NM (= langue) Polynesian
- NM,F **Polynésien(ne)** Polynesian

polynévrite /pɔlinevʀit/ NF polyneuritis

Polynice /pɔlinis/ NM Polynices

polynôme /pɔlinom/ NM polynomial (Math)

polynucléaire /pɔlinykleɛʀ/
- ADJ polynuclear, multinuclear
- NM polymorphonuclear leucocyte

polyoside /pɔliozid/ NM polysaccharide, polysaccharose

polype /pɔlip/ NM (= animal) polyp; (= tumeur) polyp, polypus (SPÉC)

polypeptide /pɔlipɛptid/ NM polypeptide

polypétale /pɔlipetal/ ADJ polypetalous

polypeux, -euse /pɔlipø, øz/ ADJ polypous

polyphasé, e /pɔlifaze/ ADJ polyphase

Polyphème /pɔlifɛm/ NM Polyphemus

polyphonie /pɔlifɔni/ NF polyphony (Mus)

polyphonique /pɔlifɔnik/ ADJ polyphonic (Mus)

polyphosphate /pɔlifɔsfat/ NM polyphosphate

polypier /pɔlipje/ NM polypary

polyploïde /pɔliplɔid/ ADJ polyploid

polyploïdie /pɔliplɔidi/ NF polyploidy

polypode /pɔlipɔd/ NM polypody

polypore /pɔlipɔʀ/ NM polyporus

polypropylène /pɔlipʀɔpilɛn/ NM (Chim) polypropylene

polyptère /pɔliptɛʀ/ NM polypterid

polyptyque /pɔliptik/ NM polyptych

polysaccharide /pɔlisakaʀid/ NM polysaccharide, polysaccharose

polysémie /pɔlisemi/ NF polysemy

polysémique /pɔlisemik/ ADJ polysemous, polysemic

polystyle /pɔlistil/ ADJ polystyle

polystyrène /pɔlistiʀɛn/ NM polystyrene ◆ **polystyrène expansé** expanded polystyrene

polysulfure /pɔlisylfyʀ/ NM polysulphide

polysyllabe /pɔlisi(l)lab/
- ADJ polysyllabic
- NM polysyllable

polysyllabique /pɔlisi(l)labik/ ADJ polysyllabic ◆ **mot polysyllabique** polysyllable

polysynthétique /pɔlisɛ̃tetik/ ADJ polysynthetic

polytechnicien, -ienne /pɔliteknisjɛ̃, jɛn/ NM,F student or ex-student of the École polytechnique

polytechnique /pɔliteknik/ ADJ, NF ◆ **l'École polytechnique, Polytechnique** the École polytechnique

POLYTECHNIQUE

The term **Polytechnique** is not to be confused with the English word "polytechnic" which used to refer to a particular kind of higher education establishment in Britain. In France, **Polytechnique** is the name of one of the most prestigious engineering schools, also known as "l'X". → GRANDES ÉCOLES

polythéisme /pɔliteism/ NM polytheism

polythéiste /pɔliteist/
- ADJ polytheistic
- NMF polytheist

polythérapie /pɔliteʀapi/ NF combination therapy

polytonal, e (mpl **polytonals**) /pɔlitɔnal/ ADJ polytonal

polytonalité /pɔlitɔnalite/ NF polytonality, polytonalism

polytoxicomanie /pɔlitɔksikɔmani/ NF multiple (drug) addiction

polytransfusé, e /pɔlitʀɑ̃sfyze/ NM,F person who has been given multiple blood transfusions

polytraumatisé, e /pɔlitʀomatize/ ADJ having sustained multiple injuries

polyuréthan(n)e /pɔliyʀetan/ NM polyurethan(e) ◆ **mousse de polyuréthan(n)e** polyurethan(e) foam

polyurie /pɔliyʀi/ NF polyuria

polyurique /pɔliyʀik/ ADJ polyuric

polyvalence /pɔlivalɑ̃s/ NF (Chim, Méd) polyvalency; [de personne, mot] versatility

polyvalent, e /pɔlivalɑ̃, ɑ̃t/
- ADJ ① [salle] multi-purpose (épith); [personne] versatile ◆ **formation polyvalente** comprehensive training ◆ **professeur polyvalent** teacher who teaches a variety of subjects ◆ **nous recherchons une personne polyvalente** we're looking for a good all-rounder (Brit) ou for someone who's good all-around (US)
- ② [sérum, vaccin] polyvalent
- ③ (Chim) polyvalent
- NM tax inspector (sent to examine company's books)

polyvalente (Can) secondary school teaching academic and vocational subjects

 polyvalent se traduit par le mot anglais **polyvalent** uniquement dans les domaines médical et chimique.

polyvinyle /pɔlivinil/ NM polyvinyl

polyvinylique /pɔlivinilik/ ADJ polyvinyl (épith)

pomélo /pomelo/ NM grapefruit, pomelo (US)

Poméranie /pɔmeʀani/ NF Pomerania; → **loulou¹**

pommade /pɔmad/ NF (pour la peau) ointment; (pour les cheveux) cream, pomade ◆ **pommade pour les lèvres** lip salve ou balm ◆ **beurre en pommade** (Culin) softened butter ◆ **passer de la pommade à qn** * to butter sb up*, to soft-soap sb* (Brit)

pommader /pɔmade/ ► conjug 1 ◄ VT [+ cheveux] to pomade

pomme /pɔm/ SYN
- NF ① (= fruit) apple; (= pomme de terre) potato ◆ **tomber dans les pommes*** to faint, to pass out ◆ **elle est restée longtemps dans les pommes*** she was out (cold) * for some time ◆ **c'est aux pommes !*** it's ace!*; → haut
- ② [de chou, laitue] heart; [de canne, lit] knob; [d'arrosoir] rose; [de mât] truck ◆ **pomme de douche** showerhead
- ③ (* = tête) head, nut*; (= visage) face, mug * ◆ **c'est pour ma pomme** (gén) it's for me ou for yours truly*; (qch de désagréable) it's for yours truly* ou for muggins here* (Brit) ◆ **je m'occupe d'abord de ma pomme** I'm looking after number one* ◆ **c'est pour ta pomme** it's for you
- ④ (* = naïf, indulgent) sucker*, mug* (Brit) ◆ **et moi, bonne pomme, j'ai dit oui** and like a sucker* ou mug* (Brit) I said yes
- COMP **pomme d'Adam** Adam's apple
- **pommes allumettes** matchstick potatoes
- **pomme d'amour** (= sucrerie) toffee apple; (= tomate) love apple
- **pomme d'api** type of small apple
- **pommes boulangère** sliced potatoes with onions baked in the oven
- **pomme cannelle** custard apple, sweetsop (Brit)
- **pomme à cidre** cider apple
- **pomme à couteau** eating apple
- **pomme à cuire** cooking apple
- **pommes dauphine** pommes dauphine, ≈ potato croquettes (without breadcrumbs)
- **pomme de discorde** (fig) bone of contention
- **pomme fruit** apple
- **pommes mousseline** mashed potatoes
- **pommes noisettes** ≈ mini potato croquettes (without breadcrumbs)
- **pommes paille** straw potatoes, ≈ shoestring potatoes (US)
- **pomme de pin** pine ou fir cone
- **pomme sauvage** crab apple
- **pomme de terre** SYN potato
- **pommes vapeur** boiled potatoes; → **frite²**

pommé, e /pɔme/ (ptp de **pommer**) ADJ [chou] firm and round; [laitue] with a good heart

pommeau (pl **pommeaux**) /pɔmo/ NM [d'épée, selle] pommel; [de canne] knob

pommelé, e /pɔm(ə)le/ SYN (ptp de **pommeler**) ADJ [cheval] dappled; [ciel] full of fluffy ou fleecy clouds ◆ **gris pommelé** dapple-grey

pommeler (se) /pɔm(ə)le/ ► conjug 4 ◄ VPR [ciel] to become full of fluffy ou fleecy clouds; [chou, laitue] to form a head ou heart

pommelle /pɔmɛl/ NF filter (over a pipe)

pommer /pɔme/ ► conjug 1 ◄ VI [chou, laitue] to form a head ou heart

pommeraie /pɔm(ə)ʀɛ/ NF apple orchard

pommette /pɔmɛt/ NF cheekbone ◆ **le rouge lui monta aux pommettes** his cheeks reddened ◆ **pommettes saillantes** high cheekbones

pommier /pɔmje/ NM apple tree ◆ **pommier sauvage** crab-apple tree ◆ **pommier du Japon** Japan(y flowering) quince (tree)

pomologie /pɔmɔlɔʒi/ NF pomology

pomologue /pɔmɔlɔɡ/ NMF pomologist

Pomone /pɔmɔn/ NF Pomona

pompage /pɔ̃paʒ/ NM pumping ◆ **pompage optique** optical pumping

pompe¹ /pɔ̃p/
- NF ① (= machine) pump ◆ **pompe à air/à vide/de bicyclette** air/vacuum/bicycle pump

2 (*= chaussure*) shoe ◆ **être à l'aise** *ou* **bien dans ses pompes** (*fig*) to feel good ◆ **il est mal dans ses pompes en ce moment** things aren't quite right with him these days ◆ **je suis à côté de mes pompes en ce moment** I'm not quite with it* at the moment ◆ **ce type est vraiment à côté de ses pompes** that guy's really out of it*

3 (* : *locutions*) ◆ **(soldat de) deuxième pompe** private ◆ **faire des pompes** (*Sport*) to do press-ups (*Brit*) *ou* push-ups (*US*) ◆ **c'est juste un petit coup de pompe** I'm (*ou* we're) just feeling a bit drained ◆ **j'ai eu un** *ou* **le coup de pompe** I felt drained, I was shattered *

◆ **à toute pompe** at top speed, flat out *

COMP **pompe aspirante** suction *ou* lift pump ◆ **pompe aspirante et foulante** suction and force pump
pompe à chaleur heat pump
pompe à essence (= *distributeur*) petrol (*Brit*) *ou* gas(oline) (*US*) pump; (= *station*) petrol (*Brit*) *ou* gas (*US*) station
pompe foulante force pump
pompe à incendie fire engine (*apparatus*)
pompe à insuline insulin pump

pompe² /pɔ̃p/ SYN
NF **1** (*littér* = *solennité*) pomp ◆ **en grande pompe** with great pomp
2 (*Rel* = *vanités*) ◆ **pompes** pomps and vanities ◆ **renoncer au monde et à ses pompes** to renounce the world and all its pomps and vanities
COMP **pompes funèbres** undertaker's, funeral director's (*Brit*), mortician's (*US*) ◆ **entreprise de pompes funèbres** funeral home, funeral director's (*Brit*), funeral parlor (*US*) ◆ **employé des pompes funèbres** undertaker's *ou* mortician's (*US*) assistant

pompé, e ‡ /pɔ̃pe/ (ptp de **pomper**) ADJ (= *fatigué*) dead-beat*, knackered ‡ (*Brit*), pooped* (*US*)

Pompée /pɔ̃pe/ **NM** Pompey

Pompéi /pɔ̃pei/ **N** Pompeii

pompéien, -ienne /pɔ̃pejɛ̃, jɛn/
ADJ Pompeiian
NM,F **Pompéien(ne)** Pompeiian

pomper /pɔ̃pe/ SYN ▶ conjug 1 ◀ VT **1** [+ *air, liquide*] to pump; [*moustique*] to suck; (= *évacuer*) to pump out; (= *faire monter*) to pump up ◆ **pomper de l'eau** to get water from the pump, to pump water out ◆ **tu me pompes (l'air)** ‡ you're getting on my nerves, I'm fed up with you * ◆ **il m'a pompé pas mal d'argent** * he sponged * quite a lot of money off me ◆ **les impôts nous pompent tout notre argent** * all our money gets eaten up in tax
2 [*éponge, buvard*] to soak up
3 (*arg Scol* = *copier*) to crib* (*sur from*) ◆ **il m'a pompé toutes mes idées** he copied *ou* lifted * all my ideas ◆ **elle a pompé mon style** she has copied *ou* imitated my style
4 (* = *boire*) to knock back* ◆ **qu'est-ce qu'il pompe !** he can't half (*Brit*) *ou* he sure can (*US*) knock it back!
5 (* = *épuiser*) to wear out, to tire out ◆ **tout ce travail m'a pompé** I'm worn out* *ou* knackered ‡ (*Brit*) *ou* pooped * (*US*) after all that work

pompette* /pɔ̃pɛt/ ADJ tipsy*, tiddly * (*Brit*) ◆ **être/se sentir pompette** to be/feel a bit tipsy * *ou* tiddly * (*Brit*)

pompeusement /pɔ̃pøzmɑ̃/ ADV pompously, pretentiously

pompeux, -euse /pɔ̃pø, øz/ SYN ADJ (= *ampoulé*) pompous, pretentious; (= *imposant*) solemn

pompier, -ière /pɔ̃pje, jɛʀ/ SYN
ADJ (*péj*) [*style, écrivain*] pompous, pretentious; [*morceau de musique*] slushy * ◆ **art pompier** official art
NM **1** (= *personne*) fireman, firefighter ◆ **appeler les pompiers** to call the fire brigade (*Brit*) *ou* department (*US*); → **fumer**
2 (** = *acte sexuel*) blow job** ◆ **faire un pompier à qn** to give sb a blow job**

pompiérisme /pɔ̃pjeʀism/ **NM** pompier style

pompile /pɔ̃pil/ **NM** spider-hunting wasp, pompilid (SPÉC)

pompiste /pɔ̃pist/ **NMF** petrol pump (*Brit*) *ou* gas station (*US*) attendant

pompon /pɔ̃pɔ̃/ SYN **NM** **1** [*de chapeau, coussin*] pompom; [*de frange, instrument*] bobble ◆ **c'est le pompon !** * it's the last straw!, that beats everything!*, that's the limit!* ◆ **avoir son pompon** † * to be tipsy * *ou* tiddly * (*Brit*) ◆ **décrocher le pompon** (*fig, aussi iro*) to hit the jackpot

◆ **décerner le pompon à qn** to give first prize to sb; → **rose**

pomponner /pɔ̃pɔne/ SYN ▶ conjug 1 ◀
VT to titivate, to doll up*; [+ *bébé*] to dress up ◆ **bien pomponné** all dolled up * *ou* dressed up
VPR **se pomponner** to doll o.s. up*, to get dolled up * *ou* dressed up

ponant /pɔnɑ̃/ **NM** (*littér*) west

ponçage /pɔ̃saʒ/ **NM** **1** (*avec du papier de verre*) sanding (down), sandpapering; (*avec une ponceuse*) sanding (down)
2 (*avec une pierre ponce*) pumicing

ponce /pɔ̃s/ **NF** **1** ◆ **(pierre) ponce** pumice (stone)
2 (*Art*) pounce box

ponceau¹ (pl **ponceaux**) /pɔ̃so/
NM (= *fleur*) corn *ou* Flanders *ou* field poppy, coquelicot; (= *colorant*) ponceau
ADJ ponceau, dark red

ponceau² (pl **ponceaux**) /pɔ̃so/ **NM** (= *petit pont*) ponceau, small bridge

Ponce Pilate /pɔ̃spilat/ **NM** Pontius Pilate

poncer /pɔ̃se/ ▶ conjug 3 ◀ VT **1** (= *décaper*) (*avec du papier de verre*) to sand (down), to sandpaper; (*avec une ponceuse*) to sand (down) ◆ **il faut commencer par poncer** it needs sanding down first
2 (*avec une pierre ponce* = *polir*) to pumice
3 (*Art*) [+ *dessin*] to pounce

ponceur, -euse /pɔ̃sœʀ, øz/
NM,F (= *ouvrier*) sander
NF **ponceuse** (= *machine*) sander

ponceux, -euse /pɔ̃sø, øz/ ADJ pumiceous

poncho /pɔ̃(t)ʃo/ **NM** (= *cape*) poncho

poncif /pɔ̃sif/ SYN **NM** **1** (= *cliché*) commonplace, cliché
2 (*Art*) stencil (*for pouncing*)

ponction /pɔ̃ksjɔ̃/ **NF** **1** (*Méd*) (*lombaire*) puncture; (*pulmonaire*) tapping ◆ **faire une ponction lombaire à qn** to perform a lumbar puncture on sb ◆ **faire une ponction pulmonaire à qn** to drain fluid from sb's lungs
2 [*d'argent*] draining ◆ **ponction fiscale** (tax) levy (*sur on*) ◆ **les ponctions opérées sur nos bénéfices** the levies on our profits ◆ **les ponctions massives opérées sur notre pouvoir d'achat** the huge drain on our spending power ◆ **par de fréquentes ponctions il a épuisé son capital** he has dipped into *ou* drawn on his capital so often he has used it all up ◆ **faire une sérieuse ponction dans ses économies** [*impôt*] to make a large hole in *ou* make serious inroads into one's savings; [*personne*] to draw heavily on one's savings

ponctionner /pɔ̃ksjɔne/ SYN ▶ conjug 1 ◀ VT [+ *région lombaire*] to puncture; [+ *poumon*] to tap; [+ *réserves*] to tap; [+ *contribuable, entreprise*] to tax

ponctualité /pɔ̃ktɥalite/ SYN **NF** (= *exactitude*) punctuality; (= *assiduité*) punctiliousness (*frm*), meticulousness

ponctuation /pɔ̃ktɥasjɔ̃/ SYN **NF** punctuation

ponctuel, -elle /pɔ̃ktɥɛl/ SYN ADJ **1** (= *à l'heure*) punctual; (= *scrupuleux*) punctilious (*frm*), meticulous
2 (= *limité, ciblé*) [*mesure, mission, projet*] specific; [*opération, coopération, accord, partenariat*] one-off; [*étude*] limited; [*événement*] particular ◆ **ces terroristes se livrent à des actions ponctuelles** the terrorists make sporadic attacks ◆ **je n'ai fait que quelques modifications ponctuelles** I've only changed a few details
3 (*Ling*) [*aspect*] punctual
4 (*Phys*) punctual

⚠ Au sens de 'limité, ciblé', **ponctuel** ne se traduit pas par le mot anglais **punctual**.

ponctuellement /pɔ̃ktɥɛlmɑ̃/ ADV **1** (= *avec exactitude*) [*arriver*] punctually
2 (= *de temps en temps*) from time to time; (= *ici et là*) here and there

ponctuer /pɔ̃ktɥe/ SYN ▶ conjug 1 ◀ VT (*lit, fig*) to punctuate (*de with*); (*Mus*) to phrase

pondaison /pɔ̃dɛzɔ̃/ **NF** (egg-)laying season

pondérable /pɔ̃deʀabl/ ADJ ponderable

pondéral, e (mpl -**aux**) /pɔ̃deʀal, o/ ADJ weight (*épith*); → **surcharge**

pondérateur, -trice /pɔ̃deʀatœʀ, tʀis/ ADJ [*influence*] stabilizing, steadying

pondération /pɔ̃deʀasjɔ̃/ SYN **NF** **1** [*de personne*] level-headedness
2 (= *équilibrage*) balancing; (*Écon, Math*) weighting ◆ **pondération des pouvoirs** balance of powers ◆ **le coefficient de pondération est 3** it's weighted by a factor of 3

pondéré, e /pɔ̃deʀe/ SYN (ptp de **pondérer**) ADJ **1** [*personne, attitude*] level-headed
2 (*Écon*) ◆ **indice pondéré** weighted index

pondérer /pɔ̃deʀe/ SYN ▶ conjug 6 ◀ VT (= *équilibrer*) to balance; (= *compenser*) to counterbalance (*par by*); (*Écon*) [+ *indice*] to weight

pondéreux, -euse /pɔ̃deʀø, øz/
ADJ [*marchandises, produits*] heavy
NMPL heavy goods

pondeur /pɔ̃dœʀ/ **NM** (*péj*) ◆ **pondeur de romans** writer who churns out books

pondeuse /pɔ̃døz/ **NF** ◆ **(poule) pondeuse** good layer; (* : *péj ou hum*) prolific child-bearer (*hum*)

pondoir /pɔ̃dwaʀ/ **NM** nest box

pondre /pɔ̃dʀ/ ▶ conjug 41 ◀
VT [+ *œuf*] to lay; * [+ *enfant*] to produce; [+ *devoir, texte*] to produce, to turn out * ◆ **œuf frais pondu** new-laid egg
VI [*poule*] to lay; [*poisson, insecte*] to lay its eggs

ponette /pɔnɛt/ **NF** filly

poney /pɔnɛ/ **NM** pony

pongé(e) /pɔ̃ʒe/ **NM** (= *étoffe*) pongee

pongidés /pɔ̃ʒide/ **NMPL** ◆ **les pongidés** pongids, the Pongidae (SPÉC)

pongiste /pɔ̃ʒist/ **NMF** table tennis player

pont /pɔ̃/ SYN
NM **1** (= *construction*) bridge; (= *lien*) bridge, link (*entre* between) ◆ **passer un pont** to go over *ou* cross a bridge ◆ **vivre ou coucher sous les ponts** to sleep rough, to live on the streets ◆ **solide comme le Pont-Neuf** (as) strong as an ox ◆ **se porter comme le Pont-Neuf*** to be hale and hearty ◆ **faire un pont d'or à qn** (*pour l'employer*) to offer sb a fortune (*to take on a job*) ◆ **couper les ponts avec qn** to sever all links with sb ◆ **jeter un pont sur une rivière** to throw a bridge over a river ◆ **jeter un pont entre les générations/deux cultures** to build bridges between generations/two cultures; → **eau**
2 (= *acrobatie*) crab ◆ **faire le pont** to do a crab
3 [*de bateau*] deck ◆ **pont avant/arrière** fore/rear deck ◆ **pont principal/supérieur** main/upper *ou* top deck ◆ **navire à deux/trois ponts** two/three decker ◆ **tout le monde sur le pont !** all hands on deck!
4 (= *essieu*) axle ◆ **pont avant/arrière** front/rear axle
5 (*Mécanique*) ◆ **pont (élévateur)** (hydraulic) ramp ◆ **mettre une voiture sur le pont** to put a car on the ramp
6 (= *vacances*) extra day(s) off (*taken between two public holidays or a public holiday and a weekend*) ◆ **on a un pont de trois jours pour Noël** we have three extra days (off) for *ou* at Christmas ◆ **faire le pont** to take the extra day (off), to make a long weekend of it → **FÊTES LÉGALES**
7 (*Antiq*) ◆ **(royaume du) Pont** Pontus
8 (*Football*) ◆ **petit pont** nutmeg (*Brit*), between-the-leg pass (*US*) ◆ **faire un grand pont à qn** to send the ball round sb's legs ◆ **faire un petit pont à qn** to send the ball between sb's legs, to nutmeg sb (*Brit*)
9 (*Élec*) bridge (circuit) ◆ **pont de Wheatstone** Wheatstone bridge

COMP **pont aérien** airlift
pont aux ânes pons asinorum ◆ **c'est le pont aux ânes** (*fig*) any fool knows that
pont basculant bascule bridge
les Ponts et Chaussées (= *service*) the highways department, the department of civil engineering; (= *école*) school of civil engineering ◆ **ingénieur des ponts et chaussées** civil engineer
pont d'envol [*de porte-avion*] flight deck
pont flottant pontoon bridge
pont garage car deck, vehicle deck
pont de glace (*Can*) ice bridge *ou* road
pont de graissage ramp (*in a garage*)
pont mobile movable bridge
pont à péage tollbridge
pont promenade [*de bateau*] promenade deck
pont roulant travelling crane
pont suspendu suspension bridge
pont tournant swing bridge
pont transbordeur transporter bridge; → **hauban**

pontage /pɔ̃taʒ/ NM [1] [de bateau] decking [2] ◆ **pontage (cardiaque)** (Méd) (heart) bypass operation ou surgery (NonC) ◆ **pontage coronarien** coronary bypass operation ou surgery (NonC) ◆ **faire un pontage à qn** to carry out a (heart) bypass operation on sb ◆ **on lui a fait un triple pontage** he had triple bypass surgery ou a triple bypass operation

pont-canal (pl **ponts-canaux**) /pɔ̃kanal, o/ NM canal bridge

ponte¹ /pɔ̃t/ NF (= action) laying (of eggs); (= œufs) eggs, clutch; (= saison) (egg-)laying season ◆ **ponte ovulaire** ovulation

ponte² /pɔ̃t/ NM [1] (* = pontife) bigwig* ◆ **les grands pontes de l'université/du parti** the academic/party bigwigs ◆ **un ponte de la médecine** a leading light in the medical world ◆ **un ponte de la banque** a bigshot* in the banking world [2] (Jeux) punter

pontée /pɔ̃te/ NF (Naut) deck load

ponter¹ /pɔ̃te/ ▸ conjug 1 ◂ VT (Naut) [+ bateau] to deck, to lay the deck of

ponter² /pɔ̃te/ ▸ conjug 1 ◂ (Jeux) VI to punt VI to bet

Pont-Euxin /pɔ̃tøksɛ̃/ NM ◆ **le Pont-Euxin** the Euxine Sea

pontier /pɔ̃tje/ NM [de pont mobile] movable-bridge operator; [de pont roulant] travelling-crane operator

pontife /pɔ̃tif/ NM [1] (Rel) pontiff; → **souverain** [2] (* = personne importante) big shot*, pundit*

pontifiant, e */pɔ̃tifjɑ̃, jɑ̃t/ SYN ADJ [personne, ton] pontificating

pontifical, e (mpl **-aux**) /pɔ̃tifikal, o/ ADJ (Antiq) pontifical; (Rel) [messe] pontifical; [siège, gardes, États] papal

pontificat /pɔ̃tifika/ SYN NM pontificate

pontifier /pɔ̃tifje/ SYN ▸ conjug 7 ◂ VI to pontificate

pontil /pɔ̃til/ NM (= verre) punty, pontil

pont-levis (pl **ponts-levis**) /pɔ̃l(ə)vi/ NM drawbridge

ponton /pɔ̃tɔ̃/ NM (= plate-forme) pontoon, (floating) landing stage; (= chaland) lighter; (= navire) hulk

ponton-grue (pl **pontons-grues**) /pɔ̃tɔ̃gRy/ NM floating crane

pontonnier /pɔ̃tɔnje/ NM (Mil) pontoneer

pool /pul/ SYN NM [de producteurs, dactylos] pool ◆ **pool bancaire** banking pool

pop /pɔp/
ADJ INV [musique, art] pop
NM INV ◆ **le pop** (= musique) pop (music); (= art) pop art

pop art, pop'art /pɔpaʀt/ NM pop art

pop-corn /pɔpkɔʀn/ NM INV popcorn

pope /pɔp/ NM (Orthodox) priest

popeline /pɔplin/ NF poplin

poplité, e /pɔplite/
ADJ popliteal
NM popliteus

Popocatépetl /pɔpɔkatepɛtl/ NM Popocatépetl

popote /pɔpɔt/
NF [1] (* = cuisine) cooking ◆ **faire la popote** to cook
[2] (Mil) mess, canteen ◆ **j'ai fait le tour des popotes** * (pour collecter des informations) I asked around
ADJ INV * stay-at-home (épith), home-loving ◆ **il est très popote** he likes his home comforts

popotin * /pɔpɔtɛ̃/ NM bottom*; → **magner (se)**

populace /pɔpylas/ SYN NF (péj) rabble, mob

populacier, -ière /pɔpylasje, jɛʀ/ ADJ (péj) vulgar, coarse

populage /pɔpylaʒ/ NM marsh marigold, kingcup, cowslip (US)

populaire /pɔpylɛʀ/ SYN ADJ [1] (= du peuple) [gouvernement, front, croyance, tradition] popular; [démocratie] popular, people's; [république] people's; [mouvement, manifestation] mass ◆ **la République populaire de...** the People's Republic of...
[2] (= pour la masse) [roman, art, chanson] popular; [édition] cheap; → **bal, soupe**
[3] (= plébéien) [goût] common; (= ouvrier) [milieu, quartier, origines] working-class ◆ **les classes populaires** the working classes
[4] (= qui plaît) popular, well-liked ◆ **très populaire auprès des jeunes** very popular with young people
[5] (Ling) [mot, expression] vernacular; [étymologie] popular; [latin] popular

populairement /pɔpylɛʀmɑ̃/ ADV (gén) popularly; [parler] in the vernacular

popularisation /pɔpylaʀizasjɔ̃/ NF (= vulgarisation) popularization ◆ **avec la popularisation des concepts freudiens** (= propagation) with Freudian theories becoming more widely known ◆ **la télévision a joué un rôle important dans la popularisation de l'art lyrique** television played an important role in making opera accessible to ou in bringing opera to the general public

populariser /pɔpylaʀize/ SYN ▸ conjug 1 ◂
VT to popularize
VPR **se populariser** to become more (and more) popular

popularité /pɔpylaʀite/ SYN NF popularity

population /pɔpylasjɔ̃/ SYN NF population ◆ **région à population musulmane/mixte** area with a large Muslim population/with a mixed population ◆ **population active/agricole** working/farming population ◆ **population carcérale/civile/scolaire** prison/civilian/school population ◆ **mouvement de population** population movement ◆ **l'attentat a fait quatre victimes parmi la population** the bomb attack claimed four civilian casualties

populationniste /pɔpylasjɔnist/ ADJ [mesures] favouring population growth

populeux, -euse /pɔpylø, øz/ SYN ADJ [pays, ville] densely populated, populous; [rue] crowded

populisme /pɔpylism/ NM [1] (Pol) populism [2] (Littérat) populisme (a literary movement of the 1920s and 1930s which sets out to describe the lives of ordinary people)

populiste /pɔpylist/ ADJ, NMF populist

populo* /pɔpylo/ NM (péj = peuple) ordinary people ou folks*; (= foule) crowd (of people)

poquet /pɔkɛ/ NM seed hole

porc /pɔʀ/ SYN NM [1] (= animal) pig, hog (US); (= viande) pork; (= peau) pigskin
[2] (* péj) pig, swine*

porcelaine /pɔʀsəlɛn/ NF [1] (= matière) porcelain, china; (= objet) piece of porcelain ◆ **porcelaine dure/tendre** soft-paste/hard-paste porcelain ◆ **porcelaine tendre naturelle** bone china ◆ **porcelaine vitreuse** vitreous china ◆ **porcelaine de Saxe/de Sèvres** Dresden/Sèvres china ◆ **porcelaine de Chine** China ◆ **porcelaine de Limoges** Limoges porcelain ◆ **de** ou **en porcelaine** china, porcelain
[2] (= coquillage) cowrie

porcelainier, -ière /pɔʀsəlenje, jɛʀ/
ADJ china (épith), porcelain (épith)
NM (= fabricant) porcelain ou china manufacturer

porcelet /pɔʀsəlɛ/ NM piglet; (Culin) sucking pig

porc-épic (pl **porcs-épics**) /pɔʀkepik/ NM porcupine; (= personne irritable) prickly customer* ◆ **tu es un vrai porc-épic !** (= homme mal rasé) you're all bristly!

porche /pɔʀʃ/ SYN NM porch ◆ **sous le porche de l'immeuble** in the entrance to the building

porcher, -ère /pɔʀʃe, ɛʀ/ NM,F pig-keeper, swineherd †

porcherie /pɔʀʃəʀi/ NF (lit, fig) pigsty, pigpen (US)

porcin, e /pɔʀsɛ̃, in/
ADJ (lit) porcine; (fig) piglike
NM pig ◆ **les porcins** pigs

pore /pɔʀ/ NM pore ◆ **il sue l'arrogance par tous les pores** he exudes arrogance from every pore

poreux, -euse /pɔʀø, øz/ SYN ADJ porous

porno* /pɔʀno/
ADJ (abrév de **pornographique**) porn*, porno* ◆ **film/revue/cinéma porno** porn(o)* film/magazine/cinema
NM (abrév de **pornographie**) porn*

pornographe /pɔʀnɔgʀaf/
NMF pornographer
ADJ of pornography (attrib), pornographic

pornographie /pɔʀnɔgʀafi/ SYN NF pornography

pornographique /pɔʀnɔgʀafik/ SYN ADJ pornographic

porosité /pɔʀozite/ NF porosity

porphyre /pɔʀfiʀ/ NM porphyry

porphyrie /pɔʀfiʀi/ NF porphyria

porphyrine /pɔʀfiʀin/ NF porphyrin

porphyrique /pɔʀfiʀik/ ADJ porphyritic

porphyroïde /pɔʀfiʀɔid/ ADJ porphyroid

porque /pɔʀk/ NF (Naut) web frame

port¹ /pɔʀ/ SYN
NM [1] (= bassin) harbour (Brit), harbor (US); (commercial) port; (= ville) port; (littér = abri) port, haven ◆ **se promener sur le port** to walk around the harbour ou along the quayside ◆ **sortir du port** to leave port ou harbour ◆ **arriver au port** (Naut) [bateau] to dock; (fig) to reach one's destination ◆ **arriver à bon port** to arrive intact, to arrive safe and sound ◆ **un port dans la tempête** (fig) a port in a storm ◆ **« Le Port de l'angoisse »** (Ciné) "To Have and Have Not"
[2] (dans les Pyrénées) pass
[3] (Ordin) port ◆ **port parallèle/série** parallel/serial port
COMP **port artificiel** artificial harbour (Brit) ou harbor (US)
port d'attache (Naut) port of registry; (fig) home base
port autonome (= gestion) port authority; (= lieu) port (publicly managed)
port de commerce commercial port
port fluvial river port
port franc free port
port de guerre naval base
port maritime, port de mer sea port
port militaire military port
port de pêche fishing port
port de plaisance (= bassin) marina; (= ville) sailing ou yachting resort

port² /pɔʀ/ SYN NM [1] (= fait de porter) [d'objet] carrying; [d'habit, barbe, décoration] wearing ◆ **le port du casque est obligatoire sur le chantier** hard hats must be worn on the building site ◆ **port d'armes prohibé** illegal carrying of firearms ◆ **se mettre au port d'armes** (Mil) to shoulder arms
[2] (= prix) (poste) postage; (= transport) carriage ◆ **franco** ou **franc de port** carriage paid ◆ **(en) port dû/payé** postage due/paid
[3] (= comportement) bearing, carriage ◆ **elle a un port majestueux** ou **de reine** she has a noble ou majestic ou queenly bearing ◆ **elle a un joli port de tête** she holds her head very nicely
[4] (Mus) ◆ **port de voix** portamento

portabilité /pɔʀtabilite/ NF (gén, Ordin) portability

portable /pɔʀtabl/ SYN
ADJ [1] (= portatif) (gén) portable; [téléphone] mobile ◆ **logiciels portables** portable software
[2] [vêtement] wearable
NM (Ordin, gén) portable; (= qui tient sur les genoux) laptop; (= téléphone) mobile phone, mobile*

portage /pɔʀtaʒ/ NM [de marchandise] porterage; [d'embarcation] (aussi Can) portage ◆ **portage à domicile** (Presse) home delivery ◆ **randonnée avec/sans portage** hike with/without pack transfer

portager /pɔʀtaʒe/ ▸ conjug 3 ◂ VI (Can) to portage

portail /pɔʀtaj/ NM (= porte) gate; (Internet) portal

portance /pɔʀtɑ̃s/ NF [d'une aile] lift; [d'un sol] load-bearing capacity

portant, e /pɔʀtɑ̃, ɑ̃t/ SYN
ADJ [1] [mur] structural, supporting; [roue] running ◆ **surface portante** [d'avion] aerofoil (Brit), airfoil (US) ◆ **vent portant** (Naut) fair wind
[2] ◆ **être bien/mal portant** to be healthy ou in good health/in poor health; → **bout**
NM (= anse) handle; (Théât) upright; (= présentoir) rack

portatif, -ive /pɔʀtatif, iv/ ADJ portable

Port-au-Prince /pɔʀopʀɛ̃s/ N Port-au-Prince

porte /pɔʀt/ SYN
NF [1] [de maison, voiture, meuble] door; [de forteresse, jardin, stade, ville] gate; (= seuil) doorstep; (= embrasure) doorway ◆ **porte pliante/coulissante** folding/sliding door ◆ **franchir** ou **passer la porte** to go through ou come through the door(way) ◆ **sonner à la porte** to ring the (door)bell ◆ **c'est à ma porte** it's close by, it's on the doorstep ◆ **le bus me descend** ou **met à ma**

porte the bus takes me right to my door ◆ **j'ai trouvé ce colis à ma porte** I found this parcel on my doorstep ◆ **ils se réfugièrent sous la porte** they took shelter in the doorway ◆ **une (voiture) 3/5 portes** a 3-door/5-door (car) ◆ **il y a 100 km/j'ai mis deux heures (de) porte à porte** it's 100 km/it took me two hours (from) door to door ◆ **de porte en porte** from house to house ◆ **faire du porte à porte** (= *vendre*) to sell from door to door, to be a door-to-door salesman, to do doorstep selling (*Brit*); (= *chercher du travail*) to go around knocking on doors ◆ **l'ennemi est à nos portes** the enemy is at our gate(s) ◆ **Dijon, porte de la Bourgogne** Dijon, the gateway to Burgundy; → **casser, clé** *etc*

2 *[d'aéroport]* gate

3 *[d'écluse]* (lock) gate; (*Ski*) gate

4 (*locutions*) ◆ **c'est/ce n'est pas la porte à côté** * it's practically/it's not exactly on our (*ou* my *etc*) doorstep ◆ **la porte !** * (shut the) door! ◆ **(à) la porte !** (get) out! ◆ **être à la porte** to be locked out ◆ **mettre** *ou* **flanquer qn à la porte** * (*licencier*) to fire sb *, to sack sb * (*Brit*), to give sb the sack * (*Brit*); (*Scol*) to expel sb; (*Univ*) to send sb down (*Brit*), to flunk sb out * (*US*); (*éjecter*) to throw *ou* boot * sb out ◆ **montrer la porte à qn** to show sb the door ◆ **claquer/fermer la porte au nez de qn** to slam/shut the door in sb's face ◆ **entrer** *ou* **passer par la petite/la grande porte** (*fig*) to start at the bottom (rung of the ladder)/at the top ◆ **le ministre est sorti** *ou* **s'est en allé par la petite porte** the minister left quietly *ou* made a discreet exit ◆ **ça lui a permis de sortir par la grande porte** this allowed him to leave with dignity *ou* without losing face ◆ **fermer** *ou* **refuser sa porte à qn** to close the door to sb, to bar sb from one's house ◆ **fermer la porte à qch** (*fig*) to close the door on sth ◆ **j'ai trouvé porte close** *ou* **de bois** (*Belg*) (*maison*) no one answered the door; (*magasin, bâtiment public*) it was closed ◆ **vous avez frappé** *ou* **sonné à la bonne/mauvaise porte** (*fig*) you've come to the right/wrong person *ou* place ◆ **c'est la porte ouverte** *ou* **c'est ouvrir la porte à tous les abus** (*fig*) it means leaving the door wide open *ou* the way open to all sorts of abuses ◆ **toutes les portes lui sont ouvertes** every door is open to him ◆ **laisser la porte ouverte à un compromis** to leave the way open for compromise ◆ **journée porte(s) ouverte(s)** open day (*Brit*), open house (*US*) ◆ **opération porte(s) ouverte(s)** open day event ◆ **il faut qu'une porte soit ouverte ou fermée** you can't have it both ways ◆ **aux portes de la mort** at death's door ◆ **parler à qn entre deux portes** to have a quick word with sb, to speak to sb very briefly *ou* in passing ◆ **recevoir qn entre deux portes** to meet sb very briefly ◆ **prendre la porte** to go away, to leave ◆ **aimable** *ou* **souriant comme une porte de prison** like a bear with a sore head

ADJ ◆ **veine porte** portal vein

COMP **porte accordéon** folding door
les portes du Ciel the gates of Heaven
porte cochère carriage entrance, porte-cochère
porte à deux battants double door *ou* gate
porte d'embarquement (*dans aéroport*) departure gate
les portes de l'Enfer the gates of Hell
porte d'entrée front door
les Portes de Fer (*Géog*) the Iron Gate(s)
porte palière front door (*of an apartment*)
porte de secours emergency exit *ou* door
porte de service rear *ou* tradesman's (*surtout Brit*) entrance
porte de sortie (*lit*) exit, way out (*surtout Brit*); (*fig*) way out, let-out * (*Brit*) ◆ **se ménager une porte de sortie** to leave o.s. a way out *ou* loophole

porté, e¹ /pɔʀte/ SYN (ptp de **porter**)

ADJ ◆ **être porté à faire qch** to be apt *ou* inclined to do sth, to tend to do sth ◆ **nous sommes portés à croire que...** we are inclined to believe that... ◆ **être porté à la colère/à l'exagération** to be prone to anger/to exaggeration ◆ **être porté sur qch** to be fond of *ou* keen on (*Brit*) sth, to be partial to sth ◆ **être porté sur la chose** * to have a one-track mind *

NM (*Danse*) lift

porte-aéronefs /pɔʀtaeʀɔnɛf/ NM INV aircraft carrier

porte-à-faux /pɔʀtafo/ NM INV *[de mur]* slant; *[de rocher]* precarious balance, overhang; (*Archit*) cantilever ◆ **en porte-à-faux** *[mur, construction]* slanting, out of plumb; *[rocher]* precariously balanced; (*fig*) *[personne]* (= *dans une situation délicate*) in an awkward position; (= *en décalage, isolé*) out on a limb ◆ **être** *ou* **se trouver en porte-à-faux par rapport à** *ou* **avec qch** to be at odds *ou* out of step with sth ◆ **mettre qn en porte-à-faux** to put sb in an awkward position

porte-aiguilles /pɔʀtegɥij/ NM INV (= *boîte*) needle case; (*en tissu*) needle book

porte-amarre (pl **porte-amarres**) /pɔʀtamaʀ/ NM line-throwing device

porte-avions /pɔʀtavjɔ̃/ NM INV aircraft carrier

porte-bagages /pɔʀt(ə)bagaʒ/ NM INV *[de vélo]* rack; *[de train]* (luggage) rack

porte-bannière (pl **porte-bannières**) /pɔʀt(ə)banjɛʀ/ NMF banner bearer

porte-bébé (pl **porte-bébés**) /pɔʀt(ə)bebe/ NM (= *nacelle*) carrycot (*Brit*); (*à bretelles*) baby sling, baby carrier

porte-billets /pɔʀt(ə)bijɛ/ NM INV wallet, notecase, billfold (*US*)

porte-bonheur /pɔʀt(ə)bɔnœʀ/ SYN NM INV lucky charm ◆ **acheter du muguet porte-bonheur** to buy lily of the valley for good luck

porte-bouquet (pl **porte-bouquets**) /pɔʀt(ə)bukɛ/ NM flower holder

porte-bouteille(s) (pl **porte-bouteilles**) /pɔʀt(ə)butɛj/ NM (*à anse*) bottle-carrier; (*à casiers*) wine rack; (= *hérisson*) bottle-drainer

porte-cartes /pɔʀt(ə)kaʀt/ NM INV *[de papiers d'identité]* card wallet *ou* holder; *[de cartes géographiques]* map wallet

porte-chéquier (pl **porte-chéquier**) /pɔʀt(ə)ʃekje/ NM chequebook (*Brit*) *ou* checkbook (*US*) holder

porte-cigares /pɔʀt(ə)sigaʀ/ NM INV cigar case

porte-cigarettes /pɔʀt(ə)sigaʀɛt/ NM INV cigarette case

porte-clés /pɔʀt(ə)kle/ NM INV 1 (= *anneau*) key ring; (= *étui*) key case
2 (†† = *geôlier*) turnkey ††

porte-conteneurs /pɔʀt(ə)kɔ̃t(ə)nœʀ/ NM INV container ship

porte-copie (pl **porte-copies**) /pɔʀt(ə)kɔpi/ NM copy holder

porte-couteau (pl **porte-couteaux**) /pɔʀt(ə)kuto/ NM knife rest

porte-crayon (pl **porte-crayons**) /pɔʀt(ə)kʀɛjɔ̃/ NM pencil holder

porte-croix /pɔʀt(ə)kʀwa/ NM INV cross bearer

porte-documents /pɔʀt(ə)dɔkymɑ̃/ SYN NM INV briefcase, attaché case, document case

porte-drapeau (pl **porte-drapeaux**) /pɔʀt(ə)dʀapo/ SYN NM (*lit, fig*) standard bearer

portée² /pɔʀte/ SYN NF 1 (= *distance*) range, reach; *[de fusil, radar]* range; *[de cri, voix]* carrying-distance, reach ◆ **canon à faible/longue portée** short-/long-range gun ◆ **missile de moyenne portée** intermediate-range weapon ◆ **à portée de la main** within (arm's) reach, at *ou* on hand ◆ **restez à portée de voix** stay within earshot ◆ **restez à portée de vue** don't go out of sight ◆ **cet hôtel est/n'est pas à la portée de toutes les bourses** this hotel is/is not within everyone's means, this hotel suits/does not suit everyone's purse ◆ **ne laissez pas les médicaments à portée de main** *ou* **à la portée des enfants** keep medicines out of the reach of children ◆ **hors de portée** (*lit*) out of reach *ou* range; (*fig*) beyond reach ◆ **hors de portée de fusil/de voix** out of rifle range/earshot

2 (= *capacité*) *[d'intelligence]* reach, scope, capacity; (= *niveau*) level ◆ **ce concept dépasse la portée de l'intelligence ordinaire** this concept is beyond the reach *ou* scope *ou* capacity of the average mind ◆ **être à la portée de qn** to be understandable to sb ◆ **il faut savoir se mettre à la portée des enfants** you have to be able to come down to a child's level ◆ **mettre la science à la portée de tous** to bring science within everyone's reach

3 (= *effet*) *[de parole, écrit]* impact, import; *[d'acte]* significance, consequences ◆ **il ne mesure pas la portée de ses paroles/ses actes** he doesn't think about the import of what he's saying/the consequences of his actions ◆ **la portée de cet événement est incalculable** it is impossible to foresee the consequences of this event ◆ **sans portée pratique** of no practical consequence *ou* importance *ou* significance

4 (*Archit*) (= *poussée*) loading; (= *distance*) span

5 (*Mus*) stave, staff

6 (= *bébés animaux*) litter

porte-étendard (pl **porte-étendards**) /pɔʀtetɑ̃daʀ/ NM (*lit, fig*) standard bearer

porte-étrivière (pl **porte-étrivières**) /pɔʀtetʀivjɛʀ/ NM stirrup leather holder

portefaix †† /pɔʀtəfɛ/ NM INV porter

porte-fanion (pl **porte-fanions**) /pɔʀt(ə)fanjɔ̃/ NM pennant bearer

porte-fenêtre (pl **portes-fenêtres**) /pɔʀt(ə)fənɛtʀ/ NF French window (*Brit*) *ou* door (*US*)

portefeuille /pɔʀtəfœj/ SYN NM *[d'argent]* wallet, billfold (*US*); (*Assurances, Bourse, Pol*) portfolio ◆ **société de portefeuille** holding *ou* investment company ◆ **avoir un portefeuille bien garni** to be well-off ◆ **ils ont dû mettre la main au portefeuille** they had to fork out * *ou* pay; → **lit, ministre**

porte-flingue * /pɔʀtəflɛ̃g/ NM INV henchman

porte-fort /pɔʀtəfɔʀ/ NM INV (*Jur*) surety

porte-fusibles /pɔʀtəfyzibl/ NM INV fuse box

porte-glaive (pl **porte-glaives**) /pɔʀtəglɛv/ NM (= *poisson*) swordtail

porte-greffe (pl **porte-greffes**) /pɔʀtəgʀɛf/ NM (*Agr*) stock (*for graft*)

porte-haubans /pɔʀtəobɑ̃/ NM INV chainwale, channel

porte-hélicoptères /pɔʀtelikɔptɛʀ/ NM INV helicopter carrier

porte-jarretelles /pɔʀt(ə)ʒaʀtɛl/ NM INV suspender belt (*Brit*), garter belt (*US*)

porte-jupe (pl **porte-jupes**) /pɔʀtəʒyp/ NM skirt hanger

porte-lame (pl **porte-lames**) /pɔʀtəlam/ NM blade holder

porte-malheur /pɔʀt(ə)malœʀ/ NM INV (= *chose*) jinx; (= *personne*) jinx, Jonah

portemanteau (pl **portemanteaux**) /pɔʀt(ə)mɑ̃to/ NM 1 (= *cintre*) coat hanger; (*accroché au mur*) coat rack; (*sur pied*) hat stand ◆ **accrocher une veste au portemanteau** to hang up a jacket
2 (†† = *malle*) portmanteau

portement /pɔʀtəmɑ̃/ NM ◆ **portement de croix** bearing of the cross

porte-menu (pl **porte-menus**) /pɔʀt(ə)məny/ NM menu holder

portemine /pɔʀtəmin/ NM propelling pencil

porte-monnaie /pɔʀt(ə)mɔnɛ/ NM INV (*gén*) purse (*Brit*), coin purse (*US*); (*pour homme*) wallet ◆ **porte-monnaie électronique** electronic purse ◆ **on fait souvent appel au porte-monnaie du contribuable** the taxpayer is often asked to dip into his pocket ◆ **avoir le porte-monnaie bien garni** to be well-off

porte-musique /pɔʀt(ə)myzik/ NM INV music case

porte-objet (pl **porte-objets**) /pɔʀt(ə)ɔbʒɛ/ NM (= *lamelle*) slide; (= *platine*) stage

porte-outil (pl **porte-outils**) /pɔʀtuti/ NM (*Tech*) chuck

porte-parapluies /pɔʀt(ə)paʀaplɥi/ NM INV umbrella stand

porte-parole /pɔʀt(ə)paʀɔl/ SYN NMF INV spokesperson; (= *homme*) spokesman; (= *femme*) spokeswoman ◆ **le porte-parole du gouvernement** the government spokesperson, ≈ the press secretary (*US*) ◆ **se faire le porte-parole de qn** to act as spokesman for sb, to speak on sb's behalf ◆ **leur journal est le porte-parole du parti** their newspaper is the mouthpiece *ou* organ of the party

porte-plume (pl **porte-plumes**) /pɔʀtəplym/ NM penholder ◆ **prise porte-plume** (*Ping-Pong*) penholder grip

porte-queue (pl **porte-queues**) /pɔʀtəkø/ NM swallowtail

porter /pɔʀte/ SYN ▸ conjug 1 ◂

VT 1 *[+ parapluie, paquet, valise]* to carry; *[+ responsabilité]* to bear, to carry ◆ **porter un enfant dans ses bras/sur son dos** to carry a child in one's arms/on one's back ◆ **pouvez-vous me porter ma valise ?** can you carry my case for me? ◆ **laisse-toi porter par la vague** let yourself be carried by the waves ◆ **ses jambes ne le portent plus** his legs can no longer carry him ◆ **ce pont n'est pas fait pour porter des camions** this bridge isn't meant to carry lorries *ou* meant for lorries *ou* can't take the weight of a lorry ◆ **portez... arme !** (*Mil*) present... arms! ◆ **la tige qui porte la fleur** the stem which bears the flower, the stem with the flower on • **cette poutre porte tout le poids du plafond** this beam bears *ou* carries *ou* takes the whole weight of the ceiling • **porter sa croix** to carry *ou* bear one's cross • **porter le poids de ses fautes** to bear the weight of one's mistakes

2 *(= apporter)* to take • **porter qch à qn** to take sth to sb • **porte-lui ce livre** take this book to him, take him this book • **le facteur porte les lettres et les colis** the postman delivers letters and parcels • **je vais porter la lettre à la boîte** I'm going to take the letter to the postbox, I'm going to put this letter in the postbox • **porter les plats sur la table** to take the dishes (out *ou* over) to the table • **porte-la sur le lit** put *ou* lay her on the bed • **porter la main à son front** to put one's hand to one's brow • **porter la main à son chapeau** to lift one's hand to one's hat • **porter la main sur qn** to raise one's hand to sb • **porter qch à sa bouche** to lift *ou* put sth to one's lips • **porter de l'argent à la banque** to take some money to the bank • **se faire porter à manger** to have food brought (to one) • **porter l'affaire sur la place publique/devant les tribunaux** to take *ou* carry the matter into the public arena/before the courts • **porter la nouvelle à qn** to take *ou* bring the news to sb • **porter une œuvre à l'écran/à la scène** to transfer a work to the screen/to the stage • **porter chance** *ou* **bonheur/malheur (à qn)** to be lucky/unlucky (for sb), to bring (sb) (good) luck/bad luck • **ça porte bonheur !** it brings good luck!, it's lucky! • **porter de l'eau à la rivière** *(Prov)* to carry coals to Newcastle • **portant partout la terreur et la mort** *(littér)* carrying fear and death everywhere

3 *[+ vêtement, bague, laine, lunettes]* to wear; *[+ armes héraldiques]* to bear; *[+ barbe]* to have, to wear; *[+ nom]* to have, to bear • **porter les cheveux longs** to wear one's hair long, to have long hair • **porter le nom d'une fleur** to be called after a flower • **porter le nom de Jérôme** to be called Jerome • **il porte bien son nom** his name suits him • **elle porte bien son âge** she looks good for her age • **elle porte bien le pantalon** trousers suit her • **c'est elle qui porte le pantalon** *ou* **la culotte** *(fig)* she's the one that wears trousers *(Brit)* *ou* pants *(US)* • **je ne veux pas porter le chapeau** * *(fig)* I don't want to carry the can * *ou* take the rap * *(pour* for) • **on lui a fait porter le chapeau** * he carried the can * *ou* took the rap *

4 *(= tenir)* to hold, to keep • **porter la tête haute** *(lit)* to hold *ou* keep one's head up; *(fig)* to hold one's head high • **porter le corps en avant** to lean *ou* stoop forward

5 *(= montrer) [+ signe, trace]* to show, to bear; *[+ blessure, cicatrice]* to have, to bear; *[+ inscription, date]* to bear • **il porte la bonté sur son visage** he has a very kind(-looking) face, his face is a picture of kindness • **ce livre porte un beau titre** this book has a good title • **la lettre porte la date du 12 mai** the letter is dated *ou* bears the date of 12 May • **porter la marque de** *(Ling)* to be marked for

6 *(= inscrire) [+ nom]* to write down, to put down *(sur* on, in); *(Comm) [+ somme]* to enter *(sur* in) • **porter de l'argent au crédit d'un compte** to credit an account with some money • **nous portons cette somme à votre débit** we are debiting this sum from your account • **se faire porter absent** to go absent • **se faire porter malade** to report *ou* go sick • **porter qn absent** *(Mil)* to report sb absent; *(Scol)* to mark sb absent • **porté disparu/au nombre des morts** reported missing/dead • **porté manquant** unaccounted for

7 *(= diriger) [+ regard]* to direct, to turn *(sur, vers* towards); *[+ attention]* to turn, to give *(sur* to), to focus *(sur* on); *[+ effort]* to direct *(sur* towards); *[+ pas]* to turn *(vers* towards); *[+ coup]* to deal *(à* to); *[+ accusation]* to make *(contre* against); *[+ attaque]* to make *(contre* on) • **il fit porter son attention sur ce détail** he turned his attention to *ou* focused his attention on this detail • **il fit porter son choix sur ce livre** he chose this book, his choice fell on this book

8 *(= ressentir) [+ amour, haine]* to feel *(à* for); *[+ reconnaissance]* to feel *(à* to, towards) • **porter de l'amitié à qn** to feel friendship towards sb

9 *(= être enceinte de)* to carry

10 *(Fin) [+ intérêts]* to yield; *[+ graines, fruit]* to bear; *[+ récolte, moisson]* to yield • **cette ardeur/haine qu'il portait en lui** the passion/hatred which he carried with him • **idée qui porte en soi les germes de sa propre destruction** idea which carries (within itself) *ou* bears the seeds of its own destruction • **porter ses fruits** *(fig)* to bear fruit

11 *(= conduire, amener)* to carry; *(= entraîner) [foi]* to carry along; *[vent]* to carry away • **se laisser porter par la foule** to (let o.s.) be carried away by the crowd • **porter qn au pouvoir** to bring *ou* carry sb to power • **porter qch à sa perfection/à son paroxysme/à l'apogée** to bring sth to perfection/to a peak/to a climax • **porter la température à 800°/le salaire à 2 000 €/la vitesse à 30 nœuds** to bring the temperature up to 800°/the salary up to €2,000/the speed up to 30 knots • **cela porte le nombre de blessés à 20** that brings the number of casualties (up) to 20

12 *(= inciter)* • **porter qn à faire qch** to prompt *ou* induce *ou* lead sb to do sth • **ça le portera à l'indulgence** that will prompt him to be indulgent, that will make him indulgent • **tout (nous) porte à croire que...** everything leads us to believe that...; → **porté**

13 *(Ordin) [+ logiciel]* to port *(sous* to)

VI 1 *[bruit, voix, canon]* to carry • **le son/le coup a porté à 500 mètres** the sound/the shot carried 500 metres • **le fusil porte à 300 mètres** the rifle has a range of 300 metres

2 *[reproche, coup]* • **porter (juste)** to hit *ou* strike home • **tous les coups portaient** every blow told • **un coup qui porte** a telling blow • **ses conseils ont porté** his advice had some effect *ou* was of some use

3 *(Méd) [femme]* to carry her child *ou* baby; *[animal]* to carry its young

4 *(= frapper)* • **sa tête a porté sur le bord du trottoir** his head struck the edge of the pavement • **c'est la tête qui a porté** his head took the blow

5 *(= reposer) [édifice, pilier]* to be supported by *ou* on • **tout le poids du plafond porte sur cette poutre** the whole weight of the ceiling is supported by this beam, this beam bears the whole weight of the ceiling • **porter à faux** *[mur]* to be out of plumb *ou* true; *[rocher]* to be precariously balanced; *(fig) [remarque]* to be out of place

6 • **porter sur** *(= concerner) [débat, cours]* to turn on, to revolve around, to be about; *[revendications, objection]* to concern; *[étude, effort, action]* to be concerned with, to focus on; *[accent]* to fall on • **la question portait sur des auteurs au programme** the question was on some of the authors on the syllabus • **il a fait porter son exposé sur la situation économique** in his talk he concentrated *ou* focused on the economic situation

VPR **se porter** 1 *[personne]* • **se porter bien/mal** to be well/unwell *ou* in poor health • **comment vous portez-vous ? – je me porte bien** how are you? – I'm fine *ou* I'm very well • **se porter comme un charme** to be fighting fit, to be as fit as a fiddle * • **buvez moins, vous ne vous en porterez que mieux** drink less and you'll feel (all the) better for it • **et je ne m'en suis pas plus mal porté** and I didn't come off any worse for it, and I was no worse off for it; → **pont**

2 *(= se présenter comme)* • **se porter candidat** to put o.s. up *ou* stand *(Brit)* *ou* run as a candidate • **se porter acquéreur (de)** to put in a bid (for) • **se porter fort pour qn** to answer for sb; → **caution** *etc*

3 *(= aller)* to go • **se porter à la rencontre** *ou* **au-devant de qn** to go to meet sb • **se porter à** *(= se laisser aller à) [+ voies de fait, violences]* to commit • **se porter à des extrémités** to go to extremes • **se porter sur** *(= se diriger vers) [soupçon, choix]* to fall on • **son regard se porta sur moi** his eyes *ou* gaze fell on me, he looked towards me • **son attention se porta sur ce point** he focused *ou* concentrated his attention on this point

4 *(= être porté) [vêtement]* • **les jupes se portent très courtes** the fashion's for very short skirts, skirts are being worn very short • **ça ne se porte plus** that's out of fashion, nobody wears that any more

porte-revues /pɔʀt(ə)ʀəvy/ **NM INV** magazine rack

porte-savon (pl **porte-savons**) /pɔʀt(ə)savɔ̃/ **NM** soapdish

porte-serviette /pɔʀt(ə)sɛʀvjɛt/ **NM INV** *(= pochette)* napkin-holder ; *(péj Pol)* sidekick *, flunkey

porte-serviettes /pɔʀt(ə)sɛʀvjɛt/ **NM INV** towel rail • **porte-serviettes chauffant** heated towel rail

porte-skis /pɔʀtəski/ **NM INV** ski rack

porteur, -euse /pɔʀtœʀ, øz/

ADJ *[fusée]* booster *(épith)*; *[courant]* carrier *(épith)*; *[mur]* load-bearing • **thème porteur** key theme • **marché/créneau porteur** *(Écon)* growth market/area • **onde porteuse** *(Phys)* carrier (wave); → **mère**

NM,F 1 *[de valise, colis]* porter; *[de message]* messenger; *[de chèque]* bearer; *[de titre, actions]* holder • **porteur d'eau** water carrier • **porteur de journaux** newsboy, paper boy • **le porteur du message** the bearer of the message • **il arriva porteur d'une lettre/d'une nouvelle alarmante** he came bearing *ou* with a letter/an alarming piece of news • **il était porteur de faux papiers** he was carrying forged papers • **être porteur d'espoir** to bring hope • **le porteur du ballon** the person with the ball *ou* who has (possession of) the ball • **payable au porteur** payable to bearer • **les petits/gros porteurs** *(Fin)* small/big shareholders

2 *(Méd)* carrier • **porteur de germes** germ carrier • **porteur sain** carrier • **il est porteur du virus** he is carrying the virus

porte-vélos /pɔʀtəvelo/ **NM INV** bicycle rack

porte-vent (pl **porte-vent(s)**) /pɔʀtəvɑ̃/ **NM** air duct; *[d'orgue]* wind trunk

porte-voix /pɔʀtəvwa/ **NM INV** megaphone; *(électrique)* loudhailer • **mettre ses mains en porte-voix** to cup one's hands round one's mouth • **il était le porte-voix des SDF** he spoke out on behalf of the homeless

portfolio /pɔʀtfɔljo/ **NM** *[de gravures, photographies]* portfolio

portier /pɔʀtje/ **NM** 1 *(= garde)* porter, commissionaire *(Brit, Can)* • **(frère) portier** *(Rel)* porter • **portier de nuit** night porter • **portier électronique** entrance intercom, entry phone

2 *(Ftbl)* goalkeeper

portière /pɔʀtjɛʀ/ **NF** 1 *(= porte)* door

2 *(= rideau)* portiere

3 *(Rel)* • **(sœur) portière** portress

portillon /pɔʀtijɔ̃/ **NM** gate; *[de métro]* gate, barrier • **portillon automatique** (automatic) ticket barrier; → **bousculer**

portion /pɔʀsjɔ̃/ SYN **NF** *[d'héritage]* portion, share; *[de nourriture]* portion, helping; *(= partie)* portion, section, part • **fromage en portions** cheese portions • **être réduit à la portion congrue** *(fig)* to get the smallest *ou* meanest share • **bonne/mauvaise portion de route** good/bad stretch of road

portique /pɔʀtik/ **NM** *(Archit)* portico; *(Sport)* crossbar and stands *(for holding gymnastic apparatus)*; *(= appareil de levage)* gantry • **portique électronique** *ou* **de sécurité** *ou* **de détection** *(à l'aéroport)* metal detector, diver's gate *(SPÉC)* • **portique à signaux** *(pour trains)* signal gantry

Port-Louis /pɔʀlui/ **N** Port-Louis

Port Moresby /pɔʀmɔʀɛsbi/ **N** Port Moresby

Porto /pɔʀto/ **N** Oporto, Porto

porto /pɔʀto/ **NM** port (wine) • **verre à porto** sherry *ou* Madeira *ou* port glass

Port of Spain /pɔʀɔfspɛjn/ **N** Port of Spain

Porto-Novo /pɔʀtonovo/ **N** Porto Novo

portor /pɔʀtɔʀ/ **NM** yellow-veined black marble

portoricain, e /pɔʀtɔʀikɛ̃, ɛn/

ADJ Puerto Rican

NM,F **Portoricain(e)** Puerto Rican

Porto Rico /pɔʀtɔʀiko/ **NF** Puerto Rico

portrait /pɔʀtʀɛ/ SYN **NM** 1 *(= peinture)* portrait; *(= photo)* photograph • **portrait fidèle** good likeness • **portrait de famille** family portrait • **portrait de groupe** group portrait • **portrait en pied/en buste** full-length/head-and-shoulders portrait • **c'est tout le portrait de son père** he's the spitting image of his father • **faire le portrait de qn** *(lit)* to paint sb's portrait • **« Le Portrait de Dorian Gray »** *(Littérat)* "The Picture of Dorian Gray" • **se faire tirer le portrait** * to have one's photograph taken • **se faire abîmer** *ou* **esquinter le portrait** * to get one's face *ou* head bashed in * *ou* smashed in * • **il t'a bien abîmé le portrait !** * he made a real mess of your face!

2 *(= description) [de personne]* portrait, description; *[de situation]* picture • **faire** *ou* **brosser** *ou* **dresser le portrait de qn** to draw *ou* paint a portrait of sb, to paint a picture of sb • **elle en a fait un portrait flatteur** she painted a flattering picture *ou* portrait of him • **portrait-charge** caricature • **jouer au portrait** to play twenty questions • **portrait chinois** *series of questions*

following the set pattern "if you were (an animal, a plant, a book etc), what would you be?"
[3] *(= genre)* ◆ **le portrait** portraiture

portraitiste /pɔʀtʀetist/ NMF portrait painter, portraitist

portrait-robot (pl **portraits-robots**) /pɔʀtʀɛʀɔbo/ NM Identikit ® picture, Photofit ® (picture) ◆ **la police a diffusé** *ou* **donné le portrait-robot du suspect** the police issued a Photofit *ou* Identikit (picture) of the suspect ◆ **faire le portrait-robot de** *[+ criminel]* to make up a Photofit *ou* Identikit (picture) of ◆ **faire le portrait-robot du Français moyen** to draw the profile of the average Frenchman

portraiturer /pɔʀtʀetyʀe/ ▸ conjug 1 ◂ VT *(lit, fig)* to portray

portuaire /pɔʀtɥɛʀ/ ADJ port *(épith)*, harbour *(épith)* *(Brit)*, harbour *(épith)* *(US)*

portugais, e /pɔʀtygɛ, ɛz/
ADJ Portuguese
NM [1] *(= langue)* Portuguese
[2] ◆ **Portugais** Portuguese
NF **portugaise** [1] ◆ **Portugaise** Portuguese
[2] *(= huître)* Portuguese oyster ◆ **il a les portugaises ensablées** * *(= oreille)* he's as deaf as a post

Portugal /pɔʀtygal/ NM Portugal

portulan /pɔʀtylɑ̃/ NM portolano

portune /pɔʀtyn/ NM portunus

Port-Villa /pɔʀvila/ N Port Vila

POS /peoɛs/ NM (abrév de **plan d'occupation des sols**) → **plan**[1]

pose /poz/ SYN NF [1] *(= installation)* *[de tableau, rideaux]* hanging, putting up; *[de tapis]* laying, putting down; *[de moquette]* fitting, laying; *[de vitre]* putting in, fixing; *[de serrure]* fitting; *[de chauffage]* installation, putting in; *[de gaz, électricité]* laying on, installation; *[de canalisations]* laying, putting in; *[de fondations, mines, voie ferrée]* laying
[2] *(= attitude)* pose, posture; *(Art)* pose ◆ **garder la pose** to hold the pose ◆ **prendre une pose** to strike a pose ◆ **prendre des poses (devant le miroir)** to pose (in front of the mirror) ◆ **faire prendre une pose à qn** to pose sb
[3] *(Photo = vue)* exposure ◆ **un film (de) 36 poses** a 36-exposure film ◆ **déterminer le temps de pose** to decide on the exposure (time) ◆ **indice de pose** exposure index ◆ **mettre le bouton sur pose** to set the button to time exposure ◆ **prendre une photo en pose** *ou* **à la pose** to take a photo in time exposure
[4] *(= affectation)* posing, pretension

posé, e /poze/ SYN (ptp de **poser**) ADJ [1] *(= pondéré)* *[personne]* level-headed ◆ **d'un ton posé mais ferme** calmly but firmly
[2] *(Mus)* ◆ **bien/mal posé** *[voix]* steady/unsteady

Poséidon /pɔseidɔ̃/ NM Poseidon

posément /pozemɑ̃/ SYN ADV *[parler]* calmly, deliberately; *[agir]* calmly, unhurriedly

posemètre /pozmɛtʀ/ NM exposure meter

poser /poze/ SYN ▸ conjug 1 ◂
VT [1] *(= placer)* *[+ objet]* to put down, to lay down, to set down; *(debout)* to stand (up), to put (up) ◆ **poser son manteau/chapeau** *(= ôter)* to take off one's coat/hat ◆ **poser qch sur une table/par terre** to put sth (down) on the table/on the floor ◆ **poser sa main/tête sur l'épaule de qn** to put *ou* lay one's hand/head on sb's shoulder ◆ **poser sa tête sur l'oreiller** to lay one's head on the pillow ◆ **poser une échelle contre un mur** to lean *ou* stand *ou* put (up) a ladder against a wall ◆ **où ai-je posé mes lunettes ?** where have I put my glasses? ◆ **pose ton journal et viens à table** put your paper down and come and have your dinner ◆ **il a posé son regard** *ou* **les yeux sur elle** he looked at her, his gaze came to rest on her ◆ **le pilote posa son avion en douceur** the pilot brought his plane down *ou* landed his plane gently ◆ **poser la voix de qn** *(Mus)* to train sb's voice
[2] *(= installer)* *[+ tableau, rideaux]* to hang, to put up; *[+ antenne]* to put up; *[+ tapis, carrelage]* to lay, to put down; *[+ moquette]* to fit, to lay; *[+ vitre]* to put in; *[+ serrure]* to fit; *[+ chauffage]* to put in, to install *(Brit)*, to instal *(US)*; *[+ gaz, électricité]* to lay on, to install *(Brit)*, to instal *(US)*; *[+ canalisations]* to lay, to put in; *[+ fondations, mines, voie ferrée]* to lay; *[+ bombe]* to plant ◆ **poser la première pierre** *(lit, fig)* to lay the foundation stone ◆ **poser des étagères au mur** to put up some shelves; → **jalon**
[3] *[+ opération, chiffres]* to write, to set down ◆ **je pose 4 et je retiens 3** (I) put down 4 and carry 3, 4 and 3 to carry
[4] *(= énoncer)* *[+ principe, condition]* to lay *ou* set down, to set out; *[+ question]* to ask; *(à un examen)* to set; *[+ devinette]* to set, to ask ◆ **poser sa candidature à un poste** to apply for a post, to put in *ou* submit an application for a post ◆ **poser sa candidature** *(Pol)* to put o.s. up *ou* run *(US)* for election ◆ **dire cela, c'est poser que...** in saying that, one is supposing that *ou* taking it for granted that... ◆ **ceci posé** supposing that this is *(ou was etc)* the case, assuming this to be the case ◆ **posons que...** let us suppose *ou* assume *ou* take it that...; → **problème, question**
[5] *(= demander)* ◆ **poser des jours de congé** to put in a request for leave
[6] ◆ **poser qn** *(= lui donner de l'importance)* to give standing to sb; *(professionnellement)* to establish sb's reputation ◆ **voilà ce qui pose un homme** that's what sets a man up ◆ **avoir un frère ministre, ça vous pose !** * having a brother who's a cabinet minister really makes people look up to you! *ou* gives you real status! ◆ **une maison comme ça, ça (vous) pose** * with a house like that people really think you're somebody
VI [1] *(Art, Photo)* to pose, to sit *(pour* for); *(= chercher à se faire remarquer)* to swank *(Brit)*, to show off, to put on airs ◆ **poser pour la postérité** *(hum)* to pose for posterity ◆ **poser pour la galerie** *(fig)* to play to the gallery ◆ **faire poser qn** * *(= faire attendre)* to keep sb hanging about * *ou* around *
[2] ◆ **poser à** *(= jouer à)* ◆ **poser au grand patron/à l'artiste** to play *ou* act *ou* come * the big businessman/the artist, to pretend to be a big businessman/an artist ◆ **poser au martyr** to play the martyr
[3] *(Constr)* ◆ **poser sur** *[poutre]* to bear *ou* rest on, to be supported by
VPR **se poser** [1] *[insecte, oiseau]* to land, to settle *(sur* on); *[avion]* to land; *[regard]* to (come to) rest, to settle, to fix *(sur* on) ◆ **se poser en catastrophe/sur le ventre** *[avion]* to make an emergency landing/a belly-landing ◆ **son regard se posa sur la pendule** he turned his eyes to the clock, his glance fell on the clock ◆ **une main se posa soudain sur son épaule** he suddenly felt a hand on his shoulder ◆ **pose-toi là** * sit down here
[2] *[question, problème]* to come up, to crop up, to arise; → aussi **problème, question**
[3] *(= se présenter)* ◆ **se poser en chef/en expert** to pass o.s. off as *ou* pose as a leader/an expert ◆ **se poser comme victime** to pretend *ou* claim to be a victim ◆ **se poser en défenseur des droits de l'homme** to claim to be a defender of human rights
[4] *(* : locutions)* ◆ **comme menteur, vous vous posez (un peu) là !** you're a terrible *ou* an awful liar! ◆ **comme erreur, ça se posait (un peu) là !** that was some mistake! *ou* some blunder! * ◆ **tu as vu leur chien/père ? – il se pose là !** have you seen their dog/father? – it's/he's enormous! *ou* huge! *ou* massive!

poseur, -euse /pozœʀ, øz/ SYN
ADJ affected
NM,F [1] *(péj)* show-off, poseur
[2] *(= ouvrier)* ◆ **poseur de carrelage/de tuyaux** tile/pipe layer ◆ **poseur d'affiches** billposter, billsticker *(Brit)* ◆ **poseur de bombes** terrorist *(who plants bombs)*

posidonie /pɔzidɔni/ NF Posidonia seagrass

positif, -ive /pozitif, iv/ SYN
ADJ *(gén, Ling, Sci)* positive; *[cuti]* positive; *[fait, preuve]* positive, definite; *[personne, esprit]* pragmatic, down-to-earth; *[action, idée]* positive, constructive; *[avantage]* positive, real ◆ **Rhésus positif** *(sang)* Rhesus positive
NM [1] *(= réel)* positive, concrete ◆ **je veux du positif !** I want something positive!
[2] *(Mus)* *(= clavier d'un orgue)* choir organ *(division of organ)*; *(= instrument)* positive organ
[3] *(Photo)* positive
[4] *(Ling)* positive (degree) ◆ **au positif** in the positive (form)

position /pozisjɔ̃/ SYN NF [1] *(gén = emplacement)* position; *[de navire]* bearings, position ◆ **position de défense/fortifiée** defensive/fortified position ◆ **rester sur ses positions** *(lit)* to stand one's ground ◆ **rester** *ou* **camper sur ses positions** *(fig)* to stand one's ground, to stick to one's guns *ou* line ◆ **abandonner ses positions** to retreat, to abandon one's position, to withdraw ◆ **avoir une position de repli** *(Mil, fig)* to have a fallback position ◆ **la ville jouit d'une position idéale** the town is ideally situated ◆ **les joueurs ont changé de position** the players have changed position(s) ◆ **être en première/seconde position** *(dans une course)* to be in the lead/in second place; *(sur une liste)* to be at the top of/second on the list ◆ **être en dernière position** *(dans une course)* to be last, to bring up the rear; *(sur une liste)* to be at the bottom *ou* end of the list ◆ **arriver en première/deuxième/dernière position** to come first/second/last ◆ **en première position, Banjo** *(dans une course)* (and it's) Banjo leading *ou* in the lead ◆ **syllabe en position forte/faible** *(Ling)* stressed/unstressed syllable, syllable in (a) stressed/(an) unstressed position ◆ **voyelle en position forte/faible** *(Ling)* stressed *ou* strong/unstressed *ou* weak vowel; → **feu**[1], **guerre**
[2] *(= posture)* position ◆ **dormir dans une mauvaise position** to sleep in the wrong position *ou* in an awkward position ◆ **être assis/couché dans une mauvaise position** to be sitting/lying in an awkward position ◆ **se mettre en position** *(Mil, gén)* to take up (one's) position(s), to get into position ◆ **en position !** (get to your) positions! ◆ **en position de combat** in a fighting position ◆ **en position allongée/assise/verticale** in a reclining/sitting/vertical *ou* upright position ◆ **la position du missionnaire** the missionary position
[3] *(= situation)* position, situation; *(dans la société)* position ◆ **être dans une position délicate/fausse** to be in a difficult *ou* an awkward/in a false position ◆ **être en position de force pour négocier** to be bargaining from a position of strength ◆ **être en position de faire qch** to be in a position to do sth ◆ **dans sa position il ne peut se permettre une incartade** a man in his position dare not commit an indiscretion ◆ **il occupe une position importante** he holds an important position
[4] *(= attitude)* position, stance ◆ **le gouvernement doit définir sa position sur cette question** the government must make its position *ou* stance on this question clear ◆ **prendre position** to take a stand, to declare o.s. ◆ **prendre (fermement) position en faveur de qch** to come down (strongly) in favour of sth ◆ **prise de position** stand ◆ **sa politique est en contradiction avec ses prises de position** his policy is at odds with the stands that he takes ◆ **revoir sa position** to review one's position
[5] *[de compte bancaire]* position, balance ◆ **demander sa position** to ask for the balance of one's account
[6] *(Bourse)* position ◆ **position acheteur/vendeur** bull *ou* long/bear *ou* short position

positionnement /pozisjɔnmɑ̃/ NM *[d'objet, produit, entreprise]* positioning ◆ **positionnement avant/arrière** *(en avion)* nose out/in positioning

positionner /pozisjɔne/ SYN ▸ conjug 1 ◂
VT [1] *(= placer)* to position
[2] *(= repérer)* *[+ navire, troupes]* to locate
[3] *[+ compte bancaire]* to establish the position *ou* balance of
VPR **se positionner** *(gén)* to position o.s.; *[troupe]* to take up (one's) position, to get into position; *(dans un débat)* to take a stand ◆ **comment se positionne ce produit sur le marché ?** what slot does this product fill in the market? ◆ **comment vous positionnez-vous dans ce débat ?** what's your position *ou* stand in this debate?

positionneur /pɔzisjɔnœʀ/ NM positioner

positivement /pozitivmɑ̃/ ADV *(gén, Sci)* positively ◆ **je ne le sais pas positivement** I'm not positive about it

positiver /pozitive/ ▸ conjug 1 ◂
VT ◆ **positiver son angoisse/son stress** to channel one's anxiety/one's stress ◆ **essayez de positiver votre choix** try to concentrate on the positive aspects *ou* the plus side of your decision ◆ **ils essaient de positiver l'opinion des employés envers les cadres** they're trying to get the workers to have a more positive attitude towards *ou* to be more favourably disposed towards management
VI to think positive, to look on the bright side (of things)

positivisme /pozitivism/ NM positivism

positiviste /pozitivist/ ADJ, NMF positivist

positivité /pozitivite/ NF positivity

positon /pozitɔ̃/, **positron** /pozitʀɔ̃/ NM positron

positonium /pozitɔnjɔm/, **positronium** /pozitʀɔnjɔm/ NM positronium

posologie /pozɔlɔʒi/ NF (= *étude*) posology; (= *indications*) directions for use, dosage

possédant, e /pɔsedɑ̃, ɑ̃t/
ADJ propertied, wealthy
NM • **les possédants** the wealthy, the rich

possédé, e /pɔsede/ SYN (ptp de **posséder**)
ADJ possessed (*de* by) • **possédé du démon** possessed by the devil
NM,F person possessed • **crier comme un possédé** to cry like one possessed

posséder /pɔsede/ SYN ▸ conjug 6 ◂
VT 1 *[+ bien, maison, fortune]* to possess, to own, to have • **c'est tout ce que je possède** it's all I possess *ou* all I've got • **posséder une femme** † to possess a woman • **pour posséder le cœur d'une femme** to capture a woman's heart
2 *[+ caractéristique, qualité, territoire]* to have, to possess; *[+ expérience]* to have (had); *[+ diplôme, titre]* to have, to hold • **cette maison possède une vue magnifique/deux entrées** this house has a magnificent view/two entrances • **il croit posséder la vérité** he believes that he possesses the truth
3 (= *bien connaître*) *[+ métier]* to have a thorough knowledge of, to know inside out; *[+ technique]* to have mastered; *[+ langue]* to have a good command of • **elle possède parfaitement l'anglais** she has a perfect command of English • **posséder la clé de l'énigme** to possess *ou* have the key to the mystery • **bien posséder son rôle** to be really on top of *ou* into* one's role *ou* part
4 (= *égarer*) *[démon]* to possess • **la fureur/jalousie le possède** he is beside himself with *ou* he is overcome *ou* consumed with rage/jealousy • **quel démon** *ou* **quelle rage te possède ?** what's got into you?*, what's come over you?; → **possédé**
5 (* = *duper*) • **posséder qn** to take sb in* • **se faire posséder** to be taken in*, to be had*
VPR **se posséder** • **elle ne se possédait plus de joie** she was beside herself *ou* was overcome with joy • **lorsqu'il est en colère, il ne se possède pas** when he's angry he loses all self-control *ou* all control of himself

possesseur /pɔsesœʀ/ SYN NM *[de bien]* possessor, owner; *[de diplôme, titre, secret]* holder, possessor; *[de billet de loterie]* holder • **être possesseur de** *[+ objet]* to have; *[+ diplôme]* to hold; *[+ secret]* to possess, to have

possessif, -ive /pɔsesif, iv/ SYN
ADJ (*gén, Ling*) possessive
NM (*Ling*) possessive

possession /pɔsesjɔ̃/ SYN NF 1 (= *fait de posséder*) *[de bien]* possession, ownership; *[de diplôme, titre]* holding, possession; *[de billet de loterie]* holding • **la possession d'une arme/de cet avantage le rendait confiant** having a weapon/this advantage made him feel confident • **possession vaut titre** possession amounts to title • **prendre possession de, entrer en possession de** *[+ fonction]* to take up; *[+ bien, héritage]* to take possession of, to enter into possession of; *[+ appartement]* to take possession of; *[+ voiture]* to take delivery of • **à la prise de possession des terres** when he (*ou* they *etc*) took possession of the land
♦ **en + possession** • **avoir qch en sa possession** to have sth in one's possession • **être en possession de qch** to be in possession of sth • **tomber en la possession de qn** to come into sb's possession • **être en possession de toutes ses facultés** to be in possession of all one's faculties • **il était en pleine possession de ses moyens** he was in full possession of his faculties • **entrer en possession de** to take possession of; *[+ voiture]* to take delivery of
2 (= *chose possédée*) possession • **nos possessions à l'étranger** our overseas possessions
3 (= *maîtrise*) • **possession de soi** self-control • **reprendre possession de soi-même** to regain one's self-control *ou* one's composure
4 (= *connaissance*) *[de langue]* command, mastery
5 (*Rel* = *envoûtement*) possession

possessionnel, -elle /pɔsesjɔnɛl/ ADJ possessional

possessivité /pɔsesivite/ NF possessiveness

possessoire /pɔseswaʀ/ ADJ possessory

possibilité /pɔsibilite/ GRAMMAIRE ACTIVE 16.3 SYN NF (*gén*) possibility • **possibilité non nulle** (*Stat*) non-zero probability • **il y a plusieurs possibilités** there are several possibilities • **je ne vois pas d'autre possibilité (que de...)** I don't see any other possibility (than to...) • **ai-je la possibilité de faire du feu/de parler librement ?** is it possible for me to light a fire/to speak freely? • **possibilités** (= *moyens*) means; (= *potentiel*) possibilities, potential • **quelles sont vos possibilités financières ?** how much money can you put up?, what is your financial situation? • **quelles sont vos possibilités de logement ?** how many people can you accommodate? *ou* put up? • **les possibilités d'une découverte/d'un pays neuf** the possibilities *ou* potential of a discovery/of a new country • **possibilité (de réalisation)** *[d'entreprise, projet]* feasibility

possible /pɔsibl/ GRAMMAIRE ACTIVE 4., 9.1, 15.3, 16.3 SYN
ADJ 1 (= *faisable*) *[solution]* possible; *[projet, entreprise]* feasible • **il est possible/il n'est pas possible de...** it is possible/impossible to... • **nous avons fait tout ce qu'il était humainement possible de faire** we've done everything that was humanly possible • **lui serait-il possible d'arriver plus tôt ?** could he possibly *ou* would it be possible for him to come earlier? • **arrivez tôt si (c'est) possible** arrive early if possible *ou* if you can • **c'est parfaitement possible** it's perfectly possible *ou* feasible • **ce n'est pas possible autrement** there's no other way, otherwise it's impossible • **il n'est pas possible qu'il soit aussi bête qu'il en a l'air** he can't possibly be as stupid as he looks • **c'est dans les choses possibles** it's a possibility • **la paix a rendu possible leur rencontre** peace has made a meeting between them possible *ou* has made it possible for them to meet
2 (= *éventuel*) (*gén*) possible; *[danger]* possible, potential • **une erreur est toujours possible** a mistake is always possible • **il est possible qu'il vienne/qu'il ne vienne pas** he may *ou* might come/not come, it's possible (that) he'll come/he won't come • **il est bien possible qu'il se soit perdu en route** he may very well have *ou* it could well be *ou* it's quite possible that he has lost his way • **c'est (bien) possible/très possible** possibly/very possibly • **son possible retour sur la scène politique** his possible return to the political stage
3 (= *indiquant une limite*) possible • **dans le meilleur des mondes possibles** in the best of all possible worlds • **il a essayé tous les moyens possibles** he tried every possible means *ou* every means possible • **il a eu toutes les difficultés possibles et imaginables à obtenir un visa** he had all kinds of problems getting a visa, he had every possible *ou* conceivable difficulty getting a visa • **venez aussi vite/aussitôt que possible** come as quickly as possible *ou* as you (possibly) can/as soon as possible *ou* as you (possibly) can • **venez le plus longtemps possible** come for as long as you (possibly) can • **venez le plus vite/tôt possible** come as quickly/as soon as you (possibly) can • **il sort le plus (souvent)/le moins (souvent) possible** he goes out as often/as little as possible *ou* as he can • **il a acheté la valise la plus légère possible** he bought the lightest possible suitcase *ou* the lightest suitcase possible • **le plus grand nombre possible de personnes** as many people as possible, the greatest possible number of people; → **autant**
4 (* : *nég* = *acceptable*) • **cette situation n'est plus possible** the situation has become impossible • **il n'est pas possible de travailler dans ce bruit** it just isn't possible *ou* it's (quite) impossible to work in this noise • **un bruit/une puanteur pas possible*** an incredible racket*/stink* • **il est d'une méchanceté pas possible*** he's incredibly *ou* unbelievably nasty
5 (*locutions*) • **est-ce possible !** I don't believe it! • **c'est pas possible !*** (*faux*) that can't be true! *ou* right!; (*étonnant*) well I never! *; (*irréalisable*) it's out of the question!, it's impossible! • **ce n'est pas possible d'être aussi bête !** how can anyone be so stupid!, how stupid can you get! * • **elle voudrait vous parler – c'est (bien) possible, mais il faut que je parte** she'd like a word with you – that's as may be, but I've got to go • **il devrait se reposer ! – c'est (bien) possible, mais il n'a pas le temps** he ought to take a rest! – maybe (he should), but he's too busy
NM • **faire reculer les limites du possible** to push back the frontiers of what is possible *ou* of the possible • **essayons, dans les limites du possible, de...** let's try, as far as possible, to... • **c'est dans le domaine** *ou* **dans les limites du possible** it's within the realms of possibility • **faire (tout) son possible** to do one's utmost *ou* one's best, to do all one can (*pour* to; *pour que* to make sure that) • **il a été grossier/aimable au possible** he couldn't have been ruder/nicer (if he'd tried), he was as rude/nice as it's possible to be • **c'est énervant au possible** it's extremely annoying; → **mesure**

possiblement /pɔsibləmɑ̃/ ADV possibly

post- /pɔst/ PRÉF (*dans les mots composés à trait d'union, le préfixe reste invariable*) post- • **post-électoral/-surréaliste** post-election (*épith*)/-surrealist • **grossesse post-ménopausique** post-menopausal pregnancy • **post-baccalauréat** *[formation, classe, enseignement]* post-baccalauréat

postal, e (mpl **-aux**) /pɔstal, o/ ADJ *[service, taxe, voiture]* postal, mail; *[train, avion]* mail; *[colis]* sent by post *ou* mail • **sac postal** postbag, mailbag; → **car¹, carte, chèque, code, franchise**

postcolonial, e (pl **-iaux**) /pɔstkɔlɔnjal, jo/ ADJ postcolonial

postcombustion /pɔstkɔ̃bystjɔ̃/ NF (= *processus*) afterburning, reheat

postcommunisme /pɔstkɔmynism/ NM post-communism

postcommuniste /pɔstkɔmynist/ ADJ *[ère]* post-communist

postcure /pɔstkyʀ/ NF aftercare

postdate /pɔstdat/ NF postdate

postdater /pɔstdate/ ▸ conjug 1 ◂ VT to postdate

postdoctoral, e (mpl **-aux**) /pɔstdɔktɔʀal, o/ ADJ postdoctoral

poste¹ /pɔst/
NF 1 (= *administration, bureau*) post office • **employé/ingénieur des postes** post office worker/engineer • **les Postes et Télécommunications, les Postes, Télécommunications et Télédiffusion** † *French post office and telecommunications service* • **la grande poste, la poste principale, le bureau de poste principal** the main *ou* head post office
2 (= *service postal*) mail, post (*surtout Brit*), postal *ou* mail service • **envoyer qch par la poste** to send sth by post *ou* mail • **mettre une lettre à la poste** to post *ou* mail a letter; → **cachet**
3 (*Hist*) post • **maître de poste** postmaster • **cheval de poste** post horse • **courir la poste** to go posthaste; → **chaise, voiture**
COMP **poste aérienne** airmail
poste auxiliaire sub post office
poste restante poste restante (*Brit*), general delivery (*US*)

poste² /pɔst/ GRAMMAIRE ACTIVE 27.2, 27.4, 27.7, 19 SYN
NM 1 (= *emplacement*) post • **poste de douane** customs post • **être/rester à son poste** to be/stay at one's post • **mourir à son poste** to die at one's post • **à vos postes !** to your stations! *ou* posts! • **à vos postes de combat !** action stations! • **toujours fidèle au poste ?** (*hum*) still manning the fort?
2 (*Police*) • **poste (de police)** (police) station • **conduire** *ou* **emmener qn au poste** to take sb to the police station • **il a passé la nuit au poste** he spent the night in the cells
3 (= *emploi*) (*gén*) job; *[de fonctionnaire]* post, appointment (*frm*); (*dans une hiérarchie*) position; (= *nomination*) appointment • **être en poste à l'étranger** to hold an appointment *ou* a post abroad • **il a trouvé un poste de bibliothécaire** he has found a post *ou* job as a librarian • **il a un poste de professeur/en fac** he is a teacher/a university lecturer • **la liste des postes vacants** the list of positions available *ou* of unfilled appointments • **poste d'enseignant** teaching position *ou* post *ou* job
4 (*Radio, TV*) set • **poste émetteur/récepteur** transmitting/receiving set, transmitter/receiver • **poste de radio/de télévision** radio/television (set) • **ils l'ont dit au poste*** (*à la radio*) they said so on the radio; (*à la télévision*) they said so on the TV *ou* the box* (*Brit*)
5 (*Téléc* = *ligne*) extension
6 (*Fin* = *opération*) item, entry; *[de budget]* item, element
7 (= *période de travail*) shift • **poste de huit heures** eight-hour shift
COMP **poste d'aiguillage** *[de trains]* signal box
poste avancé (*Mil*) advanced post
poste budgétaire budget item

poste de commande position of responsibility ◆ **ceux qui sont aux postes de commande du pays** those at the helm of the country, the country's leaders
poste de commandement headquarters
poste de contrôle checkpoint
poste d'équipage *[de bateau]* crew's quarters
poste d'essence filling station, petrol *(Brit)* ou gas *(US)* station
poste frontière border ou frontier post
poste de garde *(Mil)* guardroom
poste d'incendie fire point
poste de lavage (= *lave-auto*) car wash
poste d'observation observation post
poste de pilotage cockpit
poste de police *(Police)* police station; *(Mil)* guard-room, guardhouse
poste de secours first-aid post
poste téléphonique telephone
poste de travail *(Ordin)* work station (= *emplacement*) post; (= *emploi*) job, post

posté, e /pɔste/ (ptp de **poster**) ADJ ◆ **travail/travailleur posté** shift work/worker

poster¹ /pɔste/ SYN ▸ conjug 1 ◂
▸ VT ▸ [1] [+ *lettre*] to post *(surtout Brit)*, to mail *(surtout US)*
[2] [+ *sentinelle*] to post, to station
▸ VPR **se poster** to take up (a) position, to position o.s., to station o.s.

poster² /pɔstɛʀ/ NM poster

postérieur, e /pɔsteʀjœʀ/ SYN
▸ ADJ *(dans le temps)* [*date, document*] later; [*événement*] subsequent, later; *(dans l'espace)* [*partie*] back, posterior *(frm)*; [*membre*] hind, rear, back; [*voyelle*] back ◆ **ce document est légèrement/très postérieur à cette date** this document dates from slightly later/much later ◆ **l'événement est postérieur à 1850** the event took place later than ou after 1850 ◆ **postérieur à 1800** after 1800
▸ NM ⁎ behind⁎, rear, posterior *(hum)*

postérieurement /pɔsteʀjœʀmɑ̃/ ADV later, subsequently ◆ **postérieurement à** after

posteriori /pɔsteʀjɔʀi/ → **a posteriori**

postériorité /pɔsteʀjɔʀite/ NF posteriority

postérité /pɔsteʀite/ SYN NF (= *descendants*) descendants; (= *avenir*) posterity ◆ **mourir sans postérité** *(frm)* to die without issue ◆ **être jugé par la postérité** to be judged by posterity ◆ **entrer dans la postérité, passer à la postérité** to go down in history

postface /pɔstfas/ NF postscript, postface

postglaciaire /pɔstɡlasjɛʀ/ ADJ postglacial

posthite /pɔstit/ NF posthitis

posthume /pɔstym/ ADJ posthumous ◆ **à titre posthume** posthumously

posthypophyse /pɔstipɔfiz/ NF neurohypophysis, posthypophysis

postiche /pɔstiʃ/ SYN
▸ ADJ [*cheveux, moustache*] false; [*ornement, fioriture*] postiche, superadded; [*sentiment*] fake; *(Ling)* [*élément, symbole*] dummy
▸ NM *(pour homme)* toupee; *(pour femme)* hairpiece, postiche

postier, -ière /pɔstje, jɛʀ/ NM,F post office worker ◆ **grève des postiers** postal strike

postillon /pɔstijɔ̃/ NM [1] (⁎ = *salive*) sputter ◆ **envoyer des postillons** to sputter, to splutter
[2] *(Hist* = *cocher)* postilion

postillonner⁎ /pɔstijɔne/ ▸ conjug 1 ◂ VI to sputter, to splutter

postimpressionnisme /pɔstɛ̃pʀesjɔnism/ NM postimpressionism

postimpressionniste /pɔstɛ̃pʀesjɔnist/ ADJ, NMF postimpressionist

post(-)industriel, -elle /pɔstɛ̃dystʀijɛl/ ADJ post-industrial

Post-it ® /pɔstit/ NM INV Post-it ®

postlude /pɔstlyd/ NM postlude

postmoderne /pɔstmɔdɛʀn/ ADJ postmodern

postmodernisme /pɔstmɔdɛʀnism/ NM postmodernism

post mortem /pɔstmɔʀtɛm/ LOC ADJ [*prélèvement, examen*] post-mortem

postnatal, e (mpl **postnatals**) /pɔstnatal/ ADJ postnatal

postopératoire /pɔstɔpeʀatwaʀ/ ADJ postoperative

post-partum /pɔstpaʀtɔm/ NM INV postpartum period

postposer /pɔstpoze/ ▸ conjug 1 ◂ VT to place after the verb *(ou noun etc)* ◆ **sujet postposé** postpositive subject, subject placed after the verb

postposition /pɔstpozisjɔ̃/ NF postposition ◆ **verbe à postposition** phrasal verb

postprandial, e (mpl **-iaux**) /pɔstpʀɑ̃djal, jo/ ADJ postprandial

post-production, postproduction /pɔstpʀɔdyksjɔ̃/ NF *(Ciné)* postproduction

postscolaire /pɔstskɔlɛʀ/ ADJ [*enseignement*] further *(épith)*, continuing *(épith)*

post-scriptum /pɔstskʀiptɔm/ NM INV postscript

postsonorisation /pɔstsɔnɔʀizasjɔ̃/ NF dubbing

postsonoriser /pɔstsɔnɔʀize/ ▸ conjug 1 ◂ VT to dub

postsynchronisation /pɔstsɛ̃kʀɔnizasjɔ̃/ NF *(Ciné)* dubbing

postsynchroniser /pɔstsɛ̃kʀɔnize/ ▸ conjug 1 ◂ VT *(Ciné)* to dub

postulant, e /pɔstylɑ̃, ɑ̃t/ SYN NM,F applicant; *(Rel)* postulant

postulat /pɔstyla/ SYN NM premise; *(Philos)* postulate ◆ **postulat de base** ou **de départ** basic premise ◆ **partant du postulat que...** starting from the premise that...

postuler /pɔstyle/ SYN ▸ conjug 1 ◂
▸ VT [1] [+ *emploi*] to apply for, to put in for
[2] [+ *principe*] to postulate
▸ VI [1] ◆ **postuler à** ou **pour un emploi** to apply for a job
[2] *(Jur)* ◆ **postuler pour** to represent

posture /pɔstyʀ/ SYN NF posture, position ◆ **être en bonne posture** to be in a good position ◆ **être en très mauvaise posture** to be in a really bad position ou a tight corner ◆ **en posture de faire qch** † *(littér)* in a position to do sth

pot /po/ SYN
▸ NM [1] (= *récipient*) *(en verre)* jar; *(en terre)* pot; *(en métal)* can, tin *(Brit)*, pot; *(en carton)* carton ◆ **petit pot (pour bébé)** jar of baby food ◆ **il ne mange encore que des petits pots** all he eats at the moment is baby food ◆ **pot à confiture** jamjar, jampot *(Brit)* ◆ **pot de confiture** jar ou pot *(Brit)* of jam ◆ **mettre en pot** [+ *fleur*] to pot; [+ *confiture*] to put in jars, to pot *(Brit)* ◆ **plantes en pot** pot plants ◆ **mettre un enfant sur le pot** to put a child on the potty ◆ **tourner autour du pot** *(fig)* to beat about ou around the bush; → **cuiller, découvrir, fortune** etc
[2] ⁎ (= *boisson*) drink; (= *réunion*) drinks party ◆ **pot d'adieu** farewell party ◆ **pot de départ** *(à la retraite etc)* leaving party ou do⁎ *(Brit)* ◆ **tu viens prendre** ou **boire un pot ?** ⁎ are you coming for a drink?
[3] (⁎ = *chance*) luck ◆ **avoir du pot** to be lucky ◆ **tu as du pot !** some people have all the luck!, you're a lucky beggar! ⁎ ◆ **t'as du pot, il est encore là** you're in luck, he's still here ◆ **je n'ai jamais eu de pot dans la vie/avec les hommes** I've never had any luck in life/with men ◆ **manquer de pot** to be unlucky ou out of luck ◆ **pas de** ou **manque de pot !** just his *(ou* your *etc)* luck! ◆ **c'est un vrai coup de pot !** what a stroke of luck!
[4] *(Cartes)* (= *enjeu*) kitty; (= *restant*) pile
[5] ◆ **plein pot**⁎ ◆ **rouler plein pot** to drive flat out⁎ ◆ **payer plein pot** to pay the full whack⁎
▸ COMP **pot à bière** *(en verre)* beer mug; *(en terre ou en métal)* tankard
pot catalytique catalytic converter
pot de chambre chamber pot
pot de colle *(lit)* pot of glue; *(péj* = *crampon)* leech ◆ **il est du genre pot de colle !** you just can't shake him off!, he sticks like a leech!
pot commun kitty
pot à eau *(pour se laver)* water jug, pitcher; *(pour boire)* water jug
pot d'échappement exhaust pipe; *(silencieux)* silencer *(Brit)*, muffler *(US)*
pot de fleurs (= *récipient*) plant pot, flowerpot; (= *fleurs*) pot plant ◆ **elle fait un peu pot de fleurs** *(péj ou hum)* she just sits there and looks pretty
pot à lait *(pour transporter)* milk can; *(sur la table)* milk jug
pot(-)au(-)noir *(Naut)* doldrums
pot de peinture can ou pot ou tin *(Brit)* of paint ◆ **c'est un vrai pot de peinture** ⁎ *(péj)* she wears far too much make-up, she plasters herself with make-up⁎

pot à tabac *(lit)* tobacco jar; († *fig*) dumpy little person
pot de terre earthenware pot ◆ **un particulier qui se bat contre l'administration, c'est le pot de terre contre le pot de fer** one individual struggling against the authorities can't hope to win
pot de yaourt *(en verre)* pot of yoghurt; *(en carton)* carton ou pot of yoghurt

potabilité /pɔtabilite/ NF [*d'eau*] drinkability, potability *(SPÉC)*

potable /pɔtabl/ SYN ADJ *(lit)* drinkable, potable *(frm)*; (⁎ = *acceptable*) passable, decent ◆ **eau potable** drinking water ◆ **eau non potable** non-drinking water ◆ **il ne peut pas faire un travail potable** he can't do a decent piece of work ◆ **le film est potable** the film isn't bad ◆ **ce travail est tout juste potable** this piece of work is barely passable ou acceptable

potache⁎ /pɔtaʃ/ NM schoolboy, schoolkid⁎ ◆ **plaisanteries (de) potache** schoolboy pranks

potage /pɔtaʒ/ NM soup ◆ **être dans le potage**⁎ *(mal réveillé)* to be in a daze; *(désorienté)* to be in a muddle; *(en mauvaise posture)* to be in the soup⁎

potager, -ère /pɔtaʒe, ɛʀ/
▸ ADJ [*plante*] edible ◆ **jardin potager** kitchen ou vegetable garden
▸ NM [1] (= *jardin*) kitchen ou vegetable garden
[2] *(Helv* = *cuisinière)* cooker

potamochère /pɔtamɔʃɛʀ/ NM river hog

potamogéton /pɔtamɔʒetɔ̃/ NM ⇒ **potamot**

potamologie /pɔtamɔlɔʒi/ NF potamology

potamot /pɔtamo/ NM pondweed

potasse /pɔtas/ NF (= *hydroxide*) potassium hydroxide, caustic potash; (= *carbonate*) potash *(impure potassium carbonate)*

potasser⁎ /pɔtase/ ▸ conjug 1 ◂
▸ VT [+ *livre, discours, examen*] to cram ou bone up⁎ ou swot up⁎ *(Brit)* for; [+ *sujet*] to bone up (on)⁎, to swot up (on)⁎ *(Brit)*
▸ VI to cram, to swot *(Brit)*

potassique /pɔtasik/ ADJ potassic

potassium /pɔtasjɔm/ NM potassium

pot-au-feu /pɔtofø/ NM INV (= *plat*) boiled beef with vegetables; (= *viande*) stewing beef ◆ **pot-au-feu de la mer** assorted boiled fish ◆ **il est assez pot-au-feu** † *(épith)*, he's quite a home-loving person

pot-de-vin (pl **pots-de-vin**) /pod(ə)vɛ̃/ SYN NM bribe, backhander⁎ *(Brit)*, payola *(US)* ◆ **donner un pot-de-vin à qn** to bribe sb, to grease sb's palm, to give sb a backhander⁎ *(Brit)*

pote⁎ /pɔt/ NM pal⁎, mate *(Brit)*, buddy⁎ *(US)* ◆ **salut, mon pote !** hi there! ⁎

poteau (pl **poteaux**) /pɔto/ SYN
▸ NM [1] (= *pilier*) post ◆ **rester au poteau** *(Courses)* to be left at the (starting) post ◆ **elle a les jambes comme des poteaux**⁎ she's got legs like tree trunks⁎
[2] (= *poteau d'exécution*) execution post, stake *(for execution by shooting)* ◆ **envoyer au poteau** to sentence to execution by firing squad ◆ **au poteau !** lynch him!, string him up! ⁎ ◆ **le directeur au poteau !** down with the boss!
[3] († ⁎ = *ami*) pal⁎, buddy⁎ *(US)*
▸ COMP **poteau d'arrivée** winning ou finishing post
poteau de but goal-post
poteau de départ starting post
poteau électrique electricity pole
poteau indicateur signpost
poteau télégraphique telegraph post ou pole
poteau de torture torture post

potée /pɔte/ NF [1] *(Culin)* ≈ hotpot *(of pork and cabbage)*
[2] *(Tech)* ◆ **potée d'étain** tin putty, putty powder

potelé, e /pɔt(ə)le/ SYN ADJ [*enfant*] chubby; [*bras*] plump

potence /pɔtɑ̃s/ NF [1] (= *gibet*) gallows *(sg)*; → **gibier**
[2] (= *support*) bracket ◆ **en potence** (= *en équerre*) L-shaped; (= *en T*) T-shaped

potencé, e /pɔtɑ̃se/ ADJ ◆ **croix potencée** cross of Jerusalem

potentat /pɔtɑ̃ta/ NM *(lit)* potentate; *(péj)* despot

potentialiser /pɔtɑ̃sjalize/ ► conjug 1 ◄ VT (Pharm) to potentiate; [+ mécanisme] to maximize the potential of, to potentiate

potentialité /pɔtɑ̃sjalite/ SYN NF potentiality

potentiel, -ielle /pɔtɑ̃sjɛl/ SYN
ADJ [marché, risque, client] potential
NM ① (Sci) potential ◆ **potentiel électrique** electric potential
② (= capacité) potential ◆ **potentiel industriel/militaire/nucléaire** industrial/military/nuclear potential ◆ **ce candidat a un bon potentiel** this applicant has good potential ◆ **ce pays a un énorme potentiel économique/de croissance** this country has huge economic/growth potential

potentiellement /pɔtɑ̃sjɛlmɑ̃/ ADV potentially

potentille /pɔtɑ̃tij/ NF potentilla

potentiomètre /pɔtɑ̃sjɔmɛtʀ/ NM potentiometer

poterie /pɔtʀi/ SYN NF (= atelier, art) pottery; (= objet) piece of pottery ◆ **poteries** earthenware, pieces of pottery

poterne /pɔtɛʀn/ NF postern

potiche /pɔtiʃ/ NF (large) oriental vase; (péj = prête-nom) figurehead ◆ **il ne veut pas être un juge/président potiche** he doesn't want to be a mere figurehead judge/president ◆ **elle ne veut pas jouer les potiches** she doesn't want to just sit there and look pretty

potier, -ière /pɔtje, jɛʀ/ NM,F potter

potimarron /pɔtimaʀɔ̃/ NM red hubbard squash, red kuri squash

potin* /pɔtɛ̃/ SYN NM ① (= vacarme) din*, racket* ◆ **faire du potin** (lit) to make a noise; (fig) to kick up a fuss* ◆ **ça va faire du potin** (lit) there'll be a lot of noise, it'll be noisy; (fig) this is going to stir things up*, there'll be quite a rumpus (over this)
② (= commérage) ◆ **potins** gossip, tittle-tattle

potiner /pɔtine/ ► conjug 1 ◄ VI to gossip

potion /posjɔ̃/ SYN NF (lit) potion ◆ **potion magique** (lit, fig) magic potion ◆ **potion amère** bitter pill ◆ **la potion sera amère** it will be a bitter pill to swallow

potiron /pɔtiʀɔ̃/ NM pumpkin

potomanie /pɔtɔmani/ NF potomania

potomètre /pɔtɔmɛtʀ/ NM potometer

potorou /pɔtɔʀu/ NM kangaroo rat, potoroo

pot-pourri (pl **pots-pourris**) /popuʀi/ SYN NM (= fleurs) pot-pourri; (Mus) potpourri, medley; (fig) mixture, medley

potron-minet* /pɔtʀɔ̃minɛ/ ◆ **dès potron-minet** LOC ADV at the crack of dawn, at daybreak

Potsdam /pɔtsdam/ N Potsdam

potto /pɔto/ NM potto, kinkajou

pou (pl **poux**) /pu/ SYN NM louse ◆ **pou du pubis** pubic louse, crab (louse)* ◆ **couvert de poux** covered in lice, lice-ridden; → **chercher**, **laid**

pouah /pwa/ EXCL ugh!, yuk!

poubelle /pubɛl/ SYN
NF ① [d'ordures] (dust-)bin (Brit), trash ou garbage can (US) ◆ **descendre/sortir la poubelle** to take down/put out the bin (Brit) ou the garbage can (US) ◆ **les poubelles sont passées ?*** have the binmen (Brit) ou the garbage men (US) been? ◆ **allez, hop ! à la poubelle !** right! (let's) throw it out! ◆ **jeter/mettre qch à la poubelle** to throw/put sth in the (dust)bin (Brit) ou trash can (US) ou garbage can (US) ◆ **c'est bon à mettre à la poubelle** it's only fit for the (dust)bin (Brit), you can put it right into the trash ou garbage can (US) ◆ **faire les poubelles** to rummage through bins (Brit) ou garbage cans (US) ◆ **il roule dans une poubelle*** his car is a real tip* (Brit), his car is a garbage can on wheels (US) ◆ **ça appartient aux poubelles de l'histoire** that has been consigned to the scrap heap of history
② (Ordin) trash
③ (en apposition) ◆ **camion(-)poubelle** bin lorry (Brit), garbage truck (US) ◆ **classe(-)poubelle** class of rejects ◆ **chaîne(-)poubelle** trashy* television channel ◆ **navire(-)poubelle** coffin ship (often transporting dangerous nuclear waste etc) ◆ **la presse(-)poubelle** the gutter press
COMP **poubelle de table** container placed on a table for bones, wrappers etc

pouce /pus/ NM ① (Anat) [de main] thumb; [de pied] big toe ◆ **se tourner** ou **se rouler les pouces** to twiddle one's thumbs ◆ **mettre les pouces*** to give in ou up ◆ **pouce !** (au jeu) truce!, pax! (Brit) ◆ **on a déjeuné** ou **on a pris un morceau sur le pouce** we had a quick snack ou a bite to eat* ◆ **faire du pouce*** voyager sur **le pouce*** (Can) to thumb* a lift, to hitch*, to hitch-hike ◆ **coup de pouce** (pour aider qn) nudge in the right direction ◆ **donner un coup de pouce aux ventes** to give sales a bit of a boost ◆ **donner un coup de pouce à un projet** to help a project along
② (= mesure) inch ◆ **ils n'ont pas cédé un pouce de terrain** (fig)[armée] they haven't yielded an inch of land ◆ **son travail n'a pas avancé d'un pouce** he hasn't made the least ou the slightest bit of progress in his work ◆ **il n'a pas bougé d'un pouce** (dans sa prise de position) he refused to budge, he wouldn't budge an inch ◆ **la situation/ville n'a pas changé d'un pouce** the situation/town hasn't changed in the slightest ou hasn't changed the least little bit ◆ **il n'a pas varié** ou **dévié d'un pouce dans sa politique** he hasn't altered his policy in the slightest ◆ **et le pouce !*** and the rest!

pouce-pied (pl **pouces-pieds**) /puspje/ NM (= crustacé) barnacle

Poucet /pusɛ/ NM ◆ « **le Petit Poucet** » "Tom Thumb"

Pouchkine /puʃkin/ NM Pushkin

poucier /pusje/ NM (= protection) thumbstall

pou-de-soie (pl **poux-de-soie**) /pud(ə)swa/ NM poult(-de-soie)

pouding /pudiŋ/ NM ⇒ **pudding**

poudingue /pudɛ̃g/ NM (Géol) pudding stone

poudrage /pudʀaʒ/ NM powdering

poudre /pudʀ/ SYN
NF (gén) powder; (= poussière) dust; (= fard) (face) powder; (= explosif) (gun) powder; (Méd) powder; (arg Drogue = héroïne) smack* ◆ **poudre d'or/de diamant** gold/diamond dust ◆ **réduire qch en poudre** to reduce ou grind sth to powder, to powder sth ◆ **en poudre** [lait, œufs] dried, powdered ◆ **chocolat en poudre** cocoa powder ◆ **se mettre de la poudre** to powder one's face ou nose ◆ **se mettre de la poudre sur** to powder ◆ **poudre libre/compacte** loose/pressed powder ◆ **prendre la poudre d'escampette*** to take to one's heels, to skedaddle* ◆ **de la poudre de perlimpinpin** magical cure ◆ **jeter de la poudre aux yeux de qn** to impress sb ◆ **c'est de la poudre aux yeux** it's all just for show; → **feu¹**, **inventer**
COMP **poudre à canon** gunpowder
poudre dentifrice tooth powder
poudre à éternuer sneezing powder
poudre à laver washing powder (Brit), soap powder (Brit), (powdered) laundry detergent (US)
poudre à lever (surtout Helv) baking powder
poudre à récurer scouring powder
poudre de riz face powder

poudrer /pudʀe/ ► conjug 1 ◄
VT to powder
VI (Can) [neige] to drift
VPR **se poudrer** to powder one's face ou nose

poudrerie¹ /pudʀəʀi/ NF (= fabrique) gunpowder ou explosives factory

poudrerie² /pudʀəʀi/ NF (Can) drifting snow

poudrette /pudʀɛt/ NF (= engrais) crumb rubber

poudreux, -euse /pudʀø, øz/
ADJ (= poussiéreux) dusty ◆ **neige poudreuse** powder snow
NF **poudreuse** SYN ① (= neige) powder snow
② (= meuble) dressing table
③ (Agr) duster

poudrier /pudʀije/ NM (powder) compact

poudrière /pudʀijɛʀ/ NF powder magazine; (fig) powder keg (fig)

poudrin /pudʀɛ̃/ NM sea spray, spindrift

poudroiement /pudʀwamɑ̃/ NM dust haze

poudroyer /pudʀwaje/ ► conjug 8 ◄ VI [poussière] to rise in clouds; [neige] to rise in a flurry ◆ **la route poudroyait** clouds of dust rose up from the road

pouet (pouet) */puɛt(puɛt)/ EXCL (klaxon) beep! beep! ◆ **t'en sais rien, alors pouet pouet !** you don't know anything about it, so just shut up!*

pouf¹ /puf/
NM pouffe
EXCL thud! ◆ **faire pouf** to tumble (over) ◆ **pouf par terre !** whoops-a-daisy!

pouf², pouffe* /puf/ NF (péj = femme) tart*

pouf³* /puf/ NM (Belg) ◆ **taper** ou **répondre à pouf** to guess

pouffer /pufe/ SYN ► conjug 1 ◄ VI ◆ **pouffer (de rire)** to burst out laughing

pouf(f)iasse* /pufjas/ NF (péj) tart*, slag* (Brit); (= prostituée) whore, tart*

pouh /pu/ EXCL pooh!

pouillerie /pujʀi/ NF squalor

pouilleux, -euse /pujø, øz/ SYN
ADJ ① (lit) lousy, flea-ridden, verminous
② (= sordide) [quartier, endroit] squalid, seedy; [personne] dirty, filthy
NM,F (= pauvre) down-and-out; (= couvert de poux) flea-ridden ou lice-ridden ou verminous person

pouillot /pujo/ NM warbler ◆ **pouillot fitis** willow warbler ◆ **pouillot véloce** chiffchaff

poujadisme /puʒadism/ NM Poujadism

poujadiste /puʒadist/ ADJ, NMF Poujadist

poulailler /pulaje/ SYN NM henhouse ◆ **le poulailler*** (Théât) the gallery, the gods* (Brit)

poulain /pulɛ̃/ SYN NM ① (= cheval) foal, colt; (fig) promising youngster; (= protégé) protégé
② (= dispositif) ◆ **poulain (de chargement)** skid

poulaine /pulɛn/ NF (Hist = soulier) poulaine, long pointed shoe

poularde /pulaʀd/ NF fattened chicken

poulbot /pulbo/ NM street urchin (in Montmartre)

poule¹ /pul/ SYN
NF ① (= oiseau) hen; (Culin) (boiling) fowl ◆ **se lever avec les poules** (fig) to be an early riser, to get up with the lark (Brit) ou birds (US) ◆ **se coucher avec les poules** to go to bed early ◆ **quand les poules auront des dents** never in a month of Sundays ◆ **être comme une poule qui a trouvé un couteau** to be at a complete loss; → **chair**, **lait**
② * (= maîtresse) mistress; (= fille) bird* (Brit), broad* (US), chick* (US); (prostituée) whore, tart*, hooker* (US) ◆ **poule de luxe** high-class prostitute
③ (= terme affectueux) ◆ **ma poule** (my) pet ◆ **ça roule ma poule !*** okey-doke!*
COMP **poule d'eau** moorhen
poule faisane hen pheasant
poule mouillée (= lâche) softy*, coward
la poule aux œufs d'or the goose that lays the golden eggs ◆ **tuer la poule aux œufs d'or** to kill the goose that lays the golden eggs
poule pondeuse laying hen, layer
poule au pot boiled chicken ◆ **la poule au pot tous les dimanches** (Hist) a chicken in the pot every Sunday
poule au riz chicken and rice

poule² /pul/ NF ① (= enjeu) pool, kitty
② (= tournoi) (gén) tournament; (Escrime) pool; (Rugby) group
③ (Courses) ◆ **poule d'essai** maiden race

poulet /pulɛ/ SYN NM ① (= volaille) chicken ◆ **poulet de grain/fermier** corn-fed/free-range (Brit) chicken ◆ **mon (petit) poulet !*** (my) love! ou pet! (Brit)
② (* = policier) cop*
③ (†† = billet doux) love letter

poulette /pulɛt/ NF ① (= volaille) pullet ◆ **ma poulette !*** (my) love ou pet (Brit)!
② (* = fille) girl, lass*, bird* (Brit), chick* (US)
③ (Culin) ◆ **sauce poulette** sauce poulette (made with eggs and lemon juice)

pouliche /puliʃ/ NF filly

poulie /puli/ NF pulley; (avec sa caisse) block ◆ **poulie simple/double/fixe** single/double/fixed block ◆ **poulie folle** loose pulley

pouliner /puline/ ► conjug 1 ◄ VI to foal

poulinière /pulinjɛʀ/ ADJ F, NF ◆ **(jument) poulinière** brood mare

poulot, -otte †* /pulo, ɔt/ NM,F ◆ **mon poulot !, ma poulotte !** poppet!*, (my) pet! (Brit) ou love!

poulpe /pulp/ NM octopus

pouls /pu/ NM pulse ◆ **prendre** ou **tâter le pouls de qn** (lit) to take sb's pulse; (fig) to sound sb out ◆ **prendre** ou **tâter le pouls de** (fig) [+ opinion publique] to test, to sound out; [+ économie] to feel the pulse of

poult-de-soie (pl **poults-de-soie**) /pud(ə)swa/ NM ⇒ **pou-de-soie**

poumon /pumɔ̃/ NM lung ◆ **respirer à pleins poumons** to breathe deeply ◆ **chanter/crier à**

pleins poumons to sing/shout at the top of one's voice ◆ **poumon artificiel/d'acier** artificial/iron lung ◆ **cette région est le poumon économique du pays** this region is the hub of the country's economy ◆ **la forêt amazonienne, poumon de la terre** the Amazon rainforest, the lungs of the earth ◆ **Hyde Park, le poumon de Londres** Hyde Park, London's green lung

poupard /pupaʀ/
ADJ † chubby(-cheeked)
NM bouncing *ou* bonny *(Brit)* baby

poupe /pup/ NF *[de bateau]* stern; → **vent**

poupée /pupe/ SYN NF 1 *(= jouet)* doll ◆ **poupée(s) gigogne(s)** *ou* **russe(s)** nest of dolls, Russian dolls ◆ **poupée gonflable** inflatable *ou* blow-up doll ◆ **poupée de son** rag doll *(stuffed with bran)* ◆ **elle joue à la poupée** she's playing with her doll(s); → **maison**
2 *(* = jolie femme)* doll* ◆ **bonjour, poupée !** hullo, doll!
3 *(= pansement)* finger bandage ◆ **faire une poupée à qn** to bandage sb's finger
4 *(Tech)* ◆ **poupée fixe** headstock ◆ **poupée mobile** tailstock

poupin, e /pupɛ̃, in/ ADJ chubby

poupon /pupɔ̃/ NM little baby, babe-in-arms

pouponner /pupɔne/ SYN ► conjug 1 ◄ VI *[femme]* to play mother; *[homme]* to play father ◆ **tu vas bientôt (pouvoir) pouponner** soon you'll be fussing around like a fond mother (*ou* father *etc*)

pouponnière /pupɔnjɛʀ/ NF day nursery, crèche

◆ ◆

pour /puʀ/

GRAMMAIRE ACTIVE 26.4

1 - PRÉPOSITION
2 - NOM MASCULIN

◆ ◆

1 - PRÉPOSITION

1 [DIRECTION] for, to ◆ **partir pour l'Espagne** to leave for Spain ◆ **il part pour l'Espagne demain** he leaves for Spain *ou* he is off to Spain tomorrow ◆ **partir pour l'étranger** to go abroad ◆ **un billet pour Caen** a ticket to *ou* for Caen ◆ **le train pour Londres** the London train, the train for London

2 [TEMPS] for ◆ **tu restes à Paris pour Noël ?** are you staying in Paris for Christmas? ◆ **il est absent pour deux jours** he's away for two days ◆ **promettre qch pour le mois prochain/pour dans huit jours/pour après les vacances** to promise sth for next month/for next week/for after the holidays ◆ **ce sera pour l'an prochain** we'll have to wait for *ou* until next year ◆ **il lui faut sa voiture pour demain** he must have his car for *ou* by tomorrow ◆ **pour le moment** *ou* **l'instant** for the moment ◆ **pour toujours** for ever

◆ **en avoir pour** *[+ durée]* ◆ **tu en as pour combien de temps ?** how long are you going to be?, how long will it take you? ◆ **ne m'attendez pas, j'en ai encore pour une heure** don't wait for me, I'll be another hour (yet) ◆ **elle en a bien pour trois semaines** it'll take her at least three weeks ◆ **quand il se met à pleuvoir, on en a pour trois jours** once it starts raining, it goes on *ou* sets in for three days ◆ **on en a encore pour 20 km de cette mauvaise route** *(distance)* there's another 20 km of this awful road

3 [INTENTION, DESTINATION] for ◆ **faire qch pour qn** to do sth for sb ◆ **il ferait tout pour elle/sa mère** he would do anything for her *ou* for her sake/his mother *ou* his mother's sake ◆ **faire qch pour le plaisir** to do sth for pleasure ◆ **il n'est pas fait pour le travail de bureau** he's not made for office work ◆ **c'est fait** *ou* **étudié pour !*** that's what it's meant *ou* made for! ◆ **il travaille pour un cabinet d'architectes** he works for a firm of architects ◆ **ce n'est pas un livre pour (les) enfants** it's not a book for children, it's not a children's book ◆ **c'est mauvais/bon pour vous/pour la santé** it's bad/good for you/for the health ◆ **c'est trop compliqué pour elle** it's too complicated for her ◆ **son amour pour elle/les bêtes** his love for her/of animals ◆ **il a été très gentil pour ma mère** he was very kind to my mother ◆ **pour la plus grande joie des spectateurs** to the delight of the onlookers ◆ **coiffeur pour dames** ladies' hairdresser ◆ **sirop pour la toux** cough mixture *(Brit) ou* syrup *(US)* ◆ **pastilles pour la gorge** throat tablets

◆ **pour** + *infinitif (= afin de)* to ◆ **trouvez un argument pour le convaincre** find an argument to convince him *ou* that will convince him ◆ **il sera d'accord pour nous aider** he'll agree to help us ◆ **pour mûrir, les tomates ont besoin de soleil** tomatoes need sunshine to ripen ◆ **je ne l'ai pas dit pour le vexer** I didn't say that to annoy him ◆ **je n'ai rien dit pour ne pas le blesser** I didn't say anything so as not to hurt him ◆ **elle se pencha pour ramasser son gant** she bent down to pick up her glove ◆ **il tendit le bras pour prendre la boîte** he reached for the box ◆ **creuser pour trouver de l'eau/du pétrole** to dig for water/oil ◆ **il y a des gens assez innocents pour le croire** some people are naive enough to believe him ◆ **il finissait le soir tard pour reprendre le travail tôt le lendemain** he used to finish work late at night only to start again early the next morning ◆ **il est parti pour ne plus revenir** he left never to return, he left and never came back again

◆ **pour que** + *subjonctif (= afin que)* so that, in order that *(frm)* ◆ **écris vite ta lettre pour qu'elle parte ce soir** write your letter quickly so (that) it will go *ou* it goes this evening ◆ **il a mis une barrière pour que les enfants ne sortent pas** he has put up a fence so that the children won't get out ◆ **c'est ça, laisse ton sac là pour qu'on te le vole !** *(iro)* that's right, leave your bag there for someone to steal it! *ou* so that someone steals it! *(introduisant une conséquence)* ◆ **il est trop tard pour qu'on le prévienne** it's too late to warn him *ou* for him to be warned ◆ **elle est assez grande pour qu'on puisse la laisser seule** *(iro)* she's old enough to be left on her own

4 [CAUSE] ◆ **pour quelle raison ?** for what reason?, why? ◆ **être condamné pour vol** to be convicted for theft ◆ **« fermé pour réparations »** "closed for repairs" ◆ **il n'en est pas plus heureux pour ça !** he's none the happier for all that!, he's no happier for all that! ◆ **on l'a félicité pour son audace/pour son élection** he was congratulated on his daring/on his election ◆ **il est connu pour sa générosité** he is known for his generosity ◆ **quelle histoire pour si peu** what a fuss *ou* to-do* over *ou* about such a little thing ◆ **pourquoi se faire du souci pour ça ?** why worry about that? ◆ **il est pour quelque chose/pour beaucoup dans le succès de la pièce** he is partly/largely responsible for the success of the play, he had something/a lot to do with the play's success

◆ **pour** + *infinitif (introduisant une cause)* ◆ **elle a été punie pour avoir menti** she was punished for lying *ou* having lied ◆ **on l'a félicité pour avoir sauvé l'enfant** he was congratulated for having saved the child
(= susceptible de) ◆ **le travail n'est pas pour l'effrayer** *ou* **pour lui faire peur** he's not afraid of hard work ◆ **ce n'est pas pour arranger les choses** this isn't going to help matters, this will only make things worse

5 [APPROBATION] for, in favour *(Brit) ou* favor *(US)* of ◆ **manifester pour la paix** to demonstrate *ou* march for peace ◆ **je suis pour les réformes/pour réduire** *ou* **qu'on réduise les dépenses** I'm in favour of the reforms/of reducing expenditure ◆ **je suis pour !*** I'm all for it!*, I'm all in favour (of it)!

6 [= DU POINT DE VUE DE QN] ◆ **pour lui, le projet n'est pas réalisable** as he sees it *ou* in his opinion *ou* in his view the plan isn't feasible ◆ **pour moi, elle était déjà au courant** if you ask me, she already knew ◆ **pour moi, je suis d'accord** personally *ou* for my part I agree ◆ **sa fille est tout pour lui** his daughter is everything to him

7 [= EN CE QUI CONCERNE] ◆ **pour (ce qui est de) notre voyage, il faut y renoncer** as for our trip *ou* as far as our trip goes, we'll have to forget it ◆ **et pour les billets, c'est toi qui t'en charges ?** so, are you going to take care of the tickets? ◆ **ça ne change rien pour nous** that makes no difference as far as we're concerned ◆ **le plombier est venu/a téléphoné pour la chaudière** the plumber came/phoned about the boiler

8 [= À LA PLACE DE, EN ÉCHANGE DE] ◆ **payer pour qn** to pay for sb ◆ **signez pour moi** sign in my place *ou* for me ◆ **pour le directeur** *(Comm)* p.p. Manager ◆ **il a parlé pour nous tous** he spoke on behalf of all of us *ou* on our behalf, he spoke for all of us ◆ **donnez-moi pour 50 € d'essence** give me 50 euros' worth of petrol ◆ **il l'a eu pour 2 €** he got it for €2

◆ **en avoir pour** + *prix* ◆ **j'en ai eu pour 10 € de photocopies** it cost me €10 to do the photocopies

9 [RAPPORT, COMPARAISON] for ◆ **il est petit pour son âge** he is small for his age ◆ **il fait chaud pour la saison** it's warm for the time of year ◆ **c'est bien trop cher pour ce que c'est !** it's far too expensive for what it is! ◆ **pour un Anglais, il parle bien le français** he speaks French well for an Englishman ◆ **pour cent/mille** per cent/thousand ◆ **pour 500 g de farine, il te faut six œufs** for 500 grams of flour you need six eggs ◆ **pour un qui s'intéresse, il y en a dix qui bâillent** for every one that takes an interest there are ten who just sit there yawning ◆ **mourir pour mourir, je préfère que ce soit ici** if I have to die I should prefer it to be here

10 [= COMME] for, as ◆ **prendre qn pour femme** to take sb as one's wife ◆ **il a pour adjoint son cousin** he has his cousin as his deputy ◆ **il a pour principe/méthode de faire...** it is his principle/method to do..., his principle /method is to do... ◆ **ça a eu pour effet de changer son comportement** this had the effect of changing his behaviour

11 [EMPHATIQUE] ◆ **pour un sale coup, c'est un sale coup !*** of all the unfortunate things (to happen)! ◆ **pour une vedette, c'en est une !** that's what I call a star! ◆ **pour être furieux, je suis furieux !** I am so angry!

12 [INDIQUANT UNE RESTRICTION] ◆ **pour avoir réussi, il n'en est pas plus heureux** he's no happier *ou* none the happier for having succeeded *ou* for his success ◆ **pour être petite, elle n'en est pas moins solide** she may be small but that doesn't mean she's not strong ◆ **pour riche qu'il soit, il n'est pas généreux** (as) rich as he is *ou* rich though he is, he's not generous

13 [LOCUTIONS]

◆ **pour peu que** + *subjonctif* ◆ **pour peu qu'il soit sorti sans sa clé...** if he's left without his key... ◆ **il la convaincra, pour peu qu'il sache s'y prendre** he'll convince her if he goes about it (in) the right way

◆ **être pour** + *infinitif** ◆ **j'étais pour partir** *(= être sur le point de)* I was just going, I was just about to go, I was on the point of leaving

2 - NOM MASCULIN

1 [= ARGUMENTS] ◆ **le pour et le contre** the arguments for and against, the pros and cons ◆ **il y a du pour et du contre** there are arguments on both sides *ou* arguments for and against; → **peser**

2 [= PERSONNE] ◆ **les pour ont la majorité** those in favour are in the majority ◆ **devant ses tableaux, il y a les pour et les contre** people either like or dislike his paintings

---

pourboire /puʀbwaʀ/ SYN NM tip ◆ **pourboire interdit** no gratuities, our staff do not accept gratuities ◆ **donner un pourboire de 2 € à qn, donner 2 € de pourboire à qn** to tip sb 2 euros, to give sb a 2 euro tip

pourceau (pl **pourceaux**) /puʀso/ NM *(littér, péj)* pig, swine *(inv)*; → **perle**

pour-cent /puʀsɑ̃/ NM INV *(= commission)* percentage, cut*

pourcentage /puʀsɑ̃taʒ/ SYN NM percentage ◆ **résultat exprimé en pourcentage** result expressed in percentages ◆ **fort pourcentage d'abstentions** high abstention rate ◆ **travailler** *ou* **être au pourcentage** to work on commission ◆ **toucher un pourcentage sur les bénéfices** to get a share *ou* a cut* of the profits ◆ **côte à fort pourcentage** hill with a steep gradient, steep slope

pourchasser /puʀʃase/ SYN ► conjug 1 ◄ VT *[police, chasseur, ennemi]* to pursue, to hunt down; *[créancier, importun]* to hound ◆ **pourchasser la misère/le crime** to hunt out *ou* seek out poverty/crime ◆ **pourchasser les fautes d'orthographe** to hunt out spelling mistakes

pourfendeur /puʀfɑ̃dœʀ/ NM *(hum)* destroyer

pourfendre /puʀfɑ̃dʀ/ SYN ► conjug 41 ◄ VT *(littér)* *[+ adversaire]* to set about, to assail; *[+ abus]* to fight against, to combat

Pourim /puʀim/ NM Purim

pourlécher (se) /puʀleʃe/ ► conjug 6 ◄ VPR *(lit, fig)* to lick one's lips ◆ **je m'en pourlèche déjà** *(lit)* my mouth is watering already; *(fig)* I can hardly wait ◆ **se pourlécher les babines*** *(lit)* to lick one's chops*; *(fig)* to lick *ou* smack one's lips

pourliche* /puʀliʃ/ NM tip

pourparlers /puʀpaʀle/ SYN NMPL talks, negotiations, discussions • **entrer en pourparlers avec qn** to start negotiations *ou* discussions with sb, to enter into talks with sb • **être en pourparlers avec qn** to be negotiating with sb, to be having talks *ou* discussions with sb

pourpier /puʀpje/ NM portulaca; *(comestible)* purslane

pourpoint /puʀpwɛ̃/ NM doublet, pourpoint

pourpre /puʀpʀ/
ADJ *(gén)* crimson; *(Héraldique)* purpure • **il devint pourpre** *(furieux)* he went purple (in the face); *(gêné)* he turned crimson *ou* scarlet
NM 1 *(= couleur)* crimson; *(Héraldique)* purpure • **pourpre rétinien** visual purple
2 *(= coquillage)* murex
NF *(= matière colorante, étoffe, symbole)* purple; *(= couleur)* scarlet • **pourpre royale** royal purple • **accéder à la pourpre cardinalice** *ou* **romaine** to be given the red hat • **né dans la pourpre** born to the purple

pourpré, e /puʀpʀe/ ADJ *(littér)* crimson

pourquoi /puʀkwa/ GRAMMAIRE ACTIVE 1.1
CONJ why • **pourquoi est-il venu ?** why did he come?, what did he come for? • **pourquoi les avoir oubliés ?** why did he *(ou* they *etc)* forget them? • **c'est** *ou* **voilà pourquoi il n'est pas venu** that's (the reason) why he didn't come
ADV why • **tu me le prêtes ? – pourquoi (donc) ?** can you lend me it? – why? *ou* what for? • **tu viens ? – pourquoi pas ?** are you coming? – why not? • **il a réussi, pourquoi pas vous ?** *(dans le futur)* he succeeded so why shouldn't you?; *(dans le passé)* he succeeded so why didn't you? *ou* so how come you didn't?* • **je vais vous dire pourquoi** I'll tell you why • **il faut que ça marche, ou que ça dise pourquoi*** it had better work or else*, it had better work, or I'll want to know why (not) • **allez savoir** *ou* **comprendre pourquoi !***, **je vous demande bien pourquoi** I just can't imagine why!
NM INV *(= raison)* reason *(de* for); *(= question)* question • **le pourquoi de son attitude** the reason for his attitude • **il veut toujours savoir le pourquoi et le comment** he always wants to know the whys and wherefores • **il est difficile de répondre à tous les pourquoi des enfants** it isn't easy to find an answer for everything children ask you

pourri, e /puʀi/ SYN (ptp de **pourrir**)
ADJ 1 *[fruit]* rotten, bad; *[bois]* rotten; *[feuille]* decayed, rotting; *[viande]* bad; *[œuf]* rotten, bad, addled; *[enfant]* spoilt rotten *(attrib)*; *[cadavre]* decomposed, putrefied • **être pourri** *[pomme]* to have gone rotten *ou* bad; *[œuf]* to have gone bad; → **poisson**
2 *[roche]* crumbling, rotten; *[neige]* melting, half-melted
3 *(= mauvais) [temps, été]* rotten; *[personne, société]* rotten, corrupt • **flic pourri**‡ bent copper‡ *(Brit)*, dirty *ou* bad cop* *(US)* • **pourri de fric**‡ stinking* *ou* filthy* rich • **pourri de défauts** full of *ou* riddled with faults • **pourri de talent*** oozing with talent
NM 1 *(= partie gâtée)* rotten *ou* bad part • **sentir le pourri** to smell rotten *ou* bad
2 *(‡ = crapule)* swine‡ • **bande de pourris !** (you) bastards!*‡
3 *(‡ = policier corrompu)* bent copper* *(Brit)*, dirty *ou* bad cop* *(US)*

pourrir /puʀiʀ/ SYN ► conjug 2 ◄
VI *[fruit]* to go rotten *ou* bad, to spoil; *[bois]* to rot (away); *[œuf]* to go bad; *[cadavre]* to rot (away); *[corps, membre]* to be eaten away; *[relations]* to deteriorate • **récolte qui pourrit sur pied** harvest rotting on the stalk • **pourrir dans la misère** to languish in poverty • **pourrir en prison** to rot (away) in prison • **laisser pourrir la situation** to let the situation deteriorate *ou* get worse • **laisser pourrir une grève** to let a strike peter out
VT 1 *[+ fruit]* to rot, to spoil; *[+ bois]* to rot; *(= infecter) [+ corps]* to eat away (at)
2 *(= gâter) [+ enfant]* to spoil rotten; *(= corrompre) [+ personne]* to corrupt, to spoil • **ça me pourrit la vie** it's ruining my life
VPR **se pourrir** *[fruit]* to go rotten *ou* bad, to spoil; *[bois]* to rot (away); *[relations, situation]* to deteriorate, to get worse

pourrissage /puʀisaʒ/ NM *[de pâte céramique]* weathering

pourrissement /puʀismɑ̃/ NM *[de situation]* deterioration, worsening *(de* in, of)

pourriture /puʀityʀ/ SYN NF 1 *(lit, Agr)* rot; *[de société]* rottenness • **odeur de pourriture** putrid smell • **pourriture noble** noble rot, botrytis *(SPÉC)*
2 *(‡ péj) (= homme)* louse‡, swine‡; *(= femme)* bitch*‡

pour-soi /puʀswa/ NM *(Philos)* pour-soi

poursuite /puʀsɥit/ SYN NF 1 *[de voleur, animal]* chase *(de* after), pursuit *(de* of); *[de bonheur, gloire]* pursuit *(de* of) • **se mettre** *ou* **se lancer à la poursuite de qn** to chase *ou* run after sb, to go in pursuit of sb
2 *(Jur)* • **poursuites (judiciaires)** legal proceedings • **engager des poursuites contre qn** to start legal proceedings against sb, to take legal action against sb • **s'exposer à des poursuites** to lay o.s. open to *ou* run the risk of prosecution
3 *(= continuation)* continuation • **ils ont voté/décidé la poursuite de la grève** they voted/decided to continue the strike
4 • **(course) poursuite** *(Sport)* track race; *(Police)* chase, pursuit • **poursuite individuelle** individual pursuit • **poursuite en voiture** car chase
5 *(Théât = spot)* spotlight

poursuiteur, -euse /puʀsɥitœʀ, øz/ NM,F track rider *ou* cyclist

poursuivant, e /puʀsɥivɑ̃, ɑ̃t/
ADJ *(Jur)* • **partie poursuivante** plaintiff
NM,F *(= ennemi)* pursuer; *(Jur)* plaintiff

poursuivre /puʀsɥivʀ/ SYN ► conjug 40 ◄
VT 1 *(= courir après) [+ fugitif, ennemi]* to pursue; *[+ animal]* to chase (after), to hunt down, to pursue; *[+ malfaiteur]* to chase (after), to pursue • **un enfant poursuivi par un chien** a child (being) chased *ou* pursued by a dog • **les motards poursuivaient la voiture** the police motorcyclists were chasing the car *ou* were in pursuit of the car
2 *(= harceler) [importun, souvenir]* to hound • **être poursuivi par ses créanciers** to be hounded by one's creditors • **poursuivre qn de sa colère/de sa haine** to be bitterly angry with sb/hate sb bitterly • **poursuivre une femme de ses assiduités** to force one's attentions on a woman • **cette idée le poursuit** he can't get the idea out of his mind, he's haunted by the idea • **les photographes ont poursuivi l'actrice jusque chez elle** the photographers followed the actress all the way home
3 *(= chercher à atteindre) [+ fortune, gloire]* to seek (after); *[+ vérité]* to pursue, to seek (after); *[+ rêve]* to pursue, to follow; *[+ but, idéal]* to strive towards, to pursue
4 *(= continuer) (gén)* to continue, to go *ou* carry on with; *[+ avantage]* to follow up, to pursue • **poursuivre sa marche** to carry on walking
5 *(Jur)* • **poursuivre qn (en justice)** *(au criminel)* to prosecute sb, to bring proceedings against sb; *(au civil)* to sue sb, to bring proceedings against sb • **être poursuivi pour vol** to be prosecuted for theft
VI 1 *(= continuer)* to carry on, to go on, to continue • **poursuivez, cela m'intéresse** go on *ou* tell me more, I'm interested • **puis il poursuivit : voici pourquoi...** then he went on *ou* continued: that's why...
2 *(= persévérer)* to keep at it, to keep it up
VPR **se poursuivre** *[négociations, débats]* to go on, to continue; *[enquête, recherches, travail]* to be going on • **les débats se sont poursuivis jusqu'au matin** discussions went on *ou* continued until morning

pourtant /puʀtɑ̃/ SYN ADV *(= néanmoins, en dépit de cela)* yet, nevertheless, all the same, even so; *(= cependant)* (and) yet • **et pourtant** and yet, but nevertheless • **frêle mais pourtant résistant** frail but (nevertheless) resilient, frail (and) yet resilient • **il faut pourtant le faire** it's got to be done nevertheless *ou* all the same *ou* even so • **il n'est pourtant pas très intelligent** (and) yet he's not very clever, he's not very clever though • **c'est pourtant facile !** *(intensif)* but it's easy!, but it's not difficult! • **on lui a pourtant dit de faire attention** and yet we told him *ou* did tell him to be careful

pourtour /puʀtuʀ/ SYN NM *[de cercle]* circumference; *[de rectangle]* perimeter; *(= bord)* surround • **le pourtour méditerranéen** the Mediterranean region • **sur le pourtour de** around

pourvoi /puʀvwa/ NM *(Jur)* appeal • **pourvoi en grâce** appeal for clemency • **former un pourvoi en cassation** to (lodge an) appeal

pourvoir /puʀvwaʀ/ SYN ► conjug 25 ◄
VT 1 • **pourvoir qn de qch** to provide *ou* equip *ou* supply sb with sth • **pourvoir un enfant de vêtements chauds** to provide a child with warm clothes • **la nature l'a pourvu d'une grande intelligence** nature has endowed him with great intelligence • **la nature l'a pourvue d'une grande beauté** she is graced with great natural beauty • **pourvoir sa maison de tout le confort moderne** to fit one's house out *ou* equip one's house with all modern conveniences • **pourvoir sa cave de vin** to stock one's cellar with wine; → **pourvu**[1]
2 *[+ poste]* to fill • **il y a deux postes à pourvoir** there are two posts to fill
VT INDIR **pourvoir à** *[+ éventualité]* to provide for, to cater for; *[+ emploi]* to fill • **pourvoir aux besoins de qn** to provide for *ou* cater for *ou* supply sb's needs • **pourvoir à l'entretien du ménage** to provide for the upkeep of the household • **j'y pourvoirai** I'll see to it *ou* deal with it
VPR **se pourvoir** 1 • **se pourvoir de** *[+ argent, vêtements]* to provide o.s. with; *[+ provisions, munitions]* to provide o.s. with, to equip o.s. with, to supply o.s. with
2 *(Jur)* to appeal, to lodge an appeal • **se pourvoir en appel** to take one's case to the Court of Appeal • **se pourvoir en cassation** to (lodge an) appeal

pourvoyeur, -euse /puʀvwajœʀ, øz/
NM,F supplier, purveyor; *[de drogue]* supplier, pusher*
NM *(Mil = servant de pièce)* artilleryman

pourvu[1], **e** /puʀvy/ SYN (ptp de **pourvoir**) ADJ
1 *[personne]* • **être pourvu de** *[+ intelligence, imagination]* to be gifted with, to be endowed with; *[+ grâce]* to be endowed with • **avec ces provisions nous voilà pourvus pour l'hiver** with these provisions we're stocked up for the winter • **nous sommes très bien/très mal pourvus en commerçants** we're very well-off/very badly off for shops • **après l'héritage qu'il a fait c'est quelqu'un de bien pourvu** with the inheritance he's received, he's very well-off *ou* very well provided for
2 *[chose]* • **être pourvu de** to be equipped *ou* fitted with • **feuille de papier pourvue d'une marge** sheet of paper with a margin • **animal (qui est) pourvu d'écailles** animal which has scales *ou* which is equipped with scales

pourvu[2] /puʀvy/ **pourvu que** LOC CONJ *(souhait)* let's hope; *(condition)* provided (that), so long as • **pourvu que ça dure !** let's hope it lasts!

poussa(h) /pusa/ NM *(= jouet)* wobbly toy, Weeble ®; *(péj = homme)* potbellied man

pousse /pus/ SYN NF 1 *(= bourgeon)* shoot • **pousses de bambou** bamboo shoots • **pousses de soja** beansprouts • **la plante fait des pousses** the plant is putting out shoots • **jeune pousse** *(= entreprise)* start-up; *(= jeune talent)* new talent
2 *(= action) [de feuilles]* sprouting; *[de dents, cheveux]* growth

poussé, e[1] /puse/ SYN (ptp de **pousser**)
ADJ *[études]* advanced; *[enquête]* extensive, exhaustive; *[interrogatoire]* intensive; *[moteur]* souped-up* • **très poussé** *[organisation, technique, dessin]* elaborate, sophisticated; *[précision]* high-level *(épith)*, extreme • **il n'a pas eu une formation/éducation très poussée** he hasn't had much training/education • **une plaisanterie un peu poussée** a joke which goes a bit too far
NM *(Mus)* up-bow

pousse-au-crime* /pusokʀim/ NM INV *(= boisson)* firewater* • **c'est du pousse-au-crime !** *(fig) [décolleté, tenue]* it's an open invitation! • **c'est une société pousse-au-crime** it's a society that drives people to crime

pousse-café* /puskafe/ NM INV liqueur

poussée[2] /puse/ SYN NF 1 *(= pression) [de foule]* pressure, pushing; *[d'arc, voûte, moteur]* thrust *(NonC)* • **sous la poussée** under the pressure • **la poussée d'Archimède** Archimedes' principle • **poussée radiculaire** *(Bot)* root pressure
2 *(= coup)* push, shove; *[d'ennemi]* thrust • **écarter qn d'une poussée** to thrust *ou* push *ou* shove sb aside • **enfoncer une porte d'une poussée violente** to break a door down with a violent heave *ou* shove
3 *(= éruption) [d'acné]* attack, eruption; *[de prix]* rise, upsurge, increase • **poussée de fièvre** (sudden) high temperature • **la poussée de la**

gauche/droite aux élections the upsurge of the left/right in the elections ◆ **la poussée révolutionnaire de 1789** the revolutionary upsurge of 1789

pousse-pied (pl **pousses-pied(s)**) /puspje/ **NM** (*= crustacé*) barnacle

pousse-pousse /puspus/ **NM INV** rickshaw; (*Helv = poussette*) pushchair (*Brit*), stroller (*US*)

pousser /puse/ SYN ▸ conjug 1 ◂

VT 1 (*gén*) [*+ voiture, meuble, personne*] to push; [*+ brouette, landau*] to push, to wheel; [*+ verrou*] (*= ouvrir*) to slide, to push back; (*= fermer*) to slide, to push to *ou* home; [*+ objet gênant*] to move, to shift, to push aside; [*+ pion*] to move ◆ **pousser une chaise contre le mur/près de la fenêtre/dehors** to push a chair (up) against the wall/over to the window/outside ◆ **pousser les gens vers la porte** to push the people towards *ou* to the door ◆ **il me poussa du genou/du coude** he nudged me with his knee/(with his elbow) ◆ **pousser un animal devant soi** to drive an animal in front of one ◆ **pousser la porte/la fenêtre** (*fermer*) to push the door/window to *ou* shut; (*ouvrir*) to push the door/window open ◆ **pousser un caillou du pied** to kick a stone (along) ◆ **le vent nous poussait vers la côte** the wind was blowing *ou* pushing *ou* driving us towards the shore ◆ **le courant poussait le bateau vers les rochers** the current was carrying the boat towards the rocks ◆ **peux-tu me pousser ?** (*balançoire, voiture en panne*) can you give me a push? ◆ **peux-tu pousser ta voiture ?** can you move your car (out of the way)? ◆ **pousse tes fesses !**‡ shift your backside!‡, shove over!‡ ◆ **(ne) poussez pas, il y a des enfants !** don't push *ou* stop pushing, there are children here! ◆ **il m'a poussé** he pushed me ◆ **il y a une voiture qui me pousse au derrière*** *ou* **au cul***‡ the car behind me is right up my backside‡ (*Brit*), there's a car riding my ass*‡ (*US*) ◆ **faut pas pousser (grand-mère dans les orties) !**‡ that's going a bit far!, you (*ou* he) must be kidding!* ◆ **pousser un peu loin le bouchon** to push it*, to go a bit far ◆ **ne pousse pas le bouchon trop loin** don't push it*, don't push your luck; → **pointe**

2 (*= stimuler*) [*+ élève, ouvrier*] to urge on, to egg on, to push; [*+ cheval*] to ride hard, to push; [*+ moteur*] (*techniquement*) to soup up, to hot up, to hop up (*US*); (*en accélérant*) to flog* (*surtout Brit*), to drive hard; [*+ voiture*] to drive hard *ou* fast; [*+ machine*] to work hard; [*+ feu*] to stoke up; [*+ chauffage*] to turn up; (*= mettre en valeur*) [*+ candidat, protégé*] to push; [*+ dossier*] to help along ◆ **c'est l'ambition qui le pousse** he is driven by ambition, it's ambition which drives him on ◆ **dans ce lycée on pousse trop les élèves** the pupils are worked *ou* driven *ou* pushed too hard in this school ◆ **ce prof l'a beaucoup poussé en maths** this teacher has really pushed him *ou* made him get on in maths ◆ **pousse le son, on n'entend rien !** turn it up a bit, we can't hear a thing!

3 ◆ **pousser qn à faire qch** [*faim, curiosité*] to drive sb to do sth; [*personne*] (*= inciter*) to urge *ou* press sb to do sth; (*= persuader*) to persuade sb to do sth, to talk sb into doing sth ◆ **ses parents le poussent à entrer à l'université/vers une carrière médicale** his parents are urging *ou* encouraging *ou* pushing him to go to university/to take up a career in medicine ◆ **c'est elle qui l'a poussé à acheter cette maison** she talked him into *ou* pushed him into buying this house ◆ **son échec nous pousse à croire que...** his failure leads us to think that..., because of his failure we're tempted to think that... ◆ **pousser qn au crime/au désespoir** to drive sb to crime/to despair ◆ **pousser qn à la consommation** to encourage sb to buy (*ou* eat *ou* drink *etc*) ◆ **pousser qn à la dépense** to encourage sb to spend money ◆ **le sentiment qui le poussait vers sa bien-aimée** the feeling which drove him to his beloved ◆ **pousser qn sur un sujet** to get sb onto a subject

4 (*= poursuivre*) [*+ études, discussion*] to continue, to carry on (with), to go on with; [*+ avantage*] to press (home), to follow up; [*+ affaire*] to follow up, to pursue; [*+ marche, progression*] to continue, to carry on with ◆ **pousser l'enquête/les recherches plus loin** to carry on *ou* press on with the inquiry/the research ◆ **pousser la curiosité/la plaisanterie un peu (trop) loin** to take curiosity/the joke a bit (too) far ◆ **pousser qch à la perfection** to carry *ou* bring sth to perfection ◆ **il pousse les choses au noir** he always looks on the black side (of things) *ou* takes a black view of things ◆ **il a poussé le dévouement/la gentillesse/la malhonnêteté jusqu'à faire...** he was devoted/kind/dishonest enough to do..., his devotion/kindness/dishonesty was such that he did... ◆ **pousser l'indulgence jusqu'à la faiblesse** to carry indulgence to the point of weakness ◆ **pousser qn à bout** to push sb to breaking point, to drive sb to his wits' end *ou* the limit

5 [*+ cri, hurlement*] to let out, to utter, to give; [*+ soupir*] to heave, to give ◆ **pousser des cris** to shout, to scream ◆ **pousser des rugissements** to roar ◆ **les enfants poussaient des cris perçants** the children were shrieking ◆ **le chien poussait de petits jappements plaintifs** the dog was yelping pitifully ◆ **pousser la chansonnette ou la romance, en pousser une*** (*hum*) to sing a (little) song

VI 1 [*plante*] (*= sortir de terre*) to sprout; (*= se développer*) to grow; [*barbe, enfant*] to grow; [*dent*] to come through; [*ville*] to grow, to expand ◆ **alors, les enfants, ça pousse ?*** and how are the kids doing?* ◆ **son bébé pousse bien*** her baby's growing well ◆ **mes choux poussent bien** my cabbages are coming on *ou* doing nicely *ou* well ◆ **tout pousse bien dans cette région** everything grows well in this region ◆ **ils font pousser des tomates par ici** they grow tomatoes in these parts, this is a tomato-growing area ◆ **la pluie fait pousser les mauvaises herbes** the rain makes the weeds grow ◆ **ça pousse comme du chiendent** they grow like weeds ◆ **il se fait** *ou* **se laisse pousser la barbe** he's growing a beard ◆ **il se fait** *ou* **se laisse pousser les cheveux** he's growing his hair, he's letting his hair grow ◆ **il a une dent qui pousse** he's cutting a tooth, he's got a tooth coming through ◆ **pousser comme un champignon** to be shooting up ◆ **de nouvelles villes poussaient comme des champignons** new towns were springing up *ou* sprouting like mushrooms, new towns were mushrooming

2 (*= faire un effort*) (*pour accoucher, aller à la selle*) to push ◆ **pousser à la roue** (*fig*) to do a bit of pushing, to push a bit ◆ **pousser (à la roue) pour que qn fasse qch** to keep nudging *ou* pushing sb to get him to do sth ◆ **pousser à la hausse** (*Fin*) to push prices up ◆ **pousser à la baisse** (*Fin*) to force prices down

3 (*= aller*) ◆ **nous allons pousser un peu plus avant** we're going to go on *ou* push on a bit further ◆ **pousser jusqu'à Lyon** to go on *ou* push on as far as *ou* carry on to Lyons

4 (* *= exagérer*) to go too far, to overdo it ◆ **tu pousses !** that's going a bit far! ◆ **faut pas pousser !** that's going a bit far!, that's overdoing it a bit!

5 [*vin*] to referment in spring

VPR **se pousser** 1 (*= se déplacer*) to move, to shift; (*= faire de la place*) to move *ou* shift over (*ou* up *ou* along *ou* down); (*en voiture*) to move ◆ **pousse-toi de là que je m'y mette*** move over and make room for me

2 (*= essayer de s'élever*) ◆ **se pousser (dans la société)** to make one's way *ou* push o.s. up in society *ou* in the world

poussette /pusɛt/ **NF** (*pour enfant*) pushchair (*Brit*), stroller (*US*); (*Helv*) pram (*Brit*), baby carriage (*US*); (*à provisions*) shopping trolley (*Brit*), shopping cart (*US*); (*arg Cyclisme*) push (*given to a cyclist to spur him on in a race*)

poussette-canne (pl **poussettes-cannes**) /pusɛtkan/ **NF** baby buggy, (folding) stroller (*US*)

poussier /pusje/ **NM** coaldust, screenings (*SPÉC*)

poussière /pusjɛʀ/ SYN

NF 1 (*= particules*) dust ◆ **faire** *ou* **soulever de la poussière** to raise a lot of dust ◆ **prendre la poussière** to collect *ou* gather dust ◆ **faire la poussière*** to do the dusting ◆ **couvert de poussière** dusty, covered in dust ◆ **avoir une poussière dans l'œil** to have a speck of dust in one's eye ◆ **leur poussière repose dans ces tombes** (*frm*) their ashes *ou* mortal remains lie in these tombs ◆ **une poussière de** (*fig*) a myriad of ◆ **réduire/tomber en poussière** to reduce to/crumble into dust

2 (*locutions*) ◆ **5 € et des poussières*** just over €5 ◆ **il a 50 ans et des poussières** he's just over 50 ◆ **il était 22 heures et des poussières** it was just gone *ou* a little after 10 o'clock

COMP **poussière d'ange** (*= drogue*) angel dust
poussière de charbon coaldust
poussière cosmique cosmic dust
poussière d'étoiles stardust
poussière d'or gold dust
poussière radioactive radioactive particles *ou* dust (*NonC*)
poussière volcanique volcanic ash *ou* dust

poussiéreux, -euse /pusjeʀø, øz/ SYN **ADJ** (*lit*) dusty, covered in dust; (*fig*) fusty

poussif, -ive /pusif, iv/ SYN **ADJ** [*personne*] wheezy, short-winded; [*cheval*] broken-winded; [*moteur*] puffing, wheezing; [*style*] laboured (*Brit*), labored (*US*)

poussin /pusɛ̃/ **NM** 1 (*= oiseau*) chick ◆ **mon poussin !*** (*terme affectueux*) pet!, poppet!*

2 (*Sport*) under eleven, junior

3 (*arg Mil*) *first-year cadet in the air force*

poussinière /pusinjɛʀ/ **NF** (*= cage*) chicken coop; (*= couveuse*) (chicken) hatchery

poussivement /pusivmɑ̃/ **ADV** ◆ **il monta poussivement la côte/l'escalier** he wheezed up *ou* puffed up the hill/the stairs

poussoir /puswaʀ/ **NM** [*de sonnette*] button ◆ **poussoir (de soupape)** (*dans moteur*) tappet

poutre /putʀ/ SYN **NF** (*en bois*) beam; (*en métal*) girder; (*Gym*) beam ◆ **poutres apparentes** exposed beams; → **maître, paille**

poutrelle /putʀɛl/ **NF** (*en bois*) beam; (*en métal*) girder

poutse *, **poutze** * /puts/ **NF** (*Helv = nettoyage*) cleaning

poutser *, **poutzer** * /putse/ ▸ conjug 1 ◂ **VT** (*Helv*) to clean

pouvoir[1] /puvwaʀ/

GRAMMAIRE ACTIVE 1.1, 3, 4, 9, 15, 16

SYN ▸ conjug 33 ◂

1 - VERBE AUXILIAIRE
2 - VERBE IMPERSONNEL
3 - VERBE TRANSITIF
4 - VERBE PRONOMINAL

1 - VERBE AUXILIAIRE

1 [PERMISSION]

Lorsque **pouvoir** exprime la permission donnée par le locuteur à quelqu'un, il peut se traduire par **can** ou **may** ; **can** est le plus courant et couvre la majorité des cas ; **may** appartient à une langue plus soutenue et indique nettement un ton de supériorité.

◆ **tu peux le garder si tu veux** you can keep it if you want ◆ **maintenant, tu peux aller jouer** now you can *ou* may go and play ◆ **vous pouvez desservir** you can *ou* may (*frm*) clear the table

On emploie **can** ou **be allowed to** lorsque la permission dépend d'une tierce personne ou d'une autorité.

◆ **vous ne pouvez pas avoir accès à ces documents** you are not allowed access to these documents ◆ **crois-tu qu'il pourra venir ?** do you think he'll be allowed to come? ◆ **sa mère a dit qu'il ne pouvait pas rester** his mother said he couldn't stay *ou* wasn't (allowed) to stay ◆ **on ne peut pas marcher sur les pelouses** you can't walk *ou* you aren't allowed to walk on the grass ◆ **elle ne pourra lui rendre visite qu'une fois par semaine** she'll only be allowed to visit him once a week ◆ **arrêtez de la taquiner ! - si on ne peut plus s'amuser maintenant !** stop teasing her! - we can have a bit of fun, can't we?

Notez l'usage de **have to, be obliged to** lorsque la proposition infinitive est une négative.

◆ **il peut ne pas venir** he doesn't have to come, he's not obliged to come ◆ **tu peux très bien ne pas accepter** you don't have to accept

2 [DEMANDE]

Lorsque l'on demande à quelqu'un la permission de faire quelque chose, on utilise **can** ou la forme plus polie **could** ; **may** appartient à un registre plus soutenu et **might** appartient à une langue très recherchée.

◆ **est-ce que je peux fermer la fenêtre ?, puis-je** (*frm*) **fermer la fenêtre ?** can I *ou* may I (*frm*) shut the window? ◆ **puis-je emprunter votre stylo ?** can *ou* could *ou* may I borrow your pen? ◆ **pourrais-je vous parler ?, puis-je** (*frm*) **vous parler ?** can *ou* could *ou* may *ou* might (*frm*) I have a word with you? ◆ **puis-je vous être utile ?** can I be of any help (to you)?, can *ou* may I be of assistance?

Lorsque l'on demande un service à quelqu'un ou qu'on lui donne un ordre poli, on utilise **can** ou la forme plus courtoise **could**

◆ **tu peux m'ouvrir la porte, s'il te plaît ?** can you *ou* could you open the door for me, please? ◆ **pourriez-vous nous apporter du thé ?** could you bring us some tea?

3 [= AVOIR DE BONNES RAISONS POUR] should ◆ **je suis désolé – tu peux (l'être) !** I'm sorry – so you should be! ◆ **ils se sont excusés – ils peuvent !** they said they were sorry – I should think they did! ◆ **elle s'est plainte/a demandé une indemnité – elle peut !** she complained/demanded compensation – I should think she did!

4 [POSSIBILITÉ]

> Lorsque **pouvoir** exprime une possibilité ou une capacité physique, intellectuelle ou psychologique, il se traduit généralement par **can** ou par **be able to** ; **can** étant un verbe défectif, **be able to** le remplace aux temps où il ne peut être conjugué.

◆ **peut-il venir ?** can he come? ◆ **ne peut-il pas venir ?** can't he come?, isn't he able to come? ◆ **il ne peut pas ne pas venir** he can't not come ◆ **il ne peut pas venir** he can't come, he isn't able to *ou* is unable to come ◆ **peut-il marcher sans canne ?** can he walk *ou* is he able to walk without a stick? ◆ **il ne pourra plus jamais marcher** he will never be able to walk again ◆ **je ne peux que vous féliciter** I can only congratulate you ◆ **je voudrais pouvoir vous aider** I would like to be able to help you, I wish I could help you ◆ **il pourrait venir demain si vous aviez besoin de lui** he could come tomorrow if you needed him ◆ **il aurait pu venir s'il avait été prévenu plus tôt** he could have come *ou* he would have been able to come if he had been told earlier ◆ **il n'a (pas) pu** *ou* **ne put** *(littér)* **venir** he couldn't come, he wasn't able to *ou* was unable to come ◆ **comment as-tu pu (faire ça) !** how could you (do such a thing)! ◆ **la salle peut contenir 100 personnes** the auditorium can seat 100 people ◆ **la nouvelle moto pourra faire du 300 km/h** the new motorcycle will be able to do 300 km/h ◆ **c'est fait de telle manière qu'on ne puisse pas l'ouvrir** it's made so that it's impossible to open *ou* so that you can't open it ◆ **j'ai essayé de le joindre, mais je n'ai pas pu** I tried to get in touch with him but I couldn't *ou* but I wasn't able to ◆ **à l'époque, je pouvais soulever 100 kg** in those days, I could lift *ou* I was able to lift 100 kilos ◆ **on peut dire ce qu'on veut, les diplômes c'est utile** whatever anyone says *ou* you can say what you like, a degree is useful

> Lorsque **pouvoir** implique la notion de réussite, on peut également employer **to manage** ; dans ces exemples, **can, could** ne peuvent pas être utilisés.

◆ **il a pu réparer la machine à laver** he was able to *ou* he managed to fix the washing machine ◆ **tu as pu lui téléphoner ?** did you manage to phone him?

5 [PROBABILITÉ, HYPOTHÈSE]

> Lorsque **pouvoir** exprime une probabilité, une éventualité, une hypothèse ou un risque, il se traduit par **may** ou **could** ; **might** implique une plus grande incertitude.

◆ **il peut être italien** he may *ou* could *ou* might be Italian ◆ **peut-il être italien ?** could *ou* might he be Italian? ◆ **il peut ne pas être italien** he may *ou* might not be Italian ◆ **il pourrait être italien** he might *ou* could be Italian ◆ **ça peut laisser une cicatrice** it might leave a scar ◆ **ça aurait pu être un voleur !** it might *ou* could have been a burglar! ◆ **vous pourrez en avoir besoin** you may *ou* might need it ◆ **les cambrioleurs ont pu entrer par la fenêtre** the burglars could *ou* may *ou* might have got in through the window ◆ **il pouvait être 2 heures du matin** it could *ou* may *ou* might have been 2 o'clock in the morning ◆ **cela pourrait arriver** that might *ou* could happen MAIS ◆ **il ne peut pas être italien** he can't be Italian ◆ **une lettre peut toujours se perdre** letters can *ou* do get lost

◆ **bien + pouvoir** ◆ **il pourrait bien avoir raison** he could *ou* may *ou* might well be right ◆ **où ai-je bien pu mettre mon stylo ?** where on earth can I have put my pen? ◆ **qu'est-ce qu'elle a bien pu lui raconter ?** what on earth can she have told him? ◆ **qu'est-ce qu'il peut bien faire ?** what on earth is he doing?, what CAN he be doing? ◆ **tu pourrais bien le regretter** you may *ou* might well regret it ◆ **il a très bien pu entrer sans qu'on le voie** he could very well have come in without anyone seeing him MAIS ◆ **qu'est-ce que cela peut bien lui faire ?*** what's it to him?*

6 [SUGGESTION] could, can ◆ **je pourrais venir te chercher** I could come and pick you up ◆ **tu peux bien lui prêter ton livre !** you can lend him your book, can't you?, surely you can lend him your book ◆ **il peut bien faire cela** that's the least he can do

> **might** peut être utilisé pour exprimer l'agacement.

◆ **elle pourrait arriver à l'heure !** she might *ou* could at least be on time! ◆ **tu aurais pu me dire ça plus tôt !** you might *ou* could have told me sooner!

7 [SOUHAITS]

> Dans une langue soutenue, **pouvoir** s'utilise au subjonctif pour exprimer les souhaits ; il se traduit alors différemment selon les contextes.

◆ **puisse Dieu/le ciel les aider !** (may) God/Heaven help them! ◆ **puisse-t-il guérir rapidement !** let's hope he makes a speedy recovery! ◆ **puissiez-vous dire vrai !** let's pray *ou* hope you're right! ◆ **puissé-je le revoir un jour !** I only hope I see him again one day!

2 - VERBE IMPERSONNEL

> La probabilité, l'éventualité, l'hypothèse ou le risque sont rendus par **may** ou **could** ; **might** implique une plus grande incertitude.

◆ **il peut** *ou* **pourrait pleuvoir** it may *ou* could *ou* might rain ◆ **il pourrait y avoir du monde** there may *ou* could *ou* might be a lot of people there ◆ **il aurait pu y avoir un accident !** there could have been an accident! ◆ **il pourrait s'agir d'un assassinat** it could be murder ◆ **il pourrait se faire qu'elle ne soit pas chez elle** she may *ou* might well not be at home

3 - VERBE TRANSITIF

[= ÊTRE CAPABLE OU AVOIR LA POSSIBILITÉ DE FAIRE] ◆ **est-ce qu'on peut quelque chose pour lui ?** is there anything we can do for him? ◆ **il partira dès qu'il (le) pourra** he will leave as soon as he can ◆ **il fait ce qu'il peut** he does what he can ◆ **il a fait tout ce qu'il a pu** he did all he could *ou* everything in his power ◆ **il peut beaucoup** he can do a lot ◆ **que puis-je** *(frm)* **pour vous ?** what can I do for you?, can I do anything to help you? ◆ **qui peut le plus peut le moins** *(Prov)* he who can do more can do less

◆ **ne/n'y pouvoir rien** ◆ **on n'y peut rien** it can't be helped, nothing can be done about it ◆ **désolé, mais je n'y peux rien** I'm sorry, but I can't do anything *ou* there's nothing I can do about it ◆ **la justice ne peut rien contre eux** the law is powerless *ou* can do nothing against them ◆ **je ne peux rien faire pour vous** I can't do anything for you

◆ **on ne peut plus/mieux** ◆ **il a été on ne peut plus aimable/prudent** he couldn't have been kinder/more careful ◆ **il a été on ne peut plus clair** he couldn't have made it clearer ◆ **c'est on ne peut mieux** it couldn't be better ◆ **elle le connaît on ne peut mieux** no one knows him better than she does ◆ **ils sont on ne peut plus mal avec leurs voisins** they couldn't be on worse terms with their neighbours, they're on the worst possible terms with their neighbours

◆ **n'en pouvoir plus** ◆ **je n'en peux plus** *(fatigue)* I'm worn out *ou* exhausted, I've had it*; *(énervement)* I've had it (up to here)*; *(désespoir)* I can't go on, I can't take it any longer, I can't take any more; *(impatience)* I can't stand it any longer ◆ **je n'en pouvais plus dans la montée** I tired myself out on the way up ◆ **ma voiture n'en peut plus** *(usée)* my car's had it* ◆ **regarde-le sur sa moto, il n'en peut plus !*** *(de fierté)* look at him on that motorbike, he's as proud as punch!

◆ **n'en pouvoir plus de** + *nom* ◆ **elle n'en pouvait plus de joie** she was beside herself with joy ◆ **je n'en pouvais plus de honte** I was absolutely mortified ◆ **ils n'en peuvent plus des humiliations** they can't take any more humiliation, they've had enough of being humiliated ◆ **elle n'en peut plus de leur machisme** she's had enough of their macho attitude

◆ **n'en pouvoir plus de** + *infinitif* ◆ **il n'en peut plus d'attendre** he's fed up with waiting*, he can't bear to wait any longer ◆ **je n'en pouvais plus de rire** I laughed so much it hurt

◆ **n'en pouvoir mais** *(littér)* ◆ **il n'en pouvait mais** he could do nothing about it

4 - VERBE PRONOMINAL

se pouvoir

> L'éventualité, l'hypothèse ou le risque sont rendus par **may, might, could, be possible** ou un adverbe.

◆ **ça se peut*** possibly, perhaps, maybe, it's possible ◆ **tu crois qu'il va pleuvoir ? – ça se pourrait bien** do you think it's going to rain? – it might ◆ **ça ne se peut pas*** that's impossible, that's not possible ◆ **essayez, s'il se peut, de la convaincre** *(frm)* try to convince her, if at all possible

◆ **il se peut/se pourrait que** + *subjonctif* ◆ **il se peut/se pourrait qu'elle vienne** she may/might come ◆ **il se pourrait bien qu'il pleuve** it might *ou* could well rain ◆ **se peut-il que... ?** is it possible that...?, could *ou* might it be that...? ◆ **comment se peut-il que le dossier soit perdu ?** how can the file possibly be lost? ◆ **il se peut, éventuellement, que...** it may possibly be that...

---

pouvoir² /puvwaʀ/ SYN

NM 1 *(= faculté)* power; *(= capacité)* ability, capacity; *(Phys)* power ◆ **avoir le pouvoir de faire qch** to have the power *ou* ability to do sth ◆ **il a le pouvoir de se faire des amis partout** he has the ability *ou* he is able to make friends everywhere ◆ **il a un extraordinaire pouvoir d'éloquence/de conviction** he has remarkable *ou* exceptional powers of oratory/of persuasion ◆ **ce n'est pas en mon pouvoir** it's not within *ou* in my power, it's beyond my power ◆ **il n'est pas en son pouvoir de vous aider** it's beyond *ou* it doesn't lie within his power to help you ◆ **il fera tout ce qui est en son pouvoir** he will do everything (that is) in his power *ou* all that he possibly can ◆ **pouvoir absorbant** absorption power, absorption factor *(SPÉC)* ◆ **pouvoir d'attraction** *[de ville, idée]* appeal, attractiveness ◆ **pouvoir couvrant/éclairant** covering/lighting power

2 *(= autorité)* power; *(= influence)* influence ◆ **avoir beaucoup de pouvoir** to have a lot of power *ou* influence, to be very powerful *ou* influential ◆ **avoir du pouvoir sur qn** to have influence *ou* power over sb ◆ **n'avoir aucun pouvoir sur qn** to have no influence *ou* authority over sb ◆ **le père a pouvoir sur ses enfants** a father has power over his children ◆ **tenir qn en son pouvoir** to hold sb in one's power ◆ **le pays entier est en son pouvoir** the whole country is in his power, he has the whole country in his power ◆ **avoir du pouvoir sur soi-même** to have self-control ◆ **le troisième pouvoir** *(= magistrature)* the magistracy ◆ **le quatrième pouvoir** *(= presse)* the press, the fourth estate

3 *(= droit, attribution)* power ◆ **dépasser ses pouvoirs** to exceed one's powers ◆ **en vertu des pouvoirs qui me sont conférés** by virtue of the power which has been vested in me ◆ **séparation des pouvoirs** separation *ou* division of powers ◆ **avoir pouvoir de faire qch** *(autorisation)* to have authority to do sth; *(droit)* to have the right to do sth ◆ **je n'ai pas pouvoir pour vous répondre** I have no authority to reply to you; → **plein**

4 *(Pol)* ◆ **le pouvoir** *(= direction des pays)* power; *(= dirigeants)* the government ◆ **pouvoir absolu** absolute power ◆ **pouvoir central** central government ◆ **le parti (politique) au pouvoir** the (political) party in power *ou* in office, the ruling party ◆ **avoir le pouvoir** to have *ou* hold power ◆ **exercer le pouvoir** to exercise power, to rule, to govern ◆ **prendre le pouvoir, arriver au pouvoir** *(légalement)* to come to power *ou* into office; *(illégalement)* to seize power ◆ **prise de** *ou* **du pouvoir** *(légal)* coming to power; *(illégal, par la force)* seizure of power ◆ **des milieux proches du pouvoir** sources close to the government ◆ **le pouvoir actuel dans ce pays** the present regime in this country ◆ **l'opinion et le pouvoir** public opinion and the authorities, us and them*

5 *(Jur = procuration)* proxy ◆ **pouvoir par-devant notaire** power of attorney ◆ **donner pouvoir à qn de faire qch** to give sb proxy to do sth *(Jur)*, to empower sb to do, to give sb authority to do; → **fondé**

COMP **pouvoir d'achat** purchasing *ou* buying power
pouvoir de concentration powers of concentration
les pouvoirs constitués the powers that be
pouvoir de décision decision-making power(s)
pouvoir disciplinaire disciplinary power(s)
pouvoirs exceptionnels emergency powers
le pouvoir exécutif executive power
le pouvoir judiciaire judicial power
le pouvoir législatif legislative power
pouvoirs publics authorities

pouvoir spirituel spiritual power
pouvoir temporel temporal power

pouzzolane /pudzɔlan/ NF pozz(u)olana

pp (abrèv de **pages**) pp

p.p. (abrèv de **per procurationem**) p.p.

ppcm /pepeseɛm/ NM (abrèv de **plus petit commun multiple**) LCM

PQ /peky/ NM 1 abrèv de **Parti québécois** *et de* **Province de Québec**
2 (* = *papier hygiénique*) bog paper * *(Brit)*, loo paper * *(Brit)*, TP * *(US)*

PR /peɛʀ/
NM (abrèv de **parti républicain**) *French political party*
NF (abrèv de **poste restante**) → **poste**[1]

Pr (abrèv de **professeur**) Prof

practice /pʀaktis/ NM *[de golf]* driving range

præsidium /pʀezidjɔm/ NM praesidium ◆ **le præsidium suprême** the praesidium of the Supreme Soviet

pragmatique /pʀagmatik/ SYN
ADJ pragmatic
NF ◆ **la pragmatique** pragmatics *(sg)*

pragmatisme /pʀagmatism/ NM pragmatism

pragmatiste /pʀagmatist/
ADJ pragmatic, pragmatist
NMF pragmatist

Prague /pʀag/ N Prague

praire /pʀɛʀ/ NF clam

prairial /pʀɛʀjal/ NM Prairial *(ninth month of French Republican calendar)*

prairie /pʀeʀi/ NF meadow ◆ **la prairie** *(aux USA)* the prairie ◆ **des hectares de prairie** acres of grassland

Prajapati /pʀaʒapati/ NM Prajapati

prâkrit /pʀakʀi/ NM Prakrit

pralin /pʀalɛ̃/ NM *(Culin)* praline *(filling for chocolates)*

praline /pʀalin/ NF 1 *(Culin)* *(à l'amande)* praline, sugared almond; *(à la cacahuète)* caramelized peanut; *(Belg = chocolat)* chocolate
2 * *(= balle)* bullet ◆ **il lui a envoyé une praline** *(Ftbl etc)* he blasted the ball to him

praliné, e /pʀaline/
ADJ *[amande]* sugared; *[glace, crème]* praline-flavoured
NM praline-flavoured ice cream

prame /pʀam/ NF *(= bateau)* pram, praam

prao /pʀao/ NM *(= voilier)* proa, prau

praséodyme /pʀazeɔdim/ NM praseodymium

praticable /pʀatikabl/ SYN
ADJ 1 *[projet, moyen, opération]* practicable, feasible; *[chemin]* passable, negotiable, practicable ◆ **route difficilement praticable en hiver** road which is almost impassable in winter
2 *(Théât) [porte, décor]* working
NM *(Théât = décor)* piece of working scenery; *(Ciné = plate-forme)* gantry; *(Sport)* floor mat

praticien, -ienne /pʀatisjɛ̃, jɛn/ SYN NM,F *(gén, Méd)* practitioner ◆ **praticien hospitalier** hospital doctor

pratiquant, e /pʀatikɑ̃, ɑ̃t/ SYN
ADJ practising *(épith)*, practicing *(épith)* *(US)* ◆ **catholique/juif/musulman pratiquant** practising Catholic/Jew/Muslim ◆ **il est très/peu pratiquant** *(allant à l'église)* he's/he isn't a regular churchgoer, he goes to *ou* attends/he doesn't go to church regularly ◆ **c'est un catholique non pratiquant** he's a non-practising Catholic ◆ **elle n'est pas pratiquante** she isn't a practising Christian (*ou* Catholic *etc*)
NM,F practising Christian (*ou* Catholic *etc*); *(qui va à l'église)* (regular) churchgoer; *(= adepte)* follower ◆ **cette religion compte 30 millions de pratiquants** the religion has 30 million followers *ou* 30 million faithful

pratique /pʀatik/ SYN
ADJ 1 *(= non théorique) [jugement, connaissance]* practical; *(Scol) [exercice, cours]* practical ◆ **considération d'ordre pratique** practical consideration; → **travail**[1]
2 *(= réaliste) [personne]* practical(-minded) ◆ **il faut être pratique dans la vie** you have to be practical in life ◆ **avoir le sens** *ou* **l'esprit pratique** to be practical-minded
3 *(= commode) [livre, moyen, vêtement, solution]* practical; *[instrument]* practical, handy; *[emploi du temps]* convenient ◆ **c'est très pratique, j'habite à côté du bureau** it's very convenient *ou* handy, I live next door to the office
NF 1 *(= application)* practice ◆ **dans la pratique** in practice ◆ **dans la pratique de tous les jours** in the ordinary run of things, in the normal course of events ◆ **en pratique** in practice ◆ **mettre qch en pratique** to put sth into practice ◆ **la mise en pratique ne sera pas aisée** putting it into practice won't be easy, it won't be easy to put it into practice *ou* to carry it out in practice
2 *(= expérience)* practical experience ◆ **il a une longue pratique des élèves** he has a lot of practical teaching experience ◆ **il a perdu la pratique** he is out of practice, he's lost the knack ◆ **avoir la pratique du monde** †† to be well-versed in *ou* be familiar with the ways of society
3 *(= coutume, procédé)* practice ◆ **c'est une pratique générale** it is widespread practice ◆ **des pratiques malhonnêtes** dishonest practices, sharp practice ◆ **pratiques religieuses/sexuelles** religious/sexual practices
4 *(= exercice, observance) [de règle]* observance; *[de médecine]* practising, exercise; *[de sport]* practising; *[de vertu]* exercise, practice ◆ **la pratique de l'escrime/du cheval/du golf développe les réflexes** fencing/horse-riding/golfing *ou* (playing) golf develops the reflexes ◆ **la pratique du yoga** the practice of yoga, doing yoga ◆ **pratique (religieuse)** religious practice *ou* observance ◆ **condamné pour pratique illégale de la médecine** convicted of practising medicine illegally
5 *(†† = clientèle) [de commerçant]* custom *(NonC)*, clientele *(NonC)*; *[d'avocat]* practice, clientele *(NonC)* ◆ **donner sa pratique à un commerçant** to give a tradesman one's custom
6 *(†† = client) [de commerçant]* customer; *[d'avocat]* client
7 *(†† = fréquentation) [de personne, société]* frequenting, frequentation; *[d'auteur]* close study

pratiquement /pʀatikmɑ̃/ SYN ADV *(= en pratique, en réalité)* in practice; *(= presque)* practically, virtually ◆ **c'est pratiquement la même chose, ça revient pratiquement au même** it's practically *ou* basically the same (thing) ◆ **il n'y en a pratiquement plus** there are virtually *ou* practically none left, there are hardly any left ◆ **je ne l'ai pratiquement jamais utilisé** I've hardly ever used it ◆ **je ne les ai pratiquement pas vus** I hardly saw them ◆ **pratiquement, la méthode consiste à...** in practical terms, the method involves...

pratiquer /pʀatike/ GRAMMAIRE ACTIVE 19.2 SYN ► conjug 1 ◄
VT 1 *(= mettre en pratique) [+ philosophie, politique]* to put into practice, to practise *(Brit)*, to practice *(US)*; *[+ règle]* to observe; *[+ religion, vertu, charité]* to practise *(Brit)*, to practice *(US)*
2 *(= exercer) [+ profession, art]* to practise *(Brit)*, to practice *(US)*; *[+ football, golf]* to play ◆ **pratiquer l'escrime/le cheval/la pêche** to go fencing/horse-riding/fishing ◆ **pratiquer la photo** to do photography ◆ **il est recommandé de pratiquer un sport** it is considered advisable to play *ou* do a sport ◆ **ils pratiquent l'exploitation systématique du touriste** they systematically exploit tourists
3 *(= faire) [+ ouverture, trou]* to make; *[+ route]* to make, to build; *(Méd) [+ intervention]* to carry out *(sur* on)
4 *(= utiliser) [+ méthode]* to practise *(Brit)*, to practice *(US)*, to use; *[+ système]* to use ◆ **pratiquer le chantage** to use blackmail ◆ **pratiquer le bluff** to bluff
5 *[+ rabais]* to give ◆ **ils pratiquent des prix élevés** they keep their prices high
6 *(†† = fréquenter) [+ auteur]* to study closely; *[+ personne, haute société]* to frequent
VI 1 *(Rel)* to practise *(Brit)* *ou* practice *(US)* one's religion *ou* faith, to be a practising *(Brit)* *ou* practicing *(US)* Christian (*ou* Muslim *etc*); *(= aller à l'église)* to go to church, to be a churchgoer
2 *[médecin]* to be in practice, to have a practice
VPR **se pratiquer** *[méthode]* to be used; *[religion]* to be practised *(Brit)* *ou* practiced *(US)*; *[sport]* to be played ◆ **cela se pratique encore dans les villages** people still do it in the villages ◆ **comme cela se pratique en général** as is the usual practice ◆ **les prix qui se pratiquent à Paris** Paris prices ◆ **le vaudou se pratique encore dans cette région** voodoo is still practised in this region

praxie /pʀaksi/ NF praxia

praxis /pʀaksis/ NF praxis

Praxitèle /pʀaksitɛl/ NM Praxiteles

pré /pʀe/ SYN
NM meadow ◆ **aller sur le pré** *(Hist)* to fight a duel ◆ **mettre un cheval au pré** to put a horse out to pasture
COMP **pré carré** private preserve *ou* domain *ou* territory

préachat, pré-achat (pl **pré-achats**) /pʀeaʃa/ NM *[de billet]* buying in advance, advance purchasing; *[de film, droits de diffusion]* buying up

pré-acheter /pʀeaʃ(ə)te/ ► conjug 5 ◄ VT *[+ billet]* to buy *ou* purchase in advance; *[+ film, scénario]* to buy up

préado * /pʀeado/ (abrèv de **préadolescent, e**) NMF pre-teenager, pre-teen * *(US)*

préadolescent, e /pʀeadɔlesɑ̃, ɑ̃t/
ADJ preadolescent, pre-teenage *(épith)*
NM,F preadolescent, pre-teenager

préalable /pʀealabl/ SYN
ADJ *[entretien, condition, étude]* preliminary; *[accord, avis]* prior, previous ◆ **faites un essai préalable sur une petite zone** test first on a small area ◆ **préalable à** preceding ◆ **lors des entretiens préalables aux négociations** during the discussions (which took place) prior to the negotiations ◆ **vous ne pouvez pas partir sans l'accord préalable du directeur** you cannot leave without first obtaining the director's permission *ou* without the prior agreement of the director ◆ **sans avis** *ou* **avertissement préalable** without prior *ou* previous notice
NM *(= condition)* precondition, prerequisite; *(† = préparation)* preliminary ◆ **poser qch comme préalable à** to lay sth down as a preliminary condition for
◆ **au préalable** first, beforehand

préalablement /pʀealabləmɑ̃/ SYN ADV first, beforehand ◆ **préalablement à** prior to ◆ **préalablement à toute négociation** before any negotiation can take place, prior to any negotiation

Préalpes /pʀealp/ NFPL ◆ **les Préalpes** the Pre-Alps

préalpin, e /pʀealpɛ̃, in/ ADJ of the Pre-Alps

préambule /pʀeɑ̃byl/ SYN NM *[de discours, loi]* preamble *(de* to); *[de contrat]* recitals; *(= prélude)* prelude *(à* to) ◆ **sans préambule** without any preliminaries, straight off

préamplificateur /pʀeɑ̃plifikatœʀ/ NM preamplifier

préau (pl **préaux**) /pʀeo/ NM *[d'école]* covered playground; *[de prison]* (exercise) yard; *[de couvent]* inner courtyard ◆ **sous le préau de l'école** in the covered part of the school playground

préavis /pʀeavi/ SYN NM (advance) notice ◆ **un préavis d'un mois** a month's notice *ou* warning ◆ **préavis de licenciement** notice (of termination) ◆ **préavis de grève** strike notice ◆ **déposer un préavis de grève** to give notice *ou* warning of strike action ◆ **sans préavis** *[faire grève, partir]* without (previous) notice, without advance warning; *[retirer de l'argent]* on demand, without advance *ou* previous notice

préaviser /pʀeavize/ ► conjug 1 ◄ VT to notify in advance

prébende /pʀebɑ̃d/ NF *(Rel)* prebend; *(péj)* emoluments, payment *(NonC)*

prébendé, e /pʀebɑ̃de/ ADJ prebendal

prébendier /pʀebɑ̃dje/ NM prebendary

prébiotique /pʀebjɔtik/ ADJ *[chimie, molécule]* prebiotic

précaire /pʀekɛʀ/ SYN ADJ *[position, situation, bonheur, équilibre, paix]* precarious; *[emploi]* insecure; *[santé]* shaky, precarious; *[abri]* makeshift ◆ **possesseur/possession (à titre) précaire** *(Jur)* precarious holder/tenure

précairement /pʀekɛʀmɑ̃/ ADV precariously

précambrien, -ienne /pʀekɑ̃bʀijɛ̃, ijɛn/ ADJ, NM Precambrian

précampagne /pʀekɑ̃paɲ/ NF *(Pol)* build-up to the (electoral) campaign

précancéreux, -euse /pʀekɑ̃seʀø, øz/ ADJ *[état, lésion]* precancerous

précarisation /pʀekaʀizasjɔ̃/ NF *[de situation]* jeopardizing; *[d'emploi]* casualization

précariser /pʀekaʀize/ ► conjug 1 ◄ VT *[+ situation, statut]* to jeopardize; *[+ emploi]* to make insecure ◆ **un tel taux de chômage précarise la société** such a high unemployment rate is a threat to *ou* undermines social stability

précarité /pʀekaʀite/ SYN NF (*gén, Jur*) precariousness • **précarité de l'emploi** lack of job security • **prime/indemnité de précarité** *bonus/allowance paid to an employee to compensate for lack of job security* • **la précarité des installations nucléaires** the hazards of *ou* the potential dangers of nuclear plants

précaution /pʀekosjɔ̃/ SYN NF 1 (= *disposition*) precaution • **prendre la précaution de faire qch** to take the precaution of doing sth • **prendre des** *ou* **ses précautions** to take precautions • **s'entourer de précautions** to take a lot of precautions • **prendre** *ou* **s'entourer de précautions oratoires** to choose one's words with great care • **il ne s'est pas embarrassé de précautions oratoires** he didn't beat about the bush • **faire qch avec les plus grandes précautions** to do sth with the utmost care *ou* the greatest precaution • **précautions d'emploi** (*pour appareil*) safety instructions; (*pour médicament*) precautions before use; → **deux**

2 (= *prudence*) caution, care • **avec précaution** cautiously • « **à manipuler avec précaution** » "handle with care" • **par précaution** as a precaution (*contre* against) • **par mesure de précaution** as a precautionary measure • **pour plus de précaution** to be on the safe side • **le principe de précaution** the safety-first principle • **sans précaution** carelessly

précautionner (se) /pʀekosjɔne/ ▸ conjug 1 ◂ VPR to take precautions (*contre* against)

précautionneusement /pʀekosjɔnøzmɑ̃/ SYN ADV (= *par précaution*) cautiously; (= *avec soin*) carefully

précautionneux, -euse /pʀekosjɔnø, øz/ SYN ADJ (= *prudent*) cautious; (= *soigneux*) careful

précédemment /pʀesedamɑ̃/ SYN ADV before, previously

précédent, e /pʀesedɑ̃, ɑ̃t/ SYN

ADJ previous • **un discours/article précédent** a previous *ou* an earlier speech/article • **le discours/film précédent** the preceding *ou* previous speech/film • **le jour/mois précédent** the previous day/month, the day/month before

NM (= *fait, décision*) precedent • **sans précédent** unprecedented, without precedent • **créer un précédent** to create *ou* set a precedent

(!) L'adjectif **précédent** se traduit rarement par le mot anglais **precedent**.

précéder /pʀesede/ SYN ▸ conjug 6 ◂

VT 1 (= *venir avant*) (*dans le temps, dans une hiérarchie*) to precede, to come before; (*dans l'espace*) to precede, to be in front of, to come before; (*dans une file de véhicules*) to be in front *ou* ahead of, to precede • **les jours qui ont précédé le coup d'État** the days preceding *ou* leading up to the coup d'état • **être précédé de** to be preceded by • **faire précéder son discours d'un préambule** to precede one's speech by *ou* preface one's speech with an introduction, to give a short introduction to one's speech

2 (= *devancer*) (*dans le temps, l'espace*) to precede, to go in front *ou* ahead of; (*dans une carrière etc*) to precede, to get ahead of • **quand j'y suis arrivé, j'ai vu que quelqu'un m'avait précédé** when I got there I saw that someone had got there before me *ou* ahead of me *ou* had preceded me • **il le précéda dans la chambre** he went into the room in front of him, he entered the room ahead of *ou* in front of him • **il m'a précédé de cinq minutes** he got there five minutes before me *ou* ahead of me • **sa mauvaise réputation l'avait précédé** his bad reputation had gone before *ou* preceded him

VI to precede, to go before • **les jours qui ont précédé** the preceding days • **dans tout ce qui a précédé** in all that has been said (*ou* written *etc*) before *ou* so far • **dans le chapitre/la semaine qui précède** in the preceding chapter/week

précepte /pʀesɛpt/ SYN NM precept

précepteur /pʀesɛptœʀ/ NM private tutor

préceptorat /pʀesɛptɔʀa/ NM tutorship, tutorage (*frm*)

préceptrice /pʀesɛptʀis/ NF governess

précession /pʀesesjɔ̃/ NF precession

préchambre /pʀeʃɑ̃bʀ/ NF precombustion chamber

préchauffage /pʀeʃofaʒ/ NM preheating

préchauffer /pʀeʃofe/ ▸ conjug 1 ◂ VT to preheat

prêche /pʀɛʃ/ NM (*lit, fig*) sermon

prêcher /pʀeʃe/ SYN ▸ conjug 1 ◂

VT 1 (*Rel, fig*) to preach; [+ *personne*] to preach to • **prêcher un converti** to preach to the converted; → **parole**

2 (= *recommander*) [+ *modération, non-violence, tolérance*] to advocate • **prêcher le faux pour savoir le vrai** to make false statements in order to discover the truth

VI (*Rel*) to preach; (*fig*) to preach, to preachify, to sermonize • **prêcher dans le désert** (*fig*) to preach in the wilderness • **prêcher d'exemple** *ou* **par l'exemple** to practise what one preaches, to preach by example • **prêcher pour son saint** *ou* **sa paroisse** to look after one's own interests, to look after *ou* take care of number one*

prêcheur, -euse /pʀɛʃœʀ, øz/

ADJ [*personne, ton*] moralizing • **frères prêcheurs** (*Rel*) preaching friars

NM,F (*Rel*) preacher; (*fig*) moralizer

prêchi-prêcha /pʀeʃipʀeʃa/ NM INV (*péj*) preachifying (*NonC*), continuous moralizing (*NonC*) *ou* sermonizing (*NonC*)

précieusement /pʀesjøzmɑ̃/ SYN ADV

1 (= *soigneusement*) [*conserver*] carefully • **garde ces lettres précieusement** take great care of these letters

2 (= *de manière affectée*) [*parler*] in an affected manner

précieux, -ieuse /pʀesjø, jøz/ SYN

ADJ 1 (= *de valeur*) [*pierre, métal, bois, bijou*] precious

2 (= *très utile*) [*collaborateur, aide, conseil*] invaluable (*à* to) • **votre aide m'est précieuse** your help is invaluable to me

3 (= *cher*) [*ami*] valued, precious

4 (= *affecté*) precious, affected

5 (*Littérat*) [*écrivain, salon*] précieux, precious

NF **précieuse** précieuse • « **Les Précieuses ridicules** » (*Littérat*) "The Affected Young Ladies"

préciosité /pʀesjozite/ SYN NF 1 • **la préciosité** (*Littérat*) preciosity; (= *affectation*) preciosity, affectation

2 (= *formule, trait*) stylistic affectation, euphuism (*frm*)

précipice /pʀesipis/ SYN NM 1 (= *gouffre*) chasm; (= *paroi abrupte*) precipice • **un précipice de plusieurs centaines de mètres** a drop of several hundred metres • **la voiture s'immobilisa au bord du précipice/tomba dans le précipice** the car stopped at the very edge *ou* brink of the precipice/went over the precipice • **ne t'aventure pas près du précipice** you mustn't go too near the edge

2 (*fig*) abyss • **être au bord du précipice** to be at the edge of the abyss

précipitamment /pʀesipitamɑ̃/ SYN ADV hurriedly, hastily, precipitately (*frm*) • **sortir précipitamment** to rush *ou* dash out

précipitation /pʀesipitasjɔ̃/ SYN

NF 1 (= *hâte*) haste; (= *hâte excessive*) great haste, violent hurry • **dans ma précipitation, je l'ai oublié chez moi** in my haste, I left it at home • **avec précipitation** in great haste, in a great rush *ou* hurry

2 (*Chim*) precipitation

NFPL **précipitations** (*Météo*) rainfall, precipitation • **de fortes précipitations** heavy rainfall • **de nouvelles précipitations sont prévues** more rain is forecast

précipité, e /pʀesipite/ (ptp de **précipiter**)

ADJ [*départ, décision*] hurried, hasty, precipitate (*frm*); [*fuite*] headlong; [*pas*] hurried; [*pouls, respiration, rythme*] fast, rapid • **tout cela est trop précipité** it's all happening too fast

NM (*Chim*) precipitate

précipiter /pʀesipite/ SYN ▸ conjug 1 ◂

VT 1 (= *jeter*) [+ *personne*] to throw, to push; [+ *objet*] to throw, to hurl (*contre* against, at; *vers* towards, at) • **précipiter qn du haut d'une falaise** to push sb off a cliff • **précipiter qn dans un escalier** to push sb downstairs • **le choc l'a précipité contre le pare-brise** the shock threw *ou* hurled him against the windscreen • **précipiter qn dans le malheur** to plunge sb into misfortune

2 (= *hâter*) [+ *pas*] to quicken, to speed up; [+ *événement*] to hasten, to precipitate; [+ *départ*] to hasten • **il ne faut rien précipiter** we mustn't be too hasty, we mustn't rush things

3 (*Chim*) to precipitate

VI (*Chim*) to precipitate

VPR **se précipiter** 1 (= *se jeter*) [*personne*] • **se précipiter dans le vide** to hurl o.s. into space • **se précipiter du haut d'une falaise** to jump off *ou* throw o.s. off a cliff

2 (= *se ruer*) • **se précipiter vers** to rush *ou* race towards • **se précipiter sur** to rush at • **se précipiter contre** [*personne*] to rush at, to throw o.s. against; [*voiture*] to smash into • **se précipiter au devant de qn/aux pieds de qn** to throw o.s. in front of sb/at sb's feet • **se précipiter sur l'ennemi** to rush at *ou* hurl o.s. on *ou* at the enemy • **elle se précipita dans ses bras** she rushed into *ou* threw herself into *ou* flew into his arms • **il se précipita à la porte pour ouvrir** he rushed to open the door • **il se précipita sur le balcon** he raced *ou* dashed *ou* rushed out onto the balcony

3 (= *s'accélérer*) [*rythme*] to speed up; [*pouls*] to quicken, to speed up • **les choses** *ou* **événements se précipitaient** everything was happening at once

4 (= *se dépêcher*) to hurry, to rush • **ne nous précipitons pas** let's not rush things

précis, e /pʀesi, iz/ SYN

ADJ 1 (= *exact*) [*style, vocabulaire, terme, indication, témoignage*] precise; [*sens*] precise, exact; [*description*] accurate, precise; [*chiffre, calcul*] accurate, precise; [*instrument, tir, montre*] accurate • **sois plus précis dans le choix de tes mots** be more precise in your choice of words, choose your words more carefully

2 (= *bien défini, particulier*) [*idée, donnée, règle*] precise, definite; [*heure, date*] precise, exact; [*ordre, demande*] precise; [*fait, raison*] precise, particular, specific; [*souvenir*] clear • **sans raison précise** for no particular *ou* precise reason • **sans but précis** with no clear aim, with no particular aim in mind • **je ne pense à rien de précis** I'm not thinking of anything in particular • **à cet instant précis** at that precise *ou* very moment • **au moment précis où...** at the precise *ou* exact *ou* very moment when... • **à 4 heures précises** at 4 o'clock sharp *ou* on the dot*, at 4 o'clock precisely • **à l'endroit précis où...** at the exact place where... • **sans que l'on puisse dire de façon précise...** although we can't say precisely *ou* with any precision... • **se référer à un texte de façon précise** to make precise reference to a text

3 (= *net*) [*point*] precise, exact; [*contours*] precise, distinct; [*geste, esprit*] precise; [*trait*] distinct

NM (= *résumé*) précis, summary; (= *manuel*) handbook

précisément /pʀesizemɑ̃/ GRAMMAIRE ACTIVE 13.2, 26.1 SYN ADV 1 (= *avec précision*) [*décrire, chiffrer*] accurately, precisely; [*définir, déterminer, expliquer*] clearly • **ou plus précisément** or more precisely *ou* exactly, or to be more precise

2 (= *justement*) • **je venais précisément de sortir** I had in fact just gone out, as it happened I'd just gone out • **c'est lui précisément qui m'avait conseillé de le faire** as a matter of fact it was he *ou* it so happens that it was he who advised me to do it • **c'est précisément la raison pour laquelle** *ou* **c'est précisément pour cela que je viens vous voir** that's precisely *ou* just why I've come to see you, it's for that very *ou* precise reason that I've come to see you • **mais je ne l'ai pas vu ! – précisément !** but I didn't see him! – precisely! *ou* exactly! *ou* that's just it! *ou* that's just the point!

3 (= *exactement*) exactly, precisely • **c'est précisément ce que je cherchais** that's exactly *ou* precisely *ou* just what I was looking for • **il est arrivé précisément à ce moment-là** he arrived right *ou* just at that moment *ou* at that exact *ou* precise *ou* very moment • **ce n'est pas précisément un chef-d'œuvre** it's not exactly what I'd call a masterpiece

préciser /pʀesize/ SYN ▸ conjug 1 ◂

VT [+ *idée, intention*] to specify, to make clear, to clarify; [+ *fait, point*] to be more specific about, to clarify; [+ *destination*] to name, to specify • **je vous préciserai la date de la réunion plus tard** I'll let you know the exact date of the meeting *ou* precisely when the meeting is later • **il a précisé que...** he explained that..., he made it clear that... • **je dois préciser que...** I must point out *ou* add that... • **pourriez-vous préciser quand cela est arrivé ?** could you say exactly when it happened? • **pourriez-vous préciser ?** could you be more precise? *ou* specific?

VPR **se préciser** [*idée*] to take shape; [*danger, intention*] to become clear *ou* clearer • **la situation commence à se préciser** we are beginning to see the situation more clearly • **ça se précise !*** we're getting there!

précision /pʀesizjɔ̃/ SYN NF ① (gén) precision; [de description, instrument] precision, accuracy; [de contours] precision, distinctness; [de trait] distinctness ◆ **avec précision** precisely, with precision ◆ **de précision** precision (épith) ◆ **de haute précision** high-precision (épith)
② (= détail) point, piece of information ◆ **j'aimerais vous demander une précision/des précisions** I'd like to ask you to explain one thing/for further information ◆ **il a apporté des précisions intéressantes** he revealed some interesting points ou facts ou information ◆ **il n'a donné aucune précision sur ce point** he didn't go into any detail on this point ◆ **encore une précision** one more point ou thing ◆ **sans autre précision** without any further information ou details ◆ **il m'a dit cela sans autre précision** he told me no more than that

précité, e /pʀesite/ ADJ aforesaid, aforementioned; (par écrit) aforesaid, above(-mentioned)

préclassique /pʀeklasik/ ADJ preclassical

précoce /pʀekɔs/ SYN ADJ [fruit, saison, gelée] early; [plante] early-flowering, early-fruiting, precocious (SPÉC); [calvitie, sénilité] premature; [mariage] young (épith), early (épith); [diagnostic] early; [enfant] (intellectuellement) precocious, advanced for his (ou her) age (attrib); (sexuellement) sexually precocious

précocement /pʀekɔsmɑ̃/ ADV precociously

précocité /pʀekɔsite/ NF [de fruit, saison] earliness; [d'enfant] (intellectuelle) precocity, preco- ciousness; (sexuelle) sexual precocity ou preco- ciousness

précolombien, -ienne /pʀekɔlɔ̃bjɛ̃, jɛn/ ADJ pre-Colombian

précombustion /pʀekɔ̃bystjɔ̃/ NF precombustion

précompte /pʀekɔ̃t/ NM (= évaluation) estimate ◆ **précompte (fiscal)** (= déduction) tax withholding

précompter /pʀekɔ̃te/ ▸ conjug 1 ◂ VT (= évaluer) to estimate; (= déduire) to deduct (sur from)

préconception /pʀekɔ̃sɛpsjɔ̃/ NF preconception

préconçu, e /pʀekɔ̃sy/ ADJ preconceived ◆ **idée préconçue** preconceived idea

préconisation /pʀekɔnizasjɔ̃/ NF recommendation

préconiser /pʀekɔnize/ SYN ▸ conjug 1 ◂ VT [+ remède] to recommend; [+ méthode, mode de vie, plan, solution] to advocate

précontraint, e /pʀekɔ̃tʀɛ̃, ɛ̃t/
ADJ, NM ◆ **(béton) précontraint** prestressed concrete
NF **précontrainte** (Tech) prestressing

précordial, e (mpl -iaux) /pʀekɔʀdjal, jo/ ADJ precordial

précuit, e /pʀekɥi, it/ ADJ precooked

précurseur /pʀekyʀsœʀ/ SYN
ADJ M precursory ◆ **précurseur de** preceding; → **signe**
NM (= personne) forerunner, precursor; (Bio) precursor ◆ **il fait figure de précurseur dans ce domaine** he's something of a trail-blazer in this field

prédateur, -trice /pʀedatœʀ, tʀis/
ADJ predatory
NM (gén) predator; (Écon) raider

prédation /pʀedasjɔ̃/ NF predation

prédécesseur /pʀedesɛsœʀ/ SYN NM predecessor

prédécoupé, e /pʀedekupe/ ADJ precut

prédéfinir /pʀedefiniʀ/ ▸ conjug 2 ◂ VT to predefine

prédélinquant, e /pʀedelɛ̃kɑ̃, ɑ̃t/ NM,F predelinquent youth

prédelle /pʀedɛl/ NF predella

prédestination /pʀedɛstinasjɔ̃/ NF predestination

prédestiné, e /pʀedɛstine/ (ptp de **prédestiner**)
ADJ predestined (à qch for sth; à faire to do), fated (à faire to do) ◆ **elle portait un nom prédestiné** she bore a prophetic name

prédestiner /pʀedɛstine/ SYN ▸ conjug 1 ◂ VT to predestine (à qch for sth; à faire to) ◆ **rien ne le prédestinait à devenir président** nothing about him suggested that he might one day become president

prédétermination /pʀedetɛʀminasjɔ̃/ NF pre-determination

prédéterminer /pʀedetɛʀmine/ ▸ conjug 1 ◂ VT to predetermine

prédicable /pʀedikabl/ ADJ predicable

prédicant /pʀedikɑ̃/ NM preacher

prédicat /pʀedika/ NM predicate

prédicateur /pʀedikatœʀ/ NM preacher

prédicatif, -ive /pʀedikatif, iv/ ADJ predicative

prédication¹ /pʀedikasjɔ̃/ NF (= activité) preaching; (= sermon) sermon

prédication² /pʀedikasjɔ̃/ NF (Ling) predication

prédictif, -ive /pʀediktif, iv/ ADJ predictive

prédiction /pʀediksjɔ̃/ SYN NF prediction

prédigéré, e /pʀediʒeʀe/ ADJ predigested

prédilection /pʀedilɛksjɔ̃/ SYN NF (pour qn, qch) predilection, partiality (pour for) ◆ **avoir une prédilection pour qch** to be partial to sth ◆ **de prédilection** favourite

prédiquer /pʀedike/ ▸ conjug 1 ◂ VT to predicate

prédire /pʀediʀ/ SYN ▸ conjug 37 ◂ VT [prophète] to foretell; (gén) to predict ◆ **prédire l'avenir** to tell ou predict the future ◆ **prédire qch à qn** to predict sth for sb ◆ **il m'a prédit que je...** he predicted (that) I..., he told me (that) I...

prédisposer /pʀedispoze/ SYN ▸ conjug 1 ◂ VT to predispose (à qch to sth; à faire qch to do sth) ◆ **être prédisposé à une maladie** to be predisposed ou prone to an illness ◆ **être prédisposé en faveur de qn** to be predisposed in sb's favour ◆ **cela peut entraîner une prise de poids chez les sujets prédisposés** this may cause people to put on weight if they are prone to it

prédisposition /pʀedispozisjɔ̃/ SYN NF predisposition (à qch to sth; à faire qch to do sth) ◆ **prédisposition génétique** genetic (pre)disposition ◆ **avoir une prédisposition à l'obésité/à l'hypertension** to have a tendency to put on weight/to high blood pressure ◆ **elle avait des prédispositions pour la peinture** she showed a talent for painting

prédominance /pʀedɔminɑ̃s/ SYN NF (gén) predominance, predominancy (sur over); [de couleur] predominance, prominence ◆ **population à prédominance protestante** predominantly Protestant population ◆ **œuvres à prédominance littéraire** mainly literary works

prédominant, e /pʀedɔminɑ̃, ɑ̃t/ SYN ADJ (gén) predominant; [avis, impression] prevailing; [couleur] predominant, most prominent ◆ **ce pays occupe une place prédominante sur le marché européen** this country occupies a dominant position in the European market

prédominer /pʀedɔmine/ SYN ▸ conjug 1 ◂ VI (gén) to predominate; [avis, impression] to prevail; [couleur] to predominate, to be most prominent ◆ **le souci qui prédomine dans mon esprit** the worry which is uppermost in my mind

pré-électoral, e (mpl -aux) /pʀeelɛktɔʀal, o/ ADJ pre-election (épith)

préemballé, e /pʀeɑ̃bale/ ADJ prepacked, pre-packaged

préembauche /pʀeɑ̃boʃ/ NF INV pre-recruitment

prééminence /pʀeeminɑ̃s/ SYN NF pre-eminence ◆ **donner la prééminence à qch** to give pre-eminence to sth

prééminent, e /pʀeeminɑ̃, ɑ̃t/ SYN ADJ pre-eminent

préempter /pʀeɑ̃pte/ ▸ conjug 1 ◂ VT (Jur) to pre-empt

préemption /pʀeɑ̃psjɔ̃/ NF pre-emption ◆ **droit de préemption** pre-emptive right

préencollé, e /pʀeɑ̃kɔle/ ADJ ◆ **papier peint préencollé** pre-pasted ou ready-pasted wallpaper ◆ **enveloppe préencollée** gummed envelope

préenregistré, e /pʀeɑ̃(ʀ)ʒistʀe/ ADJ [émission] prerecorded ◆ **rires préenregistrés** canned laughter

préenregistrement /pʀeɑ̃(ʀ)ʒistʀ(ə)mɑ̃/ NM [de son, d'image] pre-recording; [de bagages] advance check-in

préenregistrer /pʀeɑ̃(ʀ)ʒistʀe/ VT [+ son, d'image] to pre-record ◆ **vous pouvez préenregistrer vos bagages** you can check in your luggage in advance

préétabli, e /pʀeetabli/ SYN (ptp de **préétablir**)
ADJ [schéma, plan] preestablished ◆ **harmonie préétablie** (Philos) preestablished harmony

préétablir /pʀeetabliʀ/ ▸ conjug 2 ◂ VT to pre-establish

préexistant, e /pʀeɛgzistɑ̃, ɑ̃t/ SYN ADJ pre-existent, pre-existing

préexistence /pʀeɛgzistɑ̃s/ NF pre-existence

préexister /pʀeɛgziste/ ▸ conjug 1 ◂ VI to pre-exist ◆ **préexister à** to exist before

préfabrication /pʀefabʀikasjɔ̃/ NF prefabrication

préfabriqué, e /pʀefabʀike/
ADJ prefabricated
NM (= maison) prefabricated house, prefab*; (= matériau) prefabricated material ◆ **en préfabriqué** prefabricated

préface /pʀefas/ SYN NF preface; (fig = prélude) preface, prelude (à to)

préfacer /pʀefase/ ▸ conjug 3 ◂ VT [+ livre] to write a preface for, to preface

préfacier /pʀefasje/ NM preface writer

préfectoral, e (mpl -aux) /pʀefɛktɔʀal, o/ ADJ (Admin française, Antiq) prefectorial, prefectural; → **arrêté**

préfecture /pʀefɛktyʀ/ NF prefecture ◆ **préfecture de police** police headquarters ◆ **préfecture maritime** police port authority

> **PRÉFECTURE, PRÉFET**
>
> In France, a **préfet** is a high-ranking civil servant who represents the State at the level of the "département" or the "région". Besides a range of important administrative duties, the role of the **préfet** is to ensure that government decisions are carried out properly at local level. The term **préfecture** refers to the area over which the **préfet** has authority, to the town where the administrative offices of the **préfet** are situated, and to these offices themselves. Official documents such as driving licences are issued by the **préfecture**. → DÉPARTEMENT, RÉGION

préférable /pʀefeʀabl/ ADJ preferable (à qch to sth) ◆ **il est préférable que je parte** it is preferable ou better that I should leave ou for me to leave ◆ **il serait préférable d'y aller** ou **que vous y alliez** it would be better if you went ou for you to go ◆ **il est préférable de...** it is preferable ou better to...

préférablement /pʀefeʀabləmɑ̃/ ADV preferably ◆ **préférablement à** in preference to

préféré, e /pʀefeʀe/ GRAMMAIRE ACTIVE 7.1 SYN ADJ, NM,F favourite (Brit), favorite (US)

préférence /pʀefeʀɑ̃s/ GRAMMAIRE ACTIVE 7.5 SYN NF preference ◆ **donner la préférence à** to give preference to ◆ **avoir une préférence marquée pour...** to have a marked preference for... ◆ **avoir la préférence sur** to have preference over ◆ **je n'ai pas de préférence** I have no preference, I don't mind ◆ **par ordre de préférence** in order of preference ◆ **la préférence communautaire** (Europe) Community preference ◆ **la préférence nationale** (Pol) discrimination in favour of a country's own nationals
◆ **de préférence** (= plutôt) preferably ◆ **de préférence à** in preference to, rather than

préférentiel, -ielle /pʀefeʀɑ̃sjɛl/ ADJ preferential ◆ **tarif préférentiel** (gén) preferential ou special rate; (Douane) preferential tariff ◆ **action préférentielle** (Bourse) preferred ou preference share ◆ **droit préférentiel de souscription** subscription ou application right, share ou stock right

préférentiellement /pʀefeʀɑ̃sjɛlmɑ̃/ ADV preferentially

préférer /pʀefeʀe/ GRAMMAIRE ACTIVE 4., 7.1, 7.4, 8.5 SYN ▸ conjug 6 ◂ VT to prefer (à to) ◆ **je préfère ce manteau à l'autre** I prefer this coat to the other one, I like this coat better than the other one ◆ **je te préfère avec les cheveux courts** I like you better ou prefer you with short hair ◆ **je préfère aller au cinéma** I prefer to go ou I would rather go to the cinema ◆ **il préfère que ce soit vous qui le fassiez** he would rather you did it ◆ **nous avons préféré attendre avant de vous le dire** we thought it better to wait before telling you ◆ **nous avons préféré attendre que d'y aller tout de suite** we preferred to wait ou thought it better to wait rather than go straight away ◆ **que préférez-vous, du thé ou du café ?** what would you rather have ou what would you prefer – tea or coffee? ◆ **si tu préfères** if you prefer, if you like, if you'd rather ◆ **comme vous préférez** as you prefer ou like ou wish *ou* please • **j'aurais préféré ne jamais l'avoir rencontré** I wish I'd never met him • **préférez des couleurs sombres** choose dark colours

préfet /pʀefɛ/ NM *(Admin française, Antiq)* prefect; *(Belg = directeur)* headmaster, principal *(of a college)*, head *(Brit)* • **préfet de police** prefect of police, chief of police

préfète /pʀefɛt/ NF [1] *(= femme préfet)* (female *ou* woman) prefect; *(= femme du préfet)* prefect's wife

[2] *(Belg = directrice)* headmistress, principal *(of a college)*, head *(Brit)*

préfiguration /pʀefigyʀasjɔ̃/ NF prefiguration, foreshadowing

préfigurer /pʀefigyʀe/ SYN ► conjug 1 ◄ VT to prefigure, to foreshadow

préfinancement /pʀefinɑ̃smɑ̃/ NM prefinancing, interim *ou* advance financing

préfixal, e (mpl -aux) /pʀefiksal, o/ ADJ prefixal

préfixation /pʀefiksasjɔ̃/ NF prefixation

préfixe /pʀefiks/ NM prefix

préfixer /pʀefikse/ ► conjug 1 ◄ VT to prefix

préfloraison /pʀeflɔʀɛzɔ̃/ NF aestivation *(Brit)*, estivation *(US)*, praefloration

préfoliation /pʀefɔljasjɔ̃/ NF vernation, praefoliation

préformage /pʀefɔʀmaʒ/ NM preforming

préfrontal, e (mpl -aux) /pʀefʀɔ̃tal, o/ ADJ prefrontal

préglaciaire /pʀeglasjɛʀ/ ADJ preglacial

prégnance /pʀegnɑ̃s/ NF *(littér)* *[de souvenir]* vividness; *[de tradition]* resonance; *(Psych)* pregnance *(SPÉC)*, Prägnanz *(SPÉC)*

prégnant, e /pʀegnɑ̃, ɑ̃t/ ADJ *(littér)* *[souvenir]* vivid; *[débat]* meaningful • **cette tradition est encore très prégnante** this tradition still has great resonance

préhenseur /pʀeɑ̃sœʀ/ ADJ M prehensile

préhensile /pʀeɑ̃sil/ ADJ prehensile

préhension /pʀeɑ̃sjɔ̃/ NF prehension

préhispanique /pʀeispanik/ ADJ *[civilisation, culture]* pre-Hispanic

préhistoire /pʀeistwaʀ/ NF prehistory • **les hommes de la préhistoire** prehistoric Man • **depuis la préhistoire** since prehistoric times

préhistorien, -ienne /pʀeistɔʀjɛ̃, jɛn/ NM,F prehistorian

préhistorique /pʀeistɔʀik/ SYN ADJ prehistoric; *(= suranné)* antediluvian, ancient

préhominiens /pʀeɔminjɛ̃/ NMPL prehominids

préimplantatoire /pʀeɛ̃plɑ̃tatwaʀ/ ADJ • **diagnostic préimplantatoire** pre-implantation screening

préindustriel, -ielle /pʀeɛ̃dystʀijɛl/ ADJ preindustrial • **la Grande-Bretagne préindustrielle** preindustrial Britain, Great Britain before the industrial revolution

préinscription /pʀeɛ̃skʀipsjɔ̃/ NF *(à l'université)* preregistration *(à* at); *(à un concours)* preregistration *(à* for)

préjudice /pʀeʒydis/ SYN NM *(matériel, financier)* loss; *(moral)* harm *(NonC)*, damage *(NonC)*, wrong • **préjudice commercial/financier** commercial/financial loss • **préjudice matériel** material loss *ou* damage • **préjudice moral** moral wrong • **subir un préjudice** *(matériel)* to sustain a loss; *(moral)* to be wronged • **le préjudice subi par la victime** *(financier, matériel)* the loss sustained by the victim; *(moral)* the moral wrong *ou* damage suffered by the victim • **causer un préjudice** *ou* **porter préjudice à qn** *(gén)* to do sb harm, to harm sb; *[décision]* to be detrimental to sb *ou* to sb's interests • **ce supermarché a porté préjudice aux petits commerçants** this supermarket was detrimental to (the interests of) small tradesmen • **je ne voudrais pas vous porter préjudice en leur racontant cela** I wouldn't like to harm you *ou* your case *ou* make difficulties for you by telling them about this

♦ **au préjudice de** • **au préjudice de sa santé/de M. Dufeu** to the detriment of health/of M. Dufeu • **au préjudice de la vérité** at the expense of truth

♦ **sans préjudice de** without prejudice to

> ⓘ Attention à ne pas traduire automatiquement **préjudice** par le mot anglais **prejudice**, qui a le sens de 'préjugé'.

préjudiciable /pʀeʒydisjabl/ SYN ADJ prejudicial, detrimental, harmful *(à* to)

préjudiciel, -ielle /pʀeʒydisjɛl/ ADJ *[action]* prejudicial

préjugé /pʀeʒyʒe/ SYN NM prejudice • **avoir un préjugé contre** to be prejudiced *ou* biased against • **sans préjugé** unprejudiced, unbiased • **bénéficier d'un préjugé favorable** to be favourably considered • **préjugés de classe** class bias • **préjugé de race** racial prejudice

préjuger /pʀeʒyʒe/ ► conjug 3 ◄ **préjuger de** VT INDIR to prejudge • **préjuger d'une réaction** to foresee a reaction, to judge what a reaction might be • **autant qu'on peut le préjuger, à ce qu'on en peut préjuger** as far as it is possible to judge in advance

prélart /pʀelaʀ/ NM tarpaulin

prélasser (se) /pʀelɑse/ SYN ► conjug 1 ◄ VPR *(dans un fauteuil)* to sprawl, to lounge; *(au soleil)* to bask

prélat /pʀela/ NM prelate

prélature /pʀelatyʀ/ NF prelacy

prélavage /pʀelavaʒ/ NM prewash

prélaver /pʀelave/ ► conjug 1 ◄ VT to prewash

prêle, prèle /pʀɛl/ NF horsetail

prélèvement /pʀelɛvmɑ̃/ SYN NM [1] *(Méd, Sci)* *[d'échantillon]* taking *(NonC)*; *[d'organe]* removal • **faire un prélèvement de sang** *ou* **sanguin** to take a blood sample

[2] *(Fin)* *[de montant, pourcentage]* deduction; *(sur un compte)* *(par le titulaire)* withdrawal, drawing out *(NonC)*; *(par un créancier)* debit • **prélèvement automatique** *[de somme fixe]* standing order; *[de somme variable]* direct debit • **prélèvement bancaire** standing *ou* banker's order *(Brit)*, automatic deduction *(US)*

[3] *[d'impôt]* levying *(NonC)*, levy, imposition • **prélèvement fiscal/compensatoire/sur le capital/à l'importation** tax/compensatory/capital/import levy • **prélèvements obligatoires** tax and social security deductions

prélever /pʀel(ə)ve/ SYN ► conjug 5 ◄ VT [1] *(Méd, Sci)* *[+ échantillon]* to take *(sur* from); *[+ sang]* to take (a sample of); *[+ organe]* to remove

[2] *(Fin)* *[+ montant, pourcentage]* to deduct *(sur* from); *[+ somme]* *(sur un compte)* *[titulaire]* to withdraw *(sur* from); *[créancier]* to debit *(sur* from) • **ses factures d'électricité sont automatiquement prélevées sur son compte** his electricity bills are debited *ou* automatically deducted from his account

[3] *[+ impôt]* to levy, to impose *(sur* on)

préliminaire /pʀeliminɛʀ/ SYN

ADJ *(gén)* preliminary; *[discours]* introductory

NMPL **préliminaires** preliminaries; *[de négociations]* preliminary talks

prélude /pʀelyd/ SYN NM *(Mus = morceau)* prelude; *(pour se préparer)* warm-up; *(fig)* prelude *(à* to)

préluder /pʀelyde/ ► conjug 1 ◄

VI *(Mus)* to warm up • **préluder par qch** to begin with sth

VT INDIR **préluder à** to be a prelude to, to lead up to

prématuré, e /pʀematyʀe/ SYN

ADJ *[bébé, nouvelle]* premature; *[mort]* untimely, premature • **il est prématuré de...** it is premature to..., it's too early to... • **prématuré de 3 semaines** 3 weeks premature *ou* early

NM,F premature baby

prématurément /pʀematyʀemɑ̃/ SYN ADV prematurely • **une cruelle maladie l'a enlevé prématurément à notre affection** a grievous illness brought his untimely departure from our midst

prématurité /pʀematyʀite/ NF prematureness, prematurity

prémédication /pʀemedikasjɔ̃/ NF premedication, premed *

préméditation /pʀemeditasjɔ̃/ NF premeditation • **avec préméditation** *[crime]* premeditated; *[tuer]* with intent, with malice aforethought • **meurtre sans préméditation** unpremeditated murder

préméditer /pʀemedite/ SYN ► conjug 1 ◄ VT to premeditate • **préméditer de faire qch** to plan to do sth • **meurtre prémédité** premeditated *ou* wilful murder

prémenstruel, -elle /pʀemɑ̃stʀyɛl/ ADJ premenstrual • **syndrome prémenstruel** premenstrual tension *ou* syndrome

prémices /pʀemis/ SYN NFPL *(littér)* beginnings; *[de récolte]* first fruits; *[d'animaux]* first-born (animals); *[de guerre, crise]* first *ou* warning signs; *[d'évolution]* beginnings

premier, -ière[1] /pʀəmje, jɛʀ/ GRAMMAIRE ACTIVE 26.2, 26.5 SYN

ADJ [1] *(dans le temps)* first; *[impression]* first, initial • **les premières heures du jour** the early hours (of the morning), the small hours • **dès les premiers jours** from the very first days • **ses premiers poèmes** his first *ou* early poems • **les premiers habitants de la Terre** the earliest *ou* first inhabitants of the Earth • **les premières années de sa vie** the first few *ou* the early years of his life • **c'est la première et la dernière fois que je suis tes conseils** it's the first and last time I follow your advice • **au premier signe de résistance** at the first *ou* slightest sign of resistance • **à mon premier signal** at the first signal from me, as soon as you see my signal; → **art, lit, main** *etc*; → aussi **sixième**

[2] *(dans un ordre)* first; *(à un examen)* first, top; *(en importance)* leading, foremost, top • **premier commis/clerc** chief shop *(Brit)* *ou* store *(US)* assistant/clerk • **le premier constructeur automobile européen** the leading European car manufacturer • **le premier personnage de l'État** the country's leading *ou* most senior statesman • **arriver/être premier** to arrive/be first • **il est toujours premier en classe** he's always top of the class *ou* first in the class • **être reçu premier** to come first

[3] *(dans l'espace)* *[branche]* lower, bottom; *[rangée]* front • **la première marche de l'escalier** *(en bas)* the bottom step; *(en haut)* the top step • **le premier barreau de l'échelle** the bottom *ou* first *ou* lowest rung of the ladder • **le premier mouchoir de la pile** the first handkerchief in the pile, the top handkerchief in the pile • **les 100 premières pages** the first 100 pages • **en première page** *(Presse)* on the front page • **lire un livre de la première à la dernière ligne** to read a book from beginning to end *ou* from cover to cover

[4] *(= de base)* *[échelon, grade]* bottom; *[ébauche, projet]* first, rough • **quel est votre premier prix pour ce type de voyage ?** what do your prices start at for this kind of trip? • **apprendre les premiers rudiments d'une science** to learn the first *ou* basic rudiments of a science

[5] *(après n = originel, fondamental)* *[cause, donnée]* basic; *[principe]* first, basic; *[objectif]* basic, primary, prime; *[état]* initial, original • **c'est la qualité première d'un chef d'État** it's the prime *ou* essential quality for a head of state • **retrouver sa vivacité première/son éclat premier** to regain one's former *ou* initial liveliness/sparkle

NM,F [1] *(dans le temps, l'espace)* first (one) • **parler/passer/sortir le premier** to speak/go/go out first • **arriver les premiers** to arrive (the) first • **arriver dans les premiers** to be one of *ou* be among the first to arrive • **les premiers arrivés seront les premiers servis** first come, first served • **elle sera servie la première** she will be served first • **au premier de ces messieurs** next gentleman please • **il a été le premier à reconnaître ses torts** he was the first to admit that he was in the wrong • **elle fut l'une des premières à...** she was one of the first to...; → **né**

[2] *(dans une hiérarchie, un ordre)* • **il a été reçu dans** *ou* **parmi les premiers** *(Scol, Univ)* he was in the top *ou* first few • **il est le premier de sa classe** he is top of his class • **il a une tête de premier de la classe** *(péj)* he looks like a real egghead * *ou* swot * *(Brit)* • **il s'est classé dans les dix premiers** *(Sport)* he was ranked in *ou* among the top *ou* first ten • **les premiers seront les derniers (, et les derniers seront les premiers)** *(Bible)* the last shall be first (, and the first last); → **jeune**

[3] *(dans une série, une comparaison)* • **Pierre et Paul sont cousins, le premier est médecin** Peter and Paul are cousins, the former is a doctor • **le premier semble mieux** *(entre deux)* the first one seems better; *(dans une série)* the first one seems best

NM *(gén)* first; *(= étage)* first floor *(Brit)*, second floor *(US)* • **c'est leur premier** *(= enfant)* it's their first child • **mon premier est...** *(charade)* my first is in...

♦ **en premier** *[arriver, parler]* first • **je l'ai servi en premier** I served him first • **en premier je dirai que...** firstly *ou* first *ou* to start with I'd like to say that... • **cela vient en premier dans ma liste de priorités** that's first on *ou* top of my list of priorities • **pour lui, la famille vient toujours en premier** his family always comes first

COMP le premier de l'an New Year's Day

le premier avril the first of April, April Fool's Day, All Fools' Day

le Premier Mai the first of May, May Day

première² /pʀəmjɛʀ/

NF 1 *(gén)* first; *(= vitesse)* first (gear); *(Hippisme)* first (race) • **être en/passer la première** *(= vitesse)* to be in/go into first (gear)

2 *(Théât)* first night; *(Ciné)* première; *(= exploit) (gén)* first; *(Alpinisme)* first ascent • **le soir de la première, il...** *(Ciné)* on the opening night, he... • **le public des grandes premières** first-nighters • **c'est une première mondiale** *(gén)* it's a world first; *(Ciné)* it's a world première • **c'est une grande première pour notre équipe** it's a big first for our team

3 *(= première classe)* first class • **voyager en première** to travel first-class • **billet de première** first-class ticket

4 *(Scol)* • **(classe de) première** ≈ lower sixth (form) *(Brit)*, ≈ eleventh grade *(US)* • **élève de première** ≈ lower sixth former *(Brit)*, ≈ eleventh grader *(US)*, ≈ junior (in high school) *(US)*

5 *(Couture)* head seamstress

6 *(= semelle)* insole

LOC ADJ de première * • **c'est de première !** it's first-class! • **il a fait un boulot de première** he's done a first-class *ou* a first-rate job • **c'est un salaud** ‡ **de première !** he's an out-and-out *ou* a right *(Brit)* bastard! *‡ • **il est de première pour trouver les bons restaurants/pour les gaffes !** he's got a real knack * for *ou* he's great * at finding good restaurants/making blunders!

premièrement /pʀəmjɛʀmɑ̃/ GRAMMAIRE ACTIVE 26.5 SYN **ADV** *(= d'abord)* first(ly); *(= en premier lieu)* in the first place; *(introduisant une objection)* for a start • **premièrement il ne m'a rien dit, et en plus...** for a start, he didn't say anything to me, and what's more...

premier-maître (pl **premiers-maîtres**) /pʀəmjemɛtʀ/ **NM** chief petty officer

premier-né /pʀəmjene/, **première-née** /pʀəmjɛʀne/ (mpl **premiers-nés**) **ADJ, NM,F** first-born

prémisse /pʀemis/ SYN **NF** premise, premiss

premium /pʀemjɔm/ **NM** *(Fin)* premium

prémix /pʀemiks/ **NM** alcopop

prémolaire /pʀemɔlɛʀ/ **NF** premolar (tooth)

prémonition /pʀemɔnisjɔ̃/ SYN **NF** premonition

prémonitoire /pʀemɔnitwaʀ/ SYN **ADJ** premonitory

prémontré, e /pʀemɔ̃tʀe/ **NM,F** Premonstratensian, Norbertine, White Canon

prémunir /pʀemyniʀ/ SYN ► conjug 2 ◄

VT *(littér)* *(= mettre en garde)* to warn; *(= protéger)* to protect *(contre* against)

VPR se prémunir to protect o.s. *(contre* from), to guard *(contre* against)

prenant, e /pʀənɑ̃, ɑ̃t/ SYN **ADJ** 1 *(= captivant)* *[film, livre]* absorbing, engrossing, compelling; *[voix]* fascinating, captivating

2 *(= qui prend du temps)* *[activité]* time-consuming • **ce travail est trop prenant** this job is too time-consuming *ou* takes up too much of my *(ou our etc)* time

3 *[queue]* prehensile

prénatal, e (mpl **prénatals**) /pʀenatal/ **ADJ** *[diagnostic, dépistage, examen, visite]* antenatal, prenatal; *[allocation]* maternity *(épith)* • **clinique prénatale** antenatal clinic

prendre /pʀɑ̃dʀ/

SYN ► conjug 58 ◄

1 - VERBE TRANSITIF

2 - VERBE INTRANSITIF

3 - VERBE PRONOMINAL

► Lorsque **prendre** s'emploie dans des locutions telles que **prendre une photo/du poids/son temps, prendre en charge** etc, cherchez aussi au nom.

1 - VERBE TRANSITIF

1 [= SAISIR] *[+ objet]* to take • **prends-le dans le placard/sur l'étagère** take it out of the cupboard/off *ou* (down) from the shelf • **il l'a pris dans le tiroir** he took *ou* got it out of the drawer • **il prit un journal/son crayon sur la table** he picked up *ou* took a newspaper/his pencil from the table • **il la prit par le cou/par la taille** he put his arms round her neck/round her waist • **prendre qn par le bras/la taille** to take sb by the arm/the waist • **prendre qch des mains de qn** *(= débarrasser)* to take sth out of sb's hands; *(= enlever)* to take sth off sb *ou* away from sb • **c'est toujours ça** *ou* **autant de pris** that's something at least • **c'est à prendre ou à laisser** *[offre]* (you can) take it or leave it • **je vous le fais à 80 €, c'est à prendre ou à laisser** I'll let you have it for €80, that's my final offer • **avec lui, il faut en prendre et en laisser** you can only believe half of what he says, you must take what he tells you with a pinch of salt • **je prends** *(dans un jeu de questions-réponses)* I'll answer; *(appel téléphonique)* I'll take it

2 [= CHOISIR] to take • **il y a plusieurs livres, lequel prends-tu ?** there are several books – which one are you going to take? *ou* which one do you want? • **il a pris le bleu** he took the blue one

3 [= SE MUNIR DE] *[+ instrument]* • **tiens, prends ce marteau** here, use this hammer • **il faut prendre un tournevis pour faire ça** you need a screwdriver for that • **si tu sors, prends ton parapluie** if you go out, take your umbrella (with you) • **prends ta chaise et viens t'asseoir ici** bring your chair and come and sit over here • **as-tu pris les valises ?** have you brought the suitcases? • **prends tes lunettes pour lire** put your glasses on to read

4 [= ALLER CHERCHER] *[+ chose]* to pick up, to get, to fetch *(Brit)*; *[+ personne]* to pick up; *(= emmener)* to take • **passer prendre qn à son bureau** to pick sb up *ou* call for sb at his office • **je passerai les prendre chez toi** I'll come and collect *ou* get them *ou* I'll call in for them at your place • **pouvez-vous me prendre (dans votre voiture) ?** can you give me a lift? • **je ne veux plus de ce manteau, tu peux le prendre** I don't want this coat any more – you can take *ou* have it • **prends du beurre dans le réfrigérateur** get some butter out of the fridge

5 [= S'EMPARER DE FORCE] *[+ poisson, voleur]* to catch; *[+ argent, place, otage]* to take; *(Mil)* *[+ ville]* to take, to capture; *(Cartes, Échecs)* to take • **un voleur lui a pris son portefeuille** a thief has taken *ou* stolen his wallet *ou* has robbed him of his wallet • **il m'a pris mon idée** he has taken *ou* used *ou* pinched* *(Brit)* my idea • **il prend tout ce qui lui tombe sous la main** he takes *ou* grabs everything he can lay his hands on • **prendre le service de qn** *(Tennis)* to break sb's service • **se faire prendre** *[voleur]* to be *ou* get caught • **le voleur s'est fait prendre** the robber was *ou* got caught; → **tel**

6 [* : SEXUELLEMENT] *[+ personne]* to take • **il l'a prise par devant/derrière** he took her from the front/from behind

7 [= ASSAILLIR] *[colère]* to come over; *[fièvre, douleur]* to strike • **la colère le prit soudain** he was suddenly overcome with anger, anger suddenly overcame him • **il fut pris d'un doute** he suddenly had a doubt, he felt doubtful all of a sudden • **la douleur m'a pris au genou** I suddenly got a pain in my knee • **les douleurs la prirent** her labour pains started • **ça me prend dans le bas du dos et ça remonte*** it starts in my lower back and works its way up • **qu'est-ce qui te prend ?*** what's the matter *ou* what's up* with you?, what's come over you?* • **ça te prend souvent ?*** are you often like that? *(iro)* • **quand ça me prend*, je peux rêvasser pendant des heures** I can daydream for hours when I feel like it *ou* when the mood takes me; → **tête**

8 [= SURPRENDRE] to catch • **prendre qn à faire qch** to catch sb doing sth • **je vous y prends !** caught you! • **si je t'y prends (encore), que je t'y prenne** *(menace)* just *ou* don't let me catch you doing that (again) *ou* at it (again) • **prendre qn sur le fait** to catch sb in the act *ou* red-handed • **il s'est fait prendre en train de copier sur son voisin** he got caught copying from his neighbour

9 [= DUPER] to take in • **on ne m'y prendra plus** I won't be taken in again, I won't be had a second time* • **se laisser prendre à des paroles aimables** to let o.s. be sweet-talked *ou* taken in by sweet talk

10 [= MANGER, BOIRE] *[+ aliment, boisson]* to have; *[+ médicament]* to take • **prenez-vous du sucre ?** do you take sugar? • **est-ce que vous prendrez du café ?** will you have *ou* would you like some coffee? • **à prendre avant les repas** to be taken before meals • **fais-lui prendre son médicament** give him his medicine • **ce médicament se prend dans de l'eau** this medicine must be taken in water • **as-tu pris de ce bon gâteau ?** have you had some of this nice cake? • **il n'a rien pris depuis hier** he hasn't eaten anything since yesterday • **le docteur m'interdit de prendre de l'alcool** the doctor won't allow me *ou* has forbidden me (to drink) alcohol

11 [= VOYAGER PAR] *[+ métro, taxi]* to take, to travel *ou* go *ou* come by; *[+ voiture]* to take; *(= s'engager dans)* *[+ direction, rue]* to take • **il prit le train puis l'avion de Paris à Londres** he took the train *ou* went by train then flew from Paris to London • **j'ai pris l'avion/le train de 4 heures** I caught the 4 o'clock plane/train • **je préfère prendre ma voiture** I'd rather take the car *ou* go in the car • **ils ont pris la rue Blanche** they went down *(ou* up) the rue Blanche

12 [= ACHETER] *[+ billet, essence]* to get; *[+ voiture]* to buy; *(= réserver)* *[+ couchette, place]* to book • **il prend toujours son pain à côté** he always gets *ou* buys his bread from the shop next door • **peux-tu me prendre du pain ?** can you get me some bread? • **nous avons pris une maison** *(loué)* we've taken *ou* rented a house; *(acheté)* we've bought a house • **je prends du 38 (en chaussures/en robe)** I take a size 38 (shoe/dress)

13 [= ACCEPTER] *[+ client]* to take; *[+ passager]* to pick up; *[+ locataire]* to take (in); *[+ personnel]* to take on; *[+ domestique]* to engage, to take on • **l'école ne prend plus de pensionnaires** the school no longer takes boarders • **ce train ne prend pas de voyageurs** this train doesn't pick up passengers • **il l'a prise comme interprète** he took her on as an interpreter

14 [= NOTER] *[+ renseignement, adresse, nom, rendez-vous]* to write down, to take down; *[+ mesures, température, empreintes]* to take; *(sous la dictée)* *[+ lettre]* to take (down) • **prendre des notes** to take notes

15 [= ADOPTER] *[+ air, ton]* to put on, to assume; *[+ décision]* to take, to make, to come to; *[+ risque, mesure]* to take; *[+ attitude]* to strike, to take up • **il prit un ton menaçant** a threatening note crept into his voice, his voice took on a threatening tone

16 [= ACQUÉRIR] • **prendre de l'autorité** to gain authority • **cela prend un sens particulier** it takes on a particular meaning

17 [= S'ACCORDER] *[+ congé]* to take; *[+ vacances]* to take, to have, to go on; *[+ repos]* to have, to take • **je prends quelques jours à Noël** I'm having a few days off at Christmas; → **temps¹**

18 [= COÛTER] *[+ temps, place, argent]* to take • **cela me prend tout mon temps** it takes up all my time • **la réparation a pris des heures** the repair took hours *ou* ages • **attendez ici, ça ne prendra pas longtemps** wait here, it won't take long

19 [= FAIRE PAYER] to charge • **ils (m')ont pris 20 € pour une petite réparation** they charged (me) €20 for a minor repair • **ce spécialiste prend très cher** this specialist charges very high fees, this specialist's charges *ou* fees are very high • **ce plombier prend cher de l'heure** this plumber's hourly rate is high

20 [= PRÉLEVER] *[+ pourcentage]* to take • **ils prennent un pourcentage sur la vente** they charge a commission on the sale, they take a percentage on the sale • **il prend sa commission sur la vente** he takes his commission on the sale • **prendre de l'argent à la banque/sur son compte** to draw (out) *ou* withdraw money from the bank/from one's account • **la cotisation à la retraite est prise sur le salaire** the pension contribution is taken off one's salary *ou* deducted from one's salary • **il a dû prendre sur ses économies pour payer les dégâts** he had to dip into *ou* go into his savings to pay for the damage • **il a pris sur son temps pour venir m'aider** he gave up some of his time to help me

21 [* = RECEVOIR, SUBIR] *[+ coup, choc]* to get, to receive • **il a pris la porte en pleine figure** the door hit *ou* got* him right in the face • **qu'est-ce qu'on a pris !*, on en a pris plein la gueule** ‡ **ou la tronche !** ‡, **on s'en est pris plein la gueule** ‡ **ou la tronche !** ‡ *(reproches)* we really got it in the neck!*, we really got what for! ‡; *(défaite)* we got hammered!*; *(averse)* we got drenched! • **il a pris pour les autres** *(emploi absolu)* he took the rap* • **c'est toujours moi**

qui prends pour ma sœur ! I always get the blame for what my sister does! ◆ **le seau d'eau s'est renversé et c'est moi qui ai tout pris** the bucket of water tipped over and I got it all over me

[22] [= RÉAGIR À] *[+ nouvelle]* to take ◆ **si vous le prenez ainsi...** if that's how you want it... ◆ **il a bien/mal pris la chose, il l'a bien/mal pris** he took it well/badly ◆ **il a bien pris ce que je lui ai dit** he took what I said in good part *ou* quite well ◆ **il a mal pris ce que je lui ai dit** he took exception *ou* didn't take kindly to what I said to him ◆ **prendre qch avec bonne humeur** to take sth good-humouredly *ou* in good part ◆ **prendre les choses comme elles sont/la vie comme elle vient** to take things as they come/life as it comes

[23] [= MANIER] *[+ personne]* to handle; *[+ problème]* to handle, to tackle, to deal with, to cope with ◆ **elle sait le prendre** she knows how to handle *ou* approach *ou* get round him ◆ **c'est quelqu'un de gentil mais il faut savoir le prendre** he's nice but you have to keep on the right side of him ◆ **il y a plusieurs façons de prendre le problème** there are several ways of going about *ou* tackling the problem; → **bout**

[24] [LOCUTIONS]

♦ **prendre qn/qch pour** *(= considérer comme)* to take sb/sth for; *(= utiliser comme)* to take sb/sth as ◆ **pour qui me prenez-vous ?** what *ou* who do you take me for?, what *ou* who do you think I am? ◆ **prendre qn pour un autre** to take sb for *ou* think sb is somebody else, to mistake sb for somebody else ◆ **je n'aime pas qu'on me prenne pour un imbécile** I don't like being taken for a fool ◆ **prendre qch pour prétexte/cible** to take sth as a pretext/target

♦ **prendre sur soi** *(= se maîtriser)* to grin and bear it ◆ **savoir prendre sur soi** to keep a grip on o.s. *(= assumer)* ◆ **j'ai dû prendre tout cela sur moi** I had to cope on my own ◆ **prendre sur soi de faire qch** to take it upon o.s. to do sth

♦ **à tout prendre** on the whole, all in all

2 - VERBE INTRANSITIF

[1] [= DURCIR, ÉPAISSIR] *[ciment, pâte, crème]* to set; *[mayonnaise]* to thicken

[2] [= RÉUSSIR] *[plante]* to take (root); *[vaccin]* to take; *[mouvement, mode]* to catch on; *[livre, spectacle]* to be a success ◆ **le lilas a bien pris** the lilac's doing really well ◆ **la teinture prend mal avec ce tissu** this material is difficult to dye ◆ **la plaisanterie a pris** the joke was a great success ◆ **avec moi, ça ne prend pas*** it doesn't work with me*, it won't wash with me* *(Brit)*

[3] [= COMMENCER À BRÛLER] *[feu] (gén)* to go; *(accidentellement)* to start; *[allumette]* to light; *[bois]* to catch fire ◆ **le feu ne veut pas prendre** the fire won't go ◆ **le feu a pris sur le toit** the fire took hold in the roof

[4] [= SE DIRIGER] to go ◆ **prendre à gauche** to go *ou* turn *ou* bear left ◆ **prendre par les petites rues** to take to *ou* go along *ou* keep to the side streets

3 - VERBE PRONOMINAL

se prendre

[1] [= SE CONSIDÉRER] ◆ **il se prend pour un intellectuel** he thinks *ou* likes to think he's an intellectual ◆ **pour qui se prend-il ?** (just) who does he think he is? ◆ **se prendre au sérieux** to take o.s. seriously

[2] [= ACCROCHER, COINCER] to catch, to trap ◆ **le chat s'est pris la patte dans un piège** the cat got its paw trapped, the cat caught its paw in a trap ◆ **le rideau se prend dans la fenêtre** the curtain gets caught (up) *ou* stuck in the window ◆ **mon manteau s'est pris dans la porte** I caught *ou* trapped my coat in the door, my coat got trapped *ou* caught in the door ◆ **se prendre les pieds dans le tapis** *(lit)* to catch one's foot in the rug, to trip on the rug; *(fig)* to trip oneself up

[3] [LOCUTIONS]

♦ **se prendre à** + *infinitif (littér)* ◆ **se prendre à faire qch** *(= commencer)* to begin to do *ou* begin doing sth, to start to do *ou* start doing sth

♦ **s'en prendre à** *[+ personne] (= agresser)* to lay into*, to set about; *(= passer sa colère sur)* to take it out on; *(= blâmer)* to lay *ou* put the blame on, to attack ◆ **tu ne peux t'en prendre qu'à toi-même** you've only got yourself to blame *[+ chose] (= remettre en question) [+ tradition, préjugé]* to challenge; *(= critiquer) [+ autorité, organisation]* to attack, to take on ◆ **il s'en est pris à son ordinateur** he took it out on his computer

♦ **s'y prendre** to set about (doing) it ◆ **il ne sait pas s'y prendre** he doesn't know how to go *ou* set about it ◆ **je ne sais pas comment tu t'y prends** I don't know how you manage it ◆ **il ne s'y serait pas pris autrement s'il avait voulu tout faire échouer** he couldn't have done better if he had actually set out to ruin the whole thing ◆ **il fallait s'y prendre à temps** you should have done something about it *ou* started before it was too late ◆ **il faut s'y prendre à l'avance** you have to do it in advance ◆ **il s'y est bien/mal pris (pour le faire)** he went about it the right/wrong way ◆ **il s'y est pris drôlement pour le faire** he chose the oddest way of doing it, he went about it in the strangest way ◆ **s'y prendre à deux fois/plusieurs fois pour faire qch** to try twice/several times to do sth, to make two/several attempts to do sth ◆ **il faut s'y prendre à deux** it needs two of us (to do it) ◆ **s'y prendre bien** *ou* **savoir s'y prendre avec qn** to handle sb the right way ◆ **il sait s'y prendre avec les enfants** he really knows how to deal with children

preneur, -euse /pʀənœʀ, øz/ NM,F *(= acheteur)* buyer; *(= locataire)* lessee *(Jur)*, tenant ◆ **preneur de son** *(Ciné)* sound engineer ◆ **preneur d'otages** hostage taker ◆ **trouver preneur** to find a buyer ◆ **ces restes de gâteau vont vite trouver preneur** there'll be no problem finding a taker for the rest of this cake ◆ **cet objet n'avait pas trouvé preneur** there were no takers for this object ◆ **je suis preneur à 30 €** I'll buy *ou* take it for €30 ◆ **je ne suis pas preneur** I'm not interested

prénom /pʀenɔ̃/ NM *(gén)* Christian name, first name; *(Admin)* forename, given name *(US)* ◆ **prénom usuel** name by which one is known ◆ **il a dû se faire un prénom** he had to make a name for himself in his own right

prénommé, e /pʀenɔme/ (ptp de **prénommer**)

ADJ ◆ **le prénommé Paul** the said Paul

NM,F *(Jur)* above-named

prénommer /pʀenɔme/ SYN ▸ conjug 1 ◂

VT to call, to name, to give a name to ◆ **on l'a prénommé comme son oncle** he was called *ou* named after his uncle, he was given the same name as his uncle

VPR **se prénommer** to be called *ou* named

prénuptial, e (mpl **-aux**) /pʀenypsjal, o/ ADJ premarital

préoccupant, e /pʀeɔkypɑ̃, ɑ̃t/ SYN ADJ worrying

préoccupation /pʀeɔkypasjɔ̃/ SYN NF [1] *(= souci)* worry, anxiety ◆ **sa mauvaise santé était une préoccupation supplémentaire pour ses parents** his ill health was a further worry to *ou* cause for concern to his parents

[2] *(= priorité)* preoccupation, concern ◆ **sa seule préoccupation était de...** his one concern *ou* preoccupation was to...

préoccupé, e /pʀeɔkype/ SYN (ptp de **préoccuper**) ADJ *(= absorbé)* preoccupied *(de qch* with sth; *de faire qch* with doing sth); *(= soucieux)* concerned *(de qch* about sth; *de faire qch* to do sth), worried *(de qch* about sth; *de faire qch* about doing sth) ◆ **tu as l'air préoccupé** you look worried

préoccuper /pʀeɔkype/ GRAMMAIRE ACTIVE 26.1, 26.2 SYN ▸ conjug 1 ◂

VT [1] *(= inquiéter)* to worry ◆ **il y a quelque chose qui le préoccupe** something is worrying *ou* bothering him, he's got *ou* there's something on his mind ◆ **l'avenir de son fils le préoccupe** he's concerned *ou* anxious about his son's future

[2] *(= absorber)* to preoccupy ◆ **cette idée lui préoccupe l'esprit** *ou* **le préoccupe** he is preoccupied with the idea ◆ **il est uniquement préoccupé de sa petite personne** all he ever thinks about is himself, he's totally wrapped up in himself

VPR **se préoccuper** to concern o.s. *(de* with), to be concerned *(de* with), to worry *(de* about) ◆ **se préoccuper de la santé de qn** to show (great) concern about sb's health ◆ **il ne se préoccupe pas beaucoup de notre sort** he isn't very worried *ou* he doesn't care very much about what happens to us ◆ **il ne s'en préoccupe guère** he hardly gives it a thought

préopératoire /pʀeɔpeʀatwaʀ/ ADJ preoperative

préoral, e (mpl **-aux**) /pʀeɔʀal, o/ ADJ preoral

prépa /pʀepa/ NF *(arg Scol)* (abrèv de **classe préparatoire**) → **préparatoire**

préparateur, -trice /pʀepaʀatœʀ, tʀis/ NM,F *(gén)* assistant; *(Univ)* demonstrator ◆ **préparateur en pharmacie** pharmaceutical *ou* chemist's *(Brit)* assistant

préparatifs /pʀepaʀatif/ SYN NMPL preparations *(de* for) ◆ **nous en sommes aux préparatifs de départ** we're getting ready *ou* we're preparing to leave

préparation /pʀepaʀasjɔ̃/ SYN NF [1] *(= confection) (gén)* preparation; *[de repas]* preparation, making; *[de médicament]* preparation, making up; *[de complot]* laying, hatching; *[de plan]* preparation, working out, drawing up ◆ **la préparation de ce plat demande des soins minutieux** this dish requires very careful preparation

[2] *(= apprêt) (gén)* preparation; *[de table]* laying, getting ready; *[de peaux, poisson, volaille]* dressing; *[d'attaque, départ, voyage]* preparation *(de* for) ◆ **la préparation de l'avenir** preparing *ou* preparation for the future ◆ **attaque après préparation d'artillerie** attack following initial assault by the artillery ◆ **elle a plusieurs livres en préparation** she has several books in the pipeline

[3] *(= étude) [d'examen]* preparation, getting ready *(de* for)

[4] *(= entraînement) [de personne] (à un examen)* preparation *(à* for); *(à une épreuve sportive)* preparation, training *(à* for) ◆ **annoncer quelque chose sans préparation** to announce something abruptly *ou* without preparation

[5] *(Chim, Pharm)* preparation

[6] *(Scol)* ◆ **faire une préparation à Polytechnique** *(= classe préparatoire)* to prepare for entrance to the École polytechnique *(in one of the classes préparatoires)* ◆ **une préparation française** *(= devoir)* a French exercise, a piece of French homework ◆ **faire sa préparation militaire** *(Mil)* to do a training course in preparation for one's military service

préparatoire /pʀepaʀatwaʀ/ SYN ADJ *[travail, démarche, conversation]* preparatory, preliminary ◆ **classe préparatoire (aux Grandes Écoles)** *class which prepares students for the entry exams to the Grandes Écoles* → **cours**

> **CLASSES PRÉPARATOIRES**
>
> **Classes préparatoires** is the term given to the two years of intensive study required to sit the competitive entrance examinations to the "grandes écoles". They are extremely demanding post-"baccalauréat" courses, usually taken in a "lycée". Schools which provide such classes are more highly regarded than those which do not. → **BACCALAURÉAT, CONCOURS, GRANDES ÉCOLES, LYCÉE**

préparer /pʀepaʀe/ SYN ▸ conjug 1 ◂

VT [1] *(= confectionner) (gén)* to prepare; *[+ repas]* to prepare, to make; *[+ médicament]* to prepare, to make up; *[+ piège, complot]* to lay, to hatch; *[+ plan]* to draw up, to work out, to prepare; *[+ cours, discours]* to prepare; *[+ thèse]* to be doing, to be working on, to prepare ◆ **elle nous prépare une tasse de thé** she's making a cup of tea for us, she's getting us a cup of tea ◆ **il lui prépare de bons petits plats** he makes *ou* cooks *ou* prepares tasty dishes for her ◆ **plat préparé** ready(-made) meal

[2] *(= apprêter) (gén)* to prepare; *[+ table]* to lay, to get ready; *[+ affaires, bagages, chambre]* to prepare, to get ready; *[+ peaux, poisson, volaille]* to dress; *(Agr) [+ terre]* to prepare; *[+ attaque, rentrée, voyage]* to prepare (for), to get ready for; *[+ transition]* to prepare for ◆ **préparer le départ** to get ready *ou* prepare to leave, to make ready for one's departure *(frm)* ◆ **préparer l'avenir** to prepare for the future ◆ **préparer ses effets** to time one's effects carefully, to prepare one's effects ◆ **il a préparé la rencontre des deux ministres** he made the preparations for *ou* he organized *ou* he set up the meeting between the two ministers ◆ **l'attaque avait été soigneusement préparée** the attack had been carefully prepared *ou* organized ◆ **le coup avait été préparé de longue main** they *(ou he etc)* had been preparing for it for a long time ◆ **préparer le terrain** *(Mil, fig)* to prepare the ground

[3] *(Scol) [+ examen]* to prepare for, to study for ◆ **préparer Normale Sup** to study for entrance to the École normale supérieure

[4] *(= habituer, entraîner)* ◆ **préparer qn à qch/à faire qch** to prepare sb for sth/to do sth ◆ **préparer les esprits** to prepare people('s minds) *(à qch* for sth) ◆ **préparer qn à un examen** to prepare *ou* coach sb for an exam ◆ **il a essayé de la préparer à la triste nouvelle** he tried to pre-

pare her for the sad news ◆ **je n'y étais pas préparé** I wasn't prepared for it, I wasn't expecting it

5 *(= réserver)* ◆ **préparer qch à qn** to have sth in store for sb ◆ **je me demande ce qu'elle nous prépare** I wonder what she's got in store for us *ou* she's cooking up for us * ◆ **on ne sait pas ce que l'avenir nous prépare** we don't know what the future holds (in store) for us *ou* has in store for us ◆ **il nous prépare une surprise** he has a surprise in store for us, he's got a surprise up his sleeve ◆ **ce temps nous prépare de joyeuses vacances !** *(iro)* if this weather continues the holidays will be just great! * *(iro)* ◆ **il nous prépare un bon rhume** he's getting a cold

VPR **se préparer** 1 *(= s'apprêter)* to prepare (o.s.), to get ready *(à qch* for sth; *à faire* to do) ◆ **attendez, elle se prépare** wait a minute, she's getting ready ◆ **se préparer à une mauvaise nouvelle** to prepare o.s. for some bad news ◆ **se préparer au combat** *ou* **à combattre** to prepare to fight *ou* to do battle ◆ **se préparer pour les Jeux olympiques** to prepare *ou* train for the Olympics ◆ **préparez-vous au pire** prepare for the worst ◆ **je ne m'y étais pas préparé** I hadn't prepared myself for it, I wasn't expecting it ◆ **se préparer pour un bal/pour sortir dîner en ville** to get ready *ou* dressed for a dance/to go out to dinner ◆ **préparez-vous à être appelé d'urgence** be prepared to be called out urgently ◆ **vous vous préparez des ennuis** you're making trouble *ou* storing up trouble for yourself

2 *(= approcher) [orage]* to be brewing ◆ **il se prépare une bagarre** there's going to be a fight ◆ **il se prépare quelque chose de louche** there's something fishy going on *

prépayé, e /pʀepeje/ ADJ *[billet]* prepaid, paid in advance

prépondérance /pʀepɔ̃deʀɑ̃s/ SYN NF *[de nation, groupe]* ascendancy, preponderance, supremacy *(sur* over); *[d'idée, croyance, théorie]* supremacy *(sur* over); *[de trait de caractère]* domination *(sur* over)

prépondérant, e /pʀepɔ̃deʀɑ̃, ɑ̃t/ SYN ADJ *[rôle]* dominating, preponderant ◆ **voix prépondérante** *(Pol)* casting vote

préposé /pʀepoze/ NM *(gén)* employee; *(= facteur)* postman *(Brit)*, mailman *(US)*; *[de douane]* official, officer; *[de vestiaire]* attendant

préposée /pʀepoze/ NF *(gén)* employee; *(= factrice)* postwoman *(Brit)*, mailwoman *(US)*; *[de vestiaire]* attendant

préposer /pʀepoze/ SYN ► conjug 1 ◄ VT to appoint *(à* to) ◆ **préposé à** in charge of

prépositif, -ive /pʀepozitif, iv/ ADJ prepositional

préposition /pʀepozisjɔ̃/ NF preposition

prépositionnel, -elle /pʀepozisjɔnɛl/ ADJ prepositional

prépositivement /pʀepozitivmɑ̃/ ADV prepositionally, as a preposition

pré(-)presse /pʀepʀɛs/ NF prepress

préprogrammé, e /pʀepʀɔgʀame/ ADJ *(Ordin)* preprogrammed

prépuce /pʀepys/ NM foreskin, prepuce *(SPÉC)*

préraphaélisme /pʀeʀafaelism/ NM Pre-Raphaelitism

préraphaélite /pʀeʀafaelit/ ADJ, NM Pre-Raphaelite

préréglage /pʀeʀeglaʒ/ NM preselection, presetting

prérégler /pʀeʀegle/ ► conjug 6 ◄ VT to preset

prérentrée /pʀeʀɑ̃tʀe/ NF *(Scol) preparatory day for teachers before school term starts*

préretraite /pʀeʀ(ə)tʀɛt/ NF *(= état)* early retirement; *(= pension)* early retirement pension ◆ **partir en préretraite** to take early retirement ◆ **être mis en préretraite** to be given early retirement, to be retired early

préretraité, e /pʀeʀətʀete/ NM,F *person who has taken early retirement*

prérogative /pʀeʀɔgativ/ SYN NF prerogative

préroman, e /pʀeʀɔmɑ̃, an/ ADJ *[art]* pre-Romanesque

préromantique /pʀeʀɔmɑ̃tik/ ADJ pre-Romantic ◆ **les préromantiques** the pre-Romantics, the pre-Romantic poets *(ou* musicians *etc)*

préromantisme /pʀeʀɔmɑ̃tism/ NM pre-Romanticism

près /pʀɛ/ SYN

ADV 1 *(dans l'espace)* near(by), close (by); *(dans le temps)* near, close ◆ **la gare est tout près** we're very close to the station, the station is very nearby ◆ **il habite assez/tout près** he lives quite/very near(by) *ou* close (by) ◆ **ne te mets pas trop près** don't get too close *ou* near ◆ **c'est plus/moins près que je ne croyais** *(espace)* it's nearer *ou* closer than/further than I thought; *(temps)* it's nearer *ou* sooner *ou* closer than/not as near *ou* soon as I thought *ou* further off than I thought ◆ **Noël est très près maintenant** Christmas is (getting) very near *ou* close now, it'll very soon be Christmas now

2 *(locutions)* ◆ **c'est terminé à peu de chose près** it's more or less *ou* pretty well * finished ◆ **ce n'est pas aussi bon, à beaucoup près** it's nothing like *ou* nowhere near as good ◆ **ils sont identiques, à la couleur près** they are identical apart from *ou* except for the colour ◆ **à cela près que...** if it weren't for *ou* apart from the fact that... ◆ **je vais vous donner le chiffre à un franc/à un centimètre près** I'll give you the figure to within about a franc/a centimetre ◆ **cela fait 15 € à quelque chose** *ou* **à peu de chose(s) près** that comes to €15, or as near as makes no difference ◆ **il a raté le bus à une minute près** he missed the bus by a minute or so ◆ **il n'est pas à 10 minutes/à un kilo de sucre/à 15 € près** he can spare 10 minutes/a kilo of sugar/€15 ◆ **il n'est pas à un crime près** he won't let a crime stop him ◆ **il n'est plus à 10 minutes près** he can wait another 10 minutes; → aussi **peu**

PRÉP *(littér ou Admin) (lieu)* near ◆ **ambassadeur près le roi de...** ambassador to the king of...

LOC PRÉP **près de** 1 *(dans l'espace)* close to, near (to) ◆ **leur maison est près de l'église** their house is close to *ou* near the church ◆ **le plus/moins près possible de la porte/de Noël** as close *ou* near to/as far away as possible from the door/Christmas ◆ **une robe près du corps** a close-fitting dress ◆ **ils étaient très près l'un de l'autre** they were very close to each other ◆ **elle est près de sa mère** she's with her mother ◆ **être très près du but** to be very close *ou* near to one's goal ◆ **être près de son argent** *ou* **de ses sous** * *(fig)* to be close- *ou* tight-fisted

2 *(dans le temps)* close to ◆ **il est près de minuit** it's close to midnight, it's nearly midnight ◆ **il est près de la retraite** he's close to *ou* nearing retirement ◆ **arriver près de la fin d'un voyage** to be nearing the end *ou* coming near *ou* close to the end of a journey ◆ **il est près de la cinquantaine** he's nearly *ou* almost fifty, he's going on fifty, he's coming up to fifty *(Brit)*

3 *(approximativement)* nearly, almost ◆ **il a dépensé près de la moitié de son salaire** he has spent nearly *ou* almost half his salary ◆ **il y a près de 5 ans qu'ils sont partis** they left nearly *ou* close on 5 years ago, it's nearly 5 years since they left

4 *(avec verbe à l'infinitif = sur le point de)* ◆ **être très près d'avoir trouvé la solution** to have almost *ou* nearly found the solution ◆ **elle a été très près de refuser** she was on the point of refusing, she was about to refuse, she came close to refusing ◆ **je suis très près de croire que...** I'm (almost) beginning to think that... ◆ **je ne suis pas près de partir/de réussir** at this rate, I'm not likely to be going (yet)/to succeed ◆ **je ne suis pas près d'y retourner/de recommencer** I won't go back there/do that again in a hurry, you won't catch me going back there/doing that again in a hurry

LOC ADV **de près** ◆ **le coup a été tiré de près** the shot was fired at close range ◆ **il voit mal/bien de près** he can't see very well/he can see all right close to ◆ **surveiller qn de près** to keep a close watch on sb, to watch sb closely ◆ **il a vu la mort de près** he has stared *ou* looked death in the face ◆ **il faudra examiner cette affaire de plus près** we must have *ou* take a closer look at *ou* look more closely into this business ◆ **on a frôlé de très près la catastrophe** we came within an inch of disaster, we had a close shave *ou* a narrow escape ◆ **de près ou de loin** *[ressembler]* more or less ◆ **tout ce qui touche de près ou de loin au cinéma** everything remotely connected with cinema; → **rasé, regarder**

présage /pʀezaʒ/ SYN NM omen, presage *(littér)* ◆ **bon/mauvais/heureux présage** good/ill/happy omen ◆ **ces bons résultats sont le présage de jours meilleurs** these good results are the sign of better days to come

présager /pʀezaʒe/ SYN ► conjug 3 ◄ VT *(= annoncer)* to be a sign *ou* an omen of, to presage *(littér)*; *(= prévoir)* to predict, to foresee ◆ **cela ne présage rien de bon** nothing good will come of it, that's an ominous sign ◆ **cela nous laisse présager que...** it leads us to predict *ou* expect that... ◆ **rien ne laissait présager la catastrophe** there was nothing to suggest that such a disaster might happen ◆ **rien ne laissait présager que...** there was nothing to suggest that...

présalaire /pʀesalɛʀ/ NM *grant given to students to replace earnings lost during their studies*

pré-salé (pl **prés-salés**) /pʀesale/ NM ◆ **(agneau/mouton de) pré-salé** salt meadow lamb/sheep; *(= viande)* salt meadow lamb/mutton

presbyophrénie /pʀɛsbjofʀeni/ NF presbyophrenia

presbyte /pʀɛsbit/ ADJ long-sighted, far-sighted *(US)*, presbyopic *(SPÉC)*

presbytéral, e (mpl **-aux**) /pʀɛsbiteʀal, o/ ADJ presbyter(i)al

presbytère /pʀɛsbitɛʀ/ NM presbytery

presbytérianisme /pʀɛsbiteʀjanism/ NM Presbyterianism

presbytérien, -ienne /pʀɛsbiteʀjɛ̃, jɛn/ ADJ, NM,F Presbyterian

presbytie /pʀɛsbisi/ NF long-sightedness, far-sightedness *(US)*, presbyopia *(SPÉC)*

prescience /pʀesjɑ̃s/ NF prescience, foresight

prescient, e /pʀesjɑ̃, jɑ̃t/ ADJ prescient, far-sighted

préscientifique /pʀesjɑ̃tifik/ ADJ prescientific

préscolaire /pʀeskɔlɛʀ/ ADJ preschool *(épith)* ◆ **enfant d'âge préscolaire** preschool child, child of preschool age

prescripteur, -trice /pʀɛskʀiptœʀ, tʀis/ NM,F *(Comm)* prescriber; *(Scol)* teacher *(who recommends schoolbooks)* ◆ **(médecin) prescripteur** consultant

prescriptible /pʀɛskʀiptibl/ ADJ prescriptible

prescription /pʀɛskʀipsjɔ̃/ SYN NF 1 *(Méd)* prescription, directions ◆ « **se conformer aux prescriptions du médecin** » "to be taken in accordance with the doctor's instructions" ◆ **obtenu sur prescription médicale** obtained on prescription

2 *(= ordre) (gén)* order, instruction; *[de morale, règlement]* dictate; *(= recommandation) [d'ouvrage, méthode]* recommendation ◆ **prescriptions techniques** technical requirements

3 *(Jur) (droit civil)* prescription; *(droit pénal)* statute of limitations ◆ **prescription acquisitive** positive prescription, adverse possession ◆ **prescription extinctive** negative prescription ◆ **au bout de sept ans il y a prescription** the statute of limitations is seven years ◆ **il y a prescription maintenant, on peut en parler** *(hum)* it's ancient history now so it's all right to talk about it

prescrire /pʀɛskʀiʀ/ SYN ► conjug 39 ◄ VT *(Méd, Jur)* to prescribe; *[+ objet, méthode, livre]* to recommend; *[morale, honneur, loi]* to stipulate, to lay down; *(= ordonner)* to order, to command ◆ **à la date prescrite** on the prescribed date, on the date stipulated ◆ « **ne pas dépasser la dose prescrite** » *(Méd)* "do not exceed the prescribed dose" ◆ **être prescrit, se prescrire** *[peine, dette]* to lapse

préséance /pʀeseɑ̃s/ NF precedence *(NonC)* ◆ **par ordre de préséance** in order of precedence

présélecteur /pʀeselɛktœʀ/ NM preselector

présélection /pʀeselɛksjɔ̃/ NF *(gén)* pre-selection; *[de candidats]* pre-selection, shortlisting *(Brit)*; *(Helv : sur route)* lane ◆ **bouton** *ou* **touche de présélection** *(Radio)* preset button ◆ **programme de présélection** preset programme ◆ **effectuer une présélection des candidats** to shortlist *ou* pre-select applicants ◆ **boîte de vitesses à présélection** pre-selector gearbox

présélectionner /pʀeselɛksjɔne/ ► conjug 1 ◄ VT *[+ chaîne de radio]* to preset, to pre-select; *[+ candidats]* to pre-select, to short-list *(Brit)*; *[+ sportifs]* to pre-select

présence /pʀezɑ̃s/ SYN

NF 1 *[de personne, chose, pays]* presence; *(au bureau, à l'école)* attendance; *(Rel)* presence ◆ **la présence aux cours est obligatoire** attendance at classes is compulsory ◆ **fuir la présence de qn** to avoid sb, to keep well away from sb ◆ **Monsieur le maire nous a honoré de sa présence** *(frm)* the Mayor honoured us with his presence ◆ **j'ai juste à faire de la présence** I just have to be there *ou* present ◆ **présence assi-**

due au bureau regular attendance at the office ◆ **présence policière** police presence

♦ **en présence** ◆ **les forces en présence** the opposing armies ◆ **mettre deux personnes en présence** to bring two people together *ou* face to face ◆ **les parties en présence** *(Jur)* the litigants, the opposing parties

♦ **en présence de** in the presence of ◆ **en présence de tels incidents** faced with *ou* in the face of such incidents ◆ **mettre qn en présence de qn/qch** to bring sb face to face with sb/sth ◆ **cela s'est produit en ma présence** it happened while I was there *ou* in my presence

[2] *(= personnalité)* presence ◆ **avoir de la présence** to have (a) great presence ◆ **elle a beaucoup de présence à l'écran/sur scène** she has great screen/stage presence

[3] *(= être)* ◆ **j'ai senti une présence** I felt a presence, I suddenly felt that I was not alone

COMP **présence d'esprit** presence of mind

présent[1], e /pʀezɑ̃, ɑ̃t/ SYN

ADJ [1] *[personne]* present; *(Rel)* present ◆ **les personnes ici présentes** *(frm)* those present, the persons here present *(frm)* ◆ **les personnes (qui étaient) présentes au moment de l'incident** the people who were present *ou* there when the incident occurred ◆ **être présent à une cérémonie** to be present at *ou* attend a ceremony ◆ **être présent à l'appel** to be present at roll call ◆ **présent !** present! ◆ **répondre présent** *(lit)* to answer "present" ◆ **il a toujours répondu présent quand j'ai eu besoin de lui** *(fig)* he always came through *ou* he was always there when I needed him ◆ **cette année au festival, beaucoup de jeunes musiciens ont répondu présent(s)** many young musicians attended this year's festival ◆ **pour un bon repas, il est toujours présent !** *(hum)* you can always count on him to be there when there's good food around! ◆ **je suis présent en pensée** my thoughts are with you *(ou* him *etc)*, I'm thinking of you *(ou* him *etc)*

[2] *[chose]* present ◆ **métal présent dans un minerai** metal present *ou* found in an ore ◆ **son pessimisme est partout présent dans son dernier roman** his pessimism runs right through *ou* is evident throughout his latest novel ◆ **sa gentillesse est présente dans chacun de ses actes** his kindness is evident in everything he does ◆ **avoir qch présent à l'esprit** to have sth fresh in one's mind ◆ **je n'ai pas les chiffres présents à l'esprit** I can't bring the figures to mind, I can't remember the figures offhand ◆ **j'aurai toujours ce souvenir présent à l'esprit** this memory will be ever-present in my mind *ou* will always be fresh in my mind ◆ **gardez ceci présent à l'esprit** keep *ou* bear this in mind

[3] *(= actuel)* *[circonstances, état, heure, époque]* present ◆ **le 15 du mois présent** on the 15th of this month

[4] *(Gram)* *[temps, participe]* present

[5] *(= dont il est question)* present ◆ **le présent récit** the present account, this account ◆ **nous vous signalons par la présente lettre que...** *(Admin)* we hereby inform you that...

[6] *(= actif)* ◆ **ils sont très présents dans le secteur informatique** they have a strong foothold in the computer sector ◆ **il est très présent sur le terrain** *(Sport)* he covers the field really well ◆ **elle est très présente au filet** *(Tennis)* she covers the net really well

NM [1] *(= époque)* ◆ **le présent** the present

♦ **à présent** *(= en ce moment)* at present, presently *(US)*; *(= maintenant)* now; *(= de nos jours)* now, nowadays ◆ **la jeunesse/les gens d'à présent** young people/people of today, young people/people nowadays

♦ **à présent que** ◆ **à présent que nous savons** now that we know

[2] *(Gram)* present (tense) ◆ **au présent** in the present (tense) ◆ **présent de l'indicatif** present indicative ◆ **présent historique** *ou* **de narration** historic(al) *ou* narrative present

[3] *(= personne)* ◆ **les présents et les absents** those present and those absent ◆ **il n'y avait que cinq présents** there were only five people present *ou* there

NF **présente** *(Admin)* ◆ **veuillez recevoir par la présente...** *(= lettre)* please find enclosed... ◆ **nous vous signalons par la présente que...** we hereby inform you that... ◆ **le contrat annexé à la présente** the contract enclosed herewith

présent[2] /pʀezɑ̃/ SYN NM *(littér)* gift, present ◆ **faire présent de qch à qn** to present sb with sth

présentable /pʀezɑ̃tabl/ SYN ADJ presentable ◆ **avec cet œil au beurre noir, je ne suis pas présentable** with this black eye, I'm not fit to be seen

présentateur, -trice /pʀezɑ̃tatœʀ, tʀis/ SYN NM,F *(Radio, TV)* *[de jeu, causerie, variétés]* host, compere *(Brit)*, emcee *(US)*; *[de débat]* presenter; *[de nouvelles]* newscaster, newsreader

présentation /pʀezɑ̃tasjɔ̃/ SYN NF [1] *(gén)* presentation ◆ **sur présentation d'une pièce d'identité** on presentation of proof of identity

[2] *[de nouveau venu, conférencier]* introduction; *(frm : à la cour)* presentation ◆ **faire les présentations** to make the introductions, to introduce people to one another

[3] *(au public)* *[de tableaux, pièce]* presentation; *[de marchandises]* presentation, display; *[de film]* presentation, showing; *(Radio, TV)* *[d'émission]* presentation, introduction ◆ **présentation de mode** fashion show

[4] *(= manière de présenter)* *[d'idée, produit, travail]* presentation ◆ **avoir une bonne/mauvaise présentation** *[personne]* to have a good *ou* pleasant/an unattractive *ou* off-putting appearance

[5] *(Rel)* ◆ **la Présentation** the Presentation

[6] *(Méd)* *[de fœtus]* presentation ◆ **présentation par la tête/le siège** head/breech presentation

[7] *(Fin)* presentation ◆ **payable sur présentation** payable on presentation *ou* at call *ou* at sight *ou* over the counter

présentement /pʀezɑ̃tmɑ̃/ ADV *(= en ce moment)* at present, presently *(US)*; *(= maintenant)* now

présenter /pʀezɑ̃te/ SYN ▸ conjug 1 ◂

VT [1] *[+ personne]* *(à qn d'autre, à un groupe)* to introduce *(à* to; *dans* into); *(au roi, à la cour)* to present *(à* to) ◆ **je vous présente ma femme** this is my wife, have you met my wife?, may I introduce my wife (to you)?

[2] *(= montrer)* *[+ billet, passeport]* to present, to show, to produce ◆ **il présentait une apparence de calme** he appeared calm ◆ **la ville présente un aspect inhabituel** the town looks different from usual *ou* doesn't look the same as it usually does

[3] *(= proposer au public)* *[+ marchandises]* to present, to display *(à* to), to set out *(à* before); *(Théât)* *[+ acteur, pièce]* to present; *(Radio, TV)* *[+ émission]* to present, to introduce; *[+ jeux]* to present, to compère *(Brit)* ; *[+ mode, tableaux]* to present ◆ **c'est lui qui présente les nouvelles** *(TV)* he presents *ou* reports the news

[4] *(= offrir)* *[+ plat]* to present, to hold out; *[+ rafraîchissements]* to offer, to hand round; *[+ bouquet]* to present ◆ **présenter son bras à qn** to offer one's arm to sb

[5] *(= exposer)* *[+ problème]* to set out, to explain; *[+ idées]* to present, to set *ou* lay out; *[+ théorie]* to expound, to set out ◆ **un travail bien/mal présenté** a well-/badly presented *ou* laid-out piece of work ◆ **les plats sont bien/mal présentés** the food is/isn't nicely *ou* attractively presented ◆ **présentez-lui cela avec tact** explain it to him *ou* put it to him tactfully ◆ **il nous a présenté son ami comme un héros** he spoke of his friend as a hero; → **jour**

[6] *(= exprimer)* *[+ excuses]* to present, to offer, to make; *[+ condoléances, félicitations]* to present, to offer; *[+ respects]* to present, to pay; *[+ objection]* to raise

[7] *(= comporter)* *[+ avantage, intérêt]* to present, to afford; *[+ différences]* to reveal, to present; *[+ risque, difficulté, obstacle]* to present ◆ **ce malade présente des symptômes de tuberculose** this patient presents *ou* shows symptoms of tuberculosis ◆ **ce tissu présente de nombreux défauts** this material has a number of flaws ◆ **le budget présente un déficit important** there is a big deficit in the budget ◆ **la situation présente un caractère d'urgence** the situation is *ou* appears urgent

[8] *(= soumettre)* *[+ note, facture, devis, bilan]* to present, to submit; *[+ thèse]* to submit; *[+ motion]* to move; *[+ projet de loi]* to present, to introduce; *[+ rapport, requête]* to present, to put in, to submit ◆ **présenter sa candidature à un poste** to apply for *ou* put in for a job ◆ **il a présenté sa démission** he has handed in his resignation ◆ **présenter un candidat à un concours** to put a candidate in *ou* enter a candidate for a competitive examination ◆ **à l'examen, il a présenté un texte de Camus** *(Scol)* he chose *ou* did a text by Camus for the exam

[9] *(= tourner dans la direction de)* to turn ◆ **présenter le flanc à l'ennemi** to turn one's flank towards the enemy ◆ **bateau qui présente le travers au vent** ship turning *ou* sailing broadside on to the wind

[10] *(Mil)* *[+ armes]* to present; *[+ troupes]* to present *(for inspection)*; → **arme**

[11] *(Tech = placer)* to position, to line up

VI *[personne]* ◆ **présenter bien/mal** to have a good *ou* pleasant/an unattractive *ou* off-putting *(Brit)* appearance

VPR **se présenter** [1] *(= se rendre)* to go, to come, to appear ◆ **se présenter chez qn** to go to sb's house ◆ **il ose encore se présenter chez toi !** does he still dare to show himself *ou* to appear at your house! ◆ **il ne s'est présenté personne** no one turned up *ou* came *ou* appeared ◆ **je ne peux pas me présenter dans cette tenue** I can't appear dressed like this ◆ « **ne pas écrire, se présenter** » *(dans une annonce)* "(interested) applicants should apply in person" ◆ **se présenter à l'audience** *(Jur)* to appear in court, to make a court appearance

[2] *(= être candidat)* to come forward ◆ **se présenter pour un emploi** to put in *ou* apply for a job ◆ **se présenter à** *[+ examen]* to sit *(Brit)*, to take; *[+ concours]* to go in for, to enter ◆ **se présenter aux élections** to stand *(Brit) ou* run *(surtout US)* for election, to stand *(Brit) ou* run *(surtout US)* in the elections ◆ **se présenter aux élections présidentielles** to stand for president *ou* in the presidential elections *(Brit)*, to run for president *(surtout US)* ◆ **se présenter comme candidat** *(aux élections)* to be a candidate, to stand *(Brit) ou* run *(surtout US)* as a candidate *(à* in); *(à un poste)* to apply *(à* for)

[3] *(= se faire connaître : gén)* to introduce o.s. *(à* to)

[4] *(= surgir)* *[d'occasion]* to arise, to present itself; *[de difficulté]* to crop *ou* come up, to arise, to present itself; *[de solution]* to come to mind, to present itself ◆ **un problème se présente à nous** we are faced *ou* confronted with a problem ◆ **il lit tout ce qui se présente** he reads everything he can get his hands on, he reads anything that's going* ◆ **il faut attendre que quelque chose se présente** we must wait until something turns up ◆ **deux noms se présentent à l'esprit** two names come *ou* spring to mind ◆ **un spectacle magnifique se présenta à ses yeux** a magnificent sight met his eyes

[5] *(= apparaître)* ◆ **cela se présente sous forme de cachets** it's presented *ou* it comes in tablet form ◆ **l'affaire se présente bien/mal** things are looking good/aren't looking too good ◆ **les choses se présentent sous un nouveau jour** things appear in a new light ◆ **comment se présente le problème ?** what exactly is the problem?, what is the nature of the problem? ◆ **comment l'enfant se présente-t-il ?** *(Méd)* how is the baby presenting?

présentoir /pʀezɑ̃twaʀ/ NM *(= étagère)* display

présérie /pʀeseʀi/ NF pilot production

préservateur, -trice /pʀezɛʀvatœʀ, tʀis/

ADJ preventive, protective

NM *(Chim)* preservative

préservatif, -ive /pʀezɛʀvatif, iv/

ADJ preventive, protective

NM **préservatif (masculin)** condom ◆ **préservatif féminin** female condom ◆ **refuser le préservatif** to refuse to wear a condom

(!) Le nom **préservatif** ne se traduit pas par le mot anglais **preservative**, qui a le sens de 'agent de conservation'.

préservation /pʀezɛʀvasjɔ̃/ SYN NF *[d'environnement, espèce, patrimoine]* preservation, protection; *[d'identité culturelle]* preservation; *[d'emploi]* protection ◆ **les gens sont obnubilés par la préservation de leur emploi** people are obsessed with holding on to their jobs

préserver /pʀezɛʀve/ SYN ▸ conjug 1 ◂ VT *[+ emploi, droits]* to safeguard, to preserve; *[+ identité culturelle, paix, liberté, valeurs, équilibre, indépendance]* to preserve; *[+ environnement, patrimoine, intérêts]* to preserve, to protect *(de* from, against); *[+ vie]* *(= protéger)* to protect; *(= sauver)* to save ◆ **se préserver du soleil** to protect o.s. from the sun ◆ **le ciel** *ou* **Dieu m'en préserve !** Heaven preserve me!, Heaven forbid!

pré-sida /pʀesida/ ADJ *[traitement, époque]* pre-AIDS

présidence /pʀezidɑ̃s/ NF [1] *[de État, tribunal]* presidency; *[de comité, réunion]* chairmanship; *[de firme]* chairmanship, directorship; *[d'université]* vice-chancellorship *(Brit)*, presidency *(US)*

◆ **candidat à la présidence** *(Pol)* presidential candidate
[2] *(= résidence)* presidential residence *ou* palace

président /pʀezidɑ̃/ SYN
NM [1] *(Pol)* president ◆ **Monsieur/Madame le président** Mr/Madam President ◆ **président de la République française/des États-Unis** President of the French Republic/of the United States
[2] *[de comité, réunion, conseil d'administration, commission]* chairman; *[de club, société savante]* president; *[de firme]* chairman, president, chief operating officer; *[de jury d'examen]* chairman, chief examiner; *[d'université]* vice-chancellor *(Brit)*, president *(US)*, chancellor *(US)*
[3] *(Jur) [de tribunal]* presiding judge *ou* magistrate; *[de jury]* foreman ◆ **Monsieur** (*ou* **Madame**) **le président** Your Honour
COMP **président de l'Assemblée nationale** President of the National Assembly
président du Conseil *(Hist)* Prime Minister
président-directeur général chairman and managing director *(Brit)*, chief executive officer *(US)*
le président Mao Chairman Mao
président du Parlement européen President of the European Parliament
président du Sénat President of the Senate
président à vie life president

présidente /pʀezidɑ̃t/ NF [1] *(en titre : Pol)* president; *[de comité, réunion, conseil d'administration, commission]* chairwoman; *[de club, société savante]* president; *[de firme]* chairwoman, president; *[de jury d'examen]* chairwoman; *[d'université]* vice-chancellor *(Brit)*, president *(US)*, chancellor *(US)*; *(Jur) [de tribunal]* presiding judge *ou* magistrate; *[de jury]* forewoman
[2] *(† = épouse) (gén)* president's *ou* chairman's wife; *(Pol)* president's wife, first lady

présidentiable /pʀezidɑ̃sjabl/ ADJ ◆ **être présidentiable** to be a possible *ou* potential presidential candidate

présidentialisation /pʀezidɑ̃sjalizasjɔ̃/ NF ◆ **il prône la présidentialisation du régime** he wants the president to play a more important role in the government

présidentialiser /pʀezidɑ̃sjalize/ ► conjug 1 ◄ VT ◆ **présidentialiser un régime** to give the president a more important role in the government

présidentialisme /pʀezidɑ̃sjalism/ NM presidentialism

présidentiel, -ielle /pʀezidɑ̃sjɛl/ ADJ presidential ◆ **les (élections) présidentielles** the presidential elections → ÉLECTIONS

présider /pʀezide/ SYN ► conjug 1 ◄
VT *[+ tribunal, conseil, assemblée]* to preside over; *[+ comité, débat, séance]* to chair ◆ **présider un dîner** to be the guest of honour at a dinner ◆ **c'est M. Leblanc qui préside** *[+ séance]* Mr Leblanc is in *ou* taking the chair; *[+ club]* Mr Leblanc is president
VT INDIR **présider à** *[+ préparatifs, décisions, exécution]* to direct, to be in charge *ou* command of; *[+ destinées]* to rule over; *[+ cérémonie]* to preside over ◆ **règles qui président à qch** rules which govern sth ◆ **la volonté de conciliation a présidé aux discussions** a conciliatory spirit prevailed throughout the talks

présidium /pʀezidjɔm/ NM presidium

présocratique /pʀesɔkʀatik/ ADJ, NM pre-Socratic

présomptif, -ive /pʀezɔ̃ptif, iv/ ADJ ◆ **héritier présomptif** heir apparent

présomption /pʀezɔ̃psjɔ̃/ SYN NF [1] *(= supposition)* presumption, assumption; *(Jur)* presumption ◆ **de lourdes présomptions pèsent sur lui** he is under grave suspicion ◆ **il a été condamné sur de simples présomptions** he was convicted on suspicion alone ◆ **présomption légale** presumption of law ◆ **présomption de paternité** presumption of paternity ◆ **présomption d'innocence** presumption of innocence ◆ **faire respecter la présomption d'innocence** to respect the principle that the defendant is innocent until proven guilty
[2] *(= prétention)* presumptuousness, presumption

présomptueusement /pʀezɔ̃ptɥøzmɑ̃/ ADV presumptuously

présomptueux, -euse /pʀezɔ̃ptɥø, øz/ SYN ADJ presumptuous, self-assured ◆ **d'un ton** *ou* **d'un air présomptueux** presumptuously

présonorisation /pʀesɔnɔʀizasjɔ̃/ NF playback

presque /pʀɛsk/ SYN ADV [1] *(contexte positif)* almost, nearly, virtually ◆ **j'ai presque terminé** I've almost *ou* nearly *ou* as good as finished ◆ **presque à chaque pas** at almost every step ◆ **une espèce d'inquiétude, presque d'angoisse** a kind of anxiety – almost anguish ◆ **c'est presque de la folie** it's little short of madness ◆ **c'est presque impossible** it's almost *ou* virtually *ou* well-nigh impossible ◆ **c'est sûr ou presque** it's almost *ou* practically *ou* virtually certain
[2] *(contexte négatif)* hardly, scarcely, almost, virtually ◆ **personne/rien ou presque, presque personne/rien** hardly *ou* scarcely anyone/anything, almost nobody/nothing, next to nobody/nothing ◆ **as-tu trouvé des fautes ? – presque pas** did you find any mistakes? – hardly any ◆ **a-t-il dormi ? – presque pas** did he sleep? – hardly at all *ou* no, not really ◆ **je ne l'ai presque pas entendu** I hardly *ou* scarcely heard him ◆ **il n'y a presque plus de vin** there's hardly any wine left, the wine has nearly all gone ◆ **ça n'arrive presque jamais** it hardly *ou* scarcely ever happens, it almost *ou* practically never happens
[3] *(avant n)* ◆ **dans la presque obscurité** in the near darkness ◆ **la presque totalité des lecteurs** almost *ou* nearly all the readers ◆ **j'en ai la presque certitude** I'm almost *ou* virtually certain

presqu'île /pʀɛskil/ NF peninsula

pressage /pʀesaʒ/ NM *[de disque, raisin]* pressing

pressant, e /pʀesɑ̃, ɑ̃t/ SYN ADJ *[besoin, danger, invitation]* urgent, pressing *(épith)*; *[situation, travail, désir, demande]* urgent; *[personne]* insistent ◆ **demander qch de façon pressante** to ask for sth urgently ◆ **le créancier a été/s'est fait pressant** the creditor was insistent/started to insist *ou* started to press him (*ou* me *etc*) ◆ **avoir un besoin pressant** *ou* **une envie pressante** *(euph)* to need to answer an urgent call of nature

press-book (pl **press-books**) /pʀɛsbuk/ NM *[de mannequin]* portfolio

presse /pʀɛs/ NF [1] *(= institution)* press; *(= journaux)* (news)papers ◆ **la grande presse, la presse à grand tirage** the popular press ◆ **la presse écrite** the press ◆ **c'est dans toute la presse** it's in all the papers ◆ **la presse périodique** periodicals, journals ◆ **presse régionale/mensuelle** regional/monthly press *ou* papers ◆ **presse féminine/automobile** women's/car magazines ◆ **presse d'opinion** papers specializing in analysis and commentary ◆ **presse d'information** newspapers ◆ **presse à scandale** *ou* **à sensation** gutter press ◆ **presse du cœur** romance magazines ◆ **avoir bonne/mauvaise presse** *(lit)* to get *ou* have a good/bad press; *(fig)* to be well/badly thought of ◆ **agence/attaché/conférence de presse** press agency/attaché/conference; → **délit, liberté, service**
[2] *(= appareil) (gén)* press; *(Typographie)* (printing) press ◆ **presse à cylindres/à bras** cylinder/hand press ◆ **presse de musculation** weight training machine ◆ **mettre sous presse** *[+ livre]* to send to press; *[+ journal]* to put to bed ◆ **le livre a été mis sous presse** the book has gone to press ◆ **le journal a été mis sous presse** the (news)paper has gone to bed ◆ **livre sous presse** book in press ◆ **correct au moment de la mise sous presse** correct at the time of going to press
[3] *(littér = foule)* throng *(littér)*, press *(littér)*
[4] *(= urgence)* ◆ **pendant les moments de presse** when things get busy ◆ **il n'y a pas de presse*** there's no rush *ou* hurry

pressé, e /pʀese/ SYN (ptp de **presser**) ADJ [1] *[pas]* hurried ◆ **avoir un air pressé** to look as though one is in a hurry ◆ **marcher d'un pas pressé** to hurry along ◆ **je suis (très) pressé** I'm in a (great) hurry *ou* (very) pressed for time ◆ **je ne suis pas pressé** I'm in no hurry *ou* not in any hurry ◆ **être pressé de partir** to be in a hurry to leave
[2] *(= urgent) [travail, lettre]* urgent ◆ **c'est pressé ?** is it urgent? ◆ **il n'a eu rien de plus pressé que de faire...** he wasted no time doing..., he just couldn't wait to do... ◆ **si tu n'as rien de plus pressé à faire que de...** if you have nothing more urgent to do than... ◆ **il faut parer au plus pressé** we must do the most urgent thing(s) first, first things first

presse-agrumes /pʀɛsagʀym/ NM INV *(électrique)* (electric) juice extractor *(Brit)*, (electric) juicer *(US)*; *(manuel)* orange (*ou* lemon *etc*) squeezer

presse-ail /pʀɛsaj/ NM INV garlic press *ou* crusher

presse-bouton /pʀɛsbutɔ̃/ ADJ INV push-button

presse-citron (pl **presse-citrons**) /pʀɛssitʀɔ̃/ NM lemon squeezer

presse-étoupe /pʀɛsetup/ NM INV stuffing *ou* packing box

pressentiment /pʀesɑ̃timɑ̃/ SYN NM *(= intuition)* foreboding, presentiment, premonition; *(= idée)* feeling ◆ **j'ai comme un pressentiment qu'il ne viendra pas** I've got a feeling he won't come ◆ **avoir le pressentiment de qch/que...** to have a premonition of sth/that...

pressentir /pʀesɑ̃tiʀ/ SYN ► conjug 16 ◄ VT
[1] *[+ danger]* to sense, to have a foreboding *ou* a premonition of ◆ **pressentir que...** to have a feeling *ou* a premonition that... ◆ **j'avais pressenti quelque chose** I had sensed something ◆ **il n'a rien laissé pressentir de ses projets** he gave no hint of his plans ◆ **rien ne laissait pressentir cette catastrophe** there was nothing to suggest that such a disaster might happen
[2] *[+ personne]* to sound out, to approach ◆ **il a été pressenti pour le poste** he has been sounded out *ou* approached about taking the job ◆ **ministre pressenti** prospective minister

presse-papiers /pʀɛspapje/ NM INV paperweight; *(Ordin)* clipboard

presse-purée /pʀɛspyʀe/ NM INV potato-masher

presser /pʀese/ SYN ► conjug 1 ◄
VT [1] *[+ éponge, fruit]* to squeeze; *[+ raisin]* to press ◆ **un citron pressé** a glass of freshly-squeezed lemon juice ◆ **presser qn comme un citron** to squeeze sb dry ◆ **on presse l'orange** *ou* **le citron et on jette l'écorce** *(fig)* you use people as long as they can be of service to you and then you cast them aside ◆ **si on lui pressait le nez, il en sortirait du lait** *(hum)* he's barely out of nappies *(Brit)* *ou* diapers *(US)*
[2] *(= serrer) [+ objet]* to squeeze ◆ **les gens étaient pressés les uns contre les autres** people were squashed up *ou* crushed up against one another ◆ **presser qn dans ses bras** to hug sb ◆ **presser qn contre sa poitrine** to clasp sb to one's chest ◆ **presser la main de** *ou* **à qn** to squeeze sb's hand, to give sb's hand a squeeze
[3] *(= appuyer sur) [+ bouton, sonnette]* to press, to push ◆ **presser une matrice dans la cire** to press a mould into the wax
[4] *(= façonner) [+ disque, pli de pantalon]* to press
[5] *(= inciter à)* ◆ **presser qn de faire qch** to urge *ou* press sb to do sth
[6] *(= hâter) [+ affaire]* to speed up; *[+ départ]* to hasten, to speed up ◆ **(faire) presser qn** to hurry sb (up) ◆ **(faire) presser les choses** to speed things up ◆ **presser le pas** *ou* **l'allure** to speed up, to hurry on ◆ **il fit presser l'allure** he speeded up *ou* quickened the pace ◆ **presser le mouvement** to hurry up, to pick up the pace ◆ **qu'est-ce qui vous presse ?** what's the hurry? ◆ **rien ne vous presse** there's no hurry
[7] *(= harceler) [+ débiteur]* to press, to put pressure on; *(littér, Mil) [+ ennemi]* to press ◆ **être pressé par le besoin** to be driven *ou* pressed by need ◆ **le désir qui le presse** *(littér)* the desire which drives him ◆ **presser qn de questions** to ply sb with questions
VI *(= être urgent)* to be urgent ◆ **l'affaire presse** it's urgent ◆ **le temps presse** time is short ◆ **cela ne presse pas, rien ne presse** there's no hurry *ou* rush *ou* urgency, there's no need to rush *ou* hurry
VPR **se presser** [1] *(= se serrer)* ◆ **se presser contre qn** to squeeze up against sb ◆ **les gens se pressaient pour entrer** people were pushing to get in, there was a crush to get in ◆ **les gens se pressaient autour de la vedette** people were pressing *ou* crowding round the star
[2] *(= se hâter)* to hurry (up) ◆ **ils allaient/travaillaient sans se presser** they went/were working at a leisurely pace ◆ **pressez-vous, il est tard** hurry up *ou* get a move on*, it's getting late ◆ **il faut se presser** we must hurry up *ou* get cracking* *ou* get a move on* ◆ **presse-toi de partir** hurry up and go ◆ **allons, pressons (-nous) !** come on, come on!, come on, we must hurry!

presse-raquette (pl **presse-raquettes**) /pʀɛsʀakɛt/ NM racket press

presseur, -euse /pʀesœʀ, øz/ NM,F *(Tech)* presser

pressing /pʀesiŋ/ NM [1] *(= établissement)* dry-cleaner's

pression | prêter

2 (Sport) pressure ◆ **faire le pressing sur qn** to put the pressure on sb

pression /pʀesjɔ̃/ SYN NF 1 (= action) pressure ◆ **je sentais la pression de sa main sur la mienne** I could feel the pressure of his hand on mine ou his hand pressing on mine ◆ **une simple pression du doigt suffit pour l'ouvrir** to open it, just press ◆ **faire pression sur le couvercle d'une boîte** (pour fermer) to press (down) on the lid of a box; (pour ouvrir) to push up the lid of a box

2 (Méd, Phys) pressure ◆ **pression artérielle/atmosphérique** blood/atmospheric pressure ◆ **à haute/basse pression** high/low pressure (épith) ◆ **être sous pression** [machine] to be under pressure; [cabine] to be pressurized; [personne] to be keyed up, to be tense ◆ **mettre sous pression, je suis sous pression en ce moment** (excès de travail) I am under pressure just now ◆ **faire monter/baisser la pression** (fig) to increase/reduce the pressure

3 (= contrainte) pressure ◆ **pression sociale/fiscale** social/tax pressure ◆ **sous la pression des événements** under the pressure of events ◆ **faire pression** ou **une pression sur qn (pour qu'il fasse qch)** to put pressure on sb (to do sth), to bring pressure to bear on sb (to do sth), to pressurize sb (into doing sth) ◆ **être soumis à des pressions** to be under pressure; → **groupe**

◆ **mettre la pression** ◆ **en deuxième mi-temps, les Bordelais ont mis la pression** the Bordeaux team put the pressure on in the second half ◆ **mettre la pression sur** to pressurize, to put pressure on ◆ **je ne voulais pas le faire, on m'a mis la pression** *I didn't want to do it, I was pressurized (into it)

4 ◆ **bière à la pression** draught (Brit) ou draft (US) beer, beer on draught (Brit) ou draft (US) ◆ **deux pression(s)***, **s'il vous plaît** two (draught) beers, please

5 (= bouton) press stud (Brit), snap (fastener) (US), popper* (Brit)

pressionné, e /pʀesjɔne/ ADJ fastened, snapped (US)

pressoir /pʀeswaʀ/ NM 1 (= appareil) [de vin] wine press; [de cidre] cider press; [d'huile] oil press
2 (= local) press-house

pressostat /pʀesɔsta/ NM pressure controller

pressothérapie /pʀesɔteʀapi/ NF pressotherapy

pressurage /pʀesyʀaʒ/ NM [de fruit] pressing

pressurer /pʀesyʀe/ SYN ▶ conjug 1 ◀ VT [+ fruit] to press; [+ personne] to pressurize, to put under pressure ◆ **se pressurer le cerveau*** to rack one's brains

pressurisation /pʀesyʀizasjɔ̃/ NF pressurization

pressuriser /pʀesyʀize/ ▶ conjug 1 ◀ VT to pressurize ◆ **cabine pressurisée** pressurized cabin

prestance /pʀestɑ̃s/ SYN NF presence ◆ **avoir de la prestance** to have great presence

prestant /pʀestɑ̃/ NM diapason (normal)

prestataire /pʀestatɛʀ/ NM 1 (= fournisseur) ◆ **prestataire de service** service provider ◆ **nous avons des prestataires extérieurs** we outsource some of our work
2 (= bénéficiaire) person receiving benefits ou allowances

prestation /pʀestasjɔ̃/ SYN
NF 1 (= allocation) [d'assurance] benefit
2 (gén pl = service) service ◆ « **prestations luxueuses** » [de maison] "luxuriously appointed"
3 (= performance) [d'artiste, sportif] performance ◆ **faire une bonne prestation** to put up a good performance, to perform well
COMP **prestations familiales** State benefits paid to the family (maternity benefit, family income supplement, rent rebate etc) ◆ **prestation d'invalidité** disablement benefit ou allowance ◆ **prestation en nature** payment in kind ◆ **prestation de serment** taking the oath ◆ **la prestation de serment du président a eu lieu hier** the president was sworn in yesterday ◆ **prestation de service** provision of a service ◆ **prestations sociales** social security benefits, welfare payments ◆ **prestation de vieillesse** old age pension

preste /pʀest/ SYN ADJ (littér) nimble

presté, e /pʀeste/ ADJ [travail] actually carried out; [heure] actually worked

prestement /pʀestəmɑ̃/ ADV (littér) nimbly

prestesse /pʀestɛs/ NF (littér) nimbleness

prestidigitateur, -trice /pʀestidiʒitatœʀ, tʀis/ SYN NM,F conjurer, magician

prestidigitation /pʀestidiʒitasjɔ̃/ SYN NF conjuring ◆ **faire de la prestidigitation** to do conjuring tricks ◆ **tour de prestidigitation** conjuring trick ◆ **ça relève de la prestidigitation !** (hum) it's pure wizardry!

prestige /pʀestiʒ/ SYN NM (gén) prestige ◆ **le prestige de l'uniforme** the glamour of uniforms ◆ **de prestige** [politique, opération, voiture] prestige (épith) ◆ **faire qch pour le prestige** to do sth for the glory of it ou for (the) prestige

prestigieux, -ieuse /pʀestiʒjø, jøz/ SYN ADJ prestigious ◆ **une marque prestigieuse de voiture** a famous ou prestigious make of car

prestissimo /pʀestisimo/ ADV prestissimo

presto /pʀesto/ ADV (Mus) presto; (* fig) double-quick*

présumable /pʀezymabl/ ADJ presumable ◆ **il est présumable que...** it may be presumed that...

présumer /pʀezyme/ SYN ▶ conjug 1 ◀
VT to presume, to assume ◆ **présumé innocent** presumed innocent ◆ **l'auteur présumé du livre** the presumed author of the book ◆ **le meurtrier présumé** the alleged killer ◆ **affaire de corruption présumée** alleged corruption affair ◆ **le père présumé** (Jur) the putative father
VT INDIR **présumer de** ◆ **trop présumer de qch/qn** to overestimate ou overrate sth/sb ◆ **(trop) présumer de ses forces** to overestimate one's strength

présupposé /pʀesypoze/ NM presupposition

présupposer /pʀesypoze/ ▶ conjug 1 ◀ VT to presuppose

présupposition /pʀesypozisjɔ̃/ NF presupposition

présure /pʀezyʀ/ NF rennet

présurer /pʀezyʀe/ ▶ conjug 1 ◀ VT to curdle with rennet

prêt¹, prête /pʀɛ, pʀɛt/ SYN ADJ 1 (= préparé) ready ◆ **prêt à** ou **pour qch/à** ou **pour faire qch** ready for sth/to do sth ◆ **prêt à fonctionner** ou **à l'emploi** ready for use ◆ **poulet prêt à cuire** ou **rôtir** oven-ready chicken ◆ **prêt au départ** ou **à partir** ready to go ou leave, ready for the off* (Brit) ◆ **être fin prêt (au départ)** to be all set, to be raring* to go ◆ **tout est (fin) prêt** everything is (quite) ready ◆ **se tenir prêt à qch/à faire qch** to hold o.s. ou be ready for sth/to do sth ◆ **tiens ta monnaie prête pour payer** have your money ready to pay ◆ **il est prêt à tout** (criminel) he'll do anything, he'll stop at nothing ◆ **on m'a averti : je suis prêt à tout** they've warned me and I'm ready for anything ◆ **toujours prêt !** (devise scoute) be prepared!; → **marque**
2 (= disposé) ◆ **prêt à** ready ou prepared ou willing to ◆ **être tout prêt à faire qch** to be quite ready ou prepared ou willing to do sth

prêt² /pʀɛ/ SYN
NM 1 (= action) loaning, lending; (= somme) loan ◆ **le service de prêt d'une bibliothèque** the lending department of a library ◆ **prêt inter-bibliothèques** inter-library loan ◆ **prêt sur gages** (= service) pawnbroking; (= somme) loan against security; → **bibliothèque**
2 (Mil) pay
3 (= avance) advance
COMP **prêt aidé d'accession à la propriété** loan for first-time home buyers ◆ **prêt bancaire** bank loan ◆ **prêt (à taux) bonifié** subsidized ou guaranteed loan ◆ **prêt à la construction** building loan ◆ **prêt conventionné** regulated mortgage loan ◆ **prêt d'honneur** (government) loan made with no guarantee of repayment ◆ **prêt immobilier** ≈ mortgage (loan), ≈ real-estate loan (US) ◆ **prêt locatif aidé (d'insertion)** low-cost subsidized housing loan ◆ **prêt personnel** personal loan ◆ **prêt privilégié** guaranteed loan ◆ **prêt relais** bridging loan

prêt-à-coudre (pl **prêts-à-coudre**) /pʀɛtakudʀ/ NM ready-to-sew garment

prêt-à-manger (pl **prêts-à-manger**) /pʀɛtamɑ̃ʒe/ NM ready-made meals

prêt-à-monter (pl **prêts-à-monter**) /pʀɛtamɔ̃te/ NM kit

prêtantaine /pʀɛtɑ̃tɛn/ NF ⇒ **prétantaine**

prêt-à-porter (pl **prêts-à-porter**) /pʀɛtapɔʀte/ NM ready-to-wear (clothes) ◆ **acheter qch en prêt-à-porter** to buy sth ready to wear ou off the peg (Brit) ou off the rack (US) ◆ **je n'achète que du prêt-à-porter** I only buy ready-to-wear ou off-the-peg (Brit) ou off-the-rack (US) clothes

prêt-bail (pl **prêts-bails**) /pʀɛbaj/ NM leasing

prêté /pʀete/ NM ◆ **c'est un prêté pour un rendu** it's tit for tat

prétendant, e /pʀetɑ̃dɑ̃, ɑ̃t/ SYN
NM (= prince) pretender; (littér = galant) suitor
NM,F (= candidat) candidate (à for)

prétendre /pʀetɑ̃dʀ/ SYN ▶ conjug 41 ◀
VT 1 (= affirmer) to claim, to maintain ◆ **il prétend être** ou **qu'il est le premier à avoir trouvé la réponse** he claims he was the first to find the answer ◆ **il se prétend insulté/médecin** he claims he's been insulted/he's a doctor ◆ **je ne prétends pas qu'il l'ait fait** I don't say ou I'm not saying he did it ◆ **on le prétend très riche** he is said to be very rich ◆ **en prétendant qu'il venait chercher un livre** on the pretence of coming to get a book ◆ **à ce qu'il prétend** according to him ou to what he says, if what he says is true ◆ **à ce qu'on prétend** allegedly
2 (= avoir la prétention de) to pretend ◆ **je ne prétends pas être expert** I don't pretend to be an expert ◆ **tu ne prétends pas le faire tout seul ?** you don't expect to do it on your own? ◆ **je ne prétends pas me défendre** I'm not trying to justify myself
3 (littér) (= vouloir) to want; (= avoir l'intention de) to mean, to intend ◆ **que prétendez-vous de moi ?** what do you want of me? (littér) ◆ **que prétend-il faire ?** what does he mean ou intend to do? ◆ **je prétends être obéi** ou **qu'on m'obéisse** I mean to be obeyed
VT INDIR **prétendre** à [+ honneurs, emploi] to lay claim to, to aspire to; [+ femme] to aspire to ◆ **prétendre à faire qch** to aspire to do sth

prétendu, e /pʀetɑ̃dy/ SYN (ptp de **prétendre**)
ADJ [ami, expert] so-called, supposed; [alibi, preuves, déclaration] alleged
NM,F († = fiancé) intended †

prétendument /pʀetɑ̃dymɑ̃/ ADV supposedly, allegedly

prête-nom (pl **prête-noms**) /pʀɛtnɔ̃/ SYN NM frontman

prétantaine † /pʀetɑ̃tɛn/ NF ◆ **courir la prétantaine** to go gallivanting

prétentieusement /pʀetɑ̃sjøzmɑ̃/ ADV pretentiously

prétentieux, -ieuse /pʀetɑ̃sjø, jøz/ SYN
ADJ [personne, manières, ton] pretentious, conceited; [appellation] pretentious, fancy; [maison] pretentious, showy
NM,F conceited person ◆ **c'est un petit prétentieux !** he's so conceited!

prétention /pʀetɑ̃sjɔ̃/ SYN NF 1 (= exigence) claim ◆ **avoir des prétentions à** ou **sur** to lay claim to ◆ **quelles sont vos prétentions ?** (= salaire) what sort of salary do you expect? ou are you looking for?* ◆ **écrire avec CV et prétentions** write enclosing CV and stating expected salary
2 (= ambition) pretension, claim (à to) ◆ **avoir la prétention de faire qch** to claim to be able to do sth, to like to think one can do sth ◆ **je n'ai pas la prétention de rivaliser avec lui** I don't claim ou expect ou pretend to compete with him ◆ **il n'a pas la prétention de tout savoir** he makes no pretence of knowing everything, he doesn't pretend ou claim to know everything ◆ **sa prétention à l'élégance** her claims ou pretensions to elegance ◆ **sans prétention** [maison, repas] unpretentious; [robe] simple
3 (= vanité) pretentiousness, pretension, conceitedness ◆ **avec prétention** pretentiously, conceitedly

prêter /pʀete/ SYN ▶ conjug 1 ◀
VT 1 [+ objet, argent] to lend ◆ **prêter qch à qn** to lend sth to sb, to lend sb sth ◆ **peux-tu me prêter ton stylo ?** can you lend me your pen, can I borrow your pen?* ◆ **ils prêtent à 10%** they lend (money) at 10%, they give loans at 10% ◆ **ils m'ont prêté 20 €** he let me €20 ◆ **prêter sur gages** to lend against security ◆ **on ne prête qu'aux riches** (Prov) unto those that have shall more be given (Prov)
2 (= attribuer) [+ sentiment, facultés] to attribute, to ascribe ◆ **on lui prête l'intention de démis-**

sionner he is alleged *ou* said to be intending to resign ◆ **on me prête des paroles que je n'ai pas dites** people are claiming I said things that I didn't ◆ **nous prêtons une grande importance à ces problèmes** we consider these problems of great importance, we accord a great deal of importance to these problems

3 (= *apporter, offrir*) [+ *aide, appui*] to give, to lend ◆ **prêter assistance/secours à qn** to go to sb's assistance/aid ◆ **prêter main forte à qn** to lend sb a hand, to come to sb's assistance, to come to help sb ◆ **prêter son concours à** to give one's assistance to ◆ **prêter sa voix à une cause** to speak on behalf of *ou* in support of a cause ◆ **prêter sa voix pour un gala** to sing at a gala performance ◆ **dans cette émission il prêtait sa voix à Napoléon** in this broadcast he played *ou* spoke the part of Napoleon ◆ **prêter son nom à** to lend one's name to ◆ **prêter la main à une entreprise/un complot** to be *ou* get involved in *ou* take part in an undertaking/a plot ◆ **prêter attention à** to pay attention to, to take notice of ◆ **il faut prêter la plus grande attention à mes paroles** you must listen very closely *ou* you must pay very close attention to what I have to say ◆ **prêter le flanc à la critique** to lay o.s. open to criticism, to invite criticism ◆ **prêter l'oreille** to listen, to lend an ear (*à* to) ◆ **prêter serment** to take an *ou* the oath ◆ **faire prêter serment à qn** to administer the oath to sb ◆ **si Dieu me prête vie** (*hum*) if God grants me life, if I am spared (*hum*)

VT INDIR **prêter à** ◆ **son attitude prête à équivoque/à la critique/aux commentaires** his attitude is ambiguous/is open to criticism/is likely to make people talk ◆ **cette décision prête à (la) discussion** the decision is open to debate ◆ **sa conduite prête à rire** his behaviour makes you want to laugh *ou* is laughable

VI [*tissu, cuir*] to give, to stretch

VPR **se prêter** SYN 1 (= *consentir*) ◆ **se prêter à** [+ *expérience*] to participate in; [+ *projet, jeu*] to fall in with, to go along with ◆ **il n'a pas voulu se prêter à leurs manœuvres** he didn't want any part in *ou* refused to have anything to do with their schemes

2 (= *s'adapter*) ◆ **se prêter (bien) à qch** to lend itself (well) to sth ◆ **la salle se prête mal à une réunion intime** the room doesn't lend itself to informal meetings

3 [*chaussures, cuir*] to give, to stretch

prétérit /pʀeteʀit/ **NM** preterite (tense) ◆ **au prétérit** in the preterite (tense)

prétérition /pʀeteʀisjɔ̃/ **NF** paralipsis, paraleipsis

préteur /pʀetœʀ/ **NM** (*Antiq*) praetor

prêteur, -euse /pʀɛtœʀ, øz/ SYN

ADJ unselfish ◆ **il n'est pas prêteur** [*enfant*] he's possessive about his toys *ou* belongings, he doesn't like lending his things; [*adulte*] he isn't willing to lend things, he doesn't believe in lending (things)

NM,F (money) lender ◆ **prêteur sur gages** pawnbroker

prétexte[1] /pʀetɛkst/ GRAMMAIRE ACTIVE 17.1 SYN **NM** pretext, excuse ◆ **mauvais prétexte** poor *ou* lame excuse ◆ **sous prétexte d'aider son frère** on the pretext *ou* pretence *ou* under (the) pretext of helping his brother ◆ **sous (le) prétexte que...** on *ou* under the pretext that..., on the pretence that... ◆ **sous prétexte qu'elle est jeune on lui passe tout** just because she's young she gets away with everything ◆ **sous aucun prétexte** on no account ◆ **il a pris prétexte du froid** *ou* **il a donné le froid comme prétexte pour rester chez lui** he used the cold weather as a pretext *ou* an excuse for staying at home ◆ **tous les prétextes sont bons pour ne pas aller chez le dentiste** any excuse will do not to go to the dentist ◆ **servir de prétexte à qch/à faire qch** to be a pretext *ou* an excuse for sth/to do sth ◆ **ça lui a servi de prétexte** *ou* **ça lui a donné un prétexte pour refuser** it provided him with an excuse to refuse *ou* with a pretext for refusing ◆ **il saisit le premier prétexte venu pour partir** he made the first excuse he could think of for leaving ◆ **ce n'est qu'un prétexte** it's just an excuse ◆ **pour elle tout est prétexte à se plaindre** she'll complain about anything and everything

prétexte[2] /pʀetɛkst/ **ADJ, NF** (*Antiq*) ◆ **(robe) prétexte** praetexta

prétexter /pʀetɛkste/ SYN ▸ conjug 1 ◂ **VT** to give as a pretext *ou* an excuse ◆ **il a prétexté qu'il était trop fatigué** he said he was too tired ◆ **en prétextant que...** on the pretext that... ◆ **prétexter une angine pour refuser une invitation** to say one has a sore throat to get out of an invitation

prétimbré, e /pʀetɛ̃bʀe/ **ADJ** [*enveloppe*] stamped

pretium doloris /pʀesjɔmdɔlɔʀis/ **NM** (*Jur*) compensation for damages

prétoire /pʀetwaʀ/ **NM** (*Antiq*) praetorium; (*Jur : frm*) court

Pretoria /pʀetɔʀja/ **N** Pretoria

prétorien, -ienne /pʀetɔʀjɛ̃, jɛn/ **ADJ, NM** (*Antiq*) praetorian

prêtraille /pʀɛtʀɑj/ **NF** (*péj*) ◆ **la prêtraille** priests, the clergy

prétranché, e /pʀetʀɑ̃ʃe/ **ADJ** presliced

prêtre /pʀɛtʀ/ **NM** priest ◆ **se faire prêtre** to become a priest ◆ **grand prêtre** high priest ◆ **les grands prêtres du monétarisme** the high priests of monetarism

prêt-relais (pl **prêts-relais**) /pʀɛʀəlɛ/ **NM** bridging loan

prêtre-ouvrier (pl **prêtres-ouvriers**) /pʀɛtʀuvʀije/ **NM** worker priest

prêtresse /pʀɛtʀɛs/ **NF** priestess

prêtrise /pʀɛtʀiz/ **NF** priesthood ◆ **recevoir la prêtrise** to be ordained

preuve /pʀœv/ SYN

NF 1 (= *démonstration*) proof, evidence ◆ **faire la preuve de qch/que** to prove sth/that ◆ **avoir la preuve de/que** to have proof *ou* evidence of/that ◆ **pouvez-vous apporter la preuve de ce que vous dites ?** can you prove *ou* can you produce proof *ou* evidence of what you're saying? ◆ **(c'est) la preuve que...** that proves that... ◆ **j'avais prévu cela, la preuve, j'ai déjà mon billet** * I'd thought of that, and to prove it I've already got my ticket ◆ **jusqu'à preuve (du) contraire** until we find proof *ou* evidence to the contrary, until there's proof *ou* evidence that it's not the case ◆ **n'importe qui peut conduire, à preuve mon fils** * anyone can drive, just look at *ou* take my son (for instance) ◆ **il a réussi, à preuve qu'il ne faut jamais désespérer** * he succeeded, which just goes to show *ou* prove you should never give up hope ◆ **j'en veux pour preuve le fait que...** this is borne out by the fact that...

2 (= *indice*) proof (*NonC*), evidence (*NonC*), piece of evidence ◆ **je n'ai pas de preuves** I have no proof *ou* evidence ◆ **c'est une preuve supplémentaire de sa culpabilité** it's further proof *ou* it's further evidence of his guilt ◆ **il y a trois preuves irréfutables qu'il ment** there are three definite pieces of evidence which prove quite clearly that he's lying ◆ **affirmer qch preuves en mains** to back sth up with concrete proof *ou* evidence

3 (= *marque*) proof (*NonC*) ◆ **c'est une preuve de bonne volonté/d'amour** it's proof of his good intentions/of his love

4 (*Math*) [*d'opération*] proof ◆ **faire la preuve par neuf** to cast out the nines

5 (*locutions*) ◆ **faire preuve de** to show ◆ **faire ses preuves** [*personne*] to prove o.s., to show one's ability; [*voiture*] to prove itself ◆ **cette nouvelle technique n'a pas encore fait ses preuves** this new technique hasn't yet proved its worth

COMP **preuve par l'absurde** reductio ad absurdum
preuve concluante conclusive *ou* positive proof
preuve a contrario a contrario proof
preuve matérielle material evidence (*NonC*)

preux †† /pʀø/

ADJ valiant †, gallant †

NM valiant knight †

prévalence /pʀevalɑ̃s/ **NF** prevalence

prévaloir /pʀevalwaʀ/ SYN ▸ conjug 29 ◂

VI (*littér*) to prevail (*sur* over; *contre* against) ◆ **faire prévaloir ses droits** to insist upon one's rights ◆ **faire prévaloir son opinion** to win agreement *ou* acceptance for one's opinion ◆ **son opinion a prévalu sur celle de ses collègues** his opinion prevailed over *ou* overrode that of his colleagues ◆ **rien ne peut prévaloir contre ses préjugés** nothing can overcome his prejudices

VPR **se prévaloir** 1 (= *se flatter*) ◆ **se prévaloir de** to pride o.s. on

2 (= *profiter*) ◆ **se prévaloir de** to take advantage of

prévaricateur, -trice /pʀevaʀikatœʀ, tʀis/

ADJ corrupt

NM,F corrupt official

prévarication /pʀevaʀikasjɔ̃/ **NF** corrupt practices

> ⓘ **prévarication** ne se traduit pas par le mot anglais **prevarication**, qui a le sens de 'faux-fuyants'.

prévariquer /pʀevaʀike/ ▸ conjug 1 ◂ **VI** to be guilty of corrupt practices

prévenance /pʀev(ə)nɑ̃s/ SYN **NF** thoughtfulness (*NonC*), consideration (*NonC*), kindness (*NonC*) ◆ **toutes les prévenances que vous avez eues pour moi** all the consideration *ou* kindness you've shown me ◆ **entourer qn de prévenances** to be very considerate to *ou* towards sb ◆ **il n'a aucune prévenance pour les autres** he shows *ou* has no consideration for others, he's very thoughtless

prévenant, e /pʀev(ə)nɑ̃, ɑ̃t/ SYN **ADJ** [*personne*] considerate, kind (*envers* to), thoughtful (*envers* of); [*manières*] kind, attentive

prévendre /pʀevɑ̃dʀ/ ▸ conjug 41 ◂ **VT** [+ *billets, marchandises*] to pre-sell

prévenir /pʀev(ə)niʀ/ GRAMMAIRE ACTIVE 2.3 SYN ▸ conjug 22 ◂ **VT** 1 (= *avertir*) to warn (*de qch* about *ou* against *ou* of sth); (= *aviser*) to inform, to tell (*de qch* about sth) ◆ **qui faut-il prévenir en cas d'accident ?** who should be informed *ou* told if there's an accident? ◆ **prévenir le médecin/la police** to call the doctor/the police ◆ **tu es prévenu !** you've been warned! ◆ **partir sans prévenir** to leave without warning, to leave without telling anyone ◆ **il aurait pu prévenir** he could have let us know

2 (= *empêcher*) [+ *accident, catastrophe*] to prevent, to avert, to avoid; [+ *maladie*] to prevent, to guard against; [+ *danger*] to avert, to avoid; [+ *malheur*] to ward off, to avoid, to provide against; → **mieux**

3 (= *devancer*) [+ *besoin, désir*] to anticipate; [+ *question, objection*] to forestall ◆ **il voulait arriver le premier mais son frère l'avait prévenu** (*littér*) he wanted to be the first to arrive but his brother had anticipated him *ou* had got there before him

4 (*frm* = *influencer*) ◆ **prévenir qn contre qn** to prejudice *ou* bias sb against sb ◆ **prévenir qn en faveur de qn** to prejudice *ou* predispose sb in sb's favour

prévente /pʀevɑ̃t/ **NF** pre-selling

préventif, -ive /pʀevɑ̃tif, iv/

ADJ [*mesure, médecine*] preventive ◆ **à titre préventif** as a precaution *ou* preventive measure ◆ **la lutte préventive contre le sida** AIDS prevention

NF (*Jur*) ◆ **être en préventive** to be on remand, to be remanded in custody ◆ **mettre qn en préventive** to remand sb in custody, to hold sb on remand ◆ **il a fait 6 mois de (prison) préventive** he was remanded in custody for 6 months

prévention /pʀevɑ̃sjɔ̃/ SYN **NF** 1 [*d'accident, crime, corruption, maladie, délinquance*] prevention ◆ **prévention routière** road safety ◆ **faire de la prévention** to take preventive action ◆ **campagne/politique de prévention** prevention campaign/policy ◆ **mesures de prévention** preventive measures

2 (*Jur*) custody, detention ◆ **mettre en prévention** to detain, to remand in *ou* take into custody

3 (= *préjugé*) prejudice (*contre* against); (= *réserve*) reservation ◆ **considérer qch sans prévention** to take an unprejudiced *ou* unbiased view of sth

préventivement /pʀevɑ̃tivmɑ̃/ **ADV** [*agir*] preventively, as a precaution *ou* preventive measure ◆ **être incarcéré préventivement** (*Jur*) to be remanded *ou* held in custody *ou* detention (awaiting trial)

préventologie /pʀevɑ̃tɔlɔʒi/ **NF** preventive medicine

prévenu, e /pʀev(ə)ny/ (ptp de **prévenir**)

ADJ (*Jur*) charged ◆ **être prévenu d'un délit** to be charged with *ou* accused of a crime

NM,F (*Jur*) defendant, accused (person)

préverbe /pʀevɛʀb/ **NM** verbal prefix, preverb

prévisibilité /pʀevizibilite/ **NF** foreseeable nature

prévisible /pʀevizibl/ SYN **ADJ** [*réaction, résultat, personne*] predictable; [*événement, évolution*] foreseeable, predictable ◆ **difficilement prévisible**

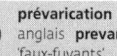

difficult to foresee ◆ **dans un avenir prévisible** in the foreseeable future ◆ **une amélioration est prévisible dans les prochains mois** an improvement can be expected *ou* is foreseeable within the next few months ◆ **il était prévisible que...** it was to be expected that..., it was predictable that...

prévision /pʀevizjɔ̃/ SYN NF [1] *(gén pl = prédiction)* prediction, expectation; *(Fin)* forecast, estimate, prediction ◆ **prévisions budgétaires** budget estimates ◆ **prévisions météorologiques** weather forecast ◆ **prévision à court/long terme** short-term/long-term forecast ◆ **prévision en temps réel** nowcast ◆ **il a réussi au-delà de toute prévision** he has succeeded beyond all expectations

[2] *(= action)* ◆ **la prévision du temps** weather forecasting ◆ **la prévision de ses réactions est impossible** it's impossible to predict his reactions *ou* to foresee what his reactions will be ◆ **en prévision de son arrivée/d'une augmentation du trafic** in anticipation *ou* expectation of his arrival/of an increase in the traffic

prévisionnel, -elle /pʀevizjɔnɛl/ ADJ *[mesure, plan]* forward-looking; *[budget]* projected

prévisionniste /pʀevizjɔnist/ NMF (economic) forecaster

prévoir /pʀevwaʀ/ SYN ▸ conjug 24 ◂ VT

[1] *(= anticiper) [+ événement, conséquence]* to foresee, to anticipate; *[+ temps]* to forecast; *[+ réaction, contretemps]* to expect, to reckon on, to anticipate ◆ **prévoir le pire** to expect the worst ◆ **il faut prévoir les erreurs éventuelles** we must allow for *ou* make provision for possible errors ◆ **nous n'avions pas prévu qu'il refuserait** we hadn't reckoned on his refusing, we hadn't anticipated *ou* foreseen that he'd refuse ◆ **cela fait** *ou* **laisse prévoir un malheur** it bodes ill ◆ **rien ne laisse prévoir une amélioration rapide** there's no prospect *ou* suggestion of a quick improvement ◆ **tout laisse prévoir une issue rapide/qu'il refusera** everything points *ou* all the signs point to a rapid solution/to his refusing ◆ **rien ne faisait** *ou* **ne laissait prévoir que...** there was nothing to suggest *ou* to make us think that... ◆ **on ne peut pas tout prévoir** you can't think of everything ◆ **plus tôt que prévu** earlier than expected *ou* anticipated; → **programme**

[2] *(= projeter) [+ voyage, construction]* to plan ◆ **prévoir de faire qch** to plan to do *ou* on doing sth ◆ **pour quand prévoyez-vous votre arrivée ?** when do you plan to arrive? ◆ **au moment prévu** at the appointed *ou* scheduled *ou* prescribed time ◆ **comme prévu** as planned, according to plan ◆ « **ouverture prévue pour la fin de l'année** » *[autoroute]* "scheduled to open at the end of the year"

[3] *(= préparer, envisager)* to allow ◆ **il faudra prévoir des trous pour l'écoulement des eaux** you must leave *ou* provide some holes for drainage ◆ **prévoyez de l'argent en plus pour les faux frais** allow some extra money for incidental expenses ◆ **il vaut mieux prévoir quelques couvertures en plus** you'd better allow a few extra blankets *ou* bring (along) a few extra blankets ◆ **il faudrait prévoir un repas** you ought to make plans for *ou* to organize a meal ◆ **tout est prévu pour l'arrivée de nos hôtes** everything is in hand *ou* organized for the arrival of our guests ◆ **cette voiture est prévue pour quatre personnes** this car is designed for four people ◆ **vous avez prévu grand** you've planned things on a grand scale ◆ **déposez vos lettres dans la boîte prévue à cet effet** put your letters in the box provided ◆ **on a prévu des douches** *(à installer)* they have made provision for showers to be built; *(déjà installées)* they have laid on *ou* provided showers

[4] *(Jur) [loi, règlement]* to provide for, to make provision for ◆ **c'est prévu à l'article 8** article 8 makes provision for that, it's provided for in article 8 ◆ **le code pénal prévoit que...** the penal code holds that... ◆ **la loi prévoit une peine de prison** the law makes provision for a prison sentence ◆ **ce n'est pas prévu dans le contrat** it is not provided for in the contract, the contract makes no provision for it

prévôt /pʀevo/ NM *(Hist, Rel)* provost; *(Mil)* provost marshal

prévôtal, e (mpl **-aux**) /pʀevotal, o/ ADJ of a provost

prévôté /pʀevote/ NF *(Hist)* provostship; *(Mil)* military police

prévoyance /pʀevwajɑ̃s/ SYN NF foresight, forethought ◆ **caisse de prévoyance** contingency fund ◆ **société de prévoyance** provident society

prévoyant, e /pʀevwajɑ̃, ɑ̃t/ SYN ADJ provident

prévu, e /pʀevy/ ptp de **prévoir**

Priam /pʀijam/ NM Priam

Priape /pʀijap/ NM Priapus

priapée /pʀijape/ NF *(Antiq)* Priapusian feast

priapisme /pʀijapism/ NM priapism

prie-Dieu /pʀidjø/ NM INV prie-dieu

prier /pʀije/ GRAMMAIRE ACTIVE 4. SYN ▸ conjug 7 ◂

VT [1] *[+ Dieu, saint]* to pray to ◆ **prier Dieu de faire un miracle** to pray for a miracle ◆ **je prie Dieu que cela soit vrai** pray God that it is true

[2] *(= implorer)* to beg, to beseech *(littér)* ◆ **elle le pria de rester** she begged *ou* urged *ou* pressed him to stay ◆ **je vous prie de me pardonner** please forgive me ◆ **dites oui, je vous en prie !** please say yes! ◆ **Pierre, je t'en prie, calme-toi !** Pierre, for heaven's sake, calm down! ◆ **je t'en prie, ça suffit !** please, that's quite enough!

[3] *(= inviter)* to invite, to ask; *(frm)* to request *(frm)* ◆ **il m'a prié à déjeuner** *ou* **de venir déjeuner** he has invited *ou* asked me to lunch ◆ **vous êtes prié de vous présenter à 9 heures** you are requested to present yourself at 9 o'clock ◆ **on l'a prié d'assister à la cérémonie** he was invited to attend the ceremony ◆ **nous vous prions d'honorer de votre présence la cérémonie** we request the honour *ou* pleasure of your company at the ceremony

[4] *(= ordonner)* ◆ **je vous prie de sortir** will you please leave the room ◆ **vous êtes prié de répondre quand on vous parle/de rester assis** please reply when spoken to/remain seated ◆ **taisez-vous, je vous prie** would you please be quiet

[5] *(formules de politesse)* ◆ **je vous en prie** *(= faites donc)* please do, of course; *(= après vous)* after you; *(idée d'irritation)* do you mind! ◆ **excusez-moi – je vous en prie** I'm sorry – not at all ◆ **merci beaucoup – je vous en prie** thank you – don't mention it *ou* you're welcome ◆ **voulez-vous ouvrir la fenêtre je vous prie ?** would you mind opening the window please?, would you be so kind as to open the window please?; → **agréer**

[6] *(locutions)* ◆ **il s'est fait prier** he needed coaxing *ou* persuading ◆ **il ne s'est pas fait prier** he didn't need persuading, he didn't wait to be asked twice, he was only too willing (to do it) ◆ **il a accepté l'offre sans se faire prier** he accepted the offer without hesitation ◆ **allez, viens, ne te fais pas prier !** come on! don't be such a bore!

VI to pray *(pour* for) ◆ **prions, mes frères** brothers, let us pray

prière /pʀijɛʀ/ SYN NF [1] *(Rel = oraison, office)* prayer ◆ **être en prière** to be praying *ou* at prayer ◆ **dire** *ou* **faire ses prières** to say one's prayers ◆ **se rendre à la prière** to go to prayer ◆ **ne m'oubliez pas dans vos prières** *(hum)* remember me in your prayers, pray for me; → **livre[1], moulin**

[2] *(= demande)* plea, entreaty ◆ **céder aux prières de qn** to give in to sb's requests ◆ **à la prière de qn** at sb's request *ou* behest *(littér)* ◆ **j'ai une prière à vous adresser** I have a request to make to you ◆ **il est resté sourd à mes prières** he turned a deaf ear to my pleas *ou* entreaties

◆ **prière de...** please... ◆ **prière de répondre par retour du courrier** please reply by return of post ◆ **prière de vous présenter à 9 heures** you are requested to present yourself *ou* please present yourself at 9 o'clock ◆ « **prière de ne pas fumer** » "no smoking (please)" ◆ « **prière de ne pas se pencher à la fenêtre** » "(please) do not lean out of the window" ◆ **prière d'insérer** *(Édition)* please insert

prieur /pʀijœʀ/ NM ◆ **(père) prieur** prior

prieure /pʀijœʀ/ NF ◆ **(mère) prieure** prioress

prieuré /pʀijœʀe/ NM *(= couvent)* priory; *(= église)* priory (church)

prima donna /pʀimadɔna/ (pl inv *ou* **prime donne** /pʀimedɔne/) NF prima donna

primage /pʀimaʒ/ NM priming

primaire /pʀimɛʀ/ SYN

ADJ [1] *(gén)* primary ◆ **délinquant primaire** first offender ◆ **école primaire** primary *ou* elementary school, grade school *(US)* ◆ **ère primaire** primary *ou* palaeozoic era

[2] *(péj = simpliste) [personne]* simple-minded, limited *; *[raisonnement]* simplistic; *[plaisanterie]* obvious

NM *(Scol)* primary school *ou* education; *(Élec)* primary; *(Géol)* Primary, Palaeozoic ◆ **être en primaire** *(Scol)* to be in primary school

NF *(Pol)* primary (election)

primal, e (mpl **-aux**) /pʀimal, o/ ADJ ◆ **cri primal** primal scream ◆ **thérapie primale** primal (scream) therapy, scream therapy

primarité /pʀimaʀite/ NF primarity

primat /pʀima/ NM [1] *(Rel)* primate

[2] *(littér = primauté)* primacy

primate /pʀimat/ NM [1] *(= animal)* primate

[2] *(* péj = personne)* ape *

primatial, e (mpl **-iaux**) /pʀimasjal, jo/ ADJ primatial

primatologie /pʀimatɔlɔʒi/ NF primatology

primatologue /pʀimatɔlɔg/ NMF primatologist

primauté /pʀimote/ SYN NF *(Rel)* primacy; *(fig)* primacy, pre-eminence *(sur* over) ◆ **donner la primauté à qch** to prioritize sth

prime[1] /pʀim/ SYN NF [1] *(= cadeau)* free gift ◆ **donné en prime avec qch** given away *ou* given as a free gift with sth ◆ **cette année il a eu la rougeole, la varicelle et les oreillons en prime !** *(iro)* this year he had the measles, chickenpox and the mumps to boot! *ou* on top of that!

[2] *(= bonus)* bonus; *(= subvention)* premium, subsidy; *(= indemnité)* allowance ◆ **prime d'allaitement** nursing mother's allowance ◆ **prime d'ancienneté** seniority bonus *ou* pay ◆ **prime de déménagement** relocation allowance ◆ **prime de départ** *bonus paid to an employee when leaving a job (importante)*, golden handshake ◆ **prime à l'emploi** *financial incentive to promote employment* ◆ **prime à l'exportation** export premium *ou* subsidy ◆ **prime de fin d'année/de rendement** Christmas/productivity bonus ◆ **prime d'intéressement** performance(-related) bonus ◆ **prime de licenciement** severance pay, redundancy payment ◆ **prime de risque** danger money *(NonC)* ◆ **prime de transport** transport allowance ◆ **c'est donner une prime à la paresse !** it's just paying people to sit around doing nothing!; → **précarité**

[3] *(Assurances, Bourse)* premium ◆ **prime d'assurances** insurance premium ◆ **prime d'émission** issuing share *ou* premium ◆ **prime de remboursement** redemption premium ◆ **faire prime** to be at a premium

prime[2] /pʀim/ ADJ [1] ◆ **de prime abord** at first glance ◆ **dès sa prime jeunesse** from his earliest youth ◆ **il n'est plus de prime jeunesse** he's no longer in the prime of youth *ou* the first flush of youth

[2] *(Math)* prime ◆ **n prime** n prime

primé, e /pʀime/ (ptp de **primer**) ADJ *[film, reportage, auteur, cinéaste]* award-winning *(épith)*; *[animal]* prize(-winning); *[invention, produit]* prize-winning ◆ **ce film a été plusieurs fois primé** this film has won several awards

primer /pʀime/ SYN ▸ conjug 1 ◂

VT [1] *(= surpasser)* to prevail over, to take precedence over ◆ **chez elle, l'intelligence prime la générosité** in her case, intelligence is more in evidence *ou* to the fore than generosity

[2] *(= récompenser)* to award a prize to; *(= subventionner)* to subsidize

VI *(= dominer)* to be the prime *ou* dominant feature, to dominate; *(= compter, valoir)* to be of prime importance, to take first place ◆ **c'est le bleu qui prime dans ce tableau** blue is the dominant colour in this picture ◆ **pour moi ce sont les qualités de cœur qui priment** the qualities of the heart are what count the most for me

primerose /pʀimʀoz/ NF hollyhock

primesautier, -ière /pʀimsotje, jɛʀ/ SYN ADJ impulsive ◆ **être d'humeur primesautière** to have an impulsive temperament *ou* nature

prime time /pʀajmtajm/ NM INV *(TV)* prime time ◆ **diffusé en prime time** broadcast on prime-time television *ou* in prime time

primeur /pʀimœʀ/ SYN

NFPL ◆ **primeurs** *(= fruits et légumes)* early fruit and vegetables ◆ **marchand de primeurs** greengrocer *(Brit)*, grocer *(US)* *(specializing in early produce)*

NF [1] *(Presse = nouvelle)* scoop ◆ **avoir la primeur d'une nouvelle** to be the first to hear a piece of news • **je vous réserve la primeur de mon manuscrit** I'll let you be the first to read my manuscript

2 • **vin (de) primeur** nouveau wine, wine of the latest vintage

primeuriste /pʀimœʀist/ NMF (= *cultivateur*) (early) fruit and vegetable grower; (= *vendeur*) greengrocer (*Brit*) *ou* grocer (*US*) , *specializing in early produce*

primevère /pʀimvɛʀ/ NF (*sauvage*) primrose; (*cultivée*) primula; (*jaune*) primrose

primigeste /pʀimiʒɛst/ NF primigravida

primipare /pʀimipaʀ/

ADJ primiparous

NF primipara

primitif, -ive /pʀimitif, iv/ SYN

ADJ 1 (= *originel*) [*forme, état*] original, primitive; [*projet, question, préoccupation*] original, first; [*église*] primitive, early; [*peintre*] primitive; (*Logique*) [*proposition, concept*] basic; (*Art*) [*couleurs*] primary; (*Géol*) [*terrain*] primitive, primeval • **ville construite sur le site primitif d'une cité romaine** town built on the original site of a Roman city • **je préfère revenir à mon projet primitif/à mon idée primitive** I'd rather revert to my original *ou* initial *ou* first plan/idea

2 (*Sociol*) [*peuple, art, mœurs*] primitive

3 (= *sommaire*) [*installation*] primitive, crude

4 (*Ling*) [*temps, langue*] basic; [*mot*] primitive; [*sens*] original

5 (*Math*) • **fonction primitive** primitive

NM,F (*Art, Sociol*) primitive

NF **primitive** (*Math*) primitive

primitivement /pʀimitivmɑ̃/ ADV originally

primitivisme /pʀimitivism/ NM (*Art*) primitivism

primo /pʀimo/ ADV first (of all), firstly

primo-accédant, e (pl **primo-accédants**) /pʀimoaksedɑ̃, ɑ̃t/ NM,F • **primo-accédant (à la propriété)** first-time (home-)buyer

primogéniture /pʀimoʒenityʀ/ NF primogeniture

primo-infection (pl **primo-infections**) /pʀimo ɛ̃fɛksjɔ̃/ NF primary infection

primordial, e (mpl **-iaux**) /pʀimɔʀdjal, jo/ SYN ADJ

1 (= *vital*) [*élément, question*] essential, vital; [*objectif, préoccupation*] chief, main; [*rôle*] crucial, key (*épith*) • **d'une importance primordiale** of the utmost *ou* of paramount *ou* primordial importance

2 (*littér* = *originel*) primordial

primordialement /pʀimɔʀdjalmɑ̃/ ADV essentially

primulacées /pʀimylase/ NFPL primulaceous plants, Primulaceae (*SPÉC*)

prince /pʀɛ̃s/

NM 1 (*lit*) prince • **le prince des chanteurs** *etc* (*fig*) the prince *ou* king of singers *etc* • **Robin des bois, le prince des voleurs** Robin Hood, Prince of Thieves; → **fait**[1]

2 (*locutions*) • **être** *ou* **se montrer bon prince** to be magnanimous *ou* generous, to behave generously • **être habillé/vivre comme un prince** to be dressed/live like a prince

COMP **prince des apôtres** Prince of the apostles
le Prince charmant Prince Charming • **elle attend le** *ou* **son prince charmant** she's waiting for her Prince Charming *ou* for Mr. Right* to come along, she's waiting for her knight in shining armour
prince consort Prince Consort
prince de l'Église prince of the Church
prince de Galles Prince of Wales; (= *tissu*) Prince of Wales check
prince héritier crown prince
prince du sang prince of royal blood
le Prince des ténèbres *ou* **des démons** the prince of darkness

princeps /pʀɛ̃sɛps/ ADJ [*édition*] first

princesse /pʀɛ̃sɛs/ NF princess • **faire la** *ou* **sa princesse, prendre des airs de princesse** to put on airs • **robe princesse** princess dress; → **frais**[2]

princier, -ière /pʀɛ̃sje, jɛʀ/ SYN ADJ (*lit, fig*) princely

princièrement /pʀɛ̃sjɛʀmɑ̃/ ADV in (a) princely fashion

principal, e (mpl **-aux**) /pʀɛ̃sipal, o/ GRAMMAIRE ACTIVE 26.2 SYN

ADJ 1 [*entrée, bâtiment, résidence*] main; [*clerc, employé*] chief, head; [*question, raison, but*] principal, main; [*personnage, rôle*] leading, main, principal • **elle a eu l'un des rôles principaux dans l'affaire** she played a major role *ou* she was one of the leading *ou* main figures in the business

2 (*Gram*) [*proposition*] main

NM 1 (*Fin*) principal

2 (*Scol*) headmaster, principal, head (*Brit*); (*Admin*) chief clerk

3 (= *chose importante*) • **le principal** the most important thing, the main point • **c'est le principal** that's the main thing

4 (*Mus*) principal

NF **principale** 1 (*Gram*) main clause

2 (*Scol*) headmistress, principal, head (*Brit*)

principalement /pʀɛ̃sipalmɑ̃/ SYN ADV principally, mainly, chiefly

principat /pʀɛ̃sipa/ NM princedom

principauté /pʀɛ̃sipote/ NF principality • **la Principauté (de Monaco)** Monaco

principe /pʀɛ̃sip/ SYN NM 1 (= *règle*) [*de science, géométrie*] principle • **il nous a expliqué le principe de la machine** he explained the principle on which the machine worked • **le principe d'Archimède** Archimedes' principle; → **pétition**

2 (= *hypothèse*) principle, assumption • **partir du principe que..., poser comme principe que...** to work on the principle *ou* assumption that...; → **accord**

3 (= *règle morale*) principle • **il a des principes** he's a man of principle, he's got principles • **il n'a pas de principes** he's unprincipled, he has no principles • **avoir pour principe de faire qch** to make it a principle to do sth, to make a point of doing sth • **je ne mens pas, c'est un principe chez moi** I make a point of not telling lies, it's a rule with me that I don't tell lies • **il n'est pas dans mes principes de...** I make it a principle not to... • **il a manqué à ses principes** he has failed to stick to his principles

4 (= *origine*) principle • **remonter jusqu'au principe des choses** to go back to first principles

5 (= *élément*) principle, element, constituent • **principe nécessaire à la nutrition** necessary principle of nutrition

6 (= *rudiment*) • **principes** rudiments, principles

7 (*locutions*) • **faire qch pour le principe** to do sth on principle *ou* for the sake of it

♦ **de principe** [*hostilité, objection, opposition, soutien*] systematic, automatic • **décision de principe** decision in principle • **c'est une question de principe** it's a matter of principle

♦ **en principe** (= *d'habitude, en général*) as a rule; (= *théoriquement*) in principle, theoretically

♦ **par principe** on principle

printanier, -ière /pʀɛ̃tanje, jɛʀ/ ADJ [*soleil, couleur, temps, vêtement*] spring (*épith*); [*atmosphère*] spring-like • **navarin (d'agneau) printanier** (*Culin*) navarin of lamb with spring vegetables

printemps /pʀɛ̃tɑ̃/ NM spring • **au printemps** in (the) spring(time) • **au printemps de la vie** (*littér*) in the springtime of life • **mes 40 printemps** (*hum*) my 40 summers (*hum*)

priodonte /pʀijɔdɔ̃t/ NM giant armadillo

prion /pʀijɔ̃/ NM prion

priorat /pʀijɔʀa/ NM priorate

priori /pʀijɔʀi/ → **a priori**

prioritaire /pʀijɔʀitɛʀ/

ADJ 1 [*projet, opération*] priority (*épith*) • **être prioritaire** [*personne, projet*] to take *ou* have priority

2 • **être prioritaire** [*véhicule, automobiliste*] to have priority *ou* right of way • **il était sur une route prioritaire** he had right of way, he was on the main road

NMF (= *automobiliste*) person who has right of way *ou* priority

prioritairement /pʀijɔʀitɛʀmɑ̃/ ADV (*gén*) first and foremost; [*traiter*] as a (matter of) priority • **ces places sont prioritairement réservées aux handicapés** the disabled have priority for these seats, these seats are reserved first and foremost for the disabled

priorité /pʀijɔʀite/ SYN NF 1 (*gén*) priority • **donner la priorité absolue à qch** to give top priority to sth • **il faut établir une priorité dans les questions à régler** we must prioritize the questions to be dealt with • **l'une des priorités essentielles** one of the first *ou* top priorities

♦ **en + priorité** • **discuter qch en priorité** to discuss sth as a (matter of) priority • **venir en priorité** to come first • **l'une des choses à faire en grande priorité, il nous faudrait en priorité des vivres** first and foremost we need supplies, we need supplies as a matter of urgency

2 (*sur la route*) priority, right of way • **avoir la priorité** to have right of way (*sur* over) • **priorité à droite** (*principe*) *system of giving way to traffic coming from the right*; (*panneau*) give way to the vehicles on your right • **laisser** *ou* **céder la priorité à qn** to give way to sb (*Brit*), to yield to sb (*US*); → **refus**

pris, prise[1] /pʀi, pʀiz/ SYN (ptp de **prendre**) ADJ

1 [*place*] taken • **avoir les mains prises** to have one's hands full • **tous les billets sont pris** the tickets are sold out, all the tickets have been sold • **toutes les places sont prises** all the seats are taken *ou* have gone • **toute ma journée est prise** I'm busy all day • **ça me fera 50 €, c'est toujours ça de pris*** I'll get €50, that's better than nothing

2 [*personne*] busy • **le directeur est très pris cette semaine** the manager is very busy this week • **si vous n'êtes pas pris ce soir...** if you're free *ou* if you've got nothing on *ou* if you're not doing anything this evening... • **désolé, je suis pris** sorry, I'm busy

3 (*Méd*) [*nez*] stuffy, stuffed-up; [*gorge*] hoarse • **j'ai le nez pris** my nose is stuffed up • **j'ai la gorge prise** my throat is hoarse • **les poumons sont pris** the lungs are (now) affected

4 (= *figé*) [*crème, gelée*] set • **mer prise par les glaces** frozen sea

5 † • **avoir la taille bien prise** to have a neat waist • **la taille prise dans un manteau de bonne coupe** wearing a well-cut coat to show off a neat waist

6 (= *envahi par*) • **pris de peur/remords** stricken with *ou* by fear/remorse • **pris d'une inquiétude soudaine** seized by a sudden anxiety • **j'ai été pris d'une envie soudaine de chocolat** I had a sudden urge to eat some chocolate • **pris de boisson** (*frm*) under the influence*, the worse for drink

prise[2] /pʀiz/ SYN

NF 1 (= *moyen d'empoigner, de prendre*) hold (*NonC*), grip (*NonC*); (*pour soulever, faire levier*) purchase (*NonC*); (*Catch, Judo*) hold; (*Alpinisme*) hold; (*Sport : sur raquette, club, batte*) grip • **faire une prise de judo à qn** to get sb in a judo hold • **on n'a pas de prise pour soulever la caisse** there's no purchase to lift the chest, you can't get a hold on the chest to lift it • **cette construction offre trop de prise au vent** this building catches the wind very badly • **avoir prise sur** to have a hold on *ou* over • **on n'a aucune prise sur lui** no one has any hold *ou* influence over him • **ces théories n'ont que trop de prise sur elle** these theories have all too great a hold on *ou* over her • **donner prise à** to give rise to • **son attitude donne prise aux soupçons** his attitude gives rise to *ou* lays him open to suspicion; → **lâcher**

2 (*Chasse, Pêche* = *butin*) catch; (= *saisie*) [*de contrebande, drogue*] capture, seizure; (*Mil*) [*de ville, navire*] capture; (*Échecs, Dames*) capture

3 (*Élec*) • **prise (de courant)** (*mâle*) plug; (*femelle*) socket, point, power point (*SPÉC*); (*au mur*) socket • **prise multiple** adaptor; (*avec rallonge*) trailing socket • **triple prise** three-way adaptor • **prise pour rasoir électrique** razor point

→ see also **comp**

4 [*de tabac*] pinch of snuff; [*de cocaïne*] snort‡

5 (*Méd*) • **à administrer en plusieurs prises par jour** to be given *ou* administered at intervals throughout the day • **arrêter la prise de la pilule** to stop taking the pill • **la prise de ce médicament est déconseillée pendant la grossesse** it is not recommended that this medicine be taken during pregnancy

6 (= *durcissement*) [*de ciment, enduit*] setting • **à prise rapide** quick-setting

7 (*locutions*)

♦ **aux prises (avec)** • **être** *ou* **se trouver aux prises avec des difficultés** to be battling *ou* grappling *ou* wrestling with difficulties • **être aux prises avec un créancier** to be battling against *ou* doing battle with a creditor • **cette campagne met aux prises deux hommes bien différents** this campaign pits two extremely different men against each other • **je l'ai trouvé aux prises avec son ordinateur** (*hum*) I found him battling with *ou* trying to get to grips with his computer

♦ **en prise** • **être/mettre en prise** (*en voiture*) to be in/put the car into gear • **en prise (directe)**

priser | prix FRENCH-ENGLISH 744

in direct drive ◆ **en prise (directe) avec** *ou* **sur** *(fig)* tuned into ◆ **un gouvernement en prise avec les réalités du pays** a government in tune with *ou* that is tuned into the realities of the country ◆ **littérature en prise directe avec les mutations de la société** writing that has its finger on the pulse of a changing society

COMP **prise d'air** air inlet *ou* intake
prise d'armes military review *ou* parade
la prise de la Bastille the storming of the Bastille
prise de bec* row*, set-to* ◆ **avoir une prise de bec avec qn** to have a row* *ou* a set-to* with sb, to fall out with sb
prise de corps *(Jur)* arrest
prise d'eau water (supply) point; *(= robinet)* tap *(Brit)*, faucet *(US)*
prise de guerre spoils of war
prise péritel → **péritel**
prise de sang blood test ◆ **faire une prise de sang à qn** to take a blood sample from sb
prise de son *(Ciné, Radio, TV)* sound recording ◆ **prise de son : J. Dupont** sound (engineer): J. Dupont
prise de téléphone phone socket
prise de terre *(Élec, Radio)* earth *(Brit)*, ground *(US)* ◆ **la machine à laver n'a pas de prise de terre** the washing machine isn't earthed *(Brit)* *ou* grounded *(US)*
prise de tête ◆ **quelle prise de tête ces maths/son copain !** maths/her boyfriend drives me crazy! ou does my head in‡
prise de vue(s) *(Ciné, TV)* filming, shooting ◆ **prise de vue** *(= photographie)* shot ◆ **prise de vue(s) : J. Dupont** camera(work): J. Dupont;
→ **charge, conscience, contact, main** *etc*

priser[1] /pʀize/ ► conjug 1 ◄ VT *(littér)* to prize, to value ◆ **très prisé** highly prized ◆ **je prise fort peu ce genre de plaisanterie** I don't appreciate this sort of joke at all

priser[2] /pʀize/ ► conjug 1 ◄
VT *[+ tabac]* to take; *[+ drogue]* to take, to snort‡; → **tabac**
VI to take snuff

priseur, -euse /pʀizœʀ, øz/ NM,F snuff taker

prismatique /pʀismatik/ ADJ prismatic

prisme /pʀism/ NM prism

prison /pʀizɔ̃/ SYN NF 1 *(= lieu)* prison, jail, penitentiary *(US)*; *(= demeure sombre)* prison ◆ **prison pour dettes** *(Hist)* debtors' prison ◆ **mettre qn en prison** to send sb to prison *ou* jail, to imprison sb ◆ **prison ouverte** open prison ◆ **elle vit dans une prison dorée** she's like a bird in a gilded cage; → **porte**
2 *(= emprisonnement)* prison, jail ◆ **peine de prison** prison sentence ◆ **faire de la prison** to go to *ou* be in prison ◆ **faire 6 mois de prison** to spend 6 months in jail *ou* prison ◆ **condamné à 3 mois de prison ferme/à la prison à vie** sentenced to 3 months' imprisonment/to life imprisonment

prisonnier, -ière /pʀizɔnje, jɛʀ/ SYN
ADJ *[soldat]* captive ◆ **être prisonnier** *(enfermé)* to be trapped, to be a prisoner; *(en prison)* to be imprisoned, to be a prisoner ◆ **être prisonnier de ses vêtements** to be hampered by one's clothes ◆ **être prisonnier de ses préjugés/de l'ennemi** to be a prisoner of one's prejudices/of the enemy
NM,F prisoner ◆ **prisonnier d'opinion** prisoner of conscience ◆ **prisonnier politique** political prisoner ◆ **faire/retenir qn prisonnier** to take/hold sb prisoner ◆ **prisonnier de guerre** prisoner of war; → **camp, constituer**

Prisunic ® /pʀizynik/ NM department store *(for inexpensive goods)*, ≃ Woolworth's ®, ≃ five and dime *(US)* ◆ **de Prisunic** *(péj)* cheap

privatif, -ive /pʀivatif, iv/
ADJ 1 *(Gram)* privative
2 *(Jur = qui prive)* which deprives of rights *(ou* liberties *etc)*
3 *(Jur = privé)* private ◆ **avec jardin privatif** with private garden ◆ « **jardin privatif** » *(sur annonce)* "own garden"; → **carte**
NM *(Gram)* privative (prefix *ou* element)

privation /pʀivasjɔ̃/ SYN NF 1 *(= suppression)* deprivation ◆ **la privation des droits civiques** *(Jur)* the forfeiture *ou* deprivation of civil rights ◆ **la privation de liberté** the loss of liberty ◆ **la privation de la vue/d'un membre** the loss of one's sight/of a limb ◆ **la privation de nourriture/sommeil** food/sleep deprivation
2 *(gén pl = sacrifice)* privation, hardship ◆ **les privations que je me suis imposées** the things I went *ou* did *ou* managed without, the hardships I bore ◆ **souffrir de privations** to endure hardship

privatique /pʀivatik/ NF stand-alone technology

privatisation /pʀivatizasjɔ̃/ NF privatization ◆ **privatisation partielle/totale** partial/wholesale privatization ◆ **entreprise en cours de privatisation** company undergoing privatization

privatiser /pʀivatize/ ► conjug 1 ◄ VT *[+ entreprise]* to privatize ◆ **entreprise privatisée** privatized company

privatiste /pʀivatist/ NMF private law specialist

privautés /pʀivote/ NFPL liberties ◆ **prendre des privautés avec** to take liberties with ◆ **privautés de langage** familiar *ou* coarse language

privé, e /pʀive/ SYN
ADJ *(gén)* private; *(Presse) [source]* unofficial; *(Jur) [droit]* civil; *[télévision, radio]* independent ◆ **personne privée** private person ◆ **en séjour (à titre) privé** on a private visit
NM 1 ◆ **le privé** *(= vie)* private life; *(= secteur)* the private sector ◆ **dans le privé** *(= vie privée)* in one's private life; *(= secteur privé)* in the private sector
◆ **en privé** *[conversation, réunion]* private, in private *(attrib)*; *[parler]* privately, in private
2 *(* = détective)* private eye*, private detective

privément /pʀivemɑ̃/ ADV *(littér)* privately

priver /pʀive/ SYN ► conjug 1 ◄
VT 1 *(délibérément, pour punir)* ◆ **priver qn de qch** to deprive sb of sth ◆ **il a été privé de dessert** he was deprived of dessert, he had to go without his dessert ◆ **il a été privé de récréation** he was kept in at playtime ◆ **on l'a privé de sa liberté/ses droits** he was deprived of his freedom/his rights
2 *(= faire perdre)* ◆ **priver qn de ses moyens** to deprive sb of *ou* strip sb of his means ◆ **cette perte m'a privé de ma seule joie** this loss has deprived me of my only joy *ou* has taken my only joy from me ◆ **l'accident l'a privé d'un bras** he lost an arm in the accident ◆ **privé de connaissance** unconscious ◆ **privé de voix** speechless, unable to speak ◆ **un discours privé de l'essentiel** a speech from which the main content had been removed *ou* which was stripped of its essential content
3 *(= démunir)* ◆ **nous avons été privés d'électricité pendant 3 jours** we were without *ou* we had no *ou* we were deprived of electricity for 3 days ◆ **il a été privé de sommeil** he didn't get any sleep ◆ **on m'interdit le sel, ça me prive beaucoup** I'm not allowed salt and I must say I miss it *ou* and I don't like having to go *ou* do without it ◆ **cela ne me prive pas du tout** *(de vous le donner)* I can spare it (quite easily); *(de ne plus en manger)* I don't miss it at all; *(de ne pas y aller)* I don't mind at all
VPR **se priver** 1 *(par économie)* to go without, to do without ◆ **se priver de qch** to go *ou* do *ou* manage without sth ◆ **ils ont dû se priver pour leurs enfants** they had to go *ou* do without for the sake of their children ◆ **je n'ai pas l'intention de me priver** I've no intention of going *ou* doing without, I don't intend to go short *(Brit)*
2 *(= se passer de)* ◆ **se priver de** to manage without, to do without, to deny o.s., to forego ◆ **il se prive de dessert par crainte de grossir** he does without dessert for fear of putting on weight ◆ **se priver de cigarettes** to deny o.s. cigarettes ◆ **ils ont dû se priver d'une partie de leur personnel** they had to manage without *ou* do without some of their staff ◆ **tu te prives d'un beau spectacle en refusant d'y aller** you'll miss out on* *ou* you'll deprive yourself of a fine show by not going
3 *(gén nég = se retenir)* ◆ **il ne s'est pas privé de le dire/le critiquer** he made no bones about *ou* he had no hesitation in saying it/criticizing him ◆ **j'aime bien manger et quand j'en ai l'occasion je ne m'en prive pas** I love eating and whenever I get the chance I don't hold back ◆ **si tu veux y aller, ne t'en prive pas pour moi** if you want to go don't stop yourself because of me

privilège /pʀivilɛʒ/ SYN NM *(gén)* privilege ◆ **j'ai eu le privilège d'assister à la cérémonie** I had the privilege of attending *ou* I was privileged to attend the ceremony ◆ **avoir le triste privilège de faire qch** to have the unhappy privilege of doing sth ◆ **ce pays a le triste privilège d'être le pays le plus pollué** this country has the dubious distinction *ou* privilege of being the most polluted country

privilégié, e /pʀivileʒje/ SYN (ptp de **privilégier**)
ADJ 1 *(= exceptionnel) [lieu, moyen, traitement, tarif, site, climat]* special; *[accès]* privileged, special ◆ **la France est le partenaire privilégié de l'Allemagne dans la construction européenne** France and Germany have a special relationship in the building of Europe ◆ **entretenir des relations privilégiées avec qn** to have a special *ou* privileged relationship with sb ◆ **ils ont un accès privilégié au marché** they have privileged *ou* special access to the market ◆ **j'ai été le témoin privilégié de ces mutations** I was privileged to witness these changes
2 *(= riche)* privileged ◆ **les classes privilégiées** the privileged classes
3 *(= qui a de la chance)* fortunate
4 *(Fin) [action]* preference *(épith)* *(Brit)*, preferred *(US)*; *[créancier]* preferential
NM,F privileged person ◆ **c'est un privilégié** he is fortunate *ou* lucky ◆ **quelques privilégiés** a privileged *ou* lucky few

privilégier /pʀivileʒje/ SYN ► conjug 7 ◄ VT to favour *(Brit)*, to favor *(US)* ◆ **privilégié par le sort** fortunate, lucky ◆ **la police semble privilégier la thèse de l'attentat** the police appear to favour the theory that it was a terrorist attack ◆ **il a été privilégié par la nature** nature has been kind to him

prix /pʀi/ SYN
NM 1 *(= coût) [d'objet, produit]* price; *[de location, transport]* cost ◆ **le prix d'un billet Paris-Lyon** the fare between Paris and Lyons, the price of a ticket between Paris and Lyons ◆ **à quel prix vend-il/sont ses tapis ?** what price is he asking for/are his carpets?, how much is he charging *ou* asking for/are his carpets? ◆ **quel prix veut-elle de sa maison ?** what (price) is she asking *ou* how much does she want for her house? ◆ **quels sont vos prix ?** *(pour service)* what are your rates?; *(pour objet)* what sort of prices do you charge? ◆ **je l'ai payé 80 € ! – c'est le prix** I paid 80 euros for it! – that's the going rate ◆ **1 000 €, prix à débattre** €1,000 or nearest offer, €1,000 o.n.o. *(Brit)* ◆ **au prix que ça coûte, il ne faut pas le gaspiller** at that price we'd better not waste any ◆ **au prix où sont les choses** *ou* **où est le beurre !*** with prices what they are! ◆ **votre prix sera le mien** name *ou* state your price ◆ **c'était le premier prix** it was the cheapest ◆ **quel est votre dernier prix ?** *(pour vendre)* what's the lowest you'll go?; *(pour acheter)* what's your final offer? ◆ **acheter qch à prix d'or** to pay a (small) fortune for sth ◆ **payer le prix fort** *(lit)* to pay the full price; *(fig)* to pay a heavy price ◆ **faire payer le prix fort** to charge the full price ◆ **au prix fort** at the highest possible price ◆ **à bas prix** *[produit, terrain]* cheap; *[acheter, vendre]* cheaply ◆ **je l'ai eu à bas prix** I got it cheap ◆ **ça n'a pas de prix** it's priceless ◆ **je vous fais un prix (d'ami)** I'll let you have it cheap *ou* at a reduced price, I'll knock a bit off for you* ◆ **j'y ai mis le prix (qu'il fallait)** I had to pay a lot *ou* quite a price for it, it cost me a lot ◆ **il faut y mettre le prix** you have to be prepared to pay for it ◆ **il n'a pas voulu y mettre le prix** he didn't want to pay that much ◆ **je cherche une robe – dans quels prix ?** I'm looking for a dress – in what price range? ◆ **c'est dans mes prix** that's affordable *ou* within my price range ◆ **c'est hors de prix** it's outrageously expensive ◆ **cette table est hors de prix** the price of this table is exorbitant *ou* outrageous ◆ **ce magasin est hors de prix** the prices in this shop are exorbitant *ou* outrageous ◆ **c'est un objet qui n'a pas de prix** it's a priceless object ◆ **mettre qch à prix** *(enchères)* to set a reserve price *(Brit)* *ou* an upset price *(US)* on sth ◆ **mettre à prix la tête de qn** to put a price on sb's head, to offer a reward for sb's capture ◆ **mise à prix : 200 €** *(enchères)* reserve *(Brit)* *ou* upset *(US)* price: €200 ◆ **objet de prix** expensive item; → **bas[1]**
2 *(fig)* price ◆ **le prix du succès/de la gloire** the price of success/of glory ◆ **j'apprécie votre geste à son juste prix** I appreciate the true worth of what you did ◆ **son amitié n'a pas de prix pour moi** I cannot put a price on his friendship ◆ **donner du prix à** *[+ exploit, aide]* to make (even) more worthwhile ◆ **leur pauvreté donne encore plus de prix à leur cadeau** their poverty makes their present even more precious *ou* impressive, their poverty increases the value *ou* worth of their gift even more

[3] *(= récompense, Scol)* prize • **(livre de) prix** *(Scol)* prize(-book) • **le prix Nobel de la paix** the Nobel Peace Prize

[4] *(= vainqueur) (= personne)* prizewinner; *(= livre)* prizewinning book • **premier prix du Conservatoire** first prizewinner at the Conservatoire • **as-tu lu le dernier prix Goncourt ?** have you read the book that won the last *ou* latest Prix Goncourt?

[5] *(Courses)* race • **Grand Prix (automobile)** Grand Prix

[6] *(locutions)* • **à tout prix** at all costs, at any price • **à aucun prix** on no account, not at any price • **au prix de grands efforts/sacrifices** after much effort/ many sacrifices

COMP **prix d'achat** purchase price
prix actuel going price *(de* for)
prix agricoles *(Europe)* agricultural prices
prix d'appel introductory price
prix conseillé manufacturer's recommended price, recommended retail price
prix coûtant cost price
prix de départ asking price
prix de détail retail price
prix d'encouragement special prize *(for promising entrant)*
prix d'excellence *(Scol)* prize for coming first in the class *ou* for being top of the form
prix de fabrique factory price
prix fixe *(gén)* set price; *(menu)* set (price) menu • **(repas à) prix fixe** set (price) meal
prix forfaitaire contract price
prix de gros wholesale price
prix imposé *(Comm)* regulation price
prix d'interprétation féminine/masculine *(Ciné, Théât)* prize for best actress/actor
prix d'intervention intervention price
prix de lancement introductory price
prix littéraire literary prize
prix marqué marked price
prix à la production *ou* **au producteur** farm gate price
prix public retail *ou* list *ou* base price
prix de revient cost price
prix sortie d'usine factory price
prix de vente selling price, sale price
prix de vertu paragon of virtue

PRIX LITTÉRAIRES

The prix Goncourt, France's best-known annual literary prize, is awarded for the year's finest prose work (usually a novel). The winner is chosen by a jury made up of members of the Académie Goncourt, who make their final decision over lunch at Drouant, a famous Paris restaurant.
There are over 100 other important literary prizes in France, the most coveted of which include the Prix Femina, the Prix Interallié, the Prix Renaudot and the Prix Médicis.

pro * /pRo/ NMF (abrèv de **professionnel**) pro* • **c'est un travail de pro** it's a professional job • **il est très pro** he's very professional, he's a real pro*

pro- /pRo/ PRÉF pro- • **pro-américain/chinois** pro-American/-Chinese • **pro-Maastricht** pro-Maastricht

proactif, -ive /pRɔaktif, iv/ ADJ proactive

probabilisme /pRɔbabilism/ NM probabilism

probabiliste /pRɔbabilist/ ADJ *(Stat)* probability *(épith)*

probabilité /pRɔbabilite/ GRAMMAIRE ACTIVE 15.2 SYN NF [1] *(= vraisemblance) [d'événement, hypothèse]* probability, likelihood • **selon toute probabilité** in all probability *ou* likelihood

[2] *(Math, Stat)* probability • **calcul/théorie des probabilités** probability calculus/theory

probable /pRɔbabl/ GRAMMAIRE ACTIVE 15.2, 16.2 SYN

ADJ [1] *(= vraisemblable) [événement, hypothèse, évolution]* probable, likely • **il est probable qu'il gagnera** it's likely that he will win, he's likely to win, he'll probably win, the chances are (that) he'll win • **il est peu probable qu'il vienne** he's unlikely to come, there's little chance of his coming, the chances are (that) he won't come • **il est fort probable qu'il ait raison** in all likelihood he's right, it's highly likely that he's right • **c'est (très) probable** it's (very *ou* highly) probable, (most *ou* very) probably, it's (highly) likely • **c'est son successeur probable** he's likely to succeed him

[2] *(Math, Stat)* probable

ADV * • **j'ai dû l'oublier dans le bus – probable** *(= sûrement)* I must have left it on the bus – most likely

probablement /pRɔbabləmɑ̃/ GRAMMAIRE ACTIVE 15.2, 16.2, 26.6 SYN ADV probably • **il viendra probablement** he's likely to come, he'll probably come • **probablement pas** probably not

probant, e /pRɔbɑ̃, ɑ̃t/ SYN ADJ *[argument, expérience]* convincing; *(Jur)* probative

probation /pRɔbasjɔ̃/ NF *(Jur, Rel)* probation • **stage de probation** trial *ou* probationary period

probationnaire /pRɔbasjɔnɛR/ NMF probationer

probatoire /pRɔbatwaR/ ADJ *[examen, test]* grading, preliminary • **stage probatoire** trial *ou* probationary period

probe /pRɔb/ ADJ *(littér)* upright, honest

probité /pRɔbite/ SYN NF probity, integrity

problématique /pRɔblematik/ SYN

ADJ problematic(al)

NF *(= problème)* problem, issue; *(= science)* problematics *(sg)*

problème /pRɔblɛm/ GRAMMAIRE ACTIVE 26.1, 26.2, 26.3 SYN NM [1] *(= difficulté)* problem; *(= question débattue)* problem, issue • **le problème du logement** the housing problem, the problem of housing • **problème de santé** health problem • **j'ai eu quelques problèmes de santé dernièrement** I've had some problems with my health *ou* health problems recently, my health hasn't been too good recently • **c'est tout un problème** it's a real problem • **elle risque d'avoir de sérieux problèmes avec la police** she could run into serious trouble with the police • **soulever un problème** to raise a problem • **faire problème** to pose problems • **(il n'y a) pas de problème !** * no problem!, no sweat! * • **ça lui pose un problème de conscience** this is troubling his conscience • **il a bien su poser le problème** he put *ou* formulated the problem well • **ce retard pose un problème** this delay poses a problem *ou* confronts us with a problem • **son admission au club pose des problèmes** his joining the club is problematic *ou* is not straightforward • **son cas nous pose un sérieux problème** his case poses a difficult problem for us, his case presents us with a difficult problem • **le problème qui se pose** the problem we are faced with *ou* we must face • **si tu viens en voiture, le problème ne se pose pas** if you come by car the problem doesn't arise • **le problème ne se pose pas dans ces termes** that isn't the problem, the problem shouldn't be stated in these terms

♦ **à problèmes** *[peau, cheveux, enfant]* problem *(épith)* • **famille à problèmes** problem *ou* dysfunctional family • **quartier/banlieue à problèmes** problem area/suburb *(in which there is a lot of crime)*

[2] *(Math)* problem • **problèmes de robinets** *(Scol) sums about the volume of water in containers* • **le prof nous a posé un problème difficile** the teacher set us a difficult problem

pro bono /pRobono/ ADJ, ADV pro bono

proboscidiens /pRɔbɔsidjɛ̃/ NMPL • **les proboscidiens** proboscideans, the Proboscidea *(SPÉC)*

procaïne /pRɔkain/ NF procaine

procaryote /pRɔkaRjɔt/

ADJ prokaryotic, procaryotic

NM prokaryote, procaryote

procédé /pRɔsede/ SYN NM [1] *(= méthode)* process • **procédé de fabrication** manufacturing process

[2] *(= conduite)* behaviour *(Brit) (NonC)*, behavior *(US) (NonC)*, conduct *(NonC)* • **avoir recours à un procédé malhonnête** to do something in a dishonest way, to resort to dishonest behaviour • **ce sont là des procédés peu recommandables** that's pretty disreputable behaviour; → **échange**

[3] *(Billard)* tip

procéder /pRɔsede/ SYN ► conjug 6 ◄

VI *(= agir)* to proceed; *(moralement)* to behave • **procéder par ordre** to take things one by one, to do one thing at a time • **procéder avec prudence** to proceed with caution • **procéder par élimination** to use a process of elimination • **je n'aime pas sa façon de procéder (envers les gens)** I don't like the way he behaves (towards people)

VT INDIR **procéder à** *(= opérer) [+ enquête, expérience]* to conduct, to carry out; *[+ dépouillement]* to start • **ils ont procédé à l'ouverture du coffre** they proceeded to open the chest, they set about opening the chest • **nous avons fait procéder à une étude sur...** we have initiated *ou* set up a study on... • **procéder au vote** to take a vote *(sur* on) • **procéder à une élection** to hold an election • **procéder à l'élection du nouveau président** to hold an election for the new president, to elect the new president

VT INDIR **procéder de** *(frm = provenir de)* to come from, to proceed from, to originate in; *(Rel)* to proceed from • **cette philosophie procède de celle de Platon** this philosophy originates in *ou* is a development from that of Plato • **cela procède d'une mauvaise organisation** it comes from *ou* is due to bad organization

procédural, e (mpl **-aux**) /pRɔsedyRal, o/ ADJ procedural

procédure /pRɔsedyR/ SYN NF [1] *(= marche à suivre)* procedure • **quelle procédure doit-on suivre pour obtenir... ?** what procedure must one follow to obtain...?, what's the (usual) procedure for obtaining...?

[2] *(Jur) (= règles)* procedure; *(= procès)* proceedings • **procédure accélérée** expeditious procedure • **procédure de conciliation** conciliation procedure • **procédure civile** civil (law) procedure • **procédure pénale** criminal (law) procedure • **problème de procédure** procedural problem

procédurier, -ière /pRɔsedyRje, jɛR/ SYN ADJ *(péj) [tempérament, attitude]* quibbling *(épith)*, pettifogging *(épith)* • **il est très procédurier** he's a real stickler for the regulations

procès /pRɔsɛ/ SYN

NM [1] *(Jur = poursuite)* (legal) proceedings, (court) action, lawsuit; *[de cour d'assises]* trial • **faire/intenter un procès à qn** to take/start *ou* institute *(frm)* (legal) proceedings against sb • **engager un procès contre qn** to take (court) action against sb, to bring an action against sb, to take sb to court, to sue sb • **intenter un procès en divorce** to institute divorce proceedings • **être en procès avec qn** to be involved in a lawsuit with sb • **gagner/perdre son procès** to win/lose one's case • **réviser un procès** to review a case *ou* judgment

[2] *(fig)* • **faire le procès de qn/la société capitaliste** to put sb/capitalism on trial *ou* in the dock • **faire le procès de qch** to pick holes in sth, to criticize sth • **là tu me fais un procès d'intention** you're putting words into my mouth • **vous me faites un mauvais procès** you're making unfounded *ou* groundless accusations against me; → **forme**

[3] *(Anat, Ling)* process

COMP **procès civil** civil proceedings *ou* action
procès criminel criminal proceedings *ou* trial

processeur /pRɔsesœR/ NM processor

processif, -ive /pRɔsesif, iv/ ADJ *(Psych)* querulous

procession /pRɔsesjɔ̃/ SYN NF procession • **marcher en procession** to walk in procession

processionnaire /pRɔsesjɔnɛR/

ADJ processionary

NF processionary caterpillar

processionnel, -elle /pRɔsesjɔnɛl/ ADJ processional

processionnellement /pRɔsesjɔnɛlmɑ̃/ ADV in procession

processus /pRɔsesys/ SYN NM [1] *(= procédure)* process • **processus de paix** peace process • **le processus d'intégration européenne** the European integration process

[2] *[de maladie]* progress • **l'apparition d'un processus cancéreux** the appearance of a cancerous growth

[3] *(Anat)* process

procès-verbal (pl **procès-verbaux**) /pRɔsɛvɛRbal, o/ SYN NM *(= compte rendu)* minutes; *(Jur = constat)* report, statement; *(de contravention)* statement • **dresser (un) procès-verbal à un automobiliste** to give a ticket to *ou* book *(Brit)* a motorist

prochain, e /pRɔʃɛ̃, ɛn/ SYN

ADJ [1] *(= suivant) [réunion, numéro, semaine]* next • **lundi/le mois prochain** next Monday/ month • **le 8 septembre prochain** on 8 September (of this year) • **la prochaine rencontre aura lieu à Paris** the next meeting will take place in Paris • **la prochaine fois que tu viendras** (the) next time you come • **la prochaine fois** *ou* **la fois prochaine, je le saurai** I'll know next time • **je ne peux pas rester dîner aujourd'hui, ce sera pour une prochaine fois**

I can't stay for dinner today – it'll have to be *ou* I'll have to come some other time • **au revoir, à une prochaine fois !** goodbye, see you again! * • **je descends à la prochaine** * I'm getting off at the next stop (*ou* station *etc*) • **à la prochaine occasion** at the next *ou* first opportunity

♦ **à la prochaine !** * (= *salut*) see you! *, be seeing you! *

2 (= *proche*) [*arrivée, départ*] impending, imminent; [*mort*] imminent; [*avenir*] near, immediate • **un jour prochain** soon, in the near future • **un de ces prochains jours** one of these days, before long

3 [*village*] (= *suivant*) next; (= *voisin*) neighbouring (*Brit*), neighboring (*US*), nearby; (= *plus près*) nearest

4 (*littér*) [*cause*] immediate

NM fellow man; (*Rel*) neighbour (*Brit*), neighbor (*US*)

prochainement /pʀɔʃɛnmɑ̃/ SYN ADV soon, shortly • **prochainement (sur vos écrans)...** (*Ciné*) coming soon *ou* shortly...

proche /pʀɔʃ/ SYN

ADJ 1 (*dans l'espace*) [*village*] neighbouring (*Brit*) (*épith*), neighboring (*US*) (*épith*), nearby (*épith*); [*rue*] nearby (*épith*) • **être (tout) proche** to be (very) near *ou* close, to be (quite) close by • **le magasin le plus proche** the nearest shop

2 (= *imminent*) [*mort*] close (*attrib*), at hand (*attrib*); [*départ*] imminent, at hand (*attrib*) • **dans un proche avenir** in the near *ou* immediate future • **être proche** [*de fin, but*] to be drawing near, to be near at hand • **la nuit est proche** it's nearly nightfall • **l'heure est proche où...** the time is at hand when...; → **futur**

3 (= *récent*) [*événement*] close (*attrib*), recent

4 [*parent*] close, near • **mes plus proches parents** my nearest *ou* closest relatives, my next of kin (*Admin*)

5 [*ami*] close • **je me sens très proche d'elle** I feel very close to her • **les proches conseillers/collaborateurs du président** the president's closest *ou* immediate advisers/associates

6 (= *semblable*) similar • **nos positions sont très proches** our positions are very similar, we take a very similar position *ou* line

7 (*locutions*)

♦ **proche de** (= *avoisinant*) close to, near; (= *parent de*) closely related to • **proche de la ville** near the town, close to the town • **être proche de** [+ *fin, victoire*] to be nearing, to be close to; [+ *dénouement*] to be nearing, to be drawing close to • **être proche de la mort** to be near death *ou* close to death • **les maisons sont très proches les unes des autres** the houses are very close together • **l'italien est proche du latin** Italian is closely related to Latin • **une désinvolture proche de l'insolence** offhandedness verging on insolence • **selon des sources proches de l'ONU** according to sources close to the UN

ADV **de proche en proche** step by step, gradually • **la nouvelle se répandit de proche en proche** the news gradually spread

NM (*surtout pl*) close relation • **les proches** close relations, next of kin (*Admin*)

Proche-Orient /pʀɔʃɔʀjɑ̃/ NM • **le Proche-Orient** the Near East • **du Proche-Orient** Near Eastern, in *ou* from the Near East

proche-oriental, e (mpl **proche-orientaux**) /pʀɔʃɔʀjɑ̃tal, o/ ADJ Near Eastern

procidence /pʀɔsidɑ̃s/ NF (*Anat*) procidentia

proclamateur, -trice /pʀɔklamatœʀ, tʀis/ NM,F proclaimer

proclamation /pʀɔklamasjɔ̃/ SYN NF

1 (= *reconnaissance officielle*) [*de république, état d'urgence*] proclamation, declaration; [*de verdict, résultats d'élection, résultats d'examen*] announcement • **proclamation de l'indépendance** declaration of independence

2 (= *texte*) proclamation

proclamer /pʀɔklame/ SYN ▸ conjug 1 ◂ VT

1 (= *affirmer*) [+ *conviction, vérité*] to proclaim • **proclamer son innocence** to proclaim *ou* declare one's innocence • **proclamer que...** to proclaim *ou* declare *ou* assert that... • **il se proclamait le sauveur du pays** he proclaimed *ou* declared himself (to be) the saviour of the country • **chez eux, tout proclamait la pauvreté** (*littér*) everything in their house proclaimed their poverty

2 (= *reconnaître officiellement*) [+ *république, état d'urgence, état de siège, indépendance*] to proclaim, to declare; [+ *décret*] to publish; [+ *verdict, résultats*] to announce • **proclamer qn roi** to proclaim sb king

proclitique /pʀɔklitik/ ADJ, NM proclitic

proconsul /pʀɔkɔ̃syl/ NM proconsul

procordés /pʀɔkɔʀde/ NMPL • **les procordés** protochordates, the Protochorda(ta) (*SPÉC*)

procrastination /pʀɔkʀastinasjɔ̃/ NF (*littér*) procrastination

procréateur, -trice /pʀɔkʀeatœʀ, tʀis/ (*littér*)

ADJ procreative

NM,F procreator

procréatif, -ive /pʀɔkʀeatif, iv/ ADJ procreative

procréation /pʀɔkʀeasjɔ̃/ NF (*littér*) procreation (*littér*), reproduction • **procréation artificielle** *ou* **médicale(ment) assistée** artificial *ou* assisted reproduction

procréatique /pʀɔkʀeatik/ NF assisted reproductive technology

procréer /pʀɔkʀee/ SYN ▸ conjug 1 ◂ VT (*littér*) to procreate

proctalgie /pʀɔktalʒi/ NF proctalgia, proctodynia

proctite /pʀɔktit/ NF proctitis

proctologie /pʀɔktɔlɔʒi/ NF proctology

proctologue /pʀɔktɔlɔg/ NMF proctologist

procuration /pʀɔkyʀasjɔ̃/ SYN NF (*Jur*) (*pour voter, représenter qn*) proxy; (*pour toucher de l'argent*) power of attorney • **avoir (une) procuration** to have power of attorney *ou* an authorization • **avoir procuration sur un compte en banque** to have power of attorney over a bank account • **donner (une) procuration à qn** to give sb power of attorney, to authorize sb • **par procuration** (*lit*) by proxy; (*fig*) [*vivre, voyager*] vicariously

procurer /pʀɔkyʀe/ SYN ▸ conjug 1 ◂

VT 1 (= *faire obtenir*) • **procurer qch à qn** to get *ou* obtain sth for sb, to find sth for sb, to provide sb with sth

2 (= *apporter*) [+ *joie, ennuis*] to bring; [+ *avantage*] to bring, to give, to procure • **le plaisir que procure le jardinage** the pleasure that gardening brings *ou* that one gets from gardening

VPR **se procurer** (= *obtenir*) to get, to procure, to obtain (for o.s.); (= *trouver*) to find, to come by; (= *acheter*) to get, to buy (o.s.)

procureur /pʀɔkyʀœʀ/ NM 1 (*Jur*) • **procureur (de la République)** public *ou* state prosecutor • **procureur général** public prosecutor (*in appeal courts*) • **procureur de la Couronne** (*Can*) Crown prosecutor (*Can*)

2 (*Rel*) procurator

prodigalité /pʀɔdigalite/ SYN NF 1 (= *caractère*) prodigality, extravagance

2 (= *dépenses*) • **prodigalités** extravagance

3 (*littér* = *profusion*) [*de détails*] abundance, profusion, wealth

prodige /pʀɔdiʒ/ SYN

NM (= *événement*) marvel, wonder; (= *personne*) prodigy • **un prodige de la nature/science** a wonder of nature/science • **tenir du prodige** to be astounding *ou* extraordinary • **faire des prodiges** to work wonders • **grâce à des prodiges de courage/patience** thanks to his (*ou* her *etc*) prodigious *ou* extraordinary courage/patience

ADJ • **enfant prodige** child prodigy

prodigieusement /pʀɔdiʒjøzmɑ̃/ SYN ADV [*ennuyeux, long, compliqué, cher*] incredibly • **prodigieusement doué** prodigiously talented • **cela nous a agacé prodigieusement** we found it intensely irritating

prodigieux, -ieuse /pʀɔdiʒjø, jøz/ SYN ADJ [*foule, force, bêtise*] prodigious, incredible, phenomenal; [*personne, génie*] prodigious, phenomenal; [*effort*] prodigious, tremendous, fantastic

prodigue /pʀɔdig/ SYN

ADJ (= *dépensier*) extravagant, wasteful, prodigal; (= *généreux*) generous • **être prodigue de ses compliments** to be lavish with one's praise • **être prodigue de conseils** to be full of advice *ou* free with one's advice • **lui, en général si peu prodigue de compliments/conseils** he who is usually so sparing of compliments/advice • **être prodigue de son temps** to be unsparing *ou* unstinting of one's time • **être prodigue de son bien** to be lavish with one's money • **l'enfant** *ou* **le fils prodigue** (*Rel*) the prodigal son

NMF spendthrift

prodiguer /pʀɔdige/ SYN ▸ conjug 1 ◂ VT [+ *compliments, conseils*] to be full of, to pour out; [+ *argent*] to be lavish with • **prodiguer des compliments/conseils à qn** to lavish compliments/advice on sb, to pour out compliments/advice to sb • **elle me prodigua ses soins** she lavished care on me • **malgré les soins que le médecin lui a prodigués** in spite of the care *ou* treatment the doctor gave him • **se prodiguer sans compter** to spare no effort, to give unsparingly *ou* unstintingly of o.s.

pro domo /pʀodomo/ LOC ADJ • **faire un plaidoyer pro domo** (*Jur*) to defend o.s., to plead one's own case; (*fig*) to justify o.s. • **le discours du ministre était un véritable plaidoyer pro domo** the minister's speech was a real exercise in self-justification

prodrome /pʀodʀom/ NM (*littér*) forerunner; (*Méd*) prodrome

prodromique /pʀɔdʀɔmik/ ADJ (*Méd*) prodromal, prodromic

producteur, -trice /pʀɔdyktœʀ, tʀis/

ADJ • **pays producteur de pétrole** oil-producing country, oil producer • **pays producteur de blé** wheat-growing country, wheat producer • **société productrice** (*Ciné*) film company

NM,F 1 (*Comm*) producer; [*de blé, tomates*] grower, producer • **du producteur au consommateur** from the producer to the consumer

2 (*Ciné, TV*) producer • **producteur-réalisateur** (*TV*) producer and director

productible /pʀɔdyktibl/ ADJ producible

productif, -ive /pʀɔdyktif, iv/ SYN ADJ productive • **productif d'intérêts** (*Fin*) that bears interest, interest-bearing

production /pʀɔdyksjɔ̃/ SYN NF 1 (*NonC*) (*gén*) production; (*Agr*) production, growing

2 (= *ensemble de produits, rendement*) [*d'usine*] production, output; [*d'exploitation agricole*] production, yield • **production annuelle de blé** annual wheat production *ou* yield • **notre production est inférieure à nos besoins** our output is lower than our needs • **production brute** gross output • **capacité/coûts de production** production capacity/costs • **directeur de la production** production manager; → **moyen**[2]

3 (= *produit*) product • **productions** (*agricoles*) produce; (*industriels, commerciaux*) products, goods

4 (= *œuvre*) work; (= *ensemble de l'œuvre*) works • **la production cinématographique/dramatique du XXe siècle** 20th-century cinema/plays • **les productions de l'esprit** creations of the mind

5 (*Jur*) [*de document*] presentation

6 (*Ciné, Radio, TV*) production • **assistant/directeur de production** production assistant/manager; → **société**

productique /pʀɔdyktik/ NF factory *ou* industrial automation

productivisme /pʀɔdyktivism/ NM emphasis on high productivity, productivism (*SPÉC*)

productiviste /pʀɔdyktivist/

ADJ [*société*] that puts strong emphasis on high productivity, productivist (*SPÉC*) • **pour rompre avec la logique productiviste** to break away from the over-emphasis on high productivity

NMF advocate of high productivity, productivist (*SPÉC*)

productivité /pʀɔdyktivite/ SYN NF productivity

produire /pʀɔdɥiʀ/ SYN ▸ conjug 38 ◂

VT 1 (*en fabriquant*) to produce; (*en cultivant*) to produce, to grow • **pays qui produit du pétrole** country which produces oil, oil-producing country • **cette école a produit plusieurs savants** this school has produced several scientists

2 (= *créer*) [+ *roman*] to produce, to write; [+ *tableau*] to produce, to paint • **un poète qui ne produit pas beaucoup** a poet who doesn't write much

3 (*Fin*) [+ *intérêt*] to yield, to return • **arbre/terre qui produit de bons fruits** tree/soil which yields *ou* produces good fruit • **certains sols produisent plus que d'autres** some soils are more productive *ou* give a better yield than others

4 (= *causer*) [+ *rouille, humidité, son*] to produce, to make; [+ *effet*] to produce, to have; [+ *changement*] to produce, to bring about; [+ *résultat*] to produce, to give; [+ *sensation*] to cause, to create

◆ **produire une bonne/mauvaise impression sur qn** to make a good/bad impression on sb ◆ **il a produit une forte impression sur les examinateurs** he made a great impression on the examiners, the examiners were highly impressed by him

5 *(Jur)* *[+ document]* to present, to produce; *[+ témoin]* to produce

6 *(Ciné, Radio, TV)* *[+ film, émission]* to produce

VPR **se produire** 1 *(= survenir)* to happen, to occur, to take place ◆ **cela peut se produire** it can happen ◆ **ce cas ne s'était jamais produit** this kind of case had never come up before ◆ **il s'est produit un revirement dans l'opinion** there has been a complete change in public opinion ◆ **le changement qui s'est produit en lui** the change that has come over him *ou* taken place in him

2 *[acteur, chanteur]* to perform, to give a performance, to appear ◆ **se produire sur scène** to appear live *ou* on stage ◆ **se produire en public** to appear in public, to give a public performance

produit /pʀɔdɥi/ SYN

NM 1 *(= denrée, article)* product ◆ **produits** *(agricoles)* produce; *(industriels, commerciaux)* goods, products ◆ **il faudrait acheter un produit pour nettoyer les carreaux** we'll have to buy something to clean the windows (with) ◆ **il y avait plein de produits dans le placard** there was all sorts of stuff in the cupboard ◆ **chef** *ou* **responsable (de) produit** product manager, brand manager ◆ **un produit typique de notre université** *(fig)* a typical product of our university ◆ **c'est le (pur) produit de ton imagination** it's a (pure) figment of your imagination

2 *(= rapport)* product, yield; *(= bénéfice)* profit; *(= revenu)* income ◆ **le produit de la collecte sera donné à une bonne œuvre** the proceeds from the collection will be given to charity ◆ **vivre du produit de sa terre** to live off the land

3 *(Math)* product

4 *(Chim)* product, chemical

5 *(= petit d'animal)* offspring *(inv)*

COMP **produits agricoles** agricultural *ou* farm produce

produits alimentaires foodstuffs

produit d'appel loss leader

produit bancaire banking product

produits de beauté cosmetics, beauty products

produits blancs white goods

produits bruns brown goods

produit brut *(= bénéfice)* gross profit; *(= objet)* unfinished product

produit chimique chemical

produit de consommation consumable ◆ **produit de consommation courante** basic consumable ◆ **produits de grande consommation** consumer goods

produits dérivés *(Comm, Fin)* derivatives

produit d'entretien clean(s)ing product

produit d'épargne savings product

produit financier financial product

produit de l'impôt tax yield

produits industriels industrial goods *ou* products

produit intérieur brut gross domestic product

produits manufacturés manufactured goods

produit national brut gross national product

produit net net profit

produit pétrolier oil product

produit pharmaceutique pharmaceutical (product)

produits de première nécessité vital commodities

produits de toilette toiletries

produit pour la vaisselle washing-up liquid *(Brit)*, dish soap *(US)*

produit des ventes income *ou* proceeds from sales; → **substitution**

proéminence /pʀɔeminɑ̃s/ SYN NF prominence, protuberance

proéminent, e /pʀɔeminɑ̃, ɑ̃t/ SYN ADJ prominent, protuberant

prof* /pʀɔf/ NMF (abrév de **professeur**) *(Scol)* teacher; *(Univ)* ≈ lecturer *(Brit)*, ≈ instructor *(US)*, ≈ prof* *(US)*; *(avec chaire)* prof*

profanateur, -trice /pʀɔfanatœʀ, tʀis/

ADJ profaning *(épith)*, profane

NM,F profaner

profanation /pʀɔfanasjɔ̃/ SYN NF 1 *[d'église, autel, hostie, sépulture]* desecration

2 *[de sentiment, souvenir, nom]* defilement; *[d'institution]* debasement; *[de talent]* prostitution, debasement

profane /pʀɔfan/ SYN

ADJ 1 *(= non spécialiste)* ◆ **je suis profane en la matière** I'm a layman in the field, I don't know (very) much about the subject

2 *(= non religieux)* *[fête]* secular; *[auteur, littérature, musique]* secular, profane *(littér)*

NMF 1 *(gén)* layman, lay person ◆ **aux yeux du profane** to the layman *ou* the uninitiated ◆ **un profane en art** a person who knows nothing about art

2 *(Rel)* non-believer

NM *(Rel)* ◆ **le profane** the secular, the profane *(littér)* ◆ **le profane et le sacré** the sacred and the profane

(!) **profane** se traduit par le mot anglais **profane** uniquement au sens de 'non religieux'.

profaner /pʀɔfane/ SYN ▸ conjug 1 ◂ VT 1 *[+ église, autel, hostie, sépulture]* to desecrate

2 *[+ sentiments, souvenir, nom]* to defile; *[+ institution]* to debase; *[+ talent]* to prostitute, to debase

proférer /pʀɔfeʀe/ SYN ▸ conjug 6 ◂ VT *[+ parole]* to utter; *[+ injures]* to utter, to pour out

profès /pʀɔfɛ/, **professe** /pʀɔfɛs/

ADJ professed

NM professed monk *(ou* priest)

NF **professe** professed nun

professer /pʀɔfese/ SYN ▸ conjug 1 ◂ VT 1 *[+ idées, opinions]* to put forward; *[+ doctrine, admiration, mépris]* to proclaim; *[+ foi]* to profess; *(fig)* to proclaim ◆ **professer que...** to proclaim that...

2 *(Scol)* to teach

professeur /pʀɔfesœʀ/ SYN

NM *(gén)* teacher; *[de lycée, collège]* (school) teacher; *(Univ)* ≈ lecturer *(Brit)*, ≈ instructor *(US)*; *(avec chaire)* professor ◆ **elle est professeur** she's a (school)teacher ◆ **(Monsieur) le professeur Durand** *(Univ)* Professor Durand ◆ **professeur de piano/de chant** piano/singing teacher *ou* master *(Brit) ou* mistress *(Brit)* ◆ **professeur de droit** lecturer in law, professor of law ◆ **l'ensemble des professeurs** the teaching staff

COMP **professeur agrégé** *(gén)* qualified schoolteacher *(who has passed the agrégation)*; *(en médecine)* professor of medicine *(holder of the agrégation)*; *(Can Univ)* associate professor

professeur certifié qualified schoolteacher *(who has passed the CAPES)*

professeur des écoles primary school teacher

professeur d'enseignement général des collèges basic-grade schoolteacher *(in a collège)*

professeur principal ≈ class teacher *(Brit)*, ≈ form tutor *(Brit)*, ≈ homeroom teacher *(US)*; → **associé**

professeure /pʀɔfesœʀ/ NF *(surtout Can)* → **professeur**

profession /pʀɔfesjɔ̃/ SYN

NF 1 *(gén)* occupation; *(manuelle)* trade; *(libérale)* profession ◆ **exercer la profession de médecin** to be a doctor by profession, to practise as a doctor *(Brit)*, to practice medicine *(US)* ◆ **menuisier de profession** carpenter by trade ◆ **menteur de profession** *(hum)* professional liar ◆ « **sans profession** » *(Admin)* "unemployed"

2 *(= personnes)* ◆ **(les gens de) la profession** *(gén)* the people in the profession; *(= artisans)* the people in the trade

3 *(locutions)* ◆ **faire profession de non-conformisme** to profess nonconformism ◆ **ceux qui font profession de démocratiser l'information** those who proclaim that they want to make information available to all

COMP **profession de foi** *(Rel, fig)* profession of faith

profession libérale (liberal) profession ◆ **les membres des professions libérales** professional people, the members of the (liberal) professions

professionnalisation /pʀɔfesjɔnalizasjɔ̃/ NF *[d'armée, recherche]* professionalization ◆ **la professionnalisation des études est renforcée par les stages en entreprise** work experience schemes in companies help to give a vocational focus to studies

professionnaliser /pʀɔfesjɔnalize/ ▸ conjug 1 ◂

VT *[+ armée, métier]* to professionalize; *[+ sportif]* to make professional ◆ **filière/formation professionnalisée** vocational course/training

VPR **se professionnaliser** *[sport, activité]* to become professionalized, to professionalize; *[sportif]* to turn professional

professionnalisme /pʀɔfesjɔnalism/ NM professionalism

professionnel, -elle /pʀɔfesjɔnɛl/ SYN

ADJ 1 *[activité, maladie]* occupational *(épith)*; *[école]* technical *(épith)* ◆ **faute professionnelle** (professional) negligence *(NonC)*; *(Méd)* malpractice ◆ **formation/orientation professionnelle** vocational training/guidance ◆ **cours professionnel** vocational training course ◆ **frais professionnels** business expenses ◆ **(être tenu par) le secret professionnel** (to be bound by) professional secrecy; → **certificat, conscience, déformation**

2 *[écrivain, sportif]* professional; *(hum)* *[menteur]* professional, adept ◆ **il est très professionnel (dans ce qu'il fait)** he's very professional, he has a very professional attitude

NM,F 1 *(gén, Sport)* professional ◆ **c'est un travail de professionnel** *(pour un professionnel)* it's a job for a professional; *(bien fait)* it's a professional job ◆ **passer professionnel** to turn professional ◆ **les professionnels du tourisme** people working in the tourist industry

2 *(catégorie d'ouvrier)* skilled worker

professionnellement /pʀɔfesjɔnɛlmɑ̃/ ADV professionally

professoral, e (mpl **-aux**) /pʀɔfesɔʀal, o/ SYN ADJ *[ton, attitude]* professorial ◆ **le corps professoral** *(gén)* (the) teachers, the teaching profession; *[d'école]* the teaching staff

professorat /pʀɔfesɔʀa/ NM ◆ **le professorat** the teaching profession ◆ **le professorat de français** French teaching, the teaching of French

profil /pʀɔfil/ SYN NM 1 *(= silhouette)* *[de personne]* profile; *[d'édifice]* outline, profile; *[de voiture]* line ◆ **de profil** *[dessiner]* in profile; *[regarder]* sideways on, in profile ◆ **un profil de médaille** a finely chiselled profile ◆ **garder (le) profil bas, prendre** *ou* **adopter un profil bas** to keep a low profile

2 *(= coupe)* *[de bâtiment, route]* profile; *(Géol)* *[de sol]* section

3 *(Psych)* profile ◆ **profil de carrière** career profile ◆ **le profil d'un étudiant** the profile of a student's performance ◆ **il a le bon profil pour le métier** his previous experience *ou* his career to date *ou* his career profile seems right for the job

profilage /pʀɔfilaʒ/ NM 1 *[de véhicule]* streamlining

2 *(= analyse comportementale)* profiling

profilé, e /pʀɔfile/ (ptp de **profiler**)

ADJ *(gén)* shaped; *(= aérodynamique)* streamlined

NM *(Tech)* ◆ **profilé (métallique)** metal section

profiler /pʀɔfile/ SYN ▸ conjug 1 ◂

VT 1 *(Tech)* *(= dessiner)* to profile, to represent in profile; *(= fabriquer)* to shape; *(= rendre aérodynamique)* to streamline

2 *(= faire ressortir)* ◆ **la cathédrale profile ses tours contre le ciel** the cathedral towers stand out *ou* stand outlined *ou* are silhouetted against the sky

VPR **se profiler** *[objet]* to stand out (in profile), to be outlined (*sur, contre* against); *[ennuis, solution]* to emerge ◆ **se profiler à l'horizon** *[obstacles, menace]* to loom on the horizon; *[élections]* to loom ◆ **une solution politique se profile à l'horizon** we can see the beginnings of a political solution

profileur, -euse /pʀɔfilœʀ, øz/ NM,F profiler

profileuse /pʀɔfiløz/ NF *(Tech)* grader

profilographe /pʀɔfilɔgʀaf/ NM profilograph

profit /pʀɔfi/ SYN NM 1 *(Comm, Fin = gain)* profit ◆ **(faire) passer qch par** *ou* **aux profits et pertes** *(lit, fig)* to write sth off (as a loss) ◆ **il n'y a pas de petit(s) profit(s)** great oaks from little acorns grow *(Prov)*, look after the pennies and the pounds will look after themselves *(Brit)*; → **compte**

2 *(= avantage)* benefit, advantage ◆ **être d'un grand profit à qn** to be of great benefit *ou* most useful to sb ◆ **faire du profit** *(gén)* to be economical, to be good value (for money); * *[de vêtement]* to wear well; *[de rôti]* to go a long way ◆ **ce rôti n'a pas fait de profit** that roast didn't go very far ◆ **ses vacances lui ont fait beaucoup de profit** *ou* **lui ont été d'un grand profit** his holiday did him a lot of good, he greatly benefited from his holiday ◆ **il fait (son) profit**

de tout he turns everything to (his) advantage ◆ **vous avez profit à faire cela** it's in your interest *ou* to your advantage to do that ◆ **s'il le fait, c'est qu'il y trouve son profit** if he does it, it's because it's to his advantage *ou* in his interest *ou* because he's getting something out of it* ◆ **il a suivi les cours sans (en tirer) aucun profit** he attended the classes without deriving any benefit from them ◆ **il a suivi les cours avec profit** he attended the classes and got a lot out of them *ou* and gained a lot from them ◆ **tirer profit de** *[+ leçon, affaire]* to profit *ou* benefit from ◆ **tirer profit du malheur des autres** to profit from *ou* take advantage of other people's misfortune

3 *(locutions)*

◆ **à profit** ◆ **mettre à profit** *[+ idée, invention]* to turn to (good) account; *[+ jeunesse, temps libre, sa beauté]* to make the most of, to take advantage of ◆ **tourner qch à profit** to turn sth to good account ◆ **il a mis à profit le mauvais temps pour ranger le grenier** he made the most of *ou* took advantage of the bad weather to tidy the attic, he turned the bad weather to (good) account by tidying up the attic

◆ **au profit de** *(gén)* for; *(= pour aider)* in aid of ◆ **il est soupçonné d'espionnage au profit d'un pays étranger** he's suspected of spying for a foreign country ◆ **collecte au profit des aveugles** collection in aid of the blind ◆ **ils ont perdu du terrain/la ville au profit des socialistes** they've lost ground/the town to the socialists ◆ **il sacrifie sa vie de famille au profit de son travail** he sacrifices his family life to his work ◆ **le dessin a disparu au profit de la photo** drawing has been replaced *ou* supplanted by photography ◆ **le fioul a été abandonné au profit du gaz** oil has been dropped in favour of gas

profitabilité /pʀɔfitabilite/ NF profitability

profitable /pʀɔfitabl/ SYN ADJ *(= utile)* beneficial, of benefit *(attrib)*; *(= lucratif)* profitable *(à* to) ◆ **le stage lui a été très profitable** he got a lot out of the training course, the training course was of great benefit to him

profiter /pʀɔfite/ SYN ► conjug 1 ◄

VT INDIR **profiter de** *(= tirer avantage de) [+ situation, privilège, occasion, crédulité]* to take advantage of; *(= jouir de) [+ jeunesse, vacances]* to make the most of, to take advantage of ◆ **ils ont profité de ce que le professeur était sorti pour se battre** they took advantage of the fact that the teacher had gone out to have a fight ◆ **elle en a profité pour se sauver** she took advantage of the opportunity to slip away ◆ **profitez de la vie !** make the most of life! ◆ **je n'ai pas assez profité de mes enfants (quand ils étaient petits)** I wasn't able to enjoy being with my children as much as I would have liked (when they were small)

VT INDIR **profiter à** *(= rapporter à)* ◆ **profiter à qn** *(financièrement)* to be profitable to sb; *[situation]* to be to sb's advantage; *[repos]* to benefit sb, to be beneficial to sb ; *[conseil]* to benefit sb ◆ **à qui cela profite-t-il ?** who stands to gain by it?, who will that help? ◆ **à qui profite le crime ?** who would benefit from the crime?; → **bien**

VI * *(= se développer) [enfant]* to thrive, to grow; *(= être économique) [plat]* to go a long way, to be economical; *[vêtement]* to wear well

profiterole /pʀɔfitʀɔl/ NF profiterole

profiteur, -euse /pʀɔfitœʀ, øz/ NM,F profiteer ◆ **profiteur de guerre** war profiteer

profond, e /pʀɔfɔ̃, ɔ̃d/ SYN

ADJ 1 *(lit)* deep ◆ **décolleté profond** plunging neckline ◆ **peu profond** *[eau, vallée, puits]* shallow; *[coupure]* superficial ◆ **profond de 3 mètres** 3 metres deep ◆ **forage profond** deep-sea drilling; → **eau**

2 *(= grand, extrême) [soupir, silence]* deep, heavy; *[sommeil]* deep, sound; *[coma, respect]* deep; *[mystère, malaise]* deep, profound; *(littér) [nuit]* deep *(littér)*, dark; *[changement, joie, foi, différence, influence]* profound; *[erreur]* serious; *[ignorance]* profound, extreme; *[intérêt, sentiment]* profound, keen; *[ennui]* profound, acute; *[révérence]* low, deep ◆ **les couches profondes** *[de peau]* the deeper *ou* lower layers; *[de sol]* the (earth's) substrata

3 *(= caché, secret) [cause, signification]* underlying, deeper; *(Ling) [structure]* deep; *[tendance]* deep-seated, underlying ◆ **son comportement traduit sa nature profonde** his true nature is reflected in his behaviour ◆ **la France profonde** *(gén)* the broad mass of French people; *(des campagnes)* rural France ◆ **l'Amérique profonde** middle America

4 *(= pénétrant) [penseur, réflexion]* profound, deep; *[esprit, remarque]* profound

5 *[couleur, regard, voix]* deep

ADV *[creuser]* deep; *[planter]* deep (down)

LOC PRÉP **au plus profond de** *[+ désespoir, forêt]* in the depths of ◆ **au plus profond de la mer** at the (very) bottom of the sea, in the depths of the sea ◆ **au plus profond de la nuit** at dead of night ◆ **au plus profond de mon être** in the depths of my being, in my deepest being

profondément /pʀɔfɔ̃demɑ̃/ SYN ADV *[choqué, ému]* deeply, profoundly; *[préoccupé]* deeply, intensely; *[attristé, bouleversé]* deeply; *[convaincu]* deeply, utterly; *[différent]* profoundly, vastly; *[influencer, se tromper]* profoundly; *[réfléchir]* deeply, profoundly; *[aimer, ressentir, regretter]* deeply; *[respirer]* deep(ly); *[creuser, pénétrer]* deep; *[s'incliner]* low ◆ **il dort profondément** *(en général)* he sleeps soundly, he's a sound sleeper; *(en ce moment)* he's sound *ou* fast asleep ◆ **s'ennuyer profondément** to be utterly *ou* acutely *ou* profoundly bored ◆ **idée profondément ancrée dans les esprits** idea deeply rooted in people's minds ◆ **une tradition profondément enracinée** a deeply-rooted tradition ◆ **ça m'est profondément égal** I really couldn't care less

profondeur /pʀɔfɔ̃dœʀ/ SYN

NF 1 *[de boîte, mer, trou]* depth; *[de plaie]* deepness, depth ◆ **à cause du peu de profondeur de la rivière** because of the shallowness of the river ◆ **cela manque de profondeur** it's not deep enough ◆ **creuser en profondeur** to dig deep ◆ **creuser jusqu'à 3 mètres de profondeur** to dig down to a depth of 3 metres ◆ **avoir 10 mètres de profondeur** to be 10 metres deep *ou* in depth ◆ **à 10 mètres de profondeur** 10 metres down, at a depth of 10 metres ◆ **profondeur de champ** *(Photo)* depth of field

2 *(= fond)* ◆ **profondeurs** *[de métro, mine, poche]* depths ◆ **les profondeurs de l'être** the depths of the human psyche ◆ **se retrouver dans les profondeurs du classement** *(Sport)* to be at the bottom of the table(s)

3 *[de personne]* profoundness, profundity, depth; *[d'esprit, remarque]* profoundness, profundity; *[de sentiment]* depth, keenness; *[de sommeil]* soundness, depth; *[de regard]* depth; *[de couleur, voix]* deepness

LOC ADV, LOC ADJ **en profondeur** *[agir, exprimer]* in depth; *[réformer]* radically, completely; *[nettoyage]* thorough; *[réforme]* radical, thorough-(going) ◆ **cette pommade agit en profondeur** this cream works deep into the skin

pro forma /pʀofɔʀma/ ADJ INV ◆ **facture pro forma** pro forma invoice

profus, e /pʀɔfy, yz/ ADJ *(littér)* profuse

profusément /pʀɔfyzemɑ̃/ ADV *(littér)* profusely, abundantly

profusion /pʀɔfyzjɔ̃/ SYN NF *[de fleurs, lumière]* profusion; *[d'idées, conseils]* wealth, abundance, profusion ◆ **il nous a décrit la scène avec une incroyable profusion de détails** he described the scene to us in the most elaborate detail ◆ **nous ne nous attendions pas à une telle profusion de candidatures** we didn't expect such a flood of applicants *ou* such a large number of applications

◆ **à profusion** ◆ **il y a des fruits à profusion sur le marché** there is plenty of fruit on the market ◆ **nous en avons à profusion** we've got plenty *ou* masses*

progéniture /pʀɔʒenityʀ/ SYN NF *[d'homme, animal]* offspring, progeny *(littér)*; *(hum = famille)* offspring *(hum)*

progéria /pʀɔʒeʀja/ NM progeria

progestatif /pʀɔʒɛstatif/ NM progestogen, progestin

progestérone /pʀɔʒɛsteʀɔn/ NF progesterone

progiciel /pʀɔʒisjɛl/ NM software package

proglottis /pʀɔglɔtis/ NM proglottis, proglottid

prognathe /pʀɔgnat/ ADJ prognathous, prognathic

prognathie /pʀɔgnati/ NF, **prognathisme** /pʀɔgnatism/ NM prognathism

programmable /pʀɔgʀamabl/ ADJ programmable ◆ **touche programmable** user-definable key ◆ **l'enchaînement des titres est programmable (à l'avance)** *(Hi-fi)* the sequence of tracks can be preset

programmateur, -trice /pʀɔgʀamatœʀ, tʀis/

NM,F *(Radio, TV)* programme *(Brit)* *ou* program *(US)* planner

NM *(= appareil) (gén)* time switch; *[de four]* autotimer

programmathèque /pʀɔgʀamatɛk/ NF software library

programmation /pʀɔgʀamasjɔ̃/ NF *(Radio, TV)* programming, programme *(Brit)* *ou* program *(US)* planning; *(Ordin)* programming

programmatique /pʀɔgʀamatik/ ADJ *(Pol)* programmatic ◆ **document programmatique** policy document

programme /pʀɔgʀam/ SYN NM 1 *(= éléments prévus) [de cinéma, concert, radio, télévision]* programme *(Brit)*, program *(US)* ◆ **au programme** on the programme ◆ **voici le programme de la matinée** *(Radio, TV)* here is a rundown of the morning's programmes ◆ **fin de nos programmes à minuit** *(Radio, TV)* our programmes will end at midnight, close-down will be at midnight *(Brit)*, we will be closing down at midnight *(Brit)* ◆ **changement de programme** change in (the) *ou* of programme

2 *(= brochure) [de cinéma, théâtre, concert]* programme *(Brit)*, program *(US)*; *[de radio, télévision] (gén)* guide, listings magazine; *(= section de journal)* listings

3 *(Scol) [de matière]* syllabus; *[de classe, école]* curriculum ◆ **le programme de français** the French syllabus ◆ **quel est le programme cette année ?** what's (on) the curriculum this year? ◆ **les œuvres du** *ou* **au programme** the set *(Brit)* *ou* assigned *(US)* books *ou* works, the books on the syllabus

4 *(= projet, Pol)* programme *(Brit)*, program *(US)* ◆ **programme d'action/de travail** programme of action/of work ◆ **programme commun** joint programme ◆ **programme économique/nucléaire/de recherches** economic/nuclear/research programme ◆ **programme électoral** election programme *ou* platform ◆ **le programme européen Socrates** the European Socrates programme ◆ **c'est tout un programme !***, **vaste programme !*** that'll take some doing!

5 *(= calendrier)* programme *(Brit)*, program *(US)* ◆ **quel est le programme de la journée ?** *ou* **des réjouissances ?*** what's the programme for the day?, what's on the agenda?* ◆ **j'ai un programme très chargé** I have a very busy timetable ◆ **il y a un changement de programme** there's been a change of plan ◆ **ce n'était pas prévu au programme** it wasn't expected, that wasn't on the agenda ◆ **son frère n'était pas prévu au programme** his brother wasn't supposed to come along

6 *[de machine à laver]* programme *(Brit)*, program *(US)*; *(Ordin)* (computer) program ◆ **programme source/objet** source/object program

7 *(Sport)* programme *(Brit)*, program *(US)* ◆ **programme libre** *[de patinage artistique]* free skating

programmer /pʀɔgʀame/ SYN ► conjug 1 ◄

VT 1 *[+ émission]* to schedule; *[+ machine]* to programme *(Brit)*, to program *(US)*; *[+ magnétoscope]* to set, to programme *(Brit)*, to program *(US)*; *[+ ordinateur]* to program ◆ **composition programmée** *(Typographie)* computer(ized) *ou* electronic typesetting ◆ **programmer à l'avance** *[+ magnétoscope]* to preset

2 *(= prévoir, organiser) [+ opération, naissance, vacances]* to plan ◆ **son dernier concert est programmé à Paris** his last concert is scheduled to take place in Paris ◆ **ce bébé n'était pas vraiment programmé*** this baby wasn't really planned

VI *(Ordin)* to (write a) program

programmeur, -euse /pʀɔgʀamœʀ, øz/ NM,F (computer) programmer

progrès /pʀɔgʀɛ/ SYN

NM 1 *(= amélioration)* progress *(NonC)* ◆ **faire des progrès/de petits progrès** to make progress/a little progress ◆ **il y a du progrès !** *(gén)* there is some progress *ou* improvement; *(iro)* you're *(ou* he's *etc)* improving! *ou* getting better! *(iro)* ◆ **c'est un grand progrès** it's a great advance, it's a great step forward ◆ **il a fait de grands progrès** he has made great progress *ou* shown (a) great improvement ◆ **nos ventes ont enregistré un léger/net progrès** our sales have increased slightly/sharply ◆ **les progrès de la médecine** advances in medicine ◆ **les grands progrès technologiques de ces dix dernières années** the great strides forward *ou* the great advances made in technology in the last ten years

② **le progrès** (= évolution) progress (NonC) ◆ **le progrès économique** economic progress ou development ◆ **le progrès social** social progress ◆ **c'est le progrès !** that's progress! ◆ **on n'arrête pas le progrès !** you can't stop progress!; (iro) that's progress for you! ◆ **les forces de progrès** (Pol) the forces of progress ◆ **les hommes et les femmes de progrès** progressives, progressive people

③ (= progression) [d'incendie, inondation] spread, progress; [de maladie] progression, progress; [d'armée] progress, advance; [de criminalité, délinquance] rise (de in) ◆ **suivre les progrès de** [+ incendie, maladie] to monitor the progress of

LOC ADV en progrès ◆ **être en progrès** [élève] to be making progress; [résultats d'un élève] to be improving; [résultats économiques] to be improving, to show an increase; [productivité, rentabilité] to be increasing ou improving; [monnaie] to gain ground ◆ **le franc est en léger progrès** the franc is up slightly ◆ **hier, le dollar était en net progrès** yesterday the dollar rose sharply ◆ **avec le PIB en progrès de 2%** with GDP up by 2% ◆ **leur parti est en progrès par rapport aux dernières élections** their party has gained ground since the last elections ◆ **il est en net progrès dans les sondages** he's gaining a lot of ground in the polls

progresser /pʀɔɡʀese/ SYN ▸ conjug 1 ◂ VI
① (= s'améliorer) [élève] to progress, to make progress ◆ **il a beaucoup progressé cette année** he has made a lot of progress ou has come on well this year

② (= augmenter) [prix, ventes, production, chômage] to rise, to increase, to go up; [monnaie] to rise; [criminalité, délinquance] to be on the increase ◆ **le mark a progressé de 3% face au franc** the mark rose 3% against the franc ◆ **la criminalité a encore progressé** crime is on the rise again ◆ **il a progressé dans les sondages** he has gained ground in the polls ◆ **elle a progressé de 3 points dans les sondages** she has gained 3 points in the polls

③ (= avancer) [ennemi, explorateurs, sauveteurs] to advance, to make headway ou progress; [maladie] to progress; [recherches, science] to advance, to progress; [projet] to progress; [idée, théorie] to gain ground, to make headway ◆ **afin que notre monde/la science progresse** so that our world/science goes forward ou progresses ou makes progress

progressif, -ive /pʀɔɡʀesif, iv/ SYN ADJ
① (= graduel) [détérioration, réduction, développement] progressive, gradual; [impôt, taux] progressive ◆ **de manière progressive** gradually, progressively

② [lunettes] varifocal; [verres] progressive

③ (Ling) progressive

progression /pʀɔɡʀesjɔ̃/ SYN NF ① [d'élève, explorateurs] progress; [d'ennemi] advance; [de maladie] progression, spread; [de science] progress, advance; [d'idées] spread, advance ◆ **il faut stopper la progression du racisme** we must stop the spread of racism, we must stop racism from spreading

◆ **en progression** ◆ **être en progression** [chiffre d'affaires, ventes] to be increasing, to be up; [monnaie] to be gaining ground ◆ **ventes en progression** rising ou increasing sales ◆ **le PIB est en progression de 3%** GDP is up ou has risen by 3% ◆ **le chômage est en progression constante de 5%** unemployment is steadily increasing/has increased by 5% ◆ **le chiffre d'affaires est en progression par rapport à l'année dernière** turnover is up on last year

② (Math, Mus) progression ◆ **progression arithmétique/géométrique** arithmetic/geometric progression ◆ **progression économique** economic advance

progressisme /pʀɔɡʀesism/ NM progressivism

progressiste /pʀɔɡʀesist/ SYN ADJ, NMF progressive

progressivement /pʀɔɡʀesivmɑ̃/ SYN ADV gradually, progressively

progressivité /pʀɔɡʀesivite/ NF progressiveness

prohibé, e /pʀɔibe/ SYN (ptp de **prohiber**) ADJ [marchandise, action] prohibited, forbidden; [arme] illegal

prohiber /pʀɔibe/ SYN ▸ conjug 1 ◂ VT to prohibit, to ban, to forbid

prohibitif, -ive /pʀɔibitif, iv/ SYN ADJ [prix] prohibitive; [mesure] prohibitory, prohibitive

prohibition /pʀɔibisjɔ̃/ SYN NF (gén) prohibition (de of), ban ◆ **la Prohibition** (Hist US) Prohibition ◆ **prohibition du port d'armes** ban on the carrying of weapons ◆ **ils veulent imposer la prohibition de l'alcool** they want a ban on alcohol to be introduced

prohibitionnisme /pʀɔibisjɔnism/ NM prohibitionism

prohibitionniste /pʀɔibisjɔnist/ ADJ, NMF prohibitionist

proie /pʀwa/ SYN NF (lit, fig) prey (NonC) ◆ **c'est une proie facile pour les escrocs** he's easy prey ou game* for swindlers ◆ **être la proie de** to fall prey ou victim to ◆ **le pays fut la proie des envahisseurs** the country fell prey to invaders ◆ **la maison était la proie des flammes** the house was engulfed in flames ◆ **lâcher ou laisser la proie pour l'ombre** (fig) to give up what one has (already) for some uncertain ou fanciful alternative; → **oiseau**

◆ **en proie à** ◆ **être en proie à** [+ guerre, crise, violence, récession] to be plagued by, to be in the grip of; [+ difficultés financières] to be plagued ou beset by; [+ doute, émotion] to be prey to; [+ colère] to be seething with; [+ douleur] to be racked ou tortured by ◆ **il était en proie au remords** he was stricken with ou racked by remorse ◆ **en proie au désespoir** racked by despair ◆ **en proie à la panique** panic-stricken

projecteur /pʀɔʒɛktœʀ/ NM ① [de diapositives, film] projector ◆ **projecteur sonore** sound projector

② (= lumière) [de théâtre] spotlight; [de prison, bateau] searchlight; [de monument public, stade] floodlight; [de voiture] headlamp unit ou assembly, headlight ◆ **être (placé) sous les projecteurs (de l'actualité)** (fig) to be in the spotlight ou limelight ◆ **braquer les projecteurs de l'actualité sur qch** to turn the spotlight on sth ◆ **jeter un coup de projecteur sur qch** (fig) to put sth under the spotlight

projectif, -ive /pʀɔʒɛktif, iv/ ADJ projective

projectile /pʀɔʒɛktil/ NM (gén) missile; (Mil, Tech) projectile

projection /pʀɔʒɛksjɔ̃/ SYN NF ① [de film] (= action) projection, screening, showing; (= séance) screening, showing ◆ **projection privée/publique** private/public screening ou showing ◆ **projection vidéo** video screening ◆ **appareil de projection** projector ◆ **conférence avec des projections (de diapositives)** lecture (illustrated) with slides, slide lecture; → **cabine, salle**

② (= prévision) forecast ◆ **selon les projections officielles, le déficit public devrait augmenter** according to official forecasts ou predictions, the public deficit is going to rise ◆ **faire des projections** to make forecasts ◆ **si nous faisons des projections sur sept ans** if we forecast seven years ahead ou make forecasts for the next seven years

③ (Math, Psych) projection (sur onto) ◆ **projection de Mercator** Mercator's projection

④ [d'ombre] casting

⑤ (= lancement) [de liquide, vapeur] discharge, ejection ◆ **projections volcaniques** volcanic ejections ou ejecta ◆ **projection de cendres** emission of ash ◆ **des projections de graisse/d'acide** splashes of fat/acid

projectionniste /pʀɔʒɛksjɔnist/ NMF projectionist

projet /pʀɔʒɛ/ SYN NM ① (= dessein, intention) plan ◆ **projets criminels/de vacances** criminal/holiday plans ◆ **faire des projets d'avenir** to make plans for the future, to make future plans ◆ **faire ou former le projet de faire qch** to plan to do sth ◆ **ce projet de livre/d'agrandissement** this plan for a book/for an extension ◆ **quels sont vos projets pour le mois prochain ?** what are your plans ou what plans have you got for next month? ◆ **ce n'est encore qu'un projet**, **ce n'est encore à l'état de projet** ou **en projet** it's still only at the planning stage ◆ **c'est resté à l'état de projet** (gén) it never came to anything; [réforme, mesure] it never got off the drawing-board

② (= ébauche) [de roman] (preliminary) draft; [de maison, ville] plan ◆ **projet de budget** budget proposal ◆ **projet de loi** bill ◆ **projet de réforme** reform bill ◆ **projet de réforme constitutionnelle** constitutional amendment bill ◆ **projet de résolution de l'ONU** UN draft resolution ◆ **établir un projet d'accord/de contrat** to draft an agreement/a contract, to produce a draft agreement/contract ◆ **projet de société** vision of society ◆ **projet de vie** life plan

③ (= travail en cours) project ◆ **projet de construction de logements** house-building scheme ou project

⚠ Au sens de 'intention', **projet** se traduit rarement par **project**.

projeter /pʀɔʒ(ə)te/ GRAMMAIRE ACTIVE 8.2 SYN
▸ conjug 4 ◂

VT ① (= envisager) to plan (de faire to do) ◆ **as-tu projeté quelque chose pour les vacances ?** have you made any plans ou have you planned anything for your holidays?

② (= jeter) [+ gravillons] to throw up; [+ étincelles] to throw off; [+ fumée] to send out, to discharge; [+ lave] to eject, to throw out ◆ **attention ! la poêle projette de la graisse** careful! the frying pan is spitting (out) fat ◆ **être projeté hors de** to be thrown ou hurled ou flung out of ◆ **on lui a projeté de l'eau dans les yeux** someone threw water into his eyes

③ (= envoyer) [+ ombre, reflet] to cast, to project, to throw; [+ film, diapositive] to project; (= montrer) to show ◆ **on peut projeter ce film sur un petit écran** this film may be projected onto ou shown on a small screen ◆ **on nous a projeté des diapositives** we were shown some slides

④ (Math, Psych) to project (sur onto)

VPR se projeter [ombre] to be cast, to fall (sur on)

projeteur, -euse /pʀɔʒ(ə)tœʀ, øz/ NM,F project designer

projo* /pʀɔʒo/ NM abrév de **projecteur**

prolactine /pʀolaktin/ NF prolactin, luteotrophin, luteotrophic hormone

prolamine /pʀolamin/ NF prolamine

prolapsus /pʀolapsys/ NM prolapse

prolégomènes /pʀolegɔmɛn/ NMPL prolegomena

prolepse /pʀolɛps/ NF (Littérat) prolepsis

prolétaire /pʀoletɛʀ/
ADJ proletarian
NMF proletarian ◆ **les enfants de prolétaires** children of working-class people ◆ **prolétaires de tous les pays, unissez-vous !** workers of the world, unite!

prolétariat /pʀoletaʀja/ SYN NM proletariat

prolétarien, -ienne /pʀoletaʀjɛ̃, jɛn/ ADJ proletarian

prolétarisation /pʀoletaʀizasjɔ̃/ NF proletarianization

prolétariser /pʀoletaʀize/ ▸ conjug 1 ◂ VT to proletarianize

prolifération /pʀolifeʀasjɔ̃/ SYN NF proliferation ◆ **la prolifération nucléaire** nuclear proliferation

prolifère /pʀolifɛʀ/ ADJ proliferous

proliférer /pʀolifeʀe/ SYN ▸ conjug 6 ◂ VI to proliferate ◆ **les guerres civiles prolifèrent** civil wars are breaking out all over the world

prolifique /pʀolifik/ SYN ADJ prolific

prolixe /pʀoliks/ SYN ADJ [orateur, discours] verbose, prolix (frm) ◆ **il n'a pas été très prolixe** he wasn't very forthcoming

prolixement /pʀoliksəmɑ̃/ ADV verbosely

prolixité /pʀoliksite/ NF verbosity, prolixity (frm)

prolo* /pʀolo/ (abrév de **prolétaire**)
NMF working-class person
ADJ [quartier, personne] working-class ◆ **ça fait prolo** it's common

PROLOG, prolog /pʀolɔg/ NM PROLOG, Prolog

prologue /pʀolɔg/ SYN NM prologue (à to)

prolongateur /pʀolɔ̃gatœʀ/ NM extension cable ou lead

prolongation /pʀolɔ̃gasjɔ̃/ SYN NF ① (dans le temps) [de séjour, trêve, séance, visa, délai, contrat] extension; [de vie, maladie] prolongation; (Mus) [de note] prolongation ◆ **prolongations** (Football) extra time (NonC) (Brit), overtime (NonC) (US) ◆ **obtenir une prolongation** to get an extension ◆ **ils ont joué les prolongations** (Football) they played extra time (Brit) ou overtime (US), the game ou they went into extra time (Brit) ou overtime (US); (hum : en vacances, pour un travail) they stayed on

② (dans l'espace) [de rue] extension; (Math) [de ligne] prolongation

prolonge /pʀolɔ̃ʒ/ NF ammunition wagon ◆ **prolonge d'artillerie** gun carriage

prolongé, e /pʀɔlɔ̃ʒe/ SYN (ptp de **prolonger**) **ADJ** *[débat, séjour, absence]* prolonged, lengthy; *[rire, cri, sécheresse]* prolonged; *[effort]* prolonged, sustained ◆ **exposition prolongée au soleil** prolonged exposure to the sun ◆ **jeune fille prolongée** *(hum ou vieilli)* old maid ◆ **c'est un adolescent prolongé** he's an overgrown teenager ◆ **rue de la Paix prolongée** continuation of Rue de la Paix ◆ **en cas d'arrêt prolongé** in case of prolonged stoppage ◆ **week-end prolongé** long weekend ◆ **la station assise/debout prolongée peut provoquer des douleurs** sitting/standing in the same position for an extended period of time can cause aches and pains ◆ **ce déodorant a une action prolongée** this deodorant has a long-lasting effect ◆ **« pas d'utilisation prolongée sans avis médical »** "not to be taken for long periods without medical advice"

prolongement /pʀɔlɔ̃ʒmɑ̃/ SYN **NM** 1 *[de bâtiment, voie ferrée, ligne de métro, route, délai, période]* extension ◆ **l'outil doit être un prolongement du bras** the tool should be like an extension of one's arm ◆ **décider le prolongement d'une route** to decide to extend *ou* continue a road ◆ **cette rue se trouve dans le prolongement de l'autre** this street runs on from the other *ou* is the continuation of the other
2 *(= suite) [d'affaire, politique, rapport]* repercussion, consequence ◆ **c'est le prolongement logique de la politique entreprise** it's the logical extension *ou* consequence of the policy that has been undertaken ◆ **ce rapport est dans le prolongement du précédent** this report follows on from the previous one ◆ **dans le prolongement de ce que je disais ce matin** following on from *ou* to continue with what I was saying this morning ◆ **dans le prolongement de la réflexion amorcée en 1998, il a déclaré que...** expanding on *ou* developing the line of thought first outlined in 1998, he declared that...

prolonger /pʀɔlɔ̃ʒe/ SYN ▸ conjug 3 ◂
VT 1 *(dans le temps) [+ séjour, trêve, séance, délai, contrat]* to extend, to prolong; *[+ visa]* to extend; *[+ vie, maladie]* to prolong; *(Mus) [+ note]* to prolong ◆ **nous ne pouvons prolonger notre séjour** we can't stay any longer, we can't prolong our stay
2 *(dans l'espace) [+ rue]* to extend, to continue; *(Math) [+ ligne]* to prolong, to produce ◆ **on a prolongé le mur jusqu'au garage** we extended *ou* continued the wall as far as *ou* up to the garage ◆ **ce bâtiment prolonge l'aile principale** this building is an extension *ou* a continuation of the main wing
VPR se prolonger 1 *(= continuer) [attente]* to go on; *[situation]* to go on, to last, to persist; *[effet]* to last, to persist; *[débat]* to last, to go on, to carry on; *[maladie]* to continue, to persist ◆ **il voudrait se prolonger dans ses enfants** *(= se perpétuer)* he would like to live on in his children
2 *(= s'étendre) [rue, chemin]* to go on, to carry on *(Brit)*, to continue

promenade /pʀɔm(ə)nad/ SYN **NF** 1 *(à pied)* walk, stroll; *(en voiture)* drive, ride; *(en bateau)* sail; *(en vélo, à cheval)* ride ◆ **partir en promenade, faire une promenade** to go for a walk *ou* stroll *(ou* drive *etc)* ◆ **être en promenade** to be out walking *ou* out for a walk ◆ **faire faire une promenade à qn** to take sb (out) for a walk ◆ **cette course a été une vraie promenade pour lui** the race was a walkover for him ◆ **ça n'a pas été une promenade de santé** it was no picnic*
2 *(= avenue)* walk, esplanade; *(= front de mer)* promenade

promener /pʀɔm(ə)ne/ SYN ▸ conjug 5 ◂
VT 1 ◆ **(emmener) promener qn** to take sb (out) for a walk *ou* stroll ◆ **promener le chien** to walk the dog, to take the dog out (for a walk) ◆ **promener des amis à travers une ville** to show *ou* take friends round a town ◆ **cela te promènera** it will get you out for a while ◆ **il promène son nounours partout*** he trails his teddy bear around everywhere with him ◆ **est-ce qu'il va nous promener encore longtemps à travers ces bureaux ?*** is he going to trail us round these offices much longer?; → **envoyer**
2 *(fig)* ◆ **promener son regard sur qch** to run *ou* cast one's eyes over sth ◆ **promener ses doigts sur qch** to run *ou* pass one's fingers over sth ◆ **il promène sa tristesse/son ennui** he goes around looking sad/bored all the time ◆ **il promenait sa caméra/son micro dans les rues de New York** he roved the streets of New York with his camera/his microphone
VPR se promener 1 *(= aller en promenade)* to go for a walk *ou* stroll *(ou* drive *etc)* ◆ **aller se promener** to go (out) for a walk *ou* stroll *(ou* drive *etc)* ◆ **viens te promener avec maman** come for a walk with mummy ◆ **se promener dans sa chambre** to walk *ou* pace up and down in one's room ◆ **allez vous promener !*** go and take a running jump!*, get lost!* ◆ **je ne vais pas laisser tes chiens se promener dans mon jardin** I'm not going to let your dogs wander round my garden ◆ **il s'est vraiment promené dans cette course** *(Sport)* the race was a walkover for him
2 *[pensées, regard, doigts]* to wander ◆ **son crayon se promenait sur le papier** he let his pencil wander over the paper, his pencil wandered over the paper ◆ **ses affaires se promènent toujours partout*** he always leaves his things lying around

promeneur, -euse /pʀɔm(ə)nœʀ, øz/ SYN **NM,F** walker, stroller ◆ **les promeneurs du dimanche** people out for a Sunday walk *ou* stroll

promenoir /pʀɔm(ə)nwaʀ/ **NM** († : *Théât*) promenade (gallery), standing gallery; *[d'école, prison]* (covered) walk

promesse /pʀɔmɛs/ SYN **NF** *(= assurance)* promise; *(= parole)* promise, word; *(Comm)* commitment, undertaking ◆ **promesse de mariage** promise of marriage ◆ **promesse en l'air** *ou* **d'ivrogne** *ou* **de Gascon** empty *ou* vain promise ◆ **promesse d'achat/de vente** agreement to buy/to sell, purchase/sales agreement ◆ **fausses promesses** empty *ou* false promises ◆ **méfiez-vous des belles promesses des politiques** beware of politicians and their big promises ◆ **faire une promesse** to make a promise, to give one's word ◆ **il m'en a fait la promesse** he gave me his word ◆ **manquer à/tenir sa promesse** to break/keep one's promise *ou* word ◆ **honorer/respecter ses promesses** to honour/keep one's promises ◆ **j'ai sa promesse** I have his word for it, he has promised me ◆ **auteur plein de promesses** writer showing much promise *ou* full of promise, very promising writer ◆ **sourire plein de promesses** smile that promised *(ou* promises) much ◆ **des promesses, toujours des promesses !** promises, promises!

prométhazine /pʀɔmetazin/ **NF** promethazine

Prométhée /pʀɔmete/ **NM** Prometheus

prométhéen, -enne /pʀɔmeteɛ̃, ɛn/ **ADJ** Promethean ◆ **le rêve prométhéen** *man's dream of becoming master of his own destiny*

prométhium /pʀɔmetjɔm/ **NM** promethium

prometteur, -euse /pʀɔmetœʀ, øz/ SYN **ADJ** *[début, signe]* promising; *[acteur, politicien]* up-and-coming, promising

promettre /pʀɔmɛtʀ/ SYN ▸ conjug 56 ◂
VT 1 *[+ chose, aide]* to promise ◆ **je lui ai promis un cadeau** I promised him a present ◆ **je te le promets** I promise (you) ◆ **il n'a rien osé promettre** he couldn't promise anything, he didn't dare commit himself ◆ **il a promis de venir** he promised to come ◆ **il m'a promis de venir** *ou* **qu'il viendrait** he promised me (that) he would *ou* he'd come ◆ **promettre la lune, promettre monts et merveilles** to promise the moon *ou* the earth ◆ **tu as promis, il faut y aller** you've promised *ou* you've given your word so you have to go ◆ **il ne faut pas promettre quand on ne peut pas tenir** one mustn't make promises that one cannot keep ◆ **promettre le secret** to promise to keep a secret ◆ **promettre son cœur/sa main/son amour** to pledge one's heart/one's hand/one's love
2 *(= prédire)* to promise ◆ **je vous promets qu'il ne recommencera pas** I (can) promise you he won't do that again ◆ **il sera furieux, je te le promets** he'll be furious, I can promise you that ◆ **on nous promet du beau temps/un été pluvieux** we are promised *ou* we are in for* some fine weather/a rainy summer ◆ **ces nuages nous promettent de la pluie** these clouds mean *ou* promise rain ◆ **cela ne nous promet rien de bon** this doesn't look at all hopeful *ou* good (for us)
3 *(= faire espérer)* to promise ◆ **le spectacle/dîner promet d'être réussi** the show/dinner promises to be a success ◆ **cet enfant promet** this child shows promise *ou* is promising, he's *(ou* she's) a promising child ◆ **ça promet !** *(iro)* that's a good start! *(iro)*, that's promising! *(iro)* ◆ **ça promet pour l'avenir/pour l'hiver !** *(iro)* that bodes well for the future/(the) winter! *(iro)*
VPR se promettre ◆ **se promettre du bon temps** *ou* **du plaisir** to promise o.s. a good time ◆ **je me suis promis un petit voyage** I've promised myself a little trip ◆ **se promettre de faire qch** to mean *ou* resolve to do sth ◆ **je me suis bien promis de ne jamais plus l'inviter** I vowed never to invite him again ◆ **elles se sont promis de garder le secret** they promised each other they'd keep it a secret

promis, e /pʀɔmi, iz/ (ptp de **promettre**)
ADJ 1 *(= assuré)* promised ◆ **comme promis, il est venu** as promised, he came ◆ **voilà la photo promise** here's the photograph I promised you ◆ **tu le feras ? – promis(, juré) !** *ou* **c'est promis !** you'll do it? – yes, cross my heart! *ou* I promise!
2 *(= destiné)* ◆ **être promis à un bel avenir** *[personne]* to be destined for great things, to have a bright future ahead of one; *[invention]* to have a bright future ◆ **quartier promis à la démolition** area earmarked *ou* scheduled for demolition; → **chose, terre**
NM,F (††, *dial*) betrothed †

promiscuité /pʀɔmiskɥite/ **NF** 1 *[de lieu public]* crowding *(NonC) (de* in); *[de chambre]* lack of privacy *(NonC) (de* in) ◆ **vivre dans la promiscuité** to live in very close quarters, to live on top of one another
2 ◆ **promiscuité sexuelle** (sexual) promiscuity

promo * /pʀɔmo/ **NF** abrév de **promotion**

promontoire /pʀɔmɔ̃twaʀ/ SYN **NM** *(Géog)* headland, promontory

promoteur, -trice /pʀɔmɔtœʀ, tʀis/ SYN
NM,F *(= instigateur)* promoter ◆ **promoteur (immobilier)** property developer ◆ **promoteur de ventes** sales promoter
NM *(Chim)* promoter

promotion /pʀɔmosjɔ̃/ SYN
NF 1 *(= avancement)* promotion *(à un poste* to a job) ◆ **promotion sociale** social advancement
2 *(Scol)* year, class *(US)* ◆ **être le premier de sa promotion** to be first in one's year *ou* class *(US)*
3 *(Comm = réclame)* special offer ◆ **notre promotion de la semaine** this week's special offer ◆ **article en promotion** item on special offer ◆ **il y a une promotion sur les chemises** shirts are on special offer, there's a special on shirts *(US)* ◆ **promotion des ventes** sales promotion
4 *(= encouragement)* promotion ◆ **faire la promotion de** *[+ politique, idée, technique]* to promote
NFPL promotions *(Helv Scol)* end of term party

promotionnel, -elle /pʀɔmosjɔnɛl/ **ADJ** *[article]* on (special) offer; *[vente, campagne]* promotional ◆ **tarif promotionnel** special offer ◆ **offre promotionnelle** special offer, special *(US)* ◆ **matériel promotionnel** publicity material

promotionner /pʀɔmosjɔne/ ▸ conjug 1 ◂ **VT** *[+ produit]* to promote

promouvoir /pʀɔmuvwaʀ/ SYN ▸ conjug 27 ◂ **VT** to promote ◆ **il a été promu directeur** he was promoted *ou* upgraded to (the rank of) manager

prompt, prompte /pʀɔ̃(pt), pʀɔ̃(p)t/ SYN **ADJ** *[réaction, départ]* prompt, swift; *[changement]* quick, swift ◆ **je vous souhaite un prompt rétablissement** get well soon, I wish you a speedy recovery ◆ **prompt à l'injure/aux excuses/à réagir/à critiquer** quick to insult/to apologize/to react/to criticize ◆ **avoir le geste prompt** to be quick to act ◆ **il a l'esprit prompt** he has a quick *ou* ready wit ◆ **prompt comme l'éclair** *ou* **la foudre** as quick as lightning ◆ **dans l'espoir d'une prompte réponse** hoping for an early reply

promptement /pʀɔ̃ptəmɑ̃/ **ADV** *[agir, réagir]* quickly, swiftly; *[finir]* quickly; *[répondre, riposter]* promptly

prompteur /pʀɔ̃ptœʀ/ **NM** Autocue® *(Brit)*, teleprompter® *(US)*

promptitude /pʀɔ̃(p)tityd/ SYN **NF** *[de répartie, riposte]* quickness; *[de réaction]* promptness, swiftness; *[de départ, changement]* suddenness; *[de guérison]* speed ◆ **il a réagi avec promptitude** he was quick to react

promu, e /pʀɔmy/ (ptp de **promouvoir**)
ADJ *[personne]* promoted
NM,F promoted person

promulgation /pʀɔmylgasjɔ̃/ **NF** promulgation

promulguer /pʀɔmylge/ SYN ▸ conjug 1 ◂ **VT** to promulgate

pronaos /pʀɔnaos/ **NM** pronaos

pronateur /pʀɔnatœʀ/ **ADJ M, NM** ◆ **(muscle) pronateur** pronator

pronation /pʀɔnasjɔ̃/ **NF** pronation

prône /pron/ NM sermon

prôner /pRone/ SYN ▸ conjug 1 ◂ VT 1 (= préconiser) to advocate, to recommend 2 (= vanter) to laud, to extol

pronom /pRɔnɔ̃/ NM pronoun

pronominal, e (mpl **-aux**) /pRɔnɔminal, o/ ADJ pronominal ◆ **(verbe) pronominal** pronominal ou reflexive (verb) ◆ **mettre un verbe à la forme pronominale** to put a verb in its pronominal ou reflexive form

pronominalement /pRɔnɔminalmɑ̃/ ADV pronominally, reflexively

prononçable /pRɔnɔ̃sabl/ ADJ pronounceable ◆ **son nom est difficilement prononçable** his name is hard to pronounce ◆ **ce mot n'est pas prononçable** that word is unpronounceable

prononcé, e /pRɔnɔ̃se/ SYN (ptp de **prononcer**) ADJ [accent, goût, trait] pronounced, strong NM (Jur) pronouncement

prononcer /pRɔnɔ̃se/ GRAMMAIRE ACTIVE 6.3 SYN ▸ conjug 3 ◂
VT 1 (= articuler) [+ mot, son] to pronounce ◆ **son nom est impossible à prononcer** his name is impossible to pronounce ou is unpronounceable ◆ **comment est-ce que ça se prononce ?** how is it pronounced?, how do you pronounce it? ◆ **cette lettre ne se prononce pas** that letter is silent ou is not pronounced ◆ **tu prononces mal** your pronunciation is poor ◆ **mal prononcer un mot** to mispronounce a word, to pronounce a word badly ◆ **prononcer distinctement** to speak clearly, to pronounce one's words clearly
2 (= dire) [+ parole, nom] to utter; [+ souhait] to utter, to make; [+ discours] to make, to deliver ◆ **sortir sans prononcer un mot** to go out without uttering a word ◆ **ne prononcez plus jamais ce nom !** don't you ever mention ou utter that name again! ◆ **prononcer ses vœux** (Rel) to take one's vows
3 [+ sentence] to pronounce, to pass; [+ dissolution, excommunication] to pronounce ◆ **prononcer le huis clos** to order that a case (should) be heard in camera
VI (Jur) to deliver ou give a verdict ◆ **prononcer en faveur de/contre** (littér) to come down ou pronounce in favour of/against
VPR **se prononcer** (= se décider) (gén) to reach ou come to a decision (sur on, about); (Jur) to reach a verdict (sur on); (= s'exprimer) (avis) to give ou express an opinion (sur on); (décision) to give a decision (sur on); (Jur) to give a verdict (sur on) ◆ **le médecin ne s'est toujours pas prononcé** the doctor still hasn't given a verdict ou a firm opinion ◆ **se prononcer en faveur de qn/pour qch** to come down ou pronounce o.s. in favour of sb/in favour of sth ◆ **se prononcer contre une décision** to declare one's opposition to ou pronounce o.s. against a decision ◆ « **ne se prononcent pas** » (sondage) "don't know"

prononciation /pRɔnɔ̃sjasjɔ̃/ SYN NF 1 (gén) pronunciation ◆ **la prononciation de ce mot est difficile** this word is hard to pronounce ◆ **il a une bonne/mauvaise prononciation** he speaks/doesn't speak clearly, he pronounces/doesn't pronounce his words clearly; (dans une langue étrangère) his pronunciation is good/poor ◆ **faute** ou **erreur de prononciation** pronunciation error, error of pronunciation ◆ **faire une faute de prononciation** to mispronounce a word ◆ **défaut** ou **vice de prononciation** speech impediment ou defect
2 (Jur) pronouncement

pronostic /pRɔnɔstik/ SYN NM (gén) forecast, prognostication (frm); (Méd) prognosis; (Courses) tip; (Sport) forecast ◆ **quels sont vos pronostics ?** what's your forecast? ◆ **au pronostic infaillible** unerring in his (ou her etc) forecasts ◆ **elle a fait le bon pronostic** (gén) her prediction proved correct; (Méd) she made the right prognosis ◆ **se tromper dans ses pronostics** (gén) to get one's forecasts wrong ◆ **mes pronostics donnaient le 11 gagnant** (Courses) I tipped number 11 to win ◆ **faire des pronostics sur les matchs de football** to forecast the football results

pronostique /pRɔnɔstik/ ADJ prognostic

pronostiquer /pRɔnɔstike/ SYN ▸ conjug 1 ◂ VT (= prédire) to forecast, to prognosticate (frm); (= être le signe de) to foretell, to be a sign of; (Courses) to tip

pronostiqueur, -euse /pRɔnɔstikœR, øz/ NM,F (gén) forecaster, prognosticator (frm); (Courses) tipster

pronunciamiento /pRɔnunsjamjento/ NM pronunciamiento

pro-occidental, e (mpl **pro-occidentaux**) /pRoɔksidɑ̃tal, o/ ADJ pro-Western

propagande /pRɔpagɑ̃d/ SYN NF propaganda ◆ **propagande électorale/de guerre** electioneering/war propaganda ◆ **faire de la propagande pour qch/qn** to push ou plug* sth/sb ◆ **je ne ferai pas de propagande pour ce commerçant/ce produit** I certainly won't be doing any advertising for ou plugging* this trader/this product ◆ **journal de propagande** propaganda sheet ou newspaper ◆ **film/discours de propagande** propaganda film/speech ◆ **discours de propagande électorale** electioneering speech

propagandiste /pRɔpagɑ̃dist/ NMF propagandist

propagateur, -trice /pRɔpagatœR, tRis/ NM,F [de méthode, religion, théorie] propagator; [de nouvelle] spreader

propagation /pRɔpagasjɔ̃/ SYN NF 1 [de foi, idée] propagation; [de nouvelle] spreading; [de maladie, épidémie] spread; [de rumeur] spreading, putting about (Brit) ◆ **pour arrêter la propagation de l'incendie** to stop the fire spreading
2 (Phys) [de son, onde, lumière, chaleur] propagation ◆ **vitesse de propagation** velocity of propagation
3 (Bio) propagation

propager /pRɔpaʒe/ SYN ▸ conjug 3 ◂
VT 1 (= diffuser) [+ foi, idée] to propagate; [+ nouvelle, maladie] to spread; [+ rumeur] to spread, to put about (Brit)
2 (Phys) [+ son, lumière, onde] to propagate
3 (Bio) [+ espèce] to propagate
VPR **se propager** 1 (= se répandre) [incendie, idée, nouvelle, maladie] to spread
2 (Phys) [onde] to be propagated
3 (Bio) [espèce] to propagate

propagule /pRɔpagyl/ NF propagule, propagulum

propane /pRɔpan/ NM propane

propanier /pRɔpanje/ NM (propane) tanker

proparoxyton /pRɔpaRɔksitɔ̃/ ADJ M, NM proparoxytone

propédeutique † /pRɔpedøtik/ NF (Univ) foundation course for first-year university students

propène /pRɔpɛn/ NM propene

propension /pRɔpɑ̃sjɔ̃/ SYN NF proclivity (frm) (à qch to ou towards sth; à faire to do), propensity (à qch for sth; à faire to do) ◆ **propension à consommer/économiser** (Écon) propensity to spend/save

propergol /pRɔpɛRgɔl/ NM [de fusée] propellant, propellent

propharmacien, -ienne /pRɔfaRmasjɛ̃, jɛn/ NM,F dispensing doctor

prophase /pRɔfaz/ NF prophase

prophète /pRɔfɛt/ NM (gén) prophet, seer; (Rel) prophet ◆ **faux prophète** false prophet ◆ **prophète de malheur** prophet of doom, doomsayer ◆ **les (livres des) Prophètes** (Bible) the Books of (the) Prophets; → nul

prophétesse /pRɔfetɛs/ NF (gén) prophetess, seer; (Rel) prophetess

prophétie /pRɔfesi/ SYN NF prophecy

prophétique /pRɔfetik/ SYN ADJ prophetic

prophétiquement /pRɔfetikmɑ̃/ ADV prophetically

prophétiser /pRɔfetize/ SYN ▸ conjug 1 ◂ VT to prophesy ◆ **il est facile de prophétiser** it's easy to make predictions ou prophesies

prophylactique /pRɔfilaktik/ ADJ prophylactic

prophylaxie /pRɔfilaksi/ NF disease prevention, prophylaxis (SPÉC)

propice /pRɔpis/ SYN ADJ [circonstance, occasion] favourable (Brit), favorable (US), auspicious, propitious; [milieu, terrain] favourable (Brit), favorable (US) ◆ **attendre le moment propice** to wait for the right moment ou an opportune (frm) moment ◆ **cherchons un endroit plus propice pour discuter** let's look for a more suitable place to talk ◆ **être propice à qch** to favour sth, to be favourable to sth ◆ **un climat propice à la négociation** an atmosphere favourable ou conducive to negotiation ◆ **que les dieux vous soient propices !** (littér, hum) may the gods look kindly ou smile upon you! (littér, hum)

propitiation /pRɔpisjasjɔ̃/ NF propitiation ◆ **victime de propitiation** propitiatory victim

propitiatoire /pRɔpisjatwaR/ ADJ propitiatory

propolis /pRɔpɔlis/ NF propolis

proportion /pRɔpɔRsjɔ̃/ SYN
NF proportion ◆ **la proportion hommes/femmes** the proportion ou ratio of men to women ◆ **hors de (toute) proportion** out of (all) proportion (avec with) ◆ **sans proportion** out of proportion to ◆ **toute(s) proportion(s) gardée(s)** relatively speaking, making due allowance(s)
◆ **à proportion de** in proportion to, proportionally to
◆ **en proportion** proportionately, in proportion ◆ **si le chiffre d'affaires augmente, les salaires seront augmentés en proportion** if turnover increases, salaries will be raised proportionately ou commensurately ◆ **il a un poste élevé et un salaire en proportion** he has a top position and a correspondingly high salary ◆ **pour maintenir un tel train de vie, il faut avoir des revenus en proportion** to maintain such a lavish lifestyle, you must have an income to match
◆ **en proportion de** (= relatif à) proportional ou proportionate to, in proportion to, relative to; (= relativement à) proportionally to ◆ **l'entreprise investira en proportion de son chiffre d'affaires** the amount of money the company invests will be relative ou proportional to its turnover ◆ **c'est bien peu, en proportion du service qu'il m'a rendu** it's nothing, compared to all the favours he has done me
NFPL **proportions** (= taille, importance) proportions ◆ **édifice de belles proportions** well-proportioned building ◆ **cela a pris des proportions considérables** it reached considerable proportions ◆ **il faut ramener l'affaire à de justes proportions** this matter must be put into perspective ◆ **augmenter/réduire qch dans des proportions considérables** to increase/reduce sth considerably

proportionnalité /pRɔpɔRsjɔnalite/ NF proportionality; (Pol) proportional representation ◆ **proportionnalité de l'impôt** proportional taxation (system)

proportionné, e /pRɔpɔRsjɔne/ SYN (ptp de **proportionner**) ADJ ◆ **proportionné à** proportional ou proportionate to ◆ **bien proportionné** well-proportioned ◆ **admirablement proportionné** admirably well-proportioned

proportionnel, -elle /pRɔpɔRsjɔnɛl/
ADJ (gén, Math, Pol) proportional ◆ **proportionnel à** proportional ou proportionate to, in proportion to ou with ◆ **directement/inversement proportionnel à** directly/inversely proportional to, in direct/inverse proportion to
NF **proportionnelle** (Math) proportional ◆ **la proportionnelle (intégrale)** (Pol) (pure) proportional representation ◆ **élu à la proportionnelle** elected by proportional representation

proportionnellement /pRɔpɔRsjɔnɛlmɑ̃/ ADV proportionally, proportionately ◆ **proportionnellement plus grand** proportionally ou proportionately bigger ◆ **proportionnellement à** in proportion to, proportionally to

proportionner /pRɔpɔRsjɔne/ SYN ▸ conjug 1 ◂ VT to proportion, to make proportional, to adjust (à to)

propos /pRɔpo/ SYN NM 1 (gén pl) words ◆ **ses propos ont irrité tout le monde** what he said annoyed everyone ◆ **ce sont des propos en l'air** it's just empty ou idle talk ou hot air* ◆ **tenir des propos blessants** to say hurtful things, to make hurtful remarks ◆ **tenir des propos désobligeants à l'égard de qn** to make offensive remarks about sb, to say offensive things about sb ◆ **des propos de personne soûle** (péj) drunken ramblings
2 (frm = intention) intention, aim ◆ **mon propos est de vous expliquer...** my intention ou aim is to explain to you... ◆ **il n'entre pas dans mon propos de...** it is not my intention to... ◆ **tel n'était pas mon propos** that was not my intention ◆ **avoir le ferme propos de faire qch** to have the firm intention of doing sth ◆ **faire qch de propos délibéré** to do sth deliberately ou on purpose
3 (= sujet) ◆ **à quel propos voulait-il me voir ?** what did he want to see me about? ◆ **à quel propos est-il venu ?** what was his reason for coming?, what brought him?* ◆ **c'est à quel propos ?** what is it about?, what is it in connection with? ◆ **à propos de ta voiture** about your car,

on the subject of your car ◆ **je vous écris à propos de l'annonce** I am writing regarding *ou* concerning the advertisement *ou* in connection with the advertisement ◆ **à tout propos** (*= sans arrêt*) every other minute ◆ **il se plaint à tout propos** he complains at the slightest (little) thing ◆ **il se met en colère à propos de tout et de rien** *ou* **à tout propos** he loses his temper at the slightest (little) thing *ou* for no reason at all ◆ **à ce propos** in this connection, (while) on this subject ◆ **hors de propos** irrelevant

4 ◆ **à propos** *[décision]* well-timed, opportune, timely; *[remarque]* apt, pertinent, apposite; *[arriver]* at the right moment *ou* time ◆ **tomber** *ou* **arriver mal à propos** to happen (just) at the wrong moment *ou* time ◆ **voilà qui tombe à propos/mal à propos !** it couldn't have come at a better/worse time! *ou* moment! ◆ **il a jugé à propos de nous prévenir** he thought it right to let us know, he saw fit to let us know ◆ **à propos, dis-moi…** incidentally *ou* by the way, tell me…

proposer /pʀɔpoze/ GRAMMAIRE ACTIVE 1.1 SYN ▸ conjug 1 ◂

VT 1 (*= suggérer*) *[+ arrangement, interprétation, projet, appellation]* to suggest, to propose; *[+ solution, interprétation]* to suggest, to put forward, to propose; *[+ candidat]* to propose, to nominate, to put forward; *(Scol, Univ) [+ sujet, texte]* to set *(Brit)*, to assign *(US)*; *(Pol) [+ loi]* to move, to propose ◆ **on a proposé mon nom pour ce poste** my name has been put forward for this post ◆ **proposer qch à qn** to suggest *ou* put sth to sb ◆ **proposer de faire qch** to suggest *ou* propose doing sth ◆ **le film que nous vous proposons (de voir) ce soir** *(TV)* the film we are showing this evening, our film this evening ◆ **l'homme propose, Dieu dispose** *(Prov)* man proposes, God disposes *(Prov)* ◆ **je vous propose de passer me voir** I suggest that you come round and see me ◆ **qu'est-ce que tu proposes ?** what do you suggest? ◆ **proposer qu'une motion soit mise aux voix** to move that a motion be put to the vote

2 (*= offrir*) *[+ aide, prix, situation]* to offer ◆ **proposer qch à qn** to offer sth to sb, to offer sb sth ◆ **proposer de faire qch** to offer to do sth ◆ **on me propose une nouvelle voiture** I am being offered *ou* I have the offer of a new car ◆ **je lui ai proposé de la raccompagner** I offered to see her home

VPR se proposer 1 (*= offrir ses services*) to offer one's services ◆ **elle s'est proposée pour garder les enfants** she offered to look after the children

2 (*= envisager*) *[+ but, tâche]* to set o.s. ◆ **se proposer de faire qch** to intend *ou* mean *ou* propose to do sth ◆ **il se proposait de prouver que…** he set out to prove that…

> (!) Au sens de 'offrir', **proposer** ne se traduit pas par **to propose**.

proposition /pʀɔpozisjɔ̃/ SYN **NF** 1 (*= suggestion*) proposal, suggestion; *(Comm)* proposition; *(Pol = recommandation)* proposal ◆ **propositions de paix** peace proposals ◆ **proposition de réforme** reform proposal ◆ **proposition de résolution** *(Jur)* proposal *ou* motion for a resolution ◆ **proposition de loi** *(Pol)* private bill, private member's bill *(Brit)* ◆ **sur (la) proposition de** at the suggestion of, on the proposal of ◆ **sur sa proposition, il a été décidé d'attendre** at his suggestion it was decided to wait ◆ **la proposition de qn à un grade supérieur** the nomination of sb to a higher position ◆ **faire une proposition (à qn)** to make (sb) a proposition ◆ **faire des propositions (malhonnêtes) à une femme** to proposition a woman ◆ **il a eu plusieurs propositions de films** he's been approached by several film directors

2 *(Math, Philos)* (*= postulat*) proposition; (*= déclaration*) proposition, assertion

3 *(Gram)* clause ◆ **proposition principale/subordonnée/indépendante** main/subordinate/independent clause ◆ **proposition consécutive** *ou* **de conséquence** consecutive *ou* result clause

propositionnel, -elle /pʀɔpozisjɔnɛl/ **ADJ** propositional

propre¹ /pʀɔpʀ/ SYN

ADJ 1 (*= pas sali, nettoyé*) *[linge, mains, maison, personne]* clean ◆ **des draps bien propres** nice clean sheets ◆ **propre comme un sou neuf** as clean as a new pin ◆ **leurs enfants sont toujours (tenus) très propres** their children are always very neat and tidy *ou* very neatly turned out ◆ **ce n'est pas propre de manger avec les doigts** it's dirty to eat with your fingers ◆ **nous voilà propres !*** now we're in a fine *ou* proper mess!* ◆ **c'est quelqu'un de très propre sur lui*** he's very clean-cut ◆ **propre en ordre** *(Helv hum)* excessively clean and tidy

2 (*= soigné*) *[travail, exécution]* neat, neatly done; *[cahier, copie]* neat; *[personne]* tidy, neat

3 (*= qui ne salit pas*) *[chien, chat]* house-trained; *[enfant]* toilet-trained, potty-trained*; (*= non polluant*) *[moteur, voiture, produit]* clean ◆ **il n'est pas encore propre** he isn't toilet-trained *ou* potty-trained* yet

4 (*= honnête*) *[personne]* honest, decent; *[affaire, argent]* honest; *[mœurs]* decent ◆ **il n'a jamais rien fait de propre** he's never done a decent *ou* an honest thing in his life ◆ **une affaire pas très propre** a slightly suspect *ou* shady piece of business ◆ **ce garçon-là, ce n'est pas grand-chose de propre*** that young man hasn't got much to recommend him *ou* isn't up to much*

NM ◆ **sentir le propre*** to smell clean ◆ **mettre** *ou* **recopier qch au propre** to make a fair copy of sth, to copy sth out neatly ◆ **c'est du propre !*** (*gâchis*) what a mess!, what a shambles!*; (*comportement*) what a way to behave!, it's an absolute disgrace!

propre² /pʀɔpʀ/ SYN

ADJ 1 (*intensif possessif*) own ◆ **il a sa propre voiture** he's got his own car *ou* a car of his own ◆ **ce sont ses propres mots** those are his own *ou* his very *ou* his actual words ◆ **de mes propres yeux** with my own eyes ◆ **ils ont leurs caractères/qualités propres** they have their own (specific) *ou* their particular characters/qualities; → **chef², initiative, main, moyen²**

2 (*= particulier, spécifique*) ◆ **c'est un trait qui lui est propre** it's a trait which is peculiar to him, it's a distinctive *ou* specific characteristic of his ◆ **les coutumes propres à certaines régions** the customs peculiar to *ou* characteristic of *ou* proper to *(frm)* certain regions ◆ **biens propres** *(Jur)* personal property; → **fonds, nom, sens**

3 (*= qui convient*) suitable, appropriate (*à* for) ◆ **le mot propre** the right *ou* proper word ◆ **ce n'est pas un lieu propre à la conversation** it isn't a suitable *ou* an appropriate place for talking ◆ **sol propre à la culture du blé** soil suitable for *ou* suited to wheat-growing ◆ **on l'a jugé propre à s'occuper de l'affaire** he was considered the right man for *ou* suitable for the job

4 (*= de nature à*) ◆ **un poste propre à lui apporter des satisfactions** a job likely to bring him satisfaction ◆ **exercice propre à développer les muscles des épaules** exercise that will develop the shoulder muscles ◆ **un lieu/une musique propre au recueillement** a place/a type of music favourable *ou* conducive to meditation ◆ **c'est bien propre à vous dégoûter de la politique** it's (exactly) the sort of thing that turns you *ou* to turn you right off politics, it's guaranteed to put you off politics

NM 1 (*= qualité distinctive*) peculiarity, (exclusive *ou* distinctive) feature ◆ **la raison est le propre de l'homme** reason is a (distinctive) feature of man, reason is peculiar to man ◆ **la parole est le propre de l'homme** speech is man's special gift *ou* attribute ◆ **c'est le propre de ce système d'éducation de fabriquer des paresseux** it's a peculiarity *ou* feature of this educational system that it turns out idlers ◆ **avoir un domaine en propre** to be the sole owner of an estate, to have exclusive possession of an estate ◆ **cette caractéristique que la France possède en propre** this feature which is peculiar *ou* exclusive to France

2 *(Ling)* ◆ **au propre** in the literal sense *ou* meaning, literally

> (!) **propre** se traduit par **proper** uniquement au sens de 'qui convient'.

propre-à-rien (pl **propres-à-rien**) /pʀɔpʀaʀjɛ̃/ **NMF** good-for-nothing, ne'er-do-well, waster

proprement /pʀɔpʀəmɑ̃/ SYN **ADV** 1 (*= avec propreté*) cleanly; (*= avec netteté*) neatly, tidily; (*= comme il faut*) properly; (*= décemment*) decently ◆ **tenir une maison très proprement** to keep a house very clean ◆ **mange proprement !** don't make such a mess (when you're eating)!, eat properly! ◆ **se conduire proprement** to behave properly *ou* correctly

2 (*= exactement*) exactly, literally; (*= exclusivement*) specifically, strictly; (*= vraiment*) absolutely ◆ **à proprement parler** strictly speaking ◆ **le village proprement dit** the actual village, the village itself ◆ **la linguistique proprement dite** linguistics proper ◆ **c'est un problème proprement français** it's a specifically French problem ◆ **c'est proprement scandaleux** it's absolutely disgraceful ◆ **il m'a proprement fermé la porte au nez** he simply shut the door in my face ◆ **on l'a proprement rossé** he was well and truly beaten up

propret, -ette /pʀɔpʀɛ, ɛt/ **ADJ** *[personne]* neat (and tidy); *[chose]* neat (and tidy), spick-and-span *(attrib)*

propreté /pʀɔpʀəte/ SYN **NF** 1 *[de linge, mains, maison, personne]* cleanliness, cleanness ◆ **ils n'ont aucune notion de propreté** they have no notion of hygiene ◆ **l'apprentissage de la propreté chez l'enfant** toilet-training in the child ◆ **apprendre la propreté à un chiot** to house-train a puppy ◆ **d'une propreté méticuleuse** scrupulously clean ◆ **d'une propreté douteuse** not very clean ◆ **des meubles luisants de propreté** sparkling clean furniture; → **plaque**

2 *[de travail, exécution d'un morceau de musique]* neatness; *(Scol) [de cahier, copie]* neatness

propriétaire /pʀɔpʀijetɛʀ/ SYN

NM 1 *[de voiture, chien, maison]* owner; *[d'hôtel, entreprise]* proprietor, owner ◆ **il est propriétaire (de sa maison)** he owns his (own) house ◆ **quand on est propriétaire, il faut…** when one is a home-owner *ou* house-owner one has to…; → **tour²**

2 *[de location]* landlord, owner ◆ **mis à la porte par son propriétaire** thrown out by his landlord

3 *[de terres, immeubles]* owner ◆ **propriétaire éleveur** breeder ◆ **propriétaire récoltant** grower ◆ **achat direct au propriétaire** direct purchase from the grower ◆ **propriétaire terrien** landowner ◆ **propriétaire foncier** property owner ◆ **les petits propriétaires** smallholders

NF (*gén*) owner; *[d'hôtel, entreprise]* proprietress, owner; *[de location]* landlady, owner

ADJ *(Ordin) [logiciel, système]* proprietary

> (!) **propriétaire** se traduit par **proprietor** uniquement quand on parle d'un hôtel, d'un restaurant ou d'une entreprise.

propriété /pʀɔpʀijete/ SYN

NF 1 (*= droit*) ownership, property *(frm) (Jur)*; (*= possession*) property ◆ **propriété de l'État/collective** state/collective ownership ◆ **la petite propriété** (*gén*) small estates; *(Agr)* smallholdings ◆ **la grande propriété** large estates; *(Agr)* large farms ◆ **posséder qch en toute propriété** to be the sole owner of sth, to have sole ownership of sth ◆ **recevoir qch en pleine propriété** to acquire the freehold of sth; → **accession, titre**

2 (*= immeuble, maison*) property; (*= terres*) property *(NonC)*, land *(NonC)*, estate ◆ **revenu d'une propriété** revenue from a property *ou* a piece of land

3 (*= qualité*) property ◆ **propriétés chimiques/physiques/thérapeutiques** chemical/physical/therapeutic properties

4 (*= correction*) *[de mot]* appropriateness, suitability, correctness

COMP **propriété artistique** artistic copyright
propriété bâtie developed property
propriété commerciale security of tenure *(of industrial or commercial tenant)*
propriété foncière property ownership
propriétés immobilières real estate *(NonC)*, realty *(NonC)(Jur)*
propriété industrielle patent rights
propriété intellectuelle intellectual property
propriété littéraire author's copyright
propriété non bâtie undeveloped property
propriété privée private property
propriété publique public property

> (!) **propriété** ne se traduit pas par le mot anglais **propriety**, qui a le sens de 'bienséance'.

proprio* /pʀɔpʀijo/ **NMF** (abrév de **propriétaire**) (*= homme*) landlord; (*= femme*) landlady

proprioceptеur /pʀɔpʀijosɛptœʀ/ **NM** proprioceptor

proprioceptif, -ive /pʀɔpʀijosɛptif, iv/ **ADJ** proprioceptive

propulser /pʀɔpylse/ SYN ▸ conjug 1 ◂

VT 1 *[+ voiture]* to propel, to drive (along *ou* forward); *[+ missile]* to propel, to power

2 (*= projeter*) to hurl, to fling ◆ **il a été propulsé contre le mur** he was hurled *ou* flung against the wall

3 (*= promouvoir*) ◆ **on l'a propulsé à la direction du service** he suddenly found himself at the

head of the department ◆ **avant de se retrouver propulsé au sommet de la hiérarchie** before suddenly finding himself at the top of *ou* thrust to the top of the hierarchy ◆ **le voilà propulsé au rang de star/à la tête de l'entreprise** and now he's suddenly become a star/the head of the company ◆ **on se retrouve propulsés dans un monde féerique** we suddenly find ourselves transported to a magical world
VPR **se propulser** (= *avancer*) to propel o.s. ◆ **l'entreprise s'est propulsée à la première place du marché** the company has shot into the lead

propulseur /pʁɔpylsœʁ/
ADJ M propulsive, driving (*épith*)
NM ① [*de fusée*] thruster ◆ **propulseur d'appoint** booster
② [*de lance, harpon*] throwing stick

propulsif, -ive /pʁɔpylsif, iv/ **ADJ** propelling, propellent

propulsion /pʁɔpylsjɔ̃/ SYN **NF** propulsion ◆ **moteur à propulsion** propulsion engine ◆ **système de propulsion** propulsion system ◆ **à propulsion atomique/nucléaire** atomic-/nuclear-powered ◆ **sous-marin à propulsion classique** conventionally-powered submarine

propylée /pʁɔpile/ **NM** propylaeum ◆ **les Propylées** the Propylaea

propylène /pʁɔpilɛn/ **NM** propylene

prorata /pʁɔʁata/ SYN **NM INV** proportional share, proportion ◆ **au prorata de** in proportion to, proportionally to, on the basis of ◆ **paiement au prorata** payment on a pro rata basis

prorogation /pʁɔʁɔgasjɔ̃/ SYN **NF** ① [*de délai, durée*] extension; [*d'échéance*] putting back, deferment
② [*de séance*] adjournment; (*Parl*) prorogation

proroger /pʁɔʁɔʒe/ SYN ▶ conjug 3 ◀ **VT**
① (= *prolonger*) [+ *délai, durée*] to extend; (= *reporter*) [+ *échéance*] to put back, to defer
② (= *ajourner*) [+ *séance*] to adjourn; (*Parl*) to prorogue ◆ **le parlement s'est prorogé jusqu'en octobre** the parliament has adjourned *ou* prorogued until October

prosaïque /pʁɔzaik/ SYN **ADJ** [*esprit, personne, vie, style, remarque, détail*] mundane, prosaic; [*goûts*] mundane, commonplace

prosaïquement /pʁɔzaikmɑ̃/ **ADV** prosaically ◆ **vivre prosaïquement** to lead a mundane life *ou* a prosaic existence ◆ **plus prosaïquement, je dirais…** more prosaically, I would say…

prosaïsme /pʁɔzaism/ **NM** mundanity, mundaneness

prosateur /pʁɔzatœʁ/ **NM** prose-writer, writer of prose

proscenium /pʁɔsenjɔm/ **NM** proscenium

proscription /pʁɔskʁipsjɔ̃/ SYN **NF** ① [*d'idéologie, activité, drogue, mot*] banning, prohibition, proscription
② [*de personne*] (= *mise hors la loi*) outlawing (*NonC*); (= *exil*) banishment, exiling (*NonC*)

proscrire /pʁɔskʁiʁ/ SYN ▶ conjug 39 ◀ **VT**
① [+ *idéologie, activité*] to ban, to proscribe; [+ *drogue, mot*] to ban, to prohibit the use of, to proscribe ◆ **proscrire une expression de son vocabulaire** to banish an expression from one's vocabulary ◆ **c'est à proscrire absolument !** it is to be avoided at all costs!
② [+ *personne*] (= *mettre hors la loi*) to outlaw; (= *exiler*) to banish, to exile

proscrit, e /pʁɔskʁi, it/ (ptp de **proscrire**) **NM,F** (= *hors-la-loi*) outlaw; (= *exilé*) exile

prose /pʁoz/ **NF** (*gén*) prose; (= *style*) prose (style) ◆ **poème/tragédie en prose** prose poem/tragedy ◆ **écrire en prose** to write in prose ◆ **faire de la prose** to write prose ◆ **la prose administrative** (*péj*) officialese ◆ **je viens de lire sa prose** (*péj*) (*lettre*) I've just read his epistle (*hum*); (*devoir, roman*) I've just read his great work (*iro, hum*)

prosélyte /pʁozelit/ SYN **NMF** proselyte (*frm*), convert ◆ **les prosélytes des médecines douces** converts to alternative medicine

prosélytisme /pʁozelitism/ **NM** proselytism ◆ **faire du prosélytisme** to proselytize, to preach

Proserpine /pʁozɛʁpin/ **NF** Proserpina

prosimiens /pʁosimjɛ̃/ **NMPL** ◆ **les prosimiens** prosimians, the Prosimii (*SPÉC*)

prosobranches /pʁozobʁɑ̃ʃ/ **NMPL** ◆ **les prosobranches** prosobranchiates, the Prosobranchiata (*SPÉC*)

prosodie /pʁozodi/ **NF** prosody

prosodique /pʁozodik/ **ADJ** prosodic ◆ **trait prosodique** prosodic feature

prosopopée /pʁozopope/ **NF** prosopopoeia, prosopopeia

prospect /pʁospe(kt)/ **NM** ① (*Écon*) prospect, prospective customer
② (*Archit*) minimum distance between buildings to allow unimpeded view

prospecter /pʁospɛkte/ SYN ▶ conjug 1 ◀ **VT**
① (*Min*) to prospect
② (*Comm*) [+ *marché*] to explore; [+ *région, clientèle*] to canvass ◆ **j'ai prospecté le quartier pour trouver une maison** I scoured *ou* searched the area to find a house

prospecteur, -trice /pʁospɛktœʁ, tʁis/ **NM,F** prospector

prospecteur-placier (pl **prospecteurs-placiers**) /pʁospɛktœʁplasje/ **NM** employment officer, job placement officer (*Brit*)

prospectif, -ive /pʁospɛktif, iv/
ADJ (*Écon*) ◆ **analyse prospective** forecast ◆ **cellule prospective** group of economic forecasters ◆ **ils ont fait des études prospectives** they made some forecasts ◆ **nous manquons d'une vision prospective sur ces marchés** we can't predict what will happen in these markets
NF **prospective** (*gén*) futurology; (*Écon*) economic forecasting

⚠ L'adjectif **prospectif** se traduit rarement par **prospective**, qui a le sens de 'futur'.

prospection /pʁospɛksjɔ̃/ SYN **NF** ① (*Min*) prospecting ◆ **ils font de la prospection pétrolière** they are prospecting for oil
② (*Comm*) [*de marché*] exploring; [*de région, clientèle*] canvassing ◆ **faire de la prospection** to canvass for business

prospectiviste /pʁospɛktivist/ **NMF** (*gén*) futurologist; (*Écon*) (economic) forecaster

prospectus /pʁospɛktys/ **NM** leaflet ◆ **prospectus publicitaire** publicity *ou* advertising leaflet ◆ **ma boîte aux lettres était pleine de prospectus** my letter box was full of junk mail

prospère /pʁospɛʁ/ SYN **ADJ** ① [*commerce, pays, collectivité*] prosperous, thriving, flourishing; [*période*] prosperous
② [*personne*] blooming with health (*attrib*) ◆ **avoir une mine prospère** to look healthy ◆ **être d'une santé prospère** to be blooming with health

prospérer /pʁospeʁe/ SYN ▶ conjug 6 ◀ **VI**
[*commerce*] to prosper, to thrive, to flourish; [*personne*] to prosper, to do well; [*animal, activité, plante*] to thrive, to flourish

prospérité /pʁospeʁite/ SYN **NF** ① (*matérielle*) prosperity; (*économique*) prosperity, affluence
② (= *santé*) (flourishing) health

prostaglandine /pʁostaglɑ̃din/ **NF** prostaglandin

prostate /pʁostat/ **NF** prostate (gland)

prostatectomie /pʁostatɛktomi/ **NF** prostatectomy

prostatique /pʁostatik/
ADJ prostatic
NM prostate sufferer

prostatite /pʁostatit/ **NF** prostatitis

prosternation /pʁostɛʁnasjɔ̃/ **NF** prostration

prosterné, e /pʁostɛʁne/ (ptp de **prosterner**) **ADJ** prostrate

prosternement /pʁostɛʁnəmɑ̃/ **NM** (= *action*) prostration; (= *attitude*) prostrate attitude; (*fig*) grovelling

prosterner /pʁostɛʁne/ ▶ conjug 1 ◀
VT (*littér*) to bow low ◆ **il prosterna le corps** he prostrated himself
VPR **se prosterner** SYN (= *s'incliner*) to bow low, to bow down, to prostrate o.s. (*devant* before); (= *s'humilier*) to grovel (*devant* before), to kowtow (*devant* to)

prosthèse /pʁostɛz/ **NF** pro(s)thesis

prosthétique /pʁostetik/ **ADJ** pro(s)thetic

prostitué /pʁostitɥe/ **NM** male prostitute, rent boy * (*Brit*)

prostituée /pʁostitɥe/ SYN **NF** prostitute

prostituer /pʁostitɥe/ SYN ▶ conjug 1 ◀
VT (*lit*) ◆ **prostituer qn** to make a prostitute of sb
VPR **se prostituer** (*lit, fig*) to prostitute o.s.

prostitution /pʁostitysjɔ̃/ SYN **NF** (*lit, fig*) prostitution

prostration /pʁostʁasjɔ̃/ SYN **NF** (*Méd, Rel*) prostration

prostré, e /pʁostʁe/ SYN **ADJ** (*fig*) prostrate, prostrated; (*Méd*) prostrate

prostyle /pʁostil/ **ADJ, NM** prostyle

protactinium /pʁotaktinjɔm/ **NM** protactinium

protagoniste /pʁotagonist/ SYN **NMF** protagonist ◆ **les principaux protagonistes de l'affaire/du conflit** the main players *ou* protagonists in the affair/the conflict

protamine /pʁotamin/ **NF** protamine

protandrie /pʁotɑ̃dʁi/ **NF** ⇒ **protérandrie**

protase /pʁotaz/ **NF** protasis

protéase /pʁoteaz/ **NF** protease

protecteur, -trice /pʁotɛktœʁ, tʁis/ SYN
ADJ ① (*gén, Chim, Écon*) protective (*de* of); (*Cosmétique*) [*film*] protective ◆ **crème protectrice** protective *ou* barrier cream; → **société**
② [*ton, air*] patronizing
NM,F (= *défenseur*) protector, guardian; [*d'arts*] patron ◆ **protecteur de la nature/l'environnement** protector of nature/the environment
NM (= *souteneur*) pimp (*péj*); († = *galant*) fancy man †

protection /pʁotɛksjɔ̃/ SYN
NF ① (= *défense*) protection (*contre* against, *from*) ◆ **protection contre les rayonnements** radiation protection ◆ **assurer la protection de** to protect ◆ **chargé d'assurer la protection rapprochée du chef de l'État** in charge of the close protection *ou* personal safety of the head of state ◆ **zone sous protection policière/militaire** area under police/military protection ◆ **région sous protection de l'ONU** UN protection zone, area under UN protection ◆ **sous la protection de** under the protection of ◆ **elle a été placée sous la protection de la police** she was given police protection ◆ **prendre qn sous sa protection** to give sb one's protection, to take sb under one's wing ◆ **l'ambassade est sous haute protection policière** the embassy is under heavy police guard ◆ **crème solaire/indice haute protection** high-protection sun cream/factor ◆ **rapports sexuels sans protection** unprotected sex
② ◆ **de protection** [*équipement, grille, lunettes, mesures*] protective ◆ **zone de protection** [*de population*] safe haven ◆ **système de protection** security system
③ (= *patronage*) (*gén*) protection; [*de personne puissante, mécène*] patronage ◆ **placer un enfant sous la protection de qn** to place a child in sb's care ◆ **prendre qn sous sa protection** to give sb one's patronage, to take sb under one's wing ◆ **obtenir une place par protection** to get a post by pulling strings
④ (= *dispositif*) (pour une partie du corps) item of protective clothing (*ou* gear); (= *blindage*) [*de navire*] armour(-plating) (*Brit*), armor(-plating) (*US*)
⑤ (*Ordin*) protection ◆ **protection contre l'écriture** write protection
COMP **protection aérienne** air *ou* aerial protection
protection civile (lors de catastrophes) disaster and emergency services; (en temps de guerre) civil defence
protection du consommateur consumer protection
protection des données data protection
protection de l'emploi job protection
protection de l'enfance child welfare
protection de l'environnement environmental protection
protection maternelle et infantile mother and child care
protection de la nature nature conservation
protection périodique sanitary towel (*Brit*) *ou* napkin (*US*)
protection des sites preservation *ou* protection of beauty spots
protection sociale social welfare ◆ **personnes sans protection sociale** people not covered by social security *ou* with no social welfare cover
protection solaire (= *produit*) sun cream (*ou* lotion)

protectionnisme /pʀɔtɛksjɔnism/ NM protectionism

protectionniste /pʀɔtɛksjɔnist/ ADJ, NMF protectionist

protectorat /pʀɔtɛktɔʀa/ NM protectorate

Protée /pʀɔte/ NM Proteus

protée /pʀɔte/ NM (littér) chameleon (fig); (= animal) olm

protégé, e /pʀɔteʒe/ SYN
[ADJ] ① [espèce, site, zone] protected; (Écon) [secteur, marché] protected; (Ordin) [disquette] write-protected; [logiciel] copy-protected ◆ **protégé en écriture** write-protected ◆ **la reproduction d'œuvres protégées** the reproduction of works under copyright protection ou of copyright works ◆ **rapports sexuels protégés/non protégés** safe/unprotected sex; → **passage**
② (pour handicapé) ◆ **atelier protégé** sheltered workshop ◆ **emploi protégé** job in a sheltered workshop
[NM] protégé; (* = chouchou) favourite, pet*
[NF] protégée protégée; (* = favorite) favourite, pet*

protège-bas /pʀɔtɛʒba/ NM INV sockette

protège-cahier (pl **protège-cahiers**) /pʀɔtɛʒ kaje/ NM exercise-book cover

protège-dents /pʀɔtɛʒdɑ̃/ NM INV gum-shield

protège-poignet /pʀɔtɛʒpwaɲɛ/ (pl **protège-poignets**) NM wrist guard

protéger /pʀɔteʒe/ SYN ▸ conjug 6 et 3 ◂
[VT] ① to protect (de, contre from) ◆ **protéger les intérêts de qn** to protect sb's interests ◆ **crème qui protège contre le soleil** cream that gives (good) protection against the sun
② (= patronner) [+ personne] to be a patron of; [+ carrière] to further; [+ arts, sports, artisanat] to patronize
[VPR] **se protéger** to protect o.s. (de from; contre against) ◆ **se protéger contre le ou du sida/contre le ou du soleil** to protect o.s. against AIDS/against the sun ◆ **se protéger du froid/contre les piqûres d'insectes** to protect o.s. from the cold/against insect bites

protège-slip (pl **protège-slips**) /pʀɔtɛʒslip/ NM panty liner

protège-tibia (pl **protège-tibias**) /pʀɔtɛʒtibja/ NM shin guard

protéiforme /pʀɔteifɔʀm/ ADJ protean

protéinase /pʀɔteinaz/ NF ⇒ **protéase**

protéine /pʀɔtein/ NF protein

protéiné, e /pʀɔteine/ ADJ ◆ **diète protéinée** high-protein diet

protéinurie /pʀɔteinyʀi/ NF albuminuria, proteinuria

protéique /pʀɔteik/ ADJ protein (épith), proteinic

protèle /pʀɔtɛl/ NM aardwolf

protéolyse /pʀɔteɔliz/ NF proteolysis

protéolytique /pʀɔteɔlitik/ ADJ proteolytic

protérandrie /pʀɔteʀɑ̃dʀi/ NF protandry

protérogyne /pʀɔteʀɔʒin/ ADJ ⇒ **protogyne**

protérogynie /pʀɔteʀɔʒini/ NF ⇒ **protogynie**

protestable /pʀɔtɛstabl/ ADJ protestable, which may be protested

protestant, e /pʀɔtɛstɑ̃, ɑ̃t/ ADJ, NM,F Protestant

protestantisme /pʀɔtɛstɑ̃tism/ NM Protestantism

protestataire /pʀɔtɛstatɛʀ/ SYN
[ADJ] [personne] protesting (épith); [marche, mesure] protest (épith)
[NMF] protester

protestation /pʀɔtɛstasjɔ̃/ SYN NF ① (= plainte) protest (contre against); (Jur) protesting, protestation ◆ **en signe de protestation** as a (sign of) protest ◆ **lettre/marche/mouvement de protestation** protest letter/march/movement
② (souvent pl = déclaration) protestation, profession ◆ **faire des protestations d'amitié à qn** to profess one's friendship to sb

protester /pʀɔtɛste/ GRAMMAIRE ACTIVE 14 SYN
▸ conjug 1 ◂
[VI] to protest (contre against, about) ◆ **protester de son innocence/de sa loyauté** to protest one's innocence/one's loyalty ◆ « **mais non », protesta-t-il** "no", he protested
[VT] (Jur) to protest; (frm = déclarer) to declare, to affirm, to profess ◆ **il protesta la plus vive admiration pour elle** (frm) he declared that he had the keenest admiration for her

protêt /pʀɔtɛ/ NM (Comm, Jur) protest

prothalle /pʀɔtal/ NM prothallus, prothallium

prothèse /pʀɔtɛz/ NF ① (= appareil) prosthesis (SPÉC); (= membre artificiel) artificial limb (ou hand ou arm etc), prosthesis (SPÉC) ◆ **prothèse dentaire** dentures, false teeth, dental prosthesis (SPÉC) ◆ **prothèse auditive** hearing aid ◆ **prothèse mammaire** breast prosthesis ◆ **pose d'une prothèse de hanche** hip replacement (operation)
② (= science, technique) prosthetics (sg) ◆ **la prothèse dentaire** prosthodontics (sg)

prothésiste /pʀɔtezist/ NMF prosthetist, prosthetic technician ◆ **prothésiste (dentaire)** dental technician, prosthodontist

prothorax /pʀɔtɔʀaks/ NM prothorax

prothrombine /pʀɔtʀɔ̃bin/ NF prothrombin

protide /pʀɔtid/ NM protein

protiste /pʀɔtist/ NM protist

proto... /pʀɔto/ PRÉF proto...

protococcus /pʀɔtɔkɔkys/ NM protococcoid

protocolaire /pʀɔtɔkɔlɛʀ/ ADJ [invitation, cérémonie] formal ◆ **question protocolaire** question of protocol ◆ **ce n'est pas très protocolaire !** it doesn't show much regard for protocol!

protocole /pʀɔtɔkɔl/ SYN NM ① (= étiquette) etiquette; (Pol) protocol ◆ **il est très attaché au protocole** he's a stickler for form ◆ **chef du protocole** chief ou head of protocol
② (= procès-verbal) protocol; (= résolutions) agreement ◆ **protocole d'accord/de coopération/financier** draft/cooperation/financial agreement
③ (Ordin, Sci) protocol ◆ **protocole de transfert de fichiers** file transfer protocol; (rédaction d'ouvrage) style guide ◆ **protocole thérapeutique** medical protocol

protoétoile /pʀɔtoetwal/ NF protostar

protogine /pʀɔtɔʒin/ NM ou F protogine

protogyne /pʀɔtɔʒin/ ADJ protogynous

protogynie /pʀɔtɔʒini/ NF protogyny

protohistoire /pʀɔtɔistwaʀ/ NF protohistory

protohistorique /pʀɔtɔistɔʀik/ ADJ protohistoric

proton /pʀɔtɔ̃/ NM proton

protonéma /pʀɔtɔnema/ NM protonema

protonique /pʀɔtɔnik/ ADJ proton (épith)

protophyte /pʀɔtɔfit/ NM ou F protophyte

protoplasma /pʀɔtɔplasma/, **protoplasme** /pʀɔtɔplasm/ NM protoplasm

protoplasmique /pʀɔtɔplasmik/ ADJ protoplasmic

protoptère /pʀɔtɔptɛʀ/ NM protopterus

prototype /pʀɔtɔtip/ SYN NM prototype ◆ **prototype d'avion** prototype aircraft

protoxyde /pʀɔtɔksid/ NM protoxide

protozoaire /pʀɔtɔzɔɛʀ/ NM protozoon ◆ **protozoaires** protozoa

protubérance /pʀɔtybeʀɑ̃s/ SYN NF bulge, protuberance ◆ **protubérance annulaire** (Anat) pons (Varolii) ◆ **protubérance solaire** (Astron) (solar) prominence

protubérant, e /pʀɔtybeʀɑ̃, ɑ̃t/ SYN ADJ [ventre, yeux] bulging, protuberant, protruding; [nez, menton] protuberant, protruding

prou /pʀu/ ADV ⇒ **peu**

proue /pʀu/ NF bow, bows, prow; → **figure**

prouesse /pʀuɛs/ SYN NF (frm) feat ◆ **faire des prouesses** to work miracles, to perform amazing feats ◆ **il a fallu faire des prouesses pour le convaincre** it was quite a feat to convince him ◆ **il nous racontait ses prouesses (sexuelles)** he regaled us with tales of his sexual exploits ◆ **cela n'a pu être réalisé qu'au prix de prouesses techniques** this could not have been achieved without technical wizardry ◆ **ses prouesses d'haltérophile** his prowess as a weightlifter

proustien, -ienne /pʀustjɛ̃, jɛn/ ADJ Proustian

prout* /pʀut/ NM ◆ **faire (un) prout** to fart* ◆ **elle est très prout prout ma chère** she's terribly la-di-da*

prouvable /pʀuvabl/ ADJ provable ◆ **allégations difficilement prouvables** allegations which are difficult to prove

prouver /pʀuve/ GRAMMAIRE ACTIVE 26.4 SYN
▸ conjug 1 ◂ [VT] to prove ◆ **les faits ont prouvé qu'il avait raison/qu'il était innocent** the facts proved him (to be) right/innocent ou proved that he was right/innocent ◆ **il est prouvé que...** it has been proved that... ◆ **cela prouve que...** it proves ou shows that... ◆ **il n'est pas prouvé qu'il soit coupable** there is no proof that he is guilty ou of his guilt ◆ **cela n'est pas prouvé** there's no proof of it, that hasn't been proved, that remains to be proved ◆ **sa culpabilité reste à prouver** it has yet to be proved that he is guilty ◆ **cette réponse prouve de l'esprit** that answer gives proof of his (ou her etc) wit ou shows wit ◆ **comment vous prouver ma reconnaissance ?** how can I show ou demonstrate my gratitude to you? ◆ **il a voulu se prouver (à lui-même) qu'il en était capable** he wanted to prove to himself that he was capable of it ◆ **son efficacité n'est plus à prouver** its effectiveness is no longer in doubt ou in question ◆ **j'ai 25 ans d'expérience, je n'ai plus rien à prouver** I have 25 years' experience, I have nothing to prove; → **A¹, absurde**

provenance /pʀɔv(ə)nɑ̃s/ SYN NF origin, provenance (frm) ◆ **j'ignore la provenance de cette lettre** I don't know where this letter comes ou came ou was sent from ◆ **pays de provenance** country of origin ◆ **des objets de toutes provenances** articles of every possible origin ◆ **de provenance étrangère** of foreign origin ◆ **le train en provenance de Cherbourg** the train from Cherbourg

provençal, e (mpl **-aux**) /pʀɔvɑ̃sal, o/
[ADJ] Provençal ◆ **(à la) provençale** (Culin) (à la) Provençale
[NM] (= langue) Provençal
[NM,F] **Provençal(e)** Provençal

Provence /pʀɔvɑ̃s/ NF Provence

provenir /pʀɔv(ə)niʀ/ SYN ▸ conjug 22 ◂ **provenir de** VT INDIR (= venir de) [+ pays] to come from, to be from; (= résulter de) [+ cause] to be due to, to be the result of ◆ **son genre de vie provient de son éducation** his life style is the result of his upbringing ◆ **mot qui provient d'une racine grecque** word which comes ou derives from a Greek root ◆ **cette fortune provient d'une lointaine cousine** this fortune comes from a distant cousin ◆ **vase provenant de Chine** vase (that comes) from China ◆ **je me demande d'où provient sa fortune** I wonder where he got his money from, I wonder how he came by so much money

proverbe /pʀɔvɛʀb/ SYN NM proverb ◆ **comme dit le proverbe** as the saying goes ◆ **passer en proverbe** to become proverbial ◆ **le livre des Proverbes** (Bible) the (Book of) Proverbs

proverbial, e (mpl **-iaux**) /pʀɔvɛʀbjal, jo/ SYN ADJ proverbial

proverbialement /pʀɔvɛʀbjalmɑ̃/ ADV proverbially

providence /pʀɔvidɑ̃s/ SYN NF (Rel) providence; (= sauveur) guardian angel ◆ **cette bouteille d'eau a été notre providence** that bottle of water was our salvation ou was a lifesaver ◆ **vous êtes ma providence !** you're my salvation!; → **état**

providentiel, -ielle /pʀɔvidɑ̃sjɛl/ SYN ADJ providential ◆ **voici l'homme providentiel** here's the man we need

providentiellement /pʀɔvidɑ̃sjɛlmɑ̃/ ADV providentially

provignage /pʀɔviɲaʒ/, **provignement** /pʀɔviɲmɑ̃/ NM [de vigne] layering

provigner /pʀɔviɲe/ ▸ conjug 1 ◂ VT [+ vigne] to layer

provin /pʀɔvɛ̃/ NM vine runner

province /pʀɔvɛ̃s/ NF ① (= région) province ◆ **Paris et la province** Paris and the provinces ◆ **vivre en province** to live in the provinces ◆ **ville de province** provincial town ◆ **il arrive de sa province** (péj) where has he been? ◆ **elle fait très province** (péj) she's very provincial ◆ **les Provinces Unies** (Hist) the United Provinces
② (au Canada) province ◆ **les Provinces maritimes** the Maritime Provinces, the Maritimes (Can) ◆ **habitant des Provinces maritimes** Maritimer ◆ **les Provinces des prairies** the Prairie Provinces (Can) ◆ **la Belle Province** Quebec

provincial, e (mpl **-iaux**) /pʀɔvɛ̃sjal, jo/
[ADJ] ① (gén, Rel) provincial
② (au Canada) ◆ **gouvernement provincial** Provincial government

provincial [NM,F] provincial ◆ **les provinciaux** people who live in the provinces, provincials
[NM] ① (Rel) Provincial
② (au Canada) ◆ **le provincial** the Provincial Government

provincialiser (se) /pʀɔvɛ̃sjalize/ ► conjug 1 ◄ VPR [ville] to become more provincial

provincialisme /pʀɔvɛ̃sjalism/ NM provincialism

proviseur /pʀɔvizœʀ/ NM [de lycée] headmaster, principal, head (Brit) ◆ **proviseur-adjoint** ≈ deputy ou assistant head (Brit), ≈ assistant ou vice-principal (US)

provision /pʀɔvizjɔ̃/ SYN NF ① (= réserve) [de vivres, cartouches] stock, supply; [d'eau] supply ◆ **faire (une) provision de** [+ nourriture, papier] to stock up with, to lay ou get in a stock of; [+ énergie, courage] to build up a stock of ◆ **j'ai acheté toute une provision de bonbons** I've bought a good supply ou stock of sweets ◆ **j'ai une bonne provision de conserves** I have a good stock of canned food ◆ **avoir une bonne provision de courage** to have considerable reserves of courage
② (= vivres) ◆ **provisions** provisions, food (NonC) ◆ **faire ses provisions, aller aux provisions*** to go shopping (for groceries ou food) ◆ **elle posa ses provisions sur la table** she put her groceries on the table ◆ **faire des provisions pour l'hiver** (lit) to stock up (with food ou provisions) for the winter; (hum : financièrement) to put something away for a rainy day ◆ **tu fais des provisions pour l'hiver ?** (hum :à qn qui mange trop) are you fattening yourself up for the winter ? ◆ **provisions de guerre** war supplies ◆ **provisions de bouche** provisions ◆ **filet/panier à provisions** shopping bag/basket ◆ **armoire** ou **placard à provisions** food cupboard
③ (= arrhes) (chez un avocat) retainer, retaining fee; (pour un achat) deposit ◆ **y a-t-il provision au compte ?** (Banque) are there sufficient funds in the account? ◆ **provisions sur charges** (immeuble d'habitation) interim payment for maintenance ou service charges ◆ **provisions pour créances douteuses** provision for bad debts ◆ **provisions pour risques** contingency reserve; → **chèque**

⚠ **provision** se traduit par le mot anglais **provision** uniquement au pluriel, au sens de 'vivres'.

provisionnel, -elle /pʀɔvizjɔnɛl/ ADJ (Jur) provisional ◆ **acompte** ou **tiers provisionnel** provisional payment (towards one's income tax) → IMPÔTS

provisionner /pʀɔvizjɔne/ SYN ► conjug 1 ◄ VT (Banque) [+ compte] to pay money ou funds into ◆ **la banque a provisionné à 20% ses risques sur l'immobilier** the bank has set aside 20% of its capital in provision against ou to cover real estate losses

provisoire /pʀɔvizwaʀ/ SYN
ADJ [mesure, solution] temporary, provisional; [bonheur, liaison, installation] temporary; [arrêt, jugement] provisional; [adjoint] temporary, acting (épith); [gouvernement] provisional, interim (épith) ◆ **à titre provisoire** temporarily, provisionally; → **liberté**
NM ◆ **c'est du provisoire** it's a temporary ou provisional arrangement

provisoirement /pʀɔvizwaʀmɑ̃/ SYN ADV (= momentanément) temporarily; (= pour l'instant) for the time being

provisorat /pʀɔvizɔʀa/ NM headmastership, principalship (US)

provitamine /pʀɔvitamin/ NF provitamin

provoc* /pʀɔvɔk/ NF abrév de **provocation**

provocant, e /pʀɔvɔkɑ̃, ɑ̃t/ SYN ADJ provocative

provocateur, -trice /pʀɔvɔkatœʀ, tʀis/ SYN
ADJ provocative; → **agent**
NM agitator

provocation /pʀɔvɔkasjɔ̃/ SYN NF ① (= défi) provocation ◆ **ils ont accusé les manifestants de faire de la provocation** they accused the demonstrators of being provocative ou of trying to provoke trouble ◆ **il l'a fait par pure provocation** he did it just to be provocative ou to get a reaction ◆ **leur façon de s'habiller, c'est de la provocation** (gén) they dress to shock people by the way they dress; (pour exciter) they dress to be provocative ◆ **il a multiplié les provocations à l'égard des autorités** he has increasingly tried to provoke the authorities ◆ **provocation en duel** challenge to a duel
② (= incitation) ◆ **provocation à (faire) qch** incitement to (do) sth ◆ **provocation à la haine raciale/au crime** incitement to racial hatred/to commit a crime ◆ **provocation au suicide** ≈ assisted suicide

provoquer /pʀɔvɔke/ GRAMMAIRE ACTIVE 17.2 SYN ► conjug 1 ◄ VT ① (= défier) to provoke ◆ **elle aime provoquer les hommes** she likes to provoke men ◆ **provoquer qn du regard** to give sb a defiant look; (pour exciter) to give sb a provocative look ◆ **les deux adversaires s'étaient provoqués** the two opponents had provoked each other ◆ **provoquer qn en duel** to challenge sb to a duel
② (= causer) [+ accident, incendie, explosion, dégâts] to cause; [+ réaction, changement d'attitude] to provoke, to prompt, to produce; [+ courant d'air] to create, to cause; [+ crise, révolte] to cause, to bring about, to provoke; [+ commentaires] to give rise to, to provoke, to prompt; [+ colère] to arouse, to spark off; [+ curiosité] to arouse, to excite; [+ gaieté] to cause, to provoke; [+ aveux, explications] to prompt; [+ accouchement] to induce ◆ **l'accident a provoqué la mort de six personnes** six people were killed in the accident ◆ **médicament qui provoque le sommeil** sleep-inducing drug ◆ **le malade est sous sommeil provoqué** the patient is in an induced sleep ◆ **l'élévation de température a provoqué cette réaction** (Chim) the rise in temperature brought about ou triggered off ou started up this reaction ◆ **les émeutes ont provoqué la chute du régime** rioting brought about ou led to the fall of the regime ◆ **provoquer des élections anticipées** to force an early election
③ (= inciter) ◆ **provoquer qn à** to incite sb to

proxénète /pʀɔksenɛt/ SYN NMF procurer

proxénétisme /pʀɔksenetism/ NM procuring ◆ **il a été condamné pour proxénétisme** he was convicted of living off immoral earnings

proximité /pʀɔksimite/ SYN NF ① (dans l'espace) proximity, nearness, closeness ◆ **à cause de la proximité de l'aéroport** because the airport is so close, because of the proximity of the airport
◆ **à proximité** nearby, close by
◆ **à proximité de** near (to), close to, in the vicinity of
◆ **de proximité** ◆ **commerce de proximité** local shop (Brit) ou store (US), neighborhood store (US) ◆ **emploi de proximité** job created at local community level, typically involving childminding, domestic work, caring for old people etc ◆ **la police de proximité** community policing ◆ **il faut développer les services de proximité** we need to develop local community-based services
② (dans le temps) closeness ◆ **c'est lié à la proximité de l'élection** it's connected to the fact that the elections are so close

pruche /pʀyʃ/ NF (Can) hemlock spruce

prude /pʀyd/ SYN
ADJ prudish
NF prude ◆ **faire la prude, jouer les prudes** to behave prudishly

prudemment /pʀydamɑ̃/ SYN ADV [conduire] carefully; [avancer, répondre] cautiously ◆ **garder prudemment le silence** to keep a cautious silence

prudence /pʀydɑ̃s/ SYN NF ① (= circonspection) care, caution, prudence; (= réserve) caution ◆ **prudence ! ça glisse** careful! it's slippery ◆ **faire preuve de prudence** to be cautious ou careful ◆ **il a manqué de prudence** he wasn't cautious ou careful enough ◆ **par (mesure de) prudence** as a precaution ◆ **avec la plus grande prudence** with the greatest caution, extremely carefully ou cautiously ◆ **il faudra lui annoncer la nouvelle avec beaucoup de prudence** the news must be broken to him very carefully ◆ **prudence est mère de sûreté** (Prov) discretion is the better part of valour (Prov)
② (= sagesse) wisdom ◆ **il a eu la prudence de partir** he had the good sense to leave

prudent, e /pʀydɑ̃, ɑ̃t/ GRAMMAIRE ACTIVE 2.2 SYN ADJ ① (= circonspect) careful, cautious, prudent; (= réservé) cautious ◆ **soyez prudent !** (gén) be careful!, take care!; (sur la route) drive carefully! ◆ **il s'est montré très prudent au sujet du résultat** he was very cautious ou cagey about the result ◆ **c'est un prudent** he's a careful ou cautious man ◆ **avancer à pas prudents** to move forward cautiously ou with cautious steps ◆ **soyez plus prudent à l'avenir** be more careful in future ◆ **il n'est pas très prudent en voiture** he's not a careful driver
② (= sage) wise, sensible ◆ **il est prudent de faire** it is wise ou advisable to do ◆ **il serait prudent de vous munir d'un parapluie** it would be wise ou sensible to take an umbrella, you would be well-advised to take an umbrella ◆ **ce n'est pas prudent** it's not advisable, it's not a good idea ◆ **ce n'est pas prudent de boire avant de conduire** it's not sensible ou wise ou advisable to drink before driving ◆ **c'est plus prudent** it's wiser ou safer ou more sensible ◆ **il jugea plus prudent de se taire** he thought it wiser ou more sensible to keep quiet

pruderie /pʀydʀi/ NF (littér) prudishness (NonC), prudery

prud'homal, e (mpl -aux) /pʀydɔmal, o/ ADJ of an industrial tribunal (Brit) ou labor relations board (US)

prud'homie /pʀydɔmi/ NF jurisdiction of an industrial tribunal (Brit) ou labor relations board (US); → **prud'homme**

prud'homme /pʀydɔm/ NM ≈ member of an industrial tribunal (Brit) ou labor relations board (US) ◆ **conseil des prud'hommes, les prud'hommes** ≈ industrial tribunal (Brit), ≈ labor relations board (US) (with wide administrative and advisory powers) ◆ **aller ou devant les prud'hommes** ≈ to go before an industrial tribunal (Brit) ou the labor relations board (US)

prudhommerie /pʀydɔmʀi/ NF sententiousness, pomposity

prudhommesque /pʀydɔmɛsk/ ADJ sententious, pompous

prune /pʀyn/
NF ① (= fruit) plum; (= alcool) plum brandy ◆ **pour des prunes*** for nothing ◆ **des prunes !*** not likely! *, not on your life! *, no way! *
② (* = contravention) ticket (for speeding, illegal parking etc) ◆ **il m'a filé une prune** he gave me a ticket, he booked me (Brit)
③ (* † ‡ = coup) clout * ◆ **filer une prune à qn*** to give sb a clout *, to clout * sb
ADJ INV plum-coloured (Brit) ou -colored (US)

⚠ **prune** ne se traduit pas par le mot anglais **prune**, qui a le sens de 'pruneau'.

pruneau (pl **pruneaux**) /pʀyno/ NM ① (= fruit sec) prune; (Helv = quetsche) kind of dark-red plum
② (* = balle) slug *

prunelle /pʀynɛl/ NF ① (= fruit) sloe; (= eau-de-vie) sloe gin
② (= pupille) pupil; (= œil) eye ◆ **il y tient comme à la prunelle de ses yeux** (objet) he treasures ou cherishes it; (personne) she (ou he) is the apple of his eye, she (ou he) is very precious to him ◆ **il/elle jouait de la prunelle*** he/she was giving her/him the eye *

prunellier /pʀynɛlje/ NM sloe, blackthorn

prunier /pʀynje/ NM plum tree; → **secouer**

prunus /pʀynys/ NM prunus, Japanese flowering cherry

prurigineux, -euse /pʀyʀiʒinø, øz/ ADJ pruriginous

prurigo /pʀyʀigo/ NM prurigo

prurit /pʀyʀit/ NM (Méd) pruritus ◆ **leur prurit réformateur/égalitaire** (hum) their zeal for reform/egalitarianism ◆ **le pruritde l'écriture le démange** he's got the writing bug

Prusse /pʀys/ NF Prussia; → **bleu**

prussien, -ienne /pʀysjɛ̃, jɛn/
ADJ Prussian
NM,F **Prussien(ne)** Prussian

prytanée /pʀitane/ NM (Antiq) prytaneum ◆ **prytanée militaire** military academy

PS /pees/ NM (abrév de **parti socialiste**) French political party

P.-S., PS /pees/ NM (abrév de **post-scriptum**) ps

psallette /psalɛt/ NF choir

psalliote /psaljɔt/ NF pine wood mushroom

psalmiste /psalmist/ NM psalmist

psalmodie /psalmɔdi/ NF (Rel) psalmody, chant; (littér) drone (NonC)

psalmodier /psalmɔdje/ ► conjug 7 ◄
VT (Rel) to chant; (littér) to drone out
VI to chant; (littér) to drone (on ou away)

psaume /psom/ NM psalm ◆ **le livre des Psaumes** (Bible) the Book of Psalms

psautier /psotje/ NM psalter

pschent /pskɛnt/ NM pschent

pschitt | public

pschitt /pʃit/
EXCL hiss
NM (* = *atomiseur*) spray ✦ **vaporisez deux coups de pschitt sur un chiffon** spray twice onto a cloth

pseudarthrose /psødartroz/ **NF** false joint *ou* ankylosis, pseudoarthrosis (SPÉC)

pseudo* /psødo/ **NM** abrév de **pseudonyme**

pseudo- /psødo/ **PRÉF** (*gén*) pseudo- ✦ **pseudo-historien** pseudo-historian ✦ **pseudo-science/-réalité** pseudo-science/-reality ✦ **les pseudo-révélations parues dans leur journal** the pseudo-revelations *ou* so-called revelations published in their newspaper

pseudonyme /psødɔnim/ **SYN NM** (*gén*) assumed *ou* fictitious name; [*d'écrivain*] pen name, pseudonym; [*de comédien*] stage name; (*Jur, hum*) alias; (*Internet*) handle, nick

pseudopode /psødɔpɔd/ **NM** pseudopodium

psitt /psit/ **EXCL** ps(s)t!

psittacidés /psitaside/ **NMPL** ✦ **les psittacidés** psittacines, the Psittacidae (SPÉC)

psittacisme /psitasism/ **NM** (= *répétition mécanique*) parrotry; (*Psych*) psittacism

psittacose /psitakoz/ **NF** psittacosis

psoralène /psɔralɛn/ **NM** psoralen

psoriasis /psɔrjazis/ **NM** psoriasis

pst /pst/ **INTERJ** ⇒ **psitt**

psy* /psi/
ADJ INV abrév de **psychologique, psychique, psychosomatique**
NMF (abrév de **psychiatre, psychologue, psychothérapeute, psychanalyste**) ✦ **il va chez son psy toutes les semaines** he goes to see his analyst *ou* shrink* every week
NF abrév de **psychiatrie, psychologie**

psychanalyse /psikanaliz/ **NF** [*de personne*] psychoanalysis, analysis; [*de texte*] psychoanalytical study ✦ **entreprendre/faire/suivre une psychanalyse** to start/do/undergo analysis

psychanalyser /psikanalize/ ▸conjug 1◂ **VT** [+ *personne*] to psychoanalyze; [+ *texte*] to study from a psychoanalytical viewpoint ✦ **se faire psychanalyser** to have o.s. psychoanalyzed

psychanalyste /psikanalist/ **NMF** psychoanalyst, analyst

psychanalytique /psikanalitik/ **ADJ** psychoanalytic(al)

psychasthénie /psikasteni/ **NF** psychasthenia

psychasthénique /psikastenik/
ADJ psychasthenic
NMF person suffering from psychasthenia

psyché /psiʃe/ **NF** 1 (*Psych*) psyche
2 (= *miroir*) cheval glass, swing mirror
3 (*Myth*) ✦ **Psyché** Psyche

psychédélique /psikedelik/ **ADJ** psychedelic

psychédélisme /psikedelism/ **NM** psychedelic state

psychiatre /psikjatr/ **NMF** psychiatrist

psychiatrie /psikjatri/ **NF** psychiatry

psychiatrique /psikjatrik/ **ADJ** [*troubles*] psychiatric; [*hôpital*] psychiatric, mental (*épith*)

psychiatriser /psikjatrize/ ▸conjug 1◂ **VT** [+ *personne, fait*] to analyse

psychique /psiʃik/ **SYN ADJ** psychological, psychic(al)

psychiquement /psiʃikmɑ̃/ **ADV** psychologically

psychisme /psiʃism/ **SYN NM** psyche, mind

psycho* /psiko/ **NF** abrév de **psychologie**

psychoanaleptique /psikoanalɛptik/ **ADJ, NM** psychoanaleptic

psychobiologie /psikɔbjɔlɔʒi/ **NF** psychobiology

psychochirurgie /psikoʃiryrʒi/ **NF** psychosurgery

psychocritique /psikokritik/ **NF** psychoanalytic(al) criticism

psychodramatique /psikɔdramatik/ **ADJ** psychodramatic

psychodrame /psikɔdram/ **NM** (*Psych*) psychodrama; (= *drame*) drama

psychodysleptique /psikodislɛptik/
ADJ psychodysleptic
NM psychodysleptic drug

psychogène /psikɔʒɛn/ **ADJ** psychogenic

psychogenèse /psikoʒənɛz/ **NF** psychogenesis

psychogénétique /psikoʒenetik/ **ADJ** psychogenetic

psychokinésie /psikokinezi/ **NF** psychokinesis

psycholinguiste /psikolɛ̃gɥist/ **NMF** psycholinguist

psycholinguistique /psikolɛ̃gɥistik/
ADJ psycholinguistic
NF psycholinguistics (*sg*)

psychologie /psikɔlɔʒi/ **SYN NF** psychology ✦ **la psychologie de l'enfant/des foules/du comportement** child/crowd/behavioural psychology ✦ **il faut faire preuve de psychologie** you have to be perceptive about people, you have to have good insight into people ✦ **il manque complètement de psychologie** he's completely unperceptive about people, he's got absolutely no insight into people

psychologique /psikɔlɔʒik/ **SYN ADJ** psychological ✦ **tu sais, mon vieux, c'est psychologique !** it's psychological *ou* it's all in the mind, my friend!; → **moment**

psychologiquement /psikɔlɔʒikmɑ̃/ **ADV** psychologically

psychologisme /psikɔlɔʒism/ **NM** psychologism

psychologue /psikɔlɔg/ **SYN**
ADJ (= *intuitif*) ✦ **il est/il n'est pas très psychologue** he's very/he's not very perceptive about people
NMF psychologist ✦ **psychologue d'entreprise** industrial psychologist ✦ **psychologue scolaire** educational psychologist

psychométricien, -ienne /psikɔmetrisjɛ̃, jɛn/ **NM,F** psychometrician, psychometrist

psychométrie /psikɔmetri/ **NF** psychometry, psychometrics (*sg*)

psychométrique /psikɔmetrik/ **ADJ** psychometric

psychomoteur, -trice /psikɔmɔtœr, tris/ **ADJ** psychomotor

psychomotricité /psikɔmɔtrisite/ **NF** psychomotility

psychopathe /psikɔpat/ **SYN NMF** psychopath ✦ **tueur psychopathe** psychopathic killer

psychopathie /psikɔpati/ **NF** psychopathy

psychopathologie /psikɔpatɔlɔʒi/ **NF** psychopathology

psychopédagogie /psikopedagɔʒi/ **NF** educational psychology

psychopédagogique /psikopedagɔʒik/ **ADJ** [*études, formation*] in educational psychology

psychopharmacologie /psikofarmakɔlɔʒi/ **NF** psychopharmacology

psychophysiologie /psikofizjɔlɔʒi/ **NF** psychophysiology

psychophysiologique /psikofizjɔlɔʒik/ **ADJ** psychophysiological

psychopompe /psikopɔ̃p/ **NM** psychopompos

psychoprophylactique /psikoprofilaktik/ **ADJ** ✦ **méthode psychoprophylactique** psychoprophylaxis

psychorigide /psikoriʒid/ **ADJ** (*Psych*) stubbornly resistant to change

psychorigidité /psikoriʒidite/ **NF** (*Psych*) stubborn resistance to change

psychose /psikoz/ **SYN NF** (*Psych*) psychosis; (= *obsession*) obsessive fear ✦ **psychose maniacodépressive** manic depressive psychosis ✦ **psychose collective** mass hysteria, collective hysteria ✦ **psychose de guerre** war psychosis *ou* hysteria

psychosensoriel, -ielle /psikosɑ̃sɔrjɛl/ **ADJ** psychosensory

psychosocial, e (mpl **-iaux**) /psikosɔsjal, jo/ **ADJ** psychosocial

psychosociologie /psikosɔsjɔlɔʒi/ **NF** psychosociology

psychosomatique /psikosɔmatik/
ADJ psychosomatic
NF psychosomatics (*sg*)

psychotechnicien, -ienne /psikotɛknisjɛ̃, jɛn/ **NM,F** psychotechnician, psychotechnologist

psychotechnique /psikotɛknik/
ADJ psychotechnical, psychotechnological
NF psychotechnics (*sg*), psychotechnology

psychothérapeute /psikoterapøt/ **NMF** psychotherapist

psychothérapie /psikoterapi/ **NF** psychotherapy ✦ **psychothérapie de soutien** supportive therapy ✦ **entreprendre/faire/suivre une psychothérapie** to start/do/undergo (a course of) psychotherapy

psychothérapique /psikoterapik/ **ADJ** psychotherapeutic

psychotique /psikɔtik/ **ADJ, NMF** psychotic

psychotonique /psikɔtɔnik/ **ADJ, NM** psychotonic

psychotrope /psikɔtrɔp/
ADJ psychoactive, psychotropic
NM psychoactive *ou* psychotropic substance

psychromètre /psikromɛtr/ **NM** psychrometer

psylle /psil/ **NM** *ou* **F** jumping plant louse

psyllium /psiljɔm/ **NM** psyllium (seed)

Pte abrév de **porte**

ptéranodon /pteranɔdɔ̃/ **NM** pteranodon

ptéridophytes /pteridɔfit/ **NMPL** ✦ **les ptéridophytes** pteridophytes, the Pteridophyta (SPÉC)

ptérodactyle /pterɔdaktil/ **NM** pterodactyl

ptéropode /pterɔpɔd/ **NM** pteropod

ptérosauriens /pterozɔrjɛ̃/ **NMPL** ✦ **les ptérosauriens** pterodactyls, pterosaurs, the Pterosauria (SPÉC)

ptérygoïde /pterigɔid/ **ADJ** ✦ **apophyse ptérygoïde** pterygoid process

ptérygoïdien, -ienne /pterigɔidjɛ̃, jɛn/ **ADJ, NM** pterygoid

ptérygote /pterigɔt/ **NM** winged insect

Ptolémée /ptɔleme/ **NM** Ptolemy

ptomaïne /ptɔmain/ **NF** ptomain(e)

ptose /ptoz/ **NF** ptosis

ptosis /ptozis/ **NM** ptosis

P.T.T. /petete/ **NFPL** (abrév de **Postes, Télécommunications et Télédiffusion**) → **poste**[1]

ptyaline /ptjalin/ **NF** ptyalin

puant, e /pɥɑ̃, pɥɑ̃t/ **SYN ADJ** 1 (*lit*) stinking, foul-smelling
2 (* = *péj*) [*personne, attitude*] arrogant ✦ **il est puant, c'est un type puant** he's an arrogant creep* ✦ **puant d'orgueil** bloated with pride

puanteur /pɥɑ̃tœr/ **SYN NF** stink, stench

pub[1] /pœb/ **NM** (= *bar*) pub

pub[2] */*pyb/ **NF** (= *annonce*) ad*, advert* (*Brit*); (*Ciné, TV*) commercial, ad*, advert* (*Brit*) ✦ **la pub** (*métier*) advertising ✦ **faire de la pub pour qch** (*Comm*) to advertise sth; (= *inciter à acheter qch*) to plug sth*, to give sth a plug* ✦ **ça lui a fait de la pub** it was a plug* for him ✦ **coup de pub** publicity stunt ✦ **ses disques ne se vendent qu'à coups de pub** his records are selling only as a result of heavy advertising

pubère /pybɛr/ **SYN ADJ** pubescent

pubertaire /pybɛrtɛr/ **ADJ** pubertal

puberté /pybɛrte/ **SYN NF** puberty

pubescence /pybesɑ̃s/ **NF** (*Bio*) pubescence

pubescent, e /pybesɑ̃, ɑ̃t/ **ADJ** (*Bio*) pubescent

pubien, -ienne /pybjɛ̃, jɛn/ **ADJ** pubic ✦ **région pubienne** pubic region, pubes

pubis /pybis/ **NM** (= *os*) pubis; (= *bas-ventre*) pubes ✦ **os pubis** pubic bone

publiable /pyblijabl/ **ADJ** publishable ✦ **ce n'est pas publiable** it's not fit for publication

public, -ique /pyblik/ **SYN**
ADJ 1 (= *non privé*) [*intérêt, lieu, opinion, vie*] public; [*vente, réunion*] public, open to the public (*attrib*) ✦ **danger/ennemi/homme public** public danger/enemy/figure ✦ **la nouvelle est maintenant publique** the news is now common *ou* public knowledge ✦ **la nouvelle a été rendue publique hier** the news was made public *ou* was released yesterday; → **domaine, droit**[3]**, notoriété**
2 (= *de l'État*) [*services, secteur, finances*] public; [*école, instruction*] State (*épith*), public (*US*) → **charge, chose, dette** *etc*
NM 1 (= *population*) ✦ **le public** the (general) public ✦ « **interdit au public** » "no admittance to the public"
2 (= *audience, assistance*) audience ✦ **œuvre conçue pour un jeune public** work written for a young audience ✦ **le public parisien est très exigeant** Paris audiences are very demanding ✦ **des huées s'élevèrent du public** the audience started booing ✦ **cet écrivain s'adresse à un vaste public** this author writes for a wide

readership • **cet acteur a son public** this actor has his fans *ou* followers • **cet ouvrage plaira à tous les publics** this work will be appreciated by all kinds of readers • **un public clairsemé assistait au match** the match was attended by very few spectators • **le public est informé que...** the public is advised that... • **en public** in public • **le grand public** the general public • **roman destiné au grand public** novel written for the general reader *ou* public • **appareils électroniques grand public** consumer electronics • **film grand public** film with mass appeal • **il lui faut toujours un public** *(fig)* he always needs an audience • **être bon/mauvais public** to be easy/hard to please

3 *(= secteur)* • **le public** the public sector

publicain /pyblikɛ̃/ NM *(Hist romaine)* publican, tax-gatherer

publication /pyblikasjɔ̃/ SYN NF *(= action)* publication, publishing; *(= écrit publié)* publication • **après sa publication aux États-Unis** after being published *ou* after its publication in the United States • **ce livre a été interdit de publication** this book has been banned • **publication des bans (de mariage)** publication *ou* reading of the banns • **publication assistée par ordinateur** desktop publishing

publiciste /pyblisist/ NMF 1 *(* = publicitaire)* advertising executive

2 *(Jur)* public law specialist

publicitaire /pyblisitɛʀ/

ADJ *[budget, affiche, agence, campagne]* advertising *(épith)*; *[film]* promotional • **annonce publicitaire** advertisement • **échantillon publicitaire** give-away, free sample • **grande vente publicitaire** big promotional sale • **matériel publicitaire** publicity material • **rédacteur publicitaire** copywriter

NMF advertising executive

publicité /pyblisite/ SYN NF 1 *(Comm = méthode, profession)* advertising • **il travaille dans la publicité** he's in advertising, he's an adman* • **faire de la publicité pour qch** *(Comm)* to advertise sth; *(= inciter à acheter qch)* to plug sth* • **il sait bien faire sa propre publicité** he's good at selling himself • **cette marque fait beaucoup de publicité** this make does a lot of advertising • **son livre a été lancé à grand renfort de publicité** his book was launched amid a blaze of publicity *ou* amid much media hype* • **coup de publicité** publicity stunt • **publicité par affichage** poster advertising • **publicité collective/comparative** collective/comparative advertising • **publicité directe** direct advertising • **publicité de rappel** reminder advertising • **publicité mensongère** misleading advertising • **publicité sur les lieux de vente** point-of-sale advertising • **matériel de publicité** *(Comm)* publicity material • **dépenses de publicité** advertising costs • **campagne de publicité** publicity *ou* advertising campaign; → **agence** *etc*

2 *(= annonce)* advertisement, ad*, advert* *(Brit)*; *(Ciné, TV)* commercial, advertisement • **publicité rédactionnelle** special advertising feature, advertorial *(US)*

3 *(= révélations)* publicity • **on a fait trop de publicité autour de cette affaire** this affair has had *ou* has been given too much publicity

4 *(Jur)* • **la publicité des débats** the public nature of the proceedings

publier /pyblije/ SYN ▸ conjug 7 ◂ VT 1 *[+ livre] [auteur]* to publish; *[éditeur]* to publish, to bring out

2 *[+ bans, décret]* to publish; *(littér) [+ nouvelle]* to publish (abroad) *(littér)*, to make public • **ça vient d'être publié** it's just out, it has just come out *ou* been published • **publier un communiqué** to release a statement *(au sujet de* about)

publiphone ® /pyblifɔn/ NM public telephone, payphone • **publiphone à carte** card phone

publipostage /pyblipɔstaʒ/ NM mailshot, mass mailing

publi-promotionnel, -elle /pyblipʀɔmosjɔnɛl/ ADJ • **campagne publi-promotionnelle** advertising campaign

publiquement /pyblikmɑ̃/ SYN ADV publicly • **le ministre a exprimé publiquement son désaccord** the minister went on the record to express his disagreement, the minister publicly expressed his disagreement • **le président a dû intervenir publiquement** the president had to issue a public statement

publireportage /pybliʀ(ə)pɔʀtaʒ/ NM special advertising feature, advertorial *(US)*

puce /pys/

NF 1 *(= insecte)* flea • **puce de mer** *ou* **de sable** sand flea • **puce d'eau** water flea • **ça m'a mis la puce à l'oreille** that started *ou* got me thinking • **le marché aux puces, les puces** the flea market • **oui, ma puce*** yes, pet* • **c'est une petite puce** *(fig)* she's a tiny little thing • **être agité** *ou* **excité comme une puce** to be all excited; → **sac**[1], **secouer**

2 • **jeu de puces** tiddlywinks • **jouer aux puces** to play tiddlywinks

3 *(Ordin)* (silicon) chip • **puce électronique** microchip • **puce mémoire** memory chip

ADJ INV *(= couleur)* puce

puceau* (pl **puceaux**) /pyso/

ADJ M • **être puceau** to be a virgin

NM virgin

pucelage* /pys(ə)laʒ/ NM virginity

pucelle †† * /pysɛl/ *(hum)*

ADJ F • **être pucelle** to be a virgin • **elle n'est plus pucelle** she has lost her virginity, she's not a virgin

NF virgin, maid(en) *(littér)* • **la Pucelle d'Orléans** *(Hist)* the Maid of Orleans *(Joan of Arc)*

puceron /pys(ə)ʀɔ̃/ NM aphid, greenfly • **puceron cendré** blackfly

pucier✱ /pysje/ NM bed

pudding /pudiŋ/ NM *close-textured fruit sponge*

puddlage /pydlaʒ/ NM puddling

pudeur /pydœʀ/ SYN NF 1 *(concernant le corps)* modesty • **elle a beaucoup de pudeur** she has a keen sense of modesty • **elle est sans pudeur, elle n'a aucune pudeur** she has no modesty, she's quite shameless • **expliquer qch sans fausse pudeur** to explain sth without undue prudery *ou* quite openly • **il parle de sa maladie sans fausse pudeur** he talks about his illness quite openly; → **attentat, outrage**

2 *(= délicatesse)* sense of propriety *ou* decency • **agir sans pudeur** to act with no regard to propriety • **il aurait pu avoir la pudeur de ne pas en parler** he could have had the decency not to talk about it

pudibond, e /pydibɔ̃, ɔ̃d/ SYN ADJ (excessively) prudish, prim and proper

pudibonderie /pydibɔ̃dʀi/ NF (excessive) prudishness, (excessive) primness

pudicité /pydisite/ NF *(littér) (= chasteté)* modesty; *(= discrétion)* discretion

pudique /pydik/ SYN ADJ 1 *(= chaste) [personne, geste]* modest

2 *(= discret) [allusion]* discreet • **un terme pudique pour désigner...** a nice way of saying..., a euphemism for...

pudiquement /pydikmɑ̃/ ADV 1 *(= chastement)* modestly

2 *(= avec tact)* discreetly • **ils détournaient les yeux pudiquement** they looked away discreetly *ou* out of a sense of decency

3 *(= par euphémisme)* discreetly • **cela désigne pudiquement...** it's a nice way of saying..., it's a euphemism for...

puer /pɥe/ SYN ▸ conjug 1 ◂

VI to stink • **il pue des pieds** his feet stink, he has smelly feet • **il pue de la gueule** his breath stinks • **ça pue !** it stinks!

VT to stink *ou* reek of • **ça pue l'argent** it reeks *ou* stinks of money

puériculteur, -trice /pɥeʀikyltœʀ, tʀis/ NM,F *(dans un hôpital)* paediatric *(Brit) ou* pediatric *(US)* nurse; *(dans une crèche)* nursery nurse

puériculture /pɥeʀikyltyʀ/ NF *(gén)* infant care; *(dans une crèche)* nursery nursing; *(en pédiatrie)* paediatric *(Brit) ou* pediatric *(US)* nursing • **donner des cours de puériculture aux mamans** to give courses on infant care to mothers

puéril, e /pɥeʀil/ SYN ADJ puerile, childish

puérilement /pɥeʀilmɑ̃/ ADV childishly

puérilisme /pɥeʀilism/ NM puerilism

puérilité /pɥeʀilite/ SYN NF *(= caractère)* puerility, childishness; *(= acte)* childish behaviour *(Brit) ou* behavior *(US) (NonC)*

puerpéral, e (mpl **-aux**) /pɥɛʀpeʀal, o/ ADJ puerperal

puffin /pyfɛ̃/ NM shearwater

pugilat /pyʒila/ SYN NM (fist) fight

pugiliste /pyʒilist/ NM *(littér)* pugilist *(littér)*

pugilistique /pyʒilistik/ ADJ *(littér)* pugilistic *(littér, frm)*

pugnace /pygnas/ SYN ADJ pugnacious

pugnacité /pygnasite/ NF *(littér)* pugnacity

puîné, e † /pɥine/

ADJ *(= de deux)* younger; *(= de plusieurs)* youngest

NM,F *(de deux)* younger brother *(ou* sister); *(de plusieurs)* youngest brother *(ou* sister)

puis /pɥi/ ADV *(= ensuite)* then; *(dans une énumération)* then, next • **et puis** *(= en outre)* and besides • **et puis ensuite** *ou* **après** and then, and after that • **et puis c'est tout** and that's all *ou* that's it *ou* that's all there is to it • **il est parti, et puis voilà !** off he went, and that was that! • **et puis après tout** and after all • **et puis après ?** *(= ensuite)* and what next?, and then (what)?; *(= et alors ?)* so what?*, what of it? • **et puis quoi ?** *(= quoi d'autre)* well, what?, and then what?; *(= et alors ?)* so what?*, what of it? • **et puis quoi encore ?** *(= tu exagères)* whatever next?

puisage /pɥizaʒ/ NM drawing (of water)

puisard /pɥizaʀ/ NM *(gén)* cesspool, sink; *(dans un bateau)* well

puisatier /pɥizatje/ NM well-digger

puiser /pɥize/ SYN ▸ conjug 1 ◂ VT *[+ eau]* to draw *(dans* from); *[+ exemple, renseignement, inspiration]* to draw, to take *(dans* from) • **les deux auteurs ont puisé aux mêmes sources** the two authors drew on the same sources • **puiser dans son sac/ses économies** to dip into one's bag/one's savings • **j'ai dû puiser dans mes réserves pour finir la course** I had to draw on my reserves to finish the race

puisque /pɥisk(ə)/ GRAMMAIRE ACTIVE 17.1 SYN CONJ

1 *(= du moment que)* since, seeing that • **ces animaux sont donc des mammifères, puisqu'ils allaitent leurs petits** these animals are therefore mammals, seeing that *ou* since they suckle their young • **ça doit être vrai, puisqu'il le dit** it must be true since he says so

2 *(= comme)* as, since, seeing that • **puisque vous êtes là, venez m'aider** as *ou* since *ou* seeing that you're here come and help me • **ces escrocs, puisqu'il faut les appeler ainsi...** these crooks – as *ou* since one must call them that... • **son échec, puisque échec il y a...** his failure, given that he has indeed failed..., his failure, seeing as that is what it amounts to... • **puisque c'est comme ça, je ne viendrai plus !** if that's how it is, I won't come anymore!

3 *(valeur intensive)* • **puisque je te le dis !** I'm telling you (so)! • **puisque je te dis que c'est vrai !** I'm telling you it's true!

puissamment /pɥisamɑ̃/ SYN ADV *(= fortement)* powerfully; *(= beaucoup)* greatly • **puissamment raisonné !** *(iro)* what brilliant reasoning! *(iro)*

puissance /pɥisɑ̃s/ SYN

NF 1 *(= force) [d'armée, muscle, impulsion]* power, strength; *[de vent]* strength, force

2 *(Élec, Phys)* power; *[de microscope]* (magnifying) power; *[de moteur, voiture, haut-parleur]* power • **puissance en watts** wattage • **puissance de sortie** *[de chaîne hi-fi]* output • **puissance de calcul/de traitement** *(Ordin)* computing/processing power *ou* capacity • **modifier la puissance de l'éclairage** to adjust the lighting • **puissance effective d'un moteur** engine power output • **bombe de forte puissance** powerful *ou* high-powered bomb • **bombe de faible puissance** low-power bomb • **la puissance de destruction de ce missile** this missile's destructive potential

3 *(= capacité)* power • **la puissance d'évocation de la musique** the evocative power of music • **une grande puissance de séduction/suggestion** great seductive/suggestive power(s), great powers of seduction/suggestion • **la puissance d'attraction de la capitale** the pull of the capital • **grâce à la puissance de sa volonté** thanks to his willpower *ou* his strength of will • **avoir une grande puissance de travail** to have a great capacity for work • **avoir une grande puissance d'imagination** to have a very powerful imagination *ou* great powers of imagination

4 *(= pouvoir) [de classe sociale, pays, argent]* power • **l'or/le pétrole est une puissance** gold/oil confers power • **les puissances qui agissent sur le monde** the powers that influence the world

• **en puissance** *[délinquant, dictateur]* potential • **l'homme est en puissance dans l'enfant** the man is latent in the child • **exister en puis-**

sance to have a potential existence ◆ **c'est là en puissance** it is potentially present ◆ **monter en puissance** *[idée, théorie]* to gain ground ◆ **montée en puissance** *[de pays, mouvement, personne]* increase in power; *[de secteur]* increase in importance

5 *(Pol)* power ◆ **grande puissance** major *ou* great power, superpower ◆ **la première puissance économique/nucléaire mondiale** the world's leading economic/nuclear power

6 *(Math)* power ◆ **élever un nombre à la puissance 10** to raise a number to the power of 10 ◆ **10 puissance 4** 10 to the power of 4, 10 to the 4th

7 *(Jur, hum)* ◆ **être en puissance de mari** to be under a husband's authority

COMP **puissance administrative** *[de moteur]* engine rating

les puissances d'argent the forces of money

puissance de feu *(Mil)* fire power

puissance fiscale ⇒ **puissance administrative**

puissance au frein *[de véhicule]* brake horsepower; *[de moteur]* power output

puissance maritale *(Jur)* marital rights

les puissances occultes unseen *ou* hidden powers

puissance paternelle *(Jur)* parental rights *ou* authority ◆ **exercer/être déchu de sa puissance paternelle** to exercise/have lost one's parental rights

la puissance publique the public authorities

les puissances des ténèbres the powers of darkness

puissant, e /pɥisɑ̃, ɑ̃t/ SYN

ADJ powerful; *[drogue, remède]* potent, powerful ◆ **c'est puissant !*** *(= formidable)* it's great!*

NM ◆ **les puissants** the mighty *ou* powerful

puits /pɥi/

NM *[d'eau, pétrole]* well; *(Min)* shaft; *(Constr)* well, shaft ◆ **c'est un puits sans fond** *(fig)* it's a bottomless pit

COMP **puits d'aérage** *ou* **d'aération** ventilation shaft

puits d'amour ≃ cream puff

puits artésien artesian well

puits à ciel ouvert *(Min)* opencast mine

puits d'érudition ⇒ **puits de science**

puits d'extraction winding shaft

puits de jour *ou* **de lumière** *(Constr)* light shaft

puits de mine mine shaft

puits perdu cesspool, sink

puits de pétrole oil well

puits de science fount of knowledge

pulicaire /pylikɛʀ/ NF fleabane

pull /pyl/ NM pullover, sweater, jumper *(Brit)* ◆ **pull chaussette** skinnyrib sweater

pullman /pulman/ NM Pullman (car)

pullorose /pylɔʀoz/ NF pullorum disease

pull-over (pl **pull-overs**) /pylɔvɛʀ/ NM pullover, sweater, jumper *(Brit)*

pullulation /pylylasjɔ̃/ NF, **pullulement** /pylylmɑ̃/ NM *(= action)* proliferation; *(= profusion) [d'insectes]* multitude; *[d'insectes volants]* swarm, multitude

pulluler /pylyle/ SYN ▸ conjug 1 ◂ VI *(= se reproduire)* to proliferate, to multiply, to pullulate *(frm)*; *(= grouiller)* to swarm, to pullulate *(frm)*; *[erreurs, contrefaçons]* to abound, to pullulate *(frm)* ◆ **la ville pullule de touristes** the town is swarming with tourists ◆ **la rivière pullule de truites** the river is teeming with trout

pulmonaire /pylmɔnɛʀ/ ADJ *[maladie]* pulmonary, lung *(épith)*; *[artère]* pulmonary ◆ **congestion pulmonaire** congestion of the lungs

pulpaire /pylpɛʀ/ ADJ pulpal

pulpe /pylp/ NF *[de fruit, dent, bois]* pulp; *[de doigt]* pad ◆ **boisson/yaourt à la pulpe de fruits** real fruit drink/yoghurt

pulpeux, -euse /pylpø, øz/ ADJ *[fruit]* pulpy; *[lèvres]* full, fleshy; *[femme]* curvaceous

pulpite /pylpit/ NF pulpitis

pulsant, e /pylsɑ̃, ɑ̃t/ ADJ pulsating

pulsar /pylsaʀ/ NM pulsar

pulsatif, -ive /pylsatif, iv/ ADJ pulsative

pulsation /pylsasjɔ̃/ SYN NF *(Méd) [de cœur, pouls]* beating *(NonC)*, beat, pulsation *(SPÉC)*; *(Phys)* pulsation; *(Élec)* pulsatance ◆ **pulsations (du cœur)** *(= rythme cardiaque)* heartbeat; *(= battements)* heartbeats

pulsé /pylse/ ADJ M ◆ **chauffage à air pulsé** forced air heating

pulsion /pylsjɔ̃/ SYN NF *(Psych)* drive, urge ◆ **la pulsion sexuelle** the sex drive ◆ **pulsions sexuelles** sexual urges ◆ **pulsion de mort** death wish ◆ **pulsion meurtrière/suicidaire** murderous/suicidal impulse ◆ **pulsion de vie** life instinct

pulsionnel, -elle /pylsjɔnɛl/ ADJ *[comportement]* instinctual ◆ **réaction pulsionnelle** impulsive reaction

pulsoréacteur /pylsoʀeaktœʀ/ NM pulsejet (engine), pulsojet

pultacé, e /pyltase/ ADJ pultaceous

pulvérin /pylveʀɛ̃/ NM fine gunpowder

pulvérisable /pylveʀizabl/ ADJ *[+ liquide, médicament]* in spray form

pulvérisateur /pylveʀizatœʀ/ SYN NM *(à parfum)* spray, atomizer; *(à peinture)* spray; *(pour médicament)* spray, vaporizer ◆ **pulvérisateur d'insecticide** *(Agr)* (crop) duster

pulvérisation /pylveʀizasjɔ̃/ SYN NF 1 *(= broyage)* pulverizing, pulverization

2 *(= vaporisation)* spraying ◆ **« trois pulvérisations dans chaque narine »** *(Méd)* "spray three times into each nostril" ◆ **le médecin a ordonné des pulvérisations (nasales)** the doctor prescribed a nasal spray

3 *(= anéantissement) [d'adversaire]* pulverizing, demolishing; * *[de record]* smashing*, shattering*; *[d'argument]* demolition, demolishing

pulvériser /pylveʀize/ SYN ▸ conjug 1 ◂ VT

1 *(= broyer)* to pulverize, to reduce to powder

2 *[+ liquide, insecticide]* to spray ◆ **pulvériser des insecticides sur un champ** to spray a field with insecticides

3 *(= anéantir) [+ adversaire]* to pulverize, to demolish; * *[+ record]* to smash*, to shatter*; *[+ argument]* to demolish, to pull to pieces ◆ **bâtiment pulvérisé par l'explosion** building reduced to rubble by the explosion

pulvériseur /pylveʀizœʀ/ NM disc harrow

pulvérulence /pylveʀylɑ̃s/ NF pulverulence

pulvérulent, e /pylveʀylɑ̃, ɑ̃t/ ADJ pulverulent

puma /pyma/ NM puma, cougar, mountain lion

puna /pyna/ NF puna

punaise /pynɛz/ NF 1 *(= insecte)* bug ◆ **punaise d'eau** water stick insect ◆ **c'est une vraie punaise** *(péj)* he's a real mischief-maker ◆ **punaise !*** well!, blimey!* *(Brit)*, gee!* *(US)* ◆ **punaise de sacristie*** *(péj)* churchy woman

2 *(= clou)* drawing pin *(Brit)*, thumbtack *(US)*

punaiser /pyneze/ ▸ conjug 1 ◂ VT to pin up *(ou* down *ou* on *etc)* ◆ **punaiser une affiche au mur** to pin up a poster, to pin a poster up on the wall

punch¹ /pɔ̃ʃ/ NM *(= boisson)* punch

punch² /pœnʃ/ SYN NM 1 *(= énergie)* punch ◆ **avoir du punch** *[personne]* to have lots of drive, to have a lot of get up and go; *[slogan]* to be catchy* *ou* punchy*; *[cheveux]* to have lots of bounce ◆ **pour donner du punch à vos cheveux** to give new life to your hair ◆ **manquer de punch** *[personne]* to lack dynamism *ou* drive; *[entreprise, économie]* to lack dynamism ◆ **cette mise en scène manque de punch** the production isn't punchy* enough

2 *(Boxe)* punching ability ◆ **avoir du punch** to pack *ou* have a good punch

puncheur /pœnʃœʀ/ NM good puncher, hard hitter

punching-ball (pl **punching-balls**) /pœnʃiŋbol/ NM punching bag, punchbag *(Brit)*, punchball ◆ **je lui sers de punching-ball** he uses me as a punching bag

punique /pynik/ ADJ Punic

punir /pyniʀ/ SYN ▸ conjug 2 ◂ VT 1 *[+ criminel, enfant]* to punish *(pour* for) ◆ **être puni de prison/de mort** to be sentenced to prison/to death

2 *(= faire souffrir)* to punish ◆ **il a été puni de son imprudence** he was punished for his recklessness, he suffered for his recklessness ◆ **tu as été malade, ça te punira de ta gourmandise** you've been ill – that'll teach you not to be greedy ◆ **il est orgueilleux, et l'en voilà bien puni** he's paying the penalty for *ou* being made to suffer for his pride ◆ **il est puni par où il a péché** he has got his (just) deserts, he's paying for his sins

3 *(= sanctionner) [+ faute, infraction, crime]* to punish ◆ **tout abus sera puni (de prison)** all abuses are punishable *ou* will be punished (by prison) ◆ **ce crime est puni par la loi/puni de mort** this crime is punishable by law/punishable by death

punissable /pynisabl/ ADJ punishable *(de* by)

punitif, -ive /pynitif, iv/ ADJ ◆ **action punitive** punitive action *(NonC)* ◆ **expédition punitive** *[d'armée, rebelles]* punitive expedition *ou* raid; *[de criminels, gang]* revenge killing

punition /pynisjɔ̃/ SYN NF punishment *(de qch* for sth) ◆ **avoir une punition** *(Scol)* to be given a punishment ◆ **punition corporelle** corporal punishment *(NonC)* ◆ **en punition de ses fautes** as a punishment for his mistakes ◆ **pour ta punition** as a punishment

punk /pœk/ ADJ INV, NMF punk

pupe /pyp/ NF pupa

pupillaire¹ /pypilɛʀ/ ADJ *(Jur)* pupil(l)ary

pupillaire² /pypilɛʀ/ ADJ *(Anat)* pupil(l)ary

pupillarité /pypilaʀite/ NF *(Jur)* pupillage *(Brit)*, pupilage *(US)*

pupille¹ /pypij/ NF *(Anat)* pupil

pupille² /pypij/ NMF *(= enfant)* ward ◆ **pupille de l'État** child in (local authority) care ◆ **pupille de la Nation** war orphan

pupipare /pypipaʀ/ ADJ pupiparous

pupitre /pypitʀ/ SYN NM *(Scol)* desk; *(Rel)* lectern; *[de musicien]* music stand; *[de piano]* music rest; *[de chef d'orchestre]* rostrum; *(Ordin)* console ◆ **au pupitre, Henri Dupont** *(Mus)* at the rostrum – Henri Dupont, conducting – Henri Dupont ◆ **chef de pupitre** *(Mus)* head of section

pupitreur, -euse /pypitʀœʀ, øz/ NM,F *(Ordin)* system operator

pur, e /pyʀ/ SYN

ADJ 1 *(= sans mélange) [alcool, eau, race, métal]* pure; *[vin]* undiluted; *[whisky, gin]* neat, straight; *[ciel]* clear; *[voyelle]* pure; *[diamant]* flawless ◆ **pur fruit** *[confiture]* real fruit *(épith)* ◆ **pur beurre** *[sablé]* all butter ◆ **pur porc** *[saucisson]* pure pork ◆ **pure laine** pure wool ◆ **c'est un communiste/capitaliste pur jus** *ou* **sucre** he's a dyed-in-the-wool communist/capitalist ◆ **c'est un Parisien pur jus** *ou* **sucre** he's a Parisian through and through *ou* to the core ◆ **c'est du Woody Allen pur jus** it's stock Woody Allen ◆ **un pur produit de la bourgeoisie** a pure product of the middle class ◆ **un Australien de pure souche** an Australian born and bred ◆ **boire son vin pur** to drink one's wine without water *ou* undiluted ◆ **à l'état pur** *(Chim)* in the pure state ◆ **l'air pur de la campagne** the pure *ou* fresh country air; → **esprit, pur-sang**

2 *(= théorique) [science, mathématiques]* pure

3 *(= innocent) [âme, cœur, intentions, pensées]* pure; *[personne]* pure, pure-hearted; *[conscience]* clear; *[regard]* frank

4 *(= parfait) [style]* pure; *(= limpide) [voix]* pure, clear ◆ **un visage d'un ovale très pur** a perfectly oval face ◆ **elle parle un français très pur** she speaks very pure French

5 *(= exact, strict)* pure, sheer ◆ **c'est de la folie pure** it's pure *ou* sheer *ou* utter madness ◆ **c'est de la poésie/de l'imagination toute pure** it's pure *ou* sheer poetry/imagination ◆ **c'est de l'insubordination pure et simple** it's insubordination pure and simple ◆ **c'était du racisme pur et simple** *ou* **à l'état pur** it was straight *ou* plain racism ◆ **ils réclament la suppression pure et simple de la loi** they're quite simply asking for the law to be withdrawn ◆ **il ne s'agit pas d'une pure et simple déclaration publique** it's not just *ou* it's not purely and simply a public statement ◆ **cela relève de la pure fiction** it's pure fiction ◆ **il a dit cela par pure méchanceté** he said that out of pure spite ◆ **œuvre de pure imagination** work of pure imagination ◆ **c'est une question de pure forme** it's merely *ou* purely a question of form ◆ **c'est par pur hasard que je l'ai vu** I saw it by sheer chance *ou* purely by chance ◆ **c'est la pure vérité** it's the plain *ou* simple (unadulterated) truth ◆ **en pure perte** for absolutely nothing, fruitlessly ◆ **il a travaillé en pure perte** he worked absolutely nothing came of his work, his work was fruitless ◆ **par pure ignorance** out of sheer ignorance ◆ **pur et dur** *(Pol)* hard-line

NM,F *(Pol)* ◆ **pur (et dur)** hard-liner

purée /pyʀe/ SYN NF ◆ **purée (de pommes de terre)** mashed potato(es) ◆ **purée de marrons/de tomates** chestnut/tomato purée ◆ **c'est de la purée de pois** *(= brouillard)* it's murky fog *ou* a peasouper* ◆ **être dans la purée*** to be in a real mess* ◆ **purée, je l'ai oublié !*** darn (it)* *ou* sugar*, I forgot!

purement /pyʀmɑ̃/ SYN ADV purely ◆ **purement et simplement** purely and simply

pureté /pyʀte/ SYN NF [1] (Chim) [de métal, substance] purity
[2] (= perfection) [de traits] perfection; [de style] purity; [d'air, eau, son] purity, pureness; [de voix] purity, clarity; [de diamant] flawlessness
[3] (= innocence) [d'âme, cœur, personne, intentions, pensées] purity; [de conscience] clearness; [de regard] frankness

purgatif, -ive /pyʀgatif, iv/
ADJ purgative
NM purgative, purge

purgation /pyʀgasjɔ̃/ NF (Méd) (= action) purgation; (= remède) purgative, purge

purgatoire /pyʀgatwaʀ/ NM (Rel, fig) purgatory ◆ **elle a déjà fait son purgatoire** she's already done her penance

purge /pyʀʒ/ NF (Méd) purge, purgative; (Pol) purge; (Tech) [de conduite] flushing out, draining; [de freins, radiateur] bleeding

purger /pyʀʒe/ SYN ▶ conjug 3 ◀
VT [1] (Jur) [+ peine] to serve
[2] (= vidanger) [+ conduite, radiateur] to bleed, to flush (out), to drain; [+ circuit hydraulique, freins] to bleed
[3] (Méd) to purge, to give a purgative to
[4] (= débarrasser) to purge, to cleanse, to rid (de of)
VPR **se purger** to take a purgative ou purge

purgeur /pyʀʒœʀ/ NM [de tuyauterie] drain-cock, tap (Brit); [de radiateur] bleed-tap

purifiant, e /pyʀifjɑ̃, jɑ̃t/ ADJ purifying, cleansing

purificateur, -trice /pyʀifikatœʀ, tʀis/
ADJ purifying, cleansing, purificatory
NM (= appareil) (air) purifier

purification /pyʀifikasjɔ̃/ SYN NF [d'air, liquide, langue] purification, purifying; [de métal] refinement; [d'âme] cleansing, purging ◆ **purification ethnique** ethnic cleansing ◆ **la Purification** (Rel) the Purification

purificatoire /pyʀifikatwaʀ/ ADJ (littér) purificatory, purifying, cleansing

purifier /pyʀifje/ SYN ▶ conjug 7 ◀
VT (gén) to purify, to cleanse; [+ air, langue, liquide] to purify; [+ métal] to refine; (littér) [+ âme] to cleanse, to purge ◆ **purifier l'atmosphère** (lit) to purify the atmosphere ou air; (fig) to clear the air
VPR **se purifier** to cleanse o.s.

purin /pyʀɛ̃/ NM slurry

purine /pyʀin/ NF purin(e)

purique /pyʀik/ ADJ ◆ **base purique** purine base

purisme /pyʀism/ SYN NM purism

puriste /pyʀist/ ADJ, NMF purist

puritain, e /pyʀitɛ̃, ɛn/ SYN
ADJ puritan(ical); (Hist) Puritan
NM,F puritan; (Hist) Puritan

puritanisme /pyʀitanism/ SYN NM puritanism; (Hist) Puritanism

purot /pyʀo/ NM liquid manure pit

purpura /pyʀpyʀa/ NM purpura

purpurin, e[1] /pyʀpyʀɛ̃, in/ ADJ (littér) crimson

purpurine[2] /pyʀpyʀin/ NF (Tech) purpurin

pur-sang /pyʀsɑ̃/ NM INV thoroughbred, purebred

purulence /pyʀylɑ̃s/ NF purulence, purulency

purulent, e /pyʀylɑ̃, ɑ̃t/ ADJ purulent

pus /py/ NM pus

push-pull /puʃpul/ NM INV push-pull

pusillanime /pyzi(l)lanim/ SYN ADJ (littér) pusillanimous (littér), fainthearted

pusillanimité /pyzi(l)lanimite/ SYN NF (littér) pusillanimity (littér), faintheartedness

pustule /pystyl/ SYN NF pustule

pustuleux, -euse /pystylø, øz/ ADJ pustular

putain* /pytɛ̃/ NF [1] (= prostituée) whore, hooker*, hustler* (US); (= fille facile) slut*, slag* (Brit) ◆ **faire la putain*** (lit) to be a whore ou hooker* ou hustler* (US), to turn tricks* (US); (fig) to sell one's soul, to sell out*
[2] (en exclamation) ◆ **putain !** bloody hell!* (Brit), goddammit!* (US) ◆ **cette putain de guerre** (intensif) this bloody* (Brit) ou goddamn* (US) war ◆ **ce putain de réveil !** that bloody* (Brit) ou goddamn* (US) alarm clock! ◆ **quel putain de vent !** this fucking** wind!, this bloody* (Brit) awful wind!

putassier, -ière* /pytasje, jɛʀ/ ADJ [1] [personne, mœurs] sluttish; [maquillage, tenue] sluttish, tarty* ◆ **avoir un langage putassier** to swear like a trooper, to be foul-mouthed
[2] (= servile) ◆ **comportement putassier** bootlicking, arse-licking** (Brit), ass-licking** (US)

putatif, -ive /pytatif, iv/ ADJ putative, presumed ◆ **père putatif** putative father

pute* /pyt/ NF whore, hooker*, hustler* (US) ◆ **aller aux** ou **chez les putes** to go and see a whore

putois /pytwa/ NM (= animal) polecat; (= fourrure) fitch ◆ **crier comme un putois** to shout ou scream one's head off (in protest), to scream ou yell blue murder* (Brit)

putréfaction /pytʀefaksjɔ̃/ SYN NF putrefaction ◆ **cadavre en putréfaction** body in a state of putrefaction, putrefying ou rotting body

putréfiable /pytʀefjabl/ ADJ putrefiable

putréfier /pytʀefje/ ▶ conjug 7 ◀
VT to putrefy, to rot
VPR **se putréfier** SYN to putrefy, to rot, to go rotten

putrescence /pytʀesɑ̃s/ NF putrescence

putrescent, e /pytʀesɑ̃, ɑ̃t/ ADJ putrescent

putrescible /pytʀesibl/ ADJ putrescible

putride /pytʀid/ SYN ADJ putrid

putridité /pytʀidite/ NF putridity, putridness

putsch /putʃ/ SYN NM putsch

putschiste /putʃist/ NM putschist

putt /pœt/ NM putt

putter /pœtœʀ/ NM putter

puvathérapie /pyvateʀapi/ NF PUVA treatment ou therapy

puy /pɥi/ NM (Géog) puy

puzzle /pœzl/ NM (lit) jigsaw (puzzle); (fig) jigsaw ◆ **faire un puzzle** to do a jigsaw ◆ **reconstituer le puzzle, rassembler toutes les pièces du puzzle** (fig) to fit ou put the pieces of the jigsaw together again

p.-v., PV * /peve/ NM (abrév de **procès-verbal**) (gén) fine; (pour stationnement interdit) (parking) ticket; (pour excès de vitesse) speeding ticket ◆ **je me suis pris un p.-v.** I got a ticket, I got booked (Brit)

PVC /pevese/ NM INV (abrév de **polyvinyl chloride**) PVC ◆ **en (plastique) PVC** PVC (épith)

pycnomètre /piknɔmetʀ/ NM pycnometer

pycnose /piknoz/ NF pycnosis

pyélite /pjelit/ NF pyelitis

pyélonéphrite /pjelonefʀit/ NF pyelonephritis

pygargue /pigaʀg/ NM white-tailed eagle

Pygmalion /pigmaljɔ̃/ NM Pygmalion ◆ **il a voulu jouer les Pygmalions avec elle** he wanted to be her Pygmalion

pygmée /pigme/ ADJ, NMF pygmy, pigmy ◆ **c'est un vrai pygmée** (péj) he's a dwarf

pyjama /piʒama/ NM pyjamas, pajamas (US) ◆ **il était en pyjama(s)** he was in his pyjamas ◆ **acheter un pyjama** to buy a pair of pyjamas, to buy some pyjamas ◆ **deux pyjamas** two pairs of pyjamas; → **veste**

pylône /pilon/ SYN NM pylon ◆ **pylône électrique** electricity pylon

pylore /pilɔʀ/ NM pylorus

pylorique /pilɔʀik/ ADJ pyloric

pyodermite /pjodɛʀmit/ NF pyoderma

pyogène /pjɔʒɛn/ ADJ pyogenic

Pyongyang /pjɔ̃jɑ̃/ N Pyongyang

pyorrhée /pjɔʀe/ NF pyorrhoea, pyorrhea

pyralène ® /piʀalɛn/ NM Pyralene ®

pyramidal, e (mpl -aux) /piʀamidal, o/ ADJ pyramid-shaped, pyramid-like, pyramidal (SPÉC)

pyramide /piʀamid/ NF pyramid ◆ **pyramide inversée** inverted pyramid ◆ **pyramide humaine** human pyramid ◆ **pyramide des âges** population pyramid ◆ **pyramides rénales** ou **de Malpighi** (Anat) Malpighian pyramids ◆ **structure/organisation en pyramide** pyramidal structure/organization

pyramidion /piʀamidjɔ̃/ NM pyramidion

pyranne /piʀan/ NM pyran

pyrène /piʀɛn/ NM pyrene

pyrénéen, -enne /piʀeneɛ̃, ɛn/
ADJ Pyrenean
NM,F **Pyrénéen(ne)** inhabitant ou native of the Pyrenees, Pyrenean

Pyrénées /piʀene/ NFPL ◆ **les Pyrénées** the Pyrenees

pyrèthre /piʀɛtʀ/ NM feverfew

pyrex ® /piʀɛks/ NM Pyrex ® ◆ **assiette en pyrex** Pyrex dish

pyrexie /piʀɛksi/ NF pyrexia

pyridine /piʀidin/ NF pyridine

pyridoxine /piʀidɔksin/ NF pyridoxine, vitamin B6

pyrimidine /piʀimidin/ NF pyrimidine

pyrite /piʀit/ NF pyrites

pyroélectricité /piʀoelɛktʀisite/ NF pyroelectricity

pyrogallol /piʀogalɔl/ NM pyrogallol

pyrogénation /piʀoʒenasjɔ̃/ NF pyrogenation

pyrogène /piʀoʒɛn/ ADJ pyrogenic

pyrograver /piʀogʀave/ ▶ conjug 1 ◀ VT to do pyrography ou poker-work

pyrograveur, -euse /piʀogʀavœʀ, øz/ NM,F pyrographer

pyrogravure /piʀogʀavyʀ/ NF (Art) pyrography, poker-work; (= objet) pyrograph

pyroligneux, -euse /piʀoliɲø, øz/ ADJ pyroligneous

pyrolyse /piʀoliz/ NF pyrolysis ◆ **four à pyrolyse** pyrolytic oven

pyromane /piʀoman/ NMF (Méd) pyromaniac; (gén, Jur) arsonist, fire raiser

pyromanie /piʀomani/ NF pyromania

pyromètre /piʀomɛtʀ/ NM pyrometer

pyrométrie /piʀomɛtʀi/ NF pyrometry

pyrométrique /piʀomɛtʀik/ ADJ pyrometric

pyrophore /piʀofɔʀ/ NM pyrophorous

pyrosis /piʀozis/ NM pyrosis

pyrotechnie /piʀotɛkni/ NF pyrotechnics (sg), pyrotechny

pyrotechnique /piʀotɛknik/ ADJ pyrotechnic ◆ **spectacle pyrotechnique** firework display

pyroxène /piʀoksɛn/ NM pyroxene

Pyrrhon /piʀɔ̃/ NM Pyrrho

pyrrhonien, -ienne /piʀɔnjɛ̃, jɛn/
ADJ Pyrrhonic, Pyrrhonian
NM,F Pyrrhonist, Pyrrhonian

pyrrhonisme /piʀɔnism/ NM Pyrrhonism

Pyrrhus /piʀys/ NM Pyrrhus; → **victoire**

pyrrol(e) /piʀɔl/ NM pyrrole

Pythagore /pitagɔʀ/ NM Pythagoras

pythagoricien, -ienne /pitagɔʀisjɛ̃, jɛn/ ADJ, NM,F Pythagorean

pythagorique /pitagɔʀik/ ADJ Pythagorean

Pythie /piti/ NF [1] (Antiq) ◆ **la Pythie (de Delphes)** the Pythia
[2] ◆ **pythie** (= devineresse) prophetess ◆ **jouer la pythie** to be a seer ou soothsayer

python /pitɔ̃/ NM python

pythonisse /pitɔnis/ NF prophetess

pyurie /pjyʀi/ NF pyuria

pyxide /piksid/ NF [de plante] pyxidium; (Rel) pyx

Q

Q, q /ky/ NM (= *lettre*) Q, q ◆ **fièvre Q** Q fever

qat /kat/ NM k(h)at

Qatar /katar/ NM Qatar

qatari, e /katari/
  ADJ Qatari
  NM,F **Qatari(e)** Qatari ◆ **les Qatari** Qataris

qch (abrév de **quelque chose**) sth

QCM /kyseɛm/ NM (abrév de **questionnaire à choix multiple**) → **questionnaire**

QF /kyɛf/ NM (abrév de **quotient familial**) → **quotient**

QG /kyʒe/ NM (abrév de **quartier général**) HQ

QHS † /kyaʃɛs/ NM (abrév de **quartier de haute sécurité**) → **quartier**

QI /kyi/ NM (abrév de **quotient intellectuel**) IQ

qn (abrév de **quelqu'un**) sb

qq abrév de **quelque**

qu' /k/ → **que**

quadra */k(w)adra/ NMF (abrév de **quadragénaire**) person in his (*ou* her) forties ◆ **les quadras** forty somethings * ◆ **les quadras du gouvernement** the forty-year-olds in the government

quadragénaire /k(w)adraʒenɛr/
  ADJ (= *de quarante ans*) forty-year-old (*épith*) ◆ **il est quadragénaire** (= *de quarante à cinquante ans*) he's in his forties ◆ **maintenant que tu es quadragénaire** now that you're forty (years old), now that you've reached forty
  NMF forty-year-old man (*ou* woman)

quadragésimal, e (mpl -aux) /k(w)adraʒezimal, o/ ADJ Quadragesimal

Quadragésime /kwadraʒezim/ NF Quadragesima

quadrangle /k(w)adrɑ̃gl/ NM (*Géom*) quadrangle

quadrangulaire /k(w)adrɑ̃gylɛr/ ADJ quadrangular

quadrant /kadrɑ̃/ NM quadrant

quadratique /k(w)adratik/ ADJ quadratic

quadrature /k(w)adratyr/ NF (*gén*) quadrature ◆ **quadrature du cercle** (*Math*) quadrature *ou* squaring of the circle ◆ **c'est la quadrature du cercle** (*fig*) it's like trying to square the circle, it's attempting the impossible

quadriceps /k(w)adrisɛps/ NM quadriceps

quadrichromie /k(w)adrikrɔmi/ NF four-colour (printing) process

quadriennal, e (mpl -aux) /k(w)adrijenal, o/ ADJ four-year (*épith*), quadrennial ◆ **assolement quadriennal** four-year rotation

quadrifide /k(w)adrifid/ ADJ quadrifid

quadrige /k(w)adriʒ/ NM quadriga

quadrijumeaux /k(w)adriʒymo/ ADJ MPL → **tubercule**

quadrilatéral, e (mpl -aux) /k(w)adrilateral, o/ ADJ quadrilateral

quadrilatère /k(w)adrilatɛr/ NM (*Géom, Mil*) quadrilateral

quadrilingue /k(w)adrilɛ̃g/ ADJ quadrilingual

quadrillage /kadrijaʒ/ NM ① (= *dessin*) [*de papier*] square pattern; [*de tissu*] check pattern; [*de rues*] criss-cross *ou* grid pattern *ou* layout
  ② [*de ville, pays*] (*gén*) covering; (*Mil, Police*) covering, control(ling) ◆ **la police a établi un quadrillage serré du quartier** the area is under close *ou* tight police control

quadrille /kadrij/ NM (= *danse, danseurs*) quadrille ◆ **quadrille des lanciers** lancers

quadrillé, e /kadrije/ (ptp de **quadriller**) ADJ [*papier, feuille*] squared

quadriller /kadrije/ SYN ▸ conjug 1 ◂ VT [+ *papier*] to mark out in squares; [+ *ville, pays*] (*gén*) to cover; (*Mil, Police*) to cover, to control ◆ **la ville est étroitement quadrillée par la police** the town is under close *ou* tight police control ◆ **la ville est quadrillée par un réseau de rues** the town is criss-crossed by a network of streets

quadrillion /k(w)adrilj̃ɔ/ NM quadrillion (*Brit*), septillion (*US*)

quadrilobe /k(w)adrilɔb/ NM quatrefoil

quadrimoteur /kadrimɔtœr/
  ADJ M four-engined
  NM four-engined plane

quadriparti, e /k(w)adriparti/, **quadripartite** /k(w)adripartit/ ADJ (*Bot*) quadripartite ◆ **conférence quadripartite** (*Pol*) (*entre pays*) four-power conference; (*entre partis*) four-party conference

quadriphonie /k(w)adrifɔni/ NF quadraphony

quadriphonique /k(w)adrifɔnik/ ADJ quadraphonic

quadriplégie /k(w)adripleʒi/ NF quadriplegia

quadripolaire /k(w)adripɔlɛr/ ADJ quadripolar

quadripôle /k(w)adripol/ NM quadripole

quadrique /k(w)adrik/ ADJ, NF quadric

quadriréacteur /k(w)adrireaktœr/
  ADJ M four-engined
  NM four-engined jet *ou* plane

quadrirème /k(w)adrirɛm/ NF quadrireme

quadrisyllabe /k(w)adrisi(l)lab/ NM quadrisyllable

quadrisyllabique /k(w)adrisi(l)labik/ ADJ quadrisyllabic

quadrivalent, e /k(w)adrivalɑ̃, ɑ̃t/ ADJ quadrivalent, tetravalent

quadrumane /k(w)adryman/
  ADJ quadrumanous
  NM quadrumane

quadrupède /k(w)adrypɛd/
  ADJ fourfooted, quadruped
  NM quadruped

quadruple /k(w)adrypl/
  ADJ [*nombre, quantité, rangée*] quadruple ◆ **une quantité quadruple de l'autre** a quantity four times (as great as) the other ◆ **en quadruple exemplaire** in four copies ◆ **la quadruple championne d'Europe** the European champion four times over; → **croche**
  NM (*Math, gén*) quadruple ◆ **je l'ai payé le quadruple/le quadruple de l'autre** I paid four times as much for it/four times as much as the other for it ◆ **augmenter qch au quadruple** to increase sth fourfold

quadrupler /k(w)adryple/ ▸ conjug 1 ◂ VTI to quadruple, to increase fourfold

quadruplés, -ées /k(w)adryple/ NM,F PL quadruplets, quads *

quadruplex /k(w)adryplɛks/ NM (*Téléc*) quadruplex system

quai /ke/ SYN
  NM [*de port*] (*gén*) quay; (*pour marchandises*) wharf, quay; [*de gare*] platform; [*de rivière*] bank, embankment; (= *route*) riverside road ◆ **droits de quai** dockage, wharfage ◆ **être à quai** [*bateau*] to be alongside (the quay); [*de train*] to be in (the station) ◆ **venir à quai** [*bateau*] to berth ◆ **rester à quai** [*bateau*] to remain in dock; [*train*] to remain in the station ◆ **sur les quais de la Seine** on the banks of the Seine; → **accès, billet**
  COMP **le Quai des Orfèvres** police headquarters (*in Paris*), ≈ (New) Scotland Yard (*Brit*), ≈ the FBI (*US*)
  le Quai (d'Orsay) the French Foreign Office

  ▪ **QUAI**
  ▪ In French towns, the word **quai** refers to a
  ▪ street running along the river, and appears in
  ▪ the street name itself. In Paris, some of these
  ▪ street names are used by extension to refer to
  ▪ the famous institutions situated there : the
  ▪ **Quai Conti** refers to the Académie française,
  ▪ the **Quai des Orfèvres** to the headquarters of
  ▪ the police force, and the **Quai d'Orsay** to the
  ▪ Foreign Office.

quaker, quakeresse /kwɛkœr, kwɛkrɛs/ NM,F Quaker

quakerisme /kwɛkœrism/ NM Quakerism

qualifiable /kalifjabl/ ADJ ① (= *qui peut se qualifier*) (*Sport*) [*équipe, joueur*] able to qualify
  ② (= *qui peut être nommé*) (*Jur*) ◆ **cet acte n'est pas juridiquement qualifiable** this act cannot be legally defined ◆ **un délit qualifiable de haute trahison** a treasonable offence ◆ **une telle conduite n'est pas qualifiable** such behaviour is beyond description *ou* defies description

qualifiant, e /kalifjɑ̃, jɑ̃t/ ADJ [*formation*] leading to a qualification

qualificateur /kalifikatœr/ NM (*Ling*) qualifier

qualificatif, -ive /kalifikatif, iv/
  ADJ [*adjectif*] qualifying ◆ **épreuves qualificatives** (*Sport*) qualifying heats *ou* rounds
  NM (*Ling*) qualifier; (= *mot*) term ◆ **ce produit mérite le qualificatif de révolutionnaire** this product deserves to be described as revolutionary

qualification /kalifikasjɔ̃/ GRAMMAIRE ACTIVE 15.4 SYN NF 1 (Sport) ◆ **obtenir sa qualification** to qualify (en, pour for) ◆ **la qualification de notre équipe demeure incertaine** it's still not certain whether our team will qualify ◆ **épreuves de qualification** qualifying heats ou rounds, qualifiers ◆ **c'est le but de la qualification** this goal secures the team's qualification

2 (= aptitude) skill; (= diplôme) qualification ◆ **qualification professionnelle** professional qualification ◆ **sans qualification** [personne] (= sans compétence) unskilled; (= sans diplômes) unqualified ◆ **ce travail demande un haut niveau de qualification** this is highly skilled work

3 (Jur) ◆ **la qualification d'homicide involontaire a été retenue contre lui** he was charged with manslaughter

4 (Ling) qualification

5 (= nom) label, description

qualifié, e /kalifje/ SYN (ptp de **qualifier**) ADJ 1 (= compétent) (gén) qualified; [emploi, main-d'œuvre, ouvrier] skilled ◆ **non qualifié** [emploi, main-d'œuvre, ouvrier] unskilled ◆ **emploi/ouvrier très qualifié** highly skilled job/worker ◆ **il n'est pas qualifié pour ce poste/gérer le service** he isn't qualified for this post/to manage the department ◆ **je ne suis pas qualifié pour en parler** I'm not qualified to talk about it ◆ **majorité qualifiée** (Pol) qualified majority

2 (Sport) ◆ **les joueurs qualifiés pour la finale** the players who have qualified for the final, the qualifiers for the final

3 (Jur) [vol, délit] aggravated ◆ **c'est du vol qualifié** (fig) it's daylight robbery ◆ **c'est de l'hypocrisie qualifiée** it's blatant hypocrisy

qualifier /kalifje/ SYN ▸ conjug 7 ◂

VT 1 [+ conduite, projet] to describe (de as) ◆ **cet accord a été qualifié d'historique** this agreement has been described as historic ◆ **sa maison qu'il qualifiait pompeusement (de) manoir** his house which he described pompously as a manor ◆ **qualifier qn de menteur** to call sb a liar

2 (Sport) ◆ **qualifier une équipe** to ensure a team qualifies

3 (Ling) to qualify

VPR **se qualifier** (Sport) to qualify (pour for) ◆ **il se qualifie d'artiste** (hum) he describes himself as an artist, he calls himself an artist

qualitatif, -ive /kalitatif, iv/ ADJ qualitative

qualitativement /kalitativmɑ̃/ ADV qualitatively ◆ **c'est une œuvre qualitativement discutable** the quality of the work is debatable

qualité /kalite/ SYN NF 1 [de marchandise] quality ◆ **la qualité de (la) vie** the quality of life ◆ **de qualité** [article, ouvrage, spectacle] quality (épith) ◆ **de bonne/mauvaise qualité** of good ou high/bad ou poor quality ◆ **produits de haute qualité** high-quality products ◆ **article de première qualité** top-quality article, article of the highest quality ◆ **fruits de qualité supérieure** fruit of superior quality, superior-quality fruit ◆ **qualité courrier** (Ordin) near letter quality ◆ **service qualité** quality (control) department ◆ **responsable qualité** quality controller

2 [de personne] (= vertu) quality; (= don) skill ◆ **qualités humaines/personnelles** human/personal qualities ◆ **ses qualités de cœur** his noble-heartedness ◆ **qualités professionnelles** professional skills ◆ **qualités de gestionnaire** management ou managerial skills ◆ **cette œuvre a de grandes qualités littéraires** this work has great literary qualities

3 (= fonction) position ◆ **sa qualité de directeur** his position as manager ◆ **en sa qualité de maire** in his capacity as mayor ◆ **en (ma) qualité d'auteur/de femme mariée** as an author/a married woman ◆ **sa qualité d'étranger** his alien status ◆ **la qualité de Français** status as a French citizen ◆ **vos nom, prénom et qualité** (Admin) surname, forename (Brit) ou given name (US) and occupation ◆ **avoir qualité pour** (Jur) to have authority to

4 († = noblesse) quality ◆ **les gens/un homme de qualité** people/a man of quality

qualiticien, -ienne /kalitisjɛ̃, jɛn/ NM,F quality controller (Brit) ou controler (US)

quand /kɑ̃/

CONJ when ◆ **quand ce sera fini, nous irons prendre un café** when it's finished we'll go and have a coffee ◆ **sais-tu de quand était sa dernière lettre ?** do you know when his last letter was written? ou what was the date of his last letter? ◆ **quand je te le disais !** I told you so! ◆ **quand je pense que... !** when I think that...!, to think that...! ◆ **on y va ?** – **quand tu veux** shall we go? – ready when you are ◆ **c'est quand tu veux !** * (ton irrité) take your time! ◆ **pour la bière, c'est quand il veut !** * (iro) he's taking his time with that beer! ◆ **pourquoi ne pas acheter une voiture quand nous pouvons nous le permettre ?** why not buy a car when we can afford it? ◆ **pourquoi vivre ici quand tu pourrais avoir une belle maison ?** why live here when you could have a beautiful house?

◆ **quand bien même** even though ou if ◆ **quand bien même tu aurais raison, je n'irais pas** even though ou even if you were right, I wouldn't go; → **même**

ADV when ◆ **quand pars-tu ?, quand est-ce que tu pars ?, tu pars quand ?** * when are you leaving? ◆ **dis-moi quand tu pars** tell me when you're leaving ou when you'll be leaving ◆ **à quand le voyage ?** when are you going? ◆ **c'est pour quand ?** (devoir) when is it due? ou for?; (rendez-vous) when is it?; (naissance) when is it to be? ◆ **ça date de quand ?** (événement) when did it happen?; (lettre) what's the date on it?, when was it written?; → **depuis, importer**[2]**, jusque**

quant /kɑ̃/ SYN ADV ◆ **quant à** (= pour ce qui est de) as for, as to; (= au sujet de) as regards, regarding ◆ **quant à moi, je pense qu'il est fou** as far as I'm concerned, he's mad ◆ **quant à moi, je pars** as for me, I'm leaving ◆ **quant à affirmer cela...** as for stating that... ◆ **je n'ai rien su quant à ce qui s'est passé** I knew nothing about ou of what happened ◆ **quant à cela, tu peux en être sûr** you can be quite sure about that ◆ **quant à cela, je n'en sais rien** as to that ou as regards that ou as far as that goes, I know nothing about it

quanta /k(w)ɑ̃ta/ pl de **quantum**

quant-à-soi /kɑ̃taswa/ NM INV reserve ◆ **il est resté sur** ou **a gardé son quant-à-soi** he kept his own counsel

quantième /kɑ̃tjɛm/ NM (Admin) day (of the month)

quantifiable /kɑ̃tifjabl/ SYN ADJ quantifiable ◆ **facteurs non quantifiables** factors which cannot be quantified, unquantifiable factors

quantificateur /kɑ̃tifikatœʀ/ NM quantifier

quantification /kɑ̃tifikasjɔ̃/ NF (gén, Philos) quantification; (Phys) quantization

quantifier /kɑ̃tifje/ SYN ▸ conjug 7 ◂ VT (gén, Philos) to quantify; (Phys) to quantize

quantifieur /kɑ̃tifjœʀ/ NM ⇒ **quantificateur**

quantile /k(w)ɑ̃til/ NM quantile

quantique /k(w)ɑ̃tik/

ADJ quantum (épith)

NF quantum physics

quantitatif, -ive /kɑ̃titatif, iv/ ADJ quantitative

quantitativement /kɑ̃titativmɑ̃/ ADV quantitatively

quantité /kɑ̃tite/ SYN NF 1 (= nombre, somme) quantity, amount ◆ **la quantité d'eau nécessaire à l'organisme** the amount ou quantity of water necessary for the body ◆ **la quantité de gens qui ne paient pas leurs impôts** the number of people who don't pay their taxes ◆ **quelle quantité de pétrole s'est déversée dans la mer ?** how much oil was spilled into the sea? ◆ **en quantités industrielles** in vast quantities ou amounts ◆ **en grande/petite quantité** in large/small quantities ou amounts ◆ **en quantité suffisante** in sufficient quantities

2 (= grand nombre) ◆ **(une) quantité de** [+ raisons, personnes] a great many, a lot of ◆ **des quantités** ou **(une) quantité de gens croient que...** a great many people ou a lot of people believe that... ◆ **quantité d'indices révèlent que...** many signs ou a (great) number of signs indicate that... ◆ **il y a des fruits en (grande) quantité** fruit is in plentiful supply ◆ **il y a eu des accidents en quantité** there have been a great number of ou a lot of ou a great many accidents ◆ **du travail en quantité** a great deal of work

3 (Ling, Sci) quantity ◆ **quantité négligeable** negligible quantity ou amount ◆ **considérer qn comme quantité négligeable** to consider sb of minimal importance

quantum /k(w)ɑ̃tɔm/ (pl **quanta**) /k(w)ɑ̃ta/ NM (Jur, Phys) quantum ◆ **la théorie des quanta** quantum theory

quarantaine /kaʀɑ̃tɛn/ SYN NF 1 (= âge, nombre) about forty; pour loc voir **soixantaine**

2 (= isolement) quarantine ◆ **mettre en quarantaine** (lit) [+ animal, malade, navire] to quarantine, to put in quarantine; (= ostraciser) [+ personne] to blacklist, to send to Coventry (Brit); [+ pays] to blacklist; → **pavillon**

quarante /kaʀɑ̃t/ ADJ INV, NM INV forty ◆ **les Quarante** the members of the French Academy → **ACADÉMIE FRANÇAISE** ◆ **un quarante-cinq tours** (= disque) a single, a forty-five; pour autres loc voir **soixante, an**

quarantenaire /kaʀɑ̃tnɛʀ/

ADJ 1 [période] forty-year (épith)

2 (Méd, Naut) quarantine (épith)

NM (= anniversaire) fortieth anniversary

quarantième /kaʀɑ̃tjɛm/ ADJ, NMF fortieth ◆ **les quarantièmes rugissants** the Roaring Forties

quark /kwaʀk/ NM quark

quart /kaʀ/

NM 1 (= fraction) quarter; (= 250 g) ≃ half a pound; (= 250 ml) quarter litre ◆ **un quart de poulet** a quarter chicken ◆ **un quart de beurre** 250 g of butter ◆ **un quart de vin** a quarter-litre carafe of wine ◆ **un kilo/une livre un quart** ou **et quart** a kilo/a pound and a quarter ◆ **on n'a pas fait le quart du travail** we haven't done a quarter of the work ◆ **c'est réglé au quart de poil** * it's finely ou perfectly tuned; → **tiers, trois**

2 (Mil = gobelet) beaker (of 1/4 litre capacity)

3 (dans le temps) ◆ **quart d'heure** quarter of an hour, quarter-hour (surtout US) ◆ **3 heures moins le quart** (a) quarter to ou of (US) 3 ◆ **3 heures et quart, 3 heures un quart** (a) quarter past ou after (US) 3 ◆ **il est le quart/moins le quart** it's (a) quarter past/(a) quarter to ◆ **de quart d'heure en quart d'heure** every quarter of an hour ◆ **passer un mauvais** ou **sale quart d'heure** to have a bad ou hard time of it ◆ **il lui a fait passer un mauvais quart d'heure** he gave him a bad ou hard time ◆ **quart d'heure américain** lady's choice ◆ **un quart de seconde** (lit) a quarter of a second; (fig) a split second ◆ **en un quart de seconde** (lit) in a quarter of a second; (fig) in no time at all ◆ **un quart de siècle** a quarter of a century

4 (sur un bateau) watch ◆ **être de quart** to keep the watch ◆ **prendre le quart** to take the watch ◆ **de quart** [homme, matelot] on watch ◆ **officier de quart** officer of the watch ◆ **petit quart** dogwatch ◆ **grand quart** six-hour watch

COMP **quart de cercle** quarter-circle
quarts de finale quarter finals ◆ **être en quarts de finale** to be in the quarter finals
quart de soupir semiquaver rest (Brit), sixteenth rest (US)
quart de ton quarter tone
quart de tour quarter turn ◆ **donner un quart de tour à un bouton de porte** to turn a knob round a quarter of the way, to give a knob a quarter turn ◆ **démarrer** ou **partir au quart de tour** [engin] to start (up) first time ; * [personne] to have a short fuse ◆ **comprendre au quart de tour** * to understand straight off *, to be quick on the uptake

quart-de-rond (pl **quarts-de-rond**) /kaʀdəʀɔ̃/ NM ovolo, quarter round

quarte /k(w)aʀt/

NF (Escrime) quarte; (Cartes) quart; (Mus) fourth; (Hist = deux pintes) quart

ADJ F → **fièvre**

quarté /k(w)aʀte/ NM French system of forecast betting on four horses in a race

quarteron, -onne /kaʀtəʀɔ̃, ɔn/

NM,F (= métis) quadroon

NM (péj = groupe) small ou insignificant band, minor group

quartette /k(w)aʀtɛt/ NM (Mus) jazz quartet(te)

quartier /kaʀtje/ SYN

NM 1 [de ville] (Admin = division) district, area; (gén = partie) neighbourhood (Brit), neighborhood (US), area ◆ **le quartier chinois** Chinatown, the Chinese quarter ou area ◆ **le quartier juif** the Jewish quarter ou area ◆ **les vieux quartiers de la ville** the old part of the town ◆ **les gens du quartier** the local people, the people in the neighbourhood ◆ **vous êtes du quartier ?** do you live around here? ◆ **le quartier est/ouest de la ville** the east/west end ou side of (the) town ◆ **quartier commerçant** shopping area ou district ◆ **le quartier des affaires** the

quartier-maître | que

business district *ou* area ◆ **le Quartier latin** the Latin Quarter ◆ **de quartier** [*cinéma, épicier*] local (*épith*) ◆ **association/maison de quartier** community association/centre ◆ **la vie de quartier** community life; → **bas¹, beau**

② (= *portion*) [*de bœuf*] quarter; [*de viande*] large piece, chunk; [*de fruit*] piece, segment ◆ **mettre en quartiers** (*lit, fig*) to tear to pieces

③ (*Astron, Héraldique*) quarter

④ († = *grâce, pitié*) quarter † ◆ **demander/faire quartier** to ask for/give quarter ◆ **ne pas faire de quartier** to give no quarter ◆ **pas de quartier !** show no mercy!

⑤ (*Mil*) ◆ **quartier(s)** quarters ◆ **rentrer au(x) quartier(s)** to return to quarters ◆ **avoir quartier(s) libre(s)** (*Mil*) to have leave from barracks; [*élèves, touristes*] to be free (for a few hours) ◆ **prendre ses quartiers d'hiver** (*lit, fig*) to go into winter quarters ◆ **c'est là que nous tenons nos quartiers** (*fig*) this is where we have our headquarters

COMP **quartier général** (*Mil, fig*) headquarters ◆ **grand quartier général** (*Mil*) general headquarters

quartier de haute sécurité, quartier de sécurité renforcée [*de prison*] high *ou* maximum *ou* top security wing

quartier de noblesse (*lit*) degree of noble lineage (*representing one generation*) ◆ **avoir ses quartiers de noblesse** (*fig*) to be well established and respected, to have earned one's colours

quartier réservé red-light district

quartier-maître (pl **quartiers-maîtres**) /kaʁtjemɛtʁ/ **NM** (= *marin*) ≈ leading seaman ◆ **quartier-maître de 1ʳᵉ classe** leading rating (*Brit*), petty officer third class (*US*)

quartile /kwaʁtil/ **NM** quartile

quart-monde (pl **quarts-mondes**) /kaʁmɔ̃d/ **NM** ◆ **le quart-monde** (= *démunis*) the underclass; (= *pays*) the Fourth World

quarto /kwaʁto/ **ADV** fourthly

quartz /kwaʁts/ **SYN NM** quartz

quartzeux, -euse /kwaʁtsø, øz/ **ADJ** quartzose

quartzifère /kwaʁtsifɛʁ/ **ADJ** quartziferous

quartzite /kwaʁtsit/ **NM** quartzite

quasar /kazaʁ/ **NM** quasar

quasi¹ /kazi/ **NM** (*Culin*) cut of meat from upper part of leg of veal

quasi² /kazi/
ADV almost, nearly
PRÉF near, quasi- (*surtout US*) ◆ **quasi-certitude/-obscurité** near certainty/darkness ◆ **quasi-monnaie** near money ◆ **quasi-contrat** quasi-contract ◆ **quasi-collision** (*avions*) near miss ◆ **la quasi-totalité des dépenses** almost all (of) the expenditure

quasi-contrat (pl **quasi-contrats**) /kazikɔ̃tʁa/ **NM** quasi-contract

quasi-délit (pl **quasi-délits**) /kazideli/ **NM** (*Jur*) technical offence (*Brit*) *ou* offense (*US*)

quasiment /kazimɑ̃/ **SYN ADV** (*dans une affirmation*) ◆ **c'est quasiment fait** it's as good as done ◆ **quasiment jamais** hardly ever ◆ **il n'a quasiment pas parlé/dormi** he hardly said a word/slept ◆ **je n'y vais quasiment plus** I hardly ever *ou* almost never go there anymore

Quasimodo /kazimodo/ **NF** ◆ **la Quasimodo, le dimanche de Quasimodo** Low Sunday

quasi-usufruit (pl **quasi-usufruits**) /kaziyzyfʁɥi/ **NM** imperfect *ou* quasi usufruct

quaternaire /kwatɛʁnɛʁ/
ADJ (*gén, Chim*) quaternary; (*Géol*) Quaternary
NM (*Géol*) ◆ **le quaternaire** the Quaternary (period)

quaternion /kwatɛʁnjɔ̃/ **NM** quaternion

quatorze /katɔʁz/ **ADJ INV, NM INV** fourteen ◆ **avant/après (la guerre de) quatorze** before/after the First World War ◆ **le quatorze juillet** the Fourteenth of July, Bastille Day (*French national holiday*); → **chercher, repartir²**; *pour autres loc voir* **six**; → **LE QUATORZE JUILLET**

quatorzième /katɔʁzjɛm/ **ADJ INV, NMF** fourteenth; *pour loc voir* **sixième**

quatrain /katʁɛ̃/ **NM** quatrain

quatre /katʁ/
ADJ INV, NM INV four ◆ **aux quatre coins de** (*lit, fig*) in the four corners of ◆ **à quatre mains** (*Mus*) [*morceau*] for four hands, four-handed; [*jouer*] four-handed ◆ **marcher à quatre pattes** to walk on all fours ◆ **nos amis à quatre pattes** our four-legged friends ◆ **les quatre grands** (*Pol*) the Big Four ◆ **monter/descendre (l'escalier) quatre à quatre** to rush up/down the stairs four at a time ◆ **manger comme quatre** to eat like a horse ◆ **une robe de quatre sous** a cheap dress ◆ **il avait quatre sous d'économies** he had a modest amount of savings ◆ **s'il avait quatre sous de bon sens** if he had a scrap *ou* modicum of common sense ◆ **être tiré à quatre épingles** to be dressed up to the nines ◆ **un de ces quatre (matins)*** one of these (fine) days ◆ **je ne vais pas recommencer tous les quatre matins !** * I'm not going to keep doing it! ◆ **faire les quatre cents coups** to lead a wild life ◆ **tomber les quatre fers en l'air** to fall flat on one's back ◆ **faire ses quatre volontés** to do exactly as one pleases ◆ **faire les quatre volontés de qn** to satisfy sb's every whim ◆ **dire à qn ses quatre vérités** to tell sb a few plain *ou* home truths ◆ **se mettre** *ou* **se couper en quatre pour (aider) qn** to bend over backwards to help sb * ◆ **elle se tenait à quatre pour ne pas rire/pour ne pas le gifler** she was doing all she could to keep from laughing/to keep from smacking him ◆ **je n'irai pas par quatre chemins** I'm not going to beat about the bush ◆ **entre quatre murs** within *ou* between four walls ◆ **je n'ai pas quatre bras !*** I've only got one pair of hands! ◆ **quand il sera entre quatre planches*** when he's six foot under* ◆ **entre quatre'z'yeux, entre quat-z-yeux*** (= *directement*) face to face; (= *en privé*) in private; → **trèfle, vent** *etc* ; *pour autres loc voir* **six**
NM (*en aviron*) ◆ **quatre barré** coxed four ◆ **quatre sans barreur** coxless four

quatre-cent-vingt-et-un /kat(ʁə)sɑ̃vɛ̃teœ̃/ **NM INV** dice game

quatre-épices /katʁepis/ **NM INV** allspice

quatre-feuilles /kat(ʁə)fœj/ **NM INV** quatrefoil

quatre-heures* /katʁœʁ/ **NM INV** (*langage enfantin*) afternoon tea (*Brit*) *ou* snack

quatre-huit /kat(ʁə)ɥit/ **NM INV** (*Mus*) common time

quatre-mâts /kat(ʁə)ma/ **NM INV** four-master

quatre-quarts /kat(ʁə)kaʁ/ **NM INV** (*Culin*) pound cake

quatre-quatre /kat(ʁə)katʁ/ **ADJ INV, NM INV** four-wheel drive

quatre-vingt-dix /katʁəvɛ̃dis/ **ADJ INV, NM INV** ninety

quatre-vingt-dixième /katʁəvɛ̃dizjɛm/ **ADJ INV, NMF** ninetieth

quatre-vingt-et-un /katvɛ̃teœ̃/ **NM INV** ⇒ **quatre-cent-vingt-et-un**

quatre-vingtième /katʁəvɛ̃tjɛm/ **ADJ INV, NMF** eightieth

quatre-vingt-onze /katʁəvɛ̃ɔ̃z/ **ADJ INV, NM INV** ninety-one

quatre-vingt-onzième /katʁəvɛ̃ɔ̃zjɛm/ **ADJ INV, NMF** ninety-first

quatre-vingts /katʁəvɛ̃/ **ADJ INV, NM INV** eighty

quatre-vingt-un /katʁəvɛ̃œ̃/ **ADJ INV, NM INV** eighty-one

quatre-vingt-unième /katʁəvɛ̃ynjɛm/ **ADJ INV, NMF** eighty-first

quatrième /katʁijɛm/
ADJ fourth ◆ **le quatrième pouvoir** the fourth estate ◆ **le quatrième âge** (= *personnes*) the over 75s; (= *état*) the fourth age (*75 onwards*) ◆ **faire qch en quatrième vitesse** to do sth at top speed; *pour autres loc voir* **sixième**
NMF (= *joueur de cartes*) fourth player
NF (= *vitesse*) fourth gear; (*Cartes* = *quarte*) quart; (*Scol* = *classe*) ≈ third form *ou* year (*Brit*), ≈ third year (in junior high school) (*US*) ◆ **quatrième de couverture** [*de livre*] back cover

quatrièmement /katʁijɛmɑ̃/ **ADV** fourthly, in the fourth place

quatrillion /k(w)atʁiljɔ̃/ **NM** quadrillion (*Brit*), septillion (*US*)

quattrocentiste /kwatʁotʃɛntist/ **NMF** quattrocentist

quattrocento /kwatʁotʃɛnto/ **NM** ◆ **le quattrocento** the quattrocento

quatuor /kwatɥɔʁ/ **NM** (= *œuvre, musiciens*) quartet(te); (*fig*) quartet(te), foursome ◆ **quatuor à cordes** string quartet(te)

---

que /kə/

1 - CONJONCTION
2 - ADVERBE
3 - PRONOM RELATIF
4 - PRONOM INTERROGATIF

Devant voyelle ou **h** muet = **qu'**

---

1 - CONJONCTION

▸ Lorsque **que** sert à former des locutions conjonctives (**afin que, à mesure que, dès que, tant que, tel que, plus/moins... que** etc), reportez-vous à l'autre mot.

① [COMPLÉTIVE]

Lorsque **que** introduit une subordonnée complétive, il se traduit généralement par **that** mais est souvent omis.

◆ **elle sait que tu es prêt** she knows (that) you're ready ◆ **tu crois qu'il réussira ?** do you think he'll succeed? ◆ **c'est agréable qu'il fasse beau** it's nice that the weather's fine ◆ **c'est dommage qu'il pleuve** it's a pity (that) it's raining ◆ **l'idée qu'il pourrait échouer** the idea of him *ou* his failing, the idea that he might fail

Avec un verbe de volonté, l'anglais emploie une proposition infinitive.

◆ **je veux/j'aimerais qu'il vienne** I want him/would like him to come ◆ **je ne veux pas qu'il vienne** I don't want him to come MAIS **j'aimerais qu'il ne vienne pas** I'd rather he didn't come

Avec les verbes d'opinion tels que **penser, croire** suivis de **oui, si, non**, **que** n'est pas traduit.

◆ **je pense que oui/non** I think/don't think so ◆ **mais il n'a pas de voiture ! – il dit que si** but he has no car! – he says he has; → **craindre, douter, peur** *etc*

② [REMPLAÇANT « SI », « QUAND », « COMME », ETC]

Lorsque **que** est précédé d'une proposition introduite par **si, quand, comme, que**, etc, il ne se traduit pas.

◆ **si vous êtes sages et qu'il fait beau, nous sortirons** if you are good and the weather is fine, we'll go out ◆ **il vous recevra quand il rentrera et qu'il aura déjeuné** he'll see you when he comes home and he's had a meal ◆ **comme la maison est petite et qu'il n'y a pas de jardin...** as the house is small and there's no garden... ◆ **bien qu'il soit en retard et que nous soyons pressés** although he's late and we're in a hurry

③ [HYPOTHÈSE = SI] whether ◆ **il ira, qu'il le veuille ou non** he'll go whether he wants to or not *ou* whether he likes it or not ◆ **qu'il parte ou qu'il reste, ça m'est égal** whether he leaves or stays, it's all the same to me, he can leave or he can stay, it's all the same to me

④ [BUT] ◆ **tenez-le, qu'il ne tombe pas** hold him in case he falls *ou* so that he won't fall ◆ **venez que nous causions** come along and we'll have *ou* so that we can have a chat

⑤ [TEMPS] ◆ **elle venait à peine de sortir qu'il se mit à pleuvoir** she had no sooner gone out than it started raining, she had hardly *ou* just gone out when it started raining ◆ **ils ne se connaissaient pas depuis 10 minutes qu'ils étaient déjà amis** they had only known each other for 10 minutes and already they were friends; → **faire, ne, si²**

⑥ [ORDRE, SOUHAIT, RÉSIGNATION]

Lorsque **que** suivi d'une 3ᵉ personne exprime l'ordre, le souhait, la résignation ou la menace, il se traduit par un verbe, un adverbe ou une conjonction.

◆ **qu'il se taise !** I wish he would be quiet! ◆ **que la lumière soit** let there be light ◆ **que la guerre finisse !** if only the war would end! ◆ **qu'ils me laissent en paix !** I wish they'd leave me in peace! ◆ **eh bien, qu'il vienne !** all right, he can come! *ou* let him come! ◆ **que le Seigneur ait pitié de lui !** (may) the Lord have mercy upon him! ◆ **qu'elle vienne me reprocher quelque chose(, je saurai la recevoir) !** she'd better not start criticizing! ◆ **qu'il essaie seulement !** just let him try!

7 [RENFORÇANT AFFIRMATION]

Notez l'emploi d'adverbes ou de l'auxiliaire en anglais lorsque **que** renforce une affirmation ou une négation.

• **que oui !** yes indeed! • **il était fâché ? – que oui !** was he angry? – was he ever! • **que non !** certainly not!, not at all! • **tu viens ? – que non/oui !** are you coming? – no I am not!/you bet I am! • **mais il n'en veut pas ! – que si/non** but he doesn't want any! – yes he does/no he doesn't

8 [POUR REPRENDRE CE QUI VIENT D'ÊTRE DIT] • **que tu crois !*** that's what YOU think! • **que je l'aide ? tu plaisantes !** me, help him? you must be joking! • **que tu y ailles seul ? c'est trop dangereux !** go on your own? that's far too dangerous!

9 [APRÈS UN DISCOURS RAPPORTÉ] • **« viens ici ! »**, **qu'il me crie*** "come here", he shouted • **« et pourquoi ? » que je lui fais*** "why's that?", I go to him*

10 [LOCUTIONS]

• **que... ne...** (littér) • **il ne se passe pas une minute que je ne pense à lui** (= sans que) not a minute goes by when I don't think about him ou without me thinking about him • **ils pourraient me supplier que je n'accepterais pas** even if they begged me I wouldn't accept • **j'avais déjà fini de déjeuner qu'elle n'avait pas commencé** I'd already finished my lunch and she hadn't even started

2 - ADVERBE

1 [VALEUR INTENSIVE]

• **que, qu'est-ce que** (devant adjectif, adverbe) how; (devant nom singulier) what a; (devant nom pluriel) what a lot of • **(qu'est-ce que) tu es lent !** you're so slow!, how slow you are! • **qu'est-ce qu'il est bête !** he's such an idiot! • **que de monde!, qu'est-ce qu'il y a comme monde !** what a crowd (there is)!, what a lot of people! • **que de voitures !, qu'est-ce qu'il y a comme circulation !** there's so much traffic! • **que de mal vous vous donnez !** what a lot of trouble you're taking! • **(qu'est-ce) qu'il joue bien !** doesn't he play well!, what a good player he is!

2 [DANS DES INTERROGATIVES = POURQUOI] why • **qu'avais-tu besoin de lui en parler ?** why did you have to go and talk to him about it? • **que n'es-tu venu me voir ?** (littér) why didn't you come to see me?

3 - PRONOM RELATIF

1 [ANTÉCÉDENT PERSONNE]

que se traduit par **who** ou par **that**, ce dernier étant souvent omis ; dans une langue plus soutenue, on peut employer **whom**.

• **la fille qu'il a rencontrée là-bas et qu'il a épousée par la suite** the girl (that) he met there and later married • **les enfants que tu vois jouer dans la rue** the children (that) you see playing in the street • **la femme qu'il aime toujours** the woman (whom (frm)) he still loves

Quand l'antécédent est un nom propre, on traduit obligatoirement par **who** ou **whom**.

• **il y avait David Legrand, que je n'avais pas vu depuis des années** David Legrand, who ou whom (frm) I hadn't seen for years, was there

2 [ANTÉCÉDENT ANIMAL OU CHOSE]

que se traduit par **which** ou **that**, ce dernier étant souvent omis.

• **le chaton qu'il a trouvé dans la cave** the kitten (that) he found in the cellar • **j'ai déjà les livres qu'il m'a offerts** I've already got the books he gave me • **la raison qu'il a donnée** the reason (that ou which) he gave

3 [EN INCISE]

Notez que lorsque la relative est en incise, on n'emploie jamais **that**.

• **un certain M. Leduc, que je ne connais même pas, m'a appelé** a certain Mr Leduc, who ou whom (frm) I don't even know, called me • **l'étiquette, que j'avais pourtant bien collée, est tombée** the label, which I'd stuck on properly, fell off all the same

4 [TEMPS] when • **un jour/un été que...*** one day/one summer when... • **tu te souviens de l'hiver qu'il a fait si froid ?*** do you remember the winter (when) it was so cold?; → **temps**[1]

5 [DANS DES FORMES ATTRIBUTIVES] • **quel homme charmant que votre voisin !** what a charming man your neighbour is! • **tout distrait qu'il est, il s'en est aperçu** absent-minded though he is, he still noticed it • **et moi, aveugle que j'étais, je ne m'en suis pas aperçu** and blind as I was, I didn't see it • **pour ignorante qu'elle soit** ignorant though she may be, however ignorant she is ou may be • **c'est un inconvénient que de ne pas avoir de voiture** it's inconvenient not having a car • **de brune qu'elle était, elle est devenue blonde** once a brunette, she has now turned blonde • **en bon fils qu'il est** being the good son (that) he is • **plein d'attentions qu'il était*, ce jeune homme !** he was so considerate that young man was!*

4 - PRONOM INTERROGATIF

what • **que fais-tu ?, qu'est-ce que tu fais ?** what are you doing? • **qu'est-ce qu'il voulait ?** what did he want? • **qu'en sais-tu ?** what do you know about it?

Notez que dans les cas où il y a discrimination ou choix, on emploie **which**.

• **qu'est-ce que tu préfères, le rouge ou le noir ?** which (one) do you prefer, the red or the black?

• **qu'est-ce qui** what • **qu'est-ce qui l'a mis en colère ?** what made him so angry? • **qu'est-ce qui t'empêchait de le faire ?** what stopped you from doing it?

Québec /kebɛk/
N (= ville) Quebec (City)
NM (= province) • **le Québec** Quebec

QUÉBEC

Quebec's history as a French-speaking province of Canada has meant that the French spoken there has developed many distinctive characteristics. Since the 1970s, the government of Quebec has been actively promoting the use of French terms instead of anglicisms in everyday life in order to preserve the Francophone identity of the province, over 80% of whose inhabitants have French as their mother tongue. → **OFFICE DE LA LANGUE FRANÇAISE**, **RÉVOLUTION TRANQUILLE**

québécisme /kebesism/ **NM** expression (ou word etc) used in Quebec

québécois, e /kebekwa, waz/
ADJ Quebec (épith) • **le Parti québécois** the Parti Québécois
NM (= variété du français) Quebec French
NM,F **Québécois(e)** Quebecker, Quebecer, Québécois (Can)

quebracho /kebratʃo/ **NM** quebracho
quechua /ketʃwa/ **ADJ**, **NM** Quechua, Kechua
Queensland /kwinzlɑ̃d/ **NM** Queensland
quel, quelle /kɛl/
ADJ **1** (interrog : dir, indir) (être animé : attrib) who; (être animé : épith) what; (chose) what • **quel est cet auteur ?** who is that author? • **sur quel auteur va-t-il parler ?** what author is he going to talk about? • **quelles ont été les raisons de son départ ?** what were the reasons for his leaving? ou departure? • **dans quels pays êtes-vous allé ?** what countries have you been to? • **lui avez-vous dit à quelle adresse (il faut) envoyer la lettre** have you told him the ou what address to send the letter to? • **j'ignore quel est l'auteur de ces poèmes** I don't know who wrote these poems ou who the author of these poems is

2 (interrog discriminatif) which • **quel acteur préférez-vous ?** which actor do you prefer? • **quel est le vin le moins cher des trois ?** which wine is the cheapest of the three?

3 (excl) what • **quelle surprise/coïncidence !** what a surprise/coincidence! • **quel courage !** what courage! • **quels charmants enfants !** what charming children! • **quel imbécile je suis !** what a fool I am! • **quel (sale) temps !** what rotten weather! • **il a vu quels amis fidèles il avait** he saw what faithful friends he had • **j'ai remarqué avec quelle attention ils écoutaient** I noticed how attentively they were listening

4 (relatif) (être animé) whoever; (chose) whatever; (discriminatif) whichever, whatever • **quelle que soit** ou **quelle que puisse être votre décision, écrivez-nous** write to us whatever your decision may be ou whatever you decide • **quel que soit le train que vous preniez, vous arriverez trop tard** whichever ou whatever train you take, you will be too late • **quelles que soient les conséquences** whatever the consequences (may be) • **quelle que soit la personne qui vous répondra** whoever answers you • **quel qu'il soit, le prix sera toujours trop élevé** whatever the price (is), it will still be too high • **les hommes, quels qu'ils soient** all men, irrespective of who they are

PRON INTERROG which • **de tous ces enfants, quel est le plus intelligent ?** of all these children, which (one) is the most intelligent? • **des deux solutions quelle est celle que vous préférez ?** of the two solutions, which (one) do you prefer?

quelconque /kɛlkɔ̃k/ **SYN** **ADJ** **1** (= n'importe quel) some (or other), any • **une lettre envoyée par un ami quelconque** ou **par un quelconque de ses amis** a letter sent by some friend of his ou by some friend or other (of his) • **choisis un stylo quelconque parmi ceux-là** choose any one of those pens • **sous un prétexte quelconque** on some pretext or other • **pour une raison quelconque** for some reason (or other) • **à partir d'un point quelconque du cercle** from any point on the circle; → **triangle**

2 (= moindre) • **un** ou **une quelconque** any, the least ou slightest • **il n'a pas manifesté un désir quelconque d'y aller** he didn't show the slightest ou least desire ou any desire to go • **avez-vous une quelconque idée de l'endroit où ça se trouve ?** have you any idea where it might be?

3 (= médiocre) [repas] poor, indifferent; [élève, devoir] poor; [acteur] poor, second-rate • **c'est un repas/devoir quelconque** this is a poor meal/essay, this meal/essay isn't up to much * (Brit) • **c'est quelqu'un de très quelconque** (laid) he's not very good-looking at all; (ordinaire) he's pretty nondescript

♦ ♦ ♦ ♦ ♦ ♦ ♦ ♦ ♦ ♦ ♦ ♦ ♦ ♦ ♦ ♦ ♦ ♦

quelque /kɛlk(ə)/ SYN

1 - ADJECTIF INDÉFINI
2 - ADVERBE

♦ ♦ ♦ ♦ ♦ ♦ ♦ ♦ ♦ ♦ ♦ ♦ ♦ ♦ ♦ ♦ ♦ ♦

1 - ADJECTIF INDÉFINI

1 [AU SINGULIER] some • **il habite à quelque distance d'ici** he lives some distance ou way from here • **dans quelque temps** before long, in a (little) while • **attendre quelque temps** to wait a while • **je ne le vois plus depuis quelque temps** I haven't seen him for some time ou for a while, it's some time ou a while since I've seen him • **il faut trouver quelque autre solution** we'll have to find some other solution • **j'ai quelque peine à croire cela** I find that rather ou somewhat difficult to believe, I have some difficulty in believing that • **avec quelque impatience/inquiétude** with some impatience/anxiety • **désirez-vous quelque autre chose ?** would you like something ou anything else?

• **en quelque sorte** (= pour ainsi dire) as it were, so to speak; (= bref) in a word; (= d'une certaine manière) in a way • **le liquide s'était en quelque sorte solidifié** the liquid had solidified as it were ou so to speak • **en quelque sorte, tu refuses** in a word, you refuse • **on pourrait dire en quelque sorte que...** you could say in a way that...

• **quelque chose** something; (avec interrogation) anything, something • **quelque chose d'extraordinaire** something extraordinary • **quelque chose d'autre** something else • **puis-je faire quelque chose pour vous ?** is there anything ou something I can do for you? • **il a quelque chose (qui ne va pas)** (maladie) there's something wrong ou the matter with him; (ennuis) there's something the matter (with him) • **vous prendrez bien quelque chose (à boire)** do have something to drink • **il/ça y est pour quelque chose** he/it has got something to do with it • **il y a quelque chose comme une semaine** something like a week ago, a week or so ago • **je t'ai apporté un petit quelque chose** I've brought you a little something; → **déjà**, **dire**, **malheur**

• **faire quelque chose à qn** to have an effect on sb • **ça m'a fait quelque chose d'apprendre sa mort** I was upset when I heard he had died • **quand il me prend dans ses bras, ça me fait quelque chose** it does something to me when he takes me in his arms

(* : intensif) • **il a plu quelque chose (de bien) !** it rained like anything!*, it didn't half rain!*

(Brit) ◆ **je tiens quelque chose comme rhume !** I've got a terrible *ou* a dreadful cold! ◆ **il se prend pour quelque chose** he thinks he's quite something ◆ **ce film/être pilote, c'est quelque chose !** that film/being a pilot is quite something! ◆ **ça alors, c'est quelque chose !** *(ton irrité)* that's (a bit) too much!, that's a bit stiff! * *(Brit)*

♦ **quelque part** somewhere ◆ **posez votre paquet quelque part dans un coin** put your parcel down in a corner somewhere ◆ **je vais quelque part** *(euph = toilettes)* I'm going to wash my hands *(euph)* ◆ **tu veux mon pied quelque part ?** * *(euph)* do you want a kick up the backside? *

[2] [AU PLURIEL] ◆ **quelques** a few, some ◆ **M. Dupont va vous dire quelques mots** Mr Dupont is going to say a few words (to you) ◆ **quelques milliers (de)** a few thousand ◆ **il ne peut rester que quelques instants** he can only stay (for) a few moments ◆ **quelques autres** some *ou* a few others ◆ **avez-vous quelques feuilles de papier à me passer ?** could you let me have a few sheets of paper?

♦ **et quelques** ◆ **20 kg et quelques** * a bit over 20 kg * ◆ **il doit être trois heures et quelques** * it must be a bit * *ou* a little after three

♦ **les** *ou* **ces** *ou* **ses** *etc* **quelques...** ◆ **les quelques enfants qui étaient venus** the few children who had come ◆ **ces quelques poèmes** these few poems ◆ **les quelques centaines/milliers de personnes qui...** the few hundred/thousand people who...

[3] [LOCUTIONS]

♦ **quelque... que** whatever; *(discriminatif)* whichever, whatever ◆ **de quelque façon que l'on envisage le problème** whatever *ou* whichever way you look at the problem ◆ **par quelque temps qu'il fasse** whatever the weather (may be *ou* is like) ◆ **il veut l'acheter, à quelque prix que ce soit, par quelque moyen que ce soit** he wants to buy it no matter what the cost and no matter how

2 - ADVERBE

[1] [= ENVIRON, À PEU PRÈS] some, about ◆ **il y a quelque 20 ans qu'il enseigne ici** he has been teaching here for some *ou* about 20 years *ou* for 20 years or so ◆ **ça a augmenté de quelque 10 €** it's gone up by about €10 *ou* by €10 or so *ou* by some €10

[2] [LOCUTIONS]

♦ **quelque peu** rather, somewhat ◆ **quelque peu déçu** rather *ou* somewhat disappointed ◆ **quelque peu grivois** a touch *ou* somewhat risqué ◆ **il est quelque peu menteur** he is something of *ou* a bit of a liar

♦ **quelque... que** *(littér)* however ◆ **quelque pénible que soit la tâche** however laborious the task may be

---

quelquefois /kɛlkəfwa/ SYN ADV sometimes, occasionally, at times

quelques-uns, -unes /kɛlkəzœ̃, yn/ PRON INDÉF PL some, a few ◆ **quelques-uns de nos lecteurs/ses amis** some *ou* a few of our readers/his friends ◆ **privilège réservé à quelques-uns** privilege reserved for a very few

quelqu'un /kɛlkœ̃/ PRON INDÉF [1] *(gén)* somebody, someone; *(avec interrog)* anybody, anyone ◆ **quelqu'un d'autre** somebody *ou* someone else ◆ **c'est quelqu'un de sûr/d'important** he's a reliable/an important person, he's someone reliable/important ◆ **Claire, c'est quelqu'un de bien** Claire is a nice person ◆ **il faudrait quelqu'un de plus** we need one more person ◆ **quelqu'un pourrait-il répondre ?** could somebody answer? ◆ **il y a quelqu'un ?** is there anybody there?

[2] *(intensif)* ◆ **c'est vraiment quelqu'un cette fille** that girl's really something else * ◆ **c'est quelqu'un (d'important) dans le monde du cinéma** she's really somebody in cinema ◆ **dans ce métier, c'est difficile de devenir quelqu'un** * it's not easy to make a name for yourself in this profession ◆ **ça alors, c'est quelqu'un !** † * that's (a bit) too much!, that's a bit stiff! * *(Brit)*

quémander /kemɑ̃de/ SYN ► conjug 1 ◄ VT *[+ argent, faveur]* to beg for; *[+ louanges]* to beg *ou* fish *ou* angle for

quémandeur, -euse /kemɑ̃dœʀ, øz/ SYN NM,F *(littér)* beggar

qu'en-dira-t-on /kɑ̃diʀatɔ̃/ NM INV *(= commérage)* ◆ **le qu'en-dira-t-on** gossip ◆ **il se moque du qu'en-dira-t-on** he doesn't care what people say, he doesn't care about gossip

quenelle /kənɛl/ NF *(Culin)* quenelle

quenotte /kənɔt/ NF *(langage enfantin)* tooth, toothy-peg *(Brit)* *(langage enfantin)*

quenouille /kənuj/ NF distaff ◆ **tomber en quenouille** *(Hist)* to pass into female hands; *(= échouer)* to fall through ; *(= être abandonné)* *[pouvoir, privilège]* to be forsaken

quéquette * /kekɛt/ NF *(langage enfantin)* willy * *(Brit)*, peter * *(US)*

quercitrin /kɛʀsitʀɛ̃/ NM, **quercitrine** /kɛʀsitʀin/ NF quercitrin

quercitron /kɛʀsitʀɔ̃/ NM black- *ou* yellow-bark oak

querelle /kəʀɛl/ SYN NF [1] *(= dispute)* quarrel ◆ **querelle d'amoureux** lovers' tiff ◆ **querelle d'ivrognes** drunken row ◆ **querelle d'Allemand, mauvaise querelle** quarrel over nothing ◆ **chercher une querelle d'Allemand** *ou* **une mauvaise querelle à qn** to pick a quarrel with sb for nothing *ou* for no reason at all ◆ **querelle de famille** *ou* **familiale** family quarrel *ou* squabble; *(grave)* family feud ◆ **querelle de chapelle** *ou* **de clocher** petty squabbling *(NonC)* *ou* in-fighting *(NonC)*

[2] *(= polémique)* dispute *(sur* over, about) ◆ **la querelle sur l'enseignement privé** the dispute over private education

[3] (††, *littér = cause, parti)* cause, quarrel † ◆ **épouser** *ou* **embrasser la querelle de qn** to take up *ou* fight sb's cause; → **chercher, vider**

quereller /kəʀele/ SYN ► conjug 1 ◄

VT († *= gronder)* to scold

VPR se quereller to quarrel (with one another) ◆ **se quereller au sujet** *ou* **à propos de qch** to quarrel *ou* squabble over *ou* about sth

querelleur, -euse /kəʀelœʀ, øz/ SYN ADJ quarrelsome

quérir /keʀiʀ/ ► conjug 21 ◄ VT *(ne s'emploie qu'à l'infinitif)* *(littér = chercher)* ◆ **envoyer** *ou* **faire quérir qn** to summon sb, to bid sb (to) come † ◆ **aller quérir qn** to go seek sb †, to go in quest of sb †

quérulence /keʀylɑ̃s/ NF *(Psych)* querulousness

quérulent, e /keʀylɑ̃, ɑ̃t/ ADJ *(Psych)* querulous

questeur /kɛstœʀ/ NM *(Antiq)* quaestor *(Brit)*, questor *(US)*; *(Pol française)* questeur *(administrative and financial officer elected to the French Parliament)*

question /kɛstjɔ̃/ GRAMMAIRE ACTIVE 12.3, 16.3, 26.1, 26.2, 26.6 SYN NF [1] *(= demande)* *(gén)* question; *(pour lever un doute)* query, question ◆ **question piège** *(d'apparence facile)* trick question; *(pour nuire à qn)* loaded question ◆ **question subsidiaire** tiebreaker ◆ **évidemment ! cette question ! ou quelle question !** obviously! what a question! ◆ **c'est la grande question** *(problème)* it's the main *ou* major issue *ou* question ◆ **c'est la grande question, c'est la question à mille francs** * *(interrogation)* it's the big question *ou* the sixty-four thousand dollar question *

[2] *(Pol)* ◆ **question écrite/orale** written/oral question ◆ **séance de questions au gouvernement** question and answer session *(at the French National Assembly)*, ≃ question time *(Brit)*

[3] *(= problème)* question, matter, issue ◆ **questions économiques/sociales** economic/social questions *ou* matters *ou* issues ◆ **pour des questions de sécurité/d'hygiène** for reasons of security/of hygiene ◆ **question d'actualité** *(Presse)* topical question ◆ **la question est délicate** it's a delicate question *ou* matter ◆ **la question est de savoir si...** the question is whether... ◆ **la question sociale** the social question *ou* issue ◆ **sortir de la question** to stray *ou* wander from the point ◆ **la question n'est pas là, là n'est pas la question** that's not the point ◆ **c'est toute la question, c'est la grosse** *ou* **grande question** that's the big question, that's the crux of the matter, that's the whole point ◆ **il n'y a pas de question, c'est lui le meilleur** he is indisputably *ou* unquestionably the best, there's no question about it – he's the best ◆ **cela ne fait pas question** there's no question about it ◆ **c'est une question de temps** it's a question *ou* matter of time ◆ **c'est une question d'heures/de vie ou de mort/d'habitude** it's a matter *ou* question of time/of life or death/of habit ◆ **je ne céderai pas, c'est une question de principe** I won't give in, it's a matter of principle ◆ **« autres questions »** *(ordre du jour)* "any other business"; → **autre**

[4] (* *= en ce qui concerne)* ◆ **question argent** as far as money goes, money-wise * ◆ **question bêtise, il se pose là !** he's a prize idiot! ◆ **question cuisine, elle est nulle** when it comes to cooking, she's useless *

[5] *(avec poser, se poser)* ◆ **poser une question à qn** to ask sb a question, to put a question to sb ◆ **l'ambiguïté de son attitude pose la question de son honnêteté** his ambivalent attitude makes you wonder how honest he is *ou* makes you question his honesty ◆ **sans poser de questions** without asking any questions, without raising any queries ◆ **la question me semble mal posée** I think the question is badly put ◆ **poser la question de confiance** *(Pol)* to ask for a vote of confidence ◆ **la question qui se pose** the question which must be asked *ou* considered ◆ **il y a une question que je me pose** there's one thing I'd like to know, I wonder about one thing ◆ **je me pose la question** that's the question, that's what I'm wondering ◆ **il commence à se poser des questions** he's beginning to wonder *ou* to have doubts ◆ **il l'a fait sans se poser de questions** he did it without a second thought

[6] *(locutions)* ◆ **de quoi est-il question ?** what is it about? ◆ **il fut d'abord question du budget** first they spoke about *ou* discussed the budget ◆ **il est question de lui comme ministre** *ou* **qu'il soit ministre** there's some question *ou* talk of his being a minister ◆ **il n'est plus question de ce fait dans la suite** no further mention of this fact is made subsequently, there is no further reference to this fact thereafter ◆ **il n'est pas question que nous y renoncions/d'y renoncer** there's no question of our *ou* us giving it up/of giving it up ◆ **il n'en est pas question !** that's out of the question! ◆ **moi y aller ? pas question !** * me go? nothing doing! * *ou* no way! * ◆ **c'est hors de question** it is out of the question

[7] *(locutions)* ◆ **en question** *(= dont on parle)* in question ◆ **c'est votre vie qui est en question** *(= en jeu)* it's your life which is at stake ◆ **mettre** *ou* **remettre en question** *[+ autorité, théorie]* to question, to challenge; *[+ compétence, honnêteté, pratique]* to question, to call *ou* bring into question ◆ **la remise en question de nos accords** the fact that our agreements are being called into question ◆ **cela remet sa compétence en question** this puts a question mark over his competence ◆ **le projet est sans cesse remis en question** the project is continually being called into question ◆ **il faut se remettre en question de temps en temps** it's important to do some soul-searching *ou* to take a good look at oneself from time to time ◆ **elle ne se remet jamais en question** she never questions herself

[8] *(Hist = torture)* question ◆ **soumettre qn à la question, infliger la question à qn** to put sb to the question

questionnaire /kɛstjɔnɛʀ/ SYN NM questionnaire ◆ **questionnaire à choix multiple** multiple choice question paper

questionnement /kɛstjɔnmɑ̃/ NM [1] *(= remise en cause)* questioning ◆ **le questionnement des valeurs de notre temps** the questioning *ou* the calling into question of contemporary values

[2] *[de personne]* questioning *(sur* about) ◆ **le questionnement des philosophes** *(= questions)* the questions philosophers are asking themselves

questionner /kɛstjɔne/ SYN ► conjug 1 ◄ VT *(= interroger)* to question *(sur* about) ◆ **arrête de questionner toujours comme ça** stop pestering me with questions all the time, stop questioning me all the time

questionneur, -euse /kɛstjɔnœʀ, øz/ NM,F questioner

questure /kɛstyʀ/ NF *(Antiq)* quaestorship *(Brit)*, questorship *(US)*; *(Pol française)* *administrative and financial commission at the French Parliament*

quétaine * /ketɛn/ ADJ *(Can)* tacky *

quête[1] /kɛt/ NF [1] *(= collecte)* collection ◆ **faire la quête** *(à l'église)* to take (the) collection; *[artiste de rue]* to go round with the hat; *[association caritative]* to collect for charity

[2] *(= recherche)* search, quest ◆ **sa quête spirituelle** his spiritual quest; → **Graal**

♦ **en + quête de** in search of ◆ **se mettre en quête de** *[+ pain]* to go to get; *[+ champignons]* to go in search of ◆ **se mettre en quête d'un appartement** to start looking for an apartment *ou* flat *(Brit)*, to start flat-hunting *(Brit)* ◆ **être en quête de travail** to be looking for *ou* seeking work ◆ **des jeunes en quête d'absolu/d'iden-**

tité young people in search of the absolute/of an identity ◆ **des publicitaires en quête permanente d'idées** advertising people always on the lookout for ideas

quête[2] /kɛt/ NF [de mât] rake

quêter /kete/ SYN ▶ conjug 1 ◀
[VI] (à l'église) to take (the) collection; (dans la rue) to collect money ◆ **quêter pour les aveugles** to collect for the blind
[VT] [+ louanges] to seek (after), to fish ou angle for; [+ suffrages] to seek; [+ sourire, regard] to seek, to try to win

quêteur, -euse /kɛtœʀ, øz/ NM,F (dans la rue, à l'église) collector

quetsche /kwɛtʃ/ NF kind of dark-red plum

quetzal /kɛtzal/ NM (= oiseau, monnaie) que(t)zal

queue /kø/ SYN
[NF] 1 [d'animal, avion, comète, lettre, note] tail; [d'orage] tail end; [de classement] bottom; [de casserole, poêle] handle; [de feuille, fruit] stalk; [de fleur] stem, stalk; [de colonne, train] rear ◆ **en queue de phrase** at the end of the sentence ◆ **en queue de liste/classe** at the bottom of the list/class ◆ **être en queue de peloton** (lit) to be at the back of the pack; (fig) to be lagging behind ◆ **en queue (de train)** at the rear of the train ◆ **compartiments de queue** rear compartments; → **diable**
2 (= file de personnes) queue (Brit), line (US) ◆ **faire la queue** to queue (up) (Brit), to stand in line (US) ◆ **il y a trois heures de queue** there's a three-hour queue (Brit) ou line (US) ◆ **mettez-vous à la queue** join the queue (Brit) ou line (US)
3 (*‡* = pénis) cock*‡*, prick*‡*
4 (locutions) ◆ **la queue basse*** ou **entre les jambes*** with one's tail between one's legs ◆ **à la queue leu leu** [arriver, marcher] in single file; [venir se plaindre] one after the other ◆ **il n'y en avait pas la queue d'un*** there wasn't a single one ◆ **faire une queue de poisson à qn** (en conduisant) to cut in front of sb ◆ **finir en queue de poisson** to come to an abrupt end ◆ **histoire sans queue ni tête*** cock-and-bull story ◆ **mettre des queues aux zéros** [marchand] to overcharge ◆ **faire une fausse queue** (Billard) to miscue
[COMP] **queue d'aronde** dovetail ◆ **assemblage en queue d'aronde** dovetail joint
queue de billard (billiard) cue
queue de cheval ponytail ◆ **se faire une queue de cheval** to put one's hair in a ponytail
queue de vache ADJ INV [couleur, cheveux] reddish-brown

queue-de-cochon (pl **queues-de-cochon**) /kød(ə)kɔʃɔ̃/ NF (= tarière) screw auger; [de ferronnerie] twisted wrought-iron ornament

queue-de-morue (pl **queues-de-morue**) /kød(ə)mɔʀy/ NF 1 (= pinceau) (medium) paintbrush
2 ‡‡ (= basques) tails; (= habit) tail coat

queue-de-pie (pl **queues-de-pie**) /kød(ə)pi/ NF (habit) tails, tail coat

queue-de-rat (pl **queues-de-rat**) /kød(ə)ʀa/ NF (= lime) round file

queue-de-renard (pl **queues-de-renard**) /kød(ə)ʀənaʀ/ NF (= plante) ◆ **queue-de-renard à épi vert clair** green amaranth ◆ **queue-de-renard des jardins** love-lies-bleeding

queuter‡ /køte/ ▶ conjug 1 ◀ VI to go wrong, to backfire ◆ **queuter à un examen** to fail ou flunk* an exam

queux /kø/ NM → **maître**

- - - - - - - - - - - - - - - - - - -

qui /ki/

1 - PRONOM INTERROGATIF
2 - PRONOM RELATIF

▶ Pour les proverbes commençant par **qui**, cherchez sous le verbe, le nom ou l'adjectif.

- - - - - - - - - - - - - - - - - - -

1 - PRONOM INTERROGATIF

1 [SUJET]

Lorsque **qui** ou **qui est-ce qui** sont sujets, ils se traduisent par **who**.

◆ **qui l'a vu ?, qui est-ce qui l'a vu ?** who saw him? ◆ **vous devinez qui me l'a dit !** you can guess who told me! ◆ **on m'a raconté... – qui ça ?** somebody told me... – who was that? ◆ **qui va là ?** who goes there? ◆ **je me demande qui est là** I wonder who's there

Notez l'emploi de **which** lorsqu'il y a discrimination entre plusieurs personnes.

◆ **qui d'entre eux** ou **parmi eux saurait ?** which of them would know? ◆ **qui, parmi les candidats, pourrait répondre ?** which (one) of the candidates could reply?

2 [OBJET]

Lorsque **qui** est objet, il se traduit par **who** dans la langue courante et par **whom** dans une langue plus soutenue.

◆ **qui a-t-elle vu ?** who ou whom (frm) did she see? ◆ **elle a vu qui ?*, qui est-ce qu'elle a vu ?** who did she see? ◆ **elle a vu qui ?** (surprise) she saw who?, who did she see? ◆ **je me demande qui il a invité** I wonder who ou whom (frm) he has invited

3 [AVEC PRÉPOSITION]

Notez la place de la préposition en anglais : avec **who** et **whose**, elle est rejetée en fin de proposition, alors qu'elle précède toujours **whom**.

◆ **à** ou **avec qui voulez-vous parler ?** who would you like to speak to? ◆ **à qui donc parlais-tu ?** who were you talking to?, who was it you were talking to? ◆ **elle ne sait pas à qui parler** she doesn't know who to talk to ◆ **à qui est ce sac ?** (sens possessif) whose bag is this?, who does this bag belong to?, whose is this bag? ◆ **chez qui allez-vous ?** whose house are you going to? ◆ **de qui parles-tu ?** who are you talking about? ◆ **de qui est la pièce ?** who is the play by? ◆ **pour qui ont-ils voté ?** who did they vote for?, for whom (frm) did they vote?

2 - PRONOM RELATIF

1 [SUJET]

Lorsque **qui** est sujet, il se traduit par **who** ou **that** quand l'antécédent est une personne ; si c'est un nom propre, on traduit obligatoirement par **who**.

◆ **je connais des gens qui se plaindraient** I know some people who ou that would complain ◆ **j'ai rencontré Luc qui m'a raconté que...** I met Luc, who told me that...

qui sujet se traduit par **that** ou **which** quand l'antécédent est un animal ou une chose.

◆ **il a un perroquet qui parle** he's got a parrot that ou which talks

Notez que lorsque la relative est en incise, on n'emploie jamais **that**.

◆ **Tom, qui travaille à la poste, m'a dit...** Tom, who works at the post office, told me... ◆ **la table, qui était en acajou, était très lourde** the table, which was made of mahogany, was very heavy

Lorsque la proposition définit ou qualifie l'antécédent, le pronom peut être omis.

◆ **les amis qui viennent ce soir sont américains** the friends (who ou that are) coming tonight are American ◆ **prends le plat qui est sur la table** take the dish which ou that is on the table ◆ **Paul, qui traversait la rue, trébucha** Paul tripped (as he was) crossing the street ◆ **je la vis qui nageait vers le pont** I saw her swimming towards the bridge ◆ **moi qui espérais rentrer tôt !** and there I was thinking I was going to get home early tonight!; → **ce**[2], **moi**, **toi**

2 [AVEC PRÉPOSITION]

Le pronom relatif est parfois omis en anglais ; notez la place de la préposition (voir aussi **pron interrog** 3).

◆ **la personne à qui j'ai parlé** the person (who ou that) I spoke to ◆ **l'élève de qui il attendait de meilleurs résultats** the pupil (who ou that) he was expecting better results from, the pupil from whom (frm) he was expecting better results ◆ **le patron pour qui il travaille** the employer (that ou who) he works for, the employer for whom (frm) he works ◆ **la femme sans qui il ne pouvait vivre** the woman (who ou that) he couldn't live without

3 [SANS ANTÉCÉDENT]

Lorsque **qui** n'a pas d'antécédent, il représente toujours un être animé ou plusieurs, et se traduit par **whoever**, **anyone who**, **anyone that**.

◆ **ira qui voudra** whoever wants ou anyone who wants to go can go ◆ **il a dit à qui voulait l'entendre que...** he told anyone ou that would listen that..., he told whoever would listen that... ◆ **amenez qui vous voulez** bring along whoever you like ou anyone (that) you like ◆ **qui les verrait ensemble ne devinerait jamais ça** anyone seeing them together would never guess, anyone who ou that saw them together would never guess ◆ **pour qui s'intéresse à la physique, ce livre est indispensable** for anyone (who ou that is) interested in physics this book is indispensable ◆ **ils ont pris tout ce qu'ils ont pu : qui une chaise, qui une table, qui un livre** they took whatever they could: one took a chair, one a table, another a book ◆ **c'est à qui des deux mangera le plus vite** each tries to eat faster than the other ◆ **c'est à qui criera le plus fort** each tries to shout louder than the other
◆ **à qui mieux mieux** (gén) each one more so than the other; (crier) each one louder than the other; (frapper) each one harder than the other
◆ **qui de droit** (Admin) ◆ « **à qui de droit** » "to whom it may concern" ◆ **je le dirai à qui de droit** I will tell whoever is concerned ou is the proper authority ◆ **le tableau a été restitué à qui de droit** the painting was returned to its rightful owner ◆ **je remercierai qui de droit** I'll thank whoever I have to thank
◆ **qui que ce soit** anybody, anyone ◆ **j'interdis à qui que ce soit d'entrer ici** I forbid anybody ou anyone to come in here
◆ **qui tu sais, qui vous savez** ◆ **cela m'a été dit par qui vous savez** I was told that by you-know-who*

- - - - - - - - - - - - - - - - - - -

quia /kɥija/ ADV ◆ **mettre à quia** to confound sb †, to nonplus sb ◆ **être à quia** to be at a loss for an answer

quiche /kiʃ/ NF ◆ **quiche (lorraine)** quiche (Lorraine) ◆ **quiche au crabe** crab quiche

quichua /kitʃwa/ NM ⇒ **quechua**

quick /kwik/ NM ◆ **court** ou **terrain (de tennis) en quick** all-weather court, hard court

quiconque /kikɔ̃k/ SYN
[PRON REL] (= celui qui) whoever, anyone who, whosoever † ◆ **quiconque a tué sera jugé** whoever has killed will be judged ◆ **la loi punit quiconque est coupable** the law punishes anyone who is guilty
[PRON INDEF] (= n'importe qui, personne) anyone, anybody ◆ **je le sais mieux que quiconque** I know better than anyone (else) ◆ **il ne veut recevoir d'ordres de quiconque** he won't take orders from anyone ou anybody

quid /kwid/ PRON INTERROG ◆ **quid de la démocratie ?** (= et au sujet de la démocratie ?) and what about democracy?; (= que va-t-il advenir de la démocratie ?) whither democracy?

quidam † /k(ɥ)idam/ SYN NM (hum = individu) fellow, chap (Brit), cove † (Brit)

quiddité /k(ɥ)idite/ NF quiddity

quiescent, e /kjesɑ̃, ɑ̃t/ ADJ quiescent

quiet, quiète †† /kje, kjɛt/ SYN ADJ (littér) calm, tranquil

quiétisme /kjetism/ NM quietism

quiétiste /kjetist/ ADJ, NMF quietist

quiétude /kjetyd/ SYN NF (littér) [de lieu] quiet, tranquility; [de personne] peace (of mind) ◆ **en toute quiétude** (= sans soucis) with complete peace of mind; (= sans obstacle) in (complete) peace ◆ **les voleurs ont pu opérer en toute quiétude** the thieves were able to go about their business undisturbed

quignon /kiɲɔ̃/ NM ◆ **quignon (de pain)** (= croûton) crust (of bread), heel of the loaf; (= morceau) hunk ou chunk of bread

quille /kij/ NF 1 (Jeux) skittle ◆ **(jeu de) quilles** ninepins, skittles; → **chien**
2 (*‡* = jambe) pin*
3 (arg Mil) ◆ **la quille** demob (arg Mil Brit)
4 [de bateau] keel ◆ **la quille en l'air** bottom up(wards), keel up

quilleur, -euse /kijœʀ, øz/ NM,F (Can) skittle player

quincaillerie /kɛ̃kajʀi/ SYN NF (= métier, ustensiles) hardware, ironmongery (Brit); (= magasin) hardware shop ou store, ironmonger's (shop) (Brit); (péj = bijoux) cheap(-looking) jewellery (Brit) ou jewelry (US) ◆ **elle a sorti toute sa quincaillerie** she's put on all her trinkets

quincaillier, -ière /kɛ̃kaje, jɛʀ/ NM,F hardware dealer, ironmonger (Brit)

quinconce /kɛ̃kɔ̃s/ **en quinconce** LOC ADV in staggered rows

quiné, e /kine/ ADJ quinate

quinine /kinin/ NF quinine

quinoa /kinɔa/ NM quinoa

quinolone /kinɔlɔn/ NF quinolone

quinone /kinɔn/ NF quinone

quinqua * /kɛ̃ka/ NMF (abrév de quinquagénaire) person in his (ou her) fifties ◆ **les quinquas** fifty somethings *

quinquagénaire /kɛ̃kaʒenɛʀ/
ADJ (= de cinquante ans) fifty-year-old (épith) ◆ **il est quinquagénaire** (= de cinquante à soixante ans) he is in his fifties ◆ **maintenant que tu es quinquagénaire** (hum) now that you're fifty (years old), now that you've reached fifty
NMF fifty-year-old man (ou woman)

Quinquagésime /kɥɛ̃kwaʒezim/ NF Quinquagesima

quinquennal, e (mpl -aux) /kɛ̃kenal, o/ ADJ five-year (épith), quinquennial ◆ **assolement quinquennal** five-year rotation

quinquennat /kɛ̃kena/ NM (Pol) five year term (of office)

quinquet /kɛ̃kɛ/ NM (Hist) oil lamp ◆ **quinquets** (* † = yeux) peepers * (hum)

quinquina /kɛ̃kina/ NM (= arbre, écorce) cinchona ◆ **(apéritif au) quinquina** quinine tonic wine

quint /kɛ̃/ ADJ → Charles

quintal (pl -aux) /kɛ̃tal, o/ NM quintal (100 kg); (Can) hundredweight

quinte /kɛ̃t/ NF [1] (Méd) ◆ **quinte (de toux)** coughing fit
[2] (Mus) fifth; (Escrime) quinte; (Cartes) quint

quinté /kɛ̃te/ NM French forecast system involving betting on five horses

quintefeuille /kɛ̃tfœj/
NF (= plante, pièce héraldique) cinquefoil
NM (Archit) cinquefoil

quintessence /kɛ̃tesɑ̃s/ SYN NF (Chim, Philos, fig) quintessence ◆ **abstracteur de quintessence** (hum) hair-splitter

quintet /k(ɥ)ɛ̃tɛ/ NM (Jazz) jazz quintet

quintette /k(ɥ)ɛ̃tɛt/ NM (= morceau, musiciens) quintet(te) ◆ **quintette à cordes/à vent** string/wind quintet

quinteux, -euse †† /kɛ̃tø, øz/ ADJ (littér) [vieillard] crotchety, crabbed †

quintillion /kɛ̃tiljɔ̃/ NM quintillion (Brit), nonillion (US)

quintuple /kɛ̃typl/
ADJ [quantité, rangée, nombre] quintuple ◆ **une quantité quintuple de l'autre** a quantity five times (as great as) the other ◆ **en quintuple exemplaire/partie** in five copies/parts ◆ **le quintuple champion du monde** the world champion five times over
NM (Math, gén) quintuple (de of) ◆ **je l'ai payé le quintuple/le quintuple de l'autre** I paid five times as much for it/five times as much as the other for it ◆ **je vous le rendrai au quintuple** I'll repay you five times over ◆ **augmenter au quintuple** to increase fivefold

quintupler /kɛ̃typle/ ▶ conjug 1 ◀ VTI to quintuple, to increase fivefold ou five times

quintuplés, -ées /kɛ̃typle/ NM,F PL quintuplets, quins * (Brit), quints * (US)

quinzaine /kɛ̃zɛn/ NF [1] (= nombre) about fifteen, fifteen or so; (= salaire) two weeks' ou fortnightly (Brit) ou fortnight's (Brit) pay ◆ **une quinzaine (de jours)** (= deux semaines) two weeks, a fortnight (Brit) ◆ **quinzaine publicitaire** ou **commerciale** (two-week) sale ◆ **quinzaine du blanc** (two-week) linen sale ◆ « **quinzaine des soldes** » "two-week sale", "sales fortnight" (Brit)

quinze /kɛ̃z/
NM INV fifteen ◆ **le quinze de France** (Rugby) the French fifteen ; pour autres loc voir **six**
ADJ INV fifteen ◆ **le quinze août** 15 August, Assumption ◆ **demain en quinze** a fortnight tomorrow (Brit), two weeks from tomorrow (US) ◆ **lundi en quinze** a fortnight on Monday (Brit), two weeks from Monday (US) ◆ **dans quinze jours** in two weeks, in a fortnight (Brit), in a fortnight's time (Brit)

◆ **tous les quinze jours** every two weeks, every fortnight (Brit) → FÊTES LÉGALES

quinzième /kɛ̃zjɛm/ ADJ, NMF fifteenth ; pour loc voir **sixième**

quinzièmement /kɛ̃zjɛmmɑ̃/ ADV in the fifteenth place, fifteenthly

quinziste /kɛ̃zist/ NM Rugby Union player

quiproquo /kipʀɔko/ SYN NM [1] (= méprise sur une personne) mistake; (= malentendu sur un sujet) misunderstanding ◆ **le quiproquo durait depuis un quart d'heure, sans qu'ils s'en rendent compte** they had been talking at cross-purposes for a quarter of an hour without realizing it
[2] (Théât) (case of) mistaken identity

quiscale /kɥiskal/ NM grackle, crow blackbird

Quito /kito/ N Quito

quittance /kitɑ̃s/ SYN NF (= reçu) receipt; (= facture) bill ◆ **quittance d'électricité** receipt (to show one has paid one's electricity bill) ◆ **quittance de loyer** rent receipt ◆ **donner quittance à qn de qch** (frm) to acquit sb of sth (frm)

quitte /kit/ SYN ADJ [1] ◆ **être quitte envers qn** to be quits * ou all square with sb, to be no longer in sb's debt ◆ **être quitte envers sa patrie** to have served one's country ◆ **être quitte envers la société** to have paid one's debt to society ◆ **nous sommes quittes** (dette) we're quits * ou all square; (méchanceté) we're even ou quits * ou all square ◆ **tu es quitte pour cette fois** I'll let you off this time, I'll let you get away with it this time ◆ **je ne vous tiens pas quitte** you still owe me
[2] ◆ **être/tenir qn quitte d'une dette/obligation** to be/consider sb rid ou clear of a debt/an obligation ◆ **je suis quitte de mes dettes envers vous** all my debts to you are clear ou are paid off ◆ **nous en sommes quittes pour la peur** we got off with a fright
[3] ◆ **quitte à** (idée de risque) even if it means ◆ **quitte à s'ennuyer, ils préfèrent rester chez eux** they prefer to stay at home even if it means getting bored ◆ **quitte à aller au restaurant, autant en choisir un bon** (idée de nécessité) if we're going to a restaurant, we might as well go to a good one
[4] ◆ **quitte ou double** (= jeu) double or quits ◆ **c'est (du) quitte ou double, c'est jouer à quitte ou double** (fig) it's a big gamble, it's risking a lot

quitter /kite/ GRAMMAIRE ACTIVE 27.3, 27.4, 27.5 SYN
▶ conjug 1 ◀
VT [1] [+ école, pays, personne] to leave; [+ métier] to leave, to quit, to give up ◆ **il n'a pas quitté la maison depuis trois jours** he hasn't been outside ou he hasn't set foot outside the house for three days ◆ **je suis pressé, il faut que je vous quitte** I'm in a hurry so I must leave you ou I must be off * ◆ **il a quitté sa femme** he's left his wife ◆ **ne pas quitter la chambre** to be confined to one's room ◆ « **les clients sont priés de quitter la chambre avant 11 heures** » "guests are requested to vacate their rooms before 11 o'clock" ◆ **quitter l'autoroute à Lyon** to turn off ou leave the motorway at Lyon ◆ **le camion a quitté la route** the lorry ran off ou left the road ◆ **le train a quitté la voie** ou **les rails** the train derailed ou jumped the rails ◆ **il a quitté ce monde** (euph) he has departed this world ◆ **quitter la place** (fig) to withdraw, to retire ◆ **si je le quitte des yeux une seconde** if I take my eyes off him for a second, if I let him out of my sight for a second ◆ **ne quittez pas** (Téléc) hold the line, hold on a moment; → **lieu**[1], **semelle**
[2] (= renoncer à) [+ espoir, illusion] to give up, to forsake; (= abandonner) [crainte, énergie] to leave, to desert ◆ **tout son courage l'a quitté** all his courage left ou deserted him
[3] († = enlever) [+ vêtement] to take off ◆ **quitter le deuil** to come out of mourning ◆ **quitter l'habit** ou **la robe** (fig) to leave the priesthood ◆ **quitter l'uniforme** (Mil) to leave the army (ou navy etc)
[4] (Ordin) to quit, to exit

VPR **se quitter** [couple] to split up, to part ◆ **nous nous sommes quittés bons amis** we parted good friends ◆ **ils ne se quittent pas** they are always together, you never see them apart ◆ **nous nous sommes quittés à 11 heures** we left each other at 11

quitus /kitys/ NM (Comm) full discharge, quietus

qui-vive /kiviv/ SYN NM INV ◆ **être sur le qui-vive** to be on the alert

quiz(z) /kwiz/ NM INV quiz ◆ **quizz télévisé** TV quiz show

quoi /kwa/
PRON INTERROG [1] what ◆ **on joue quoi au cinéma ?** * what's on at the cinema? ◆ **quoi faire/lui dire ?** what are we (going) to do/to say to him? ◆ **quoi encore ?** (gén) what else?; (exaspération) what is it now? ◆ **quoi de plus beau que... ?** what can be more beautiful than...? ◆ **quoi de neuf ?** ou **de nouveau ?** what's new? ◆ **je ne sais quoi lui donner** I don't know what to give him ◆ **je ne vois pas avec quoi/sur quoi vous allez écrire** I don't see what you are going to write with/on ◆ **vers quoi allons-nous ?** what are we heading for? ◆ **en quoi est cette statue ?** what is this statue made of? ◆ **en quoi puis-je vous aider ?** how can I help you? ◆ **il voudrait savoir en quoi cela le concerne** he would like to know what that's got to do with him; → **comme**, **sans**
[2] (en exclamatif) ◆ **quoi ! tu oses m'accuser ?** what! you dare to accuse him! ◆ **quoi ? qu'est-ce qu'il a dit ?** (pour faire répéter) what was it ou what was that he said? ◆ **et puis quoi encore !** (iro) what next! ◆ **puisque je te le dis, quoi !** * I'm telling you it's true!*
[3] (locutions)
◆ **à quoi** ◆ **à quoi reconnaissez-vous le cristal ?** how can you tell that something is crystal? ◆ **à quoi bon (faire) ?** what's the use (of doing)? ◆ **à quoi ça sert ?** * what's that for? ◆ **dites-nous à quoi cela sert** tell us what that's for ◆ **je sais à quoi tu fais allusion** I know what (it is) you're referring to
◆ **de quoi** ◆ **de quoi parles-tu ?, tu parles de quoi ?** * what are you talking about?, what are you on about? (Brit) ◆ **il voudrait savoir de quoi il est question** he would like to know what it's about

PRONOM RELATIF ◆ **as-tu de quoi écrire ?** have you got a pen? ◆ **ils n'ont même pas de quoi vivre** they haven't even got enough to live on ◆ **il n'y a pas de quoi rire** it's no laughing matter, there's nothing to laugh about ◆ **il n'y a pas de quoi pleurer** it's not worth crying over ou about, there's nothing to cry about ◆ **il n'y a pas de quoi s'étonner** there's nothing surprising about ou in that ◆ **ils ont de quoi occuper leurs vacances** they've got enough ou plenty to occupy them on their holiday ◆ **avoir/emporter de quoi manger** to have/take something to eat ◆ **avoir de quoi** to have means ◆ **des gens qui ont de quoi** people of means ◆ **merci beaucoup ! - il n'y a pas de quoi** many thanks! – don't mention it ou (it's) a pleasure ou not at all ou you're welcome ◆ **ils n'ont pas de quoi s'acheter une voiture** they can't afford to buy a car ◆ **de quoi (de quoi) !** * what's all this nonsense! ◆ **c'est en quoi tu te trompes** that's where you're wrong

◆ **quoi que** + subj ◆ **quoi qu'il arrive** whatever happens ◆ **quoi qu'il en soit** be that as it may, however that may be ◆ **quoi qu'on en dise/qu'elle fasse** whatever ou no matter what people say/she does ◆ **si vous avez besoin de quoi que ce soit** if there's anything (at all) you need

quoique /kwak(ə)/ CONJ (= bien que) although, though ◆ **quoiqu'il soit malade et qu'il n'ait pas d'argent** although ou though he is ill and has no money ◆ **je ne pense pas qu'il faisait semblant, quoique...** I don't think he was pretending, but then ou there again...

quolibet † /kɔlibɛ/ SYN NM (= raillerie) gibe, jeer ◆ **couvrir qn de quolibets** to gibe ou jeer at sb

quorum /kɔʀɔm/ NM quorum ◆ **le quorum a/n'a pas été atteint** there was/was not a quorum, we (ou they etc) had/did not have a quorum

quota /k(w)ɔta/ SYN NM (Admin) quota ◆ **quotas d'importation** import quotas ◆ **1 000 personnes sélectionnées selon la méthode des quotas** a quota sample of 1,000 people

quote-part (pl **quotes-parts**) /kɔtpaʀ/ SYN NF (lit, fig) share

quotidien, -ienne /kɔtidjɛ̃, jɛn/ SYN
ADJ (= journalier) [nourriture, trajet, travail] daily (épith); (= banal) [incident] everyday (épith), daily (épith); [existence] everyday (épith), humdrum ◆ **dans la vie quotidienne** in everyday ou daily life; → **pain**
NM [1] (= journal) daily (paper), (news)paper ◆ **les grands quotidiens** the big national dailies

2 (= *routine*) ◆ **le quotidien** everyday life ◆ **la pratique médicale/l'enseignement au quotidien** day-to-day medical practice/teaching

quotidiennement /kɔtidjɛnmɑ̃/ ADV daily, every day

quotidienneté /kɔtidjɛnte/ NF everyday nature

quotient /kɔsjɑ̃/ SYN NM (*Math*) quotient ◆ **quotient intellectuel** intelligence quotient, IQ ◆ **quotient familial** (*Impôts*) dependents' allowance set against tax

quotité /kɔtite/ SYN NF (*Fin*) quota ◆ **quotité disponible** (*Jur*) *portion of estate of which testator may dispose at his discretion*

QWERTY /kwɛʀti/ ADV ◆ **clavier QWERTY** QWERTY keyboard

R

R, r /ɛʀ/ **NM** (= lettre) R, r; → **mois**

rab * /ʀab/ **NM** ① [de nourriture] extra ◆ **est-ce qu'il y a du rab ?** is there any extra (left)?, is there any extra food (left)? ◆ **qui veut du rab ?** anyone for seconds? ◆ **il reste un rab de viande, il reste de la viande en rab** there is some meat left
② [de temps] (gén, Mil) extra time ◆ **un rab de 5 minutes** ou **5 minutes de rab pour finir le devoir** 5 minutes' extra time ou 5 minutes extra to finish off the exercise ◆ **faire du rab** (travail) to do ou work extra time; (Mil) to do ou serve extra time

rabâchage /ʀabɑʃaʒ/ **NM** (= répétition) boring repetition; (= révision) going over and over ◆ **ses conférences, c'est du rabâchage** his lectures are just a rehash of old stuff ◆ **un rabâchage de généralités inconsistantes** a rehash of empty generalities

rabâcher /ʀabɑʃe/ SYN ▸ conjug 1 ◂
VT (= ressasser) [+ histoire] to harp on about*, to keep (on) repeating; (= réviser) [+ leçon] to go over and over, to keep going back over (à qn for sb) ◆ **il rabâche toujours la même chose** he keeps rambling ou harping on about the same (old) thing
VI (= radoter) to keep repeating o.s.

rabâcheur, -euse /ʀabɑʃœʀ, øz/ **NM,F** repetitive ou repetitious bore ◆ **il est du genre rabâcheur** he's the type who never stops repeating himself ou harping on*

rabais /ʀabɛ/ SYN **NM** reduction, discount ◆ **5 € de rabais, rabais de 5 €** reduction ou discount of €5, €5 off ◆ **faire un rabais de 5 € sur qch** to give a reduction ou discount of €5 on sth, to knock €5 off (the price of) sth
◆ **au rabais** [acheter, vendre] at a reduced price, (on the) cheap; (péj) [acteur, journaliste] third-rate; [enseignement, médecine] cheap-rate, on the cheap (attrib) ◆ **je ne veux pas travailler au rabais** (péj) I won't work for a pittance

rabaissant, e /ʀabɛsɑ̃, ɑ̃t/ **ADJ** [remarque] disparaging, derogatory; [métier] degrading

rabaisser /ʀabese/ SYN ▸ conjug 1 ◂
VT ① (= dénigrer) [+ personne] to disparage; [+ efforts, talent, travail] to belittle, to disparage
② (= réduire) [+ pouvoirs] to reduce, to decrease; [+ orgueil] to humble; [+ exigences] to moderate, to reduce; [+ qualité] to impair ◆ **il voulait 10 000 € par mois, mais il a dû rabaisser ses prétentions** he wanted €10,000 a month but he had to lower his sights; → **caquet**
③ (= diminuer) [+ prix] to reduce, to knock down, to bring down
④ (= baisser) [+ robe, store] to pull (back) down
VPR **se rabaisser** to belittle o.s. ◆ **elle se rabaisse toujours** she never gives herself enough credit, she's always belittling herself ou running herself down ◆ **se rabaisser devant qn** to humble o.s. ou bow before sb

raban /ʀabɑ̃/ **NM** (Naut) short rope

rabane /ʀaban/ **NF** raffia fabric

Rabat /ʀabat/ **N** Rabat

rabat /ʀaba/ **NM** ① [de table] flap, leaf; [de poche, enveloppe, livre] flap; [de drap] fold (over the covers); [d'avocat, prêtre] bands ◆ **poche à rabat** flapped pocket
② ⇒ **rabattage**

rabat-joie /ʀabaʒwa/ SYN **NM INV** killjoy, spoilsport, wet blanket* ◆ **faire le rabat-joie** to spoil the fun, to act like ou be a spoilsport, to be a wet blanket* ◆ **il est drôlement rabat-joie** he's an awful killjoy ou spoilsport ou wet blanket*

rabattable /ʀabatabl/ **ADJ** [siège] folding (épith)

rabattage /ʀabataʒ/ **NM** (Chasse) beating

rabatteur, -euse /ʀabatœʀ, øz/
NM,F (Chasse) beater; (fig : péj) tout; [de prostituée] procurer, pimp ◆ **le rabatteur de l'hôtel** the hotel tout
NM [de moissonneuse] reel

rabattre /ʀabatʀ/ SYN ▸ conjug 41 ◂
VT ① [+ capot, clapet] to close, to shut; [+ couvercle] to close; [+ drap] to fold over ou back; [+ col] to turn down; [+ bord de chapeau] to turn ou pull down; [+ strapontin] to ouvrir) to pull down; (= fermer) to put up; [+ jupe] to pull down ◆ **le vent rabat la fumée** the wind blows the smoke back down ◆ **il rabattit ses cheveux sur son front** he brushed his hair down over his forehead ◆ **le chapeau rabattu sur les yeux** his hat pulled down over his eyes ◆ **rabattre les couvertures** (pour couvrir) to pull the blankets up; (pour découvrir) to push ou throw back the blankets
② (= diminuer) to reduce; (= déduire) to deduct, to take off ◆ **il n'a pas voulu rabattre un centime (du prix)** he wouldn't take ou knock a halfpenny (Brit) ou cent (US) off (the price), he wouldn't come down (by) one centime (on the price) ◆ **rabattre l'orgueil de qn** to humble sb's pride
◆ **en rabattre** (de ses prétentions) to climb down; (de ses ambitions) to lower one's sights; (de ses illusions) to lose one's illusions
③ (Chasse) [+ gibier] to drive; [+ terrain] to beat ◆ **rabattre des clients*** [prostituée] to tout for customers
④ (Tricot) ◆ **rabattre des mailles** to cast off ◆ **rabattre une couture** (Couture) to stitch down a seam
⑤ (Arboriculture) [+ arbre] to cut back
VPR **se rabattre** ① [voiture] to cut in; [coureur] to cut in, to cut across ◆ **se rabattre devant qn** [voiture] to cut in front of sb; [coureur] to cut ou swing in front of ou across sb ◆ **le coureur s'est rabattu à la corde** the runner cut ou swung across to the inside lane
② (= prendre faute de mieux) ◆ **se rabattre sur** [+ marchandise, personne] to fall back on, to make do with
③ (= se refermer) [porte] to fall ou slam shut; [couvercle] to close; [dossier] to fold down, to fold away ◆ **la porte se rabattit sur lui** the door closed ou shut on ou behind him

rabattu, e /ʀabaty/ (ptp de **rabattre**) **ADJ** [col, bords] turned down; [poche] flapped

rabbi /ʀabi/ **NM** (Hist) rabbi

rabbin /ʀabɛ̃/ **NM** rabbi ◆ **grand rabbin** chief rabbi

rabbinat /ʀabina/ **NM** rabbinate

rabbinique /ʀabinik/ **ADJ** rabbinic(al)

rabbinisme /ʀabinism/ **NM** rabbinism

rabelaisien, -ienne /ʀablɛzjɛ̃, jɛn/ **ADJ** Rabelaisian

rabibochage* /ʀabibɔʃaʒ/ **NM** (= réconciliation) reconciliation

rabibocher* /ʀabibɔʃe/ ▸ conjug 1 ◂
VT (= réconcilier) [+ amis, époux] to patch things up between
VPR **se rabibocher** to make it up, to patch things up (avec with) ◆ **ils se sont rabibochés** they've patched things up

rabiot* /ʀabjo/ **NM** ⇒ **rab**

rabioter* /ʀabjɔte/ ▸ conjug 1 ◂ **VT** ① (= obtenir) to wangle * ◆ **j'ai rabioté cinq minutes de sommeil** I managed to snatch another five minutes' sleep
② (= voler) [+ temps, argent] to fiddle * (Brit) (qch à qn sth from sb) ◆ **le plombier m'a rabioté 10 €/un quart d'heure** the plumber swindled ou did * me out of €10/a quarter of an hour ◆ **un commerçant qui rabiote** a shopkeeper who makes a bit on the side ◆ **rabioter sur la quantité** to give short measure

rabioteur, -euse* /ʀabjɔtœʀ, øz/ **NM,F** (= qui vole) ◆ **c'est un vrai rabioteur** he's always trying to make a bit on the side, he's always on the fiddle * (Brit)

rabique /ʀabik/ **ADJ** rabies (épith)

râble[1] /ʀɑbl/ **NM** [d'un animal] back; (* = dos) small of the back ◆ **tomber** ou **sauter sur le râble de qn** * to set on sb *, to go for sb * ◆ **le pauvre, il ne sait pas ce qui va lui tomber sur le râble !*** the poor guy doesn't know what he's in for! ◆ **râble de lièvre** (Culin) saddle of hare

râble[2] /ʀɑbl/ **NM** (Tech) rabble

râblé, e /ʀɑble/ SYN **ADJ** [homme] stocky, well-set (Brit), heavy-set (US); [cheval] broad-backed

râblure /ʀɑblyʀ/ **NF** (Naut) rabbet

rabot /ʀabo/ **NM** plane ◆ **passer qch au rabot** to plane sth (down)

rabotage /ʀabɔtaʒ/ **NM** planing (down)

raboter /ʀabɔte/ SYN ▸ conjug 1 ◂ **VT** ① (Menuiserie) to plane (down)
② (* = racler) [+ objet] to scrape; [+ partie du corps] to graze, to scrape ◆ **mon pare-chocs a raboté le mur** my bumper scraped the wall ◆ **baisse-toi si tu ne veux pas te raboter la tête contre le plafond** bend down if you don't want to scrape your head on the ceiling
③ (fig = diminuer) to reduce ◆ **crédits/salaires rabotés** reduced credits/wages

raboteur /ʀabɔtœʀ/ **NM** (= ouvrier) planer

raboteuse[1] /ʀabɔtøz/ **NF** (= machine) planing machine

raboteux, -euse[2] /ʀabɔtø, øz/ **ADJ** (= rugueux) [surface, arête] uneven, rough; [chemin] rugged, uneven, bumpy; (littér) [style] rough, rugged; [voix] rough

rabougri, e /ʀabugʀi/ SYN (ptp de **rabougrir**) ADJ (= *chétif*) *[plante]* stunted, scraggy; *[personne]* stunted, puny; (= *desséché*) *[plante]* shrivelled; *[vieillard]* wizened, shrivelled

rabougrir /ʀabugʀiʀ/ ► conjug 2 ◄
VT *[+ personne]* to (cause to) shrivel up; *[+ plante]* (= *dessécher*) to shrivel (up); (= *étioler*) to stunt
VPR **se rabougrir** *[personne]* to become shrivelled (with age), to become wizened; *[plante]* to shrivel (up), to become stunted

rabougrissement /ʀabugʀismɑ̃/ NM (= *action*) *[de plante]* stunting, shrivelling (up); *[de personne]* shrivelling up; (= *résultat*) *[de plante]* scragginess; *[de personne]* stunted appearance; *[de vieillard]* wizened appearance

rabouter /ʀabute/ ► conjug 1 ◄ VT *[+ tubes, planches]* to join (together) (end to end); *[+ étoffes]* to seam *ou* sew together

rabrouer /ʀabʀue/ SYN ► conjug 1 ◄ VT to snub, to rebuff • **elle me rabroue tout le temps** she rebuffs me all the time • **se faire rabrouer** to be rebuffed

racage /ʀakaʒ/ NM parrel, parral

racaille /ʀakɑj/ SYN NF 1 rabble, riffraff
2 * (= *individu*) chav* (*Brit*), punk* (*US*)

raccard /ʀakaʀ/ NM (*en Suisse = grange à blé*) *wheat store of the Valais region*

raccommodable /ʀakɔmɔdabl/ ADJ *[vêtement]* repairable, mendable

raccommodage /ʀakɔmɔdaʒ/ NM 1 (= *action*) *[de vêtement, accroc, filet]* mending, repairing; *[de chaussettes]* darning, mending • **faire du raccommodage** *ou* **des raccommodages** (*pour soi*) to do some mending; (*comme métier*) to take in mending
2 (= *endroit réparé*) (*gén*) mend, repair; *[de chaussette]* darn

raccommodement* /ʀakɔmɔdmɑ̃/ NM (= *réconciliation*) reconciliation

raccommoder /ʀakɔmɔde/ SYN ► conjug 1 ◄
VT 1 *[+ vêtements, accroc]* to mend, to repair; *[+ chaussette]* to darn, to mend
2 * *[+ ennemis]* to bring together again, to patch things up between
VPR **se raccommoder*** to make it up, to be reconciled

raccommodeur, -euse /ʀakɔmɔdœʀ, øz/ NM,F *[de linge, filets]* mender • **raccommodeur de porcelaines** †† china restorer

raccompagner /ʀakɔ̃paɲe/ SYN ► conjug 1 ◄ VT to take back (*à* to) • **raccompagner qn (chez lui)** to take sb home • **raccompagner qn au bureau en voiture** to drive sb back to the office • **raccompagner qn au bureau à pied** to walk sb back to the office • **raccompagner qn à la gare** to take sb to the station • **raccompagner qn (jusqu')à la porte** to see sb to the door • **il l'a raccompagnée jusqu'à sa voiture** he saw her to her car • **je vous raccompagne** (*chez vous*) I'll take you home; (*à la sortie*) I'll see you out

raccord /ʀakɔʀ/ SYN NM 1 *[de papier peint]* join • **raccord (de maçonnerie)** pointing (*NonC*) • **faire un raccord** (*de papier peint*) to line up the pattern • **faire un raccord de peinture/de maquillage** to touch up the paintwork/one's makeup • **on ne voit pas les raccords (de peinture)** you can't see where the paint has been touched up • **les raccords sont mal faits** (*papier peint*) the pattern isn't matched properly • **papier peint sans raccords** random match wallpaper
2 *[de texte, discours]* link, join; (*Ciné*) *[de séquence]* continuity; *[de scène]* link shot; (= *collage*) *[de film, bande magnétique]* splice • **à cause des coupures, nous avons dû faire des raccords** (*Ciné*) because of the cuts, we had to do some link shots • **ce plan n'est pas raccord** this shot doesn't follow on from the preceding one
3 (= *pièce, joint*) link; *[de pompe à vélo]* nozzle

raccordement /ʀakɔʀdəmɑ̃/ SYN NM 1 (*NonC*) *[de routes, bâtiments, voies ferrées]* linking, joining, connecting; *[de fils électriques]* joining; *[de tuyaux]* joining, connecting; (*Ciné*) linking • **raccordement (au réseau)** (*Téléc*) connection (to the phone network); (*à l'électricité*) connection (to the mains) • **ils sont venus faire le raccordement** (*Téléc*) they've come to connect the phone; (*à l'électricité*) they've come to connect the electricity; → **bretelle, taxe, voie**
2 (= *soudure, épissure*) join; (= *tunnel, passage*) connecting passage; (= *carrefour, voie ferrée*) junction

raccorder /ʀakɔʀde/ SYN ► conjug 1 ◄
VT 1 *[+ routes, bâtiments, voies ferrées]* to link up, to join (up), to connect (*à* with, to); *[+ fils électriques]* to join; *[+ tuyaux]* to join, to connect (*à* to) • **les motifs du papier peint sont parfaitement raccordés** the wallpaper is perfectly lined up
2 (*Ciné*) *[+ plans, scènes]* to link up
3 • **raccorder qn au réseau** (*Téléc*) to connect sb's phone; (*à l'électricité*) to connect sb to the mains • **quand les deux tuyaux seront raccordés** when the two pipes are joined together *ou* connected
4 (= *établir une relation entre*) to connect
VPR **se raccorder** *[routes]* to link *ou* join up (*à* with) • **se raccorder à** *[faits]* to tie up *ou* in with

raccourci /ʀakuʀsi/ SYN NM 1 (= *chemin*) short cut • **prendre un raccourci par la forêt** to take a short cut through the forest • **raccourci clavier** (*Ordin*) hot key
2 (= *formule frappante*) pithy turn of phrase; (= *résumé*) summary • **en raccourci** (= *en miniature*) in miniature; (= *dans les grandes lignes*) in (broad) outline; (= *en bref*) in a nutshell, in brief • **cet article donne un raccourci saisissant de leurs pratiques** this article provides a graphic resumé of their methods • **dans** *ou* **un raccourci saisissant, il écrit que…** in a graphic phrase, he writes that…
3 (*Art*) foreshortening • **figure en raccourci** foreshortened figure

raccourcir /ʀakuʀsiʀ/ SYN ► conjug 2 ◄
VT 1 *[+ distance, temps]* to shorten; *[+ vêtement]* to shorten, to take up; *[+ vacances]* to shorten, to cut short; *[+ texte]* to cut • **j'ai raccourci le chapitre de trois pages** I cut *ou* shortened the chapter by three pages • **ça raccourcit le trajet de 5 km** it cuts *ou* knocks 5 km off the journey • **passons par là, ça (nous) raccourcit** let's go this way, it's shorter *ou* quicker • **les vêtements amples raccourcissent la silhouette** baggy clothes make people look shorter
2 (* *hum*) • **raccourcir qn** (= *décapiter*) to chop sb's head off
VI *[jours]* to grow shorter, to draw in; *[vêtement]* (*au lavage*) to shrink • **les jupes ont raccourci cette année** (*Mode*) skirts are shorter this year, hemlines have gone up this year

raccourcissement /ʀakuʀsismɑ̃/ NM *[de distance, temps, jour, vacances, texte]* shortening; *[de vêtement]* (*en cousant*) shortening; (*au lavage*) shrinking

raccoutumer /ʀakutyme/ ► conjug 1 ◄ VT ⇒ **réaccoutumer**

raccroc /ʀakʀo/ NM (*frm*) • **par raccroc** (= *par hasard*) by chance; (= *par un heureux hasard*) by a stroke of good fortune

raccrochage /ʀakʀɔʃaʒ/ NM *[de client, passant]* soliciting, touting • **faire du raccrochage** to solicit, to tout

raccrocher /ʀakʀɔʃe/ GRAMMAIRE ACTIVE 27.3, 27.5 SYN ► conjug 1 ◄
VI 1 (*Téléc*) to hang up, to ring off (*surtout Brit*) • **ne raccroche pas** hold on, don't hang up *ou* ring off (*surtout Brit*) • **raccrocher au nez de qn*** to put the phone down on sb, to hang up on sb
2 (*arg Sport*) to retire
VT 1 *[+ vêtement, tableau]* to hang back up; (*Téléc*) *[+ combiné]* to put down • **j'avais mal raccroché** I hadn't put the receiver down properly • **raccrocher les gants/chaussures** (*Sport*) to hang up one's gloves/boots
2 (= *racoler*) *[vendeur, portier]* to tout for • **raccrocher le client** *[prostituée]* to solicit, to accost customers
3 (= *attraper*) *[+ personne, bonne affaire]* to grab *ou* get hold of • **il m'a raccroché dans la rue** he stopped *ou* waylaid *ou* buttonholed me in the street
4 (= *relier*) *[+ wagons, faits]* to link, to connect (*à* to, with)
5 (* = *rattraper*) *[+ affaire, contrat]* to save, to rescue
VPR **se raccrocher** • **se raccrocher à** *[+ branche, rampe]* to catch *ou* grab (hold of); *[+ espoir, personne]* to cling to, to hang on to • **cette idée se raccroche à la précédente** this idea ties in with the previous one; → **branche**

raccrocheur, -euse /ʀakʀɔʃœʀ, øz/ ADJ eye-catching

race /ʀas/ SYN NF 1 *[de personnes]* race • **la race humaine** the human race • **être de race indienne** to be of Indian stock *ou* blood • **un individu de race blanche/noire** a white/black person • **c'est de la sale race !*** (*péj*) they're just scum!*
2 *[d'animaux]* breed • **la race chevaline** horses • **la race bovine normande** Normandy cattle • **de race** (*gén*) pedigree (*épith*), purebred (*épith*); *[cheval]* thoroughbred • **avoir de la race** to be of good stock; → **chien**
3 (= *ancêtres*) stock, race • **être de race noble** to be of noble stock *ou* blood *ou* race • **avoir de la race** to have breeding
4 (= *catégorie*) breed • **lui et les gens de sa race** him and others like him • **les cordonniers, c'est une race qui disparaît** cobblers are a dying breed *ou* race • **il est de la race des héros** he's the stuff heroes are made of

racé, e /ʀase/ ADJ *[animal]* purebred (*épith*), pedigree (*épith*); *[cheval]* thoroughbred; *[personne]* distinguished; *[voiture, voilier, ligne]* sleek

racémique /ʀasemik/ ADJ racemic

racer /ʀasœʀ, ʀɛsœʀ/ NM (= *yacht*) racer

rachat /ʀaʃa/ SYN NM 1 *[d'objet que l'on possédait avant]* buying back, repurchase; *[d'objet d'occasion]* buying, purchase; *[d'usine en faillite]* buying up *ou* out *ou* over; *[de dette, rente]* redemption • **rachat d'entreprise par l'encadrement/par les salariés** management/employee buyout • **option** *ou* **possibilité de rachat** buy-back option • **après le rachat du journal par le groupe** after the group bought the paper back
2 *[d'esclave, otage]* ransom, ransoming
3 (= *réparation*) redemption, atonement; (*Rel*) redemption

rachetable /ʀaʃ(ə)tabl/ ADJ *[dette, rente]* redeemable; *[péché]* expiable; *[pécheur]* redeemable • **cette faute n'est pas rachetable** you can't make up for this mistake

racheter /ʀaʃ(ə)te/ SYN ► conjug 5 ◄
VT 1 *[+ objet que l'on possédait avant]* to buy back, to repurchase; *[+ nouvel objet]* to buy *ou* purchase another; *[+ pain, lait]* to buy some more; *[+ objet d'occasion]* to buy, to purchase; *[+ entreprise]* to buy out, to take over; *[+ usine en faillite]* to buy up *ou* out *ou* over • **je lui ai racheté son vieux vélo** I bought his old bike from *ou* off him • **il a racheté toutes les parts de son associé** he bought his partner out, he bought up all his partner's shares • **j'ai dû racheter du tissu/des verres** I had to buy some more material/some more glasses
2 *[+ dette, rente]* to redeem
3 *[+ esclave, otage]* to ransom, to pay a ransom for
4 (= *réparer*) *[+ péché, crime]* to atone for, to expiate; *[+ mauvaise conduite, faute]* to make amends for, to make up for; *[+ imperfection]* to make up *ou* compensate for; *[+ pécheur]* to redeem • **il n'y en a pas un pour racheter l'autre*** they're both (just) as bad as each other
5 (*Scol*) *[+ candidat]* to mark up
6 (*Archit*) to modify
VPR **se racheter** *[pécheur]* to redeem o.s.; *[criminel]* to make amends • **se racheter aux yeux de qn** to redeem o.s. in sb's eyes • **essaie de te racheter en t'excusant** try and make up for it *ou* try to make amends by apologizing

rachi* /ʀaʃi/ NF (abrèv de **rachianesthésie**) spinal*

rachialgie /ʀaʃjalʒi/ NF rachialgia

rachianesthésie /ʀaʃianɛstezi/ NF spinal anaesthesia (*Brit*) *ou* anesthesia (*US*)

rachidien, -ienne /ʀaʃidjɛ̃, jɛn/ ADJ of the spinal column, rachidian (*SPÉC*)

rachis /ʀaʃis/ NM 1 (*Anat*) vertebral *ou* spinal column, r(h)ac (*SPÉC*)
2 *[de plume]* r(h)achis

rachitique /ʀaʃitik/ SYN ADJ *[personne]* (*Méd*) suffering from rickets, rachitic (*SPÉC*); (= *maigre*) puny; *[arbre, poulet]* scraggy, scrawny • **c'est un rachitique, il est rachitique** he suffers from rickets

rachitisme /ʀaʃitism/ NM rickets (*sg*), rachitis (*SPÉC*) • **faire du rachitisme** to have rickets

racho* /ʀaʃo/ ADJ (abrèv de **rachitique**) *[personne]* puny; *[arbre, poulet]* scraggy, scrawny

racial, e (mpl -iaux) /ʀasjal, jo/ ADJ racial; *[discrimination, lois]* racial, race (*épith*); *[émeutes, relations]* race (*épith*) • **son appartenance raciale** his race

racinal (pl -aux) /ʀasinal, o/ NM *[de charpente]* main beam

racine /ʀasin/ SYN

NF 1 (gén) root ◆ **la carotte est une racine** the carrot is a root (vegetable), carrots are a root crop ◆ **prendre racine** (lit) to take *ou* strike root(s), to put out roots; (fig : s'établir) to put down (one's) roots; (* : chez qn, à attendre) to take root * ◆ **prendre le mal à la racine, s'attaquer aux racines du mal** to get to the root of the problem; → **rougir**

2 (Math) root ◆ **racine carrée/cubique/dixième** square/cube/tenth root

3 [de mot] root

NFPL **racines** (= attaches, origines) roots ◆ **il est sans racines** he's rootless, he belongs nowhere ◆ **cette idée a des racines profondes dans notre société** this idea is deeply rooted in our society

COMP **racine adventive** adventitious root
racine aérienne aerial root
racine fasciculée fascicled root
racine pivotante taproot

racinien, -ienne /ʀasinjɛ̃, jɛn/ ADJ Racinian

racisme /ʀasism/ SYN NM racism ◆ **racisme anti-arabe** racism against Arabs ◆ **racisme anti-corse** prejudice against Corsicans ◆ **racisme antijeunes** discrimination against young people

raciste /ʀasist/ SYN ADJ, NMF racist

racket /ʀakɛt/ SYN NM (= activité) racketeering (NonC); (= vol) (extortion) racket ◆ **racket scolaire** bullying other children for money etc ◆ **faire du racket, se livrer au racket** (contre protection) to run a protection racket ◆ **c'est du racket !** it's daylight robbery!

racketter /ʀakɛte/ SYN ► conjug 1 ◄ VT ◆ **racketter qn** to extort money from sb ◆ **il se fait racketter à l'école** children bully him into giving them money (ou his personal belongings etc) at school

racketteur /ʀakɛtœʀ/ NM racketeer

raclage /ʀaklaʒ/ NM (Tech) scraping

raclée * /ʀakle/ NF (= coups) hiding, thrashing; (= défaite) thrashing * ◆ **flanquer une bonne raclée à** to give sb a good hiding ◆ **il a pris une bonne raclée aux élections** he got thrashed * *ou* hammered * in the elections

raclement /ʀakləmɑ̃/ NM (= bruit) scraping (noise) ◆ **on entendit un raclement de gorge** someone could be heard clearing their throat

racler /ʀakle/ SYN ► conjug 1 ◄ VT 1 (gén, Méd, Tech) to scrape; [+ fond de casserole] to scrape out; [+ parquet] to scrape (down) ◆ **ce vin racle le gosier** this wine is really rough ◆ **se racler la gorge** to clear one's throat; → **fond**

2 (= ratisser) [+ allée, gravier, sable] to rake

3 (= enlever) [+ tache, croûte] to scrape away *ou* off; [+ peinture, écailles] to scrape off ◆ **racler la boue de ses semelles** to scrape the mud off one's shoes

4 (péj) [+ violon] to scrape *ou* saw (a tune) on; [+ guitare] to strum (a tune) on

raclette /ʀaklɛt/ NF 1 (= outil) scraper

2 (Culin) raclette (melted cheese served with boiled potatoes and cold meats)

racleur, -euse /ʀaklœʀ, øz/ NM,F (Tech) scraper ◆ **c'est un racleur de violon** (péj) he just scrapes on his violin

racloir /ʀaklwaʀ/ NM scraper

raclure /ʀaklyʀ/ NF 1 (gén pl = déchet) scraping
2 (* péj) louse *

racolage /ʀakɔlaʒ/ SYN NM 1 (par une prostituée) soliciting

2 (péj : par un agent électoral, un portier, un vendeur) soliciting, touting ◆ **faire du racolage** to solicit, to tout ◆ **cette émission fait du racolage émotionnel** this programme deliberately plays on people's emotions

racoler /ʀakɔle/ SYN ► conjug 1 ◄ VT 1 [prostituée] ◆ **racoler des clients** to solicit for clients ◆ **racoler en voiture** to solicit in a car

2 (péj) [agent électoral, portier, vendeur] to solicit, to tout for

3 (Hist) [+ soldats] to pressgang

racoleur, -euse /ʀakɔlœʀ, øz/ SYN

NM (pour spectacle) tout; († Mil) crimp; (péj Pol) canvasser

NF **racoleuse** (= prostituée) streetwalker, whore

ADJ 1 [slogan, publicité] (gén) eye-catching, enticing; (Pol) vote-catching

2 (péj) [reportage, article] sensationalistic; [film, titre] too sensational ◆ **c'est trop racoleur** it plays too much on people's emotions

racontable /ʀakɔ̃tabl/ ADJ repeatable ◆ **cette histoire n'est pas racontable devant des enfants** this story is not fit to be told in front of children

racontar /ʀakɔ̃taʀ/ SYN NM story, bit of gossip ◆ **ce ne sont que des racontars !** it's just gossip!

raconter /ʀakɔ̃te/ SYN ► conjug 1 ◄

VT 1 (= relater) [+ histoire, légende] to tell ◆ **raconter qch à qn** to tell sb sth ◆ **raconter sa vie** to tell one's life story ◆ **il nous a raconté ses malheurs** he told us about his misfortunes ◆ **il raconte qu'il a vu la reine** he says that he's seen the queen ◆ **elle m'a raconté qu'elle t'avait rencontré** she told me that she had met you ◆ **on raconte que...** people say that... ◆ **à ce qu'on raconte** from what people say ◆ **il est un peu radin à ce qu'on raconte** he's a bit mean by all accounts *ou* from what people say ◆ **le témoin a raconté ce qui s'était passé** the witness described *ou* recounted what had happened ◆ **il raconte bien** he tells a good story, he's a good storyteller ◆ **alors, raconte !** come on, tell me! (ou us!) ◆ **alors, qu'est-ce que tu racontes ?** so, what's new? *, so, how are things with you? * ◆ **je te raconte pas !** * you can imagine!

2 (= dire de mauvaise foi) ◆ **qu'est-ce que tu racontes ?** what on earth are you talking about?, what are you (going) on about? * ◆ **il raconte n'importe quoi** he's talking nonsense *ou* rubbish * (Brit) ◆ **raconter des histoires, en raconter** to tell stories, to spin yarns ◆ **il a été raconter qu'on allait divorcer** he's been (going around) telling people we're getting divorced

VPR **se raconter** [écrivain] to talk about o.s. ◆ **se raconter des histoires** (= se leurrer) to kid o.s. ◆ **il se la raconte** * he thinks he's God's gift *

raconteur, -euse /ʀakɔ̃tœʀ, øz/ NM,F storyteller ◆ **raconteur de** narrator of

racornir /ʀakɔʀniʀ/ ► conjug 2 ◄

VT 1 (= durcir) [+ peau, cuir] to toughen, to harden; [+ cœur, personne] to harden ◆ **cuir racorni** hardened *ou* dried-up leather ◆ **dans son cœur racorni** in his hard heart

2 (= ratatiner) [+ personne, plante] to shrivel (up) ◆ **un vieillard racorni** a shrivelled(-up) *ou* wizened old man

VPR **se racornir** 1 (= se durcir) [peau, cuir, cœur, personne] to become tough *ou* hard

2 (= se ratatiner) [personne, plante] to shrivel (up), to become shrivelled (up)

racornissement /ʀakɔʀnismɑ̃/ NM [de peau, cuir] toughening, hardening; [de plante] shrivelling (up)

rad /ʀad/ NM rad

radar /ʀadaʀ/ NM radar ◆ **système/écran radar** radar system/screen ◆ **contrôle radar** (sur route) speed check ◆ **il s'est fait prendre au radar** * he was caught by a speed trap * ◆ **marcher** *ou* **fonctionner au radar** * (fig) to be on automatic pilot *

radariste /ʀadaʀist/ NMF radar operator

radasse ‡ /ʀadas/ NF (péj) tart ‡

rade /ʀad/ SYN NF (= port) (natural) harbour (Brit) *ou* harbor (US), roads (SPÉC), roadstead (SPÉC)
◆ **en rade** [bateau] in harbour, in the roads (SPÉC) ◆ **en rade de Brest** in Brest harbour ◆ **laisser en rade** * [+ personne] to leave in the lurch, to leave high and dry; [+ projet] to forget about, to drop, to shelve; [+ voiture] to leave behind ◆ **elle a laissé sa voiture en rade** * she/her car was left stranded ◆ **tomber en rade** * (panne d'essence) to run out of petrol (Brit) *ou* gas (US); (ennuis mécaniques) to break down

radeau (pl **radeaux**) /ʀado/ NM raft; (= train de bois) timber float *ou* raft ◆ **radeau de sauvetage/pneumatique** rescue/inflatable raft ◆ « **Le Radeau de la Méduse** » (Art) "The Raft of the Medusa"

radiaire /ʀadjɛʀ/ ADJ radial

radial, e (mpl **-iaux**) /ʀadjal, jo/

ADJ (gén) radial

NF **radiale** (= route) urban motorway (Brit) *ou* highway (US)

radian /ʀadjɑ̃/ NM radian

radiant, e /ʀadjɑ̃, jɑ̃t/ ADJ [énergie] radiant ◆ **(point) radiant** (Astron) radiant

radiateur /ʀadjatœʀ/ NM (à eau, à huile) radiator; (à gaz, à barres chauffantes) heater; [de voiture] radiator ◆ **radiateur à accumulation** storage radiator *ou* heater ◆ **radiateur électrique** electric heater ◆ **radiateur extraplat** slimline radiator ◆ **radiateur soufflant** fan heater ◆ **radiateur parabolique** electric fire

radiation /ʀadjasjɔ̃/ SYN NF 1 (Phys) radiation
2 [de nom, mention] crossing *ou* striking off ◆ **on a demandé sa radiation du club** there have been calls for him to be expelled from the club *ou* for his club membership to be cancelled

radical, e (mpl **-aux**) /ʀadikal, o/ SYN

ADJ [changement, mesure, solution] radical, drastic; (Bot, Math, Hist, Pol) radical ◆ **une rupture radicale avec les pratiques passées** a complete break with past practices ◆ **essayez ce remède, c'est radical** * try this remedy, it works like a charm *ou* it really does the trick * ◆ **un mois de ce régime et tu maigris, c'est radical !** * one month on this diet and you lose weight, it never fails!

NM [de mot] stem, radical, root; (Chim, Pol) radical; (Math) radical sign ◆ **radicaux libres** (Chim) (free) radicals

radicalement /ʀadikalmɑ̃/ ADV [changer, différer] radically; [faux, nouveau] completely ◆ **radicalement opposé à/différent** radically opposed to/different ◆ **rompre radicalement avec** to make a complete break with

radicalisation /ʀadikalizasjɔ̃/ NF [de position, revendications] toughening; [de conflit] intensification; [de régime, parti] radicalization ◆ **certains élus préconisent une radicalisation du texte** some representatives would like the text to be made even more radical

radicaliser /ʀadikalize/ SYN ► conjug 1 ◄

VT [+ position] to toughen, to harden; [+ politique] to toughen

VPR **se radicaliser** [personne, parti, position, politique] to become more radical; [conflit] to intensify

radicalisme /ʀadikalism/ NM (Pol) radicalism

radical-socialisme /ʀadikalsɔsjalism/ NM radical socialism

radical-socialiste, radicale-socialiste /ʀadikalsɔsjalist/ (mpl **radicaux-socialistes** /ʀadikosɔsjalist/) ADJ, NMF radical socialist

radicant, e /ʀadikɑ̃, ɑ̃t/ ADJ radicant

radicelle /ʀadisɛl/ NF rootlet, radicle (SPÉC)

radiculaire /ʀadikylɛʀ/ ADJ radicular

radicule /ʀadikyl/ NF radicle

radiculite /ʀadikylit/ NF radiculitis

radié, e /ʀadje/ (ptp de **radier**) ADJ (= rayonné) rayed, radiate

radier[1] /ʀadje/ SYN ► conjug 7 ◄ VT [+ mention, nom] to cross off, to strike off ◆ **il a été radié de l'Ordre des médecins** he has been struck off the medical register

radier[2] /ʀadje/ NM (Constr = revêtement) apron

radiesthésie /ʀadjɛstezi/ NF (power of) divination, dowsing (based on the detection of radiation)

radiesthésiste /ʀadjɛstezist/ NMF diviner, dowser

radieusement /ʀadjøzmɑ̃/ ADV radiantly ◆ **radieusement beau** [personne] radiantly *ou* dazzlingly beautiful

radieux, -ieuse /ʀadjø, jøz/ SYN ADJ [personne, sourire, beauté] radiant; [journée, temps] beautiful

radin, e * /ʀadɛ̃, in/ SYN

ADJ stingy, mean (Brit)

NM,F skinflint ◆ **quel radin !** how mean can you get!, mean, or what? *

radiner ‡ VI, **se radiner** ‡ VPR /ʀadine/ ► conjug 1 ◄ (= arriver) to turn up, to show up *, to roll up *; (= accourir) to rush over, to dash over ◆ **allez, radine(-toi) !** come on, step on it! * *ou* get your skates on! * (Brit)

radinerie * /ʀadinʀi/ NF stinginess (NonC), meanness (Brit)

radio /ʀadjo/

NF 1 (= poste) radio ◆ **mets la radio** turn on *ou* put on the radio; → **poste**[2]

2 (= radiodiffusion) ◆ **la radio** (the) radio ◆ **avoir la radio** to have a radio ◆ **parler à la radio** to speak on the radio ◆ **passer à la radio** to be on the radio ◆ **travailler à la radio** to work in broadcasting *ou* on the radio ◆ **antenne/fréquence radio** radio aerial/frequency

3 (= *station*) radio station ◆ **radio pirate** pirate radio station ◆ **la radio du Caire** Cairo radio ◆ **radio libre** *ou* **locale privée** independent local radio station

4 (= *radiotéléphonie*) radio ◆ **message radio** radio message ◆ **la radio de bord du navire** the ship's radio

5 (= *radiographie*) X-ray (photograph) ◆ **passer une radio** to have an X-ray (taken) ◆ **on lui a fait passer une radio** he was X-rayed

NM (= *opérateur*) radio operator; († = *message*) radiogram, radiotelegram

⚠ Au sens de 'radiographie', **radio** ne se traduit pas par le mot anglais **radio**.

radioactif, -ive /ʁadjoaktif, iv/ **ADJ** radioactive ◆ **déchets faiblement/hautement radioactifs** low-level/highly *ou* high-level radioactive waste

radioactivité /ʁadjoaktivite/ **NF** radioactivity ◆ **radioactivité naturelle** natural *ou* naturally-occurring radioactivity

radioalignement /ʁadjoaliɲ(ə)mɑ̃/ **NM** radio navigation system

radioaltimètre /ʁadjoaltimɛtʁ/ **NM** radio altimeter

radioamateur /ʁadjoamatœʁ/ **NM** radio ham*

radioastronome /ʁadjoastʁɔnɔm/ **NMF** radio astronomer

radioastronomie /ʁadjoastʁɔnɔmi/ **NF** radio astronomy

radiobalisage /ʁadjobalizaʒ/ **NM** radio beacon signalling

radiobalise /ʁadjobaliz/ **NF** radio beacon

radiobaliser /ʁadjobalize/ ▸ conjug 1 ◂ **VT** to equip with a radio beacon system

radiobiologie /ʁadjobjɔlɔʒi/ **NF** radiobiology

radiocarbone /ʁadjokaʁbɔn/ **NM** radiocarbon, radioactive carbon

radiocassette /ʁadjokasɛt/ **NM** cassette radio, radio cassette player

radiochimie /ʁadjoʃimi/ **NF** radiochemistry

radiocobalt /ʁadjokɔbalt/ **NM** radio cobalt, radioactive cobalt

radiocommande /ʁadjokɔmɑ̃d/ **NF** radio control

radiocommunication /ʁadjokɔmynikasjɔ̃/ **NF** radio communication

radiocompas /ʁadjokɔ̃pa/ **NM** radio compass

radioconducteur /ʁadjokɔ̃dyktœʁ/ **NM** detector

radiodermite /ʁadjodɛʁmit/ **NF** radiodermatitis

radiodiagnostic /ʁadjodjagnɔstik/ **NM** radiodiagnosis

radiodiffuser /ʁadjodifyze/ ▸ conjug 1 ◂ **VT** to broadcast (by radio) ◆ **interview radiodiffusée** broadcast *ou* radio interview

radiodiffuseur /ʁadjodifyzœʁ/ **NM** (radio) broadcaster

radiodiffusion /ʁadjodifyzjɔ̃/ **NF** broadcasting (by radio)

radioélectricien, -ienne /ʁadjoelɛktʁisjɛ̃, jɛn/ **NM,F** radio-engineer

radioélectricité /ʁadjoelɛktʁisite/ **NF** radio-engineering

radioélectrique /ʁadjoelɛktʁik/ **ADJ** radio (*épith*)

radioélément /ʁadjoelemɑ̃/ **NM** radio-element

radiofréquence /ʁadjofʁekɑ̃s/ **NF** radio frequency

radiogalaxie /ʁadjogalaksi/ **NF** radio galaxy

radiogénique /ʁadjoʒenik/ **ADJ** radiogenic

radiogoniomètre /ʁadjogɔnjɔmɛtʁ/ **NM** direction finder, radiogoniometer

radiogoniométrie /ʁadjogɔnjɔmetʁi/ **NF** radio direction finding, radiogoniometry

radiogramme /ʁadjogʁam/ **NM** (= *télégramme*) radiogram, radiotelegram; (= *film*) radiograph, radiogram

radiographie /ʁadjogʁafi/ **NF** 1 (= *technique*) radiography, X-ray photography ◆ **passer une radiographie** to have an X-ray (taken), to be X-rayed
2 (= *photographie*) X-ray (photograph), radiograph

radiographier /ʁadjogʁafje/ ▸ conjug 7 ◂ **VT** to X-ray

radiographique /ʁadjogʁafik/ **ADJ** X-ray (*épith*)

radioguidage /ʁadjogidaʒ/ **NM** (*en avion*) radio control, radiodirection ◆ **le radioguidage des automobilistes** (*Radio*) broadcasting traffic reports to motorists

radioguidé, e /ʁadjogide/ **ADJ** radio-controlled

radioguider /ʁadjogide/ ▸ conjug 1 ◂ **VT** to radio-control

radio-immunologie /ʁadjoimynɔlɔʒi/ **NF** radio-immunology

radio-isotope (pl **radio-isotopes**) /ʁadjoizɔtɔp/ **NM** radio-isotope

radiolaires /ʁadjɔlɛʁ/ **NMPL** ◆ **les radiolaires** radiolarians, the Radiolaria (SPÉC)

radiolésion /ʁadjolezjɔ̃/ **NF** radiolesion

radiolocalisation /ʁadjolɔkalizasjɔ̃/ **NF** radiolocation

radiologie /ʁadjɔlɔʒi/ **NF** radiology

radiologique /ʁadjɔlɔʒik/ **ADJ** radiological

radiologiste /ʁadjɔlɔʒist/, **radiologue** /ʁadjɔlɔg/ **NMF** radiologist

radiolyse /ʁadjɔliz/ **NF** radiolysis

radiomessagerie /ʁadjomesaʒʁi/ **NF** radiopaging

radiomètre /ʁadjɔmɛtʁ/ **NM** radiometer

radio-moquette* /ʁadjomɔkɛt/ **NF** rumours (Brit), rumors (US)

radionavigant /ʁadjonavigɑ̃/ **NM** radio officer

radionavigation /ʁadjonavigasjɔ̃/ **NF** radio navigation

radionécrose /ʁadjonekʁoz/ **NF** radionecrosis

radiophare /ʁadjofaʁ/ **NM** radio beacon

radiophonie /ʁadjɔfɔni/ **NF** radiotelephony

radiophonique /ʁadjɔfɔnik/ **ADJ** radio (*épith*)

radiophotographie /ʁadjofɔtɔgʁafi/ **NF** (= *image*) X-ray image

radioprotection /ʁadjopʁɔtɛksjɔ̃/ **NF** radiation protection

radioreportage /ʁadjoʁ(ə)pɔʁtaʒ/ **NM** radio report

radioreporter /ʁadjoʁ(ə)pɔʁtɛʁ/ **NM** radio reporter

radio-réveil (pl **radio-réveils**) /ʁadjoʁevɛj/ **NM** radio-alarm, clock-radio

radioscopie /ʁadjoskɔpi/ **NF** radioscopy

radioscopique /ʁadjoskɔpik/ **ADJ** radioscopic

radiosensible /ʁadjosɑ̃sibl/ **ADJ** radiosensitive

radiosondage /ʁadjosɔ̃daʒ/ **NM** (*Météo*) radiosonde exploration; (*Géol*) seismic prospecting

radiosonde /ʁadjosɔ̃d/ **NF** radiosonde

radiosource /ʁadjosuʁs/ **NF** radio source, star source

radio-taxi (pl **radio-taxis**) /ʁadjotaksi/ **NM** radio taxi, radio cab

radiotechnique /ʁadjotɛknik/
NF radio technology
ADJ radiotechnological

radiotélégraphie /ʁadjotelegʁafi/ **NF** radiotelegraphy, wireless telegraphy

radiotélégraphique /ʁadjotelegʁafik/ **ADJ** radiotelegraphic

radiotélégraphiste /ʁadjotelegʁafist/ **NMF** radiotelegrapher

radiotéléphone /ʁadjotelefɔn/ **NM** radiotelephone

radiotéléphonie /ʁadjotelefɔni/ **NF** radiotelephony, wireless telephony

radiotélescope /ʁadjotelɛskɔp/ **NM** radio telescope

radiotélévisé, e /ʁadjotelevize/ **ADJ** broadcast on both radio and television, broadcast and televised

radiotélévision /ʁadjotelevizjɔ̃/ **NF** radio and television

radiothérapeute /ʁadjoteʁapøt/ **NMF** radiotherapist

radiothérapie /ʁadjoteʁapi/ **NF** radiotherapy

radis /ʁadi/ **NM** 1 (= *légume*) radish ◆ **radis noir** black winter radish
2 (‡ = *sou*) penny, cent (US) ◆ **je n'ai pas un radis** I haven't got a penny (to my name) (Brit) *ou* a cent * *ou* a bean (US) * ◆ **ça ne vaut pas un radis** it's not worth a penny *ou* a bean (Brit) *

radium /ʁadjɔm/ **NM** radium

radius /ʁadjys/ **NM** (*Anat*) radius

radjah /ʁadʒa/ **NM** rajah

radome /ʁadom/ **NM** radome

radon /ʁadɔ̃/ **NM** radon

radotage /ʁadotaʒ/ **NM** (*péj*) drivel (NonC), rambling

radoter /ʁadote/ SYN ▸ conjug 1 ◂

VI (*péj*) to ramble on *ou* drivel (on) ◆ **tu radotes*** you're talking a load of drivel *

VT (*péj*) ◆ **il radote toujours les mêmes histoires*** he's always going on *ou* wittering on * about the same old things

radoteur, -euse /ʁadotœʁ, øz/ **NM,F** (*péj*) drivelling (old) fool, (old) driveller

radoub /ʁadu/ **NM** (*Naut*) [*de bateau*] refitting ◆ **navire au radoub** ship under repair *ou* undergoing a refit; → **bassin**

radouber /ʁadube/ ▸ conjug 1 ◂ **VT** [+ *navire*] to repair, to refit; [+ *filet de pêche*] to repair, to mend

radoucir /ʁadusiʁ/ SYN ▸ conjug 2 ◂

VT [+ *ton, attitude*] to soften; [+ *temps*] to make milder

VPR se radoucir [*personne*] (*après une colère*) to calm down, to be mollified; (*avec l'âge*) to mellow; [*voix*] to soften, to become milder; [*temps*] to become milder

radoucissement /ʁadusismɑ̃/ **NM** 1 (*Météo*) ◆ **radoucissement (de la température)** rise in (the) temperature ◆ **on prévoit un léger/net radoucissement** the forecast is for slightly/much milder weather
2 [*de ton, attitude*] softening; [*de personne*] calming down

radula /ʁadyla/ **NF** radula

rafale /ʁafal/ SYN **NF** [*de vent*] gust; [*de pluie*] sudden shower; [*de neige*] flurry ◆ **une soudaine rafale (de vent)** a sudden gust of wind ◆ **rafale de mitrailleuse** burst of machine gun fire ◆ **en** *ou* **par rafales** [*souffler*] in gusts; [*tirer*] in bursts ◆ **tir en rafales** firing *ou* shooting in bursts ◆ **une rafale** *ou* **des rafales de balles** a hail of bullets ◆ **le gouvernement publiait des communiqués en rafales** the government issued statements in rapid-fire succession

raffermir /ʁafɛʁmiʁ/ SYN ▸ conjug 2 ◂

VT 1 [+ *muscle*] to harden, to tone up; [+ *chair*] to firm up, to make firm(er); [+ *peau*] to tone up; [+ *voix*] to steady
2 [+ *gouvernement, popularité*] to strengthen, to reinforce; [+ *prix, marché, cours*] to steady; [+ *courage, résolution*] to strengthen

VPR se raffermir 1 [*muscle*] to harden; [*chair*] to firm up, to become firm(er)
2 [*autorité*] to strengthen, to become strengthened *ou* reinforced; [*prix, marché, cours, voix*] to become steadier ◆ **son visage se raffermit** his face became more composed ◆ **ma résolution se raffermit** I grew stronger in my resolve ◆ **se raffermir dans ses intentions** to strengthen one's resolve ◆ **le cours du dollar s'est légèrement raffermi** the dollar is slightly steadier

raffermissant, e /ʁafɛʁmisɑ̃, ɑ̃t/ **ADJ** (*Cosmétique*) toning

raffermissement /ʁafɛʁmismɑ̃/ **NM** 1 [*de muscle*] strengthening; [*de chair*] firming; [*de peau*] firming up; [*de voix*] steadying
2 [*de gouvernement, popularité*] reinforcement; [*de cours, monnaie*] steadying; [*de courage, résolution*] strengthening ◆ **la nouvelle a provoqué un raffermissement du dollar** the news steadied the dollar

raffinage /ʁafinaʒ/ **NM** refining

raffiné, e /ʁafine/ SYN (ptp de **raffiner**) **ADJ** 1 [*pétrole, sucre*] refined
2 [*personne, mœurs, style*] refined, polished, sophisticated; [*esprit, gourmet, goûts*] discriminating, refined; [*confort, décor*] elegant; [*cuisine, élégance*] refined ◆ **peu raffiné** unrefined, unsophisticated ◆ **supplice raffiné** slow torture

raffinement /ʁafinmɑ̃/ SYN **NM** 1 (= *caractère*) [*de personne, civilisation*] refinement, sophistication
2 (*gén pl* = *détail raffiné*) nicety, refinement
3 (= *excès*) ◆ **c'est du raffinement** that's being oversubtle ◆ **avec un raffinement de luxe/de cruauté** with refinements of luxury/of cruelty

raffiner /ʁafine/ SYN ▸ conjug 1 ◂

VT 1 [+ *pétrole, sucre, papier*] to refine
2 [+ *langage, manières*] to refine, to polish

VI (*dans le raisonnement*) to be oversubtle; (*sur les détails*) to be (over)meticulous

raffinerie /ʀafinʀi/ NF refinery ◆ **raffinerie de pétrole/de sucre** oil/sugar refinery

raffineur, -euse /ʀafinœʀ, øz/ NM,F refiner

rafflesia /ʀaflezja/ NM, **rafflésie** /ʀaflezi/ NF rafflesia

raffoler /ʀafɔle/ SYN ▸ conjug 1 ◂ **raffoler de** VT INDIR to be mad ou crazy* ou wild* about ◆ **le chocolat, j'en raffole !** I'm mad* about chocolate!

raffut* /ʀafy/ NM (= vacarme) row, racket ◆ **faire du raffut** (= être bruyant) to make a row ou racket; (= protester) to kick up a fuss ou stink* ◆ **ils ont fait un raffut de tous les diables** they made a hell* of a racket ◆ **sa démission va faire du raffut** his resignation will cause a row ou a stink*

rafiot /ʀafjo/ NM (péj = bateau) (old) tub (péj)

rafistolage* /ʀafistɔlaʒ/ NM (= action : lit, fig) patching up ◆ **ce n'est qu'un ou que du rafistolage** (lit) it's only a patched-up ou makeshift repair; (fig) it's just a stopgap (solution)

rafistoler* /ʀafistɔle/ ▸ conjug 1 ◂ VT (= réparer) to patch up

rafle¹ /ʀafl/ SYN NF (police) roundup ou raid, swoop ◆ **la police a fait une rafle** the police rounded up some suspects ◆ **être pris dans une rafle** to be caught in a roundup ou a raid ◆ **la rafle du Vél' d'Hiv** (Hist) the roundup of Jews in the Paris Vélodrome d'Hiver during the Second World War

rafle² /ʀafl/ NF [de grappe] stalk; [de maïs] cob

rafler* /ʀafle/ SYN ▸ conjug 1 ◂ VT (= prendre) [+ récompenses] to run off with; [+ place] to bag*, to grab; (= voler) [+ bijoux] to swipe*; ◆ **les clients avaient tout raflé** the customers had swept up ou snaffled* everything ◆ **elle a raflé tous les prix** she ran away ou off with all the prizes, she made a clean sweep of the prizes ◆ **le film a raflé sept Oscars** the film scooped seven Oscars

rafraîchir /ʀafʀeʃiʀ/ SYN ▸ conjug 2 ◂
VT ① (= refroidir) [+ air] to cool (down), to freshen; [+ vin] to chill; [+ boisson] to cool, to make cooler; [+ haleine] to freshen; → **fruit¹**
② (= redonner du tonus à) [+ visage, corps] to freshen (up)
③ (= désaltérer) [boisson] to refresh
④ (= rénover) [+ vêtement] to smarten up, to brighten up; [+ tableau, couleur] to brighten up, to freshen up; [+ appartement] to do up, to brighten up; [+ connaissances] to brush up ◆ **« à rafraîchir »** [+ appartement] "needs some work" ◆ **se faire rafraîchir les cheveux** to have a trim, to have one's hair trimmed ◆ **rafraîchir la mémoire ou les idées de qn** to jog ou refresh sb's memory
⑤ (Ordin) [+ écran] to refresh
VI [vin etc] to cool (down) ◆ **mettre à rafraîchir** [+ vin, dessert] to chill
VPR **se rafraîchir** ① (Météo) ◆ **le temps/ça se rafraîchit** the weather/it's getting cooler ou colder
② (en se lavant) to freshen (o.s.) up; (en buvant) to refresh o.s. ◆ **on se rafraîchirait volontiers** a cool drink would be very welcome

rafraîchissant, e /ʀafʀeʃisɑ̃, ɑ̃t/ ADJ [vent] refreshing, cooling; [boisson] refreshing; (fig) [idée, œuvre] refreshing

rafraîchissement /ʀafʀeʃismɑ̃/ SYN NM ① [de température] cooling ◆ **dû au rafraîchissement de la température** due to the cooler weather ou the cooling of the weather ◆ **on s'attend à un rafraîchissement rapide de la température** we expect temperatures to drop sharply, we expect the weather to get rapidly cooler
② (= boisson) cool ou cold drink ◆ **rafraîchissements** (= glaces, fruits) refreshments
③ (Ordin) refresh ◆ **fréquence de rafraîchissement** refresh rate

raft /ʀaft/ NM raft

rafting /ʀaftiŋ/ NM rafting ◆ **faire du rafting** to raft, to go rafting

ragaillardir /ʀagajaʀdiʀ/ SYN ▸ conjug 2 ◂ VT to perk up, to buck up* ◆ **tout ragaillardi par cette nouvelle** bucked up by this news*

rage /ʀaʒ/ SYN NF ① (= colère) rage, fury ◆ **la rage au cœur** seething with rage ou anger ◆ **mettre qn en rage** to infuriate ou enrage sb ◆ **faire monter la rage de qn** to make sb's blood boil ◆ **être en rage, avoir la rage** to be mad with rage, to be in a raging temper ◆ **suffoquer ou étouffer de rage** to choke with anger ou rage ◆ **dans sa rage de ne pouvoir l'obtenir, il...** in his rage ou fury at not being able to get it, he... ◆ **être pris d'une rage aveugle ou destructrice** to go into a blind rage; → **amour**
② (= envie violente) ◆ **avoir la rage de (faire) qch** to have a passion for (doing) sth ◆ **sa rage de vaincre** his dogged determination to win ◆ **sa rage de vivre** his lust for life
③ ◆ **faire rage** [guerre, incendie, tempête, polémique] to rage; [concurrence] to be fierce
④ (Méd) ◆ **la rage** rabies (sg); → **noyer²**
⑤ ◆ **rage de dents** raging toothache

rageant, e /ʀaʒɑ̃, ɑ̃t/ SYN ADJ infuriating, maddening ◆ **ce qui est rageant avec lui, c'est que...** the infuriating ou maddening thing about him is that...

rager /ʀaʒe/ ▸ conjug 3 ◂ VI to fume ◆ **ça (me) fait rager !** it makes me fume! ou furious! ou mad! ◆ **rageant de voir que les autres n'étaient pas punis** furious that the others weren't punished

rageur, -euse /ʀaʒœʀ, øz/ SYN ADJ [enfant] hot-tempered, quick-tempered; [voix, geste] bad-tempered, angry ◆ **il était rageur** he was furious ou livid

rageusement /ʀaʒøzmɑ̃/ ADV angrily

ragga /ʀaga/ NM (Mus) ragga (music)

raglan /ʀaglɑ̃/ NM, ADJ INV raglan

ragondin /ʀagɔ̃dɛ̃/ NM (= animal) coypu; (= fourrure) nutria

ragot* /ʀago/ SYN NM piece of (malicious) gossip ou tittle-tattle ◆ **ragots** gossip, tittle-tattle

ragougnasse* /ʀaguɲas/ NF (péj = nourriture) pigswill (NonC)

ragoût /ʀagu/ NM stew, ragout ◆ **ragoût de mouton** lamb stew ◆ **en ragoût** stewed

ragoûtant, e /ʀagutɑ̃, ɑ̃t/ SYN ADJ ◆ **peu ragoûtant** [mets] unappetizing; [individu] unsavoury; [travail] unwholesome, unpalatable ◆ **ce n'est guère ragoûtant** that's not very inviting ou tempting

ragréer /ʀagʀee/ ▸ conjug 1 ◂ VT [+ façade, sol] to smoothe; (avec du sable) to sand

ragtime /ʀagtajm/ NM ragtime

raguer /ʀage/ ▸ conjug 1 ◂ VI (Naut) to chafe, to rub

rahat-loukoum (pl **rahat-loukoums**) /ʀaatlukum/ NM (piece of) Turkish delight

rai /ʀɛ/ NM ① (littér = rayon) ray
② [de roue] spoke (of wooden wheel)

raï /ʀaj/
ADJ INV raï (épith)
NM INV raï

raid /ʀɛd/ SYN NM ① (Mil) raid, hit-and-run attack ◆ **raid aérien** air raid ◆ **raid boursier** raid ◆ **faire un raid sur** (Fin, Mil) to raid
② (Sport) ◆ **raid automobile/à skis** long-distance car/ski trek

raide /ʀɛd/ SYN
ADJ ① [corps, membre, geste, étoffe] stiff; [cheveux] straight; [câble] taut, tight ◆ **être ou se tenir raide comme un échalas ou un piquet ou un manche à balai ou la justice** to be (as) stiff as a poker ◆ **assis raide sur sa chaise** sitting bolt upright on his chair ◆ **avoir une jambe raide** to have a stiff leg ◆ **ses cheveux sont raides comme des baguettes de tambour** her hair is dead straight; → **corde**
② [pente, escalier] steep, abrupt
③ (= inflexible) [attitude, morale, personne] rigid, inflexible; [manières] stiff, starchy; [démarche] stiff
④ (= fort, âpre) [alcool] rough
⑤ (* = difficile à croire) ◆ **c'est un peu raide** that's a bit hard to swallow ou a bit far-fetched ◆ **elle est raide celle-là !** that's a bit much!* ◆ **il en a vu de raides** he's seen a thing or two*
⑥ (* = osé) ◆ **assez ou un peu raide** [propos, passage, scène] daring ◆ **il s'en passe de raides, chez eux** all sorts of things go on at their place ◆ **il en raconte de raides** he tells some pretty daring stories
⑦ (‡ = sans argent) broke* ◆ **être raide comme un passe-lacet** to be flat ou stony (Brit) broke*
⑧ ‡ (= ivre) drunk, sloshed*; (= drogué) stoned*, high* ◆ **être complètement raide** (sous l'effet d'une drogue) to be completely stoned‡, to be as high as a kite*; (sous l'effet de l'alcool) to be blind drunk*
ADV ① (= en pente) ◆ **ça montait/descendait raide** (ascension, descente) it was a steep climb/climb down; (pente) it climbed/fell steeply
② (= net) ◆ **tomber raide** to drop to the ground ou floor ◆ **quand elle m'a dit ça, j'en suis tombé raide*** I was thunderstruck when she told me ◆ **tomber raide mort** to drop ou fall down dead ◆ **tuer qn raide*** to kill sb outright ou stone dead (Brit) ◆ **il l'a étendu raide (mort)*** he laid him out cold ◆ **être raide fou ou dingue*** to be completely crazy ou nuts* ◆ **être raide défoncé**‡ to be completely stoned‡ ou high*

rai-de-cœur (pl **rais-de-cœur**) /ʀɛd(ə)kœʀ/ NM leaf-and-dart

raider /ʀɛdœʀ/ NM (Bourse) raider

raideur /ʀɛdœʀ/ SYN NF ① [de corps, membre, geste, étoffe] stiffness; [de cheveux] straightness; [de câble] tautness, tightness ◆ **j'ai une raideur dans la nuque** I've got a stiff neck
② [de pente, escalier] steepness, abruptness
③ [d'attitude, morale, personne] rigidity, inflexibility; [de manières] stiffness, starchiness; [de démarche] stiffness ◆ **avec raideur** [répondre, saluer, marcher] stiffly
④ (= âpreté) [d'alcool] roughness

raidillon /ʀedijɔ̃/ NM steep path

raidir /ʀediʀ/ SYN ▸ conjug 2 ◂
VT [+ drap, tissu] to stiffen; [+ corde, fil de fer] to pull taut ou tight, to tighten ◆ **raidir ses muscles** to tense ou stiffen one's muscles ◆ **des corps raidis par la mort** stiff corpses ◆ **raidir sa position** (fig) to harden ou toughen one's position, to take a hard(er) ou tough(er) line
VPR **se raidir** ① [toile, tissu] to stiffen, to become stiff(er); [corde] to grow taut; (fig) [position] to harden
② [personne] (= perdre sa souplesse) to become stiff(er); (= bander ses muscles) to stiffen; (= se préparer moralement) to brace ou steel o.s.; (= s'entêter) to take a hard(er) ou tough(er) line

raidissement /ʀedismɑ̃/ NM (= perte de souplesse) stiffening ◆ **ce raidissement soudain du parti adverse** (= intransigeance) this sudden tough(er) line taken by the opposing party

raidisseur /ʀedisœʀ/ NM (= tendeur) tightener

raie¹ /ʀɛ/ SYN NF ① (= trait) line; (Agr = sillon) furrow; (= éraflure) mark, scratch ◆ **faire une raie** to draw a line ◆ **attention, tu vas faire des raies** careful, you'll scratch it ◆ **la raie des fesses** the cleft between the buttocks
② (= bande) stripe ◆ **chemise avec des raies** striped ou stripy (Brit) shirt ◆ **les raies de son pelage** the stripes on its fur ◆ **raie d'absorption/d'émission** (Phys) absorption/emission line
③ (Coiffure) parting (Brit), part (US) ◆ **avoir la raie au milieu/sur le côté** to have a centre/side parting (Brit) ou part (US), to have one's hair parted in the middle/to the side

raie² /ʀɛ/ NF (= poisson) skate, ray; (Culin) skate ◆ **raie bouclée** thornback ray ◆ **raie manta** manta ray ◆ **raie électrique** electric ray; → **gueule**

raifort /ʀɛfɔʀ/ NM (= aromate) horseradish; (= radis noir) black winter radish

rail /ʀaj/ SYN NM ① (= barre) rail ◆ **les rails** (= voie) the rails, the track ◆ **rail conducteur** live rail ◆ **rail de sécurité** guardrail, crash barrier (Brit) ◆ **le rail est plus pratique que la route** it's more practical to travel by train than by road ◆ **être sur les rails** (fig) to be under way ◆ **remettre sur les rails** (lit, fig) to put back on the rails ◆ **quitter les rails, sortir des rails** to jump the rails, to go off the rails ◆ **transport rail-route** road-rail transport ◆ **rail de travelling** (Ciné) dolly
② (Naut = couloir de navigation) lane

railler /ʀaje/ SYN ▸ conjug 1 ◂
VT (frm = se moquer de) [+ personne, chose] to scoff at, to jeer at, to mock at
VI († † = plaisanter) to jest ◆ **vous raillez ?** you jest? ◆ **..., dit-il en raillant** ..., he quipped
VPR **se railler** † † to scoff, to jeer, to mock at (de at)

raillerie /ʀajʀi/ SYN NF (frm) (= ironie) mockery, scoffing; (= remarque) gibe ◆ **il sortit de scène sous les railleries du public** he left the stage to the booing and catcalls of the audience

railleur, -euse /ʀajœʀ, øz/ SYN
ADJ mocking, derisive, scoffing
NM scoffer, mocker

railleusement /ʀajøzmɑ̃/ ADV mockingly, derisively, scoffingly

rainer /ʀene/ ▸ conjug 1 ◂ VT to groove

rainette /ʀɛnɛt/ **NF** 1 (= *grenouille*) tree frog
2 ⇒ reinette

rainurage /ʀenyʀaʒ/ **NM** grooved surface

rainure /ʀenyʀ/ SYN **NF** (*longue, formant glissière*) groove; (*courte, pour emboîtage*) slot • **les rainures du parquet** the gaps between the floorboards

rainurer /ʀenyʀe/ ► conjug 1 ◄ **VT** to groove

raiponce /ʀɛpɔ̃s/ **NF** rampion

rais /ʀɛ/ **NM** ⇒ rai

raïs /ʀais/ **NM** head of state (*of an Arab country*)

raisin /ʀɛzɛ̃/ SYN
NM 1 (= *espèce*) grape • **du raisin, des raisins** (= *fruit*) grapes • **raisin noir/blanc** black/white grape • **c'est un raisin qui donne du bon vin** it's a grape that yields a good wine • « **Les Raisins de la colère** » (*Littérat*) "The Grapes of Wrath" → grain, grappe, jus
2 (= *papier*) ≈ royal
3 (= *œufs*) • **raisins de mer** [*de seiche*] cuttlefish eggs; [*de poulpe*] octopus eggs
COMP **raisins de Corinthe** currants
raisins secs raisins
raisins de Smyrne sultanas
raisin de table dessert *ou* eating grapes

raisiné /ʀezine/ **NM** (= *jus*) grape jelly; (= *confiture*) pear or quince jam made with grape jelly; († * = *sang*) blood

raisinet /ʀɛzinɛ/ **NM** (*Helv* = *groseille rouge*) red currant

raison /ʀɛzɔ̃/ GRAMMAIRE ACTIVE 11.1, 13.3, 17.1, 26.2, 26.3 SYN
NF 1 (*gén, Philos* = *faculté de discernement*) reason • **seul l'homme est doué de raison** man alone is endowed with reason • **conforme/contraire à la raison** reasonable/unreasonable • **il n'a plus sa raison, il a perdu la raison** he has lost his reason, he has taken leave of his senses, he is not in his right mind • **si tu avais toute ta raison tu verrais que...** if you were in your right mind, you would see that... • **manger/boire plus que de raison** to eat/drink more than is sensible *ou* more than one should; → âge, mariage, rime
2 (= *motif*) reason • **la raison pour laquelle je suis venu** the reason (why *ou* that) I came • **pour quelles raisons l'avez-vous renvoyé ?** why *ou* on what grounds did you fire him?, what were your reasons for firing him? • **la raison de cette réaction** the reason for this reaction • **il n'y a pas de raison de s'arrêter** there's no reason to stop • **j'ai mes raisons** I have my reasons • **pour (des) raisons politiques/familiales** for political/family reasons • **pour raisons de santé** for health reasons, on grounds of (ill) health • **raisons cachées** hidden motives *ou* reasons • **il a refusé pour la simple raison que...** he refused simply on the grounds that..., he refused simply because... • **pour la simple et bonne raison que je ne veux pas** for the simple reason that I don't want to • **j'ai de bonnes raisons de penser que...** I have good *ou* every reason to think that... • **la raison en est que...** the reason is that...
3 (= *argument, explication, excuse*) reason • **sans raison** without reason • **sans raison valable** for no valid reason • **il a toujours de bonnes raisons !** (*iro*) he's always got a good excuse! *ou* reason! • **la raison du plus fort est toujours la meilleure** (*Prov*) might is right (*Prov*) • **ce n'est pas une raison !** that's no excuse! *ou* reason!; → comparaison, rendre
4 (*Math*) ratio • **raison directe/inverse** direct/inverse ratio *ou* proportion
5 (*locutions*) • **pour une raison ou pour une autre** for some reason or other, for one reason or another • **rire sans raison** to laugh for no reason • **non sans raison** not without reason • **se faire une raison** to accept it • **entendre raison, se rendre à la raison** to listen to *ou* see reason • **faire entendre raison à qn, ramener qn à la raison** to make sb see sense *ou* reason • **mettre qn à la raison** † to bring sb to their senses, to make sb see sense *ou* reason, to talk (some) sense into sb • **demander raison à qn de** (*littér*) [+ *offense*] to demand satisfaction from sb for (*frm*)
♦ **avoir raison** to be right (*de faire* in doing, to do) • **tu as bien raison !** you're absolutely *ou* dead* right! • **avoir raison de qn/qch** to get the better of sb/sth
♦ **donner raison à qn** [*événement*] to prove sb right • **tu donnes toujours raison à ta fille** you're always siding with your daughter, you're always on your daughter's side • **la justice a fini par lui donner raison** the court eventually decided in his favour
♦ **raison de plus** all the more reason (*pour faire* for doing, to do)
♦ **à raison de** • **à raison de 25 € par caisse** at the rate of €25 per crate • **payé à raison de 40 lignes par page** paid on the basis of 40 lines a page • **à raison de 3 fois par semaine** 3 times a week
♦ **avec (juste) raison, à juste raison** rightly, justifiably, with good reason
♦ **à plus forte raison** • **à plus forte raison, je n'irai pas** all the more reason for me not to go • **à plus forte raison si/quand...** all the more so if/when...
♦ **comme de raison** as one might expect
♦ **en raison de** • **en raison du froid** because of *ou* owing to the cold weather • **en raison de son jeune âge** because of *ou* on the grounds of his youth • **on est payé en raison du travail fourni** we are paid according to *ou* in proportion to the work produced
COMP **raison d'État** reasons of state
raison d'être raison d'être • **cet enfant est toute sa raison d'être** this child is her whole life *ou* her entire reason for living *ou* her entire raison d'être • **cette association n'a aucune raison d'être** this association has no reason to exist *ou* no raison d'être
raison sociale [*d'entreprise*] corporate name
raison de vivre reason for living

raisonnable /ʀɛzɔnabl/ SYN **ADJ** 1 (= *sensé*) [*personne, solution, conduite*] sensible, reasonable; [*conseil, opinion, propos*] sensible • **soyez raisonnable** be reasonable • **elle devrait être plus raisonnable à son âge** she should know better *ou* she should have more sense at her age • **réaction bien peu raisonnable** very unreasonable reaction • **boire trop avant un match, ce n'est pas raisonnable** it isn't sensible *ou* it's silly to drink too much before a match • **250 € pour cette vieillerie, ce n'est pas raisonnable !** €250 for this old thing, that's crazy! *ou* ridiculous! • **est-ce bien raisonnable ?** (*hum*) is it wise?
2 (= *décent*) [*prix, demande, salaire, quantité*] reasonable, fair; [*heure, limite, délai*] reasonable • **le déficit budgétaire reste raisonnable** the budget deficit is still at a reasonable level • **dans les limites du raisonnable** within reason
3 (*littér* = *doué de raison*) rational, reasoning

raisonnablement /ʀɛzɔnabləmɑ̃/ **ADV** [*conseiller*] sensibly, soundly; [*agir*] sensibly, reasonably; [*boire*] in moderation; [*dépenser*] moderately; [*travailler, rétribuer*] reasonably *ou* fairly well • **on peut raisonnablement espérer que...** one can reasonably hope that...

raisonné, e /ʀɛzɔne/ SYN (ptp de **raisonner**) **ADJ**
1 (= *mûri, réfléchi*) [*attitude, projet*] well thought-out, reasoned; (= *mesuré*) [*confiance, optimisme*] cautious • **il a pris une décision raisonnée** he made a reasoned decision • **c'est bien raisonné** it's well reasoned *ou* argued
2 (= *systématique*) • **grammaire/méthode raisonnée de français** reasoned grammar/primer of French • **catalogue raisonné** catalogue raisonné

raisonnement /ʀɛzɔnmɑ̃/ SYN **NM** 1 (= *activité de la raison*) reasoning (NonC); (= *faculté de penser*) power of reasoning; (= *façon de réfléchir*) way of thinking; (= *cheminement de la pensée*) thought process • **raisonnement analogique/par déduction/par induction** analogical/deductive/inductive reasoning • **raisonnement économique/politique** economic/political thinking • **prouver qch par le raisonnement** to prove sth by one's reasoning *ou* by the use of reason; → absurde
2 (= *argumentation*) argument • **il tient le raisonnement suivant** his argument *ou* reasoning is as follows • **il m'a tenu ce raisonnement** he gave me this explanation • **si l'on tient le même raisonnement que lui** if you take the same line as he does • **si tu tiens ce raisonnement** if this is the view you hold *ou* take, if this is how you think • **j'ai du mal à suivre son raisonnement** I'm having trouble following his argument *ou* his line of thought • **un raisonnement logique** a logical argument, a logical line *ou* chain of reasoning • **ses raisonnements m'étonnent** his reasoning surprises me • **ce n'est pas un raisonnement !*** that's not a valid argument!
3 (*péj* = *ergotages*) • **raisonnements** arguing, argument • **tous les raisonnements ne changeront pas ma décision** no amount of arguing *ou* argument will alter my decision

raisonner /ʀɛzɔne/ SYN ► conjug 1 ◄
VI 1 (= *penser, réfléchir*) to reason (*sur* about) • **raisonner par induction/déduction** to reason by induction/deduction • **il raisonne juste/mal** his reasoning is/isn't very sound • **il raisonne comme une pantoufle*** he can't follow his own argument
2 (= *discourir, argumenter*) to argue (*sur* about) • **on ne peut pas raisonner avec lui** you (just) can't argue *ou* reason with him
3 (*péj* = *ergoter*) to argue, to quibble (*avec* with)
VT 1 (= *sermonner*) to reason with • **inutile d'essayer de le raisonner** it's useless to try and reason with him
2 (= *justifier par la raison*) [+ *croyance, conduite, démarche*] to reason out
VPR **se raisonner** to reason with o.s., to make o.s. see reason • **raisonne-toi** try to be reasonable *ou* to make yourself see reason • **l'amour ne se raisonne pas** love cannot be reasoned *ou* knows no reason

raisonneur, -euse /ʀɛzɔnœʀ, øz/
ADJ 1 (*péj*) quibbling (*épith*), argumentative
2 (= *réfléchi*) reasoning (*épith*)
NM,F 1 (*péj* = *ergoteur*) arguer, quibbler • **ne fais pas le raisonneur** stop arguing *ou* quibbling
2 (= *penseur*) reasoner

rajah /ʀa(d)ʒa/ **NM** rajah

rajeunir /ʀaʒœniʀ/ SYN ► conjug 2 ◄
VT 1 • **rajeunir qn** [*cure*] to rejuvenate sb; [*repos, expérience*] to make sb feel younger; [*soins de beauté, vêtement*] to make sb look younger • **l'amour/ce chapeau la rajeunit de 10 ans** being in love/that hat takes 10 years off her* *ou* makes her look 10 years younger • **tu le rajeunis (de 5 ans), il est né en 1950** you're making him out to be (5 years) younger than he is – he was born in 1950 • **ça ne nous rajeunit pas !** (*hum*) that makes you realize we're not getting any younger!
2 [+ *institution*] to modernize; [+ *installation, mobilier*] to modernize, to give a new look to; [+ *manuel, image de marque*] to update, to bring up to date; [+ *vieux habits*] to give a new look to, to brighten up; [+ *personnel, entreprise*] to bring new *ou* young blood into, to recruit younger people into; [+ *thème, théorie*] to inject new life into • **ils cherchent à rajeunir leur clientèle/public** they're trying to attract younger customers/a younger audience
VI [*personne*] (= *se sentir plus jeune*) to feel younger; (= *paraître plus jeune*) to look younger; [*institution, quartier*] (= *se moderniser*) to be modernized; (= *avoir un personnel, des habitants plus jeunes*) to have a younger feel • **notre public rajeunit** our audience is getting younger • **avec les enfants, la vieille demeure rajeunissait** with the children around, the old house had a younger feel to it
VPR **se rajeunir** (= *se prétendre moins âgé*) to make o.s. younger than one is; (= *se faire paraître moins âgé*) to make o.s. look younger

rajeunissant, e /ʀaʒœnisɑ̃, ɑ̃t/ **ADJ** [*traitement, crème*] rejuvenating

rajeunissement /ʀaʒœnismɑ̃/ **NM** [*de personne*] rejuvenation; [*de manuel*] updating; [*d'installation, mobilier*] modernization; [*de vieux habits*] brightening up • **rajeunissement du personnel** injection of new *ou* young blood into the staff • **nous assistons à un rajeunissement de la population/clientèle** the population is/the customers are getting younger • **la cathédrale a subi une cure de rajeunissement** the cathedral has been given a face-lift

rajout /ʀaʒu/ **NM** addition (*sur* to)

rajouter /ʀaʒute/ ► conjug 1 ◄ **VT** [+ *du sucre*] to put on *ou* put in *ou* add (some) more; [+ *un sucre*] to add another • **après avoir donné 20 €, il en rajouta 5** having already given 20 euros he added another 5 • **il rajouta que...** he added that... • **en rajouter*** (*fig*) to lay it on (thick)*, to exaggerate • **il ne faut pas croire tout ce qu'il dit, il en rajoute*** **toujours** you mustn't believe everything he says, he always exaggerates

rajustement /ʀaʒystəmɑ̃/ **NM** ⇒ réajustement

rajuster /ʀaʒyste/ ► conjug 1 ◄ **VT** ⇒ réajuster

raki /ʀaki/ **NM** raki

râlant, e* /ʀɑlɑ̃, ɑ̃t/ **ADJ** infuriating • **attendre pour rien, c'est râlant !** it's infuriating, all this waiting around for nothing!

râle[1] /ʀɑl/ NM 1 [de blessé] groan ◆ **râle (d'agonie ou de la mort)** [de mourant] death rattle
2 (Méd) rale

râle[2] /ʀɑl/ NM (= oiseau) rail ◆ **râle des genêts** corncrake ◆ **râle d'eau, râle noir** water rail

ralenti, e /ʀalɑ̃ti/ (ptp de **ralentir**)
ADJ [vie] slow-moving, slow; [mouvement] slow
NM 1 (Ciné) slow motion ◆ **en** ou **au ralenti** [filmer, projeter] in slow motion
2 [de moteur] ◆ **régler le ralenti** to adjust the idle ou the tick-over (Brit) ◆ **le moteur est un peu faible au ralenti** the engine doesn't idle too well ou doesn't tick over (Brit) ◆ **tourner au ralenti** to idle, to tick over (Brit) ◆ **vivre au ralenti** to live at a slower pace ◆ **cette existence paisible, au ralenti** this peaceful, slow existence ◆ **usine qui tourne au ralenti** factory which is just idling ou ticking over (Brit) ◆ **ça tourne au ralenti chez lui !** (péj) he's a bit slow!*

ralentir /ʀalɑ̃tiʀ/ SYN ▸ conjug 2 ◂
VT [+ processus, véhicule] to slow down; [+ mouvement, expansion] to slow down ou up; (Mil) [+ avance] to check, to hold up; [+ effort, zèle] to slacken ◆ **ralentir l'allure** to slow down ou up, to reduce speed ◆ **ralentir le pas** to slacken one's ou the pace, to slow down
VI [marcheur] to slow down, to slacken one's pace; [véhicule, automobiliste] to slow down, to reduce speed ◆ « **ralentir** » (panneau) "slow", "reduce speed now"
VPR **se ralentir** [production] to slow down ou up, to slacken (off); (Mil) [offensive] to let up, to ease off; [ardeur, zèle] to flag; (Physiol) [fonctions] to slow down; [rythme] to slow (down) ◆ **sa respiration s'est ralentie** he is breathing more slowly ◆ **l'inflation s'est ralentie** inflation has slowed down

ralentissement /ʀalɑ̃tismɑ̃/ SYN NM 1 [de processus, véhicule, automobiliste, marcheur] slowing down; [de mouvement, expansion] slowing down ou up; (Mil) [d'avance] checking, holding up; [d'effort, zèle] slackening ◆ **un ralentissement de l'activité économique** a slowdown in economic activity ◆ **un ralentissement sur 3 km** a 3 km tailback (Brit) ou hold-up (US)
2 [de production] falloff; (Mil) [d'offensive] letting up, easing; [d'ardeur, zèle] flagging; (Physiol) [de fonctions] slowing down ◆ **provoquer le ralentissement de qch** to slow sth down

ralentisseur /ʀalɑ̃tisœʀ/ NM 1 [de camion] speed reducer
2 (sur route) speed bump, sleeping policeman (Brit)
3 (Phys) moderator

râler /ʀɑle/ SYN ▸ conjug 1 ◂ VI 1 [blessé] to groan, to moan; [mourant] to give the death rattle
2 (* = protester) to moan* ◆ **il est allé râler chez le prof** he went to moan* to the teacher ◆ **il râlait contre** ou **après moi** he was moaning* about me ◆ **faire râler qn** to infuriate sb ◆ **ça (vous) fait râler** it's infuriating ◆ **arrête de râler !** stop moaning!

râleur, -euse* /ʀɑlœʀ, øz/ SYN
ADJ ◆ **des gens râleurs** moaners* ◆ **il est râleur** he never stops moaning
NM,F moaner* ◆ **quel râleur, celui-là !** he never stops moaning!

ralingue /ʀalɛ̃g/ NF boltrope

ralinguer /ʀalɛ̃ge/ ▸ conjug 1 ◂
VT (= garnir de ralingues) to rope
VI [voile] to shiver

rallidés /ʀalide/ NMPL ◆ **les rallidés** ralline birds, the Rallidae (SPÉC)

ralliement /ʀalimɑ̃/ NM 1 (Chasse, Mil, Naut) rallying; (= union) [de groupe, parti] rallying, uniting ◆ **le ralliement des troupes** the rallying of troops
2 (= adhésion) [de personne, groupe] winning over, rallying ◆ **ralliement à** joining, going over to ◆ **je suis étonné de son ralliement (à notre cause)** I am surprised by the fact that he joined (our cause) ◆ **signe/cri de ralliement** rallying sign/cry ◆ **point de ralliement** (en cas d'incendie) assembly point; (fig) rallying point

rallier /ʀalje/ SYN ▸ conjug 7 ◂
VT 1 (= regrouper) [+ troupes, flotte, meute] to rally
2 (= gagner) [+ personne, groupe] to win over, to rally (à to); [+ suffrages] to bring in, to win ◆ **rallier qn à son avis/sa cause** to bring sb round (Brit) ou win sb over to one's way of thinking/one's cause
3 (= unir) [+ groupe, parti] to rally, to unite ◆ **groupe rallié autour d'un idéal** group united by an ideal
4 (= rejoindre) to rejoin ◆ **rallier la majorité** (Pol) to rejoin the majority ◆ **rallier le bord** [marin] to rejoin ship ◆ **rallier la côte** ou **la terre** to make landfall
VPR **se rallier** 1 (= suivre) ◆ **se rallier à** [+ parti] to join; [+ ennemi] to go over to; [+ chef] to rally round ou to; [+ avis] to come over ou round to; [+ doctrine, cause] to be won over to
2 [troupes, flotte] (= se regrouper) to rally

rallonge /ʀalɔ̃ʒ/ NF 1 [de table] (extra) leaf; [de fil électrique] extension lead ou cord ou cable (Brit); [de vêtement] piece (used to lengthen an item of clothing); [de compas] extension arm; [de perche] extension piece ◆ **table à rallonge(s)** extendable table
2 (* = supplément) ◆ **une rallonge d'argent** a bit of extra ou some extra money ◆ **une rallonge de vacances** a few extra days holiday ◆ **obtenir une rallonge de crédit** to get an extension of credit ◆ **une rallonge de deux jours** an extra two days, a two-day extension
3 (péj) ◆ **histoire à rallonge** never-ending story ◆ **nom à rallonge** (gén) long, complicated surname; (en deux mots) double-barrelled name

rallongement /ʀalɔ̃ʒmɑ̃/ NM [de vêtement] (en ajoutant du tissu) lengthening; (en défaisant l'ourlet) letting down; [de vacances, fil, table, bâtiment] extension

rallonger /ʀalɔ̃ʒe/ ▸ conjug 3 ◂
VT [+ vêtement] (en ajoutant) to lengthen, to make longer; (en défaisant l'ourlet) to let down; [+ texte, service militaire, piste] to lengthen, to extend; [+ vacances, fil, table, bâtiment] to extend ◆ **rallonger une robe de 2 cm** to let down a dress by 2 cm ◆ **j'ai rallongé le texte de trois pages** I added three pages to the text ◆ **par ce chemin/en bus, ça me rallonge de 10 minutes** this way/by bus, it takes me 10 minutes longer
VI * ◆ **les jours rallongent** the days are getting longer ◆ **les jupes rallongent** hemlines are going down
VPR **se rallonger** [personne] to lie down again; (= devenir plus long) to get longer

rallumer /ʀalyme/ SYN ▸ conjug 1 ◂
VT 1 (lit) [+ feu] to light again, to relight; [+ cigarette] to relight, to light up again; [+ lampe] to switch ou turn ou put on again ◆ **rallumer (l'électricité** ou **la lumière)** to switch ou turn ou put the light(s) on again ◆ **rallumer (dans) le bureau** to switch ou turn ou put the light(s) on again in the office
2 (fig) [+ courage, haine, querelle] to revive, to rekindle; [+ conflit, guerre] to stir up again, to revive, to rekindle
VPR **se rallumer** 1 [incendie] to flare up again; [lampe] to come on again ◆ **le bureau se rallume** the light(s) in the office went ou came on again
2 [guerre, querelle] to flare up again; [haine, courage] to revive, to be revived

rallye /ʀali/ SYN NM 1 [automobile] (car) rally
2 (mondain) series of society parties (organized to enable young people to meet suitable friends)

RAM /ʀam/ NF (abrév de **Random Access Memory** (Ordin)) RAM

Rama /ʀama/ NM Rama

Ramadan, ramadan /ʀamadɑ̃/ NM Ramadan ◆ **faire** ou **observer le Ramadan** to observe Ramadan

ramage /ʀamaʒ/ NM 1 (littér = chant) song, warbling (NonC)
2 (= branchages, dessin) ◆ **ramage(s)** foliage ◆ **tissu à ramages** fabric with a leafy design ou pattern

ramager /ʀamaʒe/ ▸ conjug 3 ◂
VI to warble
VT to decorate with a leafy pattern

ramapithèque /ʀamapitɛk/ NM Ramapithecus

ramassage /ʀamasaʒ/ SYN NM 1 (gén) collection; [de cahiers, copies] taking in, collection ◆ **ramassage scolaire** (= service) school bus service; (= action) picking up of pupils ◆ **point de ramassage** pick-up point ◆ **quels sont les horaires de ramassage des poubelles ?** what time is the waste collected?
2 (= cueillette) [de bois mort, coquillages, foin] gathering; [d'épis, fruits tombés] gathering (up); [de pommes de terre] digging up, lifting; [de balles de tennis] picking up ◆ **faire l'objet d'un ramassage** [de valeur boursière] to be snapped up

ramasse* /ʀamas/ NF ◆ **il est à la ramasse** (= fatigué) he's shattered*; (= nul) he's hopeless*; (= fou) he's crazy*

ramassé, e /ʀamase/ SYN (ptp de **ramasser**) ADJ (pour se protéger) huddled (up); (pour bondir) crouched; (= trapu) squat, stocky; (= concis) compact, condensed ◆ **le petit village ramassé dans le fond de la vallée** the little village nestling in the heart of the valley

ramasse-miettes /ʀamasmjɛt/ NM INV table tidy (Brit), silent butler (US)

ramasse-monnaie /ʀamasmɔnɛ/ NM INV (change-)tray

ramasser /ʀamase/ SYN ▸ conjug 1 ◂
VT 1 (lit, fig = prendre) [+ objet, personne] to pick up ◆ **il était à ramasser à la petite cuiller** * (blessé) they had to scrape him off the ground; (fatigué) he was completely shattered* ◆ **ramasser une bûche** * ou **un gadin** * ou **une gamelle** * ou **une pelle** * to fall flat on one's face, to come a cropper* (Brit)
2 (= collecter) [+ objets épars] to pick up, to gather up; [+ cartes, idées, informations] to pick up; [+ élèves] to pick up, to collect; [+ copies, cahiers] to collect, to take in; [+ cotisations, ordures] to collect; * [+ argent] to pick up, to pocket*
3 (= récolter) [+ bois, feuilles, coquillages] to gather, to collect; [+ fruits tombés] to gather (up); [+ foin] to gather; [+ pommes de terre] to lift, to dig up; [+ champignons] to pick, to gather; (Bourse) [+ titres] to snap up ◆ **ramasser qch à la pelle** (lit) to shovel sth up; (fig : en abondance) to get loads* ou stacks* of sth
4 (= resserrer) [+ jupons, draps, cheveux] to gather (up); [+ style] to condense ◆ **ramasser ses cheveux en un chignon** to sweep one's hair up into a bun
5 (* = attraper) [+ rhume, maladie] to catch, to get; [+ réprimande, coups] to collect, to get; [+ amende] to pick up, to collect, to get; [+ mauvaise note] to get ◆ **il a ramassé 50 €** (d'amende) he picked up ou collected a 50-euro fine, he was done for 50 euros* (Brit) ◆ **où as-tu ramassé ce mec ?*** where the hell did you find that guy?*
6 (* = échouer) ◆ **se faire ramasser** [candidat] to fail; [dragueur] to get the cold shoulder* ◆ **il va se faire ramasser par sa mère** (= se faire réprimander) he'll get told off ou ticked off (Brit) by his mother ◆ **il s'est fait ramasser en anglais** he failed his English ◆ **se faire ramasser dans une manif** * to get picked up at a demo*
VPR **se ramasser** 1 (= se pelotonner) to curl up; (pour bondir) to crouch
2 (= se relever) to pick o.s. up
3 (* = tomber) to fall over ou down, to come a cropper* (Brit); (* = échouer) [candidat] to come a cropper* (Brit), to take a flat beating (US)

ramasseur, -euse /ʀamasœʀ, øz/
NM,F (= personne) collector ◆ **ramasseur de lait** milk collector ◆ **ramasseur/ramasseuse de balles** (Tennis) ballboy/ballgirl ◆ **ramasseur de pommes de terre/champignons** potato/mushroom picker
NM (= outil, machine) pickup
NF **ramasseuse** (= machine) ◆ **ramasseuse-presse** baler

ramassis /ʀamasi/ NM (péj) ◆ **ramassis de** [+ voyous] pack ou bunch of; [+ doctrines, objets] jumble of; [+ mensonges] pack of ◆ **un ramassis de conneries*** a load of rubbish* (Brit), a bunch of garbage* (US)

ramassoire /ʀamaswaʀ/ NF (Helv = pelle à ordures) dustpan

rambarde /ʀɑ̃baʀd/ SYN NF guardrail

ramboutan /ʀɑ̃butɑ̃/ NM rambutan

ramdam* /ʀamdam/ NM (= tapage) racket, row (surtout Brit); (= protestation) row ◆ **faire du ramdam** (bruit) to kick up* ou make a racket ou row; (protestation) to kick up* a fuss ou a row*; (scandale) to cause a stir

rame /ʀam/ NF 1 (= aviron) oar ◆ **aller à la rame** to row ◆ **faire force de rames** (littér) to ply the oars (littér), to row hard ◆ **il n'en fiche pas une rame*** he doesn't do a damned thing, he doesn't do a stroke (of work)
2 (= train) train ◆ **rame (de métro)** (underground (Brit) ou subway (US)) train
3 [de papier] ream
4 (pour sécher les tissus) tenter
5 (= tuteur) stake, stick; → **haricot**

rameau (pl **rameaux**) /ʀamo/ NM (lit) (small) branch; (fig) branch; (Anat) ramification ◆ **rameau d'olivier** (lit, fig) olive branch ◆ **(dimanche des) Rameaux** (Rel) Palm Sunday

ramée /ʀame/ NF (littér = feuillage) leafy boughs (littér); (coupé) leafy ou green branches ◆ **il n'en fiche pas une ramée**‡ he doesn't do a damned * thing, he doesn't do a stroke (of work)

ramenard, e‡ /ʀam(ə)naʀ, aʀd/ NM,F show-off * ◆ **il est ramenard** he's a real show-off *

ramender /ʀamɑ̃de/ ► conjug 1 ◄ VT ① (Agr) to manure again ② [+ filet de pêche] to mend ③ (= redorer) to regild

ramendeur, -euse /ʀamɑ̃dœʀ, øz/ NM,F [de filet de pêche] mender

ramener /ʀam(ə)ne/ SYN ► conjug 5 ◄
VT ① [+ personne, objet] to bring back, to take back; [+ paix, ordre] to bring back, to restore ◆ **je vais te ramener en voiture** I'll drive you back (home), I'll take you back (home) in the car ◆ **ramène du pain/les enfants** bring ou fetch (Brit) some bread/the children back (de from) ◆ **ça l'a ramené en prison** it put ou landed * him back in prison ◆ **l'été a ramené les accidents/la mode des chapeaux** summer has seen a resurgence of accidents/has brought hats back into fashion
② (= tirer) [+ voile] to draw; [+ couverture] to pull, to draw ◆ **il a ramené la couverture sur lui** he pulled the blanket up ◆ **ramener ses cheveux sur son front/en arrière** to brush one's hair forward/back ◆ **ramener les épaules en arrière** to pull one's shoulders back
③ (= faire revenir à) ◆ **ramener à** to bring back to ◆ **ramener à la vie** [+ personne] to revive, to bring back to life; [+ région] to revitalize, to bring back to life ◆ **ramener le compteur à zéro** to put the meter back to zero, to reset the meter at zero ◆ **ramener les prix à un juste niveau** to bring prices back (down) ou restore prices to a reasonable level ◆ **il ramène toujours tout à lui** he always brings everything back to himself ◆ **ramener un incident à de plus justes proportions** to get ou bring an incident into proportion ◆ **ils ont ramené ces bagarres au rang de simple incident** they played down the fighting, passing it off as a mere incident ◆ **ramener la conversation sur un sujet** to bring ou steer ou lead the conversation back (on)to a subject ◆ **cela nous ramène 20 ans en arrière** it takes us back 20 years; → **raison**
④ (= réduire à) ◆ **ramener à** to reduce to ◆ **ramener l'inflation à moins de 3%** to reduce inflation to less than 3%, to bring inflation back down to below 3%
⑤ (locutions) ◆ **la ramener**‡, **ramener sa fraise**‡ ou **sa gueule**‡ (= protester) to kick up a fuss * ou a row (surtout Brit); (= intervenir) to interfere, to put ou shove one's oar in * (Brit)
VPR **se ramener** ① (= se réduire à) ◆ **se ramener à** [problèmes] to come down to, to boil down to; (Math) [fraction] to reduce to, to be reduced to ② (* = arriver) to roll up *, to turn up *

ramequin /ʀamkɛ̃/ NM ramekin, ramequin

ramer[1] /ʀame/ SYN ► conjug 1 ◄ VI (Sport) to row ◆ **ramer en couple** to scull ② (* = travailler dur) to work hard, to slog one's guts out‡ (Brit) ◆ **elle a ramé six mois avant de trouver du travail** (= avoir des difficultés) she struggled for six long hard months before she found a job ◆ **je rame complètement** (= être perdu) I haven't got a clue what I'm doing

ramer[2] /ʀame/ ► conjug 1 ◄ VT (Agr) to stake

ramer[3] /ʀame/ ► conjug 1 ◄ VT [+ tissu] to tent

ramescence /ʀamesɑ̃s/ NF branchy structure

ramette /ʀamɛt/ NF [de papier à lettres] ream

rameur /ʀamœʀ/ NM (= sportif) oarsman, rower; (= galérien) rower ◆ **rameur en couple** sculler

rameuse /ʀamøz/ NF (= sportive) oarswoman, rower

rameuter /ʀamøte/ SYN ► conjug 1 ◄ VT [+ foule, partisans] to gather together, to round up; [+ chiens] to round up, to form into a pack again ◆ **les gens s'étaient rameutés** people had formed a crowd

rameux, -euse /ʀamø, øz/ ADJ branchy

rami /ʀami/ NM rummy ◆ **faire rami** to get rummy

ramie /ʀami/ NF ramie, ramee

ramier /ʀamje/ NM ◆ **(pigeon) ramier** woodpigeon, ringdove

ramification /ʀamifikasjɔ̃/ SYN NF (Bot, Anat) ramification, branching; [de réseau routier] branch; [de voie ferrée] branch line; [d'organisation, maffia] branch ◆ **les ramifications du complot/scandale** the ramifications of the plot/scandal

ramifié, e /ʀamifje/ (ptp de **se ramifier**) ADJ (lit, fig) ramified

ramifier (se) /ʀamifje/ SYN ► conjug 7 ◄ VPR [veines] to ramify; [routes, branches, famille] to branch out (en into) ◆ **cette science s'est ramifiée en plusieurs disciplines** this science has branched out into several different disciplines

ramille /ʀamij/ NF (= brindille) twig

ramingue /ʀamɛ̃g/ ADJ [cheval] stubborn

ramolli, e /ʀamɔli/ (ptp de **ramollir**) ADJ [biscuit, beurre] soft; [personne] (= avachi) soft; (= stupide) soft (in the head), soft-headed ◆ **il a le cerveau ramolli** (péj) he is ou has gone soft in the head *

ramollir /ʀamɔliʀ/ SYN ► conjug 2 ◄
VT [+ matière] to soften; [+ courage, résolution] to weaken ◆ **ramollir qn** [plaisir] to soften sb; [climat] to enervate sb
VPR **se ramollir** VPR [beurre, argile] to soften (up), to go soft; [personne] to go to seed ◆ **depuis que j'ai arrêté le tennis, je me suis ramolli** I've been out of condition since I've stopped playing tennis ◆ **son cerveau se ramollit** (hum) he's going soft in the head *

ramollissement /ʀamɔlismɑ̃/ NM softening ◆ **ramollissement cérébral** softening of the brain

ramollo * /ʀamɔlo/ ADJ (= avachi) droopy; (= gâteux) soft (in the head)

ramonage /ʀamɔnaʒ/ NM chimney-sweeping; (Alpinisme) chimney-climbing

ramoner /ʀamɔne/ ► conjug 1 ◄
VT [+ cheminée] to sweep; [+ pipe] to clean out
VI (Alpinisme) to climb a chimney

ramoneur /ʀamɔnœʀ/ NM (chimney) sweep

rampant, e /ʀɑ̃pɑ̃, ɑ̃t/ SYN
ADJ ① [animal] crawling, creeping; [plante, inflation] creeping; [caractère, employé] grovelling, cringing ◆ **personnel rampant** * (= personnel au sol) ground crew ou staff
② (Héraldique) rampant ◆ **lion rampant** lion rampant
NM ① * (= membre du personnel au sol) member of the ground crew ou staff ◆ **les rampants** the ground crew ou staff
② (Archit) pitch

rampe /ʀɑ̃p/ SYN
NF ① (= voie d'accès) ramp, slope; (= côte) slope, incline, gradient
② [d'escalier] banister(s); [de chemin] handrail
③ (Théât = projecteurs) ◆ **la rampe** the footlights, the floats (Brit) ◆ **passer la rampe** to get across to the audience
④ (locutions) ◆ **tenez bon la rampe** * hold on to your hat * ◆ **elle tient bon la rampe** * she's still going strong ◆ **lâcher la rampe** * (= mourir) to kick the bucket *
COMP **rampe d'accès** approach ramp ◆ **rampe de balisage** runway lights ◆ **rampe de débarquement** disembarkation ramp ◆ **rampe de graissage** oil gallery ◆ **rampe de lancement** launching pad; (fig) springboard

ramper /ʀɑ̃pe/ SYN ► conjug 1 ◄ VI ① [serpent] to crawl, to slither; [quadrupède, homme] to crawl; [plante, ombre, feu] to creep; [sentiment, brouillard, mal, maladie] to lurk ◆ **entrer/sortir en rampant** to crawl in/out ◆ **le lierre rampe contre le mur** the ivy creeps up the wall
② (fig péj = s'abaisser) to grovel (devant before), to crawl, to cringe (devant to)

rampon /ʀɑ̃pɔ̃/ NM (Helv = mâche) lamb's lettuce

ramponneau‡ (pl **ramponneaux**) /ʀɑ̃pɔno/ NM bump, knock ◆ **donner un ramponneau à qn** to bump ou knock sb

Ramsès /ʀamsɛs/ NM Rameses, Ramses

ramure /ʀamyʀ/ NF [de cerf] antlers; [d'arbre] boughs, foliage

ranatre /ʀanatʀ/ NF water stick insect

rancard‡ /ʀɑ̃kaʀ/ NM ① (= renseignement) tip ② (= rendez-vous) (gén) meeting, date; [d'amoureux] date ◆ **donner (un) rancard à qn** to arrange to meet sb, to make a date with sb ◆ **avoir (un) rancard avec qn** to have a meeting with sb, to have a date with sb ◆ **j'ai rancard avec lui dans une heure** I'm meeting him in an hour

rancarder‡ /ʀɑ̃kaʀde/ ► conjug 1 ◄
VT (= renseigner) to tip off ◆ **il m'a rancardé sur le voyage** he told me about ou genned me up on * (Brit) the trip
VPR **se rancarder** (= s'informer) ◆ **se rancarder sur qch** to get information on sth, to find out about sth

rancart /ʀɑ̃kaʀ/ **au rancart**‡ LOC ADV ◆ **mettre au rancart** [+ objet, idée, projet] to chuck out‡, to scrap; [+ personne] to throw on the scrap heap * ◆ **bon à mettre au rancart** fit for the scrap heap

rance /ʀɑ̃s/ ADJ [beurre] rancid; [odeur] rank, rancid; (fig) stale ◆ **sentir le rance** to smell rancid ou rank ◆ **odeur de rance** rank ou rancid smell

ranch (pl **ranchs** ou **ranches**) /ʀɑ̃tʃ/ NM ranch

ranci, e /ʀɑ̃si/ (ptp de **rancir**)
ADJ [beurre] rancid; (péj) [personne] stale
NM ◆ **sentir le ranci** to smell rank ou rancid

rancir /ʀɑ̃siʀ/ ► conjug 2 ◄ VI [lard, beurre] to go rancid ou off * (Brit); (fig) to grow stale

rancœur /ʀɑ̃kœʀ/ SYN NF (frm) resentment (NonC), rancour (Brit) (NonC), rancor (US) (NonC) ◆ **avoir de la rancœur contre qn** to feel resentment against ou towards sb ◆ **les rancœurs s'étaient accumulées depuis des années** the resentment had been building up for years

rançon /ʀɑ̃sɔ̃/ SYN NF (lit) ransom ◆ **c'est la rançon de la gloire/du progrès** that's the price of fame/of progress ◆ **mettre à rançon** (littér) to hold to ransom

rançonner /ʀɑ̃sɔne/ SYN ► conjug 1 ◄ VT (= voler) [+ convoi, voyageurs] to demand a ransom from; [+ contribuables, clients] to fleece

rançonneur, -euse /ʀɑ̃sɔnœʀ, øz/ NM,F (lit) person demanding a ransom, ransomer; (fig) extortioner, extortionist

rancune /ʀɑ̃kyn/ SYN NF grudge, rancour (Brit) (NonC)(frm), rancor (US) (NonC) ◆ **avoir de la rancune à l'égard de** ou **contre qn, garder rancune à qn** to hold ou harbour a grudge against sb, to bear sb a grudge (de qch for sth) ◆ **oubliez vos vieilles rancunes** put aside your old grudges ◆ **sans rancune !** no hard ou ill feelings!

rancunier, -ière /ʀɑ̃kynje, jɛʀ/ ADJ ◆ **être rancunier** to bear grudges ◆ **qu'est-ce que tu peux être rancunier !** you're certainly one to bear a grudge!, you don't know how to forgive and forget, do you?

rand /ʀɑ̃d/ NM rand

rando * /ʀɑ̃do/ NF (abrév de **randonnée**) hike ◆ **la rando** hiking

randomisation /ʀɑ̃dɔmizasjɔ̃/ NF randomization

randomiser /ʀɑ̃dɔmize/ ► conjug 1 ◄ VT to randomize

randonnée /ʀɑ̃dɔne/ SYN NF ① (= promenade) (à pied) walk ◆ **randonnée (à bicyclette)** (bike) ride ◆ **randonnée pédestre** ou **à pied** (courte, à la campagne) walk; (longue, en montagne) hike ◆ **faire une randonnée à ski** to go cross-country skiing ◆ **randonnée équestre** ou **à cheval** pony trek ◆ **partir en randonnée** (courte) to go for a walk; (longue) to go hiking
② (= activité) ◆ **la randonnée** rambling; (promenades plus longues) hiking ◆ **la randonnée équestre** pony trekking ◆ **chaussures de randonnée** hiking boots ◆ **ski de randonnée** cross-country skiing ◆ **sentier de grande randonnée** (registered) hiking trail

randonner /ʀɑ̃dɔne/ ► conjug 1 ◄ VI (gén) to go walking ou rambling; (promenades plus longues) to go hiking ◆ **ils ont découvert les Pyrénées en randonnant** they got to know the Pyrenees by going hiking there

randonneur, -euse /ʀɑ̃dɔnœʀ, øz/ NM,F hiker

rang /ʀɑ̃/ SYN NM ① (= rangée) [de maisons, personnes, objets, tricot] row; (= file) line; (Mil) rank ◆ **collier à trois rangs (de perles)** necklace with three rows of pearls ◆ **porter un rang de perles** to wear a string ou rope ou row of pearls ◆ **assis au troisième rang** sitting in the third row ◆ **deux jours de rang** (= d'affilée) two days running ou in succession ◆ **en rangs serrés** in close order, in serried ranks ◆ **en rang d'oignons** in a row ou line ◆ **en rang par deux/quatre** two/four abreast ◆ **sur deux/quatre**

rangs two/four deep ◆ **se mettre sur un rang** to get into *ou* form a line ◆ **se mettre en rangs par quatre** *(Scol)* to line up in fours; *(Mil)* to form fours ◆ **plusieurs personnes sont sur *ou* se sont mises sur les rangs pour l'acheter** several people are in the running *ou* have got themselves lined up to buy it, several people have indicated an interest in buying it ◆ **servir dans les rangs de** *(Mil)* to serve in the ranks of ◆ **grossir les rangs de** *(fig)* to swell the ranks of ◆ **nous l'avons admis dans nos rangs** *(fig)* we allowed him to enter our ranks ◆ **à vos rangs, fixe !** *(Mil)* fall in! ◆ **officier sorti du rang** officer who has risen through *ou* from the ranks; → **rentrer, rompre, serrer**

2 *(Can)* country road *(bordered by farms at right angles)*, concession road *(in Quebec)* ◆ **les rangs** the country

3 *(= condition)* station ◆ **de haut rang** *(= noble)* noble; *[officier]* high-ranking *(épith)* ◆ **du plus haut rang** of the highest standing ◆ **tenir *ou* garder son rang** to maintain one's rank

4 *(hiérarchique = grade, place)* rank ◆ **avoir rang de** to hold the rank of ◆ **avoir rang parmi** to rank among ◆ **par rang d'âge/de taille** in order of age/of size *ou* height ◆ **être reçu dans un bon rang** to be in the top few ◆ **13ᵉ, c'est un bon rang** 13th place isn't bad ◆ **être placé au deuxième rang** to be ranked *ou* placed second ◆ **ce pays se situe au troisième rang mondial des exportateurs de pétrole** this country is the third largest oil exporter in the world ◆ **mettre un écrivain au rang des plus grands** to rank a writer among the greatest ◆ **c'est au premier/dernier rang de mes préoccupations** that's the first/last thing on my mind ◆ **il est au premier rang des artistes contemporains** he is one of the highest ranking of *ou* he ranks among the best of contemporary artists ◆ **écrivain/journaliste de second rang** second-rate writer/journalist

> **LES RANGS**
>
> In Quebec, rural areas are divided into districts known as **rangs**. The word **rang** refers to a series of rectangular fields (each known as a "lot"), usually laid out between a river and a road (the road itself also being called a **rang**). The **rangs** are numbered or given names so that they can be easily identified and used in addresses (e.g. "le deuxième rang", "le rang Saint-Claude"). In Quebec, the expression "dans les rangs" means "in the countryside".

rangé, e¹ /ʀɑ̃ʒe/ SYN (ptp de **ranger**) ADJ *(= ordonné)* orderly; *(= sans excès)* settled, steady ◆ **il est rangé (des voitures*) maintenant** *[escroc]* he's going straight now; *[séducteur]* he's settled down now ◆ **petite vie bien rangée** well-ordered existence ◆ **jeune fille rangée** well-behaved young lady; → **bataille**

range-CD /ʀɑ̃ʒ(ə)sede/ NM INV CD rack

rangée² /ʀɑ̃ʒe/ SYN NF *[de maisons, arbres]* row, line; *[d'objets, spectateurs, perles]* row

rangement /ʀɑ̃ʒmɑ̃/ SYN NM 1 *(= action) [d'objets, linge]* putting away; *[de pièce, meuble]* tidying (up) ◆ **faire du rangement** to do some tidying up ◆ **capacité de rangement d'une bibliothèque** shelf space of a bookcase ◆ **la maison manque d'espaces de rangement** the house lacks storage *ou* cupboard space

2 *(= espace) [d'appartement]* cupboard space; *[de remise]* storage space ◆ **il faut que j'achète un rangement pour mes CD** I must buy something to keep my CDs in, I must buy a rack for my CDs ; → **meuble**

3 *(= arrangement)* arrangement

ranger¹ /ʀɑ̃ʒe/ SYN ► conjug 3 ◄

VT 1 *(= mettre en ordre) [+ tiroir, maison]* to tidy (up); *[+ dossiers, papiers]* to tidy (up), to arrange; *[+ mots, chiffres]* to arrange, to order ◆ **tout est toujours bien rangé chez elle** it's always (nice and) tidy at her place ◆ **rangé par ordre alphabétique** listed *ou* arranged alphabetically *ou* in alphabetical order

2 *(= mettre à sa place) [+ papiers, vêtements]* to put away; *[+ bateau]* to moor, to berth; *[+ voiture, vélo] (au garage)* to put away; *(dans la rue)* to park ◆ **où se rangent les tasses ?** where do the cups go? *ou* belong? ◆ **je le range parmi les meilleurs** I rank *ou* put it among the best ◆ **ce roman est à ranger parmi les meilleurs** this novel ranks *ou* is to be ranked among the best

3 *(= disposer) [+ écoliers]* to line up, to put *ou* form into rows; *[+ soldats]* to draw up; *[+ invités]* to place ◆ **ranger qn sous son autorité** *(fig)* to bring sb under one's authority

4 *(Naut)* ◆ **ranger la côte** to sail along the coast

VPR **se ranger** 1 *[automobiliste] (= stationner)* to park; *(= venir s'arrêter)* to pull in *ou* up, to draw up ◆ **la voiture se rangea contre le trottoir** the car pulled in *ou* up *ou* drew up at the kerb ◆ **le navire se rangea contre le quai** the ship moored *ou* berthed *ou* came alongside the quay

2 *(= s'écarter) [piéton]* to step *ou* stand aside, to make way; *[véhicule]* to pull over ◆ **il se rangea pour la laisser passer** he stepped *ou* stood aside to let her go by, he made way for her

3 *(= se mettre en rang)* to line up, to get into line *ou* rows ◆ **se ranger par deux/quatre** to line up in twos/fours, to get into rows of two/four

4 *(= se rallier à)* ◆ **se ranger à** *[+ décision]* to go along with, to abide by; *[+ avis]* to come round *ou* over to, to fall in with ◆ **se ranger du côté de qn** to side with sb

5 *(* = cesser son activité)* ◆ **se ranger (des voitures)** *[escroc]* to go straight; *[séducteur]* to settle down

ranger² /ʀɑ̃dʒɛʀ/ NM *(= soldat)* ranger; *(= scout)* rover; *(= chaussure)* canvas walking boot

range-revues /ʀɑ̃ʒ(ə)ʀəvy/ NM INV magazine rack

Rangoon /ʀɑ̃gun/ N Rangoon

rani /ʀani/ NF rani, ranee

ranidés /ʀanide/ NMPL ◆ **les ranidés** ranid frogs, the Ranidae *(SPÉC)*

ranimer /ʀanime/ SYN ► conjug 1 ◄

VT *[+ blessé]* to revive, to bring to, to bring round *(Brit)*; *[+ feu, braises]* to rekindle; *[+ région, souvenir, conversation]* to revive, to bring back to life; *[+ rancune, querelle]* to rake up, to revive; *[+ forces, ardeur]* to renew, to restore; *[+ amour, haine, espoir]* to rekindle, to renew; *[+ douleur]* to revive, to renew; *[+ couleurs]* to brighten up, to revive

VPR **se ranimer** *[personne]* to revive, to come to, to come round *(Brit)*; *[feu, braises]* to rekindle, to be rekindled; *[haine, passion]* to be rekindled; *[conversation, débat]* to pick up (again); *[souvenirs, espoirs]* to be revived

rantanplan /ʀɑ̃tɑ̃plɑ̃/ EXCL, NM ⇒ **rataplan**

raout † /ʀaut/ NM *(= réception)* society ball

rap /ʀap/ NM *(= musique)* rap (music); *(= technique)* rapping

rapace /ʀapas/ SYN

NM *(= oiseau)* bird of prey, raptor *(SPÉC)*; *(fig)* vulture

ADJ predatory, raptorial *(SPÉC)*; *(fig)* rapacious, grasping

rapacité /ʀapasite/ NF *(lit, fig)* rapaciousness, rapacity

râpage /ʀɑpaʒ/ NM *[de carottes, fromage]* grating; *[de bois]* rasping; *[de tabac]* grinding

rapatrié, e /ʀapatʀije/ (ptp de **rapatrier**)

ADJ repatriated

NM,F repatriate ◆ **les rapatriés d'Algérie** *French settlers repatriated after Algerian independence*

rapatriement /ʀapatʀimɑ̃/ NM repatriation ◆ **rapatriement sanitaire** repatriation on medical grounds ◆ **rapatriement volontaire** voluntary repatriation

rapatrier /ʀapatʀije/ ► conjug 7 ◄ VT *[+ personne, capitaux]* to repatriate; *[+ objet]* to send *ou* bring back (home) ◆ **il a fait rapatrier le corps de son fils** he had his son's body sent back home

râpe /ʀɑp/ NF *(= ustensile de cuisine)* grater; *(pour le bois)* rasp; *(pour le tabac)* grinder ◆ **râpe à fromage** cheese grater

râpé, e /ʀɑpe/ SYN (ptp de **râper**)

ADJ *(= usé) [veste]* threadbare; *[coude]* through, worn *(attrib)*; *[carottes, fromage]* grated ◆ **c'est râpé pour ce soir** * *(= raté)* we've had it for tonight*

NM *(= fromage)* grated cheese

raper /ʀape/ ► conjug 1 ◄ VI to rap

râper /ʀɑpe/ SYN ► conjug 1 ◄ VT *[+ carottes, fromage]* to grate; *[+ bois]* to rasp; *[+ tabac]* to grind ◆ **vin qui râpe la gorge *ou* le gosier** rough wine ◆ **tissu qui râpe la peau** scratchy material

rapetassage * /ʀap(ə)tasaʒ/ NM patching up

rapetasser * /ʀap(ə)tase/ ► conjug 1 ◄ VT to patch up

rapetissement /ʀap(ə)tismɑ̃/ NM 1 *[de manteau]* taking up, shortening; *[de taille, encolure]* taking in; *[d'objet]* shortening, shrinking

2 *(= rabaissement)* belittling

3 *(= action de faire paraître plus petit)* dwarfing ◆ **le rapetissement des objets dû à la distance** the fact that objects look smaller when seen from a distance

rapetisser /ʀap(ə)tise/ SYN ► conjug 1 ◄

VT 1 *(= raccourcir) [+ manteau]* to take up, to shorten; *[+ taille, encolure]* to take in; *[+ objet]* to shorten ◆ **l'âge l'avait rapetissé** he had shrunk with age

2 *(= rabaisser)* to belittle

3 *(= faire paraître plus petit)* ◆ **rapetisser qch** to make sth seem *ou* look small(er) ◆ **le château rapetissait toutes les maisons alentour** the castle dwarfed all the surrounding houses, the castle made all the surrounding houses look *ou* seem small

VI * *[jours]* to get shorter ◆ **les objets rapetissent à distance** objects look smaller from a distance

VPR **se rapetisser** 1 *[vieillard]* to shrink, to grow shorter *ou* smaller

2 *(= se rabaisser)* ◆ **se rapetisser aux yeux de qn** to belittle o.s. in sb's eyes

rapeur, -euse /ʀapœʀ, øz/ NM,F rapper

râpeux, -euse /ʀɑpø, øz/ SYN ADJ rough

Raphaël /ʀafaɛl/ NM Raphael

raphaélique /ʀafaelik/ ADJ Raphaelesque

raphia /ʀafja/ NM raffia

raphide /ʀafid/ NF raphide, raphis

rapiat, e /ʀapja, jat/ *(péj)*

ADJ niggardly, stingy, tight-fisted

NM,F niggard, skinflint

rapide /ʀapid/ SYN

ADJ 1 *(en déplacement) [coureur, marche, pas]* fast, quick; *[véhicule, route]* fast; *[animal]* fast(-moving); *[fleuve]* fast(-flowing), swift-flowing ◆ **rapide comme une flèche *ou* l'éclair** incredibly fast ◆ **il est rapide à la course** he's a fast runner ◆ **elle marchait d'un pas rapide** she was walking quickly; → **voie**

2 *(dans le temps) [travail, guérison, progrès, remède, réponse]* quick, fast; *[intervention, visite, fortune, recette]* quick; *[poison]* quick-acting, fast-acting; *[accord]* speedy, swift ◆ **examen (trop) rapide de qch** cursory examination of sth ◆ **décision trop rapide** hasty decision ◆ **faire un calcul rapide** to do a quick calculation ◆ **c'est rapide à faire** *(plat)* it's very quick to make

3 *[pente, descente]* steep

4 *[mouvement, coup d'œil]* rapid, quick; *[esprit, intelligence]* quick; *[travailleur]* quick, fast ◆ **d'une main rapide** *(= vite)* quickly, rapidly; *(= adroitement)* deftly ◆ **avoir des réflexes rapides** to have quick reflexes ◆ **tu n'es pas très rapide ce matin** you're a bit slow *ou* you're not on the ball* this morning ◆ **c'est une rapide** *(qui agit vite)* she's a fast worker; *(qui comprend vite)* she's quick on the uptake ◆ **ce n'est pas un rapide** he's a bit slow

5 *(en fréquence) [pouls, rythme, respiration]* fast, rapid

6 *[style, récit]* lively

7 *[pellicule photo]* fast; *[ciment]* quick-setting

NM 1 *(= train)* express (train), fast train ◆ **le rapide Paris-Nice** the Paris-Nice express

2 *[de cours d'eau]* rapids ◆ **descendre des rapides en kayak** to canoe down some rapids, to shoot rapids in a canoe

> (!) Attention à ne pas traduire automatiquement l'adjectif **rapide** par le mot anglais **rapid**.

rapidement /ʀapidmɑ̃/ SYN ADV quickly ◆ **la situation se dégrade rapidement** the situation is fast deteriorating, the situation is getting worse every minute ◆ **les pompiers sont intervenus rapidement** the fire brigade arrived very quickly ◆ **il faut mettre rapidement un terme à ce conflit** we must put a swift end to the conflict ◆ **j'ai parcouru rapidement le journal** I quickly skimmed through the paper

rapidité /ʀapidite/ SYN NF *(gén)* speed; *[de changements, développement]* rapidity; *[de réponse, geste]* swiftness, quickness; *[de style]* briskness, liveliness; *[de pouls]* quickness ◆ **rapidité d'esprit** quickness of mind ◆ **rapidité de décision** quick *ou* speedy decision-making ◆ **la rapidité de sa réaction m'a étonné** I was surprised by the speed of his reaction ◆ **la rapidité d'adaptation**

777 FRANÇAIS-ANGLAIS **rapido | rapporter**

est essentielle dans ce métier the ability to adapt quickly is essential in this profession ◆ **avec rapidité** quickly ◆ **avec la rapidité de l'éclair** *ou* **de la foudre** *ou* **d'une flèche** with lightning speed

> ⓘ Attention à ne pas traduire automatiquement **rapidité** par **rapidity**.

rapido * /ʀapido/, **rapidos** * /ʀapidos/ ADV pronto *

rapiéçage /ʀapjesaʒ/, **rapiècement** /ʀapjɛsmɑ̃/ NM [1] *[de vêtement, pneu]* patching (up); *[de chaussure]* mending, repairing
[2] *(= pièce)* patch

rapiécer /ʀapjese/ ▸ conjug 3 *et* 6 ◂ VT *[+ vêtement, pneu]* to patch (up), to put a patch in; *[+ chaussure]* to mend, to repair ◆ **il portait une veste toute rapiécée** he was wearing a patched-up old jacket

rapière /ʀapjɛʀ/ NF rapier

rapin /ʀapɛ̃/ NM († *ou péj = artiste peintre)* painter, dauber

rapine /ʀapin/ NF *(littér)* plundering, plunder ◆ **vivre de rapine(s)** to live by plunder

rapiner /ʀapine/ ▸ conjug 1 ◂ VTI *(littér)* to plunder

raplapla * /ʀaplapla/ ADJ INV *(= fatigué)* done in *; *(= plat)* flat

raplatir /ʀaplatiʀ/ ▸ conjug 2 ◂ VT to flatten out

rapointir /ʀapwɛ̃tiʀ/ ▸ conjug 2 ◂ VT ⇒ **rappointir**

rappareiller /ʀapaʀeje/ ▸ conjug 1 ◂ VT to match up

rapparier /ʀapaʀje/ ▸ conjug 7 ◂ VT to pair up, to match up

rappel /ʀapɛl/ SYN NM [1] *[d'ambassadeur]* recall, recalling; *(Mil) [de réservistes]* recall; *[de marchandises défectueuses]* callback ◆ **il y a eu trois rappels** *(Théât)* there were three curtain calls; *(à un concert)* they *(ou* he *etc)* came back on stage for three encores; → **battre**
[2] *[d'événement]* reminder; *(Comm) [de référence]* quote; *(Admin = deuxième avis)* reminder; *(Admin = somme due)* back pay *(NonC)*; *(= vaccination)* booster ◆ **au rappel de cette bévue, il rougit** he blushed at being reminded of this blunder ◆ **toucher un rappel (de salaire)** to get some back pay ◆ **rappel de limitation de vitesse** *(= panneau)* speed limit sign, reminder of the speed limit ◆ **rappel des titres de l'actualité** *(Radio, TV)* summary of the day's headlines ◆ **rappel à l'ordre** call to order ◆ **rappel de couleur** colour repeat
[3] *(Tech) [de pièce, levier]* return ◆ **rappel (de corde)** *(Alpinisme) (= technique)* abseiling, roping down; *(= opération)* abseil ◆ **faire un rappel, descendre en rappel** to abseil, to rope down ◆ **faire du rappel** *(Naut)* to sit out ◆ **ressort de rappel** *(Tech)* return spring; → **descente**

rappelé /ʀap(ə)le/ NM recalled soldier

rappeler /ʀap(ə)le/ GRAMMAIRE ACTIVE 27.2, 27.3, 27.5, 1.1 SYN ▸ conjug 4 ◂

VT [1] *(= faire revenir) [+ personne, acteur, chien]* to call back; *(Mil) [+ réservistes, classe]* to recall, to call up (again); *[+ diplomate]* to recall ◆ **rappeler qn au chevet d'un malade** *ou* **auprès d'un malade** to call *ou* summon sb back to a sick person's bedside ◆ **ses affaires l'ont rappelé à Paris** he was called back to Paris on business ◆ **Dieu l'a rappelé à lui** *(frm)* he (has) departed this world *ou* life ◆ **rappeler des réservistes au front** to recall reservists to the front ◆ **rappeler un fichier (à l'écran)** to call up a file (onto the screen)
[2] ◆ **rappeler qch à qn** *(= évoquer, remettre en mémoire)* to remind sb of sth ◆ **il rappela les qualités du défunt** he evoked *ou* mentioned the qualities of the deceased, he reminded the audience of the qualities of the deceased ◆ **faut-il rappeler que... ?** must I remind you that...?, must it be repeated that...? ◆ **ces dessins rappellent l'art arabe** those drawings are reminiscent of *ou* remind one of Arabian art ◆ **le motif des poches rappelle celui du bas de la robe** the design on the pockets is repeated round the hem of the dress ◆ **cela ne te rappelle rien ?** doesn't that remind you of anything? ◆ **tu me rappelles ma tante** you remind me of my aunt ◆ **rappelle-moi mon rendez-vous** remind me about my appointment ◆ **rappelez-moi votre nom** sorry - could you tell me your name again? ◆ **attends, ça me rappelle quelque chose** wait, it rings a bell ◆ **rappelez-moi à son bon souvenir** *(frm)* please remember me to him, please give him my kind regards
[3] ◆ **rappeler qn à la vie** *ou* **à lui** to bring sb back to life, to revive sb ◆ **rappeler qn à l'ordre** to call sb to order ◆ **rappeler qn à son devoir** to remind sb of their duty ◆ **rappeler qn à de meilleurs sentiments** to put sb in a better frame of mind
[4] *(= retéléphoner à)* to call *ou* phone *ou* ring back *(Brit)* ◆ **il vient de rappeler** he's just called *ou* phoned back *ou* rung *(Brit)*
[5] *(Comm) [+ référence]* to quote
[6] *(= tirer) (Tech) [+ pièce, levier]* to return; *(Alpinisme) [+ corde]* to pull to *ou* through

VPR **se rappeler** to remember ◆ **se rappeler que...** to remember that... ◆ **autant que je me rappelle** as far as I can remember ◆ **mais si, rappelle-toi, il était là !** come on, you remember, he was there!, he was there, surely you remember! ◆ **je me permets de me rappeler à votre bon souvenir** *(frm)* I send you my kindest regards *(frm)* ◆ **rappelle-toi que ton honneur est en jeu** remember (that) your honour is at stake ◆ **il ne se rappelle plus (rien)** he doesn't *ou* can't remember a thing

rapper /ʀape/ ▸ conjug 1 ◂ VI to rap, to play rap music

rappeur, -euse /ʀapœʀ, øz/ NM,F *(Mus)* rapper

rappliquer * /ʀaplike/ ▸ conjug 1 ◂ VI *(= revenir)* to come back; *(= arriver)* to turn up, to show up * ◆ **rapplique tout de suite à la maison !** come home right away!, get yourself back here right away! *

rappointir /ʀapwɛ̃tiʀ/ ▸ conjug 2 ◂ VT *(Tech)* to point

rapport /ʀapɔʀ/ GRAMMAIRE ACTIVE 5.1 SYN NM
[1] *(= lien, corrélation)* connection, relationship, link ◆ **établir un rapport/des rapports entre deux incidents** to establish a link *ou* connection/links *ou* connections between two incidents ◆ **avoir un certain rapport/beaucoup de rapport avec qch** to have something/a lot to do with sth, to have some/a definite connection with sth ◆ **avoir rapport à qch** to bear some relation to sth, to have something to do *ou* some connection with sth ◆ **n'avoir aucun rapport avec** *ou* **être sans rapport avec qch** to bear no relation to sth, to have nothing to do *ou* no connection with sth ◆ **les deux incidents n'ont aucun rapport** the two incidents have nothing to do with each other *ou* are unconnected ◆ **je ne vois pas le rapport** I don't see the connection
♦ **être en rapport avec qch** to be in keeping with sth ◆ **une situation en rapport avec ses goûts** a job in keeping *ou* in harmony *ou* in line with his tastes ◆ **son train de vie n'est pas en rapport avec son salaire** his lifestyle doesn't match *ou* isn't in keeping with his salary
[2] *(= relation personnelle)* relationship *(à, avec* with) ◆ **rapports** relations ◆ **rapports sociaux/humains** social/human relations ◆ **les rapports d'amitié entre les deux peuples** the friendly relations *ou* the ties of friendship between the two nations ◆ **les rapports entre (les) professeurs et (les) étudiants** relations between teachers and students, student-teacher *ou* student-staff relations ◆ **son rapport à l'argent est bizarre** he has a strange relationship with money ◆ **ses rapports avec les autres sont difficiles** he has problems dealing with *ou* getting along *ou* on *(Brit)* with people ◆ **avoir** *ou* **entretenir de bons/mauvais rapports avec qn** to be on good/bad terms with sb
♦ **être en rapport avec qn** to be in touch *ou* contact with sb ◆ **nous n'avons jamais été en rapport avec cette société** we have never had any dealings *ou* anything to do with that company ◆ **se mettre en rapport avec qn** to get in touch *ou* contact with sb ◆ **mettre qn en rapport avec qn d'autre** to put sb in touch *ou* contact with sb else
[3] ◆ **rapport (sexuel)** sexual intercourse *(NonC)* ◆ **avoir des rapports (sexuels)** to have (sexual) intercourse *ou* sexual relations *ou* sex ◆ **rapports protégés** safe sex ◆ **rapports non protégés** unprotected sex
[4] *(= exposé, compte rendu)* report; *(Mil = réunion)* (post-exercise) conference ◆ **au rapport !** *(Mil)* read!; *(hum)* let's hear what you've got to say! ◆ **rapport (annuel) d'activité** *(Écon)* annual report ◆ **rapport d'inspection** *(Scol)* evaluation (report) ◆ **rapport de mer** captain's report, ship's protest ◆ **rapport de police** police report
[5] *(= revenu, profit)* yield, return, revenue ◆ **rapports** *[de tiercé]* winnings ◆ **être d'un bon rapport** to give a good profit, to have a good yield, to give a good return ◆ **ces champs sont en plein rapport** these fields are bringing in a full yield; → **immeuble, maison**
[6] *(Math, Tech)* ratio ◆ **rapport de transmission** *[de moteur]* gear ratio ◆ **dans le rapport de 1 à 100/de 100 contre 1** in a ratio of 1 to 100/of 100 to 1 ◆ **le rapport qualité-prix** the quality-price ratio ◆ **il y a un bon rapport qualité-prix** it's really good value for money ◆ **ce n'est pas d'un bon rapport qualité-prix** it's not good value for money
[7] *(locutions)* ◆ **le rapport de** *ou* **des forces entre les deux blocs** the balance of power between the two blocs ◆ **envisager des relations sous l'angle d'un rapport de forces** to see relationships in terms of a power struggle ◆ **il n'y a aucune inquiétude à avoir sous le rapport de l'honnêteté** from the point of view of honesty *ou* as far as honesty is concerned there's nothing to worry about
♦ **rapport à** * about, in connection with, concerning ◆ **je viens vous voir rapport à votre annonce** * I've come (to see you) about your advertisement
♦ **par rapport à** *(= comparé à)* in comparison with, in relation to; *(= en fonction de)* in relation to; *(= envers)* with respect *ou* regard to, towards ◆ **le cours de la livre par rapport au dollar** the price of the pound against the dollar
♦ **sous tous (les) rapports** in every respect ◆ **jeune homme bien sous tous rapports** *(hum)* clean-living young man

rapportage /ʀapɔʀtaʒ/ NM *(arg Scol = mouchardage)* tale-telling *(NonC)*, tattling *(NonC) (US)*

rapporté, e /ʀapɔʀte/ (ptp de **rapporter**) ADJ *(gén)* added; *(Couture)* sewn-on; *[terre]* piled-up ◆ **poche rapportée** patch pocket; → **pièce**

rapporter /ʀapɔʀte/ SYN ▸ conjug 1 ◂

VT [1] *(= apporter) [+ objet, souvenir, réponse]* to bring back; *[chien] [+ gibier]* to retrieve ◆ **Toby, rapporte !** *(à un chien)* fetch, Toby! ◆ **rapporter qch à qn** to bring *ou* take sth back to sb ◆ **n'oublie pas de lui rapporter son parapluie** don't forget to return his umbrella to him ◆ **il rapportera du pain en rentrant** he'll bring some bread when he gets back ◆ **rapporter une bonne impression de qch** to come back *ou* come away with a good impression of sth ◆ **quand doit-il rapporter la réponse ?** when does he have to come *ou* be back with the answer?
[2] *(= produire un gain) [actions, terre]* to yield (a return of), to bring in (a yield *ou* revenue of); *[métier]* to bring in; *[vente]* to bring in (a profit *ou* revenue of) ◆ **placement qui rapporte du 5%** investment that yields (a return of) 5% ◆ **ça rapporte beaucoup d'argent** it's extremely profitable, it brings in a lot of money, it gives a high return ◆ **ça ne lui rapportera rien** *[mauvaise action]* it won't do him any good ◆ **ça leur a rapporté 25 € net** they netted €25, it brought them in €25 net
[3] *(= faire un compte rendu de) [+ fait]* to report; *(= mentionner)* to mention; *(= citer) [+ mot célèbre]* to quote; *(= répéter pour dénoncer)* to report ◆ **on nous a rapporté que son projet n'avait pas été bien accueilli** we were told that his project hadn't been well received ◆ **rapporter à qn les actions de qn** to report sb's actions to sb ◆ **il a rapporté à la maîtresse ce qu'avaient dit ses camarades** he told the teacher what his classmates had said, he reported what his classmates had said to the teacher
[4] *(= ajouter) (gén)* to add; *[+ bande de tissu, poche]* to sew on ◆ **rapporter une aile à une maison** to build an extra wing onto a house ◆ **rapporter un peu de terre pour surélever le sol** to pile up some earth to raise the level of the ground ◆ **c'est un élément rapporté** it's been added on
[5] *(= rattacher à)* ◆ **rapporter à** to relate to ◆ **il faut tout rapporter à la même échelle de valeurs** everything has to be related *ou* referred to the same scale of values ◆ **il rapporte tout à lui** he brings everything back to himself
[6] *(= annuler) [+ décret, décision, mesure]* to revoke
[7] *(Math)* ◆ **rapporter un angle** to plot an angle

VI [1] *(Chasse) [chien]* to retrieve
[2] *[investissement]* to give a good return *ou* yield ◆ **ça rapporte bien** *ou* **gros** *[domaine d'activité]* it's very profitable, it brings in a lot of money; *[travail]* it pays very well
[3] *(arg Scol)* ◆ **rapporter (sur ses camarades)** *(= moucharder)* to tell tales *ou* sneak * (on one's friends), to tell on *(Brit)* * *ou* tattle on * *(US)* one's friends

VPR **se rapporter** [1] ◆ **se rapporter à qch** to relate to sth ◆ **se rapporter à** *(Gram)(= antécédent)* to relate *ou* refer to ◆ **ce paragraphe ne se rapporte pas du tout au sujet** this paragraph bears no relation at all to the subject, this paragraph is totally irrelevant to *ou* unconnected with the subject ◆ **ça se rapporte à ce que je disais tout à l'heure** that ties *ou* links up with *ou* relates to what I was saying just now

[2] ◆ **s'en rapporter à qn** to rely on sb ◆ **s'en rapporter au jugement/témoignage de qn** to rely on sb's judgment/account

rapporteur, -euse /ʀapɔʀtœʀ, øz/ SYN

NM,F (= *mouchard*) telltale, sneak*, tattler* (*US*) ◆ **elle est rapporteuse** she's a telltale *ou* sneak* *ou* tattler (*US*)

NM [1] (*Jur*) [*de tribunal*] (court) reporter; [*de commission*] rapporteur, reporter (*member acting as spokesman*)

[2] (*Géom*) protractor

rapprendre /ʀapʀɑ̃dʀ/ ► conjug 58 ◄ **VT** ⇒ **réapprendre**

rapproché, e /ʀapʀɔʃe/ (ptp de **rapprocher**) **ADJ** [1] (= *proche*) [*échéance, objet, bruit*] close ◆ **l'objet le plus rapproché de toi** the object closest *ou* nearest to you ◆ **à une date rapprochée, dans un avenir rapproché** in the near *ou* not too distant future ◆ **elle a des yeux très rapprochés** she's got close-set eyes, her eyes are very close together ◆ **surveillance rapprochée** close surveillance; → **combat, garde**[1], **protection**

[2] (= *répété*) [*incidents*] frequent ◆ **des crises de plus en plus rapprochées** increasingly frequent crises, crises which have become more and more frequent ◆ **trois explosions très rapprochées** three explosions in quick succession *ou* very close together ◆ **à intervalles rapprochés** in quick succession, at short *ou* close intervals ◆ **des grossesses rapprochées** (a series of) pregnancies at short *ou* close intervals

rapprochement /ʀapʀɔʃmɑ̃/ SYN **NM** [1] (= *action de rapprocher*) [*d'objet, meuble*] bringing closer *ou* nearer; [*d'objets, meubles*] bringing closer *ou* nearer to each other; [*d'ennemis*] bringing together, reconciliation; [*de partis, factions*] bringing together; [*de points de vue, textes*] comparison, bringing together, comparing ◆ **le rapprochement des lèvres d'une plaie** (*Méd*) joining the edges of a wound, closing (the lips of) a wound

[2] (= *action de se rapprocher*) [*de bruit*] coming closer; [*d'ennemis, famille*] coming together, reconciliation; [*de partis, factions*] coming together, rapprochement ◆ **ce rapprochement avec la droite nous inquiète** (*Pol*) their moving closer to the right worries us ◆ **le rapprochement des bruits de pas** the noise of footsteps drawing *ou* coming closer

[3] (= *lien, rapport*) parallel ◆ **je n'avais pas fait le rapprochement (entre ces deux incidents)** I hadn't made *ou* established the connection *ou* link (between the two incidents) ◆ **il y a de nombreux rapprochements intéressants/troublants** there are many interesting/disturbing parallels *ou* comparisons to be made

rapprocher /ʀapʀɔʃe/ SYN ► conjug 1 ◄

VT [1] (= *approcher*) to bring closer *ou* nearer (*de* to) ◆ **rapprocher sa chaise (de la table)** to pull *ou* draw one's chair up (to the table) ◆ **rapprocher deux objets l'un de l'autre** to move two objects (closer) together ◆ **rapprocher les lèvres d'une plaie** to join the edges of a wound, to close (the lips of) a wound ◆ **il a changé d'emploi : ça le rapproche de chez lui** he has changed jobs – that brings him closer *ou* nearer to home

[2] (= *réconcilier, réunir*) [+ *ennemis*] to bring together ◆ **nous nous sentions rapprochés par un malheur commun** we felt drawn together by a common misfortune, we felt that a common misfortune had brought *ou* drawn us together ◆ **leur amour de la chasse les rapproche** their love of hunting brings them together *ou* draws them to *ou* towards each other ◆ **cette expérience m'a rapproché d'elle** the experience brought me closer to her

[3] (= *mettre en parallèle, confronter*) [+ *indices, textes*] to put together *ou* side by side, to compare, to bring together; (= *établir un lien entre, assimiler*) [+ *indices, textes*] to establish a connection *ou* link *ou* parallel between ◆ **essayons de rapprocher ces indices de ceux-là** let's try and put *ou* bring these two sets of clues together, let's try and compare these two sets of clues ◆ **on peut rapprocher cela du poème de Villon** we can relate *ou* connect that to Villon's poem, we can establish a connection *ou* link *ou* parallel between that and Villon's poem ◆ **c'est à rapprocher de ce qu'on disait tout à l'heure** that ties up *ou* connects with *ou* relates to what we were saying earlier

VPR **se rapprocher** [1] (= *approcher*) [*échéance, personne, véhicule, orage*] to get closer *ou* nearer, to approach ◆ **rapproche-toi (de moi)** come closer *ou* nearer (to me) ◆ **il se rapprocha d'elle sur la banquette** he edged his way towards her *ou* drew closer to her on the bench ◆ **pour se rapprocher de chez lui, il a changé d'emploi** to get closer *ou* nearer to home he changed jobs ◆ **plus on se rapprochait de l'examen...** the closer *ou* nearer we came *ou* got to the exam... ◆ **se rapprocher de la vérité** to come close *ou* get near *ou* close to the truth ◆ **les bruits se rapprochèrent** the noises got closer *ou* nearer

[2] (*dans le temps*) [*crises, bruits*] to become more frequent

[3] (= *se réconcilier*) [*ennemis*] to come together, to be reconciled; (= *trouver un terrain d'entente*) [*points de vue*] to draw closer together; [*société*] to form links ◆ **il s'est rapproché de ses parents** he became *ou* drew closer to his parents ◆ **il a essayé de se rapprocher de la droite** (*Pol*) he tried to move *ou* draw closer to the right ◆ **leur position s'est rapprochée de la nôtre** their position has drawn closer to ours ◆ **se rapprocher des autres actionnaires** to join forces with the other shareholders

[4] (= *s'apparenter à*) to be close to ◆ **ça se rapproche de ce qu'on disait tout à l'heure** that's close to *ou* ties up *ou* connects with what we were saying earlier ◆ **ses opinions se rapprochent beaucoup des miennes** his opinions are very close *ou* similar to mine

rapsode /ʀapsɔd/ **NM** ⇒ **rhapsode**

rapsodie /ʀapsɔdi/ **NF** ⇒ **rhapsodie**

rapsodique /ʀapsɔdik/ **ADJ** ⇒ **rhapsodique**

rapt /ʀapt/ **NM** (= *enlèvement*) abduction

rapter /ʀapte/ ► conjug 1 ◄ **VT** (*littér*) to ravish (*littér*)

raptus /ʀaptys/ **NM** raptus ◆ **raptus anxieux/épileptique** anxious/epileptic raptus

râpure /ʀɑpyʀ/ **NF** (*Tech*) rasping

raquer* /ʀake/ ► conjug 1 ◄ **VTI** (= *payer*) to fork out* ◆ **d'accord, mais il va falloir raquer !** OK, but it'll cost you!*

raquette /ʀakɛt/ **NF** [1] (*Tennis, Squash*) racket; (*Ping-Pong*) bat ◆ **c'est une bonne raquette** (= *joueur*) he's a good tennis (*ou* squash) player

[2] (*à neige*) snowshoe

[3] (*Basket*) free-throw area

[4] (= *plante*) nopal, prickly pear

raquetteur, -euse /ʀakɛtœʀ, øz/ **NM,F** (*Can*) snowshoer

rare /ʀɑʀ/ SYN **ADJ** [1] (= *peu commun*) [*objet, mot, édition*] rare ◆ **ça n'a rien de rare** there's nothing uncommon *ou* unusual about this ◆ **il est rare qu'on puisse reprocher à un roman d'être trop court** it's not often that you can criticize a novel for being too short ◆ **il n'est pas rare qu'en plein été, il fasse un temps d'hiver** quite often, in the middle of summer, it's like winter ◆ **c'est rare de le voir fatigué** you rarely *ou* don't often see him looking tired ◆ **c'est bien rare s'il ne vient pas*** I'd be surprised *ou* it would be unusual if he didn't come → **oiseau, perle**

[2] (= *peu nombreux*) [*cas, exemples*] rare, few; [*visites*] rare; [*passants, voitures*] few ◆ **les rares voitures qui passaient** the few cars that went by ◆ **les rares amis qui lui restent** the few friends he still has ◆ **à de rares intervalles** at rare intervals ◆ **les rares fois où...** on the rare occasions (when)... ◆ **il est l'un des rares qui...** he's one of the few (people) who... ◆ **à cette heure les clients sont rares** at this time of day there are very few customers, at this time of day customers are few and far between ◆ **à de rares exceptions près** with very few exceptions

[3] (= *peu abondant*) [*main d'œuvre*] scarce; [*barbe, cheveux*] thin, sparse; [*végétation*] sparse ◆ **il a le cheveu rare** he's rather thin on top ◆ **se faire rare** [*argent*] to be tight, to be in short supply; [*nourriture*] to become scarce, to be in short supply ◆ **vous vous faites rare** (*hum*) you've been keeping a low profile

[4] (= *exceptionnel*) [*talent, qualité, sentiment, beauté*] rare; [*homme, énergie*] exceptional, singular; [*saveur, moment*] exquisite; (*hum*) [*imbécile, imprudence*] utter ◆ **avec un rare courage** with rare *ou* singular *ou* exceptional courage ◆ **une attaque d'une rare violence** an exceptionally *ou* extremely violent attack ◆ **d'une rare beauté** exceptionally *ou* extremely beautiful ◆ **il est d'une rare stupidité** he's utterly stupid

[5] (*Chim*) [*gaz*] rare

raréfaction /ʀaʀefaksjɔ̃/ **NF** [*d'oxygène*] rarefaction; [*de nourriture*] (= *action*) increased scarcity; (= *résultat*) scarcity, short supply

raréfiable /ʀaʀefjabl/ **ADJ** rarefiable

raréfier /ʀaʀefje/ SYN ► conjug 7 ◄

VT [+ *air*] to rarefy ◆ **gaz raréfié** rarefied gas

VPR **se raréfier** [*oxygène*] to rarefy; [*argent, nourriture*] to grow *ou* become scarce, to be in short supply

rarement /ʀɑʀmɑ̃/ SYN **ADV** rarely, seldom ◆ **le règlement est rarement respecté** the rule is rarely *ou* seldom observed ◆ **il ne rate que rarement sa cible** he only rarely misses his target ◆ **cela arrive plus rarement** it happens less often *ou* frequently

rareté /ʀɑʀte/ SYN **NF** [1] [*d'édition, objet*] rarity; [*de mot, cas*] rareness, rarity; [*de vivres, argent*] scarcity ◆ **la rareté des touristes/visiteurs** the small numbers of tourists/visitors ◆ **se plaindre de la rareté des lettres/visites de qn** to complain of the infrequency of sb's letters/visits

[2] (= *objet précieux*) rarity, rare object ◆ **une telle erreur de sa part, c'est une rareté** it's a rare *ou* an unusual occurrence for him to make a mistake like that

rarissime /ʀaʀisim/ **ADJ** extremely rare ◆ **fait rarissime, la pièce est restée six mois à l'affiche** the play ran for six months, which is very rare

ras, e /ʀɑ, ʀɑz/ SYN **ADJ** [1] [*poil, herbe*] short; [*cheveux*] close-cropped; [*étoffe*] with a short pile; [*mesure, tasse*] full ◆ **il avait la tête rase** he had close-cropped hair ◆ **à poil ras** [*chien*] short-haired; [*étoffe*] with a short pile ◆ **ongles/cheveux coupés ras** *ou* **à ras** nails/hair cut short

[2] (*locutions*) ◆ **pull ras du cou** crew-neck *ou* round-neck sweater ◆ **j'en ai ras le bol*** *ou* **le pompon*** *ou* **la casquette*** **(de tout ça)** I'm sick to death of it*, I'm fed up to the back teeth (with it all) (*Brit*)*

◆ **à** *ou* **au ras de** (= *au niveau de*) ◆ **au ras de la terre** *ou* **du sol/de l'eau** level with the ground/the water ◆ **arbre coupé à ras de terre** tree cut down to the ground ◆ **ses cheveux lui arrivent au ras des fesses** she can almost sit on her hair ◆ **ça lui arrive au ras des chevilles** it comes down to her ankles ◆ **voler au ras du sol/au ras de l'eau** (= *tout près de*) to fly close to *ou* just above the ground/the water, to skim the ground/the water ◆ **le projectile lui est passé au ras de la tête/du visage** the projectile skimmed his head/his face ◆ **la discussion est au ras des pâquerettes*** the discussion is pretty lowbrow ◆ **soyons pragmatiques, restons au ras des pâquerettes*** let's be pragmatic and keep our feet on the ground

◆ **à ras bord(s)** to the brim ◆ **remplir un verre à ras bord** to fill a glass to the brim *ou* top ◆ **plein à ras bord** [*verre*] full to the brim, brimful; [*baignoire*] full to overflowing *ou* to the brim

◆ **en rase campagne** in open country

ras[3] /ʀɑ/ **NM** (*Naut* = *radeau*) raft

R.A.S. /ɛʀaɛs/ (abrév de **rien à signaler**) → **rien**

rasade /ʀɑzad/ **NF** glassful

rasage /ʀɑzaʒ/ **NM** [1] [*de barbe*] shaving; → **lotion**

[2] [*de velours*] shearing

rasant, e /ʀɑzɑ̃, ɑ̃t/ **ADJ** [1] (* = *ennuyeux*) boring ◆ **qu'il est rasant !** he's a (real) bore! *ou* drag!*

[2] [*lumière*] low-angled; [*fortification*] low-built ◆ **tir rasant** grazing fire

rascasse /ʀaskas/ **NF** scorpion fish

rasé, e /ʀɑze/ (ptp de **raser**) **ADJ** [*menton*] (clean-)shaven; [*tête*] shaven ◆ **être bien/mal rasé** to be shaven/unshaven ◆ **rasé de près** close-shaven ◆ **rasé de frais** freshly shaven ◆ **avoir les cheveux rasés** to have a shaven head ◆ **les crânes rasés** (= *personnes*) skinheads

rase-mottes /ʀɑzmɔt/ **NM INV** hedgehopping ◆ **faire du rase-mottes, voler en rase-mottes** to hedgehop ◆ **vol en rase-mottes** hedgehopping flight

raser /ʀɑze/ SYN ► conjug 1 ◄

VT [1] (= *tondre*) [+ *barbe, cheveux*] to shave off; [+ *menton, tête*] to shave; [+ *malade*] to shave ◆ **raser un prêtre/condamné** to shave a priest's/convict's head ◆ **se faire raser la tête** to have one's head shaved ◆ **à raser** [*crème, gel, mousse*] shaving (*épith*)

2 (= *effleurer*) [*projectile, véhicule*] to graze, to scrape; [*oiseau, balle de tennis*] to skim (over) ◆ **raser les murs** to hug the walls

3 (= *abattre*) [+ *maison*] to raze (to the ground) ◆ **raser un navire** to bring a ship's masts down

4 (* = *ennuyer*) to bore ◆ **ça me rase !** it bores me stiff! * *ou* to tears! *

5 (*Tech*) [+ *mesure à grains*] to strike; [+ *velours*] to shear

VPR **se raser** 1 (*toilette*) to shave, to have a shave ◆ **se raser la tête/les jambes** to shave one's head/one's legs

2 (* = *s'ennuyer*) to be bored stiff * *ou* to tears *

raseur, -euse * /ʀɑzœʀ, øz/

ADJ boring ◆ **qu'il est raseur !** he's a (real) bore! *ou* drag! *

NM,F bore

rash /ʀaʃ/ NM (*Méd*) rash

rasibus ‡ /ʀɑzibys/ ADV [*couper*] very close *ou* fine ◆ **passer rasibus** [*projectile*] to whizz past very close

ras-le-bol * /ʀɑl(ə)bɔl/

EXCL enough is enough!

NM INV (= *mécontentement*) discontent ◆ **provoquer le ras-le-bol général** to cause widespread discontent ◆ **le ras-le-bol étudiant** student unrest; → **table**

rasoir /ʀɑzwaʀ/

NM razor ◆ **rasoir électrique** (electric) shaver, electric razor ◆ **rasoir mécanique** *ou* **de sûreté** safety razor ◆ **rasoir à main** *ou* **de coiffeur** cut-throat *ou* straight razor ◆ **rasoir jetable** disposable *ou* throwaway razor ◆ **se donner un coup de rasoir** to have a quick shave; → **feu**[1], **fil** *etc*

ADJ (* = *ennuyeux*) [*film, livre*] dead boring * ◆ **qu'il est rasoir !** what a bore *ou* drag * he is!

Raspoutine /ʀasputin/ NM Rasputin

rassasier /ʀasazje/ SYN ► conjug 7 ◄ (*frm*)

VT 1 (= *assouvir*) [+ *faim, curiosité, désirs*] to satisfy

2 (= *nourrir*) ◆ **rassasier qn** [*aliment*] to satisfy sb *ou* sb's appetite ◆ **rassasier qn de qch** (= *lui en donner suffisamment*) to satisfy sb with sth *ou* sb's appetite *ou* hunger with sth; (= *lui en donner trop*) to give sb too much of sth ◆ **être rassasié** (= *n'avoir plus faim*) to be satisfied, to have eaten one's fill; (= *en être dégoûté*) to be satiated *ou* sated, to have had more than enough ◆ **on ne peut pas le rassasier de chocolats** you can't give him too many chocolates ◆ **rassasier ses yeux de qch** to feast one's eyes on sth ◆ **je suis rassasié de toutes ces histoires !** I've had quite enough of all this!

VPR **se rassasier** (= *se nourrir*) to satisfy one's hunger, to eat one's fill ◆ **se rassasier d'un spectacle** to feast one's eyes on a sight ◆ **je ne me rassasierai jamais de...** I'll never tire *ou* have enough of...

rassemblement /ʀasɑ̃bləmɑ̃/ SYN NM 1 (= *action de regrouper*) [*de troupeau*] rounding up; [*d'objets, documents*] gathering, collecting

2 [*de pièces, mécanisme*] reassembly

3 (*Équitation*) [*de cheval*] collecting

4 (= *réunion, attroupement*) (*gén*) assembly, gathering; [*de manifestants*] rally ◆ **rassemblement !** (*Mil*) fall in! ◆ **rassemblement à 9 heures sur le quai** we'll meet at 9 o'clock on the platform ◆ **rassemblement pour la paix** (*Pol*) peace rally; → **point**[1]

5 ◆ **le Rassemblement pour la République** *centre-right political party*

rassembler /ʀasɑ̃ble/ SYN ► conjug 1 ◄

VT 1 (= *regrouper*) [+ *personnes*] to gather, to assemble; [+ *troupes*] to muster; [+ *troupeau*] to round up [+ *objets épars*] to gather together, to collect ◆ **il rassembla les élèves dans la cour** he gathered *ou* assembled the pupils in the playground ◆ **le festival rassemble les meilleurs musiciens** the festival brings together the best musicians

2 (= *rallier*) to rally; [+ *sympathisants*] to round up, to rally ◆ **cette cause a rassemblé des gens de tous horizons** people from all walks of life have rallied to this cause

3 [+ *documents, manuscrits, notes*] to gather together, to collect, to assemble

4 [+ *idées, souvenirs*] to collect; [+ *courage, forces*] to summon up, to muster ◆ **rassembler ses esprits** to collect one's thoughts

5 (= *remonter*) [+ *pièces, mécanisme*] to put back together, to reassemble

6 (*Équitation*) [+ *cheval*] to collect

VPR **se rassembler** 1 [*se regrouper*] to gather; [*soldats, participants*] to assemble, to gather ◆ **nous nous rassemblons deux fois par semaine** we get together twice a week ◆ **en cas d'urgence, rassemblez-vous sur le pont** (*d'un bateau*) in an emergency, assemble on deck ◆ **rassemblés autour du feu** gathered round the fire ◆ **toute la famille était rassemblée** the whole family was gathered together

2 (= *s'unir*) ◆ **nous devons nous rassembler autour du président/pour lutter contre...** we must unite behind the president/to fight against...

3 (*Sport*) to bend (*to gather one's strength*)

rassembleur, -euse /ʀasɑ̃blœʀ, øz/

ADJ [*discours*] rallying; [*thème, projet*] unifying

NM,F unifier ◆ **il fut le rassembleur d'une nation divisée** he was the unifier of *ou* he unified a divided nation

rasseoir /ʀaswaʀ/ ► conjug 26 ◄

VT [+ *bébé*] to sit back up (straight); [+ *objet*] to put back up straight

VPR **se rasseoir** to sit down again ◆ **faire (se) rasseoir qn** to make sb sit down again ◆ **rassieds-toi !** sit down!

rasséréné, e /ʀaseʀene/ (ptp de **rasséréner**) ADJ [*ciel, personne, visage*] serene

rasséréner /ʀaseʀene/ SYN ► conjug 6 ◄

VT to make serene again

VPR **se rasséréner** [*personne, visage, ciel*] to become serene again, to recover one's (*ou* its) serenity

rassir VI, **se rassir** VPR /ʀasiʀ/ ► conjug 2 ◄ to go stale

rassis, e /ʀasi, iz/ (ptp de **rassir, rasseoir**) ADJ

1 [*pain*] stale; [*viande*] hung

2 [*personne*] (= *pondéré*) composed, calm; (*péj*) stale

rassortiment /ʀasɔʀtimɑ̃/ NM ⇒ **réassortiment**

rassortir /ʀasɔʀtiʀ/ ► conjug 2 ◄ VT ⇒ **réassortir**

rassurant, e /ʀasyʀɑ̃, ɑ̃t/ ADJ [*nouvelle, voix*] reassuring, comforting; [*discours, présence, visage*] reassuring; [*indice*] encouraging ◆ **« ne vous inquiétez pas », dit-il d'un ton rassurant** "don't worry", he said reassuringly ◆ **il a tenu des propos peu rassurants** he said some rather worrying things ◆ **c'est rassurant !** (*iro*) that's very reassuring! (*iro*), that's a great comfort! * (*iro*) ◆ **le gouvernement se veut rassurant** the government is seeking to reassure the public ◆ **son discours se voulait rassurant** what he said was intended to reassure people

rassurer /ʀasyʀe/ SYN ► conjug 1 ◄

VT ◆ **rassurer qn** to put sb's mind at ease *ou* rest, to reassure sb ◆ **le médecin m'a rassuré sur son état de santé** the doctor reassured me about the state of his health ◆ **me voilà rassuré maintenant** I've got nothing to worry about now, that's put my mind at rest

VPR **se rassurer** ◆ **à cette nouvelle, il se rassura** the news put his mind at ease *ou* rest, he was relieved *ou* reassured when he heard the news ◆ **il essayait de se rassurer en se disant que c'était impossible** he tried to reassure himself by saying it was impossible ◆ **rassure-toi** don't worry

rasta[1] /ʀasta/ ADJ, NMF (abrév de **rastafari**) Rasta

rasta[2] * /ʀasta/ ADJ, NM abrév de **rastaquouère**

rastafari /ʀastafaʀi/ ADJ, NM Rastafarian

rastaquouère /ʀastakwɛʀ/ NM (*péj*) flashy foreigner (*péj*)

rat /ʀa/

NM (= *animal*) rat; (*péj* = *avare*) miser ◆ **c'est un vrai rat, ce type** that guy's really stingy * *ou* a real skinflint * ◆ **les rats quittent le navire** (*fig*) the rats are leaving the sinking ship ◆ **s'ennuyer** *ou* **s'emmerder** ‡ **comme un rat mort** to be bored stiff * *ou* to death * ◆ **mon (petit) rat** (*terme d'affection*) (my) pet, darling ◆ **petit rat de l'Opéra** *pupil of the Opéra de Paris ballet class (working as an extra)*; → **chat, fait**[2]

COMP **rat d'Amérique** muskrat, musquash (*Brit*)

rat de bibliothèque bookworm (*who spends all his time in libraries*)

rat de cave *spiral candlestick used in a cellar or on a staircase*

rat des champs fieldmouse

rat d'eau water vole

rat d'égout sewer rat

rat d'hôtel hotel thief

rat musqué muskrat, musquash (*Brit*)

rat palmiste ground squirrel

rata † /ʀata/ NM (*arg Mil*) (= *nourriture*) grub *; (= *ragoût*) stew

ratafia /ʀatafja/ NM (= *liqueur*) ratafia

ratage * /ʀataʒ/ SYN NM 1 (= *échec*) failure ◆ **des ratages successifs** successive failures ◆ **son film est un ratage complet** his film is a complete failure *ou* flop

2 (= *action*) [*de travail, affaire*] messing up, spoiling; [*de mayonnaise, sauce*] spoiling; [*d'examen*] failing, flunking *

rataplan /ʀataplɑ̃/ EXCL, NM rat-a-tat-tat

ratatiné, e /ʀatatine/ (ptp de **ratatiner**) ADJ

1 [*pomme*] dried-up, shrivelled; [*visage, personne*] wrinkled, wizened

2 ‡ [*voiture*] smashed-up *, banjaxed * (*US*); [*personne*] exhausted, knackered ‡ (*Brit*)

ratatiner /ʀatatine/ SYN ► conjug 1 ◄

VT 1 [+ *pomme*] to dry up, to shrivel ◆ **ratatiné par l'âge** [*visage, personne*] wrinkled *ou* wizened with age

2 (‡ = *détruire*) [+ *maison*] to wreck; [+ *machine, voiture*] to smash to bits *ou* pieces ◆ **se faire ratatiner** (*battre*) to get thrashed *ou* a thrashing; (*tuer*) to get done in ‡ *ou* bumped off ‡ ◆ **sa voiture a été complètement ratatinée** his car was a complete write-off (*Brit*), his car was totaled * (*US*)

VPR **se ratatiner** [*pomme*] to shrivel *ou* dry up; [*visage*] to become wrinkled *ou* wizened; [*personne*] (*par l'âge*) to become wrinkled *ou* wizened; (*pour tenir moins de place*) to curl up

ratatouille /ʀatatuj/ NF (*Culin*) ◆ **ratatouille (niçoise)** ratatouille; (*péj*) (= *ragoût*) bad stew; (= *cuisine*) lousy * food

rate[1] /ʀat/ NF (= *organe*) spleen; → **dilater, fouler**

rate[2] /ʀat/ NF (= *animal*) female rat

raté, e /ʀate/ SYN

ADJ [*tentative, mariage, artiste*] failed; [*vie*] wasted; [*départ*] bad, poor ◆ **un film raté** a flop ◆ **ma mayonnaise/la dernière scène est complètement ratée** my mayonnaise/the last scene is a complete disaster ◆ **encore une occasion ratée !** another missed opportunity!

NM,F (* = *personne*) failure

NM 1 (*en voiture : gén pl*) misfiring (*NonC*) ◆ **avoir des ratés** to misfire ◆ **il y a eu des ratés dans les négociations** there were some hiccups in the negotiations

2 [*d'arme à feu*] misfire

râteau (pl **râteaux**) /ʀɑto/ NM (*Agr, Roulette*) rake; [*de métier à tisser*] comb ◆ **se prendre un râteau** * (*avec une fille, un garçon*) to get blown out *

ratel /ʀatɛl/ NM ratel, honey badger

râtelage /ʀɑt(ə)laʒ/ NM raking

râteler /ʀɑt(ə)le/ ► conjug 4 ◄ VT [+ *foin*] to rake

râteleur, -euse /ʀɑt(ə)lœʀ, øz/ NM,F raker

râtelier /ʀɑtəlje/ NM [*de bétail, armes, outils*] rack; (* = *dentier*) (set of) false teeth ◆ **râtelier à pipes** pipe rack; → **manger**

rater /ʀate/ SYN ► conjug 1 ◄

VI 1 [*projet, affaire*] to fail, to fall through ◆ **ce contretemps/cette erreur risque de tout faire rater** this hitch/this mistake could well ruin everything ◆ **je t'avais dit qu'elle y allait : ça n'a pas raté** * I told you she'd go and I was dead right * (*Brit*) *ou* and (so) she did ◆ **ça ne rate jamais !** it never fails!

2 [*arme*] to fail to go off, to misfire

VT 1 (= *manquer*) [+ *balle, cible, occasion, train, rendez-vous, spectacle, personne*] to miss ◆ **c'est une occasion à ne pas rater** it's an opportunity not to be missed ◆ **raté !** missed! ◆ **ils se sont ratés de peu** they just missed each other ◆ **si tu croyais m'impressionner, c'est raté** if you were trying to impress me, it hasn't worked! ◆ **il n'en rate pas une !** (*iro*) he's always putting his foot in it! * ◆ **je ne te raterai pas !** I'll get you! *, I'll show you! ◆ **il voulait faire le malin mais je ne l'ai pas raté** he tried to be smart but I soon sorted him out I didn't let him get away with it ◆ **il ne t'a pas raté !** he really got you there! *

2 (= *ne pas réussir*) [+ *travail, affaire*] to mess up, to spoil; [+ *mayonnaise, sauce, plat*] to make a mess of; [+ *examen*] to fail, to flunk * ◆ **ces photos sont complètement ratées** these photos are a complete disaster ◆ **un écrivain raté** a failed writer ◆ **rater son entrée** to miss one's entrance ◆ **j'ai raté mon effet** I didn't achieve the effect I was hoping for ◆ **rater sa vie** to make a mess of one's life ◆ **il a raté son coup** he didn't pull it off ◆ **il a raté son suicide, il s'est raté** he

bungled his suicide attempt ◆ **le coiffeur m'a raté** the hairdresser made a mess of my hair

ratiboiser⁑ /ʀatibwaze/ ► conjug 1 ◄ **VT**
[1] *(= rafler)* ◆ **ratiboiser qch à qn** *(au jeu)* to clean sb out of sth*; *(en le volant)* to pinch* *ou* nick⁑ *(Brit)* sth from sb ◆ **on lui a ratiboisé son portefeuille, il s'est fait ratiboiser son portefeuille** he got his wallet pinched* *ou* nicked⁑ *(Brit)*
[2] *(= dépouiller)* ◆ **ratiboiser qn** to skin sb (alive)*, to clean sb out*
[3] *(= abattre) [+ maison]* to wreck ◆ **il a été ratiboisé en moins de deux** *[personne]* in next to no time he was dead
[4] *(= couper les cheveux à) [+ personne]* to scalp* *(fig)* ◆ **se faire ratiboiser** to be scalped*

ratiche⁑ /ʀatiʃ/ **NF** tooth, fang*

raticide /ʀatisid/ **NM** rat poison

ratier /ʀatje/ **NM** ◆ **(chien) ratier** ratter

ratière /ʀatjɛʀ/ **NF** rattrap

ratification /ʀatifikasjɔ̃/ **NF** *(Admin, Jur)* ratification ◆ **ratification de vente** sales confirmation

ratifier /ʀatifje/ SYN ► conjug 7 ◄ **VT** *(Admin, Jur)* to ratify; *(littér = confirmer)* to confirm, to ratify

ratinage /ʀatinaʒ/ **NM** friezing

ratine /ʀatin/ **NF** ratine

ratiner /ʀatine/ ► conjug 1 ◄ **VT** to frieze

ratineuse /ʀatinøz/ **NF** *(= machine)* friezer

rating /ʀatiŋ, ʀetiŋ/ **NM** *[d'entreprises, yachts]* rating

ratio /ʀasjo/ **NM** ratio

ratiocination /ʀasjɔsinasjɔ̃/ **NF** *(littér péj) (= action)* hair-splitting, quibbling; *(= raisonnement)* hair-splitting argument, quibbling *(NonC)*

ratiociner /ʀasjɔsine/ ► conjug 1 ◄ **VI** *(littér péj)* to split hairs, to quibble *(sur* over)

ratiocineur, -euse /ʀasjɔsinœʀ, øz/ **NM,F** *(littér péj)* hair-splitter, quibbler

ration /ʀasjɔ̃/ SYN **NF** *(= portion limitée)* ration; *[de soldat]* rations; *[d'animal]* (feed) intake; *[d'organisme]* (food) intake ◆ **ration de viande/fourrage** meat/fodder ration ◆ **ration alimentaire** food intake ◆ **ration d'entretien** minimum daily requirement ◆ **ration de survie** survival rations ◆ **il a eu sa ration d'épreuves/de soucis** he had his share of trials/of worries

rational (pl **-aux**) /ʀasjɔnal, o/ **NM** *(Hist = pièce d'étoffe)* rational

rationalisation /ʀasjɔnalizasjɔ̃/ **NF** rationalization

rationaliser /ʀasjɔnalize/ SYN ► conjug 1 ◄ **VT** to rationalize

rationalisme /ʀasjɔnalism/ **NM** rationalism

rationaliste /ʀasjɔnalist/ **ADJ, NMF** rationalist

rationalité /ʀasjɔnalite/ **NF** rationality

rationnel, -elle /ʀasjɔnɛl/ SYN **ADJ** rational

rationnellement /ʀasjɔnɛlmɑ̃/ **ADV** rationally

rationnement /ʀasjɔnmɑ̃/ **NM** rationing; → **carte**

rationner /ʀasjɔne/ SYN ► conjug 1 ◄
VT *[+ pain, eau]* to ration; *[+ personne] (lit)* to put on rations; *(fig hum = ne pas donner assez à)* to give short rations to
VPR se rationner to ration o.s.

ratissage /ʀatisaʒ/ **NM** *(Agr)* raking; *(Mil, Police)* combing

ratisser /ʀatise/ SYN ► conjug 1 ◄ **VT** *[+ gravier]* to rake; *[+ feuilles]* to rake up; *(Mil, Police)* to comb; *(Rugby) [+ ballon]* to heel; *(* = dépouiller au jeu)* to clean out* ◆ **ratisser large** to cast the net wide ◆ **il s'est fait ratisser (au jeu)*** he was cleaned out* *ou* he lost everything at the gambling table

ratissoire /ʀatiswaʀ/ **NF** garden hoe

ratites /ʀatit/ **NMPL** ◆ **les ratites** ratite birds, the Ratitae *(SPÉC)*

raton /ʀatɔ̃/ **NM** [1] *(= rat)* young rat ◆ **raton laveur** racoon
[2] *(*⁑, raciste) racist term applied to North Africans in France*
[3] *(= terme d'affection)* ◆ **mon raton !** (my) pet!

raton(n)ade /ʀatɔnad/ **NF** racist attack *(mainly on North African Arabs)*

RATP /ɛʀatepe/ **NF** (abrév de **Régie autonome des transports parisiens**) → **régie**

rattachement /ʀataʃmɑ̃/ SYN **NM** *(Admin, Pol)* uniting *(à* with), joining *(à* to) ◆ **le rattachement de la Savoie à la France** the incorporation of Savoy into France ◆ **demander son rattachement à** to ask to be united with *ou* joined to ◆ **quel est votre service de rattachement ?** which service are you attached to?

rattacher /ʀataʃe/ SYN ► conjug 1 ◄ **VT** [1] *(= attacher de nouveau) [+ animal, prisonnier, colis]* to tie up again; *[+ ceinture, lacets, jupe]* to do up *ou* fasten again
[2] *(= annexer, incorporer) [+ territoire]* to incorporate *(à* into); *[+ commune, service]* to join *(à* to), to unite *(à* with); *[+ employé, fonctionnaire]* to attach *(à* to)
[3] *(= comparer, rapprocher) [+ problème, question]* to link, to connect, to tie up *(à* with); *[+ fait]* to relate *(à* to) ◆ **cela peut se rattacher au premier problème** that can be related to *ou* tied up with the first problem ◆ **on peut rattacher cette langue au groupe slave** this language can be related to *ou* linked with the Slavonic group
[4] *(= relier) [+ personne]* to bind, to tie *(à* to) ◆ **rien ne le rattache plus à sa famille** he has no more ties with his family, nothing binds *ou* ties him to his family any more

rattrapable /ʀatʀapabl/ **ADJ** *[erreur, gaffe]* which can be put right; *[heure, journée]* which can be made up

rattrapage /ʀatʀapaʒ/ **NM** *[de maille]* picking up; *[d'erreur]* making good; *[de candidat d'examen]* passing ◆ **le rattrapage d'une bêtise/d'un oubli** making up for something silly/for an omission ◆ **le rattrapage du retard** *[d'élève]* catching up, making up for lost time; *[de conducteur]* making up for lost time ◆ **rattrapage scolaire** remedial teaching *ou* classes ◆ **cours de rattrapage** remedial class *ou* course ◆ **suivre des cours de rattrapage** to go to remedial classes ◆ **épreuve de rattrapage** *(Scol) additional exam for borderline cases* ◆ **session de rattrapage** *(Scol)* retakes, resits *(Brit)* ◆ **pour permettre le rattrapage économique de certains pays européens** to allow certain European economies to catch up ◆ **le rattrapage des salaires sur les prix** an increase in salaries to keep up with *ou* keep pace with prices

rattraper /ʀatʀape/ SYN ► conjug 1 ◄
VT [1] *(= reprendre) [+ animal échappé, prisonnier]* to recapture
[2] *(= retenir) [+ objet, personne qui tombe]* to catch (hold of)
[3] *(= réparer) [+ maille]* to pick up; *[+ mayonnaise]* to salvage; *[+ erreur]* to make good, to make up for; *[+ bêtise, parole malheureuse, oubli]* to make up for ◆ **je vais essayer de rattraper le coup*** I'll try and sort this out
[4] *(= regagner) [+ argent perdu]* to recover, to get back, to recoup; *[+ sommeil]* to catch up on; *[+ temps perdu]* to make up for ◆ **le conducteur a rattrapé son retard** the driver made up for lost time ◆ **cet élève ne pourra jamais rattraper son retard** this pupil will never be able to catch up ◆ **ce qu'il perd d'un côté, il le rattrape de l'autre** what he loses in one way he gains in another, what he loses on the swings he gains on the roundabouts *(Brit)*
[5] *(= rejoindre)* ◆ **rattraper qn** *(lit, fig)* to catch sb up, to catch up with sb ◆ **le coût de la vie a rattrapé l'augmentation de salaire** the cost of living has caught up with the increase in salaries
[6] *(Scol)* ◆ **rattraper qn** *(= repêcher)* to give sb a pass, to let sb get through
VPR se rattraper [1] *(= reprendre son équilibre)* to stop o.s. falling, to catch o.s. (just) in time ◆ **se rattraper à la rampe/à qn** to catch hold of the banister/of sb to stop o.s. falling ◆ **j'ai failli gaffer, mais je me suis rattrapé in extremis** I nearly put my foot in it but stopped myself just in time; → **branche**
[2] *(= compenser)* to make up for it ◆ **j'ai passé trois nuits sans dormir, mais hier je me suis rattrapé** I had three sleepless nights, but I made up for it yesterday ◆ **les plats ne sont pas chers mais ils se rattrapent sur les vins** the food isn't expensive but they make up for it on the wine ◆ **les fabricants comptent sur les marchés extérieurs pour se rattraper** manufacturers are looking to foreign markets to make up their losses ◆ **le joueur avait perdu les deux premiers sets, mais il s'est rattrapé au troisième** the player had lost the first two sets but he pulled back in the third

raturage /ʀatyʀaʒ/ **NM** *[de lettre, mot]* crossing out, erasing, deleting

rature /ʀatyʀ/ SYN **NF** deletion, erasure, crossing out ◆ **faire une rature** to make a deletion *ou* an erasure ◆ **sans ratures ni surcharges** *(Admin)* without deletions or alterations

raturer /ʀatyʀe/ SYN ► conjug 1 ◄ **VT** *(= corriger) [+ mot, phrase, texte]* to make an alteration *ou* alterations to; *(= barrer) [+ lettre, mot]* to cross out, to erase, to delete

RAU † /ɛʀay/ **NF** (abrév de **République arabe unie**) UAR †

raucité /ʀosite/ **NF** → **rauque** hoarseness, huskiness, throatiness, raucousness

rauque /ʀok/ SYN **ADJ** *[voix] (gén)* hoarse; *(chanteuse de blues)* husky, throaty; *[cri]* raucous

rauquer /ʀoke/ ► conjug 1 ◄ **VI** *(lit, littér)* to growl

ravage /ʀavaʒ/ SYN **NM** [1] *(littér = action) [de pays, ville]* pillaging
[2] *(gén pl = dégâts)* ravages ◆ **les ravages de la guerre/du sida** the devastation caused by war/AIDS, the ravages of war/AIDS ◆ **les ravages du chômage** the devastating effects *ou* the ravages of unemployment ◆ **les ravages du temps** the ravages of time ◆ **les ravages de la maladie** the devastating effects of the disease
◆ **faire des ravages** *[tempête, grêle]* to wreak havoc; *[séducteur]* to be a real heartbreaker; *[doctrine]* to gain a lot of ground ◆ **l'épidémie a fait de terribles ravages parmi les jeunes** the epidemic has wrought terrible devastation among young people

ravagé, e /ʀavaʒe/ (ptp de **ravager**) **ADJ**
[1] *(= tourmenté) [visage]* harrowed, haggard ◆ **avoir les traits ravagés** to have harrowed *ou* ravaged *ou* haggard features ◆ **visage ravagé par la maladie** face ravaged by illness
[2] *(*⁑ *= fou)* ◆ **il est complètement ravagé** he's completely nuts* *ou* bonkers⁑ *(Brit)*, he's off his head⁑

ravager /ʀavaʒe/ SYN ► conjug 3 ◄ **VT** *[+ pays]* to lay waste, to ravage, to devastate; *[+ maison, ville]* to ravage, to devastate; *[+ visage] [maladie]* to ravage; *[chagrin, soucis]* to harrow; *[+ personne, vie]* to wreak havoc upon

ravageur, -euse /ʀavaʒœʀ, øz/
ADJ *[passion, sourire]* devastating; *[humour]* scathing ◆ **insectes ravageurs** pests ◆ **les effets ravageurs de la drogue** the devastating effects of drugs
NM *(= animal nuisible)* pest

ravalement /ʀavalmɑ̃/ **NM** [1] *(Constr) (= nettoyage)* cleaning; *(= remise en état) [de façade, mur]* restoration; *[d'immeuble]* renovation, facelift* ◆ **faire le ravalement de** to clean, to restore, to give a facelift to* ◆ **faire un ravalement*** *(= retoucher son maquillage)* to fix one's warpaint*
[2] *(littér = avilissement) [de dignité, personne, mérite]* lowering

ravaler /ʀavale/ SYN ► conjug 1 ◄
VT [1] *(Constr) (= nettoyer)* to clean; *(= remettre en état) [+ façade, mur]* to do up, to restore; *[+ immeuble]* to renovate, to give a facelift to* ◆ **se faire ravaler la façade*** to have a facelift
[2] *(= avaler) [+ salive, dégoût]* to swallow; *[+ sanglots]* to swallow, to choke back; *[+ colère]* to stifle; *[+ larmes]* to hold *ou* choke back; *[+ sourire]* to suppress ◆ **faire ravaler ses paroles à qn** to make sb take back *ou* swallow their words
[3] *(littér) [+ dignité, personne, mérite]* to lower ◆ **ce genre d'acte ravale l'homme au rang de la bête** this kind of behaviour brings man down *ou* reduces man to the level of animals
VPR se ravaler [1] *(= s'abaisser)* to lower o.s. ◆ **se ravaler au rang de...** to reduce o.s. to the level of...
[2] * ◆ **se ravaler la façade** to slap on* some make-up

ravaleur /ʀavalœʀ/ **NM** *(= maçon)* stone restorer

ravaudage /ʀavodaʒ/ **NM** *[de vêtement]* mending, repairing; *[de chaussette]* darning; *[d'objet]* makeshift repair ◆ **faire du ravaudage** to mend, to darn

ravauder /ʀavode/ ► conjug 1 ◄ **VT** *(littér = repriser) [+ vêtement]* to repair, to mend; *[+ chaussette]* to darn

rave /ʀav/ **NF** *(= navet)* turnip; *(= radis)* radish; → **céleri**

ravenala /ʀavenala/ **NM** traveller's tree

ravenelle /ʀavnɛl/ **NF** *(= giroflée)* wallflower; *(= radis)* wild radish

Ravenne /ʀavɛn/ **N** Ravenna

ravi, e /ʀavi/ SYN (ptp de **ravir**) **ADJ** *(= enchanté)* delighted ◆ **je n'étais pas franchement ravi de sa décision** I wasn't exactly overjoyed about his

decision ◆ **ravi de vous connaître** delighted *ou* pleased to meet you

ravier /ʀavje/ NM hors d'oeuvres dish

ravière /ʀavjɛʀ/ NF rape field

ravigotant, e* /ʀavigɔtɑ̃, ɑ̃t/ ADJ [air] bracing ◆ **ce vin est ravigotant** this wine bucks you up* *ou* puts new life into you

ravigote /ʀavigɔt/ NF (= vinaigrette) (oil and vinegar) dressing (with hard-boiled eggs, shallot and herbs)

ravigoter* /ʀavigɔte/ ▶ conjug 1 ◀ VT [alcool] to buck up*, to pick up; [repas, douche, nouvelle, chaleur] to buck up*, to put new life into ◆ **(tout) ravigoté par une bonne nuit** feeling refreshed after a good night's sleep

ravin /ʀavɛ̃/ NM (gén) gully; (encaissé) ravine

ravine /ʀavin/ NF (small) ravine, gully

ravinement /ʀavinmɑ̃/ NM (= action) gullying (Géog) ◆ **ravinements** (= rigoles, ravins) gullies ◆ **le ravinement de ces pentes** (= aspect) the (numerous) gullies furrowing these slopes ◆ **le ravinement affecte particulièrement ces sols** gully erosion *ou* gullying affects these kinds of soil in particular

raviner /ʀavine/ SYN ▶ conjug 1 ◀ VT [+ visage, chemin] to furrow; [+ versant] to gully (Géog) ◆ **visage raviné par les larmes** tear-streaked face, face streaked with tears ◆ **les bords ravinés de la rivière** the gullied (Géog) *ou* furrowed banks of the river

raviole /ʀavjɔl/ NF ravioli (filled with cheese, vegetables, meat etc)

ravioli /ʀavjɔli/ NM ◆ **raviolis** ravioli (NonC)

ravir /ʀaviʀ/ SYN ▶ conjug 2 ◀ VT (littér) 1 (= charmer) to delight ◆ **cela lui va à ravir** that suits her beautifully, she looks delightful in it ◆ **il danse à ravir** he's a beautiful dancer ◆ **elle est jolie à ravir** she's as pretty as a picture

2 (= enlever) ◆ **ravir à qn** [+ trésor, être aimé, honneur] to rob sb of, to take (away) from sb ◆ **elle lui a ravi son titre de championne d'Europe** she took the European championship title off her; → **vedette**

3 († = kidnapper) to ravish †, to abduct

raviser (se) /ʀavize/ SYN ▶ conjug 1 ◀ VPR to change one's mind, to decide otherwise ◆ **après avoir dit oui, il s'est ravisé** after saying yes he changed his mind *ou* decided otherwise *ou* decided against it ◆ **il s'est ravisé** he decided against it, he thought better of it

ravissant, e /ʀavisɑ̃, ɑ̃t/ SYN ADJ [beauté] ravishing; [femme, robe] ravishing, beautiful; [maison, tableau] delightful, beautiful ◆ **c'est ravissant !** it's lovely!

ravissement /ʀavismɑ̃/ SYN NM 1 (gén, Rel) rapture ◆ **plonger qn dans le ravissement** to send sb into raptures ◆ **plongé dans le ravissement** in raptures ◆ **regarder qn avec ravissement** to look at sb rapturously

2 († *ou littér* = enlèvement) ravishing †, abduction

ravisseur, -euse /ʀavisœʀ, øz/ SYN NM,F kidnapper, abductor

ravitaillement /ʀavitajmɑ̃/ SYN NM 1 (NonC) (en vivres, munitions) [d'armée, ville, navire] resupplying; [de coureurs, skieurs] getting fresh supplies to; (en carburant) [de véhicule, avion, embarcation] refuelling ◆ **ravitaillement en vol** in-flight refuelling ◆ **le ravitaillement des troupes (en vivres/munitions)** supplying the troops (with food/ammunition), the provision *ou* providing of the troops with fresh supplies (of food/ammunition) ◆ **aller au ravitaillement*** to go for fresh supplies ◆ **les voies de ravitaillement sont bloquées** supply routes are blocked ◆ **convoi de ravitaillement** supply convoy

2 (= provisions) supplies

ravitailler /ʀavitaje/ SYN ▶ conjug 1 ◀

VT (en vivres, munitions) [+ armée, ville, navire] to provide with fresh supplies, to resupply; [+ coureurs, skieurs] to give fresh supplies to; (en carburant) [+ véhicule, avion, embarcation] to refuel ◆ **ravitailler une ville en combustible** to provide a town with fresh supplies of fuel ◆ **ravitailler un avion en vol** to refuel an aircraft in flight

VPR **se ravitailler** [ville, armée, coureurs, skieurs] to get fresh supplies; [véhicule, avion] to refuel; (= faire des courses) to stock up

ravitailleur /ʀavitajœʀ/

NM (Mil) (= navire) supply ship; (= avion) supply plane; (= véhicule) supply vehicle ◆ **ravitailleur en vol** aerial tanker

ADJ [navire, avion, véhicule] supply (épith)

ravivage /ʀaviva3/ NM [de métal] cleaning; [de couleur] brightening up

raviver /ʀavive/ ▶ conjug 1 ◀ VT [+ feu, sentiment, douleur] to revive, to rekindle; [+ couleur] to brighten up; [+ souvenir] to revive, to bring back to life; (Tech) [+ métal] to clean; (Méd) [+ plaie] to reopen ◆ **sa douleur/sa jalousie s'est ravivée** his grief/his jealousy was revived *ou* rekindled

ravoir /ʀavwaʀ/ ▶ conjug 34 ◀ VT (ne s'emploie qu'à l'infinitif) 1 (= recouvrer) to have *ou* get back

2 (* = nettoyer : gén nég) [+ tissu, métal] to get clean ◆ **cette casserole est difficile à ravoir** this saucepan is hard to clean, it's hard to get this saucepan clean

rayage /ʀɛjaʒ/ NM 1 [de nom] crossing *ou* scoring out

2 [de canon] rifling

rayé, e /ʀeje/ (ptp de **rayer**) ADJ 1 [tissu, pelage] striped; [papier à lettres] ruled, lined

2 [surface] scratched; [disque] scratched, scratchy

3 (Tech) [canon] rifled

rayer /ʀeje/ SYN ▶ conjug 8 ◀ VT 1 (= marquer de raies) [+ papier à lettres] to rule, to line ◆ **des cicatrices lui rayaient le visage** scars lined his face

2 (= érafler) to scratch

3 (= biffer) to cross *ou* score out

4 (= exclure) ◆ **rayer qn de** to cross sb *ou* sb's name off ◆ **il a été rayé de la liste** he *ou* his name has been crossed *ou* struck off the list ◆ **« rayer la mention inutile »** "cross out where not applicable", "delete where inapplicable" ◆ **rayer qch de sa mémoire** to blot out *ou* erase sth from one's memory ◆ **rayer un pays/une ville de la carte** to wipe a country/a town off the map ◆ **je l'ai rayé de mes tablettes** I want nothing to do with him ever again

5 (Tech) [+ canon] to rifle

rayère /ʀɛjɛʀ/ NF dreamhole

ray-grass /ʀɛgʀas/ NM INV rye-grass, English meadow grass

rayon /ʀɛjɔ̃/ SYN

NM 1 (gén = trait, faisceau, Opt, Phys) ray; [d'astre] ray; [de lumière, jour] ray, beam; [de phare] beam

2 (= radiations) ◆ **rayons** rays ◆ **rayons infrarouges/ultraviolets** infrared/ultraviolet rays ◆ **rayons alpha/bêta** alpha/beta rays ◆ **rayons X** X-rays ◆ **traitement par les rayons** radiation treatment ◆ **on lui fait des rayons** he's having radiation treatment

3 (fig = lueur) ray ◆ **rayon d'espoir** ray *ou* gleam of hope

4 (Math) radius

5 [de roue] spoke

6 (= planche) shelf; [de bibliothèque] (book)shelf ◆ **le livre n'est pas en rayon** the book is not on display *ou* on the shelves

7 (dans un magasin) department; (petit) counter ◆ **le rayon (de l')alimentation/(de la) parfumerie** (= comptoir) the food/perfume counter; (= section) the food/perfume department ◆ **le rayon frais** the fresh food department ◆ **le rayon enfants** the children's department ◆ **c'est/ce n'est pas son rayon** (spécialité) that's/that isn't his line; (responsabilité) that's/that's not his concern *ou* responsibility ◆ **il en connaît un rayon*** he knows masses about it*, he's really clued up about it * (Brit)

8 [de ruche] (honey)comb

9 (= périmètre) radius ◆ **dans un rayon de 10 km** within a radius of 10 km *ou* a 10-km radius

10 (Agr = sillon) drill

COMP **rayon d'action** (lit) range; (fig) field of action, scope, range ◆ **engin à grand rayon d'action** long-range missile

rayon de braquage [de voiture] turning circle, (steering) lock (Brit)

rayon cathodique cathode ray

rayons cosmiques cosmic rays

rayon de courbure radius of curvature

rayons gamma gamma rays *ou* radiation

rayon ionisant ionizing radiation

rayon laser laser beam

rayon de lune moonbeam

rayon de la mort death ray

rayon de soleil (lit) ray of sunlight *ou* sunshine, sunbeam; (fig) ray of sunshine ◆ **aux premiers rayons de soleil** at sunrise

rayon vert green flash

rayon visuel (Opt) line of vision *ou* sight

rayonnage /ʀɛjɔnaʒ/ SYN NM 1 (= planches) set of shelves, shelving (NonC) ◆ **rayonnages** (sets of) shelves, shelving

2 (Agr) drilling

rayonnant, e /ʀɛjɔnɑ̃, ɑ̃t/ SYN ADJ 1 (= radieux) [beauté, air, personne] radiant; [sourire] radiant, beaming (épith); [visage] wreathed in smiles, beaming ◆ **visage rayonnant de joie/santé** face radiant with joy/glowing *ou* radiant with health

2 (= en étoile) [motif, fleur] radiating ◆ **le style (gothique) rayonnant** High Gothic ◆ **chapelles rayonnantes** radiating chapels

3 (Phys) [énergie, chaleur] radiant; (Méd) [douleur] spreading

rayonne /ʀɛjɔn/ NF rayon ◆ **en rayonne** rayon (épith)

rayonnement /ʀɛjɔnmɑ̃/ SYN NM 1 (= influence) influence; (= magnétisme) charisma ◆ **le rayonnement international de la France** the influence exerted internationally by France ◆ **le rayonnement de la culture française, le rayonnement culturel de la France** France's cultural influence ◆ **une université au rayonnement international** a university with an international reputation

2 (= éclat) [de jeunesse, beauté] radiance ◆ **dans tout le rayonnement de sa jeunesse** in the full radiance of his youth ◆ **le rayonnement de son bonheur** his radiant happiness

3 (= lumière) [d'astre, soleil] radiance

4 (= radiations) [de chaleur, lumière, astre] radiation ◆ **rayonnement ionisant** ionizing radiation ◆ **chauffage par rayonnement** radiant heating ◆ **rayonnement fossile** background radiation

rayonner /ʀɛjɔne/ SYN ▶ conjug 1 ◀

VI 1 (= étinceler) [influence, culture, personnalité] to shine forth ◆ **rayonner sur/dans** (= se répandre) [influence, prestige] to extend over/in, to make itself felt over/in; [culture] to extend over/in, to be influential over/in, to exert its influence over/in; [personnalité] to be influential over/in

2 (= être éclatant) [joie, bonheur] to shine *ou* beam forth; [beauté] to shine forth, to be radiant; [visage, personne] (de joie, de beauté) to be radiant (de with) ◆ **le bonheur faisait rayonner son visage** his face glowed with happiness ◆ **l'amour rayonne dans ses yeux** love shines *ou* sparkles in his eyes ◆ **rayonner de bonheur** to be radiant *ou* glowing *ou* beaming with happiness ◆ **rayonner de beauté** to be radiantly *ou* dazzlingly beautiful

3 (littér = briller) [lumière, astre] to shine (forth), to be radiant

4 (Phys = émettre un rayonnement) [chaleur, énergie, lumière] to radiate

5 (= faire un circuit) ◆ **rayonner autour d'une ville** [touristes] to use a town as a base for touring (around a region); [cars] to service the area around a town ◆ **rayonner dans une région** [touristes] to tour around a region (from a base); [cars] to service a region

6 (aller en rayons) [avenues, lignes] to radiate (autour de from, out from)

VT (= garnir de rayonnages) to shelve

rayure /ʀɛjyʀ/ SYN NF (= dessin) stripe; (= éraflure) scratch; [de fusil] groove ◆ **papier/tissu à rayures** striped paper/material ◆ **à rayures noires** with black stripes, black-striped ◆ **costume à rayures fines** pinstriped suit

raz /ʀɑ/ NM (= courant) race; (= passage étroit) narrow channel

raz-de-marée, raz de marée /ʀɑdmaʀe/ NM INV (lit, fig) tidal wave ◆ **raz-de-marée électoral** (victoire) landslide (election) victory; (changement) big swing (to a party in an election)

razzia /ʀa(d)zja/ SYN NF raid, foray, razzia ◆ **faire une razzia dans une maison/le frigo*** to raid a house/the fridge

razzier /ʀa(d)zje/ ▶ conjug 7 ◀ VT (lit, fig = piller) to raid, to plunder

RCS /ɛʀseɛs/ NM (abrév de **registre des commerces et des sociétés**) CRO

RDA † /ɛʀdea/ NF (abrév de **République démocratique allemande**) GDR †

rdc abrév de **rez-de-chaussée**

RDS /ɛʀdeɛs/ NM (abrév de **remboursement de la dette sociale**) → **remboursement**

ré /ʁe/ NM (Mus) D; (en chantant la gamme) re, ray ◆ **en ré mineur** in D minor

réa¹ /ʁea/ NM (Tech) sheave

réa² * /ʁea/ NF (abrév de **réanimation**) intensive care

réabonnement /ʁeabɔnmɑ̃/ NM renewal of subscription ◆ **le réabonnement doit se faire dans les huit jours** renewal of subscription must be made within a week, subscriptions must be renewed within a week

réabonner /ʁeabɔne/ ▸ conjug 1 ◂
VT ◆ **réabonner qn** to renew sb's subscription (à to)
VPR **se réabonner** to renew one's subscription, to take out a new subscription (à to)

réabsorber /ʁeapsɔʁbe/ ▸ conjug 1 ◂ VT to reabsorb

réabsorption /ʁeapsɔʁpsjɔ̃/ NF reabsorption

réac * /ʁeak/ ADJ, NMF abrév de **réactionnaire**

réaccoutumance /ʁeakutymɑ̃s/ NF reaccustoming

réaccoutumer /ʁeakutyme/ ▸ conjug 1 ◂
VT to reaccustom
VPR **se réaccoutumer** to reaccustom o.s., to become reaccustomed (à to)

réacheminer /ʁeaʃəmine/ ▸ conjug 1 ◂ VT [+ courrier, vivres] to redirect

réactance /ʁeaktɑ̃s/ NF reactance

réactant /ʁeaktɑ̃/ NM reactant

réacteur /ʁeaktœʁ/ NM [d'avion] jet engine; (Chim, Phys) reactor ◆ **réacteur nucléaire** nuclear reactor ◆ **réacteur thermique** thermal reactor ◆ **réacteur à neutrons rapides** fast-breeder reactor ◆ **réacteur à eau pressurisée** pressurised water reactor

réactif, -ive /ʁeaktif, iv/
ADJ reactive ◆ **papier réactif** reagent ou test paper ◆ **peau réactive** sensitive skin
NM (Chim) reagent

réaction /ʁeaksjɔ̃/ GRAMMAIRE ACTIVE 6.1 SYN NF ① reaction ◆ **être ou rester sans réaction** to show no reaction ◆ **réaction de défense/en chaîne** defence/chain reaction ◆ **une réaction de rejet à l'égard de ce parti** a rejection of this party ◆ **cette décision a provoqué** ou **suscité de violentes réactions dans l'opinion publique** there was strong public reaction to this decision ◆ **la réaction des marchés boursiers a été immédiate** the stock markets reacted immediately ◆ **sa réaction a été excessive** he overreacted ◆ **cette voiture a de bonnes réactions** this car responds well
◆ **en réaction** ◆ **être en réaction contre** to be in reaction against ◆ **en réaction contre les abus, ils...** as a reaction against the abuses, they...
◆ **en réaction à** [propos, décision] in reaction ou response to
② ◆ **moteur à réaction** jet engine ◆ **propulsion par réaction** jet propulsion; → **avion**

réactionnaire /ʁeaksjɔnɛʁ/ SYN ADJ, NMF reactionary

réactionnel, -elle /ʁeaksjɔnɛl/ ADJ (Chim, Physiol) reactional; (Psych) reactive ◆ **psychose réactionnelle** reactive psychosis

réactivation /ʁeaktivasjɔ̃/ NF reactivation

réactiver /ʁeaktive/ ▸ conjug 1 ◂ VT [+ négociations, processus de paix, programme] to revive, to restart; [+ croissance, économie, mesures, projet] to revive; [+ machine, système] to reactivate

réactivité /ʁeaktivite/ NF ① (Phys, Méd) reactivity ② [d'employé] adaptability, resourcefulness

réactogène /ʁeaktɔʒɛn/
ADJ allergenic
NM allergen

réactualisation /ʁeaktɥalizasjɔ̃/ NF updating, bringing up to date; (Ordin) refresh

réactualiser /ʁeaktɥalize/ ▸ conjug 1 ◂ VT to update, to bring up to date; (Ordin) to refresh

réadaptation /ʁeadaptasjɔ̃/ NF [de personne] readjustment; (Méd) rehabilitation; [de muscle] re-education ◆ **centre de réadaptation à la vie sauvage** animal sanctuary (where animals are prepared for release into the wild) ◆ **réadaptation fonctionnelle** (Méd) rehabilitation

réadapter /ʁeadapte/ ▸ conjug 1 ◂
VT [+ personne] to readjust (à to)
VPR **se réadapter** to readjust, to become readjusted (à to)

réadmettre /ʁeadmɛtʁ/ ▸ conjug 56 ◂ VT to readmit

réadmission /ʁeadmisjɔ̃/ NF readmission, readmittance

ready-made /ʁedimɛd/ NM INV (Art) ready-made

réaffectation /ʁeafɛktasjɔ̃/ NF [de crédits, terrain, personne] reallocation

réaffecter /ʁeafɛkte/ ▸ conjug 1 ◂ VT (surtout passif) [+ crédits, terrain, personne] to reallocate (à to)

réaffirmation /ʁeafiʁmasjɔ̃/ NF reaffirmation

réaffirmer /ʁeafiʁme/ ▸ conjug 1 ◂ VT to reaffirm, to reassert

réagir /ʁeaʒiʁ/ SYN ▸ conjug 2 ◂ VI ① (gén, Chim) to react (à to; contre against); (= répondre) to respond (à to) ◆ **il a réagi positivement à ma proposition** he reacted positively to my proposal ◆ **tu réagis trop violemment** you're overreacting ◆ **ils ont assisté à la scène sans réagir** they saw what happened, but did nothing ◆ **il faut réagir !** you have to do something! ◆ **souhaitez-vous répondre à cette déclaration ?** would you like to respond to that statement? ◆ **il réagit bien au traitement** he's responding well to treatment ◆ **sa voiture réagit mal au freinage** his brakes aren't very responsive ◆ **les organes des sens réagissent aux excitations** sense organs respond to stimuli
② ◆ **réagir sur** to have an effect on, to affect ◆ **cet événement a réagi sur les sondages** this event affected the polls

réajustement /ʁeaʒystəmɑ̃/ NM [de prix, loyer, salaires, taux] adjustment

réajuster /ʁeaʒyste/ ▸ conjug 1 ◂
VT ① (= remettre en place) [+ mécanisme] to readjust; [+ vêtement] to straighten (out), to tidy; [+ cravate, lunettes] to straighten, to adjust; [+ coiffure] to rearrange, to tidy ◆ **elle réajusta sa toilette** she straightened her clothes
② (= recentrer) [+ tir] to (re)adjust; [+ loyers, prix, salaires, taux] to adjust
VPR **se réajuster** [personne] to tidy ou straighten o.s. up

réal¹ (pl **-aux**) /ʁeal/ NM (= monnaie) real

réal², e (mpl **-aux**) /ʁeal/ ADJ, NF ◆ **(galère) réale** royal galley

réalésage /ʁealezaʒ/ NM reaming again

réaléser /ʁealeze/ ▸ conjug 6 ◂ VT to ream again

réalgar /ʁealgaʁ/ NM realgar

réalignement /ʁealiɲ(ə)mɑ̃/ NM (Écon) [de monnaie, taux] realignment

réalisable /ʁealizabl/ SYN ADJ [rêve] attainable; (Fin) [capital] realizable; [projet] workable, feasible ◆ **difficilement réalisable** hard to achieve

réalisateur, -trice /ʁealizatœʁ, tʁis/ NM,F (Ciné) (film) director, film-maker; (Radio, TV) director

réalisation /ʁealizasjɔ̃/ SYN NF ① [de rêve, ambition] fulfilment ◆ **aura-t-il les moyens nécessaires à la réalisation de son ambition ?** will he have what's needed to achieve ou fulfil his ambition? ◆ **plusieurs projets sont en cours de réalisation** several projects are in the pipeline ou are under way ◆ **pour accélérer la réalisation du projet d'autoroute** to hasten the completion of the motorway ◆ **le constructeur automobile a joué un rôle actif dans la réalisation de cet exploit** the car manufacturer played an active role in achieving this feat
② [de meuble, bijou] making; [d'étude, sondage] carrying out ◆ **une sauce dont la réalisation est très délicate** a sauce that is very tricky to make ◆ **de réalisation facile** easy to make ◆ **j'étais chargé de la réalisation de cette étude** I was asked to carry out this piece of research
③ (Fin) [de capital, valeurs, patrimoine] realization
④ (Comm) realization; [de vente, contrat] conclusion
⑤ (= création) achievement, creation ◆ **c'est la plus belle réalisation de l'architecte** it is the architect's finest achievement
⑥ (Ciné) direction; (Radio, TV) production ◆ « **réalisation (de) John Huston** » "directed by John Huston" ◆ **la réalisation du film a duré six mois** the film took six months to make ◆ **assistant à la réalisation** production assistant
⑦ (Mus) realization

réaliser /ʁealize/ SYN ▸ conjug 1 ◂
VT ① [+ ambition] to achieve; [+ désir] to fulfil; [+ effort] to make; [+ exploit] to achieve, to carry off; [+ projet] to carry out, to carry through ◆ **réaliser un rêve** to fulfil ou achieve a dream ◆ **il a réalisé le meilleur temps aux essais** he got the best time in the trials ◆ **le sentiment d'avoir réalisé un exploit** the feeling that one has achieved something
② [+ effectuer] [+ meuble, bijou] to make; [+ étude, sondage] to carry out, to do ◆ **c'est lui qui a réalisé tous les maquillages** he did all the makeup
③ (* = saisir) to realize ◆ **réaliser l'importance de qch** to realize the importance of sth ◆ **je n'ai pas encore réalisé** it hasn't sunk in yet
④ (Ciné) to direct; (Radio, TV) to produce ◆ **il vient de réaliser son premier film** he's just made his first film ◆ **émission conçue et réalisée par...** programme devised and produced by...
⑤ (Comm) to realize; [+ achat, vente, bénéfice, économie] to make; [+ contrat] to conclude ◆ **l'entreprise réalise un chiffre d'affaires de 15 000 € par semaine** the firm has a turnover of ou turns over €15,000 a week
⑥ (Fin) [+ capital, biens] to realize ◆ **la banque a réalisé une partie de son portefeuille** part of the bank's portfolio was liquidated
⑦ (Mus) to realize
VPR **se réaliser** ① [rêve, vœu] to come true; [prédiction] to be fulfilled; [projet] to be carried out, to be achieved
② [caractère, personnalité] to be fulfilled ◆ **il s'est complètement réalisé dans son métier** he's completely fulfilled in his job

⚠ Attention à ne pas traduire automatiquement **réaliser** par **to realize**.

réalisme /ʁealism/ SYN NM realism ◆ **le réalisme socialiste** socialist realism

réaliste /ʁealist/ SYN
ADJ [description, négociateur] realistic; (Art, Littérat) realist
NMF realist

réalité /ʁealite/ GRAMMAIRE ACTIVE 26.3, 26.4, 26.6 SYN NF ① (= existence effective) reality (NonC) ◆ **différentes réalités** different types of reality ◆ **réalité virtuelle** virtual reality
◆ **en réalité** in (actual) fact, in reality
② (= chose réelle) reality ◆ **c'est une réalité incontournable** it's an inescapable fact ◆ **parfois la réalité dépasse la fiction** (sometimes) truth can be stranger than fiction ◆ **oublieux des réalités de la vie en communauté** neglecting the realities ou facts of communal life ◆ **détaché des réalités de ce monde** divorced from the realities of this world ◆ **ce sont les dures réalités de la vie** those are the harsh realities of life ◆ **son rêve est devenu (une) réalité** his dream became (a) reality ou came true; → **désir, sens**

reality show, reality-show (pl **reality(-)shows**) /ʁealitiʃo/ NM (TV) reality TV show; (= feuilleton) real-life soap

realpolitik /ʁealpɔlitik/ NF realpolitik

réaménagement /ʁeamenaʒmɑ̃/ NM [de site, espace] redevelopment; [de pièce] refitting; [de calendrier, horaires, structure, service] reorganization ◆ **réaménagement monétaire** currency readjustment

réaménager /ʁeamenaʒe/ ▸ conjug 3 ◂ VT [+ site] to redevelop; [+ bâtiment] to refit, to refurbish; [+ appartement, pièce] to rearrange, to change the look of; [+ horaires, structure, service] to reorganize; [+ taux d'intérêt] to adjust ◆ **j'ai réaménagé ma cuisine** I've given my kitchen a makeover

réamorcer /ʁeamɔʁse/ ▸ conjug 3 ◂ VT ① [+ ordinateur] to reboot; [+ pompe] to prime again ◆ **réamorcer la pompe** (fig) to get things going again, to set things in motion again ◆ **ces investissements permettront de réamorcer la pompe de l'économie** these investments will give the economy a kickstart
② [+ dialogue, négociations, processus] to start again, to reinitiate

réanimateur, -trice /ʁeanimatœʁ, tʁis/
NM,F (= personne) resuscitator
NM (= respirateur) ventilator, respirator

réanimation /ʁeanimasjɔ̃/ NF resuscitation; (fig) revival ◆ **être en (service de) réanimation** to be in the intensive care unit, to be in intensive care

réanimer /ʁeanime/ ▸ conjug 1 ◂ VT ① [+ personne] to resuscitate, to revive
② (= faire revivre) [+ quartier, région] to revive

réapparaître /ʁeapaʁɛtʁ/ SYN ▸ conjug 57 ◂ VI [soleil] to come out again, to reappear; [maladie, *symptôme*] to recur; [*personne*] to reappear, to come back

réapparition /ʀeapaʀisjɔ̃/ SYN NF [*de soleil*] reappearance; [*de maladie, symptôme*] recurrence; [*d'artiste*] comeback ◆ **faire sa réapparition** to reappear ◆ **la mode des chapeaux a fait sa réapparition** hats are back in fashion

réapprendre /ʀeapʀɑ̃dʀ/ ► conjug 58 ◄ VT (*gén*) to relearn, to learn again; (*littér*) [+ *solitude, liberté*] to get to know again, to relearn (*littér*), to learn again (*littér*) ◆ **réapprendre qch à qn** to teach sth to sb again, to teach sb sth again ◆ **réapprendre à faire qch** to learn to do sth again

réapprentissage /ʀeapʀɑ̃tisaʒ/ NM ◆ **le réapprentissage de qch** relearning sth, learning sth again ◆ **cela va demander un long réapprentissage** that will take a long time to relearn *ou* to learn again

réapprovisionnement /ʀeapʀɔvizjɔnmɑ̃/ NM [1] ◆ **le réapprovisionnement d'un compte en banque** putting (more) money into a bank account
[2] (= *ravitaillement*) resupplying
[3] [*de magasin*] restocking, stocking up again

réapprovisionner /ʀeapʀɔvizjɔne/ ► conjug 1 ◄
VT [1] [+ *compte en banque*] to put (more) money into
[2] (= *ravitailler*) to resupply
[3] [+ *magasin*] to restock (*en* with)
VPR **se réapprovisionner** to stock up again (*en* with)

réargenter /ʀeaʀʒɑ̃te/ ► conjug 1 ◄
VT to resilver
VPR **se réargenter** * (= *se renflouer*) to get back on a sound financial footing

réarmement /ʀeaʀməmɑ̃/ NM [1] [*de fusil*] reloading; [*d'appareil-photo*] winding on
[2] [*de navire*] refitting
[3] [*de pays*] rearmament ◆ **politique de réarmement** policy of rearmament

réarmer /ʀeaʀme/ ► conjug 1 ◄
VT [1] [+ *fusil*] to reload; [+ *appareil-photo*] to wind on
[2] [+ *bateau*] to refit
[3] [+ *pays*] to rearm
VI **se réarmer** VPR [*pays*] to rearm

réarrangement /ʀeaʀɑ̃ʒmɑ̃/ NM rearrangement ◆ **réarrangement moléculaire** (Phys) molecular rearrangement

réarranger /ʀeaʀɑ̃ʒe/ ► conjug 3 ◄ VT [+ *coiffure, fleurs, chambre*] to rearrange; [+ *cravate, jupe*] to straighten (up) again; [+ *entrevue*] to rearrange

réassignation /ʀeasiɲasjɔ̃/ NF (*Jur*) resummons (*sg*); (*Fin*) reallocation

réassigner /ʀeasiɲe/ ► conjug 1 ◄ VT (*gén*) to reassign; (*Jur*) to resummon; (*Fin*) to reallocate

réassort /ʀeasɔʀ/ NM (= *action*) restocking; (= *marchandises*) fresh stock *ou* supply

réassortiment /ʀeasɔʀtimɑ̃/ NM (= *action*) [*de stock*] replenishment; [*de verres*] replacement, matching (up); [*de service de table, tissu*] matching (up); (= *marchandises*) new *ou* fresh stock

réassortir /ʀeasɔʀtiʀ/ ► conjug 2 ◄
VT [+ *magasin*] to restock (*en* with); [+ *stock*] to replenish; [+ *service de table*] to match (up); [+ *verres*] to replace, to match (up)
VPR **se réassortir** (*Comm*) to stock up again (*de* with), to replenish one's stock(s) (*de* of)

réassurance /ʀeasyʀɑ̃s/ NF reinsurance

réassurer VT, **se réassurer** VPR /ʀeasyʀe/ ► conjug 1 ◄ to reinsure

réassureur /ʀeasyʀœʀ/ NM reinsurer, reinsurance underwriter

rebab /ʀəbab/ NM rebab

rebaisser /ʀ(ə)bese/ ► conjug 1 ◄
VI [*prix*] to go down again; [*température, niveau d'eau*] to fall again
VT [+ *prix*] to bring back down, to bring down again, to lower again; [+ *radio, son, chauffage*] to turn down again; [+ *store, levier*] to pull down again, to lower

rebaptiser /ʀ(ə)batize/ ► conjug 1 ◄ VT [+ *enfant*] to rebaptize; [+ *rue*] to rename; [+ *navire*] to rechristen

rébarbatif, -ive /ʀebaʀbatif, iv/ SYN ADJ (= *rebutant*) [*mine*] forbidding, unprepossessing; [*sujet, tâche*] daunting, forbidding; [*style*] off-putting

rebâtir /ʀ(ə)bɑtiʀ/ ► conjug 2 ◄ VT to rebuild

rebattre /ʀ(ə)batʀ/ ► conjug 41 ◄ VT [1] (*Cartes*) to reshuffle
[2] ◆ **il m'a rebattu les oreilles de son succès** he kept harping on about his success ◆ **il en parlait toute la journée, j'en avais les oreilles rebattues** he talked of it all day long until I was sick and tired of hearing about it *

rebattu, e /ʀ(ə)baty/ SYN (ptp de **rebattre**) ADJ [*sujet, citation*] hackneyed

rebec /ʀəbɛk/ NM rebec(k)

rebelle /ʀəbɛl/ SYN
ADJ [*troupes, soldat*] rebel (*épith*); [*enfant, esprit, cœur*] rebellious; [*cheval*] restive; [*fièvre, maladie*] stubborn; [*mèche, cheveux*] unruly

◆ **rebelle à** ◆ **des mouvements de guérilla rebelles à l'autorité de Delhi** guerilla movements resisting the Delhi government ◆ **des adolescents rebelles aux activités intellectuelles** teenagers who resist *ou* rebel against intellectual activities ◆ **cette maladie est rebelle aux médicaments** this disease does not respond to drugs ◆ **cheveux rebelles à la brosse** unruly hair
NMF rebel

rebeller (se) /ʀ(ə)bele/ SYN ► conjug 1 ◄ VPR to rebel (*contre* against)

rébellion /ʀebeljɔ̃/ SYN NF (= *révolte*) rebellion ◆ **la rébellion** (= *rebelles*) the rebels

rebelote /ʀəbəlɔt/ EXCL (*Cartes*) rebelote! (*said when the king of trumps is played after the queen or the queen of trumps is played after the king*); (* *fig*) here we go again!

rebeu ‡ /ʀəbø/ NM second-generation North African living in France

rebiffer (se) * /ʀ(ə)bife/ ► conjug 1 ◄ VPR (= *résister*) [*personne*] to hit *ou* strike back (*contre* at); (*fig*) [*corps, conscience*] to rebel (*contre* against)

rebiquer * /ʀ(ə)bike/ ► conjug 1 ◄ VI (= *se redresser*) [*mèche de cheveux*] to stick up; [*col*] to curl up at the ends ◆ **ta veste rebique derrière** your jacket sticks out at the back

reblanchir /ʀ(ə)blɑ̃ʃiʀ/ ► conjug 2 ◄ VT (*gén*) to rewhiten; [+ *mur*] to rewhitewash

reblochon /ʀəblɔʃɔ̃/ NM kind of cheese from Savoie

reboisement /ʀ(ə)bwazmɑ̃/ NM reforestation, reafforestation

reboiser /ʀ(ə)bwaze/ ► conjug 1 ◄ VT to reforest, to reafforest

rebond /ʀ(ə)bɔ̃/ NM [1] [*de balle*] (*sur le sol*) bounce; (*contre un mur*) rebound ◆ **rattraper une balle au rebond** to catch a ball on the bounce
[2] [*d'histoire*] development
[3] (= *amélioration*) [*d'activité économique, marché*] recovery ◆ **on note un léger rebond de la consommation** consumption has picked up slightly

rebondi, e /ʀ(ə)bɔ̃di/ SYN (ptp de **rebondir**) ADJ [*objet, bouteille, forme*] potbellied; [*croupe*] rounded; [*poitrine*] well-developed; [*ventre*] fat; [*joues, visage*] chubby; [*femme*] curvaceous, amply proportioned; [*homme*] portly, corpulent; [*porte-monnaie*] well-lined ◆ **elle avait des formes rebondies** she was amply proportioned ◆ **il a un ventre rebondi** he has a paunch, he has a fat stomach

rebondir /ʀ(ə)bɔ̃diʀ/ SYN ► conjug 2 ◄ VI [1] [*balle*] (*sur le sol*) to bounce; (*contre un mur*) to rebound ◆ **faire rebondir une balle par terre/contre un mur** to bounce a ball on the ground/against a wall
[2] [*conversation*] to get going *ou* moving again; [*scandale, affaire, procès*] to be revived; (*Théât*) [*action, intrigue*] to get going again, to take off again ◆ **l'affaire n'en finit pas de rebondir** there are new developments in the affair all the time ◆ **faire rebondir** [+ *conversation*] to give new impetus to, to set *ou* get going again; [+ *action d'une pièce*] to get *ou* set moving again; [+ *scandale, procès*] to revive
[3] [*économie, marché, actions*] to pick up again ◆ **ça l'a aidé à rebondir après son dismissal/son divorce** it helped him get back on his feet again after his dismissal/his divorce

rebondissement /ʀ(ə)bɔ̃dismɑ̃/ NM (= *action*) (sudden new) development (*de* in); (= *réapparition*) sudden revival (*NonC*) (*de* of) ◆ **feuilleton/récit à rebondissements** action-packed serial/story ◆ **l'affaire vient de connaître un nouveau rebondissement** there has been a new development in the affair ◆ **le rebondissement de la controverse sur la peine de mort** the sudden revival of the controversy about the death penalty

rebord /ʀ(ə)bɔʀ/ SYN NM [1] [*d'assiette, tuyau, plat, pot*] rim; [*de puits, falaise*] edge; [*de corniche, table, buffet*] (*projecting*) edge ◆ **le rebord de la cheminée** the mantelpiece *ou* mantelshelf ◆ **le rebord de la fenêtre** the windowsill, the window ledge
[2] [*de vêtement*] hem

reborder /ʀ(ə)bɔʀde/ ► conjug 1 ◄ VT [+ *vêtement*] to put a new edging on; [+ *enfant*] to tuck in again

reboucher /ʀ(ə)buʃe/ ► conjug 1 ◄
VT [+ *trou*] to fill in again; [+ *bouteille*] to recork; [+ *carafe*] to put the stopper back in; [+ *tube*] to put the cap back on
VPR **se reboucher** [*tuyau*] to get blocked again

rebours /ʀ(ə)buʀ/ SYN à **rebours** LOC ADV [1] (= à rebrousse-poil) ◆ **caresser un chat à rebours** to stroke a cat the wrong way ◆ **lisser un tissu à rebours** to smooth out a fabric against the nap *ou* pile ◆ **prendre qn à rebours** to rub sb up the wrong way
[2] (= à l'envers) ◆ **faire un trajet à rebours** to make a trip the other way round ◆ **prendre une rue en sens unique à rebours** to go the wrong way up a one-way street ◆ **feuilleter un magazine à rebours** to flip through a magazine from back to front ◆ **compter à rebours** to count backwards ◆ **prendre l'ennemi à rebours** (*Mil*) to surprise the enemy from behind; → **compte**
[3] (= de travers) ◆ **comprendre à rebours** to misunderstand, to get the wrong idea, to get the wrong end of the stick ◆ **faire tout à rebours** to do everything the wrong way round *ou* back to front (*Brit*)
[4] (= à l'opposé de) ◆ **à rebours de** against ◆ **aller à rebours de la tendance générale** to go against *ou* run counter to the general trend ◆ **c'est à rebours du bon sens !** it goes against *ou* flies in the face of common sense!

rebouter /ʀ(ə)bute/ ► conjug 1 ◄ VT [+ *membre démis, fracture*] to set

rebouteur, -euse /ʀ(ə)butœʀ, øz/, **rebouteux, -euse** /ʀ(ə)butø, øz/ NM,F bonesetter

reboutonner /ʀ(ə)butɔne/ ► conjug 1 ◄
VT to button up again, to rebutton
VPR **se reboutonner** to do o.s. up again, to do up one's buttons again

rebraguetter * /ʀ(ə)bʀagete/ ► conjug 1 ◄
VT to close the fly *ou* flies of
VPR **se rebraguetter** to close one's fly *ou* flies

rebras /ʀəbʀa/ NM [*de gant*] cuff

rebrousse-poil /ʀəbʀuspwal/ à **rebrousse-poil** LOC ADV [*caresser*] the wrong way ◆ **lisser un tissu à rebrousse-poil** to smooth out a fabric against the pile *ou* nap ◆ **prendre qn à rebrousse-poil** (*fig*) to rub sb up the wrong way ◆ **cette évolution prend toutes les habitudes à rebrousse-poil** this development goes right against the grain of established habits

rebrousser /ʀ(ə)bʀuse/ SYN ► conjug 1 ◄ VT [1] ◆ **rebrousser chemin** to turn back, to turn round and go back
[2] [+ *poil*] to brush up; [+ *cheveux*] to brush back; (*Tech*) [+ *cuir*] to strike ◆ **rebrousser le poil de qn** (*fig*) to rub sb up the wrong way

rebuffade /ʀ(ə)byfad/ NF rebuff ◆ **essuyer une rebuffade** to be rebuffed, to suffer a rebuff

rébus /ʀebys/ NM (= *jeu*) rebus; (*fig* = *énigme*) puzzle

rebut /ʀəby/ SYN NM [1] (= *déchets*) scrap ◆ **c'est du rebut** (*objets*) it's scrap; (*vêtements*) they're just cast-offs ◆ **c'est le rebut de la cave** it's all the unwanted stuff from the cellar ◆ **mettre** *ou* **jeter au rebut** to scrap, to throw out, to discard; [+ *vêtements*] to discard, to throw out ◆ **ces vieux journaux vont aller au rebut** these old papers are going to be thrown out *ou* discarded ◆ **marchandises de rebut** trash goods ◆ **bois de rebut** old wood
[2] (*péj* = *racaille*) ◆ **le rebut de la société** the scum *ou* dregs of society
[3] (*Poste*) ◆ **rebuts** dead letters

rebutant, e /ʀ(ə)bytɑ̃, ɑ̃t/ ADJ (= *dégoûtant*) repellent; (= *décourageant*) disheartening, off-putting

rebuter /ʀ(ə)byte/ SYN ► conjug 1 ◄ VT (= *décourager*) to dishearten, to discourage, to put off; (= *répugner*) to repel; (*littér* = *repousser durement*) to repulse ◆ **il ne faut pas te rebuter tout de suite** don't be deterred *ou* put off straight away

recacheter /ʀ(ə)kaʃ(ə)te/ ► conjug 4 ◄ VT to reseal

recadrage /ʀ(ə)kadʀaʒ/ NM **1** *(Ciné, Photo)* cropping, reframing
2 *[de politique]* refocusing • **le projet a subi de nombreux recadrages** the project has been altered and redefined on numerous occasions

recadrer /ʀ(ə)kadʀe/ ► conjug 1 ◄ VT **1** *(Ciné, Photo)* to crop, to reframe
2 *[+ politique]* to refocus; *[+ action, projet]* to redefine the terms of • **il faut recadrer nos priorités** we need to redefine our priorities • **le gouvernement a recadré sa réflexion sur l'éducation** the government has redefined *ou* rethought its position on education

recalcification /ʀ(ə)kalsifikasjɔ̃/ NF recalcification

recalcifier /ʀ(ə)kalsifje/ ► conjug 7 ◄ VT to recalcify

récalcitrant, e /ʀekalsitʀɑ̃, ɑ̃t/ SYN
ADJ *(= indocile) [animal]* refractory, stubborn; *[personne]* recalcitrant, refractory; *[appareil, pièce]* unmanageable
NM,F recalcitrant

recalculer /ʀ(ə)kalkyle/ ► conjug 1 ◄ VT *[+ budget]* to recalculate

recalé, e /ʀ(ə)kale/ (ptp de **recaler**) ADJ *(Scol, Univ) [étudiant]* failed, who has been failed • **les (candidats) recalés à la session de juin** the exam candidates who were failed in June

recaler /ʀ(ə)kale/ SYN ► conjug 1 ◄ VT *(Scol = refuser)* to fail • **se faire recaler** *ou* **être recalé en histoire** to fail (in) *ou* flunk* history • **il a été recalé trois fois au permis de conduire** he failed his driving test three times

recapitalisation /ʀ(ə)kapitalizasjɔ̃/ NF *(Écon)* recapitalization

recapitaliser /ʀ(ə)kapitalize/ ► conjug 1 ◄ VT *(Écon)* to recapitalize

récapitulatif, -ive /ʀekapitylatif, iv/
ADJ *[chapitre]* recapitulative, recapitulatory; *[état, tableau]* summary *(épith)* • **dresser un état récapitulatif d'un compte** to draw up a summary statement of an account
NM summary, recapitulation

récapitulation /ʀekapitylasjɔ̃/ NF recapitulation • **faire la récapitulation de** to recapitulate

récapituler /ʀekapityle/ SYN ► conjug 1 ◄ VT to recapitulate, to recap

recarreler /ʀ(ə)kaʀle/ ► conjug 4 ◄ VT to retile

recaser* /ʀ(ə)kaze/ ► conjug 1 ◄ VT *[+ chômeur]* to find a new job for; *[+ réfugié]* to rehouse • **il a pu se recaser** *[veuf, divorcé]* he managed to get hitched* again *ou* to find himself someone new; *[chômeur]* he managed to find a new job

recauser* /ʀ(ə)koze/ ► conjug 1 ◄ VI • **recauser de qch** to talk about sth again • **je vous en recauserai** we'll talk about it again

recéder /ʀ(ə)sede/ ► conjug 6 ◄ VT *(= rétrocéder)* to give *ou* sell back; *(= vendre)* to resell

recel /ʀəsɛl/ NM • **recel (d'objets volés)** *(= action)* receiving (stolen goods) ; *(= résultat)* possession of *ou* possessing stolen goods • **recel de malfaiteur** harbouring a criminal • **condamné pour recel** sentenced for possession of stolen goods *ou* for receiving (stolen goods)

receler /ʀ(ə)səle/ SYN ► conjug 5 ◄ VT **1** *(Jur) [+ objet volé]* to receive, to fence*; *[+ malfaiteur]* to harbour
2 *(= contenir) [+ secret, erreur, trésor]* to conceal

receleur, -euse /ʀ(ə)səlœʀ, øz/ NM,F *(Jur)* receiver of stolen goods, fence*

récemment /ʀesamɑ̃/ SYN ADV **1** *(= depuis peu)* recently • **la pluie récemment tombée rendait la route glissante** the rain which had fallen recently *ou* had just fallen made the road slippery • **récemment publié** recently published
2 *(= dernièrement)* recently, lately *(gén dans phrases nég ou interrog)* • **l'as-tu vu récemment ?** have you seen him lately *ou* recently? • **encore (tout) récemment il était très en forme** just recently *ou* even quite recently he was still in tiptop form

recensement /ʀ(ə)sɑ̃smɑ̃/ SYN NM *[de population]* census; *[d'objets]* inventory; *(Mil)* registration *(of young men eligible for military service)* • **faire le recensement de la population** to take a *ou* the census of the population, to make *ou* take a population census • **faire le recensement des besoins en matériel** to take *ou* make an inventory of equipment requirements

recenser /ʀ(ə)sɑ̃se/ SYN ► conjug 1 ◄ VT *[+ population]* to take a *ou* the census of, to make a census of; *[+ objets]* to make *ou* take an inventory of; *[+ futurs conscrits]* to compile a register of; *[+ malades, victimes]* to make a list of • **le pays compte trois millions de chômeurs recensés** the country has three million people registered as unemployed *ou* officially unemployed

recenseur, -euse /ʀ(ə)sɑ̃sœʀ, øz/ ADJ M, NM,F • **(agent) recenseur** census taker

recension /ʀ(ə)sɑ̃sjɔ̃/ NF *(littér) (= collationnement)* recension, critical revision *(of a text)*; *(= inventaire) [de documents, faits]* inventory *(= analyse) [d'œuvre littéraire]* review

récent, e /ʀesɑ̃, ɑ̃t/ SYN ADJ *(= survenu récemment)* recent; *(= nouveau, de fraîche date)* new • **les chiffres les plus récents montrent que...** the latest *ou* most recent figures show that... • **jusqu'à une période récente** until recently • **ce phénomène est relativement récent** this phenomenon is relatively recent *ou* new • **ce bâtiment est tout récent** this building is quite new

recentrage /ʀ(ə)sɑ̃tʀaʒ/ NM *[de parti]* movement towards the centre; *[de politique]* redefinition, reorientation; *(Écon) [d'activités]* refocusing

recentralisation /ʀ(ə)sɑ̃tʀalizasjɔ̃/ NF recentralization

recentraliser /ʀ(ə)sɑ̃tʀalize/ ► conjug 1 ◄ VT to recentralize

recentrer /ʀ(ə)sɑ̃tʀe/ ► conjug 1 ◄
VT *(Football)* to centre again; *[+ politique]* to redefine, to reorient; *[+ débat]* to bring back to the main point; *(Écon) [+ activités]* to refocus
VPR **se recentrer** • **se recentrer sur une activité** to refocus on an activity

recépage /ʀ(ə)sepaʒ/ NM *(Agr)* cutting back

recéper /ʀ(ə)sepe/ ► conjug 6 ◄ VT *(Agr)* to cut back

récépissé /ʀesepise/ SYN NM *(= reçu)* receipt

réceptacle /ʀesɛptakl/ SYN NM *(= déversoir) (gén, d'une plante)* receptacle; *(Géog)* catchment basin

récepteur, -trice /ʀesɛptœʀ, tʀis/
ADJ receiving • **poste récepteur** receiver
NM *(gén, Téléc)* receiver; *(TV)* (receiving) set; *(Bio, Physiol)* receptor • **récepteur (de télévision)** television set • **récepteur téléphonique** (telephone) receiver

> (!) **récepteur** se traduit par le mot anglais **receptor** uniquement en biochimie et physiologie.

réceptif, -ive /ʀesɛptif, iv/ ADJ receptive *(à* to); *(Méd)* susceptible *(à* to)

réception /ʀesɛpsjɔ̃/ GRAMMAIRE ACTIVE 20.2, 25.1 SYN NF **1** *(= accueil)* welcome, reception • **faire bonne/mauvaise réception à qn** to give sb a warm/frosty reception • **discours de réception** welcoming speech • **heures de réception de 14 à 16 heures** consultations between 2 and 4 pm • **quelles sont vos heures de réception ?** *(Scol)* when are you available to see parents?; *(Univ)* when are you available to see students?
2 *(= bureau)* reception, reception desk; *(= entrée, salon) [d'hôtel]* entrance hall; *[d'appartement, villa]* reception room • **adressez-vous à la réception** ask at reception *ou* at the reception desk • **salle de réception** function room • **salons de réception** reception rooms
3 *(= réunion, fête)* reception; → **jour**
4 *(= action de recevoir) [de paquet, lettre]* receipt; *(Bio, Radio, TV)* reception • **à la réception de sa lettre** on receipt of *ou* on receiving his letter • **c'est lui qui s'occupe de la réception des marchandises** he is the one who takes delivery of the goods • **la réception est mauvaise aujourd'hui** *(Radio)* reception is bad *ou* poor today; → **accusé, accuser**
5 *(Sport) (= prise, blocage) (Ftbl, Rugby)* stopping, trapping; *(Volley)* catching; *(= atterrissage) [de sauteur, parachutiste]* landing • **le footballeur a manqué sa réception** the player missed the ball *ou* failed to take the pass • **il a manqué sa réception** *[sauteur]* he made a bad landing *ou* landed badly
6 *(Constr)* • **réception des travaux** acceptance of work done *(after verification)*

réceptionnaire /ʀesɛpsjɔnɛʀ/ NMF *[d'hôtel]* head of reception; *(Comm) [de marchandises]* receiving clerk; *(Jur)* receiving agent

réceptionner /ʀesɛpsjɔne/ ► conjug 1 ◄
VT *[+ marchandises]* to receive, to take delivery of, to check and sign for; *[+ client]* to receive, to welcome; *(Sport) [+ balle]* to receive
VPR **se réceptionner** *(Sport)* to land

réceptionniste /ʀesɛpsjɔnist/ NMF receptionist • **réceptionniste-standardiste** receptionist and telephonist

réceptivité /ʀesɛptivite/ NF *(gén)* receptivity, receptiveness; *(Méd)* susceptibility *(à* to)

recerclage /ʀ(ə)sɛʀklaʒ/ NM *[de tonneau]* re-hooping

recercler /ʀ(ə)sɛʀkle/ ► conjug 1 ◄ VT *[+ tonneau]* to re-hoop

récessif, -ive /ʀesesif, iv/ ADJ *(Bio)* recessive

récession /ʀesesjɔ̃/ SYN NF recession • **de récession** recessionary • **récession avec inflation** slumpflation

récessionniste /ʀesesjɔnist/ ADJ recessionary • **tendance récessionniste** recessionary trend

récessivité /ʀesesivite/ NF recessiveness

recette /ʀ(ə)sɛt/ SYN NF **1** *(Culin)* recipe; *(Chim) [de teinture, produit]* formula; *(fig = truc, secret)* formula, recipe *(de* for)
2 *(= encaisse)* takings • **aujourd'hui, j'ai fait une bonne recette** I've made a good day's takings, the takings were good today • **faire recette** *(= avoir du succès)* to be a big success, to be a winner
3 *(= rentrées d'argent)* • **recettes** receipts • **l'excédent des recettes sur les dépenses** the excess of receipts *ou* revenue over expenses *ou* outlay • **recettes fiscales** tax revenue(s), revenue from taxation
4 *(Impôts) (= recouvrement)* collection; *(= bureau)* tax (collector's) office, revenue office • **recette municipale** local tax office • **recette(-perception)** tax office • **recette principale** main tax office; → **garçon**

recevabilité /ʀ(ə)səvabilite/ NF *(Jur) [de pourvoi, témoignage]* admissibility

recevable /ʀ(ə)səvabl/ SYN ADJ *(Jur) [demande, appel, pourvoi]* admissible, allowable; *[personne]* competent • **témoignage non recevable** inadmissible evidence

receveur /ʀ(ə)səvœʀ/ NM **1** *(Méd)* recipient • **receveur universel** universal recipient
2 • **receveur (d'autobus)** conductor • **receveur (des contributions)** tax collector *ou* officer • **receveur (des postes)** postmaster • **receveur municipal** local tax officer
3 • **receveur de douche** shower tray

receveuse /ʀ(ə)səvøz/ NF **1** *(Méd)* recipient • **receveuse universelle** universal recipient
2 • **receveuse (d'autobus)** conductress • **receveuse (des contributions)** tax collector *ou* officer • **receveuse (des postes)** postmistress

recevoir /ʀ(ə)səvwaʀ/ SYN ► conjug 28 ◄
VT **1** *(gén)* to get, to receive; *[+ approbation, refus]* to get, to meet with; *[+ modifications]* to undergo; *[+ confession]* to hear; *(Rel) [+ vœux, sacrement]* to receive • **recevoir les ordres** *(Rel)* to take holy orders • **nous avons bien reçu votre lettre du 15 juillet** we acknowledge *ou* confirm receipt of your letter of 15 July • **je vous reçois cinq sur cinq** *(Radio, fig)* I'm receiving you loud and clear • **un procédé qui a reçu le nom de son inventeur** a process which took its name from the inventor • **l'affaire recevra toute notre attention** the matter will receive our full attention • **nous avons reçu la pluie** we got *ou* had rain • **j'ai reçu le caillou sur la tête** the stone hit me on the head, I got hit on the head by the stone • **il a reçu un coup de pied/un coup de poing dans la figure** he got kicked/punched in the face, he got a kick/a punch in the face • **c'est lui qui a tout reçu** *(blâme, coups)* he bore the brunt of it; *(sauce, éclaboussures)* most of it went on him • **recevez, cher Monsieur (ou chère Madame), l'expression de mes sentiments distingués** *(formule épistolaire)* yours faithfully *(Brit) ou* truly *(US)*; → **leçon, ordre**[2]
2 *[+ invité] (= accueillir)* to welcome, to greet, to receive *(frm)*; *(= traiter)* to entertain; *(= loger)* to put up, to have to stay; *[+ jeux olympiques, championnat]* to host; *(Admin) [+ employé, demandeur]* to see; *[+ demande, déposition, plainte]* to admit • **recevoir qn à dîner** to have sb to dinner • **ils ont reçu le roi** they entertained the king • **être bien/mal reçu** *[proposition, nouvelles]* to be well/badly received; *[personne]* to receive a warm welcome/frosty reception • **on est toujours bien/mal reçu chez eux** they always/never make you feel welcome • **recevoir qn à bras ouverts** to welcome sb with open arms • **il est reçu partout dans la haute société** all doors are open to him in society • **les Dupont reçoivent beaucoup** the Duponts entertain a lot • **la baronne reçoit le jeudi** the baroness is at home (to visi-

tors) on Thursdays • **le directeur reçoit le jeudi** the principal receives visitors on Thursdays • **le docteur reçoit de 10 h à 12 h** the doctor's surgery is from 10 am till noon *(Brit)*, the doctor is in his office from 10 till noon *(US)* • **recevoir la visite de qn/d'un cambrioleur** to get a visit from sb/from a burglar • **se faire recevoir** * to get shouted at; → chien

3 *(Scol, Univ)* *[+ candidat]* to pass • **être reçu à un examen** to pass an exam • **il a été reçu dans les premiers/dans les derniers** he was near the top/bottom in the exam • **il a été reçu premier/deuxième/dernier** he came first/second/last *ou* bottom in the exam; → reçu

4 *(= contenir)* *[hôtel, lycée]* to take, to accommodate; *(= récolter)* *[gouttière]* to collect • **par manque de locaux on n'a pas pu recevoir plus d'élèves cette année** we didn't have room to take more pupils this year • **recevoir un affluent** *[rivière]* to be joined by a tributary • **leur chambre ne reçoit jamais le soleil** their room never gets any sun

5 *(Tech)* *[+ pièce mobile]* to take • **cette encoche reçoit le crochet qui assure la fermeture de la porte** this notch takes the hook which keeps the door shut, the hook that keeps the door shut fits into this ring

VPR **se recevoir** 1 *(= tomber)* to land • **se recevoir sur une jambe/sur les mains** to land on one leg/on one's hands • **il s'est mal reçu** he landed awkwardly

2 *(† = se fréquenter)* • **elles se connaissent mais ne se reçoivent pas** they know each other but they are not on visiting terms

réchampi /ʀeʃɑ̃pi/, **rechampi** /ʀəʃɑ̃pi/ NM *(Tech)* setoff

réchampir /ʀeʃɑ̃piʀ/, **rechampir** /ʀəʃɑ̃piʀ/ ► conjug 2 ◄ VT *(Tech)* to set off

réchampissage /ʀeʃɑ̃pisaʒ/, **rechampissage** /ʀəʃɑ̃pisaʒ/ NM *(Tech)* setting off

rechange[1] /ʀ(ə)ʃɑ̃ʒ/ NM 1 • **rechange (de vêtements)** change of clothes • **as-tu ton rechange ?** have you got a change of clothes?

2 • **de rechange** *(= de remplacement)* *[solution, politique]* alternative; *(= de secours)* *[outil]* spare • **avoir du linge de rechange** to have a change of clothes • **j'ai apporté des chaussures de rechange** I brought a spare *ou* an extra pair of shoes; → pièce

rechange[2] /ʀ(ə)ʃɑ̃ʒ/ NM *(Comm)* redraft, re-exchange

rechanger /ʀ(ə)ʃɑ̃ʒe/ ► conjug 3 ◄ VT to change again

rechanter /ʀ(ə)ʃɑ̃te/ ► conjug 1 ◄ VT to sing again

rechapage /ʀ(ə)ʃapaʒ/ NM *(= opération)* retreading, remoulding *(Brit)* • **le rechapage n'a pas duré** *(= résultat)* the retread *ou* remould *(Brit)* didn't last long

rechaper /ʀ(ə)ʃape/ ► conjug 1 ◄ VT *[+ pneu]* to retread, to remould *(Brit)* • **pneus rechapés** retreads, remoulds *(Brit)*

réchappé, e /ʀeʃape/ (ptp de **réchapper**) NM,F survivor *(de* of) • **les réchappés du naufrage** the survivors of the shipwreck

réchapper /ʀeʃape/ ► conjug 1 ◄ VI • **réchapper de** *ou* **à** *[+ accident, maladie]* to come through • **tu as eu de la chance d'en réchapper** you were lucky to escape with your life • **si jamais j'en réchappe** if ever I come through this

recharge /ʀ(ə)ʃaʀʒ/ NF 1 *(= action)* *(Élec)* recharging; *(Mil)* reloading

2 *(= cartouche)* *[d'arme]* reload; *[de stylo, agenda]* refill

rechargeable /ʀ(ə)ʃaʀʒabl/ ADJ *[batterie, pile, appareil électrique, carte à puce]* rechargeable; *[stylo, vaporisateur, aérosol]* refillable; *[briquet]* refillable, rechargeable

rechargement /ʀ(ə)ʃaʀʒəmɑ̃/ NM 1 *[de stylo]* refilling; *[de briquet]* refilling, recharging; *[de batterie, pile]* recharging • **rechargement en combustible d'un réacteur nucléaire** refuelling a nuclear reactor

2 *(Tech)* *[de route]* remetalling; *[de voie, rails]* relaying

recharger /ʀ(ə)ʃaʀʒe/ ► conjug 3 ◄

VT 1 *[+ arme, appareil-photo]* to reload; *[+ briquet]* to refill, to recharge; *[+ batterie, pile]* to recharge • **recharger ses batteries** *ou* **ses accus** * *(fig)* to recharge one's batteries

2 *[+ véhicule]* reload, to load up again

3 *(Tech)* *[+ route]* to remetal; *[+ voie, rails]* to relay

VPR **se recharger** *(= être rechargeable)* *[stylo]* to be refillable; *[briquet, batterie, pile]* to be rechargeable; *(= se charger à nouveau)* *[batterie, pile]* to recharge

réchaud /ʀeʃo/ NM 1 *(= appareil de cuisson)* (portable) stove • **réchaud à gaz** gas stove *ou* ring *(Brit)* • **réchaud à alcool** spirit stove

2 *(= chauffe-plat)* plate-warmer

3 *(= cassolette)* burner *(for incense etc)*

réchauffage /ʀeʃofaʒ/ NM *[d'aliment]* reheating

réchauffé, e /ʀeʃofe/ (ptp de **réchauffer**)

ADJ *[nourriture]* reheated, warmed-up; *(péj)* *[plaisanterie]* stale, old hat *(attrib)*; *[théories]* rehashed, old hat *(attrib)* • **des manches courtes en décembre ? eh bien ! tu es réchauffé !** * you're wearing short sleeves in December? you don't feel the cold, do you!

NM • **c'est du réchauffé** *(ragoût)* it's reheated *ou* warmed-up; *(vieille affaire)* it's old hat

réchauffement /ʀeʃofmɑ̃/ NM *[d'eau, membres, personne]* warming (up) • **le réchauffement de la planète** global warming • **on constate un réchauffement de la température** the temperature is rising • **on espère un réchauffement de la température** we're hoping for warmer weather • **ceci a favorisé le réchauffement des relations entre les deux pays** this has made for warmer relations between the two countries

réchauffer /ʀeʃofe/ SYN ► conjug 1 ◄

VT 1 *[+ aliment]* to reheat, to heat *ou* warm up again • **réchauffe** *ou* **fais réchauffer la soupe, mets la soupe à réchauffer** reheat the soup, heat *ou* warm the soup up again

2 *[+ personne]* to warm up • **une bonne soupe, ça réchauffe** a nice bowl of soup warms you up • **réchauffer un serpent dans son sein** *(littér, hum)* to nurse a viper in one's bosom

3 *(= réconforter)* *[+ cœur]* to warm; *(= ranimer)* *[+ courage]* to stir up, to rekindle • **cela m'a réchauffé le cœur de les voir** it did my heart good *ou* it was heartwarming to see them

4 *[soleil]* to heat up, to warm up • **le soleil réchauffe la terre** the sun warms the earth • **ce rayon de soleil va réchauffer l'atmosphère** this ray of sunshine will warm up the air • **les tons bruns réchauffent la pièce** the browns make the room seem warmer

VPR **se réchauffer** 1 *[temps, température]* to get warmer, to warm up • **on dirait que ça se réchauffe** it feels as if it's getting warmer *ou* warming up

2 *[personne]* to warm o.s. (up) • **alors tu te réchauffes un peu ?** are you warming up now? *ou* feeling a bit warmer now? • **se réchauffer les doigts, réchauffer ses doigts** to warm one's fingers (up)

réchauffeur /ʀeʃofœʀ/ NM heater

rechaussement /ʀ(ə)ʃosmɑ̃/ NM *[d'arbre]* earthing up; *[de mur]* consolidating

rechausser /ʀ(ə)ʃose/ ► conjug 1 ◄

VT 1 *(Agr)* *[+ arbre]* to earth up; *(Constr)* *[+ mur]* to consolidate

2 • **rechausser un enfant** *(chaussures enlevées)* to put a child's shoes back on; *(chaussures neuves)* to buy a child new shoes • **rechausser une voiture** to put new tyres *(Brit)* *ou* tires *(US)* on a car

3 • **rechausser ses skis** to put one's skis back on

VPR **se rechausser** to put one's shoes back on; *(= acheter de nouvelles chaussures)* to buy (o.s.) new shoes

rêche /ʀɛʃ/ SYN ADJ *(au toucher)* *[tissu, peau]* rough, harsh; *(au goût)* *[vin]* rough; *[fruit vert]* harsh; *(péj)* *[personne]* abrasive

recherche /ʀ(ə)ʃɛʀʃ/ SYN NF 1 *(= action de rechercher)* search *(de* for) • **la recherche de ce document m'a pris plusieurs heures** it took me several hours to search for the document • **la recherche de l'albumine dans le sang est faite en laboratoire** tests to detect albumin in the blood are performed in a laboratory

♦ **à la recherche de** in search of • « **À la recherche du temps perdu** » "Remembrance of Things Past" • **être/se mettre à la recherche de qch/qn** to be/go in search of sth/sb, to search for sth/sb • **je suis à la recherche de mes lunettes** I'm searching *ou* looking for my glasses • **ils sont à la recherche d'un appartement** they're looking for a flat *(Brit)* *ou* an apartment *(US)* • **nous avons fait toute la ville à la recherche d'un livre sur la Norvège** we looked all over town for a book about Norway • **il a dû se mettre à la recherche d'une nouvelle situation** he had to start looking for a new job • **il est toujours à la recherche d'une bonne excuse** he's always looking for *ou* on the look-out for a good excuse

2 *(= enquête)* • **recherches** investigations • **faire des recherches** to make *ou* pursue investigations • **malgré toutes leurs recherches, ils n'ont pas trouvé le document** despite all their searching they couldn't find the document • **toutes nos recherches pour retrouver l'enfant sont demeurées sans résultat** all our attempts to find the child remained fruitless • **jusqu'ici il a échappé aux recherches de la police** until now he has eluded the police

3 *(Scol, Univ)* • **la recherche** *(= activité intellectuelle, métier, spécialité)* research • **recherches** *(= études, enquêtes)* research • **faire des recherches sur un sujet** to do *ou* carry out research into a subject • **que fait-il comme recherches ?** what is he doing research on?, what is his field of research? • **être dans la recherche** to be a researcher • **faire de la recherche** to do research • **il fait de la recherche en chimie** he's doing research in chemistry • **bourse/étudiant de recherche** research grant/student • **travail de recherche** research work • **recherche appliquée/fondamentale** applied/basic research • **recherche clinique** clinical research • **recherche et développement** research and development, R & D • **recherche opérationnelle** operational research

4 *(fig = poursuite)* pursuit *(de* of), search *(de* for) • **la recherche de la gloire** the pursuit of fame • **la recherche de la perfection** the search *ou* quest for perfection • **la recherche des plaisirs** the pursuit of pleasure

5 *(= raffinement)* *[de tenue, ameublement]* studied elegance; *(péj = affectation)* affectation • **être habillé avec recherche/sans recherche** to be dressed with studied elegance/carelessly

6 *(Ordin)* search

> (!) **recherche** se traduit par **research** uniquement quand il désigne une activité intellectuelle.

recherché, e /ʀ(ə)ʃɛʀʃe/ SYN (ptp de **rechercher**)

ADJ 1 *[tableau, livre]* much sought-after; *[produits, acteur, conférencier]* in great demand *(attrib)*, much sought-after; *(= apprécié des connaisseurs)* *[morceau délicat, plaisir]* choice *(épith)*, exquisite

2 *(= étudié, soigné)* *[style]* mannered; *[expression]* studied; *[vocabulaire]* recherché, carefully chosen; *[tenue]* meticulous; *(péj)* affected

recherche-développement /ʀ(ə)ʃɛʀʃdev(ə)lɔpmɑ̃/ NF research and development, R and D

rechercher /ʀ(ə)ʃɛʀʃe/ SYN ► conjug 1 ◄ VT

1 *(= chercher à trouver)* *[+ objet, enfant]* to search for; *[+ coupable, témoin]* to try to find, to look for; *[+ cause]* to try to discover • **rechercher l'albumine dans le sang** to check for albumin in the blood • **rechercher comment/pourquoi** to try to find out how/why • **rechercher qch dans sa mémoire** to search one's memory for sth • **il faudra rechercher ce document dans tous les vieux dossiers** we'll have to search through all the old files to find this document • **rechercher un mot dans un fichier** *(Ordin)* to search a file for a word • « **on recherche femme de ménage** » *(annonce)* "cleaner required" • **recherché pour meurtre** wanted for murder • **les policiers le recherchent depuis deux ans** the police have been looking for him for two years • **la police recherche...** the police want to interview...

2 *(= viser à)* *[+ honneurs]* to seek; *[+ succès, plaisir]* to pursue; *[+ danger]* to court; *[+ compliments]* to fish for • **rechercher la perfection** to strive for *ou* seek perfection • **rechercher l'amitié/la compagnie de qn** to seek sb's friendship/company • **un photographe qui recherche l'insolite** a photographer who strives to capture the unusual

3 *(= chercher à nouveau)* to search for *ou* look for again • **il faudra que je recherche dans mon sac** I must have another look (for it) in my bag, I must look in my bag again • **recherche donc cette lettre** have another look for that letter

4 *(= reprendre)* *[+ personne]* to collect, to fetch

> (!) **rechercher** se traduit rarement par **to research**, qui a le sens de 'faire des recherches sur'.

recherchiste /ʀəʃɛʀʃist/ NMF researcher

rechigner /ʀ(ə)ʃiɲe/ SYN ► conjug 1 ◄ VI *(= renâcler)* to balk, to jib *(à, devant qch* at sth; *à faire* at doing) • **quand je lui ai dit de m'aider, il a rechigné**

when I told him to help me he balked *ou* he made a sour face • **faire qch en rechignant** to do sth with bad grace *ou* reluctantly • **il m'a obéi sans trop rechigner** he obeyed me without making too much fuss

rechristianiser /ʀ(ə)kʀistjanize/ ▸ conjug 1 ◂ VT to Christianize again

rechute /ʀ(ə)ʃyt/ SYN NF *(Méd)* relapse; *(fig : dans l'erreur, le vice)* lapse *(dans* into) • **faire** *ou* **avoir une rechute** *(Méd)* to have a relapse

rechuter /ʀ(ə)ʃyte/ ▸ conjug 1 ◂ VI *(Méd)* to relapse, to have a relapse

récidivant, e /ʀesidivɑ̃, ɑ̃t/ ADJ *(Méd)* recurring

récidive /ʀesidiv/ SYN NF [1] *(Jur)* second *ou* subsequent offence *(Brit) ou* offense *(US)* • **en cas de récidive** in the event of a second *ou* subsequent offence, in the event of a repetition of the offence • **escroquerie avec récidive** second offence of fraud • **être en récidive** to reoffend, to be a recidivist *(SPÉC)* • **les cas de récidive se multiplient chez les jeunes délinquants** reoffending *ou* recidivism *(SPÉC)* is on the increase among juvenile delinquents • **à la première récidive, je le fiche à la porte** if he does that once again, I'll throw him out

[2] *(Méd)* recurrence; *(fig = nouvelle incartade)* repetition *(of one's bad ways)*

récidiver /ʀesidive/ SYN ▸ conjug 1 ◂ VI *(Jur)* to reoffend; *[enfant, élève]* to do it again; *(Méd)* to recur • **il a récidivé 15 minutes plus tard avec un second but** he did it again* 15 minutes later with a second goal

récidivisme /ʀesidivism/ NM reoffending, recidivism *(SPÉC)*

récidiviste /ʀesidivist/ NMF second offender, recidivist *(SPÉC)*; *(plusieurs répétitions)* habitual offender, recidivist *(SPÉC)* • **condamné récidiviste** recidivist

récidivité /ʀesidivite/ NF *(Méd)* recurring nature

récif /ʀesif/ SYN NM reef • **récif corallien** *ou* **de corail** coral reef • **récif frangeant** fringing reef • **récif-barrière** barrier reef

récifal, e (mpl **-aux**) /ʀesifal, o/ ADJ reef *(épith)*

récipiendaire /ʀesipjɑ̃dɛʀ/ NM *(Univ)* recipient *(of a diploma)*; *[de société]* newly elected member, member elect

récipient /ʀesipjɑ̃/ SYN NM container

> (!) **récipient** ne se traduit pas par le mot anglais **recipient**.

réciprocité /ʀesipʀɔsite/ NF reciprocity

réciproque /ʀesipʀɔk/ SYN

ADJ *[sentiments, confiance, tolérance, concessions]* reciprocal, mutual; *(Math) [figure, transformation]* reciprocal; *[adjectif, verbe, pronom]* reciprocal • **propositions réciproques** *(Logique)* converse propositions • **je lui fais confiance et c'est réciproque** I trust him and he trusts me • **il la détestait et c'était réciproque** he hated her and the feeling was mutual

NF • **la réciproque** (= *l'inverse*) *(gén)* the opposite, the reverse; *(Logique)* the converse; (= *la pareille*) the same (treatment) • **il me déteste mais la réciproque n'est pas vraie** he hates me but the opposite *ou* reverse isn't true • **s'attendre à la réciproque** to expect the same (treatment) *ou* to be paid back

réciproquement /ʀesipʀɔkmɑ̃/ ADV [1] (= *l'un l'autre*) each other, one another • **ils se félicitaient réciproquement** they congratulated each other *ou* one another

[2] (= *vice versa*) vice versa • **il me déteste et réciproquement** he hates me and I hate him *ou* and the feeling is mutual • **un employé doit avoir de l'estime pour son chef et réciproquement** an employee should respect his boss and vice versa

réciproquer /ʀesipʀɔke/ ▸ conjug 1 ◂ VT *(Belg) [+ vœux, aide]* to reciprocate

récit /ʀesi/ SYN NM [1] (= *action de raconter*) account, story; (= *histoire*) story; (= *genre*) narrative • **récit autobiographique** autobiographical account • **récit de voyage** travel story • **faire le récit de** to give an account of, to tell the story of • **au récit de ces exploits** on hearing the story of these exploits

[2] *(Théât = monologue)* (narrative) monologue

récital (pl **récitals**) /ʀesital/ SYN NM recital • **donner un récital de piano** to give a piano recital

récitant, e /ʀesitɑ̃, ɑ̃t/

ADJ *(Mus)* solo

NM,F *(Mus, Radio, Théât, TV)* narrator

récitatif /ʀesitatif/ NM recitative

récitation /ʀesitasjɔ̃/ NF [1] (= *matière, classe*) recitation • **composition de récitation** recitation test • **leçon de récitation** verse to be recited by heart

[2] (= *texte, poème*) recitation, piece (to be recited)

[3] (= *action*) recital, reciting

réciter /ʀesite/ SYN ▸ conjug 1 ◂ VT [1] *[+ leçon, chapelet, prière]* to recite

[2] *(péj) [+ profession de foi, témoignage]* to trot out, to recite

réclamant, e /ʀeklamɑ̃, ɑ̃t/ NM,F *person who lodges a complaint*

réclamation /ʀeklamasjɔ̃/ SYN NF [1] (= *plainte*) complaint; *(Sport)* objection • **faire/déposer une réclamation** to make/lodge a complaint • **adressez vos réclamations à..., pour toute réclamation s'adresser à...** all complaints should be referred to... • « **(bureau** *ou* **service des) réclamations** » "complaints department *ou* office" • **téléphonez aux réclamations** *(Téléc)* ring the engineers

[2] (= *récrimination*) protest, complaint

> (!) **réclamation** ne se traduit pas par le mot anglais **reclamation**, qui a le sens de 'récupération'.

réclame /ʀeklam/ NF [1] (= *annonce publicitaire*) advertisement, ad*, advert *(Brit)* • **la réclame** (= *publicité*) advertising, publicity • **faire de la réclame pour un produit** to advertise *ou* publicize a product • **ça ne leur fait pas de réclame** that's not very good publicity for them • **je ne vais pas lui faire de la réclame** *(fig)* I'm not going to give him free publicity • **en réclame** on (special) offer • **article réclame** special offer

[2] *(Typographie)* catchword

réclamer /ʀeklame/ SYN ▸ conjug 1 ◂

VT [1] (= *demander*) *[+ silence, paix, aide]* to ask *ou* call for; *[+ argent, augmentation]* to ask for; *[+ pain]* to ask *ou* beg for • **je lui ai réclamé mon stylo** I asked him for my pen back • **réclamer qch avec insistance** *ou* **haut et fort** to clamour for sth • **réclamer l'indulgence de qn** to beg *ou* crave sb's indulgence • **je réclame la parole !** I want to say something! • **il m'a réclamé à boire/un jouet** he asked me for a drink/a toy • **je n'aime pas les enfants qui réclament** I don't like children who are always asking for things • **l'enfant malade réclame sa mère** the sick child is calling *ou* asking for his mother, the sick child wants his mother

[2] (= *exiger*) *[+ droit, dû]* to claim; *(plus énergique) [+ rançon]* to demand; *[+ part]* to claim, to lay claim to • **réclamer justice** to demand justice • **les policiers lui ont réclamé ses papiers d'identité** the police officers demanded (to see) his identity papers • **certains réclament que cette question soit inscrite à l'ordre du jour** some people are insisting that this issue be put on the agenda • **réclamer la démission du ministre** to call for the minister to resign *ou* for the minister's resignation

[3] (= *nécessiter*) *[+ patience, soin]* to call for, to demand, to require

VI (= *protester*) to complain • **si vous n'êtes pas content, allez réclamer ailleurs** if you're not happy, go and complain *ou* make your complaints elsewhere • **réclamer contre qch** to cry out against sth

VPR **se réclamer** • **se réclamer de** *[+ parti, organisation]* to claim to represent; *[+ théorie, principe]* to claim to adhere to; *[+ personne]* to claim to be a follower of

> (!) **réclamer** ne se traduit pas par **to reclaim**, qui a le sens de 'reconquérir', 'récupérer'.

• **doctrine politique qui se réclame de la Révolution française** political doctrine that claims to go back to the spirit of *ou* that claims to have its roots in the French Revolution • **il se réclame de l'école romantique** he claims to draw *ou* take his inspiration from the romantic school • **il s'est réclamé du ministre pour obtenir ce poste** he used the minister's name (as a reference) to obtain this position

reclassement /ʀ(ə)klasmɑ̃/ NM [1] *[de salarié]* redeployment; *[de chômeur]* placement; *[d'ex-prisonnier]* rehabilitation • **reclassement externe** outplacement

[2] *[d'objet, dossier]* reclassifying

[3] *[de salaires, fonctionnaire]* regrading • **reclassement de la fonction publique** establishing a new wage scale for the public sector

reclasser /ʀ(ə)klase/ ▸ conjug 1 ◂

VT [1] (= *réinsérer*) *[+ salarié]* to redeploy; *[+ chômeur]* to place; *[+ ex-prisonnier]* to rehabilitate

[2] *[+ objet, dossier]* to reclassify

[3] (= *ajuster le salaire de*) to regrade

VPR **se reclasser** (= *se réinsérer*) to find a placement • **elle s'est reclassée dans la restauration** she changed direction and went into catering

reclouer /ʀ(ə)klue/ ▸ conjug 1 ◂ VT to nail back on, to nail back together

reclus, e /ʀəkly, yz/

ADJ cloistered • **il vit reclus, il a** *ou* **mène une vie recluse** he leads the life of a recluse, he leads a cloistered life • **une vieille dame recluse dans sa chambre** an old lady shut up in her room

NM,F recluse

réclusion /ʀeklyzjɔ̃/ SYN NF [1] (= *emprisonnement*) • **réclusion (criminelle)** imprisonment • **réclusion criminelle à perpétuité** life imprisonment • **condamné à dix ans de réclusion (criminelle)** sentenced to ten years' imprisonment

[2] *(littér)* (= *retraite*) reclusion *(littér)*

réclusionnaire /ʀeklyzjɔnɛʀ/ NMF *(Jur)* convict

récognitif /ʀekɔgnitif, ʀekɔɲitif/ ADJ M *(Jur)* recognitive, recognitory • **acte récognitif** act of acknowledgment

récognition /ʀekɔgnisjɔ̃, ʀekɔɲisjɔ̃/ NF recognition

recoiffer /ʀ(ə)kwafe/ ▸ conjug 1 ◂

VT • **recoiffer ses cheveux** to do one's hair • **recoiffer qn** to do sb's hair

VPR **se recoiffer** (= *se peigner*) to do one's hair; (= *remettre son chapeau*) to put one's hat back on

recoin /ʀəkwɛ̃/ NM *(lit)* nook; *(fig)* hidden *ou* innermost recess • **les recoins du grenier** the nooks and crannies of the attic • **dans les recoins de sa mémoire** in the recesses of his mind • **il connaît les moindres recoins des Pyrénées** he knows the Pyrenees like the back of his hand, he knows every nook and cranny of the Pyrenees; → **coin**

recollage /ʀ(ə)kɔlaʒ/ NM *[d'étiquette]* resticking; *[de morceaux, vase]* sticking back together again; *[d'enveloppe]* resticking

récollection /ʀekɔlɛksjɔ̃/ NF (= *recueillement*) recollection

recollement /ʀ(ə)kɔlmɑ̃/ NM ⇒ **recollage**

recoller /ʀ(ə)kɔle/ ▸ conjug 1 ◂

VT [1] *[+ étiquette]* to stick back on *ou* down, to restick; *[+ morceaux, vase]* to stick back together; *[+ enveloppe]* to stick back down, to restick • **recoller les morceaux** (= *réconcilier*) to patch things up

[2] (= *remettre*) • **recoller son oreille à la porte** to stick one's ear against the door again • **recoller qn en prison*** to stick sb back in prison* • **ne recolle pas tes affaires dans ce coin !*** don't just stick your things back down in that corner!*

[3] (* = *redonner*) • **recoller une amende à qn** to fine sb again • **on nous a recollé le même moniteur que l'année dernière** we got stuck with the same group leader as last year • **arrête ou je t'en recolle une*** stop it or you'll get another slap

VT INDIR **recoller à** *(Sport)* • **le coureur a recollé au peloton** the runner caught up with *ou* closed the gap with the rest of the pack

VPR **se recoller** [1] *[os]* to mend, to knit (together)

[2] (* = *subir*) • **il a fallu se recoller la vaisselle** we got stuck with the washing-up again

[3] (* = *se remettre*) • **on va se recoller au boulot** let's get back down to work • **allez, on s'y recolle !** come on, let's get back to it!

[4] (* = *se remettre en ménage*) to get back together

récoltant, e /ʀekɔltɑ̃, ɑ̃t/ ADJ, NM,F • **(propriétaire) récoltant** farmer *(who harvests his own crop)*, grower

récolte /ʀekɔlt/ SYN NF [1] (= *activité*) *(gén)* harvesting; *[de perles]* gathering • **il y a deux récoltes par an** there are two harvests a year • **faire la récolte des pommes de terre** to harvest potatoes

[2] *[de souvenirs, documents, signatures]* collecting, gathering; *[d'argent]* collecting

[3] (= *produit*) *[de blé, maïs, etc]* harvest, crop; *[de pommes de terre, fraises, raisin, miel]* crop • **cette année, on a fait une excellente récolte (de**

fruits) this year we had an excellent crop (of fruit) ◆ **récolte sur pied** standing crop ◆ **la saison des récoltes** harvest time

[4] *[de documents, souvenirs]* collection; *(= argent récolté)* takings ◆ **la récolte est maigre** *(= documents)* I didn't get much information

récolter /ʀekɔlte/ SYN ▸ conjug 1 ◂ **VT** [1] *(gén)* to harvest; *[+ perles]* to gather ◆ **récolter ce qu'on a semé** *(fig)* to reap what one has sown; → **semer**

[2] *(= recueillir) [+ souvenirs, documents, signatures]* to collect, to gather; *[+ argent]* to collect; *[+ renseignements]* to gather; * *[+ contravention, coups, mauvaise note]* to get; *(Pol) [+ suffrages, points, voix]* to gain ◆ **je n'ai récolté que des ennuis** all I got was a lot of trouble

recombinaison /ʀ(ə)kɔ̃binɛzɔ̃/ **NF** recombination

recombinant, e /ʀ(ə)kɔ̃binɑ̃, ɑ̃t/ **ADJ** *(Méd) [produit, virus]* recombinant

recommandable /ʀ(ə)kɔmɑ̃dabl/ SYN **ADJ** *(= estimable)* commendable ◆ **peu recommandable** *[personne]* disreputable; *[comportement, moyen]* not very commendable

recommandation /ʀ(ə)kɔmɑ̃dasjɔ̃/ SYN **NF** [1] *(= conseil) (gén, Pol)* recommendation ◆ **faire des recommandations à qn** to make recommendations to sb ◆ **recommandations de l'ONU** UN recommendations ◆ **c'est la recommandation officielle pour « jet-stream »** *(Ling)* it's the recommended official French word for "jet-stream"

[2] *(= avis favorable) [d'hôtel, livre, etc]* recommendation ◆ **je l'ai acheté sur sa recommandation** I bought it on his recommendation

[3] *(= appui)* recommendation ◆ **sur la recommandation de qn** on sb's recommendation ◆ **donner une recommandation à qn pour un employeur** to give sb a reference (for an employer); → **lettre**

[4] *(Poste) [de lettre, paquet]* recording; *(avec valeur assurée)* registration

[5] *(Rel)* commandation

recommandé, e /ʀ(ə)kɔmɑ̃de/ (ptp de **recommander**) **ADJ** [1] *(Poste) [lettre, paquet]* recorded delivery; *(avec valeur assurée)* registered ◆ **« envoi (en) recommandé »** "recorded delivery" *(Brit)*, "certified mail" *(US)* ; *(avec valeur assurée)* "registered mail", "registered post" *(Brit)* ◆ **envoyer qch en recommandé** to send sth recorded delivery *(Brit)* ou by certified mail *(US)* ; *(avec valeur assurée)* to send sth by registered mail ou post *(Brit)* ; → **lettre**

[2] *(= conseillé) [produit, hôtel]* recommended; *[mesure, initiative]* advisable, recommended ◆ **est-ce bien recommandé ?** is it advisable? *(de faire qch* to do sth) ◆ **il est recommandé de...** it's advisable ou recommended to... ◆ **ce n'est pas très recommandé** * it's not very ou really advisable, it's not really recommended

recommander /ʀ(ə)kɔmɑ̃de/ GRAMMAIRE ACTIVE 1.1, 19.4 SYN ▸ conjug 1 ◂

VT [1] *(= appuyer) [+ candidat]* to recommend *(à* to) ◆ **est-il recommandé ?** has he been recommended? ◆ **sa probité intellectuelle le recommande autant que ses découvertes** his intellectual honesty commends him as much as his discoveries

[2] *(= conseiller) [+ hôtel, livre, film, produit]* to recommend *(à* to) ◆ **recommander à qn de faire qch** to recommend ou advise sb to do sth ◆ **le médecin lui a recommandé le repos** the doctor advised him to rest ◆ **je te recommande la modération/la discrétion** I advise you to be moderate/discreet, I recommend that you be moderate/discreet ◆ **je te recommande (de lire) ce livre** I recommend (that you read) this book ◆ **je te recommande de partir** *(ton menaçant)* I strongly advise you to leave ◆ **je ne saurais trop vous recommander de faire cette démarche** I strongly urge you to do this ◆ **est-ce bien à recommander ?** is it advisable?

[3] *(Rel)* ◆ **recommander son âme à Dieu** to commend one's soul to God

[4] *(Poste)* to record; *(avec valeur assurée)* to register

VPR se recommander [1] *(= se réclamer de)* ◆ **se recommander de qn** to give sb's name as a reference

[2] *(= s'en remettre à)* ◆ **se recommander à qn/Dieu** to commend o.s. to sb/God

[3] *(= montrer sa valeur)* ◆ **il se recommande par son talent/son expérience** his talent/his experience commends him

recommencement /ʀ(ə)kɔmɑ̃smɑ̃/ **NM** ◆ **l'histoire/la vie est un éternel recommencement** history/life is a process of constant renewal ◆ **les recommencements sont toujours difficiles** beginning again ou making a fresh start is always difficult

recommencer /ʀ(ə)kɔmɑ̃se/ SYN ▸ conjug 3 ◂

VT [1] *(= continuer) [+ récit, lecture]* to go on with; *[+ lutte, combat]* to resume ◆ **ça fait la troisième fois que je recommence** this is the third time I've had to do it ◆ **recommencer à** ou **de** *(littér)* **faire qch** to begin ou start to do sth again, to begin ou start doing sth again ◆ **il a recommencé à neiger** it started to snow again ◆ **il recommence à neiger** it's snowing again

[2] *(= refaire) [+ travail, expérience]* to start again *(Brit)*, to start over *(US)*; *(= répéter) [+ erreur]* to make again ◆ **laisser bouillir 5 minutes, recommencer l'opération trois fois** leave to boil for 5 minutes, repeat three times ◆ **recommencer sa vie** to make a fresh start (in life) ◆ **si c'était à recommencer** if I could start ou have it over again ◆ **tout est à recommencer** we *(ou* I *etc)* will have to start all over again ◆ **on prend les mêmes et on recommence !** * it's always the same old people!; → **zéro**

VI *[pluie, orage]* to begin ou start again; *[combat]* to start up again, to start afresh, to resume ◆ **la pluie recommence** it's beginning ou starting to rain again, the rain is beginning ou starting again ◆ **en septembre, l'école recommence** school begins ou starts again ou resumes in September ◆ **je leur ai dit de se taire, et voilà que ça recommence !** I told them to be quiet and now they're at it again! ◆ **ça y est, ça recommence !** * here we go again! ◆ **on lui dit de ne pas le faire, mais deux minutes plus tard, il recommence** he is told not to do it but two minutes later he does it again ou he's at it again ◆ **il m'a promis qu'il ne recommencerait plus** he promised he wouldn't do it again

recomparaître /ʀ(ə)kɔ̃paʀɛtʀ/ ▸ conjug 57 ◂ **VI** *(Jur)* to appear (in court) again

récompense /ʀekɔ̃pɑ̃s/ SYN **NF** *(= action, chose)* reward; *(= prix)* award ◆ **en récompense de** in return for, as a reward for ◆ **en récompense de vos services** in return for your services ◆ **je me sacrifie et voilà ma récompense** I make sacrifices and that's all the reward I get ◆ **sa réussite est la récompense de son travail** his success is just reward for his work ◆ **« forte récompense »** *(dans une annonce)* "generous reward" ◆ **obtenir la plus haute récompense pour qch** to receive the highest honour for sth

> Attention à ne pas traduire automatiquement **récompense** par le mot anglais **recompense**, qui est d'un registre plus soutenu et a le sens de 'dédommagement'.

récompenser /ʀekɔ̃pɑ̃se/ ▸ conjug 1 ◂ **VT** to reward ◆ **être récompensé d'avoir fait qch** to be rewarded for having done sth ◆ **j'ai été largement récompensé de mes efforts** I have been amply rewarded for my efforts ◆ **le biologiste a été récompensé pour sa découverte** the biologist got ou was given an award for his discovery ◆ **ce prix récompense le premier roman d'un auteur** this prize is awarded for an author's first novel

recomposé, e /ʀ(ə)kɔ̃poze/ (ptp de **recomposer**) **ADJ** *[passé]* reconstructed ◆ **une famille recomposée** a reconstituted family a blended family *(that includes step-parents and stepchildren)*

recomposer /ʀ(ə)kɔ̃poze/ SYN ▸ conjug 1 ◂ **VT** [1] *(Téléc) [+ numéro]* to dial again, to redial

[2] *[+ scène, image, passé]* to reconstruct; *[+ puzzle] (fig)* to piece together ◆ **recomposer une famille** to build another family

[3] *(Chim)* to recompose

[4] *(Typographie) [+ ligne, texte]* to reset

recomposition /ʀ(ə)kɔ̃pozisjɔ̃/ **NF** [1] *(de mémoire)* reconstitution

[2] *(Chim)* recomposition

[3] *(Téléc) [de numéro]* redialling

[4] *(Typographie)* resetting

recompter /ʀ(ə)kɔ̃te/ ▸ conjug 1 ◂ **VT** to count again, to recount

réconciliateur, -trice /ʀekɔ̃siljatœʀ, tʀis/ **NM,F** reconciler

réconciliation /ʀekɔ̃siljasjɔ̃/ **NF** reconciliation

réconcilier /ʀekɔ̃silje/ GRAMMAIRE ACTIVE 26.4 SYN ▸ conjug 7 ◂

VT *(Rel)* to reconcile; *[+ personnes, théories]* to reconcile *(avec* with) ◆ **réconcilier qn avec une idée** to reconcile sb to an idea ◆ **cette émission m'a réconcilié avec la télévision** this programme restored my faith in television

VPR se réconcilier to be ou become reconciled *(avec* with) ◆ **ils se sont réconciliés** they have made their peace with one another, they've patched things up ◆ **se réconcilier avec soi-même** to feel ou be at peace with o.s.

reconductible /ʀ(ə)kɔ̃dyktibl/ **ADJ** renewable

reconduction /ʀ(ə)kɔ̃dyksjɔ̃/ **NF** renewal ◆ **tacite reconduction** renewal by tacit agreement

reconduire /ʀ(ə)kɔ̃dɥiʀ/ SYN ▸ conjug 38 ◂ **VT** [1] *(= continuer) [+ politique, budget, bail]* to renew ◆ **commande tacitement reconduite** order renewed by tacit agreement

[2] *(= raccompagner)* ◆ **reconduire qn chez lui/à la gare** to see ou take sb (back) home/to the station ◆ **il a été reconduit à la frontière par les policiers** he was escorted (back) to the frontier by the police ◆ **reconduire qn à pied/en voiture chez lui** to walk/drive sb (back) home ◆ **il m'a reconduit à la porte** he showed me to the door

reconduite /ʀ(ə)kɔ̃dɥit/ **NF** *[de personne en situation irrégulière]* ◆ **reconduite (à la frontière)** escorting (back) to the border ◆ **le nombre de reconduites exécutées** the number of people who were escorted back to the border

reconfiguration /ʀ(ə)kɔ̃figyʀasjɔ̃/ **NF** [1] *(Ordin)* reconfiguration

[2] *(Écon) [d'entreprise]* re-engineering

reconfigurer /ʀ(ə)kɔ̃figyʀe/ ▸ conjug 1 ◂ **VT** [1] *(Ordin)* to reconfigure

[2] *(Écon) [+ entreprise]* to re-engineer

réconfort /ʀekɔ̃fɔʀ/ SYN **NM** comfort ◆ **avoir besoin de réconfort** to need comforting ◆ **sa présence m'a apporté un grand réconfort** his presence was a great comfort to me ◆ **réconfort moral** solace ◆ **elle a trouvé un réconfort dans la lecture** she found some consolation in reading

réconfortant, e /ʀekɔ̃fɔʀtɑ̃, ɑ̃t/ SYN **ADJ** *(= rassurant) [parole, idée]* comforting; *(= stimulant) [remède]* tonic *(épith)*, fortifying; *[aliment]* fortifying

réconforter /ʀekɔ̃fɔʀte/ SYN ▸ conjug 1 ◂

VT *[paroles, présence]* to comfort; *[alcool, aliment, remède]* to fortify

VPR se réconforter *(moralement)* to comfort o.s., to cheer o.s. up, to make o.s. feel better; *(physiquement)* to fortify o.s.

reconnaissable /ʀ(ə)kɔnɛsabl/ **ADJ** recognizable *(à* by, from) ◆ **il n'était pas reconnaissable** he was unrecognizable, you wouldn't have recognized him ◆ **son style est reconnaissable entre mille** his style is unmistakable ◆ **difficilement reconnaissable** hard to recognize

reconnaissance /ʀ(ə)kɔnɛsɑ̃s/ GRAMMAIRE ACTIVE 22 SYN

NF [1] *(= gratitude)* gratitude *(à qn* to ou towards sb) ◆ **avoir/éprouver de la reconnaissance pour qn** to be/feel grateful to sb ◆ **en reconnaissance de ses services/de son aide** in recognition of ou acknowledgement of ou gratitude for his services/his help ◆ **être pénétré de reconnaissance pour la générosité de qn** to be filled with gratitude to sb for his generosity ◆ **je lui voue une reconnaissance éternelle** I am eternally grateful to him ◆ **il n'a même pas la reconnaissance du ventre** *(hum)* he's not even grateful for what he's been given

[2] *(Pol) [de État, indépendance]* recognition; *(Jur) [de droit]* recognition, acknowledgement; *[de diplôme, rôle, statut]* recognition ◆ **il a soif de reconnaissance sociale** he craves social recognition

[3] *(= exploration)* reconnaissance, survey; *(Mil)* reconnaissance, recce * ◆ **envoyer en reconnaissance** *(lit, fig)* to send (out) on reconnaissance ou on a recce * ◆ **partir en reconnaissance** *(lit, fig)* to go and reconnoitre (the ground) ◆ **faire** ou **pousser une reconnaissance** *(Mil)* to make a reconnaissance, to go on reconnaissance ◆ **mission/patrouille de reconnaissance** reconnaissance mission/patrol

[4] *(= identification)* recognition ◆ **il lui fit un petit signe de reconnaissance** he gave her a little sign of recognition ◆ **il tenait un journal en signe de reconnaissance** he was carrying a newspaper so that he could be recognized ou identified

[5] *(littér = aveu)* acknowledgement, admission

[6] *(Ordin)* recognition ◆ **reconnaissance vocale** ou **de la parole** speech recognition ◆ **reconnaissance de formes** pattern recognition ◆ **recon-**

naissance optique de caractères optical character recognition, OCR

COMP **reconnaissance de dette** acknowledgement of a debt, IOU
reconnaissance d'enfant legal recognition of a child
reconnaissance du mont-de-piété pawn ticket
reconnaissance d'utilité publique official approval

reconnaissant, e /ʀ(ə)kɔnɛsɑ̃, ɑ̃t/ GRAMMAIRE ACTIVE 2.1, 4, 19.1, 19.3, 19.4, 20.1, 21.1, 22 SYN ADJ grateful *(à qn de qch* to sb for sth) ◆ **se montrer reconnaissant envers qn** to show one's gratitude to sb ◆ **je vous serais reconnaissant de me répondre rapidement** I would be grateful if you would reply quickly *ou* for a speedy reply ◆ « **aux grands hommes la patrie reconnaissante** » "to great men, (from) the grateful Motherland"

reconnaître /ʀ(ə)kɔnɛtʀ/ GRAMMAIRE ACTIVE 11.1, 13.2, 18.2, 26.6 SYN ► conjug 57 ◄

VT 1 *(gén = identifier)* to recognize ◆ **je l'ai reconnu à sa voix** I recognized him *ou* I knew it was him *ou* I could tell it was him from *ou* by (the sound of) his voice ◆ **je le reconnaîtrais entre mille** I'd recognize him anywhere ◆ **elle reconnut l'enfant à son foulard rouge** she recognized the child by his red scarf ◆ **reconnaître la voix/le pas de qn** to recognize sb's voice/walk ◆ **reconnaître le corps** *(d'un mort)* to identify the body ◆ **ces jumeaux sont impossibles à reconnaître** these twins are impossible to tell apart, it's impossible to tell which of these twins is which ◆ **on reconnaît un gros fumeur à ses doigts jaunis** you can tell *ou* recognize a heavy smoker by his stained fingers ◆ **on reconnaît bien là sa paresse** that's just typical of his laziness ◆ **je le reconnais bien là !** that's just like him!, that's him all over! ◆ **méfiez-vous, il sait reconnaître un mensonge** be careful – he knows *ou* recognizes *ou* he can spot a lie when he hears one ◆ **on ne le reconnaît plus** you wouldn't know *ou* recognize him now

2 *(= convenir de) [+ innocence, supériorité, valeur]* to recognize, to acknowledge; *(= avouer) [+ torts]* to recognize, to acknowledge, to admit ◆ **il reconnut peu à peu la difficulté de la tâche** he gradually came to recognize the difficulty of the task ◆ **il faut reconnaître les faits** we must face *ou* recognize the facts ◆ **on lui reconnaît une qualité, il est honnête** he is recognized as having one quality – he is honest ◆ **il faut reconnaître qu'il faisait très froid** admittedly it was very cold ◆ **il a reconnu s'être trompé/qu'il s'était trompé** he admitted to *ou* acknowledged making a mistake/that he had made a mistake ◆ **je reconnais que j'avais tout à fait oublié ce rendez-vous** I must confess *ou* admit (that) I had completely forgotten this appointment

3 *(= admettre) [+ maître, chef]* to recognize; *(Pol) [+ État, gouvernement]* to recognize; *(Jur) [+ enfant]* to recognize legally, to acknowledge; *[+ dette]* to acknowledge; *[+ diplôme]* to recognize ◆ **reconnaître qn pour** *ou* **comme chef** to acknowledge *ou* recognize sb as (one's) leader ◆ **reconnaître la compétence d'un tribunal** to acknowledge *ou* recognize the competence of a court ◆ **reconnaître qn coupable** to find sb guilty ◆ **reconnaître sa signature** to acknowledge one's signature ◆ **il ne reconnaît à personne le droit d'intervenir** he doesn't acknowledge that anyone has the right to intervene

4 *(Mil) [+ côte, île, terrain]* to reconnoitre ◆ **on va aller reconnaître les lieux** *ou* **le terrain** we're going to see how the land lies, we're going to reconnoitre (the ground) ◆ **les gangsters étaient certainement venus reconnaître les lieux auparavant** the gangsters had probably been to look over the place beforehand

5 *(littér = montrer de la gratitude pour)* to recognize, to acknowledge

VPR **se reconnaître** 1 *(dans la glace)* to recognize o.s.; *(entre personnes)* to recognize each other ◆ **elle ne se reconnaît pas du tout dans ses filles** she (just) can't see any likeness between herself and her daughters

2 *(lit, fig = se retrouver)* to find one's way about *ou* around ◆ **je ne m'y reconnais plus** I'm completely lost ◆ **je commence à me reconnaître** I'm beginning to find my bearings

3 *(= être reconnaissable)* to be recognizable *(à* by) ◆ **le pêcher se reconnaît à ses fleurs roses** the peach tree is recognizable by its pink flowers, you can tell a peach tree by its pink flowers

4 *(= s'avouer)* ◆ **se reconnaître vaincu** to admit *ou* acknowledge defeat ◆ **se reconnaître coupable** to admit *ou* acknowledge one's guilt

reconnecter VT, **se reconnecter** VPR /ʀ(ə)kɔnɛkte/ ► conjug 1 ◄ *(gén)* to reconnect *(à* to); *(Ordin)* to log on again

reconnu, e /ʀ(ə)kɔny/ SYN (ptp de **reconnaître**) ADJ *[fait]* recognized, accepted; *[auteur, chef, diplôme]* recognized ◆ **c'est un fait reconnu que...** it's a recognized *ou* an accepted fact that... ◆ **il est reconnu que...** it is recognized *ou* accepted *ou* acknowledged that...

reconquérir /ʀ(ə)kɔ̃keʀiʀ/ SYN ► conjug 21 ◄ VT *(Mil)* to reconquer, to recapture, to capture back; *[+ personne, titre, siège de député]* to win back; *[+ dignité, liberté]* to recover, to win back

reconquête /ʀ(ə)kɔ̃kɛt/ NF *(Mil)* reconquest, recapture; *[de droit, liberté]* recovery

reconsidérer /ʀ(ə)kɔ̃sideʀe/ SYN ► conjug 6 ◄ VT to reconsider

reconstituant, e /ʀ(ə)kɔ̃stitɥɑ̃, ɑ̃t/

ADJ *[aliment, régime]* energy-giving

NM energy-giving food, energizer

reconstituer /ʀ(ə)kɔ̃stitɥe/ SYN ► conjug 1 ◄

VT 1 *[+ parti, armée, association]* to re-form; *[+ fortune, capital, réserves]* to build up again ◆ **bifteck haché reconstitué** mincemeat *(Brit) ou* hamburger *(US)* patty

2 *[+ crime, faits, histoire]* to reconstruct, to piece together; *[+ décor]* to recreate; *[+ puzzle]* to piece together; *[+ fichier]* to rebuild; *[+ texte]* to restore, to reconstitute; *[+ édifice, vieux quartier]* to reconstruct

3 *[+ objet brisé]* to put *ou* piece together

4 *(Bio) [+ organisme]* to regenerate

VPR **se reconstituer** *[équipe, parti]* to re-form; *[+ réserves]* to be built up again

reconstitution /ʀ(ə)kɔ̃stitysjɔ̃/ SYN NF 1 *[de parti, armée, association]* re-forming; *[de fortune, capital, réserves]* rebuilding

2 *[de crime, faits, puzzle, histoire]* reconstruction, piecing together; *[de fichier]* rebuilding; *[de texte]* restoration, reconstitution ◆ **la reconstitution du crime** the reconstruction of the crime *(in the presence of the examining magistrate and the accused)*

3 *[d'objet brisé]* repairing

4 *(Bio) [d'organisme]* regeneration

reconstructeur, -trice /ʀ(ə)kɔ̃stʀyktœʀ, tʀis/ ADJ *[chirurgie]* reconstructive

reconstruction /ʀ(ə)kɔ̃stʀyksjɔ̃/ SYN NF *[de maison, ville, pays]* rebuilding, reconstruction; *[de fortune]* rebuilding

reconstructive /ʀəkɔ̃stʀyktiv/ ADJ F **chirurgie reconstructive** reconstructive surgery

reconstruire /ʀ(ə)kɔ̃stʀɥiʀ/ SYN ► conjug 38 ◄ VT *[+ maison, ville, pays]* to rebuild, to reconstruct; *[+ fortune]* to build up again, to rebuild ◆ **il a dû reconstruire sa vie** he had to rebuild his life

recontacter /ʀ(ə)kɔ̃takte/ ► conjug 1 ◄ VT ◆ **recontacter qn** to get in touch with sb again ◆ **je vous recontacterai quand j'aurai pris une décision** I'll get in touch with you again when I've made a decision

reconventionnel, -elle /ʀ(ə)kɔ̃vɑ̃sjɔnɛl/ ADJ ◆ **demande reconventionnelle** counter claim

reconversion /ʀ(ə)kɔ̃vɛʀsjɔ̃/ SYN NF *[d'usine]* reconversion; *[de personnel]* redeployment, retraining; *[de région]* redevelopment; *[d'économie]* restructuring ◆ **stage/plan de reconversion** retraining course/scheme

reconvertir /ʀ(ə)kɔ̃vɛʀtiʀ/ ► conjug 2 ◄

VT *[+ personnel]* to retrain; *[+ région]* to redevelop; *[+ économie, entreprise]* to restructure ◆ **l'ancienne fabrique a été reconvertie en école** the old factory has been converted into a school

VPR **se reconvertir** *[personne]* to move into *ou* turn to a new type of employment; *[entreprise]* to change activity ◆ **il s'est reconverti dans la publicité** he has changed direction and gone into advertising ◆ **nous nous sommes reconvertis dans le textile** we have moved over *ou* gone over into textiles

recopier /ʀ(ə)kɔpje/ ► conjug 7 ◄ VT *(= transcrire)* to copy out, to write out; *(= recommencer)* to copy out *ou* write out again ◆ **recopier ses notes au propre** to write up one's notes, to make a clean *ou* fair *(Brit)* copy of one's notes

record /ʀ(ə)kɔʀ/ SYN

NM *(Sport)* record ◆ **record masculin/féminin** men's/women's record ◆ **record de vitesse/d'altitude** speed/altitude record ◆ **record du monde/d'Europe** world/European record ◆ **le yen a battu son record historique** the yen has hit *ou* reached a record high *ou* an all-time high ◆ **le ministre bat tous les records d'impopularité** the minister breaks *ou* beats all the records for unpopularity ◆ **ça bat (tous) les records !** * that beats everything! ◆ **ce film a connu des records d'affluence** the film broke box-office records ◆ **un record d'abstentions** a record number of abstentions ◆ **j'ai lu deux livres en une semaine, c'est mon record** I read two books within a week, it's a personal record

ADJ INV *[chiffre, niveau, production, taux]* record *(épith)* ◆ **les bénéfices ont atteint un montant record de 5 milliards** profits reached a record total of 5 billion ◆ **en un temps record** in record time

recordage /ʀ(ə)kɔʀdaʒ/ NM *[de raquette]* restringing *(NonC)*

recorder /ʀ(ə)kɔʀde/ ► conjug 1 ◄ VT *[+ raquette]* to restring

recordman /ʀ(ə)kɔʀdman/ (pl **recordmen** /ʀ(ə)kɔʀdmɛn/) NM (men's) record holder

> (!) **recordman** ne se traduit pas par **record man**, qui n'existe pas en anglais.

recordwoman /ʀ(ə)kɔʀdwuman/ (pl **recordwomen** /ʀ(ə)kɔʀdwumɛn/) NF (women's) record holder

> (!) **recordwoman** ne se traduit pas par **record woman**, qui n'existe pas en anglais.

recorriger /ʀəkɔʀiʒe/ ► conjug 3 ◄ VT to recorrect, to correct again; *(Scol)* to mark *ou* grade again

recoucher /ʀ(ə)kuʃe/ ► conjug 1 ◄

VT *[+ enfant]* to put back to bed; *[+ objet]* to lay *ou* put down again

VPR **se recoucher** to go back to bed

recoudre /ʀ(ə)kudʀ/ SYN ► conjug 48 ◄ VT *[+ ourlet]* to sew up again; *[+ bouton]* to sew back on, to sew on again; *[+ plaie]* to stitch up (again), to put stitches (back) in; *[+ opéré]* to stitch (back) up

recoupe /ʀəkup/ NF 1 *(Tech)* cuttings

2 *(Agr)* aftermath

3 *(Meunerie)* middlings

recoupement /ʀ(ə)kupmɑ̃/ NM cross-check, cross-checking *(NonC)* ◆ **par recoupement** by cross-checking ◆ **faire des recoupements** to cross-check

recouper /ʀ(ə)kupe/ ► conjug 1 ◄

VT 1 *(gén)* to cut again; *[+ vêtement]* to recut; *[+ route]* to intersect ◆ **recouper du pain** to cut (some) more bread ◆ **elle m'a recoupé une tranche de viande** she cut me another slice of meat

2 *[+ vin]* to blend

3 *[témoignage]* to tie up *ou* match up with, to confirm, to support

VI *(Cartes)* to cut again

VPR **se recouper** SYN *[faits]* to tie *ou* match up, to confirm *ou* support one another; *[droites, cercles]* to intersect; *[chiffres, résultats]* to add up

recouponner /ʀ(ə)kupɔne/ ► conjug 1 ◄ VT to renew the coupons of

recourbé, e /ʀ(ə)kuʀbe/ (ptp de **recourber**) ADJ *(gén)* curved; *(accidentellement)* bent; *[bec]* curved, hooked ◆ **nez recourbé** hooknose

recourber /ʀ(ə)kuʀbe/ ► conjug 1 ◄

VT *[+ bois]* to bend (over); *[+ métal]* to bend, to curve

VPR **se recourber** to curve (up), to bend (up)

recourir /ʀ(ə)kuʀiʀ/ SYN ► conjug 11 ◄

VT *(Sport)* to run again

VT INDIR **recourir à** *[+ opération, emprunt]* to resort to, to have recourse to; *[+ force]* to resort to; *[+ personne]* to turn to, to appeal to ◆ **j'ai recouru à son aide** I turned *ou* appealed to him for help

VI 1 *(Sport)* to race again, to run again ◆ **j'ai recouru le chercher** I ran back *ou* raced back *ou* nipped back * *(Brit)* to get it

2 *(Jur)* ◆ **recourir contre qn** to (lodge an) appeal against sb

recours /ʀ(ə)kuʀ/ SYN

NM resort, recourse; *(Jur)* appeal ◆ **le recours à la violence ne sert à rien** resorting to violence doesn't do any good ◆ **nous n'avons plus qu'un recours** there's only one course (of action) left open to us ◆ **il n'y a aucun recours contre cette décision** there is no way of changing this decision, there is no appeal possible ◆ **il n'y a aucun recours contre cette maladie** there is no cure *ou* remedy for this disease ◆ **la situation**

est sans recours there's nothing we can do about the situation, there's no way out of the situation
- **avoir recours à** [+ mesure, solution] to resort to, to have recourse to; [+ force] to resort to; [+ personne] to turn to, to appeal to
- **en dernier recours** as a last resort • **la banque n'effectuera des licenciements qu'en dernier recours** the bank will not make people redundant except as a last resort • **en dernier recours, un tirage au sort aura lieu** if all else fails there will be a draw

COMP recours en cassation appeal to the supreme court

recours contentieux submission for a legal settlement

recours en grâce (= remise de peine) plea for pardon; (= commutation de peine) plea for clemency

recours gracieux submission for an out-of-court settlement

recours hiérarchique disciplinary complaint

recouvrable /R(ə)kuvRabl/ ADJ ⓵ [impôt] collectable, which can be collected; [créance] recoverable, reclaimable, retrievable
② [peinture] recoatable

recouvrage /R(ə)kuvRaʒ/ NM [de siège] reupholstering

recouvrement /R(ə)kuvRəmã/ NM ⓵ (= action) covering (up); (= résultat) cover • **assemblage à recouvrement** (Constr) lap joint
② (Fin) [de cotisations] collection, payment; [d'impôt] collection, levying; (littér) [de créance] recovery
③ (littér) [de forces, santé] recovery

recouvrer /R(ə)kuvRe/ SYN ▶ conjug 1 ◀ VT
⓵ [+ santé, vue] to recover, to regain; [+ liberté] to regain; [+ amitié] to win back • **recouvrer la raison** to recover one's reason, to come back to one's senses
② (Fin) [+ cotisation] to collect; [+ impôt] to collect, to levy; (littér) [+ créance] to recover

recouvrir /R(ə)kuvRiR/ SYN ▶ conjug 18 ◀
VT ⓵ (entièrement) to cover • **la neige recouvre le sol** snow covers the ground • **recouvert d'écailles/d'eau** covered in ou with scales/water • **recouvrir un mur de papier peint/de carreaux** to paper/tile a wall • **le sol était recouvert d'un tapis** the floor was carpeted, there was a carpet on the floor • **le visage recouvert d'un voile** her face covered by a veil • **elle avait la tête recouverte d'un fichu** she had a shawl around her head • **recouvre la casserole/les haricots** put the lid on the saucepan/the beans
② (à nouveau) [+ fauteuil, livre] to re-cover, to put a new cover on; [+ casserole] to put the lid back on • **recouvrir un enfant qui dort** to cover (up) a sleeping child again
③ (= cacher + intentions) to conceal, to hide, to mask; (= englober) [+ aspects, questions] to cover

VPR se recouvrir ⓵ (= se garnir) • **se recouvrir d'eau/de terre** to become covered in ou with water/earth • **le ciel se recouvre** the sky is getting cloudy ou becoming overcast again
② (= se chevaucher) to overlap • **les deux feuilles se recouvrent partiellement** the two sheets overlap slightly

recracher /R(ə)kRaʃe/ ▶ conjug 1 ◀
VT to spit out (again) • **l'usine recrachait ses eaux usées dans la rivière** the factory spewed out its waste water into the river
VI to spit again

récré* /RekRe/ NF (abrév de **récréation**) break, recess (US) • **à la récré** at break time, at recess time (US)

récréatif, -ive /RekReatif, iv/ ADJ [lecture] light (épith) • **soirée récréative** evening's recreation ou entertainment

récréation /RekReasjɔ̃/ SYN NF ⓵ (Scol) break, recess (US) • **aller en récréation** to go out for (the) break • **les enfants sont en récréation** the children are having their break, the children are on recess (US); → **cour**
② (gén = détente) recreation, relaxation

 Au sens scolaire, **récréation** ne se traduit généralement pas par le mot anglais **recreation**.

recréditation /R(ə)kRedıtasjɔ̃/ NF [de carte de crédit] chargeback

recréer /R(ə)kRee/ ▶ conjug 1 ◀ VT to re-create

récréer /RekRee/ ▶ conjug 1 ◀ (littér)
VT to entertain, to amuse
VPR se récréer to amuse o.s.

recrépir /R(ə)kRepiR/ ▶ conjug 2 ◀ VT to resurface (with roughcast ou pebble dash) • **faire recrépir sa maison** to have the roughcast ou pebble dash redone on one's house

recrépissage /R(ə)kRepisaʒ/ NM resurfacing (with roughcast ou pebble dash)

recreuser /R(ə)kRøze/ ▶ conjug 1 ◀ VT [+ trou] (de nouveau) to dig again; (davantage) to dig deeper; [+ question] to go further ou deeper into, to dig deeper into

récrier (se) /RekRije/ SYN ▶ conjug 7 ◀ VPR (littér) to exclaim • **se récrier d'admiration/d'indignation/de surprise** to exclaim ou cry out in admiration/in indignation/in surprise • **se récrier contre qch** to cry out against sth

récriminateur, -trice /RekRiminatœR, tRis/ ADJ remonstrative, complaining

récrimination /RekRiminasjɔ̃/ SYN NF recrimination, remonstration, complaint

récriminatoire /RekRiminatwaR/ ADJ [discours, propos] remonstrative

récriminer /RekRimine/ SYN ▶ conjug 1 ◀ VI to recriminate, to remonstrate (contre against), to complain bitterly (contre about)

récrire /RekRiR/ ▶ conjug 39 ◀ VT ⇒ **réécrire**

recristallisation /R(ə)kRistalizasjɔ̃/ NF recrystallization

recristalliser /R(ə)kRistalize/ ▶ conjug 1 ◀ VI to recrystallize

recroquevillé, e /R(ə)kRɔk(ə)vije/ (ptp de **se recroqueviller**) ADJ [feuille, fleur] shrivelled (up), curled (up); [personne] hunched ou huddled up • **il était tout recroquevillé dans un coin** he was all hunched up ou huddled up in a corner

recroqueviller (se) /R(ə)kRɔk(ə)vije/ SYN ▶ conjug 1 ◀ VPR [feuille, fleur] to shrivel up, to curl up; [personne] to huddle ou curl o.s. up

recru, e[1] /RəkRy/ SYN ADJ (littér) • **recru (de fatigue)** exhausted, tired out

recrudescence /R(ə)kRydesɑ̃s/ SYN NF [de criminalité, combats] (fresh ou new) upsurge ou outbreak; [d'épidémie] (fresh ou new) outbreak • **devant la recrudescence des vols** in view of the increasing number of thefts • **il y a eu une recrudescence de froid** there was another spell of even colder weather

recrudescent, e /R(ə)kRydesɑ̃, ɑ̃t/ ADJ (littér) • **épidémie recrudescente** epidemic which is on the increase ou upsurge again

recrue[2] /RəkRy/ SYN NF (Mil) recruit; (fig) recruit, new member • **faire une (nouvelle) recrue** (fig) to gain a (new) recruit, to recruit a new member

recrutement /R(ə)kRytmɑ̃/ SYN NM (= action) recruitment, recruiting; (= recrues) recruits • **recrutement externe/interne** external/internal recruitment

recruter /R(ə)kRyte/ SYN ▶ conjug 1 ◀ VT (Mil, fig) to recruit • **se recruter dans ou parmi** to be recruited from, to come from • **recruter des cadres pour une entreprise** to headhunt for a company

recruteur, -euse /R(ə)kRytœR, øz/
NM,F (Mil) recruiting officer; (pour cadres) headhunter
ADJ recruiting • **agent recruteur** recruiting agent

recta†* /Rɛkta/ ADV [payer] promptly, on the nail*; [arriver] on the dot • **quand j'ai les pieds mouillés, c'est recta, j'attrape un rhume** whenever I get my feet wet that's it*, I catch a cold

rectal, e (mpl -aux) /Rɛktal, o/ ADJ rectal

rectangle /Rɛktɑ̃gl/
NM (gén) rectangle, oblong; (Math) rectangle • **rectangle blanc** † (TV) "suitable for adults only" sign
ADJ right-angled

rectangulaire /Rɛktɑ̃gylɛR/ ADJ rectangular, oblong

recteur /RɛktœR/ NM ⓵ • **recteur (d'académie)** • **recteur chancelier des universités** ≈ chief education officer (Brit), ≈ director of education (Brit), ≈ commissioner of education (US) → **ACADÉMIE**
② (Rel) (= prêtre) priest; (= directeur) rector

rectifiable /Rɛktifjabl/ ADJ [erreur] rectifiable, which can be put right ou corrected; [alcool] rectifiable

rectificateur /RɛktifikatœR/ NM (Chim) rectifier

rectificatif, -ive /Rɛktifikatif, iv/
ADJ [compte] rectified, corrected • **acte rectificatif, note rectificative** correction
NM correction • **apporter un rectificatif** to make a correction

rectification /Rɛktifikasjɔ̃/ SYN NF ⓵ [d'erreur] rectification, correction; [de paroles, texte] correction • **permettez-moi une petite rectification** if I might make a small rectification • **apporter des rectifications** to make some corrections
② [de route, tracé, virage] straightening; [de mauvaise position] correction
③ (Tech) [de pièce] truing up, making true
④ (Chim, Math) rectification

rectifier /Rɛktifje/ SYN ▶ conjug 7 ◀ VT ⓵ (= corriger) [+ calcul, erreur] to correct, to rectify; [+ paroles, texte] to correct; [+ facture, contrat] to amend • **« non, ils étaient deux » rectifia-t-il** "no, actually there were two of them" he said • **je voudrais rectifier une ou deux choses qui ont été dites** I'd like to set the record straight
② (= ajuster, modifier) (gén) to adjust; [+ route, tracé] to straighten; [+ virage] to straighten (out); [+ mauvaise position] to correct; [+ assaisonnement] to correct • **rectifier sa position/l'alignement** (Mil) to correct one's stance/the alignment • **rectifier le tir** (lit) to adjust one's aim; (fig) to change one's tack • **il rectifia la position du rétroviseur** he adjusted his driving mirror
③ (Tech) [+ pièce] to true (up), to adjust
④ (Chim, Math) to rectify
⑤ (✱ = tuer) • **il a été rectifié, il s'est fait rectifier** they did away with him*, he got himself killed ou bumped off* (Brit)

rectifieur, -ieuse /RɛktifjœR, jøz/
NM,F (= ouvrier) grinding machine operator
NF rectifieuse (= machine) grinding machine

rectiligne /Rɛktiliɲ/
ADJ (gén) straight; [mouvement] rectilinear; (Géom) rectilinear
NM (Géom) rectilinear angle

rectilinéaire /RɛktilineɛR/ ADJ rectilinear

rectite /Rɛktit/ NF proctitis

rectitude /Rɛktityd/ NF [de caractère] rectitude, uprightness; [de jugement] soundness, rectitude; (littér) [de ligne] straightness

recto /Rɛkto/ NM front (of a page), first side, recto (frm) • **recto verso** on both sides (of the page) • **voir au recto** see other side

rectocolite /Rɛktokɔlit/ NF proctocolitis

rectoral, e (pl -aux) /RɛktɔRal, o/ ADJ of the education office ou authority

rectorat /RɛktɔRa/ NM (= bureaux) education offices; (= administration) education authority

rectoscope /Rɛktoskɔp/ NM proctoscope

rectoscopie /Rɛktoskɔpi/ NF proctoscopy

rectrice /RɛktRis/ ADJ F, NF • (plume) rectrice rectrix

rectum /Rɛktɔm/ NM rectum

reçu, e /R(ə)sy/ SYN (ptp de **recevoir**)
ADJ ⓵ [usages, coutumes] accepted; → **idée**
② [candidat] successful
NM ⓵ (= quittance) receipt
② (= candidat) successful candidate • **il y a eu 50 reçus** there were 50 passes ou successful candidates

recueil /Rəkœj/ SYN NM (gén) book, collection; [de documents] compendium • **recueil de poèmes** anthology ou collection of poems • **recueil de morceaux choisis** anthology • **recueil de faits** (fig) collection of facts

recueillement /R(ə)kœjmɑ̃/ NM meditation, contemplation • **écouter avec un grand recueillement** to listen reverently • **écouter avec un recueillement quasi religieux** to listen with almost religious respect ou reverence

recueilli, e /R(ə)kœji/ SYN (ptp de **recueillir**) ADJ meditative, contemplative

recueillir /R(ə)kœjiR/ SYN ▶ conjug 12 ◀
VT ⓵ (= récolter) [+ graines] to gather, to collect; [+ argent, documents] to collect; [+ liquide] to collect, to catch; [+ suffrages] to win; [+ héritage] to inherit • **recueillir le fruit de ses efforts** to reap the rewards of one's efforts • **recueillir de**

vifs applaudissements *[orateur, discours]* to be enthusiastically *ou* warmly applauded • **il a recueilli 100 voix** he got *ou* polled 100 votes

[2] *(= accueillir) [+ réfugié]* to take in • **recueillir qn sous son toit** to receive sb in one's home, to welcome sb into one's home

[3] *(= enregistrer) [+ déposition, chansons anciennes]* to take down, to take note of; *[+ opinion]* to record

VPR **se recueillir** *(Rel, gén)* to collect *ou* gather one's thoughts, to commune with o.s. • **aller se recueillir sur la tombe de qn** to go and meditate at sb's grave

recuire /ʀ(ə)kɥiʀ/ ▸ conjug 38 ◂

VT *[+ viande]* to recook, to cook again; *[+ pain, gâteaux]* to rebake, to bake again; *[+ poterie]* to bake *ou* fire again; *(Tech) [+ métal]* to anneal

VI *[viande]* to cook for a further length of time • **faire recuire** *[+ viande]* to cook a little longer; *[+ gâteau]* to bake a little longer

recuit[1], **e** /ʀəkɥi, it/ ADJ *[visage, peau]* sunburnt; *(littér) [haine]* deep-rooted

recuit[2] /ʀəkɥi/ NM *[de métal, verre]* annealing

recul /ʀ(ə)kyl/ SYN NM [1] *(= éloignement dans le temps, l'espace)* distance • **avec le recul (du temps), on juge mieux les événements** when some time has elapsed one can judge events better • **prendre du recul** *(lit)* to step back, to stand back; *(fig)* to stand back *(par rapport à* from) • **après cette dispute, j'ai besoin de prendre un peu de recul** after that quarrel I need to take stock • **avec du** *ou* **le recul** with (the benefit of) hindsight • **il manque de recul** *(pour faire demi-tour)* he hasn't got enough room; *(pour prendre une photo)* he's too close; *(pour juger objectivement)* he's too involved • **nous manquons de recul** *ou* **nous n'avons pas assez de recul pour mesurer les effets à long terme** not enough time has passed *ou* it is still too soon for us to assess the long-term effects • **cette salle n'a pas assez de recul** you can't get back far enough in this room

[2] *(= retraite) [d'armée]* retreat; *[de patron, négociateur]* climb-down* *(par rapport à* from) • **j'ai été étonné de son recul devant la menace de grève** I was amazed at how he caved in once there was a threat of a strike • **avoir un mouvement de recul** to recoil, to shrink back *(devant, par rapport à* from)

[3] *(= déclin) [de civilisation, langue, épidémie]* decline *(de* of); *[d'investissements, ventes, prix, taux]* decline, fall, drop *(de* in) • **être en recul** *[épidémie]* to be on the decline, to be subsiding; *[chômage]* to be on the decline, to be going down; *[monnaie]* to be falling, to lose value; *[parti]* to be losing ground • **un recul de la majorité aux élections** a setback for the ruling party in the election • **le recul du dollar par rapport à l'euro** the fall of the dollar against the euro • **le recul de la livre sur les marchés internationaux** the loss of value of the pound on the international markets • **le dollar est en net recul par rapport à hier** the dollar has dropped sharply since yesterday • **le recul de l'influence française en Afrique** the decline of French influence in Africa

[4] *[d'arme à feu]* recoil, kick

[5] *(= report) [d'échéance]* postponement

[6] *(= déplacement) [de véhicule]* backward movement; → **phare**

reculade /ʀ(ə)kylad/ NF *(Mil)* retreat, withdrawal; *(fig péj)* retreat, climb-down* • **c'est la reculade générale** they're all backing down

reculé, e /ʀ(ə)kyle/ SYN (ptp de **reculer**) ADJ *[époque]* remote, distant; *[région, village]* remote, out-of-the-way *(épith)*, out of the way *(attrib)* • **en ces temps reculés** in those far-off times

reculer /ʀ(ə)kyle/ SYN ▸ conjug 1 ◂

VI [1] *[personne]* to move *ou* step back; *(par peur)* to draw back, to back away; *[automobiliste, automobile]* to reverse, to back (up), to move back; *[cheval]* to back; *[mer]* to recede; *(Mil)* to retreat • **reculer de deux pas** to go back *ou* move back two paces, to take two paces back • **reculer devant l'ennemi** to retreat from *ou* draw back from the enemy • **reculer d'horreur** to draw back *ou* shrink back in horror, to recoil (in horror) • **c'est reculer pour mieux sauter** it's just putting off the evil day • **faire reculer** *[+ foule]* to move back, to force back; *[+ cheval]* to move back; *[+ ennemi]* to push *ou* force back; *[+ désert]* to drive back • **ce spectacle le fit reculer** he recoiled at the sight

[2] *(= hésiter)* to shrink back; *(= changer d'avis)* to back down, to back out • **tu ne peux plus reculer maintenant** you can't back out *ou* back down now • **reculer devant la dépense/difficulté** to shrink from the expense/difficulty • **je ne reculerai devant rien, rien ne me fera reculer** I'll stop *ou* stick *(Brit)* at nothing, nothing will stop me • **il ne faut pas reculer devant ses obligations** you mustn't shrink from your obligations • **il ne recule pas devant la dénonciation** he doesn't flinch at *ou* shrink from informing on people • **cette condition ferait reculer de plus braves** this condition would make braver men (than I *ou* you *etc*) draw back *ou* hesitate

[3] *(= diminuer) (gén)* to be on the decline; *[patois]* to be on the decline, to lose ground; *[chômage]* to decline, to subside, to go down; *[eaux]* to subside, to recede, to go down; *[incendie]* to subside, to lose ground; *[civilisation, science]* to be on the decline • **il a reculé en français** *[élève]* he's gone down in French • **faire reculer l'épidémie** to get the epidemic under control • **faire reculer le chômage** to reduce the number of unemployed • **faire reculer l'inflation** to curb inflation • **les mines d'or ont reculé d'un point** *(Bourse)* gold shares fell back a point

[4] *[arme à feu]* to recoil

VT *[+ chaise, meuble]* to move back, to push back; *[+ véhicule]* to reverse, to back (up); *[+ frontières]* to extend, to push *ou* move back; *[+ livraison, date]* to put back, to postpone; *[+ décision]* to put off, to defer, to postpone; *[+ échéance]* to defer, to postpone

VPR **se reculer** to stand *ou* step *ou* move back, to take a step back

reculons /ʀ(ə)kylɔ̃/ SYN **à reculons** LOC ADV *[aller, marcher]* backwards; *[accepter]* reluctantly, unwillingly • **sortir à reculons d'une pièce/d'un garage** to back out of a room/a garage • **ce pays entre à reculons dans l'Europe** this country is reluctant about going into Europe • **ils y vont à reculons** *(fig)* they're dragging their feet

reculotter /ʀ(ə)kylɔte/ ▸ conjug 1 ◂ VT *[+ enfant]* to put trousers back on

récup* /ʀekyp/ NF (abrév de **récupération**) *[de déchets, ferraille, chiffons, emballages]* recycling; *[de chaleur, énergie]* recovery; *[de délinquant]* rehabilitation • **matériaux de récup** salvaged materials • **son appartement est meublé avec de la récup** his flat is furnished with stuff salvaged from skips • **l'art de la récup** making things out of junk

récupérable /ʀekypeʀabl/ ADJ *[créance]* recoverable; *[heures]* which can be made up; *[ferraille]* which can be salvaged; *[vieux habits]* usable • **un délinquant qui n'est plus récupérable** an offender with no potential for rehabilitation • **il n'est plus récupérable** there is no hope of reforming him

récupérateur, -trice /ʀekypeʀatœʀ, tʀis/

ADJ *(péj) [discours, procédé]* designed to win over dissenting opinion (*ou* groups *etc*)

NM,F *(= personne) [de carton, plastique, papier]* salvage dealer; *[de métal]* scrap metal dealer, scrap merchant

NM *(Tech) [de chaleur]* recuperator, regenerator; *[d'arme]* recuperator • **récupérateur d'eaux pluviales** rainwater collector

récupération /ʀekypeʀasjɔ̃/ NF [1] *[d'argent, biens, forces]* recovery; *(Ordin) [de données, fichier]* retrieval, recovery • **la capacité de récupération de l'organisme** the body's powers of recuperation *ou* recovery

[2] *[de déchets, ferraille, chiffons, emballages]* recycling; *[de chaleur, énergie]* recovery; *[de délinquant]* rehabilitation • **matériaux de récupération** salvaged materials

[3] *[de journées de travail]* making up • **deux jours de récupération** two days to make up

[4] *(Pol : péj) [de mouvement, personnes]* takeover, hijacking

récupérer /ʀekypeʀe/ SYN ▸ conjug 6 ◂

VT [1] *[+ argent, biens, territoire]* to get back, to recover; *[+ objet prêté]* to get back; *[+ forces]* to recover, to get back, to regain; *(Ordin)* to retrieve, to recover; *(= aller chercher) [+ enfant, bagages]* to pick up, to collect; *[+ sièges, voix] (= reprendre à un autre)* to take; *(= s'approprier)* to win, to take • **il a récupéré son siège** *(Pol)* he won back his seat • **ils sont allés récupérer les pilotes abattus en territoire ennemi** they went to rescue the pilots that had been shot down in enemy territory

[2] *(= réhabiliter) [+ délinquant]* to rehabilitate, to reform

[3] *[+ ferraille, chiffons, emballages]* to salvage, to reclaim; *[+ chaleur, énergie]* to recover; *[+ déchets]* to recycle; *[+ délinquant]* to rehabilitate • **toutes les pêches étaient pourries, je n'ai rien pu récupérer** all the peaches were rotten, I couldn't use any of them • **regarde si tu peux récupérer quelque chose dans ces vieux habits** see if you can find anything usable among these old clothes • **où es-tu allé récupérer ce chat ?*** wherever did you find that cat?

[4] *[+ journées de travail]* to make up • **on récupérera samedi** we'll make it up *ou* we'll make the time up on Saturday

[5] *(Pol : péj) [+ personne, mouvement]* to take over, to hijack • **se faire récupérer par la gauche/la droite** to be taken over by the left/the right • **récupérer une situation/un événement à son profit** to cash in on a situation/an event

VI *(après des efforts, une maladie)* to recover, to recuperate

récurage /ʀekyʀaʒ/ NM scouring

récurer /ʀekyʀe/ SYN ▸ conjug 1 ◂ VT to scour; → **poudre**

récurrence /ʀekyʀɑ̃s/ NF *(Math, Méd, littér = répétition)* recurrence

récurrent, e /ʀekyʀɑ̃, ɑ̃t/ SYN ADJ *[cauchemar, phénomène, problème, thème]* recurring, recurrent; *(Anat, Ling, Méd)* recurrent • **série récurrente** *(Math)* recursion series • **fièvre récurrente** recurrent *ou* relapsing fever • **ces rumeurs apparaissent de façon récurrente** these rumours are always going round

récursif, -ive /ʀekyʀsif, iv/ ADJ recursive

récursivité /ʀekyʀsivite/ NF recursiveness

récursoire /ʀekyʀswaʀ/ ADJ • **action récursoire** cross claim

récusable /ʀekyzabl/ ADJ *[témoin]* challengeable; *[témoignage]* impugnable

récusation /ʀekyzasjɔ̃/ NF *[de témoin, juge, juré]* challenging (NonC), objection; *[de témoignage]* impugnment, challenging (NonC), challenge • **droit de récusation** right to challenge

récuser /ʀekyze/ SYN ▸ conjug 1 ◂

VT *[+ témoin, juge, juré]* to challenge, to object to; *[+ témoignage]* to impugn, to challenge; *[+ accusation]* to deny, to refute • **récuser un argument** *(Jur)* to make objection to an argument • **récuser la compétence d'un tribunal** to challenge the competence of a court

VPR **se récuser** to decline to give an opinion *ou* accept responsibility; *(Jur) [juge]* to decline to act

recyclable /ʀ(ə)siklabl/ ADJ recyclable

recyclage /ʀ(ə)siklaʒ/ NM [1] *[d'élève]* reorientation; *[d'employé]* retraining • **stage de recyclage** retraining *ou* refresher course

[2] *[d'eaux usées, déchets]* recycling

[3] *(Fin)* reinvestment • **le recyclage d'argent sale** money-laundering

recycler /ʀ(ə)sikle/ SYN ▸ conjug 1 ◂

VT [1] *[+ employé] (dans son domaine)* to send on a refresher course; *(pour un nouveau métier)* to retrain; *[+ élève]* to reorientate

[2] *(Tech) [+ déchets, eaux usées]* to recycle • **papier recyclé** recycled paper

[3] *(Fin) (= réinvestir)* to reinvest; *(= blanchir)* to launder

VPR **se recycler** *[personne] (dans son domaine)* to go on a refresher course; *(pour un nouveau métier)* to retrain • **elle s'est recyclée dans la restauration** she changed direction and went into catering • **je ne peux pas me recycler à mon âge** I can't learn a new job *ou* trade at my age • **se recycler en permanence** to be constantly updating one's skills • **il a besoin de se recycler !*** he needs to get with it!*

recycleur /ʀəsiklœʀ/ NM *(= industriel)* recycler

rédacteur, -trice /ʀedaktœʀ, tʀis/

NM,F *(Presse)* sub-editor; *[d'article]* writer; *[de loi]* drafter; *[d'encyclopédie, dictionnaire]* compiler, editor • **rédacteur politique/économique** political/economics editor • **rédacteur sportif** sports editor, sportswriter

COMP **rédacteur en chef** editor
rédacteur publicitaire copywriter
rédacteur technique technical writer

rédaction /ʀedaksjɔ̃/ SYN NF [1] *[de contrat, projet]* drafting, drawing up; *[de thèse, article]* writing; *[d'encyclopédie, dictionnaire]* compiling, compilation; *(Admin, Jur)* wording • **ce n'est que la première rédaction** it's only the first draft • **rédaction technique** technical writing

2 *(Presse) (= personnel)* editorial staff; *(= bureaux)* editorial offices; → **salle, secrétaire**
3 *(Scol)* essay, composition

rédactionnel, -elle /ʀedaksjɔnɛl/ **ADJ** editorial

redan /ʀədɑ̃/ **NM** *(= fortification)* redan

reddition /ʀedisjɔ̃/ SYN **NF** *(Mil)* surrender; *[de comptes]* rendering • **reddition sans conditions** unconditional surrender

redécoupage /ʀədekupaʒ/ **NM** • **effectuer un redécoupage électoral** to make boundary changes

redécouverte /ʀ(ə)dekuvɛʀt/ **NF** rediscovery

redécouvrir /ʀ(ə)dekuvʀiʀ/ ▸ conjug 18 ◂ **VT** to rediscover

redéfaire /ʀ(ə)defɛʀ/ ▸ conjug 60 ◂ **VT** *[+ paquet, lacet]* to undo again; *[+ manteau]* to take off again; *[+ couture]* to unpick again • **le nœud s'est redéfait** the knot has come undone *ou* come untied again

redéfinir /ʀ(ə)definiʀ/ ▸ conjug 2 ◂ **VT** to redefine

redéfinition /ʀ(ə)definisjɔ̃/ **NF** redefinition

redemander /ʀəd(ə)mɑ̃de, ʀ(ə)dəmɑ̃de/ ▸ conjug 1 ◂ **VT** *[+ adresse]* to ask again for; *[+ aliment]* to ask for more; *[+ bouteille]* to ask for another • **redemande-le-lui** *(une nouvelle fois)* ask him for it again; *(récupère-le)* ask him to give it back to you, ask him for it back • **redemander du poulet** to ask for more chicken *ou* another helping of chicken • **en redemander*** *(iro)* to ask for more*

redémarrage /ʀ(ə)demaʀaʒ/ **NM** 1 *[de moteur, réacteur, usine]* starting up again • **pendant le redémarrage** *(Ordin)* while the computer restarts
2 *(= reprise) [d'économie, activité, ventes]* resurgence, upturn; *[d'inflation]* resurgence; *[de croissance]* pickup *(de* in)

redémarrer /ʀ(ə)demaʀe/ ▸ conjug 1 ◂ **VI** 1 *[moteur]* to start up again; *[véhicule]* to move off again; *[réacteur]* to be started up again • **le chauffeur a redémarré au feu vert** the driver moved *ou* drove off again when the light turned green
2 *[processus]* to start again; *[économie]* to get going again, to take off again; *[croissance]* to pick up again; *[inflation]* to rise again • **il tente de faire redémarrer son entreprise** he's trying to get his company started again
3 *(Ordin)* to restart

rédempteur, -trice /ʀedɑ̃ptœʀ, tʀis/
ADJ redemptive, redeeming
NM,F redeemer

rédemption /ʀedɑ̃psjɔ̃/ SYN **NF** 1 *(Rel)* redemption
2 *(Jur) [de rente]* redemption; *[de droit]* recovery

redéploiement /ʀ(ə)deplwamɑ̃/ **NM** *[d'armée, effectifs]* redeployment; *[de groupe industriel, activités, crédits]* restructuring

redéployer /ʀ(ə)deplwaje/ ▸ conjug 8 ◂
VT *[+ efforts, ressources, troupes]* to redeploy; *[+ crédits, effectifs]* to redeploy, to reassign • **l'entreprise a redéployé ses activités autour de trois pôles** the company has reorganized its operations around three core areas • **un nouveau musée a été construit pour redéployer l'ensemble des collections** a new museum has been built so that the collection can be displayed in a new way
VPR se redéployer *[armée, effectifs]* to redeploy; *[entreprise]* to reorganize its operations

redescendre /ʀ(ə)desɑ̃dʀ/ ▸ conjug 41 ◂
VT *(avec aux avoir)* 1 *[+ escalier]* to go *ou* come (back) down again • **la balle a redescendu la pente** the ball rolled down the slope again *ou* rolled back down the slope
2 *[+ objet] (à la cave)* to take downstairs again; *(du grenier)* to bring downstairs again; *(d'un rayon)* to get *ou* lift (back) down again; *(d'un crochet)* to take (back) down again • **redescendre qch d'un cran** to put sth one notch lower down
VI *(avec aux être)* 1 *(dans l'escalier)* to go *ou* come (back) downstairs again; *(d'une colline)* to go *ou* come (back) down again • **l'alpiniste redescend** *(à pied)* the mountaineer climbs down again; *(avec une corde)* the mountaineer ropes down again • **redescendre de voiture** to get *ou* climb out of the car again
2 *[ascenseur, avion]* to go down again; *[marée]* to go out again, to go back out; *[chemin]* to go *ou* slope down again; *[baromètre, fièvre]* to fall again

redessiner /ʀ(ə)desine/ ▸ conjug 1 ◂ **VT** *[+ paysage, jardin]* to redesign; *[+ frontière]* to redraw

redevable /ʀ(ə)dəvabl/ SYN **ADJ** 1 *(Fin)* • **être redevable de 20 € à qn** to owe sb €20 • **redevable de l'impôt** liable for tax
2 *(fig)* • **être redevable à qn de** *[+ aide, service]* to be indebted to sb for • **je vous suis redevable de la vie** I owe you my life

redevance /ʀ(ə)dəvɑ̃s/ SYN **NF** 1 *(= impôt)* tax; *(Radio, TV) annual fee paid to the government to cover the costs of public television*, licence fee *(Brit)*; *(Téléc)* rental charge
2 *(= bail, rente)* dues, fees; *(touchée par l'inventeur)* royalties

redevenir /ʀ(ə)dəv(ə)niʀ/ ▸ conjug 22 ◂ **VI** to become again • **le temps est redevenu glacial** the weather has become *ou* gone very cold again • **il est redevenu lui-même** he is his old self again

redevoir /ʀ(ə)dəvwaʀ/ ▸ conjug 28 ◂ **VT** • **il me redoit 1 500 €** he still owes me €1,500

rédhibition /ʀedibisjɔ̃/ **NF** redhibition

rédhibitoire /ʀedibitwaʀ/ **ADJ** *[défaut]* crippling, damning; *[conditions]* totally unacceptable • **un échec n'est pas forcément rédhibitoire** one failure does not necessarily spell the end of everything • **sa mauvaise foi est vraiment rédhibitoire** his insincerity puts him quite beyond the pale • **il est un peu menteur, mais ce n'est pas rédhibitoire** he's a bit of a liar but that doesn't rule him out altogether • **vice rédhibitoire** *(Jur)* latent defect

rédie /ʀedi/ **NF** redia

rediffuser /ʀ(ə)difyze/ ▸ conjug 1 ◂ **VT** *[+ émission]* to repeat, to rerun

rediffusion /ʀ(ə)difyzjɔ̃/ **NF** *[d'émission]* repeat, rerun

rédiger /ʀediʒe/ SYN ▸ conjug 3 ◂ **VT** *[+ article, lettre]* to write, to compose; *(à partir de notes)* to write up; *[+ encyclopédie, dictionnaire]* to compile, to write; *[+ contrat]* to draw up, to draft • **bien rédigé** well-written

redimensionnement /ʀədimɑ̃sjɔnmɑ̃/ **NM** resizing

redimensionner /ʀ(ə)dimɑ̃sjɔne/ ▸ conjug 1 ◂ **VT** *[+ entreprise, comité, image]* to resize

rédimer /ʀedime/ ▸ conjug 1 ◂ **VT** *(Rel)* to redeem

redingote /ʀ(ə)dɛ̃gɔt/ **NF** *(Hist)* frock coat • **manteau redingote** *[de femme]* fitted coat

redire /ʀ(ə)diʀ/ SYN ▸ conjug 37 ◂ **VT** 1 *[+ affirmation]* to say again, to repeat; *[+ histoire]* to tell again, to repeat; *[+ médisance]* to (go and) tell, to repeat • **redire qch à qn** to say sth to sb again, to tell sb sth again, to repeat sth to sb • **il redit toujours la même chose** he's always saying *ou* he keeps saying the same thing • **je te l'ai dit et redit** I've told you that over and over again *ou* time and time again • **je lui ai redit cent fois que...** I've told him countless times that... • **redis-le après moi** repeat after me • **ne le lui redites pas** don't go and tell him *ou* don't go and repeat (to him) what I've said • **il ne se le fait pas redire deux fois** he doesn't need telling *ou* to be told twice
2 • **avoir** *ou* **trouver à redire à qch** to find fault with sth • **il trouve à redire à tout** he finds fault with everything, he's always ready to criticize • **on ne peut rien trouver à redire là-dessus** there's nothing to say *ou* you can say to that • **je ne vois rien à redire (à cela)** I don't have any complaint(s) about that, I can't see anything wrong with that

rediriger /ʀ(ə)diʀiʒe/ ▸ conjug 3 ◂ **VT** *[+ appel, personne]* to redirect

rediscuter /ʀ(ə)diskyte/ ▸ conjug 1 ◂ **VT** to discuss again, to have further discussion on

redistribuer /ʀ(ə)distʀibɥe/ ▸ conjug 1 ◂ **VT** *[+ biens]* to redistribute; *[+ emplois, rôles, tâches]* to reallocate; *[+ cartes]* to deal again • **cet événement va redistribuer les cartes dans la bataille électorale** this event will change the face of the electoral battle

redistributif, -ive /ʀ(ə)distʀibytif, iv/ **ADJ** *(Écon) [effet, fiscalité]* redistributive

redistribution /ʀ(ə)distʀibysjɔ̃/ SYN **NF** *[de richesses, revenus, pouvoirs]* redistribution; *[de rôles, terres]* reallocation; *[de cartes]* redeal • **la redistribution des cartes dans le secteur des télécommunications** the reorganization of the telecommunications sector

redite /ʀ(ə)dit/ SYN **NF** (needless) repetition

redondance /ʀ(ə)dɔ̃dɑ̃s/ **NF** 1 *[de style]* redundancy *(NonC)*, diffuseness *(NonC)*; *(Ling, Ordin)* redundancy *(NonC)*
2 *(= expression)* unnecessary *ou* superfluous expression • **votre devoir est plein de redondances** your homework is full of repetitions

redondant, e /ʀ(ə)dɔ̃dɑ̃, ɑ̃t/ SYN **ADJ** *[mot]* superfluous, redundant; *[style]* redundant, diffuse; *(Ling, Ordin)* redundant

redonner /ʀ(ə)dɔne/ SYN ▸ conjug 1 ◂ **VT**
1 *(= rendre) [+ objet, bien]* to give back, to return; *[+ forme, idéal]* to give back, to give again; *[+ espoir, énergie]* to restore, to give back • **l'air frais te redonnera des couleurs** the fresh air will put some colour back in your cheeks *ou* bring some colour back to your cheeks • **cela te redonnera des forces** that will build your strength back up *ou* put new strength into you *ou* restore your strength • **cette crème redonnera du tonus à votre peau** this cream will revitalize your skin • **redonner de la confiance/du courage à qn** to give sb new *ou* fresh confidence/courage, to restore sb's confidence/courage • **ce voyage m'a redonné goût à la vie** this trip restored my appetite for life • **redonner la parole à qn** to let sb speak again • **redonner vie à un quartier/un village** to give an area/a village a new lease of life • **ça a redonné le même résultat** it produced the same result as before
2 *(= donner de nouveau) [+ adresse]* to give again; *[+ pain, eau]* to give some more • **redonner une couche de peinture** to give another coat of paint • **redonne-toi un coup de peigne** give your hair another quick comb • **tu peux me redonner de la viande/ des carottes ?** can you give me some more meat/some more carrots? *ou* another helping of meat/of carrots? • **redonne-lui une bière/à boire** give him another beer/another drink
3 *(Théât)* to put on again

redorer /ʀ(ə)dɔʀe/ ▸ conjug 1 ◂ **VT** to regild • **redorer son blason** *[famille]* to boost the family fortunes by marrying into money; *[entreprise, émission]* to regain prestige

redormir /ʀ(ə)dɔʀmiʀ/ ▸ conjug 16 ◂ **VI** to sleep some more • **j'ai redormi trois heures** I slept for three more hours

redoublant, e /ʀ(ə)dublɑ̃, ɑ̃t/ **NM,F** *(Scol)* pupil who is repeating *(ou* has repeated) a year at school, repeater *(US)*

redoublement /ʀ(ə)dubləmɑ̃/ **NM** 1 *(= accroissement)* increase *(de* in), intensification *(de* of) • **je vous demande un redoublement d'attention** I need you to pay even closer attention, I need your increased attention • **avec un redoublement de larmes** with a fresh flood of tears
2 *(Scol)* • **le redoublement permet aux élèves faibles de rattraper** repeating a year *ou* a grade *(US) ou* being kept down *(Brit)* helps the weaker pupils to catch up
3 *(Ling)* reduplication

redoubler /ʀ(ə)duble/ SYN ▸ conjug 1 ◂
VT 1 *(= accroître) [+ joie, douleur, craintes]* to increase, to intensify; *[+ efforts]* to step up, to redouble • **frapper à coups redoublés** to bang twice as hard, to bang even harder • **hurler à cris redoublés** to yell twice as loud
2 *(Ling) [+ syllabe]* to reduplicate; *(Couture) [+ vêtement]* to reline • **redoubler (une classe)** *(Scol)* to repeat a year *ou* a grade *(US)*, to be held back *ou* kept down *(Brit)* a year
VT INDIR redoubler de • **redoubler d'efforts** to step up *ou* redouble one's efforts, to try extra hard • **redoubler de prudence/de vigilance** to be extra careful/vigilant, to be doubly careful/vigilant • **le vent redouble de violence** the wind is getting even stronger *ou* is blowing even more strongly
VI *(gén)* to increase, to intensify; *[froid, douleur]* to become twice as bad, to get even worse; *[vent]* to become twice as strong; *[joie]* to become even more intense; *[larmes]* to flow *ou* fall even faster; *[cris]* to get even louder *ou* twice as loud

redoutable /ʀ(ə)dutabl/ SYN **ADJ** *[arme, adversaire, concurrence]* formidable, fearsome; *[maladie]* dreadful; *[problème]* formidable, dreadful; *[question]* tough, difficult • **son charme redoutable** his devastating charm • **elle est d'une efficacité redoutable** she's frighteningly efficient

redoutablement /ʀ(ə)dutabləmɑ̃/ **ADV** *[agile, efficace]* formidably; *[dangereux]* extremely • **un couteau redoutablement effilé** a dangerously sharp knife

redoute /ʀədut/ **NF** *(Mil)* redoubt

redouter /ʀ(ə)dute/ SYN ▸ conjug 1 ◂ **VT** *[+ ennemi, avenir, conséquence]* to dread, to fear • **je redoute de l'apprendre** I dread finding out about it • **je**

redoute qu'il ne l'apprenne I dread his finding out about it

redoux /ʀədu/ NM (= *temps plus chaud*) spell of milder weather; (= *dégel*) thaw

redresse /ʀ(ə)dʀɛs/ **à la redresse**✱ † LOC ADJ [*personne*] tough

redressement /ʀ(ə)dʀɛsmɑ̃/ SYN NM 1 [*de poteau*] setting upright, righting; [*de tige*] straightening (up); [*de tôle*] straightening out, knocking out; [*de courant*] rectification; [*de buste, corps*] straightening up
2 [*de bateau*] righting; [*de roue, voiture, avion*] straightening up
3 [*de situation*] (= *action*) putting right; (= *résultat*) recovery
4 [*d'économie*] recovery, upturn; [*d'entreprise*] recovery, turnaround • **plan de redressement** recovery package • **redressement économique/financier** economic/financial recovery • **être mis** *ou* **placé en redressement judiciaire** (*Jur*) to be put into receivership *ou* administration
5 [*d'erreur*] righting, putting right; [*d'abus, torts*] righting, redress; [*de jugement*] correcting • **redressement fiscal** (*Fin*) tax adjustment; → **maison**

redresser /ʀ(ə)dʀese/ SYN ▸ conjug 1 ◂
VT 1 (= *relever*) to straighten up; [+ *tôle cabossée*] to knock out; [+ *courant*] to rectify; (*Opt*) [+ *image*] to straighten • **redresser un malade sur son oreiller** to sit *ou* prop a patient up against his pillow • **redresser les épaules** to straighten one's shoulders, to throw one's shoulders back • **redresser le corps (en arrière)** to stand up straight, to straighten up • **redresser la tête** (*lit*) to hold up *ou* lift (up) one's head; (*fig* = *être fier*) to hold one's head up high; (*fig* = *se révolter*) to show signs of rebellion • **se faire redresser les dents** to have one's teeth straightened
2 (= *rediriger*) [+ *roue, voiture*] to straighten up; [+ *bateau*] to right; [+ *avion*] to lift the nose of, to straighten up • **redresse !** straighten up!; → **barre**
3 (= *rétablir*) [+ *économie*] to put *ou* set right; [+ *entreprise déficitaire*] to turn round; [+ *situation*] to put right, to straighten out • **redresser le pays** to get *ou* put the country on its feet again
4 (*littér* = *corriger*) [+ *erreur*] to rectify, to put right; [+ *torts, abus*] to remedy • **redresser le jugement défavorable de qn** to change sb's unfavourable opinion
VPR **se redresser** 1 (= *se mettre assis*) to sit up; (= *se mettre debout*) to stand up; (= *se mettre droit*) to stand up straight; (*après s'être courbé*) to straighten up; (*fig* = *être fier*) to hold one's head up high • **redresse-toi !** sit *ou* stand up straight!
2 [*bateau*] to right itself; [*avion*] to flatten out, to straighten up; [*voiture*] to straighten up; [*pays, économie*] to recover; [*situation*] to correct itself
3 [*coin replié, cheveux*] to stick up • **les blés, couchés par le vent, se redressèrent** the wheat, which had been flattened by the wind, stood up straight again

redresseur /ʀ(ə)dʀesœʀ/ SYN
NM 1 (*Hist, iro*) • **redresseur de torts** righter of wrongs • **redresseur d'entreprises** corporate rescuer
2 (*Élec*) rectifier
ADJ M [*muscle*] erector; [*prisme*] erecting

réduc✱ /ʀedyk/ NF (abrèv de **réduction**[2])

réductase /ʀedyktaz/ NF reductase

réducteur, -trice /ʀedyktœʀ, tʀis/ SYN
ADJ 1 (*Chim*) reducing; [*engrenage*] reduction
2 (*péj* = *simplificateur*) [*analyse, concept*] simplistic
NM (*Chim*) reducing agent; (*Photo*) reducer • **réducteur (de vitesse)** speed reducer • **réducteur de tête** head shrinker

réductibilité /ʀedyktibilite/ NF reducibility

réductible /ʀedyktibl/ ADJ (*Chim, Math*) reducible (*en, à* to); (*Méd*) [*fracture*] which can be reduced (SPÉC) *ou* set; [*quantité*] which can be reduced

réduction /ʀedyksjɔ̃/ SYN NF 1 (= *diminution*) [*de dépenses, personnel, production, déficit*] reduction, cut (*de* in) • **réduction de salaire/d'impôts** wage/tax cut, cut in wages/in taxes • **réduction du temps de travail** cut *ou* reduction in working time *ou* hours • **obtenir une réduction de peine** to get a reduced sentence
2 (= *rabais*) discount, reduction • **faire/obtenir une réduction** to give/get a reduction • **une réduction de 10%** a 10% discount • **réduction (pour les) étudiants/chômeurs** concessions for students/the unemployed • **carte de réduction** discount card • **bénéficier d'une carte de réduction dans les transports** (*trains*) to have a railcard; (*bus*) to have a bus pass
3 (= *reproduction*) [*de plan, photo*] reduction • **en réduction** (*fig*) in miniature
4 (*Méd*) [*de fracture*] reduction (SPÉC), setting; (*Bio, Chim, Math*) reduction
5 (*Culin*) reduction (by boiling)
6 (*Mil*) [*de ville*] capture; [*de rebelles*] quelling

réductionnisme /ʀedyksjɔnism/ NM reductionism

réductionniste /ʀedyksjɔnist/ ADJ, NMF reductionist

réduire /ʀedɥiʀ/ SYN ▸ conjug 38 ◂
VT 1 (= *diminuer*) [+ *hauteur, vitesse, temps de travail, inégalités*] to reduce; [+ *peine, impôt, consommation*] to reduce, to cut; [+ *prix*] to reduce, to cut, to bring down; [+ *pression*] to reduce, to lessen; [+ *texte*] to shorten, to cut; [+ *production*] to reduce, to cut (back), to lower; [+ *dépenses*] to reduce, to cut, to cut down *ou* back (on); [+ *risques*] to reduce, to lower; [+ *voilure*] to shorten; [+ *tête coupée*] to shrink • **il va falloir réduire notre train de vie** we'll have to cut down on *ou* curb our spending • **réduire petit à petit l'autorité de qn/la portée d'une loi** to chip away at sb's authority/a law
2 (= *reproduire*) [+ *dessin, plan*] to reduce, to scale down; [+ *photographie*] to reduce, to make smaller; [+ *figure géométrique*] to scale down
3 (= *contraindre*) • **réduire à** [+ *soumission, désespoir*] to reduce to • **réduire qn à l'obéissance/en esclavage** to reduce sb to obedience/to slavery • **après son accident, il a été réduit à l'inaction** since his accident he's been unable to get about • **il en est réduit à mendier** he has been reduced to begging
4 • **réduire à** (= *ramener à*) to reduce to, to bring down to; (= *limiter à*) to limit to, to confine to • **réduire des fractions à un dénominateur commun** to reduce *ou* bring down fractions to a common denominator • **réduire des éléments différents à un type commun** to reduce different elements to one general type • **je réduirai mon étude à quelques aspects** I shall limit *ou* confine my study to a few aspects • **réduire à sa plus simple expression** (*Math*) [+ *polynôme*] to reduce to its simplest expression; (*fig*) [+ *mobilier, repas*] to reduce to the absolute *ou* bare minimum • **réduire qch à néant** *ou* **à rien** *ou* **à zéro** to reduce sth to nothing
5 (= *transformer*) • **réduire en** to reduce to • **réduisez les grammes en milligrammes** convert the grammes to milligrammes • **réduire qch en miettes/en morceaux** to smash sth to tiny pieces/to pieces • **réduire qch en bouillie** to crush *ou* reduce sth to a pulp • **réduire qch en poudre** to grind *ou* reduce sth to a powder • **sa maison était réduite en cendres** his house was reduced to ashes *ou* burnt to the ground • **les cadavres étaient réduits en charpie** the bodies were torn to shreds
6 (*Méd*) [+ *fracture*] to set, to reduce (SPÉC); (*Chim*) [+ *minerai, oxyde*] to reduce; (*Culin*) [+ *sauce*] to reduce (by boiling)
7 (*Mil*) [+ *place forte*] to capture; [+ *rebelles*] to quell • **réduire l'opposition** to silence the opposition
VI (*Culin*) [*sauce*] to reduce • **faire** *ou* **laisser réduire la sauce** simmer the sauce to reduce it • **les épinards réduisent à la cuisson** spinach shrinks when you cook it
VPR **se réduire** 1 • **se réduire à** [*affaire, incident*] to boil down to, to amount to; [*somme, quantité*] to amount to • **mon profit se réduit à bien peu de chose** the profit I've made amounts to very little • **notre action ne se réduit pas à quelques discours** the action we are taking involves more than *ou* isn't just a matter of a few speeches • **je me réduirai à quelques exemples** I'll limit *ou* confine myself to a few examples, I'll just select *ou* quote a few examples
2 • **se réduire en** to be reduced to • **se réduire en cendres** to be burnt *ou* reduced to ashes • **se réduire en poussière** to be reduced *ou* crumble away *ou* turn to dust • **se réduire en bouillie** to be crushed to a pulp
3 (= *dépenser moins*) to cut down on one's spending *ou* expenditure

réduit, e /ʀedɥi, it/ SYN (ptp de **réduire**)
ADJ 1 (= *petit*) small • **de taille** *ou* **dimension réduite** small • **reproduction à échelle réduite** small-scale reproduction • **un nombre réduit de...** a small number of... • **métal à teneur en plomb réduite** metal with a low lead content; → **modèle**
2 (= *diminué*) [*tarif, prix, taux*] reduced; [*délai*] shorter; [*moyens, débouchés*] limited • **livres à prix réduits** cut-price books, books at a reduced price *ou* at reduced prices • **avancer à vitesse réduite** to move forward at low speed *ou* at a reduced speed • **maintenant ils produisent ces voitures en nombre réduit** they're now producing a smaller number of these cars *ou* fewer of these cars • **travail à temps réduit** short-time work • **chômeur ayant exercé une activité réduite** unemployed person who has worked a limited number of hours • « **service réduit le dimanche** » "reduced service on Sundays" • **tête réduite** shrunken head
NM (= *pièce*) tiny room; (*péj*) cubbyhole, poky little hole; (= *recoin*) recess; (*Mil*) enclave; [*de maquisards*] hideout

réduplicatif, -ive /ʀedyplikatif, iv/ ADJ reduplicative

réduplication /ʀedyplikasjɔ̃/ NF reduplication

réduve /ʀedyv/ NM fly bug

redynamiser /ʀ(ə)dinamize/ ▸ conjug 1 ◂ VT [+ *économie, secteur, tourisme*] to give a new boost to

rééchelonnement /ʀeeʃ(ə)lɔnmɑ̃/ NM [*de dettes*] rescheduling

rééchelonner /ʀeeʃ(ə)lɔne/ ▸ conjug 1 ◂ VT [+ *dettes*] to reschedule

réécrire /ʀeekʀiʀ/ ▸ conjug 39 ◂ VT [+ *roman, inscription*] to rewrite; [+ *lettre*] to write again • **réécrire l'histoire** (*fig*) to rewrite history • **il m'a réécrit** he has written to me again, he has written me another letter

réécriture /ʀeekʀityʀ/ NF rewriting • **règle de réécriture** (*Ling*) rewrite *ou* rewriting rule

réédification /ʀeedifikasjɔ̃/ NF rebuilding, reconstruction

réédifier /ʀeedifje/ ▸ conjug 7 ◂ VT to rebuild, to reconstruct; (*fig*) to rebuild

rééditer /ʀeedite/ ▸ conjug 1 ◂ VT to republish; (*fig*) to repeat

réédition /ʀeedisjɔ̃/ NF new edition; (*fig*) repetition, repeat

rééducateur, -trice /ʀeedykatœʀ, tʀis/ NM,F (= *kinésithérapeute*) physiotherapist; (= *psychologue*) counsellor

rééducation /ʀeedykasjɔ̃/ NF 1 (*Méd*) [*de malade*] rehabilitation; [*de membre*] re-education; (= *spécialité médicale*) physiotherapy, physical therapy (*US*) • **faire de la rééducation** to undergo *ou* have physiotherapy, to have physical therapy (*US*) • **exercice de rééducation** physiotherapy exercise • **rééducation de la parole** speech therapy • **centre de rééducation** rehabilitation centre
2 (*gén, lit, Pol*) re-education; [*de délinquant*] rehabilitation

rééduquer /ʀeedyke/ ▸ conjug 1 ◂ VT 1 (*Méd*) [+ *malade*] to rehabilitate; [+ *membre*] to re-educate
2 (*gén, Pol, lit*) to re-educate; [+ *délinquant*] to rehabilitate

réel, -elle /ʀeɛl/ SYN
ADJ 1 [*fait, chef, existence, avantage*] real; [*besoin, cause*] real, true; [*danger, plaisir, amélioration, douleur*] real, genuine • **faire de réelles économies** to make significant *ou* real savings • **son héros est très réel** his hero is very lifelike *ou* realistic
2 (*Math, Opt, Philos, Phys*) real; (*Fin*) [*valeur, salaire*] real, actual • **taux d'intérêt réel** effective interest rate
NM • **le réel** reality, the real

réélection /ʀeelɛksjɔ̃/ NF re-election

rééligibilité /ʀeeliʒibilite/ NF re-eligibility

rééligible /ʀeeliʒibl/ ADJ re-eligible

réélire /ʀeeliʀ/ ▸ conjug 43 ◂ VT to re-elect • **ne pas réélire qn** to vote sb out

réellement /ʀeɛlmɑ̃/ SYN ADV really, truly • **je suis réellement désolé** I'm really *ou* truly sorry • **ça m'a réellement consterné/aidé** that really worried/helped me, that was a genuine worry/help to me • **réellement, tu exagères !** really *ou* honestly, you're going too far!

réembarquer /ʀeɑ̃baʀke/ ▸ conjug 1 ◂ VTI ⇒ **rembarquer**

réembaucher /ʀeɑ̃boʃe/ ▸ conjug 1 ◂ VT to take on again, to re-employ • **l'entreprise réem-**

réembobiner /ʀeɑ̃bɔbine/ ▸ conjug 1 ◂ VT ⇒ **rembobiner**

réémergence /ʀeemɛʀʒɑ̃s/ NF re-emergence

rééметteur /ʀeemetœʀ/ NM relay (transmitter)

réemploi /ʀeɑ̃plwa/ NM ① [de méthode, produit] re-use
② (= réinvestissement) reinvestment
③ (= nouvelle embauche) re-employment

réemployer /ʀeɑ̃plwaje/ ▸ conjug 8 ◂ VT ① [+ méthode, produit] to re-use
② (= réinvestir) to reinvest
③ (= réembaucher) to re-employ, to take back on

réemprunter /ʀeɑ̃pʀœ̃te/ ▸ conjug 1 ◂ VT
① [+ argent, objet] (une nouvelle fois) to borrow again; (davantage) to borrow more
② ◆ **réemprunter le même chemin** to take the same road again, to go the same way again

réengagement /ʀeɑ̃gaʒmɑ̃/ NM ⇒ **rengagement**

réengager /ʀeɑ̃gaʒe/ ▸ conjug 3 ◂ VT ⇒ **rengager**

réenregistrable /ʀeɑ̃ʀ(ə)ʒistʀabl/ ADJ [CD] re-recordable

réenregistrement /ʀeɑ̃ʀ(ə)ʒistʀəmɑ̃/ NM [de disque] re-recording

réenregistrer /ʀeɑ̃ʀ(ə)ʒistʀe/ ▸ conjug 1 ◂ VT [+ musique, titre] to re-record ◆ **j'ai réenregistré un documentaire par-dessus le film** I recorded a documentary over the film

réensemencement /ʀeɑ̃s(ə)mɑ̃s(ə)mɑ̃/ NM (Agr) sowing again; (Bio) culturing again

réensemencer /ʀeɑ̃s(ə)mɑ̃se/ ▸ conjug 3 ◂ VT (Agr) to sow again; (Bio) to culture again

réentendre /ʀeɑ̃tɑ̃dʀ/ ▸ conjug 41 ◂ VT to hear again

rééquilibrage /ʀeekilibʀaʒ/ NM [de chargement] readjustment; [de budget, finances, comptes] rebalancing; [de pouvoirs] restoring the balance ◆ **le rééquilibrage des roues** (d'une voiture) balancing the wheels ◆ **le rééquilibrage des forces au sein du gouvernement** the redistribution of power within the government

rééquilibrer /ʀeekilibʀe/ ▸ conjug 1 ◂ VT [+ chargement] to readjust; [+ roues de voiture] to balance; [+ économie] to restabilize, to find a new equilibrium for; [+ budget, comptes, finances] to rebalance ◆ **rééquilibrer les pouvoirs/la balance commerciale** to restore the balance of power/the balance of trade

réescompte /ʀeeskɔ̃t/ NM rediscount

réescompter /ʀeeskɔ̃te/ ▸ conjug 1 ◂ VT to rediscount

réessayer /ʀeeseje/ ▸ conjug 8 ◂ VT [+ robe] to try on again; [+ recette] to try again ◆ **je réessaierai plus tard** I'll try again later

réétudier /ʀeetydje/ ▸ conjug 7 ◂ VT [+ dossier, question] to reexamine

réévaluation /ʀeevalɥasjɔ̃/ NF ① [de monnaie] revaluation; [de salaire] (à la hausse) upgrading; (à la baisse) downgrading
② [de situation, place, méthode] reappraisal, reassessment

réévaluer /ʀeevalɥe/ ▸ conjug 1 ◂ VT ① [+ monnaie] to revalue (par rapport à against); [+ salaire] (à la hausse) to upgrade; (à la baisse) to downgrade
② [+ situation, place, méthode] to reappraise, to reassess

réexamen /ʀeɛgzamɛ̃/ NM [de malade] re-examination; [de problème, situation, dossier, candidature, décision] reconsideration ◆ **demander un réexamen de la situation** to ask for the situation to be reconsidered

réexaminer /ʀeɛgzamine/ ▸ conjug 1 ◂ VT [+ malade] to re-examine; [+ problème, situation, candidature, décision] to examine again, to reconsider

réexpédier /ʀeɛkspedje/ ▸ conjug 7 ◂ VT
① (= retourner, renvoyer) to return, to send back ◆ **on l'a réexpédié dans son pays** he was sent back to his country
② (= faire suivre) to send on, to forward

réexpédition /ʀeɛkspedisjɔ̃/ NF ① (= retour) returning
② (= fait de faire suivre) forwarding ◆ **enveloppe/frais de réexpédition** forwarding envelope/charges

réexportation /ʀeɛkspɔʀtasjɔ̃/ NF re-export

réexporter /ʀeɛkspɔʀte/ ▸ conjug 1 ◂ VT to re-export

bauchera à l'automne prochain the company will start hiring again next autumn

réf. (abrév de **référence**) ref.

refaçonner /ʀ(ə)fasɔne/ ▸ conjug 1 ◂ VT [+ sculpture] to remodel; [+ émission] to redesign; [+ phrase, texte] to rework

réfaction /ʀefaksjɔ̃/ NF (Comm) allowance, rebate

refacturer /ʀ(ə)faktyʀe/ ▸ conjug 1 ◂ VT ◆ **refacturer qch à qn** to pass on the cost of sth to sb ◆ **les coûts sont en partie refacturés au client** some of the costs are passed on to the customer

refaire /ʀ(ə)fɛʀ/ SYN ▸ conjug 60 ◂
VT ① (= recommencer) (gén) [+ travail, dessin] to redo, to do again; [+ maquillage] to redo; [+ voyage] to make again; [+ article, devoir] to rewrite; [+ nœud] to retie; [+ paquet] to do up again ◆ **il a refait mon pansement** he put on a new bandage for me ◆ **elle a refait sa vie avec lui** she started a new relationship with him ◆ **il m'a refait une visite** he paid me another call, he called on me again ◆ **il refait (du) soleil** the sun has come out again ◆ **tu refais toujours la même faute** you always make the same mistake ◆ **il a refait de la fièvre/de l'asthme** he has had another bout of fever/of asthma ◆ **il refait du vélo** he has taken up cycling again ◆ **il va falloir tout refaire depuis le début** it will have to be done all over again, we'll have to start again from scratch ◆ **si vous refaites du bruit** if you start making a noise again, if there's any further noise from you ◆ **il va falloir refaire de la soupe** we'll have to make some more soup ◆ **je vais me refaire une tasse de café** I'm going to make myself another cup of coffee ◆ **refaire le monde** (en parlant) to try to solve the world's problems ◆ **si c'était à refaire !** if I had my time over again! ◆ **à refaire** (Cartes) re-deal
② (= retaper) [+ toit] to redo, to renew; [+ route] to repair; [+ mur] to rebuild, to repair; [+ meuble] to do up, to renovate, to restore; [+ chambre] to decorate ◆ **on refera les peintures/les papiers au printemps** we'll repaint/repaper in the spring, we'll redo the paintwork/the wallpaper in the spring ◆ **nous allons faire refaire le carrelage du salon** we're going to have the sitting room floor re-tiled ◆ **se faire refaire le nez** to have one's nose remodelled (Brit) ou remodeled (US), to have a nose job* ◆ **refaire qch à neuf** to do sth up like new ◆ **refaire ses forces/sa santé** to recover one's strength/one's health ◆ **à son âge, tu ne la referas pas** at her age, you won't change her
③ (* = duper) to take in ◆ **il a été refait, il s'est fait refaire** he has been taken in ou had* ◆ **il m'a refait de 10 €** he did * ou diddled* (Brit) me out of €10
VPR se refaire (= retrouver une santé) to recuperate, to recover; (= regagner son argent) to make up one's losses ◆ **se refaire une santé dans le Midi** to (go and) recuperate in the south of France, to recover ou regain one's health in the south of France ◆ **se refaire une beauté** to freshen up ◆ **que voulez-vous, on ne se refait pas !** what can you expect – you can't change how you're made!* ou you can't change your own character!; → **virginité**

réfection /ʀefɛksjɔ̃/ NF [de route] repairing; [de mur, maison] rebuilding, repairing ◆ **la réfection de la route va durer trois semaines** the road repairs ou the repairs to the road will take three weeks

réfectoire /ʀefɛktwaʀ/ NM (Scol) dining hall, canteen; (Rel) refectory; [d'usine] canteen

refend /ʀəfɑ̃/ NM ◆ **mur de refend** supporting (partition) wall ◆ **bois de refend** wood in planks

refendre /ʀ(ə)fɑ̃dʀ/ ▸ conjug 41 ◂ VT [+ ardoise, bois] to split

référé /ʀefeʀe/ NM (Jur) ◆ **(procédure en) référé** summary proceedings ◆ **(arrêt ou jugement en) référé** interim ruling ◆ **assigner qn en référé** to apply for summary judgment against sb ◆ **juge des référés** judge in chambers

référence /ʀefeʀɑ̃s/ SYN NF ① (= renvoi) reference; (en bas de page) reference, footnote ◆ **par référence à** in reference to ◆ **en référence à votre courrier du 2 juin** with reference to your letter of 2 June ◆ **l'auteur cité en référence (plus haut)** the above-mentioned author ◆ **ouvrage/numéro de référence** reference book/number ◆ **période/prix de référence** reference period/price ◆ **taux de référence** (Fin) benchmark ou reference rate ◆ **prendre qch comme point de référence** to use sth as a point of reference ◆ **faire référence à** to re-

fer to, to make (a) reference to ◆ **servir de référence** [chiffres, indice, taux] to be used as a benchmark; [personne] to be a role model ◆ **c'est un livre qui fait référence** it is a standard reference work; → **année**
② (= recommandation) (gén) reference ◆ **cet employé a-t-il des références ?** (d'un employeur) has this employee got a reference? ou a testimonial? (Brit); (de plusieurs employeurs) has this employee got references? ou testimonials? (Brit) ◆ **lettre de référence** letter of reference, testimonial (Brit) ◆ **il a un doctorat, c'est quand même une référence** he has a doctorate which is not a bad recommendation ou which is something to go by ◆ **ce n'est pas une référence** (iro) that's no recommendation
③ (Ling) reference

référencement /ʀefeʀɑ̃smɑ̃/ NM [de produit] referencing

référencer /ʀefeʀɑ̃se/ ▸ conjug 3 ◂ VT to reference

référendaire /ʀefeʀɑ̃dɛʀ/
ADJ (pour un référendum) referendum (épith)
◆ **(conseiller) référendaire** public auditor

référendum /ʀefeʀɛ̃dɔm/ NM referendum ◆ **faire** ou **organiser un référendum** to hold a referendum

référent /ʀefeʀɑ̃/ NM referent

référentiel, -elle /ʀefeʀɑ̃sjɛl/
ADJ referential
NM system of reference

référer /ʀefeʀe/ GRAMMAIRE ACTIVE 19.1 SYN ▸ conjug 6 ◂
VT INDIR en référer à ◆ **en référer à qn** to refer ou submit a matter ou question to sb
VPR se référer à (= consulter) to consult; (= faire référence à) to refer to; (= s'en remettre à) to refer to ◆ **si l'on s'en réfère à son dernier article** if we refer to his most recent article

refermer /ʀ(ə)fɛʀme/ ▸ conjug 1 ◂
VT to close ou shut again ◆ **peux-tu refermer la porte ?** can you close ou shut the door? ◆ **refermer un dossier** (fig) to close a file
VPR se refermer [plaie] to close up, to heal up; [fleur] to close up (again); [fenêtre, porte] to close ou shut (again) ◆ **le piège se referma sur lui** the trap closed ou shut on him

refiler* /ʀ(ə)file/ ▸ conjug 1 ◂ VT to give (à qn to sb) ◆ **refile-moi ton livre** let me have your book, give me your book ◆ **il m'a refilé la rougeole** I've caught measles off him, he has passed his measles on to me ◆ **il s'est fait refiler une fausse pièce** someone has palmed ou fobbed a forged coin off on him*; → **bébé**

refinancement /ʀ(ə)finɑ̃smɑ̃/ NM refinancing ◆ **plan de refinancement** refinancing plan

refinancer /ʀ(ə)finɑ̃se/ ▸ conjug 1 ◂ VT to refinance

réfléchi, e /ʀefleʃi/ SYN (ptp de **réfléchir**)
ADJ ① (= pondéré) [action] well-thought-out (épith), well thought out (attrib), well-considered; [personne, air] thoughtful ◆ **tout bien réfléchi** after careful consideration ou thought, having weighed up all the pros and cons ◆ **c'est tout réfléchi** my mind is made up, I've made my mind up
② (Gram) reflexive
③ (Opt) reflected
NM (Gram) reflexive

réfléchir /ʀefleʃiʀ/ GRAMMAIRE ACTIVE 2.3 SYN ▸ conjug 2 ◂
VI to think, to reflect ◆ **prends le temps de réfléchir** take time to reflect ou to think about it ou to consider it ◆ **cela donne à réfléchir** it's food for thought, it makes you think ◆ **cet accident, ça fait réfléchir** an accident like that makes you think ◆ **il faut réfléchir avant d'agir** you must think before you act ◆ **je demande à réfléchir** I'd like time to consider it ou to think things over ◆ **elle a accepté sans réfléchir** she accepted without thinking ◆ **la prochaine fois, tâche de réfléchir** next time just try and think a bit ◆ **j'ai longuement réfléchi et je suis arrivé à cette conclusion** I have given it a lot of thought and have come to this conclusion
VT INDIR réfléchir à ou **sur qch** to think about sth, to turn sth over in one's mind ◆ **réfléchissez-y** think about it, think it over ◆ **réfléchis à ce que tu vas faire** think about what you're going to do ◆ **à bien y réfléchir..., en y réfléchissant (bien)...** when you really think about it...

VT 1 • **réfléchir que** to realize that • **il n'avait pas réfléchi qu'il ne pourrait pas venir** he hadn't thought *ou* realized that *ou* it hadn't occurred to him that he wouldn't be able to come

2 *[+ lumière, son]* to reflect • **les arbres se réfléchissent dans le lac** the trees are reflected in the lake, you can see the reflection of the trees in the lake

réfléchissant, e /ʀefleʃisɑ̃, ɑ̃t/ ADJ reflective

réflecteur, -trice /ʀeflɛktœʀ, tʀis/

ADJ reflecting

NM *(gén)* reflector

réflectif, -ive /ʀeflɛktif, iv/ ADJ *(Philos, Physiol)* reflective

réflectivité /ʀeflɛktivite/ NF *(Phys)* reflectivity; *(Physiol)* reflexiveness, reflexivity

reflet /ʀ(ə)flɛ/ SYN NM 1 *(= éclat) (gén)* reflection; *[de cheveux] (naturel)* glint, light; *(artificiel)* highlight • **les reflets moirés de la soie** the shimmering play of light on silk • **les reflets du soleil sur la mer** the reflection *ou* glint *ou* flash of the sun on the sea • **la lame projetait des reflets sur le mur** the reflection of the blade shone on the wall, the blade threw a reflection onto the wall • **se faire faire des reflets (dans les cheveux)** to have one's hair highlighted

2 *(lit = image)* reflection • **le reflet de son visage dans le lac** the reflection of his face in the lake

3 *(fig = représentation)* reflection • **les habits sont le reflet d'une époque/d'une personnalité** clothes reflect *ou* are the reflection of an era/of one's personality • **c'est le pâle reflet de son prédécesseur** he's a pale reflection of his predecessor • **c'est le reflet de son père** he's the image of his father

refléter /ʀ(ə)flete/ SYN ▸ conjug 6 ◂

VT *(lit, fig)* to reflect, to mirror • **son visage reflète la bonté** his kindness shows in his face

VPR **se refléter** to be reflected, to be mirrored *(dans* in; *sur* on) • **son trouble se reflétait sur son visage** his agitation showed on his face

refleurir /ʀ(ə)flœʀiʀ/ ▸ conjug 2 ◂

VI *(= fleurir à nouveau)* to flower *ou* blossom again; *(= renaître)* to flourish *ou* blossom again

VT *[+ tombe]* to put fresh flowers on

reflex /ʀeflɛks/

ADJ reflex

NM reflex camera • **reflex à un objectif/deux objectifs** single-lens/twin-lens reflex (camera)

réflexe /ʀeflɛks/ SYN

ADJ reflex

NM *(Physiol)* reflex; *(= réaction)* reaction • **réflexe rotulien** knee jerk • **réflexe conditionné** *ou* **conditionnel** conditioned reflex *ou* response • **réflexe de défense** *(Physiol)* defence reflex; *(gén)* defensive reaction • **réflexe de survie** instinct for survival • **réflexe de solidarité** instinctive feeling of solidarity • **avoir de bons/mauvais réflexes** to have quick *ou* good/slow *ou* poor reflexes • **il eut le réflexe de couper l'électricité** his immediate *ou* instant reaction was to switch off the electricity, he instinctively switched off the electricity • **manquer de réflexe** to be slow to react • **son premier réflexe a été d'appeler la police** his first reaction was to call the police • **par réflexe, j'ai regardé derrière moi** I instinctively looked behind me • **il a freiné par réflexe** he braked instinctively

réflexibilité /ʀeflɛksibilite/ NF reflexibility

réflexible /ʀeflɛksibl/ ADJ reflexible

réflexif, -ive /ʀeflɛksif, iv/ ADJ *(Math)* reflexive; *(Psych)* introspective

réflexion /ʀeflɛksjɔ̃/ SYN NF 1 *(= méditation)* thought, reflection *(NonC)* • **plongé** *ou* **absorbé dans ses réflexions** deep *ou* lost in thought • **ceci donne matière à réflexion** this is food for thought, this gives you something to think about • **ceci mérite réflexion** *[offre]* this is worth thinking about *ou* considering; *[problème]* this needs thinking about *ou* over • **ceci nécessite une réflexion plus approfondie sur les problèmes** further thought needs to be given to the problems • **avec réflexion** thoughtfully • **elle a fait son choix au terme d'une longue réflexion personnelle** she made her choice after much heart-searching • **réflexion faite** *ou* **à la réflexion, je reste** on reflection *ou* on second thoughts, I'll stay • **à la réflexion, on s'aperçoit que c'est faux** when you think about it you can see that it's wrong • **groupe** *ou* **cellule** *ou* **cercle de réflexion** *(Pol)* think-tank • **laissez-moi un délai** *ou* **un temps de réflexion** give me time to think • **après un temps de réflexion, il ajouta...** after a moment's thought, he added... • **nous organiserons une journée de réflexion sur ce thème** we will organise a one-day conference on this topic; → **mûr**

2 *(= remarque)* remark; *(= idée)* thought • **consigner ses réflexions dans un cahier** to write down one's thoughts in a notebook • **je m'en suis moi-même fait la réflexion** I noticed that myself • **je ne me suis pas fait cette réflexion** I didn't think of that • **garde tes réflexions pour toi** keep your remarks *ou* comments to yourself • **les clients commencent à faire des réflexions** the customers are beginning to make comments • **on m'a fait des réflexions sur son travail** people have complained to me *ou* made complaints to me about his work

3 *(Phys)* reflection

> (!) Attention à ne pas traduire automatiquement **réflexion** au sens de 'pensée' par le mot anglais **reflection**.

réflexivité /ʀeflɛksivite/ NF reflexiveness; *(Math)* reflexivity

réflexogène /ʀeflɛksɔʒɛn/ ADJ reflexogenic

réflexologie /ʀeflɛksɔlɔʒi/ NF reflexology

réflexothérapie /ʀeflɛksoteʀapi/ NF reflex(o-)therapy

refluer /ʀ(ə)flye/ ▸ conjug 1 ◂ VI *[liquide]* to flow back; *[marée]* to go back, to ebb; *[foule]* to pour *ou* surge back; *[sang]* to rush back; *[fumée]* to blow back down; *[souvenirs]* to rush *ou* flood back • **faire refluer la foule** to push *ou* force the crowd back

reflux /ʀəfly/ SYN NM *[de foule]* backward surge; *[de marée]* ebb; *(Méd)* reflux; → **flux**

refondateur, -trice /ʀ(ə)fɔ̃datœʀ, tʀis/

ADJ *[courant]* radically reformist

NM,F radical reformer

refondation /ʀ(ə)fɔ̃dasjɔ̃/ NF *[de parti politique]* radical reform

refonder /ʀ(ə)fɔ̃de/ ▸ conjug 1 ◂ VT *[+ alliance]* to reforge; *[+ parti politique]* to radically reform; *[+ système, modèle]* to build on new foundations • **elle voudrait refonder son foyer sur des bases plus saines** she'd like to start her family life over again on a sounder basis

refondre /ʀ(ə)fɔ̃dʀ/ ▸ conjug 41 ◂

VT 1 *[+ métal]* to remelt, to melt down again; *[+ cloche]* to recast

2 *(= réviser) [+ texte, dictionnaire]* to revise; *[+ système, programme]* to overhaul • **édition entièrement refondue et mise à jour** completely revised and updated edition

VI to melt again

refonte /ʀ(ə)fɔ̃t/ NF 1 *[de métal]* remelting; *[de cloche]* recasting

2 *[de texte, dictionnaire]* revision; *[de système, programme]* overhaul • **l'opposition exige une refonte radicale de la politique économique** the opposition is demanding a radical rethink of economic policy

reforestation /ʀ(ə)fɔʀɛstasjɔ̃/ NF re(af)forestation

réformable /ʀefɔʀmabl/ ADJ *(gén)* reformable; *[jugement]* which may be reversed; *[loi]* which may be amended *ou* reformed

reformage /ʀ(ə)fɔʀmaʒ/ NM *(= raffinage)* reforming

reformatage /ʀ(ə)fɔʀmataʒ/ NM *(Ordin, TV)* reformatting

reformater /ʀ(ə)fɔʀmate/ ▸ conjug 1 ◂ VT *[+ disquette, grille de programmes]* to reformat

réformateur, -trice /ʀefɔʀmatœʀ, tʀis/ SYN

ADJ reforming

NM,F reformer

réformation /ʀefɔʀmasjɔ̃/ NF reformation, reform • **la Réformation** *(Rel)* the Reformation

réforme /ʀefɔʀm/ SYN NF 1 *(= changement)* reform • **réforme agraire/de l'orthographe** land/spelling reform

2 *(Mil) [d'appelé]* declaration of unfitness for service; *[de soldat]* discharge • **mettre à la réforme** *[+ objets]* to scrap; *[+ cheval]* to put out to grass • **mise à la réforme** *[de soldat]* discharge; *[d'objets]* scrapping

3 *(Rel)* reformation

réformé, e /ʀefɔʀme/ (ptp de **réformer**)

ADJ 1 *(Rel)* Reformed • **la religion réformée** the Protestant Reformed religion

2 *(Mil) [appelé]* declared unfit for service; *[soldat]* discharged, invalided out *(Brit)*

NM,F *(Rel)* Protestant

reformer /ʀ(ə)fɔʀme/ ▸ conjug 1 ◂

VT to re-form • **reformer les rangs** *(Mil)* to fall in again, to fall into line again

VPR **se reformer** *[armée, nuage]* to re-form; *[parti]* to re-form, to be re-formed; *[groupe, rangs]* to form up again

réformer /ʀefɔʀme/ SYN ▸ conjug 1 ◂

VT 1 *(= améliorer) [+ loi, mœurs, religion]* to reform; *[+ abus]* to correct, to (put) right, to reform; *[+ méthode]* to improve, to reform; *[+ administration]* to reform, to overhaul

2 *(Jur) [+ jugement]* to reverse, to quash *(Brit)*

3 *(Mil) [+ appelé]* to declare unfit for service; *[+ soldat]* to discharge, to invalid out *(Brit)*; *[+ matériel]* to scrap • **il s'est fait réformer** he got himself declared unfit for service, he got himself discharged on health grounds *ou* invalided out *(Brit)*

VPR **se réformer** to change one's ways, to turn over a new leaf

réformette * /ʀefɔʀmɛt/ NF so-called reform

réformisme /ʀefɔʀmism/ NM reformism

réformiste /ʀefɔʀmist/ ADJ, NMF reformist

reformuler /ʀ(ə)fɔʀmyle/ ▸ conjug 1 ◂ VT *[+ proposition, théorie]* to reformulate; *[+ demande, plainte]* to change the wording of; *[+ question]* to rephrase; *(Chim)* to reformulate

refouiller /ʀ(ə)fuje/ ▸ conjug 1 ◂ VT *(Tech = évider)* to carve out

refoulé, e /ʀ(ə)fule/ (ptp de **refouler**)

ADJ *[personne]* repressed, inhibited; *[conflits, sentiments, sexualité]* repressed

NM,F *(= personne)* repressed *ou* inhibited person

NM *(Psych)* • **le refoulé** the repressed

refoulement /ʀ(ə)fulmɑ̃/ NM 1 *[d'envahisseur, attaque]* driving back, repulsing; *[de manifestants]* driving back; *[d'immigré, étranger]* turning back

2 *[de désir, instinct, souvenir]* repression, suppression; *[de colère]* repression; *(Psych)* repression

3 *[de liquide]* • **le refoulement de l'eau** the reversal of the flow of the water

4 *[de train]* backing, reversing

refouler /ʀ(ə)fule/ SYN ▸ conjug 1 ◂

VT 1 *[+ envahisseur, attaque]* to drive back, to repulse; *[+ manifestant]* to drive back; *[+ immigré, étranger]* to turn back • **les clandestins ont été refoulés à la frontière** the illegal immigrants were turned back at the border

2 *[+ larmes]* to force *ou* hold back, to repress; *[+ désir, instinct, souvenir]* to repress, to suppress; *[+ colère]* to repress, to hold in check; *[+ sanglots]* to choke back, to force back; *(Psych)* to repress

3 *(= faire refluer) [+ liquide]* to force back, to reverse *ou* invert the flow of

4 *[+ train]* to back, to reverse

5 *(Naut) [+ courant, marée]* to stem

VI *[siphon, tuyauterie]* to flow back; *[cheminée]* to smoke

refourguer * /ʀ(ə)fuʀge/ ▸ conjug 1 ◂ VT *(= vendre)* to flog * *(à* to), to unload * *(à* onto) • **refourguer à qn** *(= donner, se débarrasser de) [+ problème]* to unload onto sb, to palm off onto sb *; *[+ responsabilités]* to unload onto sb • **elle m'a refourgué un dossier gênant** she offloaded a difficult case onto me • **il m'a refourgué un faux billet** he palmed a forged banknote off onto me

refoutre *‡* /ʀ(ə)futʀ/ VT • **refous-le là** shove * it back in there • **refous un peu de colle dessus** stick some more glue on it • **ne refous plus jamais les pieds ici !** don't you dare show your face in here again!

réfractaire /ʀefʀaktɛʀ/ SYN

ADJ 1 • **réfractaire à** *[+ autorité, virus, influence]* resistant to • **maladie réfractaire** stubborn illness • **je suis réfractaire à la poésie** poetry is a closed book to me, poetry does nothing for me • **être réfractaire à la discipline** to resist discipline • **prêtre réfractaire** *(Hist)* non-juring priest

2 *[métal]* refractory; *[brique, argile]* fire *(épith)*; *[plat]* ovenproof, heat-resistant

NM *(Hist, Mil)* draft dodger, draft evader • **les réfractaires au STO** *French civilians who refused to work in Germany during the Second World War*

réfracter /ʀefʀakte/ ► conjug 1 ◄
VT to refract
VPR **se réfracter** to be refracted

réfracteur, -trice /ʀefʀaktœʀ, tʀis/ **ADJ** refractive, refracting *(épith)*

réfraction /ʀefʀaksjɔ̃/ **NF** refraction ♦ **indice de réfraction** refractive index

réfractomètre /ʀefʀaktɔmɛtʀ/ **NM** refractometer

refrain /ʀ(ə)fʀɛ̃/ SYN **NM** *(Mus : en fin de couplet)* refrain, chorus; *(= chanson)* tune ♦ **c'est toujours le même refrain*** it's always the same old story ♦ **change de refrain !** change the record!*, give it a rest!*

refréner /ʀ(ə)fʀene/ SYN ► conjug 6 ◄ **VT** *[+ désir, impatience]* to curb, to hold in check, to check

réfrigérant, e /ʀefʀiʒeʀɑ̃, ɑ̃t/
ADJ *[fluide]* refrigerant, refrigerating; *[accueil, personne]* icy, frosty; → **mélange**
NM *(Tech)* cooler

réfrigérateur /ʀefʀiʒeʀatœʀ/ **NM** refrigerator, fridge ♦ **mettre un projet au réfrigérateur** to put a plan on ice

réfrigération /ʀefʀiʒeʀasjɔ̃/ **NF** refrigeration; *(Tech)* cooling

réfrigérer /ʀefʀiʒeʀe/ ► conjug 6 ◄ **VT** 1 *(gén)* to refrigerate; *(Tech)* to cool; *[+ local]* to cool ♦ **véhicule réfrigéré** refrigerated vehicle ♦ **vitrine réfrigérée** refrigerated display ♦ **je suis réfrigéré*** I'm frozen stiff*
2 *(fig)* *[+ enthousiasme]* to put a damper on, to cool; *[+ personne]* to have a cooling *ou* dampening effect on

réfringence /ʀefʀɛ̃ʒɑ̃s/ **NF** refringence

réfringent, e /ʀefʀɛ̃ʒɑ̃, ɑ̃t/ **ADJ** refringent

refroidir /ʀ(ə)fʀwadiʀ/ SYN ► conjug 2 ◄
VT 1 *[+ nourriture]* to cool (down)
2 *(fig)* *[+ personne]* to put off, to have a cooling effect on; *[+ zèle]* to cool, to put a damper on, to dampen ♦ **ça m'a un peu refroidi** it put me off a bit
3 (* = tuer) to do in*, to bump off*
VI *(= cesser d'être trop chaud)* to cool (down); *(= devenir trop froid)* to get cold ♦ **laisser** *ou* **faire refroidir** *[+ mets trop chaud]* to leave to cool, to let cool (down); *(involontairement)* to let get cold; *[+ moteur]* to let cool; *(péj)* *[+ projet]* to let slide *ou* slip ♦ **mettre qch à refroidir** to put sth to cool (down) ♦ **tu refroidis !** *(jeu)* you're getting cold!
VPR **se refroidir** *[ardeur]* to cool (off); *[mets]* to get cold; *[temps]* to get cooler *ou* colder; *[personne]* *(= avoir froid)* to get cold; *(= attraper un rhume)* to catch a chill

refroidissement /ʀ(ə)fʀwadismɑ̃/ SYN **NM**
1 *[d'air, liquide]* cooling ♦ **refroidissement par air/eau** air-/water-cooling ♦ **refroidissement de la température** drop in temperature ♦ **on observe un refroidissement du temps** the weather is getting cooler *ou* colder ♦ **tour de refroidissement** cooling tower
2 *(Méd)* chill ♦ **prendre un refroidissement** to catch a chill
3 *(fig)* *[de passion]* cooling (off) ♦ **on note un refroidissement des relations entre les deux pays** relations between the two countries are cooling

refroidisseur, -euse /ʀ(ə)fʀwadisœʀ, øz/
ADJ cooling
NM cooler; *(en industrie)* cooling tower

refuge /ʀ(ə)fyʒ/ SYN **NM** *(gén)* refuge; *(pour piétons)* refuge, (traffic) island; *(en montagne)* refuge, (mountain) hut ♦ **lieu de refuge** place of refuge *ou* safety ♦ **valeur refuge** *(Bourse)* safe investment ♦ **chercher/trouver refuge** to seek/find refuge *(dans* in; *auprès de* with) ♦ **il a cherché refuge dans une église** he sought refuge *ou* sanctuary in a church ♦ **la forêt lui a servi de refuge** he found refuge in the forest

réfugié, e /ʀefyʒje/ SYN (ptp de **se réfugier**) **ADJ, NM,F** refugee ♦ **réfugié politique** political refugee

réfugier (se) /ʀefyʒje/ SYN ► conjug 7 ◄ **VPR** *(lit, fig)* to take refuge

refus /ʀ(ə)fy/ SYN **NM** *(gén, Équitation)* refusal ♦ **refus de comparaître** *(Jur)* refusal to appear (in court) ♦ **refus de priorité** *(en conduisant)* refusal to give way *(Brit)* *ou* to yield *(US)* ♦ **refus d'obéissance** *(gén)* refusal to obey; *(Mil)* insubordination ♦ **ce n'est pas de refus*** I wouldn't say no ♦ **en cas de refus de paiement** *ou* **de payer, il peut être poursuivi** if he refuses to pay, he may be taken to court ♦ **ils persistent dans leur refus de négocier/de signer** they are still refusing to negotiate/to sign

refuser /ʀ(ə)fyze/ GRAMMAIRE ACTIVE 8.5, 12.3, 19.5, 25.5 SYN ► conjug 1 ◄
VT 1 *(= ne pas accepter)* *[+ cadeau]* to refuse; *[+ offre, invitation]* to refuse, to decline, to turn down; *[+ manuscrit]* to reject, to turn down, to refuse; *[+ marchandise, racisme, inégalité]* to reject, to refuse to accept; *[+ politique, méthodes]* to refuse, to reject ♦ **refuser la lutte** *ou* **le combat** to refuse to fight ♦ **le cheval a refusé (l'obstacle)** the horse refused (the fence) ♦ **refuser le risque** to refuse to take risks ♦ **il a toujours refusé la vie routinière** he has always refused to accept a routine life
2 *(= ne pas accorder)* *[+ permission, entrée, consentement]* to refuse; *[+ demande]* to refuse, to turn down; *[+ compétence, qualité]* to deny ♦ **refuser l'entrée à qn** to refuse admittance *ou* entry to sb, to turn sb away ♦ **refuser sa porte à qn** to bar one's door to sb ♦ **je me suis vu refuser un verre d'eau** I was refused a glass of water ♦ **on lui a refusé l'accès aux archives** he was refused *ou* denied access to the records ♦ **il m'a refusé la priorité** *[automobiliste]* he didn't give me right of way *(Brit)*, he didn't yield to me *(US)* ♦ **elle est si gentille, on ne peut rien lui refuser** she's so nice, you just can't say no to her ♦ **je lui refuse toute générosité** I refuse to accept *ou* admit that he has any generosity
3 *[+ client]* to turn away; *[+ candidat]* *(à un examen)* to fail; *(à un poste)* to turn down, to reject ♦ **il s'est fait refuser au permis de conduire** he failed his driving test ♦ **on a dû refuser du monde** they had to turn people away
4 ♦ **refuser de faire qch** to refuse to do sth ♦ **il a refusé net (de le faire)** he refused point-blank (to do it) ♦ **la voiture refuse de démarrer** the car won't start
VI *[pieu]* to resist; *[vent]* to haul
VPR **se refuser** 1 *(= se priver de)* to refuse o.s., to deny o.s. ♦ **tu ne te refuses rien !** *(iro)* you certainly spoil yourself!
2 ♦ **ça ne se refuse pas** *[offre]* it is not to be turned down *ou* refused ♦ **un apéritif, ça ne se refuse pas** I wouldn't say no to an apéritif
3 ♦ **se refuser à** *[+ méthode, solution]* to refuse (to accept), to reject ♦ **se refuser à tout commentaire** to refuse to (make any) comment ♦ **elle s'est refusée à lui** *(frm)* she refused to give herself to him ♦ **se refuser à faire qch** to refuse to do sth

réfutable /ʀefytabl/ **ADJ** refutable, which can be disproved *ou* refuted ♦ **facilement réfutable** easily refuted *ou* disproved

réfutation /ʀefytasjɔ̃/ **NF** refutation ♦ **fait qui apporte la réfutation d'une allégation** fact which refutes *ou* disproves an allegation

réfuter /ʀefyte/ SYN ► conjug 1 ◄ **VT** to refute, to disprove

refuznik /ʀəfyznik/ **NMF** refus(e)nik

reg /ʀɛg/ **NM** *(= désert)* pavement, reg

regagner /ʀ(ə)gaɲe/ SYN ► conjug 1 ◄ **VT**
1 *(= récupérer)* *[+ amitié, faveur]* to regain, to win back; *[+ argent perdu au jeu]* to win back; *[+ confiance]* to regain, to recover, to get back; *[+ parts de marché]* to get back, to regain ♦ **regagner du terrain** *(Mil, fig)* to regain ground ♦ **regagner le terrain perdu** to win back lost ground ♦ **il a regagné sa place en tête du classement** he regained his place *ou* position at the top of the league
2 *[+ lieu]* to get *ou* go back to; *[+ pays]* to arrive back in, to get back to ♦ **les sinistrés ont pu regagner leur domicile** the disaster victims were able to return to their homes ♦ **il regagna enfin sa maison** he finally arrived back home *ou* got back home ♦ **regagner sa place** to return to one's place *ou* seat ♦ **les spationautes ont regagné la Terre** the astronauts returned to earth

regain /ʀəgɛ̃/ SYN **NM** 1 ♦ **regain de** *[+ jeunesse]* renewal of; *[+ popularité]* revival of; *[+ activité, influence]* renewal *ou* revival of ♦ **un regain d'intérêt/d'optimisme/d'énergie** renewed interest/optimism/energy ♦ **regain de violence** new *ou* fresh outbreak of violence, renewed (outbreak of) violence ♦ **regain de tension** *(Pol)* rise in tension
2 *(Agr)* second crop of hay, aftermath †

régal (pl **régals**) /ʀegal/ SYN **NM** delight, treat ♦ **ce gâteau est un régal !, ce gâteau, quel régal !** this cake is absolutely delicious! ♦ **c'est un régal pour les yeux** it is a sight for sore eyes, it is a delight *ou* treat to look at ♦ **quel régal de manger des cerises** what a treat to have cherries

régalade /ʀegalad/ **à la régalade** **LOC ADV** *[boire]* without letting one's lips touch the bottle *(ou glass etc)*

régalage /ʀegalaʒ/ **NM** *(Tech)* levelling

régale[1] /ʀegal/ **NF** *(Jur)* regale

régale[2] /ʀegal/ **NM** *(Mus)* vox humana

régale[3] /ʀegal/ **ADJ F** ♦ **eau régale** aqua regia

régaler[1] /ʀegale/ SYN ► conjug 1 ◄
VT ♦ **régaler qn** to treat sb to a delicious meal ♦ **c'est moi qui régale** I'm treating everyone, it's my treat ♦ **c'est le patron qui régale** it's on the house ♦ **chaque soir, il nous régalait de ses histoires** in the evenings he would regale us with his stories
VPR **se régaler** *(= bien manger)* to have a delicious meal; *(= éprouver du plaisir)* to have a wonderful time* ♦ **se régaler de gâteaux** to have a feast of cakes ♦ **on s'est (bien) régalé** *(au repas)* it was delicious; *(au cinéma, théâtre)* we had a great time*, we really enjoyed ourselves ♦ **je me régale !** this is delicious! ♦ **il y en a qui se sont régalés dans cette vente** *(péj)* some people did really well out of that sale ♦ **les cafetiers se régalent avec cette vague de chaleur** the café owners are making a mint* *ou* doing really well in this heatwave ♦ **se régaler de romans** *(habituellement)* to be a keen reader of *ou* very keen on *(Brit)* novels; *(en vacances etc)* to gorge o.s. on novels, to have a feast of novel-reading

régaler[2] /ʀegale/ ► conjug 1 ◄ **VT** *(Tech)* to level

régalien, -ienne /ʀegaljɛ̃, jɛn/ **ADJ** *[droits]* kingly

regard /ʀ(ə)gaʀ/ SYN **NM** 1 *(= yeux)* eyes ♦ **son regard bleu/noir** his blue/black eyes ♦ **son regard se posa sur moi** his gaze *ou* eyes came to rest on me ♦ **soustraire qch aux regards** to hide sth from sight *ou* from view, to put sth out of sight ♦ **cela attire tous les regards** it catches everyone's eye *ou* attention ♦ **tous les regards étaient fixés sur elle** all eyes were on her *ou* were turned towards her ♦ **il restait assis, le regard perdu (dans le vide)** he was sitting there, staring into space ♦ **son regard était dur/tendre** he had a hard/tender look in his eye ♦ **il avançait, le regard fixe** he was walking along with a fixed stare ♦ **dévorer/menacer qn du regard** to look hungrily/threateningly at sb, to fix sb with a hungry/threatening look *ou* stare ♦ **sous le regard attentif de sa mère** under his mother's watchful eye ♦ **sous le regard des caméras** in front of the cameras ♦ **certains ministres, suivez mon regard, ont…** certain ministers, without mentioning any names *ou* who shall remain nameless, have… ; → **chercher, croiser, détourner**
2 *(= coup d'œil)* look, glance ♦ **échanger des regards avec qn** to exchange looks *ou* glances with sb ♦ **échanger des regards d'intelligence** to exchange knowing looks ♦ **lancer un regard de colère à qn** to glare at sb, to cast an angry look *ou* glare at sb ♦ **au premier regard** at first glance *ou* sight ♦ **regard en coin** *ou* **en coulisse** sideways *ou* sidelong glance ♦ **il lui lança un regard noir** he shot him a black *ou* dark look ♦ **il jeta un dernier regard en arrière** he took one last look behind him, he looked back one last time
3 *(= point de vue, opinion)* ♦ **porter** *ou* **jeter un regard critique sur qch** to take a critical look at sth, to look critically at sth ♦ **porter un regard extérieur sur qch** to look at sth from the outside ♦ **il mène sa vie sans se soucier du regard des autres** he lives his own life and isn't concerned about what other people think
4 *[d'égout]* manhole; *[de baignoire]* inspection hole
5 *(locutions)*
♦ **au regard de** ♦ **au regard de la loi** in the eyes of the law, from the legal viewpoint
♦ **en regard** ♦ **texte avec photos en regard** text with photos on the opposite *ou* facing page
♦ **en regard de** ♦ **en regard de ce qu'il gagne** compared with *ou* in comparison with what he earns

regardant, e /ʀ(ə)gaʀdɑ̃, ɑ̃t/ SYN **ADJ** careful with money ♦ **il n'est pas regardant** he's quite free with his money ♦ **ils sont/ne sont pas regardants sur l'argent de poche** they are not very/they are quite generous with pocket money ♦ **il n'est pas très regardant sur la propreté/les manières** he's not very particular about cleanliness/manners

regarder /ʀ(ə)gaʀde/ SYN ► conjug 1 ◄

VT [1] *(= diriger son regard vers) [+ paysage, scène]* to look at; *[+ action en déroulement, film, match]* to watch ◆ **elle regardait les voitures sur le parking** she was looking at the cars in the car park ◆ **elle regardait les voitures défiler** *ou* **qui défilaient** she was watching the cars driving past *ou* the cars as they drove past ◆ **regarder tomber la pluie** *ou* **la pluie tomber** to watch the rain falling ◆ **il regarda sa montre** he looked at *ou* had a look at his watch ◆ **regarde, il pleut** look, it's raining ◆ **regarde bien, il va sauter** watch *ou* look, he's going to jump ◆ **regarder la télévision/une émission à la télévision** to watch television/a programme on television ◆ **regarder le journal** to look at *ou* have a look at the paper ◆ **regarder sur le livre de qn** *(= partager)* to share sb's book; *(= tricher)* to look at sb's book ◆ **regarder par la fenêtre** *(du dedans)* to look out of the window; *(du dehors)* to look in through the window ◆ **regarde les oiseaux par la fenêtre** look through the window at the birds, watch the birds through *ou* out of the window ◆ **regarde devant toi/derrière toi** look in front of you/behind you ◆ **regarde où tu marches** watch *ou* look where you're going *ou* putting your feet ◆ **regarde où tu mets les pieds** * *(lit, fig)* watch your step ◆ **regarde voir** * **dans l'armoire** take *ou* have a look in the wardrobe ◆ **regarde voir** * **s'il arrive** look *ou* have a look and see if he's coming ◆ **attends, je vais regarder** hang on, I'll go and look *ou* I'll take a look ◆ **regardez-moi ça/son écriture** * just (take a) look at that/at his writing ◆ **tu ne m'as pas regardé !** * what do you take me for! *, who do you think I am! * ◆ **j'ai regardé partout, je n'ai rien trouvé** I looked everywhere but I couldn't find anything ◆ **regarde à la pendule quelle heure il est** look at the clock to see what time it is, look and see what time it is by the clock ◆ **regardez-le faire** *(gén)* watch him *ou* look at him do it; *(pour apprendre)* watch *ou* look how he does it ◆ **elles sont allées regarder les vitrines/les magasins** they've gone to do some window-shopping/to have a look around the shops ◆ **sans regarder** *[traverser]* without looking; *[payer]* regardless of cost *ou* the expense; → **chien**

[2] *(rapidement)* to glance at, to have a glance *ou* a (quick) look at; *(furtivement)* to steal a glance at, to glance sidelong at; *(longuement)* to gaze at; *(fixement)* to stare at ◆ **regarder un texte rapidement** to glance at *ou* through a text, to have a quick look *ou* glance at *ou* through a text ◆ **regarder (qch) par le trou de la serrure** to peep *ou* look (at sth) through the keyhole ◆ **regarder qch de près/de plus près** to have a close/closer look at sth, to look closely/more closely at sth ◆ **regarder sans voir** to look with unseeing eyes ◆ **regarder qn avec colère** to glare angrily at sb ◆ **regarder qn avec méfiance** to look at *ou* eye sb suspiciously ◆ **regarder qn de haut** to give sb a scornful look, to look scornfully at sb ◆ **regarder qn droit dans les yeux/bien en face** *(lit, fig)* to look sb straight in the eye/straight in the face ◆ **regarder qn dans le blanc des yeux** to look sb straight in the face *ou* eye

[3] *(= vérifier) [+ appareil, malade]* to look at; *[+ huile, essence]* to look at, to check ◆ **peux-tu regarder la lampe ? elle ne marche pas** can you have *ou* take a look at the lamp? it doesn't work ◆ **regarde dans l'annuaire** look in the phone book ◆ **regarder un mot dans le dictionnaire** to look up *ou* check a word in the dictionary

[4] *(= considérer) [+ situation, problème]* to view ◆ **regarder l'avenir avec appréhension** to view the future with trepidation ◆ **il ne regarde que son propre intérêt** he is only concerned with *ou* he only thinks about his own interests ◆ **nous le regardons comme un ami** we look upon him *ou* we regard him as a friend

[5] *(= concerner)* to concern ◆ **cette affaire me regarde quand même un peu** this business does concern me a little ◆ **en quoi cela te regarde-t-il ?** *(= de quoi te mêles-tu ?)* what business is it of yours?, what has it to do with you?; *(= en quoi es-tu touché ?)* how does it affect *ou* concern you? ◆ **fais ce que je te dis, la suite me regarde** do what I tell you, what happens next is my concern *ou* business ◆ **que vas-tu faire ? – ça me regarde** what will you do? – that's my business *ou* my concern ◆ **non mais, ça vous regarde !** * what business is it of yours? ◆ **cela ne le regarde pas** *ou* **en rien** that's none of his business, that's no concern of his ◆ **mêlez-vous de ce qui vous regarde** mind your own business

[6] *(= être orienté vers)* ◆ **regarder (vers)** *[maison]* to face

VT INDIR **regarder à** to think of *ou* about ◆ **y regarder à deux fois avant de faire qch** to think twice before doing sth ◆ **il n'y regarde pas de si près** he's not that fussy *ou* particular ◆ **à y bien regarder** on thinking it over ◆ **c'est quelqu'un qui va regarder à deux francs** he's the sort of person who will niggle over *ou* worry about two francs ◆ **il regarde à s'acheter un costume neuf** he always thinks twice before laying out money for a new suit ◆ **quand il fait un cadeau, il ne regarde pas à la dépense** when he gives somebody a present he doesn't worry how much he spends ◆ **acheter qch sans regarder à la dépense** to buy sth without bothering about the expense

VPR **se regarder** [1] *(soi-même)* ◆ **se regarder dans une glace** to look at o.s. in a mirror ◆ **elle ne peut plus se regarder dans une glace** *(fig)* she's ashamed of herself ◆ **il ne s'est pas regardé !** *(iro)* he should take a look at himself!

[2] *(mutuellement) [personnes]* to look at each other *ou* one another; *[maisons]* to face each other *ou* one another

regarnir /ʀ(ə)gaʀniʀ/ ► conjug 2 ◄ VT *[+ magasin, rayon]* to stock up again, to restock; *[+ trousse]* to refill, to replenish; *[+ réfrigérateur]* to fill (up) again; *[+ coussin]* to refill

régate /ʀegat/ NF ◆ **régate(s)** regatta

régater /ʀegate/ ► conjug 1 ◄ VI to sail in a regatta

régatier, -ière /ʀegatje, jɛʀ/ NM,F regatta competitor

regel /ʀəʒɛl/ NM freezing again

regeler /ʀəʒ(ə)le, ʀ(ə)ʒəle/ ► conjug 5 ◄ VT, VB IMPERS to freeze again

régence /ʀeʒɑ̃s/

NF *(Pol)* regency ◆ **la Régence** *(Hist)* the Regency

ADJ INV *[meuble] (en France)* (French) Regency; *(en Grande-Bretagne)* Regency; *(fig) [personne, mœurs]* overrefined

régénérant, e /ʀeʒeneʀɑ̃, ʀɑ̃t/ ADJ *[lait, crème]* regenerating

régénérateur, -trice /ʀeʒeneʀatœʀ, tʀis/

ADJ regenerative

NM regenerator

régénération /ʀeʒeneʀasjɔ̃/ NF regeneration

régénérer /ʀeʒeneʀe/ SYN ► conjug 6 ◄ VT *(Bio, Rel)* to regenerate; *[+ personne, forces]* to revive, to restore ◆ **caoutchouc régénéré** regenerated rubber (fibres)

régent, e /ʀeʒɑ̃, ɑ̃t/

ADJ regent ◆ **prince régent** prince regent

NM,F *(Pol)* regent; *(Admin = directeur)* manager

régenter /ʀeʒɑ̃te/ SYN ► conjug 1 ◄ VT *(gén)* to rule over; *[+ personne]* to dictate to ◆ **il veut tout régenter** he wants to run the whole show *

reggae /ʀege/ NM reggae

régicide /ʀeʒisid/

ADJ regicidal

NMF *(= personne)* regicide

NM *(= crime)* regicide

régie /ʀeʒi/ NF [1] *(= gestion) [de État]* state control; *[de commune]* local government control *(de* over) ◆ **en régie** under state (*ou* local government) control ◆ **régie directe** *ou* **simple** direct state control ◆ **régie intéressée** public service concession ◆ **travaux en régie** public work contracting *(by the government)*

[2] *(= société)* ◆ **régie (d'État)** state-owned company, government corporation ◆ **la Régie française des tabacs** *the French national tobacco company* ◆ **la Régie autonome des transports parisiens** *the Paris city transport authority* ◆ **régie publicitaire** advertising sales division

[3] *(Ciné, Théât, TV)* production department; *(Radio, TV = salle de contrôle)* control room

regimber /ʀ(ə)ʒɛ̃be/ SYN ► conjug 1 ◄ VI *[personne]* to rebel *(contre* against); *[cheval]* to jib ◆ **fais-le sans regimber** do it without grumbling ◆ **quand je lui ai demandé de le faire, il a regimbé** when I asked him to do it he jibbed at the idea

régime¹ /ʀeʒim/ SYN NM [1] *(Pol)* *(= mode)* system (of government); *(= gouvernement)* government; *(péj)* régime ◆ **régime monarchique/républicain** monarchical/republican system (of government); → **ancien**

[2] *(Admin) (= système)* scheme, system; *(= règlements)* regulations ◆ **régime douanier/des hôpitaux** *(= système)* customs/hospital system; *(= règle)* customs/hospital regulations ◆ **régime de la Sécurité sociale** Social Security system ◆ **régime maladie** health insurance scheme *(Brit) ou* plan *(US)* ◆ **régime vieillesse** pension scheme

[3] *(Jur)* ◆ **régime (matrimonial)** marriage settlement ◆ **se marier sous le régime de la communauté/de la séparation de biens** to opt for a marriage settlement based on joint ownership of property/on separate ownership of property

[4] *(Méd)* diet ◆ **être/mettre qn au régime** to be/put sb on a diet ◆ **suivre un régime (alimentaire)** *(gén)* to be on a diet; *(scrupuleusement)* to follow *ou* keep to a diet ◆ **régime sec/sans sel/lacté/basses calories/amaigrissant** alcohol-free/salt-free/milk/low-calorie/slimming *(Brit) ou* reducing *(US)* diet ◆ **chocolat/produit de régime** diet chocolate/product ◆ **être/se mettre au régime jockey** * *(hum)* to be/go on a starvation *ou* crash diet

[5] *[de moteur]* (engine *ou* running) speed ◆ **ce moteur est bruyant à haut régime** this engine is noisy when it's revving hard ◆ **régime de croisière** cruising speed ◆ **à ce régime, nous n'aurons bientôt plus d'argent** (if we go on) at this rate *ou* at the rate we're going we'll soon have no money left ◆ **fonctionner** *ou* **marcher** *ou* **tourner à plein régime** *[moteur]* to run at top speed, to be on *ou* at full throttle; *[usine]* to run at full capacity ◆ **baisse de régime** *(= ralentissement)* slowdown ◆ **il a disputé trois sets sans la moindre baisse de régime** he played three sets without once slackening his *ou* the pace ◆ **montée en régime** *[de moteur]* revving (up); *[de secteur, économie]* gearing up ◆ **la montée en régime de l'entreprise** the increased activity in the company

[6] *(Météo) [de pluies, fleuve]* régime

[7] *(Gram)* object ◆ **régime direct/indirect** direct/indirect object ◆ **cas régime** objective case

[8] *(Phys) [d'écoulement]* rate of flow

régime² /ʀeʒim/ NM *[de dattes]* cluster, bunch; *[de bananes]* bunch

régiment /ʀeʒimɑ̃/ NM [1] *(Mil)* *(= corps)* regiment; *(* = service militaire)* military *ou* national service ◆ **être au régiment** * to be doing (one's) national *ou* military service ◆ **aller au régiment** * to go into the army, to be called up

[2] *(* = masse) [de personnes]* regiment, army; *[de choses]* mass(es), loads ◆ **il y en a pour tout un régiment** there's enough for a whole army

régimentaire /ʀeʒimɑ̃tɛʀ/ ADJ regimental

région /ʀeʒjɔ̃/ SYN NF *(Admin, Géog) (étendue)* region; *(limitée)* area; *(Anat)* region, area; *(= conseil régional)* regional council; *(fig = domaine)* region ◆ **régions polaires/équatoriales** polar/equatorial regions ◆ **la région parisienne/londonienne** the Paris/London area ◆ **Toulouse et sa région** Toulouse and the surrounding area ◆ **ça se trouve dans la région de Lyon** it's in the Lyons area *ou* around Lyons ◆ **si vous passez dans la région, allez les voir** if you are in the area *ou* if you go that way, go and see them ◆ **les habitants de la région** the local inhabitants ◆ **je ne suis pas de la région** I'm not from around here ◆ **dans nos régions** *(= où nous sommes)* in these parts, in our part of the world; *(= d'où nous venons)* where we come from ◆ **en région** in the provinces

RÉGION

The 22 **régions** are the largest administrative divisions in France, each being made up of several "départements". Each **région** is administered by a "conseil régional", whose members ("les conseillers régionaux") are elected for a six-year term in the "élections régionales". The expression "la **région**" is also used by extension to refer to the regional council itself. → **DÉPARTEMENT, ÉLECTIONS**

régional, e (mpl **-aux**) /ʀeʒjɔnal, o/

ADJ *[presse, élections]* regional

NM *(Cyclisme)* ◆ **le régional de l'étape** *cyclist from the particular region through which the Tour de France is passing*

NFPL **régionales** *(= élections)* regional elections; *(= nouvelles)* regional news *(NonC)*

régionalisation /ʀeʒjɔnalizasjɔ̃/ NF regionalization

régionaliser /ʀeʒjɔnalize/ ► conjug 1 ◄ VT to regionalize

régionalisme /ʀeʒjɔnalism/ NM [1] *(Pol)* regionalism

[2] *(Ling)* regionalism, regional expression

régionaliste /ʀeʒjɔnalist/
ADJ regionalist(ic)
NMF regionalist

régir /ʀeʒiʀ/ SYN ► conjug 2 ◄ VT *(gén, Ling)* to govern

régisseur, -euse /ʀeʒisœʀ, øz/ NM,F *[de propriété]* steward; *(Théât)* stage manager; *(Ciné, TV)* assistant director ◆ **régisseur de plateau** studio director

registre /ʀəʒistʀ/ SYN
NM 1 *(= livre)* register ◆ **registre maritime/d'hôtel/du commerce** shipping/hotel/trade register ◆ **registre de notes** *(Scol)* mark book *(Brit)*, grade book *ou* register *(US)* ◆ **registre d'absences** *(Scol)* attendance register
2 *(Mus) [d'orgue]* stop; *[de voix] (= étage)* register; *(= étendue)* register, range
3 *(Ling) (= niveau)* register, level (of language); *(= style)* register, style
4 *(Tech) [de fourneau]* damper, register; *(Ordin, Typographie)* register
5 *(fig = genre, ton)* mood, vein ◆ **il a complètement changé de registre** *[écrivain]* he's completely changed his style ◆ **cet auteur joue sur tous les registres** this author has a very varied style
COMP **Registre du commerce et des sociétés** *(= service)* Companies Registration Office; *(= fichier)* trade *ou* company *ou* corporate *(US)* register
registre de comptabilité ledger
registre de l'état civil register of births, marriages and deaths
registre mortuaire register of deaths
registre de vapeur throttle valve

réglable /ʀeglabl/ ADJ 1 *[mécanisme, débit]* adjustable ◆ **siège à dossier réglable** reclining seat
2 *(= payable)* payable

réglage /ʀeglaʒ/ NM 1 *[de mécanisme, débit]* regulation, adjustment; *[de moteur]* tuning; *[d'allumage, thermostat]* setting, adjustment; *[de dossier de chaise, tir]* adjustment
2 *[de papier]* ruling

réglé, e /ʀegle/ SYN (ptp de **régler**) ADJ
1 *(= régulier) [vie]* (well-)ordered, regular; *[personne]* steady, stable ◆ **c'est réglé comme du papier à musique** *, **il arrive tous les jours à 8 heures** he arrives at 8 o'clock every day, as regular as clockwork ◆ **être réglé comme une horloge** to be as regular as clockwork
2 *[adolescente]* ◆ **elle n'est pas encore réglée** she hasn't started having periods yet ◆ **elle est bien réglée** her periods are regular
3 *[papier]* ruled, lined

règle /ʀɛgl/ SYN NF 1 *(= loi, principe)* rule ◆ **règle fondamentale** *(Psych)* rule of free association ◆ **règle de conduite** rule of conduct ◆ **règle de 3** rule of 3 ◆ **les règles de la bienséance/de l'honneur** the rules of propriety/of honour ◆ **règle d'or** golden rule ◆ **règles de sécurité** safety regulations ◆ **respecter les règles élémentaires d'hygiène** to observe the basic hygiene rules, to observe basic hygiene ◆ **me lever à 7 heures, j'en ai fait une règle de vie** I've made it a rule to get up at 7 in the morning ◆ **ils ont pour règle de se réunir chaque jour** they make it a rule to meet every day ◆ **c'est la règle du jeu** *(lit, fig)* those are the rules of the game ◆ **se plier aux règles du jeu** *(lit, fig)* to play the game according to the rules ◆ **c'est la règle (de la maison)** that's the rule (of the house) ◆ **cela n'échappe pas à la règle** that's no exception to the rule ◆ **laisser jouer la règle de l'avantage** *(Sport)* to play the advantage rule
♦ **dans les règles** ◆ **il faut faire la demande dans les règles** you must apply through the proper channels *ou* according to the rules ◆ **dans les règles de l'art** *(lit)* carried out professionally; *(hum)* according to the rule book
♦ **de règle** ◆ **il est de règle qu'on fasse** *ou* **de faire un cadeau** it's usual *ou* it's standard practice *ou* the done thing to give a present ◆ **dans ce métier, la prudence est de règle** in this profession, caution is the rule
♦ **en règle** *[comptabilité, papiers]* in order; *[avertissement]* given according to the rules; *[réclamation]* made according to the rules; *[attaque, critique]* all-out *(épith)* ◆ **il lui a fait une cour en règle** he did all the right things to win her hand ◆ **être en règle avec les autorités** to be straight with *ou* in order with the authorities ◆ **se mettre en règle avec les autorités** to sort out *ou* straighten out one's position with the authorities ◆ **je ne suis pas en règle** my papers are not in order ◆ **se mettre en règle avec Dieu** to make things right with God
♦ **en règle générale** as a (general) rule
2 *(= instrument)* ruler ◆ **trait tiré à la règle** line drawn with a ruler ◆ **règle à calcul** *ou* **à calculer** slide rule
3 *(= menstruation)* ◆ **règles** period(s) ◆ **avoir ses règles** to have one's period(s) ◆ **pendant la période des règles** during menstruation ◆ **avoir des règles douloureuses** to suffer from *ou* get period pains, to have painful periods
4 *(Rel)* rule

règlement /ʀɛgləmɑ̃/ GRAMMAIRE ACTIVE 20.5 SYN NM 1 *(Admin, Police, Univ) (= règle)* regulation; *(= réglementation)* rules, regulations ◆ **c'est contraire au règlement** it's against the rules *ou* against regulations ◆ **règlement de service** administrative rule *ou* regulation ◆ **règlement intérieur** *(Scol)* school rules; *[d'entreprise]* policies and procedures (manual) ◆ **d'après le règlement communautaire** *ou* **européen du 2 mars** *(Europe)* under the community *ou* European regulation of 2 March
2 *[d'affaire, conflit]* settlement, settling; *[de facture, dette]* settlement, payment ◆ **règlement en espèces** cash settlement *ou* payment ◆ **faire un règlement par chèque** to pay *ou* make a payment by cheque ◆ **la date de règlement est inscrite sur la facture** the due date *ou* the date when payment is due appears on the bill ◆ **marché à règlement mensuel** *(Bourse)* forward market ◆ **règlement judiciaire** *(Jur)* (compulsory) liquidation ◆ **être mis en règlement judiciaire** to be put into receivership, to be put into the hands of the receiver ◆ **règlement (à l')amiable** *(Jur)* amicable settlement, out-of-court settlement ◆ **règlement de compte(s)** *(fig)* settling of scores; *(de gangsters)* gangland killing ◆ **le règlement de votre dossier interviendra sous un mois** your request will be dealt with within a month

réglementaire /ʀɛgləmɑ̃tɛʀ/ SYN ADJ *[uniforme, taille]* regulation *(épith)*; *[procédure]* statutory, laid down in the regulations ◆ **ça n'est pas très réglementaire** that isn't really allowed, that's really against the rules ◆ **dans le temps réglementaire** in the prescribed time ◆ **ce certificat n'est pas réglementaire** this certificate doesn't conform to the regulations ◆ **dispositions réglementaires** regulations ◆ **pouvoir réglementaire** power to make regulations

réglementairement /ʀɛgləmɑ̃tɛʀmɑ̃/ ADV in accordance with *ou* according to the regulations, statutorily

réglementation /ʀɛgləmɑ̃tasjɔ̃/ SYN NF *(= règles)* regulations; *(= contrôle) [de prix, loyers]* control, regulation ◆ **réglementation des changes** exchange control regulations

réglementer /ʀɛgləmɑ̃te/ SYN ► conjug 1 ◄ VT to regulate, to control ◆ **la vente des médicaments est très réglementée** the sale of medicines is strictly controlled; → **stationnement**

régler /ʀegle/ GRAMMAIRE ACTIVE 20.5 SYN ► conjug 6 ◄
VT 1 *(= conclure) [+ affaire, conflit]* to settle; *[+ problème]* to settle, to sort out; *[+ dossier]* to deal with ◆ **régler qch à l'amiable** *(gén)* to settle sth amicably; *(Jur)* to settle sth out of court ◆ **alors, c'est une affaire réglée** *ou* **c'est réglé ?** right, is that settled then? ◆ **on va régler ça tout de suite** we'll get that settled *ou* sorted out straightaway
2 *(= payer) [+ note, dette]* to settle (up), to pay (up); *[+ compte]* to settle; *[+ commerçant, créancier]* to settle up with, to pay; *[+ travaux]* to settle up for, to pay for ◆ **est-ce que je peux régler ?** can I settle up (with you)? *ou* settle *ou* pay the bill? ◆ **je viens régler mes dettes** I've come to settle my debts *ou* to square up with you * ◆ **régler qch en espèces** to pay for sth in cash ◆ **est-ce que je peux (vous) régler par chèque ?** can I give you a cheque?, can I pay (you) by cheque? ◆ **régler son compte à un employé** * *(lit)* to settle up with an employee *; *(fig = renvoyer)* to give an employee his cards *(Brit) ou* books * *(Brit) ou* pink slip * *(US)* ◆ **j'ai un compte à régler avec lui** I've got a score to settle with him, I've got a bone to pick with him ◆ **on lui a réglé son compte !** * *(vengeance)* they've settled his hash *; *(assassinat)* they've taken care of him *(euph)* ◆ **les deux bandes veulent régler leurs comptes** the two gangs want to settle the score *
3 *[+ mécanisme, débit, machine]* to regulate, to adjust; *[+ dossier de chaise, tir]* to adjust; *[+ moteur]* to tune; *[+ allumage, ralenti]* to set, to adjust; *[+ réveil]* to set ◆ **régler le thermostat à 18°** to set the thermostat to *ou* at 18° ◆ **régler une montre** *(mettre à l'heure)* to put a watch right *(sur* by); *(réparer)* to regulate a watch ◆ **le carburateur est mal réglé** the carburettor is badly tuned
4 *(= fixer) [+ modalités, date, programme]* to settle (on), to fix (up), to decide on; *[+ conduite, réactions]* to determine ◆ **régler l'ordre d'une cérémonie** to settle *ou* fix (up) the order of (a) ceremony ◆ **il ne sait pas régler l'emploi de ses journées** he is incapable of planning out *ou* organizing his daily routine ◆ **régler le sort de qn** to decide *ou* determine sb's fate
5 *(= prendre comme modèle)* ◆ **régler qch sur** to model sth on, to adjust sth to ◆ **régler sa vie sur (celle de) son père** to model one's life on that of one's father ◆ **régler sa conduite sur les circonstances** to adjust one's conduct *ou* behaviour to the circumstances ◆ **se régler sur qn d'autre** to model o.s. on sb else ◆ **il essaya de régler son pas sur celui de son père** he tried to walk in step with his father ◆ **régler sa vitesse sur celle de l'autre voiture** to adjust *ou* match one's speed to that of the other car
6 *[+ papier]* to rule (lines on)

réglet /ʀeglɛ/ NM 1 *(= règle)* lead(ing)
2 *(= moulure)* reglet

réglette /ʀeglɛt/ NF *(Typographie)* setting stick; *(= petite règle)* small ruler

régleur, -euse /ʀeglœʀ, øz/
NM,F *(= ouvrier)* setter, adjuster
NF **régleuse** ruling machine

réglisse /ʀeglis/ NF *ou* NM liquorice ◆ **bâton/rouleau de réglisse** liquorice stick/roll

réglo * /ʀeglo/ ADJ INV *[personne]* straight *, honest, dependable ◆ **c'est réglo** it's OK *, it's in order ◆ **ce n'est pas très réglo** it's not really right, it's not really on * *(Brit)*

régnant, e /ʀeɲɑ̃, ɑ̃t/ ADJ *[famille, prince]* reigning *(épith)*; *[théorie, idée]* reigning *(épith)*, prevailing *(épith)*

règne /ʀɛɲ/ SYN NM 1 *[de roi, tyran] (= période)* reign; *(= domination)* rule ◆ **sous le règne de Louis XIV** *(période)* during the reign of Louis XIV; *(domination)* under the rule of Louis XIV
2 *(fig)* ◆ **le règne de (la) terreur** the rule of terror ◆ **le règne de la loi** the rule of law ◆ **ces temps de règne de l'image** these times when image is all *ou* all-important ◆ **le règne du chacun-pour-soi** an ethos of every man for himself
3 ◆ **règne animal/végétal/minéral** animal/vegetable *ou* plant/mineral kingdom

régner /ʀeɲe/ SYN ► conjug 6 ◄ VI 1 *(= être sur le trône)* to reign; *(= exercer sa domination)* to rule *(sur* over) ◆ **il règne (en maître) sur le village** *(fig)* he reigns *ou* rules (supreme) over the village ◆ **elle règne dans la cuisine** she reigns over *ou* rules in the kitchen ◆ **régner sur nos passions** *(littér)* to rule over *ou* govern our passions; → **diviser**
2 *(= prédominer) [paix, silence]* to reign *(sur* over) ◆ **le silence régnait au déjeuner** they ate in silence ◆ **la confiance qui règne entre les deux partenaires** the trust (that exists) between the two partners ◆ **la confiance ne règne pas vraiment ici** there's no real (feeling of) confidence here ◆ **la confiance règne !** *(iro)* you see how much they *(ou* you *etc)* trust us! ◆ **la peur continue de régner dans les rues de la ville** fear still pervades the streets of the town ◆ **la peur du chômage règne partout** everywhere there is the fear of unemployment ◆ **la plus grande confusion continue de régner** there is still tremendous confusion ◆ **une maison où l'ordre règne** a house in which everything is tidy ◆ **il a fait régner la terreur** he imposed a reign of terror ◆ **faire régner l'ordre/la loi** to impose order/the rule of law

regonflage /ʀ(ə)gɔ̃flaʒ/, **regonflement** /ʀ(ə)gɔ̃fləmɑ̃/ NM blowing up (again), reinflating; *(avec une pompe à main)* pumping up (again)

regonfler /ʀ(ə)gɔ̃fle/ ► conjug 1 ◄
VT 1 *(= gonfler à nouveau)* to blow up again, to reinflate; *(avec une pompe à main)* to pump up again
2 *(= gonfler davantage)* to blow up harder, to pump up further
3 * *[+ personne]* to cheer up; *[+ ventes, bénéfices]* to boost ◆ **il est regonflé (à bloc)** he's back on top of things * ◆ **regonfler le moral de qn** to bolster sb up
VI *[rivière]* to swell *ou* rise again; *(Méd)* to swell up again

regorgement /ʀ(ə)gɔʀʒəmɑ̃/ NM overflow

regorger /ʀ(ə)gɔʀʒe/ SYN ▸ conjug 3 ◂ VI
1 ◆ **regorger de** *[région, pays]* to abound in; *[maison, magasin]* to be packed *ou* crammed with ◆ **la région regorge d'ananas** pineapples are plentiful in the region, the region abounds in pineapples ◆ **cette année le marché regorge de fruits** this year there is a glut *ou* an abundance of fruit on the market ◆ **le pays regorge d'argent** the country has enormous financial assets ◆ **il regorge d'argent** he is rolling in money*, he has got plenty of money ◆ **sa maison regorgeait de livres/d'invités** his house was packed with *ou* crammed with *ou* cram-full of books/guests ◆ **la rue regorge de petits étals** the street is packed with little market stalls ◆ **la ville regorge de festivaliers** the town is swarming with festival-goers ◆ **son livre regorge de bonnes idées/de fautes** his book is (jam-)packed *ou* crammed with good ideas/is riddled with mistakes
2 *[liquide]* to overflow

regrattage /ʀ(ə)gʀataʒ/ NM *[de bâtiment]* scraping again

regratter /ʀ(ə)gʀate/ ▸ conjug 1 ◂ VT *[+ bâtiment]* to scrape again

regréer /ʀ(ə)gʀee/ ▸ conjug 1 ◂ VT to re-rig

regreffer /ʀ(ə)gʀefe/ ▸ conjug 1 ◂ VT to regraft

régresser /ʀegʀese/ SYN ▸ conjug 1 ◂ VI *[science, enfant]* to regress; *[douleur, épidémie]* to recede, to diminish; *[chiffre d'affaires, ventes]* to drop, to fall ◆ **le taux de chômage a nettement régressé** the rate of unemployment has dropped sharply

régressif, -ive /ʀegʀesif, iv/ ADJ *[évolution, raisonnement]* regressive; *[marche]* backward *(épith)*; *(Phon)* anticipatory ◆ **érosion régressive** *(Géol)* headward erosion ◆ **forme régressive** regressive *ou* recessive form ◆ **dérivation régressive** *(Ling)* back formation ◆ **impôt régressif** *(Fin)* regressive tax

régression /ʀegʀesjɔ̃/ SYN NF *(gén)* regression, decline; *(Bio, Math, Psych)* regression ◆ **être en (voie de) régression** to be on the decline *ou* decrease, to be declining *ou* decreasing ◆ **régression marine** *(Géol)* marine regression

regret /ʀ(ə)gʀɛ/ GRAMMAIRE ACTIVE 9.3, 18.3, 19.5, 25.5 SYN NM 1 *[de décision, faute]* regret *(de* for); *[de passé]* regret *(de* about) ◆ **le regret d'une occasion manquée la faisait pleurer** she wept with regret at the lost opportunity, she wept in regret at losing the opportunity ◆ **les regrets causés par une occasion manquée** the regrets felt at *ou* for a missed opportunity ◆ **le regret du pays natal** homesickness ◆ **le regret d'avoir échoué** the regret that he had failed *ou* at having failed ◆ **vivre dans le regret d'une faute** to spend one's life regretting a mistake ◆ **c'est avec regret que je vous le dis** I am sorry *ou* I regret to have to tell you this ◆ **sans regret** with no regrets ◆ **je te le donne – sans regrets ?** take this – are you (really) sure? ◆ **regrets éternels** *(sur une tombe)* sorely missed
2 *(locutions)* ◆ **je suis au regret de ne pouvoir...** I'm sorry *ou* I regret that I am unable to... ◆ **j'ai le regret de vous informer que...** I regret to inform you that..., I must regretfully inform you that... *(frm)* ◆ **à mon grand regret** to my great regret
♦ **à regret** *[partir]* with regret, regretfully; *[accepter, donner]* with regret, reluctantly

regrettable /ʀ(ə)gʀetabl/ GRAMMAIRE ACTIVE 18.3 SYN ADJ *[incident, conséquence]* regrettable, unfortunate ◆ **il est regrettable que...** it's unfortunate *ou* regrettable that...

regrettablement /ʀ(ə)gʀetabləmɑ̃/ ADV *(littér)* regrettably

regretter /ʀ(ə)gʀete/ GRAMMAIRE ACTIVE 18.3, 20.2 SYN ▸ conjug 1 ◂ VT 1 *[+ ce que l'on n'a plus]* to miss; *[+ occasion manquée]* to regret ◆ **il regrette sa jeunesse** he thinks back (nostalgically) to his youth ◆ **il regrette le temps où tout était simple** he looks back nostalgically *ou* wistfully to the time when everything was simple ◆ **ne regrettez-vous pas le temps perdu ?** aren't you sorry this time has gone? ◆ **il regrette son argent** he wishes he hadn't spent the money ◆ **c'était cher, mais je ne regrette pas mon argent** it was expensive but I don't regret buying it *ou* spending the money ◆ **notre regretté président** our late lamented president ◆ **on le regrette beaucoup dans le village** he is greatly *ou* sadly missed in the village
2 *(= se repentir de) [+ décision, imprudence]* to regret ◆ **tu le regretteras** you'll regret it, you'll be sorry for it ◆ **tu ne le regretteras pas** you won't regret it ◆ **je ne regrette rien** I have no regrets ◆ **je regrette mon geste** I wish I hadn't done that ◆ **elles regrettent d'avoir parlé** they're sorry they spoke, they wish they hadn't spoken
3 *(= désapprouver)* to deplore, to regret ◆ **les médecins regrettent que le grand public ne soit pas mieux informé des symptômes de l'infarctus** doctors deplore the fact that the public is not better informed about the symptoms of heart attack ◆ **on regrettera que la traduction ait été bâclée** it is regrettable that the translation is so slapdash
4 *(= être désolé)* to be sorry, to regret ◆ **je regrette, mais il est trop tard** I'm sorry, but it's too late, I'm afraid it's too late ◆ **ah non ! je regrette, il était avec moi** no, sorry, he was with me ◆ **nous avons beaucoup regretté votre absence** we were very sorry that you weren't able to join us ◆ **nous regrettons qu'il soit malade** we are sorry that he is ill
♦ **regretter de** ◆ **je regrette de ne pas lui avoir écrit** I'm sorry *ou* I regret that I didn't write to him ◆ **je regrette de vous avoir fait attendre** I'm sorry to have kept you waiting ◆ **je ne regrette pas d'être venu** I'm not sorry *ou* I'm glad I came ◆ **sa femme regrette de ne pas être présente** his wife is sorry that she cannot be present ◆ **je regrette de ne pouvoir donner une suite favorable à votre demande** I am sorry that I cannot meet your request

> (!) Attention à ne pas traduire automatiquement **regretter** par **to regret** ; l'anglais préfère une tournure contenant le mot 'sorry'.

regrimper /ʀ(ə)gʀɛ̃pe/ ▸ conjug 1 ◂
VT *[+ pente, escalier]* to climb (up) again
VI *[route]* to climb (up) again; *[fièvre]* to go up *ou* rise again; *[prix]* to go up *ou* climb again ◆ **regrimper dans le train** to climb back into the train ◆ **ça va faire regrimper les prix/la fièvre** it'll put up prices/his temperature again

regros /ʀəgʀo/ NM tan(bark)

regrossir /ʀ(ə)gʀosiʀ/ ▸ conjug 2 ◂ VI to put on weight again

regroupement /ʀ(ə)gʀupmɑ̃/ NM 1 *[d'objets, pièces de collection]* bringing together; *[d'industries, partis, parcelles]* grouping together ◆ **regroupements de sociétés** *(Fin, Jur)* groupings of companies
2 *(= fait de réunir de nouveau) [d'armée, personnes]* reassembling; *[de bétail]* rounding up again ◆ **regroupement familial** *(Jur)* family reunification
3 *(Sport) [de coureurs]* bunching together; *[de rugbymen]* loose scrum

regrouper /ʀ(ə)gʀupe/ SYN ▸ conjug 1 ◂
VT 1 *(= réunir) [+ objets]* to put *ou* group together; *[+ pièces de collection]* to bring together; *[+ industries, partis, parcelles]* to group together; *[+ territoires]* to consolidate; *(= fusionner) [+ services, classes]* to merge
2 *(= réunir de nouveau) [+ armée, personnes]* to reassemble; *[+ parti]* to regroup; *[+ bétail]* to round up, to herd together
VPR **se regrouper** 1 *(= se réunir) [personnes]* to gather (together), to assemble; *[entreprises]* to group together ◆ **se regrouper autour d'une cause** to unite behind a cause
2 *(Sport) [coureurs]* to bunch together again; *[rugbymen]* to form a loose scrum

régularisable /ʀegylaʀizabl/ ADJ *[personne]* whose status can be made legal ◆ **les personnes non régularisables** people whose status cannot be regularized

régularisation /ʀegylaʀizasjɔ̃/ NF 1 *[de situation]* regularization; *[de passeport, papiers]* sorting out
2 *[de mécanisme, débit]* regulation
3 *(Fin)* equalization ◆ **régularisation des cours** price stabilization

régulariser /ʀegylaʀize/ SYN ▸ conjug 1 ◂
VT 1 *[+ passeport, papiers]* to sort out ◆ **régulariser sa situation** *(gén)* to get one's situation sorted out; *[immigré]* to get one's papers in order, to have one's (immigration) status regularized ◆ **ils ont fini par régulariser*** *(= ils se sont mariés)* they ended up making it official ◆ **faire régulariser ses papiers** to have one's papers put in order *ou* sorted out
2 *(= régler) [+ mécanisme, débit]* to regulate ◆ **régulariser le cours d'un fleuve** to regulate the flow of a river
3 *(Méd) [+ pouls, respiration, rythme cardiaque, circulation]* to regulate
4 *(Fin) [+ monnaie]* to equalize
VPR **se régulariser** *[pouls, respiration, rythme cardiaque, circulation]* to return to normal

régularité /ʀegylaʀite/ SYN NF 1 *[de pouls, travail, effort, respiration, rythme]* regularity, steadiness; *[de qualité, résultats]* consistency, evenness; *[de vitesse, vent]* steadiness; *[d'habitudes, progrès, paiement, visites, service de transport]* regularity ◆ **avec régularité** *[se produire]* regularly; *[progresser]* steadily
2 *(= uniformité) [de répartition, couche, ligne]* evenness; *(= symétrie)* symmetry; *(= harmonie) [de traits, paysage]* regularity, evenness; *[d'écriture]* regularity; *(= égalité) [d'humeur]* steadiness, evenness; *(Math) [de polygone]* regularity
3 *(= légalité) [d'élection, procédure]* legality, lawfulness

régulateur, -trice /ʀegylatœʀ, tʀis/
ADJ regulating
NM *(Tech, fig)* regulator ◆ **régulateur de vitesse/de température** speed/temperature control *ou* regulator ◆ **régulateur de croissance** *(Agr)* growth substance

régulation /ʀegylasjɔ̃/ SYN NF *[d'économie, trafic]* regulation; *[de mécanisme]* regulation, adjustment ◆ **régulation des naissances** birth control ◆ **régulation thermique** *(Physiol)* regulation of body temperature, thermotaxis *(SPÉC)* ◆ **régulation de la circulation** traffic control, regulation of traffic flow

régule /ʀegyl/ NM Babbitt (metal)

réguler /ʀegyle/ ▸ conjug 1 ◂ VT *[+ flux, marché, taux]* to regulate ◆ **réguler la circulation routière** to regulate the flow of traffic, to control traffic

régulier, -ière /ʀegylje, jɛʀ/ SYN
ADJ 1 *(en fréquence, en force) [pouls, rythme, respiration]* regular, steady; *[effort]* sustained; *[qualité, résultats]* consistent; *[progrès, vitesse, vent]* steady; *[habitudes, paiement, revenus, visites]* regular; *(Transports) [ligne, vol]* scheduled; *[service de train, bus]* regular ◆ **incapable d'un travail régulier, il voulait devenir comédien** unable to do a regular job, he wanted to become an actor ◆ **à intervalles réguliers** at regular intervals ◆ **prendre ses repas à (des) heures régulières** to eat regular meals ◆ **exercer une pression régulière sur qch** to exert steady pressure on sth ◆ **être en correspondance régulière avec qn** to correspond regularly with sb, to write regularly to sb
2 *(= uniforme) [répartition, couche, ligne]* even; *[façade]* regular; *[traits]* regular, even; *[écriture]* regular, neat; *(Math) [polygone]* regular; *[humeur]* steady, even; *[vie]* ordered ◆ **avoir un visage régulier** to have regular features ◆ **il faut que la pression soit bien régulière partout** the pressure must be evenly distributed
3 *(= légal) [gouvernement]* legitimate; *[procédure]* in order *(attrib)*; *[jugement]* regular, in order *(attrib)*; *[tribunal]* legal, official ◆ **être en situation régulière** to have one's papers in order
4 *(= honnête) [opération, coup]* aboveboard *(attrib)*; *[homme d'affaires]* on the level *(attrib)* ◆ **vous me faites faire quelque chose qui n'est pas très régulier** *(= correct)* what you're asking me to do is a bit dodgy* *(Brit)*, if I do what you ask, I'll be sailing a bit close to the wind ◆ **être régulier en affaires** to be straight *ou* honest in business ◆ **coup régulier** *(Boxe)* fair blow; *(Échecs)* correct move
5 *(Mil) [troupes]* regular; *[armée]* regular, standing; *(Rel) [clergé, ordre]* regular
6 *[vers, verbe, pluriel]* regular
7 *(Can = normal)* normal, regular *(US)*
NM *(= client, Mil, Rel)* regular
NF **régulière** SYN *(*, †) (= femme)* missus*, old woman*; *(= maîtresse)* lady-love *(hum)*
LOC ADV **à la régulière*** *[battre]* fair and square

régulièrement /ʀegyljɛʀmɑ̃/ SYN ADV 1 *(= souvent)* regularly ◆ **il est régulièrement en retard** he's habitually late
2 *(= uniformément) [répartir, disposer]* evenly; *[progresser]* steadily
3 *(= selon les règles)* properly ◆ **élu régulièrement** properly elected, elected in accordance with the rules
4 * *(= en principe)* normally; *(= d'habitude)* normally, usually

régurgitation /ʀegyʀʒitasjɔ̃/ NF regurgitation

régurgiter /ʀegyʀʒite/ SYN ▸ conjug 1 ◂ VT to regurgitate

réhabilitable /ʀeabilitabl/ ADJ *[condamné]* who can be rehabilitated

réhabilitation | reître

réhabilitation /ʀeabilitasjɔ̃/ NF [1] (Jur) [de condamné] clearing (the name of), rehabilitation; [de failli] discharge ◆ **obtenir la réhabilitation de qn** to get sb's name cleared, to get sb rehabilitated
[2] (= revalorisation) [de profession, art, idéologie] restoring to favour
[3] (= rénovation) [de quartier, immeuble] restoration, rehabilitation ◆ **réhabilitation des sites** (Écol) site remediation

réhabiliter /ʀeabilite/ SYN ▶ conjug 1 ◀
VT [1] (= blanchir) [+ condamné] to clear (the name of); [+ failli] to discharge ◆ **réhabiliter la mémoire de qn** to restore sb's good name
[2] (= revaloriser) [+ profession, art, idéologie] to bring back into favour, to restore to favour
[3] (= rénover) [+ quartier, immeuble] to restore, to rehabilitate; (Écol) [+ sites] to remediate, to rehabilitate
[4] (= rétablir) ◆ **réhabiliter qn dans ses fonctions** to reinstate sb (in their job) ◆ **réhabiliter qn dans ses droits** to restore sb's rights (to them)
VPR **se réhabiliter** to rehabilitate o.s.

réhabituer /ʀeabitɥe/ ▶ conjug 1 ◀
VT ◆ **réhabituer qn à (faire) qch** to get sb used to (doing) sth again, to reaccustom sb to (doing) sth
VPR **se réhabituer** ◆ **se réhabituer à (faire) qch** to get used to (doing) sth again, to reaccustom o.s. to (doing) sth ◆ **ça va être dur de se réhabituer** it will be difficult to get used to it again

rehaussement /ʀəosmɑ̃/ NM [1] [de mur, clôture] heightening; [de plafond, chaise] raising, heightening
[2] (Fin) [de plafond] raising

rehausser /ʀəose/ SYN ▶ conjug 1 ◀ VT [1] [+ mur, clôture] to heighten, to make higher; [+ plafond, chaise] to raise, to heighten ◆ **on va le rehausser avec un coussin** [+ enfant] we'll put a cushion under him so he's sitting up a bit higher
[2] (= augmenter, souligner) [+ beauté, couleur, image de marque] to enhance; [+ goût] to bring out; [+ mérite, prestige] to enhance, to increase; [+ popularité] to increase; [+ détail] to bring out, to accentuate, to underline ◆ **les épices rehaussent la saveur d'un plat** spices bring out the flavour of a dish
[3] (= orner) [+ tableau, robe] to brighten up, to liven up ◆ **rehaussé de** embellished with

rehausseur /ʀəosœʀ/ ADJ M, NM [de siège d'enfant] ◆ **rehausseur de siège, siège rehausseur** booster seat

rehaut /ʀəo/ NM (Art) highlight

réhoboam /ʀeɔbɔam/ NM rehoboam

réhumaniser /ʀeymanize/ ▶ conjug 1 ◀ VT [+ ville, justice] to make more human

réhydratation /ʀeidʀatasjɔ̃/ NF (gén) rehydration; [de peau] moisturizing

réhydrater /ʀeidʀate/ ▶ conjug 1 ◀ VT (gén) to rehydrate; [+ peau] to moisturize

réification /ʀeifikasjɔ̃/ NF reification

réifier /ʀeifje/ ▶ conjug 7 ◀ VT to reify

reiki /ʀeki/ NM reiki

réimperméabilisation /ʀeɛ̃pɛʀmeabilizasjɔ̃/ NF reproofing

réimperméabiliser /ʀeɛ̃pɛʀmeabilize/ ▶ conjug 1 ◀ VT to reproof

réimplantation /ʀeɛ̃plɑ̃tasjɔ̃/ NF [d'embryon, organe] reimplantation

réimplanter /ʀeɛ̃plɑ̃te/ ▶ conjug 1 ◀
VT [+ entreprise existante] to relocate; [+ nouvelle entreprise] to set up; [+ embryon, organe] to reimplant
VPR **se réimplanter** [entreprise] to relocate; [personne] to reestablish oneself

réimportation /ʀeɛ̃pɔʀtasjɔ̃/ NF reimportation

réimporter /ʀeɛ̃pɔʀte/ ▶ conjug 1 ◀ VT to reimport

réimposer /ʀeɛ̃poze/ ▶ conjug 1 ◀ VT [1] (Fin) to impose a new ou further tax on
[2] (Typographie) to reimpose

réimposition /ʀeɛ̃pozisjɔ̃/ NF [1] (Fin) further taxation
[2] (Typographie) reimposition

réimpression /ʀeɛ̃pʀesjɔ̃/ NF (= action) reprinting; (= livre) reprint ◆ **l'ouvrage est en cours de réimpression** the book is being reprinted

réimprimer /ʀeɛ̃pʀime/ ▶ conjug 1 ◀ VT to reprint

Reims /ʀɛ̃s/ N Rheims

rein /ʀɛ̃/
NM (= organe) kidney ◆ **être sous rein artificiel** to be on a kidney machine ◆ **rein flottant** renal ptosis
NMPL **reins** (= région) small of the back; (= taille) waist ◆ **avoir mal aux reins** to have backache (in the lower back), to have an ache in the small of one's back ◆ **ses cheveux tombent sur ses reins** her hair comes down to her waist ◆ **il donna un coup de reins pour se relever** he heaved himself up ◆ **donner un coup de reins pour soulever qch** to heave sth up ◆ **avoir les reins solides** (lit) to have a strong ou sturdy back ◆ **ils ont/n'ont pas les reins assez solides** (fig) they are/aren't in a strong enough financial position ◆ **casser** ou **briser les reins à qn** (fig) to ruin ou break sb ◆ **il m'a mis l'épée dans les reins** (fig) he really turned on the pressure; → creux

réincarcération /ʀeɛ̃kaʀseʀasjɔ̃/ NF reimprisonment, reincarceration

réincarcérer /ʀeɛ̃kaʀseʀe/ ▶ conjug 6 ◀ VT to reimprison, to reincarcerate

réincarnation /ʀeɛ̃kaʀnasjɔ̃/ SYN NF reincarnation

réincarner (se) /ʀeɛ̃kaʀne/ ▶ conjug 1 ◀ VPR to be reincarnated (en as)

réincorporer /ʀeɛ̃kɔʀpɔʀe/ ▶ conjug 1 ◀ VT [+ soldat] to re-enlist ◆ **réincorporer son régiment** to re-enlist in one's regiment

reine /ʀɛn/
NF queen ◆ **la reine de Saba** the Queen of Sheba ◆ **la reine d'Angleterre** the Queen of England ◆ **la reine Élisabeth** Queen Elizabeth ◆ **la reine mère** (lit) the Queen mother; (* fig) her ladyship* ◆ **la reine du bal** the queen ou the belle of the ball ◆ **reine de beauté** beauty queen ◆ **la reine des abeilles/des fourmis** the queen bee/ant ◆ **comme une reine** [vivre] in the lap of luxury; [traiter] like a queen ◆ **être vêtue comme une reine** to look like a queen ◆ **la reine de cœur/pique** (Cartes) the queen of hearts/spades ◆ **c'est la reine des idiotes*** she's a prize idiot*; → bouchée², petit, port²
COMP **reine des reinettes** rennet

reine-claude (pl **reines-claudes**) /ʀɛnklod/ NF greengage

reine-des-prés (pl **reines-des-prés**) /ʀɛndepʀe/ NF meadowsweet

reine-marguerite (pl **reines-marguerites**) /ʀɛnmaʀɡəʀit/ NF (China) aster

reinette /ʀɛnɛt/ NF ≃ (Cox's orange) pippin ◆ **reinette grise** russet

réinfecter /ʀeɛ̃fɛkte/ ▶ conjug 1 ◀ VT to reinfect ◆ **la plaie s'est réinfectée** the wound has become infected again

réinfection /ʀeɛ̃fɛksjɔ̃/ NF reinfection

réingénierie /ʀeɛ̃ʒeniʀi/ NF re-engineering

réinitialiser /ʀeinisjalize/ ▶ conjug 1 ◀ VT (Ordin) to reboot

réinjecter /ʀeɛ̃ʒɛkte/ ▶ conjug 1 ◀ VT (Méd) to reinject ◆ **réinjecter des fonds dans une entreprise** to pump more money into a company ◆ **ils ont réinjecté une partie des bénéfices dans la recherche** they put some of the profits back into research

réinscriptible /ʀeɛ̃skʀiptibl/ ADJ (Ordin) [disque] rewriteable

réinscription /ʀeɛ̃skʀipsjɔ̃/ NF reregistration, re-enrolment (Brit), re-enrollment (US)

réinscrire /ʀeɛ̃skʀiʀ/ ▶ conjug 39 ◀
VT [+ épitaphe] to reinscribe; [+ date, nom] to put down again; [+ élève] to re-enrol ◆ **je n'ai pas réinscrit mon fils à la cantine cette année** I haven't put my son's name down for school meals this year
VPR **se réinscrire** to re-enrol, to reregister (à for)

réinsérer /ʀeɛ̃seʀe/ SYN ▶ conjug 6 ◀ VT [1] [+ délinquant, handicapé] to rehabilitate ◆ **se réinsérer dans la société** to reintegrate into society
[2] [+ publicité, feuillet] to reinsert

réinsertion /ʀeɛ̃sɛʀsjɔ̃/ SYN NF [1] [de délinquant, handicapé] rehabilitation ◆ **la réinsertion sociale des anciens détenus** the rehabilitation of ex-prisoners
[2] [de publicité, feuillet] reinsertion

⚠ Au sens de 'réintégration', **réinsertion** ne se traduit pas par le mot anglais **reinsertion**.

réinstallation /ʀeɛ̃stalasjɔ̃/ NF [1] (= remise en place) [de cuisinière] putting back, reinstallation; [d'étagère] putting up again; [de téléphone] reinstallation
[2] (= réaménagement) ◆ **notre réinstallation à Paris/dans l'appartement va poser des problèmes** moving back to Paris/into the flat is going to create problems

réinstaller /ʀeɛ̃stale/ ▶ conjug 1 ◀
VT [1] (= remettre en place) [+ cuisinière] to put back; [+ étagère] to put back up, to put up again; [+ téléphone] to reconnect
[2] (= réaménager) [+ pièce, appartement] to refurnish ◆ **les bureaux ont été réinstallés à Paris** the offices were moved back to Paris
[3] (= rétablir) ◆ **réinstaller qn chez lui** to move sb back into their own home ◆ **réinstaller qn dans ses fonctions** to reinstate sb in their job, to give sb their job back
VPR **se réinstaller** (dans un fauteuil) to settle down again (dans in); (dans une maison) to move back (dans into) ◆ **il s'est réinstallé à Paris** (gén) he's moved back to Paris; [commerçant] he's set up in business again in Paris ◆ **se réinstaller au pouvoir** to come back to power

réinstaurer /ʀeɛ̃stɔʀe/ VT to re-establish

réintégrable /ʀeɛ̃teɡʀabl/ ADJ ◆ **il n'est pas réintégrable** he can't be reinstated (in his job), he can't be restored to his (former) position

réintégration /ʀeɛ̃teɡʀasjɔ̃/ NF [1] [d'employé] reinstatement (dans in)
[2] (= retour) return (de to) ◆ **réintégration du domicile conjugal** returning to the marital home

réintégrer /ʀeɛ̃teɡʀe/ SYN ▶ conjug 6 ◀ VT
[1] (= rétablir) ◆ **réintégrer qn (dans ses fonctions)** to reinstate sb (in their job), to restore sb to their (former) position ◆ **réintégrer qn dans ses droits** to restore sb's rights
[2] (= regagner) to return to, to go back to ◆ **réintégrer le domicile conjugal** to return to the marital home

réinterpréter /ʀeɛ̃tɛʀpʀete/ ▶ conjug 6 ◀ VT to reinterpret

réintroduction /ʀeɛ̃tʀɔdyksjɔ̃/ NF [de personne, mode, projet de loi] reintroduction ◆ **la réintroduction d'espèces en voie de disparition** reintroducing endangered species

réintroduire /ʀeɛ̃tʀɔdɥiʀ/ ▶ conjug 38 ◀
VT [1] (= réinsérer) [+ objet] to reinsert ◆ **réintroduire une clé dans une serrure** to put a key back into a lock ◆ **réintroduire des erreurs dans un texte** to reintroduce errors ou put errors back into a text
[2] (= présenter de nouveau) [+ personne] to introduce again; [+ projet de loi] to reintroduce
[3] (= relancer) [+ mode] to reintroduce, to introduce again
VPR **se réintroduire** ◆ **se réintroduire dans** [+ lieu, milieu] to get back into

réinventer /ʀeɛ̃vɑ̃te/ ▶ conjug 1 ◀ VT to reinvent ◆ **inutile de réinventer la roue** there's no point reinventing the wheel

réinvention /ʀeɛ̃vɑ̃sjɔ̃/ NF reinvention

réinvestir /ʀeɛ̃vɛstiʀ/ ▶ conjug 2 ◀ VT (Fin) [+ capital] to reinvest (dans in) ◆ **une partie des bénéfices a été réinvestie dans l'entreprise** some of the profits have been reinvested in ou have gone straight back into the company

réinviter /ʀeɛ̃vite/ ▶ conjug 1 ◀ VT to invite back, to ask back again, to reinvite

réislamisation /ʀeislamizasjɔ̃/ NF revival of Islam ◆ **cela a conduit à une réislamisation du pays/des mœurs** this has led to a revival of Islam in the country/in people's lives

réitératif, -ive /ʀeiteʀatif, iv/ ADJ reiterative

réitération /ʀeiteʀasjɔ̃/ NF reiteration, repetition

réitérer /ʀeiteʀe/ SYN ▶ conjug 6 ◀ VT [+ promesse, ordre, question] to reiterate, to repeat; [+ demande, exploit] to repeat ◆ **attaques réitérées** repeated attacks ◆ **le criminel a réitéré** the criminal has repeated his crime ou has done it again

reître /ʀɛtʀ/ NM (littér) ruffianly ou roughneck soldier

rejaillir /ʀ(ə)ʒajiʀ/ SYN ▸ conjug 2 ◂ VI [1] (= *éclabousser*) *[liquide]* to splash back *ou* up (*sur* onto, at); (*avec force*) to spurt back *ou* up (*sur* onto, at); *[boue]* to splash up (*sur* onto, at) ◆ **l'huile m'a rejailli à la figure** the oil splashed up in my face
[2] (= *retomber*) ◆ **rejaillir sur qn** *[scandale, honte]* to rebound on sb; *[gloire]* to be reflected on sb ◆ **les bienfaits de cette invention rejailliront sur tous** everyone stands to benefit from this invention ◆ **sa renommée a rejailli sur ses collègues** his fame brought his colleagues some reflected glory

rejaillissement /ʀ(ə)ʒajismɑ̃/ NM [1] *[de liquide, boue]* splashing up; (*avec force*) spurting up
[2] *[de scandale, honte]* rebounding; *[de gloire]* reflection

rejet /ʀəʒɛ/ SYN NM [1] *[d'épave, corps]* casting up, washing up
[2] *[de fumée, gaz, déchets]* discharge; *[de lave]* throwing out, spewing out
[3] (= *refus*) *[de candidat, candidature, manuscrit, projet de loi, offre]* *[demande, conseil]* rejection; *[de recours en grâce, hypothèse]* rejection, dismissal
[4] (*Littérat*) enjamb(e)ment, rejet
[5] (*Ling*) ◆ **le rejet de la préposition à la fin de la phrase** putting the preposition at the end of the sentence
[6] *[de plante]* shoot
[7] (*Géol*) throw
[8] (*Méd*) *[de greffe]* rejection ◆ **phénomène de rejet** (*lit, fig*) rejection ◆ **faire un rejet** (*Méd*) to reject a transplant ◆ **la musique baroque, moi je fais un rejet** * I can't bear baroque music
[9] (*Ordin*) reject

rejeter /ʀəʒ(ə)te, ʀ(ə)ʒəte/ GRAMMAIRE ACTIVE 12.1 SYN ▸ conjug 4 ◂
VT [1] (= *refuser*) *[+ domination, amant, candidat, candidature, manuscrit]* to reject; *[+ projet de loi]* to reject, to throw out; *[+ accusation]* to refute, to deny; *[+ offre, demande, conseil]* to reject, to turn down; *[+ recours en grâce, hypothèse]* to reject, to dismiss; *[+ indésirable]* to cast out, to expel; *[+ envahisseur]* to push back, to drive back ◆ **la machine rejette les mauvaises pièces de monnaie** the machine rejects *ou* refuses invalid coins ◆ **la proposition de paix a été rejetée** the peace proposal has been rejected ◆ **le village l'a rejeté après ce dernier scandale** the village has cast him out after this latest scandal ◆ **rejeter qn d'un parti** to expel sb from *ou* throw sb out of a party
[2] (= *relancer*) *[+ objet]* to throw back (*à* to) ◆ **rejeter un poisson à l'eau** to throw a fish back (into the water)
[3] *[+ fumée, gaz, déchets]* to discharge ◆ **il** *ou* **son estomac rejette toute nourriture** his stomach rejects everything, he can't keep anything down ◆ **le volcan rejette de la lave** the volcano is spewing *ou* throwing out lava ◆ **le cadavre a été rejeté par la mer** the corpse was washed up on the shore
[4] (= *faire porter*) ◆ **rejeter une faute sur qn/qch** to put the blame on sb/sth, to blame sb/sth ◆ **il rejette la responsabilité sur moi** he blames me, he lays the responsibility at my door
[5] (= *placer*) ◆ **la préposition est rejetée à la fin** the preposition is put at the end ◆ **rejeter la tête en arrière** to throw *ou* toss one's head back ◆ **rejeter ses cheveux en arrière** (*avec la main*) to push one's hair back; (*en se coiffant*) to comb *ou* brush one's hair back; (*d'un mouvement de la tête*) to toss one's hair back ◆ **rejeter les épaules en arrière** to pull one's shoulders back ◆ **rejeter la terre hors d'une tranchée** to throw the earth out of a trench
[6] (*Méd*) *[+ greffon]* to reject
[7] (*Ordin*) to reject
VPR **se rejeter** [1] (= *se reculer*) ◆ **se rejeter en arrière** to jump *ou* leap back(wards)
[2] (= *se jeter de nouveau*) ◆ **il s'est rejeté dans l'eau** he jumped back *ou* threw himself back into the water
[3] (= *se renvoyer*) ◆ **ils se rejettent (mutuellement) la responsabilité de la rupture** they lay the responsibility for the break-up at each other's door, each wants the other to take responsibility for the break-up

rejeton /ʀəʒ(ə)tɔ̃, ʀ(ə)ʒətɔ̃/ NM [1] (* = *enfant*) kid * ◆ **ils sont venus avec leurs rejetons** they brought their kids * *ou* offspring (*hum*) with them
[2] *[de plante]* shoot; (*fig*) offshoot

rejoindre /ʀ(ə)ʒwɛ̃dʀ/ SYN ▸ conjug 49 ◂
VT [1] (= *regagner, retrouver*) *[+ lieu]* to get (back) to; *[+ route]* to (re)join, to get (back) (on)to; *[+ personne]* to (re)join, to meet (again); *[+ poste, régiment]* to rejoin, to return to ◆ **la route rejoint la voie ferrée à...** the road meets (up with) *ou* (re)joins the railway line at...
[2] (= *rattraper*) to catch up (with) ◆ **je n'arrive pas à le rejoindre** I can't catch up with him *ou* catch him up (*Brit*)
[3] (= *se rallier à*) *[+ parti]* to join; *[+ point de vue]* to agree with ◆ **je vous rejoins sur ce point** I agree with you on that point ◆ **mon idée rejoint la vôtre** my idea is closely akin to yours *ou* is very much like yours ◆ **c'est ici que la prudence rejoint la lâcheté** this is where prudence comes close to *ou* is closely akin to cowardice
[4] (= *réunir*) *[+ personnes]* to reunite, to bring back together; *[+ choses]* to bring together (again); *[+ lèvres d'une plaie]* to close
VPR **se rejoindre** *[routes]* to join, to meet; *[idées]* to be very similar; *[personnes]* (*pour rendez-vous*) to meet (up) (again); (*sur point de vue*) to agree

rejointoiement /ʀ(ə)ʒwɛ̃twamɑ̃/ NM repointing, regrouting

rejointoyer /ʀ(ə)ʒwɛ̃twaje/ ▸ conjug 8 ◂ VT to repoint, to regrout

rejouer /ʀ(ə)ʒwe/ ▸ conjug 1 ◂
VT (*gén*) to play again; *[+ match]* to replay ◆ **rejouer cœur** (*Cartes*) to lead hearts again ◆ **on rejoue une partie ?** shall we have *ou* play another game? ◆ **rejouer une pièce** *[acteurs]* to perform a play again, to give another performance of a play; *[théâtre]* to put on a play again ◆ **nous rejouons demain à Marseille** *[acteurs]* we're performing again tomorrow in Marseilles; *[joueurs]* we're playing again tomorrow in Marseilles
VI *[enfants, joueurs]* to play again; *[musicien]* to play *ou* perform again ◆ **acteur qui ne pourra plus jamais rejouer** actor who will never be able to act *ou* perform again

réjoui, e /ʀeʒwi/ SYN (ptp de **réjouir**) ADJ ◆ **avoir l'air réjoui, avoir une mine réjouie** to look delighted

réjouir /ʀeʒwiʀ/ GRAMMAIRE ACTIVE 11.2 SYN ▸ conjug 2 ◂
VT *[+ personne, regard]* to delight; *[+ cœur]* to gladden ◆ **cette perspective le réjouit** this prospect delights *ou* thrills him, he is delighted *ou* thrilled at this prospect ◆ **cette idée ne me réjouit pas beaucoup** I don't find the thought of it particularly appealing
VPR **se réjouir** to be delighted *ou* thrilled (*de faire* to do) ◆ **se réjouir de** *[+ nouvelle, événement]* to be delighted *ou* thrilled about *ou* at; *[+ malheur]* to take delight in, to rejoice over; (*surtout Helv* : *à l'avance*) to look forward to ◆ **vous avez gagné et je m'en réjouis pour vous** you've won and I'm delighted for you ◆ **se réjouir (à la pensée) que...** to be delighted *ou* thrilled (at the thought) that... ◆ **je me réjouis à l'avance de les voir** I am greatly looking forward to seeing them ◆ **réjouissez-vous !** rejoice! ◆ **je me réjouis que tu aies réussi** I'm delighted *ou* thrilled that you've succeeded

réjouissance /ʀeʒwisɑ̃s/ SYN NF rejoicing ◆ **réjouissances** festivities, merrymaking (*NonC*) ◆ **quel est le programme des réjouissances pour la journée ?** (*hum*) what delights are in store (for us) today? (*hum*), what's on the agenda for today? *

réjouissant, e /ʀeʒwisɑ̃, ɑ̃t/ SYN ADJ *[histoire]* amusing, entertaining; *[nouvelle]* cheering ◆ **quelle perspective réjouissante !** (*iro*) what a delightful prospect! (*iro*) ◆ **les prévisions ne sont guère réjouissantes** the forecasts aren't very encouraging *ou* heartening ◆ **ce n'est pas réjouissant !** it's no joke!

rejuger /ʀ(ə)ʒyʒe/ ▸ conjug 3 ◂ VT (*Jur*) *[+ affaire, accusé]* to retry

relâche /ʀəlɑʃ/ SYN
NM OU NF [1] (*littér* = *répit*) respite, rest ◆ **prendre un peu de relâche** to take a short rest *ou* break ◆ **se donner relâche** to give o.s. a rest *ou* a break ◆ **sans relâche** relentlessly
[2] (*Théât*) closure ◆ **faire relâche** to be closed, to close ◆ « **relâche** » "no performance(s) (today *ou* this week *etc*)" ◆ **le lundi est le jour de relâche du cinéma local** the local cinema is closed on Monday(s)
NF (*Naut* = *port d'escale*) port of call ◆ **faire relâche dans un port** to put in at *ou* call at a port

relâché, e /ʀ(ə)lɑʃe/ SYN (ptp de **relâcher**) ADJ *[style]* loose, limp; *[conduite, mœurs]* lax; *[discipline, autorité]* lax, slack; *[prononciation]* lax

relâchement /ʀ(ə)lɑʃmɑ̃/ SYN NM [1] *[d'étreinte]* relaxation, loosening; *[de lien]* loosening, slackening; *[de muscle]* relaxation; *[de ressort]* release
[2] *[de discipline, effort, zèle]* relaxation, slackening; *[de surveillance]* relaxation; *[de courage, attention]* flagging ◆ **il y a du relâchement dans la discipline** discipline is getting lax *ou* slack ◆ **relâchement des mœurs** loosening *ou* slackening of moral standards

relâcher /ʀ(ə)lɑʃe/ SYN ▸ conjug 1 ◂
VT [1] *[+ étreinte]* to relax, to loosen; *[+ lien]* to loosen, to slacken (off); *[+ muscle]* to relax; *[+ ressort]* to release ◆ **il a relâché le poisson dans l'eau** he threw the fish back (into the water) ◆ **relâcher les intestins** to loosen the bowels
[2] *[+ discipline, surveillance]* to relax; *[+ effort]* to relax, to let up ◆ **ils relâchent leur attention** their attention is wandering
[3] *[+ prisonnier, otage, gibier]* to release, to let go, to set free
[4] (= *refaire tomber*) *[+ objet]* to drop (again), to let go of (again) ◆ **ne relâche pas la corde** don't let go of the rope (again)
VI (*Naut*) ◆ **relâcher (dans un port)** to put into port
VPR **se relâcher** [1] *[courroie]* to loosen, to go *ou* get loose *ou* slack; *[muscle]* to relax
[2] *[surveillance, discipline]* to become *ou* get lax *ou* slack; *[mœurs]* to become *ou* get lax; *[style]* to become sloppy; *[courage, attention]* to flag; *[zèle]* to slacken, to flag; *[effort]* to let up ◆ **il se relâche** he's letting up ◆ **ne te relâche pas maintenant !** don't let up *ou* slack(en) off now! ◆ **il se relâche dans son travail** he's growing slack in his work, his work is getting slack

relais /ʀ(ə)lɛ/ SYN NM [1] (*Sport*) relay (race); (*Alpinisme*) stance ◆ **relais 4 fois 100 mètres** 4 by 100 metres (relay) ◆ **passer le relais à son coéquipier** to hand over to one's team-mate ◆ **à cause du mauvais passage de relais** because one of the runners fumbled the baton *ou* pass
[2] (*au travail*) ◆ **ouvriers/équipe de relais** shift workers/team ◆ **travail par relais** shift work ◆ **passer le relais à qn** to hand over to sb ◆ **le passage de relais entre l'ancien et le nouveau directeur** the handover from the old manager to the new one ◆ **prendre le relais (de qn)** to take over (from sb) ◆ **servir de relais** (*dans une transaction*) to act as an intermediary *ou* a go-between ◆ **la pluie ayant cessé, c'est la neige qui a pris le relais** once the rain had stopped the snow took over *ou* set in; → **crédit-relais, prêt**[2]
[3] (= *chevaux, chiens*) relay ◆ **relais (de poste)** (*Hist* = *auberge*) post house, coaching inn; (*Mil*) staging post ◆ **relais routier** transport café (*Brit*), truck stop (*US*) ◆ **ville relais** stopover; → **cheval**
[4] (*Élec, Radio, Téléc*) (= *action*) relaying; (= *dispositif*) relay ◆ **relais de télévision** television relay station ◆ **relais hertzien** radio relay ◆ **avion/satellite de relais** relay plane/satellite

relance /ʀəlɑ̃s/ SYN NF [1] (= *reprise*) *[d'économie, industrie, emploi]* boosting, stimulation; *[d'idée, projet]* revival, relaunching; *[de négociations]* reopening; (*Écon*) reflation ◆ **pour permettre la relance du processus de paix** in order to restart the peace process ◆ **la relance de l'économie n'a pas duré** the boost (given) to the economy did not last ◆ **la relance du terrorisme est due à...** the fresh outburst of *ou* upsurge in terrorism is due to... ◆ **provoquer la relance de** *[+ économie]* to give a boost to, to boost, to stimulate; *[+ projet]* to revive, to relaunch ◆ **mesures/politique de relance** reflationary measures/policy
[2] (*Poker*) ◆ **faire une relance** to raise the stakes, to make a higher bid ◆ **limiter la relance** to limit the stakes
[3] *[de débiteur]* chasing up; *[de client]* following up ◆ **lettre de relance** reminder

relancer /ʀ(ə)lɑ̃se/ SYN ▸ conjug 3 ◂ VT
[1] (= *renvoyer*) *[+ objet, ballon]* to throw back (again)
[2] (= *faire repartir*) *[+ gibier]* to start (again); *[+ moteur]* to restart; *[+ idée, projet]* to revive, to relaunch; *[+ polémique, dialogue, négociations]* to reopen; *[+ économie, industrie, emploi, inflation]* to boost, to give a boost to, to stimulate ◆ **relancer la machine économique** to kick-start the economy
[3] (= *harceler*) *[+ débiteur]* to chase up; (*sexuellement*) *[+ personne]* to harass, to pester, to chase after ◆ **relancer un client par téléphone** to make a follow-up call to a customer
[4] (*Cartes*) *[+ enjeu]* to raise
[5] (*Ordin*) to restart

relaps, e /ʀəlaps/

ADJ relapsed

NM,F relapsed heretic

relater /ʀ(ə)late/ SYN ▸ conjug 1 ◂ VT *(littér)* *[+ événement, aventure]* to relate, to recount; *(Jur)* *[+ pièce, fait]* to record ◆ **le journaliste relate que...** the journalist says that... *ou* tells us that... ◆ **pourriez-vous relater les faits tels que vous les avez observés ?** could you state the facts exactly as you observed them?

relatif, -ive /ʀ(ə)latif, iv/ SYN

ADJ *(gén, Gram, Mus)* relative; *[silence, luxe]* relative, comparative ◆ **tout est relatif** everything is relative ◆ **discussions relatives à un sujet** discussions relating to *ou* connected with a subject ◆ **faire preuve d'un enthousiasme tout relatif** to be less than enthusiastic ◆ **faire preuve d'un optimisme relatif** to be guardedly optimistic ◆ **(ton) majeur/mineur relatif** *(Mus)* relative major/minor (key)

NM 1 *(Gram)* relative pronoun

2 ◆ **avoir le sens du relatif** to have a sense of proportion

NF **relative** *(Gram)* relative clause

relation /ʀ(ə)lasjɔ̃/ SYN

NF 1 *(gén, Math, Philos)* relation(ship) ◆ **relation de cause à effet** relation(ship) of cause and effect ◆ **la relation entre l'homme et l'environnement** the relation(ship) between man and the environment ◆ **il y a une relation évidente entre...** there is an obvious connection *ou* relation(ship) between... ◆ **c'est sans relation** *ou* **cela n'a aucune relation avec...** it has no connection with..., it bears no relation to... ◆ **faire la relation entre deux événements** to make the connection between two events

2 *(= personne)* acquaintance ◆ **une de mes relations** an acquaintance of mine, someone I know ◆ **trouver un poste par relations** to find a job through one's connections, to find a job by knowing somebody *ou* by knowing the right people ◆ **avoir des relations** to have (influential) connections, to know the right people

3 *(= récit)* account, report ◆ **relation orale/écrite** oral/written account *ou* report ◆ **d'après la relation d'un témoin** according to a witness's account ◆ **faire la relation des événements/de son voyage** to give an account of *ou* relate the events/one's journey

NFPL **relations** relations; *(= rapports)* *(gén)* relations; *(sur le plan personnel)* relationship, relations ◆ **relations diplomatiques/culturelles/publiques/internationales** diplomatic/cultural/public/international relations ◆ **opération de relations publiques** PR exercise ◆ **relations patrons-ouvriers/patronat-syndicats** labour-management/union-management relations ◆ **relations humaines** human relationships ◆ **les relations sont tendues/cordiales entre nous** relations between us are strained/cordial, the relationship between us *ou* our relationship is strained/cordial ◆ **avoir des relations (sexuelles) avec qn** to have sexual relations *ou* (sexual) intercourse with sb ◆ **avoir des relations amoureuses avec qn** to have an affair *ou* a love affair with sb ◆ **avoir de bonnes relations/des relations amicales avec qn** to be on good/friendly terms with sb, to have a good/friendly relationship with sb ◆ **être en relations d'affaires avec qn** to have business relations *ou* business dealings *ou* a business relationship with sb ◆ **être/rester en relation(s) avec qn** to be/keep in touch *ou* contact with sb ◆ **entrer** *ou* **se mettre en relation(s) avec qn** to get in touch *ou* make contact with sb ◆ **nous sommes en relations suivies** we are in constant *ou* close contact

relationnel, -elle /ʀ(ə)lasjɔnɛl/ ADJ 1 *[problèmes]* relationship *(épith)* ◆ **réseau relationnel** network of contacts ◆ **sur le plan relationnel, il a toujours eu des problèmes** he's always had problems relating to other people ◆ **le relationnel est de plus en plus important en entreprise** human relations are more and more important in the workplace

2 *[grammaire]* relational ◆ **base de données relationnelle** relational data base

relativement /ʀ(ə)lativmɑ̃/ ADV 1 *[facile, honnête, rare]* relatively, comparatively

2 ◆ **relativement à** *(= par comparaison à)* in relation to, compared to; *(= concernant)* with regard to, concerning

relativisation /ʀəlativizasjɔ̃/ NF relativization

relativiser /ʀ(ə)lativize/ ▸ conjug 1 ◂ VT to relativize ◆ **il faut relativiser** you have to put things into perspective

relativisme /ʀ(ə)lativism/ NM relativism

relativiste /ʀ(ə)lativist/

ADJ relativistic

NMF relativist

relativité /ʀ(ə)lativite/ NF relativity ◆ **découvrir la relativité des choses/des valeurs** to realize that things/values are relative ◆ **(théorie de la) relativité générale/restreinte** general/special (theory of) relativity

relaver /ʀ(ə)lave/ ▸ conjug 1 ◂ VT to wash again, to rewash

relax * /ʀəlaks/ ADJ ⇒ **relaxe²**

relaxant, e /ʀ(ə)laksɑ̃, ɑ̃t/ ADJ relaxing

relaxation /ʀ(ə)laksasjɔ̃/ SYN NF relaxation ◆ **j'ai besoin de relaxation** I need to relax, I need a bit of relaxation ◆ **faire de la relaxation** to do relaxation exercises

relaxe¹ /ʀəlaks/ NF *(= acquittement)* acquittal, discharge; *(= libération)* release

relaxe² * /ʀəlaks/ ADJ *[ambiance]* relaxed, informal, laid back*; *[tenue]* informal, casual; *[personne]* relaxed, easy-going, laid-back*; *[vacances]* relaxing ◆ **siège** *ou* **fauteuil relaxe** reclining chair, recliner

relaxer¹ /ʀ(ə)lakse/ SYN ▸ conjug 1 ◂ VT *(= acquitter)* to acquit, to discharge; *(= libérer)* to release

relaxer² /ʀ(ə)lakse/ SYN ▸ conjug 1 ◂

VT *[+ muscles]* to relax

VPR **se relaxer** to relax

relayer /ʀ(ə)leje/ SYN ▸ conjug 8 ◂

VT 1 *[+ personne]* to relieve, to take over from; *[+ appareil]* to replace; *[+ initiative]* to take over ◆ **se faire relayer** to get somebody to take over, to hand over to somebody else

2 *(Radio, TV)* to relay ◆ **relayer l'information** to pass the message on, to relay the message

VPR **se relayer** to take turns *(pour faire* to do, at doing), to take it in turns *(pour faire* to do); *(dans un relais)* to take over from one another

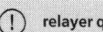

(!) **relayer qn** ne se traduit pas par **to relay sb**

relayeur, -euse /ʀ(ə)lɛjœʀ, øz/ NM,F relay runner

relecture /ʀ(ə)lɛktyʀ/ NF rereading ◆ **relecture d'épreuves** proofreading ◆ **cet auteur nous propose une relecture de l'histoire contemporaine** this author offers us a rereading of contemporary history

relégable /ʀ(ə)legabl/ ADJ *[équipe]* likely to be relegated

relégation /ʀ(ə)legasjɔ̃/ NF 1 *[de personne, problème, objet]* relegation

2 *(Sport)* relegation *(en* to)

3 *(Jur = exil)* relegation, banishment

reléguer /ʀ(ə)lege/ SYN ▸ conjug 6 ◂ VT

1 *(= confiner)* *[+ personne, problème]* to relegate *(à* to); *[+ objet]* to consign, to relegate *(à, dans* to) ◆ **reléguer qch/qn au second plan** to relegate sth/sb to a position of secondary importance

2 *(Sport)* to relegate *(en* to) ◆ **ils se trouvent relégués à la dixième place/en deuxième division** they have been relegated to tenth place/to the second division

3 *(Jur = exiler)* to relegate, to banish

relent /ʀəlɑ̃/ SYN NM foul smell, stench *(NonC)* ◆ **un relent** *ou* **des relents de poisson pourri** a stench *ou* foul smell of rotten fish, the reek of rotten fish ◆ **des relents de vengeance** a whiff of revenge ◆ **ça a des relents de racisme** it smacks of racism

relevable /ʀəl(ə)vabl, ʀ(ə)ləvabl/ ADJ *[siège]* tip-up *(épith)*, fold-away *(épith)*

relevage /ʀəl(ə)vaʒ/ NM ◆ **station de relevage** sewage treatment plant, sewage pumping station

relevailles /ʀ(ə)ləvɑj, ʀəl(ə)vɑj/ NFPL churching

relevé, e /ʀəl(ə)ve/ SYN (ptp de **relever**)

ADJ 1 *[col]* turned-up; *[virage]* banked; *[manches]* rolled-up; *[tête]* *(lit)* held up; *(fig)* held high ◆ **chapeau à bords relevés** hat with a turned-up brim ◆ **porter les cheveux relevés** to wear one's hair up ◆ **pas relevé** *(Équitation)* high-step

2 *(= noble)* *[style, langue, sentiments]* elevated, lofty; *[conversation]* refined, sophisticated ◆ **cette expression n'est pas très relevée** it's not a very choice *ou* refined expression ◆ **plaisanterie peu relevée** rather crude joke

3 *(Culin)* *[sauce, mets]* highly-seasoned, spicy, hot

NM 1 *[de dépenses]* summary, statement; *[de cote]* plotting; *[de citations, adresses]* list; *(= facture)* bill; *[de construction, plan]* layout ◆ **faire un relevé de** *[+ citations, erreurs]* to list, to note down; *[+ notes]* to take down; *[+ compteur]* to read ◆ **prochain relevé du compteur dans deux mois** next meter reading in two months ◆ **relevé de gaz/de téléphone** gas/telephone bill ◆ **relevé bancaire, relevé de compte** bank statement ◆ **relevé de condamnations** police record ◆ **relevé d'identité bancaire** particulars of one's bank account ◆ **relevé d'identité postal** particulars of one's post-office bank account ◆ **relevé de notes** marks sheet *(Brit)*, grade sheet *(US)*

2 *(Danse)* relevé

relève /ʀ(ə)lɛv/ NF 1 *(= personne)* relief; *(= travailleurs)* relief (team); *(= troupe)* relief (troops); *(= sentinelles)* relief (guard)

2 *(= action)* relief ◆ **la relève de la garde** the changing of the guard ◆ **assurer** *ou* **prendre la relève de qn** *(lit)* to relieve sb, to take over from sb; *(fig)* to take over (from sb)

relèvement /ʀ(ə)lɛvmɑ̃/ NM 1 *(= redressement)* recovery ◆ **on assiste à un relèvement spectaculaire du pays/de l'économie** the country/the economy is making a spectacular recovery

2 *(= rehaussement)* *[de niveau]* raising; *[de cours, salaires, impôts, taux]* raising ◆ **le relèvement du plancher** raising the level of the floor ◆ **un relèvement de 5%** a 5% rise ◆ **le relèvement du salaire minimum** *(action)* the raising of the minimum wage; *(résultat)* the rise in the minimum wage

3 *(en bateau)* ◆ **faire un relèvement de sa position** to plot one's position

relever /ʀəl(ə)ve, ʀ(ə)ləve/ SYN ▸ conjug 5 ◂

VT 1 *(= redresser)* *[+ statue, meuble]* to stand up (again); *[+ chaise]* to stand up (again), to pick up; *[+ véhicule, bateau]* to right; *[+ personne]* to help (back) up, to help (back) to his feet; *[+ blessé]* to pick up ◆ **relever une vieille dame tombée dans la rue** to help up an old lady who has fallen in the street ◆ **l'arbitre a fait relever les joueurs** the referee made the players get up ◆ **relever la tête** *(lit)* to lift *ou* hold up one's head; *(fig)* *(= se rebeller)* to raise one's head, to show signs of rebelling; *(= être fier)* to hold one's head up *ou* high

2 *(= remonter)* *[+ col]* to turn up; *[+ chaussettes]* to pull up; *[+ jupe]* to raise, to lift; *[+ manche, pantalon]* to roll up; *[+ voile]* to lift, to raise; *[+ cheveux]* to put up; *[+ vitre]* *(en poussant)* to push up; *(avec bouton ou manivelle)* to wind up; *[+ store]* to roll up, to raise; *[+ siège]* to tip up *[+ manette]* to push up; *[+ couvercle]* to lift (up) ◆ **lorsqu'il releva les yeux** when he lifted (up) *ou* raised his eyes, when he looked up ◆ **elle avait les cheveux relevés** she had *ou* was wearing her hair up

3 *(= mettre plus haut)* *[+ mur, étagère, plafond]* to raise, to heighten; *[+ niveau]* to raise, to bring up

4 *(= remettre en état)* *[+ ruines]* to rebuild; *[+ économie]* to rebuild, to restore; *[+ pays, entreprise]* to put back on its feet

5 *(= augmenter, faire monter)* *[+ salaire, impôts]* to raise, to increase, to put up; *[+ niveau de vie]* to raise; *[+ chiffre d'affaires]* to increase ◆ **j'ai dû relever toutes les notes de deux points** I had to raise *ou* increase all the marks by two points ◆ **cela ne l'a pas relevé dans mon estime** that didn't raise him in my esteem, that didn't improve my opinion of him ◆ **il n'y en a pas un pour relever l'autre** * *(péj)* they're both (just) as bad as one another ◆ **pour relever le moral des troupes** to boost the morale of the troops

6 *[+ sauce, plat]* to season ◆ **relever le goût d'un mets avec des épices** to bring out the flavour of a dish with spices ◆ **ce plat aurait pu être un peu plus relevé** this dish could have done with a bit more seasoning ◆ **mettre des touches de couleurs claires pour relever un tableau un peu terne** *(fig)* to add dabs of light colour to brighten *ou* liven up a rather dull picture ◆ **bijoux qui relèvent la beauté d'une femme** jewellery that enhances a woman's beauty

7 *(= relayer)* *[+ sentinelle]* to relieve, to take over from ◆ **à quelle heure viendra-t-on me relever ?** when will I be relieved?, when is someone coming to take over from me? ◆ **relever la garde** to change the guard

8 *(= remarquer)* *[+ faute, fait]* to pick out, to find; *[+ contradiction]* to find; *[+ traces, empreintes]* to

find, to discover ◆ **les charges relevées contre l'accusé** *(Jur)* the charges laid *ou* brought against the accused

9 *(= enregistrer) [+ adresse, renseignement]* to take down, to note (down); *[+ notes]* to take down; *[+ plan]* to copy out, to sketch; *[+ point maritime]* to plot; *[+ compteur, électricité, gaz]* to read ◆ **j'ai fait relever le nom des témoins** I had the name of the witnesses noted (down) *ou* taken down ◆ **relever une cote** to plot an altitude ◆ **les températures relevées sous abri** temperatures recorded in the shade ◆ **relever des empreintes digitales** to take fingerprints ◆ **relever les compteurs*** *[proxénète]* to collect the takings

10 *(= réagir à) [+ injure, calomnie]* to react to, to reply to; *[+ défi]* to accept, to take up, to answer ◆ **je n'ai pas relevé cette insinuation** I ignored this insinuation, I did not react *ou* reply to this insinuation ◆ **il a dit un gros mot mais je n'ai pas relevé** he said a rude word but I didn't react *ou* I ignored it

11 *(= ramasser) [+ copies, cahiers]* to collect (in), to take in ◆ **relevez 40 mailles autour de l'encolure** *(Tricot)* pick up 40 stitches around the neck; → **gant**

12 ◆ **relever qn de qch** to release sb from sth ◆ **je te relève de ta promesse** I release you from your promise ◆ **relever un fonctionnaire de ses fonctions** to relieve an official of his duties ◆ **relever un prêtre de ses vœux** to release a priest from his vows

VT INDIR **relever de** 1 *(= se rétablir)* ◆ **relever de maladie** to recover from *ou* get over an illness, to get back on one's feet (after an illness) ◆ **elle relève de couches** she's just had a baby

2 *(= être du ressort de)* to be a matter for, to be the concern of; *(= être sous la tutelle de)* to come under ◆ **cela relève de la Sécurité sociale** that is a matter for the Social Security ◆ **cela relève de la théologie** that comes *ou* falls within the province of theology ◆ **son cas relève de la psychanalyse** he needs to see a psychoanalyst ◆ **ce service relève du ministère de l'Intérieur** this department comes under the authority of the Home Office ◆ **cette affaire ne relève pas de ma compétence** this matter does not come within my remit ◆ **ça relève de l'imagination la plus fantaisiste** that is a product of pure fancy; → **miracle**

VI *(= remonter) [vêtement]* to pull up, to go up ◆ **cette jupe relève par devant** this skirt rides up at the front

VPR **se relever** 1 *(= se remettre debout)* to stand *ou* get up (again), to get back (on)to one's feet (again) ◆ **le boxeur se releva** the boxer got up again *ou* got back to his feet *ou* picked himself up ◆ **il l'a aidée à se relever** he helped her up

2 *(= sortir du lit)* to get up; *(= ressortir du lit)* to get up again ◆ **se relever la nuit** to get up in the night ◆ **il m'a fait (me) relever pour que je lui apporte à boire** he made me get up to fetch him a drink

3 *(= remonter) [strapontin]* to tip up; *[couvercle, tête de lit]* to lift up ◆ **ses lèvres se relevaient dans un sourire** his mouth curled into a smile ◆ **est-ce que cette fenêtre se relève ?** does this window go up? ◆ **à l'heure où tous les stores de magasins se relèvent** when the shopkeepers roll up their shutters

4 *(= se remettre)* ◆ **se relever de** *[+ deuil, chagrin, honte]* to recover from, to get over ◆ **se relever de ses ruines/cendres** to rise from its ruins/ashes ◆ **il ne s'en est jamais relevé** he never got over it

releveur, -euse /ʀəl(ə)vœʀ, øz/

ADJ ◆ **muscle releveur** levator (muscle)

NM *(Anat)* levator

NM,F *[de compteur]* meter reader ◆ **releveur du gaz/de l'électricité** gasman/electricity man

reliage /ʀəljaʒ/ **NM** *[de tonneau]* hooping

relief /ʀəljɛf/ SYN

NM 1 *(Géog)* relief (SPÉC), landscape ◆ **avoir un relief accidenté** to be mountainous ◆ **région de peu de relief** rather flat region ◆ **le relief sous-marin** the relief of the sea bed ◆ **le relief tourmenté de la Planète rouge** the rugged landscape *ou* surface of the red planet

2 *(= saillies) [de visage]* contours; *[de médaille]* embossed *ou* raised design; *(Art)* relief ◆ **la pierre ne présentait aucun relief** the stone was quite smooth ◆ **l'artiste a utilisé le relief naturel de la paroi** the artist made use of the natural contours of the rock wall

3 *(= profondeur, contraste) [de dessin]* depth; *[de style]* relief ◆ **portrait/photographie qui a beaucoup de relief** portrait/photograph which has plenty of depth ◆ **relief acoustique** *ou* **sonore** depth of sound ◆ **personnage qui manque de relief** rather flat *ou* uninteresting character ◆ **votre dissertation manque de relief** your essay is rather flat

4 ◆ **en relief** *[motif]* in relief, raised; *[caractères]* raised, embossed; *[carte de visite]* embossed; *[photographie, cinéma]* three-dimensional, 3-D, stereoscopic ◆ **l'impression est en relief** the printing is embossed ◆ **carte en relief** relief map ◆ **mettre en relief** *[+ intelligence]* to bring out; *[+ beauté, qualités]* to set *ou* show off; *[+ idée]* to bring out ◆ **l'éclairage mettait en relief les imperfections de son visage** the lighting showed up the imperfections of her face ◆ **je tiens à mettre ce point en relief** I wish to underline *ou* stress *ou* emphasize this point ◆ **il essayait de se mettre en relief en monopolisant la conversation** he was trying to get himself noticed by monopolizing the conversation

NMPL **reliefs** *(littér : d'un repas)* remains, leftovers ◆ **les reliefs de sa gloire** *(littér)* the remnants of his glory

> (!) Attention à ne pas traduire automatiquement **relief** au sens géographique par le mot anglais **relief**, qui est un terme technique.

relier /ʀəlje/ SYN ▸ conjug 7 ◂ **VT** 1 *[+ points, mots]* to join *ou* link up *ou* together; *(Élec)* to connect (up); *[+ villes]* to link (up); *[+ idées]* to link (up *ou* together); *[+ faits]* to connect (together), to link (up *ou* together) ◆ **relier deux choses entre elles** to link *ou* join up two things, to link *ou* join two things together ◆ **des vols fréquents relient Paris à New York** frequent flights link *ou* connect Paris and *ou* with New York ◆ **nous sommes reliés au studio par voiture-radio** we have a radio-car link to the studio ◆ **ce verbe est relié à son complément par une préposition** this verb is linked to its complement by a preposition ◆ **relier le passé au présent** to link the past to the present, to link the past and the present (together)

2 *[+ livre]* to bind; *[+ tonneau]* to hoop ◆ **livre relié** bound volume, hardback (book) ◆ **livre relié (en) cuir** leather-bound book, book bound in leather

relieur, -ieuse /ʀəljœʀ, jøz/ **NM,F** (book)binder

religieusement /ʀ(ə)liʒjøzmɑ̃/ **ADV** *(Rel, fig)* religiously; *[écouter]* religiously, reverently; *[tenir sa parole]* scrupulously, religiously ◆ **conserver** *ou* **garder religieusement** *[+ objet]* to keep lovingly; *[+ secret]* to keep scrupulously ◆ **se marier religieusement** to have a church wedding, to get married in church ◆ **il a été élevé religieusement** he had a religious upbringing

religieux, -ieuse /ʀ(ə)liʒjø, jøz/ SYN

ADJ 1 *(Rel) [édifice, secte, cérémonie, opinion]* religious; *[art]* sacred, religious; *[école, mariage, musique]* church *(épith)*; *[vie, ordres, personne]* religious ◆ **l'habit religieux** the monk's (*ou* nun's) habit

2 *(fig) [respect, soin]* religious; *[silence]* reverent; → **mante**

NM *(gén)* person belonging to a religious order; *(= moine)* monk, friar

NF **religieuse** SYN 1 *(= nonne)* nun

2 *(Culin)* iced *ou* frosted (US) cream puff *(made with choux pastry)*

religion /ʀ(ə)liʒjɔ̃/ SYN **NF** 1 *(= culte)* religion, (religious) faith ◆ **la religion** *(= ensemble de croyances)* religion ◆ **la religion chrétienne/musulmane** the Christian/Muslim religion *ou* faith ◆ **avoir de la religion** to be religious ◆ **les gens sans religion** people who have no religion *ou* without religion ◆ **c'est contraire à ma religion, ma religion me l'interdit** *(hum)* it's against my religion *(hum)* ◆ « **la religion est l'opium du peuple** » "religion is the opiate of the people"

2 *(= vie monastique)* monastic life ◆ **entrer en religion** to take one's vows ◆ **Anne Dupuis, en religion sœur Claire** Anne Dupuis, whose religious name is Sister Claire

3 *(fig)* ◆ **se faire une religion de qch** to make a religion of sth ◆ **il a la religion de la nature** he's a nature lover ◆ **sur ce point, sa religion était faite** *(= conviction)* he was absolutely convinced of this ◆ **je n'ai pas encore fait ma religion là-dessus** I haven't made up my mind yet

religionnaire /ʀ(ə)liʒjɔnɛʀ/ **NMF** religionary

religiosité /ʀ(ə)liʒjozite/ **NF** religiosity

reliquaire /ʀəlikɛʀ/ **NM** reliquary

reliquat /ʀəlika/ SYN **NM** *[de dette]* remainder, outstanding amount *ou* balance; *[de compte]* balance; *[de somme]* remainder ◆ **il subsiste un reliquat très important/un petit reliquat** there's a very large/a small amount left (over) *ou* remaining ◆ **arrangez-vous pour qu'il n'y ait pas de reliquat** work it so that there is nothing left over

relique /ʀəlik/ **NF** *(Rel, fig)* relic; *(Bio)* relict ◆ **garder** *ou* **conserver qch comme une relique** to treasure sth

relire /ʀ(ə)liʀ/ ▸ conjug 43 ◂ **VT** *[+ roman]* to read again, to reread; *[+ manuscrit]* to read through again, to read over (again), to reread ◆ **je n'arrive pas à me relire** I can't read what I've written

reliure /ʀəljyʀ/ **NF** *(= couverture)* binding; *(= art, action)* (book)binding ◆ **reliure pleine** full binding ◆ **donner un livre à la reliure** to send a book for binding *ou* to the binder('s)

relocalisation /ʀ(ə)lɔkalizasjɔ̃/ **NF** *[d'entreprise, production]* relocation, transfer

relogement /ʀ(ə)lɔʒmɑ̃/ **NM** rehousing

reloger /ʀ(ə)lɔʒe/ ▸ conjug 3 ◂ **VT** to rehouse

relookage /ʀ(ə)lukaʒ/ **NM** *[de produit]* rebranding

relooker* /ʀ(ə)luke/ ▸ conjug 1 ◂ **VT** *[+ produit]* to give a new look to; *[+ personne] (physiquement)* to give a new look to; *(changer son image de marque)* to revamp the image of ◆ **relooké pour l'occasion, il...** specially groomed for the occasion, he...

> (!) Le verbe **to relook** n'existe pas en anglais.

relou* /ʀəlu/ **ADJ** *(= bête)* stupid ◆ **qu'est-ce qu'il est relou !** what a jerk!* ◆ **c'est un peu relou ce film !** what a stupid film! ◆ **t'es relou avec tes questions !** *(= énervant)* you're a real pain* with all your questions!

relouer /ʀəlwe/ ▸ conjug 1 ◂ **VT** *[locataire]* to rent again; *[propriétaire]* to rent out again, to relet *(Brit)* ◆ **cette année je reloue dans le Midi** I'm renting a place in the South of France again this year

réluctance /ʀelyktɑ̃s/ **NF** *(Phys)* reluctance, reluctancy

reluire /ʀ(ə)lɥiʀ/ SYN ▸ conjug 38 ◂ **VI** *[meuble, chaussures]* to shine, to gleam; *[métal, carrosserie] (au soleil)* to gleam, to shine; *(sous la pluie)* to glisten ◆ **faire reluire qch** to polish *ou* shine sth up, to make sth shine; → **brosse**

reluisant, e /ʀ(ə)lɥizɑ̃, ɑ̃t/ **ADJ** 1 *[meubles, parquet, cuivres]* shining, shiny, gleaming ◆ **reluisant de graisse** shiny with grease ◆ **reluisant de pluie** glistening in the rain ◆ **reluisant de propreté** spotless

2 *(fig iro)* ◆ **peu** *ou* **pas très reluisant** *[avenir, résultat, situation]* far from brilliant *(attrib)*; *[personne]* despicable

reluquer* /ʀ(ə)lyke/ ▸ conjug 1 ◂ **VT** *[+ personne]* to eye (up)*, to ogle*; *[+ passant]* to eye, to squint at*; *[+ objet, poste]* to have one's eye on

relutif, -ive /ʀəlytif, iv/ **ADJ** *[effet]* positive

relution /ʀəlysjɔ̃/ **NF** enhancement

rem /ʀɛm/ **NM** rem

remâcher /ʀ(ə)mɑʃe/ ▸ conjug 1 ◂ **VT** *[ruminant]* to ruminate; *[personne] [+ passé, soucis, échec]* to ruminate over *ou* on, to chew over, to brood on *ou* over; *[+ colère]* to nurse

remaillage /ʀ(ə)mɑjaʒ/ **NM** ⇒ **remmaillage**

remailler /ʀ(ə)mɑje/ ▸ conjug 1 ◂ **VT** ⇒ **remmailler**

remake /ʀimɛk/ **NM** *(Ciné)* remake; *[de livre, spectacle]* new version

rémanence /ʀemanɑ̃s/ **NF** *(Phys)* remanence ◆ **rémanence des images visuelles** persistence of vision

rémanent, e /ʀemanɑ̃, ɑ̃t/ **ADJ** *[magnétisme]* residual; *[pesticide]* persistent ◆ **image rémanente** after-image

remanger /ʀ(ə)mɑ̃ʒe/ ▸ conjug 3 ◂

VT *(= manger de nouveau)* to have again; *(= reprendre)* to have *ou* eat some more ◆ **on a remangé du poulet aujourd'hui** we had chicken again today ◆ **j'en remangerais bien** I'd like to have that again, I could eat that again

VI to eat again, to have something to eat again

remaniable /ʀ(ə)manjabl/ **ADJ** *[encyclopédie, roman, discours]* revisable; *[programme]* modifiable; *[plan, constitution]* revisable, amendable

remaniement /ʀ(ə)manimɑ̃/ SYN NM 1 [de roman, discours] reworking; [de programme] modification, reorganization; [de plan, constitution] revision, amendment ◆ **apporter un remaniement à qch** to revise ou reshape ou modify etc sth

2 [d'équipe] reorganization; (Pol) [de cabinet, ministère] reshuffle ◆ **remaniement ministériel** cabinet reshuffle

remanier /ʀ(ə)manje/ SYN ▸ conjug 7 ◂ VT 1 [+ roman, discours] to rework; [+ encyclopédie] to revise; [+ programme] to modify, to reorganize; [+ plan, constitution] to revise, to amend

2 [+ équipe] to reorganize; (Pol) [+ cabinet, ministère] to reshuffle

remaquiller /ʀ(ə)makije/ ▸ conjug 1 ◂
VT ◆ **remaquiller qn** to make sb up again
VPR **se remaquiller** (complètement) to make o.s. up again, to redo one's face; (rapidement) to touch up one's make-up

remarcher /ʀ(ə)maʀʃe/ ▸ conjug 1 ◂ VI [personne] to walk again; [appareil] to work again

remariage /ʀ(ə)maʀjaʒ/ NM second marriage, re-marriage

remarier /ʀ(ə)maʀje/ ▸ conjug 7 ◂
VT ◆ **il aimerait remarier son fils** he'd like to see his son remarried ou married again
VPR **se remarier** to remarry, to marry again

remarquable /ʀ(ə)maʀkabl/ SYN ADJ [personne, exploit, réussite] remarkable, outstanding; [événement, fait] noteworthy, remarkable ◆ **il est remarquable par sa taille** he is notable for ou he stands out because of his height ◆ **elle est remarquable par son intelligence** she is outstandingly intelligent

remarquablement /ʀ(ə)maʀkabləmɑ̃/ ADV [beau, doué] remarkably, outstandingly; [réussir, jouer] remarkably ou outstandingly well

remarque /ʀ(ə)maʀk/ SYN NF (= observation) remark, comment; (= critique) critical remark; (= annotation) note ◆ **faire une remarque désobligeante/pertinente** to make an unpleasant/a pertinent comment ◆ **il m'en a fait la remarque** he remarked ou commented on it to me ◆ **je m'en suis moi-même fait la remarque** that occurred to me as well, I thought that myself ◆ **faire une remarque à qn** to criticize sb ◆ **il m'a fait des remarques sur ma tenue** he passed comment on the way I was dressed ◆ **elle a écrit des remarques sur mon devoir** she wrote some comments on my essay

remarqué, e /ʀ(ə)maʀke/ (ptp de remarquer) ADJ [entrée, absence] conspicuous ◆ **il a fait une intervention très remarquée** his speech attracted a lot of attention

remarquer /ʀ(ə)maʀke/ GRAMMAIRE ACTIVE 26.5 SYN ▸ conjug 1 ◂
VT 1 (= apercevoir) to notice ◆ **je l'ai remarqué dans la foule** I caught sight of ou noticed him in the crowd ◆ **avec ce chapeau, comment ne pas la remarquer !** how can you fail to notice her when she's wearing that hat? ◆ **il entra sans qu'on le remarque ou sans se faire remarquer** he came in unnoticed ou without being noticed ◆ **il aime se faire remarquer** he likes to be noticed ou to draw attention to himself ◆ **je remarque que vous avez une cravate** I notice ou see that you are wearing a tie ◆ **je remarque que vous ne vous êtes pas excusé** I note that you did not apologize

2 (= faire une remarque) to remark, to observe ◆ **tu es sot, remarqua son frère** you're stupid, his brother remarked ou observed ◆ **il remarqua qu'il faisait froid** he remarked ou commented that it was cold ◆ **remarquez (bien) que je n'en sais rien** I don't really know though, mind you I don't know (Brit) ◆ **c'est tout à fait égal, remarque !** I couldn't care less, by the way!, I couldn't care less, if you want the truth!

3 ◆ **faire remarquer** [+ détail, erreur] to point out, to draw attention to ◆ **il me fit remarquer qu'il faisait nuit/qu'il était tard** he reminded me that it was dark/late ◆ **je te ferai seulement remarquer que tu n'as pas de preuves** I'd just like to point out that you have no proof

4 (= marquer de nouveau) to re-mark, to mark again

VPR **se remarquer** [défaut, gêne, jalousie] to be obvious, to be noticeable ◆ **cette tache se remarque beaucoup/à peine** this stain is quite/hardly noticeable, this stain really/hardly remarquera pas no one will

notice it ◆ **ça finirait par se remarquer** people would start to notice ou start noticing

⚠ Au sens de 'apercevoir', **to remark** est d'un registre plus soutenu que **remarquer**.

remasticage /ʀ(ə)mastikaʒ/ NM → remastiquer reapplying putty to, refilling, reapplying filler to

remastiquer /ʀ(ə)mastike/ ▸ conjug 1 ◂ VT [+ vitre] to reapply putty to; [+ fissure] to refill, to reapply filler to

remballer /ʀɑ̃bale/ ▸ conjug 1 ◂ VT 1 (= ranger) to pack (up) again; (dans du papier) to rewrap ◆ **remballe ta marchandise !*** you can clear off and take that stuff with you!* ◆ **tu peux remballer tes commentaires !*** you know what you can do with your remarks! *

2 (* = rabrouer) ◆ **on s'est fait remballer** we were sent packing *, they told us to get lost *

rembarquement /ʀɑ̃baʀkəmɑ̃/ NM [de passagers] re-embarkment; [de marchandises] reloading

rembarquer /ʀɑ̃baʀke/ ▸ conjug 1 ◂
VT [+ passagers] to re-embark; [+ marchandises] to reload
VI to re-embark, to go back on board (ship) ◆ **faire rembarquer les passagers** to re-embark the passengers
VPR **se rembarquer** 1 (sur un bateau) to re-embark, to go back on board (ship)
2 (= s'engager) ◆ **elle s'est rembarquée dans une drôle d'affaire** she's got herself involved in something really weird again

rembarrer * /ʀɑ̃baʀe/ ▸ conjug 1 ◂ VT ◆ **rembarrer qn** (= recevoir avec froideur) to brush sb aside, to rebuff sb; (= remettre à sa place) to put sb in their place, to take sb down a peg or two ◆ **on s'est fait rembarrer** we were sent packing *, they told us to get lost *

remblai /ʀɑ̃blɛ/ NM (pour route, voie ferrée) embankment; (Constr) cut ◆ **(terre de) remblai** [de voie ferrée] ballast, remblai; (pour route) hard core; (Constr) backfill ◆ **travaux de remblai** (pour route, voie ferrée) embankment work; (Constr) cutting work ◆ **remblais récents** (sur route) soft verges

remblaiement /ʀɑ̃blɛmɑ̃/ NM (Géol) depositing

remblayage /ʀɑ̃blɛjaʒ/ NM [de route, voie ferrée] banking up; [de fossé] filling in ou up

remblayer /ʀɑ̃bleje/ ▸ conjug 8 ◂ VT [+ route, voie ferrée] to bank up; [+ fossé] to fill in ou up

remblayeuse /ʀɑ̃blɛjøz/ NF backfiller

rembobiner /ʀɑ̃bɔbine/ ▸ conjug 1 ◂ VT [+ film, bande magnétique] to rewind, to wind back; [+ fil] to rewind, to wind up again

remboîtage /ʀɑ̃bwataʒ/, **remboîtement** /ʀɑ̃bwatmɑ̃/ NM 1 [de tuyaux] fitting together, reassembly; (Méd) [d'os] putting back (into place)
2 (Tech) [de livre] recasing

remboîter /ʀɑ̃bwate/ ▸ conjug 1 ◂ VT 1 [+ tuyaux] to fit together again, to reassemble; (Méd) [+ os] to put back (into place)
2 (Tech) [+ livre] to recase

rembourrage /ʀɑ̃buʀaʒ/ NM [de fauteuil, matelas] stuffing; [de vêtement] padding

rembourrer /ʀɑ̃buʀe/ ▸ conjug 1 ◂ VT [+ fauteuil, matelas] to stuff; [+ vêtement] to pad ◆ **veste rembourrée de plume d'oie** goosedown jacket ◆ **bien rembourré** [+ coussin] well-filled, well-padded; * [+ personne] well-padded ◆ **rembourré avec des noyaux de pêches *** (hum) rock hard

remboursable /ʀɑ̃buʀsabl/ ADJ [billet, médicament] refundable; [emprunt] repayable

remboursement /ʀɑ̃buʀsəmɑ̃/ SYN NM [de dette] repayment, settlement; [d'emprunt] repayment; [de somme] reimbursement, repayment; [de créancier] repayment, reimbursement; [de frais médicaux] reimbursement ◆ **obtenir le remboursement de son repas** to get one's money back for one's meal, to get a refund on one's meal ◆ **envoi contre remboursement** cash with order ◆ **(contribution au) remboursement de la dette sociale** tax introduced in 1996 in order to help pay off the deficit in the French social security budget

rembourser /ʀɑ̃buʀse/ SYN ▸ conjug 1 ◂ VT 1 [+ dette] to pay off, to repay, to settle; [+ emprunt, créancier] to pay back ou off, to repay; [+ somme] to repay, to pay back ◆ **rembourser qn de qch** to reimburse sth to sb, to reimburse

sb for sth, to repay sb sth ◆ **je te rembourserai demain** I'll pay you back ou repay you tomorrow

2 [+ dépenses professionnelles] to refund, to reimburse; [+ article acheté] to refund the price of, [+ billet] to reimburse ◆ **rembourser la différence** to refund the difference ◆ **je me suis fait rembourser mon repas/voyage** I claimed for my meal/travel ◆ **est-ce remboursé par la Sécurité sociale ?** ≈ can you get it on the NHS (Brit) ou can you get it paid for by Medicaid (US) ? ◆ **c'est remboursé à 75%** [médicament, lunettes, etc] you get 75% of the cost paid ◆ **« satisfait ou remboursé »** "satisfaction or your money back" ◆ **remboursez !** (Théât) we want our money back! ou a refund!

⚠ **rembourser** se traduit par **to reimburse** uniquement quand il s'agit de frais ou de dommages-intérêts.

rembrunir (se) /ʀɑ̃bʀyniʀ/ ▸ conjug 2 ◂ VPR [visage, traits] to darken, to cloud (over); [personne] to bristle, to stiffen; [ciel] to become overcast, to darken, to cloud over ◆ **le temps se rembrunit** it's clouding over, it's getting cloudy

rembrunissement /ʀɑ̃bʀynismɑ̃/ NM (littér) [de visage, front] darkening

rembucher /ʀɑ̃byʃe/ ▸ conjug 1 ◂ VT [+ animal] to drive into covert

remède /ʀ(ə)mɛd/ SYN NM 1 (Méd) (= traitement) remedy, cure; (= médicament) medicine ◆ **prescrire/prendre un remède pour un lumbago** to give/take something ou some medicine for lumbago ◆ **remède de bonne femme** folk cure ou remedy ◆ **remède souverain/de cheval** sovereign/drastic remedy ◆ **remède universel** cure-all, universal cure ou remedy

2 (fig) remedy, cure ◆ **porter remède à qch** to remedy sth ◆ **la situation est sans remède** there's nothing that can be done about the situation, the situation is hopeless ◆ **le remède est pire que le mal** the cure is worse than the disease ◆ **il n'y a pas de remède miracle** there is no miracle cure ◆ **c'est un remède à ou contre l'amour ! *** it's (ou he's ou she's etc) a real turn-off! *; → **mal**²

remédiable /ʀ(ə)medjabl/ ADJ [mal] that can be remedied ou cured, remediable

remédier /ʀ(ə)medje/ SYN ▸ conjug 7 ◂ **remédier à** VT INDIR (lit) [+ maladie] to cure; (fig) [+ mal, situation] to remedy, to put right; [+ abus] to remedy, to right; [+ perte] to remedy, to make good; [+ besoin] to remedy; [+ inconvénient] to remedy, to find a remedy for; [+ difficulté] to find a solution for, to solve

remembrement /ʀ(ə)mɑ̃bʀəmɑ̃/ NM land consolidation

remembrer /ʀ(ə)mɑ̃bʀe/ ▸ conjug 1 ◂ VT [+ terres, exploitation] to consolidate

remémoration /ʀ(ə)memɔʀasjɔ̃/ NF recall, recollection

remémorer (se) /ʀ(ə)memɔʀe/ ▸ conjug 1 ◂ VPR to recall, to recollect

remerciement /ʀ(ə)mɛʀsimɑ̃/ GRAMMAIRE ACTIVE 22
NM (= action) thanks (pl), thanking ◆ **remerciements** (dans un livre, film) acknowledgements ◆ **exprimer ses profonds/sincères remerciements à qn** to express one's deep/sincere gratitude to sb ◆ **il lui bredouilla un remerciement** he mumbled his thanks to her ◆ **lettre de remerciement** thank-you letter, letter of thanks ◆ **elle adressa quelques mots de remerciement à ses électeurs** she made a brief thank-you speech to the people who voted for her ◆ **il a reçu une récompense en remerciement de ses services** he received an award in recognition of his services ◆ **en remerciement, il m'a envoyé des fleurs** he sent me some flowers by way of thanks ou to thank me

NMPL **remerciements** ◆ **avec tous mes remerciements** with many thanks ◆ **adresser ses remerciements à qn** to express one's thanks to sb

remercier /ʀ(ə)mɛʀsje/ GRAMMAIRE ACTIVE 20.1, 20.2, 22 ▸ conjug 7 ◂ VT 1 (= dire merci) to thank (qn de ou pour qch sb for sth; qn d'avoir fait qch sb for doing sth) ◆ **remercier le ciel ou Dieu** to thank God ◆ **remercier qn par un cadeau/d'un pourboire** to thank sb with a present/with a tip, to give sb a present/a tip by way of thanks ◆ **je ne sais comment vous remercier** I can't thank you enough, I don't know how to thank you ◆ **il me remercia d'un sourire** he thanked me with a smile, he smiled his thanks • **je vous remercie** thank you • **tu peux me remercier !** you've got me to thank for that! • **je te remercie de tes conseils** (*iro*) thanks for the advice (*iro*), I can do without your advice (thank you)

[2] (*= refuser poliment*) • **vous voulez boire ? – je vous remercie** would you like a drink? – no thank you • **sortir avec lui ? je te remercie !** (*iro*) go out with him? no thanks!

[3] (*euph = renvoyer*) [*+ employé*] to dismiss (*from his job*)

réméré /ʀemeʀe/ **NM** (*Fin*) • **faculté de réméré** option of repurchase, repurchase agreement • **vente à réméré** sale with option of purchase • **clause de réméré** repurchase clause

remettant /ʀ(ə)metɑ̃/ **NM** (*Fin*) remitter

remettre /ʀ(ə)mɛtʀ/ SYN ► conjug 56 ◄

VT [1] (*= replacer*) [*+ objet*] to put back, to replace (*dans* in(to); *sur* on); [*+ os luxé*] to put back in place • **remettre un enfant au lit** to put a child back (in)to bed • **remettre un enfant à l'école** to send a child back to school • **remettre qch à cuire** to put sth on to cook again • **remettre debout** [*+ enfant*] to stand back on his feet; [*+ objet*] to stand up again • **remettre qch droit** to put *ou* set sth straight again • **remettre un bouton à une veste** to sew *ou* put a button back on a jacket • **il a remis l'étagère/la porte qu'il avait enlevée** he put the shelf back up/rehung the door that he had taken down • **je ne veux plus remettre les pieds ici !** I never want to set foot in here again! • **remettre qn sur la bonne voie** *ou* **sur les rails** to put sb back on the right track • **remettre le couvert** * (*gén*) to go at it * again; (*sexuellement*) to be at it again *

[2] (*= porter de nouveau*) [*+ vêtement, chapeau*] to put back on, to put on again • **j'ai remis mon manteau d'hiver** I'm wearing my winter coat again

[3] (*= replacer dans une situation*) • **remettre un appareil en marche** to restart a machine, to start a machine (up) again, to set a machine going again • **remettre un moteur en marche** to start up an engine again • **remettre une coutume en usage** to revive a custom • **remettre en question** [*+ institution, autorité*] to (call into) question, to challenge; [*+ projet, accord*] to cast doubt over • **tout est remis en question** *ou* **en cause à cause du mauvais temps** everything's in the balance again because of the bad weather, the bad weather throws the whole thing back into question • **remettre une pendule à l'heure** to set *ou* put (*Brit*) a clock right • **remettre les pendules à l'heure** * (*fig*) to set the record straight • **remettre les idées en place à qn** * to teach sb a lesson * • **remettre qch à neuf** to make sth as good as new again • **remettre qch en état** to repair *ou* mend sth • **le repos l'a remise (sur pied)** the rest has set her back on her feet • **remettre qn en confiance** to restore sb's confidence • **remettre de l'ordre dans qch** (*= ranger*) to tidy sth up; (*= classer*) to sort sth out; → **cause, jour, place** *etc*

[4] (*= donner*) [*+ lettre, paquet*] to hand over, to deliver; [*+ clés*] to hand in *ou* over, to give in, to return; [*+ récompense*] to present; [*+ devoir*] to hand in, to give in; [*+ rançon*] to hand over; [*+ démission*] to hand in, to give in, to tender (*à* to) • **il s'est fait remettre les clés par la concierge** he got the keys from the concierge • **remettre un enfant à ses parents** to return a child to his parents • **remettre un criminel à la justice** to hand a criminal over to the law • **remettre à qn un porte-monnaie volé** to hand *ou* give back *ou* return a stolen purse to sb

[5] (*= ajourner*) [*+ réunion*] to put off, to postpone (*à* until), to put back (*Brit*) (*à* to); (*Jur*) to adjourn (*à* until); [*+ décision*] to put off, to postpone, to defer (*à* until); [*+ date*] to postpone, to put back (*Brit*) (*à* to) • **une visite qui ne peut se remettre (à plus tard)** a visit that can't be postponed *ou* put off • **remettre un rendez-vous à jeudi/au 8** to put off *ou* postpone an appointment till Thursday/the 8th • **il ne faut jamais remettre à demain** *ou* **au lendemain ce qu'on peut faire le jour même** (*Prov*) never put off till tomorrow what you can do today (*Prov*)

[6] (*= se rappeler*) to remember • **je vous remets très bien** I remember you very well • **je ne le remets pas** I can't place him, I don't remember him • **remettre qch en esprit** *ou* **en mémoire à qn** (*= rappeler*) to remind sb of sth, to recall sth to sb • **ce livre m'a remis ces événements en mémoire** this book reminded me of these events *ou* brought these events to mind

[7] (*= rajouter*) [*+ vinaigre, sel*] to add more, to put in (some) more; [*+ verre, coussin*] to add; [*+ maquillage*] to put on (some) more • **j'ai froid, je vais remettre un tricot** I'm cold – I'll go and put another jersey on • **remettre de l'huile dans un moteur** to top up an engine with oil • **en remettant un peu d'argent, vous pourriez avoir le grand modèle** if you paid a bit more you could have the large size • **il faut remettre de l'argent sur le compte, nous sommes débiteurs** we'll have to put some money into the account as we're overdrawn • **en remettre** * to overdo it, to lay it on a bit thick *

[8] (*= rallumer, rétablir*) [*+ radio, chauffage*] to put *ou* turn *ou* switch on again • **il y a eu une coupure mais le courant a été remis à midi** there was a power cut but the electricity came back on again *ou* was put back on again at midday • **remettre le contact** to turn the ignition on again

[9] (*= faire grâce de*) [*+ dette, peine*] to remit; [*+ péché*] to forgive, to pardon, to remit • **remettre une dette à qn** to remit sb's debt, to let sb off a debt • **remettre une peine à un condamné** to remit a prisoner's sentence

[10] (*= confier*) • **remettre son sort/sa vie entre les mains de qn** to put one's fate/one's life into sb's hands • **remettre son âme à Dieu** to commit one's soul to God *ou* into God's keeping

[11] • **remettre ça** * (*= recommencer*) • **dire qu'il va falloir remettre ça !** to think that we'll have to go through all that again! • **quand est-ce qu'on remet ça ?** when can we do it again? • **on remet ça ?** [*+ partie de cartes*] shall we have another game?; (*au café*) shall we have another drink? *ou* round?; [*+ travail*] let's get back to it *, let's get down to it again, let's get going again * • **garçon, remettez-nous ça !** (the) same again please! * • **les voilà qui remettent ça !** [*+ bruit, commentaires*] here *ou* there they go again! *, they're at it again! * • **tu ne vas pas remettre ça avec tes critiques** you're not criticizing again, are you? • **le gouvernement va remettre ça avec les économies d'énergie** the government is going to start trying to save energy again

VPR se remettre [1] (*= recouvrer la santé*) to recover, to get better; (*psychologiquement*) to cheer up • **se remettre d'une maladie/d'un accident** to recover from *ou* get over an illness/an accident • **remettez-vous !** pull yourself together! • **elle ne s'en remettra pas** she won't get over it

[2] (*= recommencer*) • **se remettre à (faire) qch** to start (doing) sth again • **se remettre à fumer** to take up *ou* start smoking again • **il s'est remis au tennis/au latin** he has taken up tennis/Latin again • **après son départ il se remit à travailler** *ou* **au travail** after she had gone he started working again *ou* went back *ou* got back to work • **il se remet à faire froid** the weather *ou* it is getting *ou* turning cold again • **le temps s'est remis au beau** the weather has turned fine again, the weather has picked up again • **se remettre en selle** to remount, to get back on one's horse • **se remettre debout** to get back to one's feet, to get (back) up again, to stand up again

[3] (*= se confier*) • **se remettre entre les mains de qn** to put o.s. in sb's hands • **je m'en remets à vous** I'll leave it (up) to you, I'll leave the matter in your hands • **s'en remettre à la décision de qn** to leave it to sb to decide • **s'en remettre à la discrétion de qn** to leave it to sb's discretion

[4] (*= se réconcilier*) • **se remettre avec qn** to make it up with sb, to make *ou* patch up one's differences with sb • **ils se sont remis ensemble** they're back together again

remeubler /ʀ(ə)mœble/ ► conjug 1 ◄

VT to refurnish

VPR se remeubler to refurnish one's house, to get new furniture

rémige /ʀemiʒ/ **NF** remex

remilitarisation /ʀ(ə)militaʀizasjɔ̃/ **NF** remilitarization

remilitariser /ʀ(ə)militaʀize/ ► conjug 1 ◄ **VT** to remilitarize

reminéralisant, e /ʀ(ə)mineʀalizɑ̃, ɑ̃t/ **ADJ** [*produit, substance*] remineralizing

reminéralisation /ʀ(ə)mineʀalizasjɔ̃/ **NF** remineralization

reminéraliser /ʀ(ə)mineʀalize/ ► conjug 1 ◄ **VT** to remineralize

réminiscence /ʀeminisɑ̃s/ **NF** (*= faculté mentale*) (*Philos, Psych*) reminiscence; (*= souvenir*) reminiscence, vague recollection • **sa conversation était truffée de réminiscences littéraires** literary influences were constantly in evidence in his conversation • **mon latin est bien rouillé, mais j'ai encore quelques réminiscences** my Latin is very rusty but I can still remember some • **on trouve des réminiscences de Rabelais dans l'œuvre de cet auteur** there are echoes of Rabelais in this author's work, parts of this author's work are reminiscent of Rabelais

remisage /ʀ(ə)mizaʒ/ **NM** [*d'outil, voiture*] putting away

remise /ʀ(ə)miz/ SYN **NF** [1] (*= livraison*) [*de lettre, paquet*] delivery; [*de clés*] handing over; [*de récompense*] presentation; [*de devoir, rapport*] handing in; [*de rançon*] handing over, handover; [*d'armes*] surrender, handover • **remise de parts** (*Jur*) transfer *ou* conveyance of legacy • **la remise des prix/médailles/diplômes** the prize-giving/medal/graduation ceremony; → **cause, touche**

[2] (*= réduction*) [*de peine*] remission, reduction (*de* of, in) • **le condamné a bénéficié d'une importante remise de peine** the prisoner was granted a large reduction in his sentence

[3] (*= rabais*) discount, reduction • **ils font une remise de 5% sur les livres scolaires** they're giving *ou* allowing (a) 5% discount *ou* reduction on school books • **remise de dette** (*Fin*) condonation, remission of a debt

[4] (*pour outils, véhicules = local*) shed

[5] (*= ajournement*) [*de réunion*] postponement, deferment, putting off *ou* back (*Brit*); [*de décision*] putting off • **remise à huitaine d'un débat** postponement of a debate for a week

remiser /ʀ(ə)mize/ ► conjug 1 ◄

VT [*+ voiture, outil, valise*] to put away

VI (*Jeux*) to make another bet, to bet again

VPR se remiser [*gibier*] to take cover

remisier /ʀ(ə)mizje/ **NM** (*Bourse*) intermediate broker

rémissible /ʀemisibl/ **ADJ** remissible

rémission /ʀemisjɔ̃/ SYN **NF** [1] [*de péchés*] remission, forgiveness; (*Jur*) remission

[2] (*Méd*) [*de maladie*] remission; [*de douleur, fièvre*] subsidence, abatement; (*fig littér : dans la tempête, le travail*) lull

[3] • **sans rémission** [*travailler, torturer, poursuivre*] unremittingly, relentlessly; [*payer*] without fail; [*mal, maladie*] irremediable • **si tu recommences, tu seras puni sans rémission** if you do it again you'll be punished without fail

rémittence /ʀemitɑ̃s/ **NF** (*Méd*) remittence

rémittent, e /ʀemitɑ̃, ɑ̃t/ **ADJ** remittent

remix /ʀəmiks/ **NM** (*Mus*) remix

remixage /ʀ(ə)miksaʒ/ **NM** [*de chanson*] remix

remixer /ʀ(ə)mikse/ ► conjug 1 ◄ **VT** [*+ chanson*] to remix • **version remixée** remix version

remixeur /ʀ(ə)miksœʀ/ **NM** (*= personne*) remixer

rémiz /ʀemiz/ **NM** peduline tit

remmaillage /ʀɑ̃majaʒ/ **NM** → **remmailler** darning, mending

remmailler /ʀɑ̃maje/ ► conjug 1 ◄ **VT** [*+ tricot, bas*] to darn; [*+ filet*] to mend

remmailleuse /ʀɑ̃majøz/ **NF** darner

remmailloter /ʀɑ̃majɔte/ ► conjug 1 ◄ **VT** [*+ bébé*] to change

remmancher /ʀɑ̃mɑ̃ʃe/ ► conjug 1 ◄ **VT** [*+ couteau, balai*] (*= remettre le manche*) to put the handle back on; (*= remplacer le manche*) to put a new handle on

remmener /ʀɑ̃m(ə)ne/ ► conjug 5 ◄ **VT** to take back, to bring back • **remmener qn chez lui** to take sb back home • **remmener qn à pied** to walk sb back • **remmener qn en voiture** to give sb a lift back, to drive sb back

remodelage /ʀ(ə)mɔd(ə)laʒ/ **NM** [1] [*de visage, silhouette*] remodelling; [*de nez, joues*] reshaping; [*de ville*] remodelling, replanning

[2] [*de profession, organisation*] reorganization, restructuring

remodeler /ʀ(ə)mɔd(ə)le/ SYN ► conjug 5 ◄ **VT** [1] [*+ visage, silhouette*] to remodel; [*+ nez, joues*] to reshape; [*+ ville*] to remodel, to replan

[2] [*+ profession, organisation*] to reorganize, to restructure

remontage /ʀ(ə)mɔ̃taʒ/ **NM** [*de montre*] rewinding, winding up; [*de machine, meuble*] reassembly, putting back together; [...] back

remontant, e /ʀ(ə)mɔ̃tɑ̃, ɑ̃t/
ADJ [1] *[boisson]* invigorating, fortifying
[2] *[rosier]* reflowering, remontant *(SPÉC)*; *[fraisier, framboisier]* double-cropping, double-fruiting
NM tonic, pick-me-up*

remonte /ʀ(ə)mɔ̃t/ **NF** [1] *[de bateau]* sailing upstream, ascent; *[de poissons]* run
[2] *(Équitation) (= fourniture de chevaux)* remount; *(= service)* remount department

remonté, e^{1}* /ʀ(ə)mɔ̃te/ (ptp de **remonter**) **ADJ**
[1] *(= en colère)* furious *(contre qn* with sb), mad* *(contre qn* at sb) ◆ **être remonté contre qch** to be wound up* about sth ◆ **être remonté contre qn** to be livid* *ou* mad* *ou* furious with sb ◆ **il est remonté aujourd'hui** he's in a foul mood *ou* temper today
[2] *(= dynamique)* ◆ **il est remonté** he's full of energy ◆ **je suis remonté à bloc** *(gén)* I'm on top form; *(avant un examen, un entretien)* I'm all keyed up *ou* psyched up*

remontée^{2} /ʀ(ə)mɔ̃te/ **NF** *[de côte]* ascent, climbing; *[de rivière]* ascent; *[d'eaux]* rising; *[de prix, taux d'intérêt]* rise ◆ **la remontée des mineurs par l'ascenseur** bringing miners up by lift ◆ **il ne faut pas que la remontée du plongeur soit trop rapide** the diver must not come back up too quickly ◆ **la remontée de l'or à la Bourse** the rise in the price *ou* value of gold on the stock exchange ◆ **faire une (belle) remontée** to make a (good) recovery ◆ **faire une remontée spectaculaire (de la 30e à la 2e place)** to make a spectacular recovery (from 30th to 2nd place) ◆ **le président effectue une remontée spectaculaire dans les sondages** the president is rising swiftly in the opinion polls ◆ **remontées mécaniques** *(Sport)* ski-lifts

remonte-pente (pl **remonte-pentes**) /ʀ(ə)mɔ̃tpɑ̃t/ **NM** ski tow

remonter /ʀ(ə)mɔ̃te/ GRAMMAIRE ACTIVE 17.2 SYN ► conjug 1 ◄
VI *(surtout avec aux être)* [1] *(= monter à nouveau)* to go *ou* come back up ◆ **il remonta à pied** he walked back up ◆ **remonte me voir** come back up and see me ◆ **je remonte demain à Paris (en voiture)** I'm driving back up to Paris tomorrow ◆ **il remonta sur la table** he climbed back (up) onto the table ◆ **remonter sur le trône** to come back *ou* return to the throne ◆ **remonter sur les planches** *(Théât)* to go back on the stage
[2] *(dans un moyen de transport)* ◆ **remonter en voiture** to get back into one's car, to get into one's car again ◆ **remonter à cheval** *(= se remettre en selle)* to remount (one's horse), to get back on(to) one's horse; *(= se remettre à faire du cheval)* to take up riding again ◆ **remonter à bord** *(du bateau)* to go back on board (ship)
[3] *(= s'élever de nouveau) [marée]* to come in again; *[prix, température, baromètre]* to rise again, to go up again; *[colline, route]* to go up again, to rise again ◆ **la mer remonte** the tide is coming in again ◆ **la fièvre remonte** his temperature is rising *ou* going up again, the fever is getting worse again ◆ **les bénéfices ont remonté au dernier trimestre** profits were up again in the last quarter ◆ **les prix ont remonté en flèche** prices shot up *ou* rocketed again ◆ **ses actions remontent** *(fig)* things are looking up for him (again), his fortunes are picking up (again) ◆ **il remonte dans mon estime** my opinion of him is improving again ◆ **il est remonté de la 7e à la 3e place** he has come up from 7th to 3rd place
[4] *[vêtement]* to go up, to pull up ◆ **sa robe remonte sur le côté** her dress goes *ou* pulls up at the side *ou* is higher on one side ◆ **sa jupe remonte quand elle s'assied** her skirt rides up *ou* pulls up *ou* goes up when she sits down
[5] *(= réapparaître)* to come back ◆ **les souvenirs qui remontent à ma mémoire** memories which come back to me *ou* to my mind ◆ **remonter à la surface** to come back up to the surface, to resurface ◆ **sous-marin qui remonte en surface** submarine which is coming back up to the surface *ou* which is resurfacing ◆ **une mauvaise odeur remontait de l'égout** a bad smell was coming *ou* wafting up out of the drain
[6] *(= retourner)* to return, to go back ◆ **remonter à la source/cause** to go back *ou* return to the source/cause ◆ **remonter de l'effet à la cause** to go back from the effect to the cause ◆ **remonter au vent** *ou* **dans le vent** *(Naut)* to tack close to the wind ◆ **il faut remonter plus haut** *ou* **plus loin pour comprendre l'affaire** you must go *ou* look further back to understand this business ◆ **remonter jusqu'au coupable** to trace the guilty person ◆ **aussi loin que remontent ses souvenirs** as far back as he can remember ◆ **remonter dans le temps** to go back in time
[7] ◆ **remonter à** *(= dater de)* ◆ **cette histoire remonte à une époque reculée/à plusieurs années** all this dates back *ou* goes back a very long time/several years ◆ **tout cela remonte au déluge !** *(hum) (= c'est très ancien)* all that's as old as the hills!; *(= c'est passé depuis longtemps)* all that was ages ago! ◆ **on ne va pas remonter au déluge !** we're not going back over ancient history again! ◆ **la famille remonte aux croisades** the family goes *ou* dates back to the time of the Crusades
VT *(avec aux avoir)* [1] *[+ étage, côte, marche]* to go *ou* climb back up; *[+ rue]* to go *ou* come back up ◆ **remonter l'escalier en courant** to rush *ou* run back upstairs ◆ **remonter la rue à pas lents** to walk slowly (back) up the street ◆ **remonter le courant/une rivière** *(à la nage)* to swim (back) upstream/up a river; *(en barque)* to sail *ou* row (back) upstream/up a river ◆ **remonter le courant** *ou* **la pente** *(fig)* to begin to get back on one's feet again ◆ **remonter le cours du temps** to go back in time ◆ **machine à remonter le temps** time machine
[2] *(= rattraper) [+ adversaire]* to catch up with ◆ **remonter le cortège** to move up towards *ou* work one's way towards the front of the pageant ◆ **se faire remonter par un adversaire** to let o.s. be caught up by an opponent ◆ **il a 15 points/places à remonter pour être 2e** he has 15 marks/places to catch up in order to be 2nd
[3] *(= relever) [+ mur]* to raise, to heighten; *[+ tableau, étagère]* to raise, to put higher up; *[+ vitre] (en poussant)* to push up; *(avec bouton ou manivelle)* to wind up; *[+ store]* to roll up, to raise; *[+ pantalon, manche]* to pull up; *(en roulant)* to roll up; *(d'une saccade)* to hitch up; *[+ chaussettes]* to pull up; *[+ col]* to turn up; *[+ jupe]* to pick up, to raise; *(fig) [+ mauvaise note]* to put up, to raise ◆ **remonter les bretelles à qn*** *(fig)* to give sb a piece of one's mind* ◆ **il s'est fait remonter les bretelles par le patron*** the boss gave him a real tongue-lashing* *ou* dressing-down
[4] *(= remporter)* to take *ou* bring back up ◆ **remonter une malle au grenier** to take *ou* carry a trunk back up to the attic
[5] *[+ montre, mécanisme]* to wind up
[6] *(= réinstaller) [+ machine, moteur, meuble]* to put together again, to put back together (again), to reassemble; *[+ robinet, tuyau]* to put back ◆ **ils ont remonté une usine à Lyon** they have set up *ou* built another factory in Lyon ◆ **il a eu du mal à remonter les roues de sa bicyclette** he had a job putting *ou* getting the wheels back on his bicycle
[7] *(= réassortir) [+ garde-robe]* to renew, to replenish; *[+ magasin]* to restock ◆ **mon père nous a remontés en vaisselle** my father has given us a whole new set of crockery ◆ **remonter son ménage** *(en meubles)* to buy new furniture; *(en linge)* to buy new linen
[8] *(= remettre en état) [+ personne] (physiquement)* to set *ou* buck* up (again); *(moralement)* to cheer *ou* buck* up (again); *[+ entreprise]* to put *ou* set back on its feet; *[+ mur en ruines]* to rebuild ◆ **le nouveau directeur a bien remonté cette entreprise** the new manager has really got this firm back on its feet ◆ **ce contrat remonterait bien mes affaires** this contract would really give business a boost for me; → **moral**
[9] *(Théât) [+ pièce]* to restage, to put on again
VPR se remonter [1] *(= refaire des provisions)* ◆ **se remonter en boîtes de conserves** to get in (further) stocks of canned food, to replenish one's stocks of canned food ◆ **se remonter en chaussures** to get some new shoes
[2] *(= récupérer) (physiquement)* to buck* *ou* set o.s. up (again) ◆ **se remonter (le moral)** *(moralement)* to raise (one's spirits), to cheer *ou* buck* o.s. up

remontoir /ʀ(ə)mɔ̃twaʀ/ **NM** *[de montre]* winder; *[de jouet, horloge]* winding mechanism

remontrance /ʀ(ə)mɔ̃tʀɑ̃s/ SYN **NF** [1] *(= reproche)* remonstrance, reproof, reprimand, admonition *(frm)* ◆ **faire des remontrances à qn (au sujet de qch)** to remonstrate with sb (about sth), to reprove *ou* reprimand *ou* admonish *(frm)* sb (for sth)
[2] *(Hist)* remonstrance

remontrer /ʀ(ə)mɔ̃tʀe/ ► conjug 1 ◄ **VT** [1] *(= montrer de nouveau)* to show again ◆ **remontrez-moi la bleue** show me the blue one again, let me have another look at the blue one ◆ **ne te remontre plus ici** don't show your face *ou* yourself here again
[2] *(= donner des leçons)* ◆ **en remontrer à qn** to teach sb a thing or two ◆ **dans ce domaine, il pourrait t'en remontrer** he could teach you a thing or two about this ◆ **n'essaie pas de m'en remontrer** *(= montrer sa supériorité)* don't bother trying to teach me anything
[3] *(†, littér)* ◆ **remontrer à qn que** to point out to sb that

rémora /ʀemɔʀa/ **NM** *(= poisson)* remora

remords /ʀ(ə)mɔʀ/ SYN **NM** remorse *(NonC)* ◆ **j'éprouve quelques remords à l'avoir laissé seul** I feel some remorse at having left him alone ◆ **j'ai eu un remords de conscience, je suis allé vérifier** I had second thoughts *ou* I thought better of it and went to check ◆ **remords cuisants** agonies of remorse ◆ **avoir des remords** to feel remorse ◆ **être pris de remords** to be stricken *ou* smitten with remorse ◆ **n'avoir aucun remords** to have no (feeling of) remorse, to feel no remorse ◆ **je le tuerais sans (le moindre) remords** I'd kill him without (the slightest) compunction *ou* remorse ◆ **je te le donne – (c'est) sans remords ?** here you are – are you sure?

remorquage /ʀ(ə)mɔʀkaʒ/ **NM** *[de voiture, caravane]* towing; *[de train]* pulling, hauling; *[de bateau]* towing, tugging

remorque /ʀ(ə)mɔʀk/ **NF** [1] *(= véhicule)* trailer; *(= câble)* towrope, towline; → **camion**
[2] *(locutions)* ◆ **prendre une voiture en remorque** to tow a car ◆ **« en remorque »** "on tow" ◆ **quand ils vont se promener ils ont toujours la belle-sœur en remorque** whenever they go for a walk they always have the sister-in-law in tow *ou* they always drag along their sister-in-law ◆ **être à la remorque** *(péj)* to trail behind ◆ **être à la remorque de** *(péj)* to tag along behind ◆ **être à la remorque d'une grande puissance** *[pays]* to tag along *ou* to trail behind a great power

remorquer /ʀ(ə)mɔʀke/ SYN ► conjug 1 ◄ **VT**
[1] *[+ voiture, caravane]* to tow; *[+ train]* to pull, to haul; *[+ bateau]* to tow, to tug ◆ **je suis tombé en panne et j'ai dû me faire remorquer jusqu'au village** I had a breakdown and had to get a tow *ou* get myself towed as far as the village
[2] *[+ personne]* to drag along ◆ **remorquer toute la famille derrière soi** to have the whole family in tow, to drag the whole family along

remorqueur /ʀ(ə)mɔʀkœʀ/ **NM** *(= bateau)* tug(boat)

remotivation /ʀ(ə)mɔtivasjɔ̃/ **NF** remotivation

remotiver /ʀ(ə)mɔtive/ ► conjug 1 ◄ **VT** *[+ personne, personnel]* to remotivate

remouiller /ʀ(ə)muje/ ► conjug 1 ◄ **VT** [1] *(= mouiller de nouveau)* to wet again ◆ **remouiller du linge à repasser** to dampen washing ready for ironing ◆ **se faire remouiller (par la pluie)** to get wet (in the rain) again ◆ **je viens de m'essuyer les mains, je ne veux pas me les remouiller** I've just dried my hands and I don't want to get them wet again
[2] *(en bateau)* ◆ **remouiller (l'ancre)** to drop anchor again

rémoulade /ʀemulad/ **NF** remoulade, rémoulade *(dressing containing mustard and herbs)*; → **céleri**

remoulage /ʀ(ə)mulaʒ/ **NM** [1] *(Art)* recasting
[2] *[de café, pièce métallique]* regrinding; *[de farine] (= action)* remilling; *(= résultat)* middlings

remouler /ʀ(ə)mule/ ► conjug 1 ◄ **VT** *[+ statue]* to recast

rémouleur /ʀemulœʀ/ **NM** (knife- *ou* scissor-)grinder

remous /ʀəmu/ SYN **NM** [1] *[de bateau]* (back-)wash *(NonC)*; *[d'eau]* swirl, eddy; *[d'air]* eddy ◆ **emporté par les remous de la foule** swept along by the bustling *ou* milling crowd; → **bain**
[2] *(= agitation)* stir *(NonC)* ◆ **remous d'idées** whirl *ou* swirl of ideas ◆ **l'affaire a provoqué de vifs remous politiques** the affair caused a stir in political circles ◆ **cette décision n'a suscité aucun remous** this decision didn't raise any eyebrows

rempaillage /ʀɑ̃pɑjaʒ/ **NM** *[de chaise]* reseating, rebottoming *(with straw)*

rempailler /ʀɑ̃pɑje/ ► conjug 1 ◄ **VT** *[+ chaise]* to reseat, to rebottom *(with straw)*

rempailleur, -euse /ʀɑ̃pɑjœʀ, øz/ **NM,F** *[de chaise]* chair-bottomer

rempaqueter /ʀɑ̃pak(ə)te/ ► conjug 4 ◄ **VT** to wrap up again, to rewrap

rempart /ʀɑ̃paʀ/ SYN NM [1] *(Mil)* rampart ◆ **remparts** *[de ville]* city walls, ramparts; *[de château fort]* battlements, ramparts
[2] *(fig)* bastion, rampart *(littér)* ◆ **le dernier rempart contre** the last bastion against ◆ **il lui fit un rempart de son corps** he shielded him with his body

rempiétement /ʀɑ̃pjetmɑ̃/ NM *(Constr)* underpinning

rempiéter /ʀɑ̃pjete/ ▸ conjug 6 ◂ VT *(Constr)* to underpin

rempiler /ʀɑ̃pile/ ▸ conjug 1 ◂
VT *[+ objets]* to pile *ou* stack up again
VI *(arg Mil)* to join up again, to re-enlist

remplaçable /ʀɑ̃plasabl/ ADJ replaceable ◆ **difficilement remplaçable** hard to replace

remplaçant, e /ʀɑ̃plasɑ̃, ɑt/ SYN NM,F *(gén)* replacement, substitute; *[de médecin]* replacement, locum *(Brit)*; *(Sport)* reserve; *(pendant un match)* substitute; *(Théât)* understudy; *(Scol)* supply *(Brit) ou* substitute *(US)* teacher ◆ **être le remplaçant de qn** to stand in for sb ◆ **trouver un remplaçant à un professeur malade** to get sb to stand in *ou* substitute for a sick teacher ◆ **il faut lui trouver un remplaçant** we must find a replacement *ou* a substitute for him

remplacement /ʀɑ̃plasmɑ̃/ SYN NM [1] *(= intérim) [d'acteur malade, médecin en vacances]* standing in *(de* for); *[de joueur, professeur malade]* standing in *(de* for), substitution *(de* for), deputizing *(de* for) ◆ **assurer le remplacement d'un collègue pendant sa maladie** to stand in for a colleague during his illness ◆ **faire des remplacements** *[secrétaire]* to temp*, to do temporary work; *[professeur]* to do supply teaching *(Brit)*, to work as a supply *(Brit) ou* substitute *(US)* teacher ◆ **j'ai fait trois remplacements cette semaine** I've had three temporary replacement jobs this week
[2] *(= substitution)* replacement *(de* of), taking over *(de* from); *[d'employé, objet usagé]* replacement ◆ **effectuer le remplacement d'une pièce défectueuse** to replace a faulty part ◆ **film présenté en remplacement d'une émission annulée** film shown in place of a cancelled programme ◆ **je n'ai plus de stylos, en remplacement je vous donne un crayon** I have no more pens so I'll give you a pencil instead ◆ **le remplacement du nom par le pronom** the replacement of the noun by the pronoun ◆ **il va falloir trouver une solution de remplacement** we'll have to find an alternative (solution) ◆ **produit/matériel de remplacement** substitute (product/material)

remplacer /ʀɑ̃plase/ SYN ▸ conjug 3 ◂ VT
[1] *(= assurer l'intérim de) [+ acteur]* to stand in for; *[+ joueur, professeur]* to stand in for, to substitute for; *[+ médecin]* to stand in for, to do a locum for *(Brit)* ◆ **je me suis fait remplacer** I got someone to stand in for me *ou* to cover for me
[2] *(= succéder à)* to replace, to take over from, to take the place of ◆ **le train a remplacé la diligence** the train replaced *ou* took the place of the stagecoach ◆ **son fils l'a remplacé comme directeur** his son has taken over from him *ou* has replaced him as director ◆ **remplacer une sentinelle** to take over from *ou* relieve a sentry
[3] *(= tenir lieu de)* to take the place of, to replace ◆ **le miel peut remplacer le sucre** honey can be used in place of *ou* used as a substitute for sugar ◆ **le pronom remplace le nom dans la phrase** the pronoun takes the place of *ou* replaces the noun in the sentence ◆ **on peut remplacer le beurre par de l'huile d'olive** you can use olive oil instead of butter ◆ **rien ne remplace le vrai beurre** there's nothing like *ou* you can't beat real butter ◆ **une autre femme l'a vite remplacée (dans son cœur)** she was soon replaced (in his affections) by another woman
[4] *(= changer) [+ employé]* to replace; *[+ objet usagé]* to replace, to change ◆ **remplacer un vieux lit par un neuf** to replace an old bed with a new one, to change an old bed for a new one ◆ **les pièces défectueuses seront remplacées gratuitement** faulty parts will be replaced free of charge ◆ **remplacer un carreau cassé** to replace a broken windowpane ◆ **remplacez les pointillés par des pronoms** put pronouns in place of the dotted lines ◆ **un homme comme lui ne se remplace pas aisément** a man like that isn't easy to replace

remplage /ʀɑ̃plaʒ/ NM *(Archéol)* tracery; *(Constr)* filling

rempli¹, e /ʀɑ̃pli/ SYN (ptp de **remplir**) ADJ *[récipient, théâtre]* full *(de* of), filled *(de* with); *[joue, visage]* full, plump; *[journée, vie]* full, busy ◆ **il avait les yeux remplis de larmes** his eyes were brimming with *ou* full of tears ◆ **avoir l'estomac bien rempli** to have a full stomach, to have eaten one's fill ◆ **texte rempli de fautes** text riddled *ou* packed with mistakes ◆ **sa tête était remplie de souvenirs** his mind was filled with *ou* full of memories ◆ **notre carnet de commandes est bien rempli** our order book is full ◆ **il est rempli de son importance/de lui-même** he's full of his own importance/of himself

rempli² /ʀɑ̃pli/ NM *(Couture)* tuck

remplir /ʀɑ̃pliʀ/ SYN ▸ conjug 2 ◂
VT [1] *(= emplir) (gén)* to fill *(de* with); *[+ récipient]* to fill (up); *(à nouveau)* to refill; *[+ questionnaire]* to fill in *ou* out ◆ **remplir qch à moitié** to half fill sth, to fill sth half full ◆ **il en a rempli 15 pages** he filled 15 pages with it, he wrote 15 pages on it ◆ **ce chanteur ne remplira pas la salle** this singer won't fill the hall *ou* won't get a full house ◆ **ces tâches routinières ont rempli sa vie** these routine tasks have filled his life, his life has been filled with these routine tasks ◆ **ça remplit la première page des journaux** it fills *ou* covers the front page of the newspapers ◆ **ce résultat me remplit d'admiration** this result fills me with admiration, I am filled with admiration at this result ◆ **remplir son temps** to fill one's time ◆ **il remplit bien ses journées** he gets a lot done in (the course of) a day, he packs a lot into his days
[2] *(= s'acquitter de) [+ contrat, mission, obligation]* to fulfil, to carry out; *[+ devoir]* to carry out, to do; *[+ rôle]* to fill, to play; *[+ besoin]* to fulfil, to answer, to meet ◆ **remplir ses engagements** to meet one's commitments ◆ **remplir ses fonctions** to do *ou* carry out one's job, to carry out *ou* perform one's functions ◆ **objet qui remplit une fonction précise** object that fulfils a precise purpose ◆ **vous ne remplissez pas les conditions** you do not fulfil *ou* satisfy *ou* meet the conditions
VPR **se remplir** *[récipient, salle]* to fill (up) *(de* with) ◆ **se remplir les poches*** to line one's pockets ◆ **on s'est bien rempli la panse*** we stuffed ourselves*, we pigged out*

remplissage /ʀɑ̃plisaʒ/ NM *[de tonneau, bassin]* filling (up); *(péj : dans un livre)* padding ◆ **faire du remplissage** to pad out one's work *(ou* speech *etc)* ◆ **taux de remplissage des avions/hôtels** air passenger/hotel occupancy rate

remploi /ʀɑ̃plwa/ NM ⇒ **réemploi**

remployer /ʀɑ̃plwaje/ ▸ conjug 8 ◂ VT ⇒ **réemployer**

remplumer (se)* /ʀɑ̃plyme/ ▸ conjug 1 ◂ VPR *(physiquement)* to fill out again, to get a bit of flesh on one's bones again; *(financièrement)* to get back on one's feet, to have some money in one's pocket again

rempocher /ʀɑ̃pɔʃe/ ▸ conjug 1 ◂ VT to put back in one's pocket ◆ **le ministre a dû rempocher son projet de réforme** the minister had to shelve his reform plan

rempoissonnement /ʀɑ̃pwasɔnmɑ̃/ NM restocking (with fish)

rempoissonner /ʀɑ̃pwasɔne/ ▸ conjug 1 ◂ VT to restock (with fish)

remporter /ʀɑ̃pɔʀte/ SYN ▸ conjug 1 ◂ VT
[1] *(= reprendre)* to take away (again), to take back
[2] *[+ championnat, élections, contrat]* to win; *[+ prix]* to win, to carry off ◆ **remporter la victoire** to win ◆ **remporter un (vif) succès** to achieve (a great) success

rempotage /ʀɑ̃pɔtaʒ/ NM repotting

rempoter /ʀɑ̃pɔte/ ▸ conjug 1 ◂ VT to repot

remuage /ʀəmɥaʒ/ NM *(Tech) [de blé]* shaking; *[de bouteille de champagne]* riddling, remuage

remuant, e /ʀəmɥɑ̃, ɑt/ SYN ADJ *[enfant] (= agité)* fidgety; *(= turbulent)* boisterous; *[public]* rowdy; *[opposition]* active

remue-ménage /ʀ(ə)mymenaʒ/ SYN NM INV *(= bruit)* commotion *(NonC)*; *(= activité)* hurly-burly *(NonC)*, hustle and bustle *(NonC)* ◆ **il y a du remue-ménage chez les voisins** the neighbours are making a great commotion ◆ **faire du remue-ménage** to make a commotion ◆ **le remue-ménage électoral** the electoral hurly-burly

remue-méninges /ʀ(ə)mymenɛ̃ʒ/ NM INV brainstorming

remuement /ʀ(ə)mymɑ̃/ NM *(littér)* moving, movement

remuer /ʀəmɥe/ SYN ▸ conjug 1 ◂
VT [1] *(= bouger) [+ tête, bras, lèvres]* to move; *[+ oreille]* to twitch ◆ **remuer la queue** *[vache, écureuil]* to flick its tail; *[chien]* to wag its tail ◆ **remuer les bras** *ou* **les mains en parlant** to wave one's arms about *ou* gesticulate as one speaks ◆ **remuer les épaules/les hanches en marchant** to swing *ou* sway one's shoulders/one's hips as one walks; → **doigt**
[2] *[+ objet] (= déplacer)* to move, to shift; *(= secouer)* to shake ◆ **il essaya de remuer la pierre** he tried to move *ou* shift the stone ◆ **sa valise est si lourde que je ne peux même pas la remuer** his suitcase is so heavy that I can't even shift *ou* move *ou* budge it ◆ **arrête de remuer ta chaise** stop moving your chair about ◆ **ne remue pas** *ou* **ne fais pas remuer la table, je suis en train d'écrire** don't shake *ou* move *ou* wobble the table – I'm trying to write
[3] *(= brasser) [+ café]* to stir; *[+ sable]* to stir up; *[+ salade]* to toss; *[+ terre]* to dig *ou* turn over ◆ **il a remué la sauce/les braises** he gave the sauce a stir/the fire a poke, he stirred the sauce/poked the fire ◆ **il a tout remué dans le tiroir** he turned the whole drawer *ou* everything in the drawer upside down ◆ **la brise remuait les feuilles** the breeze stirred the leaves ◆ **une odeur de terre remuée** a smell of fresh earth *ou* of freshly turned *ou* dug earth ◆ **remuer de l'argent (à la pelle)** to deal with *ou* handle vast amounts of money ◆ **remuer ciel et terre pour** *(fig)* to move heaven and earth (in order) to ◆ **remuer des souvenirs** *[personne nostalgique]* to turn *ou* go over old memories in one's mind; *[évocation]* to stir up *ou* arouse old memories
[4] *[+ personne] (= émouvoir)* to move; *(= bouleverser)* to upset ◆ **ça vous remue les tripes*** it really tugs at your heartstrings ◆ **elle était toute remuée par cette nouvelle** she was very upset when she heard the news
VI [1] *(= bouger) [personne]* to move; *[dent, tuile]* to be loose ◆ **cesse de remuer !** keep still!, stop fidgeting! ◆ **le vent faisait remuer les branchages** the wind was stirring the branches, the branches were stirring *ou* swaying in the wind ◆ **ça a remué pendant la traversée*** the crossing was pretty rough* ◆ **il a remué toute la nuit** he tossed and turned all night ◆ **j'ai entendu remuer dans la cuisine** I heard someone moving about in the kitchen; → **nez**
[2] *(fig = se rebeller)* to show signs of unrest
VPR **se remuer** [1] *(= bouger)* to move; *(= se déplacer)* to move about
[2] * *(= se mettre en route)* to get going; *(= s'activer)* to get a move on*, to shift *ou* stir o.s.* ◆ **remue-toi un peu !** get a move on!* ◆ **il s'est beaucoup remué pour leur trouver une maison** he's gone to a lot of trouble to find them a house ◆ **il ne s'est pas beaucoup remué** he didn't exactly strain himself *ou* put himself out

remugle /ʀəmygl/ NM *(littér)* mustiness, fustiness

rémunérateur, -trice /ʀemyneʀatœʀ, tʀis/ SYN ADJ *[emploi]* remunerative, lucrative

rémunération /ʀemyneʀasjɔ̃/ SYN NF *[de personne]* payment, remuneration *(de* of); *[d'investissement, capital]* return *(de* on) ◆ **la rémunération moyenne des cadres** average executive pay ◆ **en rémunération de vos services** in payment for your services ◆ **mode de rémunération** *[de salarié]* method of payment; *[d'investissement]* type of return ◆ **emploi à faible/forte rémunération** low-paid/highly-paid job ◆ **toucher une rémunération de 1 500 €** to be paid €1,500 ◆ **placement à faible/forte rémunération** low-return *ou* low-yield/high-return *ou* high-yield investment

rémunératoire /ʀemyneʀatwaʀ/ ADJ remunerative ◆ **legs rémunératoire** legacy left as remuneration

rémunérer /ʀemyneʀe/ SYN ▸ conjug 6 ◂ VT *[+ personne]* to pay, to remunerate ◆ **rémunérer le travail de qn** to pay sb for their work ◆ **travail bien/mal rémunéré** well-paid/badly-paid job ◆ **avoir une activité rémunérée** to be in salaried employment ◆ **emploi rémunéré à 1 500 €** job that pays €1,500 ◆ **placement rémunéré à 4,5%** investment yielding 4.5%; → **compte**

> ! **rémunérer** se traduit rarement par **to remunerate**, qui est d'un registre plus soutenu.

renâcler /ʀ(ə)nɑkle/ SYN ▸ conjug 1 ◂ VI *[animal]* to snort; *(fig) [personne]* to grumble, to complain, to show (one's) reluctance ◆ **renâcler à la besogne** *ou* **à la tâche** to grumble, to complain *(about having to do a job)* ◆ **renâcler à faire qch** to do sth reluctantly *ou* grudgingly ◆ **sans renâcler** uncomplainingly, without grumbling ◆ **faire qch en renâclant** to do sth grudgingly *ou* reluctantly *ou* with (a) bad grace

renaissance /ʀ(ə)nɛsɑ̃s/ SYN

NF *(Rel, fig)* rebirth ◆ **la Renaissance** *(Hist)* the Renaissance

ADJ INV *[mobilier, style]* Renaissance

renaissant, e /ʀ(ə)nɛsɑ̃, ɑ̃t/ ADJ [1] *[forces]* returning; *[économie]* reviving, recovering; *[espoir, intérêt]* renewed ◆ **toujours** *ou* **sans cesse renaissant** *[difficultés]* constantly recurring, that keep cropping up; *[obstacles]* that keep cropping up; *[doutes, hésitations, intérêt]* constantly renewed

[2] *(Hist)* Renaissance *(épith)*

renaître /ʀ(ə)nɛtʀ/ SYN ▸ conjug 59 ◂ VI [1] *[joie]* to spring up again, to be revived *(dans* in); *[espoir, doute]* to be revived *(dans* in), to be reborn *(littér)*; *[conflit]* to spring up again, to break out again; *[difficulté]* to recur, to crop up again; *[économie]* to revive, to recover; *[sourire]* to return *(sur* to), to reappear *(sur* on); *[plante]* to come *ou* spring up again; *[jour]* to dawn, to break ◆ **le printemps renaît** spring is reawakening ◆ **la nature renaît au printemps** nature comes back to life in spring ◆ **faire renaître** *[+ sentiment, passé]* to bring back, to revive; *[+ problème, sourire]* to bring back; *[+ espoir, conflit]* to revive

[2] *(= revivre) (gén)* to come to life again; *(Rel)* to be born again *(en* in) ◆ **renaître de ses cendres** *(Myth, fig)* to rise from one's ashes ◆ **je me sens renaître** I feel as if I've been given a new lease of life

[3] *(littér)* ◆ **renaître au bonheur** to find happiness again ◆ **renaître à l'espérance** to find fresh hope ◆ **renaître à la vie** to take on a new lease of life

rénal, e (mpl **-aux**) /ʀenal, o/ ADJ renal *(SPÉC)*, kidney *(épith)*

renard /ʀ(ə)naʀ/ NM *(= animal)* fox; *(= fourrure)* fox(-fur) ◆ **renard argenté/bleu** silver/blue fox ◆ **renard des sables** fennec ◆ **c'est un vieux renard** *(fig)* he's a sly old fox *ou* dog

renarde /ʀ(ə)naʀd/ NF vixen

renardeau (pl **renardeaux**) /ʀ(ə)naʀdo/ NM fox cub

renardière /ʀ(ə)naʀdjɛʀ/ NF *(= terrier)* fox's den; *(Can)* fox farm

renationalisation /ʀ(ə)nasjɔnalizasjɔ̃/ NF *[d'entreprise]* renationalization

renationaliser /ʀ(ə)nasjɔnalize/ ▸ conjug 1 ◂ VT *[+ entreprise]* to renationalize

renaturation /ʀ(ə)natyʀasjɔ̃/ NF renaturation

renauder * † /ʀənode/ ▸ conjug 1 ◂ VI to grouse *, to grouch *

rencaissage /ʀɑ̃kɛsaʒ/ NM *(Horticulture)* reboxing

rencaissement /ʀɑ̃kɛsmɑ̃/ NM *[d'argent]* putting back in the till

rencaisser /ʀɑ̃kese/ ▸ conjug 1 ◂ VT [1] *[+ argent]* to put back in the till

[2] *[+ plantes]* to rebox

rencard ‡ /ʀɑ̃kaʀ/ NM ⇒ **rancard**

rencarder ‡ /ʀɑ̃kaʀde/ ▸ conjug 1 ◂ VT ⇒ **rancarder**

renchérir /ʀɑ̃ʃeʀiʀ/ SYN ▸ conjug 2 ◂

VI [1] *(en paroles, en actes)* to go further, to go one better *(péj)* ◆ **renchérir sur ce que qn dit** to add something to what sb says, to go further *ou* one better *(péj)* than sb ◆ **renchérir sur ce que qn fait** to go further than sb ◆ « **et je n'en ai nul besoin** » **renchérit-il** "and I don't need it in the least", he added ◆ **il faut toujours qu'il renchérisse (sur ce qu'on dit)** he always has to go one better

[2] *[prix]* to get dearer *ou* more expensive ◆ **la vie renchérit** the cost of living is going up *ou* rising

[3] *(dans une vente : sur l'offre de qn)* to make a higher bid, to bid higher *(sur* than); *(sur son offre)* to raise one's bid

VT *[+ coût]* to put up, to increase; *[+ produit]* to make more expensive, to put up the price of

renchérissement /ʀɑ̃ʃeʀismɑ̃/ NM *[de marchandises]* rise *ou* increase in (the) price *(de* of); *[de loyers]* rise, increase *(de* in) ◆ **le renchérissement de la vie** the rise *ou* increase in the cost of living

rencogner (se) * /ʀɑ̃kɔɲe/ ▸ conjug 1 ◂ VPR to huddle up, to curl up (in a corner)

rencontre[1] /ʀɑ̃kɔ̃tʀ/ SYN NF [1] *(imprévue)* encounter, meeting ◆ **le hasard d'une rencontre a changé ma vie** a chance encounter *ou* meeting changed my life ◆ **rencontre du premier/deuxième/troisième type** close encounter of the first/second/third kind ◆ « **Rencontre du troisième type** » *(Ciné)* "Close Encounters of the Third Kind"

◆ **faire + rencontre(s)** ◆ **faire la rencontre de qn** to meet sb; *(imprévue)* to meet sb, to run into sb ◆ **faire une mauvaise rencontre** to have an unpleasant encounter ◆ **faire une rencontre inattendue** to have an unexpected encounter ◆ **j'ai peur qu'il ne fasse de mauvaises rencontres** I'm afraid that he might get involved with the wrong sort of people ◆ **j'ai fait des rencontres intéressantes** I met some interesting people

◆ **à la rencontre de** ◆ **aller à la rencontre de qn** to go and meet sb, to go to meet sb ◆ **(partir) à la rencontre des Incas** (to go) in search of the Incas

◆ **de rencontre** ◆ **lieu/point de rencontre** meeting place/point ◆ **amours/amis de rencontre** casual love affairs/friends ◆ **compagnons de rencontre** chance companions; → **club**

[2] *(organisée) (Pol)* meeting ◆ **rencontre au sommet** summit meeting ◆ **le festival propose des ateliers et des rencontres avec les artistes** the festival offers workshops and interviews with the artists ◆ **rencontres musicales/théâtrales** *(= événement culturel)* music/theatre festival

[3] *(= compétition)* match; *(Athlétisme)* meeting; *(Football etc)* game ◆ **la rencontre (des deux équipes) aura lieu le 15** the game will be on the 15th ◆ **rencontre de boxe** boxing match

[4] *(Mil)* skirmish, encounter, engagement; *(= duel)* encounter, meeting

[5] *[d'éléments]* conjunction; *[de rivières]* confluence; *[de routes]* junction; *[de voitures]* collision; *[de voyelles]* juxtaposition ◆ **la rencontre des deux routes/rivières se fait ici** the roads/rivers merge here

rencontre[2] /ʀɑ̃kɔ̃tʀ/ NM *(Héraldique)* attire

rencontrer /ʀɑ̃kɔ̃tʀe/ SYN ▸ conjug 1 ◂

VT [1] *(gén)* to meet; *(par hasard)* to meet, to run *ou* bump into * ◆ **j'ai rencontré Paul en ville** I met *ou* ran into * *ou* bumped into * Paul in town ◆ **le Premier ministre a rencontré son homologue allemand** the Prime Minister has had a meeting with *ou* has met his German counterpart ◆ **mon regard rencontra le sien** our eyes met, my eyes met his

[2] *(= trouver) [+ expression]* to find, to come across; *[+ occasion]* to meet with ◆ **des gens/sites comme on n'en rencontre plus** the sort of people/places you don't find any more ◆ **arrête-toi au premier garage que nous rencontrerons** stop at the first garage you come across *ou* find ◆ **avec lui, j'ai rencontré le bonheur** I have found happiness with him

[3] *(= heurter)* to strike; *(= toucher)* to meet (with) ◆ **la lame rencontra un os** the blade struck a bone ◆ **sa main ne rencontra que le vide** his hand met with nothing but empty space

[4] *[+ obstacle, difficulté, opposition]* to meet with, to encounter, to come up against; *[+ résistance]* to meet with, to come up against

[5] *(Sport) [+ équipe]* to meet, to play (against); *[+ boxeur]* to meet, to fight (against)

VPR **se rencontrer** [1] *[personnes, regards]* to meet; *[rivières, routes]* to meet, to join; *[équipes]* to meet, to play (each other); *[boxeurs]* to meet, to fight (each other); *[véhicules]* to collide (with each other) ◆ **faire se rencontrer deux personnes** to arrange for two people to meet, to arrange a meeting between two people ◆ **je me suis déjà rencontré avec lui** *(frm)* I have already met him ◆ **nous nous sommes déjà rencontrés** we have already met

[2] *(= avoir les mêmes idées)* ◆ **se rencontrer (avec qn)** to be of the same opinion *ou* mind (as sb); → **esprit**

[3] *(= exister) [coïncidence, curiosité]* to be found ◆ **cela ne se rencontre plus de nos jours** that isn't found *ou* one doesn't come across that any more nowadays ◆ **il se rencontre des gens qui...** you do find people who..., there are people who...

rendement /ʀɑ̃dmɑ̃/ SYN NM *[de champ]* yield; *[de machine]* output; *[d'entreprise] (= productivité)* productivity; *(= production)* output; *[de personne]* output; *(Phys)* efficiency; *(Fin) [d'investissement]* return *(de* on), yield *(de* of) ◆ **taux de rendement** *[d'investissement]* (rate of) return, yield ◆ **l'entreprise marche à plein rendement** the business is working at full capacity ◆ **placement d'un rendement médiocre** low-yielding investment ◆ **il travaille beaucoup, mais il n'a pas de rendement** * he works hard but he isn't very productive

rendez-vous /ʀɑ̃devu/ SYN

NM INV [1] *(gén)* appointment; *(d'amoureux)* date ◆ **donner** *ou* **fixer un rendez-vous à qn, prendre rendez-vous avec qn** *(pour affaires, consultation)* to make an appointment with sb; *(entre amis)* to arrange to see *ou* meet sb ◆ **j'ai (un) rendez-vous à 10 heures** I have an appointment *ou* I have to meet someone at 10 o'clock ◆ **nous nous étions donné rendez-vous à l'aéroport** we had arranged to meet at the airport ◆ **ma parole, vous vous êtes donné rendez-vous !** my goodness, you must have planned this! ◆ **le soleil était au rendez-vous pour le mariage** it was a sunny day for the wedding ◆ **la croissance espérée n'est pas au rendez-vous** the expected growth has not materialized ◆ **manquer un rendez-vous avec l'histoire** to miss a date with destiny ◆ **avoir rendez-vous avec la mort** *(littér)* to have an appointment with death ◆ **rendez-vous d'affaires** business appointment ◆ **rendez-vous spatial** docking (in space) ◆ **prendre (un) rendez-vous chez le dentiste/coiffeur** to make a dental/hair appointment ◆ **j'ai rendez-vous chez le médecin** I've got a doctor's appointment *ou* an appointment at the doctor's ◆ **le médecin ne reçoit que sur rendez-vous** the doctor only sees patients by appointment ◆ **ce match sera le grand rendez-vous sportif de l'année** this match will be the big sporting event of the year ◆ **le festival est le rendez-vous annuel des cinéphiles** the festival brings cinema lovers together once a year ◆ **rendez-vous manqué** *(fig)* missed *ou* wasted opportunity; → **galant**

[2] *(= lieu)* meeting place ◆ **rendez-vous de chasse** meet; → **maison**

[3] *(* = personne)* ◆ **votre rendez-vous est arrivé** the person you're waiting for has arrived

COMP **rendez-vous citoyen** *training course replacing military service in France*

rendormir /ʀɑ̃dɔʀmiʀ/ ▸ conjug 16 ◂

VT to put to sleep again, to put back to sleep

VPR **se rendormir** to go back to sleep, to fall asleep again

rendosser /ʀɑ̃dose/ ▸ conjug 1 ◂ VT to put on again

rendre /ʀɑ̃dʀ/ SYN ▸ conjug 41 ◂

VT [1] *(= restituer) (gén)* to give back, to return, to take *ou* bring back; *[+ marchandises défectueuses, bouteille vide]* to return, to take back; *[+ argent]* to pay *ou* give back, to return; *[+ objet volé]* to give back, to return; *[+ otage]* to return; *[+ cadeau, bague]* to return, to give back; *(Scol) [+ copie]* to hand in ◆ **quand pourriez-vous me rendre votre réponse ?** when will you be able to give me *ou* let me have your reply? ◆ **rendre son devoir en retard** to hand *ou* give in one's essay late ◆ **rendre sa parole à qn** to release sb from a promise, to let sb off (his promise) ◆ **rendre la liberté à qn** to set sb free, to give sb his freedom ◆ **rendre la santé à qn** to restore sb to health ◆ **rendre la vue à qn** to restore sb's sight, to give sb back his sight ◆ **cela lui a rendu toutes ses forces/son courage** that gave him back *ou* restored all his strength/his courage ◆ **rendre la vie à qn** to save sb's life *(fig)* ◆ **rendu à la vie civile** back in civilian life ◆ **cette lessive rend à votre linge l'éclat du neuf** this powder makes your washing as good as new

[2] *(Jur) [+ jugement, arrêt]* to pronounce, to render; *[+ verdict]* to return

[3] *(= donner en retour) [+ hospitalité, invitation]* to return, to repay; *[+ salut, coup, baiser]* to return ◆ **je lui ai rendu sa visite** I returned *ou* repaid his visit ◆ **rendre coup pour coup** to return blow for blow ◆ **il m'a joué un sale tour, mais je le lui rendrai** he played a dirty trick on me, but I'll get even with him *ou* I'll get my own back on him * ◆ **je lui ai rendu injure pour injure** I gave him as good as I got ◆ **Dieu vous le rendra au centuple** God will return it to you a hundredfold ◆ **rendre la politesse à qn** to return sb's kindness ◆ **il la déteste, et elle le lui rend bien** he hates her and she feels exactly the same (way) about him ◆ **rendre la monnaie à qn** to give sb his change ◆ **il m'a donné 10 € et je lui en ai rendu 5** he gave me 10 euros and I gave him 5 euros back *ou* 5 euros change ◆ **rendre la pareille à qn** to pay sb back in his own coin; → aussi **monnaie**

4 *(avec adj)* to make ◆ **rendre qn heureux** to make sb happy ◆ **rendre qch public** to make sth public ◆ **rendre qn responsable de qch** to make sb responsible for sth ◆ **son discours l'a rendu célèbre** his speech has made him famous ◆ **c'est à vous rendre fou !** it's enough to drive you mad!

5 *(= exprimer par un autre moyen) [+ mot, expression, atmosphère]* to render ◆ **cela ne rend pas bien sa pensée** that doesn't render *ou* convey his thoughts very well ◆ **le portrait ne rend pas son expression** this portrait has not caught *ou* captured his expression

6 *(= produire) [+ liquide]* to give out; *[+ son]* to produce, to make ◆ **le concombre rend beaucoup d'eau** cucumbers give out a lot of water ◆ **l'enquête n'a rien rendu** the inquiry drew a blank *ou* didn't come to anything *ou* produced nothing ◆ **ça ne rend pas grand-chose** *[photo, décor, musique]* it's a bit disappointing

7 *(= vomir) [+ bile]* to vomit, to bring up; *[+ déjeuner]* to vomit, to bring back *ou* up ◆ **rendre tripes et boyaux*** to be as sick as a dog* ◆ **rendre du sang (par la bouche)** to cough up *ou* vomit blood

8 *(Sport)* ◆ **rendre du poids** *[cheval]* to have a weight handicap ◆ **rendre 3 kg** to give *ou* carry 3 kg ◆ **rendre de la distance** *[coureur]* to have a handicap ◆ **rendre 100 mètres** to have a 100-metre handicap ◆ **rendre des points à qn** *(fig)* to give sb points *ou* a head start

9 *(Mil) [+ place forte]* to surrender ◆ **rendre les armes** to lay down one's arms

10 *(locutions)* ◆ **rendre l'âme** *ou* **le dernier soupir** *[personne]* to breathe one's last, to give up the ghost ◆ **ma voiture/mon frigo a rendu l'âme*** my car/my fridge has given up the ghost* ◆ **rendre gloire à** *[+ Dieu]* to glorify; *[+ hommes]* to pay homage to ◆ **rendre grâce(s) à qn** to give *ou* render *(frm)* thanks to sb; → **compte, service, visite** *etc*

VI 1 *[arbres, terre]* to yield, to be productive ◆ **les pommiers ont bien rendu** the apple trees have given a good yield *ou* crop ◆ **la pêche a bien rendu** we have got a good catch (of fish) ◆ **ma petite expérience n'a pas rendu** *(fig)* my little experiment didn't pay off *ou* didn't come to anything

2 *(= vomir)* to be sick, to vomit ◆ **avoir envie de rendre** to feel sick

3 *(= produire un effet)* ◆ **la pendule rendrait mieux dans l'entrée** the clock would look better in the hall ◆ **ça rend mal en photo** a photograph doesn't do it justice ◆ **ça rend bien** it looks good

VPR se rendre 1 *(= céder) [soldat, criminel]* to give o.s. up, to surrender; *[troupe]* to surrender ◆ **se rendre à l'avis de qn** to bow to sb's opinion ◆ **se rendre à l'évidence** *(= regarder les choses en face)* to face facts; *(= admettre son tort)* to bow before the evidence ◆ **se rendre aux prières de qn** to give way *ou* give in *ou* yield to sb's pleas ◆ **se rendre aux raisons de qn** to bow to *ou* accept sb's reasons

2 *(= aller)* ◆ **se rendre à** to go to ◆ **il se rend à son travail à pied/en voiture** he walks/drives to work, he goes to work on foot/by car ◆ **alors qu'il se rendait à...** as he was on his way to... *ou* going to... ◆ **la police s'est rendue sur les lieux** the police went to *ou* arrived on the scene ◆ **se rendre à l'appel de qn** to respond to sb's appeal; → **lieu**[1]

3 *(avec adj)* ◆ **se rendre utile/indispensable** to make o.s. useful/indispensable ◆ **il se rend ridicule** he's making a fool of himself, he's making himself look foolish ◆ **vous allez vous rendre malade** you're going to make yourself ill

rendu, e /ʀɑ̃dy/ (ptp de **rendre**)

ADJ 1 *(= arrivé)* ◆ **être rendu** to have arrived ◆ **nous voilà rendus !** here we are then! ◆ **on est plus vite rendu par le train** you get there quicker by train

2 *(= remis)* ◆ **rendu à domicile** delivered to the house

3 *(= fatigué)* exhausted, tired out, worn out

NM 1 *(Comm)* return; → **prêté**

2 *(Art)* rendering

rêne /ʀɛn/ **NF** rein ◆ **prendre les rênes d'une affaire** *(fig)* to take over a business, to assume control *ou* take control of a business ◆ **lâcher les rênes** *(lit)* to loosen *ou* slacken the reins; *(fig)* to let go ◆ **c'est lui qui tient les rênes du gouvernement** *(fig)* it's he who holds the reins of government *ou* who is in the saddle

renégat, e /ʀənega, at/ **NM,F** *(Rel)* renegade; *(gén, Pol)* renegade, turncoat

renégociation /ʀ(ə)negɔsjasjɔ̃/ **NF** renegotiation

renégocier /ʀ(ə)negɔsje/ ▸ conjug 7 ◂ **VT, VI** to renegotiate

reneiger /ʀ(ə)neʒe/ ▸ conjug 3 ◂ **VB IMPERS** to snow again

renfermé, e /ʀɑ̃fɛʀme/ (ptp de **renfermer**)

ADJ *[personne]* withdrawn, uncommunicative

NM ◆ **ça sent le renfermé** it smells musty *ou* stuffy (in here); → **odeur**

renfermer /ʀɑ̃fɛʀme/ SYN ▸ conjug 1 ◂

VT 1 *(= contenir) [+ trésors]* to contain, to hold; *[+ erreurs, vérités]* to contain ◆ **phrase qui renferme plusieurs idées** sentence that encompasses *ou* contains several ideas

2 *(† : à clé)* to lock again, to lock back up

VPR se renfermer ◆ **se renfermer (en soi-même)** to withdraw into o.s. ◆ **se renfermer dans sa coquille** to withdraw into one's shell

renfiler /ʀɑ̃file/ ▸ conjug 1 ◂ **VT** *[+ perles]* to restring; *[+ aiguille]* to thread again, to rethread; *[+ bas, manteau]* to slip back into

renflé, e /ʀɑ̃fle/ SYN (ptp de **renfler**) **ADJ** bulging *(épith)*, bulbous

renflement /ʀɑ̃fləmɑ̃/ SYN **NM** bulge

renfler /ʀɑ̃fle/ ▸ conjug 1 ◂

VT to make a bulge in; *[+ joues]* to blow out

VPR se renfler to bulge (out)

renflouage /ʀɑ̃fluaʒ/, **renflouement** /ʀɑ̃flumɑ̃/ **NM** 1 *[de navire]* refloating

2 *[d'entreprise]* refloating, bailing out; *[de personne]* bailing out

renflouer /ʀɑ̃flue/ SYN ▸ conjug 1 ◂

VT 1 *[+ navire]* to refloat

2 *[+ entreprise]* to refloat, to bail out; *[+ personne]* to set back on their feet again, to bail out

VPR se renflouer *[personne]* to get back on one's feet again *(financially)*

renfoncement /ʀɑ̃fɔ̃smɑ̃/ SYN **NM** recess ◆ **caché dans le renfoncement d'une porte** hidden in a doorway

renfoncer /ʀɑ̃fɔ̃se/ ▸ conjug 3 ◂ **VT** 1 *[+ clou]* to knock further in; *[+ bouchon]* to push further in ◆ **il renfonça son chapeau (sur sa tête)** he pulled his hat down (further)

2 *(Typographie)* to indent

renforçateur /ʀɑ̃fɔʀsatœʀ/ **NM** *(Photo)* intensifier; *(Psych)* reinforcer ◆ **renforçateur de goût** flavour enhancer

renforcement /ʀɑ̃fɔʀsəmɑ̃/ SYN **NM** 1 *[de vêtement, mur]* reinforcement; *[de poutre]* reinforcement, trussing; *[de régime, position, monnaie, amitié]* strengthening; *[de paix, pouvoir]* consolidating

2 *[d'équipe, armée]* reinforcement ◆ **renforcement des effectifs de la police** increasing the number of police officers

3 *[de crainte, soupçon]* reinforcement, increase; *[d'argument]* reinforcement, strengthening

4 *[de pression, effort, surveillance, contrôle]* intensification, stepping up; *[de couleur, ton, expression]* intensification ◆ **un renforcement des sanctions économiques** toughening *ou* stepping up economic sanctions ◆ **un renforcement du dialogue Nord-Sud** stepping up dialogue between North and South

renforcer /ʀɑ̃fɔʀse/ SYN ▸ conjug 3 ◂

VT 1 *[+ vêtement, mur]* to reinforce; *[+ poutre]* to reinforce; *[+ régime, position, monnaie, amitié]* to strengthen; *[+ paix, pouvoir]* to consolidate ◆ **bas à talon renforcé** stocking with reinforced heel

2 *[+ équipe, armée, effectifs]* to reinforce ◆ **des réservistes sont venus renforcer nos effectifs** reservists arrived as reinforcements *ou* to swell our numbers

3 *[+ crainte, soupçon]* to reinforce, to increase; *[+ argument]* to reinforce, to strengthen ◆ **renforcer qn dans une opinion** to confirm sb's opinion, to confirm sb in an opinion ◆ **ça renforce ce que je dis** that backs up what I'm saying

4 *[+ pression, effort, surveillance, contrôle]* to intensify, to step up; *[+ couleur, son, expression]* to intensify ◆ **(cours d')anglais renforcé** *(Scol)* remedial English (class)

VPR se renforcer *[craintes]* to increase; *[amitié]* to strengthen; *[pression]* to intensify ◆ **notre équipe s'est renforcée de deux nouveaux joueurs** our team has been strengthened by two new players

renformir /ʀɑ̃fɔʀmiʀ/ ▸ conjug 2 ◂ **VT** to repair and roughcast

renformis /ʀɑ̃fɔʀmi/ **NM** repairing and roughcasting

renfort /ʀɑ̃fɔʀ/ SYN **NM** 1 *(gén)* help, helpers ◆ **renforts** *(Mil) (en hommes)* reinforcements; *(en matériel)* (further) supplies ◆ **recevoir un renfort de troupes/d'artillerie** to receive more troops/guns, to receive reinforcements/a further supply of guns

2 *(Tech)* reinforcement, strengthening piece

3 *(Couture)* patch ◆ **collants avec renforts aux talons** tights with reinforced heels

4 *(locutions)* ◆ **de renfort** *[barre, toile]* strengthening; *[troupe]* back-up, supporting; *[personnel]* extra, additional ◆ **envoyer qn en renfort** to send sb as an extra *ou* sb to augment the numbers ◆ **les 500 soldats appelés en renfort** the 500 soldiers called in as reinforcements ◆ **embaucher du personnel en renfort** to employ extra *ou* additional staff

◆ **à grand renfort de** ◆ **parfum lancé à grand renfort de publicité** perfume launched amid much publicity *ou* a blaze of publicity ◆ **à grand renfort de gestes/d'explications** with a great many gestures/explanations ◆ **à grand renfort de citations/d'arguments** with the help *ou* support of a great many quotations/arguments

renfrogné, e /ʀɑ̃fʀɔɲe/ SYN (ptp de **se renfrogner**) **ADJ** *[visage]* sullen, scowling *(épith)*, sulky; *[air, personne]* sullen, sulky

renfrognement /ʀɑ̃fʀɔɲmɑ̃/ **NM** scowling, sullenness

renfrogner (se) /ʀɑ̃fʀɔɲe/ ▸ conjug 1 ◂ **VPR** *[personne]* to scowl, to pull a sour face

rengagé /ʀɑ̃gaʒe/

ADJ M *[soldat]* re-enlisted

NM re-enlisted soldier

rengagement /ʀɑ̃gaʒmɑ̃/ **NM** 1 *[de discussion]* starting up again; *[de combat]* re-engagement

2 *(= réinvestissement)* reinvestment

3 *(= nouveau recrutement) [de soldat]* re-enlistment; *[d'ouvrier]* taking back

rengager /ʀɑ̃gaʒe/ ▸ conjug 3 ◂

VT 1 *[+ discussion]* to start up again; *[+ combat]* to re-engage

2 *(= réinvestir)* to reinvest

3 *(= recruter de nouveau) [+ soldat]* to re-enlist; *[+ ouvrier]* to take back

4 *(= réintroduire)* ◆ **rengager une clé dans une serrure** to put a key back into a lock ◆ **rengager sa voiture dans une rue** to drive (back) into a street again

VI *(Mil)* to join up again, to re-enlist

VPR se rengager 1 *(Mil)* to join up again, to re-enlist

2 *[discussion]* to start up again

3 *(= entrer à nouveau)* ◆ **se rengager dans une rue** to enter a street again

rengaine /ʀɑ̃gɛn/ SYN **NF** *(= formule)* hackneyed expression; *(= chanson)* old (repetitive) song *ou* melody ◆ **c'est toujours la même rengaine*** it's always the same old refrain *(Brit) ou* song* *(US)*

rengainer /ʀɑ̃gene/ ▸ conjug 1 ◂ **VT** 1 * *[+ compliment]* to save, to withhold; *[+ sentiments]* to contain, to hold back ◆ **rengaine tes beaux discours !** (you can) save *ou* keep your fine speeches!

2 *[+ épée]* to sheathe, to put up; *[+ revolver]* to put back in its holster

rengorger (se) /ʀɑ̃gɔʀʒe/ SYN ▸ conjug 3 ◂ **VPR** *[oiseau]* to puff out its throat; *[personne]* to puff o.s. up ◆ **se rengorger d'avoir fait qch** to be full of o.s. for having done sth

rengrener /ʀɑ̃gʀəne/ ▸ conjug 5 ◂ **VT** 1 *[+ roues dentées]* to re-engage

2 *(= remplir de grain)* to feed again with grain, to refill with grain

reniement /ʀənimɑ̃/ **NM** *[de foi, opinion]* renunciation; *[de frère, patrie, signature, passé, cause, parti]* disowning, repudiation; *[de promesse, engagement]* breaking; *(Rel)* denial ◆ **le reniement de Jésus par saint Pierre** St Peter's denial of Christ

renier /ʀənje/ SYN ▸ conjug 7 ◂

VT *[+ foi, opinion]* to renounce; *[+ personne, patrie, signature, passé, cause, parti]* to disown; *[+ promesse, engagement]* to go back on, to break ◆ **il renia Jésus-Christ** *(Rel)* he denied Christ ◆ **renier Dieu** to renounce God

VPR **se renier** to go back on what one has said *ou* done

reniflard /ʀ(ə)niflaʀ/ NM *[de chaudière, voiture]* breather

reniflement /ʀ(ə)nifləmɑ̃/ NM [1] *(= action) [de fleur, objet]* sniffing (NonC); *[de cheval]* snorting (NonC); *(à cause d'un rhume, en pleurant)* sniffing (NonC), snuffling (NonC), sniffling (NonC)
[2] *(= bruit)* sniff, sniffle, snuffle; *(plus fort)* snort

renifler /ʀ(ə)nifle/ ▸ conjug 1 ◂
VT [1] *[+ cocaïne]* to snort, to take a snort of; *[+ colle]* to sniff
[2] *[+ fleur, objet, odeur]* to sniff
[3] *(* = pressentir) [+ bonne affaire, arnaque]* to sniff out* ◆ **renifler quelque chose de louche** to smell a rat
VI *[personne]* to sniff; *(en pleurant)* to sniff, to snuffle, to sniffle; *[cheval]* to snort ◆ **arrête de renifler, mouche-toi !** stop sniffing and blow your nose!

renifleur, -euse /ʀ(ə)niflœʀ, øz/
ADJ sniffling, snuffling
NM,F * sniffler, snuffler; → **avion**

réniforme /ʀenifɔʀm/ ADJ kidney-shaped, reniform *(SPÉC)*

rénine /ʀenin/ NF renin

rénitence /ʀenitɑ̃s/ NF renitence, renitency

rénitent, e /ʀenitɑ̃, ɑ̃t/ ADJ renitent

renne /ʀɛn/ NM reindeer

renom /ʀənɔ̃/ NM [1] *(= notoriété)* renown, repute, fame ◆ **vin de grand renom** famous wine ◆ **restaurant en renom** celebrated *ou* renowned *ou* famous restaurant ◆ **acquérir du renom** to win renown, to become famous ◆ **avoir du renom** to be famous *ou* renowned
[2] *(frm = réputation)* reputation ◆ **son renom de sévérité** his reputation for severity ◆ **bon/mauvais renom** good/bad reputation *ou* name

renommé, e[1] /ʀ(ə)nɔme/ SYN (ptp de **renommer**) ADJ celebrated, renowned, famous ◆ **renommé pour** renowned *ou* famed for

renommée[2] /ʀ(ə)nɔme/ SYN NF [1] *(= célébrité)* fame, renown ◆ **marque/savant de renommée mondiale** world-famous make/scholar ◆ **de grande renommée** of great renown
[2] *(littér = opinion publique)* public report
[3] *(littér = réputation)* reputation ◆ **bonne/mauvaise renommée** good/bad reputation *ou* name

renommer /ʀ(ə)nɔme/ ▸ conjug 1 ◂ VT
[1] *[+ personne]* to reappoint
[2] *(Ordin) [+ fichier, répertoire]* to rename

renonce /ʀ(ə)nɔ̃s/ NF *(Cartes)* ◆ **faire une renonce** to revoke, to renegue, to fail to follow suit

renoncement /ʀ(ə)nɔ̃smɑ̃/ SYN NM *(= action)* renouncement *(à* of); *(= sacrifice)* renunciation ◆ **renoncement à soi-même** self-abnegation, self-renunciation ◆ **mener une vie de renoncement** to live a life of renunciation *ou* abnegation

renoncer /ʀ(ə)nɔ̃se/ SYN ▸ conjug 3 ◂
VT INDIR **renoncer à** *[+ projet, lutte]* to give up, to renounce; *[+ fonction, héritage, titre, pouvoir, trône]* to renounce, to relinquish; *[+ habitude]* to give up; *[+ métier]* to abandon, to give up ◆ **renoncer à un voyage/au mariage** to give up *ou* abandon the idea of a journey/of marriage ◆ **renoncer à qn** to give sb up ◆ **renoncer au tabac** to give up smoking ◆ **renoncer à comprendre** to give up trying to understand ◆ **renoncer à lutter** to give up the struggle ◆ **renoncer à se marier** to give up *ou* abandon the idea of getting married ◆ **renoncer aux plaisirs/au monde** to renounce pleasures/the world ◆ **je** *ou* **j'y renonce** I give up ◆ **renoncer à cœur** *(Cartes)* to fail to follow (in) hearts ◆ **renoncer à toute prétention** *(Jur)* to abandon any claim
VT *(littér) [+ ami]* to give up

> (!) Attention à ne pas traduire automatiquement **renoncer à** par **to renounce**, qui ne s'utilise que dans certains contextes.

renonciataire /ʀənɔ̃sjatɛʀ/ NMF *(Jur)* person for whom a right is renounced

renonciateur, -trice /ʀənɔ̃sjatœʀ, tʀis/ NM,F person who renounces a right

renonciation /ʀənɔ̃sjasjɔ̃/ NF *[de fonction, héritage, titre, pouvoir, trône]* renunciation, relinquishment *(à* of); *[d'opinion, croyance, idée, projet, lutte]* giving up

renoncule /ʀənɔ̃kyl/ NF *(sauvage)* buttercup; *(cultivée)* globeflower, ranunculus *(SPÉC)*

renouer /ʀənwe/ ▸ conjug 1 ◂
VT *[+ lacet, nœud]* to tie (up) again, to re-tie; *[+ cravate]* to reknot, to knot again; *[+ conversation, liaison]* to renew, to resume
VI ◆ **renouer avec qn** to take up with sb again, to become friends with sb again ◆ **renouer avec une habitude** to take up a habit again ◆ **renouer avec une tradition** to revive a tradition ◆ **ils ont renoué avec la victoire** they came back on top

renouveau (pl **renouveaux**) /ʀ(ə)nuvo/ SYN NM [1] *(= transformation)* revival ◆ **le renouveau des sciences et des arts à la Renaissance** the revival of the sciences and the arts *ou* the renewed interest in *ou* the renewal of interest in the sciences and arts during the Renaissance
[2] *(= regain)* ◆ **renouveau de succès/faveur** renewed success/favour ◆ **connaître un renouveau de faveur** to enjoy renewed favour, to come back into favour
[3] *(littér = printemps)* ◆ **le renouveau** springtide *(littér)*

renouvelable /ʀ(ə)nuv(ə)labl/ ADJ *[bail, contrat, énergie, passeport]* renewable; *[expérience]* which can be tried again *ou* repeated; *[congé]* which can be re-granted; *[assemblée]* that must be re-elected ◆ **le mandat présidentiel est renouvelable tous les 5 ans** the president must run *ou* stand *(Brit)* for re-election every 5 years ◆ **ressources naturelles non renouvelables** non-renewable natural resources ◆ **crédit renouvelable** revolving credit

renouvelant, e /ʀ(ə)nuv(ə)lɑ̃, ɑ̃t/ NM,F communicant who renews his (ou her) religious vows

renouveler /ʀ(ə)nuv(ə)le/ SYN ▸ conjug 4 ◂
VT [1] *[+ matériel, personnel, équipe]* to renew, to replace; *[+ stock]* to renew, to replenish; *[+ pansement]* to renew, to change; *[+ conseil d'administration]* to re-elect ◆ **renouveler l'air d'une pièce** to air a room ◆ **renouveler l'eau d'une piscine** to renew the water in a swimming pool ◆ **renouveler sa garde-robe** to renew one's wardrobe, to buy some new clothes ◆ **la chambre doit être renouvelée tous les cinq ans** *(Pol)* the house must be re-elected every five years
[2] *[+ mode, théorie]* to renew, to revive ◆ **cette découverte a complètement renouvelé notre vision des choses** this discovery has given us a whole new insight into things *ou* has cast a whole new light on things for us ◆ **les poètes de la Pléiade renouvelèrent la langue française** the poets of the Pléiade gave new *ou* renewed life to the French language
[3] *[+ passeport, contrat, abonnement, bail, prêt, mandat]* to renew ◆ **à renouveler** *(Méd)* to be renewed
[4] *[+ douleur]* to revive
[5] *[+ candidature]* to renew; *[+ demande, offre, promesse, erreur]* to renew, to repeat; *[+ expérience, exploit]* to repeat, to do again; *(Rel) [+ vœux]* to renew ◆ **l'énergie sans cesse renouvelée que requiert ce métier** the constantly renewed energy which this job requires ◆ **avec mes remerciements renouvelés** *(dans une lettre)* with renewed thanks, thanking you once more *ou* once again ◆ **la chambre a renouvelé sa confiance au gouvernement** the house reaffirmed *ou* reasserted its confidence in the government
[6] *(littér = emprunter)* ◆ **épisode renouvelé de l'Antiquité** episode taken *ou* borrowed from Antiquity
VPR **se renouveler** [1] *(= se répéter) [incident]* to recur, to be repeated ◆ **cette petite scène se renouvelle tous les jours** this little scene recurs *ou* is repeated every day ◆ **et que ça ne se renouvelle plus !** and don't let it happen again!
[2] *(= être remplacé)* to be renewed *ou* replaced ◆ **les cellules de notre corps se renouvellent constamment** the cells of our body are constantly being renewed *ou* replaced ◆ **les hommes au pouvoir ne se renouvellent pas assez** men in power aren't replaced often enough
[3] *(= innover) [auteur, peintre]* to change one's style, to try something new ◆ **il ne se renouvelle pas** *[comique]* he always tells the same old jokes *ou* stories

renouvellement /ʀ(ə)nuvɛlmɑ̃/ NM [1] *[de matériel, personnel, équipe]* renewal, replacement; *[de stock]* renewal, replenishment; *[de pansement]* renewal, changing; *[de garde-robe]* changing; *[de cellules]* renewal
[2] *[de mode, théorie, art, langue]* renewal, revival; *[de genre littéraire]* revival ◆ **elle éprouve un besoin de renouvellement** she feels she needs to start afresh
[3] *[de passeport, contrat, abonnement, bail, prêt]* renewal ◆ **solliciter le renouvellement de son mandat** *(Pol)* to run *ou* stand *(Brit)* for re-election
[4] *[de candidature]* renewal; *[de demande, offre, promesse, erreur]* renewal, repetition; *[d'expérience, exploit]* repetition; *[d'incident]* recurrence; *[de douleur]* revival; *(Rel) [de vœux]* renewal ◆ **faire son renouvellement** to renew one's first communion promises

rénovateur, -trice /ʀenɔvatœʀ, tʀis/
ADJ *[doctrine]* which seeks a renewal, reformist; *[influence]* renewing *(épith)*, reforming *(épith)*
NM,F *(de la morale, Pol)* reformer ◆ **il est considéré comme le rénovateur de cette science/de cet art** he's considered as having been the one who injected new life into this science/into this art form
NM *(= produit d'entretien)* restorer

rénovation /ʀenɔvasjɔ̃/ SYN NF [1] *[de maison]* renovation; *(= nouvelle décoration)* refurbishment; *[de quartier]* renovation, refurbishment; *[de meuble]* restoration ◆ **en (cours de) rénovation** under renovation ◆ **le musée est en rénovation** the museum is being renovated *ou* restored ◆ **travaux de rénovation** renovations, renovation work
[2] *[d'enseignement, institution]* reform; *[de science]* renewal, bringing up to date; *[de méthode]* reform

rénover /ʀenɔve/ SYN ▸ conjug 1 ◂ VT [1] *[+ maison]* to renovate; *(nouvelle décoration)* to refurbish; *[+ quartier]* to renovate; *[+ meuble]* to restore
[2] *[+ enseignement, institution]* to reform; *[+ méthode, parti]* to reform

renquiller✻ /ʀɑ̃kije/ ▸ conjug 1 ◂ VT *[+ argent]* to repocket, to put back in one's pocket

renseignement /ʀɑ̃sɛɲmɑ̃/ GRAMMAIRE ACTIVE 27.1, 27.5, 20.1 SYN NM [1] *(gén)* information (NonC), piece of information ◆ **un renseignement intéressant** an interesting piece of information, some interesting information ◆ **demander un renseignement** *ou* **des renseignements à qn** to ask sb for information ◆ **il est allé aux renseignements** he has gone to find out ◆ **prendre ses renseignements** *ou* **demander des renseignements sur qn** to make inquiries *ou* ask for information about sb ◆ **renseignements pris, aucun élève n'était absent ce jour-là** (when asked) the school said no pupils were absent that day ◆ **avoir de bons renseignements sur le compte de qn** to have good *ou* favourable reports about *ou* on sb ◆ **pourriez-vous me donner un renseignement ?** I'd like some information, could you give me some information? ◆ **veuillez m'envoyer de plus amples renseignements sur...** please send me further details of... *ou* further information about... ◆ **je peux te demander un renseignement ?** can I ask you something?, could you tell me something? ◆ **merci pour le renseignement** thanks for the information, thanks for telling me *ou* letting me know ◆ **guichet/bureau des renseignements** information *ou* inquiry *(Brit)* desk/office ◆ **« renseignements »** *(panneau)* "information", "inquiries" *(Brit)* ◆ **(service des) renseignements** *(Téléc)* directory inquiries *(Brit)*, information *(US)*
[2] *(Mil)* intelligence (NonC), piece of intelligence ◆ **agent/service de renseignements** intelligence agent/service ◆ **travailler dans le renseignement** to work in intelligence ◆ **les renseignements généraux** *the security branch of the police force*

renseigner /ʀɑ̃seɲe/ SYN ▸ conjug 1 ◂
VT [1] ◆ **renseigner un client/un touriste** to give some information to a customer/a tourist ◆ **renseigner la police/l'ennemi** to give information to the police/the enemy *(sur* about) ◆ **renseigner un passant/un automobiliste** *(sur le chemin à prendre)* to give directions to a passer-by/a driver, to tell a passer-by/a driver the way ◆ **qui pourrait me renseigner sur le prix de la voiture/sur lui ?** who could tell me the price of the car/something about him?, who could give me some information *ou* particulars about the price of the car/about him? ◆ **puis-je vous renseigner ?** can I help you? ◆ **il pourra peut-être te renseigner** perhaps he'll be able to give you some information (about it), perhaps he'll be able to tell you *ou* to help you ◆ **document qui renseigne utilement** docu-

ment which gives useful information ◆ **ça ne nous renseigne pas beaucoup !** that doesn't get us very far!, that doesn't tell us very much! *ou* give us much to go on! ◆ **il a l'air bien renseigné** he seems to be well informed *ou* to know a lot about it ◆ **il est mal renseigné** he doesn't know much about it, he isn't very well informed ◆ **j'ai été mal renseigné** I was misinformed *ou* given the wrong information

2 *(= remplir) [+ case, champ de données]* to fill in

VPR **se renseigner** *(= demander des renseignements)* to make enquiries, to ask for information *(sur* about); *(= obtenir des renseignements)* to find out *(sur* about) ◆ **je vais me renseigner auprès de lui** I'll ask him for information *ou* for particulars, I'll ask him about it ◆ **renseignez-vous auprès de l'office du tourisme/à l'accueil** enquire at *ou* ask at the tourist office/at reception (for details) ◆ **j'essaierai de me renseigner** I'll try to find out, I'll try and get some information ◆ **je vais me renseigner sur son compte** I'll make enquiries about him, I'll find out about him ◆ **je voudrais me renseigner sur les caméscopes** I'd like some information *ou* particulars about camcorders

rentabilisation /ʀɑ̃tabilizasjɔ̃/ **NF** *[de produit, entreprise]* making profitable; *[d'invention]* marketing, commercializing ◆ **la rentabilisation des investissements** securing a return on investments, making investments pay

rentabiliser /ʀɑ̃tabilize/ ▸ conjug 1 ◂ **VT** *[+ entreprise, activité]* to make profitable, to make pay; *[+ investissements]* to secure a return on, to make pay; *[+ équipements]* to make cost-effective, to make pay ◆ **notre investissement a été très vite rentabilisé** we got a quick return on our investment ◆ **rentabiliser son temps** to make the best use of one's time

rentabilité /ʀɑ̃tabilite/ **NF** profitability ◆ **rentabilité des investissements** return on investments ◆ **ce placement a une faible/forte rentabilité** this is a low-return *ou* low-yield/high-return *ou* high-yield investment

rentable /ʀɑ̃tabl/ SYN **ADJ** *[entreprise, activité]* profitable ◆ **c'est une affaire très rentable** this is a very profitable business, this business really pays ◆ **au prix où est l'essence, les transports privés ne sont pas rentables** with fuel the price it is, private transport isn't a paying *ou* viable proposition *ou* private transport doesn't pay ◆ **il travaille beaucoup mais il n'est pas rentable** he works a lot but he isn't very productive ◆ **ce n'est plus du tout rentable** *(lit)* it's no longer financially viable; *(fig)* it just isn't worth it any more ◆ **cette prise de position s'est avérée politiquement rentable** taking this stand paid off *ou* was a good move politically

rentamer /ʀɑ̃tame/ ▸ conjug 1 ◂ **VT** *[+ discours]* to begin *ou* start again

rente /ʀɑ̃t/ SYN **NF** 1 *(= pension)* annuity, pension; *(fournie par la famille)* allowance ◆ **rente de situation** secure *ou* guaranteed income ◆ **rente viagère** life annuity ◆ **faire une rente à qn** to give an allowance to sb

2 *(= emprunt d'État)* government stock *ou* loan *ou* bond ◆ **rentes perpétuelles** perpetual loans, irredeemable securities

3 *(locutions)* ◆ **avoir des rentes** to have a private *ou* an unearned income, to have private *ou* independent means ◆ **vivre de ses rentes** to live on *ou* off one's private income

> ⓘ **rente** ne se traduit pas par le mot anglais **rent**, qui a le sens de 'loyer'.

rentier, -ière /ʀɑ̃tje, jɛʀ/ **NM,F** person of independent *ou* private means ◆ **c'est un petit rentier** he has a small private income ◆ **mener une vie de rentier** to live a life of ease *ou* leisure

rentoilage /ʀɑ̃twalaʒ/ **NM** *[de tableau]* remounting

rentoiler /ʀɑ̃twale/ ▸ conjug 1 ◂ **VT** *[+ tableau]* to remount

rentrant, e /ʀɑ̃tʀɑ̃, ɑ̃t/ **ADJ** *[train d'atterrissage]* retractable; *(Math) [angle]* reflex

rentré, e¹ /ʀɑ̃tʀe/ (ptp de **rentrer**)

ADJ *[colère]* suppressed; *[yeux]* sunken; *[joues]* sunken, hollow

NM *(Couture)* hem

rentre-dedans* /ʀɑ̃t(ʀə)dədɑ̃/ **NM INV** ◆ **il m'a fait du rentre-dedans** *[dragueur]* he came on really strong to me*; *[vendeur]* he was really pushy*

rentrée² /ʀɑ̃tʀe/ SYN **NF** 1 ◆ **rentrée (scolaire** *ou* **des classes)** start of the new school year, time when the schools go back ◆ **rentrée universitaire** start of the new academic year; *(du trimestre)* start of the new (school *ou* university) term ◆ **acheter des cahiers pour la rentrée (des classes)** to buy exercise books for the new school year ◆ **la rentrée aura lieu lundi** the new term begins on Monday, school starts again on Monday ◆ **la rentrée s'est bien passée** the term began well ◆ **« les affaires de la rentrée »** *(dans un magasin)* "back-to-school bargains" ◆ **à la rentrée de Noël** at the start of (the) term after the Christmas holidays ◆ **cette langue sera enseignée à partir de la rentrée 2004** this language will be part of the syllabus as from autumn 2004 *ou* as from the start of the 2004-5 school year

2 *[de tribunaux]* reopening; *[de parlement]* reopening, reassembly ◆ **la rentrée parlementaire aura lieu cette semaine** parliament reassembles *ou* reopens this week, the new session of parliament starts this week ◆ **les députés font leur rentrée aujourd'hui** the deputies are returning *ou* reassembling today (for the start of the new session) ◆ **faire sa rentrée politique** *(après les vacances d'été)* to start the new political season, to begin one's autumn campaign; *(après avoir fait autre chose)* to make a *ou* one's political comeback ◆ **c'est la rentrée des théâtres parisiens** it's the start of the theatrical season in Paris ◆ **la rentrée littéraire** the start of the literary season *ou* calendar ◆ **on craint une rentrée sociale agitée** it is feared that there will be some social unrest this autumn ◆ **la réforme entrera en vigueur à la rentrée prochaine** the reform will come into effect next autumn ◆ **leur album sortira à la rentrée de septembre** their album will come out in September ◆ **la mode de la rentrée** the autumn fashions ◆ **on verra ça à la rentrée** we'll see about that after the holidays *ou* when we come back from holiday

3 *[d'acteur, sportif]* comeback

4 *(= retour)* return ◆ **pour faciliter la rentrée dans la capitale** to make getting back into *ou* the return into the capital easier ◆ **la rentrée des ouvriers à l'usine le lundi matin** the workers' return to work on a Monday morning ◆ **à l'heure des rentrées dans Paris** when everyone is coming back into Paris ◆ **il m'a reproché mes rentrées tardives** he told me off for coming in late ◆ **rentrée dans l'atmosphère** *(Espace)* re-entry into the atmosphere ◆ **effectuer sa rentrée dans l'atmosphère** to re-enter the atmosphere ◆ **rentrée en touche** *(Sport)* throw-in

5 *[de récolte]* bringing in ◆ **faire la rentrée du blé** to bring in the wheat

6 *(Cartes)* cards picked up

7 *(Comm, Fin)* ◆ **rentrées** income ◆ **rentrée d'argent** sum of money (coming in) ◆ **je compte sur une rentrée d'argent très prochaine** I'm expecting a sum of money *ou* some money very soon ◆ **les rentrées de l'impôt** tax revenue

> **RENTRÉE**
>
> **La rentrée (des classes)** in September each year is not only the time when French children and teachers go back to school; it is also the time when political and social life begins again after the long summer break. The expression "à la rentrée" is thus not restricted to an educational context, but can refer in general to the renewed activity that takes place throughout the country in the autumn.

rentrer /ʀɑ̃tʀe/ SYN ▸ conjug 1 ◂

VI *(avec aux être)* 1 *(= entrer à nouveau) (vu de l'extérieur)* to go back in; *(vu de l'intérieur)* to come back in ◆ **il pleut trop, rentrez un instant** it's raining too hard so come back in for a while ◆ **il est rentré dans la maison/la pièce** he went back *(ou* came back) into the house/the room ◆ **la navette est rentrée dans l'atmosphère** the shuttle re-entered the atmosphere ◆ **il était sorti sans ses clés, il a dû rentrer par la fenêtre** he'd gone out without his keys and he had to get back in through the window ◆ **l'acteur est rentré en scène** the actor came on again

2 *(= revenir chez soi)* to come back, to come (back) home, to return (home); *(= s'en aller chez soi)* to go (back) home, to return home; *(= arriver chez soi)* to get (back) home, to return home ◆ **rentrer déjeuner/dîner** to go (back) home for lunch/dinner ◆ **est-ce qu'il est rentré ?** is he back? ◆ **elle est rentrée très tard hier soir** she came *ou* got in *ou* back very late last night ◆ **je l'ai rencontré en rentrant** I met him on my way home ◆ **rentrer de l'école/du bureau** to come back from school/from the office, to come *(ou* go) home from school/from the office ◆ **il a dû rentrer de voyage d'urgence** he had to come back *ou* come home from his trip urgently, he had to return home urgently ◆ **rentrer à Paris/de Paris** to go back *ou* come back *ou* return to Paris/from Paris ◆ **je rentre en voiture** I'm driving back, I'm going back by car ◆ **dépêche-toi de rentrer, ta mère a besoin de toi** hurry home *ou* back, your mother needs you ◆ **rentrer à sa base** *[avion]* to return *ou* go back to base ◆ **le navire rentre au port** the ship is coming back in

3 *(= reprendre ses activités) [élèves]* to go back to school, to start school again; *[université]* to start again; *[tribunaux]* to reopen; *[parlement]* to reassemble; *[députés]* to return, to reassemble ◆ **les enfants rentrent en classe** *ou* **à l'école lundi** the children go back to school *ou* start school again on Monday ◆ **le trimestre prochain, on rentrera un lundi** next term starts *ou* next term we start on a Monday ◆ **elle rentre au lycée l'année prochaine** she's starting secondary school next year

4 *(= entrer) [personne]* to go in, to come in; *[chose]* to go in ◆ **il pleuvait, nous sommes rentrés dans un café** it was raining so we went into a cafe ◆ **les voleurs sont rentrés par la fenêtre** the thieves got in by the window ◆ **cette clé ne rentre pas (dans la serrure)** this key doesn't fit (into the lock), I can't get this key in (the lock) ◆ **j'ai grossi, je ne rentre plus dans cette jupe** I've put on weight, I can't get into this skirt any more ◆ **faire rentrer qch dans la tête de qn** to get sth into sb's head ◆ **il a le cou qui lui rentre dans les épaules** he has a very short neck ◆ **il était exténué, les jambes lui rentraient dans le corps** he was so exhausted his legs were giving way under him ◆ **tout cela ne rentrera pas dans ta valise** that won't all go *ou* fit into your suitcase, you won't get all that into your suitcase ◆ **cubes qui rentrent les uns dans les autres** cubes that fit into one another; → aussi **entrer**

5 *(= devenir membre de)* ◆ **rentrer dans** *[+ police, entreprise, fonction publique]* to join, to go into; *[+ industrie, banque]* to go into ◆ **c'est son père qui l'a fait rentrer dans l'usine** his father helped him (to) get a job in the factory *ou* (to) get into the factory

6 *(= se heurter à)* ◆ **rentrer dans** to crash into, to collide with ◆ **sa voiture a dérapé, il est rentré dans un arbre** his car skidded and he crashed into a tree ◆ **furieux, il voulait lui rentrer dedans*** *ou* **dans le chou*** *(= agresser)* he was so furious he felt like smashing his head in* ◆ **rentrez-leur dedans !*** get them!* ◆ **il lui est rentré dans le lard*** *ou* **le mou*** *ou* **le buffet*** he beat him up*

7 *(= être compris dans)* ◆ **rentrer dans** to be included in, to be part of ◆ **cela ne rentre pas dans ses attributions** that is not included in *ou* part of his duties ◆ **les frais de déplacement ne devraient pas rentrer dans la note** travelling expenses should not be included in the bill *ou* should not be put on the bill ◆ **rentrer dans une catégorie** to fall *ou* come into a category

8 *[argent]* to come in ◆ **l'argent ne rentre pas en ce moment** the money isn't coming in at the moment ◆ **l'argent rentre difficilement/bien en ce moment** there isn't much money/there's plenty of money coming in at the moment ◆ **faire rentrer les impôts/les fonds** to collect the taxes/the funds ◆ **faire rentrer l'argent** to get the money in

9 * ◆ **la grammaire/les maths, ça ne rentre pas** *[connaissances]* he can't take grammar/maths in, he can't get the hang of grammar/maths* ◆ **l'anglais, ça commence à rentrer** English is beginning to sink in

10 *(locutions)* ◆ **rentrer dans ses droits** to recover one's rights ◆ **rentrer dans son argent/dans ses frais** to recover *ou* get back one's money/one's expenses ◆ **rentrer dans ses fonds** to recoup one's costs ◆ **tout est rentré dans l'ordre** *(dans son état normal)* everything is back to normal again; *(dans le calme)* order has returned, order has been restored; *(= tout a été clarifié)* everything is sorted out now ◆ **rentrer dans le rang** to come *ou* fall back into line; → **coquille, grâce, terre** *etc*

VT *(avec aux avoir)* 1 *[+ foins, moisson]* to bring in, to get in; *[+ marchandises, animaux] (en venant)* to bring in; *(en allant)* to take in ◆ **rentrer sa voiture (au garage)** to put the car away (in the garage) ◆ **ne laisse pas ton vélo sous la pluie,**

rentre-le don't leave your bicycle out in the rain, put it away *ou* bring it in ◆ **rentrer les bêtes à l'étable** to bring the cattle into the cowshed

[2] *[+ train d'atterrissage]* to raise; *(lit, fig) [+ griffes]* to draw in ◆ **rentrer sa chemise (dans son pantalon)** to tuck one's shirt in (one's trousers) ◆ **rentrer le cou dans les épaules** to hunch up one's shoulders ◆ **ne me rentre pas ton coude dans le ventre** don't jab *ou* stick your elbow in(to) my stomach ◆ **rentrer le** *ou* **son ventre** to pull one's stomach in ◆ **rentrer ses larmes** to hold back *ou* choke back the tears ◆ **rentrer sa rage** to hold back *ou* suppress one's anger ◆ **rentrer un but** *(Sport)* to score a goal

[3] *(Ordin) [+ données]* to enter

VPR **se rentrer** [1] *(= pouvoir être rentré)* ◆ **ce lit se rentre sous l'autre** this bed fits under the other one

[2] *(mutuellement)* ◆ **ils se sont rentrés dedans** *(= heurtés)* they crashed into each other; * *(= battus)* they laid into each other

renversant, e* /ʀɑ̃vɛʀsɑ̃, ɑ̃t/ SYN ADJ *[nouvelle]* staggering*, astounding; *[personne]* amazing, incredible

renverse /ʀɑ̃vɛʀs/ NF [1] *(Naut) [de vent]* change; *[de courant]* turn

[2] ◆ **tomber à la renverse** to fall backwards, to fall flat on one's back ◆ **il y a de quoi tomber à la renverse !** *(fig)* it's astounding! *ou* staggering!*

renversé, e /ʀɑ̃vɛʀse/ (ptp de **renverser**) ADJ [1] *(= à l'envers) [objet]* upside down *(attrib)*; *[fraction]* inverted; *[image]* inverted, reversed; → **crème**

[2] *(= stupéfait)* ◆ **être renversé** to be bowled over, to be staggered*

[3] *(= penché) [écriture]* backhand *(épith)*

renversement /ʀɑ̃vɛʀsəmɑ̃/ SYN NM [1] *[d'image, fraction]* inversion; *[d'ordre des mots]* inversion, reversal; *[de vapeur]* reversing; *[de situation]* reversal; *(Mus) [d'intervalles, accord]* inversion

[2] *[d'alliances, valeurs, rôles]* reversal; *[de ministre]* removal from office; *[de gouvernement] (par un coup d'État)* overthrow; *(par un vote)* defeat, voting *ou* turning out of office ◆ **un renversement de tendance de l'opinion publique** a shift *ou* swing in public opinion

[3] *[de buste, tête]* tilting *ou* tipping back

[4] *[de courant]* changing of direction; *[de marée, vent]* turning, changing of direction

renverser /ʀɑ̃vɛʀse/ SYN ▸ conjug 1 ◂

VT [1] *(= faire tomber) [+ personne]* to knock over; *[+ chaise]* to knock over, to overturn; *[+ vase, bouteille]* to knock over, to upset; *[+ piéton]* to knock down, to run over ◆ **elle l'a renversé d'un coup de poing** she knocked him to the ground ◆ **un camion a renversé son chargement sur la route** a lorry has shed its load

[2] *(= répandre) [+ liquide]* to spill, to upset ◆ **renverser du vin sur la nappe** to spill *ou* upset some wine on the tablecloth

[3] *(= mettre à l'envers)* to turn upside down ◆ **renverser un seau (pour monter dessus)** to turn a bucket upside down (so as to stand on it)

[4] *(= abattre) [+ obstacles] (lit)* to knock down; *(fig)* to overcome; *[+ ordre établi, tradition, royauté]* to overthrow; *[+ ministre]* to put *ou* throw out of office, to remove from office ◆ **renverser le gouvernement** *(par un coup d'État)* to overthrow *ou* overturn *ou* topple the government; *(par un vote)* to defeat the government, to vote *ou* throw the government out of office

[5] *(= pencher)* ◆ **renverser la tête en arrière** to tip *ou* tilt one's head back ◆ **renverser le corps en arrière** to lean back ◆ **elle lui renversa la tête en arrière** she tipped *ou* put his head back

[6] *(= inverser) [+ ordre des mots, courant]* to reverse; *[+ fraction]* to invert; *(Opt) [+ image]* to invert, to reverse ◆ **renverser la situation** to reverse the situation, to turn things (a)round ◆ **il ne faudrait pas renverser les rôles** don't try to turn the situation round ◆ **renverser la vapeur** *(lit) [bateau]* to go astern; *(fig)* to change tack

[7] *(* = étonner)* to bowl over, to stagger ◆ **la nouvelle l'a renversé** the news bowled him over *ou* staggered him

VI *(Naut) [marée]* to turn

VPR **se renverser** [1] ◆ **se renverser en arrière** to lean back ◆ **se renverser sur le dos** to lie down (on one's back) ◆ **se renverser sur sa chaise** to lean back on one's chair, to tip one's chair back

[2] *[voiture, camion]* to overturn; *[bateau]* to overturn, to capsize; *[verre, vase]* to fall over, to be overturned

renvidage /ʀɑ̃vidaʒ/ NM *[de fil]* winding

renvider /ʀɑ̃vide/ ▸ conjug 1 ◂ VT *[+ fil]* to wind

renvideur /ʀɑ̃vidœʀ/ NM *(métier à renvider)* winder

renvoi /ʀɑ̃vwa/ SYN NM [1] *[d'employé]* dismissal, sacking *(Brit)*; *[d'élève, étudiant] (définitif)* expulsion; *(temporaire)* suspension ◆ **menacer de renvoi** *[+ employé]* to threaten with dismissal; *(Scol)* to threaten to expel *ou* with expulsion ◆ **j'ai demandé son renvoi du club** I asked for him to be expelled from the club

[2] *[d'accusé, troupes]* discharge

[3] *[de lettre, colis, cadeau]* sending back, return

[4] *(Sport) [de balle]* sending back; *(au pied)* kicking back; *(à la main)* throwing back; *(Tennis)* return ◆ **renvoi aux 22 mètres** *(Rugby)* drop-out ◆ **à la suite d'un mauvais renvoi du gardien, la balle a été interceptée** as a result of a poor return *ou* throw by the goalkeeper the ball was intercepted

[5] *(Téléc) [d'appel]* transfer ◆ **renvoi temporaire de ligne** call diversion

[6] *[de lecteur]* referral *(à* to)

[7] *[de rendez-vous]* postponement ◆ **renvoi à date ultérieure** postponement to a later date ◆ **renvoi à huitaine** *(Jur)* adjournment for a week

[8] *(= envoi, Jur)* ◆ **le renvoi d'un projet de loi en commission** referral of a bill to a committee ◆ **demande de renvoi devant une autre juridiction** application for transfer of proceedings

[9] *(= référence)* cross-reference; *(en bas de page)* footnote ◆ **faire un renvoi aux notes de l'appendice** to cross-refer to the notes in the appendix

[10] *(= rot)* belch, burp ◆ **avoir un renvoi** *(gén)* to belch, to burp; *[bébé]* to burp ◆ **avoir des renvois** to have wind *(Brit) ou* gas *(US)* ◆ **ça me donne des renvois** it makes me belch, it gives me wind *(Brit)*

[11] *(Tech)* ◆ **levier de renvoi** reversing lever ◆ **poulie de renvoi** return pulley

[12] *(Mus)* repeat mark *ou* sign

renvoyer /ʀɑ̃vwaje/ SYN ▸ conjug 8 ◂ VT

[1] *[+ employé]* to dismiss, to fire*, to sack *(Brit)*; *[+ membre d'un club]* to expel; *[+ élève, étudiant] (définitivement)* to expel; *(temporairement)* to suspend ◆ **il s'est fait renvoyer de son travail** he was dismissed *ou* fired* *ou* sacked *(Brit)* from his job

[2] *(= faire retourner)* to send back; *(= faire repartir)* to send away; *(= libérer) [+ accusé, troupes]* to discharge; *[+ importun, créancier]* to send away ◆ **je l'ai renvoyé chez lui** I sent him back home ◆ **renvoyer dans leurs foyers** *[+ soldats]* to discharge, to send (back) home; *[+ femmes, enfants]* to send (back) home ◆ **les électeurs ont renvoyé les démocrates dans leurs foyers** the voters sent the democrats packing* ◆ **renvoyer un projet de loi en commission** to refer a bill back *ou* send a bill for further discussion

[3] *(= réexpédier) [+ lettre, colis]* to send back, to return; *[+ cadeau non voulu, bague de fiançailles]* to return, to give back ◆ **je te renvoie le compliment !** and the same to you!

[4] *(= relancer) [+ balle]* to send back; *(au pied)* to kick back; *(à la main)* to throw back; *(Tennis)* to return *(à* to) ◆ **il m'a renvoyé la balle** *(fig : argument)* he threw the *ou* my argument back at me, he came back at me with the same argument; *(responsabilité)* he handed the responsibility over to me, he left it up to me ◆ **ils se renvoient la balle** *(argument)* they come back at each other with the same argument; *(responsabilité)* they each refuse to take responsibility, they're both trying to pass the buck* ◆ **renvoyer l'ascenseur** *(fig)* to return the favour

[5] *(= référer) [+ lecteur]* to refer *(à* to) ◆ **renvoyer aux notes de l'appendice** to (cross-)refer to notes in the appendix ◆ **renvoyer un procès en Haute Cour** to refer a case to the high court ◆ **renvoyer le prévenu en cour d'assises** to send the accused for trial by the Crown Court ◆ **renvoyer qn de service en service** to send sb from one department to another ◆ **cela (nous) renvoie à l'Antiquité/à la notion d'éthique** this takes us back to ancient times/to the notion of ethics

[6] *(Téléc) [+ appel]* to transfer

[7] *(= différer) [+ rendez-vous]* to postpone, to put off ◆ **l'affaire a été renvoyée à huitaine** *(Jur)* the case was postponed *ou* put off for a week ◆ **renvoyer qch aux calendes grecques** to postpone sth *ou* put sth off indefinitely

[8] *(= réfléchir) [+ lumière, chaleur, image]* to reflect; *[+ son]* to echo

[9] *(Cartes)* ◆ **renvoyer carreau/pique** to play diamonds/spades again, to lead diamonds/spades again

réoccupation /ʀeɔkypasjɔ̃/ NF *(Mil)* reoccupation ◆ **depuis la réoccupation du village sinistré par les habitants** since the inhabitants of the stricken village moved back in *ou* came back

réoccuper /ʀeɔkype/ ▸ conjug 1 ◂ VT *[+ territoire]* to reoccupy; *[+ fonction]* to take up again ◆ **les grévistes ont réoccupé les locaux** the strikers have staged another sit-in ◆ **réoccuper une maison** to move back into a house

réopérer /ʀeɔpeʀe/ ▸ conjug 6 ◂ VT to operate again ◆ **elle s'est fait réopérer** she had another operation, she was operated on again

réorchestration /ʀeɔʀkɛstʀasjɔ̃/ NF reorchestration

réorchestrer /ʀeɔʀkɛstʀe/ ▸ conjug 1 ◂ VT to reorchestrate

réorganisateur, -trice /ʀeɔʀganizatœʀ, tʀis/ NM,F reorganizer

réorganisation /ʀeɔʀganizasjɔ̃/ SYN NF reorganization

réorganiser /ʀeɔʀganize/ SYN ▸ conjug 1 ◂

VT to reorganize

VPR **se réorganiser** *[pays, parti]* to get reorganized, to reorganize itself

réorientation /ʀeɔʀjɑ̃tasjɔ̃/ NF *[de politique]* redirecting, reorientation ◆ **réorientation scolaire** streaming

réorienter /ʀeɔʀjɑ̃te/ ▸ conjug 1 ◂ VT *[+ politique]* to redirect, to reorient(ate); *[+ élève]* to put into a new stream ◆ **réorienter sa carrière** to take one's career in a new direction

réouverture /ʀeuvɛʀtyʀ/ NF *[de magasin, théâtre]* reopening; *[de débat]* resumption, reopening

repaire /ʀ(ə)pɛʀ/ SYN NM *[d'animal]* den, lair; *(fig)* den, hideout ◆ **cette taverne est un repaire de brigands** this inn is a thieves' den *ou* a haunt of robbers

repairer /ʀ(ə)peʀe/ ▸ conjug 1 ◂ VI *[animal]* to hide in its den *(ou* lair)

repaître /ʀəpɛtʀ/ ▸ conjug 57 ◂

VT *(littér)* ◆ **repaître ses yeux de qch** to feast one's eyes on sth ◆ **repaître son esprit de lectures** to feed one's mind on books

VPR **se repaître** [1] ◆ **se repaître de** *[+ crimes]* to wallow in; *[+ lectures, films]* to revel in; *[+ illusions]* to revel in, to feed on

[2] *(= manger) [animal]* to eat its fill; *[personne]* to eat one's fill ◆ **se repaître de qch** to gorge o.s. on sth

répandre /ʀepɑ̃dʀ/ SYN ▸ conjug 41 ◂

VT [1] *(= renverser) [+ soupe, vin]* to spill; *[+ grains]* to scatter; *(volontairement) [+ sciure, produit]* to spread ◆ **le camion a répandu son chargement sur la chaussée** the truck shed its load ◆ **répandre du sable sur le sol** to spread *ou* sprinkle sand on the ground ◆ **la rivière répand ses eaux dans la vallée** the waters of the river spread over *ou* out across the valley

[2] *(littér) [+ larmes]* to shed ◆ **répandre son sang** to shed one's blood ◆ **répandre le sang** to spill *ou* shed blood ◆ **beaucoup de sang a été répandu** a lot of blood was shed *ou* spilled, there was a lot of bloodshed

[3] *(= être source de) [+ lumière]* to shed, to give out; *[+ odeur]* to give off; *[+ chaleur]* to give out *ou* off ◆ **répandre de la fumée** *[cheminée]* to give out smoke; *[feu]* to give off *ou* out smoke

[4] *(= propager) [+ nouvelle, mode, joie, terreur]* to spread; *[+ dons]* to lavish, to pour out

VPR **se répandre** [1] *(= couler) [liquide]* to spill, to be spilled; *[grains]* to scatter, to be scattered *(sur* over) ◆ **le verre a débordé, et le vin s'est répandu par terre** the glass overflowed and the wine spilled onto the floor ◆ **le sang se répand dans les tissus** blood spreads through the tissues ◆ **la foule se répand dans les rues** the crowd spills out *ou* pours out into the streets

[2] *(= se dégager) [chaleur, odeur, lumière]* to spread *(dans* through); *[son]* to carry *(dans* through) ◆ **il se répandit une forte odeur de caoutchouc brûlé** a strong smell of burning rubber was given off

[3] *(= se propager) [doctrine, mode, nouvelle]* to spread *(dans, à travers* through); *[méthode, opinion]*

to become widespread *(dans, parmi* among); *[coutume, pratique]* to take hold, to become widespread ◆ **la peur se répandit sur son visage** a look of fear spread over his face; → **traînée**

4 ◆ **se répandre en calomnies/excuses/menaces** to pour out *ou* pour forth slanderous remarks/excuses/threats ◆ **se répandre en invectives** to let out a torrent of abuse, to pour out a stream of abuse

répandu, e /ʀepɑ̃dy/ SYN (ptp de **répandre**) ADJ *[opinion, préjugé]* widespread; *[méthode]* widespread, widely used ◆ **idée très répandue** widely *ou* commonly held idea ◆ **une pratique largement répandue dans le monde** a practice that is very common throughout the world ◆ **profession peu répandue** rather unusual profession ◆ **les ordinateurs individuels étaient encore peu répandus** personal computers were still not very widespread *ou* common

réparable /ʀepaʀabl/ ADJ *[objet]* repairable, which can be repaired *ou* mended; *[erreur]* which can be put right *ou* corrected; *[perte, faute]* which can be made up for ◆ **ce n'est pas réparable** *[objet]* it is beyond repair; *[faute]* there's no way of making up for it; *[erreur]* it can't be put right ◆ **les dégâts sont facilement réparables** the damage can easily be repaired ◆ **cette maladresse sera difficilement réparable** it will be hard to put such a blunder right *ou* to make up for such a blunder

reparaître /ʀ(ə)paʀɛtʀ/ SYN ► conjug 57 ◄ VI *[personne, trait héréditaire]* to reappear; *[lune]* to reappear, to come out again; *[roman, texte]* to be republished; *[journal, magazine]* to be back in print

réparateur, -trice /ʀepaʀatœʀ, tʀis/

ADJ *[sommeil]* refreshing ◆ **crème réparatrice** *(Cosmétique)* conditioning cream; → **chirurgie**

NM,F repairer ◆ **réparateur d'objets d'art** restorer of works of art ◆ **réparateur de porcelaine** porcelain restorer ◆ **le réparateur de télévision** the television *ou* TV repairman *ou* engineer

réparation /ʀepaʀasjɔ̃/ SYN NF 1 *[de machine, montre, chaussures, voiture]* mending, repairing, repair; *[d'accroc, fuite]* mending, repair; *[de maison]* repairing; *[d'objet d'art]* restoration, repair ◆ **la voiture est en réparation** the car is being repaired ◆ **on va faire des réparations dans la maison** we're going to have some repairs done in the house ◆ **pendant les réparations** during the repairs, while the repairs are (*ou* were) being carried out ◆ **atelier de réparation** repair shop

2 *[d'erreur]* correction; *[d'oubli, négligence]* rectification

3 *[de faute, offense]* atonement *(de* for); *[de tort]* redress *(de* for); *[de perte]* compensation *(de* for) ◆ **en réparation du dommage causé** as reparation for the damage caused ◆ **obtenir réparation (d'un affront)** to obtain redress (for an insult) ◆ **demander réparation par les armes** to demand a duel

4 *(Football)* ◆ **coup de pied/points/surface de réparation** penalty kick/points/area

5 *(= recouvrement) [de forces]* recovery ◆ **la réparation des tissus sera longue** the tissues will take a long time to heal ◆ **réparation cellulaire** cell repair

6 *(= dommages-intérêts)* damages, compensation ◆ **réparations** *(Hist)* reparations

réparer /ʀepaʀe/ SYN ► conjug 1 ◄ VT 1 *(= raccommoder) [+ chaussures, montre, machine, voiture]* to mend, to repair, to fix; *[+ accroc, fuite, route]* to mend, to repair; *[+ objet d'art]* to restore, to repair ◆ **donner qch à réparer** to take sth to be mended *ou* repaired ◆ **faire réparer qch** to get *ou* have sth mended *ou* repaired ◆ **réparer sommairement qch** to patch sth up ◆ **j'ai emmené la voiture à réparer** * I took the car in (to be repaired)

2 *(= corriger) [+ erreur]* to correct, to put right; *[+ oubli, négligence]* to put right, to rectify

3 *(= compenser) [+ faute]* to make up for, to make amends for; *[+ tort]* to put right, to redress; *[+ offense]* to atone for, to make up for; *[+ perte]* to make good, to make up for, to compensate for ◆ **tu ne pourras jamais réparer le mal que tu m'as fait** you'll never put right *ou* never undo the harm you've done me ◆ **comment pourrais-je réparer ?** what could I do to make up for it? *ou* to make amends? ◆ **comment pourrais-je réparer ma bêtise ?** how could I make amends for *ou* make up for my stupidity? ◆ **cela ne pourra jamais réparer le dommage que j'ai subi** that'll never make up for *ou* compensate for the harm I've suffered ◆ **vous devez réparer en l'épousant** † you'll have to make amends by marrying her, you'll have to make an honest woman of her

4 *(= recouvrer) [+ forces, santé]* to restore

5 *(locutions)* ◆ **il va falloir réparer les dégâts** *(lit)* we'll have to repair the damage; *(* fig)* we'll have to repair the damage *ou* pick up the pieces ◆ **réparer le désordre de sa toilette** *(littér)* to straighten *ou* tidy one's clothes

reparler /ʀ(ə)paʀle/ ► conjug 1 ◄

VI ◆ **reparler de qch** to talk about sth again ◆ **reparler à qn** to speak to sb again ◆ **nous en reparlerons** *(lit)* we'll talk about it again *ou* discuss it again later; *(dit avec scepticisme)* we'll see about that ◆ **c'est un romancier dont on reparlera** he's a very promising novelist, we'll be hearing more of this novelist ◆ **il commence à reparler** *[accidenté, malade]* he's starting to speak again

VPR **se reparler** to speak to each other again, to be on speaking terms again, to be back on speaking terms

repartie, répartie /ʀepaʀti/ SYN NF retort, rejoinder *(frm)* ◆ **avoir de la repartie, avoir la repartie facile** to be good *ou* quick at repartee ◆ **avoir l'esprit de repartie** to have a talent *ou* gift for repartee

repartir[1] /ʀepaʀtiʀ, ʀ(ə)paʀtiʀ/, **répartir**[1] /ʀepaʀtiʀ/ ► conjug 16 ◄ VT *(littér = répliquer)* to retort, to reply

repartir[2] /ʀ(ə)paʀtiʀ/ SYN ► conjug 16 ◄ VI *[voyageur]* to set *ou* start off again; *[machine]* to start (up) again, to restart; *[affaire, discussion]* to get going again ◆ **repartir chez soi** to go back *ou* return home ◆ **il est reparti hier** he left again yesterday ◆ **il est reparti comme il était venu** he left as he came ◆ **repartir en campagne** *(Pol)* to go back on the campaign trail, to start campaigning again ◆ **repartir à l'assaut** to launch another attack *(de* on) ◆ **repartir sur des bases nouvelles** to make a fresh start ◆ **les achats de véhicules neufs sont repartis à la hausse** sales of new cars have taken off *ou* picked up again ◆ **la croissance repart** growth is picking up again ◆ **heureusement, c'est bien reparti** fortunately, things have got off to a good start this time ◆ **ça y est, les voilà repartis sur la politique !** *(dans une discussion)* that's it, they're off again *ou* there they go again, talking politics! ◆ **c'est reparti pour un tour !** * *ou* **comme en 14 !** * *ou* **comme en 40 !** * here we go again! ◆ **faire repartir** *[+ entreprise, économie]* to get going again; *[+ moteur]* to start up again; → **zéro**

répartir[2] /ʀepaʀtiʀ/ SYN ► conjug 2 ◄

VT 1 *(= diviser) [+ ressources, travail]* to share out, to distribute *(entre* among); *[+ impôts, charges]* to share out *(en* into; *entre* among), to apportion; *[+ butin, récompenses]* to share out, to divide up *(entre* among); *[+ rôles]* to distribute *(entre* among); *[+ poids, volume, chaleur]* to distribute ◆ **on avait réparti les joueurs en deux groupes** the players had been divided *ou* split (up) into two groups ◆ **répartissez le mélange dans des coupelles** *(Culin)* divide the mixture equally into small bowls

2 *(= étaler) [+ paiement, cours, horaire]* to spread *(sur* over) ◆ **on a mal réparti les bagages dans le coffre** the luggage hasn't been evenly distributed in the boot ◆ **les troupes sont réparties le long de la frontière** troops are spread out along the border ◆ **le programme est réparti sur deux ans** the programme is spread (out) over a two-year period

VPR **se répartir** 1 *(= se décomposer)* ◆ **les charges se répartissent comme suit** the expenses are divided up as follows ◆ **ils se répartissent en deux ensembles** they can be divided into two sets ◆ **ils se sont répartis en deux groupes** they divided themselves *ou* they split into two groups

2 *(= se partager)* ◆ **ils se sont réparti le travail** they shared the work out *ou* divided the work up among themselves

répartiteur, -trice /ʀepaʀtitœʀ, tʀis/

NM,F *(gén, littér)* distributor, apportioner; *[d'impôt]* assessor ◆ **répartiteur d'avaries** averager, average adjuster

NM *(Tech) [d'électricité]* divider; *[de fluides]* regulator

répartition /ʀepaʀtisjɔ̃/ SYN NF 1 *[de ressources, travail]* sharing out (NonC), distribution; *[d'impôts, charges]* sharing out (NonC); *[de butin, récompenses]* sharing out (NonC), dividing up (NonC); *[de poids, volume, chaleur]* dividing up (NonC), distribution; *[de population, faune, flore, richesses, rôles]* distribution; *(= agencement) [de pièces, salles]* layout, distribution ◆ **répartition par âge/sexe** distribution by age/sex ◆ **répartition géographique** geographical distribution ◆ **la répartition des pouvoirs entre le Président et le Premier ministre** the distribution of power between the President and the Prime Minister

2 *[de paiement, cours, horaires]* spreading (NonC); *(Comm)* dispatching

reparution /ʀ(ə)paʀysjɔ̃/ NF *[de journal]* reappearance ◆ **depuis la reparution du magazine en 1989** since the magazine resumed publication in 1989, since the magazine's reappearance in 1989 ◆ **la reparution de l'album en disque compact** the release of the CD version of the album

repas /ʀ(ə)pɑ/ SYN NM meal ◆ **repas d'affaires** *(= déjeuner)* business lunch; *(= dîner)* business dinner ◆ **repas à la carte** à la carte meal ◆ **repas léger** light meal ◆ **repas de midi** midday *ou* noon *(US)* meal, lunch ◆ **repas de noces** reception ◆ **repas de Noël** Christmas dinner ◆ **repas scolaire** school lunch ◆ **repas du soir** evening meal, dinner ◆ **il prend tous ses repas au restaurant** he always eats out ◆ **faire 3 repas par jour** to have 3 meals a day ◆ **repas complet** three-course meal ◆ **médicament à prendre avant/à chaque repas** medicine to be taken before/with meals ◆ **assister au repas des fauves** to watch the big cats being fed ◆ **à l'heure du repas, aux heures des repas** at mealtimes ◆ **manger en dehors des repas** *ou* **entre les repas** to eat between meals ◆ **repas d'épreuve** *(Méd)* meal test

repassage /ʀ(ə)pɑsaʒ/ NM *[de linge]* ironing; *[de couteau]* sharpening ◆ **faire le repassage** to do the ironing ◆ « **repassage superflu** » "wash-and-wear", "non-iron"

repasser /ʀ(ə)pɑse/ SYN ► conjug 1 ◄

VT 1 *(au fer à repasser)* to iron; *(à la pattemouille)* to press ◆ **le nylon ne se repasse pas** nylon doesn't need ironing; → **fer, planche, table**

2 *[+ examen]* to take again, to resit *(Brit)*; *[+ permis de conduire]* to take again ◆ **repasser une visite médicale** to have another medical

3 *[+ souvenir, leçon, rôle]* to go (back) over, to go over again ◆ **repasser qch dans son esprit** to go over sth again *ou* go back over sth in one's mind

4 *[+ plat]* to hand round again; *[+ film]* to show again; *[+ émission]* to repeat; *[+ disque, chanson]* to play again ◆ **repasser un plat au four** to put a dish in the oven again *ou* back in the oven

5 *(* = transmettre) [+ affaire, travail]* to hand over *ou* on; *[+ maladie]* to pass on *(à qn* to sb) ◆ **il m'a repassé le tuyau** he passed the tip on to me ◆ **je te repasse ta mère** *(au téléphone)* I'll hand you back to your mother ◆ **je vous repasse le standard** I'll put you back through to the operator

6 *[+ rivière, montagne, frontière]* to cross again, to go *ou* come back across

7 *[+ couteau, lame]* to sharpen (up)

VI 1 *(= retourner)* to come back, to go back ◆ **je repasserai** I'll come back, I'll call (in) again ◆ **si vous repassez par Paris** *(au retour)* if you come back through Paris; *(une autre fois)* if you're passing through Paris again ◆ **ils sont repassés en Belgique** they crossed back *ou* went back over into Belgium ◆ **il va falloir que je repasse sur le billard** * I've got to have another operation ◆ **tu peux toujours repasser !** * you don't have a prayer!, you've got a hope! * *(Brit)*

2 *(devant un même lieu)* to go *ou* come past again; *(sur un même trait)* to go over again, to go back over ◆ **je passai et repassai devant la vitrine** I kept walking backwards and forwards in front of the shop window ◆ **souvenirs qui repassent dans la mémoire** memories that are running through one's mind ◆ **quand il fait un travail, il faut toujours repasser derrière lui** when he does some work you always have to go over it again

repasseur /ʀ(ə)pɑsœʀ/ NM *(= rémouleur)* knife-grinder *ou* -sharpener

repasseuse /ʀ(ə)pɑsøz/ NF *(= femme)* ironer; *(= machine)* ironer, ironing machine

repavage /ʀ(ə)pavaʒ/ NM repaving

repaver /ʀ(ə)pave/ ► conjug 1 ◄ VT to repave

repayer /ʀ(ə)peje/ ► conjug 8 ◄ VT to pay again

repêchage /ʀ(ə)pɛʃaʒ/ NM 1 *[d'objet, noyé]* recovery
2 *(Scol) [de candidat]* letting through, passing ◆ **épreuve/question de repêchage** exam/question to give candidates a second chance

repêcher /ʀ(ə)peʃe/ ▸ conjug 1 ◂ VT 1 *[+ objet, noyé]* to recover, to fish out ◆ **je suis allé repêcher la lettre dans la poubelle** I went and fished the letter out of the bin
2 *(Scol) [+ candidat]* to let through, to pass *(with less than the official pass mark)*; *[+ athlète]* to give a second chance to ◆ **il a été repêché à l'oral** he scraped through *ou* just got a pass thanks to the oral

repeindre /ʀ(ə)pɛ̃dʀ/ ▸ conjug 52 ◂ VT to repaint

repeint /ʀəpɛ̃/ NM *(Art)* repainted part *(of a painting)*

rependre /ʀ(ə)pɑ̃dʀ/ ▸ conjug 41 ◂ VT to re-hang, to hang again

repenser /ʀ(ə)pɑ̃se/ SYN ▸ conjug 1 ◂
VT INDIR **repenser à** ◆ **repenser à qch** to think about sth again ◆ **plus j'y repense** the more I think of it ◆ **je n'y ai plus repensé** *(plus avant)* I haven't thought about it again (since), I haven't given it any further thought (since); *(= j'ai oublié)* it completely slipped my mind ◆ **j'y repenserai** I'll think about it again, I'll have another think about it
VT *[+ concept]* to rethink ◆ **il faut repenser tout l'enseignement** the whole issue of education will have to be rethought ◆ **repenser la question** to rethink the question

repentant, e /ʀ(ə)pɑ̃tɑ̃, ɑ̃t/ ADJ repentant, penitent

repenti, e /ʀ(ə)pɑ̃ti/ (ptp de **se repentir**)
ADJ repentant, penitent ◆ **buveur/joueur repenti** reformed drinker/gambler
NM,F *(gén)* reformed man *(ou* woman); *(= ancien malfaiteur)* criminal turned informer ◆ **un repenti de la Mafia** a Mafia turncoat

repentir (se)[1] /ʀ(ə)pɑ̃tiʀ/ SYN ▸ conjug 16 ◂ VPR
1 *(Rel)* to repent ◆ **se repentir d'une faute/d'avoir commis une faute** to repent of a fault/of having committed a fault
2 *(= regretter)* ◆ **se repentir de qch/d'avoir fait qch** to regret sth/having done sth, to be sorry for sth/for having done sth ◆ **tu t'en repentiras !** you'll be sorry!

repentir[2] /ʀ(ə)pɑ̃tiʀ/ SYN NM *(Rel)* repentance *(NonC)*; *(= regret)* regret

repérable /ʀ(ə)peʀabl/ ADJ which can be spotted ◆ **repérable de loin** easily spotted from a distance ◆ **difficilement repérable** *(gén)* difficult to spot; *(Mil)* difficult to locate

repérage /ʀ(ə)peʀaʒ/ NM location ◆ **le repérage d'un point sur la carte** locating a point on the map, pinpointing a spot on the map ◆ **faire des repérages** *(Ciné)* to research locations ◆ **partir en repérage** *(Ciné)* to go looking for locations

repercer /ʀ(ə)pɛʀse/ ▸ conjug 3 ◂ VT *(= perforer)* to repierce, to make another hole in; *(avec perceuse)* to redrill, to bore another hole in; *[+ lobe d'oreille]* to repierce

répercussion /ʀepɛʀkysjɔ̃/ SYN NF *(gén)* repercussion *(sur, dans* on) ◆ **la hausse des taux d'intérêt a eu des répercussions sur l'économie** the rise in interest rates has had a knock-on effect on the economy ◆ **la répercussion d'une taxe sur le client** *(Fin)* passing a tax on *ou* along *(US)* to the customer

répercuter /ʀepɛʀkyte/ SYN ▸ conjug 1 ◂
VT 1 *[+ son]* to echo; *[+ écho]* to send back, to throw back; *[+ lumière]* to reflect
2 *(= transmettre)* ◆ **répercuter une augmentation sur le client** to pass an increase in cost on to the customer ◆ **répercuter un impôt sur le consommateur** to pass on *ou* along (US) a tax to the consumer
VPR **se répercuter** 1 *[son]* to reverberate, to echo; *[lumière]* to be reflected, to reflect
2 ◆ **se répercuter sur** to have repercussions on, to affect

reperdre /ʀ(ə)pɛʀdʀ/ ▸ conjug 41 ◂ VT to lose again

repère /ʀ(ə)pɛʀ/ SYN NM 1 *(= marque, trait)* mark; *(= jalon, balise)* marker; *(= monument, accident de terrain)* landmark; *(= événement)* landmark; *(= date)* reference point ◆ **repère de niveau** bench mark ◆ **j'ai laissé des branches comme repères pour retrouver notre chemin** I've left branches as markers so that we can find the way back again
◆ **point de repère** *(dans l'espace)* landmark; *(dans le temps, fig)* point of reference
2 *(fig)* ◆ **perdre ses repères** *[personne]* to lose one's bearings, to become disorientated; *[société]* to lose its points of reference ◆ **dans un monde sans repères** in a world that has lost its way ◆ **la disparition des repères traditionnels** the loss of traditional points of reference ◆ **les adolescents ont besoin de repères** adolescents need points of reference ◆ **les toxicomanes sont souvent des jeunes qui ont perdu leurs repères** drug addicts are often youths who've lost their way ◆ **j'essaie de donner des repères à mon fils** I'm trying to give my son guidance

repérer /ʀ(ə)peʀe/ SYN ▸ conjug 6 ◂
VT 1 *(* = localiser) [+ erreur, personne]* to spot; *[+ endroit, chemin]* to locate, to find ◆ **se faire repérer** *(lit)* to be spotted; *(fig)* to be found out, to get caught ◆ **il avait repéré un petit restaurant** he had discovered a little restaurant ◆ **tu vas nous faire repérer** we'll be spotted because of you, you'll get us caught
2 *(Mil)* to locate, to pinpoint
3 *(Tech = jalonner) [+ niveau, alignement]* to mark out *ou* off, to stake out
VPR **se repérer** *(gén = se diriger)* to find one's way about *ou* around; *(= établir sa position)* to find *ou* get one's bearings ◆ **j'ai du mal à me repérer dans cette intrigue** I have difficulty getting my bearings in this plot

répertoire /ʀepɛʀtwaʀ/ SYN
NM 1 *(= carnet)* notebook *(with alphabetical thumb index)*; *(= liste)* (alphabetical) list; *(= catalogue)* catalogue ◆ **noter un mot dans un répertoire** to write a word down in an alphabetical index, to index a word
2 *[d'un théâtre]* repertoire; *[de chanteur, musicien]* repertoire, repertory ◆ **les plus grandes œuvres du répertoire classique/contemporain** the greatest works in the classic/modern repertory ◆ **les plus grandes œuvres du répertoire lyrique/symphonique** the greatest operas/symphonies ◆ **les grandes œuvres du répertoire** the great works of the repertoire , the classics ◆ **elle n'a que deux chansons à son répertoire** she's only got two songs in her repertoire ◆ **elle a tout un répertoire de jurons/d'histoires drôles** *(fig)* she has quite a repertoire of swearwords/of jokes
3 *(Ordin)* directory, folder
COMP **répertoire d'adresses** address book
répertoire alphabétique alphabetical index *ou* list
répertoire des rues *(sur un plan)* street index

répertorier /ʀepɛʀtɔʀje/ SYN ▸ conjug 7 ◂ VT *[+ information]* to list; *[+ cas, maladie]* to record; *[+ œuvre]* to index ◆ **non répertorié** unlisted ◆ **les restaurants sont répertoriés par quartiers** the restaurants are listed by area ◆ **90 espèces de coccinelles ont été répertoriées** 90 species of ladybird have been listed *ou* recorded

repeser /ʀ(ə)pəze/ ▸ conjug 5 ◂ VT to reweigh, to weigh again

répète* /ʀepɛt/ NF abrèv de **répétition**

répéter /ʀepete/ GRAMMAIRE ACTIVE 27.5 SYN ▸ conjug 6 ◂
VT 1 *(= redire) [+ explication, question]* to repeat; *[+ mot]* to repeat, to say again; *[+ histoire]* to repeat, to tell again ◆ **répéter à qn que...** to tell sb again that... ◆ **pourriez-vous me répéter cette phrase ?** could you repeat that sentence?, could you say that sentence (to me) again? ◆ **répète-moi le numéro du code** tell me *ou* give me the code number again, tell me what the code number is again ◆ **je l'ai répété/je te l'ai répété dix fois** I've said that/I've told you that a dozen times ◆ **il répète toujours la même chose** he keeps saying *ou* repeating the same thing ◆ **répète !** *(ton de menace)* say that again! ◆ **il ne se l'est pas fait répéter** he didn't have to be told *ou* asked twice, he didn't need asking *ou* telling twice ◆ **on ne répétera jamais assez que...** it cannot be said often enough that...
2 *(= rapporter) [+ calomnie]* to repeat, to spread about; *[+ histoire]* to repeat ◆ **elle est allée tout répéter à son père** she went and repeated everything to her father, she went and told her father everything ◆ **je vais vous répéter exactement ce qu'il m'a dit** I'll repeat exactly what he said ◆ **c'est un secret, ne le répétez pas !** it's a secret, don't repeat it! *ou* don't tell anyone! ◆ **il m'a répété tous les détails de l'événement** he went over all the details of the event for me, he related all the details of the event to me
3 *(= refaire) [+ expérience, exploit]* to repeat, to do again; *[+ proposition]* to repeat, to renew; *[+ essai]* to repeat ◆ **nous répéterons une nouvelle fois la tentative** we'll repeat the attempt one more time, we'll have another try ◆ **tentatives répétées de suicide/d'évasion** repeated suicide/escape attempts
4 *[+ pièce, symphonie, émission]* to rehearse; *[+ rôle, leçon]* to learn, to go over; *[+ morceau de piano]* to practise ◆ **nous répétons à 4 heures** we rehearse at 4 o'clock, the rehearsal is at 4 o'clock ◆ **ma mère m'a fait répéter ma leçon/mon rôle** I went over my homework/my part with my mother
5 *(= reproduire) [+ motif]* to repeat; *(Mus) [+ thème]* to repeat, to restate ◆ **les miroirs répétaient son image** his image was reflected again and again in the mirrors
VPR **se répéter** 1 *(= redire, radoter)* to repeat o.s. ◆ **se répéter qch à soi-même** to repeat sth to o.s. ◆ **la nouvelle que toute la ville se répète** the news which is being repeated all round the town ◆ **je ne voudrais pas me répéter, mais...** I don't want to repeat myself *ou* say the same thing twice, but...
2 *(= se reproduire)* to be repeated, to reoccur, to recur ◆ **ces incidents se répétèrent fréquemment** these incidents were frequently repeated, these incidents kept recurring *ou* occurred repeatedly ◆ **que cela ne se répète pas !** (just) don't let that happen again! ◆ **l'histoire ne se répète jamais** history never repeats itself

répéteur /ʀepetœʀ/ NM *(Téléc)* repeater

répétiteur, -trice /ʀepetitœʀ, tʀis/
NM,F *(Scol)* tutor, coach
NM *(Tech)* ◆ **répétiteur de signaux** repeater

répétitif, -ive /ʀepetitif, iv/ ADJ repetitive

répétition /ʀepetisjɔ̃/ SYN NF 1 *(= redite)* repetition ◆ **il y a beaucoup de répétitions** there is a lot of repetition, there are numerous repetitions
2 *(= révision)* repetition; *[de pièce, symphonie]* rehearsal; *[de rôle]* learning; *[de morceau de piano]* practising ◆ **répétition générale** (final) dress rehearsal ◆ **la répétition d'un tel exploit est difficile** repeating a feat like that *ou* doing a feat like that again is difficult ◆ **la chorale est en répétition** the choir is rehearsing *ou* practising
3 *(= nouvelle occurrence)* ◆ **pour éviter la répétition d'une telle mésaventure** to prevent such a mishap happening again
◆ **à répétition** ◆ **faire des rhumes/des angines à répétition** to have one cold/one sore throat after another ◆ **scandales/grèves à répétition** one scandal/strike after another, endless scandals/strikes ◆ **fusil/montre à répétition** repeater rifle/watch
4 *(† = leçon particulière)* private lesson, private coaching *(NonC)*

répétitivité /ʀepetitivite/ NF repetitiveness

repeuplement /ʀ(ə)pœpləmɑ̃/ NM *[de région]* repopulation; *[d'étang, chasse]* restocking; *[de forêt]* replanting

repeupler /ʀ(ə)pœple/ ▸ conjug 1 ◂
VT *[+ région]* to repopulate; *[+ étang, chasse]* to restock *(de* with); *[+ forêt]* to replant *(de* with)
VPR **se repeupler** *[région]* to be *ou* become repopulated ◆ **le village commence à se repeupler** people have started moving back into the village

repincer /ʀ(ə)pɛ̃se/ ▸ conjug 3 ◂ VT *(lit)* to pinch *ou* nip again; *(* fig)* to catch again, to nab* again ◆ **se faire repincer** to get caught *ou* nabbed* again

repiquage /ʀ(ə)pikaʒ/ NM 1 *[de plantes]* pricking out; *[de riz]* transplanting
2 *(bactériologique)* subculturing
3 *[de photo]* touching up, retouching
4 *(= réenregistrement)* rerecording; *(= copie)* recording, tape

repiquer /ʀ(ə)pike/ ▸ conjug 1 ◂
VT 1 *[+ plantes]* to prick out; *[+ riz]* to transplant ◆ **plantes à repiquer** bedding plants
2 *(Bio)* to subculture
3 *[+ photo]* to touch up, to retouch; *(Tech : = repaver)* to repave
4 *(= réenregistrer)* to rerecord; *(= faire une copie de) [+ disque]* to record, to tape; *[+ logiciel]* to make a copy of
5 *(* = reprendre)* to catch again ◆ **il s'est fait repiquer à la frontière** the police caught up with him again at the border

6 *[moustique]* to bite again; *[épine]* to prick again • **repiquer un vêtement à la machine** *(Couture)* to restitch a garment

VT INDIR **repiquer à** * • **repiquer au plat** to take a second helping • **repiquer au truc** to go back to one's old ways, to be at it again * • **elle a repiqué aux somnifères** she's back on sleeping tablets again

répit /ʀepi/ SYN NM (= *rémission*) respite *(frm)*; (= *repos*) respite *(frm)*, rest • **la douleur ne lui laisse pas de répit** the pain never gives him any respite • **s'accorder un peu de répit** to have a bit of a rest • **donnez-moi un petit répit pour vous payer** give me a bit more time to pay you • **accordez-nous 5 minutes de répit** give us 5 minutes' rest *ou* respite

♦ **sans répit** • **travailler sans répit** to work continuously *ou* without respite • **harceler qn sans répit** to harass sb relentlessly

replacement /ʀ(ə)plasmɑ̃/ NM *[d'objet]* replacing, putting back; *[d'employé]* redeployment

replacer /ʀ(ə)plase/ SYN ▸ conjug 3 ◂

VT 1 (= *remettre*) *[+ objet]* to replace, to put back (in its place) • **replacer une vertèbre** to put *ou* ease a vertebra back into place

2 (= *resituer*) • **il faut replacer les choses dans leur contexte** we must put things back in their context

3 *[+ employé]* to find a new job for, to redeploy

4 * • **il faudra que je la replace, celle-là !** *[+ plaisanterie, expression]* I must remember to use that one again!

VPR **se replacer** 1 *[employé]* to find a new job

2 (= *s'imaginer*) • **se replacer dans les mêmes conditions** to put o.s. in the same situation • **replaçons-nous au 16e siècle** let's go *ou* look back to the 16th century

replantation /ʀ(ə)plɑ̃tasjɔ̃/ NF *[de forêt]* replanting

replanter /ʀ(ə)plɑ̃te/ SYN ▸ conjug 1 ◂ VT *[+ plante]* to replant, to plant out; *[+ forêt, arbre]* to replant • **replanter un bois en conifères** to replant a wood with conifers

replat /ʀəpla/ NM projecting ledge *ou* shelf

replâtrage /ʀ(ə)plɑtʀaʒ/ NM 1 *[de mur]* replastering

2 * *[d'amitié, gouvernement]* patching up • **replâtrage ministériel** *(Pol)* patching together *ou* patch-up of the cabinet

replâtrer /ʀ(ə)plɑtʀe/ ▸ conjug 1 ◂ VT 1 *[+ mur]* to replaster; *[+ membre]* to put another cast on

2 * *[+ amitié, gouvernement]* to patch up

replet, -ète /ʀəplɛ, ɛt/ SYN ADJ *[personne]* podgy, fat; *[visage]* chubby

repleuvoir /ʀ(ə)plœvwaʀ/ ▸ conjug 23 ◂ VB IMPERS to rain again, to start raining again • **il repleut** it is raining again, it has started raining again

repli /ʀəpli/ SYN NM 1 *[de terrain, papier]* fold; *[d'intestin, serpent]* coil; *[de rivière]* bend, twist; *[de peau]* *(dû à l'âge)* wrinkle; *(d'embonpoint)* fold *(de in)*

2 *(Couture)* *[d'ourlet, étoffe]* fold, turn *(de in)*

3 *(Mil)* withdrawal, falling back • **position de repli** *(Mil, fig)* fallback position • **repli stratégique** *(Mil, fig)* strategic withdrawal

4 *(Bourse)* fall, drop • **le cours de l'étain a accentué son repli** the price of tin has weakened further • **le dollar est en repli à 1 €** the dollar has fallen back to €1 • **mouvement de repli des taux d'intérêt** downward trend in interest rates

5 (= *réserve*) withdrawal • **repli sur soi-même** withdrawal (into oneself), turning in on oneself • **le repli identitaire** clinging to identity

6 (= *recoin*) *[de cœur, conscience]* hidden *ou* innermost recess, innermost reaches

repliable /ʀ(ə)plijabl/ ADJ folding *(épith)*

réplication /ʀeplikasjɔ̃/ NF replication

repliement /ʀ(ə)plimɑ̃/ NM • **repliement (sur soi-même)** withdrawal (into oneself), turning in on oneself

replier /ʀ(ə)plije/ ▸ conjug 7 ◂

VT 1 *[+ carte, journal, robe]* to fold up (again), to fold back up; *[+ manche, bas de pantalon]* to roll up, to fold up; *[+ coin de feuille]* to fold over; *[+ ailes]* to fold (back); *[+ jambes]* to tuck up; *[+ couteau]* to close • **les jambes repliées sous lui** sitting back with his legs tucked under him • **replier le drap sur la couverture** to fold the sheet back over *ou* down over the blanket

2 *(Mil)* *[+ troupes]* to withdraw; *[+ civils]* to move back *ou* away

VPR **se replier** SYN *[serpent]* to curl up, to coil up; *[chat]* to curl up; *[lame de couteau]* to fold back; *(Mil)* to fall back, to withdraw *(sur to)*; *(Bourse)* *[valeurs]* to fall (back), to drop • **se replier (sur soi-même)** to withdraw into oneself, to turn in on oneself • **communauté repliée sur elle-même** inward-looking community

réplique /ʀeplik/ SYN NF 1 (= *réponse*) retort • **il a la réplique facile** he's always ready with an answer, he's never at a loss for an answer *ou* a reply • **et pas de réplique !** and don't answer back! • **« non », dit-il d'un ton sans réplique** "no", he said in a tone that brooked no reply • **argument sans réplique** irrefutable argument

2 (= *contre-attaque*) counter-attack • **la réplique ne se fit pas attendre** they weren't slow to retaliate

3 *(Théât)* line • **dialogue aux répliques spirituelles** dialogue with some witty lines • **oublier sa réplique** to forget one's lines *ou* words • **l'acteur a manqué sa réplique** the actor missed his cue • **c'est Belon qui vous donnera la réplique** *(pour répéter)* Belon will give you your cue; *(dans une scène)* Belon will play opposite you • **je saurai lui donner la réplique** *(fig)* I can match him (in an argument), I can give as good as I get

4 *(Art)* replica • **il est la réplique de son jumeau** *(fig)* he's the (spitting) image of his twin brother

5 *[de tremblement de terre]* after-shock

répliquer /ʀeplike/ SYN ▸ conjug 1 ◂

VT to reply • **il (lui) répliqua que...** he replied *ou* retorted that... • **il n'y a rien à répliquer à cela** there's no answer to that • **il trouve toujours quelque chose à répliquer** he's always got an answer for everything

VI 1 (= *répondre*) to reply • **répliquer à la critique** to reply to criticism • **et ne réplique pas !** *(insolence)* and don't answer back!; *(protestation)* and no protests!

2 (= *contre-attaquer*) to retaliate • **il répliqua par des coups de poing/des injures** he retaliated with his fists/with foul language

replonger /ʀ(ə)plɔ̃ʒe/ ▸ conjug 3 ◂

VT *[+ rame, cuiller]* to dip back *(dans into)* • **replongé dans la pauvreté/la guerre/l'obscurité** plunged into poverty/war/darkness again, plunged back into poverty/war/darkness • **replongeant sa main dans l'eau** dipping his hand into the water again • **ce film nous replonge dans l'univers des années 30** this film takes us right back to the 1930s • **elle replongea son nez dans ses dossiers** she buried herself in her files again

VI 1 *(dans une piscine)* to dive back, to dive again *(dans into)*

2 * *[drogué]* to become hooked * again; *[délinquant]* to go back to one's old ways; *[alcoolique]* to go back to drinking

VPR **se replonger** to dive back *ou* again *(dans into)* • **il se replongea dans sa lecture** he immersed himself in his book again, he went back to his reading • **se replonger dans les études** to throw oneself into one's studies again

repolir /ʀ(ə)pɔliʀ/ ▸ conjug 2 ◂ VT *[+ objet]* to repolish; *(fig)* *[+ discours]* to polish up again, to touch up again

repolissage /ʀ(ə)pɔlisaʒ/ NM *[d'objet]* repolishing; *[de discours]* polishing up again, touching up again

répondant, e /ʀepɔ̃dɑ̃, ɑ̃t/

NM,F guarantor, surety • **servir de répondant à qn** *(Fin)* to stand surety for sb, to be sb's guarantor; *(fig)* to vouch for sb

NM 1 *(Fin)* • **il a du répondant** *(compte approvisionné)* he has money behind him; (* : *beaucoup d'argent)* he has something to fall back on; (* : *le sens de la répartie)* he has a talent for repartee

2 *(Rel)* server

répondeur, -euse /ʀepɔ̃dœʀ, øz/

ADJ * impertinent, cheeky * *(Brit)*, sassy * *(US)* • **je n'aime pas les enfants répondeurs** I don't like children who answer back

NM • **répondeur (téléphonique)** (telephone) answering machine *(simply giving a recorded message)* • **répondeur (enregistreur)** (telephone) answering machine, answerphone *(on which you can leave a message)* • **je suis tombé sur un répondeur** I got a recorded message; → **interrogeable**

répondre /ʀepɔ̃dʀ/ GRAMMAIRE ACTIVE 27.4, 27.5, 27.7 SYN ▸ conjug 41 ◂

VT 1 *(gén)* to answer, to reply • **il a répondu une grossièreté** he replied with a rude remark, he made a rude remark in reply • **il m'a répondu oui/non** he said *ou* answered yes/no • **il m'a répondu (par) une lettre** he sent me a written reply • **il a répondu qu'il le savait** he answered *ou* replied that he knew • **il m'a répondu qu'il viendrait** he told me (in reply) that he would come • **je lui ai répondu de se taire** *ou* **qu'il se taise** I told him to be quiet • **vous me demandez si j'accepte, je (vous) réponds que non** you're asking me if I accept and I'm telling you I don't *ou* and my answer is no • **je me suis vu répondre que..., il me fut répondu que...** I was told that... • **répondre présent à l'appel** *(lit)* to answer present at roll call; *(fig)* to come forward, to make oneself known • **réponds quelque chose, même si c'est faux** give an answer, even if it's wrong • **(c'est) bien répondu !** well said! • **qu'avez-vous à répondre ?** what have you got to say in reply? • **il n'y a rien à répondre** there's no answer to that • **qu'est-ce que vous voulez répondre à cela ?** what can you say to that?

2 *(Rel)* • **répondre la messe** to serve (at) mass

VI 1 *(gén)* to answer, to reply • **réponds donc !** well answer (then)! • **répondre en claquant la porte** to slam the door by way of reply *ou* by way of an answer • **répondre à qn/à une question/à une convocation** to reply to *ou* answer sb/a question/a summons • **seul l'écho lui répondit** only the echo answered him • **je ne lui ai pas encore répondu** I haven't yet replied to his letter *ou* answered his letter *ou* written back to him • **je lui répondrai par écrit** I'll reply *ou* answer in writing, I'll let him have a written reply *ou* answer • **avez-vous répondu à son invitation ?** did you reply to his invitation? • **il répond au nom de Louis** he answers to the name of Louis • **répondre par oui ou par non** to reply *ou* answer *ou* say yes or no • **répondre par monosyllabes** to reply in words of one syllable • **instruments de musique qui se répondent** musical instruments that answer each other • **répondre par un sourire/en hochant la tête** to smile/nod in reply • **elle répondit à son salut par un sourire** she replied to *ou* answered his greeting with a smile • **il a répondu par des injures** he replied with a string of insults, he replied by insulting us *(ou them etc)*

2 (= *aller ouvrir ou décrocher*) • **répondre (à la porte** *ou* **à la sonnette)** to answer the door • **répondre (au téléphone)** to answer the telephone • **son poste ne répond pas** there's no reply from his extension • **personne ne répond, ça ne répond pas** there's no answer *ou* reply, no one's answering • **on a sonné, va répondre** there's the doorbell - go and see who it is • **personne n'a répondu à mon coup de sonnette** no one answered the door *ou* the bell when I rang, I got no answer when I rang the bell

3 (= *être impertinent*) to answer back • **il a répondu à la maîtresse** he answered the teacher back

4 (= *réagir*) *[voiture, commandes, membres]* to respond *(à to)* • **son cerveau ne répond plus aux excitations** his brain no longer responds to stimuli • **les freins ne répondaient plus** the brakes were no longer responding

VT INDIR **répondre à** 1 (= *correspondre à*) *[+ besoin]* to answer, to meet; *[+ signalement]* to answer, to fit; *[+ norme, condition]* to meet • **ça répond tout à fait à l'idée que je m'en faisais** that corresponds exactly to what I imagined it to be like • **cela répond/ne répond pas à ce que nous cherchons** this meets/doesn't meet *ou* falls short of our requirements • **ça répond/ne répond pas à mon attente** *ou* **à mes espérances** it comes up to/falls short of my expectations • **cela répond à une certaine logique** it's quite logical

2 (= *payer de retour*) *[+ attaque, avances]* to respond to; *[+ amour, affection, salut]* to return; *[+ politesse, gentillesse, invitation]* to repay, to pay back • **peu de gens ont répondu à cet appel** few people responded to this appeal, there was little response to this appeal • **répondre à la force par la force** to answer *ou* meet force with force • **s'ils lancent une attaque, nous saurons y répondre** if they launch an attack we'll fight back *ou* retaliate

3 (= *être identique à*) *[+ dessin, façade]* to match • **les deux ailes du bâtiment se répondent** the two wings of the building match (each other)

VT INDIR **répondre de** 1 *(= être garant de) [+ personne]* to answer for ◆ **répondre de l'innocence/l'honnêteté de qn** to answer *ou* vouch for sb's innocence/honesty ◆ **répondre des dettes de qn** to answer for sb's debts, to be answerable for sb's debts ◆ **si vous agissez ainsi, je ne réponds plus de rien** if you behave like that, I'll accept no further responsibility ◆ **il viendra, je vous en réponds !** he'll come all right, you can take my word for it! ◆ **ça ne se passera pas comme ça, je t'en réponds !** you can take it from me that it won't happen like that!, it won't happen like that, you take it from me!

2 *(= rendre compte de) [+ actes, décision]* to be accountable for ◆ **répondre de ses crimes** *(Jur)* to answer for one's crimes

répons /ʀepɔ̃/ NM *(Rel)* response

réponse /ʀepɔ̃s/ GRAMMAIRE ACTIVE 19.4 SYN NF 1 *(à demande, lettre, objection)* reply, response; *(à coup de sonnette, prière, question,)* answer, reply; *(à énigme, examen, problème)* answer *(à* to*)*; *(Mus)* recapitulation ◆ **en réponse à votre question** in answer *ou* reply *ou* response to your question ◆ **en réponse aux accusations portées contre lui** in response *ou* reply to the accusations brought against him ◆ **pour toute réponse, il grogna** he just grunted in reply ◆ **pour toute réponse, il me raccrocha au nez** he just hung up on me ◆ **ma réponse est non** my answer is no ◆ **télégramme avec réponse payée** reply-paid telegram ◆ **ma lettre est restée sans réponse** my letter remained unanswered ◆ **sa demande est restée sans réponse** there has been no reply *ou* response to his request ◆ **apporter une réponse au problème** to find an answer to the problem ◆ **la réponse ne s'est pas fait attendre** *(Mil, fig)* they were *(ou* he was *etc)* quick to retaliate

2 *(Physiol, Tech = réaction)* response; *(à un appel, un sentiment = écho)* response ◆ **réponse immunitaire** immune response

3 *(locutions)* ◆ **avoir réponse à tout** to have an answer for everything ◆ **c'est la réponse du berger à la bergère** it's tit for tat ◆ **il me fit une réponse de Normand** he wouldn't say yes or no, he wouldn't give me a straight answer ◆ **il fait les demandes et les réponses** he doesn't let anyone get a word in edgeways* *(Brit) ou* edgewise *(US)*

> Attention à ne pas traduire automatiquement **réponse** par **response**, qui, sauf au sens de 'réaction', est d'un registre plus soutenu.

repopulation /ʀ(ə)pɔpylasjɔ̃/ NF *[de ville]* repopulation; *[d'étang]* restocking

report /ʀəpɔʀ/ NM 1 *[de match]* postponement, putting off; *[de procès]* postponement; *[de décision]* putting off, deferment; *[de date]* putting off, putting back, deferment ◆ **report d'échéance** *(Fin)* extension of due date ◆ « **report** » *(en bas de page)* "carried forward"; *(en haut de page)* "brought forward"

2 *[de chiffres, indications]* transfer, writing out, copying out; *(Comm) [d'écritures]* posting; *[de somme]* carrying forward *ou* over; *(Photo)* transfer ◆ **faire le report de** *[+ somme]* to carry forward *ou* over; *[+ écritures]* to post ◆ **les reports de voix entre les deux partis se sont bien effectués au deuxième tour** *(Pol)* the votes were satisfactorily transferred to the party with more votes after the first round of the election

reportage /ʀ(ə)pɔʀtaʒ/ SYN NM 1 *(Presse, Radio, TV)* report *(sur* on*)*; *(sur le vif) [de match, événement]* commentary ◆ **reportage photographique/télévisé** illustrated/television report ◆ **reportage en direct** live commentary ◆ **faire un reportage sur** *(Presse)* to write a report on; *(Radio, TV)* to report on ◆ **faire** *ou* **assurer le reportage d'une cérémonie** to cover a ceremony, to do the coverage of a ceremony ◆ **être en reportage** *(Presse)* to be out on a story, to be covering a story; *(Radio, TV)* to be (out) reporting ◆ **c'était un reportage de Julie Durand** that report was from Julie Durand, that was Julie Durand reporting

2 *(= métier)* (news) reporting ◆ **il fait du reportage** he's a (news) reporter ◆ **le grand reportage** the coverage of major international events ◆ **il a fait plusieurs grands reportages pour...** he has covered several big stories for...

3 *(NonC) (= photographie documentaire)* reportage

reporter¹ /ʀ(ə)pɔʀte/ GRAMMAIRE ACTIVE 21.3 SYN ▸ conjug 1 ◂

VT 1 *(= ramener) [+ objet]* to take back; *(par la pensée)* to take back *(à* to*)* ◆ **cette chanson nous reporte aux années trente** this song takes us back to the thirties

2 *(= différer) [+ match]* to postpone, to put off; *[+ décision]* to put off, to defer; *[+ date]* to put off *ou* back *(Brit)*, to defer ◆ **la réunion est reportée à demain/d'une semaine** the meeting has been postponed until tomorrow/for a week ◆ **le jugement est reporté à huitaine** *(Jur)* (the) sentence has been deferred for a week

3 *[+ chiffres, indications]* to transfer *(sur* to*)*, to write out, to copy out *(sur* on*)*; *(Comm) [+ écritures]* to post; *(Photo)* to transfer *(sur* to*)* ◆ **reporter une somme sur la page suivante** to carry an amount forward *ou* over to the next page

4 *(= transférer)* ◆ **reporter son affection/son vote sur** to transfer one's affection/one's vote to ◆ **reporter son gain sur un autre cheval/numéro** to put *ou* place one's winnings on *ou* transfer one's bet to another horse/number

VT INDIR **reporter à** *(= en référer à) (hiérarchiquement)* to report to

VPR **se reporter** 1 *(= se référer à)* ◆ **se reporter à** to refer to ◆ **reportez-vous à la page 5** turn to *ou* refer to *ou* see page 5

2 *(par la pensée)* ◆ **se reporter à** to think back to, to cast one's mind back to ◆ **reportez-vous (par l'esprit) aux années 50** cast your mind back to the fifties ◆ **si l'on se reporte à l'Angleterre de cette époque** if one thinks back to the England of that period

3 *(= se transférer)* ◆ **son affection s'est reportée sur ses chats** he transferred his affection to his cats

reporter² /ʀ(ə)pɔʀtɛʀ/ SYN NM reporter ◆ **grand reporter** special correspondent ◆ **reporter(-)photographe** reporter and photographer ◆ **reporter-cameraman** news reporter and cameraman; → **radioreporter**

reporteur /ʀ(ə)pɔʀtœʀ/ NM 1 *(Bourse)* taker (of stock)

2 *(Typographie)* transfer

3 *(TV)* reporter ◆ **reporteur d'images** reporter-cameraman

reporting /ʀipɔʀtiŋ/ NM notification ◆ **ses méthodes de reporting étaient déficientes** his notification procedures were unsatisfactory

repos /ʀ(ə)po/ SYN NM 1 *(= détente)* rest ◆ **prendre du repos/un peu de repos** to take *ou* have a rest/a bit of a rest ◆ **il ne peut pas rester** *ou* **demeurer en repos 5 minutes** he can't rest *ou* relax for (even) 5 minutes ◆ **le médecin lui a ordonné le repos complet** the doctor has ordered him to rest *ou* ordered complete rest ◆ **après une matinée/journée de repos, il allait mieux** after a morning's/day's rest he felt better ◆ **respecter le repos dominical** to observe Sunday as a day of rest ◆ **le repos du guerrier** *(hum)* a well-earned rest; → **lit, maison**

2 *(= congé)* ◆ **avoir droit à deux jours de repos hebdomadaire** to be entitled to two days off a week ◆ **le médecin lui a donné du repos/huit jours de repos** the doctor has given him some time off/a week off

3 *(= tranquillité)* peace and quiet; *(= quiétude morale)* peace of mind; *(littér = sommeil, mort)* rest, sleep ◆ **il n'y aura pas de repos pour lui tant que...** he'll have no peace of mind until..., he won't get any rest until... ◆ **le repos de la tombe** the sleep of the dead ◆ **le repos éternel** eternal rest

4 *(= pause) [de discours]* pause; *[de vers]* rest; *(Mus)* cadence

5 *(= petit palier)* half landing

6 *(locutions)* ◆ **repos !** *(Mil)* (stand) at ease! ◆ **muscle à l'état de repos** relaxed muscle

◆ **au repos** *[soldat]* standing at ease; *[masse, machine, animal]* at rest; *[muscle]* relaxed

◆ **de + repos** ◆ **être de repos** to be off ◆ **de tout repos** *[situation, entreprise]* secure, safe; *[placement]* gilt-edged, safe; *[travail]* easy ◆ **ce n'est pas de tout repos !** it's not exactly restful!, it's no picnic! *

◆ **en repos** ◆ **être en repos** to be resting ◆ **avoir la conscience en repos** to have an easy *ou* a clear conscience ◆ **pour avoir l'esprit en repos** to put my *(ou* your *etc)* mind at rest ◆ **laisser qn en repos** *(frm)* to leave sb in peace *ou* alone

◆ **sans repos** *[travailler]* without stopping, relentlessly; *[marcher]* without a break *ou* a rest, without stopping; *[quête]* uninterrupted, relentless

reposant, e /ʀ(ə)pozɑ̃, ɑ̃t/ ADJ *[sommeil]* refreshing; *[couleur, lieu]* restful; *[musique, vacances]* restful, relaxing ◆ **c'est reposant pour la vue** it's (very) restful on *ou* to the eyes

repose /ʀ(ə)poz/ NF *[d'appareil]* refitting, reinstallation; *[de tapis]* relaying, putting (back) down again

reposé, e¹ /ʀ(ə)poze/ SYN (ptp de **reposer**) ADJ *[air, teint, cheval]* fresh, rested *(attrib)* ◆ **elle avait le visage reposé** she looked rested ◆ **j'ai l'esprit reposé** my mind is fresh ◆ **maintenant que vous êtes bien reposé...** now (that) you've had a good rest...; → **tête**

repose-bras /ʀ(ə)pozbʀɑ/ NM INV armrest

reposée² /ʀ(ə)poze/ NF *[d'animal]* den, lair

repose-pied (pl **repose-pieds**) /ʀ(ə)pozpje/ NM footrest

reposer /ʀ(ə)poze/ SYN ▸ conjug 1 ◂

VT 1 *(= poser à nouveau) [+ verre, livre]* to put back down, to put down again; *[+ tapis]* to relay, to put back down; *[+ objet démonté]* to put back together ◆ **reposer ses yeux sur qch** to look at sth again ◆ **va reposer ce livre où tu l'as trouvé** go and put that book back where you found it ◆ **reposez armes !** *(Mil)* order arms!

2 *(= soulager, délasser) [+ yeux, corps, membres]* to rest; *[+ esprit]* to rest, to relax ◆ **se reposer l'esprit** to rest one's mind, to give one's mind *ou* brain a rest ◆ **les lunettes de soleil reposent les yeux** *ou* **la vue** sunglasses rest the eyes, sunglasses are restful to the eyes ◆ **reposer sa tête/jambe sur un coussin** to rest one's head/leg on a cushion ◆ **cela repose de ne voir personne (pendant une journée)** it makes a restful change not to see anyone (for a whole day); → **tête**

3 *(= répéter) [+ question]* to repeat, to ask again; *[+ problème]* to bring up again, to raise again ◆ **cela va reposer le problème** that will raise the (whole) problem again *ou* bring the (whole) problem up again ◆ **cet incident va (nous) reposer un problème** this incident is going to pose us a new problem *ou* bring up a new problem for us

VT INDIR **reposer sur** *[bâtiment]* to be built on; *[route]* to rest on, to be supported by; *[supposition]* to rest on, to be based on; *[résultat]* to depend on ◆ **sa jambe reposait sur un coussin** his leg was resting on a cushion ◆ **sa théorie ne repose sur rien de précis** his theory doesn't rest on *ou* isn't based on anything specific ◆ **tout repose sur son témoignage** everything hinges on *ou* rests on his evidence

VI 1 *(littér) (= être étendu)* to rest, to lie (down); *(= dormir)* to sleep, to rest; *(= être enterré)* to rest ◆ **faire reposer son cheval** to rest one's horse ◆ **tout reposait dans la campagne** everything was sleeping *ou* resting in the countryside ◆ **ici repose...** here lies... ◆ **qu'il repose en paix** may he rest in peace ◆ **l'épave repose par 20 mètres de fond** the wreck is lying 20 metres down

2 ◆ **laisser reposer** *[+ liquide]* to leave to settle, to let settle *ou* stand; *[+ pâte à pain]* to leave to rise, to let rise; *[+ pâte feuilletée]* to (allow to) rest; *[+ pâte à crêpes]* to leave (to stand) ◆ **laisser reposer la terre** to let the earth lie fallow

VPR **se reposer** 1 *(= se délasser)* to rest ◆ **se reposer sur ses lauriers** to rest on one's laurels

2 ◆ **se reposer sur qn** to rely on sb ◆ **je me repose sur vous pour régler cette affaire** I'll leave it to you *ou* I'm relying on you to sort this business out ◆ **elle se repose sur lui pour tout** she relies on him for everything

3 *(= se poser à nouveau) [oiseau, poussière]* to settle again; *[problème]* to crop up again

repose-tête (pl **repose-têtes**) /ʀ(ə)poztɛt/ NM headrest

repositionner /ʀ(ə)pozisjɔne/ ▸ conjug 1 ◂

VT to reposition ◆ **ils désirent repositionner la chaîne sur le marché** they are looking to reposition the chain in the market

VPR **se repositionner** to reposition o.s. ◆ **nous cherchons à nous repositionner dans le haut de gamme** we are seeking to reposition ourselves at the higher end of the market

reposoir /ʀ(ə)pozwaʀ/ NM *[d'église, procession]* altar of repose; *[de maison privée]* household altar

repoussage /ʀ(ə)pusaʒ/ NM *[de cuir, métal]* repoussé work, embossing

repoussant, e /ʀ(ə)pusɑ̃, ɑ̃t/ SYN ADJ *[odeur, saleté, visage]* repulsive, repugnant ◆ **d'une laideur repoussante** repulsive

repousse /ʀ(ə)pus/ NF *[de cheveux, gazon]* regrowth ◆ **pour accélérer la repousse des cheveux** to help the hair grow again *ou* grow back in

repoussé, e /ʀ(ə)puse/ (ptp de **repousser**)
ADJ repoussé *(épith)*
NM *(= technique)* repoussé (work); *(= objet)* repoussé

repousse-peaux /ʀəpuspo/ NM INV orange stick

repousser /ʀ(ə)puse/ SYN ▸ conjug 1 ◂
VT [1] *(= écarter, refouler)* *[+ objet encombrant]* to push out of the way, to push away; *[+ ennemi, attaque]* to repel, to repulse, to drive back; *[+ coups]* to ward off; *[+ soupirant, quémandeur, malheureux]* to turn away • **repousser qch du pied** to kick sth out of the way, to kick sth away • **il me repoussa avec brusquerie** he pushed me away *ou* out of the way roughly • **elle parvint à repousser son agresseur** she managed to drive off *ou* beat off her attacker • **les électrons se repoussent** electrons repel each other
[2] *(= refuser)* *[+ demande, conseil, aide]* to turn down, to reject; *[+ hypothèse]* to dismiss, to rule out; *[+ tentation]* to reject, to resist, to repel; *[+ projet de loi]* to reject; *[+ objections, arguments]* to brush aside, to dismiss • **la police ne repousse pas l'hypothèse du suicide** the police do not rule out the possibility of suicide
[3] *(= remettre en place)* *[+ meuble]* to push back; *[+ tiroir]* to push back in; *[+ porte]* to push to • **repousse la table contre le mur** push the table back *ou* up against the wall
[4] *(= différer)* *[+ date, réunion]* to put off *ou* back *(Brit)*, to postpone, to defer • **la date de l'examen a été repoussée (à huitaine/à lundi)** the exam has been put off *ou* postponed (for a week/till Monday), the date of the exam has been put back *(Brit)* (a week/till Monday)
[5] *(= dégoûter)* to repel, to repulse • **tout en lui me repousse** everything about him repels *ou* repulses me
[6] *(Tech)* *[+ cuir, métal]* to emboss (by hand), to work in repoussé • **en cuir/métal repoussé** in repoussé leather/metal
VI *[feuilles, cheveux]* to grow again • **laisser repousser sa barbe** to let one's beard grow again

repoussoir /ʀ(ə)puswaʀ/ NM [1] *(à cuir, métal)* snarling iron; *(à ongles)* orange stick
[2] *(Art)* repoussoir, high-toned foreground; *(fig = faire-valoir)* foil • **servir de repoussoir à qn** to act as a foil to sb
[3] *(péj, * = personne laide)* ugly so-and-so* • **c'est un repoussoir !** he's (*ou* she's) ugly as sin!*

répréhensible /ʀepʀeɑ̃sibl/ SYN ADJ *[acte, personne]* reprehensible • **je ne vois pas ce qu'il y a de répréhensible à ça !** I don't see what's wrong with that!

reprendre /ʀ(ə)pʀɑ̃dʀ/ SYN ▸ conjug 58 ◂
VT [1] *(= récupérer)* *[+ ville]* to recapture; *[+ prisonnier]* to recapture, to catch again; *[+ employé]* to take back; *[+ objet prêté]* to take back, to get back • **reprendre sa place** *(sur un siège)* to go back to one's seat, to resume one's seat; *(dans un emploi)* to go back to work • **la photo avait repris sa place sur la cheminée** the photo was back in its (usual) place on the mantelpiece • **passer reprendre qn** to go back *ou* come back for sb • **il a repris sa parole** he went back on his word • **j'irai reprendre mon manteau chez le teinturier** I'll go and get my coat (back) from the cleaner's • **reprendre son nom de jeune fille** to take one's maiden name again, to go back to *ou* revert to one's maiden name
[2] *(= se resservir de)* *[+ plat]* to have *ou* take (some) more • **voulez-vous reprendre des légumes ?** would you like a second helping of *ou* some more vegetables?
[3] *(= retrouver)* *[+ espoir, droits, forces]* to regain, to recover • **reprendre des couleurs** to get some colour back in one's cheeks • **reprendre confiance/courage** to regain *ou* recover one's confidence/courage • **reprendre ses droits** to reassert itself • **reprendre ses habitudes** to get back into one's old habits, to take up one's old habits again • **reprendre contact avec qn** to get in touch with sb again • **reprendre ses esprits** *ou* **ses sens** to come to, to regain consciousness, to come round *(Brit)* • **reprendre sa liberté** to regain one's freedom • **reprendre haleine** *ou* **son souffle** to get one's breath back; → connaissance, conscience, dessus *etc*
[4] *(Comm)* *[+ marchandises]* to take back; *(contre un nouvel achat)* to take in part exchange; *[+ fonds de commerce, usine]* to take over • **les articles en solde ne sont ni repris ni échangés** sale goods cannot be returned or exchanged • **ils m'ont repris ma vieille télé** they bought my old TV set off me (in part exchange) • **j'ai acheté une voiture neuve et ils ont repris la vieille** I bought a new car and traded in the old one *ou* and they took the old one in part exchange • **il a repris l'affaire de son père** he has taken on *ou* over his father's business
[5] *(= recommencer, poursuivre)* *[+ travaux]* to resume; *[+ études, fonctions, lutte]* to take up again, to resume; *[+ livre]* to pick up again, to go back to; *[+ lecture]* to go back to, to resume; *[+ conversation, récit]* to resume, to carry on (with); *[+ promenade]* to resume, to continue; *[+ hostilités]* to reopen, to start again; *[+ pièce de théâtre]* to put on again • **reprendre la route** *ou* **son chemin** *[voyageur]* to set off again • **reprendre la route** *[routier]* to go back on the road again • **reprendre la mer** *[marin]* to go back to sea • **après déjeuner ils reprirent la route** after lunch they continued their journey *ou* they set off again • **reprendre la plume** to take up the pen again • **reprenez votre histoire au début** start your story from the beginning again, go back to the beginning of your story again • **reprenons les faits un par un** let's go over the facts again one by one • **il reprendra la parole après vous** he will speak again after you • **reprendre le travail** *(après maladie, grève)* to go back to work, to start work again; *(après le repas)* to get back to work, to start work again • **la vie reprend son cours** life is back to normal again • **il a repris le rôle de Hamlet** *(Théât)* he has taken on the role of Hamlet; → collier
[6] *(= saisir à nouveau)* • **son mal de gorge l'a repris** his sore throat is troubling *ou* bothering him again • **ses douleurs l'ont repris** he is in pain again • **voilà que ça le reprend !** *(iro)* there he goes again!, he's off again!* • **ses doutes le reprirent** he started feeling doubtful again
[7] *(= attraper à nouveau)* to catch again • **on ne m'y reprendra plus** *(fig)* I won't let myself be caught (out) again • **que je ne t'y reprenne pas !** *(menace)* don't let me catch you doing that again!
[8] *(Sport = rattraper)* *[+ balle]* to catch • **revers bien repris par Legrand** *(Tennis)* backhand well returned by Legrand
[9] *(= retoucher, corriger)* *[+ tableau]* to touch up; *[+ article, chapitre]* to go over again; *[+ manteau]* *(gén)* to alter; *(trop grand)* to take in; *(trop petit)* to let out; *(trop long)* to take up; *(trop court)* to let down • **il n'y a rien à reprendre** there's not a single correction *ou* alteration to be made • **il y a beaucoup de choses à reprendre dans ce travail** there are lots of improvements to be made to this work, there are a lot of things that need improving in this work • **il faut reprendre un centimètre à droite** *(Couture)* we'll have to take it in half an inch on the right
[10] *(= réprimander)* *[+ personne]* to reprimand, to tell off*; *(pour faute de langue)* to pull up • **reprendre un élève qui se trompe** to correct a pupil
[11] *(= répéter)* *[+ refrain]* to take up; *[+ critique]* to repeat • **il reprend toujours les mêmes arguments** he always repeats the same arguments, he always comes out with the same old arguments • **reprenez les 5 dernières mesures** *(Mus)* let's have *ou* take the last 5 bars again • **ils reprirent la chanson en chœur** they all joined in *ou* took up the song
[12] *(= réutiliser)* *[+ idée, suggestion]* to take up (again), to use (again) • **l'incident a été repris par les journaux** the incident was taken up by the newspapers
VI [1] *(= retrouver de la vigueur)* *[plante]* to recover; *[affaires]* to pick up • **la vie reprenait peu à peu** life gradually returned to normal • **il a bien repris depuis son opération** he has made a good recovery since his operation • **pour faire reprendre le feu** to get the fire going (again); → affaire
[2] *(= recommencer)* *[bruit, pluie, incendie, grève]* to start again; *[fièvre, douleur]* to come back again; *(Scol, Univ)* to start again, to go back • **le froid a repris depuis hier** it has turned cold again since yesterday
[3] *(= dire)* • **« ce n'est pas moi », reprit-il** "it's not me", he went on
VPR **se reprendre** [1] *(= se corriger)* to correct o.s.; *(= s'interrompre)* to stop o.s. • **il allait plaisanter, il s'est repris à temps** he was going to make a joke but he stopped himself *ou* pulled himself up in time
[2] *(= recommencer)* • **se reprendre à plusieurs fois pour faire qch** to make several attempts to do sth *ou* at doing sth • **il a dû s'y reprendre à deux fois pour ouvrir la porte** he had to make two attempts before he could open the door • **il se reprit à penser à elle** he went back to thinking about her, his thoughts went back to her • **il se reprit à craindre que...** once more he began to be afraid that... • **chacun se reprit à espérer** everyone began to hope again, everyone's hopes began to revive again
[3] *(= se ressaisir)* • **après une période de découragement, il s'est repris** after feeling quite despondent for a while he's got a grip on himself *ou* pulled himself together (again) • **le coureur s'est bien repris sur la fin** the runner made a good recovery *ou* caught up well towards the end

repreneur /ʀ(ə)pʀənœʀ/ NM *[d'entreprise]* (corporate) rescuer; *(péj)* raider • **trouver repreneur** to find a buyer

représailles /ʀ(ə)pʀezɑj/ NFPL *(Pol, fig)* reprisals, retaliation *(NonC)* • **user de représailles, exercer des représailles** to take reprisals, to retaliate *(envers, contre, sur* against*)* • **par représailles** in retaliation, as a reprisal • **en représailles de** as a reprisal for, in retaliation for • **menacer un pays de représailles commerciales** to threaten a country with trade reprisals • **mesures de représailles** retaliatory measures • **attends-toi à des représailles !** you can expect reprisals!

représentable /ʀ(ə)pʀezɑ̃tabl/ ADJ *[phénomène]* representable, that can be represented • **c'est difficilement représentable** it is difficult to represent it

représentant, e /ʀ(ə)pʀezɑ̃tɑ̃, ɑ̃t/ SYN NM,F *(gén)* representative • **représentant du personnel** staff representative • **représentant syndical** union representative, shop steward *(Brit)* • **représentant de commerce** sales representative, rep* • **représentant des forces de l'ordre** police officer • **représentant en justice** legal representative • **il est représentant en cosmétiques** he's a representative *ou* a rep* for a cosmetics firm • **représentant multicarte** sales representative acting for several firms

représentatif, -ive /ʀ(ə)pʀezɑ̃tatif, iv/ SYN ADJ *(gén)* representative • **représentatif de** *(= typique de)* representative of • **signes représentatifs d'une fonction** signs representing *ou* which represent a function • **échantillon représentatif de la population** representative sample of the population

représentation /ʀ(ə)pʀezɑ̃tasjɔ̃/ SYN NF
[1] *(= notation, transcription)* *[d'objet, phénomène, son]* representation; *[de paysage, société]* portrayal; *[de faits]* representation, description • **représentation graphique** graphic(al) representation • **c'est une représentation erronée de la réalité** it's a misrepresentation of reality • **représentation en arbre** *(Ling)* tree diagram
[2] *(= évocation, perception)* representation • **représentations visuelles/auditives** visual/auditory representations
[3] *(Théât = action, séance)* performance • **troupe en représentation** company on tour • **on a toujours l'impression qu'il est en représentation** *(fig)* he always seems to be playing a role
[4] *[de pays, citoyens, mandant]* representation; *(= mandataires, délégation)* representatives • **il assure la représentation de son gouvernement auprès de notre pays** he represents his government in our country • **représentation diplomatique/proportionnelle/en justice** diplomatic/proportional/legal representation
[5] *(Comm)* sales representation • **faire de la représentation** to be a (sales) representative *ou* a rep* • **la représentation entre pour beaucoup dans les frais** *(= les représentants)* the sales force is a major factor in costs
[6] *(= réception)* entertainment
[7] *(frm = reproches)* • **faire des représentations à** to make representations to

représentativité /ʀ(ə)pʀezɑ̃tativite/ NF representativeness • **reconnaître la représentativité d'une organisation** to recognize an organization as a representative body

représenter /ʀ(ə)pʀezɑ̃te/ SYN ▸ conjug 1 ◂
VT [1] *(= décrire)* *[peintre, romancier]* to depict, to portray, to show; *[photographie]* to show • **ce dessin représente un cheval** this is a drawing of a horse • **la scène représente une rue** *(Théât)* the scene is a street • **représenter fidèlement les faits** to describe *ou* set out the facts faithfully • **on le représente comme un escroc** he's portrayed as a crook • **il a voulu représenter la société du 19e siècle** he wanted to depict *ou* portray 19th-century society
[2] *(= symboliser)* to represent; *(= signifier)* to represent, to mean • **les parents représentent l'autorité** parents represent authority • **ce**

poste représente beaucoup pour moi this job means a lot to me ◆ **ce trait représente un arbre** this line represents a tree ◆ **ça va représenter beaucoup de travail** this is going to mean *ou* involve a lot of work ◆ **ça représente une part importante des dépenses** this is *ou* represents a large part of the costs ◆ **ils représentent 12% de la population** they make up *ou* represent *ou* are 12% of the population

3 *(Théât) (= jouer)* to perform, to play; *(= mettre à l'affiche)* to perform, to put on, to stage ◆ **on va représenter quatre pièces cette année** we *(ou* they *etc)* will perform *ou* put on four plays this year ◆ **« Hamlet » fut représenté pour la première fois en 1603** "Hamlet" was first performed in 1603

4 *(= agir au nom de) [+ ministre, pays]* to represent ◆ **il s'est fait représenter par son notaire** he was represented by his lawyer ◆ **les personnes qui ne peuvent pas assister à la réunion doivent se faire représenter (par un tiers)** people who cannot attend the meeting should send a proxy

5 ◆ **représenter une maison de commerce** to represent a firm, to be a representative for a firm

6 *(littér)* ◆ **représenter qch à qn** to point sth out to sb, to (try to) impress sth on sb ◆ **il lui représenta les inconvénients de la situation** he pointed out the drawbacks to him

VI † ◆ **il représente bien/ne représente pas bien** *(= en imposer)* he cuts a fine/a poor *ou* sorry figure

VPR se représenter 1 *(= s'imaginer)* to imagine ◆ **je ne pouvais plus me représenter son visage** I could no longer bring his face to mind *ou* visualize his face ◆ **on se le représente bien en Hamlet** you can well imagine him as Hamlet ◆ **tu te représentes la scène quand il a annoncé sa démission !** you can just imagine the scene when he announced his resignation!

2 *(= survenir à nouveau)* ◆ **l'idée se représenta à lui** the idea occurred to him again ◆ **si l'occasion se représente** if the occasion presents itself again ◆ **le même problème va se représenter** the same problem will crop up again

3 *(= se présenter à nouveau) (Scol, Univ)* to retake, to resit *(Brit)*; *(Pol)* to run again, to stand again *(Brit)* ◆ **se représenter à un examen** to retake *ou* resit *(Brit)* an exam ◆ **se représenter à une élection** to run *ou* stand *(Brit)* for re-election

répresseur /ʀepʀesœʀ/ **NM** *(Biochimie)* repressor

répressif, -ive /ʀepʀesif, iv/ **ADJ** repressive

répression /ʀepʀesjɔ̃/ SYN **NF** 1 *[de crime, abus]* curbing; *[de révolte]* suppression, quelling, repression ◆ **la répression** *(Pol)* repression ◆ **la répression qui a suivi le coup d'État** the repression *ou* crackdown which followed the coup ◆ **prendre des mesures de répression contre le crime** to crack down on crime ◆ **le service de la répression des fraudes** the Fraud Squad

2 *(Bio, Psych)* repression

réprimande /ʀepʀimɑ̃d/ SYN **NF** reprimand, rebuke ◆ **adresser une sévère réprimande à un enfant** to scold *ou* rebuke a child severely ◆ **son attitude mérite une réprimande** he deserves a reprimand for his attitude ◆ **faire des réprimandes à qn** to reprimand *ou* rebuke sb

réprimander /ʀepʀimɑ̃de/ SYN ▸ conjug 1 ◂ **VT** to reprimand, to rebuke ◆ **se faire réprimander par** to be reprimanded *ou* rebuked by

réprimer /ʀepʀime/ SYN ▸ conjug 1 ◂ **VT** *[+ insurrection]* to quell, to repress, to put down; *[+ crimes, abus]* to curb, to crack down on; *[+ sentiment, désir]* to repress, to suppress; *[+ rire, bâillement]* to suppress, to stifle; *[+ larmes, colère]* to hold back, to swallow

reprint /ʀəpʀint/ **NM** *(= procédé, ouvrage)* reprint

repris /ʀ(ə)pʀi/ **NM INV** ◆ **il s'agit d'un repris de justice** the man has previous convictions, the man is an ex-prisoner *ou* an ex-convict ◆ **un dangereux repris de justice** a dangerous known criminal

reprisage /ʀ(ə)pʀizaʒ/ **NM** *[de chaussette, lainage]* darning; *[de collant, drap, accroc]* mending

reprise /ʀ(ə)pʀiz/ SYN **NF** 1 *(= recommencement) [d'activité, cours, travaux]* resumption; *[d'hostilités]* resumption, re-opening, renewal; *[de froid]* return; *(Théât)* revival; *(Ciné)* rerun, reshowing *(NonC)*; *(Mus = passage répété)* repeat; *(Radio, TV = rediffusion)* repeat ◆ **la reprise des violons** *(Mus)* the re-entry of the violins ◆ **la reprise des combats est imminente** fighting will begin again *ou* will be resumed again very soon ◆ **pour éviter la reprise de l'inflation** to stop inflation taking off again ◆ **avec la reprise du mauvais temps** with the return of the bad weather ◆ **les ouvriers ont décidé la reprise du travail** the men have decided to go back to *ou* to return to work ◆ **on espère une reprise des affaires** we're hoping that business will pick up again ◆ **la reprise (économique) est assez forte dans certains secteurs** the (economic) revival *ou* recovery is quite marked in certain sectors

2 *(= accélération)* ◆ **avoir de bonnes reprises** *ou* **de la reprise** to have good acceleration, to accelerate well ◆ **sa voiture n'a pas de reprises** his car has no acceleration

3 *(Boxe)* round; *(Escrime)* reprise; *(Équitation) (pour le cavalier)* riding lesson; *(pour le cheval)* dressage lesson ◆ **à la reprise** *(Football)* at the start of the second half ◆ **reprise de volée** *(Tennis)* volleyed return ◆ **reprise !** *(après arrêt)* time!

4 *(Comm) [de marchandise]* taking back; *(pour nouvel achat)* trade-in, part exchange *(Brit)*; *(pour occuper des locaux)* key money ◆ **valeur de reprise d'une voiture** trade-in value *ou* part-exchange value *(Brit)* of a car ◆ **nous vous offrons une reprise de 1 000 € pour l'achat d'un nouveau modèle** we'll give you €1,000 when you trade your old one in ◆ **reprise des bouteilles vides** return of empties ◆ **la maison ne fait pas de reprise** goods cannot be returned *ou* exchanged ◆ **payer une reprise de 1 000 € à l'ancien locataire** to pay the outgoing tenant €1,000 for improvements made to the property

5 *(= réutilisation) [d'idée, suggestion]* re-using, taking up again

6 *[de chaussette]* darn; *[de drap, chemise]* mend ◆ **faire une reprise perdue** to darn *(ou* mend) invisibly ◆ **faire une reprise** *ou* **des reprises à un drap** to mend a sheet

7 *(Constr)* ◆ **reprise en sous-œuvre** underpinning

8 *(locutions)* ◆ **à deux ou trois reprises** on two or three occasions, two or three times ◆ **à maintes/plusieurs reprises** on many/several occasions, many/several times

repriser /ʀ(ə)pʀize/ SYN ▸ conjug 1 ◂ **VT** *[+ chaussette, lainage]* to darn; *[+ collant, drap]* to mend; *[+ accroc]* to mend, to stitch up; → **aiguille, coton, œuf**

réprobateur, -trice /ʀepʀɔbatœʀ, tʀis/ **ADJ** reproachful, reproving ◆ **elle me lança un regard réprobateur** she gave me a reproachful *ou* reproving look, she looked at me reproachfully ◆ **d'un ton réprobateur** reproachfully

réprobation /ʀepʀɔbasjɔ̃/ SYN **NF** 1 *(= blâme)* disapproval, reprobation *(frm)* ◆ **air/ton de réprobation** reproachful *ou* reproving look/tone

2 *(Rel)* reprobation

reproche /ʀ(ə)pʀɔʃ/ SYN **NM** criticism ◆ **faire** *ou* **adresser des reproches à qn** to criticize sb ◆ **conduite qui mérite des reproches** blameworthy *ou* reprehensible behaviour ◆ **faire reproche à qn d'avoir menti** *(frm)* to reproach sb for lying ◆ **je me fais de grands reproches** I hold myself very much to blame ◆ **avec reproche** reproachfully ◆ **ton/regard de reproche** reproachful tone/look ◆ **il est sans reproche** he's beyond *ou* above reproach ◆ **sans reproche, permettez-moi de vous dire que..., je ne vous fais pas de reproche mais permettez-moi de vous dire que...** I'm not blaming you but let me say that... ◆ **ce n'est pas un reproche !** this isn't a criticism! ◆ **soit dit sans reproche, tu devrais maigrir un peu** no offence meant but you should lose a bit of weight ◆ **le seul reproche que je ferais à cette cuisine...** the only criticism I have to make about the kitchen...

reprocher /ʀ(ə)pʀɔʃe/ SYN ▸ conjug 1 ◂ **VT** 1 ◆ **reprocher qch à qn** to criticize sb for sth ◆ **reprocher à qn de faire qch** to criticize sb for doing sth ◆ **les faits qui lui sont reprochés** *(Jur)* the charges against him ◆ **on lui a reproché sa maladresse** they criticized him for being clumsy ◆ **on lui reproche de nombreuses malhonnêtetés** he is accused of several instances of dishonesty ◆ **il me reproche mon succès/ma fortune** he resents my success/my wealth, he holds my success/my wealth against me ◆ **je ne te reproche rien** I'm not blaming you for anything ◆ **je me reproche de ne pas l'avoir fait** I regret not doing it ◆ **je n'ai rien à me reprocher** I've nothing to reproach myself with, I've nothing to be ashamed of ◆ **qu'est-ce qu'elle lui reproche ?** what has she got against him? ◆ **qu'est-ce que tu me reproches ?** what have I done wrong? ◆ **il est très minutieux mais on ne peut pas le lui reprocher** he's very meticulous but there's nothing wrong with that *ou* but that's no bad thing

2 *(= critiquer)* ◆ **qu'as-tu à reprocher à mon plan/ce tableau ?** what have you got against my plan/this picture?, what don't you like about my plan/this picture? ◆ **je reproche à ce tissu d'être trop salissant** my criticism of this material is that it shows the dirt ◆ **je ne vois rien à reprocher à son travail** I can't find any faults *ou* I can't find anything to criticize in his work

reproducteur, -trice /ʀ(ə)pʀɔdyktœʀ, tʀis/

ADJ *(Bio)* reproductive ◆ **cheval reproducteur** studhorse, stallion

NM 1 *(= animal)* breeder ◆ **reproducteurs** breeding stock *(NonC)*

2 *(Tech = gabarit)* template

reproductibilité /ʀ(ə)pʀɔdyktibilite/ **NF** reproducibility

reproductible /ʀ(ə)pʀɔdyktibl/ **ADJ** which can be reproduced, reproducible

reproductif, -ive /ʀ(ə)pʀɔdyktif, iv/ **ADJ** reproductive

reproduction /ʀ(ə)pʀɔdyksjɔ̃/ SYN **NF** 1 *[de son, mouvement]* reproduction; *[de modèle, tableau]* reproduction, copying; *(par reprographie)* reproduction, duplication; *[de texte]* reprinting; *[de clé]* copying ◆ **« reproduction interdite »** "all rights (of reproduction) reserved"

2 *(= copie)* reproduction ◆ **livre contenant de nombreuses reproductions** book containing many reproductions ◆ **ce n'est qu'une reproduction** it's only a copy

3 *[de plantes, animaux]* reproduction, breeding ◆ **reproduction artificielle** artificial reproduction ◆ **organes de reproduction** reproductive organs ◆ **reproduction par mitose** *ou* **par division cellulaire** replication

reproduire /ʀ(ə)pʀɔdɥiʀ/ SYN ▸ conjug 38 ◂

VT 1 *(= restituer) [+ son, mouvement]* to reproduce

2 *(= copier) [+ modèle, tableau]* to reproduce, to copy; *(par reprographie)* to reproduce, to duplicate; *(par moulage)* to reproduce; *[+ clé]* to make a copy of ◆ **la photo est reproduite en page 3** the picture is shown *ou* reproduced on page 3 ◆ **le texte de la conférence sera reproduit dans notre magazine** the text of the lecture will be printed in our magazine

3 *(= répéter) [+ erreur, expérience]* to repeat

4 *(= imiter)* to copy ◆ **essayant de reproduire les gestes de son professeur** trying to copy his teacher's gestures

VPR se reproduire 1 *[plantes, animaux]* to reproduce, to breed ◆ **se reproduire par mitose** *ou* **par division cellulaire** *(Bio)* to replicate

2 *(= se répéter) [phénomène]* to recur, to happen again; *[erreur]* to reappear, to recur ◆ **et que cela ne se reproduise plus !** and don't let it happen again! ◆ **ce genre d'incident se reproduit régulièrement** this kind of thing happens quite regularly

reprofilage /ʀ(ə)pʀɔfilaʒ/ **NM** rejigging

reprofiler /ʀ(ə)pʀɔfile/ ▸ conjug 1 ◂ **VT** *[+ organisation, cotisation]* to rejig; *[+ bâtiment]* to give a new look to

reprogrammation /ʀ(ə)pʀɔgʀamasjɔ̃/ **NF**

1 *(Ordin)* reprogram(m)ing

2 *(Ciné, TV)* rescheduling

reprogrammer /ʀ(ə)pʀɔgʀame/ ▸ conjug 1 ◂ **VT**

1 *[+ ordinateur, magnétoscope]* to reprogram

2 *(Ciné, TV)* to reschedule

reprographie /ʀ(ə)pʀɔgʀafi/ **NF** *(= procédés)* reprographics *(SPÉC)* ◆ **la reprographie sauvage** illegal copying ◆ **le service de reprographie** the photocopying department ◆ **'reprographie'** *(en vitrine)* 'photocopying available'

reprographier /ʀ(ə)pʀɔgʀafje/ ▸ conjug 7 ◂ **VT** to (photo)copy, to duplicate

réprouvé, e /ʀepʀuve/ (ptp de **réprouver**) **NM,F** *(Rel)* reprobate; *(fig)* outcast, reprobate

réprouver /ʀepʀuve/ GRAMMAIRE ACTIVE 14 SYN ▸ conjug 1 ◂ **VT** 1 *[+ personne]* to reprove; *[+ attitude, comportement]* to reprove, to condemn; *[+ projet]* to condemn, to disapprove of ◆ **des actes que la morale réprouve** immoral acts

2 *(Rel)* to damn, to reprobate

reps /ʀɛps/ **NM** rep(p)

reptation /ʀɛptasjɔ̃/ **NF** crawling

reptile /ʀɛptil/ **NM** *(= animal)* reptile; *(= serpent)* snake; *(péj = personne)* reptile

reptilien, -ienne /ʀɛptiljɛ̃, jɛn/ ADJ reptilian

repu, e /ʀəpy/ SYN (ptp de **repaître**) ADJ [animal] sated; [personne] full up* (attrib) ◆ **je suis repu** I'm full, I've eaten my fill ◆ **il est repu de cinéma** he has had his fill of the cinema

républicain, e /ʀepyblikɛ̃, ɛn/ ADJ, NM,F republican; (Pol US) Republican ◆ **le calendrier républicain** the French Revolutionary calendar; → **garde²**

republication /ʀ(ə)pyblikasjɔ̃/ NF republication

republier /ʀəpyblije/ ► conjug 7 ◄ VT to republish

république /ʀepyblik/ NF republic ◆ **on est en république !** it's a free country! ◆ **la république des Lettres** (fig) the republic of letters ◆ **la République française** the French Republic ◆ **la Cinquième République** the Fifth Republic ◆ **la République arabe unie** (Hist) the United Arab Republic ◆ **la République d'Irlande** the Irish Republic ◆ **la République démocratique allemande** (Hist) the German Democratic Republic ◆ **la République fédérale d'Allemagne** the Federal Republic of Germany ◆ **la République islamique d'Iran** the Islamic Republic of Iran ◆ **la République populaire de Chine** the Chinese People's Republic, the People's Republic of China ◆ **la République tchèque** the Czech Republic ◆ **sous la République de Weimar** in the Weimar Republic ◆ **république bananière** banana republic

> **LA CINQUIÈME RÉPUBLIQUE**
>
> The term "the Fifth Republic" refers to the French Republic since the presidency of General de Gaulle (1959-1969), during which a new Constitution was established.

répudiation /ʀepydjasjɔ̃/ NF ① [d'épouse] repudiation

② [d'opinion, foi, engagement] renouncement

③ (Jur) [de nationalité, succession] renouncement, relinquishment

répudier /ʀepydje/ SYN ► conjug 7 ◄ VT ① [+ épouse] to repudiate

② [+ opinion, foi] to renounce, [+ engagement] to renounce, to go back on

③ (Jur) [+ nationalité, succession] to renounce, to relinquish

répugnance /ʀepyɲɑ̃s/ SYN NF ① (= répulsion) (pour personnes) repugnance (pour for), disgust (pour for), loathing (pour of); (pour nourriture, mensonge) disgust (pour for), loathing (pour of) ◆ **avoir de la répugnance pour** to have a loathing of ◆ **j'éprouve de la répugnance à la vue de ce spectacle** this sight fills me with disgust, I find this sight quite repugnant ou disgusting

② (= hésitation) reluctance (à faire qch to do sth) ◆ **il éprouvait une certaine répugnance à nous le dire** he was rather loath ou reluctant to tell us ◆ **faire qch avec répugnance** to do sth reluctantly ou unwillingly

répugnant, e /ʀepyɲɑ̃, ɑ̃t/ SYN ADJ [individu] repugnant; [laideur] revolting; [action] disgusting, loathsome; [travail, odeur, nourriture] disgusting, revolting

répugner /ʀepyɲe/ SYN ► conjug 1 ◄

VT INDIR **répugner à** ① (= dégoûter) to repel, to disgust, to be repugnant to ◆ **cet individu me répugne profondément** I find that man absolutely repellent ◆ **manger du poisson lui répugnait** the thought of eating fish made him feel sick ◆ **cette odeur lui répugnait** the smell made him feel sick, he was repelled by the smell ◆ **cette idée ne lui répugnait pas du tout** he didn't find this idea off-putting in the least

② (= hésiter) ◆ **répugner à faire qch** to be loath ou reluctant to do sth ◆ **il répugnait à parler en public/à accepter cette aide** he was loath ou reluctant to speak in public/to accept this help ◆ **il ne répugnait pas à mentir quand cela lui semblait nécessaire** he had no qualms about lying if he thought it necessary

VB IMPERS (frm) ◆ **il me répugne de devoir vous le dire** it's very distasteful to me to have to tell you this

VT (littér) → **vt indir 1**

répulsif, -ive /ʀepylsif, iv/
ADJ (gén, Phys) repulsive
NM repellent, repellant

répulsion /ʀepylsjɔ̃/ SYN NF (gén) repulsion, disgust; (Phys) repulsion ◆ **éprouver** ou **avoir de la répulsion pour qch** to be repelled by sth, to find sth repellent

réputation /ʀepytasjɔ̃/ SYN NF ① (= honneur) reputation, good name ◆ **préserver sa réputation** to keep up ou protect one's reputation ou good name

② (= renommée) reputation ◆ **avoir bonne/mauvaise réputation** to have a good/bad reputation ◆ **se faire une réputation** to make a name ou a reputation for o.s. ◆ **sa réputation n'est plus à faire** his reputation is firmly established ◆ **ce film a fait sa réputation** this film made his reputation ou name ◆ **produit de réputation mondiale** product which has a world-wide reputation ◆ **connaître qn/qch de réputation (seulement)** to know sb/sth (only) by repute ◆ **sa réputation de gynécologue** his reputation as a gynaecologist ◆ **il a une réputation d'avarice** he has a reputation for miserliness ◆ **il a la réputation d'être avare** he has a reputation for ou of being miserly, he is reputed to be miserly

réputé, e /ʀepyte/ SYN ADJ ① (= célèbre) [vin, artiste] reputable, renowned, of repute ◆ **l'un des médecins les plus réputés de la ville** one of the town's most reputable doctors, one of the best-known doctors in town ◆ **c'est un fromage/vin hautement réputé** it's a cheese/wine of great repute ou renown ◆ **orateur réputé pour ses bons mots** speaker renowned for his witticisms ◆ **ville réputée pour sa cuisine/ses monuments** town which is renowned for ou which has a great reputation for its food/its monuments ◆ **il n'est pas réputé pour son honnêteté !** he's not exactly renowned ou famous for his honesty!

② (= considéré comme) reputed ◆ **remède réputé infaillible** cure which is reputed ou supposed ou said to be infallible ◆ **professeur réputé pour être très sévère** teacher who has the reputation of being ou who is reputed to be ou said to be very strict

requalification /ʀ(ə)kalifikasjɔ̃/ NF ① (= recyclage) retraining

② (Jur) ◆ **la requalification des faits** amendment of the charges

requalifier /ʀ(ə)kalifje/ ► conjug 7 ◄ VT ① [+ personne] to retrain

② [+ faits, délit] to amend

requérant, e /ʀəkeʀɑ̃, ɑ̃t/ NM,F (Jur) applicant

requérir /ʀəkeʀiʀ/ SYN ► conjug 21 ◄ VT

① (= nécessiter) [+ soins, prudence] to call for, to require ◆ **ceci requiert toute notre attention** this calls for ou requires ou demands our full attention

② (= solliciter) [+ aide, service] to request; (= exiger) [+ justification] to require; (= réquisitionner) [+ personne] to call upon ◆ **requérir l'intervention de la police** to require ou necessitate police intervention ◆ **je vous requiers de me suivre** (frm) I call on you to follow me

③ (Jur) [+ peine] to call for, to demand ◆ **le procureur était en train de requérir** the prosecutor was summing up

requête /ʀəkɛt/ SYN NF ① (= demande) request ◆ **à** ou **sur la requête de qn** at sb's request, at the request of sb

② (Jur) petition ◆ **adresser une requête à un juge** to petition a judge ◆ **requête en cassation** appeal ◆ **requête civile** appeal to a court against its judgment

③ (Ordin) query

requiem /ʀekɥijɛm/ NM INV requiem

requin /ʀəkɛ̃/ NM (lit, fig) shark ◆ **requin marteau** hammerhead (shark) ◆ **requin blanc/bleu/pèlerin** white/blue/basking shark ◆ **requin-baleine/-tigre** whale/tiger shark ◆ **les requins de la finance** the sharks of the financial world

requinquer* /ʀ(ə)kɛ̃ke/ ► conjug 1 ◄

VT to pep up*, to buck up* ◆ **un whisky vous requinquera** a whisky will pep you up* ou buck you up* ◆ **avec un peu de repos, dans trois jours vous serez requinqué** with a bit of a rest in three days you'll be your old (perky) self again* ou you'll be back on form again (Brit)

VPR **se requinquer** to perk up*

requis, e /ʀəki, iz/ (ptp de **requérir**) ADJ

① (= nécessaire) [majorité, niveau] required, necessary; [qualités, compétence, diplômes] necessary, required, requisite ◆ **avoir les qualifications requises pour un poste** to have the necessary ou requisite qualifications for a job ◆ **dans les temps** ou **délais requis** in the required time ◆ **satisfaire aux conditions requises** to meet the requirements ou the necessary conditions ◆ **avoir l'âge requis** to meet the age requirements ◆ **il a la voix requise pour ce rôle** he's got the right (kind of) voice for this part

② (= réquisitionné) conscripted

réquisit /ʀekwizit/ NM requisite

réquisition /ʀekizisjɔ̃/ NF ① [de biens] requisitioning, commandeering; [d'hommes] conscription, requisitioning ◆ **réquisition de la force armée** requisitioning of ou calling out of the army

② (Jur) ◆ **réquisitions** (= plaidoirie) summing-up for the prosecution

réquisitionner /ʀekizisjɔne/ SYN ► conjug 1 ◄ VT [+ biens] to requisition, to commandeer; [+ hommes] to conscript, to requisition ◆ **j'ai été réquisitionné pour faire la vaisselle** (hum) I have been drafted in ou requisitioned to do the dishes (hum)

réquisitoire /ʀekizitwaʀ/ SYN NM ① (Jur) (= plaidoirie) summing-up for the prosecution (specifying appropriate sentence); (= acte écrit) instruction, brief (to examining magistrate)

② (fig) indictment (contre of) ◆ **son discours fut un réquisitoire contre le capitalisme** his speech was an indictment of capitalism

réquisitorial, e (mpl **-iaux**) /ʀekizitɔʀjal, jo/ ADJ ◆ **plaidoyer réquisitorial** closing speech for the prosecution (specifying appropriate sentence)

RER /ɛʀøɛʀ/ NM (abrév de **réseau express régional**) → **réseau**

reroutage /ʀəʀutaʒ/ NM (Téléc) rerouting

rerouter /ʀəʀute/ ► conjug 1 ◄ VT (Téléc) [+ message] to reroute

rerouteur /ʀəʀutœʀ/ NM (Téléc) rerouter

RES /ʀɛs, ɛʀəɛs/ NM (abrév de **rachat d'entreprise par ses salariés**) → **rachat**

resaler /ʀ(ə)sale/ ► conjug 1 ◄ VT to add more salt to, to put more salt in

resalir /ʀ(ə)saliʀ/ ► conjug 2 ◄ VT [+ tapis, mur, sol, vêtement] to get dirty again ◆ **ne va pas te resalir** don't go and get yourself dirty ou in a mess again ◆ **se resalir les mains** to get one's hands dirty again, to dirty one's hands again

resarcelé, e /ʀəsaʀsəle/ ADJ (Héraldique) resarcelled

rescapé, e /ʀɛskape/
ADJ [personne] surviving
NM,F (lit, fig) survivor (de of, from)

rescinder /ʀesɛ̃de, ʀasɛ̃de/ ► conjug 1 ◄ VT to rescind

rescision /ʀesizjɔ̃/ NF rescission

rescolarisation /ʀ(ə)skɔlaʀizasjɔ̃/ NF [d'enfant] return to school

rescolariser /ʀ(ə)skɔlaʀize/ ► conjug 1 ◄ VT [+ enfant] to send back to school

rescousse /ʀɛskus/ NF ◆ **venir** ou **aller à la rescousse de qn** to go to sb's rescue ou aid ◆ **appeler qn à la rescousse** to call to sb for help ◆ **ils arrivèrent à la rescousse** they came to the rescue

rescrit /ʀɛskʀi/ NM rescript

réseau (pl **réseaux**) /ʀezo/ SYN NM ① (gén) network ◆ **réseau routier/ferroviaire/téléphonique** road/rail/telephone network ◆ **réseau bancaire** banking network ◆ **réseau de communication/d'information/de distribution** communications/information/distribution network ◆ **réseau commercial** ou **de vente** sales network ◆ **réseau électrique** electricity network ou grid (Brit) ◆ **réseau express régional** rapid-transit train service between Paris and the suburbs ◆ **réseau d'assainissement** sewer ou sewerage system ◆ **réseau fluvial** river system, network of rivers ◆ **réseau de transports en commun** public transport system ou network ◆ **les abonnés du réseau sont avisés que...** (Téléc) telephone subscribers are advised that... ◆ **sur l'ensemble du réseau** over the whole network; → **câblé, hertzien**

② [d'amis, relations] network; [de prostitution, trafiquants, terroristes] ring ◆ **réseau d'espionnage** spy network ou ring ◆ **réseau de résistants** resistance network ◆ **réseau d'intrigues** web of intrigue ◆ **réseau d'influence** network of influence

③ (Ordin, Sci) network ◆ **le réseau des réseaux** (= Internet) the Internet ◆ **réseau étendu** wide-area network, WAN ◆ **réseau local** local area network, LAN ◆ **réseau logique programmable par l'utilisateur** (Ordin) field-programmable logic array ◆ **réseau numérique à intégration de service** (Téléc) integrated service digital network ◆ **réseau neuronal** neural net(work) ◆ **sur le réseau Internet** on the Internet

♦ **en réseau** ◆ **être en réseau** *[personnes, entreprises]* to be on the network ◆ **mettre des ordinateurs en réseau** to network computers ◆ **entreprise en réseau** networked company, company on the network ◆ **travailler en réseau** to work on a network ◆ **la mise en réseau de l'information** information networking

4 *(= estomac de ruminant)* reticulum

5 *(Phys)* ◆ **réseau de diffraction** diffraction pattern ◆ **réseau cristallin** crystal lattice

réseautage /ʀezotaʒ/ **NM** networking ◆ **réseautage social** social networking

résection /ʀesɛksjɔ̃/ **NF** *(Méd)* resection

réséda /ʀezeda/ **NM** reseda, mignonette

réséquer /ʀeseke/ ► conjug 6 ◄ **VT** to resect

réserpine /ʀezɛʀpin/ **NF** reserpine

réservataire /ʀezɛʀvatɛʀ/ **ADJ, NM** ◆ **(héritier) réservataire** *rightful heir to the réserve légale*

réservation /ʀezɛʀvasjɔ̃/ GRAMMAIRE ACTIVE 21.3 **NF** *(à l'hôtel)* reservation; *(des places)* reservation, booking; *(Jur)* reservation ◆ **réservation de groupes** *(Tourisme)* group booking ◆ **bureau de réservation** booking office ◆ **faire une réservation dans un hôtel/restaurant** to make a booking *ou* a reservation in a hotel/restaurant, to book *ou* reserve a room (in a hotel)/a table (in a restaurant) ◆ **« réservation obligatoire »** *(dans un train)* "passengers with reservations only" ◆ **sur réservation** by prior arrangement

réserve /ʀezɛʀv/ GRAMMAIRE ACTIVE 26.6 SYN **NF**

1 *(= provision)* supply, reserve; *[de marchandises]* stock ◆ **les enfants ont une réserve énorme d'énergie** children have an enormous supply *ou* enormous reserves of energy ◆ **faire des réserves de sucre** to get in *ou* lay in a stock of sugar ◆ **heureusement, ils avaient une petite réserve (d'argent)** fortunately they had a little money put by *ou* a little money in reserve ◆ **monnaie de réserve** *(Fin)* reserve currency ◆ **les réserves mondiales de pétrole** the world's oil reserves ◆ **les réserves (nutritives) de l'organisme** the organism's food reserves ◆ **il peut jeûner, il a des réserves !** *(hum)* it's no problem for him to go without food, he can live off his fat!

♦ **de** *ou* **en réserve** ◆ **avoir des provisions de** *ou* **en réserve** to have provisions in reserve *ou* put by ◆ **mettre qch en réserve** to put sth by, to put sth in reserve ◆ **avoir/garder qch en réserve** *(gén)* to have/keep sth in reserve; *(Comm)* to have/keep sth in stock

2 *(= restriction)* reservation ◆ **faire** *ou* **émettre des réserves sur qch** to have reservations about sth

♦ **sans réserve** *[soutien]* unreserved; *[admiration]* unreserved, unqualified; *[consentement]* full; *[approuver, accepter]* unreservedly, without reservation, unhesitatingly

♦ **sous réserve de** subject to

♦ **sous réserve que** ◆ **le projet est accepté sous réserve que les délais soient respectés** the project has been approved on condition that the deadlines are met

♦ **sous toutes réserves** ◆ **je vous le dis sous toutes réserves** I can't vouch for *ou* guarantee the truth of what I'm telling you ◆ **tarif/horaire publié sous toutes réserves** prices/timetable correct at time of going to press

3 *(= prudence, discrétion)* reserve ◆ **être/demeurer** *ou* **se tenir sur la réserve** to be/remain very reserved ◆ **il m'a parlé sans réserve** he talked to me quite unreservedly *ou* openly ◆ **elle est d'une grande réserve** she's very reserved, she keeps herself to herself ◆ **devoir** *ou* **obligation de réserve** duty to preserve secrecy

4 *(Mil)* ◆ **la réserve** the reserve ◆ **les réserves** the reserves ◆ **officiers/armée de réserve** reserve officers/army

5 *(Sport)* ◆ **équipe/joueur de réserve** reserve *ou* second string (US) team/player

6 *(= territoire) [de nature, animaux]* reserve; *[de Indiens]* reservation ◆ **réserve de pêche/chasse** fishing/hunting preserve ◆ **réserve naturelle** nature reserve ◆ **réserve ornithologique** *ou* **d'oiseaux** bird sanctuary

7 *[de musée]* reserve collection; *[de bibliothèque]* reserved section *(for valuable books)* ◆ **le livre est à la réserve** the book is in the reserved section

8 *(= entrepôt)* storehouse; *(= pièce)* storeroom; *(d'un magasin)* stockroom

9 *(Jur)* ◆ **réserve (héréditaire** *ou* **légale)** *part of the legacy which cannot be withheld from the rightful heirs*

réservé, e /ʀezɛʀve/ SYN (ptp de **réserver**) **ADJ**

1 *[place, salle]* reserved *(à qn/qch* for sb/sth) ◆ **chasse/pêche réservée** private hunting/fishing ◆ **cuvée réservée** vintage cuvée ◆ **j'ai une table réservée** I've got a table reserved *ou* booked ◆ **tous droits réservés** all rights reserved ◆ **voie réservée aux autobus** bus lane; → **quartier**

2 *(= discret) [caractère, personne]* reserved

3 *(= dubitatif)* ◆ **il s'est montré très réservé sur la faisabilité du projet** he sounded very doubtful as to the feasibility of the project ◆ **je suis très réservé quant à sa réussite** I'm not too optimistic about his chances of success

réserver /ʀezɛʀve/ GRAMMAIRE ACTIVE 21.3 SYN ► conjug 1 ◄

VT 1 *(= louer) [+ place, chambre, table] [voyageur]* to book, to reserve; *[agence]* to reserve

2 *(= mettre à part) [+ objets]* to keep, to save, to reserve *(à, pour* for); *[+ marchandises]* to keep, to put aside *ou* on one side *(à* for) ◆ **il nous a réservé deux places à côté de lui** he's kept *ou* saved us two seats beside him ◆ **on vous a réservé ce bureau** we've reserved this office for you ◆ **réserver le meilleur pour la fin** to keep *ou* save the best till last ◆ **ils réservent ces fauteuils pour les cérémonies** they keep these armchairs for (special) ceremonies ◆ **ces emplacements sont strictement réservés aux voitures du personnel** these parking places are strictly reserved for members of staff ◆ **nous réservons toujours un peu d'argent pour les dépenses imprévues** we always keep *ou* put a bit of money on one side for unexpected expenses

3 *(= destiner) [+ dangers, désagréments, joies]* to have in store *(à* for); *[+ accueil, châtiment]* to have in store, to reserve *(à* for) ◆ **cette expédition devait leur réserver bien des surprises** there were many surprises in store for them on that expedition ◆ **nous ne savons pas ce que l'avenir nous réserve** we don't know what the future has in store for us *ou* holds for us ◆ **le sort qui lui est réservé est peu enviable** he has an unenviable fate in store for him *ou* reserved for him ◆ **c'est à lui qu'il était réservé de marcher le premier sur la Lune** he was to be the first man to walk on the Moon ◆ **c'est à lui que fut réservé l'honneur de porter le drapeau** the honour of carrying the flag fell to him ◆ **tu me réserves ta soirée ?** are you free tonight? *ou* this evening?, could we do something this evening?

4 *(= remettre à plus tard) [+ réponse, opinion]* to reserve ◆ **le médecin préfère réserver son diagnostic** the doctor would rather not make a diagnosis yet

VPR **se réserver** 1 *(= prélever)* to keep *ou* reserve for o.s. ◆ **il s'est réservé le meilleur morceau** he kept *ou* saved the best bit for himself

2 *(= se ménager)* to save o.s. ◆ **se réserver pour une autre occasion** to save o.s. for another time ◆ **il ne mange pas maintenant, il se réserve pour le banquet** he isn't eating now - he's saving himself for the banquet ◆ **il faut savoir se réserver** *(Sport)* one must learn to conserve *ou* save one's strength

3 ◆ **il se réserve d'intervenir plus tard** he's holding his fire ◆ **se réserver le droit de faire qch** to reserve the right to do sth

réserviste /ʀezɛʀvist/ **NM** reservist

réservoir /ʀezɛʀvwaʀ/ SYN **NM** *(= cuve)* tank; *(= plan d'eau)* reservoir; *[de poissons]* fishpond; *[d'usine à gaz]* gasometer, gasholder; *(Bio) [d'infection]* reservoir ◆ **ce pays est un réservoir de talents/de main-d'œuvre** *(fig)* this country has a wealth of talent/a huge pool of labour to draw on ◆ **réservoir d'eau** *(gén, de voiture)* water tank; *(pour une maison)* water cistern; *(pour eau de pluie) (en bois)* water butt; *(en ciment)* water tank ◆ **réservoir d'essence** petrol (Brit) *ou* gas (US) tank

résidant, e /ʀezidɑ̃, ɑ̃t/ **ADJ** resident

résidence /ʀezidɑ̃s/ SYN

NF *(gén)* residence; *(= immeuble)* (block of) residential flats *(Brit)*, residential apartment building *(US)* ◆ **établir sa résidence à** to take up residence in ◆ **changer de résidence** to move (house) ◆ **en résidence à** *(Admin)* in residence at ◆ **en résidence surveillée** *ou* **forcée** under house arrest ◆ **la résidence** *(Diplomatie)* the residency; → **assigner, certificat**

COMP **résidence hôtelière** residential *ou* apartment (US) hotel

résidence principale main home

résidence secondaire second home

résidence universitaire (university) hall(s) of residence, residence hall *(US)*, dormitory *(US)*

résident, e /ʀezidɑ̃, ɑ̃t/ SYN

NM,F *(= étranger)* foreign national *ou* resident; *(= diplomate)* resident ◆ **ministre résident** resident minister ◆ **avoir le statut de résident permanent en France** to have permanent resident status in France

ADJ *(Ordin)* resident

résidentiel, -ielle /ʀezidɑ̃sjɛl/ **ADJ** *(= riche) [banlieue, quartier]* affluent, plush; *(= d'habitations)* residential

(!) **résidentiel** au sens de 'riche' ne se traduit pas par **residential**.

résider /ʀezide/ SYN ► conjug 1 ◄ **VI** *(lit, fig)* to reside; *[difficulté]* to lie *(en, dans* in) ◆ **il réside à cet hôtel/à Dijon** he resides *(frm)* at this hotel/in Dijon ◆ **après avoir résidé quelques temps en France** after living *ou* residing *(frm)* in France for some time, after having been resident in France for some time ◆ **le problème réside en ceci que...** the problem lies in the fact that...

résidu /ʀezidy/ SYN **NM** 1 *(= reste, Chim, fig)* residue *(NonC)*; *(Math)* remainder

2 *(= déchets)* ◆ **résidus** remnants, residue *(NonC)* ◆ **résidus industriels** industrial waste

résiduaire /ʀezidɥɛʀ/ **ADJ** residuary

résiduel, -elle /ʀezidɥɛl/ **ADJ** residual

résignation /ʀeziɲasjɔ̃/ SYN **NF** resignation *(à* to) ◆ **avec résignation** with resignation, resignedly

résigné, e /ʀeziɲe/ SYN (ptp de **résigner**) **ADJ** *[air, geste, ton]* resigned ◆ **résigné à son sort** resigned to his fate ◆ **il est résigné** he is resigned to it ◆ **dire qch d'un air résigné** to say sth resignedly

résigner /ʀeziɲe/ SYN ► conjug 1 ◄

VPR **se résigner** to resign o.s. *(à* to) ◆ **il faudra s'y résigner** we'll have to resign ourselves to it *ou* put up with it

VT *(littér) [+ charge, fonction]* to relinquish, to resign

résiliable /ʀeziljabl/ **ADJ** *[contrat] (à terme)* which can be terminated, terminable; *(en cours)* which can be cancelled, cancellable, which can be rescinded

résiliation /ʀeziljasjɔ̃/ **NF** *[de contrat, bail, marché, abonnement] (à terme)* termination; *(en cours)* cancellation, rescinding; *[d'engagement]* cancellation

résilience /ʀeziljɑ̃s/ **NF** 1 *[de métal]* ductility

2 *(Psych)* resilience

résilient, e /ʀeziljɑ̃, jɑ̃t/ **ADJ** 1 *[métal]* ductile

2 *[personne]* resilient

résilier /ʀezilje/ SYN ► conjug 7 ◄ **VT** *[+ contrat, bail, marché, abonnement] (à terme)* to terminate; *(en cours)* to cancel, to rescind; *[+ engagement]* to cancel

résille /ʀezij/ **NF** *(gén = filet)* net, netting *(NonC)*; *(pour les cheveux)* hairnet; *[de vitrail]* cames *(SPÉC)*, lead(s), leading *(NonC)*; → **bas**[2]

résine /ʀezin/ **NF** resin ◆ **résine époxy** epoxy (resin) ◆ **résine de synthèse** synthetic resin

résiné, e /ʀezine/ **ADJ, NM** ◆ **(vin) résiné** retsina

résiner /ʀezine/ ► conjug 1 ◄ **VT** *(= enduire de résine)* to resinate; *(= gemmer)* to tap

résineux, -euse /ʀezinø, øz/

ADJ resinous

NM coniferous tree ◆ **forêt de résineux** coniferous forest

résinier, -ière /ʀezinje, jɛʀ/

ADJ *[industrie]* resin *(épith)*

NM,F resin tapper

résinifère /ʀezinifɛʀ/ **ADJ** resiniferous

résipiscence /ʀesipisɑ̃s/ **NF** resipiscence

résistance /ʀezistɑ̃s/ SYN **NF** 1 *(= opposition)* resistance *(NonC) (à, contre* to) ◆ **la Résistance** *(Hist)* the (French) Resistance ◆ **résistance active/passive/armée** active/passive/armed resistance ◆ **l'armée dut se rendre après une résistance héroïque** the army was forced to surrender after putting up a heroic resistance *ou* a heroic fight ◆ **opposer une résistance farouche à un projet** to put up a fierce resistance to a project, to make a very determined stand against a project ◆ **malgré les résistances des syndicats** in spite of resistance from the trade unions ◆ **cela ne se fera pas sans résistance** that won't be done without some opposition *ou* resistance ◆ **faire de la résistance** *(fig)* to put up a fight; → **noyau**

2 *(= endurance)* resistance, stamina ◆ **résistance à la fatigue** resistance to fatigue ◆ **il a une grande résistance** *ou* **beaucoup de résistance** he has great *ou* a lot of resistance *ou* stamina ◆ **coureur qui a de la résistance/qui n'a pas de résistance** runner who has lots of/who has no staying power ◆ **ce matériau offre une grande résistance au feu/aux chocs** this material is very heat-/shock-resistant ◆ **acier/béton à haute résistance** high-tensile *ou* high-strength steel/concrete; → **pièce, plat**[2]

3 *(Élec) [de réchaud, radiateur]* element; *(= mesure)* resistance ◆ **unité de résistance** unit of (electrical) resistance

4 *(Phys = force)* resistance ◆ **résistance d'un corps/de l'air** resistance of a body/of the air ◆ **résistance mécanique** mechanical resistance ◆ **résistance des matériaux** strength of materials ◆ **quand il voulut ouvrir la porte, il sentit une résistance** when he tried to open the door he felt some resistance

résistant, e /Rezistɑ̃, ɑ̃t/ SYN

ADJ *[personne]* robust, tough; *[plante]* hardy; *[tissu, vêtements, métal]* strong, hard-wearing; *[couleur]* fast; *[bois]* hard ◆ **il est très résistant** *(gén)* he has a lot of stamina; *(athlète)* he has lots of staying power ◆ **résistant à la chaleur** heatproof, heat-resistant ◆ **résistant aux chocs** shockproof, shock-resistant ◆ **bactéries résistantes aux antibiotiques** bacteria that are resistant to antibiotics, antibiotic-resistant bacteria

NM,F *(Hist)* (French) Resistance fighter ◆ **il a été résistant** he was in the Resistance

résister /Reziste/ GRAMMAIRE ACTIVE 26.3 SYN ▸ conjug 1 ◂ **résister à** VT INDIR 1 *(= s'opposer à)* to resist ◆ **inutile de résister** it's pointless to resist, it's *ou* there's no point resisting ◆ **résister au courant d'une rivière** to fight against the current of a river ◆ **résister à la volonté de qn** to hold out against *ou* resist sb's will ◆ **il n'ose pas résister à sa fille** he daren't stand up to his daughter ◆ **je n'aime pas que mes enfants me résistent** I don't like my children defying me ◆ **je n'ai pas résisté à cette robe** I couldn't resist (buying) this dress

2 *(= surmonter) [+ émotion, adversité]* to overcome; *[+ fatigue]* to conquer; *[+ privations, chagrin]* to rise above ; *[+ douleur]* to stand, to withstand ◆ **leur amour ne résista pas à cette infidélité** their relationship did not survive this infidelity

3 *(= supporter) [+ sécheresse, gelée, vent]* to withstand, to stand up to, to resist ◆ **ça a bien résisté à l'épreuve du temps** it has really stood the test of time ◆ **le plancher ne pourra pas résister au poids** the floor won't support *ou* take the weight ◆ **la porte a résisté** the door held *ou* didn't give ◆ **couleur qui résiste au lavage** fast colour ◆ **tissu qui résiste au lavage en machine** machine-washable material, material which can be machine-washed ◆ **cette vaisselle résiste au feu** these dishes are heat-resistant *ou* heatproof ◆ **ce raisonnement ne résiste pas à l'analyse** this reasoning does not stand up to analysis

résistif, -ive /Rezistif, iv/ ADJ resistant

résistivité /Rezistivite/ NF *(Élec)* resistivity ◆ **la résistivité du cuivre est très faible** copper has a very low resistance

resituer /R(ə)sitɥe/ ▸ conjug 1 ◂ VT *[+ action, événement]* to put back in its context ◆ **resituons cet événement dans son contexte économique** let's place this event in its economic context

résolu, e /Rezɔly/ GRAMMAIRE ACTIVE 8.2 SYN (ptp de **résoudre**) ADJ *[personne, ton, air]* resolute ◆ **il est bien résolu à partir** he is firmly resolved *ou* he is determined to leave, he is set on leaving

résoluble /Rezɔlybl/ ADJ *[problème]* soluble; *(Chim)* resolvable; *(Jur) [contrat]* annullable, cancellable

résolument /Rezɔlymɑ̃/ ADV 1 *(= totalement)* resolutely ◆ **je suis résolument contre** I'm firmly against it, I'm resolutely opposed to it

2 *(= courageusement)* resolutely, steadfastly

résolutif, -ive /Rezɔlytif, iv/ ADJ, NM resolvent

résolution /Rezɔlysjɔ̃/ SYN NF 1 *(gén, Pol = décision)* resolution ◆ **prendre la résolution de faire qch** to make a resolution to do sth, to resolve to do sth ◆ **ma résolution est prise** I've made my resolution ◆ **bonnes résolutions** good resolutions ◆ **prendre de bonnes résolutions pour le nouvel an** to make New Year's resolutions ◆ **adopter une résolution** to adopt a resolution ◆ **la résolution 240 du Conseil de sécurité** Security Council resolution 240 ◆ **projet/proposition de résolution** draft/proposed resolution

2 *(= énergie)* resolve, resolution ◆ **la résolution se lisait sur son visage** he had a determined *ou* resolute expression on his face

3 *(= solution)* solution ◆ **il attendait de moi la résolution de son problème** he expected me to give him a solution to his problem *ou* to solve his problem for him ◆ **la résolution du conflit** the resolution of the conflict ◆ **résolution d'une équation** *(Math)* (re)solution of an equation ◆ **résolution d'un triangle** resolution of a triangle

4 *(Jur = annulation) [de contrat, vente]* cancellation, annulment

5 *(Méd, Mus, Phys)* resolution ◆ **résolution de l'eau en vapeur** resolution of water into steam

6 *[d'image]* resolution ◆ **image de haute résolution** high-resolution image ◆ **écran (à) haute résolution** high-resolution screen

résolutoire /Rezɔlytwar/ ADJ *(Jur)* resolutive

résolvante /Rezɔlvɑ̃t/ NF ◆ **résolvante d'une équation** resolvant equation

résonance /Rezɔnɑ̃s/ NF *(gén, Élec, Phon, Phys)* resonance *(NonC)*; *(fig)* echo ◆ **être/entrer en résonance** to be/start resonating ◆ **résonance magnétique nucléaire** nuclear magnetic resonance ◆ **ce poème éveille en moi des résonances** *(littér)* this poem strikes a chord with me ◆ **le peintre a su rester en résonance avec son époque** the painter managed to stay in tune with his times; → **caisse**

résonateur /Rezɔnatœr/ NM resonator ◆ **résonateur nucléaire** nuclear resonator

résonnant, e /Rezɔnɑ̃, ɑ̃t/ ADJ *[voix]* resonant

résonner /Rezɔne/ SYN ▸ conjug 1 ◂ VI *[son]* to resonate, to reverberate, to resound; *[pas]* to resound; *[salle]* to be resonant ◆ **cloche qui résonne bien/faiblement** bell which resounds well/rings feebly ◆ **ne parle pas trop fort, ça résonne** don't speak too loudly because it echoes ◆ **résonner de** to resound *ou* ring *ou* resonate with

résorber /Rezɔrbe/ SYN ▸ conjug 1 ◂

VT 1 *(Méd) [+ tumeur, épanchement]* to resorb ◆ **les cicatrices sont résorbées** the scar tissue has healed

2 *(= éliminer) [+ chômage, inflation]* to bring down, to reduce (gradually); *[+ déficit, surplus]* to absorb; *[+ stocks]* to reduce ◆ **trouver un moyen pour résorber la crise économique** to find some way of resolving the economic crisis

VPR **se résorber** 1 *(Méd)* to be resorbed

2 *[chômage]* to be brought down *ou* reduced; *[déficit]* to be absorbed ◆ **l'embouteillage se résorbe peu à peu** the traffic jam is gradually breaking up

résorcine /Rezɔrsin/ NF, **résorcinol** /Rezɔrsinɔl/ NM resorcinol

résorption /Rezɔrpsjɔ̃/ NF 1 *(Méd) [de tumeur, épanchement]* resorption

2 *[de chômage, inflation]* bringing down, gradual reduction *(de* in); *[de déficit, surplus]* absorption

résoudre /RezudR/ SYN ▸ conjug 51 ◂

VT 1 *[+ mystère, équation, problème de maths]* to solve; *[+ dilemme, crise]* to solve, to resolve; *[+ difficultés]* to solve, to resolve, to settle; *[+ conflit]* to settle, to resolve ◆ **j'ignore comment ce problème va se résoudre** *ou* **va être résolu** I can't see how this problem will be solved *ou* resolved

2 *(= décider) [+ exécution, mort]* to decide on, to determine on ◆ **résoudre de faire qch** to decide *ou* resolve to do sth, to make up one's mind to do sth ◆ **résoudre qn à faire qch** to prevail upon sb *ou* induce sb to do sth

3 *(Méd) [+ tumeur]* to resolve

4 *(Jur = annuler) [+ contrat, vente]* to cancel, to annul

5 *(Mus) [+ dissonance]* to resolve

6 *(= transformer)* ◆ **résoudre qch en cendres** to reduce sth to ashes ◆ **les nuages se résolvent en pluie/grêle** the clouds turn into rain/hail

VPR **se résoudre** ◆ **se résoudre à faire qch** *(= se décider)* to resolve *ou* decide to do sth, to make up one's mind to do sth; *(= se résigner)* to resign *ou* reconcile o.s. to doing sth ◆ **il n'a pas pu se résoudre à la quitter** he couldn't bring himself to leave her

respect /Rɛspɛ/ SYN NM 1 *(= considération)* respect *(de, pour* for) ◆ **le respect des principes démocratiques** respect for democratic principles ◆ **le respect humain** † fear of the judgment of others ◆ **respect de soi** self-respect ◆ **avoir du respect pour qn** to respect sb, to have respect for sb ◆ **il n'a aucun respect pour le bien d'autrui** he has no respect *ou* consideration *ou* regard for other people's property ◆ **manquer de respect à** *ou* **envers qn** to be disrespectful to(wards) sb ◆ **agir dans le respect des règles/des droits de l'homme** to act in accordance with the rules/with human rights ◆ **par respect pour sa mémoire** out of respect *ou* consideration for his memory ◆ **malgré** *ou* **sauf le respect que je vous dois, sauf votre respect** *(† ou hum)* with (all) respect, with all due respect

2 *(= formule de politesse)* ◆ **présenter ses respects à qn** to pay one's respects to sb ◆ **présentez mes respects à votre femme** give my regards *ou* pay my respects to your wife ◆ **mes respects, mon colonel** good day to you, sir

3 *(locutions)* ◆ **tenir qn en respect** *(avec une arme)* to keep sb at a respectful distance *ou* at bay; *(fig)* to keep sb at bay

respectabiliser /Rɛspɛktabilize/ ▸ conjug 1 ◂ VT to make (more) respectable

respectabilité /Rɛspɛktabilite/ NF respectability

respectable /Rɛspɛktabl/ SYN ADJ *(= honorable)* respectable; *(= important)* respectable, sizeable ◆ **il avait un ventre respectable** * *(hum)* he had quite a paunch

respecter /Rɛspɛkte/ GRAMMAIRE ACTIVE 11.3 SYN ▸ conjug 1 ◂

VT 1 *[+ personne]* to respect, to have respect for ◆ **respecter une femme** † to respect a woman's honour ◆ **faire respecter l'interdiction/l'embargo** to maintain the ban/embargo ◆ **se faire respecter** to win respect ◆ **notre très respecté confrère** our highly esteemed colleague

2 *[+ formes, loi, droits, environnement]* to respect; *[+ traditions]* to respect, to have respect for; *[+ calendrier, délais]* to keep to; *[+ cahier des charges, clause contractuelle]* to abide by, to respect; *[+ cessez-le-feu]* to observe; *[+ interdiction]* to observe, to obey; *[+ parole donnée, promesse]* to keep ◆ **respecter ses engagements** to honour one's commitments ◆ **respecter les opinions de qn** to respect sb's opinions ◆ **respectez son sommeil** let him sleep, don't disturb him while he's asleep ◆ **respectez le matériel !** be careful with the equipment! ◆ **lessive qui respecte les couleurs** washing powder that is kind to colours ◆ « **respectez les pelouses** » "keep off the grass" ◆ **respecter une minute de silence** to observe a minute's silence ◆ **ces voyous ne respectent rien** those louts show no respect for anything ◆ **classer des livres en respectant l'ordre alphabétique** to arrange books in alphabetical order ◆ **faire respecter la loi** to enforce the law ◆ **le programme a été scrupuleusement respecté** the programme was strictly adhered to

VPR **se respecter** to respect o.s. ◆ **tout professeur/juge/plombier qui se respecte** *(hum)* any self-respecting teacher/judge/plumber ◆ **il se respecte trop pour faire cela** he has too much self-respect to do that

respectif, -ive /Rɛspɛktif, iv/ ADJ respective

respectivement /Rɛspɛktivmɑ̃/ ADV respectively ◆ **ils ont respectivement 9 et 12 ans** they are 9 and 12 years old respectively

respectueusement /Rɛspɛktɥøzmɑ̃/ ADV respectfully, with respect

respectueux, -euse /Rɛspɛktɥø, øz/ SYN

ADJ *[langage, personne, silence]* respectful *(envers, pour* to) ◆ **se montrer respectueux du bien d'autrui** to show respect *ou* consideration for other people's property ◆ **respectueux des traditions** respectful of traditions ◆ **respectueux de la loi** respectful of the law, law-abiding ◆ **projet respectueux de l'environnement** environment-friendly *ou* environmentally sound project ◆ **pays respectueux des droits de l'homme** country that respects human rights ◆ **être peu respectueux des autres** to show little respect for others ◆ **veuillez agréer, Monsieur (***ou* **Madame), mes salutations respectueuses** yours sincerely *ou* faithfully *(Brit)* ◆ **voulez-vous transmettre à votre mère mes hommages respectueux** please give my best regards *ou* my respects to your mother; → **distance**

NF **respectueuse** * *(= prostituée)* whore, prostitute, tart *

respirable /Rɛspirabl/ ADJ breathable ◆ **l'air n'y est pas respirable** the air there is unbreathable ◆ **l'atmosphère n'est pas respirable dans cette famille** *(fig)* the atmosphere in this family is suffocating

respirateur /ʀɛspiʀatœʀ/ **NM** ◆ **respirateur (artificiel)** *(gén)* respirator; *(pour malade dans le coma)* ventilator

respiration /ʀɛspiʀasjɔ̃/ SYN **NF** [1] *(= fonction, action naturelle)* breathing, respiration *(SPÉC)*; *(= souffle)* breath ◆ **respiration pulmonaire/cutanée/artificielle** *ou* **assistée** pulmonary/cutaneous/artificial respiration ◆ **respiration entrecoupée** irregular breathing ◆ **respiration courte** shortness of breath ◆ **avoir la respiration difficile** to have difficulty (in) *ou* trouble breathing ◆ **avoir la respiration bruyante** to breathe heavily *ou* noisily ◆ **faites trois respirations complètes** breathe in and out three times; → **couper, retenir**

[2] *(Mus)* phrasing ◆ **respecter les respirations d'un poème** to respect the phrasing of a poem

respiratoire /ʀɛspiʀatwaʀ/ **ADJ** *[système, voies]* respiratory; *[troubles]* breathing *(épith)*, respiratory

respirer /ʀɛspiʀe/ SYN ▸ conjug 1 ◂

VI [1] *(lit, Bio)* to breathe, to respire *(SPÉC)* ◆ **« respirez ! »** *(chez le médecin)* "breathe in!", "take a deep breath!" ◆ **respirer par la bouche/le nez** to breathe through one's mouth/one's nose ◆ **est-ce qu'il respire (encore) ?** is he (still) breathing? ◆ **respirer avec difficulté** to have difficulty (in) *ou* trouble breathing, to breathe with difficulty ◆ **respirer profondément** to breathe deeply, to take a deep breath ◆ **respirer à pleins poumons** to breathe deeply; → **mentir**

[2] *(fig)* *(= se détendre)* to get one's breath; *(= se rassurer)* to breathe again *ou* easy ◆ **ouf, on respire !** phew, we can breathe again!

VT [1] *(= inhaler)* to breathe (in), to inhale ◆ **respirer un air vicié/le grand air** to breathe in foul air/the fresh air ◆ **faire respirer des sels à qn** to make sb inhale smelling salts

[2] *(= exprimer)* *[+ calme, bonheur, santé]* to radiate; *[+ honnêteté, franchise, orgueil, ennui]* to exude, to emanate ◆ **son attitude respirait la méfiance** his whole attitude was mistrustful, his attitude was clearly one of mistrust

resplendir /ʀɛsplɑ̃diʀ/ SYN ▸ conjug 2 ◂ **VI** *[soleil, lune]* to shine; *[surface métallique]* to gleam, to shine ◆ **le lac/la neige resplendissait sous le soleil** the lake/the snow glistened *ou* glittered in the sun ◆ **le ciel resplendit au coucher du soleil** the sky is radiant *ou* ablaze at sunset ◆ **toute la cuisine resplendissait** the whole kitchen shone *ou* gleamed ◆ **il resplendissait de joie/de bonheur** he was aglow *ou* radiant with joy/with happiness

resplendissant, e /ʀɛsplɑ̃disɑ̃, ɑ̃t/ SYN **ADJ** [1] *(lit = brillant)* *[soleil]* radiant, dazzling; *[lune]* shining, beaming; *[surface métallique]* gleaming, shining; *[lac, neige]* glistening, glittering; *[ciel]* radiant

[2] *(fig = éclatant)* *[beauté, santé]* radiant; *[visage, yeux]* shining ◆ **avoir une mine resplendissante** to look radiant ◆ **être resplendissant de santé/de joie** to be glowing *ou* radiant with health/with joy

resplendissement /ʀɛsplɑ̃dismɑ̃/ **NM** *[de beauté, soleil]* brilliance

responsabilisation /ʀɛspɔ̃sabilizasjɔ̃/ **NF** ◆ **pour encourager la responsabilisation des employés/des parents** to encourage employees/parents to assume more responsibility

responsabiliser /ʀɛspɔ̃sabilize/ ▸ conjug 1 ◂ **VT** ◆ **responsabiliser qn** *(= le rendre conscient de ses responsabilités)* to make sb aware of their responsibilities, to give sb a sense of responsibility; *(= lui donner des responsabilités)* to give sb responsibilities

responsabilité /ʀɛspɔ̃sabilite/ GRAMMAIRE ACTIVE 20.3 SYN

NF [1] *(= charge)* responsibility ◆ **de lourdes responsabilités** heavy responsibilities ◆ **assumer la responsabilité d'une affaire** to take on the responsibility for a matter ◆ **avoir la responsabilité de qn** to take *ou* have responsibility for sb ◆ **avoir la responsabilité de la gestion/de la sécurité** to be responsible for management/for security ◆ **il fuit les responsabilités** he shuns (any) responsibility ◆ **il serait temps qu'il prenne ses responsabilités** it's (high) time he faced up to his responsibilities ◆ **ce poste comporte d'importantes responsabilités** this post involves *ou* carries considerable responsibilities ◆ **il a un poste de responsabilité** he's in a position of responsibility ◆ **accéder à de hautes responsabilités** to reach a position of great responsibility

[2] *(légale)* liability *(de* for); *(morale)* responsibility *(de* for); *(ministérielle)* responsibility; *(financière)* (financial) accountability ◆ **emmener ces enfants en montagne, c'est une responsabilité** it's a responsibility taking these children to the mountains ◆ **le Premier ministre a engagé la responsabilité de son gouvernement** ≈ the prime minister has sought a vote of confidence in his government ◆ **porter la responsabilité de qch** to take responsibility for sth ◆ **faire porter la responsabilité de qch à** *ou* **sur qn** to hold sb responsible for sth, to blame sb for sth ◆ **les bagages sont sous ta responsabilité** you're responsible for *ou* in charge of the luggage, the luggage is your responsibility ◆ **ces élèves sont sous ma responsabilité** I'm responsible for these pupils, these pupils are my responsibility *ou* are in my charge; → **assurance, société**

COMP **responsabilité atténuée** diminished responsibility

responsabilité civile civil liability

responsabilité collective collective responsibility

responsabilité contractuelle contractual liability

responsabilité pénale criminal responsibility

responsabilité pleine et entière full and entire responsibility

responsable /ʀɛspɔ̃sabl/ SYN

ADJ [1] *(= coupable)* responsible, to blame ◆ **Dupont, responsable de l'échec, a été renvoyé** Dupont, who was responsible *ou* to blame for the failure, has been dismissed ◆ **ils considèrent l'état défectueux des freins comme responsable (de l'accident)** they consider that defective brakes were to blame *ou* were responsible for the accident

[2] *(légalement)* *(de dégâts)* liable, responsible *(de* for); *(de délits)* responsible *(de* for); *(moralement)* responsible, accountable *(de* for; *devant qn* to sb) ◆ **reconnu responsable de ses actes** held responsible for his actions ◆ **il n'est pas responsable des délits/dégâts commis par ses enfants** he is not responsible for the misdemeanours of/liable *ou* responsible for damage caused by his children ◆ **je le tiens pour responsable de l'accident** I hold him responsible *ou* I blame him for the accident ◆ **civilement/pénalement responsable** liable in civil/criminal law ◆ **le ministre est responsable de ses décisions (devant le parlement)** the minister is responsible *ou* accountable (to Parliament) for his decisions

[3] *(= chargé de)* ◆ **responsable de** responsible for, in charge of

[4] *(= sérieux)* *[attitude, employé, étudiant]* responsible ◆ **agir de manière responsable** to behave responsibly

NMF [1] *(= coupable)* person responsible *ou* to blame ◆ **il faut trouver les responsables (de cette erreur)** we must find those responsible *ou* those who are to blame (for this error) ◆ **le seul responsable est l'alcool** alcohol alone is to blame *ou* is the culprit

[2] *(= personne compétente)* person in charge ◆ **adressez-vous au responsable** see the person in charge

[3] *(= chef)* manager ◆ **responsable des ventes** sales manager ◆ **responsable marketing** marketing manager

[4] *(= dirigeant)* official ◆ **les responsables du parti** the party officials ◆ **responsable syndical** trade union official ◆ **responsable politique** politician

> Quand **responsable** est un nom, il ne se traduit pas par le mot anglais **responsible**.

resquillage * /ʀɛskijaʒ/ **NM**, **resquille** * /ʀɛskij/ **NF** *(dans l'autobus, le métro)* fare-dodging *, grabbing a free ride; *(au match, cinéma)* sneaking in, getting in on the sly

resquiller * /ʀɛskije/ ▸ conjug 1 ◂

VI *(= ne pas payer)* *(dans l'autobus, le métro)* to sneak a free ride, to dodge the fare; *(au match, cinéma)* to get in on the sly, to sneak in; *(= ne pas faire la queue)* to jump the queue *(Brit)*, to cut in (at the beginning of) the line *(US)*

VT *[+ place]* to wangle *, to fiddle *

resquilleur, -euse * /ʀɛskijœʀ, øz/ **NM,F** *(= qui n'attend pas son tour)* person who doesn't wait his or her turn, queue-jumper *(Brit)*; *(= qui ne paie pas)* *(dans l'autobus)* fare-dodger * ◆ **expulser les resquilleurs** *(au stade)* to throw out the people who have wangled their way in without paying

ressac /ʀəsak/ **NM** ◆ **le ressac** *(= mouvement)* the backwash, the undertow; *(= vague)* the surf

ressaigner /ʀ(ə)seɲe/ ▸ conjug 1 ◂ **VI** to bleed again

ressaisir /ʀ(ə)seziʀ/ ▸ conjug 2 ◂

VT [1] *[+ branche, bouée]* to catch hold of again; *[+ pouvoir, occasion, prétexte]* to seize again; *(Jur)* *[+ biens]* to recover possession of

[2] *[peur]* to grip (once) again; *[délire, désir]* to take hold of again

[3] *(Jur)* ◆ **ressaisir un tribunal d'une affaire** to lay a matter before a court again

VPR **se ressaisir** SYN [1] *(= reprendre son sang-froid)* to regain one's self-control; *(Sport : après avoir flanché)* to rally, to recover ◆ **ressaisissez-vous !** pull yourself together!, get a grip on yourself! ◆ **le coureur s'est bien ressaisi sur la fin** the runner rallied *ou* recovered well towards the end

[2] ◆ **se ressaisir de** *[+ objet]* to recover; *[+ pouvoir]* to seize again

ressaisissement /ʀ(ə)sezismɑ̃/ **NM** recovery

ressassé, e /ʀ(ə)sase/ (ptp de **ressasser**) **ADJ** *[plaisanterie, thème]* worn out, hackneyed

ressasser /ʀ(ə)sase/ SYN ▸ conjug 1 ◂ **VT** *[+ pensées, regrets]* to keep turning over; *[+ plaisanteries, conseil]* to keep trotting out

ressaut /ʀəso/ **NM** *(Géog)* *(= plan vertical)* rise; *(= plan horizontal)* shelf; *(Archit)* projection

ressauter /ʀ(ə)sote/ ▸ conjug 1 ◂

VI to jump again

VT *[+ obstacle]* to jump (over) again

ressayer /ʀeseje/ ▸ conjug 8 ◂ **VT, VI** *(gén)* to try again; *(Couture)* ⇒ **réessayer**

ressemblance /ʀ(ə)sɑ̃blɑ̃s/ SYN **NF** [1] *(= similitude visuelle)* resemblance, likeness; *(= analogie de composition)* similarity ◆ **ressemblance presque parfaite entre deux substances** near perfect similarity of two substances ◆ **avoir** *ou* **offrir une ressemblance avec qch** to bear a resemblance *ou* likeness to sth ◆ **la ressemblance entre père et fils/ces montagnes est frappante** the resemblance between father and son/these mountains is striking ◆ **ce peintre s'inquiète peu de la ressemblance** this painter cares very little about getting a good likeness ◆ **toute ressemblance avec des personnes existant ou ayant existé est purement fortuite** any resemblance to any person living or dead is purely accidental

[2] *(= trait)* resemblance; *(= analogie)* similarity

ressemblant, e /ʀ(ə)sɑ̃blɑ̃, ɑ̃t/ SYN **ADJ** *[photo, portrait]* lifelike, true to life ◆ **vous êtes très ressemblant sur cette photo** this is a very good photo of you ◆ **il a fait d'elle un portrait très ressemblant** he painted a very good likeness of her ◆ **ce n'est pas très ressemblant** it's not a very good likeness

ressembler /ʀ(ə)sɑ̃ble/ GRAMMAIRE ACTIVE 5.4, 5.5 SYN ▸ conjug 1 ◂

VT INDIR **ressembler à** [1] *(= être semblable à)* to be like; *(physiquement)* to be *ou* look like, to resemble ◆ **il me ressemble beaucoup physiquement/moralement** he is very like me in looks/in character ◆ **juste quelques accrochages, rien qui ressemble à une offensive** just a few skirmishes - nothing that you could call a real offensive ◆ **il ne ressemble en rien à l'image que je me faisais de lui** he's nothing like how I imagined him ◆ **à quoi ressemble-t-il ?** * what does he look like?, what's he like? ◆ **ton fils s'est roulé dans la boue, regarde à quoi il ressemble !** * your son has been rolling in the mud - just look at the state of him! ◆ **ça ne ressemble à rien !** * *[attitude]* it makes no sense at all!; *[peinture, objet]* it's like nothing on earth! ◆ **à quoi ça ressemble de crier comme ça !** * what do you mean by shouting like that!

[2] *(= être typique de)* ◆ **cela lui ressemble bien de dire ça** it's just like him *ou* it's typical of him to say that ◆ **cela ne te ressemble pas** that's (most) unlike you *ou* not like you

VPR **se ressembler** *(physiquement, visuellement)* to look *ou* be alike; *(moralement, par ses éléments)* to be alike ◆ **ils se ressemblent comme deux gouttes d'eau** they're as like as two peas (in a pod) ◆ **tu ne te ressembles plus depuis ton accident** you're not yourself since your accident ◆ **aucune ville ne se ressemble** no two towns are alike ◆ **dans cette rue, il n'y a pas deux maisons qui se ressemblent** no two houses are the same in this street ◆ **toutes les grandes vil-**

les se ressemblent all big towns are alike *ou* the same ◆ **qui se ressemble s'assemble** *(Prov)* birds of a feather flock together *(Prov)*; → **jour**

> ⓘ Attention à ne pas traduire automatiquement **ressembler** par **to resemble**, qui est d'un registre plus soutenu.

ressemelage /ʀ(ə)səm(ə)laʒ/ NM soling, resoling

ressemeler /ʀ(ə)səm(ə)le/ ▸ conjug 4 ◂ VT to sole, to resole

ressemer /ʀəs(ə)me, ʀ(ə)səme/ ▸ conjug 5 ◂
VT to resow, to sow again
VPR **se ressemer** ◆ **ça s'est ressemé tout seul** it (re)seeded itself

ressentiment /ʀ(ə)sɑ̃timɑ̃/ SYN NM resentment *(contre* against; *de* at) ◆ **éprouver du ressentiment** to feel resentful *(à l'égard de* towards) ◆ **il en a gardé du ressentiment** it has remained a sore point with him ◆ **avec ressentiment** resentfully, with resentment

ressentir /ʀ(ə)sɑ̃tiʀ/ SYN ▸ conjug 16 ◂
VT *[+ douleur, sentiment, coup]* to feel; *[+ sensation]* to feel, to experience; *[+ perte, insulte, privation]* to feel, to be affected by ◆ **il ressentit les effets de cette nuit de beuverie** he felt the effects of that night's drinking ◆ **il ressent toute chose profondément** he feels everything deeply, he is deeply affected by everything
VPR **se ressentir** [1] ◆ **se ressentir de** *[travail, qualité]* to show the effects of; *[personne, communauté]* to feel the effects of ◆ **la qualité/son travail s'en ressent** the quality/his work is affected, it is telling on the quality/his work ◆ **l'athlète se ressentait du manque de préparation** the athlete's lack of preparation told on his performance
[2] * ◆ **s'en ressentir pour** to feel up to ◆ **il ne s'en ressent pas pour faire ça** he doesn't feel up to doing that

resserrage /ʀ(ə)seʀaʒ/ NM *[de boulon, souliers, nœud]* tightening up

resserre /ʀəsɛʀ/ NF (= *cabane)* shed; (= *réduit)* store, storeroom

resserré, e /ʀ(ə)seʀe/ (ptp de **resserrer**) ADJ *[chemin, vallée]* narrow ◆ **maison resserrée entre des immeubles** house squeezed between high buildings ◆ **veste resserrée à la taille** jacket fitted at the waist

resserrement /ʀ(ə)sɛʀmɑ̃/ NM [1] (= *action)* *[de nœud, étreinte]* tightening; *[de pores]* closing; *[de liens, amitié]* strengthening; *[de vallée]* narrowing; *[de crédits]* tightening, squeezing
[2] (= *goulet)* *[de route, vallée]* narrow part

resserrer /ʀ(ə)seʀe/ SYN ▸ conjug 1 ◂
VT [1] *[+ vis]* to tighten (up); *[+ nœud, ceinture, étreinte]* to tighten ◆ **produit qui resserre les pores** product which helps (to) close the pores; → **boulon**
[2] *[+ discipline]* to tighten up; *[+ cercle, filets]* to draw tighter, to tighten; *[+ liens, amitié]* to strengthen; *[+ récit]* to tighten up, to compress; *[+ crédits]* to tighten, to squeeze ◆ **l'armée resserre son étau autour de la capitale** the army is tightening its grip *ou* the noose around the capital
VPR **se resserrer** [1] *[nœud, étreinte]* to tighten; *[pores, mâchoire]* to close; *[chemin, vallée]* to narrow ◆ **l'étau se resserre** *(fig)* the noose is tightening
[2] *[liens affectifs]* to grow stronger; *[cercle, groupe]* to draw in ◆ **le filet/l'enquête se resserrait autour de lui** the net/the inquiry was closing in on him

resservir /ʀ(ə)sɛʀviʀ/ ▸ conjug 14 ◂
VT [1] (= *servir à nouveau)* *[+ plat]* to serve (up) again *(à* to), to dish up again * *(péj) (à* for)
[2] (= *servir davantage)* *[+ dîneur]* to give another *ou* a second helping to ◆ **resservir de la soupe/viande** to give another *ou* a second helping of soup/meat
[3] *[+ thème, histoire]* to trot out again ◆ **les thèmes qu'ils nous resservent depuis des années** the themes that they have been feeding us with *ou* trotting out to us for years
VI [1] *[vêtement usagé, outil]* to serve again, to do again ◆ **ça peut toujours resservir** it may come in handy *ou* be useful again ◆ **cet emballage peut resservir** this packaging can be used again ◆ **ce manteau pourra te resservir** you may find this coat useful again (some time)
[2] *(Tennis)* to serve again
VPR **se resservir** [1] *[dîneur]* to help o.s. again, to take another helping ◆ **se resservir de fromage/viande** to help o.s. to some more cheese/meat, to take another helping of cheese/meat
[2] (= *réutiliser)* ◆ **se resservir de** *[+ outil]* to use again; *[+ vêtement]* to wear again

ressort¹ /ʀ(ə)sɔʀ/ SYN
NM [1] (= *pièce de métal)* spring ◆ **faire ressort** to spring back ◆ **à ressort** *[mécanisme, pièce]* spring-loaded; → **matelas, mouvoir**
[2] (= *énergie)* spirit ◆ **avoir du/manquer de ressort** to have/lack spirit ◆ **un être sans ressort** a spiritless individual
[3] *(littér = motivation)* ◆ **les ressorts psychologiques de qn** sb's psychological motives ◆ **les ressorts qui le font agir** what motivates him, what makes him tick * ◆ **les ressorts secrets de l'esprit humain/de l'organisation** the inner *ou* secret workings of the human mind/the organization ◆ **les ressorts secrets de cette affaire** the hidden undercurrents of this affair
[4] († = *élasticité)* resilience
COMP **ressort à boudin** spiral spring
ressort hélicoïdal helical *ou* coil spring
ressort à lames leafspring
ressort de montre hairspring
ressort de suspension suspension spring
ressort de traction drawspring

ressort² /ʀ(ə)sɔʀ/ SYN NM [1] *(Admin, Jur = compétence)* ◆ **être du ressort de** to be *ou* fall within the competence of ◆ **c'est du ressort de la justice/du chef de service** that is for the law/the head of department to deal with, that is the law's/the head of department's responsibility ◆ **ce n'est pas de mon ressort** this is not my responsibility, this is outside my remit
[2] *(Jur = circonscription)* jurisdiction ◆ **dans le ressort du tribunal de Paris** in the jurisdiction of the courts of Paris
[3] *(Jur)* ◆ **en dernier ressort** without appeal; *(fig = en dernier recours)* as a last resort; (= *finalement)* in the last resort *ou* instance

ressortir¹ /ʀ(ə)sɔʀtiʀ/ SYN ▸ conjug 16 ◂
VI *(avec aux être)* [1] *[personne]* to go *ou* come out; *[objet]* to come out; *(une nouvelle fois)* to go *(ou* come) out again ◆ **je suis ressorti faire des courses** I went out shopping again ◆ **il a jeté un coup d'œil aux journaux et il est ressorti** he glanced at the newspapers and went (back) out again ◆ **des désirs refoulés/des souvenirs qui ressortent** repressed desires/memories which resurface *ou* come back up to the surface ◆ **le rouge/7 est ressorti** the red/7 came out *ou* up again ◆ **ce film ressort sur nos écrans** this film is showing again *ou* has been re-released
[2] (= *contraster)* *[détail, couleur, qualité]* to stand out ◆ **faire ressortir qch** to make sth stand out, to bring out sth
VT INDIR **ressortir de** (= *résulter)* to emerge from, to be the result of ◆ **il ressort de tout cela que personne ne savait** what emerges from all that is that no one knew
VT *(avec aux avoir : à nouveau)* *[+ vêtements d'hiver, outil]* to take out again; *[+ film]* to re-release, to bring out again; *(Comm)* *[+ modèle]* to bring out again ◆ **le soleil revenant, ils ont ressorti les chaises sur la terrasse** when the sun came out again, they took *ou* brought the chairs back onto the terrace ◆ **j'ai encore besoin du registre, ressors-le** I still need the register so take *ou* get it (back) out again ◆ **il (nous) ressort toujours les mêmes blagues** he always trots out the same old jokes ◆ **ressortir un vieux projet d'un tiroir** to dust off an old project

ressortir² /ʀ(ə)sɔʀtiʀ/ ▸ conjug 2 ◂ **ressortir à** VT INDIR *[+ tribunal]* to come under the jurisdiction of; *(frm)* *[+ domaine]* to be the concern *ou* province of, to pertain to ◆ **ceci ressortit à une autre juridiction** this comes under *ou* belongs to a separate jurisdiction

ressortissant, e /ʀ(ə)sɔʀtisɑ̃, ɑ̃t/ NM,F national ◆ **ressortissant français** French national *ou* citizen

ressouder /ʀ(ə)sude/ ▸ conjug 1 ◂
VT *[+ objet brisé]* to solder together again; (= *souder à nouveau)* *[+ petite pièce]* to resolder; *[+ grosse pièce]* to reweld; *[+ amitié]* to patch up, to renew the bonds of; *[+ équipe, parti]* to reunite
VPR **se ressouder** *[os, fracture]* to knit, to mend; *[amitié]* to mend ◆ **l'opposition s'est ressoudée autour de son chef** the opposition has reunited around its leader

ressource /ʀ(ə)suʀs/ SYN NF [1] (= *moyens matériels, financiers)* ◆ **ressources** *[de pays]* resources; *[de famille, personne]* resources, means ◆ **ressources personnelles** personal resources ◆ **avoir de maigres ressources** to have limited *ou* slender resources *ou* means ◆ **une famille sans ressources** a family with no means of support *ou* no resources ◆ **ressources naturelles/pétrolières** natural/petroleum resources ◆ **les ressources en hommes d'un pays** the manpower resources of a country ◆ **les ressources de l'État** *ou* **du Trésor** the financial resources of the state ◆ **directeur/responsable des ressources humaines** director/head of human resources
[2] (= *possibilités)* ◆ **ressources** *[d'artiste, aventurier, sportif]* resources; *[d'art, technique, système]* possibilities ◆ **les ressources de son talent/imagination** the resources of one's talent/imagination ◆ **ce système a des ressources variées** this system has a wide range of possible applications ◆ **les ressources de la langue française** the resources of the French language ◆ **les ressources de la photographie** the various possibilities of photography ◆ **être à bout de ressources** to have exhausted all the possibilities, to be at the end of one's resources ◆ **homme/femme de ressource(s)** man/woman of resource, resourceful man/woman
[3] (= *recours)* ◆ **n'ayant pas la ressource de lui parler** having no means *ou* possibility of speaking to him ◆ **je n'ai d'autre ressource que de lui téléphoner** the only course open to me is to phone him, I have no other option but to phone him ◆ **sa seule ressource était de...** the only way *ou* course open to him was to... ◆ **vous êtes ma dernière ressource** you are my last resort ◆ **en dernière ressource** as a last resort
[4] *(Ordin)* resource
[5] ◆ **avoir de la ressource** *[cheval, sportif]* to have strength in reserve ◆ **il y a de la ressource** * there's plenty more where that came from

ressourcer (se) /ʀ(ə)suʀse/ ▸ conjug 3 ◂ VPR (= *retrouver ses racines)* to go back to one's roots; (= *recouvrer ses forces)* to recharge one's batteries

ressouvenir (se) /ʀ(ə)suv(ə)niʀ/ ▸ conjug 22 ◂ VPR *(littér)* ◆ **se ressouvenir de** to remember, to recall ◆ **faire (se) ressouvenir qn de qch** to remind sb of sth ◆ **ce bruit le fit se ressouvenir** *ou (littér)* **lui fit ressouvenir de son accident** when he heard the noise he was reminded of his accident

ressurgir /ʀ(ə)syʀʒiʀ/ ▸ conjug 2 ◂ VI ⇒ **resurgir**

ressusciter /ʀesysite/ SYN ▸ conjug 1 ◂
VI [1] *(Rel)* to rise (from the dead) ◆ **Christ est ressuscité !** Christ is risen! ◆ **le Christ ressuscité** the risen Christ ◆ **ressuscité d'entre les morts** risen from the dead
[2] *(fig = renaître)* *[malade]* to come back to life, to revive; *[sentiment, souvenir]* to revive, to reawaken
VT [1] *(lit)* *[+ mourant]* to resuscitate, to restore *ou* bring back to life; *(Rel)* to raise (from the dead) ◆ **buvez ça, ça ressusciterait un mort** * drink that - it'll put new life into you ◆ **bruit à ressusciter les morts** noise that could wake the dead
[2] (= *régénérer)* *[+ malade]* to revive; *[+ projet, entreprise]* to inject new life into, to revive
[3] (= *faire revivre)* *[+ sentiment]* to revive, to reawaken; *[+ héros, mode]* to bring back, to resurrect *(péj)*; *[+ passé, coutume, loi]* to revive, to resurrect *(péj)*

> ⓘ **ressusciter** se traduit par **to resuscitate** uniquement au sens de 'ranimer'.

restant, e /ʀɛstɑ̃, ɑ̃t/ SYN
ADJ remaining ◆ **le seul cousin restant** the sole *ou* one remaining cousin, the only *ou* one cousin left *ou* remaining; → **poste¹**
NM [1] (= *l'autre partie)* ◆ **le restant** the rest, the remainder ◆ **tout le restant des provisions était perdu** all the rest *ou* remainder of the supplies were lost ◆ **pour le restant de mes jours** *ou* **de ma vie** for the rest of my life
[2] (= *ce qui est en trop)* ◆ **accommoder un restant de poulet** to make a dish with some left-over chicken ◆ **faire une écharpe dans un restant de tissu** to make a scarf out of some left-over material

restau * /ʀɛsto/ NM (abrèv de **restaurant**) ⇒ **resto**

restaurant /ʀɛstɔʀɑ̃/ SYN
NM restaurant ◆ **on va au restaurant ?** shall we go to a restaurant?, shall we eat out?
COMP **restaurant d'entreprise** staff canteen, staff dining room
restaurant gastronomique gourmet restaurant
restaurant libre-service self-service restaurant, cafeteria
restaurant rapide fast-food restaurant

restaurant scolaire school canteen
restaurant self-service ⇒ **restaurant libre-service**
restaurant à thème themed restaurant
restaurant universitaire university refectory *ou* canteen *ou* cafeteria

restaurateur, -trice /ʀɛstɔʀatœʀ, tʀis/ **NM,F**
[1] *[de tableau, dynastie]* restorer
[2] *(= aubergiste)* restaurant owner, restaurateur

restauration /ʀɛstɔʀasjɔ̃/ SYN **NF** [1] *(= rétablissement, réparation)* restoration • **la Restauration** *(Hist)* the Restoration *(of the Bourbons in 1830)* • **la restauration de la démocratie est en bonne voie dans ce pays** democracy is well on the way to being restored in this country
[2] *(= hôtellerie)* catering • **il travaille dans la restauration** he works in catering • **la restauration rapide** the fast-food industry *ou* trade • **la restauration collective/scolaire** institutional/school catering
[3] *(Ordin) [de fichier]* restore

(!) Au sens culinaire, **restauration** ne se traduit pas par le mot anglais **restoration**.

restaurer /ʀɛstɔʀe/ SYN ▸ conjug 1 ◂
VT [1] *[+ dynastie, paix, tableau]* to restore
[2] *(= nourrir)* to feed
[3] *(Ordin)* to restore
VPR se restaurer to have something to eat

restauroute /ʀɛstoʀut/ **NM** ⇒ **restoroute**

reste /ʀɛst/ SYN
NM [1] *(= l'autre partie)* • **le reste** the rest • **le reste de sa vie/du temps/des hommes** the rest of his life/of the time/of humanity • **j'ai lu trois chapitres, je lirai le reste (du livre) demain** I've read three chapters and I'll read the rest (of the book) tomorrow • **le reste du lait** the rest of the milk, what is left of the milk • **préparez les bagages, je m'occupe du reste** get the luggage ready and I'll see to the rest *ou* to everything else
[2] *(= ce qui est en trop)* • **il y a un reste de fromage/de tissu** there's some *ou* a piece of cheese/material left over • **s'il y a un reste, je fais une omelette/une écharpe** if there's some *ou* any left *ou* left over I'll make an omelette/a scarf • **ce reste de poulet ne suffira pas** this left-over chicken won't be enough • **s'il y a un reste (de laine), j'aimerais faire une écharpe** if there's some spare (wool) *ou* some (wool) to spare, I'd like to make a scarf • **un reste de tendresse/de pitié la poussa à rester** a last trace *ou* a remnant of tenderness/of pity moved her to stay
[3] *(Math = différence)* remainder
[4] *(locutions)* • **avoir de l'argent/du temps de reste** to have money/time left over *ou* in hand *ou* to spare • **il ne voulait pas être** *ou* **demeurer en reste avec eux** he didn't want to be outdone by them *ou* one down on them * *(Brit)* • **sans demander son reste** *(= sans plus de cérémonie)* without further ado; *(= sans protester)* without a murmur • **il a empoché l'argent sans demander son reste** he pocketed the money without asking any questions • **il est menteur, paresseux et (tout) le reste** he's untruthful, lazy and everything else as well • **avec la grève, la neige et (tout) le reste, ils ne peuvent pas venir** what with the strike, the snow and everything else *ou* all the rest, they can't come • **pour le reste** *ou* **quant au reste (nous verrons bien)** (as) for the rest (we'll have to see) • **il a été opéré, le temps fera le reste** he's had an operation, time will do the rest
◆ **du reste, au reste** *(littér)* (and) besides, (and) what's more • **nous la connaissons, du reste, très peu** besides *ou* moreover, we hardly know her at all
NMPL restes *(= nourriture)* the left-overs; *(frm = dépouille mortelle)* the (mortal) remains • **les restes de** *[+ repas]* the remains of, the leftovers from; *[+ fortune, bâtiment]* the remains of, what is *(ou* was) left of • **donner les restes au chien** to give the scraps *ou* leftovers to the dog • **elle a de beaux restes** *(hum)* she's still a fine(-looking) woman

rester /ʀɛste/ SYN ▸ conjug 1 ◂
VI [1] *(dans un lieu)* to stay, to remain; *(* = habiter)* to live • **rester au lit** *[paresseux]* to stay *ou* lie in bed; *[malade]* to stay in bed • **rester à la maison** to stay *ou* remain in the house *ou* indoors • **rester chez soi** to stay at home *ou* in • **rester au** *ou* **dans le jardin/à la campagne/à l'étranger** to stay *ou* remain in the garden/in the country/abroad • **rester (à) dîner/déjeuner** to stay for *ou* to dinner/lunch • **je ne peux rester que 10 minutes** I can only stay *ou* stop * 10 minutes • **la voiture est restée dehors/au garage** the car stayed *ou* remained outside/in the garage • **la lettre va certainement rester dans sa poche** the letter is sure to stay in his pocket • **un os lui est resté dans la gorge** a bone got stuck in his throat • **ça m'est resté là** * *ou* **en travers de la gorge** *(lit, fig)* it stuck in my throat • **restez où vous êtes** stay *ou* remain where you are • **rester à regarder la télévision** to stay watching television • **nous sommes restés deux heures à l'attendre** we stayed there waiting for him for two hours • **naturellement, ça reste entre nous** of course we shall keep this to ourselves *ou* this is strictly between ourselves • **il ne peut pas rester en place** he can't keep still
[2] *(dans un état)* to stay, to remain • **rester éveillé/immobile** to keep *ou* stay awake/still • **rester sans bouger/sans rien dire** to stay *ou* remain motionless/silent • **rester indifférent devant qch/insensible à qch** to remain indifferent to sth/impervious to sth • **rester maître de soi** to maintain one's composure • **rester célibataire** to stay single, to remain unmarried • **rester handicapé à vie** to be handicapped for life • **rester dans l'ignorance** to remain in ignorance • **rester en fonction** to remain in office • **rester debout** *(lit)* to stand, to remain standing; *(= ne pas se coucher)* to stay up • **je suis resté assis/debout toute la journée** I've been sitting/standing (up) all day • **rester en contact avec qn** to keep in touch *ou* in contact with sb • **ne reste pas là les bras croisés** don't just stand there with your arms folded • **il est resté très timide** he has remained *ou* he is still very shy • **il est et restera toujours maladroit** he is clumsy and he always will be • **cette coutume est restée en honneur dans certains pays** this custom is still honoured in certain countries • **le centre-ville est resté paralysé toute la journée** the city centre was choked with traffic *ou* gridlocked all day; → **lettre, panne**[1], **plan**[1]
[3] *(= subsister)* to be left, to remain • **rien ne reste de l'ancien château** nothing is left *ou* remains of the old castle • **c'est le seul parent qui leur reste** he's their only remaining relative, he's the only relative they have left • **c'est tout l'argent qui leur reste** that's all the money they have left • **10 km restaient à faire** there were still 10 km to go
[4] *(= durer)* to last, to live on • **c'est une œuvre qui restera** it's a work which will live on *ou* which will last • **le désir passe, la tendresse reste** desire passes, tenderness lives on • **le surnom lui est resté** the nickname stayed with him, the nickname stuck
[5] *(locutions)*
◆ **rester sur** • **rester sur une impression** to retain an impression • **je suis resté sur ma faim** *(après un repas)* I still felt hungry; *(à la fin d'une histoire)* I felt there was something missing • **sa remarque m'est restée sur le cœur** his remark (still) rankles (in my mind) • **mon déjeuner m'est resté sur l'estomac** my lunch is still sitting there • **ça m'est resté sur l'estomac** * *(fig)* it still riles me *, I still feel sore about it * • **ne restons pas sur un échec** let's not give up just because we failed
◆ **en rester à** *(= ne pas dépasser)* to go no further than • **ils en sont restés à quelques baisers/des discussions préliminaires** they got no further than a few kisses/preliminary discussions • **les gens du village en sont restés à la bougie** the villagers are still using candles • **les pourparlers en sont restés là** they only got that far *ou* that is as far as they got in their discussions • **les choses en sont restées là jusqu'à…** nothing more happened until…, nothing more was done (about it) until… • **où en étions-nous restés dans notre lecture ?** where did we leave off in our reading? • **restons-en là** let's leave off there, let's leave it at that
◆ **y rester** * *(= mourir)* to die • **il a bien failli y rester** that was nearly the end of him
VB IMPERS • **il reste encore un peu de jour/de pain** there's still a little daylight/bread left • **il leur reste juste de quoi vivre** they have just enough left to live on • **il me reste à faire ceci** I still have this to do, there's still this for me to do • **il reste beaucoup à faire** much remains to be done, there's a lot left to do • **il nous reste son souvenir** we still have our memories of him • **il ne me reste que toi** you're all I have left • **il n'est rien resté de leur maison/des provisions** nothing remained *ou* was left of their house/of the supplies • **le peu de temps qu'il lui restait à vivre** the short time that he had left to live • **il ne me reste qu'à vous remercier** it only remains for me to thank you • **il restait à faire 50 km** there were 50 km still *ou* left to go • **est-ce qu'il vous reste assez de force pour terminer ce travail ?** do you have enough strength left to finish this job? • **quand on a été en prison, il en reste toujours quelque chose** when you've been in prison something of it always stays with you • **(il) reste à savoir si/à prouver que…** it remains to be seen if/to be proved that… • **il reste que…, il n'en reste pas moins que…** the fact remains (nonetheless) that…, it is nevertheless a fact that… • **il reste entendu que…** it remains *ou* is still quite understood that…

restituable /ʀɛstitɥabl/ **ADJ** *[somme d'argent]* returnable, refundable

restituer /ʀɛstitɥe/ SYN ▸ conjug 1 ◂ **VT**
[1] *(= redonner) [+ objet volé]* to return, to restore *(à qn* to sb); *[+ argent]* to return, to refund *(à qn* to sb)
[2] *(= reconstituer) [+ fresque, texte, inscription]* to reconstruct, to restore; *[+ son]* to reproduce • **un texte enfin restitué dans son intégralité** a text finally restored in its entirety
[3] *(= recréer)* to recreate • **le film restitue bien l'atmosphère de l'époque** the film successfully recreates the atmosphere of the period • **appareil qui restitue fidèlement les sons** apparatus which gives faithful sound reproduction • **il n'a pas su restituer la complexité des sentiments du héros** he wasn't able to render the complexity of the hero's feelings
[4] *(= libérer) [+ énergie, chaleur]* to release • **l'énergie emmagasinée est entièrement restituée sous forme de chaleur** the energy stored up is entirely released in the form of heat

restitution /ʀɛstitysjɔ̃/ **NF** [1] *[d'objet volé, argent]* return • **pour obtenir la restitution des territoires** to secure the return of the territories
[2] *[de fresque, texte, inscription]* reconstruction, restoration; *[de son]* reproduction
[3] *[d'énergie, chaleur]* release

resto * /ʀɛsto/ **NM** (abrèv de **restaurant**) restaurant • **resto U** university refectory *ou* canteen *ou* cafeteria • **les Restos du cœur** *charity set up to provide food for the homeless during the winter*

restoroute ® /ʀɛstoʀut/ **NM** *[de route]* roadside restaurant; *[d'autoroute]* motorway *(Brit) ou* highway *(US)* restaurant

restreindre /ʀɛstʀɛ̃dʀ/ SYN ▸ conjug 52 ◂
VT *[+ quantité, production, dépenses]* to restrict, to limit, to cut down; *[+ ambition]* to restrict, to limit, to curb • **nous restreindrons notre étude à quelques exemples** we will restrict our study to a few examples • **restreindre le crédit** to restrict credit
VPR se restreindre [1] *(dans ses dépenses, sur la nourriture)* to cut down *(sur* on)
[2] *(= diminuer) [production, tirage]* to decrease, to go down; *[espace]* to decrease, to diminish; *[ambition, champ d'action]* to narrow; *[sens d'un mot]* to become more restricted • **le champ de leur enquête se restreint** the scope of their inquiry is narrowing

restreint, e /ʀɛstʀɛ̃, ɛ̃t/ SYN (ptp de **restreindre**) **ADJ** *[autorité, emploi, production, vocabulaire]* limited, restricted; *[espace, moyens, nombre, personnel]* limited; *[sens]* restricted • **restreint à** confined *ou* restricted *ou* limited to; → **comité, suffrage**

restrictif, -ive /ʀɛstʀiktif, iv/ **ADJ** restrictive

restriction /ʀɛstʀiksjɔ̃/ SYN **NF** [1] *(= action)* restriction, limiting, limitation
[2] *(= réduction)* restriction • **restrictions** *[de personnel, consommation, crédit]* restrictions • **restrictions budgétaires** budget(ary) constraints *ou* restrictions • **prendre des mesures de restriction** to adopt restrictive measures • **restrictions à l'exportation/importation** export/import restraints
[3] *(= condition)* qualification; *(= réticence)* reservation • **restriction mentale** mental reservation • **faire** *ou* **émettre des restrictions** to express some reservations • **avec restriction** *ou* **des restrictions** with some qualification(s) *ou* reservation(s)
◆ **sans restriction** *[soutien, attachement]* unqualified, unconditional; *[accepter, soutenir]* unreservedly • **approuver qch sans restriction** to give one's unqualified approval to sth, to accept sth without reservation • **ce régime alimentaire autorise sans restriction les fruits**

this diet places no restriction on the consumption of fruit ◆ **ce pays accueille sans restriction les immigrants** this country allows unrestricted entry to *ou* has an open door policy towards immigrants
4 *(Bio)* ◆ **enzyme de restriction** restriction enzyme

restructuration /ʀəstʀyktyʀasjɔ̃/ SYN NF restructuring ◆ **notre groupe est en pleine restructuration** our company is going through a major restructuring (programme) ◆ **la restructuration du quartier** the reorganization of the area

restructurer /ʀəstʀyktyʀe/ SYN ▸ conjug 1 ◂
VT to restructure
VPR **se restructurer** to restructure

resucée * /ʀ(ə)syse/ NF 1 *[de boisson]* ◆ **veux-tu une resucée de whisky ?** would you like another drop *ou* shot of whisky?
2 *(fig) [de film, musique, théorie]* rehash *

résultante /ʀezyltɑ̃t/ SYN NF *(Sci)* resultant; *(fig = conséquence)* outcome, result, consequence

résultat /ʀezylta/ GRAMMAIRE ACTIVE 26.4 SYN NM
1 *(= conséquence)* result, outcome ◆ **cette tentative a eu des résultats désastreux** this attempt had disastrous results *ou* a disastrous outcome ◆ **cette démarche eut pour résultat une amélioration de la situation** *ou* **d'améliorer la situation** this measure resulted in *ou* led to an improvement in the situation ◆ **on l'a laissé seul : résultat, il a fait des bêtises** we left him alone, and what happens? – he goes and does something silly ◆ **il n'y a que le résultat qui compte** the only thing that matters is the result ◆ **on a voulu lui faire confiance, le résultat est là !** we trusted him and look what happened!
2 *(= chose obtenue, réalisation)* result ◆ **c'est un résultat remarquable** it is a remarkable result *ou* achievement ◆ **il a promis d'obtenir des résultats** he promised to get results ◆ **beau résultat !** *(iro)* well done! *(iro)* ◆ **il essaya, sans résultat, de le convaincre** he tried to convince him but to no effect *ou* avail ◆ **le traitement fut sans résultat** the treatment had no effect *ou* didn't work
3 *(= solution) [d'addition, problème]* result
4 *(= classement) [d'élection, examen]* results ◆ **et maintenant, les résultats sportifs** and now for the sports results ◆ **le résultat des courses** *(Sport)* the racing results; *(fig)* the upshot ◆ **voici quelques résultats partiels de l'élection** here are some of the election results so far
5 *(Fin gén)* result; *(= chiffres)* figures; *(= bénéfices)* profit; *(= revenu)* income; *(= gains)* earnings ◆ **résultats** results ◆ **résultat bénéficiaire** profit ◆ **résultat net** net profit *ou* income *ou* earnings ◆ **résultat brut d'exploitation** gross trading profit

résulter /ʀezylte/ SYN ▸ conjug 1 ◂
VI ◆ **résulter de** to result from, to be the result of ◆ **rien de bon ne peut en résulter** no good can come of it ◆ **les avantages économiques qui en résultent** the resulting economic benefits ◆ **ce qui a résulté de la discussion est que…** the result *ou* outcome of the discussion was that…, what came out of the discussion was that…
VB IMPERS ◆ **il résulte de tout ceci que…** the result of all this is that… ◆ **il en résulte que c'est impossible** the result is that it's impossible ◆ **qu'en résultera-t-il ?** what will be the result? *ou* outcome?

résumé /ʀezyme/ GRAMMAIRE ACTIVE 26.4 SYN NM *(= texte, ouvrage)* summary ◆ **faire un résumé de** to sum up, to give a brief summary of ◆ **un résumé des opérations menées depuis 1998** a review of the operations carried out since 1998 ◆ « **résumé des chapitres précédents** » "the story so far" ◆ **résumé des informations** *(Radio, TV)* news roundup
◆ **en résumé** *(= en bref)* in short, in brief; *(= pour conclure)* to sum up; *(= en miniature)* in miniature

résumer /ʀezyme/ GRAMMAIRE ACTIVE 26.1, 26.4 SYN ▸ conjug 1 ◂
VT *(= abréger)* to summarize; *(= récapituler, aussi Jur)* to sum up; *(= symboliser)* to epitomize, to typify
VPR **se résumer** 1 *[personne]* to sum up (one's ideas)
2 *(= être contenu)* ◆ **les faits se résument en quelques mots** the facts can be summed up *ou* summarized in a few words
3 *(= se réduire à)* ◆ **se résumer à** to amount to, to come down to, to boil down to ◆ **l'affaire se résume à peu de chose** the affair amounts to *ou* comes down to nothing really

> **résumer** ne se traduit pas par **to resume**, qui a le sens de 'recommencer'.

résurgence /ʀezyʀʒɑ̃s/ NF *(Géol)* reappearance *(of river)*, resurgence; *[d'idée, mythe]* resurgence

résurgent, e /ʀezyʀʒɑ̃, ɑ̃t/ ADJ *(Géol) [eaux]* reemergent

resurgir /ʀ(ə)syʀʒiʀ/ ▸ conjug 2 ◂ VI *[cours d'eau]* to come up again, to resurface; *[personne, passé, souvenir]* to resurface; *[problème, idée, débat, menace]* to resurface, to re-emerge; *[conflit]* to blow up again

résurrection /ʀezyʀɛksjɔ̃/ NF *[de mort]* resurrection; *(fig = renouveau)* revival ◆ **la Résurrection** *(Rel)* the Resurrection ◆ **c'est une véritable résurrection !** he has really come back to life!

retable /ʀətabl/ NM altarpiece, reredos

rétablir /ʀetabliʀ/ GRAMMAIRE ACTIVE 23.4 SYN ▸ conjug 2 ◂
VT 1 *[+ courant, communications]* to restore
2 *[+ démocratie, monarchie]* to restore, to re-establish; *[+ droit, ordre, équilibre, confiance, forces, santé]* to restore; *[+ fait, vérité]* to re-establish; *[+ cessez-le-feu, paix]* to restore ◆ **rétablir les relations diplomatiques** to restore diplomatic relations ◆ **rétablir la situation** to rectify the situation, to get the situation back to normal ◆ **il était mené 5 jeux à rien mais il a réussi à rétablir la situation** he was losing 5 games to love but managed to pull back
3 *(= réintégrer)* to reinstate ◆ **rétablir qn dans ses fonctions** to reinstate sb in *ou* restore sb to their post ◆ **rétablir qn dans ses droits** to restore sb's rights
4 *(= guérir)* ◆ **rétablir qn** to restore sb to health, to bring about sb's recovery
VPR **se rétablir** 1 *[personne, économie]* to recover ◆ **il s'est vite rétabli** he soon recovered
2 *(= revenir) [silence, calme]* to return, to be restored
3 *(Sport)* to pull o.s. up *(onto a ledge etc)*; *(après perte d'équilibre)* to regain one's balance

rétablissement /ʀetablismɑ̃/ GRAMMAIRE ACTIVE 23.4 SYN NM 1 *[de courant, communications]* restoring; *[de démocratie, monarchie, droit, ordre, équilibre, forces, santé]* restoration; *[de fait, vérité]* re-establishment; *[de cessez-le-feu]* restoration ◆ **rétablissement des relations diplomatiques** restoring diplomatic relations
2 *[de personne, économie]* recovery ◆ **en vous souhaitant un prompt rétablissement** with my *(ou* our) good wishes for your swift recovery, hoping you will be better soon ◆ **tous nos vœux de prompt rétablissement** our best wishes for a speedy recovery
3 *(Sport)* ◆ **faire** *ou* **opérer un rétablissement** to do a pull-up *(into a standing position, onto a ledge etc)*

retaille /ʀətaj/ NF *[de diamant]* re-cutting

retailler /ʀ(ə)taje/ ▸ conjug 1 ◂ VT *[+ diamant, vêtement]* to re-cut; *[+ crayon]* to sharpen; *[+ arbre]* to (re-)prune

rétamage /ʀetamaʒ/ NM re-coating, re-tinning *(of pans)*

rétamé, e * /ʀetame/ (ptp de **rétamer**) ADJ *(= fatigué)* worn out *, knackered * *(Brit)*; *(= ivre)* plastered *, sloshed *; *(= détruit, démoli)* wiped out; *(= sans argent)* broke * ◆ **il a été rétamé en un mois** *(= mort)* he was dead within a month, he was a goner within a month *

rétamer /ʀetame/ ▸ conjug 1 ◂
VT 1 *[+ casseroles]* to re-coat, to re-tin
2 * *(= fatiguer)* to wear out *, to knacker * *(Brit)*; *(= rendre ivre)* to knock out *; *(= démolir)* to wipe out; *(= dépouiller au jeu)* to clean out *; *(à un examen)* to flunk * ◆ **se faire rétamer au poker** to be cleaned out * at poker
VPR **se rétamer** * *[candidat]* to flunk * ◆ **se rétamer (par terre)** *(= tomber)* to take a dive *, to crash to the ground ◆ **la voiture s'est rétamée contre un arbre** the car crashed into a tree

rétameur /ʀetamœʀ/ NM tinker

retapage /ʀ(ə)tapaʒ/ NM *[de maison, vêtement]* doing up; *[de voiture]* fixing up; *[de lit]* straightening

retape * /ʀ(ə)tap/ NF ◆ **faire (de) la retape** *[prostituée]* to walk the streets *, to be on the game * *(Brit)*; *[agent publicitaire]* to tout (around) for business ◆ **faire de la retape pour une compagnie de bateaux-mouches** to tout for a pleasure boat company

retaper /ʀ(ə)tape/ SYN ▸ conjug 1 ◂
VT 1 *(* = remettre en état) [+ maison, vêtement]* to do up; *[+ voiture]* to fix up; *[+ lit]* to straighten; *[+ malade, personne fatiguée]* to buck up * ◆ **la maison a été entièrement retapée** the house has been entirely redone *ou* redecorated ◆ **ça m'a retapé, ce whisky** that whisky has really bucked me up *
2 *(= dactylographier)* to retype, to type again
VPR **se retaper** * 1 *(= guérir)* to get back on one's feet ◆ **il va se retaper en quelques semaines** he'll be back on his feet in a few weeks
2 *(= refaire)* ◆ **j'ai dû me retaper tout le trajet à pied** I had to walk all the way back home ◆ **j'ai dû me retaper la vaisselle** I got lumbered with the washing-up again

retapisser /ʀ(ə)tapise/ ▸ conjug 1 ◂ VT *(de papier peint) [+ pièce]* to repaper; *(de tissu) [+ fauteuil]* to reupholster ◆ **j'ai retapissé la chambre de papier bleu** I repapered the bedroom in blue

retard /ʀ(ə)taʀ/ SYN
NM 1 *[de personne attendue]* lateness *(NonC)* ◆ **ces retards continuels seront punis** this constant lateness will be punished ◆ **plusieurs retards dans la même semaine, c'est inadmissible** it won't do being late several times in one week ◆ **il a eu quatre retards** *(Scol)* he was late four times ◆ **son retard m'inquiète** I'm worried that he hasn't arrived yet ◆ **vous avez du retard** you're late ◆ **vous avez deux heures de retard** *ou* **un retard de deux heures** you're two hours late ◆ **tu as un métro** *ou* **un train de retard !** * *(hum) (= tu n'es pas au courant)* you must have been asleep!; *(= tu es lent à comprendre)* you're slow on the uptake!; *(= tu ne vis pas avec ton époque)* you're behind the times!; → **billet**
2 *[de train, concurrent]* delay ◆ **un retard de trois heures est annoncé sur la ligne Paris-Brest** there will be a delay of three hours *ou* trains will run three hours late on the Paris-Brest line ◆ **le conducteur essayait de combler son retard** the driver was trying to make up the time he had lost ◆ **avoir 2 secondes de retard sur le champion/le record** *(Sport)* to be 2 seconds slower than *ou* behind the champion/outside the record ◆ **elle a un retard de règles** *(Méd)* her period's late, she's late with her period
3 *(Horlogerie)* ◆ **cette montre a du retard** this watch is slow ◆ **la pendule prend du retard** the clock is slow ◆ **la pendule prend un retard de 3 minutes par jour** the clock loses 3 minutes a day
4 *(= non-observation des délais)* delay ◆ **des retards successifs** a series of delays ◆ **s'il y a du retard dans l'exécution d'une commande** if there is a delay in carrying out an order ◆ **sans retard** without delay ◆ **livrer qch avec retard** to deliver sth late, to be late (in) delivering sth
5 *(sur un programme)* delay ◆ **il avait un retard scolaire considérable** he had fallen a long way behind at school ◆ **il doit combler son retard en anglais** he has a lot of ground to make up in English ◆ **j'ai pris du retard dans mes révisions** I have fallen behind in *ou* I am behind with my revision
6 *(= infériorité) [de pays, peuple]* backwardness ◆ **retard de croissance** *[d'enfant]* growth retardation; *(Écon)* slow growth ◆ **retard industriel** industrial backwardness ◆ **retard mental** backwardness ◆ **il vit avec un siècle de retard** he's a hundred years behind the times, he's living in the last century
7 *(Mus)* retardation
8 *(locutions)*
◆ **en retard** ◆ **tu es en retard** you're late ◆ **ils sont en retard de deux heures** they're two hours late ◆ **ça/il m'a mis en retard** it/he made me late ◆ **je me suis mis en retard** I made myself late ◆ **paiement en retard** *(effectué)* late payment; *(non effectué)* overdue payment, payment overdue ◆ **vous êtes en retard pour les inscriptions** you are late (in) registering ◆ **il est toujours en retard pour payer sa cotisation** he is always behind with his subscription ◆ **payer qch en retard** to pay sth late, to be late (in) paying sth ◆ **j'ai du travail/courrier en retard** I'm behind with my work/mail, I have a backlog of work/mail ◆ **il est en retard pour son âge** he's backward for his age ◆ **région en retard** under-developed *ou* economically backward region ◆ **ce pays est en retard de cent ans du point de vue économique** this country's economy is one hundred years behind, this country is economically one hundred years behind ◆ **ils sont toujours en retard d'une guerre** they're always fighting yester-

day's battles ◆ **ils ne sont jamais en retard d'une idée** they're never short of ideas

◆ **en retard sur** ◆ **nous sommes/les recherches sont en retard sur le programme** we are/the research is behind schedule ◆ **le train est en retard sur l'horaire** the train is running behind schedule ◆ **être en retard (de 2 heures/2 km) sur le peloton** *(Sport)* to be (2 hours/2 km) behind the pack ◆ **être en retard sur son temps** *ou* **siècle** to be behind the times

ADJ INV *(Pharm)* ◆ **insuline/effet retard** delayed insulin/effect

COMP **retard à l'allumage** *[de moteur]* retarded spark *ou* ignition ◆ **il a du retard à l'allumage** * *(fig)* he's a bit slow on the uptake *

retardataire /ʀ(ə)taʀdatɛʀ/

ADJ *[arrivant]* late; *[théorie, méthode]* obsolete, outmoded

NMF latecomer

retardateur, -trice /ʀ(ə)taʀdatœʀ, tʀis/

ADJ *(Sci, Tech)* retarding

NM *(Photo)* self-timer; *(Chim)* retarder

retardé, e /ʀ(ə)taʀde/ (ptp de **retarder**) ADJ *(scolairement)* backward, slow; *(intellectuellement)* retarded, backward; *(économiquement)* backward

retardement /ʀ(ə)taʀdəmɑ̃/ NM *[de processus, train]* delaying ◆ **manœuvres de retardement** delaying tactics

◆ **à retardement** *[+ engin, torpille]* with a timing device; *[+ dispositif]* delayed-action *(épith)*; *(Photo)* *[+ mécanisme]* self-timing; * *[+ excuses, souhaits]* belated; *[comprendre, se fâcher, rire]* after the event, in retrospect ◆ **il comprend tout à retardement** *(péj)* he's always a bit slow on the uptake * ◆ **il rit toujours à retardement** *(péj)* it always takes him a while to see the joke

retarder /ʀ(ə)taʀde/ SYN ▸ conjug 1 ◂

VT 1 *(= mettre en retard sur un horaire)* *[+ arrivant, arrivée]* to delay, to make late; *[+ personne ou véhicule en chemin]* to delay, to hold up ◆ **une visite inattendue m'a retardé** I was delayed by an unexpected visitor ◆ **je ne veux pas vous retarder** I don't want to delay you *ou* make you late ◆ **ne te retarde pas (pour ça)** don't make yourself late for that ◆ **il a été retardé par les grèves** he has been delayed *ou* held up by the strikes

2 *(= mettre en retard sur un programme)* *[+ employé, élève]* to hinder, to set back; *[+ opération, vendange, chercheur]* to delay, to hold up ◆ **ça l'a retardé dans sa mission/ses études** this has set him back in *ou* hindered him in his mission/his studies

3 *(= remettre)* *[+ départ, moment, opération]* to delay; *[+ date]* to put back; *[+ allumage de moteur]* to retard ◆ **retarder son départ d'une heure** to put back one's departure by an hour, to delay one's departure for an hour ◆ **porte à ouverture retardée** door with a time lock ◆ **parachute à ouverture retardée** parachute with fail-safe delayed opening

4 *[+ montre, réveil]* to put back ◆ **retarder l'horloge d'une heure** to put the clock back an hour

VI 1 *[montre]* to be slow; *(régulièrement)* to lose time ◆ **je retarde (de 10 minutes)** my watch is (10 minutes) slow, I'm (10 minutes) slow

2 *(= être à un stade antérieur)* ◆ **retarder sur son époque** *ou* **temps** *ou* **siècle** to be behind the times

3 *(* = être dépassé)* to be out of touch, to be behind the times * ◆ **ma voiture ? tu retardes, je l'ai vendue il y a deux ans** *(= n'être pas au courant)* my car? you're a bit behind the times * *ou* you're a bit out of touch – I sold it two years ago

retâter /ʀ(ə)tɑte/ ▸ conjug 1 ◂

VT *[+ objet, pouls]* to feel again

VI ◆ **retâter de** * *[+ prison]* to get another taste of; *[+ métier]* to have another go at

reteindre /ʀ(ə)tɛ̃dʀ/ ▸ conjug 52 ◂ VT to dye again, to redye

retéléphoner /ʀ(ə)telefɔne/ ▸ conjug 1 ◂ VI to phone again, to call back ◆ **je lui retéléphonerai demain** I'll phone him again *ou* call him back tomorrow, I'll give him another call tomorrow

retendoir /ʀ(ə)tɑ̃dwaʀ/ NM piano tuning key

retendre /ʀ(ə)tɑ̃dʀ/ ▸ conjug 41 ◂ VT 1 *[+ câble]* to stretch again, to pull taut again; *[+ peau, tissu]* to tauten; *[+ cordes de guitare, de raquette]* to (re) tighten

2 *[+ piège, filets]* to reset, to set again

3 ◆ **retendre la main à qn** to stretch out one's hand again to sb

retenir /ʀət(ə)niʀ, ʀ(ə)təniʀ/ SYN ▸ conjug 22 ◂

VT 1 *(lit, fig = maintenir)* *[+ personne, objet qui glisse]* to hold back; *[+ chien]* to hold back; *[+ cheval]* to rein in, to hold back ◆ **retenir qn par le bras** to hold sb back by the arm ◆ **il allait tomber, une branche l'a retenu** he was about to fall but a branch held him back ◆ **le barrage retient l'eau** the dam holds back the water ◆ **retenir la foule** to hold back the crowd ◆ **il se serait jeté par la fenêtre si on ne l'avait pas retenu** he would have thrown himself out of the window if he hadn't been held back *ou* stopped ◆ **retenez-moi ou je fais un malheur !** * hold me back *ou* stop me or I'll do something I'll regret! ◆ **une certaine timidité le retenait** a certain shyness held him back ◆ **retenir qn de faire qch** to keep sb from doing sth, to stop sb doing sth ◆ **je ne sais pas ce qui me retient de lui dire ce que je pense** I don't know what keeps me from *ou* stops me telling him what I think

2 *(= garder)* *[+ personne]* to keep ◆ **retenir qn à dîner** to have sb stay for dinner, to keep sb for dinner ◆ **j'ai été retenu** I was kept back *ou* detained *ou* held up ◆ **il m'a retenu une heure** he kept me for an hour ◆ **si tu veux partir, je ne te retiens pas** if you want to leave, I won't hold you back *ou* stop you ◆ **c'est la maladie de sa femme qui l'a retenu à Brest** it was his wife's illness that detained him in Brest ◆ **son travail le retenait ailleurs** his work detained *ou* kept him elsewhere ◆ **la grippe l'a retenu au lit/à la maison** flu kept him in bed/at home ◆ **retenir qn prisonnier/en otage** to hold sb prisoner/hostage

3 *(= empêcher de se dissiper)* *[+ eau d'infiltration, odeur]* to retain; *[+ chaleur]* to retain, to keep in; *[+ lumière]* to reflect ◆ **cette terre retient l'eau** this soil retains water ◆ **le noir retient la chaleur** black retains the heat *ou* keeps in the heat

4 *(= fixer)* *[clou, nœud]* to hold ◆ **c'est un simple clou qui retient le tableau au mur** there's just a nail holding the picture on the wall ◆ **un ruban retenait ses cheveux** a ribbon kept *ou* held her hair in place, her hair was tied up with a ribbon

5 ◆ **retenir l'attention de qn** to hold sb's attention ◆ **ce détail retient l'attention** this detail holds one's attention ◆ **votre demande a retenu toute notre attention** *(frm)* your request has been given full consideration

6 *(= louer, réserver)* *[+ chambre, place, table]* to book, to reserve; *[+ date]* to reserve, to set aside; *[+ domestique]* to engage

7 *(= se souvenir de)* *[+ donnée, leçon, nom]* to remember; *[+ impression]* to retain ◆ **je n'ai pas retenu son nom/la date** I can't remember his name/the date ◆ **je retiens de cette aventure qu'il est plus prudent de bien s'équiper** I've learnt from this adventure that it's wiser to be properly equipped ◆ **j'en retiens qu'il est pingre et borné, c'est tout** the only thing that stands out *ou* that sticks in my mind is that he's stingy and narrow-minded ◆ **un nom qu'on retient** a name that stays in your mind, a name you remember ◆ **retenez bien ce qu'on vous a dit** don't forget *ou* make sure you remember what you were told ◆ **celui-là, je le retiens !** * I'll remember him all right!, I won't forget him in a hurry! ◆ **ah ! toi, je te retiens** *, **avec tes idées lumineuses !** you and your bright ideas!

8 *(= contenir, réprimer)* *[+ cri, larmes]* to hold back *ou* in, to suppress; *[+ colère]* to hold back ◆ **retenir son souffle** *ou* **sa respiration** to hold one's breath ◆ **retenir sa langue** to hold one's tongue ◆ **il ne put retenir un sourire/un rire** he could not hold back *ou* suppress a smile/a laugh, he could not help smiling/laughing ◆ **il retint les mots qui lui venaient à la bouche** he held back *ou* bit back *(Brit)* the words that came to him

9 *(Math)* to carry ◆ **je pose 4 et je retiens 2** 4 down and 2 to carry, put down 4 and carry 2

10 *(= garder)* *[+ salaire]* to stop, to withhold; *[+ possessions, bagages d'un client]* to retain

11 *(= prélever, retrancher)* to deduct, to keep back ◆ **ils nous retiennent 200 € (sur notre salaire) pour les assurances** they deduct €200 (from our wages) for insurance ◆ **retenir une certaine somme pour la retraite** to deduct a certain sum for a pension scheme ◆ **retenir les impôts à la base** to deduct taxes at source

12 *(= accepter)* *[+ plan, proposition]* to accept; *[+ candidature, nom]* to retain, to accept ◆ **le jury a retenu la préméditation** *(Jur)* the jury accepted the charge of premeditation ◆ **c'est notre projet qui a été retenu** it's our project that has been accepted

VPR **se retenir** 1 *(= s'accrocher)* ◆ **se retenir à qch** to hold on to sth

2 *(= se contenir)* to restrain o.s.; *(= s'abstenir)* to stop o.s. *(de faire* doing); *(de faire ses besoins naturels)* to hold on, to hold o.s. in ◆ **se retenir de pleurer** *ou* **pour ne pas pleurer** to hold back one's tears ◆ **malgré sa colère, il essaya de se retenir** despite his anger, he tried to restrain *ou* contain himself ◆ **il se retint de lui faire remarquer que...** he refrained from pointing out to him that...

retenter /ʀ(ə)tɑ̃te/ ▸ conjug 1 ◂ VT *(gén)* to try again, to make another attempt at, to have another go at; *[+ épreuve, saut]* to try again; *[+ action, opération]* to reattempt ◆ **retenter sa chance** to try one's luck again ◆ **retenter de faire qch** to try to do sth again

rétention /ʀetɑ̃sjɔ̃/ NF 1 *(Méd)* retention ◆ **rétention d'eau/d'urine** retention of water/of urine ◆ **rétention placentaire** *ou* **du placenta** retention of placenta

2 ◆ **rétention d'informations** withholding information ◆ **rétention administrative** *(Jur)* detention *(of asylum seekers)* ◆ **centre de rétention** detention centre

retentir /ʀ(ə)tɑ̃tiʀ/ SYN ▸ conjug 2 ◂ VI 1 *[sonnerie]* to ring; *[bruit métallique, cris, détonation, explosion]* to ring out; *[écho, tonnerre]* to reverberate ◆ **à minuit, des explosions retentirent** explosions were heard at midnight ◆ **des tirs sporadiques ont à nouveau retenti dans la ville** sporadic gunfire rang out again in the city ◆ **ces mots retentissent encore à mes oreilles** those words are still ringing *ou* echoing in my ears

2 *(= résonner de)* ◆ **retentir de** to ring with, to be full of the sound of

3 *(= affecter)* ◆ **retentir sur** to have an effect upon, to affect

retentissant, e /ʀ(ə)tɑ̃tisɑ̃, ɑ̃t/ SYN ADJ 1 *(= fort, sonore)* *[son, voix]* ringing *(épith)*; *[bruit, choc, claque]* resounding *(épith)*

2 *(= éclatant, frappant)* *[échec, succès]* resounding *(épith)*; *[scandale]* tremendous; *[faillite, procès]* spectacular; *[déclaration, discours]* sensational ◆ **son film a fait un bide retentissant** * his film was a resounding flop *

retentissement /ʀ(ə)tɑ̃tismɑ̃/ SYN NM

1 *(= répercussion)* repercussion, (after-)effect ◆ **les retentissements de l'affaire** the repercussions of the affair

2 *(= éclat)* stir, effect ◆ **cette nouvelle eut un grand retentissement dans l'opinion** this piece of news created a considerable stir in public opinion ◆ **son œuvre fut sans grand retentissement** his work went virtually unnoticed ◆ **l'affaire a eu un énorme retentissement médiatique** the affair created a media sensation

3 *(littér)* *[de son, cloche]* ringing; *[de voix]* echoing sound

retenu, e[1] /ʀət(ə)ny/ (ptp de **retenir**) ADJ *(littér = discret)* *[charme, grâce]* reserved, restrained

retenue[2] /ʀət(ə)ny/ SYN NF 1 *(= prélèvement)* deduction ◆ **opérer une retenue de 10% sur un salaire** to deduct 10% from a salary ◆ **retenue pour la retraite** deductions for a pension scheme ◆ **système de retenue à la source** *system of deducting income tax at source*, ≃ PAYE *ou* pay-as-you-earn system *(Brit)*

2 *(= modération)* self-control, (self-)restraint; *(= réserve)* reserve ◆ **avoir de la retenue** to be reserved ◆ **faire preuve de retenue** to show restraint ◆ **parler/s'exprimer sans retenue** to talk/express o.s. quite openly ◆ **rire sans retenue** to laugh without restraint *ou* unrestrainedly ◆ **il n'a aucune retenue dans ses propos** he shows no restraint in what he says ◆ **il s'est confié à moi sans aucune retenue** he confided in me quite freely *ou* unreservedly ◆ **un peu de retenue !** show some restraint!, control yourself! ◆ **dans sa colère, elle perdit toute retenue** she was so enraged that she lost all self-control

3 *(Math)* ◆ **n'oublie pas la retenue** don't forget what to carry (over)

4 *(Scol)* detention ◆ **être en retenue** to be in detention, to be kept in ◆ **il les a mis en retenue** he kept them in, he gave them detention ◆ **il a eu deux heures de retenue** he got two hours' detention, he was kept in for two hours (after school)

5 *(Tech)* ◆ **la retenue du barrage** the volume of water behind the dam ◆ **barrage à faible rete-**

nue low-volume dam ◆ **bassin de retenue** balancing *ou* compensating reservoir

6 (= *embouteillage*) tailback (*Brit*), (traffic) backup (*US*)

7 (*Naut* = *cordage*) guest rope

8 (*Constr*) (under)pinning

retercer /ʀ(ə)tɛʀse/ ► conjug 3 ◄ **VT** (*Agr*) to plough for the fourth time

rétiaire /ʀetjɛʀ/ **NM** (*Antiq*) retiarius

réticence /ʀetisɑ̃s/ SYN **NF** 1 (= *hésitation*) hesitation, reluctance (*NonC*) ◆ **avec réticence** reluctantly, with some hesitation ◆ **sans réticence** without (any) hesitation ◆ **cette proposition suscite quelques réticences chez les éditeurs** publishers are a bit hesitant about *ou* are reluctant to go along with this proposal ◆ **compte tenu des réticences manifestées par les syndicats** (= *réserve*) given the misgivings *ou* reservations expressed by the unions

2 († = *omission*) reticence (*NonC*) ◆ **parler sans réticence** to speak openly, to conceal nothing

réticent, e /ʀetisɑ̃, ɑ̃t/ SYN **ADJ** 1 (= *hésitant*) hesitant ◆ **se montrer réticent** to be hesitant ◆ **le gouvernement reste très réticent à l'égard de toute baisse des taux d'intérêt** the government remains very doubtful about any cut in interest rates

2 (= *réservé*) reticent

> ⓘ **réticent** se traduit par le mot anglais **reticent** uniquement au sens de 'réservé'.

réticulaire /ʀetikylɛʀ/ **ADJ** reticular

réticulation /ʀetikylasjɔ̃/ **NF** (*Chim*) cross-link(age)

réticule /ʀetikyl/ **NM** (*Opt*) reticle; (= *sac*) reticule

réticulé, e /ʀetikyle/ **ADJ** (*Anat, Géol*) reticulate; (*Archit*) reticulated

réticulocyte /ʀetikylɔsit/ **NM** reticulocyte

réticuloendothélial, e (mpl -iaux) /ʀetikyloɑ̃dɔteljal, jo/ **ADJ** reticuloendothelial

réticulum /ʀetikylɔm/ **NM** reticulum ◆ **réticulum endoplasmique** endoplasmic reticulum

rétif, -ive /ʀetif, iv/ SYN **ADJ** [*animal*] stubborn; [*personne*] rebellious, restive

rétine /ʀetin/ **NF** retina

rétinien, -ienne /ʀetinjɛ̃, jɛn/ **ADJ** retinal

rétinite /ʀetinit/ **NF** retinitis

rétinol /ʀetinɔl/ **NM** retinol

rétinopathie /ʀetinɔpati/ **NF** retinopathy

rétique /ʀetik/ **ADJ** ⇒ **rhétique**

retirage /ʀ(ə)tiʀaʒ/ **NM** reprint

retiration /ʀ(ə)tiʀasjɔ̃/ **NF** (*Typographie*) perfecting, backing-up ◆ **presse à retiration** perfector, perfecter

retiré, e /ʀ(ə)tiʀe/ SYN (ptp de **retirer**) **ADJ** 1 (= *solitaire*) [*lieu*] remote, out-of-the-way; [*maison*] isolated; [*vie*] secluded ◆ **vivre retiré, mener une vie retirée** to live in isolation *ou* seclusion, to lead a secluded life ◆ **il vivait retiré du reste du monde** he lived withdrawn *ou* cut off from the rest of the world ◆ **retiré quelque part dans le Béarn** living quietly somewhere in the Béarn

2 (= *en retraite*) retired ◆ **retiré des affaires** retired from business

retirer /ʀ(ə)tiʀe/ SYN ► conjug 1 ◄

VT 1 (*lit, fig* = *enlever*) [+ *gants, lunettes, manteau*] to take off, to remove; [+ *privilèges*] to withdraw ◆ **retirer son collier au chien** to take the dog's collar off, to remove the dog's collar ◆ **retire-lui ses chaussures** take his shoes off (for him) ◆ **retire-lui ce couteau des mains** take that knife (away) from him ◆ **retirer à qn son emploi** to take sb's job away (from them), to deprive sb of their job ◆ **retirer son permis (de conduire) à qn** to take away *ou* revoke sb's (driving) licence, to disqualify sb from driving ◆ **retirer une pièce de l'affiche** to take off *ou* close a play ◆ **on lui a retiré la garde des enfants** he was deprived of custody of the children ◆ **je lui ai retiré ma confiance** I don't trust him any more ◆ **retirer la parole à qn** to make sb stand down (*Brit*), to take the floor from sb (*US*)

2 (= *sortir*) to take out, to remove (*de* from) ◆ **retirer un bouchon** to pull out *ou* take out *ou* remove a cork ◆ **retirer un corps de l'eau/qn de dessous les décombres** to pull a body out of the water/sb out of *ou* out from under the rubble ◆ **retirer un plat du four/les bagages du coffre** to take a dish out of the oven/the luggage out of the boot ◆ **ils ont retiré leur fils du lycée** they have taken their son away from *ou* removed their son from the school ◆ **se faire retirer une dent** to have a tooth out ◆ **je ne peux pas retirer la clé de la serrure** I can't get the key out of the lock ◆ **retire les mains de tes poches** take your hands out of your pockets ◆ **on lui retirera difficilement de l'idée** *ou* **de la tête qu'il est menacé** * we'll have difficulty *ou* a job convincing him that he's not being threatened

3 (= *reprendre possession de*) [+ *bagages, billets réservés*] to collect, to pick up; [+ *argent en dépôt*] to withdraw, to take out; [+ *gage*] to redeem ◆ **retirer de l'argent (de la banque)** to withdraw money (from the bank), to take money out (of the bank) ◆ **votre commande est prête à être retirée** your order is now awaiting collection *ou* ready for collection

4 (= *ramener en arrière*) to take away, to remove, to withdraw ◆ **retirer sa tête/sa main (pour éviter un coup)** to remove *ou* withdraw one's head/one's hand (to avoid being hit) ◆ **il retira prestement sa main** he whisked *ou* snatched his hand away

5 (= *annuler*) [+ *candidature*] to withdraw; [+ *accusation, plainte*] to withdraw, to take back ◆ **je retire ce que j'ai dit** I take back what I said ◆ **retirer sa candidature** (*Pol*) to withdraw one's candidature, to stand down (*Brit*) ◆ **retirer un journal de la circulation** to take a newspaper out of circulation ◆ **retirer un produit du commerce** *ou* **du marché** to take a product off the market

6 (= *obtenir*) [+ *avantages*] to get, to gain *ou* derive (*de* from) ◆ **les bénéfices qu'on en retire** the profits to be had *ou* gained from it ◆ **il en a retiré un grand profit** he profited *ou* gained greatly by it ◆ **il n'en a retiré que des ennuis** it caused him nothing but trouble ◆ **tout ce qu'il en a retiré, c'est...** the only thing he has got out of it is..., all he has gained is...

7 (= *extraire*) [+ *extrait, huile, minerai*] to obtain ◆ **une substance dont on retire une huile précieuse** a substance from which a valuable oil is obtained

8 (*Photo*) to reprint ◆ **faire retirer des photos** to have reprints of one's photographs done

VPR **se retirer** 1 (= *partir*) to retire, to withdraw; (= *aller se coucher*) to retire (to bed); (= *prendre sa retraite*) to retire; (= *retirer sa candidature*) to withdraw, to stand down (*Brit*) (*en faveur de* in favour of) ◆ **se retirer discrètement** to withdraw discreetly ◆ **ils se sont retirés dans un coin pour discuter affaires** they withdrew *ou* retired to a corner to talk business ◆ **se retirer dans sa chambre** to go *ou* withdraw (*frm*) *ou* retire (*frm*) to one's room ◆ **se retirer dans sa tour d'ivoire** (*fig*) to take refuge *ou* lock o.s. up in an ivory tower ◆ **ils ont décidé de se retirer à la campagne** they've decided to retire to the country ◆ **elle s'est retirée dans un couvent** she retired *ou* withdrew to a convent

2 (= *reculer*) (*pour laisser passer qn, éviter un coup*) to move out of the way; [*troupes*] to withdraw; [*marée, mer*] to recede, to go back, to ebb; [*eaux d'inondation*] to recede, to go down; [*glacier*] to recede ◆ **retire-toi d'ici** *ou* **de là, tu me gênes** stand somewhere else – you're in my way

3 (= *quitter*) ◆ **se retirer de** to withdraw from ◆ **se retirer d'une compétition/d'un marché** to withdraw from a competition/from a market ◆ **se retirer des affaires** to retire from business ◆ **se retirer du monde** to withdraw from society ◆ **se retirer de la partie** to drop out

retombant, e /ʀ(ə)tɔ̃bɑ̃, ɑ̃t/ **ADJ** [*moustache*] drooping; [*branches*] hanging ◆ **plantes retombantes** *ou* **à port retombant** trailing plants

retombé /ʀ(ə)tɔ̃be/ **NM** (*Danse*) retombé

retombée /ʀ(ə)tɔ̃be/ SYN **NF** 1 ◆ **retombées (radioactives** *ou* **atomiques)** (radioactive) fallout (*NonC*)

2 (*gén pl* = *répercussion*) [*de scandale*] consequence, effect; [*d'invention*] spin-off ◆ **les retombées financières d'une opération** the financial spin-offs of a deal ◆ **l'accord a eu des retombées économiques immédiates** the agreement had an immediate knock-on effect on the economy *ou* immediate economic repercussions ◆ **retombées de presse** press play ◆ **le gouvernement redoute les retombées médiatiques de l'événement** the government is concerned about the effects media coverage of this event might have

3 (*Archit*) spring, springing

retomber /ʀ(ə)tɔ̃be/ SYN ► conjug 1 ◄ **VI** 1 (= *faire une nouvelle chute*) to fall again ◆ **le lendemain, il est retombé dans la piscine** the next day he fell into the swimming pool again ◆ **retomber dans la misère** to fall on hard times again ◆ **retomber dans le découragement** to lose heart again ◆ **retomber dans l'erreur/le péché** to fall back *ou* lapse into error/sin ◆ **son roman est retombé dans l'oubli** his novel has sunk back into oblivion ◆ **le pays retomba dans la guerre civile** the country lapsed into civil war again ◆ **je vais retomber dans l'ennui** I'll start being bored again ◆ **la conversation retomba sur le même sujet** the conversation turned once again *ou* came round again to the same subject

2 (= *redevenir*) ◆ **retomber amoureux/enceinte/malade** to fall in love/get pregnant/fall ill again ◆ **ils sont retombés d'accord** they reached agreement again

3 [*neige, pluie*] to fall again, to come down again ◆ **la neige retombait de plus belle** the snow was falling again still more heavily

4 (= *tomber après s'être élevé*) [*personne*] to land; [*chose lancée, liquide*] to come down; [*gâteau, soufflé*] to collapse; [*abattant, capot, herse*] to fall back down; [*fusée, missile*] to land, to come back to earth; [*conversation*] to fall away, to die; [*intérêt*] to fall away, to fall off; (*Pol*) [*tension*] to subside; [*vent*] to subside, to die down; [*silence*] to fall *ou* descend again ◆ **retomber comme un soufflé** to fade away to nothing ◆ **il est retombé lourdement (sur le dos)** he landed heavily (on his back) ◆ **elle saute bien mais elle ne sait pas retomber** she can jump well but she doesn't know how to land ◆ **le chat retombe toujours sur ses pattes** cats always land on their feet ◆ **il retombera toujours sur ses pattes** *ou* **pieds** he'll always land *ou* fall on his feet ◆ **se laisser retomber sur son oreiller** to fall back *ou* sink back onto one's pillow ◆ **laissez retomber les bras** (*Sport*) let your arms drop *ou* fall (by your sides) ◆ **il laissa retomber le rideau** he let the curtain fall back ◆ **l'eau retombait en cascades** the water fell back in cascades ◆ **ça lui est retombé sur le nez** * it backfired on him ◆ **le brouillard est retombé en fin de matinée** the fog fell again *ou* came down again *ou* closed in again towards lunchtime ◆ **l'inflation est retombée à 4%** inflation has fallen to 4%

5 (= *pendre*) [*cheveux, rideaux*] to fall, to hang (down) ◆ **de petites boucles blondes retombaient sur son front** little blond curls tumbled *ou* fell onto her forehead

6 (= *échoir à*) ◆ **la responsabilité retombera sur toi** the responsibility will fall *ou* land * on you ◆ **les frais retombèrent sur nous** we were landed * *ou* saddled with the expense ◆ **faire retomber sur qn la responsabilité de qch/les frais de qch** to pass the responsibility for sth/the cost of sth on to sb, to land * sb with the responsibility for sth/the cost of sth ◆ **ça va me retomber dessus** * (*gén*) I'll get the blame *ou* take the flak * (for it); [*travail*] I'll get lumbered *ou* landed with it * ◆ **le péché du père retombera sur la tête des enfants** the sins of the fathers will be visited on the sons

7 ◆ **Noël retombe un samedi** Christmas falls on a Saturday again ◆ **retomber en enfance** to lapse into second childhood ◆ **je suis retombé sur lui le lendemain, au même endroit** I came across him again the next day in the same place ◆ **ils nous sont retombés dessus le lendemain** they landed * on us again the next day

retordre /ʀ(ə)tɔʀdʀ/ ► conjug 41 ◄ **VT** [+ *câbles*] to twist again; [+ *linge*] to wring (out) again; → **fil**

rétorquer /ʀetɔʀke/ SYN ► conjug 1 ◄ **VT** to retort

retors, e /ʀətɔʀ, ɔʀs/ SYN **ADJ** 1 ◆ **fil retors** twisted yarn

2 (= *rusé*) sly, wily, underhand

rétorsion /ʀetɔʀsjɔ̃/ **NF** (*frm, Jur, Pol*) retortion, retaliation ◆ **user de rétorsion envers un État** to retaliate *ou* use retortion against a state; → **mesure**

retouche /ʀ(ə)tuʃ/ SYN **NF** [*de photo, peinture*] touching up (*NonC*); [*de texte, vêtement*] alteration ◆ **faire une retouche à une photo** to touch up a photo ◆ **faire une retouche** (*à une photo, une peinture*) to do some touching up; (*à un vêtement*) to make an alteration ◆ **retouche d'images** retouching

retoucher /ʀ(ə)tuʃe/ SYN ► conjug 1 ◄

VT 1 (= *améliorer*) [+ *peinture, photo*] to touch up, to retouch; [+ *texte, vêtement*] to alter, to make alterations to ◆ **il faudra retoucher cette veste au col** this jacket will have to be altered at the neck • **on voit tout de suite que cette photo est retouchée** you can see straight away that this photo has been touched up

2 *(= toucher de nouveau)* to touch again; *(= blesser de nouveau)* to hit again

VI • **retoucher à qch** to touch sth again • **s'il retouche à ma sœur, gare à lui !** if he lays hands on *ou* touches my sister again he'd better look out! • **je n'ai plus jamais retouché à l'alcool** I never touched a drop of alcohol again

retoucheur, -euse /ʀ(ə)tuʃœʀ, øz/ **NM,F** • **retoucheur (en confection)** dressmaker in charge of alterations • **retoucheur photographe** retoucher

retour /ʀ(ə)tuʀ/ SYN

NM 1 *(= fait d'être revenu) (gén)* return; *(à la maison)* homecoming, return home; *(= chemin, trajet)* return (journey), way back, journey back; *(= billet)* return (ticket) • **il fallait déjà penser au retour** it was already time to think about going back • **être sur le (chemin du) retour** to be on one's way back • **pendant le retour** on the way back, during the return journey *(Brit)* • **elle n'a pas assez pour payer son retour** she hasn't enough for her ticket home • **(être) de retour (de)** (to be) back (from) • **à votre retour, écrivez-nous** write to us when you get back • **à leur retour, ils trouvèrent la maison vide** when they got back *ou* on their return, they found the house empty • **de retour à la maison** back home • **au retour de notre voyage** when we got back from our trip • **à son retour d'Afrique** on his return from Africa, when he got back from Africa; → **cheval**

2 *(à un état antérieur)* • **retour à** return to • **le retour à une vie normale** the return to (a) normal life • **ils considèrent le retour à l'emploi comme une priorité** they regard getting people back to work as a priority • **retour à la nature/la terre** return to nature/the land • **c'est un retour aux sources pour lui** he is going back to his beginnings • **retour à la normale** return to normal • **il y a un retour progressif à la normale** things are getting back to normal • **retour au calme** return to a state of calm • **son retour à la politique** his return to politics, his political comeback

3 *(= réapparition)* return; *(= répétition régulière) [de cadence, motif, thème]* recurrence • **le retour du printemps/de la paix** the return of spring/of peace • **on prévoit un retour du froid** the forecasters say the cold weather is coming back • **un retour offensif de la grippe** a renewed outbreak of flu

4 *(Comm, Poste) [d'emballage, objets invendus, récipient]* return • **retour à l'envoyeur** *ou* **à l'expéditeur** return to sender • **avec faculté de retour** on approval, on sale or return • **clause de retour** *(Fin)* no protest clause

5 *(Jur)* • **(droit de) retour** reversion

6 *(littér = changement d'avis)* change of heart • **retours** *(= revirements)* reversals • **les retours de la fortune** the twists of fortune • **un retour soudain dans l'opinion publique** a sudden turnabout in public opinion

7 *(Tech) [de chariot de machine, pièce mobile]* return; *(= partie de bureau)* (desk) extension • **touche retour** *(Ordin)* return key

8 *(Élec)* • **retour à la terre** *ou* **à la masse** earth *(Brit) ou* ground *(US)* return

9 *(Tennis)* return • **retour de service** return of service *ou* serve • **match retour** *(Sport)* return match, second *ou* return leg

10 *(Fin)* return • **retour sur investissements** return on investments

11 *(locutions)* • **en retour** in return • **choc** *ou* **effet en retour** backlash • **bâtiment en retour (d'équerre)** building constructed at right angles • **être sur le retour** * *(péj)* to be over the hill*, to be a bit past it* *(Brit)* • **faire retour à** to revert to • **par un juste retour des choses, il a été cette fois récompensé** events went his way *ou* fate was fair to him this time and he got his just reward • **par un juste retour des choses, il a été puni** he was punished, which served him right • **par retour (du courrier)** by return (of post) • **sans retour** *[partir]* for ever • **voyage sans retour** journey from which there is no return • **faire un retour sur soi-même** to take stock of o.s., to do some soul-searching; → **payer**

COMP **retour d'âge** change of life

retour en arrière *(Ciné, Littérat)* flashback; *(= souvenir)* look back; *(= mesure rétrograde)* retreat • **faire un retour en arrière** to take a look back, to look back; *(Ciné)* to flash back

retour de bâton *(= contrecoup)* backlash • **ils ont dépensé sans compter pendant des années, maintenant c'est le retour de bâton** they spent money recklessly for years - but now the chickens are coming home to roost

retour de couches first period (after pregnancy), return of menstruation

retour éternel *(Philos)* eternal recurrence

retour de flamme *(dans un moteur)* backfire; *(fig)* rekindling of passion • **il y a eu un retour de flamme** *(feu)* the flames leapt out

retour en force • **il y a eu un retour en force du racisme** racism is back with a vengeance • **on assiste à un retour en force de leur parti sur la scène politique** their party is making a big comeback

retour de manivelle *(lit)* kick • **il y aura un retour de manivelle** *(fig)* it'll backfire (on them)

retourne /ʀ(ə)tuʀn/ **NF** 1 *(Football)* overhead kick

2 *(Cartes) card turned over to determine the trump*

retournement /ʀ(ə)tuʀnəmɑ̃/ SYN **NM** *[de situation, opinion publique]* reversal *(de* of), turnaround *(de* in)

retourner /ʀ(ə)tuʀne/ SYN ► conjug 1 ◄

VT *(avec aux avoir)* 1 *(= mettre dans l'autre sens) [+ caisse, seau]* to turn upside down; *[+ matelas]* to turn (over); *[+ carte]* to turn up *ou* over; *[+ omelette, poisson, viande]* to turn over; *[+ crêpe] (avec une spatule)* to turn over; *(en lançant)* to toss • **retourner un tableau contre le mur** to turn a picture to face the wall • **elle l'a retourné (comme une crêpe** *ou* **un gant)** * *(fig)* she soon changed his mind for him • **retourner la situation** to reverse the situation

2 *(en remuant, secouant) [+ sol, terre]* to turn over; *[+ salade]* to toss; *[+ foin]* to toss, to turn (over)

3 *(= mettre l'intérieur à l'extérieur) [+ parapluie, sac, vêtement]* to turn inside out; *(Couture) [+ col, vêtement]* to turn • **retourner ses poches pour trouver qch** to turn one's pockets inside out *ou* turn out one's pockets to find sth • **son col est retourné** *(par mégarde)* his collar is sticking up; → **veste**

4 *(= orienter dans le sens opposé) [+ mot, phrase]* to turn round • **retourner un argument contre qn** to turn an argument back on sb *ou* against sb • **il retourna le pistolet contre lui-même** he turned the gun on himself • **retourner un compliment** to return a compliment • **je pourrais vous retourner votre critique** I could criticize you in the same way

5 *(= renvoyer) [+ lettre, marchandise]* to return, to send back

6 *(* fig = bouleverser) [+ maison, pièce]* to turn upside down; *[+ personne]* to shake • **il a tout retourné dans la maison pour retrouver ce livre** he turned the whole house upside down to find that book • **la nouvelle l'a complètement retourné** the news has severely shaken him • **ce spectacle m'a retourné** this sight moved me deeply

7 *(= tourner plusieurs fois)* • **retourner une pensée/une idée dans sa tête** to turn a thought/an idea over (and over) in one's mind • **retourner le couteau** *ou* **le poignard dans la plaie** *(fig)* to twist the knife in the wound; → **tourner**

VI *(avec aux être)* 1 *(= aller à nouveau)* to return, to go back • **retourner en Italie/à la mer** to go back *ou* return to Italy/to the seaside • **je devrai retourner chez le médecin** I'll have to go back to the doctor's • **retourner en arrière** *ou* **sur ses pas** to turn back, to retrace one's steps • **il retourne demain à son travail/à l'école** he's going back to work/to school tomorrow • **elle est retournée chez elle chercher son parapluie** she went back home to get her umbrella

2 *(à un état antérieur)* • **retourner à** to return to, to go back to • **retourner à la vie sauvage** to revert *ou* go back to the wild state • **retourner à Dieu** to return to God • **il est retourné à son ancien métier/à la physique** he has gone back to his old job/to physics

3 *(= être restitué)* • **la maison retournera à son frère** the house will go back *ou* revert to his brother

VB IMPERS • **nous voudrions bien savoir de quoi il retourne** we'd really like to know what it's all about

VPR **se retourner** 1 *[personne couchée]* to turn over; *[automobiliste, véhicule]* to turn over, to overturn; *[bateau]* to capsize, to keel over • **se retourner sur le dos/le ventre** to turn (over) onto one's back/one's stomach • **se retourner dans son lit toute la nuit** to toss and turn all night in bed • **il doit se retourner dans sa tombe !** *(hum)* he must be turning in his grave! *(hum)* • **la voiture s'est retournée** the car overturned • **laissez-lui le temps de se retourner** *(fig)* give him time to sort himself out • **il sait se retourner** *(fig)* he knows how to cope

2 *(= tourner la tête)* to turn round • **partir sans se retourner** to go off without looking back *ou* without a backward glance • **tout le monde se retournait sur lui** *ou* **sur son passage** everyone turned round as he went by

3 *(fig) [situation]* to be reversed • **se retourner contre qn** *[personne]* to turn against sb; *[acte, situation]* to backfire on sb, to rebound on sb; *(Jur = poursuivre)* to take (court) action *ou* proceedings against sb • **il ne savait vers qui se retourner** he didn't know who to turn to

4 *(= tordre) [+ pouce]* to wrench, to twist

5 *(littér = cheminer)* • **s'en retourner** to journey back; *(= partir)* to depart, to leave • **il s'en retourna comme il était venu** he left as he had come • **s'en retourner dans son pays (natal)** to return to one's native country

(!) Attention à ne pas traduire automatiquement **retourner** par **to return** ; l'anglais préfère employer un verbe à particule.

retracer /ʀ(ə)tʀase/ SYN ► conjug 3 ◄ **VT**

1 *(= raconter) [+ histoire, vie]* to relate, to recount • **le film retrace la carrière de l'artiste** the film goes back over *ou* traces the artist's career

2 *(= tracer à nouveau) [+ trait effacé]* to redraw, to draw again

rétractable /ʀetʀaktabl/ **ADJ** *(Jur)* revocable • **crayon à pointe rétractable** retractable pencil • **volant rétractable (en cas de choc)** collapsible steering wheel • **clavier rétractable** *(Ordin)* pull-out keyboard • **emballé sous film rétractable** shrink-wrapped

rétractation /ʀetʀaktasjɔ̃/ SYN **NF** *[d'aveux, promesse, témoignage]* retraction, withdrawal

rétracter /ʀetʀakte/ ► conjug 1 ◄

VT 1 *(= contracter, rentrer) [+ griffe]* to draw in, to retract

2 *(littér = revenir sur) [+ parole, opinion]* to retract, to withdraw, to take back

VPR **se rétracter** SYN 1 *(= se retirer) [griffe, antenne]* to retract • **au moindre reproche, elle se rétractait** *(littér)* she would shrink at the slightest reproach

2 *(= se dédire, Jur)* to retract, to withdraw one's statement • **je ne veux pas avoir l'air de me rétracter** I don't want to appear to back down

rétractibilité /ʀetʀaktibilite/ **NF** *[de bois] (= retrait)* contractibility; *(= gonflement)* expansibility

rétractif, -ive /ʀetʀaktif, iv/ **ADJ** retractive

rétractile /ʀetʀaktil/ **ADJ** retractile

rétractilité /ʀetʀaktilite/ **NF** retractility

rétraction /ʀetʀaksjɔ̃/ **NF** *(Méd)* retraction

retraduction /ʀ(ə)tʀadyksjɔ̃/ **NF** retranslation

retraduire /ʀ(ə)tʀadɥiʀ/ ► conjug 38 ◄ **VT** *(= traduire de nouveau)* to retranslate, to translate again; *(= traduire dans la langue de départ)* to translate back

retrait /ʀ(ə)tʀɛ/ SYN **NM** 1 *(= départ) [de mer]* ebb; *[d'eaux, glacier]* retreat; *[de candidat, candidature, troupes]* withdrawal • **on vient d'annoncer le retrait du marché de ce produit** it's just been announced that this product has been withdrawn from sale *ou* taken off the market

2 *[de somme d'argent]* withdrawal; *[de bagages]* collection; *[d'objet en gage]* redemption • **le retrait des bagages peut se faire à toute heure** luggage may be collected at any time • **faire un retrait de 50 €** to withdraw €50 • **retrait à vue** withdrawal on demand

3 *(= suppression) [de demande, projet]* withdrawal • **retrait du permis (de conduire)** disqualification from driving, driving ban, revocation of a driving licence • **il a eu un retrait de deux points** his licence was endorsed with two points • **retrait d'emploi** *(Admin)* deprivation of office • **retrait de plainte** *(Jur)* nonsuit • **les étudiants réclament le retrait du projet de loi** the students are demanding that the bill be withdrawn *ou* shelved

4 *(= rétrécissement) [de ciment]* shrinkage, contraction; *[de tissu]* shrinkage • **il y a du retrait** there's some shrinkage

5 *(locutions)*

♦ **en retrait** • **situé en retrait** set back • **se tenant en retrait** standing back • **rester en retrait** *[personne]* to stay in the background

retraitant | **retrouvailles**

♦ **faire une passe en retrait** (Football) to pass back ♦ **ces propositions sont en retrait sur les précédentes** these offers do not go as far as the previous ones ♦ **notre chiffre d'affaires est en léger retrait par rapport aux années précédentes** our turnover is slightly down ou has fallen slightly compared to previous years
♦ **en retrait de** set back from ♦ **une petite maison, un peu en retrait de la route** a little house, set back a bit from the road

retraitant, e /ʀ(ə)tʀetɑ̃, ɑ̃t/ **NM,F** retreatant

retraite /ʀ(ə)tʀɛt/ SYN

NF 1 (Mil = fuite) retreat ♦ **battre/sonner la retraite** to beat/sound the retreat ♦ **battre en retraite** to beat a retreat

2 (= cessation de travail) retirement ♦ **être en** ou **à la retraite** to be retired ou in retirement ♦ **travailleur en retraite** retired worker, pensioner ♦ **mettre qn à la retraite** to pension sb off, to superannuate sb ♦ **mise à la retraite (d'office)** (compulsory) retirement ♦ **mettre qn à la retraite d'office** to make sb take compulsory retirement ♦ **prendre sa retraite** to retire, to go into retirement ♦ **prendre une retraite anticipée** to retire early, to take early retirement ♦ **pour lui, c'est la retraite forcée** he has had retirement forced on him, he has had to retire early

3 (= pension) pension ♦ **toucher** ou **percevoir une petite retraite** to receive ou draw a small pension; → **caisse**, **maison**

4 (littér = refuge) [de poète, amants] retreat, refuge; [d'ours, loup] lair; [de voleurs] hideout, hiding place

5 (Rel = récollection) retreat ♦ **faire** ou **suivre une retraite** to be in retreat, to go into retreat

6 (Constr) tapering

COMP **retraite des cadres** management pension
retraite par capitalisation self-funded retirement scheme (Brit) ou plan (US)
retraite complémentaire supplementary pension
retraite aux flambeaux torchlight procession
retraite par répartition contributory pension scheme (Brit) ou plan (US)
retraite des vieux †* (old age) pension
retraite des vieux travailleurs retirement pension

retraité, e /ʀ(ə)tʀete/
ADJ 1 [personne] retired
2 [déchets] reprocessed
NM,F (old age) pensioner ♦ **les retraités** retired people, pensioners ♦ **retraités actifs** active retired people

retraitement /ʀ(ə)tʀetmɑ̃/ **NM** reprocessing ♦ **usine de retraitement des déchets nucléaires** nuclear reprocessing plant

retraiter /ʀ(ə)tʀete/ ► conjug 1 ◄ **VT** to reprocess

retranchement /ʀ(ə)tʀɑ̃ʃmɑ̃/ **NM** (Mil) entrenchment, retrenchment ♦ **pousser qn dans ses derniers retranchements** to drive ou hound sb into a corner ♦ **poussé dans ses derniers retranchements, il dut admettre les faits** he was driven into a corner and had to admit the facts

retrancher /ʀ(ə)tʀɑ̃ʃe/ SYN ► conjug 1 ◄
VT 1 (= enlever) [+ quantité] to take away, to subtract (de from); [+ somme d'argent] to deduct, to dock, to take off; [+ passage, mot] to take out, to remove, to omit (de from) ♦ **retrancher 10 de 15** to take 10 (away) from 15, to subtract 10 from 15 ♦ **retrancher une somme d'un salaire** to deduct ou dock a sum from a salary ♦ **si l'on tranche ceux qui n'ont pas de licence** if you leave out ou omit the non-graduates ♦ **ils étaient décidés à me retrancher du monde des vivants** (hum) they were set on removing me from the land of the living

2 (littér = couper) [+ chair gangrenée] to remove, to cut off; [+ organe malade] to remove, to cut out

3 (littér = séparer) to cut off ♦ **son argent le retranchait des autres** his money cut him off from other people

4 († Mil = fortifier) to entrench

VPR se retrancher 1 (Mil = se fortifier) ♦ **se retrancher derrière/dans** to entrench o.s. behind/in ♦ **se retrancher sur une position** to entrench o.s. in a position

2 (fig) ♦ **se retrancher dans son mutisme** to take refuge in silence ♦ **se retrancher dans sa douleur** to shut o.s. away with one's grief ♦ **se retrancher derrière la loi/le secret professionnel** to take refuge behind ou hide behind the law/professional secrecy

retranscription /ʀ(ə)tʀɑ̃skʀipsjɔ̃/ **NF** (= action) retranscription; (= résultat) new transcript

retranscrire /ʀ(ə)tʀɑ̃skʀiʀ/ ► conjug 39 ◄ **VT** to retranscribe

retransmettre /ʀ(ə)tʀɑ̃smɛtʀ/ ► conjug 56 ◄ **VT**
1 [+ match, émission, concert] (Radio) to broadcast; (TV) to show, to broadcast ♦ **retransmettre qch en différé** (Radio) to broadcast a recording of sth; (TV) to show ou broadcast a recording of sth ♦ **retransmettre qch en direct** (Radio) to broadcast sth live; (TV) to show ou broadcast sth live ♦ **retransmis par satellite** relayed by satellite
2 [+ nouvelle, ordre] to pass on

retransmission /ʀ(ə)tʀɑ̃smisjɔ̃/ **NF** 1 [de match, émission, concert] (Radio) broadcast; (TV) broadcast, showing ♦ **retransmission en direct/différé** live/recorded broadcast ♦ **la retransmission du match aura lieu à 23 heures** the match will be shown at 11 pm
2 [de nouvelle, ordre] passing on

retravailler /ʀ(ə)tʀavaje/ ► conjug 1 ◄
VI 1 (= recommencer le travail) to start work again ♦ **il retravaille depuis le mois dernier** he has been back at work since last month
2 (= se remettre à) ♦ **retravailler à qch** to start work on sth again, to work at sth again
VT [+ question] to give (some) more thought to; [+ discours, ouvrage] to work on again; [+ pâte à pain] to knead again; [+ argile] to work again; [+ minerai] to reprocess

retraverser /ʀ(ə)tʀavɛʀse/ ► conjug 1 ◄ **VT** (de nouveau) to recross; (dans l'autre sens) to cross back over

rétréci, e /ʀetʀesi/ **ADJ** [tricot, vêtement] shrunk, shrunken; [pupille] contracted; (péj) [esprit] narrow; (Écon) [marché] shrinking ♦ « **chaussée rétrécie** » (sur route) "road narrows"

rétrécir /ʀetʀesiʀ/ SYN ► conjug 2 ◄
VT [+ vêtement] to take in; [+ tissu] to shrink; [+ pupille] to contract; [+ conduit, orifice, rue] to narrow, to make narrower; [+ bague] to tighten, to make smaller; (fig) [+ champ d'activité, esprit] to narrow
VI [laine, tissu] to shrink; [pupille] to contract; [rue, vallée] to narrow, to become ou get narrower; [esprit] to grow narrow; [cercle d'amis] to grow smaller, to dwindle; (Écon) [marché] to shrink, to contract ♦ **rétrécir au lavage** to shrink in the wash ♦ **faire rétrécir** [+ tissu] to shrink
VPR se rétrécir → vi

rétrécissement /ʀetʀesismɑ̃/ **NM** [de laine, tricot] shrinkage; [de pupille] contraction; [de conduit, rue, vallée] narrowing; (Écon) [de marché] shrinking, contracting; [de vêtement] taking in; (Méd) [d'aorte, rectum] stricture

retrempe /ʀətʀɑ̃p/ **NF** [d'acier] requenching

retremper /ʀ(ə)tʀɑ̃pe/ ► conjug 1 ◄
VT 1 [+ acier] to requench ♦ **retremper son courage aux dangers du front** to try ou test one's courage again amid the dangers at the front
2 (= réimprégner) to resoak
VPR se retremper [baigneur] to go back into the water ♦ **se retremper dans l'ambiance familiale** to reimmerse o.s. in the family atmosphere

rétribuer /ʀetʀibɥe/ SYN ► conjug 1 ◄ **VT** [+ ouvrier] to pay ♦ **rétribuer le travail/les services de qn** to pay sb for their work/their services

rétribution /ʀetʀibysjɔ̃/ SYN **NF** (= paiement) payment, remuneration (NonC); (littér = récompense) reward, recompense (de for)

ⓘ **rétribution** ne se traduit pas par le mot anglais **retribution**, qui a le sens de 'châtiment'.

retriever /ʀetʀivœʀ/ **NM** retriever

rétro¹ * /ʀetʀo/ **NM** 1 abrév de **rétroviseur**
2 (Billard) screw-back stroke

rétro² /ʀetʀo/
ADJ INV ♦ **la mode/le style rétro** retro fashions/style ♦ **robe rétro** retro-style dress
NM ♦ **le rétro** retro

rétroactes /ʀetʀoakt/ **NMPL** (Belg = antécédents) antecedents ♦ **elle ignorait les rétroactes de l'affaire** she knew nothing about the background to the affair

rétroactif, -ive /ʀetʀoaktif, iv/ **ADJ** retroactive, retrospective ♦ **mesure/augmentation de salaire avec effet rétroactif** retroactive ou backdated measure/pay rise ♦ **loi à effet rétroactif** ex post facto law ♦ **la loi est entrée en vigueur avec effet rétroactif à compter du 1ᵉʳ octobre** the law came into force, retroactive to 1 October

rétroaction /ʀetʀoaksjɔ̃/ **NF** retroactive ou retrospective effect

rétroactivement /ʀetʀoaktivmɑ̃/ **ADV** retroactively, retrospectively

rétroactivité /ʀetʀoaktivite/ **NF** retroactivity

rétroagir /ʀetʀoaʒiʀ/ ► conjug 2 ◄ **VI** to retroact

rétrocéder /ʀetʀosede/ ► conjug 6 ◄ **VT** (Jur) to retrocede, to cede back

rétrocession /ʀetʀosesjɔ̃/ **NF** (Jur) retrocession, retrocedence ♦ **la rétrocession de Hong-Kong à la Chine** the handover of Hong Kong to China

rétroéclairé, e /ʀetʀoeklɛʀe/ **ADJ** [document] back-lit

rétrofléchi, e /ʀetʀofleʃi/ **ADJ** retroflex(ed)

rétroflexe /ʀetʀofleks/ **ADJ** retroflex

rétroflexion /ʀetʀofleksjɔ̃/ **NF** retroflexion

rétrofusée /ʀetʀofyze/ **NF** retrorocket

rétrogradation /ʀetʀogʀadasjɔ̃/ **NF** (littér = régression) regression, retrogression; (Admin) [d'officier] demotion; [de fonctionnaire] demotion, downgrading; (Astron) retrogradation

rétrograde /ʀetʀogʀad/ SYN **ADJ** 1 (péj = arriéré) [esprit] reactionary; [idées, mesures, politique] retrograde, reactionary
2 (= de recul) [mouvement, sens] backward, retrograde; (Littérat) [rimes, vers] palindromic; (Astron) retrograde ♦ **effet rétrograde** (Billard) screwback ♦ **amnésie rétrograde** retrograde amnesia

rétrograder /ʀetʀogʀade/ SYN ► conjug 1 ◄
VI 1 (en conduisant) to change down ♦ **rétrograder de troisième en seconde** to change down from third to second
2 (= régresser) (dans une hiérarchie) to regress, to move down; (contre le progrès) to go backward, to regress; (= perdre son avance) to fall back; (= reculer) to move back ♦ **il rétrograde de la 2ᵉ à la 6ᵉ place** he's moved ou dropped* back from second to sixth place
3 (Astron) to retrograde
VT [+ officier] to demote; [+ fonctionnaire] to demote, to downgrade

rétrogression /ʀetʀogʀɛsjɔ̃/ **NF** retrogression

rétropédalage /ʀetʀopedalaʒ/ **NM** backpedalling (lit)

rétroplanning /ʀetʀoplaniŋ/ **NM** reverse schedule

rétroprojecteur /ʀetʀopʀoʒɛktœʀ/ **NM** overhead projector

rétroprojection /ʀetʀopʀoʒɛksjɔ̃/ **NF** overhead projection

rétropropulsion /ʀetʀopʀopylsjɔ̃/ **NF** reverse thrust

rétrospectif, -ive /ʀetʀospɛktif, iv/
ADJ [étude, peur] retrospective
NF rétrospective (Art = exposition) retrospective ♦ **rétrospective Buster Keaton** (Ciné = projections) Buster Keaton season

rétrospectivement /ʀetʀospɛktivmɑ̃/ **ADV** [apparaître] in retrospect, retrospectively; [avoir peur, être jaloux] in retrospect, looking back ♦ **ces faits me sont apparus rétrospectivement sous un jour inquiétant** looking back on it ou in retrospect I saw the worrying side of these facts

retroussé, e /ʀ(ə)tʀuse/ **ADJ** [jupe] hitched up; [manche, pantalon] rolled up; [nez] turned-up, snub; [moustaches, lèvres] curled up

retrousser /ʀ(ə)tʀuse/ SYN ► conjug 1 ◄ **VT** [+ jupe] to hitch up; [+ manche, pantalon] to roll up; [+ lèvres] to curl up ♦ **retrousser ses manches** (lit, fig) to roll up one's sleeves ♦ **retrousser ses babines** [animal] to snarl

retroussis /ʀ(ə)tʀusi/ **NM** (= partie retroussée) lip

retrouvable /ʀ(ə)tʀuvabl/ **ADJ** findable

retrouvailles /ʀ(ə)tʀuvaj/ **NFPL** (après une séparation) reunion ♦ **ses retrouvailles avec son pays natal** his homecoming, his return to his homeland ♦ **aspirer aux retrouvailles avec la nature** to dream of getting back to nature ♦ **les retrouvailles franco-vietnamiennes** (Pol) the renewal of ties between France and Vietnam

retrouver /ʀ(ə)tʀuve/ SYN ▸ conjug 1 ◂

VT 1 *(= récupérer) [+ objet personnel, enfant]* to find (again); *[+ fugitif, objet égaré par un tiers]* to find ◆ **retrouver son chemin** to find one's way again ◆ **on retrouva son cadavre sur une plage** his body was found on a beach ◆ **on les a retrouvés vivants** they were found alive ◆ **après sa maladie, il a retrouvé son poste** he got his job back again after his illness ◆ **une chienne** *ou* **une chatte n'y retrouverait pas ses petits, une poule n'y retrouverait pas ses poussins** it's in absolute chaos, it's an absolute shambles *ou* an unholy mess*

2 *(= se remémorer)* to think of, to remember, to recall ◆ **je ne retrouve plus son nom** I can't think of *ou* remember *ou* recall his name

3 *(= revoir) [+ personne]* to meet (up with) again; *[+ endroit]* to be back in, to see again ◆ **je l'ai retrouvé par hasard en Italie** I met up with him again by chance in Italy, I happened to come across him again in Italy ◆ **je l'ai retrouvé grandi/vieilli** I found him taller/looking older ◆ **et que je ne te retrouve pas ici !** and don't let me catch *ou* find you here again! ◆ **je serai ravi de vous retrouver** I'll be delighted to see *ou* meet you again

4 *(= rejoindre)* to join, to meet (again), to see (again) ◆ **je vous retrouve à 5 heures au Café de la Poste** I'll join *ou* meet *ou* see you at 5 o'clock at the Café de la Poste ◆ **après le pont, vous retrouverez la route de Caen** after the bridge you'll be back on the road to Caen

5 *(= recouvrer) [+ forces, santé, calme]* to regain; *[+ joie, foi]* to find again ◆ **retrouver le sommeil** to go *ou* get back to sleep (again) ◆ **elle mit longtemps à retrouver la santé/le calme** she took a long time to regain her health/composure, it was a long time before she regained her health/composure ◆ **très vite elle retrouva son sourire** she very soon found her smile again

6 *(= redécouvrir) [+ secret]* to rediscover; *[+ recette]* to rediscover, to uncover; *[+ article en vente, situation, poste]* to find again ◆ **je voudrais retrouver des rideaux de la même couleur** I'd like to find curtains in the same colour again ◆ **retrouver du travail** to find work again ◆ **il a bien cherché, mais une situation pareille ne se retrouve pas facilement** he looked around but it's not easy to come by *ou* find another job like that ◆ **une telle occasion ne se retrouvera jamais** an opportunity like this will never occur again *ou* crop up again

7 *(= reconnaître)* to recognize ◆ **on retrouve chez Louis le sourire de son père** you can see *ou* recognize his father's smile in Louis, you can see Louis has his father's smile ◆ **je retrouve bien là mon fils !** that's my son all right!

8 *(= trouver, rencontrer)* to find, to encounter ◆ **on retrouve sans cesse les mêmes tournures dans ses romans** you find the same expressions all the time in his novels

VPR **se retrouver** 1 *(= se réunir)* to meet, to meet up; *(= se revoir après une absence)* to meet again ◆ **après le travail, ils se sont tous retrouvés au café** after work they all met in the café ◆ **ils se sont retrouvés par hasard à Paris** they met again by chance in Paris ◆ **un club où l'on se retrouve entre sportifs** a club where sportsmen get together ◆ **comme on se retrouve !** fancy *ou* imagine meeting *ou* seeing you here! ◆ **on se retrouvera !** *(menace)* I'll get even with you!, I'll get my own back! *(Brit)*

2 *(= être de nouveau)* to find o.s. back ◆ **il se retrouva place de la Concorde** he found himself back at the Place de la Concorde ◆ **se retrouver dans la même situation** to find o.s. back in the same situation ◆ **se retrouver seul** *(sans amis)* to be left on one's own *ou* with no one; *(loin des autres, de la foule)* to be alone *ou* on one's own

3 *(* = finir)* ◆ **il s'est retrouvé en prison/dans le fossé** he ended up in prison/in the ditch, he wound up* *ou* landed up* *(Brit)* in prison/in the ditch ◆ **se retrouver sur le trottoir*** to be back on the streets* ◆ **se retrouver à la rue** *(= sans logement)* to be out on the street(s)

4 *(= voir clair, mettre de l'ordre)* ◆ **il ne se** *ou* **s'y retrouve pas dans ses calculs/la numération binaire** he can't make sense of his calculations/binary notation ◆ **on a de la peine à s'y retrouver, dans ces digressions/raisonnements** it's hard to find one's way through *ou* to make sense of these digressions/arguments ◆ **allez donc vous (y) retrouver dans un désordre pareil !** let's see you try and straighten out this awful mess! ◆ **je ne m'y retrouve plus** I'm completely lost

5 *(* = rentrer dans ses frais)* ◆ **s'y retrouver** to break even ◆ **les frais furent énormes mais il s'y est largement retrouvé** his costs were enormous but he did very well out of the deal ◆ **tout ce que j'espère, c'est qu'on s'y retrouve** all I hope is that we don't lose on it *ou* that we break even ◆ **s'il te prête cet argent c'est qu'il s'y retrouve** if he's lending you this money it's because there's something in it for him

6 *(= trouver son chemin)* ◆ **se retrouver, s'y retrouver** to find one's way ◆ **la ville a tellement changé que je ne m'y retrouve plus** the town has changed so much I can't find my way around any more

7 *(littér = faire un retour sur soi-même)* to find o.s. again

8 *(= être présent)* ◆ **ces caractéristiques se retrouvent aussi chez les cervidés** these characteristics are also found *ou* encountered in the deer family

rétroversion /ʀetʀɔvɛʀsjɔ̃/ NF retroversion

rétroviral, e (mpl **-aux**) /ʀetʀoviʀal, o/ ADJ retroviral

rétrovirologie /ʀetʀoviʀolɔʒi/ NF retrovirology

rétrovirus /ʀetʀoviʀys/ NM retrovirus

rétroviseur /ʀetʀɔvizœʀ/ NM rear-view mirror, (driving) mirror ◆ **rétroviseur latéral** wing mirror *(Brit)*, side-view mirror *(US)*

rets /ʀɛ/ NMPL *(littér = piège)* snare ◆ **prendre** *ou* **attraper qn dans ses rets** to ensnare sb ◆ **se laisser prendre** *ou* **tomber dans les rets de qn** to be ensnared by sb

reubeu* /ʀøbø/ NM Arab

reum* /ʀøm/ NF *(= mère)* Mum

réuni, e /ʀeyni/ (ptp de **réunir**) ADJ 1 *(= pris ensemble)* ◆ **réunis** (put) together, combined ◆ **aussi fort que les Français et les Anglais réunis** as strong as the French and the English put together *ou* combined

2 *(Comm = associés)* ◆ **réunis** associated ◆ **les Transporteurs Réunis** Associated Carriers

réunification /ʀeynifikasjɔ̃/ NF reunification

réunifier /ʀeynifje/ ▸ conjug 7 ◂

VT to reunify, to reunite ◆ **l'Allemagne réunifiée** reunited *ou* reunified Germany

VPR **se réunifier** to reunify

Réunion /ʀeynjɔ̃/ NF *(Géog)* ◆ **(l'île de) la Réunion** Réunion (Island)

réunion /ʀeynjɔ̃/ SYN NF 1 *(= séance)* meeting ◆ **notre prochaine réunion sera le 10** our next meeting will be on the 10th ◆ **dans une réunion** at *ou* in a meeting ◆ **réunion d'information** briefing (session) ◆ **réunion syndicale** union meeting ◆ **réunion de travail** work session ◆ **être en réunion** to be at *ou* in a meeting

2 *(Sport)* ◆ **réunion cycliste** cycle rally ◆ **réunion d'athlétisme** athletics meeting ◆ **réunion hippique** *(= concours)* horse show; *(= course)* race meeting ◆ **réunion sportive** sports meeting

3 *[d'entreprises]* merging; *[de États]* union; *[de fleuves]* confluence, merging; *[de rues]* junction, joining; *[d'idées]* meeting

4 *[de faits, objets]* collection, gathering; *[de fonds]* raising; *[d'amis, membres d'une famille, d'un club]* bringing together, reunion, reuniting; *[d'éléments, parties]* combination; *(Math) [d'ensembles]* union ◆ **la réunion d'une province à un État** the union of a province with a state ◆ **réunion de famille** family gathering

réunionite* /ʀeynjɔnit/ NF mania for meetings

réunionnais, e /ʀeynjɔnɛ, ɛz/

ADJ of *ou* from Réunion

NM,F **Réunionnais(e)** inhabitant *ou* native of Réunion

réunir /ʀeyniʀ/ SYN ▸ conjug 2 ◂

VT 1 *(= rassembler) [+ objets]* to gather *ou* collect (together); *[+ faits, preuves]* to put together ◆ **réunir tout son linge en un paquet** to collect all one's washing into a bundle ◆ **réunir des papiers par une épingle** to pin papers together, to fix papers together with a pin

2 *(= recueillir) [+ fonds]* to raise, to get together; *[+ preuves]* to collect, to gather (together); *[+ pièces de collection, timbres]* to collect

3 *(= cumuler)* to combine ◆ **ce livre réunit diverses tendances stylistiques** this book combines various styles, this book is a combination of different styles ◆ **réunir toutes les conditions exigées** to satisfy *ou* meet all the requirements

4 *(= assembler) [+ participants]* to gather, to collect; *(= convoquer) [+ membres d'un parti]* to call together, to call a meeting of; *(= inviter) [+ amis, famille]* to entertain, to have over *ou* round *(Brit)*; *(= rapprocher) [+ antagonistes, ennemis]* to bring together, to reunite; *[+ anciens amis]* to bring together again, to reunite ◆ **on avait réuni les participants dans la cour** they had gathered those taking part in the yard ◆ **ce congrès a réuni des écrivains de toutes tendances** this congress gathered *ou* brought together writers of all kinds ◆ **nous réunissons nos amis tous les mercredis** we entertain our friends every Wednesday, we have our friends over *ou* round *(Brit)* every Wednesday ◆ **après une brouille de plusieurs années, ce deuil les a réunis** after a quarrel which lasted several years, this bereavement brought them together again *ou* reunited them

5 *(= raccorder) [+ éléments, parties]* to join ◆ **le couloir réunit les deux ailes du bâtiment** the corridor joins *ou* links the two wings of the building

6 *(= relier)* to join (up *ou* together) ◆ **réunir deux fils** to tie two threads together ◆ **réunir les bords d'une plaie/d'un accroc** to bring together the edges of a wound/of a tear

7 *(= rattacher à)* ◆ **réunir à** *[+ province]* to unite to

VPR **se réunir** 1 *(= se rencontrer)* to meet, to get together ◆ **se réunir entre amis** to get together with (some) friends, to have a friendly get-together ◆ **le petit groupe se réunissait dans un bar** the little group would meet *ou* get together in a bar

2 *(= s'associer) [entreprises]* to combine, to merge; *[États]* to unite

3 *(= se joindre) [États]* to unite; *[fleuves]* to flow into each other, to merge; *[rues]* to join, to converge; *[idées]* to unite, to be united

reup* /ʀøp/ NM *(= père)* Dad

réussi, e /ʀeysi/ (ptp de **réussir**) ADJ *(= couronné de succès) [dîner, mariage, soirée]* successful *(= bien exécuté) [mouvement]* good, well executed *(frm)*; *[photo, roman]* successful; *[mélange, tournure]* effective ◆ **c'était vraiment très réussi** it really was a great success *ou* very successful ◆ **eh bien, c'est réussi !** *(iro)* well that's just great!* *(iro)*, very clever! *(iro)*

réussir /ʀeysiʀ/ GRAMMAIRE ACTIVE 23.5 SYN ▸ conjug 2 ◂

VI 1 *[affaire, entreprise, projet]* to succeed, to be a success, to be successful; *[culture, plantation]* to thrive, to do well; *[manœuvre, ruse]* to pay off ◆ **pourquoi l'entreprise n'a-t-elle pas réussi ?** why wasn't the venture a success?, why didn't the venture come off *ou* succeed? ◆ **le culot réussit parfois où la prudence échoue** sometimes nerve succeeds *ou* works where caution fails ◆ **la vigne ne réussit pas partout** vines don't thrive everywhere *ou* do not do well everywhere ◆ **tout lui/rien ne lui réussit** everything/nothing goes right for him, everything/nothing works for him ◆ **cela lui a mal réussi, cela ne lui a pas réussi** that didn't do him any good

2 *[personne] (dans une entreprise)* to succeed, to be successful; *(à un examen)* to pass ◆ **réussir dans la vie** to succeed *ou* get on in life ◆ **réussir dans les affaires/dans ses études** to succeed *ou* do well in business/in one's studies ◆ **et leur expédition au Pôle, ont-ils réussi ? – ils n'ont pas réussi** what about their expedition to the Pole, did they succeed? *ou* did they pull it off*? – they failed ◆ **il a réussi/il n'a pas réussi à l'examen** he passed/he failed the exam ◆ **il a réussi dans tout ce qu'il a entrepris** he has made a success of *ou* been successful *ou* succeeded in all his undertakings ◆ **tous leurs enfants ont bien réussi** all their children have done well ◆ **il réussit bien en anglais/à l'école** he's a success at *ou* he does well at English/at school

3 ◆ **réussir à faire qch** to succeed in doing sth, to manage to do sth ◆ **il a réussi à les convaincre** he succeeded in convincing them, he managed to convince them ◆ **cette maladroite a réussi à se brûler*** *(iro)* this clumsy girl has managed to burn herself *ou* has gone and burnt herself*

4 *(= être bénéfique à)* ◆ **réussir à** to agree with ◆ **l'air de la mer/la vie active lui réussit** sea air/an active life agrees with him ◆ **le curry ne me réussit pas** curry doesn't agree with me

VT 1 *(= bien exécuter) [+ entreprise, film]* to make a success of ◆ **réussir sa carrière** to have a successful career ◆ **réussir sa vie** to make a success of one's life ◆ **ce plat est facile/difficile à réussir** this dish is easy/difficult to make ◆ **elle a bien réussi sa sauce** her sauce was a great success ◆ **le Premier ministre a réussi son examen de passage** the Prime Minister has passed the test ◆ **vont-ils réussir leur coup ?** will they manage to carry *ou* pull it off? ◆ **il a réussi son coup : 1 500 € de raflés* en 10 minutes !** he pulled the job off – €1,500 swiped in 10 minutes flat* ◆ **je l'ai bien réussi, mon fils** *(hum)* I did a good job on my son *(hum)* ◆ **réussir l'impossible** to manage to do the impossible ◆ **il a réussi le tour de force** *ou* **la prouesse de les réconcilier** he miraculously managed to bring about a reconciliation between them ◆ **elle a réussi une prouesse** she pulled off a remarkable feat ◆ **elle a réussi son effet** she achieved the effect she wanted

2 *(= exécuter) [+ but, essai]* to bring off, to pull off; *[+ tâche]* to bring off, to manage successfully ◆ **il a réussi deux très jolies photos** he managed two very nice photographs, he took two very successful photographs

réussite /ʀeysit/ SYN NF 1 success ◆ **ce fut une réussite complète** it was a complete *ou* an unqualified success ◆ **sa réussite sociale a été fulgurante** his rise to success was dazzling ◆ **c'est un signe de réussite sociale** it's a sign of social success ◆ **je me suis fait teindre les cheveux mais ce n'est pas une réussite !** I had my hair dyed but it hasn't turned out very well! ◆ **réussite scolaire** academic success ◆ **le taux de réussite au concours est de 10%** there is a 10% success rate in the exam ◆ **les chances de réussite de cet accord** the agreement's chances of success *ou* of succeeding ◆ **ce n'est pas une franche réussite** it's not a great success

2 *(Cartes)* patience ◆ **faire une réussite** to play patience

réutilisable /ʀeytilizabl/ ADJ reusable ◆ **emballage non-réutilisable** disposable *ou* non-reusable packaging

réutilisation /ʀeytilizasjɔ̃/ NF reuse

réutiliser /ʀeytilize/ ► conjug 1 ◄ VT to reuse

revaccination /ʀ(ə)vaksinasjɔ̃/ NF revaccination

revacciner /ʀ(ə)vaksine/ ► conjug 1 ◄ VT to revaccinate

revaloir /ʀ(ə)valwaʀ/ ► conjug 29 ◄ VT to pay back ◆ **je te revaudrai ça, je te le revaudrai** *(hostile)* I'll pay you back for this, I'll get even with you for this, I'll get back at you for this; *(reconnaissant)* I'll repay you some day

revalorisation /ʀ(ə)valɔʀizasjɔ̃/ NF *[de monnaie]* revaluation ◆ **revalorisation salariale** *ou* **des salaires** wage increase ◆ **ils prônent la revalorisation des carrières de l'enseignement** they want to improve the image *ou* to restore the prestige of the teaching profession

revaloriser /ʀ(ə)valɔʀize/ SYN ► conjug 1 ◄ VT

1 *[+ monnaie]* to revalue; *[+ titre]* to increase the value of

2 *[+ salaire]* to raise; *[+ conditions de travail]* to improve

3 *(= promouvoir) [+ méthode]* to promote again; *[+ valeur morale, institution, tradition]* to reassert the value of ◆ **l'entreprise veut revaloriser son image** the company wants to boost its image

revanchard, e /ʀ(ə)vɑ̃ʃaʀ, aʀd/ *(péj)*

ADJ *[politique]* of revenge *(especially against enemy country)*; *[politicien]* who is an advocate of *ou* who advocates revenge; *[pays]* bent on revenge *(attrib)*; *[attitude, propos]* vengeful

NM,F advocate of revenge, revanchist *(frm)*

revanche /ʀ(ə)vɑ̃ʃ/ SYN NF *(après défaite, humiliation)* revenge; *(Sport)* revenge match; *(Jeux)* return game; *(Boxe)* return fight *ou* bout ◆ **prendre sa revanche (sur qn)** to take one's revenge (on sb), to get one's own back (on sb)* *(Brit)* ◆ **prendre une revanche éclatante (sur qn)** to take a spectacular revenge (on sb) ◆ **donner sa revanche à qn** *(Jeux, Sport)* to let sb have *ou* give sb their revenge ◆ **le mépris est la revanche des faibles** contempt is the revenge of the weak

◆ **en revanche** on the other hand

revanchisme /ʀ(ə)vɑ̃ʃism/ NM *(Pol)* revanchism

rêvasser /ʀɛvase/ SYN ► conjug 1 ◄ VI to daydream, to let one's mind wander, to muse *(littér)*

rêvasserie /ʀɛvasʀi/ NF *(= rêve)* daydreaming *(NonC)*; *(= chimère)* (idle) dream, (idle) fancy, daydreaming *(NonC)*

rêve /ʀɛv/ SYN NM 1 *(pendant le sommeil)* dream; *(éveillé)* dream, daydream; *(fig = chimère)* dream ◆ **le rêve et la réalité** dream and reality ◆ **le rêve, les rêves** *(Psych)* dreaming, dreams ◆ **le rêve éveillé** *(Psych)* daydreaming ◆ **j'ai fait un rêve affreux** I had a horrible dream ◆ **rêve prémonitoire** premonitory dream ◆ **mauvais rêve** bad dream, nightmare ◆ **faire des rêves** to dream, to have dreams ◆ **faites de beaux rêves !** sweet dreams! ◆ **il est perdu dans ses rêves** he's (day)dreaming, he's in a world of his own ◆ **sortir d'un rêve** to come out of a dream

2 *(locutions)* ◆ **c'était un beau rêve !** it was a lovely dream! ◆ **le rêve américain** the American dream ◆ **c'est un de mes rêves de jeunesse** it's one of the things I've always dreamt of *ou* wanted ◆ **c'est le rêve de leur vie** it's their lifelong dream ◆ **mon rêve s'est enfin réalisé** my dream has finally come true ◆ **disparaître** *ou* **s'évanouir comme un rêve** to vanish *ou* fade like a dream ◆ **disparaître comme dans un rêve** to be gone *ou* disappear in a trice ◆ **ça, c'est le rêve*** that would be ideal *ou* (just) perfect ◆ **une maison comme ça, ce n'est pas le rêve*** it's not exactly a dream house

◆ **de rêve** ◆ **voiture/maison de rêve** dream car/house ◆ **créature de rêve** gorgeous *ou* lovely creature ◆ **il fait un temps de rêve pour une balade à la campagne** it's perfect weather for a walk in the country ◆ **il mène une vie de rêve** he leads an idyllic life ◆ **il a un corps de rêve** he's got a superb body

◆ **de mes/ses** *etc* **rêves** ◆ **la voiture/la femme de ses rêves** the car/the woman of his dreams, his dream car/woman

◆ **en rêve** ◆ **voir/entendre qch en rêve** to see/hear sth in a dream ◆ **créer qch en rêve** to dream sth up ◆ **même pas en rêve !*** in your dreams!*

rêvé, e /ʀeve/ SYN (ptp de **rêver**) ADJ ideal, perfect ◆ **c'est l'occasion rêvée !** it's the ideal *ou* a golden opportunity!

revêche /ʀəvɛʃ/ SYN ADJ *[air, ton]* surly; *[personne]* sour-tempered

réveil /ʀevɛj/ SYN NM 1 *[de dormeur]* waking (up) *(NonC)*, wakening *(littér)*; *[de personne évanouie]* coming to *(NonC)*; *(fig = retour à la réalité)* awakening ◆ **à mon réveil, je vis qu'il était parti** when I woke up *ou* on waking I found he was gone ◆ **il a le réveil difficile** he finds it hard to wake up, he finds waking up difficult ◆ **il eut un réveil brutal** he was rudely woken up *ou* awakened ◆ **dès le réveil, il chante** as soon as he's awake *ou* he wakes up he starts singing ◆ **il a passé une nuit entrecoupée de réveils en sursaut** he had a bad night, waking with a start every so often ◆ **réveil téléphonique** alarm call ◆ **le réveil fut pénible** *(fig)* he *(ou* I *etc)* had a rude awakening

2 *(fig = renaissance) [de nature, sentiment, souvenir]* reawakening; *[de volcan]* fresh stirrings; *[de douleur]* return ◆ **le réveil des nationalismes** the resurgence of nationalism

3 *(Mil)* reveille ◆ **sonner le réveil** to sound the reveille ◆ **battre le réveil** *to wake soldiers up to the sound of drums* ◆ **réveil en fanfare** reveille on the bugle ◆ **ce matin, j'ai eu droit à un réveil en fanfare !** *(fig)* I was treated to a rowdy awakening this morning!

4 *(= réveille-matin)* alarm (clock) ◆ **mets le réveil à 8 heures** set the alarm for 8 (o'clock) ◆ **réveil de voyage** travel alarm (clock)

réveillé, e /ʀeveje/ ADJ *(= à l'état de veille)* awake; *(* = dégourdi)* bright, all there* *(attrib)* ◆ **à moitié réveillé** half asleep ◆ **il était mal réveillé** he was still half asleep, he hadn't woken up properly

réveille-matin /ʀevɛjmatɛ̃/ NM INV alarm clock

réveiller /ʀeveje/ SYN ► conjug 1 ◄

VT 1 *[+ dormeur]* to wake (up), to waken, to awaken *(littér)*; *(= ranimer) [+ personne évanouie]* to bring round, to revive; *(= ramener à la réalité) [+ rêveur]* to wake up, to waken ◆ **réveillez-moi à 5 heures** wake me (up) at 5 (o'clock) ◆ **voulez-vous qu'on vous réveille ?** *(dans un hôtel)* would you like a wake-up call? ◆ **se faire réveiller tous les matins à la même heure** to be woken up every morning at the same time ◆ **être réveillé en sursaut** to be woken (up) with a start ◆ **faire un vacarme à réveiller les morts** to make a racket that would waken the dead ◆ **ne réveillez pas le chat qui dort** *(Prov)* let sleeping dogs lie *(Prov)*

2 *(= raviver) [+ appétit, courage]* to rouse, to awaken; *[+ douleur] (physique)* to start up again; *(mentale)* to revive, to reawaken; *[+ jalousie, rancune]* to reawaken, to rouse; *[+ souvenir]* to awaken, to revive, to bring back

3 *(= ranimer) [+ membre ankylosé]* to bring some sensation *ou* feeling back into ◆ **réveiller les consciences** to awaken *ou* stir people's consciences

VPR **se réveiller** 1 *[dormeur]* to wake (up), to awake, to awaken *(littér)*; *[personne évanouie]* to come round *(Brit)* *ou* around *(US)*, to come to, to regain consciousness; *[paresseux, rêveur]* to wake up *(de* from) ◆ **réveille-toi !** wake up! ◆ **se réveillant de sa torpeur** rousing himself from his lethargy ◆ **se réveiller en sursaut** to wake up with a start

2 *(= se raviver) [appétit, courage]* to be roused; *[douleur]* to return; *[jalousie, rancune]* to be reawakened *ou* roused; *[souvenir]* to return, to come back, to reawaken *(littér)*

3 *(= se ranimer) [nature]* to reawaken; *[volcan]* to stir again ◆ **mon pied se réveille** the feeling's coming back into my foot, I'm getting some feeling back in my foot

réveillon /ʀevɛjɔ̃/ NM ◆ **réveillon (de Noël/du Nouvel An)** *(= repas)* Christmas Eve/New Year's Eve dinner; *(= fête)* Christmas Eve/New Year's (Eve) party; *(= date)* Christmas/New Year's Eve ◆ **on ne va pas passer le réveillon là-dessus !*** let's not make a meal of this!

réveillonner /ʀevɛjɔne/ ► conjug 1 ◄ VI to celebrate Christmas *ou* New Year's Eve *(with a dinner and a party)*

révélateur, -trice /ʀevelatœʀ, tʀis/ GRAMMAIRE ACTIVE 26.6 SYN

ADJ *[détail]* telling, revealing; *[indice, symptôme]* revealing ◆ **film révélateur d'une mode/d'une tendance** film revealing a fashion/a tendency ◆ **c'est révélateur d'un malaise profond** it reveals a deep malaise; → **lapsus**

NM 1 *(Photo)* developer

2 *(littér) (= personne)* enlightener; *(= événement, expérience)* revelation ◆ **ce conflit a été le révélateur d'une crise plus profonde** this conflict revealed a much deeper crisis

révélation /ʀevelasjɔ̃/ SYN NF 1 *[de fait, projet, secret]* revelation, disclosure

2 *[d'artiste]* revelation, discovery ◆ **ce livre est une révélation** this book is a revelation ◆ **ce fut une véritable révélation !** it was quite a revelation! ◆ **ce jeune auteur a été la révélation de l'année** this young author was the discovery of the year

3 *[de sensations, talent, tendances]* revelation ◆ **avoir la révélation de qch** to discover sth

4 *(= confidence, aveu)* disclosure, revelation ◆ **faire des révélations importantes** to make important disclosures *ou* revelations

5 *(Rel)* revelation

6 *(Photo) [d'image]* developing

révélé, e /ʀevele/ (ptp de **révéler**) ADJ *(Rel) [dogme, religion]* revealed

révéler /ʀevele/ SYN ► conjug 6 ◄

VT 1 *(= divulguer) [+ fait, projet]* to reveal, to make known, to disclose; *[+ secret]* to disclose, to give away, to reveal; *[+ opinion]* to make known ◆ **je ne peux encore rien révéler** I can't disclose *ou* reveal anything yet, I can't give anything away yet ◆ **révéler que** to reveal that ◆ **ça l'avait révélée à elle-même** this had given her a new awareness of herself

2 *(= témoigner de) [+ aptitude, caractère]* to reveal, to show; *[+ sentiments]* to show ◆ **œuvre qui révèle une grande sensibilité** work which reveals *ou* displays great sensitivity ◆ **sa physionomie révèle la bonté/une grande ambition** his features show kindness/great ambition ◆ **son décolleté révélait la délicatesse de sa peau** her low neckline showed *ou* revealed her delicate skin

3 *(= faire connaître) [+ artiste] [imprésario]* to discover; *[œuvre]* to bring to fame; *(Rel)* to reveal ◆ **le roman qui l'a révélé au public** the novel that introduced him to the public

4 *(Photo)* to develop

VPR **se révéler** 1 *[vérité, talent, tendance]* to be revealed, to reveal itself; *(Rel)* to reveal o.s. ◆ **des sensations nouvelles se révélaient à lui** he was becoming aware of new feelings

2 *[artiste]* to come into one's own ◆ **il ne s'est révélé que vers la quarantaine** he didn't really come into his own until he was nearly forty

3 *(= s'avérer)* ◆ **se révéler cruel/ambitieux** to show o.s. *ou* prove to be cruel/ambitious ◆ **se révéler difficile/aisé** to prove difficult/easy ◆ **son hypothèse se révéla fausse** his hypothesis proved (to be) *ou* was shown to be false

revenant, e /ʀ(ə)vənɑ̃, ɑ̃t/ SYN NM,F ghost • tiens, un revenant ! * hello stranger! *; → histoire

revendeur, -euse /ʀ(ə)vɑ̃dœʀ, øz/ NM,F (= détaillant) retailer, dealer, stockist (Brit); (d'occasion) secondhand dealer • chez votre revendeur habituel at your local dealer ou stockist (Brit) • revendeur (de drogue) (drug-)pusher* ou dealer

revendicateur, -trice /ʀ(ə)vɑ̃dikatœʀ, tʀis/

[NM,F] protester

[ADJ] • lettre revendicatrice letter putting forward one's claims • déclaration revendicatrice declaration of claims • avoir une attitude revendicatrice to make a lot of demands

revendicatif, -ive /ʀ(ə)vɑ̃dikatif, iv/ ADJ [mouvement] protest (épith) • action revendicative protest campaign • organiser une journée d'action revendicative to organize a day of action ou protest (in support of one's claims) • les syndicats ont adopté une position plus revendicative the unions have stepped up their demands

revendication /ʀ(ə)vɑ̃dikasjɔ̃/ SYN NF 1 (= action) claiming • il n'y a pas eu de revendication de l'attentat no one claimed responsibility for the attack

2 (Pol, Syndicats = demande) claim, demand • journée de revendication day of action ou of protest (in support of one's claims) • lettre de revendication letter putting forward one's claims • mouvement de revendication protest movement • revendications salariales/territoriales wage/territorial claims • revendications sociales workers' demands • revendications d'autonomie demands for autonomy; → catégoriel

revendiquer /ʀ(ə)vɑ̃dike/ SYN ▸ conjug 1 ◂

[VT] 1 (= demander) [+ chose due, droits] to claim, to demand • ils passent leur temps à revendiquer they're forever making demands • revendiquer l'égalité des salaires to demand equal pay

2 (= assumer) [+ paternité, responsabilité] to claim; [+ attentat, explosion] to claim responsibility for • l'attentat n'a pas été revendiqué no one has claimed responsibility for the attack • il revendique son appartenance à la communauté juive he asserts ou proclaims his Jewish identity

[VPR] **se revendiquer** • il se revendique (comme) Basque he asserts ou proclaims his Basque identity • elle se revendiquait du féminisme she was a feminist and proud of it

revendre /ʀ(ə)vɑ̃dʀ/ ▸ conjug 41 ◂ VT 1 (= vendre d'occasion ou au détail) to resell, to sell; [+ actions, terres, filiale] to sell off • acheté 5 €, cet article est revendu ou se revend 30 € purchased for €5, this item is being resold at €30 • ça se revend facilement that's easily resold ou sold again • il a revendu sa voiture pour payer ses dettes he sold his car to pay off his debts

2 (= vendre davantage) • j'en ai vendu deux en janvier et j'en ai revendu quatre en février I sold two in January and I sold another four in February • j'en ai vendu la semaine dernière mais je n'en ai pas revendu depuis I sold some last week but I've sold no more since then

3 (locutions) • avoir de l'énergie/de l'intelligence à revendre to have energy/brains to spare • si tu veux un tableau, on en a à revendre if you want a picture, we've got lots of them • des chapeaux, elle en a à revendre she's got more hats than she knows what to do with

revenez-y /ʀəv(ə)nezi, ʀ(ə)vənezi/ NM INV → goût

revenir /ʀəv(ə)niʀ, ʀ(ə)vəniʀ/

SYN ▸ conjug 22 ◂

1 - VERBE INTRANSITIF
2 - VERBE PRONOMINAL

1 - VERBE INTRANSITIF

1 [= REPASSER, VENIR DE NOUVEAU] to come back, to come again • il doit revenir nous voir demain he's coming back to see us tomorrow, he's coming to see us again tomorrow • pouvez-vous revenir plus tard ? can you come back later? • reviens ! je plaisantais come back! I was joking • revenir sur ses pas to retrace one's steps

2 [= RÉAPPARAÎTRE] [saison, mode] to come back, to return; [soleil, oiseaux] to return, to reappear; [fête, date] to come (round) again; [calme, ordre] to return; [thème, idée] to recur, to reappear • revenir à la mémoire [souvenir, idée] to come back to mind • cette expression revient souvent dans ses livres that expression often crops up in his books • Noël revient chaque année à la même date Christmas comes (round) on the same date every year • sa lettre est revenue parce qu'il avait changé d'adresse his letter was returned ou came back because he had changed his address

3 [= RENTRER] to come back, to return • revenir quelque part/de quelque part to come back ou return (to) somewhere/from somewhere • revenir chez soi to come back ou return home • revenir dans son pays to come back ou return to one's country • revenir en bateau/avion to sail/fly back, to come back by boat/air • revenir à la hâte to hurry back • revenir de voyage to return from a trip • en revenant de l'école on the way back ou home from school • je lui téléphonerai en revenant I'll phone him when I get back • sa femme lui est revenue his wife has come back to him • je reviens dans un instant I'll be back in a minute, I'll be right back* • on va à la piscine ? – j'en reviens ! shall we go to the swimming pool? – I've just come back from there!

4 [= RETOURNER] • revenir en arrière (gén) to go back • on ne peut pas revenir en arrière (dans le temps) you can't turn ou put back the clock

5 [= COÛTER] • ça revient cher it's expensive

6 [CULIN] • faire revenir to brown • « faire revenir les oignons dans le beurre » "brown ou fry the onions gently in the butter"

7 [LOCUTIONS]

♦ **revenir à qch** (= recommencer, reprendre) [+ études, sujet] to go back to, to return to; [+ méthode, procédé] to go back to, to return to, to revert to • revenir à ses premières amours to go back ou return to one's first love • revenir à de meilleurs sentiments to return to a better frame of mind • revenir à la religion to come back to religion • revenir à la vie to come back to life • on y reviendra, à cette mode this fashion will come back • nous y reviendrons dans un instant we'll come back to that in a moment • n'y revenez plus ! (= ne recommencez plus) don't do that again!; (= n'en redemandez plus) that's all you're getting!, don't bother coming back! • j'en reviens toujours là, il faut... I still come back to this, we must... • il n'y a pas à y revenir there's no going back on it • revenir à la charge to return to the attack

(= équivaloir à) to come down to, to amount to, to boil down to • cette hypothèse revient à une proposition très simple this hypothesis comes down ou amounts to a very simple proposition • ça revient à une question d'argent it all boils down to a question of money • cela revient à dire que... it amounts to saying that... • ça revient au même it amounts ou comes to the same thing

(= coûter) to amount to, to come to, to cost • ça revient à 20 € it comes to ou amounts to €20 • à combien est-ce que cela va vous revenir ? how much will that cost you?, how much will that set you back? * • revenir à la marque ou au score (Sport) to draw (even ou level)

♦ **revenir à qn** [souvenir, idée] to come back to sb • son nom me revient maintenant his name has come back to me now • ça me revient ! I've got it now!, it's coming back to me now!

[courage, appétit, parole] to come back to sb, to return (to sb) • le courage me revint my courage came back to me ou returned • l'appétit m'est revenu my appetite returned, I got my appetite back

[rumeur] • revenir à qn ou aux oreilles de qn to reach sb's ears, to get back to sb • il m'est revenu que... (frm) word has come back to me ou reached me that...

(= appartenir à) [droit, honneur, responsabilité] to fall to sb; [biens, somme d'argent] (= échoir à) to come ou pass to sb; (= être la part de) to come ou go to sb • il lui revient de décider (= incomber à) it is for him ou up to him to decide • ce titre lui revient de droit this title is his by right • cet honneur lui revient this honour is due to him ou is his by right • tout le mérite vous revient all the credit goes to you, the credit is all yours • les biens de son père sont revenus à l'État his father's property passed to the state • là-dessus, 15 € me reviennent €15 of that comes to me

(* = plaire à) • il a une tête qui ne me revient pas I don't like the look of him • elle ne me revient pas du tout cette fille I don't like that girl at all

♦ **revenir à soi** [personne] to come to, to come round (Brit)

♦ **revenir de** (= se remettre de) [+ maladie] to recover from, to get over; [+ syncope] to come to after, to come round from (Brit); [+ égarement, surprise] to get over; [+ illusions] to lose, to shake off; [+ erreurs, théories] to leave behind, to throw over, to put ou cast aside • il revient de loin (= il a frôlé la catastrophe) he had a close shave; (= il a eu des ennuis) he had a tough time • crois-tu qu'il en reviendra ? (= qu'il en réchappera) do you think he'll pull through? • je n'en reviens pas ! (surprise) I can't believe it! • ils sont déjà revenus de ces théories they have already thrown over ou put aside these theories • elle est revenue de tout she's seen it all before

♦ **revenir sur** (= réexaminer) [+ affaire, problème] to go back over; (= se dédire de) [+ promesse] to go back on; [+ décision] to go back on, to reconsider; (Sport = rattraper) to catch up with • ne revenons pas là-dessus let's not go back over that • revenir sur le passé to go back over the past; → tapis

2 - VERBE PRONOMINAL

s'en revenir († ou littér) • comme il s'en revenait (du village), il aperçut un aigle as he was coming back (from the village), he noticed an eagle • il s'en revint la queue basse he came back with his tail between his legs • il s'en revint, le cœur plein d'allégresse he came away with a joyful heart

revente /ʀ(ə)vɑ̃t/ NF resale • valeur à la revente resale value • il a été inculpé de revente de drogue he was charged with drug dealing • la revente de l'entreprise lui a rapporté beaucoup d'argent he made a lot of money on the sale of the company

revenu /ʀəv(ə)ny/ SYN

[NM] [de particulier] income (NonC) (de from); [de État] revenue (de from); [de domaine, terre] income (de from); [de capital, investissement] yield (de from, on) • revenu annuel/brut/imposable/par habitant annual/gross/assessed/per capita income • à revenu fixe (Fin)[valeurs] fixed-yield • les pays à revenu élevé high-income countries • famille/ménage à revenus modestes low-income family/household • avoir de gros revenus to have a large income • personne sans revenus réguliers person who has no regular income

[COMP] **revenus de l'État** public revenue
revenu fiscal tax revenue
revenu intérieur brut gross domestic income
revenu minimum d'insertion minimum welfare payment given to those who are not entitled to unemployment benefit, ≃ income support (Brit), ≃ welfare (US)
revenu national gross national product
revenu net d'impôts disposable income
revenu du travail earned income

rêver /ʀeve/ SYN ▸ conjug 1 ◂

[VI] 1 [dormeur] to dream (de, à of, about) • rêver que to dream that • j'ai rêvé de toi I dreamt about ou of you • il en rêve la nuit he dreams about it at night • rêver tout éveillé to be lost in a daydream • je ne rêve pas, c'est bien vrai ? I'm not imagining it ou dreaming, am I? – it's really true! • tu m'as appelé ? – moi ? tu rêves ! did you call me? – me? you must have been dreaming! ou you're imagining things! • une révolution, maintenant ? vous rêvez ! a revolution now? your imagination's running away with you! • on croit rêver ! * I can hardly believe it!, the mind boggles! * • (non,) mais je rêve ! * he (ou they etc) can't be serious! • (il ne) faut pas rêver * I wouldn't count on it * • on peut toujours rêver there's no harm in dreaming

2 (= rêvasser) to dream, to muse (littér), to daydream • travaille au lieu de rêver ! get on with your work instead of (day)dreaming! • rêver à des jours meilleurs to dream of better days

3 (= désirer) to dream • rêver tout haut to dream aloud • rêver de qch/de faire to dream of sth/of doing • elle rêve d'une chaumière en pleine forêt she dreams of a cottage in the heart of a forest • rêver de réussir to long to succeed, to long for success • rêver de rencontrer la femme idéale to dream of meeting ou long to meet the ideal woman • des images qui font rêver pictures that fire the imagination • ça fait rêver ! it sounds (ou looks) wonderful! • ça fait rêver de l'entendre parler de ses voyages hearing him talk about his travels really gets the imagination going

VT 1 *(en dormant)* to dream ◆ **j'ai rêvé la même chose qu'hier** I dreamt the same (thing) as last night
2 *(littér = imaginer)* to dream ◆ **il rêve sa vie au lieu de la vivre** he's dreaming his life away instead of living it ◆ **je n'ai jamais dit ça, c'est toi qui l'as rêvé !** *(péj)* I never said that – you must have dreamt it!
3 *(= désirer)* to dream of ◆ **rêver mariage/succès** *(littér)* to dream of marriage/success ◆ **il se rêve conquérant** *(littér)* he dreams of being a conqueror ◆ **il ne rêve que plaies et bosses** his mind is full of heroic dreams

réverbération /ʀevɛʀbeʀasjɔ̃/ **NF** *[de son]* reverberation; *[de chaleur, lumière]* reflection

réverbère /ʀevɛʀbɛʀ/ **NM** *(d'éclairage)* street lamp *ou* light; *(Tech)* reflector; → **allumeur**

réverbérer /ʀevɛʀbeʀe/ ▸ conjug 6 ◂ **VT** *[+ son]* to send back, to reverberate; *[+ chaleur, lumière]* to reflect

reverdir /ʀ(ə)vɛʀdiʀ/ ▸ conjug 2 ◂
VI *[plantes]* to grow green again
VT *(Tech) [peaux]* to soak

révérence /ʀeveʀɑ̃s/ SYN **NF** 1 *(= salut) [d'homme]* bow; *[de femme]* curtsey ◆ **faire une révérence** *[homme]* to bow; *[femme]* to curtsey *(à qn* to sb) ◆ **tirer sa révérence (à qn)** *(lit)* to bow out, to make one's bow (and leave); *(fig)* to take one's leave (of sb)
2 *(littér = respect)* reverence *(envers, pour* for) ◆ **révérence parler** † with all due respect

révérenciel, -ielle /ʀeveʀɑ̃sjɛl/ **ADJ** reverential ◆ **crainte révérencielle** awe

révérencieux, -ieuse /ʀeveʀɑ̃sjø, jøz/ **ADJ** *(littér)* reverent ◆ **être peu révérencieux envers** to show scant respect for

révérend, e /ʀeveʀɑ̃, ɑ̃d/ **ADJ, NM** reverend ◆ **le Révérend Père Martin** Reverend Father Martin

révérendissime /ʀeveʀɑ̃disim/ **ADJ** most reverend

révérer /ʀeveʀe/ SYN ▸ conjug 6 ◂ **VT** *(littér) (gén)* to revere; *(Rel)* to revere, to reverence

rêverie /ʀɛvʀi/ SYN **NF** 1 *(= activité)* daydreaming, reverie *(littér)*, musing *(littér)*
2 *(= rêve)* daydream, reverie *(littér)*
3 *(péj = chimère)* ◆ **rêveries** daydreams, delusions, illusions

revérifier /ʀ(ə)veʀifje/ ▸ conjug 7 ◂ **VT** to double-check

revernir /ʀ(ə)vɛʀniʀ/ ▸ conjug 2 ◂ **VT** to revarnish

revers /ʀ(ə)vɛʀ/ GRAMMAIRE ACTIVE 26.3 SYN **NM** 1 *[de feuille, papier]* back; *[d'étoffe]* wrong side ◆ **le revers de la charité** *(littér)* the reverse of charity ◆ **prendre l'ennemi de** *ou* **à revers** to take the enemy from *ou* in the rear
2 *[de médaille, pièce d'argent]* reverse, reverse side, back ◆ **pièce frappée au revers d'une effigie** coin struck with a portrait on the reverse ◆ **c'est le revers de la médaille** *(fig)* that's the other side of the coin ◆ **toute médaille a son revers** *(fig)* every rose has its thorn *(Prov)*
3 *[de main]* back ◆ **d'un revers de main** *(lit)* with the back of one's hand ◆ **il a balayé** *ou* **écarté nos arguments d'un revers de (la) main** *(fig)* he brushed aside all our arguments, he dismissed all our arguments out of hand
4 *(Tennis)* backhand ◆ **faire un revers** to play a backhand shot ◆ **volée de revers** backhand volley ◆ **revers à deux mains** double-handed *ou* two-handed backhand
5 *(Habillement) [de manteau, veste]* lapel, revers; *[de pantalon]* turn-up *(Brit)*, cuff *(US)*; *[de bottes]* top; *[de manche]* (turned-back) cuff ◆ **bottes à revers** turned-down boots ◆ **pantalons à revers** trousers with turn-ups *(Brit) ou* cuffs *(US)*
6 *(= coup du sort)* setback ◆ **revers (de fortune)** reverse (of fortune) ◆ **revers économiques/militaires** economic/military setbacks *ou* reverses

reversement /ʀ(ə)vɛʀsəmɑ̃/ **NM** *(Fin) [d'excédent, somme]* putting back, paying back *(dans, sur* into); *[de titre]* transfer

reverser /ʀ(ə)vɛʀse/ ▸ conjug 1 ◂ **VT** 1 *[+ liquide] (= verser davantage)* to pour out some more ◆ **reverse-moi du vin/un verre de vin** pour me (out) some more wine/another glass of wine ◆ **reversez le vin dans la bouteille** *(= remettre)* pour the wine back into the bottle
2 *(Fin) [+ excédent, somme]* to put back, to pay back *(dans, sur* into); *[+ titre]* to transfer

réversibilité /ʀevɛʀsibilite/ **NF** *[de pension]* reversibility; *[de mouvement] (Chim)* reversibility

réversible /ʀevɛʀsibl/ **ADJ** *[mouvement, vêtement, réaction chimique]* reversible; *(Jur)* revertible *(sur* to) ◆ **l'histoire n'est pas réversible** history cannot be undone *ou* altered

réversion /ʀevɛʀsjɔ̃/ **NF** *(Bio, Jur)* reversion ◆ **pension de réversion** reversion pension

reversoir /ʀ(ə)vɛʀswaʀ/ **NM** weir

révertant /ʀevɛʀtɑ̃/ **NM** revertant

revêtement /ʀ(ə)vɛtmɑ̃/ SYN **NM** *(= enduit)* coating; *(= surface) [de route]* surface; *(= garniture, placage) [de mur extérieur]* facing, cladding; *[de mur intérieur]* covering ◆ **revêtement (du sol)** flooring (NonC), floor-covering (NonC) ◆ **revêtement mural** wall-covering (NonC) ◆ **revêtement antiadhésif** *[de poêle]* nonstick coating

revêtir /ʀ(ə)vetiʀ/ SYN ▸ conjug 20 ◂
VT 1 *(frm, hum = mettre) [+ uniforme, habit]* to don *(frm)*, to put on
2 *(= prendre, avoir) [+ caractère, importance]* to take on, to assume; *[+ apparence, forme]* to assume, to take on ◆ **une rencontre qui revêt une importance particulière** a meeting which is especially important ◆ **cela ne revêt aucun caractère d'urgence** it is by no means urgent ◆ **le langage humain revêt les formes les plus variées** human language appears in *ou* takes on the most varied forms
3 *(frm, hum = habiller) [vêtement]* to adorn ◆ **revêtir qn de** to dress sb in ◆ **revêtir un prélat des vêtements sacerdotaux** to clothe a prelate in his priestly robes
4 *(= couvrir, déguiser)* ◆ **revêtir qch de** to cloak sth in, to cover sth with
5 *(frm)* ◆ **revêtir qn de** *[+ dignité, autorité](= investir de)* to endow *ou* invest sb with
6 *(Admin, Jur)* ◆ **revêtir un document de sa signature/d'un sceau** to append one's signature/a seal to a document
7 *(= enduire)* to coat *(de* with); *(= couvrir) [+ route]* to surface *(de* with); *[+ mur, sol]* to cover *(de* with) ◆ **revêtir un mur de boiseries** to (wood-)panel a wall ◆ **revêtir un mur de carreaux** to tile a wall, to cover a wall with tiles ◆ **revêtir de plâtre** to plaster ◆ **revêtir de crépi** to face with roughcast, to roughcast ◆ **revêtir d'un enduit imperméable** to cover with a waterproof coating, to give a waterproof coating to ◆ **rue revêtue d'un pavage** street which has been paved over ◆ **sommets revêtus de neige** snow-clad *ou* snow-covered summits
VPR **se revêtir** *(= mettre)* ◆ **se revêtir de** *(frm)* to array o.s. in *(frm)*, to don *(frm)*, to dress o.s. in ◆ **vers l'automne les sommets se revêtent de neige** *(littér)* as autumn draws near, the mountain tops don their snowy mantle *(littér) ou* are bedecked *(frm)* with snow

revêtu, e /ʀ(ə)vety/ (ptp de **revêtir**) **ADJ**
1 *(= habillé de)* ◆ **revêtu de** dressed in, wearing
2 *[route]* surfaced ◆ **chemin non revêtu** unsurfaced road
3 ◆ **revêtu de** *(= enduit de)* coated with

rêveur, -euse /ʀɛvœʀ, øz/ SYN
ADJ *[air, personne]* dreamy ◆ **il a l'esprit rêveur** he's inclined to be a dreamer ◆ **ça vous laisse rêveur** * it makes you wonder
NM,F *(lit, péj)* dreamer

rêveusement /ʀɛvøzmɑ̃/ **ADV** *(= distraitement)* dreamily, as (if) in a dream; *(= avec perplexité)* distractedly

revient /ʀəvjɛ̃/ **NM** → **prix**

revif /ʀəvif/ **NM** *(Naut) rise of water between tides*

revigorant, e /ʀ(ə)vigɔʀɑ̃, ɑ̃t/ **ADJ** *[vent, air frais]* invigorating; *[repas, boisson]* reviving *(épith)*; *[discours, promesse]* cheering, invigorating

revigorer /ʀ(ə)vigɔʀe/ SYN ▸ conjug 1 ◂ **VT** *[vent, air frais]* to invigorate; *[repas, boisson]* to revive, to put new life into, to buck up *; *[discours, promesse]* to cheer, to invigorate, to buck up * ◆ **un petit vent frais qui revigore** a bracing *ou* an invigorating cool breeze ◆ **ces mesures vont revigorer l'économie locale** these measures will give a boost to the local economy

revirement /ʀ(ə)viʀmɑ̃/ SYN **NM** *(= changement d'avis)* change of mind, reversal (of opinion); *(= changement brusque) [de tendances]* reversal *(de* of); *[de goûts]* (abrupt) change *(de* in) ◆ **revirement d'opinion** change *ou* U-turn *ou* turnaround in public opinion ◆ **un revirement soudain de la situation** a sudden reversal of the situation

révisable /ʀevizabl/ **ADJ** 1 *(= qui peut être sujet à modification) [contrat, salaire]* revisable ◆ **prix révisable à la baisse/hausse** price that can be revised downwards/upwards ◆ **prêt à taux révisable** *(gén)* loan with adjustable interest rate; *(immobilier)* ≃ adjustable-rate mortgage
2 *(Jur) [procès]* reviewable

réviser /ʀevize/ SYN ▸ conjug 1 ◂ **VT** 1 *[+ procès, règlement]* to review; *[+ constitution, opinion]* to revise ◆ **j'ai révisé mon jugement sur lui** I've revised my opinion of him
2 *[+ comptes]* to audit; *[+ moteur, installation]* to overhaul, to service ◆ **faire réviser sa voiture** to have one's car serviced ◆ **j'ai fait réviser les freins** I've had the brakes looked at
3 *(= mettre à jour) [+ liste, estimation]* to revise ◆ **réviser à la hausse/à la baisse** to revise upwards/downwards
4 *(= corriger) [+ texte, manuscrit, épreuves]* to revise ◆ **nouvelle édition complètement révisée** new and completely revised edition
5 *(Scol) [+ sujet]* to revise ◆ **réviser son histoire** to revise history, to do one's history revision ◆ **commencer à réviser** to start revising *ou* (one's) revision

réviseur /ʀevizœʀ/ **NM** reviser ◆ **réviseur-comptable** independent auditor

révision /ʀevizjɔ̃/ SYN **NF** 1 *(à l'école)* revision ◆ **faire ses révisions** to do one's revision, to revise
2 *[de voiture]* service; *[de moteur]* overhaul (NonC); *(= examen)* servicing ◆ **prochaine révision après 10 000 km** next major service due after 10,000 km
3 *[de procès, règlement]* review; *[de constitution]* revision
4 *(= correction) [de texte, manuscrit, épreuves]* revision
5 *(= mise à jour) [de liste]* revision (NonC) ◆ **révision des listes électorales** revision of the electoral register; → **conseil**
6 *(= vérification) [de comptes]* audit; *[d'installation]* overhaul (NonC)

révisionnel, -elle /ʀevizjɔnɛl/ **ADJ** revisionary

révisionnisme /ʀevizjɔnism/ **NM** revisionism

révisionniste /ʀevizjɔnist/ **ADJ, NMF** revisionist

revisiter /ʀ(ə)vizite/ SYN ▸ conjug 1 ◂ **VT** *[+ musée, ville]* to revisit, to visit again; *[+ théorie]* to reexamine ◆ **la mode des années 30/la pièce de Molière revisitée par Anne Morand** thirties fashions/Molière's play reinterpreted by Anne Morand, a new take on thirties fashions/Molière's play by Anne Morand

revisser /ʀ(ə)vise/ ▸ conjug 1 ◂ **VT** to screw back again

revitalisant, e /ʀ(ə)vitalizɑ̃, ɑ̃t/ **ADJ** *[séjour, vacances]* revitalizing, restorative; *[crème de soin, lotion, shampoing]* revitalizing, regenerative

revitalisation /ʀ(ə)vitalizasjɔ̃/ **NF** revitalization

revitaliser /ʀ(ə)vitalize/ SYN ▸ conjug 1 ◂ **VT** to revitalize

revivification /ʀ(ə)vivifikasjɔ̃/ **NF** revivification

revivifier /ʀ(ə)vivifje/ ▸ conjug 7 ◂ **VT** *(littér) [+ personne, souvenir]* to revive

reviviscence /ʀəvivisɑ̃s/ **NF** 1 *(littér)* reviviscence
2 *(Bio)* anabiosis, reviviscence

reviviscent, e /ʀ(ə)vivisɑ̃, ɑ̃t/ **ADJ** *(Bio)* anabiotic, reviviscent

revivre /ʀ(ə)vivʀ/ SYN ▸ conjug 46 ◂
VI 1 *(= être ressuscité)* to live again ◆ **on peut vraiment dire qu'il revit dans son fils** it's really true to say that he lives on in his son
2 *(= être revigoré)* to come alive again ◆ **je me sentais revivre** I felt alive again, I felt (like) a new man (*ou* woman) ◆ **ouf, je revis !** whew! what a relief! *ou* I can breathe again! *
3 *(= se renouveler) [coutumes, institution, mode]* to be revived
4 ◆ **faire revivre** *(= ressusciter)* to bring back to life, to restore to life; *(= revigorer)* to revive, to put new life in *ou* into; *(= remettre en honneur) [+ mode, époque, usage]* to revive; *(= remettre en mémoire)* to bring back ◆ **faire revivre un personnage/une époque dans un roman** to bring a character/an era back to life in a novel ◆ **le grand air m'a fait revivre** the fresh air put new life in me ◆ **cela faisait revivre tout un monde que j'avais cru oublié** it brought back a whole world I thought had been forgotten

révocabilité /ʀevɔkabilite/ NF [de contrat] revocability; [de fonctionnaire] removability

révocable /ʀevɔkabl/ ADJ [legs, contrat] revocable; [fonctionnaire] removable, dismissible

révocation /ʀevɔkasjɔ̃/ NF ① (= destitution) [de magistrat, fonctionnaire] removal (from office), dismissal
② (= annulation) [de legs, contrat, édit] revocation ◆ **la révocation de l'Édit de Nantes** (Hist) the Revocation of the Edict of Nantes

révocatoire /ʀevɔkatwaʀ/ ADJ revocatory

revoici* /ʀ(ə)vwasi/, **revoilà*** /ʀ(ə)vwala/ PRÉP ◆ **revoici Paul !** Paul's back (again)!, here's Paul again! ◆ **me revoici !** it's me again!, here I am again! ◆ **nous revoici à la maison/en France** here we are, back home/in France (again) ◆ **revoici la mer** here's the sea again ◆ **le revoilà qui se plaint !** there he goes complaining again! ◆ **les revoilà !** there they are again!

revoir /ʀ(ə)vwaʀ/ SYN ▶ conjug 30 ◀
VT ① (= retrouver) [+ personne] to see ou meet again; [+ patrie, village] to see again ◆ **je l'ai revu deux ou trois fois depuis** I've seen him ou we've met two or three times since ◆ **quand le revois-tu ?** when are you seeing ou meeting him again?
◆ **au revoir !** goodbye! ◆ **au revoir Monsieur/Madame** goodbye (Mr X/Mrs X) ◆ **dire au revoir à qn** to say goodbye to sb ◆ **faire au revoir de la main** to wave goodbye ◆ **ce n'était heureusement qu'un au revoir** fortunately it was farewell and not adieu
② (= apercevoir de nouveau) to see again ◆ **filez, et qu'on ne vous revoie plus ici !** clear off, and don't show your face here again!
③ (= regarder de nouveau) to see again ◆ **je suis allé revoir ce film** I went to (see) that film again
④ (= être à nouveau témoin de) [+ atrocités, scène] to witness ou see again; [+ conditions] to see again ◆ **craignant de revoir augmenter le chômage** afraid of seeing unemployment increase again
⑤ (= imaginer de nouveau) to see again ◆ **je le revois encore, dans sa cuisine** I can still see him there in his kitchen
⑥ (= réviser) [+ édition, texte] to revise; (Scol) [+ leçons] to revise, to go over again; (= examiner de nouveau) [+ position, stratégie] to review, to reconsider ◆ **édition revue et corrigée/augmentée** revised and updated/expanded edition ◆ **l'histoire de France revue et corrigée par A. Leblanc** the history of France revised and updated ou given a new treatment by A. Leblanc ◆ **nos tarifs/objectifs ont été revus à la baisse/hausse** our prices/targets have been revised downwards/upwards ◆ **revoir sa copie** (fig) to review one's plans, to go back to the drawing board
VPR **se revoir** ① (réciproque) to see each other again ◆ **on se revoit quand ?** when shall we see each other again? ◆ **nous nous revoyons de temps en temps** we still see each other from time to time
② (réfléchi) ◆ **je me revoyais écolier** I saw myself as a schoolboy again

revoler /ʀ(ə)vɔle/ ▶ conjug 1 ◀ VI [oiseau, pilote] to fly again

révoltant, e /ʀevɔltɑ̃, ɑ̃t/ SYN ADJ revolting, appalling

révolte /ʀevɔlt/ SYN NF revolt, rebellion ◆ **les paysans sont en révolte contre...** the peasants are in revolt against... ou up in arms against... ◆ **adolescent en révolte** rebellious adolescent ◆ **devant ce refus, elle a eu un mouvement de révolte** she bridled at this refusal ◆ **à 17 ans, Alex était en pleine révolte** at 17 Alex was going through a rebellious phase

révolté, e /ʀevɔlte/ SYN (ptp de **révolter**)
ADJ ① [paysans, adolescent] rebellious
② (= outré) outraged, incensed
NM,F rebel

révolter /ʀevɔlte/ SYN ▶ conjug 1 ◀
VT (= indigner) to revolt, to outrage, to appal ◆ **ceci nous révolte** we are revolted ou outraged by this
VPR **se révolter** ① [personne] (= s'insurger) to revolt, to rebel, to rise up (contre against); (= se cabrer) to rebel (contre against)
② (= s'indigner) to be revolted ou repelled ou appalled (contre by) ◆ **l'esprit se révolte contre une telle propagande** one can only be revolted by such propaganda

révolu, e /ʀevɔly/ SYN ADJ ① (littér = de jadis) [époque] past, bygone (épith), gone by ◆ **des jours révolus** past ou bygone days, days gone by ◆ **l'époque révolue des diligences** the bygone days of stagecoaches
② (= fini) [époque, jours] past, in the past (attrib) ◆ **cette époque est révolue, nous devons penser à l'avenir** that era is in the past – we have to think of the future
③ (Admin = complété) ◆ **âgé de 20 ans révolus** over 20 years of age ◆ **avoir 20 ans révolus** to be over 20 years of age ◆ **après deux ans révolus** when two full years had (ou have) passed

révolution /ʀevɔlysjɔ̃/ SYN NF ① (= rotation) revolution ◆ **escalier à double révolution** double staircase
② (culturelle, industrielle = changement) revolution ◆ **révolution pacifique/permanente/violente** peaceful/permanent/violent revolution ◆ **la Révolution (française)** the French Revolution ◆ **la révolution d'Octobre/de velours** the October/Velvet Revolution ◆ **révolution de palais** palace revolution ou coup ◆ **la révolution silencieuse/verte/sexuelle** the silent/green/sexual revolution ◆ **la révolution technologique** the technological revolution, the revolution in technology ◆ **ce nouveau produit constitue une véritable révolution** this new product is truly revolutionary ◆ **notre profession a subi une véritable révolution** our profession has been revolutionized ou has undergone a radical transformation
③ (= parti, forces de la révolution) ◆ **la révolution** the forces of revolution
④ (locutions) ◆ **être en révolution** [rue, quartier] to be in turmoil ◆ **créer une petite révolution** [idée, invention, procédé] to cause a stir

LA RÉVOLUTION TRANQUILLE
The term **la Révolution tranquille** refers to the important social, political and cultural transition that took place in Quebec from the early 1960s. As well as rapid economic expansion and a reorganization of political institutions, there was a growing sense of pride among Québécois in their specific identity as French-speaking citizens. The **Révolution tranquille** is thus seen as a strong affirmation of Quebec's identity as a French-speaking province. → OFFICE DE LA LANGUE FRANÇAISE, QUÉBEC

révolutionnaire /ʀevɔlysjɔnɛʀ/ SYN
ADJ (gén) revolutionary; (Hist) Revolutionary, of the French Revolution
NMF (gén) revolutionary; (Hist) Revolutionary (in the French Revolution)

révolutionnairement /ʀevɔlysjɔnɛʀ(ə)mɑ̃/ ADV revolutionarily

révolutionnarisme /ʀevɔlysjɔnaʀism/ NM revolutionism

révolutionnariste /ʀevɔlysjɔnaʀist/ ADJ, NMF revolutionist

révolutionner /ʀevɔlysjɔne/ SYN ▶ conjug 1 ◀ VT
① (= transformer radicalement) to revolutionize
② (= bouleverser) [+ personnes] to stir up ◆ **son arrivée a révolutionné le quartier** his arrival stirred up the whole neighbourhood ou caused a great stir in the neighbourhood

revolver /ʀevɔlvɛʀ/ SYN NM (= pistolet) (gén) pistol, (hand)gun; (à barillet) revolver ◆ **coup de revolver** pistol shot, gunshot ◆ **tué de plusieurs coups de revolver** gunned down ◆ **microscope à revolver** microscope with a revolving nosepiece ◆ **tour revolver** capstan lathe, turret lathe; → **poche**[1]

revolving /ʀevɔlviŋ/ ADJ INV ◆ **crédit revolving** revolving credit

révoquer /ʀevɔke/ SYN ▶ conjug 1 ◀ VT
① (= destituer) [+ magistrat, fonctionnaire] to remove from office, to dismiss
② (= annuler) [+ legs, contrat, édit] to revoke
③ (littér = contester) ◆ **révoquer qch en doute** to call sth into question, to question sth

revoter /ʀ(ə)vɔte/ ▶ conjug 1 ◀
VI to vote again
VT ◆ **revoter un texte de loi** to vote on a bill again

revouloir* /ʀ(ə)vulwaʀ/ ▶ conjug 31 ◀ VT [+ pain] to want more; [+ orange] to want another ◆ **qui en reveut ?** (gén) who wants (some) more?; (nourriture) anyone for seconds?* ◆ **tu reveux du café/un morceau de gâteau ?** would you like some more coffee/another slice of cake? ◆ **il reveut le livre** (qui est à lui) he wants his book back; (qu'on lui a déjà prêté) he wants the book again

revoyure* /ʀ(ə)vwajyʀ/ ◆ **à la revoyure** EXCL see you!*, (I'll) be seeing you!*

revue /ʀ(ə)vy/ SYN
NF ① (= examen) review ◆ **faire la revue de** to review, to go through ◆ **une revue de la presse hebdomadaire** a review of the weekly press
② (Mil = inspection) inspection, review; (= parade) march-past, review
③ (= magazine) (à fort tirage, illustrée) magazine; (érudite) review, journal ◆ **revue automobile/de mode** car/fashion magazine ◆ **revue littéraire/scientifique** literary/scientific journal ou review
④ (= spectacle) (satirique) revue; (de variétés) variety show ou performance ◆ **revue à grand spectacle** extravaganza
⑤ (locutions) ◆ **passer en revue** (Mil) to pass in review, to review, to inspect; (fig = énumérer mentalement) to go over in one's mind, to pass in review, to go through; (= faire la liste de) to list ◆ **être de la revue*** to lose out
COMP **revue d'armement** (Mil) arms inspection
revue de détail (Mil) kit inspection
revue de presse review of the press ou papers

revuiste /ʀ(ə)vyist/ NMF revue writer

révulsé, e /ʀevylse/ (ptp de **se révulser**) ADJ [yeux] rolled upwards (attrib); [visage] contorted

révulser /ʀevylse/ ▶ conjug 1 ◀
VT (= dégoûter) to disgust ◆ **ça me révulse** I find it repulsive ou disgusting
VPR **se révulser** SYN [visage] to contort; [yeux] to roll upwards

révulsif, -ive /ʀevylsif, iv/ (Méd)
ADJ revulsant
NM revulsant, revulsive

révulsion /ʀevylsjɔ̃/ NF (Méd, fig) revulsion

rewriter[1] /ʀiʀajte/ ▶ conjug 1 ◀ VT to edit, to rewrite (US)

rewriter[2] /ʀiʀajtœʀ/ NM editor, rewriter (US)

rewriting /ʀiʀajtiŋ/ NM editing, rewriting (US)

Reykjavik /ʀekjavik/ N Reykjavik

rez-de-chaussée /ʀedʃose/ NM INV ground floor (surtout Brit), first floor (US) ◆ **au rez-de-chaussée** on the ground floor ◆ **habiter un rez-de-chaussée** to live in a ground-floor flat (Brit) ou in a first-floor apartment (US)

rez-de-jardin /ʀed(ə)ʒaʀdɛ̃/ NM INV garden level ◆ **appartement en rez-de-jardin** garden flat (Brit) ou apartment (US)

RF (abrév de **République française**) → **république**

RFA /ɛʀɛfa/ NF (abrév de **République fédérale d'Allemagne**) → **république**

RG /ɛʀʒe/ NMPL (abrév de **renseignements généraux**) → **renseignement**

Rh (abrév de **rhésus**) Rh

rhabdomancie /ʀabdɔmɑ̃si/ NF rhabdomancy

rhabdomancien, -ienne /ʀabdɔmɑ̃sjɛ̃, jɛn/ NM,F rhabdomantist, rhabdomancer

rhabiller /ʀabije/ ▶ conjug 1 ◀
VT ① ◆ **rhabiller qn** (lit) to dress sb again, to put sb's clothes back on; (= lui racheter des habits) to fit sb out again, to reclothe sb
② [+ édifice] to renovate ◆ **immeuble rhabillé façon moderne** renovated and modernized building
③ (Tech) [+ montre, pendule] to repair
VPR **se rhabiller** to put one's clothes back on, to dress (o.s.) again ◆ **tu peux aller te rhabiller !*** you can forget it!*

rhabilleur, -euse /ʀabijœʀ, øz/ NM,F [d'horloge, montre] repair person

rhapsode /ʀapsɔd/ NM rhapsode

rhapsodie /ʀapsɔdi/ NF rhapsody ◆ **« Rhapsodie en bleu »** (Mus) "Rhapsody in Blue"

rhapsodique /ʀapsɔdik/ ADJ rhapsodic

Rhéa /ʀea/ NF Rhea

rhème /ʀɛm/ NM rheme

rhénan, e /ʀenɑ̃, an/ **ADJ** (*Géog*) Rhine (*épith*), of the Rhine; (*Art*) Rhenish

Rhénanie /ʀenani/ **NF** Rhineland ◆ **la Rhénanie-Palatinat** the Rhineland-Palatinate

rhénium /ʀenjɔm/ **NM** rhenium

rhéobase /ʀeobaz/ **NF** rheobasis

rhéologie /ʀeɔlɔʒi/ **NF** rheology

rhéologique /ʀeɔlɔʒik/ **ADJ** rheological

rhéomètre /ʀeɔmɛtʀ/ **NM** rheometer

rhéophile /ʀeɔfil/ **ADJ** rheophile

rhéostat /ʀeɔsta/ **NM** rheostat

rhésus /ʀezys/ **NM** ① (*Méd*) rhesus ◆ **rhésus positif/négatif** rhesus *ou* Rh positive/negative; → **facteur**
② (= *singe*) rhesus monkey

rhéteur /ʀetœʀ/ **NM** (*Hist*) rhetor

rhétien, -ienne /ʀesjɛ̃, jɛn/ **ADJ** Rh(a)etic

rhétique /ʀetik/ **ADJ** rhetic

rhétoricien, -ienne /ʀetɔʀisjɛ̃, jɛn/ **NM,F** (*lit, péj*) rhetorician

rhétorique /ʀetɔʀik/
NF rhetoric; → **figure, fleur**
ADJ rhetorical

rhéto-roman, e (pl **rhéto-romans**) /ʀetoʀɔmɑ̃, an/
ADJ Rhaeto-Romanic
NM (= *dialecte*) Rhaeto-Romanic

Rhin /ʀɛ̃/ **NM** ◆ **le Rhin** the Rhine

rhinanthe /ʀinɑ̃t/ **NM** yellow rattle, rhinanthus (SPÉC)

rhinencéphale /ʀinɑ̃sefal/ **NM** rhinencephalon

rhingrave /ʀɛ̃gʀav/ **NM** Rhinegrave

rhinite /ʀinit/ **NF** rhinitis (NonC)(SPÉC)

rhinocéros /ʀinɔseʀɔs/ **NM** rhinoceros, rhino ◆ **rhinocéros d'Asie** Indian rhinoceros ◆ **rhinocéros d'Afrique** (African) white rhinoceros

rhinolaryngite /ʀinolaʀɛ̃ʒit/ **NF** sore throat, throat infection

rhinologie /ʀinɔlɔʒi/ **NF** rhinology

rhinolophe /ʀinɔlɔf/ **NM** horseshoe bat

rhinopharyngé, e /ʀinofaʀɛ̃ʒe/, **rhinopharyngien, -ienne** /ʀinofaʀɛ̃ʒjɛ̃, jɛn/ **ADJ** nose and throat (*épith*)

rhinopharyngite /ʀinofaʀɛ̃ʒit/ **NF** sore throat, throat infection, rhinopharyngitis (NonC)(SPÉC)

rhinopharynx /ʀinofaʀɛ̃ks/ **NM** nose and throat, rhinopharynx (SPÉC)

rhinoplastie /ʀinoplasti/ **NF** rhinoplasty

rhinoscope /ʀinɔskɔp/ **NM** rhinoscope

rhinoscopie /ʀinɔskɔpi/ **NF** rhinoscopy

rhinovirus /ʀinoviʀys/ **NM** rhinovirus

rhizobium /ʀizɔbjɔm/ **NM** rhizobium

rhizocarpé, e /ʀizokaʀpe/ **ADJ** rhizocarpous

rhizoctone /ʀizɔkton, ʀizokton/ **NM**, **rhizoctonie** /ʀizɔktɔni/ **NF** rhizoctonia

rhizoïde /ʀizɔid/ **NM** rhizoid

rhizome /ʀizom/ **NM** rhizome

rhizophore /ʀizofɔʀ/ **NM** mangrove

rhizopodes /ʀizɔpɔd/ **NMPL** rhizopods, the Rhizopoda (SPÉC)

rhizosphère /ʀizɔsfɛʀ/ **NF** rhizosphere

rhizostome /ʀizostom, ʀizostɔm/ **NM** rhizostome, rhizostoma

rhizotomie /ʀizɔtɔmi/ **NF** rhizotomy

rho /ʀo/ **NM** (= *lettre grecque*) rho

rhodamine /ʀɔdamin/ **NF** rhodamine

rhodanien, -ienne /ʀɔdanjɛ̃, jɛn/ **ADJ** Rhone (*épith*), of the Rhone; → **sillon**

Rhode Island /ʀɔdajlɑ̃d/ **NM** Rhode Island

Rhodes /ʀɔd/ **N** Rhodes ◆ **l'île de Rhodes** the island of Rhodes; → **colosse**

Rhodésie /ʀɔdezi/ **NF** Rhodesia

rhodésien, -ienne /ʀɔdezjɛ̃, jɛn/
ADJ Rhodesian
NM,F **Rhodésien(ne)** Rhodesian

rhodiage /ʀɔdjaʒ/ **NM** rhodium, plating

rhodié, e /ʀɔdje/ **ADJ** (*contenant du rhodium*) rhodic; (*recouvert de rhodium*) rhodium-plated

rhodinol /ʀɔdinɔl/ **NM** citronellal, rhodinal

rhodium /ʀɔdjɔm/ **NM** rhodium

rhododendron /ʀɔdɔdɛ̃dʀɔ̃/ **NM** rhododendron

rhodoïd ® /ʀɔdɔid/ **NM** Rhodoid ®

rhodophycées /ʀɔdɔfise/ **NFPL** ◆ **les rhodophycées** the Rhodophyceae (SPÉC)

rhodopsine /ʀɔdɔpsin/ **NF** rhodopsin

rhombe /ʀɔ̃b/ **NM** († = *losange*) rhomb, rhombus; (= *instrument*) bullroarer

rhombencéphale /ʀɔ̃bɑ̃sefal/ **NM** rhombencephalon

rhombiforme /ʀɔ̃bifɔʀm/ **ADJ** ⇒ **rhombique**

rhombique /ʀɔ̃bik/ **ADJ** rhombic

rhomboèdre /ʀɔ̃bɔɛdʀ/ **NM** rhombohedron

rhomboédrique /ʀɔ̃bɔedʀik/ **ADJ** (*Géom*) rhombohedral

rhomboïdal, e (mpl **-aux**) /ʀɔ̃bɔidal, o/ **ADJ** rhomboid

rhomboïde /ʀɔ̃bɔid/ **NM** rhomboid

Rhône /ʀon/ **NM** (= *fleuve*) ◆ **le Rhône** the (river) Rhone

rhône-alpin, e /ʀonalpɛ̃, in/
ADJ in the Rhone-Alpes region
NM,F **Rhône-Alpin(e)** person living in the Rhone-Alpes region

rhotacisme /ʀɔtasism/ **NM** rhotacism

rhovyl ® /ʀɔvil/ **NM** Rhovyl ®

rhubarbe /ʀybaʀb/ **NF** rhubarb

rhum /ʀɔm/ **NM** rum ◆ **rhum blanc** *ou* **agricole/brun** white/dark rum ◆ **sorbet au rhum** rum-flavoured sorbet ◆ **glace rhum-raisin** rum and raisin ice cream

rhumatisant, e /ʀymatizɑ̃, ɑ̃t/ **ADJ**, **NM,F** rheumatic

rhumatismal, e (mpl **-aux**) /ʀymatismal, o/ **ADJ** rheumatic

rhumatisme /ʀymatism/ **NM** rheumatism (NonC) ◆ **avoir un rhumatisme** *ou* **des rhumatismes dans le bras** to have rheumatism in one's arm ◆ **rhumatisme articulaire** rheumatoid arthritis (NonC) ◆ **rhumatisme déformant** polyarthritis (NonC)

rhumato* /ʀymato/
NF abrév de **rhumatologie**
NMF abrév de **rhumatologue**

rhumatoïde /ʀymatoid/ **ADJ** → **polyarthrite**

rhumatologie /ʀymatɔlɔʒi/ **NF** rheumatology

rhumatologique /ʀymatɔlɔʒik/ **ADJ** rheumatological

rhumatologue /ʀymatɔlɔg/ **NMF** rheumatologist

rhumb /ʀɔ̃b/ **NM** rhumb (line)

rhume /ʀym/ **NM** cold ◆ **attraper un (gros) rhume** to catch a (bad *ou* heavy) cold ◆ **rhume de cerveau** head cold ◆ **rhume des foins** hay fever

rhumerie /ʀɔmʀi/ **NF** (= *distillerie*) rum distillery

rhynchite /ʀɛ̃kit/ **NM** rhynchitis

rhynchonelle /ʀɛ̃kɔnɛl/ **NF** rhynchonelloid

rhynchotes /ʀɛ̃kɔt/ **NMPL** rhynchotous insects, the Rhynchota (SPÉC)

rhyolit(h)e /ʀjɔlit/ **NF** rhyolite

rhythm and blues /ʀitmɛndbluz/, **rhythm'n'blues** /ʀitmɑ̃nbluz/ **NM** rhythm and blues, rhythm'n'blues

rhytidome /ʀitidom/ **NM** rhytidome

rhyton /ʀitɔ̃/ **NM** rhyton

ria /ʀija/ **NF** ria

rial /ʀ(i)jal/ **NM** rial

riant, e /ʀ(i)jɑ̃, ɑ̃t/ **ADJ** [*paysage*] pleasant; [*atmosphère, perspective*] cheerful, happy; [*visage*] cheerful, smiling, happy

RIB /ʀib/ **NM** (abrév de **relevé d'identité bancaire**) → **relevé**

ribambelle /ʀibɑ̃bɛl/ **SYN NF** ◆ **une ribambelle de** [+ *enfants*] a swarm *ou* herd *ou* flock of; [+ *animaux*] a herd of; [+ *noms*] a string of; [+ *objets*] a row of; [+ *choses à faire*] stacks of

ribaud /ʀibo/ **NM** († *ou hum*) bawdy *ou* ribald fellow

ribaude †† /ʀibod/ **NF** trollop †*, bawdy wench †

riboflavine /ʀibɔflavin/ **NF** riboflavin

ribonucléase /ʀibonykleaz/ **NF** ribonuclease

ribonucléique /ʀibonykleik/ **ADJ** ◆ **acide ribonucléique** ribonucleic acid

ribose /ʀiboz/ **NM** ribose

ribosomal, e (mpl **-aux**) /ʀibozomal, o/ **ADJ** ribosomal

ribosome /ʀibozom/ **NM** ribosome

ribosomique /ʀibozomik/ **ADJ** ⇒ **ribosomal**

ribote † * /ʀibot/ **NF** merrymaking (NonC), revel, carousing † (NonC) ◆ **être en ribote, faire ribote** to make merry, to carouse †

ribouldingue* † /ʀibuldɛ̃g/ **NF** spree, binge* ◆ **deux jours de ribouldingue** a two-day spree* *ou* binge* ◆ **faire la ribouldingue** to go on a spree *ou* a binge*

ribozyme /ʀibozim/ **NM** ribozyme

ricain, e* /ʀikɛ̃, ɛn/ (*hum, péj*)
ADJ Yank(ee)* (*péj*)
NM,F **Ricain(e)** Yank(ee)*

ricanant, e /ʀikanɑ̃, ɑ̃t/ **ADJ** [*personne, voix*] sniggering

ricanement /ʀikanmɑ̃/ **SYN NM** (*méchant*) snigger, sniggering (NonC); (*sot*) giggle, giggling (NonC); (*gêné*) nervous laughter (NonC) ◆ **j'ai entendu des ricanements** I heard someone sniggering

ricaner /ʀikane/ **SYN** ▸ conjug 1 ◂ **VI** (*méchamment*) to snigger; (*sottement*) to giggle; (*avec gêne*) to laugh nervously, to give a nervous laugh

ricaneur, -euse /ʀikanœʀ, øz/
ADJ (*méchant*) sniggering; (*bête*) giggling
NM,F (= *personne méchante*) sniggerer; (= *personne bête*) giggler

RICE /ʀis/ **NM** (abrév de **relevé d'identité de Caisse d'épargne**) → **relevé**

Richard /ʀiʃaʀ/ **NM** Richard ◆ **Richard Cœur de Lion** Richard (the) Lionheart

richard, e* /ʀiʃaʀ, aʀd/ **NM,F** (*péj*) rich person ◆ **un hôtel pour richards** a posh* hotel

riche /ʀiʃ/ **SYN**
ADJ ① (= *nanti*) [*personne*] rich, wealthy, well-off (*attrib*); [*pays*] rich ◆ **riche à millions** enormously wealthy ◆ **riche comme Crésus** as rich as Croesus, fabulously rich *ou* wealthy ◆ **faire un riche mariage** to marry into a wealthy family, to marry (into) money ◆ **riche héritière** wealthy heiress ◆ **nous ne sommes pas riches** we're by no means rich, we're not very well-off
② (= *luxueux*) [*bijoux, étoffes*] rich, costly; [*coloris*] rich; [*mobilier*] sumptuous, costly ◆ **je vous donne ce stylo, mais ce n'est pas un riche cadeau** I'll give you this pen but it's not much of a gift ◆ **ça fait riche*** it looks expensive *ou* posh*
③ (= *consistant, fertile*) [*aliment, mélange, sujet, terre*] rich ◆ **le français est une langue riche** French is a rich language ◆ **c'est une riche nature** he (*ou* she) is a person of immense resources *ou* qualities ◆ **c'est une riche idée*** that's a great* *ou* grand idea
④ (= *abondant*) [*moisson*] rich; [*végétation*] rich, lush; [*collection*] large, rich; [*vocabulaire*] rich, wide ◆ **il y a une documentation très riche sur ce sujet** there is a wealth of *ou* a vast amount of information on this subject
⑤ (*locutions*)

◆ **riche de** [+ *espérances, possibilités*] full of ◆ **c'est une expérience riche d'enseignements** you learn a great deal from this experience, it's a tremendous learning experience ◆ **il est revenu, riche de souvenirs** he returned with a wealth of memories ◆ **acteur/marché riche de promesses** highly promising actor/market ◆ **bibliothèque riche de plusieurs millions d'ouvrages** library boasting several million books ◆ **riche de cette expérience, il...** thanks to this experience, he...

◆ **riche en** [*calories, gibier, monuments*] rich in ◆ **alimentation riche en protéines/cellulose végétale** high-protein/high-fibre diet ◆ **région riche en eau/pétrole** region rich in water/oil resources ◆ **je ne suis pas riche en sucre** (*hum*) I'm not very well-off for sugar ◆ **année riche en événements spectaculaires** year full of dramatic incidents, action-packed year

NMF rich *ou* wealthy person ◆ **les riches** the rich, the wealthy ◆ **de riche(s)** [*vêtements, nourriture*] fancy ◆ **voiture de riche(s)** (*péj*) fancy *ou* flashy car; → **gosse, prêter**

richelieu /ʀiʃəljø/ **NM** (= *chaussure*) Oxford (shoe)

richement /ʀiʃmɑ̃/ **ADV** (*récompenser, vêtir*) richly; [*décoré, meublé*] richly, sumptuously ◆ **richement illustré** richly *ou* lavishly illustrated, with lavish *ou* copious illustrations; → **doter**

richesse /ʀiʃɛs/ SYN

NF 1 *[de pays, personne]* wealth ◆ **la richesse ne l'a pas changé** wealth *ou* being rich hasn't altered him ◆ **ce n'est pas la richesse, mais c'est mieux que rien*** it's not exactly the lap of luxury but it's better than nothing ◆ **être d'une richesse insolente** to be obscenely rich ◆ **le tourisme est notre principale (source de) richesse** tourism is our greatest asset ◆ **la richesse nationale** the country's national wealth

2 *[d'ameublement, décor, coloris, étoffe]* richness

3 *[d'aliment, collection, sol, texte]* richness; *[de végétation]* richness, lushness ◆ **la richesse de son vocabulaire** the richness of his vocabulary, his wide *ou* rich vocabulary ◆ **la richesse de cette documentation** the abundance of the information ◆ **la richesse en calcium de cet aliment** the high calcium content of this food ◆ **la richesse en matières premières/en gibier de cette région** the abundance of raw materials/of game in this region ◆ **la richesse en pétrole/en minéraux du pays** the country's abundant *ou* vast oil/mineral resources ◆ **une culture d'une richesse inouïe** an extraordinarily rich culture

4 *(= bien)* ◆ **notre ferme, c'est notre seule richesse** this farm is all we have ◆ **la santé est une richesse** good health is a great blessing *ou* is a boon, it's a blessing to be healthy

NFPL **richesses** *(= argent)* riches, wealth; *(= ressources)* wealth; *(fig = trésors)* treasures ◆ **entasser des richesses** to pile up riches ◆ **la répartition des richesses d'un pays** the distribution of a country's wealth ◆ **l'exploitation des richesses naturelles** the exploitation of natural resources ◆ **les richesses de l'art tibétain** the treasures of Tibetan art ◆ **montrez-nous toutes vos richesses** show us your treasures

richissime /ʀiʃisim/ ADJ fabulously rich *ou* wealthy

ricin /ʀisɛ̃/ NM castor oil plant; → **huile**

riciné, e /ʀisine/ ADJ with castor oil

rickettsie /ʀikɛtsi/ NF rickettsia

rickettsiose /ʀikɛtsjoz/ NF rickettsial disease

ricocher /ʀikɔʃe/ ► conjug 1 ◄ VI *[balle de fusil]* to ricochet *(sur* off); *[pierre]* to rebound *(sur* off); *(sur l'eau)* to bounce *(sur* on) ◆ **faire ricocher un galet sur l'eau** to skim a pebble across the water, to make a pebble bounce on the water

ricochet /ʀikɔʃɛ/ NM *(gén)* rebound; *[de balle de fusil]* ricochet; *[de caillou sur l'eau]* bounce ◆ **faire ricochet** *(lit, fig)* to rebound ◆ **il a été blessé par ricochet** he was wounded by a ricocheting bullet ◆ **par ricochet, il a perdu son emploi** *(fig)* as an indirect result he lost his job ◆ **(s'amuser à) faire des ricochets** to skim pebbles ◆ **il a fait quatre ricochets** he made the pebble bounce four times

ric-rac* /ʀikʀak/ ADV 1 *(= très exactement) [payer]* on the nail*

2 *(= de justesse) [réussir, échapper]* by the skin of one's teeth ◆ **côté finances, ce mois-ci, c'est ric-rac** money is going to be tight this month, we'll just about make it through the month moneywise ◆ **ça va se jouer ric-rac** it's going to be touch and go ◆ **j'ai eu mon train ric-rac** I caught the train, but only just

rictus /ʀiktys/ NM *(grimaçant)* grin; *(effrayant)* snarl ◆ **rictus moqueur/cruel** mocking *ou* sardonic/cruel grin

ridage /ʀidaʒ/ NM *(Naut) [de cordage]* tightening

ride /ʀid/ SYN NF *[de peau, pomme]* wrinkle *(de* in); *[d'eau, sable]* ripple *(de* on, in), ridge *(de* in) ◆ **les rides de son front** the wrinkles *ou* lines on his forehead ◆ **visage creusé de rides** deeply lined face, wrinkled face ◆ **elle/ce roman n'a pas pris une ride** *(lit, fig)* she/this novel hasn't aged a bit

ridé, e /ʀide/ (ptp de **rider**) ADJ *[peau, fruit]* wrinkled; *[front]* furrowed; *[eau, mer]* rippled ◆ **ridée comme une vieille pomme** as wrinkled as a prune

rideau (pl **rideaux**) /ʀido/ SYN

NM 1 *(= draperie)* curtain ◆ **tirer les rideaux** *(fermer)* to draw *ou* close the curtains *ou* drapes *(US)*, to draw the curtains to; *(ouvrir)* to draw the curtains, to pull *ou* draw the curtains back ◆ **tirer le rideau sur** *(fig)[+ défaut, passé]* to draw a veil over ◆ **tomber en rideau*** to break down ◆ **je me suis retrouvé en rideau en pleine campagne*** there I was, broken down in the middle of nowhere

2 *(Théât)* curtain ◆ **rideau à 20 heures** the curtain rises at 8 o'clock, the curtain's at 8 o'clock ◆ **rideau !** *(= cri des spectateurs)* curtain!; *(* fig = assez)* that's enough!, I've had enough! ◆ **le rideau est tombé sur l'affaire** *(fig)* the curtain came down on the affair

3 *[de boutique]* shutter; *[de cheminée]* register, blower; *[de classeur, secrétaire]* roll shutter; *[d'appareil-photo]* shutter

4 *(= écran)* ◆ **rideau de** *[+ arbres, verdure]* curtain *ou* screen of; *[+ policiers, troupes]* curtain of; *[+ pluie]* curtain *ou* sheet of ◆ **rideau de fumée** smoke screen ◆ **rideau de feu** sheet of flame *ou* fire

COMP **rideaux bonne femme** looped curtains *ou* drapes *(US)*
rideau de douche shower curtain
rideau de fer *ou* **métallique** *[de boutique]* metal shutter(s); *[de théâtre]* (metal) safety curtain, fire curtain ◆ **le rideau de fer** *(Hist)* the Iron Curtain ◆ **les pays au-delà du rideau de fer** the Iron Curtain countries, the countries behind the Iron Curtain
rideaux de lit bed hangings *ou* curtains
rideau de perles bead curtain

ridelle /ʀidɛl/ NF *[de camion, charrette]* slatted side

rider /ʀide/ SYN ► conjug 1 ◄

VT *[+ fruit, peau]* to wrinkle; *[+ front] [colère, soucis]* to wrinkle; *[âge]* to line with wrinkles; *[+ eau]* to ripple, to ruffle the surface of; *[+ neige, sable]* to ruffle *ou* wrinkle the surface of; *(Naut) [+ cordage]* to tighten

VPR **se rider** *[peau, fruit, visage]* to become wrinkled, to become lined with wrinkles; *[eau, surface]* to ripple, to become rippled ◆ **à ces mots, son front se rida** his forehead wrinkled *ou* he wrinkled his forehead at these words

ridicule /ʀidikyl/ SYN

ADJ 1 *(= grotesque) [conduite, personne, vêtement]* ridiculous, ludicrous, absurd; *[prétentions]* ridiculous, laughable; *[superstition]* ridiculous, silly ◆ **se rendre ridicule aux yeux de tous** to make o.s. (look) ridiculous *ou* make a fool of o.s. *ou* make o.s. look a fool in everyone's eyes ◆ **ça le rend ridicule** it makes him look ridiculous *ou* (like) a fool ◆ **ne sois pas ridicule** don't be ridiculous *ou* silly *ou* absurd

2 *(= infime) [prix]* ridiculous, ridiculously low; *[quantité]* ridiculous, ridiculously small

NM 1 *(= absurdité)* ridiculousness, absurdity ◆ **le ridicule de la conversation ne lui échappait pas** he was well aware of the absurdity of the conversation ◆ **je ne sais pas si vous saisissez tout le ridicule de la situation** I don't know if you realize just how absurd *ou* ridiculous the situation is *ou* if you realize the full absurdity of the situation ◆ **il y a quelque ridicule à faire...** it is rather ridiculous to do... ◆ **c'est d'un ridicule achevé** it's perfectly *ou* utterly ridiculous ◆ **se donner le ridicule de...** to be ridiculous enough to...; → **tourner**

2 ◆ **le ridicule** ridicule ◆ **tomber dans le ridicule** *[personne]* to make o.s. ridiculous, to become ridiculous; *[film]* to become ridiculous ◆ **s'exposer au ridicule** to expose o.s. *ou* lay o.s. open to ridicule ◆ **avoir le sens du ridicule** to have a sense of the ridiculous ◆ **la peur du ridicule** (the) fear of ridicule *ou* of appearing ridiculous ◆ **le ridicule ne tue pas** ridicule has never been the unmaking of anyone, ridicule never killed anyone ◆ **tourner qn/qch en ridicule** to ridicule sb/sth, to make sb/sth an object of ridicule ◆ **couvrir qn de ridicule** to heap ridicule on sb, to make sb look ridiculous, to make a laughing stock of sb ◆ **il y en a qui n'ont pas peur du ridicule !** some people aren't afraid of looking ridiculous!

NMPL **ridicules** *(= travers)* silliness *(NonC)*, ridiculous *ou* silly ways, absurdities ◆ **les ridicules les humains** the absurdities of human nature ◆ **les ridicules d'une classe sociale** the ridiculous ways *ou* the (little) absurdities of a social class

ridiculement /ʀidikylmɑ̃/ ADV *[bas, vêtu]* ridiculously; *[chanter, marcher]* in a ridiculous way

ridiculiser /ʀidikylize/ SYN ► conjug 1 ◄

VT *[+ défaut, doctrine, personne]* to ridicule, to hold up to ridicule

VPR **se ridiculiser** to make o.s. (look) ridiculous, to make a fool of o.s.

ridule /ʀidyl/ NF fine line *ou* wrinkle ◆ **rides et ridules** lines and wrinkles

riel /ʀjɛl/ NM riel

riemannien, -ienne /ʀimanjɛ̃, jɛn/ ADJ Riemannian ◆ **géométrie riemannienne** Riemannian geometry

◆ ◆

rien /ʀjɛ̃/ SYN

1 - PRONOM INDÉFINI
2 - NOM MASCULIN
3 - LOC ADV
4 - ADVERBE

◆ ◆

1 - PRONOM INDÉFINI

1 **rien + ne** *(= nulle chose)* nothing ◆ **rien ne le fera reculer** nothing will make him turn back ◆ **il n'y a rien qui puisse m'empêcher de faire cela** there's nothing that could prevent me from doing that ◆ **il n'y a rien que je ne fasse pour elle** there's nothing I wouldn't do for her ◆ **il n'y a plus rien** there's nothing left ◆ **on ne pouvait plus rien pour elle** there was nothing more *ou* else to be done for her, nothing more could be done for her ◆ **je n'ai rien entendu/compris** I didn't hear/understand anything *ou* a thing, I heard/understood nothing ◆ **je ne crois plus à rien** I don't believe in anything any more ◆ **elle ne mange presque rien** she hardly eats a thing, she eats hardly anything ◆ **il n'en sait rien** he has no idea ◆ **je n'en sais trop rien** I haven't a clue ◆ **(dans la vie) on n'a rien sans rien** you only get out of life what you put into it ◆ **rien ne sert de courir, il faut partir à point** *ou* **temps** *(Prov)* slow and steady wins the race *(Prov)*; → **risquer, valoir**

◆ **rien + avoir** ◆ **ils n'ont rien** *(possessions)* they have nothing; *(maladie, blessure)* there's nothing wrong with them ◆ **ça va, tu n'as rien ?** are you OK? ◆ **n'avoir rien contre qn** to have nothing against sb ◆ **il n'a rien d'un politicien/d'un dictateur** he's got nothing of the politician/dictator in *ou* about him ◆ **il n'a rien de son père** he is nothing *ou* not a bit like his father ◆ **j'en ai rien à faire*** *ou* **à foutre*** I don't give a damn* *ou* toss*

◆ **rien + être** ◆ **n'être rien** *[personne]* to be a nobody; *[chose]* to be nothing ◆ **pour lui, 50 km à vélo, ce n'est rien** he thinks nothing of cycling 50 kilometres ◆ **n'être rien en comparaison de...** to be nothing compared to... ◆ **il n'est rien dans l'entreprise** he's a nobody *ou* he's nothing in the firm ◆ **il ne nous est rien** he's not connected with us, he's nothing to do with us ◆ **il n'est plus rien pour moi** he means nothing to me anymore ◆ **il n'en est rien** it's nothing of the sort, that's not it at all ◆ **on le croyait blessé, mais il n'en est rien** we thought he was injured but he's not at all *ou* he's nothing of the sort ◆ **élever quatre enfants, ça n'est pas rien** bringing up four children is not exactly a picnic* *ou* is no mean feat ◆ **tu t'es fait mal ? – non, ce n'est** *ou* **c'est* rien** did you hurt yourself? – no, it's nothing ◆ **pardon ! – c'est* rien** sorry! – it doesn't matter *ou* it's alright ◆ **c'est rien de le dire*** (and) that's putting it mildly*, (and) that's an understatement

◆ **rien + faire** ◆ **il ne fait (plus) rien** he doesn't work (any more) ◆ **huit jours sans rien faire** a week doing nothing ◆ **il ne nous a rien fait** he hasn't done anything to us ◆ **cela ne lui fait rien** he doesn't mind *ou* care ◆ **ça ne fait rien** it doesn't matter, never mind ◆ **ça ne fait rien si j'amène un ami ?** is it all right if I bring a friend along? ◆ **il n'y a rien à faire** *(gén)* there's nothing we can do, there's nothing to be done; *(= c'est inutile)* it's useless *ou* hopeless ◆ **rien à faire !** it's no good! ◆ **rien n'y fait !** nothing's any good!

◆ **en rien** *(= absolument pas)* ◆ **cela ne nous gêne en rien** it doesn't bother us in any way *ou* in the least *ou* at all ◆ **il n'est en rien responsable de la situation** he's not in any way *ou* at all responsible for the situation, he's not the slightest bit responsible for the situation ◆ **ce tableau ne ressemble en rien au reste de son œuvre** this picture is nothing like his other works

◆ **rien de** + *adjectif ou adverbe* nothing ◆ **rien d'autre** nothing else ◆ **rien de plus** nothing more *ou* else *ou* further ◆ **rien de moins** nothing less ◆ **rien de neuf** nothing new ◆ **rien de plus facile** nothing easier ◆ **il n'y a rien eu de volé** nothing was stolen, there was nothing stolen ◆ **nous n'avons rien d'autre** *ou* **de plus à**

ajouter we have nothing else *ou* more *ou* further to add ◆ **ça n'a rien d'impossible** it's perfectly possible ◆ **(il n'y a) rien de tel qu'une bonne douche chaude !** there's nothing like *ou* nothing to beat a nice hot shower!, you can't beat a nice hot shower! ◆ **je t'achèterai le journal ; rien d'autre ?** *(sans ne)* I'll get you a newspaper – do you want anything else? ◆ **rien de grave, j'espère ?** *(après un accident, un incident)* nothing serious, I hope? ◆ **elle a fait ce qu'il fallait, rien de plus, rien de moins** she did all she had to, nothing more nor less *ou* nothing more, nothing less

2 [= QUELQUE CHOSE] anything ◆ **avez-vous jamais rien fait pour l'aider ?** have you ever done anything to help him? ◆ **as-tu jamais rien lu de plus drôle ?** did you ever read anything quite so funny? ◆ **as-tu jamais rien vu de pareil ?** have you ever seen such a thing? *ou* anything like it? *ou* the like? ◆ **sans rien qui le prouve** without anything to prove it ◆ **sans que/avant que tu en saches rien** without your knowing/before you know anything about it

3 [SPORT] nil; *(Tennis)* love ◆ **rien partout** *(Sport)* nil all; *(Tennis)* love all ◆ **15 à rien** *(Tennis)* 15 love ◆ **il mène par deux sets à rien** he's leading by two sets to love

4 [JEUX] ◆ **rien ne va plus !** rien ne va plus!

5 [EXPRESSIONS FIGÉES]

◆ **deux** *ou* **trois fois rien** next to nothing

◆ **rien à rien** ◆ **il ne comprend rien à rien** he hasn't got a clue

◆ **rien au monde** nothing on earth *ou* in the world ◆ **je ne connais rien au monde de plus bête** I can't think of anything more stupid ◆ **il ne quitterait son pays pour rien au monde** he wouldn't leave his country for anything *ou* for all the tea in China

◆ **rien de rien*** nothing, absolutely nothing ◆ **il ne fait rien, mais rien de rien*** he does nothing, and I mean nothing *ou* but nothing (at all)

◆ **rien du tout** nothing at all ◆ **une petite blessure de rien du tout** a trifling *ou* trivial little injury, a mere scratch ◆ **qu'est-ce que c'est que cette pomme/ce cadeau de rien du tout ?** what on earth can I (*ou* you *etc*) do with this stupid little apple/present?

◆ **rien qui vaille** ◆ **ne faire/n'écrire rien qui vaille** to do/write nothing useful *ou* worthwhile *ou* of any use ◆ **ça ne me dit rien qui vaille** *(= je me méfie)* I don't like the look of that, that looks suspicious to me; *(= ça ne me tente pas)* it doesn't appeal to me in the least *ou* slightest

◆ **pour rien** *(= inutilement)* for nothing; *(= pour peu d'argent)* for a song, for next to nothing ◆ **ce n'est pas pour rien que...** *(= sans cause)* it is not without cause *ou* good reason that..., it's not for nothing that... ◆ **on n'a rien pour rien** everything has its price; → **compter, coup, être**

◆ **rien que** *(= seulement)* ◆ **la vérité, rien que la vérité** the truth and nothing but the truth ◆ **rien que la chambre coûte déjà très cher** the room alone already costs a great deal ◆ **rien que dans cet immeuble, il y a eu six cambriolages** in this apartment building alone there have been six burglaries ◆ **rien qu'à le voir, j'ai deviné** I guessed by just looking at him ◆ **je voudrais vous voir, rien qu'une minute** could I see you just for a minute? ◆ **je voudrais une pièce rien que pour moi** I would like a room of my own ◆ **il le fait rien que pour l'embêter*** he does it just to annoy him ◆ **rien que d'y penser***, **ça me rend furieux** the very idea of it makes me furious ◆ **c'est à moi, rien qu'à moi** it's mine and mine alone, it's mine and mine only ◆ **il voulait 100 €, rien que ça !** *(iro)* he wanted a mere €100 *(iro)*, he just *ou* only wanted €100 *(iro)* ◆ **elle veut être actrice, rien que ça !** *(iro)* she wants to be an actress, no less!

◆ **rien moins que** ◆ **rien moins que sûr** anything but sure, not at all sure ◆ **un monument rien moins que colossal** an absolutely huge monument ◆ **il s'agit là de rien moins qu'un crime** it's nothing less than a crime ◆ **il n'est question de rien moins que d'abattre deux forêts** it will mean nothing less than chopping down two forests

6 [AUTRES LOCUTIONS] ◆ **rien à signaler/déclarer** nothing to report/declare ◆ **rien dans les mains, rien dans les poches !** *(formule du prestidigitateur)* there's nothing up my sleeve! ◆ **je vous remercie – de rien*** thank you – you're welcome *ou* don't mention it *ou* not at all ◆ **excusez-moi ! – de rien*** sorry! – no bother* *ou* no trouble (at all) ◆ **une fille de rien** † *(péj)* a worthless girl ◆ **c'est mieux que rien** it's better than nothing ◆ **c'est ça ou rien** it's that or nothing, take it or leave it ◆ **ce que tu fais ou rien !** you may as well not bother!; → **comme, dire** *etc*

2 - NOM MASCULIN

1 [= NÉANT] nothingness

2 [= PETITE CHOSE SANS IMPORTANCE] ◆ **un rien** a mere nothing ◆ **des riens** trivia ◆ **un rien l'effraie, il a peur d'un rien** every little thing *ou* the slightest thing frightens him ◆ **un rien la fait rire** she laughs at every little thing *ou* at anything at all ◆ **un rien l'habille** she looks good in anything ◆ **j'ai failli rater le train, il s'en est fallu d'un rien** I came within a hair's breadth of missing the train ◆ **il suffirait d'un rien pour qu'ils se réconcilient** it would take nothing at all for them to make up

◆ **comme un rien** ◆ **il pourrait te casser le bras comme un rien*** he could break your arm, no trouble ◆ **ces vieilles savates, ça tue l'amour comme un rien !** those old slippers are a real passion killer!

◆ **pour un rien** ◆ **il pleure pour un rien** he cries at the drop of a hat *ou* at the slightest little thing ◆ **il s'inquiète pour un rien** he worries about the slightest little thing

3 [= PETITE QUANTITÉ] **un rien de** a touch *ou* hint of ◆ **mettez-y un rien de muscade** add a touch *ou* a tiny pinch of nutmeg ◆ **un rien de vin** a taste of wine ◆ **un rien de fantaisie** a touch of fantasy ◆ **avec un rien d'ironie** with a hint *ou* touch of irony ◆ **en un rien de temps** in no time (at all), in next to no time

4 [PÉJ : DÉSIGNANT UNE PERSONNE] ◆ **c'est un/une rien du tout** *(socialement)* he/she is a nobody; *(moralement)* he/she is no good

3 - LOC ADV

un rien *(= un peu)* a (tiny) bit, a shade ◆ **c'est un rien bruyant ici** it's a bit *ou* a shade noisy in here ◆ **un rien plus grand/petit** a fraction bigger/smaller ◆ **moi pas, dit-elle un rien insolente** I'm not, she said rather insolently

4 - ADVERBE

(†, $\ddagger$ = TRÈS) really, not half* *(Brit)* ◆ **il fait rien froid ici** it's damned cold$\ddagger$ *ou* it isn't half cold* *(Brit)* here ◆ **ils sont rien snobs** they're really stuck-up*, they aren't half snobs* *(Brit)*

rieur, rieuse /ʀ(i)jœʀ, ʀ(i)jøz/

ADJ *[personne]* cheerful, merry; *[expression, yeux]* cheerful, laughing; → **mouette**

NM,F ◆ **les rieurs se turent** people stopped laughing ◆ **il avait les rieurs de son côté** he had people laughing with him rather than at him

rif /ʀif/ **NM** *(arg Crime)* *(= rififi)* trouble; *(= arme à feu)* hardware (NonC)

rifampicine /ʀifɑ̃pisin/ **NF** rifampicin, rifampin (US)

riff /ʀif/ **NM** riff

riffe /ʀif/ **NM** ⇒ **rif**

rififi /ʀififi/ **NM** *(arg Crime)* trouble

riflard /ʀiflaʀ/ **NM** 1 *(= rabot)* jack plane; *(= lime à métaux)* rough file

2 *(* = parapluie)* brolly* *(Brit)*, umbrella

rifle /ʀifl/ **NM** rifle; → **vingt-deux**

rifler /ʀifle/ ► conjug 1 ◄ **VT** to plane

rifloir /ʀiflwaʀ/ **NM** jack plane

rift /ʀift/ **NM** rift

Riga /ʀiga/ **N** Riga

rigaudon /ʀigodɔ̃, ʀigodɔ̃/ **NM** rigadoon

rigide /ʀiʒid/ SYN **ADJ** 1 *[armature, tige]* rigid, stiff; *[muscle, col, carton]* stiff ◆ **livre à couverture rigide** hardback (book)

2 *[règle, morale, politique, discipline]* strict, rigid; *[caractère]* rigid, inflexible; *[classification, éducation]* strict; *[personne]* rigid

rigidement /ʀiʒidmɑ̃/ **ADV** *[élever un enfant]* strictly; *[appliquer un règlement]* strictly, rigidly

rigidifier /ʀiʒidifje/ ► conjug 7 ◄ **VT** *(lit)* to make rigid *ou* stiff; *(fig)* to rigidify

rigidité /ʀiʒidite/ SYN **NF** 1 *[d'armature, tige]* rigidity, rigidness, stiffness; *[de muscle, carton, col]* stiffness ◆ **rigidité cadavérique** rigor mortis

2 *[de caractère, personne]* rigidity, inflexibility; *[de règle, morale, politique]* strictness, rigidity; *[de classification, éducation]* strictness

rigodon /ʀigɔdɔ̃/ **NM** ⇒ **rigaudon**

rigolade* /ʀigɔlad/ **NF** 1 *(= rire, amusement)* ◆ **il aime la rigolade** he likes a bit of fun *ou* a laugh* ◆ **on a eu une bonne partie** *ou* **séance de rigolade** it was *ou* we had a good laugh* *ou* a lot of fun ◆ **quelle rigolade, quand il est entré !** what a laugh* when he came in! ◆ **le dîner s'est terminé dans la plus franche rigolade** the dinner ended in uproarious laughter ◆ **il n'y a pas que la rigolade dans la vie** having fun isn't the only thing in life ◆ **il prend tout à la rigolade** he thinks everything's a big joke *ou* laugh*, he makes a joke of everything

2 *(= plaisanterie)* ◆ **ce procès est une (vaste) rigolade** this trial is a (big) joke *ou* farce ◆ **démonter ça, c'est une** *ou* **de la rigolade** taking that to pieces is child's play *ou* is a cinch* ◆ **ce qu'il dit là, c'est de la rigolade** what he says is a lot of *ou* a load of hooey$\ddagger$ ◆ **ce régime, c'est de la rigolade** this diet is a complete con*

rigolard, e* /ʀigɔlaʀ, aʀd/ **ADJ** *[air, personne]* jovial ◆ **c'est un rigolard** he's always ready for a laugh*, he likes a good laugh*

rigole /ʀigɔl/ **NF** *(= canal)* channel; *(= filet d'eau)* rivulet; *(Agr = sillon)* furrow ◆ **la pluie avait creusé des rigoles dans le sol** the rain had cut channels *ou* furrows in the earth ◆ **rigole d'irrigation** irrigation channel ◆ **rigole d'écoulement** drain

rigoler* /ʀigɔle/ SYN ► conjug 1 ◄ **VI** 1 *(= rire)* to laugh ◆ **quand il l'a su, il a bien rigolé** when he found out, he had a good laugh about it* ◆ **il nous a bien fait rigoler** he had us all laughing *ou* in stitches* ◆ **tu me fais rigoler** *(iro)* you make me laugh *(iro)* ◆ **ne me fais pas rigoler** *(iro)* don't make me laugh ◆ **il n'y a pas de quoi rigoler !** that's nothing to laugh about!, what's so funny? ◆ **quand tu verras les dégâts, tu rigoleras moins** you'll be laughing on the other side of your face *ou* you won't be laughing when you see the damage

2 *(= s'amuser)* to have (a bit of) fun, to have a (bit of a) laugh* ◆ **il aime rigoler** he likes a bit of fun *ou* a good laugh* ◆ **on a bien rigolé** we had great fun *ou* a good laugh* ◆ **chez eux, on ne doit pas rigoler tous les jours !** it can't be much fun in their house!

3 *(= plaisanter)* to joke ◆ **tu rigoles !** you're kidding!* *ou* joking! ◆ **je ne rigole pas** I'm not joking *ou* kidding* ◆ **le patron est quelqu'un qui ne rigole pas** the boss won't take any nonsense ◆ **il ne faut pas rigoler avec ces médicaments** you shouldn't mess about* *ou* fool about* with medicines like these ◆ **il ne faut pas rigoler avec ce genre de maladie** an illness like this has to be taken seriously *ou* can't be taken lightly ◆ **j'ai dit ça pour rigoler** it was only a joke, I only said it in fun *ou* for a laugh*

rigolo, -ote* /ʀigɔlo, ɔt/

ADJ *[histoire, film]* funny; *[personne]* funny, comical ◆ **il est rigolo** *(plaisantin)* he's funny, he's a laugh*; *(original)* he's comical *ou* funny ◆ **ce qui lui est arrivé n'est pas rigolo** what's happened to him is no joke *ou* is not funny ◆ **vous êtes rigolo, vous, mettez-vous à ma place !** *(iro)* you make me laugh – put yourself in my shoes! ◆ **c'est rigolo, je n'avais jamais remarqué cela** that's funny *ou* odd, I'd never noticed that ◆ **c'est rigolo comme les gens sont égoïstes** *(iro)* it's funny how selfish people can be *(iro)*

NM,F *(= comique)* comic, wag; *(péj = fumiste)* fraud, phoney ◆ **c'est un sacré rigolo** he likes a good laugh*, he's a real comic ◆ **c'est un (petit) rigolo** *(péj)* he's a (little) fraud

NM († $\ddagger$ = revolver) gun, rod (US)

rigorisme /ʀigɔʀism/ **NM** rigorism, austerity, rigid moral standards

rigoriste /ʀigɔʀist/

ADJ rigoristic, austere, rigid

NMF rigorist, rigid moralist

rigoureusement /ʀiguʀøzmɑ̃/ **ADV** 1 *[punir, traiter]* harshly; *[démontrer, raisonner, sélectionner]* rigorously; *[appliquer, classifier]* rigorously, strictly ◆ **respecter rigoureusement les consignes** to observe the regulations strictly

2 *(= absolument)* *[authentique, vrai]* absolutely, utterly, entirely; *[exact]* rigorously; *[interdit]* strictly; *[impossible]* utterly; *[identique]* absolutely ◆ **ça ne changera rigoureusement rien** that'll change absolutely nothing

rigoureux, -euse /ʀiguʀø, øz/ SYN **ADJ** 1 *(= sévère)* *[discipline, punition]* harsh, severe; *[mesures]* tough, drastic, harsh; *[maître, moraliste]* strict; *[sélection, gestion, suivi]* rigorous; *[climat]* harsh ◆ **hiver rigoureux** hard *ou* harsh winter • **avoir l'esprit rigoureux** to have a rigorous mind • **de façon rigoureuse** rigorously

[2] *(= exact) [méthode, raisonnement, style, examen]* rigorous; *[classification, définition]* strict

[3] *(= absolu) [interdiction, sens d'un mot]* strict • **l'application rigoureuse de la loi** the strict enforcement of the law • **ce n'est pas une règle rigoureuse** it's not a hard-and-fast rule

rigueur /ʀigœʀ/ SYN NF [1] *(= sévérité) [de condamnation, discipline]* harshness, severity; *[de mesures]* harshness, severity; *[de climat, hiver]* harshness • **punir qn avec toute la rigueur de la loi** to punish sb with the maximum severity the law allows • **faire preuve de rigueur à l'égard de qn** to be strict with sb, to be hard on sb • **traiter qn avec la plus grande rigueur** to treat sb with the utmost harshness *ou* severity • **les rigueurs de l'hiver** *(littér)* the rigours of winter; → **arrêt, délai**

[2] *(= austérité) [de morale]* rigidness, strictness; *[de personne]* sternness, strictness • **la politique de rigueur du gouvernement** the government's austerity measures • **la rigueur économique** economic austerity

[3] *(= précision) [de pensée, raisonnement, style]* rigour; *[de calcul]* precision, exactness; *[de classification, définition]* strictness • **manquer de rigueur** to lack rigour

[4] *(locutions)* • **tenir rigueur à qn** to hold it against sb • **il lui a tenu rigueur de n'être pas venu** he held it against him that he didn't come • **je ne vous en tiens pas rigueur** I don't hold it against you • **en toute rigueur** strictly speaking

♦ **à la rigueur** at a pinch, if need be • **on peut à l'extrême rigueur remplacer le curry par du poivre** at a pinch *ou* if you really have to you can use pepper instead of curry powder • **un délit, à la rigueur, mais un crime non : le mot est trop fort** a minor offence possibly *ou* perhaps, but not a crime - that's too strong a word • **il pourrait à la rigueur avoir gagné la côte, mais j'en doute** there is a faint possibility that he made it *ou* he may just possibly have made it back to the shore but I doubt it

♦ **de rigueur** • **il est de rigueur d'envoyer un petit mot de remerciement** it is the done thing to send a note of thanks • **la tenue de rigueur est...** the dress to be worn is..., the accepted dress *ou* attire *(frm)* is... • « **tenue de soirée de rigueur** » "evening dress", "dress: formal"

rikiki * /ʀikiki/ ADJ INV → **riquiqui**

rillettes /ʀijɛt/ NFPL rillettes *(type of potted meat or fish)* • **rillettes pur porc** 100% pork rillettes

rillons /ʀijɔ̃/ NMPL *pork cooked in fat and served cold*

rimailler † /ʀimaje/ ► conjug 1 ◄ VI *(péj)* to write doggerel, to versify

rimailleur, -euse † /ʀimajœʀ, øz/ NM,F *(péj)* would-be poet, rhymester, poetaster †

rimaye /ʀimaj/ NF bergschrund

rime /ʀim/ NF rhyme • **rime masculine/féminine** masculine/feminine rhyme • **rime pauvre/riche** poor/rich rhyme • **rimes croisées** *ou* **alternées** alternate rhymes • **rimes plates** *ou* **suivies** rhyming couplets • **rimes embrassées** abba rhyme scheme • **rimes tiercées** terza rima • **rime pour l'œil/l'oreille** rhyme for the eye/the ear • **faire qch sans rime ni raison** to do sth without either rhyme or reason • **cela n'a ni rime ni raison** there's neither rhyme nor reason to it

rimer /ʀime/ ► conjug 1 ◄

VI [1] *[mot]* to rhyme *(avec* with) • **cela ne rime à rien** *(fig)* it doesn't make sense, there's no sense *ou* point in it • **à quoi cela rime-t-il ?** what's the point of it? *ou* sense in it? • **économie ne rime pas toujours avec profit** saving doesn't necessarily go together with profit, saving and profit don't necessarily go hand in hand

[2] *[poète]* to write verse *ou* poetry

VT to put into verse • **poésie rimée** rhyming poetry *ou* verse

rimeur, -euse /ʀimœʀ, øz/ NM,F *(péj)* rhymester, would-be poet, poetaster †

rimmel ® /ʀimɛl/ NM mascara

rinçage /ʀɛ̃saʒ/ NM [1] *(= fait de passer à l'eau)* rinsing out *ou* through; *(pour enlever le savon)* rinsing; *(= opération)* rinse • **cette machine à laver fait 3 rinçages** this washing machine does 3 rinses • **ajouter du vinaigre dans la dernière eau de rinçage** add some vinegar in the final rinse

[2] *(pour cheveux)* (colour *(Brit) ou* color *(US)*) rinse • **elle s'est fait faire un rinçage** she had a colour rinse

rinceau (pl **rinceaux**) /ʀɛ̃so/ NM *(Archit)* foliage *(NonC)*, foliation *(NonC)*

rince-bouteille(s) (pl **rince-bouteilles**) /ʀɛ̃sbutɛj/ NM *(= machine)* bottle-washing machine; *(= brosse)* bottlebrush

rince-doigts /ʀɛ̃sdwa/ NM INV *(= bol)* finger-bowl; *(en papier)* finger wipe

rincée * /ʀɛ̃se/ NF *(= averse)* downpour; *(= défaite, volée)* thrashing *, licking *

rincer /ʀɛ̃se/ SYN ► conjug 3 ◄

VT [1] *[+ bouteille, verre]* to rinse (out); *(pour enlever le savon)* to rinse • **rince l'assiette** give the plate a rinse, rinse the plate

[2] *(* = offrir à boire)* • **c'est lui qui rince** the drinks are on him

[3] • **se faire rincer** * *(par la pluie)* to get drenched *ou* soaked; *(au jeu)* to get cleaned out * • **il est rincé** * he's lost everything

VPR **se rincer** *(= laver)* • **se rincer la bouche** to rinse out one's mouth • **se rincer les mains/les cheveux** to rinse one's hands/one's hair • **se rincer l'œil** * to get an eyeful * • **se rincer le gosier** *ou* **la dalle** * to wet one's whistle *

rincette * /ʀɛ̃sɛt/ NF nip of brandy *etc*, little drop of wine *(ou brandy etc)*

rinçure /ʀɛ̃syʀ/ NF *(= eau de lavage)* rinsing water; *(péj = mauvais vin)* plonk * *(Brit)*, cheap wine

rinforzando /ʀinfɔʀtsando, ʀinfɔʀdzɑ̃do/ ADV rinforzando, sforzando, sforzato

ring /ʀiŋ/ NM (boxing) ring • **les champions du ring** boxing champions • **monter sur le ring** *(pour un match)* to go into the ring; *(= faire carrière)* to take up boxing

ringard¹ /ʀɛ̃gaʀ/ NM *(= tisonnier)* poker

ringard², **e** * /ʀɛ̃gaʀ, aʀd/ SYN

ADJ *[personne]* square *; *[vêtement]* dowdy, naff * *(Brit)*; *[film, roman, chanson, décor]* tacky *, naff * *(Brit)*

NM,F *(= dépassé)* square *; *(= médiocre)* loser *

ringardise * /ʀɛ̃gaʀdiz/ NF *[de vêtement]* dowdiness • **ses films/chansons sont d'une ringardise !** his films/songs are incredibly tacky! *

ringardiser * /ʀɛ̃gaʀdize/ ► conjug 1 ◄ VT • **ringardiser un parti/une idéologie** to make a party/an ideology look old hat • **il ne veut pas se laisser ringardiser** he doesn't want to appear out of step with the times

ringardisme /ʀɛ̃gaʀsizm/ NM ⇒ **ringardise**

Rio de Janeiro /ʀijɔd(ə)ʒanɛʀo/ N Rio de Janeiro

RIP /ʀip/ NM (abrév de **relevé d'identité postal**) → **relevé**

ripaille † * /ʀipaj/ NF *(= festin)* feast • **faire ripaille** to have a feast, to have a good blow-out * *(Brit)*

ripailler † * /ʀipaje/ ► conjug 1 ◄ VI *(= festoyer)* to feast, to have a good blow-out * *(Brit)*

ripailleur, -euse † * /ʀipajœʀ, øz/

ADJ revelling

NM,F reveller

ripaton * /ʀipatɔ̃/ NM *(= pied)* foot

ripe /ʀip/ NF scraper

riper /ʀipe/ ► conjug 1 ◄

VI [1] *(= déraper)* to slip

[2] *(* = s'en aller)* to take off

VT [1] *(Tech = gratter)* to scrape

[2] • **(faire) riper** *(= déplacer) [+ meuble, pierre, véhicule]* to slide along

ripieno /ʀipjeno/ NM ripieno

ripolin ® /ʀipɔlɛ̃/ NM gloss paint

ripoliner /ʀipɔline/ ► conjug 1 ◄ VT to paint with gloss paint • **murs ripolinés de vert** walls painted in green gloss

riposte /ʀipɔst/ SYN NF *(= réponse)* retort, riposte; *(= contre-attaque)* counterattack, reprisal; *(Escrime)* riposte • **en riposte à** in reply to • **notre riposte sera impitoyable** we will retaliate mercilessly • **il est prompt à la riposte** he always has a ready answer *ou* a quick retort • **la riposte ne s'est pas fait attendre** the reaction was not long in coming

riposter /ʀipɔste/ SYN ► conjug 1 ◄

VI [1] *(= répondre)* to answer back, to riposte, to retaliate • **riposter à une insulte** to reply to an insult • **il riposta (à cela) par une insulte** he answered back *ou* retorted with an insult, he flung back an insult • **riposter à une accusation par une insulte** to counter an accusation with an insult

[2] *(= contre-attaquer)* to counterattack, to retaliate • **riposter à coups de grenades** to retaliate by throwing grenades • **riposter à une attaque** to counter an attack

[3] *(Escrime)* to riposte

VT • **riposter que** to retort *ou* riposte *ou* answer back that

ripou * (pl **ripous, ripoux**) /ʀipu/

ADJ crooked

NM *(gén)* crook; *(= policier)* crooked cop *, bent copper * *(Brit)*

ripper, rippeur /ʀipœʀ/ NM *(= engin)* ripper

ripple-mark (pl **ripple-marks**) /ʀipœlmaʀk/ NF ripple mark

riquiqui * /ʀikiki/ ADJ INV tiny • **ça fait un peu riquiqui** *[portion]* it's a bit stingy *; *[manteau]* it's much too small

rire /ʀiʀ/ SYN ► conjug 36 ◄

VI [1] *(gén)* to laugh • **rire aux éclats** *ou* **à gorge déployée** to roar with laughter, to laugh one's head off • **rire aux larmes** to laugh until one cries • **rire franchement** *ou* **de bon cœur** to laugh heartily • **rire bruyamment** to guffaw, to roar with laughter • **rire comme un bossu** *ou* **comme une baleine** *(péj)* to be doubled up with laughter • **c'est à mourir** *ou* **crever** * **de rire** it's hilarious, it's awfully funny • **la plaisanterie fit rire** the joke raised a laugh *ou* made everyone laugh • **ça ne me fait pas rire** I don't find it funny, it doesn't make me laugh • **nous avons bien ri (de notre mésaventure)** we had a good laugh * (over our mishap) • **ça m'a bien fait rire** it really made me laugh, it had me in fits * • **on va rire : il va essayer de sauter** we're in for a laugh * – he's going to try and jump • **il vaut mieux en rire qu'en pleurer** it's better to look on the bright side • **il a pris les choses en riant** *(avec bonne humeur)* he saw the funny side of it; *(à la légère)* he laughed it off • **il n'y a pas de quoi rire** there's nothing to laugh about, it's no laughing matter • **rira bien qui rira le dernier** *(Prov)* he who laughs last laughs longest *(Brit) ou* best *(US) (Prov)*

[2] *(littér) [yeux]* to sparkle *ou* shine with happiness *ou* laughter; *[visage]* to shine with happiness

[3] *(= s'amuser)* to have fun, to have a laugh * • **il ne pense qu'à rire** he only thinks of having fun • **il passe son temps à rire avec ses camarades** he spends his time fooling around *ou* playing about *ou* larking about *(Brit)* with his friends • **rire aux dépens de qn** to laugh *ou* have a laugh at sb's expense • **c'est un homme qui aime bien rire** he is a man who likes a bit of fun *ou* a good laugh * • **c'est maintenant qu'on va rire !** this is where the fun starts!; → **histoire**

[4] *(= plaisanter)* to be joking • **vous voulez rire !** you're joking!, you must be joking! *ou* kidding! * • **et je ne ris pas** and I'm not joking • **il a dit cela pour rire** he was only joking, he said it in fun • **il a fait cela pour rire** he did it for a joke *ou* laugh * • **c'était une bagarre pour rire** it was only a pretend fight, it wasn't a real fight; → **mot**

[5] *(locutions)* • **rire dans sa barbe** *ou* **tout bas** to laugh to o.s., to chuckle (away) to o.s. • **rire sous cape** to laugh up one's sleeve, to have a quiet laugh • **rire au nez** *ou* **à la barbe de qn** to laugh in sb's face • **rire du bout des dents** *ou* **des lèvres** to force o.s. to laugh, to laugh politely • **il faisait semblant de trouver ça drôle, mais en fait il riait jaune** he pretended he found it funny but in fact he had to force himself to laugh • **quand il apprendra la nouvelle, il rira jaune** when he hears the news he won't find it funny *ou* he'll be laughing on the other side of his face *(Brit)* • **vous me faites rire !, laissez-moi rire !** *(iro)* don't make me laugh!, you make me laugh! *(iro)* • **ça ne fait plus rire personne** *(fig)* it's beyond a joke • **sans rire, c'est vrai ?** joking apart *ou* aside, is it true?, seriously, is it true? • **elle l'a quitté – oh ! sans rire ?** she has left him – really? *ou* you're joking? *(iro)*

VT INDIR **rire de** *(= se moquer de) [+ personne, défaut, crainte]* to laugh at, to scoff at • **il fait rire de lui** people laugh at him *ou* make fun of him, he's a laughing stock

VPR **se rire** • **se rire de** *(= se jouer de) [+ difficultés, épreuve]* to make light of, to take in one's stride; *(= se moquer de) [+ menaces, recommandations]* to laugh at; *[+ personne]* to laugh at, to scoff at

ris | riz FRENCH-ENGLISH 838

NM (= façon de rire) laugh; (= éclat de rire) laughter (NonC), laugh ◆ **rires** laughter ◆ **le rire** laughter ◆ **le rire est le propre de l'homme** (Prov) laughter is unique to man ◆ **un gros rire** a loud laugh, a guffaw ◆ **un rire homérique** a hearty ou booming laugh ◆ **un petit rire bête** a stupid giggle ou titter ◆ **un rire moqueur** a mocking ou scornful laugh ◆ **rires préenregistrés** ou **en boîte*** (Radio, TV) canned laughter ◆ **il y eut des rires dans la salle quand...** there was laughter in the audience when... ◆ **elle a un rire bête** she has a silly ou stupid laugh ◆ **elle eut un petit rire méchant** she gave a wicked little laugh, she laughed wickedly ◆ **il eut un petit rire de satisfaction** he gave a little chuckle of satisfaction, he chuckled with satisfaction ◆ **les rires l'obligèrent à se taire** the laughter forced him to stop speaking, he was laughed down; → **éclater, fou**

ris[1] /Ri/ **NM** [1] (Culin) ◆ **ris de veau** calf's sweetbread; (sur un menu) calves' sweetbreads

[2] (Naut) [de voile] reef

ris[2] /Ri/ **NM** (littér = rire) laugh, laughter (NonC)

RISC /ɛRiɛsse/ **ADJ** (abrèv de **Reduced Instruction Set Computing**) RISC ◆ **technologie/système RISC** RISC technology/system

risée /Rize/ **NF** [1] (= moquerie) ◆ **s'exposer à la risée générale** to lay o.s. open to ridicule ◆ **être un objet de risée** to be a laughing stock, to be an object of ridicule ◆ **être la risée de toute l'Europe** to be the laughing stock of Europe

[2] (Naut) ◆ **risée(s)** (= rafale de vent) light breeze

risette /Rizɛt/ **NF** (langage enfantin) ◆ **faire (une) risette à qn** to give sb a nice ou little smile ◆ **fais risette (au monsieur)** smile nicely (at the gentleman) ◆ **être obligé de faire des risettes au patron** (fig) to have to smile politely to the boss

risible /Rizibl/ SYN **ADJ** (= ridicule) [attitude] laughable, ridiculous, silly; (= comique) [aventure] laughable, funny

risiblement /Riziblәmɑ̃/ **ADV** ridiculously, laughably

risorius /RizɔRjys/ **NM** risorius

risque /Risk/ GRAMMAIRE ACTIVE 15.3 SYN **NM** [1] (gén, Assurances, Jur) risk ◆ **risque calculé** calculated risk ◆ **entreprise pleine de risques** high-risk business ◆ **c'est un risque à courir** it's a risk one has to take ou run, one has to take ou run the risk ◆ **il y a du risque à faire cela** there's a risk in doing that, it's risky doing to do that ◆ **le goût du risque** a taste for danger ◆ **ce qui paie, c'est le risque** it pays off to take risks, taking risks pays off ◆ **on n'a rien sans risque** you don't get anywhere without taking risks, nothing ventured, nothing gained (Prov) ◆ **il y a (un) risque d'émeute/d'épidémie** there's a risk of an uprising/an epidemic ◆ **à cause du risque d'incendie** because of the fire risk ou the risk of fire ◆ **cela constitue un risque pour la santé** that is a health hazard ou a health risk ◆ **risque de change** (Fin) exchange risk ou exposure ◆ **prendre des risques** to take risks ◆ **ne prendre aucun risque** (fig) to play (it) safe, to take no risks ◆ **prise de risque(s)** risk-taking; → **assurance**

[2] (locutions) ◆ **le risque zéro n'existe pas** there's no such thing as zero risk ◆ **ce sont les risques du métier** (hum) that's an occupational hazard (hum) ◆ **il n'y a pas de risque qu'il refuse** there's no risk ou chance of his refusing ◆ **au risque de le mécontenter/de se tuer/de sa vie** at the risk of displeasing him/of killing himself/of his life ◆ **c'est à tes risques et périls** you do it at your own risk, on your own head be it!

◆ **à + risque** (Méd) [groupe] high-risk; (Fin) [placement] risky ◆ **à haut risque** high-risk (épith) ◆ **pratique à risque** (high-)risk behaviour (NonC) (Brit) ou behavior (NonC) (US)

risqué, e /Riske/ SYN (ptp de **risquer**) **ADJ** (= hasardeux) risky, dicey* (Brit); (= licencieux) risqué, daring, off-color (US)

risquer /Riske/ GRAMMAIRE ACTIVE 2.3 SYN ► conjug 1 ◄

VT [1] (= s'exposer à) ◆ **il risque la mort** he risks being killed ◆ **parler politique, c'est risquer la prison** if you talk about politics you could end up in prison ◆ **il risque la prison à vie** he could get life imprisonment ◆ **il risque le renvoi** he could be sacked ◆ **qu'est-ce qu'on risque ?** (= quels sont les risques ?) what are the risks ou dangers?; (= c'est sans danger) what have we got to lose?, where's ou what's the risk? ◆ **bien emballé, ce vase ne risque rien** if it's properly packed the vase will be okay ◆ **ce vieux chapeau ne risque rien** it doesn't matter what happens to this old hat ◆ **ça ne risque pas !** not a chance!

[2] (= tenter) to risk ◆ **risquer le tout pour le tout** to risk everything ◆ **risquer le paquet*** to go for broke* ◆ **risquons le coup** let's chance ou risk it ◆ **qui ne risque rien n'a rien** (Prov) nothing ventured, nothing gained (Prov) ◆ **tu risques gros** you're taking a big risk

[3] (= mettre en danger) [+ fortune, réputation, vie] to risk

[4] (= hasarder) ◆ **je ne risquerais pas un gros mot devant mon grand-père** I wouldn't dare use bad language in front of my grandfather ◆ **risquer un œil au dehors** to take a peep ou a quick look outside ◆ **risquer un orteil dans l'eau** (hum) to venture a toe in the water

[5] (locutions)

◆ **risquer de** ◆ **tu risques de le perdre** (éventualité) you might ou could lose it; (forte possibilité) you could easily lose it; (probabilité) you'll probably lose it ◆ **il risque de pleuvoir** it could ou may rain, there's a chance of rain ◆ **le feu risque de s'éteindre** the fire might go out ◆ **avec ces embouteillages, il risque d'être en retard** with these traffic jams, he may ou could well be late ◆ **on risque fort d'être en retard** we're very likely to be late ◆ **pourquoi risquer de tout perdre ?** why risk losing everything? ◆ **ça ne risque pas d'arriver !** not a chance!, that's not likely to happen! ◆ **il ne risque pas de gagner** he hasn't got much chance of winning, he isn't likely to win

◆ **risquer que** ◆ **tu risques qu'on te le vole** there's a danger it'll be stolen, it might be stolen

VPR se risquer ◆ **se risquer dans une grotte/sur une corniche** to venture inside a cave/onto a ledge

> (!) **risquer de** se traduit rarement par **to risk** ; les tournures avec des auxiliaires modaux sont plus courantes en anglais.

◆ **se risquer à faire qch** to venture ou dare to do sth ◆ **à ta place, je ne m'y risquerais pas** if I were you, I wouldn't risk it ◆ **je vais me risquer à faire un soufflé** I'm going to try my hand ou have a go at making a soufflé

risque-tout /Riskәtu/ **NMF INV** daredevil ◆ **elle est risque-tout, c'est une risque-tout** she's a daredevil

rissole /Risɔl/ **NF** rissole

rissoler /Risɔle/ ► conjug 1 ◄

VT (Culin) ◆ **(faire) rissoler** to brown ◆ **pommes rissolées** fried potatoes

VI (Culin) to brown

ristourne /RistuRn/ **NF** (sur achat) discount; (sur cotisation) rebate; (= commission) commission ◆ **faire une ristourne à qn** to give sb a discount ◆ **je lui ai demandé 10% de ristourne** I asked him for a 10% discount

ristourner /RistuRne/ ► conjug 1 ◄ **VT** [1] (= accorder une réduction de) to give a discount of; (= rembourser un trop-perçu de) to refund the difference of; (= donner une commission de) to give a commission of ◆ **ils m'ont ristourné 80 €** they gave me 80 euros back ◆ **une partie de la taxe est ristournée au pays exportateur** part of the tax is refunded to the exporting country

[2] [+ police d'assurance] to cancel

ristrette /RistRɛt/, **ristretto** /RistReto/ **NM** (Helv) espresso

rital** /Rital/ **NM** (injurieux = Italien) wop** (injurieux), Eyetie** (injurieux)

rite /Rit/ SYN **NM** (gén, Rel) rite; (fig = habitude) ritual ◆ **rites sociaux** social rituals ◆ **rites d'initiation** ou **initiatiques** initiation rites ◆ **rite de passage** rite of passage

ritournelle /RituRnɛl/ **NF** (Mus) ritornello ◆ **c'est toujours la même ritournelle** (fig) it's always the same (old) story

ritualisation /Ritɥalizasjɔ̃/ **NF** ritualization

ritualiser /Ritɥalize/ ► conjug 1 ◄ **VT** to ritualize

ritualisme /Ritɥalism/ **NM** ritualism

ritualiste /Ritɥalist/

ADJ ritualistic

NMF ritualist

rituel, -elle /Ritɥɛl/ SYN

ADJ ritual

NM ritual ◆ **le rituel du départ était toujours le même** the ritual was always the same when we left

rituellement /Ritɥɛlmɑ̃/ **ADV** (= religieusement) religiously, ritually; (hum = invariablement) invariably, unfailingly

rivage /Rivaʒ/ SYN **NM** shore

rival, e (mpl **-aux**) /Rival, o/ SYN **ADJ, NM,F** rival ◆ **sans rival** unrivalled

rivaliser /Rivalize/ GRAMMAIRE ACTIVE 5.2, 5.3 SYN ► conjug 1 ◄ **VI** ◆ **rivaliser avec** [personne] to rival, to compete with, to vie with; [chose] to hold its own against, to compare with ◆ **rivaliser de générosité/de bons mots avec qn** to vie with sb ou try to outdo sb in generosity/wit, to rival sb in generosity/wit ◆ **il essaie de rivaliser avec moi** he's trying to emulate me ou to vie with me ◆ **ses tableaux rivalisent avec les plus grands chefs-d'œuvre** his paintings rival the greatest masterpieces ou can hold their own against the greatest masterpieces

rivalité /Rivalite/ SYN **NF** rivalry ◆ **rivalités internes** (gén) internal rivalries; (Pol) internecine strife ou rivalries ◆ **rivalités de personnes** rivalry between people

rive /Riv/ SYN **NF** [1] [de mer, lac] shore; [de rivière] bank ◆ **la rive gauche/droite de la Tamise** the north/south bank of the Thames ◆ **la rive gauche/droite (de la Seine)** the left/right bank (of the Seine) ◆ **ils sont très rive gauche** they are very Left Bank, they are very arty (péj)

[2] (Tech) [de four] lip ◆ **planche de rive** [de toit] eaves fascia

> **RIVE GAUCHE, RIVE DROITE**
>
> The terms **rive gauche** and **rive droite** are social and cultural notions as well as geographical ones. The Left Bank of the Seine (ie, the southern half of Paris) is traditionally associated with the arts (especially literature), with students and with a somewhat Bohemian lifestyle. The Right Bank is generally viewed as being more traditionalist, commercially-minded and conformist.

rivé, e /Rive/ (ptp de **river**) **ADJ** ◆ **rivé à** [+ bureau, travail] tethered ou tied to; [+ chaise] glued ou riveted to ◆ **les yeux rivés sur moi/la tache de sang** (with) his eyes riveted on me/the bloodstain ◆ **rester rivé sur place** to be ou stand riveted ou rooted to the spot ◆ **rivé à la télé*** glued to the TV*

river /Rive/ SYN ► conjug 1 ◄ **VT** [1] (Tech) [+ clou] to clinch; [+ plaques] to rivet together ◆ **river son clou à qn*** (fig) to shut sb up*

[2] (littér = fixer) ◆ **river qch au mur/sol** to nail sth to the wall/floor ◆ **il la rivait au sol** he pinned her to the ground ◆ **la haine/le sentiment qui les rivait ensemble** ou **l'un à l'autre** the hatred/the emotional bond which held them to each other

riverain, e /Riv(ә)Rɛ̃, ɛn/

NM,F resident ◆ **les riverains se plaignent du bruit des voitures** the residents complain about traffic noise ◆ **« interdit sauf aux riverains »** "no entry except for access", "residents only"

ADJ (d'un lac) lakeside; (d'une rivière) riverside, riparian (SPÉC) ◆ **les propriétés riveraines** (d'une route) the houses along the road ◆ **les propriétés riveraines de la Seine** the houses along the banks of the Seine

riveraineté /Riv(ә)Rɛnte/ **NF** (Jur) riparian rights

rivet /Rivɛ/ **NM** rivet

rivetage /Riv(ә)taʒ/ **NM** riveting

riveter /Riv(ә)te/ ► conjug 4 ◄ **VT** to rivet (together)

riveteuse /Riv(ә)tøz/, **riveuse** /Rivøz/ **NF** riveting machine

rivière /RivjɛR/ SYN **NF** (lit, fig) river; (Équitation) water jump ◆ **rivière de diamants** diamond rivière; → **petit**

rivoir /RivwaR/ **NM** (marteau à river) riveter

rivulaire /RivylɛR/ **NF** rivularia

rivure /RivyR/ **NF** (= action) riveting

rixe /Riks/ SYN **NF** brawl, fight, scuffle

Riyad /Rijad/ **N** Riyadh

riyal /Rijal/ **NM** riyal

riz /Ri/ **NM** rice ◆ **riz Caroline** ou **à grains longs** long-grain rice ◆ **riz à grains ronds** round-grain rice ◆ **riz basmati** basmati rice ◆ **riz brun** ou **complet** brown rice ◆ **riz cantonais** fried rice ◆ **riz créole** creole rice ◆ **riz gluant** sticky rice ◆ **riz au lait** rice pudding ◆ **riz pilaf** pilaf(f) ou pilau rice ◆ **riz sauvage** wild rice; → **gâteau, paille**

rizerie /ʀizʀi/ NF rice-processing factory

riziculteur, -trice /ʀizikyltœʀ, tʀis/ NM,F rice grower

riziculture /ʀizikyltyʀ/ NF rice-growing

rizière /ʀizjɛʀ/ NF paddy-field, ricefield

RM /ɛʀɛm/ NM (abrév de **règlement mensuel**) → **règlement**

RMI /ɛʀɛmi/ NM (abrév de **revenu minimum d'insertion**) → **revenu**

rmiste, Rmiste /ɛʀɛmist/ NMF person receiving welfare payment, ≈ person on income support (Brit), ≈ person on welfare (US)

RMN /ɛʀɛmɛn/ NF (abrév de **résonance magnétique nucléaire**) NMR

RN /ɛʀɛn/
 NF (abrév de **route nationale**) → **route**
 NM (abrév de **revenu national**) → **revenu**

RNIS /ɛʀɛnis/ NM (abrév de **Réseau Numérique à Intégration de Service**) ISDN

rob /ʀɔb/ NM (au bridge, au whist) rubber

robe /ʀɔb/ SYN
 NF ① [de femme, fillette] dress ◆ **robe courte/décolletée/d'été** short/low-necked/summer dress
 ② [de magistrat, prélat] robe; [de professeur] gown ◆ **la robe** (Hist Jur) the legal profession; → **gens¹, homme, noblesse**
 ③ (= pelage) [de cheval, fauve] coat
 ④ (= peau) [d'oignon] skin; [de fève] husk
 ⑤ [de cigare] wrapper, outer leaf
 ⑥ (= couleur) [de vin] colour (Brit), color (US)
 COMP **robe bain de soleil** sundress ◆ **robe de bal** ball gown ou dress ◆ **robe de baptême** christening ou baptism robe ◆ **robe bustier** off-the-shoulder dress ◆ **robe de chambre** dressing gown ◆ **pommes de terre en robe de chambre** ou **des champs** (Culin) baked ou jacket (Brit) potatoes, potatoes in their jackets ◆ **robe chasuble** pinafore dress ◆ **robe chaussette** ⇒ **robe tube** ◆ **robe chemisier** shirtwaister (dress) (Brit), shirtwaist (dress) (US) ◆ **robe de cocktail** cocktail dress ◆ **robe de communion** ou **de communiant(e)** first communion dress ◆ **robe de grossesse** maternity dress ◆ **robe d'hôtesse** hostess gown ◆ **robe d'intérieur** housecoat ◆ **robe kimono** kimono (dress) ◆ **robe de mariée** wedding dress ou gown ◆ **robe du soir** evening dress ou gown ◆ **robe tube** tube ◆ **robe tunique** smock

robe-manteau (pl **robes-manteaux**) /ʀɔbmɑ̃to/ NF coat dress

rober /ʀɔbe/ ▶ conjug 1 ◀ VT [+ cigare] to wrap

roberts /ʀɔbɛʀ/ NMPL (= seins) tits, boobs

robe-sac (pl **robes-sacs**) /ʀɔbsak/ NF sack dress

robe-tablier (pl **robes-tabliers**) /ʀɔbtablije/ NF overall

Robin /ʀɔbɛ̃/ NM Robin ◆ **Robin des Bois** Robin Hood ◆ « **Robin des Bois** » (Littérat) "Robin Hood" ◆ **c'est le Robin des Bois de la politique française** (hum = justicier) he's the Robin Hood of French politics

robin †† /ʀɔbɛ̃/ NM (péj) lawyer

robinet /ʀɔbinɛ/ NM ① [d'évier, baignoire, tonneau] tap (Brit), faucet (US) ◆ **robinet d'eau chaude/froide** hot/cold (water) tap (Brit) ou faucet (US) ◆ **robinet mélangeur, robinet mitigeur** mixer tap (Brit) ou faucet (US) ◆ **robinet du gaz** gas tap ◆ **robinet d'arrêt** stopcock; → **problème**
② (*, langage enfantin = pénis) willy* (Brit), peter* (US)

robinetier /ʀɔbinɛtje/ NM (= fabricant) tap (Brit) ou faucet (US) manufacturer; (= commerçant) tap (Brit) ou faucet (US) merchant

robinetterie /ʀɔbinɛtʀi/ NF (= installations) taps (Brit), faucets (US), plumbing (NonC); (= usine) tap (Brit) ou faucet (US) factory; (= commerce) tap (Brit) ou faucet (US) trade

robinier /ʀɔbinje/ NM locust tree, false acacia

Robinson Crusoé /ʀɔbɛ̃sɔ̃kʀyzɔe/ NM Robinson Crusoe

robinsonnade /ʀɔbɛ̃sɔnad/ NF island adventure story

Roboam /ʀɔbɔam/ NM Rehoboam

roboratif, -ive /ʀɔbɔʀatif, iv/ ADJ (littér) [climat] bracing; [activité] invigorating; [liqueur, vin] tonic, stimulating

robot /ʀɔbo/ NM (lit, fig) robot ◆ **robot ménager** ou **de cuisine** food processor ◆ **robot d'indexation** web crawler, spider

roboticien, -ienne /ʀɔbɔtisjɛ̃, jɛn/ NM,F robotics specialist

robotique /ʀɔbɔtik/ NF robotics (sg)

robotisation /ʀɔbɔtizasjɔ̃/ NF [d'atelier, usine] automation ◆ **il redoute la robotisation de l'humanité** he fears that human beings are being turned into robots

robotiser /ʀɔbɔtize/ ▶ conjug 1 ◀ VT [+ atelier, usine] to automate ◆ **des gens complètement robotisés** people who have been turned into robots

robre /ʀɔbʀ/ NM (Bridge) rubber

robusta /ʀɔbysta/ NM (= café) robusta

robuste /ʀɔbyst/ SYN ADJ (= fort et résistant) strong; (= d'apparence) solidly-built ◆ **de robuste constitution** of strong ou robust constitution ◆ **d'une santé robuste** in excellent health

robustement /ʀɔbystəmɑ̃/ ADV robustly

robustesse /ʀɔbystɛs/ SYN NF strength; [de voiture, bateau] sturdiness ◆ **ils sont confiants dans la robustesse de la croissance** they are confident that growth is strong

roc¹ /ʀɔk/ NM (lit, fig) rock; → **bâtir, dur**

roc² /ʀɔk/ NM (Myth) ◆ **(oiseau) roc** roc

rocade /ʀɔkad/ NF (= route) bypass; (Mil) communications line

rocaille /ʀɔkaj/
 NF ① (= cailloux) loose stones; (= terrain) rocky ou stony ground
 ② (= jardin) rockery, rock garden ◆ **plantes de rocaille** rock plants
 ③ (Constr) ◆ **grotte/fontaine en rocaille** grotto/fountain in rockwork
 ADJ [objet, style] rocaille

rocailleur /ʀɔkajœʀ/ NM rocaille worker

rocailleux, -euse /ʀɔkajø, øz/ SYN ADJ [terrain] rocky, stony; [style] rugged; [son, voix] harsh, grating

rocambole /ʀɔkɑ̃bɔl/ NF rocambole

rocambolesque /ʀɔkɑ̃bɔlɛsk/ ADJ [aventures, péripéties] fantastic, incredible

rocelle /ʀɔsɛl/ NF orchil, archil

rochage /ʀɔʃaʒ/ NM (Métal) spitting

rochassier, -ière /ʀɔʃasje, jɛʀ/ NM,F rock climber

roche /ʀɔʃ/ NF (gén) rock ◆ **roches sédimentaires/volcaniques** sedimentary/volcanic rock(s) ◆ **roche lunaire** moon rock ◆ **roche mère** parent rock ◆ **la roche Tarpéienne** the Tarpeian Rock ◆ **fond de roche** (Naut) rock bottom; → **anguille, coq¹, cristal**

roche-magasin (pl **roches-magasins**) /ʀɔʃmagazɛ̃/ NF reservoir rock

rocher¹ /ʀɔʃe/ SYN NM ① (= bloc) rock; (gros, lisse) boulder; (= substance) rock ◆ **le rocher de Sisyphe** the rock of Sisyphus ◆ **le rocher de Gibraltar, le Rocher** the Rock (of Gibraltar) ◆ **faire du rocher** (Alpinisme) to go rock-climbing
 ② (Anat) petrosal bone
 ③ (en chocolat) chocolate

rocher² /ʀɔʃe/ ▶ conjug 1 ◀ VI ① (Métal) to spit
 ② [bière] to froth

roche-réservoir (pl **roches-réservoirs**) /ʀɔʃʀezɛʀvwaʀ/ NF ⇒ **roche-magasin**

rochet /ʀɔʃɛ/ NM ① (Rel) ratchet
 ② (Tech) **roue à rochet** ratchet wheel

rocheux, -euse /ʀɔʃø, øz/
 ADJ rocky ◆ **paroi rocheuse** rock face
 NFPL **Rocheuses** ◆ **les (montagnes) Rocheuses** the Rocky Mountains, the Rockies

rock¹ /ʀɔk/ NM (Myth) ⇒ **roc²**

rock² /ʀɔk/ (Mus)
 ADJ rock
 NM (= musique) rock; (= danse) jive, rock 'n' roll ◆ **le rock punk/alternatif** punk/alternative rock ◆ **danser le rock** to rock, to jive ◆ **rock and roll, rock 'n' roll** rock 'n' roll ◆ **rock acrobatique** acrobatic dancing

rocker /ʀɔkœʀ/ NM ⇒ **rockeur**

rockeur, -euse /ʀɔkœʀ, øz/ NM,F (= chanteur) rock singer; (= musicien) rock musician; (= fan) rock fan, rocker

rocking-chair (pl **rocking-chairs**) /ʀɔkin(t)ʃɛʀ/ NM rocking chair

rococo /ʀɔkɔko/
 NM (Art) rococo
 ADJ INV (Art) rococo; (péj) old-fashioned, outdated

rocou /ʀɔku/ NM an(n)atto

rocouer /ʀɔkue/ ▶ conjug 1 ◀ VT to dye with an(n)atto

rocouyer /ʀɔkuje/ NM an(n)atto (tree)

rodage /ʀɔdaʒ/ NM ① [de véhicule, moteur] running in (Brit), breaking in (US) ◆ « **en rodage** » "running in" (Brit), "breaking in" (US) ◆ **pendant le rodage** during the running-in (Brit) ou breaking-in (US) period ◆ **la voiture était en rodage** the car was being run in (Brit) ou broken in (US)
 ② [de soupape] grinding
 ③ (= mise au point) ◆ **on a dû prévoir une période de rodage** we had to allow some time to get up to speed ◆ **ce spectacle a demandé un certain rodage** the show took a little while to get over its teething troubles ou get into its stride ◆ **le nouveau gouvernement est encore en rodage** the new government is still cutting its teeth

rodéo /ʀɔdeo/ NM (= sport) rodeo; (= poursuite) high-speed car chase ◆ **rodéo (automobile** ou **motorisé), rodéo de voitures volées** joy riding (NonC)

roder /ʀɔde/ SYN ▶ conjug 1 ◀ VT ① [+ véhicule, moteur] to run in (Brit), to break in (US)
 ② [+ soupape] to grind
 ③ (= mettre au point) ◆ **il faut roder ce spectacle/ce nouveau service** we have to let this show/this new service get into its stride, we have to give this show/this new service time to get over its teething troubles ◆ **ce spectacle est maintenant bien rodé** the show is really running well ou smoothly now, all the initial problems in the show have been ironed out ◆ **il n'est pas encore rodé** [personne] he hasn't quite got the hang of it yet; [organisme] it hasn't yet got into its stride

rôder /ʀode/ SYN ▶ conjug 1 ◀ VI (au hasard) to roam ou wander about; (de façon suspecte) to loiter ou lurk (about ou around); (= être en maraude) to prowl about, to be on the prowl ◆ **rôder autour d'un magasin** to hang ou lurk around a shop ◆ **rôder autour de qn** to hang around sb

rôdeur, -euse /ʀodœʀ, øz/ NM,F prowler

rodomontade /ʀɔdɔmɔ̃tad/ NF (littér) (= vantardise) bragging (NonC), boasting (NonC); (= menace) sabre rattling (NonC)

rœntgen /ʀœntgɛn/ NM ⇒ **röntgen**

Rogations /ʀɔgasjɔ̃/ NFPL (Rel) Rogations

rogatoire /ʀɔgatwaʀ/ ADJ (Jur) rogatory; → **commission**

rogatons /ʀɔgatɔ̃/ NMPL (péj) (= nourriture) scraps (of food), left-overs; (= objets) pieces of junk; (= vêtements) old rags

rogne* /ʀɔɲ/ NF anger ◆ **être en rogne** to be (really ou hopping* (Brit)) mad ou really ratty* (Brit) ◆ **se mettre en rogne** to get (really ou hopping* (Brit)) mad ou really ratty* (Brit), to blow one's top* (contre at) ◆ **mettre qn en rogne** to make sb (really ou hopping* (Brit)) mad ou really ratty* (Brit), to make sb lose their temper ◆ **il était dans une telle rogne que…** he was in such a (foul) temper that…, he was so mad* ou ratty* (Brit) that… ◆ **ses rognes duraient des jours** his tempers lasted for days

rogner /ʀɔɲe/ SYN ▶ conjug 1 ◀ VT ① (= couper) [+ ongle, page, plaque] to trim; [+ griffe] to clip, to trim; [+ aile, pièce d'or] to clip ◆ **rogner les ailes à qn** to clip sb's wings
 ② (= réduire) [+ prix] to whittle down, to cut down; [+ salaire] to cut back ou down, to whittle down ◆ **rogner sur** [+ dépense, prix] to cut down on, to cut back on; [+ nourriture, sorties] to cut down on

rognon /ʀɔɲɔ̃/ NM ① (Culin) kidney ◆ **rognons blancs** ram's testicles
 ② (Géol) nodule

rognures /ʀɔɲyʀ/ NFPL [de métal] clippings, trimmings; [de cuir, papier] clippings; [d'ongles] clippings, parings; [de viande] scraps

rogomme /ʀɔgɔm/ NM ◆ **voix de rogomme** hoarse ou rasping voice

rogue[1] /ʀɔɡ/ ADJ (= *arrogant*) haughty, arrogant

rogue[2] /ʀɔɡ/ NF (*Pêche*) herring (*ou* cod) roe used as bait

rogué, e /ʀɔɡe/ ADJ [*poisson*] with roe

rohart /ʀɔaʀ/ NM [*de morse*] walrus ivory; [*d'hippopotame*] hippopotamus ivory

roi /ʀwa/ SYN

NM [1] (= *souverain, Cartes, Échecs*) king • **le livre des Rois** (*Bible*) (the Book of) Kings • **le jour des Rois** (*gén*) Twelfth Night; (*Rel*) Epiphany • **tirer les rois** to eat Twelfth Night cake • **le roi n'est pas son cousin !** he's very full of himself! • **travailler pour le roi de Prusse** to receive no reward for one's pains • « **Le Roi des aulnes** » (*Littérat*) "The Erl King" • « **Le Roi Lear** » (*Littérat*) "King Lear" → **bleu, camelot, heureux** *etc*

[2] (*fig*) king • **le roi des animaux/de la forêt** the king of the beasts/of the forest • **roi du pétrole** oil king • **les rois de la finance** the kings of finance • **un des rois de la presse/du textile** one of the press/textile barons *ou* magnates *ou* tycoons • **c'est le roi des fromages** it's the prince of cheeses • **c'est le roi de la resquille !*** he's a master *ou* an ace* at getting something for nothing • **tu es vraiment le roi (des imbéciles) !*** you really are a prize idiot!*, you really take the cake (for sheer stupidity)!* • **c'est le roi des cons**** he's an utter cretin** (*Brit*) *ou* a total asshole** (*US*) • **c'est le roi des salauds**** he's the world's biggest bastard**

COMP **les rois fainéants** (*Hist*) *the last Merovingian kings*
le Roi des Juifs the King of the Jews
le Roi des Rois the King of Kings
le Roi Très Chrétien the King of France; → **mage**

LES ROIS

At Epiphany, it is traditional for French people to get together and share a "galette des rois", a round, flat pastry filled with almond paste. A small figurine ("la fève") is baked inside the pastry, and the person who finds it in his or her portion is given a cardboard crown to wear. This tradition is known as "tirer les rois". In some families, a child goes under the table while the pastry is being shared out and says who should receive each portion.

roide /ʀwad/ ADJ, **roideur** /ʀwadœʀ/ NF, **roidir** /ʀwadiʀ/ VT (*archaïque ou littér*) ⇒ **raide, raideur, raidir**

roiller * /ʀɔje/ VB IMPERS (*Helv* = *pleuvoir*) to rain

Roi-Soleil /ʀwasɔlɛj/ NM • **le Roi-Soleil** the Sun King

roitelet /ʀwat(ə)lɛ/ NM [1] (*péj* = *roi*) kinglet, petty king
[2] (= *oiseau*) wren • **roitelet (huppé)** goldcrest

rôle /ʀol/ SYN NM [1] (*Théât, fig*) role, part • **jouer un rôle** [*personne*] (*Théât*) to play a part (*dans* in); (*fig*) to put on an act; [*fait, circonstance*] to play a part, to have a role (*dans* in) • **premier rôle** lead, leading *ou* major role *ou* part • **avoir le premier rôle dans qch** (*fig*) to play a leading part in sth • **second/petit rôle** supporting/minor role *ou* part • **jouer les seconds rôles** (*Ciné*) to play minor parts *ou* supporting roles; (*fig : en politique*) to play second fiddle • **rôle muet** non-speaking part • **rôle de composition** character part *ou* role • **savoir son rôle** to know one's part *ou* lines • **distribuer les rôles** to cast the parts • **je lui ai donné le rôle de Lear** I gave him the role *ou* part of Lear, I cast him as Lear • **il joue bien son rôle de jeune cadre** he's a success in the role of the young executive • **inverser** *ou* **renverser les rôles** to reverse *ou* switch roles • **avoir le beau rôle** to show o.s. in a good light, to come off best; → **jeu**

[2] (= *fonction, statut*) [*de personne*] role; [*d'institution, système*] role, function; (= *contribution*) part; (= *devoir, travail*) job • **il a un rôle important dans l'organisation** he has an important role in the organization • **quel a été son rôle dans cette affaire ?** what was his role in all this? • **ce n'est pas mon rôle de vous sermonner mais...** it isn't my job *ou* place to lecture you but... • **en donnant cet avertissement, il est dans son rôle** (= *il fait ce qu'il a à faire*) in issuing this warning, he's simply doing his job • **le rôle de la métaphore chez Lawrence** the role *ou* function of metaphor in Lawrence • **la télévision a pour rôle de...** the role *ou* function of television is to...

[3] (= *registre, Admin*) roll; (*Jur*) cause list • **rôle d'équipage** muster (roll) • **rôle des impôts** tax list *ou* roll; → **tour**[2]

rôle-titre (pl **rôles-titres**) /ʀoltitʀ/ NM title role

roller /ʀɔlœʀ/ NM roller skate • **roller en ligne** rollerblade, in-line roller skate • **faire du roller** to roller-skate • **faire du roller en ligne** to rollerblade

rollier /ʀɔlje/ NM (= *oiseau*) roller

rollmops /ʀɔlmɔps/ NM rollmop

Rolls ® /ʀɔls/ NF (*lit*) Rolls, Rolls Royce ® ; (*fig*) Rolls Royce

ROM /ʀɔm/ NF [1] (abrév de **Read Only Memory**) (*Ordin*) ROM
[2] (abrév de **Région d'outre-mer**) *French overseas region* → **DOM**

romain, e /ʀɔmɛ̃, ɛn/
ADJ (*gén*) Roman
NM (*Typographie*) roman
NM,F **Romain(e)** Roman; → **travail**[1]
NF **romaine** • **(laitue) romaine** cos (lettuce) (*Brit*), romaine (lettuce) (*US*) • **(balance) romaine** steelyard • **être bon comme la romaine** (*trop bon*) to be too nice for one's own good; (*menacé*) to be in for it*

romaïque /ʀɔmaik/ ADJ, NM Romaic, demotic Greek

roman[1] /ʀɔmɑ̃/ SYN

NM [1] (= *livre*) novel; (*fig* = *récit*) story • **le roman** (*genre*) the novel • **ils ne publient que des romans** they only publish novels *ou* fiction • **ça n'arrive que dans les romans** it only happens in novels *ou* fiction *ou* stories • **sa vie est un vrai roman** his life is like something out of a novel • **c'est tout un roman*** it's a long story, it's a real saga • **Éric et sa mère, c'est un vrai roman** *ou* **tout un roman !** you could write a book about Eric and his mother! • **ça se lit comme un roman** it reads like a novel; → **eau, nouveau**

[2] (*Littérat* = *œuvre médiévale*) romance • **roman courtois** courtly romance • « **le Roman de Renart** » (*Littérat*) "the Romance of Renart" • « **le Roman de la Rose** » (*Littérat*) "the Romance of the Rose", "the Roman de la Rose"

COMP **roman d'amour** (*lit*) love story; (*fig*) love story, (storybook) romance
roman d'analyse psychological novel
roman d'anticipation futuristic novel, science-fiction novel
roman d'aventures adventure story
roman de cape et d'épée swashbuckler
roman de chevalerie tale of chivalry
roman à clés roman à clés
roman d'épouvante horror story
roman d'espionnage spy thriller *ou* story
roman familial (*Psych*) family romance
roman de gare airport novel
roman historique historical novel
roman de mœurs social novel
roman noir (*Hist*) Gothic novel; (*policier*) violent thriller
roman policier detective novel *ou* story, whodunit*
roman de science-fiction science-fiction novel
roman (de) série noire thriller

roman[2], **e** /ʀɔmɑ̃, an/
ADJ (*langue*) Romance (*épith*), Romanic; (*Archit*) Romanesque; (*en Grande-Bretagne*) Norman
NM • **le roman (commun)** (= *langue*) late vulgar Latin • **le roman** (*Archit*) the Romanesque

(!) L'adjectif **roman** ne se traduit pas par le mot anglais **Roman**, qui a le sens de 'romain'.

romance /ʀɔmɑ̃s/ NF [1] (= *chanson*) sentimental ballad, lovesong • **les romances napolitaines** the Neapolitan lovesongs; → **pousser**
[2] (*Littérat, Mus*) ballad, romance

romancer /ʀɔmɑ̃se/ ▸ conjug 3 ◂ VT (= *présenter sous forme de roman*) to make into a novel; (= *agrémenter*) to romanticize • **histoire romancée** fictionalized history; → **biographie**

romanche /ʀɔmɑ̃ʃ/ ADJ, NM Romans(c)h

romancier /ʀɔmɑ̃sje/ NM novelist

romancière /ʀɔmɑ̃sjɛʀ/ NF (woman) novelist

romand, e /ʀɔmɑ̃, ɑ̃d/ ADJ of French-speaking Switzerland • **les Romands** the French-speaking Swiss; → **suisse**

romanesque /ʀɔmanɛsk/
ADJ [1] [*amours*] storybook (*épith*); [*aventures*] storybook (*épith*); [*histoire, imagination, personne, tempérament*] romantic
[2] (*Littérat*) [*traitement, récit*] novelistic • **la technique romanesque** the technique(s) of the novel • **œuvres romanesques** novels, fiction (*NonC*)
NM [*d'imagination, personne*] romantic side • **elle se réfugiait dans le romanesque** she took refuge in a world of romance

(!) L'adjectif **romanesque** ne se traduit pas par le mot anglais **Romanesque**, qui désigne le style 'roman'.

roman-feuilleton (pl **romans-feuilletons**) /ʀɔmɑ̃fœjtɔ̃/ NM serialized novel, serial • **son histoire, c'est un vrai roman-feuilleton** his story is like something out of a soap opera

roman-fleuve (pl **romans-fleuves**) /ʀɔmɑ̃flœv/ NM roman fleuve, saga

romanichel, -elle** /ʀɔmaniʃɛl/ NM,F (*souvent injurieux*) gipsy, gyppo** (*injurieux*)

romanisant, e /ʀɔmanizɑ̃, ɑ̃t/
ADJ (*Rel*) romanist; (*Ling*) specializing in Romance languages
NM,F (= *linguiste*) romanist, specialist in Romance languages

romanisation /ʀɔmanizasjɔ̃/ NF Romanization

romaniser /ʀɔmanize/ ▸ conjug 1 ◂ VT (*gén*) to romanize

romanisme /ʀɔmanism/ NM Romanism

romaniste /ʀɔmanist/ NMF (*Jur, Rel*) romanist; (*Ling*) romanist, specialist in Romance languages

romanité /ʀɔmanite/ NF (= *civilisation*) Roman civilization; (= *pays*) Roman Empire

romano** /ʀɔmano/ NMF (*injurieux*) gyppo** (*injurieux*)

roman-photo (pl **romans-photos**) /ʀɔmɑ̃fɔto/ NM photo romance, photo love story • **une héroïne de roman-photo** (*hum*) a Mills and Boon (*Brit*) *ou* Harlequin Romance (*US*) type heroine

romantique /ʀɔmɑ̃tik/ SYN
ADJ romantic
NMF romantic

romantisme /ʀɔmɑ̃tism/ NM romanticism • **le romantisme** (*Art, Littérat*) the Romantic Movement

romarin /ʀɔmaʀɛ̃/ NM rosemary

rombière** /ʀɔ̃bjɛʀ/ NF (*péj*) • **(vieille) rombière** old biddy** (*péj*)

Rome /ʀɔm/ N Rome • **la Rome antique** Ancient Rome; → **tout**

roméique /ʀɔmeik/ ADJ, NM ⇒ **romaïque**

Roméo /ʀɔmeo/ NM Romeo • « **Roméo et Juliette** » (*Littérat*) "Romeo and Juliet"

rompre /ʀɔ̃pʀ/ SYN ▸ conjug 41 ◂

VT [1] (= *faire cesser*) [+ *fiançailles, pourparlers, relations diplomatiques*] to break off; [+ *enchantement, monotonie, silence*] to break; [+ *solitude, isolement*] to put an end to; [+ *liens, contrat, traité*] to break • **rompre l'équilibre** to upset the balance • **l'équilibre écologique est rompu** the ecological balance has been upset *ou* disturbed • **rompre le Carême** to break Lent *ou* the Lenten fast • **rompre le charme** (*littér*) to break the spell

[2] (= *casser*) [+ *branche*] to break; [+ *pain*] to break (up) • **rompre ses chaînes** (*lit, fig*) to break one's chains • **rompre ses amarres** [*bateau*] to break (loose from) its moorings • **il a rompu les amarres avec son pays natal** he has cut himself off completely from *ou* broken all links with his native country • **rompre le front de l'ennemi** to break through the enemy front • **la mer a rompu les digues** the sea has broken (through) *ou* burst the dykes; → **applaudir, glace**[1]

[3] (*littér* = *habituer*) • **rompre qn à un exercice** to break sb in to an exercise

[4] (*locutions*) • **rompre une lance** *ou* **des lances pour qn** to take up the cudgels for sb • **rompre une lance** *ou* **des lances contre qn** to cross swords with sb • **rompre les rangs** (*Mil*) to fall out, to dismiss • **rompez (les rangs) !** (*Mil*) dismiss!, fall out!

VI [1] (= *se séparer de*) • **rompre avec qn** to break with sb, to break off one's relations with sb • **il n'a pas le courage de rompre** he hasn't got the courage to break it off • **rompre avec de vieilles**

habitudes/la tradition to break with habits/tradition
② [corde] to break, to snap; [digue] to burst, to break
③ (Boxe, Escrime) to break ◆ **rompre en visière avec** (fig) to quarrel openly with ◆ **rompre le combat** (Mil) to withdraw from the engagement
VPR se rompre (= se briser) [branche, câble, chaîne, corde] to break, to snap; [digue] to burst, to break; [vaisseau sanguin] to burst, to rupture ◆ **il va se rompre les os** ou **le cou** he's going to break his neck

rompu, e /ʀɔ̃py/ SYN (ptp de **rompre**) ADJ
① (= fourbu) ◆ **rompu (de fatigue)** exhausted, worn-out, tired out ◆ **rompu de travail** exhausted by overwork
② (= expérimenté) ◆ **être rompu aux affaires** to have wide business experience ◆ **rompu aux privations/à la discipline** accustomed ou inured to hardship/to discipline ◆ **rompu à toutes les ficelles du métier/au maniement des armes** he is experienced in ou familiar with all the tricks of the trade/the handling of firearms ◆ **rompu aux techniques militaires/à l'art de la diplomatie** well-versed in military techniques/in the art of diplomacy; → **bâton**

romsteck /ʀɔmstɛk/ NM (= viande) rumpsteak (NonC); (= tranche) piece of rumpsteak

ronce /ʀɔ̃s/ NF ① [branche] bramble branch ◆ **ronces** (= buissons) brambles, thorns ◆ **ronce (des haies)** blackberry bush, bramble (bush) ◆ **il a déchiré son pantalon dans les ronces** he tore his trousers on ou in the brambles
② (Menuiserie) burr ◆ **ronce de noyer** burr walnut ◆ **ronce d'acajou** figured mahogany

ronceraie /ʀɔ̃sʀɛ/ NF bramble patch, briar patch

ronceux, -euse /ʀɔ̃sø, øz/ ADJ ① (littér) brambly, thorny
② (Menuiserie) figured

Roncevaux /ʀɔ̃s(ə)vo/ N Roncesvalles

ronchon, -onne /ʀɔ̃ʃɔ̃, ɔn/
ADJ grumpy, grouchy*
NM,F grumbler

ronchonnement /ʀɔ̃ʃɔnmɑ̃/ NM grumbling

ronchonner /ʀɔ̃ʃɔne/ SYN ► conjug 1 ◄ VI to grumble (après at)

ronchonneur, -euse /ʀɔ̃ʃɔnœʀ, øz/
ADJ grumpy, grouchy*
NM,F grumbler

roncier /ʀɔ̃sje/ NM bramble bush

rond, e¹ /ʀɔ̃, ʀɔ̃d/ SYN
ADJ ① [forme, objet] round; [pièce, lit] circular, round; → **dos, œil, table**
② (= rebondi) [joues, visage] round; [épaules] fleshy; [fesses] plump, well-rounded [hanches] rounded, curvaceous; [mollet] well-rounded; [poitrine] full, (well-)rounded; [ventre] tubby, round; [bébé] chubby ◆ **une petite femme toute ronde** a plump little woman ◆ **un petit homme rond** a tubby ou tubby little man
③ (= net) round ◆ **chiffre rond** round number ou figure ◆ **ça fait 10 € tout rond** it comes to exactly €10 ◆ **ça fait un compte rond** it makes a round number ou figure ◆ **être rond en affaires** to be straightforward ou straight* ou on the level* in business matters
④ (* = soûl) drunk, tight* ◆ **être rond comme une bille** ou **comme une queue de pelle** to be blind ou rolling drunk*
NM ① (= cercle) circle, ring ◆ **faire des ronds de fumée** to blow smoke rings ◆ **faire des ronds dans l'eau** to make rings ou circular ripples in the water; (en bateau) to potter about (Brit) ou putter around (US) in a boat ◆ **le verre a fait des ronds sur la table** the glass has made rings on the table
◆ **en rond** in a circle ou ring ◆ **s'asseoir/danser en rond** to sit/dance in a circle ou ring ◆ **tourner en rond** (à pied) to walk round and round; (en voiture) to drive round in circles; [enquête, discussion] to get nowhere, to go round in circles ◆ **nous tournons en rond depuis trois mois** we've been marking time ou going round in circles for three months
② (= objet) [de cuisinière] ring ◆ **rond de serviette** napkin ou serviette (Brit) ring ◆ **il en est resté comme deux ronds de flan*** you could have knocked him down with a feather; → **baver**
③ (* = sou) ◆ **ronds** lolly*, (NonC), cash* (NonC) ◆ **avoir des ronds** to be loaded*, to be rolling in it*, to have plenty of cash* ◆ **il n'a pas le** ou **un rond** he hasn't got a penny to his name ou a (red) cent (US), he doesn't have two pennies ou cents (US) to rub together ◆ **il n'a plus un** ou **le rond** he's (flat ou stony (Brit) ou stone (US)) broke* ◆ **je l'ai eu pour pas un rond** it didn't cost me a penny ou a cent (US) ◆ **ça doit valoir des ronds !** that must be worth a mint!* ou a pretty penny!* ou a penny or two! (Brit)
ADV ◆ **avaler qch tout rond** to swallow sth whole ◆ **tourner rond** to run smoothly ◆ **ça ne tourne pas rond chez elle***, **elle ne tourne pas rond*** she's got a screw loose* ◆ **qu'est-ce qui ne tourne pas rond ?** * what's the matter?, what's wrong?, what's up?*
COMP ◆ **rond de jambes** (Danse) rond de jambe ◆ **faire des ronds de jambes** (péj) to bow and scrape ◆ **rond de sorcière** (= champignons) fairy ring

rond-de-cuir (pl **ronds-de-cuir**) /ʀɔ̃d(ə)kɥiʀ/ NM (péj) penpusher (Brit), pencil pusher (US)

ronde² /ʀɔ̃d/ SYN
NF ① (= tour de surveillance) [de gardien, vigile, soldats] rounds, patrol; [de policier] beat, patrol, rounds; (= patrouille) patrol ◆ **faire sa ronde** to be on one's rounds ou on the beat ou on patrol ◆ **sa ronde dura plus longtemps** he took longer doing his rounds ◆ **il a fait trois rondes aujourd'hui** he has been on his rounds three times today, he has covered his beat three times today ◆ **ronde de nuit** (= action) night rounds, night watch ou patrol; (= soldats) night patrol ◆ **ils virent passer la ronde** they saw the soldiers pass on their rounds ◆ **« La Ronde de nuit »** (Art) "Nightwatch" → **chemin**
② (= danse) round (dance), dance in a ring; (= danseurs) circle, ring ◆ **ronde villageoise/enfantine** villagers'/children's dance (in a ring) ◆ **faites la ronde** dance round in a circle ou ring ◆ **la ronde des hélicoptères dans le ciel** the helicopters coming and going in the sky ◆ **la ronde des voitures sur la place** the constant flow of traffic round the square ◆ **la ronde des saisons** (littér) the cycle of the seasons ◆ **sa vie n'est qu'une ronde continue de fêtes et de sorties** his life is a non-stop social whirl
③ (Mus = note) semibreve (Brit), whole note (US)
④ (Écriture) roundhand
LOC ADV ◆ **à la ronde** SYN ◆ **à 10 km à la ronde** within a 10-km radius ◆ **à des kilomètres à la ronde** for miles around ◆ **passer qch à la ronde** to pass sth round

rondeau (pl **rondeaux**) /ʀɔ̃do/ NM (Littérat) rondeau; (Mus) rondo

ronde-bosse (pl **rondes-bosses**) /ʀɔ̃dbɔs/ NF (= technique) sculpture in the round ◆ **personnages en ronde-bosse** figures in the round

rondelet, -ette /ʀɔ̃dlɛ, ɛt/ SYN ADJ [adulte] plumpish; [enfant] chubby ◆ [salaire, somme] tidy (épith)

rondelle /ʀɔ̃dɛl/ NF ① [de carotte, saucisson] slice, round (Brit) ◆ **rondelle de citron/d'orange** slice of lemon/of orange ◆ **couper en rondelles** to slice, to cut into slices ou rounds (Brit) ◆ [+ personne] to dismember
② (= disque de carton, plastique) disc; [de boulon] washer; [de bâton de ski] basket

rondement /ʀɔ̃dmɑ̃/ ADV ① (= efficacement) efficiently ◆ **il a mené rondement cette enquête/réunion** he conducted the investigation/meeting quickly and efficiently ◆ **c'est quelqu'un qui mène rondement les affaires** he's someone who gets things done ◆ **le film est rondement mené** the film is well-paced
② (= franchement) frankly, outspokenly

rondeur /ʀɔ̃dœʀ/ SYN NF ① [de bras, joues, personne] plumpness, chubbiness; [de visage] roundness, chubbiness; [de poitrine] fullness; [de mollet] roundness ◆ **les rondeurs d'une femme** (hum) a woman's curves
② (= forme sphérique) roundness
③ (= bonhomie) friendly straightforwardness, easy-going directness ◆ **avec rondeur** with (an) easy-going directness

rondin /ʀɔ̃dɛ̃/ NM log; → **cabane**

rondo /ʀɔ̃do/ NM rondo

rondouillard, e* /ʀɔ̃dujaʀ, aʀd/ ADJ tubby, podgy (Brit), pudgy (US) ◆ **c'est un petit rondouillard** he's a tubby ou podgy little guy* ou chap (Brit)

rond-point (pl **ronds-points**) /ʀɔ̃pwɛ̃/ SYN NM (= carrefour) roundabout (Brit), traffic circle (US); (dans un nom de lieu = place) ≃ circus (Brit)

Ronéo ® /ʀɔneo/ NF mimeo, Roneo ®

ronéoter /ʀɔneɔte/, **ronéotyper** /ʀɔneɔtipe/ ► conjug 1 ◄ VT to duplicate, to roneo ®, to mimeo

ronflant, e /ʀɔ̃flɑ̃, ɑ̃t/ SYN ADJ [moteur] purring; (péj) [discours] high-flown, grand(-sounding); [titre] grand(-sounding); [style] bombastic

ronflement /ʀɔ̃fləmɑ̃/ SYN NM ① [de dormeur] snore, snoring (NonC) ◆ **j'entendais des ronflements** I could hear (somebody) snoring
② [de poêle, feu] (sourd) hum(ming) (NonC); (plus fort) roar, roaring (NonC); [de moteur] purr(ing) (NonC), throbbing (NonC); (= vrombissement) roar, roaring (NonC)

ronfler /ʀɔ̃fle/ SYN ► conjug 1 ◄ VI ① [dormeur] to snore
② [poêle, feu] to hum; (plus fort) to roar; [moteur] (sourdement) to purr, to throb ◆ **faire ronfler son moteur** to rev up one's engine ◆ **il actionna le démarreur et le moteur ronfla** he pressed the starter and the engine throbbed ou roared into action
③ (* = dormir) to snore away, to be out for the count* (Brit)

ronfleur, -euse /ʀɔ̃flœʀ, øz/
NM,F snorer
NM [de téléphone] buzzer

ronger /ʀɔ̃ʒe/ SYN ► conjug 3 ◄
VT ① [souris] to gnaw ou eat away at, to gnaw ou eat into; [acide, pourriture, rouille, vers] to eat into; [mer] to wear away, to eat into; [eczéma] to pit ◆ **ronger un os** [chien] to gnaw (at) a bone; [personne] to pick a bone, to pick away at a bone ◆ **les chenilles rongent les feuilles** caterpillars are eating away ou are nibbling (at) the leaves ◆ **rongé par les vers** worm-eaten ◆ **rongé par la rouille** eaten into by rust, pitted with rust ◆ **fresques rongées par l'humidité** mildewed frescoes ◆ **ronger son frein** (lit, fig) to champ at the bit; → **os**
② [maladie] to sap (the strength of); [chagrin, pensée] to gnaw ou eat away at ◆ **le mal qui le ronge** the evil which is gnawing ou eating away at him ◆ **rongé par la maladie** sapped by illness ◆ **rongé par la drogue** ravaged by drugs ◆ **le chômage, ce cancer qui ronge la société** the cancer of unemployment is eating away at society ◆ **une démocratie rongée de l'intérieur** a democracy that is being undermined from within
VPR **se ronger** ① ◆ **se ronger les ongles** to bite one's nails; → **sang**
② (fig) ◆ **elle se ronge** (de chagrin) she's eating her heart out, she's tormented with grief; (d'inquiétude) she's worrying herself sick with worry

rongeur, -euse /ʀɔ̃ʒœʀ, øz/ ADJ, NM rodent

ronron /ʀɔ̃ʀɔ̃/ NM [de chat] purr(ing) (NonC); * [de moteur] purr(ing) (NonC), hum(ming) (NonC); (péj) [de discours] drone (NonC), droning (on) (NonC) ◆ **le ronron de la vie quotidienne*** the humdrum routine of daily life

ronronnement /ʀɔ̃ʀɔnmɑ̃/ SYN NM [de chat] purr(ing) (NonC); [de moteur] purr(ing) (NonC), hum(ming) (NonC) ◆ **un ronronnement conformiste** stultifying conformism

ronronner /ʀɔ̃ʀɔne/ ► conjug 1 ◄ VI [chat] to purr; [moteur] to purr, to hum ◆ **il ronronnait de satisfaction** (fig) he was purring with satisfaction ◆ **ça ronronne dans ce service** things are ticking over nicely in the department

röntgen /ʀœntgen, ʀœntgen/ NM roentgen, röntgen

rookerie /ʀukʀi/ NF rookery

roque /ʀɔk/ NM (Échecs) castling ◆ **grand/petit roque** castling queen's/king's side

roquefort /ʀɔkfɔʀ/ NM Roquefort (cheese)

roquer /ʀɔke/ ► conjug 1 ◄ VI (Échecs) to castle; (Croquet) to roquet

roquerie /ʀɔkʀi/ NF = **rookerie**

roquet /ʀɔkɛ/ NM (péj) (= chien) (nasty little) dog; (= personne) ill-tempered little runt*

roquette¹ /ʀɔkɛt/ NF (Mil) rocket ◆ **roquette antichar** anti-tank rocket

roquette² /ʀɔkɛt/ NF (Bot, Culin) rocket, arugula (US)

rorqual (pl **rorquals**) /ʀɔʀk(w)al/ NM rorqual, finback

rosace /ʀozas/ NF [de cathédrale] rose window, rosace; [de plafond] (ceiling) rose; (Broderie) Tenerife motif; (= figure géométrique) rosette

rosacé, e /ʀozase/
ADJ [fleur] rosaceous
NF **rosacée** ① (Méd) rosacea

rosaire | roue

2 (= *plante*) rosaceous plant ◆ **rosacées** Rosaceae, rosaceous plants

rosaire /ʀozɛʀ/ NM rosary ◆ **réciter son rosaire** to say *ou* recite the rosary, to tell one's beads †

rosaniline /ʀozanilin/ NF rosanilin(e)

rosat /ʀoza/ ADJ INV [*miel, pommade*] rose (*épith*) ◆ **huile rosat** attar of roses

rosâtre /ʀozɑtʀ/ ADJ pinkish

rosbif /ʀɔsbif/ NM 1 (= *rôti*) roast beef (NonC); (à *rôtir*) roasting beef (NonC) ◆ **un rosbif** a joint of (roast) beef, a joint of (roasting) beef
2 (†※, *péj* = *Anglais*) Brit※

rose /ʀoz/
NF (= *fleur*) rose; (= *vitrail*) rose window; (= *diamant*) rose diamond ◆ **il n'y a pas de roses sans épines** (*Prov*) there's no rose without a thorn (*Prov*); → **bois, découvrir, envoyer**
NM (= *couleur*) pink; → **vieux**
ADJ 1 (*gén*) pink; [*joues, teint*] pink; (= *plein de santé*) rosy ◆ **rose bonbon** candy pink ◆ **rose saumoné** *ou* **saumon** salmon pink ◆ **rose indien** hot pink ◆ **la ville rose** Toulouse (*so called because of the pink stone of which it is largely built*); → **crevette, flamant**
2 (*hum* = *socialiste*) left-wing, pink (*hum*)
3 (= *érotique*) ◆ **messageries roses** sex chatlines (*on Minitel*) ◆ **téléphone rose** sex chatlines, phone sex; → **Minitel**
4 (*locutions*) ◆ **voir la vie** *ou* **tout en rose** to see life through rose-tinted *ou* rose-coloured glasses ◆ **ce roman montre la vie en rose** this novel gives a rosy picture *ou* view of life ◆ **tout n'est pas rose, ce n'est pas tout rose** it's not all roses *ou* all rosy, it's no bed of roses ◆ **sa vie n'était pas bien rose** his life was no bed of roses

COMP **rose d'Inde** African marigold
rose de Jéricho resurrection plant, rose of Jericho
rose de Noël Christmas rose
rose pompon button rose
rose des sables gypsum flower
rose trémière hollyhock
rose des vents compass rose

rosé, e¹ /ʀoze/
ADJ [*couleur*] pinkish; [*vin*] rosé; [*viande cuite*] pink
NM (= *vin*) rosé (wine) ◆ **rosé (des prés)** (= *champignon*) field mushroom

roseau (pl **roseaux**) /ʀozo/ NM reed

rose-croix /ʀozkʀwa/
NF INV ◆ **la Rose-Croix** (= *confrérie*) the Rosicrucians
NM INV (= *membre*) Rosicrucian; (= *grade de franc-maçonnerie*) Rose-croix

rosé-des-prés (pl **rosés-des-prés**) /ʀozedepʀe/ NM meadow mushroom

rosée² /ʀoze/ NF dew ◆ **couvert** *ou* **humide de rosée** [*herbe, prés*] dewy, covered in *ou* with dew; [*sac de couchage, objet laissé dehors*] wet with dew ◆ **point de rosée** (*Phys*) dew point; → **goutte**

roselet /ʀozlɛ/ NM (= *animal*) stoat; (= *fourrure*) ermine

roselier, -ière /ʀozəlje, jɛʀ/
ADJ [*marais*] reedy
NF **roselière** reedy marsh

roséole /ʀozeɔl/ NF (*Méd* = *éruption*) roseola

roser /ʀoze/ ➤ conjug 1 ◄ VT to make pink

roseraie /ʀozʀɛ/ NF (= *jardin*) rose garden; (= *plantation*) rose-nursery

rose(-)thé (pl **roses(-)thé**) /ʀozte/
NF tea rose
ADJ tea-rose (*épith*)

rosette /ʀozɛt/ NF (= *nœud*) bow; (= *insigne*) rosette; (*Archit, Art, Bot*) rosette ◆ **avoir la rosette** to be an officer of the Légion d'honneur ◆ **rosette de Lyon** (*Culin*) type of slicing sausage → **LÉGION D'HONNEUR**

Rosh Hashana /ʀɔʃaʃana/ NM Rosh Hashana(h)

rosicrucien, -ienne /ʀozikʀysjɛ̃, jɛn/ ADJ, NM,F Rosicrucian

rosier /ʀozje/ NM rosebush, rose tree ◆ **rosier nain/grimpant** dwarf/climbing rose

rosière /ʀozjɛʀ/ NF (*Hist*) *village maiden publicly rewarded for her chastity*; (*hum*) innocent maiden

rosiériste /ʀozjeʀist/ NMF rose grower

rosir /ʀoziʀ/ ➤ conjug 2 ◄
VI [*ciel, neige*] to grow *ou* turn pink; [*personne, visage*] (*de confusion*) to go pink, to blush slightly; (*de santé*) to get one's colour back
VT [+ *ciel, neige*] to give a pink(ish) hue *ou* tinge to

rossard, e /ʀɔsaʀ, aʀd/
ADJ beastly* (*Brit*), nasty, vicious, horrid
NM beast*, swine※
NF **rossarde** beast*, bitch※

rosse /ʀɔs/
NF 1 († *péj* = *cheval*) nag
2 (* = *méchant*) (*homme*) swine※, beast*; (*femme*) cow※, beast ◆ **ah les rosses !** the (rotten) swine!※, the (rotten) beasts!*
ADJ (*péj*) [*critique, chansonnier, caricature*] nasty, vicious; [*coup, action*] lousy*, rotten*; [*homme*] horrid; [*femme*] bitchy※, horrid ◆ **tu as vraiment été rosse (avec lui)** you were really horrid (to him)

rossée †* /ʀɔse/ NF thrashing, (good) hiding, hammering*

rosser /ʀɔse/ ➤ conjug 1 ◄ VT 1 (= *frapper*) to thrash, to give a (good) hiding to ◆ **se faire rosser** to get a (good) hiding *ou* a thrashing *ou* a hammering*
2 (* = *vaincre*) to thrash, to lick*, to hammer*

rosserie /ʀɔsʀi/ NF 1 (= *méchanceté*) (*gén*) horridness; [*de critique, chansonnier, caricature*] nastiness, viciousness; [*d'action*] lousiness*, rottenness*
2 (= *propos*) nasty *ou* bitchy※ remark; (= *acte*) lousy* *ou* rotten* trick

rossignol /ʀɔsiɲɔl/ NM 1 (= *oiseau*) nightingale
2 (* = *invendu*) unsaleable article, piece of junk*
3 (= *clé*) picklock

rossinante † /ʀɔsinɑ̃t/ NF (*hum*) (old) jade, old nag

rostral, e (mpl **-aux**) /ʀɔstʀal, o/ ADJ (*Anat*) rostral

rostre /ʀɔstʀ/
NM (= *éperon*) rostrum
NMPL **rostres** (= *tribune*) rostrum

rot¹ /ʀo/ NM (= *renvoi*) belch, burp*; [*de bébé*] burp ◆ **faire** *ou* **lâcher un rot** to belch, to burp*, to let out a belch *ou* burp* ◆ **le bébé a fait son rot** the baby has done his (little) burp ◆ **faire faire son rot à un bébé** to burp *ou* wind (*Brit*) a baby

rot² /ʀɔt/ NM (*Agr*) (vine) rot

rôt †† /ʀo/ NM roast

rotacé, e /ʀɔtase/ ADJ rotate

rotang /ʀɔtɑ̃g/ NM rat(t)an

rotateur, -trice /ʀɔtatœʀ, tʀis/ ADJ, NM ◆ **(muscle) rotateur** rotator

rotatif, -ive /ʀɔtatif, iv/
ADJ rotary ◆ **mouvement rotatif** rotating movement, rotary movement *ou* motion
NF **rotative** rotary press

rotation /ʀɔtasjɔ̃/ SYN NF 1 (= *mouvement*) rotation ◆ **mouvement de rotation** rotating movement, rotary movement *ou* motion ◆ **corps en rotation** rotating body, body in rotation ◆ **vitesse de rotation** speed of rotation ◆ **la Terre effectue une rotation sur elle-même en 24 heures** the Earth completes a full rotation in 24 hours
2 (= *alternance*) [*de matériel, stock*] turnover; [*d'avions, bateaux*] frequency (of service) ◆ **la rotation du personnel** (à des tâches successives) the rotation of staff; (= *départs et embauches*) the turnover of staff ◆ **taux de rotation (du personnel)** (staff) turnover rate ◆ **rotation des cultures** rotation of crops, crop rotation ◆ **15 rotations quotidiennes Paris-Lyon** (= *vols*) 15 daily return flights between Paris and Lyon ◆ **les médecins sont de garde par rotation tous les mois** the doctors are on duty each month on a rota basis *ou* rostrum

rotativiste /ʀɔtativist/ NMF rotary press operator

rotatoire /ʀɔtatwaʀ/ ADJ rotatory, rotary

rote /ʀɔt/ NF (*Rel*) Rota

rotengle /ʀɔtɑ̃gl/ NM rudd

roténone /ʀɔtenɔn/ NF rotenone

roter* /ʀɔte/ ➤ conjug 1 ◄ VI to burp*, to belch

roteuse* /ʀɔtøz/ NF bottle of bubbly*

rôti /ʀoti/ NM (*Culin*) (*cru*) joint, roasting meat (NonC); (*cuit*) joint, roast, roast meat (NonC) ◆ **un rôti de bœuf/porc** a joint of beef/pork ◆ **du rôti de bœuf/porc** (*cru*) roasting beef/pork; (*cuit*) roast beef/pork

rôtie /ʀoti/ NF (*Can ou archaïque*) piece *ou* slice of toast

rotifères /ʀɔtifɛʀ/ NMPL ◆ **les rotifères** rotifers, wheel animalcules, the Rotifera (SPÉC)

rotin /ʀɔtɛ̃/ NM 1 (= *fibre*) rattan (cane) ◆ **chaise de** *ou* **en rotin** rattan chair
2 († * = *sou*) penny, cent ◆ **il n'a pas un rotin** he hasn't got a penny *ou* cent to his name

rôtir /ʀotiʀ/ ➤ conjug 2 ◄
VT (*Culin*) ◆ **(faire) rôtir** to roast ◆ **poulet/agneau rôti** roast chicken/lamb ◆ **il attend toujours que ça lui tombe tout rôti dans le bec*** he expects everything to be handed to him on a plate *ou* a silver platter (US)
VI (*Culin*) to roast; * [*baigneur, estivants*] to roast ◆ **mettre un canard à rôtir** to put a duck in the oven to roast
VPR **se rôtir** ◆ **se rôtir au soleil*** to bask in the sun

rôtisserie /ʀotisʀi/ NF (*dans nom de restaurant*) steakhouse, grill; (= *boutique*) shop selling roast meat

rôtisseur, -euse /ʀotisœʀ, øz/ NM,F (= *traiteur*) seller of roast meat; (= *restaurateur*) steakhouse proprietor

rôtissoire /ʀotiswaʀ/ NF rotisserie, (roasting) spit

roto* /ʀoto/ NF abrév de **rotative**

rotogravure /ʀɔtogʀavyʀ/ NF rotogravure

rotonde /ʀɔtɔ̃d/ NF (*Archit*) rotunda; (= *hangar pour locomotives*) engine shed (*Brit*), roundhouse (US); (*dans un bus*) row of seats at rear of bus ◆ **édifice en rotonde** circular building

rotondité /ʀɔtɔ̃dite/ NF 1 (= *sphéricité*) roundness, rotundity (*frm*)
2 (*hum* = *embonpoint*) plumpness, rotundity (*hum*)

rotor /ʀɔtɔʀ/ NM rotor

rottweil(l)er /ʀɔtvajlœʀ/ NM Rottweiler

rotule /ʀɔtyl/ NF 1 (*Anat*) kneecap, patella (SPÉC) ◆ **être sur les rotules*** to be dead beat* *ou* all in*
2 (*Tech*) ball-and-socket joint

rotulien, -ienne /ʀɔtyljɛ̃, jɛn/ ADJ patellar; → **réflexe**

roture /ʀɔtyʀ/ NF (= *absence de noblesse*) common rank; [*de fief*] roture ◆ **la roture** (= *roturiers*) the commoners, the common people

roturier, -ière /ʀɔtyʀje, jɛʀ/
ADJ (*Hist*) common, of common birth; (*fig* = *vulgaire*) common, plebeian
NM,F commoner

rouage /ʀwaʒ/ NM [*d'engrenage*] cog(wheel), gearwheel; [*de montre*] part ◆ **les rouages d'une montre** the works *ou* parts of a watch ◆ **il n'est qu'un rouage dans cette organisation** he's merely a cog in this organization ◆ **les rouages de l'État** the machinery of state ◆ **les rouages administratifs** the administrative machinery ◆ **organisation aux rouages compliqués** organization with complex structures

rouan, rouanne /ʀwɑ̃, ʀwan/ ADJ, NM,F roan

roubignoles※ /ʀubiɲɔl/ NFPL (= *testicules*) balls※, nuts※

roublard, e* /ʀublaʀ, aʀd/
ADJ crafty, wily, artful
NM,F crafty *ou* artful devil* ◆ **ce roublard de Paul** crafty old Paul*

roublardise* /ʀublaʀdiz/ NF (= *caractère*) craftiness, wiliness, artfulness; (= *acte, tour*) crafty *ou* artful trick

rouble /ʀubl/ NM rouble

roucoulade /ʀukulad/ NF, **roucoulement** /ʀukulmɑ̃/ NM (*gén pl*) [*d'oiseau*] cooing (NonC); * [*d'amoureux*] (billing and) cooing (NonC); (*péj*) [*de chanteur*] crooning (NonC)

roucouler /ʀukule/ ➤ conjug 1 ◄
VI [*oiseau*] to coo; * [*amoureux*] to bill and coo; (*péj*) [*chanteur*] to croon
VT (*péj*) [+ *chanson*] to croon*; * [+ *mots d'amour*] to coo ◆ **il lui roucoulait des mots tendres** he was whispering sweet nothings to her

roudoudou /ʀududu/ NM *children's sweet in the form of a small shell filled with hard confectionery*

roue /ʀu/
NF [*de véhicule, loterie, moulin*] wheel; [*d'engrenage*] cog(wheel), (gear)wheel ◆ **véhicule à deux/**

quatre roues two-/four-wheeled vehicle ◆ **roue avant/arrière** front/back wheel ◆ **(supplice de) la roue** (Hist) (torture of) the wheel ◆ **la roue de la Fortune** the wheel of Fortune ◆ **la roue tourne !** how things change! ◆ **faire la roue** [paon] to spread ou fan its tail; [personne] (= se pavaner) to strut about, to swagger (about); (Gym) to do a cartwheel ◆ **la grande roue** (fête foraine) the big wheel (Brit), the Ferris Wheel (US) ◆ **il s'est jeté sous les roues de la voiture** he threw himself under the car ◆ **son bureau est à quelques tours de roue de la tour Eiffel** his office is a short car-ride away from the Eiffel Tower ◆ **le coureur est revenu dans la roue de son adversaire** the cyclist closed in right behind his opponent ◆ **être roue à** ou **dans roue** to be neck and neck; → **bâton, chapeau, cinquième, pousser**

COMP **roue à aubes** [de bateau] paddle wheel
roue dentée cogwheel
roue à friction friction wheel
roue à godets bucket wheel
roue de gouvernail (steering) wheel, helm
roue hydraulique waterwheel
roue libre freewheel ◆ **descendre une côte en roue libre** to coast down a hill ◆ **pédaler en roue libre** to freewheel, to coast (along) ◆ **il s'est mis en roue libre** * (= il ne se surmène pas) he's taking it easy
roue motrice driving wheel ◆ **véhicule à 4 roues motrices** 4-wheel drive vehicle
roue de secours spare wheel (Brit) ou tire (US)
roue de transmission driving wheel

roué, e /ʀwe/ (ptp de **rouer**)
ADJ (= rusé) cunning, wily, sly
NM,F cunning ou sly individual ◆ **c'est une petite rouée** she's a cunning ou wily ou sly little minx
NM (Hist = débauché) rake, roué
NF **rouée** (Hist = débauchée) hussy

rouelle /ʀwɛl/ NF ◆ **rouelle** slice

roue-pelle (pl **roues-pelles**) /ʀupɛl/ NF bucket dredge(r)

rouer /ʀwe/ SYN ▶ conjug 1 ◀ VT ☐ ◆ **rouer qn de coups** to give sb a beating ou thrashing, to beat sb black and blue
② (Hist) [+ condamné] to put on the wheel

rouerie /ʀuʀi/ NF (littér) (= caractère) cunning, wiliness, slyness; (= action) cunning ou wily ou sly trick

rouet /ʀwɛ/ NM ☐ (à filer) spinning wheel
② (= garde de serrure) ward

rouf /ʀuf/ NM deckhouse

rouflaquettes */ʀuflakɛt/ NFPL (= favoris) sideburns, sideboards (Brit)

rouge /ʀuʒ/
ADJ ☐ (gén, Pol) red; → **armée²**
② (= incandescent) [métal] red-hot; [tison] glowing red (attrib), red-hot
③ [visage, yeux] red ◆ **rouge de colère/confusion/honte** red ou flushed with anger/embarrassment/shame ◆ **rouge d'émotion** flushed with emotion ◆ **devenir rouge comme une cerise** to blush, to go quite pink, to go red in the face ◆ **il est rouge comme un coq** ou **un coquelicot** ou **un homard** ou **une pivoine** ou **une écrevisse** ou **une tomate** he's as red as a beetroot ou a lobster ◆ **il était rouge d'avoir couru** he was red in the face ou his face was flushed from running
④ (= roux) [cheveux, pelage] red
ADV **voir rouge** to see red ◆ **voter rouge** (Pol) to vote Communist; → **fâcher**
NM ☐ (= couleur) red ◆ **le feu est au rouge** the lights are red ◆ **passer au rouge** [feu] to change to red; (= redémarrer trop tôt) to jump the lights; (= ne pas s'arrêter) to go through a red light, to run a red light (US) ◆ **tout miser sur le rouge** (Jeux) to put all one's chips on the red ◆ **être dans le rouge** * (Fin) to be in the red ◆ **sortir du rouge** * to get out of the red ◆ « **Le Rouge et le Noir** » (Littérat) "The Red and the Black" → **bordeaux**
② (= signe d'émotion) ◆ **ça lui a fait monter le rouge aux joues** it made him blush ◆ **le rouge lui monta aux joues** his cheeks flushed ◆ **il went red (in the face) ◆ le rouge de la confusion/de la honte lui monta au front** his face went red ou flushed ou he blushed (with embarrassment/with shame)
③ (= vin) red wine ◆ **boire un coup de rouge** * to have a glass of red wine; → **gros**
④ (= fard) (à joues) rouge †, blusher; (à lèvres) lipstick; → **bâton, tube**

⑤ (= incandescence) ◆ **fer porté** ou **chauffé au rouge** red-hot iron
NMF (péj = communiste) Red * (péj), Commie * (péj)
COMP **rouge brique** ADJ INV brick red
rouge cerise ADJ INV cherry-red
rouge à joues rouge †, blusher ◆ **se mettre du rouge à joues** to rouge one's cheeks †, to put blusher on
rouge à lèvres lipstick
rouge sang ADJ INV blood red

rougeâtre /ʀuʒɑtʀ/ ADJ reddish

rougeaud, e /ʀuʒo, od/ SYN ADJ red-faced ◆ **ce gros rougeaud la dégoûtait** she found this fat red-faced man repellent

rouge-gorge (pl **rouges-gorges**) /ʀuʒgɔʀʒ/ NM robin

rougeoiement /ʀuʒwamɑ̃/ NM [de couchant, incendie] red ou reddish glow; [de ciel] reddening

rougeole /ʀuʒɔl/ NF ◆ **la rougeole** (the) measles (sg) ◆ **il a eu une très forte rougeole** he had a very bad bout of measles

rougeoyant, e /ʀuʒwajɑ̃, ɑ̃t/ ADJ [ciel] reddening; [cendres] glowing red (attrib), glowing ◆ **des reflets rougeoyants** a glimmering red glow

rougeoyer /ʀuʒwaje/ ▶ conjug 8 ◀ VI [couchant, feu, incendie] to glow red; [ciel] to turn red, to take on a reddish hue

rouge-queue (pl **rouges-queues**) /ʀuʒkø/ NM redstart

rouget /ʀuʒɛ/ NM mullet ◆ **rouget barbet** ou **de vase** red ou striped mullet, goatfish (US) ◆ **rouget grondin** gurnard ◆ **rouget de roche** surmullet

rougeur /ʀuʒœʀ/ SYN NF ① (= teinte) redness
② [de personne] (due à la course, un échauffement, une émotion) red face, flushing (NonC); (due à la honte, gêne) red face, blushing (NonC), blushes; [de visage, joues] redness, flushing (NonC) ◆ **sa rougeur a trahi son émotion/sa gêne** her red face ou her blushes betrayed her emotion/her embarrassment ◆ **la rougeur de ses joues** his red face ou cheeks, his blushing ◆ **avoir des rougeurs de jeune fille** to blush like a young girl ◆ **elle était sujette à des rougeurs subites** she was inclined to blush suddenly
③ (Méd = tache) red blotch ou patch

rough /ʀœf/ NM ① (Golf) rough
② (= ébauche) mock-up

rougir /ʀuʒiʀ/ SYN ▶ conjug 2 ◀
VI ① (de honte, gêne) to blush, to go red, to redden (de with); (de plaisir, d'émotion) to flush, to go red, to redden (de with) ◆ **il rougit de colère** he ou his face flushed ou reddened with anger ◆ **à ces mots, elle rougit** she blushed ou went red ou reddened at the words ◆ **rougir jusqu'au blanc des yeux** ou **jusqu'aux yeux, rougir jusqu'aux oreilles, rougir jusqu'à la racine des cheveux** to go bright red, to blush to the roots of one's hair ◆ **faire rougir qn** (lit, fig) to make sb blush ◆ **dire qch sans rougir** to say sth without blushing ou unblushingly
② (fig = avoir honte) ◆ **rougir de** to be ashamed of ◆ **je n'ai pas à rougir de cela** that is nothing for me to be ashamed of ◆ **il ne rougit de rien** he's quite shameless, he has no shame ◆ **j'en rougis pour lui** I blush for him, I'm ashamed for him
③ (après un coup de soleil) to go red
④ [ciel, feuille, neige] to go ou turn red, to redden; [métal] to become ou get red-hot; [crustacés cuits, fraises, tomates] to redden, to turn red
VT [+ ciel] to turn red, to give a red glow to, to redden; [+ arbres, feuilles] to turn red, to redden; [+ métal] to heat to red heat, to make red-hot ◆ **rougir son eau** to put a dash ou drop of red wine into one's water ◆ **boire de l'eau rougie** to drink water with a few drops of red wine in it ◆ **rougir la terre de son sang** (lit) to stain the ground with one's blood; (fig) to shed one's blood ◆ **les yeux rougis** (par les larmes) with red eyes, red-eyed; (par l'alcool, la drogue) with bloodshot eyes

rougissant, e /ʀuʒisɑ̃, ɑ̃t/ ADJ [personne, visage] blushing; [ciel, feuille] reddening

rougissement /ʀuʒismɑ̃/ NM (de honte) blush, blushing (NonC); (d'émotion) flush, flushing (NonC)

rouille /ʀuj/
NF ① (Bot, Chim) rust
② (Culin) spicy Provençal sauce eaten with fish
ADJ INV rust(-coloured), rusty

rouillé, e /ʀuje/ (ptp de **rouiller**) ADJ ① [métal] rusty, rusted; (littér) [écorce, roche] rust-coloured
② [personne] (intellectuellement) rusty; (physiquement) out of practice; [mémoire] rusty; [muscles] stiff
③ [blé] rusty

rouiller /ʀuje/ ▶ conjug 1 ◀
VI to rust, to go ou get rusty ◆ **laisser rouiller qch** to let sth go ou get rusty
VT [+ esprit, métal] to make rusty
VPR **se rouiller** SYN [métal] to go ou get rusty, to rust; [esprit, mémoire] to become ou go rusty; [corps, muscles] to grow ou get stiff; [sportif] to get rusty, to get out of practice ◆ **mon italien se rouille** my Italian is getting a bit rusty

rouir /ʀwiʀ/ ▶ conjug 2 ◀ VT, VI ◆ **(faire) rouir** to ret

rouissage /ʀwisaʒ/ NM retting

rouissoir /ʀwiswaʀ/ NM retting workshop

roulade /ʀulad/ NF ① (Mus) roulade, run; [d'oiseau] trill
② (Culin) roulade ◆ **roulade de veau** veal roulade
③ (Sport) roll ◆ **roulade avant/arrière** forward/backward roll ◆ **faire des roulades** to do rolls

roulage /ʀulaʒ/ NM († Min = camionnage, transport) haulage; (Agr) rolling

roulant, e /ʀulɑ̃, ɑ̃t/
ADJ ① (= mobile) [meuble] on wheels; → **cuisine, fauteuil, table**
② (Rail) ◆ **matériel roulant** rolling stock ◆ **personnel roulant** train crews
③ [trottoir, surface transporteuse] moving; → **escalier, feu¹, pont**
④ [route, piste] fast
NMPL **roulants** (arg = personnel de train) ◆ **les roulants** train crews
NF **roulante** (arg Mil) field kitchen

roulé, e /ʀule/ (ptp de **rouler**)
ADJ ① [bord de chapeau] curved; [bord de foulard, morceau de boucherie] rolled; [journal, tapis] rolled up; → **col**
② * ◆ **elle est bien roulée** she's got all the right curves in all the right places, she's well put-together
③ (Ling) rolled ◆ **r roulé** trilled ou rolled r
NM ① (= gâteau) Swiss roll; (= viande) rolled meat (NonC) ◆ **roulé de veau** rolled veal (NonC) ◆ **roulé au fromage** puff-pastry roll with cheese filling

rouleau (pl **rouleaux**) /ʀulo/ SYN
NM ① (= bande enroulée) roll ◆ **rouleau de papier/tissu/pellicule** roll of paper/material/film ◆ **un rouleau de cheveux blonds** (= boucle) a ringlet of blond hair; (= cheveux roulés sur la nuque) a coil of blond hair (rolled at the nape of the neck); → **bout**
② (= cylindre) [de pièces, tabac] roll ◆ **rouleau de réglisse** liquorice roll
③ (= outil, ustensile) roller; [de machine à écrire] platen, roller ◆ **passer une pelouse au rouleau** to roll a lawn ◆ **avoir des rouleaux dans les cheveux** to have one's hair in curlers ou rollers, to have curlers ou rollers in one's hair ◆ **peindre au rouleau** to paint with a roller
④ (= vague) roller
⑤ (Sport = saut) roll
COMP **rouleau compresseur** (lit) steamroller, roadroller; (fig) steamroller, bulldozer
rouleau dorsal (Sport) Fosbury flop
rouleau encreur ⇒ **rouleau imprimeur**
rouleau essuie-mains roller towel
rouleau imprimeur ink roller
rouleau de papier hygiénique toilet roll, roll of toilet paper ou tissue
rouleau de papyrus papyrus scroll
rouleau de parchemin scroll ou roll of parchment
rouleau à pâtisserie, rouleau à pâte (Helv) rolling pin
rouleau de printemps (Culin) spring roll
rouleau ventral (Sport) western roll

roulé-boulé (pl **roulés-boulés**) /ʀulebule/ NM roll ◆ **faire un roulé-boulé** to roll over, to curl up ◆ **tomber en roulé-boulé** to roll (down)

roulement /ʀulmɑ̃/ SYN
NM ① (= rotation) [d'équipe, ouvriers] rotation ◆ **travailler par roulement** to work on a rota basis ou system, to work in rotation ◆ **pour le ménage, on fait un roulement** we take it in turns to do the housework

[2] *(= circulation) [de train, voiture]* movement ◆ **route usée/pneu usé par le roulement** road/tyre worn through use; → **bande¹**

[3] *(= bruit) [de camion, train]* rumble, rumbling *(NonC)*; *[de charrette]* rattle, rattling *(NonC)* ◆ **entendre le roulement du tonnerre** to hear thunder ◆ **il y eut un roulement de tonnerre** there was a rumble *ou* peal *ou* roll of thunder ◆ **roulement de tambour** drum roll

[4] *[de capitaux]* circulation; → **fonds**

[5] *(= mouvement) [d'œil]* rolling; *[de hanche]* wiggling

COMP **roulement (à billes)** ball bearings ◆ **monté sur roulement à billes** mounted on ball bearings

rouler /Rule/ SYN ▸ conjug 1 ◂

VT [1] *(= pousser) [+ meuble]* to wheel (along), to roll (along); *[+ chariot, brouette]* to wheel (along), to trundle along; *[+ boule, tonneau]* to roll (along)

[2] *(= enrouler) [+ tapis, tissu, carte]* to roll up; *[+ cigarette]* to roll; *[+ ficelle, fil de fer]* to wind up, to roll up; *[+ viande, parapluie, mèche de cheveux]* to roll (up) ◆ **rouler qn dans une couverture** to wrap *ou* roll sb (up) in a blanket ◆ **rouler un pansement autour d'un bras** to wrap *ou* wind a bandage round an arm ◆ **rouler ses manches jusqu'au coude** to roll up one's sleeves to one's elbows

[3] *(= tourner et retourner)* to roll ◆ **rouler des boulettes dans de la farine** to roll meatballs in flour ◆ **la mer roulait les galets sur la plage** the sea rolled the pebbles along the beach ◆ **il roulait mille projets dans sa tête** *(fig)* he was turning thousands of plans over (and over) in his mind ◆ **le fleuve roulait des flots boueux** *(littér)* the river flowed muddily along

[4] *(= passer au rouleau) [+ court de tennis, pelouse]* to roll; *(Culin) [+ pâte]* to roll out

[5] *(* = duper)* to con⁑; *(sur le prix, le poids)* to diddle* *(Brit)*, to do* *(sur over)* ◆ **je l'ai bien roulé** I really conned him⁑, I really took him for a ride* ◆ **elle m'a roulé de 5 €** she's diddled* *(Brit) ou* done* me out of €5 ◆ **se faire rouler** to be conned⁑ *ou* had* *ou* done* *ou* diddled* *(Brit)* ◆ **il s'est fait rouler dans la farine*** he was had*

[6] *(= balancer, faire bouger)* ◆ **rouler les** *ou* **des épaules (en marchant)** to sway one's shoulders (as one walks along) ◆ **rouler les** *ou* **des mécaniques⁑** *(en marchant)* to (walk with a) swagger; *(= montrer sa force, ses muscles)* to show off one's muscles; *(intellectuellement)* to show off ◆ **rouler les** *ou* **des hanches** to wiggle one's hips ◆ **rouler les yeux** to roll one's eyes ◆ **il a roulé sa bosse*** he's been around*; → **patin, pelle**

[7] *(Ling)* ◆ **rouler les « r »** to roll one's r's

VI [1] *[voiture, train]* to go, to run ◆ **le train roulait/roulait à vive allure à travers la campagne** the train was going along/was racing (along) through the countryside ◆ **cette voiture a très peu/beaucoup roulé** this car has a very low/high mileage ◆ **cette voiture a 10 ans et elle roule encore** this car is 10 years old but it's still going *ou* running ◆ **la voiture roule bien depuis la révision** the car is running *ou* going well since its service ◆ **les voitures ne roulent pas bien sur le sable** cars don't run well on sand ◆ **le véhicule roulait à gauche** the vehicle was driving (along) on the left ◆ **rouler au pas** *(par prudence)* to go at a walking pace, to go dead slow *(Brit)*; *(dans un embouteillage)* to crawl along ◆ **le train roulait à 150 à l'heure au moment de l'accident** the train was doing 150 *ou* going at 150 kilometres an hour at the time of the accident ◆ **sa voiture roule au super/au gazole** his car runs on four-star/diesel

[2] *[passager, conducteur]* to drive ◆ **rouler à 80 km à l'heure** to do 80 km per hour, to drive at 80 km per hour ◆ **on a bien roulé*** we made good time ◆ **ça roule/ça ne roule pas bien** the traffic is/is not flowing well ◆ **nous roulions sur la N7 quand soudain...** we were driving along the N7 when suddenly... ◆ **dans son métier, il roule beaucoup** he does a lot of driving in his job ◆ **il roule en 2CV** he drives a 2CV ◆ **il roule en Rolls** he drives (around in) a Rolls ◆ **rouler carrosse** *(†, hum)* to live in high style ◆ **rouler pour qn*** *(= être à la solde de qn)* to be for sb ◆ **il roule tout seul*** *(fig)* he's a loner

[3] *[boule, bille, dé]* to roll; *[presse]* to roll, to run ◆ **allez, roulez !** let's roll it!*, off we go! ◆ **une larme roula sur sa joue** a tear rolled down his cheek ◆ **une secousse le fit rouler à bas de sa couchette** there was a jolt and he rolled off his couchette ◆ **il a roulé en bas de l'escalier** he rolled right down the stairs ◆ **un coup de poing l'envoya rouler dans la poussière** a punch sent him rolling in the dust ◆ **il a roulé sous la table** *(ivre)* he was legless* *ou* under the table ◆ **faire rouler** *[+ boule]* to roll; *[+ cerceau]* to roll along; → **pierre**

[4] *[bateau]* to roll ◆ **ça roulait*** the boat was rolling quite a bit

[5] *(* = bourlinguer)* to knock about* ◆ **il a pas mal roulé** he has knocked about* quite a bit, he's been around*

[6] *[argent, capitaux]* to turn over, to circulate

[7] *(= faire un bruit sourd) [tambour]* to roll; *[tonnerre]* to roll, to rumble

[8] *[conversation]* ◆ **rouler sur** to turn on, to be centred on

[9] *(* = aller bien)* ◆ **ça roule ?** how's things?*, how's life? ◆ **c'est une affaire qui roule** it's going well

[10] ◆ **rouler sur l'or** to be rolling in money*, to have pots of money* ◆ **ils ne roulent pas sur l'or depuis qu'ils sont à la retraite** they're not exactly living in the lap of luxury *ou* they're not terribly well-off now they've retired

VPR **se rouler** [1] *(allongé sur le sol ou sur qch)* to roll (about) ◆ **se rouler par terre/dans l'herbe** to roll (about) on the ground/in the grass ◆ **se rouler par terre de rire** *(fig)* to roll on the ground with laughter, to fall about* (laughing) *(Brit)* ◆ **c'est à se rouler (par terre)*** it's a scream*; → **pouce**

[2] *(= s'enrouler)* ◆ **se rouler dans une couverture** to roll *ou* wrap o.s. up in a blanket ◆ **se rouler en boule** to roll o.s. (up) into a ball

[3] *(= ne rien faire)* ◆ **se les rouler*** to twiddle one's thumbs

roulette /Rulɛt/ **NF** [1] *[de meuble]* caster, castor ◆ **fauteuil à roulettes** armchair on casters *ou* castors ◆ **ça a marché** *ou* **été comme sur des roulettes*** *[plan]* it went like clockwork *ou* very smoothly; *[interview, soirée]* it went off very smoothly *ou* like a dream; → **patin**

[2] *(= outil) [de pâtissier]* pastry (cutting) wheel; *[de relieur]* fillet; *[de couturière]* tracing wheel; *[de vitrier]* steel(-wheel) glass cutter ◆ **roulette de dentiste** dentist's drill

[3] *(= jeu)* roulette; *(= instrument)* roulette wheel ◆ **jouer à la roulette** to play roulette ◆ **roulette russe** Russian roulette

rouleur /RulœR/ **NM** *(Cyclisme)* flat racer ◆ **c'est un bon rouleur** he's good on the flat ◆ **quel rouleur de mécaniques !⁑** he likes to strut his stuff!*

roulier /Rulje/ **NM** *(Hist)* cart driver, wagoner; *(= bateau)* roll-on roll-off ferry, ro-ro ferry

roulis /Ruli/ **NM** *[de bateau]* roll(ing) *(NonC)* ◆ **il y a beaucoup de roulis** the ship is rolling a lot ◆ **coup de roulis** roll

roulotte /Rulɔt/ **NF** caravan *(Brit)*, trailer *(US)* ◆ **visitez l'Irlande en roulotte** tour around Ireland in a horse-drawn *ou* gypsy caravan

roulotté, e /Rulɔte/

ADJ *(Couture)* rolled ◆ **foulard roulotté (à la) main** hand-rolled scarf

NM rolled hem

roulure⁑ /RulyR/ **NF** *(péj)* slut *(péj)*, trollop † *(péj)*

roumain, e /Rumɛ̃, ɛn/

ADJ Romanian, Rumanian

NM *(= langue)* Romanian, Rumanian

NM,F **Roumain(e)** Romanian, Rumanian

Roumanie /Rumani/ **NF** Romania, Rumania

round /Raund/ **NM** *(Boxe)* round

roupettes⁂ /Rupɛt/ **NFPL** *(= testicules)* balls⁂, nuts⁂

roupie /Rupi/ **NF** [1] *(= monnaie)* rupee

[2] *(† *)* ◆ **c'est de la roupie de sansonnet** it's a load of (old) rubbish *ou* junk*, it's absolute trash* ◆ **ce n'est pas de la roupie de sansonnet** it's none of your cheap rubbish *ou* junk*

roupiller* /Rupije/ ▸ conjug 1 ◂ **VI** *(= dormir)* to sleep; *(= faire un petit somme)* to have a snooze* *ou* a nap *ou* a kip⁑ *(Brit)* ◆ **j'ai besoin de roupiller** I must get some shut-eye⁑ ◆ **je n'arrive pas à roupiller** I can't get any shut-eye⁑ ◆ **je vais roupiller** I'll be turning in*, I'm off to hit the hay* ◆ **viens roupiller chez nous** come and bed down *ou* kip down *(Brit)* at our place⁑ ◆ **secouez-vous, vous roupillez !** pull yourself together – you're half asleep! *ou* you're dozing!

roupillon* /Rupijɔ̃/ **NM** snooze*, nap, kip⁑ *(Brit)* ◆ **piquer** *ou* **faire un roupillon** to have a snooze* *ou* a nap *ou* a kip⁑ *(Brit)*

rouquin, e* /Rukɛ̃, in/

ADJ *[personne]* red-haired; *[cheveux]* red, carroty* *(péj)*

NM,F redhead

NM *(= vin rouge)* (cheap) red wine, red plonk* *(Brit)*

rouscailler⁑ /Ruskaje/ ▸ conjug 1 ◂ **VI** to moan*, to bellyache⁑

rouspétance* /Ruspetɑ̃s/ **NF** *(= ronchonnement)* moaning* *(NonC)*, grousing* *(NonC)*, grouching* *(NonC)*; *(= protestation)* moaning* *(NonC)*, grumbling *(NonC)* ◆ **pas de rouspétance !** no grumbling!

rouspéter* /Ruspete/ SYN ▸ conjug 6 ◂ **VI** *(= ronchonner)* to moan*, to grouse*, to grouch*; *(= protester)* to moan*, to grumble *(après, contre* at) ◆ **se faire rouspéter par qn** to get an earful from sb*

rouspéteur, -euse* /RuspetœR, øz/

ADJ grumpy

NM,F moaner*

roussâtre /Rusɑtr/ **ADJ** reddish, russet

rousse¹ †⁑ /Rus/ **NF** *(arg Crime)* ◆ **la rousse** *(= police)* the fuzz *(arg) (Crime)*, the cops*

rousseau /Ruso/ **NM** red sea bream

rousserolle /Rus(ə)Rɔl/ **NF** ◆ **rousserolle verderolle** marsh warbler ◆ **rousserolle effarvatte** reed warbler

roussette /Rusɛt/ **NF** [1] *(= poisson)* dogfish; *(Culin)* rock salmon

[2] *(= chauve-souris)* flying fox

[3] *(= grenouille)* common frog

rousseur /RusœR/ **NF** [1] *[de cheveux, barbe]* redness; *(orangé)* gingery colour; *[de pelage, robe, feuille]* russet colour; → **tache**

[2] *(sur le papier)* ◆ **rousseurs** brownish marks *ou* stains; *(sur la peau)* liver spots

roussi /Rusi/ **NM** ◆ **odeur de roussi** smell of (something) burning *ou* scorching *ou* singeing ◆ **ça sent le roussi !** *(lit)* there's a smell of (something) burning *ou* scorching *ou* singeing; *(fig)* I can smell trouble

roussir /RusiR/ SYN ▸ conjug 2 ◂

VT *[fer à repasser]* to scorch, to singe; *[flamme]* to singe ◆ **roussir l'herbe** *[gelée]* to turn the grass brown *ou* yellow; *[chaleur]* to scorch the grass

VI [1] *[feuilles, forêt]* to turn *ou* go brown *ou* russet

[2] *(Culin)* ◆ **faire roussir** to brown

rouste* /Rust/ **NF** *(= coups)* hiding, thrashing; *(= défaite)* hammering* ◆ **prendre une rouste** *(lit)* to get a hiding, to get thrashed; *(fig)* to get a hammering*, to get thrashed* ◆ **flanquer** *ou* **filer une rouste à qn** *(lit)* to give sb a hiding *ou* thrashing; *(fig)* to give sb a hammering*, to thrash sb

roustons⁂ /Rustɔ̃/ **NMPL** *(= testicules)* balls⁂, nuts⁂

routage /Rutaʒ/ **NM** [1] *(= distribution)* sorting and mailing ◆ **entreprise de routage** mailing firm *ou* service

[2] *(Naut) [de voie de navigation]* plotting a course *(de* for)

routard, e /RutaR, aRd/ **NM,F** backpacker

route /Rut/ SYN **NF** [1] *(= voie de communication)* road ◆ **route nationale** main road, ≃ A road *(Brit)*, trunk road *(Brit)* ◆ **route départementale** minor road, ≃ B road *(Brit)* ◆ **route secondaire** minor *ou* secondary road ◆ **route de montagne** mountain road ◆ **prenez la route de Lyon** take the road to Lyon *ou* the Lyon road ◆ **« route barrée »** "road closed"; → **barrer, grand-route**

[2] *(= moyen de transport)* ◆ **la route** road ◆ **la route est plus économique que le rail** road is cheaper than rail ◆ **la route est meurtrière** the road is a killer ◆ **arriver par la route** to arrive by road ◆ **faire de la route** to do a lot of mileage; → **accident, blessé, code**

[3] *(= chemin à suivre)* way; *(Naut = direction, cap)* course ◆ **je ne l'emmène pas, ce n'est pas (sur) ma route** I'm not taking him – it's not on my way ◆ **indiquer/montrer la route à qn** to point out/show the way to sb ◆ **perdre/retrouver sa route** to lose/find one's way

[4] *(= ligne de communication)* route ◆ **route aérienne/maritime** air/sea route ◆ **la route du sel/de l'opium/des épices** the salt/opium/spice route *ou* trail ◆ **la route de la soie** the Silk Road *ou* Route ◆ **la route des vins** the wine trail ◆ **la route des Indes** the route to India ◆ **« La Route des Indes »** *(Littérat)* "A Passage to India"

5 (= trajet) trip, journey (Brit) • **bonne route !** have a good trip! ou journey! (Brit) • **carnet** ou **journal de route** travel diary ou journal • **la route sera longue** (gén) it'll be a long journey; (en voiture) it'll be a long drive ou ride • **il y a trois heures de route** (en voiture) it's a three-hour drive ou ride ou journey (Brit); (à bicyclette) it's a three-hour (cycle-)ride • **ils ont fait toute la route à pied/à bicyclette** they walked/cycled the whole way, they did the whole journey (Brit) on foot/by bicycle; → **compagnon**

6 (= ligne de conduite, voie) path, road, way • **la route à suivre** the path ou road to follow • **la route du bonheur** the road ou path ou way to happiness • **nos routes se sont croisées** our paths crossed • **votre route est toute tracée** your path is set out for you • **être sur la bonne route** (dans la vie) to be on the right road ou path; (dans un problème) to be on the right track • **remettre qn sur la bonne route** to put sb back on the right road ou path ou track • **c'est lui qui a ouvert la route** he's the one who opened (up) the road ou way; → **faux²**

7 (locutions) • **faire route** (en bateau) to be under way • **faire route avec qn** to travel with sb • **prendre la route** to start out, to set off ou out, to get under way • **reprendre la route, se remettre en route** to start out again, to set off ou out again, to resume one's journey (Brit) • **en cours de route** (lit, fig) along the way • **tenir la route** [voiture] to hold the road; * [matériel] to be well-made ou serviceable; * [argument, raisonnement] to hold water; [solution, politique] to be viable • **tracer la route** * to push ahead

♦ **en route** on the way ou journey (Brit), en route • **en route !** let's go!, let's be off! • **en route, mauvaise troupe !** (hum) off we go! • **en route pour** bound for, heading for, on its way to • **avoir plusieurs projets en route** to have several projects on the go • **mettre en route** [+ machine, moteur] to start (up); [+ processus, projet, réforme] to set in motion, to get under way • **mettre le repas en route** to get the meal started • **ils ont attendu longtemps avant de mettre un bébé en route** they waited a long time before starting a family • **remettre en route le moteur/le processus de paix** to restart the engine/the peace process, to get the engine/peace process going again • **mise en route** [de machine] starting up; [de processus, projet] setting in motion • **la mise en route des réformes sera difficile** it will be difficult to implement the reforms ou to get the reforms under way • **depuis la remise en route des machines** since the machines have been restarted ou started up again • **ils envisagent la remise en route de l'usine** they're considering bringing the factory back into operation • **se mettre en route** to start out, to set off ou out, to get under way • **se remettre en route** to start out again, to set off ou out again, to resume one's journey (Brit)

router /Rute/ ► conjug 1 ◄ VT 1 [+ journaux] to pack and mail; (Ordin) [+ informations, fichiers, messages] to route
2 (Naut) [+ navigateur] to plot a course for

routeur, -euse /RutœR, øz/
NM,F (Naut : de navigation) route planner
NM (Ordin) router

routier, -ière /Rutje, jɛR/
ADJ [carte, circulation, réseau, transport] road (épith); → **gare¹**
NM (= camionneur) long-distance truck ou lorry (Brit) driver; (= restaurant) ≃ roadside café, ≃ transport café (Brit), ≃ truckstop (US); (= cycliste) road racer ou rider; (Naut = carte de navigation) route chart; († = scout) rover • **un vieux routier de la politique** a wily old politician, an old hand at politics
NF **routière** (= voiture) touring car, tourer (Brit); (= moto) road bike • **grande routière** high-performance touring car ou tourer (Brit)

routine /Rutin/ SYN NF 1 (= habitude) routine • **la routine quotidienne** the daily routine ou grind • **s'enfoncer/tomber dans la routine** to settle/fall into a routine • **par routine** as a matter of routine • **contrôle/opération de routine** routine check/operation
2 (Ordin) routine

routinier, -ière /Rutinje, jɛR/ SYN ADJ [procédé, travail, vie] humdrum, routine; [personne] routine-minded, addicted to routine (attrib) • **il a l'esprit routinier** he's completely tied to (his) routine • **c'est un travail un peu routinier** the work is a bit routine ou humdrum • **c'est un routinier** he's a creature of habit

rouverain, rouverin /RuvRɛ̃/ ADJ M • **fer rouverain** short iron

rouvraie /RuvRɛ/ NF durmast ou sissile oak grove

rouvre /RuvR/ ADJ, NM • **(chêne) rouvre** durmast ou sessile oak

rouvrir /RuvRiR/ ► conjug 18 ◄
VT (gén) to reopen; [+ porte, yeux] to reopen, to open again • **le stade rouvrira ses portes dimanche** the stadium will reopen its doors on Sunday
VI [magasin, musée, théâtre] to reopen, to open again
VPR **se rouvrir** [porte] to reopen, to open again; [plaie, blessure] to open up again, to reopen

roux, rousse² /Ru, Rus/
ADJ [cheveux] (foncé) red, auburn; (clair) ginger; [barbe] (foncé) red; (clair) ginger; [pelage, robe, feuilles] russet, reddish-brown; → **blond, lune**
NM,F redhead
NM 1 (= couleur) [de cheveux] red, auburn; [de barbe] red; (= orangé) ginger; [de pelage, robe feuille] russet, reddish-brown • **cheveux d'un roux flamboyant** flaming red hair
2 (Culin) roux

royal, e¹ (mpl -aux) /Rwajal, o/ SYN
ADJ 1 (gén) royal • **la famille royale** the Royal Family ou royal family; → **gelée², voie**
2 [magnificence, maintien] kingly, regal; [cadeau, demeure, repas] fit for a king (attrib); [salaire] princely; → **aigle, tigre**
3 (intensif) [indifférence, mépris] majestic, lofty, regal • **il m'a fichu une paix royale** * he left me in perfect peace
NF 1 * • **la Royale** (= la marine française) the French Navy
2 (Culin) • **lièvre à la royale** hare royale

royale² /Rwajal/ NF (= barbe) imperial

royalement /Rwajalmɑ̃/ ADV 1 (= magnifiquement, généreusement) • **vous serez traité royalement** you will be treated like a king • **il l'a reçue royalement** he gave her a wonderful reception • **il a accueilli royalement la presse internationale** he gave a lavish welcome to the international press • **ils sont payés royalement 1 000 € brut par mois** they are paid the princely sum of €1,000 a month
2 (= complètement) * • **il se moque royalement de sa situation** * he couldn't care less * ou he doesn't care two hoots * about his position

> Le mot **royally** existe, mais les traductions données ici sont plus courantes.

royalisme /Rwajalism/ NM royalism

royaliste /Rwajalist/
ADJ royalist • **être plus royaliste que le roi** (fig) to carry things to extremes, to be more Catholic than the Pope • **puisqu'on ne te demande rien, pourquoi être plus royaliste que le roi ?** since you haven't been asked to do anything, why put yourself out? ou why be so zealous?
NMF royalist

royalties /Rwajalti/ NFPL royalties • **toucher des royalties** to receive royalties

royaume /Rwajom/ SYN NM (lit) kingdom, realm; (fig = domaine) domain • **le vieux grenier était son royaume** the old attic was his domain • **le royaume céleste** ou **des cieux** ou **de Dieu** (Rel) the kingdom of heaven ou God • **le royaume des morts** the kingdom of the dead • **le royaume des ombres** the land of the shades, the valley of the shadows • **au royaume des aveugles les borgnes sont rois** (Prov) in the kingdom of the blind the one-eyed man is king (Prov)

Royaume-Uni /Rwajomyni/ NM • **le Royaume-Uni (de Grande-Bretagne et d'Irlande du Nord)** the United Kingdom (of Great Britain and Northern Ireland)

royauté /Rwajote/ NF (= régime) monarchy; (= fonction, dignité) kingship

RP
NM (abrév de **Révérend Père**) → **révérend**
NF (abrév de **recette principale**) → **recette**
NFPL (abrév de **relations publiques**) PR

RPR /ɛRpeɛR/ NM (abrév de **Rassemblement pour la République**) centre-right political party

RSVP /ɛRɛsvepe/ (abrév de **répondez s'il vous plaît**) RSVP

Rte abrév de **route**

RTT /ɛRtete/ NF (abrév de **réduction du temps de travail**) reduction of working hours

RU /Ry/ NM (abrév de **restaurant universitaire**) → **restaurant**

ru † /Ry/ NM brook, rivulet (littér)

ruade /Rɥad/ NF kick • **tué par une ruade** killed by a kick from a horse • **le cheval lui a cassé la jambe d'une ruade** the horse kicked ou lashed out at him and broke his leg • **décocher** ou **lancer une ruade** to lash ou kick out

ruban /Rybɑ̃/ SYN
NM (gén, fig) ribbon; [de machine à écrire] ribbon; [de couture, ourlet] binding, tape • **le ruban (rouge)** (de la Légion d'honneur) the ribbon of the Légion d'Honneur • **le ruban argenté du Rhône** (fig) the silver ribbon of the Rhone • **le double ruban de l'autoroute** the two ou twin lines of the motorway → **LÉGION D'HONNEUR**
COMP **ruban d'acier** steel band ou strip
ruban adhésif adhesive tape, sticky tape
le ruban bleu (= trophée) the Blue Riband ou Ribbon (of the Atlantic) • **détenir le ruban bleu (de qch)** (fig) to be the world leader (in sth)
ruban de chapeau hat band
ruban d'eau (= plante) bur reed
ruban encreur typewriter ribbon
ruban isolant insulating tape
ruban perforé (Ordin) paper tape

rubanerie /RybanRi/ NF (= fabrication) ribbon manufacturing

rubanier, -ière /Rybanje, jɛR/
ADJ [industrie] ribbon (épith)
NM,F (= fabricant) ribbon manufacturer
NM (= plante) bur reed

rubato /Rybato/ ADV, NM rubato

rubéfaction /Rybefaksjɔ̃/ NF rubefaction

rubéfiant, e /Rybefjɑ̃, jɑ̃t/ ADJ, NM rubefacient

rubellite /Rybelit/ NF rubellite

rubéole /Rybeɔl/ NF German measles (sg), rubella (SPÉC)

rubescent, e /Rybesɑ̃, ɑ̃t/ ADJ rubescent

rubican /Rybikɑ̃/ ADJ M roan

Rubicon /Rybikɔ̃/ NM Rubicon; → **franchir**

rubicond, e /Rybikɔ̃, ɔ̃d/ ADJ rubicund, ruddy

rubidium /Rybidjɔm/ NM rubidium

rubigineux, -euse /Rybiʒinø, øz/ ADJ rubiginous

rubis /Rybi/
NM (= pierre) ruby; (= couleur) ruby (colour); [d'horloge, montre] jewel; → **payer**
ADJ INV ruby(-coloured)

rubrique /RybRik/ SYN NF 1 (= article, chronique) column • **rubrique sportive/littéraire/des spectacles** sports/literary/entertainments column • **il tient la rubrique scientifique du journal** he writes the newspaper's science column
2 (= catégorie, titre) heading, rubric • **sous cette même rubrique** under the same heading ou rubric
3 (Rel) rubric

ruche /Ryʃ/ NF 1 (en bois) (bee) hive; (en paille) (bee) hive, skep (SPÉC); (= essaim) hive • **nos bureaux sont une véritable ruche** ou **une ruche bourdonnante** (fig) our offices are a real hive of activity
2 (Couture) ruche

ruché /Ryʃe/ NM (Couture) ruching (NonC), ruche

ruchée /Ryʃe/ NF (= population) hive

rucher¹ /Ryʃe/ NM apiary

rucher² /Ryʃe/ ► conjug 1 ◄ VT (Couture) (= plisser) to fold into a ruche; (= garnir) to adorn with a ruche

rudbeckia /Rydbekja/ NM rudbeckia

rude /Ryd/ SYN ADJ 1 (= rêche) [surface, barbe, peau] rough; (= rauque) [voix, sons] harsh
2 [métier, vie, combat] hard, tough; [montée] stiff, tough, hard; [adversaire] tough; [climat, hiver] harsh, hard, severe • **c'est un rude coup pour elle/notre équipe** it's a hard ou harsh ou severe blow for her/our team • **être mis à rude épreuve** [personne] to be severely tested, to be put through the mill; [tissu, métal] to receive ou have rough treatment • **mes nerfs ont été mis à rude épreuve** it was a great strain on my nerves • **il a été à rude école dans sa jeunesse** he learned life the hard way when he was young, he went to the school of hard knocks • **en faire voir de rudes à qn** to give sb a hard ou tough time • **en voir de rudes** to have a hard ou tough time (of it)

rudement /ʀydmɑ̃/ ADV ⓵ [heurter, frapper, tomber] hard; [répondre] harshly; [traiter] roughly, harshly
⓶ (* = très) [bon, content] terribly*, awfully*, jolly* (Brit); [cher, fatigant, mauvais] dreadfully, terribly, awfully ◆ **il a fallu rudement travailler** we had to work really hard ◆ **elle danse rudement bien** she dances awfully ou jolly (Brit) well, she's quite a dancer ◆ **ça me change rudement de faire ça** it's a real change ou quite a change for me to do that ◆ **elle avait rudement changé** she had really changed, she hadn't half changed* (Brit) ◆ **il est rudement plus généreux que toi** he's a great deal ou darned sight* more generous than you ◆ **j'ai eu rudement peur** it gave me a dreadful ou real fright

ⓘ **rude** se traduit rarement par **rude**, qui a le sens de 'impoli'.

rudéral, e (mpl -aux) /ʀyderal, o/ ADJ ruderal

rudesse /ʀydɛs/ SYN NF ⓵ [de surface, barbe, peau] roughness; [de voix, sons] harshness
⓶ [de métier, vie, combat, montée] hardness, toughness; [d'adversaire] toughness; [de climat, hiver] harshness, hardness, severity
⓷ [de manières] crudeness; [de traits] ruggedness; [de montagnards] ruggedness, toughness
⓸ [de personne, caractère] harshness, hardness, severity; [de manières] roughness ◆ **traiter qn avec rudesse** to treat sb roughly ou harshly

rudiment /ʀydimɑ̃/ SYN
NM rudiment
NMPL **rudiments** [de discipline] rudiments; [de système, théorie] principles ◆ **rudiments d'algèbre** principles ou rudiments of algebra ◆ **avoir quelques rudiments de chimie** to have some basic knowledge of chemistry, to know some basic chemistry ◆ **avoir quelques rudiments d'anglais** to have a smattering of English ou some basic knowledge of English ◆ **nous n'en sommes qu'aux rudiments, on en est encore aux rudiments** we're still at a rudimentary stage

rudimentaire /ʀydimɑ̃tɛʀ/ SYN ADJ (gén) rudimentary; [connaissances] rudimentary, elementary ◆ **les installations de l'hôpital sont très rudimentaires** the hospital facilities are rather rough-and-ready ou a bit basic ◆ **elle parle un anglais rudimentaire** she speaks basic English

rudoiement /ʀydwamɑ̃/ NM (littér) rough ou harsh treatment

rudologie /ʀydɔlɔʒi/ NF garbology

rudoyer /ʀydwaje/ SYN ▸ conjug 8 ◂ VT to treat harshly

rue¹ /ʀy/ SYN NF ⓵ (= voie, habitants) street ◆ **rue à sens unique** one-way street ◆ **scènes de la rue** street scenes ◆ **élevé dans la rue** brought up in the street(s) ◆ **être à la rue** to be on the streets ◆ **jeter qn à la rue** to put sb out ou throw sb out (into the street) ◆ **descendre dans la rue** (= manifester) to take to the streets; → **coin, combat, piéton², plein** etc
⓶ (= peuple) ◆ **la rue se mobilise** people are taking to the streets

■ **RUE**
Many Paris street names are used, especially in the press, to refer to the famous institutions that have their homes there. The Ministry of Education is on the **rue de Grenelle**; the **rue de Solférino** refers to Socialist Party headquarters; the **rue d'Ulm** is where the "École normale supérieure" is situated, and the **rue de Valois** is the home of the Ministry of Culture. → QUAI

rue² /ʀy/ NF (= plante) rue

ruée /ʀɥe/ SYN NF rush; (péj) stampede ◆ **à l'ouverture, ce fut la ruée vers l'entrée du magasin** when the shop opened, there was a (great) rush ou a stampede for the entrance, as soon as the doors opened there was a stampede ou a mad scramble to get into the shop ◆ **la ruée des touristes ne prend fin qu'à l'automne** the influx of tourists doesn't tail off until the autumn, the tourist invasion doesn't end until the autumn ◆ **dès que quelqu'un prend sa retraite ou démissionne, c'est la ruée** (fig) the moment someone retires or resigns there's a scramble for their job ◆ **dans la ruée, il fut renversé** he was knocked over in the rush ou stampede ◆ **cet événement a entraîné une ruée sur le dollar** this event caused a run on the dollar ◆ **la ruée vers l'or** the gold rush

ruelle /ʀɥɛl/ NF (= rue) alley(way), lane; †† [de chambre] ruelle †, space (between bed and wall); (Hist, Littéra) ruelle (room used in 17th century to hold literary salons)

ruer /ʀɥe/ SYN ▸ conjug 1 ◂
VI [cheval] to kick (out) ◆ **ruer dans les brancards** (fig) to rebel, to kick over the traces
VPR **se ruer** ◆ **se ruer sur** [+ article en vente, nourriture, personne] to pounce on; [+ emplois vacants] to fling o.s. at, to pounce at ◆ **se ruer vers** [+ porte, sortie] to dash ou rush for ou towards ◆ **se ruer dans/hors de** [+ maison, pièce] to dash ou rush in ou tear into/out of ◆ **se ruer dans l'escalier** (monter) to tear ou dash up the stairs; (descendre) to tear down the stairs, to hurl o.s. down the stairs ◆ **se ruer à l'assaut** to hurl ou fling o.s. into the attack

ruf(f)ian /ʀyfjɑ̃/ NM (littér = aventurier) rogue

ruflette ® /ʀyflɛt/ NF curtain ou heading tape

rugby /ʀygbi/ NM rugby (football) ◆ **rugby à quinze** Rugby Union ◆ **rugby à treize** Rugby League ◆ **jouer au rugby, faire du rugby** to play rugby

rugbyman /ʀygbiman/ (pl **rugbymen** /ʀygbimɛn/) NM rugby player

ⓘ **rugbyman** ne se traduit pas par **rugby man**, qui n'existe pas en anglais.

rugine /ʀyʒin/ NF raspatory

rugir /ʀyʒiʀ/ SYN ▸ conjug 2 ◂
VI [fauve, mer, moteur] to roar; [vent, tempête] to howl, to rage ◆ **rugir de douleur** to howl ou roar with pain ◆ **rugir de colère** to bellow ou roar with anger ◆ **faire rugir son moteur** to rev (up) one's engine
VT [+ ordres, menaces] to roar ou bellow out

rugissant, e /ʀyʒisɑ̃, ɑ̃t/ ADJ roaring, howling; → **quarantième**

rugissement /ʀyʒismɑ̃/ NM [de fauve, mer, moteur] roar, roaring (NonC); [de vent, tempête] howl, howling (NonC) ◆ **rugissement de douleur** howl ou roar of pain ◆ **rugissement de colère** roar of anger ◆ **j'entendais des rugissements de lions** I could hear lions roaring ou the roar of lions ◆ **pousser un rugissement de rage** to roar with anger

rugosité /ʀygozite/ NF ⓵ (NonC) [d'écorce, surface, vin] roughness; [de peau, tissu] roughness, coarseness; [de sol] ruggedness, roughness, bumpiness
⓶ (= aspérité) rough patch, bump ◆ **poncer les rugosités** to sand down the rough areas

rugueux, -euse /ʀygø, øz/ SYN ADJ [écorce, surface, vin] rough; [peau, tissu] rough, coarse; [sol] rugged, rough, bumpy

Ruhr /ʀuʀ/ NF ◆ **la Ruhr** the Ruhr

ruiler /ʀɥile/ ▸ conjug 1 ◂ VT to fix with plaster

ruine /ʀɥin/ SYN NF ⓵ (= décombres, destruction, perte de fortune) ruin ◆ **ruines romaines** Roman ruins ◆ **acheter une ruine à la campagne** to buy a ruin in the country ◆ **ruine (humaine)** (péj) (human) wreck ◆ **causer la ruine de** [+ monarchie] to bring about the ruin ou downfall of; [+ carrière, réputation, santé] to ruin, to bring about the ruin of; [+ banquier, entreprise] to ruin, to bring ruin upon ◆ **c'est la ruine de tous mes espoirs** that means the ruin of ou that puts paid to (Brit) all my hopes ◆ **courir** ou **aller à sa ruine** to be on the road to ruin, to be heading for ruin
◆ **en ruine(s)** in ruin(s), ruined (épith) ◆ **tomber en ruine** to fall in ruins
⓶ (= acquisition coûteuse) ◆ **cette voiture est une vraie ruine** that car will ruin me ◆ **20 €, c'est pas la ruine !** * 20 euros won't break the bank!

ruiner /ʀɥine/ SYN ▸ conjug 1 ◂
VT ⓵ [+ pays, personne] to ruin, to cause the ruin of ◆ **ça ne va pas te ruiner !** * it won't break* ou ruin you!
⓶ [+ réputation, santé] to ruin; [+ carrière] to ruin, to wreck; [+ espoirs] to shatter, to dash, to ruin; [+ efforts] to destroy, to ruin
VPR **se ruiner** (= dépenser tout son argent) to ruin ou bankrupt o.s.; (fig = dépenser trop) to spend a fortune ◆ **se ruiner en fleurs** to spend a fortune on flowers ◆ **quelques conseils pour partir en vacances sans se ruiner** a few tips for going on holiday without spending a fortune ou breaking the bank* ◆ **se ruiner au jeu** to lose all one's money gambling

ruineux, -euse /ʀɥinø, øz/ SYN ADJ [goût] extravagant; [acquisition, voiture] (prix élevé) ruinously expensive; (entretien coûteux) expensive to run (ou keep) ◆ **ce n'est pas ruineux !** it won't break the bank!

ruiniforme /ʀɥinifɔʀm/ ADJ ruiniform

ruiniste /ʀɥinist/ NMF painter of ruins

ruinure /ʀɥinyʀ/ NF [de solive, poteau] groove

ruisseau (pl **ruisseaux**) /ʀɥiso/ NM ⓵ (= cours d'eau) stream, brook ◆ **des ruisseaux de** (fig) [+ larmes] floods of; [+ lave, sang] streams of; → **petit**
⓶ (= caniveau) gutter ◆ **élevé dans le ruisseau** (fig) brought up in the gutter ◆ **tirer qn du ruisseau** (fig) to pull ou drag sb out of the gutter

ruisselant, e /ʀɥis(ə)lɑ̃, ɑ̃t/ ADJ [visage] streaming; [personne] dripping wet, streaming ◆ **le mur était ruisselant** the wall had water running down it ◆ **son front ruisselant de sueur** his forehead bathed in ou dripping with sweat ◆ **le visage ruisselant de larmes** his face streaming with tears, with tears streaming down his face

ruisseler /ʀɥis(ə)le/ SYN ▸ conjug 4 ◂ VI ⓵ (= couler) [lumière] to stream; [cheveux] to flow, to stream (sur over); [liquide, pluie] to stream, to flow (sur down)
⓶ (= être couvert d'eau) ◆ **ruisseler (d'eau)** [mur] to have water running down it; [visage] to stream (with water) ◆ **ruisseler de lumière/larmes** to stream with light/tears ◆ **ruisseler de sueur** to drip ou stream with sweat

ruisselet /ʀɥis(ə)lɛ/ NM rivulet, brooklet

ruissellement /ʀɥisɛlmɑ̃/ NM ◆ **le ruissellement de la pluie/de l'eau sur le mur** the rain/water streaming ou running ou flowing down the wall ◆ **eaux de ruissellement** runoff ◆ **le ruissellement de sa chevelure sur ses épaules** her hair flowing ou tumbling over her shoulders ◆ **un ruissellement de pierreries** a glistening ou glittering cascade of jewels ◆ **ébloui par ce ruissellement de lumière** dazzled by this stream of light
COMP **ruissellement pluvial** (Géol) run-off

rumb /ʀɔ̃b/ NM ⇒ **rhumb**

rumba /ʀumba/ NF rumba

rumen /ʀymɛn/ NM rumen

rumeur /ʀymœʀ/ SYN NF ⓵ (= nouvelle imprécise) rumour ◆ **selon certaines rumeurs, elle…** rumour has it that she…, it is rumoured that she… ◆ **il dément les rumeurs selon lesquelles le boxeur était dopé** he denies the rumours that the boxer was doped ◆ **si l'on en croit la rumeur publique, il…** if you believe what is publicly rumoured, he… ◆ **faire courir de fausses rumeurs** to spread rumours
⓶ (= son) [de vagues, vent] murmur(ing) (NonC); [de circulation, rue, ville] hum (NonC); [d'émeute] rumbling, rumblings
⓷ (= protestation) rumblings ◆ **rumeur de mécontentement** rumblings of discontent ◆ **une rumeur s'éleva** ou **des rumeurs s'élevèrent de la foule** angry sounds rose up from the crowd

ruminant, e /ʀyminɑ̃, ɑ̃t/ ADJ, NM ruminant

rumination /ʀyminasjɔ̃/ NF rumination

ruminer /ʀymine/ SYN ▸ conjug 1 ◂
VT [animal] to ruminate; [+ projet] to ruminate on ou over, to chew over; [+ chagrin] to brood over; [+ vengeance] to ponder, to meditate ◆ **toujours dans son coin à ruminer (ses pensées)** always in his corner chewing the cud ou chewing things over ou pondering (things)
VI [animal] to ruminate, to chew the cud

rumsteck /ʀɔmstɛk/ NM ⇒ **romsteck**

runabout /ʀœnabaut/ NM runabout

rune /ʀyn/ NF rune

runique /ʀynik/ ADJ runic

ruolz /ʀɥɔls/ NM ≃ silver plating

rupestre /ʀypɛstʀ/ ADJ ① (Art) rupestrian (SPÉC), rupestral (SPÉC), rock (épith) ◆ **peintures rupestres** (gén) rock paintings; (dans une grotte) cave ou rock paintings
② [plante] rupestrine (SPÉC), rock (épith)

rupicole /ʀypikɔl/ NM (= oiseau) cock of the rock

rupin, e✱ /ʀypɛ̃, in/
ADJ [appartement, quartier] ritzy✱, plush✱, swanky✱; [personne] stinking ou filthy rich✱
NM,F rich person ◆ **c'est un rupin** he's rolling in it✱ ◆ **les rupins** the rich

rupteur /ʀyptœʀ/ NM (contact) breaker

rupture /ʀyptyʀ/ SYN
NF ① (= annulation) [de relations diplomatiques] breaking off, severing, rupture; [de fiançailles, pourparlers] breaking off ◆ **la rupture du traité/contrat par ce pays** the breach of the treaty/contract by this country ◆ **après la rupture des négociations** after negotiations broke down, after the breakdown of the negotiations ◆ **la rupture de leurs fiançailles m'a surpris** I was surprised when they broke off their engagement ◆ **la rupture du jeûne** the breaking of the fast ◆ **il est 19h05, l'heure de rupture du jeûne** it's five past seven, when fasting ends
◆ **en rupture** ◆ **des jeunes en rupture familiale** young people who have broken off relations with their families ◆ **il est en rupture avec son parti** he has broken with his party ◆ **être en rupture avec le monde/les idées de son temps** to be at odds with the world/the ideas of one's time ◆ **cette initiative est en rupture avec la tradition** this initiative marks a break with tradition
② (= séparation amoureuse) break-up, split ◆ **sa rupture (d')avec Louise** his split ou break-up with Louise ◆ **rupture passagère** temporary break-up
③ (= cassure, déchirure) [de câble, branche, corde, poutre] breaking; [de digue] bursting, breach(ing); [de veine] bursting, rupture; [d'organe] rupture; [de tendon] rupture, tearing ◆ **en cas de rupture du barrage** should the dam burst ◆ **point de rupture** (gén) breaking point; (Ordin) breakpoint
④ (= solution de continuité) break ◆ **rupture entre le passé et le présent** break between the past and the present ◆ **rupture de rythme** (sudden) break in (the) rhythm ◆ **rupture de ton** abrupt change in ou of tone ◆ **la rupture d'approvisionnement provoquée par les grèves** the disruption in supplies caused by the strikes ◆ **cela marque une rupture avec la tendance des années précédentes** this marks a break with the tendency of the preceding years
COMP **rupture d'anévrisme** aneurysmal rupture
rupture de ban illegal return from banishment ◆ **en rupture de ban** (Jur) illegally returning from banishment; (fig) in defiance of the accepted code of conduct ◆ **en rupture de ban avec la société** at odds with society
rupture de charge (Transport) transshipment
rupture de circuit (Élec) break in the circuit
rupture de contrat breach of contract
rupture de direction steering failure
rupture d'équilibre loss of balance ◆ **une rupture d'équilibre est à craindre entre ces nations** an upset in the balance of power is to be feared among these states
rupture d'essieu broken axle
rupture du jeûne breaking of a fast
rupture de pente change of incline ou gradient
rupture de séquence (Ordin) jump

rupture de stock stock shortage, stockout (US) ◆ **être en rupture de stock** to be out of stock

rural, e (mpl -aux) /ʀyʀal, o/ SYN
ADJ (gén) country (épith), rural; (Admin) rural ◆ **le monde rural** (gén) rural society; (= agriculteurs) the farming community; → **exode**
NM,F country person, rustic ◆ **les ruraux** country people, countryfolk

rurbain, e /ʀyʀbɛ̃, ɛn/
ADJ ◆ **l'espace rurbain** the outer suburbs
NM,F person who lives in the outer suburbs

ruse /ʀyz/ SYN NF ① (NonC) (pour gagner, obtenir un avantage) cunning, craftiness, slyness; (pour tromper) trickery, guile ◆ **obtenir qch par ruse** to obtain sth by ou through trickery ou by guile
② (= subterfuge) trick, ruse ◆ **ruse de guerre** (lit, hum) stratagem, tactics ◆ **avec des ruses de Sioux** with crafty tactics

rusé, e /ʀyze/ SYN (ptp de ruser) ADJ [personne] cunning, crafty, sly, wily; [air] sly, wily ◆ **rusé comme un (vieux) renard** as sly ou cunning as a fox ◆ **c'est un rusé** he's a crafty ou sly one

ruser /ʀyze/ SYN ▸ conjug 1 ◂ VI (= être habile) (pour gagner, obtenir un avantage) to use cunning; (pour tromper) to use trickery ◆ **ne ruse pas avec moi !** don't try and be clever ou smart✱ with me! ◆ **il va falloir ruser si l'on veut entrer** we'll have to use a bit of cunning ou be a bit crafty if we want to get in

rush /ʀœʃ/ SYN NM (= afflux) rush; (Ciné) rush

russe /ʀys/
ADJ Russian ◆ **boire à la russe** to drink (and cast one's glass aside) in the Russian style; → **montagne, roulette**
NM (= langue) Russian
NMF **Russe** Russian ◆ **Russe blanc(he)** White Russian

Russie /ʀysi/ NF Russia ◆ **la Russie blanche** White Russia ◆ **la Russie soviétique** Soviet Russia

russification /ʀysifikasjɔ̃/ NF russianization, russification

russifier /ʀysifje/ ▸ conjug 7 ◂ VT to russianize, to russify

russophile /ʀysɔfil/ ADJ, NMF Russophil(e)

russophobe /ʀysɔfɔb/ ADJ, NMF Russophobe

russophone /ʀysɔfɔn/
ADJ [population, communauté, minorité] Russian-speaking
NMF (= personne) Russian speaker

russule /ʀysyl/ NF rusulla ◆ **russule émétique** sickener

rustaud, e /ʀysto, od/
ADJ countrified, rustic
NM,F (péj) country bumpkin, yokel, hillbilly (US)

rusticage /ʀystikaʒ/ NM (= opération) rustication

rusticité /ʀystisite/ NF ① [de manières, personne] rustic simplicity, rusticity (littér)
② (Agr) hardiness

rustine ® /ʀystin/ NF rubber repair patch (for bicycle tyre) ◆ **il ne suffira pas de coller quelques rustines pour sauver l'entreprise** (fig) it'll take more than stopgap measures ou cosmetic improvements to save the company

rustique /ʀystik/ SYN
ADJ ① [mobilier] rustic; [maçonnerie] rustic, rusticated ◆ **bois rustique** rustic wood
② (littér) [maison] rustic (épith); [manières, vie] rustic, country (épith)
③ [plante] hardy

NM (= style) rustic style ◆ **meubler une maison en rustique** to furnish a house in the rustic style ou with rustic furniture

rustiquer /ʀystike/ ▸ conjug 1 ◂ VT to rusticate

rustre /ʀystʀ/ SYN
NM ① (péj = brute) lout, boor
② († = paysan) peasant
ADJ brutish, boorish

rut /ʀyt/ NM (= état) [de mâle] rut; [de femelle] heat; (= période) [de mâle] rutting (period); [de femelle] heat period ◆ **être en rut** [mâle] to be rutting; [femelle] to be on (Brit) ou in (US) heat

rutabaga /ʀytabaga/ NM swede, rutabaga (US)

ruthénium /ʀytenjɔm/ NM ruthenium

rutilance /ʀytilɑ̃s/ NF gleam, shine

rutilant, e /ʀytilɑ̃, ɑ̃t/ ADJ (= brillant) brightly shining, gleaming; (= rouge ardent) rutilant ◆ **vêtu d'un uniforme rutilant** very spick and span ou very spruce in his uniform

rutile /ʀytil/ NM rutile

rutiler /ʀytile/ ▸ conjug 1 ◂ VI to gleam, to shine brightly

rutoside /ʀytozid/ NM rutin

rv abrév de **rendez-vous**

Rwanda /ʀwɑ̃da/ NM Rwanda

rwandais, e /ʀwɑ̃dɛ, ɛz/
ADJ Rwandan
NM,F **Rwandais(e)** Rwandan

rye /ʀaj/ NM rye

rythme /ʀitm/ SYN NM ① (Art, Littérat, Mus) rhythm ◆ **marquer le rythme** to beat time ◆ **au rythme de** (Mus) to the beat ou rhythm of ◆ **avoir le sens du rythme** to have a sense of rhythm ◆ **une pièce qui manque de rythme** (Théât) a slow-moving play
② (= cadence) [de cœur, respiration, saisons] rhythm ◆ **interrompant le rythme de sa respiration** interrupting the rhythm of his breathing
③ (= vitesse) [de respiration] rate; [de battements du cœur] rate, speed; [de travail, vie] tempo, pace; [de production] rate ◆ **à un rythme infernal/régulier** at a phenomenal ou terrific/steady rate ◆ **le rythme soutenu de la croissance économique** the sustained rate of economic growth ◆ **rythme cardiaque** (rate of) heartbeat ◆ **rythme biologique** biological rhythm ◆ **les rythmes scolaires** the way the school year is organized ou divided up ◆ **à ce rythme-là, il ne va plus en rester** at that rate there won't be any left ◆ **il n'arrive pas à suivre le rythme** he can't keep up (the pace) ◆ **produire des voitures au rythme de 1 000 par jour** to produce cars at the rate of 1,000 ou per day ◆ **changer au rythme des saisons** to change with the seasons ◆ **vivez au rythme des habitants** live like the locals ◆ **des vacances au rythme des Antilles** a typical Caribbean holiday

rythmé, e /ʀitme/ SYN (ptp de rythmer) ADJ rhythmic(al) ◆ **bien rythmé** highly rhythmic(al)

rythmer /ʀitme/ SYN ▸ conjug 1 ◂ VT (= cadencer) [+ phrase, prose, travail] to give rhythm to, to punctuate ◆ **les saisons rythmaient leur vie** their lives were governed by the rhythm of the seasons

rythmicité /ʀitmisite/ NF rhythmicity

rythmique /ʀitmik/
ADJ rhythmic(al); → **section**
NF (Littérat) rhythmics (sg) ◆ **la (danse) rythmique** rhythmics (sg)

S

S¹, s¹ /ɛs/ NM ① (= lettre) S, s
  ② (= figure) zigzag; (= virages) double bend, S bend ◆ **faire des s** to zigzag ◆ **en s** [route] zigzagging (épith), winding; [barre] S-shaped

S² (abrév de **Sud**) S

s² (abrév de **seconde**) s

s' /s/ → **se, si¹**

s/ abrév de **sur**

SA /ɛsa/ NF (abrév de **société anonyme**) (gén) limited company; (ouverte au public) public limited company ◆ **Raymond SA** Raymond Ltd (Brit), Raymond Inc. (US) ; (ouverte au public) Raymond plc

sa /sa/ ADJ POSS → **son¹**

Saba /saba/ NF Sheba ◆ **la reine de Saba** the Queen of Sheba

sabayon /sabajɔ̃/ NM (= dessert) zabaglione; (= sauce) sabayon

sabbat /saba/ NM ① (= jour) Sabbath
  ② (* = bruit) racket, row*
  ③ [de sorcières] (witches') sabbath

sabbathien, -ienne /sabatjɛ̃, jɛn/ NM,F sabbatian

sabbatique /sabatik/ ADJ (Rel, Univ) [année, congé] sabbatical ◆ **prendre une année sabbatique** (Univ) to take a sabbatical year ou a year's sabbatical (leave); [étudiant, employé] to take a year off ou out ◆ **être en congé sabbatique** (Univ) to be on sabbatical (leave); [employé] to be taking a year off ou out

sabéen¹, -enne¹ /sabeɛ̃, ɛn/ ADJ, NM,F (Rel) Sabaist

sabéen², -enne² /sabeɛ̃, ɛn/ ADJ, NM,F (Hist) Sab(a)ean

sabéisme /sabeism/ NM Sabeanism, Sabianism

sabelle /sabɛl/ NF sabella

sabellianisme /sabeljanism/ NM Sabellinism

sabin, e¹ /sabɛ̃, in/
  ADJ Sabine
  NM,F **Sabin(e)** Sabine; → **enlèvement**

sabine² /sabin/ NF (= plante) savin(e)

sabir /sabiʀ/ NM (= parlé dans le Levant) sabir; (Ling) ≈ pidgin; (péj = jargon) jargon; (incompréhensible) mumbo jumbo* ◆ **un curieux sabir fait de français et d'arabe** a strange mixture of French and Arabic

sablage /sablaʒ/ NM [d'allée, route] sanding; [de façade] sandblasting

sable¹ /sabl/
  NM sand ◆ **de sable** [dune] sand (épith); [fond, plage] sandy ◆ **vent de sable** sandstorm ◆ **sables mouvants** quicksand(s) ◆ **ville ensevelie sous les sables** city buried in the sands ◆ **être sur le sable*** (sans argent) to be (stony (Brit) ou stone (US)) broke*, to be skint* (Brit); (sans travail) to be out of a job, to be jobless; → **bac², bâtir, grain, marchand**
  ADJ INV sandy, sand-coloured (Brit) ou -colored (US)

sable² /sabl/ NM (Héraldique) sable

sablé, e /sable/ (ptp de **sabler**)
  ADJ ① ◆ **gâteau sablé** shortbread biscuit (Brit) ou cookie (US); → **pâte**
  ② [route] sandy, sanded
  NM (= gâteau) shortbread biscuit (Brit) ou cookie (US)

sabler /sable/ ▸ conjug 1 ◂ VT ① [+ route] to sand; [+ façade] to sandblast
  ② ◆ **sabler le champagne** (lit) to crack open a bottle of champagne; (fig) to celebrate with champagne

sableur /sablœʀ/ NM (de fonderie) sand moulder; (sur sableuse) sandblaster operator

sableux, -euse /sablø, øz/
  ADJ [alluvions, sol] sandy; [coquillages] gritty, sandy
  NF **sableuse** (= machine) sandblaster

sablier /sablije/ NM (gén) hourglass, sandglass; (Culin) egg timer

sablière /sablijɛʀ/ NF (= carrière) sand quarry; (Constr) string-piece; (Rail) sand-box

sablon /sablɔ̃/ NM fine sand

sablonner /sablɔne/ ▸ conjug 1 ◂ VT (= couvrir de sable) to cover with sand

sablonneux, -euse /sablɔnø, øz/ ADJ sandy

sablonnière /sablɔnjɛʀ/ NF sand quarry

sabord /sabɔʀ/ NM [de bateau] scuttle ◆ **mille sabords !*** (hum) blistering barnacles!* (hum)

sabordage /sabɔʀdaʒ/, **sabordement** /sabɔʀdəmɑ̃/ NM [de bateau] scuppering, scuttling; [d'entreprise] winding up

saborder /sabɔʀde/ ▸ conjug 1 ◂
  VT [+ bateau] to scupper, to scuttle; [+ entreprise] to wind up; [+ négociations, projet] to put paid to, to scupper
  VPR **se saborder** (= couler son bateau) to scupper ou scuttle one's ship; [candidat] to write o.s. off, to scupper one's chances; [parti] to wind (itself) up; [entreprise] to wind (itself) up, to fold ◆ **il a décidé de se saborder** (patron) he decided to wind up the company

sabot /sabo/ NM ① (= chaussure) clog; → **baignoire, venir**
  ② [d'animal] hoof ◆ **animal à sabots** hoofed animal ◆ **le cheval lui donna un coup de sabot** the horse kicked out at him
  ③ (* : péj) ◆ **c'est un vrai sabot** † (voiture, machine) it's a piece of old junk* ◆ **il travaille comme un sabot** he's a shoddy worker ◆ **il joue comme un sabot** he's a hopeless ou pathetic* player
  ④ (= toupie) (whipping) top
  ⑤ [de pied de table, poteau] ferrule ◆ **sabot de frein** brake shoe ◆ **sabot (de Denver)** wheel clamp, Denver boot (US) ◆ **mettre un sabot à une voiture** to clamp a car

sabotage /sabɔtaʒ/ SYN NM ① (Mil, Pol, fig) (= action) sabotage; (= acte) act of sabotage ◆ **sabotage industriel** industrial sabotage
  ② (= bâclage) botching

sabot-de-Vénus (pl **sabots-de-Vénus**) /sabod(ə)venys/ NM (= plante) lady's slipper

saboter /sabɔte/ SYN ▸ conjug 1 ◂ VT ① (Mil, Pol, fig) to sabotage
  ② (= bâcler) to make a (proper) mess of, to botch; (= abîmer) to mess up, to ruin

saboteur, -euse /sabɔtœʀ, øz/ NM,F (Mil, Pol) saboteur; (= bâcleur) shoddy worker

sabotier, -ière /sabɔtje, jɛʀ/ NM,F (= fabricant) clog-maker; (= marchand) clog-seller

sabra /sabʀa/ NMF sabra

sabre /sabʀ/ NM sabre (Brit), saber (US) ◆ **sabre d'abordage** cutlass ◆ **sabre de cavalerie** riding sabre ◆ **mettre sabre au clair** to draw one's sword ◆ **charger sabre au clair** to charge with swords drawn ◆ **le sabre et le goupillon** the Army and the Church ◆ **bruits de sabre** (Pol) sabre-rattling

sabre-baïonnette (pl **sabres-baïonnettes**) /sabʀəbajɔnɛt/ NM knife bayonet

sabrer /sabʀe/ SYN ▸ conjug 1 ◂ VT ① (Mil) to sabre (Brit), to saber (US), to cut down ◆ **sabrer le champagne** (lit) to open a bottle of champagne using a sabre ; (fig) to celebrate with champagne
  ② (littér = marquer) ◆ **la ride qui sabrait son front** the deep line across his brow ◆ **dessin sabré de coups de crayon rageurs** drawing scored with angry pencil strokes
  ③ (* = biffer) [+ texte] to slash (great) chunks out of*; [+ passage, phrase] to cut out, to scrub (out)*; [+ projet] to axe, to chop*
  ④ (* = recaler) [+ étudiant] to flunk*; (= renvoyer) [+ employé] to fire*, to sack* (Brit) ◆ **se faire sabrer** [étudiant] to be flunked*; [employé] to get fired* ou sacked* (Brit), to get the sack* (Brit)
  ⑤ (* = critiquer) [+ devoir] to tear to pieces ou to shreds; [+ livre, pièce] to slam*, to pan*
  ⑥ (* = bâcler) [+ travail] to knock off* (in a rush)

sabreur /sabʀœʀ/ NM (péj = soldat) fighting cock (péj); (= escrimeur) swordsman

sac¹ /sak/ SYN
  NM ① (gén) bag; (de grande taille, en toile) sack; (= cartable) (school) bag; (à bretelles) satchel; (pour achats) shopping bag, carrier bag (Brit) ◆ **sac (en) plastique** plastic bag ◆ **sac (à poussières)** (pour aspirateur) dust bag, vacuum cleaner bag, Hoover ® bag (Brit) ◆ **mettre en sac(s)** to bag; → **course**
  ② (= contenu) (gén) bag(ful); (de grande taille, en toile) sack(ful)
  ③ (* = 10 francs) ◆ **dix/trente sacs** one hundred/three hundred francs
  ④ (locutions) ◆ **habillé comme un sac** dressed like a tramp ◆ **ils sont tous à mettre dans le même sac*** (péj) they're all as bad as each other ◆ **l'affaire est** ou **c'est dans le sac*** it's in the bag* ◆ **des gens de sac et de corde** †† gallows birds ◆ **le sac et la cendre** (Rel) sackcloth and ashes; → **main, tour²**
  ⑤ (Anat) sac ◆ **sac embryonnaire/lacrymal** embryo/lacrimal sac
  COMP **sac à bandoulière** shoulder bag
  sac de couchage sleeping bag
  sac à dos rucksack, backpack
  sac d'embrouilles* muddle
  sac gonflable [de voiture] airbag
  sac isotherme insulated bag

sac à main handbag, purse (US), pocketbook (US)
sac à malice bag of tricks
sac de marin kitbag
sac de nœuds kitbag ⇒ **sac d'embrouilles**
sac d'os * (péj) bag of bones
sac à ouvrage workbag
sac de plage beach bag
sac polochon sausage bag
sac à provisions shopping bag
sac à puces (* (péj) = lit) fleabag *
sac reporter organizer bag
sac de sable (Constr, Mil) sandbag; (Boxe) punching bag, punchbag (Brit)
sac de sport sports bag
sac de viande (Camping) sleeping bag sheet
sac à vin * (old) soak*, wino*, drunkard
sac de voyage travelling bag; (pour l'avion) flight bag, carry-on bag

sac² /sak/ SYN NM ◆ **(mise à) sac** [de ville] sack, sacking (NonC); [de maison, pièce] ransacking (NonC) ◆ **mettre à sac** [+ ville] to sack; [+ maison, pièce] to ransack

saccade /sakad/ SYN NF jerk ◆ **avancer par saccades** to jerk along, to move along in fits and starts ou jerkily ◆ **parler par saccades** to speak haltingly

saccadé, e /sakade/ SYN ADJ [démarche, gestes, style] jerky; [débit, respiration] spasmodic, halting; [bruit] staccato; [sommeil] fitful

saccage /sakaʒ/ SYN NM (= destruction) [de pièce, bâtiment] ransacking; [de jardin] wrecking; [de forêt, littoral, planète] destruction; (= pillage) [de pays, ville] sack, sacking (NonC); [de maison] ransacking

saccager /sakaʒe/ SYN ► conjug 3 ◄ VT ① (= dévaster) [+ pièce] to turn upside down, to wreck; [+ jardin, bâtiment] to wreck; [+ forêt, littoral, planète] to destroy ◆ **ils ont tout saccagé dans la maison** they turned the whole house upside down ◆ **l'appartement était entièrement saccagé** the flat was completely wrecked ◆ **champ saccagé par la grêle** field laid waste ou devastated by the hail
② (= piller) [+ pays, ville] to sack, to lay waste; [+ maison] to ransack

saccageur, -euse /sakaʒœʀ, øz/ NM,F (= dévastateur) vandal; (= pillard) pillager, plunderer

saccharase /sakaʀaz/ NF invertase, saccharase
saccharate /sakaʀat/ NM saccharate
saccharifère /sakaʀifɛʀ/ ADJ sacchariferous
saccharification /sakaʀifikasjɔ̃/ NF saccharification
saccharifier /sakaʀifje/ ► conjug 7 ◄ VT to saccharify
saccharimètre /sakaʀimɛtʀ/ NM saccharimeter
saccharimétrie /sakaʀimetʀi/ NF saccharimetry
saccharimétrique /sakaʀimetʀik/ ADJ saccharimetric(al)
saccharine /sakaʀin/ NF saccharin(e)
saccharine, e /sakaʀine/ ADJ [boisson] sweetened with saccharin(e)
saccharique /sakaʀik/ ADJ ◆ **acide saccharique** saccharic acid
saccharoïde /sakaʀɔid/ ADJ saccharoid(al)
saccharomyces /sakaʀɔmises/ NM saccharomyces
saccharose /sakaʀoz/ NM sucrose, saccharose
saccule /sakyl/ NM saccule, sacculus
SACEM /sasɛm/ NF (abrév de **Société des auteurs, compositeurs et éditeurs de musique**) French body responsible for collecting and distributing music royalties, ≈ PRS (Brit)
sacerdoce /sasɛʀdɔs/ NM (Rel) priesthood; (fig) calling, vocation
sacerdotal, e (mpl **-aux**) /sasɛʀdɔtal, o/ ADJ priestly, sacerdotal
sachem /saʃɛm/ NM sachem
sachet /saʃɛ/ SYN NM [de bonbons, thé] bag; [de levure, sucre vanillé] sachet; [de drogue] (small) bag; [de soupe] packet ◆ **sachet de lavande** lavender bag ou sachet ◆ **sachet d'aspirine** sachet of (powdered) aspirin ◆ **soupe en sachet(s)** packet soup ◆ **thé en sachet(s)** tea bags ◆ **café en sachets individuels** individual sachets of coffee
sacoche /sakɔʃ/ NF (gén) bag; (pour outils) toolbag; [de cycliste, de selle] saddlebag; [de porte-bagages] pannier; [d'écolier] (school) bag; (à bretelles) satchel; [d'encaisseur] (money) bag; [de facteur] (post-)bag

sacoléva /sakɔleva/ NF, **sacolève** /sakɔlɛv/ NM Levantine three-master

sac-poubelle, sac poubelle (pl **sacs(-)poubelles**) /sakpubɛl/ NM bin liner (Brit), garbage bag (US)

sacquer* /sake/ ► conjug 1 ◄ VT ① [+ employé] ◆ **sacquer qn** to fire sb, to kick sb out*, to give sb the push*** ou the boot*** ou the sack* (Brit) ◆ **se faire sacquer** to get the push*** ou boot*** ou sack* (Brit), to get (o.s.) kicked out***
② [+ élève] to mark (Brit) ou grade (US) strictly ◆ **je me suis fait sacquer à l'examen** the examiner gave me lousy * marks (Brit) ou grades (US)
③ (= détester) ◆ **je ne peux pas le sacquer** I can't stand him, I hate his guts***

sacral, e (mpl **-aux**) /sakʀal, o/ ADJ sacred
sacralisation /sakʀalizasjɔ̃/ NF ① ◆ **la sacralisation des loisirs/de la famille** the sanctification of leisure time/the family
② (Méd) sacralization
sacraliser /sakʀalize/ ► conjug 1 ◄ VT to regard as sacred, to make sacred ◆ **sacraliser la réussite sociale/la famille** to regard social success/the family as sacred
sacralité /sakʀalite/ NF [de personne] sacred status; [d'institution] sacredness
sacramentaire /sakʀamɑ̃tɛʀ/
ADJ sacramental
NMF Sacramentarian
sacramental (pl **-aux**) /sakʀamɑ̃tal, o/ NM sacramental
sacramentel, -elle /sakʀamɑ̃tɛl/ ADJ ① (fig = rituel) ritual, ritualistic
② (Rel) [rite, formule] sacramental

sacre /sakʀ/ NM ① [de roi] coronation; [d'évêque] consecration ◆ « **le Sacre du Printemps** » (Mus) "the Rite of Spring"
② (= oiseau) saker
③ (Can = juron) (blasphemous) swearword

sacré¹, e /sakʀe/ ADJ (ptp de **sacrer**)
① (après n : Rel) [lieu, objet, texte] sacred, holy; [art, musique] sacred; [horreur, terreur] holy; [droit] hallowed, sacred ◆ **le Sacré Collège** the Sacred College (of Cardinals); → **feu¹, union**
② (après n = inviolable) [droit, promesse] sacred ◆ **son sommeil, c'est sacré** his sleep is sacred; → **monstre**
③ (* : avant n = maudit) blasted *, confounded *, damned ** ◆ **sacré nom de nom !** *** hell and damnation!** ◆ **elle a un sacré caractère** she's got a lousy * temper
④ (* : avant n = considérable) ◆ **c'est un sacré imbécile** he's a real idiot ◆ **c'est un sacré menteur** he's a terrible liar ◆ **il a un sacré toupet** he's got a ou one heck ** ou hell ** of a nerve, he's got a right cheek * (Brit) ◆ **elle a eu une sacrée chance** she was damn(ed) lucky *
⑤ (* : avant n : admiration, surprise) ◆ **sacré farceur !** you old devil * ◆ **ce sacré Paul a encore gagné aux courses** Paul's gone and won on the horses again, the lucky devil *
NM ◆ **le sacré** the sacred

sacré², e /sakʀe/ ADJ (Anat) sacral
sacrebleu* /sakʀəblø/ EXCL (††, hum) confound it!*, strewth!* (Brit)
Sacré-Cœur /sakʀekœʀ/ NM ① (Rel) ◆ **le Sacré-Cœur** the Sacred Heart ◆ **la fête du Sacré-Cœur** the Feast of the Sacred Heart
② (= église) ◆ **le Sacré-Cœur, la basilique du Sacré-Cœur** the Sacré-Cœur
sacredieu* ††/sakʀədjø/ EXCL ⇒ **sacrebleu**
sacrement /sakʀəmɑ̃/ NM sacrament ◆ **recevoir les derniers sacrements** to receive the last rites ou sacraments ◆ **il est mort, muni des sacrements de l'Église** he died fortified with the (last) rites ou sacraments of the Church
sacrément* /sakʀemɑ̃/ ADV [froid, intéressant, laid] damned **, jolly * (Brit) ◆ **j'ai eu sacrément peur** I was damned ** ou jolly * (Brit) scared ◆ **ça m'a sacrément plu** I really liked it, I liked it ever so much ◆ **il est sacrément menteur** he's a downright ou an out-and-out liar

sacrer /sakʀe/ SYN ► conjug 1 ◄
VT [+ roi] to crown; [+ évêque] to consecrate ◆ **il a été sacré champion du monde/meilleur joueur** he was crowned world champion/best player
VI (††, * = jurer) to curse, to swear

sacret /sakʀɛ/ NM sakeret, male saker

sacrificateur, -trice /sakʀifikatœʀ, tʀis/ NM,F (Hist) sacrificer ◆ **grand sacrificateur** high priest

sacrifice /sakʀifis/ SYN NM (Rel, fig) sacrifice ◆ **sacrifice financier/humain** financial/human sacrifice ◆ **faire un sacrifice/des sacrifices** to make a sacrifice/sacrifices ◆ **faire le sacrifice de sa vie/d'une journée de vacances** to sacrifice one's life/a day's holiday ◆ **offrir qch en sacrifice** to offer sth as a sacrifice (à to) ◆ **être prêt à tous les sacrifices pour qn/qch** to be prepared to sacrifice everything for sb/sth ◆ **sacrifice de soi** self-sacrifice; → **saint**

sacrificiel, -ielle /sakʀifisjɛl/ ADJ sacrificial

sacrifié, e /sakʀifje/ (ptp de **sacrifier**) ADJ
① [peuple, troupe] sacrificed ◆ **les sacrifiés du plan de restructuration** the victims of ou those who have been sacrificed in the restructuring plan
② (Comm) ◆ **articles sacrifiés** give-aways*, items given away at knockdown prices ◆ « **prix sacrifiés** » "giveaway prices", "rock-bottom prices", "prices slashed"

sacrifier /sakʀifje/ SYN ► conjug 7 ◄
VT ① (gén) to sacrifice (à to; pour for); (= abandonner) to give up ◆ **sacrifier sa vie pour sa patrie** to lay down ou sacrifice one's life for one's country ◆ **il a sacrifié sa carrière au profit de sa famille** he sacrificed his career for (the sake of) his family ◆ **il a dû sacrifier ses vacances** he had to give up his holidays
② (Comm) [+ marchandises] to give away (at a knockdown price)
VT INDIR **sacrifier à** [+ mode, préjugés, tradition] to conform to
VPR **se sacrifier** to sacrifice o.s. (à to; pour for) ◆ **il ne reste qu'un chocolat... je me sacrifie !** (iro) there's only one chocolate left... I'll just have to eat it myself!

sacrilège /sakʀilɛʒ/ SYN
ADJ (Rel, fig) sacrilegious ◆ **acte sacrilège** sacrilegious act, act of sacrilege
NM (Rel, fig) sacrilege ◆ **ce serait un sacrilège de...** it would be (a) sacrilege to... ◆ **commettre un sacrilège** to commit sacrilege ◆ **il a coupé son vin avec de l'eau, quel sacrilège !** he put water in his wine, what sacrilege!
NMF sacrilegious person

sacripant /sakʀipɑ̃/ NM (††, hum) rogue, scoundrel

sacristain /sakʀistɛ̃/ NM [de sacristie] sacristan; [d'église] sexton

sacristaine /sakʀistɛn/ NF sacristan

sacristi ** /sakʀisti/ EXCL (= colère) for God's sake!**; (= surprise) good grief!*, (good) heavens! †

sacristie /sakʀisti/ NF (catholique) sacristy; (protestante) vestry; → **punaise**

sacristine /sakʀistin/ NF ⇒ **sacristaine**

sacro-iliaque /sakʀoiljak/ ADJ sacroiliac

sacro-saint, e /sakʀosɛ̃, sɛ̃t/ SYN ADJ (lit, iro) sacrosanct

sacrum /sakʀɔm/ NM sacrum

sadducéen, -enne /sadyseɛ̃, ɛn/
ADJ Sadducean
NM,F Sadducee

sadique /sadik/ SYN
ADJ sadistic ◆ **stade sadique anal** (Psych) anal stage
NMF sadist

sadiquement /sadikmɑ̃/ ADV sadistically

sadisme /sadism/ SYN NM sadism

sado* /sado/
ADJ sadistic ◆ **il est sado-maso** he's into S&M
NMF sadist

sadomasochisme /sadomazɔʃism/ NM sadomasochism

sadomasochiste /sadomazɔʃist/
ADJ sadomasochistic
NMF sadomasochist

saducéen, -enne /sadyseɛ̃, ɛn/ ADJ, NM,F ⇒ **sadducéen, -enne**

SAE /ɛsɑø/ ADJ (abrév de **Society of Automotive Engineers**) SAE ◆ **classification/numéro SAE** SAE classification/number

safari /safaʀi/ NM safari ◆ **faire un safari** to go on safari

safari-photo | saint

safari-photo (pl **safaris-photos**) /safaʀifɔto/ NM photo(graphic) safari

safran /safʀɑ̃/
NM [1] (= couleur, plante, épice) saffron • **safran des prés** autumn crocus, meadow saffron • **riz au safran** saffron rice
[2] [de gouvernail] rudder blade
ADJ INV saffron(-coloured (Brit) ou -colored (US)) • **jaune safran** saffron yellow

safrané, e /safʀane/ ADJ [plat, sauce] with saffron; [tissu] saffron(-coloured (Brit) ou -colored (US)), saffron (yellow) • **de couleur safranée** saffron-coloured

safre /safʀ/ NM zaffer, zaffre

saga /saga/ SYN NF saga

sagace /sagas/ SYN ADJ (littér) sagacious, shrewd

sagacité /sagasite/ NF sagacity, shrewdness • **avec sagacité** shrewdly

sagaie /sagɛ/ NF assegai, assagai

sage /saʒ/ SYN
ADJ [1] (= avisé) [conseil] sound, sensible, wise; [action, démarche, décision, précaution] wise, sensible; [personne] wise • **il serait plus sage de…** it would be wiser ou more sensible to…, you (ou he etc) would be better advised to…
[2] (euph = chaste) [jeune fille] good, well-behaved • **elle n'est pas très sage** she's a bit wild
[3] (= docile) [animal, enfant] good, well-behaved • **sois sage** be good, behave yourself, be a good boy (ou girl) • **sage comme une image** (as) good as gold • **il a été très sage chez son oncle** he was very well-behaved ou he behaved (himself) very well at his uncle's • **est-ce que tu as été sage ?** have you been a good boy (ou girl)?
[4] (= décent, modéré) [goûts] sober, moderate; [roman] restrained, tame; [prix] moderate; [vêtement] sensible
NM wise man; (Antiq) sage

sage-femme (pl **sages-femmes**) /saʒfam/ NF midwife

sagement /saʒmɑ̃/ SYN ADV [1] (= avec bon sens) [conseiller, agir] wisely, sensibly; [décider] wisely
[2] (= chastement) properly • **se conduire sagement** to be good, to behave o.s. (properly)
[3] (= docilement) quietly • **il est resté sagement assis sans rien dire** [enfant] he sat quietly ou he sat like a good boy and said nothing • **va bien sagement te coucher** be a good boy (ou girl) and go to bed, off you go to bed like a good boy (ou girl) • **des paires de chaussures sagement alignées** pairs of shoes neatly lined up
[4] (= modérément) wisely, moderately • **savoir user sagement de qch** to know how to use sth wisely ou in moderation ou moderately

sagesse /saʒɛs/ SYN NF [1] (= bon sens) [de personne] wisdom, (good) sense; [de conseil] soundness; [d'action, démarche, décision] wisdom • **faire preuve de sagesse** to be sensible • **il a eu la sagesse de…** he had the wisdom ou (good) sense to…, he was wise ou sensible enough to…
• **dans son infinie sagesse, il m'a conseillé de…** in his infinite wisdom, he advised me to…
• **écouter la voix de la sagesse** to listen to the voice of reason • **la sagesse populaire/des nations** popular/traditional wisdom
[2] (euph = chasteté) chastity
[3] (= docilité) [d'enfant] good behaviour (Brit) ou behavior (US) • **il est la sagesse même** he's incredibly well-behaved • **il a été d'une sagesse exemplaire** he has been very good, he has behaved himself very well; → **dent**
[4] (= modération) moderation • **savoir utiliser qch avec sagesse** to know how to use sth wisely ou in moderation

sagette /saʒɛt/ NF (= plante) arrowhead

sagine /saʒin/ NF pearlwort

Sagittaire /saʒitɛʀ/ NM • **le Sagittaire** Sagittarius • **il est Sagittaire, il est (du signe) du Sagittaire** he's (a) Sagittarius ou a Sagittarian

sagittaire /saʒitɛʀ/ NF (= plante) arrowhead

sagittal, e (mpl -aux) /saʒital, o/ ADJ sagittal

sagitté, e /saʒite/ ADJ sagittate, sagittiform

sagou /sagu/ NM sago

sagouin, e /sagwɛ̃, in/
NM [1] (= singe) marmoset
[2] (* = homme) (sale) filthy pig*, filthy slob*; (méchant) swine*; (incompétent) bungling idiot* • **il mange comme un sagouin** he eats like a pig • **il travaille comme un sagouin** he's a very sloppy worker

NF **sagouine*** (sale) filthy slob*; (méchante) bitch**, cow** (Brit); (incompétente) bungling idiot*

sagoutier /sagutje/ NM sago palm

Sahara /saaʀa/ NM • **le Sahara** the Sahara (desert) • **au Sahara** in the Sahara • **le Sahara occidental** the Western Sahara

saharien, -ienne /saaʀjɛ̃, jɛn/
ADJ (= du Sahara) Saharan; [chaleur, climat] desert (épith) • **ensemble saharien** (= costume) safari suit
NF **saharienne** (= veste) safari jacket; (= chemise) safari shirt

Sahel /saɛl/ NM • **le Sahel** the Sahel

sahélien, -ienne /saeljɛ̃, jɛn/
ADJ Sahelian
NM,F **Sahélien(ne)** Sahelian

sahraoui, e /saʀawi/
ADJ Western Saharan
NM,F **Sahraoui(e)** Western Saharan

saï /sai, saj/ NM capuchin monkey

saie /sɛ/ NF (pig) bristle brush

saietter /sejete, sɛj(ə)te/ ► conjug 1 ◄ VT to clean with a (pig) bristle brush

saïga /sajga, saiga/ NM saiga

saignant, e /sɛɲɑ̃, ɑ̃t/
ADJ [1] [plaie] bleeding; [entrecôte] rare • **je n'aime pas la viande saignante** I don't like rare ou underdone meat
[2] * [commentaires, critiques] scathing
NM • **je n'aime pas le saignant** I don't like rare ou underdone meat

saignée /seɲe/ NF [1] (Méd) (= épanchement) bleeding (NonC); (= opération) bloodletting (NonC), bleeding (NonC) • **faire une saignée à qn** to bleed sb, to let sb's blood
[2] [de budget] savage cut (à, dans in) • **les saignées que j'ai dû faire sur mon salaire/mes économies pour…** the huge holes I had to make in my salary/my savings to… • **les saignées faites dans le pays par la guerre** the heavy losses incurred by the country in the war
[3] (Anat) • **la saignée du bras** the crook of the elbow
[4] (= sillon) [de sol] trench, ditch; [de mur] groove • **faire une saignée à un arbre** to make a taphole in a tree

saignement /sɛɲmɑ̃/ NM bleeding (NonC) • **saignement de nez** nosebleed

saigner /seɲe/ SYN ► conjug 1 ◄
VI [1] (lit) to bleed • **il saignait comme un bœuf*** the blood was pouring out of him • **il saignait du nez** he had a nosebleed, his nose was bleeding • **ça va saigner !*** (fig) the fur will fly!*
[2] (littér) [dignité, orgueil] to sting • **mon cœur saigne** ou **le cœur me saigne encore** my heart is still bleeding (littér)
VT [1] [+ animal] to kill (by bleeding); [+ malade] to bleed
[2] (= exploiter) to bleed • **saigner qn à blanc** to bleed sb dry ou white • **nation/ville saignée à blanc** nation/town that has been bled dry ou white
[3] [+ arbre] to tap
VPR **se saigner** • **se saigner (aux quatre veines) pour qn** to bleed o.s. dry ou white for sb

saignoir /sɛɲwaʀ/ NM sticking knife, sticker

Saïgon /saigɔ̃/ N Saigon

saillant, e /sajɑ̃, ɑ̃t/
ADJ [1] [menton, front, pommette, veine] prominent; [yeux, muscle] bulging (épith); [corniche] projecting (épith); → **angle**
[2] (= frappant) [point] salient (frm), key; [trait] outstanding, key; [événement] striking • **l'exemple le plus saillant est…** the most striking example is…
[3] (Héraldique) salient
NM (= avancée) salient

saillie /saji/ SYN NF [1] (= aspérité) projection • **faire saillie** to project, to jut out • **qui forme saillie, en saillie** projecting, overhanging • **rocher qui s'avance en saillie** rock which sticks ou juts out, overhang
[2] (littér = boutade) sally, witticism
[3] (= accouplement d'animaux) covering, servicing, serving

saillir[1] /sajiʀ/ SYN ► conjug 13 ◄ VI [balcon, corniche] to jut out, to stick out, to project; [menton, poitrine, pommette] to be prominent; [muscle, veine] to protrude, to stand out; [yeux] to bulge

saillir[2] /sajiʀ/ SYN ► conjug 2 ◄
VI (littér = jaillir) to gush forth
VT [+ animal] to cover, to service, to serve

saïmiri /saimiʀi/ NM squirrel monkey

sain, saine /sɛ̃, sɛn/ SYN ADJ [1] (= en bonne santé) [personne, cellules] healthy; [constitution, dents] healthy, sound • **être/arriver sain et sauf** to be/arrive safe and sound • **il est sorti sain et sauf de l'accident** he escaped unharmed ou unscathed from the accident • **sain de corps et d'esprit** (gén) sound in body and mind; (dans testament) being of sound mind • **être sain d'esprit** to be of sound mind, to be sane; → **porteur**
[2] (= salubre, bon pour la santé) [climat, vie] healthy; [nourriture] healthy, wholesome • **il n'est pas sain de si peu manger** it's not good ou it's not healthy to eat so little • **il est sain de rire de temps en temps** it does you good to laugh from time to time
[3] (= non abîmé) [fondations, mur] sound; [affaire, économie, gestion] sound • **établir qch sur des bases saines** to establish sth on a sound basis
[4] (moralement) [personne] sane; [jugement, politique] sound, sane; [goûts, idées] healthy; [lectures] wholesome • **ce n'est pas sain pour la démocratie/notre économie** it's not healthy for democracy/our economy
[5] (Naut) [côte] safe

sainbois /sɛ̃bwa/ NM (= plante) spurge flax

saindoux /sɛ̃du/ NM lard

sainement /sɛnmɑ̃/ ADV [manger] healthily; [juger] sanely; [raisonner] soundly • **vivre sainement** to lead a healthy life, to live healthily

sainfoin /sɛ̃fwɛ̃/ NM sainfoin

saint, sainte /sɛ̃, sɛ̃t/ SYN
ADJ [1] (= sacré) [image, semaine] holy • **la sainte Bible** the Holy Bible • **les Saintes Écritures** the Holy Scriptures, Holy Scripture • **les saintes huiles** the holy oils • **la sainte Croix/Sainte Famille** the Holy Cross/Family • **les saintes femmes** the holy women • **la semaine sainte** Holy Week • **le mardi/ mercredi saint** Tuesday/Wednesday before Easter, the Tuesday/Wednesday of Holy Week • **le jeudi saint** Maundy Thursday • **le vendredi saint** Good Friday • **le samedi saint** Holy ou Easter Saturday • **s'approcher de la sainte table** to take communion; → **guerre, lieu**[1]**, semaine, terre**
[2] (devant prénom) Saint • **saint Pierre/Paul** (apôtre) Saint Peter/Paul • **Saint-Pierre/-Paul** (église) Saint Peter's/Paul's • **ils ont fêté la Saint-Pierre** (fête) they celebrated the feast of Saint Peter • **le jour de la Saint-Pierre, à la Saint-Pierre** (jour) (on) Saint Peter's day • **à la Saint-Michel/-Martin** at Michaelmas/Martinmas; → aussi **saint-pierre**
[3] (= pieux) [pensée, personne] saintly, godly; [vie, action] pious, saintly, holy • **sa mère est une sainte femme** his mother is a real saint
[4] (* locutions) • **toute la sainte journée** the whole blessed day* • **avoir une sainte horreur de qch** to have a holy horror of sth* • **être saisi d'une sainte colère** to fly into an almighty ou a holy rage

NM,F (lit, fig) saint • **il veut se faire passer pour un (petit) saint** he wants to pass for a saint • **ce n'est pas un saint** he's no saint • **elle a la patience d'une sainte** she has the patience of a saint ou of Job • **un saint de bois/pierre** a wooden/stone statue of a saint • **la fête de tous les saints** All Saints' Day • **saint laïc** secular saint • **comme on connaît ses saints on les honore** (Prov) we treat people according to their merits; → **prêcher, savoir**

COMP **le saint chrême** the chrism, the holy oil
le Saint Empire romain germanique the Holy Roman Empire
les saints de glace the 11th, 12th and 13th of May
Saint-Jacques-de-Compostelle Santiago de Compostela
Saint Louis Saint Louis
sainte nitouche (péj) (pious ou saintly) hypocrite • **c'est une sainte nitouche** she looks as if butter wouldn't melt in her mouth • **de sainte nitouche** [attitude, air] hypocritically pious
saint patron patron saint
le saint sacrifice the Holy Sacrifice of the Mass
le Saint des Saints (Rel) the Holy of Holies; (fig) the holy of holies

le saint suaire the Holy Shroud ◆ **le saint suaire de Turin** the Turin Shroud **la sainte Trinité** the Holy Trinity **la Sainte Vierge** the Blessed Virgin

Saint-Barthélemy /sɛbaʀtelemi/
N (Géog) Saint-Barthélemy, Saint Bartholomew, Saint Bart's
NF ◆ **(le massacre de) la Saint-Barthélemy** the Saint Bartholomew's Day Massacre

saint-bernard (pl **saint(s)-bernard(s)**) /sɛbɛʀnaʀ/ **NM** (= chien) St Bernard; (hum = personne) good Samaritan

Saint-Cyr /sɛsiʀ/ **N** French military academy

saint-cyrien (pl **saint-cyriens**) /sɛsiʀjɛ̃/ **NM** (military) cadet (of the Saint-Cyr academy)

Saint-Domingue /sɛdɔmɛ̃g/ **N** Santo Domingo

Sainte-Alliance /sɛtaljɑ̃s/ **NF** ◆ **la Sainte-Alliance** the Holy Alliance

Sainte-Hélène /sɛtelɛn/ **N** Saint Helena

Sainte-Lucie /sɛtlysi/ **N** Saint Lucia

saintement /sɛ̃tmɑ̃/ **ADV** [agir, mourir] like a saint ◆ **vivre saintement** to lead a saintly ou holy life, to live like a saint

Sainte-Sophie /sɛtsɔfi/ **NF** Saint Sophia

Saint-Esprit /sɛ̃tɛspʀi/ **NM** ① ◆ **le Saint-Esprit** the Holy Spirit ou Ghost; → **opération**
② ◆ **saint-esprit** (= croix) type of cross bearing the emblem of the Holy Ghost, sometimes worn by French Protestant women

sainteté /sɛ̃tte/ **NF** ① [de personne] saintliness, godliness; [de Évangile, Vierge] holiness; [de lieu] holiness, sanctity; [de mariage] sanctity; → **odeur**
② ◆ **Sa Sainteté (le pape)** His Holiness (the Pope)

saint-frusquin † /sɛfʀyskɛ̃/ **NM** ◆ **il est arrivé avec tout son saint-frusquin** he arrived with all his gear* ou clobber (Brit) * ◆ **et tout le saint-frusquin** (= tout le reste) and all the rest

saint-glinglin /sɛglɛ̃glɛ̃/ ◆ **à la saint-glinglin** * **LOC ADV** ◆ **il te le rendra à la saint-glinglin** he'll never give it back to you in a month of Sundays ◆ **attendre jusqu'à la saint-glinglin** to wait forever ◆ **on ne va pas rester là jusqu'à la saint-glinglin** we're not going to hang around here forever*

saint-honoré (pl **saint-honoré(s)**) /sɛ̃tɔnɔʀe/ **NM** (Culin) Saint Honoré (gâteau)

Saint-Jean /sɛʒɑ̃/ **NF** ◆ **la Saint-Jean** Midsummer('s) Day ◆ **les feux de la Saint-Jean** bonfires lit to celebrate Midsummer Night

Saint-Laurent /sɛlɔʀɑ̃/ **NM** ◆ **le Saint-Laurent** the St Lawrence (river)

Saint-Marin /sɛmaʀɛ̃/ **NM** San Marino

Saint-Martin /sɛmaʀtɛ̃/ **NM** Saint Martin

Saint-Nicolas /sɛnikɔla/ **NF** ◆ **la Saint-Nicolas** St Nicholas's Day

Saint-Office /sɛtɔfis/ **NM** ◆ **le Saint-Office** the Holy Office

saintpaulia /sɛ̃pɔlja/ **NM** African violet, saintpaulia

Saint-Père /sɛpɛʀ/ **NM** ◆ **le Saint-Père** the Holy Father

saint-pierre /sɛpjɛʀ/ **NM INV** (= poisson) dory, John Dory

Saint-Pierre-et-Miquelon /sɛpjɛʀemiklɔ̃/ **N** Saint Pierre and Miquelon

Saint-Sacrement /sɛsakʀəmɑ̃/ **NM** ◆ **le Saint-Sacrement** the Blessed Sacrament ◆ **porter qch comme le Saint-Sacrement** † to carry sth with infinite care ou as if it were the Crown Jewels

Saint-Sépulcre /sɛsepylkʀ/ **NM** ◆ **le Saint-Sépulcre** the Holy Sepulchre

Saint-Siège /sɛsjɛʒ/ **NM** ◆ **le Saint-Siège** the Holy See

saint-simonien, -ienne (mpl **saint-simoniens**) /sɛsimɔnjɛ̃, jɛn/ **ADJ, NM,F** Saint-Simonian

saint-simonisme /sɛsimɔnism/ **NM** Saint-Simonism

Saints-Innocents /sɛzɛ̃nɔsɑ̃/ **NMPL** ◆ **le jour des Saints-Innocents** Holy Innocents' Day

Saint-Sylvestre /sɛsilvɛstʀ/ **NF** ◆ **la Saint-Sylvestre** New Year's Eve

Saint-Synode /sɛsinɔd/ **NM** ◆ **le Saint-Synode** the Holy Synod

Saint-Valentin /sɛvalɑ̃tɛ̃/ **NF** ◆ **la Saint-Valentin** (Saint) Valentine's Day

Saint-Vincent-et-(les-)Grenadines /sɛvɛ̃sɑ̃e(lə)gʀənadin/ **NPL** Saint Vincent and the Grenadines

saisi, e /sezi/ (ptp de **saisir**)
ADJ (Jur) ◆ **tiers saisi** garnishee
NM (Jur) distrainee

saisie /sezi/ **SYN**
NF ① [de biens] seizure, distraint (SPÉC), distress (SPÉC) ◆ **opérer une saisie** to make a seizure
② [de documents, articles prohibés] seizure, confiscation; [de drogue] seizure
③ (= capture) capture
④ (Ordin) ◆ **saisie de données** (gén) data capture; (sur clavier) keyboarding ◆ **saisie manuelle** (manual) data entry ◆ **saisie automatique** (gén) automatic data capture; (au scanner) optical reading ou scanning ◆ **faire de la saisie (de données)** (gén) to capture data; (sur clavier) to key(board) data
COMP **saisie conservatoire** seizure of goods (to prevent sale etc) ◆ **saisie immobilière** seizure of property ◆ **saisie mobilière** ⇒ **saisie-exécution** ◆ **saisie sur salaire** distraint on wages

saisie-arrêt (pl **saisies-arrêts**) /seziaʀɛ/ **NF** distraint, attachment

saisie-exécution (pl **saisies-exécutions**) /seziɛgzekysjɔ̃/ **NF** distraint (for sale by court order)

saisie-gagerie (pl **saisies-gageries**) /sezigaʒʀi/ **NF** seizure of goods (by landlord in lieu of unpaid rent)

saisine /sezin/ **NF** ① (Jur) submission of a case to the court
② (Naut = cordage) lashing

saisir /seziʀ/ **SYN** ▶ conjug 2 ◀
VT ① (= prendre) to take hold of, to catch hold of; (= s'emparer de) to seize, to grab ◆ **saisir qn à la gorge** to grab ou seize sb by the throat ◆ **saisir un ballon au vol** to catch a ball (in mid air) ◆ **il lui saisit le bras pour l'empêcher de sauter** he grabbed his arm to stop him jumping ◆ **ils le saisirent à bras-le-corps** they took hold of ou seized him bodily
② [+ occasion] to seize; [+ prétexte] to seize (on) ◆ **saisir sa chance** to seize ou grab one's chance ◆ **saisir l'occasion/la chance au vol** to jump at the opportunity/the chance, to take the opportunity/the chance when it arises ◆ **saisir la balle au bond** to jump at the opportunity (while the going is good)
③ (= entendre) [+ nom, mot] to catch, to get; (= comprendre) [+ explications] to grasp, to understand, to get ◆ **il a saisi quelques noms au vol** he caught ou overheard a few names in passing ◆ **d'un coup d'œil, il saisit ce qui se passait** he saw what was going on at a glance ◆ **tu saisis ce que je veux dire ?** do you get it?*, do you get what I mean?
④ [peur] to take hold of, to seize, to grip; [allégresse, colère] to take hold of, to come over; [malaise] to come over ◆ **le froid l'a saisi** ou **il a été saisi par le froid en sortant** he was gripped by the cold as he went out ◆ **il a été saisi de mouvements convulsifs** he was seized with convulsions ◆ **saisi de joie** overcome with joy ◆ **saisi de peur** overcome by fear ◆ **saisi de panique/d'horreur** panic-/horror-stricken ◆ **je fus saisi de l'envie de...** I suddenly had the urge to...
⑤ (= impressionner, surprendre) to strike ◆ **la ressemblance entre les deux sœurs le saisit** he was struck by the resemblance between the two sisters ◆ **elle fut tellement saisie que...** she was so surprised that...
⑥ (Jur) [+ biens] to seize, to distrain (SPÉC); [+ documents, drogue] to seize, to confiscate; [+ personne] to take into custody, to seize
⑦ (Jur) [+ juridiction] to submit ou refer a case to ◆ **saisir le Conseil de sécurité d'une affaire** to submit ou refer a matter to the Security Council ◆ **saisir la Cour de justice** to complain to the Court of Justice ◆ **la cour a été saisie de l'affaire** ou **du dossier** the case has been submitted ou referred to the court
⑧ (Culin) [+ viande] to seal, to sear
⑨ (Ordin) [+ données] (gén) to capture; (sur clavier) to key (in), to keyboard
VPR **se saisir** ◆ **se saisir de qch/qn** to seize sth/sb, to catch hold of sth/sb

⚠ Attention à ne pas traduire automatiquement **saisir** par **to seize**, qui est d'un registre plus soutenu.

◆ **le gouvernement/le Conseil de sécurité s'est saisi du dossier** the government/Security Council has taken up the issue

saisissable /sezisabl/ **ADJ** ① [nuance, sensation] perceptible
② (Jur) seizable, distrainable (SPÉC)

saisissant, e /sezisɑ̃, ɑ̃t/ **SYN**
ADJ ① [spectacle] gripping; [contraste, ressemblance] striking, startling; [froid] biting, piercing; → **raccourci**
② (Jur) distraining
NM (Jur) distrainer

saisissement /sezismɑ̃/ **SYN** **NM** (= émotion) shock; († = frisson de froid) sudden chill

saison /sezɔ̃/ **NF** ① (= division de l'année) season ◆ **la belle/mauvaise saison** the summer/winter months ◆ **en cette saison** at this time of year ◆ **en toutes saisons** all (the) year round ◆ **il n'y a plus de saisons !** there are no seasons any more!
② (= époque) season ◆ **saison des amours/des fraises/théâtrale/touristique** mating/strawberry/theatre/tourist season ◆ **la saison des pluies** the rainy ou wet season ◆ **la saison sèche** the dry season ◆ **la saison des moissons/des vendanges** harvest/grape-harvesting time ◆ **les nouvelles couleurs de la saison** the new season's colours ◆ **nous faisons la saison sur la Côte d'Azur** we're working on the Côte d'Azur during the season ◆ **les hôteliers ont fait une bonne saison** hoteliers have had a good season ◆ **haute/basse saison** high ou peak/low ou off season ◆ **en (haute) saison les prix sont plus chers** in the high season ou at the height of the season prices are higher ◆ **en pleine saison** at the height ou peak of the season; → **marchand, voiture**
③ (= cure) stay (at a spa), cure
④ (locutions)
◆ **de saison** [fruits, légumes] seasonal ◆ **il fait un temps de saison** the weather is right ou what one would expect for the time of year, the weather is seasonable ◆ **faire preuve d'un optimisme de saison** to show fitting optimism ◆ **vos plaisanteries ne sont pas de saison** (frm) your jokes are totally out of place
◆ **hors saison** [plante] out of season (attrib); [prix] off-season (épith), low-season (épith) ◆ **prendre ses vacances hors saison** to go on holiday in the off season ou low season
◆ **hors de saison** (lit) out of season; (frm) (= inopportun) untimely, out of place

saisonnalité /sezɔnalite/ **NF** seasonality

saisonnier, -ière /sezɔnje, jɛʀ/
ADJ [commerce, emploi, travailleur] seasonal ◆ **variations saisonnières** seasonal variations ou fluctuations ◆ **dépression saisonnière** (Psych) seasonal affective disorder, SAD
NM,F (= ouvrier) seasonal worker

saïte /sait/ **ADJ** Saitic

sajou /saʒu/ **NM** ⇒ **sapajou**

saké /sake/ **NM** sake

Sakhaline /sakalin/ **NF** Sakhalin, Saghalien

saki /saki/ **NM** saki

sakièh /sakjɛ/ **NF** saki(y)eh

salace /salas/ **SYN** **ADJ** (littér) salacious

salacité /salasite/ **NF** (littér) salaciousness, salacity

salade /salad/ **NF** ① (= plante) lettuce; (= scarole) escarole ◆ **la laitue est une salade** lettuce is a salad vegetable
② (= plat) green salad ◆ **salade de tomates/de fruits/russe** tomato/fruit/Russian salad ◆ **salade niçoise** salade niçoise ◆ **salade composée** mixed salad ◆ **salade cuite** cooked salad greens ◆ **haricots en salade** bean salad; → **panier**
③ (* = confusion) tangle, muddle
④ (* = mensonge) ◆ **salades** stories* ◆ **raconter des salades** to spin yarns, to tell stories * ◆ **vendre sa salade** [représentant] to make one's sales pitch*
⑤ [d'armure] sallet

saladier /saladje/ **NM** ① (= récipient) salad bowl; ② (= contenu) bowlful

salage /salaʒ/ **NM** salting

salaire /salɛʀ/ **GRAMMAIRE ACTIVE 19.2** **SYN** **NM**
① (mensuel, annuel) salary; (journalier, hebdomadaire) wage(s), pay ◆ **salaire horaire** hourly wage ◆ **famille à salaire unique** single income family ◆ **toucher le salaire unique** (allocation) ≈ to get income support (Brit) ◆ **salaire de fa-**

salaison | **salle**

mine ou de misère starvation wage ◆ **salaire minimum** minimum wage ◆ **salaire minimum agricole garanti** guaranteed minimum agricultural wage ◆ **salaire minimum interprofessionnel de croissance**, **salaire minimum interprofessionnel garanti** † (index-linked) guaranteed minimum wage ◆ **salaire d'embauche** starting salary ◆ **salaire de base** basic pay ou salary ◆ **salaire indirect** employer's contributions ◆ **salaire brut/net** gross/net ou take-home pay ◆ **salaire nominal/réel** nominal/real wage ◆ **salaire imposable** taxable income ◆ **les petits salaires** (= personnes) low-wage earners ◆ **les gros salaires** high earners; → **bulletin**, **échelle**, **peine** etc
[2] (= récompense) reward (de for); (= châtiment) reward, retribution, recompense (de for); → **peine**

salaison /salɛzɔ̃/ NF [1] (= procédé) salting
[2] (= viande) salt meat; (= poisson) salt fish

salaisonnerie /salɛzɔnʀi/ NF (= secteur) ham curing; (= entreprise) ham producer

salaisonnier /salɛzɔnje/ NM person working in the cured meat industry

salamalecs ⁎ /salamalɛk/ NMPL (péj) bowing and scraping ◆ **faire des salamalecs** to bow and scrape

salamandre /salamɑ̃dʀ/ NF [1] (= animal) salamander
[2] (= poêle) slow-combustion stove

salami /salami/ NM salami

Salamine /salamin/ N Salamis

salangane /salɑ̃gan/ NF salangane

salant /salɑ̃/ ADJ M, NM ◆ **(marais) salant** (gén) salt marsh; (exploité) saltern

salarial, e (mpl -iaux) /salaʀjal, jo/ ADJ [1] (= des salaires) [accord, politique, exigences, revendications] wage (épith), pay (épith)
[2] (= des salariés) ◆ **cotisations salariales** employee contributions ◆ **charges salariales** payroll ou wage costs; → **masse**

salariat /salaʀja/ NM [1] (= salariés) wage-earners ◆ **le salariat et le patronat** employees and employers
[2] (= rémunération) (au mois) payment by salary; (au jour, à la semaine) payment by wages
[3] (= état) (being in) employment ◆ **être réduit au salariat après avoir été patron** to be reduced to the ranks of the employees ou of the salaried staff after having been in a senior position

salarié, e /salaʀje/ SYN
ADJ [travailleur] (au mois) salaried (épith); (à la journée, à la semaine) wage-earning; [travail, emploi] paid ◆ **elle est salariée** she gets a salary, she's on the payroll ◆ **travailleur non salarié** non-salaried worker
NM,F (payé au mois) salaried employee; (payé au jour, à la semaine) wage-earner ◆ **le statut de salarié** employee status ◆ **notre entreprise compte 55 salariés** our company has 55 employees on the payroll ou has a payroll of 55 employees

salarier /salaʀje/ ► conjug 7 ◄ VT to put on a salary ◆ **il préférerait se faire salarier** he would prefer to have a salaried job ou to be put on a salary ◆ **la direction a salarié cinq personnes** management have put five people on the company payroll

salarisation /salaʀizasjɔ̃/ NF putting on a salary

salaud ⁎ /salo/
NM bastard ⁎⁎, swine ⁎ ◆ **quel beau salaud !** what an absolute bastard! ⁎⁎ ◆ **alors mon salaud, tu ne t'en fais pas !** well you old bugger ⁎, you're not exactly overdoing it! ◆ **1 500 € ? ben, mon salaud !** €1,500? I'll be damned ⁎ ◆ **tous des salauds !** they're all bastards! ⁎⁎
ADJ ◆ **tu es salaud** you're an absolute bastard ⁎⁎ ou swine ⁎ ◆ **il a été salaud avec elle** he was a real bastard to her ⁎⁎ ◆ **il n'a pas été salaud avec toi** he's been nice to you ◆ **c'est salaud d'avoir fait ça** that was a shitty ⁎ thing to do ◆ **sois pas salaud !** don't be so mean!

salazarisme /salazaʀism/ NM Salazarism

sale /sal/ SYN
ADJ [1] (= crasseux) dirty ◆ **sale comme un cochon** ou **un porc** ou **un peigne** filthy (dirty) ◆ **oh la sale !** you dirty girl! ◆ **c'est pas sale !** ⁎ it's not bad! ◆ **l'argent sale** dirty money; → **laver**
[2] (= ordurier) [histoire] dirty, filthy

[3] (⁎ : avant n = mauvais) [affaire, maladie, habitude] nasty; [guerre] dirty ◆ **sale coup** (= mauvais tour) dirty trick; (= choc) terrible ou dreadful blow ◆ **faire un sale coup à qn** to play a (dirty) trick on sb ◆ **c'est un sale coup pour l'entreprise** it's bad news for the company, it's dealt a heavy blow to the company ◆ **(c'est un) sale coup pour la fanfare** it's a real blow ◆ **sale tour** dirty trick ◆ **sale temps** filthy ⁎ ou foul ou lousy ⁎ weather ◆ **sale temps pour les petites entreprises** bad days ou hard times for small businesses ◆ **sale démago** ⁎ bloody ⁎ (Brit) ou goddamn ⁎ (US) demagogue ◆ **avoir une sale tête** ⁎ (= sembler malade) to look awful, to look like death warmed up ⁎ (Brit) ou over ⁎ (US); (= faire peur) to look evil ◆ **faire une sale tête** (= être mécontent) to have a face like thunder ◆ **il a fait une sale tête** (= il était dépité) his face fell ◆ **il m'est arrivé une sale histoire** something awful happened to me ◆ **faire le sale travail** ou **boulot** ⁎ to do the dirty work; → **besogne**, **délit**
NM ◆ **mettre qch au sale** to put sth in the wash ◆ **aller/être au sale** to go/be in the wash

salé, e /sale/ SYN (ptp de **saler**)
ADJ [1] (= contenant du sel) [mer, saveur] salty; (= additionné de sel) [amande, plat] salted; [gâteau] (= non sucré) savoury (Brit), savory (US); (= au goût salé) salty; (= conservé au sel) [poisson, viande] salt (épith); [beurre] salted ◆ **ce serait meilleur plus salé** it would be better if it had more salt in; → **eau**
[2] (⁎ = grivois) spicy, juicy, fruity ⁎ ◆ **plaisanterie salée** dirty joke
[3] (⁎ = sévère) [punition] stiff; [facture] steep ◆ **la note s'annonce salée** the bill is going to be a bit steep
NM (= nourriture) ◆ **le salé** (gén) salty foods; (par opposition à sucré) savoury (Brit) ou savory (US) foods ◆ **petit salé** (= porc) salt pork
ADV ◆ **manger salé** to like a lot of salt on one's food, to like one's food well salted ◆ **il ne peut pas manger trop salé** he can't have his food too salty

salement /salmɑ̃/ ADV [1] (= malproprement, bassement) dirtily
[2] (⁎ = très, beaucoup) [dur, embêtant] damned ⁎, bloody ⁎ (Brit) ◆ **j'ai salement mal** it's damned ou bloody (Brit) painful ⁎, it hurts like mad ⁎ ◆ **j'ai eu salement peur** I had a ou one hell of a fright ⁎, I was damned ou bloody (Brit) scared ⁎

salep /salɛp/ NM salep

saler /sale/ ► conjug 1 ◄ VT [1] [+ plat, soupe] to put salt in, to salt; (pour conserver) to salt; [+ chaussée] to salt ◆ **tu ne sales pas assez** you don't put enough salt in, you don't use enough salt
[2] [+ client] to do ⁎, to fleece; [+ facture] to bump up ⁎; [+ inculpé] to be tough on ⁎

saleron /salʀɔ̃/ NM (petite salière) small saltcellar ou salt shaker

salésien, -ienne /salezjɛ̃, jɛn/ ADJ, NM,F Salesian

saleté /salte/ SYN NF [1] (= malpropreté) [de lieu, personne] dirtiness ◆ **il est/c'est d'une saleté incroyable** he's/it's absolutely filthy
[2] (= crasse) dirt, filth ◆ **murs couverts de saleté** walls covered in dirt ou filth ◆ **vivre dans la saleté** to live in filth ou squalor ◆ **le chauffage au charbon fait de la saleté** coal heating makes a lot of mess ou dirt
[3] (= ordure, impureté) dirt (NonC) ◆ **il y a une saleté par terre/sur ta robe** there's some dirt on the floor/on your dress ◆ **j'ai une saleté dans l'œil** I've got some dirt in my eye ◆ **tu as fait des saletés partout en perçant le mur** you've made a mess all over the place drilling the wall ◆ **enlève tes saletés de ma chambre** get your junk ⁎ ou rubbish (Brit) ou trash (US) out of my room ◆ **le chat a fait des saletés** ou **ses saletés dans le salon** the cat has made a mess in the lounge
[4] (⁎ = chose sans valeur) piece of junk ⁎ ◆ **ce réfrigérateur est une saleté** ou **de la vraie saleté** this fridge is a piece of junk ⁎ ◆ **c'est une saleté qu'ils ont achetée hier** it's some (old) junk ⁎ ou rubbish (Brit) ou trash (US) they bought yesterday ◆ **chez eux, il n'y a que des saletés** their place is full of junk ⁎ ou trash (US) ◆ **il se bourre de saletés avant le repas** he stuffs himself ⁎ with junk food before meals
[5] (⁎ = maladie) ◆ **je me demande où j'ai bien pu attraper cette saleté-là** I wonder where on earth I could have caught this blasted thing ⁎ ◆ **je récolte toutes les saletés qui traînent** I catch every blasted thing going ⁎

[6] (⁎ = obscénité) dirty ou filthy thing (to say) ⁎ ◆ **dire des saletés** to say filthy things ⁎, to talk dirty ⁎
[7] (⁎ = méchanceté) dirty trick ◆ **faire une saleté à qn** to play a dirty trick on sb ◆ **on en a vu des saletés pendant la guerre** we saw plenty of disgusting things during the war
[8] (⁎ = personne méprisable) nasty piece of work ⁎, nasty character
[9] (⁎ : intensif) ◆ **saleté de virus !** this blasted virus! ◆ **saleté de guerre !** what a damned ⁎ ou bloody ⁎ (Brit) awful war!

saleur, -euse /salœʀ, øz/
NM,F (Culin) salter
NF **saleuse** (= machine) salt spreader, salt truck (US)

salicaire /salikɛʀ/ NF loosestrife, willowherb

salicine /salisin/ NF salicin(e)

salicole /salikɔl/ ADJ salt (épith)

salicorne /salikɔʀn/ NF samphire

salicoside /salikozid/ NM salicin(e)

salicylate /salisilat/ NM salicylate

salicylique /salisilik/ ADJ ◆ **acide salicylique** salicylic acid

salien, -ienne /saljɛ̃, jɛn/ ADJ ◆ **Francs saliens** Salic Franks

salière /saljɛʀ/ NF [1] (= récipient) saltcellar; (à trous) saltcellar (Brit), salt shaker (US)
[2] [de clavicule] saltcellar

salifère /salifɛʀ/ ADJ saliferous

salifiable /salifjabl/ ADJ salifiable

salification /salifikasjɔ̃/ NF salification

salifier /salifje/ ► conjug 7 ◄ VT to salify

saligaud ⁎ /saligo/ NM (= malpropre) dirty ou filthy pig ⁎⁎; (= salaud) swine ⁎, bastard ⁎⁎

salin, e /salɛ̃, in/
ADJ saline
NM salt marsh
NF(PL) **saline(s)** NF(PL) (= entreprise) saltworks; (= salin) salt marsh

salinier, -ière /salinje, jɛʀ/
ADJ salt (épith)
NM,F salt marsh worker

salinisation /salinizasjɔ̃/ NF increase in salt content

salinité /salinite/ NF salinity

salique /salik/ ADJ Salic, Salian ◆ **loi salique** Salic law

salir /saliʀ/ SYN ► conjug 2 ◄
VT [1] [+ lieu] to make dirty, to mess up ⁎, to make a mess in; [+ objet] to make dirty ◆ **le charbon salit** coal is messy ou dirty
[2] [+ imagination] to corrupt, to defile; [+ réputation] to sully, to soil, to tarnish ◆ **salir qn** to tarnish ou sully sb's reputation ◆ **il a été sali par ces rumeurs** his reputation has been tarnished by these rumours
VPR **se salir** [1] [tissu] to get dirty ou soiled; [personne] to get dirty ◆ **le blanc se salit facilement** white shows the dirt (easily), white soils easily ◆ **se salir les mains** (lit, fig) to get one's hands dirty, to dirty one's hands
[2] (= se déshonorer) to sully ou soil ou tarnish one's reputation

salissant, e /salisɑ̃, ɑ̃t/ ADJ [étoffe] which shows the dirt, which soils easily; [travail] dirty, messy ◆ **ce tissu est très salissant** this material really shows the dirt

salissure /salisyʀ/ SYN NF (= saleté) dirt, filth; (= tache) dirty mark

salivaire /salivɛʀ/ ADJ salivary

salivation /salivasjɔ̃/ NF salivation

salive /saliv/ NF saliva, spittle ◆ **avaler sa salive** to gulp ◆ **épargne** ou **ne gaspille pas ta salive** save your breath, don't waste your breath ◆ **dépenser** ou **user beaucoup de salive pour convaincre qn** to have to do a lot of talking ou use a lot of breath to persuade sb

saliver /salive/ ► conjug 1 ◄ VI to salivate; [animal] (péj) to drool ◆ **ça le faisait saliver** [nourriture] it made his mouth water; [spectacle] it made him drool

salle /sal/ SYN
NF [1] [de café, musée] room; [de château] hall; [de restaurant] (dining) room; [d'hôpital] ward ◆ **en salle** (Sport) [record, athlétisme] indoor; → **fille**, **garçon**

salomon /salɔmɔ̃/ NM Solomon ◆ **le jugement de Salomon** the judgment of Solomon ◆ **les îles Salomon** the Solomon Islands

salon /salɔ̃/
[1] *[de maison]* sitting ou living room, lounge (Brit); *[de navire]* saloon, lounge ◆ **coin salon** living area
[2] *[d'hôtel] (pour les clients)* lounge; *(pour conférences, réceptions)* function room
[3] *(= meubles)* living-room suite; *(= canapé et deux fauteuils)* three-piece suite ◆ **salon de jardin** set of garden furniture
[4] *(= exposition)* exhibition, show
[5] *(= cercle littéraire)* salon ◆ **tenir salon** *(Littérat)* to hold a salon ◆ **faire ou tenir salon** *(hum)* to have a natter* ◆ **c'est le dernier salon où l'on cause !** *(péj hum)* what a lot of chatterboxes (you are)!*

COMP **Salon des Arts ménagers** home improvements exhibition, ≈ Ideal Home Exhibition (Brit)
salon d'attente waiting room
le Salon de l'Auto the Motor ou Car Show
salon de beauté beauty salon ou parlour (Brit) ou parlor (US)
salon de coiffure hairdressing salon
salon d'essayage fitting room
salon funéraire (Can) funeral home, funeral parlour (Brit) ou parlor (US)
le Salon du Livre the Book Fair
salon particulier private room
salon professionnel trade fair ou show
salon de réception *[de maison]* reception room; *[d'hôtel]* function room
salon-salle à manger living-cum-dining room (Brit), living room-dining room (US)
salon de thé tearoom

salonnard, e /salɔnaʀ, aʀd/ NM,F *(péj)* lounge lizard*

saloon /salun/ NM *(Far-West)* saloon

salop‡ /salo/ NM ⇒ **salaud**

salopard‡ /salopaʀ/ NM bastard**‡, swine*

salope‡‡ /salɔp/ NF *(= déloyale, méchante)* bitch**‡, cow‡ (Brit); *(= dévergondée, sale)* slut‡

saloper‡ /salɔpe/ ▸conjug 1◂ VT *(= bâcler)* to botch, to bungle, to make a mess of; *(= salir)* to mess up*, to muck up*

saloperie‡ /salɔpʀi/ NF
[1] *(= chose sans valeur)* piece of junk* ◆ **cette radio est une saloperie ou de la vraie saloperie** this radio is a piece of junk* ou is absolute crap**‡ ◆ **ils n'achètent que des saloperies** they only buy junk* ou crap**‡ ◆ **le grenier est plein de saloperies** the attic is full of junk ou rubbish* (Brit)
[2] *(= mauvaise nourriture)* muck* (NonC), rubbish* (NonC) (Brit) ◆ **ils nous ont fait manger de la saloperie ou des saloperies** they gave us some awful muck ou rubbish* (Brit) to eat ◆ **c'est bon, ces petites saloperies** these little things are really good ◆ **il se bourre de saloperies avant le repas** he stuffs himself* with junk food before meals
[3] *(= maladie)* ◆ **il a dû attraper une saloperie** he must have caught some blasted bug* ◆ **il récolte toutes les saloperies** he gets every blasted thing going*
[4] *(= ordure)* dirt (NonC), mess (NonC), muck* (NonC) ◆ **quand on ramone la cheminée, ça fait des saloperies ou de la saloperie partout** when the chimney's swept the dirt gets everywhere ◆ **va faire tes saloperies ailleurs** go and make your mess somewhere else
[5] *(= action)* dirty trick; *(= parole)* bitchy remark‡ ◆ **faire une saloperie à qn** to play a dirty ou a lousy* trick on sb, to do the dirty on sb*
[6] *(= obscénités)* ◆ **saloperies** dirty ou filthy remarks ◆ **dire des saloperies** to talk dirty*
[7] *(= crasse)* filth

salopette /salɔpɛt/ NF dungarees; *[d'ouvrier]* overall(s); *(Ski)* ski pants, salopettes (Brit)

salpe /salp/ NF salpa

salpêtre /salpɛtʀ/ NM saltpetre (Brit), saltpeter (US) ◆ **salpêtre du Chili** (Chile) salpetre

salpêtrer /salpetʀe/ ▸conjug 1◂ VT
[1] (Agr) *[+ terre]* to add saltpetre (Brit) ou saltpeter (US) to
[2] *[+ mur]* to cover with saltpetre (Brit) ou saltpeter (US) ◆ **cave salpêtrée** cellar covered with saltpetre

salpingite /salpɛ̃ʒit/ NF salpingitis

salsa /salsa/ NF salsa ◆ **danser la salsa** to dance ou do the salsa

salsepareille /salsəpaʀɛj/ NF sarsaparilla

salsifis /salsifi/ NM *(= plante)* salsify, oyster-plant

---

salmanazar /salmanazaʀ/ NM Salmanazar

saltarelle /saltaʀɛl/ NF saltarello

saltation /saltasjɔ̃/ NF saltation

saltatoire /saltatwaʀ/ ADJ saltatorial, saltatory

saltimbanque /saltɛ̃bɑ̃k/ NMF *(= acrobate)* acrobat; *(= forain) (travelling)* performer; *(= professionnel du spectacle)* entertainer

salto /salto/ NM *(Sport)* somersault, flip ◆ **salto avant/arrière** forward/backward somersault ◆ **double salto** double somersault ou flip

salubre /salybʀ/ SYN ADJ *[air, climat]* healthy, salubrious (frm); *[logement]* salubrious (frm)

salubrité /salybʀite/ NF *[de lieu, climat]* healthiness, salubrity (frm), salubriousness (frm) ◆ **par mesure de salubrité** as a health measure ◆ **salubrité publique** public health

saluer /salɥe/ SYN ▸conjug 1◂ VT
[1] *(= dire bonjour à)* to greet ◆ **se découvrir/s'incliner pour saluer qn** to raise one's hat/bow to sb (in greeting) ◆ **saluer qn** to wave to sb (in greeting) ◆ **saluer qn d'un signe de tête** to nod (a greeting) to sb ◆ **saluer qn à son arrivée** to greet sb on their arrival ◆ **saluez-le de ma part** give him my regards
[2] *(= dire au revoir à)* to say goodbye to, to take one's leave of ◆ **il nous salua et sortit** he said goodbye ou took his leave and went out ◆ **il salua (le public)** he bowed (to the audience)
[3] *[+ supérieur, drapeau, navire]* to salute
[4] *(= témoigner son respect pour) [+ ennemi vaincu, courage, héroïsme]* to salute ◆ **saluer la mémoire/les efforts de qn** to pay tribute to sb's memory/efforts ◆ **nous saluons en vous l'homme qui a sauvé tant de vies** we salute you as the man who has saved so many lives
[5] *(= accueillir) [+ initiative]* to welcome; *(= acclamer)* to hail ◆ **« je vous salue, Marie »** (Rel) "Hail, Mary" ◆ **saluer qch comme un succès/une victoire** to hail sth as a success/a victory ◆ **l'événement a été salué comme historique** it was hailed as an historic event ◆ **cette déclaration a été saluée par une ovation** this announcement was greeted with thunderous applause ◆ **elle/son arrivée fut saluée par des huées** *(hum)* she/her arrival was greeted with ou by booing

 Au sens de 'dire bonjour' ou 'au revoir à', **saluer** ne se traduit généralement pas par **to salute**.

salut /saly/ SYN
NM [1] *(de la main)* wave (of the hand); *(de la tête)* nod (of the head); *(du buste)* bow; (Mil, Naut) salute ◆ **faire un salut** *(de la main)* to wave (one's hand); *(de la tête)* to nod (one's head); *(du buste)* to bow ◆ **faire le salut militaire** to give the military salute ◆ **salut au drapeau** salute to the colours
[2] *(= sauvegarde) [de personne]* (personal) safety; *[de nation]* safety ◆ **trouver/chercher son salut dans la fuite** to find/seek safety ou refuge in flight ◆ **il ne dût son salut qu'à son courage** only her courage saved her ◆ **mesures de salut public** state security measures, measures to protect national security ◆ **ancre ou planche de salut** sheet anchor (fig)
[3] (Rel = rédemption) salvation; → **armée²**, **hors**
EXCL [1] *(= bonjour)* hello!, hi!*; *(= au revoir)* see you!*, bye!*, cheerio! (Brit) ◆ **salut, les gars !** hi guys! ◆ **salut !** *(= rien à faire)* no thanks!
[2] *(littér)* (all) hail ◆ **salut (à toi) puissant seigneur !** (all) hail (to thee) mighty lord! ◆ **salut, forêt de mon enfance !** hail (to thee), o forest of my childhood!

salutaire /salytɛʀ/ SYN ADJ
[1] *[conseil]* salutary (épith), profitable (épith); *[choc, épreuve]* salutary (épith); *[influence]* healthy (épith), salutary (épith); *[dégoût]* healthy (épith) ◆ **cette déception lui a été salutaire** that disappointment was good for him ou did him some good ◆ **l'autodérision est un exercice salutaire** it is good to be able to laugh at oneself
[2] *[air]* healthy, salubrious (frm); *[remède]* beneficial ◆ **ce petit repos m'a été salutaire** that little rest did me good ou was good for me

salutation /salytasjɔ̃/ SYN NF greeting ◆ **après les salutations d'usage** after the usual greetings ◆ **meilleures salutations** *(pour clore une lettre)* kind regards ◆ **la salutation angélique** (Rel) the Angelic Salutation

salutiste /salytist/ ADJ, NMF Salvationist

Salvador /salvadɔʀ/ NM ► **le Salvador** El Salvador ► **au Salvador** in El Salvador

salvadorien, -ienne /salvadɔʀjɛ̃, jɛn/
- ADJ Salvadorian, Salvadorean, Salvadoran
- NM,F **Salvadorien(ne)** Salvadorian, Salvadorean, Salvadoran

salvateur, -trice /salvatœʀ, tʀis/ ADJ (littér) [eau] life-saving; [effet] salutary ► **jouer un rôle salvateur** to be a life-saver

salve /salv/ SYN NF [d'artillerie, roquettes] salvo ► **une salve de 21 coups de canon** a 21-gun salute ► **tirer une salve d'honneur** to fire a salute ► **une salve d'applaudissements** a burst ou round of applause ► **une salve de critiques/d'injures** a volley of criticism/of abuse

Salzbourg /salzbuʀ/ N Salzburg

samare /samaʀ/ NF samara, key fruit

Samarie /samaʀi/ NF Samaria

samaritain, e /samaʀitɛ̃, ɛn/
- ADJ Samaritan
- NM,F **Samaritain(e)** Samaritan ► **les Samaritains** the Samaritans ► **bon Samaritain** (Bible) good Samaritan ► **jouer les bons Samaritains** to play the good Samaritan

samba /sɑ̃(m)ba/ NF samba

samedi /samdi/ NM Saturday ► **nous irons samedi** we'll go on Saturday ► **samedi nous sommes allés...** on Saturday we last Saturday we went... ► **pas samedi qui vient mais l'autre** not this (coming) Saturday but the next ou but the one after that ► **ce samedi(-ci), samedi qui vient** this (coming) Saturday ► **un samedi sur deux** every other ou second Saturday ► **nous sommes samedi (aujourd'hui)** it's Saturday (today) ► **le samedi 18 décembre** Saturday the 18th of December; (à l'écrit) Saturday 18 December ► **la réunion aura lieu le samedi 23 janvier** the meeting will take place on Saturday 23 January ► **samedi matin/après-midi** (on) Saturday morning/afternoon ► **samedi soir** (on) Saturday evening ou night ► **la nuit de samedi** Saturday night ► **dans la nuit de samedi à dimanche** on Saturday night ► **l'édition de samedi** ou **du samedi** the Saturday edition; → **huit**

samit /sami/ NM samite

samizdat /samizdat/ NM (= diffusion) samizdat; (= ouvrage) samizdat publication

Samoa /samɔa/ NM ► **les îles Samoa** Samoa, the Samoa Islands ► **les Samoa-occidentales/-américaines** Western/American Samoa

samoan, e /samɔã, an/
- ADJ Samoan
- NM,F **Samoan(e)** Samoan

samole /samɔl/ NM brookweed, water pimpernel

samosa /samosa/ NM samosa

samouraï /samuʀaj/ NM samurai

samovar /samɔvaʀ/ NM samovar

samoyède /samɔjɛd/ NM (= langue) Samoyed(e)

sampan(g) /sɑ̃pɑ̃/ NM sampan

sampling /sɑ̃pliŋ/ NM (Mus) sampling

Samson /sɑ̃sɔ̃/ NM Samson ► **Samson et Dalila** Samson and Delilah

SAMU /samy/ NM (abrév de **Service d'assistance médicale d'urgence**) ► **SAMU social** mobile emergency medical service for homeless people; → **service**

samuraï /samuʀaj/ NM samurai

sana * /sana/ NM abrév de **sanatorium**

Sanaa /sanaa/ N San'a, Sanaa

sanatorium /sanatɔʀjɔm/ NM sanatorium, sanitarium (US)

sancerre /sɑ̃sɛʀ/ NM Sancerre (type of wine from the Loire valley)

Sancho Pança /sɑ̃ʃopɑ̃sa/ NM Sancho Panza

sanctifiant, e /sɑ̃ktifjɑ̃, jɑ̃t/ ADJ sanctifying (épith)

sanctification /sɑ̃ktifikasjɔ̃/ NF sanctification

sanctifié, e /sɑ̃ktifje/ (ptp de **sanctifier**) ADJ blessed

sanctifier /sɑ̃ktifje/ SYN ► conjug 7 ◄ VT to sanctify, to hallow, to bless ► **sanctifier le jour du Seigneur** to observe the Sabbath ► **« que ton nom soit sanctifié »** (Rel) "hallowed be Thy name"

sanction /sɑ̃ksjɔ̃/ SYN NF 1 (= condamnation) (Jur) sanction, penalty; (Écon, Pol) sanction; (Scol) punishment; (= conséquence) penalty (de for) ► **sanction administrative/disciplinaire** administrative/disciplinary action (NonC) ► **sanction pénale** penalty ► **sanctions commerciales/économiques** trade/economic sanctions ► **prendre des sanctions** (Écon, Pol) to impose sanctions (contre, à l'encontre de on) ► **prendre des sanctions contre un joueur/club/ministre** to take disciplinary action against a player/club/minister ► **prendre des sanctions contre un élève** to punish ou discipline a pupil ► **la sanction électorale a été sévère** the electorate's rejection was complete

2 (= ratification) sanction (NonC), approval (NonC) ► **recevoir la sanction de qn** to obtain sb's sanction ou approval ► **c'est la sanction du progrès** (= conséquence) it's the price of progress ► **ce mot a reçu la sanction de l'usage** this word has been sanctioned by use

sanctionner /sɑ̃ksjɔne/ SYN ► conjug 1 ◄ VT
1 (= punir) to penalize; (mesures disciplinaires) to take disciplinary action against; (sanctions économiques) to impose sanctions on ► **tout manquement à ce principe sera sévèrement sanctionné** any party found in breach of this principle will be heavily penalized ► **les électeurs ont sanctionné la politique du précédent gouvernement** the electorate rejected the policy of the previous government

2 (= consacrer, ratifier) to sanction, to approve; [+ loi] to sanction ► **ce diplôme sanctionne les études secondaires** this diploma marks the successful conclusion of secondary education

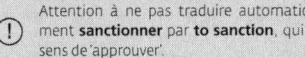 Attention à ne pas traduire automatiquement **sanctionner** par **to sanction**, qui a le sens de 'approuver'.

sanctuaire /sɑ̃ktɥɛʀ/ SYN NM 1 (Rel = lieu saint) sanctuary, shrine; [de temple, église] sanctuary
2 (littér) sanctuary
3 (Pol) sanctuary

sanctuariser /sɑ̃ktɥaʀize/ ► conjug 1 ◄ VT to give the status of sanctuary to

sanctus /sɑ̃ktys/ NM Sanctus

sandale /sɑ̃dal/ SYN NF sandal

sandalette /sɑ̃dalɛt/ NF (light) sandal

sandaraque /sɑ̃daʀak/ NF (= résine) sandarac(h)

sanderling /sɑ̃dɛʀliŋ/ NM ► **(bécasseau) sanderling** sanderling

sandinisme /sɑ̃dinism/ NM Sandinist(a) ideology

sandiniste /sɑ̃dinist/ ADJ, NMF Sandinist(a)

sandjak /sɑ̃dʒak/ NM sanjak

sandow ® /sɑ̃do/ NM (= attache) luggage elastic; (pour planeur) catapult

sandre /sɑ̃dʀ/ NM pikeperch, zander

sandwich (pl **sandwiches** ou **sandwichs**) /sɑ̃dwi(t)ʃ/ NM sandwich ► **sandwich au jambon** ham sandwich ► **(pris) en sandwich (entre)** * sandwiched (between) ► **les deux voitures l'ont pris en sandwich** * he was sandwiched between the two cars

sandwicherie /sɑ̃dwi(t)ʃʀi/ NF sandwich shop ou bar

San Francisco /sɑ̃ fʀɑ̃sisko/ N San Francisco

sang /sɑ̃/ SYN NM 1 (lit, fig) blood ► **sang artériel/veineux** arterial/venous blood ► **sang contaminé** infected ou contaminated blood ► **animal à sang froid/chaud** cold-/warm-blooded animal ► **le sang a coulé** blood has flowed ► **verser** ou **faire couler le sang** to shed ou spill blood ► **cela finira dans le sang** blood will be shed ► **il va y avoir du sang !** (fig) the fur will fly!* ► **avoir du sang sur les mains** (fig) to have blood on one's hands ► **son sang crie vengeance** his blood cries (for) vengeance ► **il était en sang** he was covered in ou with blood ► **pincer qn (jusqu')au sang** to pinch sb till he bleeds ou till the blood comes ► **mordre qn jusqu'au sang** to bite sb and draw blood ► **payer son crime de son sang** to pay for one's crime with one's life ► **donner son sang pour un malade** to give ou donate one's blood for somebody who is ill ► **donner son sang pour sa patrie** to shed one's blood for one's country ► **le sang du Christ, le Précieux Sang** (Rel) the blood of Christ, the Precious Blood → **donneur, feu¹, noyer², pinte**

2 (= race, famille) blood ► **de sang royal** of royal blood ► **avoir du sang bleu** to have blue blood, to be blue-blooded ► **du même sang** of the same flesh and blood ► **liens du sang** blood ties, ties of blood; → **prince, sang**

3 (locutions) ► **avoir le sang chaud** (= s'emporter facilement) to be hotheaded; (= être sensuel) to be hot-blooded ► **un apport de sang neuf** an injection of new ou fresh blood (dans into) ► **se faire un sang d'encre** to be worried sick ou stiff* ► **se faire du mauvais sang** to worry, to get in a state ► **avoir du sang dans les veines** to have courage ou guts* ► **il n'a pas de sang dans les veines, il a du sang de navet** ou **de poulet** (manque de courage) he's a spineless individual, he's got no guts *; (manque d'énergie) he's very lethargic ► **il a le jeu/le jazz dans le sang** he's got gambling/jazz in his blood ► **le sang lui monta au visage** the blood rushed to his face ► **bon sang !**‡ dammit!‡ ► **coup de sang** (Méd) stroke ► **attraper un coup de sang** (fig = colère) to fly into a rage ► **mon sang n'a fait qu'un tour** (émotion, peur) my heart missed ou skipped a beat; (colère, indignation) I saw red ► **se ronger** ou **se manger les sangs** to worry (o.s.), to fret ► **se ronger les sangs pour savoir comment faire qch** to agonize over how to do sth ► **tourner les sangs à qn** to shake sb up ► **histoire à glacer le sang** bloodcurdling story ► **son sang se glaça** ou **se figea dans ses veines** his blood froze ou ran cold in his veins; → **suer**

sang-de-dragon /sɑ̃(ə)dʀagɔ̃/, **sang-dragon** /sɑ̃dʀagɔ̃/ NM INV (= résine) dragon's blood

sang-froid /sɑ̃fʀwa/ SYN NM INV calm, cool*, sangfroid (frm) ► **garder/perdre son sang-froid** to keep/lose one's head ou one's cool* ► **faire qch de sang-froid** to do sth in cold blood ou cold-bloodedly ► **répondre avec sang-froid** to reply coolly ou calmly ► **crime commis de sang-froid** cold-blooded murder

sanglant, e /sɑ̃glɑ̃, ɑ̃t/ SYN ADJ 1 [couteau, plaie] bloody; [bandage, habits] blood-soaked, bloody; [mains, visage] covered in blood, bloody

2 [répression, affrontement, attentat, dictature, guerre] bloody

3 (fig) [insulte, reproche, défaite] cruel ► **ils se sont disputés, ça a été sanglant !** they really laid into each other!

4 (littér = couleur) blood-red

sangle /sɑ̃gl/ NF (gén) strap; [de selle] girth ► **sangles** [de siège] webbing ► **sangle d'ouverture automatique** [de parachute] ripcord ► **sangle abdominale** (Anat) abdominal muscles; → **lit**

sangler /sɑ̃gle/ ► conjug 1 ◄
- VT [+ cheval] to girth; [+ colis, corps] to strap up ► **sanglé dans son uniforme** done up ou strapped up tight in one's uniform
- VPR **se sangler** to do one's belt up tight

sanglier /sɑ̃glije/ NM (wild) boar

sanglot /sɑ̃glo/ SYN NM sob ► **avec des sanglots dans la voix** in a voice choked with emotion ► **elle répondit dans un sanglot que...** she answered with a sob that... ► **elle essayait de me parler entre deux sanglots** she tried to speak to me between sobs; → **éclater**

sangloter /sɑ̃glɔte/ SYN ► conjug 1 ◄ VI to sob

sang-mêlé /sɑ̃mele/ NMF INV person of mixed blood

sangria /sɑ̃gʀija/ NF sangria

sangsue /sɑ̃sy/ SYN NF (lit, fig) leech

sanguin, e /sɑ̃gɛ̃, in/ SYN
- ADJ 1 [caractère, personne] fiery; [visage] ruddy, sanguine (frm)
2 (Anat) blood (épith) ► **produits sanguins** blood products
- NF **sanguine** 1 ► **(orange) sanguine** blood orange
2 (= dessin) red chalk drawing; (= crayon) red chalk, sanguine (SPÉC)

sanguinaire /sɑ̃ginɛʀ/ SYN
- ADJ [personne] bloodthirsty, sanguinary (littér); [combat, dictature] bloody, sanguinary (littér) ► **monstre sanguinaire** bloodthirsty monster
- NF (= plante) bloodroot, sanguinaria

sanguinolent, e /sɑ̃ginɔlɑ̃, ɑ̃t/ ADJ [crachat] streaked with blood; [plaie] oozing blood (attrib), bloody

sanguisorbe /sɑ̃g(ɥ)isɔʀb/ NF burnet

sanhédrin /sanedʀɛ̃/ NM Sanhedrin

sanicle /sanikl/ NF sanicle

sanie /sani/ NF sanies (sg)

Sanisette ® /sanizɛt/ NF coin-operated public toilet, Superloo ® (Brit)

sanitaire /sanitɛʀ/
- ADJ 1 (Méd) [services, mesures] health (épith); [conditions] sanitary ► **campagne sanitaire** campaign to improve sanitary conditions; → **cordon, train**

2 *(Plomberie)* ◆ **l'installation sanitaire est défectueuse** the bathroom plumbing is faulty ◆ **appareil sanitaire** bathroom *ou* sanitary appliance

NM ◆ **le sanitaire** bathroom installations ◆ **les sanitaires** *(= lieu)* the bathroom; *(= appareils)* the bathroom (suite); *(= plomberie)* the bathroom plumbing

San José /sɑ̃ʒoze/ N San José

San Juan /sɑ̃ʒyɑ̃/ N San Juan

sans /sɑ̃/ SYN

PRÉP 1 *(privation, absence)* without ◆ **être sans père/mère** to have no father/mother, to be fatherless/motherless ◆ **il est sans secrétaire en ce moment** he is without a secretary at the moment, he has no secretary at the moment ◆ **ils sont sans argent** they have no money, they are penniless ◆ **je suis sorti sans chapeau ni manteau** I went out without a hat or coat *ou* with no hat or coat ◆ **repas à 10 € sans le vin** meal at €10 exclusive of wine *ou* not including wine ◆ **on a retrouvé le sac, mais sans l'argent** they found the bag minus the money *ou* but without the money ◆ **être sans abri** to be homeless ◆ **c'est sans moi !** * count me out! *

2 *(manière, caractérisation)* without ◆ **manger sans fourchette** to eat without a fork ◆ **boire sans soif** to drink without being thirsty ◆ **il est parti sans même** *ou* **sans seulement un mot de remerciement** he left without even a word of thanks ◆ **l'histoire n'est pas sans intérêt** the story is not devoid of interest *ou* is not without interest ◆ **nous avons trouvé sa maison sans mal** we found his house with no difficulty *ou* with no trouble *ou* without difficulty ◆ **marcher sans chaussures** to walk barefoot ◆ **promenade sans but** aimless walk ◆ **une Europe sans frontières** a Europe without borders ◆ **je le connais, sans plus** I know him but no more than that ◆ **tu as aimé ce film ? – sans plus** did you like the film? – it was all right (I suppose); → **cesse, doute, effort** *etc*

3 *(cause ou condition négative)* but for ◆ **sans moi, il ne les aurait jamais retrouvés** but for me *ou* had it not been for me, he would never have found them ◆ **sans cette réunion, il aurait pu partir ce soir** if it had not been for *ou* were it not for *ou* but for this meeting he could have left tonight ◆ **sans sa présence d'esprit, il se tuait** had he not had such presence of mind *ou* without *ou* but for his presence of mind he would have been killed

4 *(avec infinitif)* without ◆ **il est entré sans faire de bruit** he came in without making a noise *ou* noiselessly ◆ **je n'irai pas sans être invité** I won't go without being invited *ou* unless I am invited ◆ **j'y crois sans y croire** I believe it and I don't ◆ **je ne suis pas sans avoir des doutes sur son honnêteté** I have my doubts *ou* I am not without some doubts as to his honesty ◆ **la situation n'est pas sans nous inquiéter** the situation is somewhat disturbing; → **attendre, dire, jamais, savoir**

5 *(locutions)*

♦ **sans que** + *subj* ◆ **il est entré sans (même** *ou* **seulement) que je l'entende** he came in without my (even) hearing him ◆ **sans (même) que nous le sachions, il avait écrit** he had written without our (even) knowing ◆ **il peut jouer de la musique sans que cela m'empêche de travailler** he can play music without it making it impossible for me to work ◆ **il ne se passe pas de jour sans qu'il lui écrive** not a day goes by without his writing to her

♦ **sans ça** *, **sans quoi** * otherwise ◆ **si on m'offre un bon prix je vends ma voiture, sans ça** *ou* **sans quoi je la garde** I'll sell my car if I'm offered a good price for it but otherwise *ou* if not, I'll keep it ◆ **sois sage, sans ça... !** be good or else...!

♦ **non sans** ◆ **non sans peine** *ou* **mal** *ou* **difficulté** not without difficulty ◆ **il l'a fait non sans rechigner** he did it albeit reluctantly ◆ **l'incendie a été maîtrisé, non sans que les pompiers aient dû intervenir** the fire was brought under control but not until the fire brigade were brought in

ADV * ◆ **votre parapluie ! vous alliez partir sans** your umbrella! you were going to go off without it ◆ **il a oublié ses lunettes et il ne peut pas conduire sans** he's forgotten his glasses, and he can't drive without them

COMP **sans domicile fixe** adj inv of no fixed abode nmf inv homeless person ◆ **les sans domicile fixe** the homeless

sans faute *[téléphoner, prévenir]* without fail

sans-abri /sɑ̃zabʀi/ NMF INV homeless person ◆ **les sans-abri** the homeless

San Salvador /sɑ̃salvadɔʀ/ N San Salvador

sans-cœur /sɑ̃kœʀ/ SYN

ADJ INV heartless

NMF INV heartless person

sanscrit, e /sɑ̃skʀi, it/ ADJ, NM ⇒ **sanskrit**

sanscritisme /sɑ̃skʀitism/ NM ⇒ **sanskritisme**

sanscritiste /sɑ̃skʀitist/ NMF ⇒ **sanskritiste**

sans-culotte (pl **sans-culottes**) /sɑ̃kylɔt/ NM *(Hist)* sans culotte

sans-emploi /sɑ̃zɑ̃plwa/ NMF INV unemployed person ◆ **les sans-emploi** the jobless, the unemployed ◆ **le nombre des sans-emploi** the number of unemployed *ou* of people out of work, the jobless figure

sansevière /sɑ̃s(ə)vjɛʀ/ NF sansevieria

sans-façon /sɑ̃fasɔ̃/ NM INV casualness, offhandedness

sans-faute /sɑ̃fot/ NM INV *(Équitation)* clear round; *(Sport)* faultless performance ◆ **faire un sans-faute** *(Équitation)* to do a clear round; *(Sport)* to put up a faultless performance, not to put a foot wrong ◆ **son cursus scolaire est un sans-faute** his academic record is impeccable ◆ **jusqu'à présent, il a réussi un sans-faute** *(gén)* he hasn't put a foot wrong so far; *(dans un jeu avec questions)* he has got all the answers right so far

sans-fil /sɑ̃fil/ NM *(= téléphone)* cordless telephone; *(† = radio)* wireless telegraphy ◆ **le marché du sans-fil** the cordless telephone market; → aussi **fil**

sans-filiste † (pl **sans-filistes**) /sɑ̃filist/ NMF wireless enthusiast

sans-gêne /sɑ̃ʒɛn/ SYN

ADJ INV inconsiderate ◆ **il est vraiment sans-gêne !** he's got a nerve! *

NM INV lack of consideration (for others), inconsiderateness ◆ **elle est d'un sans-gêne incroyable !** she's got an incredible nerve! *

NMF INV inconsiderate person

sans-grade /sɑ̃gʀad/ NMF INV 1 *(Mil)* serviceman, enlisted man *(US)*

2 *(= subalterne)* underling, peon *(US)* ◆ **les sans-grade** *(dans une hiérarchie)* the underlings, the small fry; *(dans la société, un milieu)* the nobodies, the nonentities

sanskrit, e /sɑ̃skʀi, it/ ADJ, NM Sanskrit

sanskritisme /sɑ̃skʀitism/ NM Sanskrit studies

sanskritiste /sɑ̃skʀitist/ NMF Sanskritist

sans-le-sou * /sɑ̃l(ə)su/ NMF INV ◆ **c'est un sans-le-sou** he's penniless ◆ **les sans-le-sou** the have-nots

sans-logis /sɑ̃lɔʒi/ NMF *(gén pl)* homeless person ◆ **les sans-logis** the homeless

sansonnet /sɑ̃sɔnɛ/ NM starling; → **roupie**

sans-papiers /sɑ̃papje/ NMF INV undocumented immigrant

sans-parti /sɑ̃paʀti/ NMF INV *(gén) person who is not a member of a political party; (= candidat)* independent (candidate)

sans-patrie /sɑ̃patʀi/ NMF INV stateless person

sans-soin † /sɑ̃swɛ̃/ NMF INV careless person

sans-souci † /sɑ̃susi/ NMF INV carefree *ou* happy-go-lucky person

sans-travail /sɑ̃tʀavaj/ NMF INV ⇒ **sans-emploi**

sans-voix /sɑ̃vwa/ NMPL ◆ **les sans-voix** people with no voice

santal /sɑ̃tal/ NM sandal, sandalwood ◆ **bois de santal** sandalwood ◆ **huile de santal** sandalwood oil

santé /sɑ̃te/ SYN NF 1 *[de personne, esprit, pays]* health ◆ **santé mentale** mental health ◆ **en bonne/mauvaise santé** in good/bad health ◆ **avoir des problèmes** *ou* **ennuis de santé** to have health problems ◆ **la bonne santé du franc** the good health of the Franc ◆ **la mauvaise santé financière d'une entreprise** a company's poor financial health ◆ **c'est bon/mauvais pour la santé** it's good/bad for the health *ou* for you ◆ **être en pleine santé** to be in perfect health ◆ **avoir la santé** to be healthy, to be in good health ◆ **il a la santé !** * *(fig = énergie)* he must have lots of energy! ◆ **il n'a pas de santé, il a une petite santé** he's in poor health ◆ **avoir une santé de fer** to have an iron constitution ◆ **comment va la santé ?** * how are you doing? * *ou* keeping? * *(Brit)* ◆ **meilleure santé !** get well soon!; → **maison, raison, respirer**

2 *(Admin)* ◆ **la santé publique** public health ◆ **la santé** *(Naut :dans un port)* the quarantine service ◆ **services de santé** *(Admin)* health services ◆ **les dépenses de santé** health spending ◆ **le système de santé** the health system ◆ **les professions de santé** health (care) professions; → **ministère, ministre**

3 *(en trinquant)* ◆ **à votre santé !, santé !** * cheers!, (your) good health! ◆ **à la santé de Paul !** (here's) to Paul! ◆ **boire à la santé de qn** to drink to sb's health

santiag /sɑ̃tjag/ NM cowboy boot

Santiago /sɑ̃tjago/ N Santiago

santoline /sɑ̃tɔlin/ NF santolina

santoméen, -enne /sɑ̃tomeɛ̃, ɛn/

ADJ of *ou* from São Tomé e Principe

NM,F **Santoméen(ne)** inhabitant of São Tomé e Principe

santon /sɑ̃tɔ̃/ NM (ornamental) figure *(in a Christmas crib)*

santonine /sɑ̃tɔnin/ NF santonin

Santorin /sɑ̃tɔʀɛ̃/ N Thera, Santoríni

São Paulo /saopolo/ N São Paulo

São Tomé /saotɔme/ N ◆ **São Tomé et Principe** São Tomé e Principe

São Tomé et Principe /saotɔmeepʀɛ̃sip/ N São Tomé e Principe

saoudien, -ienne /saudjɛ̃, jɛn/

ADJ Saudi Arabian

NM,F **Saoudien(ne)** Saudi Arabian

saoul, e /su, sul/ ADJ ⇒ **soûl**

saoulard, e ‡ /sulaʀ, aʀd/ NM,F ⇒ **soûlard**

sapajou /sapaʒu/ NM *(= singe)* capuchin monkey, sapajou

sape /sap/ NF 1 *(lit, fig) (= action)* undermining, sapping; *(= tranchée)* approach *ou* sapping trench ◆ **travail de sape** *(Mil)* sap; *(fig)* chipping away

2 *(= habits)* ◆ **sapes** ‡ gear * *(NonC)*, clobber ‡ *(NonC) (Brit)*

saper /sape/ SYN ► conjug 1 ◄

VT *(lit, fig)* to undermine, to sap ◆ **saper le moral à qn** * to knock the stuffing out of sb *

VPR **se saper** ‡ to get all dressed up * ◆ **il s'était sapé pour aller danser** he'd got all dressed up to go dancing * ◆ **bien sapé** well-dressed

saperlipopette † * /sapɛʀlipɔpɛt/ EXCL *(hum)* gad! † *(hum)*, gadzooks! † *(hum)*

sapeur /sapœʀ/ NM *(Mil)* sapper; → **fumer**

sapeur-pompier (pl **sapeurs-pompiers**) /sapœʀpɔ̃pje/ NM firefighter, fireman *(Brit)*

saphène /safɛn/

ADJ saphenous

NF saphena

saphique /safik/ ADJ, NM *(Littérat)* Sapphic

saphir /safiʀ/

NM *(= pierre)* sapphire; *(= aiguille)* needle; *[de tourne-disque]* stylus

ADJ INV sapphire

saphisme /safism/ NM sapphism

sapide /sapid/ ADJ sapid

sapidité /sapidite/ NF sapidity; → **agent**

sapience † /sapjɑ̃s/ NF sapience *(frm)*, wisdom

sapiential, e (mpl **-iaux**) /sapjɑ̃sjal, sapjɛ̃sjal, jo/ ADJ ◆ **livres sapientiaux** sapiential books

sapin /sapɛ̃/ NM *(= arbre)* fir (tree); *(= bois)* fir ◆ **sapin de Noël** Christmas tree ◆ **toux qui sent le sapin** * graveyard cough ◆ **costume en sapin** ‡ wooden overcoat ‡ ◆ **ça sent le sapin** *(hum)* * he's *(ou* you've *etc)* got one foot in the grave

sapine /sapin/ NF 1 *(= planche)* fir plank

2 *(Constr)* jib crane

sapinette /sapinɛt/ NF spruce (tree)

sapinière /sapinjɛʀ/ NF fir plantation *ou* forest

saponacé, e /sapɔnase/ ADJ saponaceous

saponaire /sapɔnɛʀ/ NF saponin

saponase /sapɔnɑz/ NF lipase

saponifiable /sapɔnifjabl/ ADJ saponifiable

saponification /sapɔnifikasjɔ̃/ NF saponification

saponifier /sapɔnifje/ ► conjug 7 ◄ VT to saponify

saponine /sapɔnin/ NF saponine

saponite /sapɔnit/ NF saponite

sapotier /sapɔtje/ NM ⇒ sapotillier

sapotille /sapɔtij/ NF sapodilla

sapotillier /sapɔtije/ NM sapodilla (tree)

sapristi * † /sapristi/ EXCL *(colère)* for God's sake!*; *(surprise)* good grief! *, (good) heavens!

sapropèle /sapɔpɛl/ NM sapropel

saprophage /saprɔfaʒ/
  ADJ saprophagous
  NM saprophagous animal

saprophile /saprɔfil/ ADJ saprophilous

saprophyte /saprɔfit/ ADJ, NM *(Bio, Méd)* saprophyte

saquer * /sake/ ► conjug 1 ◄ VT ⇒ sacquer

S.A.R. (abrév de **Son Altesse Royale**) HRH

sarabande /sarabɑ̃d/ NF (= *danse*) saraband; (* = *tapage*) racket, hullabaloo*; (= *succession*) jumble ♦ **faire la sarabande** * to make a racket *ou* a hullabaloo * ♦ **les souvenirs/chiffres qui dansent la sarabande dans ma tête** the memories/figures whirling around in my head

Saragosse /saragɔs/ N Saragossa

sarajévien, -ienne /saraʒevjɛ̃, ɛn/
  ADJ Sarajevan
  NM,F **Sarajévien(ne)** Sarajevan

Sarajevo /saraʒevo/ N Sarajevo

Sarasvati /sarasvati/ NF Sarasvati

sarbacane /saʀbakan/ NF (= *arme*) blowpipe, blowgun; (= *jouet*) peashooter

sarcasme /saʀkasm/ SYN NM (= *ironie*) sarcasm; (= *remarque*) sarcastic remark

sarcastique /saʀkastik/ SYN ADJ sarcastic

sarcastiquement /saʀkastikmɑ̃/ ADV sarcastically

sarcelle /saʀsɛl/ NF teal

sarcine /saʀsin/ NF sarcina

sarclage /saʀklaʒ/ NM [*de jardin, culture*] weeding; [*de mauvaise herbe*] hoeing

sarcler /saʀkle/ SYN ► conjug 1 ◄ VT [+ *jardin, culture*] to weed; [+ *mauvaises herbes*] to hoe

sarclette /saʀklɛt/ NF (small) hoe

sarcleur, -euse /saʀklœʀ, øz/ NM,F [*de jardin, culture*] weeder; [*de mauvaises herbes*] hoer

sarcloir /saʀklwaʀ/ NM spud, weeding hoe

sarcoïde /saʀkɔid/ NF sarcoid

sarcomateux, -euse /saʀkɔmatø, øz/ ADJ sarcomatoid, sarcomatous

sarcome /saʀkom/ NM sarcoma ♦ **sarcome de Kaposi** Kaposi's Sarcoma

sarcomère /saʀkɔmɛʀ/ NM sarcomere

sarcophage /saʀkɔfaʒ/ NM (*pour corps, installation nucléaire*) sarcophagus

sarcopte /saʀkɔpt/ NM itch mite, sarcoptid (SPÉC)

Sardaigne /saʀdɛɲ/ NF Sardinia

sardane /saʀdan/ NF sardana

sarde /saʀd/
  ADJ Sardinian
  NM (= *langue*) Sardinian
  NM,F **Sarde** Sardinian

sardine /saʀdin/ NF [1] (= *poisson*) sardine ♦ **une boîte de sardines à l'huile** a tin (Brit) *ou* can (US) of sardines in oil ♦ **serrés** *ou* **tassés comme des sardines (en boîte)** packed *ou* squashed together like sardines (in a tin (Brit) *ou* can (US)) [2] (* *Camping*) tent peg [3] (*arg Mil*) stripe

sardinerie /saʀdinʀi/ NF sardine cannery

sardinier, -ière /saʀdinje, jɛʀ/
  ADJ sardine (*épith*)
  NM,F (= *ouvrier*) sardine canner
  NM (= *bateau*) sardine boat; (= *pêcheur*) sardine fisher

sardoine /saʀdwan/ NF (*Minér*) sard, sardius

sardonique /saʀdɔnik/ ADJ sardonic

sardoniquement /saʀdɔnikmɑ̃/ ADV sardonically

sardonyx /saʀdɔniks/ NF sardonyx

sargasse /saʀgas/ NF sargasso, gulfweed; → **mer**

sari /saʀi/ NM sari

sarigue /saʀig/ NF (o)possum

sarin /saʀɛ̃/ NM ♦ **(gaz) sarin** sarin (gas)

SARL /ɛsɑɛʀɛl/ NF (abrév de **société à responsabilité limitée**) limited liability company ♦ **Raymond SARL** Raymond Ltd (Brit), Raymond Inc. (US) ; → **société**

sarment /saʀmɑ̃/ NM (= *tige*) twining *ou* climbing stem, bine (SPÉC) ♦ **sarment (de vigne)** vine shoot

sarmenter /saʀmɑ̃te/ ► conjug 1 ◄ VI to pick up vine shoots

sarmenteux, -euse /saʀmɑ̃tø, øz/ ADJ [*plante*] climbing (*épith*); [*tige*] climbing (*épith*), twining (*épith*)

sarong /saʀɔ̃(g)/ NM sarong

saros /saʀos, saʀɔs/ NM saros

saroual /saʀwal/, **sarouel** /saʀwɛl/ NM baggy trousers (*worn in North Africa*)

sarracéniale /saʀasenjal/ NF pitcher plant

sarrasin[1], e[1] /saʀazɛ̃, in/ (*Hist*)
  ADJ Saracen
  NM,F **Sarrasin(e)** Saracen

sarrasin[2] /saʀazɛ̃/ NM (= *plante*) buckwheat ♦ **galette de sarrasin** buckwheat pancake

sarrasine[2] /saʀazin/ NF (*Archéol*) portcullis

sarrau /saʀo/ NM smock

sarrette /saʀɛt/ NF saw-wort

sarriette /saʀjɛt/ NF savory

sas /sas/ NM [1] (*Espace, Naut*) airlock; [*d'écluse*] lock; [*de banque*] double-entrance security door ♦ **sas de décompression** decompression airlock [2] (= *tamis*) sieve, screen

S.A.S. /ɛsɑɛs/ (abrév de **Son Altesse Sérénissime**) HSH

sashimi /saʃimi/ NM sashimi

sassafras /sasafʀa/ NM sassafras

sassage /sasaʒ/ NM [*de semoule*] sifting, screening; [*de métal*] polishing (with sand)

sassanide /sasanid/
  ADJ Sassanian
  NM,F ♦ **Sassanide** Sassanid

sasser /sase/ ► conjug 1 ◄ VT [+ *farine*] to sift, to screen; [+ *péniche*] to take through a lock

sasseur, -euse /sasœʀ, øz/ NM,F [*de farine*] sifter, screener

Satan /satɑ̃/ NM Satan

satané, e * /satane/ ADJ blasted*, confounded* ♦ **c'est un satané menteur !** he's a damned liar!* ♦ **satanés embouteillages !** blasted traffic jams!*

satanique /satanik/ SYN ADJ (= *de Satan*) satanic (*fig*) [*plaisir, rire*] fiendish, satanic, wicked; [*ruse*] fiendish

sataniser /satanize/ ► conjug 1 ◄ VT [+ *personne*] to demonize

satanisme /satanism/ NM (= *culte*) Satanism; (*fig*) fiendishness, wickedness

sataniste /satanist/
  ADJ satanic
  NM,F Satanist

satellisable /satelizabl/ ADJ [*fusée*] which can be put into orbit

satellisation /satelizasjɔ̃/ NF [1] [*de fusée*] (launching and) putting into orbit ♦ **programme de satellisation** satellite launching programme [2] [*de pays*] satellization ♦ **la satellisation de cet État est à craindre** it is feared that this state will become a satellite

satelliser /satelize/ ► conjug 1 ◄ VT [+ *fusée*] to put into orbit (round the earth); [+ *pays*] to make a satellite of, to make into a satellite ♦ **ils ont été satellisés dans les filiales** they have been sidelined into various subsidiaries

satellitaire /satelitɛʀ/ ADJ [*diffusion, système, téléphone*] satellite (*épith*); → **antenne**

satellite /satelit/ SYN NM [1] (*Astron, Espace, Pol*) satellite ♦ **satellite artificiel/naturel** artificial/natural satellite ♦ **satellite de communication/télécommunications/radiodiffusion** communications/telecommunications/broadcast satellite ♦ **satellite géostationnaire** geostationary satellite ♦ **satellite habité/inhabité** manned/unmanned satellite ♦ **satellite météorologique/d'observation** weather/observation satellite ♦ **satellite antisatellite, satellite d'intervention** killer satellite ♦ **satellite-espion** spy satellite, spy-in-the-sky* ♦ **diffusion par satellite** satellite broadcasting, broadcasting by satellite ♦ **j'ai le satellite** (* = *télévision*) I have satellite TV
[2] (*en apposition*) [*chaîne, image, photo, liaison, pays, ville*] satellite (*épith*) ♦ **ordinateur satellite** satellite *ou* peripheral computer
[3] [*d'aérogare*] satellite ♦ **satellite numéro 5** satellite number 5
[4] (*Tech*) ♦ **(pignon) satellite** bevel pinion

sati /sati/ NF INV, NM INV suttee

satiété /sasjete/ NF satiation, satiety ♦ **(jusqu')à satiété** [*répéter*] ad nauseam ♦ **boire/manger jusqu'à satiété** to eat/drink until one can eat/drink no more ♦ **j'en ai à satiété** I've got more than enough

satin /satɛ̃/ NM satin ♦ **satin de laine/de coton** wool/cotton satin ♦ **elle avait une peau de satin** her skin was (like) satin, she had satin(-smooth) skin

satiné, e /satine/ SYN (ptp de **satiner**)
  ADJ [*aspect, tissu*] satiny, satin-like; [*peau*] satin (*épith*), satin-smooth; [*papier, peinture*] with a silk finish
  NM satin(-like) *ou* satiny quality

satiner /satine/ ► conjug 1 ◄ VT [+ *étoffe*] to put a satin finish on, to satinize; [+ *papier, photo*] to give a silk finish to ♦ **la lumière satinait sa peau** the light gave her skin a satin-like quality *ou* gloss

satinette /satinɛt/ NF (*en coton et soie*) satinet; (*en coton*) sateen

satineur, -euse /satinœʀ, øz/ NM,F satinizer

satire /satiʀ/ SYN NF (*gén*) satire; (*écrite*) satire, lampoon ♦ **faire la satire de qch** to satirize sth, to lampoon sth

satirique /satiʀik/ SYN ADJ satirical, satiric

satiriquement /satiʀikmɑ̃/ ADV satirically

satiriste /satiʀist/ NM,F satirist

satisfaction /satisfaksjɔ̃/ SYN NF [1] (= *contentement*) satisfaction ♦ **éprouver une certaine satisfaction à faire qch** to feel a certain satisfaction in doing sth, to get a certain satisfaction out of doing sth ♦ **cet employé/cette lessive me donne (toute** *ou* **entière) satisfaction** I'm (completely) satisfied with this employee/this washing powder ♦ **je vois avec satisfaction que...** I'm pleased *ou* gratified to see that... ♦ **à la satisfaction générale** *ou* **de tous** to everybody's satisfaction ♦ **à leur grande satisfaction** to their great satisfaction ♦ **la satisfaction du devoir accompli** the satisfaction of having done one's duty
[2] (= *sujet de contentement*) satisfaction ♦ **mon travail/mon fils me procure de grandes satisfactions** my job/my son gives me great satisfaction, I get a lot of satisfaction out of *ou* from my job/my son ♦ **ma fille ne m'a donné que des satisfactions** my daughter has always been a (source of) great satisfaction to me ♦ **c'est une satisfaction qu'il pourrait m'accorder** he might grant me that satisfaction ♦ **satisfaction d'amour-propre** gratification of one's self-esteem
[3] (*en réponse à une attente, des exigences*) ♦ **donner satisfaction à qn** to satisfy sb ♦ **il ne faut pas donner satisfaction aux terroristes** we mustn't give in to the terrorists' demands ♦ **obtenir satisfaction** to get *ou* obtain satisfaction, to get what one wants ♦ **ils ont obtenu satisfaction (sur tous les points)** they got what they wanted (on all counts)
[4] (*frm* = *assouvissement*) [*de faim, passion*] satisfaction, appeasement; [*de soif*] satisfaction, quenching; [*d'envie*] satisfaction; [*de désir*] satisfaction, gratification
[5] (*Rel*) satisfaction

satisfaire /satisfɛʀ/ SYN ► conjug 60 ◄
  VT [+ *curiosité, personne*] to satisfy; [+ *désir*] to satisfy, to fulfil (Brit), to fulfill (US); [+ *faim, passion*] to satisfy, to appease; [+ *soif*] to quench, to satisfy; [+ *besoin, demande, revendications, goûts*] to meet, to satisfy; [+ *clientèle*] to satisfy, to please ♦ **votre nouvel assistant vous satisfait-il ?** are you satisfied with your new assistant? ♦ **j'espère que cette solution vous satisfait** I hope you find this solution satisfactory, I hope you are satisfied *ou* happy with this solution ♦ **je suis désolé que vous n'en soyez pas satisfait** I am sorry it was not satisfactory *ou* you were not satisfied ♦ **on ne peut pas satisfaire tout le monde (et son père *)** you can't please all the people (all the time), you can't please everyone ♦ **satisfaire l'attente de qn** to come up to sb's

expectations ◆ **arriver à satisfaire la demande** to keep up with demand

VT INDIR **satisfaire à** *[+ désir]* to satisfy, to fulfil (Brit), to fulfill (US); *[+ engagement, promesse]* to fulfil (Brit), to fulfill (US); *[+ demande, revendication, critères]* to meet, to satisfy; *[+ condition, exigences]* to meet, to fulfil (Brit), to fulfill (US), to satisfy; *[+ test de qualité]* to pass ◆ **avez-vous satisfait à vos obligations militaires ?** have you completed your military service? ◆ **cette installation ne satisfait pas aux normes** this installation does not comply with *ou* satisfy standard requirements

VPR **se satisfaire** to be satisfied (*de* with); *(euph = uriner)* to relieve o.s. ◆ **se satisfaire de peu** to be easily satisfied ◆ **tu as vu son mari ?, elle se satisfait de peu !** *(hum)* have you seen her husband? she's not exactly choosy! * ◆ **il ne se satisfait pas de mots, il a besoin d'agir** words aren't enough for him, he needs to act

satisfaisant, e /satisfəzɑ̃, ɑ̃t/ SYN **ADJ** *(= acceptable)* satisfactory; *(= qui fait plaisir)* satisfying ◆ **de façon satisfaisante** satisfactorily ◆ **ces questions n'ont toujours pas reçu de réponses satisfaisantes** these questions have still not been answered satisfactorily ◆ **son état est jugé satisfaisant** *[de malade]* his condition is said to be satisfactory ◆ **peu satisfaisant** *[bilan, résultats, solution, travail]* unsatisfactory

satisfait, e /satisfɛ, ɛt/ SYN (ptp de **satisfaire**) **ADJ** *[air, besoin, désir, personne]* satisfied ◆ **« satisfait ou remboursé »** "satisfaction or your money back" ◆ **être satisfait de** *[+ personne]* to be satisfied with; *[+ décision, solution]* to be satisfied with, to be happy with *ou* about; *[+ soirée]* to be pleased with ◆ **être satisfait de soi** to be satisfied *ou* pleased with o.s. ◆ **il est toujours très satisfait de lui** he's so self-satisfied ◆ **il est satisfait de son sort** he is satisfied *ou* happy with his lot ◆ **te voilà satisfait !** *(iro)* are you satisfied?

satisfecit /satisfesit/ **NM INV** *(Scol)* ≃ star, ≃ merit point ◆ **je lui donne un satisfecit pour la façon dont il a mené l'affaire** I'll give him full marks (Brit) *ou* full points (US) for the way he conducted the business

satrape /satʀap/ **NM** *(Hist)* satrap; *(littér = despote)* satrap, despot; *(menant grand train)* nabob

satrapie /satʀapi/ **NF** satrapy

saturabilité /satyʀabilite/ **NF** saturability

saturant, e /satyʀɑ̃, ɑ̃t/ **ADJ** saturating ◆ **vapeur saturante** saturated vapour

saturateur /satyʀatœʀ/ **NM** *[de radiateur]* humidifier; *(Sci)* saturator

saturation /satyʀasjɔ̃/ SYN **NF** *(gén, Sci)* saturation (*de* of) ◆ **arriver à saturation** to reach saturation point ◆ **à cause de la saturation des lignes téléphoniques** because the telephone lines are all engaged (Brit) *ou* busy (US) ◆ **pour éviter la saturation du réseau routier** to prevent the road network from getting clogged up *ou* becoming saturated ◆ **j'en ai jusqu'à saturation** I've had more than I can take

saturé, e /satyʀe/ SYN (ptp de **saturer**) **ADJ**
1 *(Chim) [solution]* saturated
2 *(= imprégné) [sol, terre]* saturated (*de* with)
3 *(= encombré) [autoroute]* heavily congested; *[marché]* saturated, glutted; *(Téléc) [réseau]* overloaded, saturated; *[standard, lignes]* jammed; *(Ordin) [mémoire]* full
4 *[personne]* ◆ **je suis saturé** *(par trop de travail)* I'm up to my eyes in work, I've got more work than I can cope with ◆ **les gens sont saturés de publicité** people have had their fill of *ou* are sick of advertising ◆ **j'ai mangé tant de fraises que j'en suis saturé** I couldn't eat another strawberry, I've had so many
5 *(Peinture)* ◆ **couleur saturée** saturated colour (Brit) *ou* color (US)

saturer /satyʀe/ ▸ conjug 1 ◂
VT *(gén, Sci)* to saturate (*de* with) ◆ **saturer les électeurs de promesses** to swamp the electors with promises
VI 1 *[appareil hi-fi]* to distort
2 * ◆ **après six heures de ce travail, je sature** after six hours of this work, I've had enough

saturnales /satyʀnal/ **NFPL** *(lit)* Saturnalia; *(fig)* saturnalia

Saturne /satyʀn/
NM *(Myth)* Saturn
NF *(Astron)* Saturn ◆ **extrait** *ou* **sel de saturne** *(Pharm)* lead acetate

saturnie /satyʀni/ **NF** saturniid

saturnien, -ienne /satyʀnjɛ̃, jɛn/ **ADJ** *(littér)* saturnine

saturnin, e /satyʀnɛ̃, in/ **ADJ** saturnine

saturnisme /satyʀnism/ **NM** lead poisoning, saturnism (SPÉC)

satyre /satiʀ/ SYN **NM** *(= divinité, papillon)* satyr; *(* = obsédé)* sex maniac

satyriasis /satiʀjazis/ **NM** satyriasis

satyrique /satiʀik/ **ADJ** satyric

satyrisme /satiʀism/ **NM** satyrism

sauce /sos/ **NF** 1 *(Culin)* sauce; *[de salade]* dressing; *(= jus de viande)* gravy ◆ **viande en sauce** meat cooked in a sauce ◆ **sauce béarnaise/béchamel/blanche/moutarde/ piquante/tomate** béarnaise/béchamel/white/mustard/ piquant/ tomato sauce ◆ **sauce vinaigrette** vinaigrette, French dressing (Brit) ◆ **sauce à l'orange/aux câpres** orange/caper sauce ◆ **sauce chasseur/mousseline** sauce chasseur/ mousseline ◆ **sauce madère/suprême/hollandaise** Madeira/suprême/hollandaise sauce
2 *(* = remplissage)* padding* ◆ **reprendre un vieux discours en changeant la sauce** *(= présentation)* to take an old speech and dress it up ◆ **c'est la même chose avec une autre sauce** same meat, different gravy ◆ **il faudrait rallonger la sauce pour ce devoir** you'll have to pad out this essay
3 *(locutions)* ◆ **à quelle sauce allons-nous être mangés ?** I wonder what fate has in store for us ◆ **mettre qn à toutes les sauces** to make sb do any job going* ◆ **mettre un exemple à toutes les sauces** to turn *ou* adapt an example to fit any case ◆ **mettre la sauce*** *(en voiture)* to step on the gas*; *(gén = se dépêcher)* to step on it* ◆ **mettre toute la sauce** * to go flat out* ◆ **recevoir la sauce*** to get soaked *ou* drenched ◆ **faire monter la sauce** to build up the hype*
4 *(= crayon à estomper)* soft black crayon

saucé, e[1] /sose/ **ADJ** *(Tech)* silver-plated

saucée[2] * /sose/ **NF** downpour ◆ **recevoir** *ou* **prendre une saucée** to get soaked *ou* drenched

saucer /sose/ ▸ conjug 3 ◂ **VT** *[+ assiette]* to mop up the sauce from; *[+ pain]* to use to mop up the sauce ◆ **prends du pain pour saucer** have some bread to mop up the sauce ◆ **se faire saucer***, **être saucé*** to get soaked *ou* drenched

saucier /sosje/ **NM** sauce chef *ou* cook

saucière /sosjɛʀ/ **NF** *(gén)* sauceboat; *[de jus de viande]* gravy boat

sauciflard‡ /sosiflaʀ/ **NM** sausage *(eaten cold in slices)*

saucisse /sosis/ **NF** 1 *(Culin)* sausage ◆ **saucisse de Morteau** *type of smoked sausage* ◆ **saucisse de Strasbourg** *type of beef sausage* ◆ **saucisse de Francfort** frankfurter ◆ **saucisse au couteau** *type of rough-cut cooking sausage*; → **attacher, chair**
2 *(= idiot)* ◆ **(grande) saucisse**‡ nincompoop*, great ninny*

saucisson /sosisɔ̃/ **NM** 1 *(Culin)* sausage *(eaten cold in slices)* ◆ **saucisson à l'ail** garlic sausage ◆ **saucisson sec** (dry) pork and beef sausage ◆ **saucisson pur porc** 100% pork sausage; → **ficeler**
2 *(= pain)* (cylindrical) loaf
3 *[de poudre] canvas tube filled with gunpowder*, saucisson (US)

saucissonnage * /sosisɔnaʒ/ **NM** *[de livre, émission]* chopping up ◆ **les gens se plaignent du saucissonnage des émissions par la publicité** people are complaining about television programmes being chopped up *ou* constantly interrupted by commercial breaks

saucissonné, e * /sosisɔne/ (ptp de **saucissonner**) **ADJ** *(= ligoté)* trussed up

saucissonner /sosisɔne/ SYN ▸ conjug 1 ◂
VI *(† * = pique-niquer)* to (have a) picnic
VT 1 *(hum = ligoter) [+ personne]* to truss up
2 *(= découper) [+ crédits]* to stagger; *[+ livre, émission]* to chop up; *[+ entreprise, territoire]* to carve *ou* slice up (*en* into) ◆ **des films saucissonnés par la publicité** films chopped up by commercials

sauf[1], **sauve** /sof, sov/ SYN **ADJ** *[personne]* unharmed, unhurt; *[honneur]* intact ◆ **il a eu la vie sauve** his life was spared ◆ **laisser la vie sauve à qn** to spare sb's life ◆ **il dut à sa franchise d'avoir la vie sauve** he owed his life to his frankness, it was thanks to his frankness that his life was spared; → **sain**

sauf[2] /sof/ SYN **PRÉP** 1 *(= à part)* except, but, save *(frm)* ◆ **tout le monde sauf lui** everyone except *ou* but *ou* save *(frm)* him ◆ **sauf accord** *ou* **convention contraire** *(Jur)* unless otherwise agreed ◆ **sauf dispositions contraires** except as otherwise provided ◆ **sauf cas exceptionnel** except in exceptional circumstances ◆ **le repas était excellent sauf le dessert** *ou* **sauf pour ce qui est du dessert** the meal was excellent except for *ou* apart from *ou* aside from *(surtout US)* the dessert ◆ **tout sauf ça !** anything but that!
2 *(avec conj)* ◆ **sauf si** unless ◆ **nous irons demain, sauf s'il pleut** we'll go tomorrow unless it rains ◆ **nous sortons tout le temps sauf quand il pleut** we always go out except when it's raining ◆ **sauf que** except that
3 *(locutions : littér)* ◆ **il accepte de nous aider, sauf à nous critiquer si nous échouons** he agrees to help us even if he does (reserve the right to) criticize us if we fail ◆ **sauf le respect que je vous dois, sauf votre respect** with all due respect

sauf-conduit (pl **sauf-conduits**) /sofkɔ̃dɥi/ **NM** safe-conduct

sauge /soʒ/ **NF** *(Culin)* sage; *(ornementale)* salvia

saugrenu, e /sogʀəny/ SYN **ADJ** preposterous, ludicrous ◆ **voilà une question bien saugrenue !** what a ridiculous question! ◆ **quelle idée saugrenue !** what a ridiculous idea!

Saül /sayl/ **NM** Saul

saulaie /solɛ/ **NF** willow plantation

saule /sol/ **NM** willow (tree) ◆ **saule blanc/pleureur** white/weeping willow

saumâtre /somɑtʀ/ **ADJ** 1 *[eau]* brackish; *[goût]* briny
2 *[humeur, impression, plaisanterie]* nasty, unpleasant ◆ **il l'a trouvée saumâtre*** he was not amused

saumon /somɔ̃/
NM 1 *(= poisson)* salmon ◆ **saumon fumé** smoked salmon, lox (US) ◆ **saumon cru mariné à l'aneth** gravadlax, gravlax, salmon marinated in dill
2 *(Tech = lingot)* pig
ADJ INV salmon (pink)

saumoné, e /somɔne/ **ADJ** *[couleur]* salmon (pink); → **truite**

saumure /somyʀ/ **NF** brine

saumuré, e /somyʀe/ **ADJ** *[hareng]* pickled (in brine)

saumurer /somyʀe/ ▸ conjug 1 ◂ **VT** to pickle (in brine)

sauna /sona/ **NM** sauna

saunage /sonaʒ/ **NM**, **saunaison** /sonɛzɔ̃/ **NF** *(= saison)* salt-making season; *(= récolte)* salt production

sauner /sone/ ▸ conjug 1 ◂ **VI** to yield salt

saunier /sonje/ **NM** *(= ouvrier)* worker in a saltworks; *(= exploitant)* salt merchant

saupiquet /sopikɛ/ **NM** *(= sauce, ragoût) spicy sauce or stew*

saupoudrage /sopudʀaʒ/ **NM** 1 *(gén)* sprinkling; *(Culin)* sprinkling, dusting
2 *[crédits, subventions]* spreading thinly ◆ **ils accusent le gouvernement de faire du saupoudrage de subventions** they are accusing the government of spreading the subsidies too thinly

saupoudrer /sopudʀe/ SYN ▸ conjug 1 ◂ **VT** 1 *(gén)* to sprinkle; *(Culin)* to sprinkle, to dust (*de* with) ◆ **se saupoudrer les mains de talc** to sprinkle talc on one's hands
2 *[+ crédits]* to spread thinly, to give sparingly ◆ **il saupoudre sa conversation de mots anglais** he peppers *ou* sprinkles his conversation with English words

saupoudreuse /sopudʀøz/ **NF** (sugar *ou* flour *etc*) dredger

saur /sɔʀ/ **ADJ M** → **hareng**

saurage /sɔʀaʒ/ **NM** ⇒ **saurissage**

saurer /sɔʀe/ ▸ conjug 1 ◂ **VT** to smoke, to cure

saurien /sɔʀjɛ̃/ **NM** saurian ◆ **sauriens** Sauria (SPÉC), saurians

sauris /sɔʀi/ **NM** (herring) brine

saurissage /sɔʀisaʒ/ **NM** smoking, curing

saurisserie /sɔʀisʀi/ **NF** *[d'harengs]* herring-smoking *ou* herring-curing factory

saurisseur, -euse /sɔʀisœʀ, øz/ **NM,F** *[d'harengs]* herring curer

saut /so/ SYN

NM [1] *(lit, fig = bond)* jump, leap • **saut avec/sans élan** *(Sport)* running/standing jump • **faire un saut** to (make a) jump *ou* leap • **faire un saut dans l'inconnu/le vide** to (make a) leap into the unknown/the void • **le véhicule fit un saut de 100 mètres dans le ravin** the vehicle fell *ou* dropped 100 metres into the ravine • **se lever d'un saut** to jump *ou* leap up, to jump *ou* leap to one's feet • **quittons Louis XIV et faisons un saut d'un siècle** let us leave Louis XIV and jump forward a century • **progresser** *ou* **avancer par sauts** *(fig)* to go forward by *ou* in stages

[2] *(Sport)* jumping • **épreuves de saut** jumping events; → **triple**

[3] *(Géog = cascade)* waterfall, falls

[4] *(Math, Ordin)* jump

[5] *(locutions)* • **faire qch au saut du lit** to do sth as soon as one gets up *ou* gets out of bed • **prendre qn au saut du lit** to find sb just out of bed (when one calls) • **faire le saut** to take the plunge • **faire le grand saut** *(= mourir)* to pass on • **faire un saut chez qn** to pop over *ou* round *(Brit)* to sb's place*, to drop in on sb • **faire un saut à la banque** to drop in at the bank • **il a fait un saut jusqu'à Bordeaux** he made a flying visit to Bordeaux

COMP **saut de l'ange** *(Natation)* swallow dive *(Brit)*, swan dive *(US)*
saut de carpe jack-knife dive, pike *(Brit)*
saut de chat pas de chat
saut en chute libre *(= sport)* free-fall parachuting; *(= bond)* free-fall jump
saut en ciseaux scissors (jump)
saut à la corde skipping *(Brit)*, jumping rope *(US)*
saut à l'élastique bungee jumping
saut groupé tuck
saut de haies hurdling
saut en hauteur *(= sport)* high jump; *(= bond)* (high) jump
saut de ligne *(Ordin)* line break
saut en longueur *(= sport)* long jump; *(= bond)* (long) jump
saut de la mort leap of death
saut de page page break
saut en parachute *(= sport)* parachuting, parachute jumping; *(= bond)* parachute jump
saut à la perche *(= sport)* pole vaulting; *(= bond)* (pole) vault
saut périlleux somersault
saut à pieds joints standing jump
saut de puce • **l'avion fait des sauts de puce** the plane makes several stopovers
saut en rouleau western roll.
saut de séquence *(Ordin)* jump
saut à skis *(= sport)* skijumping; *(= bond)* jump

saut-de-lit (pl **sauts-de-lit**) /sod(ə)li/ NM negligée

saut-de-loup (pl **sauts-de-loup**) /sod(ə)lu/ NM (wide) ditch

saut-de-mouton (pl **sauts-de-mouton**) /sod(ə)mutɔ̃/ NM flyover *(Brit)*, overpass *(US)*

saute /sot/ NF sudden change • **saute de vent** sudden change (in the direction) of the wind • **saute d'humeur** sudden change of mood • **saute de température** jump in temperature • **pour empêcher les sautes d'images** *(TV)* to stop the picture jumping, to keep the picture steady

sauté, e /sote/ (ptp de **sauter**) ADJ, NM sautéed, sauté • **sauté de veau** sauté of veal

saute-mouton /sotmutɔ̃/ NM INV leapfrog • **jouer à saute-mouton** *(lit)* to play leapfrog • **le scénario joue à saute-mouton par dessus les siècles** the film script leapfrogs from one century to the next

sauter /sote/ SYN ▸ conjug 1 ◂

VI [1] *[personne]* to jump, to leap *(dans* into; *par-dessus* over); *(vers le haut)* to jump *ou* leap (up); *[oiseau]* to hop; *[insecte]* to jump, to hop; *[kangourou]* to jump • **sauter à pieds joints** to make a standing jump • **sauter à pieds joints dans qch** *(fig)* to jump into sth with both feet, to rush headlong into sth • **sauter à cloche-pied** to hop • **sauter à la corde** to skip *(Brit)*, to jump rope *(US)* • **sauter à la perche** to pole-vault • **sauter en parachute** *(gén, Sport)* to parachute, to make a parachute jump; *[parachutistes]* to parachute, to be dropped *(sur* over); *(en cas d'accident)* to bale out *(Brit)*, to bail out *(US)*, to make an emergency (parachute) jump • **sauter en ciseaux** to do a scissors jump • **sauter en hauteur/en longueur** to do the high/the long jump • **faire sauter un enfant sur ses genoux** to bounce *ou* dandle † a child on one's knee • **les cahots faisaient sauter les passagers** the passengers jolted *ou* bounced along over the bumps • **il sauta de la table** he jumped *ou* leapt (down) off *ou* from the table • **sauter en l'air** to jump *ou* leap *ou* spring into the air • **sauter en l'air** *ou* **au plafond** *(de colère)* to hit the roof*; *(de joie)* to jump for joy; *(de surprise, de peur)* to jump (out of one's skin) • **sauter de joie** *(lit, fig)* to jump for joy

[2] *(= se précipiter)* • **sauter (à bas) du lit** to jump *ou* leap *ou* spring out of bed • **sauter en selle** to jump *ou* leap *ou* spring into the saddle • **sauter à la gorge de qn** to fly *ou* leap at sb's throat • **sauter au cou de qn** to fly into sb's arms • **sauter dans un taxi/un autobus** to jump *ou* leap into a taxi/onto a bus • **sauter par la fenêtre** to jump *ou* leap out of the window • **sauter d'un train en marche** to jump *ou* leap from a moving train • **sauter sur une occasion/une proposition** to jump *ou* leap at an opportunity/an offer • **il m'a sauté dessus** he pounced on me • **saute-lui dessus* quand il sortira du bureau pour lui demander...** *(fig)* grab him when he comes out of the office and ask him... • **va faire tes devoirs, et que ça saute !*** go and do your homework and be quick about it! • **il est malade, cela saute aux yeux** he's ill – it sticks out a mile *ou* it's (quite) obvious • **sa malhonnêteté saute aux yeux** his dishonesty sticks out a mile *ou* is (quite) obvious

[3] *(indiquant la discontinuité)* to jump, to leap • **sauter d'un sujet à l'autre** to jump *ou* skip from one subject to another

[4] *[bouchon]* to pop *ou* fly out; *[bouton]* to fly *ou* pop off; *[chaîne de vélo]* to come off; * *[classe, cours]* to be cancelled • **faire sauter un cours** to cancel a class *ou* a lecture • **faire sauter une crêpe** to toss a pancake • **faire sauter une serrure** to burst *ou* break open a lock • **faire sauter le(s) verrou(s)** *(fig)* to break down the barrier(s) • **faire sauter une contravention*** to get a fine taken care of *ou* quashed *(Brit)*

[5] *(= exploser) [bâtiment, bombe, pont]* to blow up, to explode; *(Élec) [fil, circuit]* to fuse; *[fusible]* to blow • **sauter sur une mine** *[personne]* to step on a mine; *[véhicule]* to go over a mine • **faire sauter** *[+ train, édifice]* to blow up; *(Élec) [+ plombs]* to blow • **faire sauter une mine** *(pour la détruire)* to blow up a mine; *(pour détruire un bâtiment)* to set off a mine • **il s'est fait sauter avec les otages** he blew himself up with the hostages • **se faire sauter la cervelle*** *ou* **le caisson**** to blow one's brains out* • **faire sauter la banque** *(Casino)* to break the bank

[6] *(* = être renvoyé) [directeur]* to get fired, to get the push** *ou* the sack* *(Brit)*; *[gouvernement]* to get kicked out* • **faire sauter qn** *(gén)* to fire sb, to give sb the push** *ou* the sack* *(Brit)*; *[+ gouvernement]* to kick out*

[7] *(Culin)* • **faire sauter** to sauté, to (shallow) fry

[8] *(= clignoter) [paupière]* to twitch; *[image de télévision]* to flicker, to jump

VT [1] *(= franchir) [+ obstacle, mur]* to jump (over), to leap (over) • **il saute 5 mètres** he can jump 5 metres • **il sauta le fossé d'un bond** he jumped *ou* cleared the ditch with one bound • **sauter le pas** *(fig)* to take the plunge

[2] *(= omettre) [+ étape, page, repas]* to skip, to miss • **sauter une classe** *(Scol)* to skip a year • **ces caractères héréditaires peuvent sauter une génération** these hereditary characteristics can skip a generation • **on la saute ici !**** we're starving to death here!*

[3] *(** = avoir des rapports sexuels avec)* to fuck***, to screw*** • **elle s'est fait sauter par Pierre**** she had it off with Pierre**, she got laid by Pierre**

sautereau (pl **sautereaux**) /sotʀo/ NM *(Mus)* jack

sauterelle /sotʀɛl/ NF [1] *(gén)* grasshopper; *(= criquet)* locust • **nuage** *ou* **nuée de sauterelles** *(lit, fig)* swarm of locusts • **(grande) sauterelle*** *(= personne maigre)* beanpole *(Brit)*, string bean *(US)*

[2] *(= fausse équerre)* bevel; *(= appareil de manutention)* conveyor belt

sauterie † /sotʀi/ NF party • **je donne une petite sauterie demain** I'm giving *ou* throwing a little party tomorrow

saute-ruisseau (pl **saute-ruisseaux**) /sotʀɥiso/ NM († *ou littér*) errand boy, office boy *(in a lawyer's office)*

sauteur, -euse /sotœʀ, øz/

ADJ *[insecte]* jumping *(épith)*; *[oiseau]* hopping *(épith)*; → **scie**

NM,F [1] *(= athlète, cheval)* jumper

[2] *(* = fumiste)* unreliable person

NF **sauteuse** [1] *(Culin)* high-sided frying pan

[2] *(* = dévergondée)* floozy*

COMP **sauteur en hauteur** high jumper
sauteur en longueur long jumper
sauteur à la perche pole vaulter
sauteur à skis skijumper

sautillant, e /sotijɑ̃, ɑ̃t/ ADJ *[démarche]* hopping, skipping; *[oiseau]* hopping; *[enfant]* skipping; *(sur un pied)* hopping; *[musique]* bouncy; *[style]* jumpy, jerky • **les images sautillantes des films d'époque** the flickering images of vintage films

sautillement /sotijmɑ̃/ NM *[d'oiseau]* hopping; *[d'enfant]* skipping; *(sur un pied)* hopping

sautiller /sotije/ SYN ▸ conjug 1 ◂ VI *[oiseau]* to hop; *[enfant]* to skip; *(sur un pied)* to hop

sautoir /sotwaʀ/ NM [1] *(Bijouterie)* chain • **sautoir de perles** string of pearls • **porter qch en sautoir** to wear sth (on a chain) round one's neck

[2] *(Sport)* jumping pit

[3] *(Héraldique)* saltire • **épées en sautoir** crossed swords

sauvable /sovabl/ ADJ • **il faut sauver ce qui est sauvable** we must save what can be saved

sauvage /sovaʒ/ SYN

ADJ [1] *[animal, plante, fleur, lieu]* wild; *[peuplade]* primitive, savage • **côte sauvage** wild coast • **enfant sauvage** wild child • **vivre à l'état sauvage** to live wild • **retourner à l'état sauvage** *[jardin]* to go wild; *[animal]* to revert to its wild state; → **soie**

[2] *(= farouche) [animal]* wild; *[personne]* unsociable

[3] *(= brutal) [cri]* wild; *[conduite]* savage, wild; *[combat]* savage

[4] *(= illégal) [vente]* unauthorized; *[concurrence]* unfair; *[crèche, école]* unofficial; *[urbanisation]* unplanned; *[immigration, importations]* illegal; *[capitalisme, libéralisme]* unrestrained, untrammelled • **faire du camping sauvage** *(illégal)* to camp on unauthorized sites; *(dans la nature)* to camp in the wild, to go wilderness camping (US) • **décharge sauvage** illicit rubbish *(Brit) ou* garbage *(US)* dump • **il a été condamné pour affichage sauvage** he was prosecuted for fly-posting; → **grève, parking**

NMF [1] *(= solitaire)* recluse • **vivre en sauvage** to live a secluded life, to live as a recluse

[2] *(= brute)* brute, savage • **mœurs de sauvages** brutish *ou* savage ways

[3] *(= indigène)* savage • **on n'est pas des sauvages !*** we're not savages!

sauvagement /sovaʒmɑ̃/ ADV *[frapper, tuer]* savagely, brutally; *[assassiné]* brutally; *[torturé]* severely, brutally

sauvageon, -onne /sovaʒɔ̃, ɔn/

NM,F little savage

NM wild stock *(for grafting)*

sauvagerie /sovaʒʀi/ SYN NF *(= cruauté)* savagery, savageness, brutality; *(= insociabilité)* unsociability, unsociableness

sauvagin, e /sovaʒɛ̃, in/

ADJ *[odeur, goût]* of wildfowl

NF **sauvagine** wildfowl • **chasse à la sauvagine** wildfowling

sauve /sov/ ADJ F → **sauf¹**

sauvegarde¹ /sovgaʀd/ SYN NF [1] *(= action) [de droits, emploi, environnement]* protection, safeguarding; *[de dignité, réputation]* protecting, safeguarding; *[d'ordre public, paix]* upholding, maintenance; *(Ordin)* saving • **sous la sauvegarde de** under the protection of • **clause de sauvegarde** safety clause • **la sauvegarde des droits de l'homme** the protection of human rights, safeguarding human rights • **faire la sauvegarde d'un fichier** *(Ordin)* to save a file • **de sauvegarde** *(Ordin) [copie, disquette, fichier]* backup *(épith)*

[2] *(= garantie)* safeguard • **être la sauvegarde de** to safeguard, to be the safeguard of *ou* for

sauvegarde² /sovgaʀd/ NF *(Naut = cordage)* protective rope

sauvegarder /sovgaʀde/ SYN ▸ conjug 1 ◂ VT *[+ droits, emploi, environnement, dignité, réputation]* to protect, to safeguard; *[+ ordre public, paix]* to uphold, to maintain; *(Ordin)* to save

sauve-qui-peut /sovkipø/ NM INV *(= cri)* (cry of) run for your life; *(= panique)* stampede, mad rush

sauver /sove/ SYN ► conjug 1 ◄

VT 1 (= *épargner la mort, la faillite à*) to save; (= *porter secours à*) to rescue ◆ **elle est sauvée !** [*malade*] she's come through!; [*accidentée, otage*] she's been rescued! ◆ **nous sommes sauvés !** * we're saved! ◆ **sauver qn/qch de** [+ *danger, désastre*] to save *ou* rescue sb/sth from ◆ **un mot de lui peut tout sauver** a word from him can save the day *ou* situation

2 (= *sauvegarder*) [+ *biens, cargaison, mobilier*] to salvage, to save, to rescue; [+ *honneur, emplois, planète, processus de paix*] to save ◆ **on va sauver ce qui peut l'être** we'll save what we can

3 (*Rel*) [+ *âme, pécheurs*] to save

4 (= *racheter*) to save, to redeem ◆ **ce sont les illustrations qui sauvent le livre** it's the illustrations which save *ou* redeem the book, the illustrations are the redeeming feature *ou* the saving grace of the book

5 (*locutions*) ◆ **sauver la vie à** *ou* **de qn** to save sb's life ◆ **sauver sa peau** * *ou* **sa tête** * to save one's skin *ou* hide * ◆ **sauver les meubles** * (*fig*) to salvage *ou* save something from the wreckage ◆ **sauver la situation** to save *ou* retrieve the situation ◆ **sauver les apparences** to keep up appearances ◆ **sauver la face** to save face ◆ **il m'a sauvé la mise** he bailed me out, he got me out of a tight corner ◆ **être sauvé par le gong** [*boxeur, candidat*] to be saved by the bell

VPR **se sauver** 1 (= *s'enfuir*) to run away (*de* from); (* = *partir*) to be off *, to get going ◆ **il s'est sauvé à toutes jambes** he ran away as fast as his legs could carry him ◆ **sauve-toi** *, **il est déjà 8 heures** you'd better be off * *ou* get going, it's already 8 o'clock ◆ **bon, je me sauve** * right, I'm off * ◆ **vite, le lait se sauve** * quick, the milk's boiling over ◆ **sauve qui peut !** run for your life!; → aussi **sauve-qui-peut**

2 ◆ **se sauver de** [+ *danger, désastre*] to escape

sauvetage /sov(ə)taʒ/ NM 1 [*de personnes*] rescue; (*moral*) salvation; [*de biens*] salvaging ◆ **sauvetage en mer/montagne** sea/mountain rescue ◆ **le sauvetage des naufragés** rescuing the survivors of the shipwreck ◆ **opérer le sauvetage de** [+ *personnes*] to rescue; [+ *biens*] to salvage ◆ **de sauvetage** [*matériel, équipe*] rescue (*épith*) ◆ **opération de sauvetage** [*de personnes*] rescue operation; [*de biens*] salvage operation ◆ **plan de sauvetage d'une entreprise** (*Écon*) rescue plan for a firm; → **bateau, bouée, canot** *etc*

2 (= *technique*) ◆ **le sauvetage** life-saving ◆ **cours de sauvetage** life-saving lessons

sauveté /sov(ə)te/ NF (*Apiculture*) ◆ **cellules de sauveté** queen cells ◆ **reine de sauveté** replacement queen

sauveteur /sov(ə)tœʀ/ NM rescuer

sauvette * /sovɛt/ SYN **à la sauvette** LOC ADV (= *vite*) hastily, hurriedly; (= *en cachette*) on the sly ◆ **ils se sont mariés à la sauvette** they married in haste ◆ **la réforme a été votée à la sauvette** the reform was rushed through parliament ◆ **images tournées à la sauvette** pictures shot on the sly ◆ **vente à la sauvette** (unauthorized) street hawking *ou* peddling ◆ **vendre qch à la sauvette** to hawk *ou* peddle sth on the streets (*without authorization*) ◆ **vendeur** *ou* **marchand à la sauvette** street hawker ◆ **acheter son billet à un revendeur à la sauvette** to buy one's ticket from an unauthorized source *ou* from a ticket tout (*Brit*)

sauveur /sovœʀ/ SYN

ADJ M ◆ **le Dieu sauveur** God the Saviour (*Brit*) *ou* Savior (*US*)

NM saviour (*Brit*), savior (*US*) ◆ **le Sauveur** (*Rel*) the Saviour ◆ **tu es mon sauveur !** (*hum*) you're my saviour!

sauvignon /soviɲɔ̃/ NM Sauvignon (*type of wine from the Loire valley*)

SAV /ɛsave/ NM (abrév de **service après-vente**) → **service**

savamment /savamɑ̃/ ADV (= *avec érudition*) learnedly; (= *adroitement*) cleverly, skilfully (*Brit*), skillfully (*US*) ◆ **j'en parle savamment** (= *par expérience*) I know what I'm talking about ◆ **savamment dosé/entretenu/orchestré** skilfully controlled/maintained/orchestrated

savane /savan/ NF savannah; (* *Can*) swamp

savant, e /savɑ̃, ɑ̃t/ SYN

ADJ 1 (= *érudit*) [*personne*] learned, scholarly; [*édition*] scholarly; [*mot, société*] learned ◆ **être savant en qch** to be learned in sth ◆ **c'est trop savant pour moi** (*hum*) [*discussion, livre*] it's too highbrow for me; [*problème*] it's too difficult *ou* complicated for me

2 (= *habile*) [*arrangement, dosage, stratagème*] clever, skilful (*Brit*), skillful (*US*) ◆ **le savant désordre de sa tenue** the studied carelessness of his dress ◆ **un savant mélange de...** a clever mixture of...

3 [*chien, puce*] performing (*épith*)

NM (*sciences*) scientist; (*lettres*) scholar

savarin /savaʀɛ̃/ NM (*Culin*) savarin

savate * /savat/ NF 1 (= *pantoufle*) worn-out old slipper; (= *chaussure*) worn-out old shoe ◆ **être en savates** to be in one's slippers; → **traîner**

2 (* = *maladroit*) clumsy idiot *ou* oaf

3 (*Sport*) ◆ **la savate** kickboxing

savetier †† /sav(ə)tje/ NM cobbler †

saveur /savœʀ/ SYN NF (*lit* = *goût*) flavour (*Brit*), flavor (*US*); (*fig* = *piment*) spice ◆ **sans saveur** flavourless (*Brit*), flavorless (*US*) ◆ **venez déguster les saveurs de notre terroir** come and taste our local specialities ◆ **c'est ce lait qui fait toute la saveur du fromage** it's this milk that gives the cheese its flavour ◆ **ce sont les expressions dialectales qui donnent toute sa saveur au roman** it's the regional expressions that spice up the novel

Savoie /savwa/ NF (= *région*) ◆ **la Savoie** Savoy; → **biscuit**

savoir /savwaʀ/ GRAMMAIRE ACTIVE 16.1, 16.4, 26.1 SYN ► conjug 32 ◄

VT 1 (*gén*) to know ◆ **savoir le nom/l'adresse de qn** to know sb's name/address ◆ **c'est difficile à savoir** it's difficult to know *ou* ascertain ◆ **je ne savais quoi** *ou* **que dire/faire** I didn't know what to say/do ◆ **oui, je (le) sais** yes, I know ◆ **j'en sais quelque chose** * I can relate to that * ◆ **je savais qu'elle était malade, je la savais malade** I knew (that) she was ill ◆ **on ne lui savait pas de parents/de fortune** we didn't know whether *ou* if he had any relatives/money; (*en fait il en a*) we didn't know (that) he had any relatives/money ◆ **savez-vous quand/comment il vient ?** do you know when/how he's coming? ◆ **vous savez la nouvelle ?** have you heard *ou* do you know the news? ◆ **tu sais quoi ?** * you know what ? * ◆ **elle sait cela par** *ou* **de son boucher** she heard it from her butcher ◆ **tout le village sut bientôt la catastrophe** the whole village soon knew *ou* heard about the disaster ◆ **il ne savait pas s'il devait accepter** he didn't know whether to accept (or not) ◆ **je crois savoir que...** I believe *ou* understand that..., I am led to believe *ou* understand that... ◆ **je n'en sais rien** I don't know, I have no idea ◆ **il ment – qu'en savez-vous ?** he is lying – how do you know? ◆ **leur politique ne marchera jamais – qu'en sais-tu ?** their policy will never work – what do you know about it? ◆ **je voudrais en savoir davantage** I'd like to know more about it ◆ **il nous a fait savoir que...** he informed us *ou* let us know that... ◆ **ça se saurait si c'était vrai** if it was true people would know about it ◆ **ça finira bien par se savoir** it'll get out in the end

2 (= *avoir des connaissances sur*) to know ◆ **savoir, c'est pouvoir** knowledge is power ◆ **savoir le grec/son rôle/sa leçon** to know Greek/one's part/one's lesson ◆ **dites-nous ce que vous savez de l'affaire** tell us what you know about *ou* of the matter ◆ **en savoir trop (long)** to know too much ◆ **il croit tout savoir** he thinks he knows everything *ou* knows it all ◆ **Monsieur** (*ou* **Madame** *ou* **Mademoiselle**) **je-sais-tout** * (*péj*) smart-alec(k) *, know-all ◆ **tu en sais, des choses** * you certainly know a thing or two, don't you! ◆ **il ne sait ni A ni B, il ne sait rien de rien** he hasn't a clue about anything

3 (*avec infin* = *être capable de*) to know how to ◆ **elle sait lire et écrire** she can read and write, she knows how to read and write ◆ **il ne sait pas nager** he can't swim, he doesn't know how to swim ◆ **savoir plaire** to know how to please ◆ **il sait parler aux enfants** he's good at talking to children, he knows how to talk to children, he can talk to children ◆ **elle saura bien se défendre** she'll be quite capable of looking after herself ◆ **ça, je sais (le) faire** that I can do ◆ **il a toujours su y faire** *ou* **s'y prendre** he's always known how to go about things (the right way) ◆ **il sait écouter** he's a good listener ◆ **il faut savoir attendre/se contenter de peu** you have to learn to be patient *ou* to wait/be content with little ◆ **on ne saurait penser à tout** (*littér hum*) you can't think of everything ◆ **je ne saurais vous exprimer toute ma gratitude** (*littér*) I shall never be able to express my gratitude ◆ **je ne saurais pas vous répondre/vous renseigner** I'm afraid I can't answer you/give you any information ◆ **ces explications ont su éclairer et rassurer** these explanations proved both enlightening and reassuring

4 (= *se rendre compte de*) to know ◆ **il ne sait plus ce qu'il dit** he doesn't know *ou* realize what he's saying, he isn't aware of what he's saying ◆ **je ne sais plus ce que je dis** I no longer know what I'm saying ◆ **il ne sait pas ce qu'il veut** he doesn't know what he wants, he doesn't know his own mind ◆ **il se savait très malade** he knew he was very ill ◆ **elle sait bien qu'il ment** she's well aware of the fact that he's lying, she knows very well *ou* full well that he's lying ◆ **sans le savoir** (= *sans s'en rendre compte*) without knowing *ou* realizing (it), unknowingly; (= *sans le faire exprès*) unwittingly, unknowingly ◆ **c'est un artiste sans le savoir** he's an artist but he doesn't know it

5 (*Belg*) (= *pouvoir*) to be able to ◆ **je ne saurai pas le porter, c'est trop lourd** I can't carry it, it's too heavy

6 (*locutions*) ◆ **sachant que a = b, démontrez que...** (*Math*) if a = b, show that... ◆ **qui sait ?** who knows? ◆ **et que sais-je encore** and I don't know what else ◆ **(à) savoir si ça va lui plaire !** there's no knowing whether he'll like it or not! ◆ **tu veux celui-ci ou celui-là, faudrait savoir !** * do you want this one or that one, make up your mind, will you? ◆ **ils vont renouveler nos contrats ou pas, faudrait savoir !** * so are they going to renew our contracts or not, it's about time we knew! ◆ **je sais ce que je sais** I know what I know ◆ **je sais bien, mais...** I know, but... ◆ **et puis, tu sais, nous serons très heureux de t'aider** and you know, we'll be very happy to help you ◆ **il nous a emmenés je ne sais où** he took us goodness knows where ◆ **je ne sais qui de ses amis m'a dit que...** one of his friends, whose name I forget, told me that... ◆ **il y a je ne sais combien de temps qu'il ne l'a vue** it's been I don't know how long since he last saw her, I don't how long it is *ou* it has been since he (last) saw her ◆ **cette pièce avait je ne sais quoi de sinistre** the room had something strangely sinister about it ◆ **elle ne sait pas quoi faire** *ou* **elle ne sait que faire pour l'aider/le consoler** she's at a loss to know how to help him/comfort him ◆ **il n'a rien voulu savoir** he didn't want to know ◆ **je ne veux pas le savoir** * I don't want to know ◆ **on ne sait jamais** you never know ◆ **(pour autant) que je sache** as far as I know, to the best of my knowledge ◆ **je ne l'y ai pas autorisé, que je sache** I didn't give him permission to do so, as far as I know ◆ **pas que je sache** not as far as I know, not to my knowledge ◆ **je ne sache pas que je vous ai invité !** I'm not aware that *ou* I didn't know that I invited you! ◆ **sachons-le bien, si...** let's be quite clear, if... ◆ **sachez (bien) que jamais je n'accepterai !** I'll have you know *ou* let me tell you I shall never accept! ◆ **oui, mais sachez qu'à l'origine, c'est elle-même qui ne le voulait pas** yes, but you should know that it was she who didn't want to in the first place ◆ **à savoir** that is, namely, i.e. ◆ **l'objet/la personne que vous savez sera là demain** (*hum*) you-know-what/you-know-who will be there tomorrow ◆ **vous n'êtes pas sans savoir que...** (*frm*) you are not *ou* will not be unaware (of the fact) that... (*frm*), you will not be ignorant of the fact that... (*frm*) ◆ **il m'a su gré/il ne m'a su aucun gré de l'avoir averti** he was grateful to me/he wasn't in the least grateful to me for having warned him ◆ **il ne savait à quel saint se vouer** he didn't know which way to turn ◆ **si je savais, j'irais la chercher** if I knew (for sure) *ou* if I could be sure, I would go and look for her ◆ **si j'avais su** had I known, if I had known ◆ **elle ne savait où donner de la tête** she didn't know whether she was coming or going ◆ **il ne savait où se mettre** he didn't know where to put himself ◆ **tout ce que vous avez toujours voulu savoir sur...** everything you always wanted to know about... ◆ **toi-même tu le sais** * you know perfectly well ◆ **elle a pleuré tout ce qu'elle savait** * she cried for all she was worth *, she cried her eyes out; → **dieu, qui**

NM ◆ **le savoir** learning, knowledge

savoir-être /savwaʀɛtʀ/ NM INV inter-personal skills

savoir-faire /savwaʀfɛʀ/ SYN NM INV (*gén*) know-how *; (*dans un métier*) expertise ◆ **acquérir un savoir-faire** to acquire expertise ◆ **il a beaucoup/il manque de savoir-faire avec les enfants** he's very good/isn't very good with children

savoir-vivre /savwaRvivR/ SYN NM INV manners ◆ **il n'a aucun savoir-vivre** he has no manners ◆ **les règles du savoir-vivre** the rules of (social) etiquette

savon /savɔ̃/ NM ⓵ (= matière) soap (NonC); (= morceau) bar of soap ◆ **savon liquide/noir** liquid/soft soap ◆ **savon à barbe/de toilette/de Marseille** shaving/toilet/household soap ◆ **savon en paillettes/en poudre** soap flakes/powder; → **pain**
⓶ (* = remontrance) ◆ **il m'a passé/j'ai reçu un (bon) savon** he gave me/I got a (real) telling-off* ou dressing-down*, he really tore me off a strip* (Brit)

savonnage /savɔnaʒ/ NM soaping (NonC)

savonner /savɔne/ ▸ conjug 1 ◂ VT [+ enfant, linge, corps] to soap; [+ barbe] to lather, to soap ◆ **savonner la tête de qn*** to give sb a dressing-down*, to haul sb over the coals ◆ **savonner la planche à qn*** to make life difficult for sb* ◆ **se savonner les mains/le visage** to soap one's hands/one's face, to put soap on one's hands/one's face

savonnerie /savɔnRi/ NF ⓵ (= usine) soap factory
⓶ (= tapis) Savonnerie carpet

savonnette /savɔnɛt/ NF bar of (toilet) soap

savonneux, -euse /savɔnø, øz/ ADJ soapy; → **pente**

savonnier, -ière /savɔnje, jɛR/
ADJ soap (épith)
NM ⓵ (= fabricant) soap maker
⓶ (= arbre) soapberry tree

savourer /savuRe/ SYN ▸ conjug 1 ◂ VT [+ plat, boisson, plaisanterie, triomphe] to savour (Brit), to savor (US)

savoureux, -euse /savuRø, øz/ ADJ [plat] delicious, very tasty; [anecdote, moment, personne] delightful

savoyard, e /savwajaR, aRd/
ADJ Savoyard; → **fondue**
NM,F **Savoyard(e)** Savoyard

sax* /saks/ NM (abrév de **saxophone**) sax*

saxatile /saksatil/ ADJ saxatile, saxicole, saxicolous

Saxe /saks/ NF Saxony; → **porcelaine**

saxe /saks/ NM (= matière) Dresden china (NonC); (= objet) piece of Dresden china

saxhorn /saksɔRn/ NM saxhorn

saxicole /saksikɔl/ ADJ saxicolous, saxicole, saxatile

saxifragacées /saksifRagase/ NFPL ◆ **les saxifragacées** saxifragaceous herbs, the Saxifragaceae (SPÉC)

saxifrage /saksifRaʒ/ NF saxifrage

saxo* /sakso/
NM (= instrument) sax*
NM,F (= musicien) sax player*

saxon, -onne /saksɔ̃, ɔn/
ADJ Saxon
NM (= langue) Saxon
NM,F **Saxon(ne)** Saxon

saxophone /saksɔfɔn/ NM saxophone

saxophoniste /saksɔfɔnist/ NMF saxophonist, saxophone player

saynète /sɛnɛt/ NF playlet

sbire /sbiR/ SYN NM (péj) henchman

s/c (abrév de **sous couvert de**) ≈ c/o

scabieux, -ieuse /skabjø, jøz/
ADJ scabious
NF **scabieuse** scabious

scabreux, -euse /skabRø, øz/ SYN ADJ (= indécent) improper, shocking; (= dangereux) risky

scaferlati /skafɛRlati/ NM finely cut tobacco

scalaire /skalɛR/
ADJ (Math) scalar
NM (= poisson) angel fish, scalare

scalde /skald/ NM scald, skald

scalène /skalɛn/
ADJ (Anat, Math) scalene
NM ◆ **(muscle) scalène** scalenus

scalp /skalp/ NM (= action) scalping; (= chevelure) scalp

scalpel /skalpɛl/ NM scalpel

scalper /skalpe/ ▸ conjug 1 ◂ VT to scalp

scampi /skɑ̃pi/ NMPL scampi

scandale /skɑ̃dal/ SYN NM ⓵ (= fait choquant, affaire, Rel) scandal ◆ **scandale financier/public** financial/public scandal ◆ **c'est un scandale !** it's scandalous! ou outrageous!, it's a scandal! ◆ **sa tenue a fait scandale** people were shocked by his outfit ◆ **son livre a fait scandale** his book caused a scandal ◆ **au grand scandale de mon père, j'ai voulu épouser un étranger** I wanted to marry a foreigner, which scandalized my father ◆ **elle va crier au scandale** she'll make a big fuss about it ◆ **les gens vont crier au scandale** there'll be an outcry ◆ **celui/celle par qui le scandale arrive** the one who broke the scandal ◆ **à scandale** [couple, livre] controversial, headline-hitting* (épith) ◆ **journal à scandale** scandal sheet
⓶ (= scène, tapage) scene, fuss ◆ **faire un** ou **du scandale** to make a scene, to kick up a fuss* ◆ **et pas de scandale !** and don't make a fuss! ◆ **condamné pour scandale sur la voie publique** fined for disturbing the peace ou for creating a public disturbance

scandaleusement /skɑ̃daløzmɑ̃/ ADV [se comporter] scandalously, outrageously, shockingly; [cher] scandalously, outrageously, prohibitively; [laid, mauvais] appallingly; [exagéré, sous-estimé] grossly

scandaleux, -euse /skɑ̃dalø, øz/ SYN ADJ [conduite, prix, propos] scandalous, outrageous, shocking; [chronique, littérature] outrageous, shocking ◆ **vie scandaleuse** life of scandal, scandalous life ◆ **c'est scandaleux !** it's scandalous! ◆ **50 € pour ça, ce n'est pas scandaleux** €50 for that is hardly exorbitant

scandaliser /skɑ̃dalize/ SYN ▸ conjug 1 ◂ VT to scandalize, to shock deeply ◆ **se scandaliser de qch** to be deeply shocked at sth, to be scandalized by sth

scander /skɑ̃de/ SYN ▸ conjug 1 ◂ VT [+ vers] to scan; [+ discours] to give emphasis to; [+ mots] to articulate separately; [+ nom, slogan] to chant

scandinave /skɑ̃dinav/
ADJ Scandinavian
NMF **Scandinave** Scandinavian

Scandinavie /skɑ̃dinavi/ NF Scandinavia

scandium /skɑ̃djɔm/ NM scandium

scanner[1] /skanɛR/ NM (Opt) (optical) scanner ◆ **(examen au) scanner** (Méd) scan ◆ **passer un scanner** to have a scan ◆ **scanner à plat** flatbed scanner

scanner[2] /skane/, **scannériser** /skaneRize/ ▸ conjug 1 ◂ VT (Ordin) to scan

scanneur /skanœR/ NM ⇒ **scanner**[1]

scanographe /skanɔgRaf/ NM (Méd) scanner

scanographie /skanɔgRafi/ NF (= science) (body) scanning; (= photo) scan ◆ **scanographie du cerveau** brain scan

scansion /skɑ̃sjɔ̃/ NF scanning, scansion

scaphandre /skafɑ̃dR/ NM [de plongeur] diving suit; [de cosmonaute] spacesuit ◆ **scaphandre autonome** aqualung, scuba

scaphandrier /skafɑ̃dRije/ NM (deep-sea) diver

scaphite /skafit/ NM scaphitoid mollusc

scaphoïde /skafɔid/
ADJ navicular
NM navicular(e)

scapulaire /skapylɛR/ ADJ, NM (Anat, Méd, Rel) scapular

scapulohuméral, e (mpl **-aux**) /skapyloymeRal, o/ ADJ scapulohumeral

scarabée /skaRabe/ NM (= insecte) beetle, scarab (SPÉC); (= bijou) scarab

scarabéidés /skaRabeide/ NMPL ◆ **les scarabéidés** scarabeids, the Scarabaeidae (SPÉC)

scare /skaR/ NM parrotfish

scarieux, -ieuse /skaRjø, jøz/ ADJ scarious

scarifiage /skaRifjaʒ/ NM (Agr) scarifying

scarificateur /skaRifikatœR/ NM (Méd) scarificator; (Agr) scarifier

scarification /skaRifikasjɔ̃/ NF scarification

scarifier /skaRifje/ ▸ conjug 7 ◂ VT (Agr, Méd) to scarify

scarlatine /skaRlatin/ NF scarlet fever, scarlatina (SPÉC)

scarole /skaRɔl/ NF escarole

scat /skat/ NM (Mus) scat

scato* /skato/ ADJ abrév de **scatologique**

scatologie /skatɔlɔʒi/ NF scatology

scatologique /skatɔlɔʒik/ ADJ scatological

scatophage /skatɔfaʒ/ ADJ scatophagous

scatophile /skatɔfil/ ADJ stercoricolous

sceau (pl **sceaux**) /so/ SYN NM (= cachet, estampille) seal; (fig = marque) stamp, mark ◆ **mettre son sceau sur** to put one's seal to ou on ◆ **apposer son sceau à** to affix one's seal to ◆ **porter le sceau du génie** to bear the stamp ou mark of genius ◆ **sous le sceau du secret** under the seal of secrecy; → **garde**[2]

sceau-de-Salomon (pl **sceaux-de-Salomon**) /sod(ə)salɔmɔ̃/ NM Salomon's seal

scélérat, e † /seleRa, at/ SYN
ADJ (littér) (= criminel) villainous, blackguardly †; (= méchant) wicked
NM,F (littér = criminel) villain, blackguard † ◆ **petit scélérat !*** (you) little rascal!

scélératesse † /seleRatɛs/ NF (littér) (= caractère) villainy, wickedness; (= acte) villainous ou wicked ou blackguardly † deed

scellement /sɛlmɑ̃/ NM ⓵ [d'acte, document, sac] sealing
⓶ (Constr) embedding (NonC)
⓷ (Méd) [de couronne, prothèse] lute, luting

sceller /sele/ SYN ▸ conjug 1 ◂ VT ⓵ (= cacheter) [+ acte, document, sac] to seal
⓶ (Constr) to embed
⓷ (Méd) [+ couronne, prothèse] to lute
⓸ (= sanctionner) [+ amitié, pacte, réconciliation] to seal ◆ **son destin était scellé** his fate was sealed

scellés /sele/ NMPL seals ◆ **apposer** ou **mettre les scellés sur une porte** to put the seals on a door, to affix the seals to a door ◆ **lever les scellés** to take the seals off ◆ **mettre** ou **placer qch sous scellés** to put ou place sth under seal

scellofrais® /sɛlofRɛ/ NM clingfilm® (Brit), clingwrap (Brit), Saran Wrap®(US)

scénario /senaRjo/ SYN NM ⓵ (Ciné, Théât = plan) scenario; (Ciné = découpage et dialogues) screenplay, (film) script
⓶ (= évolution possible) scenario ◆ **ça s'est déroulé selon le scénario habituel** it followed the usual pattern ◆ **c'est toujours le même scénario** it's always the same old ritual ou carry-on* (Brit); → **catastrophe**

scénarisation /senaRizasjɔ̃/ NF scripting

scénariser /senaRize/ ▸ conjug 1 ◂ VT (TV) to script

scénariste /senaRist/ NMF (Ciné) scriptwriter

scénaristique /senaRistik/ ADJ ◆ **l'écriture scénaristique** script writing ◆ **la structure** ou **construction scénaristique** the plot structure ◆ **le meurtre n'est qu'un prétexte scénaristique** the murder is just a plot device

scène /sɛn/ SYN NF ⓵ (= estrade) stage ◆ **scène tournante** revolving stage ◆ **sortir de scène, quitter la scène** to go off stage, to exit ◆ **occuper le devant de la scène** (lit) to be in the foreground, to be at the front of the stage; (fig) to be in the forefront ◆ **en fond de scène** at the back of the stage, in the background ◆ **sur (la) scène** on stage ◆ **il se produira** ou **sera sur la scène de l'Olympia en janvier** he'll be performing ou appearing at the Olympia in January
⓶ (= le théâtre) ◆ **la scène** the stage ◆ **une vedette de la scène française** a star of the French stage ◆ **il a quitté la scène à 75 ans** he gave up the stage at the age of 75 ◆ **à la scène comme à la ville** (both) on stage and off, both on and off (the) stage ◆ **porter une œuvre à la scène** to bring a work to the stage, to stage a work ◆ **adapter un film pour la scène** to adapt a film for the stage
⓷ (Ciné, Théât = division) scene ◆ **dans la première scène** in the first ou opening scene, in scene one ◆ **scène d'action** (Ciné) action scene ou sequence ◆ **scène d'amour** love scene ◆ **elle m'a joué la grande scène du deux*** she made an almighty fuss
⓸ (= décor) scene ◆ **changement de scène** scene change
⓹ (Ciné, Théât = lieu de l'action) scene ◆ **la scène est** ou **se passe à Rome** the scene is set in Rome
⓺ (= spectacle) scene ◆ **il a assisté à toute la scène** he witnessed the whole scene ◆ **scène de panique/de violence** scene of panic/of violence ◆ **la scène originaire** ou **primitive** (Psych) the primal scene
⓻ (= confrontation, dispute) scene ◆ **scène de jalousie/de rupture** jealous/break-up scene ◆ **il m'a fait une scène de jalousie** he exploded at me in a fit of jealousy ◆ **scène de ménage** do-

mestic fight *ou* quarrel ◆ **faire une scène** to make a scene ◆ **il m'a fait une scène parce que j'avais oublié la clé** he made a scene because I had forgotten the key ◆ **avoir une scène (avec qn)** to have a scene (with sb)

⑧ (= *domaine*) scene ◆ **sur la scène politique/ internationale/littéraire** on the political/international/literary scene ◆ **la scène publique** the public arena ◆ **il s'est retiré de la scène publique** he has retired from public life

⑨ (*Art* = *tableau*) scene ◆ **scène d'intérieur/mythologique** indoor/mythological scene ◆ **scène de genre** genre painting

⑩ (*locutions*)
◆ **en scène** on stage ◆ **tout le monde en scène !** everybody on stage! ◆ **être en scène** to be on stage ◆ **entrer en scène** (*Théât*) to come on stage; [*politicien, sportif*] to arrive on *ou* enter the scene ◆ **c'est là que l'informatique entre en scène** this is where computing comes in ◆ **entrée en scène** (*Théât*) entrance, (*fig*) arrival on the scene ◆ **par ordre d'entrée en scène** in order of appearance; → **metteur**
◆ **mettre en scène** (*Théât*) [+ *histoire, personnage*] to present; [+ *auteur*] to stage *ou* produce the play(s) of; [+ *pièce de théâtre*] to stage, to direct; [+ *film*] to direct
◆ **mise en scène** (*Ciné, Théât* = *production*) production ◆ **il a révolutionné la mise en scène** (= *art*) he revolutionized directing *ou* stagecraft ◆ **mise en scène de Vilar** directed by Vilar ◆ **c'est de la mise en scène** (*fig,péj*) it's all put on ◆ **toute cette mise en scène pour nous faire croire que...** this whole performance was to make us believe that...

scénique /senik/ **ADJ** theatrical; → **indication**

scéniquement /senikmɑ̃/ **ADV** (*Théât*) theatrically

scénographe /senɔgʀaf/ **NMF** (*Théât*) stage *ou* theatre (*Brit*) *ou* theater (*US*) designer

scénographie /senɔgʀafi/ **NF** ① (*Art*) scenography ② (*Théât*) stage design

scénographique /senɔgʀafik/ **ADJ** (*Théât*) [*conditions*] relating to stage *ou* theatre (*Brit*) *ou* theater (*US*) design ◆ **quelle que soit la solution scénographique retenue** whatever way the director decides to handle the scene

scénopégies /senɔpeʒi/ **NFPL** Feast of Tabernacles, Sukkoth

scepticisme /sɛptisism/ **SYN NM** scepticism (*Brit*), skepticism (*US*) ◆ **exprimer son scepticisme à l'égard de** *ou* **sur qch** to express scepticism about sth

sceptique /sɛptik/ **SYN**
ADJ sceptical (*Brit*), skeptical (*US*) ◆ **d'un air sceptique** sceptically (*Brit*), skeptically (*US*) ◆ **être** *ou* **se montrer sceptique** to be sceptical (*à l'égard de, sur, quant à* about) ◆ **ses arguments me laissent sceptique** his arguments don't convince me
NMF sceptic (*Brit*), skeptic (*US*); (*Philos*) Sceptic (*Brit*), Skeptic (*US*)

sceptre /sɛptʀ/ **NM** (*lit, fig*) sceptre (*Brit*), scepter (*US*)

schappe /ʃap/ **NM** *ou* **F** waste silk ◆ **tissu de schappe** schappe

Schéhérazade /ʃeeʀazad/ **NF** Sheherazade

schelling /ʃ(ə)liŋ/ **NM** ⇒ **schilling**

schéma /ʃema/ **SYN NM** ① (= *diagramme*) diagram, sketch ◆ **schéma de montage** assembly diagram *ou* instructions ◆ **schéma de principe** (wiring) diagram ◆ **je vais te faire un petit schéma** I'll draw you a little diagram
② (= *plan*) plan (of action); (= *organisation*) set-up ◆ **les choses ne se déroulaient pas suivant le schéma classique** things didn't follow their usual pattern ◆ **schéma d'aménagement, schéma directeur** (*Admin*) urban development plan ◆ **cela n'entre pas dans mes schémas** (= *principes*) it goes against my principles
③ (= *résumé*) outline ◆ **faire le schéma de l'opération** to give an outline of the operation
④ (*Psych*) ◆ **schéma corporel** body image

schématique /ʃematik/ **SYN ADJ** [*dessin*] diagrammatic(al), schematic; (*péj*) [*interprétation, conception*] oversimplified

schématiquement /ʃematikmɑ̃/ **SYN ADV** [*représenter*] diagrammatically, schematically ◆ **il exposa l'affaire schématiquement** he gave an outline of the affair, he outlined the affair ◆ **très schématiquement, voici de quoi il s'agit** briefly, this is what it's all about

schématisation /ʃematizasjɔ̃/ **NF** schematization; (*péj*) (over)simplification

schématiser /ʃematize/ **SYN** ◆ **conjug 1** ◆ **VT** to schematize; (*péj*) to (over)simplify

schématisme /ʃematism/ **NM** (*péj*) oversimplicity

schème /ʃɛm/ **NM** (*Philos*) schema; (*Art*) design, scheme

Schengen /ʃɛngen/ **N** ◆ **l'espace Schengen** the Schengen zone ◆ **les accords de Schengen** the Schengen agreement

schéol /ʃeɔl/ **NM** Sheol

scherzando /skɛʀtsando/ **ADV** scherzando

scherzo /skɛʀdzo/
NM scherzo
ADV scherzando

schibboleth /ʃibɔlɛt/ **NM** shibboleth

schiisme /ʃiism/ **NM** ⇒ **chiisme**

schilling /ʃiliŋ/ **NM** schilling

schismatique /ʃismatik/ **ADJ, NMF** schismatic

schisme /ʃism/ **SYN NM** (*Rel*) schism; (*Pol*) split

schiste /ʃist/ **NM** (*métamorphique*) schist, shale ◆ **schiste bitumineux** oil shale ◆ **huile de schiste** shale oil

schisteux, -euse /ʃistø, øz/ **ADJ** schistose

schizo* /skizo/ **ADJ, NMF** (*abrév de* **schizophrène**) schizo*

schizogamie /skizɔgami/ **NF** schizogamy

schizogenèse /skizɔʒənɛz/ **NF** schizogenesis

schizogonie /skizɔgɔni/ **NF** schizogony

schizoïde /skizɔid/ **ADJ, NMF** schizoid

schizoïdie /skizɔidi/ **NF** schizoid disorder

schizométamérie /skizometameʀi/ **NF** metameric segmentation

schizophasie /skizɔfazi/ **NF** schizophasia

schizophrène /skizɔfʀɛn/ **ADJ, NMF** (*Méd, fig*) schizophrenic

schizophrénie /skizɔfʀeni/ **NF** (*Méd, fig*) schizophrenia

schizophrénique /skizɔfʀenik/ **ADJ** schizophrenic

schizothymie /skizɔtimi/ **NF** schizothymia

schlague /ʃlag/ **NF** (*Mil Hist*) ◆ **la schlague** drubbing, flogging ◆ **ils n'obéissent qu'à la schlague*** they only do as they're told if you really lay into them* *ou* if you give them whatfor*

schlamm /ʃlam/ **NM** (*Tech*) tailings (*pl*)

schlass* /ʃlas/
ADJ INV (= *ivre*) sozzled*, plastered*
NM (= *couteau*) knife

schleuh /ʃlø/ **ADJ, NMF** ⇒ **chleuh**

schlich /ʃlik/ **NM** (*Tech*) slime, schlich

schlinguer* /ʃlɛ̃ge/ ◆ **conjug 1** ◆ **VI** to pong*, to stink to high heaven*

schlitte /ʃlit/ **NF** sledge (*for transporting wood*)

schlitter /ʃlite/ ◆ **conjug 1** ◆ **VT** to sledge (*wood*)

schlitteur /ʃlitœʀ/ **NM** (*wood*) sledger

schmilblik* /ʃmilblik/ **NM** ◆ **faire avancer le schmilblik** to help things along ◆ **ça ne fait pas avancer le schmilblik** that doesn't get anybody anywhere, that doesn't get us very far

schnaps /ʃnaps/ **NM** schnap(p)s

schnauzer /ʃnozɛʀ, ʃnaozɛʀ/ **NM** schnauzer

schnock* /ʃnɔk/ **NM** ⇒ **chnoque**

schnorchel, schnorkel /ʃnɔʀkɛl/ **NM** snorkel

schnouff† /ʃnuf/ **NF** (*arg Drogue*) dope*

schofar /ʃɔfaʀ/ **NM** shophar, shofar

scholiaste /skɔljast/ **NM** ⇒ **scoliaste**

scholie /skɔli/ **NF** ⇒ **scolie**

schooner /skunɛʀ, ʃunɛʀ/ **NM** schooner

schorre /ʃɔʀ/ **NM** salt meadow

Schtroumpf /ʃtʀumf/ **NM** Smurf

schuss /ʃus/
NM schuss
ADV ◆ **descendre (tout) schuss** to schuss (down)

schwa /ʃva/ **NM** schwa(h)

Schweppes ® /ʃwɛps/ **NM** tonic (water)

SCI /ɛssei/ **NF** (*abrév de* **société civile immobilière**) → **société**

sciage /sjaʒ/ **NM** [*de bois, métal*] sawing

scialytique ® /sjalitik/ **NM** operating lamp

sciatique /sjatik/
NF sciatica
ADJ sciatic

scie /si/ **NF** ① (= *outil*) saw ◆ **scie à bois** wood saw ◆ **scie circulaire** circular saw ◆ **scie à chantourner** *ou* **découper** fretsaw ◆ **scie électrique** power saw ◆ **scie à guichet** panel saw ◆ **scie à métaux** hacksaw ◆ **scie musicale** musical saw ◆ **scie à ruban** bandsaw ◆ **scie sauteuse** jigsaw; → **dent**
② (*péj*) (= *chanson*) repetitive song; (= *personne*) bore

sciemment /sjamɑ̃/ **SYN ADV** knowingly

science /sjɑ̃s/ **SYN NF** ① (= *domaine scientifique*) science ◆ **les sciences** (*gén*) the sciences; (*Scol*) science ◆ **la science du beau** the science of beauty ◆ **sciences appliquées/exactes/pures/humaines/occultes** applied/exact/pure/social/ occult sciences ◆ **sciences expérimentales** experimental sciences ◆ **les sciences dures/ molles** the hard/soft sciences ◆ **institut des sciences sociales** (*Univ*) institute of social science ◆ **sciences naturelles** † (*Scol*) natural science † ◆ **sciences physiques** physical science ◆ **sciences marines** *ou* **de la mer** marine science ◆ **les sciences de la vie** the life sciences ◆ **sciences de la vie et de la terre** (*Scol*) ≈ biology ◆ **sciences d'observation** observational sciences ◆ **sciences économiques** economics (*sg*) ◆ **sciences politiques** political science ◆ **Sciences Po** (*Univ*) French school of political science; → **homme**
② (= *art, habileté*) ◆ **la science de la guerre** the science *ou* art of war ◆ **faire qch avec une science consommée** to do sth with consummate skill ◆ **sa science des couleurs** his skilful use of colour
③ (= *érudition*) knowledge ◆ **je n'ai pas la science infuse** I have no way of knowing ◆ **la science du bien et du mal** (*Rel*) the knowledge of good and evil ◆ **savoir de science certaine que...** to know for a fact *ou* for certain that... ◆ **il faut toujours qu'il étale sa science** he's always showing off his knowledge; → **puits**

science-fiction /sjɑ̃sfiksjɔ̃/ **NF** science fiction, sci-fi* ◆ **film/roman de science-fiction** science fiction *ou* sci-fi* film/novel ◆ **c'est** *ou* **ça relève de la science-fiction** it's like something out of science fiction

sciène /sjɛn/ **NF** sciaenid

scientificité /sjɑ̃tifisite/ **NF** scientific character *ou* nature

scientifique /sjɑ̃tifik/ **SYN**
ADJ scientific
NMF scientist

scientifiquement /sjɑ̃tifikmɑ̃/ **ADV** scientifically

scientisme /sjɑ̃tism/ **NM** scientism

scientiste /sjɑ̃tist/
NMF ① (= *adepte du scientisme*) believer in the authority of science
② (= *chrétien*) Christian Scientist
ADJ scientistic

scientologie /sjɑ̃tɔlɔʒi/ **NF** Scientology ®

scientologue /sjɑ̃tɔlɔg/ **ADJ, NMF** Scientologist

scier /sje/ ◆ **conjug 7** ◆ **VT** ① [+ *bois, métal*] to saw; [+ *bûche*] to saw (up); [+ *partie en trop*] to saw off ◆ **scier une branche pour faire des bûches** to saw (up) a branch into logs ◆ **scier la branche sur laquelle on est assis** (*fig*) to dig one's own grave
② (* = *stupéfier*) ◆ **ça m'a scié !** it bowled me over!*, it staggered me!* ◆ **c'est vraiment sciant !** it's absolutely staggering!*
③ (* = *ennuyer*) ◆ **scier qn** to bore sb rigid* *ou* stiff*

scierie /siʀi/ **NF** sawmill

scieur /sjœʀ/ **NM** sawyer ◆ **scieur de long** pit sawyer

scieuse /sjøz/ **NF** mechanical saw

scille /sil/ **NF** scilla

Scilly /sili/ **N** ◆ **les îles Scilly** the Scilly Isles

scincidés /sɛ̃side/ **NMPL** ◆ **les scincidés** skinks, the Scincidae (*SPÉC*)

scinder /sɛ̃de/ SYN ▸ conjug 1 ◂
- **VT** to split (up), to divide (up) (*en* in, into)
- **VPR se scinder** to split (up) (*en* in, into)

scintigramme /sɛ̃tigram/ NM scintigram

scintigraphie /sɛ̃tigrafi/ NF scintigraphy

scintillant, e /sɛ̃tijɑ̃, ɑ̃t/ SYN ADJ [*diamant, yeux, neige*] sparkling; [*étoile, lumières*] twinkling; [*robe*] shimmering; [*goutte d'eau*] glistening; [*esprit*] sparkling, scintillating

scintillateur /sɛ̃tijatœʀ/ NM scintillation counter

scintillation /sɛ̃tijasjɔ̃/ NF (*Astron, Phys*) scintillation ◆ **compteur à scintillations** scintillation counter

scintillement /sɛ̃tijmɑ̃/ SYN NM [*de diamant, yeux*] sparkling; [*d'étoile, lumières*] twinkling; [*de goutte d'eau*] glistening; [*d'esprit*] sparkling, scintillating ◆ **le scintillement de son esprit** his scintillating mind ◆ **le scintillement de ses yeux** his sparkling eyes

scintiller /sɛ̃tije/ SYN ▸ conjug 1 ◂ VI [*diamant, yeux*] to sparkle; [*étoile, lumières*] to twinkle; [*goutte d'eau*] to glisten; [*esprit*] to sparkle, to scintillate

scion /sjɔ̃/ NM (= *branche*) (*gén*) twig; (= *greffe*) scion; (*Pêche*) top piece

sciotte /sjɔt/ NF (stonecutter's) handsaw

Scipion /sipjɔ̃/ NM Scipio ◆ **Scipion l'Africain** Scipio Africanus

scirpe /siʀp/ NM bulrush, club rush

scission /sisjɔ̃/ SYN NF [1] (= *schisme*) split, scission (*frm*) ◆ **faire scission** to split away, to secede
[2] (*Écon*) demerger
[3] (*Bot, Phys*) fission

scissionniste /sisjɔnist/ ADJ, NMF secessionist

scissipare /sisipaʀ/ ADJ fissiparous, schizogenetic

scissiparité /sisipaʀite/ NF fissiparousness, schizogenesis

scissure /sisyʀ/ NF fissure, sulcus ◆ **scissure interhémisphérique** longitudinal fissure of the cerebrum ◆ **scissure latérale** *ou* **de Sylvius** fissure of Sylvius, lateral fissure

sciure /sjyʀ/ NF ◆ **sciure (de bois)** sawdust

sciuridés /sjyʀide/ NMPL ◆ **les sciuridés** sciurines, the Sciuridae (SPÉC)

scléral, e (mpl **-aux**) /skleʀal, o/ ADJ scleral, sclerotic

scléranthe /skleʀɑ̃t/ NM scleranthus ◆ **scléranthe annuel** knawel

sclérenchyme /skleʀɑ̃ʃim/ NM sclerenchyma

scléreux, -euse /skleʀø, øz/ ADJ sclerotic, sclerous

sclérodermie /skleʀɔdɛʀmi/ NF scleroderm(i)a, scleriasis

sclérogène /skleʀɔʒɛn/ ADJ causing sclerosis

scléroprotéine /skleʀɔpʀɔtein/ NF scleroprotein

sclérosant, e /skleʀozɑ̃, ɑ̃t/ ADJ (*fig*) ossifying

sclérose /skleʀoz/ SYN NF [1] (*Méd*) sclerosis ◆ **sclérose artérielle** hardening of the arteries, arteriosclerosis (SPÉC) ◆ **sclérose en plaques** multiple sclerosis ◆ **sclérose latérale amyotrophique** amyotrophic lateral sclerosis
[2] (*fig*) ossification

sclérosé, e /skleʀoze/ (ptp de **se scléroser**) ADJ (*lit*) sclerosed, sclerotic; (*fig*) ossified

scléroser /skleʀoze/ SYN ▸ conjug 1 ◂
- **VPR se scléroser** (*Méd*) to become sclerotic *ou* sclerosed; (*fig*) to become ossified
- **VT** [*+ tissus*] to cause sclerosis of

sclérotique /skleʀɔtik/ NF sclera, sclerotic

scolaire /skɔlɛʀ/ ADJ [1] (*gén*) school (*épith*) ◆ **ses succès scolaires** his success in *ou* at school ◆ **enfant d'âge scolaire** child of school age ◆ **en milieu scolaire** in schools ◆ **les scolaires** schoolchildren; → **établissement, groupe, livret** etc
[2] (*péj*) [*style*] unimaginative ◆ **son livre est un peu scolaire par endroits** his book is a bit starchy in places

scolairement /skɔlɛʀmɑ̃/ ADV ◆ **il réussit très bien scolairement** he's doing very well at school ◆ **il faut intégrer ces enfants scolairement et socialement** these children need to be helped to fit in, both at school and in society

scolarisable /skɔlaʀizabl/ ADJ [*handicapé*] educable, capable of attending school

scolarisation /skɔlaʀizasjɔ̃/ NF [*d'enfant*] schooling ◆ **la scolarisation d'une population/d'un pays** providing a population with schooling/a country with schools ◆ **taux de scolarisation** percentage of children in full-time education

scolariser /skɔlaʀize/ ▸ conjug 1 ◂ VT [*+ enfant*] to provide with schooling, to send to school; [*+ pays*] to provide with schools *ou* schooling

scolarité /skɔlaʀite/ SYN NF schooling ◆ **scolarité primaire/secondaire** primary/secondary schooling *ou* education ◆ **la scolarité a été prolongée jusqu'à 16 ans** the school-leaving age has been raised to 16 ◆ **pendant mes années de scolarité** during my school years *ou* years at school ◆ **scolarité obligatoire** compulsory education *ou* schooling ◆ **service de la scolarité** (*Univ*) registrar's office ◆ **il a suivi une scolarité normale** he had a normal education ◆ **il a eu une scolarité difficile** he had difficulties at school; → **certificat, frais²**

scolasticat /skɔlastika/ NM (= *séminaire*) theological school; (= *études*) theological studies (*pl*)

scolastique /skɔlastik/
- **ADJ** (*Philos, péj*) scholastic
- **NF** scholasticism
- **NM** (*Philos*) scholastic, schoolman; (= *séminariste*) seminarian, seminarist; (*péj*) scholastic

scolex /skɔlɛks/ NM scolex

scoliaste /skɔljast/ NM scholiast

scolie /skɔli/ NF scholium

scoliose /skɔljoz/ NF curvature of the spine, scoliosis (SPÉC)

scolopendre /skɔlɔpɑ̃dʀ/ NF [1] (= *animal*) centipede, scolopendra (SPÉC)
[2] (= *plante*) hart's-tongue, scolopendrium (SPÉC)

scolyte /skɔlit/ NM elm bark beetle

scombridés /skɔ̃bʀide/ NMPL ◆ **les scombridés** scombroids, the Scombroidea (SPÉC)

sconse /skɔ̃s/ NM skunk (fur)

scoop* /skup/ NM scoop

scooter /skutɛʀ/ NM (motor) scooter ◆ **scooter des mers** jet ski ◆ **scooter des neiges** Skidoo ® ◆ **faire du scooter** to ride a scooter

scootériste /skuteʀist/ NMF scooter rider

scopie* /skɔpi/ NF abrév de **radioscopie**

scopolamine /skɔpɔlamin/ NF scopolamine

scorbut /skɔʀbyt/ NM scurvy

scorbutique /skɔʀbytik/
- **ADJ** [*symptômes*] of scurvy, scorbutic (SPÉC); [*personne*] suffering from scurvy, scorbutic (SPÉC)
- **NMF** person with *ou* suffering from scurvy

score /skɔʀ/ SYN NM (*gén, Sport*) score ◆ **faire un bon/mauvais score** (*Pol, Scol, Sport*) to do well/badly ◆ **obtenir un score de 48% aux élections** to get 48% of the votes ◆ **mener au score** to be in the lead

scoriacé, e /skɔʀjase/ ADJ scoriaceous

scorie /skɔʀi/ SYN NF (*gén pl*) [1] (= *résidu*) slag (NonC), scoria (NonC), clinker (NonC) ◆ **scories (volcaniques)** (volcanic) scoria
[2] (*fig*) dross (NonC) ◆ **il reste beaucoup de scories dans le texte** there are still a lot of errors in the text

scorifier /skɔʀifje/ ▸ conjug 7 ◂ VT to scorify, to reduce to slag *ou* scoria

scorpène /skɔʀpɛn/ NF scorpene ◆ **scorpène scrofa** hogfish

scorpion /skɔʀpjɔ̃/ NM [1] (= *animal*) scorpion ◆ **scorpion d'eau** water-scorpion ◆ **scorpion de mer** scorpion-fish
[2] (*Astron*) ◆ **le Scorpion** Scorpio ◆ **il est Scorpion, il est (du signe) du Scorpion** he's (a) Scorpio

scorsonère /skɔʀsɔnɛʀ/ NF black salsify

scotch /skɔtʃ/ NM [1] (= *boisson*) scotch (whisky (*Brit*) *ou* whiskey (*US, Ir*))
[2] (= *adhésif*) ◆ **Scotch** ® Sellotape ® (*Brit*), Scotchtape ® (*US*)

scotcher /skɔtʃe/ ▸ conjug 1 ◂ VT to sellotape (*Brit*), to stick with Scotchtape ® (*US*) ◆ **je suis resté scotché*** (= *stupéfait*) I was flabbergasted *ou* gobsmacked* (*Brit*) ◆ **elle était scotchée sur son siège** she was glued to her seat ◆ **il reste des heures scotché*** **devant sa télévision** he spends hours glued to the television

scotch-terrier (pl **scotch-terriers**) /skɔtʃtɛʀje/ NM Scottish *ou* Scotch terrier

scotie /skɔti/ NF scotia

scotome /skɔtom/ NM (*Méd*) scotoma

scotomisation /skɔtɔmizasjɔ̃/ NF (*Psych*) blocking out

scotomiser /skɔtɔmize/ ▸ conjug 1 ◂ VT (*Psych*) to block out

scotopie /skɔtɔpi/ NF scotopia

scotopique /skɔtɔpik/ ADJ scotopic

scottish-terrier (pl **scottish-terriers**) /skɔtiʃtɛʀje/ NM ⇒ **scotch-terrier**

scoubidou /skubidu/ NM strip of plaited plastic threads

scoumoune* /skumun/ NF (*arg Crime*) tough *ou* rotten luck *

scoured /skuʀɛd/ NM scoured wool

scout, e /skut/
- **ADJ** [*camp, mouvement*] scout (*épith*) ◆ **avoir un côté scout** (*péj*) to be a bit of a boy scout
- **NM** (boy) scout ◆ **les scouts de France** French scouts
- **NF scoute** (girl) scout

scoutisme /skutism/ NM (= *mouvement*) scout movement; (= *activité*) scouting ◆ **faire du scoutisme** to be a scout

SCP /ɛssepe/ NF (abrév de **société civile professionnelle**) → **société**

SCPI /ɛssepei/ NF (abrév de **société civile de placement immobilier**) → **société**

Scrabble ® /skʀabl/ NM Scrabble ® ◆ **faire un Scrabble** to play Scrabble ®, to have a game of Scrabble ®

scrabbleur, -euse /skʀablœʀ, øz/ NM,F Scrabble ® player

scraper /skʀapœʀ, skʀapɛʀ/ NM ⇒ **scrapeur**

scrapeur /skʀapœʀ/ NM scraper

scratch /skʀatʃ/ NM [1] (= *bande Velcro*®) Velcro strip
[2] (*Mus*) scratch

scratcher /skʀatʃe/ ▸ conjug 1 ◂
- **VT** (*Sport*) to scratch
- **VPR se scratcher*** to get smashed up *

scriban /skʀibɑ̃/ NM (*avec cabinet*) bureau bookcase; (*sans cabinet*) slant-front bureau

scribe /skʀib/ NM (*péj* = *bureaucrate*) penpusher (*Brit*), pencil pusher (*US*); (*Hist*) scribe

scribouillard, e /skʀibujaʀ, aʀd/ NM,F (*péj*) penpusher (*Brit*), pencil pusher (*US*)

scribouilleur, -euse* /skʀibujœʀ, øz/ NM,F (*péj*) hack (writer), scribbler

script¹ /skʀipt/
- **NM** [1] (= *écriture*) script printing ◆ **apprendre le script** to learn how to print (letters) ◆ **écrire en script** to print
[2] (*Ciné*) (shooting) script
[3] (*Ordin*) script
- **NF** ⇒ **script-girl**

script² /skʀipt/ NM (*Bourse*) scrip

scripte /skʀipt/ NF (*Ciné*) continuity girl

scripteur /skʀiptœʀ/ NM (*Ling*) writer

script-girl † (pl **script-girls**) /skʀiptgœʀl/ NF continuity girl

scripturaire /skʀiptyʀɛʀ/ ADJ scriptural ◆ **exégèse scripturaire** scriptural exegesis

scriptural, e (mpl **-aux**) /skʀiptyʀal, o/ ADJ → **monnaie**

scrofulaire /skʀɔfylɛʀ/ NF figwort

scrofule /skʀɔfyl/ NF (*Méd*) scrofula ◆ **scrofules** (*Hist Méd*) scrofula, king's evil

scrofuleux, -euse /skʀɔfylø, øz/ ADJ [*tumeur*] scrofulous; [*personne*] scrofulous, suffering from scrofula

scrogneugneu † /skʀɔɲøɲø/ EXCL damnation!

scrotal, e (mpl **-aux**) /skʀɔtal, o/ ADJ scrotal

scrotum /skʀɔtɔm/ NM scrotum

scrub /skʀœb/ NM (*Géog*) scrub

scrupule /skʀypyl/ SYN NM scruple ◆ **avoir des scrupules** to have scruples ◆ **avoir des scrupules à faire qch, se faire scrupule de faire qch** to have scruples *ou* misgivings *ou* qualms about doing sth ◆ **faire taire ses scrupules** to silence one's scruples ◆ **je n'aurais aucun scrupule à refuser** I wouldn't have any scruples *ou* misgivings about refusing ◆ **son honnêteté est poussée jusqu'au scrupule** he's scrupulously honest ◆ **il est dénué de scrupules** he has no scruples, he is completely unscrupulous • **sans scrupules** *[personne]* unscrupulous, without scruples; *[agir]* unscrupulously • **vos scrupules vous honorent** your scrupulousness is a credit to you • **je comprends votre scrupule** *ou* **vos scrupules** I understand your scruples • **dans** *ou* **par un scrupule d'honnêteté/d'exactitude historique** *(= par souci de)* in scrupulous regard for honesty/for historical exactness

scrupuleusement /skʀypyløzmɑ̃/ SYN ADV scrupulously

scrupuleux, -euse /skʀypylø, øz/ SYN ADJ scrupulous • **peu scrupuleux** unscrupulous • **ils réclament le respect scrupuleux des règles démocratiques** they demand that the rules of democracy be scrupulously respected • **avec un soin scrupuleux** with scrupulous care

scrutateur, -trice /skʀytatœʀ, tʀis/

ADJ *(littér)* *[caractère, regard]* searching • **sous l'œil scrutateur du maître** under the watchful eye of the master

NM *(Pol)* teller, scrutineer *(Brit)*

scrutation /skʀytasjɔ̃/ NF *(Ordin)* scanning

scruter /skʀyte/ SYN ▸ conjug 1 ◂ VT *[+ horizon]* to scan, to search, to scrutinize; *[+ objet, personne]* to scrutinize, to examine; *[+ pénombre]* to peer into, to search

scrutin /skʀytɛ̃/ NM 1 *(= vote)* ballot • **par voie de scrutin** by ballot • **voter au scrutin secret** to vote by secret ballot • **il a été élu au troisième tour de scrutin** he was elected on *ou* at the third ballot *ou* round • **dépouiller le scrutin** to count the votes

2 *(= élection)* poll • **le jour du scrutin** polling day • **ouverture/clôture du scrutin** start/close of polling

3 *(= modalité)* • **scrutin de liste** list system • **scrutin d'arrondissement** district election system • **scrutin majoritaire** election on a majority basis • **scrutin proportionnel** proportional representation • **scrutin de ballottage** second ballot, second round of voting • **scrutin uninominal** uninominal system

sculpter /skylte/ SYN ▸ conjug 1 ◂ VT *[+ marbre, statue]* to sculpt; *[+ meuble]* to carve, to sculpt; *[+ bâton, bois]* to carve • **sculpter qch dans du bois** to carve sth out of wood

sculpteur /skyltœʀ/ NM *(= homme)* sculptor; *(= femme)* sculptor, sculptress • **sculpteur sur bois** woodcarver

sculptural, e (mpl **-aux**) /skyltyʀal, o/ ADJ *(Art)* sculptural; *(fig)* *[beauté, corps, formes]* statuesque

sculpture /skyltyʀ/ SYN NF 1 *(= art, objet)* sculpture • **faire de la sculpture** to sculpt • **sculpture sur bois** woodcarving • **une sculpture sur marbre/neige/glace** a marble/snow/an ice sculpture

2 *[pneu]* tread (pattern) • **sculptures** tread

scutellaire /skytelɛʀ/ NF skullcap

scutiforme /skytifɔʀm/ ADJ scutiform

scutum /skytɔm/ NM scutum

Scylla /sila/ NF Scylla; → **Charybde**

scyphoméduses /sifomedyz/ NFPL • **les scyphoméduses** scyphomedusans, the Scyphomedusae *(SPÉC)*

scyphozoaires /sifɔzɔɛʀ/ NMPL • **les scyphozoaires** scyphozoans, the Scyphozoa *(SPÉC)*

scythe /sit/

ADJ Scythian

NM *(= langue)* Scythian

NMF **Scythe** Scythian

Scythie /siti/ NF Scythia

SDF /ɛsdeɛf/ NMF INV (abrèv de **sans domicile fixe**) homeless person • **les SDF** the homeless

SDN /ɛsdeɛn/ NF (abrèv de **Société des Nations**) → **société**

se /sə/ PRON 1 *(réfléchi)* *(sg)* *(indéfini)* oneself; *(homme)* himself; *(femme)* herself; *(sujet non humain)* itself; *(pl)* themselves • **se regarder dans la glace** to look at o.s. in the mirror • **se raser/laver** to shave/wash • **se mouiller/salir** to get wet/dirty • **se brûler/couper** to burn/cut o.s.; → **écouter, faire**

2 *(réciproque)* each other, one another • **deux personnes qui s'aiment** two people who love each other *ou* one another • **des gens qui se haïssent** people who hate each other *ou* one another

3 *(possessif)* • **se casser la jambe** to break one's leg • **il se lave les mains** he is washing his hands • **elle s'est coupé les cheveux** she has cut her hair

4 *(passif)* • **cela ne se fait pas** that's not done • **cela se répare/recolle facilement** it can easily be repaired/glued together again • **la vérité finira par se savoir** the truth will out in the end, the truth will finally be found out • **l'anglais se parle dans le monde entier** English is spoken throughout the world • **cela se vend bien** it sells well • **les escargots se servent dans la coquille** snails are served in their shells

5 *(impersonnel)* • **il se peut que...** it may be that..., it is possible that... • **comment se fait-il que... ?** how is it that...?

S.E. (abrèv de **Son Excellence**) HE

S.É. (abrèv de **Son Éminence**) HE

sea-line (pl **sea-lines**) /silajn/ NM undersea pipeline

séance /seɑ̃s/ SYN NF 1 *(= réunion)* *[de conseil municipal]* meeting, session; *[de parlement, tribunal]* session, sitting; *[de comité]* session • **être en séance** to be in session, to sit • **la séance est levée** the meeting is over • **séance extraordinaire** extraordinary meeting • **la proposition sera examinée en séance publique** the proposal will be considered at *ou* in a public session *ou* meeting • **ils l'ont fusillé séance tenante** they shot him there and then *ou* on the spot • **nous partirons séance tenante** we shall leave forthwith *ou* without further ado; → **suspension**

2 *(= période)* session • **séance de photographie/rééducation/gymnastique** photographic *ou* photography/physiotherapy/gymnastics session • **séance de pose** sitting • **séance de spiritisme** séance • **séance de travail** working session • **séance de torture** torture session

3 *(= représentation)* *(Théât)* performance • **séance privée** private showing *ou* performance • **séance (de cinéma)** film • **première/dernière séance** *(Ciné)* first/last showing • **la séance est à 21h, et le film 15 minutes plus tard** the programme starts at 9 o'clock and the film 15 minutes later

4 *(Bourse)* day of trading, session • **après plusieurs séances de hausse** after several sessions *ou* days of bullish trading • **en début/fin de séance** at the opening/close (of the day's trading) • **l'indice a gagné 10 points en cours de séance** the index gained 10 points during (the day's) trading

5 *(† * = dispute)* scene* • **il m'a fait une séance** he made a scene*

séant¹ /seɑ̃/ SYN NM *(hum = derrière)* posterior *(hum)* • **se mettre sur son séant** *(frm)* to sit up *(from a lying position)*

séant², séante /seɑ̃, seɑ̃t/ ADJ *(littér = convenable)* seemly, fitting • **il n'est pas séant de dire cela** it is unseemly *ou* unfitting to say such things

seau (pl **seaux**) /so/ NM *(= récipient)* bucket, pail *(surtout US)*; *(= contenu)* bucket(ful), pail(ful) *(surtout US)* • **il pleut à seaux, la pluie tombe à seaux** it's coming *ou* pouring down in buckets*, it's raining buckets* • **seau à champagne/glace** champagne/ice bucket • **seau à charbon** coal scuttle • **seau hygiénique** slop pail

sébacé, e /sebase/ ADJ *[glande]* sebaceous

sébaste /sebast/ NM rosefish

sébile /sebil/ NF begging bowl • **tendre la sébile** *(lit)* to beg; *(fig)* to bring out *ou* hold out the begging bowl

séborrhée /sebɔʀe/ NF seborrhoea *(Brit)*, seborrhea *(US)*

séborrhéique /sebɔʀeik/ ADJ seborrhoeal *(Brit)*, seborrhoeic *(Brit)*, seborrheal *(US)*, seborrheic *(US)*

sébum /sebɔm/ NM sebum

sec, sèche¹ /sɛk, sɛʃ/ SYN

ADJ 1 *[air, bois, climat, linge, temps, saison, toux]* dry; *[fruit]* dried • **elle le regarda partir, l'œil sec** she watched him go, dry-eyed • **j'avais la gorge sèche** my throat was dry • **il est au régime sec** he's not allowed to drink alcohol • **lorsque la peinture est sèche au toucher** when the paint is dry to the touch; → **cale¹, cinq, cul**

2 *(= sans graisse)* *[cheveu, peau]* dry

3 *(= maigre)* *[bras, personne]* lean • **il est sec comme un coup de trique*** *ou* **comme un hareng*** he's as thin as a rake

4 *(= sans douceur)* *[rire, vin]* dry; *[style]* terse; *[cœur]* cold, hard; *[réponse]* curt • **elle a été très sèche avec moi** she was very curt with me • **il lui a écrit une lettre très sèche** he wrote him a very curt letter • **se casser avec un bruit sec** to break with a (sharp) snap, to snap • **« non », dit-il d'un ton sec** "no", he said curtly • **placage sec** *(Sport)* hard tackle; → **coup**

5 *(= sans eau)* *[alcool]* neat • **il prend son whisky sec** he takes *ou* drinks his whisky neat *ou* straight

6 *(Cartes)* • **atout/valet sec** singleton trump/jack • **son valet était sec** his jack was a singleton

7 *(Tennis)* • **il a été battu en trois sets secs** he was beaten in three straight sets

8 *(= sans prestations supplémentaires)* • **le vol sec coûte 250 €** the flight-only price is €250 • **licenciement sec** compulsory lay-off *ou* redundancy *(Brit)* *(without any compensation)*

9 *(locutions)* • **être** *ou* **rester sec*** to be stumped* • **je suis resté sec sur ce sujet** I drew a blank on the subject

ADV * *[frapper]* hard • **il boit sec** he really knocks it back*, he's a hard *ou* heavy drinker • **démarrer sec** *(en voiture)* *(sans douceur)* to start (up) with a jolt *ou* jerk; *(rapidement)* to tear off • **ça démarre sec ce soir** the evening's off to a good start • **conduire sec** to drive like a racing driver • **et lui, aussi sec, a répondu que...** and he replied straight off that... • **il est arrivé et reparti aussi sec** he arrived and left again just as quickly • **je l'ai eu sec*** I was really shocked

NM **au sec** • **tenir** *ou* **conserver qch au sec** to keep sth in a dry place • **rester au sec** to stay in the dry • **pour garder les pieds au sec** to keep your feet dry

◆ **à sec** • **être à sec** *[puits, torrent]* to be dry *ou* dried-up; *(* = être sans argent)* *[personne]* to be broke* *ou* skint* *(Brit)*; *[caisse]* to be empty • **mettre à sec un étang** *[personne]* to drain a pond; *[soleil]* to dry up a pond • **il l'a mis à sec** *(au jeu)[+ joueur]* he cleaned him out*, he took him to the cleaner's* • **à sec de toile** *(Naut = sans voiles)* under bare poles

sécable /sekabl/ ADJ *[comprimé]* divisible

SECAM /sekam/ ADJ, NM (abrèv de **séquentiel couleur à mémoire**) SECAM

sécant, e /sekɑ̃, ɑ̃t/

ADJ secant

NF **sécante** secant

sécateur /sekatœʀ/ NM (pair of) secateurs, (pair of) pruning shears

sécession /sesesjɔ̃/ SYN NF secession • **faire sécession** to secede, to break away; → **guerre**

sécessionniste /sesesjɔnist/ ADJ, NMF secessionist • **république sécessionniste** breakaway republic

séchage /seʃaʒ/ NM *[de cheveux, linge]* drying; *[de bois]* seasoning • **le séchage (en) machine n'est pas recommandé pour ce tissu** it is not recommended that this fabric be dried in a clothes dryer • **« séchage à plat »** "dry flat" • **vernis/colle à séchage rapide** quick-drying varnish/glue

séchant, e /seʃɑ̃, ɑ̃t/ ADJ drying *(épith)*

sèche² * /sɛʃ/ NF *(= cigarette)* cigarette, cig*, fag* *(Brit)*

sèche-cheveux /sɛʃʃəvø/ NM INV hairdryer

sèche-linge /sɛʃlɛ̃ʒ/ NM INV *(= armoire)* drying cabinet; *(= machine)* tumble-dryer

sèche-mains /sɛʃmɛ̃/ NM INV hand-dryer, blower

sèchement /sɛʃmɑ̃/ SYN ADV *[répondre]* curtly

sécher /seʃe/ SYN ▸ conjug 6 ◂

VT 1 *(gén)* to dry • **sèche tes larmes** dry your tears *ou* eyes • **sécher les larmes** *ou* **les pleurs de qn** *(= le consoler)* to wipe away sb's tears • **sécher son verre*** to drain one's glass

2 *(arg Scol = manquer)* *[+ cours]* to skip* • **il a séché l'école pendant trois jours** he skipped school* *ou* skived off school *(Brit)* * for three days

3 *(* = faire tomber)* *[+ adversaire]* to bring down

VI 1 *[surface mouillée, peinture]* to dry (off); *[substance imbibée de liquide]* to dry (out); *[linge]* to dry • **faire** *ou* **laisser sécher du linge, mettre du linge à sécher** *(à l'intérieur)* to put *ou* hang washing up to dry; *(à l'extérieur)* to put *ou* hang washing out to dry • **« faire sécher sans essorer »** "do not spin (dry)" • **« faire sécher à plat »** "dry flat"

2 *(= se déshydrater)* *[bois]* to dry out; *[fleur]* to dry up *ou* out • **le caoutchouc a séché** the rubber

has dried up *ou* gone dry ◆ **sécher sur pied** *[plante]* to wither on the stalk ◆ **faire sécher** *[+ fleurs, fruits, viande]* to dry; *[+ bois]* to season ◆ **boue/fleur/viande séchée** dried mud/ flower/meat

[3] *(arg Scol = rester sec)* to be stumped* ◆ **j'ai séché en chimie** I drew a (complete) blank *ou* I dried up* completely in chemistry

VPR **se sécher** to dry o.s. (off) ◆ **se sécher les cheveux/mains** to dry one's hair/hands ◆ **se sécher au soleil/avec une serviette** to dry o.s. in the sun/with a towel ◆ **se sécher devant le feu** to dry o.s. *ou* dry (o.s.) off in front of the fire

sécheresse /sɛʃʀɛs/ SYN **NF** [1] *[de climat, sol, style, ton]* dryness; *[de réponse]* curtness; *[de cœur]* coldness, hardness ◆ **sécheresse vaginale** vaginal dryness ◆ **sécheresse cutanée/oculaire** dry skin/eyes, dryness of the skin/eyes ◆ **dire qch avec sécheresse** to say sth curtly

[2] *(= absence de pluie)* drought ◆ **année/période de sécheresse** year/period of drought

sécherie /sɛʃʀi/ **NF** *(= machine)* drier, dryer, drying machine; *(= installations)* drying plant

sécheur /seʃœʀ/ **NM** dryer

sécheuse /seʃøz/ **NF** *(pour linge)* tumble-dryer

séchoir /seʃwaʀ/ **NM** *(= local) (pour nourriture)* drying shed; *(pour linge)* drying room; *(= appareil)* dryer ◆ **séchoir à linge** *(pliant)* clothes-horse; *(rotatif)* tumble dryer; *(à cordes)* clothes airer ◆ **séchoir à chanvre/à tabac** hemp/tobacco drying shed ◆ **séchoir à cheveux** hairdryer ◆ **séchoir à tambour** tumble-dryer

second, e[1] /s(ə)gɔ̃, ɔ̃d/ SYN

ADJ [1] *(chronologiquement)* second ◆ **la seconde fois** the second time ◆ **je vous le dis pour la seconde fois, vous n'aurez rien** I repeat, you'll get nothing ◆ **second chapitre, chapitre second** chapter two; → **main, noce**

[2] *(hiérarchiquement)* second ◆ **intelligence/malhonnêteté à nulle autre seconde** unparalleled intelligence/dishonesty; → **couteau, marché, plan**[1]

[3] *(= autre, nouveau)* second ◆ **une seconde jeunesse** a second youth ◆ **dans une seconde vie** in a second life ◆ **cet écrivain est un second Hugo** this writer is a second Hugo ◆ **chez lui, c'est une seconde nature** with him it's second nature; → **état, habitude, souffle, vue**[2]

[4] *(= dérivé) [cause]* secondary

NM,F second ◆ **le second de ses fils** his second son ◆ **il a été reçu second (en physique)** he came *ou* was second (in physics) ◆ **sans second** *(littér)* second to none, peerless *(littér)* ◆ **second (de cordée)** *(Alpinisme)* second (on the rope)

NM [1] *(= adjoint)* second in command; *(sur un navire)* first mate; *(en duel)* second

◆ **en second** ◆ **officier** *ou* **capitaine en second** first mate ◆ **passer en second** to be second ◆ **sa famille passe en second** his family comes second *ou* takes second place

[2] *(= étage)* second floor *(Brit)*, third floor *(US)* ◆ **la dame du second** the lady on the second floor *(Brit) ou* the third floor *(US)*

[3] *(dans une charade)* second ◆ **mon second est...** my second is...

NF **seconde** [1] *(Transport)* second class; *(billet)* second-class ticket ◆ **les secondes sont à l'avant** *(dans un train)* the second-class seats *ou* carriages are at the front ◆ **voyager en seconde** to travel second-class

[2] *(Scol)* ◆ **(classe de) seconde** ≃ fifth form *(Brit) (in secondary school)*, ≃ tenth grade *(US) (in high school)*, ≃ sophomore year *(US) (in high school)* → **LYCÉE**

[3] *(= vitesse)* second (gear) ◆ **être en/passer la** *ou* **en seconde** to be in/change into second (gear)

[4] *(Mus)* second

[5] *(Danse)* second (position)

[6] *(Escrime)* seconde; → aussi **seconde**[2]

secondaire /s(ə)gɔ̃dɛʀ/ SYN

ADJ *(gén, Chim, Scol)* secondary; *(Géol)* mesozoic, secondary † ◆ **c'est secondaire** that's of secondary importance ◆ **caractères sexuels secondaires** *(Psych)* secondary sexual characteristics ◆ **intrigue secondaire** *(Littérat)* subplot ◆ **effets secondaires** side effects ◆ **ligne secondaire** *[de chemin de fer]* branch line; → **route, secteur**

NM [1] *(Scol)* ◆ **le secondaire** secondary (school) *(Brit) ou* high-school *(US)* education ◆ **les professeurs du secondaire** secondary school *(Brit) ou* high-school *(US)* teachers

[2] *(Écon)* ◆ **le secondaire** the secondary sector

[3] *(Géol)* ◆ **le secondaire** the Mesozoic, the Secondary Era †

[4] *(Élec = enroulement)* secondary (winding)

secondairement /s(ə)gɔ̃dɛʀmɑ̃/ **ADV** secondarily

secondarisation /s(ə)gɔ̃daʀizasjɔ̃/ **NF** *[d'études supérieures, université]* dumbing down; *[de femmes]* giving an inferior position to

secondariser /s(ə)gɔ̃daʀize/ ► conjug 1 ◄ **VT** *[+ études supérieures, université]* to lower standards in

seconde[2] /s(ə)gɔ̃d/ **NF** *(gén, Géom)* second ◆ **(attends) une seconde !** just a *ou* one second! *ou* sec!* ◆ **à la seconde où il la vit...** the (very) moment he saw her..., the second he saw her... ◆ **avec elle, tout doit être fait à la seconde** with her, things have to be done instantly; → **fraction, quart**

secondement /s(ə)gɔ̃dmɑ̃/ **ADV** second(ly)

seconder /s(ə)gɔ̃de/ SYN ► conjug 1 ◄ **VT** *(lit, fig)* to assist, to aid, to help ◆ **bien secondé par...** ably assisted by...

secouer /s(ə)kwe/ SYN ► conjug 1 ◄

VT [1] *[+ arbre, salade]* to shake; *[+ miettes, poussière, oppression, paresse]* to shake off; *[+ tapis]* to shake (out) ◆ **secouer le joug de** *[+ dictature, tyrannie]* to throw off *ou* cast off the yoke of ◆ **arrête de me secouer comme un prunier !*** stop shaking me! ◆ **secouer la tête** *(pour dire oui)* to nod (one's head); *(pour dire non)* to shake one's head ◆ **l'explosion secoua l'hôtel** the explosion shook *ou* rocked the hotel ◆ **on est drôlement secoué** *(dans un autocar)* you really get shaken about; *(dans un bateau)* you really get tossed about ◆ **le vent secouait le petit bateau** the wind tossed the little boat about ◆ **la ville a été fortement secouée par le tremblement de terre** the town was rocked by the earthquake ◆ **le malade était secoué de spasmes/sanglots** spasms/great sobs shook the patient's body, the patient was racked with *ou* by spasms/ great sobs ◆ **j'en ai rien à secouer**‡ I don't give a damn‡ *ou* toss‡

[2] *(= traumatiser)* to shake ◆ **ce deuil l'a beaucoup secoué** this bereavement has really shaken him ◆ **t'es complètement secoué !**‡ *(= fou)* you're completely mad!

[3] *(= ébranler)* to shake, to rock ◆ **cela a durement secoué le franc** this has severely shaken the franc ◆ **un gouvernement secoué par des affaires de corruption** a government rocked *ou* shaken by corruption scandals

[4] *(= bousculer)* to shake up ◆ **il ne travaille que lorsqu'on le secoue** he only works if you push him ◆ **il faut secouer la torpeur de notre pays** this country needs to be shaken from *ou* out of its torpor ◆ **secouer les puces à qn*** *(= le réprimander)* to tell *ou* tick* *(Brit)* sb off, to give sb a telling-off *ou* a ticking-off* *(Brit)*; *(= le stimuler)* to give sb a good shake ◆ **secoue tes puces*** *ou* **ta graisse**‡ *(= cesse de te morfondre)* snap out of it*; *(= fais vite)* get a move on* ◆ **secouer le cocotier*** to get rid of the deadwood*

VPR **se secouer** *(lit)* to shake o.s.; *(* = faire un effort)* to make an effort; *(* = se dépêcher)* to get a move on*

secoueur /s(ə)kwœʀ/ **NM** *(Métal)* mould breaker; *(Agr)* shaker

secourable /s(ə)kuʀabl/ **ADJ** *[personne]* helpful; → **main**

secourir /s(ə)kuʀiʀ/ SYN ► conjug 11 ◄ **VT** *[+ blessé, pauvre]* to help, to assist; *[+ alpiniste, skieur]* to rescue

secourisme /s(ə)kuʀism/ **NM** first aid ◆ **brevet de secourisme** first-aid certificate ◆ **apprendre les gestes élémentaires de secourisme** to learn basic first-aid skills

secouriste /s(ə)kuʀist/ **NMF** first-aid worker

secours /s(ə)kuʀ/ SYN **NM** [1] *(= aide)* help, aid, assistance ◆ **appeler qn à son secours** to call to sb for help ◆ **demander du secours** to ask for help *ou* assistance ◆ **crier au secours** to shout *ou* call (out) for help ◆ **au secours !** help! ◆ **aller au secours de qn** to go to sb's aid *ou* assistance ◆ **porter secours à qn** to give sb help *ou* assistance ◆ **le Secours catholique** *Catholic charity organization giving assistance to the poor* ◆ **le Secours populaire** *charity organization giving assistance to the poor*

[2] *(= vivres, argent)* aid *(NonC)* ◆ **distribuer/recevoir des secours** to distribute/receive aid ◆ **secours humanitaires** humanitarian aid *ou* assistance ◆ **société de secours mutuel** *(Hist)* friendly *(Brit) ou* benefit *(US)* society

[3] *(= sauvetage)* aid *(NonC)*, assistance *(NonC)* ◆ **secours aux blessés** aid *ou* assistance for the wounded ◆ **secours d'urgence** emergency aid *ou* assistance ◆ **le secours en montagne/en mer** mountain/sea rescue ◆ **équipe de secours** rescue party *ou* team ◆ **quand les secours arrivèrent** when help *ou* the rescue party arrived ◆ **porter secours à un alpiniste** to rescue a mountaineer ◆ **les premiers secours sont arrivés très rapidement** the emergency services were soon at the scene ◆ **apporter les premiers secours à qn** to give first aid to sb; → **poste**[2]

[4] *(Mil)* relief *(NonC)* ◆ **la colonne de secours** the relief column ◆ **les secours sont attendus** relief is expected

[5] *(Rel)* ◆ **mourir avec/sans les secours de la religion** to die with/without the last rites

[6] *(locutions)* ◆ **cela m'a été/ne m'a pas été d'un grand secours** this has been a *ou* of great help/of little help to me ◆ **éclairage de secours** emergency lighting ◆ **batterie de secours** spare battery; → **escalier, issue**[2]**, poste**[2]**, roue**

secousse /s(ə)kus/ SYN **NF** [1] *(= cahot) [de train, voiture]* jolt, bump; *[d'avion]* bump ◆ **sans (une) secousse** *[s'arrêter]* without a jolt, smoothly; *[transporter]* smoothly ◆ **avancer par secousses** to jolt along

[2] *(= choc)* jerk, jolt; *(= traction)* tug, pull ◆ **secousse (électrique)** (electric) shock ◆ **il a donné des secousses à la corde** he tugged the rope ◆ **secousse (tellurique** *ou* **sismique)** (earth) tremor ◆ **il n'en fiche pas une secousse** †* he never does a stroke of work

[3] *(= bouleversement)* jolt, shock ◆ **secousses politiques/monétaires** political/monetary upheavals

secret, -ète /səkʀɛ, ɛt/ SYN

ADJ [1] *(= confidentiel)* secret ◆ **garder** *ou* **tenir qch secret** to keep sth secret ◆ **dans un lieu tenu secret** in a secret location ◆ **des informations classées secrètes** classified information; → **agent, fonds, service**

[2] *(= caché) [tiroir, porte, pressentiment, vie]* secret ◆ **nos plus secrètes pensées** our most secret *ou* our innermost thoughts ◆ **avoir un charme secret** to have a hidden charm

[3] *(= renfermé) [personne]* secretive

NM [1] *(= cachotterie)* secret ◆ **c'est son secret** it's his secret ◆ **il a gardé le secret de notre projet** he kept our plan secret ◆ **ne pas avoir de secret(s) pour qn** *[personne]* to have no secrets from sb, to keep nothing from sb; *[sujet]* to have *ou* hold no secrets for sb ◆ **l'informatique n'a plus de secret(s) pour elle** computing holds no secrets for her now ◆ **confier un secret à qn** to confide a secret to sb ◆ **il n'en fait pas un secret** he makes no secret about *ou* of it ◆ **secrets d'alcôve** intimate talk ◆ **un secret d'État** a state *ou* official secret ◆ **faire un secret d'État de qch** *(fig)* to make a big secret of sth, to act as if sth were a state secret ◆ « **secret(-)défense** » "official secret" ◆ **couvert par le secret(-)défense** ≃ covered by the Official Secrets Act ◆ **secret de Polichinelle** open secret ◆ **ce n'est un secret pour personne que...** it's no secret that...

[2] *(= mécanisme, moyen)* secret ◆ **secret industriel/ de fabrication** industrial/trade secret ◆ **le secret du bonheur/de la réussite** the secret of happiness/of success ◆ **une sauce/un tour de passe-passe dont il a le secret** a sauce/a conjuring trick of which he (alone) has the secret ◆ **il a le secret de ces plaisanteries stupides** he's got a knack for telling stupid jokes ◆ **tiroir à secret** drawer with a secret lock ◆ **cadenas à secret** combination lock

[3] *(= discrétion, silence)* secrecy ◆ **demander/exiger/promettre le secret (absolu)** to ask for/demand/promise (absolute) secrecy ◆ **trahir le secret** to betray the oath of secrecy ◆ **le secret professionnel/bancaire** professional/bank secrecy ◆ **le secret médical** medical confidentiality ◆ **le secret de la confession** the seal of the confessional ◆ **le gouvernement a gardé le secret sur les négociations** the government has maintained silence *ou* remained silent about the negotiations; → **sceau**

[4] *(= mystère)* secret ◆ **les secrets de la nature** the secrets of nature, nature's secrets ◆ **pénétrer dans le secret des cœurs** to penetrate the secrets of the heart ◆ **ce dossier n'a pas encore livré tous ses secrets** this file has not given up all its secrets yet

[5] *(locutions)* ◆ **faire secret de tout** to be secretive about everything

♦ **dans + secret** ♦ **dans le secret** in secret *ou* secrecy, secretly ♦ **négociations menées dans le plus grand secret** negotiations carried out in the strictest *ou* utmost secrecy ♦ **mettre qn dans le secret** to let sb into *ou* in on the secret, to let sb in on it* ♦ **être dans le secret** to be in on the secret, to be in on it* ♦ **je ne suis pas dans le secret des dieux** I don't share the secrets of the powers that be

♦ **en secret** *(= sans témoins)* in secret *ou* secrecy, secretly; *(= intérieurement)* secretly, inwardly

♦ **au secret** *(Prison)* in solitary confinement, in solitary*

secrétage /səkʀetaʒ/ NM carrotage

secrétaire /s(ə)kʀetɛʀ/ SYN

NMF secretary ♦ **secrétaire médicale/commerciale/particulière/juridique** medical/business *ou* commercial/private/legal secretary ♦ **premier secrétaire** *(Pol)* first secretary

NM *(= meuble)* writing desk, secretaire *(Brit)*, secretary *(US)*

COMP **secrétaire d'ambassade** embassy secretary

secrétaire de direction executive secretary, personal assistant

secrétaire d'État ≈ junior minister *(à* for) *(US Pol = ministre des Affaires étrangères)* Secretary of State ♦ **le secrétaire d'État américain au Trésor** the American Treasury Secretary

secrétaire général secretary-general, general secretary ♦ **le secrétaire général des Nations unies** the Secretary-General of the United Nations

secrétaire de mairie ≈ town clerk *(in charge of records and legal business)*

secrétaire perpétuel permanent secretary *(of one of the Académies françaises)*

secrétaire de production *(Ciné)* production secretary

secrétaire de rédaction sub-editor *(Brit)*, copy editor *(US)*

secrétariat /s(ə)kʀetaʀja/ NM [1] *(= fonction officielle)* secretaryship, post *ou* office of secretary; *(= durée de fonction)* secretaryship, term (of office) as secretary ♦ **secrétariat d'État** *(= fonction)* post of junior minister; *(= bureau)* ≈ junior minister's office ♦ **secrétariat général des Nations Unies** United Nations Secretariat

[2] *(= profession, travail)* secretarial work; *(= bureaux) [d'école]* (secretary's) office; *[d'usine, administration]* secretarial offices; *[d'organisation internationale]* secretariat; *(= personnel)* secretarial staff ♦ **école de secrétariat** secretarial college ♦ **secrétariat de rédaction** editorial office

secrètement /səkʀɛtmɑ̃/ SYN ADV *[négocier, se rencontrer]* secretly, in secret; *[espérer]* secretly

secréter /səkʀete/ ► conjug 6 ◄ VT to carrot

sécréter /sekʀete/ SYN ► conjug 6 ◄ VT *[+ substance]* to secrete; *[+ ennui]* to exude

secréteur /səkʀetœʀ/ NM carroter

sécréteur, -euse *ou* **-trice** /sekʀetœʀ, øz, tʀis/ ADJ secretory

sécrétine /sekʀetin/ NF secretin

sécrétion /sekʀesjɔ̃/ NF secretion

sécrétoire /sekʀetwaʀ/ ADJ secretory

sectaire /sɛktɛʀ/ SYN ADJ, NMF sectarian

sectarisme /sɛktaʀism/ NM sectarianism

secte /sɛkt/ NF cult

secteur /sɛktœʀ/ SYN NM [1] *(gén, Mil)* sector; *(Admin)* district; *(= zone, domaine)* area; *(= partie)* part; *[d'agent de police]* beat ♦ **secteur postal** *(Mil)* postal area, ≈ BFPO area *(Brit)* ♦ **dans le secteur*** *(= ici)* round here; *(= là-bas)* round there ♦ **changer de secteur*** to move elsewhere ♦ **secteur sauvegardé** *(Admin)* conservation area ♦ **secteur géographique** *(de recrutement scolaire)* catchment area *(Brit)*, school district *(US)*

[2] *(Élec) (= zone)* local supply area ♦ **le secteur** *(= circuit)* the mains (supply) ♦ **panne de secteur** local supply breakdown ♦ **fonctionne sur pile et secteur** battery or mains operated

[3] *(Écon)* ♦ **secteur (économique)** (economic) sector ♦ **secteur agricole/bancaire/industriel/pétrolier** agricultural/banking/industrial/oil sector ♦ **secteur public/semi-public/privé** public *ou* state/semi-public/private sector ♦ **le secteur nationalisé** nationalized industries ♦ **secteur d'activité** branch of industry ♦ **secteur primaire** primary sector ♦ **secteur secondaire** manufacturing *ou* secondary sector ♦ **secteur tertiaire** service industries, service *ou* tertiary sector

[4] *(Géom)* sector ♦ **secteur angulaire** sector ♦ **secteur circulaire** sector of circle ♦ **secteur sphérique** spherical sector, sector of sphere

[5] *(Ordin)* sector

section /sɛksjɔ̃/ SYN NF [1] *(= coupe) (gén)* section; *[de fil électrique]* gauge ♦ **fil de petite/grosse section** thin-/heavy-gauge wire ♦ **prenons un tube de section double** let's use a tube which is twice the bore ♦ **dessiner la section d'un os/d'une tige** to draw the section of a bone/of a stem, to draw a bone/a stem in section ♦ **la section (de ce câble) est toute rouillée** the end (of this cable) is all rusted

[2] *(Scol)* ≈ course ♦ **il est en section littéraire/scientifique** he's doing a literature/science course

[3] *(Univ)* department

[4] *(Admin)* section, department; *(Pol)* branch ♦ **section du Conseil d'État** department of the Council of State ♦ **section (du) contentieux** legal section *ou* department ♦ **section électorale** ward ♦ **section syndicale** (trade) union group ♦ **section homogène** *(Écon)* cost centre

[5] *(= partie) [d'ouvrage]* section; *[de route, rivière, voie ferrée]* section; *(en autobus)* fare stage; → **fin²**

[6] *(Mus)* section ♦ **section mélodique/rythmique** melody/rhythm section

[7] *(Mil)* platoon

[8] *(Math)* section ♦ **section conique/plane** conic/plane section

[9] *(Méd = ablation)* severing

[10] *(Nucl Phys)* ♦ **section efficace** cross section

sectionnement /sɛksjɔnmɑ̃/ NM [1] *[de tube, fil, artère]* severing

[2] *[de circonscription, groupe]* division

sectionner /sɛksjɔne/ SYN ► conjug 1 ◄

VT [1] *[+ tube, fil, artère, membre]* to sever

[2] *[+ circonscription, groupe]* to divide (up), to split (up) *(en* into)

VPR **se sectionner** [1] *[tube, fil, artère, membre]* to be severed

[2] *[circonscription, groupe]* to divide *ou* split (up)

sectionneur /sɛksjɔnœʀ/ NM *(Élec)* cutout

sectoriel, -ielle /sɛktɔʀjɛl/ ADJ sectional

sectorisation /sɛktɔʀizasjɔ̃/ NF division into sectors

sectoriser /sɛktɔʀize/ ► conjug 1 ◄ VT to divide into sectors, to sector

Sécu* /seky/ NF (abrèv de **Sécurité sociale**) → **sécurité**

séculaire /sekylɛʀ/ SYN ADJ [1] *(= très vieux) [pratiques, traditions, conflit, histoire, croyance]* age-old ; *[arbre]* ancient

[2] *(= qui a lieu tous les cent ans) [fête, jeux]* centennial ♦ **année séculaire** last year of the century

[3] *(= centenaire)* ♦ **ces forêts/maisons sont quatre fois séculaires** these forests/houses are four centuries old

sécularisation /sekylaʀizasjɔ̃/ NF secularization

séculariser /sekylaʀize/ ► conjug 1 ◄ VT to secularize

séculier, -ière /sekylje, jɛʀ/

ADJ *[clergé, autorité]* secular; → **bras**

NM secular

secundo /səgɔ̃do/ ADV second(ly), in the second place

sécurisant, e /sekyʀizɑ̃, ɑ̃t/ ADJ reassuring ♦ **telles quelles, les pistes cyclables sont peu sécurisantes pour leurs utilisateurs** as they are at present, cycle paths do not make their users feel safe

sécurisation /sekyʀizasjɔ̃/ NF [1] *[de personne]* reassuring ♦ **des opérations de sécurisation de la population** measures to reassure the people *ou* to make the people feel more secure

[2] *(Internet) [d'informations, paiement, transaction]* securing, making secure ♦ **outils de sécurisation** security tools

sécuriser /sekyʀize/ SYN ► conjug 1 ◄ VT

[1] *(= rassurer)* ♦ **sécuriser qn** to give (a feeling of) security to sb, to make sb feel secure ♦ **sécuriser l'opinion** to reassure people ♦ **être/se sentir sécurisé par qn/qch** to be/feel reassured by sb/sth

[2] *(= accroître la sécurité de) [+ informations, paiement, site, résidence, réseau]* to secure ♦ **sécuriser les transports de fonds** to increase the security of transfers of funds ♦ **sécuriser l'accès à qch** to make access to sth more secure ♦ **les Casques bleus ont sécurisé la zone** the Blue Berets improved security in the area

Securit ® /sekyʀit/ NM ♦ **verre Securit** Triplex (glass) ®

sécuritaire /sekyʀitɛʀ/ ADJ *[politique]* law-and-order *(épith)*; *[idéologie]* that concentrates on law and order ♦ **mesures sécuritaires** security measures ♦ **il rompt avec le discours sécuritaire de son parti** he's distancing himself from his party's stance on law and order ♦ **il y a une dégradation de la situation sécuritaire dans la région** law and order is breaking down in the region ♦ **le tout sécuritaire** overemphasis on law and order

sécurité /sekyʀite/ SYN

NF [1] *(= absence de danger)* safety; *(= conditions d'ordre, absence de troubles)* security ♦ **une fausse impression de sécurité** a false sense of security ♦ **cette retraite représentait pour lui une sécurité** this pension meant security for him ♦ **la sécurité de l'emploi** security of employment, job security ♦ **la sécurité matérielle** material security ♦ **assurer la sécurité d'un personnage important/des ouvriers/des installations** to ensure the safety of an important person/of workers/of the equipment ♦ **l'État assure la sécurité des citoyens** the state looks after the security *ou* safety of its citizens ♦ **la sécurité nationale/internationale** national/international security ♦ **pacte/traité de sécurité collective** collective security pact/treaty ♦ **mesures de sécurité** *(contre incendie)* safety measures *ou* precautions; *(contre attentat)* security measures ♦ **des mesures de sécurité très strictes avaient été prises** very strict security precautions *ou* measures had been taken, security was very tight

♦ **en + sécurité** ♦ **être/se sentir en sécurité** to be/feel safe, to be/feel secure ♦ **mettre qch en sécurité** to put sth in a safe place ♦ **en toute sécurité** safely, in complete safety

[2] *(= mécanisme)* safety catch, safety *(US)* ♦ **mettre la sécurité** *[d'arme à feu]* to put on the safety catch *ou* the safety *(US)* ♦ **de sécurité** *[dispositif]* safety *(épith)* ♦ **(porte à) sécurité enfants** *(dans une voiture)* childproof lock, child lock ♦ **sécurité informatique** computer security ♦ **assurer la sécurité d'un système** to ensure that a system is secure, to ensure system security; → **cran**

[3] *(= service)* security ♦ **la sécurité militaire** military security

COMP **la sécurité civile** *emergency services dealing with natural disasters, bomb disposal etc*

la sécurité publique law and order ♦ **agent de la sécurité publique** officer of the law

la sécurité routière road safety

la Sécurité sociale *(pour la santé)* ≈ the National Health Service *(Brit)*, ≈ Medicaid *(US)*; *(pour vieillesse etc)* ≈ the Social Security, ≈ Medicare *(US)* ♦ **prestations de la Sécurité sociale** ≈ Social Security benefits

> **SÉCURITÉ SOCIALE**
>
> The French public welfare system is financed by compulsory contributions paid directly from salaries and by employers. It covers essential health care, pensions and other basic benefits. In many cases, costs not covered by the **Sécurité sociale** may be met by a **mutuelle**. → MUTUELLE

sédatif, -ive /sedatif, iv/ SYN

ADJ sedative

NM sedative ♦ **sous sédatifs** under sedation

sédation /sedasjɔ̃/ NF sedation

sédentaire /sedɑ̃tɛʀ/ SYN ADJ *[personne, travail, vie]* sedentary; *[population]* settled, sedentary; *(Mil)* permanently garrisoned ♦ **personnel sédentaire** office staff

sédentarisation /sedɑ̃taʀizasjɔ̃/ NF settling process

sédentariser /sedɑ̃taʀize/ ► conjug 1 ◄ VT to settle ♦ **population sédentarisée** settled population

sédentarité /sedɑ̃taʀite/ NF *[de population]* settled way of life; *[de travail]* sedentary nature

sédiment /sedimɑ̃/ NM *(Géol)* deposit, sediment; *(Méd)* sediment ♦ **sédiments marins** marine sediments

sédimentaire /sedimɑ̃tɛʀ/ ADJ sedimentary

sédimentation /sedimɑ̃tasjɔ̃/ NF sedimentation; → **vitesse**

sédimenter /sedimɑ̃te/ ► conjug 1 ◄ VI to deposit sediment

sédimentologie /sedimɑ̃tɔlɔʒi/ NF sedimentology

séditieux, -ieuse /sedisjø, jøz/ SYN
   ADJ (= en sédition) [général, troupes] insurrectionary (épith), insurgent (épith); (= agitateur) [esprit, propos, réunion] seditious
   NM,F insurrectionary, insurgent

sédition /sedisjɔ̃/ SYN NF insurrection, sedition ◆ **esprit de sédition** spirit of sedition ou insurrection ou revolt

sédon /sedɔ̃/ NM ⇒ sedum

séducteur, -trice /sedyktœʀ, tʀis/ SYN
   ADJ seductive
   NM (= débaucheur) seducer; (péj = Don Juan) womanizer (péj)
   NF **séductrice** seductress

séduction /sedyksjɔ̃/ SYN NF ⑴ (= charme) charm; (= action) seduction ◆ **scène de séduction** seduction scene ◆ **il y a toujours un jeu de séduction entre un homme et une femme** there is always an element of flirtation between a man and a woman ◆ **il a un grand pouvoir de séduction** he has great charm ◆ **le pouvoir de séduction de l'argent** the lure ou seductive power of money ◆ **leur opération de séduction en direction du public/des électeurs** the charm offensive they aimed at the public/the voters ◆ **leurs tentatives de séduction pour se concilier l'ONU** their attempts to win over the UN
   ⑵ (= attrait) [style, projet, idéologie] appeal ◆ **exercer une forte séduction sur qn** to have a great deal of appeal for sb ◆ **les séductions de la vie estudiantine** the attractions ou appeal of student life
   ⑶ (Jur) [de femme] seduction; [de mineur] corruption

   ⚠ Attention à ne pas traduire automatiquement **séduction** par le mot anglais **seduction**, qui désigne uniquement l'action de séduire.

séduire /sedɥiʀ/ SYN ▸ conjug 38 ◂ VT ⑴ (par son physique, son charme) to charm ◆ **qu'est-ce qui t'a séduit chez ou en elle ?** what attracted you to her? ◆ **elle sait séduire** she knows how to use her charms
   ⑵ (= plaire) [style, qualité, projet] to appeal to ◆ **une des qualités qui me séduisent le plus** one of the qualities which most appeal to me ou which I find most appealing ◆ **ils ont essayé de nous séduire avec ces propositions** they tried to win us over ou to tempt us with these proposals ◆ **cette idée va-t-elle les séduire ?** is this idea going to tempt them? ou appeal to them? ◆ **leur projet/style de vie me séduit mais...** their plan/lifestyle does appeal to me ou does have some appeal for me but... ◆ **essayez cette crème, vous serez séduite** try this cream, you'll love it ◆ **séduit par les apparences** (= tromper) taken in by appearances
   ⑶ († : sexuellement) to seduce

séduisant, e /sedɥizɑ̃, ɑ̃t/ SYN ADJ ⑴ [personne, visage] attractive; [beauté] seductive
   ⑵ [genre de vie, projet, style, tenue, endroit] appealing, attractive; [solution, théorie, produit] attractive

   ⚠ L'adjectif **séduisant** ne se traduit pas par **seducing**.

sedum /sedɔm/ NM sedum

séfarade /sefaʀad/
   ADJ Sephardic
   NMF Sephardi

seghia /segja/ NF ⇒ seguia

segment /sεgmɑ̃/ SYN NM (gén) segment ◆ **segment de frein** brake shoe ◆ **segment de piston** piston ring ◆ **segment de programme** (Ordin) segment ◆ **segment de marché** market segment, segment of the market

segmentaire /sεgmɑ̃tεʀ/ ADJ segmental

segmental, e (mpl -aux) /sεgmɑ̃tal, o/ ADJ (Ling) segmental

segmentation /sεgmɑ̃tasjɔ̃/ NF (gén) segmentation

segmenter /sεgmɑ̃te/ SYN ▸ conjug 1 ◂
   VT to segment
   VPR **se segmenter** to segment, to form ou break into segments ◆ **dans un marché de plus en plus segmenté** on an increasingly fragmented market

ségrégatif, -ive /segʀegatif, iv/ ADJ segregative

ségrégation /segʀegasjɔ̃/ SYN NF segregation ◆ **ségrégation raciale** racial segregation

ségrégationnisme /segʀegasjɔnism/ NM racial segregation, segregationism

ségrégationniste /segʀegasjɔnist/
   ADJ [manifestant] segregationist; [problème] of segregation; [troubles] due to segregation
   NMF segregationist

ségréger /segʀeʒe/ ▸ conjug 3 ou 6 ◂, **ségréguer** /segʀege/ ▸ conjug 6 ◂ VT to segregate ◆ **une nation de plus en plus ségréguée** a nation that has become increasingly segregated

ségrégué, e /segʀege/ ADJ segregated

ségréguer /segʀege/ ▸ conjug 6 ◂ VT to segregate

séguedille /segədij/ NF seguidilla

seguia /segja/ NF irrigation channel (in North Africa)

seiche¹ /sεʃ/ NF cuttlefish; → **os**

seiche² /sεʃ/ NF (Géog) seiche

séide /seid/ NM (fanatically devoted) henchman

seigle /sεgl/ NM rye; → **pain**

seigneur /sεɲœʀ/ SYN NM ⑴ (Hist = suzerain, noble) lord; (fig = maître) overlord ◆ **mon seigneur et maître** (hum) my lord and master ◆ **grand seigneur** great ou powerful lord ◆ **se montrer grand seigneur avec qn** to behave in a lordly fashion towards sb ◆ **faire le grand seigneur** to play ou act the grand ou fine gentleman ◆ **faire le grand seigneur avec qn** to lord it over sb ◆ **à tout seigneur tout honneur** (Prov) honour to whom honour is due (Prov) ◆ **« Le Seigneur des anneaux »** (Littérat) "The Lord of the Rings"
   ⑵ (Rel) ◆ **le Seigneur** the Lord ◆ **Notre-Seigneur Jésus-Christ** Our Lord Jesus Christ ◆ **Seigneur Dieu !** good Lord!; → **jour, vigne**

seigneuriage /sεɲœʀjaʒ/ NM (droit du seigneur) seigniorage

seigneurial, e (mpl -iaux) /sεɲœʀjal, jo/ ADJ [château, domaine] seigniorial; [allure, luxe] lordly, stately

seigneurie /sεɲœʀi/ NF ⑴ ◆ **Votre/Sa Seigneurie** your/his Lordship
   ⑵ (= terre) (lord's) domain, seigniory; (= droits féodaux) seigniory

seime /sεm/ NF (= maladie du cheval etc) sand crack

sein /sε̃/ SYN NM ⑴ (= mamelle) breast ◆ **donner le sein à un bébé** (= méthode) to breast-feed a baby, to suckle ou nurse a baby; (= être en train d'allaiter) to feed a baby (at the breast), to suckle ou nurse a baby; (= présenter le sein) to give a baby the breast ◆ **prendre le sein** to take the breast ◆ **elle était seins nus** she was topless ◆ **ça me ferait mal aux seins**‡ (= me déplairait) that would really get (to) me*; → **faux², nourrir**
   ⑵ (locutions) ◆ **au sein de** (= parmi, dans) in, within ◆ **ils sont pour la libre concurrence au sein de l'Union européenne** they are in favour of free competition within the European Union ◆ **il a fait toute sa carrière au sein du parti/de l'armée** he has spent his entire career in the party/in the army ◆ **sa présence au sein de l'équipe** his presence in ou on the team
   ⑶ (littér) (= poitrine) breast (littér), bosom (littér); (= matrice) womb; (= giron, milieu) bosom ◆ **serrer qn/qch contre son sein** to clasp sb/sth to one's bosom ◆ **porter un enfant dans son sein** to carry a child in one's womb ◆ **le sein de Dieu** the bosom of the Father ◆ **dans le sein de l'église** in the bosom of the church; → **réchauffer**

Seine /sεn/ NF ◆ **la Seine** the Seine

seine /sεn/ NF (= filet) seine

seing /sε̃/ NM †† signature ◆ **acte sous seing privé** (Jur) private agreement (document not legally certified)

séisme /seism/ SYN NM ⑴ (Géog) earthquake, seism (SPÉC)
   ⑵ (= bouleversement) upheaval ◆ **cela a provoqué un véritable séisme dans le gouvernement** this caused a major upheaval in the government

séismicité /seismisite/ NF ⇒ sismicité

séismique /seismik/ ADJ ⇒ sismique

séismographe /seismɔgʀaf/ NM ⇒ sismographe

séismologie /seismɔlɔʒi/ NF ⇒ sismologie

seizain /sεzε̃/ NM sixteen-line poem

seize /sεz/ ADJ INV, NM INV sixteen ◆ **film tourné en seize millimètres** film shot in sixteen millimetres ; *pour loc voir* **six**

seizième /sεzjεm/ ADJ, NMF sixteenth ◆ **seizièmes de finale** (Sport) first round (of 5-round knockout competition) ◆ **le seizième (arrondissement)** the sixteenth arrondissement (wealthy area in Paris) ◆ **être très seizième** to be typical of the sixteenth arrondissement ; *pour loc voir* **sixième**

seizièmement /sεzjεmmɑ̃/ ADV in the sixteenth place, sixteenth

seiziémiste /sεzjemist/ NMF 16th century specialist

séjour /seʒuʀ/ SYN NM ⑴ (= visite) stay ◆ **faire un séjour de trois semaines à Paris** to stay (for) three weeks in Paris, to have a three-week stay in Paris ◆ **faire un séjour à l'étranger** to spend time abroad ◆ **j'ai fait plusieurs séjours en Australie** I've been to Australia several times ◆ **c'est mon deuxième séjour aux États-Unis** it's my second stay in ou trip to the United States, it's the second time I've been to the United States ◆ **il a fait trois séjours en prison** he has been in prison three times before, he has had three spells in prison ◆ **elle a fait plusieurs séjours à l'hôpital** she has had several stays ou spells in hospital ◆ **séjour officiel** (Pol) official visit ◆ **le ministre était en séjour privé en France** the minister was on a private holiday (Brit) ou on vacation (US) in France ◆ **il a fait un séjour linguistique en Irlande** he went to Ireland on a language course; → **interdit¹, permis, taxe**
   ⑵ (= salon) living room, lounge (Brit) ◆ **séjour double** living-cum-dining room (Brit), living-room-dining room (US); → **salle**
   ⑶ (littér) (= endroit) abode (littér), dwelling place (littér); (= demeure temporaire) sojourn (littér) ◆ **le séjour des dieux** the abode ou dwelling place of the gods

séjourner /seʒuʀne/ SYN ▸ conjug 1 ◂ VI [personne] to stay; [eau, neige] to lie ◆ **séjourner chez qn** to stay with sb

Sekhmet /sεkmεt/ NF Sekhmet

sel /sεl/ SYN
   NM ⑴ (gén, Chim) salt ◆ **sans sel** [biscottes, pain, régime] salt-free (épith) ◆ **je mange sans sel** I don't put salt on my food; → **gros, poivre**
   ⑵ (= humour) wit; (= piquant) spice ◆ **la remarque ne manque pas de sel** it's quite a witty remark ◆ **c'est ce qui fait tout le sel de l'aventure** that's what gives the adventure its spice ◆ **ils sont le sel de la terre** (littér) they are the salt of the earth; → **grain**
   NMPL **sels** (à respirer) smelling salts
   COMP **sel d'Angleterre** ⇒ **sel d'Epsom**
   sel attique Attic salt ou wit
   sels de bain bath salts
   sels biliaires bile salts
   sel de céleri celery salt
   sel de cuisine cooking salt
   sel d'Epsom Epsom salts
   sel fin ⇒ **sel de table**
   sel gemme rock salt
   sel de Guérande sea salt from Guérande
   sel marin ou **de mer** sea salt
   sels minéraux mineral salts
   sel de table table salt
   sel de Vichy sodium bicarbonate

SEL /esεl/ NM (abrév de **système d'échanges local**) LETS

sélacien, -ienne /selasjε̃, jεn/ ADJ, NM selachian

sélaginelle /selaʒinεl/ NF resurrection plant, selaginella

select* /selεkt/ ADJ INV, **sélect, e*** /selεkt/ ADJ [personne] posh*, high-class; [clientèle, club, endroit] select, posh*

sélecter /selεkte/ ▸ conjug 1 ◂ VT to select

sélecteur /selεktœʀ/
   NM [d'ordinateur, télévision, central téléphonique] selector; [de motocyclette] gear lever
   ADJ M ◆ **comité sélecteur** selection committee

sélectif, -ive /selεktif, iv/ ADJ selective ; → **tri**

sélection /selεksjɔ̃/ SYN NF ⑴ (= action) selection ◆ **sélection naturelle** (Bio) natural selection ◆ **il y a une sélection (à l'entrée)** (Scol, Univ) admission is by selective entry ◆ **faire ou opérer ou effectuer une sélection parmi** to make a selection from among
   ⑵ (= choix, gamme) [d'articles, produits, œuvres] selection
   ⑶ (Sport) (= choix) selection; (= équipe) (gén) team; (Football, Rugby etc) line-up ◆ **la sélection française au festival de Cannes** the French films selected to be shown at the Cannes film festival ◆ **comité de sélection** selection committee ◆ **il a plus de 20 sélections à son actif**

sélectionné | **sème**

en équipe nationale he's been selected over 20 times for the national team, he's been capped more than 20 times (Brit), he has more than 20 caps to his credit (Brit) ◆ **match de sélection** trial match ◆ **épreuves de sélection** (selection) trials, heats

sélectionné, e /selɛksjɔne/ (ptp de **sélectionner**)
ADJ (= soigneusement choisi) specially selected, choice (épith)
NM,F (Football etc) selected player; (Athlétisme) selected competitor ◆ **les sélectionnés** (Football, Rugby) the line-up ◆ **figurer parmi les sélectionnés** to be in the line-up

sélectionner /selɛksjɔne/ SYN ► conjug 1 ◄ VT to select (parmi from (among)) ◆ **un film sélectionné à Cannes** a film selected at the Cannes film festival ◆ **il a été sélectionné trois fois en équipe nationale** he has been selected three times for the national team

sélectionneur, -euse /selɛksjɔnœr, øz/ NM,F (Sport) selector

sélectivement /selɛktivmɑ̃/ ADV selectively ◆ **les lésions cérébrales altèrent sélectivement la mémoire** brain lesions affect only certain parts of the memory

sélectivité /selɛktivite/ NF (Radio) selectivity

sélène /selɛn/ ADJ, NMF ⇒ **sélénite²**

séléniate /selenjat/ NM selenate

sélénien, -ienne /selenjɛ̃, jɛn/ ADJ, NM,F ⇒ **sélénite²**

sélénieux /selenjø/ ADJ M selenious

sélénique /selenik/ ADJ M ◆ **acide sélénique** selenic acid

sélénite¹ /selenit/
ADJ moon (épith)
NMF **Sélénite** moon-dweller

sélénite² /selenit/ NM (Chim) selenite

sélénium /selenjɔm/ NM selenium

séléniure /selenjyr/ NM selenide

sélénographie /selenɔgrafi/ NF selenography

sélénographique /selenɔgrafik/ ADJ selenographic

sélénologie /selenɔlɔʒi/ NF selenology

sélénologue /selenɔlɔg/ NMF selenologist

self /sɛlf/
NM (* = restaurant) self-service restaurant, cafeteria
NF (Élec) (= propriété) self-induction; (= bobine) self-induction coil

self-control /sɛlfkɔ̃trol/ NM self-control

self-government (pl **self-governments**) /sɛlfgɔvɛrnmɑ̃/ NM self-government

self-inductance /sɛlfɛ̃dyktɑ̃s/ NF self-inductance

self-induction /sɛlfɛ̃dyksjɔ̃/ NF self-induction

self-made-man /sɛlfmɛdman/ (pl **self-made-men** /sɛlfmɛdmɛn/) NM self-made man

self-service (pl **self-services**) /sɛlfsɛrvis/ NM self-service; (= restaurant) self-service restaurant, cafeteria; (= station-service) self-service petrol (Brit) ou gas (US) station

selle /sɛl/
NF 1 (Cyclisme, Équitation) saddle ◆ **monter sans selle** to ride bareback ◆ **se mettre en selle** to mount, to get into the saddle ◆ **mettre qn en selle** (lit) to put sb in the saddle; (fig) to give sb a boost ou a leg-up ◆ **se remettre en selle** (lit) to remount, to get back into the saddle; (fig) to get back in the saddle ◆ **être bien en selle** (lit, fig) to be firmly in the saddle; → **cheval**
2 (Boucherie) saddle
3 (Art) [de sculpteur] turntable
4 ◆ **êtes-vous allé à la selle aujourd'hui ?** have your bowels moved today?
NFPL **selles** (Méd) stools, motions

seller /sele/ ► conjug 1 ◄ VT to saddle

sellerie /sɛlri/ NF (= articles, métier, selles) saddlery; (= lieu de rangement) tack room, harness room, saddle room

sellette /sɛlɛt/ NF 1 (pour sculpteur) turntable; (pour statue, pot de fleur) stand
2 (Constr) cradle
3 (locution) ◆ **être/mettre qn sur la sellette** to be/put sb in the hot seat

sellier /selje/ NM saddler

selon /s(ə)lɔ̃/ GRAMMAIRE ACTIVE 6.2, 26.3, 26.5 SYN PRÉP
1 (= conformément à) in accordance with ◆ **agir selon sa conscience** to follow the dictates of one's conscience, to act according to one's conscience ◆ **selon la volonté de qn** in accordance with sb's wishes ◆ **selon la formule** ou **l'expression consacrée** as the saying goes
2 (= en proportion de, en fonction de) according to ◆ **vivre selon ses moyens** to live within one's means ◆ **donner selon ses moyens** to give according to one's means ◆ **le nombre varie selon la saison** the number varies (along) with ou according to the season ◆ **c'est selon le cas/les circonstances** it all depends on the individual case/on the circumstances ◆ **c'est selon*** it (all) depends ◆ **il acceptera ou n'acceptera pas, selon son humeur** he may or may not accept, depending on ou according to his mood ou how he feels
3 (= suivant l'opinion de) according to ◆ **selon lui** according to him ◆ **selon ses propres termes** in his own words ◆ **selon moi, c'est une mauvaise idée** in my opinion, it's a bad idea ◆ **qui l'a cassé ? – selon toi ?** who broke it? – who do you think?

Seltz /sɛls/ NF → **eau**

selve /sɛlv/ NF selva

semailles /s(ə)maj/ NFPL (= action) sowing (NonC); (= période) sowing period; (= graine) seed, seeds

semaine /s(ə)mɛn/ NF 1 (gén) week ◆ **la première semaine de mai** the first week in ou of May ◆ **en semaine** during the week, on weekdays ◆ **louer à la semaine** to let by the week ◆ **dans 2 semaines à partir d'aujourd'hui** 2 weeks ou a fortnight (Brit) from today ◆ **la semaine de 35 heures** the 35-hour (working) week ◆ **à la semaine prochaine !** I'll see you (ou talk to you) next week!; → **courant, fin²**
2 (= salaire) week's wages ou pay, weekly wage ou pay; (= argent de poche) week's ou weekly pocket money
3 (Publicité) week ◆ **semaine publicitaire/commerciale** publicity/business week ◆ **la semaine du livre/du bricolage** book/do-it-yourself week ◆ **la semaine contre la faim** feed the hungry week ◆ **la semaine contre le SIDA** AIDS week ◆ **c'est sa semaine de bonté !*** (hum) it must be charity week!* (hum)
4 (Bijouterie) (= bracelet) (seven-band) bracelet; (= bague) (seven-band) ring
5 (locutions) ◆ **il te le rendra la semaine des quatre jeudis** he'll never give it back to you in a month of Sundays ◆ **faire la semaine anglaise** to work ou do a five-day week (Mil) ◆ **être de semaine** to be on duty (for the week) ◆ **officier de semaine** officer on duty (for the week), officer of the week ◆ **gestion à la petite semaine** short-sighted management ◆ **trafiquants à la petite semaine** small-time dealers

semainier, -ière /s(ə)mɛnje, jɛr/
NM,F (= personne) person on duty (for the week)
NM (= agenda) desk diary; (= meuble) chest of (seven) drawers, semainier; (= bracelet) (seven-band) bracelet

sémanticien, -ienne /semɑ̃tisjɛ̃, jɛn/ NM,F semantician, semanticist

sémantique /semɑ̃tik/
ADJ semantic
NF semantics (sg)

sémaphore /semafɔr/ NM (pour bateaux) semaphore; (pour trains) semaphore signal

sémaphorique /semafɔrik/ ADJ semaphoric(al)

sémasiologie /semazjɔlɔʒi/ NF semasiology

semblable /sɑ̃blabl/ SYN
ADJ 1 (= similaire) similar ◆ **semblable à** like, similar to ◆ **dans un cas semblable** in a case like this, in such a case ◆ **je ne connais rien de semblable** I've never come across anything like it ◆ **une maison semblable à tant d'autres** a house like any other, a house like so many others ou similar to so many others ◆ **il a prononcé un discours très semblable à celui de l'année dernière** he delivered a speech very much like ou very much in the same vein as last year's ◆ **en cette circonstance, il a été semblable à lui-même** on this occasion he behaved true to form ou as usual ◆ **elle était là, semblable à elle-même** she was there, the same as ever
2 (avant n = tel) such ◆ **de semblables calomnies sont inacceptables** such calumnies ou calumnies of this kind are unacceptable
3 (= qui se ressemblent) ◆ **semblables** alike ◆ **les deux frères étaient semblables (en tout)** the two brothers were alike (in every way); → **triangle**
NMF fellow creature ◆ **aimer son semblable** to love one's fellow creatures ou fellow men ◆ **toi et tes semblables** (péj) you and your kind (péj), you and people like you (péj) ◆ **il n'a pas son semblable** there's no-one like him

semblablement /sɑ̃blabləmɑ̃/ ADV similarly, likewise

semblant /sɑ̃blɑ̃/ SYN NM (= apparence) ◆ **un semblant de calme/bonheur/vie/vérité** a semblance of calm/happiness/life/truth ◆ **un semblant de réponse** some vague attempt at a reply ◆ **un semblant de soleil** a glimmer of sun ◆ **un semblant de sourire** the shadow ou ghost of a smile ◆ **nous avons un semblant de jardin** we've got a garden of sorts ◆ **pour redonner un semblant de cohérence à leur politique** to make their policy look more consistent
◆ **faire semblant** ◆ **il fait semblant** he's pretending ◆ **faire semblant de dormir/lire** to pretend to be asleep/to be reading ◆ **il a fait semblant de ne pas me voir** he pretended not to see me, he acted as if he didn't see me ◆ **il fait semblant de rien***, **mais il entend tout** he's pretending to take no notice but he can hear everything

sembler /sɑ̃ble/ GRAMMAIRE ACTIVE 6.2, 26.4, 26.5 SYN
► conjug 1 ◄
VB IMPERS 1 (= paraître) ◆ **il semble bon/inutile de...** it seems a good idea/useless to... ◆ **il semblerait qu'il ne soit pas venu** it would seem ou appear that he didn't come, it looks as though ou as if he didn't come
2 (= estimer) ◆ **il peut te sembler démodé de...** it may seem ou appear old-fashioned to you to... ◆ **c'était lundi, il me semble** I think it was on Monday ◆ **il me semble que...** it seems ou appears to me that... ◆ **il me semble que oui/que non** I think so/I don't think so ◆ **il me semble que tu n'as pas le droit de...** it seems ou appears to me that you don't have the right to... ◆ **comme bon me/te semble** as I/you see fit, as I/you think best ou fit ◆ **ils se marieront quand bon leur semblera** they will get married when they see fit ◆ **prenez qui/ce que bon vous semble** take who/what you please ou wish
3 (= croire) ◆ **il me semble que** I think (that) ◆ **il me semblait bien que je l'avais posé là** I really thought ou did think I had put it down here ◆ **il me semble revoir mon grand-père** it's like seeing my grandfather again ◆ **il me semble vous l'avoir déjà dit** I have a feeling I've already told you
4 (locutions) ◆ **je vous connais, ce me semble** † methinks I know you †, it seems to me that I know you ◆ **je suis déjà venu ici, me semble-t-il** it seems to me (that) I've been here before, I seem to have been here before ◆ **il a, semble-t-il, essayé de me contacter** apparently he tried to contact me ◆ **à ce qu'il me semble, notre organisation est mauvaise** to my mind ou it seems to me (that) our organization is bad, our organization seems bad to me ◆ **que vous en semble ?** (frm, hum) what do you think (of it)?
VI to seem ◆ **la maison lui sembla magnifique** the house seemed magnificent to him ◆ **il semblait content/nerveux** he seemed (to be) ou appeared ou looked happy/nervous ◆ **elle me semble bien fatiguée** she seems ou looks very tired to me ◆ **vous me semblez bien pessimiste !** you do sound ou seem very pessimistic! ◆ **il ne semblait pas convaincu** he didn't seem (to be) convinced, he didn't look ou sound convinced ◆ **les frontières de la science semblent reculer** the frontiers of science seem ou appear to be retreating ◆ **tout semble indiquer que leur départ fut précipité** all the signs are that they left in a hurry ◆ **mes arguments ne semblent pas l'avoir convaincu** apparently he has not been convinced by my arguments

semé, e /s(ə)me/ (ptp de **semer**) ADJ ◆ **questions semées de pièges** questions full of pitfalls ◆ **la route de la démocratie est semée d'embûches/n'est pas semée de roses** the road to democracy is fraught with difficulties/is not easy ◆ **mer semée d'écueils** sea scattered ou dotted with reefs ◆ **robe semée de pierreries** dress studded with gems ◆ **récit semé d'anecdotes** story interspersed ou sprinkled with anecdotes ◆ **tissu semé de fleurs** flowery material ◆ **gazon semé de fleurs** lawn dotted with flowers ◆ **campagne semée d'arbres** countryside dotted with trees ◆ **la vie est semée de joies et de peines** life is full of joys and sorrows

sème /sɛm/ NM seme

séméiologie /semejɔlɔʒi/ NF ⇒ sémiologie

séméiologique /semejɔlɔʒik/ ADJ ⇒ sémiologique

semelle /s(ə)mɛl/ NF 1 [de chaussure] sole ◆ **semelles (intérieures)** insoles ◆ **semelles compensées** platform soles ◆ **chaussures à semelles compensées** platform shoes ◆ **semelles de plomb** lead boots ◆ **j'avais des semelles de plomb** (fig) my feet felt like lead weights ◆ **il va à l'école avec des semelles de plomb** he drags himself to school as if his feet were made of lead ◆ **c'est de la vraie semelle*** [viande] it's as tough as old boots* (Brit) ou shoe leather (US), it's like leather; → **battre, crêpe²**
2 (locutions) ◆ **il n'a pas avancé/reculé d'une semelle** he hasn't moved forward/moved back (so much as) a single inch ou an inch ◆ **il ne m'a pas quitté ou lâché d'une semelle** he didn't leave me for a single second, he stuck to me like a leech ◆ **ne le lâche pas d'une semelle !** don't let him out of your sight!
3 (Tech) [de rail] base plate pad; [de machine] bedplate; [de fer à repasser] sole plate; [de ski] running surface

sémème /semɛm/ NM sememe

semence /s(ə)mãs/ SYN NF 1 (Agr, fig) seed ◆ **blé/pommes de terre de semence** seed corn/potatoes
2 (= sperme) semen, seed (littér)
3 (= clou) tack
4 (Bijouterie) ◆ **semence de diamants** diamond sparks ◆ **semence de perles** seed pearls

semencier, -ière /s(ə)mãsje, jɛʀ/
ADJ seed (épith)
NM,F (= industriel) seed manufacturer

semer /s(ə)me/ SYN ▸ conjug 5 ◂ VT 1 (= répandre) [+ discorde, graines] to sow; [+ confusion, terreur] to spread; [+ clous, confettis] to scatter; [+ faux bruits] to spread, to disseminate (frm) ◆ **semer la panique** to spread panic ◆ **ils ont semé la mort dans la région** they brought death and destruction to the region ◆ **semer le doute dans l'esprit de qn** to sow doubts in sb's mind ◆ **semer ses propos de citations** to intersperse ou sprinkle one's remarks with quotations ◆ **qui sème le vent récolte la tempête** (Prov) he who sows the wind shall reap the whirlwind (Prov)
2 (* = perdre) [+ mouchoir] to lose; [+ poursuivant] to lose, to shake off

semestre /s(ə)mɛstʀ/ NM 1 (= période) half-year, six-month period ◆ **tous les semestres** every six months, twice yearly ou a year ◆ **taxe payée par semestre** tax paid half-yearly ◆ **pendant le premier/second semestre (de l'année)** during the first/second half of the year, during the first/second six-month period (of the year)
2 (Univ) semester
3 (= loyer) half-yearly ou six months' rent ◆ **je vous dois un semestre** I owe you six months' ou half a year's rent
4 [rente, pension] half-yearly payment

semestriel, -ielle /s(ə)mɛstʀijɛl/ ADJ 1 [assemblée] six-monthly; [revue, bulletin] biannual; [résultats] half-yearly
2 (Univ) [examen] end-of-semester (épith); [cours] one-semester (épith)
3 [rente, pension] half-yearly

semestriellement /s(ə)mɛstʀijɛlmã/ ADV (gén) half-yearly; (Univ) every ou each semester ◆ **les montants sont fixés semestriellement** the amounts are set every six months

semeur, -euse /s(ə)mœʀ, øz/ NM,F sower ◆ **semeur de trouble(s)** troublemaker ◆ **semeur de discorde** sower of discord ◆ **ces semeurs de mort** these merchants of death ◆ **la Semeuse** figure of a woman sowing seeds that appears on some French coins

semi- /səmi/ PRÉF semi- ◆ **semi-autonome/-professionnel** semi-autonomous/-professional

semi-aride /səmiaʀid/ ADJ semiarid

semi-automatique /səmiɔtɔmatik/ ADJ semi-automatic

semi-auxiliaire /səmiɔksiljɛʀ/
ADJ semiauxiliary
NM semiauxiliary verb

semi-chenillé, e /səmiʃ(ə)nije/
ADJ half-tracked
NM half-track

semi-circulaire /səmisiʀkylɛʀ/ ADJ semicircular

semi-coke /səmikɔk/ NM semicoke

semi-conducteur, -trice /səmikɔ̃dyktœʀ, tʀis/
ADJ [propriétés, cristaux] semiconducting
NM semiconductor

semi-conserve /səmikɔ̃sɛʀv/ NF semi-preserve

semi-consonne /səmikɔ̃sɔn/ NF semiconsonant

semi-fini, e /səmifini/ ADJ semi-finished ◆ **produits semi-finis** semi-finished goods ou products

semi-liberté /səmilibɛʀte/ NF [de prisonnier] = partial release ◆ **les animaux vivent en semi-liberté** the animals live in relative liberty

sémillant, e /semijã, ãt/ ADJ (= alerte, vif) [personne] vivacious, spirited; [allure, esprit] vivacious; (= fringant) dashing (épith)

semi-lunaire /səmilynɛʀ/
ADJ [ganglion, os] semilunar
NM semilunar (bone), lunatum

séminaire /seminɛʀ/ SYN NM (Rel) seminary; (Univ) seminar ◆ **grand séminaire** (Rel) (theological) seminary ◆ **petit séminaire** Catholic secondary school

séminal, e (mpl **-aux**) /seminal, o/ ADJ (Bio) seminal

séminariste /seminaʀist/ NM seminarian, seminarist

semi-nasal, e (mpl **semi-nasals**) /səminazal/
ADJ [consonne, phonème] seminasal
NF **semi-nasale** seminasal

séminifère /seminifɛʀ/ ADJ seminiferous

semi-nomade /səminɔmad/
ADJ seminomadic
NMF seminomad

semi-nomadisme /səminɔmadism/ NM seminomadism

semi-officiel, -elle /səmiɔfisjɛl/ ADJ semi-official

sémiologie /semjɔlɔʒi/ NF (Ling, Méd) semiology

sémiologique /semjɔlɔʒik/ ADJ semiological

sémiologue /semjɔlɔg/ NMF semiologist

sémioticien, -ienne /semjɔtisjɛ̃, jɛn/ NM,F semiotician

sémiotique /semjɔtik/
ADJ semiotic
NF semiotics (sg)

semi-ouvert, e /səmiuvɛʀ, ɛʀt/ ADJ (Math) ◆ **intervalle semi-ouvert** half-open interval

semi-ouvré, e /səmiuvʀe/ ADJ semifinished

semi-perméable /səmipɛʀmeabl/ ADJ semipermeable

semi-polaire /səmipɔlɛʀ/ ADJ semipolar

semi-précieux, -ieuse /səmipʀesjø, jøz/ ADJ [pierre] semiprecious

semi-produit /səmipʀɔdɥi/ NM semifinished product

semi-public, -ique /səmipyblik/ ADJ semi-public

sémique /semik/ ADJ semic ◆ **acte sémique** semic ou meaningful act

Sémiramis /semiʀamis/ NF Semiramis

semi-remorque /səmiʀ(ə)mɔʀk/
NM (= camion) articulated lorry (Brit), artic* (Brit), trailer truck (US)
NF (= remorque) trailer (Brit), semitrailer (US)

semi-rigide /səmiʀiʒid/ ADJ ◆ **dirigeable semi-rigide** semirigid airship

semis /s(ə)mi/ SYN NM (= plante) seedling; (= opération) sowing; (= terrain) seedbed, seed plot; (= motif) pattern, motif

semi-submersible /səmisybmɛʀsibl/ ADJ semi-submersible

sémite /semit/
ADJ Semitic
NMF **Sémite** Semite

sémitique /semitik/ ADJ Semitic

sémitisant, e /semitizã, ãt/ NM,F Semitist

sémitisme /semitism/ NM Semitism

semi-voyelle /səmivwajɛl/ NF semivowel

semnopithèque /sɛmnɔpitɛk/ NM semnopithecus

semoir /səmwaʀ/ NM 1 (= machine) sower, seeder ◆ **semoir à engrais** muckspreader, manure spreader
2 (= sac) seed-bag, seed-lip

semonce /səmɔ̃s/ SYN NF reprimand ◆ **coup de semonce** (d'un navire) warning shot across the bows; (fig) warning ◆ **un coup de semonce pour le gouvernement** (Pol) a warning shot across the government's bows

semoule /s(ə)mul/ NF ◆ **semoule (de blé dur)** (gén) semolina; (pour couscous) couscous ◆ **semoule de maïs** corn meal; → **gâteau, sucre**

semoulerie /s(ə)mulʀi/ NF (= usine) semolina factory; (= fabrication) semolina production

semoulier, -ière /s(ə)mulje, jɛʀ/ NM,F (= industriel) semolina manufacturer; (= ouvrier) semolina worker

semper virens /sɛpɛʀviʀɛ̃s/ ADJ INV ⇒ sempervirent, e

sempervirent, e /sɛpɛʀviʀã, ãt/ ADJ sempervirent

sempervivum /sɛpɛʀvivɔm/ NM INV houseleek, sempervivum

sempiternel, -elle /sãpitɛʀnɛl/ SYN ADJ [plaintes, reproches] eternal (épith), never-ending

sempiternellement /sãpitɛʀnɛlmã/ ADV eternally

semtex /sɛmtɛks/ NM Semtex ®

sen /sɛn/ NM sen

sénat /sena/ NM (gén, Hist) senate ◆ **le Sénat** (Pol) the Senate ◆ **le Sénat américain** the American Senate → **SÉNAT**

> **SÉNAT**
>
> The **Sénat**, the upper house of the French parliament, sits at the Palais du Luxembourg in Paris. One third of its members, known as "sénateurs", are elected for a nine-year term every three years by an electoral college consisting of "députés" and other electoral representatives. The **Sénat** has a wide range of powers but is overruled by the "Assemblée nationale" in cases of disagreement. → **ASSEMBLÉE NATIONALE, DÉPUTÉ, ÉLECTIONS**

sénateur, -trice /senatœʀ, tʀis/ NM,F senator; → **train**

sénatorial, e (mpl **-iaux**) /senatɔʀjal, jo/
ADJ [commission] senatorial; [mission, rapport] Senate (épith) ◆ **la majorité sénatoriale** the majority in the Senate
NFPL ◆ **les (élections) sénatoriales** (gén) the senatorial elections; (aux USA) the Senate elections → **ÉLECTIONS**

sénatus-consulte (pl **sénatus-consultes**) /senatyskɔ̃sylt/ NM (Antiq, Hist) senatus consultum

sendériste /sãdeʀist/ NMF member of the Shining Path, member of the Sendero Luminoso

séné /sene/ NM senna

sénéchal (pl **-aux**) /seneʃal, o/ NM (Hist) seneschal

séneçon /sɛnsɔ̃/ NM groundsel

Sénégal /senegal/ NM Senegal

sénégalais, e /senegalɛ, ɛz/
ADJ Senegalese
NM,F **Sénégalais(e)** Senegalese

sénégalisme /senegalism/ NM Senegalese-French word (ou expression)

Sénèque /senɛk/ NM Seneca

sénescence /senesãs/ NF senescence

sénescent, e /senesã, ãt/ ADJ senescent

senestre, sénestre /sənɛstʀ/ ADJ 1 (Héraldique) sinister
2 ◆ **coquille senestre** (d'un animal) sinistral shell

sénevé /sɛnve/ NM (= plante) wild mustard; (= graine) wild mustard seed

sénile /senil/ SYN ADJ (péj, Méd) senile

sénilisme /senilism/ NM premature ag(e)ing

sénilité /senilite/ NF senility

senior /senjɔʀ/ ADJ, NMF (Sport) senior ◆ **les seniors** (= personnes de plus de 50 ans) the over-fifties

senne /sɛn/ NF ⇒ seine

sens /sãs/ SYN
NM 1 (= goût, vue etc) sense ◆ **les sens** the senses ◆ **avoir le sens de l'odorat/de l'ouïe très développé** to have a highly developed ou a very keen sense of smell/of hearing ◆ **reprendre ses sens** to regain consciousness ◆ **sixième sens** sixth sense; → **organe**

2 *(= instinct)* sense • **avoir le sens du rythme/de l'humour/du ridicule** to have a sense of rhythm/of humour/of the ridiculous • **il n'a aucun sens moral/pratique** he has no moral/practical sense • **avoir le sens des réalités** to have a sense of reality • **avoir le sens de l'orientation** to have a (good) sense of direction • **avoir le sens des responsabilités/des valeurs** to have a sense of responsibility/of moral values • **avoir le sens des affaires** to have business acumen *ou* good business sense, to have a good head for business

3 *(= avis, jugement)* sense • **ce qu'il dit est plein de sens** what he is saying makes (good) sense *ou* is very sensible • **cela n'a pas de sens** that doesn't make (any) sense • **il a perdu le sens (commun)** he's lost his hold on common sense • **cela tombe sous le sens** it's (perfectly) obvious, it stands to reason • **à mon sens** to my mind, in my opinion, the way I see it

♦ **bon sens** common sense • **homme de bon sens** man of (good) sense • **le bon sens voudrait qu'il refuse** the sensible thing would be for him to refuse, the sensible thing for him to do would be to refuse • **c'est une question de bon sens** it's a matter of common sense • **interprétations qui défient le bon sens** interpretations that fly in the face of common sense • **ça semble de bon sens** it seems to make sense • **c'est le bon sens même de...** it's only common sense *ou* it only makes sense to...

4 *(= signification)* *[de parole, geste]* meaning • **ce qui donne un sens à la vie/à son action** what gives (a) meaning to life/to what he did • **au sens propre/figuré** in the literal *ou* true/figurative sense • **au sens large/strict du terme** in the general/strict sense of the word • **dans tous les sens du terme** in every sense of the word • **dans le bon sens du terme** in the best sense of the word • **faire sens** to make sense • **qui n'a pas de sens, dépourvu de sens, vide de sens** meaningless, which has no meaning • **en un (certain) sens** in a (certain) sense • **en ce sens que...** in the sense that... • **la culture, au sens où il l'entend** culture, as he understands it; → **double, faux(-)sens**

5 *(= direction)* direction • **aller** *ou* **être dans le bon/mauvais sens** to go *ou* be in the right/wrong direction, to go the right/wrong way • **mesurer/fendre qch dans le sens de la longueur** to measure/split sth along its length *ou* lengthwise *ou* lengthways • **ça fait dix mètres dans le sens de la longueur** it's ten metres in length • **dans le sens de la largeur** across its width, in width, widthwise • **dans le sens du bois** with the grain (of the wood) • **arriver/venir en sens contraire** *ou* **inverse** to arrive/come from the opposite direction • **aller en sens contraire** to go in the opposite direction • **dans le sens des aiguilles d'une montre** clockwise • **dans le sens inverse des aiguilles d'une montre** anticlockwise *(Brit)*, counterclockwise *(US)* • **dans le sens de la marche** facing the front (of the train), facing the engine • **il retourna la boîte dans tous les sens avant de l'ouvrir** he turned the box this way and that before opening it • **ça va** *ou* **part dans tous les sens** *(fig)* it's going all over the place • **une voie de circulation a été mise en sens inverse sur...** there is a contraflow system in operation on... • **la circulation dans le sens Paris-province/dans le sens province-Paris** traffic out of Paris/into Paris

♦ **sens dessus dessous** • **être/mettre sens dessus dessous** *(lit, fig)* to be/turn upside down

♦ **sens devant derrière** back to front, the wrong way round

6 *(= ligne directrice)* • **il a répondu dans le même sens** he replied more or less in the same way *ou* along the same lines • **il a agi dans le même sens** he acted along the same lines, he did more or less the same thing • **j'ai donné des directives dans ce sens** I've given instructions to that effect *ou* end • **dans quel sens allez-vous orienter votre politique ?** along what lines are you going to direct your policy? • **cette réforme va dans le bon sens** this reform is a step in the right direction • **le sens de l'histoire** the course of history

COMP **sens giratoire** *[de circulation]* roundabout *(Brit)*, traffic circle *(US)* • **la place est en sens giratoire** the square forms a roundabout

sens interdit *(Aut)* one-way street • **vous êtes en sens interdit** you are in a one-way street, you are going the wrong way (up a one-way street)

sens unique *(= rue)* one-way street • **à sens unique** *[rue]* one-way; *[concession]* one-sided • **c'est toujours à sens unique avec lui** everything is so one-sided with him

sensass* /sɑ̃sas/ ADJ INV fantastic*, terrific*, sensational

sensation /sɑ̃sasjɔ̃/ SYN NF **1** *(= perception)* sensation; *(= impression)* feeling, sensation • **il eut une sensation d'étouffement** he felt he was suffocating • **éprouver une sensation de bien-être** to have a feeling of well-being • **éprouver une sensation de faim/froid** to feel cold/hungry • **avoir une sensation de malaise** *(psychologiquement)* to feel ill at ease; *(physiquement)* to feel weak • **sensation de brûlure** burning sensation • **ça laisse une sensation de fraîcheur** *[déodorant]* it leaves you feeling refreshed • **sensation de liberté/plénitude/puissance** feeling *ou* sense of freedom/bliss/power • **j'ai la sensation de l'avoir déjà vu** I have a feeling I've seen him before • **quelle sensation cela te procure-t-il ?** how does it make you feel?, what kind of sensation does it give you? • **les amateurs de sensations fortes** thrill-seekers, people who like big thrills

2 *(= effet)* • **faire sensation** to cause *ou* create a sensation

♦ **à sensation** *[littérature, roman, procès]* sensational; *[magazine]* sensationalist • **journal à sensation** tabloid, scandal sheet ; → **presse**

sensationnalisme /sɑ̃sasjɔnalism/ NM sensationalism

sensationnaliste /sɑ̃sasjɔnalist/ ADJ sensationalist

sensationnel, -elle /sɑ̃sasjɔnɛl/ SYN

ADJ *(* = merveilleux)* fantastic*, terrific*, sensational; *(= qui fait sensation)* sensational

NM • **le sensationnel** the sensational • **des journalistes à l'affût du sensationnel** journalists on the lookout for sensational stories

sensé, e /sɑ̃se/ SYN ADJ *[question, personne, mesure]* sensible • **tenir des propos sensés** to talk sense

sensément /sɑ̃semɑ̃/ ADV sensibly • **je ne peux sensément pas lui proposer cela** it would be unreasonable of me to suggest that to him

senseur /sɑ̃sœʀ/ NM *(Tech)* sensor

sensibilisateur, -trice /sɑ̃sibilizatœʀ, tʀis/

ADJ sensitizing

NM sensitizer

sensibilisation /sɑ̃sibilizasjɔ̃/ NF **1** *[de personnes]* • **la sensibilisation de l'opinion publique à ce problème est récente** public opinion has only recently become sensitive *ou* alive to this problem • **campagne de sensibilisation** public awareness campaign, consciousness-raising campaign • **mener des actions de sensibilisation à l'écologie** to attempt to raise public awareness of ecological issues

2 *(Bio, Photo)* sensitization

sensibilisé, e /sɑ̃sibilize/ (ptp de **sensibiliser**) ADJ **sensibilisé à** *(gén)* sensitive *ou* alive to • **sensibilisé aux problèmes sociaux** socially aware • **sensibilisé aux problèmes de santé** aware of health issues

sensibiliser /sɑ̃sibilize/ SYN ▸ conjug 1 ◂ VT

1 • **sensibiliser qn** to make sb sensitive *(à* to) • **sensibiliser l'opinion publique à un problème** to heighten public awareness of a problem, to make the public aware of a problem

2 *(Bio, Photo)* to sensitize

sensibilité /sɑ̃sibilite/ NF SYN **1** *[de personne]* sensitivity; *[d'artiste]* sensibility, sensitivity • **n'avoir aucune sensibilité** to have no sensitivity • **être d'une grande sensibilité** to be extremely sensitive • **faire preuve d'une sensibilité exacerbée** to be hypersensitive • **exprimer sa sensibilité** to express one's feelings • **l'évolution de la sensibilité artistique** the development of artistic sensibility • **cela heurte notre sensibilité** it offends our sensibilities • **certaines scènes peuvent heurter la sensibilité des plus jeunes** some scenes may be unsuitable for a younger audience

2 *(Pol)* • **sensibilité politique** political sensitivity • **il a une sensibilité de gauche/de droite** his sympathies lie with the left/the right • **les maires, toutes sensibilités politiques confondues, sont d'accord** mayors of all political tendencies agree

3 *[d'instrument, muscle, pellicule, marché, secteur]* sensitivity

sensible /sɑ̃sibl/ GRAMMAIRE ACTIVE 22 SYN ADJ

1 *(= impressionnable)* *[personne]* sensitive *(à* to) • **film déconseillé aux personnes sensibles** film not recommended for people of a nervous disposition • **elle a le cœur sensible** she is tender-hearted • **être sensible au charme de qn** to be susceptible to sb's charm • **j'ai été très sensible à ses attentions** I was really touched by how considerate he was • **les gens sont de plus en plus sensibles à la qualité du cadre de vie** people are more and more aware of the importance of their surroundings • **il est très sensible à la poésie** he has a great feeling for poetry • **il est peu sensible à ce genre d'argument** he's unlikely to be convinced by that kind of argument • **ils ne sont pas du tout sensibles à notre humour** they don't appreciate our sense of humour at all • **l'opinion publique est très sensible aux problèmes des réfugiés** public opinion is very much alive to the refugees' problems; → **âme, point¹**

2 *(= notable)* *[hausse, changement, progrès]* appreciable, noticeable, palpable *(épith)* • **la différence n'est pas sensible** the difference is hardly noticeable *ou* appreciable • **de façon sensible** appreciably

3 *(= tangible)* perceptible • **le vent était à peine sensible** the wind was scarcely *ou* hardly perceptible • **sensible à la vue/l'ouïe** perceptible to the eye/the ear

4 *[blessure, organe, peau]* sensitive • **avoir l'ouïe sensible** to have sensitive *ou* keen hearing • **sensible au chaud/froid** sensitive to (the) heat/cold • **être sensible de la bouche/gorge** to have a sensitive mouth/throat

5 *(= qui varie)* • **sensible à** *[marché, secteur]* sensitive to • **les valeurs (les plus) sensibles à l'évolution des taux d'intérêt** shares that are (most) sensitive to fluctuating interest rates

6 *(= difficile)* *[dossier, projet, secteur]* sensitive; *[établissement scolaire, quartier]* problem *(épith)* • **zone sensible** *(= quartier)* problem area; *(Mil)* sensitive area

7 *[balance, baromètre, papier]* sensitive; → **corde**

8 *(Mus)* • **(note) sensible** leading note

9 *(Philos)* • **intuition sensible** sensory intuition • **un être sensible** a sentient being • **le monde sensible** the physical world, the world as perceived by the senses

> ! Évitez de traduire **sensible** par le mot anglais **sensible**, qui a le sens de 'raisonnable'.

sensiblement /sɑ̃sibləmɑ̃/ SYN ADV **1** *(= presque)* approximately, more or less • **être sensiblement du même âge/de la même taille** to be approximately *ou* more or less the same age/the same height

2 *(= notablement)* *[meilleur]* appreciably, noticeably; *[différent]* noticeably, markedly; *[inférieur]* *[améliorer]* noticeably • **le risque en sera très sensiblement réduit** the risk will be considerably reduced

> ! Évitez de traduire **sensiblement** par **sensibly**, qui a le sens de 'avec bon sens'.

sensiblerie /sɑ̃sibləʀi/ NF *(= sentimentalité)* sentimentality, mawkishness; *(= impressionnabilité)* squeamishness

sensitif, -ive /sɑ̃sitif, iv/

ADJ *(Anat)* *[nerf]* sensory; *(littér)* oversensitive

NF **sensitive** *(= plante)* sensitive plant

sensitométrie /sɑ̃sitɔmetʀi/ NF sensitometry

sensitométrique /sɑ̃sitɔmetʀik/ ADJ sensitometric

sensoriel, -ielle /sɑ̃sɔʀjɛl/ ADJ sensory, sensorial • **organe sensoriel** sense organ, sensory organ

sensorimoteur, -trice /sɑ̃sɔʀimɔtœʀ, tʀis/ ADJ sensorimotor

sensualisme /sɑ̃sɥalism/ NM *(Philos)* sensualism

sensualiste /sɑ̃sɥalist/ *(Philos)*

ADJ sensualist, sensualistic

NMF sensualist

sensualité /sɑ̃sɥalite/ SYN NF *(gén)* sensuality; *[de langage, style]* sensuousness

sensuel, -uelle /sɑ̃sɥɛl/ SYN ADJ *(gén)* sensual; *[langage, style]* sensuous

sensuellement /sɑ̃sɥɛlmɑ̃/ ADV sensually

sent-bon /sɑ̃bɔ̃/ NM INV *(langage enfantin)* perfume

sente /sɑ̃t/ NF *(littér)* (foot)path

sentence /sɑ̃tɑ̃s/ SYN NF *(= verdict)* sentence; *(= adage)* maxim

sentencieusement /sɑ̃tɑ̃sjøzmɑ̃/ ADV sententiously

sentencieux, -ieuse /sɑ̃tɑ̃sjø, jøz/ SYN ADJ sententious

senteur /sɑ̃tœʀ/ SYN NF *(littér)* scent, perfume; → pois

senti, e /sɑ̃ti/ (ptp de **sentir**) ADJ *(= sincère)* heartfelt, sincere • **quelques vérités bien senties** a few home truths • **quelques mots bien sentis** *(bien choisis)* a few well-chosen *ou* well-expressed words; *(de blâme)* a few well-chosen words • **un discours bien senti** a well-delivered *ou* heartfelt speech

sentier /sɑ̃tje/ SYN NM *(lit)* (foot)path; *(fig)* path • **sortir des sentiers battus** to go *ou* venture off the the beaten track • **hors** *ou* **loin des sentiers battus** off the beaten track • **les sentiers de la gloire** *(littér)* the path to glory • **être sur le sentier de la guerre** *(lit, fig)* to be on the warpath • **le Sentier lumineux** *(Pol)* the Shining Path; → randonnée

sentiériste /sɑ̃tjeʀist/ NMF Shining Path guerrilla

sentiment /sɑ̃timɑ̃/ GRAMMAIRE ACTIVE 6.1 SYN NM

1 *(= émotion)* feeling, sentiment *(frm)* • **sentiment de pitié/tendresse/haine** feeling of pity/tenderness/hatred • **sentiment de culpabilité** feeling of guilt, guilty feeling • **avoir de bons/mauvais sentiments à l'égard de qn** to be well-/ill-disposed towards sb • **bons sentiments** finer feelings • **dans ce cas, il faut savoir oublier les sentiments** in this case, we have to put sentiment to one side *ou* to disregard our own feelings • **prendre qn par les sentiments** to appeal to sb's feelings • **ça n'empêche pas les sentiments*** *(souvent iro)* that doesn't mean we *(ou* they *etc)* don't love each other

2 *(= sensibilité)* • **le sentiment** feeling, emotion • **être capable de sentiment** to be capable of emotion • **être dépourvu de sentiment** to be devoid of all feeling *ou* emotion • **jouer/danser avec sentiment** to play/dance with feeling • **agir par sentiment** to be guided by *ou* listen to one's feelings • **faire du sentiment** *(péj)* to sentimentalize, to be sentimental • **tu ne m'auras pas au sentiment*** you won't get round me like that, you can't sweet-talk me*

3 *(= conscience)* • **avoir le sentiment de** to be aware of • **avoir le sentiment que quelque chose va arriver** to have a feeling that something is going to happen • **je n'ai jamais eu le sentiment qu'il mentait/de renier mes principes** I never felt that he was lying/that I was going against my principles • **elle avait le sentiment très vif de sa valeur** she had a keen sense of her worth

4 *(formule de politesse)* • **transmettez-lui nos meilleurs sentiments** give him our best wishes; → agréer

5 *(frm = opinion)* feeling • **quel est votre sentiment ?** what are your feelings *ou* what is your feeling (about that)? • **je n'ai aucun sentiment particulier sur la question** I have no particular opinion about the matter

sentimental, e (mpl **-aux**) /sɑ̃timɑ̃tal, o/ SYN

ADJ 1 *(= tendre)* *[personne]* romantic

2 *(= affectif)* *[raisons, voyage]* sentimental • **cette bague a pour moi une grande valeur sentimentale** this ring is of great sentimental value to me

3 *(= amoureux)* *[aventure, vie]* love *(épith)* • **sur le plan sentimental** *(dans horoscope)* on the romantic *ou* love front • **sa vie était un échec sur le plan sentimental** as far as relationships were concerned, his life was a failure • **il a des problèmes sentimentaux** he has problems with his love life • **déception sentimentale** disappointment in love • **drame sentimental** tragic love story

4 *(péj)* *[chanson, film, personne]* sentimental, soppy* • **ne sois pas si sentimental** don't be so soft *ou* soppy* *ou* sentimental

NM,F sentimentalist • **c'est un grand sentimental** he's a great romantic

sentimentalement /sɑ̃timɑ̃talmɑ̃/ ADV sentimentally; *(péj)* soppily*

sentimentalisme /sɑ̃timɑ̃talism/ NM sentimentalism

sentimentalité /sɑ̃timɑ̃talite/ NF sentimentality; *(péj)* soppiness*

sentine /sɑ̃tin/ NF 1 *[de bateau]* bilge

2 *(littér)* cesspool, cesspit

sentinelle /sɑ̃tinɛl/ SYN NF sentry, sentinel *(littér)* • **être en sentinelle** *(Mil)* to be on sentry duty, to stand sentry • **mets-toi en sentinelle à la fenêtre** *(fig)* stand guard *ou* keep watch at the window

sentir /sɑ̃tiʀ/ SYN ► conjug 16 ◄

VT 1 *(= percevoir)* *(par l'odorat)* to smell; *(au goût)* to taste; *(au toucher, contact)* to feel • **sentir un courant d'air** to feel a draught • **sentir son cœur battre/ses yeux se fermer** to feel one's heart beating/one's eyes closing • **il ne sent pas la différence entre le beurre et la margarine** he can't taste *ou* tell the difference between butter and margarine • **elle sentit une odeur de gaz/de brûlé** she smelled *ou* smelt *(Brit)* gas/burning • **on sent qu'il y a de l'ail dans ce plat** you can taste the garlic in this dish, you can tell there's garlic in this dish • **il ne sent jamais le froid/la fatigue** he never feels the cold/feels tired • **elle sentit qu'on lui tapait sur l'épaule** she felt somebody tapping her on the shoulder • **je suis enrhumé, je ne sens plus rien** I have a cold and can't smell anything *ou* and I've lost my sense of smell • **je ne sens plus mes doigts** *(de froid)* I have lost all sensation in my fingers, I can't feel my fingers • **je ne sens plus mes jambes** *(de fatigue)* my legs are dropping off* *(Brit)*, my legs are folding under me *(US)* • **je l'ai senti passer*** *[+ facture, opération]* I really felt it* • **sentir l'écurie*** *[personne]* to get the smell *ou* scent of home in one's nostrils • **je ne le sens pas, ce type*** I don't like the look of him • **je le sens mal ce voyage*** I'm not (at all) happy about this trip • **fais comme tu le sens*** do as you see fit

2 *(= dégager une certaine odeur)* to smell; *(= avoir un certain goût)* to taste • **sentir bon/mauvais** to smell good *ou* nice/bad • **sentir des pieds/de la bouche** to have smelly feet/bad breath • **son manteau sent la fumée** his coat smells of smoke • **ce poisson commence à sentir** this fish is beginning to smell • **ce thé sent le jasmin** *(goût)* this tea tastes of jasmine; *(odeur)* this tea smells of jasmine • **la pièce sent le renfermé/le moisi** the room smells stale/musty • **ça ne sent pas la rose !*** that doesn't smell too good!

3 *(= dénoter)* to be indicative of, to reveal, to smack of • **une certaine arrogance qui sent la petite bourgeoisie** a certain arrogance indicative of *ou* which reveals *ou* suggests a middle-class background

4 *(= annoncer)* • **ça sent le fagot/l'autoritarisme** it smacks of heresy/of authoritarianism • **ça sent le piège** there's a trap *ou* catch • **ça sent la pluie/la neige** it looks *ou* feels like rain/snow • **ça sent l'orage** there's a storm in the air • **ça sent le printemps** spring is in the air • **ça sent la punition** someone's in for a telling off*, someone's going to be punished • **cela sent la poudre** things could flare up; → roussi, sapin

5 *(= avoir conscience de)* *[+ changement, fatigue]* to feel, to be aware *ou* conscious of; *[+ importance de qch]* to be aware *ou* conscious of; *(= apprécier)* *[+ beauté, élégance de qch]* to appreciate; *(= pressentir)* *[+ danger, difficulté]* to sense • **il sentait la panique le gagner** he felt panic rising within him • **sentant le but proche...** sensing the goal was at hand... • **il ne sent pas sa force** he doesn't know *ou* realize his own strength • **elle sent maintenant le vide causé par son départ** now she is feeling the emptiness left by his departure • **sentez-vous la beauté de ce passage ?** do you feel *ou* appreciate the beauty of this passage? • **le cheval sentait (venir) l'orage** the horse sensed the storm (coming) • **c'est sa façon de sentir (les choses)** that's the way he feels (about things) • **sentir que** to be aware *ou* conscious that; *(= pressentir)* to sense that • **il sentit qu'il ne reviendrait jamais** he sensed *ou* felt that he would never come back (again) • **faire sentir son autorité** to make one's authority felt • **faire sentir la beauté d'une œuvre d'art** to bring out *ou* demonstrate the beauty of a work of art • **il m'a fait sentir que j'étais de trop** he let me know I wasn't wanted • **j'ai senti le coup*** I knew what was coming

6 *(= supporter)* • **il ne peut pas le sentir*** he can't stand *ou* bear (the sight of) him

VPR **se sentir** 1 *[personne]* • **se sentir mal** *(physiquement)* to feel ill *ou* unwell *ou* sick, not to feel very well; *(psychologiquement)* to be unhappy • **se sentir bien** *(physiquement, psychologiquement)* to feel good • **se sentir mieux/fatigué** to feel better/tired • **se sentir revivre/rajeunir** to feel o.s. coming alive again/growing young again • **il ne se sent pas la force/le courage de le lui dire** he doesn't feel strong/brave enough to tell him • **ne pas se sentir de joie** to be beside o.s. with joy • **il ne se sent plus !*** he really thinks he's arrived! • **non, mais tu ne te sens pas bien !*** are you out of your mind!*

2 *(= être perceptible)* *[effet]* to be felt, to show • **cette amélioration/augmentation se sent** this improvement/increase can be felt *ou* shows • **les effets des grèves vont se faire sentir à la fin du mois** the effect of the strikes will be felt *ou* will show at the end of the month • **nul besoin de réfléchir, cela se sent** there's no need to think about it - you can feel *ou* sense it • **il est inquiet, ça se sent** you can tell he's worried • **30 euros d'augmentation par mois, ça se sentirait à peine** a 30 euro monthly pay rise would be hardly noticeable

3 *(= se supporter)* • **ils ne peuvent pas se sentir*** they can't stand *ou* bear each other

4 *(* = être d'accord)* • **tu te sens pour aller faire un tour ?** do you feel like going for a walk?

seoir /swaʀ/ ► conjug 26 ◄ *(frm)*

VI *(= convenir)* • **seoir à qn** to become sb

VB IMPERS • **il sied de/que** it is proper *ou* fitting to/that • **comme il sied** as is proper *ou* fitting • **il lui sied/ne lui sied pas de faire cela** it befits *ou* becomes/ill befits *ou* ill becomes him to do that

Séoul /seul/ N Seoul

sep /sɛp/ NM *[de charrue]* stock

sépale /sepal/ NM sepal

sépaloïde /sepalɔid/ ADJ sepaloid, sepaline

séparable /sepaʀabl/ ADJ separable *(de* from) • **deux concepts difficilement séparables** two concepts which are difficult to separate

séparateur, -trice /sepaʀatœʀ, tʀis/

ADJ separating *(épith)*, separative • **pouvoir séparateur de l'œil/d'un instrument d'optique** resolving power of the eye/of an optical instrument

NM *(Élec, Tech)* separator; *(Ordin)* delimiter • **séparateur d'isotopes** isotope separator

séparation /sepaʀasjɔ̃/ SYN NF 1 *(= dissociation)* *[éléments, gaz, liquides]* separation • **séparation isotopique** *ou* **des isotopes** isotope separation

2 *(= division)* *[de territoire]* division, splitting

3 *[d'amis, parents]* separation • **une longue séparation avait transformé leurs rapports** a long (period of) separation had changed their relationship • **après cinq ans de séparation** after five years' separation • **au moment de la séparation** *[de manifestants]* when they dispersed; *[de convives]* when they parted • **séparation de corps** *(Jur)* legal separation • **séparation de fait** de facto separation • **séparation à l'amiable** voluntary separation

4 *[de notions, services]* separation • **la séparation des pouvoirs** *(Pol)* the separation of powers • **la séparation de l'Église et de l'État** the separation of the Church and the State • **mariés sous le régime de la séparation de biens** *(Jur)* married under separation of property

5 *(= démarcation)* division, partition • **mur de séparation** separating *ou* dividing wall • **un paravent sert de séparation entre les deux parties de la pièce** a screen separates the two parts of the room

6 *(= distinction)* dividing line • **il faut établir une séparation très nette entre ces problèmes** you must draw a very clear dividing line between these problems

séparatisme /sepaʀatism/ SYN NM *(Pol, Rel)* separatism

séparatiste /sepaʀatist/ SYN ADJ, NMF *(Pol)* separatist; *(Hist US = sudiste)* secessionist • **mouvement/organisation séparatiste** separatist movement/organization

séparé, e /sepaʀe/ SYN (ptp de **séparer**) ADJ

1 *(= distinct)* *[analyses, entités, mondes, notions, paix]* separate • **ces colis feront l'objet d'un envoi séparé** these parcels will be sent separately • **accord séparé** separate agreement • **ils dorment dans deux chambres séparées** they sleep in separate rooms • **le développement séparé** *(Pol)* (racial) separate development

2 *[personnes]* *(Jur = désuni)* separated; *(gén = éloigné)* parted *(attrib)*, apart *(attrib)* • **vivre séparé** to live apart, to be separated *(de* from)

séparément /sepaʀemɑ̃/ SYN ADV separately

séparer /sepaʀe/ SYN ► conjug 1 ◄

VT 1 *(= détacher)* *(gén)* to separate; *[+ écorce, peau, enveloppe]* to pull off, to pull away *(de* from); *(= extraire)* *[+ éléments, gaz, liquides]* to separate (out) *(de* from) • **séparer la tête du tronc** to separate *ou* sever the head from the trunk • **séparer la noix de sa coquille** to separate the nut from its shell ◆ **séparer le grain du son** to separate the grain from the bran ◆ **séparer un minerai de ses impuretés** to separate an ore from its impurities ◆ **séparez les blancs des jaunes** (Culin) separate the whites from the yolks ◆ **séparer le bon grain de l'ivraie** (Bible) to separate the wheat from the chaff

2 (= diviser) to part, to split, to divide ◆ **séparer un territoire (en deux) par une frontière** to split ou divide a territory (in two) by a frontier

3 (= désunir) [+ amis, alliés] to part, to drive apart; [+ adversaires, combattants] to separate, to pull apart, to part ◆ **ils se battaient, je les ai séparés** they were fighting and I separated them ou pulled them apart ou parted them ◆ **séparer qn et** ou **de qn d'autre** to separate ou part sb from sb else ◆ **dans cet hôpital, les hommes et les femmes sont séparés** men and women are separated in this hospital ◆ **ils avaient séparé l'enfant de sa mère** they had separated the child from its mother ◆ **rien ne pourra jamais nous séparer** nothing will ever come between us ou drive us apart ◆ **la vie les a séparés** they went their separate ways in life ◆ **la mort les a séparés** they were parted by death

4 (= se dresser entre) [+ territoires, classes sociales, générations] to separate ◆ **une barrière sépare les spectateurs des** ou **et les joueurs** a barrier separates the spectators from the players ◆ **un simple grillage nous séparait des lions** a wire fence was all that separated us from the lions ◆ **une chaîne de montagnes sépare la France et** ou **de l'Espagne** a chain of mountains separates France from ou and Spain ◆ **un seul obstacle le séparait encore du but** only one obstacle stood ou remained between him and his goal ◆ **près de deux heures le séparaient de la ville** he was nearly two hours away from the city ◆ **3 kilomètres séparent le village de la mer** the village is 3 kilometres from the sea ◆ **les 200 mètres qui séparent la poste et la gare** the 200 metres between the post office and the station ◆ **les six ans qui séparent l'audience de la date du drame** the six years that have elapsed between the hearing and the date of the tragedy ◆ **tout les séparait** they were worlds apart, they had nothing in common

5 (= différencier) [+ questions, aspects] to distinguish between ◆ **séparer l'érudition de** ou **et l'intelligence** to distinguish ou differentiate between learning and intelligence

VPR se séparer 1 (= se défaire de) ◆ **se séparer de** [+ employé, objet personnel] to part with ◆ **en voyage, ne vous séparez jamais de votre passeport** keep your passport on you at all times when travelling

2 (= s'écarter) to divide, to part (de from); (= se détacher) to split off, to separate off (de from) ◆ **l'écorce se sépare du tronc** the bark is coming away from the trunk ◆ **l'endroit où les branches se séparent du tronc** the place where the branches split ou separate off from the trunk ◆ **le premier étage de la fusée s'est séparé (de la base)** the first stage of the rocket has split off (from the base) ou separated (off) from the base ◆ **à cet endroit, le fleuve/la route se sépare en deux** at this point the river/the road forks ◆ **les routes/branches se séparent** the roads/branches divide ou part ◆ **c'est là que nos routes** ou **chemins se séparent** this is where we go our separate ways

3 (= se disperser) [adversaires] to separate, to break apart; [manifestants, participants] to disperse; [assemblée] to break up

4 (= se quitter) [convives] to leave each other, to part; [époux] to separate (aussi Jur), to part, to split up ◆ **se séparer de son mari/sa femme** to part ou separate from one's husband/one's wife ◆ **ils se sont séparés à l'amiable** their separation was amicable

sépharade /sefarad/ **ADJ, NMF** ⇒ séfarade

sépia /sepja/ **NF** (= encre de seiche) cuttlefish ink, sepia; (= couleur, dessin, substance) sepia ◆ **(dessin à la) sépia** sepia (drawing)

sépiolite /sepjɔlit/ **NF** meerschaum, sepiolite

seppuku /sepuku/ **NM** seppuku

seps /sɛps/ **NM** seps

sept /sɛt/ **ADJ INV, NM INV** seven ◆ **sept jours sur sept** seven days a week ◆ **les sept péchés capitaux** the seven deadly sins ◆ **les Sept Merveilles du monde** the seven wonders of the world ◆ **les sept collines de Rome** the seven hills of Rome ◆ **Les Sept Mercenaires** (Ciné) "The Magnificent Seven" ◆ **Les Sept Samouraïs** "Seven Samurai" ◆ **les sept familles** ◆ **les sept pays**

les plus industrialisés the most industrialized nations ◆ **les sept awards**; pour loc voir **six**

septain /sɛtɛ̃/ **NM** seven-line stanza

septal, e (mpl -aux) /sɛptal, o/ **ADJ** septal

septantaine /sɛptɑ̃tɛn/ **NF** (Belg, Helv) seventy, seventy or so ◆ **il doit avoir une septantaine** he must be about seventy

septante /sɛptɑ̃t/ **ADJ INV** (Belg, Helv) seventy ◆ **version des Septante** (Bible) the Septuagint

septantième /sɛptɑ̃tjɛm/ **ADJ, NMF** (Belg, Helv) seventieth

septembre /sɛptɑ̃bʀ/ **NM** September ◆ **le mois de septembre** the month of September ◆ **le premier/dix septembre tombe un mercredi** the first/tenth of September falls on a Wednesday ◆ **nous avons rendez-vous le premier/dix septembre** we have an appointment on the first/tenth of September ◆ **en septembre** in September ◆ **au mois de septembre** in (the month of) September ◆ **au début (du mois) de septembre, début septembre** at the beginning of September, in early September ◆ **au milieu (du mois) de septembre, à la mi-septembre** in the middle of September, in mid-September ◆ **à la fin (du mois) de septembre, fin septembre** at the end of September ◆ **pendant le mois de septembre** during September ◆ **vers la fin de septembre** late in September, in late September, towards the end of September ◆ **septembre a été très froid** September was very cold ◆ **septembre prochain/dernier** next/last September

septemvir /sɛptɛmviʀ/ **NM** septemvir

septénaire /sɛptenɛʀ/ **NM** (= sept jours, sept ans) septenary

septennal, e (mpl -aux) /sɛptenal, o/ **ADJ** (durée) [mandat, période] seven-year (épith); (fréquence) [festival] septennial

septennat /sɛptena/ **NM** [de président] seven-year term (of office) ◆ **au cours de son septennat** during his time in office ou his presidency ◆ **briguer un second septennat** to run for a second term in office, to seek a second term of office

septentrion /sɛptɑ̃tʀijɔ̃/ **NM** (†† littér) north

septentrional, e (mpl -aux) /sɛptɑ̃tʀijɔnal, o/ **ADJ** northern

septicémie /sɛptisemi/ **NF** blood poisoning, septicaemia (Brit), septicemia (US)

septicémique /sɛptisemik/ **ADJ** septicaemic (Brit), septicemic (US)

septicité /sɛptisite/ **NF** septicity

septième /sɛtjɛm/
ADJ, NM seventh ◆ **le septième art** the cinema ◆ **être au septième ciel** to be in seventh heaven, to be on cloud nine* ◆ **« Le Septième Sceau »** (Ciné) "The Seventh Seal"; pour autres loc voir **sixième**
NF 1 (Scol) sixth year in primary school, fifth grade (US)
2 (Mus) seventh

septièmement /sɛtjɛmmɑ̃/ **ADV** seventhly ; pour loc voir **sixièmement**

septime /sɛptim/ **NF** septime

septique /sɛptik/ **ADJ** [bactérie, fièvre] septic; → **fosse**

septuagénaire /sɛptɥaʒenɛʀ/
ADJ septuagenarian, seventy-year-old (épith)
NMF septuagenarian, seventy-year-old man (ou woman)

septuagésime /sɛptɥaʒezim/ **NF** Septuagesima

septuor /sɛptɥɔʀ/ **NM** septet(te)

septuple /sɛptypl/
ADJ [nombre, quantité, rangée] septuple ◆ **une quantité septuple de l'autre** a quantity seven times (as great as) the other ◆ **en septuple exemplaire** in seven copies
NM (gén, Math) ◆ **j'ai payé le septuple/le septuple de l'autre** I paid seven times as much for it/seven times as much as the other for it ◆ **je vous le rendrai au septuple** I'll repay you seven times over ◆ **augmenter au septuple** to increase sevenfold ou seven times

septuplé, e /sɛptyple/ **NM,F** septuplet

septupler /sɛptyple/ ► conjug 1 ◄ **VT I** to increase sevenfold ou seven times

sépharade | serein

/sepylkʀal, o/ **ADJ**
sépulcral, e (mpl -aux) sepulchral; [salle] tomb-like [atmosphère, voix]

sépulcre /sepylkʀ/ **NM** sepulchre (Brit), sepulcher (US)

sépulture /sepyltyʀ/ **SYN NF** 1 († littér = inhumation) burial ◆ **être privé de sépulture** to be refused burial

2 (= tombe) grave; (= pierre tombale) gravestone, tombstone; → **violation**

séquelle /sekɛl/ **SYN NF** (souvent pl) [de maladie] after-effect; [de conséquence] [de guerre] aftermath ◆ **les séquelles du colonialisme** elle n'a gardé aucune séquelle psychologique de son agression she wasn't psychologically scarred by the attack ◆ **les séquelles** [blessure, incident] after-effects ou consequences ◆ **la lutte struggle has left its mark on entre les différents courants du parti des séquelles** the infighting between the different factions has left its mark on the party

séquençage /sekɑ̃saʒ/ **NM** sequencing

séquence /sekɑ̃s/ **NF** sequence; (Cartes) run ◆ **séquence d'ADN** (Bio, Mus, Rel) sequence ◆ **séquence génétique** DNA/RNA sequence; → **plan**[1]

séquencer /sekɑ̃se/ ► conjug 3 ◄ **VT** [génome] to sequence

séquenceur /sekɑ̃sœʀ/ **NM** sequencer

séquentiel, -ielle /sekɑ̃sjɛl/ **ADJ** sequential ◆ **accès séquentiel** (Ordin) sequential ou serial access ◆ **accomplir des tâches de façon séquentielle** to perform tasks in sequence ou sequentially ◆ **pilule séquentielle** (Méd) combined pill

séquestration /sekɛstʀasjɔ̃/ **SYN NF** 1 [d'otage] holding ◆ **séquestration (arbitraire)** (Jur) false imprisonment
2 [de biens] sequestration, impoundment
3 (Chim, Méd) sequestration

séquestre /sekɛstʀ/ **SYN NM** 1 (Jur, Pol) (= action) confiscation, impoundment, sequestration; (= dépositaire) depository ◆ **mettre ou placer des biens sous séquestre** to sequester goods ◆ **biens sous séquestre** sequestrated property ◆ **mise sous séquestre** sequestration
2 (Méd) sequestrum

séquestrer /sekɛstʀe/ ► conjug 1 ◄ **VT** 1 (Jur) [+ personne] to confine illegally; [+ otage] to hold ◆ **les ouvriers en grève ont séquestré le directeur dans son bureau** the strikers confined the manager to his office
2 (= saisir) [+ biens] to sequester, to impound (pending decision over ownership)

sequin /səkɛ̃/ **NM** (Hist) sequin (gold coin)

séquoia /sekɔja/ **NM** sequoia, redwood

sérac /seʀak/ **NM** serac

sérail /seʀaj/ **NM** (lit) seraglio, serail; (fig) inner circle ◆ **c'est un homme du sérail** he's an establishment figure ou man ◆ **il est issu du sérail politique** he's from a political background

sérancer /seʀɑ̃se/ ► conjug 3 ◄ **VT** to heckle, to hackle, to hatchel

serapeum /seʀapeɔm/ **NM** serapeum

séraphin /seʀafɛ̃/ **NM** seraph

séraphique /seʀafik/ **ADJ** (Rel, fig) seraphic

serbe /sɛʀb/
ADJ Serbian
NM (= langue) Serbian
NM **Serbe** Serb

Serbie /sɛʀbi/ **NF** Serbia ◆ **la République de Serbie** the Serbian Republic

serbo-croate (pl **serbo-croates**) /sɛʀbokʀɔat/
ADJ Serbo-Croat(ian)
NM (= langue) Serbo-Croat

Sercq /sɛʀk/ **NM** Sark

serdab /sɛʀdab/ **NM** serdab

serdeau (pl **serdeaux**) /sɛʀdo/ **NM** cupbearer

séré /seʀe/ **NM** (Helv) soft white cheese

serein, e /səʀɛ̃, ɛn/ **SYN ADJ** 1 (= confiant) confident ◆ **je suis tout à fait serein, je suis sûr que son innocence sera prouvée** I'm quite confident, I'm sure he'll be proved innocent
2 (= calme) [âme, foi, visage, personne] serene, calm

sereinement | séropositif

3 (= impartial) [jugement, critique] dispassionate
4 (= clair) [ciel, nuit, jour] clear

⚠ Au sens de 'confiant', **serein** par le mot anglais **serene**

sereinement /sɛʁɛnmɑ̃/ ADV 1 serenely; [juger] impartially ◆ **ils envisagent l'avenir sereinement** they view the future with serenity, they feel confident about the future

sérénade /seʁenad/ NF ◆ **faire** ou **donner une sérénade** to make a serenade sb
2 (* hum = charivari) racket* ◆ **c'est toute une sérénade** it's always the big fuss ou a song ◆ **c'est toujours la même sérénade** same scenario ◆ **Son Altesse sérénissime** Serene Highness ◆ **la Sérénissime, la Sérénissime** (Hist) La Serenissima ◆ **la Sérénissime République** the Venetian Republic

sérénité /seʁenite/ NF 1 [de ciel, nuit, jour] clearness 2 [d'âme] serenity, calmness ◆ **elle affiche une sérénité étonnante** she's incredibly calm ◆ **j'ai retrouvé la sérénité** I feel serene again ◆ **il envisage l'avenir avec sérénité** he views the future with serenity, he feels quite calm about the future
3 [de jugement, critique] impartiality, dispassionateness

séreux, -euse /seʁø, øz/
ADJ serous
NF **séreuse** serous membrane

serf, serve /sɛʁ(f), sɛʁv/
ADJ [personne] in serfdom (attrib) ◆ **condition serve** (state of) serfdom ◆ **terre serve** land held in villein tenure
NM,F serf

serfouette /sɛʁfwɛt/ NF hoe-fork, weeding hoe
serfouir /sɛʁfwiʁ/ ► conjug 2 ◄ VT to hoe
serfouissage /sɛʁfwisaʒ/ NM hoeing
serge /sɛʁʒ/ NF serge
sergé /sɛʁʒe/ NM twill
sergent¹ /sɛʁʒɑ̃/ NM (Mil) sergeant ◆ **sergent-chef** staff sergeant ◆ **sergent de ville** † policeman ◆ **sergent(-)fourrier** quartermaster sergeant ◆ **sergent instructeur** drill sergeant ◆ **sergent-major** ≈ quartermaster sergeant (in charge of accounts etc)
sergent² /sɛʁʒɑ̃/ NM (= serre-joint) cramp, clamp
sérialisme /seʁjalism/ NM (Mus) dodecaphonism
sériation /seʁjasjɔ̃/ NF [de problèmes, questions] classification, arrangement
séricicole /seʁisikɔl/ ADJ silkworm-breeding (épith), sericultural (SPÉC)
sériciculteur, -trice /seʁisikyltœʁ, tʁis/ NM,F silkworm breeder, sericulturist (SPÉC)
sériciculture /seʁisikyltyʁ/ NF silkworm breeding, sericulture (SPÉC)
séricigène /seʁisiʒɛn/ ADJ silk-producing (épith)
séricine /seʁisin/ NF sericin

série /seʁi/ SYN NF 1 (= suite) [de timbres] set, series; [de clés, casseroles, volumes] set; [de tests] series, battery; [d'accidents, ennuis, succès] series, string; [de mesures, réformes] series ◆ **(toute) une série de...** (= beaucoup) a (whole) series ou string of... ◆ **dans la série les ennuis continuent, la voiture est tombée en panne !** (hum) and now something else has gone wrong, the car has broken down! ◆ **(ouvrages de) série noire** (Littérat) crime thrillers, whodunnits* ◆ **c'est la série noire** (fig) it's one disaster after another, it's a chain of disasters; → **loi**
2 (Radio, TV) series ◆ **série télévisée** television series
3 (= catégorie, Naut) class; (Sport = épreuve de qualification) qualifying heat ou round ◆ **joueur de deuxième série** second-rank player ◆ **film de série B** B film ou movie ◆ **les différentes séries du baccalauréat** the different baccalaureate options; → **tête** ; → BACCALAURÉAT
4 [d'objets fabriqués] ◆ **série limitée/spéciale** limited/special series ◆ **série de prix** list of rates ◆ **article/voiture de série** standard article/car ◆ **modèle de série** production model ◆ **hors série** [table, machine] made-to-order, custom-built; [talent, don] incomparable, out-

◆ **numéro hors série** (Presse) special issue ou edition; → **fin²**; → aussi **hors-série**
5 (Chim, Math, Mus, Phon) series; (Billard) break ◆ **monté en série** (Élec) connected in series ◆ **imprimante/port série** serial printer/port ◆ **série convergente/divergente** (Math) convergent/divergent series
6 (Jeux) ◆ **série impériale** royal straight
7 (locutions)
◆ **de série** ◆ **numéro de série** [de véhicule] serial number ◆ **prix de série** standard price
◆ **en série** ◆ **fabrication** ou **production en série** mass production ◆ **fabriqué** ou **produit en série** mass-produced ◆ **la direction assistée est (livrée) en série** power steering is standard ◆ **meurtres en série** serial killings ◆ **tueur en série** serial killer

sériel, -ielle /seʁjɛl/ ADJ [ordre] serial; [musique] serial, twelve-note (épith), dodecaphonic; [compositeur] dodecaphonic

sérier /seʁje/ SYN ► conjug 7 ◄ VT [+ problèmes, questions] to separate out

sérieusement /seʁjøzmɑ̃/ SYN ADV 1 (= consciencieusement) [travailler] conscientiously
2 (= sans rire) [parler, envisager] seriously ◆ **elle envisage sérieusement de divorcer** she's seriously considering divorce ◆ **(tu parles) sérieusement ?** are you serious?, do you really mean it? ◆ **non, il l'a dit sérieusement** no – he was quite serious, no – he really meant it
3 (= vraiment) really ◆ **ça commence sérieusement à m'agacer** it's really beginning to annoy me
4 (= gravement) [blesser] seriously ◆ **l'un des reins est sérieusement atteint** one of the kidneys is seriously damaged

sérieux, -ieuse /seʁjø, jøz/ SYN
ADJ 1 (= grave) [personne, air] serious ◆ **sérieux comme un pape*** deadly serious
2 (= digne de confiance) [personne] reliable, dependable; (= fiable) [acquéreur, promesses, raison, proposition, annonce] genuine, serious; [renseignement, source] genuine, reliable ◆ **un client sérieux** a good customer ◆ « **pas sérieux s'abstenir** » "no time wasters", "genuine inquiries only"
3 (= réfléchi) [personne] serious, serious-minded; (= consciencieux) [employé, élève, apprenti] conscientious; [études] serious; [travail, artisan] careful, painstaking ◆ **elle est très sérieuse dans son travail** she's a very conscientious worker ◆ **vous annulez le rendez-vous une heure avant, ce n'est pas sérieux !** you cancel the appointment just one hour beforehand – it's just not good enough! ◆ **ça va pas fort très sérieux** it doesn't look good ◆ **partir skier pendant les examens, ce n'est vraiment pas sérieux !** it's not very responsible to go off skiing during the exams! ◆ **un nom comme ça, ça fait sérieux** a name like that makes a good impression ◆ **si tu veux faire sérieux, mets un costume** if you want to be taken seriously ou if you want to come across, well you should wear a suit
4 (= convenable) [jeune homme, jeune fille] responsible, trustworthy
5 (= qui ne plaisante pas) serious ◆ **ce n'est pas sérieux !, vous n'êtes pas sérieux !** you can't be serious!, you must be joking! ◆ **ce n'est pas sérieux, il ne le fera jamais** he doesn't really mean it – he'll never do it! ◆ **non, il était sérieux** no, he was serious ou he meant it ◆ **c'est sérieux, ce que vous dites ?** are you serious?, do you really mean that?
6 (= important) [conversation, livre, projet] serious ◆ **passons aux affaires** ou **choses sérieuses** let's move on to more serious matters, let's get down to business
7 (= préoccupant) [situation, affaire, maladie, blessure] serious
8 (intensif) [coup] serious; [somme, différence] considerable, sizeable ◆ **de sérieuses chances de...** a strong ou good chance of... ◆ **il a de sérieuses raisons de...** he has very good reasons to... ◆ **je n'avais aucune raison sérieuse de penser qu'il mettrait sa menace à exécution** I had no real reason to think he would carry out his threat ◆ **ils ont une sérieuse avance** they have a strong ou good ou sizeable lead ◆ **ils ont un sérieux retard** they're seriously behind schedule ◆ **il pourrait avoir de sérieux ennuis** he could have real ou serious problems ◆ **elle a un sérieux besoin d'argent/de vacances** she's in real ou serious need of money/of a holiday ◆ **il devra faire de sérieux efforts pour rattraper son retard** he'll have to make a real effort to catch up

NM 1 (= gravité) [de personne, air] seriousness, earnestness; [de conversation, livre, projet] seriousness ◆ **garder son sérieux** to keep a straight face ◆ **perdre son sérieux** to give way to laughter ◆ **prendre qch/qn au sérieux** to take sth/sb seriously ◆ **se prendre au sérieux** to take o.s. seriously ◆ **c'est du sérieux** it's to be taken seriously
2 (= fiabilité) [de personne] reliability, dependability; [d'acquéreur, promesses, intentions] genuineness, seriousness; [de renseignement, sources] genuineness, reliability; [d'employé, élève, apprenti] conscientiousness ◆ **travailler avec sérieux** to be a conscientious worker ◆ **il fait preuve de beaucoup de sérieux dans son travail/ses études** he takes his work/his studies very seriously, he's a conscientious worker/student
3 (= sagesse) [de jeune homme, jeune fille] trustworthiness
4 (= caractère préoccupant) [de situation, affaire, maladie] seriousness

sérigraphie /seʁigʁafi/ NF (= technique) silk-screen printing, serigraphy (SPÉC); (= estampe) screen print, serigraph (SPÉC)

sérigraphié, e /seʁigʁafje/ ADJ [vêtement] silk-screened

serin /s(ə)ʁɛ̃/ NM (= oiseau) canary; († : péj = niais) ninny*

sérine /seʁin/ NF serine

seriner /s(ə)ʁine/ SYN ► conjug 1 ◄ VT 1 (péj = rabâcher) ◆ **seriner qch à qn** to drum sth into sb ◆ **tais-toi, tu nous serines !*** oh, be quiet, we're tired of hearing the same thing over and over again!
2 ◆ **seriner (un air à) un oiseau** to teach a bird a tune (using a bird organ)

serinette /s(ə)ʁinɛt/ NF bird-organ

seringa(t) /s(ə)ʁɛ̃ga/ NM syringa, mock orange

seringue /s(ə)ʁɛ̃g/ NF syringe

sérique /seʁik/ ADJ serum (épith) ◆ **accident/albumine sérique** serum sickness/albumin

serment /sɛʁmɑ̃/ SYN NM 1 (solennel) oath ◆ **faire un serment** to take an oath ◆ **serment sur l'honneur** solemn oath ◆ **sous serment** on ou under oath ◆ **serment d'Hippocrate** Hippocratic oath ◆ **le serment du Jeu de paume** (Hist) the Tennis Court Oath ◆ « **Le Serment des Horaces** » (Art) "The Oath of the Horatii" ◆ **serment professionnel** oath of office; → **prestation, prêter**
2 (= promesse) pledge ◆ **échanger des serments (d'amour)** to exchange vows ou pledges of love ◆ **serment d'ivrogne** (fig) empty vow, vain resolution ◆ **je te fais le serment de ne plus jouer** I (solemnly) swear to you ou I'll make you a solemn promise that I'll never gamble again; → **faux²**

sermon /sɛʁmɔ̃/ SYN NM (Rel) sermon; (péj) lecture, sermon

sermonnaire /sɛʁmɔnɛʁ/ NM 1 (= auteur) sermon writer
2 (= recueil) sermon collection

sermonner /sɛʁmɔne/ SYN ► conjug 1 ◄ VT ◆ **sermonner qn** to lecture sb, to sermonize sb

sermonneur, -euse /sɛʁmɔnœʁ, øz/ NM,F (péj) sermonizer, preacher

SERNAM /sɛʁnam/ NF (abrév de **Service national des messageries**) French national parcels service

séroconversion /seʁɔkɔ̃vɛʁsjɔ̃/ NF seroconversion

sérodiagnostic /seʁɔdjagnɔstik/ NM serodiagnosis

sérologie /seʁɔlɔʒi/ NF serology

sérologique /seʁɔlɔʒik/ ADJ serologic(al)

sérologiste /seʁɔlɔʒist/ NMF serologist

séronégatif, -ive /seʁɔnegatif, iv/
ADJ (gén) seronegative; (Sida) HIV negative
NM,F (gén) person who is seronegative; (Sida) person who is HIV negative

séronégativité /seʁɔnegativite/ NF (gén) seronegativity; (Sida) HIV-negative status

séropo* /seʁɔpɔ/ ADJ, NMF abrév de **séropositif, -ive**

séropositif, -ive /seʁɔpozitif, iv/
ADJ (gén) seropositive; (Sida) HIV positive
NM,F (gén) person who is seropositive; person who is HIV positive

séropositivité /seʁopozitivite/ NF (gén) seropositivity; (Sida) HIV infection, seropositivity (SPÉC) ◆ **quand il a appris sa séropositivité** when he learned that he was HIV positive *ou* that he was infected with HIV

séroprévalence /seʁopʁevalɑ̃s/ NF HIV prevalence ◆ **taux de séroprévalence** HIV prevalence rate

sérosité /seʁozite/ NF serous fluid, serosity

sérothérapie /seʁoteʁapi/ NF serotherapy

sérothérapique /seʁoteʁapik/ ADJ serotherapeutic

sérotonine /seʁotonin/ NF serotonin

sérotype /seʁotip/ serotype

sérovaccination /seʁovaksinasjɔ̃/ NF serovaccination

serpe /sɛʁp/ NF billhook, bill ◆ **visage taillé à la serpe** *ou* **à coups de serpe** craggy *ou* rugged face

serpent /sɛʁpɑ̃/
- NM 1 (= animal) snake; (péj = personne) viper (péj) ◆ **le serpent** (Rel) the serpent ◆ **c'est le serpent qui se mord la queue** (fig) it's a vicious circle; → **charmeur, réchauffer**
- 2 (Mus) bass horn
- 3 (= ruban) ribbon ◆ **un serpent de fumée** a ribbon of smoke ◆ **le serpent argenté du fleuve** the silvery ribbon of the river
- COMP **serpent d'eau** water snake ◆ **serpent à lunettes** Indian cobra ◆ **serpent de mer** (hum Presse) trite news story (that journalists fall back on in the absence of more important news) ◆ **le serpent monétaire (européen)** the (European) currency snake ◆ **serpent à plumes** (Myth) plumed serpent ◆ **serpent à sonnettes** rattlesnake

serpentaire /sɛʁpɑ̃tɛʁ/
- NM (= oiseau) secretary bird, serpent-eater
- NF (= plante) snakeroot

serpenteau (pl **serpenteaux**) /sɛʁpɑ̃to/ NM (= animal) young snake; (= feu d'artifice) serpent

serpenter /sɛʁpɑ̃te/ SYN ▸ conjug 1 ◂ VI [chemin, rivière] to snake, to meander, to wind; [vallée] to wind ◆ **la route descendait en serpentant vers la plaine** the road snaked down *ou* wound (its way) down to the plain

serpentin, e /sɛʁpɑ̃tɛ̃, in/
- ADJ (gén) serpentine
- NM (= ruban) streamer; (Chim) coil
- NF **serpentine** (Minér) serpentine

serpette /sɛʁpɛt/ NF pruning knife

serpigineux, -euse /sɛʁpiʒinø, øz/ ADJ serpiginous

serpillière /sɛʁpijɛʁ/ NF floorcloth ◆ **passer la serpillière** to mop the floor

serpolet /sɛʁpɔlɛ/ NM mother-of-thyme, wild thyme

serpule /sɛʁpyl/ NF serpulid

serrage /seʁaʒ/ NM [d'écrou, vis] tightening; [de joint] clamping; [de nœud] tightening, pulling tight; → **bague, collier, vis**

serran /seʁɑ̃/ NM sea perch

serratule /seʁatyl/ NF saw-wort

serre¹ /sɛʁ/ NF (pour cultures) greenhouse, glasshouse; (attenant à une maison) conservatory ◆ **pousser en serre** to grow under glass ◆ **serre chaude** hothouse ◆ **serre froide** cold greenhouse; → **effet**

serre² /sɛʁ/ NF (= griffe) talon, claw

serré, e /seʁe/ SYN (ptp de **serrer**)
- ADJ 1 [chaussures, vêtement] tight ◆ **robe serrée à la taille** dress fitted at the waist ◆ **elle porte des jeans serrés** she wears tight-fitting jeans
- 2 [passagers, spectateurs] (tightly) packed ◆ **être serrés comme des harengs** *ou* **sardines** to be packed like sardines ◆ **mettez-vous ailleurs, nous sommes trop serrés à cette table** sit somewhere else, it's too crowded at this table; → **rang**
- 3 [tissu] closely woven; [réseau] dense; [écriture, mailles] close; [blés, herbe, forêt] dense; [virage] sharp; [style] tight, concise; [horaire] tight ◆ **une petite pluie fine et serrée** a steady drizzle ◆ **un café (bien) serré** a (good) strong coffee ◆ **pousser en touffes serrées** to grow in thick clumps ◆ **nous avons un calendrier très serré** we have a very tight schedule ◆ **plan serré** (Ciné) tight shot, close-up
- 4 (= bloqué) [bandage, nœud] tight ◆ **trop serré** too tight ◆ **pas assez serré** not tight enough
- 5 (= contracté) ◆ **les mâchoires/dents serrées** with set jaws/clenched teeth ◆ **les lèvres serrées** with tight lips, tight-lipped ◆ **les poings serrés** with clenched fists ◆ **avoir le cœur serré** to feel a pang of anguish ◆ **je le regardai partir, le cœur serré** I felt sick at heart as I watched him go ◆ **avoir la gorge serrée** to have a lump in one's throat
- 6 [discussion, négociations] closely argued; [jeu, lutte, match] tight, close-fought; [budget] tight; [prix] keen; [gestion] strict ◆ **arrivée serrée** (Sport) close finish ◆ **les deux candidats sont en ballottage très serré** the two candidates are fighting it out in a very close second round, the two candidates are running neck and neck in the second round of voting ◆ **la partie est serrée, nous jouons une partie serrée** it's a tight game, we're in a tight game
- ADV ◆ **écrire serré** to write one's letters close together, to write in a cramped hand ◆ **jouer serré** (fig) to play it tight, to play a tight game ◆ **vivre serré** to live on a tight budget

serre-file (pl **serre-files**) /sɛʁfil/ NM (Mil) file closer, serrefile; (Naut = navire) tail-end Charlie

serre-fils /sɛʁfil/ NM INV binding screw

serre-joint (pl **serre-joints**) /sɛʁʒwɛ̃/ NM clamp, cramp

serre-livres /sɛʁlivʁ/ NM INV bookend

serrement /sɛʁmɑ̃/ SYN NM 1 ◆ **serrement de main** handshake ◆ **serrement de cœur** pang of anguish ◆ **serrement de gorge** tightening in the throat
2 (Min) dam

serrer /seʁe/ SYN ▸ conjug 1 ◂
- VT 1 (= maintenir, presser) to grip, to hold tight ◆ **serrer qch dans sa main** to clutch sth ◆ **serrer une pipe/un os entre ses dents** to clench *ou* have a pipe/a bone between one's teeth ◆ **serrer qn dans ses bras/contre son cœur** to clasp sb in one's arms/to one's chest ◆ **serrer la main à** *ou* **de qn** (= la donner) to shake sb's hand, to shake hands with sb; (= la presser) to squeeze *ou* press sb's hand ◆ **se serrer la main** to shake hands ◆ **serrer qn à la gorge** to grab sb by the throat; → **kiki**
- 2 (= contracter) ◆ **serrer le poing/les mâchoires** to clench one's fist/one's jaws ◆ **serrer les lèvres** to set one's lips ◆ **avoir le cœur serré par l'émotion** to feel a pang of emotion ◆ **avoir la gorge serrée par l'émotion** to be choked by emotion ◆ **cela serre le cœur** *ou* **c'est à vous serrer le cœur de les voir si malheureux** it makes your heart bleed to see them so unhappy ◆ **serrer les dents** (lit) to clench one's teeth; (fig) to grit one's teeth ◆ **serrer les fesses** (= se retenir) to hold on; (* = avoir peur) to be scared stiff *ou* out of one's wits *
- 3 (= comprimer) to be too tight for; (= mouler) to fit tightly ◆ **mon pantalon me serre** my trousers are too tight (for me) ◆ **cette jupe me serre (à) la taille** this skirt is too tight round the waist ◆ **ces chaussures me serrent (le pied)** these shoes are too tight
- 4 (= bloquer) [+ écrou, vis] to tighten; [+ pansement] to wind tightly; [+ joint] to clamp; [+ robinet] to turn off tight; [+ ceinture, lacet, nœud] to tighten, to pull tight; (= tendre) [+ câble] to tauten, to make taut, to tighten; [+ voile] to make fast, to belay (SPÉC) ◆ **serrer les prix** to keep prices down ◆ **serrer le frein à main** to put on the handbrake ◆ **serrer la vis à qn*** to crack down on sb*
- 5 (= se tenir près de) (par derrière) to keep close behind; (latéralement) [+ automobile, concurrent] to squeeze (contre up against) ◆ **serrer qn de près** to follow close behind sb ◆ **serrer une femme de près*** (fig) to come on strong ◆ **serrer de près l'ennemi** to be snapping at the enemy's heels ◆ **serrer qn dans un coin** to wedge sb in a corner ◆ **serrer un cycliste contre le trottoir** to squeeze a cyclist against the pavement ◆ **serrer le trottoir** to hug the kerb ◆ **serrer sa droite** (en voiture) to keep to the right ◆ **ne serre pas cette voiture de trop près** don't get too close to *ou* behind that car ◆ **serrer une question de plus près** to study a question more closely ◆ **serrer le texte** to follow the text closely, to keep close to the text ◆ **serrer la côte** (en mer) to sail close to the shore, to hug the shore ◆ **serrer le vent** (en mer) to hug the wind
- 6 (* = emprisonner) to nab * ◆ **se faire serrer par la police** to get nabbed * by the police
- 7 (= rapprocher) [+ objets alignés, lignes, mots] to close up, to put close together ◆ **serrer les rangs** (Mil) to close ranks ◆ **serrez !** (Mil) close ranks! ◆ **serrer son style** to write concisely, to write in a condensed *ou* concise style ◆ **il faudra serrer les invités, la table est petite** we'll have to squeeze the guests up *ou* together as the table is so small
- 8 (dial, † = ranger) to put away
- VI (en voiture) ◆ **serrer à droite/gauche** to move in to the right-/left-hand lane ◆ « **véhicules lents serrez à droite** » "slow-moving vehicles keep to the right"
- VPR **se serrer** 1 (= se rapprocher) ◆ **se serrer contre qn** to huddle (up) against sb; (tendrement) to cuddle *ou* snuggle up to sb ◆ **se serrer autour de la table/du feu** to crowd round the table/the fire ◆ **se serrer pour faire de la place** to squeeze up to make room ◆ **serrez-vous un peu** squeeze up a bit; → **ceinture, coude**
- 2 (= se contracter) ◆ **à cette vue, son cœur se serra** at the sight of this he felt a pang of anguish ◆ **ses poings se serrèrent, presque malgré lui** his fists clenched *ou* he clenched his fists almost in spite of himself

serre-tête (pl **serre-tête(s)**) /sɛʁtɛt/ NM hairband

serrette /seʁɛt/ NF ⇒ **sarrette**

serriste /seʁist/ NMF greenhouse gardener

serrure /seʁyʁ/ NF [de porte, coffre-fort, valise] lock; [de chemins de fer] interlocking switch ◆ **serrure encastrée** mortise lock ◆ **serrure de sûreté** safety lock ◆ **serrure à pompe** spring lock ◆ **serrure à combinaison** combination lock ◆ **serrure trois points** three-point security lock; → **trou**

serrurerie /seʁyʁʁi/ NF (= métier) locksmithing, locksmith's trade; (= ferronnerie, objets) ironwork ◆ **serrurerie d'art** ornamental ironwork, wrought-iron work ◆ **grosse serrurerie** heavy ironwork

serrurier /seʁyʁje/ NM (= fabricant de clés, serrures) locksmith; (= ferronnier) ironsmith

sertão /sɛʁtɑ̃/ NM (Géog) sertão

serte /sɛʁt/ NF [de pierre précieuse] setting

sertir /sɛʁtiʁ/ ▸ conjug 2 ◂ VT 1 (= monter) [+ pierre précieuse] to set ◆ **bague sertie de diamants** ring set with diamonds
2 (Tech) [+ pièces de tôle] to crimp

sertissage /sɛʁtisaʒ/ NM 1 [de pierre précieuse] setting
2 (Tech) [de pièces de tôle] crimping

sertisseur, -euse /sɛʁtisœʁ, øz/ NM,F 1 [de pierre précieuse] setter
2 (Tech) [de pièces de tôle] crimper

sertissure /sɛʁtisyʁ/ NF [de pierre précieuse] (= procédé) setting; (= objet) bezel

sérum /seʁɔm/ NM 1 (Physiol) ◆ **sérum (sanguin)** (blood) serum ◆ **sérum artificiel** *ou* **physiologique** normal *ou* physiological salt solution
2 (Méd) serum ◆ **sérum antidiphtérique/antitétanique/antivenimeux** anti-diphtheric/antitetanus/snakebite serum ◆ **sérum de vérité** truth drug

sérumalbumine /seʁɔmalbymin/ NF serum albumin

servage /sɛʁvaʒ/ NM (Hist) serfdom; (fig) bondage, thraldom

serval (pl **-s**) /sɛʁval/ NM serval

servant, e /sɛʁvɑ̃, ɑ̃t/
- ADJ ◆ **chevalier** *ou* **cavalier servant** escort
- NM (Rel) server; (Mil) [de pièce d'artillerie] server ◆ **servant d'autel** altar boy
- NF **servante** SYN (= domestique) servant, maidservant

serveur /sɛʁvœʁ/ SYN NM 1 [de restaurant] waiter; [de bar] barman
2 (= ouvrier) [de machine] feeder
3 (Tennis) server
4 (Cartes) dealer
5 (Ordin) server ◆ **centre serveur** service centre, retrieval centre ◆ **serveur Internet** Internet server ◆ **serveur de fichiers** file server ◆ **serveur vocal** answering service

serveuse /sɛʁvøz/ NF [de restaurant] waitress; [de bar] barmaid

serviabilité /sɛʁvjabilite/ NF helpfulness

serviable /sɛʁvjabl/ SYN ADJ helpful

service /sɛʀvis/ SYN

1 - NOM MASCULIN
2 - COMPOSÉS

1 - NOM MASCULIN

[1] [= TRAVAIL] duty; *[de domestique]* (domestic) service ◆ **service de jour/nuit** day/night duty ◆ **on ne fume pas pendant le service** smoking is not allowed while on duty ◆ **un peu de vin ? – non merci, jamais pendant le service** a little wine? – no, thank you, not while I'm on duty ◆ **heures de service** hours of service *ou* duty ◆ **il est très service(-)service** * he's a stickler for the regulations ◆ **avoir 25 ans de service** *(Admin, Mil)* to have completed 25 years' service ◆ **10 ans de service chez le même employeur** 10 years with the same employer ◆ **après 10 ans de bons et loyaux services** after 10 years' loyal service ◆ **qui est de service cette nuit ?** who's on duty tonight?, who's on night duty? ◆ **être en service commandé** to be acting under orders, to be on an official assignment ◆ **prendre/quitter son service** to come on/off duty ◆ **reprendre du service** *[personne]* to go back to work; *[objet]* to have a new lease of life ◆ **être en service chez qn** *[domestique]* to be in service with sb; → **escalier, note, règlement**

◆ **au service de** ◆ **être au service de** *[+ maître, Dieu]* to be in the service of; *[+ cause]* to serve ◆ **nos conseillers sont à votre service** our advisers are at your service ◆ **se mettre au service de** *[+ maître]* to enter the service of, to go into service with; *[+ cause]* to begin to serve; *[+ Dieu, État]* to place o.s. in the service of ◆ **prendre qn à son service** to take sb into one's service

[2] [= PRESTATION] service ◆ **s'assurer les services de qn** to enlist sb's services ◆ **offrir** *ou* **proposer ses services à qn** to offer sb one's services ◆ **nous serons obligés de nous passer de vos services** we will have to let you go ◆ **service de base d'un réseau câblé** *(Téléc)* basic range of channels available to cable television subscribers

[3] [ÉCON : AU PL] ◆ **les biens et les services** goods and services ◆ **la part des services dans l'économie** *(= secteur)* the role of service industries in the economy; → **emploi, société**

[4] [MIL] ◆ **le service (militaire** *ou* **national)** military *ou* national service ◆ **service civil** non-military national service ◆ **bon pour le service** fit for military service ◆ **faire son service** to do one's military *ou* national service ◆ **service armé** combatant service; → **état**

[5] [ADMIN] *(= administration)* service; *(= département)* department ◆ **les services d'un ministère** the departments of a ministry ◆ **les services de santé/postaux** health (care)/postal services ◆ **les services de police** the police department *(US)* ◆ **les services financiers de la Ville de Paris** the treasury department of the City of Paris ◆ **les services sociaux** the social services ◆ **le service social de la ville** the local social services ◆ **service hospitalier** hospital service ◆ **service de réanimation** intensive care unit ◆ **service du contentieux/des achats/de la communication** legal/buying/PR department ◆ **service consommateurs** customer service department ◆ **les services généraux** *(dans une entreprise)* the maintenance department ◆ **service informatique** computer department ◆ **service de surveillance/contrôle** surveillance/monitoring service; → **chef**[1]

[6] [REL = OFFICE, MESSE] service ◆ **service funèbre** funeral service

[7] [= FAVEUR, AIDE] service ◆ **rendre service à qn** *(= aider qn)* to do sb a service *ou* a good turn; *(= s'avérer utile)* to come in useful *ou* handy for sb, to be of use to sb ◆ **il aime rendre service** he likes to do good turns *ou* be helpful ◆ **rendre un petit service à qn** *(fig)* to do sb a favour, to do sb a small service ◆ **tous les services qu'il m'a rendus** all the favours *ou* services he has done me ◆ **décoré pour services rendus pendant la guerre** decorated for services rendered during the war ◆ **rendre un mauvais service à qn** to do sb a disservice ◆ **qu'y a-t-il pour votre service ?** *(frm)* how can I be of service to you? ◆ **merci ! – service !** *(Helv)* thank you! – you're welcome!

[8] [À TABLE, AU RESTAURANT] service; *(= pourboire)* service charge ◆ **Marc fera le service** Marc will serve ◆ **passe-moi les amuse-gueules, je vais faire le service** hand me the appetizers, I'll pass them round ◆ **la nourriture est bonne mais le service est trop lent** the food is good but the service is too slow ◆ **ils ont oublié de compter le service** they have forgotten to include the service (charge) on the bill ◆ **service compris/non compris** service included/not included, inclusive/exclusive of service ◆ **premier/deuxième service** *(= série de repas)* first/second sitting

[9] [= ASSORTIMENT] *[de couverts, linge de table]* set; *[de verres, vaisselle]* service, set ◆ **service de table** *(= linge)* set of table linen; *(= vaisselle)* set of tableware ◆ **service à café/thé** coffee/tea set *ou* service ◆ **service à liqueurs** set of liqueur glasses ◆ **service à poisson** *(= vaisselle)* set of fish plates; *(= couverts)* fish service ◆ **service à fondue** fondue set ◆ **service à gâteaux** *(= couverts)* set of cake knives and forks; *(= vaisselle)* set of cake plates ◆ **service trois pièces** ** *(= sexe masculin)* wedding tackle * *(hum)*

[10] [TRANSPORT] service ◆ **un service d'autocars dessert ces localités** there is a coach service to these districts ◆ **assurer le service entre** to provide a service between ◆ **service d'hiver/d'été** winter/summer service ◆ **service partiel** *[d'autobus]* limited service ◆ **le service est interrompu sur la ligne 3** service is suspended on line 3

[11] [TENNIS] service ◆ **être au service** to have the service ◆ **prendre le service (de qn)** to win the service (from sb) ◆ **il a un excellent service** he has an excellent service *ou* serve ◆ **service Dupont !** Dupont to serve! ◆ **service canon** bullet-like serve *ou* service ◆ **service-volée** serve and volley

[12] [= FONCTIONNEMENT] *[de machine, installation]* operation, working ◆ **faire le service d'une pièce d'artillerie** to operate *ou* work a piece of artillery

◆ **en service** *[installation, usine]* in service ◆ **entrer en service** to come into service ◆ **mettre en service** to put *ou* bring into service ◆ **la mise en service des nouveaux autobus est prévue pour juin** the new buses are due to be put into service in June ◆ **remise en service** *[d'aéroport, réacteur, voie ferrée]* reopening

◆ **hors service** *[appareil]* out of order *(attrib)*; * *[personne]* shattered *, done in *

2 - COMPOSÉS

service après-vente after-sales service
Service d'assistance médicale d'urgence mobile emergency medical service
service en ligne *(Ordin)* on-line service
service minimum skeleton service
service d'ordre *(= policiers)* police contingent; *(= manifestants)* team of stewards *(responsible for crowd control etc)* ◆ **pour assurer le service d'ordre** to maintain (good) order
service de presse *[de ministère, entreprise]* press relations department; *(= distribution)* distribution of review copies; *(= ouvrage)* review copy ◆ **ce livre m'a été envoyé en service de presse** I got a review copy of the book
service public public service ◆ **les services publics** the (public) utilities ◆ **une télévision de service public** a public television company
service régional de police judiciaire regional crime squad
les services secrets the secret service
service de sécurité *(d'un pays)* security service ◆ **le service de sécurité de l'aéroport** airport security
les services spéciaux the secret service
Service du travail obligatoire *(Hist) forced labour instituted in France by the Nazis during World War II*

SERVICE MILITAIRE

Until 1997, all French men over eighteen years of age were required to do ten months' **service militaire** if passed fit. The call-up could be delayed if the conscript was a full-time student in higher education. Conscientious objectors were required to do two years' public service. The entire system has now been phased out.

serviette /sɛʀvjɛt/ SYN
NF [1] *(en tissu)* ◆ **serviette (de toilette)** (hand) towel ◆ **serviette (de table)** (table) napkin, serviette *(Brit)*; → **mélanger, rond**
[2] *(= cartable)* *[d'écolier, homme d'affaires]* briefcase
COMP **serviette de bain** bath towel
serviette(-)éponge terry towel
serviette hygiénique sanitary towel *(Brit) ou* napkin *(US)*
serviette en papier paper (table) napkin, paper serviette *(Brit)*
serviette périodique ⇒ **serviette hygiénique**
serviette de plage beach towel

servile /sɛʀvil/ SYN ADJ [1] *(= obséquieux) [personne]* servile; *[obéissance]* slavish; *[flatterie]* fawning
[2] *(= sans originalité) [traduction, imitation]* slavish
[3] *(littér = de serf) [condition, travail]* servile

servilement /sɛʀvilmɑ̃/ ADV *[obéir, imiter, traduire, copier]* slavishly ◆ **flatter qn servilement** to fawn on sb

servilité /sɛʀvilite/ NF [1] *(= obséquiosité)* servility
[2] *[de traduction, imitation]* slavishness
[3] *(littér) [de condition, travail]* servility

servir /sɛʀviʀ/ SYN ► conjug 14 ◄
VT [1] *(= être au service de) [+ pays, cause]* to serve; *(emploi absolu = être soldat)* to serve *(dans* in) ◆ **servir la messe** *(Rel)* to serve mass
[2] *[domestique] [+ patron]* to serve, to wait on ◆ **il sert comme chauffeur** he works as a chauffeur ◆ **il servait dans la même famille depuis 20 ans** he had been in service with the same family for 20 years ◆ **elle aime se faire servir** she likes to be waited on ◆ **on n'est jamais si bien servi que par soi-même** *(Prov)* if you want something doing, do it yourself
[3] *(= aider) [+ personne]* to be of service to, to aid ◆ **servir les ambitions/intérêts de qn** to serve *ou* aid sb's ambitions/interests ◆ **ceci nous sert** this serves our interests ◆ **sa prudence l'a servi auprès des autorités** his caution served him well *ou* stood him in good stead in his dealings with the authorities ◆ **il a été servi par les circonstances** he was aided by circumstances ◆ **il a été servi par une bonne mémoire** his memory served him well
[4] *(dans un magasin) [+ client]* to serve, to attend to; *[+ consommateur]* to serve; *[+ dîneur]* to wait on; *(chez soi, à table)* to serve ◆ **ce boucher nous sert depuis des années** this butcher has supplied us for years, we've been going to this butcher for years ◆ **le boucher m'a bien servi** *(en qualité)* the butcher has given me good meat; *(en quantité)* the butcher has given me a good amount for my money ◆ **on vous sert, Madame ?** are you being served? ◆ **on n'arrive pas à se faire servir ici** it's difficult to get served here ◆ **prenez, n'attendez pas qu'on vous serve** help yourself – don't wait to be served ◆ « **Madame est servie** » "dinner is served" ◆ **pour vous servir** † at your service ◆ **des garçons en livrée servaient** waiters in livery waited *ou* served at table ◆ **les paysans voulaient la pluie, ils ont été servis !** the farmers wanted rain - well, they've certainly got what they wanted! ◆ **en fait d'ennuis, elle a été servie** she's had more than her fair share of problems
[5] *(Mil) [+ pièce d'artillerie]* to serve
[6] *(= donner) [+ rafraîchissement, plat]* to serve ◆ **servir qch à qn** to serve sb with sth, to help sb to sth ◆ **servir le déjeuner/dîner** to serve (up) lunch/dinner ◆ « **servir frais** » "serve chilled" ◆ **servir à déjeuner/dîner** to serve lunch/dinner *(à qn* to sb) ◆ **servir à boire** to serve drinks ◆ **servir à boire à qn** to serve a drink to sb ◆ **servir le café** to serve *ou* pour the coffee ◆ **on nous a servi le petit déjeuner au lit** we were served (our) breakfast in bed ◆ **il a faim, servez-le bien** he's hungry so give him a good helping ◆ **à table, c'est servi !** come and sit down now, it's ready! ◆ **il nous sert toujours les mêmes plaisanteries** he always trots out the same old jokes ◆ **toutes ces émissions stupides qu'ils nous servent** all these stupid programmes they expect us to watch; → **soupe**
[7] *(= verser)* to pay ◆ **servir une rente/une pension/des intérêts à qn** to pay sb an income/a pension/interest
[8] *(Cartes)* to deal
[9] *(Tennis, Ping-pong, Volley)* to serve ◆ **à vous de servir** your service, it's your turn to serve
VT INDIR **servir à** *(= être utile à) [+ personne]* to be of use *ou* help to; *[+ usage, opération]* to be of use in, to be useful for ◆ **servir à faire qch** to be used for doing sth ◆ **ça m'a servi à réparer ce fauteuil** I used it to mend this armchair ◆ **ça ne sert à rien** *[objet]* it's no use, it's useless; *[démarche]* there's no point ◆ **cela ne sert à rien de pleurer/réclamer** it's no use *ou* there's no point crying/complaining, crying/complaining won't help ◆ **à quoi sert cet objet ?** what's this thing used for? ◆ **à quoi servirait de réclamer ?** what use would it be to complain?, what

would be the point of complaining? ◆ **cela ne servirait pas à grand-chose de dire...** there's little point in saying..., it wouldn't be much use saying... ◆ **est-ce que cela pourrait vous servir ?** could this be (of) any use to you?, could you make use of this? ◆ **vos conseils lui ont bien servi** your advice has been very useful *ou* helpful to him ◆ **ces projecteurs servent à guider les avions** these floodlights are used to guide *ou* for guiding the planes ◆ **cet instrument sert à beaucoup de choses** this instrument has many uses *ou* is used for many things ◆ **cela a servi à nous faire comprendre les difficultés** this served to help us understand the difficulties ◆ **cet héritage n'a servi qu'à les brouiller** the inheritance only served to drive a wedge between them ◆ **ne jette pas cette boîte, ça peut toujours servir** don't throw that box away – it may still come in handy *ou* still be of some use ◆ **ce mot a beaucoup servi dans les années 60** the word was much used in the sixties ◆ **cette valise n'a jamais servi** this suitcase has never been used; → **rien**

VT INDIR **servir de** (= *être utilisé comme*) *[personne]* to act as; *[ustensile, objet]* to serve as ◆ **elle lui a servi d'interprète/de témoin** she acted as his interpreter/as a witness (for him) ◆ **cette pièce sert de chambre d'amis** this room serves as *ou* is used as a guest room ◆ **cela pourrait te servir de table** you could use that as a table, that would serve *ou* do as a table for you; → **exemple, leçon**

VPR **se servir** 1 (*à table, dans une distribution*) to help o.s. ◆ **se servir chez Leblanc** (*chez un fournisseur*) to buy *ou* shop at Leblanc's ◆ **se servir en viande chez Leblanc** to buy one's meat at Leblanc's, to go to Leblanc's for one's meat ◆ **servez-vous donc de viande** do help yourself to some meat ◆ **tu t'es mal servi** you haven't given yourself a very big portion ◆ **ne te gêne pas, sers-toi !** (*iro*) go ahead, help yourself! (*iro*)

2 ◆ **se servir de** (= *utiliser*) *[+ outil, mot, main-d'œuvre]* to use; *[+ personne]* to use, to make use of ◆ **il sait bien se servir de cet outil** he knows how to use this tool ◆ **t'es-tu servi de ce vêtement ?** have you ever worn this? ◆ **il se sert de sa voiture pour aller au bureau** he uses his car to go to the office ◆ **se servir de ses relations** to make use of *ou* use one's acquaintances ◆ **il s'est servi de moi** he used me

3 (*sens passif*) ◆ **ce vin se sert très frais** this wine should be served chilled

serviteur /sɛʀvitœʀ/ **NM** 1 (= *domestique*) servant ◆ **en ce qui concerne votre serviteur...** (*hum*) as far as yours truly is concerned... (*hum*)

2 (*pour cheminée*) fire irons

servitude /sɛʀvityd/ SYN **NF** 1 (= *esclavage*) servitude, bondage

2 (*gén pl* = *contrainte*) constraint

3 (*Jur*) easement ◆ **servitude de passage** right of way

servocommande /sɛʀvokɔmɑ̃d/ **NF** servo-mechanism

servodirection /sɛʀvodiʀɛksjɔ̃/ **NF** servo(-assisted) steering

servofrein /sɛʀvofʀɛ̃/ **NM** servo(-assisted) brake

servomécanisme /sɛʀvomekanism/ **NM** servo system

servomoteur /sɛʀvomɔtœʀ/ **NM** servo-motor

servovalve /sɛʀvovalv/ **NF** servo valve

ses /se/ **ADJ POSS** → **son¹**

sésame /sezam/ **NM** sesame ◆ **graines de sésame** sesame seeds ◆ **pain au sésame** sesame seed loaf ◆ « **Sésame ouvre-toi** » "open Sesame" ◆ **ce diplôme est un sésame pour l'emploi** this degree opens doors in the job market ◆ **le système informatisé de la bibliothèque est le véritable sésame de ses trésors** the library's computer system opens up all its treasures

sésamoïde /sezamɔid/ **ADJ** ◆ **os sésamoïdes** sesamoid bones

sessile /sesil/ **ADJ** sessile; → **chêne**

session /sesjɔ̃/ **NF** 1 (*Jur, Parl*) session, sitting ◆ **session extraordinaire** (*Parl*) special session

2 (*Scol, Univ*) session ◆ **la session de printemps/d'automne** the spring/autumn session ◆ **session d'examen** exam session ◆ **la session de juin** the June exams ◆ **la session de septembre** the (September) retakes *ou* resits (*Brit*) ◆ **session de rattrapage** *special session of the baccalauréat for students who are unable to take the exam the first time around*

3 (= *cours, stage*) course ◆ **session de formation** training course

sesterce /sɛstɛʀs/ **NM** (*Hist*) (= *monnaie*) sesterce, sestertius; (= *mille unités*) sestertium

set /sɛt/ **NM** 1 (*Tennis*) set; → **balle¹**

2 ◆ **set (de table)** (= *ensemble*) set of tablemats *ou* place mats; (= *napperon*) tablemat, place mat

Seth /sɛt/ **NM** Seth

Séthi /seti/ **NM** Seti

setter /setɛʀ/ **NM** setter ◆ **setter irlandais** Irish setter

seuil /sœj/ SYN **NM** 1 *[de porte]* (= *marche*) doorstep; (= *entrée*) doorway, threshold †; (*fig*) threshold ◆ **se tenir sur le seuil de sa maison** to stand in the doorway of one's house ◆ **il m'a reçu sur le seuil** he kept me on the doorstep *ou* at the door ◆ **avoir la campagne au seuil de sa maison** to have the country on *ou* at one's doorstep ◆ **le seuil de** (*fig* = *début*) *[+ période]* the threshold of ◆ **au seuil de la mort** at death's door ◆ **le seuil du désert** the edge of the desert

2 (*Géog, Tech*) sill

3 (= *limite*) threshold; (*Psych*) threshold, limen (*SPÉC*) ◆ **seuil auditif** auditory threshold ◆ **seuil d'excitation** (*Bio, Méd*) neurological threshold ◆ **seuil de la douleur** pain threshold ◆ **seuil de rentabilité** break-even point ◆ **seuil de tolérance** threshold of tolerance ◆ **seuil de pauvreté** poverty line *ou* level ◆ **vivre en dessous du seuil de pauvreté** to live below *ou* beneath the poverty line ◆ **seuil de résistance** (*Bourse*) resistance level ◆ **le dollar est passé sous le seuil d'un euro** the dollar fell below the 1 euro level ◆ **seuil d'imposition** tax threshold ◆ **relever les seuils sociaux** (*Jur*) *to raise the minimum number of employees required to establish works councils, delegates' committees etc*

seul, e /sœl/ SYN

ADJ 1 (*après n ou attrib*) *[personne]* (= *sans compagnie, non accompagné*) alone (*attrib*), on one's own (*attrib*), by oneself (*attrib*); (= *isolé*) lonely; *[objet, mot]* alone (*attrib*), on its own (*attrib*), by itself (*attrib*) ◆ **être/rester seul** to be/remain alone *ou* on one's own *ou* by oneself ◆ **laissez-moi seul quelques instants** leave me alone *ou* on my own *ou* by myself for a moment ◆ **seul avec qn/ses pensées/son chagrin** alone with sb/one's thoughts/one's grief ◆ **ils se retrouvèrent enfin seuls** they were alone (together) *ou* on their own *ou* by themselves at last ◆ **un homme seul/une femme seule peut très bien se débrouiller** a man on his own/a woman on her own *ou* a single man/woman can manage perfectly well ◆ **au bal, il y avait beaucoup d'hommes seuls** at the dance there were many men on their own ◆ **se sentir (très) seul** to feel (very) lonely *ou* lonesome ◆ **seul au monde** alone in the world ◆ **les amoureux sont seuls au monde** lovers behave as if they are the only ones in the world ◆ **être seul contre tous** to be alone against the world ◆ **il s'est battu, seul contre tous** he fought single-handedly ◆ **mot employé seul** word used alone *ou* on its own *ou* by itself ◆ **la lampe seule ne suffit pas** the lamp alone *ou* on its own is not enough, the lamp is not enough on its own *ou* by itself ◆ **il est tout seul** he's all alone ◆ **il était tout seul dans un coin** he was all by himself *ou* all alone in a corner ◆ **il l'a fait tout seul** he did it all by himself *ou* (all) on his own ◆ **cette tasse ne s'est pas cassée toute seule !** this cup didn't break all by itself!; → **cavalier**

2 (*avant n* = *unique*) ◆ **un seul homme/livre** (*et non plusieurs*) one man/book, a single man/book; (*à l'exception de tout autre*) only one man/book ◆ **le seul homme/livre** the one man/book, the only man/book, the sole man/book ◆ **les seules personnes/conditions** the only people/conditions ◆ **un seul livre suffit** one book *ou* a single book will do ◆ **un seul homme peut vous aider : Paul** only one man can help you and that's Paul ◆ **pour cette seule raison** for this reason alone *ou* only, for this one reason ◆ **son seul souci est de...** his only *ou* sole *ou* one concern is to... ◆ **un seul moment d'inattention** one *ou* a single moment's lapse of concentration ◆ **il n'y a qu'un seul Dieu** there is only one God, there is one God only *ou* alone ◆ **une seule fois** only once, once only ◆ **la seule chose, c'est que ça ferme à 6 heures** the only thing is (that) it shuts at 6

3 (*en apposition*) only ◆ **seul le résultat compte** the result alone counts, only the result counts ◆ **seuls les parents sont admis** only parents are admitted ◆ **seule Gabrielle peut le faire** only Gabrielle *ou* Gabrielle alone can do it ◆ **seule l'imprudence peut être la cause de cet accident** only carelessness can have caused this accident ◆ **lui seul est venu en voiture** he alone *ou* only he came by car ◆ **à eux seuls, ils ont bu dix bouteilles** they drank ten bottles between them ◆ **je l'ai fait à moi (tout) seul** I did it (all) on my own *ou* (all) by myself, I did it single-handed

4 (*locutions*) ◆ **seul et unique** one and only ◆ **c'est la seule et même personne** they're one and the same (person) ◆ **seul de son espèce** the only one of its kind ◆ **d'un seul coup** (= *subitement*) suddenly; (= *en une seule fois*) in one go ◆ **vous êtes seul juge** you alone can judge ◆ **à seule fin de...** with the sole purpose of... ◆ **dans la seule intention de...** with the one *ou* sole intention of... ◆ **du seul fait que...** by the very fact that... ◆ **à la seule pensée de...** at the mere thought of... ◆ **la seule pensée d'y retourner la remplissait de frayeur** the mere *ou* very thought of going back there filled her with fear ◆ **parler à qn seul à seul** to speak to sb in private *ou* privately *ou* alone ◆ **se retrouver seul à seul avec qn** to find o.s. alone with sb ◆ **comme un seul homme** (*fig*) as one man ◆ **d'une seule voix** with one voice

ADV 1 (= *sans compagnie*) ◆ **parler/rire seul** to talk/laugh to oneself ◆ **vivre/travailler seul** to live/work alone *ou* by oneself *ou* on one's own

2 (= *sans aide*) by oneself, on one's own, unaided ◆ **faire qch (tout) seul** to do sth (all) by oneself *ou* (all) on one's own, to do sth unaided *ou* single-handed ◆ **ça va tout seul** it's all going smoothly

NM,F ◆ **un seul peut le faire** (*et non plusieurs*) one man can do it, a single man can do it; (*à l'exception de tout autre*) only one man can do it ◆ **un seul contre tous** one (man) against all ◆ **le seul que j'aime** the only one I love ◆ **vous n'êtes pas la seule à vous plaindre** you aren't the only one to complain, you aren't alone in complaining ◆ **une seule de ses peintures n'a pas été détruite dans l'incendie** only one of his paintings was not destroyed in the fire ◆ **il n'en reste pas un seul** there isn't a single *ou* solitary one left

seulement /sœlmɑ̃/ SYN **ADV** 1 (*quantité* = *pas davantage*) only ◆ **cinq personnes seulement sont venues** only five people came ◆ **nous serons seulement quatre** there will only be four of us ◆ **je pars pour deux jours seulement** I'm only going away for two days

2 (= *exclusivement*) only, alone, solely ◆ **on ne vit pas seulement de pain** you can't live on bread alone ◆ **ce n'est pas seulement sa maladie qui le déprime** it's not only *ou* just his illness that depresses him ◆ **250 €, c'est seulement le prix de la chambre** €250 is the price for just the room *ou* is the price for the room only ◆ **on leur permet de lire seulement le soir** they are only allowed to read at night ◆ **il fait cela seulement pour nous ennuyer** he only does that to annoy us

3 (*temps* = *pas avant*) only ◆ **il vient seulement d'entrer** he's only just (now) come in ◆ **ce fut seulement vers 10 heures qu'il arriva** he only got there at about 10 o'clock ◆ **il est parti seulement ce matin** he left only this morning, he only left this morning

4 (*en tête de proposition* = *mais, toutefois*) only, but ◆ **je connais un bon chirurgien, seulement il est cher** I know a good surgeon, only *ou* but he is expensive ◆ **j'avais tout organisé, seulement voilà, ils ne sont même pas venus** I'd organized everything, the only thing was they didn't turn up

5 (*locutions*) ◆ **non seulement il ne travaille pas mais (encore) il empêche les autres de travailler** not only does he not work but he stops the others working too ◆ **non seulement le directeur mais aussi** *ou* **encore les employés** not only *ou* just the manager but the employees too *ou* as well ◆ **non seulement il a plu, mais (encore) il a fait froid** it didn't only rain but it was cold too, it not only rained but it was also cold ◆ **on ne nous a pas seulement donné un verre d'eau** (*même pas*) we were not even given a glass of water, we were not given so much as a glass of water ◆ **il n'a pas seulement de quoi se payer un costume** he hasn't even got enough to buy himself a suit ◆ **il est parti sans seulement nous prévenir** he left without so much as *ou* without even telling us ◆ **si seulement** if only; → **si¹**

seulet, -ette †* /sœlɛ, ɛt/ **ADJ** (*hum*) lonesome, lonely, all alone ◆ **se sentir bien seulet** to feel all alone *ou* very lonesome

sève /sɛv/ **NF** *[d'arbre]* sap; (*fig*) sap, life, vigour (*Brit*), vigor (*US*) ◆ **sève ascendante/brute/des-**

sévère

cendante élaborée rising/crude/falling elaborated sap ◆ **les arbres sont en pleine sève** the sap has risen in the trees ◆ **la jeunesse est débordante de sève** young people are brimming with strength and vigour

sévère /sevɛʀ/ SYN
ADJ 1 (= dur, strict) [maître, juge, climat, mesures, règlement, sanctions] severe, harsh; [parent, éducation, ton] strict, severe; [jugement] severe, harsh; [regard, visage] severe, stern; [verdict] harsh ◆ **elle suit un régime sévère** she's on a strict diet ◆ **après une sélection sévère** after a rigorous selection process ◆ **une morale sévère** a strict ou stern moral code ◆ **ne soyez pas trop sévère avec elle** don't be too harsh on her ou strict with her ◆ **la critique a été très sévère avec son film** the critics were very hard on his film ◆ **son rapport est très sévère sur l'état de nos prisons** his report is highly critical of the state of our prisons
2 (= austère) [style, architecture] severe; [traits du visage, tenue] severe, stern ◆ **une beauté sévère** a severe beauty
3 (= important) [pertes, échec] severe, heavy; [concurrence] tough; [défaite] heavy ◆ **ils ont dû faire des coupes sévères dans le budget militaire** they had to make heavy ou severe cuts in the military budget
ADV (*: intensif) ◆ **il s'est fait engueuler, (mais alors) sévère !** he got a real bollocking* ◆ **elle s'est fait amocher, sévère !** she got badly beaten up

sévèrement /sevɛʀmɑ̃/ SYN ADV 1 (= durement) [punir] severely; [juger, critiquer] harshly, severely; [contrôler, réglementer] strictly ◆ **les visites sont sévèrement contrôlées** visits are under strict control
2 (= gravement) [éprouver, affecter] severely ◆ **cette ville est sévèrement affectée par la crise** the town has been severely hit by the crisis ◆ **un malade sévèrement atteint** a severely affected patient

sévérité /severite/ SYN NF 1 (= dureté, rigueur) [de maître, juge, jugement, climat, mesures, règlement] severity, harshness; [de parent, éducation, ton] strictness, severity; [de regard] severity, sternness; [de verdict] harshness ◆ **elle a élevé ses enfants avec une grande sévérité** she was very strict with her children ◆ **il se juge avec trop de sévérité** he's too hard on himself ◆ **tu manques de sévérité avec lui** you're not strict enough with him, you're too soft on him
2 (= austérité) [de style, architecture] severity; [de tenue, mœurs, traits du visage] severity, sternness
3 (= gravité) [de pertes, échec, récession] severity

sévices /sevis/ SYN NMPL physical cruelty (NonC), ill treatment (NonC) ◆ **sévices corporels/sexuels** physical/sexual abuse (NonC) ◆ **faire subir des sévices à la population** to treat the population brutally ou cruelly ◆ **exercer des sévices sur un enfant** (gén) to ill-treat a child; (sexuels) to abuse a child ◆ **être victime de sévices** to be ill-treated ou abused

Séville /sevil/ N Seville

sévir /seviʀ/ SYN ► conjug 2 ◄ VI 1 (= punir) to act ruthlessly ◆ **sévir contre** [+ personne, abus, pratique] to deal ruthlessly with ◆ **si vous continuez, je vais devoir sévir** if you carry on, I shall have to deal severely with you ou use harsh measures
2 (= exercer ses ravages) [virus] to be rife; [doctrine] to hold sway ◆ **ce fléau sévit encore en Asie** the illness is still rife in Asia ◆ **la pauvreté sévissait** poverty was rampant ou rife ◆ **il sévit à la télé/dans notre service depuis 20 ans** (hum) he's been plaguing our screens/our department for 20 years now (hum) ◆ **est-ce qu'il sévit encore à l'université ?** (hum) do they still let him loose on the students? (hum)

sevrage /səvʀaʒ/ NM 1 [de nourrisson, jeune animal] weaning
2 [de marcotte] separation
3 (Méd) ◆ **une méthode de sevrage des toxicomanes** a method of weaning addicts off drugs ◆ **les cures de sevrage des toxicomanes** drug withdrawal programmes ◆ **pour faciliter le sevrage tabagique** to make it easier for people to give up ou to stop smoking ◆ **il lui faudra un sevrage pharmacologique** he'll need some kind of prop ou substitute product to help him give up

sevrer /səvʀe/ ► conjug 5 ◄ VT 1 [+ nourrisson, jeune animal] to wean ◆ **sevrer un toxicomane** to wean an addict off drugs ◆ **pour sevrer les fumeurs** to help smokers give up
2 [+ marcotte] to separate
3 (littér = priver) ◆ **sevrer qn de qch** to deprive sb of sth ◆ **nous avons été sevrés de théâtre** we have been deprived of theatre outings

sèvres /sevʀ/ NM (= porcelaine) Sèvres porcelain; (= objet) piece of Sèvres porcelain

sévrienne /sevʀijɛn/ NF student (or former student) of the École normale supérieure de jeunes filles (which was located in Sèvres)

sévruga /sevʀyga/ NM sevruga

sexage /sɛksaʒ/ NM sexing

sexagénaire /sɛksaʒenɛʀ/
ADJ sixty-year-old (épith), sexagenarian
NMF sixty-year-old, sexagenarian

sexagésimal, e (mpl -aux) /sɛksaʒezimal, o/ ADJ sexagesimal

sexagésime /sɛksaʒezim/ NF (Rel) Sexagesima (Sunday)

sex-appeal /sɛksapil/ NM sex appeal

sexe /sɛks/ SYN NM 1 (= catégorie) sex ◆ **enfant de ou du sexe masculin/féminin** male/female child ◆ **nous recherchons une personne de sexe féminin/masculin** we are looking for a woman/man ◆ **le sexe faible/fort** the weaker/stronger sex ◆ **le (beau) sexe** (littér) the fair sex ◆ **discuter du sexe des anges*** to discuss futilities
2 (= sexualité) sex ◆ **ce journal ne parle que de sexe** this paper is full of nothing but sex
3 (= organes génitaux) genitals, sex organs; (= verge) penis

sexisme /sɛksism/ NM sexism ◆ **être accusé de sexisme** to be accused of sexism ou of being sexist

sexiste /sɛksist/ ADJ, NMF sexist

sexologie /sɛksɔlɔʒi/ NF sexology

sexologue /sɛksɔlɔg/ NMF sexologist, sex specialist

sexothérapeute /sɛksɔteʀapøt/ NMF sex therapist

sex-ratio (pl sex-ratios) /sɛksʀasjo/ NF sex ratio

sex-shop (pl sex-shops) /sɛksʃɔp/ NM sex-shop

sex-symbol (pl sex-symbols) /sɛkssɛ̃bɔl/ NM sex symbol

sextant /sɛkstɑ̃/ NM (= instrument) sextant; (Math = arc) sextant arc

sexte /sɛkst/ NF sext

sextolet /sɛkstɔle/ NM sextuplet

sextuor /sɛkstɥɔʀ/ NM (Mus) sextet(te)

sextuple /sɛkstypl/
ADJ [nombre, quantité, rangée] sextuple ◆ **une quantité sextuple de l'autre** a quantity six times (as great) as the other ◆ **en sextuple exemplaire** in six copies
NM (gén, Math) ◆ **je l'ai payé le sextuple/le sextuple de l'autre** I paid six times as much for it/six times as much as the other for it ◆ **je vous le rendrai au sextuple** I'll repay you six times over ◆ **augmenter au sextuple** to increase sixfold ou six times

sextupler /sɛkstyple/ ► conjug 1 ◄ VTI to increase six times ou sixfold

sextuplés, -ées /sɛkstyple/ NM,F PL sextuplets

sexualisation /sɛksɥalizasjɔ̃/ NF sexualisation

sexualiser /sɛksɥalize/ ► conjug 1 ◄ VT to sexualize

sexualité /sɛksɥalite/ NF sexuality ◆ **troubles de la sexualité** sexual problems ◆ **avoir une sexualité épanouie** to have a full sex life

sexué, e /sɛksɥe/ ADJ [mammifères, plantes] sexed, sexual; [reproduction] sexual

sexuel, -elle /sɛksɥɛl/ SYN ADJ [caractère, instinct, plaisir] sexual; [éducation, hormone, organe, partenaire] sexual, sex (épith); [abus, comportement, sévices] sexual ◆ **avoir une activité sexuelle importante** to have a very active sex life; → **rapport**

sexuellement /sɛksɥɛlmɑ̃/ ADV sexually; → **maladie**

sexy* /sɛksi/ SYN ADJ INV sexy*

seyant, e /sɛjɑ̃, ɑ̃t/ SYN ADJ [vêtement] becoming ◆ **elle portait une jupe très seyante** she was wearing a skirt that really suited her

Seychelles /seʃɛl/ NFPL ◆ **les Seychelles** the Seychelles

shooter

seychellois, e /seʃɛlwa, az/
ADJ of ou from the Seychelles
NM,F Seychellois(e) inhabitant ou native of the Seychelles

SF* /ɛsɛf/ NF (abrév de **science-fiction**) sci-fi* ◆ **film/roman de SF** sci-fi* film/novel

sfumato /sfymato/ NM sfumato

SG /ɛsʒe/ NM (abrév de **secrétaire général**) → **secrétaire**

SGBD /ɛsʒebede/ NM (abrév de **système de gestion de bases de données**) → **système**

SGML /ɛsʒeɛmɛl/ NM (abrév de **Standard Generalized Mark-Up Language** (Ordin)) SGML

shabbat /ʃabat/ NM ⇒ **sabbat**

shah /ʃa/ NM shah

shaker /ʃɛkœʀ/ NM cocktail shaker

shakespearien, -ienne /ʃɛkspiʀjɛ̃, jɛn/ ADJ Shakespearian

shako /ʃako/ NM shako

shampoing, shampooing /ʃɑ̃pwɛ̃/ NM (= lavage, produit) shampoo ◆ **faire un shampoing à qn** to give sb a shampoo, to shampoo ou wash sb's hair ◆ **se faire un shampoing** to shampoo one's hair ◆ **à appliquer après chaque shampoing** apply every time after shampooing ◆ **shampoing colorant** shampoo-in hair colourant (Brit) ou colorant (US) ◆ **shampoing crème** cream shampoo ◆ **shampoing à moquette** carpet shampoo

shampouiner, shampooiner /ʃɑ̃pwine/ ► conjug 1 ◄ VT to shampoo ◆ **se shampouiner la tête** to shampoo one's hair

shampouineur, -euse, shampooineur, -euse /ʃɑ̃pwinœʀ, øz/
NM,F trainee hairdresser (who washes hair), junior
NF shampouineuse, shampooineuse (= machine) carpet shampooer

shant(o)ung /ʃɑ̃tuŋ/ NM shantung (silk)

Shape, SHAPE /ʃap/ (abrév de **Supreme Headquarters Allied Powers Europe**) NM SHAPE

shareware /ʃɛʀwɛʀ/ NM shareware

Shavouoth /ʃavwɔt/ NFPL Shavuot, Shabuoth

shekel /ʃekɛl/ NM shekel

shérif /ʃeʀif/ NM [de western] sheriff, marshal

sherpa /ʃɛʀpa/ NM (= guide) Sherpa; (Pol) aide (helping with preparations for summit talks)

sherry /ʃeʀi/ NM sherry

shetland /ʃɛtlɑ̃d/
NM (= laine) Shetland wool; (= tricot) Shetland pullover
NFPL Shetland les (îles) Shetland the Shetlands, the Shetland Islands ◆ **les (îles) Shetland-du-Sud** the South Shetlands

shetlandais, e /ʃɛtlɑ̃dɛ, ɛz/
ADJ Shetland (épith)
NM,F Shetlandais(e) Shetlander

shilling /ʃiliŋ/ NM shilling

shilom /ʃilɔm/ NM chillum

shimmy /ʃimi/ NM (= danse, flottement de roues) shimmy

shingle /ʃiŋgəl/ NM shingle

shinto /ʃinto/, **shintoïsme** /ʃintɔism/ NM Shinto, Shintoism

shintoïste /ʃintɔist/ ADJ, NMF Shintoist

shit* /ʃit/ NM (arg Drogue) dope*, hash*

Shiva /ʃiva/ NM ⇒ **Siva**

Shoah /ʃɔa/ NF Shoah

shog(o)un /ʃɔgun/ NM shogun

shoot /ʃut/ NM 1 (Football) shot
2 (arg Drogue) fix ◆ **se faire un shoot d'héroïne** to shoot up* with heroin

shooter /ʃute/ SYN ► conjug 1 ◄
VI (Football) to shoot, to make a shot
VT ◆ **shooter un penalty** to take a penalty (kick ou shot)
VPR **se shooter** (arg Drogue) to shoot up* ◆ **se shooter à l'héroïne** to mainline* heroin, to shoot up* with heroin ◆ **il s'est shooté pendant dix ans** he mainlined* drugs for ten years ◆ **je me shoote au café*** I need to have my daily fix* of coffee ◆ **on l'a complètement shooté aux médicaments*** he's been drugged ou doped up to the eyeballs*

shopping /ʃɔpiŋ/ SYN NM shopping ◆ **faire du shopping** to go shopping ◆ **faire son shopping** to do one's shopping

short /ʃɔʀt/
NM ◆ **short(s)** pair of shorts, shorts ◆ **être en short(s)** to be in shorts *ou* wearing shorts; → tailler
ADJ (* = *juste*) ◆ **3 bouteilles de vin pour 9, c'est un peu short** 3 bottles of wine for 9 people, that's not really enough ◆ **5 minutes pour aller à la gare, c'est un peu short** 5 minutes to get to the station, that's cutting it a bit fine ◆ **je suis un peu short en pain** I'm a bit low on bread

show /ʃo/ SYN NM show ◆ **faire son show** to put on a show

showbiz * /ʃobiz/ NM INV (abrèv de **show-business**) show biz *

show-business /ʃobiznɛs/ NM INV show business

show-room (pl **show-rooms**) /ʃoʀum/ NM showroom

shrapnel(l) /ʃʀapnɛl/ NM shrapnel

shunt /ʃœt/ NM (*Élec*) shunt

shunter /ʃœte/ ► conjug 1 ◄ VT (*Élec*) to shunt; * [*+ personne, service*] to bypass

SI [1] (abrèv de **syndicat d'initiative**) → **syndicat**
[2] (abrèv de **Système international (d'unités)**) SI

si[1] /si/ GRAMMAIRE ACTIVE 3 SYN
CONJ [1] (*éventualité, condition*) if ◆ **s'il fait beau demain (et si j'en ai ou et que j'en aie le temps), je sortirai** if it's fine tomorrow (and (if) I have time), I'll go out
[2] (*hypothèse*) if ◆ **si et seulement si** (*Math*) if and only if ◆ **si j'avais de l'argent, j'achèterais une voiture** if I had any money *ou* had I any money, I would buy a car ◆ **même s'il s'excusait, je ne lui pardonnerais pas** even if he were to apologize I wouldn't forgive him ◆ **si nous n'avions pas été prévenus, nous serions arrivés** *ou* **nous arrivions trop tard** if we hadn't been warned, we would have arrived too late ◆ **il a déclaré que si on ne l'augmentait pas, il partirait** *ou* **il partait** he said that if he didn't get a rise he would leave *ou* he was leaving ◆ **viendras-tu ? si oui, préviens-moi à l'avance** are you coming? if so *ou* if you are, tell me in advance; → **comme**
[3] (*répétition = toutes les fois que*) if, when ◆ **s'il faisait beau, il allait se promener** if *ou* when it was nice he used to go for a walk ◆ **si je sors sans parapluie, il pleut** if *ou* whenever I go out without an umbrella it always rains
[4] (*opposition*) while, whilst (*surtout Brit*) ◆ **si lui est aimable, sa femme (par contre) est arrogante** while *ou* whereas he is very pleasant his wife (on the other hand) is arrogant
[5] (*exposant un fait*) ◆ **s'il ne joue plus, c'est qu'il s'est cassé la jambe** if he doesn't play any more it's because he has broken his leg, the reason he no longer plays is that he has broken his leg ◆ **c'est un miracle si la voiture n'a pas pris feu** it's a miracle (that) the car didn't catch fire ◆ **excusez-nous** *ou* **pardonnez-nous si nous n'avons pas pu venir** please excuse *ou* forgive us for not being able to come
[6] (*dans une interrogation indirecte*) if, whether ◆ **il ignore/se demande si elle viendra (ou non)** he doesn't know/is wondering whether *ou* if she'll come (or not) ◆ **il faut s'assurer si la télé marche** we must make sure that the TV is working ◆ **vous imaginez s'ils étaient fiers !** you can imagine how proud they were! ◆ **si je veux y aller ! quelle question !** do I want to go! what a question!
[7] (*en corrélation avec proposition implicite*) if ◆ **si j'avais su !** if I had only known!, had I (only) known! ◆ **si je le tenais !** if I could (only) lay my hands on him! ◆ **et s'il refusait ?** and what if he refused?, and what if he should refuse?, and supposing he refused? ◆ **si tu lui téléphonais ?** how *ou* what about phoning him?, supposing *ou* suppose you phoned him? ◆ **si nous allions nous promener ?** what *ou* how about going for a walk?, what would you say to a walk?
[8] (*locutions*) ◆ **si j'ai bien compris/entendu** if I understood correctly/heard properly ◆ **si seulement il venait/était venu** if only he was coming/had come ◆ **brave homme s'il en fut** a fine man if ever there was one ◆ **si c'est ça *, je m'en vais** if that's how it is, I'm off *
◆ **si + dire** ◆ **si j'ose dire** (*frm, hum*) if I may say so ◆ **si je puis dire** (*frm*) if I may put it like that ◆ **si l'on peut dire** (*frm*) in a way, as it were, so to speak, in a manner of speaking
◆ **si ce n'est** ◆ **qui peut le savoir, si ce n'est lui ?** if he doesn't know, who will? ◆ **si ce n'est elle, qui aurait osé ?** who but she would have dared? ◆ **si ce n'était la crainte de les décourager** if it were not *ou* were it not for the fear of putting them off ◆ **il n'avait rien emporté, si ce n'est quelques biscuits et une pomme** he had taken nothing with him apart from *ou* other than a few biscuits and an apple ◆ **une des plus belles, si ce n'est la plus belle** one of the most beautiful, if not the most beautiful ◆ **elle se porte bien, si ce n'est qu'elle est très fatiguée** she's quite well apart from the fact that she is very tired *ou* apart from feeling very tired
◆ **si tant est que** so long as, provided *ou* providing that ◆ **invite-les tous, si tant est que nous ayons assez de verres** invite them all, so long as we have enough glasses *ou* if we have enough glasses that is ◆ **ils sont sous-payés, si tant est qu'on les paie** they are underpaid, if they are paid at all
NM INV if ◆ **avec des si (et des mais), on mettrait Paris en bouteille** if ifs and ands were pots and pans there'd be no need for tinkers

si[2] /si/ ADV [1] (*affirmatif*) ◆ **vous ne venez pas ? – si/mais si/que si** aren't you coming? – yes I am/of course I am/indeed I am *ou* I certainly am ◆ **vous n'avez rien mangé ? – si, une pomme** haven't you had anything to eat? – yes (I have), an apple ◆ **si, si, il faut venir** oh but you must come! ◆ **il n'a pas voulu, moi si** he didn't want to, but I did ◆ **il n'a pas écrit ? – il semble bien** *ou* **il paraît que si** hasn't he written? – yes, it seems that he has ◆ **je pensais qu'il ne viendrait pas, mais quand je lui en ai parlé il m'a répondu que si** I thought he wouldn't come but when I mentioned it to him he told me he would ◆ **je croyais qu'elle ne voulait pas venir, mais il m'a dit que si** I thought she didn't want to come but he said she did ◆ **si fait** † indeed yes
[2] (*intensif = tellement*) (*modifiant attrib, adv*) so ◆ **un ami si gentil** (*modifiant épith*) such a kind friend, so kind a friend (*frm*) ◆ **des amis si gentils, de si gentils amis** such kind friends ◆ **il parle si bas qu'on ne l'entend pas** he speaks so low *ou* in such a low voice that you can't hear him ◆ **j'ai si faim** I'm so hungry ◆ **elle n'est pas si stupide qu'elle ne puisse comprendre ceci** she's not so stupid that she can't understand this ◆ **il est stupide, non ? – si peu !** (*iro*) he's stupid, isn't he? – and how! * *ou* too right! *
◆ **si bien que** so that, with the result that
[3] (*concessif = aussi*) however ◆ **si bête soit-il** *ou* **qu'il soit, il comprendra** however stupid he is he will understand ◆ **si rapidement qu'il progresse** however rapidly he progresses ◆ **si adroitement qu'il ait parlé, il n'a convaincu personne** for all that he spoke very cleverly *ou* however cleverly he may have spoken he didn't convince anyone ◆ **si beau qu'il fasse, il ne peut encore sortir** however good the weather is, he can't go out yet ◆ **si peu que ce soit** however little it may be, little as *ou* though it may be
[4] (*égalité = aussi*) as, so ◆ **elle n'est pas si timide que vous croyez** she's not so *ou* as shy as you think ◆ **il ne travaille pas si lentement qu'il en a l'air** he doesn't work as slowly as he seems to ◆ **ce n'est pas si facile** *ou* **simple** it's not as simple as that

si[3] /si/ NM INV (*Mus*) B; (*en chantant la gamme*) ti, te

sialagogue /sjalagɔg/
ADJ sialagogic
NM sialagogue

sialis /sjalis/ NM sialid

Siam /sjam/ NM Siam

siamois, e /sjamwa, waz/
ADJ († *Géog*) Siamese; [*chat*] Siamese ◆ **frères siamois, sœurs siamoises** Siamese twins
NM,F [1] † ◆ **Siamois(e)** (*Géog*) Siamese
[2] (*pl = jumeaux*) Siamese twins
NM (= *chat*) Siamese

Sibérie /sibeʀi/ NF Siberia

sibérien, -ienne /sibeʀjɛ̃, jɛn/
ADJ (*Géog, fig*) Siberian
NM,F **Sibérien(ne)** Siberian

sibilant, e /sibilɑ̃, ɑ̃t/ ADJ (*Méd*) sibilant

sibylle /sibil/ NF sibyl

sibyllin, e /sibilɛ̃, in/ SYN ADJ (*Myth*) sibylline; [*phrase, personne*] cryptic, sibylline (*frm*) ◆ **tenir des propos sibyllins** to talk in riddles ◆ **de façon** *ou* **de manière sibylline** cryptically

sic /sik/ ADV sic

SICAV, sicav /sikav/ NF INV (abrèv de **société d'investissement à capital variable**) (= *fonds*) unit trust (*Brit*), open-end investment trust (*US*), mutual fund (*US*); (= *part*) share in a unit trust (*Brit*) *ou* an open-end investment trust (*US*) *ou* a mutual fund (*US*) ◆ **sicav monétaire** money market fund ◆ **sicav obligataire** bond fund ◆ **sicav de trésorerie** cash management unit trust *ou* mutual fund

siccatif, -ive /sikatif, iv/ ADJ, NM siccative

siccité /siksite/ NF siccity

Sicile /sisil/ NF Sicily

sicilien, -ienne /sisiljɛ̃, jɛn/
ADJ Sicilian
NM [1] (= *dialecte*) Sicilian
[2] ◆ **Sicilien** Sicilian
NF **sicilienne** [1] ◆ **Sicilienne** Sicilian
[2] (= *danse*) Siciliano, Sicilienne

SIDA, sida /sida/ NM (abrèv de **syndrome d'immunodéficience acquise**) AIDS, Aids ◆ **avoir le/être atteint du sida** to have/be suffering from AIDS ◆ **le virus du sida** the AIDS virus ◆ **la lutte contre le sida** the battle against AIDS

side-car (pl **side-cars**) /sidkaʀ/ NM (= *habitacle*) sidecar; (= *véhicule entier*) motorcycle and sidecar

sidéen, -enne /sideɛ̃, ɛn/
ADJ [*personne*] (infected) with AIDS *ou* Aids
NM,F AIDS *ou* Aids sufferer, person with AIDS, PWA

sidéral, e (mpl **-aux**) /sideʀal, o/ ADJ sidereal ◆ **l'espace sidéral** outer space

sidérant, e * /sideʀɑ̃, ɑ̃t/ SYN ADJ staggering *

sidération /sideʀasjɔ̃/ NF (*Méd*) sideration

sidérer /sideʀe/ SYN ► conjug 6 ◄ VT [1] (* = *abasourdir*) to stagger * ◆ **cette nouvelle m'a sidéré** I was staggered * *ou* dumbfounded by the news ◆ **je suis sidéré par son intelligence/son insolence** I'm dumbfounded *ou* amazed by his intelligence/his insolence ◆ **la foule regardait, sidérée** the crowd watched, dumbfounded
[2] (*Méd*) to siderate

sidérite /sideʀit/ NF siderite, chalybite

sidérose /sideʀoz/ NF [1] (*Géol*) siderite, chalybite
[2] (*Méd*) siderosis

sidérostat /sideʀɔsta/ NM siderostat

sidéroxylon /sideʀɔksilɔ̃/ NM ironwood (tree)

sidérurgie /sideʀyʀʒi/ NF (= *fabrication*) (iron and) steel metallurgy; (= *industrie*) (iron and) steel industry

sidérurgique /sideʀyʀʒik/ ADJ [*procédé*] (iron and) steel-manufacturing (*épith*); [*industrie*] iron and steel (*épith*)

sidérurgiste /sideʀyʀʒist/ NMF (= *industriel*) steel manufacturer; (= *ouvrier*) steel worker

sidi † /sidi/ NM (*injurieux*) *North African immigrant (resident in France)*

sidologue /sidɔlɔg/ NMF AIDS specialist

Sidon /sidɔ̃/ N Sidon

siècle /sjɛkl/ SYN NM [1] (*gén*) century ◆ **au 3e siècle avant Jésus-Christ/après Jésus-Christ** *ou* **de notre ère** in the 3rd century B.C./A.D. ◆ **au siècle dernier** in the last century ◆ **le Grand Siècle** the 17th century (*in France*), the grand siècle ◆ **le hold-up/match du siècle** * the hold-up/match of the century ◆ **cet arbre a/ces ruines ont des siècles** this tree is/these ruins are centuries old ◆ **après des siècles de colonisation, le pays...** after centuries of colonial rule, the country... ◆ **il est né avec le siècle, il a l'âge du siècle** he's as old as the century; → **consommation, fin**[2]**, mal**[2]
[2] (= *époque*) age ◆ **être de son siècle/d'un autre siècle** to belong to one's age/to another age ◆ **de siècle en siècle** from age to age, through the ages ◆ **le siècle de Périclès/d'Auguste** the age of Pericles/of Augustus ◆ **le Siècle des lumières** (the Age of) the Enlightenment ◆ **il y a un siècle** *ou* **des siècles que nous ne nous sommes vus** * it has been *ou* it is years *ou* ages since we last saw each other
[3] (*Rel* = *monde*) ◆ **le siècle** the world ◆ **les plaisirs du siècle** worldly pleasures, the pleasures of the world

siège[1] /sjɛʒ/ SYN
NM [1] (= *meuble*) seat ◆ **siège de jardin/de bureau** garden/office chair ◆ **le siège des toilet-**

tes the toilet seat ◆ **donner/offrir un siège à qn** to give/offer sb a seat ◆ **prenez un siège** take a seat ◆ **Dupont, le spécialiste du siège de bureau** Dupont, the specialist in office seating ◆ **siège avant/arrière** front/back seat

2 *(frm, Méd = postérieur)* seat ◆ **l'enfant se présente par le siège** the baby's in the breech position; → **bain**

3 *(Pol = fonction)* seat ◆ **siège vacant** vacant seat ◆ **retrouver son siège de député** to win back one's parliamentary seat

4 *(Jur) [de magistrat]* bench; → **magistrature**

5 *(= résidence principale) [de firme]* head office; *[de parti, organisation internationale]* headquarters; *[d'assemblée, tribunal]* seat ◆ **siège social** registered office ◆ **siège épiscopal/pontifical** episcopal/pontifical see ◆ **cette organisation, dont le siège est à Genève** this Geneva-based organization, this organization which is based in Geneva *ou* which has its headquarters in Geneva

6 *(= centre) [de maladie, passions, rébellion]* seat; *(Physiol) [de faculté, sensation]* centre (Brit), center (US)

COMP **siège-auto** *(pour bébé)* baby (car) seat
siège baquet bucket seat
siège pour bébé(s) baby (car) seat
siège éjectable ejector seat ◆ **il est sur un siège éjectable** *(fig)* he could be fired any time

siège[2] / sjɛʒ / SYN NM *[de place forte]* siege ◆ **mettre le siège devant une ville** to besiege a town ◆ **faire le siège de** *(lit, fig)* to lay siege to; → **état, lever**[1]

siéger / sjeʒe / SYN ▸ conjug 3 *et* 6 ◂ VI 1 *(= être en session) [assemblée, tribunal]* to be in session

2 *(= être membre de)* ◆ **siéger à** *[+ conseil, comité]* to sit *ou* be on

3 *(= être situé à)* ◆ **siéger à** *[tribunal, organisme]* to have its headquarters in, to be headquartered in *(US)*

4 *(= résider)* ◆ **voilà où siège le mal** that's where the trouble lies

siemens / simɛns, sjemɛ̃s / NM siemens

sien, sienne / sjɛ̃, sjɛn /

PRON POSS ◆ **le sien, la sienne, les siens, les siennes** *[d'homme]* his (own); *[de femme]* hers, her own; *[de chose, animal]* its own; *[de nation]* its own, hers, her own; *(indéf)* one's own ◆ **ce sac/cette robe est le sien/la sienne** this bag/this dress is hers, this is her bag/dress ◆ **il est parti avec une veste qui n'est pas la sienne** he left with a jacket which isn't his *ou* with somebody else's jacket ◆ **mes enfants sont sortis avec deux des siens/les deux siens** my children have gone out with two of hers/her two ◆ **cet oiseau préfère les nids des autres au sien** this bird prefers other birds' nests to its own ◆ **je préfère mes ciseaux, les siens ne coupent pas** I prefer my scissors because hers don't cut ◆ **la sienne de voiture est plus rapide** * *(emphatique)* his car is faster, his is a faster car ◆ **de tous les pays, on préfère toujours le sien** of all countries one always prefers one's own

NM 1 ◆ **les choses s'arrangent depuis qu'elle y a mis du sien** things are beginning to sort themselves out since she began to pull her weight ◆ **chacun doit être prêt à y mettre du sien** everyone must be prepared to pull his weight *ou* to make some effort

2 ◆ **les siens** *(= famille)* one's family, one's folks *; *(= partisans)* one's (own) people ◆ **Dieu reconnaît les siens** God knows his own *ou* his people

NFPL **siennes** ◆ **il/elle a encore fait des siennes** * he/she has (gone and) done it again * ◆ **le mal de mer commençait à faire des siennes parmi les passagers** seasickness was beginning to claim some victims among the passengers

ADJ POSS († *ou littér)* ◆ **un sien cousin** a cousin of his *(ou* hers) ◆ **il fait siennes toutes les opinions de son père** he adopts all his father's opinions

Sienne / sjɛn / N Siena; → **terre**

sierra / sjeʀa / NF sierra ◆ **la sierra Madre/Nevada** the Sierra Madre/Nevada

Sierra Leone / sjeʀaleɔn(e) / NF Sierra Leone

sierra-léonien, -ienne / sjeʀaleɔnjɛ̃, jɛn /

ADJ Sierra Leonean

NM,F **Sierra-Léonien(ne)** Sierra Leonean

sieste / sjɛst / NF *(gén)* nap, snooze *; *(en Espagne etc)* siesta ◆ **faire la sieste** *(gén)* to have *ou* take a nap; *(en Espagne etc)* to have a siesta ◆ **je vais faire une petite sieste** I'm going to take a little nap ◆ **c'est l'heure de la sieste !** it's time for a snooze! * *ou* an afternoon nap! ◆ **on a fait une sieste crapuleuse** we spent the afternoon in bed having sex

sieur / sjœʀ / NM ◆ **le sieur Leblanc** (††, *Jur)* Mr Leblanc; *(péj, hum)* Master Leblanc

sievert / sivɛʀt / NM sievert

sifflage / siflaʒ / NM cornage

sifflant, e / siflɑ̃, ɑ̃t /

ADJ *[sonorité]* whistling; *[toux]* wheezing; *[prononciation]* hissing, whistling

NF **sifflante** ◆ **(consonne) sifflante** sibilant

sifflement / sifləmɑ̃ / SYN NM 1 *[de personne, oiseau, train, bouilloire, vent]* whistling (NonC); *[de serpent, vapeur, gaz, machine à vapeur]* hissing (NonC); *[de voix, respiration]* wheezing (NonC); *[de projectile]* whistling (NonC), hissing (NonC) ◆ **un sifflement** a whistle, a hiss ◆ **un sifflement d'admiration** *ou* **admiratif** a whistle of admiration ◆ **un sifflement mélodieux** a tuneful whistle ◆ **des sifflements se firent entendre** there was the sound of whistling ◆ **j'entendis le sifflement aigu/les sifflements de la locomotive** I heard the shrill whistle/the whistling of the locomotive ◆ **des sifflements** whistling noises, hissing noises ◆ **sifflement d'oreilles** ringing in the ears

2 *(gén pl = huées)* booing (NonC), hissing (NonC) ◆ **il quitta la scène sous les sifflements du public** he was booed off the stage

siffler / sifle / SYN ▸ conjug 1 ◂

VI *[personne]* to whistle; *(avec un sifflet)* to blow one's *ou* a whistle; *[oiseau, train, bouilloire, vent]* to whistle; *[serpent, vapeur, gaz, machine à vapeur]* to hiss; *[voix, respiration]* to wheeze; *[projectile]* to whistle, to hiss ◆ **siffler comme un merle** to whistle like a bird ◆ **la balle/l'obus siffla à ses oreilles** the bullet/the shell whistled past his ears ◆ **il siffle en respirant** he wheezes ◆ **j'ai les oreilles qui sifflent** my ears are ringing

VT 1 *(= appeler) [+ chien, personne]* to whistle for; *[+ fille]* to whistle at; *[+ automobiliste ou joueur en faute]* to blow one's whistle at; *(= signaler) [+ départ, faute]* to blow one's whistle for ◆ **siffler la fin du match/la mi-temps** *(Football)* to blow the final whistle/the half-time whistle, to blow for time/for half time ◆ **elle s'est fait siffler dans la rue** someone wolf-whistled at her in the street

2 *(= huer) [+ orateur, acteur, pièce]* to hiss, to boo ◆ **se faire siffler** to get booed

3 *(= moduler) [+ air, chanson]* to whistle

4 (✱ = *avaler)* to guzzle *, to knock back ✱

sifflet / siflɛ / SYN NM 1 *(= instrument, son)* whistle ◆ **sifflet à roulette** whistle ◆ **sifflet à vapeur** steam whistle ◆ **sifflet d'alarme** alarm whistle ◆ **coup de sifflet** whistle; → **couper**

2 *(= huées)* ◆ **sifflets** whistles of disapproval, hissing, booing, catcalls ◆ **il est sorti sous les sifflets du public** he was booed off the stage

siffleur, -euse / siflœʀ, øz /

ADJ *[merle]* whistling; *[serpent]* hissing ◆ **(canard) siffleur** widgeon

NM,F *(= qui siffle)* whistler; *(= qui hue)* hisser, booer

siffleux * / siflø / NM *(Can)* groundhog, woodchuck, whistler *(US, Can)*

sifflotement / siflɔtmɑ̃ / NM whistling *(NonC)*

siffloter / siflɔte / ▸ conjug 1 ◂

VI to whistle (a tune) ◆ **siffloter entre ses dents** to whistle under one's breath

VT *[+ air]* to whistle

sifilet / sifilɛ / NM bird of paradise

sigillaire / siʒilɛʀ /

ADJ sigillary

NF *(= arbre fossile)* sigillarid

sigillé, e / siʒile / ADJ sigillated

sigillographie / siʒilɔgʀafi / NF sigillography

sigillographique / siʒilɔgʀafik / ADJ sigillographical

sigisbée † / siʒizbe / NM *(hum = amant)* beau †

sigle / sigl / NM *(prononcé lettre par lettre)* (set of) initials, abbreviation; *(= acronyme)* acronym

siglé, e / sigle / ADJ *[objet]* bearing the initials of a designer ◆ **sac siglé** designer bag ◆ **boutons siglés ARA** buttons with ARA engraved on them

sigma / sigma / NM sigma

sigmoïde / sigmɔid /

ADJ *(Anat, Math)* sigmoid

NM *(Anat)* ◆ **le sigmoïde** the sigmoid flexure

NF *(Math)* sigmoid curve

signal (pl **-aux**) / siɲal, o / SYN

NM 1 *(= signe convenu) (Psych = stimulus)* signal; *(= indice)* sign ◆ **signal de détresse** distress signal ◆ **c'était le signal de la fin du repas** it was the signal that the meal was over ◆ **cette émeute fut le signal d'une véritable révolution** the riot signalled the outbreak of a virtual revolution ◆ **à mon signal tous se levèrent** when I gave the signal everyone got up ◆ **donner un signal à** *(lit)* to give a signal to; *(fig)* to send a signal to ◆ **le gouvernement voulait donner un signal fort/clair aux employeurs** the government wanted to send a strong/clear signal to employers ◆ **ça été le signal du déclenchement de la crise** it was the trigger for the crisis ◆ **donner le signal de** *(lit)* to give the signal for; *(= déclencher)* to be the signal for, to signal ◆ **donner le signal du départ** to give the starting signal

2 *(= écriteau, avertisseur pour bateau, train)* signal; *(sur route)* (road) sign ◆ **signaux (lumineux)** *(= feux)* traffic signals *ou* lights ◆ **signal automatique** *[de chemins de fer]* automatic signal ◆ **signal sonore** *ou* **acoustique** sound *ou* acoustic signal ◆ **signal optique/lumineux** visual/light signal

3 *(Ling, Ordin, Téléc)* signal ◆ **signal horaire** time signal ◆ « **signal d'appel** » *(Téléc :option)* "call waiting"

COMP **signal d'alarme** alarm ◆ **ça a déclenché le signal d'alarme** it set the alarm off ◆ **tirer le signal d'alarme** *(lit)* to pull the alarm, to pull the communication cord *(Brit)*; *(fig)* to sound the alarm ◆ **les climatologues avaient tiré un premier signal d'alarme dans les années 80** climatologists had first sounded the alarm in the 1980s
signal d'alerte warning signal
signal avancé *[de chemins de fer]* advance signal

signalé, e / siɲale / (ptp de **signaler**) ADJ *(littér = remarquable) [récompense, service]* signal *(littér)* *(épith)*

signalement / siɲalmɑ̃ / SYN NM *[de personne, véhicule]* description, particulars ◆ **donner le signalement de qn** to describe sb

signaler / siɲale / GRAMMAIRE ACTIVE 20.4 SYN ▸ conjug 1 ◂

VT 1 *(= être l'indice de)* to indicate, to be a sign of ◆ **des empreintes qui signalent la présence de qn** footprints indicating sb's presence

2 *[écriteau, sonnerie]* to signal; *[personne] (= faire un signe)* to signal; *(en mettant un écriteau ou une indication)* to indicate ◆ **on signale l'arrivée d'un train au moyen d'une sonnerie** the arrival of a train is signalled by a bell ringing, a bell warns of *ou* signals the arrival of a train ◆ **sur ma carte, on signale l'existence d'une source près du village** my map indicates that there's a spring near the village ◆ **signalez que vous allez tourner en tendant le bras** indicate *ou* signal that you are turning by putting out your arm

3 *[+ détail, erreur]* to indicate, to point out; *[+ fait nouveau, perte, vol]* to report ◆ **rien à signaler** nothing to report ◆ **son père a signalé sa disparition à la police** his father had reported him missing to the police ◆ **signaler qn à l'attention de qn** to bring sb to sb's attention ◆ **on signale l'arrivée du bateau** it has just been announced that the boat is coming in ◆ **on a signalé leur présence à Paris** they are reported to be in Paris ◆ **nous vous signalons en outre que...** we would further point out to you that... ◆ **nous vous signalons qu'il...** for your information, he... ◆ **signalons la parution du livre en format poche** we should mention that the book is now available in pocket format ◆ **il a klaxonné pour signaler sa présence** he hooted to show that he was there ◆ **un rapport avait déjà signalé la présence d'hormones dans la viande** a report had already pointed to the presence of hormones in the meat ◆ **personne ne nous avait signalé l'existence de ce manuscrit** nobody had told us that this manuscript existed ◆ **je te signale que je t'attends depuis une heure !** I'd like you to know that I've been waiting for you for an hour! ◆ **il est déjà 11 heures, je te signale !** * it's already 11 o'clock, I'll have you know!

VPR **se signaler** 1 *(= s'illustrer)* to distinguish o.s., to stand out ◆ **il s'est signalé à plusieurs reprises par son courage** he showed exceptional bravery on several occasions ◆ **enfin, un film qui se signale par la beauté des dialo-**

gues at last a film that is distinguished by the beauty of its scripts

2 *(= attirer l'attention)* to draw attention to o.s. • **se signaler à l'attention de qn** to attract sb's attention, to bring o.s. to sb's attention

signalétique /siɲaletik/

ADJ *[détail]* identifying, descriptive • **fiche signalétique** identification sheet

NF means of signalling

signaleur /siɲalœʀ/ **NM** *(Mil, Naut)* signaller

signalisation /siɲalizasjɔ̃/ SYN **NF** 1 *(= balisage)* *[de route, réseau]* erection of (road)signs (and signals) *(de* on); *[de piste]* laying out of runway markings and lights *(de* on); *[de voie]* putting signals *(de* on) • **« absence de signalisation »** "no road markings" • **signalisation automatique** *(sur voie ferrée)* automatic signalling • **erreur de signalisation** *(sur route)* signposting error; *(sur voie ferrée)* signalling error • **moyens de signalisation** means of signalling; → **feu**[1], **panneau**

2 *(= panneaux sur route)* signs; *(= signaux sur voie ferrée)* signals • **signalisation routière** roadsigns and markings • **signalisation horizontale** *(sur route)* road markings • **signalisation verticale** roadsigns

signaliser /siɲalize/ SYN ▸ conjug 1 ◂ **VT** *[+ route, réseau]* to put up (road)signs on; *[+ piste]* to put runway markings and lights on; *[+ voie de chemin de fer]* to put signals on • **bien signalisé** *[+ route]* well signposted; *[+ piste]* clearly marked; *[+ voie de chemin de fer]* with clear signals • **la frontière n'est pas toujours signalisée** the border isn't always marked

signataire /siɲatɛʀ/

ADJ signatory • **pays signataires** signatory countries

NMF *[de traité, paix]* signatory • **les signataires** those signing, the signatories

signature /siɲatyʀ/ SYN **NF** 1 *(= action)* signing; *(= marque, nom)* signature • **avant la signature du contrat** before the contract is signed • **les fondés de pouvoir ont la signature** the senior executives may sign for the company • **ouvrage publié sous la signature d'un journaliste** work published under the name of a journalist • **donner un document à la signature** to give a document to be signed • **le traité sera soumis à la signature de tous les États** the treaty will be presented to all the states for signature • **les négociations ont abouti à la signature d'un accord** the talks ended with the signing of an agreement • **signature électronique** *(Internet)* electronic signature • **signature légalisée/sociale** *(Jur)* authenticated/authorized signature

2 *(= signe distinctif)* mark • **l'attentat porte leur signature** the attack bears their mark *ou* has their name written all over it*

3 *(Typographie = cahier)* signature

signe /siɲ/ SYN

NM 1 *(= geste) (de la main)* sign, gesture; *(de l'expression)* sign • **s'exprimer par signes** to use signs to communicate • **langage** *ou* **langue des signes** sign language • **faire un signe à qn** to make a sign to sb, to sign to sb • **un signe de tête affirmatif/négatif** a nod/a shake of the head • **ils se faisaient des signes** they were making signs to each other • **un signe d'adieu/de refus** a sign of farewell/of refusal • **elle m'a fait un signe d'adieu** she waved goodbye to me

2 *(= indice)* sign • **signe précurseur** *ou* **avant-coureur** portent, omen, forewarning • **elle t'a invité ? c'est un signe !** she invited you? that's a good sign! • **il recommence à manger, c'est bon signe** he's beginning to eat again, that's a good sign • **c'est (un) signe de pluie** it's a sign of rain • **c'est signe qu'il va pleuvoir/qu'il est de retour** it shows *ou* it's a sign that it's going to rain/that he's back • **c'est mauvais signe** it's a bad sign • **y a-t-il des signes de vie sur Mars ?** are there signs of life on Mars? • **il n'a plus jamais donné signe de vie** we've never heard from him since • **c'est un signe des temps** it's a sign of the times • **c'est un signe révélateur** it's very revealing • **c'est un signe qui ne trompe pas** the signs are unmistakable • **montrer** *ou* **donner des signes de faiblesse** *ou* **de fatigue** *[personne]* to show signs of tiredness; *[appareil, montre]* to be on its last legs; *[coalition]* to be showing signs of strain; *[monnaie]* to be weakening • **signe clinique** *(Méd)* clinical sign

3 *(= trait)* mark • **« signes particuliers : néant »** "distinguishing marks: none" • **signe distinctif** distinguishing feature • **leur argot est un signe de reconnaissance** using slang is a way for them to recognize each other

4 *(= symbole) (gén, Ling, Math, Mus)* sign; *(Typographie) [de correcteurs]* mark • **le signe moins/plus/égal** the minus/plus/equal(s) sign • **signe (typographique)** character • **signes d'expression** *(Mus)* expression marks • **signe accidentel** *(Mus)* accidental

5 *(Astrol)* • **signe du zodiaque** sign of the zodiac • **sous quel signe es-tu né ?** what sign were you born under?, what's your sign?

♦ **sous le signe de** • **une rencontre placée sous le signe de l'amitié franco-britannique** a meeting where the dominant theme was Franco-British friendship • **cette semaine a été placée sous le signe de l'optimisme** this week was marked by optimism • **l'action gouvernementale sera placée sous le double signe de la lutte contre le chômage et contre la pauvreté** government action will focus on fighting both unemployment and poverty

6 *(locutions)* • **faire signe à qn** *(lit)* to make a sign to sb; *(= contacter)* to get in touch with sb, to contact sb • **faire signe à qn d'entrer** to motion sb in, to make a sign for sb to come in • **de la tête, il m'a fait signe de ne pas bouger** he shook his head to tell me not to move • **il a fait signe à la voiture de franchir les grilles** he waved the car through the gates • **faire signe du doigt à qn** to beckon (to) sb • **faire signe que oui** to nod (in agreement) • **faire signe que non** *(de la tête)* to shake one's head (in disagreement *ou* disapproval); *(de la main)* to make a gesture of refusal (*ou* disagreement *ou* disapproval)

♦ **en signe de** • **en signe de protestation** as a sign *ou* mark of protest • **en signe de reconnaissance** as a token of gratitude • **en signe de respect** as a sign *ou* mark *ou* token of respect • **en signe de solidarité/de deuil** as a sign of solidarity/of mourning

COMP **signe cabalistique** cabalistic sign

signe de la croix sign of the cross • **faire le signe de la croix** *ou* **un signe de croix** to make the sign of the cross, to cross o.s.

signes extérieurs de richesse outward signs of wealth

signes héraldiques coat of arms

signe de ponctuation punctuation mark

signe de ralliement rallying symbol

signer /siɲe/ SYN ▸ conjug 1 ◂

VT 1 *[+ document, traité, œuvre d'art]* to sign • **signer la paix** to sign a peace treaty • **signez au bas de la page/en marge** sign at the bottom of the page/in the margin • **signer un chèque en blanc** *(lit, fig)* to sign a blank cheque • **signer son nom** to sign one's name • **elle signe « Malou »** she signs herself "Malou" • **il a signé avec le club italien** *(Sport)* he's signed for the Italian club • **signer d'une croix/de son vrai nom** to sign with a cross/with one's real name • **signer de son sang** to sign in blood • **tableau non signé** unsigned painting • **œuvre signée de la main de l'artiste** work signed by the artist • **cela a signé la fin de leur collaboration** that signalled the end of their collaboration; → **arrêt**

2 *(= être l'auteur de)* to make • **elle vient de signer son deuxième film** she's just made her second film • **il signe le troisième but de la partie** *(Sport)* he's scored the third goal of the match • **cravate/carrosserie signée Paul** tie/coachwork by Paul • **il signe le meilleur temps aux essais** he got the best times in the trials • **c'est signé Louis !*** it has Louis written all over it!* • **c'est signé !*** it's obvious who did it!

3 *(= engager) [+ sportif, artiste, auteur]* to sign

4 *(Tech) (au poinçon)* to hallmark

VPR **se signer** *(Rel)* to cross o.s.

signet /siɲɛ/ **NM** *(livre, Internet)* bookmark

signifiant, e /siɲifjɑ̃, jɑ̃t/

ADJ *(littér)* significative, meaningful

NM *(Ling)* signifier, signifiant

significatif, -ive /siɲifikatif, iv/ SYN **ADJ**

1 *(= révélateur) [exemple, mot]* significant, revealing; *[geste, sourire]* meaningful • **ces oublis sont significatifs de son état d'esprit** his forgetfulness reflects his state of mind

2 *(= visible) [amélioration, baisse, changement, progrès]* significant, considerable • **de manière significative** significantly

3 *(= expressif) [symbole]* meaningful, significant

signification /siɲifikasjɔ̃/ SYN **NF** 1 *[de fait, chiffres]* significance *(NonC)* • **une omission lourde de signification** a highly significant omission • **cette mesure n'a pas grande signification** this measure is not very significant

2 *[de mot, symbole]* meaning • **la signification** *(Ling)* signification • **quelle est la signification de ce dessin ?** what does this drawing mean?

3 *(Jur) [de décision judiciaire]* notification • **signification d'actes** service of documents

significativement /siɲifikativmɑ̃/ **ADV** *[améliorer, augmenter, réduire]* significantly, to a significant extent; *[meilleur, supérieur]* significantly • **les commentaires ont été assez significativement unanimes** significantly, most people made the same kind of comments

signifié /siɲifje/ **NM** *(Ling)* signified, signifié

signifier /siɲifje/ SYN ▸ conjug 7 ◂ **VT** 1 *(= avoir pour sens)* to mean, to signify • **que signifie ce mot/son silence ?** what is the meaning of this word/his silence?, what does this word/his silence mean *ou* signify? • **les symboles signifient** *(Ling)* symbols convey meaning • **que signifie cette cérémonie ?** what is the significance of this ceremony?, what does this ceremony signify? • **ses colères ne signifient rien** his tempers don't mean anything • **bonté ne signifie pas forcément faiblesse** kindness does not necessarily mean *ou* signify *ou* imply weakness *ou* is not necessarily synonymous with weakness • **cela signifie que l'automne est proche** it means *ou* shows that autumn is near, it marks *ou* signifies the approach of autumn • **qu'est-ce que cela signifie ?** what's the meaning of this?; *(après remarque hostile)* what's that supposed to mean?; *(à un enfant qui fait une scène)* what's all this in aid of?

2 *(frm = faire connaître)* to make known • **signifier ses intentions/sa volonté à qn** to make one's intentions/one's wishes known to sb, to inform sb of one's intentions/one's wishes • **signifier son congé à qn** *(= renvoyer qn)* to give sb notice of dismissal, to give sb their notice • **son regard me signifiait tout son mépris** his look conveyed to me his utter scorn • **signifiez-lui qu'il doit se rendre à cette convocation** inform him that he is to answer this summons

3 *(Jur) [+ exploit, décision judiciaire]* to serve notice of *(à* on), to notify *(à* to)

signofile /siɲɔfil/ **NM** *(Helv = clignotant)* indicator

sikh /sik/

ADJ Sikh

NMF **Sikh** Sikh

sikhisme /sikism/ **NM** Sikhsim

silane /silan/ **NM** silane

silence /silɑ̃s/ SYN **NM** 1 *(= absence de bruits, de conversation)* silence • **garder le silence** to keep silent, to say nothing • **faire silence** to be silent • **réclamer le silence** to ask for silence • **il n'arrive pas à faire le silence dans sa classe** he can't get his pupils to be quiet • **sortez vos livres et en silence !** get out your books and no talking! • **(faites) silence !** silence!; *(en classe)* silence!, no talking! • **silence ! on tourne** *(Ciné)* quiet everybody, action! • **il prononça son discours dans un silence absolu** there was dead silence while he made his speech • **un silence de mort** a deathly hush *ou* silence; → **minute, parole**

♦ **en silence** in silence; *[pleurer]* quietly • **souffrir en silence** to suffer in silence • **vous pouvez jouer, mais en silence** you can play, but don't make any noise • **il l'a aimée en silence pendant plus de 20 ans** he loved her secretly for more than 20 years

2 *(= pause) (dans la conversation, un récit)* pause; *(Mus)* rest • **récit entrecoupé de longs silences** account broken by lengthy pauses • **il y eut un silence gêné** there was an embarrassed silence • **à son entrée il y eut un silence** there was a hush when he came in

3 *(= impossibilité ou refus de s'exprimer)* silence • **les journaux gardèrent le silence sur cette grève** the newspapers kept silent *ou* were silent on this strike • **promets-moi un silence absolu** promise me you won't breathe a word • **garder un silence absolu sur qch** to say absolutely nothing about sth, to keep completely quiet about sth • **contraindre l'opposition au silence** to force the opposition to keep silent • **réduire qn au silence** to silence sb, to reduce sb to silence • **acheter le silence de qn** to buy sb's silence • **briser** *ou* **rompre le silence** to break one's silence • **passer qch sous silence** to pass sth over in silence • **le sujet est passé**

sous silence the subject was not mentioned ◆ **surprise préparée dans le plus grand silence** surprise prepared in the greatest secrecy ◆ **silence radio** *(lit)* radio silence, blackout; *(fig)* total silence ◆ **le célèbre compositeur vient de sortir de 12 années de silence** the famous composer has just broken 12 years of silence ◆ **le silence de la loi sur ce sujet** the lack *ou* absence of legislation on this matter; → **loi**

4 *(= paix)* silence, still(ness) ◆ **dans le grand silence de la plaine** in the great silence *ou* stillness of the plain ◆ **vivre dans la solitude et le silence** to live in solitary silence

silencieusement /silɑ̃sjøzmɑ̃/ SYN ADV *[avancer, défiler, regarder]* in silence; *[pleurer]* quietly ◆ **la cérémonie s'est déroulée silencieusement** the ceremony took place in silence

silencieux, -ieuse /silɑ̃sjø, jøz/ SYN

ADJ 1 *(= peu bruyant) [mouvement, pas, personne]* silent, quiet; *[moteur, machine]* quiet, noiseless; *[lieu, cloître]* silent, still ◆ **le voyage du retour fut silencieux** the return journey took place in silence

2 *(= peu communicatif)* quiet; *(= qui ne veut ou ne peut s'exprimer)* silent ◆ **rester silencieux** to remain silent *(sur, à propos de* about); → **majorité**

NM *[d'arme à feu]* silencer; *[de pot d'échappement]* silencer *(Brit)*, muffler *(US)*

silène /silɛn/ NM catchfly

Silésie /silezi/ NF Silesia

silex /silɛks/ NM flint ◆ **des (armes en) silex** *(Archéol)* flints

silhouette /silwɛt/ SYN NF 1 *(= contours)* outline, silhouette; *[de voiture]* shape ◆ **la silhouette du château se détache sur le couchant** the château is silhouetted against the sunset ◆ **on le voyait en silhouette, à contre-jour** he could be seen silhouetted against the light

2 *(= personne)* figure ◆ **je distinguais une silhouette dans le brouillard** I could make out a figure in the fog ◆ **silhouettes de tir** *(Mil)* figure targets ◆ **faire des silhouettes** *[figurant]* to have walk-on parts

3 *(= allure)* figure ◆ **une silhouette massive/élégante** a heavy/an elegant figure

silhouetter /silwete/ ▸ conjug 1 ◂

VT 1 *(Art)* to outline ◆ **l'artiste silhouetta un corps de femme** the artist outlined *ou* drew an outline of a woman's body

2 *(Photo)* to block out

VPR **se silhouetter** to be silhouetted ◆ **le clocher se silhouette sur le ciel** the bell tower is silhouetted *ou* outlined against the sky

silicate /silikat/ NM silicate

silice /silis/ NF silica ◆ **silice fondue** *ou* **vitreuse** silica glass

siliceux, -euse /silisø, øz/ ADJ siliceous, silicious

silicicole /silisikɔl/ ADJ siliceous, silicious

silicium /silisjɔm/ NM silicon

siliciure /silisjyʀ/ NM silicide

silicone /silikon/ NF silicone ◆ **gel de silicone** silicone gel

siliconer /silikone/ ▸ conjug 1 ◂ VT to cover with silicone ◆ **pare-brise siliconé** silicone-coated windscreen ◆ **sa poitrine siliconée** *(péj ou hum)* her silicone breasts

silicose /silikoz/ NF silicosis

silicotique /silikɔtik/ ADJ, NMF silicotic

silique /silik/ NF silique

sillage /sijaʒ/ NM 1 *[d'embarcation]* wake; *[d'avion à réaction] (= déplacement d'air)* slipstream; *(= trace)* (vapour *(Brit) ou* vapor *(US)*) trail; *[de personne, animal, parfum]* trail ◆ **dans le sillage de qn** *(lit, fig)* (following) in sb's wake ◆ **marcher dans le sillage de qn** to follow in sb's footsteps

2 *(Phys)* wake

sillet /sijɛ/ NM *(Mus)* nut *(Brit)*, frog *(US)*

sillon /sijɔ̃/ SYN NM 1 *[de champ]* furrow ◆ **les sillons** *(littér)* the (ploughed *(Brit) ou* plowed *(US)*) fields

2 *(= ride, rayure)* furrow

3 *(Anat)* fissure

4 *[de disque]* groove

5 ◆ **le sillon rhodanien** the Rhone valley

sillonner /sijɔne/ SYN ▸ conjug 1 ◂ VT 1 *(= traverser) [avion, bateau, routes]* to cut across, to cross ◆ **les canaux qui sillonnent la Hollande** the canals which cut across *ou* which criss-cross Holland ◆ **région sillonnée de canaux/routes** region criss-crossed by canals/roads ◆ **des avions ont sillonné le ciel toute la journée** planes have been droning backwards and forwards *ou* to and fro across the sky all day ◆ **des éclairs sillonnaient le ciel** flashes of lightning criss-crossed the sky ◆ **sillonner les routes** to travel the country ◆ **les touristes sillonnent la France en été** tourists travel to every corner *ou* throughout the length and breadth of France in the summer

2 *(= creuser) [rides, ravins, crevasses]* to furrow ◆ **visage sillonné de rides** face furrowed with wrinkles ◆ **front sillonné d'une ride profonde** deeply furrowed brow

silo /silo/ NM *[de lancement de missiles]* silo ◆ **silo à céréales** *ou* **à grains/fourrage** grain/fodder silo ◆ **mettre en silo** to put in a silo, to silo

silotage /silɔtaʒ/ NM *(Tech)* ensilage

silphe /silf/ NM silphid

silure /silyʀ/ NM silurid *(giant catfish)*

silurien, -ienne /silyʀjɛ̃, jɛn/

ADJ Silurian

NM ◆ **le silurien** the Silurian

sima /sima/ NM *(Géol)* sima

simagrées /simagʀe/ SYN NFPL fuss *(NonC)*, play-acting *(NonC)* ◆ **faire des simagrées** to playact ◆ **arrête tes simagrées !** stop your playacting! ◆ **elle a fait beaucoup de simagrées avant d'accepter son cadeau** she made a great fuss (about it) *ou* she put on a great show of reluctance before she accepted his present

simarre /simaʀ/ NF *(Rel)* zimarra

simbleau /sɛ̃blo/ NM cord *(used to draw large circles)*

simien, -ienne /simjɛ̃, jɛn/ ADJ, NM simian

simiesque /simjɛsk/ ADJ monkey-like, ape-like

similaire /similɛʀ/ SYN ADJ similar *(à* to) ◆ **le rouge à lèvres, le fond de teint et produits similaires** lipstick, foundation and similar products *ou* products of a similar nature

similarité /similaʀite/ NF similarity *(entre* between; *avec* with)

simili /simili/

PRÉF imitation *(épith)*, artificial ◆ **en simili fourrure** fun fur *(épith)* ◆ **des simili-prophètes** *(péj)* pseudo prophets

NM imitation ◆ **bijoux en simili** imitation *ou* costume jewellery

NF * abrév de **similigravure**

similicuir /similikɥiʀ/ NM imitation leather, Leatherette ®

similigravure /similigʀavyʀ/ NF half-tone engraving

similisage /similizaʒ/ NM schreinerization

similiser /similize/ ▸ conjug 1 ◂ VT to schreinerize

simiIiste /similist/ NM half-tone engraver

similitude /similityd/ SYN NF 1 *(= ressemblance)* similarity ◆ **il y a certaines similitudes entre ces méthodes** there are certain similarities between these methods

2 *(Géom)* similarity

similor /similɔʀ/ NM imitation gold

simoniaque /simɔnjak/ ADJ simoniac(al)

simonie /simɔni/ NF simony

simoun /simun/ NM simoom, simoon

simple /sɛ̃pl/ SYN

ADJ 1 *(= non composé, non multiple) [fleur]* simple; *[nœud, cornet de glace]* single; *(Chim) [corps]* simple; *(Math) [racine]* simple ◆ **en simple épaisseur** in a single layer *ou* thickness; → **passé**

2 *(= peu complexe)* simple ◆ **réduit à sa plus simple expression** reduced to a minimum ◆ **sa situation est loin d'être simple** his situation is far from being simple *ou* straightforward ◆ **simple comme bonjour** * (as) easy as falling off a log * *ou* as pie * ◆ **dans ce cas, c'est bien simple : je m'en vais** * in that case it's quite simple *ou* straightforward – I'm leaving ◆ **pourquoi faire simple quand on peut faire compliqué ?** * *(hum)* why make things really complicated! *(hum)* ◆ **ce serait trop simple !** that would be too easy! *ou* too simple! ◆ **ce n'est pas si simple** it's not as simple as that ◆ **il y a un moyen simple pour...** there is an easy way of...

3 *(= modeste) [personne]* unaffected ◆ **il a su rester simple** he hasn't let it go to his head

4 *(= peu sophistiqué) [vie, goûts]* simple; *[robe, repas, style]* simple, plain ◆ **être simple dans sa mise** to dress simply *ou* plainly ◆ **dans le plus simple appareil** *(hum)* in one's birthday suit, in the altogether *

5 *(= de condition modeste)* modest ◆ **ce sont des gens simples** they are simple folk

6 *(= naïf)* simple ◆ **il est un peu simple** he's a bit simple ◆ **il est simple d'esprit, c'est un simple d'esprit** he's simple-minded

7 *(= ordinaire) [particulier, salarié]* ordinary ◆ **un simple soldat** a private

8 *(valeur restrictive)* ◆ **une simple formalité** a mere formality ◆ **un simple regard/une simple remarque la déconcertait** just a *ou* a mere look/comment would upset her ◆ **d'un simple geste de la main** with a simple movement *ou* with just a movement of his hand ◆ **par simple curiosité** out of pure curiosity ◆ **sur simple présentation de votre carte d'étudiant** simply *ou* just show your student card ◆ **vous obtiendrez des informations sur simple appel (téléphonique)** simply pick up the phone and you will get all the information you need; → **pur**

NM 1 ◆ **passer du simple au double** to double ◆ **les prix peuvent varier du simple au double** prices can vary by as much as 100%

2 *(= plante médicinale)* medicinal plant, simple †

3 *(Tennis)* singles ◆ **simple messieurs/dames** men's/women's *ou* ladies' singles

simplement /sɛ̃pləmɑ̃/ SYN ADV 1 *(= sans sophistication)* simply ◆ **elle s'habille très simplement** she dresses very simply ◆ **ils vivent très simplement** they lead a very simple life

2 *(= seulement)* simply, merely, just ◆ **je vous demande simplement de me prévenir** I simply *ou* just want you to warn me, all I ask is that you warn me ◆ **je veux simplement dire que...** I simply *ou* merely *ou* just want to say that...

3 *(= tout à fait)* ◆ **tout simplement** *[remarquable, insupportable, incroyable]* quite simply, just ◆ **c'est tout simplement inadmissible** it's quite simply intolerable; → **purement**

4 *(= facilement)* easily ◆ **cela s'explique très simplement** that's easily explained

simplet, -ette /sɛ̃plɛ, ɛt/ SYN ADJ 1 *[personne]* simple(-minded), ingenuous

2 *[question, raisonnement]* simplistic, naïve; *[intrigue, roman]* simple, unsophisticated

simplex /sɛ̃plɛks/ NM *(Ordin)* simplex

simplicité /sɛ̃plisite/ SYN NF 1 *(= facilité)* simplicity ◆ **un appareil d'une grande simplicité d'emploi** an easy-to-use appliance, an appliance that is very easy to use ◆ **cet exercice est d'une simplicité biblique** *ou* **enfantine** this exercise is child's play *ou* is simplicity itself

2 *(= manque de sophistication) [de vie, goûts]* simplicity; *[de robe, repas, style]* simplicity, plainness ◆ **habillé avec simplicité** dressed simply ◆ **décor d'une grande simplicité** very simple decor ◆ **« c'est une vocation », dit-elle en toute simplicité** "it's a vocation", she said modestly ◆ **venez dîner demain, ce sera en toute simplicité** come for dinner tomorrow – it won't be anything fancy ◆ **il dit en toute simplicité être un sculpteur de génie** *(iro)* he very modestly says that he's a brilliant sculptor *(iro)*

3 *(= naïveté)* simpleness ◆ **j'avais la simplicité de croire que cela durerait toujours** I was naïve enough to think that it would last forever

4 *(= modestie, naturel)* unaffectedness ◆ **il manque de simplicité** he's rather affected

simplifiable /sɛ̃plifjabl/ ADJ *(gén) [méthode]* that can be simplified; *(Math) [fraction]* reducible

simplificateur, -trice /sɛ̃plifikatœʀ, tʀis/ SYN ADJ simplifying *(épith)*

simplification /sɛ̃plifikasjɔ̃/ NF simplification

simplifier /sɛ̃plifje/ SYN ▸ conjug 7 ◂ VT *(gén, Math)* to simplify ◆ **disons, pour simplifier les choses, que...** to simplify matters, let's say that... ◆ **simplifier à l'extrême** *ou* **à l'excès, trop simplifier** to oversimplify ◆ **des procédures très simplifiées** streamlined procedures

simplisme /sɛ̃plism/ NM *(péj)* simplism

simplissime /sɛ̃plisim/ ADJ ◆ **c'est simplissime** it couldn't be simpler

simpliste /sɛ̃plist/ SYN ADJ *(péj)* simplistic

simulacre /simylakʀ/ SYN NM 1 *(= action simulée)* enactment ◆ **les acteurs firent un simulacre de sacrifice humain** the actors enacted a human sacrifice

2 *(péj = fausse apparence)* ◆ **un simulacre de justice** a pretence of justice ◆ **un simulacre de**

simulateur, -trice /simylatœʀ, tʀis/ SYN
  NM,F *(gén)* pretender; *(= qui feint la maladie)* malingerer
  NM simulator ◆ **simulateur de conduite** (driving) simulator ◆ **simulateur de vol** flight simulator

simulation /simylasjɔ̃/ SYN NF simulation ◆ **il n'est pas malade, c'est de la simulation** he isn't ill – it's all put on *ou* he's just malingering ◆ **logiciel de simulation** simulation software

simulé, e /simyle/ SYN (ptp de **simuler**) ADJ *[attaque, retraite]* simulated; *[amabilité, gravité]* feigned; *[accident, suicide]* fake *(épith)*; *[conditions, situation, essais nucléaires]* simulated ◆ **simulé sur ordinateur** computer-simulated

simuler /simyle/ SYN ▸ conjug 1 ◂ VT ① *(= feindre)* *[+ sentiment, attaque]* to feign, to simulate *(frm)* ◆ **simuler une maladie** to feign illness, to pretend to be ill, to malinger
② *(= avoir l'apparence de)* to simulate ◆ **ce papier peint simule une boiserie** this wallpaper is made to look like *ou* simulates wood panelling
③ *(Ordin, Tech = reproduire)* to simulate
④ *(Jur)* *[+ contrat, vente]* to effect fictitiously

simulie /simyli/ NF simulid

simultané, e /simyltane/ SYN
  ADJ simultaneous ◆ **la présence simultanée de deux personnes dans un même lieu** the presence of two people in the same place at the same time ◆ **de manière simultanée** at the same time, simultaneously ◆ **diffusion en simultané** simultaneous broadcast ◆ **c'était en simultané** it was shown *ou* broadcast simultaneously; → **traduction**
  NF **simultanée** *(Échecs)* simultaneous, simul

simultanéisme /simyltaneism/ NM *(Littérat = procédé narratif)* (use of) simultaneous action

simultanéité /simyltaneite/ SYN NF simultaneousness, simultaneity

simultanément /simyltanemɑ̃/ SYN ADV simultaneously

Sinaï /sinai/ NM Sinai; → **mont**

sinanthrope /sinɑ̃tʀɔp/ NM sinanthropus

sinapisé /sinapize/ ADJ ◆ **bain/cataplasme sinapisé** mustard bath/poultice

sinapisme /sinapism/ NM mustard poultice *ou* plaster

sincère /sɛ̃sɛʀ/ GRAMMAIRE ACTIVE 22 SYN ADJ
① *(= franc, loyal)* *[personne, aveu, paroles]* sincere; *[réponse, explication]* sincere, honest ◆ **est-il sincère dans son amitié ?** is he sincere in his friendship?, is his friendship sincere? *ou* genuine? ◆ **sois sincère avec toi-même** be honest with yourself
② *(= réel)* *[repentir, amour, partisan, admiration]* sincere, genuine, true ◆ **son chagrin est sincère** he's genuinely upset, his sorrow is genuine ◆ **un ami sincère des arts** a true *ou* genuine friend of the arts ◆ **mes sincères condoléances** *(formules épistolaires)* my sincere *ou* heartfelt condolences ◆ **mes regrets les plus sincères** my sincerest regrets ◆ **mes sincères salutations** yours sincerely ◆ **nos vœux les plus sincères** with our best wishes

sincèrement /sɛ̃sɛʀmɑ̃/ SYN ADV ① *(= réellement)* *[espérer, croire, penser, regretter, remercier]* sincerely; *[aimer]* truly ◆ **je vous souhaite sincèrement de réussir** I sincerely hope you will succeed ◆ **je suis sincèrement désolé que...** I am sincerely *ou* truly *ou* genuinely sorry that... ◆ **il a paru sincèrement étonné** he seemed genuinely surprised
② *(= franchement)* honestly, really ◆ **sincèrement, vous feriez mieux de refuser** to be honest you'd be better off saying no

sincérité /sɛ̃seʀite/ SYN NF ① *(= franchise, loyauté)* *[de personne, aveu, paroles]* sincerity; *[de réponse, explications]* sincerity, honesty ◆ **en toute sincérité** in all sincerity ◆ **répondez-moi en toute sincérité** give me an honest answer
② *[de repentir, admiration]* sincerity, genuineness

sincipital, e (mpl **-aux**) /sɛ̃sipital, o/ ADJ sincipital

sinciput /sɛ̃sipyt/ NM sinciput

sinécure /sinekyʀ/ NF sinecure ◆ **ce n'est pas une sinécure** * it's no picnic *

sine die /sinedje/ LOC ADV sine die

sine qua non /sinekwanɔn/ GRAMMAIRE ACTIVE
10.1 LOC ADJ ◆ **une condition sine qua non** an indispensable condition, a prerequisite, a sine qua non ◆ **c'est la condition sine qua non de la réussite/pour enrayer la récession** it's a sine qua non of success/for curbing the recession

singalette /sɛ̃galɛt/ NF mull

Singapour /sɛ̃gapuʀ/ N Singapore

singapourien, -ienne /sɛ̃gapuʀjɛ̃, jɛn/
  ADJ Singaporean
  NM,F **Singapourien(ne)** Singaporean

singe /sɛ̃ʒ/
  NM ① *(= animal)* *(à longue queue)* monkey; *(à queue courte ou sans queue)* ape ◆ **les grands singes** the big apes
② *(péj)* *(= personne laide)* horror; *(= enfant espiègle)* monkey ◆ **c'est un vrai singe** *(très agile)* he's very agile
③ *(arg Mil = corned beef)* bully beef *
④ *(‡ = patron)* boss *
⑤ *(locutions)* ◆ **faire le singe** to monkey about ◆ **être laid comme un singe** to be as ugly as sin; → **apprendre, malin, monnaie**
  COMP **singe-araignée** spider monkey
  singe-écureuil squirrel monkey
  singe hurleur howler monkey

singer /sɛ̃ʒe/ SYN ▸ conjug 3 ◂ VT *[+ démarche, personne]* to ape, to mimic, to take off; *[+ sentiments]* to feign

singerie /sɛ̃ʒʀi/ NF ① *(gén pl = grimaces et pitreries)* antics, clowning *(NonC)* ◆ **faire des singeries** to clown about, to play the fool
② *(= simagrées)* ◆ **singeries** antics
③ *(= cage)* monkey house

single /siŋɡœl/ NM *(= chambre)* single room; *(= disque)* single

singleton /sɛ̃glətɔ̃/ NM singleton

singulariser /sɛ̃gylaʀize/ SYN ▸ conjug 1 ◂
  VT to mark out, to make conspicuous
  VPR **se singulariser** *(= se faire remarquer)* to call attention to o.s., to make o.s. conspicuous ◆ **se singulariser par qch** to distinguish o.s. by sth ◆ **cette église se singularise par son étrange clocher** this church is remarkable for its strange steeple

singularité /sɛ̃gylaʀite/ SYN NF ① *(= particularité)* singularity ◆ **cet orchestre a pour singularité ou la singularité de jouer sans chef** this orchestra is unusual in that it doesn't have a conductor ◆ **il cultive sa singularité** he likes to stand out from the crowd *ou* to be different
② *(= bizarrerie)* peculiarity ◆ **le manuscrit présente plusieurs singularités** the manuscript is odd in several respects

singulier, -ière /sɛ̃gylje, jɛʀ/ SYN
  ADJ ① *(= étonnant, peu commun)* remarkable, singular *(frm)* ◆ **un visage d'une beauté singulière** a face of remarkable *ou* singular *(frm)* beauty ◆ **c'est un personnage singulier** he's an unusual character
② *(= étrange)* odd, strange ◆ **je trouve singulier qu'il n'ait pas jugé bon de...** I find it odd *ou* strange that he didn't see fit to... ◆ **singulière façon de se comporter !** what a strange way to behave!
③ *(Ling)* singular
  NM *(Ling)* singular ◆ **au singulier** in the singular ◆ **à la deuxième personne du singulier** in the second person singular

singulièrement /sɛ̃gyljɛʀmɑ̃/ SYN ADV
① *(= étrangement)* in a peculiar way, oddly, strangely
② *(= beaucoup, très)* *[intéressant, fort]* remarkably, extremely ◆ **cela leur complique singulièrement la tâche** that makes things particularly difficult for them ◆ **il manque singulièrement d'imagination** he is singularly lacking in imagination ◆ **sa marge de manœuvre est singulièrement réduite** his room for manoeuvre has been greatly *ou* severely reduced ◆ **trancher *ou* contraster singulièrement avec qch** to be in singular contrast with sth
③ *(= en particulier)* particularly, especially

sinisation /sinizasjɔ̃/ NF sinicization

siniser /sinize/ ▸ conjug 1 ◂
  VT *[+ culture, région]* to sinicize ◆ **une population fortement sinisée** a people strongly influenced by Chinese culture
  VPR **se siniser** to become sinicized

sinistre /sinistʀ/ SYN
  ADJ ① *(= lugubre)* *[voix, air]* gloomy; *[personne]* grim-looking; *[soirée, réunion]* grim, deadly (boring) *; *[image, tableau]* grim ◆ **c'est vraiment sinistre ici** *(= glauque)* it's really miserable in here; *(= effrayant)* it's really creepy in here ◆ **tu es sinistre ce soir !** you're cheerful tonight! *(iro)* ◆ **le patron est sinistre** the boss gives me the creeps *
② *(avant n)* *[personnage]* appalling, evil ◆ **un pénitencier de sinistre réputation** a prison of evil repute ◆ **ce pays détient le sinistre record du nombre de tués sur la route** this country holds the gruesome record for road fatalities ◆ **une sinistre liste d'assassinats** a grim list of killings ◆ **un sinistre avertissement** a grim warning ◆ **une sinistre réalité** a grim reality; → **mémoire**[1]
③ *(intensif)* ◆ **un sinistre voyou/imbécile** an absolute lout/idiot
④ *(= de mauvais augure)* *[bruit, projet]* sinister
  NM *(= catastrophe)* disaster; *(= incendie)* blaze; *(Assurances = cas)* accident ◆ **l'assuré doit déclarer le sinistre dans les 24 heures** any (accident) claim must be notified within 24 hours ◆ **évaluer l'importance d'un sinistre** *(Assurances)* to appraise the extent of the damage *(ou loss etc)*

> ⚠ L'adjectif **sinistre** se traduit par le mot anglais **sinister** uniquement au sens de 'de mauvais augure'.

sinistré, e /sinistʀe/ SYN
  ADJ *[région, pays]* (disaster-)stricken *(épith)*; *[secteur économique]* devastated ◆ **zone sinistrée** disaster area ◆ **ville sinistrée sur le plan de l'emploi** town devastated *ou* blighted by unemployment ◆ **les personnes sinistrées** the disaster victims
  NM,F disaster victim

sinistrement /sinistʀəmɑ̃/ ADV in a sinister way ◆ **nom sinistrement célèbre** infamous name

sinistrose /sinistʀoz/ NF pessimism

Sinn Fein /sinfejn/ NM *(Pol)* Sinn Féin

sino- /sino/ PRÉF Sino- ◆ **sino-américain/tibétain** Sino-American/Tibetan

sinologie /sinɔlɔʒi/ NF sinology

sinologue /sinɔlɔɡ/ NMF sinologist, specialist in Chinese affairs

sinon /sinɔ̃/ SYN CONJ ① *(= autrement)* otherwise, or else ◆ **fais-le, sinon nous aurons des ennuis** do it, otherwise *ou* or else we will be in trouble ◆ **faites-le, vous vous exposerez sinon à des ennuis** do it - you're likely to get into trouble otherwise ◆ **elle doit être malade, sinon elle serait déjà venue** she must be ill, otherwise *ou* or else she would have already come ◆ **fais-le, sinon...** *(pour indiquer la menace)* do it, or else...
② *(concession = si ce n'est)* if not ◆ **il faut le faire, sinon pour le plaisir, du moins par devoir** it must be done, if not for pleasure, (then) at least out of a sense of duty ◆ **il avait leur approbation, sinon leur enthousiasme** he had their approval, if not their enthusiasm ◆ **cette histoire est savoureuse, sinon très morale** *(frm)* this story is spicy, if not very moral ◆ **ils y étaient opposés, sinon hostiles** *(frm)* they were opposed, if not (actively) hostile, to it
③ *(frm = sauf)* except, other than, save *(frm)* ◆ **on ne possède jamais rien, sinon soi-même** there is nothing one ever possesses, except (for) *ou* other than oneself ◆ **à quoi peut bien servir cette manœuvre sinon à nous intimider ?** what can be the purpose of this manoeuvre other than *ou* if not to intimidate us?
◆ **sinon que** only that, other than that ◆ **je ne sais pas grand-chose, sinon qu'il a démissionné** I don't know much about it, only that *ou* other than that he has resigned ◆ **un homme courageux, sinon qu'il était un peu imprudent** † a courageous man, save † for being rather reckless

sinophile /sinɔfil/ ADJ, NMF sinophile

sinople /sinɔpl/ NM *(Héraldique)* vert, sinople †

sinoque †‡ /sinɔk/
  ADJ crazy *, batty *, nutty *
  NMF loony *, nutcase *

sinuer /sinɥe/ ▸ conjug 1 ◂ VI *(littér)* *[rivière, route]* to meander, to wind

sinueux, -euse /sinɥø, øz/ SYN ADJ ① *[rivière]* winding *(épith)*, meandering *(épith)*; *[route, chemin]* winding *(épith)*; *[ligne]* sinuous

sinuosité | six FRENCH-ENGLISH 882

2 *[pensée, raisonnement]* tortuous ◆ **il a eu un parcours sinueux** his career followed a tortuous path *ou* route

sinuosité /sinɥozite/ SYN NF *(NonC) [de route]* winding; *[de rivière]* winding, meandering; *[de pensée, raisonnement]* tortuousness ◆ **les sinuosités du chemin/de la rivière** the twists and turns of the path/of the river ◆ **les sinuosités de sa pensée** his tortuous train of thought, his convoluted thought processes ◆ **les sinuosités de la politique** the tortuous course of politics

sinus¹ /sinys/ NM *(Anat)* sinus ◆ **sinus frontal/maxillaire** frontal/maxillary sinus

sinus² /sinys/ NM *(Math)* sine

sinusite /sinyzit/ NF sinusitis *(NonC)*

sinusoïdal, e (mpl **-aux**) /sinyzɔidal, o/ ADJ sinusoidal

sinusoïde /sinyzɔid/ NF sinusoid, sine curve

Sion /sjɔ̃/ N Zion

sionisme /sjɔnism/ NM Zionism

sioniste /sjɔnist/ ADJ, NMF Zionist

sioux /sju/
ADJ INV Sioux
NM *(= langue)* Sioux
NMF **Sioux** Sioux; → **ruse**

siphoïde /sifɔid/ ADJ siphonal, siphonic, siphon-shaped *(épith)*

siphomycètes /sifɔmisɛt/ NMPL ◆ **les siphomycètes** the Phycomycetes *(SPÉC)*

siphon /sifɔ̃/ NM 1 *(= tube, bouteille)* siphon; *[d'évier, W-C]* U-bend
2 *(Spéléologie)* sump
3 *[d'animal marin]* siphon

siphonnage /sifɔnaʒ/ NM siphoning

siphonné, e* /sifɔne/ ADJ *(= fou)* crazy*, batty*, nutty*

siphonner /sifɔne/ ► conjug 1 ◄ VT to siphon

siphonophore /sifɔnɔfɔʀ/ NM siphonophore

sipo /sipo/ NM African mahogany

sire /siʀ/ NM 1 *(au roi)* ◆ **Sire** Sire
2 *(Hist = seigneur)* lord
3 ◆ **un triste sire** an unsavoury *(Brit) ou* unsavory *(US)* individual ◆ **un pauvre sire** † a poor *ou* penniless fellow

sirène /siʀɛn/ SYN NF 1 *(Myth)* siren; *(à queue de poisson)* mermaid ◆ **écouter le chant des sirènes** to listen to the sirens' song ◆ **céder à l'appel des sirènes nationalistes** to give in to the lure of nationalist ideas
2 *(= appareil) [d'ambulance, bateau]* siren; *[d'usine]* hooter *(Brit)*, siren *(US)*; *[de pompiers]* fire siren ◆ **sirène d'alarme** *(en temps de guerre)* air-raid siren; *(en temps de paix)* fire alarm ◆ **la police est arrivée toutes sirènes hurlantes** the police cars arrived with their sirens wailing

siréniens /siʀenjɛ̃/ NMPL ◆ **les siréniens** serenians, the Sirenia *(SPÉC)*

sirex /siʀɛks/ NM sawfly

Sirius /siʀjys/ NM Sirius

sirli /siʀli/ NM ◆ **sirli du désert** hoopoe *ou* bifasciated lark

sirocco /siʀɔko/ NM sirocco

sirop /siʀo/ NM 1 *(= médicament)* syrup, mixture; *(= boisson)* fruit drink *ou* cordial *(Brit)* ◆ **sirop d'orgeat** barley water ◆ **sirop de groseille/d'ananas/de menthe** redcurrant/pineapple/mint cordial *(Brit) ou* beverage *(US)* ◆ **sirop d'érable** maple syrup ◆ **sirop de maïs** corn syrup ◆ **sirop contre la toux** cough mixture *ou* syrup *ou* linctus *(Brit)*
2 *(* : péj)* schmaltz* ◆ **cette musique, c'est du sirop** this music is schmaltz* *ou* very syrupy

siroter* /siʀɔte/ SYN ► conjug 1 ◄ VT to sip

sirtaki /siʀtaki/ NM sirtaki

sirupeux, -euse /siʀypø, øz/ SYN ADJ *[liquide]* syrupy; *(péj) [musique]* schmaltzy*, syrupy

sis, sise /si, siz/ ADJ *(Admin, Jur)* located

sisal /sizal/ NM sisal

sismal, e (mpl **-aux**) /sismal, o/ ADJ ◆ **ligne sismale** path of an earthquake

sismicité /sismisite/ NF seismicity

sismique /sismik/ ADJ seismic; → **secousse**

sismogramme /sismɔgʀam/ NM seismogram

sismographe /sismɔgʀaf/ NM seismograph

sismographie /sismɔgʀafi/ NF seismography

sismologie /sismɔlɔʒi/ NF seismology

sismologique /sismɔlɔʒik/ ADJ seismologic(al)

sismologue /sismɔlɔg/ NMF seismologist

sismothérapie /sismoteʀapi/ NF shock therapy

sistre /sistʀ/ NM sistrum

sisymbre /sizɛ̃bʀ/ NM *(= plante)* rocket

Sisyphe /sizif/ NM Sisyphus; → **rocher**

Sita /sita/ NF Sita

sitar /sitaʀ/ NM sitar

sitariste /sitaʀist/ NMF sitarist

sitcom /sitkɔm/ NM *ou* NF (abrév de **situation comedy**) sitcom

site /sit/ SYN NM 1 *(= environnement)* setting; *(= endroit remarquable)* beauty spot ◆ **dans un site merveilleux/très sauvage** in a marvellous/very wild setting ◆ **site naturel/historique** natural/historic site ◆ **les sites pittoresques de la région** the beauty spots of the area ◆ **site touristique** tourist spot *ou* attraction ◆ **la protection des sites** the conservation of places of interest ◆ **site protégé** *ou* **classé** conservation area ◆ « **Beaumanoir, ses plages, ses hôtels, ses sites** » "Beaumanoir for beaches, hotels and places to visit"
2 *(= emplacement) (industriel, militaire)* site ◆ **site archéologique/olympique/de production** archeological/Olympic/production site ◆ **pistes cyclables en site propre** separate bicycle lanes ◆ **ligne de bus en site propre** bus lane system *(with a physical barrier between the bus lane and the street)*
3 *(Mil)* ◆ **(angle de) site** (angle of) sight ◆ **ligne de site** line of sight
4 *(Ordin)* site ◆ **site Web** website ◆ **site comparatif** shopbot ◆ **site miroir** mirror site
5 *(Chim)* site
6 *(locutions)*
◆ **sur site** on site ◆ **dépannage sur site** on-site repairs

sit-in /sitin/ NM INV sit-in ◆ **faire un sit-in** to stage a sit-in

sitologie /sitɔlɔʒi/ NF site studies *(pl)*

sitologue /sitɔlɔg/ NMF site specialist

sitostérol /sitosteʀɔl/ NM sitosterol

sitôt /sito/
ADV 1 *(= dès que)* ◆ **sitôt couchée, elle s'endormit** as soon as she was in bed she fell asleep, she was no sooner in bed *ou* no sooner was she in bed than she fell asleep ◆ **sitôt dit, sitôt fait** no sooner said than done ◆ **sitôt après la guerre** immediately *ou* straight *(Brit) ou* right after the war, immediately the war was over *(Brit)*
2 *(avec nég)* ◆ **il ne reviendra pas de sitôt** he won't be back for quite a while *ou* for (quite) some time, he won't be back in a hurry ◆ **il a été si bien puni qu'il ne recommencera pas de sitôt !** he was so severely punished that he won't be doing that again for a while! *ou* in a hurry!
PRÉP *(littér)* ◆ **sitôt ton retour, il faudra que...** as soon as you're back, we must... ◆ **sitôt les vacances, elle partait** she would go away as soon as the holidays started, the holidays had no sooner begun than she would go away
LOC CONJ **sitôt (après) que** as soon as, no sooner than ◆ **sitôt (après) que le docteur fut parti, elle se sentit mieux** as soon as the doctor had left she felt better, the doctor had no sooner left than she felt better ◆ **sitôt qu'il sera guéri, il reprendra le travail** as soon as he is better he'll go back to work

sittelle /sitɛl/ NF nuthatch

situation /sitɥasjɔ̃/ GRAMMAIRE ACTIVE 19.2 SYN NF
1 *(= emplacement)* situation, location ◆ **la situation de cette villa est excellente** this villa is very well situated *ou* is in an excellent location
2 *(= conjoncture, circonstances)* situation ◆ **tu vois la situation où je me trouve** you see the situation *ou* position I'm in ◆ **être dans une situation délicate** *ou* **difficile** to be in a difficult position *ou* situation ◆ **être en situation de faire qch** to be in a position to do sth ◆ **situation de fait** de facto situation ◆ **situation de famille** marital status ◆ **situation financière/politique** financial/political situation ◆ **étranger en situation irrégulière** foreigner whose papers are not in order ◆ **dans une situation désespérée** in a desperate plight ◆ **l'entreprise est en situation de monopole** the company has a monopoly on the market ◆ **faire face à une situation d'urgence** to cope with an emergency situation ◆ **c'est l'homme de la situation** he's the right man for the job; → **comique, renverser**
3 *(= emploi)* post, job, position ◆ **chercher une/perdre sa situation** to look for a/lose one's post *ou* job ◆ **il a une belle situation** he has an excellent job ◆ **il s'est fait une belle situation dans l'édition** he's worked up to a good position in publishing
4 *(Fin = état)* statement of finances ◆ **situation de trésorerie** cash flow statement
5 *(locution)* ◆ **en situation** in a real-life situation

situationnel, -elle /sitɥasjɔnɛl/ ADJ situational

situationnisme /sitɥasjɔnism/ NM situationism

situationniste /sitɥasjɔnist/ NMF situationist

situé, e /sitɥe/ (ptp de **situer**) ADJ situated ◆ **bien/mal situé** well/poorly situated

situer /sitɥe/ SYN ► conjug 1 ◄
VT 1 *(lit = placer, construire)* to site, to situate, to locate
2 *(par la pensée) (= localiser)* to set, to place; *(* = catégoriser) [+ personne]* to place ◆ **on ne le situe pas bien*** you just can't figure him out*
VPR **se situer** 1 *(emploi réfléchi)* to place o.s. ◆ **essayer de se situer par rapport à qn/qch** to try to place o.s. in relation to sb/sth ◆ **il se situe à gauche** *(Pol)* he's on the left, he leans towards the left
2 *(= se trouver) (dans l'espace)* to be situated; *(dans le temps)* to take place; *(par rapport à des notions)* to stand ◆ **l'action/cette scène se situe à Paris** the action/this scene is set *ou* takes place in Paris ◆ **la hausse des prix se situera entre 5% et 10%** prices will rise by between 5% and 10%, there will be price rises of between 5% and 10% ◆ **la France se situe dans le peloton de tête** France is among the leading countries

Siva /ʃiva/ NM Siva, Shiva

six /sis, *devant n commençant par consonne* si, *devant n commençant par voyelle ou h muet* siz/
ADJ CARDINAL INV six ◆ **il y avait six mille personnes** there were six thousand people ◆ **ils sont six enfants** there are six children ◆ **je suis resté six heures/jours** I stayed six hours/days ◆ **les six huitièmes de cette somme** six eighths of this sum ◆ **il a six ans** he is six (years old) ◆ **un enfant de six ans** a six-year-old (child), a child of six ◆ **un objet de 6 €** an item costing €6 ◆ **polygone à six faces** six-sided polygon ◆ **couper qch en six morceaux** to cut sth into six pieces ◆ **j'en ai pris trois, il en reste six** I've taken three (of them) and there are six (of them) left ◆ **il est six heures** it's six o'clock ◆ **il est six heures du soir** it's 6 pm, it's six in the evening ◆ **il est six heures du matin** it's 6 am, it's six in the morning ◆ **il est trois heures moins six** it is six minutes to three ◆ **il est trois heures six** it is six minutes past *ou* after *(US)* three ◆ **par vingt voix contre six** by twenty votes to six ◆ **cinq jours/fois sur six** five days/times out of six ◆ **ils sont venus tous les six** all six of them came ◆ **ils ont porté la table à eux six** the six of them carried the table ◆ **ils ont mangé le jambon à eux six** the six of them ate the ham, they ate the ham between the six of them ◆ **partagez cela entre vous six** share that among the six of you ◆ **ils viennent à six pour déjeuner** there are six coming to lunch ◆ **on peut s'asseoir à six autour de cette table** this table can seat six (people) ◆ **ils vivent à six dans une seule pièce** there are six of them living in one room ◆ **se battre à six contre un/à un contre six** to fight six against one/one against six ◆ **entrer six par six** to come in by sixes *ou* six at a time *ou* six by six ◆ **se mettre en rangs par six** to form rows of six
ADJ ORDINAL INV ◆ **arriver le six septembre** to arrive on the sixth of September *ou* (on) September the sixth *ou* (on) September sixth ◆ **Louis six** Louis the Sixth ◆ **chapitre/page/article six** chapter/page/article six ◆ **le numéro six gagne un lot** number six wins a prize ◆ **il habite au numéro six de la rue Arthur** he lives at number six Rue Arthur
NM INV 1 *(= nombre)* six ◆ **trente-/quarante-six** thirty-/forty-six ◆ **quatre et deux font six** four and two are *ou* make six ◆ **il fait mal ses six** he writes his sixes badly ◆ **c'est le six qui a gagné** number six has won ◆ **il habite au six (de la rue)** he lives at number six ◆ **il habite six rue de Paris** he lives at six, Rue de Paris ◆ **nous sommes le six aujourd'hui** it's the sixth today ◆ **il est venu le six** he came on the sixth ◆ **il est payé le six** *ou* **tous les six de chaque mois** he is paid on the sixth of each month ◆ **le six de cœur** *(Cartes)* the six of hearts ◆ **le six et deux**

(Dominos) the six-two ♦ **la facture est datée du six** the bill is dated the 6th
② (Pol) ♦ **les Six, l'Europe des Six** (jusqu'en 1973) the Six, the Europe of the Six

sixain /sizɛ̃/ NM ⇒ sizain

six-huit /sisɥit/ NM INV (Mus) six-eight (time) ♦ **mesure à six-huit** bar in six-eight (time)

sixième /sizjɛm/
ADJ sixth ♦ **vingt-/trente-sixième** twenty-/thirty-sixth ♦ **recevoir la sixième partie d'un héritage** to receive a sixth of a bequest ♦ **demeurer dans le sixième (arrondissement)** to live in the sixth arrondissement (in Paris) ♦ **habiter au sixième (étage)** to live on the sixth floor (Brit) ou the seventh floor (US)
NMF (gén) sixth (person) ♦ **se classer sixième** to come sixth ♦ **nous avons besoin d'un sixième pour compléter l'équipe** we need a sixth (person) to complete the team ♦ **elle est arrivée (la) sixième dans la course** she came (in) sixth in the race
NM (= portion) sixth ♦ **calculer le sixième d'un nombre** to work out the sixth of a number ♦ **recevoir le sixième** ou **un sixième d'une somme** to receive a sixth of a sum ♦ **(les) deux sixièmes du budget seront consacrés à...** two sixths of the budget will be given over to...
NF (Scol) ≈ first form (Brit), ≈ sixth grade (US) ♦ **entrer en (classe de) sixième** ≈ to go into the first form (Brit) ou sixth grade (US) ♦ **élève de sixième** ≈ first form (Brit) ou sixth-grade (US) pupil

sixièmement /sizjɛmɑ̃/ ADV in the sixth place, sixthly

six-mâts /sima/ NM INV (= bateau) six-master

six-quatre-deux* /siskatdø/ **à la six-quatre-deux** LOC ADV [faire] in a slapdash way, any old way, any old how * (Brit)

sixte /sikst/ NF (Mus) sixth; (Escrime) sixte

Sixtine /sikstin/ ADJ, NF ♦ **la (chapelle) Sixtine** the Sistine Chapel

sizain /sizɛ̃/ NM (Littérat) six-line stanza; (Cartes) packet of six packs of cards

sizerin /sizʁɛ̃/ NM redpoll

ska /ska/ NM ska

skaï ® /skaj/ NM Leatherette ® ♦ **en skaï** Leatherette (épith)

skate(-board), skateboard /skɛt(bɔʁd)/ NM skateboard ♦ **le skate(-board)** (= activité) skateboarding ♦ **faire du skate(-board)** to skateboard

skateur, -euse /skɛtœʁ, øz/ NM,F skateboarder

sketch (pl **sketches**) /skɛtʃ/ NM (variety) sketch; → film

ski /ski/
NM (= objet) ski; (= sport) skiing ♦ **s'acheter des skis** to buy o.s. a pair of skis ou some skis ♦ **ski amont/aval** uphill/downhill ski ♦ **aller quelque part à** ou **en skis** to go somewhere on skis, to ski somewhere ♦ **faire du ski** to ski, to go skiing ♦ **aller au ski*** to go skiing ♦ **vacances/équipement de ski** ski(ing) holiday/equipment ♦ **chaussures/moniteur/épreuve/station de ski** ski boots/instructor/race/resort; → **lunette, ski**
COMP ♦ **ski acrobatique** hot-dogging, freestyling
ski alpin (= discipline) Alpine skiing; (opposé à ski de fond) downhill skiing
ski artistique ski ballet
ski sur bosses mogul skiing
ski court short ski
ski de descente downhill skiing
ski d'été glacier skiing
ski évolutif short ski method, ski évolutif
ski de fond (= sport) cross-country skiing, ski touring (US), langlauf; (= discipline) cross-country ski
ski sur glacier glacier skiing
ski de haute montagne ski-mountaineering
ski nautique water-skiing
ski nordique Nordic skiing
ski parabolique parabolic ski
ski de piste downhill skiing
ski de randonnée ⇒ ski de fond

skiable /skjabl/ ADJ [neige, piste] skiable ♦ **ils ont un grand domaine skiable** they have a lot of ski slopes ou pistes

skiascopie /skjaskɔpi/ NF skiascopy

ski-bob (pl **ski-bobs**) /skibɔb/ NM skibob ♦ **faire du ski-bob** to go skibobbing

skidoo /skidu/ NM skidoo, snow scooter ♦ **faire du skidoo** to skidoo ♦ **il y est allé en skidoo** he went there on a skidoo ou on a snow scooter

skier /skje/ ► conjug 7 ◄ VI to ski

skieur, skieuse /skjœʁ, skjøz/ NM,F skier; (Ski nautique) water-skier ♦ **skieur de fond** cross-country ou langlauf skier ♦ **skieur hors piste** off-piste skier ♦ **deux skieurs hors piste ont été tués** two people skiing off-piste were killed

skif(f) /skif/ NM skiff

skif(f)eur /skifœʁ/ NM skiff sailor

skin* /skin/ NM skin*

skinhead /skinɛd/ NM skinhead

skipper /skipœʁ/ NM (Voile) skipper

Skopje /skɔpje/ N Skopje

skye-terrier (pl **skye-terriers**) /skajtɛʁje/ NM Skye terrier

slalom /slalɔm/ NM (= épreuve, piste) slalom; (= mouvement) slalom ou weaving movement; (entre divers obstacles) zigzag ♦ **faire du slalom** to slalom (entre, parmi between) ♦ **slalom géant/spécial** giant/special slalom ♦ **le slalom nautique** slalom canoeing; → **descente**

slalomer /slalɔme/ ► conjug 1 ◄ VI (Sport) to slalom ♦ **il slalomait entre les voitures** he was weaving in and out of the traffic ou zigzagging through the traffic ♦ **le serveur slalomait entre les tables** the waiter was weaving between the tables

slalomeur, -euse /slalɔmœʁ, øz/ NM,F slalom skier ou specialist ou racer

slave /slav/
ADJ Slav(onic), Slavic; [langue] Slavic, Slavonic ♦ **le charme slave** Slavonic charm
NMF ♦ **Slave** Slav

slavisant, e /slavizɑ̃, ɑ̃t/ NM,F Slavist

slaviser /slavize/ ► conjug 1 ◄ VT to Slavify

slaviste /slavist/ NMF ⇒ slavisant, e

slavistique /slavistik/ NF study of Slavic ou Slavonic languages

slavon, -onne /slavɔ̃, ɔn/
ADJ Slavonian
NM (= langue) Slavonic
NM,F ♦ **Slavon(ne)** Slavonian

Slavonie /slavɔni/ NF Slavonia

slavophile /slavɔfil/ ADJ, NMF Slavophile

sleeping † /slipiŋ/ NM sleeping car

slice /slajs/ NM (Tennis etc) slice

slicer /slajse/ ► conjug 3 ◄ VT (Tennis etc) to slice ♦ **revers slicé** sliced backhand

slip /slip/ NM ① [d'homme] briefs, underpants; [de femme] pants (Brit), panties (US), briefs ♦ **slip de bain** [d'homme] (bathing ou swimming) trunks; (bikini) bikini bottom(s) ♦ **slip brésilien** tanga ♦ **slip kangourou** Y-fronts ♦ **j'ai acheté deux slips** I bought two pairs of briefs ou pants ♦ **se retrouver en slip*** (fig) to lose one's shirt
② [de bateau] slipway

⚠ Au sens français, **slip** ne se traduit pas par le mot anglais **slip**.

slipé, e /slipe/ ADJ [collant] with integral pants (Brit) ou panty (US)

slogan /slɔgɑ̃/ SYN NM slogan

sloop /slup/ NM sloop

sloughi /slugi/ NM Saluki, Persian greyhound

slovaque /slɔvak/
ADJ Slovak
NMF ♦ **Slovaque** Slovak

Slovaquie /slɔvaki/ NF Slovakia

slovène /slɔvɛn/
ADJ Slovene
NM (= langue) Slovene
NM,F ♦ **Slovène** Slovene

Slovénie /slɔveni/ NF Slovenia

slow /slo/ NM (= danse) slow dance; (= musique) slow number; (= fox-trot) slow fox trot ♦ **danser un slow** to do ou dance a slow dance

SMAG /smag/ NM (abrév de **salaire minimum agricole garanti**) → salaire

smala* /smala/ NF (péj = troupe) tribe * ♦ **ils ont débarqué avec toute la smala** they turned up with all their family in tow

smalt /smalt/ NM smalt

smaltite /smaltit/ NF smaltite

smaragdin, e /smaʁagdɛ̃, in/ ADJ smaragdine

smaragdite /smaʁagdit/ NF smaragdite

smash /sma(t)ʃ/ NM (Tennis) smash ♦ **faire un smash** to do a smash, to smash (the ball)

smasher /sma(t)ʃe/ ► conjug 1 ◄ (Tennis)
VT to smash
VI to do a smash, to smash (the ball)

SME /ɛsəmə/ NM (abrév de **système monétaire européen**) EMS

smectique /smɛktik/ ADJ ① (Minér) ♦ **argile smectique** fuller's earth
② (Phys) ♦ **phase smectique** smectic phase

SMIC /smik/ NM (abrév de **salaire minimum interprofessionnel de croissance**) → salaire

smicard, e* /smikaʁ, aʁd/ NM,F minimum wage earner

SMIG † /smig/ NM (abrév de **salaire minimum interprofessionnel garanti**) → salaire

smille /smij/ NF spalling hammer

smithsonite /smitsɔnit/ NF smithsonite (Brit), calamine (US)

smocks /smɔk/ NMPL (= fronces) smocking (NonC) ♦ **robe à smocks** smocked dress

smog /smɔg/ NM smog

smok* /smɔk/ NM (abrév de **smoking**) DJ* (Brit), tux* (US)

smoking /smɔkiŋ/ NM (= costume) dinner suit, evening suit, dress suit; (= veston) dinner jacket, DJ* (Brit), tuxedo (US), tux* (US)

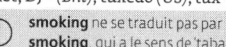 **smoking** ne se traduit pas par le mot anglais **smoking**, qui a le sens de 'tabagisme'.

smolt /smɔlt/ NM smolt

SMS /ɛsɛmɛs/ NM (abrév de **Short Message Service**) SMS

SMUR /smyʁ/ NM (abrév de **Service médical d'urgence et de réanimation**) mobile emergency unit

smurf /smœʁf/ NM (Danse) break dancing ♦ **danser le smurf** to break-dance

smurfer /smœʁfe/ ► conjug 1 ◄ VI to break-dance

smurfeur, -euse /smœʁfœʁ, øz/ NM,F break dancer

snack /snak/, **snack-bar** (pl **snack-bars**) /snakbaʁ/ NM snack bar

SNCF /ɛsɛnseɛf/ NF (abrév de **Société nationale des chemins de fer français**) → société

snif(f) /snif/ EXCL boo hoo!

sniffer* /snife/ ► conjug 1 ◄ VT to sniff ♦ **sniffer de la cocaïne/de la colle** to sniff cocaine/glue

sniper /snajpœʁ/ NM sniper

snob /snɔb/ SYN
NMF snob
ADJ [personne, attitude] snobbish; [quartier] posh *

snober /snɔbe/ SYN ► conjug 1 ◄ VT [+ personne] to snub, to give the cold shoulder to; [+ endroit, réception] to turn one's nose up at

snobinard, e* /snɔbinaʁ, aʁd/ (péj)
ADJ snooty*, stuck-up*, snobbish
NM,F stuck-up thing*, snob

snobisme /snɔbism/ SYN NM snobbery, snobbishness ♦ **snobisme à l'envers** ou **à rebours** inverted snobbery

snowboard /snobɔʁd/ NM snowboard ♦ **le snowboard** (= activité) snowboarding ♦ **faire du snowboard** to snowboard

snowboardeur, -euse /snobɔʁdœʁ, øz/ NM,F snowboarder

soap* /sop/ NM (abrév de **soap-opéra**) soap*

soap-opéra (pl **soap-opéras**) /sopɔpeʁa/ NM soap opera

sobre /sɔbʁ/ SYN ADJ ① [personne] (= qui mange et boit peu) abstemious; (= qui ne boit pas d'alcool) teetotal; (= qui n'est pas ivre) sober ♦ **sobre comme un chameau*** as sober as a judge
② (= mesuré, simple) [décor, style, éloquence] sober, understated; [tenue] simple, plain; [commentaire, vie] simple ♦ **sobre de gestes/en paroles** sparing of gestures/of words ♦ **des vêtements de coupe sobre** clothes cut simply

sobrement /sɔbʁəmɑ̃/ SYN ADV ① [vivre] abstemiously
② (= simplement) [s'habiller] simply, plainly; [commenter, expliquer] simply

sobriété /sɔbʁijete/ SYN NF ① [de personne] (= fait de boire et manger peu) temperance; (= fait de ne pas boire d'alcool) abstinence

sobriquet | soi

2 (= *simplicité*) [*de style, éloquence*] sobriety; [*de mise en scène, décor*] simplicity ◆ **sobriété de gestes/paroles** restraint in one's gestures/words

sobriquet /sɔbʀikɛ/ NM nickname

soc /sɔk/ NM ploughshare (Brit), plowshare (US)

soca /sɔka/ NF (*Mus*) soca

sociabilité /sɔsjabilite/ SYN NF **1** (*Sociol*) sociability, social nature

2 (= *civilité*) [*de personne, caractère*] sociability

sociable /sɔsjabl/ SYN ADJ **1** (*Sociol*) social

2 (= *ouvert, civil*) [*personne, caractère*] sociable; [*milieu*] hospitable ◆ **je ne suis pas d'humeur sociable aujourd'hui** I'm not in a sociable mood today, I don't feel like socializing today

social, e (mpl -**iaux**) /sɔsjal, jo/ SYN

ADJ 1 [*animal, créature, rapports, conventions*] social; → **science**

2 [*classe, questions, loi, politique, système*] social ◆ **œuvres sociales** charity activities; → **assistant, sécurité, siège**[1]

3 (= *du travail*) ◆ **revendications sociales** workers' demands ◆ **conflit social** industrial *ou* trade dispute ◆ **plan social** restructuring programme

NM ◆ **le social** (= *questions*) social issues ◆ **faire du social** to tackle social issues

social-démocrate, sociale-démocrate (mpl **sociaux-démocrates**) /sɔsjaldemɔkʀat, sɔsjodemɔkʀat/ ADJ, NM,F Social Democrat

social-démocratie (pl **social-démocraties**) /sɔsjaldemɔkʀasi/ NF social democracy

socialement /sɔsjalmɑ̃/ ADV socially

socialisant, e /sɔsjalizɑ̃, ɑ̃t/ ADJ [*idéologie*] with socialist leanings *ou* tendencies

socialisation /sɔsjalizasjɔ̃/ NF **1** (*Écon*) [*de moyens de production*] collectivization

2 (*Sociol*) [*de personne*] socialization

socialiser /sɔsjalize/ ► conjug 1 ◄

VT **1** (*Écon*) to socialize ◆ **le financement socialisé des dépenses médicales** socialized healthcare ◆ **ils ont décidé de socialiser les pertes** they've decided that the state should pay for the losses

2 (*Sociol*) [+ *personne*] to socialize ◆ **les individus les plus socialisés** those who are most fully socialized

VPR **se socialiser** (*Sociol*) [*personne*] to become socialized

socialisme /sɔsjalism/ NM socialism ◆ **socialisme utopique/scientifique/révolutionnaire** utopian/scientific/revolutionary socialism ◆ **socialisme d'État** state socialism

socialiste /sɔsjalist/ ADJ, NMF socialist

socialo /sɔsjalo/

PRÉF socialo ◆ **socialo-communiste** socialo-communist

NMF * (*souvent péj*) Socialist

sociétaire /sɔsjetɛʀ/ SYN NMF member (*of a society*) ◆ **sociétaire de la Comédie-Française** (share-holding) member of the Comédie-Française

sociétal, e (mpl -**aux**) /sɔsjetal, o/ ADJ [*changement, structure*] societal ◆ **engagement sociétal** community involvement

sociétariat /sɔsjetaʀja/ NM membership (*in a society*)

Société /sɔsjete/ NF ◆ **l'archipel de la Société** the Society Islands

société /sɔsjete/ SYN

NF **1** (= *groupe, communauté*) society ◆ **la société** society ◆ **la vie en société** life in society ◆ **société sans classe** classless society ◆ **la société de consommation** the consumer society ◆ **la société de loisirs** the leisure society

2 (= *club*) (*littéraire*) society; (*sportif*) club ◆ **société de pêche/tir** angling/shooting club ◆ **société secrète/savante** secret/learned society ◆ **la société protectrice des animaux** ≈ the Royal Society for the Prevention of Cruelty to Animals (*Brit*), ≈ the American Society for the Prevention of Cruelty to Animals (*US*)

3 (= *entreprise*) company, firm ◆ **société financière** finance company ◆ **société immobilière** (= *compagnie*) property (*Brit*) *ou* real estate (*US*) company; [*de copropriétaires*] housing association

4 (= *classes supérieures*) ◆ **la société** society ◆ **dans la bonne société** in polite society ◆ **la haute société** high society

5 (= *assemblée*) company, gathering ◆ **il y venait une société assez mêlée/une société d'artistes et d'écrivains** a fairly mixed company *ou* gathering/a company *ou* gathering of artists and writers used to come ◆ **toute la société se leva pour l'acclamer** the whole company rose to acclaim him

6 (= *compagnie*) company, society (*frm*) (*littér*) ◆ **rechercher/priser la société de qn** to seek/value sb's company *ou* society (*littér*) *ou* companionship ◆ **dans la société de qn** in the company *ou* society (*frm, littér*) of sb; → **jeu, talent**[1]

COMP **société par actions** joint-stock company
société anonyme (*gén*) ≈ limited (liability) company; (*ouverte au public*) ≈ public limited company
Société des auteurs, compositeurs et éditeurs de musique French body responsible for collecting and distributing music royalties, ≈ Publishing Rights Society (*Brit*)
société de Bourse brokerage *ou* broking firm
société à capital variable company with variable capital
société de capitaux joint-stock company
société civile (*Comm*) non-trading company; (*Philos*) civil society ◆ **personne de la société civile** (*Pol*) lay person
société civile immobilière non-trading property (*Brit*) *ou* real estate (*US*) company
société civile de placement immobilier non-trading property (*Brit*) *ou* real estate (*US*) investment trust
société civile professionnelle professional partnership
société en commandite limited partnership
société commerciale trading company
société commune joint-venture company
société de crédit credit *ou* finance company
société d'économie mixte semi-public company
société écran bogus *ou* dummy company
société d'exploitation development company
société d'investissement investment trust ◆ **société d'investissement à capital variable** unit trust (*Brit*), open-end investment trust (*US*), mutual fund (*US*)
la société de Jésus the Society of Jesus
Société nationale des chemins de fer français French national railway company
la Société des Nations (*Hist Pol*) the League of Nations
société en nom collectif general partnership
société en participation joint-venture company
société de personnes partnership
société de portefeuille holding company
société de production (*Audiov*) production company
société à responsabilité limitée limited liability company
société de services service company ◆ **société de services informatiques** software house
société de tempérance temperance society

⚠ Au sens de 'entreprise', **société** ne se traduit pas par society.

socio /sɔsjo/ NF abrév de **sociologie**

sociobiologie /sɔsjobjɔlɔʒi/ NF sociobiology

sociobiologiste /sɔsjobjɔlɔʒist/ NMF sociobiologist

socioculturel, -elle /sɔsjokyltyʀɛl/ ADJ sociocultural

sociodrame /sɔsjodʀam/ NM sociodrama

socio-économique (pl **socio-économiques**) /sɔsjoekɔnɔmik/ ADJ socioeconomic

socio-éducatif, -ive (mpl **socio-éducatifs**) /sɔsjoedykatif, iv/ ADJ socioeducational

sociogéographique /sɔsjoʒeɔgʀafik/ ADJ sociogeographic

sociogramme /sɔsjogʀam/ NM sociogram

sociolinguiste /sɔsjolɛ̃gɥist/ NMF sociolinguist

sociolinguistique /sɔsjolɛ̃gɥistik/
ADJ sociolinguistic
NF sociolinguistics (*sg*)

sociologie /sɔsjɔlɔʒi/ NF sociology

sociologique /sɔsjɔlɔʒik/ ADJ sociological

sociologiquement /sɔsjɔlɔʒikmɑ̃/ ADV sociologically

sociologisme /sɔsjɔlɔʒism/ NM sociologism

sociologue /sɔsjɔlɔg/ NMF sociologist

sociométrie /sɔsjɔmetʀi/ NF sociometry

sociométrique /sɔsjɔmetʀik/ ADJ sociometric

sociopathe /sɔsjopat/ NMF sociopath

sociopolitique /sɔsjopɔlitik/ ADJ sociopolitical

socio(-)professionnel, -elle /sɔsjopʀɔfesjɔnɛl/ ADJ socio-professional

sociothérapie /sɔsjoteʀapi/ NF sociotherapy

soclage /sɔklaʒ/ NM [*d'œuvre d'art*] mounting (*on a base*)

socle /sɔkl/ SYN NM **1** [*de statue, colonne*] plinth, pedestal, socle (*SPÉC*); [*de lampe, vase*] base

2 (*fig*) ◆ **le socle de connaissances et de compétences commun à tous les élèves** the core knowledge and skills shared by all the pupils ◆ **ils cherchent à consolider leur socle électoral** they are trying to strengthen their electoral base ◆ **le socle sur lequel fut fondée notre république** the foundation stone of our republic

3 (*Géog*) basement ◆ **socle continental** continental shelf ◆ **socle rocheux** bedrock

socler /sɔkle/ ► conjug 1 ◄ VT [+ *œuvre d'art*] to mount (*on a base*)

socque /sɔk/ NM (= *sabot*) clog

socquette /sɔkɛt/ NF ankle sock (*Brit*), anklet (*US*)

Socrate /sɔkʀat/ NM Socrates

socratique /sɔkʀatik/ ADJ Socratic

soda /sɔda/ NM fizzy drink (*Brit*), soda (*US*), pop* ◆ **soda à l'orange** orangeade ◆ **whisky soda** whisky and soda

sodé, e /sɔde/ ADJ sodium (*épith*)

sodique /sɔdik/ ADJ sodic

sodium /sɔdjɔm/ NM sodium

sodoku /sɔdɔku/ NM rat-bite fever, sodoku

Sodome /sɔdɔm/ N Sodom ◆ **Sodome et Gomorrhe** Sodom and Gomorrah ◆ « **Sodome et Gomorrhe** » (*Littérat*) "The Cities of the Plain"

sodomie /sɔdɔmi/ NF sodomy, buggery

sodomiser /sɔdɔmize/ ► conjug 1 ◄ VT to bugger, to have anal intercourse with

sodomite /sɔdɔmit/ NM sodomite

sœur /sœʀ/ SYN NF **1** (*lit, fig*) sister ◆ **avec un dévouement de sœur** with a sister's *ou* with sisterly devotion ◆ **la poésie, sœur de la musique** poetry, sister of *ou* to music ◆ **les sœurs filandières** the Parcae, the Fates ◆ **peuplades/organisations sœurs** sister peoples/organizations ◆ **sœur d'infortune** (*littér*) fellow sufferer ◆ **j'ai trouvé la sœur de cette commode chez un antiquaire** (*hum*) I found the partner to this chest of drawers in an antique shop ◆ **et ta sœur !**‡* get lost!‡*; → **âme, lait**

2 (*Rel*) nun, sister; (*comme titre*) Sister ◆ **sœur Jeanne** Sister Jeanne ◆ **elle a été élevée chez les sœurs** she was convent-educated ◆ **elle était en pension chez les sœurs** she went to a convent (boarding) school ◆ **les Petites sœurs des pauvres** the Little Sisters of the Poor ◆ **les sœurs de la Charité** the Sisters of Charity; → **bon**[1]

sœurette * /sœʀɛt/ NF little sister, kid* sister ◆ **salut sœurette !** hi sis!*

sofa /sɔfa/ SYN NM sofa

soffite /sɔfit/ NM (*Archit*) [*de larmier*] soffit

Sofia /sɔfja/ N Sofia

SOFRES /sɔfʀɛs/ NF (abrév de **Société française d'enquêtes par sondage**) French public opinion poll institute, ≈ Gallup, ≈ MORI (*Brit*)

soft /sɔft/

ADJ INV [*film*] soft-porn*, soft-core* ◆ **érotisme soft** soft(-core) porn* ◆ **l'ambiance soft d'un salon de thé** the cosy atmosphere of a tearoom ◆ **c'est la version soft de son premier livre** it's the watered-down version of his first book ◆ **la campagne électorale est plus soft que la précédente** the electoral campaign is less aggressive than the previous one

NM ◆ **le soft** (*Ordin*) software; (*Ciné*) soft(-core) porn films*

software /sɔftwɛʀ/ NM software

soi /swa/

PRON PERS **1** (*gén*) one(self); (*fonction d'attribut*) oneself ◆ **n'aimer que soi** to love only oneself ◆ **regarder devant/derrière soi** to look in front of/behind one ◆ **malgré soi** in spite of oneself ◆ **avoir confiance en soi** to be self-confident ◆ **rester chez soi** to stay at home

2 † (= *lui*) himself; (= *elle*) herself; (= *chose*) itself ◆ **il n'agissait que pour soi** (*frm*) he was only acting for himself *ou* in his own interests ◆ **elle comprenait qu'il fût mécontent de soi** (*évite une ambiguïté*) she understood his not being pleased with himself ◆ **il allait droit devant soi** *(frm)* he was going straight ahead

3 *(locutions)* ◆ **aller de soi** to be self-evident, to be obvious ◆ **cela va de soi** it goes without saying, it's obvious, it stands to reason ◆ **il va de soi que...** it goes without saying *ou* it stands to reason that... ◆ **en soi** *(= intrinsèquement)* in itself ◆ **n'exister que pour soi** to exist only for oneself ◆ **dans un groupe, on peut se rendre service entre soi** in a group, people can help each other *ou* one another (out) ◆ **être/rester soi** to be/remain oneself; → **chacun, hors, maître**

4 ◆ **soi-même** oneself ◆ **on le fait soi-même** you do it yourself, one does it oneself *(frm)* ◆ **le respect de soi-même** self-respect ◆ **Monsieur Leblanc ? – soi-même !** *(hum)* Mr Leblanc? – in person! *ou* none other! ; *pour autres loc voir* **même**

NM *(Philos, littér = personnalité, conscience)* self; *(Psych = inconscient)* id ◆ **la conscience de soi** self-awareness, awareness of self; → **en-soi, pour-soi**

soi-disant /swadizɑ̃/ SYN

ADJ INV so-called ◆ **un soi-disant poète/professeur** a so-called *ou* would-be poet/teacher

ADV supposedly ◆ **il était soi-disant parti à Rome** he had supposedly left for Rome, he was supposed to have left for Rome ◆ **il était venu soi-disant pour discuter** he had come to talk – or so he said, he had come ostensibly for a talk ◆ **soi-disant que*...** it would appear that..., apparently...

soie /swa/ **NF** 1 *(= tissu, fil)* silk ◆ **soie sauvage/végétale** wild/vegetal silk ◆ **soie grège/lavée** raw/washed silk; → **papier, ver**

2 *(= poil) [de sanglier]* bristle ◆ **brosse en soies de sanglier** (boar) bristle brush ◆ **brosse à dents en soies de nylon** nylon (bristle) tooth brush, tooth brush with nylon bristles

3 *(Tech) [de lime, couteau]* tang

soierie /swaʀi/ **NF** *(= tissu)* silk; *(= industrie, commerce)* silk trade; *(= filature)* silk mill

soif /swaf/ SYN **NF** 1 *(lit)* thirst ◆ **avoir soif** *[personne]* to be thirsty; *[plante, terre]* to be dry *ou* thirsty ◆ **avoir grand soif** † to be very thirsty ◆ **ça donne soif** it makes you thirsty ◆ **il fait soif*** I'm parched* ◆ **jusqu'à plus soif** *(lit)* till one's thirst is quenched; *(fig)* till one can't take any more ◆ **rester sur sa soif** *(lit)* to remain thirsty; *(fig)* to be left unsatisfied; → **boire, étancher, garder, mourir**

2 *(= désir)* ◆ **soif de** *[+ richesse, connaissances, vengeance, pouvoir]* thirst *ou* craving for ◆ **soif de faire qch** craving to do sth

soiffard, e* † /swafaʀ, aʀd/ *(péj)*

ADJ boozy*

NM,F boozer*

soignable /swaɲabl/ **ADJ** treatable

soignant, e /swaɲɑ̃, ɑ̃t/ **ADJ** *[personnel]* nursing *(épith)* ◆ **équipe soignante** (team of) doctors and nurses

soigné, e /swaɲe/ SYN (ptp de **soigner**) **ADJ**

1 *(= propre) [personne, chevelure]* well-groomed, neat, tidy; *[ongles]* manicured, well-kept; *[mains]* well-cared-for *(épith)*, well cared for *(attrib)* ◆ **peu soigné** *[personne]* untidy; *[cheveux]* unkempt, untidy; *[ongles, mains]* neglected(-looking) ◆ **il est très soigné de sa personne** he is very well turned-out *ou* well-groomed

2 *(= consciencieux) [travail, style, présentation]* careful, meticulous; *[vitrine]* neat, carefully laid out; *[jardin]* well-kept; *[repas]* carefully prepared ◆ **peu soigné** *[travail]* careless, sloppy ◆ **ils font une cuisine très soignée** their food is beautifully prepared ◆ **c'est un film très soigné** it's a very polished *ou* well-crafted film

3 *(* : intensif) [note]* massive*, whopping* *(épith)*; *[punition]* stiff* ◆ **avoir un rhume (quelque chose de) soigné** to have a real beauty* *ou* a whopper* of a cold ◆ **la note était soignée** it was some bill*, it was a massive* *ou* whopping* bill

soigner /swaɲe/ SYN ► conjug 1 ◄

VT 1 *(= traiter) [+ patient, maladie] [médecin]* to treat; *[infirmière, mère]* to look after, to nurse ◆ **soigner les blessés** to tend *ou* nurse the wounded ◆ **tu devrais te faire soigner** you should see a doctor ◆ **il faut te faire soigner !*** you need your head examined *ou* examining! ◆ **rentrez chez vous pour soigner votre rhume** go back home and look after *ou* nurse that cold (of yours) ◆ **je soigne mes rhumatismes avec des pilules** I'm taking pills for my rheumatism ◆ **j'ai été très bien soigné dans cette clinique** I had very good treatment *ou* I was very well looked after in that clinic ◆ **un rhume mal soigné peut avoir de graves conséquences** if not treated properly a cold can lead to something more serious

2 *(= entretenir) [+ chien, plantes, invité]* to look after; *[+ ongles, chevelure, outils, livres]* to look after, to take (good) care of; *[+ cheval]* to groom; *[+ tenue, travail, repas, style, présentation]* to take care over ◆ **soigner sa clientèle** to look after one's customers ◆ **soigner son image (de marque)** to be careful about one's image ◆ **le pays essaie de soigner son image à l'étranger** the country is trying to cultivate its image abroad

3 *(* = maltraiter)* ◆ **soigner qn** to let sb have it* ◆ **5 € le café – ils nous ont soignés !** €5 for a coffee – what a rip-off!* *ou* we've been had!* *ou* done!* *(Brit)* ◆ **ils lui sont tombés dessus à quatre : j'aime autant te dire qu'ils l'ont soigné** four of them laid into him – I can tell you they really let him have it*; → **oignon**

VPR **se soigner** 1 *[personne] (= prendre des médicaments)* to take medicine ◆ **se soigner par les plantes** to take herbal medicine ◆ **soigne-toi bien** take good care of yourself, look after yourself ◆ **ils se soignent : champagne, saumon... !** *(hum)* they take good care of *ou* they look after themselves (all right) – champagne, salmon, the lot!

2 *[maladie]* ◆ **de nos jours, la tuberculose se soigne** these days tuberculosis can be treated ◆ **ça se soigne, tu sais !*** *(hum)* there's a cure for that, you know!

soigneur /swaɲœʀ/ **NM** *(Boxe)* second; *(Cyclisme, Football)* trainer

soigneusement /swaɲøzmɑ̃/ SYN **ADV** *[ranger, nettoyer, entretenir, éviter, choisir]* carefully; *[écrire, plier]* carefully, neatly ◆ **soigneusement préparé** carefully prepared, prepared with care ◆ **il pèse soigneusement ses mots** he weighs his words carefully

soigneux, -euse /swaɲø, øz/ SYN **ADJ** 1 *(= propre, ordonné)* tidy, neat ◆ **ce garçon n'est pas assez soigneux** that boy isn't tidy enough

2 *(= appliqué, minutieux) [travailleur]* careful, painstaking; *[travail]* careful, meticulous; *[recherche, examen]* careful ◆ **être soigneux dans son travail** to take care over one's work

3 *(= soucieux)* ◆ **être soigneux de sa santé** to be careful about one's health ◆ **être soigneux de ses affaires** to be careful with one's belongings ◆ **être soigneux de sa personne** to be careful about *ou* take care over one's appearance ◆ **être soigneux de ses vêtements** to take care of *ou* look after one's clothes

soi-même /swamɛm/ **PRON** → **même, soi**

soin /swɛ̃/ SYN

NM 1 *(= application)* care; *(= ordre et propreté)* tidiness, neatness ◆ **être sans soin, n'avoir aucun soin** to be careless *ou* untidy *ou* sloppy ◆ **faire qch sans soin** to do sth carelessly ◆ **faire qch avec (grand) soin** to do sth with (great) care *ou* (very) carefully ◆ **il nous évite avec un certain soin, il met un certain soin à nous éviter** he takes great care *ou* he goes to some lengths to avoid us

2 *(= charge, responsabilité)* care ◆ **confier à qn le soin de ses affaires** to entrust sb with the care of one's affairs ◆ **confier à qn le soin de faire qch** to entrust sb with the job *ou* task of doing sth ◆ **je vous laisse ce soin** I leave this to you, I leave you to take care of this ◆ **son premier soin fut de...** his first concern was to... ◆ **le soin de son salut/avenir l'occupait tout entier** *(littér)* his thoughts were filled with the care of his salvation/future *(littér)*

3 *(= traitement)* ◆ **le soin du cheveu** hair care

4 *(locutions)* ◆ **avoir** *ou* **prendre soin de faire qch** to take care to do sth, to make a point of doing sth ◆ **avoir** *ou* **prendre soin de qn/qch** to take care of *ou* look after sb/sth ◆ **il prend bien soin/grand soin de sa petite personne** he takes good care/great care of his little self *ou* of number one* ◆ **ayez** *ou* **prenez soin d'éteindre** take care *ou* be sure to turn out the lights, make sure you turn out the lights ◆ **avoir soin que...** to make sure that...

NMPL **soins** 1 *(= entretien, hygiène)* care *(NonC)*; *(= traitement)* treatment *(NonC)* ◆ **soins esthétiques** *ou* **de beauté** beauty care ◆ **soins des cheveux/des ongles** hair/nail care ◆ **soins du visage** (facial) skin care ◆ **son état demande des soins** his condition requires treatment *ou* (medical) attention ◆ **le blessé a reçu les premiers soins** the injured man has been given first aid ◆ **les soins du ménage** *ou* **domestiques** † the care of the home

2 *(= attention)* care (and attention) *(NonC)* ◆ **l'enfant a besoin des soins d'une mère** the child needs a mother's care (and attention) ◆ **confier qn/qch aux (bons) soins de qn** to leave sb/sth in the hands *ou* care of sb ◆ **aux bons soins de** *(sur lettre :frm)* care of, c/o ◆ **être aux petits soins pour qn** to attend to sb's every need, to wait on sb hand and foot

3 *(Rel)* ◆ **donner ses soins à qn** to minister to sb

COMP **soins dentaires** dental treatment *ou* care
soins hospitaliers hospital care *ou* treatment
soins intensifs intensive care ◆ **unité de soins intensifs** intensive care unit
soins médicaux medical *ou* health care

soir /swaʀ/ SYN **NM** 1 evening ◆ **les soirs d'automne/d'hiver** autumn/winter evenings ◆ **le soir descend** *ou* **tombe** night is falling, evening is closing in ◆ **le soir où j'y suis allé** the evening I went ◆ **au soir de la/de sa vie** *(littér)* in the evening of life/of his life *(littér)* ◆ **le grand soir** the big night; *(Pol)* the revolution; → **matin**

◆ **du soir** ◆ **repas/journal du soir** evening meal/paper ◆ **5 heures du soir** 5 (o'clock) in the afternoon *ou* evening, 5 pm ◆ **8 heures du soir** 8 (o'clock) in the evening, 8 o'clock at night, 8 pm ◆ **11 heures du soir** 11 (o'clock) at night, 11 pm ◆ **être du soir** to be a night owl*; → **cours, robe**

2 *(locutions)* ◆ **le soir, je vais souvent les voir** I often go to see them in the evening ◆ **le soir, je suis allé les voir/il a plu** I went to see them/it rained in the evening ◆ **il pleut assez souvent le soir** it quite often rains in the evening(s) ◆ **sortir le soir** to go out in the evening ◆ **j'y vais ce soir** I'm going this evening *ou* tonight ◆ **à ce soir !** (I'll) see you (*ou* I'll talk to you) this evening! *ou* tonight! ◆ **vivement ce soir qu'on se couche*** I can't wait until bedtime, roll on bedtime* *(Brit)* ◆ **tous les soirs, chaque soir** every evening *ou* night ◆ **hier soir** last night, yesterday evening ◆ **demain soir** tomorrow evening *ou* night ◆ **dimanche soir** Sunday evening *ou* night ◆ **hier au soir** yesterday evening ◆ **le 17 au soir** on the evening of the 17th ◆ **la veille au soir** the previous evening ◆ **il est arrivé un (beau) soir** he turned up one (fine) evening ◆ **viens nous voir un de ces soirs** come and see us one evening *ou* night

soirée /swaʀe/ GRAMMAIRE ACTIVE 25.2 SYN **NF**

1 *(= soir)* evening ◆ **bonne soirée !** have a nice evening! ◆ **les longues soirées d'hiver** the long winter evenings

2 *(= réception)* party ◆ **soirée dansante** dance ◆ **soirée mondaine** society party; → **tenue**²

3 *(Ciné, Théât = séance)* evening performance ◆ **donner un spectacle/une pièce en soirée** to give an evening performance of a show/play ◆ **soirée thématique** (TV) *evening of programmes devoted to a theme* ◆ **soirée électorale** election night

soit /swa/ SYN

ADV *(frm = oui)* very well, so be it *(frm)* ◆ **eh bien, soit, qu'il y aille !** very well then, let him go!; → **tant**

CONJ 1 *(= ou)* ◆ **soit l'un soit l'autre** (either) one or the other ◆ **soit avant soit après** (either) before or after ◆ **soit timidité, soit mépris** *ou* **soit timidité ou mépris, elle ne lui adressait jamais la parole** be it (out of) *ou* whether out of shyness or contempt, she never spoke to him ◆ **soit qu'il soit fatigué, soit qu'il en ait assez** whether he is tired or whether he has had enough ◆ **soit qu'il n'entende pas, ou ne veuille pas entendre** whether he cannot hear or (whether) he does not wish to hear

2 *(= à savoir)* that is to say ◆ **des détails importants, soit l'approvisionnement, le transport, etc** important details, that is to say *ou* for instance provisions, transport, etc

3 *(Math = posons)* ◆ **soit un rectangle ABCD** let ABCD be a rectangle ◆ **soient deux triangles isocèles** given two isosceles triangles

soixantaine /swasɑ̃tɛn/ **NF** 1 *(= environ soixante)* sixty or so, (round) about sixty, sixty-odd* ◆ **il y avait une soixantaine de personnes/de livres** there were sixty or so *ou* about sixty people/books, there were sixty-odd* people/books ◆ **la soixantaine de spectateurs qui étaient là** the sixty or so *ou* the sixty-odd* people there ◆ **ils étaient une bonne soixantaine** there were a good sixty of them ◆ **il y a une soixantaine/une bonne soixantaine d'années** sixty or so *ou* sixty-odd*/a good sixty years ago ◆ **ça doit coûter une soixantaine de mille (francs)** that must cost sixty thousand or so francs *ou* (round) about sixty thousand francs *ou* some sixty thousand francs

2 (= *soixante unités*) sixty • **sa collection n'atteint pas encore/a dépassé la soixantaine** his collection has not yet reached/has passed the sixty mark, there are not yet sixty/are now over sixty in his collection

3 (= *âge*) sixty • **approcher de la/atteindre la soixantaine** to near/reach sixty • **un homme dans la soixantaine** a man in his sixties • **d'une soixantaine d'années** *[personne]* of about sixty; *[arbre]* sixty or so years old • **elle a la soixantaine** she's sixtyish, she's about sixty

soixante /swasɑ̃t/ ADJ INV, NM INV sixty • **à la page soixante** on page sixty • **habiter au soixante** to live at number sixty • **les années soixante** the sixties, the 60s • **soixante et un** sixty-one • **soixante et unième** sixty-first • **soixante-dix** seventy • **soixante-dixième** seventieth • **soixante mille** sixty thousand • **le (numéro) soixante** *(jeu, rue)* number sixty • **un soixante-neuf**⁑ (= *position sexuelle*) a soixante-neuf⁑, a sixty-nine⁑

soixante-huitard, e (mpl **soixante-huitards**) /swasɑ̃tɥitaʀ, aʀd/

ADJ *[personne]* who took part in the events of May 1968; *[idéologie, slogan]* inspired by the events of May 1968

NM,F *(en mai 68)* participant in the events of May 1968; *(après 1968)* proponent of the ideals of May 1968 → **Mai 68**

soixantième /swasɑ̃tjɛm/ ADJ, NM sixtieth

soja /sɔʒa/ NM (= *plante*) soya; (= *graines*) soya beans

sol¹ /sɔl/ SYN NM *(gén)* ground; (= *plancher*) floor; (= *revêtement*) floor, flooring (NonC); (= *territoire, terrain, Agr, Géol*) soil • **étendu sur le sol** spread out on the ground • **posé au sol** *ou* **à même le sol** (placed) on the ground (*ou* floor) • **sol carrelé/cimenté** tiled/concrete floor • **la surface au sol** the floor surface • **la pose des sols** *(Constr)* the laying of floors *ou* of flooring • **sol natal** native soil • **sur le sol français** on French soil • **personnel au sol** *(dans aéroport)* ground staff *ou* personnel • **essais/vitesse au sol** *[d'avion]* ground tests/speed • **exercices au sol** *(Sport)* floor exercises

sol² /sɔl/ NM INV *(Mus)* G; *(en chantant la gamme)* so(h); → **clé**

sol³ /sɔl/ NM *(Chim)* sol

sol⁴ /sɔl/ NM (= *monnaie*) sol

sol-air /sɔlɛʀ/ ADJ INV ground-to-air

solaire /sɔlɛʀ/

ADJ *(Astrol, Astron) [énergie, panneaux]* solar; *[crème, filtre]* sun *(attrib)*; *[calculatrice]* solar(-powered); → **cadran, plexus, spectre**

NM (= *énergie*) • **le solaire** solar energy

solanacées /sɔlanase/ NFPL • **les solanacées** solanaceous plants, the Solanaceae *(SPÉC)*

solarisation /sɔlaʀizasjɔ̃/ NF (= *chauffage*) solar heating; *(Photo)* solarization

solarium /sɔlaʀjɔm/ NM solarium

soldanelle /sɔldanɛl/ NF (= *primulacée*) soldanella; (= *liseron*) sea bindweed

soldat /sɔlda/ SYN

NM *(gén)* soldier • **(simple) soldat, soldat de 2e classe** *(armée de terre)* private; *(armée de l'air)* aircraftman *(Brit)*, basic airman *(US)* • **soldat de 1re classe** *(armée de terre)* ≈ private *(Brit)*, ≈ private first class *(US)*; *(armée de l'air)* leading aircraftman *(Brit)*, airman first class *(US)* • **se faire soldat** to join the army, to enlist • **soldat de la liberté/du Christ** *(littér)* soldier of liberty/of Christ • **jouer aux (petits) soldats** to play (at) soldiers • **jouer au petit soldat** *(fig)* to throw one's weight around; → **fille**

COMP **soldat du feu** firefighter
le Soldat inconnu the Unknown Soldier *ou* Warrior
soldat d'infanterie infantryman
soldats de la paix peacekeepers
soldat de plomb tin *ou* toy soldier

soldate /sɔldat/ NF woman soldier

soldatesque /sɔldatɛsk/ *(péj)*

NF army rabble

ADJ † barrack-room *(épith)*

solde¹ /sɔld/ SYN NF 1 *[de soldat, matelot]* pay

2 *(péj)* • **être à la solde de qn** to be in the pay of sb • **avoir qn à sa solde** to have sb in one's pay

solde² /sɔld/ SYN

NM 1 *(Fin = reliquat) (gén)* balance; (= *reste à payer*) balance outstanding • **il y a un solde de 25 € en votre faveur** there is a balance of €25 in your favour • **solde débiteur/créditeur** debit/credit balance • **solde de trésorerie** cash balance • **pour solde de (tout) compte** in settlement

2 *(Comm)* • **solde (de marchandises)** remaining goods • **vente de soldes** sale, sale of reduced items • **mettre des marchandises en solde** to put goods in a sale • **vendre/acheter qch en solde** to sell (off)/buy sth at sale price • **article (vendu) en solde** sale(s) item *ou* article

NMPL **soldes** *(parfois nfpl)* • « **soldes** » *(pancarte)* "sale" • **les soldes** the sales • **je l'ai acheté dans les soldes** I bought it in the sales • **faire les soldes** to go to the sales • **la saison des soldes** the sales season

solder /sɔlde/ SYN ► conjug 1 ◄

VT 1 *[+ compte]* (= *arrêter*) to wind up, to close; (= *acquitter*) to pay (off) the balance of, to settle

2 *[+ marchandises]* to sell (off) at sale price • **ils soldent ces pantalons à 20 €** they are selling off these trousers at *ou* for €20, they are selling these trousers in the sale at *ou* for €20 • **je vous le solde à 5 €** I'll let you have it for €5, I'll knock it down * *ou* reduce it to €5 for you

VPR **se solder** • **se solder par** *(Comm) [exercice, budget]* to show; *(fig) [entreprise, opération]* to end in • **les comptes se soldent par un bénéfice** the accounts show a profit • **l'exercice se solde par un déficit/bénéfice de 50 millions** the end-of-year figures show a loss/profit of 50 million • **l'entreprise/la conférence s'est soldée par un échec** the undertaking/the conference ended in failure *ou* came to nothing

solderie /sɔldəʀi/ NF discount store

soldeur, -euse /sɔldœʀ, øz/ NM,F (= *propriétaire*) discount store owner; (= *entreprise*) discount store

sole¹ /sɔl/ NF (= *poisson*) sole • **sole meunière** *(Culin)* sole meunière

sole² /sɔl/ NF *[de four]* hearth; *[de sabot, bateau]* sole

sole³ /sɔl/ NF *(Agr)* individual field

soléaire /sɔleɛʀ/ ADJ, NM • **le (muscle) soléaire** the soleus

solécisme /sɔlesism/ NM solecism *(in language)*

soleil /sɔlɛj/ NM 1 (= *astre, gén*) sun • **le Soleil** *(Astron, Myth)* the Sun • **orienté au soleil levant/couchant** facing the rising/setting sun • **le soleil de minuit** the midnight sun • **les soleils pâles/brumeux de l'hiver** *(littér)* the pale/misty winter sun • **tu es mon (rayon de) soleil** you are my sunshine ; → **coucher, lever², rayon**

2 (= *chaleur*) sun, sunshine; (= *lumière*) sun, sunshine, sunlight • **au soleil** in the sun • **être assis/se mettre au soleil** to be sitting in/go into the sun(shine) • **vivre au soleil** to live in the sun • **il y a du soleil, il fait du soleil, il fait soleil** * the sun's shining, it's sunny • **il fait un beau soleil** it's nice and sunny • **il fait un soleil de plomb** the sun is blazing down, there's a blazing sun • **être en plein soleil** to be right in the sun • **rester en plein soleil** to stay (out) in the sun • **c'est une plante de plein soleil** this plant thrives in full sun • **des jours sans soleil** sunless days • **se chercher un coin au soleil** to look for a spot in the sun(shine) *ou* a sunny spot • **la couleur a passé au soleil** the colour has faded in the sun

♦ **coup de soleil** sunburn (NonC) • **attraper** *ou* **prendre un coup de soleil** to get sunburned • **j'ai (pris) un coup de soleil dans le dos** I burned my back, my back is sunburned

3 (= *motif, ornement*) sun

4 (= *feu d'artifice*) Catherine wheel

5 (= *acrobatie*) grand circle • **faire un soleil** (= *culbute*) to turn *ou* do a somersault, to somersault

6 (= *fleur*) sunflower

7 *(locutions)* • **se lever avec le soleil** to rise with the sun, to be up with the sun *ou* the lark *(Brit)* • **le soleil brille pour tout le monde** *(Prov)* nature belongs to everyone • **rien de nouveau** *ou* **neuf sous le soleil** there's nothing new under the sun • **avoir du bien** *ou* **des biens au soleil** to be the owner of property, to have property • **se faire/avoir une place au soleil** *(fig)* to find oneself/have a place in the sun

solen /sɔlɛn/ NM razor-shell *(Brit)*, razor clam *(US)*, solen *(SPÉC)*

solennel, -elle /sɔlanɛl/ SYN ADJ *(gén)* solemn; *[promesse, ton, occasion]* solemn, formal; *[séance]* ceremonious; → **communion**

solennellement /sɔlanɛlmɑ̃/ SYN ADV *(gén)* solemnly; *[offrir, ouvrir]* ceremoniously

solenniser /sɔlanize/ ► conjug 1 ◄ VT to solemnize

solennité /sɔlanite/ SYN NF 1 (= *caractère*) solemnity

2 (= *fête*) grand *ou* formal occasion

3 *(gén pl = formalité)* formality, solemnity

solénoïde /sɔlenɔid/ NM solenoid

soleret /sɔlʀɛ/ NM *(Hist)* solleret

Solex ® /sɔlɛks/ NM ≈ moped

solfatare /sɔlfataʀ/ NM solfatara

solfège /sɔlfɛʒ/ NM (= *théorie*) music theory, musical notation; (= *livre*) (music) theory book; († = *gamme*) (tonic) sol-fa • **apprendre le solfège** to learn music theory *ou* musical notation

solfier /sɔlfje/ ► conjug 7 ◄ VTI to sing naming the notes

solidage /sɔlidaʒ/ NF (= *plante*) goldenrod

solidaire /sɔlidɛʀ/ SYN ADJ 1 *[personnes]* • **être solidaires** to show solidarity, to stand *ou* stick together • **pendant les grèves les ouvriers sont solidaires** during strikes workers stand *ou* stick together *ou* show solidarity • **être solidaire de** to stand by, to be behind • **nous sommes solidaires du gouvernement** we stand by *ou* are behind *ou* are backing the government • **nous sommes solidaires de leur combat** we support their struggle • **être solidaire des victimes d'un régime** to show solidarity with *ou* stand by *ou* support the victims of a régime • **ils ne sont pas très solidaires l'un de l'autre** they're not very supportive of each other • **ces pays se sentent solidaires** these countries feel they have each others' support *ou* feel a sense of solidarity • **se montrer solidaire de qn** to show solidarity with sb • **il rêve d'une société plus solidaire** he dreams of a more united society

2 *[mécanismes, pièces, systèmes]* interdependent • **cette pièce est solidaire de l'autre** the two parts are interdependent • **ces trois objectifs sont étroitement solidaires** these three objectives are closely interlinked

3 *(Jur) [contrat, engagement]* binding all parties; *[débiteurs]* jointly liable; → **caution**

solidairement /sɔlidɛʀmɑ̃/ ADV jointly, jointly and severally *(SPÉC)*

solidariser /sɔlidaʀize/ SYN ► conjug 1 ◄

VT *[+ personnes]* to unify; *[+ objets]* to interlock

VPR **se solidariser** • **se solidariser avec** to show solidarity with

solidarité /sɔlidaʀite/ SYN NF 1 *[de personnes]* solidarity • **solidarité de classe/professionnelle** class/professional solidarity • **solidarité ministérielle** ministerial solidarity *(whereby all ministers assume responsibility for a government's decisions)* • **cesser le travail par solidarité avec des grévistes** to come out *ou* stop work in sympathy with the strikers; → **grève**

2 *[de mécanismes, systèmes]* interdependence

3 *(Jur)* joint and several liability

solide /sɔlid/ SYN

ADJ 1 (= *non liquide*) *[nourriture, état, corps]* solid; *(Géom, Phys)* solid • **ne lui donnez pas encore d'aliments solides** don't give him any solid food *ou* any solids yet

2 (= *robuste*) *[construction, meuble]* solid, sturdy; *[matériaux]* sturdy, hard-wearing; *[outil]* sturdy; *[monnaie, économie]* strong • **c'est du solide** * *[meuble]* it's solid stuff • **être solide sur ses jambes** to be steady on one's legs • **avoir une position solide** to have a secure position • **ce n'est pas très solide** *[pont, chaise]* it's not very solid

3 (= *durable, sérieux*) *[institutions, qualités, vertus]* solid, sound; *[bases]* solid, firm, sound; *[preuve, alibi, liens, expérience, amitié]* solid, firm; *[argument, formation, culture, connaissances, raisons]* sound • **être doué d'un solide bon sens** to have sound common sense • **ces opinions/raisonnements ne reposent sur rien de solide** these opinions/arguments have no solid *ou* sound foundation • **leur couple, c'est du solide** * they have a solid *ou* strong relationship

4 (= *vigoureux*) *[personne]* sturdy, robust; *[poigne, jambes, bras]* sturdy, solid; *[santé, poumons, cœur, esprit, psychisme]* sound • **avoir la tête solide** *(lit)* to have a hard head; *(fig)* to have a good head on one's shoulders • **il n'a plus la tête bien solide** his mind's not what it was • **il n'a pas l'estomac très solide** he has a rather weak *ou* deli-

cate stomach • **il faut avoir les nerfs solides** you need strong nerves *ou* nerves of steel; → **rein**

[5] *(intensif) [coup de poing]* hefty*; *[revenus]* substantial; *[engueulade]* good, proper* *(Brit)* • **il a un solide appétit** *ou* **coup de fourchette*** he has a hearty appetite, he's a hearty eater • **un solide repas le remit d'aplomb** a (good) solid meal put him back on his feet

[6] *(locutions)* • **être solide au poste** *(Mil)* to be loyal to one's post; *(fig)* to be completely dependable *ou* reliable • **solide comme un roc** as solid as a rock

NM *(Géom, Phys)* solid

solidement /sɔlidmɑ̃/ SYN ADV [1] *[installé, implanté, établi]* firmly; *[arrimé]* securely, firmly • **rester solidement attaché aux traditions locales** to remain firmly attached to local traditions • **être solidement attaché à qn/qch** to be deeply attached to sb/sth • **une certitude solidement ancrée dans les esprits** a conviction firmly entrenched in people's minds • **tradition solidement établie** long *ou* solidly established tradition

[2] *[fixer, tenir]* firmly; *[fabriquer, construire]* solidly • **résister solidement** to put up a solid *ou* firm resistance

solidification /sɔlidifikasjɔ̃/ NF solidification

solidifier VT, **se solidifier** VPR /sɔlidifje/ SYN ▸ conjug 7 ◂ to solidify

solidité /sɔlidite/ SYN NF [1] *(= robustesse) [de matériaux, construction, meuble]* solidity, sturdiness; *[d'outil]* solidity • **d'une solidité à toute épreuve** *[de construction, meuble]* strong enough to resist anything

[2] *(= stabilité) [d'institutions]* solidity, soundness; *[de bases]* solidity, firmness, soundness; *[d'amitié, liens]* solidity, firmness; *[de monnaie, économie]* strength; *[de raisonnement]* soundness

[3] *(= vigueur) [de personne]* sturdiness, robustness; *[de poigne, jambes, bras]* sturdiness, solidity

soliflore /sɔliflɔʀ/ NM bud vase

solifluxion /sɔliflyksjɔ̃/ NF solifluction, solifluxion

soliloque /sɔlilɔk/ NM soliloquy

soliloquer /sɔlilɔke/ ▸ conjug 1 ◂ VI to soliloquize

Soliman /sɔlimɑ̃/ NM • **Soliman le Magnifique** Suleiman the Magnificent

solin /sɔlɛ̃/ NM *(entre deux solives)* space between two joists

solipède /sɔlipɛd/ ADJ, NM solidungulate

solipsisme /sɔlipsism/ NM solipsism

soliste /sɔlist/ NMF soloist

solitaire /sɔlitɛʀ/ SYN

ADJ [1] *(= isolé) [passant]* solitary *(épith)*, lone *(épith)*; *[arbre, maison, rocher]* solitary *(épith)*, lonely *(épith)*, isolated • **là vivaient quelques chasseurs/bûcherons solitaires** a few solitary *ou* lone hunters/woodcutters lived there

[2] *(= désert) [chemin, demeure, parc]* lonely *(épith)*, deserted

[3] *(= sans compagnie) [adolescent, vieillard, vie]* solitary, lonely, lonesome *(US)*; *[caractère, passe-temps]* solitary; → **plaisir**

[4] *[fleur]* solitary; → **ver**

NMF loner

♦ **en solitaire** • **il préfère travailler en solitaire** he prefers to work on his own • **ascension/traversée en solitaire** solo climb/crossing • **course en solitaire** single-handed *ou* solo race • **partir/voyager en solitaire** to leave/travel alone *ou* on one's own • **elle a fait le tour du monde en solitaire** *[navigatrice]* she sailed single-handed *ou* solo around the world

NM [1] *(= sanglier)* old boar

[2] *(= diamant)* solitaire

[3] *(= jeu)* solitaire

solitairement /sɔlitɛʀmɑ̃/ ADV *[souffrir]* alone • **vivre solitairement** to lead a solitary life

solitude /sɔlityd/ SYN NF [1] *[de personne] (= tranquillité)* solitude; *(= manque de compagnie)* loneliness, lonesomeness *(US)*; *[d'endroit]* loneliness • **solitude morale** moral isolation • **la solitude à deux** shared solitude • **éprouver un sentiment de solitude** to feel lonely • **dans les moments de grande solitude** at times of great loneliness • **aimer la solitude** to like being on one's own, to like one's own company

[2] *(= désert)* solitude • **les solitudes glacées du Grand Nord** *(littér)* the icy solitudes *ou* wastes of the far North *(littér)*

solive /sɔliv/ NF joist

soliveau /sɔlivo/ NM small joist

sollicitation /sɔlisitasjɔ̃/ SYN NF [1] *(= démarche)* entreaty, appeal • **céder/répondre aux sollicitations de qn** to yield/respond to sb's entreaties

[2] *(littér : gén pl = tentation)* solicitation *(littér)*, enticement

[3] *(Tech = impulsion)* prompting • **l'engin répondait aux moindres sollicitations de son pilote** the craft responded to the slightest touch (from the pilot)

solliciter /sɔlisite/ SYN ▸ conjug 1 ◂ VT [1] *(frm = demander) [+ poste, explication]* to seek; *[+ faveur, audience]* to seek, to solicit *(frm) (de qn* from sb)

[2] *(frm = faire appel à) [+ personne]* to appeal to • **solliciter qn de faire qch** to appeal to sb *ou* request sb to do sth • **je l'ai déjà sollicité à plusieurs reprises à ce sujet** I have already appealed to him *ou* approached him on several occasions over this matter • **il est très sollicité** he's very much in demand

[3] *(= agir sur) [+ curiosité, sens de qn]* to appeal to; *[+ attention]* to attract, to solicit • **les attractions qui sollicitent le touriste** the attractions that are there to tempt *ou* entice the tourist • **le moteur répondait immédiatement lorsque le pilote le sollicitait** the engine responded immediately to the pilot's touch • **solliciter un cheval** to urge a horse on

solliciteur, -euse /sɔlisitœʀ, øz/

NM,F supplicant

NM *(Can)* • **solliciteur général** Solicitor General

sollicitude /sɔlisityd/ SYN NF concern *(NonC)*, solicitude *(frm)* • **demander/dire qch avec sollicitude** to ask/say sth solicitously *ou* with concern • **être** *ou* **se montrer plein de sollicitude envers qn** to be very attentive *ou* solicitous *(frm)* to(wards) sb • **toutes leurs sollicitudes finissaient par nous agacer** we found their constant concern (for our welfare) *ou* their solicitude *(frm)* annoying in the end

solo /sɔlo/ (pl **solos** *ou* **soli** /sɔli/) ADJ INV, NM solo • **solo de violon** violin solo • **violon/flûte solo** solo violin/flute • **(spectacle) solo** one-man *(ou* one-woman) show • **carrière solo** solo career

♦ **en solo** • **jouer/chanter en solo** to play/sing solo • **l'escalade en solo** solo climbing • **travailler en solo** to work on one's own • **il a décidé d'agir en solo** he decided to go it alone*

sol-sol /sɔlsɔl/ ADJ INV ground-to-ground

solstice /sɔlstis/ NM solstice • **solstice d'hiver/d'été** winter/summer solstice

solubilisation /sɔlybilizasjɔ̃/ NF solubilization

solubiliser /sɔlybilize/ ▸ conjug 1 ◂ VT to make soluble

solubilité /sɔlybilite/ NF solubility

soluble /sɔlybl/ ADJ [1] *[substance]* soluble • **ce n'est pas soluble dans l'eau** it isn't soluble in water, it isn't water soluble • **leur électorat n'est pas soluble dans la droite modérée** their voters cannot be absorbed into the moderate right; → **café**

[2] *[problème]* soluble, solvable • **c'est aisément/difficilement soluble** it's easy/hard to solve

soluté /sɔlyte/ NM *(Chim, Pharm)* solution

solution /sɔlysjɔ̃/ SYN

NF [1] *[de problème, énigme, équation] (= action)* solution, solving *(de* of); *(= résultat)* solution, answer *(de* to)

[2] *[de difficulté, situation] (= issue)* solution, answer *(de* to); *(= moyens employés)* solution *(de* to) • **c'est une solution de facilité** it's the easy way out • **ce n'est pas une solution à la crise qu'ils traversent** that's no way to resolve the crisis they're in • **ce n'est pas une solution !** that won't solve anything! • **hâter la solution d'une crise** to hasten the resolution *ou* settling of a crisis

[3] *(Chim = action, mélange)* solution • **en solution** in solution

COMP **solution de continuité** *(frm)* solution of continuity *(frm)*

la solution finale *(Hist Pol)* the Final Solution

solutionner /sɔlysjɔne/ ▸ conjug 1 ◂ VT to solve

solutréen, -enne /sɔlytʀeɛ̃, ɛn/

ADJ Solutrean

NM • **le solutréen** the Solutrean

solvabilisation /sɔlvabilizasjɔ̃/ NF *(Écon)* • **pour faciliter la solvabilisation de la demande** to stimulate demand

solvabiliser /sɔlvabilize/ ▸ conjug 1 ◂ VT [1] *[+ foyers, personne]* to give disposable income to

[2] *[+ demande]* to stimulate

solvabilité /sɔlvabilite/ NF solvency, creditworthiness

solvable /sɔlvabl/ ADJ solvent, creditworthy

> **solvable** ne se traduit pas par le mot anglais **solvable**, qui a le sens de 'soluble'.

solvant /sɔlvɑ̃/ NM *(Chim)* solvent • **prise de solvant** *(= toxicomanie)* solvent abuse

solvatation /sɔlvatasjɔ̃/ NF solvation

soma /sɔma/ NM soma

somali /sɔmali/

NM *(= langue)* Somali

NMPL **Somalis** Somalis

Somalie /sɔmali/ NF *(= région)* Somaliland; *(= État)* Somalia

somalien, -ienne /sɔmaljɛ̃, jɛn/

ADJ Somalian

NM,F **Somalien(ne)** Somalian

somation /sɔmasjɔ̃/ NF *(Bio)* somatic modification

somatique /sɔmatik/ ADJ *(Bio, Psych)* somatic

somatisation /sɔmatizasjɔ̃/ NF somatization

somatiser /sɔmatize/ ▸ conjug 1 ◂ VT to somatize • **il a tendance à somatiser** he tends to have psychosomatic problems

somatostatine /sɔmatostatin/ NF somatostatin

somatotrope /sɔmatɔtʀɔp/ ADJ somatotrop(h)ic • **hormone somatotrope** growth *ou* somatotrop(h)ic hormone

somatotrophine /sɔmatɔtʀɔfin/, **somatotropine** /sɔmatɔtʀɔpin/ NF growth hormone, somatotrop(h)in

sombre /sɔ̃bʀ/ SYN ADJ [1] *(= obscur, foncé) [ciel, nuit, pièce]* dark • **il fait déjà sombre** it's already dark • **bleu/vert sombre** dark blue/green • **de sombres abîmes** *(littér)* dark abysses • **le sombre empire, les sombres rivages** *(Myth)* the underworld, the nether world; → **coupe**[2]

[2] *(= mélancolique)* sombre *(Brit)*, somber *(US)*, gloomy, dismal; *(= sinistre, funeste) [période]* dark • **d'un air sombre** sombrely *(Brit)*, somberly *(US)*, gloomily • **il avait le visage sombre** he looked gloomy *ou* sombre • **de sombres pensées** sombre *ou* gloomy *ou* dark thoughts • **un sombre avenir** a dark *ou* gloomy *ou* dismal future • **les moments** *ou* **heures sombres de notre histoire** the dark moments in our history

[3] *(* : valeur intensive)* • **sombre idiot/brute** absolute idiot/brute • **une sombre histoire de meurtre** a dark tale of murder • **ils se sont disputés pour une sombre histoire d'argent** they argued over a sordid financial matter

[4] *(Phon) [voyelle]* dark

sombrement /sɔ̃bʀ(ə)mɑ̃/ ADV *[dire]* sombrely *(Brit)*, somberly *(US)*, gloomily

sombrer /sɔ̃bʀe/ SYN ▸ conjug 1 ◂ VI *[bateau]* to sink, to go down, to founder; *[empire]* to founder; *[fortune]* to be swallowed up; *[entreprise]* to collapse • **sa raison a sombré** he has lost his reason, his mind has gone • **sombrer dans** *[+ désespoir, sommeil, oubli]* to sink into; *[+ crise, anarchie, misère]* to slide into, to sink into; *[+ coma]* to sink into, to slip into • **elle a sombré dans l'alcool** she sank into alcoholism • **ils ont lentement sombré dans la délinquance** they drifted into crime • **sombrer dans le ridicule** to become ridiculous

sombrero /sɔ̃bʀeʀo/ NM sombrero

somite /sɔmit/ NM somite

sommaire /sɔmɛʀ/ SYN

ADJ [1] *(= court) [exposé, explication]* basic, summary *(épith)*, brief; *[réponse]* brief, summary *(épith)*; *(= expéditif) [justice, procédure, exécution]* summary *(épith)*

[2] *(= rudimentaire, superficiel) [connaissances, éducation]* basic; *[examen]* brief, cursory, perfunctory; *[analyse, description]* brief, cursory; *[instruction, réparation, repas]* basic; *[décoration]* minimal

NM *(= exposé)* summary; *(= résumé de chapitre)* summary, argument; *[de revue]* (table of) contents • **au sommaire du numéro spécial** appearing in *ou* featured in the special issue • **au sommaire de notre émission ce soir...** in our programme tonight...

sommairement /sɔmɛʀmɑ̃/ SYN ADV [1] *[exposer, juger, exécuter]* summarily • **il me l'a expliqué**

sommation | sondage FRENCH-ENGLISH 888

assez sommairement he gave me a fairly basic explanation of it
2 *(= rudimentairement)* *[réparer]* superficially; *[meubler]* basically

sommation¹ /sɔmasjɔ̃/ SYN NF *(Jur)* summons *(sg)*; *(frm = injonction)* demand; *(avant de faire feu)* warning ◆ **recevoir sommation de payer une dette** *(Jur)* to be served notice to pay a debt ◆ **faire les sommations d'usage** *(Mil, Police)* to give the standard *ou* customary warnings ◆ **tirer sans sommation** to shoot without warning

sommation² /sɔmasjɔ̃/ NF *(Math, Physiol)* summation

somme¹ /sɔm/ NF → **bête**

somme² /sɔm/ SYN NM *(= sieste)* nap, snooze ◆ **faire un petit somme** to have a (short) nap *ou* a (little) snooze *ou* forty winks *

somme³ /sɔm/ GRAMMAIRE ACTIVE 20.5 SYN NF
1 *(Math)* sum; *(= quantité)* amount ◆ **somme algébrique** algebraic sum ◆ **la somme totale** the grand total, the sum total ◆ **faire la somme de** to add up ◆ **la somme des dégâts est considérable** the (total) amount of damage *ou* the total damage is considerable ◆ **une somme de travail énorme** an enormous amount of work
2 ◆ **somme (d'argent)** sum *ou* amount (of money) ◆ **dépenser des sommes folles** * to spend vast amounts *ou* sums of money ◆ **c'est une somme !** *(intensif)* it's quite a sum! ◆ **payer/toucher/atteindre une somme de 150 €** to pay/get/fetch €150 ◆ **pour la coquette somme de 2 millions d'euros** for the tidy sum of 2 million euros
3 *(= ouvrage de synthèse)* comprehensive survey ◆ **une somme littéraire/scientifique** a comprehensive survey of literature/of science
4 *(locutions)*
◆ **en somme** *(= tout bien considéré)* all in all; *(= bref)* in short ◆ **en somme, il ne s'agit que d'un incident sans importance** in fact, it's only an incident of minor importance ◆ **en somme, vous n'en voulez plus ?** in short, you don't want any more?
◆ **somme toute** when all is said and done

sommeil /sɔmɛj/ SYN NM 1 *(= fait de dormir)* sleep ◆ **huit heures de sommeil** eight hours' sleep ◆ **avoir le sommeil léger/profond** to be a light/heavy sleeper, to sleep lightly/deeply ◆ **avoir un bon sommeil** to be a sound sleeper ◆ **dormir d'un sommeil agité** to sleep fitfully ◆ **un sommeil profond** *ou* **de plomb** a heavy *ou* deep sleep ◆ **le sommeil paradoxal** REM sleep ◆ **premier sommeil** first hours of sleep ◆ **nuit sans sommeil** sleepless night ◆ **être en plein sommeil** to be fast asleep ◆ **la sonnerie du téléphone l'a tirée de son sommeil** she was woken (up) by the phone ringing ◆ **il en a perdu le sommeil** he lost sleep over it ◆ **le sommeil éternel, le dernier sommeil** *(littér)* eternal rest ◆ **le sommeil des morts** *(littér)* the sleep of the dead ◆ **avoir sommeil** to be *ou* feel sleepy ◆ **tomber de sommeil** to be asleep on one's feet, to be ready *ou* fit to drop * ◆ **chercher le sommeil** to try to sleep ◆ **il ne pouvait pas trouver le sommeil** he couldn't get to sleep ◆ **un sommeil agréable l'envahissait** he was beginning to feel pleasantly sleepy; → **cure¹, dormir, maladie**
2 *(= inactivité)* ◆ **le sommeil de la nature** nature's sleep *(littér)*, the dormant state of nature ◆ **laisser une affaire en sommeil** to leave a matter (lying) dormant, to leave a matter in abeyance ◆ **le sommeil de la petite ville pendant l'hiver** the sleepiness of the little town during winter

sommeiller /sɔmeje/ SYN ▸ conjug 1 ◂ VI *[personne]* to doze; *[qualité, défaut, nature, argent]* to lie dormant ◆ **l'artiste qui sommeillait en lui** the dormant artist within him ; → **cochon**

sommelier /sɔməlje/ NM wine waiter

sommelière /sɔməljɛʀ/ NF *(= caviste)* wine waitress; *(Helv = serveuse)* waitress

sommellerie /sɔmɛlʀi/ NF 1 *(= fonction)* wine waiter's duties
2 *(= cave)* (wine) cellar

sommer¹ /sɔme/ SYN ▸ conjug 1 ◂ VT *(frm = enjoindre)* ◆ **sommer qn de faire qch** to command *ou* enjoin sb to do sth *(frm)* ◆ **sommer qn de** *ou* **à comparaître** *(Jur)* to summon sb to appear

sommer² /sɔme/ ▸ conjug 1 ◂ VT *(= additionner)* to add

sommet /sɔmɛ/ SYN NM 1 *(= point culminant)* *[de montagne]* summit, top; *[de tour, arbre, toit, pente, hiérarchie]* top; *[de vague]* crest; *[de crâne]* crown, vertex *(SPÉC)*; *[d'angle]* vertex; *[de solide, figure, parabole]* vertex, apex ◆ **présentation du sommet** *(Méd)* vertex presentation ◆ **au sommet de l'échelle sociale** at the top of the social ladder ◆ **les sommets de la gloire/des honneurs** the summits *ou* heights of fame/of honour ◆ **redescendons de ces sommets** *(littér, hum)* let us climb down from these lofty heights *(littér) (hum)*
2 *(= cime, montagne)* summit, mountain top ◆ **l'air pur des sommets** the pure air of the summits *ou* the mountain tops
3 *(Pol)* summit ◆ **au sommet** *[réunion, discussions]* summit *(épith)*; → **conférence**

sommier /sɔmje/ NM 1 *[de lit]* ◆ **sommier (à ressorts), sommier tapissier** *(s'encastrant dans le lit, fixé au lit)* springing *(NonC) (Brit)*, springs *(of bedstead)*; *(avec pieds)* bed base, box springs *(US)* ◆ **sommier (métallique)** mesh-springing *(Brit)*, mesh-sprung bed base, mesh springs *(US)* ◆ **sommier à lattes** slatted bed base ◆ **sommier extra-plat** metal-framed bed base
2 *(Tech)* *[de voûte]* impost, springer; *[de clocher]* stock; *[de porte, fenêtre]* transom; *[de grille]* lower crossbar; *[d'orgue]* windchest
3 *(= registre)* ledger ◆ **les sommiers** * the Criminal Records Office

sommital, e (mpl -aux) /sɔ(m)mital, o/ ADJ summital

sommité /sɔ(m)mite/ SYN NF 1 *(= personne)* prominent person, leading light *(de in)* ◆ **les sommités du monde médical** leading medical experts
2 *[de plante, fleur]* head

somnambule /sɔmnɑ̃byl/
NMF sleepwalker, somnambulist *(SPÉC)* ◆ **marcher/agir comme un somnambule** to walk/act like a sleepwalker *ou* as if in a trance
ADJ ◆ **être somnambule** to be a sleepwalker, to sleepwalk

somnambulique /sɔmnɑ̃bylik/ ADJ sleepwalking *(épith)*, somnambulistic *(SPÉC)*

somnambulisme /sɔmnɑ̃bylism/ NM sleepwalking, somnambulism *(SPÉC)*

somnifère /sɔmnifɛʀ/ SYN
NM sleeping drug, soporific; *(= pilule)* sleeping pill, sleeping tablet
ADJ somniferous *(frm)*, sleep-inducing, soporific

somnolence /sɔmnɔlɑ̃s/ SYN NF *[de personne]* sleepiness *(NonC)*, drowsiness *(NonC)*, somnolence *(NonC)(frm)*; *[de marché, économie]* sluggishness ◆ **être dans un état de somnolence** to be in a drowsy state ◆ « **risques de somnolence attachés à ce médicament** » "this medicine can cause drowsiness"

somnolent, e /sɔmnɔlɑ̃, ɑ̃t/ SYN ADJ *[personne]* sleepy, drowsy, somnolent *(frm)*; *[vie, province]* sleepy; *[faculté]* dormant, inert

somnoler /sɔmnɔle/ SYN ▸ conjug 1 ◂ VI *[personne]* to doze; *[ville]* to be sleepy; *[économie, marché]* to be sluggish

somptuaire /sɔ̃ptɥɛʀ/ ADJ 1 *[loi, réforme]* sumptuary
2 *[projet, dépenses]* extravagant

somptueusement /sɔ̃ptɥøzmɑ̃/ ADV *[décorer, meubler, illustrer]* lavishly ◆ **il nous a reçus somptueusement** he received us royally

somptueux, -euse /sɔ̃ptɥø, øz/ SYN ADJ *[résidence, palais, décor, spectacle, fête]* magnificent, grand; *[habit, couleurs, paysage]* magnificent; *[train de vie, illustration, cadeau]* lavish; *[repas, festin]* lavish, sumptuous ◆ **tu es somptueuse ce soir** you look magnificent tonight

(!) **somptueux** se traduit rarement par le mot anglais **sumptuous**, qui est d'un registre plus soutenu.

somptuosité /sɔ̃ptɥozite/ NF *[d'habit, résidence]* sumptuousness, magnificence; *[de train de vie]* lavishness; *[de cadeau]* handsomeness, sumptuousness; *[de repas, festin]* sumptuousness, lavishness ◆ **impressionné par la somptuosité des images** impressed by the sumptuous images

son¹ /sɔ̃/, **sa** /sa/ (pl **ses** /se/) ADJ POSS 1 *(homme)* his; *(emphatique)* his own; *(femme)* her; *(emphatique)* her own; *(nation)* its, her; *(emphatique)* its own, her own ◆ **Son Altesse Royale** *(prince)* His Royal Highness; *(princesse)* Her Royal Highness ◆ **Sa Majesté** *(roi)* His Majesty; *(reine)* Her Majesty ◆ **Sa Sainteté le pape** His Holiness the Pope ◆ **ce n'est pas son genre** he *(ou* she) is not that sort, it's not like him *(ou* her) ◆ **quand s'est passé son accident ?** when did he have his accident? ◆ **son père et sa mère, ses père et mère** his *(ou* her) father and *(*his *ou* her) mother ◆ **son jardin à lui/à elle est une vraie jungle** *(emphatique)* his *ou* his own/her *ou* her own garden is a real jungle ◆ **ses date et lieu de naissance** his *(ou* her) date and place of birth ◆ **à sa vue, elle poussa un cri** she screamed at the sight of him *(ou* her) ◆ **un de ses amis** one of his *(ou* her) friends, a friend of his *(ou* hers) ◆ **son idiote de sœur** * that stupid sister of his *(ou* hers)
2 *[d'objet, abstraction]* its ◆ **l'hôtel est réputé pour sa cuisine** the hotel is famous for its food ◆ **pour comprendre ce crime il faut chercher son mobile** to understand this crime we must try to find the motive ◆ **ça a son importance** it has its *ou* a certain importance
3 *(à valeur d'indéfini)* one's; *(après chacun, personne)* his, her ◆ **faire ses études** to study ◆ **on ne connaît pas son bonheur** one never knows how fortunate one is, you never know how fortunate you are ◆ **être satisfait de sa situation** to be satisfied with one's situation ◆ **chacun selon ses possibilités** each according to his (own) capabilities ◆ **personne ne sait comment finira sa vie** no-one knows how his *ou* their life will end ◆ **quelqu'un a-t-il oublié sa veste ?** has someone left their jacket?
4 *(* : valeur affective, ironique, intensive)* ◆ **il doit (bien) gagner son million par an** he must be (easily) earning a million a year ◆ **avoir son samedi/dimanche** to have (one's) Saturday(s)/Sunday(s) off ◆ **il a passé tout son dimanche à travailler** he spent the whole of *ou* all Sunday working ◆ **son M. Dupont ne me plaît pas du tout** I don't care for his *(ou* her) Mr Dupont at all ◆ **avoir ses petites manies** to have one's funny little ways ◆ **elle a ses jours !** she has her (good and bad) days! ◆ **il a sa crise de foie** he is having one of his bilious attacks ◆ **cet enfant ne ferme jamais ses portes** that child never shuts the door behind him ◆ **alors, on est content de revoir ses camarades ?** so, are you happy to see your friends again?; → **sentir**

son² /sɔ̃/ SYN NM 1 *(= bruit)* sound ◆ **son articulé/inarticulé** articulate/inarticulate sound ◆ **le timbre et la hauteur du son d'une cloche/d'un tambour/d'un avertisseur** the tone and pitch of (the sound of) a bell/of a drum/of an alarm ◆ **réveillé par le son des cloches/tambours/klaxons** woken by the sound of bells/drums/horns, woken by the ringing of bells/the beat of drums/the blare of horns ◆ **défiler au son d'une fanfare** to march past to the sound of a band ◆ **elle dansait au son de l'accordéon** she was dancing to the accordion ◆ **elle tressaillit au son de sa voix** she started at the sound of his voice ◆ **proclamer qch à son de trompe** to proclaim sth from the rooftops *ou* the housetops ◆ **n'entendre qu'un/entendre un autre son de cloche** *(fig)* to hear only one/another side of the story ◆ **j'aimerais bien entendre un autre son de cloche** I'd like to have a second opinion ◆ **même son de cloche chez les patrons/à l'ambassade** the bosses are/the embassy is telling the same story ◆ **c'est un autre son de cloche** that's quite another story ◆ **qui n'entend qu'une cloche n'entend qu'un son** *(Prov)* you should always get both sides of the story
2 *(Ciné, Radio, TV)* sound ◆ **baisser le son** to turn down the sound *ou* volume ◆ **équipe/ingénieur du son** sound team/engineer ◆ **synchroniser le son et l'image** to synchronize the sound and the picture ◆ **(spectacle) son et lumière** son et lumière (show); → **numérique, stéréo**

son³ /sɔ̃/ NM *(= substance)* bran ◆ **farine de son** bran flour; → **pain, poupée, tache**

sonar /sɔnaʀ/ NM sonar

sonate /sɔnat/ NF sonata ◆ **sonates pour piano** sonatas for piano, piano sonatas

sonatine /sɔnatin/ NF sonatina

sondage /sɔ̃daʒ/ SYN NM 1 *(= enquête)* *(succincte)* poll; *(approfondie)* survey ◆ **sondage d'opinion** opinion poll ◆ **sondage par téléphone** telephone poll ◆ **il remonte/baisse dans les sondages** he is going up again/down in the polls ◆ **faire un sondage** to take a poll, to conduct a survey *(auprès de* among) ◆ **procéder par sondage** to do a spot check; → **institut**
2 *(Tech = forage)* boring, drilling; *(Météo, en bateau)* sounding; *(Méd)* probing *(NonC)*, probe;

sonde | sorbier

(pour évacuer) catheterization ◆ **puits de sondage** borehole

sonde /sɔ̃d/ SYN NF [1] *[de bateau]* (= *instrument*) lead line, sounding line; *(gén pl = relevé)* soundings ◆ **naviguer à la sonde** to navigate by soundings ◆ **jeter une sonde** to cast the lead; → **île**
[2] *(Tech : de forage)* borer, drill
[3] *(Méd)* probe; *(à canal central)* catheter; *(d'alimentation)* feeding tube ◆ **mettre une sonde à qn** to put a catheter in sb ◆ **alimenter un malade avec une sonde** to feed a patient through a tube
[4] (= *aérostat*) sonde ◆ **sonde aérienne** sounding balloon ◆ **sonde atmosphérique** sonde ◆ **sonde moléculaire/spatiale** molecular/space probe
[5] *(Douane : pour fouiller)* probe; *(Comm : pour prélever)* taster; *(à avalanche)* pole (for locating victims) ◆ **sonde à fromage** cheese taster

sondé, e /sɔ̃de/ NM,F person taking part in an opinion poll ◆ **la majorité des sondés était pour** the majority of those polled were in favour of the idea

sonder /sɔ̃de/ SYN ▸ conjug 1 ◂ VT [1] *(en bateau)* to sound; *(Tech)* [+ *terrain*] to bore, to drill; [+ *bagages*] to probe, to search (with a probe); [+ *avalanche*] to probe; *(Méd)* [+ *plaie*] to probe; [+ *organe, malade*] to catheterize ◆ **sonder l'atmosphère** to make soundings in the atmosphere ◆ **il sonda l'abîme du regard** *(littér)* his eyes probed the depths of the abyss
[2] [+ *personne*] *(gén)* to sound out; *(par sondage d'opinion)* to poll; [+ *conscience, avenir*] to sound out, to probe ◆ **je l'ai sondé sur ses intentions** I sounded him out, I asked him what his intentions were ◆ **sonder les esprits** to sound out opinion ◆ **sonder l'opinion** to make a survey of (public) opinion; → **terrain**

sondeur, -euse /sɔ̃dœʀ, øz/
NM *(Tech)* sounder
NM,F *[de sondage d'opinion]* pollster

songe /sɔ̃ʒ/ SYN NM *(littér)* dream ◆ **en songe** in a dream ◆ **faire un songe** to have a dream ◆ **songe, mensonge** *(Prov)* dreams are just illusions ◆ « **Songe d'une nuit d'été** » *(Littér)* "A Midsummer Night's Dream"

songe-creux † /sɔ̃ʒkʀø/ NM INV *(littér)* visionary

songer /sɔ̃ʒe/ GRAMMAIRE ACTIVE 1.1, 8.2 SYN ▸ conjug 3 ◂
VI *(littér = rêver)* to dream
VT ◆ **songer que...** to reflect *ou* consider that... ◆ **ils pourraient refuser, songeait-il** they could refuse, he reflected *ou* mused ◆ **songez que cela peut présenter de grands dangers** remember *ou* you must be aware that it can be very dangerous ◆ **il n'avait jamais songé qu'ils puissent réussir** he had never imagined they might be successful ◆ **cela me fait songer que je voulais lui téléphoner** that reminds me – I wanted to phone him ◆ **songez donc !** just imagine! you think!
VT INDIR **songer à** (= *considérer*) to consider, to think about ◆ **songer à se marier** *ou* **au mariage** to contemplate marriage, to think of getting married ◆ **j'y ai sérieusement songé** I gave it some serious thought ◆ **elle songe sérieusement à s'expatrier** she's seriously thinking about *ou* considering going to live abroad ◆ **songez-y** think it over, give it some thought ◆ **il ne songe qu'à son avancement** all he thinks about is his own advancement ◆ **quand on songe à tout ce gaspillage** when you think of all this waste ◆ **il ne faut pas y songer, inutile d'y songer** it's no use (even) thinking about it ◆ **vous n'y songez pas !** you must be joking!, you're not serious! ◆ **vous me faites songer à mon frère** you remind me of my brother; → **mal²** 5

songerie /sɔ̃ʒʀi/ NF *(littér)* reverie

songeur, -euse /sɔ̃ʒœʀ, øz/ SYN
ADJ pensive ◆ **tu as l'air bien songeuse** you look very pensive ◆ **cela me laisse songeur** I just don't know what to think
NM,F dreamer

sonique /sɔnik/ ADJ *[vitesse]* sonic ◆ **barrière sonique** sound barrier

sonnaille /sɔnaj/ NF (= *cloche*) bell; (= *bruit*) ringing *(NonC)*

sonnailler¹ /sɔnaje/ NM (= *mouton*) bellwether

sonnailler² /sɔnaje/ ▸ conjug 1 ◂ VI to ring, to chime

sonnant, e /sɔnɑ̃, ɑ̃t/ ADJ [1] (= *précis*) ◆ **à 4 heures sonnantes** on the stroke of 4, at 4 (o'clock) sharp
[2] *[horloge]* chiming, striking
[3] *[voix]* resonant; → **espèce**

sonné, e /sɔne/ *(ptp de* **sonner***)* ADJ [1] ◆ **il est midi sonné** (= *annoncé*) it's past *ou* gone (Brit) twelve ◆ **avoir trente ans bien sonnés*** (= *révolu*) to be on the wrong side of thirty *
[2] (* = *fou*) cracked, off one's rocker * *(attrib)*
[3] (* = *assommé*) groggy

sonner /sɔne/ GRAMMAIRE ACTIVE 27.5 SYN ▸ conjug 1 ◂
VT [1] [+ *cloche*] to ring; [+ *tocsin, glas*] to sound, to toll; [+ *clairon*] to sound ◆ **sonner trois coups à la porte** to ring three times at the door ◆ **se faire sonner les cloches*** to get a good telling-off * *ou* ticking-off * (Brit) ◆ **sonner les cloches à qn*** to give sb a roasting * *ou* a telling-off *
[2] (= *annoncer*) [+ *messe, matines*] to ring the bell for; [+ *réveil, rassemblement, retraite*] to sound ◆ **sonner l'alarme** to sound the alarm ◆ **sonner la charge** (Mil) to sound the charge; *(fig)* to declare war *(contre on)* ◆ **sonner l'heure** to strike the hour ◆ **la pendule sonnait 3 heures** the clock was striking 3 (o'clock)
[3] (= *appeler*) [+ *portier, infirmière*] to ring for ◆ **on ne t'a pas sonné !*** nobody asked you!
[4] (* = *étourdir*) *[chute, grippe]* to knock out; *[nouvelle]* to stagger *, to take aback ◆ **la nouvelle l'a un peu sonné** he was rather taken aback by the news
VI [1] *[cloches, téléphone]* to ring; *[réveil]* to go off; *[clairon]* to sound; *[tocsin, glas]* to sound, to toll ◆ **elle a mis le réveil à sonner pour** *ou* **à 7 heures** she set the alarm for 7 o'clock ◆ **la cloche a sonné** (Scol) the bell has gone *ou* rung ◆ **sonner à toute volée** to peal (out) ◆ **les oreilles lui sonnent** his ears are ringing
[2] *(son métallique)* [marteau] to ring; *[clés, monnaie]* to jangle, to jingle ◆ **sonner clair** to give a clear ring ◆ **sonner creux** *(lit)* to sound hollow; *[discours]* to have a hollow ring, to ring hollow ◆ **sonner faux** *(lit)* to sound out of tune; *[rire, paroles]* to ring *ou* sound false ◆ **sonner juste** *(lit)* to sound in tune; *[déclaration]* to ring true ◆ **sonner bien/mal** *(fig)* to sound good/bad ◆ **ce prénom sonne bien à l'oreille** that name has a nice ring to it, it's a nice-sounding name ◆ **l'argent sonna sur le comptoir** the money clattered onto the counter
[3] (= *être annoncé*) *[midi, minuit]* to strike ◆ **3 heures venaient de sonner** it had just struck 3 o'clock, 3 o'clock had just struck ◆ **la récréation a sonné** the bell has gone for break ◆ **la messe sonne** the bells are ringing *ou* going for mass; → **heure**
[4] (= *actionner une sonnette*) to ring ◆ **on a sonné** the bell has just gone, I just heard the bell, somebody just rang (the bell) ◆ **sonner chez qn** to ring at sb's door, to ring sb's doorbell ◆ « **sonner avant d'entrer** » "please ring before you enter"
[5] ◆ **faire sonner** [+ *nom, mot*] to say in a resonant voice
VT INDIR **sonner de** [+ *clairon, cor*] to sound

sonnerie /sɔnʀi/ NF [1] (= *son*) *[de sonnette, cloches]* ringing; *[de téléphone mobile]* ringtone ◆ **la sonnerie du clairon** the bugle call, the sound of the bugle ◆ **j'ai entendu la sonnerie du téléphone** I heard the telephone ringing ◆ **la sonnerie du téléphone l'a réveillé** he was woken by the telephone (ringing) ◆ **elle sursautait à chaque sonnerie du téléphone** she jumped every time the phone rang ◆ **sonnerie d'alarme** alarm bell ◆ **sonnerie polyphonique** polyphonic ringtone
[2] *(Mil = air)* call ◆ **la sonnerie du réveil** (the sounding of) reveille ◆ **la sonnerie aux morts** the last post
[3] (= *mécanisme*) *[de réveil]* alarm (mechanism), bell; *[de pendule]* chimes, chiming *ou* striking mechanism; (= *sonnette*) bell ◆ **sonnerie électrique/téléphonique** electric/telephone bell

sonnet /sɔnɛ/ NM sonnet

sonnette /sɔnɛt/ SYN NF [1] (= *électrique, de porte*) bell; (= *clochette*) (hand) bell ◆ **coup de sonnette** ring ◆ **je n'ai pas entendu le coup de sonnette** I didn't hear the bell (ring) ◆ **sonnette de nuit** night bell ◆ **sonnette d'alarme** alarm bell ◆ **tirer la sonnette d'alarme** *(fig)* to set off *ou* sound the alarm (bell) ◆ **tirer les sonnettes** *(jeu d'enfants)* to ring doorbells (and run away); *(fig* = *démarcher*) to go knocking on doors; → **serpent**
[2] *(Tech)* (= *engin*) pile driver

sonneur /sɔnœʀ/ NM [1] *[de cloches]* bell ringer
[2] *(Tech)* (= *ouvrier*) pile driver operator

sono* /sɔno/ NF *(abrév de* **sonorisation***)* *[de salle de conférences]* PA (system); *[de discothèque]* sound system ◆ **la sono est trop forte** the sound's too loud

sonomètre /sɔnɔmɛtʀ/ NM *(Tech)* sound-level meter

sonore /sɔnɔʀ/ SYN
ADJ [1] *[objet, surface en métal]* resonant; *[voix]* ringing *(épith)*, sonorous, resonant; *[rire]* ringing *(épith)*, resounding *(épith)*; *[baiser, gifle]* resounding *(épith)*
[2] *[salle]* resonant; *[voûte]* echoing
[3] *(péj)* *[paroles, mots]* high-sounding, sonorous
[4] *(Acoustique)* *[niveau, onde, vibrations]* sound *(épith)* ◆ **fond sonore** (= *bruits*) background noise; (= *musique*) background music
[5] *(Ciné)* *[film, effets]* sound *(épith)*; → **bande¹**
[6] *(Ling)* voiced
NF *(Ling)* voiced consonant

sonorisation /sɔnɔʀizasjɔ̃/ NF [1] *(Ciné)* adding the soundtrack *(de* to), dubbing *(de* of)
[2] (= *action*) *[de salle de conférences]* fitting with a public address system; *[de discothèque]* fitting with a sound system; (= *équipement*) *[de salle de conférences]* public address system, PA (system); *[de discothèque]* sound system
[3] *(Phon)* voicing

sonoriser /sɔnɔʀize/ ▸ conjug 1 ◂ VT [1] [+ *film*] to add the soundtrack to, to dub; [+ *salle de conférences*] to fit with a public address system *ou* a PA (system)
[2] *(Phon)* to voice

sonorité /sɔnɔʀite/ NF [1] (= *timbre, son*) *[de radio, instrument de musique]* tone; *[de voix]* sonority, tone ◆ **sonorités** *[de voix, instrument]* tones
[2] *(Ling)* voicing
[3] (= *résonance*) *[d'air]* sonority, resonance; *[de salle]* acoustics *(sg)*; *[de cirque rocheux, grotte]* resonance

sonothèque /sɔnɔtɛk/ NF sound (effects) library

sonotone ® /sɔnɔtɔn/ NM hearing aid

sophisme /sɔfism/ NM sophism

sophiste /sɔfist/ NMF sophist

sophistication /sɔfistikasjɔ̃/ SYN NF sophistication; († = *altération*) adulteration

sophistique /sɔfistik/
ADJ sophistic
NF sophistry

sophistiqué, e /sɔfistike/ SYN (ptp de **sophistiquer**) ADJ *(gén)* sophisticated; († = *altéré*) adulterated

sophistiquer /sɔfistike/ ▸ conjug 1 ◂
VT (= *raffiner*) to make (more) sophisticated; († = *altérer*) to adulterate
VPR **se sophistiquer** to become (more) sophisticated

Sophocle /sɔfɔkl/ NM Sophocles

sophora /sɔfɔʀa/ NM sophora (tree) ◆ **sophora du Japon** Japanese pagoda tree

sophrologie /sɔfʀɔlɔʒi/ NF relaxation therapy

sophrologue /sɔfʀɔlɔg/ NMF relaxation therapist

soporifique /sɔpɔʀifik/ SYN
ADJ *(lit)* soporific, sleep-inducing; *(péj)* soporific
NM sleeping drug, soporific

soprane /sɔpʀan/ NMF ⇒ **sopranonmf**

sopraniste /sɔpʀanist/ NM (male) soprano

soprano /sɔpʀano/ (pl **sopranos** *ou* **soprani** /sɔpʀani/)
ADJ ◆ **saxophone soprano** soprano (saxophone)
NM (= *voix*) soprano (voice); (= *voix d'enfant*) soprano, treble
NMF (= *personne*) soprano ◆ **soprano dramatique/lyrique** dramatic/lyric soprano

sorbe /sɔʀb/ NF sorb (apple)

sorbet /sɔʀbɛ/ NM sorbet, water ice (Brit), sherbet (US) ◆ **sorbet au citron/à l'orange** lemon/orange sorbet

sorbetière /sɔʀbətjɛʀ/ NF ice cream maker

sorbier /sɔʀbje/ NM service tree, sorb ◆ **sorbier des oiseleurs** European mountain ash, rowan tree

sorbitol /sɔʀbitɔl/ **NM** sorbitol

sorbonnard, e /sɔʀbɔnaʀ, aʀd/ *(péj)*
ADJ pedantic
NM,F *student or teacher at the Sorbonne*

sorcellerie /sɔʀsɛlʀi/ SYN **NF** witchcraft, sorcery ◆ **c'est de la sorcellerie !** it's magic! ◆ **procès en sorcellerie** *(fig)* witch hunt

sorcier /sɔʀsje/ SYN
NM *(lit)* sorcerer ◆ **il ne faut pas être sorcier pour...** *(fig)* you don't have to be a wizard to...; → **apprenti**
ADJ ◆ **ce n'est pas sorcier !*** it's dead easy!*

sorcière /sɔʀsjɛʀ/ SYN **NF** witch, sorceress ◆ **vieille sorcière !** *(péj)* old witch! *ou* hag!; → **chasse¹**

sordide /sɔʀdid/ SYN
ADJ 1 *[bar, hôtel, quartier, banlieue]* seedy, squalid ◆ **des conditions de vie sordides** squalid living conditions
2 *[réalité, histoire, crime, querelle, affaire, détails]* sordid ; *[action, mentalité, avarice, égoïsme]* base
NM ◆ **le sordide de la situation** the sordidness of the situation

sordidement /sɔʀdidmɑ̃/ **ADV** *[vivre]* in squalor; *[agir]* basely ◆ **il a fini sordidement** he came to a squalid *ou* sordid end

sorgho /sɔʀgo/ **NM** sorghum

sorite /sɔʀit/ **NM** sorites *(sg)*

Sorlingues /sɔʀlɛ̃g/ **NFPL** ◆ **les (îles) Sorlingues** the Scilly Isles, the Isles of Scilly, the Scillies

sornettes † /sɔʀnɛt/ SYN **NFPL** twaddle, balderdash ◆ **sornettes !** fiddlesticks!

sororité /sɔʀɔʀite/ **NF** sisterhood

sort /sɔʀ/ SYN **NM** 1 *(= condition)* lot ◆ **être content** *ou* **satisfait de son sort** to be happy with one's lot (in life) ◆ **améliorer le sort des pauvres/handicapés** to improve the lot of the poor/the handicapped ◆ **envier le sort de qn** to envy sb's lot
2 *(= destinée)* fate ◆ **le sort qui l'attend** the fate that awaits him ◆ **abandonner qn à son triste sort** *(hum)* to abandon sb to his sad fate ◆ **sa proposition a eu** *ou* **subi le même sort que les précédentes** his proposal met with the same fate as the previous ones ◆ **le sort décidera** fate will decide ◆ **pour essayer de conjurer le (mauvais) sort** to try to ward off fate ◆ **c'est un coup du sort** it's a stroke of fate ◆ **faire un sort à** *(= mettre en valeur)* to stress, to emphasize; *(* = se débarrasser de)* to get rid of, to get shot of* *(Brit)*; *[+ plat, bouteille]* to polish off*; → **caprice, ironie**
3 *(= hasard)* fate ◆ **le sort est tombé sur lui** he was chosen by fate, it fell to him ◆ **le sort en est jeté** the die is cast ◆ **tirer au sort** to draw lots ◆ **tirer qch au sort** to draw lots for sth; → **tirage**
4 *(Sorcellerie)* spell; *(= malédiction)* curse ◆ **il y a un sort sur qn** there is a curse on sb ◆ **jeter un sort à** *ou* **sur qn** to put *ou* cast a spell on, to put a curse *ou* jinx* on sb

sortable* /sɔʀtabl/ SYN **ADJ** *(gén nég)* *[personne]* presentable ◆ **tu n'es pas sortable !** we *(ou* I) can't take you anywhere!

sortant, e /sɔʀtɑ̃, ɑ̃t/
ADJ *[député, maire]* outgoing *(épith)* ◆ **les numéros sortants** the numbers which come up
NM *(= personne : gén pl)* ◆ **les sortants** the outgoing crowd; *(Pol)* the outgoing deputies

sorte /sɔʀt/ SYN **NF** 1 *(= espèce)* sort, kind ◆ **toutes sortes de gens/choses** all kinds *ou* sorts *ou* manner of people/things ◆ **des vêtements de toutes (les) sortes** all kinds *ou* sorts *ou* manner of clothes ◆ **nous avons trois sortes de fleurs** we have three kinds *ou* types *ou* sorts of flower(s) ◆ **des roches de même sorte** rocks of the same sort *ou* kind *ou* type
2 ◆ **une sorte de** a sort *ou* kind of ◆ **une sorte de médecin/voiture** *(péj)* a doctor/car of sorts ◆ **robe taillée dans une sorte de satin** dress cut out of some sort *ou* kind of satin
3 *(locutions)*
♦ **de la sorte** *(= de cette façon)* in that way ◆ **accoutré de la sorte** dressed in that way ◆ **il n'a rien fait de la sorte** he did nothing of the kind *ou* no such thing
♦ **de sorte à** so as to, in order to
♦ **de (telle) sorte que, en sorte que** *(littér)* *(= de façon à ce que)* so that, in such a way that; *(= si bien que)* so much so that ◆ **faire en sorte que** to see to it that ◆ **faites en sorte que vous ayez fini** *ou* **d'avoir fini demain** see to it *ou* arrange it *ou* arrange things so that you finish tomorrow
♦ **en aucune sorte** † not at all, not in the least
♦ **en quelque sorte** in a way, sort of* ◆ **vous avouez l'avoir dit, en quelque sorte** you are in a way *ou* sort of* admitting to having said it ◆ **c'est un ami en quelque sorte** I suppose you could say he's a friend, he's sort of a friend*

sortie /sɔʀti/ SYN
NF 1 *(= action, moment)* *[de personne]* exit; *[de véhicule, bateau, armée occupante]* departure; *(Mil = mission)* sortie; *(Théât)* exit ◆ **elle attend la sortie des artistes** she's waiting for the performers to come out ◆ **à sa sortie, tous se sont tus** when he went out *ou* left everybody fell silent ◆ **à sa sortie du salon** when he went out of *ou* left the lounge ◆ **il a fait une sortie remarquée** he made a dramatic exit ◆ **il a fait une sortie discrète** he made a discreet exit, he left discreetly ◆ **faire une sortie** *[avions, troupes]* to make a sortie ◆ **faire une sortie dans l'espace** to take *ou* make a space walk ◆ **tenter une sortie** *(Mil)* to attempt a sortie ◆ **les sauveteurs ont fait 30 sorties en mer cette semaine** the lifeboatmen were called out 30 times this week ◆ **la sortie des classes est fixée au 29 juin** the schools will close for the summer on 29 June ◆ **à la sortie des ouvriers/bureaux/théâtres** when the workers/offices/theatres come out ◆ **sa mère l'attend tous les jours à la sortie de l'école** his mother waits for him every day after school *ou* when school comes out *ou* finishes ◆ **retrouvons-nous à la sortie (du concert)** let's meet at the end (of the concert) ◆ **à sa sortie de prison** when he comes *(ou* came) out of prison ◆ **c'est sa première sortie depuis sa maladie** it's the first time he's been out since his illness ◆ **elle a manqué sa sortie à l'acte 2** *(Théât)* she missed *ou* fluffed *(Brit)* her exit in act 2 ◆ **pousser qn vers la sortie** *(fig)* to push sb out; → **faux²**
2 *(= fin)* end ◆ **à la sortie de l'enfance** at the end of childhood ◆ **à la sortie de l'hiver** at the end of winter
3 *(= congé)* day off; *(= promenade)* outing; *(le soir : au théâtre, au cinéma etc)* evening *ou* night out ◆ **c'est le jour de sortie de la bonne** it's the maid's day off ◆ **c'est le jour de sortie des pensionnaires** it's the boarders' day out ◆ **il est de sortie** *[soldat, domestique]* it's his day off ◆ **nous sommes de sortie ce soir** we're going out tonight, we're having an evening out tonight ◆ **ils viennent déjeuner le dimanche, cela leur fait une petite sortie** they come to lunch on Sundays - it gives them a little outing *ou* it's a day out for them ◆ **elle s'est acheté une robe du soir pour leurs sorties** she's bought herself an evening dress for when they go out *ou* have a night out ◆ **faire une sortie en mer** to go on a boat trip *(at sea)* ◆ **sortie éducative** *ou* **scolaire** *(Scol)* field-trip, school outing *(Brit)*, school visit *(Brit)* ◆ **il dépense tout son argent pour ses sorties** he spends all his money on going out
4 *(= lieu)* exit, way out ◆ **sortie d'autoroute** motorway exit *(Brit)*, highway exit *(US)* ◆ **sortie de métro** metro exit, underground *(Brit)* *ou* subway *(US)* exit ◆ **sortie de secours** emergency exit ◆ **sortie des artistes** stage door ◆ « **attention, sortie d'usine** » "caution, factory entrance *ou* exit" ◆ « **sortie de camions** » "vehicle exit" ◆ **garé devant la sortie de l'école** parked in front of the school gates *ou* entrance ◆ **sa maison se trouve à la sortie du village** his house is at the edge of the village *ou* just as you come out of the village ◆ **les sorties de Paris sont encombrées** the roads out of Paris are congested ◆ **par ici la sortie !** this way out! ◆ **trouver une (porte de) sortie** *(fig)* to find a way out ◆ **il faut se ménager une (porte de) sortie** you must try to leave yourself a way out
5 *(= écoulement)* *[d'eau, gaz]* outflow ◆ **cela empêche la sortie des gaz** it prevents the gases from coming out *ou* escaping
6 *(= emportement)* outburst; *(= remarque drôle)* sally; *(= remarque incongrue)* peculiar *ou* odd remark ◆ **elle est sujette à ce genre de sortie** she's given to that kind of outburst ◆ **faire une sortie à qn** to let fly at sb ◆ **faire une sortie contre qch/qn** to lash out against sth/sb
7 *(Comm = mise en vente)* *[de voiture, modèle]* launching; *[de livre]* appearance, publication; *[de disque, film]* release ◆ **à la sortie du livre** when the book comes *(ou* came) out
8 *[de marchandises, devises]* export ◆ **sortie (de capitaux)** outflow (of capital) ◆ **la sortie de l'or/des devises/de certains produits est contingentée** there are controls on gold/currency/certain products leaving the country *ou* on the export of gold/currency/certain products ◆ **il y a eu d'importantes sorties de devises** large amounts of currency have been flowing out of *ou* leaving the country
9 *(= somme dépensée)* item of expenditure ◆ **il y a eu plus de sorties que de rentrées** there have been more outgoings than receipts ◆ **sorties de caisse** cash payments
10 *(Ordin)* output, readout ◆ **sortie laser** laser print-out ◆ **sortie (sur) imprimante** print-out
11 *(Sport)* ◆ **sortie en touche** going into touch ◆ **il y a sortie en touche si le ballon touche la ligne** the ball is in touch *ou* has gone into touch if it touches the line ◆ **ils ont marqué l'essai sur une sortie de mêlée** *(Rugby)* they scored a try straight out of the scrum ◆ **le ballon est allé en sortie de but** *(Football)* the ball has gone into touch behind the back line ◆ **faire une sortie** *[gardien de but]* to leave the goalmouth, to come out of goal ◆ **lors de la dernière sortie de l'équipe de France contre l'Angleterre** when France last played (against) England ◆ **faire une sortie de route** *[voiture]* to go off the track
COMP **sortie de bain** bathrobe

sortilège /sɔʀtilɛʒ/ SYN **NM** (magic) spell

sortir¹ /sɔʀtiʀ/

SYN ▸ conjug 16 ◂

1 - VERBE INTRANSITIF
2 - VERBE TRANSITIF
3 - VERBE PRONOMINAL

1 - VERBE INTRANSITIF

[AVEC AUXILIAIRE ÊTRE]

1 [PERSONNE] *(= aller)* to go out, to leave; *(= venir)* to come out, to leave; *(à pied)* to walk out; *(en voiture)* to drive out, to go *ou* come out; *[véhicule]* to drive out, to go *ou* come out; *(Ordin)* to exit, to log out; *(Théât)* to exit, to leave (the stage) ◆ **sortir en voiture/à bicyclette** to go out for a drive/a cycle ride, to go out in one's car/on one's bike ◆ **sortir en courant** to run out ◆ **sortir en boitant** to limp out ◆ **sortir par la porte/par la fenêtre** to go *ou* get out *ou* leave by the door/by the window ◆ **ça me sort par les yeux** *ou* **les oreilles*** I've had more than I can take (of it) ◆ **sortir en mer** to put out to sea ◆ **depuis trois jours, les bateaux ne sont pas sortis** the boats haven't been out for three days ◆ **faites sortir ces gens** make these people go *ou* leave, get these people out ◆ **Madame, est-ce que je peux sortir ?** *(Scol)* Miss, can I be excused please? ◆ **sortir de** *[+ pièce]* to go *ou* come out of, to leave; *[+ région, pays]* to leave ◆ **sortir de chez qn** to go *ou* come out of sb's house, to leave sb's house ◆ **mais d'où sort-il (donc) ?*** *(= il est tout sale)* where has he been!; *(= il ne sait pas la nouvelle)* where has he been (all this time)?; *(= il est mal élevé)* where was he brought up? *(iro)*; *(= il est bête)* where did they find him? *(iro)* ◆ **il sortit discrètement (de la pièce)** he went out (of the room) *ou* left (the room) discreetly, he slipped out (of the room) ◆ **sors (d'ici) !** get out (of here)! ◆ **le train sort du tunnel** the train is coming out of the tunnel ◆ **les voiliers sortaient du port** the sailing boats were leaving the harbour ◆ « **la servante sort** » *(Théât)* "exit the maid" ◆ « **les 3 gardes sortent** » *(Théât)* "exeunt 3 guards" ◆ **laisser sortir qn** to let sb out, to let sb leave ◆ **ne laissez sortir personne** don't let anybody out *ou* leave ◆ **laisser sortir qn de** *[+ pièce, pays]* to let sb out of, to let sb leave; → **gond**
2 [= PARTIR DE CHEZ SOI] to go out ◆ **sortir faire des courses/prendre l'air** to go out shopping/for some fresh air ◆ **sortir acheter du pain** to go out to buy *ou* for some bread ◆ **sortir dîner/déjeuner** to go out for *ou* to dinner/lunch ◆ **mon père est sorti, puis-je prendre un message ?** *(au téléphone)* my father's gone out, can I take a message? ◆ **ils sortent beaucoup/ne sortent pas beaucoup** they go out a lot/don't go out much ◆ **tu ne les connais pas ? il faut sortir un peu** *ou* **le dimanche*** you don't know them? where have you been?* ◆ **mes parents ne me laissent pas sortir** my parents don't let me (go) out ◆ **le médecin lui a permis de sortir** the doctor has allowed him (to go) out ◆ **c'est le soir que les moustiques sortent** the mosquitoes come out in the evening ◆ **il n'est jamais sorti de son village** he has never been out of *ou* gone outside his village

[3] [COMM] *[marchandises, devises]* to leave ◆ **tout ce qui sort (du pays) doit être déclaré** everything going out (of the country) *ou* leaving (the country) must be declared

[4] [= QUITTER] to leave, to come out; *[élèves]* to get out; *[objet, pièce]* to come out ◆ **le joint est sorti de son logement** the joint has come out of its socket ◆ **sortir du théâtre** to go *ou* come out of *ou* leave the theatre ◆ **sortir de l'hôpital/de prison** to come out of hospital/of prison ◆ **quand sort-il ?** *(de prison)* when does he come *ou* get out?; *(de l'hôpital)* when is he coming out? *ou* leaving? ◆ **je sors à 6 heures** *(du bureau, du lycée)* I finish at 6 ◆ **sortir de table** to leave the table ◆ **sortir de l'eau** to come out of the water ◆ **sortir du lit** to get out of bed, to get up ◆ **sortir de son lit** *[fleuve]* to overflow its banks ◆ **sortir de terre** *[plante]* to sprout ◆ **sortir des rails** *[train]* to go off the rails ◆ **la voiture est sortie de la route** the car left *ou* came off the road ◆ **sortir de convalescence/d'un profond sommeil** to come out of *ou* emerge from convalescence/a deep sleep ◆ **sortir de son calme** to lose one's calm ◆ **sortir de son indifférence** to overcome one's indifference ◆ **sortir indemne d'un accident** to come out of an accident unscathed ◆ **ce secret ne doit pas sortir de la famille** this secret must not go beyond *ou* outside family ◆ **c'est confidentiel, ça ne doit pas sortir d'ici** it's confidential, it must not leave this room ◆ **sortir de la récession** to get out of the recession ◆ **il a trop de copies à corriger, il n'en sort pas** he has too many papers to correct – there's no end to them ◆ **on n'est pas sortis de l'auberge*** we're not out of the woods yet ◆ **cela lui est sorti de la mémoire** *ou* **de l'esprit** it slipped his mind ◆ **ça m'est sorti de la tête** it went right out of my head; → **impasse, mauvais**

[5] [= FRÉQUENTER] ◆ **sortir avec qn** to go out with sb ◆ **ils sortent ensemble depuis 2 ans** they've been going out together for 2 years

[6] [MARQUANT LE PASSÉ IMMÉDIAT] ◆ **il sortait tout juste de l'enfance quand...** he was in his early teens when... ◆ **on sortait de l'hiver** it was the end of winter ◆ **il sort d'ici** he's just left ◆ **il sort du lit** he's just got up, he's just out of bed ◆ **on ne dirait pas qu'elle sort de chez le coiffeur !** you'd never believe she'd just had her hair done! ◆ **il sort d'une bronchite** he's just had bronchitis, he's just recovering from a bout of bronchitis ◆ **il sort d'une période de cafard** he's just gone through *ou* had a spell of depression ◆ **il en est sorti grandi** *(d'une épreuve)* he came out of it a stronger person, he was better for it ◆ **je sors de lui parler*** I've just been talking to him ◆ **je sors d'en prendre*** I've had quite enough thank you *(iro)*

[7] [= S'ÉCARTER DE] ◆ **sortir du sujet/de la question** to go *ou* get off the subject/the point ◆ **sortir de la légalité** to overstep *ou* go outside *ou* go beyond the law ◆ **sortir des limites de** to go beyond the bounds of, to overstep the limits of ◆ **sortir (du jeu)** *(Sport)[balle, ballon]* to go out (of play) ◆ **sortir en touche** *[ballon]* to go into touch ◆ **la balle est sortie** *(Tennis)* the ball is out ◆ **cela sort de mes compétences** that's outside my field ◆ **vous sortez de votre rôle** that is not your responsibility *ou* part of your brief; → **ordinaire**

[8] [= ÊTRE ISSU DE] ◆ **sortir d'une bonne famille/du peuple** to come from a good family/from the working class ◆ **il sort du lycée Victor Duruy** he was (educated) at the lycée Victor Duruy ◆ **il sort de l'université de Perpignan** he was *ou* he studied at the University of Perpignan ◆ **pas besoin de** *ou* **il ne faut pas sortir de Polytechnique pour comprendre ça*** you don't need a PhD to understand that ◆ **un ingénieur tout droit sorti de l'école** an engineer fresh out of college

[9] [= DÉPASSER] to stick out; *(= commencer à pousser) [blé, plante]* to come up; *[dent]* to come through; *[bouton]* to appear

[10] [= ÊTRE FABRIQUÉ, PUBLIÉ] to come out; *[disque, film]* to be released ◆ **le film sort sur les écrans le 2 mai** the film is on general release from 2 May ◆ **cette encyclopédie sort par fascicules** this encyclopaedia comes out *ou* is published in instalments ◆ **sa robe sort de chez un grand couturier** her dress is by one of the top fashion designers

[11] [JEUX, LOTERIE] *[numéro, couleur]* to come up; *(Scol) [sujet d'examen]* to come up

[12] [= PROVENIR DE] ◆ **sortir de** to come from ◆ **sait-on ce qui sortira de ces entrevues !** *(fig)(= résulter)* who knows what will come (out) of these talks! *ou* what these talks will lead to! ◆ **il n'est rien sorti de nos recherches** nothing came (out) of our research ◆ **que va-t-il sortir de tout cela ?** what will come of all this? ◆ **des mots qui sortent du cœur** words which come from the heart, heartfelt words ◆ **une odeur de brûlé sortait de la cuisine** a smell of burning came from the kitchen ◆ **une épaisse fumée sortait par les fenêtres** thick smoke was pouring out of the windows

[13] [= ÊTRE DIT] ◆ **c'est sorti tout seul*** *[propos, remarque]* it just came out* ◆ **il fallait que ça sorte*** I *(ou he etc)* just had to say it

2 - VERBE TRANSITIF

[AVEC AUXILIAIRE AVOIR]

[1] [= MENER DEHORS] *[+ personne, chien]* to take out; *(* = accompagner lors d'une sortie)* to take out; *(= expulser) [+ personne]* to throw out ◆ **sortez-le !** throw him out!, get him out of here! ◆ **va au cinéma, cela te sortira** go and see a film, that'll get you out a bit *ou* give you a change of scene

[2] [= EXTRAIRE] to take out; *[+ train d'atterrissage]* to lower ◆ **sortir des vêtements d'une armoire/une voiture du garage** to get *ou* take clothes out of a wardrobe/the car out of the garage ◆ **ils ont réussi à sortir les enfants de la grotte/le car du ravin** they managed to get the children out of the cave/the coach out of the ravine ◆ **il sortit de sa poche un mouchoir** he took *ou* brought *ou* pulled a handkerchief out of his pocket ◆ **sortir les mains de ses poches** to take one's hands out of one's pockets ◆ **il a sorti son passeport** he took out *ou* produced his passport ◆ **les douaniers ont tout sorti de sa valise** the customs men took everything out of his suitcase ◆ **sortons les fauteuils dans le jardin** let's take the armchairs out into the garden ◆ **il nous a sorti son vieux bordeaux** he got his old claret out for us ◆ **il faut le sortir de là** *(lit, fig) (d'un lieu)* we must get him out of there; *(d'une situation difficile)* we must get him out of it; → **affaire**

[3] [COMM] ◆ **(faire) sortir** *[+ marchandises] (par la douane)* to take out; *(en fraude)* to smuggle out

[4] [= METTRE EN VENTE] *[+ voiture, modèle]* to bring out; *[+ livre]* to bring out, to publish; *[+ disque, film] [artiste]* to bring out; *[compagnie]* to release ◆ **ils viennent de sortir un nouveau logiciel** they've just brought out a new software package

[5] [* = DIRE] to come out with* ◆ **il vous sort de ces réflexions !** the things he comes out with!* ◆ **elle en a sorti une bien bonne** she came out with a good one* ◆ **qu'est-ce qu'il va encore nous sortir ?** what will he come out with next?* ◆ **c'est ce journal qui a sorti l'affaire** *(Journalisme = révéler)* this was the newspaper that first broke the story

[6] [* = ÉLIMINER D'UN CONCOURS] *[+ concurrent, adversaire]* to knock out *(fig)* ◆ **il s'est fait sortir dès le premier match** he was knocked out in the first match

3 - VERBE PRONOMINAL

se sortir ◆ **se sortir d'une situation difficile** to manage to get out of a difficult situation *ou* to extricate o.s. from a difficult situation ◆ **la voiture est en miettes, mais il s'en est sorti sans une égratignure** the car's a write-off but he came out of it without a scratch ◆ **tu crois qu'il va s'en sortir ?** *(il est malade)* do you think he'll pull through?; *(il est surchargé de travail)* do you think he'll ever get to *ou* see the end of it?; *(il est sur la sellette)* do you think he'll come through all right? ◆ **avec son salaire, il ne peut pas s'en sortir** he can't get by on what he earns ◆ **va l'aider, il ne s'en sort pas** go and help him, he can't cope *ou* manage ◆ **j'ai trop de travail, je ne m'en sors pas** I've got too much work, I can't see the end of it ◆ **bravo, tu t'en es très bien sorti !** you've done really well!

---

sortir² /sɔʀtiʀ/ **NM** *(littér)* ◆ **au sortir de l'hiver/de l'enfance** as winter/childhood draws *(ou* drew) to a close ◆ **au sortir de la réunion** at the end of the meeting, when the meeting broke up

sortir³ /sɔʀtiʀ/ ► conjug 2 ◄ **VT** *(Jur)* to obtain

SOS /ɛsoɛs/ **NM** SOS ◆ **lancer un SOS** to put out an SOS ◆ **envoyer un SOS à qn** to send an SOS to sb ◆ **SOS médecins/dépannage** *etc* emergency medical/repair *etc* service ◆ **SOS-Racisme** *French organization formed to fight racism*

sosie /sɔzi/ SYN **NM** *(= personne)* double ◆ **c'est le sosie de son frère** he's the (spitting) image of his brother

sostenuto /sɔstenuto/ **ADV** sostenuto

sot, sotte /so, sɔt/ SYN

ADJ silly, foolish, stupid ◆ **il n'y a pas de sot métier(, il n'y a que de sottes gens)** *(Prov)* every trade has its value ◆ **il est facteur – il n'y a pas de sot métier !** he's a postman – well, there's nothing wrong with that!

NM,F *(†, frm) (= niais)* fool; *(= enfant)* (little) idiot; *(Hist, Littérat = bouffon)* fool

sotie /sɔti/ **NF** *(Hist Littérat) satirical farce of 15th and 16th centuries*

sot-l'y-laisse /solilɛs/ **NM INV** *[de volaille]* oyster *(in chicken)*

sottement /sɔtmɑ̃/ SYN **ADV** foolishly, stupidly

sottie /sɔti/ **NF** ⇒ **sotie**

sottise /sɔtiz/ SYN **NF** [1] *(= caractère)* stupidity, foolishness ◆ **avoir la sottise de faire** to be foolish *ou* stupid enough to do sth, to have the stupidity to do sth

[2] *(= parole)* silly *ou* foolish remark; *(= action)* silly *ou* foolish thing to do, folly † *(frm)* ◆ **dire des sottises** to say silly *ou* stupid *ou* foolish things, to make silly *ou* foolish remarks ◆ **faire une sottise** *[adulte]* to do a silly *ou* foolish thing, to do something stupid ◆ **faire des sottises** *[enfant]* to misbehave, to be naughty

sottisier /sɔtizje/ **NM** *(= livre)* collection of howlers*; *(Radio, TV)* collection of out-takes

sou /su/ SYN **NM** [1] *(= monnaie) (Hist)* sou, ≃ shilling *(Brit)*; *(†, Helv = cinq centimes)* 5 centimes; *(* Can)* cent ◆ **un trente sous*** *(Can)* a quarter *(US, Can)*

[2] *(locutions)* ◆ **un sou est un sou** every penny counts ◆ **c'est une affaire** *ou* **une histoire de gros sous** *(péj)* there's big money involved ◆ **donner/compter/économiser sou à** *ou* **par sou** to give/count/save penny by penny ◆ **il n'a pas le (premier) sou, il n'a pas un sou vaillant** he hasn't got a penny *ou* a cent *(US)* (to his name) ◆ **il est sans le** *ou* **un sou** he's penniless ◆ **il est toujours en train de compter ses sous** he's always counting the pennies ◆ **ils en sont à leurs derniers sous** they're down to their last few pennies ◆ **dépenser jusqu'à son dernier sou** to spend every last penny ◆ **y laisser jusqu'à son dernier sou** to lose everything, to lose one's last buck* *(US)* ◆ **il n'a pas pour un sou de méchanceté/bon sens** he hasn't got an ounce of unkindness/good sense (in him) ◆ **il n'est pas hypocrite/raciste pour un sou** *ou* **deux sous** he isn't at all *ou* (in) the least bit hypocritical/racist ◆ **propre/reluisant** *ou* **brillant comme un sou neuf** (as) clean/bright as a new pin, spick and span; → **appareil, cent¹, machine, près, quatre**

souahéli, e /swaeli/ **ADJ, NM,F** ⇒ **swahili, e**

soubassement /subasmɑ̃/ SYN **NM** *[de maison]* base; *[de murs, fenêtre]* dado; *[de colonne]* crepidoma; *(Géol)* bedrock; *[de thèse]* basis ◆ **leur parti n'a aucun soubassement idéologique** their party has no ideological base ◆ **un pays sans aucun soubassement économique** a country with no economic base

soubresaut /subʀəso/ SYN **NM** [1] *(= cahot)* jolt ◆ **le véhicule fit un soubresaut** the vehicle gave a jolt

[2] *(= tressaillement) (de peur)* start; *(d'agonie)* convulsive movement ◆ **avoir** *ou* **faire un soubresaut** to give a start, to start

soubrette /subʀɛt/ **NF** *(†, hum = femme de chambre)* maid; *(Théât)* soubrette

souche /suʃ/ SYN **NF** [1] *[d'arbre]* stump; *[de vigne]* stock ◆ **rester planté comme une souche** to stand stock-still; → **dormir**

[2] *[de famille, race]* founder ◆ **faire souche** to found a line ◆ **de vieille souche** of old stock ◆ **elle est française de souche** she's of French origin *ou* extraction

[3] *(Ling)* root ◆ **mot de souche latine** word with a Latin root ◆ **mot souche** root word

[4] *(Bio) [de bactéries, virus]* clone, strain ◆ **cellule souche** original cell

[5] *(= talon)* counterfoil, stub ◆ **carnet à souches** counterfoil book

[6] *[de cheminée]* (chimney) stack

souchet¹ /suʃɛ/ **NM** *(= plante)* ◆ **souchet comestible** chufa ◆ **souchet à papier** papyrus

souchet² /suʃɛ/ **NM** *(= canard)* shoveler

souchong /suʃɔ̃/ NM souchong

souci¹ /susi/ NM (= *fleur*) ◆ **souci (des jardins)** marigold ◆ **souci d'eau** *ou* **des marais** marsh marigold

souci² /susi/ SYN NM 1 (= *inquiétude*) worry ◆ **se faire du souci** to worry (*pour* about) ◆ **avec un fils comme ça, ils ont du souci à se faire !** with a son like that they've got reason to worry! ◆ **ils n'ont pas de souci à se faire** they've got nothing to worry about ◆ **être sans souci** to be free of worries *ou* care(s) ◆ **cela t'éviterait bien du souci** it would save *ou* spare you a lot of worry ◆ **cela lui donne (bien) du souci** it worries him (a lot), he worries (a great deal) over it ◆ **soucis d'argent** money worries, worries about money ◆ **pas de souci !** no problem!

2 (= *préoccupation*) concern (*de* for) ◆ **avoir souci du bien-être de son prochain** to be concerned about other people's well-being ◆ **sa carrière est son unique souci** his career is his sole concern *ou* is all he worries about ◆ **cet enfant est un souci perpétuel pour ses parents** that child is a constant source of worry for his parents ◆ **avoir le souci de bien faire** to be concerned about doing things well ◆ **dans le souci de lui plaire** in his concern to please her ◆ **nous avons fait ce choix dans un souci de cohérence** we made this choice with a view to being consistent *ou* for the sake of consistency ◆ **par souci d'honnêteté** for honesty's sake ◆ **ils produisent sans souci de qualité** they churn out products regardless of quality ◆ **c'est le moindre** *ou* **le cadet** *ou* **le dernier de mes soucis** that's the least of my worries

soucier /susje/ ▸ conjug 7 ◂

VPR **se soucier** SYN ◆ **se soucier de** to care about ◆ **se soucier des autres** to care about *ou* for others, to show concern for others ◆ **je ne m'en soucie guère** I am quite indifferent to it ◆ **il s'en soucie comme de sa première chemise** *ou* **comme de l'an quarante** * he doesn't give *ou* care a hoot * (about it) *, he couldn't care less (about it) * ◆ **il se soucie peu de plaire** (*littér*) he cares little *ou* he doesn't bother whether he is liked or not ◆ **il se soucie fort de ce qu'ils pensent** (*littér*) he cares very much what they think ◆ **sans se soucier de leur réaction** without worrying about their reaction ◆ **sans se soucier de fermer la porte à clé** without bothering to lock the door ◆ **elle a accepté sans se soucier des conséquences** she accepted without giving any thought to the consequences ◆ **se soucier que** (*littér*) (+ *subj*) to care that

VT to worry, to trouble

soucieux, -ieuse /susjø, jøz/ SYN ADJ 1 (= *inquiet*) [*personne, air, ton*] concerned, worried

2 ◆ **être soucieux de qch** to be concerned with *ou* about sth, to be preoccupied with sth ◆ **soucieux de son seul intérêt** concerned *ou* preoccupied solely with his own interests ◆ **être soucieux de faire** to be anxious to do ◆ **soucieux que** (*frm*) concerned *ou* anxious that ◆ **peu soucieux qu'on le voie** caring little *ou* unconcerned whether he be *ou* is seen or not

soucoupe /sukup/ NF saucer ◆ **soucoupe volante** flying saucer; → œil

soudable /sudabl/ ADJ (*par brasure ou fil à souder*) solderable; (*par soudure autogène*) weldable

soudage /sudaʒ/ NM (*avec brasure, fil à souder*) soldering; (*autogène*) welding

soudain, e /sudɛ̃, ɛn/ SYN

ADJ (*gén*) sudden; [*mort*] sudden, unexpected

ADV (= *tout à coup*) suddenly, all of a sudden ◆ **soudain, il se mit à pleurer** all of a sudden he started to cry, he suddenly started to cry

soudainement /sudɛnmɑ̃/ SYN ADV suddenly, all of a sudden

soudaineté /sudɛnte/ NF suddenness

Soudan /sudɑ̃/ NM ◆ **le Soudan** (the) Sudan

soudanais, e /sudanɛ, ɛz/

ADJ Sudanese, of *ou* from (the) Sudan

NM,F **Soudanais(e)** Sudanese, inhabitant *ou* native of (the) Sudan

soudant, e /sudɑ̃, ɑ̃t/ ADJ welding (*épith*)

soudard /sudaʀ/ NM (*péj*) ruffianly *ou* roughneck soldier

soude /sud/ NF 1 (*industrielle*) soda ◆ **soude caustique** caustic soda; → **bicarbonate, cristal**

2 (= *plante*) saltwort ◆ **(cendre de) soude** † (*Chim*) soda ash

soudé, e /sude/ (ptp de **souder**) ADJ [*organes, pétales*] joined (together); [*couple*] close, united; [*équipe*] closely-knit ◆ **notre équipe n'est pas assez soudée** our team isn't united enough ◆ **l'opposition est soudée derrière lui** the opposition is united behind him

souder /sude/ SYN ▸ conjug 1 ◂

VT 1 [+ *métal*] (*avec brasure, fil à souder*) to solder; (*soudure autogène*) to weld; [+ *plastique*] to weld, to seal ◆ **souder à chaud/froid** to hot-/cold-weld; → **fer, fil, lampe**

2 (*Méd*) [+ *os*] to knit

3 (= *unir*) [+ *choses, organismes*] to fuse (together); (*littér*) [+ *cœurs, êtres*] to bind *ou* knit together (*littér*), to unite

4 (*Culin*) [+ *bords*] to seal

VPR **se souder** 1 [*os*] to knit together; [*vertèbres*] to fuse

2 [*équipe, parti*] to pull together, to unite; (= *s'unir*) to be knit together (*littér*)

soudeur, -euse /sudœʀ, øz/

NM,F [*de métal*] (*avec brasure, fil à souder*) solderer; (*soudure autogène*) welder

NF **soudeuse** (= *machine*) welder

soudier, -ière /sudje, jɛʀ/

ADJ soda (*épith*)

NM soda worker

NF **soudière** soda factory

soudoyer /sudwaje/ SYN ▸ conjug 8 ◂ VT to bribe

soudure /sudyʀ/ SYN NF 1 (= *opération*) [*de métal*] (*avec brasure, fil à souder*) soldering; (*autogène*) welding; [*de plastique*] welding, sealing; (= *endroit*) soldered joint, weld; (= *substance*) solder ◆ **soudure à l'arc** arc welding ◆ **soudure autogène** welding ◆ **soudure au chalumeau** torch welding ◆ **il faut faire une soudure** it needs soldering *ou* welding ◆ **faire la soudure (entre)** (*fig*) to bridge the gap (between) ◆ **je dois faire la soudure** (= *remplacer qn*) I've got to fill in

2 [*d'os*] knitting; [*d'organes, pétales*] join; (*littér*) [*de partis, cœurs*] binding *ou* knitting (*littér*) together, uniting

soufflage /suflaʒ/ NM 1 (*Métal*) blowing ◆ **soufflage du verre** glass-blowing

2 (*Naut*) [*de bateau*] sheathing

soufflant, e /suflɑ̃, ɑ̃t/

ADJ 1 ◆ **(machine) soufflante** blower ◆ **(radiateur) soufflant** fan heater

2 († * = *étonnant*) staggering, stunning

NM (*arg Crime* = *pistolet*) pistol, rod * (*US*)

soufflard /suflaʀ/ NM 1 (= *grisou*) firedamp

2 (*Géol*) fumarole

souffle /sufl/ SYN NM 1 (= *expiration*) (*en soufflant*) blow, puff; (*en respirant*) breath ◆ **éteindre une bougie d'un souffle** to blow a candle out ◆ **il murmura mon nom dans un souffle** he breathed my name ◆ **le dernier souffle d'un agonisant** the last breath of a dying man ◆ **pour jouer d'un instrument à vent, il faut du souffle** you need a lot of breath *ou* puff * (*Brit*) to play a wind instrument

2 (= *respiration*) breathing ◆ **on entendait un souffle dans l'obscurité** we heard (someone) breathing in the darkness ◆ **manquer de souffle** (*lit*) to be short of breath; (*fig*) [*prose*] to be lacklustre (*Brit*) *ou* lackluster (*US*); [*campagne électorale*] to be lacklustre (*Brit*) *ou* lackluster (*US*), to be lacking (in) oomph * ◆ **son roman manque de souffle** his novel flags in parts ◆ **il ne manque pas de souffle !** * (= *il a du toupet*) he's got a nerve! * ◆ **avoir le souffle court** to be short of breath, to be short-winded ◆ **retenir son souffle** to hold one's breath ◆ **reprendre son souffle** to get one's breath back ◆ **ne plus avoir de souffle, être à bout de souffle** to be out of breath ◆ « **À Bout de souffle** » (*Ciné*) "Breathless" ◆ **couper le souffle à qn** (*lit*) to wind sb; (*fig*) to take sb's breath away ◆ **j'en ai eu le souffle coupé** (*fig*) it (quite) took my breath away ◆ **c'est à vous couper le souffle** it's breathtaking, it's enough to take your breath away ◆ **donner un souffle nouveau** *ou* **redonner du souffle à** to give a new lease of life to, to breathe new life into ◆ **la dévaluation va redonner du souffle aux exportations** devaluation will give a fillip to exports ◆ **trouver son second souffle** (*Sport, fig*) to get one's second wind; → **bout, second**

3 (= *déplacement d'air*) [*d'incendie, ventilateur, explosion*] blast

4 (= *vent*) puff *ou* breath of air, puff of wind ◆ **le souffle du vent dans les feuilles** the wind blowing through the leaves ◆ **un souffle d'air faisait bruire le feuillage** a slight breeze was rustling the leaves ◆ **il n'y avait pas un souffle (d'air** *ou* **de vent)** there was not a breath of air

5 (= *force créatrice*) inspiration ◆ **le souffle du génie** the inspiration born of genius ◆ **le souffle créateur** (*Rel*) the breath of God

6 (*Méd*) ◆ **souffle cardiaque** *ou* **au cœur** cardiac *ou* heart murmur; → **bruit**

7 (*Téléc*) background noise

soufflé, e /sufle/ (ptp de **souffler**)

ADJ 1 (*Culin*) soufflé (*épith*)

2 (* = *surpris*) flabbergasted *, staggered *

NM (*Culin*) soufflé ◆ **soufflé au fromage** cheese soufflé; → **retomber**

souffler /sufle/ SYN ▸ conjug 1 ◂

VI 1 [*vent, personne*] to blow ◆ **souffler dans un instrument à vent** to blow (into) a wind instrument ◆ **souffler sur une bougie (pour l'éteindre)** to blow out a candle ◆ **souffler sur sa soupe (pour la faire refroidir)** to blow on one's soup (to cool it down) ◆ **souffler sur ses doigts (pour les réchauffer)** to blow on one's fingers (to warm them up) ◆ **voir de quel côté souffle le vent** (*lit, fig*) to see which way the wind is blowing ◆ **le vent a soufflé si fort qu'il a abattu deux arbres** the wind was so strong *ou* blew so hard that it brought two trees down ◆ **le vent soufflait en rafales** the wind was blowing in gusts ◆ **le vent soufflait en tempête** it was blowing a gale ◆ **j'ai dû souffler dans le ballon** * (*alcootest*) I was breathalyzed, they gave me a breath test ◆ **souffler sur le feu** (*lit*) to blow on the fire; (*fig*) to add fuel to the fire ◆ **il croit qu'il va y arriver en soufflant dessus** (*fig*) he thinks it's going to be a cinch *

2 (= *respirer avec peine*) to puff (and blow) ◆ **il ne peut monter les escaliers sans souffler** he can't go up the stairs without puffing (and blowing) ◆ **souffler comme un bœuf** *ou* **une locomotive** *ou* **un phoque** * to puff and blow like an old steam engine

3 (= *se reposer*) to get one's breath back ◆ **laisser souffler qn/un cheval** to let sb/a horse get his breath back ◆ **il ne prend jamais le temps de souffler** he never lets up, he never stops to catch his breath ◆ **donnez-lui un peu de temps pour souffler** (*pour se reposer*) give him time to get his breath back, give him a breather *; (*avant de payer*) give him a breather *

VT 1 [+ *bougie, feu*] to blow out; [+ *ballon*] to blow up

2 (= *envoyer*) ◆ **souffler de la fumée au nez de qn** to blow smoke in(to) sb's face ◆ **souffler des odeurs d'ail au visage de qn** to breathe garlic over sb *ou* into sb's face ◆ **le ventilateur soufflait des odeurs de graillon** the fan was blowing out greasy smells ◆ **le vent leur soufflait le sable dans les yeux** the wind was blowing the sand into their eyes ◆ **souffler le chaud et le froid** (*fig*) to blow hot and cold

3 (* = *prendre*) to pinch *, to swipe *, to nick * (*Brit*) (*à qn* from sb) ◆ **il lui a soufflé sa petite amie/son poste** he's pinched * his girlfriend/his job ◆ **souffler un pion** (*Dames*) to huff a draught ◆ **souffler n'est pas jouer** (*Dames*) huffing isn't a real move

4 [*bombe, explosion*] to destroy ◆ **leur maison a été soufflée par une bombe** their house was destroyed by the blast from a bomb

5 (= *dire*) [+ *conseil, réponse, réplique*] to whisper (*à qn* to sb) ◆ **on lui a soufflé sa leçon** (*fig*) he was told what to say ◆ **souffler son rôle à qn** (*Théât*) to prompt sb, to give sb a prompt ◆ **souffler qch à l'oreille de qn** to whisper sth in sb's ear ◆ **on ne souffle pas !** (*en classe, dans un jeu*) no whispering! ◆ **il n'a pas soufflé mot** he didn't breathe a word ◆ **c'est lui qui m'en avait soufflé l'idée** he's the one who gave me the idea

6 (* = *étonner*) to flabbergast *, to stagger * ◆ **elle a été soufflée d'apprendre leur échec** she was flabbergasted * *ou* staggered * to hear they had failed ◆ **leur toupet m'a soufflé** I was flabbergasted * *ou* staggered * at their nerve

7 ◆ **souffler le verre** to blow glass

soufflerie /suflәʀi/ NF [*d'orgue, forge*] bellows; (*Tech : d'aération*) ventilating fan; (*dans une usine*) blower ◆ **soufflerie (aérodynamique)** wind tunnel

soufflet¹ /suflɛ/ NM 1 [*de forge*] bellows

2 (*entre deux wagons*) vestibule; (*Couture*) gusset; [*de sac, classeur*] extendible gusset; [*d'appareil photographique, instrument de musique*] bellows ◆ **classeur à soufflets** accordion file

soufflet² /suflɛ/ SYN NM (*littér* = *gifle*) slap in the face

souffleter /suflәte/ ▸ conjug 4 ◂ VT (*littér*) ◆ **souffleter qn** to give sb a slap in the face

souffleur, -euse /suflœʀ, øz/
NM 1 *(Géol)* fumarole
2 *(= baleine)* blower; *(= dauphin)* bottle-nose(d) dolphin
3 ◆ **souffleur de verre** glass-blower
NM,F *(Théât)* prompter; → **trou**
NF **souffleuse** *(Can)* snowblower

soufflure /suflyʀ/ NF *(Tech)* blowhole

souffrance /sufʀɑ̃s/ SYN NF 1 *(= douleur)* suffering ◆ **souffrance physique/morale** physical/mental suffering ◆ **les souffrances infligées à la population** the suffering inflicted on the population ◆ **elle est morte dans d'atroces souffrances** she died in agony *ou* great pain ◆ « **Les Souffrances du jeune Werther** » *(Littérat)* "The Sorrows of Young Werther"
2 ◆ **être en souffrance** *[marchandises, colis]* to be awaiting delivery, to be held up; *[affaire, dossier]* to be pending, to be waiting to be dealt with

souffrant, e /sufʀɑ̃, ɑ̃t/ SYN ADJ 1 *(= malade) [personne]* unwell, poorly ◆ **avoir l'air souffrant** to look unwell *ou* poorly
2 *(littér)* ◆ **l'humanité souffrante** suffering humanity ◆ **l'Église souffrante** the Church suffering

souffre-douleur /sufʀədulœʀ/ SYN NMF INV whipping boy, punch bag *(Brit)*, punching bag *(US)*

souffreteux, -euse /sufʀətø, øz/ SYN ADJ *[personne, plante]* sickly, puny

souffrir /sufʀiʀ/ SYN ▸ conjug 18 ◂
VI 1 *(physiquement)* to suffer ◆ **elle souffre beaucoup** she is in great pain *ou* is suffering a great deal ◆ **souffrir comme un damné** to suffer torture *ou* torment(s) ◆ **il faut souffrir pour être belle** *(hum)* you have to suffer to be beautiful, no pain no gain ◆ **faire souffrir qn** *[personne, blessure]* to hurt sb ◆ **mon bras me fait souffrir** my arm hurts *ou* is painful ◆ **souffrir de l'estomac/des reins** to have stomach/kidney trouble ◆ **il souffre d'une grave maladie/de rhumatismes** he is suffering from a serious illness/from rheumatism ◆ **souffrir du froid/de la chaleur** to suffer from the cold/from the heat
2 *(moralement)* to suffer *(de* from) ◆ **faire souffrir qn** *[personne]* to make sb suffer; *[attitude, événement]* to cause sb pain ◆ **il a beaucoup souffert d'avoir été chassé de son pays** he has suffered a great deal from being forced to leave his country ◆ **je souffre de le voir si affaibli** it pains *ou* grieves me to see him so weak ◆ **j'en souffrais pour lui** I felt bad for him
3 *(= pâtir)* to suffer ◆ **les fraises souffrent de la chaleur** strawberries suffer in the heat ◆ **les fraises ont souffert du gel** the strawberries have suffered from *ou* have been hard hit by the frost ◆ **sa réputation en a souffert** his reputation suffered by it ◆ **le pays a souffert de la guerre** the country has suffered from the war
4 *(* = éprouver de la difficulté)* to have a hard time of it ◆ **on a fini par gagner, mais nous ont fait souffrir** *ou* **mais on a souffert** we won in the end but we had a hard time of it *ou* they gave us a rough time ◆ **je l'ai réparé mais j'ai souffert** I fixed it, but it wasn't easy
VT 1 *(= éprouver)* ◆ **souffrir le martyre** to go through agonies, to go through hell ◆ **sa jambe lui fait souffrir le martyre** he goes through hell with that leg of his ◆ **souffrir mille morts** to die a thousand deaths
2 *(littér = supporter)* to bear ◆ **il ne peut pas souffrir cette fille/le mensonge/les épinards** he can't stand *ou* bear that girl/lies/spinach ◆ **je ne peux souffrir de te voir malheureux** I can't bear to see you unhappy ◆ **il ne peut pas souffrir que...** he cannot bear that... ◆ **je ne souffrirai pas qu'il me donne des ordres** I won't take him giving me orders ◆ **souffrez que je vous contredise** allow *ou* permit me to contradict you
3 *(frm = admettre)* to admit of, to allow of ◆ **la règle souffre quelques exceptions** the rule admits of *ou* allows of a few exceptions ◆ **la règle ne peut souffrir aucune exception** the rule admits of no exception ◆ **cette affaire ne peut souffrir aucun retard** this matter simply cannot be delayed
VPR **se souffrir** *(= se supporter)* ◆ **ils ne peuvent pas se souffrir** they can't stand *ou* bear each other

soufi, e /sufi/
ADJ Sufi, Sufic
NM,F Sufi

soufisme /sufism/ NM Sufism

soufrage /sufʀaʒ/ NM *[de vigne, laine]* sulphuration *(Brit)*, sulfuration *(US)*; *[d'allumettes]* sulphuring *(Brit)*, sulfuring *(US)*

soufre /sufʀ/ NM sulphur *(Brit)*, sulfur *(US)* ◆ **jaune soufre** sulphur *(Brit) ou* sulfur *(US)* yellow ◆ **sentir le soufre** *(fig)* to smack of heresy

soufré, e /sufʀe/ ADJ 1 *(= enduit de soufre)* coated with sulphur *(Brit) ou* sulfur *(US)*
2 *(= jaune)* sulphur *(Brit) ou* sulfur *(US)* yellow

soufrer /sufʀe/ ▸ conjug 1 ◂ VT *[+ vigne]* to (treat with) sulphur *(Brit) ou* sulfur *(US)*; *[+ allumettes]* to sulphur *(Brit) ou* sulfur *(US)*; *[+ laine]* to sulphurate *(Brit) ou* sulfurate *(US)*

soufreur, -euse /sufʀœʀ, øz/
NM,F sulphur worker
NF **soufreuse** *(= machine)* sulphurator

soufrière /sufʀijɛʀ/ NF sulphur *(Brit) ou* sulfur *(US)* mine ◆ **la Soufrière** *(Géog)* the Soufrière

souhait /swɛ/ SYN NM wish ◆ **formuler des souhaits pour qch** to express one's best wishes for sth ◆ **les souhaits de bonne année** New Year greetings, good wishes for the New Year ◆ **tous nos souhaits de réussite** our best wishes for your success ◆ **à vos souhaits !** bless you!, gesundheit! *(US)* ◆ **la viande était rôtie à souhait** the meat was done to perfection *ou* done to a turn ◆ **le vin était fruité à souhait** the wine was delightfully fruity ◆ **tout marchait à souhait** everything went perfectly *ou* went like a dream ◆ **une chanson niaise à souhait** an incredibly silly song

souhaitable /swɛtabl/ SYN ADJ desirable ◆ **ce n'est guère souhaitable** it is not really to be desired ◆ **sa présence n'a pas été jugée souhaitable** his presence was deemed undesirable

souhaiter /swete/ GRAMMAIRE ACTIVE 1.1, 4, 23.1, 23.3 SYN ▸ conjug 1 ◂ VT 1 *(= espérer) [+ réussite, changements]* to wish for ◆ **souhaiter que** to hope that ◆ **il est à souhaiter que...** it is to be hoped that... ◆ **ce n'est pas à souhaiter** it's not really to be desired ◆ **je souhaite qu'il réussisse** I hope he succeeds ◆ **je souhaite réussir** I hope to succeed ◆ **souhaiter pouvoir étudier/partir à l'étranger** to hope to be able to study/go abroad ◆ **je le souhaitais différent/plus affectueux** I wished he were different/more affectionate ◆ **je souhaiterais parler à Jean** I'd like to speak to Jean, please ◆ **à quelle heure souhaitez-vous partir ?** what time would you like to leave? ◆ « **anglais souhaité** » *(dans une offre d'emploi)* "knowledge of English desirable"
2 *(= exprimer ses vœux)* ◆ **souhaiter à qn le bonheur/la réussite** to wish sb happiness/success ◆ **je vous souhaite bien des choses** all the best ◆ **souhaiter à qn de réussir** to wish sb success ◆ **je vous souhaite bien du plaisir !, je vous en souhaite !** * *(iro)* (and the) best of luck to you! * *(iro)* ◆ **souhaiter la bonne année/bonne chance à qn** to wish sb a happy New Year/(the best of) luck ◆ **je vous la souhaite bonne et heureuse !** * here's hoping you have a really good New Year! ◆ **je ne souhaite à personne de connaître une telle horreur** I wouldn't wish such an awful thing on anybody ◆ **tout ce que je souhaite, c'est que tu sois heureux** all I want is for you to be happy

souillard /sujaʀ/ NM drainage hole

souille /suj/ NF 1 *(Chasse)* wallow
2 *(Naut)* bed *(of a sunken ship)*
3 *(Tech)* strike

souiller /suje/ SYN ▸ conjug 1 ◂ VT *(littér) [+ drap, vêtement]* to soil, to dirty; *[+ atmosphère]* to pollute; *[+ réputation, pureté, âme]* to sully, to tarnish ◆ **souillé de boue** spattered with mud ◆ **souiller ses mains du sang des innocents** to stain one's hands with the blood of innocents

souillon /sujɔ̃/ NF slattern, slut

souillure /sujyʀ/ SYN NF *(littér, lit)* stain; *(fig)* blemish, stain ◆ **la souillure du péché** the stain of sin

soui-manga (pl **soui-mangas**) /swimɑ̃ga/ NM sunbird

souk /suk/ NM 1 *(= marché)* souk
2 * ◆ **c'est le souk ici !** *(= désordre)* this place is absolute chaos! ◆ **c'est fini, ce souk ?** *(= tintamarre)* will you stop that racket?

Soukkoth /sukɔt/ NFPL Succoth, Sukkoth

soul /sul/ *(Mus)*
ADJ INV soul *(épith)*
NF OU NM soul

soûl, soûle /su, sul/ SYN
ADJ *(= ivre)* drunk, drunken *(épith)* ◆ **soûl comme une bourrique** * *ou* **un Polonais** * *ou* **une grive** blind drunk *, (as) drunk as a lord *(surtout Brit)*
NM *(= à satiété)* ◆ **manger tout son soûl** to eat one's fill ◆ **chanter tout son soûl** to sing one's heart out ◆ **elle a ri/pleuré tout son soûl** she laughed/cried till she could laugh/cry no more

soulagement /sulaʒmɑ̃/ SYN NM relief ◆ **j'ai éprouvé un immense soulagement** I felt an immense sense of relief, I felt immensely relieved ◆ **un murmure de soulagement parcourt la foule** the crowd murmured in relief ◆ **ça a été un soulagement d'apprendre que...** it was a relief *ou* I was (*ou* we were *etc*) relieved to learn that... ◆ **cette annonce a été accueillie avec soulagement** the announcement came as a relief ◆ **à mon grand soulagement** to my great relief

soulager /sulaʒe/ SYN ▸ conjug 3 ◂
VT 1 *[+ personne] (physiquement)* to relieve; *(moralement)* to relieve, to soothe; *[+ douleur]* to relieve, to soothe; *[+ maux]* to relieve; *[+ conscience]* to ease ◆ **ça le soulage de s'étendre** it relieves the pain when he stretches out ◆ **ça le soulage de prendre ces pilules** these pills bring him relief ◆ **buvez, ça vous soulagera** drink this – it'll make you feel better ◆ **être soulagé d'avoir fait qch** to be relieved that one has done *ou* to have done sth ◆ **cet aveu l'a soulagé** this confession made him feel better *ou* eased his conscience ◆ **cela me soulage d'un grand poids** it's a great weight off my mind ◆ **soulager les pauvres/les déshérités** to bring relief to *ou* relieve the poor/the underprivileged ◆ **si ça peut te soulager, sache que tu n'es pas le seul dans ce cas** if it's any consolation you should know that you're not the only one in this situation ◆ **mets de la crème, ça soulage** put some cream on, it's soothing ◆ **pleure un bon coup, ça soulage !** have a good cry, it'll make you feel better!
2 *(= décharger) [+ personne]* to relieve *(de* of); *(Archit) [+ mur, poutre]* to relieve the strain on ◆ **soulager qn de son portefeuille** *(hum)* to relieve sb of their wallet *(hum)*
VPR **se soulager** 1 *(= se décharger d'un souci)* to find relief, to ease one's feelings, to make o.s. feel better; *(= apaiser sa conscience)* to ease one's conscience ◆ **elle se soulageait en lui prodiguant des insultes** she found relief in *ou* eased her feelings by throwing insults at him ◆ **leur conscience se soulage à bon marché** their consciences can be eased at little expense
2 *(euph = uriner)* to relieve o.s.

soûlant, e * /sulɑ̃, ɑ̃t/ ADJ wearing ◆ **tu es soûlant avec tes questions** you're wearing me out *ou* tiring me out with your questions

soûlard, e * /sulaʀ, aʀd/, **soûlaud, e** * /sulo, od/ NM,F drunkard, old soak *

soûler /sule/ ▸ conjug 1 ◂
VT 1 *(* = rendre ivre)* ◆ **soûler qn** *[personne]* to get sb drunk; *[boisson]* to make sb drunk
2 *(* = fatiguer)* ◆ **soûler qn** to make sb's head spin *ou* reel ◆ **tu nous soûles avec tes questions** you're driving us mad with all your questions ◆ **soûler qn de** *[+ théories]* to make sb's head spin *ou* reel with; *[+ questions, conseils]* to wear *ou* tire sb out with; *[+ luxe, sensations]* to intoxicate sb with ◆ **chaque fois qu'il vient, il nous soûle de paroles** every time he comes, he wears us out with all his talking
3 *(= griser qn) [parfum]* to go to sb's head, to intoxicate sb; *[vent, vitesse, théories]* to intoxicate sb, to make sb's head spin *ou* reel
VPR **se soûler** SYN *(* = s'enivrer)* to get drunk ◆ **se soûler à la bière/au whisky** to get drunk on beer/on whisky ◆ **se soûler la gueule** * to get blind drunk *, to get pissed ** *(Brit)* ◆ **se soûler de** *[+ bruit, vitesse, vent, parfums]* to get drunk on; *[+ sensations]* to make o.s. drunk with *ou* on

soûlerie /sulʀi/ NF *(péj)* drunken binge

soulevé /sul(ə)ve/ NM lifting

soulèvement /sulɛvmɑ̃/ SYN NM 1 *(= révolte)* uprising
2 *(Géol)* upthrust, upheaval

soulever /sul(ə)ve/ GRAMMAIRE ACTIVE 26.2, 26.6 SYN ▸ conjug 5 ◂
VT 1 *(= lever) [+ fardeau, malade, couvercle, rideau]* to lift (up) ◆ **soulever qn de terre** to lift sb (up) off the ground ◆ **cela me soulève le cœur** *[odeur]* it makes me feel sick *ou* want to heave *, it turns my stomach; *[attitude]* it makes me sick, it turns my stomach ◆ **odeur/spectacle qui soulève le cœur** nauseating *ou* sickening

smell/sight ◆ **cette déclaration a permis de soulever un coin du voile** this declaration has thrown a little light on the matter

2 *(= remuer) [+ poussière]* to raise ◆ **le véhicule soulevait des nuages de poussière** the vehicle sent up *ou* raised clouds of dust ◆ **le bateau soulevait de grosses vagues** the boat was making great waves ◆ **le vent soulevait les vagues/le sable** the wind whipped up the waves/blew *ou* whipped up the sand

3 *(= indigner)* to stir up; *(= pousser à la révolte)* to stir up *ou* rouse (to revolt); *(= exalter)* to stir ◆ **soulever l'opinion publique (contre qn)** to stir up *ou* rouse public opinion (against sb)

4 *(= provoquer) [+ enthousiasme, colère]* to arouse; *[+ protestations, applaudissements]* to raise; *[+ difficultés, questions]* to raise, to bring up

5 *(= évoquer) [+ question, problème]* to raise, to bring up

6 *(⁑ = voler)* ◆ **soulever qch (à qn)** to pinch* *ou* swipe⁑ sth (from sb) ◆ **il lui a soulevé sa femme** he stole his wife

VPR se soulever 1 *(= se lever) [personne]* to lift o.s. up; *[poitrine]* to heave ◆ **soulève-toi pour que je redresse ton oreiller** lift yourself up *ou* sit up a bit so that I can plump up your pillow ◆ **il s'est soulevé sur un bras** he raised himself on one elbow

2 *[véhicule, couvercle, rideau]* to lift; *[vagues, mer]* to swell (up) ◆ **à cette vue, son cœur se souleva** his stomach turned at the sight

3 *(= s'insurger)* to rise up *(contre* against)

soulier /sulje/ SYN **NM** shoe ◆ **souliers bas/plats** low-heeled/flat shoes ◆ **souliers montants** ankle boots ◆ **souliers de marche** walking shoes ◆ « **Le Soulier de satin** » *(Littérat)* "The Satin Slipper" ◆ **être dans ses petits souliers** to feel awkward *ou* ill at ease

soulignage /suliɲaʒ/, **soulignement** /suliɲmɑ̃/ **NM** underlining

souligner /suliɲe/ GRAMMAIRE ACTIVE 26.6 SYN ▸ conjug 1 ◂ **VT** 1 *(lit)* to underline; *(fig = accentuer)* to accentuate, to emphasize ◆ **souligner qch d'un trait double** to underline sth twice, to double underline sth ◆ **souligner qch en rouge** to underline sth in red ◆ **souligner ses yeux de noir** to put on black eye-liner ◆ **ce tissu à rayures soulignait son embonpoint** that striped material emphasized *ou* accentuated his stoutness

2 *(= faire remarquer)* to underline, to stress, to emphasize ◆ **il souligna l'importance de cette rencontre** he underlined *ou* stressed *ou* emphasized the importance of this meeting

soûlographe* /sulɔgʀaf/ **NMF** *(hum)* lush*, piss artist⁑ *(Brit)*, boozer⁑ *(Brit)*

soûlographie* /sulɔgʀafi/ **NF** *(hum)* drunkenness, boozing⁑ *(Brit)*

soulte /sult/ **NF** *(Fin, Jur)* balancing cash adjustment

soumettre /sumɛtʀ/ SYN ▸ conjug 56 ◂

VT 1 *(= dompter) [+ pays, peuple]* to subject, to subjugate; *[+ personne]* to subject; *[+ rebelles]* to put down, to subdue, to subjugate

2 *(= asservir)* ◆ **soumettre qn à** *[+ maître, loi]* to subject sb to

3 *(= astreindre)* ◆ **soumettre qn à** *[+ traitement, formalité, régime, impôt]* to subject sb to ◆ **soumettre qch à** *[+ traitement, essai, taxe]* to subject sth to ◆ **être soumis à des règles strictes** to be subject to strict rules ◆ **soumis aux droits de douane** dutiable, subject to (customs) duty ◆ **soumis à l'impôt** subject to tax(ation), taxable

4 *(= présenter) [+ idée, cas, manuscrit]* to submit *(à* to) ◆ **soumettre une idée/un projet/une question à qn** to submit an idea/a plan/a matter to sb, to put an idea/a plan/a matter before sb ◆ **soumettre un document à la signature** to submit a document for signature ◆ **soumettre un projet de loi à référendum** to submit *ou* put a bill to referendum

VPR se soumettre 1 *(= obéir)* to submit *(à* to)

2 ◆ **se soumettre à** *[+ traitement, formalité]* to submit to; *[+ entraînement, régime]* to submit to, to subject o.s. to

soumis, e /sumi, iz/ SYN (ptp de **soumettre**) **ADJ** *(= docile) [personne, air]* submissive ◆ **fille soumise** † ≈ registered prostitute

soumission /sumisjɔ̃/ SYN **NF** 1 *(= obéissance)* submission *(à* to) ◆ **il est toujours d'une parfaite soumission à leur égard** he is always totally submissive to their wishes ◆ **il exigeait de moi une totale soumission** he demanded that I submit completely to him, he demanded my complete submission

2 *(= reddition)* submission ◆ **ils ont fait leur soumission** they have submitted *(à* to)

3 *(Comm)* tender ◆ **faire une soumission pour un contrat** to tender for a contract ◆ **soumission cachetée** sealed bid

soumissionnaire /sumisjɔnɛʀ/ **NMF** *(Comm)* bidder, tenderer

soumissionner /sumisjɔne/ ▸ conjug 1 ◂ **VT** *(Comm)* to bid for, to tender for

soupape /supap/ SYN **NF** valve ◆ **moteur 16 soupapes** 16-valve engine ◆ **soupape d'admission/d'échappement** inlet/exhaust valve ◆ **soupapes en tête/latérales** overhead/side valves ◆ **soupape de sûreté** *ou* **de sécurité** *(lit, fig)* safety valve

soupçon /supsɔ̃/ SYN **NM** 1 *(= suspicion)* suspicion ◆ **conduite exempte de tout soupçon** conduct above suspicion ◆ **personne à l'abri de** *ou* **au-dessus de tout soupçon** person free from *ou* person above all *ou* any suspicion ◆ **de graves soupçons pèsent sur lui** he's under serious suspicion ◆ **avoir des soupçons (sur)** to have one's suspicions (about), to be suspicious (about) ◆ **j'en avais le soupçon !** I suspected as much! ◆ **sa femme eut bientôt des soupçons** his wife soon became suspicious ◆ **des difficultés dont il n'avait pas soupçon** difficulties of which he had no inkling *ou* no suspicion

2 *(= petite quantité) [d'assaisonnement, maquillage, vulgarité]* hint, touch; *[de vin, lait]* drop

soupçonnable /supsɔnabl/ **ADJ** *(gén nég)* that arouses suspicion(s) ◆ **il est peu soupçonnable de sympathies racistes** he can hardly be accused of being a racist

soupçonner /supsɔne/ SYN ▸ conjug 1 ◂ **VT** to suspect ◆ **il est soupçonné de vol** he is suspected of theft ◆ **on le soupçonne d'y avoir participé, on soupçonne qu'il y a participé** he is suspected of having taken part in it ◆ **il soupçonnait un piège** he suspected a trap ◆ **vous ne soupçonnez pas ce que ça demande comme travail** you've no idea how much work it involves

soupçonneux, -euse /supsɔnø, øz/ SYN **ADJ** suspicious ◆ **il me lança un regard soupçonneux** he gave me a suspicious glance, he glanced at me suspiciously

soupe /sup/

NF 1 *(Culin)* soup ◆ **soupe à l'oignon/aux légumes/de poisson** onion/vegetable/fish soup; → **cheveu, marchand, plein**

2 *(hum = nourriture)* grub⁑, nosh⁑ ◆ **à la soupe !** grub's up!⁑, come and get it! ◆ **on en a assez de la soupe qu'ils nous servent à la télévision** we've had enough of the rubbish they put on television ◆ **ce n'est pas de la musique, c'est de la soupe !** that's not music, it's garbage!

3 *(* : Ski)* porridge*

4 *(locutions)* ◆ **par ici la bonne soupe !*** roll up! roll up! ◆ **il est allé à la soupe*** *(fig)* he has taken a backhander* ◆ **vendre sa soupe*** to sell yourself ◆ **servir la soupe à qn*** *(fig)* to crawl to sb* ◆ **saler la soupe** *(arg Sport)* to take drugs ◆ **il a eu droit à la soupe à la grimace** he was given a frosty reception when he got home

COMP soupe au lait ◆ **il est (très) soupe au lait, c'est une soupe au lait** he flies off the handle easily, he's very quick-tempered

soupe populaire *(= lieu)* soup kitchen; *(= nourriture)* free meals ◆ **se retrouver à la soupe populaire** *(fig)* to end up penniless

soupe primitive *(Bio)* primeval soup

soupente /supɑ̃t/ **NF** cupboard *(Brit)* *ou* closet *(US)* (under the stairs)

souper /supe/

NM supper; *(Belg, Can, Helv = dîner)* dinner, supper

VI ▸ conjug 1 ◂ 1 *(lit)* to have supper; *(Belg, Can, Helv)* to have dinner *ou* supper ◆ **après le spectacle, nous sommes allés souper** after the show we went for supper

2 * ◆ **j'en ai soupé de ces histoires !** I'm sick and tired* *ou* I've had a bellyful⁑ of all this fuss!

soupeser /supəze/ SYN ▸ conjug 5 ◂ **VT** *(lit)* to weigh in one's hand(s), to feel the weight of; *(fig)* to weigh up

soupière /supjɛʀ/ **NF** (soup) tureen

soupir /supiʀ/ SYN **NM** 1 *(gén)* sigh ◆ **soupir de satisfaction** sigh of satisfaction, satisfied sigh ◆ **pousser un soupir de soulagement** to give *ou* heave a sigh of relief ◆ **pousser un gros soupir** to let out *ou* give a heavy sigh, to sigh heavily ◆ « **oui** », **dit-il dans un soupir** "yes", he said with a sigh *ou* he sighed ◆ **rendre le dernier soupir** *(littér)* to breathe one's last *(littér)* ◆ **l'objet de ses soupirs** *(littér)* the object of his desire

2 *(Mus)* crotchet rest *(Brit)*, quarter(-note) rest *(US)*; → **quart**

soupirail (pl **-aux**) /supiʀaj, o/ **NM** (small) basement window *(gen with bars)*

soupirant /supiʀɑ̃/ SYN **NM** *(† ou hum)* suitor † *(aussi hum)*, wooer † *(aussi hum)*

soupirer /supiʀe/ SYN ▸ conjug 1 ◂ **VI** to sigh ◆ **soupirer d'aise** to sigh with contentment, to heave a contented sigh ◆ **soupirer après** *ou* **pour qch/qn** *(littér)* to sigh for sth/sb *(littér)*, to yearn for sth/sb ◆ « **j'ai tout perdu** », **soupira-t-il** "I've lost everything," he sighed ◆ **... dit-il en soupirant** ... he said with a sigh *ou* he sighed

souple /supl/ SYN **ADJ** 1 *(= flexible) [corps, membres, poignet, cuir]* supple; *[branche, tige, lame]* flexible; *[plastique, brosse à dents, lentilles, col]* soft; *[peau, cheveux]* smooth, soft; *[trait]* gentle ◆ **des chaussures en cuir souple** soft leather shoes ◆ **couverture de livre souple** flexi-cover ◆ **il est souple comme un verre de lampe** he's as stiff as a board ◆ **avoir une conduite souple** *[automobiliste]* to be a smooth driver; → **disque, échine**

2 *(= accommodant) [personne, caractère]* flexible, adaptable; *[attitude, discipline, règlement]* flexible ◆ **horaires souples** flexible hours ◆ **c'est un mode de paiement plus souple** it's a more flexible mode of payment

3 *(= gracieux, fluide) [corps, silhouette]* lithe, lissom *(littér)*; *[démarche, taille]* lithe, supple; *[style]* fluid, flowing *(épith)* ◆ **souple comme un chat** *ou* **une chatte** as agile as a cat

> (!) Attention à ne pas traduire automatiquement **souple** par **supple** ; les deux mots ne se correspondent que dans certains contextes.

souplement /supləmɑ̃/ **ADV** *[utiliser]* flexibly ◆ **les mesures sont appliquées plus souplement dans ce pays** the measures are applied with greater flexibility in this country

souplesse /suplɛs/ SYN **NF** 1 *(physique) [de corps, membres, cuir]* suppleness; *[de branche, tige, lame]* flexibility; *[de plastique]* softness ◆ **pour entretenir la souplesse de la peau/des cheveux** to keep the skin/the hair soft ◆ **d'une grande souplesse d'utilisation** very easy to use ◆ **je manque de souplesse** I'm not very supple

2 *(= adaptabilité) [de personne, caractère, esprit]* flexibility, adaptability; *[de discipline, forme d'expression, règlement]* flexibility ◆ **il manque de souplesse** he's quite inflexible ◆ **il faut introduire plus de souplesse dans les horaires** we must bring in more flexible working hours

3 *(= grâce, fluidité) [de corps, silhouette]* litheness, lissomness *(littér)*; *[de démarche, taille]* litheness; *[de style]* fluidity ◆ **faire qch en souplesse** to do sth smoothly ◆ **un démarrage en souplesse** a smooth start

souquenille /suknij/ **NF** *(Hist)* smock

souquer /suke/ ▸ conjug 1 ◂

VT *(= serrer)* to tighten

VI *(= ramer)* ◆ **souquer ferme** *ou* **dur** to pull hard (at the oars)

sourate /suʀat/ **NF** sura

source /suʀs/ SYN **NF** 1 *(= point d'eau)* spring ◆ **source thermale/d'eau minérale** hot *ou* thermal/mineral spring; → **couler, eau**

2 *(= foyer)* source ◆ **source de chaleur/d'énergie** source of heat/of energy ◆ **source lumineuse** *ou* **de lumière** source of light, light source ◆ **source sonore** source of sound

3 *[de cours d'eau]* source ◆ **cette rivière prend sa source dans le Massif central** this river has its source in the Massif Central

4 *(= origine)* source ◆ **source de ridicule/d'inspiration** source of ridicule/of inspiration ◆ **source de revenus** source of income ◆ **l'argent est la source de tous les maux** money is the root of all evil ◆ **cette voiture est une source de tracas** this car causes me a lot of trouble ◆ **de source sûre, de bonne source** from a reliable source, on good authority ◆ **tenir qch de source sûre** to have sth on good authority, to get sth from a reliable source ◆ **de source généralement bien informée** from a usually well-informed *ou* accurate source ◆ **de source officielle** *ou* **autorisée** from an official source ◆ **citer ses sources** to quote one's sources ◆ **langage/programme/fichier source** *(Ordin)* source language/program/file ◆ **langue**

source *(Ling)* departure *ou* source language; → **retenue²**, **retour**

sourcier, -ière /suʀsje, jɛʀ/ **NM,F** water diviner; → **baguette**

sourcil /suʀsi/ **NM** (eye)brow ◆ **aux sourcils épais** heavy-browed, beetle-browed; → **froncer**

sourcilier, -ière /suʀsilje, jɛʀ/ **ADJ** superciliary; → **arcade**

sourciller /suʀsije/ ▸ conjug 1 ◂ **VI** ◆ **il n'a pas sourcillé** he didn't turn a hair *ou* bat an eyelid ◆ **écoutant sans sourciller mes reproches** listening to my reproaches without turning a hair *ou* batting an eyelid

sourcilleux, -euse /suʀsijø, øz/ SYN **ADJ** *(= pointilleux)* finicky; *(littér = hautain)* haughty

sourd, e /suʀ, suʀd/ SYN

ADJ [1] *[personne]* deaf ◆ **sourd d'une oreille** deaf in one ear ◆ **être sourd comme un pot*** to be as deaf as a post ◆ **faire la sourde oreille** to turn a deaf ear *(à* to); → **naissance**

[2] ◆ **sourd à** *[+ conseils, prières]* deaf to; *[+ vacarme, environnement]* oblivious of *ou* to ◆ **rester sourd aux appels de qn** to remain deaf to sb's appeals

[3] *[son, voix]* muffled, muted; *[couleur]* muted, subdued; *(Phon) [consonne]* voiceless, unvoiced ◆ **chambre sourde** anechoic room; → **lanterne**

[4] *(= vague) [douleur]* dull; *[désir, angoisse, inquiétude]* muted, gnawing; *[colère]* subdued, muted

[5] *(= caché) [lutte]* silent, hidden ◆ **se livrer à de sourdes manigances** to be engaged in hidden manoeuvring

NM,F deaf person ◆ **les sourds** the deaf ◆ **taper** *ou* **frapper** *ou* **cogner comme un sourd*** to bang with all one's might ◆ **crier** *ou* **hurler comme un sourd*** to yell at the top of one's voice *ou* for all one is worth; → **dialogue**, **pire**

NF **sourde** *(Phon)* voiceless *ou* unvoiced consonant

sourdement /suʀdəmɑ̃/ **ADV** *(= avec un bruit assourdi)* dully; *(littér = secrètement)* silently ◆ **le tonnerre grondait sourdement au loin** there was a muffled rumble of thunder *ou* thunder rumbled dully in the distance

sourdine /suʀdin/ **NF** *[de trompette, violon]* mute ◆ **mettre une sourdine à** *[+ prétentions]* to tone down; *[+ enthousiasme]* to dampen, to mute

◆ **en sourdine** *[jouer]* softly, quietly; *[faire, suggérer]* quietly ◆ **on entendait une musique en sourdine** there was music playing softly in the background ◆ **mettre en sourdine** *[+ débat]* to relegate to the background; *[+ idée, querelle]* to pass over; *[+ critiques]* to tone down; *[+ revendications]* to set aside ◆ **mets-la en sourdine !**⁑ put a sock in it!⁑, shut your mouth!⁑

sourdingue⁑ /suʀdɛ̃g/

ADJ deaf, cloth-eared⁑

NMF cloth ears⁑ *(sg)*

sourd-muet, sourde-muette (mpl **sourds-muets**) /suʀmɥɛ, suʀd(ə)mɥɛt/

ADJ deaf-and-dumb

NM,F deaf-mute, deaf-and-dumb person

sourdre /suʀdʀ/ SYN **VI** *(littér) [source]* to rise; *[eau]* to spring up, to rise; *[émotions]* to well up, to rise

souriant, e /suʀjɑ̃, jɑ̃t/ SYN **ADJ** *[visage]* smiling; *[personne]* cheerful; *[pensée, philosophie]* benign, agreeable ◆ **la standardiste est très souriante** the receptionist is always smiling *ou* is very cheerful

souriceau (pl **souriceaux**) /suʀiso/ **NM** young mouse

souricière /suʀisjɛʀ/ SYN **NF** *(lit)* mousetrap; *(fig)* trap ◆ **établir une souricière** *(Police)* to set a trap

sourire /suʀiʀ/

NM smile ◆ **le sourire aux lèvres** with a smile on his lips ◆ **avec le sourire** *[accueillir qn]* with a smile; *[travailler]* cheerfully ◆ **gardez le sourire !** keep smiling! ◆ **avoir le sourire** *(lit, fig)* to have a smile on one's face ◆ **il avait un sourire jusqu'aux oreilles** he was grinning from ear to ear ◆ **faire** *ou* **adresser un sourire à qn** to give sb a smile ◆ **faire des sourires à qn** to keep smiling at sb ◆ **être tout sourire** to be all smiles ◆ **un large sourire** *(chaleureux)* a broad smile; *(amusé)* a (broad) grin, a broad smile; → **coin**

VI ▸ conjug 36 ◂ [1] *(gén)* to smile *(à qn* at sb) ◆ **sourire à la vie** to enjoy being alive ◆ **sourire aux anges** *[personne]* to have a great beam *ou* vacant grin on one's face; *[bébé]* to smile happily in one's sleep ◆ **cette remarque les fit sourire** *(lit)* this remark made them smile *ou* brought a smile to their faces ◆ **ce projet fait sourire** *(fig)* this project is laughable ◆ **il est difficile d'en sourire** it's nothing to smile about ◆ **je souris de le voir si vaniteux** it makes me smile to see how vain he is ◆ **il sourit de nos efforts** he laughs at our efforts, our efforts make him smile ◆ **il ne faut pas sourire de ces menaces** these threats can't just be laughed *ou* shrugged off

[2] ◆ **sourire à** *(= plaire à)* to appeal to; *(= être favorable à)* to smile on, to favour *(Brit)*, to favor *(US)* ◆ **cette idée ne me sourit guère** that idea doesn't appeal to me, I don't fancy that idea* *(Brit)* ◆ **l'idée de faire cela ne me sourit pas** I don't relish the thought of doing that, the idea of doing that doesn't appeal to me ◆ **la chance lui souriait** luck smiled on him ◆ **tout lui sourit** everything goes his way

souris¹ /suʀi/ **NF** [1] *(= animal)* mouse ◆ **souris blanche** white mouse ◆ **souris grise** house mouse ◆ **je voudrais bien être une petite souris** *(pour espionner)* I'd love to be a fly on the wall ◆ **la petite souris viendra chercher ta dent** the tooth fairy will come; → **gris**, **jouer**, **trotter**

[2] *(⁑ = femme)* chick* ◆ **souris d'hôtel** sneak thief *(operating in hotels)*

[3] *[de gigot]* knuckle-joint ◆ **souris d'agneau** lamb shank

[4] *(Ordin)* mouse

souris² †† /suʀi/ **NM** *(= sourire)* smile

sournois, e /suʀnwa, waz/ SYN

ADJ *[personne, regard, air]* sly, shifty; *[méthode, attaque, manœuvres]* underhand; *[douleur, virus, maladie]* insidious

NM,F sly person ◆ **c'est un petit sournois** he's a sly little devil*

sournoisement /suʀnwazmɑ̃/ SYN **ADV** *[agir, regarder]* slyly ◆ **il s'approcha sournoisement de lui** he stole *ou* crept stealthily up to him

sournoiserie /suʀnwazʀi/ **NF** *(littér) [de personne, regard, air]* slyness, shiftiness; *[de méthode, attaque]* underhand nature

sous /su/ GRAMMAIRE ACTIVE 26.6

PRÉP [1] *(position)* under, underneath, beneath; *(atmosphère)* in ◆ **sous terre** under the ground, underground ◆ **sous le canon** *ou* **le feu de l'ennemi** under enemy fire ◆ **nager sous l'eau** to swim under water ◆ **s'abriter sous un arbre/un parapluie** to shelter under *ou* underneath *ou* beneath a tree/an umbrella ◆ **porter son sac sous le bras** to carry one's bag under one's arm ◆ **dormir sous la tente** to sleep under canvas *ou* in a tent ◆ **une mèche dépassait de sous son chapeau** a lock of hair hung down from under her hat ◆ **vous trouverez le renseignement sous tel numéro/telle rubrique** you will find the information under such-and-such a number/such-and-such a heading ◆ **sous des dehors frustes/une apparence paisible, il...** beneath *ou* under *ou* behind his rough/peaceful exterior, he... ◆ **se promener sous la pluie/sous le soleil** to take a walk in the rain/in the sunshine ◆ **le village est plus joli sous la lune/la clarté des étoiles** the village is prettier in the *ou* by moonlight/by starlight ◆ **le pays était sous la neige** the country was covered with *ou* in snow ◆ « **Sous le soleil de Satan** » *(Ciné)* "Under the Sun of Satan" → **clé**, **coup**, **manteau** *etc*

[2] *(temps) (= à l'époque de)* under; *(= dans un délai de)* within ◆ **sous le règne/le pontificat de...** under *ou* during the reign/the pontificate of... ◆ **sous Charles X** under Charles X ◆ **sous la Révolution/la Vᵉ République** at the time of *ou* during the Revolution/the Vth Republic ◆ **sous peu** shortly, before long ◆ **sous huitaine/quinzaine** within a week/two weeks *ou* a fortnight *(Brit)*

[3] *(cause)* under ◆ **sous l'influence de qn/qch** under the influence of sb/sth ◆ **le rocher s'est effrité sous l'action du soleil/du gel** the rock has crumbled away due to the action of the sun/of the frost ◆ **plier sous le poids de qch** to bend beneath *ou* under the weight of sth

[4] *(manière)* ◆ **examiner une question sous tous ses angles** *ou* **toutes ses faces** to examine every angle *ou* facet of a question, to look at a question from every angle ◆ **sous un faux nom/une identité d'emprunt** under a false name/an assumed identity ◆ **sous certaines conditions, j'accepte** I accept on certain conditions ◆ **sous ce rapport** on that score, in this *ou* that respect ◆ **il a été peint sous les traits d'un berger** he was painted as a shepherd *ou* in the guise of a shepherd

[5] *(dépendance)* under ◆ **être sous les ordres de qn** to be under sb's orders ◆ **sous un régime capitaliste/socialiste** under a capitalist/socialist régime ◆ **la valise est sous sa garde** the suitcase is in his care ◆ **se mettre sous la protection/la garde de qn** to commit o.s. to sb's protection/care ◆ **l'affaire est sous sa direction** he is running *ou* managing the affair, the affair is under his management ◆ **l'affaire est sous sa responsabilité** the affair is his responsibility *ou* comes within his sphere of responsibility

[6] *(en parlant de médicaments)* ◆ **il est sous calmants/antibiotiques** he's on tranquilizers/antibiotics

[7] *(en parlant de conditionnements)* ◆ **câble sous gaine** sheathed *ou* encased cable ◆ **(emballé) sous plastique** plastic-wrapped ◆ **sous tube** in (a) tube ◆ **(emballé) sous vide** vacuum-packed

[8] *(Ordin)* ◆ **travailler sous DOS ®/UNIX ®** to work in DOS ®/UNIX ®

PRÉF *(pour les composés les plus fréquents, voir à l'ordre alphabétique)* [1] *(infériorité)* ◆ **c'est de la sous-littérature/du sous-Giono** it's substandard literature/Giono

[2] *(subordination)* sub- ◆ **sous-catégorie** sub-category ◆ **sous-agence** *(Écon)* sub-branch

[3] *(insuffisance)* ◆ **sous-industrialisé** underindustrialized ◆ **sous-peuplement** underpopulation ◆ **sous-productivité** underproductivity ◆ **sous-rémunéré** underpaid ◆ **sous-urbanisé** insufficiently urbanized

sous-admissible /suzadmisibl/ **NMF** *candidate having passed the written part of a competitive examination*

sous-alimentation /suzalimɑ̃tasjɔ̃/ **NF** undernourishment, malnutrition

sous-alimenté, e /suzalimɑ̃te/ **ADJ** undernourished, underfed

sous-amendement /suzamɑ̃dmɑ̃/ **NM** *amendment to an amendment*

sous-arbrisseau (pl **sous-arbrisseaux**) /suzaʀbʀiso/ **NM** subshrub

sous-bibliothécaire /subiblijɔtekɛʀ/ **NMF** assistant librarian, sub-librarian

sous-bois /subwɑ/ **NM INV** undergrowth ◆ **se promener dans les** *ou* **en sous-bois** to walk through the trees

sous-brigadier /subʀigadje/ **NM** deputy sergeant

sous-calibré, e /sukalibʀe/ **ADJ** subcalibre

sous-chef /suʃɛf/ **NMF** *(gén)* second-in-command ◆ **sous-chef de bureau** *(Admin)* deputy chief clerk ◆ **sous-chef de gare** deputy *ou* sub-stationmaster

sous-classe /suklɑs/ **NF** sub-class

sous-clavier, -ière /suklavje, jɛʀ/ **ADJ** subclavian

sous-comité /sukɔmite/ **NM** subcommittee

sous-commission /sukɔmisjɔ̃/ **NF** subcommittee

sous-consommation /sukɔ̃sɔmasjɔ̃/ **NF** underconsumption

sous-continent /sukɔ̃tinɑ̃/ **NM** subcontinent

sous-couche /sukuʃ/ **NF** *[peinture]* undercoat; *[parquet, moquette]* underlay ◆ **la sous-couche de glace** the underlying layer of ice

souscripteur, -trice /suskʀiptœʀ, tʀis/ **NM,F** *[d'emprunt, publication]* subscriber *(de* to)

souscription /suskʀipsjɔ̃/ **NF** *(Fin) [d'actions]* subscription, application *(de* for); *[de police d'assurance]* taking out; *(= somme)* subscription, contribution ◆ **ouvrir une souscription en faveur de qch** to start a fund in aid of sth ◆ **livre en souscription** book sold on a subscription basis ◆ **ce livre est offert en souscription jusqu'au 15 novembre au prix de 100 €** this book is available to subscribers until 15 November at the prepublication price of €100

souscrire /suskʀiʀ/ SYN ▸ conjug 39 ◂

VT INDIR **souscrire à** [1] *[+ emprunt, publication]* to subscribe to; *[+ émission d'actions]* to subscribe for, to apply for ◆ **il a souscrit pour 200 € à l'emprunt** he subscribed *ou* applied for 200 euros' worth of shares in the scheme

[2] *[+ idée, opinion, projet]* to subscribe to ◆ **c'est une excellente idée et j'y souscris** it's an excellent idea and I subscribe to it *ou* and I'm all in favour of it

VT *[+ abonnement, assurance]* to take out; *[+ actions]* to subscribe for, to apply for; *[+ emprunt]* to

souscrit subscribe to; [+ *billet de commerce*] to sign ◆ **le capital a été entièrement souscrit** the capital was fully subscribed

souscrit, e /suskʀi, it/ (ptp de **souscrire**) ADJ ◆ **capital souscrit** subscribed capital

sous-cutané, e /sukytane/ ADJ subcutaneous ◆ **piqûre en sous-cutané** subcutaneous injection

sous-développé, e /sudev(ə)lɔpe/ SYN ADJ underdeveloped ◆ **les pays sous-développés** the underdeveloped countries

sous-développement /sudev(ə)lɔpmɑ̃/ NM underdevelopment

sous-diaconat /sudjakɔna/ NM subdiaconate

sous-diacre /sudjakʀ/ NM subdeacon

sous-directeur, -trice /sudiʀɛktœʀ, tʀis/ NM,F assistant manager, sub-manager

sous-dominante /sudɔminɑ̃t/ NF subdominant

sous-doué, e /sudwe/ (*péj* ou *hum*)
ADJ dim
NM,F dimwit*

sous-effectif /suzefɛktif/ NM understaffing ◆ **en sous-effectif** (*Mil*) undermanned; [*entreprise, service*] understaffed; [*usine, police*] undermanned ◆ **nous travaillons en sous-effectif** we are understaffed

sous-embranchement /suzɑ̃bʀɑ̃ʃmɑ̃/ NM sub-branch

sous-emploi /suzɑ̃plwa/ NM underemployment

sous-employer /suzɑ̃plwaje/ ► conjug 8 ◄ VT to underuse

sous-ensemble /suzɑ̃sɑ̃bl/ NM subset

sous-entendre /suzɑ̃tɑ̃dʀ/ SYN ► conjug 41 ◄ VT to imply, to infer ◆ **qu'est-ce qu'il sous-entend par là ?** what's he trying to imply ou what does he mean by that?

sous-entendu, e /suzɑ̃tɑ̃dy/ SYN
ADJ implied, understood ◆ **il me faut une personne jeune, sous-entendu : plus jeune que vous** I need a young person, meaning : younger than you
NM insinuation; (*surtout sexuel*) innuendo ◆ **d'une voix pleine** ou **chargée** ou **lourde de sous-entendus** (*gén*) in a voice full of hidden meaning; (*avec connotations sexuelles*) in a voice full of ou charged with innuendo

sous-entrepreneur /suzɑ̃tʀəpʀənœʀ/ NM sub-contractor

sous-équipé, e /suzekipe/ ADJ underequipped

sous-équipement /suzekipmɑ̃/ NM lack of equipment

sous-espace /suzɛspas/ NM subspace

sous-espèce /suzɛspɛs/ NF subspecies

sous-estimation /suzɛstimasjɔ̃/ SYN NF underestimate

sous-estimer /suzɛstime/ SYN ► conjug 1 ◄ VT to underestimate

sous-évaluation /suzevalɥasjɔ̃/ NF [*de bijou, meuble, monnaie*] undervaluation; [*de compétence, adversaire*] underestimation

sous-évaluer /suzevalɥe/ ► conjug 1 ◄ VT [+ *objet, entreprise, monnaie*] to undervalue; [+ *sentiment, risque, conséquence*] to underestimate

sous-exploitation /suzɛksplwatasjɔ̃/ NF underexploitation, underuse

sous-exploiter /suzɛksplwate/ ► conjug 1 ◄ VT to underexploit, to underuse

sous-exposer /suzɛkspoze/ ► conjug 1 ◄ VT to underexpose

sous-exposition /suzɛkspozisjɔ̃/ NF underexposure

sous-famille /sufamij/ NF subfamily

sous-fifre* /sufifʀ/ NM underling

sous-filiale /sufiljal/ NF sub-branch

sous-garde /sugaʀd/ NF trigger guard

sous-genre /suʒɑ̃ʀ/ NM subgenus

sous-gorge /sugɔʀʒ/ NF throatlatch

sous-gouverneur /suguvɛʀnœʀ/ NM deputy governor

sous-groupe /sugʀup/ NM subgroup

sous-homme /suzɔm/ NM subhuman

sous-information /suzɛ̃fɔʀmasjɔ̃/ NF lack of information

sous-informé, e /suzɛ̃fɔʀme/ ADJ poorly informed

sous-jacent, e /suʒasɑ̃, ɑ̃t/ SYN ADJ [*terrain, couche*] subjacent, underlying; [*raison, problème*] underlying

sous-lieutenant /suljøt(ə)nɑ̃/ NM (*armée de terre*) second lieutenant; (*marine*) sub-lieutenant; (*aviation*) pilot officer (*Brit*), second lieutenant (*US*)

sous-locataire /sulɔkatɛʀ/ NMF subtenant

sous-location /sulɔkasjɔ̃/ NF (= *action*) subletting; (= *logement*) house ou apartment that is sublet

sous-louer /sulwe/ ► conjug 1 ◄ VT to sublet

sous-main /sumɛ̃/ SYN NM INV desk blotter ◆ **en sous-main** (*fig*)[*agir, négocier*] secretly, behind the scenes

sous-maîtresse /sumɛtʀɛs/ NF brothel-keeper, madam

sous-marin, e /sumaʀɛ̃, in/
ADJ [*pêche, chasse*] underwater (*épith*); [*végétation, faune*] submarine (*épith*), underwater (*épith*); [*câble*] undersea (*épith*) → **plongée²**, **plongeur**
NM ① (*lit*) submarine ◆ **sous-marin nucléaire d'attaque** nuclear hunter-killer (submarine), nuclear attack submarine ◆ **sous-marin de poche** pocket ou midget submarine
② (= *espion*) mole

sous-marinier /sumaʀinje/ NM submariner

sous-marque /sumaʀk/ NF sub-brand

sous-maxillaire /sumaksilɛʀ/ ADJ submaxillary

sous-médicalisé, e /sumedikalize/ ADJ [*population, région*] underprovided with medical care; [*hôpital*] with inadequate medical facilities

sous-menu /sumøny/ NM (*Ordin*) sub-menu

sous-merde**** /sumɛʀd/ NF (*péj*) ◆ **ce type est une sous-merde** that guy is scum* ou trash*

sous-ministre /suministʀ/ NM (*Can*) deputy minister

sous-multiple /sumyltipl/ NM submultiple

sous-nappe /sunap/ NF undercloth

sous-normale /sunɔʀmal/ NF subnormal

sous-nutrition /sunytʀisjɔ̃/ NF malnutrition

sous-occipital, e (mpl **-aux**) /suzɔksipital, o/ ADJ suboccipital

sous-œuvre /suzœvʀ/ NM (*lit, fig*) ◆ **reprendre qch en sous-œuvre** to underpin sth ◆ **reprise en sous-œuvre** underpinning

sous-off* /suzɔf/ NM (*abrév de* **sous-officier**) non-com*

sous-officier /suzɔfisje/ NM non-commissioned officer, NCO

sous-orbitaire /suzɔʀbitɛʀ/ ADJ (*Anat*) suborbital

sous-ordre /suzɔʀdʀ/ GRAMMAIRE ACTIVE 26.6 NM
① [*d'animaux*] suborder
② (= *subalterne*) subordinate, underling

sous-payer /supeje/ ► conjug 8 ◄ VT to underpay

sous-peuplé, e /supœple/ ADJ underpopulated

sous-peuplement /supœpləmɑ̃/ NM underpopulation

sous-pied /supje/ NM (under)strap

sous-plat (pl **sous-plats**) /supla/ NM (*Belg* = *dessous-de-plat*) table mat (*for hot serving dishes*)

sous-préfectoral, e (mpl **-aux**) /supʀefɛktɔʀal, o/ ADJ sub-prefectorial

sous-préfecture /supʀefɛktyʀ/ NF sub-prefecture

sous-préfet /supʀefɛ/ NM sub-prefect

sous-préfète /supʀefɛt/ NF (= *fonctionnaire*) sub-prefect; (= *épouse*) sub-prefect's wife

sous-production /supʀɔdyksjɔ̃/ NF underproduction

sous-produit /supʀɔdɥi/ NM by-product; (*péj*) inferior product

sous-programme /supʀɔgʀam/ NM subroutine, subprogram

sous-prolétaire /supʀɔletɛʀ/ NMF member of the urban underclass

sous-prolétariat /supʀɔletaʀja/ NM underclass

sous-pull /supyl/ NM thin poloneck jersey

sous-qualifié, e /sukalifje/ ADJ [*emploi, main-d'œuvre*] underqualified

sous-scapulaire /suskapylɛʀ/ ADJ subscapular

sous-secrétaire /sus(ə)kʀetɛʀ/ NM ◆ **sous-secrétaire d'État** Under-Secretary

sous-secrétariat /sus(ə)kʀetaʀja/ NM (= *fonction*) post of Under-Secretary; (= *bureau*) Under-Secretary's office

sous-seing /susɛ̃/ NM INV (*Jur*) private document (*not officially recorded*), signed writing

soussigné, e /susiɲe/ ADJ, NM,F undersigned ◆ **je soussigné, Dupont Charles-Henri, déclare que...** I the undersigned, Charles-Henri Dupont, certify that... ◆ **les (témoins) soussignés** we the undersigned

sous-sol /susɔl/ NM (*Géol*) subsoil, substratum; [*de maison*] basement; [*de magasin*] basement, lower ground floor ◆ **les richesses de notre sous-sol** our mineral resources ◆ **parking en sous-sol** underground car park ◆ **sous-sol total** full basement

sous-soleuse /susɔløz/ NF subsoil plough

sous-station /sustasjɔ̃/ NF substation

sous-tangente /sutɑ̃ʒɑ̃t/ NF subtangent

sous-tasse /sutas/ NF saucer

sous-tendre /sutɑ̃dʀ/ ► conjug 41 ◄ VT (*Géom*) to subtend; (*fig*) to underlie, to underpin ◆ **l'idéologie qui sous-tend toutes ces publicités** the underlying ideology behind all these advertisements

sous-tension /sutɑ̃sjɔ̃/ NF undervoltage

sous-titrage /sutitʀaʒ/ NM subtitling (*NonC*)

sous-titre /sutitʀ/ NM [*de journal, livre*] subheading, subhead; [*de film*] subtitle

sous-titrer /sutitʀe/ ► conjug 1 ◄ VT to subtitle ◆ **en version originale sous-titrée** in the original (version) with subtitles

soustractif, -ive /sustʀaktif, iv/ ADJ subtractive

soustraction /sustʀaksjɔ̃/ SYN NF ① (*Math*) subtraction ◆ **faire la soustraction de** [+ *somme*] to take away, to subtract ◆ **il faut encore déduire les frais de réparation : faites la soustraction vous-même** then you still have to deduct repair costs - you can work it out for yourself
② (*Jur*) removal ◆ **soustraction et détournement de biens** ◆ **soustraction d'enfant** abduction of a child (*by non-custodial parent*)

soustraire /sustʀɛʀ/ SYN ► conjug 50 ◄
VT ① (*gén, Math* = *défalquer*) to subtract, to take away (*de from*)
② (*frm*) (= *dérober*) to remove, to abstract; (= *cacher*) to conceal, to shield (*à from*) ◆ **soustraire qn à la justice/à la colère de qn** to shield sb from justice/from sb's anger ◆ **soustraire à la compétence de** (*Jur*) to exclude from the jurisdiction of
VPR **se soustraire** (*frm*) ◆ **se soustraire à** [+ *devoir*] to shirk; [+ *obligation, corvée*] to escape, to shirk; [+ *autorité*] to elude, to escape from; [+ *curiosité*] to conceal o.s. from, to escape from; [+ *regards, vue*] to conceal o.s. from ◆ **se soustraire à la justice** to elude justice; (*en s'enfuyant*) to abscond ◆ **quelle corvée ! comment m'y soustraire ?** what a chore! how can I get out of it?

sous-traitance /sutʀɛtɑ̃s/ NF subcontracting

sous-traitant /sutʀɛtɑ̃/ NM subcontractor

sous-traiter /sutʀete/ ► conjug 1 ◄
VI [*maître d'œuvre*] to subcontract work ou jobs, to contract out work; [*exécutant*] to be subcontracted ◆ **son entreprise sous-traite pour une grosse société** his company does contract work for a big firm
VT [+ *affaire, tâche*] to subcontract, to contract out ◆ **cette marque sous-traite la fabrication des vêtements** this company contracts out ou subcontracts clothes manufacturing

sous-utiliser /suzytilize/ ► conjug 1 ◄ VT [+ *capacités, réseau*] to underuse

sous-ventrière /suvɑ̃tʀijɛʀ/ NF [*de cheval*] girth, bellyband ◆ **manger à s'en faire péter* la sous-ventrière** to stuff o.s.

sous-verre /suvɛʀ/ NM (= *encadrement*) clip frame; (= *image encadrée*) clip-framed picture

sous-vêtement /suvɛtmɑ̃/ NM item of underwear, undergarment ◆ **sous-vêtements** underwear

sous-virer /suviʀe/ ► conjug 1 ◄ VI to understeer

sous-vireur, -euse /suviʀœʀ, øz/ ADJ ◆ **voiture sous-vireuse** car which understeers

soutache /sutaʃ/ NF (*Couture*) frog, braid

soutacher /sutaʃe/ ► conjug 1 ◄ VT (*Mil*) to decorate with frogs

soutane /sutan/ NF cassock, soutane • **prendre la soutane** *(fig)* to enter the Church • **la soutane** *(péj = le clergé)* priests, the cloth

soute /sut/ NF *[de navire]* hold • **soute (à bagages)** *[de bateau, avion]* baggage hold • **soute à charbon** coal bunker • **soute à munitions** ammunition store • **soute à mazout** oil tank • **soute à bombes** bomb bay

soutenable /sut(ə)nabl/ SYN ADJ 1 *(= défendable) [opinion]* tenable
2 *(= durable) [croissance, rythme, développement]* sustainable
3 *(= supportable)* • **ce film est d'une violence difficilement soutenable** this film is almost unbearably violent

soutenance /sut(ə)nɑ̃s/ NF *(Univ)* • **soutenance de thèse** ≃ viva (voce) *(Brit)*, defense *(US)*

soutènement /sutɛnmɑ̃/ NM • **travaux de soutènement** support(ing) works • **ouvrage de soutènement** support(ing) structure • **mur de soutènement** retaining *ou* breast wall

souteneur /sut(ə)nœʀ/ SYN NM *(= proxénète)* pimp, procurer

soutenir /sut(ə)niʀ/ GRAMMAIRE ACTIVE 13.2, 26.2, 26.5 SYN ▸ conjug 22 ◂
VT 1 *(= servir d'appui à) [+ personne, toit, mur]* to support, to hold up; *[médicament, traitement]* to sustain • **on lui a fait une piqûre pour soutenir le cœur** they gave him an injection to sustain his heart *ou* to keep his heart going • **ses jambes peuvent à peine le soutenir** his legs can hardly support him, he can hardly stand • **prenez un peu d'alcool, cela soutient** have a little drink – it'll give you a lift * *ou* keep you going
2 *(= aider) [+ gouvernement, parti, candidat]* to support, to back; *[+ famille]* to support • **soutenir le franc/l'économie** to support *ou* bolster the franc/the economy • **elle soutient les enfants contre leur père** she takes the children's part *ou* she stands up for the children against their father • **son amitié/il les a beaucoup soutenus dans leur épreuve** his friendship/he was a real support *ou* prop to them in their time of trouble • **soutenir le moral des troupes** to keep the troops' morale up *ou* high
3 *(= faire durer) [+ attention, conversation, effort]* to keep up, to sustain; *[+ réputation]* to keep up, to maintain
4 *(= résister à) [+ assaut, combat]* to stand up to, to withstand; *[+ siège]* to withstand; *[+ regard]* to bear, to support • **soutenir la comparaison avec** to bear *ou* stand comparison with, to compare (favourably) with
5 *(= affirmer) [+ opinion, doctrine]* to uphold, to support; *(= défendre) [+ droits]* to uphold, to defend • **soutenir sa thèse** *(Univ)* to attend *ou* have one's viva *(Brit)*, to defend one's dissertation *(US)* • **c'est une doctrine que je ne pourrai jamais soutenir** it is a doctrine which I shall never be able to support *ou* uphold • **elle soutient toujours le contraire de ce qu'il dit** she always maintains the opposite of what he says • **il a soutenu jusqu'au bout qu'il était innocent** he maintained to the end that he was innocent • **il m'a soutenu (mordicus) qu'il avait écrit** * he swore (blind) that he'd written
VPR **se soutenir** 1 *(= se maintenir) (sur ses jambes)* to hold o.s. up, to support o.s.; *(dans l'eau)* to keep (o.s.) afloat *ou* up • **il n'arrivait plus à se soutenir sur ses jambes** his legs could no longer support him, he could no longer stand
2 *(= s'entraider)* to stand by each other • **dans la famille, ils se soutiennent tous** the family all stand by each other *ou* stick together
3 *(= être défendu)* • **ça peut se soutenir** it's a tenable point of view • **un tel point de vue ne peut se soutenir** a point of view like that is indefensible *ou* untenable

soutenu, e /sut(ə)ny/ SYN (ptp de **soutenir**) ADJ
1 *(= constant, assidu) [attention, effort, travail, croissance]* sustained; *[rythme]* steady • **après plusieurs années de croissance très soutenue** after several years of strong growth
2 *(= châtié) [style, langue]* formal, elevated
3 *(= intense) [couleur]* strong; *[marché]* buoyant

souterrain, e /sutɛʀɛ̃, ɛn/ SYN
ADJ 1 *[parking, laboratoire, autoroute, explosion, abri, nappe]* underground ; *[cours d'eau, galerie]* subterranean, underground; → **passage**
2 *[action, influence]* subterranean; *[travail]* behind-the-scenes • **économie souterraine** underground economy
NM *(= passage) (gén)* underground *ou* subterranean passage; *(pour piétons)* underpass, subway *(Brit)* ; *(= cave)* underground *ou* subterranean room; *(Archéol)* souterrain

soutien /sutjɛ̃/ GRAMMAIRE ACTIVE 11.1, 11.2, 13.2 SYN
NM 1 *(= aide)* support • **soutien financier** financial backing • **soutien logistique/moral** logistical/moral support • **cours de soutien** *(Scol)* remedial course • **soutien en français** extra teaching in French • **apporter son soutien à qn/qch** to give sb/sth one's support • **psychothérapie de soutien** supportive psychotherapy • **soutien psychologique** counselling *(Brit)*, counseling *(US)* • **unité de soutien** *(Mil)* support *ou* reserve unit • **tissus de soutien** *(d'un végétal)* supporting tissues
2 *(= personne)* support, prop; *[de parti]* supporter • **tu es mon seul soutien** you're my only support • **l'un des soutiens du régime** one of the mainstays of the regime • **être soutien de famille** *(Admin)* to be the main wage-earner in the family
3 *(= action) [de voûte]* supporting • **soutien des prix** price support

soutien-gorge (pl **soutiens-gorge**) /sutjɛ̃gɔʀʒ/ NM bra • **soutien-gorge d'allaitement** nursing bra

soutier /sutje/ NM *(= marin)* coal-trimmer

soutif * /sutif/ NM (abrèv de **soutien-gorge**) bra

soutirage /sutiʀaʒ/ NM *[de vin]* decanting

soutirer /sutiʀe/ SYN ▸ conjug 1 ◂ VT 1 *(= prendre)* • **soutirer qch à qn** *[+ argent]* to squeeze *ou* get sth out of sb; *[+ promesse]* to extract sth from sb, to worm sth out of sb
2 *[+ vin]* to decant, to rack

soutra /sutʀa/ NM sutra

souvenance /suv(ə)nɑ̃s/ NF *(littér)* recollection • **avoir souvenance de** to recollect, to have a recollection of • **à ma souvenance** *(frm)* as I recall

souvenir /suv(ə)niʀ/ GRAMMAIRE ACTIVE 21.2 SYN
NM 1 *(= réminiscence)* memory • **souvenirs** *(= mémoires écrits)* memoirs • **elle a gardé de lui un bon/mauvais souvenir** she has good/bad memories of him • **j'ai gardé un souvenir ému de cette soirée** I have fond memories of that evening • **ce n'est plus qu'un mauvais souvenir** it's just a bad memory now • **je n'ai qu'un vague souvenir de l'incident/de l'avoir rencontré** I have only a vague *ou* dim recollection of the incident/of having met him *ou* of meeting him • **raconter des souvenirs d'enfance/de guerre** to recount memories of one's childhood/of the war • **si mes souvenirs sont exacts** if my memory serves me right *ou* correctly, if memory serves • **souvenir-écran** *(Psych)* screen memory
2 *(littér = fait de se souvenir)* recollection, remembrance *(littér)* • **avoir le souvenir de qch** to remember sth • **garder** *ou* **conserver le souvenir de qch** to remember sth, to retain the memory of sth • **perdre le souvenir de qch** to lose all recollection of sth • **évoquer le souvenir de qn** to recall *ou* evoke the memory of sb • **je n'ai pas souvenir d'avoir...** *(frm)* I have no recollection *ou* memory of having...
◆ **en souvenir de** *[+ personne disparue]* in memory *ou* remembrance of; *[+ occasion]* in memory of • **en souvenir du passé** for old times' sake
3 *(= objet à valeur sentimentale)* keepsake, memento; *(pour touristes, marque d'un événement)* souvenir • **photo souvenir** souvenir photo • **garder qch comme souvenir (de qn)** to keep sth as a memento (of sb) • **cette cicatrice est un souvenir de la guerre** this scar is a souvenir from the war • **cette montre est un souvenir de famille** this watch is a family heirloom • **boutique** *ou* **magasin de souvenirs** souvenir shop
4 *(= formule de politesse)* • **amical** *ou* **affectueux souvenir** yours (ever) • **meilleur** *ou* **amical souvenir de Rome** *(sur une carte)* greetings from Rome • **mon bon souvenir à Jean, transmettez mon meilleur souvenir à Jean** remember me to Jean, (give my) regards to Jean • **rappelez-moi au bon souvenir de votre mère** remember me to your mother, give my (kind) regards to your mother • **croyez à mon fidèle souvenir** yours ever, yours sincerely
VPR **se souvenir** SYN ▸ conjug 22 ◂ to remember • **se souvenir de qn** to remember sb • **se souvenir de qch/d'avoir fait qch/que...** to remember *ou* recall *ou* recollect sth/doing sth/that... • **il a plu tout l'été, tu t'en souviens ?** *ou* **tu te souviens ?** * it rained all summer, do you remember?, it rained all summer, remember? * • **elle lui a donné une leçon dont il se souviendra** she taught him a lesson he won't forget (in a hurry) • **souvenez-vous qu'il est très puissant** bear in mind *ou* remember that he is very powerful • **souviens-toi de ta promesse !** remember your promise! • **autant que je m'en souvienne...** as *ou* so far as I (can) remember... • **tu m'as fait me souvenir que..., tu m'as fait souvenir que...** *(littér)* you have reminded me that... • **je m'en souviendrai !** *(menace)* I won't forget!
VB IMPERS *(littér)* • **il me souvient d'avoir entendu raconter cette histoire** I recollect *ou* recall *ou* remember having heard *ou* hearing that story

> ⓘ Le mot **souvenir** se traduit par l'anglais **souvenir** uniquement quand il désigne un objet.

souvent /suvɑ̃/ SYN ADV often • **le plus souvent, ça marche bien** more often than not it works well • **il ne vient pas souvent nous voir** he doesn't come to see us often, he doesn't often come and see us • **on se voit souvent ces derniers temps** we have seen a lot of each other recently • **il se trompe plus souvent qu'à son tour** he's very often mistaken • **bien souvent** very often • **peu souvent** seldom

souverain, e /suv(ə)ʀɛ̃, ɛn/ SYN
ADJ 1 *[État, puissance]* sovereign; *[assemblée, cour, juge]* supreme • **le souverain pontife** the Supreme Pontiff, the Pope
2 *(= suprême)* sovereign • **le souverain bien** the sovereign good • **remède souverain contre qch** sovereign remedy against sth
3 *(intensif) [mépris]* supreme
NM,F 1 *(= monarque)* sovereign, monarch • **souverain absolu/constitutionnel** absolute/constitutional monarch • **la souveraine britannique** the British sovereign, the Queen
2 *(fig)* sovereign • **s'imposer en souverain** to reign supreme • **la philosophie est la souveraine des disciplines de l'esprit** philosophy is the most noble *ou* the highest of the mental disciplines
NM 1 *(Jur, Pol)* • **le souverain** the sovereign power
2 *(Hist Brit = monnaie)* sovereign

souverainement /suv(ə)ʀɛnmɑ̃/ ADV 1 *(= intensément)* supremely • **ça me déplaît souverainement** I dislike it intensely
2 *(= en tant que souverain)* with sovereign power

souveraineté /suv(ə)ʀɛnte/ SYN NF sovereignty

souverainiste /suv(ə)ʀɛnist/ ADJ, NMF *(au Canada)* Quebec separatist

souvlaki /suvlaki/ NM souvlakia

soviet † /sɔvjɛt/ NM soviet † • **le Soviet suprême** the Supreme Soviet † • **les Soviets** * *(péj)* the Soviets †

soviétique /sɔvjetik/
ADJ Soviet
NMF **Soviétique** Soviet citizen

soviétisation /sɔvjetizasjɔ̃/ NF sovietization

soviétiser /sɔvjetize/ ▸ conjug 1 ◂ VT to sovietize

soviétologue /sɔvjetɔlɔg/ NMF Kremlinologist

sovkhoze /sɔvkoz/ NM sovkhoz

soya /sɔja/ NM ⇒ **soja**

soyeux, -euse /swajø, øz/ SYN
ADJ silky
NM silk manufacturer *(of Lyons)*, silk merchant *(of Lyons)*

SPA /ɛspea/ NF (abrèv de **Société protectrice des animaux**) ≃ RSPCA *(Brit)*, ≃ ASPCA *(US)*

spacieusement /spasjøzmɑ̃/ ADV spaciously • **spacieusement aménagé** spaciously laid out • **nous sommes spacieusement logés** we have ample room where we are staying

spacieux, -ieuse /spasjø, jøz/ SYN ADJ spacious, roomy • **nous avons déménagé dans des locaux plus spacieux** we have moved to bigger premises

spadassin /spadasɛ̃/ NM *(littér, † = mercenaire)* hired killer *ou* assassin; *(† = bretteur)* swordsman

spadice /spadis/ NM spadix

spaghetti /spageti/ NM • **des spaghettis** spaghetti • **spaghettis bolognaise** spaghetti Bolognaise • **un spaghetti** a strand of spaghetti; → **western**

spahi /spai/ NM *(Hist, Mil)* Spahi *(soldier of native cavalry corps of French army in North Africa)*

spalax /spalaks/ NM mole rat
spallation /spalasjɔ̃/ NF spallation
spam /spam/ NM (Internet) spam
spamming /spamiŋ/ NM (Internet) spamming
spanglish /spãgliʃ/ NM spanglish
sparadrap /spaRadRa/ NM Band-Aid ®, plaster (Brit)
spardeck /spaRdɛk/ NM spar deck
sparganier /spaRganje/ NM bur reed
spart /spaRt/ NM ⇒ **sparte**
Spartacus /spaRtakys/ NM Spartacus
spartakisme /spaRtakism/ NM Spartacism
spartakiste /spaRtakist/ NMF Spartacist
Sparte /spaRt/ N Sparta
sparte /spaRt/ NM esparto (grass)
spartéine /spaRtein/ NF sparteine
sparterie /spaRt(ə)Ri/ NF (= objets) esparto goods
spartiate /spaRsjat/
  ADJ (Hist, fig) Spartan
  NMF (Hist) ◆ **Spartiate** Spartan
  NFPL spartiates (= chaussures) Roman sandals
spasme /spasm/ SYN NM spasm
spasmodique /spasmɔdik/ ADJ spasmodic
spasmolytique /spasmɔlitik/ ADJ, NM antispasmodic
spasmophile /spasmɔfil/
  ADJ spasmophilic
  NMF person suffering from spasmophilia
spasmophilie /spasmɔfili/ NF spasmophilia
spasticité /spastisite/ NF spasticity
spatangue /spatãg/ NM spatangoid
spath /spat/ NM (Minér) spar ◆ **spath fluor** fluorspar, fluorite (US) ◆ **spath d'Islande** Iceland spar
spathe /spat/ NF (= feuille) spath
spathique /spatik/ ADJ spathic
spatial, e (mpl **-iaux**) /spasjal, jo/ SYN ADJ (opposé à temporel) spatial; (Espace) space (épith); → **combinaison, engin, station**
spatialisation /spasjalizasjɔ̃/ NF spatialization
spatialiser /spasjalize/ ▶ conjug 1 ◀ VT to spatialize
spatialité /spasjalite/ NF spatiality
spationaute /spasjonot/
  NM astronaut, spaceman
  NF astronaut, spacewoman
spationef /spasjonɛf/ NM spaceship, spacecraft
spatiotemporel, -elle /spasjotãpɔRɛl/ ADJ spatiotemporal
spatule /spatyl/ NF [1] (= ustensile) [de peintre, cuisinier] spatula ◆ **doigts en spatule** spatula-shaped fingers
  [2] (= bout) [de ski, manche de cuiller] tip
  [3] (= oiseau) spoonbill
spatulé, e /spatyle/ ADJ spatulate
speaker /spikœR/ NM (Radio, TV) (= annonceur) announcer; (= journaliste) newscaster, newsreader ◆ **le speaker** (Pol Brit et US) the Speaker
speakerine † /spikRin/ NF (Radio, TV) (= annonceuse) announcer; (= journaliste) newsreader, newscaster
spécial, e (mpl **-iaux**) /spesjal, jo/ SYN
  ADJ [1] (= spécifique) special ◆ **une (émission) spéciale élections** an election special ◆ **le prix spécial du jury** (Ciné) the special jury prize ◆ **épreuve spéciale** (Rallye) special stage ◆ **crème spécial visage** face cream; → **édition, envoyé, service**
  [2] (= bizarre) peculiar ◆ **il a des mœurs un peu spéciales** (euph) he's that way inclined * (euph) ◆ **il est très spécial** he's very peculiar ou odd ◆ **la cuisine japonaise, c'est spécial** Japanese food is not to everybody's taste
  NF spéciale
  [1] (= huître) top-quality oyster
  [2] (Rallye) (= épreuve) special stage
  [3] (= émission) special
spécialement /spesjalmã/ SYN ADV (= plus particulièrement) especially, particularly; (= tout exprès) specially ◆ **pas spécialement intéressant** not particularly ou especially interesting ◆ **tu es pressé ? - pas spécialement*** are you in a hurry? - not really ou especially ◆ **c'est très intéressant, spécialement vers la fin** it is very interesting, especially ou particularly towards the end ◆ **on l'a choisi spécialement pour ce travail** he was specially chosen for this job ◆ **spécialement construit pour cet usage** specially built for this purpose
spécialisation /spesjalizasjɔ̃/ NF specialization ◆ **faire une spécialisation en qch** (Univ) to specialize in sth
spécialisé, e /spesjalize/ (ptp de **spécialiser**) ADJ [travail, personne, ouvrage, revue] specialized ◆ **être spécialisé dans** [personne] to be a specialist in; [entreprise] to specialize in; → **ouvrier**
spécialiser /spesjalize/ ▶ conjug 1 ◀
  VPR se spécialiser to specialize (dans in)
  VT to specialize
spécialiste /spesjalist/ SYN NMF (gén, Méd) specialist ◆ **c'est un spécialiste de la gaffe*** he's always putting his foot in it* ◆ **lecteur/public non spécialiste** non-specialist reader/audience
spécialité /spesjalite/ SYN NF (gén, Culin) speciality (Brit), specialty (US); (Univ = branche) special field, specialism (Brit) ◆ **spécialité pharmaceutique** patent medicine ◆ **spécialité médicale** area of medical specialization ◆ **sa spécialité, c'est la chirurgie** he specializes in surgery ◆ **spécialités régionales** (Culin) regional specialties ◆ « **la spécialité du chef** » "the chef's special ou speciality" ◆ **il est le meilleur dans sa spécialité** he's the best in his field ◆ **les gaffes, c'est sa spécialité** he's always putting his foot in it ◆ **il a la spécialité de faire...** * he has a special ou particular knack of doing..., he specializes in doing... ◆ **se faire une spécialité de (faire) qch** to specialize in (doing) sth
spéciation /spesjasjɔ̃/ NF speciation
spécieusement /spesjøzmã/ ADV speciously
spécieux, -ieuse /spesjø, jøz/ SYN ADJ specious
spécification /spesifikasjɔ̃/ SYN NF specification
spécificité /spesifisite/ SYN NF specificity
spécifier /spesifje/ SYN ▶ conjug 7 ◀ VT (= préciser) to specify, to state; (= indiquer) mentionner) to state ◆ **veuillez spécifier le modèle que vous désirez** please specify the model that you require ◆ **en passant votre commande, n'oubliez pas de spécifier votre adresse** when placing your order, don't forget to state your address ◆ **a-t-il spécifié l'heure ?** did he specify ou state the time? ◆ **j'avais bien spécifié qu'il devait venir le matin** I had stated specifically that he should come in the morning
spécifique /spesifik/ GRAMMAIRE ACTIVE 26.1 SYN ADJ specific
spécifiquement /spesifikmã/ SYN ADV (= tout exprès) specifically; (= typiquement) typically
spécimen /spesimɛn/ SYN NM (= échantillon, exemple) specimen; (= exemplaire publicitaire) specimen ou sample copy ◆ **spécimen de signature** specimen signature ◆ **c'est un drôle de spécimen** * (iro) he's an odd character ou a queer fish * (Brit)
spéciosité /spesjozite/ NF speciosity
spectacle /spɛktakl/ SYN NM [1] (= vue, tableau) sight; (grandiose, magnifique) sight, spectacle ◆ **au spectacle de** at the sight of ◆ **j'étais ému par ce spectacle** I was moved by what I saw ◆ **se donner** ou **s'offrir en spectacle (à qn)** (péj) to make a spectacle ou an exhibition of o.s. (in front of sb) ◆ **une vieille dame qui assistait au spectacle de la foule/de la rue** an old lady who was watching the crowd/the bustle of the street
  [2] (Ciné, Théât = représentation) show ◆ **le spectacle** (= branche) show business, show biz* ◆ **les arts du spectacle, le spectacle vivant** the performing arts ◆ « **spectacles** » (= rubrique) "entertainment" ◆ **le spectacle va commencer** the show is about to begin ◆ **un spectacle lyrique** an opera ◆ **un spectacle dramatique** a play ◆ **spectacle de variétés** variety show ◆ **aller au spectacle** to go to a show ◆ **donner un spectacle** to put on a show ◆ **donner un spectacle de danse/marionnettes** to put on a dance/puppet show ◆ **l'industrie du spectacle** the entertainment(s) industry ◆ **film à grand spectacle** epic (film), blockbuster; → **salle**
  [3] (en apposition) ◆ **l'information-spectacle** news as entertainment ◆ **procès-spectacle** show trial ◆ **politique-spectacle** showbiz politics ◆ **c'est de la justice-spectacle** it isn't justice, it's a circus
spectaculaire /spɛktakylɛR/ SYN ADJ spectacular

spectaculairement /spɛktakylɛRmã/ ADV
  [1] (= d'une manière théâtrale) ◆ **manifester spectaculairement son soutien à une cause** to give a dramatic demonstration of one's support for a cause ◆ **il a spectaculairement démissionné** he resigned in a blaze of publicity ◆ **affirmer qch spectaculairement** to state sth emphatically
  [2] (= considérablement) [augmenter, améliorer, renforcer] greatly; [progresser] enormously
spectateur, -trice /spɛktatœR, tRis/ SYN NM,F [d'événement, accident] onlooker, witness; [d'œuvre d'art] viewer; (Sport) spectator; (Ciné, Théât) member of the audience ◆ **les spectateurs** (Ciné, Théât) the audience ◆ **traverser la vie en spectateur** to go through life as an onlooker ou a spectator ◆ **allons-nous assister en spectateurs impuissants à cette horreur ?** are we just going to stand by helplessly and watch this horrific spectacle?
spectral, e (mpl **-aux**) /spɛktRal, o/ ADJ [1] (= fantomatique) ghostly, spectral
  [2] (Phys) spectral; → **analyse**
spectre /spɛktR/ SYN NM [1] (= fantôme) ghost; (fig) spectre (Brit), specter (US) ◆ **comme s'il avait vu un spectre** as if he'd seen a ghost ◆ **le spectre de l'inflation** the spectre of inflation ◆ **agiter** ou **brandir le spectre de la guerre civile** to raise the spectre of civil war
  [2] (Phys) spectrum ◆ **spectre d'absorption/de masse/de résonance** absorption/mass/resonance spectrum ◆ **spectre d'émission** emission spectrum ◆ **spectre solaire** solar spectrum
  [3] (= éventail) [de thèmes, partis politiques] spectrum ◆ **aux deux extrémités du spectre politique** at both ends of the political spectrum ◆ **ils attirent un large spectre de lecteurs** they appeal to a wide and varied readership
  [4] (Pharm) spectrum ◆ **antibiotique à large spectre** broad-spectrum antibiotic
spectrogramme /spɛktRɔgRam/ NM spectrogram
spectrographe /spɛktRɔgRaf/ NM spectrograph
spectrographie /spɛktRɔgRafi/ NF spectrography
spectrohéliographe /spɛktRɔeljɔgRaf/ NM spectroheliograph
spectromètre /spɛktRɔmɛtR/ NM spectrometer ◆ **spectromètre de masse** mass spectrometer
spectrométrie /spɛktRɔmetRi/ NF spectrometry ◆ **spectrométrie de masse** mass spectrometry
spectrophotomètre /spɛktRɔfɔtɔmɛtR/ NM spectrophotometer
spectroscope /spɛktRɔskɔp/ NM spectroscope
spectroscopie /spɛktRɔskɔpi/ NF spectroscopy
spectroscopique /spɛktRɔskɔpik/ ADJ spectroscopic
spéculaire /spekylɛR/
  ADJ (gén) specular ◆ **écriture/image spéculaire** mirror writing/image
  NF (= plante) Venus's looking-glass
spéculateur, -trice /spekylatœR, tRis/ NM,F speculator ◆ **spéculateur à la baisse** bear ◆ **spéculateur à la hausse** bull ◆ **spéculateur boursier/immobilier** stock-market/property (Brit) ou real-estate (US) speculator
spéculatif, -ive /spekylatif, iv/ ADJ (Fin, Philos) speculative
spéculation /spekylasjɔ̃/ SYN NF (gén) speculation ◆ **spéculation à la baisse/à la hausse** bear/bull operation ◆ **spéculation boursière/immobilière** stock-market/property (Brit) ou real-estate (US) speculation ◆ **ce ne sont que des spéculations (hasardeuses)** it's pure speculation ou conjecture ◆ **cela a relancé les spéculations sur l'éventualité d'un accord** this prompted new speculation about the possibility of an agreement
spéculer /spekyle/ SYN ▶ conjug 1 ◀ VI [1] (Bourse) to speculate (sur in) ◆ **spéculer à la hausse/à la baisse** to bull/bear
  [2] (Philos) to speculate (sur on, about) ◆ **spéculer sur** (fig = tabler sur) to bank on, to rely on
spéculoos, spéculos /spekylos/ NM (Belg) brown-sugar biscuit
spéculum /spekylɔm/ NM speculum
speech * /spitʃ/ SYN NM (= laïus) speech ◆ **faire un speech** to make a speech ◆ **elle nous a fait son speech sur le machisme** she gave us her speech ou spiel * on male chauvinism

speed * /spid/
- **ADJ** (= *agité*) hyper* ◆ **elle est très speed** she's really hyper*
- **NM** (*arg Drogue*) speed

speedé, e * /spide/ **ADJ** (= *agité*) hyper*, hyped up*

speeder * /spide/ ► conjug 1 ◄ **VI** ① ◆ **elle speede tout le temps** (= *va vite*) she just never stops; (= *est hyperactive*) she's really hyper* ② (= *se droguer*) to take speed

speiss /spɛs/ **NM** speiss

spéléo * /speleo/
- **NF** abrév de **spéléologie**
- **NMF** abrév de **spéléologue**

spéléologie /speleɔlɔʒi/ **NF** (= *étude*) speleology; (= *exploration*) caving, potholing (*Brit*), spelunking (*US*)

spéléologique /speleɔlɔʒik/ **ADJ** [*recherche*] speleological; [*expédition*] caving (*épith*), potholing (*Brit*) (*épith*), spelunking (*US*) (*épith*)

spéléologue /speleɔlɔg/ **NMF** (= *spécialiste*) speleologist; (= *explorateur*) caver, potholer (*Brit*), spelunker (*US*)

spencer /spɛnsœʀ/ **NM** short jacket, spencer; (*Mil*) mess jacket

spéos /speos/ **NM** speos

spergule /spɛʀgyl/ **NF** spurr(e)y

spermaceti /spɛʀmaseti/ **NM** spermaceti

spermaphytes /spɛʀmafit/ **NMPL** ◆ **les spermaphytes** sperm(at)ophytes, the Spermatophyta (*SPÉC*)

spermatide /spɛʀmatid/ **NF** spermatid

spermatie /spɛʀmasi, spɛʀmati/ **NF** spermatium

spermatique /spɛʀmatik/ **ADJ** spermatic ◆ **cordon spermatique** spermatic cord

spermatocyte /spɛʀmatɔsit/ **NM** spermatocyte

spermatogénèse /spɛʀmatɔʒenɛz/ **NF** spermatogenesis

spermatogonie /spɛʀmatɔgɔni/ **NF** spermatogonium

spermatophytes /spɛʀmatɔfit/ **NMPL** ⇒ **spermaphytes**

spermatozoïde /spɛʀmatɔzɔid/ **NM** sperm, spermatozoon

sperme /spɛʀm/ **NM** semen, sperm

spermicide /spɛʀmisid/
- **ADJ** spermicide (*épith*), spermicidal
- **NM** spermicide

spermogramme /spɛʀmɔgʀam/ **NM** semen analysis

spermophile /spɛʀmɔfil/ **NM** spermophile

sphacèle /sfasɛl/ **NM** sphacelus

sphagnales /sfagnal/ **NFPL** ◆ **les sphagnales** sphagna, the Sphagnales (*SPÉC*)

sphaigne /sfɛɲ/ **NF** peat *ou* bog moss

sphénoïdal, e (mpl **-aux**) /sfenɔidal, o/ **ADJ** sphenoid(al)

sphénoïde /sfenɔid/ **NM** sphenoid bone

sphère /sfɛʀ/ SYN **NF** (*Astron, fig*) sphere ◆ **sphère céleste/terrestre** celestial/terrestrial sphere ◆ **sphère d'influence/d'activité** sphere of influence/of activity ◆ **dans toutes les sphères de la vie privée/publique** in all spheres of private/public life ◆ **les hautes sphères de l'État** the higher *ou* highest echelons *ou* levels of government ◆ **il évolue dans les hautes sphères** he moves in influential circles

sphéricité /sfeʀisite/ **NF** sphericity

sphérique /sfeʀik/ **ADJ** spherical; → **calotte**

sphéroïdal, e (mpl **-aux**) /sfeʀɔidal, o/ **ADJ** spheroidal

sphéroïde /sfeʀɔid/ **NM** spheroid

sphéromètre /sfeʀɔmɛtʀ/ **NM** spherometer

sphex /sfɛks/ **NM** sphex

sphincter /sfɛktɛʀ/ **NM** sphincter

sphinctérien, -ienne /sfɛkteʀjɛ̃, jɛn/ **ADJ** sphincteral

sphinge /sfɛ̃ʒ/ **NF** sphinx

sphinx /sfɛks/ **NM** ① (*Art, Myth, fig*) sphinx ◆ **le Sphinx** (*Myth*) the Sphinx ◆ **sourire de sphinx** sphinx-like smile
② (= *papillon*) hawkmoth (*Brit*), sphinx moth (*US*)

sphygmomanomètre /sfigmɔmanɔmɛtʀ/ **NM** sphygmomanometer

sphyrène /sfiʀɛn/ **NF** sphyrna

spi /spi/ **NM** ⇒ **spinnaker**

spic /spik/ **NM** spike lavender

spica /spika/ **NM** spica

spicilège /spisilɛʒ/ **NM** spicilege

spicule /spikyl/ **NM** ① (*Bio*) spicule, spiculum ② (*Astron*) spicule

spider /spidɛʀ/ **NM** (= *voiture*) spider (phaeton); (= *coffre*) spider

spiegel /spigœl, ʃpigœl/ **NM** spiegeleisen

spin /spin/ **NM** (*Phys*) spin

spina-bifida /spinabifida/ **NM INV** spina bifida

spinal, e (mpl **-aux**) /spinal, o/ **ADJ** spinal

spinelle /spinɛl/ **NM** spinel

spinnaker /spinakɛʀ/ **NM** spinnaker

spinosisme /spinozism/ **NM** ⇒ **spinozisme**

spinozisme /spinozism/ **NM** Spinozism

spiracle /spiʀakl/ **NM** spiracle

spiral, e (mpl **-aux**) /spiʀal, o/
- **ADJ** spiral
- **NM** ◆ **(ressort) spiral** hairspring
- **NF** **spirale** spiral ◆ **s'élever/tomber en spirale** to spiral up(wards)/down(wards) ◆ **la spirale de l'inflation** *ou* **inflationniste** the inflationary spiral ◆ **pris dans une spirale de violence** caught up in a spiral of violence ; → **cahier**

spiralé, e /spiʀale/ **ADJ** spiral (*épith*)

spirante /spiʀɑ̃t/ **ADJ F, NF** ◆ **(consonne) spirante** spirant, fricative

spire /spiʀ/ **NF** [*d'hélice, spirale*] (single) turn; [*de coquille*] whorl; [*de ressort*] spiral

spirée /spiʀe/ **NF** spiraea (*Brit*), spirea (*US*)

spirifer /spiʀifɛʀ/ **NM** spire bearer, spirifer (*SPÉC*)

spirille /spiʀij/ **NM** spirillum

spirillose /spiʀiloz/ **NF** spirillosis

spirite /spiʀit/ **ADJ, NMF** spiritualist

spiritisme /spiʀitism/ **NM** spiritualism

spiritualisation /spiʀitɥalizasjɔ̃/ **NF** spiritualization

spiritualiser /spiʀitɥalize/ ► conjug 1 ◄ **VT** to spiritualize

spiritualisme /spiʀitɥalism/ **NM** spiritualism

spiritualiste /spiʀitɥalist/
- **ADJ** spiritualist(ic)
- **NMF** spiritualist

spiritualité /spiʀitɥalite/ SYN **NF** spirituality

spirituel, -elle /spiʀitɥɛl/ SYN **ADJ** ① (= *vif, fin*) [*personne, remarque*] witty
② (*Philos, Rel*) [*chef, maître, père, fils, pouvoir*] spiritual ◆ **musique spirituelle** sacred music ◆ **concert spirituel** concert of sacred music ◆ **le spirituel et le temporel** the spiritual and the temporal

spirituellement /spiʀitɥɛlmɑ̃/ **ADV** ① [*remarquer*] wittily
② (*Philos, Rel*) spiritually

spiritueux, -euse /spiʀitɥø, øz/ SYN
- **ADJ** spirituous
- **NM** ◆ **les spiritueux** spirits

spirochète /spiʀɔkɛt/ **NM** spirochaete (*Brit*), spirochete (*US*)

spirochétose /spiʀɔketoz/ **NF** spirochaetosis (*Brit*), spirochetosis (*US*)

spirographe /spiʀɔgʀaf/ **NM** spirographis

spiroïdal, e (mpl **-aux**) /spiʀɔidal, o/ **ADJ** spiroid

spiromètre /spiʀɔmɛtʀ/ **NM** spirometer

spirorbe /spiʀɔʀb/ **NM** spirorbis

spitant, e /spitɑ̃, ɑ̃t/ **ADJ** (*Belg*) ① (= *pétillant*) [*eau*] sparkling (*épith*)
② (= *vif*) [*esprit*] keen, quick

splanchnique /splɑknik/ **ADJ** splanchnic

spleen /splin/ **NM** (*littér*) melancholy, spleen †† ◆ **avoir le spleen** to feel melancholy

splendeur /splɑ̃dœʀ/ SYN **NF** ① [*de paysage, réception, résidence*] magnificence, splendour (*Brit*), splendor (*US*) ◆ **ce tapis est une splendeur** this carpet is quite magnificent ◆ **les splendeurs de l'art africain** the splendours of African art ◆ **quelle splendeur !** it's magnificent!
② (= *gloire*) glory, splendour (*Brit*), splendor (*US*) ◆ **du temps de sa splendeur** in the days of its (*ou* his *etc*) glory *ou* splendour ◆ **dans toute sa/leur splendeur** (*iro*) in all its/their splendour *ou* glory
③ (*littér* = *éclat, lumière*) brilliance, splendour (*Brit*), splendor (*US*)

splendide /splɑ̃did/ SYN **ADJ** [*temps, journée*] splendid, gorgeous, glorious; [*soleil*] glorious; [*réception, résidence, spectacle*] splendid, magnificent; [*femme*] magnificent, gorgeous; [*voix, œuvre, film, image, interprétation*] magnificent, wonderful ◆ **splendide isolement** splendid isolation ◆ **tu as un teint** *ou* **une mine splendide** you look wonderful

splendidement /splɑ̃didmɑ̃/ SYN **ADV** splendidly, magnificently ◆ **un rôle splendidement interprété par un jeune acteur** a wonderful *ou* magnificent performance by a young actor

splénectomie /splenɛktɔmi/ **NF** splenectomy

splénétique † /splenetik/ **ADJ** (*littér*) splenetic

splénique /splenik/ **ADJ** splenic

splénomégalie /splenomegali/ **NF** splenomegaly

SPM /ɛspeɛm/ **NM** (abrév de **syndrome pré-menstruel**) PMS, premenstrual syndrome

spoiler /spɔjlɛʀ/ **NM** [*de voiture*] spoiler

spoliateur, -trice /spɔljatœʀ, tʀis/
- **ADJ** [*loi*] spoliatory
- **NM,F** despoiler

spoliation /spɔljasjɔ̃/ **NF** despoilment (*de* of)

spolier /spɔlje/ SYN ► conjug 7 ◄ **VT** to despoil (*de* of)

spondaïque /spɔ̃daik/ **ADJ** spondaic

spondée /spɔ̃de/ **NM** spondee

spondylarthrite /spɔ̃dilaʀtʀit/ **NF** spondylarthritis

spondyle /spɔ̃dil/ **NM** spondylus

spondylite /spɔ̃dilit/ **NF** spondylitis

spongiaires /spɔ̃ʒjɛʀ/ **NMPL** ◆ **les spongiaires** sponges, the Porifera (*SPÉC*)

spongieux, -ieuse /spɔ̃ʒjø, jøz/ **ADJ** (*gén, Anat*) spongy

spongiforme /spɔ̃ʒifɔʀm/ **ADJ** spongiform; → **encéphalopathie**

spongille /spɔ̃ʒil/ **NF** spongilla

sponsor /spɔ̃sɔʀ/ SYN **NM** sponsor

sponsorisation /spɔ̃sɔʀizasjɔ̃/ **NF** sponsoring

sponsoriser /spɔ̃sɔʀize/ SYN ► conjug 1 ◄ **VT** to sponsor ◆ **se faire sponsoriser par une société** to get sponsorship from a company

spontané, e /spɔ̃tane/ SYN **ADJ** (*gén*) spontaneous; [*candidature, témoignage*] unsolicited; [*aveux*] voluntary ◆ **c'est quelqu'un de très spontané** he's very spontaneous ◆ **une grève spontanée** a lightning strike; → **génération**

spontanéisme /spɔ̃taneism/ **NM** belief in political revolution by spontaneous action

spontanéiste /spɔ̃taneist/
- **ADJ** believing in political revolution by spontaneous action
- **NMF** believer in political revolution by spontaneous action

spontanéité /spɔ̃taneite/ SYN **NF** spontaneity

spontanément /spɔ̃tanemɑ̃/ SYN **ADV** spontaneously

Sporades /spɔʀad/ **NFPL** ◆ **les Sporades** the Sporades

sporadicité /spɔʀadisite/ **NF** sporadic nature *ou* occurrence

sporadique /spɔʀadik/ SYN **ADJ** sporadic

sporadiquement /spɔʀadikmɑ̃/ SYN **ADV** sporadically

sporange /spɔʀɑ̃ʒ/ **NM** spore case, sporangium (*SPÉC*)

spore /spɔʀ/ **NF** spore

sporogone /spɔʀɔgɔn/ **NM** sporogonium

sporophyte /spɔʀɔfit/ **NM** [*de spores*] sporophyte

sporotriche /spɔʀɔtʀiʃ/ **NM** Sporotrichium

sporotrichose /spɔʀɔtʀikoz/ **NF** sporotrichosis

sporozoaires /spɔʀɔzɔɛʀ/ **NMPL** ◆ **les sporozoaires** sporozoans, the Sporozoa (*SPÉC*)

sport /spɔʀ/ SYN
- **NM** ① (= *activité*) sport ◆ **faire du sport** to do sport ◆ **sport individuel/d'équipe** *ou* **collectif** individual/team sport ◆ **sport amateur/professionnel** amateur/professional sport ◆ **sport en salle/de plein air** indoor/outdoor sport ◆ **sport de compétition/de combat** competi-

tive/combat sport ♦ **sport de loisir** recreational sport ♦ **les sports d'hiver** winter sports ♦ **aller aux sports d'hiver** to go on a winter sports holiday ♦ **sports nautiques/mécaniques** water/motor sports ♦ **sport olympique** Olympic sport ♦ **sport cérébral** mental exercise ♦ **la corruption/la fraude fiscale est devenue un véritable sport national** corruption/tax fraud has become a national pastime ♦ **(section) sport-études** (Scol) special course in secondary school for athletically-gifted pupils ♦ **de sport** [vêtements, terrain, voiture] sports (épith)

2 (* = action) ♦ **il va y avoir du sport !** we're going to see some fun!* ou action!* ♦ **faire ça, c'est vraiment du sport** it's no picnic* ♦ **faire qch pour le sport** to do sth for the hell of it*

ADJ INV **1** (= décontracté) [vêtement] casual
2 († = chic, fair-play) sporting, fair

sportif, -ive /spɔʀtif, iv/
ADJ **1** [épreuve, journal, résultats] sports (épith); [pêche, marche] competitive (épith) ♦ **pratiquer une activité sportive** to play or practise a sport
2 [personne, jeunesse] athletic, fond of sports (attrib); [allure, démarche] athletic ♦ **conduite sportive** sport driving ♦ **elle a une conduite sportive** she drives like a rally driver
3 [attitude, mentalité, comportement] sporting, sportsmanlike ♦ **faire preuve d'esprit sportif** to be sportsmanlike
NM sportsman
NF **sportive** sportswoman

sportivement /spɔʀtivmɑ̃/ **ADV** sportingly

sportivité /spɔʀtivite/ **NF** sportsmanship

sportswear /spɔʀtswɛʀ/ **ADJ INV, NM** ⇒ **sportwear**

sportule /spɔʀtyl/ **NF** sportula

sportwear /spɔʀtwɛʀ/
ADJ INV sportswear (épith)
NM sportswear

sporulation /spɔʀylasjɔ̃/ **NF** sporulation

sporuler /spɔʀyle/ ► conjug 1 ◄ **VI** to sporulate

spot /spɔt/
NM **1** (Phys) light spot; (Élec) scanning spot; [de radar] blip
2 (= lampe, Ciné, Théât) spotlight, spot
3 (= publicité) ♦ **spot (publicitaire)** commercial, advert* (Brit), ad*
ADJ INV [crédit, marché, prix] spot (épith)

spoule /spul/ **NM** (Ordin) spool

spoutnik /sputnik/ **NM** sputnik

sprat /spʀat/ **NM** sprat

spray /spʀɛ/ **SYN** **NM** (= aérosol) spray, aerosol ♦ **déodorant en spray** spray(-on) deodorant

springbok /spʀiŋbɔk/ **NM** springbok

springer /spʀiŋɡɛʀ/ **NM** springer (spaniel)

sprint /spʀint/ **NM** (de fin de course) (final) sprint, final spurt; (= épreuve) sprint; → **piquer**

sprinter[1] /spʀinte/ **SYN** ► conjug 1 ◄ **VI** to sprint; (en fin de course) to put on a final spurt

sprinter[2] /spʀintɛʀ/ **NM**, **sprinteur, -euse** /spʀintɛʀ, øz/ **NM,F** sprinter; (en course de fin) fast finisher

sprue /spʀy/ **NF** sprue

spumescent, e /spymɛsɑ̃, ɑ̃t/ **ADJ** spumescent

spumeux, -euse /spymø, øz/ **ADJ** spumous, spumy

spumosité /spymozite/ **NF** spumescence

squale /skwal/ **NM** shark

squame /skwam/ **NF** (Méd) scale, squama (SPÉC)

squamé, e /skwame/
ADJ squamate
NMPL ♦ **les squamés** the Squamata (SPÉC)

squameux, -euse /skwamø, øz/ **ADJ** (Méd) squamous, squamose; (littér) scaly

squamifère /skwamifɛʀ/ **ADJ** squamulose

squamule /skwamyl/ **NF** squamula

square /skwaʀ/ **NM** public garden(s)

squash /skwaʃ/ **NM** squash ♦ **faire du squash** to play squash

squat* /skwat/ **NM** (= logement) squat

squatine /skwatin/ **NM** ou **F** angelfish, squatina (SPÉC)

squatter[1] /skwatɛʀ/ **NM** squatter

squatter[2] /skwate/, **squattériser** /skwateʀize/ ► conjug 1 ◄ **VT** **1** [+ logement] to squat (in)
2 (* = utiliser) [+ ordinateur] to borrow ♦ **je peux squatter ton bureau quelques minutes ?** can I use your office for a few minutes?

squatteur /skwatɛʀ/ **NM** ⇒ **squatter**[1]

squaw /skwo/ **NF** squaw

squeezer /skwize/ ► conjug 1 ◄ **VT** **1** (au bridge) to squeeze
2 (* = évincer) to bypass

squelette /skəlɛt/ **SYN** **NM** (lit, fig) skeleton ♦ **après sa maladie, c'était un vrai squelette** after his illness he was just a bag of bones ou he was like a skeleton ♦ **c'est un squelette ambulant*** he's a walking skeleton ♦ **un squelette dans le placard*** (= scandale) a skeleton in the cupboard (Brit) ou closet (US)

squelettique /skəletik/ **SYN** **ADJ** [personne, arbre] scrawny; [exposé] sketchy, skimpy; (Anat) skeletal ♦ **d'une maigreur squelettique** skin and bone ♦ **il est squelettique** he's skin and bone, he's like a skeleton ♦ **des effectifs squelettiques** a skeleton staff

squille /skij/ **NF** mantis crab

squirre /skiʀ/ **NM** scirrhus

squirreux, -euse /skiʀø, øz/ **ADJ** scirrhous

squirrhe /skiʀ/ **NM** ⇒ **squirre**

squirrheux, -euse /skiʀø, øz/ **ADJ** ⇒ **squirreux, -euse**

SRAS /sʀas/ **NM** (abrév de **syndrome respiratoire aigu sévère**) SARS

Sri Lanka /sʀilɑ̃ka/ **NM** Sri Lanka

sri-lankais, e /sʀilɑ̃kɛ, ɛz/
ADJ Sri-Lankan
NM,F **Sri-Lankais(e)** Sri-Lankan

SRPJ /ɛsɛʀpeʒi/ **NM** (abrév de **service régional de la police judiciaire**) ≈ regional crime squad, ≈ CID (Brit)

S.S. /ɛsɛs/
NF **1** (abrév de **Sécurité sociale**) → **sécurité**
2 (abrév de **Sa Sainteté**) HH
NM (= soldat) SS man

SSII /ɛsɛsii/ **NF** (abrév de **société de service et d'ingénierie en informatique**) computer engineering and maintenance company

St (abrév de **Saint**) St

stabile /stabil/ **NM** (Art) stabile

stabilisant /stabilizɑ̃/ **NM** (Chim) stabilizer

stabilisateur, -trice /stabilizatɛʀ, tʀis/
ADJ stabilizing ♦ **l'effet stabilisateur de l'euro** the stabilizing effect of the euro
NM (Tech) [de véhicule] anti-roll device; [de navire, vélo] stabilizer; [d'avion] (horizontal) tailplane; (vertical) fixed fin; (Chim : pour aliments) stabilizer

stabilisation /stabilizasjɔ̃/ **SYN** **NF** stabilization

stabiliser /stabilize/ **SYN** ► conjug 1 ◄
VT [+ situation, prix] to stabilize; [+ terrain] to consolidate ♦ **à 90 km/h en vitesse stabilisée** (en voiture) at a constant 90 km/h; → **accotement**
VPR **se stabiliser** [situation, prix, cours] to stabilize, to become stabilized; [courbe de graphe] to plateau; [personne] (physiquement) to find one's balance; (dans la vie) to settle down

stabilité /stabilite/ **SYN** **NF** stability ♦ **stabilité des prix** price stability ♦ **stabilité monétaire/économique/politique** monetary/economic/political stability

stable /stabl/ **SYN** **ADJ** [monnaie, gouvernement, personne] (Chim, Phys) stable; [position, échelle] stable, steady ♦ **stable sur ses jambes** steady on one's legs

stabulation /stabylasjɔ̃/ **NF** [de bétail] stalling; [de chevaux] stabling; [de poissons] storing in tanks

staccato /stakato/
ADV staccato
NM staccato passage

stade /stad/ **SYN** **NM** **1** (sportif) stadium
2 (= période, étape) stage ♦ **à ce stade** at this stage ♦ **à ce stade de la maladie** at this stage in the development of the disease ♦ **il en est resté au stade de l'adolescence** he never got beyond adolescence ou the adolescent phase ♦ **passer à un stade supérieur** to go one step higher ♦ **stade oral/anal/génital** (Psych) oral/anal/genital stage

stadia /stadja/ **NM** stadia

stadier /stadje/ **NM** steward (working in a stadium)

staff[1] /staf/ **NM** **1** (= personnel) staff
2 (Méd = réunion de travail) staff meeting

staff[2] /staf/ **NM** (= plâtre) staff

staffer /stafe/ ► conjug 1 ◄ **VT** to build in staff

staffeur /stafɛʀ/ **NM** plasterer (working in staff)

stage /staʒ/ **GRAMMAIRE ACTIVE 19.1** **SYN**
NM **1** (= immersion dans une entreprise) (work) placement, internship (US) ♦ **faire un stage (en entreprise)** to do a (work) placement ou an internship (US) ♦ **je vais faire un stage de trois mois chez IBM** I'm going to do a three-month placement ou internship (US) with IBM
2 (= enseignement, cours) (training) course ♦ **faire** ou **suivre un stage** to go on a (training) course ♦ **faire un stage de peinture/de roller/de plongée** to have painting/rollerblading/diving lessons, to go on a painting/rollerblading/diving course ♦ **faire un stage d'informatique** (gén) to go on a computing course; (en entreprise) to have in-service ou in-house training in computing
3 [d'avocat] articles ♦ **il a fait son stage chez maître Legrand** he did his articles in Mr Legrand's practice
COMP **stage d'initiation** introductory course
stage d'insertion (professionnelle) training scheme for the young unemployed to help them find work
stage-parking* useless training course
stage pédagogique teaching practice, school placement
stage de perfectionnement (professionnel) vocational (training) course ♦ **stage qualifiant** certificate course
stage de réinsertion retraining course

⚠ **stage** ne se traduit pas par le mot anglais **stage**, qui a le sens de 'étape' ou 'scène'.

stagflation /staɡflasjɔ̃/ **NF** stagflation

stagiaire /staʒjɛʀ/
NMF trainee, intern (US)
ADJ trainee (épith) ♦ **professeur stagiaire** student ou trainee teacher

stagnant, e /staɡnɑ̃, ɑ̃t/ **SYN** **ADJ** (lit, fig) stagnant

stagnation /staɡnasjɔ̃/ **SYN** **NF** (lit, fig) stagnation ♦ **marché en stagnation** stagnating market

stagner /staɡne/ **SYN** ► conjug 1 ◄ **VI** (lit, fig) to stagnate

stakhanovisme /stakanɔvism/ **NM** Stakhanovism

stakhanoviste /stakanɔvist/
ADJ Stakhanovist
NMF Stakhanovite

stalactite /stalaktit/ **NF** stalactite

stalag /stalaɡ/ **NM** stalag

stalagmite /stalaɡmit/ **NF** stalagmite

stalagmomètre /stalaɡmɔmɛtʀ/ **NM** stalagmometer

stalagmométrie /stalaɡmɔmetʀi/ **NF** stalagmometry

Staline /stalin/ **NM** Stalin

stalinien, -ienne /stalinjɛ̃, jɛn/ **ADJ, NM,F** Stalinist

stalinisme /stalinism/ **NM** Stalinism

stalle /stal/ **NF** [de cheval] stall, box; (Rel) stall

staminal, e (mpl **-aux**) /staminal, o/ **ADJ** staminal

staminé, e /stamine/ **ADJ** ♦ **fleur staminée** staminate flower

staminifère /staminifɛʀ/ **ADJ** staminate

stance /stɑ̃s/ **NF** († = strophe) stanza ♦ **stances** (= poème) type of verse form (of lyrical poem)

stand /stɑ̃d/ **NM** [d'exposition] stand; [de foire] stall ♦ **stand (de tir)** [de foire] (Sport) shooting range; (Mil) firing range ♦ **stand de ravitaillement** (Sport) pit

standard[1] /stɑ̃daʀ/ **SYN** **NM** (Téléc) switchboard

standard[2] /stɑ̃daʀ/ **SYN**
NM **1** (= norme) standard ♦ **standard de vie** standard of living
2 (Mus) (jazz) standard
ADJ INV standard (épith); → **échange**

standardisation /stɑ̃daʀdizasjɔ̃/ **SYN** **NF** standardization

standardiser /stɑ̃daʀdize/ **SYN** ► conjug 1 ◄ **VT** to standardize

standardiste /stɑ̃daʀdist/ **NMF** switchboard operator ♦ **demandez à la standardiste** ask the operator

stand-by /stɑ̃dbaj/
- ADJ INV stand-by (épith) ◆ **en stand-by** on stand-by
- NM INV stand-by passenger

standing /stɑ̃diŋ/ SYN NM standing ◆ **immeuble de grand standing** block of luxury flats (Brit) ou apartments (US)

stanneux, -euse /stanø, øz/ ADJ stannous

stannifère /stanifɛʀ/ ADJ stanniferous

stannique /stanik/ ADJ stannic

staphisaigre /stafizɛgʀ/ NF stavesacre

staphylier /stafilje/ NM bladdernut

staphylin¹ /stafilɛ̃/ NM (= insecte) rove beetle

staphylin², e /stafilɛ̃, in/ ADJ uvular

staphylo* /stafilo/ NM (abrév de **staphylocoque**) staph*

staphylococcie /stafilɔkɔksi/ NF staphylococcia

staphylococcique /stafilɔkɔksik/ ADJ staphylococcal

staphylocoque /stafilɔkɔk/ NM staphylococcus ◆ **staphylocoque doré** staphylococcus aureus

staphylome /stafilom/ NM staphyloma

star /staʀ/ SYN NF (Ciné) star ◆ **star médiatique** media star ◆ **c'est une star du journalisme/de la politique** he's (ou she's) a big name in journalism/in politics ◆ **star du tennis** top name in tennis, star tennis player

starets /staʀɛts/ NM INV starets (sg)

starie /staʀi/ NF ◆ **jours de starie** lay days

starisation /staʀizajɔ̃/ NF ◆ **il refuse la starisation** he refuses to be made into a star ou turned into a celebrity

stariser* /staʀize/ ► conjug 1 ◄ VT [+ personne] to make into a star

starking /staʀkiŋ/ NF starking (apple)

starlette /staʀlɛt/ NF starlet

staroste /staʀɔst/ NM starost

star-system (pl **star-systems**) /staʀsistɛm/ NM star system

START /staʀt/ (abrév de **Strategic Arms Reduction Talks**) START

starter /staʀtɛʀ/ NM ① [de moteur] choke ◆ **mettre le starter** to pull the choke out ◆ **marcher au starter** to run with the choke out ◆ **starter automatique** automatic choke
② (Sport) starter

⚠ **starter** se traduit par le mot anglais **starter** uniquement au sens sportif.

starting-block (pl **starting-blocks**) /staʀtiŋblɔk/ NM starting block ◆ **être dans les starting-blocks** to be on the starting blocks

starting-gate (pl **starting-gates**) /staʀtiŋgɛt/ NF starting gate

start-up /staʀtap/ NF INV (= entreprise) start-up

stase /staz/ NF stasis

stat* /stat/ NF (abrév de **statistique**) stat* ◆ **faire des stats** to do stats*

statère /statɛʀ/ NM stater

stathouder /statudɛʀ/ NM stad(t)holder

stathoudérat /statudeʀa/ NM stad(t)holdership, stad(t)holderate

statice /statis/ NM sea lavender, statice

statif /statif/ NM [de microscope] stand

station /stasjɔ̃/ SYN NF ① (= lieu d'arrêt) ◆ **station (de métro)** (underground (Brit) ou subway (US)) station ◆ **station (d'autobus)** (bus) stop ◆ **station (de chemin de fer)** halt ◆ **station de taxis** taxi rank
② (= poste, établissement) station ◆ **station d'observation/de recherches** observation/research station ◆ **station agronomique/météorologique** agricultural research/meteorological station ◆ **station d'épuration** water-treatment plant ◆ **station de pompage** pumping station ◆ **station géodésique** geodesic ou geodetic station ◆ **station d'émission** ou **émettrice** transmitting station ◆ **station (de) radar** radar tracking station ◆ **station de radio** radio station ◆ **station spatiale/orbitale** space/orbiting station ◆ **station d'essence** service ou filling station, petrol (Brit) ou gas (US) station ◆ **station de lavage** carwash
③ (= site) site; [d'animaux, plantes] station ◆ **station préhistorique** prehistoric site ◆ **une station de gentianes** a gentian station

④ (de vacances) resort ◆ **station balnéaire/climatique** sea ou seaside/health resort ◆ **station de ski** ou **de sports d'hiver** winter sports ou (winter) ski resort ◆ **station de montagne** ou **d'altitude** mountain resort ◆ **station thermale** thermal spa
⑤ (= posture) posture, stance ◆ **station verticale** upright position ◆ **la station debout lui est pénible** he finds standing upright painful
⑥ (= halte) stop ◆ **faire des stations prolongées devant les vitrines** to linger in front of the shop windows
⑦ (Rel) station ◆ **les stations de la Croix** the Stations of the Cross
⑧ (Marine) station
⑨ (Astron) stationary point
⑩ (Ordin) ◆ **station d'accueil** docking station ◆ **station de travail** workstation

stationnaire /stasjɔnɛʀ/ SYN
- ADJ stationary ◆ **son état est stationnaire** (Méd) his condition is stable ◆ **ondes stationnaires** (Phys) standing waves ◆ **l'hélicoptère était en vol stationnaire** the helicopter was hovering overhead
- NM (= navire) station ship

stationnement /stasjɔnmɑ̃/ NM ① [de véhicule] parking ◆ **stationnement alterné** parking on alternate sides ◆ **stationnement bilatéral/unilatéral** parking on both sides/on one side only ◆ « **stationnement gênant** » "limited parking" ◆ « **stationnement réglementé** » "restricted parking" ◆ « **stationnement interdit** » "no parking", "no waiting"; (sur autoroute) "no stopping" ◆ « **stationnement payant** » (avec parcmètres) "meter zone"; (avec tickets) "parking with ticket only" ◆ **en stationnement** [véhicule] parked; (Mil) stationed; → **disque, feu¹**
② (Can = parking) car park (Brit), parking lot (US)

stationner /stasjɔne/ SYN ► conjug 1 ◄ VI ① (= être garé) to be parked; (= se garer) to park
② (= rester sur place) [personne] to stay, to remain
③ (Mil) ◆ **armes nucléaires/troupes stationnées en Europe** nuclear weapons/troops stationed in Europe

station-service (pl **stations-service(s)**) /stasjɔ̃sɛʀvis/ NF service ou filling station, petrol (Brit) ou gas (US) station

statique /statik/ SYN
- ADJ static
- NF statics (sg)

statiquement /statikmɑ̃/ ADV statically

statisme /statism/ NM stasis

statisticien, -ienne /statistisjɛ̃, jɛn/ NM,F statistician

statistique /statistik/
- NF (= science) ◆ **la statistique** statistics (sg) ◆ **des statistiques** (= données) statistics ◆ **une statistique** a statistic
- ADJ statistical ◆ **données statistiques** statistical data

statistiquement /statistikmɑ̃/ ADV statistically

stator /statɔʀ/ NM stator

statuaire /statɥɛʀ/
- NF statuary
- ADJ statuary
- NM (littér) sculptor

statue /staty/ NF statue ◆ **rester immobile comme une statue** to stand as still as a statue, to stand stock-still ◆ **elle était la statue du désespoir** she was the picture of despair ◆ **changé en statue de sel** (Bible) turned into a pillar of salt; (fig) transfixed, rooted to the spot

statuer /statɥe/ SYN ► conjug 1 ◄ VI to give a verdict ◆ **statuer sur** to rule on, to give a ruling on ◆ **statuer sur le cas de qn** to decide sb's case

statuette /statɥɛt/ NF statuette

statufier /statyfje/ SYN ► conjug 7 ◄ VT (= immortaliser) to erect a statue to; (= pétrifier) to transfix, to root to the spot

statu quo /statykwo/ NM INV status quo

stature /statyʀ/ SYN NF (= taille) stature; (fig = calibre) caliber (Brit), caliber (US) ◆ **de haute stature** of (great) stature ◆ **cet écrivain est d'une tout autre stature** this writer is in a different league altogether

statut /staty/ SYN
- NM (= position) status ◆ **statut social/fiscal/juridique** social/tax/legal status ◆ **avoir/obtenir le statut de salarié** to be on/be put on the payroll ◆ **il a obtenu le statut de réfugié politique** he has been given ou granted political refugee status
- NMPL **statuts** (= règlement) statutes

statutaire /statytɛʀ/ ADJ statutory ◆ **horaire statutaire** regulation ou statutory number of working hours

statutairement /statytɛʀmɑ̃/ ADV in accordance with the statutes ou regulations, statutorily

Ste (abrév de **Sainte**) St

Sté (abrév de **société**) ◆ **et Sté** and Co.

steak /stɛk/ NM steak ◆ **steak au poivre** steak au poivre, peppered steak ◆ **steak tartare** steak tartar(e) ◆ **steak frites** steak and chips (Brit) ou French fries (US) ◆ **steak haché** minced beef (Brit), ground beef (US) ; (moulé) hamburger ◆ **steak de thon** tuna steak

stéarate /steaʀat/ NM stearate

stéarine /steaʀin/ NF stearin

stéarique /steaʀik/ ADJ ◆ **acide stéarique** stearic acid

stéatite /steatit/ NF steatite

stéatopyge /steatopiʒ/ ADJ steatopygic, steatopygous

stéatose /steatoz/ NF steatosis

steeple /stipœl/ NM ◆ **steeple(-chase)** (Athlétisme, Équitation) steeplechase ◆ **le 3 000 mètres steeple** the 3,000 metres steeplechase

stégocéphales /stegosefal/ NMPL ◆ **les stégocéphales** stegocephalians, the Stegocephalia (SPÉC)

stégomyie /stegomii/ NF aedes, stegomyia

stégosaure /stegozɔʀ/ NM stegosaur(us)

steinbock /stɛnbɔk, stɛjnbɔk/ NM steenbok, steinbok

stèle /stɛl/ NF stele

stellage /stelaʒ/ NM (Bourse) (= activité) options trading; (= opération) put and call option, double option

stellaire /stelɛʀ/
- ADJ stellar
- NF stitchwort

stellite ® /stelit/ NM Stellite ®

stem(m) /stɛm/ NM (Ski) stem ◆ **faire du stem(m)** to stem

stemmate /stemat/ NM [de larve] stemma

stencil /stɛnsil/ NM (pour polycopie) stencil

sténo /steno/
- NMF (abrév de **sténographe**) shorthand typist, steno* (US)
- NF (abrév de **sténographie**) shorthand ◆ **prendre une lettre en sténo** to take a letter (down) in shorthand

sténodactylo¹ /stenodaktilo/, **sténodactylographe** † /stenodaktilɔgʀaf/ NMF shorthand typist

sténodactylo² /stenodaktilo/, **sténodactylographie** † /stenodaktilɔgʀafi/ NF shorthand typing

sténographe † /stenograf/ NMF shorthand typist, stenographer (US)

sténographie /stenogʀafi/ NF shorthand, stenography

sténographier /stenogʀafje/ ► conjug 7 ◄ VT to take down in shorthand

sténographique /stenogʀafik/ ADJ shorthand (épith), stenographic

sténopé /stenɔpe/ NM (Photo) pinhole

sténose /stenoz/ NF stenosis

sténotype /stenotip/ NF stenotype

sténotypie /stenotipi/ NF stenotypy

sténotypiste /stenotipist/ NMF stenotypist

stentor /stɑ̃tɔʀ/ NM ① (= homme) stentor ◆ **une voix de stentor** a stentorian voice
② (= protozoaire) stentor

steppage /stepaʒ/ NM steppage gate

steppe /stɛp/ NF steppe ◆ « **Dans les steppes de l'Asie centrale** » (Mus) "In the Steppes of Central Asia"

stepper /stɛpœʀ/ NM (= machine) stepper

steppeur /stɛpœʀ/ NM (= cheval) stepper

steppique /stepik/ ADJ steppe (épith)

stéradian /steʀadjɑ̃/ NM steradian

stercoraire /stɛʀkɔʀɛʀ/ NM skua

stercoral, e (mpl **-aux**) /stɛʀkɔʀal, o/ ADJ stercoral

stère /stɛʀ/ NM stere

stéréo /steʀeo/
 NF (abrév de **stéréophonie**) stereo ◆ **émission (en) stéréo** programme in stereo ◆ **enregistrement (en) stéréo** stereo recording ◆ **c'est en stéréo** it's in stereo
 ADJ INV (abrév de **stéréophonique**) stereo ◆ **son stéréo** stereo sound

stéréochimie /steʀeoʃimi/ NF stereochemistry

stéréocomparateur /steʀeokɔ̃paʀatœʀ/ NM stereocomparator

stéréognosie /steʀeognozi/ NF stereognosis

stéréogramme /steʀeogʀam/ NM stereogram

stéréographie /steʀeogʀafi/ NF stereography

stéréographique /steʀeogʀafik/ ADJ stereographic

stéréo-isomère (pl **stéréo-isomères**) /steʀeoizɔmɛʀ/ NM stereoisomer

stéréométrie /steʀeometʀi/ NF stereometry

stéréométrique /steʀeometʀik/ ADJ stereometric

stéréophonie /steʀeofɔni/ NF stereophony

stéréophonique /steʀeofɔnik/ ADJ stereophonic

stéréophotographie /steʀeofɔtɔgʀafi/ NF stereoscopic photography

stéréoscope /steʀeoskɔp/ NM stereoscope

stéréoscopie /steʀeoskɔpi/ NF stereoscopy

stéréoscopique /steʀeoskɔpik/ ADJ stereoscopic

stéréospécificité /steʀeospesifisite/ NF stereospecificity

stéréospécifique /steʀeospesifik/ ADJ stereospecific

stéréotaxie /steʀeotaksi/ NF stereotaxy

stéréotomie /steʀeotomi/ NF stereotomy

stéréotomique /steʀeotomik/ ADJ stereotomic

stéréotype /steʀeotip/ SYN NM (lit, fig) stereotype

stéréotypé, e /steʀeotipe/ SYN ADJ stereotyped

stéréotypie /steʀeotipi/ NF stereotypy

stérer /steʀe/ ▶ conjug 6 ◀ VT to measure in steres

stéride /steʀid/ NM sterid(e)

stérile /steʀil/ SYN ADJ [1] [personne, couple] sterile, infertile; [animal, plante, union] sterile; [terre, sol] barren
 [2] (= aseptique) [milieu, compresse, flacon, seringue] sterile
 [3] [sujet, réflexions, pensées] sterile; [discussion, effort, débat] futile; [écrivain, artiste] unproductive; [concurrence] pointless ◆ **il faut éviter de se livrer au jeu stérile de la comparaison** you should avoid making pointless comparisons ◆ **leur parti s'enferme dans une opposition stérile** their party is locked into futile opposition

stérilement /steʀilmɑ̃/ ADV sterilely

stérilet /steʀilɛ/ NM coil, IUD, intra-uterine device

stérilisant, e /steʀilizɑ̃, ɑ̃t/ ADJ (lit) sterilizing; (fig) unproductive, fruitless

stérilisateur /steʀilizatœʀ/ NM sterilizer

stérilisation /steʀilizasjɔ̃/ SYN NF sterilization

stériliser /steʀilize/ SYN ▶ conjug 1 ◀ VT to sterilize ◆ **lait stérilisé** sterilized milk

stérilité /steʀilite/ SYN NF [1] [de personne] infertility, sterility; [d'animal, plante, union] sterility; [de terre, sol] barrenness
 [2] [de milieu, compresse, flacon] sterility
 [3] [de sujet, réflexions, pensées] sterility; [de discussion, débat, effort] fruitlessness, futility; [d'écrivain, artiste] lack of creativity

stérique /steʀik/ ADJ steric

sterlet /stɛʀlɛ/ NM sterlet

sterling /stɛʀliŋ/ ADJ INV, NM INV sterling; → **livre²**

sternal, e (mpl **-aux**) /stɛʀnal, o/ ADJ sternal

sterne /stɛʀn/ NF tern ◆ **sterne arctique** Arctic tern

sterno-cléido-mastoïdien /stɛʀnokleidomastoidjɛ̃/ ADJ M, NM sternocleidomastoid

sternum /stɛʀnɔm/ NM breastbone, sternum (SPÉC)

sternutation /stɛʀnytasjɔ̃/ NF sternutation

sternutatoire /stɛʀnytatwaʀ/ ADJ sternutative, sternutatory

stéroïde /steʀoid/
 NM steroid ◆ **stéroïdes anabolisants** anabolic steroids
 ADJ steroidal

stérol /steʀɔl/ NM sterol

stertoreux, -euse /stɛʀtɔʀø, øz/ ADJ stertorous

stéthoscope /stetɔskɔp/ NM stethoscope

Stetson ® /stɛtsɔn/ NM Stetson ®

steward /stiwaʀt/ NM steward, flight attendant

stibié, e /stibje/ ADJ stibiate(d)

stibine /stibin/ NF stibine

stichomythie /stikomiti/ NF stichomythia, stichomythy

stick /stik/ NM [de colle] stick; (Hockey) stick; (= groupe de parachutistes) stick ◆ **déodorant en stick** stick deodorant

stigmate /stigmat/ SYN NM [1] (= marque, Méd) mark, scar ◆ **stigmates** (Rel) stigmata ◆ **stigmates du vice/de la bêtise** marks of vice/of stupidity ◆ **son corps porte encore les stigmates de cette expédition** his body still bears scars from that expedition ◆ **les collines qui portent les stigmates de la guerre** the battle-scarred hills ◆ **la colonisation y a laissé des stigmates** colonisation has left its mark there
 [2] (= orifice) [d'animal] stigma, spiracle; [de plante] stigma

stigmatique /stigmatik/ ADJ (ana)stigmatic

stigmatisation /stigmatizasjɔ̃/ NF (Rel) stigmatization; (= blâme) condemnation, denunciation

stigmatiser /stigmatize/ SYN ▶ conjug 1 ◀ VT
 [1] (= blâmer) to denounce, to condemn ◆ **ces quartiers stigmatisés comme des zones de non-droit** these districts that are branded as no-go areas
 [2] (Méd) to mark, to scar

stigmatisme /stigmatism/ NM stigmatism

stilligoutte /stiligut/ NM (= tube) dropper

stimulant, e /stimylɑ̃, ɑ̃t/ SYN
 ADJ stimulating ◆ **c'est intellectuellement très stimulant** intellectually it's very stimulating
 NM (physique) stimulant; (intellectuel) stimulus, spur, incentive; (= drogue) upper*

stimulateur /stimylatœʀ/ SYN NM ◆ **stimulateur cardiaque** pacemaker

stimulation /stimylasjɔ̃/ SYN NF stimulation ◆ **mesures de stimulation de la demande** (Écon) measures to stimulate ou boost demand

stimuler /stimyle/ SYN ▶ conjug 1 ◀ VT [+ personne] to stimulate, to spur on; [+ économie, croissance, demande] to stimulate, to boost; [+ appétit] to stimulate ◆ **cet élève a besoin d'être stimulé sans arrêt** this pupil needs constant stimulation

stimuline /stimylin/ NF stimulating hormone

stimulus /stimylys/ (pl **stimuli** /stimyli/) NM (Physiol, Psych) stimulus

stipe /stip/ NM stipe

stipendié, e /stipɑ̃dje/ (ptp de **stipendier**) ADJ (littér, péj) hired

stipendier /stipɑ̃dje/ ▶ conjug 7 ◀ VT (littér, péj) to hire, to take into one's pay

stipité, e /stipite/ ADJ stipitate

stipulation /stipylasjɔ̃/ SYN NF stipulation

stipule /stipyl/ NF stipule

stipuler /stipyle/ SYN ▶ conjug 1 ◀ VT [clause, loi, condition] to state, to stipulate; (= faire savoir expressément) to stipulate, to specify

STO /ɛsteo/ NM (abrév de **Service du travail obligatoire**) → **service**

stochastique /stokastik/
 ADJ stochastic
 NF stochastic processes

stock /stɔk/ SYN NM [1] (Comm) stock; (fig) stock, supply ◆ **stock d'or** gold reserves ◆ **faire des stocks** to stock up (de on) ◆ **avoir qch en stock** to have ou keep sth in stock ◆ **prends un crayon, j'en ai tout un stock** take a pencil, I've got a whole stock of them ◆ **dans la limite des stocks disponibles** while stocks last ◆ **stocks stratégiques/régulateurs** strategic/regulatory stocks; → **rupture**
 [2] (Bio) stock

stockage /stɔkaʒ/ SYN NM [1] (= accumulation) stocking; (= entreposage) storage ◆ **le stockage de l'énergie** energy storage ◆ **le stockage des déchets radioactifs** the storage of nuclear waste
 [2] (Ordin) storage

stock-car (pl **stock-cars**) /stɔkkaʀ/ NM (= sport) stock-car racing; (= voiture) stock car ◆ **une course de stock-car** a stock-car race

stocker /stɔke/ SYN ▶ conjug 1 ◀ VT (= accumuler) to stock; (= entreposer) to store; (péj : pour spéculer, amasser) to stockpile ◆ **stocker (sur mémoire)** (Ordin) to store (in the memory)

stockfisch /stɔkfiʃ/ NM INV (= poisson) stockfish; (= morue) dried cod

Stockholm /stɔkɔlm/ N Stockholm

stockiste /stɔkist/ NMF (Comm) stockist (Brit), dealer (US); [de voitures] agent

stock-option /stɔkɔpsjɔ̃/ NF stock option

stœchiométrie /stekjometʀi/ NF stoich(e)iometry, stoechiometry

stœchiométrique /stekjometʀik/ ADJ stoich(e)iometric, stoechiometric

stoïcien, -ienne /stoisjɛ̃, jɛn/ ADJ, NM,F stoic

stoïcisme /stoisism/ SYN NM (Philos) Stoicism; (fig) stoicism

stoïque /stoik/ SYN
 ADJ stoical, stoic
 NMF (gén) stoic; (Philos) Stoic

stoïquement /stoikmɑ̃/ ADV stoically

stokes /stoks/ NM stoke(s)

stolon /stɔlɔ̃/ NM (Bio, Bot) stolon

stolonifère /stɔlɔnifɛʀ/ ADJ stoloniferous

stomacal, e (mpl **-aux**) /stomakal, o/ ADJ stomach (épith), gastric

stomachique /stomaʃik/ ADJ, NM stomachic

stomate /stomat/ NM stoma

stomatite /stomatit/ NF stomatitis

stomato* /stomato/ NMF abrév de **stomatologue**

stomatologie /stomatolɔʒi/ NF stomatology

stomatologiste /stomatolɔʒist/, **stomatologue** /stomatolɔg/ NMF stomatologist

stomatoplastie /stomatoplasti/ NF stomatoplasty

stomoxe /stomoks/ NM stable fly, stomoxys (SPÉC)

stop /stɔp/
 EXCL [1] ◆ **stop !** stop! ◆ **tu me diras stop – stop !** (en servant qn) say when – when! ◆ **il faut savoir dire stop** you have to know when to say no ◆ **après deux ans sans vacances, j'ai dit stop !** after two years without a holiday, I said enough is enough!
 [2] (Téléc) stop
 NM [1] (= panneau) stop ou halt sign; (= feu arrière) brake-light
 [2] * (abrév de **auto-stop**) ◆ **faire du stop** to hitch(hike), to thumb* a lift ou a ride ◆ **faire le tour de l'Europe en stop** to hitch round Europe ◆ **il a fait du stop pour rentrer chez lui, il est rentré chez lui en stop** he hitched (a lift) home ◆ **j'ai pris deux personnes en stop** I picked up two hitchhikers ◆ **je l'ai pris en stop** I gave him a lift ou ride

stop and go /stɔpɛndgo/ NM INV (Écon) stop and go ◆ **politique de stop and go** stop-go policy

stoppage /stɔpaʒ/ NM invisible mending

stopper /stɔpe/ SYN ▶ conjug 1 ◀
 VI to halt, to stop
 VT [1] (= arrêter) to stop, to halt
 [2] (Couture) [+ bas] to mend ◆ **faire stopper un vêtement** to get a garment (invisibly) mended

stoppeur, -euse /stɔpœʀ, øz/ NM,F [1] (Couture) invisible mender
 [2] (* = **auto-stoppeur**) hitchhiker
 [3] (Football) fullback

store /stɔʀ/ NM [1] (en plastique, bois, tissu) blind; [de magasin] (en toile) awning, shade; (en métal) shutters ◆ **store vénitien** ou **à lamelles orientables** Venetian blind ◆ **store à enrouleur** roller blind
 [2] (= voilage) net curtain

storiste /stɔʀist/ NMF (= fabricant) blind ou shade maker; (= commerçant) blind ou shade merchant

story-board (pl **story-boards**) /stɔʀibɔʀd/ NM storyboard

stoupa /stupa/ NM ⇒ **stûpa**

stout /staut/ NM ou F stout

STP (abrév de **s'il te plaît**) pls, please

strabique /stʀabik/
- ADJ strabismal, strabismic(al)
- NMF person suffering from squinting (Brit) ou strabismus (SPÉC)

strabisme /stʀabism/ NM squinting (Brit), strabismus (SPÉC) ◆ **strabisme divergent** divergent squint ◆ **strabisme convergent** convergent strabismus (SPÉC) ◆ **il souffre d'un léger strabisme** he is slightly cross-eyed, he suffers from a slight strabismus (SPÉC), he has a slight squint (Brit)

stradivarius /stʀadivaʀjys/ NM Stradivarius

stramoine /stʀamwan/ NF thorn apple, stramonium (SPÉC)

strangulation /stʀɑ̃gylasjɔ̃/ NF strangulation

stranguler /stʀɑ̃gyle/ ► conjug 1 ◄ VT to strangulate

strapontin /stʀapɔ̃tɛ̃/ NM (dans une voiture, au théâtre) jump seat, foldaway seat; (fig = position subalterne) minor role ◆ **il n'occupe qu'un strapontin dans la commission** he has a very minor role in the commission

Strasbourg /stʀazbuʀ/ N Strasbourg

strasbourgeois, e /stʀazbuʀʒwa, waz/
- ADJ of ou from Strasbourg
- NM,F **Strasbourgeois(e)** inhabitant ou native of Strasbourg

strass /stʀas/ NM (lit) paste; (péj) show, gloss ◆ **broche/collier en strass** paste brooch/necklace

stratagème /stʀataʒɛm/ SYN NM stratagem

strate /stʀat/ SYN NF (Géol, fig) stratum ◆ **les différentes strates de la société** the different strata of society ◆ **les règlements se sont empilés, par strates successives, sans cohérence**

stratège /stʀatɛʒ/ NM (Mil, fig) strategist ◆ **c'est un grand** ou **fin stratège** he's a master strategist

stratégie /stʀateʒi/ SYN NF strategy ◆ **stratégie de communication/de vente** communication/selling strategy ◆ **stratégie d'entreprise** corporate strategy

stratégique /stʀateʒik/ SYN ADJ strategic

stratégiquement /stʀateʒikmɑ̃/ ADV strategically

stratification /stʀatifikasjɔ̃/ NF stratification

stratifié, e /stʀatifje/ (ptp de **stratifier**)
- ADJ stratified; (Tech) laminated
- NM laminate ◆ **en stratifié** laminated

stratifier /stʀatifje/ ► conjug 7 ◄ VT to stratify

stratigraphie /stʀatigʀafi/ NF (Géol) stratigraphy

stratigraphique /stʀatigʀafik/ ADJ (Géol) stratigraphic(al)

stratiome /stʀatjom/ NM soldier fly

stratocumulus /stʀatokymylys/ NM INV stratocumulus

stratopause /stʀatopoz/ NF stratopause

stratosphère /stʀatosfɛʀ/ NF stratosphere

stratosphérique /stʀatosfeʀik/ ADJ stratospheric

stratum /stʀatɔm/ NM stratum

stratus /stʀatys/ NM INV stratus

strelitzia /stʀelitzja/ NM strelitzia

streptococcie /stʀɛptɔkɔksi/ NF streptococcal ou streptococcic infection

streptococcique /stʀɛptɔkɔksik/ ADJ streptococcal, streptococcic

streptocoque /stʀɛptɔkɔk/ NM streptococcus

streptomycine /stʀɛptomisin/ NF streptomycin

stress /stʀɛs/ SYN NM (gén, Méd) stress ◆ **être dans un état de stress permanent** to be under constant stress

stressant, e /stʀɛsɑ̃, ɑ̃t/ ADJ [situation, vie, métier] stressful ◆ **qu'est-ce qu'il est stressant !** he really stresses me out!*

stresser /stʀɛse/ ► conjug 1 ◄
- VT to put under stress, to stress out* ◆ **cette réunion m'a complètement stressé** the meeting really stressed me out*, I felt completely stressed after the meeting ◆ **être stressé** to be under stress ◆ **se sentir stressé** to feel stressed

◆ **les cadres stressés d'aujourd'hui** today's stressed(-out) executives
- VPR **se stresser** to get stressed

stretch /stʀɛtʃ/
- ADJ INV stretch (épith), stretchy
- NM ◆ **Stretch** ® stretch fabric ◆ **jupe en Stretch** stretch skirt

stretching /stʀɛtʃiŋ/ NM (Sport) stretches ◆ **faire du stretching** to do stretches ◆ **cours de stretching** stretch class

strette /stʀɛt/ NF (de fugue) stretto

striation /stʀijasjɔ̃/ NF striation

strict, e /stʀikt/ SYN ADJ ① (= astreignant, étroit) [obligation, sens] strict; [interprétation] literal; (Math) strict ◆ **au sens strict du terme** in the strict sense of the word ◆ **la stricte observation du règlement** the strict observance of the rules
② (= sévère) [discipline, maître, morale, principes] strict ◆ **il est très strict sur la ponctualité** he is a stickler for punctuality, he's very strict about punctuality ◆ **il était très strict avec nous** ou **à notre égard** he was very strict with us
③ (= absolu) ◆ **c'est son droit le plus strict** it is his most basic right ◆ **le strict nécessaire/minimum** the bare essentials/minimum ◆ **c'est la stricte vérité** it is the plain ou simple truth ◆ **dans la plus stricte intimité** in the strictest privacy
④ (= sobre) [tenue] severe, plain; [coiffure] austere, severe ◆ **un uniforme/costume très strict** a very austere ou plain uniform/suit

strictement /stʀiktəmɑ̃/ SYN ADV ① (= rigoureusement) [confidentiel, personnel] strictly ◆ **les sanctions seront strictement appliquées** the sanctions will be strictly enforced ◆ **strictement inférieur/supérieur** (Math) strictly lesser/greater
② (= sévèrement) strictly ◆ **il a été élevé très strictement** he had a very strict upbringing
③ (= sobrement) plainly

striction /stʀiksjɔ̃/ NF ① (Méd) stricture
② (Phys) contraction

stricto sensu /stʀiktosɛ̃sy/ SYN LOC ADV strictly speaking

strident, e /stʀidɑ̃, ɑ̃t/ SYN ADJ shrill, strident; (Phon) strident

stridor /stʀidɔʀ/ NM stridor

stridulant, e /stʀidylɑ̃, ɑ̃t/ ADJ stridulous, stridulant

stridulation /stʀidylasjɔ̃/ NF stridulation, chirring (NonC)

striduler /stʀidyle/ ► conjug 1 ◄ VI to stridulate, to chirr

striduleux, -euse /stʀidylø, øz/ ADJ (Méd) stridulous, stridulant

strie /stʀi/ SYN NF (de couleur) streak; (en relief) ridge; (en creux) groove; (Anat, Géol) stria

strié, e /stʀije/ ADJ ① [coquille, roche, tige] striated
② (Anat) [muscle] striated ◆ **corps strié** (corpus) striatum

strier /stʀije/ SYN ► conjug 7 ◄ VT (de couleurs) to streak; (en relief) to ridge; (en creux) to groove; (Anat, Géol) to striate ◆ **cheveux striés de blanc** hair streaked with grey ◆ **l'orage striait le ciel d'éclairs** lightning ripped through the sky; → **muscle**

strige /stʀiʒ/ NF kind of female vampire

strigile /stʀiʒil/ NM strigil

string /stʀiŋ/ NM (= sous-vêtement) G-string; (= maillot de bain) tanga

strioscopie /stʀijɔskɔpi/ NF schlieren photography

strioscopique /stʀijɔskɔpik/ ADJ schlieric

stripage /stʀipaʒ/ NM (Nucl, Phys) stripping

stripper[1] /stʀipœʀ/ NM (= tire-veine) stripper

stripper[2] /stʀipe/ ► conjug 1 ◄ VT (Tech) to strip

stripping /stʀipiŋ/ NM (Méd, Tech) stripping

striptease, strip-tease (pl strip(-)teases) /stʀiptiz/ NM ① (= spectacle) striptease ◆ **faire un striptease** to do a striptease ◆ **faire du striptease** to be a striptease artist, to be a stripper
② (= aveux complaisants) outpouring, gut-spilling*

strip-teaseur, -euse (mpl strip-teaseurs) /stʀiptizœʀ, øz/ NM,F stripper, striptease artist

striure /stʀijyʀ/ NF (de couleurs) streaking (NonC) ◆ **la striure** ou **les striures de la pierre** the ridges ou grooves in the stone

strobile /stʀɔbil/ NM ① [de plante] strobilus, strobile
② [de ver] strobila

stroboscope /stʀɔbɔskɔp/ NM stroboscope

stroboscopie /stʀɔbɔskɔpi/ NF stroboscopy

stroboscopique /stʀɔbɔskɔpik/ ADJ stroboscopic, strobe (épith) ◆ **lumière stroboscopique** strobe lighting

stroma /stʀɔma/ NM (Bio, Bot) stroma

strombe /stʀɔ̃b/ NM ◆ **strombe gigas** conch ou fountain shell

strombolien, -ienne /stʀɔ̃bɔljɛ̃, jɛn/ ADJ Strombolian

strongyle /stʀɔ̃ʒil/ NM strongyl(e)

strongylose /stʀɔ̃ʒiloz/ NF strongyloidiasis, strongyloidiosis

strontiane /stʀɔ̃sjan/ NF strontium hydroxyde

strontium /stʀɔ̃sjɔm/ NM strontium

strophe /stʀɔf/ NF (Littérat) verse, stanza; (Théât grec) strophe

structural, e (mpl **-aux**) /stʀyktyʀal, o/ ADJ structural

structuralisme /stʀyktyʀalism/ NM structuralism

structuraliste /stʀyktyʀalist/ ADJ, NMF structuralist

structurant, e /stʀyktyʀɑ̃, ɑ̃t/ ADJ [principe] founding; [expérience] formative; → **gel**

structuration /stʀyktyʀasjɔ̃/ NF structuring

structure /stʀyktyʀ/ SYN NF ① (gén) structure ◆ **la structure familiale** the family structure ◆ **structures d'accueil** (gén) facilities; [d'hôpital] reception facilities ◆ **la structure des dépenses s'est modifiée** spending patterns have changed ◆ **structure profonde/superficielle** ou **de surface** (Ling) deep/surface structure ◆ **structure mentale** mindset ◆ **réformes de structure** structural reforms
② (= organisme) organization

structuré, e /stʀyktyʀe/ (ptp de **structurer**) ADJ structured

structurel, -elle /stʀyktyʀɛl/ ADJ structural

structurellement /stʀyktyʀɛlmɑ̃/ ADV structurally ◆ **être structurellement déficitaire** to have a structural deficit

structurer /stʀyktyʀe/ SYN ► conjug 1 ◄
- VT to structure, to give structure to
- VPR **se structurer** [parti] to develop a structure; [enfant] to form

strudel /ʃtʀudœl/ NM strudel

strychnine /stʀiknin/ NF strychnine

strychnos /stʀiknos/ NM Strychnos

stryge /stʀiʒ/ NF ⇒ **strige**

stuc /styk/ NM stucco ◆ **en stuc** stucco (épith)

stucateur /stykatœʀ/ NM stucco worker

stud-book (pl **stud-books**) /stœdbuk/ NM studbook

studette /stydɛt/ NF small studio flat (Brit) ou apartment (surtout US)

studieusement /stydjøzmɑ̃/ ADV studiously

studieux, -ieuse /stydjø, jøz/ SYN ADJ [personne, ambiance] studious ◆ **j'ai eu** ou **passé des vacances studieuses** I spent the holidays studying

studio /stydjo/ NM ① (d'habitation) studio flat (Brit) ou apartment (surtout US); (d'artiste) studio
② (Ciné, TV : de prise de vues) studio; (= salle de cinéma) film theatre (Brit) ou theater (US) ◆ **tourner en studio** to film ou shoot in the studio ◆ **studio d'enregistrement** recording studio ◆ **à vous les studios !** (TV) and now back to the studio!

stûpa /stupa/ NM stupa, tope

stupéfaction /stypefaksjɔ̃/ SYN NF (= étonnement) amazement, astonishment, stupefaction ◆ **à la stupéfaction générale** to everyone's astonishment ou amazement

stupéfaire /stypefɛʀ/ SYN ► conjug 60 ◄ VT to stun, to astound, to dumbfound

stupéfait, e /stypefɛ, ɛt/ SYN (ptp de **stupéfaire**) ADJ stunned, dumbfounded, astounded (de qch at sth) ◆ **stupéfait de voir que...** astounded ou stunned to see that...

stupéfiant, e /stypefjɑ̃, jɑ̃t/ SYN
  ADJ ① (= étonnant) astounding, staggering
  ② (Méd) stupefying, stupefacient (SPÉC)
  NM drug, narcotic, stupefacient (SPÉC); → brigade

stupéfié, e /stypefje/ (ptp de **stupéfier**) ADJ staggered, dumbfounded

stupéfier /stypefje/ SYN ► conjug 7 ◄ VT (= étonner) to stagger, to astound; (Méd, littér) to stupefy

stupeur /stypœR/ SYN NF (= étonnement) astonishment, amazement; (Méd) stupor ◆ **être frappé de stupeur** to be dumbfounded ou stunned ◆ **c'est avec stupeur que j'appris la nouvelle** I was stunned when I heard the news ◆ **à la stupeur générale** to everyone's astonishment ou amazement

stupide /stypid/ SYN ADJ (= inepte) stupid; (= hébété) stunned, bemused; (= imprévisible) [accident] stupid, silly ◆ **c'est stupide, j'ai oublié !** how stupid of me, I forgot!

stupidement /stypidmɑ̃/ SYN ADV stupidly

stupidité /stypidite/ SYN NF (= caractère) stupidity; (= parole) stupid thing to say; (= acte) stupid thing to do ◆ **c'est une vraie stupidité** ou **de la stupidité** that's really stupid

stupre † /stypR/ NM (littér) debauchery, depravity

stups* /styp/ NMPL (abrév de **stupéfiants**) → brigade

stuquer /styke/ ► conjug 1 ◄ VT to stucco

Stuttgart /ʃtutgaRt/ N Stuttgart

style /stil/ SYN
  NM ① (gén, Art, Littérat, Sport) style ◆ **meubles/reliure de style** period furniture/binding ◆ **meubles de style Directoire/Louis XVI** Directoire/Louis XVI furniture ◆ **je reconnais bien là son style** that is just his style ◆ **ce n'est pas son style** (vêtements) it's not his style; (comportement étonnant) it's not like him ◆ **ou quelque chose de ce style** (fig) or something along those lines ◆ **cet athlète a du style** this athlete has style ◆ **offensive/opération de grand style** full-scale ou large-scale offensive/operation ◆ **il a fait style*** **celui qui ne m'entendait pas** he made as if* he didn't hear me; → exercice
  ② (= pointe, d'une plante) style; [de cylindre enregistreur] stylus; [de cadran solaire] style, gnomon; (Hist = poinçon) style, stylus
  COMP **style direct** (Ling) direct speech
  style indirect (Ling) indirect ou reported speech ◆ **style indirect libre** indirect free speech
  style journalistique journalistic style, journalese (péj)
  style télégraphique telegraphic style
  style de vie lifestyle

stylé, e /stile/ ADJ [domestique, personnel] perfectly trained

stylet /stilɛ/ NM ① (= poignard) stiletto, stylet
  ② (Méd) stylet
  ③ [d'animal] proboscis, stylet

stylique /stilik/ NF ◆ **la stylique** design

stylisation /stilizasjɔ̃/ NF stylization

styliser /stilize/ SYN ► conjug 1 ◄ VT to stylize ◆ **colombe/fleur stylisée** stylized dove/flower

stylisme /stilism/ NM (= métier) dress designing; (= snobisme) concern for style

styliste /stilist/ NMF (= dessinateur industriel) designer; (= écrivain) stylist ◆ **styliste de mode** clothes ou dress designer

stylisticien, -ienne /stilistisjɛ̃, jɛn/ NM,F stylistician, specialist in stylistics

stylistique /stilistik/
  NF stylistics (sg)
  ADJ [analyse, emploi] stylistic

stylite /stilit/ NM stylite

stylo /stilo/ SYN NM pen ◆ **stylo-bille, stylo à bille** ball-point (pen), Biro ® (Brit), Bic ® (US) ◆ **stylo à encre** ou **(à) plume** ou **à réservoir** fountain pen ◆ **stylo-feutre** felt-tip pen ◆ **stylo à cartouche** cartridge pen ◆ **stylo numérique** digital pen

stylobate /stilɔbat/ NM stylobate

stylographe † /stilɔgraf/ NM fountain pen

styloïde /stilɔid/ ADJ styloid

stylomine ® /stilɔmin/ NM propelling pencil

styptique /stiptik/ ADJ, NM styptic

styrax /stiRaks/ NM (= arbre, baume) styrax

styrène /stiRɛn/, **styrolène** /stiRɔlɛn/ NM styrene

Styx /stiks/ NM ◆ **le Styx** the Styx

su, e /sy/ (ptp de **savoir**)
  ADJ known
  NM ◆ **au su de** → **vu**¹

suage /sɥaʒ/ NM (Tech) [de bois] sweating

suaire /sɥɛR/ NM (littér = linceul) shroud, winding sheet; (fig) shroud; → **saint**

suant, suante /sɥɑ̃, sɥɑ̃t/ ADJ ① (= en sueur) sweaty
  ② (* = ennuyeux) [livre, cours] deadly (dull)* ◆ **ce film est suant** * this film is a real drag* ou is deadly* ◆ **ce qu'il est suant !** what a drag* ou a pain (in the neck)* he is!

suave /sɥav/ SYN ADJ [personne, manières] suave, smooth; [voix] smooth; [musique, parfum] sweet; [couleurs] mellow; [formes] smooth

suavement /sɥavmɑ̃/ ADV [s'exprimer] suavely

suavité /sɥavite/ NF [de personne, manières, voix, regard] suavity, smoothness; [de musique, parfum] sweetness; [de couleurs] mellowness; [de formes] smoothness

subaérien, -ienne /sybaeRjɛ̃, jɛn/ ADJ subaerial

subaigu, -uë /sybegy/ ADJ subacute

subalpin, e /sybalpɛ̃, in/ ADJ subalpine

subalterne /sybaltɛRn/ SYN
  ADJ [rôle] subordinate, subsidiary; [employé, poste] junior (épith) ◆ **officier subalterne** subaltern
  NMF subordinate, inferior

subantarctique /sybɑ̃taRktik/ ADJ subantarctic

subaquatique /sybakwatik/ ADJ subaquatic, underwater (épith)

subarctique /sybaRktik/ ADJ subarctic

subatomique /sybatɔmik/ ADJ subatomic

subconscient, e /sypkɔ̃sjɑ̃, jɑ̃t/ ADJ, NM subconscious

subdésertique /sybdezɛRtik/ ADJ semidesert

subdiviser /sybdivize/ SYN ► conjug 1 ◄
  VT to subdivide (en into)
  VPR **se subdiviser** to be subdivided, to be further divided (en into)

subdivision /sybdivizjɔ̃/ SYN NF (gén) subdivision; [de classeur] section

subdivisionnaire /sybdivizjɔnɛR/ ADJ subdivisional

subduction /sybdyksjɔ̃/ NF subduction

subéquatorial, e (mpl **-iaux**) /sybekwatɔRjal, jo/ ADJ subequatorial

suber /sybɛR/ NM suber

subéreux, -euse /sybeRø, øz/ ADJ subereous, suberic

subérine /sybeRin/ NF suberin(e)

subintrant, e /sybɛ̃tRɑ̃, ɑ̃t/ ADJ subintrant

subir /sybiR/ SYN ► conjug 2 ◄ VT ① (= être victime de) [+ affront] to be subjected to, to suffer; [+ violences, attaque, critique] to undergo, to suffer, to be subjected to; [+ perte, défaite, dégâts] to suffer, to sustain; [+ choc] to suffer ◆ **faire subir un affront/des tortures à qn** to subject sb to an insult/to torture ◆ **faire subir des pertes/une défaite à l'ennemi** to inflict losses/defeat on the enemy
  ② (être soumis à) [+ charme] to be subject to, to be under the influence of; [+ influence] to be under; [+ peine de prison] to serve; [+ examen] to undergo, to go through; [+ opération, interrogatoire] to undergo ◆ **subir les effets de qch** to be affected by sth ◆ **subir la loi du plus fort** to be subjected to the law of the strongest ◆ **subir les rigueurs de l'hiver** to undergo ou be subjected to the rigours of winter ◆ **faire subir son influence à qn** to exert an influence over sb ◆ **faire subir un examen à qn** to put sb through ou subject sb to an examination, to make sb undergo an examination
  ③ (= endurer) to suffer, to put up with, to endure ◆ **il faut subir et se taire** you must suffer in silence ◆ **il va falloir le subir pendant toute la journée*** we're going to have to put up with him all day ◆ **on subit sa famille, on choisit ses amis** you can pick your friends but not your family
  ④ (= recevoir) [+ modification, transformation] to undergo, to go through ◆ **les prix ont subi une hausse importante** there has been a considerable increase in prices, prices have undergone a considerable increase

subit, e /sybi, it/ SYN ADJ sudden

subitement /sybitmɑ̃/ SYN ADV suddenly, all of a sudden

subito (presto) * /sybito(pResto)/ LOC ADV (= brusquement) all of a sudden; (= immédiatement) at once

subjacent, e /sybʒasɑ̃, ɑ̃t/ ADJ (littér) subjacent

subjectif, -ive /sybʒɛktif, iv/ SYN ADJ subjective ◆ **un danger subjectif** a danger which one creates for oneself

subjectile /sybʒɛktil/ NM subjectile

subjectivement /sybʒɛktivmɑ̃/ ADV subjectively

subjectivisme /sybʒɛktivism/ NM subjectivism

subjectiviste /sybʒɛktivist/
  ADJ subjectivistic
  NMF subjectivist

subjectivité /sybʒɛktivite/ NF subjectivity

subjonctif, -ive /sybʒɔ̃ktif, iv/ ADJ, NM subjunctive ◆ **au subjonctif** in the subjunctive

subjuguer /sybʒyge/ SYN ► conjug 1 ◄ VT
  ① [+ auditoire, personne malléable] to captivate, to enthrall ◆ **complètement subjugué par les thèses fascistes** in thrall to fascist ideas
  ② (littér) [+ peuple vaincu] to subjugate ◆ **être subjugué par le charme/la personnalité de qn** to be captivated by sb's charm/personality

sublimation /syblimasjɔ̃/ NF (Chim, Psych) sublimation

sublime /syblim/ SYN
  ADJ (gén) sublime; [personne] magnificent, wonderful ◆ **sublime de dévouement** sublimely dedicated ◆ **la Sublime Porte** (Hist) the Sublime Porte
  NM ◆ **le sublime** the sublime

sublimé, e /syblime/ (ptp de **sublimer**)
  ADJ sublimate(d)
  NM sublimate

sublimement /syblimmɑ̃/ ADV sublimely

sublimer /syblime/ SYN ► conjug 1 ◄ VT (Psych) to sublimate; (Chim) to sublimate, to sublime

subliminaire /sybliminɛR/, **subliminal, e** (mpl **-aux**) /sybliminal, o/ ADJ subliminal

sublimité /syblimite/ NF (littér) subliminess (NonC), sublimity

sublingual, e (mpl **-aux**) /syblɛ̃gwal, o/ ADJ sublingual ◆ **comprimé sublingual** tablet to be dissolved under the tongue

sublunaire /syblynɛR/ ADJ sublunary

submergé, e /sybmɛRʒe/ (ptp de **submerger**) ADJ
  ① [terres, plaine] flooded, submerged; [récifs] submerged
  ② (= débordé, dépassé) swamped, snowed under ◆ **submergé de** [+ appels téléphoniques, commandes] snowed under ou swamped ou inundated with; [+ douleur, plaisir, inquiétude] overwhelmed ou overcome with ◆ **le standard est submergé d'appels** the switchboard is inundated ou flooded ou swamped with calls ◆ **les hôpitaux sont submergés de blessés** the hospitals are overflowing with wounded people ◆ **submergé de travail** snowed under ou swamped with work, up to one's eyes (Brit) ou ears (US) in work* ◆ **nous étions complètement submergés** we were completely snowed under, we were up to our eyes (Brit) ou ears (US) in it*

submerger /sybmɛRʒe/ SYN ► conjug 3 ◄ VT (= inonder) [+ terres, plaine] to flood, to submerge; [+ barque] to submerge ◆ **submerger qn** [foule] to engulf sb; [ennemi] to overwhelm sb; [émotion] to overcome sb, to overwhelm sb ◆ **ils nous submergeaient de travail** they swamped ou inundated us with work ◆ **les policiers ont été submergés par les manifestants** the police were overwhelmed by the demonstrators

submersible /sybmɛRsibl/
  ADJ [plante] submerged
  NM (= sous-marin) submersible

submersion /sybmɛRsjɔ̃/ NF [de terres] flooding, submersion ◆ **mort par submersion** (Méd) death by drowning

subodorer /sybɔdɔRe/ SYN ► conjug 1 ◄ VT (hum) (= soupçonner) to suspect ◆ **aucun professeur n'avait subodoré son génie** none of the teachers realized how brilliant he was ◆ **elle subodorait un drame épouvantable** she sensed that a terrible tragedy was taking place

subordination /sybɔRdinasjɔ̃/ SYN NF subordination ◆ **je m'élève contre la subordination de cette décision à leurs plans** I object to this decision being subject to their plans ◆ **relation** *ou* **rapport de subordination** (*Ling*) relation of subordination; → **conjonction**

subordonnant, e /sybɔʀdɔnɑ̃, ɑ̃t/
- ADJ subordinating
- NM subordinating word

subordonné, e /sybɔʀdɔne/ SYN (ptp de **subordonner**)
- ADJ (*gén, Ling*) subordinate (*à* to) ◆ **proposition subordonnée** (*Ling*) dependent *ou* subordinate clause
- NM,F subordinate
- NF **subordonnée** (*Ling*) dependent *ou* subordinate clause

subordonner /sybɔʀdɔne/ SYN ▶ conjug 1 ◀ VT
1. (*dans une hiérarchie*) ◆ **subordonner qn à** to subordinate sb to ◆ **accepter de se subordonner à qn** to agree to subordinate o.s. to sb, to accept a subordinate position under sb
2. (*Ling*) to subordinate ◆ **subordonner qch à** (= *placer au second rang*) to subordinate sth to ◆ **nous subordonnons notre décision à ses plans** (= *faire dépendre de*) our decision will be subject to his plans ◆ **leur départ est subordonné au résultat des examens** their departure is subject to *ou* depends on the exam results

subornation /sybɔʀnasjɔ̃/ NF (*Jur*) [*de témoins*] bribing, subornation (SPÉC)

suborner /sybɔʀne/ SYN ▶ conjug 1 ◀ VT (*Jur*) [+ *témoins*] to bribe, to suborn (SPÉC); (*littér*) [+ *jeune fille*] to lead astray, to seduce

suborneur † /sybɔʀnœʀ/ NM seducer

subrécargue /sybʀekaʀg/ NM supercargo

subreptice /sybʀɛptis/ SYN ADJ [*moyen*] stealthy, surreptitious ◆ **acte subreptice** (*Jur*) subreption

subrepticement /sybʀɛptismɑ̃/ SYN ADV stealthily, surreptitiously

subrogation /sybʀɔgasjɔ̃/ NF (*Jur*) subrogation

subrogatoire /sybʀɔgatwaʀ/ ADJ ◆ **acte subrogatoire** act of subrogation

subrogé, e /sybʀɔʒe/ (ptp de **subroger**)
- ADJ (*Jur*) ◆ **subrogé(-)tuteur** surrogate guardian ◆ **langage subrogé** (*Ling*) surrogate language
- NM,F (*Jur*) surrogate

subroger /sybʀɔʒe/ ▶ conjug 3 ◀ VT (*Jur*) to subrogate, to substitute

subsaharien, -ienne /sybsaaʀjɛ̃, jɛn/ ADJ [*désert, pays*] sub-Saharan; → **Afrique**

subséquemment /sypsekamɑ̃/ ADV († *Jur*) subsequently

subséquent, e /sypsekɑ̃, ɑ̃t/ ADJ († *Jur, Géog*) subsequent

subside /sybzid/ SYN NM grant ◆ **les modestes subsides qu'il recevait de son père** the small allowance he received from his father

subsidence /sypsidɑ̃s, sybzidɑ̃s/ NF (*Géol*) subsidence

subsidiaire /sybzidjɛʀ/ SYN ADJ [*raison, motif*] subsidiary; → **question**

subsidiairement /sybzidjɛʀmɑ̃/ ADV subsidiarily

subsidiarité /sybzidjaʀite/ NF (*Pol*) subsidiarity ◆ **le principe de subsidiarité** (*Europe*) the principle of subsidiarity

subsistance /sybzistɑ̃s/ SYN NF 1 (= *moyens d'existence*) subsistence ◆ **assurer la subsistance de sa famille/de qn** to support *ou* maintain *ou* keep one's family/sb ◆ **assurer sa (propre) subsistance** to keep ou support o.s. ◆ **ma subsistance était assurée** I had enough to live on ◆ **ils tirent leur subsistance de certaines racines** they live on certain root crops ◆ **moyens de subsistance** means of subsistence ◆ **économie/agriculture de subsistance** subsistence economy/agriculture
2 (*Mil*) ◆ **militaire en subsistance** seconded serviceman

subsistant, e /sybzistɑ̃, ɑ̃t/
- ADJ remaining (*épith*)
- NM (*Mil*) seconded serviceman

subsister /sybziste/ SYN ▶ conjug 1 ◀ VI [*personne*] (= *ne pas périr*) to live on, to survive; (= *se nourrir, gagner sa vie*) to stay alive, to subsist; (= *rester*) [*erreur, vestiges*] to remain ◆ **ils ont tout juste de quoi subsister** they have just enough to live on *ou* to keep body and soul together ◆ **le doute subsiste** *ou* **il subsiste un doute quant à** *ou* **sur** there is still some doubt as to, there remains some doubt as to ◆ **du château primitif, il ne subsiste que l'aile gauche** only the left wing of the original castle remains intact ◆ **il ne subsiste que quelques spécimens de cette plante** there are only a few specimens of this plant left

subsonique /sypsɔnik/ ADJ subsonic

substance /sypstɑ̃s/ SYN NF (*gén, Philos*) substance ◆ **la substance de notre discussion** the substance *ou* gist of our discussion ◆ **c'était un discours sans substance, ce discours manquait de substance** the speech had no substance to it ◆ **substance blanche/grise** (*Anat*) white/grey matter ◆ **substance étrangère** foreign substance *ou* matter (*NonC*) ◆ **le lait est une substance alimentaire** milk is a food ◆ **en substance** in substance ◆ **voilà, en substance, ce qu'ils ont dit** here is, in substance, what they said, here is the gist of what they said

substantialisme /sypstɑ̃sjalism/ NM substantialism

substantialiste /sypstɑ̃sjalist/ NMF substantialist

substantialité /sypstɑ̃sjalite/ NF substantiality

substantiel, -ielle /sypstɑ̃sjɛl/ SYN ADJ (*gén, Philos*) substantial

substantiellement /sypstɑ̃sjɛlmɑ̃/ ADV substantially

substantif, -ive /sypstɑ̃tif, iv/
- NM noun, substantive
- ADJ [*proposition*] noun (*épith*); [*emploi*] nominal, substantival; [*style*] nominal

substantifique /sypstɑ̃tifik/ ADJ (*hum*) ◆ **la substantifique moelle** the very substance

substantivation /sypstɑ̃tivasjɔ̃/ NF nominalization, substantivization

substantivement /sypstɑ̃tivmɑ̃/ ADV nominally, as a noun, substantively

substantiver /sypstɑ̃tive/ ▶ conjug 1 ◀ VT to nominalize, to substantivize

substituable /sypstitɥabl/ ADJ substitutable

substituer /sypstitɥe/ SYN ▶ conjug 1 ◀
- VT 1 (= *remplacer*) ◆ **substituer qch/qn à** to substitute sth/sb for
2 (*Jur*) [+ *legs*] to entail
- VPR **se substituer** ◆ **se substituer à qn** (*en l'évinçant*) to substitute o.s. for sb; (*en le représentant*) to substitute for sb, to act as a substitute for sb ◆ **l'adjoint s'est substitué au chef** the deputy is substituting for the boss

substitut /sypstity/ SYN NM (= *magistrat*) deputy public prosecutor (*Brit*), assistant district attorney (*US*); (= *succédané*) substitute (*de* for); (*Ling*) pro-form substitute ◆ **substitut maternel** (*Psych*) substitute mother ◆ **substitut de repas** meal replacement

substitutif, -ive /sypstitytif, iv/ ADJ (*Méd*) ◆ **traitement substitutif** replacement therapy ◆ **traitement hormonal substitutif** hormone replacement therapy

substitution /sypstitysjɔ̃/ SYN NF (*gén, Chim*) (*intentionnelle*) substitution (*à* for); (*accidentelle*) [*de vêtements, bébés*] mix-up (*de* of, *in*) ◆ **il y a eu substitution d'enfants** the babies were switched ◆ **produit de substitution** substitute (product) ◆ **produit** *ou* **drogue de substitution à l'héroïne** heroin substitute ◆ **traitement de substitution** treatment of drug addicts with substitute drugs ◆ **hormones de substitution** replacement hormones ◆ **énergies de substitution** alternative (sources of) energy ◆ **carburant de substitution** substitute fuel ◆ **effet de substitution** (*dans l'emploi*) substitution effect; → **mère, peine**

substrat /sypstʀa/, **substratum** † /sypstʀatɔm/ NM (*Géol, Ling, Philos*) substratum

subsumer /sypsyme/ ▶ conjug 1 ◀ VT to subsume

subterfuge /syptɛʀfyʒ/ SYN NM subterfuge ◆ **user de subterfuges** to use subterfuge

subtil, e /syptil/ SYN ADJ 1 (= *sagace*) [*personne, esprit, intelligence, réponse, calcul*] subtle ◆ **c'est un négociateur subtil** he's a skilful negotiator
2 (= *raffiné*) [*nuance, distinction*] subtle, fine; [*parfum, goût, raisonnement*] subtle ◆ **un subtil mélange d'autorité et de tendresse** a subtle blend of authority and tenderness ◆ **c'est trop subtil pour moi** it's too subtle for me

subtilement /syptilmɑ̃/ ADV subtly, in a subtle way

subtilisation /syptilizasjɔ̃/ NF spiriting away

subtiliser /syptilize/ SYN ▶ conjug 1 ◀
- VT (= *dérober*) to steal ◆ **il s'est fait subtiliser sa valise** his suitcase was stolen
- VI (*littér* = *raffiner*) to subtilize

subtilité /syptilite/ SYN NF subtlety ◆ **les subtilités de la langue française** the subtleties of the French language

subtropical, e (mpl **-aux**) /sybtʀɔpikal, o/ ADJ subtropical ◆ **régions subtropicales** subtropical regions, subtropics

subulé, e /sybyle/ ADJ subulate

suburbain, e /sybyʀbɛ̃, ɛn/ ADJ suburban

suburbicaire /sybyʀbikɛʀ/ ADJ suburbicarian

subvenir /sybvəniʀ/ SYN ▶ conjug 22 ◀ **subvenir à** VT INDIR [+ *besoins*] to provide for, to meet; [+ *frais*] to meet, to cover ◆ **subvenir aux besoins de sa famille** to provide for *ou* support one's family ◆ **subvenir à ses propres besoins** to support o.s.

subvention /sybvɑ̃sjɔ̃/ SYN NF subsidy ◆ **ils reçoivent des subventions publiques** they receive public subsidies

subventionner /sybvɑ̃sjɔne/ SYN ▶ conjug 1 ◀ VT to subsidize ◆ **théâtre subventionné** subsidized theatre ◆ **école subventionnée** grant-maintained school

subversif, -ive /sybvɛʀsif, iv/ SYN ADJ subversive

subversion /sybvɛʀsjɔ̃/ NF subversion

subversivement /sybvɛʀsivmɑ̃/ ADV subversively

subvertir /sybvɛʀtiʀ/ ▶ conjug 2 ◀ VT [+ *structure, valeurs*] to undermine

suc /syk/ NM [*de plante*] sap; [*de viande, fleur, fruit*] juice; (*littér*) [*d'œuvre*] pith, meat ◆ **sucs digestifs** *ou* **gastriques** gastric juices

succédané /syksedane/ SYN NM (= *substitut*) substitute (*de* for); (= *médicament*) substitute, succedaneum (SPÉC) ◆ **un succédané de...** (*péj* = *imitation*) a pale imitation of...

succéder /syksede/ SYN ▶ conjug 6 ◀
- VT INDIR **succéder à** [+ *directeur, roi*] to succeed; [+ *période, chose, personne*] to succeed, to follow; (*Jur*) [+ *titres, héritage*] to inherit, to succeed to ◆ **succéder à qn à la tête d'une entreprise** to succeed sb *ou* take over from sb at the head of a firm ◆ **des prés succédèrent aux champs de blé** cornfields were followed by meadows, cornfields gave way to meadows ◆ **le rire succéda à la peur** fear gave way to laughter
- VPR **se succéder** to follow one another, to succeed one another ◆ **ils se succédèrent de père en fils** son followed father ◆ **les mois se succédèrent** month followed month ◆ **les échecs se succédèrent** one failure followed another ◆ **trois gouvernements se sont succédé en trois ans** there have been three successive governments in three years ◆ **les visites se sont succédé toute la journée dans la chambre du malade** visitors filed in and out of the patient's room all day

succès /syksɛ/ SYN NM 1 (= *réussite*) [*d'entreprise, roman*] success ◆ **succès militaires/sportifs** military/sporting successes ◆ **félicitations pour votre succès** congratulations on your success ◆ **le succès ne l'a pas changé** success hasn't changed him ◆ **succès d'estime** succès d'estime, praise from the critics (*with poor sales*) ◆ **avoir du succès auprès des femmes** to be successful with women
2 (= *livre*) success, bestseller; (= *chanson, disque*) success, hit*; (= *film, pièce*) box-office success, hit* ◆ **succès de librairie** bestseller ◆ **tous ses livres ont été des succès** all his books were bestsellers, every one of his books was a success ◆ **succès commercial** commercial success ◆ **succès d'audience** success *ou* hit* with the audience(s), ratings success
3 (= *conquête amoureuse*) ◆ **succès (féminin)** conquest ◆ **son charme lui vaut de nombreux succès** numerous women have fallen for his charms
4 (*locutions*) ◆ **avec succès** successfully ◆ **avec un égal succès** equally successfully, with equal success ◆ **sans succès** unsuccessfully, without success ◆ **pour ce film, c'est le succès assuré** *ou* **garanti** this film is sure to be a success ◆ **avoir du succès, être un succès** to be successful, to be a success ◆ **cette pièce a eu un grand succès** *ou* **beaucoup de succès** *ou* **un succès fou*** the play was a great success *ou* was very successful *ou* was a smash hit* ◆ **ce chanteur a eu un succès monstre*** *ou* **bœuf*** this singer

successeur /syksesœʀ/ SYN NM (gén) successor

successibilité /syksesibilite/ NF (= droit à la succession) right to succession ou inheritance ◆ **ordre de successibilité au trône** (Pol) line of succession to the throne

successible /syksesibl/
[ADJ] [ayant-droit] entitled to inherit ◆ **parent au degré successible** relative entitled to inherit
[NMF] person entitled to inherit

successif, -ive /syksesif, iv/ ADJ successive

succession /syksesjɔ̃/ SYN NF ① (= enchaînement, série) succession ◆ **la succession des saisons** the succession ou sequence of the seasons ◆ **toute une succession de visiteurs/malheurs** a whole succession ou series of visitors/misfortunes
② (= transmission de pouvoir) succession; (Jur) (= transmission de biens) succession; (= patrimoine) estate, inheritance ◆ **partager une succession** to share an estate ou an inheritance ◆ **la succession est ouverte** (Jur) = the will is going through probate ◆ **succession vacante** estate in abeyance ◆ **par voie de succession** by right of inheritance ou succession ◆ **prendre la succession de** [+ ministre, directeur] to succeed, to take over from; [+ roi] to succeed; [+ maison de commerce] to take over; → **droit³, guerre**

successivement /syksesivmɑ̃/ SYN ADV successively

successoral, e (mpl **-aux**) /syksesɔʀal, o/ ADJ ◆ **droits successoraux** inheritance tax

succin /syksɛ̃/ NM succin

succinct, e /syksɛ̃, ɛ̃t/ SYN ADJ [écrit] succinct; [repas] frugal ◆ **soyez succinct** be brief ◆ **il a été très succinct** he was very brief

succinctement /syksɛ̃tmɑ̃/ SYN ADV [raconter] succinctly; [manger] frugally

succinique /syksinik/ ADJ ◆ **acide succinique** succinic acid

succion /sy(k)sjɔ̃/ NF (Phys, Tech) suction; (Méd) [de plaie] sucking ◆ **bruit de succion** sucking noise

succomber /sykɔ̃be/ SYN ▸conjug 1◂ VI
① (= mourir) to die, to succumb (frm) ◆ **succomber à ses blessures** to die from one's injuries
② (= être vaincu) to succumb (frm); (par tentations) to succumb, to give way ◆ **succomber sous le nombre** to be overcome by numbers ◆ **succomber à** [+ tentation] to succumb ou yield ou give way to; [+ promesses] to succumb to; [+ charme] to succumb to, to fall under; [+ fatigue, désespoir, sommeil] to give way to, to succumb to ◆ **succomber sous le poids de qch** (littér :lit, fig) to yield ou give way beneath the weight of sth ◆ **ce gâteau était trop tentant, j'ai succombé !** this cake was so tempting I just couldn't resist! ◆ **la ville a succombé sous les assauts répétés de l'armée** the town fell under the repeated attacks of the army

succube /sykyb/ NM succubus

succulence /sykylɑ̃s/ NF (littér) succulence

succulent, e /sykylɑ̃, ɑ̃t/ SYN
[ADJ] ① (= délicieux) [fruit, rôti] succulent; [mets, repas] delicious; [récit] juicy *
② [plante] succulent
③ (†† juteux) succulent
[NF] (= plante) succulent

succursale /sykyʀsal/ SYN NF [de magasin, firme] branch; → **magasin**

succursalisme /sykyʀsalism/ NM (= système) chain-store ou multiple(-store) distribution; (= ensemble de la profession) chains, multiples

succursaliste /sykyʀsalist/
[ADJ] [distribution, système] chain-store, multiple(-store) (épith)
[NM] (= entreprise) chain store, multiple (store)
[NMF] (= gérant) chain-store ou multiple operator

sucer /syse/ SYN ▸conjug 3◂ VT ① (lit) to suck ◆ **toujours à sucer des bonbons** always sucking sweets ◆ **ces pastilles se sucent** these tablets are to be sucked ◆ **sucer son pouce** to suck one's thumb ◆ **ce procès lui a sucé toutes ses économies** * this lawsuit has bled him of all his savings ◆ **sucer qn jusqu'à la moelle** * ou **jusqu'au dernier sou** * to suck sb dry*, to bleed sb dry* ◆ **se sucer la poire** *‡ ou **la pomme** *‡ to neck *‡, to kiss passionately ◆ **on voit bien qu'il ne suce pas de la glace !** * (hum) he really knocks it back!*‡
② (*‡ = boire) to tipple *, to booze * ◆ **cette voiture suce beaucoup** this car guzzles * a lot of petrol (Brit) ou gas (US)
③ (*‡ fellation) to suck off*‡, (cunnilingus) to go down on*‡

sucette /sysɛt/ NF (= bonbon) lollipop, lolly (Brit); (= tétine) comforter, dummy (Brit), pacifier (US) ◆ **partir en sucette** * (= se détériorer, ne pas aboutir) to go pear-shaped *

suceur, -euse /sysœʀ, øz/
[NM] ① **(insecte) suceur** sucking insect
② [d'aspirateur] nozzle
[NM] (fig) ◆ **suceur de sang** bloodsucker
[NF] **suceuse** (= machine) suction dredge

suçoir /syswaʀ/ NM [d'insecte] sucker

suçon * /sysɔ̃/ NM love bite * (Brit), hickey * (US) ◆ **faire un suçon à qn** to give sb a love bite (Brit) ou a hickey (US)

suçoter /sysɔte/ ▸conjug 1◂ VT to suck

sucrage /sykʀaʒ/ NM [de vin] sugaring, sweetening

sucrant, e /sykʀɑ̃, ɑ̃t/ ADJ sweetening ◆ **c'est très sucrant** it's very sweet

sucrase /sykʀaz/ NF sucrase

sucre /sykʀ/
[NM] ① (= substance) sugar; (= morceau) lump of sugar, sugar lump ◆ **prendre deux sucres dans son café** to take two lumps of sugar ou two sugars in one's coffee ◆ **combien de sucres ?** how many sugars (do you take)? ◆ **fraises au sucre** strawberries sprinkled with sugar ◆ **chewing-gum sans sucre** sugarless ou sugar-free chewing gum ◆ **cet enfant n'est pas en sucre quand même !** for goodness sake, the child won't break! ◆ **être tout sucre tout miel** [personne] to be all sweetness and light ◆ **mon petit trésor en sucre** my little honey-bun ou sugarplum ◆ **partie de sucre** (au Canada) sugaring-off party; → **casser**
② (= unité monétaire) sucre
[COMP] **sucre de betterave** beet sugar
sucre brun brown sugar
sucre candi sugar candy
sucre de canne cane sugar
sucre cristallisé (coarse) granulated sugar
sucre d'érable * (Can) maple sugar
sucre glace icing sugar (Brit), confectioners' sugar (US)
sucres lents complex sugars
sucre en morceaux lump ou cube sugar
sucre d'orge (= substance) barley sugar; (= bâton) stick of barley sugar
sucre en poudre fine granulated sugar, caster sugar (Brit)
sucres rapides simple sugars
sucre roux brown sugar
sucre semoule ⇒ **sucre en poudre**
sucre vanillé vanilla sugar

▪ **LE TEMPS DES SUCRES**

Maple sugar and syrup production is an important traditional industry in Quebec, and the sugar harvest is a time for festivities in rural areas. The local community traditionally gets together for a celebration with music and dancing, and boiling maple sugar is thrown into the snow where it hardens into a kind of toffee known as "tire".

sucré, e /sykʀe/ SYN (ptp de **sucrer**)
[ADJ] ① [fruit, saveur, vin] sweet; [jus de fruits, lait condensé] sweetened ◆ **eau sucrée** sugar water ◆ **ce thé est trop sucré** this tea is too sweet, there's too much sugar in this tea ◆ **prenez-vous votre café sucré ?** do you take sugar (in your coffee)? ◆ **tasse de thé bien sucrée** well-sweetened cup of tea, cup of nice sweet tea ◆ **non sucré** unsweetened
② (péj) [ton] sugary, honeyed; [air] sickly-sweet ◆ **elle fait sa sucrée** she's turning on the charm
[NM] ◆ **le sucré et le salé** sweet and savoury food ◆ **je préfère le sucré au salé** I prefer sweet things to savouries

sucrer /sykʀe/ ▸conjug 1◂
[VT] ① [+ boisson] to sugar, to put sugar in, to sweeten; [+ produit alimentaire] to sweeten ◆ **le miel sucre autant que le sucre lui-même** honey sweetens as much as sugar, honey is as good a sweetener as sugar ◆ **on peut sucrer avec du miel** honey may be used as a sweetener ou may be used to sweeten things ◆ **sucrez à volonté** sweeten ou add sugar to taste ◆ **sucrer les fraises**‡ to be a bit doddery *
② (* = supprimer) ◆ **sucrer son argent de poche à qn** to stop sb's pocket money ◆ **il s'est fait sucrer ses heures supplémentaires** he's had his overtime money stopped ◆ **il s'est fait sucrer son permis de conduire** he had his driving licence taken away ◆ **ils m'ont sucré mes vacances à la dernière minute** I was told at the last minute I couldn't take my holiday
[VPR] **se sucrer** * (= prendre du sucre) to help o.s. to sugar, to have some sugar
② (*‡ = s'enrichir) to line one's pockets *

sucrerie /sykʀəʀi/ SYN NF ① (= bonbon) sweet (Brit), candy (US) ◆ **sucreries** sweets, sweet things ◆ **aimer les sucreries** to have a sweet tooth, to like sweet things
② (= usine) sugar house; (= raffinerie) sugar refinery; (Can) (maple) sugar house

Sucrette ® /sykʀɛt/ NF artificial sweetener

sucrier, -ière /sykʀije, ijɛʀ/
[ADJ] [industrie, betterave] sugar (épith); [région] sugar-producing
[NM] ① (= récipient) sugar basin, sugar bowl ◆ **sucrier (verseur)** sugar dispenser ou shaker
② (= industriel) sugar producer

sucrine /sykʀin/ NF sucrine (type of compact romaine lettuce)

sud /syd/
[NM INV] ① (= point cardinal) south ◆ **le vent du sud** the south wind ◆ **un vent du sud** a south(erly) wind, a southerly (Naut) ◆ **le vent tourne/est au sud** the wind is veering south(wards) ou towards the south/is blowing from the south ◆ **regarder vers le sud** ou **dans la direction du sud** to look south(wards) ou towards the south ◆ **au sud** (situation) in the south; (direction) to the south, south(wards) ◆ **au sud de** south of, to the south of ◆ **la maison est (exposée) au sud/exposée plein sud** the house faces (the) south ou southwards/due south, the house looks south(wards)/due south
② (= régions) south ◆ **le sud de la France, le Sud** the South of France ◆ **l'Europe/l'Italie du Sud** Southern Europe/Italy ◆ **le Pacifique Sud** the South Pacific ◆ **les mers du Sud** the South Seas ◆ **le dialogue Nord-Sud** (Pol) the North-South dialogue; → **Amérique, Corée, croix**
[ADJ INV] [région, partie] southern; [entrée, paroi] south; [versant, côte] south(ern); [côté] south(ward); [direction] southward, southerly (Mét) ◆ **il habite (dans) la banlieue sud** he lives in the southern suburbs; → **hémisphère, pôle**

sud-africain, e (mpl **sud-africains**) /sydafʀikɛ̃, ɛn/
[ADJ] South African
[NM,F] **Sud-Africain(e)** South African

sud-américain, e (mpl **sud-américains**) /sydameʀikɛ̃, ɛn/
[ADJ] South American
[NM,F] **Sud-Américain(e)** South American

sudation /sydasjɔ̃/ NF sweating, sudation (SPÉC)

sudatoire /sydatwaʀ/ ADJ sudatory

sud-coréen, -enne (mpl **sud-coréens**) /sydkɔʀeɛ̃, ɛn/
[ADJ] South Korean
[NM,F] **Sud-Coréen(ne)** South Korean

sud-est /sydɛst/
[ADJ INV] south-east; [banlieue] south-eastern; [côte] south-east(ern)
[NM] south-east ◆ **le Sud-Est asiatique** South-East Asia ◆ **aller dans le Sud-Est (de la France)** to go to the south-east (of France) ◆ **au sud-est de Rome** (à l'extérieur) south-east of Rome; (dans la ville) in the south-east of Rome ◆ **regarder vers le sud-est** to look south-east(wards) ou towards the southeast ◆ **en direction du sud-est** in a south-easterly direction ◆ **vent du** ou **de sud-est** southeasterly (wind), southeaster

sudiste /sydist/
[NMF] Southerner; (Hist US) Confederate
[ADJ] Southern; (Hist US) Confederate

sudoku /sudoku/ NM sudoku

sudoral, e (mpl **-aux**) /sydɔʀal, o/ ADJ sudoral

sudorifère /sydɔʀifɛʀ/ ADJ ⇒ **sudoripare**

sudorifique /sydɔʀifik/ ADJ, NM sudorific

sudoripare /sydɔʀipaʀ/ ADJ sudoriferous, sudoriparous ◆ **glande sudoripare** sweat gland

sud-ouest /sydwɛst/
ADJ INV south-west; *[banlieue]* south-western; *[côte]* south-west(ern)
NM southwest • **aller dans le Sud-Ouest (de la France)** to go to the south-west (of France) • **au sud-ouest de Rome** *(à l'extérieur)* south-west of Rome; *(dans la ville)* in the south-west of Rome • **regarder vers le sud-ouest** to look south-west(wards) *ou* towards the southwest • **en direction du sud-ouest** in a south-westerly direction • **vent du** *ou* **de sud-ouest** south-westerly (wind), southwester

sud-sud-est /sydsydɛst/ NM, ADJ INV south-south-east

sud-sud-ouest /sydsydwɛst/ NM, ADJ INV south-southwest

sud-vietnamien, -ienne (mpl **sud-vietnamiens**) /sydvjɛtnamjɛ̃, jɛn/
ADJ South Vietnamese
NM,F **Sud-Vietnamien(ne)** South Vietnamese

suédé, e /sɥede/ ADJ, NM suede

Suède /sɥɛd/ NF Sweden

suède /sɥɛd/ NM *(= peau)* suede • **en** *ou* **de suède** suede

suédine /sɥedin/ NF suedette

suédois, e /sɥedwa, waz/
ADJ Swedish; → **allumette, gymnastique**
NM *(= langue)* Swedish
NM,F **Suédois(e)** Swede

suée* /sɥe/ NF sweat • **prendre** *ou* **attraper une bonne suée** to work up a good sweat • **à l'idée de cette épreuve, j'en avais la suée** I was in a (cold) sweat at the thought of the test* • **je dois aller le voir, quelle suée !** I've got to go and see him – what a drag!* *ou* pain!*

suer /sɥe/ SYN ▸ conjug 1 ◂
VI 1 *(= transpirer)* to sweat; *(fig = peiner)* to sweat* *(sur over)* • **suer de peur** to be in a cold sweat • **suer à grosses gouttes** to sweat profusely • **suer sur une dissertation** to sweat over an essay*
2 *(= suinter) [murs]* to ooze, to sweat *(de* with)
3 *(Culin)* • **faire suer** to sweat
4 *(locutions)* • **faire suer qn** *(lit)[médicament]* to make sb sweat • **tu me fais suer*** *(fig)* you're a pain (in the neck)* *ou* a drag* • **on se fait suer ici*** it's such a drag here* • **ce qu'on se fait suer à ses cours*** his classes are such a drag* • **je me suis fait suer à le réparer*** I sweated blood to repair that • **faire suer le burnous*** *(péj)* to use sweated labour, to exploit native labour
VT 1 *[+ sueur, sang]* to sweat • **suer sang et eau à** *ou* **pour faire qch** *(fig)* to sweat blood to get sth done, to sweat blood over sth
2 *[+ humidité]* to ooze
3 *(= révéler, respirer) [+ pauvreté, misère, avarice, lâcheté]* to exude, to reek of • **cet endroit sue l'ennui** this place reeks of boredom
4 *(†, * = danser)* • **en suer une** to shake a leg*

suette /sɥɛt/ NF • **suette miliaire** sweating sickness, miliary fever *(SPÉC)*

sueur /sɥœʀ/ SYN NF sweat *(NonC)* • **en sueur** in a sweat, sweating • **être en sueur** to be bathed in sweat • **à la sueur de son front** by the sweat of one's brow • **donner des sueurs froides à qn** to put sb in a cold sweat • **j'en avais des sueurs froides** I was in a cold sweat about it • **vivre de la sueur du peuple** to live off the backs of the people

Suez /sɥɛz/ N Suez • **le canal de Suez** the Suez Canal • **le golfe de Suez** the Gulf of Suez

suffire /syfiʀ/ SYN ▸ conjug 37 ◂
VI 1 *(= être assez) [somme, durée, quantité]* to be enough, to be sufficient, to suffice *(frm)* • **cette explication ne (me) suffit pas** this explanation isn't enough *ou* isn't sufficient (for me) *ou* won't do • **cinq hommes suffisent (pour ce travail)** five men will do (for this job) • **un rien suffirait pour** *ou* **à bouleverser nos plans** it would only take the smallest thing to upset our plans; → **peine**
2 *(= satisfaire, combler)* • **suffire à** *[+ besoins]* to meet; *[+ personne]* to be enough for • **ma femme me suffit** *ou* **suffit à mon bonheur** my wife is all I need to make me happy, my wife is enough to make me happy • **il ne suffit pas aux besoins de la famille** he does not meet the needs of his family • **il ne peut suffire à tout** he can't manage (to do) everything, he can't cope with everything • **les week-ends, il ne suffisait plus à servir les clients** at weekends he couldn't manage to serve all the customers by himself
3 *(locutions)* • **ça suffit** that's enough, that'll do • **(ça) suffit !** that's enough!, that will do! • **comme ennuis, ça suffit (comme ça)** we've had enough trouble as it is thank you very much • **ça ne te suffit pas de l'avoir tourmentée ?** isn't it enough for you to have tormented her? • **ça suffira pour aujourd'hui** that's enough for today *ou* for one day
VB IMPERS 1 *(avec de)* • **il suffit de s'inscrire pour devenir membre** all you have to do to become a member is sign up • **il suffit de (la) faire réchauffer et la soupe est prête** just heat (up) the soup and it's ready (to serve) • **il suffit d'un accord verbal pour conclure l'affaire** a verbal agreement is sufficient *ou* is enough *ou* will suffice *(frm)* to conclude the matter • **il suffisait d'y penser** it's obvious when you think about it • **il suffit d'un rien pour l'inquiéter** *(intensif)* it only takes the smallest thing to worry him, the smallest thing is enough to worry him • **il suffit d'une fois : on n'est jamais trop prudent** once is enough – you can never be too careful
2 *(avec que)* • **il suffit que vous leur écriviez** all you have to do is write to them • **il suffit que tu me dises comment me rendre à l'aéroport** all you have to do is tell me how to get to the airport • **il suffit qu'il ouvre la bouche pour que tout le monde se taise** he has only to open his mouth and everyone stops talking • **il suffit qu'il soit démotivé pour faire du mauvais travail** if he feels the least bit demotivated he doesn't produce very good work
VPR **se suffire** • **se suffire (à soi-même)** *[pays, personne]* to be self-sufficient • **la beauté se suffit (à elle-même)** beauty is sufficient unto itself *(littér)* • **ils se suffisent (l'un à l'autre)** they have each other and don't need anyone else

suffisamment /syfizamɑ̃/ ADV sufficiently, enough • **suffisamment fort/clair** sufficiently strong/clear, strong/clear enough • **être suffisamment vêtu** to have enough clothes on • **lettre suffisamment affranchie** letter with enough stamps on • **suffisamment de nourriture/d'argent** sufficient *ou* enough food/money • **y a-t-il suffisamment à boire ?** is there enough *ou* sufficient to drink? • **nous ne sommes pas suffisamment nombreux** there aren't enough of us

suffisance /syfizɑ̃s/ SYN NF 1 *(= vanité)* self-importance, smugness
2 *(littér, †)* • **avoir sa suffisance de qch, avoir qch en suffisance** to have sth in plenty, to have a sufficiency of sth † • **il y en a en suffisance** there is sufficient of it • **des livres, il en a sa suffisance** † *ou* **à sa suffisance** he has books aplenty *ou* in abundance

suffisant, e /syfizɑ̃, ɑ̃t/ SYN ADJ 1 *(= adéquat)* sufficient; *(Scol) [résultats]* satisfactory • **c'est suffisant pour qu'il se mette en colère** it's enough to make him lose his temper • **je n'ai pas la place/la somme suffisante** I haven't got sufficient *ou* enough room/money • **75 €, c'est amplement** *ou* **plus que suffisant** €75 is more than enough; → **condition, grâce**
2 *(= prétentieux) [personne, ton]* self-important, smug • **faire le suffisant** to put on airs

suffixal, e (mpl **-aux**) /syfiksal, o/ ADJ suffixal

suffixation /syfiksasjɔ̃/ NF suffixation

suffixe /syfiks/ NM suffix

suffixer /sufikse/ ▸ conjug 1 ◂ VT to suffix, to add a suffix to • **mot suffixé** word with a suffix

suffocant, e /syfɔkɑ̃, ɑ̃t/ SYN ADJ 1 *[fumée, chaleur]* suffocating, stifling
2 *(= étonnant)* staggering

suffocation /syfɔkasjɔ̃/ NF *(= action)* suffocation; *(= sensation)* suffocating feeling • **il avait des suffocations** he had fits of choking

suffoquer /syfɔke/ SYN ▸ conjug 1 ◂
VI *(lit)* to choke, to suffocate, to stifle *(de* with) • **suffoquer de** *(fig)[+ rage, indignation]* to choke with
VT 1 *[fumée]* to suffocate, to choke, to stifle; *[colère, joie]* to choke • **les larmes la suffoquaient** she was choking with tears
2 *(= étonner) [nouvelle, comportement de qn]* to stagger • **la nouvelle nous a suffoqués** we were staggered by the news

suffragant /syfʀagɑ̃/ ADJ M, NM *(Rel)* suffragan

suffrage /syfʀaʒ/ SYN
NM 1 *(Pol = voix)* vote • **suffrages exprimés** valid votes • **le parti obtiendra peu de/beaucoup de suffrages** the party will poll badly/heavily, the party will get a poor/good share of the vote
2 *(= approbation) [de public, critique]* approval *(NonC)*, approbation *(NonC)* • **accorder son suffrage à qn/qch** to give one's approval to sb/sth • **ce livre a remporté tous les suffrages** this book met with universal approval • **cette nouvelle voiture mérite tous les suffrages** this new car deserves everyone's approval
COMP **suffrage censitaire** suffrage on the basis of property qualification
suffrage direct direct suffrage
suffrage indirect indirect suffrage
suffrage restreint restricted suffrage
suffrage universel universal suffrage *ou* franchise

suffragette /syfʀaʒɛt/ NF suffragette

suffusion /syfyzjɔ̃/ NF *(Méd)* suffusion

suggérer /sygʒeʀe/ GRAMMAIRE ACTIVE 1.1, 15.3 SYN ▸ conjug 6 ◂ VT *(gén)* to suggest; *[+ solution, projet]* to suggest, to put forward • **suggérer une réponse à qn** to suggest a reply to sb • **je lui suggérai que c'était moins facile qu'il ne pensait** I suggested to him *ou* I put it to him that it was not as easy as he thought • **suggérer à qn une solution** to put forward *ou* suggest *ou* put a solution to sb • **j'ai suggéré d'aller au cinéma/que nous allions au cinéma** I suggested going to the cinema/that we went to the cinema • **elle lui a suggéré de voir un médecin** she suggested he should see a doctor • **mot qui en suggère un autre** word which brings another to mind

suggestibilité /sygʒɛstibilite/ NF suggestibility

suggestible /sygʒɛstibl/ ADJ suggestible

suggestif, -ive /sygʒɛstif, iv/ SYN ADJ *(= évocateur, indécent)* suggestive

suggestion /sygʒɛstjɔ̃/ GRAMMAIRE ACTIVE 1 SYN NF suggestion • **faire une suggestion** to make a suggestion

suggestionner /sygʒɛstjɔne/ ▸ conjug 1 ◂ VT to influence by suggestion

suggestivité /sygʒɛstivite/ NF suggestiveness

suicidaire /sɥisidɛʀ/
ADJ *(lit, fig)* suicidal
NMF person with suicidal tendencies

suicidant, e /sɥisidɑ̃, ɑ̃t/ NM,F *(= suicidaire)* person with suicidal tendencies

suicide /sɥisid/ NM *(lit, fig)* suicide • **c'est un** *ou* **du suicide !** *(fig)* it's suicide! • **opération** *ou* **mission suicide** suicide mission • **attaque/commando suicide** suicide attack/commando squad • **suicide collectif/rituel** group/ritual suicide • **pousser qn au suicide** to push sb to suicide • **ce serait un véritable suicide politique** it would be political suicide; → **tentative**

suicidé, e /sɥiside/ (ptp de **se suicider**)
ADJ who has committed suicide
NM,F *(= personne)* suicide

suicider /sɥiside/ ▸ conjug 1 ◂
VPR **se suicider** SYN to commit suicide
VT * • **ils ont suicidé le témoin** *(= tuer)* they made it look as if the witness had committed suicide

suidés /sɥide/ NMPL • **les suidés** suid(ian)s, the Suidae *(SPÉC)*

suie /sɥi/ NF soot; → **noir**

suif /sɥif/ NM tallow • **suif de mouton** mutton suet • **chercher du suif à qn** *(arg Crime)* to needle sb* • **il va y avoir du suif** *(arg Crime)* there's going to be trouble

suiffer /sɥife/ ▸ conjug 1 ◂ VT to tallow

suiffeux, -euse /sɥifø, øz/ ADJ *(lit)* tallowy

sui generis /sɥiʒeneʀis/ LOC ADJ sui generis • **l'odeur sui generis d'un hôpital** the distinctive *ou* characteristic smell of a hospital • **odeur sui generis** *(hum)* foul smell

suint /sɥɛ̃/ NM *[de laine]* suint

suintant, e /sɥɛ̃tɑ̃, ɑ̃t/ ADJ *[pierre, roche, mur]* oozing, sweating

suintement /sɥɛ̃tmɑ̃/ NM *[d'eau]* seepage; *[de sève]* oozing; *[de mur]* oozing, sweating; *[de plaie, ulcère]* weeping • **des suintements sur le mur** moisture oozing out of the wall • **le suintement des eaux entraîne des fissures** water seepage causes cracks to form

suinter /sɥɛ̃te/ SYN ▸ conjug 1 ◂ VI *[eau]* to seep; *[sève]* to ooze; *[mur]* to ooze, to sweat; *[plaie]* to weep • **des gouttes de pluie suintent du pla-**

fond rainwater is seeping through the ceiling ♦ **l'humidité suintait des murs** the damp was streaming *ou* dripping off the walls

Suisse /sɥis/

NF (*= pays*) Switzerland ♦ **Suisse romande/allemande** *ou* **alémanique** French-speaking/German-speaking Switzerland

NMF (*= personne*) Swiss ♦ **Suisse romand** French-speaking Swiss ♦ **Suisse allemand** German-speaking Swiss, Swiss German ♦ **boire/manger en Suisse** † (*fig*) to drink/eat alone

suisse /sɥis/

ADJ Swiss ♦ **suisse romand** Swiss French ♦ **suisse allemand** Swiss German

NM 1 (*= bedeau*) ≈ verger

2 [*de Vatican*] Swiss Guard

3 (*= écureuil*) chipmunk

Suissesse /sɥisɛs/ NF Swiss (woman)

suite /sɥit/ GRAMMAIRE ACTIVE 17.1, 20.1 SYN NF

1 (*= escorte*) retinue, suite

2 (*= nouvel épisode*) continuation, following episode; (*= second roman, film*) sequel; (*= rebondissement d'une affaire*) follow-up; (*= reste*) remainder, rest ♦ **voici la suite de notre feuilleton** here is the next episode in *ou* the continuation of our serial ♦ **ce roman/film a une suite** there is a sequel to this novel/film ♦ **voici la suite de l'affaire que nous évoquions hier** (*Presse*) here is the follow-up to *ou* further information on the item we mentioned yesterday ♦ **la suite du film/du repas/de la lettre était moins bonne** the remainder *ou* the rest of the film/the meal/the letter was not so good ♦ **la suite au prochain numéro** (*journal*) to be continued (in the next issue); (* *fig*) we'll talk about this later ♦ **suite et fin** concluding *ou* final episode ♦ **la suite des événements devait lui donner raison** what followed was to prove him right ♦ **le projet n'a pas eu de suite** the project came to nothing ♦ **attendons la suite** (*d'un repas*) let's wait for the next course; (*d'un discours*) let's see what comes next; (*d'un événement*) let's (wait and) see how it turns out ♦ **lisez donc la suite** please read on ♦ **on connaît la suite** (*fig*) the rest is history

3 (*= aboutissement*) result ♦ **suites** (*= prolongements*) [*de maladie*] effects; [*d'accident*] results; [*d'affaire, incident*] consequences, repercussions ♦ **la suite logique de qch** the obvious *ou* logical result of sth ♦ **cet incident a eu des suites fâcheuses/n'a pas eu de suites** the incident has had annoying consequences *ou* repercussions/has had no repercussions ♦ **il est mort des suites de ses blessures/d'un cancer** he died as a result of his injuries/died of cancer ♦ **mourir des suites d'un accident de cheval** to die following a riding accident

4 (*= succession, Math*) series; (*Ling*) sequence ♦ **suite de** [*de personnes, maisons*] succession *ou* string *ou* series of; [*d'événements*] succession *ou* train of ♦ **article sans suite** (*Comm*) discontinued line

5 (*frm = cohérence*) coherence ♦ **il y a beaucoup de suite dans son raisonnement/ses réponses** his reasoning is/his replies are very coherent ♦ **ses propos n'avaient guère de suite** what he said lacked coherence *ou* consistency ♦ **travailler avec suite** to work steadily ♦ **des propos sans suite** disjointed words ♦ **il a de la suite dans les idées** (*réfléchi, décidé*) he's very single-minded; (*iro : entêté*) he's not easily put off; → **esprit**

6 (*= appartement*) suite

7 (*Mus*) suite ♦ **suite instrumentale/orchestrale** instrumental/orchestral suite

8 (*locutions*) ♦ **donner suite à** [*+ projet*] to pursue, to follow up; [*+ demande, commande, lettre*] to follow up ♦ **ils n'ont pas donné suite à notre lettre** they have taken no action concerning our letter, they have not followed up our letter ♦ **faire suite à** [*+ événement*] to follow; [*+ chapitre*] to follow (after); [*+ bâtiment*] to adjoin ♦ **prendre la suite de** [*+ directeur*] to succeed, to take over from; [*+ entreprise*] to take over ♦ **entraîner qn à sa suite** (*lit*) to drag sb along behind one ♦ **entraîner qn à sa suite dans une affaire** (*fig*) to drag sb into an affair

♦ **suite à** ♦ **(comme) suite à votre lettre/notre entretien** further to your letter/our conversation

♦ **à la suite** (*= successivement*) one after the other ♦ **mettez-vous à la suite** (*= derrière*) join on at the back, go to *ou* join the back of the queue (*Brit*) *ou* line (*US*)

♦ **à la suite de** (*objet, personne*) behind ♦ **à la suite de sa maladie** (*= événement*) following his illness

♦ **de suite** (* *= immédiatement*) at once ♦ **je reviens de suite** * I'll be right *ou* straight (*Brit*) back (*= d'affilée*) ♦ **boire trois verres de suite** to drink three glasses in a row *ou* one after another ♦ **pendant trois jours de suite** for three days in succession ♦ **il est venu trois jours de suite** he came three days in a row *ou* three days running ♦ **il n'arrive pas à dire trois mots de suite** he can't string two words together

♦ **par suite** consequently, therefore

♦ **par suite de** (*= à cause de*) owing to, as a result of

♦ **par la suite, dans la suite** afterwards, subsequently

suitée /sɥite/ ADJ F [*animal*] followed by its young

suivant[1], **e** /sɥivɑ̃, ɑ̃t/ SYN

ADJ 1 (*dans le temps*) following, next; (*dans une série*) next ♦ **le mardi suivant je la revis** I saw her again the following Tuesday ♦ **vendredi et les jours suivants** Friday and the following days ♦ **le malade suivant était très atteint** the next patient was very badly affected ♦ « **voir page suivante** » "see next page"

2 (*= ci-après*) following ♦ **faites l'exercice suivant** do the following exercise

NM,F 1 (*= prochain*) (*dans une série*) next (one); (*dans le temps*) following (one), next (one) ♦ **(au) suivant !** next (please)! ♦ **cette année fut mauvaise et les suivantes ne le furent guère moins** that year was bad and the following ones were scarcely any better ♦ **pas jeudi prochain, le suivant** not this (coming) Thursday, the one after (that) ♦ **je descends à la suivante** * I'm getting off at the next stop

2 (*littér = membre d'escorte*) attendant

NF **suivante** SYN (*Théât*) handmaiden, lady-in-waiting; †† companion

suivant[2] /sɥivɑ̃/ SYN PRÉP (*= selon*) according to ♦ **suivant son habitude** as usual, as is (*ou* was) his wont ♦ **suivant l'usage** according to custom ♦ **suivant l'expression consacrée** as the saying goes, as they say ♦ **suivant les jours/les cas** depending on the day/the circumstances ♦ **découper suivant le pointillé** cut along the dotted line ♦ **suivant un axe** along an axis ♦ **suivant que...** according to whether...

suiveur, -euse /sɥivœʀ, øz/

ADJ [*véhicule*] following behind (*attrib*)

NM 1 (*Sport*) (official) follower (*of a race*)

2 (*= imitateur*) imitator ♦ **ils n'innovent pas, ce ne sont que des suiveurs** they don't innovate, they just follow along

3 († *= dragueur*) ♦ **elle se retourna, son suiveur avait disparu** she turned round and the man who was following her had disappeared ♦ **elle va me prendre pour un suiveur** she'll think I'm the sort who follows women

suivi, e /sɥivi/ SYN (ptp de **suivre**)

ADJ 1 (*= régulier*) [*travail*] steady; [*correspondance*] regular; (*= constant*) [*qualité*] consistent; [*effort*] consistent, sustained; (*Comm*) [*demande*] constant, steady; (*= cohérent*) [*conversation, histoire, raisonnement*] coherent; [*politique*] consistent

2 [*article à la vente*] in general production (*attrib*)

3 (*= apprécié*) ♦ **très suivi** [*cours*] well-attended; [*mode, recommandation*] widely adopted; [*exemple*] widely followed ♦ **le match était très suivi** a lot a people watched the match ♦ **cours peu suivi** poorly-attended course ♦ **mode peu suivie** fashion that has a limited following ♦ **exemple peu suivi** example which is not widely followed ♦ **procès très suivi** trial that is being closely followed by the public ♦ **feuilleton très suivi** serial with a large following

NM (*= accompagnement*) [*de dossier, travaux, négociations*] monitoring ♦ **assurer le suivi de** [*+ affaire*] to follow through; [*+ produit en stock*] to go on stocking ♦ **il n'y a pas eu de suivi** there was no follow-up ♦ **suivi médical** aftercare ♦ **assurer le suivi pédagogique des élèves** to provide pupils with continuous educational support ♦ **assurer le suivi psychologique des victimes** to provide victims with counselling

suivisme /sɥivism/ NM (*Pol*) follow-my-leader attitude

suiviste /sɥivist/

ADJ [*attitude, politique*] follow-my-leader (*épith*)

NMF person with a follow-my-leader attitude

suivre /sɥivʀ/ SYN ▸ conjug 40 ◂

VT 1 (*gén*) (*= accompagner, marcher derrière, venir après*) to follow ♦ **elle le suit comme un petit chien** *ou* **un caniche** *ou* **un toutou** * she follows him around like a little dog ♦ **il me suit comme mon ombre** he follows me about like a shadow ♦ **ralentis, je ne peux pas (te) suivre** slow down, I can't keep up (with you) ♦ **pars sans moi, je te suis** go on without me and I'll follow (on) ♦ **si vous voulez bien me suivre** if you'll just follow me, come this way please ♦ **suivre qn de près** [*garde du corps*] to stick close to sb; [*voiture, coureur*] to follow close behind sb ♦ **faire suivre qn** to have sb followed ♦ **suivez le guide !** this way, please! ♦ **son image me suit sans cesse** his image is constantly with me ♦ **cette préposition est toujours suivie de...** this preposition is always followed by... ♦ **il la suivit des yeux** *ou* **du regard** he followed her with his eyes, his eyes followed her ♦ **certains députés, suivez mon regard, ont...** (*iro*) certain deputies, without mentioning any names *ou* no names mentioned, have... ♦ **suivre sa balle** (*Tennis, Golf*) to follow through ♦ **l'été suit le printemps** (*dans le temps*) summer follows spring *ou* comes after spring ♦ **le mariage sera suivi d'une réception** the wedding ceremony will be followed by a reception ♦ **le jour qui suivit son arrivée** the day following *ou* after his arrival, the day after he arrived ♦ **suivent deux mois d'intense activité** two months of intense activity will follow; → **aimer, lettre, trace**

2 (*dans une série*) to follow ♦ **la maison qui suit la mienne** the house after mine; → **jour**

3 (*= longer*) [*personne*] to follow, to keep to; [*route, itinéraire*] to follow ♦ **suivez la N7 sur 10 km** keep to *ou* go along *ou* follow the N7 for 10 km ♦ **prenez la route qui suit la Loire** take the road which goes alongside *ou* which follows the Loire ♦ **suivre une piste** (*fig*) to follow up a clue ♦ **ces deux amis ont suivi des voies bien différentes** (*fig*) the two friends have gone very different ways ♦ **découpez en suivant le pointillé** cut along the dotted line ♦ **suivez les flèches** follow the arrows

4 (*= se conformer à*) [*+ exemple, mode, conseil, consigne*] to follow ♦ **suivre un régime** to be on a diet ♦ **il me fait suivre un régime sévère** he has put me on a strict diet ♦ **suivre son instinct** to follow one's instinct *ou* one's nose * ♦ **il suit son idée** he does things his (own) way ♦ **il se leva et chacun suivit son exemple** he stood up and everyone else followed suit ♦ **on n'a pas voulu le suivre** we didn't want to follow his advice ♦ **je ne vous suivrai pas sur ce terrain** I won't follow you down that road ♦ **tout le monde vous suivra** everybody will back you up *ou* support you ♦ **la maladie/l'enquête suit son cours** the illness/the inquiry is running *ou* taking its course ♦ **laisser la justice suivre son cours** to let justice take its course ♦ **suivre le mouvement** to follow the crowd ♦ **si les prix augmentent, les salaires doivent suivre** if prices rise, salaries must do the same; → **marche**[1], **traitement**

5 (*Scol*) [*+ classe, cours*] (*= être inscrit à*) to attend, to go to; (*= être attentif à*) to follow; (*= assimiler*) [*+ programme*] to keep up with

6 (*= observer l'évolution de*) [*+ carrière de qn, affaire, match*] to follow; [*+ feuilleton*] to follow, to keep up with ♦ **suivre un malade/un élève** to follow *ou* monitor the progress of a patient/a pupil ♦ **suivre la messe** to follow (the) mass ♦ **elle suit de près l'actualité** she keeps abreast of *ou* up with the news ♦ **il se fait suivre** *ou* **il est suivi par un médecin** he's seeing a doctor ♦ **j'ai suivi ses articles avec intérêt** I've followed his articles with interest ♦ « **à suivre** » [*feuilleton*] "to be continued" ♦ **(c'est une) affaire à suivre** watch this space, it's worth keeping an eye on

7 (*Comm = avoir en stock*) [*+ article*] to (continue to) stock ♦ **nous ne suivons plus cet article** this is a discontinued line

8 (*= comprendre*) [*+ argument, personne, exposé*] to follow ♦ **jusqu'ici je vous suis** I'm with you *ou* I follow you so far ♦ **il parlait si vite qu'on le suivait mal** he spoke so fast he was difficult to follow ♦ **là, je ne vous suis pas très bien** I don't really follow you *ou* I'm not really with you there

9 (*Jeux*) [*+ numéro, cheval*] to follow

VI 1 [*élève*] (*= être attentif*) to pay attention ♦ **suivez avec votre voisin** share with the person sitting next to you

2 [*élève*] (*= assimiler le programme*) to keep up, to follow ♦ **elle suit bien en physique** she's keeping up well in physics ♦ **il a du mal à suivre en maths** he has trouble keeping up in maths

3 (*Cartes*) to follow ♦ **je suis** (*Poker*) I'm in, count me in

sujet, -ette /syʒɛ, ɛt/ SYN

▪ ADJ ◆ **sujet à** [+ vertige, mal de mer] prone to; [+ lubies, sautes d'humeur] subject to, prone to; [+ impôt, modification] liable to, subject to ◆ **question sujette à controverse** ou **polémique** controversial issue ◆ **sujet aux accidents** accident-prone ◆ **il était sujet aux accidents les plus bizarres** he used to have the strangest accidents ◆ **sujet à faire qch** liable ou prone to do sth ◆ **il n'est pas sujet à faire des imprudences** he is not one to do anything careless ◆ **sujet à caution** [renseignement, nouvelle] unconfirmed; [moralité, vie privée, honnêteté] questionable ◆ **je vous dis ça mais c'est sujet à caution** I'm telling you that but I can't guarantee it's true

▪ NM,F (= gouverné) subject

▪ NM 1 (= matière, question, thème) subject (de for) ◆ **un excellent sujet de conversation** an excellent topic (of conversation) ◆ **revenons à notre sujet** let's get back to the subject at hand ◆ **c'était devenu un sujet de plaisanterie** it had become a standing joke ou something to joke about ◆ **ça ferait un bon sujet de comédie** that would be a good subject ou theme for a comedy ◆ **bibliographie par sujets** bibliography arranged by subject ◆ **sujet d'examen** examination question ◆ **quel sujet ont-ils donné ?** what did you have to write about? ◆ **distribuer les sujets** to give out the examination papers ◆ **votre dissertation est hors sujet** your essay is off the point ◆ **faire du hors sujet** to wander off the point; → or¹, vif

2 (= motif, cause) ◆ **sujet de mécontentement** cause ou grounds for dissatisfaction ◆ **il n'avait vraiment pas sujet de se mettre en colère/se plaindre** he really had no cause to lose his temper/for complaint ◆ **il a sujet de se plaindre** he has every reason to complain ◆ **protester/réclamer sans sujet** to protest/complain without good cause

3 (= individu) subject ◆ **le sujet parlant** (Ling) the speaker ◆ **les rats qui servent de sujets (d'expérience)** the rats which serve as experimental subjects ◆ **son frère est un sujet brillant/un sujet d'élite** his brother is a brilliant/an exceptionally brilliant student ◆ **un mauvais sujet** (= enfant) a bad boy; (= jeune homme) a bad sort ou lot (Brit)

4 (Ling, Mus, Philos) subject ◆ **sujet grammatical/réel/apparent** grammatical/real/apparent subject ◆ **nom/pronom sujet** noun/pronoun subject

5 (Mus, Peinture) subject

6 (= figurine) figurine ◆ **des petits sujets en ivoire** small ivory figurines

7 (Jur) ◆ **sujet de droit** holder of a right

8 (= à propos de) ◆ **au sujet de** about, concerning ◆ **que sais-tu à son sujet ?** what do you know about him? ◆ **au sujet de cette fille, je peux vous dire que...** about ou concerning that girl, I can tell you that... ◆ **à ce sujet, je voulais vous dire que...** on that subject ou about that*, I wanted to tell you that... ◆ **c'est à quel sujet ?** can I ask what it's about?

sujétion /syʒesjɔ̃/ SYN NF 1 (= asservissement) subjection ◆ **maintenir un peuple dans la sujétion** ou **sous sa sujétion** to keep a nation in subjection ◆ **tomber sous la sujétion de qn** to fall into sb's power ou under sb's sway ◆ **sujétion aux passions/au désir** (littér) (= asservissement) subjection to passions/to desire

2 (= obligation, contrainte) constraint ◆ **les enfants étaient pour elle une sujétion** the children were a real constraint to her ou were like a millstone round her neck ◆ **des habitudes qui deviennent des sujétions** habits which become compulsions ◆ **indemnité de sujétion spéciale** (Scol) bonus paid to teachers working in schools in problem areas

sulcature /sylkatyʀ/ NF sulcation

sulciforme /sylsifɔʀm/ ADJ sulciform

sulfamides /sylfamid/ NMPL sulpha drugs, sulphonamides (SPÉC)

sulfatage /sylfataʒ/ NM [de vigne] spraying (with copper sulphate ou sulfate (US))

sulfate /sylfat/ NM sulphate, sulfate (US) ◆ **sulfate de cuivre** copper sulphate

sulfaté, e /sylfate/ (ptp de **sulfater**) ADJ sulphated

sulfater /sylfate/ ▸ conjug 1 ◂ VT [+ vigne] to spray (with copper sulphate ou sulfate (US))

sulfateuse /sylfatøz/ NF 1 (Agr) (copper sulphate ou sulfate (US)) spraying machine

2 (arg Crime = mitraillette) machine gun, MG*

sulfhydrique /sylfidʀik/ ADJM ◆ **acide sulfhydrique** hydrogen sulphide

sulfitage /sylfitaʒ/ NM [de moûts] addition of sulphur dioxide

sulfite /sylfit/ NM sulphite, sulfite (US)

sulfone /sylfɔn/ NM sulphone

sulfoné, e /sylfɔne/ ADJ sulphonated

sulfosel /sylfɔsɛl/ NM sulphosalt

sulfurage /sylfyʀaʒ/ NM sulphuring

sulfuration /sylfyʀasjɔ̃/ NF sulphurization

sulfure /sylfyʀ/ NM 1 (Chim) sulphide, sulfide (US) ◆ **sulfure de fer/mercure** iron/mercuric sulphide ◆ **sulfure de carbone** carbon disulphide

2 (= presse-papier) millefiore glass paperweight

sulfuré, e /sylfyʀe/ (ptp de **sulfurer**) ADJ sulphurated, sulfurated (US), sulphurized, sulphuretted ◆ **hydrogène sulfuré** hydrogen sulphide ou sulfide (US), sulphuretted ou sulfuretted (US) hydrogen

sulfurer /sylfyʀe/ ▸ conjug 1 ◂ VT to sulphurate, to sulphurize

sulfureux, -euse /sylfyʀø, øz/ ADJ 1 (Chim) sulphurous ◆ **anhydride** ou **gaz sulfureux** sulphur dioxide ◆ **source sulfureuse** sulphur spring

2 (= diabolique) [personnage, réputation] nefarious; [propos] heretical; [charme] demonic

sulfurique /sylfyʀik/ ADJ sulphuric ◆ **acide sulfurique** sulphuric acid ◆ **anhydride sulfurique** sulphur trioxide

sulfurisé, e /sylfyʀize/ ADJ ◆ **papier sulfurisé** greaseproof paper

sulky /sylki/ NM (Courses) sulky

sulpicien, -ienne /sylpisjɛ̃, jɛn/ NM,F Sulpician, Sulpitian

sultan /syltɑ̃/ NM sultan

sultanat /syltana/ NM sultanate

sultane /syltan/ NF 1 (= épouse) sultana

2 (= canapé) couch

sumac /symak/ NM sumach (Brit), sumac (US)

Sumatra /symatʀa/ N Sumatra

sumérien, -ienne /symeʀjɛ̃, jɛn/

▪ ADJ Sumerian

▪ NM (= langue) Sumerian

▪ NM,F **Sumérien(ne)** Sumerian

summum /sɔ(m)mɔm/ SYN NM [de gloire, civilisation] acme, peak; [de bêtise, hypocrisie] height ◆ **c'est le summum de l'horreur** it's absolutely horrific ◆ **il a atteint le summum de sa gloire en 1985** he reached the height of his fame in 1985 ◆ **c'est un bon groupe ? – en blues, c'est le summum !** are they a good group? – for blues, they're the best ou the tops*!

sumo /symo/ NM (= lutteur) sumo wrestler; (= lutte) sumo (wrestling)

sumotori /symotɔʀi/ NM sumo wrestler

sunna /syna/ NF Sunna

sunnisme /synism/ NM Sunni

sunnite /synit/ ADJ, NMF Sunni

sup¹* /syp/ ADJ (abrév de **supplémentaire**) ◆ **heures sup** overtime ◆ **faire des heures sup** to do overtime ◆ **être payé en heures sup** to be paid overtime

sup² /syp/ ADJ (abrév de **supérieur**) ◆ **Sup de Co** grande école for business students; → école, lettres, math(s)

super¹ /sypɛʀ/ NM (abrév de **supercarburant**) four-star (petrol) (Brit), extra (US), premium (US), super (US) ◆ **super plombé** super leaded petrol ◆ **super sans plomb** super unleaded (petrol)

super²* /sypɛʀ/ ADJ INV (= sensationnel) terrific*, great*, fantastic*

super-* /sypɛʀ/ PRÉF (dans les mots composés à trait d'union, le préfixe reste invariable) 1 (avant adj) ◆ **super-cher/-chic** ultra-expensive/ultra-chic ◆ **c'est super-intéressant** it's ever so interesting ◆ **il est super-sympa** he's really nice

2 (avant nom) ◆ **une super-moto** a fantastic* motorbike ◆ **un super-héros** a superhero ◆ **un super-flic*** a supercop*

superalliage /sypɛʀaljaʒ/ NM superalloy

superamas /sypɛʀama/ NM supergalaxy

superbe /sypɛʀb/ SYN

▪ ADJ 1 (= splendide) [temps, journée] superb, glorious, gorgeous; [femme, enfant] beautiful; [homme] handsome; [maison, cheval, corps, yeux] superb, beautiful; [résultat, salaire, performance, vue, voix] superb, magnificent ◆ **tu as une mine superbe** you look wonderful ◆ **superbe d'indifférence** (littér) superbly indifferent

2 (littér = orgueilleux) arrogant, haughty

▪ NF (littér) arrogance, haughtiness ◆ **il a perdu de sa superbe** he's no longer quite so high and mighty

superbement /sypɛʀbəmɑ̃/ SYN ADV (= magnifiquement) superbly, wonderfully, beautifully ◆ **il m'a superbement ignorée** (= orgueilleusement) he loftily ignored me

superbénéfice /sypɛʀbenefis/ NM immense profit

supercalculateur /sypɛʀkalkylatœʀ/ NM supercomputer

supercarburant /sypɛʀkaʀbyʀɑ̃/ NM high-octane petrol (Brit), high-octane ou high-test gasoline (US)

superchampion, -ionne /sypɛʀʃɑ̃pjɔ̃, jɔn/ NM,F (sporting) superstar

supercherie /sypɛʀʃəʀi/ SYN NF trick, trickery (NonC) ◆ **il s'aperçut de la supercherie** he saw through the trick ◆ **user de supercheries pour tromper qn** to trick sb ◆ **supercherie littéraire** literary hoax ou fabrication

supercritique /sypɛʀkʀitik/ ADJ supercritical

supère /sypɛʀ/ ADJ [ovaire de plante] superior

superéthanol /sypɛʀetanɔl/ NM superethanol

supérette /sypɛʀɛt/ NF mini-market, superette (US)

superfamille /sypɛʀfamij/ NF superfamily

superfétation /sypɛʀfetasjɔ̃/ NF (littér) superfluity

superfétatoire /sypɛʀfetatwaʀ/ ADJ (littér) superfluous, supererogatory (littér)

superficialité /sypɛʀfisjalite/ NF superficiality

superficie /sypɛʀfisi/ SYN NF (= aire) (surface) area; (= surface) surface; [de terrain] area ◆ **couvrir une superficie de** to cover an area of ◆ **un appartement d'une superficie de 80 m²** an apartment of 80 square metres ◆ **s'en tenir à la superficie des choses** to skim the surface of things

superficiel, -ielle /sypɛʀfisjɛl/ SYN ADJ superficial; [idées, esprit, personne] superficial, shallow; [beauté] superficial, skin-deep; [modification] cosmetic; (= près de la surface) [couche de liquide] superficial, upper; (= fin) [couche de peinture] thin; → tension

superficiellement /sypɛʀfisjɛlmɑ̃/ SYN ADV superficially

superfin, e /sypɛʀfɛ̃, in/ ADJ [beurre, produit] top-quality (épith); [qualité] top (épith), superior

superfinition /sypɛʀfinisjɔ̃/ NF superfinishing

superflu, e /sypɛʀfly/ SYN

▪ ADJ 1 (= pas nécessaire) [précaution, travail] unnecessary ◆ **il est superflu d'insister** there is no point (in) insisting

2 (= en trop) [discours, détails, explications] superfluous, redundant; [kilos] surplus; [poils] unwanted ◆ **un brin d'humour ne serait pas superflu** a bit of humour wouldn't go amiss ◆ **il**

superfluide | supplétif

n'est pas superflu de rappeler que... it's worth bearing in mind that...
■ NM ◆ le superflu (gén) non-essentials; (= produits de luxe) luxuries ◆ distinguer le superflu de l'indispensable to differentiate between essentials and non-essentials ◆ maintenant, je peux m'offrir le superflu now I can afford to spend money on luxuries ◆ débarrasser son style du superflu to pare down one's style

superfluide /sypɛʀflɥid/ ADJ, NM superfluid

superfluidité /sypɛʀflɥidite/ NF superfluidity

superfluité /sypɛʀflyite/ NF (littér) superfluity

superforme* /sypɛʀfɔʀm/ NF ◆ être en superforme (moralement) to feel great*; (physiquement) to be in great shape* ◆ c'est la superforme (morale) I'm (ou he's etc) feeling great*; (physique) I'm (ou he's etc) in great shape*

superforteresse /sypɛʀfɔʀtəʀɛs/ NF superfortress

super-G /sypɛʀʒe/, **super-géant** /sypɛʀʒeɑ̃/ NM (Ski) super-giant slalom

supergrand* /sypɛʀgʀɑ̃/ NM superpower

super-huit /sypɛʀɥit/ ADJ INV, NM INV super-8 ◆ caméra super-huit super-8 camera

supérieur, e /sypeʀjœʀ/ GRAMMAIRE ACTIVE 5.2 SYN
■ ADJ ① (dans l'espace, gén) upper (épith); [planètes] superior ◆ dans la partie supérieure du clocher in the highest ou upper ou top part of the bell tower ◆ la partie supérieure de l'objet the top part of the object ◆ le feu a pris dans les étages supérieurs fire broke out on the upper floors ◆ montez à l'étage supérieur go to the next floor up ou to the floor above, go up to the next floor ◆ mâchoire/lèvre supérieure upper jaw/lip ◆ le lac Supérieur Lake Superior
② (dans un ordre) [vitesse] higher, greater; [nombre] higher, greater, bigger; [classes sociales] upper (épith); [niveaux, échelons] upper (épith), topmost; [animaux, végétaux] higher (épith) ◆ passer dans la classe supérieure (Scol) to go up to the next class ◆ Père supérieur (Rel) Father Superior ◆ Mère supérieure (Rel) Mother Superior ◆ commandement supérieur (Mil) senior command ◆ à l'échelon supérieur on the next rung up ◆ faire une offre supérieure (aux enchères) to make a higher bid ◆ forces supérieures en nombres forces superior in number; → cadre, enseignement, mathématique, officier¹
③ (= excellent, qui prévaut) [intérêts, principe] higher (épith); [intelligence, esprit] superior ◆ produit de qualité supérieure product of superior quality ◆ des considérations d'ordre supérieur considerations of a higher order
④ (= hautain) [air, ton, regard] superior
⑤ ◆ supérieur à [nombre] greater ou higher than, above; [somme] greater ou bigger than; [production] greater than, superior to ◆ intelligence/qualité supérieure à la moyenne above-average ou higher than average intelligence/quality ◆ il a obtenu un score nettement supérieur à la moyenne nationale he scored well above the national average ◆ il est d'une taille supérieure à la moyenne he's of above average height ◆ des températures supérieures à 300° temperatures in excess of ou higher than ou of more than 300° ◆ parvenir à un niveau supérieur à... to reach a higher level than... ◆ il est d'un niveau nettement supérieur à celui de son adversaire he is of a far higher standard than his opponent ◆ il se croit supérieur à tout le monde he thinks he's better than ou superior to everybody else ◆ être supérieur à qn (dans une hiérarchie) to be higher up than sb (in a hierarchy), to be sb's superior ◆ faire une offre supérieure à celle de qn (aux enchères) to outbid sb
■ NM,F (Admin, Mil, Rel) superior ◆ mon supérieur hiérarchique direct my immediate superior
■ NM (Univ) ◆ le supérieur higher education

supérieurement /sypeʀjœʀmɑ̃/ ADV [exécuter qch, dessiner] exceptionally well ◆ supérieurement doué/ennuyeux exceptionally gifted/boring

supériorité /sypeʀjɔʀite/ SYN NF ① (= prééminence) superiority ◆ supériorité militaire/technologique military/technological superiority ◆ nous avons la supériorité du nombre we outnumber them, we are superior in number(s) ◆ ce pays s'est révélé d'une écrasante supériorité sur ses adversaires this country has turned out to be overwhelmingly superior to its enemies
② (= condescendance) superiority ◆ air de supériorité superior air ou air of superiority ◆ sourire

de supériorité superior smile ◆ avoir un sentiment de supériorité to feel superior; → complexe

super-jumbo /sypɛʀdʒəmbo/ NM (= avion) super-jumbo

superlatif, -ive /sypɛʀlatif, iv/
■ ADJ superlative
■ NM superlative ◆ superlatif absolu/relatif absolute/relative superlative ◆ au superlatif* in the superlative ◆ il m'ennuie au superlatif* I find him extremely boring

superlativement /sypɛʀlativmɑ̃/ ADV superlatively

superléger /sypɛʀleʒe/ ADJ, NM (Sport) light welterweight

superman /sypɛʀman/ (pl supermans ou supermen /sypɛʀmɛn/) NM superman ◆ il aime jouer les supermans ou supermen (péj) he likes to let everybody know what a great guy* he is

supermarché /sypɛʀmaʀʃe/ NM supermarket

superministère /sypɛʀministɛʀ/ NM superministry

supernova /sypɛʀnɔva/ (pl supernovae /sypɛʀnɔve/) NF supernova

superordinateur, super-ordinateur /sypɛʀɔʀdinatœʀ/ NM supercomputer

superordre /sypɛʀɔʀdʀ/ NM superorder

superovarié, e /sypɛʀɔvaʀje/ ADJ [plante] having a superior ovary

superpétrolier /sypɛʀpetʀɔlje/ NM supertanker

superphosphate /sypɛʀfɔsfat/ NM superphosphate

superposable /sypɛʀpozabl/ ADJ (gén) that may be superimposed, superimposable (à on); [éléments de mobilier] stacking (épith)

superposé, e /sypɛʀpoze/ (ptp de superposer) ADJ [visions, images] superimposed ◆ il y avait plusieurs couches superposées there were several layers ◆ des blocs superposés blocks one on top of the other; → lit

superposer /sypɛʀpoze/ SYN ▶ conjug 1 ◀
■ VT ① (= empiler) [+ blocs, briques, éléments de mobilier] to stack ◆ superposer des couches de peinture to apply several layers of paint ◆ superposer les consignes aux consignes to give one instruction after another
② (= faire chevaucher) [+ cartes, clichés] to superimpose; [+ figures géométriques] to superpose ◆ superposer qch à to superimpose ou superpose sth on
■ VPR ◆ se superposer ① [clichés photographiques, images] to be superimposed (on one another)
② (= s'ajouter) [couches de sédiments] to be superposed; [éléments de mobilier] to be stackable

superposition /sypɛʀpozisjɔ̃/ SYN NF ① (= action) [de blocs] stacking; [de cartes, clichés, visions] superimposition; [de figures géométriques] superposing
② (Photo) superimposition ◆ la superposition de ces couches de sédiments the way these strata of sediment are superposed ◆ la superposition de plusieurs influences the cumulative effect of several influences

superpréfet /sypɛʀpʀefɛ/ NM superprefect (in charge of a region)

superproduction /sypɛʀpʀɔdyksjɔ̃/ NF (Ciné) spectacular, blockbuster

superprofit /sypɛʀpʀɔfi/ NM immense profit

superpuissance /sypɛʀpɥisɑ̃s/ NF superpower

supersonique /sypɛʀsɔnik/
■ ADJ supersonic; → bang
■ NM supersonic aircraft

superstar /sypɛʀstaʀ/ NF superstar

superstitieusement /sypɛʀstisjøzmɑ̃/ ADV superstitiously

superstitieux, -ieuse /sypɛʀstisjø, jøz/
■ ADJ superstitious
■ NM,F superstitious person

superstition /sypɛʀstisjɔ̃/ SYN NF superstition ◆ il a la superstition du chiffre 13 he's superstitious about the number 13

superstrat /sypɛʀstʀa/ NM (Ling) superstratum

superstructure /sypɛʀstʀyktyʀ/ NF (gén) superstructure

supertanker /sypɛʀtɑ̃kœʀ/ NM supertanker

superviser /sypɛʀvize/ SYN ▶ conjug 1 ◀ VT to supervise, to oversee

superviseur /sypɛʀvizœʀ/ NM ① (= personne) supervisor
② (Ordin) supervisor

supervision /sypɛʀvizjɔ̃/ SYN NF supervision

superwelter /sypɛʀwɛltɛʀ/ ADJ, NM light middleweight

superwoman /sypɛʀwuman/ (pl superwomans ou superwomen /sypɛʀwumɛn/) NF superwoman

supin /sypɛ̃/ NM supine

supinateur /sypinatœʀ/
■ ADJ supine
■ NM (= muscle) supinator

supination /sypinasjɔ̃/ NF [de main] supination

supion /sypjɔ̃/ NM small cuttlefish

supplanter /syplɑ̃te/ SYN ▶ conjug 1 ◀
■ VT to supplant ◆ le disque compact a supplanté le microsillon the compact disc has replaced the record
■ VPR se supplanter to supplant one another

suppléance /sypleɑ̃s/ NF (= poste) supply post (Brit), substitute post (US); (= action) temporary replacement ◆ faire des suppléances to take supply posts, to do supply (Brit) ou substitute (US) teaching

suppléant, e /sypleɑ̃, ɑ̃t/ SYN
■ ADJ (gén) deputy (épith), substitute (épith) (US); [professeur] supply (épith) (Brit), substitute (épith) (US) ◆ médecin suppléant locum (Brit), replacement doctor (US) ◆ verbe suppléant substitute verb
■ NM,F (= professeur) supply (Brit) ou substitute (US) teacher; (= juge) deputy (judge); (Pol) deputy; (= médecin) locum (Brit), replacement doctor (US) ◆ pendant les vacances, on fait appel à des suppléants during the holidays we take on relief ou temporary staff

suppléer /syplee/ SYN ▶ conjug 1 ◀
■ VT ① (= ajouter) [+ mot manquant] to supply, to provide; [+ somme complémentaire] to make up, to supply
② (= compenser) [+ lacune] to fill in; [+ manque, défaut] to make up for, to compensate for
③ (frm = remplacer) [+ professeur] to stand in for, to replace; [+ juge] to deputize for ◆ la machine a suppléé l'homme dans ce domaine (littér) men have been replaced by machines in this area
■ VT INDIR suppléer à (= compenser) [+ défaut, manque] to make up for, to compensate for; (= remplacer) [+ chose, personne, qualité] to substitute for

supplément /syplemɑ̃/ SYN NM ① (= surcroît) ◆ un supplément de travail/salaire extra ou additional work/pay ◆ avoir droit à un supplément de 50 € to be allowed a supplement of €50 ou a €50 supplement, to be allowed an extra ou an additional €50 ◆ demander un supplément d'information to ask for additional ou further ou supplementary information ◆ supplément d'imposition additional tax
② [de journal, dictionnaire] supplement ◆ supplément illustré illustrated supplement
③ (à payer) (au théâtre, au restaurant) extra charge, supplement; (dans le train pour prolongement de trajet) excess fare; (sur trains spéciaux) supplement ◆ supplément de 1ʳᵉ classe supplement for travelling 1st class, 1st-class supplement ◆ sans supplément de prix without additional charge ou surcharge ◆ payer un supplément pour excès de bagages to pay (for) excess luggage, to pay excess on one's luggage ◆ en supplément extra ◆ le vin est en supplément wine is extra ◆ le tableau de bord en bois est en supplément the wooden dashboard is an optional extra ◆ ils nous l'ont facturé en supplément they charged us extra for it
④ [d'angle] supplement

supplémentaire /syplemɑ̃tɛʀ/ SYN ADJ [dépenses, crédits, retards] additional, further (épith); [travail, vérifications] additional, extra (épith); [trains, autobus] relief (épith); [angle] supplementary ◆ lignes supplémentaires (Mus) ledger lines ◆ accorder un délai supplémentaire to grant an extension of the deadline, to allow additional time ◆ faire des/10 heures supplémentaires to work ou do overtime/10 hours' overtime ◆ les heures supplémentaires sont bien payées you get well paid for (doing) overtime, overtime hours are well-paid

supplétif, -ive /sypletif, iv/
■ ADJ additional
■ NM (Mil) back-up soldier ◆ les supplétifs the back-up troops

supplétoire /sypletwaʀ/ ADJ ◆ **serment supplétoire** suppletory oath

suppliant, e /syplijɑ̃, ijɑ̃t/
ADJ *[regard, voix]* beseeching, imploring; *[personne]* imploring
NM,F suppliant, supplicant

supplication /syplikasjɔ̃/ SYN NF *(gén)* plea, entreaty; *(Rel)* supplication

supplice /syplis/ SYN
NM 1 *(= peine corporelle)* form of torture, torture *(NonC)* ◆ **le (dernier) supplice** *(peine capitale)* execution, death ◆ **conduire qn au supplice** to take sb to be executed ◆ **le supplice de la roue** (torture on) the wheel ◆ **le supplice du fouet** flogging, the lash ◆ **le supplice du collier** necklacing
2 *(= souffrance)* torture ◆ **supplices moraux** moral tortures *ou* torments ◆ **éprouver le supplice de l'incertitude** to be tormented by uncertainty ◆ **cette lecture est un (vrai) supplice !** reading this is absolute torture!
3 *(locutions)* ◆ **être au supplice** *(appréhension)* to be in agonies *ou* on the rack; *(gêne, douleur)* to be in misery ◆ **mettre qn au supplice** to torture sb
COMP **supplice chinois** Chinese torture *(NonC)*
le supplice de la Croix the Crucifixion
supplice de Tantale *(lit)* torment of Tantalus ◆ **c'est un vrai supplice de Tantale** *(fig)* it's so frustrating

supplicié, e /syplisje/ (ptp de **supplicier**) NM,F victim of torture, torture victim ◆ **les corps/cris des suppliciés** the bodies/cries of the torture victims

supplicier /syplisje/ SYN ► conjug 7 ◄ VT *(lit, fig)* to torture; *(à mort)* to torture to death

supplier /syplije/ SYN ► conjug 7 ◄ VT to implore, to beseech *(frm)*, to entreat *(frm)* *(de faire* to do) ◆ **supplier qn à genoux** to beseech *ou* implore *ou* entreat sb on one's knees ◆ **tais-toi, je t'en supplie !** will you please be quiet! ◆ **il m'a suppliée de rester** he begged me to stay

supplique /syplik/ NF petition ◆ **présenter une supplique au roi** to petition the king, to bring a petition before the king

suppo* /sypo/ NM abrèv de **suppositoire**

support /sypɔʀ/ SYN NM 1 *(gén = soutien)* support; *(= béquille, pied)* prop, support; *[d'instruments de laboratoire, outils, livre]* stand
2 *(= moyen)* medium; *(= aide)* aid ◆ **support publicitaire** advertising medium ◆ **conférence faite à l'aide d'un support écrit/magnétique/visuel** lecture given with the help of a written text/a tape/visual aids ◆ **les différents supports d'information** the different media through which information is transmitted ◆ **support pédagogique** teaching aid
3 *[de dessin]* support; *(Math) [de vecteur]* directed line segment; *(Ordin) [d'information codée]* medium ◆ **passer du support papier au support informatique** to go from using paper *ou* hard copy to using computers ◆ **les chaînes d'ADN, support de l'hérédité** DNA sequences, the carriers of genetic information ◆ **le symbole est le support du concept** the symbol is the concrete expression of the concept

supportable /sypɔʀtabl/ SYN ADJ *[douleur, température]* bearable; *[conduite]* tolerable; *(* = passable, pas trop mauvais)* tolerable, passable

supporter¹ /sypɔʀte/ GRAMMAIRE ACTIVE 7.3, 14 SYN ► conjug 1 ◄
VT 1 *(= endurer) [+ maladie, solitude, revers]* to bear, to endure, to put up with; *[+ douleur]* to bear, to endure; *[+ conduite, ingratitude]* to tolerate, to put up with; *[+ recommandations, personne]* to put up with, to bear ◆ **il ne pouvait plus supporter la vie** life had become unbearable for him ◆ **il supportait leurs plaisanteries avec patience** he patiently put up with their jokes ◆ **la mort d'un être cher est difficile à supporter** the death of a loved one is hard to bear ◆ **il va falloir le supporter pendant toute la journée !** we're going to have to put up with him all day long! ◆ **elle supporte tout d'eux, sans jamais rien dire** she puts up with everything they do without a word ◆ **je ne supporte pas ce genre de comportement/qu'on me parle sur ce ton** I won't put up with *ou* stand for *ou* tolerate this sort of behaviour/being spoken to in that tone of voice ◆ **je ne peux pas supporter l'hypocrisie** I can't bear *ou* abide *ou* stand hypocrisy ◆ **je ne peux pas les supporter** I can't bear *ou* stand them ◆ **je ne supporte pas de voir ça** I can't bear seeing *ou* to see that, I can't stand seeing that ◆ **on supporte un gilet, par ce temps** * you can do with a cardigan in this weather ◆ **je pensais avoir trop chaud avec un pull, mais on le supporte** * I thought I'd be too hot with a pullover but I can do with it after all
2 *(= subir) [+ frais]* to bear; *[+ conséquences, affront, malheur]* to suffer, to endure ◆ **il m'a fait supporter les conséquences de son acte** he made me suffer the consequences of his action
3 *(= résister à) [+ température, conditions atmosphériques, épreuve]* to withstand ◆ **verre qui supporte la chaleur** heatproof *ou* heat-resistant glass ◆ **il a bien/mal supporté l'opération** he took the operation well/badly ◆ **il ne supporte pas l'alcool** he can't take alcohol ◆ **elle ne supporte pas la vue du sang** she can't bear *ou* stand the sight of blood *ou* seeing blood ◆ **il ne supporte pas la chaleur** he can't take *ou* stand *ou* bear the heat ◆ **je ne supporte pas les épinards** *(= je ne les aime pas)* I can't stand spinach; *(= ils me rendent malade)* spinach doesn't agree *ou* disagrees with me ◆ **lait facile à supporter** easily-digested milk ◆ **tu as de la chance de supporter l'ail** you're lucky being able to eat garlic ◆ **ce roman ne supporte pas l'examen** this novel does not stand up to analysis ◆ **cette règle ne supporte aucune exception** this rule admits of no exception
4 *(= servir de base à)* to support, to hold up
5 *(Ordin, Pol, Sport)* to support
VPR **se supporter** *(= se tolérer)* ◆ **ils ne peuvent pas se supporter** they can't stand *ou* bear each other

> ⓘ Au sens de 'subir' ou 'résister à', le verbe **supporter** ne se traduit pas par **to support**.

supporter² /sypɔʀtɛʀ/ NM SYN, **supporteur, -trice** /sypɔʀtœʀ, tʀis/ NM,F *(Pol, Sport)* supporter

supposé, e /sypoze/ SYN (ptp de **supposer**) ADJ *(= présumé) [nombre, total]* estimated; *[meurtrier]* alleged; *(Jur) [père]* putative; *[nom]* assumed; *(= faux) [testament, signature]* forged ◆ **l'auteur supposé de cet article** *(= prétendu)* the presumed *ou* alleged author of this article ◆ **un supposé âge d'or** a supposed *ou* so-called golden age

supposer /sypoze/ GRAMMAIRE ACTIVE 26.6 SYN ► conjug 1 ◄ VT 1 *(à titre d'hypothèse)* to suppose, to assume ◆ **supposons une nouvelle guerre** (let's) suppose another war broke out ◆ **supposez que vous soyez malade** suppose you were ill ◆ **en supposant que, à supposer que** supposing (that), assuming (that) ◆ **pour les besoins de l'expérience, la pression est supposée constante** for the purposes of the experiment the pressure is taken to be *ou* assumed (to be) constant ◆ **supposons une ligne A-B** let there be a line A-B
2 *(= présumer)* to suppose, to assume ◆ **supposer qn amoureux/jaloux** to imagine *ou* suppose sb to be in love/jealous ◆ **je lui suppose une grande ambition** I imagine him to have great ambition ◆ **on vous supposait malade** we thought you were ill ◆ **je ne peux que le supposer** I can only make a supposition, I can only surmise ◆ **cela laisse supposer que...** it leads one to suppose that... ◆ **je suppose que tu es contre** I assume *ou* I suppose *ou* I presume you are against it
3 *(= impliquer, présupposer)* to presuppose; *(= suggérer, laisser deviner)* to imply ◆ **la gestation suppose la fécondation** gestation presupposes fertilization ◆ **cela suppose du courage** that takes courage ◆ **cette décision suppose que les hôpitaux sont bien équipés** this decision is based on the assumption that hospitals are properly equipped
4 *(Jur) [+ testament, signature]* to forge

supposition /sypozisjɔ̃/ SYN NF supposition, assumption ◆ **on ne peut que faire des suppositions** we can only surmise, we can only make suppositions *ou* assumptions ◆ **je l'ignore, c'est une simple supposition** I don't know, I'm just guessing *ou* it's pure conjecture on my part ◆ **une supposition que...** * supposing... ◆ **supposition de part** *ou* **d'enfant** *(Jur)* declaring a supposititious child

suppositoire /sypozitwaʀ/ NM suppository

suppôt /sypo/ NM *(littér)* henchman ◆ **suppôt de Satan** *ou* **du diable** fiend, hellhound ◆ **les suppôts d'un tyran/de l'impérialisme** the lackeys of a tyrant/of imperialism

suppresseur /sypʀesœʀ/ ADJ M, NM *(= gène)* suppressor

suppression /sypʀesjɔ̃/ SYN NF 1 *(= fait d'enlever, d'abolir) [de mot, clause]* deletion, removal; *[de mur, obstacle]* removal; *[d'avantage, crédits]* withdrawal; *[de loi, taxe, peine de mort]* abolition; *[de libertés]* suppression; *[de discrimination, concurrence, pauvreté, chômage, douleur, fatigue]* elimination ◆ **la suppression des inégalités** the elimination *ou* abolition of inequalities ◆ **faire des suppressions dans un texte** to make some deletions in a text ◆ **il y a eu 7 000 suppressions d'emplois** *ou* **d'effectifs** 7,000 jobs were axed *ou* shed
2 *[d'avion, train, vol]* cancellation ◆ **pour éviter la suppression des petites lignes de province** to prevent the closure of small regional lines
3 *[de témoin gênant]* elimination
4 *(Jur)* ◆ **suppression de part** *ou* **d'enfant** concealment of birth ◆ **suppression d'état** *depriving someone of the means to prove their civil status*

> ⓘ **suppression** se traduit rarement par le mot anglais **suppression**, qui a des emplois spécifiques.

supprimer /sypʀime/ SYN ► conjug 1 ◄
VT 1 *(= enlever, abolir) [+ mot, clause]* to delete, to remove *(de* from); *[+ mur, obstacle]* to remove; *[+ emploi, poste]* to axe, to shed; *[+ crédits, avantage]* to withdraw; *[+ loi, taxe]* to do away with, to abolish; *[+ libertés]* to suppress; *[+ peine de mort]* to abolish; *[+ publication]* to ban; *[+ document]* to suppress; *[+ discrimination, inégalité, concurrence, pauvreté, chômage]* to do away with, to put an end to, to eliminate ◆ **ce fortifiant aide à supprimer la fatigue** this tonic helps to banish tiredness ◆ **ce médicament supprime la douleur** this medicine is a pain-killer ◆ **on ne parviendra jamais à supprimer la douleur** we shall never succeed in eliminating pain ◆ **cette technique supprime des opérations inutiles** this technique does away with *ou* cuts out unnecessary operations ◆ **il faut supprimer les intermédiaires** we must cut out the middleman ◆ **l'avion supprime les distances** air travel shortens distances ◆ **supprimer qch à qn** to deprive sb of sth ◆ **supprimer les permissions aux soldats** to put a stop *ou* an end to the soldiers' leave ◆ **on lui a supprimé sa prime/pension** he's had his bonus/pension stopped ◆ **supprimer qch de son alimentation** to cut sth out of one's diet, to eliminate sth from one's diet
2 *[+ avion, train, vol]* to cancel ◆ **la ligne a été supprimée** the line was taken out of service
3 *(= tuer) [+ témoin gênant]* to do away with, to eliminate
VPR **se supprimer** to take one's own life

> ⓘ **supprimer** se traduit rarement par **to suppress**, qui a des emplois spécifiques.

suppurant, e /sypyʀɑ̃, ɑ̃t/ ADJ suppurating

suppuration /sypyʀasjɔ̃/ NF suppuration

suppurer /sypyʀe/ ► conjug 1 ◄ VI to suppurate

supputation /sypytasjɔ̃/ SYN NF 1 *[de dépenses, frais]* calculation, computation; *[de chances, possibilités]* calculation
2 *(frm = hypothèse)* guess, prognostication *(frm)* ◆ **ce ne sont que des supputations** this is just a guess

supputer /sypyte/ SYN ► conjug 1 ◄ VT *[+ dépenses, frais]* to calculate, to compute; *[+ chances, possibilités]* to calculate ◆ **je suppute que...** I presume that..., my guess is that...

supra /sypʀa/ ADV above ◆ **voir supra** see above

supra- /sypʀa/ PRÉF supra... ◆ **une autorité supra-humaine** a suprahuman *ou* superhuman authority

supraconducteur, -trice /sypʀakɔ̃dyktœʀ, tʀis/
ADJ superconductive, superconducting *(épith)*
NM superconductor

supraconductivité /sypʀakɔ̃dyktivite/ NF superconductivity

supraliminaire /sypʀaliminɛʀ/ ADJ supraliminal

supranational, e (mpl -aux) /sypʀanasjɔnal, o/ ADJ supranational

supranationalisme /sypʀanasjɔnalism/ NM supranationalism

supranationaliste /sypʀanasjɔnalist/ ADJ supranationalist

supranationalité /sypʀanasjɔnalite/ NF ◆ **il craint de voir l'Europe basculer dans la supranationalité** he's afraid that Europe will end up as a supranational state

suprasegmental, e (mpl -aux) /sypʀasɛgmɑ̃tal, o/ ADJ suprasegmental

suprasensible /sypʀasɑ̃sibl/ **ADJ** suprasensitive

supraterrestre /sypʀateʀɛstʀ/ **ADJ** superterrestrial

suprémaciste /sypʀemasist/ **NMF** *(Pol)* supremacist

suprématie /sypʀemasi/ SYN **NF** supremacy

suprématisme /sypʀematism/ **NM** Suprematism

suprématiste /sypʀematist/ **ADJ, NMF** Suprematist

suprême /sypʀɛm/ SYN

ADJ *(= supérieur) [chef, autorité, cour]* supreme; *(= très grand, ultime) [raffinement, élégance, effort, ennui]* extreme; *[indifférence]* sublime; *[affront]* ultimate • **bonheur suprême, notre chambre a vue sur la mer** joy of joys, our room overlooks the sea • **au suprême degré** to the highest degree • **le pouvoir suprême** the supreme power • **le moment/l'heure suprême** *(= la mort)* the moment/the hour of reckoning; → **sauce, soviet**

NM *(Culin)* • **suprême de volaille** chicken supreme

suprêmement /sypʀɛmmɑ̃/ **ADV** supremely

sur¹ /syʀ/

PRÉP [1] *(position)* on, upon *(frm)*; *(= sur le haut de)* on top of, on; *(avec mouvement)* on, onto; *(= dans)* in; *(= par-dessus)* over; *(= au-dessus de)* above • **il y a un sac sur la table/une affiche sur le mur** there's a bag on the table/a poster on the wall • **mettre une annonce sur un tableau** to put a notice (up) on a board • **il a laissé tous ses papiers sur la table** he left all his papers (lying) on the table • **je n'ai pas d'argent/la lettre sur moi** I haven't got any money on me/the letter on *ou* with me • **se promener sur la rivière** to go boating on the river • **il y avait beaucoup de circulation sur la route** there was a lot of traffic on the road • **sur ma route** *ou* **mon chemin** on my way • **sur les grandes/petites ondes** *(Radio)* on long/short wave • **elle rangea ses chapeaux sur l'armoire** she put her hats away on top of the wardrobe • **pose ta valise sur une chaise** put your case (down) on a chair • **elle a jeté son sac sur la table** she threw her bag onto the table • **retire tes livres de sur la table** take your books off the table • **il grimpa sur le toit** he climbed (up) onto the roof • **une chambre (qui donne) sur la rue** a room that looks out onto the street • **il n'est jamais monté sur un bateau** he's never been in *ou* on a boat • **sur la place (du marché)** in the (market) square • **la clé est restée sur la porte** the key was left in the door • **lire qch sur le journal*** to read sth in the paper • **chercher qch sur une carte** to look for sth on a map • **des orages sont prévus sur l'Alsace** storms are forecast in Alsace • **il a 250 € sur son compte** he has €250 in his account • **livraison gratuite sur Paris** free delivery in *ou* within Paris • **il neige sur Paris/sur toute l'Europe** snow is falling on *ou* in Paris/over the whole of Europe, it's snowing in Paris/all over Europe • **mettre du papier d'aluminium sur un plat/un couvercle sur une casserole** to put silver foil over a dish/a lid on a saucepan • **un pont sur la rivière** a bridge across *ou* on *ou* over the river • **s'endormir sur un livre/son travail** *(fig)* to fall asleep over a book/over *ou* at one's work • **elle a acheté des poires sur le marché** she bought some pears at the market • **sur terre et sur mer** on land and (at) sea • **s'étendre sur 3 km** to spread over 3 km • « **travaux sur 5 km** » "roadworks for 5 km" • **vivre les uns sur les autres** to live on top of each other • **gravure sur bois/verre** wood/glass engraving; → **appuyer, pied, place** *etc*

[2] *(direction)* to, towards • **tourner sur la droite** to turn (to the) right • **l'église est sur votre gauche** the church is on *ou* to your left • **revenir sur Paris** to return to Paris • **les vols sur Lyon** flights to Lyons • **concentrer son attention sur un problème** to concentrate on a problem, to focus one's attention on a problem • **fermez bien la porte sur vous** be sure and close the door behind *ou* after you

[3] *(temps : proximité, approximation)* • **il est arrivé sur les 2 heures** he came (at) about *ou* (at) around 2 • **il va sur la quarantaine** he's getting on for *(Brit)* *ou* going on *(US)* forty • **la pièce s'achève sur une réconciliation** the play ends with a reconciliation • **il est sur le départ, il est sur le point de partir** he's just going, he's (just) about to leave • **sur le moment** *ou* **sur le coup, je n'ai pas compris** at the time *ou* at first I didn't understand • **sur une période de 3 mois** over a period of 3 months • **juger les résultats sur une année** to assess the results over a year • **boire du café sur de la bière** to drink coffee on top of beer

[4] *(cause)* on, by • **sur invitation/commande** by invitation/order • **sur présentation d'une pièce d'identité** on presentation of identification • **nous l'avons nommé sur la recommandation/les conseils de Marc** we appointed him on Marc's recommendation/advice • **sur un signe/une remarque du patron, elle sortit** at the boss's signal/at a word from the boss, she left

[5] *(moyen, manière)* on • **ils vivent sur son salaire/ses économies** they live on *ou* off his salary/his savings • **rester sur la défensive/ses gardes** to stay on the defensive/one's guard • **travailler sur écran** to work on screen • **renseignements disponibles sur Minitel** information available on Minitel • **choisir sur catalogue** to choose from a catalogue • **chanter** *ou* **entonner qch sur l'air de la Marseillaise** to sing sth to the tune of the Marseillaise • **fantaisie sur un air de Brahms** *(Mus)* fantasy on an air by *ou* from Brahms • **sur le mode mineur** *(Mus)* in the minor key *ou* mode

[6] *(matière, sujet)* on, about • **conférence/renseignements sur la Grèce/la drogue** lecture/information on *ou* about Greece/drug addiction • **roman/film sur Louis XIV** novel/film about Louis XIV • **questionner** *ou* **interroger qn sur qch** to question sb about *ou* on sth • **gémir** *ou* **se lamenter sur ses malheurs** to lament (over) *ou* bemoan one's misfortunes • **être sur un travail** to be occupied with a job, to be (in the process of) doing a job • **être sur un projet** to be working on a project • **être sur une bonne affaire/une piste/un coup*** to be onto a bargain/on a trail/in on a job* • « **réductions importantes sur les chaussures** » "big discounts on shoes" • **il touche une commission de 10% sur les ventes** he gets a 10% commission on sales

[7] *(rapport de proportion)* out of, in; *(prélèvement)* from; *(mesure)* by • **sur douze verres, six sont ébréchés** out of twelve glasses six are chipped • **un homme sur dix** one man in (every) *ou* out of ten • **neuf fois sur dix** nine times out of ten • **il a une chance sur deux de réussir** he has a fifty-fifty chance of success • **il y a une chance sur dix pour que cela arrive** there's a one in ten chance that it will happen • **il mérite 7 sur 10** *(Scol, Univ)* he deserves 7 out of 10 • **un jour/un vendredi sur trois** every third day/Friday • **il vient un jour/mercredi sur deux** he comes every other day/Wednesday • **les cotisations sont retenues sur le salaire** contributions are deducted from salaries • **la cuisine fait 2 mètres sur 3** the kitchen is *ou* measures 2 metres by 3

[8] *(accumulation)* after • **faire faute sur faute** to make one mistake after another • **il a eu rhume sur rhume** he's had one cold after another *ou* the other; → **coup**

[9] *(influence, supériorité)* over, on • **avoir de l'influence/de l'effet sur qn** to have influence on *ou* over/an effect on sb • **avoir des droits sur qn/qch** to have rights over sb/to sth • **cela a influé sur sa décision** that has influenced *ou* had an influence on his decision • **elle n'a aucun pouvoir sur lui** she has no hold *ou* influence over him

LOC ADV **sur ce** *(= sur ces mots)* so saying, with this *ou* that • **sur ce, il est sorti** whereupon *ou* upon which he went out • **sur ce, il faut que je vous quitte** and now I must leave you

sur², e /syʀ/ **ADJ** *(= aigre)* sour

sûr, e /syʀ/ GRAMMAIRE ACTIVE 15.1, 16.1, 25.6, 26.6 SYN

ADJ [1] • **sûr de** *[+ résultats, succès]* sure *ou* certain of; *[+ allié, réflexes, moyens]* sure of; *[+ fait, diagnostic, affirmation]* sure *ou* certain of *ou* about • **il avait le moral et était sûr du succès** he was in good spirits and was sure *ou* confident of success • **s'il s'entraîne régulièrement, il est sûr du succès** if he trains regularly he's sure of success • **il est sûr/il n'est pas sûr de venir** he's/he's not sure *ou* certain that he'll be able to come • **il est sûr de son fait** *ou* **coup*** *(qu'il réussira)* he's sure *ou* confident he'll pull it off; *(qu'il a raison)* he's sure he's right • **sûr de soi** self-assured, self-confident, sure of oneself • **elle n'est pas sûre d'elle(-même)** she's lacking in self-assurance *ou* self-confidence • **j'en étais sûr !** I knew it!, just as I thought! • **j'en suis sûr et certain** I'm positive (about it), I'm absolutely sure *ou* certain (of it) • **soyez-en sûr** you can depend upon it, you can be sure of it

[2] *(= certain)* certain, sure • **la chose est sûre** that's certain, that's for sure *ou* certain • **ce** *ou* **il n'est pas sûr qu'elle aille au Maroc** it's not definite *ou* certain that she's going to Morocco • **est-ce si sûr qu'il gagne ?** is he so certain *ou* sure to win? • **c'est sûr et certain** that's absolutely certain • **ça, c'est sûr** that's for sure • **ce n'est pas (si) sûr*** not necessarily • **c'est le plus sûr moyen de réussir** it is the surest way to succeed • **ce qui est sûr, c'est qu'ils...** one thing is for sure – they...

♦ **à coup sûr** definitely, without a doubt • **à coup sûr il ne viendra pas** he definitely won't come, there's no way he'll come

♦ **pour sûr** • **tenir qch pour sûr** to be sure about sth • **il tient pour sûr que...** he's sure that... • **pour sûr !*** absolutely!

[3] *(= sans danger) [quartier, rue]* safe • **peu sûr** unsafe • **il est plus sûr de ne pas compter sur lui** it's safer not to rely on him • **le plus sûr est de mettre sa voiture au garage** the safest thing is to put your car in the garage • **en lieu sûr** in a safe place • **en mains sûres** in safe hands

[4] *(= digne de confiance) [personne]* reliable, trustworthy; *[renseignements, diagnostic, entreprise]* reliable; *[valeurs morales, raisonnement]* sound; *[remède, moyen]* reliable, sure; *[dispositif, arme, valeurs boursières]* safe; *[investissement]* sound, safe; *[main, pied, œil]* steady; *[goût, instinct]* reliable, sound • **le temps n'est pas assez sûr pour une ascension** the weather's not reliable enough to go climbing • **avoir la main sûre** to have a steady hand • **raisonner sur des bases peu sûres** to argue on unsound *ou* shaky premises • **nous apprenons de source sûre que...** we have been informed by a reliable source that... • **peu sûr** *[allié]* unreliable, untrustworthy; *[renseignements]* unreliable; *[moyen, méthode]* unreliable, unsafe

ADV * • **sûr qu'il y a quelque chose qui ne tourne pas rond** there must be something wrong • **tu penses qu'il viendra ? – pas sûr** do you think he'll come? – I'm not so sure; → **bien, pour**

surabondamment /syʀabɔ̃damɑ̃/ **ADV** *(littér) [expliquer]* in excessive detail • **surabondamment décoré de** overabundantly decorated with • **ce thème a été surabondamment exploité** this theme has been dealt with more than amply • **surabondamment informé** overinformed

surabondance /syʀabɔ̃dɑ̃s/ SYN **NF** *(= quantité excessive)* overabundance, superabundance; *(= grande abondance)* profusion

surabondant, e /syʀabɔ̃dɑ̃, ɑ̃t/ **ADJ** *(= trop abondant)* overabundant, superabundant • **recevoir un courrier surabondant** *(= très abondant)* to receive a huge amount of mail

surabonder /syʀabɔ̃de/ ► conjug 1 ◄ **VI** [1] *[richesses, plantes, matières premières]* to be overabundant • **une station où surabondent les touristes** a resort overflowing with tourists • **des circulaires où surabondent les fautes d'impression** circulars riddled *ou* littered with printing errors • **un port où surabondent les tavernes** a port with an inordinate number *ou* a plethora *(frm)* of taverns

[2] *(littér)* • **surabonder de** *ou* **en** to abound with *ou* in • **surabonder de richesses** to have an overabundance of riches, to have overabundant riches

suractif, -ive /syʀaktif, iv/ **ADJ** overactive

suractivé, e /syʀaktive/ **ADJ** superactivated

suractivité /syʀaktivite/ **NF** superactivity

surah /syʀa/ **NM** surat

suraigu, -uë /syʀegy/ **ADJ** very high-pitched, very shrill

surajouter /syʀaʒute/ ► conjug 1 ◄ **VT** to add • **raisons auxquelles se surajoutent celles-ci** reasons to which one might add the following • **ornements surajoutés** superfluous ornaments

suralimentation /syʀalimɑ̃tasjɔ̃/ **NF** [1] *[de personne] (thérapeutique)* feeding up; *(par excès)* overeating

[2] *[d'animal]* fattening

[3] *[de moteur]* supercharging, boosting

suralimenter /syʀalimɑ̃te/ ► conjug 1 ◄

VT [1] *[+ personne]* to feed up

[2] *(= engraisser) [+ animal]* to fatten

[3] *[+ moteur]* to supercharge, to boost • **moteur diesel suralimenté** supercharged diesel engine

VPR **se suralimenter** to overeat

surampflificateur /syʀɑ̃plifikatœʀ/ NM (Hi-fi) booster

suranné, e /syʀane/ SYN ADJ [idées, mode, beauté, style, tournure] old-fashioned ◆ **un hôtel au charme suranné** a hotel with old-fashioned charm ◆ **dans un décor délicieusement suranné** in a delightfully old-world setting

surarbitre /syʀaʀbitʀ/ NM (Jur) referee

surarmement /syʀaʀməmɑ̃/ NM (= action) stockpiling of weapons; (= armes) massive stock of weapons

surarmer /syʀaʀme/ ▶ conjug 1 ◀ VT (surtout passif) ◆ **pays surarmé** country with a massive stock of weapons

surate /syʀat/ NF ⇒ sourate

surbaissé, e /syʀbese/ (ptp de **surbaisser**) ADJ [plafond] lowered; [voûte] surbased; [châssis] underslung; [voiture] low-slung ◆ **plancher surbaissé** [de wagon] platform-height floor

surbaissement /syʀbɛsmɑ̃/ NM (Archit) surbasement

surbaisser /syʀbese/ ▶ conjug 1 ◀ VT [+ plafond] to lower; [+ voûte] to surbase; [+ voiture, châssis] to make lower

surbooké, e /syʀbuke/ ADJ [vol, train] overbooked ◆ **je suis surbooké * en ce moment** I've got too much on at the moment

surbooker /syʀbuke/ VI [compagnie aérienne] to overbook

surbooking /syʀbukiŋ/ NM overbooking ◆ **les compagnies aériennes qui pratiquent le surbooking** airlines that overbook

surboum †* /syʀbum/ NF party

surbrillance /syʀbʀijɑ̃s/ NF (Ordin) ◆ **mettre qch en surbrillance** to highlight sth ◆ **texte en surbrillance** highlighted text

surcapacité /syʀkapasite/ NF overcapacity

surcapitalisation /syʀkapitalizasjɔ̃/ NF overcapitalization

surcharge /syʀʃaʀʒ/ SYN NF ① [de véhicule] overloading

② (= poids en excédent) extra load, excess load; [de cheval de course] weight handicap ◆ **surcharge pondérale** excess weight ◆ **surcharge électrique** overload ◆ **une tonne de surcharge** an extra ou excess load of a ton ◆ **les passagers/marchandises en surcharge** the excess ou extra passengers/goods ◆ **prendre des passagers en surcharge** to take on excess passengers ◆ **ascenseur en surcharge** overloaded lift (Brit) ou elevator (US) ◆ **payer un supplément pour une surcharge de bagages** to pay (for) excess luggage, to pay excess on one's luggage

③ (fig) ◆ **cela me cause une surcharge de travail** it gives me extra work ◆ **la surcharge des programmes scolaires** the overloaded school syllabus ◆ **il y a une surcharge de détails/d'ornements** there is a surfeit ou an overabundance of detail/of ornamentation

④ (= ajout manuscrit ou imprimé) [de document, chèque] alteration; [de timbre-poste] surcharge, overprint

surcharger /syʀʃaʀʒe/ SYN ▶ conjug 3 ◀ VT [+ voiture, cheval, mémoire] to overload; [+ timbre] to surcharge; [+ mot écrit] to alter; [+ circuit électrique] to overload; (Écon) [+ marché] to overload, to glut ◆ **surcharger qn de travail/d'impôts** to overload ou overburden sb with work/with taxes ◆ **je suis surchargé (de travail)** I'm overloaded ou snowed under with work ◆ **emploi du temps surchargé** crowded timetable ◆ **programmes scolaires surchargés** overloaded syllabuses ◆ **classes surchargées** overcrowded classes ◆ **train surchargé** overcrowded train ◆ **palais surchargé de dorures** palace smothered in gilt ◆ **manuscrit surchargé de corrections** manuscript covered ou littered with corrections

surchauffe /syʀʃof/ NF (Écon) overheating; (Tech) superheating; (Phys) superheat ◆ **il y a une surchauffe de l'économie** the economy is overheating

surchauffé, e /syʀʃofe/ (ptp de **surchauffer**) ADJ [pièce] overheated; (Phys, Tech) superheated; (= exalté) overexcited ◆ **le procès s'est déroulé dans une ambiance surchauffée** the trial took place in a highly charged atmosphere ◆ **les esprits étaient surchauffés** emotions were running very high ou were at fever pitch

surchauffer /syʀʃofe/ ▶ conjug 1 ◀ VT [+ pièce] to overheat; (Phys, Tech) to superheat

surchauffeur /syʀʃofœʀ/ NM (Tech) superheater

surchemise /syʀʃəmiz/ NF overshirt

surchoix /syʀʃwa/ ADJ INV [viande] prime (épith), top-quality; [produit, fruit] top-quality

surclasser /syʀklase/ ▶ conjug 1 ◀ VT ① (= surpasser) to outclass

② (Transport) ◆ **surclasser qn** to upgrade sb's seat ◆ **ils m'ont surclassé en première** they upgraded my seat to first class, they bumped me up * to first class

surcompensation /syʀkɔ̃pɑ̃sasjɔ̃/ NF (Psych) overcompensation

surcomposé, e /syʀkɔ̃poze/ ADJ double-compound

surcompression /syʀkɔ̃pʀesjɔ̃/ NF [de gaz] supercharging

surcomprimer /syʀkɔ̃pʀime/ ▶ conjug 1 ◀ VT [+ gaz] to supercharge

surconsommation /syʀkɔ̃sɔmasjɔ̃/ NF overconsumption

surcontrer /syʀkɔ̃tʀe/ ▶ conjug 1 ◀ VT (Cartes) to redouble

surcostal, e (mpl -aux) /syʀkɔstal, o/ ADJ supercostal

surcot /syʀko/ NM (Hist) surcoat

surcote /syʀkɔt/ NF overvaluation

surcoter /syʀkɔte/ ▶ conjug 1 ◀ VT to overvalue

surcoupe /syʀkup/ NF (Cartes) overtrumping

surcouper /syʀkupe/ ▶ conjug 1 ◀ VI (Cartes) to overtrump

surcoût /syʀku/ NM extra ou additional cost ou expenditure

surcreusement /syʀkʀøzmɑ̃/ NM (Géol) overdeepening

surcroît /syʀkʀwa/ SYN NM ◆ **cela lui a donné un surcroît de travail/d'inquiétudes** it gave him additional ou extra work/worries ◆ **ça lui a valu un surcroît de respect** this won him even more respect ◆ **par (un) surcroît d'honnêteté/de scrupules** through an excess of honesty/of scruples, through excessive honesty/scrupulousness

◆ **de** ou **par surcroît** (= de plus) what is more, moreover ◆ **il est avare et paresseux de** ou **par surcroît** he's mean and idle into the bargain

surdétermination /syʀdetɛʀminasjɔ̃/ NF (Psych) overdetermination

surdéterminé, e /syʀdetɛʀmine/ ADJ (Psych) overdetermined

surdéveloppé, e /syʀdevlɔpe/ ADJ overdeveloped

surdéveloppement /syʀdevlɔpmɑ̃/ NM overdevelopment

surdimensionné, e /syʀdimɑ̃sjɔne/ ADJ ① [objet] oversized ◆ **le réservoir est surdimensionné par rapport à nos besoins** the tank is far too big for our needs

② [investissement] excessive; [projet] overambitious ◆ **les investissements sont surdimensionnés par rapport à la taille de la ville** the investments are out of proportion to the size of the town ◆ **il a un ego surdimensionné** he has an oversized ego

surdi-mutité /syʀdimytite/ NF deaf-and-dumbness

surdiplômé, e /syʀdiplome/ ADJ overqualified

surdité /syʀdite/ NF deafness ◆ **surdité verbale** word deafness

surdosage /syʀdozaʒ/ NM (Méd) overdosage

surdose /syʀdoz/ NF (lit, fig) overdose

surdoué, e /syʀdwe/ SYN
ADJ [enfant] gifted, exceptional (US)
NM,F gifted ou exceptional (US) child

sureau (pl **sureaux**) /syʀo/ NM elder (tree) ◆ **baies de sureau** elderberries

sureffectif /syʀefɛktif/ NM overmanning (NonC), overstaffing (NonC) ◆ **personnel en sureffectif** excess staff

surélévation /syʀelevasjɔ̃/ SYN NF (= action) raising, heightening; (= état) extra height

surélever /syʀel(ə)ve/ SYN ▶ conjug 5 ◀ VT [+ plafond, étage] to raise, to heighten; [+ mur] to heighten ◆ **surélever une maison d'un étage** to heighten a house by one storey ◆ **rez-de-chaussée surélevé** raised ground floor, ground floor higher than street level

sûrement /syʀmɑ̃/ SYN ADV ① (= sans risques, efficacement) [cacher qch, progresser] in safety; [attacher] securely; [fonctionner] safely ◆ **l'expérience instruit plus sûrement que les livres** experience is a surer teacher than books; → **lentement**

② (= vraisemblablement) ◆ **il viendra sûrement** he's sure to come ◆ **sûrement qu'il a été retenu** * he must have been held up ◆ **tu connais sûrement des gens importants** you must know some important people ◆ **ça lui plaira sûrement** she's bound to like it, I'm sure she'll like it ◆ **il me trouve sûrement trop sévère** no doubt he thinks I'm being too harsh

③ ◆ **sûrement pas** (= pas du tout) certainly not ◆ **il n'est sûrement pas très intelligent, mais...** (= peut-être pas) he might not be very clever but... ◆ **ce n'est sûrement pas difficile** it can't be that difficult

suréminent, e /syʀeminɑ̃, ɑ̃t/ ADJ (littér) supereminent

surémission /syʀemisjɔ̃/ NF (Fin) overissue

suremploi /syʀɑ̃plwa/ NM overemployment

surenchère /syʀɑ̃ʃɛʀ/ NF ① (sur prix fixé) overbid; (= enchère plus élevée) higher bid ◆ **faire une surenchère (sur)** to make a higher bid (than) ◆ **une douzaine de surenchères successives firent monter le prix** a dozen bids one after the other put up the price ◆ **faire une surenchère de 150 €** to bid €150 more ou higher (sur than), to bid €150 over the previous bid ou bidder

② (fig = exagération, excès) ◆ **la presse, royaume de la surenchère** the press, where overstatement is king ◆ **faire de la surenchère** to try to outdo one's rivals ◆ **la surenchère électorale** political one-upmanship ◆ **une surenchère de violence** a build-up of violence

surenchérir /syʀɑ̃ʃeʀiʀ/ ▶ conjug 2 ◀ VI (= offrir plus qu'un autre) to bid higher; (= élever son offre) to raise one's bid; (lors d'élections) to try to outdo each other (de with) ◆ **surenchérir sur une offre** to bid higher than an offer, to top a bid * ◆ **surenchérir sur qn** to bid higher than sb, to outbid ou overbid sb

surenchérissement /syʀɑ̃ʃeʀismɑ̃/ NM rise ou increase in price

surenchérisseur, -euse /syʀɑ̃ʃeʀisœʀ, øz/ NM,F (higher) bidder

surencombré, e /syʀɑ̃kɔ̃bʀe/ ADJ [rue] overcrowded; [lignes téléphoniques] overloaded

surencombrement /syʀɑ̃kɔ̃bʀəmɑ̃/ NM [de rue] overcrowding; [de lignes téléphoniques] overloading

surendetté, e /syʀɑ̃dete/ ADJ over-indebted, overburdened with debt

surendettement /syʀɑ̃dɛtmɑ̃/ NM excessive debt ◆ **pour limiter le surendettement des ménages** to reduce the chance that families will run up big debts, to stop families running up big debts

surentraînement /syʀɑ̃tʀɛnmɑ̃/ NM overtraining

surentraîner VT, **se surentraîner** VPR /syʀɑ̃tʀene/ ▶ conjug 1 ◀ to overtrain

suréquipement /syʀekipmɑ̃/ NM overequipment

suréquiper /syʀekipe/ ▶ conjug 1 ◀ VT to overequip

surestarie /syʀɛstaʀi/ NF (Jur) demurrage

surestimation /syʀɛstimasjɔ̃/ NF [d'importance, forces, capacité, frais] overestimation; [de tableau, maison à vendre] overvaluation ◆ **la surestimation des devis est fréquente** estimates are often inflated ou made too high

surestimer /syʀɛstime/ SYN ▶ conjug 1 ◀
VT [+ importance, forces, frais] to overestimate; [+ tableau, maison à vendre] to overvalue
VPR **se surestimer** to overestimate one's abilities

suret, -ette /syʀɛ, ɛt/ ADJ [goût] sharp, tart

sûreté /syʀte/ SYN NF ① (= sécurité) safety ◆ **complot contre la sûreté de l'État** plot against state security ◆ **pour plus de sûreté** as an extra precaution, to be on the safe side ◆ **être en sûreté** to be in safety, to be safe ◆ **mettre qn/qch en sûreté** to put sb/sth in a safe ou secure place ◆ **de sûreté** [serrure, verrou] safety (épith) ◆ **c'est une sûreté supplémentaire** it's an extra precaution ◆ **20 ans de réclusion assortis d'une peine de sûreté de 13 ans** a 20-year prison sentence with a minimum recommendation of 13 years

② (= exactitude, efficacité) [de renseignements, méthode] reliability; → **cour, prudence**

3 (= précision) [de coup d'œil, geste] steadiness; [de goût] reliability, soundness; [de réflexe, diagnostic] reliability ◆ **il a une grande sûreté de main** he has a very sure hand ◆ **sûreté d'exécution** sureness of touch

4 (= dispositif) safety device ◆ **mettre la sûreté à une arme** to put the safety catch ou lock on a gun; → **cran**

5 (= garantie) assurance, guarantee ◆ **demander/donner des sûretés à qn** to ask sb for/give sb assurances ou a guarantee ◆ **sûreté individuelle** (Jur) protection against unlawful detention ◆ **sûreté personnelle** guaranty ◆ **sûreté réelle** security

6 (Police) ◆ **la Sûreté (nationale)** the (French) criminal investigation department, ≈ the CID (Brit), ≈ the FBI (US)

surévaluation /syʀevalɥasjɔ̃/ NF overvaluation

surévaluer /syʀevalɥe/ SYN ▸ conjug 1 ◂ VT [+ monnaie, coûts] to overvalue; [+ difficultés, influence] to overestimate ◆ **l'euro est surévalué par rapport au dollar** the euro is overvalued against the dollar

surexcitable /syʀɛksitabl/ ADJ overexcitable

surexcitant, e /syʀɛksitɑ̃, ɑ̃t/ ADJ overexciting

surexcitation /syʀɛksitasjɔ̃/ SYN NF overexcitement

surexcité, e /syʀɛksite/ SYN (ptp de **surexciter**) ADJ (= enthousiaste, énergique) overexcited; (= énervé) all worked up ◆ **il me parlait d'une voix surexcitée** he spoke to me in a very excited voice

surexciter /syʀɛksite/ ▸ conjug 1 ◂ VT to overexcite

surexploitation /syʀɛksplwatasjɔ̃/ NF [de terre] overexploitation; [de main-d'œuvre] gross exploitation

surexploiter /syʀɛksplwate/ ▸ conjug 1 ◂ VT [+ terres, ressources] to overexploit; [+ main-d'œuvre] to grossly exploit; [+ thème, idée] to overdo

surexposer /syʀɛkspoze/ ▸ conjug 1 ◂ VT to overexpose

surexposition /syʀɛkspozisjɔ̃/ NF overexposure

surf /sœʀf/ NM 1 (= activité) surfing ◆ **faire du surf** to surf, to go surfing ◆ **surf sur neige** snowboarding ◆ **faire du surf sur neige** to snowboard, to go snowboarding

2 (= objet) ◆ **(planche de) surf** surfboard ◆ **surf des neiges** snowboard

surfaçage /syʀfasaʒ/ NM surfacing

surface /syʀfas/ SYN

NF 1 (gén, Géom) surface; (= aire) [de champ, chambre] surface area ◆ **faire surface** to surface ◆ **refaire surface** (lit, fig) to resurface ◆ **le plongeur est remonté à la surface** the diver came back up to the surface ◆ **il ne voit que la surface des choses** he can't see below the surface ◆ **l'appartement fait 100 mètres carrés de surface** the flat has a surface area of 100 square metres ◆ **il dispose d'une surface financière rassurante** he has a sound financial base, his financial situation is sound ◆ **avoir de la surface*** (fig, Fin) to have great standing

◆ **de surface** [politesse] superficial; [modifications] cosmetic; [eaux, température] surface (épith) ◆ **navire de surface** surface vessel ◆ **réseau/installations de surface** above-ground ou overground network/installations

◆ **en surface** [nager, naviguer] at the surface; [travailler, apprendre] superficially ◆ **tout en surface** [personne] superficial, shallow

2 ◆ **grande surface** (= magasin) hypermarket

COMP **surface de but** (Football) goal area ◆ **surface de chauffe** heating surface ◆ **surface corrigée** (Admin) amended area (calculated on the basis of amenities etc for assessing rent) ◆ **surface habitable** living space ◆ **surface porteuse** [d'aile] aerofoil (Brit), airfoil (US) ◆ **surface de réparation** (Football) penalty area ◆ **surface de séparation** (Phys) interface ◆ **surface au sol** floor surface ◆ **surface de sustentation** ⇒ **surface porteuse** ◆ **surface utile** (Constr) floor space ◆ **surface de vente** sales area ◆ **surface de voilure** sail area

surfacer /syʀfase/ ▸ conjug 3 ◂ VT to surface

surfaceuse /syʀfasøz/ NF (Tech) surfacer

surfacturation /syʀfaktyʀasjɔ̃/ NF [de produit, prestations] overbilling; [de client] overcharging ◆ **ils ont procédé à une surfacturation systématique des travaux** they systematically overcharged for the building work

surfacturer /syʀfaktyʀe/ ▸ conjug 1 ◂ VT [+ produit, prestations] to overbill; [+ client] to overcharge ◆ **il a surfacturé de 10% ses prestations** he overcharged customers by 10% for his services

surfaire /syʀfɛʀ/ ▸ conjug 60 ◂ VT [+ réputation, auteur] to overrate; [+ marchandise] to overprice

surfait, e /syʀfɛ, ɛt/ SYN (ptp de **surfaire**) ADJ [ouvrage, auteur] overrated ◆ **c'est très surfait** it's highly overrated

surfaix /syʀfɛ/ NM surcingle

surfer /sœʀfe/ ▸ conjug 1 ◂ VI (Sport) to surf, to go surfing; (Ordin) to surf ◆ **surfer sur Internet** to surf (on) the Internet ◆ **le Premier ministre a longtemps surfé sur la vague des opinions favorables** the Prime Minister has been riding on a wave of popularity for a long time ◆ **ces industriels surfent sur la vague écologique** these industrialists are cashing in on the ecology trend ou have jumped on the green bandwagon

surfeur, -euse /sœʀfœʀ, øz/ NM,F surfer

surfil /syʀfil/ NM (Couture) oversewing, overcasting

surfilage /syʀfilaʒ/ NM (Couture) oversewing, overcasting

surfiler /syʀfile/ ▸ conjug 1 ◂ VT (Couture) to oversew, to overcast

surfin, e /syʀfɛ̃, in/ ADJ [beurre, produit] top-quality (épith); [qualité] top (épith), superior

surfondu, e /syʀfɔ̃dy/ ADJ supercooled

surfusion /syʀfyzjɔ̃/ NF ◆ **corps en surfusion** supercooled body

surgélateur /syʀʒelatœʀ/ NM deep-freezer, deep-freeze (Brit)

surgélation /syʀʒelasjɔ̃/ NF deep-freezing, fast-freezing

surgelé, e /syʀʒəle/

ADJ deep-frozen ◆ **produits surgelés** frozen foods

NM ◆ **les surgelés** (deep-)frozen food ◆ **magasin de surgelés** freezer centre

surgeler /syʀʒəle/ ▸ conjug 5 ◂ VT to deep-freeze, to fast-freeze

surgénérateur /syʀʒeneʀatœʀ/ ADJ M, NM ◆ **(réacteur) surgénérateur** fast breeder (reactor)

surgeon /syʀʒɔ̃/ NM [de plante, arbre] sucker

surgir /syʀʒiʀ/ SYN ▸ conjug 2 ◂ VI 1 [animal, véhicule en mouvement, spectre] to appear suddenly; [montagne, navire] to loom up (suddenly); [plante, immeuble] to shoot up, to spring up ◆ **deux hommes ont surgi de derrière un camion** two men suddenly appeared ou came out from behind a truck

2 [problèmes, difficultés] to arise, to crop up; [dilemme] to arise ◆ **des obstacles surgissent de toutes parts** obstacles are cropping up all over the place ◆ **cela a fait surgir plusieurs questions** this raised several questions

surgissement /syʀʒismɑ̃/ NM (littér, gén) appearance ◆ **le surgissement de l'écriture/de l'islam** the advent of writing/of Islam

surhaussé, e /syʀose/ (ptp de **surhausser**) ADJ (Archit) raised

surhaussement /syʀosmɑ̃/ NM (Archit) raising

surhausser /syʀose/ ▸ conjug 1 ◂ VT (gén, Archit) to raise

surhomme /syʀɔm/ SYN NM superman

surhumain, e /syʀymɛ̃, ɛn/ SYN ADJ superhuman

surhumanité /syʀymanite/ NF superhumanity, superhumanness

suri, e /syʀi/ (ptp de **surir**) ADJ (lit, fig) soured

suricate /syʀikat/ NM slender-tailed meerkat, suricate

surimi /syʀimi/ NM surimi ◆ **bâtonnets de surimi** crab ou ocean sticks

surimposé, e /syʀɛ̃poze/ (ptp de **surimposer**) ADJ (Géol) superimposed; (Fin) overtaxed

surimposer /syʀɛ̃poze/ ▸ conjug 1 ◂ VT (Fin) to overtax

surimposition /syʀɛ̃pozisjɔ̃/ NF 1 (Fin) overtaxation

2 (Géol) epigenesis

surimpression /syʀɛ̃pʀesjɔ̃/ NF (Photo) double exposure; (fig) [d'idées, visions] superimposition ◆ **en surimpression** superimposed ◆ **on voyait apparaître un visage en surimpression** a face appeared superimposed (on it)

surin †** /syʀɛ̃/ NM (= couteau) knife

Surinam, Suriname /syʀinam/ NM Surinam

surinamais, e /syʀiname, ɛz/

ADJ Surinamese

NM,F **Surinamais(e)** Surinamese

suriner †** /syʀine/ ▸ conjug 1 ◂ VT to knife, to dagger ††

surinfecter (se) /syʀɛ̃fɛkte/ ▸ conjug 1 ◂ VPR to develop a secondary infection

surinfection /syʀɛ̃fɛksjɔ̃/ NF secondary infection

surinformation /syʀɛ̃fɔʀmasjɔ̃/ NF information overload ◆ **le public est victime d'une surinformation quotidienne** the public are subjected to information overload every day

surinformé, e /syʀɛ̃fɔʀme/ ADJ [personne] suffering from information overload ◆ **dans notre monde surinformé** in today's world of information overload

surintendance /syʀɛ̃tɑ̃dɑ̃s/ NF (Hist) superintendency

surintendant /syʀɛ̃tɑ̃dɑ̃/ NM (Hist) ◆ **surintendant (des finances)** superintendent (of finances)

surintendante /syʀɛ̃tɑ̃dɑ̃t/ NF (Hist) superintendent's wife

surintensité /syʀɛ̃tɑ̃site/ NF (Élec) overload

surinvestir /syʀɛ̃vɛstiʀ/ ▸ conjug 2 ◂ VT (Fin) to overinvest (dans in); (Psych) to invest too much of o.s. in

surinvestissement /syʀɛ̃vɛstismɑ̃/ NM (Écon, Psych) overinvestment

surir /syʀiʀ/ ▸ conjug 2 ◂ VI [lait, vin] to turn sour, to (go) sour

surjectif, -ive /syʀʒɛktif, iv/ ADJ surjective ◆ **application surjective** surjection

surjection /syʀʒɛksjɔ̃/ NF surjection

surjet /syʀʒɛ/ NM 1 (Couture) overcast seam ◆ **point de surjet** overcast stitch

2 (Chirurgie) continuous suture

surjeter /syʀʒəte/ ▸ conjug 4 ◂ VT (Couture) to overcast

sur-le-champ /syʀləʃɑ̃/ SYN ADV immediately, at once, right away, straightaway (Brit) ◆ **il a été licencié sur-le-champ** he was sacked on the spot

surlendemain /syʀlɑ̃d(ə)mɛ̃/ NM ◆ **le surlendemain de son arrivée** two days after his arrival ◆ **il est mort le surlendemain** he died two days later ◆ **il revint le lendemain et le surlendemain** he came back the next day and the day after (that) ◆ **le surlendemain matin** two days later in the morning

surligner /syʀliɲe/ ▸ conjug 1 ◂ VT to highlight

surligneur /syʀliɲœʀ/ NM highlighter (pen)

surloyer /syʀlwaje/ NM extra rent

surmédiatisation /syʀmedjatizasjɔ̃/ NF [d'affaire, événement] excessive media coverage ◆ **la surmédiatisation de l'affaire a entraîné des polémiques** the excessive coverage given to the case in the media caused controversy ◆ **il y a risque de surmédiatisation** there's a danger of media overkill

surmédiatisé, e /syʀmedjatize/ ADJ [affaire, événement] that has received too much media exposure ou coverage

surmédicalisation /syʀmedikalizasjɔ̃/ NF [de problème, cas, grossesse] excessive medicalization; [de population, pays] overprovision of medical care (de to)

surmédicaliser /syʀmedikalize/ ▸ conjug 1 ◂ VT [+ problème, cas] to overmedicalize; [+ population, pays] to overprovide with medical care

surmenage /syʀmənaʒ/ SYN NM 1 (= action de surmener qn) overworking, overtaxing ◆ **éviter le surmenage des élèves** to avoid overworking schoolchildren ou pushing schoolchildren too hard

2 (= action de se surmener) overwork(ing) ◆ **éviter à tout prix le surmenage** to avoid overwork(ing) ou overtaxing o.s. at all costs

3 (= état maladif) overwork ◆ **souffrant de surmenage** suffering from (the effects of) overwork ◆ **le surmenage intellectuel** mental fatigue ◆ **surmenage physique** overexertion

surmené, e /syʀməne/ SYN (ptp de **surmener**) ADJ (par le travail) overworked ◆ **je suis vraiment surmené en ce moment** I've got an awful lot on my plate at the moment

surmener /syʀməne/ ▸ conjug 5 ◂
VT *[+ personne]* to overwork, to overtax; *[+ animal]* to overtax
VPR **se surmener** *(gén)* to overwork *ou* overtax (o.s.), to push o.s. too hard; *(physiquement)* to overexert o.s.

surmoi /syʀmwa/ **NM** superego

surmontable /syʀmɔ̃tabl/ **ADJ** surmountable ◆ **obstacle difficilement surmontable** obstacle that is difficult to surmount *ou* overcome

surmonter /syʀmɔ̃te/ SYN ▸ conjug 1 ◂
VT [1] *(= être au-dessus de)* to surmount, to top ◆ **surmonté d'un dôme/clocheton** surmounted *ou* topped by a dome/bell-turret ◆ **un clocheton surmontait l'édifice** the building was surmounted *ou* topped by a bell-turret
[2] *(= vaincre) [+ obstacle, difficultés]* to overcome, to get over, to surmount; *[+ dégoût, peur]* to overcome, to get the better of, to fight down
VPR **se surmonter** *[personne]* to master o.s., to control o.s. ◆ **la peur peut se surmonter** fear can be overcome

surmortalité /syʀmɔʀtalite/ **NF** comparatively high deathrate ◆ **il y a eu une surmortalité masculine de 12%** the deathrate was 12% higher among men

surmoule /syʀmul/ **NM** master mould

surmouler /syʀmule/ ▸ conjug 1 ◂ **VT** to cast from a master mould

surmulet /syʀmylɛ/ **NM** red mullet, surmullet *(US)*

surmulot /syʀmylo/ **NM** brown *ou* Norway rat

surmultiplication /syʀmyltiplikasjɔ̃/ **NF** overdrive (device)

surmultiplié, e /syʀmyltiplije/
ADJ ◆ **vitesse surmultipliée** overdrive
NF **surmultipliée** overdrive ◆ **passer la surmultipliée** *(fig)* to get a move on*, to step on it*

surnager /syʀnaʒe/ SYN ▸ conjug 3 ◂ **VI** [1] *[huile, objet]* to float (on the surface)
[2] *(fig) [sentiment, souvenir]* to linger on ◆ **tu suis en maths ? – je surnage** can you keep up in maths? – I cope ◆ **son émission surnage malgré bien des difficultés** his programme struggles on in spite of many difficulties ◆ **les rares films qui surnagent dans cette compétition** the rare films that stand out in this competition

surnatalité /syʀnatalite/ **NF** comparatively high birthrate

surnaturel, -elle /syʀnatyʀɛl/ SYN
ADJ *(gén)* supernatural; *(= inquiétant)* uncanny, eerie
NM ◆ **le surnaturel** the supernatural

surnom /syʀnɔ̃/ SYN **NM** *(gén)* nickname; *[de roi, héros]* name ◆ **« le Courageux », surnom du roi Richard** "the Brave", the name by which King Richard was known

> **surnom** ne se traduit pas par **surname**, qui a le sens de 'nom de famille'.

surnombre /syʀnɔ̃bʀ/ SYN **NM** surplus ◆ **en surnombre** *[effectifs, personnel]* surplus *(épith)*, excess *(épith)* ◆ **nous étions en surnombre** *(= trop)* there were too many of us; *(= plus qu'eux)* we outnumbered them ◆ **plusieurs élèves en surnombre** several pupils too many ◆ **ils ont fait sortir les spectateurs en surnombre** they asked those without seats to leave

surnommer /syʀnɔme/ ▸ conjug 1 ◂ **VT** ◆ **surnommer qn « le gros »** to nickname sb "fatty" ◆ **surnommer un roi « le Fort »** to give a king the name "the Strong" ◆ **cette infirmité l'avait fait surnommer « le Crapaud »** this disability had earned him the nickname of "the Toad" ◆ **le roi Richard surnommé « le Courageux »** King Richard known as *ou* named "the Brave"

surnotation /syʀnɔtasjɔ̃/ **NF** *(Scol)* overmarking *(Brit)*, overgrading *(US)*

surnoter /syʀnɔte/ ▸ conjug 1 ◂ **VT** *(Scol)* to overmark *(Brit)*, to overgrade *(US)*

surnuméraire /syʀnymeʀɛʀ/ **ADJ, NMF** supernumerary ◆ **embryons surnuméraires** spare *ou* surplus embryos

suroffre /syʀɔfʀ/ **NF** *(Jur)* higher offer *ou* bid

suroît /syʀwa/ **NM** *(= vent)* south-wester, sou'wester; *(= chapeau)* sou'wester ◆ **vent de suroît** south-westerly wind

suros /syʀo/ **NM** *(= maladie du cheval)* splint

suroxydation /syʀɔksidasjɔ̃/ **NF** peroxidation

suroxyder /syʀɔkside/ ▸ conjug 1 ◂ **VT** to peroxidize

surpassement /syʀpasmɑ̃/ **NM** *(littér)* ◆ **surpassement de soi** surpassing (of) oneself

surpasser /syʀpɑse/ SYN ▸ conjug 1 ◂
VT [1] *(= l'emporter sur) [+ concurrent, rival]* to surpass, to outdo ◆ **surpasser qn en agilité/connaissances** to surpass sb in agility/knowledge ◆ **sa gloire surpassait en éclat celle de Napoléon** his glory outshone that of Napoleon
[2] *(= dépasser)* to surpass ◆ **le résultat surpasse toutes les espérances** the result surpasses *ou* is beyond all our hopes
VPR **se surpasser** to surpass o.s., to excel o.s. ◆ **le cuisinier s'est surpassé aujourd'hui** the cook has excelled *ou* surpassed himself today ◆ **encore un échec, décidément tu te surpasses !** *(iro)* failed again – you're really excelling *ou* surpassing yourself!

surpaye /syʀpɛj/ **NF** *[de salariés, marchands]* overpayment ◆ **la surpaye des marchandises** paying too much for goods

surpayer /syʀpeje/ ▸ conjug 8 ◂ **VT** *[+ employé]* to overpay; *[+ marchandise]* to pay too much for

surpêche /syʀpɛʃ/ **NF** overfishing

surpeuplé, e /syʀpœple/ SYN **ADJ** overpopulated

surpeuplement /syʀpœpləmɑ̃/ **NM** overpopulation

surpiquer /syʀpike/ ▸ conjug 1 ◂ **VT** to topstitch

surpiqûre /syʀpikyʀ/ **NF** topstitch

sur-place, surplace /syʀplas/ **NM** ◆ **faire du sur-place** *(= ne pas avancer) (à vélo)* to do a trackstand; *(en voiture) (= être immobilisé)* to be stuck; *(= avancer très lentement)* to move at a snail's pace; *[oiseau]* to hover; *(= ne pas progresser) [enquête]* to hang fire, to mark time; *[négociations]* to be getting nowhere, to stall; *[projet]* to be getting nowhere ◆ **notre économie fait du surplace** our economy is stagnating

surplis /syʀpli/ **NM** surplice

surplomb /syʀplɔ̃/ **NM** overhang ◆ **en surplomb** overhanging

surplombant, e /syʀplɔ̃bɑ̃, ɑ̃t/ **ADJ** overhanging *(épith)*

surplombement /syʀplɔ̃bmɑ̃/ **NM** overhang

surplomber /syʀplɔ̃be/ SYN ▸ conjug 1 ◂
VI to overhang; *(= ne pas être d'aplomb)* to be out of plumb
VT to overhang ◆ **les rochers qui surplombent la plage** the rocks that overhang the beach ◆ **le village surplombe une vallée** the village overlooks a valley

surplus /syʀply/ SYN **NM** [1] *(= excédent non écoulé)* surplus *(NonC)* ◆ **vendre le surplus de son stock** to sell off one's surplus stock ◆ **avoir des marchandises en surplus** to have surplus goods
[2] *(= reste non utilisé)* ◆ **il me reste un surplus de clous/de papier dont je ne me suis pas servi** I've got some nails/paper left over *ou* some surplus nails/paper that I didn't use ◆ **avec le surplus (de bois), je vais essayer de me faire une bibliothèque** with what's left over (of the wood) *ou* with the leftover *ou* surplus (wood) I'm going to try to build myself a bookcase ◆ **ce sont des surplus qui restent de la guerre/de l'exposition** they're left over *ou* it's surplus from the war/the exhibition ◆ **surplus américains** American army surplus
[3] *(= d'ailleurs)* ◆ **au surplus** moreover, what is more

surpoids /syʀpwa/ **NM** overweight, excess weight

surpopulation /syʀpɔpylasjɔ̃/ **NF** overpopulation

surprenant, e /syʀpʀənɑ̃, ɑ̃t/ SYN **ADJ** surprising ◆ **il n'y a rien de surprenant à cela** that's not at all surprising ◆ **cette tendance n'est guère surprenante** this trend hardly comes as a surprise *ou* is hardly surprising ◆ **chose surprenante, il n'a jamais répondu** surprisingly (enough), he never replied ◆ **de façon surprenante** surprisingly

surprendre /syʀpʀɑ̃dʀ/ SYN ▸ conjug 58 ◂
VT [1] *(= prendre sur le fait) [+ voleur]* to surprise, to catch in the act
[2] *(= découvrir) [+ secret, complot]* to discover; *[+ conversation]* to overhear; *[+ regard, sourire complice]* to intercept ◆ **je crus surprendre en lui de la gêne** I thought I detected signs of some embarrassment in him
[3] *(= prendre au dépourvu) (par attaque) [+ ennemi]* to surprise; *(par visite inopinée) [+ amis, voisins]* to catch unawares, to catch on the hop* *(Brit)* ◆ **surprendre des amis chez eux** to drop in unexpectedly on friends, to pay a surprise visit to friends ◆ **espérant la surprendre au bain** hoping to catch her while she was in the bath
[4] *[pluie, marée, nuit]* to catch out ◆ **se laisser surprendre par la marée** to be caught (out) by the tide ◆ **se laisser surprendre par la pluie** to be caught in the rain ◆ **se laisser surprendre par la nuit** to be overtaken by darkness
[5] *(= étonner) [nouvelle, conduite]* to surprise ◆ **tu me surprends** you amaze me ◆ **cela me surprendrait fort** that would greatly surprise me ◆ **cela m'a agréablement surpris** I was pleasantly surprised ◆ **cela semble te surprendre** you seem *ou* look surprised ◆ **il a réussi, ce qui n'est pas pour nous surprendre** he succeeded, which is hardly surprising *ou* which hardly comes as a surprise ◆ **cette question a de quoi** *ou* **peut surprendre** this question may seem surprising
[6] *(littér)* ◆ **surprendre la vigilance de qn** to catch sb out ◆ **surprendre la bonne foi de qn** to betray sb's good faith ◆ **surprendre la confiance de qn** † to win sb's trust fraudulently
VPR **se surprendre** ◆ **se surprendre à faire qch** to catch *ou* find o.s. doing sth

surpression /syʀpʀesjɔ̃/ **NF** *(gén)* extremely high pressure; *(Tech)* overpressure

surprime /syʀpʀim/ **NF** *(Assurances)* additional premium

surpris, e[1] /syʀpʀi, iz/ SYN (ptp de **surprendre**) **ADJ** *[air, regard]* surprised ◆ **surpris de qch** surprised at sth ◆ **surpris de me voir là/que je sois encore là** surprised at seeing me there *ou* to see me there/that I was still there ◆ **il va être désagréablement surpris** he has an unpleasant surprise in store for him, he's in for an unpleasant surprise ◆ **j'ai été le premier surpris de cette victoire** this victory came as a real surprise to me ◆ **vous ne seriez pas surpris si je vous disais que...** it wouldn't surprise you *ou* come as a surprise to you if I told you that...

surprise[2] /syʀpʀiz/ SYN **NF** [1] *(= étonnement)* surprise ◆ **regarder qn avec surprise** to look at sb with *ou* in surprise ◆ **muet de surprise** speechless with surprise ◆ **avoir la surprise de voir que...** to be surprised to see that... ◆ **avoir la bonne/mauvaise surprise de constater que...** to be pleasantly/unpleasantly surprised to find that... ◆ **à ma grande surprise** much to my surprise, to my great surprise ◆ **à la surprise générale** to everybody's surprise ◆ **avec lui, on va de surprise en surprise** it's one surprise after another with him ◆ **créer la surprise** to create a stir *ou* a sensation
[2] *(= cause d'étonnement, cadeau)* surprise ◆ **avec ça, pas de (mauvaises) surprises !** you'll have no nasty *ou* unpleasant surprises with this! ◆ **il m'a apporté une petite surprise** he brought me a little surprise ◆ **quelle bonne surprise !** what a nice *ou* pleasant *ou* lovely surprise! ◆ « **la surprise du chef** » *(Culin)* "the chef's surprise"
◆ **sans surprise** ◆ **il a été réélu sans surprise avec 64% des suffrages** his re-election with 64% of the votes came as no surprise to anyone ◆ **victoire sans surprise** unsurprising victory ◆ **c'est un film/scénario sans surprise** it's a rather unexciting film/script ◆ **voyage sans surprise** uneventful *ou* unremarkable journey ◆ **prix sans surprise** (all-)inclusive price ◆ **avec cette entreprise, c'est sans surprise** you always know what you're getting with this company
◆ **par surprise** *[attaquer]* by surprise ◆ **il m'a pris par surprise** he took me by surprise, he caught me off guard *ou* unawares
[3] *(en apposition)* ◆ **attaque-surprise** surprise attack ◆ **échappée-surprise** *(Sport)* sudden breakaway ◆ **grève-surprise** unofficial strike ◆ **invité-surprise** surprise guest ◆ **visite-surprise** surprise visit ◆ **voyage-surprise** *[d'homme politique]* surprise *ou* unexpected trip *ou* visit

surprise-partie † (pl **surprises-parties**) /syʀpʀizpaʀti/ **NF** party

surproducteur, -trice /syʀpʀɔdyktœʀ, tʀis/ **ADJ** overproductive

surproduction /syʀpʀɔdyksjɔ̃/ **NF** overproduction

surproduire /syʀpʀɔdɥiʀ/ ▸ conjug 38 ◂ **VT** to overproduce

surprotection /syʀpʀɔtɛksjɔ̃/ **NF** overprotection

surprotéger /syʀpʀɔteʒe/ ▶ conjug 6 et 3 ◀ VT to overprotect

surpuissance /syʀpɥisɑ̃s/ NF ultra-powerfulness

surpuissant, e /syʀpɥisɑ̃, ɑ̃t/ ADJ [voiture, moteur] ultra-powerful

surqualification /syʀkalifikasjɔ̃/ NF overqualification ◆ **malgré sa surqualification, il a accepté le poste** despite the fact that he was overqualified, he accepted the job

surqualifié, e /syʀkalifje/ ADJ overqualified

surréalisme /syʀʀealism/ NM surrealism

surréaliste /syʀʀealist/
  ADJ [écrivain, peintre] surrealist; [tableau, poème] surrealist, surrealistic; (= bizarre) surreal, surrealistic
  NMF surrealist

surrection /sy(ʀ)ʀɛksjɔ̃/ NF (Géol) uplift

surréel, -elle /syʀʀeɛl/ ADJ surreal

surrégénérateur /syʀʀeʒeneʀatœʀ/ NM ⇒ **surgénérateur**

surrégime /syʀʀeʒim/ NM ◆ **être** ou **tourner en surrégime** [voiture, moteur] to be over-revving; [économie] to be overheating

surrénal, e (mpl **-aux**) /sy(ʀ)ʀenal, o/
  ADJ suprarenal
  NFPL **surrénales** ◆ **(glandes) surrénales** suprarenals

surreprésentation /sy(ʀ)ʀəpʀezɑ̃tasjɔ̃/ NF [de catégorie de personnes] over-representation

surreprésenté, e /sy(ʀ)ʀəpʀezɑ̃te/ ADJ [catégorie de personnes] over-represented

sur(-)réservation /syʀʀezɛʀvasjɔ̃/ NF double booking, overbooking

surround /səʀaund/ ADJ ◆ **son surround** surround sound

sursalaire /syʀsalɛʀ/ NM bonus, premium

sursaturation /syʀsatyʀasjɔ̃/ NF supersaturation

sursaturé, e /syʀsatyʀe/ ADJ 1 [solution] supersaturated
  2 (Écon) [marché] saturated

sursaut /syʀso/ SYN NM 1 (= mouvement brusque) start, jump ◆ **se réveiller en sursaut** to wake up with a start ou jump ◆ **elle a eu un sursaut** she gave a start, she jumped
  2 (= élan, accès) ◆ **sursaut d'énergie** (sudden) burst ou fit of energy ◆ **l'élève a eu un sursaut au troisième trimestre** the pupil put on a spurt in the third term

sursauter /syʀsote/ SYN ▶ conjug 1 ◀ VI to start, to jump, to give a start ◆ **faire sursauter qn** to make sb jump, to give sb a start ◆ **sursauter de peur** to jump with fright

sursemer /syʀsəme/ ▶ conjug 5 ◀ VT to oversow

surseoir /syʀswaʀ/ SYN ▶ conjug 26 ◀ **surseoir à** VT INDIR [+ publication, délibération] to defer, to postpone; [+ poursuites, jugement, sentence, exécution] to stay ◆ **surseoir à l'exécution d'un condamné** to grant a stay of execution ou a reprieve to a condemned man

sursis /syʀsi/ SYN NM 1 (Jur) [de condamnation à mort] reprieve ◆ **peine avec sursis** ou **assortie du sursis** suspended ou deferred sentence ◆ **il a eu deux ans avec sursis** he was given a two-year suspended ou deferred sentence ◆ **sursis à exécution** ou **d'exécution** stay of execution ◆ **sursis avec mise à l'épreuve** conditional discharge
  2 (Mil) ◆ **sursis (d'incorporation)** deferment
  3 (= temps de répit) reprieve ◆ **c'est un mort en sursis** he's a condemned man, he's living under a death sentence ou on borrowed time ◆ **gouvernement/entreprise en sursis** government/company living on borrowed time ◆ **demander un sursis de paiement** to ask for an extension (on the deadline for a debt) ◆ **on a eu un sursis de trois jours** we got three days' grace

sursitaire /syʀsitɛʀ/
  ADJ (Mil) deferred (épith); (Jur) with a suspended ou deferred sentence
  NM (Mil) deferred conscript

sursouscrit, e /syʀsuskʀi, it/ ADJ (Bourse) [action] oversubscribed

surstock /syʀstɔk/ NM overstock

surstockage /syʀstɔkaʒ/ NM overstocking

surstocker /syʀstɔke/ ▶ conjug 1 ◀ VT to overstock

surtaux /syʀto/ NM excessive rate

surtaxe /syʀtaks/ NF (Fin) surcharge; [de lettre mal affranchie] surcharge; [d'envoi exprès] additional charge, surcharge ◆ **surtaxe à l'importation** import surcharge

surtaxer /syʀtakse/ ▶ conjug 1 ◀ VT to surcharge

surtension /syʀtɑ̃sjɔ̃/ NF (Élec) overvoltage

surtitre /syʀtitʀ/ NM surtitle

surtitrer /syʀtitʀe/ ▶ conjug 1 ◀ VT [+ opéra, pièce de théâtre] to surtitle ◆ « **surtitré** » "with surtitles" ◆ **l'opéra était surtitré** the opera had surtitles

surtout¹ /syʀtu/ SYN ADV 1 (= avant tout, d'abord) above all; (= spécialement) especially, particularly ◆ **rapide, efficace et surtout discret** quick, efficient and above all discreet ◆ **il est assez timide, surtout avec les femmes** he's quite shy, especially ou particularly with women ◆ **j'aime surtout les romans, mais je lis aussi de la poésie** I particularly like novels, but I also read poetry ◆ **dernièrement, j'ai surtout lu des romans** lately I've been reading mostly ou mainly novels ◆ **j'aime les romans, surtout les romans policiers** I like novels, especially ou particularly detective novels ◆ **le poulet, je l'aime surtout à la broche** I like chicken best (when it's) spit-roasted
  2 ◆ **surtout que*** especially as ou since
  3 (intensif) ◆ **surtout, n'en parle pas !** don't forget, mum's the word! ◆ **surtout pas maintenant** certainly not now ◆ **je ne veux surtout pas vous déranger** the last thing I want is to disturb you, I certainly don't want to disturb you ◆ **surtout pas !** certainly not! ◆ **surtout ne vous mettez pas en frais** whatever you do, don't go to any expense ◆ **ne m'aide pas, surtout !** (iro) don't help me, will you!

surtout² /syʀtu/ NM 1 († = manteau) greatcoat †
  2 (= milieu de table) centrepiece (Brit), centerpiece (US), epergne (SPÉC)

survaloriser /syʀvalɔʀize/ ▶ conjug 1 ◀ VT [+ personne] to overrate, to over-value; [+ critère, fonction] to attach too much importance to

surveillance /syʀvɛjɑ̃s/ SYN
  NF 1 (= garde) [d'enfant, élève, bagages] watch ◆ **sous la surveillance attentive de qn** under the watchful eye of sb ◆ **laisser un enfant sans surveillance** to leave a child unsupervised
  2 (Mil, Police) [de personne, maison] surveillance; [de frontières] surveillance, monitoring; [de cessez-le-feu] monitoring, supervision ◆ **surveillance aérienne** air surveillance ◆ **mission/service de surveillance** surveillance mission/personnel ◆ **société de surveillance** security firm ◆ **sous surveillance médicale** under medical supervision ◆ **sous (étroite) surveillance policière** under (close) police surveillance ◆ **placer qn/qch sous haute surveillance** (lit, fig) to keep a close watch on sb/sth ◆ **il y aura une surveillance bancaire au niveau européen** banks will be monitored at European level

  ◆ **en surveillance** ◆ **navire/avion en surveillance** ship/plane carrying out surveillance ◆ **être/rester en surveillance à l'hôpital** to be/remain under observation at the hospital

  3 (= contrôle) [d'éducation, études, réparation, construction] supervision; (Scol, Univ) [d'examen] invigilation ◆ **déjouer ou tromper la surveillance de ses gardiens** to slip by ou evade the guards ◆ **l'enseignant qui assure la surveillance de l'épreuve** the teacher invigilating
  4 (= fait d'épier) [de personne, mouvement, proie] watch; (Sport) watch ◆ **exercer une surveillance continuelle/une étroite surveillance sur** to keep a constant/a close watch over

  COMP **surveillance à distance** remote electronic surveillance
  surveillance électronique electronic surveillance; (Méd) electronic monitoring
  surveillance légale legal surveillance (of impounded property)
  surveillance vidéo video surveillance

surveillant, e /syʀvɛjɑ̃, ɑ̃t/ SYN NM,F [de prison] warder (Brit), guard (US); [d'usine, chantier] supervisor, overseer; [de magasin] shopwalker; (Méd) head nurse, charge nurse; (Scol : aux examens) invigilator (Brit), proctor (US) ◆ **surveillant (d'étude)** supervisor ◆ **surveillant général** † (Scol) chief supervisor ◆ **surveillant d'internat** (Scol) dormitory supervisor, dormitory monitor (US) ◆ **surveillante générale** (Méd) nursing officer, matron (Brit)

surveillé, e /syʀvɛje/ (ptp de **surveiller**) ADJ → **liberté**

surveiller /syʀvɛje/ SYN ▶ conjug 1 ◀
  VT 1 (= garder) [+ enfant, élève, bagages] to watch, to keep an eye on; [+ prisonnier] to keep watch over, to keep (a) watch on; [+ malade] to watch over, to keep watch over ◆ **les opposants au régime sont très surveillés** opponents of the regime are kept under close watch ou are watched very closely ◆ **ce régime politique doit être surveillé de près** this régime needs to be watched closely ou to be kept under close scrutiny
  2 (= contrôler) [+ éducation, études de qn, récréation] to supervise; [+ réparation, construction] to supervise, to oversee; (Scol, Univ) [+ examen] to invigilate ◆ **surveille la soupe** keep an eye on the soup, watch the soup ◆ **surveille la cuisson du rôti** watch the roast ◆ **je surveille l'heure, il ne faut pas être en retard** I'm keeping an eye on the time, we mustn't be late
  3 (= défendre) [+ locaux] to keep watch on ; [+ territoire] to watch over, to keep watch over; [+ frontières, espace aérien] to monitor; [+ cessez-le-feu] to monitor, to supervise ◆ **l'entrée de l'aéroport est très surveillée** there is tight security at the entrance to the airport
  4 (= épier) [+ personne, mouvements, proie] to watch; [+ adversaire] (Mil) to keep watch on; (Sport) to watch ◆ **se sentant surveillé, il partit** feeling he was being watched, he left ◆ **surveiller qn de près** to keep a close eye ou watch on sb ◆ **surveiller qn du coin de l'œil** to watch sb out of the corner of one's eye
  5 (= être attentif à) ◆ **surveiller son langage/sa tension/sa ligne** to watch one's language/one's blood pressure/one's figure ◆ **tu devrais surveiller ta santé** you should look after your health

  VPR **se surveiller** to keep a check ou a watch on o.s. ◆ **il devrait se surveiller, il grossit de plus en plus** he ought to watch himself because he's getting fatter and fatter ◆ **ils sont obligés de se surveiller devant les enfants** they have to watch themselves ou be careful in front of the children

  ⓘ **surveiller** ne se traduit pas par **to survey**, qui a le sens de 'inspecter'.

survenance /syʀvənɑ̃s/ NF unexpected arrival ou appearance

survenir /syʀvəniʀ/ SYN ▶ conjug 22 ◀ VI [événement] to take place; [incident, complications, retards] to occur, to arise; [personne] to appear, to arrive (unexpectedly) ◆ **s'il survenait quelque chose de nouveau** if anything new comes up ◆ **s'il survient des complications...** should any complications arise...

survente /syʀvɑ̃t/ NF (Comm) overcharging

survenue /syʀvəny/ NF [de personne] unexpected arrival ou appearance; [de maladie] onset; [de mutations, symptômes] appearance

survêt* /syʀvɛt/ NM (abrév de **survêtement**) tracksuit, sweat shirt

survêtement /syʀvɛtmɑ̃/ NM [de sportif] tracksuit, sweat suit; [d'alpiniste, skieur] overgarments

survie /syʀvi/ NF [de malade, accidenté, auteur, amitié, entreprise, mode] survival; (Rel : dans l'au-delà) afterlife ◆ **ce médicament lui a donné quelques mois de survie** this drug has given him a few more months to live ◆ **une survie de quelques jours, à quoi bon, dans son état ?** what's the use of prolonging his life for a few more days in his condition? ◆ **maintenir qn en survie** to keep sb alive artificially

  ◆ **de survie** [instinct, réflexe] survival (épith) ◆ **équipement/combinaison/couverture de survie** survival equipment/suit/blanket ◆ **radeau de survie** life-raft ◆ **ses chances de survie sont importantes** he has ou stands a good chance of survival ou surviving

survirage /syʀviʀaʒ/ NM [de véhicule] oversteering

survirer /syʀviʀe/ ▶ conjug 1 ◀ VI [voiture] to oversteer

survireur, -euse /syʀviʀœʀ, øz/ ADJ ◆ **voiture survireuse** car which oversteers

survitrage /syʀvitʀaʒ/ NM double-glazing

survivance /syʀvivɑ̃s/ NF (= vestige) relic, survival ◆ **cette coutume est une survivance du passé** this custom is a survival ou relic from the past ◆ **survivance de l'âme** (littér) survival of the soul (after death), afterlife

survivant, e /syʀvivɑ̃, ɑ̃t/ SYN
- ADJ surviving
- NM,F survivor ◆ **des sœurs, la survivante...** the surviving sister... ◆ **un survivant d'un âge révolu** a survivor from a past age

survivre /syʀvivʀ/ SYN ▸ conjug 46 ◂
- VI ① (= continuer à vivre : lit, fig) to survive ◆ **va-t-il survivre ?** (après accident) will he live? ou survive? ◆ **il n'avait aucune chance de survivre** he had no chance of survival ou surviving ◆ **survivre à** [+ accident, maladie, humiliation] to survive ◆ **rien ne survivait de leurs anciennes coutumes** nothing survived of their old customs
- ② (= vivre plus longtemps que) ◆ **survivre à** [personne] to outlive; [œuvre, idée] to outlive, to outlast
- VPR **se survivre** ① (= se perpétuer) ◆ **se survivre dans** [+ œuvre, enfant, souvenir] to live on in
- ② (péj) [auteur] to outlive one's talent; [aventurier] to outlive one's time

survol /syʀvɔl/ NM ① (en avion) ◆ **le survol de** flying over ◆ **ils interdisent le survol de leur territoire** they won't allow anyone to fly over their territory ◆ **faire un survol à basse altitude** to make a low flight
- ② (= examen rapide) [de livre] skimming through, skipping through; [de question] skimming over ◆ **après un rapide survol de sa filmographie, nous...** after a brief look at his filmography, we...

survoler /syʀvɔle/ SYN ▸ conjug 1 ◂ VT ① (en avion) to fly over
- ② [+ livre] to skim through, to skip through; [+ question] to skim over
- ③ (Sport) [+ épreuve] to sail through

survoltage /syʀvɔltaʒ/ NM (Élec) boosting

survolté, e /syʀvɔlte/ SYN ADJ
- ① (= surexcité) [foule] over-excited; [ambiance] electric, highly charged
- ② (Élec) stepped up, boosted

survolter /syʀvɔlte/ ▸ conjug 1 ◂ VT ① (= surexciter) to work up, to overexcite
- ② (Élec) to step up, to boost

survolteur /syʀvɔltœʀ/ NM (Élec) booster

survolteur-dévolteur (pl **survolteurs-dévolteurs**) /syʀvɔltœʀdevɔltœʀ/ NM (Élec) induction regulator

sus /sy(s)/ ADV ① (Admin) ◆ **en sus** in addition ◆ **en sus de** in addition to, over and above
- ② († †, hum) ◆ **courir sus à l'ennemi** to rush upon the enemy ◆ **sus à l'ennemi !** at them! ◆ **sus au tyran !** death to the tyrant!

susceptibilité /syseptibilite/ NF ① (= sensibilité) touchiness (NonC), sensitiveness (NonC) ◆ **afin de ménager** ou **de ne pas froisser les susceptibilités** so as not to offend people's susceptibilities ou sensibilities ◆ **être d'une grande susceptibilité** to be extremely touchy, to be hypersensitive
- ② (Phys) ◆ **susceptibilité magnétique** magnetic susceptibility

susceptible /syseptibl/ SYN ADJ ① (= ombrageux) touchy, sensitive ◆ **ne sois pas si susceptible !** don't be so touchy ou sensitive!
- ② (= de nature à) ◆ **susceptible de** likely to ◆ **des souches de virus susceptibles de provoquer une épidémie** virus strains that are likely to cause an epidemic ◆ **les personnes susceptibles d'être infectées** the people likely to be infected ◆ **des conférences susceptibles de l'intéresser** lectures liable ou likely to be of interest to him ◆ **ce sont des documents susceptibles de provoquer un scandale** these documents could well cause a scandal ◆ **texte susceptible d'être amélioré** ou **d'améliorations** text open to improvement ou that can be improved upon
- ③ (hypothèse) ◆ **est-il susceptible de le faire ?** is he likely to do it? ◆ **il est susceptible de gagner** he may well win, he is liable to win

⚠ Au sens de 'facilement vexé', **susceptible** ne se traduit pas par le mot anglais **susceptible**.

susciter /sysite/ SYN ▸ conjug 1 ◂ VT ① (= donner naissance à) [+ admiration, intérêt] to arouse; [+ passions, jalousies, haine] to arouse, to incite; [+ controverse, critiques, querelle] to give rise to, to provoke; [+ obstacles] to give rise to, to create
- ② (= provoquer volontairement) to create ◆ **susciter des obstacles/ennuis à qn** to create obstacles/difficulties for sb ◆ **susciter des ennemis à qn** to make enemies for sb

suscription /syskʀipsjɔ̃/ NF (Admin) address

susdit, e /sysdi, dit/ ADJ (Jur) aforesaid

sus-dominante /sysdɔminɑ̃t/ NF submediant

sus-hépatique (pl **sus-hépatiques**) /syzepatik/ ADJ suprahepatic

sushi /suʃi/ NM sushi

sus-maxillaire (pl **sus-maxillaires**) /sysmaksilɛʀ/ ADJ supramaxillary

susmentionné, e /sysmɑ̃sjɔne/ ADJ (Admin) above-mentioned, aforementioned

susnommé, e /sysnɔme/ ADJ, NM,F (Admin, Jur) above-named

suspect, e /syspɛ(kt), ɛkt/ SYN
- ADJ ① (= louche) [individu, conduite, colis] suspicious ◆ **sa générosité m'est** ou **me paraît suspecte** his generosity seems suspect ou suspicious to me ◆ **il est mort dans des conditions suspectes** he died in suspicious circumstances
- ② (= douteux) [opinion, témoignage] suspect; [viande, poisson] suspect ◆ **elle était suspecte aux yeux de la police** the police were suspicious of her ◆ **pensées suspectes à la majorité conservatrice** thoughts which the conservative majority find suspect
- ③ (= soupçonné) ◆ **les personnes suspectes** those under suspicion
- ④ ◆ **suspect de** suspected of ◆ **ils sont suspects de collusion avec l'ennemi** they are suspected of collusion with the enemy ◆ **Leblanc, pourtant bien peu suspect de royalisme, a proposé que...** Leblanc, though hardly likely to be suspected of royalism, did propose that...
- NM,F suspect ◆ **principal suspect** chief ou prime suspect

suspecter /syspɛkte/ SYN ▸ conjug 1 ◂ VT [+ personne] to suspect; [+ bonne foi, honnêteté] to suspect, to have (one's) suspicions about, to question ◆ **suspecter qn de faire qch** to suspect sb of doing sth ◆ **on le suspecte de sympathies gauchistes** he is suspected of having leftist sympathies

suspendre /syspɑ̃dʀ/ SYN ▸ conjug 41 ◂
- VT ① (= accrocher) [+ vêtements] to hang up; [+ lampe, décoration] to hang, to suspend (à from); [+ hamac] to sling (up) ◆ **suspendre qch à** [+ clou, crochet, portemanteau] to hang sth on ◆ **suspendre un lustre au plafond par une chaîne** to hang ou suspend a chandelier from the ceiling on ou by ou with a chain ◆ **suspendre un hamac à des crochets/à deux poteaux** to sling a hammock between two hooks/between two posts
- ② (= interrompre) [+ publication, combat, paiement, mouvement de grève, transactions] to suspend; [+ récit, négociations, relations diplomatiques] to break off; [+ audience, séance] to adjourn; [+ permis de conduire] to suspend; [+ jugement] to suspend, to defer; [+ décision] to postpone, to defer; [+ recherche, projet] to suspend, to break off ◆ **suspendre la cotation d'une action** (Bourse) to suspend a share
- ③ (= destituer) [+ prélat, fonctionnaire] to suspend; (= mettre à pied) [+ joueur] to suspend ◆ **suspendre qn de ses fonctions** to suspend sb from office
- VPR **se suspendre** ◆ **se suspendre à** [+ branche, barre] to hang from (par by) ◆ **les enfants se suspendaient aux jupes de leur mère** the children were hanging onto their mother's skirt

suspendu, e /syspɑ̃dy/ SYN ▸ (ptp de **suspendre**) ◂
- ADJ ① (= accroché) ◆ **vêtement suspendu à** garment hanging on ◆ **lustre suspendu à** light hanging ou suspended from ◆ **benne suspendue à un câble/dans le vide** skip suspended by a cable/in mid air ◆ **montre suspendue à une chaîne** watch hanging on a chain ◆ **être suspendu aux lèvres de qn** to be hanging on sb's every word ou on sb's lips ◆ **chalets suspendus au-dessus d'une gorge** chalets perched ou suspended over a gorge; → **jardin, pont**
- ② (= interrompu) [séance] adjourned; [jugement] suspended, deferred; [fonctionnaire, magistrat] suspended
- ③ ◆ **voiture bien/mal suspendue** car with good/poor suspension

suspens /syspɑ̃/ SYN NM ①
- ◆ **en suspens** (= en attente) [question, dossier, projet] on hold; (= dans l'incertitude) in suspense; (= en suspension) [poussière, flocons de neige] in suspension ◆ **on a laissé la question en suspens** the matter has been put on hold ◆ **il reste beaucoup de questions/problèmes en suspens** many questions/problems remain unresolved ◆ **tenir les lecteurs en suspens** to keep the reader in suspense ◆ **en suspens dans l'air** hanging ou suspended in the air
- ② (littér = suspense) suspense

suspense¹ /syspens, syspɑ̃s/ NM [de film, roman] suspense ◆ **un moment de suspense** a moment's suspense ◆ **un suspense angoissant** an agonizing feeling of suspense ◆ **film à suspense** suspense film, thriller

suspense² /syspɑ̃s/ NF (Rel) suspension

suspenseur /syspɑ̃sœʀ/
- ADJ M suspensory
- NM suspensor

suspensif, -ive /syspɑ̃sif, iv/ ADJ (Jur) suspensive

suspension /syspɑ̃sjɔ̃/ NF
- ① [de vêtements] hanging; [de lampe, décoration] hanging, suspending
- ② (= interruption) [de publication, combats, paiement, permis de conduire] suspension; [de récit] breaking off; [d'audience, séance] adjournment ◆ **le juge a ordonné la suspension de l'audience** the judge ordered that the hearing be adjourned ◆ **il a eu un an de suspension de permis** he had his driving licence suspended for a year ◆ **la suspension des relations diplomatiques entre les deux pays** the breaking off ou suspension of diplomatic relations between the two countries
- ③ (= fait de différer) [de jugement] suspension, deferment; [de décision] postponement, deferment
- ④ [de prélat, fonctionnaire] suspension; [de joueur] suspension ◆ **prononcer la suspension de qn pour 2 ans** to suspend sb for 2 years ◆ **suspension à vie** lifetime ban
- ⑤ [de véhicule] suspension ◆ **suspension active/hydraulique** active/hydraulic suspension
- ⑥ (= lustre) ceiling light
- ⑦ (= installation, système) suspension ◆ **suspension florale** hanging basket
- ⑧ (Chim) suspension
- LOC ADJ **en suspension** [particule, poussière] in suspension, suspended ◆ **en suspension dans l'air** [poussière] in the air ou suspended in the air ◆ **en suspension dans l'air** ou **dans le vide** [personne, câble] hanging ou suspended in mid-air
- COMP **suspension d'audience** adjournment ◆ **suspension des hostilités** suspension of hostilities ◆ **suspension de paiement** suspension of payment(s) ◆ **suspension des poursuites** suspension of proceedings ◆ **suspension de séance** ⇒ **suspension d'audience**

suspensoir /syspɑ̃swaʀ/ NM athletic support, jockstrap

suspente /syspɑ̃t/ NF ① (Naut = cordage) sling
- ② [de parachute] suspending rope

suspicieusement /syspisjøzmɑ̃/ ADV suspiciously

suspicieux, -ieuse /syspisjø, jøz/ SYN ADJ suspicious

suspicion /syspisjɔ̃/ SYN NF suspicion ◆ **avoir de la suspicion à l'égard de qn** to be suspicious of sb, to have one's suspicions about sb ◆ **regard plein de suspicion** suspicious look ◆ **suspicion légitime** (Jur) reasonable suspicion (about the fairness of a trial)

sustentateur, -trice /systɑ̃tatœʀ, tʀis/ ADJ (Aviation) lifting ◆ **surface sustentatrice** aerofoil (Brit), airfoil (US)

sustentation /systɑ̃tasjɔ̃/ NF (Aviation) lift ◆ **plan de sustentation** aerofoil (Brit), airfoil (US) ◆ **polygone** ou **base de sustentation** (Géom) base ◆ **train à sustentation magnétique** magnetic levitation train, maglev train

sustenter /systɑ̃te/ ▸ conjug 1 ◂
- VT († = nourrir) to sustain ◆ **la lecture sustente l'esprit** reading nourishes the mind
- VPR **se sustenter** (hum, frm) to take sustenance (hum, frm)

sus-tonique /systɔnik/ ADJ (Mus) supertonic

susurrement /sysyʀmɑ̃/ NM [de personne] whisper, whispering; [d'eau] murmuring

susurrer /sysyʀe/ SYN ▸ conjug 1 ◂ VTI [personne] to whisper; [eau] to murmur ◆ **il lui susurrait des mots doux à l'oreille** he whispered sweet nothings in her ear ◆ **les mauvaises langues susurrent qu'il a fait de la prison** malicious gossips are putting it about that he has been to prison ◆ **on susurre qu'il a été impliqué** it's whispered that ou the whisper is that he was involved

susvisé, e /sysvize/ ADJ above-mentioned, aforementioned

sûtra /sutra/ NM ⇒ **soutra**

sutural, e (mpl **-aux**) /sytyral, o/ ADJ sutural

suture /sytyr/ NF (*Anat, Bot, Méd*) suture; → **point**[2]

suturer /sytyre/ ▸ conjug 1 ◂ VT to suture (*SPÉC*), to stitch up

SUV /ɛsyve/ NM (abrév de **Sport Utility Vehicle**) SUV

Suva /syva/ N Suva

suzerain, e /syz(ə)rɛ̃, ɛn/
  NM,F suzerain, overlord
  ADJ suzerain

suzeraineté /syz(ə)rɛnte/ NF suzerainty

svastika /svastika/ NM swastika

svelte /svɛlt/ SYN ADJ [*personne*] slender, svelte; [*édifice, silhouette*] slender, slim

sveltesse /svɛltɛs/ NF slenderness

SVP (abrév de **s'il vous plaît**) pls, please

SVT /ɛsvete/ NFPL (abrév de **sciences de la vie et de la terre**) → **science**

swahili, e /swaili/
  ADJ Swahili(an)
  NM (= *langue*) Swahili
  NM,F **Swahili(e)** Swahili

SWAPO /swapo/ NF (abrév de **Organisation du peuple du Sud-Ouest africain**) SWAPO

swastika /svastika/ NM ⇒ **svastika**

swazi, e /swazi/
  ADJ Swazi
  NM,F **Swazi(e)** Swazi

Swaziland /swazilɑ̃d/ NM Swaziland

sweat /swit, swɛt/ NM sweatshirt

sweater /switœr, swɛtœr/ NM sweater

sweat-shirt (pl **sweat-shirts**) /switʃœrt, swɛtʃœrt/ NM sweatshirt

sweepstake /swipstɛk/ NM sweepstake

swing /swiŋ/ NM (= *musique*) swing; (= *danse*) jive ◆ **danser le swing** to jive

swinguer* /swiŋge/ ▸ conjug 1 ◂ VI to swing* ◆ **ça swingue !** it's really swinging!*

sybarite /sibarit/ NMF sybarite

sybaritique /sibaritik/ ADJ sybaritic

sybaritisme /sibaritism/ NM sybaritism

sycomore /sikɔmɔr/ NM sycamore (tree)

sycophante /sikɔfɑ̃t/ NM (*littér* = *délateur*) informer

sycosis /sikozis/ NM sycosis

Sydney /sidnɛ/ N Sydney

syénite /sjenit/ NF syenite

syllabaire /si(l)labɛr/ NM (= *livre*) syllabic speller; (*Ling*) syllabary

syllabation /si(l)labasjɔ̃/ NF syllabication, syllabification

syllabe /si(l)lab/ NF syllable ◆ **syllabe ouverte/fermée** open/closed syllable ◆ **syllabe finale/muette/accentuée** final/silent/accented *ou* stressed syllable ◆ **il n'a pas prononcé une syllabe** he didn't say a single word

syllabique /si(l)labik/ ADJ syllabic

syllabisme /si(l)labism/ NM syllabism

syllabus /si(l)labys/ NM (*Rel*) syllabus

syllepse /silɛps/ NF syllepsis

syllogisme /silɔʒism/ NM syllogism

syllogistique /silɔʒistik/
  ADJ syllogistic
  NF syllogistics (*sg*)

sylphe /silf/ NM sylph

sylphide /silfid/ NF sylphid; (= *femme*) sylphlike creature ◆ **sa taille de sylphide** her sylphlike figure

sylvain /silvɛ̃/ NM (*Myth*) Silvanus, Sylvanus

sylve /silv/ NF (*littér*) forest, wood

sylvestre /silvɛstr/ ADJ forest (*épith*), silvan (*littér*); → **pin**

sylvicole /silvikɔl/ ADJ [*ouvrier, projet*] forestry (*épith*) ◆ **culture sylvicole** tree cultivation ◆ **exploitation sylvicole** tree farm

sylviculteur, -trice /silvikyltœr, tris/ NM,F forester

sylviculture /silvikyltyr/ NF forestry, silviculture (*SPÉC*)

sylvinite /silvinit/ NF sylvite, sylvine

symbiose /sɛ̃bjoz/ NF (*lit, fig*) symbiosis ◆ **en symbiose** in symbiosis

symbiote /sɛ̃bjɔt/ NM symbiont

symbiotique /sɛ̃bjɔtik/ ADJ symbiotic

symbole /sɛ̃bɔl/ SYN NM [1] (*gén*) symbol ◆ **une ville(-)symbole/des années(-)symbole de la liberté** a city that has come to symbolize/years that have come to symbolize freedom ◆ **la colombe, symbole de la paix** the dove, symbol of peace
[2] (*Rel*) Creed ◆ **le Symbole des apôtres** the Apostles' Creed ◆ **le symbole de saint Athanase** the Athanasian Creed

symbolique /sɛ̃bɔlik/ SYN
  ADJ (*gén*) symbolic(al); (= *très modique*) [*donation, augmentation, amende*] token (*épith*), nominal; [*cotisation, contribution, dommages-intérêts*] nominal; (= *sans valeur*) [*solution*] cosmetic ◆ **c'est un geste purement symbolique** it's a purely symbolic gesture, it's just a token gesture ◆ **logique symbolique** symbolic logic; → **franc**[2]
  NF (= *science*) symbolics (*sg*); (= *système de symboles*) symbolic system ◆ **la symbolique des rêves** the symbolism of dreams, dream symbolism

symboliquement /sɛ̃bɔlikmɑ̃/ ADV symbolically

symbolisation /sɛ̃bɔlizasjɔ̃/ NF symbolization

symboliser /sɛ̃bɔlize/ SYN ▸ conjug 1 ◂ VT to symbolize

symbolisme /sɛ̃bɔlism/ NM (*gén*) symbolism; (*Littérat*) Symbolism

symboliste /sɛ̃bɔlist/ ADJ, NMF Symbolist

symétrie /simetri/ SYN NF (*gén*) symmetry (*par rapport à* in relation to) ◆ **centre/axe de symétrie** centre/axis of symmetry

symétrique /simetrik/ SYN
  ADJ symmetrical (*de* to; *par rapport à* in relation to)
  NM [*de muscle, point*] symmetry
  NF [*de figure plane*] symmetrical figure

symétriquement /simetrikmɑ̃/ ADV symmetrically

sympa* /sɛ̃pa/ ADJ INV (abrév de **sympathique**) [*personne, soirée, robe*] nice; [*endroit, ambiance*] nice, friendly ◆ **un type vachement sympa** a really nice guy* *ou* bloke* (*Brit*) ◆ **sois sympa, prête-le-moi** be a pal* and lend it to me ◆ **ce n'est pas très sympa de sa part** that's not very nice of him

sympathectomie /sɛ̃patɛktɔmi/ NF sympathectomy

sympathie /sɛ̃pati/ GRAMMAIRE ACTIVE 24.4 SYN NF
[1] (= *amitié*) liking ◆ **ressentir de la sympathie à l'égard de qn** to (rather) like sb, to feel drawn to *ou* towards sb ◆ **se prendre de sympathie pour qn** to take a liking to sb ◆ **j'ai beaucoup de sympathie pour lui** I like him a great deal ◆ **je n'ai aucune sympathie pour elle** I don't like her at all ◆ **il inspire la sympathie** he's very likeable, he's a likeable sort ◆ **s'attirer la sympathie de qn** to win sb over ◆ **n'ayant que peu de sympathie pour cette nouvelle théorie** having little time for this new theory
[2] (= *affinité*) friendship ◆ **la sympathie qui existe entre eux** the friendship there is between them, the affinity they feel for each other ◆ **des relations de sympathie les unissaient** they were united by friendship ◆ **il n'y a guère de sympathie entre ces factions/personnes** there's no love lost between these factions/people ◆ **être en sympathie avec qn** to be at one with sb (*frm*)
[3] (= *compassion*) sympathy; (*frm* = *condoléances*) sympathy ◆ **ce drame lui a attiré la sympathie du public** the tragedy earned him the sympathy of the public ◆ **croyez à notre sympathie** please accept our deepest *ou* most heartfelt sympathy, you have our deepest sympathy ◆ **témoignages de sympathie** (*pour deuil*) expressions of sympathy
[4] (= *tendance*) sympathy ◆ **on le suspecte de sympathie avec le nazisme** he is suspected of having Nazi sympathies *ou* leanings ◆ **il ne cache pas ses sympathies communistes** he doesn't hide his communist sympathies ◆ **ils sont en sympathie avec le parti communiste** they sympathize with the communist party

⚠ Au sens de 'amitié' ou 'affinité', **sympathie** ne se traduit pas par le mot anglais **sympathy**.

sympathique /sɛ̃patik/ SYN
[1] (= *agréable, aimable*) [*personne*] likeable, nice; [*geste, accueil*] friendly, kindly; [*soirée, réunion, ambiance*] pleasant, friendly; [*plat*] good, nice; [*appartement*] nice, pleasant ◆ **il m'est très sympathique, je le trouve très sympathique** I like him very much, I think he's very nice ◆ **elle ne m'est pas très sympathique** I don't like her very much ◆ **cela me l'a rendu plutôt sympathique** that warmed me to him ◆ **il a une tête sympathique*** he has a friendly *ou* nice face ◆ **ce n'est pas un régime/une idéologie très sympathique** it is not a very pleasant regime/ideology
[2] (*Anat*) sympathetic
  NM (*Anat*) ◆ **le (grand) sympathique** the sympathetic nervous system

⚠ Au sens de 'agréable', 'aimable', **sympathique** ne se traduit pas par **sympathetic**.

sympathiquement /sɛ̃patikmɑ̃/ ADV [*accueillir, traiter*] in a friendly manner ◆ **ils ont sympathiquement offert de nous aider** they have kindly offered to help us ◆ **ils nous ont sympathiquement reçus** they gave us a friendly reception

sympathisant, e /sɛ̃patizɑ̃, ɑ̃t/ (*Pol*)
  ADJ sympathizing (*épith*)
  NM,F sympathizer

sympathiser /sɛ̃patize/ SYN ▸ conjug 1 ◂ VI [1] (= *se prendre d'amitié*) to hit it off* (*avec* with); (= *bien s'entendre*) to get on (well) (*avec* with) ◆ **ils ont tout de suite sympathisé** they took to each other immediately, they hit it off* straight away ◆ **je suis heureux de voir qu'il sympathise avec Lucien** I'm pleased to see he gets on (well) with Lucien ◆ **ils ne sympathisent pas avec les voisins** (= *fréquenter*) they don't have much contact with *ou* much to do with* the neighbours
[2] (*Pol*) ◆ **il sympathise avec l'extrême droite** he has sympathies *ou* he sympathizes with the far right

⚠ **sympathiser** se traduit par **to sympathize** uniquement au sens politique.

symphonie /sɛ̃fɔni/ NF (*Mus, fig*) symphony ◆ **symphonie concertante** symphonia concertante ◆ « **La Symphonie fantastique** » "La Symphonie Fantastique" ◆ « **La Symphonie inachevée** » "The Unfinished Symphony" ◆ « **La Symphonie du Nouveau Monde** » "The New World Symphony"

symphonique /sɛ̃fɔnik/ ADJ symphonic; → **orchestre, poème**

symphoniste /sɛ̃fɔnist/ NMF symphonist

symphorine /sɛ̃fɔrin/ NF snowberry

symphyse /sɛ̃fiz/ NF (*Anat, Méd*) symphysis ◆ **symphyse pubienne** pubic symphysis ◆ **symphyse mentonnière** symphysis of the mandible

symposium /sɛ̃pozjɔm/ NM symposium

symptomatique /sɛ̃ptɔmatik/ SYN ADJ (*Méd*) symptomatic; (= *révélateur*) significant ◆ **symptomatique de** symptomatic of

symptomatiquement /sɛ̃ptɔmatikmɑ̃/ ADV symptomatically

symptomatologie /sɛ̃ptɔmatɔlɔʒi/ NF symptomatology

symptôme /sɛ̃ptom/ SYN NM symptom

synagogue /sinagɔg/ NF synagogue

synalèphe /sinalɛf/ NF synal(o)epha

synallagmatique /sinalagmatik/ ADJ [*contrat*] synallagmatic

synapse /sinaps/ NF [*de neurones*] synapse, synapsis; [*de gamètes*] synapsis

synaptique /sinaptik/ ADJ synaptic ◆ **vésicules synaptiques** synaptic vesicles

synarchie /sinarʃi/ NF synarchy

synarthrose /sinartroz/ NF synarthrosis

synchro* /sɛ̃kro/
  ADJ abrév de **synchronisé, e**
  NF abrév de **synchronisation**

synchrocyclotron /sɛ̃krosiklɔtrɔ̃/ NM synchrocyclotron

synchrone /sɛ̃kron/ SYN ADJ synchronous

synchronie /sɛ̃kroni/ NF synchronic level, synchrony

synchronique | systématiser

synchronique /sɛ̃kʀɔnik/ ADJ [linguistique, analyse] synchronic; → **tableau**

synchroniquement /sɛ̃kʀɔnikmɑ̃/ ADJ synchronically

synchronisation /sɛ̃kʀɔnizasjɔ̃/ NF synchronization

synchronisé, e /sɛ̃kʀɔnize/ (ptp de **synchroniser**) ADJ synchronized

synchroniser /sɛ̃kʀɔnize/ ▸ conjug 1 ◂ VT to synchronize

synchroniseur /sɛ̃kʀɔnizœʀ/ NM (Élec) synchronizer; [de vitesses] synchromesh

synchroniseuse /sɛ̃kʀɔnizøz/ NF (Ciné) synchronizer

synchronisme /sɛ̃kʀɔnism/ NM [d'oscillations, dates] synchronism; (Philos) synchronicity ♦ **avec un synchronisme parfait** with perfect synchronization

synchrotron /sɛ̃kʀɔtʀɔ̃/ NM synchrotron ♦ **rayonnement synchrotron** synchrotron radiation

synclinal, e (mpl **-aux**) /sɛ̃klinal, o/
ADJ synclinal
NM syncline

syncopal, e (mpl **-aux**) /sɛ̃kɔpal, o/ ADJ syncopal

syncope /sɛ̃kɔp/ SYN NF ① (= évanouissement) blackout, fainting fit, syncope (SPÉC) ♦ **avoir une syncope** to have a blackout, to faint, to pass out
② (Mus) syncopation
③ (Ling) syncope

syncopé, e /sɛ̃kɔpe/ ADJ ① (Littérat, Mus) syncopated
② (* = stupéfait) staggered, flabbergasted*

syncoper /sɛ̃kɔpe/ ▸ conjug 1 ◂ VT (Mus) to syncopate

syncrétique /sɛ̃kʀetik/ ADJ syncretic

syncrétisme /sɛ̃kʀetism/ NM syncretism

syncrétiste /sɛ̃kʀetist/
ADJ syncret(ist)ic
NMF syncretist

syncytium /sɛ̃sitjɔm/ NM syncytium

syndactyle /sɛ̃daktil/ ADJ syndactyl

syndactylie /sɛ̃daktili/ NF syndactylism

synderme /sɛ̃dɛʀm/ NM synthetic leather

syndic /sɛ̃dik/ NM ① (Jur) receiver ♦ **syndic (d'immeuble** ou **de copropriété)** managing agent ♦ **syndic de faillite** (Jur, Fin) official assignee, trustee (in bankruptcy), judicial factor (US)
② (Hist) syndic
③ (Helv = maire) mayor

syndical, e (mpl **-aux**) /sɛ̃dikal, o/ ADJ ① (= des syndicats) (trade-)union, labor-union (US) ♦ **le mouvement syndical** the trade-union (Brit) ou labor-union (US) movement ♦ **la liberté syndicale** freedom for unions ♦ **400 euros est le minimum syndical** 400 euros is the legal minimum wage ♦ **il fait le minimum syndical** (fig) he doesn't do any more than he has to; → **central, chambre, tarif**
② (= du syndic) ♦ **conseil syndical d'un immeuble** management committee of a block of flats (Brit) ou of an apartment building (US)

syndicalisation /sɛ̃dikalizasjɔ̃/ NF unionization

syndicaliser /sɛ̃dikalize/ ▸ conjug 1 ◂ VT to unionize ♦ **un secteur fortement syndicalisé** a highly unionized sector

syndicalisme /sɛ̃dikalism/ NM (= mouvement) trade unionism; (= activité) (trade-)union activities; (= doctrine politique) syndicalism ♦ **faire du syndicalisme** to participate in (trade-)union activities, to be a (trade-)union activist

syndicaliste /sɛ̃dikalist/
NMF (= responsable d'un syndicat) (trade) union official, trade unionist; (= doctrinaire) syndicalist
ADJ [chef] trade-union (épith); [doctrine, idéal] unionist (épith)

syndicat /sɛ̃dika/ SYN
NM ① [de travailleurs] (trade) union; [d'employeurs] union; [de producteurs agricoles] union ♦ **syndicat de mineurs/de journalistes** miners'/journalists' union ♦ **syndicat du crime** crime syndicate
② (non professionnel) association

COMP **syndicat de banques** banking syndicate
syndicat de communes association of communes
syndicat financier syndicate of financiers
syndicat d'initiative tourist (information) office ou bureau ou centre
syndicat interdépartemental association of regional authorities
syndicat de locataires tenants' association
syndicat ouvrier trade union
syndicat patronal employers' syndicate, federation of employers, bosses' union*
syndicat de propriétaires (gén) association of property owners; (d'un même immeuble) householders' association

 Au sens de 'association de travailleurs', **syndicat** ne se traduit pas par le mot anglais **syndicate**.

syndicataire /sɛ̃dikatɛʀ/
ADJ of a syndicate
NMF syndicate member

syndiqué, e /sɛ̃dike/ (ptp de **syndiquer**)
ADJ belonging to a (trade) union ♦ **ouvrier syndiqué** union member ♦ **est-il syndiqué ?** is he in a ou the union?, is he a union man ou member? ♦ **les travailleurs non syndiqués** non-union ou non-unionized workers
NM,F union member

syndiquer /sɛ̃dike/ ▸ conjug 1 ◂
VT to unionize
VPR **se syndiquer** (= se grouper) to form a trade union, to unionize; (= adhérer) to join a trade union

syndrome /sɛ̃dʀom/ SYN NM syndrome ♦ **syndrome chinois** China syndrome ♦ **le syndrome de Down** Down's syndrome ♦ **syndrome de fatigue chronique** chronic fatigue syndrome ♦ **syndrome d'immunodéficience acquise** acquired immuno-deficiency syndrome ♦ **syndrome prémenstruel** premenstrual syndrome ♦ **syndrome respiratoire aigu sévère** severe acute respiratory syndrome ♦ **syndrome de la classe économique** economy class syndrome ♦ **il souffre d'un syndrome dépressif** he suffers from a depressive syndrome

synecdoque /sinɛkdɔk/ NF synecdoche

synéchie /sineʃi/ NF synechia

synérèse /sinerɛz/ NF (Ling) synaeresis; (Chim) syneresis

synergie /sinɛʀʒi/ NF synergy, synergism ♦ **travailler en synergie** to work in synergy (avec with) ♦ **opérer des synergies entre différents services** to bring about synergies between different departments

synergique /sinɛʀʒik/ ADJ synergetic

synesthésie /sinɛstezi/ NF synaesthesia

syngnathe /sɛ̃gnat/ NM pipefish

synodal, e (mpl **-aux**) /sinɔdal, o/ ADJ synodal

synode /sinɔd/ NM synod

synodique /sinɔdik/ ADJ (Astron) synodic(al); (Rel) synod(ic)al

synonyme /sinɔnim/ SYN
ADJ synonymous (de with)
NM synonym

synonymie /sinɔnimi/ NF synonymy

synonymique /sinɔnimik/ ADJ synonymic(al)

synopsis /sinɔpsis/ SYN NF ou M synopsis

synoptique /sinɔptik/ ADJ synoptic ♦ **les (Évangiles) synoptiques** the synoptic gospels

synostose /sinɔstoz/ NF (Anat, Méd) synosteosis

synovial, e (mpl **-iaux**) /sinɔvjal, jo/ ADJ synovial

synovie /sinɔvi/ NF synovia; → **épanchement**

synovite /sinɔvit/ NF synovitis

syntacticien, -ienne /sɛ̃taktisjɛ̃, jɛn/ NM,F syntactician

syntactique /sɛ̃taktik/
ADJ ⇒ **syntaxique**
NF syntactics (sg)

syntagmatique /sɛ̃tagmatik/
ADJ syntagmatic, phrasal
NF syntagmatic analysis

syntagme /sɛ̃tagm/ NM (word) group, phrase, syntagm (SPÉC) ♦ **syntagme adjoint** adjunctive phrase, adjunct ♦ **syntagme nominal** nominal group, noun phrase ♦ **syntagme verbal** verb phrase

syntaxe /sɛ̃taks/ NF (Ling, Ordin) syntax ♦ **erreur de syntaxe** syntax error

syntaxique /sɛ̃taksik/ ADJ syntactic

synthé* /sɛ̃te/ NM (abrév de **synthétiseur**) synth*

synthèse /sɛ̃tɛz/ SYN NF synthesis ♦ **faire la synthèse d'un exposé** to summarize the major points of a talk ♦ **synthèse vocale/de la parole** (Ordin) voice/speech synthesis
♦ **de synthèse** [drogue, molécule, produit] synthetic; [édulcorant] artificial ♦ **document de synthèse** (= résumé) summary; → **esprit, image**

synthétique /sɛ̃tetik/ SYN
ADJ ① [textile, fibre] synthetic, man-made; [résine, caoutchouc, revêtement] synthetic ♦ **matières synthétiques** synthetic materials, synthetics ♦ **c'est de la fourrure synthétique** it's fake fur ou fun fur
② (= artificiel) [images, voix, son] synthetic
③ (= qui envisage la totalité) [exposé] that gives an overall picture (of a subject); [ouvrage] that takes a global perspective ♦ **avoir l'esprit synthétique** to be good at synthesizing information ♦ **avoir une vision synthétique des choses** to be (able to) see the overall picture ♦ **présenter un sujet de façon synthétique** to give an overall picture of a subject
NM ♦ **le synthétique** (= tissus) synthetics ♦ **c'est du synthétique** it's synthetic ♦ **vêtement/chaussures en synthétique** garment/shoes made of synthetic material

synthétiquement /sɛ̃tetikmɑ̃/ ADV synthetically

synthétiser /sɛ̃tetize/ SYN ▸ conjug 1 ◂ VT to synthetize, to synthesize

synthétiseur /sɛ̃tetizœʀ/ NM synthesizer ♦ **synthétiseur de (la) parole** speech synthesizer

synthétisme /sɛ̃tetism/ NM (Art) Synthetism

syntone /sɛ̃tɔn/ ADJ (Psych) syntonic

syntonie /sɛ̃tɔni/ NF (Psych) syntonia; (Phys) syntonism

syntonisation /sɛ̃tɔnizasjɔ̃/ NF syntonizing, tuning

syntoniser /sɛ̃tɔnize/ ▸ conjug 1 ◂ VT to tune

syntoniseur /sɛ̃tɔnizœʀ/ NM tuner

syphilis /sifilis/ NF syphilis

syphilitique /sifilitik/ ADJ, NMF syphilitic

syriaque /siʀjak/
ADJ Syriac (épith)
NM (= langue) Syriac

Syrie /siʀi/ NF Syria

syrien, -ienne /siʀjɛ̃, jɛn/
ADJ Syrian ♦ **République arabe syrienne** Syrian Arab Republic
NM,F **Syrien(ne)** Syrian

syringe /siʀɛ̃ʒ/ NF Egyptian tomb

syringomyélie /siʀɛ̃gomjeli/ NF syringomyelia

syrinx /siʀɛ̃ks/ NF [d'oiseau] syrinx

syrphe /siʀf/ NM syrphus fly

syrte /siʀt/ NF (région côtière) syrtis ♦ **syrtes** † (sables mouvants) syrts †, quicksand (NonC)

systématicien, -ienne /sistematisjɛ̃, jɛn/ NM,F systematist

systématique /sistematik/ SYN
ADJ [opposition, classement, esprit] systematic; [soutien, aide] unconditional ♦ **opposer un refus systématique à qch** to refuse sth systematically ♦ **avec l'intention systématique de nuire** systematically intending to harm ♦ **il est trop systématique** he's too dogmatic, his views are too set ♦ **chaque fois qu'elle est invitée quelque part il l'est aussi, c'est systématique** every time she's invited somewhere, he's automatically invited too
NF (gén) systematics (sg); (Bio) taxonomy

systématiquement /sistematikmɑ̃/ SYN ADV systematically

systématisation /sistematizasjɔ̃/ NF systematization

systématisé, e /sistematize/ (ptp de **systématiser**) ADJ systematized

systématiser /sistematize/ SYN ▸ conjug 1 ◂
VT [+ recherches, mesures] to systematize ♦ **il n'a pas le sens de la nuance, il systématise (tout)** he has no sense of nuance – he systematizes everything
VPR **se systématiser** to become the rule

système /sistɛm/ SYN

NM ⟦1⟧ (gén) (= structure) system ◆ **système de vie** way of life, lifestyle ◆ **entrer dans le système** (= institution) to join ou enter the system ◆ **système casuel** (Ling) case system ◆ **troubles du système** (Méd) systemic disorders; → **esprit**

⟦2⟧ (= moyen) system ◆ **il connaît un système pour entrer sans payer** he's got a system for getting in without paying ◆ **il connaît le système** he knows the system ◆ **le meilleur système, c'est de se relayer** the best plan ou system is to take turns

⟦3⟧ (locutions) ◆ **par système** [agir] in a systematic way; [contredire] systematically ◆ **il me tape ou court ou porte sur le système*** he gets on my nerves * ou wick * (Brit)

COMP système ABS ABS
système d'alarme alarm system
système d'alimentation (électrique) electricity supply system; (en eau) water supply system
système d'arme (Mil) weapon system
système D* resourcefulness ◆ **recourir au système D** to rely on one's own resources, to fend for o.s.
système décimal decimal system
système de défense (Mil) defence system; (Physiol) defence mechanism
système d'éducation education system
système d'équations system of equations
système expert expert system
système d'exploitation operating system
système de gestion de bases de données database management system
système immunitaire immune system
Système international d'unités International System of Units
système métrique metric system
système monétaire européen European monetary system
système nerveux nervous system ◆ **système nerveux central/périphérique** central/peripheral nervous system
système pénitentiaire prison ou penal system
système pileux ◆ **avoir un système pileux très développé** to have a lot of body hair
système respiratoire respiratory system
système de santé health system
système de sécurité sociale social security system
système solaire solar system
système de traitement de l'information data-processing system

systémique /sistemik/
ADJ systemic
NF systems analysis

systole /sistɔl/ NF systole

systolique /sistɔlik/ ADJ systolic

systyle /sistil/ NM systyle

syzygie /sizizi/ NF syzygy

T

T, t¹ /te/ **NM** ① (= *lettre*) T, t ◆ **en T** [*table, immeuble*] T-shaped ◆ **bandage/antenne/équerre en T** T-bandage/-aerial/-square
② (*Méd*) ◆ **T4** T4

t² ① (abrèv de **tonne**) t
② (abrèv de **tome**) vol.

t' /t/ → **te, tu**

ta /ta/ **ADJ POSS** → **ton¹**

ta, ta, ta /tatata/ **EXCL** (stuff and) nonsense!, rubbish!

tabac /taba/
NM ① (= *plante, produit*) tobacco; (= *couleur*) buff, tobacco (brown); → **blague, bureau, débit**
② (= *commerce*) tobacconist's; (= *bar*) café with a cigarette counter
③ (* : *locutions*) ◆ **passer qn à tabac** to beat sb up ◆ **faire un tabac** to be a big hit *ou* a roaring success, to hit it big* (US) ◆ **c'est toujours le même tabac** it's always the same old thing ◆ **quelque chose du même tabac** something like that; → **passage**
◆ **coup de tabac** squall
ADJ INV buff, tobacco (brown)
COMP tabac blond light *ou* mild *ou* Virginia tobacco
tabac brun dark tobacco
tabac à chiquer chewing tobacco
tabac gris shag
tabac à priser snuff

tabacologie /tabakɔlɔʒi/ **NF** study of tobacco addiction ◆ **spécialiste de tabacologie** specialist in tobacco addiction

tabacologue /tabakɔlɔg/ **NMF** specialist in tobacco addiction

tabagie /tabaʒi/ **NF** (= *lieu enfumé*) smoke-filled room; (*au Canada* = *bureau de tabac*) tobacconist's (shop) (*Brit*), tobacco *ou* smoke shop (US) ◆ **ce bureau, quelle tabagie !** it's really smoky in this office!

tabagique /tabaʒik/
ADJ [*consommation, publicité*] tobacco (*épith*) ◆ **dépendance tabagique** tobacco *ou* nicotine addiction, addiction to smoking ◆ **afin de faciliter le sevrage tabagique** to make it easier to give up smoking
NMF chain smoker

tabagisme /tabaʒism/ **NM** nicotine addiction, addiction to smoking ◆ **tabagisme passif** passive smoking ◆ **lutte contre le tabagisme** anti-smoking campaign

tabasco ® /tabasko/ **NM** Tabasco (sauce) ®

tabasser* /tabase/ ► conjug 1 ◄
VT (= *passer à tabac*) ◆ **tabasser qn** to beat sb up ◆ **se faire tabasser** to get beaten up (*par* by)
VPR se tabasser (= *se bagarrer*) to have a fight *ou* punch-up* (*Brit*)

tabatière /tabatjɛʀ/ **NF** ① (= *boîte*) snuffbox ◆ **tabatière anatomique** anatomical snuffbox
② (= *lucarne*) skylight; → **fenêtre**

T.A.B.D.T. /teabedete/ **NM** (abrèv de **vaccin antityphoïdique et anti-paratyphoïdique A et B, antidiphtérique et tétanique**) vaccine against typhoid, paratyphoid A and B, diphtheria and tetanus

tabellaire /tabelɛʀ/ **ADJ** xylographic(al)

tabellion /tabeljɔ̃/ **NM** (hum péj : = *notaire*) lawyer

tabernacle /tabɛʀnakl/ **NM** (*Rel*) tabernacle

tabès /tabɛs/ **NM** tabes (dorsalis), locomotor ataxia

tabétique /tabetik/
ADJ tabetic
NMF person suffering from tabes (dorsalis)

tabla /tabla/ **NM** tabla

tablar(d) /tablaʀ/ **NM** (*Helv* = *étagère*) shelf

tablature /tablatyʀ/ **NF** (*Mus*) tablature

table /tabl/ **SYN**
NF ① (= *meuble*) table ◆ **table de salle à manger/de cuisine/de billard** dining-room/kitchen/billiard table ◆ **table de** *ou* **en bois/marbre** wooden/marble table ◆ **s'asseoir à la table des grands** to play with the big boys* *ou* in the major league (US); → **dessous, carte, tennis**
② (*pour le repas*) ◆ **mettre** *ou* (*littér*) **dresser la table** to lay *ou* set the table ◆ **débarrasser** *ou* (*littér*) **desservir la table** to clear the table ◆ **présider la table** to sit at the head of the table ◆ **recevoir qn à sa table** to have sb to lunch (*ou* dinner *etc*) ◆ **se lever de table** to get up from the table ◆ **quitter la table, sortir de table** to leave the table ◆ **table de 12 couverts** table set for 12 ◆ **une table pour quatre** (*au restaurant*) a table for four ◆ **linge/vin/propos de table** table linen/wine/talk ◆ **tenir table ouverte** to keep open house
◆ **à table** ◆ **être à table** to be having a meal, to be eating ◆ **nous étions huit à table** there were eight of us at *ou* round the table ◆ **à table !** come and eat!, dinner (*ou* lunch *etc*) is ready! ◆ **si vous voulez bien passer à table** if you'd like to come through ◆ **se mettre à table** to sit down to eat, to sit down at the table; (* = *avouer*) to talk, to come clean*
③ (= *tablée*) table ◆ **toute la table éclata de rire** everyone round the table *ou* the whole table burst out laughing ◆ **soldats et officiers mangeaient à la même table** soldiers and officers ate at the same table
④ (= *restaurant*) restaurant ◆ **une des meilleures tables de Lyon** one of the best restaurants in Lyons ◆ **avoir une bonne table** to keep a good table ; [*restaurant*] to serve very good food ◆ **aimer (les plaisirs de) la table** to enjoy one's food
⑤ (= *tablette avec inscriptions*) ◆ **table de marbre** marble tablet ◆ **les Tables de la Loi** the Tables of the Law ◆ **la Loi des Douze Tables** (*Antiq*) the Twelve Tables
⑥ (= *liste*) table ◆ **table de logarithmes/de multiplication** log/multiplication table ◆ **table de vérité** truth table ◆ **table alphabétique** alphabetical table ◆ **il sait sa table de 8** he knows his 8 times table
⑦ (*Géol* = *plateau*) tableland, plateau
COMP table à abattants drop-leaf table
table anglaise gate-legged table
table d'architecte drawing board
table d'autel altar stone
table basse coffee table, occasional table

table de bridge card *ou* bridge table
table à cartes [*de bateau*] chart house
table de chevet bedside table, night stand *ou* table (US)
table de communion communion table
table de conférence conference table
table de cuisson hob
table à dessin drawing board
table à digitaliser digitizer
table d'écoute wire-tapping set ◆ **mettre qn sur table d'écoute** to tap sb's phone
tables gigognes nest of tables
table d'harmonie sounding board
table d'honneur top table
table d'hôte table d'hôte ◆ **faire table d'hôte** to serve table d'hôte dinners, to serve dinner for residents
table de jeu gaming table
table de lancement launch(ing) pad
table à langer changing table
table de lecture [*de chaîne hi-fi*] turntable
table lumineuse light table
table de malade bedtable
table des matières (table of) contents
table de Mendeleïev Mendeleyev's periodic table
table de mixage mixing desk
la table des négociations the negotiating table
table de nuit ⇒ **table de chevet**
table d'opération operating table
table d'orientation viewpoint indicator
table à ouvrage worktable
table de ping-pong table-tennis table
table pliante folding table
table de Pythagore Pythagorean table
table à rallonges extending table
table rase (*Philos*) tabula rasa ◆ **faire table rase** to make a clean sweep (*de* of) ◆ **on a fait table rase du passé** we put the past behind us
table à repasser ironing board
table ronde (*lit*) round table; (*fig*) round table, panel
la Table ronde (*Hist*) the Round Table
table roulante trolley (*Brit*), cart (US)
table de survie life table
tables de tir range tables
table de toilette (*pour lavabo*) washstand; (= *coiffeuse*) dressing table
table tournante séance table
table traçante (*Ordin*) (graph) plotter
table de travail work table

tableau (pl **tableaux**) /tablo/ **SYN**
NM ① (= *peinture*) painting; (= *reproduction, gravure*) picture ◆ **exposition de tableaux** art exhibition ◆ « **Tableaux d'une exposition** » (*Mus*) "Pictures from an Exhibition" → **galerie**
② (= *scène*) picture, scene ◆ **le tableau l'émut au plus haut point** he was deeply moved by the scene ◆ **un tableau tragique/idyllique** a tragic/an idyllic picture *ou* scene ◆ **le tableau changeant de la vallée du Rhône** the changing landscape of the Rhone valley
③ (*Théât*) scene ◆ **acte un, premier tableau** act one, scene one
④ (= *description*) picture ◆ **un tableau de la guerre** a picture *ou* depiction of war ◆ **il m'a**

fait un tableau très noir de la situation he drew a very black picture of the situation for me

5 *(Scol)* ◆ **tableau (noir)** (black)board ◆ **tableau blanc** (white)board ◆ **aller au tableau** *(lit)* to go up to the blackboard; *(= se faire interroger)* to be asked questions *(on a school subject)*

6 *(= support mural) [de sonneries]* board; *[de fusibles]* box; *[de clés]* rack, board

7 *(= panneau)* board; *[de trains]* train indicator; *[de bateau]* escutcheon, name board ◆ **tableau des départs/arrivées** departure(s)/arrival(s) board ◆ **tableau des horaires** timetable

8 *(= carte, graphique)* table, chart; *(Ordin : fait par tableur)* spreadsheet ◆ **tableau généalogique/chronologique** genealogical/chronological table *ou* chart ◆ **tableau des conjugaisons** conjugation table, table of conjugations ◆ **présenter qch sous forme de tableau** to show sth in tabular form

9 *(Admin = liste)* register, list ◆ **tableau de l'ordre des avocats** ≈ register of the association of barristers ◆ **médicament au tableau A/B/C** class A/B/C drug *(according to French classification of toxicity)*

10 *(locutions)* ◆ **vous voyez (d'ici) le tableau !** you can (just) imagine! ◆ **pour compléter** *ou* **achever le tableau** to cap it all ◆ **jouer** *ou* **miser sur les deux tableaux** to hedge one's bets ◆ **il a gagné sur les deux/sur tous les tableaux** he won on both/on all counts

COMP **tableau d'affichage** *(gén)* notice board; *(Sport)* scoreboard
tableau d'amortissement depreciation schedule
tableau d'avancement *(Admin)* promotion table
tableau blanc interactif interactive whiteboard
tableau de bord *[de voiture]* dashboard; *[d'avion, bateau]* instrument panel; *[d'économie]* (performance) indicators
tableau de chasse *[de chasseur]* bag; *[d'aviateur]* tally of kills; *[de séducteur]* list of conquests ◆ **ajouter qch à son tableau de chasse** to add sth to one's list of successes
tableau clinique clinical picture
tableau électronique *(gén)* electronic noticeboard; *(Sport)* electronic scoreboard
tableau d'honneur merit *ou* prize list *(Brit)*, honor roll *(US)* ◆ **être inscrit au tableau d'honneur** to appear on the merit *ou* prize list *(Brit)*, to make the honor roll *(US)* ◆ **au tableau d'honneur du sport français cette semaine, Luc Legrand...** pride of place in French sport this week goes to Luc Legrand...
tableau de maître masterpiece
tableau de marche schedule
tableau de service *(gén)* work notice board; *(= horaire de service)* duty roster
tableau synchronique synchronic table of events *etc*
tableau synoptique synoptic table
tableau vivant *(Théât)* tableau (vivant)

tableautin /tablotɛ̃/ NM little picture

tablée /table/ NF table *(of people)* ◆ **toute la tablée éclata de rire** the whole table *ou* everyone round the table burst out laughing

tabler /table/ SYN ▸ conjug 1 ◂ **tabler sur** VT INDIR ◆ **tabler sur qch** to count *ou* bank on sth ◆ **il avait tablé sur une baisse des taux** he had counted *ou* banked on the rates going down ◆ **table sur ton travail plutôt que sur la chance** rely on your work rather than on luck

tablette /tablɛt/ SYN NF 1 *(= plaquette) [de chocolat]* bar; *[de médicament]* tablet; *[de chewing-gum]* stick; *[de métal]* block ◆ **tablette de bouillon** stock cube

2 *(= planchette, rayon) [de lavabo, radiateur, cheminée]* shelf; *[de secrétaire]* flap ◆ **tablette à glissière** pull-out flap

3 *(Archéol, Hist : pour écrire)* tablet ◆ **tablette de cire/d'argile** wax/clay tablet ◆ **je vais l'inscrire sur mes tablettes** *(hum)* I'll make a note of it ◆ **ce n'est pas écrit sur mes tablettes** *(hum)* I have no record of it

4 *(Ordin)* tablet ◆ **tablette graphique** graphic tablet

tabletterie /tablɛtʀi/ NF *(= fabrication)* luxury goods manufacturing; *(= objets)* luxury goods

tableur /tablœʀ/ NM spreadsheet (program)

tablier /tablije/ SYN NM 1 *(Habillement) (gén)* apron; *(pour ménage) (sans manches)* apron, pinafore; *(avec manches)* overall; *[d'écolier]* overall, smock ◆ **rendre son tablier** *[domestique]* to hand *ou* give in one's notice; *[homme politique]* to resign, to step down ◆ **ça lui va comme un tablier à une vache*** *[vêtement]* it looks really weird on him; *[poste]* he's totally out of place in that job ◆ **tablier de sapeur** *(Culin) tripe in breadcrumbs*

2 *[de pont]* roadway

3 *(Tech = plaque protectrice) [de cheminée]* (flue-)shutter; *[de magasin]* (iron *ou* steel) shutter; *[de machine-outil]* apron; *[de scooter]* fairing; *(entre moteur et habitacle d'un véhicule)* bulkhead

tabloïd(e) /tablɔid/ ADJ, NM tabloid

tabou, e /tabu/ SYN

ADJ taboo ◆ **sujet tabou** taboo subject ◆ **une société où la sexualité reste tabou(e)** a society where sexuality is still taboo

NM taboo ◆ **briser un tabou** to break a taboo

tabouiser /tabuize/ ▸ conjug 1 ◂ VT to taboo, to tabu

taboulé /tabule/ NM tabbouleh

tabouret /tabuʀɛ/ NM *(pour s'asseoir)* stool; *(pour les pieds)* footstool ◆ **tabouret de piano/de bar** piano/bar stool

tabulaire /tabylɛʀ/ ADJ tabular

tabulateur /tabylatœʀ/ NM tab key, tabulator

tabulation /tabylasjɔ̃/ NF tabulation ◆ **poser des tabulations** to set tabs

tabulatrice /tabylatʀis/ NF tabulator *(for punched cards)*

tabuler /tabyle/ ▸ conjug 1 ◂ VT to tabulate, to tabularize, to tab

tac /tak/ NM 1 *(= bruit)* tap ◆ **le tac tac des mitrailleuses** the rat-a-tat(-tat) of the machine guns; → **tic-tac**

2 ◆ **il répond** *ou* **riposte du tac au tac** he always has a ready answer ◆ **il lui a répondu du tac au tac que...** he came back at him immediately *ou* quick as a flash that...

tacaud /tako/ NM *(= poisson)* bib, whiting pout

tacca /taka/ NM tacca

tacet /tasɛt/ NM tacet

tache /taʃ/ SYN

NF 1 *(= moucheture) [de fruit]* mark; *[de léopard]* spot; *[de plumage, pelage]* mark(ing), spot; *[de peau]* blotch, mark ◆ **les taches des ongles** the white marks on the fingernails ◆ **faire tache** *[bâtiment, personne]* to stick out like a sore thumb

2 *(= salissure)* stain, mark ◆ **tache de graisse** greasy mark, grease stain ◆ **tache de brûlure/de suie** burn/sooty mark ◆ **des draps couverts de taches** sheets covered in stains ◆ **sa robe n'avait pas une tache** her dress was spotless ◆ **il a fait une tache à sa cravate** he got a stain on his tie ◆ **tu t'es fait une tache** you've got a stain on your shirt *(ou dress ou tie etc)*

3 *(littér = flétrissure)* blot, stain ◆ **c'est une tache à sa réputation** it's a blot *ou* stain on his reputation ◆ **sans tache** *[vie, réputation]* spotless, unblemished; → **agneau, pur**

4 *(= impression visuelle)* patch, spot ◆ **le soleil parsemait la campagne de taches d'or** the sun scattered patches of gold over the countryside ◆ **des taches d'ombre çà et là** patches of shadow here and there

5 *(Peinture)* spot, blob ◆ **tache de couleur** patch of colour

6 *(* = nullité)* jerk*

COMP **tache d'encre** *(sur les doigts)* ink stain; *(sur le papier)* (ink) blot *ou* blotch ◆ **test des taches d'encre** *(Psych)* Rorschach *ou* inkblood test
tache d'huile oily mark, oil stain ◆ **faire tache d'huile** to spread, to gain ground
tache jaune (de l'œil) yellow spot (of the eye)
tache originelle *(Rel)* stain of original sin
tache de rousseur freckle ◆ **visage couvert de taches de rousseur** freckled face, face covered in freckles
tache de sang bloodstain
tache solaire *(Astron)* sunspot
tache de son ⇒ **tache de rousseur**
tache de vin *(sur la nappe)* wine stain; *(sur la peau = envie)* strawberry mark

tâche /tɑʃ/ SYN NF *(= besogne)* task, work *(NonC)*; *(= mission)* task, job; *(Ordin)* task ◆ **il a la lourde tâche de...** he has the difficult task of... ◆ **il a pour tâche de...** his task is to... ◆ **assigner une tâche à qn** to give ou set *(Brit)* sb a task ◆ **s'atteler à une tâche** to get down to work ◆ **tâche de fond** *ou* **d'arrière-plan** *(Ordin)* background task ◆ **prendre à tâche de faire qch** † *(littér)* to set o.s. the task of doing sth, to take it upon o.s. to do sth ◆ **à la tâche** *[payer]* by the piece ◆ **ouvrier à la tâche** pieceworker ◆ **travail à la tâche** piecework ◆ **être à la tâche** to be on piecework ◆ **je ne suis pas à la tâche*** I'll do it in my own good time ◆ **mourir à la tâche** to die in harness

tachéomètre /takeɔmɛtʀ/ NM *(= théodolite)* tacheometer, tachymeter

tachéométrie /takeɔmetʀi/ NF tacheometry

tacher /taʃe/ SYN ▸ conjug 1 ◂

VT 1 *[encre, vin]* to stain; *[graisse]* to mark, to stain ◆ **le café tache** coffee stains (badly) *ou* leaves a stain ◆ **taché de sang** bloodstained

2 *(littér = colorer) [+ pré, robe]* to spot, to dot; *[+ peau, fourrure]* to spot, to mark ◆ **pelage blanc taché de noir** white coat with black spots *ou* markings, white coat flecked with black

3 *(† = souiller)* to tarnish, to sully

VPR **se tacher** 1 *(= se salir) [personne]* to get stains on one's clothes, to get o.s. dirty; *[nappe, tissu]* to get stained *ou* marked ◆ **tissu qui se tache facilement** fabric that stains *ou* marks easily

2 *(= s'abîmer) [fruits]* to become marked

tâcher /tɑʃe/ SYN ▸ conjug 1 ◂

VT INDIR **tâcher de** *(= essayer de)* ◆ **tâcher de faire qch** to try *ou* endeavour *(frm)* to do sth ◆ **tâchez de venir avant samedi** try to *ou* try and come before Saturday ◆ **et tâche de ne pas recommencer !*** and make sure *ou* mind it doesn't happen again! ◆ **tâcher moyen de faire qch*** to try to do sth

VT ◆ **tâche qu'il n'en sache rien*** make sure that he doesn't get to know about it

tâcheron /tɑʃ(ə)ʀɔ̃/ NM 1 *(péj)* drudge ◆ **un tâcheron de la littérature/politique** a literary/political drudge *ou* hack

2 *(= ouvrier) (dans le bâtiment)* jobber; *(agricole)* pieceworker

tacheter /taʃ(ə)te/ ▸ conjug 4 ◂ VT *[+ peau, fourrure]* to spot, to speckle; *[+ tissu, champ]* to spot, to dot, to fleck ◆ **pelage blanc tacheté de brun** white coat with brown spots *ou* markings, white coat flecked with brown

tachine /takin/ NM *ou* F tachina fly

tachisme /taʃism/ NM *(= art abstrait)* tachisme

tachiste /taʃist/ ADJ, NMF tachiste

tachistoscope /takistɔskɔp/ NM tachistoscope

Tachkent /taʃkɛnt/ N Tashkent

tachycardie /takikaʀdi/ NF tachycardia

tachygraphe /takigʀaf/ NM tachograph, black box

tachymètre /takimɛtʀ/ NM tachometer

tachyon /takjɔ̃/ NM tachyon

tachyphémie /takifemi/ NF tachyphemia

Tacite /tasit/ NM Tacitus

tacite /tasit/ SYN ADJ tacit ◆ **par tacite reconduction** by tacit agreement

tacitement /tasitmɑ̃/ ADV tacitly ◆ **reconduit tacitement** renewed by tacit agreement

taciturne /tasityʀn/ SYN ADJ taciturn, silent

tacle /takl/ NM *(Sport)* tackle ◆ **faire un tacle** to make a tackle ◆ **faire un tacle à qn** to tackle sb

tacler /takle/ ▸ conjug 1 ◂ VI *(Sport)* to tackle

taco /tako/ NM *(Culin)* taco

tacot* /tako/ NM *(= voiture)* jalopy*, old rattletrap*, banger* *(Brit)*

tact /takt/ SYN NM 1 *(= délicatesse)* tact ◆ **avoir du tact** to have tact, to be tactful ◆ **homme de tact/sans tact** tactful/tactless man ◆ **faire qch avec/sans tact** to do sth tactfully/tactlessly ◆ **manquer de tact** to be tactless, to be lacking in tact

2 *(† = toucher)* touch, tact ††

tacticien, -ienne /taktisjɛ̃, jɛn/ NM,F tactician

tactile /taktil/ ADJ *(= physique)* tactile ◆ **écran tactile** touch screen ◆ **pavé tactile** touch pad, trackpad

tactique /taktik/ SYN

ADJ *(gén , Mil)* tactical ◆ **ils ont un jeu très tactique** they play a very tactical game

NF tactics ◆ **changer de tactique** to change (one's) tactics ◆ **il y a plusieurs tactiques possibles** there are several different tactics one might adopt ◆ **la tactique de l'adversaire est très simple** the opponent's tactics are very simple ◆ **ce n'est pas la meilleure tactique pour le faire céder** it's not the best way to get him to give in

tactiquement /taktikmɑ̃/ ADV tactically

tactisme /taktism/ NM taxis

TAD /teade/ NMF (abrèv de **travailleur/travailleuse à domicile**) → **travailleur**

tadjik /tadʒik/
ADJ Tadzhiki
NM (= *langue*) Tadzhiki
NMF **Tadjik** Tadzhik, Tadjik, Tajik

Tadjikistan /tadʒikistɑ̃/ NM Tadzhikistan

tadorne /tadɔʀn/ NM ◆ **tadorne de Bellon** shelduck

taekwondo /tekwɔ̃do/ NM tae kwon do

tænia /tenja/ NM ⇒ **ténia**

taf, taffe‡ /taf/ NM (= *travail*) work ◆ **j'ai pas mal de taf** I've got quite a bit of work

taffe‡ /taf/ NF *[de cigarette]* drag*, puff; *[de pipe]* puff

taffetas /tafta/ NM (= *tissu*) taffeta ◆ **robe de taffetas** taffeta dress ◆ **taffetas (gommé)** sticking plaster *(Brit)*, bandaid ®

tag /tag/ SYN NM (= *graffiti*) tag

tagal /tagal/, **tagalog** /tagalɔg/ NM (= *langue*) Tagalog

Tage /tɑʒ/ NM ◆ **le Tage** the Tagus

tagète /taʒɛt/ NM ◆ **les tagètes** marigolds, the Tagetes *(SPÉC)*

tagine /taʒin/ NM ⇒ **tajine**

tagliatelles /taljatɛl/ NFPL tagliatelle *(NonC)*

taguer /tage/ SYN ► conjug 1 ◄ VTI (= *faire des graffitis*) to tag

tagueur, -euse /tagœʀ, øz/ NM,F tagger

Tahiti /taiti/ NF Tahiti

tahitien, -ienne /taisjɛ̃, jɛn/
ADJ Tahitian
NM,F **Tahitien(ne)** Tahitian

taïaut †† /tajo/ EXCL tallyho!

taie /tɛ/ NF [1] ◆ **taie (d'oreiller)** pillowcase, pillowslip ◆ **taie de traversin** bolster case
[2] *(Méd)* opaque spot, leucoma *(SPÉC)*

taïga /tajga/ NF taiga

taillable /tɑjabl/ ADJ ◆ **taillable et corvéable (à merci)** *(Hist)* subject to tallage; *[employés, main d'œuvre]* who can be exploited at will

taillade /tɑjad/ NF *(dans la chair)* gash, slash; *(dans un tronc d'arbre)* gash

taillader /tɑjade/ SYN ► conjug 1 ◄ VT to slash, to gash ◆ **se taillader les poignets** to slash one's wrists

taillage /tɑjaʒ/ NM *(Métal)* cutting, milling

taillanderie /tɑjɑ̃dʀi/ NF (= *fabrication*) edge-tool making; (= *outils*) edge-tools

taillandier /tɑjɑ̃dje/ NM edge-tool maker

taille¹ /tɑj/ SYN NF [1] (= *hauteur*) *[de personne, cheval, objet]* height ◆ **être de petite taille** *[personne]* to be short *ou* small; *[animal]* to be small ◆ **homme de petite taille** short *ou* small man ◆ **les personnes de petite taille** small people *(especially dwarves and midgets)* ◆ **homme de taille moyenne** man of average *ou* medium height ◆ **homme de grande taille** tall man ◆ **ils sont de la même taille, ils ont la même taille** they're the same height ◆ **il a atteint sa taille adulte** he's fully grown
[2] (= *grosseur, volume*) size ◆ **de petite taille** small ◆ **de taille moyenne** medium-sized ◆ **de grande taille** large, big ◆ **un chien de belle taille** quite a big *ou* large dog ◆ **le paquet est de la taille d'une boîte à chaussures** the parcel is the size of a shoebox ◆ **taille de mémoire** *(Ordin)* memory capacity
[3] (= *mesure*) size ◆ **les grandes/petites tailles** large/small sizes ◆ **taille 40** size 40 ◆ « **taille unique** » "one size (fits all)" ◆ **il ne reste plus de tailles moyennes** there are no medium sizes *ou* mediums left ◆ **il lui faut la taille au-dessous/au-dessus** he needs the next size down/up, he needs one *ou* a size smaller/larger ◆ **deux tailles au-dessous/au-dessus** two sizes smaller/larger ◆ **ce pantalon n'est pas à sa taille** these trousers aren't his size, these trousers don't fit him ◆ **avez-vous quelque chose dans ma taille ?** do you have anything in my size? ◆ **si je trouvais quelqu'un de ma taille** if I found someone my size ◆ **avoir la taille mannequin** to have a perfect figure
[4] *(locutions)*
◆ **à la taille de** (= *proportionnel à*) ◆ **c'est un poste à sa taille** it's a job which matches his capabilities ◆ **il a trouvé un adversaire à sa taille** he's met his match
◆ **de taille** *[erreur]* serious, major; *[objet]* sizeable; *[surprise, concession, décision]* big; *[difficulté, obstacle]* huge, big ◆ **la gaffe est de taille !** it's a major blunder! ◆ **l'enjeu est de taille** the stakes are high ◆ **il n'est pas de taille** *(pour une tâche)* he isn't up *ou* equal to it; *(face à un concurrent, dans la vie)* he doesn't measure up
◆ **être de taille à faire qch** to be up to doing sth, to be quite capable of doing sth
[5] (= *partie du corps*) waist; (= *partie du vêtement*) waist, waistband ◆ **elle n'a pas de taille** she has no waist(line), she doesn't go in at the waist ◆ **avoir la taille fine** to have a slim waist, to be slim-waisted ◆ **avoir une taille de guêpe** to have an hour-glass figure, to have a wasp waist ◆ **avoir la taille bien prise** to have a neat waist(line) ◆ **prendre qn par la taille** to put one's arm round sb's waist ◆ **ils se tenaient par la taille** they had their arms round each other's waists ◆ **avoir de l'eau jusqu'à la taille** to be in water up to one's waist, to be waist-deep in water ◆ **robe serrée à la taille** dress fitted at the waist ◆ **robe à taille basse/haute** low-/high-waisted dress ◆ **pantalon (à) taille basse** low-waisted trousers, hipsters; → **tour²**

taille² /tɑj/ SYN NF [1] *[de pierre précieuse]* cutting; *[de pierre]* cutting, hewing; *[de bois]* carving; *[de verre]* engraving; *[de crayon]* sharpening; *[d'arbre, vigne]* pruning, cutting back; *[de haie]* trimming, clipping, cutting; *[de tissu]* cutting (out); *[de cheveux, barbe]* trimming ◆ **diamant de taille hexagonale/en étoile** diamond with a six-sided/star-shaped cut; → **pierre**
[2] (= *taillis*) ◆ **tailles** coppice
[3] (= *tranchant*) *[d'épée, sabre]* edge ◆ **il a reçu un coup de taille** he was hit with the sharp edge of the sword; → **frapper**
[4] (= *cystotomie*) cystotomy
[5] *(Hist = redevance)* tallage, taille
[6] *(Min = galerie)* tunnel

taillé, e /tɑje/ (ptp de **tailler**) ADJ [1] (= *bâti*) ◆ **il est taillé en athlète** *[personne]* he's built like an athlete, he has an athletic build
[2] (= *destiné à*) *[personne]* ◆ **taillé pour être/faire** cut out to be/do ◆ **taillé pour qch** cut out for sth
[3] (= *coupé*) *[arbre]* pruned; *[haie]* clipped, trimmed; *[moustache, barbe]* trimmed ◆ **crayon taillé en pointe** pencil sharpened to a point ◆ **verre/cristal taillé** cut glass/crystal ◆ **costume bien taillé** well-cut suit ◆ **il avait les cheveux taillés en brosse** he had a crew-cut ◆ **visage taillé à la serpe** rough-hewn *ou* craggy features; → **âge**

taille-crayon (pl **taille-crayons**) /tɑjkʀɛjɔ̃/ NM pencil sharpener

taille-douce (pl **tailles-douces**) /tɑjdus/ NF (= *technique, estampe*) copperplate ◆ **gravure en taille-douce** copperplate engraving

taille-haie (pl **taille-haies**) /tɑjɛ/ NM hedge trimmer

tailler /tɑje/ SYN ► conjug 1 ◄

VT [1] (= *couper*) *[+ pierre précieuse]* to cut; *[+ pierre]* to cut, to hew; *[+ bois]* to carve; *[+ verre]* to engrave; *[+ crayon]* to sharpen; *[+ arbre, vigne]* to prune, to cut back; *[+ haie]* to trim, to clip, to cut; *[+ tissu]* to cut (out); *[+ barbe, cheveux]* to trim ◆ **tailler qch en pointe** to cut sth to a point ◆ **bien taillé** *[haie]* neatly trimmed *ou* clipped; *[moustache]* neatly trimmed; *[crayon]* well-sharpened ◆ **tailler un if en cône** to trim *ou* clip a yew tree into a cone shape; → **serpe**
[2] (= *confectionner*) *[+ vêtement]* to make; *[+ statue]* to carve; *[+ tartines]* to cut, to slice; *(Alpinisme)* *[+ marche]* to cut ◆ **il a un rôle taillé à sa mesure** *ou* **sur mesure** the role is tailor-made for him
[3] *(locutions)* ◆ **tailler une bavette*** to have a natter* *(Brit)* *ou* a rap* *(US)* ◆ **tailler des croupières à qn** († *ou littér*) to make difficulties for sb ◆ **tailler une armée en pièces** to hack an army to pieces ◆ **il s'est fait tailler en pièces par les journalistes** the journalists tore him to pieces ◆ **il préférerait se faire tailler en pièces plutôt que de révéler son secret** he'd go through fire *ou* he'd suffer tortures rather than reveal his secret ◆ **tailler un costard** *ou* **une veste à qn*** to run sb down behind their back* ◆ **attention ! tu vas te faire tailler un short*** careful! you'll get flattened!* ◆ **tailler la route*** to hit the road*

VI [1] *[vêtement, marque]* ◆ **tailler petit/grand** to be cut on the small/large side
[2] (= *couper*) ◆ **tailler dans la chair** *ou* **dans le vif** to cut into the flesh ◆ **tailler dans les dépenses** to make cuts in expenditure

VPR **se tailler** [1] (= *se couper*) ◆ **se tailler la moustache** to trim one's moustache ◆ **elle s'est taillé une robe dans un coupon de taffetas** she made a dress for herself from a remnant of taffeta
[2] (= *se faire*) ◆ **se tailler une belle part de marché** to carve o.s. *ou* corner a large share of the market ◆ **il s'est taillé une réputation d'honnêteté/de manager** he has earned a reputation for honesty/as a manager ◆ **se tailler un beau** *ou* **franc succès** to be a great success ◆ **se tailler la part du lion** to take the lion's share ◆ **se tailler un empire/une place** to carve out an empire/a place for o.s.
[3] (‡ = *partir*) to beat it*, to clear off‡, to split* ◆ **taille-toi !** beat it!*, clear off!* ◆ **allez, on se taille !** come on, let's split!* ◆ **il est onze heures, je me taille** it's eleven o'clock, I'm off* ◆ **j'ai envie de me tailler de cette boîte** I want to get out of this place

taillerie /tɑjʀi/ NF (= *atelier*) gem-cutting workshop; (= *industrie*) gem-cutting trade

tailleur /tɑjœʀ/

NM [1] (= *couturier*) tailor ◆ **tailleur pour dames** ladies' tailor
[2] (= *costume*) (lady's) suit ◆ **tailleur-pantalon** trouser suit *(Brit)*, pantsuit *(surtout US)* ◆ **un tailleur Chanel** a Chanel suit
[3] *(locution)*
◆ **en tailleur** *[assis, s'asseoir]* cross-legged

COMP **tailleur de diamants** diamond-cutter
tailleur à façon bespoke tailor *(Brit)*, custom tailor *(US)*
tailleur de pierre(s) stone-cutter
tailleur de verre glass engraver
tailleur de vignes vine pruner

taillis /taji/ SYN NM copse, coppice, thicket ◆ **dans les taillis** in the copse *ou* coppice *ou* thicket

tailloir /tɑjwaʀ/ NM *(Archit)* abacus

tain /tɛ̃/ NM [1] *[de miroir]* silvering ◆ **glace sans tain** two-way mirror
[2] *(Tech = bain)* tin bath

T'ai-pei /tajpɛ/ N Taipei, T'ai-pei

taire /tɛʀ/ SYN ► conjug 54 ◄

VPR **se taire** [1] (= *être silencieux*) *[personne]* to be silent *ou* quiet; *(littér)* *[nature, forêt]* to be silent, to be still; *[vent]* to be still; *[bruit]* to disappear ◆ **les élèves se taisaient** the pupils kept *ou* were quiet *ou* silent ◆ **taisez-vous !** be quiet!; *(plus fort)* shut up! ◆ **ils ne voulaient pas se taire** they wouldn't stop talking ◆ **les dîneurs se sont tus** the diners stopped talking, the diners fell silent ◆ **l'orchestre s'était tu** the orchestra had fallen silent *ou* was silent
[2] (= *s'abstenir de s'exprimer*) to keep quiet, to remain silent ◆ **dans ces cas il vaut mieux se taire** in these cases it's best to keep quiet *ou* to remain silent *ou* to say nothing ◆ **il sait se taire** he can keep a secret ◆ **se taire sur qch** to say nothing *ou* keep quiet about sth ◆ **tais-toi !*** (= *ne m'en parle pas*) don't talk to me about it!

VT [1] (= *passer sous silence*) *[+ fait, vérité, raisons]* to keep silent about ◆ **une personne dont je tairai le nom** a person who shall be *ou* remain nameless ◆ **taire la vérité, c'est déjà mentir** not telling the truth is as good as lying ◆ **il a préféré taire le reste de l'histoire** he preferred not to reveal the rest of the story
[2] (= *garder pour soi*) *[+ douleur, amertume]* to conceal, to keep to o.s. ◆ **taire son chagrin** to hide one's grief

VI ◆ **faire taire** *[+ témoin gênant, opposition, récriminations]* to silence; *[+ craintes, désirs]* to suppress; *[+ scrupules, réticences]* to overcome ◆ **fais taire les enfants** make the children keep *ou* be quiet, make the children shut up*

taiseux, -euse /tɛzø, øz/ *(Belg, Can)*
ADJ taciturn
NM,F taciturn person

Taiwan, Taïwan /tajwan/ N Taiwan

taiwanais, e, taïwanais, e /tajwanɛ, ɛz/
ADJ Taiwanese
NM,F **Taiwanais(e), Taïwanais(e)** Taiwanese

tajine /taʒin/ NM (= *récipient*) earthenware cooking pot; (= *plat cuisiné*) *North African stew*

take-off /tɛkɔf/ NM INV *(Écon)* take-off

tala /tala/ NMF *(arg Scol)* hard-core Catholic

talc /talk/ NM *[de toilette]* talc, talcum powder; *(Chim)* talc(um)

talé, e /tale/ (ptp de **taler**) ADJ [fruits] bruised

talent[1] /talɑ̃/ SYN NM ① (= disposition, aptitude) talent ◆ **il a des talents dans tous les domaines** he's multitalented ◆ **un talent littéraire** a literary talent ◆ **il n'a pas le métier d'un professionnel mais un beau talent d'amateur** he's not a professional but he's a talented amateur ◆ **montrez-nous vos talents*** (hum) show us what you can do ◆ **décidément, vous avez tous les talents !** what a talented young man (ou woman etc) you are! ◆ **ses talents d'imitateur/d'organisateur** his talents ou gifts as an impersonator/as an organizer

② ◆ **le talent** talent ◆ **avoir du talent** to have talent, to be talented ◆ **avoir beaucoup de talent** to have a great deal of talent, to be highly talented ◆ **auteur de (grand) talent** (highly) talented author

③ (= personnes douées) ◆ **talents** talent (NonC) ◆ **encourager les jeunes talents** to encourage young talent ◆ **faire appel aux talents disponibles** to call on (all) the available talent

④ (iro) ◆ **il a le talent de se faire des ennemis** he has a talent ou gift for making enemies

talent[2] /talɑ̃/ NM (= monnaie) talent

talentueusement /talɑ̃tɥøzmɑ̃/ ADV with talent

talentueux, -euse /talɑ̃tɥø, øz/ SYN ADJ talented

taler /tale/ ► conjug 1 ◄ VT [+ fruits] to bruise

taleth /talet/ NM ⇒ **talith**

taliban /talibɑ̃/
ADJ Taliban
NM Taliban Taliban ◆ **les taliban** the Taliban

talion /taljɔ̃/ NM → **loi**

talisman /talismɑ̃/ SYN NM talisman

talismanique /talismanik/ ADJ talismanic

talith /talit/ NM tallith

talitre /talitʀ/ NM sand hopper ou flea, beach flea

talkie-walkie (pl **talkies-walkies**) /tokiwoki/ NM walkie-talkie

talle /tal/ NF (Agr) sucker

taller /tale/ ► conjug 1 ◄ VI (Agr) to sucker, to put out suckers

Tallin /talin/ N Tallin(n)

tallipot /talipo/ NM talipot (palm)

Talmud /talmyd/ NM ◆ **le Talmud** the Talmud

talmudique /talmydik/ ADJ Talmudic

talmudiste /talmydist/ NMF Talmudist

taloche /talɔʃ/ NF ① (* = gifle) cuff, clout* (Brit) ◆ **flanquer une taloche à qn** to slap sb
② (Constr) float

talocher /talɔʃe/ ► conjug 1 ◄ VT ① (* = gifler) to cuff, to clout* (Brit)
② (Constr) to float

talon /talɔ̃/
NM ① (Anat) [de cheval, chaussure] heel ◆ **être sur les talons de qn** to be hot on sb's heels ◆ **tourner les talons** to turn on one's heel (and walk away); → **estomac, pivoter**
② (= croûton, bout) [de jambon, fromage] heel; [de pain] crust, heel
③ [de pipe] spur
④ [de chèque] stub, counterfoil; [de carnet à souche] stub
⑤ (Cartes) talon
⑥ (Mus) [d'archet] heel
⑦ [de ski] tail
COMP **talon d'Achille** Achilles' heel
talons aiguilles stiletto heels
talons bottier medium heels
talons compensés wedge heels
talons hauts high heels ◆ **des chaussures à talons hauts** high-heeled shoes, high heels ◆ « **talon-minute** » "heel bar"
talons plats flat heels ◆ **chaussures à talons plats** flat shoes, flatties* (Brit), flats* (US)
talon rouge (Hist) aristocrat

talonnade /talɔnad/ NF (Rugby) heel; (Football) back-heel

talonnage /talɔnaʒ/ NM heeling

talonner /talɔne/ SYN ► conjug 1 ◄
VT ① (= suivre) [+ fugitifs, coureurs] to follow (hot) on the heels of ◆ **talonné par qn** hotly pursued by sb
② (= harceler) [+ débiteur, entrepreneur] to hound; [faim] to gnaw at

③ (= frapper du talon) [+ cheval] to kick, to spur on ◆ **talonner (le ballon)** (Rugby) to heel (the ball)
VI (en bateau) to touch ou scrape the bottom with the keel ◆ **le bateau talonne** the boat is touching the bottom

talonnette /talɔnɛt/ NF [de chaussures] heelpiece; [de pantalon] binding

talonneur /talɔnœʀ/ NM (Rugby) hooker

talonnière /talɔnjɛʀ/ NF (= cale) block (put under a model's heel) ◆ **talonnières** [de Mercure] talaria

talquer /talke/ ► conjug 1 ◄ VT to put talcum powder ou talc on

talqueux, -euse /talkø, øz/ ADJ talcose

talure /talyʀ/ NF [de fruit] bruise

talus[1] /taly/ SYN
NM ① [de route, voie ferrée] embankment; [de terrassement] bank, embankment
② (Mil) talus
COMP **talus continental** (Géol) continental slope
talus de déblai excavation slope
talus d'éboulis (Géol) scree
talus de remblai embankment slope

talus[2] /taly/ ADJ M ◆ **pied talus** talipes calcaneus

talweg /talvɛg/ NM ⇒ **thalweg**

tamago(t)chi ® /tamago(t)ʃi/ NM tamagochi ®

tamandua /tamɑ̃dɥa/ NM tamandu(a)

tamanoir /tamanwaʀ/ NM anteater

tamarin /tamaʀɛ̃/ NM ① (= animal) tamarin
② (= fruit) tamarind
③ ⇒ **tamarinier**
④ ⇒ **tamaris**

tamarinier /tamaʀinje/ NM tamarind (tree)

tamaris /tamaʀis/, **tamarix** /tamaʀiks/ NM tamarisk

tambouille* /tɑ̃buj/ NF (péj = nourriture) grub* ◆ **faire la tambouille** to cook the grub* ◆ **ça, c'est de la bonne tambouille !** that's what I call food!

tambour /tɑ̃buʀ/
NM ① (= instrument de musique) drum; → **roulement**
② (= musicien) drummer
③ (à broder) embroidery hoop, tambour
④ (= porte) (sas) tambour; (à tourniquet) revolving door(s)
⑤ (= cylindre) [de machine à laver, treuil, roue de loterie] drum; [de moulinet] spool; [de montre] barrel ◆ **moulinet à tambour fixe** fixed-spool reel; → **frein**
⑥ (Archit) [de colonne, coupole] drum
⑦ (locutions) ◆ **tambour battant** briskly ◆ **sans tambour ni trompette** without any fuss, unobtrusively ◆ **il est parti sans tambour ni trompette** he left quietly, he slipped away unobtrusively
⑧ (Ordin) drum ◆ **tambour magnétique** magnetic drum
COMP **tambour de basque** tambourine
tambour d'église tambour
tambour de frein brake drum
tambour plat side drum
tambour à timbre snare drum
tambour de ville (Hist) ≃ town crier

tambourin /tɑ̃buʀɛ̃/ NM (= tambour de basque) tambourine; (= tambour haut et étroit) tambourin

tambourinage /tɑ̃buʀinaʒ/ NM drumming (NonC)

tambourinaire /tɑ̃buʀinɛʀ/ NM (= joueur de tambourin) tambourin player; (Hist) (= tambour de ville) ≃ town crier

tambourinement /tɑ̃buʀinmɑ̃/ NM drumming (NonC)

tambouriner /tɑ̃buʀine/ ► conjug 1 ◄
VI (avec les doigts) to drum ◆ **tambouriner contre** ou **à/sur** to drum (one's fingers) against ou at/on ◆ **la pluie tambourinait sur le toit** the rain was beating down ou drumming on the roof ◆ **tambouriner à la porte** to hammer at the door
VT ① (= jouer) [+ marche] to drum ou beat out
② († = annoncer) [+ nouvelle, décret] to cry (out) ◆ **tambouriner une nouvelle** to shout a piece of news from the rooftops

tambourineur, -euse /tɑ̃buʀinœʀ, øz/ NM,F drummer

tambour-major (pl **tambours-majors**) /tɑ̃buʀmaʒɔʀ/ NM drum major

Tamerlan /tamɛʀlɑ̃/ NM Tamburlaine, Tamerlane

tamia /tamja/ NM chipmunk

tamier /tamje/ NM black bryony

tamil /tamil/ ADJ, NMF ⇒ **tamoul**

tamis /tami/ NM (gén) sieve; (à sable) riddle, sifter; [de raquette] (= surface) head; (= cordage) strings ◆ **raquette grand tamis** large-headed racket ◆ **passer au tamis** [+ farine, plâtre] to sieve, to sift; [+ sable] to riddle, to sift; [+ campagne, bois] to comb, to search; [+ personnes] to vet thoroughly; [+ dossier] to sift ou search through ◆ **tamis moléculaire** molecular sieve

tamisage /tamizaʒ/ NM [de farine, plâtre] sifting, sieving; [de sable] riddling, sifting

Tamise /tamiz/ NF ◆ **la Tamise** the Thames

tamiser /tamize/ SYN ► conjug 1 ◄ VT ① [+ farine, plâtre] to sift, to sieve; [+ sable] to riddle, to sift ◆ **farine tamisée** sifted flour
② (= voiler) [+ lumière] to filter ◆ **lumière tamisée** subdued lighting

tamoul, e /tamul/
ADJ Tamil
NM (= langue) Tamil
NM,F **Tamoul(e)** Tamil

tamoxifène /tamɔksifɛn/ NM tamoxifen

tampico /tɑ̃piko/ NM Tampico fibre, istle

tampon /tɑ̃pɔ̃/ SYN
NM ① (pour boucher) (gén) stopper, plug; (en bois) plug; (pour étendre un liquide, un vernis) pad ◆ **rouler qch en tampon** to roll sth (up) into a ball; → **vernir**
② (Méd) (en coton) wad, plug; (pour nettoyer une plaie) swab
③ (pour règles) tampon
④ (pour timbrer) (= instrument) (rubber) stamp; (= cachet) stamp ◆ **le tampon de la poste** the postmark ◆ **apposer** ou **mettre un tampon sur qch** to stamp sth, to put a stamp on sth
⑤ (d'un train, fig = amortisseur) buffer ◆ **servir de tampon entre deux personnes** to act as a buffer between two people
⑥ (Chim) ◆ **solution tampon** buffer solution
ADJ INV ◆ **État/zone tampon** buffer state/zone ◆ **mémoire tampon** (Ordin) buffer (memory)
COMP **tampon buvard** blotter
tampon encreur inking-pad
tampon hygiénique tampon
tampon Jex ® Brillo pad ®
tampon à nettoyer cleaning pad
tampon à récurer scouring pad, scourer

⚠ **tampon** se traduit par le mot anglais **tampon** uniquement au sens de 'tampon hygiénique'.

tamponnade /tɑ̃pɔnad/ NF [de cœur] tamponade

tamponnage /tɑ̃pɔnaʒ/ NM (Chim) buffering; (Méd) dabbing

tamponnement /tɑ̃pɔnmɑ̃/ NM ① (= collision) collision, crash
② (Méd) [de plaie] tamponade, tamponage
③ (Tech) [de mur] plugging

tamponner /tɑ̃pɔne/ SYN ► conjug 1 ◄
VT ① (= essuyer) [+ plaie] to mop up, to dab; [+ yeux] to dab (at); [+ front] to mop, to dab; [+ surface à sécher, à vernir] to dab
② (= heurter) [+ train, véhicule] to ram (into), to crash into
③ (avec un timbre) [+ document, lettre] to stamp ◆ **faire tamponner un reçu** to have a receipt stamped
④ (Tech = percer) [+ mur] to plug, to put (wall)plugs in
VPR **se tamponner** ① (s'essuyer) [+ yeux] to dab; [+ front] to mop ◆ **se tamponner le visage avec un coton** to dab one's face with a piece of cotton wool
② (= se heurter) (accident) to crash into each other; (exprès) to ram each other
③ (locution) ◆ **je m'en tamponne (le coquillard)*** I don't give a damn*

tamponneuse /tɑ̃pɔnøz/ ADJ F ◆ **auto**

tamponnoir /tɑ̃pɔnwaʀ/ NM masonry drill bit

tam-tam (pl **tam-tams**) /tamtam/ NM ① (= tambour) tomtom
② (* = battage, tapage) fuss ◆ **faire du tam-tam autour de** [+ affaire, événement] to make a lot of fuss ou a great ballyhoo* ou hullabaloo* about

tan /tɑ̃/ NM tan (for tanning)

tanagra /tanagra/ NM ou F (= *statuette*) Tanagra ◆ **c'est une vraie tanagra** (fig) she's very statuesque

tanaisie /tanezi/ NF tansy

tancer /tɑ̃se/ ▸ conjug 3 ◂ VT (*littér*) to scold, to berate, to rebuke

tanche /tɑ̃ʃ/ NF tench

tandem /tɑ̃dɛm/ SYN NM (= *bicyclette*) tandem; (= *duo*) pair, duo ◆ **travailler en tandem** to work in tandem

tandis /tɑ̃di/, **tandis que** LOC CONJ (*simultanéité*) while, whilst (*frm*), as; (*pour marquer le contraste, l'opposition*) whereas, while, whilst (*frm*)

tandoori, tandouri /tɑ̃duʀi/ NM tandoori ◆ **poulet tandoori** tandoori chicken

tangage /tɑ̃gaʒ/ NM [*de navire, avion*] pitching ◆ **il y a du tangage** (*en bateau*) the boat's pitching

Tanganyika /tɑ̃ganika/ NF Tanganyika ◆ **le lac Tanganyika** Lake Tanganyika

tangara /tɑ̃gaʀa/ NM tanager

tangence /tɑ̃ʒɑ̃s/ NF tangency

tangent, e /tɑ̃ʒɑ̃, ɑ̃t/
▪ ADJ ① (*Géom*) tangent, tangential ◆ **tangent à** tangent *ou* tangential to
② (* = *juste*) close, touch and go (*attrib*) ◆ **il a eu son examen mais c'était tangent** he passed his exam but it was a close(-run) thing *ou* it was touch and go ◆ **le candidat était tangent** the candidate was a borderline case
▪ NF **tangente** ① (*Géom*) tangent
② (fig) ◆ **prendre la tangente*** (= *partir*) to make off*, to make o.s. scarce; (= *éluder*) to dodge the issue, to wriggle out of it

tangentiel, -ielle /tɑ̃ʒɑ̃sjɛl/ ADJ tangential

tangentiellement /tɑ̃ʒɑ̃sjɛlmɑ̃/ ADV tangentially

Tanger /tɑ̃ʒe/ N Tangier(s)

tangerine /tɑ̃ʒ(ə)ʀin/ NF tangerine

tangibilité /tɑ̃ʒibilite/ NF tangibility, tangibleness

tangible /tɑ̃ʒibl/ SYN ADJ tangible

tangiblement /tɑ̃ʒibləmɑ̃/ ADV tangibly

tango /tɑ̃go/
▪ NM ① (= *danse*) tango ◆ **danser le tango** to tango, to do the tango
② (= *boisson*) beer with grenadine
③ (= *couleur*) tangerine
▪ ADJ INV tangerine

tangue /tɑ̃g/ NF sea sand

tanguer /tɑ̃ge/ SYN ▸ conjug 1 ◂ VI ① [*navire, avion*] to pitch ◆ **l'embarcation tanguait dangereusement** the boat pitched dangerously
② (= *vaciller*) to reel ◆ **tout tanguait autour de lui** (*gén*) everything around him was reeling; (*dans une pièce*) the room was spinning
③ (= *tituber*) to reel, to sway ◆ **des marins ivres tanguaient dans la rue** drunken sailors were reeling *ou* swaying along the street

tanguière /tɑ̃gjɛʀ/ NF sea-sand bank

tanière /tanjɛʀ/ SYN NF [*d'animal*] den, lair; [*de malfaiteur*] lair; [*de poète, solitaire*] (= *pièce*) den; (= *maison*) hideaway, retreat

tanin /tanɛ̃/ NM tannin

taniser /tanize/ ▸ conjug 1 ◂ VT (*avec du tan*) to add tan to; (*avec du tanin*) to add tannin to

tank /tɑ̃k/ SYN NM tank

tanker /tɑ̃kœʀ/ NM tanker

tankiste /tɑ̃kist/ NM member of a tank crew

tannage /tanaʒ/ NM tanning

tannant, e /tanɑ̃, ɑ̃t/ ADJ ① (* = *ennuyeux*) [*livre, travail*] boring ◆ **qu'est-ce que tu es tannant avec tes questions !** you're really getting on my nerves with all your questions!
② (*Tech*) tanning

tanne /tan/ NF (*Méd*) wen

tannée* /tane/ NF ① (* = *coups, défaite*) hammering* ◆ **(se) prendre une tannée** to get hammered*
② (*Tech*) (spent) tanbark

tanner /tane/ SYN ▸ conjug 1 ◂ VT ① [+ *cuir*] to tan; [+ *visage*] to weather ◆ **visage tanné** weather-beaten face ◆ **tanner le cuir à qn*** to give sb a hammering*, to tan sb's hide*
② * ◆ **tanner qn** (= *harceler*) to badger sb, to pester sb; (= *ennuyer*) to drive sb mad*, to drive sb up the wall* ◆ **ça fait des semaines qu'il me tanne pour aller voir ce film** he's been badgering *ou* pestering me for weeks to go and see that film

tannerie /tanʀi/ NF (= *endroit*) tannery; (= *activité*) tanning

tanneur /tanœʀ/ NM tanner

tannin /tanɛ̃/ NM ⇒ tanin

tannique /tanik/ ADJ [*acide, vin*] tannic

tanniser /tanize/ ▸ conjug 1 ◂ VT ⇒ taniser

tanrec /tɑ̃ʀɛk/ NM ⇒ tenrec

tansad /tɑ̃sad/ NM pillion

◆ ◆

tant /tɑ̃/
ADVERBE

▸ Lorsque **tant** s'emploie dans des locutions figées commençant par un autre mot, telles que **si tant est que, tous tant qu'ils sont**, cherchez au premier mot.

◆ ◆

① [= TELLEMENT]
◆ **tant** + *verbe* so much ◆ **il mange tant !** he eats so much! *ou* such a lot! ◆ **il l'aime tant !** he loves her so much! ◆ **j'ai tant marché que je suis épuisé** I've walked so much that I'm exhausted ◆ **tu m'en diras** *ou* **vous m'en direz tant !** really! ◆ **tant va la cruche à l'eau qu'à la fin elle se casse** (*Prov*) people who play with fire must expect to get burnt

◆ **tant** + *adjectif, participe* so ◆ **il est rentré tant le ciel était menaçant** he went home because the sky looked so overcast, the sky looked so overcast that he went home ◆ **cet enfant tant désiré** this child [...] ◆ [...] for so much ◆ **le jour tant attendu** [...] the long-awaited day arrived

◆ **tant de** + *nom ou pronom* singulier [+ *temps, eau, argent*] so much; [+ *gentillesse, mauvaise foi*] such, so much ◆ **fait avec tant d'habileté** done with so much *ou* such skill ◆ **elle a tant de sensibilité** she's so sensitive, she has such sensitivity ◆ **il a tant de mal** *ou* **de peine à se décider** he has so much *ou* such trouble making up his mind ◆ **il gagne tant et tant d'argent qu'il ne sait pas quoi en faire** he earns so much money *ou* such a lot (of money) that he doesn't know what to do with it all ◆ **il y avait tant de brouillard qu'il n'est pas parti** it was so foggy *ou* there was so much fog about that he didn't go

◆ **tant de** + *nom ou pronom* pluriel [+ *choses, livres, arbres, gens*] so many ◆ **tant de fois** so many times, so often ◆ **comme tant d'autres** like so many others ◆ **tant de précautions semblaient suspectes** it seemed suspicious to take so many precautions ◆ **des gens comme il y en a tant** ordinary people ◆ **c'est une histoire comme il y en a tant** it's a familiar story

◆ **tant il est vrai que...** since..., as... ◆ **le dialogue sera difficile, tant il est vrai que les attentats ont altéré les relations entre les deux pays** dialogue will not be easy, as *ou* since the bombings have damaged the relationship between the two countries ◆ **il sera difficile de sauver l'entreprise, tant il est vrai que sa situation financière est désastreuse** the financial situation is so disastrous that it will be difficult to save the company

② [QUANTITÉ NON PRÉCISÉE] so much ◆ **gagner tant par mois** to earn so much a month, to earn such-and-such an amount a month ◆ **ça coûte tant** it costs so much ◆ **il devrait donner tant à l'un, tant à l'autre** he should give so much to one, so much to the other ◆ **tant pour cent** so many per cent

③ [COMPARAISON = AUTANT] ◆ **les enfants, tant filles que garçons** the children, both girls and boys *ou* girls as well as boys *ou* (both) girls and boys alike ◆ **ses œuvres tant politiques que lyriques** both his political and his poetic works ◆ **il criait tant qu'il pouvait** he shouted as loud as he could *ou* for all he was worth ◆ **je n'aime rien tant que l'odeur des sous-bois** (*littér*) there is nothing I love more than woodland smells ◆ **ce n'est pas tant leur maison qui me plaît que leur jardin** it's not so much their house that I like as their garden ◆ **tant que ça ?** that much?, as much as that? ◆ **pas tant que ça** not that much ◆ **tu la paies tant que ça ?** do you pay her that much? *ou* as much as that? ◆ **je ne l'ai pas vu tant que ça pendant l'été** I didn't see him (all) that much during the summer

④ [LOCUTIONS]
◆ **tant bien que mal** ◆ **ils essaient tant bien que mal de conserver leur emploi** they're doing their best to keep their jobs ◆ **ils résistent tant bien que mal à l'influence de la publicité** they resist the influence of advertising as best they can ◆ **il essaie, tant bien que mal, d'égayer l'atmosphère** he's doing his best to liven things up ◆ **la centrale nucléaire continue de fonctionner tant bien que mal** the nuclear power station is still more or less operational ◆ **la plupart survivent tant bien que mal avec leurs économies** most of them manage to get by on what they've saved

◆ **tant et plus** ◆ **il y en a tant et plus** [*eau, argent*] there is a great deal; [*objets, personnes*] there are a great many ◆ **il a protesté tant et plus, mais sans résultat** he protested for all he was worth *ou* over and over again but to no avail

◆ **tant et si bien que** so much so that, to such an extent that ◆ **il a fait tant et si bien qu'il l'a quittée** he finally succeeded in making her leave him

◆ **tant mieux** (= *à la bonne heure*) good; (*avec une certaine réserve*) so much the better, that's fine ◆ **tant mieux pour lui** good for him

◆ **tant pis** (= *ça ne fait rien*) never mind, (that's) too bad; (= *peu importe, qu'à cela ne tienne*) (that's just) too bad ◆ **tant pis pour lui** (that's just) too bad for him ◆ **je ne peux pas venir – tant pis pour toi !** I can't come – tough!

◆ **tant qu'à** + *infinitif* ◆ **tant qu'à faire, allons-y maintenant** we might *ou* may as well go now ◆ **tant qu'à faire, tu aurais pu ranger la vaisselle** you could have put away the dishes while you were at it ◆ **j'aurais préféré être mince, beau et riche, tant qu'à faire** I would have preferred to have been slim, handsome and rich for that matter ◆ **tant qu'à faire, je préfère payer tout de suite** (since I have to pay) I might as well pay right away ◆ **tant qu'à faire, faites-le bien** if you're going to do it, do it properly ◆ **tant qu'à marcher, allons en forêt** if we have to walk *ou* if we are walking, let's go to the woods

◆ **tant s'en faut** not by a long way, far from it, not by a long shot *ou* chalk (*Brit*) ◆ **il n'a pas la gentillesse de son frère, tant s'en faut** he's not nearly as *ou* he's nothing like as nice as his brother, he's not as nice as his brother – not by a long way *ou* shot

◆ **tant soit peu** ◆ **s'il est tant soit peu intelligent il saura s'en tirer** if he is (even) remotely intelligent *ou* if he has the slightest grain of intelligence he'll be able to get out of it ◆ **si vous craignez tant soit peu le froid, restez chez vous** if you feel the cold at all *ou* the slightest bit, stay at home ◆ **il est un tant soit peu prétentieux** he's ever so slightly *ou* he's just a little bit pretentious

◆ **tant que** (= *aussi longtemps que*) as long as ◆ **tant qu'elle aura de la fièvre, elle restera au lit** while *ou* as long as she has a temperature she'll stay in bed ◆ **tant que tu n'auras pas fini tes devoirs, tu resteras à la maison** you'll have to stay indoors until you've finished your homework ◆ **(tout va bien) tant qu'on a la santé !*** (you're all right) as long as you've got your health! ◆ **tant qu'il y a de la vie, il y a de l'espoir** (*Prov*) where there's life, there's hope (*Prov*)
(= *pendant que*) while ◆ **tant que vous y êtes, achetez les deux volumes** while you are about it *ou* at it, buy both volumes ◆ **tant que vous êtes ici, donnez-moi un coup de main*** seeing (as) *ou* since you're here, give me a hand ◆ **je veux une moto – pourquoi pas une voiture tant que tu y es !*** I want a motorbike – why not a car while you're at it!*

◆ **en tant que** (= *comme*) as ◆ **en tant qu'ami de la famille** as a family friend ◆ **en tant que tel** as such

---

tantale /tɑ̃tal/ NM ① (*Myth*) ◆ **Tantale** Tantalus; → **supplice**
② (*Chim*) tantalum

tante /tɑ̃t/ NF (= *parente*) aunt, auntie*; (‡ = *homosexuel*) queer‡ ◆ **la tante Marie** Aunt *ou* Auntie* Marie ◆ **tante à héritage** rich (childless) aunt ◆ **j'ai mis chez ma tante** †* (= *au mont-de-piété*) I pawned it

tantième /tɑ̃tjɛm/
▪ NM (= *pourcentage*) percentage; (*d'une copropriété*) percentage share; (= *jeton de présence*) director's percentage of profits
▪ ADJ ◆ **la tantième partie de qch** such (and such) a proportion of sth

tantine | taquin

tantine /tɑ̃tin/ NF (langage enfantin) auntie*

tantinet* /tɑ̃tinɛ/ NM ▸ **un tantinet fatigant/ridicule** a tiny bit tiring/ridiculous ▸ **un tantinet de** a tiny bit of

tantôt /tɑ̃to/ ADV **1** (= cet après-midi) this afternoon ; **††** = tout à l'heure) shortly ▸ **mardi tantôt** on Tuesday afternoon **2** ▸ **tantôt... tantôt** sometimes... sometimes ▸ **tantôt à pied, tantôt en voiture** sometimes on foot, sometimes by car ▸ **tantôt riant, tantôt pleurant** (littér) now laughing, now crying

tantouse*, **tantouze*** /tɑ̃tuz/ NF (= homosexuel) queer*

tantras /tɑ̃tʀas/ NMPL Tantras

tantrique /tɑ̃tʀik/ ADJ Tantric

tantrisme /tɑ̃tʀism/ NM Tantrism

Tanzanie /tɑ̃zani/ NF Tanzania ▸ **la République unie de Tanzanie** the United Republic of Tanzania

tanzanien, -ienne /tɑ̃zanjɛ̃, jɛn/
ADJ Tanzanian
NM,F ▸ **Tanzanien(ne)** Tanzanian

TAO /teao/ NF (abrév de traduction assistée par ordinateur) machine-aided translation

Tao /tao/ NM Tao

taoïsme /taɔism/ NM Taoism

taoïste /taɔist/ ADJ, NM,F Taoist

taon /tɑ̃/ NM horsefly, gadfly

tapage /tapaʒ/ SYN **vacarme**, row, racket ▸ **faire du tapage** to kick up* ou make a row, to make a racket **2** (= battage) fuss, talk ▸ **ils ont fait un tel tapage autour de cette affaire que...** there was so much fuss made about ou so much talk over this affair that...
COMP **tapage nocturne** (Jur) disturbance of the peace (at night) ▸ **porter plainte pour tapage nocturne** to make a complaint about the noise at night

tapageur, -euse /tapaʒœʀ, øz/ ADJ SYN (= bruyant) [enfant, hôtes] noisy, rowdy **2** (= peu discret, voyant) [élégance, toilette] flashy, showy ; [luxe] ostentatious ▸ **liaison tapageuse** ▸ **qui fait scandale** scandalous affair ▸ **publicité tapageuse** excessive hype

tapagement /tapaʒmɑ̃/ ADV → **tapageur** noisily, obstrusively, loudly

tapant, e /tapɑ̃, ɑ̃t/ ADJ ▸ **à 8 heures tapant(es)** at 8 (o'clock) sharp, on the stroke of 8, at 8 o'clock on the dot

tapas /tapas/ NFPL tapas

tape¹ /tap/ SYN **coup** slap ▸ **il m'a donné une grande tape dans le dos** he slapped me hard on the back ▸ **petite tape amicale** friendly little tap

tape² /tap/ NF (Naut = bouchon) hawse(hole) plug

tape³, e¹ /tape/ (ptp de taper) ADJ **1** (fruit) [= tali] bruised ; * [personne] (= marqué par l'âge) wizened **2** (* = fou) cracked*, bonkers* (Brit)

tape-à-l'œil /tapaljœj/ (pl) ADJ INV (décoration, vêtements) flashy, showy NM INV ▸ **c'est du tape-à-l'œil** it's all show

tapecul, tape-culs (pl tape-culs) /tapky/ NM **1** (voile) jigger ; * (= balançoire) see-saw ; (= voiture) rattletrap ; * bone-shaker (Brit) ; (* = trot assis) close trot ▸ **faire du tapecul** to trot close

tapée² /tape/ NF ▸ **une tapée de, des tapées de loads of*, masses of***

tapement /tapmɑ̃/ NM banging (Nonc), banging noise

tapenade /tap(ə)nad/ NF tapenade (savoury spread made with puréed olives)

taper¹ /tape/ SYN **tape** ▸ conjug 1 ▸
VT **1** (= battre) [+ tapis] to beat ; * [+ enfant] to slap, to smack ; (= claquer) [+ porte] to bang, to slam ▸ **taper le carton*** to have a game of cards **2** (= frapper) ▸ **taper un coup/deux coups à la porte** to knock once/twice at the door, to give a knock/two knocks at the door ▸ **taper un air sur le piano** (pēj) to bang ou thump out a tune on the piano **3** (à la machine, sur un ordinateur) to type (out) (how) to type ▸ **apprendre à taper à la machine** to learn (how) to type ▸ **elle tape 60 mots à la minute** her typing speed is 60 words a minute ▸ **elle tape bien** she types well, she's a good typist ▸ **tapé à la machine** typed, typewritten ▸ **lettre tapée sur ordinateur** letter done on computer ▸ **tapez 36 15, code...** (sur Minitel) type in 36 15, code....

taquiner /takine/ SYN ▸ conjug 1 ◂ VT to tease; [fait, douleur] to bother, to worry ◆ **taquiner le goujon** (hum) to do a bit of fishing ◆ **taquiner le cochonnet** (hum) to have a game of pétanque ◆ **taquiner la muse** (hum) to dabble in poetry, to court the Muse ◆ **ils n'arrêtent pas de se taquiner** they're always teasing each other

taquinerie /takinʀi/ NF teasing (NonC) ◆ **agacé par ses taquineries** annoyed by his teasing

tarabiscoté, e /taʀabiskɔte/ SYN ADJ [meuble] (over-)ornate, fussy; [style] involved, (over-)ornate, fussy; [explication] (overly) involved

tarabuster /taʀabyste/ SYN ▸ conjug 1 ◂ VT [personne] to badger, to pester; [fait, idée] to bother, to worry ◆ **il m'a tarabusté pour que j'y aille** he badgered ou pestered me to go

tarage /taʀaʒ/ NM (Comm) taring

tarama /taʀama/ NM taramasalata

taratata /taʀatata/ EXCL (stuff and) nonsense!, rubbish!

taraud /taʀo/ NM (Tech) tap

taraudage /taʀodaʒ/ NM (Tech) tapping ◆ **taraudage à la machine/à la main** machine-/hand-tapping

tarauder /taʀode/ SYN ▸ conjug 1 ◂ VT (Tech) [+ plaque, écrou] to tap; [+ vis, boulon] to thread; [insecte] to bore into; [remords, angoisse] to pierce ◆ **une question me taraude** there's something bothering me

taraudeur, -euse /taʀodœʀ, øz/
▋NM,F (= ouvrier) tapper
▋NF **taraudeuse** (= machine) tapping-machine; (à fileter) threader

Tarawa /taʀawa/ N Tarawa

tarbouch(e) /taʀbuʃ/ NM tarboosh, tarbush, tarbouche

tard /taʀ/ ADV (dans la journée, dans la saison) late ◆ **il est tard** it's late ◆ **il se fait tard** it's getting late ◆ **se coucher/travailler tard** to go to bed/work late ◆ **travailler tard dans la nuit** to work late (on) into the night ◆ **il vint nous voir tard dans la matinée/journée** he came to see us late in the morning ou in the late morning/late in the day ◆ **c'est un peu tard pour t'excuser** it's a bit late in the day to apologize, it's a bit late to apologize now; → **jamais, mieux, tôt**
◆ **plus tard** later (on) ◆ **remettre qch à plus tard** to put sth off till later, to postpone sth ◆ **pas plus tard qu'hier** only yesterday ◆ **pas plus tard que la semaine dernière** just ou only last week, as recently as last week
◆ **au plus tard** at the latest ◆ **il vous faut arriver jeudi au plus tard** you must come on Thursday at the latest
◆ **sur le tard** (dans la vie) late (on) in life, late in the day (fig); (dans la journée) late in the day

tarder /taʀde/ SYN ▸ conjug 1 ◂
▋VI ① (= différer, traîner) to delay ◆ **tarder à entreprendre qch** to put off ou delay starting sth ◆ **ne tardez pas (à le faire)** don't delay, do it without delay ◆ **tarder en chemin** to loiter ou dawdle on the way ◆ **sans (plus) tarder** without (further) delay ou ado ◆ **pourquoi tant tarder ?** why delay it ou put it off so long?
② (= se faire attendre) [réaction, moment] to be a long time coming; [lettre] to take a long time (coming), to be a long time coming ◆ **l'été tarde (à venir)** summer is a long time coming ◆ **sa réponse a trop tardé** his reply took too long
③ (locutions) ◆ **ça ne va pas tarder** it won't be long (coming) ◆ **ça n'a pas tardé** it wasn't long (in) coming ◆ **leur réaction ne va pas tarder** they won't take long to react ◆ **il est 2 heures : ils ne vont pas tarder** it's 2 o'clock – they won't be long (now) ◆ **ils n'ont pas tardé à être endettés** before long they were in debt, it wasn't long before they were in debt ◆ **il n'a pas tardé à s'en apercevoir** it didn't take him long to notice, he noticed soon enough ◆ **ils n'ont pas tardé à réagir, leur réaction n'a pas tardé** they didn't take long to react ◆ **l'élève ne tarda pas à dépasser le maître** the pupil soon outstripped the teacher
④ (= sembler long) ◆ **le temps** ou **le moment me tarde d'être en vacances** I can't wait to be on holiday
▋VB IMPERS (littér) ◆ **il me tarde de le revoir/que ces travaux soient finis** I am longing ou I can't wait to see him again/for this work to be finished

tardif, -ive /taʀdif, iv/ SYN ADJ late; [regrets, remords] belated ◆ **rentrer à une heure tardive** to come home late at night ◆ **cette prise de conscience a été tardive** this realization was slow in coming

tardivement /taʀdivmɑ̃/ ADV (= à une heure tardive) [rentrer] late; (= après coup, trop tard) [s'apercevoir] belatedly

tare /taʀ/ SYN NF ① (= contrepoids) tare ◆ **faire la tare** to allow for the tare
② (= défaut) [de personne, marchandise] defect (de in, of); [de cheval] vice; [de société, système] flaw (de in), defect (de of) ◆ **tare héréditaire** (Méd) hereditary defect ◆ **ce n'est pas une tare !** (hum) it's not a sin! ou crime!

taré, e /taʀe/
▋ADJ ① [enfant, animal] with a defect
② (péj) ◆ **il faut être taré pour faire cela** (= pervers) you have to be sick to do that * ◆ **il est complètement taré, ce type !** (= fou) that guy's completely crazy ou out to lunch *!
▋NM,F (Méd) degenerate ◆ **regardez-moi ce taré** (péj) look at that cretin *

Tarente /taʀɑ̃t/ N Taranto

tarentelle /taʀɑ̃tɛl/ NF tarantella

tarentule /taʀɑ̃tyl/ NF tarantula

tarer /taʀe/ ▸ conjug 1 ◂ VT (Comm) to tare, to allow for the tare

taret /taʀɛ/ NM shipworm, taredo (SPÉC)

targe /taʀʒ/ NF targe

targette /taʀʒɛt/ NF (= verrou) bolt

targuer (se) /taʀge/ SYN ▸ conjug 1 ◂ VPR (= se vanter) ◆ **se targuer de qch** to boast about sth ◆ **se targuer de ce que...** to boast that... ◆ **se targuer d'avoir fait qch** to pride o.s. on having done sth ◆ **se targuant d'y parvenir aisément...** boasting that he would easily manage it...

targui, e /taʀgi/
▋ADJ Tuareg
▋NM,F **Targui(e)** Tuareg

tarière /taʀjɛʀ/ NF ① (Tech) (pour le bois) auger; (pour le sol) drill
② [d'insecte] drill, ovipositor (SPÉC)

tarif /taʀif/ SYN
▋NM (= tableau) price list, tariff (Brit); (= prix) (gén) rate; (Transport) fare ◆ **consulter/afficher le tarif des consommations** to check/put up the price list for drinks ou the bar tariff (Brit) ◆ **le tarif postal pour l'étranger/le tarif des taxis va augmenter** overseas postage rates/taxi fares are going up ◆ **payé au tarif syndical** paid according to union rates, paid the union rate ◆ **quels sont vos tarifs ?** (réparateur) how much do you charge?; (profession libérale) what are your fees? ◆ **est-ce le tarif habituel ?** is this the usual ou going rate? ◆ **voyager à plein tarif/à tarif réduit** to travel at full rate/at reduced fare ◆ **billet plein tarif/à tarif réduit** (Transport) full-fare/reduced-fare ticket; (Ciné, Théât) full-price/reduced-price ticket ◆ « **tarifs réduits pour étudiants** » "special prices for students", "student concessions" (Brit) ◆ **envoyer une lettre au tarif lent** ou **économique** ≈ to send a letter second class, ≈ to send a letter by second-class mail ou post (Brit) ◆ **100 € d'amende/deux mois de prison, c'est le tarif !** * (hum) a 100-euro fine/two months' prison is what you get!
▋COMP ◆ **tarif de base** (gén) standard ou basic rate; (Publicité) open rate, transient rate (US) ◆ **tarif dégressif** (gén) tapering charges; (Publicité) earned rate ◆ **tarif étudiant** (pour transports) student fare; (pour loisirs) student concession ◆ **tarif extérieur commun** (Europe) common external tariff ◆ **tarif jeunes** (pour transports) youth ou under-26 fare ◆ **tarif de nuit** night ou off-peak rate

tarifaire /taʀifɛʀ/ ADJ [réduction, augmentation, préférence, guerre] tariff ◆ **conditions tarifaires** tariff rates ◆ **politique tarifaire** pricing policy ◆ **harmonisation tarifaire** harmonisation of tariffs ◆ **barrières tarifaires** tariff barriers

tarifer /taʀife/ ▸ conjug 1 ◂ VT to fix the price ou rate for ◆ **marchandises tarifées** fixed-price goods

tarification /taʀifikasjɔ̃/ NF (= action) setting ou fixing of prices (de for); (= prix) prices ◆ **nouvelle tarification à compter du 23 mai** new prices as of 23 May

tarin /taʀɛ̃/ NM ① (* = nez) nose, conk * (Brit), snoot * (US)
② (= oiseau) siskin

tarir /taʀiʀ/ SYN ▸ conjug 2 ◂
▋VI ① [cours d'eau, puits, ressource] to run dry, to dry up; [larmes] to dry (up); [pitié, conversation, imagination] to dry up
② [personne] ◆ **il ne tarit pas sur ce sujet** he can't stop talking about it, he's unstoppable * on that subject ◆ **il ne tarit pas d'éloges sur elle** he never stops ou can't stop singing her praises
▋VT (= arrêter) to dry up ◆ **tarir les larmes de qn** (littér) to dry sb's tears
▋VPR **se tarir** [source] to run dry, to dry up ; [rentrées d'argent, imagination] to dry up ◆ **un puits tari** a dried-up well

tarissable /taʀisabl/ ADJ [source, ressources] which can dry up

tarissement /taʀismɑ̃/ NM [de cours d'eau, puits] drying up; [de gisement, ressource] depletion; [de commandes, débouchés, offre, demande] drying up

tarlatane /taʀlatan/ NF tarlatan

tarmac /taʀmak/ NM tarmac (on airstrip)

taro /taʀo/ NM (= plante) taro, elephant's ear

tarot /taʀo/ NM (= jeu) tarot; (= paquet de cartes) tarot (pack)

tarpan /taʀpɑ̃/ NM tarpan

tarpé * /taʀpe/ NM (= joint) joint

tarpon /taʀpɔ̃/ NM tarpon

Tarse /taʀs/ NM Tarsus

tarse /taʀs/ NM (= partie d'un pied, d'une patte) tarsus ◆ **tarse palpébral** tarsal plate

tarsien, -ienne /taʀsjɛ̃, jɛn/ ADJ tarsal

tarsier /taʀsje/ NM tarsier

Tartan ® /taʀtɑ̃/ NM (= revêtement) Tartan ® ; (= piste) tartan track

tartan /taʀtɑ̃/ NM (= tissu) tartan

tartane /taʀtan/ NF (= bateau) tartan

tartare /taʀtaʀ/
▋ADJ ① (Hist) Tartar
② (Culin) ◆ **sauce tartare** tartar(e) sauce; → **steak**
▋NMF (Hist) ◆ **Tartare** Tartar

tarte /taʀt/
▋NF ① (Culin) tart ◆ **tarte aux fruits/à la crème** fruit/cream tart ◆ **tarte aux pommes** apple tart ◆ **tarte Tatin** tarte Tatin, ≈ apple upside-down tart ◆ **une tarte à la crème** (péj) (= rengaine) a pet theme ; (= comédie) slapstick (comedy) ◆ **c'est pas de la tarte** * it's no joke *, it's no easy matter
② (* = gifle) clout, clip round the ear ◆ **elle lui a filé une tarte** she slapped him in the face
▋ADJ INV * (= laid) [personne] plain-looking; [chaussures, vêtement] tacky *, naff * (Brit) ; (= bête) stupid, daft * (Brit) ◆ **j'ai l'air tarte dans cette robe** I look stupid in this dress

tartelette /taʀtǝlɛt/ NF tartlet, tart

Tartempion * /taʀtɑ̃pjɔ̃/ NM thingumabob *, so-and-so *, what's-his (ou -her)-name ◆ **un Tartempion quelconque** someone or other

tartiflette /taʀtiflɛt/ NF dish made with potatoes, bacon and cheese

tartignol(l)e * /taʀtiɲɔl/ ADJ [personne, film] stupid, daft * (Brit); [vêtement, chaussures] tacky *

tartine /taʀtin/ NF ① (= tranche) slice ou piece of bread; (beurrée) slice of bread and butter; (de confiture) slice of bread and jam ◆ **le matin, on mange des tartines** in the morning we have bread and butter ◆ **tu as déjà mangé trois tartines, ça suffit** you've already had three slices ou three pieces of bread, that's enough ◆ **couper des tranches de pain pour faire des tartines** to cut (slices of) bread for buttering ◆ **tartine de miel** slice ou piece of bread and honey ◆ **tartine grillée et beurrée** piece of toast and butter
② (* = texte long) ◆ **il en a mis une tartine** he wrote reams ◆ **il y a une tartine dans le journal à propos de...** there's a great spread in the paper about...

tartiner /taʀtine/ SYN ▸ conjug 1 ◂ VT [+ pain] to spread (de with); [+ beurre] to spread ◆ **pâté de foie/fromage à tartiner** liver/cheese spread ◆ **pâte à tartiner** spread ◆ **tartiner du pain de beurre** to butter bread
② (fig) ◆ **il en a tartiné plusieurs pages** * he went on about it for several pages

tartrate /taʀtʀat/ NM tartrate

tartre /taʀtʀ/ NM [de dents, tonneau] tartar, scale; [de chaudière, bouilloire] scale, fur (Brit)

tartré, e /taʀtʀe/ ADJ tartarized

tartreux, -euse /taʀtʀø, øz/ ADJ tartarous

tartrique /taʀtʀik/ ADJ ◆ **acide tartrique** tartaric acid

tartu(f)fe /taʀtyf/
◼ NM (sanctimonious) hypocrite ◆ « **Tartuffe** » (Littérat) "Tartuffe", "The Imposter"
◼ ADJ hypocritical ◆ **il est un peu tartu(f)fe** he's something of a hypocrite

tartu(f)ferie /taʀtyfʀi/ NF hypocrisy

Tarzan /taʀzɑ̃/ NM Tarzan; (* = homme musclé) muscleman

tas /ta/ SYN
◼ NM (= amas) heap, pile ◆ **mettre en tas** to make a pile of, to put into a heap, to heap ou pile up ◆ **quel gros tas !** * (= personne obèse) what a fat lump!*
◆ **un** ou **des tas de*** (= beaucoup de) loads of*, heaps of*, lots of ◆ **il connaît un tas de choses/gens** he knows loads* ou heaps* ou lots of things/people ◆ **il y avait tout un tas de gens** there was a whole load* of people there ◆ **j'ai appris des tas de choses sur lui** I found out a lot about him ◆ **il m'a raconté un tas de mensonges** he told me a pack of lies ◆ **tas de crétins !*** you load ou bunch of idiots!*
◆ **dans le tas*** ◆ **tirer dans le tas** to fire into the crowd ◆ **foncer dans le tas** to charge in ◆ **dans le tas, on en trouvera bien un qui sache conduire** we're bound to find ONE who can drive ◆ **dans le tas, tu trouveras bien un stylo qui marche** you're bound to find ONE pen that works ◆ **j'ai acheté des cerises, tape** ou **pioche dans le tas** I've bought some cherries so dig in* ou tuck in* ou help yourself
◆ **sur le tas** (= par la pratique) ◆ **apprendre un métier sur le tas** to learn a trade on the job ou as one goes along ◆ **il a appris/s'est formé sur le tas** he learned/was trained on the job ◆ **formation sur le tas** on-the-job training; → **grève**
◼ COMP **tas de boue*** (= voiture) heap*, wreck*, banger* (Brit)
tas de charge (Archit) tas de charge
tas de ferraille scrapheap ◆ **cette voiture/ce vélo, c'est un vrai tas de ferraille !** that car/that bike's only fit for the scrapheap
tas de fumier dung ou manure heap
tas d'ordures rubbish (Brit) ou garbage (US) heap

Tasmanie /tasmani/ NF Tasmania

tasmanien, -ienne /tasmanjɛ̃, jɛn/
◼ ADJ Tasmanian
◼ NM,F **Tasmanien(ne)** Tasmanian

tassage /tasaʒ/ NM (Sport) boxing in

Tasse /tas/ NM ◆ **le Tasse** Tasso

tasse /tas/ NF cup ◆ **tasse de porcelaine** china cup ◆ **tasse à thé** teacup ◆ **tasse à café** coffee cup ◆ **tasse de thé** cup of tea ◆ **ce n'est pas ma tasse de thé** (hum) it's not my cup of tea; → **boire**

tassé, e /tase/ (ptp de **tasser**) ADJ ①(= affaissé) [façade, mur] that has settled ou sunk ou subsided; [vieillard, corps] shrunken ◆ **tassé sur sa chaise** slumped on his chair
②(= serrés) ◆ **tassés** [spectateurs, passagers] packed (tight)
◆ **bien tassé*** (= fort) [whisky] stiff (épith); (= bien rempli) [verre] well-filled, full to the brim (attrib) ◆ **café bien tassé** good strong coffee ◆ **trois kilos bien tassés** a good three kilos ◆ **il a 50 ans bien tassés** he's well into his fifties, he's well over fifty

tasseau (pl **tasseaux**) /taso/ NM (= morceau de bois) piece ou length of wood; (= support) bracket

tassement /tasmɑ̃/ NM ①[de sol, neige] packing down
②[de mur, terrain] settling, subsidence ◆ **tassement de la colonne (vertébrale)** compression of the spinal column
③(= diminution) ◆ **le tassement des voix en faveur du candidat** the drop ou fall-off in votes for the candidate ◆ **un tassement de l'activité économique** a downturn ou a slowing down in economic activity

tasser /tase/ SYN ▸ conjug 1 ◂
◼ VT ①(= comprimer) [+ sol, neige] to pack down, to tamp down; [+ foin, paille] to pack ◆ **tasser des vêtements dans une valise** to cram clothes into a suitcase ◆ **tasser le contenu d'une valise** to push down the contents of a case ◆ **tasser le tabac dans sa pipe** to pack ou tamp down the tobacco in one's pipe ◆ **tasser des prisonniers dans un camion** to cram ou pack prisoners into a truck
②(Sport) [+ concurrent] to box in
◼ VPR **se tasser** ①(= s'affaisser) [façade, mur, terrain] to sink, to subside; [vieillard, corps] to shrink; [demande] to slow down; [électorat] to shrink
②(= se serrer) to bunch up ◆ **on s'est tassé à dix dans la voiture** ten of us crammed into the car ◆ **tassez-vous, il y a encore de la place** bunch ou squeeze up, there's still room
③(* = s'arranger) to settle down ◆ **ne vous en faites pas, ça va se tasser** don't worry – things will settle down ou iron themselves out*
④(* = engloutir) [+ petits fours, boissons] to down*, to get through*

tassette /tasɛt/ NF tasse(t), tace

tassili /tasili/ NM sandstone massif

taste-vin /tastəvɛ̃/ NM INV (wine-)tasting cup

TAT /teate/ NM (abrév de **Thematic Apperception Test**) TAT

tata /tata/ NF ①(langage enfantin = tante) auntie*
②(* = homosexuel) queer*

tatami /tatami/ NM tatami

tatane* /tatan/ NF shoe

tatar, e /tatar/
◼ ADJ Ta(r)tar
◼ NM (= langue) Ta(r)tar
◼ NM,F **Tatar(e)** Ta(r)tar

tâter /tate/ SYN ▸ conjug 1 ◂
◼ VT ①(= palper) [+ objet, étoffe, pouls] to feel ◆ **tâter qch du bout des doigts** to feel ou explore sth with one's fingertips ◆ **marcher en tâtant les murs** to feel ou grope one's way along the walls
②(= sonder) [+ adversaire, concurrent] to try (out) ◆ **tâter l'opinion** to sound ou test out opinion ◆ **tâter le terrain** to find out how the land lies, to put out feelers, to find out the lie (Brit) ou lay (US) of the land
◼ VT INDIR **tâter de** ① († , littér = goûter à) [+ mets] to taste, to try
②(= essayer, passer par) to sample, to try out ◆ **tâter de la prison** to sample prison life, to have a taste of prison ◆ **il a tâté de tous les métiers** he's had a go at * ou he's tried his hand at lots of jobs
◼ VPR **se tâter** ①(après une chute) to feel o.s. (for injuries); (pensant avoir perdu qch) to feel one's pocket(s) ◆ **il se releva, se tâta : rien de cassé** he got up and felt himself but there was nothing broken
②(* = hésiter) to be in (Brit) ou of (US) two minds ◆ **tu viendras ? – je ne sais pas, je me tâte** are you coming? – I don't know, I haven't made up my mind

tâte-vin /tatvɛ̃/ NM INV ⇒ **taste-vin**

tati(e) /tati/ NF (langage enfantin) auntie*

tatillon, -onne /tatijɔ̃, ɔn/ SYN ADJ [personne] pernickety (Brit), persnickety (US) ◆ **il est tatillon, c'est un tatillon** he's very pernickety (Brit) ◆ **des contrôles tatillons** overzealous checks ◆ **surveillance tatillonne** strict supervision

tâtonnant, e /tatɔnɑ̃, ɑ̃t/ ADJ [geste, main] groping (épith); [style] hesitant ◆ **leurs recherches étaient tâtonnantes** they were feeling their way in their research

tâtonnement /tatɔnmɑ̃/ SYN NM (gén pl = essai) trial and error (NonC), experimentation (NonC) ◆ **après bien des tâtonnements** after a lot of trial and error ◆ **procéder par tâtonnement(s)** to proceed by trial and error ◆ **les premiers tâtonnements d'une technique** the first tentative steps in a new technique

tâtonner /tatɔne/ SYN ▸ conjug 1 ◂ VI ①(pour se diriger) to grope ou feel one's way (along), to grope along; (pour trouver qch) to grope ou feel around ou about
②(= essayer) to grope around; (par méthode) to proceed by trial and error

tâtons /tatɔ̃/ SYN **à tâtons** LOC ADV ◆ **avancer à tâtons** (lit) to grope along, to grope ou feel one's way along; (fig) to feel one's way along ◆ **chercher qch à tâtons** (lit, fig) to grope ou feel around for sth

tatou /tatu/ NM armadillo

tatouage /tatwaʒ/ NM (= action) tattooing; (= dessin) tattoo ◆ **son dos est couvert de tatouages** his back is covered in ou with tattoos

tatouer /tatwe/ ▸ conjug 1 ◂ VT to tattoo ◆ **se faire tatouer le dos** to have one's back tattooed ◆ **mon chat est tatoué à l'oreille** my cat has a tattoo in its ear (for identification)

tatoueur, -euse /tatwœʀ, øz/ NM,F tattooer

tau /to/ NM INV ①(= lettre grecque) tau
②(Héraldique) tau cross, Saint Anthony's cross

taud /to/ NM (= abri) awning

taudis /todi/ SYN NM (= logement) hovel; (pl) (Admin) slums ◆ **ta chambre est un vrai taudis** (en désordre) your room's a real pigsty

taulard, -arde* /tolaʀ, aʀd/ NM,F convict, con*

taule* /tol/ NF ①(= prison) jail, clink*, nick* (Brit) ◆ **être en taule** to be inside*, to be in the nick* (Brit) ◆ **aller en taule** to go down*, to get banged up* ◆ **mettre** ou **foutre*** qn **en taule** to put sb in jail ◆ **il a fait de la taule** he's done time* ou a stretch*, he's been inside* ◆ **il a eu cinq ans de taule** he's been given a five-year stretch* ou five years in the nick* (Brit)
②(= chambre) room

taulier, -ière* /tolje, jɛʀ/ NM,F (hotel) boss*

taupe /top/ NF ①(= animal) mole
②(= fourrure) moleskin; → **myope**
③* (= espion) mole ◆ **une vieille taupe** (péj) an old bag* ou hag
④(arg Scol = classe) advanced maths class preparing students for the Grandes Écoles

taupe-grillon (pl **taupes-grillons**) /topgʀijɔ̃/ NM mole cricket

taupière /topjɛʀ/ NF mole trap

taupin /topɛ̃/ NM ①(= animal) click beetle, elaterida (SPÉC)
②(arg Scol) maths student preparing for the Grandes Écoles

taupinière /topinjɛʀ/ NF (= tas) molehill; (= galeries, terrier) mole tunnel; (fig péj = immeuble, bureaux) rabbit warren

taureau (pl **taureaux**) /tɔʀo/ NM ①(= animal) bull ◆ **taureau de combat** fighting bull ◆ **il avait une force de taureau** he was as strong as an ox ◆ **une encolure** ou **un cou de taureau** a bull neck ◆ **prendre le taureau par les cornes** to take the bull by the horns
②(Astron) ◆ **le Taureau** Taurus ◆ **il est Taureau, il est (du signe) du Taureau** he's (a) Taurus; → **course**

taurides /tɔʀid/ NFPL Taurids

taurillon /tɔʀijɔ̃/ NM bull-calf

taurin, e /tɔʀɛ̃, in/ ADJ bullfighting (épith)

taurobole /tɔʀɔbɔl/ NM taurobolium

tauromachie /tɔʀɔmaʃi/ NF bullfighting, tauromachy (SPÉC)

tauromachique /tɔʀɔmaʃik/ ADJ bullfighting (épith)

tautochrone /totokʀon/ ADJ ◆ **courbe tautochrone** tautochrone

tautologie /totɔlɔʒi/ SYN NF tautology

tautologique /totɔlɔʒik/ ADJ tautological

tautomère /totomɛʀ/ ADJ (Anat) tautomeral ◆ **corps tautomères** (Chim) tautomers

tautomérie /totomeʀi/ NF tautomerism

taux /to/ SYN NM ①(Fin) rate ◆ **taux actuariel (brut)** annual percentage rate ◆ **taux de base bancaire** minimum ou base ou prime (US) lending rate ◆ **taux de change** exchange rate, rate of exchange ◆ **taux court/moyen/long** short-term/medium-term/long-term rate ◆ **taux de croissance** growth rate ◆ **taux d'escompte** discount rate ◆ **taux d'intérêt** interest rate, rate of interest ◆ **taux officiel d'escompte** bank rate ◆ **taux de prêt** lending rate ◆ **taux de TVA** VAT rate ◆ **prêt à taux zéro** interest-free loan
②(Stat) rate ◆ **taux de natalité/mortalité** birth/death ou mortality rate ◆ **taux de chômage** unemployment rate ◆ **taux de réussite** (à un examen) pass rate ◆ **taux d'audience** (TV) audience figures ◆ **taux d'écoute** (Radio) audience figures ◆ **taux de fréquentation** (Ciné, Théât) attendance ou audience figures
③(= niveau, degré) [de cholestérol, sucre] level ◆ **taux de pollution/radioactivité** level of pollution/radioactivity, pollution/radioactivity level ◆ **taux d'invalidité** (Méd) degree of disability ◆ **taux de compression** [de moteur] compression ratio

tauzin /tozɛ̃/ NM Pyrenean oak

tavaïolle /tavajɔl/ NF [de baptême] chris(o)m

tavelé, e /tav(ə)le/ SYN (ptp de **taveler**) ADJ [fruit] marked ◆ **visage tavelé de taches de son** face covered in freckles ◆ **visage tavelé par la petite vérole** pockmarked face, face pitted with pockmarks

taveler /tav(ə)le/ ► conjug 4 ◄
VT [+ fruit] to mark
VPR **se taveler** [fruit] to become marked

tavelure /tav(ə)lyʀ/ NF mark (on fruit)

taverne /tavɛʀn/ SYN NF (Hist) inn, tavern; (Can) tavern, beer parlor (Can)

tavernier, -ière /tavɛʀnje, jɛʀ/ NM,F (Hist, hum) innkeeper

tavillon /tavijɔ̃/ NM (Helv) small shingle

taxable /taksabl/ SYN ADJ (gén) taxable; (à la douane) liable to duty (épith), dutiable

taxateur, -trice /taksatœʀ, tʀis/ NM,F (Admin) taxer ◆ **(juge) taxateur** taxing master

taxation /taksasjɔ̃/ SYN NF [1] (= imposition) [de marchandise, service, particuliers] taxing, taxation ◆ **seuil de taxation** tax threshold
[2] (Admin, Comm) [de valeur] fixing (the rate); [de marchandise] fixing the price; (Jur) [de dépens] taxation ◆ **taxation d'office** estimation of tax(es)

taxe /taks/ SYN
NF [1] (= impôt, redevance) tax; (à la douane) duty ◆ **taxes locales/municipales** local/municipal taxes ◆ **toutes taxes comprises** inclusive of tax ◆ **hors taxe(s)** [boutique, article] duty-free; (sur facture) exclusive of VAT; [prix] before tax (attrib)
[2] (Admin, Comm = tarif) statutory price ◆ **vendre des marchandises à la taxe/plus cher que la taxe** to sell goods at/for more than the statutory price
[3] (Jur) [de dépens] taxation, assessment
COMP **taxes d'aéroport** airport tax(es)
◆ **taxe d'apprentissage** apprenticeship tax (paid by French employers to finance apprenticeships) ◆ **taxe écologique** ecotax ◆ **taxe d'habitation** local tax paid by residents, ≈ council tax (Brit) ◆ **taxe professionnelle** local tax on businesses, ≈ business rate (Brit) ◆ **taxe de raccordement** (Téléc) connection fee ◆ **taxe de séjour** tourist tax ◆ **taxe à ou sur la valeur ajoutée** ≈ sales tax, value-added tax (Brit)

taxer /takse/ SYN ► conjug 1 ◄ VT [1] (= imposer) [+ marchandises, service] to put ou impose a tax on, to tax; (à la douane) to impose ou put duty on; [+ personne, entreprise] to tax ◆ **produits taxés à 5,5%** products taxed at 5.5% ◆ **taxer qn d'office** to assess sb for tax ou taxation (purposes)
[2] (Admin, Comm) [+ valeur] to fix (the rate of); [+ marchandise] to fix the price of; (Jur) [+ dépens] to tax, to assess
[3] (* = voler) to pinch*, to nick* (Brit) ◆ **il l'a taxé au supermarché** he pinched* ou nicked* (Brit) it from the supermarket
[4] (* = prendre) ◆ **je peux te taxer une cigarette ?** can I pinch a cigarette? ◆ **il m'a taxé de 20 €** he got 20 euros out of me *
[5] ◆ **taxer qn de qch** (= le qualifier de qch) to call sb sth; (= l'accuser de qch) to accuse sb of sth, to tax sb with sth (frm) ◆ **une méthode que l'on a taxée de charlatanisme** a method which has been referred to as charlatanism ◆ **on le taxe d'avarice** he's accused of miserliness ou of being a miser

taxi /taksi/ NM [1] (= voiture) taxi, (taxi)cab ◆ **taxi-brousse** bush taxi ◆ **bateau-/vélo-taxi** (en apposition) boat/bicycle taxi; → **chauffeur, station**
[2] (* = chauffeur) cabby* (Brit), taxi ou cab driver ◆ **elle fait le taxi*** she's a cabby*, she's a taxi ou cab driver ◆ **j'en ai assez de faire le taxi** (fig) I'm fed up* driving everyone around

taxidermie /taksidɛʀmi/ NF taxidermy

taxidermiste /taksidɛʀmist/ NMF taxidermist

taxie /taksi/ NF taxis

taxi-girl (pl **taxi-girls**) /taksigœʀl/ NF (= danseuse) taxigirl

taximètre /taksimɛtʀ/ NM (taxi)meter

taxinomie /taksinɔmi/ NF taxonomy

taxinomique /taksinɔmik/ ADJ taxonomic(al)

taxinomiste /taksinɔmist/ NMF taxonomist

taxiphone ® /taksifɔn/ NM payphone, public (tele)phone

taxiway /taksiwɛ/ NM taxiway

taxodium /taksɔdjɔm/ NM bald cypress, taxodium (SPÉC)

taxonomie /taksɔnɔmi/ NF ⇒ **taxinomie**

taxonomique /taksɔnɔmik/ ADJ ⇒ **taxinomique**

taxonomiste /taksɔnɔmist/ NMF ⇒ **taxinomiste**

taylorisation /tɛlɔʀizasjɔ̃/ NF Taylorization

tayloriser /tɛlɔʀize/ ► conjug 1 ◄ VT [+ production] to Taylorize ◆ **usine taylorisée** mass production factory

taylorisme /tɛlɔʀism/ NM Taylorism

TB (abrév de **très bien**) VG

TBB /tebebe/ NM (abrév de **taux de base bancaire**) → **taux**

Tbilissi /tbilisi/ N Tbilisi

Tchad /tʃad/ NM ◆ **le Tchad** Chad ◆ **le lac Tchad** Lake Chad

tchadien, -ienne /tʃadjɛ̃, jɛn/
ADJ Chad
NM,F **Tchadien(ne)** Chad

tchador /tʃadɔʀ/ NM chador

tchao /tʃao/ EXCL bye!, ciao!, cheerio! (Brit)

tchatche* /tʃatʃ/ NF (gén) talk; (péj) yacking* ◆ **il a une de ces tchatches !** he's got the gift of the gab!*

tchatcher* /tʃatʃe/ ► conjug 1 ◄ VI (péj) to yack* ◆ **il ne fait que tchatcher** he never stops yacking*, all he does is yak yak yak*

tchatcheur, -euse* /tʃatʃœʀ, øz/ NM,F smooth talker

tchécoslovaque /tʃekɔslɔvak/
ADJ Czechoslovak(ian)
NMF **Tchécoslovaque** Czechoslovakian

Tchécoslovaquie /tʃekɔslɔvaki/ NF Czechoslovakia

Tchekhov /tʃekɔv/ NM Chek(h)ov

tchèque /tʃɛk/
ADJ Czech ◆ **la République tchèque** the Czech Republic
NM (= langue) Czech
NMF **Tchèque** Czech

Tchéquie /tʃeki/ NF ◆ **la Tchéquie** the Czech Republic

tchérémisse /tʃeʀemis/ NM Cheremis(s), Mari

Tchernobyl /tʃɛʀnɔbil/ N Chernobyl

tchernoziom /tʃɛʀnɔzjɔm/ NM chernozem, tchernosem

tchétchène /tʃetʃɛn/
ADJ Chechen
NMF **Tchétchène** Chechen

Tchétchénie /tʃetʃeni/ NF Chechnya

tchin(-tchin)* /tʃin(tʃin)/ EXCL cheers!

TD /tede/ NM (abrév de **travaux dirigés** (Univ)) → **travail¹**

TDF /tedeɛf/ NF (abrév de **Télédiffusion de France**) ≈ IBA (Brit), ≈ FCC (US)

te /tə/ PRON PERS [1] (objet direct ou indirect) you ◆ **te l'a-t-il dit ?** did he tell you? ◆ **t'en a-t-il parlé ?** did he speak to you about it?
[2] (réfléchi) yourself ◆ **si tu te poses des questions** if you ask yourself questions ◆ **tu t'es fait mal ?** did you hurt yourself? ◆ **comment te sens-tu ?** (souvent non traduit) how do you feel? ◆ **tu devrais te doucher** you should have a shower ◆ **va te laver les dents/les mains** go and brush your teeth/wash your hands

té¹ /te/ NM (= règle) T-square; (= ferrure) T(-shaped) bracket ◆ **fer en té** T-shaped iron

té² /te/ EXCL (dial) well! well!, my!

TEC /teəse/ NF (abrév de **tonne équivalent charbon**) TCE

technétium /tɛknesjɔm/ NM technetium

technicien, -ienne /tɛknisjɛ̃, jɛn/ SYN NM,F technician ◆ **il est technicien en électronique** he's an electronics engineer ◆ **technicien de surface** (Admin) cleaning operative ◆ **technicien de (la) télévision** television technician ◆ **c'est un technicien de la politique/finance** he's a political/financial expert ou wizard

techniciser /tɛknisize/ ► conjug 1 ◄ VT to make (more) technical

technicité /tɛknisite/ NF [de recherche, sujet, langage] technical nature; [de personne] technical skill ◆ **produit de haute technicité** technically advanced ou high-tech product

technico-commercial, e (mpl **technico-commerciaux**) /tɛknikokɔmɛʀsjal, jo/ ADJ, NM,F ◆ **(agent) technico-commercial** technical salesman ◆ **(ingénieur) technico-commercial** sales engineer

Technicolor ® /tɛknikɔlɔʀ/ NM Technicolor ® ◆ **film en Technicolor** Technicolor film, film in Technicolor

technique /tɛknik/ SYN
ADJ technical; → **contrôle, escale, incident**
NF [1] (= méthode) technique ◆ **il n'a pas la (bonne) technique*** he hasn't got the knack* ou the right technique ◆ **c'est toute une technique !** it's quite an art! ◆ **manquer de technique** to lack technique
[2] (= aire de la connaissance) **la technique** technology
NM (enseignement) ◆ **le technique** technical education, industrial arts (US) ◆ **il est professeur dans le technique** he's a technical teacher

techniquement /tɛknikmɑ̃/ ADV technically

techno¹ /tɛkno/ ADJ, NF (Mus) techno ◆ **la (musique) techno** techno (music)

techno²* /tɛkno/ NF abrév de **technologie**

technobureaucratique /tɛknobyʀokʀatik/ ADJ technobureaucratic

technocrate /tɛknɔkʀat/ NMF technocrat

technocratie /tɛknɔkʀasi/ NF technocracy

technocratique /tɛknɔkʀatik/ ADJ technocratic

technocratiser /tɛknɔkʀatize/ ► conjug 1 ◄ VT [+ institution] to make (more) technocratic

technocratisme /tɛknɔkʀatism/ NM [de gestionnaire] technocratic attitude; [d'institution] technocratic ethos

technologie /tɛknɔlɔʒi/ NF (gén) technology; (Scol) subject area covering basic technological skills taught in French schools ◆ **technologie de pointe ou avancée** leading-edge ou advanced technology ◆ **technologie de l'information** information technology ◆ **la haute technologie** high technology ◆ **technologie des systèmes automatisés** automated systems technology

technologique /tɛknɔlɔʒik/ ADJ technological ◆ **révolution technologique** technological revolution

technologiquement /tɛknɔlɔʒikmɑ̃/ ADV technologically

technologue /tɛknɔlɔg/ NMF technologist

technophobe /tɛknɔfɔb/ NMF technophobe

technopole /tɛknɔpɔl/ NF town with high-tech industrial research and development facilities

technopôle /tɛknopol/ NM science and technology park (with research facilities)

technostructure /tɛknostʀyktyʀ/ NF technostructure

teck /tɛk/ NM teak

teckel /tɛkɛl/ NM dachshund

tectonique /tɛktɔnik/
ADJ tectonic
NF tectonics (sg) ◆ **tectonique des plaques** plate tectonics

tectrice /tɛktʀis/ ADJ, NF ◆ **(plume) tectrice** covert, tectrix

teddy-bear (pl **teddy-bears**) /tediˈbɛʀ/ NM (= jouet) teddy bear; (= fourrure) fun fur

Te Deum /tedeɔm/ NM INV Te Deum

tee /ti/ NM tee ◆ **partir du tee** to tee off

tee(-)shirt /tiʃœʀt/ NM T-shirt, tee shirt

Téflon ® /teflɔ̃/ NM Teflon ®

téflonisé, e /teflonize/ ADJ Teflon (épith), coated in Teflon

tégénaire /teʒenɛʀ/ NF type of house spider, tegenaria (SPÉC)

Tegucigalpa /tegusigalpa/ N Tegucigalpa

tégument /tegymɑ̃/ NM [de plante, animal] (in)tegument

tégumentaire /tegymɑ̃tɛʀ/ ADJ (in)tegumental, (in)tegumentary

Téhéran /teeʀɑ̃/ N Teheran

teigne /tɛɲ/ NF [1] (= papillon) moth, tinea (SPÉC)
[2] (= dermatose) ringworm, tinea (SPÉC)
[3] (péj) (= homme) bastard*, swine* (Brit); (= femme) shrew, vixen ◆ **mauvais ou méchant comme une teigne** as nasty as anything

teigneux, -euse /tɛɲø, øz/ SYN ADJ (Méd) suffering from ringworm ◆ **il est teigneux** (lit) he has

teiller /teje/ ▸ conjug 1 ◂ VT to scutch

teilleur, -euse /tɛjœʀ, øz/
NM,F (= *personne*) scutcher
NF teilleuse (= *machine*) scutcher

teindre /tɛ̃dʀ/ ▸ conjug 52 ◂
VT [+ *vêtement, cheveux*] to dye; (*littér*) to tint, to tinge
VPR se teindre ① ◆ **se teindre (les cheveux)** to dye one's hair ◆ **se teindre la barbe/la moustache** to dye one's beard/one's moustache
② (*littér* = *se colorer*) ◆ **les montagnes se teignaient de rose** the mountains took on a pink hue *ou* were tinged with pink

teint¹ /tɛ̃/ SYN NM ① (= *couleur de peau*) (*permanent*) complexion, colouring (*Brit*), coloring (*US*); (*momentané*) colour (*Brit*), color (*US*) ◆ **avoir le teint frais** to be looking well ◆ **teint de rose/de porcelaine** rosy/porcelain complexion
② (= *couleur d'un tissu*) ◆ **grand teint** [*couleur*] fast; [*tissu*] colourfast (*Brit*), colorfast (*US*) ◆ **bon teint** [*couleur*] fast; [*syndicaliste*] staunch, dyed-in-the-wool; → **fond**

teint², e¹ /tɛ̃, tɛ̃t/ (*ptp de* **teindre**) ADJ [*cheveux, laine*] dyed ◆ **elle est teinte** (*péj*) her hair is dyed, she dyes her hair

teintant, e /tɛ̃tɑ̃, ɑ̃t/ ADJ → **teinter** tinting, staining

teinte² /tɛ̃t/ SYN NF ① (= *nuance*) shade, hue, tint; (= *couleur*) colour (*Brit*), color (*US*) ◆ **pull aux teintes vives** brightly-coloured sweater
② (*fig*) (= *léger côté*) tinge, hint ◆ **avec une teinte de tristesse dans la voix** with a tinge *ou* hint of sadness in his voice

teinté, e /tɛ̃te/ (*ptp de* **teinter**) ADJ [*bois*] stained; [*verre*] tinted ◆ **crème teintée** tinted day cream ◆ **table teintée acajou** mahogany-stained table ◆ **blanc teinté de rose** white with a hint of pink ◆ **discours teinté de puritanisme** speech tinged with puritanism

teinter /tɛ̃te/ SYN ▸ conjug 1 ◂
VT [+ *papier, verre*] to tint; [+ *meuble, bois*] to stain ◆ **un peu d'eau teintée de vin** a little water with a hint of wine *ou* just coloured with wine
VPR se teinter (*littér*) ◆ **se teinter d'amertume** to become tinged with bitterness ◆ **les sommets se teintèrent de pourpre** the peaks took on a purple tinge *ou* hue *ou* tint, the peaks were tinged with purple

teinture /tɛ̃tyʀ/ SYN NF ① (= *colorant*) dye; (= *action*) dyeing
② (*Pharm*) tincture ◆ **teinture d'arnica/d'iode** tincture of arnica/of iodine

teinturerie /tɛ̃tyʀʀi/ NF (= *métier, industrie*) dyeing; (= *magasin*) (dry) cleaner's

teinturier, -ière /tɛ̃tyʀje, jɛʀ/ NM,F (*qui nettoie*) dry cleaner; (*qui teint*) dyer

tek /tɛk/ NM ⇒ **teck**

tel, telle /tɛl/
ADJ ① (*similitude*) (*sg : avec nom concret*) such, like; (*avec nom abstrait*) such; (*pl*) such ◆ **une telle ignorance/réponse est inexcusable** such ignorance/such an answer is inexcusable ◆ **tel père, tel fils** like father like son ◆ **nous n'avons pas de tels orages en Europe** we don't get such storms *ou* storms like this in Europe ◆ **as-tu jamais rien vu de tel ?** have you ever seen such a thing?, have you ever seen anything like it? ◆ **s'il n'est pas menteur, il passe pour tel** perhaps he isn't a liar but that's the reputation he has ◆ **il a filé tel un zèbre** he was off like a shot ◆ **tels sont ces gens que vous croyiez honnêtes** that's what the people you thought were honest are really like ◆ **prenez telles décisions qui vous sembleront nécessaires** (*frm*) take such decisions as you deem *ou* whatever decisions you deem necessary ◆ **telles furent ses dernières paroles** those *ou* such (*frm*) were his last words ◆ **il est le patron, en tant que tel** *ou* **comme tel il aurait dû agir** he is the boss and as such he ought to have taken action, he's the boss and in that capacity he should have acted ◆ **tel il était enfant, tel je le retrouve** thus he was as a child, and thus he has remained ◆ **le lac tel un miroir** (*littér*) the lake like a mirror *ou* mirror-like; → **rien**
② (*valeur d'indéfini*) such-and-such ◆ **tel et tel** such-and-such ◆ **venez tel jour/à telle heure** come on such-and-such a day/at such-and-such a time ◆ **telle quantité d'arsenic peut tuer un homme et pas un autre** a given quantity of arsenic can kill one man and not another ◆ **telle ou telle personne vous dira que...** someone *ou* somebody *or* other will tell you that... ◆ **j'ai lu dans tel ou tel article que...** I read in some article or other that... ◆ **tel enfant qui se croit menacé devient agressif** any child that feels threatened will become aggressive ◆ **l'on connaît tel bureau où...** there's *ou* I know a certain office *ou* one office where...
③ (*locutions*)
◆ **tel(le) que** like, (such *ou* the same *ou* just) as; (*énumération*) like, such as ◆ **il est resté tel que je le connaissais** he is still the same *ou* just as he used to be, he's stayed just as I remember him ◆ **un homme tel que lui doit comprendre** a man like him *ou* such a man as he (*frm*) must understand ◆ **tel que je le connais, il ne viendra pas** if I know him, he won't come ◆ **tel que vous me voyez, je reviens d'Afrique** I'm just back from Africa ◆ **tel que vous me voyez, j'ai 72 ans** you wouldn't think it to look at me but I'm 72 ◆ **restez tel que vous êtes** stay (just) as you are ◆ **là il se montre tel qu'il est** now he's showing himself in his true colours *ou* as he really is ◆ **les métaux tels que l'or, l'argent et le platine** metals like *ou* such as gold, silver and platinum ◆ **le ciel à l'occident tel qu'un brasier** (*littér*) the western sky like a fiery furnace ◆ **laissez tous ces dossiers tels que*** leave all those files as they are *ou* as you find them ◆ **il m'a dit : « sortez d'ici ou je vous sors », tel que !*** he said to me "get out of here or I'll throw you out" – just like that!
◆ **tel(le) quel(le)** ◆ **il a acheté la maison telle quelle*** he bought the house (just) as it was *ou* stood ◆ **« à vendre tel quel »** (*sur objet en solde*) "sold as seen" (*Brit*), "sold as is" (*US*)
④ (*intensif*) (*sg : avec nom concret*) such a; (*avec nom abstrait*) such; (*pl*) such ◆ **on n'a jamais vu une telle cohue** you've never seen such a crush ◆ **c'est une telle joie de l'entendre !** what a joy *ou* it's such a joy to hear him!
⑤ (*avec conséquence*) ◆ **de telle façon** *ou* **manière** in such a way ◆ **ils ont eu de tels ennuis avec leur voiture qu'ils l'ont vendue** they had such (a lot of) trouble *ou* so much trouble with their car that they sold it ◆ **de telle sorte que** so that ◆ **à telle(s) enseigne(s) que** so much so that; → **point¹**
PRON INDÉF ◆ **tel vous dira qu'il faut voter oui, tel autre...** one will tell you you must vote yes, another... ◆ **si tel ou tel vous dit que...** if somebody *ou* anybody tells you that... ◆ **tel est pris qui croyait prendre** (*Prov*) it's the biter bit ◆ **tel qui rit vendredi, dimanche pleurera** (*Prov*) you can be laughing on Friday but crying by Sunday; → **un**

tél. (abrév de **téléphone**) tel.

télamon /telamɔ̃/ NM telamon, atlas

télé* /tele/
NF (abrév de **télévision**) ① (= *organisme*) TV ◆ **il travaille à la télé** he works on TV
② (= *programmes*) TV ◆ **qu'est-ce qu'il y a à la télé ce soir ?** what's on TV *ou* the box *ou* telly* (*Brit*) tonight? ◆ **son mari est passé à la télé** her husband has been *ou* has appeared on TV
③ (= *poste*) TV, telly* (*Brit*) ◆ **allume la télé** turn on the TV *ou* the telly* (*Brit*)
NM abrév de **téléobjectif**

téléachat /teleaʃa/ NM teleshopping (*NonC*)

téléacteur, -trice /teleaktœʀ, tʀis/ NM,F telesales operator *ou* clerk

téléaffichage /teleafiʃaʒ/ NM electronic information display

téléalarme /telealaʀm/ NF remote alarm

télébenne /telebɛn/ NF ⇒ **télécabine**

téléboutique ® /telebutik/ NF phone shop

télécabine /telekabin/ NF cable car

télécarte ® /telekaʀt/ NF phonecard

téléchargeable /teleʃaʀʒabl/ ADJ downloadable

téléchargement /teleʃaʀʒəmɑ̃/ NM downloading

télécharger /teleʃaʀʒe/ ▸ conjug 3 ◂ VTI to download

télécinéma /telesinema/ NM (= *appareil*) telecine

télécommande /telekɔmɑ̃d/ NF remote control

télécommander /telekɔmɑ̃de/ SYN ▸ conjug 1 ◂ VT to operate by remote control ◆ **un complot télécommandé de l'étranger** a plot masterminded from abroad

télécommunication /telekɔmynikasjɔ̃/ NF telecommunications ◆ **réseau de télécommunication(s)** telecommunications *ou* telecoms network ◆ **les télécommunications sont en pleine expansion** the telecommunications industry is booming

télécoms* /telekɔm/ NFPL (abrév de **télécommunications**) ◆ **les télécoms** telecommunications, the telecommunications industry ◆ **ingénieur télécom(s)** telecommunications engineer

téléconférence /telekɔ̃feʀɑ̃s/ NF (= *méthode*) teleconferencing; (= *discussion*) teleconference, conference call

télécopie /telekɔpi/ NF (= *procédé*) fax; (= *document*) fax ◆ **transmettre par télécopie** to send by fax, to fax

télécopieur /telekɔpjœʀ/ NM fax (machine)

télédétection /teledetɛksjɔ̃/ NF remote sensing ◆ **satellite de télédétection** remote-sensing satellite

télédiffuser /teledifyze/ ▸ conjug 1 ◂ VT to broadcast by television

télédiffusion /teledifyzjɔ̃/ NF television broadcasting ◆ **Télédiffusion de France** French broadcasting authority, ≃ Independent Broadcasting Authority (*Brit*), ≃ Federal Communications Commission (*US*)

télédistribution /teledistribysjɔ̃/ NF cable broadcasting

téléécriture /teleekʀityʀ/ NF telewriting

téléenseignement /teleɑ̃sɛɲmɑ̃/ NM distance learning

téléférique /telefeʀik/ NM (= *installation*) cableway; (= *cabine*) cable-car

téléfilm /telefilm/ NM television *ou* TV film, made-for-TV movie

télégénique /teleʒenik/ ADJ telegenic

télégestion /teleʒɛstjɔ̃/ NF remote management

télégramme /telegʀam/ NM telegram, wire, cable

télégraphe /telegʀaf/ NM telegraph

télégraphie /telegʀafi/ NF (= *technique*) telegraphy ◆ **télégraphie optique** signalling ◆ **télégraphie sans fil** † wireless telegraphy †

télégraphier /telegʀafje/ ▸ conjug 7 ◂ VT [+ *message*] to telegraph, to wire, to cable ◆ **tu devrais lui télégraphier** you should send him a telegram *ou* wire *ou* cable, you should wire (to) him *ou* cable him

télégraphique /telegʀafik/ ADJ ① [*poteau, fils*] telegraph (*épith*); [*alphabet, code*] Morse (*épith*); [*message*] telegram (*épith*), telegraphed, telegraphic ◆ **adresse télégraphique** telegraphic address
② [*style, langage*] telegraphic

télégraphiquement /telegʀafikmɑ̃/ ADV telegraphically

télégraphiste /telegʀafist/ NMF (= *technicien*) telegrapher, telegraphist; (= *messager*) telegraph boy

téléguidage /telegidaʒ/ NM remote control

téléguider /telegide/ SYN ▸ conjug 1 ◂ VT ① [+ *appareil*] to operate by remote control ◆ **voiture téléguidée** remote-controlled *ou* radio-controlled car ◆ **engin téléguidé** guided missile
② (= *manipuler*) [+ *personne, organisation*] to control (from a distance); (= *diriger*) [+ *action, complot, campagne de presse*] to mastermind

téléimprimeur /teleɛ̃pʀimœʀ/ NM teleprinter

téléinformatique /teleɛ̃fɔʀmatik/ NF telecomputing, remote computing

téléjournal /teleʒuʀnal/ NM (*Helv* = *journal télévisé*) television news (bulletin)

télékinésie /telekinezi/ NF telekinesis

télémaintenance /telemɛ̃t(ə)nɑ̃s/ NF remote maintenance

télémanipulateur /telemanipylatœʀ/ NM remote control handling device

télémanipulation /telemanipylasjɔ̃/ NF remote control handling

Télémaque /telemak/ NM Telemachus

télémark /telemaʀk/ NM (= *discipline*) telemark skiing; (= *virage*) telemark turn ◆ **skis télémark** telemark skis

télémarketing /telemaʀketiŋ/ NM telemarketing

télématique /telematik/
- **ADJ** [*serveur, service, réseau*] data communications (*épith*)
- **NF** computer telephone integration, CTI

télémessage /telemesaʒ/ **NM** text message

télémesure /telem(ə)zyʀ/ **NF** telemetry

télémètre /telemɛtʀ/ **NM** (*Mil, Photo*) rangefinder

télémétrie /telemetʀi/ **NF** telemetry

télémétrique /telemetʀik/ **ADJ** telemetric(al)
- **appareil à visée télémétrique** rangefinder camera

télencéphale /telɑ̃sefal/ **NM** telencephalon

téléobjectif /teleɔbʒɛktif/ **NM** telephoto lens

téléologie /teleɔlɔʒi/ **NF** teleology

téléologique /teleɔlɔʒik/ **ADJ** teleologic(al)

téléopérateur, -trice /teleɔpeʀatœʀ, tʀis/ **NM** paging operator

téléopération /teleɔpeʀasjɔ̃/ **NF** • **service/système de téléopération** paging service/system

téléosaure /teleɔzɔʀ/ **NM** teleosaur

téléostéens /teleɔsteɛ̃/ **NMPL** • **les téléostéens** teleosts, the Teleostei (*SPÉC*)

télépaiement /telepɛmɑ̃/ **NM** electronic payment

télépathe /telepat/
- **ADJ** telepathic
- **NMF** telepathist

télépathie /telepati/ **NF** telepathy

télépathique /telepatik/ **ADJ** telepathic

télépayer /telepeje/ ► conjug 8 ◄ **VT** to pay for (*via electronic payment system*)

télépéage /telepeaʒ/ **NM** *motorway toll system based on electronic tagging of cars*

téléphérage /telefeʀaʒ/ **NM** transport by cable-way

téléphérique /teleferik/ **NM** ⇒ **téléférique**

téléphone /telefɔn/ GRAMMAIRE ACTIVE 27.7 SYN
- **NM** (= *système*) telephone; (= *appareil*) (tele)phone • **le téléphone marche très bien dans notre pays** (= *service*) our country has an excellent telephone service • **je paie cher en téléphone** I've got a large phonebill • **avoir le téléphone** to be on the (tele)phone (*Brit*), to have a (tele)phone • **donne-moi ton téléphone*** (= *numéro*) give me your phone number; → **abonné, numéro**
- **au téléphone** • **demande-le-lui au téléphone** phone him (and ask) about it, give him a call about it • **je l'ai/il est au téléphone** I have him/he's on the phone • **j'avais Jean au téléphone quand on nous a coupés** I was on the phone to Jean when we were cut off • **on vous demande au téléphone** there's someone on the phone for you, you're wanted on the phone • **jouer au téléphone** to play Chinese whispers
- **par téléphone** • **demande-le-lui par téléphone** phone him (and ask) about it, give him a call about it • **tu peux me donner les renseignements par téléphone** you can give me the information over the phone • **réserver par téléphone** to reserve by telephone, to make a (tele)phone booking
- **coup de téléphone** (phone) call • **j'ai eu un coup de téléphone de Richard** I had *ou* got a phone call from Richard • **donner** *ou* **passer un coup de téléphone à qn** to phone sb, to call sb, to give sb a call *ou* ring (*Brit*), to ring sb up (*Brit*) • **il faut que je donne un coup de téléphone** I've got to make a phone call • **recevoir un coup de téléphone (de qn)** to get a (phone) call (from sb)
- COMP **téléphone arabe** bush telegraph • **apprendre qch par le téléphone arabe** to hear sth through the grapevine *ou* on the bush telegraph ► **téléphone automatique** automatic telephone system ► **téléphone de brousse** ⇒ **téléphone arabe** ► **téléphone à cadran** dial (tele)phone ► **téléphone à carte (magnétique)** cardphone ► **téléphone cellulaire** cellular (tele)phone ► **téléphone fixe** landline phone ► **téléphone interne** internal (tele)phone ► **téléphone à manivelle** magneto telephone ► **téléphone mobile** mobile (tele)phone ► **téléphone de poche** pocket (tele)phone ► **téléphone portable** portable (tele)phone ► **téléphone public** public (tele)phone, payphone ► **téléphone rose** (= *service*) telephone sex line, phone sex chatline; (= *concept*) telephone sex ► **le téléphone rouge** (*Pol*) the hot line • **il l'a appelé par le téléphone rouge** he called him on the hot line ► **téléphone sans fil** cordless (tele)phone ► **téléphone à touches** push-button (tele)phone ► **téléphone de voiture** car phone

téléphoner /telefɔne/ GRAMMAIRE ACTIVE 27.1, 27.2 SYN ► conjug 1 ◄
- **VT** 1 [+ *message*] to give by (tele)phone • **il m'a téléphoné la nouvelle** he phoned me and told me the news • **téléphone-lui de venir** phone him and tell him to come • **télégramme téléphoné** telegram sent by telephone
- 2 (*= manipuler*) **c'était un peu téléphoné** it was a bit obvious • **leur manœuvre était téléphonée** you could see what they were up to from a mile off* • **ses passes/attaques sont téléphonées** (*Sport*) his passes/attacks are telegraphed
- **VI** to (tele)phone • **téléphoner à qn** to (tele)phone sb, to call *ou* ring (*Brit*) sb (up) • **où est Paul ? – il téléphone** where's Paul? – he's on the phone *ou* he's making a call • **j'étais en train de téléphoner à Paul** I was on the phone to Paul • **je téléphone beaucoup, je n'aime pas écrire** I phone people a lot *ou* I use the phone a lot as I don't like writing
- **VPR** **se téléphoner** to (tele)phone each other

téléphonie /telefɔni/ **NF** telephony • **téléphonie sans fil** wireless telephony, radiotelephony • **téléphonie mobile** mobile telephony

téléphonique /telefɔnik/ **ADJ** telephone (*épith*); → **appel, carte** *etc*

téléphoniquement /telefɔnikmɑ̃/ **ADV** by telephone, telephonically

téléphoniste /telefɔnist/ **NMF** [*de poste*] telephonist (*Brit*), (telephone) operator; [*d'entreprise*] switchboard operator

téléphotographie /telefɔtɔgʀafi/ **NF** telephotography

téléprompteur /telepʀɔ̃ptœʀ/ **NM** Autocue ® (*Brit*), Teleprompter ® (*US*)

téléprospection /telepʀɔspɛksjɔ̃/ **NF** telesales

téléradiographie /teleʀadjɔgʀafi/ **NF** teleradiography

téléréalité /teleʀealite/ **NF** reality TV • **émission de téléréalité** reality show

téléreportage /teleʀ(ə)pɔʀtaʒ/ **NM** (= *activité*) television reporting • **un téléreportage** a television report • **car de téléreportage** outside-broadcast coach

téléreporteur /teleʀ(ə)pɔʀtœʀ/ **NM** television reporter

télescopage /telɛskɔpaʒ/ SYN **NM** [*de véhicules*] concertinaing (*NonC*); [*de trains*] telescoping (*NonC*), concertinaing (*NonC*)

télescope /telɛskɔp/ **NM** telescope • **télescope spatial** space telescope

télescoper /telɛskɔpe/ SYN ► conjug 1 ◄
- **VT** [+ *véhicule*] to crash into; [+ *faits, idées*] to mix up, to jumble together
- **VPR** **se télescoper** [*véhicules*] to concertina; [*trains*] to telescope, to concertina; [*souvenirs*] to become confused *ou* mixed up

télescopique /telɛskɔpik/ **ADJ** telescopic

téléscripteur /telɛskʀiptœʀ/ **NM** teleprinter, Teletype ® (*machine*)

télésecrétariat /telesəkʀetaʀja/ **NM** secretarial teleworking

téléservice /telesɛʀvis/ **NM** on-line *ou* remote services

télésiège /telesjɛʒ/ **NM** chairlift

téléski /teleski/ **NM** (ski) lift, (ski) tow • **téléski à fourche** T-bar tow • **téléski à archets** T-bar lift

télésouffleur /telesuflœʀ/ **NM** Autocue ® (*Brit*), Teleprompter ® (*US*)

téléspectateur, -trice /telespɛktatœʀ, tʀis/ **NM,F** (television *ou* TV) viewer

télesthésie /telɛstezi/ **NF** telaesthesia (*Brit*), telesthesia (*US*)

télésurveillance /telesyʀvɛjɑ̃s/ **NF** electronic surveillance • **caméra de télésurveillance** security *ou* surveillance camera

Télétel ® /teletɛl/ **NM** electronic telephone directory

télétex ® /teletɛks/ **NM** teletex

télétexte /teletɛkst/ **NM** Teletext ® , Viewdata ®

téléthèque /teletɛk/ **NF** television archives

Téléthon /teletɔ̃/ **NM** Telethon

télétraitement /teletʀɛtmɑ̃/ **NM** (*Ordin*) teleprocessing

télétransmettre /teletʀɑ̃smɛtʀ/ ► conjug 56 ◄ **VT** [+ *données*] to transmit electronically

télétransmission /teletʀɑ̃smisjɔ̃/ **NF** remote transmission

télétravail /teletʀavaj/ **NM** teleworking, telecommuting

télétravailler /teletʀavaje/ ► conjug 1 ◄ **VI** to telework, to telecommute

télétravailleur, -euse /teletʀavajœʀ, øz/ **NM,F** teleworker, telecommuter

Télétype ® /teletip/ **NM** teleprinter, Teletype ® (*machine*)

télévangéliste /televɑ̃ʒelist/ **NMF** televangelist, television *ou* TV evangelist

télévendeur, -euse /televɑ̃dœʀ, øz/ **NM,F** telesales operator

télévente /televɑ̃t/ **NF** (= *technique*) telephone selling, telesales; (= *action*) telephone sales

téléviser /televize/ ► conjug 1 ◄ **VT** to televise; → **journal**

téléviseur /televizœʀ/ **NM** television (set), TV (set) • **téléviseur plasma** plasma TV

télévision /televizjɔ̃/ SYN **NF** 1 (= *organisme, technique*) television, TV • **la télévision par satellite** satellite television *ou* TV • **la télévision câblée** *ou* **par câble** cable television *ou* TV, cablevision (*US*) • **télévision (à) haute définition** high definition television *ou* TV, HDTV • **télévision nomade** mobile television *ou* TV • **télévision 16/9e** wide-screen television • **télévision payante** pay television *ou* TV • **il travaille pour la télévision allemande** he works for German television
2 (= *programmes*) television, TV • **à la télévision** on television *ou* TV • **il est passé à la télévision** [*personne*] he has been *ou* appeared on television *ou* TV; [*film*] it has been on television *ou* TV • **regarder la télévision** to watch television *ou* TV • **la télévision du matin** breakfast television *ou* TV; → **carte, interactif**
3 (= *chaîne*) television channel • **les télévisions étrangères** foreign channels • **télévision privée** independent *ou* private channel
4 (= *poste*) television (set) • **télévision (en) noir et blanc/couleur** black-and-white/colour television

télévisuel, -elle /televizɥɛl/ **ADJ** television (*épith*), televisual

télex /telɛks/ **NM INV** telex • **envoyer qch par télex** to telex sth

télexer /telɛkse/ ► conjug 1 ◄ **VT** to telex

télexiste /telɛksist/ **NMF** telex operator

tell /tɛl/ **NM** (*Archéol*) tell

tellement /tɛlmɑ̃/ **ADV** 1 (= *si*) (*avec adj ou adv*) so; (*avec compar*) so much • **il est tellement gentil** he's so nice • **tellement mieux/plus fort/plus beau** so much better/stronger/more beautiful • **j'étais tellement fatigué que je me suis couché immédiatement** I was so tired (that) I went straight to bed
2 (= *tant*) so much • **tellement de gens** so many people • **tellement de temps** so much time, so long • **il a tellement insisté que...** he insisted so much that..., he was so insistent that... • **il travaille tellement qu'il se rend malade** he works so much *ou* hard (that) he's making himself ill
3 (*introduisant une causale* = *tant*) • **on ne le comprend pas, tellement il parle vite** he talks so fast (that) you can't understand him • **il trouve à peine le temps de dormir, tellement il travaille** he works so much *ou* hard that he hardly finds time to sleep
4 (*avec négation*)
- **pas tellement** • **pas tellement fort/lentement** not (all) that strong/slowly, not so (very) strong/slowly • **il ne travaille pas tellement** he doesn't work (all) that much *ou* hard, he doesn't work so (very) much *ou* hard • **tu aimes le cinéma ? – pas tellement** do you like the cinema? – not (all) that much *ou* not particu-

tellière | **temporisateur**

larly ou not especially ◆ **il n'est pas tellement pauvre qu'il ne puisse...** (littér) he's not so poor that he cannot... ◆ **il ne travaille pas tellement qu'il ait besoin de repos** (littér) he does not work to such an extent ou so very much that he needs rest
◆ **plus tellement** ◆ **on ne la voit plus tellement** we don't really see (very) much of her any more ◆ **y allez-vous toujours ? – plus tellement, maintenant qu'il y a le bébé** do you still go there? – not (very) much ou not all that much now that there's the baby ◆ **cet article n'est plus tellement demandé** this article is no longer very much in demand ◆ **ce n'est plus tellement à la mode** it's not really ou all that fashionable any more ◆ **cela ne se fait plus tellement** people no longer do that very much

tellière /teljɛʀ/ ADJ M, NM ◆ **(papier) tellière** foolscap

tellurate /telyʀat/ NM tellurate

tellure /telyʀ/ NM tellurium

tellureux, -euse /telyʀø, øz/ ADJ tellurous

tellurhydrique /telyʀidʀik/ ADJ ◆ **acide tellurhydrique** hydrogen telluride

tellurique[1] /telyʀik/ ADJ [eaux, courants] telluric; → **secousse**

tellurique[2] /telyʀik/ ADJ ◆ **acide tellurique** telluric acid

tellurure /telyʀyʀ/ NM telluride

téloche* /telɔʃ/ NF TV, box*, telly* (Brit) ◆ **à la téloche** on TV, on the box* ou telly (Brit), on the (boob)tube* (US)

télolécithe /telɔlesit/ ADJ telolecithal

télophase /telɔfaz/ NF telophase

telson /tɛlsɔ̃/ NM telson

téméraire /temeʀɛʀ/ SYN ADJ [action, entreprise, personne] rash, reckless, foolhardy; [jugement] rash ◆ **téméraire dans ses jugements** rash in one's judgments ◆ **courageux** ou **audacieux, mais pas téméraire !*** (hum) brave maybe, but not foolhardy!

témérairement /temeʀɛʀmɑ̃/ ADV [entreprendre] rashly, recklessly; [décider, juger] rashly

témérité /temeʀite/ SYN NF [d'action, entreprise] rashness, recklessness, foolhardiness; [de jugement] rashness; [de personne] (= imprudence) recklessness, foolhardiness, rashness; (= audace) temerity ◆ **avoir la témérité de faire qch** to have the temerity to do sth

témoignage /temwaɲaʒ/ SYN NM [1] (en justice) (= déclaration) testimony (NonC), evidence (NonC); [= faits relatés] evidence (NonC) ◆ **recueillir des témoignages** to gather evidence ◆ **d'après le témoignage de M. Lebrun** according to Mr Lebrun's testimony ou evidence, according to the evidence of ou given by Mr Lebrun ◆ **j'étais présent lors de son témoignage** I was present when he gave evidence ou gave his testimony ◆ **ces témoignages sont contradictoires** these are contradictory pieces of evidence ◆ **c'est un témoignage écrasant/irréfusable** the evidence is overwhelming/incontestable ◆ **porter** ou **rendre témoignage de qch** to testify sth, to bear witness to sth ◆ **rendre témoignage au courage de qn** to praise sb's courage; → **faux**[2]
[2] (= récit, rapport) account, testimony ◆ **ce livre est un merveilleux témoignage sur notre époque** this book gives a marvellous account of the age we live in
[3] (= attestation) ◆ **témoignage de probité/de bonne conduite** evidence (NonC) ou proof (NonC) of honesty/of good conduct ◆ **invoquer le témoignage de qn pour prouver sa bonne foi** to call on sb's evidence ou testimony to prove one's good faith ◆ **en témoignage de quoi...** in witness whereof...
[4] (= manifestation) expression ◆ **témoignage d'amitié/de reconnaissance** (= geste) expression ou gesture of friendship/of gratitude; (= cadeau) token ou mark of friendship/of gratitude ◆ **leurs témoignages de sympathie nous ont touchés** we were touched by their expressions ou gestures of sympathy ◆ **en témoignage de ma reconnaissance** as a token ou mark of my gratitude ◆ **le témoignage émouvant de leur confiance** the touching expression of their trust

témoigner /temwaɲe/ SYN ◆ conjug 1 ◆
VI (Jur) to testify ◆ **témoigner en faveur de qn/contre qn** to testify ou give evidence in sb's favour/against sb ◆ **témoigner en justice** to testify in court ◆ **témoigner de vive voix/par écrit** to give spoken/written evidence, to testify in person/in writing
VT [1] (= attester que) ◆ **témoigner que...** to testify that... ◆ **il a témoigné qu'il ne l'avait jamais vu** ou **ne l'avoir jamais vu** he testified that he had never seen him
[2] (= faire preuve de, faire paraître) (gén) to show, to display; [+ reconnaissance] to show, to evince (frm) ◆ **témoigner un goût pour qch** to show ou display a taste ou liking for sth ◆ **témoigner de l'aversion à qn** to show dislike of sb
[3] (= démontrer) ◆ **témoigner que...** to show that... ◆ **témoigner de qch** to show sth ◆ **son attitude témoigne qu'il est préoccupé** his behaviour shows how preoccupied he is ◆ **tout cela témoigne que les temps changent** all this shows how times change
VT INDIR **témoigner de** [1] (= confirmer) to testify to, to bear witness to ◆ **témoigner de Dieu** to bear witness to God ◆ **je peux en témoigner** I can testify to that, I can bear witness to that (frm)
[2] (= montrer) to show ◆ **son geste témoigne de son courage** what he did shows how brave he is ◆ **cette décision témoigne de la volonté du gouvernement de négocier** this decision shows the government's wish to negotiate ◆ **comme en témoigne le courrier de nos lecteurs, ce problème préoccupe beaucoup de gens** as can be seen from our readers' letters, this problem is worrying a lot of people

témoin /temwɛ̃/ SYN
NM [1] (gén, Jur) (= personne) witness; [de duel] second; (à un mariage, gén) witness ◆ **c'est le témoin du marié** he's the best man ◆ **témoin auriculaire** earwitness ◆ **témoin oculaire** eyewitness ◆ **témoin direct/indirect** direct/indirect witness ◆ **témoin de moralité** character witness, character reference (person) ◆ **témoin gênant** embarrassing witness ◆ **être témoin à charge/à décharge** (Jur) to be (a) witness for the prosecution/for the defence ◆ **être témoin de** [+ crime, scène] to witness, to be a witness to; [+ la sincérité de qn] to vouch for ◆ **prendre qn à témoin (de qch)** to call sb to witness (to sth) ◆ **parler devant témoin(s)** to speak in front of witnesses ◆ **faire qch sans témoin** to do sth unwitnessed ◆ **cela doit être signé devant témoin** this must be signed in front of a witness ◆ **il a été entendu comme témoin dans l'affaire Lebrun** he was a witness in the Lebrun case ◆ **que Dieu m'en soit témoin** as God is my witness ◆ **Dieu m'est témoin que je n'ai pas voulu le tuer** as God is my witness, I didn't mean to kill him ◆ **les Témoins de Jéhovah** Jehovah's Witnesses ◆ **ces lieux témoins de notre enfance** these places which witnessed our childhood; → **faux**[2]
[2] (= preuve) evidence (NonC), testimony ◆ **ces ruines sont le témoin de la férocité des combats** these ruins are (the) evidence of ou a testimony to the fierceness of the fighting ◆ **ils sont les témoins d'une époque révolue** they are the survivors of a bygone age ◆ **la région est riche, témoin les constructions nouvelles qui se dressent partout** the region is rich – witness the new buildings going up everywhere
[3] (Sport) baton ◆ **passer le témoin** to hand on ou pass the baton
[4] (Géol) outlier; [d'excavations] dumpling; → **butte**
[5] (Constr : posé sur une fente) telltale
[6] (= borne) boundary marker
[7] ◆ **(lampe) témoin** warning light
ADJ (après n) control (épith) ◆ **animaux/sujets témoins** control animals/subjects ◆ **appartement témoin** show-flat (Brit), model apartment (US) ◆ **réalisation témoin** pilot ou test development; → **lampe**

tempe /tɑ̃p/ NF (Anat) temple ◆ **avoir les tempes grisonnantes** to be going grey

tempera /tɑ̃peʀa/ **a tempera** LOC ADJ in ou with tempera

tempérament /tɑ̃peʀamɑ̃/ SYN NM [1] (= constitution) constitution ◆ **tempérament robuste/faible** strong/weak constitution ◆ **se tuer** ou **s'esquinter le tempérament*** to wreck one's health ◆ **tempérament sanguin/lymphatique** sanguine/lymphatic constitution ◆ **tempérament nerveux** nervous disposition
[2] (= nature, caractère) disposition, temperament, nature ◆ **elle a un tempérament actif/réservé** she is of ou has an active/a reserved disposition ◆ **tempérament romantique** romantic nature ou temperament ◆ **moqueur par tempérament** naturally given to ou fond of mockery ◆ **avoir du tempérament** to have a strong personality ◆ **c'est un tempérament** he (ou she) has a strong personality
[3] (= sensualité) sexual nature ◆ **être de tempérament ardent/froid** to have a passionate/cold nature ◆ **avoir du tempérament** to be hot-blooded ou highly sexed
[4] (Comm) ◆ **vente à tempérament** hire purchase (Brit), installment plan (US) ◆ **acheter qch à tempérament** to buy sth on hire purchase (Brit) ou on an installment plan (US) ◆ **trop d'achats à tempérament l'avaient mis dans une situation difficile** too many hire purchase commitments (Brit) ou too many installment purchases (US) had got him into a difficult situation
[5] (Mus) temperament

tempérance /tɑ̃peʀɑ̃s/ SYN NF temperance; → **société**

tempérant, e /tɑ̃peʀɑ̃, ɑ̃t/ SYN ADJ temperate

température /tɑ̃peʀatyʀ/ SYN NF temperature ◆ **les températures sont en hausse/en baisse** temperatures are rising/falling ◆ **température d'ébullition/de fusion** boiling/melting point ◆ **température absolue** ou **en degrés absolus** absolute temperature ◆ **lavage à basse/haute température** low-/high-temperature wash ◆ **animaux à température fixe/variable** warm-blooded/cold-blooded animals ◆ **avoir** ou **faire de la température** to have a temperature, to be running a temperature ◆ **prendre la température de** [+ malade] to take the temperature of; [+ auditoire, groupe] to sound out → **courbe, feuille**

tempéré, e /tɑ̃peʀe/ SYN (ptp de **tempérer**) ADJ [climat, zone] temperate; (Mus) tempered

tempérer /tɑ̃peʀe/ SYN ◆ conjug 6 ◆ VT [+ froid, rigueur du climat] to temper; (littér) [+ peine, douleur] to soothe, to ease; [+ ardeur, sévérité] to temper

tempête /tɑ̃pɛt/ SYN NF [1] (lit) storm, gale, tempest (littér) ◆ **tempête de neige** snowstorm, blizzard ◆ **tempête de sable** sandstorm ◆ **« La Tempête »** (Littérat) "The Tempest" → **briquet**[1]**, semer, souffler**
[2] (= agitation) storm ◆ **une tempête dans un verre d'eau** a storm in a teacup (Brit), a tempest in a teapot (US) ◆ **cela va déchaîner des tempêtes** that's going to raise a storm ◆ **il est resté calme dans la tempête** he remained calm in the midst of the storm ◆ **les tempêtes de l'âme** inner turmoil
[3] (= déchaînement) ◆ **une tempête d'applaudissements** a storm of applause, thunderous applause (NonC) ◆ **une tempête d'injures** a storm of abuse

tempêter /tɑ̃pete/ SYN ◆ conjug 1 ◆ VI to rant and rave (contre about), to rage (contre against)

tempétueux, -euse /tɑ̃petɥø, øz/ ADJ (littér) [région, côte] tempestuous (littér); [vie, époque] tempestuous, stormy, turbulent

temple /tɑ̃pl/ NM [1] (Hist, littér) temple
[2] (Rel) (Protestant) church ◆ **l'Ordre du Temple, le Temple** the Order of the Temple

templier /tɑ̃plije/ NM (Knight) Templar

tempo /tɛmpo/ SYN NM (Mus) tempo; (= rythme) tempo, pace

temporaire /tɑ̃pɔʀɛʀ/ SYN ADJ [personnel, mesures, crise] temporary ◆ **nomination à titre temporaire** temporary appointment, appointment on a temporary basis; → **travail**[1]

temporairement /tɑ̃pɔʀɛʀmɑ̃/ SYN ADV temporarily

temporal, e (mpl -aux) /tɑ̃pɔʀal, o/ (Anat)
ADJ temporal
NM temporal (bone)

temporalité /tɑ̃pɔʀalite/ NF (Ling, Philos) temporality

temporel, -elle /tɑ̃pɔʀɛl/ ADJ [1] (Rel) (= non spirituel) worldly, temporal; (= non éternel) temporal ◆ **biens temporels** temporal ou worldly goods, temporals
[2] (Ling, Philos) temporal

temporellement /tɑ̃pɔʀɛlmɑ̃/ ADV temporally

temporisateur, -trice /tɑ̃pɔʀizatœʀ, tʀis/
ADJ [tactique] delaying (épith), stalling (épith); [effet] delaying (épith)
NM,F (= personne) temporizer
NM (Tech) timer

temporisation /tɑ̃pɔʀizasjɔ̃/ **NF** *(= attentisme)* delaying, stalling, playing for time; *(Tech)* time delay

temporiser /tɑ̃pɔʀize/ SYN ► conjug 1 ◄

VI to delay, to stall, to play for time

VT *(Tech)* to delay

◆ ◆

temps[1] /tɑ̃/ SYN

1 - NOM MASCULIN
2 - COMPOSÉS

◆ ◆

1 - NOM MASCULIN

[1] [= PASSAGE DES ANS] ◆ **le temps** time ◆ **le Temps** *(personnifié)* (Old) Father Time ◆ **l'usure du temps** the ravages of time ◆ **avec le temps, ça s'arrangera** things will sort themselves out in time ◆ **il faut laisser** *ou* **donner du temps au temps** you must give these things time; → **tuer**

[2] [= DURÉE] time ◆ **cela prend trop de temps** it takes (up) too much time, it's too time-consuming ◆ **la blessure mettra du temps à guérir** the wound will take (some) time to heal ◆ **il a mis beaucoup de temps à se préparer** he took a long time to get ready ◆ **la jeunesse n'a qu'un temps** youth doesn't last ◆ **travailler à plein temps** *ou* **à temps plein/à temps partiel** to work full-time/part-time ◆ **(travail à) temps choisi** flexitime ◆ **en peu de temps** in a short time ◆ **peu de temps avant/après Noël** shortly before/after Christmas ◆ **je l'ai vu peu de temps après** I saw him a short time after(wards), I saw him shortly after(wards) ◆ **dans peu de temps** before (very) long ◆ **pendant ce temps(-là)** meanwhile, in the meantime ◆ **il y a beau temps que je le sais** I've known that for a long time; → **depuis, hors, quelque**

[3] [= PORTION DE TEMPS] time ◆ **s'accorder un temps de réflexion** to give o.s. time to think ◆ **avoir le temps (de faire)** to have time (to do) ◆ **je n'ai pas le temps** I haven't got (the) time ◆ **je n'ai pas le temps de le faire** I haven't got the time *ou* I can't spare the time to do it ◆ **vous avez tout votre temps** you have all the time in the world *ou* plenty of time *ou* all the time you need ◆ **avoir** *ou* **se donner** *ou* **prendre du bon temps** to enjoy o.s., to have a good time ◆ **(donnez-moi) le temps de m'habiller et je suis à vous** just give me time *ou* a moment to get dressed and I'll be with you ◆ **faire son temps** *[soldat]* to serve one's time (in the army); *[prisonnier]* to do *ou* serve one's time ◆ **il a fait son temps** *[personnage]* he has had his day; *[objet]* it has had its day ◆ **je me suis arrêté juste le temps de prendre un verre** I stopped just long enough for a drink *ou* to have a drink ◆ **il passe son temps à la lecture** *ou* **à lire** he spends his time reading ◆ **passer tout son temps à faire qch/à qch** to spends all one's time doing sth/on sth ◆ **il faut bien passer le temps** you've got to pass the time somehow ◆ **cela fait passer le temps** it passes the time ◆ **comme le temps passe !** how time flies! ◆ **perdre du/son temps (à faire qch)** to waste time/waste one's time (doing sth) ◆ **il n'y a pas de temps à perdre** there's no time to lose ◆ **le temps perdu ne se rattrape jamais** *(Prov)* time and tide wait for no man *(Prov)* ◆ **prendre le temps de faire** to find time to do ◆ **prendre le temps de vivre** to make time to enjoy life ◆ **prenez donc votre temps** do take your time ◆ **il a pris son temps !** he took his time (over *ou* about it)! ◆ **le temps presse** time is short, time presses ◆ **le temps est compté** there's not much time left ◆ **le temps c'est de l'argent** *(Prov)* time is money *(Prov)*; → **clair, devant, plupart**

[4] [= MOMENT PRÉCIS] time ◆ **il est temps de partir** it's time to go, it's time we left ◆ **il est** *ou* **il serait (grand) temps qu'il parte** it's (high) time he went, it's time for him to go ◆ **le temps est venu de supprimer les frontières** the time has come to abolish frontiers, it's time frontiers were abolished ◆ **ce n'est ni le temps ni le lieu de discuter** this is neither the time nor the place for discussions ◆ **il était temps !** *(= ce n'est pas trop tôt)* not before time!, about time too!; *(c'était juste)* it came in the nick of time! ◆ **il n'est plus temps de se plaindre** the time for complaining is past *ou* over ◆ **il n'est que temps de s'en préoccuper** it's high time we started worrying about it ◆ **il y a un temps pour tout** *(Prov)* there's a right time for everything; → **chaque**

[5] [= ÉPOQUE] time, times ◆ **le temps des moissons/des vacances** *(= saison)* harvest/holiday time ◆ **les temps modernes** modern times ◆ **au** *ou* **du temps où..., dans le temps où..., du temps que...** *(littér)* in the days when..., at the time when... ◆ **au temps de la marine à voile** in the days of sailing ships ◆ **ces derniers temps, ces temps derniers** lately, recently, of late ◆ **dans les derniers temps du colonialisme** towards the end of the colonial period ◆ **les premiers temps** at the beginning, at first, at the outset ◆ **dans les premiers temps de la crise** at the beginning of the crisis ◆ **en temps de guerre/paix** in wartime/peacetime ◆ **en temps de crise** in times of crisis ◆ **en un temps où...** at a time when... ◆ **en ces temps troublés** *(actuellement)* in these troubled times; *(dans le passé)* in those troubled times ◆ **les temps ont bien changé** times have changed ◆ **le temps n'est plus où...** gone are the days when... ◆ **il fut un temps** *(frm)* **où l'on pensait que...** time was *ou* there was a time when people thought that... ◆ **c'était le bon temps** those were the days ◆ **dans le** *ou* **au bon vieux temps** in the good old days ◆ **quels temps nous vivons !** what times we live in! ◆ **les temps sont durs !** times are hard! ◆ « **Les Temps difficiles** » *(Littérat)* "Hard Times" → **ancien, nuit, signe**

[6] [= ÉPOQUE DÉLIMITÉE] time(s), day(s) ◆ **du temps de Néron** in Nero's time *ou* day, at the time of Nero ◆ **au temps des Tudors** in Tudor times, in the days of the Tudors ◆ **de mon temps** in my day *ou* time ◆ **dans mon jeune temps** in my younger days ◆ **être de son temps** *[homme]* to be a man of his time; *[femme]* to be a woman of her time ◆ **il faut être de son temps** *ou* **vivre avec son temps** you have to move with the times ◆ **les jeunes de notre temps** young people today

[7] [= PHASE] ◆ **l'opération s'est déroulée en trois temps** there were three phases to the operation ◆ **dans un premier temps** at first, to start *ou* begin with ◆ **dans un deuxième temps** subsequently

[8] [MARQUANT UN RYTHME] *(Mus)* beat; *(Gym) [d'exercice, mouvement]* stage ◆ **temps fort/faible** strong/weak beat ◆ **c'était un des temps forts/faibles du match** it was one of the high/low points of the match ◆ **temps frappé** *(Mus)* downbeat ◆ **trois temps** three beats to the bar ◆ **à deux/trois temps** in duple/triple time ◆ **temps de valse** waltz time; → **deux**

[9] [LING] *[de verbe]* tense ◆ **temps simple/composé** simple/compound tense ◆ **temps surcomposé** double-compound tense ◆ **adverbe/complément de temps** adverb/complement of time, temporal adverb/complement; → **concordance**

[10] [TECH] stroke ◆ **moteur à 4 temps** 4-stroke engine ◆ **un 2 temps** a 2-stroke

[11] [SPORT] *[de coureur, concurrent]* time ◆ **le skieur a réalisé un très bon temps** the skier achieved a very good time ◆ **dans les meilleurs temps** among the best times

[12] [EXPRESSIONS FIGÉES]

◆ **à temps** in time ◆ **j'arrive à temps !** I've come just in time!

◆ **à temps perdu** in my (*ou* your *etc*) spare time

◆ **au temps pour moi !** my mistake!

◆ **ces temps-ci** these days

◆ **dans ce temps-là, en ce temps-là** at that time

◆ **dans le temps** in the old days, in the past, formerly

◆ **dans les temps** ◆ **être dans les temps** *(= délai)* to be within the time limit; *(= programme)* to be on schedule; *(pas en retard)* to be on time ◆ **il ne reste que 12 jours avant la fin, mais nous sommes dans les temps** there are only 12 days left, but we're on schedule ◆ **le train part à 11h30, on est dans les temps** the train leaves at 11.30, we're OK for time ◆ **cette commande sera livrée dans les temps** the order will be delivered on time

◆ **de tout temps** from time immemorial, since the beginning of time

◆ **de temps à autre, de temps en temps** from time to time, now and again, every now and then

◆ **du temps que** * ◆ **du temps que tu y es, rapporte des fruits** *(= pendant que)* while you're at it * *ou* about it *, get some fruit

◆ **en temps et en heure** in due course

◆ **en temps et lieu** in due course, at the proper time (and place)

◆ **en temps** + *adjectif* ◆ **en temps normal** *ou* **ordinaire** usually, under normal circumstances ◆ **en temps opportun** at the appropriate time ◆ **en temps voulu** *ou* **utile** in due time *ou* course

◆ **entre temps** ⇒ **entre-temps**

◆ **par les temps qui courent** these days, nowadays

◆ **pour un temps** for a time *ou* while

◆ **tout le temps** all the time ◆ **l'air est presque tout le temps pollué** the air is polluted almost all the time ◆ **il se plaint tout le temps** he complains all the time, he's forever complaining ◆ **je ne vis pas tout le temps à Rome** I don't live in Rome all the time

2 - COMPOSÉS

temps d'accès *(Ordin)* access time
temps d'antenne airtime
temps d'arrêt pause, halt ◆ **marquer un temps d'arrêt** to pause
temps astronomique mean *ou* astronomical time
temps atomique atomic time
temps de cuisson cooking time
temps différé *(Ordin)* batch mode
temps libre spare time ◆ **comment occupes-tu ton temps libre ?** what do you do in your spare time?
temps mort *(Football, Rugby)* injury time *(NonC)*, stoppage for injury; *(dans le commerce, le travail)* slack period; *(dans la conversation)* lull
temps de parole *(dans une émission)* air time
temps partagé *(Ordin)* time-sharing ◆ **utilisation en temps partagé** *(Ordin)* time-sharing ◆ **travail à temps partagé** job-sharing ◆ **cadre à temps partagé** manager working on a job-share basis
temps de pose *(Photo)* exposure *ou* value index
temps de réaction reaction time
temps réel real time ◆ **ordinateur exploité en temps réel** real-time computer
temps de réponse response time
temps de saignement *(Méd)* bleeding time
temps sidéral *(Astron)* sideral time
temps solaire vrai apparent *ou* real solar time
temps universel universal time

temps[2] /tɑ̃/ SYN **NM** *(= conditions atmosphériques)* weather ◆ **quel temps fait-il ?** what's the weather like? ◆ **il fait beau/mauvais temps** the weather's fine/bad ◆ **le temps s'est mis au beau** the weather has turned fine ◆ **le temps se gâte** the weather is changing for the worse ◆ **par temps pluvieux/mauvais temps** in wet/bad weather ◆ **sortir par tous les temps** to go out in all weathers ◆ **avec le temps qu'il fait !** in this weather! ◆ **il fait un temps de chien** * the weather's awful *ou* lousy * ◆ **temps de saison** seasonable weather ◆ **il faisait un beau temps sec** *(pendant une période)* it was beautiful dry weather; *(ce jour-là)* it was a lovely dry day ◆ **le temps est lourd aujourd'hui** it's very humid *ou* close *(Brit)* today ◆ **prendre le temps comme il vient** to take things as they come; → **air**[1]

tenable /t(ə)nabl/ SYN **ADJ** *(gén nég) [température, situation]* bearable; *[position]* tenable ◆ **il fait trop chaud ici, ce n'est pas tenable** it's too hot here, it's unbearable ◆ **quand ils sont ensemble, ce n'est plus tenable** when they're together it becomes *ou* they become unbearable ◆ **la situation n'est plus tenable** the situation is untenable

tenace /tənas/ SYN **ADJ** [1] *(= persistant) [douleur, rhume]* stubborn, persistent; *[maladie, toux, rumeur, souvenir]* persistent; *[croyance, préjugés]* deep-seated, deep-rooted, stubborn; *[espoir, illusions]* tenacious, stubborn; *[rancune, méfiance]* lingering; *[odeur, parfum]* lingering, persistent; *[tache]* stubborn

[2] *(= têtu, obstiné) [quémandeur]* persistent; *[chercheur]* dogged, tenacious; *[résistance, volonté]* tenacious, stubborn

ténacité /tenasite/ SYN **NF** [1] *(= persistance) [de douleur, rhume]* stubbornness, persistence; *[de croyance, préjugés]* deep-seated nature, stubbornness; *[de rumeur, souvenir, odeur, parfum]* persistence; *[d'espoir, illusion]* tenacity, stubbornness

[2] *(= entêtement, obstination) [de quémandeur]* persistence; *[de chercheur]* tenacity; *[de résistance, volonté]* tenacity, doggedness ◆ **avec ténacité** persistently, tenaciously, doggedly ◆ **ils ont fait preuve de ténacité** they were persistent *ou* tenacious

[3] *(Tech)* tenacity, toughness

tenaille /t(ə)nɑj/ NF 1 *(gén pl) [de menuisier, bricoleur]* pliers, pincers; *[de forgeron]* tongs; *[de cordonnier]* nippers, pincers
2 *(Mil) [de fortification]* tenaille, tenail ◆ **prendre en tenaille** *(manœuvre)* to catch in a pincer movement ◆ **mouvement de tenaille** pincer movement

tenailler /tənɑje/ SYN ► conjug 1 ◄ VT *[remords, inquiétude]* to torture, to torment ◆ **la faim le tenaillait** hunger gnawed at him ◆ **le remords le tenaillait** he was racked with remorse ◆ **l'inquiétude le tenaillait** he was desperately worried

tenancier /tənɑ̃sje/ NM 1 *[de maison de jeu, hôtel, bar]* manager
2 *[de ferme]* tenant farmer; *(Hist) [de terre]* (feudal) tenant

tenancière /tənɑ̃sjɛʀ/ NF *[de maison close]* brothelkeeper, madam; *[de maison de jeu, hôtel, bar]* manageress

tenant, e /tənɑ̃, ɑ̃t/ SYN

ADJ → **séance**

NM 1 *(gén pl = partisan) [de doctrine]* supporter, upholder *(de* of), adherent *(de* to); *[d'homme politique]* supporter
2 *(Sport) [de coupe]* holder ◆ **le tenant du titre** the titleholder, the reigning champion
3 *(locutions)* ◆ **les tenants et (les) aboutissants d'une affaire** the ins and outs of a question ◆ **d'un seul tenant** *[terrain]* all in one piece ◆ **100 hectares d'un seul tenant** 100 unbroken *ou* uninterrupted hectares
4 *(Héraldique)* supporter

tendance /tɑ̃dɑ̃s/ GRAMMAIRE ACTIVE 26.1 SYN

NF 1 *(= inclination, Psych)* tendency ◆ **tendances refoulées/inconscientes** repressed/unconscious tendencies ◆ **la tendance principale de son caractère est l'égoïsme** the chief tendency in his character *ou* his chief tendency is selfishness ◆ **manifester des tendances homosexuelles** to show homosexual leanings *ou* tendencies ◆ **tendance à l'exagération/à s'enivrer** tendency to exaggerate *ou* to exaggeration/to get drunk
◆ **avoir tendance à** *[+ paresse, exagération]* to have a tendency to, to tend towards ◆ **avoir tendance à boire/être impertinent** to have a tendency to get drunk/to be cheeky, to tend to get drunk/to be cheeky ◆ **le temps a tendance à se gâter vers le soir** the weather tends to deteriorate towards the evening ◆ **en période d'inflation, les prix ont tendance à monter** in a period of inflation, prices tend *ou* have a tendency *ou* are inclined to go up ◆ **j'aurais tendance à penser que...** I'd be inclined to think that...
2 *(= opinions) [de parti, politicien]* leanings, sympathies; *[de groupe artistique, artiste]* leanings; *[de livre]* drift, tenor ◆ **il est de tendance gauchiste/surréaliste** he has leftist/surrealist leanings ◆ **à quelle tendance (politique) appartient-il ?** what are his (political) leanings? *ou* sympathies? ◆ **les députés, toutes tendances confondues...** deputies from across the political spectrum *ou* on all sides...
3 *(= évolution) [d'art, langage, système économique ou politique]* trend ◆ **tendances démographiques** population trends ◆ **tendance à la hausse/baisse** *[de prix]* upward/downward trend, rising/falling trend; *[de température]* upward/downward trend ◆ **la récente tendance à la baisse des valeurs mobilières** the recent downward *ou* falling trend in stocks and shares ◆ **les tendances actuelles de l'opinion publique** the current trends in public opinion; → **indicateur**

ADJ ◆ **c'est très tendance** it's very trendy ◆ **le rose est très tendance cet été** pink is the in colour this summer

tendanciel, -ielle /tɑ̃dɑ̃sjɛl/ ADJ underlying

tendancieusement /tɑ̃dɑ̃sjøzmɑ̃/ ADV tendentiously

tendancieux, -ieuse /tɑ̃dɑ̃sjø, jøz/ SYN ADJ tendentious *(frm)*, biased

tender /tɑ̃dɛʀ/ NM *[de train]* tender

tendeur /tɑ̃dœʀ/ NM *(= dispositif) [de fil de fer]* wire-strainer; *[de ficelle de tente]* runner; *[de chaîne de bicyclette]* chain-adjuster; *[de porte-bagages]* bungee (cord *ou* rope) ◆ **tendeur de chaussures** shoe-stretcher

tendineux, -euse /tɑ̃dinø, øz/ ADJ *[viande]* stringy; *(Anat)* tendinous

tendinite /tɑ̃dinit/ NF tendinitis *(NonC)*

tendon /tɑ̃dɔ̃/ SYN NM tendon, sinew ◆ **tendon d'Achille** Achilles' tendon

tendre¹ /tɑ̃dʀ/ SYN ► conjug 41 ◄

VT 1 *(= raidir) [+ corde, câble, corde de raquette]* to tighten, to tauten; *[+ corde d'arc]* to brace, to draw tight; *[+ arc]* to bend, to draw back; *[+ ressort]* to set; *[+ muscles]* to tense; *[+ pièce de tissu]* to stretch, to pull *ou* draw tight ◆ **tendre la peau d'un tambour** to brace a drum ◆ **tendre le jarret** to flex one's leg muscles ◆ **tendre son esprit vers...** *(littér)* to bend one's mind to...
2 *(= installer, poser) [+ tapisserie, tenture]* to hang; *[+ piège]* to set ◆ **tendre une bâche sur une remorque** to pull a tarpaulin over a trailer ◆ **tendre une chaîne entre deux poteaux** to hang *ou* fasten a chain between two posts ◆ **tendre ses filets** *(lit)* to set one's nets; *(fig)* to set one's snares ◆ **tendre un piège/une embuscade (à qn)** to set a trap/an ambush (for sb)
3 *(† littér = tapisser)* ◆ **tendre une pièce de tissu** to hang a room with material ◆ **tendre une pièce de soie bleue** to line the walls of a room with blue silk
4 *(= avancer)* ◆ **tendre le cou** to crane one's neck ◆ **tendre l'oreille** to prick up one's ears ◆ **tendre la joue** to offer one's cheek ◆ **tendre l'autre joue** *(fig)* to turn the other cheek ◆ **tendre la gorge au couteau** *(fig)* to put *ou* lay one's head on the block ◆ **tendre le poing** to raise one's fist ◆ **tendre la main** *(pour attraper, mendier)* to hold out one's hand ◆ **tendre la main à qn** *(pour saluer)* to hold out one's hand to sb; *(pour aider)* to lend *ou* offer sb a helping hand; *(pour se réconcilier)* to hold out *ou* extend the hand of friendship to sb ◆ **tendre le bras** to stretch out one's arm ◆ **il me tendit les bras** he stretched out his arms to me ◆ **tendre une main secourable** to offer a helping hand ◆ **tendre le dos** *(lit, fig)* to brace oneself
5 *(= présenter, donner)* ◆ **tendre qch à qn** *[+ briquet, objet demandé]* to hold sth out to *ou* for sb; *[+ cigarette offerte, bonbon]* to offer sth to sb ◆ **il lui tendit un paquet de cigarettes** he held out a packet of cigarettes to him ◆ **il lui tendit un bonbon/une cigarette** he offered him a sweet/a cigarette ◆ **tendre une perche à qn** *(fig)* to throw sb a line

VPR **se tendre** *[corde]* to become taut, to tighten; *[rapports]* to become strained

VI 1 *(= avoir tendance à)* ◆ **tendre à qch/à faire qch** to tend towards sth/to do sth ◆ **le langage tend à se simplifier** language tends to become simpler ◆ **la situation tend à s'améliorer** the situation seems to be improving ◆ **ceci tend à prouver/confirmer que...** *(sens affaibli)* this seems *ou* tends to prove/confirm that...
2 *(littér = viser à)* ◆ **tendre à qch/à faire** to aim at sth/to do ◆ **cette mesure tend à faciliter les échanges** this measure aims to facilitate *ou* at facilitating exchanges ◆ **tendre à** *ou* **vers la perfection** to strive towards perfection, to aim at perfection
3 *(Math)* ◆ **tendre vers l'infini** to tend towards infinity

tendre² /tɑ̃dʀ/ SYN

ADJ 1 *(= délicat) [peau, pierre, bois]* soft; *[haricots, viande]* tender ◆ **crayon à mine tendre** soft(-lead) pencil ◆ **un steak bien tendre** a nice tender steak ◆ **avoir la bouche tendre** *[cheval]* to be tender-mouthed ◆ **couché dans l'herbe tendre** *(littér)* lying in the sweet grass *ou* the fresh young grass ◆ **tendres bourgeons/fleurettes** *(littér)* tender shoots/little flowers ◆ **depuis sa plus tendre enfance** from his earliest days ◆ **dans ma tendre enfance** *(hum)* in my innocent childhood days ◆ **tendre comme la rosée** wonderfully tender; → **âge**
2 *(= affectueux) [ami, amitié]* loving; *[amour]* tender; *[regard, mot]* tender, loving ◆ **tendre aveu** tender confession ◆ **il la regardait d'un air tendre** he looked at her tenderly *ou* lovingly, he gave her a tender *ou* loving look ◆ **dire des mots tendres à qn** to say tender *ou* loving things to sb ◆ **ne pas être tendre pour** *ou* **avec qn** * to be hard on sb
3 *(= cher) [+ ami, époux]* dear ◆ **à mon tendre époux** to my dear(est) husband
4 *[couleur]* soft, delicate ◆ **rose/vert/bleu tendre** soft *ou* delicate pink/green/blue

NMF ◆ **c'est un tendre** he's tender-hearted *ou* soft-hearted ◆ **en affaires, ce n'est pas un tendre** * he's a tough businessman

tendrement /tɑ̃dʀəmɑ̃/ SYN ADV *[aimer]* tenderly; *[regarder, embrasser]* tenderly, lovingly ◆ **époux tendrement unis** loving couple

tendresse /tɑ̃dʀɛs/ SYN NF 1 *(= affection)* tenderness ◆ **un geste de tendresse** a tender *ou* loving gesture ◆ **privé de tendresse maternelle** denied maternal affection ◆ **avoir** *ou* **ressentir** *ou* **éprouver de la tendresse pour qn** to feel tenderness *ou* affection for sb
2 *(= câlineries)* ◆ **tendresses** tokens of affection, tenderness *(NonC)* ◆ **combler qn de tendresses** to overwhelm sb with tenderness *ou* with tokens of (one's) affection ◆ **mille tendresses** *(sur lettre)* lots of love, much love
3 *(= penchant)* ◆ **n'avoir aucune tendresse pour qn** to have no fondness for sb ◆ **il avait gardé des tendresses royalistes** he had retained (his) royalist sympathies

tendreté /tɑ̃dʀəte/ NF *[de viande]* tenderness; *[de bois, métal]* softness

tendron /tɑ̃dʀɔ̃/ NM 1 *(Culin)* ◆ **tendron de veau** tendron of veal *(Brit)*, plate of veal *(US)*
2 *(= pousse, bourgeon)* (tender) shoot
3 *(† hum = jeune fille)* young *ou* little girl

tendu, e /tɑ̃dy/ SYN (ptp de **tendre¹**) ADJ
1 *(= raide) [corde, toile]* tight, taut; *[muscles]* tensed; *[ressort]* set; *(Ling) [voyelle, prononciation]* tense ◆ **tir tendu** *(Mil)* straight shot; *(Football)* straight kick ◆ **la corde est trop tendue/bien tendue** the rope is too tight *ou* taut/is taut ◆ **la corde est mal tendue** the rope is slack *ou* isn't tight *ou* taut enough
2 *(= appliqué) [esprit]* concentrated
3 *(= empreint de nervosité) [rapports, relations]* strained, fraught; *[personne] (gén)* tense; *(= nerveux, inquiet)* strained; *[situation]* tense, fraught; *[climat, ambiance]* tense, strained ◆ **il entra, le visage tendu** he came in looking tense ◆ **avant le match il était tendu** he was all keyed-up before the match
4 *(= en avant, pointé)* ◆ **les bras tendus** with arms outstretched, with outstretched arms ◆ **s'avancer la main tendue** to come forward with one's hand held out ◆ **la politique de la main tendue à l'égard de...** a policy of friendly cooperation with... *ou* friendly exchanges with... ◆ **le poing tendu** with one's fist raised
5 *(= tapissé de)* ◆ **tendu de** *[+ velours, soie]* hung with ◆ **chambre tendue de bleu/de soie bleue** bedroom with blue hangings/blue silk hangings

ténèbres /tenɛbʀ/ SYN NFPL *(littér) [de nuit, cachot]* darkness, gloom ◆ **plongé dans les ténèbres** plunged in darkness ◆ **s'avançant à tâtons dans les ténèbres** groping his way forward in the dark(ness) *ou* gloom ◆ **les ténèbres de la mort** the shades of death *(littér)* ◆ **le prince/l'empire des ténèbres** the prince/the world of darkness ◆ **les ténèbres de l'ignorance** the darkness of ignorance ◆ **les ténèbres de l'inconscient** the dark regions *ou* murky depths of the unconscious ◆ **une lueur au milieu des ténèbres** a ray of light in the darkness *ou* amidst the gloom

ténébreux, -euse /tenebʀø, øz/ SYN ADJ
1 *(littér) (= obscur) [prison, forêt]* dark, gloomy; *(= mystérieux et dangereux) [intrigue, dessein]* dark *(épith)*; *(= sombre) [époque, temps]* obscure; *(= incompréhensible) [affaire, philosophie]* dark *(épith)*, mysterious
2 *(littér) [personne]* saturnine ◆ **un beau ténébreux** *(hum)* a man with dark, brooding good looks

ténébrion /tenebʀijɔ̃/ NM darkling beetle

Ténéré /teneʀe/ NM ◆ **le Ténéré** Ténéré

Tenerife /teneʀif/ N Tenerife

ténesme /tenɛsm/ NM tenesmus

teneur¹ /tənœʀ/ SYN NF 1 *[de traité]* terms; *[de lettre]* content, terms; *[d'article]* content ◆ **il n'a pu révéler la teneur exacte de leurs entretiens** he couldn't reveal the actual content *ou* the exact nature of their conversations
2 *[de minerai]* grade, content; *[de solution]* content ◆ **de haute/faible teneur** high-/low-grade *(épith)* ◆ **teneur en cuivre/alcool/matières grasses** copper/alcohol/fat content ◆ **la forte teneur en fer d'un minerai** the high iron content of an ore, the high percentage of iron in an ore ◆ **la teneur en hémoglobine du sang** the haemoglobin content of the blood

teneur², -euse /tənœʀ, øz/ NM,F *(Comm)* ◆ **teneur de livres** bookkeeper ◆ **teneur de copie** copyholder

ténia /tenja/ NM tapeworm, taenia *(SPÉC)*

tenir /t(ə)niʀ/

GRAMMAIRE ACTIVE 26.3, 26.6

SYN ▸ conjug 22 ◂

1 - VERBE TRANSITIF
2 - VERBE INTRANSITIF
3 - VERBE TRANSITIF INDIRECT
4 - VERBE TRANSITIF INDIRECT
5 - VERBE IMPERSONNEL
6 - VERBE PRONOMINAL

▸ Lorsque **tenir** s'emploie dans des expressions figées telles que **tenir compagnie/compte/rigueur, tenir chaud, tenir en haleine** etc, cherchez à l'autre mot.

1 - VERBE TRANSITIF

1 [AVEC LES MAINS] to hold ◆ **la clé qu'il tient à la main** *ou* **dans sa main** the key that he's holding *ou* that he's got in his hand ◆ **il tient son fils par la main** he's holding his son's hand ◆ **elle le tenait par le cou** *(pour l'empêcher de s'enfuir)* she had got him by the neck; *(par affection)* she had her arm around his neck

2 [= MAINTENIR DANS UN CERTAIN ÉTAT] to keep; *(maintenir dans une certaine position)* to hold, to keep ◆ **tenir les yeux fermés/les bras levés** to keep one's eyes shut/one's arms raised *ou* up ◆ **le café le tient éveillé** coffee keeps him awake ◆ **elle tient ses enfants très propres** she keeps her children very neat ◆ **tenir qch en place/en position** to hold *ou* keep sth in place/in position ◆ **ses livres sont tenus par une courroie** his books are held (together) by a strap ◆ **il m'a tenu la tête sous l'eau** he held my head under the water ◆ **tenir la porte à qn** to hold the door open for sb

3 [MUS = GARDER] *[+ note]* to hold ◆ **tenir l'accord** to stay in tune

4 [= AVOIR, DÉTENIR] *[+ voleur, maladie]* * to have, to have caught; *[+ vérité, preuve, solution]* to hold, to have ◆ **faire tenir qch à qn** *(littér) [+ lettre, objet]* to transmit *ou* communicate sth to sb ◆ **si je le tenais !** *(menace)* if I could get my hands *ou* lay hands on him! ◆ **nous le tenons** *(lit) (= nous l'avons attrapé)* we've got *ou* caught him; *(= il ne peut se dérober)* we've got him (where we want him) ◆ **je tiens le mot de l'énigme/la clé du mystère** I've found *ou* got the secret of the riddle/the key to the mystery ◆ **parfait, je tiens mon article/mon sujet** great, now I have my article/my subject ◆ **je tiens un de ces rhumes !** * I've got *ou* caught a nasty cold ◆ **qu'est-ce qu'il tient !** ⁑, **il en tient une bonne !** ⁑ *(= il est ivre)* he's plastered ⁑ *ou* loaded! ⁑ *(US)*; *(= il est idiot)* he's such a wally ⁑ *(Brit) ou* clot ⁑ *(Brit)*! ◆ **un tiens vaut mieux que deux tu l'auras,** *(Prov)* **mieux vaut tenir que courir** *(Prov)* a bird in the hand is worth two in the bush *(Prov)*

5 [= AVOIR EN STOCK] *[+ article, marchandise]* to stock

6 [= AVOIR LE CONTRÔLE DE] *[+ enfant, classe]* to have under control, to keep under control *ou* on a tight rein; *[+ pays]* to have under one's control ◆ **il tient (bien) sa classe** he has *ou* keeps his class (well) under control, he controls his class well ◆ **les enfants sont très tenus** the children are held very much in check *ou* are kept on a very tight rein ◆ **les soldats tiennent la plaine** the soldiers are holding the plain, the soldiers control the plain

7 [= GÉRER] *[+ hôtel, magasin]* to run, to keep; *[+ comptes, registre, maison, ménage]* to keep

8 [= ORGANISER] *[+ séance, réunion, conférence]* to hold; → **langage, propos, raisonnement** *etc*

9 [= OCCUPER] *[+ place, largeur]* to take up; *[+ rôle]* to fulfill; *[+ emploi]* to hold ◆ **tu tiens trop de place !** you're taking up too much room! ◆ **le camion tenait toute la largeur/la moitié de la chaussée** the lorry took up the whole width of/half the roadway ◆ **il tenait sa droite** *[automobiliste]* he was keeping to the right ◆ **elle a bien tenu son rôle de femme au foyer/de chef** she was the perfect housewife/manager ◆ **elle tient le rôle d'Ophélie** she plays the role of Ophelia, she's cast as Ophelia *ou* in the role of Ophelia

10 [= CONTENIR] *[récipient]* to hold

11 [= RÉSISTER À, BIEN SE COMPORTER] ◆ **tenir l'alcool** * to be able to hold *ou* take *(Brit)* one's drink ◆ **tenir la mer** *[bateau]* to be seaworthy ◆ **tenir le coup** *[personne]* to survive; *[chose] (= durer)* to last ◆ **financièrement, ils n'auraient pas tenu le coup** financially they wouldn't have survived *ou* been able to hold out ◆ **avec tout ce travail, est-ce qu'il pourra tenir le coup ?** with all that work will he be able to cope? ◆ **leur mariage tient le coup malgré tout** their marriage has survived *ou* lasted in spite of everything ◆ **si on danse, est-ce que la moquette tiendra le coup ?** if we dance, will the carpet stand up to it?

12 [= RESPECTER] *[+ promesse]* to keep; *[+ pari]* to keep to, to honour *(Brit)*, to honor *(US)*; *(= se conformer à) [+ planning]* to keep to ◆ **tenir le rythme** to keep up (the pace)

13 [= IMMOBILISER] ◆ **il m'a tenu dans son bureau pendant une heure** he kept me in his office for an hour ◆ **il est très tenu par ses affaires** he's very tied *(Brit) ou* tied up by his business ◆ **la colère le tenait** *(littér)* anger had him in its grip ◆ **l'envie me tenait de...** *(littér)* I was filled *ou* gripped by the desire to... ◆ **cette maladie le tient depuis deux mois** he's had this illness for two months (now)

14 [LOCUTIONS]

♦ **tenir qch de qn** *(= avoir reçu) [+ renseignement, meuble, bijou]* to have (got) sth from sb; *[+ trait physique, de caractère]* to get sth from sb ◆ **il tient cela de son père** he gets that from his father ◆ **je tiens ce renseignement d'un voisin** I have *ou* I got this information from a neighbour

♦ **tenir qn/qch pour** *(= considérer comme)* to regard sb/sth as, to consider sb/sth (as), to hold sb/sth to be *(frm)* ◆ **je le tenais pour un honnête homme** I regarded him as *ou* considered him (to be) *ou* held him to be *(frm)* an honest man ◆ **elle le tient pour responsable de l'accident** she holds him responsible *ou* considers him to be responsible for the accident ◆ **tenir pour certain** *ou* **assuré que...** to be quite sure that...

♦ **en tenir pour qch** *(= être partisan de) [+ solution]* to be keen on sth, to be in favour *(Brit) ou* favor *(US)* of sth ◆ **il en tient pour l'équipe d'Irlande** he's for the Irish team

♦ **en tenir pour qn** *(= l'aimer)* to fancy sb * *(Brit)*, to be keen on sb *, to have a crush on sb *

♦ **tiens !, tenez !** *(en donnant)* here (you are) ◆ **tiens, voilà mon frère !** *(surprise)* ah *ou* hullo, there's my brother! ◆ **tiens, tiens** well, well!, fancy that! ◆ **tenez, je vais vous expliquer** *(pour attirer l'attention)* look, I'll explain ◆ **tenez, ça m'écœure** you know, that sickens me

2 - VERBE INTRANSITIF

1 [= RESTER EN PLACE, EN POSITION] *[objet fixe, nœud]* to hold; *[objets empilés, échafaudage]* to stay up, to hold (up) ◆ **croyez-vous que le clou va tenir ?** do you think the nail will hold? ◆ **l'armoire tient au mur** the cupboard is fixed to the wall ◆ **ce chapeau ne tient pas sur ma tête** this hat won't stay on (my head) ◆ **la branche est cassée mais elle tient encore** the branch is broken but it's still attached to the tree ◆ **il tient bien sur ses jambes** he's very steady on his legs

2 [= ÊTRE VALABLE] to be on ◆ **ça tient toujours, notre pique-nique ?** * is our picnic still on? ◆ **il n'y a pas de bal/match qui tienne** there's no question of going to any dance/match

3 [= RÉSISTER] *(Mil, gén)* to hold out ◆ **tenir bon** *ou* **ferme** to stand fast *ou* firm, to hold out ◆ **il fait trop chaud, on ne tient plus ici** it's too hot - we can't stand it here any longer ◆ **il n'a pas pu tenir : il a protesté violemment** he couldn't contain himself and protested vehemently

4 [= POUVOIR ÊTRE CONTENU DANS] ◆ **tenir dans** *ou* **à** *ou* **en** to fit in(to) ◆ **est-ce que la caisse tiendra en hauteur ?** will the box fit in vertically? ◆ **ils ne tiendront pas dans la pièce/la voiture** the room/the car won't hold them, they won't fit into the room/the car ◆ **à cette table, on peut tenir à huit** this table can seat eight, we can get eight round this table ◆ **son discours tient en quelques pages** his speech takes up just a few pages, his speech is just a few pages long ◆ **ma réponse tient en un seul mot : non** in a word, my answer is no

5 [= DURER] *[accord, beau temps]* to hold; *[couleur]* to be fast; *[mariage]* to last; *[fleurs]* to last (well) ◆ **sa coiffure a tenu 2 jours** her hairstyle held for 2 days

3 - VERBE TRANSITIF INDIRECT

tenir à

1 [= AIMER, ÊTRE ATTACHÉ À] *[+ réputation, opinion de qn]* to value, to care about; *[+ objet]* to be attached to, to be fond of; *[+ personne]* to be attached to, to be fond of, to care for ◆ **il ne tenait plus à la vie** he had lost his will to live, he no longer had any desire to live ◆ **voudriez-vous un peu de vin ? – je n'y tiens pas** would you like some wine? – not really *ou* not particularly *ou* I'm not that keen * *(Brit)*

2 [= VOULOIR] **tenir à** + *infinitif*, **tenir à ce que** + *subjonctif* to be anxious to, to be anxious that ◆ **il tient beaucoup à vous connaître** he's very anxious *ou* keen *(Brit) ou* eager to meet you ◆ **elle tenait absolument à parler** she insisted on speaking ◆ **il tient à ce que nous sachions...** he insists *ou* is anxious that we should know... ◆ **si vous y tenez** if you really want to, if you insist ◆ **tu viens avec nous ? – si tu y tiens** are you coming with us? – if you really want me to *ou* if you insist

3 [= AVOIR POUR CAUSE] to be due to, to stem from ◆ **ça tient au climat** it's because of the climate, it's due to the climate ◆ **à quoi tient sa popularité ?** what's the reason for his popularity? ◆ **cela tient à peu de chose, la vie d'un enfant de deux ans** a two year-old's life is precarious ◆ **le succès d'un sommet tient souvent à peu de chose** the success of a summit often depends on something quite small

4 [= ÊTRE CONTIGU À] to adjoin ◆ **le jardin tient à la ferme** the garden adjoins the farmhouse

4 - VERBE TRANSITIF INDIRECT

tenir de *(= ressembler à) [+ parent]* to take after ◆ **il tient de son père** he takes after his father ◆ **il a de qui tenir** it runs in the family ◆ **sa réussite tient du prodige** his success is something of a miracle ◆ **cela tient du comique et du tragique** there's something (both) comic and tragic about it, there are elements of both the comic and the tragic in it

5 - VERBE IMPERSONNEL

[= DÉPENDRE DE] to depend ◆ **il ne tient qu'à vous de décider** it's up to you to decide, the decision rests with you ◆ **il ne tient qu'à elle que cela se fasse** it's up to her whether it's done ◆ **ça ne tient pas qu'à lui** it doesn't depend on him alone ◆ **à quoi cela tient-il qu'il n'écrive pas ?** how is it *ou* why is it that he doesn't write? ◆ **ça tient à peu de chose** it can easily go one way or the other

♦ **qu'à cela ne tienne** that's no problem

6 - VERBE PRONOMINAL

se tenir

1 [AVEC LES MAINS OU UNE PARTIE DU CORPS] ◆ **il se tenait le ventre de douleur** he was clutching *ou* holding his stomach in pain ◆ **se tenir à qch** to hold onto sth ◆ **l'acrobate se tenait par les pieds** the acrobat hung on by his feet ◆ **ils se tenaient (par) la main** *(mutuellement)* they were holding hands *ou* holding each other by the hand ◆ **ils se tenaient par la taille/le cou** they had their arms round each other's waists/necks

2 [= ÊTRE DANS UNE POSITION, UN ÉTAT OU UN LIEU] ◆ **se tenir debout/couché/à genoux** to be standing (up)/lying (down)/kneeling (down) *ou* on one's knees ◆ **tiens-toi droit** *ou* **bien** *(debout)* stand up straight; *(assis)* sit up (straight) ◆ **redresse-toi, tu te tiens mal** stand up straight, you're slouching ◆ **tenez-vous prêts à partir** be ready to leave ◆ **elle se tenait à sa fenêtre/dans un coin de la pièce** she was standing at her window/in a corner of the room

3 [= SE CONDUIRE] to behave ◆ **il ne sait pas se tenir** he doesn't know how to behave ◆ **se tenir tranquille** to be quiet ◆ **tiens-toi tranquille** *(= sois calme)* keep still; *(= n'agis pas)* lie low ◆ **se tenir bien/mal** *(à table)* to have good/bad table manners; *(en société)* to behave well/badly ◆ **devant cette dame, tâche de te tenir comme il faut** *ou* **de bien te tenir** when you meet the lady, try to behave properly ◆ **il se tient mieux à table qu'à cheval** * *(hum)* he's a healthy eater, he's got a healthy appetite ◆ **il n'a qu'à bien se tenir** *(avertissement) (bien se conduire)* he'd better behave himself; *(faire attention)* he'd better watch out

4 [= AVOIR LIEU] *[réunion, séance]* to be held; *[festival]* to take place ◆ **le marché se tient là chaque semaine** the market is held there every week

5 [= ÊTRE COHÉRENT] *[raisonnement]* to hold together; *(= être liés, solidaires) [événements, faits]* to be connected *ou* interlinked ◆ **tout se tient** it's all connected

6 [= SE RETENIR] *(gén nég)* ◆ **il ne peut se tenir de rire/critiquer** he can't help laughing/criticizing ◆ **il ne se tenait pas de joie** he couldn't contain his joy ◆ **tiens-toi bien !** wait till you hear the next bit! ◆ **tu sais combien elle a ga-**

gné ? tiens-toi bien : 3 millions ! do you know how much she won? wait for it! *ou* you won't believe it! – 3 million!; → **quatre**

[7] [LOCUTIONS]

♦ **s'en tenir à** *(= se limiter à)* to confine o.s. to, to stick to; *(= se satisfaire de)* to content o.s. with ♦ **nous nous en tiendrons là pour aujourd'hui** we'll leave it at that for today ♦ **il aimerait savoir à quoi s'en tenir** he'd like to know where he stands ♦ **je sais à quoi m'en tenir sur son compte** I know exactly who I'm dealing with, I know just the sort of man he is

♦ **se tenir pour** *(= se considérer comme)* ♦ **il se tient pour responsable** he holds himself responsible ♦ **il ne se tient pas pour battu** he doesn't consider himself beaten ♦ **tenez-vous-le pour dit !** *(avertissement)* you've been warned!, you won't be told again!

Tennessee /tenesi/ NM Tennessee

tennis /tenis/
NM [1] *(= sport)* tennis ♦ **tennis sur gazon** lawn tennis ♦ **tennis sur terre battue** clay-court tennis ♦ **tennis en salle** indoor tennis ♦ **tennis de table** table tennis
[2] *(= terrain)* (tennis) court
[3] *(= partie)* game of tennis ♦ **faire un tennis** to have a game of tennis, to play tennis
NMPL *(= chaussures)* tennis shoes; *(par extension = chaussures de gym)* gym shoes, trainers *(Brit)*, sneakers *(US)*

tennis-elbow (pl **tennis-elbows**) /tenisɛlbo/ NM tennis elbow

tennisman /tenisman/ (pl **tennismen** /tenismɛn/) NM tennis player

tennistique /tenistik/ ADJ tennis *(épith)*

tenon /tənɔ̃/ NM *(Menuiserie)* tenon ♦ **assemblage à tenon et mortaise** mortice and tenon joint

ténor /tenɔʀ/ SYN
NM [1] *(Mus)* tenor ♦ **ténor léger** light tenor
[2] *(Pol)* leading light, big name *(de* in); *(Sport)* star player, big name
ADJ tenor

ténoriser /tenɔʀize/ ▸ conjug 1 ◂ VI to tenor

ténorite /tenɔʀit/ NF tenorite

ténotomie /tenɔtɔmi/ NF tenotomy

tenrec /tɑ̃ʀɛk/ NM tenrec

tenseur /tɑ̃sœʀ/ NM, ADJ M *(Anat, Math)* tensor

tensioactif, -ive /tɑ̃sjoaktif, iv/ ADJ, NM ♦ **(agent) tensioactif** surface-active agent

tensiomètre /tɑ̃sjɔmɛtʀ/ NM tensiometer

tension /tɑ̃sjɔ̃/ SYN NF [1] *[de ressort, cordes de piano, muscles]* tension; *[de courroie]* tightness, tautness, tension ♦ **chaîne à tension réglable** adjustable tension chain ♦ **corde de tension d'une scie** tightening-cord of a saw
[2] *(Phon) (= phase d'articulation)* attack; *(= état d'un phonème tendu)* tension, tenseness
[3] *(Élec)* voltage, tension ♦ **tension de 220 volts** tension of 220 volts ♦ **à haute/basse tension** high-/low-voltage *ou* -tension *(épith)* ♦ **baisse** *ou* **chute de tension** voltage drop, drop in voltage ♦ **sous tension** live ♦ **mettre un appareil sous tension** to switch on a piece of equipment
[4] *(Méd)* ♦ **tension nerveuse** nervous tension *ou* strain ♦ **tension (artérielle)** blood pressure ♦ **avoir** *ou* **faire de la tension, avoir trop de tension** to have high blood pressure ♦ **prendre la tension de qn** to take *ou* check sb's blood pressure ♦ **baisse** *ou* **chute de tension** sudden drop in blood pressure
[5] *[de relations, situation]* tension *(de* in) ♦ **tensions sociales/ethniques/politiques** social/ethnic/political tensions ♦ **tensions inflationnistes/monétaires** inflationary/monetary pressures ♦ **on note un regain de tension dans la région** there is renewed tension in the region ♦ **tension entre deux pays/personnes** tension *ou* strained relationship between two countries/people
[6] *(= concentration, effort)* ♦ **tension d'esprit** sustained mental effort ♦ **tension vers un but/idéal** *(littér)* striving *ou* straining towards a goal/an ideal
[7] *(Phys) [de liquide]* tension; *[de vapeur]* pressure; *(Tech)* stress ♦ **tension superficielle** surface tension

tensionneur /tɑ̃sjɔnœʀ/ NM *[de ceinture de sécurité]* inertia reel

tenson /tɑ̃sɔ̃/ NF *(Hist Littérat)* tenson

tensoriel, -ielle /tɑ̃sɔʀjɛl/ ADJ tensorial

tentaculaire /tɑ̃takylɛʀ/ ADJ *(= des tentacules)* tentacular ♦ **villes tentaculaires** sprawling towns ♦ **firmes tentaculaires** monster (international) combines

tentacule /tɑ̃takyl/ NM *(lit, fig)* tentacle

tentant, e /tɑ̃tɑ̃, ɑ̃t/ SYN ADJ *[plat]* tempting; *[offre, projet]* tempting, attractive

tentateur, -trice /tɑ̃tatœʀ, tʀis/
ADJ *[beauté]* tempting, alluring, enticing; *[propos]* tempting, enticing ♦ **l'esprit tentateur** *(Rel)* the Tempter
NM tempter ♦ **le Tentateur** *(Rel)* the Tempter
NF **tentatrice** temptress

tentation /tɑ̃tasjɔ̃/ SYN NF temptation ♦ **la tentation de saint Antoine** the temptation of Saint Anthony ♦ **résister à la tentation** to resist temptation ♦ **succomber à la tentation** to yield *ou* give in to temptation

tentative /tɑ̃tativ/ SYN NF *(gén)* attempt, endeavour; *(sportive, style journalistique)* bid, attempt ♦ **de vaines tentatives** vain attempts *ou* endeavours ♦ **tentative d'évasion** attempt *ou* bid to escape, escape bid *ou* attempt ♦ **tentative de meurtre/de suicide** *(gén)* murder/suicide attempt; *(Jur)* attempted murder/suicide ♦ **faire une tentative auprès de qn (en vue de...)** to approach sb (with a view to...)

tente /tɑ̃t/ SYN
NF *(gén)* tent ♦ **tente de camping** (camping) tent ♦ **coucher sous la tente** to sleep under canvas, to camp out ♦ **se retirer sous sa tente** *(fig)* to go and sulk in one's corner ♦ **il est allé planter sa tente en province** *(fig)* he's gone and set up shop in the provinces
COMP **tente de cirque** circus tent, marquee
tente(-)igloo igloo tent
tente à oxygène oxygen tent
tente de plage beach tent

tenté, e /tɑ̃te/ (ptp de **tenter**) ADJ ♦ **être tenté de faire/croire qch** to be tempted to do/believe sth

tente-abri (pl **tentes-abris**) /tɑ̃tabʀi/ NF shelter tent

tenter /tɑ̃te/ GRAMMAIRE ACTIVE 1.1 SYN ▸ conjug 1 ◂
VT [1] *(= chercher à séduire) [+ personne] (gén, Rel)* to tempt ♦ **tenter qn (par une offre)** to tempt sb (with an offer) ♦ **ce n'était pas cher, elle s'est laissée tenter** it wasn't expensive and she let herself be tempted ♦ **se laisser tenter par une offre** to be tempted by an offer ♦ **qu'est-ce qui te tente comme gâteau ?** * what kind of cake do you feel like? *ou* do you fancy? * ♦ **un match de tennis, ça te tenterait ?** do you feel like *ou* do you fancy * *(Brit)* a game of tennis?, how about a game of tennis? ♦ **tu peux venir si ça te tente** you can come if you feel like it ♦ **c'est vraiment tenter le diable** it's really tempting fate *ou* Providence ♦ **il ne faut pas tenter le diable** don't tempt fate, don't push your luck *
[2] *(= risquer) [+ expérience, démarche]* to try, to attempt ♦ **on a tout tenté pour le sauver** they tried everything to save him ♦ **on a tenté l'impossible pour le sauver** they attempted the impossible to save him ♦ **tenter le tout pour le tout** to risk one's all ♦ **tenter la** *ou* **sa chance** to try one's luck ♦ **tenter le coup** * to have a go * *ou* a bash *, to give it a try * *ou* a whirl * ♦ **tenter l'aventure** to take the plunge, to try one's luck
[3] *(= essayer)* ♦ **tenter de faire qch** to attempt *ou* try to do sth ♦ **je vais tenter de le convaincre** I'll try to *ou* try and convince him

tenthrède /tɑ̃tʀɛd/ NF sawfly

tenture /tɑ̃tyʀ/ SYN NF [1] *(= tapisserie)* hanging ♦ **tenture murale** wall covering
[2] *(= grand rideau)* hanging, curtain, drape *(US)*; *(derrière une porte)* door curtain
[3] *(de deuil)* funeral hangings

tenu, e¹ /t(ə)ny/ SYN (ptp de **tenir**) ADJ
[1] *(= entretenu)* ♦ **bien tenu** *[enfant]* well *ou* neatly turned out; *[maison]* well-kept, well looked after; *[comptes, registres]* well-kept, tidy ♦ **mal tenu** *[enfant]* poorly turned out, untidy; *[maison]* poorly kept, poorly looked after; *[comptes, registres]* badly kept, untidy
[2] *(= strictement surveillé)* ♦ **leurs filles sont très tenues** their daughters are kept on a tight rein *ou* are held very much in check
[3] *(= obligé)* ♦ **être tenu de faire qch** to be obliged to do sth, to have to do sth ♦ **être tenu au secret professionnel** to be bound by professional secrecy; → **impossible**
[4] *(Mus) [note]* held, sustained
[5] *(Bourse) [valeurs]* firm, steady

ténu, e /teny/ SYN ADJ *(littér)* [1] *[point, particule, fil]* fine; *[brume]* thin; *[voix]* thin, reedy
[2] *[raison]* tenuous, flimsy; *[nuance, cause]* tenuous, subtle; *[souvenir, espoir]* faint

tenue² /t(ə)ny/ SYN
NF [1] *[de maison]* upkeep, running; *[de magasin]* running; *[de classe]* handling, control; *[de séance]* holding; *(Mus) [de note]* holding, sustaining ♦ **la tenue des livres de comptes** the book-keeping ♦ **tenue fautive de la plume** wrong way of holding one's pen
[2] *(= conduite)* (good) manners, good behaviour *(Brit) ou* behavior *(US)* ♦ **bonne tenue en classe/à table** good behaviour in class/at (the) table ♦ **avoir de la tenue** to have good manners, to know how to behave (o.s.) ♦ **allons ! un peu de tenue !** come on, behave yourself! *ou* watch your manners!
[3] *(= qualité) [de journal]* standard, quality ♦ **publication qui a de la tenue** publication of a high standard, quality publication
[4] *(= maintien)* posture ♦ **mauvaise tenue d'un écolier** bad posture of a schoolboy
[5] *(Bourse)* performance ♦ **la bonne/mauvaise tenue du franc face au dollar** the good/poor performance of the franc against the dollar
[6] *(= habillement, apparence)* dress, appearance; *(= vêtements, uniforme)* dress ♦ **leur tenue négligée** their sloppy dress *ou* appearance ♦ **en tenue négligée** wearing *ou* in casual clothes ♦ **ce n'est pas une tenue pour aller au golf !** that's no way to dress to play golf! ♦ **« tenue correcte exigée »** "strict dress code" ♦ **tenue d'intérieur** indoor clothes ♦ **en tenue légère** *(d'été)* wearing *ou* in light clothing; *(osée)* scantily dressed *ou* clad ♦ **en petite tenue** scantily dressed *ou* clad ♦ **en tenue d'Adam (***ou* **d'Ève)** *(hum)* in one's birthday suit * ♦ **en grande tenue** in full dress (uniform) ♦ **des touristes en tenue estivale/d'hiver** tourists in summer/winter clothes ♦ **se mettre en tenue** to get dressed ♦ **être en tenue** *(Mil)* to be in uniform ♦ **les policiers en tenue** uniformed policemen, policemen in uniform ♦ **tenue camouflée** *ou* **de camouflage/de campagne** *(Mil)* camouflage/combat dress
COMP **tenue de combat** battle dress
tenue de route road holding
tenue de service uniform
tenue de soirée formal *ou* evening dress ♦ **« tenue de soirée de rigueur »** ≈ "black tie"
tenue de sport sports clothes, sports gear
tenue de ville *[d'homme]* lounge suit *(Brit)*, town suit *(US)*; *[de femme]* town dress *ou* suit
tenue de vol flying gear

ténuirostre /tenɥiʀɔstʀ/ ADJ tenuirostral

ténuité /tenɥite/ NF *(littér)* [1] *[de point, particule, fil]* fineness; *[de brume]* thinness; *[de voix]* thinness, reediness
[2] *[de raison]* tenuousness, tenuity, flimsiness; *[de nuance, cause]* tenuousness, tenuity, subtlety

tenure /tənyʀ/ NF *(Hist, Jur)* tenure

tenuto /tenuto/ ADV tenuto

téocalli /teɔkali/ NM teocalli

TEP /teəpe/ NF (abrèv de **tonne équivalent pétrole**) TOE

tépale /tepal/ NM tepal

tephillim, téphillim /tefilim/ NMPL tephillin

téphrosie /tefʀozi/ NF tephrosia

tepidarium, tépidarium /tepidaʀjɔm/ NM tepidarium

tequila /tekila/ NF tequila

ter /tɛʀ/
ADJ *(dans une adresse)* ♦ **il habite au 10 ter** he lives at (number) 10b
ADV *(Mus)* three times, ter

TER /teəɛʀ/ NM (abrèv de **train express régional**) → **train**

téraflop /teʀaflɔp/ NM teraflop

tératogène /teʀatɔʒɛn/ ADJ teratogenic

tératogenèse /teʀatɔʒənɛz/ NF teratogenesis

tératogénie /teʀatɔʒeni/ NF teratogeny

tératologie /teʀatɔlɔʒi/ NF teratology

tératologique /teʀatɔlɔʒik/ ADJ teratological

tératologue /teʀatɔlɔg/ NMF teratologist

tératome /teʀatom/ NM teratoma

terbium /tɛʀbjɔm/ NM terbium

tercet /tɛʀsɛ/ NM *(Poésie)* tercet, triplet

térébelle /teʀebɛl/ NF terebellid

térébenthine /teʀebɑ̃tin/ NF turpentine ◆ **nettoyer à l'essence de térébenthine** *ou* **à la térébenthine** to clean with turpentine *ou* turps * *(Brit) ou* turp *(US)*

térébinthe /teʀebɛ̃t/ NM terebinth

térébrant, e /teʀebʀɑ̃, ɑ̃t/ ADJ *[animal]* terebrate; *(Méd)* terebrant, terebrating

térébratule /teʀebʀatyl/ NF terebratula

téréphtalique /teʀeftalik/ ADJ ◆ **acide téréphtalique** terephthalic acid

Tergal ® /tɛʀgal/ NM Terylene ®

tergiversations /tɛʀʒivɛʀsasjɔ̃/ NFPL prevarication, equivocation ◆ **après des semaines de tergiversations** after weeks of prevarication ◆ **trêve de tergiversations !** stop beating about the bush!, stop prevaricating!

tergiverser /tɛʀʒivɛʀse/ SYN ▸ conjug 1 ◂ VI to prevaricate, to equivocate, to shilly-shally ◆ **cessez donc de tergiverser !** stop beating about the bush!, stop prevaricating!

termaillage /tɛʀmajaʒ/ NM *(Écon)* leads and lags

terme /tɛʀm/ SYN

NM 1 *(Ling = mot, expression)* term; *(Math, Philos = élément)* term ◆ **terme de marine/de métier** nautical/professional term ◆ **aux termes du contrat** according to the terms of the contract ◆ **en termes clairs/voilés/flatteurs** in clear/veiled/flattering terms ◆ **en d'autres termes** in other words ◆ **il ne l'a pas dit en ces termes** he didn't put it like that ◆ **il raisonne en termes d'efficacité** he thinks in terms of efficiency ◆ **... et le terme est faible** ... and that's putting it mildly, ... and that's an understatement ◆ **moyen terme** *(gén)* middle course; *(Logique)* middle term; → **acception, force**

2 *(= date limite)* time limit, deadline; *(littér = fin) [de vie, voyage, récit]* end ◆ **passé ce terme** after this date ◆ **se fixer un terme pour...** to set o.s. a time limit *ou* a deadline for... ◆ **mettre un terme à qch** to put an end *ou* a stop to sth

3 *(Méd)* ◆ **elle a dépassé le terme de trois jours** she's three days overdue

4 *[de loyer] (= date)* term, date for payment; *(= période)* quarter, rental term *ou* period; *(= somme)* (quarterly) rent *(NonC)* ◆ **payer à terme échu** to pay at the end of the rental term, to pay a quarter *ou* term in arrears ◆ **le (jour du) terme** *(= loyer)* the quarterday ◆ **il a un terme de retard** he's one quarter *ou* one payment behind (with his rent) ◆ **devoir/payer son terme** to owe/pay one's rent

5 *(locutions)*

◆ **à + terme** ◆ **à terme** *[accouchement]* full term; *[naître]* at term *(Bourse, Fin)* forward ◆ **être à terme** *[femme enceinte]* to be at full term ◆ **acheter/vendre à terme** to buy/sell forward ◆ **transaction à terme** *(Bourse de marchandises)* forward transaction; *(Bourse des valeurs)* settlement bargain ◆ **crédit/emprunt à court/long terme** short-term *ou* short-dated/long-term *ou* long-dated credit/loan, short/long credit/loan ◆ **arriver à terme** *[délai, mandat, contrat]* to expire; *[opération]* to reach its *ou* a conclusion; *[paiement]* to fall due ◆ **à terme, c'est ce qui arrivera** this is what will happen eventually *ou* in the long run *ou* in the end ◆ **mener qch à (son) terme** to bring sth to completion, to carry sth through (to completion) ◆ **prévisions à court/moyen/long terme** *(gén)* short-/medium-/long-term forecasts; *(Météo)* short-/medium-/long-range forecasts ◆ **ce sera rentable à court/moyen/long terme** it will be profitable in the short/medium/long term; → **marché**

◆ **au terme de** *(= au bout de)* after ◆ **au terme de dix jours de grève, ils sont parvenus à un accord** after ten days of strike action, they reached an agreement ◆ **arrivé au terme de sa vie** having reached the end of his life

◆ **avant terme** *[naître, accoucher]* prematurely ◆ **bébé né/naissance avant terme** premature baby/birth ◆ **un bébé né deux mois avant terme** a baby born two months premature, a two-months premature baby

NMPL **termes** *(= relations)* terms ◆ **être en bons/mauvais termes avec qn** to be on good *ou* friendly/bad terms with sb ◆ **ils sont dans les meilleurs termes** they are on the best of terms

terminaison /tɛʀminɛzɔ̃/ SYN NF *(Ling)* ending ◆ **terminaisons nerveuses** *(Anat)* nerve endings

terminal, e (mpl **-aux**) /tɛʀminal, o/ SYN

ADJ *[élément, bourgeon, phase de maladie]* terminal ◆ **classe terminale** *(Scol)* final year, ≈ upper sixth (form) *(Brit)*, twelfth grade *(US)*, ≈ senior year *(US)* ◆ **élève de terminale** ≈ upper sixth former *(Brit)*, senior *(US)*, twelfth grader *(US)* ◆ **malade au stade terminal** *ou* **en phase terminale** terminally ill patient

NM 1 *(= aérogare)* (air) terminal

2 *[de pétrole, marchandises]* terminal ◆ **terminal pétrolier** oil terminal ◆ **terminal maritime** shipping terminal

3 *(= ordinateur)* terminal ◆ **terminal intelligent/passif** smart *ou* intelligent/dumb terminal ◆ **terminal graphique** terminal with graphic capabilities ◆ **terminal vocal** vocal terminal ◆ **terminal de paiement électronique** electronic payment terminal ◆ **terminal point de vente** point-of-sale *ou* POS terminal

NF **terminale** *(Scol)* → **adj**

terminer /tɛʀmine/ SYN ▸ conjug 1 ◂

VT 1 *(= clore) [+ débat, séance]* to bring to an end *ou* to a close, to terminate

2 *(= achever) [+ travail]* to finish (off), to complete; *[+ repas, temps d'exil]* to end, to finish; *[+ récit, débat]* to finish, to close, to end ◆ **il termina en nous remerciant** he finished (up *ou* off) *ou* he ended by thanking us ◆ **nous avons terminé la journée/soirée chez un ami/par une promenade** we finished off *ou* ended the day/evening at a friend's house/with a walk ◆ **terminer ses jours à la campagne/à l'hôpital** to end one's days in the country/in hospital ◆ **terminer un repas par un café** to finish off *ou* round off *ou* end a meal with a coffee ◆ **terminer un livre par quelques conseils pratiques** to end a book with a few pieces of practical advice ◆ **en avoir terminé avec un travail** to be finished with a job ◆ **j'en ai terminé avec eux** I am *ou* have finished with them, I have done with them ◆ **pour terminer je dirais que...** in conclusion *ou* to conclude I would say that..., and finally I would say that... ◆ **j'attends qu'il termine** I'm waiting for him to finish, I'm waiting till he's finished

3 *(= former le dernier élément de)* ◆ **le café termina le repas** the meal finished *ou* ended with coffee, coffee finished off the meal ◆ **un bourgeon termine la tige** the stalk ends in a bud

VPR **se terminer** 1 *(= prendre fin) [rue, domaine]* to end, to terminate *(frm)*; *[affaire, repas]* to (come to an) end ◆ **les vacances se terminent demain** the holidays finish *ou* (come to an) end tomorrow ◆ **le parc se termine ici** the park ends here ◆ **ça s'est bien/mal terminé** it ended well/badly, it turned out well *ou* all right/badly (in the end) ◆ **alors ces travaux, ça se termine ?** *(gén)* well, is the work just about complete? *ou* done?; *(impatience)* when's the work going to be finished?

2 *(= s'achever sur)* ◆ **se terminer par** to end with ◆ **la thèse se termine par une bibliographie** the thesis ends with a bibliography ◆ **la soirée se termina par un jeu** the evening ended with a game ◆ **ces verbes se terminent par le suffixe « ir »** these verbs end in the suffix "ir"

3 *(= finir en)* ◆ **se terminer en** to end in ◆ **les mots qui se terminent en « ation »** words which end in "ation" ◆ **cette comédie se termine en tragédie** this comedy ends in tragedy ◆ **se terminer en pointe** to taper to a point, to end in a point

terminologie /tɛʀminɔlɔʒi/ SYN NF terminology

terminologique /tɛʀminɔlɔʒik/ ADJ terminological

terminologue /tɛʀminɔlɔg/ NMF terminologist

terminus /tɛʀminys/ NM *[d'autobus, train]* terminus ◆ **terminus ! tout le monde descend !** (last stop!) all change!

termite /tɛʀmit/ NM termite

termitière /tɛʀmitjɛʀ/ NF termites' nest

ternaire /tɛʀnɛʀ/ ADJ ternary

terne[1] /tɛʀn/ SYN ADJ *[teint]* lifeless, colourless *(Brit)*, colorless *(US)*; *[regard]* lifeless, lacklustre *(Brit)*, lackluster *(US)*; *[personne]* dull, drab, colourless *(Brit)*, colorless *(US)*; *[style, conversation]* dull, drab, lacklustre *(Brit)*, lackluster *(US)*; *[couleur, journée, vie]* dull, drab; *[cheveux]* dull, lifeless

terne[2] /tɛʀn/ NM 1 *(à la loterie)* tern; *(au loto) three numbers on the same line*; *(aux dés)* two treys *ou* threes

2 *(Élec)* three-phase line

terni, e /tɛʀni/ (ptp de **ternir**) ADJ *(lit, fig)* tarnished

ternir /tɛʀniʀ/ SYN ▸ conjug 2 ◂

VT 1 *[+ métal, glace]* to tarnish

2 *[+ mémoire, honneur, réputation]* to stain, to tarnish, to sully

VPR **se ternir** *[métal, glace]* to tarnish, to become tarnished; *[réputation]* to become tarnished *ou* stained

ternissement /tɛʀnismɑ̃/ NM *[de métal]* tarnishing

ternissure /tɛʀnisyʀ/ NF *(= aspect) [d'argenterie, métal, glace]* tarnish, tarnished condition; *(= tache)* tarnished *ou* dull spot

terrain /teʀɛ̃/ SYN

NM 1 *(= relief)* ground, terrain *(SPÉC) (littér)*; *(= sol)* soil, ground ◆ **terrain caillouteux/vallonné** stony/hilly ground ◆ **terrain meuble/lourd** loose/heavy soil *ou* ground ◆ **c'est un bon terrain pour la culture** it's (a) good soil for cultivation; → **accident, glissement, tout-terrain**

2 *(Football, Rugby)* pitch, field; *(avec les installations)* ground; *(Courses, Golf)* course; *(Basket, Volley, Hand-ball)* court ◆ **sur le terrain** on the field *(ou* on court *etc)* ◆ **disputer un match sur terrain adverse/sur son propre terrain** to play an away/a home match

3 *(= étendue de terre)* land *(NonC)*; *(= parcelle)* plot (of land), piece of land; *(à bâtir)* site ◆ **terrain à lotir** land for dividing into plots ◆ **« terrain à bâtir »** "site *ou* building land for sale" ◆ **une maison avec deux hectares de terrain** a house with two hectares of land ◆ **le prix du terrain à Paris** the price of land in Paris

4 *(Géog, Géol : souvent pl)* formation ◆ **les terrains primaires/glaciaires** primary/glacial formations

5 *(Mil = lieu d'opérations)* terrain; *(gagné ou perdu)* ground ◆ **en terrain ennemi** on enemy ground *ou* territory ◆ **disputer le terrain** *(Mil)* to fight for every inch of ground; *(fig)* to fight every inch of the way ◆ **céder/gagner/perdre du terrain** *(lit, fig)* to give/gain/lose ground ◆ **céder du terrain à l'ennemi** to lose *ou* yield ground to the enemy, to fall back before the enemy ◆ **ils finiront par céder du terrain** *[négociateurs]* in the end they'll make concessions ◆ **l'épidémie cède du terrain devant les efforts des médecins** the epidemic is receding before the doctors' efforts ◆ **la livre a cédé/gagné du terrain** the pound has lost/gained ground *(par rapport à* against) ◆ **reconnaître le terrain** *(lit)* to reconnoitre the terrain; *(fig)* to see how the land lies, to get the lie *(Brit) ou* lay *(US)* of the land ◆ **sonder** *ou* **tâter le terrain** *(fig)* to test the ground, to put out feelers ◆ **avoir l'avantage du terrain** *(lit)* to have territorial advantage; *(fig)* to have the advantage of being on (one's) home ground ◆ **préparer/déblayer le terrain** to prepare/clear the ground ◆ **aller/être sur le terrain** to go out into/be out in the field ◆ **de terrain** *[politicien]* grass-roots ◆ **le nouveau PDG est un homme de terrain** the new managing director is a practical, experienced man

6 *(= domaine)* ground ◆ **être sur son terrain** to be on home ground *ou* territory ◆ **trouver un terrain d'entente** to find common ground *ou* an area of agreement ◆ **chercher un terrain favorable à la discussion** to seek an area conducive to (useful) discussion ◆ **je ne le suivrai pas sur ce terrain** I can't go along with him there *ou* on that, I'm not with him on that ◆ **être en** *ou* **sur un terrain mouvant** to be on uncertain ground ◆ **être sur un terrain glissant** to be on slippery *ou* dangerous ground ◆ **le journaliste s'aventura sur un terrain brûlant** the journalist ventured onto dangerous ground *ou* brought up a highly sensitive *ou* ticklish issue ◆ **l'épidémie a trouvé un terrain très favorable chez les réfugiés** the epidemic found an ideal breeding ground amongst the refugees

7 *(Méd)* ◆ **terrain allergique** conditions likely to produce allergies ◆ **il a un mauvais terrain** he's quite susceptible to illness ◆ **il a un terrain arthritique** he's quite susceptible to arthritis

COMP **terrain d'atterrissage** landing ground
terrain d'aviation airfield
terrain de camping campsite, camping ground
terrain de chasse hunting ground
terrain d'exercice training ground
terrain de jeu playing field
terrain de manœuvre *(Mil)* training ground; *(= domaine)* stomping ground
terrain militaire army ground
terrain de sport sports ground
terrain de tennis tennis court
terrain de tir shooting *ou* firing range
terrain vague waste ground *(NonC)*, wasteland *(NonC)*

terra incognita /teʀaɛ̃kɔgnita/ (pl **terrae incognitae** /teʀaeɛ̃kɔgnitae/) NF (*littér*) terra incognita

terramare[1] /teʀamaʀ/ NF (*Agr*) terramara

terramare[2] /teʀamaʀ/ NF (= *habitat*) terramara

terra rossa /teʀaʀɔsa/ NF terra rossa

terrasse /teʀas/ NF 1 [*de parc, jardin*] terrace ◆ **cultures en terrasses** terrace cultivation ◆ **terrasse fluviale** (*Géog*) river terrace
2 [*d'appartement*] terrace; (*sur le toit*) terrace roof ◆ **toiture en terrasse, toit-terrasse** flat roof
3 [*de café*] terrace, pavement (area) ◆ **j'ai aperçu Charles attablé à la terrasse du Café Royal** I saw Charles sitting at the terrace of the Café Royal *ou* outside the Café Royal ◆ **à la** *ou* **en terrasse** outside ◆ **il refusa de me servir à la** *ou* **en terrasse** he refused to serve me outside
4 (*Constr* = *métier*) excavation work ◆ **faire de la terrasse** to do excavation work

terrassement /teʀasmɑ̃/ NM 1 (= *action*) excavation ◆ **travaux de terrassement** excavation work ◆ **engins de terrassement** earth-moving *ou* excavating equipment
2 (= *terres creusées*) ◆ **terrassements** excavations, earthworks; [*de voie ferrée*] embankments

terrasser /teʀase/ SYN ▸ conjug 1 ◂ VT 1 [*adversaire*] to floor, to bring down; [*attaque*] to bring down; [*fatigue*] to overcome; [*émotion, nouvelle*] to overwhelm; [*maladie*] to strike down ◆ **cette maladie l'a terrassé** this illness laid him low ◆ **terrassé par une crise cardiaque** struck down *ou* felled by a heart attack
2 (*Tech*) to excavate, to dig out; (*Agr*) to dig over

terrassier /teʀasje/ NM unskilled road worker, navvy (*Brit*)

terre /tɛʀ/ SYN
NF 1 (= *planète*) earth; (= *monde*) world ◆ **la planète Terre** (the) planet Earth ◆ **sur la terre comme au ciel** (*Rel*) on earth as it is in heaven ◆ **Dieu créa le Ciel et la Terre** God created the Heavens and the Earth, God created Heaven and Earth ◆ **il a parcouru la terre entière** he has travelled the world over, he has travelled all over the world *ou* globe ◆ **prendre à témoin la terre entière** to take the world as one's witness ◆ **tant qu'il y aura des hommes sur la terre** as long as there are men on (the) earth ◆ **être seul sur (la) terre** to be alone in the world ◆ **il ne faut pas s'attendre au bonheur sur (cette) terre** happiness is not to be expected in this world *ou* on this earth ◆ **redescendre** *ou* **revenir sur terre** (*fig*) to come (back) down to earth; → **remuer, sel, ventre**
2 (= *sol, surface*) ground, land; (= *matière*) earth, soil; (*pour la poterie*) clay ◆ **pipe/vase en terre** clay pipe/vase ◆ **ne t'allonge pas par terre, la terre est humide** don't lie on the ground – it's damp, don't lie down – the ground is damp ◆ **une terre fertile/aride** a fertile/an arid *ou* a barren soil ◆ **retourner/labourer la terre** to turn over/work the soil ◆ **travailler la terre** to work the soil *ou* land ◆ **planter un arbre en pleine terre** to plant a tree in the ground; → **chemin, motte, ver**
◆ **à/par terre** ◆ **être à terre** [*lutteur*] to be down ◆ **il ne faut pas frapper quelqu'un qui est à terre** (*lit, fig*) you shouldn't kick a man when he's down *ou* somebody when they're down ◆ **poser qch à** *ou* **par terre** to put sth (down) on the ground ◆ **jeter qch à** *ou* **par terre** to throw sth (down) on the ground, to throw sth to the ground ◆ **cela fiche** *ou* **flanque tous nos projets par terre*** that really messes up all our plans, that puts paid to all our plans (*Brit*) ◆ **mettre qn à terre** [+ *adversaire*] to beat sb hollow
◆ **en terre** ◆ **mettre qn en terre** to bury sb ◆ **mettre qch en terre** to put sth into the soil
◆ **sous terre** ◆ **cinq mètres sous terre** five metres underground ◆ **être à six pieds sous terre** (*fig*) to be six feet under, to be pushing up the daisies* ◆ **j'aurais voulu rentrer sous terre** (*de honte*) I wished the ground would swallow me up, I could have died*
3 (= *étendue, campagne*) ◆ **terre(s)** land (*NonC*) ◆ **une bande** *ou* **langue de terre** a strip *ou* tongue of land ◆ **des terres à blé** wheat-growing land ◆ **il a acheté un bout** *ou* **un lopin de terre** he's bought a piece *ou* patch *ou* plot of land ◆ **terres cultivées** cultivated land ◆ **terres en friche** *ou* **en jachère/incultes** fallow/uncultivated land
4 (*par opposition à mer*) land (*NonC*) ◆ **sur la terre ferme** on dry land, on terra firma ◆ **apercevoir la terre** to sight land ◆ **terre !** (*Naut*) land ho! ◆ **aller à terre** (= *débarquer*) to go ashore ◆ **dans les terres** inland ◆ **aller/voyager par (voie de) terre** to go/travel by land *ou* overland ◆ **toucher terre** [*navire, avion*] to land
5 (= *propriété, domaine*) land (*gén NonC*) ◆ **la terre** land ◆ **une terre** an estate ◆ **il a acheté une terre en Normandie** he's bought an estate *ou* some land in Normandy ◆ **vivre sur/de ses terres** to live on/off one's lands *ou* estates ◆ **se retirer sur ses terres** to go and live on one's country estate ◆ **la terre est un excellent investissement** land is an excellent investment
6 (= *pays, région*) land, country ◆ **sa terre natale** his native land *ou* country ◆ **la France, terre d'accueil** France, (the) land of welcome ◆ **terres lointaines/australes** distant/southern lands ◆ **la Terre promise** the Promised Land
7 (*Élec*) earth (*Brit*), ground (*US*) ◆ **mettre** *ou* **relier à la terre** to earth (*Brit*), to ground (*US*); → **prise**[2]
COMP **la Terre Adélie** the Adélie Coast, Adélie Land
terre d'asile country of refuge *ou* asylum
terre battue beaten earth ◆ **sol en terre battue** beaten-earth floor ◆ **jouer sur terre battue** (*Tennis*) to play on a clay court
terre brûlée ◆ **politique de la terre brûlée** scorched earth policy
terre de bruyère heath-mould, heath-peat
terre cuite (*pour briques, tuiles*) baked clay; (*pour jattes, statuettes*) terracotta ◆ **objets en terre cuite, terres cuites** terracotta ware (*NonC*) ◆ **une terre cuite** a terracotta (object)
terre d'exil land *ou* country of exile
la Terre de Feu Tierra del Fuego
terre à foulon fuller's earth
terre glaise clay
terre noire (*Géog*) chernozem
terre à potier potter's clay
terres rares (*Chim*) rare earths
la Terre sainte the Holy Land
terre de Sienne sienna
terre végétale topsoil
terres vierges virgin lands

terre à terre, terre-à-terre /tɛʀatɛʀ/ ADJ INV [*esprit*] matter-of-fact; [*personne*] down-to-earth; [*préoccupations*] mundane, workaday, prosaic

terreau /teʀo/ NM (soil-based) compost ◆ **terreau de feuilles** leaf mould ◆ **les rumeurs trouvent ici un terreau très favorable** this is an ideal breeding ground for rumours

terreauter /teʀote/ ▸ conjug 1 ◂ VT to compost

terre-neuvas /tɛʀnœva/ NM INV (= *bateau*) fishing boat (*for fishing off Newfoundland*); (= *marin*) fisherman, trawlerman (*who fishes off Newfoundland*)

Terre-Neuve /tɛʀnœv/ NF Newfoundland

terre-neuve /tɛʀnœv/ NM INV (= *chien*) Newfoundland terrier; (*hum* = *personne*) good Samaritan

terre-neuvien, -ienne (mpl **terre-neuviens**) /tɛʀnœvjɛ̃, jɛn/
ADJ Newfoundland (*épith*)
NM,F **Terre-Neuvien(ne)** Newfoundlander

terre-neuvier (pl **terre-neuviers**) /tɛʀnœvje/ NM ⇒ **terre-neuvas**

terre-plein (pl **terre-pleins**) /tɛʀplɛ̃/ NM (*Mil*) terreplein; (*Constr*) platform ◆ **terre-plein (central)** (*sur chaussée*) central reservation (*Brit*), median strip (*US*)

terrer /teʀe/ ▸ conjug 1 ◂
VPR **se terrer** SYN 1 [*personne poursuivie*] to flatten o.s., to crouch down; [*criminel*] to lie low, to go to ground *ou* earth; [*personne peu sociable*] to hide (o.s.) away ◆ **terrés dans la cave pendant les bombardements** hidden *ou* buried (away) in the cellar during the bombings
2 [*lapin, renard*] (*dans son terrier*) to go to earth *ou* ground; (*contre terre*) to crouch down, to flatten itself
VT (*Agr*) [+ *arbre*] to earth round *ou* up; [+ *pelouse*] to spread with soil; [+ *semis*] to earth over; (*Tech*) [+ *drap*] to full

terrestre /teʀɛstʀ/ SYN ADJ 1 [*faune, flore, transports, habitat*] land (*épith*); [*surface, magnétisme*] earth's (*épith*), terrestrial, of earth ◆ **effectifs terrestres** (*Mil*) land forces ◆ **missile terrestre** land-based missile; → **croûte, écorce, globe**
2 (= *d'ici-bas*) [*biens, plaisirs, vie*] earthly, terrestrial; → **paradis**

terreur /teʀœʀ/ SYN NF 1 (= *peur*) terror (*gén NonC*) ◆ **avec terreur** with terror *ou* dread ◆ **vaines terreurs** vain *ou* empty fears ◆ **le dentiste était ma grande terreur** the dentist was my greatest fear, I was terrified of the dentist ◆ **il vivait dans la terreur d'être découvert/de la police** he lived in terror of being discovered/of the police ◆ **faire régner la terreur** to conduct *ou* impose a reign of terror ◆ **semer la terreur** to spread terror ◆ **climat/régime de terreur** climate/reign of terror
2 (= *terrorisme*) terror ◆ **la Terreur** (*Hist*) the (Reign of) Terror
3 (* *hum* = *personne*) terror ◆ **petite terreur** little terror *ou* horror ◆ **jouer les terreurs** to play the tough guy* ◆ **on l'appelait Joe la terreur** he was known as Joe, the tough guy* ◆ **c'est la terreur de la ville** he's the terror of the town

terreux, -euse /teʀø, øz/ SYN ADJ 1 [*goût, odeur*] earthy
2 [*semelles, chaussures*] muddy; [*mains*] grubby, soiled; [*salade*] gritty, dirty
3 [*teint*] sallow, muddy; [*ciel*] muddy, leaden, sullen

terrible /teʀibl/ SYN
ADJ 1 (= *effroyable*) [*accident, maladie, châtiment*] terrible, dreadful, awful; [*arme*] terrible
2 (= *terrifiant, féroce*) [*air, menaces*] terrible, fearsome; [*guerrier*] fearsome
3 (*intensif*) [*vent, force, pression, bruit*] terrific, tremendous; [*colère, erreur*] terrible ◆ **c'est un terrible menteur** he's a terrible *ou* an awful liar ◆ **c'est terrible ce qu'il peut manger** he can eat an incredible amount
4 (= *affligeant, pénible*) terrible, dreadful, awful ◆ **c'est terrible d'en arriver là** it's terrible *ou* awful *ou* dreadful to come to this ◆ **le (plus) terrible, c'est que...** the (most) terrible *ou* awful thing about it is that... ◆ **il est terrible, avec sa manie de toujours vous contredire** he's got a dreadful habit of always contradicting you ◆ **c'est terrible de devoir toujours tout répéter** it's awful *ou* dreadful always having to repeat everything; → **enfant**
5 (* = *formidable*) [*film, soirée, personne*] terrific*, great*, tremendous* ◆ **ce film n'est pas terrible** this film is nothing special *ou* nothing to write home about
ADV ◆ **ça marche terrible*** it's working fantastically (well)* *ou* really great*

terriblement /teʀibləmɑ̃/ SYN ADV 1 (= *extrêmement*) terribly, dreadfully, awfully
2 († = *affreusement*) terribly †

terricole /teʀikɔl/ ADJ terricolous

terrien, -ienne /teʀjɛ̃, jɛn/
ADJ 1 (= *qui possède des terres*) landed (*épith*), landowning (*épith*) ◆ **propriétaire terrien** landowner, landed proprietor
2 (= *rural*) rural, country ◆ **vertus terriennes** virtues of the soil *ou* land ◆ **avoir une vieille ascendance terrienne** to come of old country stock
NM 1 (= *paysan*) man of the soil, countryman
2 (= *habitant de la Terre*) Earthman, earthling
3 (*Naut* : *de l'intérieur des terres*) landsman
NF **terrienne** 1 (= *paysanne*) countrywoman
2 (= *habitante de la Terre*) Earthwoman, earthling
3 (*Naut* : *de l'intérieur des terres*) landswoman

terrier /teʀje/ SYN NM 1 (= *tanière*) [*de lapin, taupe*] burrow, hole; [*de renard*] earth; [*de blaireau*] set
2 (= *chien*) terrier

terrifiant, e /teʀifjɑ̃, jɑ̃t/ SYN ADJ 1 (= *effrayant*) terrifying
2 (*sens affaibli*) [*progrès, appétit*] fearsome, incredible ◆ **c'est terrifiant comme il a maigri/grandi !** it's frightening how much weight he's lost/how much he's grown!

terrifier /teʀifje/ SYN ▸ conjug 7 ◂ VT to terrify

terrigène /teʀiʒɛn/ ADJ terrigenous

terril /teʀi(l)/ NM (coal) tip, slag heap

terrine /teʀin/ NF (= *pot*) earthenware vessel, terrine; (*Culin*) (= *récipient*) terrine; (= *pâté*) pâté, terrine ◆ **terrine du chef** chef's special pâté ◆ **terrine de lapin/de légumes** rabbit/vegetable terrine *ou* pâté

territoire /teʀitwaʀ/ SYN NM territory; [*de département, commune*] area; [*d'évêque, juge*] jurisdiction ◆ **territoires d'outre-mer** (French) overseas territories → **aménagement, surveillance**

territorial, e (mpl **-iaux**) /teʀitɔʀjal, jo/
ADJ 1 [*puissance*] land (*épith*); [*intégrité, modifications*] territorial ◆ **eaux territoriales** territorial waters ◆ **armée territoriale** Territorial Army

2 *(Jur : opposé à personnel)* territorial

NM *(Mil)* Territorial

NF **territoriale** *(Mil)* Territorial Army

territorialement /teʀitɔʀjalmɑ̃/ **ADV** territorially ◆ **être territorialement compétent** *(Jur)* to have jurisdiction

territorialité /teʀitɔʀjalite/ **NF** *(Jur)* territoriality

terroir /tɛʀwaʀ/ SYN **NM** 1 *(Agr)* soil

2 *(= région rurale)* land ◆ **accent du terroir** country *ou* rural accent ◆ **cuisine du terroir** country cooking ◆ **mots du terroir** words with a rural flavour ◆ **il sent son terroir** *[vin]* it speaks of its place ◆ **poète du terroir** poet of the land

terrorisant, e /teʀɔʀizɑ̃, ɑ̃t/ **ADJ** terrifying

terroriser /teʀɔʀize/ SYN ► conjug 1 ◄ **VT** to terrorize

terrorisme /teʀɔʀism/ **NM** terrorism

terroriste /teʀɔʀist/ **ADJ, NMF** terrorist

tertiaire /tɛʀsjɛʀ/

ADJ *(Écon, Géol, Méd)* tertiary

NM ◆ **le tertiaire** *(Géol)* the Tertiary; *(Écon)* the service *ou* tertiary sector

tertiairisation /tɛʀsjɛʀizasjɔ̃/, **tertiarisation** /tɛʀsjaʀizasjɔ̃/ **NF** expansion *ou* development of the service sector

tertio /tɛʀsjo/ **ADV** third(ly)

tertre /tɛʀtʀ/ **NM** *(= monticule)* hillock, mound, knoll *(littér)* ◆ **tertre (funéraire)** (burial) mound

terza rima /tɛʀtsaʀima/ **NF** terza rima

tes /te/ **ADJ POSS** → **ton**[1]

tesla /tɛsla/ **NM** tesla

tessiture /tesityʀ/ **NF** *[de voix]* tessitura; *[d'instrument]* range

tesson /tesɔ̃/ **NM** 1 *(Archéol)* potsherd

2 *(gén)* ◆ **tesson (de bouteille)** shard (of glass), piece of broken glass *ou* bottle

test[1] /tɛst/ SYN

NM *(gén)* test ◆ **faire passer un test à qn** to give sb a test ◆ **soumettre qn à des tests** to subject sb to tests, to test sb ◆ **test d'intelligence** IQ test ◆ **test d'orientation professionnelle** vocational *ou* occupational test ◆ **test d'aptitude/psychologique** *ou* **de personnalité** aptitude/personality test ◆ **test de grossesse/d'allergie** pregnancy/allergy test; → **dépistage**

ADJ ◆ **groupe-/région-test** test group/area

test[2] /tɛst/ **NM** *(= carapace)* test

test[3] /tɛst/ **NM** ⇒ **têt**

testable /tɛstabl/ **ADJ** testable

testacé, e /tɛstase/ **ADJ** testaceous

testage /tɛstaʒ/ **NM** progeny testing

testament /tɛstamɑ̃/

NM 1 *(Rel)* ◆ **l'Ancien/le Nouveau Testament** the Old/the New Testament

2 *(Jur)* will, testament *(Jur)* ◆ **mourir sans testament** to die intestate *ou* without leaving a will ◆ **ceci est mon testament** this is my last will and testament ◆ **il peut faire son testament** * *(hum)* he can *ou* he'd better make out his will *(hum)*; → **coucher, léguer**

3 *(fig)* *[d'homme politique, artiste]* legacy ◆ **testament politique** political legacy

COMP **testament par acte public, testament authentique** *will dictated to notary in the presence of witnesses*

testament mystique *will written or dictated by testator, signed by him, and handed to notary in a sealed envelope, before witnesses*

testament olographe *will written, dated and signed by the testator*

testament secret ⇒ **testament mystique**

testamentaire /tɛstamɑ̃tɛʀ/ **ADJ** ◆ **dispositions testamentaires** provisions of a (*ou* the) will ◆ **donation testamentaire** bequest, legacy ◆ **héritier testamentaire** legatee; *(de biens immobiliers)* devisee; → **exécuteur**

testateur /tɛstatœʀ/ **NM** testator, legator; *(léguant des biens immobiliers)* devisor

testatrice /tɛstatʀis/ **NF** testatrix, legator; *(léguant des biens immobiliers)* devisor

tester[1] /tɛste/ SYN ► conjug 1 ◄ **VT** *[+ personne, produit, connaissances]* to test ◆ **produit testé en laboratoire** laboratory-tested product ◆ **cosmétiques non testés sur animaux** cosmetics that have not been tested on animals, non-animal-tested cosmetics ◆ **il cherchait à tester ma détermination** he was testing my resolve

tester[2] /tɛste/ ► conjug 1 ◄ **VI** *(Jur)* to make (out) one's will

testeur /tɛstœʀ/ **NM** *(= personne, machine)* tester

testiculaire /tɛstikylɛʀ/ **ADJ** testicular

testicule /tɛstikyl/ **NM** testicle, testis *(SPÉC)*

testimonial, e (mpl **-iaux**) /tɛstimɔnjal, jo/ **ADJ** testimonial ◆ **preuve testimoniale** testimony

test-match (pl **test-match(e)s**) /tɛstmatʃ/ **NM** *(Rugby)* rugby international

testostérone /tɛstɔsteʀɔn/ **NF** testosterone

têt /tɛ(t)/ **NM** *(Chim)* ◆ **têt à rôtir** roasting dish *ou* crucible ◆ **têt à gaz** beehive shelf

tétanie /tetani/ **NF** tetany

tétanique /tetanik/ **ADJ** *[convulsions]* tetanic; *[patient]* tetanus *(épith)*, suffering from tetanus *(attrib)*

tétanisation /tetanizasjɔ̃/ **NF** *[de muscle]* tetanization

tétaniser /tetanize/ SYN ► conjug 1 ◄ **VT** *(Méd)* to tetanize ◆ **muscle qui se tétanise** muscle that becomes tetanized ◆ **il était tétanisé par la peur** he was paralyzed with fear ◆ **le public était tétanisé de surprise** the audience was stunned

tétanos /tetanos/ **NM** *(= maladie)* tetanus, lockjaw; *(= contraction)* tetanus ◆ **tétanos musculaire** *ou* **physiologique** tetanus (of a muscle) ◆ **vaccin contre le tétanos** tetanus vaccine

têtard /tɛtaʀ/ **NM** tadpole

◆ ◆

tête /tɛt/ SYN

1 - NOM FÉMININ

2 - COMPOSÉS

◆ ◆

1 - NOM FÉMININ

1 [ANAT] *[de personne, animal]* head; *(= chevelure)* hair *(NonC)* ◆ **être tête nue, n'avoir rien sur la tête** to be bareheaded, to have nothing on one's head ◆ **avoir mal à la tête** to have a headache ◆ **j'ai la tête lourde** my head feels heavy ◆ **sa tête brune/bouclée** his brown/curly hair ◆ **avoir la tête sale/propre** to have dirty/clean hair ◆ **veau à deux têtes** two-headed calf ◆ **se tenir la tête à deux mains** to hold one's head in one's hands ◆ **tomber la tête la première** to fall headfirst ◆ **c'est à se cogner** *ou* **se taper la tête contre les murs** it's enough to drive you up the wall * ◆ **j'en donnerais ma tête à couper** I would stake my life on it ◆ **faire une** *ou* **la tête au carré à qn** ‡ to smash sb's face in ‡, to knock sb's block off ‡ ◆ **tenir tête à qn/qch** to stand up to sb/sth

◆ **tête baissée** ◆ **courir** *ou* **foncer tête baissée** *(lit)* to rush *ou* charge headlong ◆ **y aller tête baissée** *(fig)* to charge in blindly ◆ **se jeter** *ou* **donner tête baissée dans** *[+ entreprise, piège]* to rush headlong into

◆ **la tête basse** ◆ **marcher la tête basse** to walk along with one's head bowed ◆ **il est reparti la tête basse** he left hanging his head

◆ **la tête haute** ◆ **aller** *ou* **marcher la tête haute** to walk with one's head held high, to carry one's head high ◆ **battu aux élections, il peut néanmoins se retirer la tête haute** although beaten in the elections he can nevertheless withdraw with his head held high

◆ **de la tête aux pieds** from head to foot *ou* toe, from top to toe

◆ **coup de tête** *(lit)* head-butt; *(fig)* sudden impulse ◆ **donner un coup de tête à qn** to head-butt sb ◆ **donner des coups de tête contre qch** to bang one's head against sth ◆ **agir sur un coup de tête** to act on impulse; → **tête-à-tête**

2 [= VIE] ◆ **mettre à prix la tête de qn** to put a price on sb's head ◆ **réclamer la tête de qn** to demand sb's head ◆ **jurer sur la tête de qn** to swear on sb's life ◆ **risquer sa tête** to risk one's neck ◆ **sauver sa tête** to save one's skin *ou* neck ◆ **il y va de sa tête** his life is at stake

3 [= VISAGE, EXPRESSION] face ◆ **il a une tête sympathique** he has a nice *ou* friendly face ◆ **il a une tête sinistre** he has a sinister look about him, he looks an ugly customer ◆ **il a une bonne tête** he looks a decent sort ◆ **quand il a appris la nouvelle il a fait une (drôle de) tête !** he pulled a face when he heard the news!, you should have seen his face when he heard the news! ◆ **il en fait une tête !** what a face!, just look at his face! ◆ **faire la tête** to sulk, to have the sulks * *(Brit)* ◆ **tu as vu la tête qu'il a !** *ou* **sa tête !** have you seen his face! ◆ **je connais cette tête-là !** I know that face! ◆ **mettre un nom sur une tête** to put a name to a face ◆ **il a** *ou* **c'est une tête à claques** * he has got the sort of face you'd love to smack *ou* that just asks to be smacked ◆ **jeter** *ou* **lancer à la tête de qn que...** to hurl in sb's face... ◆ **c'est à la tête du client** * it depends on the person ◆ **il fait son prix à la tête du client** he charges what he feels like; → **enterrement, payer** *etc*

4 [= PERSONNE] head ◆ **tête couronnée** crowned head ◆ **de nouvelles têtes** new faces ◆ **des têtes connues** familiar faces ◆ **des têtes vont tomber** heads will roll ◆ **avoir ses têtes** * to have one's favourites ◆ **le repas coûtera 25 € par tête (de pipe ‡)** the meal will cost €25 a head *ou* €25 per person *ou* €25 apiece

5 [= ANIMAL] ◆ **20 têtes de bétail** 20 head of cattle

6 [MESURE] head ◆ **il a une tête/demi-tête de plus que moi** he's a head/half a head taller than me ◆ **gagner d'une tête** *(Courses)* to win by a head

7 [= PARTIE SUPÉRIEURE] *[de clou, marteau]* head; *[d'arbre]* top ◆ **tête d'ail** head of garlic ◆ **tête d'artichaut** artichoke head ◆ **tête d'épingle** pinhead ◆ **gros comme une tête d'épingle** no bigger than a pinhead ◆ **tête de l'humérus** head of the humerus

8 [= PARTIE ANTÉRIEURE] *[de train, procession]* front, head; *(Mil)* *[de colonne, peloton]* head; *(= première place)* *[de liste, chapitre, classe]* top, head ◆ **l'équipe conserve la tête du classement** the team retains its lead ◆ **prendre la tête** to take the lead ◆ **prendre la tête du cortège** to lead the procession, to take one's place at the head of the procession ◆ **prendre la tête d'un mouvement** to take over leadership of a movement, to become the leader of a movement ◆ **prendre la tête d'une affaire** to take over a business

◆ **à la tête de** ◆ **à la tête du cortège** at the head of the procession ◆ **tué à la tête de ses troupes** killed leading his troops *ou* at the head of his troops ◆ **être à la tête d'un mouvement/d'une affaire** *(= diriger)* to be at the head of a movement/of a business, to head (up) a movement/a business ◆ **se trouver à la tête d'une petite fortune/de deux maisons** to find o.s. the owner *ou* possessor of a small fortune/of two houses

◆ **en tête** ◆ **ils sont entrés dans la ville, musique en tête** they came into the town led *ou* headed by the band ◆ **on monte en tête ou en queue ?** *(d'un train)* shall we get on at the front or (at) the back? ◆ **être en tête** to be in the lead *ou* in front ◆ **dans les sondages, il arrive largement en tête** he's well ahead in the polls

◆ **en tête de** ◆ **en tête de phrase** at the beginning of the sentence ◆ **monter dans le métro en tête de ligne** to get on the metro at the beginning of the line ◆ **être** *ou* **venir en tête de liste** to head the list, to come at the head *ou* top of the list ◆ **il arrive en tête du scrutin** he's leading in the elections

9 [= FACULTÉS MENTALES] ◆ **avoir (toute) sa tête** to have (all) one's wits about one ◆ **n'avoir rien dans la tête** to be empty-headed ◆ **où ai-je la tête ?** whatever am I thinking of? ◆ **avoir une petite tête** to be dim-witted ◆ **avoir** *ou* **être une tête sans cervelle** *ou* **de linotte, être tête en l'air** to be scatterbrained, to be a scatterbrain ◆ **avoir de la tête** to have a good head on one's shoulders ◆ **ce type-là, c'est une tête** * that guy's really brainy * ◆ **c'est une tête en maths** * he's *ou* she's really good at maths ◆ **femme/homme de tête** level-headed *ou* capable woman/man ◆ **avoir la tête bien faite** to have a good mind ◆ **avoir la tête sur les épaules** to be level-headed ◆ **calculer qch de tête** to work sth out in one's head ◆ **chercher qch dans sa tête** to search one's memory for sth ◆ **il est vieux dans sa tête** he behaves like an old man ◆ **il est bien/mal dans sa tête** * he's at ease/not at ease with himself ◆ **mettre** *ou* **fourrer** * **qch dans la tête de qn** to put sth into sb's head ◆ **se mettre dans la tête que** *(= s'imaginer)* to get it into one's head that ◆ **se mettre dans la tête de faire qch** *(= décider)* to take it into one's head to do sth ◆ **j'ai la tête vide** my mind is a blank *ou* has gone blank ◆ **avoir la tête à ce que l'on fait** to have one's mind on what one is doing ◆ **avoir la tête ailleurs** to have one's mind on other matters *ou* elsewhere ◆ **n'en faire qu'à sa tête** to do (exactly) as one pleases, to please o.s., to go one's own (sweet) way ◆ **il me prend la tête** ‡ he drives me nuts * *ou* mad ◆ **la géométrie, ça me prend la tête** ‡ geometry does my head in ‡ ◆ **les maths, quelle prise de tête !** *

maths does my head in!* ◆ **j'y réfléchirai à tête reposée** I'll think about it when I've got a quiet moment; → **creuser, monter¹, perdre** etc
◆ **en tête** ◆ **je n'ai plus le chiffre/le nom en tête** I can't recall the number/the name, the number/the name has gone (clean) out of my head ◆ **avoir des projets en tête** to have plans ◆ **se mettre en tête que** (= s'imaginer) to get it into one's head that ◆ **se mettre en tête de faire qch** (= décider) to take it into one's head to do sth

10 [= TEMPÉRAMENT] ◆ **avoir la tête chaude/froide** to be quick- ou fiery-tempered/cool-headed ◆ **garder la tête froide** to keep a cool head, to remain cool, to keep one's head ◆ **avoir la tête dure** to be a blockhead* ◆ **avoir** ou **être une tête de mule*** ou **de bois*** ou **de lard*** ou **de cochon***, **être une tête de pioche*** to be as stubborn as a mule, to be mulish ou pigheaded ◆ **avoir la tête près du bonnet** to be quick-tempered, to have a short fuse; → **fort¹, mauvais**

11 [FOOTBALL] header ◆ **faire une tête** to head the ball

2 - COMPOSÉS

tête d'affiche (Théât) top of the bill ◆ **être la tête d'affiche** to head the bill, to be top of the bill
tête de bielle big end
tête blonde* (= enfant) little one
tête brûlée (= baroudeur) desperado
tête chercheuse (lit) homing device; (fig = personne) pioneering researcher; (= groupe) pioneering research group ◆ **fusée à tête chercheuse** homing rocket
tête de cuvée tête de cuvée
tête de Delco ® distributor
tête d'écriture [d'imprimante] writing head
tête d'enregistrement recording head
tête d'injection (Tech) swivel
tête de lecture [de pick-up] pickup head; [de magnétophone, magnétoscope] play-back head; (Ordin) reading head ◆ **tête de lecture-écriture** (Ordin) read-write head
tête de ligne terminus, start of the line (Rail)
tête de liste (Pol) chief candidate (in list system of voting)
tête de lit bedhead
tête de mort (= emblème) death's-head; [de pavillon] skull and crossbones, Jolly Roger; (= papillon) death's-head moth; (= fromage) Gouda cheese
tête de nœud*ⁿ**prick***ⁿ, dickhead*ⁿ
tête nucléaire nuclear warhead
tête d'œuf (péj) egghead
tête pensante brains*
tête de pont (au-delà d'un fleuve) bridgehead; (au-delà de la mer) beachhead; (fig) bridgehead
tête de série (Tennis) seeded player ◆ **il était classé troisième tête de série** he was seeded third ◆ **il est tête de série numéro 2** he's the number 2 seed
tête de Turc whipping boy

tête-à-queue /tɛtakø/ NM INV spin ◆ **faire un tête-à-queue** [de cheval] to turn about; [de voiture] to spin round

tête-à-tête /tɛtatɛt/ SYN NM INV 1 (= conversation) tête-à-tête, private conversation ◆ **en tête-à-tête** alone together ◆ **discussion en tête-à-tête** discussion in private ◆ **on a dîné en tête-à-tête** the two of us had dinner together
2 (= service) breakfast set for two, tea ou coffee set for two; (= meuble) tête-à-tête

tête-bêche /tɛtbɛʃ/ ADV head to foot ou tail ◆ **timbre tête-bêche** stamp

tête-de-clou (pl **têtes-de-clou**) /tɛtdəklu/ NM nail-head(ed) moulding

tête-de-loup (pl **têtes-de-loup**) /tɛtdəlu/ NF ceiling brush

tête-de-nègre /tɛtdənɛɡʁ/
ADJ INV dark brown, chocolate brown (Brit)
NF (Culin) chocolate-covered meringue
2 (= champignon) brown boletus

tétée /tete/ NF (= action) sucking; (repas, lait) nursing, feed (Brit) ◆ **cinq tétées par jour** five nursings ou feeds (Brit) a day ◆ **l'heure de la tétée** nursing ou feeding (Brit) time

téter /tete/ SYN conjug 6 ◆ VT 1 [+ lait] to suck; [+ biberon, sein] to suck at ◆ **téter sa mère** to suck at one's mother's breast ◆ **donner à téter à un bébé** to feed a baby (at the breast), to suckle ou nurse a baby
2 * [+ pouce] to suck; [+ pipe] to suck at ou on
3 * [voiture] ◆ **elle tête du 13 litres au cent** = it does 20 miles to the gallon ◆ **elle tête énormément** it's a real gas-guzzler*

tétière /tetjɛʁ/ NF [de cheval] headstall; [de siège] (en tissu, dentelle) antimacassar; (= repose-tête) head rest

tétine /tetin/ NF [de vache] udder, dug (SPÉC); [de truie] teat, dug (SPÉC); [de biberon] teat (Brit), nipple (US); (= sucette) comforter, dummy (Brit), pacifier (US)

téton /tetɔ̃/ NM 1 (* = sein) breast, tit*
2 (Tech = saillie) stud, nipple

tétra /tetra/ NM tetra

tétrachlorure /tetraklɔʁyʁ/ NM tetrachloride ◆ **tétrachlorure de carbone** carbon tetrachloride

tétracorde /tetrakɔʁd/ NM tetrachord

tétracycline /tetrasiklin/ NF tetracycline

tétradactyle /tetradaktil/ ADJ tetradactyl(ous)

tétrade /tetrad/ NF (Bio) tetrad ◆ **tétrade de Fallot** (Méd) tetralogy of Fallot

tétraèdre /tetraɛdʁ/ NM tetrahedron

tétraédrique /tetraedrik/ ADJ tetrahedral

tétragone /tetragɔn/ NF New Zealand spinach

tétraline /tetralin/ NF Tetralin ®

tétralogie /tetralɔʒi/ NF tetralogy ◆ **la Tétralogie de Wagner** Wagner's Ring

tétramère /tetramɛʁ/ ADJ tetramerous

tétramètre /tetramɛtʁ/ NM tetrameter

tétraphonie /tetrafɔni/ NF quadraphonia

tétraphonique /tetrafɔnik/ ADJ quadraphonic

tétraplégie /tetrapleʒi/ NF tetraplegia

tétraplégique /tetrapleʒik/ ADJ, NMF quadraplegic, tetraplegic

tétraploïde /tetraplɔid/ ADJ tetraploid

tétraploïdie /tetraplɔidi/ NF tetraploidy

tétrapode /tetrapɔd/ NM tetrapod

tétraptère /tetraptɛʁ/
ADJ tetrapterous
NM tetrapteron

tétrarchat /tetrarka/ NM tetrarchate

tétrarchie /tetrarʃi/ NF tetrarchy

tétrarque /tetrark/ NM tetrarch

tétras /tetra(s)/ NM grouse ◆ **tétras-lyre** black grouse ◆ **grand tétras** capercaillie

tétrastyle /tetrastil/ ADJ, NM tetrastyle

tétrasyllabe /tetrasi(l)lab/
ADJ tetrasyllabic
NM tetrasyllable

tétrasyllabique /tetrasi(l)labik/ ADJ tetrasyllabic

tétratomique /tetratɔmik/ ADJ tetratomic

tétravalent, e /tetravalɑ̃, ɑ̃t/ ADJ tetravalent

tétrode /tetrɔd/ NF tetrode

tétrodon /tetrɔdɔ̃/ NM (= poisson) puffer, globefish

têtu, e /tety/ SYN
ADJ stubborn, obstinate ◆ **têtu comme une mule** ou **une bourrique** ou **un âne** as stubborn as a mule ◆ **les faits sont têtus** there's no getting away from the facts
NM,F ◆ **c'est un têtu** he's stubborn

teuf* /tœf/ NF party ◆ **faire la teuf** to party

teuf-teuf (pl **teufs-teufs**) /tœftœf/ NM 1 (= bruit) [de train] puff-puff, chuff-chuff; [de voiture] chug-chug
2 (* = automobile) bone-shaker, rattle-trap*; (langage enfantin = train) chuff-chuff, puff-puff

Teutatès /tøtatɛs/ NM Teutates

teuton, -onne /tøtɔ̃, ɔn/
ADJ (Hist, péj, hum) Teutonic
NM,F ◆ **Teuton(ne)** (Hist, hum) Teuton ◆ **les Teutons** (péj) the Huns (péj)

teutonique /tøtɔnik/ ADJ (Hist, péj) Teutonic; → **chevalier**

texan, e /tɛksɑ̃, an/
ADJ Texan
NM,F ◆ **Texan(e)** Texan

Texas /tɛksas/ NM Texas

tex-mex /tɛksmɛks/ ADJ [musique, restaurant, repas] Tex-Mex

texte /tɛkst/ SYN NM 1 (= partie écrite) [de contrat, livre, pièce de théâtre] text ◆ **texte de loi** (adopté) law; (en discussion) bill ◆ **il y a des erreurs dans le texte** there are textual errors ou errors in the text ◆ **lire Shakespeare dans le texte (original)** to read Shakespeare in the original (text) ◆ « **texte et illustrations de Julien Leduc** » "written and illustrated by Julien Leduc" ◆ **apprendre son texte** (Théât) to learn one's lines ◆ **il écrit lui-même le texte de ses chansons** ou **ses textes** he writes his own lyrics ◆ **en français dans le texte** (lit) in French in the original (text); (iro) those were the very words used ◆ **recherche en texte intégral** (Ordin) full text search
2 (= œuvre littéraire) text; (fragment) passage, piece ◆ **textes choisis** selected passages ◆ **les grands textes classiques** the great classics ◆ **expliquez ce texte de Gide** comment on this passage ou piece from ou by Gide; → **explication**
3 (Scol = énoncé) [de devoir, dissertation] subject, topic ◆ **texte libre** free composition; → **cahier**

textile /tɛkstil/
NM 1 (= matière) textile ◆ **textiles artificiels** man-made fibres ◆ **textiles synthétiques** synthetic ou man-made fibres
2 (= domaine industriel) ◆ **le textile** the textile industry, textiles
ADJ textile

texto* /tɛksto/ ADV word for word

Texto ® /tɛksto/ NM text message ◆ **envoyer un Texto à qn** to text sb

textuel, -elle /tɛkstɥɛl/ SYN ADJ 1 (= conforme au texte) [traduction] literal, word for word; [copie] exact; [citation] verbatim (épith), exact ◆ **elle m'a dit d'aller me faire cuire un œuf : textuel !*** she told me to get lost – those were her very words! ◆ **c'est textuel !** those were his (ou her) very ou exact words!
2 (= du texte) textual; [analyse, sens] textual

textuellement /tɛkstɥɛlmɑ̃/ SYN ADV literally, word for word, verbatim ◆ **alors il m'a dit, textuellement, que j'étais un imbécile** so he told me I was a fool – those were his very words ◆ **il m'a textuellement rapporté ses paroles** he told me what he had said word for word

texture /tɛkstyʁ/ SYN NF (gén) texture ◆ **agent de texture** texturizing agent

texturer /tɛkstyʁe/ ◆ conjug 1 ◆ VT to texturize

TF1 /teɛfœ̃/ N (abrév de **Télévision française un**) independent French television channel

TG /teʒe/ NF (abrév de **Trésorerie générale**) → **trésorerie**

TGV /teʒeve/ NM (abrév de **train à grande vitesse**) → **train**

thaï /taj/
NM (= langue) Thai
ADJ Thai

thaïlandais, e /tajlɑ̃dɛ, ɛz/
ADJ Thai
NM,F ◆ **Thaïlandais(e)** Thai

Thaïlande /tajlɑ̃d/ NF Thailand

thalamique /talamik/ ADJ thalamic

thalamus /talamys/ NM thalamus

thalassémie /talasemi/ NF thalassemia

thalasso* /talaso/ NF abrév de **thalassothérapie**

thalassothérapie /talasoterapi/ NF thalassotherapy

thalidomide /talidɔmid/ NF thalidomide

thalle /tal/ NM thallus

thallium /taljɔm/ NM thallium

thallophytes /talɔfit/ NFPL, NMPL thallophytes

thalweg /talvɛɡ/ NM thalweg

thanatologie /tanatɔlɔʒi/ NF thanatology

Thanatos /tanatɔs/ NM Thanatos

thaumaturge /tomatyʁʒ/
NM miracle-worker
ADJ miracle-working (épith)

thaumaturgie /tomatyʁʒi/ NF miracle-working, thaumaturgy (SPÉC)

thaumaturgique /tomatyʁʒik/ ADJ [pouvoir] thaumaturgic(al)

thé /te/ NM 1 (= feuilles séchées, boisson) tea ◆ **thé de Chine** China tea ◆ **les thés de Ceylan** Ceylon teas ◆ **thé vert/noir** green/black tea ◆ **thé au lait/nature** tea with milk/without milk ◆ **thé glacé** iced tea ◆ **thé au citron/au jasmin/à la menthe** lemon/jasmine/mint tea ◆ **thé à la bergamote** tea scented with bergamot, ≈ Earl Grey ◆ **faire le** ou **du thé** to make some tea ◆ **prendre le thé** to have tea ◆ **à l'heure du thé** at teatime; → **feuille, rose, salon**
2 (= arbre) tea plant

thé (suite)
③ (= *réunion*) tea party ◆ **thé dansant** tea dance, thé-dansant
④ (Helv = *infusion*) herbal tea, tisane

théâtral, e (mpl **-aux**) /teatʀal, o/ SYN ADJ
① [*œuvre, situation*] theatrical, dramatic; [*rubrique, chronique*] stage (*épith*), theatre (Brit) (*épith*), theater (US) (*épith*); [*saison*] theatre (Brit) (*épith*), theater (US) (*épith*); [*représentation*] stage (*épith*), theatrical
② (*péj*) [*air, personne*] theatrical, histrionic ◆ **ses attitudes théâtrales m'agacent** his theatricals *ou* histrionics irritate me

théâtralement /teatʀalmɑ̃/ ADV (*lit*) theatrically; (*péj*) histrionically

théâtralisation /teatʀalizasjɔ̃/ NF [*de roman*] dramatization ◆ **la théâtralisation de ses discours politiques** (*péj*) the way he turns his political speeches into theatrical performances

théâtraliser /teatʀalize/ ► conjug 1 ◄ VT to dramatize

théâtralisme /teatʀalism/ NM (*Psych*) theatricality, theatricalness

théâtralité /teatʀalite/ NF (*littér*) theatricality

théâtre /teatʀ/ SYN NM ① (= *genre artistique*) theatre (Brit), theater (US); (= *ensemble de techniques*) drama, theatre (Brit), theater (US); (= *activité, profession*) stage, theatre (Brit), theater (US) ◆ **faire du théâtre** (*comme acteur*) to be a stage actor, to be on the stage; (*comme metteur en scène*) to be in the theatre ◆ **elle a fait du théâtre** she has appeared on the stage, she has done some acting ◆ **elle veut faire du théâtre** she wants to go on the stage ◆ **je n'aime pas le théâtre à la télévision** I do not like televised stage dramas *ou* stage productions on television ◆ **c'est du théâtre filmé** it's a filmed stage production, it's a film of the play ◆ **ce n'est pas du bon théâtre** it doesn't make good theatre ◆ **technique** *ou* **art du théâtre** stagecraft ◆ **théâtre d'essai** experimental theatre *ou* drama ◆ **le théâtre musical** musicals ◆ **il fait du théâtre d'amateur** he's involved in *ou* he does some amateur dramatics ◆ **un roman adapté pour le théâtre** a novel adapted for the stage *ou* the theatre; → **critique²**
② (= *genre littéraire*) drama, theatre (Brit), theater (US); (= *œuvres théâtrales*) plays, dramatic works, theatre (Brit), theater (US) ◆ **le théâtre de Sheridan** Sheridan's plays *ou* dramatic works, the theatre of Sheridan ◆ **le théâtre classique/élisabéthain** the classical/Elizabethan theatre, classical/Elizabethan drama ◆ **le théâtre antique** (*gén*) ancient theatre; (*grec*) Greek theatre ◆ **le théâtre de caractères/de situation** the theatre of character/of situation ◆ **le théâtre de l'absurde** the theatre of the absurd ◆ **le théâtre de boulevard** light comedies (*as performed in the theatres of the Paris Boulevards*); → **pièce**
③ (= *lieu, entreprise*) theatre (Brit), theater (US) ◆ **théâtre de rue** street theatre ◆ **théâtre de marionnettes/de verdure** puppet/open-air theatre ◆ **théâtre d'ombres** shadow theatre ◆ **théâtre de guignol** ≈ Punch and Judy show ◆ **il ne va jamais au théâtre** he never goes to the theatre, he is not a theatregoer ◆ **le théâtre est plein ce soir** it's a full house tonight, the performance is sold out tonight
④ (*locutions*)
◆ **de théâtre** ◆ **homme/femme de théâtre** man/woman of the theatre ◆ **les gens de théâtre** theatre people, people who work in the theatre ◆ **cours de théâtre** drama lessons ◆ **accessoires/costumes/décors de théâtre** stage props/costumes/sets ◆ **artifices de théâtre** stage tricks ◆ **directeur de théâtre** theatre *ou* stage director ◆ **festival de théâtre** drama festival ◆ **voix/gestes de théâtre** theatrical *ou* histrionic *ou* stagey* voice/gestures
◆ **coup de théâtre** (*Théât*) coup de théâtre; (*gén*) dramatic turn of events ◆ **et coup de théâtre, il a démissionné** to everybody's amazement, he resigned
⑤ (*péj*) (= *exagération*) theatricals, histrionics; (= *simulation*) playacting ◆ **c'est du théâtre** it's just playacting
⑥ [*d'événement, crime*] scene ◆ **les Flandres ont été le théâtre de combats sanglants** Flanders was the scene of bloody fighting ◆ **le théâtre des opérations** (*Mil*) the theatre of operations ◆ **les émeutes ont eu pour théâtre la capitale** the riots took place in the capital, the capital was the scene of the riots *ou* rioting

théâtreux, -euse* /teatʀø, øz/ NM,F (*hum*) Thespian; (*péj*) second-rate *ou* ham actor

thébaïde /tebaid/ NF (*littér*) solitary retreat
thébain, e /tebɛ̃, ɛn/
ADJ Theban
NM,F **Thébain(e)** Theban
thébaïne /tebain/ NF thebaine, paramorphine
Thèbes /tɛb/ N Thebes
théier /teje/ NM tea plant
théière /tejɛʀ/ NF teapot
théine /tein/ NF theine
théisme /teism/ NM ① (*Rel*) theism
② (*Méd*) tea poisoning
théiste /teist/
ADJ theistic(al), theist
NMF theist
thématique /tematik/
ADJ (*gén*) thematic; [*voyelle*] thematic; [*chaîne de télévision*] specialized; [*exposition, supplément d'un journal*] thematic, based on a theme (*attrib*) ◆ **index thématique** subject index
NF set of themes
thème /tɛm/ SYN NM ① (= *sujet* : *gén*, *Littérat*, *Mus*) theme; [*de débat*] theme, subject ◆ **le thème de composition d'un peintre** a painter's theme ◆ **ce livre propose plusieurs thèmes de réflexion** this book raises several issues
② (*Scol* = *traduction*) translation (*into a foreign language*), prose (translation) ◆ **thème allemand/espagnol** German/Spanish prose (translation), translation into German/Spanish; → **fort²**
③ (*Ling*) stem, theme ◆ **thème nominal/verbal** noun/verb stem *ou* theme
④ (*Astrol*) ◆ **thème astral** birth chart
thénar /tenaʀ/ NM ◆ **(éminence) thénar** thenar
théobromine /teɔbʀɔmin/ NF theobromine
théocratie /teɔkʀasi/ NF theocracy
théocratique /teɔkʀatik/ ADJ theocratic
Théocrite /teɔkʀit/ NM Theocritus
théodicée /teɔdise/ NF theodicy
théodolite /teɔdɔlit/ NM theodolite
théogonie /teɔgɔni/ NF theogony
théogonique /teɔgɔnik/ ADJ theogonic
théologal, e (mpl **-aux**) /teɔlɔgal, o/ ADJ → **vertu**
théologie /teɔlɔʒi/ NF theology ◆ **études de théologie** theological studies ◆ **faire sa théologie** to study theology *ou* divinity
théologien, -ienne /teɔlɔʒjɛ̃, jɛn/ NM,F theologian
théologique /teɔlɔʒik/ ADJ (*Rel*) theological
Théophraste /teɔfʀast/ NM Theophrastus
théorbe /teɔʀb/ NM theorbo
théorématique /teɔʀematik/ ADJ theorem(at)ic
théorème /teɔʀɛm/ NM theorem ◆ **le théorème d'Archimède/de Pythagore** Archimedes'/Pythagoras' theorem
théorétique /teɔʀetik/ ADJ theoretic(al)
théoricien, -ienne /teɔʀisjɛ̃, jɛn/ NM,F theoretician, theorist
théorie¹ /teɔʀi/ GRAMMAIRE ACTIVE 26.2 SYN NF (= *doctrine, hypothèse*) theory ◆ **la théorie et la pratique** theory and practice ◆ **en théorie** in theory ◆ **la théorie, c'est bien joli, mais...** theory *ou* theorizing is all very well, but... ◆ **théorie des catastrophes/du chaos/des jeux/des ensembles** catastrophe/chaos/game/set theory
théorie² /teɔʀi/ NF (*littér* = *procession*) procession, file
théorique /teɔʀik/ SYN ADJ theoretical ◆ **c'est une liberté toute théorique** it's a purely theoretical freedom
théoriquement /teɔʀikmɑ̃/ SYN ADV theoretically, in theory ◆ **théoriquement, c'est vrai** in theory *ou* theoretically it's true
théorisation /teɔʀizasjɔ̃/ NF theorization
théoriser /teɔʀize/ ► conjug 1 ◄
VI to theorize (*sur* about)
VT to theorize about
théosophe /teɔzɔf/ NMF theosophist
théosophie /teɔzɔfi/ NF theosophy
théosophique /teɔzɔfik/ ADJ theosophic
thèque /tɛk/ NF theca
thérapeute /teʀapøt/ NMF therapist

thérapeutique /teʀapøtik/
ADJ [*usage, effet, avortement*] therapeutic ◆ **essais thérapeutiques** drug trials ◆ **les moyens thérapeutiques actuels** current methods of treatment
NF (= *branche de la médecine*) therapeutics (*sg*); (= *traitement*) therapy
thérapie /teʀapi/ SYN NF (*Méd*) therapy, treatment; (*Psych*) therapy ◆ **thérapie de groupe/comportementale** group/behavioural therapy ◆ **thérapie cellulaire** cell therapy ◆ **thérapie génique** gene therapy ◆ **suivre une thérapie** to undergo *ou* have therapy
thermal, e (mpl **-aux**) /tɛʀmal, o/ ADJ [*source*] thermal, hot ◆ **cure thermale** water cure ◆ **faire une cure thermale** to take the waters ◆ **eaux thermales** hot springs ◆ **établissement thermal** hydropathic *ou* water-cure establishment ◆ **station thermale** spa ◆ **ville thermale** spa town
thermalisme /tɛʀmalism/ NM (= *science*) balneology; (= *cures*) water cures
thermes /tɛʀm/ NMPL (*Hist*) thermae; (= *établissement thermal*) thermal baths
thermidor /tɛʀmidɔʀ/ NM Thermidor (11th month of French Republican calendar)
thermidorien, -ienne /tɛʀmidɔʀjɛ̃, jɛn/
ADJ of the 9th Thermidor
NM,F revolutionary of the 9th Thermidor
thermie /tɛʀmi/ NF (*Phys*) therm
thermique /tɛʀmik/ ADJ [*unité, équilibre*] thermal; [*énergie*] thermic ◆ **moteur thermique** heat engine ◆ **carte thermique** temperature map ◆ **ascendance thermique** thermal, thermal current; → **central**
thermistance /tɛʀmistɑ̃s/ NF thermistor
thermite /tɛʀmit/ NF Thermit(e)
thermocautère /tɛʀmokotɛʀ/ NM diathermy, electro-cautery
thermochimie /tɛʀmoʃimi/ NF thermochemistry
thermochimique /tɛʀmoʃimik/ ADJ thermochemical
thermocline /tɛʀmoklin/ NF thermocline
thermocouple /tɛʀmokupl/ NM thermocouple, thermoelectric couple
thermodurcissable /tɛʀmodyʀsisabl/ ADJ thermosetting
thermodynamicien, -ienne /tɛʀmodinamisjɛ̃, jɛn/ NM,F thermodynamics specialist
thermodynamique /tɛʀmodinamik/
NF thermodynamics (*sg*)
ADJ thermodynamic(al)
thermoélectricité /tɛʀmoelɛktʀisite/ NF thermoelectricity
thermoélectrique /tɛʀmoelɛktʀik/ ADJ thermoelectric(al) ◆ **couple thermoélectrique** thermoelectric couple, thermocouple ◆ **effet thermoélectrique** thermoelectric *ou* Seebeck effect ◆ **pile thermoélectrique** thermopile, thermoelectric pile
thermoformage /tɛʀmofɔʀmaʒ/ NM thermal compression moulding
thermoformé, e /tɛʀmofɔʀme/ ADJ thermally moulded
thermogène /tɛʀmoʒɛn/ ADJ → **ouate**
thermogénèse /tɛʀmoʒenɛz/, **thermogenèse** /tɛʀmoʒənɛz/ NF thermogenesis
thermographe /tɛʀmogʀaf/ NM thermograph
thermographie /tɛʀmogʀafi/ NF thermography
thermoïonique /tɛʀmojɔnik/ ADJ thermionic
thermoluminescence /tɛʀmolyminɛsɑ̃s/ NF thermoluminescence
thermolyse /tɛʀmoliz/ NF thermolysis
thermomètre /tɛʀmomɛtʀ/ NM thermometer ◆ **le thermomètre affiche** *ou* **indique 38°** the thermometer is (standing) at *ou* is showing 38° ◆ **le thermomètre monte** the temperature is rising, the thermometer is showing a rise in temperature ◆ **thermomètre à mercure/à alcool** mercury/alcohol thermometer ◆ **thermomètre à maxima et minima** maximum and minimum thermometer ◆ **thermomètre médical** clinical thermometer ◆ **l'indice CAC 40, principal thermomètre du marché** the CAC 40 index, the main barometer of the market
thermométrie /tɛʀmometʀi/ NF thermometry

thermométrique /tɛʁmɔmetʁik/ ADJ thermometric(al)

thermonucléaire /tɛʁmɔnykleɛʁ/ ADJ thermonuclear

thermopile /tɛʁmɔpil/ NF thermopile

thermoplastique /tɛʁmɔplastik/ ADJ thermoplastic

thermoplongeur /tɛʁmɔplɔ̃ʒœʁ/ NM immersion heater

thermopompe /tɛʁmɔpɔ̃p/ NF heat pump

thermopulsé, e /tɛʁmɔpʁɔpylse/ ADJ thermopropulsion (*épith*)

thermopropulsion /tɛʁmɔpʁɔpylsjɔ̃/ NF thermal propulsion

Thermopyles /tɛʁmɔpil/ NFPL ◆ **les Thermopyles** Thermopylae

thermorégulateur, -trice /tɛʁmɔʁegylatœʁ, tʁis/ ADJ thermotaxic, thermoregulation (*épith*)

thermorégulation /tɛʁmɔʁegylasjɔ̃/ NF thermotaxis, thermoregulation (*épith*)

thermorésistant, e /tɛʁmɔʁezistɑ̃, ɑ̃t/ ADJ (*gén*) heat-resistant; [*plastique*] thermosetting

thermos ® /tɛʁmɔs/ NM OU NF ◆ **(bouteille) thermos** vacuum ou Thermos ® flask (*Brit*) ou bottle (*US*)

thermoscope /tɛʁmɔskɔp/ NM thermoscope

thermosiphon /tɛʁmɔsifɔ̃/ NM thermosiphon

thermosphère /tɛʁmɔsfɛʁ/ NF thermosphere

thermostat /tɛʁmɔsta/ NM thermostat ◆ **préchauffez le four, thermostat 7** preheat the oven to gas mark 7

thermostatique /tɛʁmɔstatik/ ADJ thermostatic

thermothérapie /tɛʁmɔteʁapi/ NF (deep) heat treatment, thermotherapy

thésard, e */tezaʁ, aʁd/ NM,F PhD student

thésaurisation /tezɔʁizasjɔ̃/ NF hoarding (*of money*); (*Écon*) building up of capital

thésauriser /tezɔʁize/ SYN ▶ conjug 1 ◀
VI to hoard money
VT to hoard (up)

thésauriseur, -euse /tezɔʁizœʁ, øz/ NM,F hoarder (*of money*)

thésaurus /tezɔʁys/ NM *dictionary of specialized terms*

thèse /tɛz/ SYN NF 1 (= *doctrine*) thesis, argument ◆ **pièce/roman à thèse** play/novel expounding a philosophical or social message, pièce/roman à thèse (SPÉC)
2 (*Univ*) thesis ◆ **thèse de doctorat (d'État)** PhD, doctoral thesis (*Brit*), doctoral dissertation (*US*) ◆ **thèse de 3ᵉ cycle** ≈ MA ou MSc thesis, ≈ Master's thesis; → **soutenance, soutenir**
3 (*Philos*) thesis ◆ **thèse, antithèse, synthèse** thesis, antithesis, synthesis
4 (= *théorie*) theory, possibility ◆ **selon la thèse officielle, il…** the official line is that he… ◆ **la thèse du suicide a été écartée** suicide has been ruled out

Thésée /teze/ NM Theseus

Thessalie /tɛsali/ NF Thessaly

thessalien, -ienne /tɛsaljɛ̃, jɛn/
ADJ Thessalian
NM,F **Thessalien(ne)** Thessalian

Thessalonique /tɛsalɔnik/ N Thessalonica

Thétis /tetis/ NF Thetis

théurgie /teyʁʒi/ NF theurgy

thiamine /tjamin/ NF thiamin(e)

thibaude /tibod/ NF anti-slip undercarpeting (*NonC*), carpet underlay (*NonC*) ◆ **moquette sur thibaude** fitted carpet (*Brit*) ou wall-to-wall carpet (*US*) with underlay

Thimbou /timbu/ N Thimbu

thioalcool /tjoalkɔl/ NM thioalcohol

thiol /tjɔl/ NM thiol

thionine /tjɔnin/ NF thionin(e)

thionique /tjɔnik/ ADJ thionic

thiosulfate /tjosylfat/ NM thiosulphate

thiosulfurique /tjosylfyʁik/ ADJ ◆ **acide thiosulfurique** thiosulphuric acid

thio-urée /tjoyʁe/ NF thiourea

thixotrope /tiksɔtʁɔp/ ADJ thixotropic

thlaspi /tlaspi/ NM pennycress

tholos /tɔlɔs/ NF tholos

Thomas /tɔma/ NM Thomas ◆ **saint Thomas** Saint Thomas ◆ **je suis comme saint Thomas, je ne crois ce que je vois** I'm a real doubting Thomas, I'll believe it when I see it, seeing is believing ◆ **saint Thomas d'Aquin** (Saint) Thomas Aquinas

thomise /tɔmiz/ NM crab spider

thomisme /tɔmism/ NM Thomism

thomiste /tɔmist/
ADJ Thomistic(al)
NMF Thomist

thon /tɔ̃/ NM 1 (= *poisson*) tuna ◆ **thon blanc** long fin tuna ◆ **thon rouge** blue fin tuna ◆ **miettes de thon** flaked tuna ◆ **thon au naturel/à l'huile** tuna(-fish) in brine/in oil
2 (‡ : *péj*) lump *

thonier /tɔnje/ NM tuna boat

Thor /tɔʁ/ NM Thor

Thora, Torah /tɔʁa/ NF ◆ **la Thora** the Torah

thoracentèse /tɔʁasɛ̃tez/ NF thora(co)centesis, pleurocentesis

thoracique /tɔʁasik/ ADJ [*cavité, canal*] thoracic ◆ **capacité thoracique** respiratory ou vital capacity; → **cage**

thoracoplastie /tɔʁakɔplasti/ NF thoracoplasty

thorax /tɔʁaks/ SYN NM thorax

thorite /tɔʁit/ NF thorite

thorium /tɔʁjɔm/ NM thorium

thoron /tɔʁɔ̃/ NM thoron

Thrace /tʁas/ NF Thrace

thrène /tʁɛn/ NM threnody

thréonine /tʁeɔnin/ NF threonine

thridace /tʁidas/ NF thridace

thrips /tʁips/ NM thrips

thrombine /tʁɔ̃bin/ NF thrombin

thrombocyte /tʁɔ̃bɔsit/ NM thrombocyte

thrombokinase /tʁɔ̃bɔkinaz/ NF thrombokinase

thrombose /tʁɔ̃boz/ NF thrombosis ◆ **thrombose veineuse profonde** deep vein thrombosis, DVT

thrombotique /tʁɔ̃bɔtik/ ADJ thrombotic

thrombus /tʁɔ̃bys/ NM thrombus

Thucydide /tysidid/ NM Thucydides

Thulé /tyle/ N Thule

thulium /tyljɔm/ NM thulium

thune /tyn/ NF 1 († * = *pièce*) 5-franc piece
2 (‡ = *argent*) ◆ **de la thune, des thunes** cash *, dosh ‡ (*Brit*) ◆ **j'ai plus une thune** I'm flat ou stony (*Brit*) broke ◆ **il se fait pas mal de thune(s)** he makes loads of ou a pile of money *

thuriféraire /tyʁifeʁɛʁ/ NM (*Rel*) thurifer; (*littér*) flatterer, sycophant

thuya /tyja/ NM thuja

thylacine /tilasin/ NF thylacine, Tasmanian wolf

thym /tɛ̃/ NM thyme ◆ **thym sauvage** wild thyme

thymique /timik/ ADJ (*Méd, Psych*) thymic

thymoanaleptique /timoanalɛptik/ ADJ, NM antidepressant

thymol /timɔl/ NM thymol

thymus /timys/ NM thymus

thyratron /tiʁatʁɔ̃/ NM thyratron

thyréotrope /tiʁeɔtʁɔp/ ADJ ◆ **hormone thyréotrope** thyrotrop(h)in, thyroid-stimulating hormone, TSH

thyristor /tiʁistɔʁ/ NM silicon-controlled rectifier, thyristor

thyroïde /tiʁɔid/
ADJ thyroid (*épith*)
NF ◆ **(glande) thyroïde** thyroid (gland)

thyroïdectomie /tiʁɔidɛktɔmi/ NF thyroidectomy

thyroïdien, -ienne /tiʁɔidjɛ̃, jɛn/ ADJ thyroid (*épith*)

thyroïdite /tiʁɔidit/ NF thyroiditis

thyroxine /tiʁɔksin/ NF thyroxin

thyrse /tiʁs/ NM thyrsus

thysanoures /tizanuʁ/ NMPL ◆ **les thysanoures** bristletails, thysanurans, the Thysanura (SPÉC)

tiare /tjaʁ/ NF tiara

tiaré /tjaʁe/ NM ◆ **fleur de tiaré** Tahitian flower

Tibère /tibɛʁ/ NM Tiberius

Tibériade /tibeʁjad/ N ◆ **le lac de Tibériade** Lake Tiberias, the Sea of Galilee

Tibesti /tibɛsti/ NM ◆ **le (massif du) Tibesti** the Tibesti (Massif)

Tibet /tibɛ/ NM Tibet

tibétain, e /tibetɛ̃, ɛn/
ADJ Tibetan
NM (= *langue*) Tibetan
NM,F **Tibétain(e)** Tibetan

tibia /tibja/ NM (*Anat*) (= *os*) tibia (SPÉC), shinbone; (= *partie antérieure de la jambe*) shin ◆ **donner un coup de pied dans les tibias à qn** to kick sb in the shins

tibial, e (mpl **-iaux**) /tibjal, jo/ ADJ tibial

Tibre /tibʁ/ NM ◆ **le Tibre** the Tiber

TIC /teise/ NF PL (abrév de **technologies de l'information et de la communication**) ICT

tic /tik/ SYN NM 1 (*facial*) (facial) twitch ou tic; (*du corps*) twitch, mannerism, tic; (= *manie*) habit, mannerism ◆ **tic (nerveux)** nervous twitch ou tic ◆ **tic verbal** ou **de langage** verbal tic ◆ **c'est un tic chez lui** (*manie*) it's a habit with him; (*geste*) it's a tic he has ◆ **il est plein de tics** he never stops twitching
2 (*chez le cheval*) cribbing (*NonC*), crib-biting (*NonC*)

ticket /tikɛ/ SYN
NM 1 (= *billet*) ticket ◆ **ticket de métro/consigne/vestiaire** underground (*Brit*) ou subway (*US*) /left-luggage/cloakroom ticket
2 († ‡ = *10 francs*) 10-franc note
3 ◆ **j'ai un ticket avec sa sœur** * I've made a hit with his sister *
4 (*Pol*) ticket
COMP **ticket d'alimentation** ≈ ration card, food stamp (*US*)
ticket de caisse sales slip ou receipt
ticket d'entrée (entrance) ticket ◆ **leur ticket d'entrée sur le marché européen** their ticket into the European market
ticket modérateur patient's contribution (*towards cost of medical treatment*)
ticket de quai platform ticket
ticket de rationnement ≈ ration card

ticket-repas (pl **tickets-repas**) /tikɛʁapa/ NM luncheon voucher (*Brit*), ≈ meal ticket (*US*)

Ticket-Restaurant ® (pl **Tickets-Restaurant**) /tikɛʁɛstɔʁɑ̃/ NM ⇒ **ticket-repas**

tic-tac /tiktak/ NM INV ticking, tick-tock ◆ **faire tic-tac** to tick, to go tick tock

tie-break (pl **tie-breaks**) /tajbʁɛk/ NM tie break ◆ **il a remporté le premier set au tie-break** he won the first set on ou in a tie-break

tiédasse /tjedas/ ADJ (*péj*) lukewarm, tepid

tiède /tjɛd/ SYN
ADJ 1 (= *refroidi*) [*boisson, bain*] (*désagréablement*) lukewarm, tepid; (*agréablement*) warm; (= *doux*) [*vent, saison, température*] mild, warm; [*atmosphère*] balmy ◆ **salade tiède** warm salad
2 (= *sans conviction*) [*sentiment, foi, accueil*] lukewarm, half-hearted, tepid; [*chrétien, militant*] half-hearted, lukewarm ◆ **tu lui as proposé ? – oui, mais il était plutôt tiède** did you suggest it to him? – yes, but he wasn't very enthusiastic
NMF (*péj*) lukewarm ou half-hearted individual ◆ **des mesures qui risquent d'effaroucher les tièdes** (*Pol*) measures likely to scare the wets
ADV ◆ **elle boit son café tiède** she drinks her coffee lukewarm, she doesn't like her coffee too hot ◆ **ils boivent leur bière tiède** they drink their beer (luke)warm ◆ **je n'aime pas boire tiède** I don't like drinking things when they're lukewarm ◆ **servir tiède/à peine tiède** (*dans une recette*) serve warm/just warm

tièdement /tjɛdmɑ̃/ ADV [*accueillir*] in a lukewarm way, half-heartedly ◆ **tièdement soutenu par son parti** with the half-hearted support of his party

tiédeur /tjedœʁ/ SYN NF 1 [*de bain*] tepidness; [*de vent, saison, température*] mildness, warmth; [*d'atmosphère*] balminess ◆ **les premières tiédeurs du printemps** the first warm days of spring ◆ **la tiédeur du vent/de la nuit** the warm wind/night air
2 [*de sentiment, foi, accueil*] lukewarmness, half-heartedness, tepidness; [*de chrétien, militant*] half-heartedness, lukewarmness ◆ **la tiédeur du public à l'égard du référendum** the pub-

lic's lack of enthusiasm for *ou* half-hearted attitude towards the referendum

tiédir /tjediʀ/ SYN ▸ conjug 2 ◂
- **VI** ① (= *refroidir*) to cool (down) ◆ **laisser tiédir un café trop chaud** to let a cup of coffee cool down
② (= *se réchauffer*) to grow warm(er) ◆ **faire tiédir de l'eau** to warm *ou* heat up some water ◆ **dans un bol, versez le lait tiédi** pour the warmed milk into a bowl
③ (= *faiblir*) [sentiment, foi, ardeur] to cool (off) ◆ **l'enthousiasme tiédit avec le temps** enthusiasm wanes with time
- **VT** ① (= *réchauffer*) to warm (up)
② (= *rafraîchir*) to cool (down)

tien, tienne /tjɛ̃, tjɛn/
- **PRON POSS** ▸ **le tien, la tienne, les tiens, les tiennes** yours; († , Rel) thine ◆ **ce sac n'est pas le tien** this bag is not yours, this is not your bag ◆ **mes fils sont stupides comparés aux tiens** my sons are stupid compared to yours ◆ **à la tienne !*** your (good) health!, cheers! ◆ **tu vas faire ce travail tout seul ? - à la tienne !*** (iro) you're going to do the job all by yourself ? - good luck to you!; *pour autres loc voir* **sien**
- **NM** ① ▸ **il n'y a pas à distinguer le tien du mien** what's mine is yours ; *pour autres loc voir* **sien**
② ▸ **les tiens** your family, your (own) folks* ◆ **toi et tous les tiens** you and yours ; *pour autres loc voir* **sien**
- **ADJ POSS** († *ou hum*) ◆ **un tien cousin** a cousin of yours

tierce¹ /tjɛʀs/
- **NF** ① (Mus) third ◆ **tierce majeure/mineure** major/minor third
② (Cartes) tierce ◆ **tierce majeure** tierce major
③ (Typo) final proof
④ (Rel) terce
⑤ (Escrime) tierce
⑥ (= *unité de temps*) sixtieth of a second
- **ADJ** → **tiers**

tiercé, e /tjɛʀse/
- **ADJ** (Héraldique) tiercé, tierced; → **rime**
- **NM** French triple forecast system for horse-racing, tiercé (Austral) ◆ **réussir le tiercé dans l'ordre/dans le désordre** *ou* **dans un ordre différent** to win on the tiercé with the right placings/without the right placings ◆ **un beau tiercé** a good win on the tiercé ◆ **toucher** *ou* **gagner le tiercé** to win the tiercé ◆ **le tiercé gagnant** (lit, fig) the three winners, the first three

tiercelet /tjɛʀsəlɛ/ **NM** t(i)ercel

tierceron /tjɛʀsəʀɔ̃/ **NM** tierceron

tiers, tierce² /tjɛʀ, tjɛʀs/ SYN
- **ADJ** third ◆ **b tierce** (Math) b triple dash ◆ **une tierce personne** a third party ◆ **pays tiers** (Europe) third country ◆ **tierce épreuve** (Typo) final proof ◆ **tiers porteur** (Jur) endorsee ◆ **tierce opposition** (Jur) opposition by third party (to outcome of litigation)
- **NM** ① (= *fraction*) third ◆ **le premier tiers/les deux premiers tiers de l'année** the first third/the first two thirds of the year ◆ **j'ai lu le** *ou* **un tiers/les deux tiers du livre** I have read a third/two thirds of the book ◆ **j'en suis au tiers** I'm a third of the way through ◆ **les deux tiers des gens pensent que...** the majority of people think that... ◆ **l'article est trop long d'un tiers** the article is a third too long *ou* over length, the article is too long by a third ◆ **remplissez la casserole aux deux tiers** fill the pan two-thirds full ◆ **la ville était détruite aux deux tiers** two thirds of the city was destroyed
② (= *troisième personne*) third party *ou* person; (= *étranger, inconnu*) outsider; (Jur) third party ◆ **il a appris la nouvelle par un tiers** somebody else told him the news, he learnt the news through a third party ◆ **l'assurance ne couvre pas les tiers** the insurance does not cover third party risks ◆ **il se moque du tiers comme du quart** † he doesn't care a fig *ou* a hoot* *ou* a damn*; → **assurance**
③ (= *troisième élément*) ◆ **principe du tiers exclu** (Logique) law of excluded middle
- COMP **le Tiers État** **NM** (Hist) the third estate
tiers ordre (Rel) third order
tiers payant direct payment by insurers (for medical treatment)
tiers provisionnel provisional *ou* interim payment (of tax)

tiers-arbitre, tiers arbitre (pl **tiers(-)arbitres**) /tjɛʀaʀbitʀ/ **NM** independent arbitrator

Tiers-Monde /tjɛʀmɔ̃d/ **NM** ◆ **le Tiers-Monde** the Third World

tiers-mondisme /tjɛʀmɔ̃dism/ **NM** third-worldism

tiers-mondiste /tjɛʀmɔ̃dist/
- **ADJ** (= *du Tiers-Monde*) Third-World (*épith*); (= *en faveur du Tiers-Monde*) supporting the Third World
- **NMF** (= *spécialiste*) specialist of the Third World; (= *partisan*) supporter of the Third World

tiers-point (pl **tiers-points**) /tjɛʀpwɛ̃/ **NM** (Archit) crown; (= *lime*) saw-file

tifs* /tif/ **NMPL** (*gén pl*) hair

TIG /teiʒe/ **NM** (*abrév de* **travaux d'intérêt général**) → **travail¹**

tige /tiʒ/ SYN **NF** ① [*de fleur, arbre*] stem; [*de céréales, graminées*] stalk ◆ **fleurs à longues tiges** long-stemmed flowers ◆ **(arbre de) haute/basse tige** standard/half-standard tree ◆ **tige aérienne/souterraine** overground/underground stem
② [*de plant*] sapling
③ [*de colonne, plume, démarreur*] shaft; [*de botte, chaussette, bas*] leg (part); [*de chaussure*] ankle (part); [*de clé, clou*] shank; [*de pompe*] rod ◆ **chaussures à tige** boots ◆ **tige de métal** metal rod ◆ **tige de culbuteur** pushrod ◆ **tige de forage** drill pipe
④ († , *littér*) [*d'arbre généalogique*] stock ◆ **faire tige** to found a line
⑤ († , * = *cigarette*) cig*, smoke*, fag* (Brit)

tigelle /tiʒɛl/ **NF** hypocotyl

tigette /tiʒɛt/ **NF** cauliculus

tiglon /tiglɔ̃/ **NM** ⇒ **tigron**

tignasse /tiɲas/ **NF** (= *chevelure mal peignée*) shock of hair, mop (of hair); (* = *cheveux*) hair

Tigre /tigʀ/ **NM** ◆ **le Tigre** the Tigris

tigre /tigʀ/ **NM** ① (= *animal*) tiger ◆ **tigre royal** *ou* **du Bengale** Bengal tiger
② (= *homme cruel*) monster ◆ **tigre de papier** paper tiger ◆ **les tigres asiatiques** (Écon) the tiger economies, the Asian tigers

tigré, e /tigʀe/ **ADJ** ① (= *tacheté*) spotted (de with); [*cheval*] piebald
② (= *rayé*) striped, streaked ◆ **chat tigré** tabby (cat)

tigresse /tigʀɛs/ **NF** (= *animal*) tigress; (= *harpie*) tigress, hellcat*

tigridia /tigʀidja/ **NM**, **tigridie** /tigʀidi/ **NF** tiger-flower

tigron /tigʀɔ̃/ **NM** tig(l)on

tilbury /tilbyʀi/ **NM** tilbury (*type of carriage*)

tilde /tild(e)/ **NM** tilde

tillac /tijak/ **NM** (Hist Naut) upper deck

tillandsia /tilɑ̃dsja/ **NM**, **tillandsie** /tilɑ̃dsi/ **NF** tillandsia

tiller /tije/ ▸ conjug 1 ◂ **VT** ⇒ **teiller**

tilleul /tijœl/ **NM** (= *arbre*) lime (tree), linden (tree); (= *infusion*) lime(-blossom) tea ◆ **(vert) tilleul** lime green

tilt /tilt/ **NM** (Jeux) tilt sign *ou* signal ◆ **faire tilt** (lit) to show tilt ◆ **ce mot a fait tilt dans mon esprit** the word rang a bell ◆ **soudain, ça a fait tilt*** it suddenly clicked, the penny suddenly dropped

tilter* /tilte/ ▸ conjug 1 ◂ **VI** (= *comprendre*) to understand, to twig*

timbale /tɛ̃bal/ **NF** ① (Mus) kettledrum ◆ **les timbales** the timpani, the kettledrums
② (= *gobelet*) (metal) cup (*without handle*), (metal) tumbler
③ (Culin) (= *moule*) timbale (mould) ◆ **timbale de langouste** (= *mets*) lobster timbale

timbalier /tɛ̃balje/ **NM** timpanist

timbrage /tɛ̃bʀaʒ/ **NM** ① (= *affranchissement*) [*de lettre, envoi*] stamping ◆ **dispensé de timbrage** postage paid (Brit), post paid (US)
② (= *apposition d'un cachet*) [*de document, acte*] stamping; [*de lettre, envoi*] postmarking

timbre /tɛ̃bʀ/ SYN
- **NM** ① (= *vignette*) stamp ◆ **timbre(-poste)** (postage) stamp ◆ **timbre neuf/oblitéré** new/used stamp ◆ **marché** *ou* **Bourse aux timbres** stamp market ◆ **timbres antituberculeux/anticancéreux** TB/cancer research stamps ◆ **timbre (thérapeutique)** (Méd) patch ◆ **timbre à la nicotine** *ou* **antitabac*** nicotine patch; → **collection**
② (= *marque*) stamp ◆ **mettre** *ou* **apposer son timbre sur** to put one's stamp on, to affix one's stamp to ◆ **timbre sec/humide** embossed/ink(ed) stamp; → **droit³**
③ (= *instrument*) stamp ◆ **timbre de caoutchouc/de cuivre** rubber/brass stamp
④ (Mus) [*de tambour*] snares
⑤ (= *son*) [*d'instrument, voix*] timbre, tone; [*de voyelle*] timbre ◆ **avoir le timbre voilé** to have a muffled voice ◆ **voix qui a du timbre** sonorous *ou* resonant voice ◆ **voix sans timbre** voice lacking in resonance
⑥ (= *sonnette*) bell
- COMP **timbre fiscal** excise *ou* revenue *ou* fiscal stamp
timbre horodateur time and date stamp
timbre de quittance receipt stamp

timbré, e /tɛ̃bʀe/ (*ptp de* **timbrer**)
- **ADJ** ① (Admin, Jur) [*document, acte*] stamped, bearing a stamp (*attrib*) ◆ **joindre une enveloppe timbrée** « "send a stamped addressed envelope" (Brit), "send an sae" (Brit), "send a self-addressed, stamped envelope" »; → **papier**
② [*voix*] resonant, sonorous; [*sonorité*] resonant ◆ **voix bien timbrée** beautifully resonant voice ◆ **mal timbré** lacking in resonance
③ (* = *fou*) cracked*, nuts*
- **NM,F** (* = *fou*) loony*, nutcase*, head case*

timbre-amende (pl **timbres-amendes**) /tɛ̃bʀamɑ̃d/ **NM** stamp purchased to pay a fine for a parking offence

timbre-prime (pl **timbres-primes**) /tɛ̃bʀpʀim/ **NM** trading stamp

timbre-quittance (pl **timbres-quittances**) /tɛ̃bʀkitɑ̃s/ **NM** receipt stamp

timbrer /tɛ̃bʀe/ SYN ▸ conjug 1 ◂ **VT** ① (= *affranchir*) [+ *lettre, envoi*] to stamp, to put a stamp (*ou* stamps) on
② (= *apposer un cachet sur*) [+ *document, acte*] to stamp; [+ *lettre, envoi*] to postmark ◆ **lettre timbrée de** *ou* **à Paris** letter with a Paris postmark, letter postmarked Paris

timbre-taxe (pl **timbres-taxes**) /tɛ̃bʀtaks/ **NM** postage-due stamp

timide /timid/ SYN **ADJ** ① (= *gauche*) [*personne, air, sourire, voix, amoureux*] shy, timid, bashful ◆ **ne sois pas si timide, approche !** don't be shy, come over here! ◆ **faussement timide** coy ◆ **d'une voix timide** shyly, in a shy voice ◆ **c'est un grand timide** he's awfully shy
② (= *hésitant*) [*personne, critique, réponse, tentative*] timid, timorous; [*réforme*] timid; [*politique, reprise économique*] tentative ◆ **une timide amélioration de l'économie** a slight *ou* faint improvement in the economy ◆ **des mesures timides** half measures ◆ **des protestations bien timides** half-hearted protests ◆ **le soleil fera de timides apparitions au nord** there will be intermittent sunshine in the north

timidement /timidmɑ̃/ SYN **ADV** ① (= *gauchement*) shyly, timidly ◆ **il l'a abordée timidement** he approached her shyly *ou* timidly ◆ **..., demanda-t-il timidement** ..., he asked shyly
② (= *légèrement*) ◆ **l'activité a timidement repris** business has picked up slightly ◆ **la région s'ouvre timidement au tourisme** the region is tentatively opening up to tourism

timidité /timidite/ SYN **NF** ① (= *embarras*) [*de personne, air, sourire, voix, amoureux*] shyness, timidity, bashfulness ◆ **avec timidité** shyly, timidly ◆ **il n'a pas osé, par timidité** he was too shy to dare, he didn't dare, he was too shy
② (= *faiblesse*) [*de personne, critique, réponse, tentative*,][*d'entreprise*] timidity ◆ **étant donné la timidité de la reprise économique** given the fact that there has been only a slight *ou* faint improvement in the economy

timing /tajmiŋ/ **NM** timing

timon /timɔ̃/ **NM** [*de char*] shaft; [*de charrue*] beam; [*d'embarcation*] tiller

timonerie /timɔnʀi/ **NF** ① [*de bateau*] (= *poste, service*) wheelhouse; (= *marins*) wheelhouse crew
② [*de véhicule*] steering and braking systems

timonier /timɔnje/ **NM** ① (= *marin*) helmsman, steersman ◆ **le Grand Timonier** (= Mao) the Great Helmsman
② (= *cheval*) wheel-horse, wheeler

timorais, e /timɔʀɛ, ɛz/
- **ADJ** Timorese
- **NM,F** **Timorais, e** Timorese

timoré, e /timɔʀe/ SYN ADJ (gén) [caractère, personne] timorous, fearful; (Rel, littér) [conscience] over-scrupulous

tin /tɛ̃/ NM (Naut) block

tinamou /tinamu/ NM tinamou

tincal /tɛ̃kal/ NM tincal

tinctorial, e (mpl **-iaux**) /tɛ̃ktɔʀjal, jo/ ADJ [opération, produit] tinctorial (SPÉC), dyeing (épith) ◆ **matières tinctoriales** dyestuffs ◆ **plantes tinctoriales** plants used in dyeing

tinette /tinɛt/ NF (pour la vidange) sanitary tub ◆ **tinettes** (arg Mil = toilettes) latrines

tintamarre /tɛ̃tamaʀ/ SYN NM racket, din, hullabaloo ◆ **faire du tintamarre** to make a racket ou din ◆ **on a entendu un tintamarre de klaxons** we heard horns blaring

tintement /tɛ̃tmɑ̃/ NM [de cloche] ringing, chiming; [de clochette] tinkling, jingling; [de sonnette] ringing; [d'objets métalliques, pièces de monnaie] jingling, chinking; [de verres entrechoqués] clinking; [de verre frotté] ringing ◆ **tintement d'oreilles** ringing in the ears, tinnitus (SPÉC)

tinter /tɛ̃te/ SYN ► conjug 1 ◄
VI [cloche] to ring, to chime; [clochette] to tinkle, to jingle; [sonnette] to ring; [objets métalliques, pièces de monnaie] to jingle, to chink; [verres entrechoqués] to clink; [verre frotté] to ring ◆ **faire tinter** [+ cloche] to ring; [+ pièces de monnaie] to jingle; [+ verres] to clink ◆ **trois coups tintèrent** the bell rang ou chimed three times ◆ **les oreilles me tintent** my ears are ringing, there's a ringing in my ears ◆ **les oreilles ont dû vous tinter** (fig) your ears must have been burning
VT [+ cloche, heure, angélus] to ring; [+ messe] to ring for

tintin* /tɛ̃tɛ̃/ EXCL nothing doing!*, no way! ◆ **faire tintin** to go without

tintinnabuler /tɛ̃tinabyle/ ► conjug 1 ◄ VI (littér) to tinkle, to tintinnabulate (littér)

Tintoret /tɛ̃tɔʀɛ/ NM ◆ **le Tintoret** Tintoretto

tintouin* /tɛ̃twɛ̃/ NM 1 (= tracas) bother, worry ◆ **quel tintouin pour y aller** it was such a hassle * getting there ◆ **donner du tintouin à qn** to give sb a lot of trouble ◆ **se donner du tintouin** to go to a lot of trouble ◆ **et tout le tintouin** and all the rest, and what have you*
2 († = bruit) racket, din

TIP /tip/ NM (abrév de **titre interbancaire de paiement**) → **titre**

tipi /tipi/ NM te(e)pee

Tipp-Ex ® /tipɛks/ NM Tipp-Ex ® (Brit), liquid paper ® (US), White out ® (US)

tippexer* /tipɛkse/ ► conjug 1 ◄ VT to tippex out (Brit), to white out

tipule /tipyl/ NF crane-fly, daddy-long-legs (sg)

ti-punch /tipɔ̃ʃ/ NM rum punch

tique /tik/ NF (= parasite) tick

tiquer /tike/ SYN ► conjug 1 ◄ VI 1 [personne] to make ou pull (Brit) a face, to raise an eyebrow ◆ **il n'a pas tiqué** he didn't bat an eyelid ou raise an eyebrow
2 [cheval] to crib(-bite), to suck wind

tiqueté, e /tik(ə)te/ ADJ (littér) speckled, mottled

tiqueur, -euse /tikœʀ, øz/ NM,F (Psych) twitcher

TIR /tiʀ/ NMPL (abrév de **transports internationaux routiers**) TIR

tir /tiʀ/ SYN
NM 1 (= discipline sportive ou militaire) shooting ◆ **tir au pistolet/à la carabine** pistol/rifle shooting; → **stand**
2 (= action de tirer) firing (NonC) ◆ **en position de tir** in firing position ◆ **commander/déclencher le tir** to order/set off ou open fire ◆ **puissance/vitesse de tir d'une arme** firepower/firing speed of a gun ◆ **des tirs d'exercice** practice rounds ◆ **des tirs à blanc** firing blank rounds ou blanks ◆ **secteur ou zone de tir libre** free-fire zone ◆ **corriger** ou **rectifier** ou **ajuster le tir** (lit) to adjust one's aim; (fig) to make some adjustments
3 (= manière de tirer) firing; (trajectoire des projectiles) fire ◆ **arme à tir automatique/rapide** automatic/rapid-firing gun ◆ **arme à tir courbe/tendu** gun with curved/flat trajectory fire ◆ **tirs croisés** (lit, fig) crossfire ◆ **être pris sous des tirs croisés** to be caught in the crossfire ◆ **tir groupé** (lit) grouped fire; (fig) (= série d'attaques) combined attack; (= série de succès) string of successes ◆ **un tir groupé de mesures/films** a string of measures/films ◆ **plan/angle/ligne de tir** plane/angle/line of fire; → **table**
4 (= feu, rafales) fire (NonC) ◆ **stoppés par un tir** ou **des tirs de mitrailleuses/d'artillerie** halted by machine-gun/artillery fire ◆ **tirs de roquettes** rocket fire ◆ **tir de harcèlement** harassing fire ◆ **tirs de sommation** warning shots
5 (Boules) shot (at another bowl); (Football) shot ◆ **tir au but** (gén) shot at goal; (de pénalité) penalty kick ◆ **épreuve des tirs au but** penalty shootout
6 (= stand) ◆ **tir (forain)** shooting gallery, rifle range
7 (Espace = lancement) launch
COMP **tir d'appui** ⇒ **tir de soutien**
tir à l'arbalète crossbow archery
tir à l'arc archery
tir de barrage barrage fire; (fig) attack
tir au pigeon clay pigeon shooting
tir de soutien support fire

tirade /tiʀad/ SYN NF (Théât) monologue, speech; (péj) tirade

tirage /tiʀaʒ/ SYN
NM 1 [de chèque] drawing; [de vin] drawing off; [de carte] taking, drawing
2 (Photo, Typo) printing ◆ **faire le tirage de clichés/d'une épreuve** to print negatives/a proof ◆ **tirage à la main** hand-printing ◆ **un tirage sur papier glacé** a print on glazed paper ◆ **tirage par contact/inversion** contact/reversal print
3 [de journal] circulation; [de livre] (= nombre d'exemplaires) (print) run; (= édition) edition ◆ **tirage de luxe/limité** de luxe/limited edition ◆ **cet auteur réalise de gros tirages** this author's works have huge print runs ou are printed in great numbers ◆ **quel est le tirage de cet ouvrage ?** how many copies of this work were printed? ◆ **les gros tirages de la presse quotidienne** the high circulation figures of the daily press ◆ **magazine à faible tirage** small-circulation magazine ◆ **tirage de 2 000 exemplaires** run ou impression of 2,000 copies
4 [de cheminée] draught (Brit), draft (US) ◆ **avoir du tirage** to draw well, to have a good draught ◆ **cette cheminée a un bon/mauvais tirage** this chimney draws well/badly
5 (Loterie) draw ◆ **le tirage des numéros gagnants** the draw for the winning numbers
6 (* = désaccord) friction ◆ **il y avait du tirage entre eux** there was some friction between them
7 [de métaux] drawing
COMP **tirage à part** off-print
tirage au sort drawing lots ◆ **procéder par tirage au sort** to draw lots ◆ **le gagnant sera désigné par tirage au sort** the winner will be chosen by drawing lots ◆ **le tirage au sort des équipes de football** the selection ou choice of the football teams by drawing lots

tiraillement /tiʀajmɑ̃/ SYN
NM 1 (sur une corde) tugging (NonC), pulling (NonC)
2 (= douleur) [d'intestin] gnawing pain; [de peau, muscles] tightness ◆ **tiraillements d'estomac** gnawing pains in the stomach
NMPL **tiraillements** (= conflits) friction (NonC), conflict (NonC)

tirailler /tiʀaje/ SYN ► conjug 1 ◄
VT 1 [+ corde, moustache, manche] to pull at, to tug at ◆ **tirailler qn par le bras** ou **la manche** to pull ou tug at sb's sleeve
2 [douleurs] to gnaw at, to stab at ◆ **douleurs qui tiraillent l'estomac** gnawing pains in the stomach ◆ **des élancements lui tiraillaient l'épaule** he had sharp ou shooting ou stabbing pains in his shoulder
3 [doutes, remords] to tug at, to plague, to pester; [choix, contradictions] to beset, to plague ◆ **être tiraillé entre plusieurs possibilités** to be torn between several possibilities ◆ **la crainte et l'ambition le tiraillaient** he was torn between fear and ambition
VI (en tous sens) to shoot wild; (Mil : par tir de harcèlement) to fire at random ◆ **ça tiraillait de tous côtés dans le bois** there was firing on all sides in the wood

tirailleur /tiʀajœʀ/ NM 1 (Mil, fig) skirmisher ◆ **se déployer/avancer en tirailleurs** to be deployed/advance as a skirmish contingent
2 (Hist Mil : originaire des colonies) soldier, infantryman

tiramisu /tiʀamisu/ NM tiramisu

Tirana /tiʀana/ N Tirana

tirant /tiʀɑ̃/ NM 1 (= cordon) (draw) string; (= tirette) [de botte] bootstrap; (= partie de la tige) [de chaussure] facing
2 (Constr) [d'arcades] tie-rod; [de comble] tie-beam ◆ **tirant d'air** [de pont] headroom
3 [de bateau] ◆ **tirant (d'eau)** draught (Brit), draft (US) ◆ **navire de faible tirant d'eau** ship with a shallow draught ◆ **tirant avant/arrière** draught (Brit) ou draft (US) at the bows/stern ◆ **avoir six mètres de tirant (d'eau)** to draw six metres of water ◆ **tirant d'air** [de navire] clearance height

tire[1]* /tiʀ/ NF (= voiture) wagon*, car ◆ **vieille tire** old rattletrap * ou crate * ou banger * (Brit)

tire[2] /tiʀ/ NF ◆ **vol à la tire** picking pockets ◆ **voleur à la tire** pickpocket

tire[3] /tiʀ/ NF (Can) (= caramel) toffee, taffy (Can, US); (= sirop d'érable) molasses, maple candy ◆ **tire d'érable** maple toffee ou taffy (Can, US) ◆ **tire sur la neige** taffy-on-the-snow (Can, US)

tire[4] /tiʀ/ NF (Héraldique) row, line

tiré, e /tiʀe/ SYN (ptp de **tirer**)
ADJ 1 (= tendu) [traits, visage] drawn, haggard ◆ **avoir les traits tirés** to look drawn ou haggard ◆ **les cheveux tirés en arrière** with one's hair pulled back ◆ **tiré à quatre épingles** impeccably ou well turned-out, done up ou dressed up to the nines * ◆ **c'est tiré par les cheveux** it's far-fetched; → **couteau**
2 (Fin) ◆ **la personne tirée** the drawee
3 (= bas) ◆ **prix tirés** rock-bottom prices
NF (Fin) drawee; (Mus) down-bow
NF **tirée** (= long trajet) long haul, long trek ◆ **une tirée de** (= quantité) a load * of, heaps * ou tons * of
COMP **tiré à part** ADJ, NM off-print

tire-au-cul* /tiʀoky/ NMF INV ⇒ **tire-au-flanc**

tire-au-flanc* /tiʀoflɑ̃/ SYN NMF INV skiver * (Brit), layabout, shirker

tire-bonde (pl **tire-bondes**) /tiʀbɔ̃d/ NM bung-drawer

tire-botte (pl **tire-bottes**) /tiʀbɔt/ NM (pour se chausser) boot-hook; (pour se déchausser) bootjack

tire-bouchon, tirebouchon (pl **tire(-)bouchons**) /tiʀbuʃɔ̃/ NM (= ustensile) corkscrew; (= mèche de cheveux) corkscrew curl ◆ **en tire-bouchon** (épith) ◆ **cochon avec la queue en tire-bouchon** pig with a corkscrew ou curly tail ◆ **avec ses chaussettes en tire-bouchon** with his socks all crumpled ou wrinkled

tire-bouchonner, tirebouchonner /tiʀbuʃɔne/ ► conjug 1 ◄
VT [+ mèche] to twiddle, to twirl
VI [pantalon] to crumple (up); [chaussettes] to become crumpled ou wrinkled ◆ **pantalon tire-bouchonné** crumpled trousers
VPR **se tire-bouchonner*** (de rire) to fall about laughing * (Brit), to be in stitches *

tire-clou (pl **tire-clous**) /tiʀklu/ NM nail puller

tire-d'aile /tiʀdɛl/ ◆ **à tire-d'aile** LOC ADV [voler] swiftly ◆ **passer à tire-d'aile** to pass by in full flight ◆ **s'envoler à tire-d'aile** to take flight in a flurry of feathers ◆ **le temps s'enfuit à tire-d'aile** (littér) time flies past

tire-fesses* /tiʀfɛs/ NM INV (gén, à perche) ski tow; (à archet) T-bar tow

tire-fond (pl **tire-fond(s)**) /tiʀfɔ̃/ NM (avec anneau) long screw with ring attachment; [de voie ferrée] sleeper (Brit) ou tie (US) screw

tire-jus⁑ /tiʀʒy/ NM INV nose-wipe*, snot-rag ⁑

tire-laine †† /tiʀlɛn/ NM INV footpad ††

tire-lait (pl **tire-laits**) /tiʀlɛ/ NM breast-pump

tire-larigot* /tiʀlaʀigo/ ◆ **à tire-larigot** LOC ADV [boire, manger] to one's heart's content, like there's no tomorrow ◆ **il téléphone à tire-larigot** he's forever ou continually telephoning

tire-ligne (pl **tire-lignes**) /tiʀliɲ/ NM drawing pen

tirelire /tiʀliʀ/ NF 1 (= récipient) moneybox; (en forme de cochon) piggy bank ◆ **casser la tirelire** to break open the piggy bank
2 * (= ventre) belly*, gut(s)⁑; (= tête) nut*, noddle*, bonce⁑ (Brit); (= visage) face

tire-nerf (pl **tire-nerfs**) /tiʀnɛʀf/ NM broach (used to remove nerve from tooth)

tirer /tiʀe/ GRAMMAIRE ACTIVE 26.4 SYN ► conjug 1 ◄
VT 1 (= amener vers soi) [+ pièce mobile, poignée, corde] to pull; [+ manche, robe] to pull down; [+ chaussette] to pull up ◆ **ne tire pas, ça risque**

de tomber/ça va l'étrangler don't pull or it'll fall/it'll strangle him ◆ **tirer les cheveux à qn** to pull sb's hair ◆ **tirer l'aiguille** to ply the needle ◆ **tirer qch à soi** *(lit)* to pull sth to(wards) on ◆ **tirer un texte/un auteur à soi** to interpret a text/an author to suit one's own ends

2 *(pour fermer ou ouvrir)* *[+ rideaux]* to draw; *[+ tiroir]* to pull open; *[+ verrou]* *(= fermer)* to slide to, to shoot; *(= ouvrir)* to draw ◆ **tire la porte** pull the door to ◆ **as-tu tiré le verrou ?** have you bolted the door?

3 *[+ personne]* to pull ◆ **tirer qn par le bras** to pull sb's arm, to pull sb by the arm ◆ **tirer qn par la manche** to tug *ou* pluck sb's sleeve ◆ **tirer qn de côté** *ou* **à l'écart** to draw sb aside, to take sb on one side

4 *(= remorquer)* *[+ véhicule, charge]* to pull, to draw; *[+ navire, remorque]* to tow; *[+ charrue]* to draw, to pull ◆ **une charrette tirée par un tracteur** a cart drawn *ou* pulled by a tractor, a tractor-drawn cart ◆ **carrosse tiré par huit chevaux** carriage drawn by eight horses; → **jambe, patte**[1]

5 *(= retirer, extraire)* *[+ épée, couteau]* to draw, to pull out; *[+ vin, cidre]* to draw; *[+ conclusions, morale, argument, idée, thème]* to draw; *[+ plaisir, satisfaction]* to draw, to derive *(de* from*)* ◆ **tirer une substance d'une matière première** to extract a substance from a raw material ◆ **tirer le jus d'un citron** to extract the juice from a lemon, to squeeze the juice from a lemon *ou* out of a lemon ◆ **tirer un son d'un instrument** to get a sound out of *ou* draw a sound from an instrument ◆ **tirer un objet d'un tiroir/d'un sac** to pull an object out of a drawer/a bag ◆ **tirer de l'argent d'une activité/d'une terre** to make money from an activity/a piece of land ◆ **il a tiré 5 000 € de sa vieille voiture** he managed to get €5,000 for his old car ◆ **savoir tirer qch de la vie/d'un moment** (to know how) to get sth out of life/a moment ◆ **tirer qch de qn** to obtain sth from sb, to get sth out of sb ◆ **tirer de l'argent de qn** to get money out of sb ◆ **on ne peut rien en tirer** *(enfant têtu)* you can't do anything with him; *(personne qui refuse de parler)* you can't get anything out of him ◆ **tirer qn du sommeil** to arouse sb from sleep ◆ **tirer qn du lit** to get *ou* drag sb out of bed ◆ **tirer qn de son travail** to take *ou* drag sb away from his work ◆ **ce bruit le tira de sa rêverie** this noise brought him out of *ou* roused him from his daydream ◆ **tirer des larmes/gémissements à qn** to draw tears/moans from sb

6 *(= délivrer)* ◆ **tirer qn de prison/des décombres/d'une situation dangereuse** to get sb out of prison/the rubble/a dangerous situation ◆ **tirer qn du doute** to remove *ou* dispel sb's doubts ◆ **tirer qn de l'erreur** to disabuse sb ◆ **tirer qn de la misère/de l'obscurité** to rescue sb from poverty/from obscurity ◆ **il faut le tirer de là** we'll have to help him out; → **affaire, embarras**

7 *(indiquant l'origine)* ◆ **tirer son origine d'une vieille coutume** to have an old custom as its origin ◆ **mots tirés du latin** words taken *ou* derived from (the) Latin ◆ **tirer son nom de** to take one's name from ◆ **pièce tirée d'un roman** play taken from *ou* adapted from *ou* derived from a novel ◆ **on tire de l'huile des olives** oil is extracted from olives ◆ **l'opium est tiré du pavot** opium is obtained from the poppy

8 *(Jeux)* *[+ billet, numéro, loterie]* to draw; *[+ carte]* to take, to draw ◆ **tirer qch au sort** to draw lots for sth ◆ **qui est-ce qui donne ? on tire ?** whose deal is it? shall we pick a card? ◆ **tirer les rois** *(à l'Épiphanie)* to cut the Twelfth Night cake ◆ **tirer la fève** to win the charm → **carte, court**[1]

9 *(Photo, Typo)* to print ◆ **ce journal est tiré à 100 000 exemplaires** this paper has a circulation of 100,000 ◆ **tirer un roman à 8 000 exemplaires** to print 8,000 copies of a novel ◆ **tirons quelques épreuves de ce texte** let's run off *ou* print a few proofs of the text; → **bon**[2]**, portrait**

10 *(= tracer)* *[+ ligne, trait]* to draw; *[+ plan]* to draw up; → aussi **plan**[1]

11 *[+ coup de feu, balle]* to fire; *[+ flèche]* to shoot; *[+ boule]* to throw *(so as to hit another or the jack)*; *[+ feu d'artifice]* to set off; *[+ gibier]* to shoot ◆ **il a tiré plusieurs coups de revolver sur l'agent** he fired several shots at the policeman, he shot *ou* fired at the policeman several times ◆ **tirer le canon** to fire the cannon ◆ **la balle a été tirée avec un gros calibre** the bullet was fired from a large-bore gun ◆ **il a tiré un faisan** he shot a pheasant ◆ **tirer un coup***‡ *(sexuellement)* to have a bang*‡, to have it off*‡

12 *(Football)* to shoot ◆ **tirer un corner/un penalty** to take a corner/a penalty

13 *[+ chèque, lettre de change]* to draw ◆ **tirer de l'argent sur son compte** to draw money out of one's account, to withdraw money from one's account ◆ **prête-moi ta carte bleue pour que j'aille tirer de l'argent** lend me your credit card so that I can go and get some money out

14 *[bateau]* ◆ **tirer 6 mètres** to draw 6 metres of water; → **bord, bordée**

15 *(* = passer)* to get through ◆ **encore une heure/un mois à tirer** another hour/month to get through ◆ **tirer deux ans de prison/de service** to do two years in prison *ou* a two-year stretch*/two years in the army ◆ **voilà une semaine de tirée** that's one week over with

16 *(‡ = voler)* to pinch*, to nick‡ *(Brit)* ◆ **il s'est fait tirer son blouson** he got his jacket pinched* *ou* nicked‡ *(Brit)*

17 *(Tech = étirer)* *[+ métal]* to draw

18 *(= limiter aussi bas que possible)* *[+ délais]* to get down to an absolute minimum ◆ **tirer ses prix** to sell at rock-bottom prices

19 *(dial = traire)* *[+ vache]* to milk

VI 1 *(= faire feu)* to fire; *(= se servir d'une arme à feu, viser)* to shoot ◆ **il leur donna l'ordre de tirer** he gave the order for them to fire ◆ **apprendre à tirer** to learn to shoot ◆ **tirer à l'arbalète/à la carabine** to shoot with a crossbow/a rifle ◆ **savez-vous tirer à l'arc ?** can you use a bow (and arrow)? ◆ **le canon tirait sans arrêt** the cannon fired continuously ◆ **tirer en l'air** to fire into the air ◆ **tirer à vue** to shoot on sight ◆ **tirer à balles (réelles)/à blanc** to fire (real) bullets/blanks ◆ **tirer sans sommation** to shoot without warning ◆ **il lui a tiré dans le dos** *(lit)* he shot him in the back; *(fig)* he stabbed him in the back ◆ **tirer dans les jambes** *ou* **pattes de qn*** *(fig)* to make life difficult for sb

2 *(Football etc)* to shoot, to take a shot; *(Boules)* to throw *(one boule at another or at the jack)* ◆ **tirer au but** *(gén)* to take a shot at goal, to shoot at goal; *(pénalité)* to take a penalty kick

3 *(Sports de combat)* ◆ **il tire dans la catégorie des moins de 60 kg** he's in the under 60 kg category

4 *(Presse)* ◆ **tirer à 10 000 exemplaires** to have a circulation of 10,000

5 *[cheminée, poêle]* to draw ◆ **la cheminée tire bien** the chimney draws well

6 *[moteur, voiture]* to pull ◆ **le moteur tire bien en côte** the engine pulls well on hills

7 *[points de suture, sparadrap]* to pull ◆ **le matin, j'ai la peau qui tire** my skin feels tight in the morning

8 *(locutions)* ◆ **la voiture tire à gauche** the car pulls to the left ◆ **tirer au flanc*** *ou* **au cul**‡ to skive* *(Brit)*, to shirk; → **conséquence, ligne**[1]

◆ **tirer à sa fin** *[journée]* to be drawing to a close; *[épreuve]* to be nearly over; *[provisions]* to be nearly finished

VT INDIR **tirer sur** 1 *[+ corde, poignée]* to pull at *ou* on, to tug at ◆ **tirer sur les rênes** to pull in *ou* on the reins ◆ **tirer sur la ficelle*** *ou* **la corde*** *(fig)* to push one's luck*, to go too far, to overstep the mark

2 *(= approcher de)* *[+ couleur]* to border on, to verge on ◆ **il tire sur la soixantaine** he's getting on for *(Brit)* *ou* going on sixty

3 *(= faire feu sur)* to shoot at, to fire (a shot *ou* shots) at; *(= critiquer)* to criticize ◆ **il m'a tiré dessus** he shot *ou* fired at me ◆ **ils tirent sans cesse sur les médias** they're always criticizing the media ◆ **ne tirez pas sur le pianiste** *(fig)* he's *(ou* I'm *etc)* doing his *(ou* my *etc)* best ◆ **se tirer dessus** *(lit)* to shoot *ou* fire at each other; *(= se critiquer, se quereller)* to shoot each other down; → **boulet**

4 *(= aspirer)* *[+ pipe]* to pull at, to draw on; *[+ cigarette, cigare]* to puff at, to draw on, to take a drag at*

5 *(= prélever)* ◆ **ils tirent sur leur épargne pour maintenir leur niveau de vie** they're drawing on their savings to maintain their standard of living

VPR **se tirer** 1 ◆ **se tirer de** *(= échapper à)* *[+ danger, situation]* to get (o.s.) out of ◆ **il s'est tiré sans dommage de l'accident** he came out of the accident unharmed ◆ **sa voiture était en mille morceaux mais lui s'en est tiré*** his car was smashed to pieces but he escaped unharmed ◆ **il est très malade mais je crois qu'il va s'en tirer** he's very ill but I think he'll pull through ◆ **la première fois il a eu un sursis mais cette fois il ne va pas s'en tirer si facilement** the first time he got a suspended sentence but he won't get off so lightly this time ◆ **il s'en est tiré avec une amende** he got off with a fine ◆ **il s'en est tiré avec une jambe cassée** he got out of it with a broken leg; → **affaire, flûte, patte**[1]

2 ◆ **bien/mal se tirer de qch** *[+ tâche]* to manage *ou* handle sth well/badly, to make a good/bad job of sth ◆ **comment va-t-il se tirer de ce sujet/travail ?** how will he get on with *ou* cope with this subject/job? ◆ **les questions étaient difficiles mais il s'en est bien tiré** the questions were difficult but he managed *ou* handled them well *ou* coped very well with them ◆ **on n'a pas beaucoup d'argent mais on s'en tire** we haven't got a lot of money but we get by *ou* we manage ◆ **on s'en tire tout juste** we just scrape by, we just (about) get by

3 *(‡ = déguerpir)* to leave ◆ **allez, on se tire** come on, let's be off ◆ **il s'est tiré** he's gone ◆ **il s'est tiré avec la caisse** he ran off with the money

4 *(* = toucher à sa fin)* *[période, travail]* to be nearly over ◆ **ça se tire** the end is in sight

5 *(= être tendu)* *[traits, visage]* to become drawn

tiret /tiʀɛ/ SYN **NM** *(= trait)* dash; *(† = trait d'union)* hyphen

tirette /tiʀɛt/ **NF** 1 *[de bureau, table]* *(pour écrire)* (writing) leaf; *(pour ranger des crayons)* (pencil) tray; *(pour soutenir un abattant)* support; *[de fermeture à glissière]* pull, tab

2 *(Belg = fermeture à glissière)* zip *(Brit)*, zipper *(US)*

3 *[de cheminée]* damper

4 *(= cordon)* *[de sonnette]* bell-pull; *[de rideaux]* (curtain) cord *ou* pull

tireur, -euse /tiʀœʀ, øz/

NM,F 1 *(avec arme à feu)* ◆ **tireur embusqué** sniper ◆ **tireur isolé** lone gunman ◆ **tireur d'élite** marksman, sharpshooter ◆ **c'est un bon tireur** he's a good shot ◆ **concours ouvert aux tireurs débutants et entraînés** shooting competition open to beginners and advanced classes

2 *(Boules) player who tries to dislodge the opponents' bowls*

3 *(= photographe)* printer

4 *(= escrimeur)* ◆ **tireur (d'épée** *ou* **d'armes)** swordsman, fencer

5 ◆ **tireuse** *ou* **tireur de cartes** fortune-teller

NM *[de chèque, lettre de change]* drawer

NF **tireuse** 1 *(= pompe)* (hand) pump ◆ **bière à la tireuse** draught beer ◆ **vin à la tireuse** wine from the barrel

2 *(Photo)* contact printer

tire-veille (pl **tire-veille(s)**) /tiʀvɛj/ **NM** *[de planche à voile]* uphaul; *[de gouvernail]* steering line

tire-veine (pl **tire-veines**) /tiʀvɛn/ **NM** *(Méd)* stripper

tiroir /tiʀwaʀ/ **NM** 1 *[de table, commode]* drawer ◆ **tiroir (à) secret** secret drawer ◆ **roman/pièce à tiroirs** novel/play made up of episodes, roman/pièce à tiroirs *(SPÉC)*; → **fond, nom**

2 *(Tech)* slide valve

tiroir-caisse (pl **tiroirs-caisses**) /tiʀwaʀkɛs/ **NM** till, cash register ◆ **pour lui, la seule chose qui compte, c'est le tiroir-caisse** the only thing that matters to him is profit ◆ **notre pays ne sera pas le tiroir-caisse de la construction européenne** our country is not going to bankroll the construction of Europe

tisane /tizan/ SYN **NF** *(= boisson)* herb(al) tea ◆ **tisane de tilleul/de menthe** lime(-blossom)/mint tea ◆ **c'est de la tisane*** *(hum)* it's really watery

tisanière /tizanjɛʀ/ **NF** *(= pot)* teapot *(for making herbal tea)*; *(= tasse)* (large) teacup *(for herbal tea)*

tison /tizɔ̃/ **NM** brand; → **allumette, Noël**

tisonner /tizɔne/ ► conjug 1 ◄ **VT** to poke

tisonnier /tizɔnje/ **NM** poker

tissage /tisaʒ/ **NM** weaving ◆ **usine de tissage** cloth *ou* weaving mill

tisser /tise/ ► conjug 1 ◄

VT 1 *[+ étoffe, vêtement]* to weave ◆ **l'araignée tisse sa toile** the spider spins its web ◆ **le parti continue de tisser sa toile dans la région** the party continues to spin its web in the area; → **métier**

2 *[+ liens]* to forge; *[+ réseau de relations]* to build up; *[+ intrigue]* to weave

VPR **se tisser** *[liens]* to be forged; *[amitié, complicité]* to grow

tisserand, e /tisʀɑ̃, ɑ̃d/ NM,F weaver

tisserin /tisʀɛ̃/ NM weaver(bird)

tisseur, -euse /tisœʀ, øz/ NM,F weaver

tissu /tisy/ SYN

NM 1 (= *étoffe*) fabric, material, cloth ◆ **c'est un tissu très délicat** it's a very delicate fabric *ou* material ◆ **acheter du tissu/trois mètres de tissu pour faire une robe** to buy some material *ou* fabric/three metres of material *ou* fabric to make a dress ◆ **choisir un tissu pour faire une robe** to choose material to make a dress, to choose a dress fabric *ou* material ◆ **tissu imprimé/à fleurs** printed/floral-patterned material *ou* fabric ◆ **tissu synthétique** synthetic material *ou* fabric ◆ **tissus d'ameublement** soft furnishings ◆ **étoffe à tissu lâche/serré** loosely-/finely-woven material *ou* fabric *ou* cloth

2 (*péj*) ◆ **un tissu de mensonges/contradictions** a web *ou* tissue of lies/contradictions ◆ **un tissu d'intrigues** a web of intrigue ◆ **un tissu d'horreurs/d'obscénités/d'inepties** a catalogue of horrors/of obscenities/of blunders

3 (*Anat, Bot*) tissue ◆ **tissu sanguin/osseux/cicatriciel** blood/bone/scar tissue

4 (*Sociol*) fabric ◆ **le tissu social/industriel/urbain** the social/industrial/urban fabric

COMP **tissu-éponge** NM (pl **tissus-éponge**) (terry) towelling (*NonC*) (*Brit*) *ou* toweling (*NonC*) (*US*)

tissulaire /tisylɛʀ/ ADJ (*Bio*) tissue (*épith*) ◆ **culture tissulaire** tissue culture

Titan /titɑ̃/ NM Titan ◆ **les Titans** the Titans ◆ **œuvre/travail de Titan** titanic work/task

titane /titan/ NM titanium

titanesque /titanɛsk/ SYN, **titanique** /titanik/ ADJ titanic

Tite-Live /titliv/ NM Livy

titi /titi/ NM ◆ **titi (parisien)** Parisian street urchin

Titicaca /titikaka/ NM ◆ **le (lac) Titicaca** Lake Titicaca

Titien /tisjɛ̃/ NM ◆ **le Titien** Titian

titillation /titijasjɔ̃/ NF (*littér, hum*) titillation

titiller /titije/ SYN ▸ conjug 1 ◂ VT (*littér, hum*) (= *exciter*) to titillate; (= *chatouiller légèrement*) to tickle; (= *agacer pour provoquer*) to tease, to goad ◆ **l'envie le titillait de devenir comédien** he was quite taken with the idea of becoming an actor

titisme /titism/ NM (*Hist*) Titoism

titiste /titist/ ADJ, NMF (*Hist*) Titoist

titrage /titʀaʒ/ NM 1 [*d'alliage*] assaying; [*de solution*] titration

2 (*Ciné*) titling

titre /titʀ(ə)/ SYN NM 1 [*d'œuvre*] title; [*de chapitre*] heading, title; (*Jur*) [*de code*] title; (= *manchette de journal*) headline; (= *journal*) newspaper ◆ **les (gros) titres** the headlines ◆ **titre sur cinq colonnes à la une** five-column front page headline ◆ **titre courant** (*Typo*) running head ◆ **les principaux titres de la presse parisienne** the major Parisian newspapers ◆ **(page de) titre** (*Typographie*) title page ◆ **titre budgétaire** budgetary item

2 (*honorifique, de fonctions professionnelles*) title; (= *formule de politesse*) form of address; (*littér* = *nom*) title, name ◆ **titre nobiliaire** *ou* **de noblesse** title ◆ **conférer à qn le titre de maréchal/prince** to confer the title of marshal/prince on sb ◆ **il ne mérite pas le titre de citoyen** he doesn't deserve to be called a citizen

3 (*Sport*) title

4 (= *document*) title; (= *certificat*) certificate; (= *reçu*) receipt ◆ **titre de créance** evidence *ou* proof of debt ◆ **titre de pension** pension book ◆ **titre de propriété** title deed ◆ **titre de séjour** residence permit ◆ **titre de transport** ticket ◆ **titre de paiement** order to pay, remittance ◆ **titre universel de paiement** universal payment order ◆ **titre interbancaire de paiement** *payment slip allowing automatic withdrawal from a bank account*

5 (*Bourse, Fin*) security ◆ **acheter/vendre des titres** to buy/sell securities *ou* stock ◆ **titres cotés/non cotés** listed/unlisted securities ◆ **titre de Bourse, titre boursier** stock-exchange security, stock certificate ◆ **titre d'obligation** debenture (bond) ◆ **titre participatif** non-voting share (*in a public sector enterprise*) ◆ **titre au porteur** bearer bond *ou* share ◆ **titres d'État** government securities ◆ **titres nominatifs** registered securities

6 (= *preuve de capacité, diplôme*) (*gén*) qualification; (*Univ*) degree, qualification ◆ **titres universitaires** academic *ou* university qualifications ◆ **nommer/recruter sur titres** to appoint/recruit according to qualifications ◆ **il a tous les titres (nécessaires) pour enseigner** he is fully qualified *ou* he has all the necessary qualifications to teach

7 (*littér, gén pl* = *droit, prétentions*) ◆ **avoir des titres à la reconnaissance de qn** to have a right to sb's gratitude ◆ **ses titres de gloire** his claims to fame

8 [*d'or, argent, monnaie*] fineness; [*de solution*] titre ◆ **or/argent au titre** standard gold/silver ◆ **titre d'alcool** *ou* **alcoolique** alcohol content

9 (*locutions*) ◆ **à ce titre** (= *en cette qualité*) as such; (= *pour cette raison*) on this account, therefore ◆ **à quel titre ?** on what grounds? ◆ **au même titre** in the same way ◆ **il y a droit au même titre que les autres** he is entitled to it in the same way as the others ◆ **à aucun titre** on no account ◆ **nous ne voulons de lui à aucun titre** we don't want him on any account ◆ **à des titres divers, à plusieurs titres, à plus d'un titre** on several accounts, on more than one account ◆ **à double titre** on two accounts ◆ **à titre privé/personnel** in a private/personal capacity ◆ **à titre permanent/provisoire** on a permanent/temporary basis, permanently/provisionally ◆ **à titre exceptionnel** *ou* **d'exception** (*dans ce cas*) exceptionally, in this exceptional case; (*dans certains cas*) in exceptional cases ◆ **à titre d'ami/de client fidèle** as a friend/a loyal customer ◆ **à titre gratuit** freely, free of charge ◆ **à titre gracieux** free of *ou* without charge ◆ **à titre lucratif** for payment ◆ **à titre d'essai** on a trial basis ◆ **à titre d'exemple** as an example, by way of example ◆ **à titre onéreux** (*frm*) against payment ◆ **à titre indicatif** for information only ◆ **il travaille à titre de secrétaire** he works as a secretary ◆ **à titre consultatif** [*collaborer*] in an advisory *ou* a consultative capacity ◆ **on vous donne 250 € à titre d'indemnité** we are giving you €250 by way of indemnity *ou* as an indemnity; → **juste**

♦ **en titre** (*Admin*) titular; (*Jur*) [*propriétaire*] legal; (*Comm*) [*fournisseur*] appointed; (*hum*) [*maîtresse*] official ◆ **le champion du monde en titre** the world title-holder

titré, e /titʀe/ (ptp de **titrer**) ADJ 1 (= *noble*) [*personne*] titled; [*terres*] carrying a title (*attrib*) ◆ **l'athlète le plus titré de ces Jeux olympiques** the athlete who has won the most medals in these Olympic Games

2 (*Tech*) [*liqueur*] standard

titrer /titʀe/ ▸ conjug 1 ◂ VT 1 (*gén ptp* = *anoblir*) to confer a title on

2 (*Chim*) [+ *alliage*] to assay; [+ *solution*] to titrate

3 [+ *livre, œuvre d'art*] to title; (*Ciné*) to title

4 (*Presse*) to run as a headline ◆ **titrer sur 2/5 colonnes : « Défaite de la Droite »** to run a 2/5-column headline: "Defeat of the Right"

5 [*alcool, vin*] ◆ **titrer 10°/38°** to be 10°/38° proof (*on the Gay Lussac scale*), ≃ to be 17°/66° proof

titreuse /titʀøz/ NF (*Ciné*) titler

titrisation /titʀizasjɔ̃/ NF securitization

titubant, e /titybɑ̃, ɑ̃t/ ADJ [*personne*] (*de faiblesse, fatigue*) staggering; (*d'ivresse*) staggering, reeling; [*démarche*] unsteady

tituber /titybe/ SYN ▸ conjug 1 ◂ VI [*personne*] (*de faiblesse, fatigue*) to stagger (along); (*d'ivresse*) to stagger (along), to reel (along) ◆ **il avança vers nous/sortit de la cuisine en titubant** he came staggering *ou* tottering towards us/out of the kitchen, he staggered *ou* tottered towards us/out of the kitchen ◆ **nous titubions de fatigue** we were so tired that we could hardly keep upright, we were so tired we were staggering *ou* stumbling along

titulaire /titylɛʀ/ SYN

ADJ 1 (*Admin*) [*professeur*] with tenure ◆ **être titulaire** to have tenure

2 ◆ **être titulaire de** (*Univ*) [+ *chaire*] to occupy, to hold; (*Pol*) [+ *portefeuille*] to hold; [+ *droit*] to be entitled to; [+ *permis, diplôme, carte, compte*] to hold, to have

3 (*Rel*) [*évêque*] titular (*épith*) ◆ **saint/patron titulaire d'une église** (titular) saint/patron of a church

NMF (*Admin*) [*de poste*] incumbent; (*Jur*) [*de droit*] person entitled (*de* to); [*de permis, bail, compte bancaire, carte de crédit*] holder; [+ *passeport*] holder, bearer

titularisation /titylaʀizasjɔ̃/ NF [*d'enseignant, fonctionnaire*] appointment to a permanent post; [*de professeur d'université*] granting of tenure; [*de sportif*] signing up as a full team member ◆ **sa titularisation a été refusée** his application for a permanent post *ou* for tenure was refused

titulariser /titylaʀize/ ▸ conjug 1 ◂ VT [+ *enseignant, fonctionnaire*] to give a permanent appointment to; [+ *professeur d'université*] to give tenure to; [+ *sportif*] to sign up (as a full team member)

TMS /teɛmɛs/ NMPL (abrèv de **troubles musculo-squelettiques**) RSI

TNT /teɛnte/ NM (abrèv de **trinitrotoluène**) TNT

toast /tost/ NM 1 (= *pain grillé*) slice *ou* piece of toast ◆ **un toast beurré** a slice *ou* piece of buttered toast

2 (= *discours*) toast ◆ **toast de bienvenue** welcoming toast ◆ **porter un toast en l'honneur de qn** to drink (a toast) to sb, to toast sb

toasteur /tostœʀ/ NM toaster

toboggan /tɔbɔgɑ̃/ NM 1 (= *glissière, jeu*) slide; [*de piscine*] waterslide ◆ **faire du toboggan** (*une fois*) to go on a slide; (*plusieurs fois*) to play on a slide

2 (= *traîneau*) toboggan ◆ **faire du toboggan** to go tobogganing ◆ **piste de toboggan** toboggan run

3 (*Tech : pour manutention*) chute; (*dans avion*) emergency chute; (= *viaduc*) flyover (*Brit*), overpass (*US*)

> ⓘ **toboggan** se traduit par le mot anglais **toboggan** uniquement au sens de 'traîneau'.

toc[1] /tɔk/

EXCL 1 (= *bruit*) ◆ **toc toc !** knock knock!, rat-a-tat(-tat)!

2 (* = *repartie*) ◆ **et toc !** (*en s'adressant à qn*) so there!*; (*en racontant la réaction de qn*) and serves him (*ou* her *etc*) damned *ou* jolly (*Brit*) well right!*

ADJ * ◆ **il est toc toc, celui-là !** (= *fou*) he's cracked* *ou* nuts*!, he's got a screw loose!*

toc[2] /tɔk/

NM ◆ **c'est du toc** (= *imitation, faux*) it's (a) fake; (= *camelote*) it's trash *ou* junk ◆ **en toc** [*bijou*] fake

ADJ INV (= *imitation*) fake; (= *camelote*) rubbishy, trashy ◆ **ça fait toc** (= *imité, faux*) it looks fake; (= *camelote*) it looks cheap *ou* rubbishy, it's junk

TOC /tɔk/ NM (abrèv de **trouble obsessionnel compulsif**) OCD, obsessive compulsive disorder

tocante* /tɔkɑ̃t/ NF watch, ticker* (*Brit*)

tocard, e* /tɔkaʀ, aʀd/

ADJ [*meubles, décor*] cheap and nasty, trashy*

NM (= *personne*) dead loss*, useless twit*, washout*; (= *cheval*) (old) nag (*péj*)

toccata /tɔkata/ NF toccata

tocophérol /tɔkɔfeʀɔl/ NM tocopherol

tocsin /tɔksɛ̃/ NM alarm (bell), tocsin (*littér*) ◆ **sonner le tocsin** to ring the alarm, to sound the tocsin (*littér*)

toge /tɔʒ/ NF 1 (*Hist*) toga ◆ **toge virile/prétexte** toga virilis/praetexta

2 (*Jur, Scol*) gown

Togo /tɔgo/ NM Togo

togolais, e /tɔgɔlɛ, ɛz/

ADJ of *ou* from Togo

NM,F **Togolais(e)** native of Togo

tohu-bohu /tɔybɔy/ SYN NM (= *désordre*) jumble, confusion; (= *agitation*) hustle (and bustle); (= *tumulte*) hubbub, commotion

toi /twa/ PRON PERS 1 (*sujet, objet*) you ◆ **toi et lui, vous êtes tous les deux aussi têtus** you're both as stubborn as one another ◆ **si j'étais toi, j'irais** if I were you *ou* in your shoes I'd go ◆ **il n'obéit qu'à toi** you are the only one he obeys, he obeys only you ◆ **il a accepté, toi non** *ou* **pas toi** he accepted but you didn't *ou* but not you ◆ **c'est enfin toi !** here you are at last! ◆ **qui l'a vu ? toi ?** who saw him? did you? ◆ **toi mentir ? ce n'est pas possible** YOU tell a lie? I can't believe it ◆ **toi qui le connais bien, qu'en penses-tu ?** you know him well, so what do you think? ◆ **va devant, c'est toi qui connais le chemin** you go first, you know the way *ou* you're the one who knows the way ◆ **toi, tu n'as pas à te plaindre** you have no cause to complain ◆ **pourquoi ne le ferais-je pas, tu l'as bien fait, toi !** why shouldn't I do it? YOU did it, didn't you? ◆ **tu l'as vu, toi ?** did you see him?, have you seen him? ◆ **t'épouser, toi ? jamais !** marry you? never! ◆ **toi, je te connais** I know you • **aide-moi, toi !** you there* *ou* hey you*, give me a hand! • **toi, tu m'agaces !, tu m'agaces, toi !** you really get on my nerves! • **toi, pauvre innocent, tu n'as rien compris !** you, poor fool, haven't understood a thing!, you poor fool – you haven't understood a thing!

[2] *(avec vpr : souvent non traduit)* • **assieds-toi !** sit down! • **mets-toi là !** stand over there! • **toi, tais-toi !** you be quiet! • **montre-toi un peu aimable !** be nice!

[3] *(avec prép)* you, yourself • **à toi tout seul, tu ne peux pas le faire** you can't do it on your own *ou* by yourself • **cette maison est-elle à toi ?** does this house belong to you?, is this house yours? • **tu n'as même pas une chambre à toi tout seul ?** you don't even have a room of your own? *ou* a room to yourself? • **tu ne penses qu'à toi** you only think of yourself, you think only of yourself • **je compte sur toi** I'm counting on you

[4] *(dans des comparaisons)* you • **il me connaît mieux que toi** *(qu'il ne te connaît)* he knows me better than (he knows) you; *(que tu ne me connais)* he knows me better than you (do) • **il est plus/moins fort que toi** he is stronger than/not so strong as you • **il a fait comme toi** he did what you did, he did the same as you

toile /twal/ SYN

NF [1] *(= tissu) (gén)* cloth *(NonC)*; *(grossière, de chanvre)* canvas *(NonC)*; *(pour pneu)* canvas *(NonC)* • **grosse toile** (rough *ou* coarse) canvas • **toile de lin/de coton** linen/cotton (cloth) • **en toile, de toile** *[draps]* linen; *[pantalon, blazer]* (heavy) cotton; *[sac]* canvas • **en toile tergal** in Terylene fabric • **toile caoutchoutée/plastifiée** rubberized/plastic-coated cloth • **relié toile** cloth bound • **toile d'amiante/métallique** asbestos/metal cloth • **toile imprimée** printed cotton, cotton print • **reliure toile** cloth binding; → **chanson, village**

[2] *(= morceau)* piece of cloth • **poser qch sur une toile** to put sth on a piece of cloth • **se mettre dans les toiles*** *(= draps)* to hit the hay* *ou* the sack*

[3] *(Art) (= support)* canvas; *(= œuvre)* canvas, painting • **il expose ses toiles chez Legrand** he exhibits his canvasses *ou* paintings at Legrand's • **une toile de maître** an old master • **gâcher** *ou* **barbouiller de la toile** to daub on canvas

[4] *(Naut = ensemble des voiles)* sails • **faire de la/réduire la toile** to make/take in sail • **navire chargé de toiles** ship under canvas, ship under full sail

[5] *[d'araignée]* web • **la toile de l'araignée** the spider's web • **une belle toile d'araignée** a beautiful spider's web • **le grenier est plein de toiles d'araignées** the attic is full of cobwebs

[6] *(Internet)* • **la Toile** the Web

[7] *(* = film)* film, movie *(surtout US)* • **se faire une toile** to go and see a film, to go to a movie *(surtout US)*

COMP **toile d'avion** aeroplane cloth *ou* linen
toile de bâche tarpaulin • **une parka en toile de bâche** a heavy canvas parka
toile cirée oilcloth
toile émeri emery cloth
toile de fond *(Théât)* backdrop, backcloth • **un moulin avec un lac en toile de fond** a windmill with a lake in the background • **une histoire d'amour, avec en toile de fond la guerre** a love story set against the backdrop of the war
toile goudronnée tarpaulin, tarp
toile de Jouy ≃ Liberty print
toile de jute hessian
toile à matelas ticking
toile à sac sacking, sackcloth
toile de tente *(Camping)* canvas; *(Mil)* tent sheet
toile à voile sailcloth

toilé, e /twale/ ADJ *[papier]* linen *(épith)*

toilerie /twalʀi/ NF *(= fabrication)* textile manufacture *(of cotton, linen, canvas etc)*; *(= commerce)* textile trade; *(= atelier)* textile mill

toilettage /twaletaʒ/ NM *[de chien]* grooming; *[de texte de loi]* tidying up • « **toilettage pour chiens** », « **salon de toilettage** » *(enseigne)* "grooming parlour"

toilette /twalɛt/ SYN

NF [1] *(= ablutions)* • **faire sa toilette** to have a wash, to get washed • **être à sa toilette** *(= habillage)* to be dressing, to be getting ready • **faire une grande toilette/une toilette rapide** *ou* **un brin de toilette** to have a thorough/quick wash • **faire une toilette de chat** to give o.s. a lick and a promise *ou* a cat-lick *(Brit)* • **toilette intime** personal hygiene • **elle passe des heures à sa toilette** she spends hours getting ready *ou* washing and dressing *ou* at her toilet *(frm)* • **la toilette des enfants prend toujours du temps** it always takes a long time to get the children washed *ou* ready • **une lotion pour la toilette de bébé** a cleansing lotion for babies • **produits de toilette** toiletries • **j'ai oublié mes affaires de toilette** I've forgotten my toothbrush and things • **faire la toilette d'un mort** to lay out a corpse • **la toilette d'un condamné à mort** the washing of a prisoner before execution • **(table de) toilette** *(pour lavabo)* washstand; *(= coiffeuse)* dressing table; → **cabinet, gant, trousse**

[2] *(= nettoyage) [de voiture]* cleaning; *[de maison, monument]* facelift • **faire la toilette de** *[+ voiture]* to clean; *[+ monument, maison]* to give a facelift to, to tart up* *(Brit) (hum)*; *[+ texte]* to tidy up, to polish up

[3] *[d'animal]* • **faire sa toilette** to wash itself • **faire la toilette de son chien** to groom one's dog

[4] *(= habillement, parure)* clothes • **en toilette de bal** wearing a ballgown • **toilette de mariée** wedding *ou* bridal dress *ou* gown • **être en grande toilette** to be (dressed) in all one's finery, to be all dressed up • **aimer la toilette** to like clothes • **elle porte bien la toilette** she wears her clothes well

[5] *(= costume)* outfit • **elle a changé trois fois de toilette !** she's changed her outfit *ou* clothes three times! • « **nos toilettes d'été** » "summer wear *ou* outfits" • **on voit déjà les toilettes d'été** you can already see people in summer outfits *ou* clothes

[6] *(Boucherie)* • **toilette (de porc)** pig's caul

[7] *(Tech = emballage)* reed casing

NFPL **toilettes** (= WC) toilet, bathroom *(US)*; *(publiques)* public lavatory *ou* conveniences *(Brit)*, restroom *(US)* • **aller aux toilettes** to go to the toilet • **où sont les toilettes ?** *(dans un lieu public) (gén)* where's the toilet? *ou* the restroom? *(US)*; *(pour femmes)* where's the ladies' room? *ou* the ladies?* *(Brit)*; *(pour hommes)* where's the men's room? *ou* the gents?* *(Brit)*

toiletter /twalete/ ► conjug 1 ◄ VT *[+ chien, chat]* to groom; *[+ texte de loi]* to tidy up, to polish up

toiletteur, -euse /twaletœʀ, øz/ NM,F groomer • **toiletteur pour chiens** dog groomer

toi-même /twamɛm/ PRON → **même**

toise /twaz/ NF [1] *(= instrument)* height gauge • **passer qn à la toise** to measure sb's height • **il est passé à** *ou* **sous la toise** he had his height measured

[2] *(Hist = mesure)* toise, ≃ 6 ft

toiser /twaze/ SYN ► conjug 1 ◄ VT [1] *(= regarder avec dédain)* to look up and down, to eye scornfully • **ils se toisèrent** they looked each other up and down

[2] *(†, littér = évaluer)* to estimate

toison /twazɔ̃/ SYN NF [1] *[de mouton]* fleece • **la Toison d'or** the Golden Fleece

[2] *(= chevelure) (épaisse)* mop; *(longue)* mane

[3] *(= poils)* abundant growth

toit /twa/ SYN NM [1] *(gén)* roof • **toit de chaume/de tuiles/d'ardoises** thatched/tiled/slate roof • **toit plat** *ou* **en terrasse/en pente** flat/sloping roof • **habiter sous les toits** to live in an attic flat *(Brit)* *ou* apartment *(US)* *(with a sloping ceiling)* • **le toit du monde** the roof of the world • **voiture à toit ouvrant** car with a sunroof • **double toit** *[de tente]* fly sheet; → **crier**

[2] *(= maison)* • **avoir un toit** to have a roof over one's head, to have a home • **chercher un toit** to look for somewhere to live • **être sans toit** to have no roof over one's head, to have nowhere to call home *ou* one's own • **sous le toit de qn** under sb's roof, in sb's house • **vivre sous le même toit** to live under the same roof • **vivre sous le toit paternel** to live in the paternal home • **recevoir qn sous son toit** to have sb as a guest in one's house

toiture /twatyʀ/ NF roof, roofing

tokai /tɔkɛ/, **tokaï** /tɔkaj/, **tokay** /tɔkɛ/ NM Tokay

tokamak /tɔkamak/ NM tokamak

tokay /tɔkɛ/ NM ⇒ **tokai**

tokharien /tɔkaʀjɛ̃, jɛn/ NM *(= langue)* Tocharian, Tokharian

Tokyo /tɔkjo/ N Tokyo

tôlard, e* /tolaʀ, aʀd/ NM,F ⇒ **taulard**

tolbutamide /tɔlbytamid/ NF tolbutamide

tôle[1] /tol/ NF *(= matériau)* sheet metal *(NonC)*; *(= pièce)* steel *(ou* iron*)* sheet • **tôle d'acier/d'aluminium** sheet steel/aluminium • **tôle étamée** tinplate • **tôle galvanisée/émaillée** galvanized/enamelled iron • **tôle froissée** *[de voiture]* dented bodywork • **tôle ondulée** *(lit)* corrugated iron; *(= route)* rugged dirt track • **se payer une tôle*** *(= échouer)* to fall flat on one's face *(fig)*

tôle[2]* /tol/ NF ⇒ **taule**

Tolède /tɔlɛd/ N Toledo

tôlée /tole/ ADJ F • **neige tôlée** crusted snow

tolérable /tɔleʀabl/ SYN

ADJ *[comportement, retard]* tolerable; *[douleur, attente]* tolerable, bearable • **cette attitude n'est pas tolérable** this attitude is intolerable *ou* cannot be tolerated

NM • **c'est à la limite du tolérable** it's barely tolerable

tolérance /tɔleʀɑ̃s/ SYN NF [1] *(= compréhension, largeur d'esprit)* tolerance *(à l'égard de, envers* toward(s)*)* • **faire preuve de tolérance** to be tolerant *(à l'égard de, envers* with*)*

[2] *(= liberté limitée)* • **c'est une tolérance, pas un droit** it's tolerated rather than allowed as of right • **il y a une tolérance de 2 litres d'alcool/200 cigarettes** *:(produits hors taxe)* there's an allowance of 2 litres of spirits/200 cigarettes • **tolérance orthographique/grammaticale** permitted departure in spelling/grammar; → **maison**

[3] *(Méd, Tech)* tolerance • **tolérance aux antibiotiques** antibiotic tolerance • **tolérance immunitaire** immunological tolerance; → **marge**

[4] *(Hist, Rel)* toleration

tolérant, e /tɔleʀɑ̃, ɑ̃t/ SYN ADJ tolerant • **il est trop tolérant avec ses élèves** he's too lenient *ou* easy-going with his pupils

tolérantisme /tɔleʀɑ̃tism/ NM *(Hist Rel)* tolerationism

tolérer /tɔleʀe/ SYN ► conjug 6 ◄ VT [1] *(= ne pas sévir contre) [+ culte, pratiques, abus, infractions]* to tolerate; *(= autoriser)* to allow • **ils tolèrent un excédent de bagages de 15 kg** they allow 15 kg (of) excess baggage

[2] *(= supporter) [+ comportement, excentricités, personne]* to put up with, to tolerate; *[+ douleur]* to bear, to endure, to stand • **ils ne s'aimaient guère : disons qu'ils se toléraient** they didn't like each other much – you could say that they put up with *ou* tolerated each other • **je ne tolérerai pas cette impertinence** I will not stand for *ou* put up with *ou* tolerate this impertinence • **il tolérait qu'on l'appelle par son prénom** he allowed people to call him by his first name • **il ne tolère pas qu'on le contredise** he won't tolerate being contradicted

[3] *(Bio, Méd) [organisme]* to tolerate; *(Tech) [matériau, système]* to tolerate • **il ne tolère pas l'alcool** he can't tolerate *ou* take alcohol

tôlerie /tolʀi/ NF [1] *(= fabrication)* sheet metal manufacture; *(= commerce)* sheet metal trade; *(= atelier)* sheet metal workshop

[2] *(= tôles) [de voiture]* panels, coachwork *(NonC)*; *[de bateau, chaudière]* plates, steelwork *(NonC)*

tolet /tɔlɛ/ NM rowlock, thole

tôlier[1] /tolje/ NM *(= industriel)* sheet iron *ou* steel manufacturer • **(ouvrier-)tôlier** sheet metal worker • **tôlier en voitures** panel beater

tôlier[2]**, -ière*** /tolje, jɛʀ/ NM,F ⇒ **taulier**

tolite /tɔlit/ NF trinitrotoluene, trinitrotoluol

tollé /tɔ(l)le/ SYN NM general outcry *ou* protest • **ce fut un tollé (général)** there was a general outcry

Tolstoï /tɔlstɔj/ NM Tolstoy

toluène /tɔlɥɛn/ NM toluene

toluidine /tɔlɥidin/ NF toluidine

toluol /tɔlɥɔl/ NM toluol

TOM /tɔm/ NM (abrèv de **territoire d'outre-mer**) → **territoire**

tomahawk /tɔmaok/ NM tomahawk

tomaison /tɔmɛzɔ̃/ NF volume numbering

tomate /tɔmat/ NF [1] *(= plante)* tomato (plant); *(= fruit)* tomato • **tomates farcies** stuffed tomatoes • **tomates en grappes** vine tomatoes • **tomates (à la) provençale** tomatoes (à la) Provençale • **tomates cerises/vertes** cherry/

green tomatoes ♦ **il va recevoir des tomates** *(fig)* he'll get a hostile reception; → **rouge**
[2] *(= boisson) pastis with grenadine*

tombac /tɔ̃bak/ NM tombac, tambac

tombal, e (mpl **tombals** *ou* **tombaux**) /tɔ̃bal, o/ ADJ *[dalle]* funerary; *(littér = funèbre)* tomb-like, funereal *(épith)* ♦ **inscription tombale** tombstone inscription; → **pierre**

tombant, e /tɔ̃bɑ̃, ɑ̃t/ SYN ADJ *[draperies]* hanging *(épith)*; *[épaules]* sloping *(épith)*; *[moustache, paupières]* drooping *(épith)*; *[bouche]* down-turned, turned down at the corners *(attrib)*; *[oreilles de chien]* floppy; → **nuit**

tombe /tɔ̃b/ SYN NF [1] *(gén)* grave; *(avec monument)* tomb; *(= pierre)* gravestone, tombstone ♦ **aller sur la tombe de qn** to visit sb's grave ♦ **froid comme la tombe** cold as the tomb ♦ **muet** *ou* **silencieux comme la tombe** (as) silent as the grave *ou* tomb; → **recueillir, retourner**
[2] *(locutions)* ♦ **suivre qn dans la tombe** to follow sb to the grave ♦ **descendre dans la tombe** *(littér)* to go to one's grave; → **pied**

tombeau (pl **tombeaux**) /tɔ̃bo/ SYN NM [1] *(lit)* tomb ♦ **mettre qn au tombeau** to commit sb to the grave, to entomb sb ♦ **mise au tombeau** entombment
[2] *(fig) (= endroit lugubre ou solitaire)* grave, tomb; *(= ruine) [d'espérances, amour]* death (NonC); *(= lieu du trépas)* grave ♦ **jusqu'au tombeau** to the grave ♦ **descendre au tombeau** to go to one's grave ♦ **cette pièce est un tombeau** this room is like a grave *ou* tomb ♦ **je serai un vrai tombeau** *(secret)* my lips are sealed, I'll be as silent as the grave
[3] ♦ **à tombeau ouvert** at breakneck speed

tombée /tɔ̃be/ NF ♦ **(à) la tombée de la nuit** (at) nightfall ♦ **(à) la tombée du jour** (at) the close of the day

tombelle /tɔ̃bɛl/ NF burial mound, tumulus (SPÉC), barrow (SPÉC)

tomber[1] /tɔ̃be/

SYN ▸ conjug 1 ◂

1 - VERBE INTRANSITIF
2 - VERBE TRANSITIF

▸ Lorsque **tomber** s'emploie dans des locutions figées telles que **tomber malade/amoureux, tomber d'accord, tomber de sommeil, tomber en désuétude**, etc, cherchez au nom ou à l'adjectif.

1 - VERBE INTRANSITIF

[AVEC AUXILIAIRE **ÊTRE**]

[1] [DE LA STATION DEBOUT] to fall (over *ou* down) ♦ **il est tombé et s'est cassé la jambe** he fell (over *ou* down) and broke his leg ♦ **le chien l'a fait tomber** the dog knocked him over *ou* down ♦ **tomber par terre** to fall down, to fall to the ground ♦ **tomber de (tout) son haut** to fall *ou* crash *ou* topple to the ground, to fall headlong ♦ **se laisser tomber dans un fauteuil** to drop *ou* fall into an armchair ♦ **le tennis, il est tombé dedans quand il était petit** * *(hum)* he learnt how to play tennis almost as soon as he could walk ♦ **à tomber (par terre)** * amazing, incredible

[2] [DE LA POSITION VERTICALE] *[arbre, bouteille, poteau]* to fall (over *ou* down); *[chaise, pile d'objets]* to fall (over); *[échafaudage, mur]* to fall down, to collapse ♦ **faire tomber** *(gén)* to knock down; *(en renversant)* to knock over

[3] [D'UN ENDROIT ÉLEVÉ] *[personne, objet]* to fall (down); *[avion]* to fall; *(fig, littér = pécher)* to fall ♦ **attention ! tu vas tomber** careful! you'll fall ♦ **tomber dans** *ou* **à l'eau** to fall into the water ♦ **tomber d'un arbre** to fall from a tree, to fall out of a tree ♦ **tomber d'une chaise/d'une échelle** to fall off a chair/off a ladder ♦ **tomber de bicyclette/de cheval** to fall off one's bicycle/from *ou* off one's horse ♦ **tomber à bas de son cheval** to fall from *ou* off one's horse ♦ **tomber du cinquième étage** to fall from the fifth floor ♦ **tomber de haut** *(lit)* to fall from a height; *(fig)* to come down with a bump ♦ **il est tombé sur la tête !** * he's got a screw loose *; → **ciel, lune**

[4] [= SE DÉTACHER] *[feuilles, fruits]* to fall; *[cheveux]* to fall (out) ♦ **ramasser des fruits tombés** to pick up fruit that has fallen, to pick up windfalls ♦ **le journal tombe (des presses) à 6 heures** the paper comes off the press at 6 o'clock ♦ **la nouvelle vient de tomber à l'instant** the news has just this minute broken ♦ **un télex vient de tomber** a telex has just come through ♦ **la plume me tombe des mains** the pen is falling from my hand ♦ **faire tomber** *(en lâchant)* to drop ♦ **porte le vase sur la table sans le faire tomber** carry the vase to the table without dropping it

[5] [= S'ABATTRE, DESCENDRE] *[eau, lumière]* to fall; *[neige, pluie]* to fall, to come down; *[brouillard]* to come down ♦ **il tombe de la neige** it's snowing ♦ **qu'est-ce qu'il tombe !** * it's coming down in buckets! *, it's tipping it down * *(Brit)* ♦ **l'eau tombait en cascades** the water was cascading down ♦ **il tombe quelques gouttes** it's raining slightly, there are a few drops of rain (falling), it's spitting (with rain) *(Brit) ou* sprinkling lightly *(US)* ♦ **la nuit tombe** night is falling, it's getting dark ♦ **la foudre est tombée deux fois/tout près** the lightning has struck twice/nearby

[6] [= BAISSER] *[fièvre]* to drop; *[vent]* to drop, to abate, to die down; *[baromètre]* to fall; *[jour]* to draw to a close; *[voix]* to drop, to fall away; *[prix, nombre, température]* to fall, to drop *(à* to; *de* by); *[colère, conversation]* to die down; *[exaltation, assurance, enthousiasme]* to fall away ♦ **le dollar est tombé à 80 cents** the dollar has fallen *ou* dropped to 80 cents ♦ **les prix ne sont jamais tombés aussi bas** prices have reached a new low *ou* an all-time low, prices have never fallen so low ♦ **ils sont tombés bien bas** *(fig)* they've sunk really low ♦ **faire tomber** *[+ température, vent, prix]* to bring down

[7] [= DISPARAÎTRE] *[obstacle, objection]* to disappear; *[poursuites]* to lapse; *[record]* to fall ♦ **l'as et le roi sont tombés** *(Cartes)* the ace and king have gone *ou* have been played ♦ **faire tomber les atouts** to force out the trumps

[8] [= PENDRE, DESCENDRE] *[draperie, robe, chevelure]* to fall, to hang; *[pantalon]* to hang; *[moustaches]* to droop; *[épaules]* to slope ♦ **ses cheveux lui tombaient sur les épaules** his hair fell to *ou* hung down to his shoulders ♦ **les rideaux tombaient jusqu'au plancher** the curtains hung down to the floor ♦ **sa jupe tombe bien** her skirt hangs nicely *ou* well

[9] [= ÉCHOIR] *[date, choix, sort]* to fall; *[verdict, sanction]* to be pronounced ♦ **Pâques tombe tard cette année** Easter falls late this year ♦ **Noël tombe un mardi** Christmas falls on a Tuesday ♦ **les deux concerts tombent le même jour** the two concerts fall on the same day

[10] [= ARRIVER, SE PRODUIRE] ♦ **il est tombé en pleine réunion/scène de ménage** he walked straight into a meeting/a domestic row ♦ **je tombe toujours aux heures de fermeture** I always manage to come at closing time ♦ **bien/mal tomber** *(moment)* to come at the right/wrong moment; *(chance)* to be lucky/unlucky ♦ **ça tombe bien** that's fortunate *ou* convenient ♦ **ça tombe à point** *ou* **à pic** * that's perfect timing ♦ **ça ne pouvait pas mieux tomber** that couldn't have come at a better time ♦ **il est vraiment bien/mal tombé avec son nouveau patron** he's really lucky/unlucky *ou* he's really in luck/out of luck with his new boss ♦ **si ça tombe, il viendra même pas** ‡ he may not even come; → **juste**

[11] [= ÊTRE TUÉ] *[combattant]* to fall

[12] [= ÊTRE VAINCU] *[ville, régime, garnison]* to fall ♦ **faire tomber le gouvernement** to bring down the government, to bring the government down

[13] [‡ = ÊTRE ARRÊTÉ] to be *ou* get busted ‡ *ou* nicked ‡ *(Brit)*

[14] [LOCUTIONS]

♦ **laisser tomber** *[+ objet que l'on porte]* to drop; *[+ amis, activité]* to drop; *[+ métier]* to drop, to give up, to chuck in *; *[+ fiancé]* to jilt, to throw over *; *[+ vieux parents]* to let down, to leave in the lurch ♦ **il a voulu faire du droit mais il a vite laissé tomber** he wanted to do law but he soon gave it up *ou* dropped it ♦ **la famille nous a bien laissé tomber** the family really let us down *ou* left us in the lurch ♦ **laisse tomber !** * *(gén)* forget it!; *(nuance d'irritation)* give it a rest! *

♦ **tomber dans** *[+ état]* ♦ **tomber dans la misère** to become destitute ♦ **tomber dans l'alcool/la drogue** to take to drinking/to drugs ♦ **tomber dans le coma** to fall into a coma ♦ **son œuvre est tombée dans l'oubli** his work fell into oblivion ♦ **ce roman tombe dans le mélo/la vulgarité** the novel tends to lapse into melodrama/vulgarity ♦ **tomber dans l'excès** to lapse into excess ♦ **tomber dans l'excès inverse** to go to the opposite extreme ♦ **tomber d'un excès dans un autre** to go from one extreme to another; → **domaine, pomme, piège** *etc*

♦ **tomber sur** *[regard]* to fall *ou* light upon; *[conversation]* to come round to
(= rencontrer par hasard) [+ personne] to run *ou* bump into; *(= trouver par hasard) [+ objet, piste, détail]* to come across *ou* upon ♦ **j'ai eu la chance de tomber sur un spécialiste** I was lucky enough to come across a specialist ♦ **en prenant cette rue, vous tombez sur le boulevard/la gare** if you go along this street, you'll come out onto the boulevard/you'll find the station ♦ **je suis tombé sur une vieille photo** I came across *ou* upon an old photo; → **bec, os**
(= échoir à) ♦ **on a tiré au sort et c'est tombé sur moi** we drew straws and I was the lucky winner *(iro)* ♦ **et il a fallu que ça tombe sur moi !** it (just) had to be me! ♦ **il m'est tombé sur le râble** ‡ *ou* **le paletot** ‡ *ou* **le dos** ‡ he laid into me *, he went for me *

♦ **tomber dessus** * ♦ **il nous est tombé dessus le jour de Noël** he landed on us on Christmas Day * ♦ **une quantité de problèmes leur est tombée dessus** they had a whole series of problems ♦ **la maladie, ça peut vous tomber dessus n'importe quand** you can fall ill any time ♦ **quand la solitude vous tombe dessus...** when you suddenly find yourself alone... ♦ **je ne voulais pas d'une nouvelle relation amoureuse, ça m'est tombé dessus** I didn't want to have another love affair, it just happened
(* = *attaquer*) ♦ **ils nous sont tombés dessus à huit contre trois** eight of them laid into the three of us ‡

2 - VERBE TRANSITIF

[AVEC AUXILIAIRE **AVOIR**]

[1] [*] ♦ **tomber qn** *(= vaincre) (Sport)* to throw sb; *(Pol)* to beat sb ♦ **il les tombe toutes** *(= séduire)* he's a real ladykiller

[2] [* = ENLEVER] ♦ **tomber la veste** to take off one's jacket ♦ **tomber le masque** to drop the mask

tomber[2] /tɔ̃be/ NM [1] *(littér)* ♦ **au tomber du jour** *ou* **de la nuit** at nightfall
[2] *[de vêtement, étoffe]* ♦ **le tomber de ce tissu/de cette robe** the way the material/the dress hangs

tombereau (pl **tombereaux**) /tɔ̃bʀo/ NM *(= charrette)* tipcart; *(= contenu)* cartload; *(pour terrassement)* dump truck, dumper-truck ♦ **des tombereaux de** *(fig)* masses of

tombeur, -euse /tɔ̃bœʀ, øz/ SYN
NM,F *(= adversaire)* ♦ **le tombeur du sénateur** the man who defeated the senator ♦ **la tombeuse de la championne du monde** the woman who defeated *ou* toppled the world champion
NM [1] (* = *don Juan*) ladykiller, Casanova
[2] *(= lutteur)* thrower

tombola /tɔ̃bɔla/ NF tombola, raffle

tombolo /tɔ̃bɔlo/ NM tombolo

Tombouctou /tɔ̃buktu/ N Timbuktu

tome /tɔm/ NM *(= division)* part, book; *(= volume)* volume

tomenteux, -euse /tɔmɑ̃tø, øz/ ADJ tomentose

tomette /tɔmɛt/ NF ⇒ **tommette**

tomme /tɔm/ NF tomme (cheese)

tommette /tɔmɛt/ NF (red, hexagonal) floor-tile

tomographie /tɔmɔgʀafi/ NF tomography

tom-pouce * /tɔmpus/ NM *(= nain)* Tom Thumb, dwarf, midget

ton[1] /tɔ̃/, **ta** /ta/ (pl **tes** /te/) ADJ POSS [1] *(possession, relation)* your; *(emphatique)* your own; († *Rel*) thy ♦ **ton fils et ta fille** your son and (your) daughter ♦ **que ta volonté soit faite** *(Rel)* Thy will be done; *pour autres loc voir* **son[1]**
[2] *(valeur affective, ironique, intensive)* ♦ **tu as de la chance d'avoir ton samedi !** * you're lucky to have Saturday(s) off! ♦ **ton Paris est devenu très bruyant** your beloved Paris is getting very noisy ♦ **tu vas avoir ta crise de foie si tu manges ça** you'll upset your stomach if you eat that ♦ **ferme donc ta porte !** shut the door behind you!; *pour autres loc voir* **son[1]**

ton[2] /tɔ̃/ SYN NM [1] *(= hauteur de la voix)* pitch; *(= timbre)* tone; *(= manière de parler)* tone (of voice) ♦ **ton aigu/grave** shrill/low pitch ♦ **ton nasillard** twang ♦ **d'un ton détaché/brusque/pédant** in a detached/an abrupt/a pedantic tone (of voice) ♦ **d'un ton sec** curtly ♦ **avec un ton de supériorité** in a superior tone ♦ **sur le ton de la conversation/plaisanterie** conversationally/jokingly, in a conversational/joking

tone (of voice) ◆ **le ton est à la conciliation/à la prudence** the prevailing mood is one of conciliation/of caution, conciliation/caution is the order of the day ◆ **hausser le ton** (lit) to raise one's voice; (= se fâcher) to raise one's voice; (= durcir sa position) to take a firmer line ◆ **les syndicats haussent le ton** the unions are taking an aggressive stand ◆ **baisser le ton** (lit) to lower one's voice; (fig) to soften ou moderate one's tone ◆ **baisse un peu le ton !** pipe down! * ◆ **faire baisser le ton à qn** (fig) to bring sb down a peg (or two) ◆ **les débats ont changé de ton** the tone of the debates has changed ◆ **il devra changer de ton** (fig) he'll have to change his tune ◆ **ne me parle pas sur ce ton !** don't use that tone (of voice) with me!, don't you talk to me like that! ◆ **ne le prenez pas sur ce ton** don't take it like that ◆ **alors là, si vous le prenez sur ce ton** well if that's the way you're going to take it, well if you're going to take it like that ◆ **dire/répéter sur tous les tons** to say/repeat in every possible way

② (Mus = intervalle) tone; [de morceau] key; [d'instrument à vent] crook; (= hauteur d'un instrument) pitch ◆ **le ton de si majeur** the key of B major ◆ **passer d'un ton à un autre** to change from one key to another ◆ **il y a un ton entre do et ré** there is a whole ou full tone between C and D ◆ **prendre le ton** to tune up (de to) ◆ **donner le ton** to give the pitch ◆ **sortir du ton** to go out of tune ◆ **il/ce n'est pas dans le ton** he/it is not in tune ◆ **le ton est trop haut pour elle** it's set in too high a key for her, it's pitched too high for her

③ (Ling, Phon) tone ◆ **langue à tons** tone language

④ (= style) tone ◆ **le ton soutenu de son discours** the elevated tone of his speech ◆ **le bon ton** (= manière de se comporter) good manners, good form (Brit) ◆ **plaisanteries/remarques de bon ton** jokes/remarks in good taste ◆ **il est de bon ton de...** it's considered polite to..., it is good manners ou form (Brit) to... ◆ **plaisanteries de mauvais ton** tasteless jokes ◆ **être dans le ton** to fit in ◆ **il s'est vite mis dans le ton** he soon fitted in ◆ **donner le ton** to set the tone; (en matière de mode) to set the fashion

⑤ (= couleur, nuance) shade, tone ◆ **être dans le ton** to tone in, to match ◆ **la ceinture n'est pas du même ton** ou **dans le même ton que la robe** the belt doesn't match the dress ◆ **tons chauds** warm tones ou shades ◆ **tons dégradés** gradual shadings ◆ **ton sur ton** in matching tones

tonal, e (mpl **tonals**) /tɔnal/ ADJ (Ling, Mus) tonal

tonalité /tɔnalite/ SYN NF ① (Mus) (= système) tonality; (= ton) key; (Phon) [de voyelle] tone
② (= fidélité) [de poste, amplificateur] tone
③ (= timbre, qualité) [de voix] tone; (fig) [de texte, impression] tone; [de couleurs] tonality
④ (Téléc) dialling tone (Brit), dial tone (US) ◆ **je n'ai pas la tonalité** I'm not getting the dialling tone

tonca /tɔka/ NM ⇒ tonka

tondeur, -euse /tɔ̃dœʀ, øz/
NM,F (gén) shearer
NF **tondeuse** (à cheveux) clippers; (pour les moutons, pour les draps) shears ◆ **tondeuse (à gazon)** (lawn)mower ◆ **passer la tondeuse** to mow the lawn ◆ **tondeuse à main/à moteur** hand-/motor-mower ◆ **tondeuse électrique** (pour le gazon) electric (lawn)mower; (pour les cheveux) electric clippers

tondre /tɔ̃dʀ/ SYN ▸ conjug 41 ◂ VT ① [+ mouton, toison] to shear; [+ gazon] to mow; [+ haie] to clip, to cut; [+ caniche, poil] to clip; [+ cheveux] to crop; [+ drap, feutre] to shear
② (* = couper les cheveux à) **tondre qn** to cut sb's hair; (= escroquer) to fleece sb; (au jeu) to clean sb out ◆ **je vais me faire tondre** I'm going to get my hair cut really short; → **laine**

tondu, e /tɔ̃dy/ (ptp de **tondre**) ADJ [cheveux, tête] (closely-)cropped; [personne] with closely-cropped hair, close-cropped; [pelouse,][sommet] closely-cropped; → **pelé**

Tonga /tɔ̃ga/ NM Tonga ◆ **les îles Tonga** Tonga

tongs /tɔ̃g/ NFPL (= sandales) flip-flops, thongs (US)

tonicardiaque /tɔnikaʀdjak/
ADJ cardiotonic
NM heart tonic, cardiotonic

tonicité /tɔnisite/ NF ① (Méd) [de tissus] tone, tonicity (SPÉC), tonus (SPÉC)
② [d'air, mer] tonic ou bracing effect

tonie /tɔni/ NF (Physiol) pitch

tonifiant, e /tɔnifjɑ̃, jɑ̃t/
ADJ [air] bracing, invigorating; [massage, lotion] toning (épith), tonic (épith); [lecture, expérience] stimulating
NM tonic

tonifier /tɔnifje/ SYN ▸ conjug 7 ◂ VT [+ muscles] to tone (up); [+ esprit, personne] to stimulate; [+ peau] to tone; [+ cheveux] to put new life into ◆ **cela tonifie l'organisme** it tones up the whole system

tonique /tɔnik/ SYN
ADJ ① [médicament, vin, boisson] tonic (épith), fortifying; [lotion] toning (épith), tonic (épith) ◆ **c'est quelqu'un de très tonique** (dynamique) he's very dynamic; (physiquement) he's in really good shape
② [air, froid] invigorating, bracing; [idée, expérience, lecture] stimulating
③ (Ling) [syllabe, voyelle] tonic, accented; → **accent**
NM (Méd, fig) tonic; (= lotion) toning lotion ◆ **tonique du cœur** heart tonic
NF (Mus) tonic, keynote

tonitruant, e /tɔnitʀyɑ̃, ɑ̃t/ SYN ADJ [voix] thundering (épith), booming (épith)

tonitruer /tɔnitʀye/ ▸ conjug 1 ◂ VI to thunder

tonka /tɔ̃ka/ NM tonka bean

Tonkin /tɔ̃kɛ̃/ NM Tonkin

tonkinois, e /tɔ̃kinwa, waz/
ADJ Tonkinese
NM,F **Tonkinois(e)** Tonkinese

tonnage /tɔnaʒ/ NM [de navire] tonnage, burden; [de port, pays] tonnage ◆ **tonnage brut/net** gross/net tonnage

tonnant, e /tɔnɑ̃, ɑ̃t/ ADJ [voix, acclamation] thunderous, thundering (épith)

tonne /tɔn/ NF ① (= unité de poids) (metric) ton, tonne ◆ **une tonne de bois** (Brit) of wood ◆ **tonne américaine** ou **courte** short ou net ton ◆ **tonne anglaise** ou **longue** ou **forte long** ou **gross** ou **imperial ton ◆ tonne-kilomètre** ton kilometre ◆ **un navire de 10 000 tonnes** a 10,000-ton ou -tonne (Brit) ship, a ship of 10,000 tons ou tonnes (Brit) ◆ **un (camion de) 5 tonnes** a 5-ton truck, a 5-tonner * ◆ **tonne équivalent charbon** ton coal equivalent ◆ **tonne équivalent pétrole** ton oil equivalent ◆ **ses plaisanteries pèsent des tonnes** his jokes are very laboured ou heavy-handed
② (* = énorme quantité) ◆ **des tonnes de, une tonne de** tons of *, loads of * ◆ **il y en a des tonnes** there are tons * ou loads * of them ◆ **des gens comme lui, (il n')y en a pas des tonnes** you don't come across people like him every day * ◆ **en faire des tonnes** to overdo it, to go over the top *
③ (Tech = récipient) tun; (= bouée) tun-buoy

tonneau (pl **tonneaux**) /tɔno/ SYN NM
① (= récipient) barrel, cask; (= contenu) barrel(ful), cask(ful) ◆ **vieillir en tonneau** to age in the barrel ou cask ◆ **le tonneau de Diogène** Diogenes' tub ◆ **c'est le tonneau des Danaïdes** (Myth) the Danaides' jar ◆ **c'est le tonneau des Danaïdes** (= gouffre financier) it's a bottomless pit; (= tâche sans fin) it is a Sisyphean task ◆ **être du même tonneau** * (péj) to be of the same kind; → **perce**
② (en avion) hesitation flick roll (Brit), hesitation snap roll (US)
③ (en voiture) somersault ◆ **faire un tonneau** to roll over, to somersault ◆ **leur voiture a fait trois tonneaux** their car rolled (over) ou somersaulted three times
④ (Naut = unité de volume) ton ◆ **tonneau de jauge brute** gross register ton ◆ **un bateau de 1 500 tonneaux** a 1,500-ton ou -tonne (Brit) ship

tonnelet /tɔnlɛ/ NM keg, (small) cask

tonnelier /tɔnəlje/ NM cooper

tonnelle /tɔnɛl/ SYN NF (= abri) arbour (Brit), arbor (US), bower; (Archit) barrel vault ◆ **il dormait sous la tonnelle** he was sleeping in the arbour

tonnellerie /tɔnɛlʀi/ NF cooperage

tonner /tɔne/ SYN ▸ conjug 1 ◂
VI ① [canons, artillerie] to thunder, to boom, to roar
② [personne] to thunder, to rage, to inveigh (contre against)
VB IMPERS to thunder ◆ **il tonne** it's thundering ◆ **il a tonné vers 2 heures** there was some thunder about 2 o'clock ◆ **il tonnait sans discontinuer** the thunder rumbled continuously

tonnerre /tɔnɛʀ/
NM ① (= détonation) thunder; († = foudre) thunderbolt ◆ **j'entends le tonnerre qui gronde** I can hear thunder ◆ **coup de tonnerre** thunderbolt ◆ **comme un coup de tonnerre dans un ciel serein** ou **bleu** (fig) like a bolt from the blue ◆ **un bruit/une voix de tonnerre** a noise/a voice like thunder, a thunderous noise/voice ◆ **un tonnerre d'applaudissements** thunderous applause ◆ **le tonnerre des canons** the roar ou the thundering of the guns
② (* : valeur intensive) ◆ **du tonnerre** terrific *, fantastic * ◆ **ça marchait du tonnerre** it was going great guns * ou tremendously well ◆ **un livre du tonnerre de Dieu** ‡ one ou a hell of a book ‡, a fantastic book *
EXCL ◆ **tonnerre !** * † ye gods! * † ◆ **mille tonnerres !** *, **tonnerre de Brest !** * shiver me timbers! * † (aussi hum) ◆ **tonnerre de Dieu !** ‡ hell and damnation! ‡, hell's bells! *

tonométrie /tɔnɔmetʀi/ NF tonometry

tonométrique /tɔnɔmetʀik/ ADJ tonometric

tonsure /tɔ̃syʀ/ NF (Rel) tonsure; (* = calvitie) bald spot ou patch ◆ **porter la tonsure** to wear the tonsure

tonsuré, e /tɔ̃syʀe/ (ptp de **tonsurer**)
ADJ tonsured
NM (péj = moine) monk

tonsurer /tɔ̃syʀe/ ▸ conjug 1 ◂ VT to tonsure

tonte /tɔ̃t/ NF ① (= action) [de moutons] shearing; [de haie] clipping; [de gazon] mowing
② (= laine) fleece
③ (= époque) shearing-time

tontine /tɔ̃tin/ NF (Fin, Jur) tontine

tonton /tɔ̃tɔ̃/ NM (langage enfantin) uncle

tonture /tɔ̃tyʀ/ NF (Naut) [de bateau] sheer

tonus /tɔnys/ SYN NM ① (Physiol) tone, tonus (SPÉC) ◆ **tonus musculaire** muscle tone, muscular tonus (SPÉC) ◆ **tonus nerveux** nerve tone
② (= dynamisme) energy, dynamism; (au travail) drive ◆ **redonner du tonus à l'économie** to give the economy a boost ◆ **ce shampoing donnera du tonus à vos cheveux** this shampoo will put new life into your hair

toon * /tun/ NM cartoon character

top /tɔp/
NM ① (= signal électrique) beep ◆ **au 4ᵉ top il sera midi** (Radio) at the 4th stroke it will be twelve o'clock
② (Courses) ◆ **donner le top (de départ)** to give the starting signal ◆ **attention, top, partez !** ou **top départ !** on your marks, get set, go!
③ ◆ **top 10/30** etc top 10 ou ten/30 ou thirty etc ◆ **le top 50** (Mus) the top 50 (singles), ≈ the singles charts ◆ **numéro un du top 50** number one in the charts
④ (* = le mieux) ◆ **c'est (le top du) top !** it's the best! ◆ **être au top** [athlète, chercheur] to be the best in one's field ◆ **être au top de sa forme** to be in tip-top condition ou shape, to be in great shape * ◆ **c'est top !** * (c'est super) it's great! * ◆ **c'est pas top** * it's nothing special
ADJ ◆ **top secret** top secret ◆ **top modèle** top model [athlète, chercheur] ◆ **être au top niveau** to be at the top of one's field

topaze /tɔpaz/
NF topaz ◆ **topaze brûlée** burnt topaz
ADJ INV (= couleur) topaz ◆ **liquide topaze** topaz-coloured liquid

toper /tɔpe/ ▸ conjug 1 ◂ VI **tope-là !**, **topez-là !** let's shake on it!, done!, you're on! *, it's a deal! *

tophus /tɔfys/ NM tophus, chalkstone

topiaire /tɔpjɛʀ/ ADJ, NF (art) topiaire topiary

topinambour /tɔpinɑ̃buʀ/ NM Jerusalem artichoke

topique /tɔpik/
ADJ (frm) [argument, explication] pertinent; [citation] apposite; [remède, médicament] topical, local
NM (Méd) topical ou local remedy; (Philos) topic
NF (Philos) topics

topless * /tɔplɛs/
NM [bar, serveuse] topless
NM ◆ **faire du topless** to go topless

topo * /tɔpo/ NM (= exposé, rapport) rundown *; (péj = laïus) spiel * ◆ **faire un topo sur qch** to give a rundown * on sth ◆ **c'est toujours le même topo** it's always the same old story * ◆ **tu vois un peu le topo ?** get the picture?

topographe /tɔpɔgʀaf/ NM topographer

topographie /tɔpɔgrafi/ NF (= technique) topography; (= configuration) layout, topography; † (= description) topographical description; (= croquis) topographical plan

topographique /tɔpɔgrafik/ ADJ topographic(al)

topographiquement /tɔpɔgrafikmɑ̃/ ADV topographically

topoguide /tɔpɔgid/ NM topographical guide

topologie /tɔpɔlɔʒi/ NF topology

topologique /tɔpɔlɔʒik/ ADJ topologic(al)

topométrie /tɔpɔmetri/ NF topometry

toponyme /tɔpɔnim/ NM place name, toponym (SPÉC)

toponymie /tɔpɔnimi/ NF (= étude) toponymy (SPÉC), study of place names; (= noms de lieux) toponymy (SPÉC), place names

toponymique /tɔpɔnimik/ ADJ toponymic

toquade /tɔkad/ NF (péj) (pour qn) infatuation, crush*; (pour qch) fad, craze ◆ **avoir une toquade pour qn** to have a crush on sb*, to be infatuated with sb

toquante* /tɔkɑ̃t/ NF ⇒ tocante

toquard, e* /tɔkaʀ, aʀd/ ADJ, NM ⇒ tocard, e

toque /tɔk/ NF (en fourrure) fur hat; [de juge, jockey] cap ◆ **toque de cuisinier** chef's hat ◆ **l'une des toques les plus renommées** (= chef cuisinier) one of the most famous chefs

toqué, e* /tɔke/
   ADJ crazy*, cracked*, nuts* (attrib) ◆ **être toqué de qn** to be crazy ou mad ou nuts about sb*
   NM,F loony*, nutcase*, nutter*(Brit)

toquer* /tɔke/ ▶ conjug 1 ◀ VI to tap, to rap ◆ **toquer (à la porte)** to tap ou rap at the door

toquer (se)* /tɔke/ ▶ conjug 1 ◀ VPR ◆ **se toquer de qn** to lose one's head over sb, to go crazy over sb* ◆ **se toquer de qch** to go crazy over sth

Tor /tɔʀ/ NM ⇒ Thor

Torah /tɔʀa/ NF ⇒ Thora

torche /tɔʀʃ/ SYN NF ① (= flambeau) torch ◆ **torche électrique** (electric) torch (Brit), flashlight (US) ◆ **être transformé en torche vivante** to be turned into a human torch ◆ **se mettre en torche** (Parachutisme) to candle
   ② (= installation pétrolière) flare

torche-cul* (pl **torche-culs**) /tɔʀʃəky/ NM toilet paper, bog-paper*(Brit); († = écrit) drivel (NonC)

torchée* /tɔʀʃe/ NF (= correction) hammering, thrashing

torcher /tɔʀʃe/ ▶ conjug 1 ◀
   VT ① * [+ assiette] to wipe (clean); [+ jus] to mop up
   ② * [+ derrière] to wipe ◆ **torcher un bébé** to wipe a baby's bottom
   ③ (péj) [+ travail, rapport] (= produire) to toss off; (= bâcler) to make a mess of, to botch (up) ◆ **rapport/article bien torché** well-written report/article
   VPR **se torcher*** ① (= s'essuyer) ◆ **se torcher (les fesses)** to wipe one's bottom ◆ **je m'en torche** (fig)(= je m'en moque) I don't give ou care a damn*
   ② (= boire) ◆ **il s'est torché la bouteille de vodka** he polished off* ou downed* the bottle of vodka ◆ **il était complètement torché** (= saoul) he was completely pissed*(Brit) ou wasted*(US)

torchère /tɔʀʃɛʀ/ NF ① [d'installation pétrolière] flare
   ② (= candélabre) torchère; (= chandelier) candelabrum; (= vase) cresset

torchis /tɔʀʃi/ NM cob (for walls)

torchon /tɔʀʃɔ̃/ SYN NM ① (gén) cloth; (pour épousseter) duster (Brit), dustcloth (US); (à vaisselle) tea towel, dish towel ◆ **coup de torchon** (= bagarre) scrap; (= épuration) clear-out ◆ **donner un coup de torchon** (ménage) to give a room a dust, to flick a duster over a room; (vaisselle) to give the dishes a wipe; (épuration) to have a clear-out ◆ **le torchon brûle** (fig) there's a running battle (going on) (entre between); → **mélanger**
   ② (péj) (= devoir mal présenté) mess; (= écrit sans valeur) drivel (NonC), tripe*(NonC); (= mauvais journal) rag ◆ **ce devoir est un torchon** this homework is a mess

torchonner* /tɔʀʃɔne/ ▶ conjug 1 ◀ VT (péj) [+ travail] to do a rushed job on ◆ **un devoir torchonné** a slipshod ou badly done piece of homework

torcol /tɔʀkɔl/ NM wryneck

tordage /tɔʀdaʒ/ NM (Tech) twisting

tordant, e* /tɔʀdɑ̃, ɑ̃t/ ADJ hilarious ◆ **il est tordant** he's a scream*

tord-boyaux* † /tɔʀbwajo/ NM INV rotgut*, hooch*(US)

tordre /tɔʀdʀ/ SYN ▶ conjug 41 ◀
   VT ① (entre ses mains) to wring; (pour essorer) to wring (out); [+ tresses] to wind; [+ brins, laine] to twist; [+ bras, poignet] to twist ◆ « **ne pas tordre** » (sur étiquette) "do not wring" ◆ **sa robe était à tordre** (très mouillée) her dress was wringing wet ◆ **tordre le cou à un poulet** to wring a chicken's neck ◆ **je vais lui tordre le cou*** I'll wring his neck (for him) ◆ **tordre le cou à une rumeur** to put an end to ou kill a rumour ◆ **cet alcool vous tord les boyaux*** this stuff is real rot-gut* ◆ **la peur lui tordait l'estomac** his stomach was churning with fear
   ② (= plier) [+ barre de fer] to twist; [+ cuiller, branche de lunette] to bend
   ③ (= déformer) [+ traits, visage] to contort, to twist ◆ **une joie sadique lui tordait la bouche** his mouth was twisted into a sadistic leer ◆ **la colère lui tordait le visage** his face was twisted ou contorted with anger ◆ **tordre le nez (devant qch)*** to screw up one's face in disgust (at sth)
   VPR **se tordre** ① [personne] ◆ **se tordre de douleur** to be doubled up with pain ◆ **se tordre (de rire)** to be doubled up ou creased up (Brit) with laughter ◆ **c'est à se tordre (de rire) !** it's hilarious! ◆ **ça les a fait se tordre de rire** it had them in stitches* ◆ **mon estomac se tord** I've got a terrible pain in my stomach
   ② [barre, poteau] to bend; [roue] to buckle, to twist; (littér) [racine, tronc] to twist round, to writhe (littér)
   ③ (= se faire mal à) ◆ **se tordre le pied/le poignet/la cheville** to twist one's foot/one's wrist/one's ankle ◆ **se tordre les mains (de désespoir)** to wring one's hands (in despair)

tordu, e /tɔʀdy/ SYN (ptp de **tordre**)
   ADJ [nez] crooked; [jambes] bent, crooked; [tronc] twisted; [règle, barre] bent; [roue] bent, buckled, twisted; [idée] weird; [raisonnement] twisted ◆ **avoir l'esprit tordu** to have a warped mind ◆ **être (complètement) tordu*** to be off one's head*, to be round the bend* (Brit) ou the twist* (Brit) ◆ **il m'a fait un coup tordu** he played a dirty trick on me
   NM,F * (= fou) loony*, nutcase *; (= crétin) twit*

tore /tɔʀ/ NM (Géom) torus; (Archit) torus, tore ◆ **tore magnétique** magnetic core ◆ **tore de ferrite** ferrite core

toréador /tɔʀeadɔʀ/ NM toreador

toréer /tɔʀee/ ▶ conjug 1 ◀ VI (ponctuellement) to fight ou work a bull; (habituellement) to be a bullfighter

torero /tɔʀeʀo/ NM bullfighter, torero

torgnole* /tɔʀɲɔl/ NF clout, wallop* ◆ **flanquer* une torgnole à qn** to clout ou wallop* sb

torii /tɔʀii/ NM INV torii

toril /tɔʀil/ NM bullpen

tornade /tɔʀnad/ SYN NF tornado ◆ **entrer comme une tornade** to come in like a whirlwind

toroïdal, e (mpl **-aux**) /tɔʀɔidal, o/ ADJ toroid(al)

toron /tɔʀɔ̃/ NM (= brin) strand

toronner /tɔʀɔne/ ▶ conjug 1 ◀ VT [+ fils] to strand

toronneuse /tɔʀɔnøz/ NF stranding machine

torpédo /tɔʀpedo/ NF † open tourer (Brit), open touring car (US)

torpeur /tɔʀpœʀ/ SYN NF torpor ◆ **faire sortir ou tirer qn de sa torpeur** to bring sb out of his torpor

torpide /tɔʀpid/ ADJ (littér, Méd) torpid

torpillage /tɔʀpijaʒ/ NM (lit, fig) torpedoing

torpille /tɔʀpij/ NF ① (Mil) (sous-marine) torpedo ◆ **torpille (aérienne)** (= bombe) (aerial) torpedo
   ② (= poisson) torpedo

torpiller /tɔʀpije/ SYN ▶ conjug 1 ◀ VT (lit, fig) to torpedo

torpilleur /tɔʀpijœʀ/ NM torpedo boat

torque /tɔʀk/ NM torque, torc

torr /tɔʀ/ NM torr

torréfacteur /tɔʀefaktœʀ/ NM ① (= appareil) [de café, malt, cacao] roaster; [de tabac] toasting machine
   ② (= commerçant) coffee merchant

torréfaction /tɔʀefaksjɔ̃/ NF [de café, malt, cacao] roasting; [de tabac] toasting

torréfier /tɔʀefje/ ▶ conjug 7 ◀ VT [+ café, malt, cacao] to roast; [+ tabac] to toast ◆ **café torréfié** roast(ed) coffee

torrent /tɔʀɑ̃/ SYN NM ① (= cours d'eau) stream; (tumultueux) torrent ◆ **torrent de montagne** (fast-flowing) mountain stream, mountain torrent
   ② (= écoulement rapide) ◆ **torrent de lave** torrent ou flood of lava ◆ **torrent de boue** torrent of mud ◆ **des torrents d'eau** (pluie) torrential rain; (inondation) torrents of water ◆ **il pleut à torrents** it's pouring
   ③ (= grande abondance) ◆ **un torrent de** [+ injures, paroles] a torrent ou stream ou flood of; [+ musique] a flood of ◆ **des torrents de** [+ fumée, lumière, larmes] streams of

torrentiel, -elle /tɔʀɑ̃sjɛl/ SYN ADJ [eaux, régime, pluie] torrential

torrentueux, -euse /tɔʀɑ̃tɥø, øz/ ADJ (littér)
   ① [cours d'eau] torrential, surging (épith)
   ② [vie] tumultuous

torride /tɔʀid/ SYN ADJ ① (= très chaud) [région, climat] torrid; [journée, chaleur] scorching, torrid
   ② (= sensuel) [scène d'amour, ambiance] torrid

tors, torse¹ /tɔʀ, tɔʀs/
   ADJ [fil] twisted; [colonne] wreathed; [pied de verre] twist (épith); [jambes] crooked, bent
   NM (Tech) twist

torsade /tɔʀsad/ NF [de fils] twist; (Archit) cable moulding; (Tricot) cable-stitch ◆ **torsade de cheveux** twist ou coil of hair ◆ **en torsade** [embrasse, cheveux] twisted ◆ **colonne à torsades** cabled column ◆ **pull à torsades** cable(-knit ou -stitch) sweater; → **point²**

torsader /tɔʀsade/ SYN ▶ conjug 1 ◀ VT [+ frange, corde, cheveux] to twist ◆ **colonne torsadée** cabled column ◆ **pull torsadé** cable(-knit ou -stitch) sweater

torse² /tɔʀs/ SYN NM (gén) chest; (Anat, Sculp) torso ◆ **torse nu** stripped to the waist, bare-chested ◆ **se mettre torse nu** to strip to the waist; → **bomber¹**

torseur /tɔʀsœʀ/ NM torque

torsion /tɔʀsjɔ̃/ SYN NF (= action) twisting; (Phys, Tech) torsion ◆ **exercer sur qn une torsion du bras** to twist sb's arm back ◆ **moment de torsion** torque; → **couple**

tort /tɔʀ/ GRAMMAIRE ACTIVE 2.2, 12.1, 14 SYN NM
   ① (= action, attitude blâmable) fault ◆ **il a un tort, c'est de trop parler** his one fault is that he talks too much ◆ **il a le tort d'être trop jeune** the only trouble with him is that he's too young ◆ **il a eu le tort d'être impoli avec le patron** he made the mistake of being rude to the boss ◆ **je n'ai eu qu'un seul tort, celui de t'écouter** the only mistake I made was to listen to you ◆ **ils ont tous les torts de leur côté** the fault is entirely on their side, they are completely in the wrong ◆ **les torts sont du côté du mari/cycliste** the fault lies with the husband/cyclist, the husband/cyclist is at fault ◆ **avoir des torts envers qn** to have wronged sb ◆ **il n'a aucun tort** he's not at fault, he's in no way to blame ◆ **il a reconnu ses torts** he acknowledged ou admitted that he had done something wrong ◆ **vous avez refusé ? c'est un tort** did you refuse? – you were wrong (to do that) ou you shouldn't have (done that) ◆ **tu ne le savais pas ? c'est un tort** you didn't know? – you should have ou that was a mistake ou that was unfortunate
   ② (= dommage, préjudice) wrong ◆ **redresser un tort** to right a wrong ◆ **faire ou causer du tort à qn, faire ou porter tort à qn** † to harm sb, to do ou cause sb harm ◆ **ça ne fait de tort à personne** it doesn't harm ou hurt anybody ◆ **il s'est fait du tort** he has harmed himself, he has done himself no good ◆ **cette mesure va faire du tort aux produits laitiers** this measure will harm ou be harmful to ou be detrimental to the dairy industry ◆ **il ne me ferait pas tort d'un centime** † he wouldn't do me out of a penny; → **redresseur**
   ③ (locutions)
   ◆ **avoir tort** to be wrong ◆ **il a tort de se mettre en colère** he's wrong ou it's wrong of him to get angry ◆ **il n'a pas tout à fait tort de dire que…** he's not altogether ou entirely wrong in saying

that... ♦ **elle a grand** *ou* **bien tort de le croire** she's very wrong to believe it ♦ **tu aurais bien tort de ne pas le faire !** you'd be quite wrong not to do it! ♦ **on aurait tort de croire que...** it would be wrong to think *ou* believe that...

♦ **donner tort à qn** *(= blâmer)* to lay the blame on sb, to blame sb; *(= ne pas être d'accord avec)* to disagree with sb ♦ **les statistiques donnent tort à son rapport** statistics show *ou* prove his report to be wrong *ou* inaccurate ♦ **les événements lui ont donné tort** events proved him wrong *ou* showed that he was wrong

♦ **à tort** wrongly ♦ **soupçonner/accuser qn à tort** to suspect/accuse sb wrongly ♦ **c'est à tort qu'on l'avait dit malade** he was wrongly *ou* mistakenly said to be ill

♦ **à tort ou à raison** rightly or wrongly

♦ **à tort et à travers** ♦ **dépenser à tort et à travers** to spend wildly, to spend money like water ♦ **il parle à tort et à travers** he talks a lot of rubbish *

♦ **dans + tort** ♦ **être/se mettre/se sentir dans son tort** to be/put o.s./feel o.s. in the wrong ♦ **il venait de ma droite, j'étais dans mon tort** *[automobiliste]* he was coming from the right, I was at fault ♦ **mettre qn dans son tort** to put sb in the wrong

♦ **en tort** ♦ **être en tort** to be in the wrong *ou* at fault

torticolis /tɔʀtikɔli/ NM stiff neck, torticollis *(SPÉC)* ♦ **avoir/attraper un torticolis** to have/get a stiff neck

tortil /tɔʀtil/ NM *(Héraldique)* *(= collier)* baron's pearls; *(= couronne)* baron's coronet

tortillard /tɔʀtijaʀ/ NM *(hum péj = train)* local train

tortillement /tɔʀtijmɑ̃/ NM *[de serpent]* writhing; *[de ver]* wriggling, squirming; *[de personne]* *(en dansant, en se débattant etc)* wriggling; *(d'impatience)* fidgeting, wriggling; *(d'embarras, de douleur)* squirming ♦ **elle marchait avec un léger tortillement des hanches** she wiggled her hips slightly as she walked

tortiller /tɔʀtije/ SYN ► conjug 1 ◄

VT *[+ corde, mouchoir]* to twist; *[+ cheveux, cravate]* to twiddle (with); *[+ moustache]* to twirl; *[+ doigts]* to twiddle ♦ **il tortillait son chapeau entre ses mains** he was fiddling with his hat

VI 1 *(= remuer)* ♦ **tortiller des hanches** to wiggle one's hips ♦ **tortiller des fesses** *ou* **du derrière** * to wiggle one's bottom

2 *(* = tergiverser)* ♦ **il n'y a pas à tortiller** there's no wriggling out of it

VPR **se tortiller** 1 *[serpent]* to writhe; *[ver]* to wriggle, to squirm; *[personne]* *(en dansant, en se débattant etc)* to wiggle; *(d'impatience)* to fidget, to wriggle; *(d'embarras, de douleur)* to squirm ♦ **se tortiller comme une anguille** *ou* **un ver** to wriggle like a worm *ou* an eel, to squirm like an eel

2 *[fumée]* to curl upwards; *[racine, tige]* to curl, to writhe

tortillon /tɔʀtijɔ̃/ NM 1 *(Dessin)* stump, tortillon

2 ♦ **tortillon (de papier)** twist (of paper)

tortionnaire /tɔʀsjɔnɛʀ/ NM, ADJ torturer ♦ **les militaires tortionnaires seront jugés** the army torturers will be taken to court

tortore ‡ /tɔʀtɔʀ/ NF grub ‡, nosh ‡ *(Brit)*, chow ‡ *(US)*

tortorer ‡ /tɔʀtɔʀe/ ► conjug 1 ◄ VT, VI to nosh ‡ *(Brit)*, to chow ‡ *(US)*

tortu, e /tɔʀty/ ADJ *(littér)* *[jambes]* crooked, bent; *[esprit]* warped

tortue /tɔʀty/ NF 1 *(= animal)* *(terrestre)* tortoise ♦ **tortue d'eau douce** terrapin ♦ **tortue marine** *ou* **de mer** turtle ♦ **fausse tortue** leatherback (turtle) → **île**

2 *(= personne lente)* slowcoach *(Brit)*, slowpoke *(US)* ♦ **avancer comme une tortue** to crawl along at a snail's pace

3 *(Hist Mil)* testudo, tortoise

tortue-luth (pl **tortues-luths**) /tɔʀtylyt/ NF leatherback (turtle)

tortueusement /tɔʀtɥøzmɑ̃/ ADV windingly, tortuously

tortueux, -euse /tɔʀtɥø, øz/ SYN ADJ 1 *(= sinueux)* *[chemin, escalier]* winding, twisting; *[rivière]* winding

2 *(péj)* *[esprit]* tortuous; *[langage, discours, raisonnement]* tortuous, convoluted; *[manœuvres, conduite]* devious

torturant, e /tɔʀtyʀɑ̃, ɑ̃t/ ADJ agonizing

torture /tɔʀtyʀ/ SYN NF *(lit)* torture *(NonC)*; *(fig)* torture *(NonC)*, torment ♦ **c'est une torture atroce** it's an appalling form *ou* kind of torture ♦ **instruments de torture** instruments of torture ♦ **chambre** *ou* **salle de(s) tortures** torture chamber ♦ **sous la torture** under torture ♦ **cette attente fut pour elle une véritable torture** it was real torture for her to wait around like that ♦ **mettre qn à la torture** *(fig)* to torture sb, to make sb suffer

torturer /tɔʀtyʀe/ SYN ► conjug 1 ◄

VT 1 *(lit)* *[+ prisonnier, animal]* to torture ♦ **le doute/la crainte/le remords le torturait** he was racked with *ou* by doubt/fear/remorse ♦ **la faim le torturait** hunger was gnawing at his belly ♦ **cette pensée le torturait** he was tormented by the thought

2 *(littér = dénaturer)* *[+ texte]* to distort, to torture *(littér)* ♦ **son visage était torturé par le chagrin** his face was twisted *ou* racked with grief ♦ **sa poésie torturée, déchirante** his tormented, heartrending poetry ♦ **c'est quelqu'un d'assez torturé** he's a tormented soul

VPR **se torturer** *(= se faire du souci)* to fret, to worry o.s. sick *(pour over)* ♦ **se torturer le cerveau** *ou* **l'esprit** to rack *ou* cudgel one's brains

torve /tɔʀv/ ADJ *[regard, œil]* menacing, grim

tory (pl **tories** *ou* **torys**) /tɔʀi/ ADJ, NM Tory

torysme /tɔʀism/ NM Toryism

toscan, e /tɔskɑ̃, an/

ADJ Tuscan

NM *(= dialecte)* Tuscan

Toscane /tɔskan/ NF Tuscany

tosser /tɔse/ ► conjug 1 ◄ VI *[bateau]* to toss

tôt /to/ SYN ADV 1 *(= de bonne heure)* early ♦ **se lever/se coucher (très) tôt** to get up/go to bed (very) early ♦ **il se lève tôt** he's an early riser, he gets up early ♦ **il arrive toujours tôt le jeudi** he's always early on Thursdays ♦ **venez tôt dans la matinée/soirée** come early (on) in the morning/evening *ou* in the early morning/evening ♦ **tôt dans l'année** early (on) in the year, in the early part of the year ♦ **tôt le matin, il n'est pas très lucide** he's not very clear-headed first thing (in the morning) *ou* early in the morning ♦ **il n'est pas si tôt que je croyais** it's not as early as I thought ♦ **Pâques tombe tôt cette année** Easter falls early this year; → **avenir**[1]

2 *(= avant un moment déterminé, habituel ou prévu)* soon, early ♦ **il est un peu (trop) tôt pour le juger** it's a little too soon *ou* early to judge him ♦ **si tu étais venu une heure plus tôt, tu l'aurais rencontré** if you'd come an hour sooner *ou* earlier you would have met him ♦ **elle m'avait téléphoné une semaine plus tôt** she'd called me a week earlier ♦ **ce n'est pas trop tôt !** and about time too! *

3 *(= vite)* soon, early ♦ **si seulement vous me l'aviez dit plus tôt !** if only you'd told me sooner! *ou* earlier! ♦ **il n'était pas plus tôt parti que la voiture est tombée en panne** no sooner had he set off *ou* he had no sooner set off than the car broke down ♦ **venez le plus tôt possible** come as early *ou* as soon as you can ♦ **le plus tôt sera le mieux** the sooner the better ♦ **je ne m'attendais pas à le revoir si tôt** I didn't expect to see him (again) so soon ♦ **cette soirée, je ne l'oublierai pas de si tôt !** I won't forget that party in a hurry! ♦ **une occasion pareille ne se représentera pas de si tôt** you don't get an opportunity like that every day

4 *(locutions)*

♦ **avoir tôt fait de** + *infinitif* ♦ **il a eu tôt fait de s'en apercevoir !** he was quick *ou* it didn't take him long to notice it!, it wasn't long before he noticed it! ♦ **il aura tôt fait de s'en apercevoir !** it won't be long before he notices it!, it won't take him long to notice it!

♦ **au plus tôt** ♦ **il peut venir jeudi au plus tôt** Thursday is the earliest *ou* soonest he can come ♦ **c'est au plus tôt en mai qu'il prendra la décision** it'll be May at the earliest that he takes *ou* he'll take the decision, he'll decide in May at the earliest ♦ **il faut qu'il vienne au plus tôt** he must come as soon as possible *ou* as soon as he possibly can

♦ **tôt ou tard** sooner or later

total, e (mpl **-aux**) /tɔtal, o/ SYN

ADJ 1 *(= complet)* *(gén)* total, complete; *[contrôle]* complete; *[ruine, désespoir]* utter *(épith)*, total ♦ **grève totale** all-out strike ♦ **l'arrêt total des hostilités** the complete *ou* total cessation of hostilities ♦ **dans la confusion la plus totale** in utter *ou* total confusion; → **guerre**

2 *(= global)* *[hauteur, coût, revenu]* total ♦ **la somme totale est plus élevée que nous ne pensions** the total (sum *ou* amount) is higher than we thought ♦ **la longueur totale de la voiture** the overall length of the car

ADV ♦ **total, il a tout perdu** the net result *ou* outcome was that he lost everything

NM *(= quantité)* total (number); *(= résultat)* total ♦ **le total s'élève à 25 €** the total amounts to €25 ♦ **le total de la population** the total (number of the) population ♦ **total général** *(Fin)* grand total ♦ **faire le total** to work out the total ♦ **si on fait le total, ils n'ont pas réalisé grand-chose** *(fig)* if you add it all up *ou* together they didn't achieve very much

♦ **au total** *(dans un compte)* in total; *(= finalement)* all things considered, all in all

NF **totale** * 1 *(Méd)* (total) hysterectomy ♦ **on lui a fait la totale** she had her works out ‡

2 ♦ **la totale** *(= tout ce qu'on peut imaginer)* the works * ♦ **alors là, c'est la totale !** *(= le comble)* that's the last straw!

totalement /tɔtalmɑ̃/ SYN ADV totally

totalisant, e /tɔtalizɑ̃, ɑ̃t/ ADJ *(Philos)* totalizing *(épith)*

totalisateur, -trice /tɔtalizatœʀ, tʀis/

ADJ *[appareil, machine]* adding *(épith)*

NM adding machine; *(Ordin)* accumulator ♦ **totalisateur kilométrique** *[de véhicule]* kilometre counter, ≈ mileometer

totalisation /tɔtalizasjɔ̃/ NF adding up, addition

totaliser /tɔtalize/ SYN ► conjug 1 ◄ VT 1 *(= additionner)* to add up, to total, to totalize

2 *(= avoir au total)* to total, to have a total of ♦ **à eux deux ils totalisent 60 ans de service** between the two of them they have a total of 60 years' service *ou* they total 60 years' service ♦ **le candidat qui totalise le plus grand nombre de points** the candidate with the highest total *ou* who gets the highest number of points

totalitaire /tɔtalitɛʀ/ SYN ADJ *(Pol)* *[régime]* totalitarian; *(Philos)* *[conception]* all-embracing, global

totalitarisme /tɔtalitaʀism/ SYN NM totalitarianism

totalité /tɔtalite/ SYN NF 1 *(gén)* ♦ **la totalité de** all of ♦ **la totalité du sable/des livres** all (of) the sand/the books ♦ **la totalité du livre/de la population** all the book/the population, the whole *ou* entire book/population ♦ **la totalité de son salaire** his whole *ou* entire salary, all of his salary ♦ **la totalité de ses biens** all of his possessions ♦ **vendu en totalité aux États-Unis** all sold to the USA ♦ **édité en totalité par Dubosc** published entirely by Dubosc ♦ **pris dans sa totalité** taken as a whole *ou* in its entirety ♦ **j'en connais la quasi-totalité** I know virtually all of them *ou* just about all of them ♦ **la presque totalité de la population** almost the entire population

2 *(Philos)* totality

totem /tɔtɛm/ NM *(gén)* totem; *(= poteau)* totem pole

totémique /tɔtemik/ ADJ totemic

totémisme /tɔtemism/ NM totemism

totipotence /tɔtipɔtɑ̃s/ NF totipotency

totipotent, e /tɔtipɔtɑ̃, ɑ̃t/ ADJ totipotent

toto ‡ /toto/ NM *(= pou)* louse, cootie * *(US)*

totoche * /tɔtɔʃ/ NF *(= tétine)* dummy

toton /tɔtɔ̃/ NM teetotum

touage /twaʒ/ NM *(Naut)* *[de bateau]* warping, kedging

touareg, -ègue /twaʀɛg/

ADJ Tuareg

NM *(= langue)* Tuareg

NM,F **Touareg, Touarègue** Tuareg

toubib * /tubib/ NM doctor **elle est toubib** she's a doctor ♦ **aller chez le toubib** to go and see the doctor

toucan /tukɑ̃/ NM toucan

touchant[1] /tuʃɑ̃/ SYN PRÉP *(= au sujet de)* concerning, with regard to, about

touchant[2], **e** /tuʃɑ̃, ɑ̃t/ SYN ADJ *(= émouvant)* *[histoire, lettre, situation, adieux]* touching, moving; *(= attendrissant)* *[geste, reconnaissance, enthousiasme]* touching ♦ **touchant de naïveté/d'ignorance** touchingly naïve/ignorant

touchau /tuʃo/ NM touch needle

touche /tuʃ/ SYN NF 1 *[de piano, ordinateur]* key; *[de téléphone, télécommande, lave-vaisselle]* button;

[d'instrument à corde] fingerboard; *[de guitare]* fret ◆ **touche de fonction/programmable** *(Ordin)* function/user-defined key ◆ **touche bis** *(Téléc)* redial button

2 *(Peinture)* (= *tache de couleur*) touch, stroke; (= *style*) *[de peintre, écrivain]* touch ◆ **par petites touches** (= *petit à petit*) little by little ◆ **il procède par petites touches** *[peintre]* he dabs the paint on gradually ◆ **appliquez la crème par petites touches** dab the cream on ◆ **finesse de touche d'un peintre/auteur** deftness of touch of a painter/an author ◆ **une touche exotique** an exotic touch ◆ **une touche de gaieté** a touch *ou* note of gaiety ◆ **avec une touche d'humour** with a hint *ou* suggestion *ou* touch of humour ◆ **mettre la dernière touche** *ou* **la touche finale à qch** to put the finishing touches to sth

3 *(Pêche)* bite ◆ **avoir** *ou* **faire une touche** *(lit)* to get a bite ◆ **faire une touche*** (= *séduire*) to make a hit* ◆ **avoir la touche*, avoir fait une touche*** to have made a hit* *(avec* with)

4 *(Escrime)* hit, touch

5 *(Sport)* (= *sortie*) touch; (= *ligne*) touchline; (= *remise en jeu*) *(Ftbl, (Hand-ball)* throw-in; *(Rugby)* line-out; *(Basket)* return to play; *(Hockey)* roll-in ◆ **botter en touche** to kick into touch ◆ **envoyer** *ou* **mettre la balle en touche** to kick the ball into touch ◆ **le ballon est sorti en touche** the ball has gone into touch ◆ **coup de pied en touche** kick to touch ◆ **jouer la touche** *(Football)* to play for time *(by putting the ball repeatedly into touch)* ◆ **il a trouvé la touche** *(Rugby)* he found touch ◆ **rester sur la touche** *(lit)* to stay on the bench ◆ **être mis/rester sur la touche** *(fig)* to be put/stay on the sidelines; → **juge**

6 (* = *allure*) look, appearance ◆ **quelle drôle de touche !** what a sight!*, what does he (*ou* she *etc*) look like!* ◆ **il a une de ces touches !** you should see the way he dresses! ◆ **il a la touche de quelqu'un qui sort de prison** he looks as though he's just out of prison; → **pierre**

touche-à-tout /tuʃatu/ NMF INV, ADJ INV ◆ **c'est un touche-à-tout, il est touche-à-tout** (= *enfant*) his little fingers are *ou* he's into everything; (= *dilettante*) he dabbles in everything

touche-pipi* /tuʃpipi/ NM INV ◆ **jouer à touche-pipi** *[enfants]* to play doctors and nurses; *[adultes]* to pet*, to make out* (US)

toucher¹ /tuʃe/ SYN ▸ conjug 1 ◂

VT 1 *(pour sentir, prendre, gén)* to touch; *(pour palper)* *[+ fruits, tissu, enflure]* to feel ◆ **il me toucha l'épaule** he touched my shoulder ◆ « **prière de ne pas toucher** » "please do not touch" ◆ **pas touche !*** hands off!* ◆ **il n'a pas touché un verre de vin depuis son accident** he hasn't touched a drop of wine since his accident ◆ **je n'avais pas touché une raquette/touché une carte depuis 6 mois** I hadn't picked up a racket/touched a pack of cards for 6 months ◆ **toucher la main à qn** *(fig)* to give sb a quick handshake; → **bois, doigt**

2 (= *entrer en contact avec*) to touch ◆ **il ne faut pas que ça touche (le mur/le plafond)** it mustn't touch (the wall/the ceiling) ◆ **il lui fit toucher le sol des épaules** *(Lutte)* he got his shoulders down on the floor ◆ **l'avion toucha le sol** the plane touched down *ou* landed ◆ **au football on ne doit pas toucher le ballon (de la main)** in football you mustn't touch the ball (with your hand) *ou* you mustn't handle the ball; → **fond, terre**

3 (= *être physiquement proche de*) to adjoin ◆ **son jardin touche le nôtre** his garden (ad)joins ours *ou* is adjacent to ours

4 (= *atteindre*) *(lit, fig)* *[+ adversaire, objectif]* to hit ◆ **il l'a touché au menton/foie** *(Boxe)* he hit him on the chin/in the stomach ◆ **il s'affaissa, touché d'une balle en plein cœur** he slumped to the ground, hit by a bullet in the heart ◆ **deux immeubles ont été touchés par l'explosion** two buildings have been hit *ou* damaged by the explosion ◆ **touché !** *(Escrime)* touché!; *(bataille navale)* hit! ◆ **il n'a pas touché une balle pendant ce match** he didn't hit a single ball throughout the match ◆ **il voudrait toucher un public plus large** *(fig)* he'd like to reach a wider audience

5 (= *contacter*) to reach, to get in touch with, to contact ◆ **où peut-on le toucher par téléphone ?** where can he be reached *ou* contacted by phone?, where can one get in touch with him by phone?

6 (= *recevoir*) *[+ prime, allocation, traitement]* to receive, to get; *[+ chèque]* to cash; *(Mil)* *[+ ration, équipement]* to draw; *(Scol)* *[+ fournitures]* to receive, to get ◆ **toucher le tiercé/le gros lot** to win the tiercé/the jackpot ◆ **toucher le chômage*** to be on the dole* ◆ **il touche une petite retraite** he gets a small pension ◆ **il touche sa pension le 10 du mois** he draws *ou* gets his pension on the 10th of the month ◆ **il est allé à la poste toucher sa pension** he went to draw (out) *ou* collect his pension at the post office ◆ **à partir du mois prochain, ils toucheront 150 € par mois** as from next month they'll get *ou* they'll be paid €150 a month ◆ **il a fini le travail mais n'a encore rien touché** he's finished the work but he hasn't been paid yet

7 (= *émouvoir*) *[drame, deuil]* to affect, to shake; *[scène attendrissante]* to touch, to move; *[critique, reproche]* to have an effect on ◆ **cette tragédie les a beaucoup touchés** this tragedy affected them greatly *ou* has shaken them very badly ◆ **rien ne le touche** there is nothing that can move him ◆ **votre cadeau/geste nous a vivement touchés** we were deeply touched by your gift/gesture; → **corde, vif**

8 (= *concerner*) to affect; *[affaire]* to concern ◆ **ce problème ne nous touche pas** this problem doesn't affect *ou* concern us ◆ **le chômage touche surtout les jeunes** unemployment affects the young especially ◆ **ils n'ont pas été touchés par la dévaluation** they haven't been affected *ou* hit by devaluation ◆ **une personne qui vous touche de près** someone close to you

9 (= *faire escale à*) *[+ port]* to put in at, to call at, to touch

VT INDIR **toucher à** 1 *[+ objet dangereux, drogue]* to touch; *[+ capital, économies]* to break into, to touch ◆ **n'y touche pas !** don't touch! ◆ « **prière de ne pas toucher aux objets exposés** » "please do not touch the exhibits", "kindly refrain from handling the exhibits" ◆ **toucher à tout** *[enfant]* to touch everything, to fiddle with everything; *(fig)* *[amateur curieux]* to try one's hand at everything ◆ **elle n'a pas touché à son déjeuner/au fromage** she didn't touch her lunch/the cheese ◆ **on n'a pas touché au fromage** we haven't touched the cheese, the cheese hasn't been touched ◆ **il n'a jamais touché à un fusil** he's never handled a gun

2 (= *malmener*) *[+ personne]* to touch, to lay a finger on; (= *porter atteinte à*) *[+ réputation, légende]* to question ◆ **s'il touche à cet enfant/à ma sœur, gare à lui !** if he lays a finger on *ou* touches that child/my sister, he'd better watch out! ◆ **touche pas à ma bagnole !*** hands off my car! ◆ **toucher aux intérêts d'un pays** *(Pol)* to interfere with a country's interests ◆ **la réforme touche au statut des salariés/au principe du droit d'asile** the reform affects the status of employees/the right of asylum

3 (= *modifier*) *[+ règlement, loi, tradition]* to meddle with; *[+ mécanisme]* to tamper with; *[+ monument, site classé]* to touch ◆ **quelqu'un a touché au moteur** someone has tampered with the engine ◆ **on peut rénover sans toucher à la façade** it's possible to renovate without touching the façade *ou* interfering with the façade ◆ **c'est parfait, n'y touche pas** it's perfect, don't change a thing

4 (= *concerner*) *[+ intérêts]* to affect; *[+ problème, domaine]* to touch, to have to do with ◆ **tout ce qui touche à l'enseignement** everything connected with *ou* to do with teaching

5 (= *aborder*) *[+ période, but]* to near, to approach; *[+ sujet, question]* to broach, to come onto ◆ **je touche ici à un problème d'ordre très général** here I am coming onto *ou* broaching a problem of a very general nature ◆ **vous touchez là à une question délicate** that is a very delicate matter you have raised *ou* broached ◆ **nous touchons au but** we're nearing our goal, our goal is in sight ◆ **l'hiver/la guerre touche à sa fin** *ou* **son terme** winter/the war is nearing its end *ou* is drawing to a close ◆ **toucher au port** *(fig, littér)* to be within sight of home; → **air²**

6 (= *être en contact avec*) to touch; (= *être contigu à*) to border on, to adjoin; (= *confiner à*) to verge on, to border on ◆ **le jardin touche à la forêt** the garden adjoins the forest *ou* borders on the forest ◆ **cela touche à la folie/pornographie** that verges *ou* borders on madness/pornography

VPR **se toucher** 1 *(mutuellement)* to touch ◆ **leurs mains se touchèrent** their hands touched ◆ **les deux lignes se touchent** the two lines touch ◆ **nos deux jardins se touchent** our two gardens are adjacent (to each other) ◆ **les deux villes se sont tellement développées qu'elles se touchent presque** the two towns have been developed to such an extent that they almost meet ◆ **ils ont passé une nuit ensemble sans se toucher** they spent the night together without touching each other

2 ◆ **il se toucha le front** *(lit)* he touched his forehead; *(pour indiquer que qn est fou)* he screwed a finger against his temple

3 (*, *euph* = *se masturber*) to play with* *ou* touch o.s.

toucher² /tuʃe/ SYN NM 1 (= *sens*) (sense of) touch

2 (= *action, manière de toucher*) touch; (= *impression produite*) feel ◆ **doux au toucher** soft to the touch ◆ **cela a le toucher de la soie** it feels like silk, it has the feel of silk ◆ **s'habituer à reconnaître les objets au toucher** to become used to recognizing objects by touch *ou* feel(ing) ◆ **on reconnaît la soie au toucher** you can tell silk by the feel of it

3 *(Mus)* touch

4 *(Méd)* (internal) examination ◆ **toucher rectal/vaginal** rectal/vaginal examination

5 *(Sport)* ◆ **avoir un bon toucher de balle** to have a nice touch

touche-touche* /tuʃtuʃ/ ADV *[trains, voitures]* ◆ **être à touche-touche** to be nose to tail

touchette /tuʃɛt/ NF *(Mus)* fret

toucouleur /tukulœʀ/

ADJ Toucouleur, Tukulor

NMF **Toucouleur** member of the Toucouleur *ou* Tukulor people

touée /twe/ NF *(Naut)* (= *câble*) warp, cable; (= *longueur de chaîne*) scope

touer /twe/ ▸ conjug 1 ◂ VT *(Naut)* *[+ bateau]* to warp, to kedge

toueur /twœʀ/ NM warping tug

touffe /tuf/ SYN NF *[d'herbe]* tuft, clump; *[d'arbres, buissons]* clump; *[de cheveux, poils]* tuft; *[de fleurs]* cluster, clump *(de* of) ◆ **touffe de lavande** lavender bush, clump of lavender

touffeur † /tufœʀ/ NF *(littér)* suffocating *ou* sweltering heat *(NonC)*

touffu, e /tufy/ SYN ADJ 1 (= *épais*) *[barbe, sourcils]* bushy; *[arbres]* with thick *ou* dense foliage; *[haie]* thick, bushy; *[bois, maquis, végétation]* dense, thick

2 *[roman, style]* dense

touillage* /tujaʒ/ NM stirring

touiller* /tuje/ ▸ conjug 1 ◂ VT *[+ sauce, café]* to stir; *[+ salade]* to toss

touillette* /tujɛt/ NF stirrer

toujours /tuʒuʀ/ SYN ADV 1 (= *tout le temps*) always; *(péj* = *sempiternellement)* forever, always, all the time ◆ **je l'avais toujours cru célibataire** I (had) always thought he was a bachelor ◆ **je t'aimerai toujours** I'll always love you, I'll love you forever ◆ **je déteste et détesterai toujours l'avion** I hate flying and always will ◆ **la vie se déroule toujours pareille** life goes on the same as ever ◆ **il est toujours à*** *ou* **en train de critiquer** he's always *ou* forever criticizing ◆ **cette rue est toujours encombrée** this street is always *ou* constantly jammed with traffic ◆ **les saisons toujours pareilles** the never-changing seasons ◆ **il n'est pas toujours très ponctuel** he's not always very punctual ◆ **il est toujours à l'heure** he's always *ou* invariably on time ◆ **il fut toujours modeste** he was always *ou* ever *(littér)* modest ◆ **les journaux sont toujours plus pessimistes** the newspapers are more and more pessimistic ◆ **les jeunes veulent toujours plus d'indépendance** young people want more and more *ou* still more independence ◆ **comme toujours** as ever, as always ◆ **ce sont des amis de toujours** they are lifelong friends ◆ **il est parti pour toujours** he's gone forever *ou* for good ◆ **presque toujours** almost always; → **depuis**

2 (= *encore*) still ◆ **bien qu'à la retraite il travaillait toujours** although he had retired he was still working *ou* he had kept on working ◆ **j'espère toujours qu'elle viendra** I keep hoping *ou* I'm still hoping she'll come ◆ **ils n'ont toujours pas répondu** they still haven't replied ◆ **est-ce que Paul est rentré ? – non il est toujours à Paris/non toujours pas** is Paul back? – no, he's still in Paris/no not yet *ou* no he's still not back ◆ **il est toujours le même/toujours aussi désagréable** he's (still) the same as ever/(still) as unpleasant as ever

3 *(intensif)* anyway, anyhow ◆ **écrivez toujours, il vous répondra peut-être** write anyway *ou* anyhow *ou* you may as well write – he (just) might answer you ◆ **il vient toujours un moment où...** there must *ou* will come a time when... ◆ **buvez toujours un verre avant de partir** at least have a drink before you go ◆ **c'est**

toujours pas toi qui l'auras* at any rate it won't be you that gets it* ◆ **où est-elle ? – pas chez moi toujours !** where is she? – not at my place anyway! *ou* at any rate! ◆ **je trouverai toujours (bien) une excuse** I can always think up an excuse ◆ **passez à la gare, vous aurez toujours bien un train** go (along) to the station – you're sure *ou* bound to get a train *ou* there's bound to be a train ◆ **tu peux toujours courir !*** *ou* **te fouiller !*** you haven't got a chance! *ou* a hope! *(Brit)* ◆ **il aime donner des conseils, mais toujours avec tact** he likes to give advice but he always does it tactfully ◆ **vous pouvez toujours crier, il n'y a personne** shout as much as you like *ou* shout by all means – there's no one about ◆ **il était peut-être là, toujours est-il que je ne l'ai pas vu** he may well have been around, but the fact remains *ou* that doesn't alter the fact that I didn't see him ◆ **cette politique semblait raisonnable, toujours est-il qu'elle a échoué** the policy seemed reasonable but the fact remains it was a failure *ou* but it still failed ◆ **c'est toujours ça de pris*** that's something anyway, (well) at least that's something ◆ **ça peut toujours servir** it might come in handy some day; → **causer²**

touloupe /tulup/ **NF** *(= manteau)* lambskin coat

toundra /tundʀa/ **NF** tundra

toungouze /tunguz/
ADJ Tungusic, Tungusian
NM Tungusic

toupet /tupɛ/ SYN **NM** 1 *[de cheveux]* tuft (of hair), quiff *(Brit)*; *(postiche)* toupee
2 *(* = culot)* nerve*, cheek* *(Brit)* ◆ **avoir du toupet** to have a nerve* *ou* a cheek* *(Brit)* ◆ **il avait le toupet de prétendre que...** he had the nerve* *ou* cheek* *(Brit)* to make out that... ◆ **il ne manque pas de toupet !** he's got a nerve!* *ou* cheek!* *(Brit)*

toupie /tupi/ **NF** 1 *(= jouet)* (spinning) top ◆ **toupie à musique** humming-top; → **tourner**
2 *(péj = femme désagréable)* ◆ **vieille toupie*** silly old trout*
3 *(Tech)* *[de menuisier]* spindle moulding-machine; *[de plombier]* turn-pin; *(= bétonnière)* cement mixer

tour¹ /tuʀ/ SYN
NF 1 *(= édifice)* tower; *(Hist = machine de guerre)* siege tower; *(= immeuble très haut)* tower block, high-rise building; *(Ordin)* tower ◆ **c'est une vraie tour, il est gros comme une tour** *(fig, péj)* he's massive *ou* enormous
2 *(Échecs)* castle, rook
COMP **la tour de Babel** the Tower of Babel ◆ **c'est une tour de Babel** *(fig)* it's a real Tower of Babel
tour de contrôle control tower
la tour Eiffel the Eiffel Tower
tour de forage drilling rig, derrick
tour de guet watchtower, look-out tower
tour hertzienne radio mast
tour d'ivoire ivory tower ◆ **enfermé dans sa** *ou* **une tour d'ivoire** shut away in an ivory tower
la tour de Londres the Tower of London
la tour de Pise the Leaning Tower of Pisa

tour² /tuʀ/ SYN

1 - NOM MASCULIN
2 - COMPOSÉS

1 - NOM MASCULIN

1 [= PARCOURS, EXPLORATION] ◆ **tour de ville** *(pour touristes)* city tour ◆ **le tour du parc prend bien une heure** it takes a good hour to walk around the park ◆ **si on faisait le tour ?** shall we go round (it)? *ou* walk round (it)? ◆ **faire un tour d'Europe** to go on a European tour, to tour Europe ◆ **faire un tour d'Europe en auto-stop** to hitch-hike around Europe ◆ **ils ont fait un tour du monde en bateau** they sailed round the world ◆ **on en a vite fait le tour** *[de lieu]* there's not much to see; *[de livre, théorie]* there isn't much to it; *[de personne]* there isn't much to him (or her *etc*)

◆ **faire le tour de** *[+ parc, pays, circuit, montagne]* to go round; *[+ magasins]* to go round, to look round; *[+ possibilités]* to explore; *[+ problème]* to consider from all angles ◆ **la route fait (tout) le tour de leur propriété** the road goes (right) round their estate ◆ **faire le tour du propriétaire** to look round *ou* go round *ou* over one's property ◆ **je vais te faire faire le tour du propriétaire** I'll show you over *ou* round the place ◆ **faire le tour du cadran** *[aiguille]* to go round the clock; *[dormeur]* to sleep (right) round the clock ◆ **faire le tour du monde** to go round the world ◆ **faire le tour des invités** to do the rounds of the guests ◆ **la bouteille/plaisanterie a fait le tour de la table** the bottle/joke went round the table; → **repartir²**

2 [= EXCURSION] trip, outing; *(= promenade)* *(à pied)* walk, stroll; *(en voiture)* run, drive, ride, spin*; *(en vélo)* ride; *(en bateau)* trip ◆ **allons faire un (petit) tour à pied** let's go for a (short) walk *ou* stroll ◆ **faire un tour de manège** *ou* **de chevaux de bois** to have a ride on a merry-go-round ◆ **faire un tour en ville/sur le marché** to go for a walk round town/round the market ◆ **faire un tour en Italie** to go for a trip round Italy ◆ **un tour de jardin/en voiture vous fera du bien** a walk *ou* stroll round the garden/a run *ou* drive (in the car) will do you good

3 [= PARCOURS SINUEUX] ◆ **la rivière fait des tours et des détours** *(littér)* the river meanders along *ou* winds its way in and out, the river twists and turns (along its way)

4 [DANS UN ORDRE, UNE SUCCESSION] turn, go ◆ **c'est votre tour** it's your turn ◆ **à ton tour (de jouer)** *(gén)* (it's) your turn *ou* go; *(Échecs, Dames)* (it's) your move ◆ **attendre/perdre son tour** to wait/miss one's turn ◆ **prendre/passer son tour** to take/miss one's turn *ou* go ◆ **parler à son tour** to speak in turn ◆ **ils parleront chacun à leur tour** they will each speak in turn ◆ **attends, tu parleras à ton tour** wait – you'll have your turn to speak ◆ **chacun son tour !** wait your turn! ◆ **nous le faisons chacun à notre tour** *(deux personnes)* we do it in turn, we take turns at it; *(plusieurs personnes)* we take turns at it, we do it by turns ◆ **c'est au tour de Marc de parler** it's Marc's turn to speak ◆ **à qui le tour ?** whose turn *ou* go is it?, who is next? ◆ **votre tour viendra** *(lit, fig)* your turn will come; → **souvent**

◆ **à tour de rôle** alternately, in turn ◆ **ils vinrent à tour de rôle nous vanter leurs mérites** they each came in turn to sing their own praises ◆ **ils sont de garde à tour de rôle** they take turns being on duty

◆ **tour à tour** alternately, in turn ◆ **le temps était tour à tour pluvieux et ensoleillé** the weather was alternately wet and sunny ◆ **elle se sentait tour à tour optimiste et désespérée** she felt optimistic and despairing by turns

5 [POL] ◆ **tour (de scrutin)** ballot ◆ **élu au premier/second tour** elected in the first/second round ◆ **un troisième tour social** a post-election backlash (of social unrest) ◆ **ils ont été éliminés au premier tour de la Coupe d'Europe** *(Sport)* they were eliminated in the first round of the European Cup

6 [= CIRCONFÉRENCE] *[de partie du corps]* measurement; *[de tronc, colonne]* girth; *[de visage]* contour, outline; *[de surface]* circumference; *[de bouche]* outline ◆ **le tour des yeux** *(= périphérie)* the area around the eyes ◆ **tour de tête** *(= mensuration)* head measurement; *(pour chapeau)* hat size ◆ **quel est son tour de taille ?** what's his waist measurement?, what size waist is he? ◆ **tour de poitrine** *[d'homme]* chest measurement; *[de femme]* bust measurement ◆ **tour de hanches** hip measurement ◆ **mesurer le tour d'une table** to measure round a table, to measure the circumference of a table ◆ **la table fait 3 mètres de tour** the table measures 3 metres round (the edge) ◆ **le tronc a 3 mètres de tour** the trunk measures 3 metres round *ou* has a girth of 3 metres

7 [= ROTATION] *[de roue, hélice]* turn, revolution; *[d'écrou, clé]* turn; *[d'axe, arbre]* revolution ◆ **l'hélice a fait deux tours** the propeller turned *ou* revolved twice ◆ **régime de 2 000 tours (minute)** speed of 2,000 revs *ou* revolutions per minute ◆ **donner un tour de clé** to turn the key, to give the key a turn ◆ **« Le Tour d'écrou »** *(Littérat)* "The Turn of the Screw" ◆ **battre un concurrent d'un tour de roue** *(Cyclisme)* to beat a competitor by a wheel's turn ◆ **faire un tour/plusieurs tours sur soi-même** to spin round once/several times (on oneself) ◆ **faire un tour de valse** to waltz round the floor ◆ **après quelques tours de valse** after waltzing round the floor a few times ◆ **donnez 4 tours à la pâte** *(Culin)* roll and fold the dough 4 times, turning it as you go; → **double, quart**

◆ **à tour de bras** *[frapper, taper]* with all one's strength *ou* might; *[composer, produire]* prolifically; *[critiquer]* with a vengeance ◆ **il écrit des chansons à tour de bras** he writes songs by the dozen, he runs off *ou* churns out songs one after the other ◆ **il prescrit des antibiotiques à tour de bras** he hands out antibiotics like candy ◆ **l'industrie textile licenciait à tour de bras** the textile industry was laying people off left, right and centre

8 [= DISQUE] ◆ **un 33 tours** an LP ◆ **un 45 tours** a single ◆ **un 78 tours** a 78

9 [= TOURNURE] *[de situation, conversation]* turn, twist ◆ **tour (de phrase)** *(= expression)* turn of phrase ◆ **la situation prend un tour dramatique/désagréable** the situation is taking a dramatic/an unpleasant turn *ou* twist ◆ **un certain tour d'esprit** a certain turn *ou* cast of mind

10 [= EXERCICE] *[d'acrobate]* feat, stunt; *[de jongleur, prestidigitateur]* trick ◆ **tour d'adresse** feat of skill, skilful trick ◆ **tours d'agilité** acrobatics ◆ **tour de cartes** card trick ◆ **et le tour est joué !** and there you have it!, and Bob's your uncle!* *(Brit)* ◆ **c'est un tour à prendre !** it's just a knack one picks up! ◆ **avoir plus d'un tour dans son sac** to have more than one trick up one's sleeve

11 [= DUPERIE] trick ◆ **faire** *ou* **jouer un tour à qn** to play a trick on sb ◆ **un tour pendable** a rotten trick ◆ **un sale tour, un tour de cochon*** *ou* **de salaud*** a dirty *ou* lousy trick*, a mean trick ◆ **je lui réserve un tour à ma façon !** I'll pay him back in my own way!; → **jouer**

2 - COMPOSÉS

tour de chant song recital
tour de cou *(= ruban)* choker; *(= fourrure)* fur collar; *(= mensuration)* collar measurement ◆ **faire du 39 de tour de cou** to take a size 39 collar
tour de force *(lit)* feat of strength, tour de force *(fig)*, amazing feat
le Tour de France *(= course cycliste)* the Tour de France ◆ **le tour de France d'un compagnon** *(Hist)* a journeyman's tour of France
tour de garde spell *ou* turn of duty ◆ **mon prochain tour de garde est à 8 heures** my next spell *ou* turn of duty is at 8 o'clock
tour d'honneur *(Sport)* lap of honour
tour d'horizon *(fig)* (general) survey ◆ **nous avons fait un tour d'horizon de la situation économique** we have reviewed the economic situation
tour de lit (bed) valance
tour de main *(= adresse)* dexterity ◆ **avoir/acquérir un tour de main** to have/pick up a knack ◆ **en un tour de main** in no time at all
tour de manivelle *(lit)* turn of the handle ◆ **le premier tour de manivelle est prévu pour octobre** *(Ciné)* the cameras should begin rolling in October
tour de piste *(Sport)* lap; *(dans un cirque)* circuit (of the ring)
tour de reins ◆ **souffrir d'un tour de reins** to suffer from a strained *ou* sprained back ◆ **attraper un tour de reins** to strain one's back
tour de table *(Fin)* investor round ◆ **procéder à un tour de table** *(dans une réunion)* to seek the views of all those present ◆ **la société immobilière a bouclé son tour de table** the property company has finalized its capital structure
tour de vis (turn of a) screw ◆ **il faudra donner un tour de vis** you'll have to give the screw a turn *ou* tighten the screw a bit ◆ **donner un tour de vis monétaire** to tighten the monetary screw ◆ **donner un tour de vis aux libertés** to clamp down on civil rights ◆ **tour de vis fiscal** tax squeeze ◆ **tour de vis militaire/politique** military/political crackdown *ou* clampdown *(à l'encontre de* on); → **chauffe, passe-passe**

LE TOUR DE FRANCE

The famous annual cycle race takes about three weeks to complete in daily stages ("étapes") of approximately 110 miles. The leading cyclist wears a yellow jersey, the "maillot jaune". There are a number of time trials. The route varies and is not usually confined only to France, but the race always ends on the Champs-Élysées in Paris.

tour³ /tuʀ/ **NM** 1 *(= machine)* lathe ◆ **tour de potier** potter's wheel ◆ **objet fait au tour** object turned on the lathe ◆ **travail au tour** lathe-work ◆ **jambes/cuisses faites au tour** *(littér)* shapely legs/thighs
2 *(= passe-plat)* hatch

tourbe¹ /tuʀb/ **NF** peat ◆ **tourbe limoneuse** alluvial peat

tourbe² /tuʀb/ NF *(péj)* ◆ **la tourbe** hoi polloi

tourber /tuʀbe/ ▸ conjug 1 ◂ VI to remove the peat

tourbeux, -euse /tuʀbø, øz/ ADJ 1 *[terrain]* (= *qui contient de la tourbe*) peat *(épith)*, peaty; (= *de la nature de la tourbe*) peaty
2 *[plante]* found in peat

tourbière /tuʀbjɛʀ/ NF peat bog

tourbillon /tuʀbijɔ̃/ SYN NM 1 ◆ **tourbillon (de vent)***(atmosphérique)* whirlwind ◆ **tourbillon de fumée/sable/neige/poussière** swirl *ou* eddy of smoke/sand/snow/dust ◆ **le sable s'élevait en tourbillons** the sand was swirling up
2 *(dans l'eau)* eddy; *(plus important)* whirlpool ◆ **l'eau faisait des tourbillons** the water was making eddies
3 *(Phys)* vortex
4 *(fig)* whirl ◆ **tourbillon de plaisirs** whirl of pleasure, giddy round of pleasure(s) ◆ **le tourbillon de la vie/des affaires** the hurly-burly *ou* hustle and bustle of life/of business ◆ **il regardait le tourbillon des danseurs** he was looking at the whirling *ou* swirling group of dancers ◆ **le pays plongea dans un tourbillon de violence** the country was plunged into a maelstrom of violence

tourbillonnant, e /tuʀbijɔnɑ̃, ɑ̃t/ ADJ *[feuilles]* swirling, eddying; *[vie]* whirlwind *(épith)*; *[jupes]* swirling

tourbillonnement /tuʀbijɔnmɑ̃/ NM *[de poussière, sable, feuilles mortes, flocons de neige]* whirling, swirling, eddying; *[de danseurs]* whirling, swirling, twirling; *[d'idées]* swirling, whirling

tourbillonner /tuʀbijɔne/ SYN ▸ conjug 1 ◂ VI *[poussière, sable, feuilles mortes, flocons de neige]* to whirl, to swirl, to eddy; *[danseurs]* to whirl (round), to swirl (round), to twirl (round); *[idées]* to swirl (round), to whirl (round)

tourd /tuʀ/ NM (= *labre*) wrasse

tourelle /tuʀɛl/ NF 1 (= *petite tour*) turret
2 *(Mil, Naut)* (gun) turret; *[de caméra]* lens turret; *[de sous-marin]* conning tower

tourie /tuʀi/ NF carboy

tourière /tuʀjɛʀ/ ADJ F, NF ◆ **(sœur) tourière** sister at the convent gate, extern sister

tourillon /tuʀijɔ̃/ NM *[de mécanisme]* bearing, journal; *[de canon]* trunnion; *[meuble]* dowel

tourisme /tuʀism/ NM 1 ◆ **faire du tourisme en Irlande** (= *action de voyager*) to go touring round Ireland ◆ **faire du tourisme dans Paris** (= *action de visiter*) to go sightseeing in Paris
2 (= *industrie*) ◆ **le tourisme** tourism, the tourist industry *ou* trade ◆ **le tourisme d'hiver/d'été** winter/summer tourism, the winter/summer tourist trade ◆ **le tourisme français se porte bien** the French tourist industry *ou* trade is in good shape ◆ **tourisme industriel** industrial tourism ◆ **tourisme de masse/d'affaires** mass/business tourism ◆ **tourisme rural** *ou* **vert** green tourism, ecotourism ◆ **tourisme solidaire** voluntourism ◆ **tourisme culturel/sexuel** cultural/sex tourism ◆ **promouvoir le tourisme rural** to promote tourism in rural areas ◆ **avion/voiture de tourisme** private plane/car ◆ **voiture (de) grand tourisme** GT saloon car *(Brit)*, 4-door sedan *(US)*; → **agence, office**

touriste /tuʀist/ NMF tourist ◆ **faire qch en touriste** *(fig)* to do sth half-heartedly ◆ **il s'est présenté à l'examen en touriste** he was very casual about the exam ; → **classe**

touristique /tuʀistik/ ADJ *[itinéraire, billet, activités, saison, guide]* tourist *(épith)*; *[région, ville]* with great tourist attractions, popular with (the) tourists *(attrib)* ◆ **trop touristique** touristy* ◆ **route touristique** scenic route; → **menu¹**

tourmaline /tuʀmalin/ NF tourmaline

tourment /tuʀmɑ̃/ SYN NM *(littér)* *(physique)* agony; *(moral)* torment, torture *(NonC)* ◆ **les tourments de la jalousie** the torments of jealousy

tourmente /tuʀmɑ̃t/ SYN NF 1 (= *tempête*) storm, gale, tempest *(littér)* ◆ **tourmente de neige** snowstorm, blizzard
2 *(sociale, politique)* upheaval, turmoil ◆ **tourmente monétaire** upheaval *ou* turmoil in the currency markets ◆ **les économies européennes ont été prises dans la tourmente financière asiatique** the European economies were affected by Asia's financial turmoil ◆ **sa famille a disparu dans la tourmente de la guerre** he family disappeared in the upheaval caused by the war

tourmenté, e /tuʀmɑ̃te/ SYN (ptp de **tourmenter**) ADJ 1 *[personne, expression, visage, esprit]* tormented, tortured
2 *[relief]* rugged; *[paysage, formes]* tortured; *[style, art]* tortured, anguished
3 *[ciel, mer]* stormy; *[vie]* stormy, turbulent ◆ **l'histoire tourmentée de ce pays** this country's turbulent history ◆ **nous vivons une époque tourmentée** we're living in troubled *ou* turbulent times

tourmenter /tuʀmɑ̃te/ SYN ▸ conjug 1 ◂
VT 1 *[personne]* to torment ◆ **ses créanciers continuaient à le tourmenter** his creditors continued to harass *ou* hound him ◆ **tourmenter qn de questions** to plague *ou* harass sb with questions
2 *[douleur, rhumatismes, faim]* to rack, to torment; *[remords, doute]* to rack, to torment, to plague; *[ambition, envie, jalousie]* to torment ◆ **ce qui me tourmente dans cette affaire** what worries *ou* bothers *ou* bugs* me in this business
VPR **se tourmenter** to fret, to worry (o.s.) ◆ **ne vous tourmentez pas, ce n'était pas de votre faute** don't distress *ou* worry yourself – it wasn't your fault ◆ **il se tourmente à cause de son fils** he's fretting *ou* worrying about his son

tourmenteur, -euse /tuʀmɑ̃tœʀ, øz/ NM,F *(littér* = *persécuteur)* tormentor

tourmentin /tuʀmɑ̃tɛ̃/ NM 1 *(Naut* = *foc)* storm jib
2 (= *oiseau*) stormy petrel

tournage /tuʀnaʒ/ NM 1 *(Ciné)* shooting ◆ **être en tournage en Italie** to be filming in Italy, to be on a shoot in Italy ◆ **c'est arrivé pendant le tournage** it happened during shooting *ou* the shoot ◆ **l'équipe de tournage** the film *ou* camera crew ◆ **il l'emmène sur tous ses tournages** he takes her with him on all the shoots
2 *(Menuiserie)* turning ◆ **le tournage sur bois/métal** wood-/metal-turning
3 *(Naut* = *cheville)* belaying cleat

tournailler* /tuʀnaje/ ▸ conjug 1 ◂ VI *(péj)* to wander aimlessly ◆ **tournailler autour de** to hang round

tournant, e /tuʀnɑ̃, ɑ̃t/ SYN
ADJ 1 *[fauteuil, dispositif]* swivel *(épith)*; *[feu, scène]* revolving *(épith)*; → **grève, plaque, pont, table**
2 *[mouvement, manœuvre]* encircling *(épith)*
3 *[escalier]* spiral *(épith)*; *(littér)* *[ruelle, couloir]* winding, twisting
NM 1 (= *virage*) bend ◆ **prendre bien/mal son tournant** to take a bend well/badly, to corner well/badly ◆ **cette entreprise a bien su prendre le tournant** this company has managed the change *ou* switch well, this company has adapted well to the new circumstances ◆ **attendre qn au tournant*** to wait for the chance to trip sb up *ou* catch sb out *(Brit)* ◆ **avoir** *ou* **rattraper qn au tournant*** to get even with sb, to get one's own back on sb *(Brit)*
2 (= *changement*) turning point ◆ **tournant décisif** watershed ◆ **les tournants de l'histoire/de sa vie** the turning points in history/in his life ◆ **c'est à la 50ᵉ minute qu'a eu lieu le tournant du match** the decisive *ou* turning point of the match came in the 50th minute ◆ **il arrive à un tournant de sa carrière** he's coming to a turning point in his career ◆ **au tournant du siècle** at the turn of the century ◆ **un tournant de la politique française** a watershed in French politics ◆ **marquer un tournant** to be a turning point
NF **tournante*** (= *viol collectif*) gang-bang

tourne /tuʀn/ NF *(Presse)* continuation

tourné, e¹ /tuʀne/ SYN (ptp de **tourner**) ADJ
1 ◆ **bien tourné** *[personne]* shapely, with a good figure; *[jambes]* shapely; *[taille]* neat, trim; *[compliment, poème, expression]* well-turned; *[article, lettre]* well-worded, well-phrased
2 ◆ **mal tourné** *[article, lettre]* badly expressed *ou* phrased *ou* worded; *[expression]* unfortunate ◆ **avoir l'esprit mal tourné** to have a dirty mind
3 *[lait, vin]* sour; *[poisson, viande]* off *(attrib)*, high *(attrib)*; *[fruits]* rotten, bad
4 *(Menuiserie)* *[pied, objet]* turned

tourne-à-gauche /tuʀnagoʃ/ NM INV *[de serrurier]* tap wrench

tournebouler* /tuʀnəbule/ ▸ conjug 1 ◂ VT *[+ personne]* to put in a whirl ◆ **tournebouler la cervelle à qn** to turn sb's head *ou* brain, to put sb's head in a whirl ◆ **il en était tourneboulé** *(mauvaise nouvelle)* he was very upset by it; *(heureuse surprise)* his head was in a whirl over it

tournebroche /tuʀnəbʀɔʃ/ NM roasting spit, rotisserie ◆ **poulet au tournebroche** spit-roasted chicken

tourne-disque (pl **tourne-disques**) /tuʀnədisk/ NM record player

tournedos /tuʀnədo/ NM tournedos

tournée² /tuʀne/ SYN NF 1 (= *tour*) *[de conférencier, artiste]* tour; *[d'inspecteur, livreur, représentant]* round ◆ **tournée de conférences/théâtrale** lecture/theatre tour ◆ **tournée d'inspection** round *ou* tour of inspection ◆ **partir/être en tournée** *[artiste, troupe de théâtre]* to set off on/be on tour; *[livreur, représentant]* to set off on/be on one's rounds ◆ **faire une tournée électorale** to go on a campaign tour *ou* the campaign trail ◆ **faire la tournée de** *[+ magasins, musées, cafés]* to do the rounds of, to go round ◆ **faire la tournée des grands ducs*** to go out on the town *ou* on a spree ◆ **faire la tournée des popotes*** to go on a tour of inspection
2 (= *consommations*) round (of drinks) ◆ **payer une/sa tournée** to buy *ou* stand a/one's round (of drinks) ◆ **c'est ma tournée** it's my round ◆ **il a payé une tournée générale** he paid for drinks all round ◆ **c'est la tournée du patron** the drinks are on the house
3 *(* = *raclée)* hiding, thrashing

tournemain /tuʀnəmɛ̃/ **en un tournemain** LOC ADV in no time at all, in the twinkling of an eye, (as) quick as a flash

tourne-pierre (pl **tourne-pierres**) /tuʀnəpjɛʀ/ NM turnstone

tourner /tuʀne/ SYN ▸ conjug 1 ◂
VT 1 *[+ manivelle, clé, poignée]* to turn; *[+ sauce]* to stir; *[+ salade]* to toss; *[+ page]* to turn (over) ◆ **tournez s.v.p** please turn over, PTO ◆ **tourner et retourner** *[+ chose]* to turn over and over; *[+ pensée, problème]* to turn over and over (in one's mind), to mull over; → **dos, page¹, talon**
2 (= *diriger, orienter*) *[+ appareil, tête, yeux]* to turn ◆ **elle tourna son regard** *ou* **les yeux vers la fenêtre** she turned her eyes towards the window ◆ **tourner la tête à droite/à gauche** to turn one's head to the right/to the left ◆ **quand il m'a vu, il a tourné la tête** when he saw me he looked away *ou* he turned his head away ◆ **tourner les pieds en dedans/en dehors** to turn one's toes *ou* feet in/out ◆ **tourne le tableau de l'autre côté/contre le mur** turn the picture the other way round/round to face the wall ◆ **tourner ses pas vers** *(littér)* to wend one's way towards *(littér)* ◆ **tourner ses pensées/efforts vers** to turn *ou* bend one's thoughts/efforts towards *ou* to; → **bride, casaque**
3 (= *contourner*) *[+ cap]* to round; *[+ armée]* to turn, to outflank; *[+ obstacle]* to round
4 (= *éluder*) *[+ difficulté, règlement]* to get round *ou* past ◆ **tourner la loi** to get round the law, to find a loophole in the law ◆ **il vient de tourner le coin de la rue** he has just turned the corner ◆ **tourner la mêlée** *(Rugby)* to turn the scrum, to wheel the scrum round
5 *(frm* = *exprimer)* *[+ phrase, compliment]* to turn; *[+ demande, lettre]* to phrase, to express
6 (= *transformer*) ◆ **il a tourné l'incident en plaisanterie** he made light of the incident, he made a joke out of the incident ◆ **tourner qn/qch en ridicule** to make sb/sth a laughing stock, to ridicule sb/sth, to hold sb/sth up to ridicule ◆ **il tourne tout à son avantage** he turns everything to his (own) advantage; → **dérision**
7 *(Ciné)* ◆ **tourner une scène** *[cinéaste]* to shoot *ou* film a scene; *[acteur]* to act in *ou* do a scene ◆ **tourner un film** (= *faire les prises de vues*) to shoot a film; (= *produire*) to make a film; (= *jouer*) to make *ou* do a film ◆ **ils ont dû tourner en studio** they had to do the filming in the studio; → **extérieur, silence**
8 (= *façonner*) *[+ bois, ivoire]* to turn; *[+ pot]* to throw
9 *(locutions)* ◆ **tourner le cœur** *ou* **l'estomac à qn** † to turn sb's stomach, to make sb heave ◆ **tourner la tête à qn** *[vin]* to go to sb's head; *[succès]* to go to *ou* turn sb's head; *[personne]* to turn sb's head
VI 1 *[manège, compteur, aiguille d'horloge]* to turn, to go round; *[disque, cylindre, roue]* to turn, to revolve; *[pièce sur un axe, clé, danseur]* to turn; *[toupie]* to spin; *[taximètre]* to tick away; *[usine, moteur]* to run ◆ **tourner sur soi-même** to turn round on o.s.; *(très vite)* to spin round and round ◆ **tour-**

ner comme un lion en cage to pace angrily up and down ◆ **la grande aiguille tourne plus vite que la petite** the big hand goes round faster than the small one ◆ **l'heure tourne** time's getting on ◆ **les éléphants tournent sur la piste** the elephants move round the ring ◆ **tourner comme une toupie** to spin like a top ◆ **tout d'un coup, j'ai vu tout tourner** all of a sudden my head began to spin *ou* swim ◆ **usine qui tourne à plein (régime)** factory working at full capacity *ou* flat out* ◆ **la machine à laver tourne surtout la nuit** the washing machine runs mostly at night ◆ **ce représentant tourne sur Lyon** *(Comm)* this sales representative covers Lyons ◆ **son spectacle va tourner dans le Midi cet été** his show is on tour in the South of France this summer ◆ **faire tourner le moteur** to run the engine ◆ **faire tourner les tables** *(Spiritisme)* to hold seances, to do table-turning ◆ **c'est elle qui fait tourner l'affaire** she's the one who runs the business ◆ **faire tourner la tête à qn** *[compliments, succès]* to go to sb's head ◆ **ça me fait tourner la tête** *[vin]* it goes to my head; *[bruit, altitude]* it makes my head spin, it makes me dizzy *ou* giddy; → **ours, ralenti, rond, vide** *etc*

2 *(Ordin) [programme]* to work ◆ **arriver à faire tourner un programme** to get a program working *ou* to work ◆ **ça tourne sur quelles machines ?** which machines does it work on?, which machines is it compatible with?

3 *(= changer de direction) [vent, opinion]* to turn, to shift, to veer (round); *[chemin, promeneur]* to turn ◆ **la chance a tourné** his (*ou* her *etc*) luck has turned ◆ **la voiture a tourné à gauche** the car turned left *ou* turned off to the left ◆ **tournez à droite au prochain feu rouge** turn right *ou* take a right at the next traffic lights

4 *(= évoluer)* ◆ **bien tourner** to turn out well ◆ **mal tourner** *[farce, entreprise]* to go wrong, to turn out badly; *[personne]* to go to the dogs*, to turn out badly ◆ **ça va mal tourner** no good will come of it, it'll end in trouble ◆ **si les choses avaient tourné autrement** if things had turned out *ou* gone differently ◆ **tourner à l'avantage de qn** to turn to sb's advantage ◆ **le débat tournait à la polémique** the debate was becoming increasingly heated ◆ **le temps a tourné au froid/à la pluie** the weather has turned cold/rainy *ou* wet ◆ **le ciel tournait au violet** the sky was turning purple ◆ **tourner au drame/au tragique** to take a dramatic/tragic turn ◆ **la discussion a tourné en** *ou* **à la bagarre** the argument turned *ou* degenerated into a fight ◆ **sa bronchite a tourné en pneumonie** his bronchitis has turned *ou* developed into pneumonia; → **bourrique**

5 *[lait]* to turn (sour); *[poisson, viande]* to go off, to go bad; *[fruits]* to go rotten *ou* bad ◆ **tourner (au vinaigre)** *[vin]* to turn (vinegary) ◆ **la chaleur a fait tourner le lait** the milk's gone sour in the heat

6 *(= se relayer) [personnes]* to take turns

7 *(locutions)* ◆ **j'ai la tête qui tourne, la tête me tourne** my head's spinning ◆ **tourner de l'œil*** to pass out, to faint; → **court**[1], **rond etc**

◆ **tourner autour de** to turn *ou* go round; *[terre, roue]* to revolve *ou* go round; *[chemin]* to wind *ou* go round; *[oiseau]* to wheel *ou* circle *ou* fly round; *[mouches]* to buzz *ou* fly round; *[discussion, sujet]* to centre *ou* focus on; *(= être approximativement) [prix]* to be around *ou* about *(Brit)* ◆ **tourner autour de la piste** to go round the track ◆ **tourner autour de qn** *(péj) (= importuner)* to hang round sb; *(pour courtiser)* to hang round sb; *(par curiosité)* to hover round sb ◆ **un individu tourne autour de la maison depuis une heure** somebody has been hanging round outside the house for an hour ◆ **l'enquête tourne autour de ces trois suspects/de cet indice capital** the inquiry centres on *ou* around these three suspects/this vital clue ◆ **ses émissions tournent toujours autour du même sujet** his programmes are always about the same subject ◆ **le prix doit tourner autour de 10 000 €** the price must be around €10,000 *ou* the €10,000 mark *ou* in the region of €10,000 ◆ **la production tourne autour de 200 voitures par jour** production runs at around 200 cars a day; → **pot**

VPR se tourner ◆ **se tourner du côté de** *ou* **vers qn/qch** to turn towards sb/sth ◆ **se tourner vers qn pour lui demander de l'aide** to turn to sb for help ◆ **se tourner vers une profession/la politique/une question** to turn to a profession/to politics/to a question ◆ **une société tournée vers l'avenir** a forward-looking company ◆ **se tourner contre qn** to turn against sb ◆ **se tourner et se retourner dans son lit** to toss and turn in bed ◆ **de quelque côté que l'on se tourne** whichever way one turns ◆ **tourne-toi (de l'autre côté)** turn round *ou* the other way; → **pouce**

tournesol /tuʀnəsɔl/ **NM** 1 *(= plante)* sunflower; → **huile**
2 *(Chim)* litmus

tourneur, -euse /tuʀnœʀ, øz/
NM,F *(Tech)* turner ◆ **tourneur sur bois/métaux** wood/metal turner
ADJ → **derviche**

tournevis /tuʀnəvis/ **NM** screwdriver ◆ **usine tournevis** screwdriver plant; → **cruciforme**

tournicoter* /tuʀnikɔte/, **tourniquer** /tuʀnike/ ► conjug 1 ◄ **VI** *(péj)* to wander aimlessly ◆ **tournicoter autour d'un arbre** to turn round and round a tree ◆ **tournicoter autour de qn** *(= importuner, courtiser)* to hang round sb; *(par curiosité)* to hover round sb

tourniquet /tuʀnikɛ/ **NM** 1 *(= barrière)* turnstile; *(= porte)* revolving door
2 *(Tech)* ◆ **tourniquet (hydraulique)** reaction turbine; *(d'arrosage)* (lawn-)sprinkler
3 *(= présentoir)* revolving stand
4 *(Méd)* tourniquet
5 *(arg Mil)* court-martial ◆ **passer au tourniquet** to come up before a court-martial

tournis /tuʀni/ **NM** 1 *(= maladie du mouton)* sturdy
2 * ◆ **avoir le tournis** to feel dizzy *ou* giddy ◆ **ça/il me donne le tournis** it/he makes my head spin, it/he makes me (feel) dizzy *ou* giddy

tournoi /tuʀnwa/ SYN **NM** 1 *(Hist)* tournament, tourney
2 *(Sport)* tournament ◆ **tournoi d'échecs/de tennis** chess/tennis tournament ◆ **tournoi d'éloquence/d'adresse** *(littér)* contest of eloquence/of skill ◆ **le Tournoi des six nations** *(Rugby)* the Six Nations Championship ◆ **disputer** *ou* **faire un tournoi** to play in *ou* enter a tournament

tournoiement /tuʀnwamɑ̃/ **NM** 1 *[de danseurs]* whirling, twirling; *[d'eau, fumée]* swirling, eddying, whirling; *[de feuilles mortes]* swirling, eddying ◆ **les tournoiements des danseurs** the whirling (of the) dancers ◆ **des tournoiements de feuilles** swirling *ou* eddying leaves
2 *[d'oiseaux]* wheeling

tournoyer /tuʀnwaje/ SYN ► conjug 8 ◄ **VI** *[danseurs]* to whirl (round), to twirl (round); *[eau, fumée]* to swirl, to eddy; *[boomerang]* to spin; *[papiers]* to flutter around; *[oiseaux]* to wheel, to circle; *[feuilles mortes]* to swirl *ou* eddy around; *[abeille, moustique]* to fly around (in circles) ◆ **faire tournoyer** *[danseur, canne]* to twirl; *[robe]* to swirl ◆ **les feuilles tombaient en tournoyant** the leaves were twirling *ou* whirling down ◆ **la fumée s'élevait en tournoyant** the smoke spiralled up ◆ **tout s'est mis à tournoyer et je me suis évanoui** everything started to spin and I fainted

tournure[1] /tuʀnyʀ/ SYN **NF** 1 *(= tour de phrase)* turn of phrase; *(= forme)* form ◆ **tournure négative/impersonnelle** negative/impersonal form ◆ **la tournure précieuse de ses phrases** the affected way (in which) he phrases his sentences
2 *(= apparence)* ◆ **la tournure des événements** the turn of events ◆ **la tournure que prenaient les événements** the way the situation was developing, the turn events were taking ◆ **la situation a pris une mauvaise/meilleure tournure** the situation took a turn for the worse/for the better ◆ **donner une autre tournure à une affaire** to put a matter in a different light, to put a new face on a matter ◆ **prendre tournure** to take shape
3 ◆ **tournure d'esprit** turn *ou* cast of mind
4 († = *allure*) bearing ◆ **il a belle tournure** he carries himself well, he has a very upright bearing

tournure[2] /tuʀnyʀ/ **NF** *(Tech)* turnings

tournus /tuʀnys/ **NM** *(Helv = alternance)* rota

touron /tuʀɔ̃/ **NM** *kind of nougat*

tour-opérateur (pl **tour-opérateurs**) /tuʀɔpeʀatœʀ/ **NM** tour operator

tourte /tuʀt/
ADJ (* = *bête*) dense*, thick* *(Brit)*
NF *(Culin)* pie ◆ **tourte à la viande/au poisson** meat/fish pie

tourteau[1] (pl **tourteaux**) /tuʀto/ **NM** 1 *(Culin)* ◆ **tourteau (fromagé)** *round spongecake made with fromage frais*
2 *(Agr)* oilcake, cattle-cake
3 *(Héraldique)* roundel

tourteau[2] (pl **tourteaux**) /tuʀto/ **NM** *(= crabe)* crab

tourtereau (pl **tourtereaux**) /tuʀtəʀo/ **NM** *(= oiseau)* young turtledove ◆ **tourtereaux** *(= amoureux)* lovebirds

tourterelle /tuʀtəʀɛl/ **NF** turtledove ◆ **gris tourterelle** dove *ou* soft grey

tourtière /tuʀtjɛʀ/ **NF** *(à tourtes)* pie tin; *(à tartes)* pie dish *ou* plate

tous → **tout**

toussailler /tusaje/ ► conjug 1 ◄ **VI** to have a bit of a cough ◆ **arrête de toussailler !** stop coughing and spluttering like that!

Toussaint /tusɛ̃/ **NF** ◆ **la Toussaint** All Saints' Day ◆ **nous partirons en vacances à la Toussaint** we're going on holiday at the beginning of November ◆ **il fait un temps de Toussaint** it's real November weather, it's grim cold weather

TOUSSAINT

All Saints' Day (November 1) is a public holiday in France. It is the day when people traditionally visit cemeteries to lay heather and chrysanthemums on the graves of relatives and friends.

tousser /tuse/ SYN ► conjug 1 ◄ **VI** 1 *[personne]* to cough ◆ **ne sors pas, tu tousses encore un peu** don't go out – you've still got a bit of a cough
2 *[moteur]* to splutter, to cough

toussotement /tusɔtmɑ̃/ **NM** (slight) coughing *(NonC)*

toussoter /tusɔte/ ► conjug 1 ◄ **VI** *(Méd)* to have a bit of *ou* a slight cough; *(pour avertir, signaler)* to cough softly, to give a little cough ◆ **je l'entendais toussoter dans la pièce à côté** I could hear him coughing in the next room ◆ **il toussote, je vais lui faire prendre du sirop** he's got a bit of a *ou* a slight cough – I'm going to give him some cough mixture

tout, toute /tu, tut/ SYN
(mpl **tous**, fpl **toutes**)

1 - ADJECTIF QUALIFICATIF
2 - ADJECTIF INDÉFINI
3 - PRONOM INDÉFINI
4 - ADVERBE
5 - NOM MASCULIN

► Lorsque **tout** fait partie d'une expression figée telle que **à tout bout de champ, de tout repos, en tout cas, tout le temps** etc, cherchez au premier nom.

1 - ADJECTIF QUALIFICATIF

1 [= COMPLET, ENTIER, TOTAL]

◆ **tout, toute** + *article ou possessif ou démonstratif* ◆ **tout le, toute la** all (the), the whole (of the) ◆ **tout le reste** (all) the rest ◆ **il a tout le temps/l'argent qu'il lui faut** he has all the time/the money he needs ◆ **toute la France regardait le match** the whole of *ou* all France was watching the match ◆ **pendant tout le voyage** during the whole (of the) trip, throughout the trip ◆ **il a plu toute la nuit/toute une nuit** it rained all night (long) *ou* throughout the night/for a whole night ◆ **il a plu toute cette nuit** it rained all (of) *ou* throughout last night ◆ **il a dépensé tout son argent** he has spent all (of) his money ◆ **mange toute ta viande** eat up your meat, eat all (of) your meat ◆ **il a passé toutes ses vacances à lire** he spent the whole of *ou* all (of) his holidays reading ◆ **il courait de toute la vitesse de ses petites jambes** he was running as fast as his little legs would carry him

◆ **tout le monde** everybody, everyone ◆ **tout le monde le dit/le sait** everybody says so/knows ◆ **la nature appartient à tout le monde** the countryside belongs to everybody ◆ **ils veulent vivre/être comme tout le monde** they want to live/be like everybody else ◆ **il ne fait jamais comme tout le monde** he always has to be different

◆ **tout, toute** + *nom* ◆ **il a lu tout Balzac** he has read the whole of *ou* all of Balzac ◆ **elle a visité**

tout Londres she has been round the whole of London ◆ **le tout-Londres/-Rome** the London/Rome smart set, everybody who is anybody in London/Rome ◆ **en toute illégalité** quite illegally ◆ **donner toute satisfaction** to give complete satisfaction, to be entirely *ou* completely satisfactory

2 [= SEUL, UNIQUE] only ◆ **c'est tout l'effet que ça lui fait** that's all the effect *ou* the only effect it has on him ◆ **cet enfant est toute ma joie** this child is my only *ou* sole joy, all my joy in life lies with this child ◆ **c'est là tout le problème** that's the whole problem, that's just where the problem lies ◆ **tout le secret est dans la rapidité** the whole secret lies in speed ◆ **pour tout mobilier, il avait un lit et une table** all he had in the way of furniture *ou* the only furniture he had was a bed and a table

2 - ADJECTIF INDÉFINI

♦ **tout, toute** + *nom singulier* (= *n'importe quel*) any, all ◆ **toute personne susceptible de nous aider** any person *ou* anyone able to help us ◆ **une empreinte digitale, un cheveu, tout indice qui pourrait être utile** a fingerprint, a hair, any clue that might be useful ◆ **toute trace d'agitation a disparu** all *ou* any trace of agitation has gone ◆ **tout autre (que lui) aurait deviné** anybody *ou* anyone (but him) would have guessed ◆ **à tout âge** at any age, at all ages ◆ **pour tout renseignement, téléphoner...** for all information, ring...

♦ **tout un chacun** everybody, everyone ◆ **comme tout un chacun, il a le droit de...** like everybody else, he has a right to... ◆ **le fait que tout un chacun puisse librement donner son avis** the fact that anybody can freely express their opinion

♦ **tous, toutes (les)** + *nom pluriel* (= *chaque*) every ◆ **tous les jours/ans/mois** every day/year/month ◆ **tous les deux jours/mois** every other *ou* second day/month, every two days/months ◆ **tous les 10 mètres** every 10 metres ◆ **toutes les trois heures** every three hours, at three-hourly intervals

(= *l'ensemble, la totalité des*) all, every ◆ **toutes les personnes que nous connaissons** all the people *ou* everyone *ou* everybody (that) we know ◆ **toutes les fois que je le vois** every time I see him ◆ **il avait toutes les raisons d'être mécontent** he had every reason to be *ou* for being displeased ◆ **tous les hommes sont mortels** all men are mortal ◆ **courir dans tous les sens** to run all over the place ◆ **film (pour) tous publics** film suitable for all audiences ◆ **des individus de toutes tendances/tous bords** people of all tendencies/shades of opinion ◆ **le saut en hauteur, la course, le lancer du javelot, toutes disciplines qui exigent...** (*frm :servant à récapituler*) the high jump, running, throwing the javelin, all (of them) disciplines requiring...

♦ **tous, toutes (les)** + *numéral* (= *ensemble*) ◆ **tous (les) deux** both (of them), the two of them, each (of them) ◆ **tous (les) trois/quatre** all three/four (of them) ◆ **ils sont arrivés tous les six hier soir** all six of them arrived last night

3 - PRONOM INDÉFINI

1 [= L'ENSEMBLE DES CHOSES] everything, all; (*sans discrimination*) anything ◆ **il a tout organisé** he organized everything, he organized it all ◆ **on ne peut pas tout faire** you can't do everything ◆ **tout va bien** all's (going) well, everything's fine ◆ **son travail, ses enfants, tout l'exaspère** his work, the children, everything annoys him ◆ **tout lui est bon** everything is grist to his mill (*pour* to) ◆ **ses enfants mangent de tout** her children will eat anything ◆ **il vend de tout** he sells anything and everything ◆ **il est capable de tout** he's capable of anything ◆ **il a tout pour réussir** he's got everything going for him ◆ **il a tout pour plaire*** (*iro*) he's got nothing going for him ◆ **il est capable d'improviser un discours sur tout et n'importe quoi** he can improvise a speech on just about anything ◆ **il promet tout et son contraire** he makes the wildest promises ◆ **au cours du débat, on a entendu tout et son contraire** the discussion was a real ragbag of ideas

♦ **avoir tout de** + *nom* ◆ **elle a tout d'une star** she's every inch a star ◆ **avec ce chapeau, elle a tout d'une sorcière** she looks just like a witch in that hat ◆ **ça a tout d'un canular** it's obviously a practical joke ◆ **l'organisation a tout d'une secte** the organization is nothing less than a sect

♦ **à tout va*** [*licencier, investir, recruter*] like mad; [*libéralisme, communication, consommation*] unbridled ◆ **à l'époque, on construisait à tout va** at that time there were buildings going up everywhere ◆ **il répète à tout va ce que tu lui as raconté** he's going round telling everyone what you told him

♦ **ce n'est pas tout de** + *infinitif* (= *ça ne suffit pas*) ◆ **ce n'est pas tout d'en parler** there's more to it than just talking about it ◆ **ce n'est pas tout de faire son métier, il faut le faire bien** it's not enough just to do your job, you have to do it well

♦ **en tout** (= *au total*) in all ◆ **nous étions 16 (personnes) en tout** there were 16 of us in all ◆ **ça coûte 150 € en tout** it costs €150 in all *ou* in total ◆ **cette pratique est en tout contraire aux droits de l'homme** (= *en tous points*) this practice is a violation of human rights in every respect ◆ **leurs programmes politiques s'opposent en tout** their political programmes clash in every way

♦ **en tout et pour tout** all in all ◆ **il lui reste trois jours/25 € en tout et pour tout** he only has a total of three days/€25 left ◆ **j'avais une valise en tout et pour tout** all I had was a suitcase

♦ **... et tout (et tout)*** ... and everything ◆ **j'avais préparé le dîner, fait le ménage et tout et tout** I'd made the dinner, done the housework and everything ◆ **je lui avais expliqué et tout, mais il n'a pas compris** I'd explained and everything, but he didn't understand ◆ **avec les vacances et tout, je n'ai pas eu le temps** what with the holidays and all*, I didn't have time

♦ **être** + **tout** ◆ **c'est tout** that's all ◆ **ce sera tout ?** will that be all?, (will there be) anything else? ◆ **et ce n'est pas tout !** and that's not all!, and there's more to come! ◆ **c'est pas tout ça*, mais il est tard** all this is very nice, but it's getting late ◆ **être tout pour qn** to be everything to sb

♦ **pour tout dire** ◆ **cette idée audacieuse avait surpris et pour tout dire n'avait pas convaincu** this daring idea surprised everybody and, to be honest, wasn't convincing ◆ **il est vaniteux, égoïste, pour tout dire c'est un sale type** he's vain, he's selfish, in a word he's a swine

♦ **tout ce qui, tout ce que** ◆ **tout ce que je sais, c'est qu'il est parti** all I know is that he's gone ◆ **c'est tout ce qu'il m'a dit/laissé** that's all he told me/left me ◆ **tout ce que le pays compte de sportifs/savants** all the country has in the way of sportsmen/scientists, the country's entire stock of sportsmen/scientists ◆ **est-ce que vous avez tout ce dont vous avez besoin ?** *ou* **ce qu'il vous faut ?** have you everything *ou* all (that) you need? ◆ **ne croyez pas tout ce qu'il raconte** don't believe everything he tells you ◆ **tout ce qui lui appartient** everything *ou* all that belongs to him ◆ **tout ce qui brille n'est pas or** (*Prov*) all that glitters is not gold (*Prov*)

♦ **tout ce qu'il y a de** + *adjectif* (= *extrêmement*) most ◆ **il a été tout ce qu'il y a de gentil/serviable** he was most kind/obliging, he couldn't have been kinder/more obliging ◆ **des gens tout ce qu'il y a de plus distingué(s)** most distinguished people ◆ **c'était tout ce qu'il y a de chic** it was the last word in chic *ou* the ultimate in chic

♦ **tout est là** ◆ **la persévérance, tout est là** all that counts is perseverance, perseverance is all that matters

♦ **tous, toutes** (= *l'ensemble des personnes*) all ◆ **tous** *ou* **toutes tant qu'ils** *ou* **elles sont** all of them, every single one of them ◆ **tous sont arrivés** they have all arrived ◆ **il les déteste tous** *ou* **toutes** he hates them all *ou* all of them ◆ **écoutez bien tous !** listen, all of you! ◆ **tous ensemble** all together ◆ **il parle en leur nom à tous** he's speaking for them all *ou* for all of them ◆ **film pour tous** film suitable for all audiences

♦ *pronom personnel* + **tous** *ou* **toutes** ◆ **nous avons tous nos défauts** we all *ou* all of us have our faults ◆ **nous mourrons tous** we shall all die ◆ **vous toutes qui m'écoutez** all of you who are listening to me ◆ **il s'attaque à nous tous** he's attacking us all *ou* all of us

2 [LOCUTIONS] ◆ **tout a une fin** there is an end to everything, everything comes to an end ◆ **tout est bien qui finit bien** all's well that ends well ◆ **tout finit par des chansons** everything ends with a song ◆ **tout de bon !** (*Helv*) all the best! ◆ **tout passe, tout casse** nothing lasts for ever ◆ **tout vient à point à qui sait attendre** (*Prov*) everything comes to he who waits (*Prov*)

4 - ADVERBE

► S'accorde en genre et en nombre devant un adjectif féminin qui commence par une consonne ou un **h** aspiré.

1 [CONSTRUCTIONS]

♦ **tout** + *adjectif* (= *très*) very; (= *entièrement*) quite ◆ **il est tout étonné** he's very *ou* most surprised ◆ **c'est une toute jeune femme** she's a very young woman ◆ **elles étaient tout heureuses/toutes contentes** they were very *ou* extremely happy/pleased ◆ **les toutes premières années** the very first *ou* early years ◆ **c'est tout autre chose** that's quite another matter ◆ **c'est une tout autre histoire** that's quite another story ◆ **il a mangé sa viande toute crue** he ate his meat quite *ou* completely raw ◆ **c'est tout naturel** it's perfectly *ou* quite natural ◆ **toute petite, elle aimait la campagne** as a (very) small child she liked the country

♦ **tout** + *article* + *nom* ◆ **c'est tout le contraire** it's quite the opposite *ou* the very opposite ◆ **avec toi c'est tout l'un ou tout l'autre** there's no in between with you, you see everything in black and white

♦ **tout** + *préposition* + *nom* ◆ **être tout yeux/oreilles** to be all eyes/ears ◆ **je suis tout ouïe !** (*hum*) I'm all ears! ◆ **tout (en) laine/coton** all wool/cotton ◆ **il était tout à son travail** he was entirely taken up by *ou* absorbed in his work ◆ **habillé tout en noir** dressed all in black, dressed entirely in black ◆ **un style tout en nuances** a very subtle style, a style full of nuances ◆ **un jeu tout en douceur** a very delicate style of play ◆ **il était tout en sueur** he was dripping with sweat ◆ **elle était tout en larmes** she was in floods of tears ◆ **le jardin est tout en fleurs** the garden is a mass of flowers

♦ **tout** + *adverbe* ◆ **tout près** *ou* **à côté** very near *ou* close ◆ **tout là-bas** right over there ◆ **tout en bas de la colline** right at the bottom of the hill ◆ **tout au fond** right at the bottom, at the very bottom ◆ **tout simplement** *ou* **bonnement** quite simply ◆ **je vois cela tout autrement** I see it quite differently ◆ **je le sais tout autant que toi** I know it as well as you do, I'm as aware of it as you are ◆ **j'aime ça tout aussi peu que lui** I like that as little as he does ◆ **tout plein* de cartes postales** loads* of postcards ◆ **il est gentil/mignon tout plein*** he's really very *ou* really awfully* nice/sweet

♦ **tout** + *verbe* ◆ **tu t'es tout sali** you've got yourself all dirty ◆ **tu as tout sali tes habits** you've got your clothes all dirty

2 [= DÉJÀ] ◆ **tout prêt, tout préparé** ready-made ◆ **phrases toutes faites** ready-made *ou* set *ou* standard phrases ◆ **idées toutes faites** preconceived ideas, unquestioning ideas

3 [AUTRES LOCUTIONS]

♦ **tout en** + *participe présent* (*simultanéité*) ◆ **tout en marchant/travaillant** as *ou* while you walk/work, while walking/working ◆ **elle tricotait tout en regardant la télévision** she was knitting while watching television ◆ **je suis incapable de travailler tout en écoutant de la musique** I can't work and listen to music at the same time

(*opposition*) ◆ **tout en prétendant le contraire il voulait être élu** (al)though he pretended otherwise he wanted to be elected ◆ **tout en reconnaissant ses mérites je ne suis pas d'accord avec lui** (al)though *ou* even though I recognize his strengths I don't agree with him

♦ **tout** + *nom ou adjectif* + **que** (*concession*) ◆ **tout médecin qu'il soit** even though *ou* although he's a doctor, I don't care if he's a doctor ◆ **toute malade qu'elle se prétende** however ill *ou* no matter how ill she says she is ◆ **leur appartement, tout grand qu'il est, ne suffira pas** however large *ou* no matter how large their flat is, it won't be enough

♦ **tout à fait** quite, entirely, altogether ◆ **ce n'est pas tout à fait la même chose** it's not quite the same thing ◆ **c'est tout à fait faux/exact** it's quite *ou* entirely wrong/right ◆ **il est tout à fait charmant** he's absolutely *ou* quite charming ◆ **je suis tout à fait d'accord avec vous** I'm in complete agreement with you, I agree completely *ou* entirely with you ◆ **vous êtes d'accord ? – tout à fait !** do you agree? – absolutely!

♦ **tout à l'heure** (= *plus tard*) later, in a short *ou* little while; (= *peu avant*) just now, a short while ago, a moment ago ◆ **je repasserai tout à l'heure** I'll come back later ◆ **tout à l'heure tu as dit que...** (*à l'instant*) you said just now that...; (*il y a plus longtemps*) you said earlier that... ◆ **à tout à l'heure !** see you later!

♦ **tout de suite** straightaway, at once, immediately ♦ **j'ai tout de suite compris que...** I understood straightaway that... ♦ **alors, tu es prêt ? - tout de suite !** are you ready then? - just a second! ♦ **vous le voulez pour quand ? - pas tout de suite** when do you want it for? - there's no rush ♦ **ce n'est pas pour tout de suite** (= ce n'est pas près d'arriver) it won't happen overnight; (= c'est assez improbable) it's hardly likely to happen

5 - NOM MASCULIN

1 [= ENSEMBLE] whole ♦ **ces éléments forment un tout** these elements make up a whole ♦ **acheter/vendre/prendre le tout** to buy/sell/take the (whole) lot ou all of it (ou them) ♦ **le grand Tout** (Rel) the Great Whole ♦ **jouer** ou **risquer le tout pour le tout** to stake one's all
♦ **le tout** + être (= l'essentiel) ♦ **le tout est qu'il parte à temps** the main ou most important thing is that he leaves in time ♦ **le tout c'est de faire vite** the main thing is to be quick about it ♦ **c'est pas le tout* mais j'ai du travail** this is all very well but I've got work to do ♦ **ce n'est pas le tout de s'amuser, il faut travailler** we can't just enjoy ourselves, we must get down to work
2 [DANS UNE CHARADE] ♦ **mon tout est un roi de France** my whole ou all is a king of France
3 [LOCUTIONS]
♦ **du tout** (en réponse) ♦ **(pas) du tout !** not at all! ♦ **il n'y a pas de pain du tout** there's no bread at all ♦ **il n'y a plus du tout de pain** there's no bread left at all ♦ **je n'entends/ne vois rien du tout** I can't hear/see a thing, I can't hear/see anything at all ♦ **sans s'inquiéter du tout** without worrying at all
♦ **du tout au tout** (= complètement) completely ♦ **il avait changé du tout au tout** he had changed completely ♦ **la situation s'est modifiée du tout au tout** the situation has completely changed

tout-à-l'égout /tutalegu/ NM INV (= système) mains drainage (NonC); (= tuyau) main sewer

Toutankhamon /tutãkamɔ̃/ NM Tutankhamen, Tutankhamun

Toutatis /tutatis/ NM Teutates

toute-épice (pl **toutes-épices**) /tutepis/ NF allspice, pimento, Jamaica pepper

toutefois /tutfwa/ SYN ADV however ♦ **sans toutefois que cela les retarde** without that delaying them, however ♦ **si toutefois il est d'accord** if he agrees, that is

tout-en-un /tutɑ̃œ̃/ ADJ INV all-in-one

toute-puissance (pl **toutes-puissances**) /tutpµisɑ̃s/ SYN NF omnipotence (NonC)

tout-fou* (pl **tout-fous**) /tufu/
ADJ M over-excited
NM ♦ **il fait son tout-fou** he's a bit over-excited

toutim* /tutim/ NM ♦ **et (tout) le toutim** the whole caboodle* (Brit), the whole kit and caboodle* (US)

toutou /tutu/ NM (langage enfantin) doggie, bow-wow (langage enfantin) ♦ **suivre qn/obéir à qn comme un toutou** to follow sb about/obey sb as meekly as a lamb

Tout-Paris /tupaʀi/ NM ♦ **le Tout-Paris** the Paris smart set, the tout-Paris ♦ **le Tout-Paris artistique assistait au vernissage** the artistic elite of Paris attended the preview of the exhibition

tout-petit (pl **tout-petits**) /tup(ə)ti/ NM toddler, tiny tot ♦ **jeu pour les tout-petits** game for the very young ou for toddlers ou tiny tots

tout-puissant, toute-puissante (mpl **tout-puissants**) /tupµisɑ̃, tutpµisɑ̃t/ SYN
ADJ almighty, omnipotent, all-powerful
NM ♦ **le Tout-Puissant** the Almighty

tout-terrain (pl **tout-terrains**) /tuteʀɛ̃/
ADJ [véhicule] four-wheel drive (épith), cross-country (épith) ♦ **vélo tout-terrain** mountain bike ♦ **moto tout-terrain** trail bike
NM ♦ **le tout-terrain** (Sport) (en voiture) cross-country racing; (en vélo) mountain biking; (en moto) trail-biking ♦ **faire du tout-terrain** (en voiture) to go cross-country racing; (en vélo) to go mountain-biking; (en moto) to go trail-biking

tout(-)va /tuva/ ♦ **à tout(-)va** LOC ADV left, right and centre

tout-venant /tuv(ə)nɑ̃/ NM INV (= charbon) raw coal ♦ **le tout-venant** (= articles, marchandises) the run-of-the-mill ou ordinary stuff

toux /tu/ NF cough ♦ **toux grasse/sèche/nerveuse** loose/dry/nervous cough; → **quinte**

toxémie /toksemi/ NF blood poisoning, toxaemia (Brit), toxemia (US)

toxicité /toksisite/ NF toxicity

toxico* /toksiko/ NMF (abrév de **toxicomane**) junkie*

toxicodépendance /toksikodepɑ̃dɑ̃s/ NF drug-dependency

toxicodépendant, e /toksikodepɑ̃dɑ̃, ɑ̃t/ NM,F drug-dependent

toxicologie /toksikolɔʒi/ NF toxicology

toxicologique /toksikolɔʒik/ ADJ toxicological

toxicologue /toksikolɔg/ NMF toxicologist

toxicomane /toksikoman/ SYN
ADJ drug-addicted, addicted to drugs
NMF drug addict

toxicomaniaque /toksikomanjak/ ADJ [habitude, pratique] (drug) addiction-related

toxicomanie /toksikomani/ SYN NF drug addiction

toxicose /toksikoz/ NF toxicosis

toxidermie /toksidɛʀmi/ NF toxicodermatitis

toxi-infectieux, -ieuse /toksiɛ̃fɛksjø, jøz/ ADJ toxinfectious

toxi-infection (pl **toxi-infections**) /toksiɛ̃fɛksjɔ̃/ NF toxinfection

toxine /toksin/ NF toxin

toxique /toksik/ SYN
ADJ toxic ♦ **substance toxique pour l'organisme** substance that is toxic ou poisonous to the system
NM toxin, poison

toxocarose /toksokaʀoz/ NF toxocariasis

toxoplasme /toksoplasm/ NM toxoplasma

toxoplasmose /toksoplasmoz/ NF toxoplasmosis

TP /tepe/
NM 1 (abrév de **Trésor public**) → **trésor**
2 abrév de **travaux pratiques** (Univ)) practical
NF (abrév de **trésorerie principale**) → **trésorerie**
NMPL (abrév de **travaux publics**) → **travail¹**

TPE /tepeə/ NM (abrév de **terminal de paiement électronique**) EFTPOS

TPG /tepeʒe/ NM (abrév de **trésorier-payeur général**) → **trésorier**

TPV /tepeve/ NM (abrév de **terminal point de vente**) POST

trac¹ /tʀak/ SYN NM (Théât, en public) stage fright; (aux examens) (exam) nerves ♦ **avoir le trac** (Théât, en public) (sur le moment) to have stage fright; (à chaque fois) to get stage fright; (aux examens) (sur le moment) to be nervous; (à chaque fois) to get nervous, to get (an attack ou fit of) nerves ♦ **ficher le trac à qn*** to give sb a fright, to put the wind up sb* (Brit)

trac² /tʀak/ ♦ **tout à trac** LOC ADV [dire, demander] right out of the blue

traçabilité /tʀasabilite/ NF traceability

traçage /tʀasaʒ/ NM 1 [de ligne, triangle, plan, chiffre, mot] drawing; [de courbe de graphique] plotting
2 [de route, piste] (= déblaiement) opening up; (= balisage) marking out
3 (Min) heading
4 [de schéma] tracing

traçant, e /tʀasɑ̃, ɑ̃t/ ADJ 1 [racine] running, creeping
2 [obus, balle] tracer (épith); → **table**

tracas /tʀaka/ SYN
NM (littér † = embarras) bother, upset ♦ **se donner bien du tracas** to give o.s. a great deal of trouble
NMPL (= soucis, ennuis) worries

tracasser /tʀakase/ SYN ► conjug 1 ◄
VT (gén) to worry, to bother; [administration] to harass, to bother ♦ **qu'est-ce qui te tracasse ?** what's bothering ou worrying ou bugging* you?
VPR **se tracasser** (= se faire du souci) to worry, to fret ♦ **ne te tracasse pas pour si peu !** don't worry ou fret over a little thing like that!

tracasserie /tʀakasʀi/ NF (gén pl) harassment ♦ **les tracasseries policières dont j'ai été victime** the police harassment of which I was a victim ♦ **j'en ai assez de toutes ces tracasseries administratives !** I'm fed up with all this irritating red tape! ♦ **à la suite de cette loi, beaucoup d'étrangers ont subi des tracasseries administratives** as a result of this law many foreigners have had a lot of hassle* with bureaucracy

tracassier, -ière /tʀakasje, jɛʀ/ SYN ADJ [fonctionnaire, bureaucratie] pettifogging

trace /tʀas/ SYN NF 1 (= empreinte) [d'animal, fugitif, pneu] tracks ♦ **la trace du renard diffère de celle de la belette** the fox's tracks differ from those of the weasel ♦ **suivre une trace de blaireau** to follow some badger tracks ♦ **traces de doigt** (sur disque, meuble) finger marks ♦ **traces de pas** footprints ♦ **traces de pneus** tyre tracks
2 (= chemin frayé) track, path; (Ski) track ♦ **s'ouvrir une trace dans les broussailles** to open up a track ou path through the undergrowth ♦ **faire la trace** (Alpinisme, Ski) to be the first to ski (ou walk etc) on new snow ♦ **on voyait leur trace dans la face nord** we could see their tracks on the north face ♦ **trace directe** (Ski) direct descent
3 (= marque) [de sang] trace; [de brûlure, encre] mark; [d'outil] mark; [de blessure, maladie] mark ♦ **traces de freinage** brake marks ♦ **traces d'effraction** signs of a break-in ♦ **il n'y avait pas de trace écrite** nothing had been put down in writing ♦ **la victime portait des traces de coups au visage** there were bruises on the victim's face ♦ **le corps ne présentait aucune trace de violence** there were no signs of violence on the body ♦ **les traces de la souffrance** (littér) the marks of suffering ♦ **des traces de fatigue se lisaient sur son visage** his face showed signs of tiredness ou bore the marks of tiredness ♦ **cet incident avait laissé une trace durable/profonde dans son esprit** the incident had left an indelible/a definite mark on his mind
4 (= indice) trace ♦ **il n'y avait pas trace des documents volés/du fugitif dans l'appartement** there was no trace of the stolen documents/of the fugitive in the flat ♦ **on ne trouve pas trace de cet événement dans les journaux** there's no trace of this event to be found in the papers
5 (= vestige : gén pl) [de bataille, civilisation] trace; (= indice) [de bagarre] sign ♦ **on voyait encore les traces de son passage** there was still evidence that he had recently passed by ♦ **retrouver les traces d'une civilisation disparue** to discover the traces ou signs of a lost civilisation
6 (= quantité minime) [de poison, substance] trace ♦ **on y a trouvé de l'albumine à l'état de trace** traces of albumen have been found ♦ **il ne montrait nulle trace de repentir/de chagrin** he showed no trace of regret/of sorrow ou no sign(s) of being sorry/of sorrow ♦ **sans une trace d'accent étranger** without a ou any trace of a foreign accent ♦ **il parlait sans la moindre trace d'émotion dans la voix** he spoke without the slightest trace ou hint of emotion in his voice
7 (locutions) ♦ **disparaître sans laisser de traces** [personne] to disappear without trace; [tache] to disappear completely without leaving a mark ♦ **être sur les traces** ou **la trace de** [+ fugitif] to be on the trail of; [+ complot, document] to be on the track of ♦ **perdre la trace d'un fugitif** to lose track of ou lose the trail of a fugitive ♦ **retrouver la trace d'un fugitif** to pick up the trail of a fugitive again ♦ **marcher sur** ou **suivre les traces de qn** (fig) to follow in sb's footsteps ♦ **suivre à la trace** [+ gibier, fugitif] to track ♦ **les journalistes la suivaient à la trace** reporters followed her wherever she went ♦ **on peut te suivre à la trace !** (iro) you can always tell when he has been here!

tracé /tʀase/ SYN NM 1 (= plan) [de réseau routier ou ferroviaire, installations] layout, plan; [de frontière] line ♦ **corriger le tracé de la frontière entre deux pays** to redraw the border between two countries
2 (= parcours) [de ligne de chemin de fer, autoroute] route; [de rivière, route] course; [d'itinéraire] course; (= contour) [de côte, crête] line
3 (= graphisme) [de dessin, écriture] line

tracer /tʀase/ SYN ► conjug 3 ◄
VT 1 (= dessiner) [+ ligne, triangle, plan, trait] to draw; [+ courbe de graphique] to plot; (= écrire) [+ chiffre, mot] to write
2 [+ frontière] to mark out; [+ route, piste] (= frayer) to open up; (= baliser) to mark out ♦ **tracer le chemin** ou **la voie à qn** (fig) to show sb the way ♦ **son avenir est tout tracé** his future is all mapped out ♦ **tracer une frontière entre ce qui est possible et ce qui est souhaitable** to

mark a boundary between what is possible and what is desirable ◆ **tracer le parcours d'une autoroute** to mark out the path of a motorway

3 *(= définir)* *[+ programme d'action]* to outline ◆ **tracer les grandes lignes d'un projet** to give a broad outline of a project

4 *(= retrouver l'origine de)* *[+ produit]* to trace the origin of

VI 1 (* = *aller vite*) to belt along*, to shift* *(Brit)* ◆ **il trace sur ses rollers/sa moto !** he really belts along* on those roller skates/on that motorbike! ◆ **allez, trace !** *ou* **que ça trace !** get a move on!*

2 *[racine]* to creep (horizontally)

traceur, -euse /tʀasœʀ, øz/
ADJ *[substance]* tracer *(épith)*
NM *(= appareil enregistreur)* pen; *(Sci)* tracer ◆ **traceur radioactif** radioactive tracer ◆ **traceur (de courbes)** *(Ordin)* (graph) plotter ◆ **traceur de cartes** chart plotter

trachéal, e (mpl **-aux**) /tʀakeal, o/ **ADJ** tracheal

trachée /tʀaʃe/ **NF** 1 *(Anat)* ◆ **trachée(-artère)** windpipe, trachea *(SPÉC)*
2 *(chez les arthropodes)* trachea

trachéen, -enne /tʀakeɛ̃, ɛn/ **ADJ** tracheal

trachéite /tʀakeit/ **NF** tracheitis *(NonC)* ◆ **avoir une trachéite, faire de la trachéite** to have tracheitis

trachéobronchite /tʀakeobʀɔ̃ʃit/ **NF** tracheobronchitis

trachéotomie /tʀakeɔtɔmi/ **NF** tracheotomy

trachome /tʀakom/ **NM** trachoma

traçoir /tʀaswaʀ/ **NM** *[de dessinateur, graveur]* scriber; *[de jardinier]* drill marker

tract /tʀakt/ **NM** leaflet, handout

tractable /tʀaktabl/ **ADJ** *[caravane]* towable

tractation /tʀaktasjɔ̃/ **NF** *(souvent péj)* negotiation, dealings, bargaining *(NonC)* ◆ **après de longues tractations entre les deux partis** after long negotiations between the two parties

tracté, e /tʀakte/ **ADJ** tractor-drawn

tracter /tʀakte/ ▸ conjug 1 ◂ **VT** to tow

tracteur, -trice /tʀaktœʀ, tʀis/
NM tractor
ADJ *[véhicule]* towing ◆ **force tractrice** *[de cours d'eau]* tractive force

tractif, -ive /tʀaktif, iv/ **ADJ** tractive

traction /tʀaksjɔ̃/ SYN **NF** 1 *(gén = action, mouvement)* traction ◆ **être en traction** to be in traction ◆ **résistance à la traction** tensile strength ◆ **effort de traction** tensile stress ◆ **faire des tractions** *(Sport) (en se suspendant)* to do pull-ups; *(au sol)* to do push-ups *ou* press-ups *(Brit)*
2 *(= mode d'entraînement d'un véhicule)* traction, haulage; *[de locomotive]* traction ◆ **traction animale/mécanique** animal/mechanical traction *ou* haulage ◆ **à traction animale** drawn *ou* hauled by animals ◆ **à traction mécanique** mechanically drawn ◆ **traction à vapeur/électrique** steam/electric traction ◆ **traction arrière** rear-wheel drive ◆ **traction avant** *(= dispositif)* front-wheel drive; *(= voiture)* car with front-wheel drive
3 *(= service des chemins de fer)* ◆ **la traction** the engine and driver section ◆ **service du matériel et de la traction** mechanical and electrical engineer's department

tractopelle /tʀaktɔpɛl/ **NM** backhoe

tractoriste /tʀaktɔʀist/ **NMF** tractor driver

tractus /tʀaktys/ **NM** *(Anat)* tract ◆ **tractus digestif** digestive tract

tradescantia /tʀadɛskɑ̃sja/ **NM** tradescantia

traditeur /tʀaditœʀ/ **NM** traditor

tradition /tʀadisjɔ̃/ SYN **NF** 1 *(gén)* tradition ◆ **la Tradition** *(Rel)* Tradition ◆ **la tradition orale** the oral tradition ◆ **pays de tradition catholique/musulmane** Catholic/Muslim country ◆ **il est de tradition de faire/que** *(+ subj)* it is a tradition *ou* traditional to do/that ◆ **fidèle à la tradition** true to tradition ◆ **c'était bien dans la tradition française** it was very much in the French tradition ◆ **par tradition** traditionally ◆ **ce pays a une longue tradition artistique/de violence** this country has a long artistic tradition/a long history of violence
2 *(Jur = livraison)* tradition, transfer

traditionalisme /tʀadisjɔnalism/ **NM** traditionalism

traditionaliste /tʀadisjɔnalist/ SYN
ADJ traditionalist(ic)
NM,F traditionalist

traditionnel, -elle /tʀadisjɔnɛl/ SYN **ADJ** *[pratique, interprétation, opinion]* traditional; (* *= habituel)* usual ◆ **sa traditionnelle robe noire*** her usual black dress

traditionnellement /tʀadisjɔnɛlmɑ̃/ SYN **ADV** traditionally; *(= habituellement)* as always, as usual ◆ **traditionnellement vêtue de noir** dressed in black as always *ou* as is *(ou* was) her wont *(hum)* ◆ **un électorat traditionnellement favorable à la droite** an electorate who have traditionally voted for the Right

traducteur, -trice /tʀadyktœʀ, tʀis/
NM,F translator ◆ **traducteur-interprète** translator-interpreter
NM *(Ordin)* translator

traduction /tʀadyksjɔ̃/ SYN **NF** 1 *(= action, opération, technique)* translation, translating *(de* from; *dans, en* into); *(Scol = exercice)* translation ◆ **la traduction de ce texte a pris trois semaines** it took three weeks to translate the text ◆ **école d'interprétariat et de traduction** institute of translation and interpreting ◆ **c'est une traduction assez libre** it's a fairly free translation *ou* rendering ◆ **une excellente traduction de Proust** an excellent translation of Proust ◆ **traduction fidèle/littérale** faithful *ou* accurate/literal translation ◆ **traduction automatique** machine *ou* automatic translation ◆ **traduction assistée par ordinateur** machine-aided translation ◆ **traduction simultanée** simultaneous translation ◆ **ce mot a plusieurs traductions différentes en anglais** this word can be translated in several different ways in English ◆ **il publie son troisième roman en traduction française** his third novel is being published in a French translation ◆ **son œuvre est disponible en traduction** his work is available in translation ◆ **ce poème perd beaucoup à la traduction** this poem loses a lot in translation
2 *(= interprétation) [de sentiments]* expression ◆ **la traduction concrète de ses promesses électorales se fait attendre** it's taking a long time for his election promises to be translated into concrete action

traduire /tʀadɥiʀ/ SYN ▸ conjug 38 ◂ **VT** 1 *[+ mot, texte, auteur]* to translate *(en, dans* into) ◆ **traduit de l'allemand** translated from (the) German ◆ **comment se traduit ce mot en anglais ?** how does this word translate into English?
2 *(= exprimer)* to convey, to render, to express; *(= rendre manifeste)* to be the expression of ◆ **les mots traduisent la pensée** words convey *ou* render *ou* express thought ◆ **ce tableau traduit un sentiment de désespoir** this picture conveys *ou* expresses a feeling of despair ◆ **sa peur se traduisait par une grande volubilité** his fear found expression in great volubility ◆ **cela s'est traduit par une baisse du pouvoir d'achat** the effect of this was a drop in buying power, it was translated into a drop in buying power
3 *(Jur)* ◆ **traduire qn en justice/en correctionnelle** to bring sb before the courts/before the criminal court

traduisible /tʀadɥizibl/ **ADJ** translatable ◆ **ce titre est difficilement traduisible** this title is difficult to translate, this title does not translate easily

Trafalgar /tʀafalgaʀ/ **NM** Trafalgar ◆ **coup de Trafalgar** underhand trick

trafic /tʀafik/ SYN **NM** 1 *(péj) (= commerce clandestin)* traffic; *(= activité)* trafficking; († *= commerce)* trade *(de* in) ◆ **trafic d'armes** arms dealing, gunrunning ◆ **faire le** *ou* **du trafic d'armes** to be engaged in arms dealing *ou* gunrunning ◆ **trafic de stupéfiants** *ou* **de drogue** drug trafficking ◆ **faire du trafic de stupéfiants** *ou* **de drogue** *[gros trafiquant]* to traffic in drugs; *[revendeur]* to deal in drugs ◆ **trafic d'enfants/de voitures volées** trafficking *ou* trade in children/in stolen cars
2 *(= activités suspectes)* dealings; (* *= manigances)* funny business*, goings-on* ◆ **trafic d'influence** *(Jur)* influence peddling ◆ **trafic des bénéfices** *(Hist)* selling of benefices ◆ **il se fait ici un drôle de trafic*** there's some funny business going on here*, there are some strange goings-on here*
3 *(Transport)* traffic ◆ **trafic maritime/routier/aérien/ferroviaire** sea/road/air/rail traffic ◆ **ligne à fort trafic** line carrying dense *ou* heavy traffic ◆ **trafic (de) marchandises/(de) voyageurs** goods/passenger traffic ◆ **trafic fluide/dense sur le périphérique** light/heavy traffic on the ring road ◆ **le trafic est perturbé sur la ligne 6 du métro parisien** there are delays *ou* problems on line 6 of the Paris metro ◆ **trafic téléphonique** telephone traffic

traficoter * /tʀafikɔte/ ▸ conjug 1 ◂
VT 1 *(= altérer) [+ vin]* to doctor*; *[+ moteur]* to tamper *ou* fiddle with ◆ **traficoter les comptes** to fiddle *ou* cook* *(Brit)* the books
2 *(= réparer) [+ serrure, transistor, robinet]* to mend, to fix
3 *(= faire)* ◆ **qu'est-ce qu'il traficote dans la cuisine ?** what's he up to *ou* doing in the kitchen?
VI *(péj)* to traffic

trafiquant, e /tʀafikɑ̃, ɑ̃t/ **NM,F** *(péj)* trafficker ◆ **trafiquant de drogue** drug trafficker ◆ **trafiquant d'armes** arms dealer, gunrunner ◆ **c'est un trafiquant de voitures volées** he deals in stolen cars

trafiquer /tʀafike/ SYN ▸ conjug 1 ◂
VI *(péj)* to traffic, to trade (illicitly) ◆ **trafiquer de son influence** to use one's influence to corrupt ends ◆ **trafiquer de ses charmes** † *(hum)* to offer one's charms for sale
VT * 1 *(= altérer) [+ vin]* to doctor*; *[+ moteur]* to tamper *ou* fiddle with; *[+ document]* to tamper with; *[+ chiffres]* to fiddle, to doctor ◆ **compteur trafiqué** meter that has been tampered with
2 *(= réparer) [+ serrure, appareil]* to mend, to fix
3 *(= gonfler) [+ moteur]* to soup up*
4 *(= manigancer)* ◆ **mais qu'est-ce que tu trafiques ?** what are you up to?

tragédie /tʀaʒedi/ SYN **NF** *(gén, Théât)* tragedy ◆ **tragédie humaine/familiale** human/family tragedy ◆ **la manifestation a tourné à la tragédie** the demonstration ended in tragedy ◆ **ce n'est pas une tragédie !*** it's not the end of the world!

tragédien /tʀaʒedjɛ̃/ **NM** tragedian, tragic actor

tragédienne /tʀaʒedjɛn/ **NF** tragedienne, tragic actress

tragicomédie /tʀaʒikɔmedi/ **NF** *(Théât, fig)* tragicomedy

tragicomique /tʀaʒikɔmik/ **ADJ** *(Théât, fig)* tragicomic

tragique /tʀaʒik/ SYN
ADJ *(lit, fig)* tragic ◆ **ce n'est pas tragique !*** it's not the end of the world!
NM 1 *(= auteur)* tragedian, tragic author
2 *(= genre)* ◆ **le tragique** tragedy
3 *(= caractère dramatique) [de situation]* tragedy ◆ **le tragique de la condition humaine** the tragedy of the human condition ◆ **la situation tourne au tragique** the situation is taking a tragic turn ◆ **prendre qch au tragique** to act as if sth were a tragedy, to make a tragedy out of sth

tragiquement /tʀaʒikmɑ̃/ SYN **ADV** tragically

tragus /tʀagys/ **NM** tragus

trahir /tʀaiʀ/ SYN ▸ conjug 2 ◂
VT 1 *[+ ami, patrie, cause, idéal]* to betray; *[+ promesse, engagement]* to break ◆ **trahir la confiance/les intérêts de qn** to betray sb's confidence/interests ◆ **sa rougeur l'a trahie** her blushes gave her away *ou* betrayed her
2 *(= révéler, manifester) [+ secret, émotion]* to betray, to give away ◆ **trahir sa pensée** to betray *ou* reveal one's thoughts ◆ **son intonation trahissait sa colère** his intonation betrayed his anger
3 *(= lâcher) [forces, santé]* to fail ◆ **ses forces l'ont trahi** his strength failed him ◆ **ses nerfs l'ont trahi** his nerves let him down *ou* failed him
4 *(= mal exprimer) (gén)* to misrepresent; *[+ vérité]* to distort ◆ **ces mots ont trahi ma pensée** those words misrepresented what I had in mind ◆ **ce traducteur/cet interprète a trahi ma pièce** this translator/this performer has given a totally false rendering of my play
VPR **se trahir** to betray o.s., to give o.s. away ◆ **il s'est trahi par cette question** his question gave him away, by asking this question he gave himself away ◆ **sa peur se trahissait par un flot de paroles** his fear betrayed itself in a great flow of words

trahison /tʀaizɔ̃/ SYN **NF** *(gén)* betrayal, treachery *(NonC)*; *(Jur, Mil = crime)* treason ◆ **il est capable des pires trahisons** he is capable of the worst treachery; → **haut**

train /tʀɛ̃/ SYN

NM [1] train ◆ **train omnibus/express/rapide** slow *ou* stopping/fast/express train ◆ **train express régional** local train ◆ **train direct** fast *ou* non-stop train ◆ **train à vapeur/électrique** steam/electric train ◆ **train de marchandises/voyageurs** goods/passenger train ◆ **train auto-couchettes** car-sleeper train, ≃ Motorail *(Brit)* ◆ **trains supplémentaires** extra trains ◆ **train à supplément** fast train *(on which one has to pay a supplement)* ◆ **c'est un train à supplément** you have to pay a supplement on this train ◆ **le train de Paris/Lyon** the Paris/Lyons train ◆ **train à grande vitesse** high-speed train ◆ **les trains de neige** the winter-sports trains ◆ **il est dans ce train** he's on *ou* aboard this train ◆ **mettre qn dans le train** *ou* **au train** * to see sb to the train, to see sb off on the train *ou* at the station ◆ **voyager par le train, prendre le train** to travel by rail *ou* train, to take the train ◆ **attraper/rater le train de 10h50** to catch/miss the 10.50 train ◆ **monter dans** *ou* **prendre le train en marche** *(lit)* to get on the moving train; *(fig)* to jump on *ou* climb onto the bandwagon ◆ **« Le Train sifflera trois fois »** *(Ciné)* "High Noon"

[2] *(= allure)* pace ◆ **ralentir/accélérer le train** to slow down/speed up, to slow/quicken the pace ◆ **aller son train** to carry along ◆ **aller son petit train** to go along at one's own pace ◆ **l'affaire va son petit train** things are chugging *ou* jogging along (nicely) ◆ **aller bon train** *[affaire, travaux]* to make good progress; *[voiture]* to go at a good pace, to make good progress; *[rumeurs]* to be rife ◆ **aller grand train** to make brisk progress, to move along briskly ◆ **les langues des commères allaient bon train** the old wives' tongues were wagging away *ou* were going nineteen to the dozen *(Brit)* ◆ **mener/suivre le train** to set/follow the pace ◆ **mener grand train** *(= dépenser beaucoup)* to live in grand style, to spend money like water ◆ **il allait à un train d'enfer** he was going flat out*, he was tearing along* ◆ **à un train de sénateur** ponderously ◆ **au train où il travaille** (at) the rate he's working ◆ **au** *ou* **du train où vont les choses, à ce train-là** the rate things are going, at this rate; → **fond**

[3] *(locutions)*

◆ **en train** ◆ **être en train** *(= en action)* to be under way; *(= de bonne humeur)* to be in good spirits ◆ **mettre qn en train** *(= l'égayer)* to put sb in good spirits ◆ **mettre un travail en train** *(= le commencer)* to get a job under way *ou* started ◆ **je suis long à me mettre en train le matin** it takes me a long time to get going* in the morning ◆ **mise en train** *[de travail]* starting (up), start; *(Typographie)* make-ready; *(= exercices de gym)* warm-up ◆ **être/se sentir en train** *(= en bonne santé)* to be/feel in good form *ou* shape ◆ **elle ne se sent pas très en train** she doesn't feel too good *ou* too bright*

◆ **être en train de faire qch** to be doing sth ◆ **être en train de manger/regarder la télévision** to be eating/watching television ◆ **j'étais juste en train de manger** I was (right) in the middle of eating, I was just eating ◆ **on l'a pris en train de voler** he was caught stealing

[4] *(= file) [de bateaux, mulets]* train, line ◆ **le train (des équipages)** *(Mil)* ≃ the (Army) Service Corps ◆ **train de bois (de flottage)** timber raft ◆ **train spatial** *(Espace)* space train

[5] *(Tech = jeu)* ◆ **train d'engrenages** train of gears ◆ **train de pneus** set of (four) tyres

[6] *(Admin = série)* batch ◆ **train d'arrêtés/de mesures** batch of decrees/of measures ◆ **un premier train de réformes** a first batch *ou* set of reforms

[7] *(= partie)* ◆ **train avant/arrière** *[de véhicule]* front/rear wheel-axle unit ◆ **train de devant** *[d'animal]* forequarters ◆ **train de derrière** hindquarters

[8] *(* = derrière)* backside*, rear (end)* ◆ **recevoir un coup de pied dans le train** to get a kick in the pants* *ou* up the backside‡; → **filer, magner (se)**

COMP **train d'atterrissage** undercarriage, landing gear

train fantôme ghost train

train de maison † *(= domestiques)* household, retainers †; *(= dépenses, installation)* (household) establishment

train mixte goods and passenger train

train d'ondes wave train

train postal mail train

train sanitaire hospital train

train de sonde drilling bit and pipe

train de vie lifestyle, style of living ◆ **le train de vie de l'État** the government's rate of expenditure

traînage /tʀɛnaʒ/ NM *(par traîneaux)* sledging, sledding *(US)*; *(Min)* haulage

traînailler /tʀɛnɑje/ ► conjug 1 ◄ VI [1] *(= être lent)* to dawdle, to dillydally

[2] *(= vagabonder)* to loaf *ou* hang about

traînant, e /tʀɛnɑ̃, ɑ̃t/ SYN ADJ *[voix, accent]* drawling *(épith)*; *[robe, aile]* trailing *(épith)*; *[démarche]* shuffling *(épith)*

traînard, e /tʀɛnaʀ, aʀd/ SYN NM,F *(péj) (gén)* slowcoach* *(Brit)*, slowpoke* *(US)*; *(toujours en queue d'un groupe)* straggler

traînasser /tʀɛnase/ ► conjug 1 ◄ VI ⇒ **traînailler**

traîne /tʀɛn/ NF [1] *[de robe]* train

[2] *(Pêche)* dragnet ◆ **pêche à la traîne** dragnet fishing

◆ **être à la traîne** *(en remorque)* to be on tow; *(* : en retard, en arrière)* to lag behind ◆ **notre pays est à la traîne en matière de télécommunications** our country is lagging behind in telecommunications ◆ **nous sommes à la traîne par rapport aux États-Unis dans ce domaine** we are lagging behind the United States in this field

traîneau (pl **traîneaux**) /tʀɛno/ NM [1] *(= véhicule)* sleigh, sledge *(Brit)*, sled *(US)* ◆ **promenade en traîneau** sleigh ride

[2] *(Pêche)* dragnet

traînée /tʀene/ SYN NF [1] *(= laissée par un véhicule, un animal)* trail, tracks; *[d'humidité, sang] (sur un mur)* streak, smear; *(= bande, raie : dans le ciel, sur un tableau)* streak ◆ **traînées de brouillard** wisps of fog ◆ **traînée de poudre** powder trail ◆ **la nouvelle s'est répandue** *ou* **propagée comme une traînée de poudre** the news spread like wildfire

[2] ‡ *(péj = femme de mauvaise vie)* slut, hussy †

[3] *(Tech = force)* drag

traînement /tʀɛnmɑ̃/ NM *[de jambes, pieds]* trailing, dragging; *[de voix]* drawl

traîne-misère /tʀɛnmizɛʀ/ NM INV wretch

traîne-patins * /tʀɛnpatɛ̃/ NM INV ⇒ **traîne-savates**

traîner /tʀene/ SYN ► conjug 1 ◄

VT [1] *(= tirer) [+ sac, objet lourd, personne]* to pull, to drag ◆ **traîner un meuble à travers une pièce** to pull *ou* drag a piece of furniture across a room ◆ **traîner qn par les pieds** to drag sb along by the feet ◆ **traîner les pieds** *(lit)* to drag one's feet, to shuffle along; *(= hésiter)* to drag one's feet ◆ **traîner la jambe** *ou* **la patte** * to limp, to hobble ◆ **elle traînait sa poupée dans la poussière** she was trailing *ou* dragging her doll through the dust ◆ **traîner ses guêtres** †* to knock around* ◆ **il a traîné ses guêtres en Afrique** †* he knocked around Africa* ◆ **traîner la savate** †* to bum around‡ ◆ **traîner qn dans la boue** *ou* **fange** *(fig)* to drag sb *ou* sb's name through the mud ◆ **traîner un boulet** *(fig)* to have a millstone round one's neck

[2] *(= emmener : péj)* to drag ◆ **elle est obligée de traîner ses enfants partout** she has to trail *ou* drag her children along (with her) everywhere ◆ **il traîne toujours une vieille valise avec lui** he's always dragging *ou* lugging* an old suitcase around with him ◆ **traîner de vieilles idées/des conceptions surannées** to cling to old ideas/to outdated conceptions

[3] *(= subir)* ◆ **elle traîne cette bronchite depuis janvier** this bronchitis has been with her *ou* plaguing her since January ◆ **elle traîne un mauvais rhume** she's got a bad cold she can't get rid of *ou* shake off ◆ **traîner une existence misérable** to drag out a wretched existence

[4] *(= faire durer)* to drag out, to draw out ◆ **traîner les choses en longueur** to drag things out

[5] ◆ **(faire) traîner** *[+ mots]* to drawl; *[+ fin de phrase]* to drag out, to drawl ◆ **(faire) traîner sa voix** to drawl

VI [1] *[personne] (= rester en arrière)* to lag *ou* trail behind; *(= aller lentement)* to dawdle; *(péj = errer)* to hang about ◆ **traîner en chemin** to dawdle on the way ◆ **traîner dans les rues** to roam the streets, to hang about the streets ◆ **elle laisse ses enfants traîner dans la rue** she lets her children hang about the street(s) ◆ **il traîne pour se préparer** he dawdles when he gets dressed, he takes ages to get dressed ◆ **traîner en peignoir dans la maison** to trail round *ou* hang about in one's dressing-gown in the house ◆ **traîner au lit** to lounge in bed ◆ **on est en retard, il ne s'agit plus de traîner** we're late – we must stop hanging around *ou* dawdling ◆ **traîner dans les cafés** to hang around the cafés ◆ **après sa maladie, il a encore traîné 2 ans** after his illness he lingered on for 2 years

[2] *[chose] (= être éparpillé)* to lie about *ou* around ◆ **ses livres traînent sur toutes les chaises** his books are lying about on all the chairs ◆ **ne laisse pas traîner ton argent/tes affaires** don't leave your money/your things lying about *ou* around ◆ **des histoires/idées qui traînent partout** stories/ideas that float around everywhere ◆ **elle attrape tous les microbes qui traînent** *ou* **tout ce qui traîne** she catches anything that's going

[3] *(= durer trop longtemps)* to drag on ◆ **un procès qui traîne** a case which is dragging on ◆ **une maladie qui traîne** a lingering illness, an illness which drags on ◆ **la discussion a traîné en longueur** the discussion dragged on for ages *ou* dragged on and on ◆ **ça n'a pas traîné !** * that wasn't long coming! ◆ **il n'a pas traîné (à répondre)** * he was quick (with his answer), his answer wasn't long in coming, he replied immediately ◆ **ça ne traînera pas, il vous mettra tous à la porte** * he'll throw you all out before you know what's happening *ou* where you are ◆ **faire traîner qch en longueur** to drag sth out

[4] *[robe, manteau]* to trail ◆ **ta ceinture/ton lacet traîne par terre** your belt/your shoelace is trailing *ou* dragging on the ground

VPR **se traîner** [1] *[personne fatiguée]* to drag o.s.; *[train, voiture]* to crawl along ◆ **on se traînait à 20 à l'heure** we were crawling along at 20 ◆ **se traîner par terre** to crawl on the ground ◆ **avec cette chaleur, on se traîne** it's all you can do to drag yourself around in this heat ◆ **elle a pu se traîner jusqu'à son fauteuil** she managed to drag *ou* haul herself (over) to her chair ◆ **je ne peux même plus me traîner** I can't even drag myself about any more ◆ **se traîner aux pieds de qn** *(fig)* to grovel at sb's feet

[2] *[conversation, journée, hiver]* to drag on

traîne-savates * /tʀɛnsavat/ NM INV *(= vagabond)* tramp, bum*; *(= traînard)* slowcoach *(Brit)*, slowpoke *(US)*

traîneur, -euse /tʀɛnœʀ, øz/ NM,F *(péj)* loafer

training /tʀeniŋ/ NM [1] *(= entraînement)* training ◆ **training autogène** autogenic training

[2] *(= chaussure)* trainer; *(= survêtement)* tracksuit top

train-train, traintrain /tʀɛ̃tʀɛ̃/ SYN NM INV humdrum routine ◆ **le train-train de la vie quotidienne** the humdrum routine of everyday life, the daily round

traire /tʀɛʀ/ ► conjug 50 ◄ VT *[+ vache]* to milk; *[+ lait]* to draw ◆ **machine à traire** milking machine

trait /tʀɛ/ GRAMMAIRE ACTIVE 26.1 SYN

NM [1] *(= ligne) (en dessinant)* stroke; *(en soulignant, dans un graphique)* line ◆ **faire** *ou* **tirer** *ou* **tracer un trait** to draw a line ◆ **tirer un trait sur son passé** to make a complete break with one's past, to sever all connections with one's past ◆ **tirons un trait sur cette affaire** let's put this business behind us ◆ **ta promotion ? tu peux tirer un trait dessus !** your promotion? you can forget about it! *ou* kiss it goodbye! * ◆ **dessin au trait** *(Art)* line drawing ◆ **le trait est ferme** *(Art)* the line is firm ◆ **d'un trait de plume** *(lit, fig)* with one stroke of the pen ◆ **trait de repère** reference mark ◆ **biffer qch d'un trait** to score *ou* cross sth out, to put a line through sth ◆ **les traits d'un dessin/portrait** the lines of a drawing/portrait ◆ **dessiner qch à grands traits** to sketch sth roughly, to make a rough sketch of sth ◆ **décrire qch à grands traits** to describe sth in broad outline ◆ **il l'a décrit en traits vifs et émouvants** he drew a vivid and moving picture of it

◆ **trait pour trait** ◆ **copier** *ou* **reproduire qch trait pour trait** to copy sth line by line, to make a line for line copy of sth ◆ **ça lui ressemble trait pour trait** *(fig)* that's just *ou* exactly like him, that's him all over

[2] *(= élément caractéristique)* feature, trait ◆ **c'est un trait de cet auteur** this is a (characteristic) trait *ou* feature of this author ◆ **les traits dominants d'une époque/œuvre** the dominant features of an age/a work ◆ **avoir des traits de ressemblance avec** to have certain features in common with ◆ **il tient ce trait de caractère de son père** this trait comes to him from his father, he gets that from his father

3 (= *acte révélateur*) ♦ **trait de générosité/courage/perfidie** act of generosity/courage/wickedness

4 († = *projectile*) arrow, dart; (*littér* = *attaque malveillante*) taunt, gibe ♦ **filer** *ou* **partir comme un trait** to be off like a shot ♦ **trait mordant** biting taunt ♦ **un trait satirique/d'ironie** a shaft of satire/of irony (*littér*) ♦ **les traits de la calomnie** the darts of slander (*littér*)

5 (= *courroie*) trace

6 (= *traction*) ♦ **animal** *ou* **bête/cheval de trait** draught (*Brit*) *ou* draft (*US*) animal/horse

7 (*Mus*) virtuosic passage

8 (*Rel*) tract

9 (= *gorgée*) gulp, draught (*Brit*), draft (*US*) ♦ **boire qch à longs** *ou* **grands traits** to take big *ou* large gulps of sth

♦ **d'un trait** [*dire*] in one breath; [*boire*] in one gulp, at one go; [*dormir*] uninterruptedly, without waking

10 (*Ling*) ♦ **trait distinctif** distinctive feature

11 (*Échecs*) ♦ **avoir le trait** to have the move ♦ **en début de partie les blancs ont toujours le trait** at the start of the game white always has first move ♦ **il avait le trait** it was his move, it was his turn to move

12 (*locutions*)

♦ **avoir trait à** to relate to, to be connected with, to have to do with, to concern ♦ **tout ce qui a trait à cette affaire** everything relating to *ou* connected with *ou* (having) to do with *ou* concerning this matter

NMPL **traits** (= *physionomie*) features ♦ **avoir des traits fins/réguliers** to have delicate/regular features ♦ **avoir les traits tirés/creusés** to have drawn/sunken features

COMP **trait (d'esprit)** flash *ou* shaft of wit, witticism

trait de génie brainwave, flash of inspiration *ou* genius

trait de lumière (*lit*) shaft *ou* ray of light; (*fig*) flash of inspiration, sudden revelation (*NonC*)

trait de scie cutting-line

trait d'union (= *signe typographique*) hyphen; (*fig*) link

traitable /tʀɛtabl/ ADJ 1 (*littér*) [*personne*] accommodating, tractable (*frm*)

2 [*sujet, matière*] manageable

traitant, e /tʀɛtɑ̃, ɑ̃t/ ADJ 1 [*shampoing*] medicated; → **médecin**

2 (*Espionnage*) ♦ **(officier) traitant** contact

traite /tʀɛt/ SYN NF 1 (= *trafic*) ♦ **traite des Noirs** slave trade ♦ **traite des Blanches** white slave trade

2 (*Comm* = *billet*) draft, bill ♦ **tirer/escompter une traite** to draw/discount a draft ♦ **traite de cavalerie** accommodation bill, kite ♦ **j'ai encore des traites pour la voiture** I've still got payments to make on the car ♦ **j'ai encore des traites pour la maison** I've still got mortgage payments

3 (*locution*)

♦ **d'une (seule) traite** [*parcourir*] in one go, without stopping on the way; [*dire*] in one breath; [*boire*] in one gulp, at one go; [*dormir*] uninterruptedly, without waking

4 [*de vache*] milking ♦ **traite mécanique** machine milking ♦ **l'heure de la traite** milking time

traité /tʀete/ SYN NM 1 (= *livre*) treatise; (*Rel* = *brochure*) tract

2 (= *convention*) treaty ♦ **traité de paix** peace treaty ♦ **le traité de Versailles/Paris** the Treaty of Versailles/Paris ♦ **conclure/ratifier un traité** to conclude/ratify a treaty

traitement /tʀɛtmɑ̃/ SYN NM 1 (= *manière d'agir*) treatment ♦ **traitement de faveur** special *ou* preferential treatment ♦ **le traitement social du chômage** social measures for fighting unemployment

2 (*Méd*) treatment ♦ **suivre/prescrire un traitement douloureux** to undergo/prescribe painful treatment *ou* a painful course of treatment ♦ **traitement hormonal** (*gén*) hormone therapy; (*après la ménopause*) hormone replacement therapy ♦ **traitement chirurgical** surgery ♦ **traitement de fond** (*lit*) long term (course of) treatment ♦ **le problème du chômage nécessite un traitement de fond** what is required is a sustained approach to tackling unemployment ♦ **traitement de choc** (*lit*) intensive (course of) treatment; (*fig*) shock treatment ♦ **être en traitement (à l'hôpital)** to be having treatment (in hospital) ♦ **être sous traitement** to be undergoing treatment ♦ **les nouveaux traitements de** *ou* **contre la stérilité** new ways of treating sterility ♦ **les médicaments utilisés dans le traitement du cancer** cancer drugs, drugs used in the treatment of cancer

3 (= *rémunération*) salary, wage; (*Rel*) stipend ♦ **toucher un bon traitement** to get a good wage *ou* salary

4 [*de matières premières, déchets*] processing, treating

5 (*Ordin*) processing ♦ **le traitement (automatique) de l'information** *ou* **des données** (automatic) data processing ♦ **traitement de texte** (= *technique*) word-processing; (= *logiciel*) word-processing package ♦ **machine** *ou* **système de traitement de texte** word processor ♦ **traitement par lots** batch processing ♦ **traitement d'images/du signal** image/(digital) signal processing ♦ **traitement de surface** surface treatment

traiter /tʀete/ GRAMMAIRE ACTIVE 26.2 SYN ► conjug 1 ◄

VT 1 [+ *personne, animal*] to treat; (= *soigner*) [+ *malade, maladie*] to treat ♦ **traiter qn bien/mal/comme un chien** to treat sb well/badly/like a dog ♦ **traiter qn d'égal à égal** to treat sb as an equal ♦ **traiter qn en enfant/malade** to treat sb as *ou* like a child/an invalid ♦ **traiter durement qn** to be hard on sb, to give sb a hard time ♦ **les congressistes ont été magnifiquement traités** the conference members were entertained magnificently *ou* treated royally ♦ **se faire traiter pour une affection pulmonaire** to undergo treatment for *ou* be treated for lung trouble ♦ **cette infection se traite facilement** this infection is easily treated

2 (= *qualifier*) ♦ **traiter qn de fou/menteur** to call sb a fool/a liar ♦ **traiter qn de tous les noms** to call sb all the names imaginable *ou* all the names under the sun ♦ **ils se sont traités de voleur(s)** they called each other thieves ♦ **je me suis fait traiter d'imbécile** they called me a fool ♦ **traiter qn*** (= *l'insulter*) to call sb names

3 (= *examiner, s'occuper de*) [+ *question*] to treat, to deal with; (*Art*) [+ *thème, sujet*] to treat; (*Comm*) [+ *affaire*] to handle, to deal with; (*Jur*) [+ *dossier, plainte*] to deal with; (*Mil*) [+ *objectif*] to handle ♦ **il n'a pas traité le sujet** he hasn't dealt with the subject ♦ **le volume des affaires traitées a augmenté** (*Bourse*) the volume of trading has increased ♦ **le dollar se traitait à 1 € en fin de séance** the dollar was trading at €1 at the close ♦ **les valeurs qui se traitent à Paris** shares that are traded on the Paris stock exchange

4 (*Tech*) [+ *cuir, minerai, pétrole*] to treat, to process; [+ *déchets*] to process; (*Ordin*) [+ *données*] to process ♦ **non traité** untreated

5 (*Agr*) [+ *cultures*] to treat, to spray; [+ *aliments*] to treat ♦ **fruits non traités** unsprayed fruit

VT INDIR **traiter de** to deal with, to treat of (*frm*) ♦ **le livre/romancier traite des problèmes de la drogue** the book/novelist deals with *ou* treats of (*frm*) the problems of drugs

VI (= *négocier, parlementer*) to negotiate, to make *ou* do* a deal ♦ **traiter avec qn** to negotiate *ou* deal with sb, to have dealings with sb ♦ **les pays doivent traiter entre eux** countries must deal *ou* have dealings with each other

traiteur /tʀɛtœʀ/ NM caterer; (= *épicerie*) delicatessen

traître, traîtresse /tʀɛtʀ, tʀɛtʀɛs/ SYN

ADJ 1 [*personne, allure, douceur, paroles*] treacherous ♦ **être traître à une cause/à sa patrie** to be a traitor to a cause/to one's country, to betray a cause/one's country

2 (= *dangereux*) [*animal*] vicious; [*vin*] deceptive; [*escalier, virage*] treacherous ♦ **le soleil est traître aujourd'hui** the sun is hotter than it looks today

3 (*locution*) ♦ **il n'a pas dit un traître mot** he didn't breathe a word

NM 1 (*gén*) traitor; (*Théât*) villain ♦ **le traître, il complotait pour m'offrir cette robe !** (*hum*) he's a sly one, he was planning to buy me this dress all along!

2 († = *perfide*) scoundrel †

3 ♦ **prendre/attaquer qn en traître** to take/attack sb off-guard, to play an underhand trick/make an insidious attack on sb ♦ **je ne veux pas vous prendre en traître** I want to be up front with you ♦ **un coup en traître** a stab in the back

NF **traîtresse** traitress

traîtreusement /tʀɛtʀøzmɑ̃/ ADV treacherously

traîtrise /tʀɛtʀiz/ SYN NF 1 (= *caractère*) treachery, treacherousness

2 (= *acte*) piece *ou* act of treachery; (= *danger*) treacherousness (*NonC*), peril

trajectographie /tʀaʒɛktɔgʀafi/ NF trajectory determination

trajectoire /tʀaʒɛktwaʀ/ SYN NF (*gén*) trajectory; [*de projectile*] path ♦ **la trajectoire de la balle passa très près du cœur** the bullet passed very close to the heart ♦ **trajectoire de vol** flight path ♦ **les deux hommes n'ont pas du tout la même trajectoire politique** the two men have followed very different paths in politics *ou* have pursued very different political careers

trajet /tʀaʒɛ/ SYN NM 1 (= *distance à parcourir*) distance; (= *itinéraire*) route; (= *parcours, voyage*) trip, journey (*Brit*); (= *par mer*) voyage ♦ **un trajet de 8 km** a distance of 8 km ♦ **le trajet aller/retour** the outward/return trip *ou* journey (*Brit*) ♦ **choisir le trajet le plus long** to choose the longest route *ou* way ♦ **elle fait à pied le court trajet de son bureau à la gare** she walks the short distance from her office to the station ♦ **il a une heure de trajet pour se rendre à son travail** it takes him an hour to get to work ♦ **elle a dû refaire le trajet en sens inverse** she had to walk (*ou* drive *etc*) back ♦ **faire le trajet de Paris à Lyon en voiture/train** to do the trip *ou* the journey (*Brit*) from Paris to Lyon by car/train ♦ **le trajet par mer est plus intéressant** the sea voyage *ou* crossing is more interesting ♦ **il prend l'autobus puis termine son trajet en métro** he takes the bus and goes the rest of the way on the metro ♦ **quel trajet il a parcouru depuis son dernier roman !** what a distance *ou* a long way he has come since his last novel!

2 (*Anat*) [*de nerf, artère*] course; [*de projectile*] path

tralala* /tʀalala/

NM (= *luxe, apprêts*) fuss (*NonC*), frills; (= *accessoires*) fripperies ♦ **faire du tralala** to make a lot of fuss ♦ **en grand tralala** with all the works*, with a great deal of fuss ♦ **avec tout le tralala** with all the frills *ou* trimmings ♦ **et tout le tralala** and the whole kit and caboodle*, and the whole shebang* (*US*)

EXCL ha ha! ♦ **tralala ! j'ai gagné !** ha ha! I've won!

tram /tʀam/ NM ⇒ **tramway**

tramail (pl **tramails**) /tʀamaj/ NM trammel (net)

trame /tʀam/ SYN NF 1 [*de tissu*] weft, woof ♦ **usé jusqu'à la trame** threadbare

2 [*de roman*] framework; [*de vie*] web

3 (*Typographie* = *quadrillage*) screen; (*TV* = *lignes*) frame

4 (*Géog*) network, system ♦ **la trame urbaine** the urban network *ou* system

tramer /tʀame/ SYN ► conjug 1 ◄ VT 1 [+ *évasion, coup d'État*] to plot; [+ *complot*] to hatch, to weave ♦ **il se trame quelque chose** there's something brewing

2 (= *tisser*) to weave

3 (*Typographie, Photo*) to screen ♦ **cliché tramé** halftone

traminot /tʀamino/ NM tram(way) (*Brit*) *ou* streetcar (*US*) worker

tramontane /tʀamɔ̃tan/ NF (= *vent*) tramontana (*cold wind from the Italian Alps*)

tramp /tʀɑ̃p/ NM (= *navire cargo*) tramp

trampoline /tʀɑ̃pɔlin/ NM trampoline ♦ **faire du trampoline** to go *ou* do trampolining

tramway /tʀamwɛ/ NM (= *moyen de transport*) tram(way); (= *voiture*) tram(car) (*Brit*), streetcar (*US*) ♦ « **Un Tramway nommé Désir** » (*Littérat*) "A Streetcar Named Desire"

tranchant, e /tʀɑ̃ʃɑ̃, ɑ̃t/ SYN

ADJ 1 [*couteau, arête*] sharp ♦ **du côté tranchant/non tranchant** with the sharp *ou* cutting/blunt edge

2 [*personne, ton*] peremptory, curt

NM 1 [*de couteau*] sharp *ou* cutting edge ♦ **avec le tranchant de la main** with the edge of one's hand; → **double**

2 (= *instrument*) [*d'apiculteur*] scraper; [*de tanneur*] fleshing knife

3 [*d'argument, réprimande*] force, impact

tranche /tʀɑ̃ʃ/ SYN NF 1 (= *portion*) [*de pain, jambon*] slice; [*de bacon*] rasher ♦ **tranche de bœuf** beefsteak ♦ **tranche de saumon** salmon steak ♦ **tranche napolitaine** Neapolitan slice ♦ **en tranches** sliced, in slices ♦ **couper en tranches** to slice, to cut into slices ♦ **tranche de silicium**

(Ordin) silicon wafer ◆ **ils s'en sont payé une tranche*** they had a great time*
2 *(= bord) [de livre, pièce de monnaie, planche]* edge; → **doré**
3 *(= section) (gén)* section; *(Fin) [d'actions, bons]* block, tranche; *[de crédit, prêt]* instalment; *(Admin) [de revenus]* bracket; *[d'imposition]* band, bracket ◆ **tranche (d'émission)** *(Loterie)* issue ◆ **tranche d'âge/de salaires** *(Admin)* age/wage bracket ◆ **tranche horaire** *(TV, Radio)* (time) slot ◆ **tranche de temps** period of time ◆ **tranche de vie** slice of life ◆ **la première tranche des travaux** the first phase of the work
4 *(Boucherie = morceau)* ◆ **tranche grasse** silverside ◆ **bifteck dans la tranche** ≈ piece of silverside steak

tranché, e¹ /tʀɑ̃ʃe/ SYN (ptp de **trancher**) ADJ
1 *(= coupé) [pain, saumon]* sliced
2 *(= distinct) [couleurs]* clear, distinct; *[limite]* clear-cut, definite; *[opinion]* clear-cut, cut-and-dried

tranchée² /tʀɑ̃ʃe/ SYN NF **1** *(gén, Mil = fossé)* trench; → **guerre**
2 *(Sylviculture)* cutting

tranchées /tʀɑ̃ʃe/ NFPL *(Méd)* colic, gripes, tormina *(pl)(SPÉC)* ◆ **tranchées utérines** afterpains

tranchefile /tʀɑ̃ʃfil/ NF *[de reliure]* headband

trancher /tʀɑ̃ʃe/ SYN ▸ conjug 1 ◂
VT **1** *(= couper) [+ corde, nœud, lien]* to cut, to sever ◆ **trancher le cou** *ou* **la tête à qn** to cut off *ou* sever sb's head ◆ **trancher la gorge à qn** to cut *ou* slit sb's throat ◆ **le prisonnier s'est tranché la gorge** the prisoner slit *ou* cut his throat ◆ **la mort** *ou* **la Parque tranche le fil des jours** *(littér)* death severs *ou* the Fates sever the thread of our days; → **nœud, vif**
2 *(†, frm = mettre fin à) [+ discussion]* to conclude, to bring to a close ◆ **trancher court** *ou* **net** to bring things to an abrupt conclusion ◆ **tranchons là** let's close the matter there
3 *(= résoudre) [+ question, difficulté]* to settle, to decide, to resolve; *(sans complément = décider)* to take a decision ◆ **trancher un différend** to settle a disagreement ◆ **le juge a dû trancher/a tranché que...** the judge had to make a ruling/ruled that... ◆ **il ne faut pas avoir peur de trancher** you mustn't be afraid of taking decisions ◆ **le gouvernement a tranché en faveur de ce projet** the government has decided *ou* has come out in favour of this plan
VI *(= faire contraste) [couleur]* to stand out clearly *(sur, avec* against); *[trait, qualité]* to contrast strongly *ou* sharply *(sur, avec* with) ◆ **cette vallée sombre tranche sur le paysage environnant** this dark valley stands out against the surrounding countryside ◆ **la journée du dimanche a tranché sur une semaine très agitée** Sunday formed a sharp contrast to a very busy week ◆ **son silence tranchait avec** *ou* **sur l'hystérie générale** his silence was in stark contrast to the general mood of hysteria

tranchet /tʀɑ̃ʃɛ/ NM *[de bourrelier, sellier]* leather knife; *[de plombier]* hacking knife

trancheuse /tʀɑ̃ʃøz/ NF *(à bois)* cutter; *(de terrassement)* trencher; *(à pain, à jambon)* slicer

tranchoir /tʀɑ̃ʃwaʀ/ NM *(= plateau)* trencher †, platter; *(= couteau)* chopper

tranquille /tʀɑ̃kil/ SYN ADJ **1** *(= calme) [eau, mer, air]* quiet, tranquil *(littér)*; *[sommeil]* gentle, peaceful, tranquil *(littér)*; *[vie, journée, vacances, endroit, quartier]* quiet, peaceful, tranquil *(littér)* ◆ **un coin tranquille** a quiet corner ◆ **un tranquille bien-être l'envahissait** a feeling of quiet *ou* calm well-being crept over him ◆ **c'est l'heure la plus tranquille de la journée** it's the quietest *ou* most peaceful time of day ◆ **aller/entrer d'un pas tranquille** to walk/go in calmly ◆ **ils mènent une petite vie bien tranquille** they have a nice quiet life
2 *(= serein) [courage, conviction]* quiet, calm ◆ **avec une tranquille assurance** with quiet *ou* calm assurance
3 *(= paisible) [tempérament, personne]* quiet, placid; *[voisins, enfants, élèves]* quiet ◆ **il veut être tranquille** he wants to have some peace (and quiet) ◆ **rester/se tenir tranquille** to keep *ou* stay/be quiet ◆ **nous étions bien tranquilles et il a fallu qu'il nous dérange** we were having a nice quiet *ou* peaceful time and he had to come and disturb us ◆ **j'aime être tranquille après le repas** I like (to have) some peace (and quiet) after my meal ◆ **ferme la porte, tu seras plus tranquille pour travailler** close the door, it'll be quieter for you to work ◆ **laisser qn tranquille** to leave sb in peace, to give sb a bit of peace ◆ **laisser qch tranquille** to leave sth alone *ou* in peace ◆ **laisse-le donc tranquille, tu vois bien qu'il travaille/qu'il est moins fort que toi** leave him in peace *ou* let him be – you can see he's working/he's not as strong as you are ◆ **laissez-moi tranquille avec vos questions** stop bothering me with your questions ◆ **il est tranquille comme Baptiste** he's got nothing to worry about; → **père**
4 *(= sans souci)* ◆ **être tranquille** to feel *ou* be easy in one's mind ◆ **tu peux être tranquille** you needn't worry, you can set your mind at rest ◆ **soyez tranquille, tout ira bien** don't worry – everything will be all right ◆ **je ne suis pas tranquille lorsqu'il est sur la route** I worry when he's out on the road ◆ **je serais plus tranquille si j'avais un poste stable** I'd feel easier in my mind if I had a steady job ◆ **pouvoir dormir tranquille** *(lit)* to be able to sleep easy (in one's bed) ◆ **tu peux dormir tranquille** *(= être rassuré)* you can rest easy, you needn't worry ◆ **comme ça, nous serons tranquilles** that way our minds will be at rest ◆ **maintenant je peux mourir tranquille** now I can die in peace ◆ **il a l'esprit tranquille** his mind is at rest *ou* at ease ◆ **pour avoir l'esprit tranquille** to set one's mind at rest, to feel easy in one's mind ◆ **avoir la conscience tranquille** to be at peace with one's conscience, to have a clear conscience
5 *(* = certain)* ◆ **être tranquille (que...)** to be sure (that...) ◆ **il n'ira pas, je suis tranquille** he won't go, I'm sure of it ◆ **tu peux être tranquille que...** you may be sure that..., rest assured that... ◆ **soyez tranquille, je me vengerai** don't (you) worry *ou* rest assured – I shall have my revenge
6 *(Pharm)* ◆ **baume tranquille** soothing balm ◆ **vin tranquille** still wine
7 *(* = facilement)* easily ◆ **il l'a fait en trois heures tranquille** he did it in three hours easily *ou* no trouble* ◆ **il a gagné en trois sets, tranquille** he won easily in three sets ◆ **tu peux y aller tranquille** *(= sans risque)* you can go there quite safely

> ⓘ Attention à ne pas traduire automatiquement **tranquille** par **tranquil**, qui est d'un registre plus soutenu.

tranquillement /tʀɑ̃kilmɑ̃/ SYN ADV
1 *(= paisiblement) [dormir, vivre]* peacefully; *[jouer]* quietly; *(= sereinement) [affirmer, annoncer]* calmly ◆ **tranquillement installé dans un fauteuil** sitting quietly in an armchair ◆ **il attendait tranquillement son tour** he calmly *ou* quietly waited his turn ◆ **on peut y aller tranquillement, ça ne risque plus rien*** we can go ahead safely - there's no risk now
2 *(= sans se presser)* ◆ **vous pouvez y aller tranquillement en deux heures** you can get there easily *ou* without hurrying in two hours
3 *(= sans être dérangé) [travailler]* in peace, quietly ◆ **j'aimerais pouvoir lire tranquillement** I'd like to have a quiet read, I'd like to read in peace *ou* quietly

tranquillisant, e /tʀɑ̃kilizɑ̃, ɑ̃t/ SYN
ADJ *[nouvelle]* reassuring; *[effet, produit]* soothing, tranquillizing
NM *(Méd)* tranquillizer

tranquilliser /tʀɑ̃kilize/ SYN ▸ conjug 1 ◂
VT ◆ **tranquilliser qn** to reassure sb, to set sb's mind at rest ◆ **je suis tranquillisé** I'm reassured *ou* relieved
VPR **se tranquilliser** to set one's mind at rest ◆ **tranquillise-toi, il ne lui arrivera rien** calm down *ou* take it easy, nothing will happen to him

tranquillité /tʀɑ̃kilite/ SYN NF **1** *[d'eau, mer]* quietness, tranquillity *(littér)*; *[de sommeil]* gentleness, peacefulness, tranquillity *(littér)*; *[de vie, journée, vacances, endroit]* quietness, peacefulness, tranquillity *(littér)*
2 *[de courage, conviction, assurance]* quietness; *[de personne]* quietness, peacefulness
3 *(= paix)* peace, tranquillity *(littér)* ◆ **en toute tranquillité** without being bothered *ou* disturbed ◆ **ils ont cambriolé la villa en toute tranquillité** they burgled the house without being disturbed (at all) *ou* without any disturbance ◆ **troubler la tranquillité publique** to disturb the peace ◆ **travailler dans la tranquillité** to work in peace ◆ **il tient beaucoup à sa tranquillité** all he wants is to be left in peace ◆ **je n'ai pas eu un seul moment de tranquillité** I haven't had a moment's peace
4 *(= absence d'inquiétude)* ◆ **tranquillité (d'esprit)** peace of mind ◆ **tranquillité matérielle** material security ◆ **en toute tranquillité** with complete peace of mind, free from all anxiety ◆ **vous pouvez le lui confier en toute tranquillité** you can entrust it to him with absolute confidence

trans... /tʀɑ̃z/ PRÉF trans... ◆ **ligne trans(-)Pacifique** trans-Pacific route ◆ **réseau de communication transeuropéen** trans-European communications network ◆ **une éducation transculturelle** a cross-cultural education

transaction /tʀɑ̃zaksjɔ̃/ SYN NF **1** *(Comm, Ordin)* transaction ◆ **transactions commerciales/financières/boursières** commercial/financial/ stock exchange transactions *ou* dealings
2 *(Jur = compromis)* settlement, compromise

transactionnel, -elle /tʀɑ̃zaksjɔnɛl/ ADJ *(Ordin)* transactional; *(Jur)* compromise *(épith)*, settlement *(épith)* ◆ **formule transactionnelle** compromise formula ◆ **règlement transactionnel** compromise settlement ◆ **analyse transactionnelle** *(Psych)* transactional analysis

transafricain, e /tʀɑ̃zafʀikɛ̃, ɛn/ ADJ transafrican

transalpin, e /tʀɑ̃zalpɛ̃, in/ ADJ transalpine

transamazonien, -ienne /tʀɑ̃zamazɔnjɛ̃, jɛn/ ADJ trans-Amazonian ◆ **(autoroute) transamazonienne** trans-Amazonian highway

transaméricain, e /tʀɑ̃zameʀikɛ̃, ɛn/ ADJ transamerican

transaminase /tʀɑ̃zaminɑz/ NF transaminase

transandin, e /tʀɑ̃zɑ̃dɛ̃, in/ ADJ trans-Andean

transat /tʀɑ̃zat/
NM (abrèv de **transatlantique**) *(= chaise longue)* deckchair; *(pour bébé)* bouncer chair, bouncing cradle
NF (abrèv de **course transatlantique**) ◆ **transat en solitaire** single-handed transatlantic race ◆ **transat en double** two-man (*ou* two-woman) transatlantic race

transatlantique /tʀɑ̃zatlɑ̃tik/
ADJ transatlantic ◆ **course transatlantique** transatlantic race
NM *(= paquebot)* transatlantic liner; *(= fauteuil)* deckchair

transbahuter* /tʀɑ̃sbayte/ ▸ conjug 1 ◂
VT to shift, to lug along*, to hump along* *(Brit)*
VPR **se transbahuter** to traipse along*

transbordement /tʀɑ̃sbɔʀdəmɑ̃/ NM *(d'un bateau ou train à un autre) [de marchandises]* tran(s-)shipment, transfer; *[de passagers]* transfer ◆ **quai de transbordement** transfer dock

transborder /tʀɑ̃sbɔʀde/ ▸ conjug 1 ◂ VT *(d'un bateau ou train à un autre) [+ marchandises]* to tran(s-)ship, to transfer; *[+ passagers]* to transfer

transbordeur /tʀɑ̃sbɔʀdœʀ/ NM ◆ **(pont) transbordeur** transporter bridge

transcanadien, -ienne /tʀɑ̃skanadjɛ̃, jɛn/
ADJ trans-Canada *(épith)*
NF **Transcanadienne** ◆ **la Transcanadienne** the Trans-Canada highway

Transcaucasie /tʀɑ̃skokazi/ NF Transcaucasia

transcaucasien, -ienne /tʀɑ̃skokɑzjɛ̃, jɛn/ ADJ Transcaucasian

transcendance /tʀɑ̃sɑ̃dɑ̃s/ NF *(Philos)* transcendence, transcendency; *(littér, †) (= excellence)* transcendence *(littér)*; *(= fait de se surpasser)* self-transcendence *(littér)*

transcendant, e /tʀɑ̃sɑ̃dɑ̃, ɑ̃t/ SYN ADJ **1** *(littér = sublime) [génie, mérite]* transcendent *(littér)* ◆ **ce n'est pas transcendant*** *[film, livre]* it's nothing special*, it's nothing to write home about*
2 *(Philos)* transcendent(al) ◆ **être transcendant à** to transcend
3 *(Math)* transcendental

transcendantal, e (mpl **-aux**) /tʀɑ̃sɑ̃dɑ̃tal, o/ ADJ transcendental

transcendantalisme /tʀɑ̃sɑ̃dɑ̃talism/ NM transcendentalism

transcender /tʀɑ̃sɑ̃de/ SYN ▸ conjug 1 ◂
VT to transcend
VPR **se transcender** to transcend o.s.

transcodage /tʀɑ̃skɔdaʒ/ NM *(Ordin)* compiling; *(TV)* transcoding

transcoder /tʀɑ̃skɔde/ SYN ▸ conjug 1 ◂ VT *(Ordin) [+ programme]* to compile; *(TV)* to transcode

transcodeur /tʀɑ̃skɔdœʀ/ NM *(Ordin)* compiler; *(TV)* transcoder

transconteneur /tʀɑ̃skɔ̃t(ə)nœʀ/ NM (= *navire*) container ship

transcontinental, e (mpl -aux) /tʀɑ̃skɔ̃tinɑ̃tal, o/ ADJ transcontinental

transcriptase /tʀɑ̃skʀiptɑz/ NF ◆ **transcriptase inverse** reverse transcriptase

transcripteur /tʀɑ̃skʀiptœʀ/ NM transcriber

transcription /tʀɑ̃skʀipsjɔ̃/ SYN NF 1 (= *fait de copier*) copying out, transcribing, transcription
2 (= *copie*) transcript
3 (= *translittération*) transcription, transliteration ◆ **transcription en braille** braille transcription
4 (*Mus, Ling, Bio*) transcription ◆ **transcription phonétique** phonetic transcription ◆ **transcription génétique** genetic transcription

transcrire /tʀɑ̃skʀiʀ/ SYN ▸ conjug 39 ◂ VT
1 (= *copier*) to copy out, to transcribe
2 (= *translittérer*) to transcribe, to transliterate
3 (*Mus, Ling, Bio*) to transcribe
4 (= *restituer*) [+ *ambiance, réalité*] to translate

transculturel, -elle /tʀɑ̃skyltyʀɛl/ ADJ cross-cultural

transdermique /tʀɑ̃sdɛʀmik/ ADJ [*substance*] transdermal ◆ **timbre autocollant transdermique** skin *ou* transdermal (*SPÉC*) patch

transdisciplinaire /tʀɑ̃sdisiplinɛʀ/ ADJ interdisciplinary

transdisciplinarité /tʀɑ̃sdisiplinaʀite/ NF interdisciplinary nature

transducteur /tʀɑ̃sdyktœʀ/ NM transducer

transduction /tʀɑ̃sdyksjɔ̃/ NF (*Bio*) transduction

transe /tʀɑ̃s/ SYN
NF (= *état second*) trance ◆ **être en transe** to be in a trance ◆ **entrer en transe** (*lit*) to go into a trance; (= *s'énerver*) to go into a rage, to see red *
NFPL **transes** (= *affres*) agony ◆ **être dans les transes** to be in *ou* suffer agony, to go through agony ◆ **être dans les transes de l'attente/des examens** to be in agonies of anticipation/over the exams

transept /tʀɑ̃sɛpt/ NM transept

transférabilité /tʀɑ̃sfeʀabilite/ NF transferability

transférable /tʀɑ̃sfeʀabl/ ADJ transferable

transférase /tʀɑ̃sfeʀaz/ NF transferase

transfèrement /tʀɑ̃sfɛʀmɑ̃/ NM [*de prisonnier*] transfer ◆ **transfèrement cellulaire** transfer by prison van

transférentiel, -ielle /tʀɑ̃sfeʀɑ̃sjɛl/ ADJ transferential

transférer /tʀɑ̃sfeʀe/ SYN ▸ conjug 6 ◂ VT
1 [+ *fonctionnaire, assemblée, bureaux*] to transfer, to move; [+ *joueur, prisonnier*] to transfer ◆ **transférer la production dans une autre usine** to transfer *ou* switch production to another factory ◆ **nos bureaux sont transférés au 5 rue de Lyon** our offices have transferred *ou* moved to 5 rue de Lyon
2 (*Ordin, Téléc*) to transfer ◆ **faire transférer ses appels à un autre numéro** to have one's calls transferred to another number
3 [+ *dépouille mortelle, reliques*] to transfer, to translate (*littér*)
4 (*Fin*) [+ *capitaux*] to transfer, to move; (*Comptabilité* : *par virement*) to transfer
5 (*Jur*) [+ *propriété, droit*] to transfer, to convey (*SPÉC*)
6 (*Psych*) to transfer (*sur* onto)

transferrine /tʀɑ̃sfeʀin/ NF transferrin, beta globulin, siderophilin

transfert /tʀɑ̃sfɛʀ/ SYN NM 1 [*de fonctionnaire, assemblée, bureau, prisonnier, joueur*] transfer ◆ **demander son transfert dans une filiale** to ask to be transferred to *ou* for a transfer to a subsidiary company ◆ **il est décédé pendant son transfert à l'hôpital** he died while he was being taken to hospital ◆ **transfert de technologie** transfer of technology, technology transfer ◆ **transfert d'embryon** embryo transfer
2 (*Ordin, Téléc*) transfer ◆ **transfert (électronique) de données** (electronic) data transfer ◆ **transfert d'appel** call forwarding
3 [*de dépouille mortelle, reliques*] transfer, translation (*littér*)
4 (*Fin, Comptabilité*) transfer ◆ **transfert de fonds** transfer of funds ◆ **transferts sociaux** welfare transfers
5 (*Jur*) [*de propriété, droit*] transfer, conveyance
6 (= *décalcomanie*) transfer (*Brit*), decal (*US*)
7 (*Psych*) transference ◆ **faire un transfert sur qn** to transfer onto sb

transfiguration /tʀɑ̃sfigyʀasjɔ̃/ SYN NF transfiguration ◆ **la Transfiguration** (*Rel*) the Transfiguration

transfigurer /tʀɑ̃sfigyʀe/ SYN ▸ conjug 1 ◂ VT (= *transformer*) to transform, to transfigure (*frm*); (*Rel*) to transfigure

transfini, e /tʀɑ̃sfini/ ADJ ◆ **nombre transfini** transfinite number

transfo * /tʀɑ̃sfo/ NM abrèv de **transformateur**

transformable /tʀɑ̃sfɔʀmabl/ ADJ [*structure*] convertible; [*aspect*] transformable; (*Rugby*) [*essai*] convertible

transformateur, -trice /tʀɑ̃sfɔʀmatœʀ, tʀis/
ADJ [*processus*] transformation (*épith*); [*action*] transforming (*épith*) ◆ **pouvoir transformateur** power to transform
NM transformer

transformation /tʀɑ̃sfɔʀmasjɔ̃/ SYN NF
1 (= *modification*) [*de personne, caractère, pays*] change; (*radicale*) transformation; [*de vêtement*] alteration; [*de larve, embryon*] transformation; [*d'énergie, matière*] conversion ◆ **travaux de transformation, transformations** alterations ◆ **subir des transformations** (*gén*) to be changed, to undergo changes; (*plus radical*) to be transformed; (*Chim, Phys*) to be converted ◆ **opérer des transformations sur qch** to change sth; (*plus radical*) to transform sth ◆ **depuis son mariage, nous assistons chez lui à une véritable transformation** since he married we've seen a real transformation in him *ou* a complete change come over him; → **industrie**
2 (*Rugby*) conversion ◆ **il a réussi la transformation** he converted the try
3 (*Géom, Math, Ling*) transformation

transformationnel, -elle /tʀɑ̃sfɔʀmasjɔnɛl/ ADJ transformational

transformée /tʀɑ̃sfɔʀme/ NF (*Math*) transform

transformer /tʀɑ̃sfɔʀme/ SYN ▸ conjug 1 ◂
VT 1 (= *modifier*) [+ *personne, caractère, pays*] to change, to alter; (= *changer radicalement, améliorer*) to transform; [+ *matière première*] to convert; [+ *vêtement*] to alter, to remake ◆ **on a transformé toute la maison** we've made massive alterations to the house, we've transformed the house ◆ **on a mis du papier peint et la pièce en a été transformée** we put up wallpaper and it has completely altered the look of the room *ou* it has transformed the room ◆ **le bonheur/son mariage l'a transformé** happiness/being married has transformed him *ou* made a new man of him ◆ **rêver de transformer la société/les hommes** to dream of transforming society/mankind ◆ **depuis qu'il va à l'école, il est transformé** he's been a different child since he started school
2 (= *convertir*) ◆ **transformer qn/qch en** to turn sb/sth into ◆ **transformer la houille en énergie** to convert coal into energy ◆ **transformer du plomb en or** to turn *ou* change *ou* transmute lead into gold ◆ **on a transformé la grange en atelier** the barn has been converted *ou* turned *ou* made into a studio ◆ **elle a transformé leur maison en palais** she has transformed their house into a palace
3 (*Rugby*) [+ *essai*] to convert ◆ **maintenant il faut transformer l'essai** (*fig*) now they (*ou* we *etc*) must consolidate their (*ou* our *etc*) gains *ou* ram their (*ou* our *etc*) advantage home
4 (*Géom, Math, Ling*) to transform
VPR **se transformer** 1 (= *changer, évoluer*) [*personne, pays*] to change, to alter ◆ **la manifestation risque de se transformer en émeute** the demonstration could well turn into a riot
2 (= *se métamorphoser*) (*gén*) to be transformed (*en* into); [*énergie, matière*] to be converted (*en* into) ◆ **la chenille se transforme en papillon** the caterpillar turns into a butterfly ◆ **la ville s'est étonnamment transformée en deux ans** the town has been transformed over the last two years *ou* has undergone amazing changes in two years ◆ **il s'est transformé depuis qu'il a ce poste** there's been a real transformation *ou* change in him *ou* a real change has come over him since he has had this job

transformisme /tʀɑ̃sfɔʀmism/ NM transformism

transformiste /tʀɑ̃sfɔʀmist/
ADJ, NMF (= *évolutionniste*) transformist
NM (= *artiste qui se change très rapidement*) quick-change artist; (= *travesti*) drag artist

transfrontalier, -ière /tʀɑ̃sfʀɔ̃talje, jɛʀ/ ADJ cross-border

transfuge /tʀɑ̃sfyʒ/ SYN NMF (*Mil, Pol*) renegade

transfusé, e /tʀɑ̃sfyze/ (ptp de **transfuser**) ADJ [*produit*] transfused ◆ **personne transfusée** person who has had a blood transfusion

transfuser /tʀɑ̃sfyze/ ▸ conjug 1 ◂ VT [+ *sang, liquide*] to transfuse; [+ *malade*] to give a blood transfusion to; (*fig, littér*) to transfuse (*littér*) (*à* into), to instil (*à* into), to impart (*à* to)

transfuseur /tʀɑ̃sfyzœʀ/ NM transfuser

transfusion /tʀɑ̃sfyzjɔ̃/ NF ◆ **transfusion (sanguine)** (blood) transfusion ◆ **faire une transfusion à qn** to give sb a blood transfusion ◆ **centre de transfusion sanguine** blood transfusion centre

transfusionnel, -elle /tʀɑ̃sfyzjɔnɛl/ ADJ [*système*] blood transfusion (*épith*) ◆ **il a été contaminé par voie transfusionnelle** he contracted the disease through a contaminated blood transfusion

transgène /tʀɑ̃sʒɛn/ NM transgene

transgenèse /tʀɑ̃sʒənɛz/ NF transgenesis

transgénique /tʀɑ̃sʒenik/ ADJ transgenic

transgresser /tʀɑ̃sgʀese/ SYN ▸ conjug 1 ◂ VT [+ *règle, code*] to infringe, to contravene; [+ *interdit*] to defy; [+ *tabou*] to break; [+ *ordre*] to disobey, to go against, to contravene ◆ **transgresser la loi** to break the law

transgresseur /tʀɑ̃sgʀesœʀ/ NM (*littér*) transgressor (*littér*)

transgression /tʀɑ̃sgʀesjɔ̃/ SYN NF [*de règle, code*] infringement, contravention; [*d'interdit*] defiance; [*d'ordre*] disobedience, contravention; [*de tabou, loi*] breaking ◆ **transgression marine** encroachment of the sea

transhumance /tʀɑ̃zymɑ̃s/ NF transhumance

transhumant, e /tʀɑ̃zymɑ̃, ɑ̃t/ ADJ transhumant

transhumer /tʀɑ̃zyme/ ▸ conjug 1 ◂ VTI to move to summer pastures

transi, e /tʀɑ̃zi/ SYN (ptp de **transir**) ADJ ◆ **être transi (de froid)** to be numb with cold *ou* chilled to the bone *ou* frozen to the marrow ◆ **être transi de peur** to be paralyzed by fear, to be transfixed *ou* numb with fear; → **amoureux**

transiger /tʀɑ̃ziʒe/ SYN ▸ conjug 3 ◂ VI 1 (*dans un différend*) to compromise, to come to terms *ou* an agreement
2 (*fig*) ◆ **transiger avec sa conscience** to come to terms *ou* to a compromise with one's conscience, to make a deal with one's conscience ◆ **transiger avec le devoir** to come to a compromise with duty ◆ **ne pas transiger sur l'honneur/le devoir** to make no compromise in matters of honour/of duty ◆ **je me refuse à transiger sur ce point** I refuse to compromise on this point, I am adamant on this point

transir /tʀɑ̃ziʀ/ ▸ conjug 2 ◂ VT (*littér*) [*froid*] to chill to the bone, to freeze to the marrow; [*peur*] to paralyze, to transfix

transistor /tʀɑ̃zistɔʀ/ NM (= *élément, poste de radio*) transistor ◆ **transistor à effet de champ** field-effect transistor, FET

transistorisation /tʀɑ̃zistɔʀizasjɔ̃/ NF transistorization

transistoriser /tʀɑ̃zistɔʀize/ ▸ conjug 1 ◂ VT to transistorize ◆ **transistorisé** transistorized

transit /tʀɑ̃zit/ NM transit ◆ **en transit** [*marchandises, voyageurs*] in transit ◆ **de transit** [*document, port, zone*] transit (*épith*) ◆ **le transit intestinal** digestion, intestinal transit (*SPÉC*) ◆ **les fibres alimentaires favorisent le transit intestinal** high-fibre foods relieve constipation *ou* facilitate regular bowel movements

transitaire /tʀɑ̃zitɛʀ/
ADJ [*pays*] of transit; [*commerce*] which is done in transit
NMF forwarding *ou* freight agent ◆ **transitaires en douane** customs clearance agents

transiter /tʀɑ̃zite/ ▸ conjug 1 ◂
VT [+ *marchandises*] to pass *ou* convey in transit
VI to pass in transit (*par* through)

transitif, -ive /tʀɑ̃zitif, iv/ ADJ (*Ling, Math, Philos*) transitive

transition /tʀɑ̃zisjɔ̃/ SYN NF (*gén, Art, Ciné, Mus, Sci*) transition (*vers* to, towards; *entre* between) ◆ **période/gouvernement de transition** transitional *ou* transition period/government ◆ **mesure de transition** transitional measure

transitionnel | transport

ou step ◆ **sans transition, il enchaîna avec la météo** he moved straight onto the weather forecast ◆ **une tribu passée sans transition de l'âge de fer au vingtième siècle** a tribe who've gone straight from the Iron Age into the twentieth century ◆ **l'auteur passait sans transition du tragique au comique** the writer switched abruptly from tragedy to comedy

transitionnel, -elle /tʀɑ̃zisjɔnɛl/ ADJ transitional

transitivement /tʀɑ̃zitivmɑ̃/ ADV transitively

transitivité /tʀɑ̃zitivite/ NF (Ling, Philos) transitivity

transitoire /tʀɑ̃zitwaʀ/ SYN ADJ ① (= fugitif) transitory, transient
② (= provisoire) [régime, mesures] transitional, provisional; [fonction] interim (épith), provisional ◆ **à titre transitoire** provisionally

transitoirement /tʀɑ̃zitwaʀmɑ̃/ ADV ① (= de manière fugitive) transitorily, transiently
② (= provisoirement) provisionally

Transjordanie /tʀɑ̃sʒɔʀdani/ NF (Hist) Transjordan

translatif, -ive /tʀɑ̃slatif, iv/ ADJ ◆ **acte translatif de propriété** deed of conveyance *ou* transfer *ou* assignment ◆ **procédure translative** conveyancing

translation /tʀɑ̃slasjɔ̃/ NF ① (Admin) [de tribunal, évêque] translation (frm), transfer; (Jur) [de droit, propriété] transfer, conveyance; (littér) [de dépouille, cendres] translation (littér); (Rel) [de fête] transfer, translation (frm)
② (Géom, Sci) translation ◆ **mouvement de translation** translatory movement ◆ **la translation de la Terre autour du soleil** the rotation *ou* the orbit of the Earth around the Sun

translit(t)ération /tʀɑ̃sliteʀasjɔ̃/ NF transliteration

translit(t)érer /tʀɑ̃slitere/ ► conjug 6 ◄ VT to transliterate

translocation /tʀɑ̃slɔkasjɔ̃/ NF (Bio) translocation

translucide /tʀɑ̃slysid/ SYN ADJ translucent

translucidité /tʀɑ̃slysidite/ NF translucence, translucency

transmanche /tʀɑ̃smɑ̃ʃ/ ADJ INV [liaison, trafic] cross-Channel (épith)

transmetteur /tʀɑ̃smetœʀ/ NM (Téléc, Bio) transmitter ◆ **transmetteur d'ordres** [de navire] speaking tube

transmettre /tʀɑ̃smetʀ/ GRAMMAIRE ACTIVE 21.2, 22, 23.1 SYN ► conjug 56 ◄ VT ① [+ biens, secret, autorité] to hand down, to pass on; [+ qualité, recette] to pass on ◆ **sa mère lui avait transmis le goût de la nature** his mother had passed her love of nature on to him ◆ **c'est une recette qui se transmet de mère en fille** it's a recipe that's passed down from mother to daughter ◆ **un savoir-faire que l'on se transmet de génération en génération** knowledge that is passed down from generation to generation
② (= transférer) [+ autorité, pouvoir] to pass on, to hand over, to transmit (frm)
③ (= communiquer) [+ message, ordre, renseignement] to pass on; (= faire parvenir) [+ lettre, colis] to send on, to forward ◆ **ils se sont transmis tous les renseignements nécessaires** they exchanged all the necessary information ◆ **veuillez transmettre mes amitiés à Paul** kindly give *ou* convey my best wishes to Paul ◆ **veuillez transmettre mon meilleur souvenir à Paul** kindly give my regards to *ou* remember me to Paul ◆ **d'accord, je transmettrai*** OK, I'll pass on the message
④ (Téléc) [+ signal] to transmit, to send; (Radio, TV) [+ émission, discours] to broadcast ◆ **transmettre sur ondes courtes** (Téléc) to broadcast on short wave; (Radio, TV) to broadcast on short wave
⑤ (Sport) [+ ballon] to pass; [+ flambeau] to hand over, to pass on
⑥ [+ énergie, impulsion] to transmit
⑦ [+ maladie] to pass on, to transmit (à to); [+ microbe] to transmit (à to) ◆ **cette maladie se transmet par contact** the disease is passed on *ou* transmitted by contact ◆ **une maladie qui se transmet sexuellement** a sexually transmitted disease, a disease transmitted by sexual contact ◆ **il risque de transmettre son rhume aux autres** he may pass on his cold to the others

transmigration /tʀɑ̃smigʀasjɔ̃/ NF transmigration

transmigrer /tʀɑ̃smigʀe/ ► conjug 1 ◄ VI to transmigrate

transmissibilité /tʀɑ̃smisibilite/ NF transmissibility

transmissible /tʀɑ̃smisibl/ SYN ADJ ① (Jur) [patrimoine, droit, caractère] transmissible, transmittable ◆ **ce document est transmissible par fax** this document can be sent by fax
② [maladie] transmittable ◆ **virus transmissible par voie sanguine** virus that can be transmitted by the blood; → **maladie**

transmission /tʀɑ̃smisjɔ̃/ SYN NF ① [de biens, secret, tradition] handing down, passing on; [de qualité, recette] passing on ◆ **grâce à la transmission de ce savoir de génération en génération** because this knowledge has been passed down from generation to generation
② [d'autorité, pouvoir] passing on, handing over, transmission ◆ **transmission des pouvoirs** (Pol) handing over *ou* transfer of power
③ [de message, ordre, renseignement] passing on; (= remise) [de lettre, colis] sending on, forwarding ◆ **la transmission du savoir** transmission of knowledge ◆ **transmission des données** (Ordin) data transmission ◆ **transmission de pensées** thought transmission, telepathy ◆ **c'est de la transmission de pensée !** (hum) you (*ou* he *etc*) must be telepathic!
④ (Téléc) [de signal] transmission; (Radio, TV) [d'émission, discours] broadcasting ◆ **les transmissions** (Mil = service) ≈ the Signals (corps)
⑤ (Sport) [de ballon] passing
⑥ [d'énergie, impulsion] transmission ◆ **les organes de transmission, la transmission** (dans moteur) the parts of the transmission system, the transmission ◆ **transmission automatique** automatic transmission; → **arbre, courroie**
⑦ [de maladie] passing on, transmission; [de microbe] passing on ◆ **le mode de transmission du virus** the mode of transmission of the virus

transmodulation /tʀɑ̃smɔdylasjɔ̃/ NF intermodulation

transmuer /tʀɑ̃smɥe/ ► conjug 1 ◄ VT (Chim, littér) to transmute

transmutabilité /tʀɑ̃smytabilite/ NF transmutability

transmutation /tʀɑ̃smytasjɔ̃/ NF (Chim, Phys, littér) transmutation

transmuter /tʀɑ̃smyte/ ► conjug 1 ◄ VT ⇒ **transmuer**

transnational, e (mpl -aux) /tʀɑ̃snasjɔnal, o/ ADJ transnational

transocéanique /tʀɑ̃zɔseanik/ ADJ transoceanic

Transpac ® /tʀɑ̃spak/ NM Transpac ®

transparaître /tʀɑ̃spaʀɛtʀ/ SYN ► conjug 57 ◄ VI to show (through) ◆ **laisser transparaître un sentiment** to let an emotion show (through), to betray an emotion ◆ **il n'a rien laissé transparaître de ses intentions** he gave no sign of what his intentions were

transparence /tʀɑ̃spaʀɑ̃s/ SYN NF ① [de verre, porcelaine, papier, tissu] transparency; [d'eau, ciel] transparency, limpidity; [de regard, yeux] limpidity, clearness; [de teint, peau] transparency, translucency ◆ **regarder qch par transparence** to look at sth against the light ◆ **voir qch par transparence** to see sth showing through ◆ **éclairé par transparence** with the light shining through
② [d'allusion, sentiment, intentions, texte, âme, personne] transparency; [de négociations, comptes] openness ◆ **réclamer la transparence du financement des partis politiques** to call for openness in the financing of political parties ◆ **société dotée de la transparence fiscale** ≈ partnership ◆ **adopter une politique de transparence** to adopt a policy of openness ◆ **transparence financière** financial accountability
③ (Ciné) back projection

transparent, e /tʀɑ̃spaʀɑ̃, ɑ̃t/ SYN
ADJ ① (= translucide) [verre, porcelaine] transparent; [papier, tissu] transparent, see-through; [teint, peau] transparent, translucent
② (= limpide) [eau, ciel] transparent, limpid; [regard, yeux] limpid, clear
③ (= clair, sans secret) [allusion, sentiment, intentions] transparent, evident; [négociations, comptes] open; [âme, personne] transparent ◆ **nous sommes pour une gestion transparente** we favour complete openness where management is concerned ◆ **société transparente** (Écon) ≈ partnership
■ NM ① (= écran) transparent screen; (pour rétroprojecteur) transparency
② (Archit) openwork motif
③ (= feuille réglée) ruled sheet (placed under writing paper)

transpercer /tʀɑ̃spɛʀse/ SYN ► conjug 3 ◄ VT
① (gén) to pierce; (d'un coup d'épée) to run through, to transfix; (d'un coup de couteau) to stab; [épée, lame] to pierce; [balle] to go through ◆ **transpercé de douleur** (fig) pierced by sorrow ◆ **transpercer qn du regard** to give sb a piercing look
② [froid, pluie] to go through, to pierce ◆ **malgré nos chandails, le froid nous transperçait** despite our sweaters, the cold was going *ou* cutting straight through us ◆ **la pluie avait finalement transpercé la toile de tente** the rain had finally come through *ou* penetrated the tent canvas

transpiration /tʀɑ̃spiʀasjɔ̃/ SYN NF (= processus) perspiration, perspiring; [de plante] transpiration; (= sueur) perspiration, sweat ◆ **être en transpiration** to be perspiring *ou* sweating *ou* in a sweat

transpirer /tʀɑ̃spiʀe/ SYN ► conjug 1 ◄ VI ① (= suer) [personne] to perspire, to sweat ◆ **il transpire des mains/pieds*** his hands/feet perspire *ou* sweat, he has sweaty hands/feet ◆ **transpirer à grosses gouttes** to be running *ou* streaming with sweat ◆ **transpirer sur un devoir*** to sweat over an exercise *
② [secret, projet, détails] to come to light, to transpire ◆ **rien n'a transpiré** nothing transpired (de from)
③ [plante] to transpire

⚠ Au sens de 'suer', **transpirer** ne se traduit pas par **to transpire**.

transplant /tʀɑ̃splɑ̃/ NM (Bio) transplant

transplantable /tʀɑ̃splɑ̃tabl/ ADJ transplantable

transplantation /tʀɑ̃splɑ̃tasjɔ̃/ SYN NF [d'arbre, peuple, traditions] transplantation, transplanting; (Méd) (= technique) transplantation; (= intervention) transplant ◆ **transplantation cardiaque/du rein** heart/kidney transplant

transplanté, e /tʀɑ̃splɑ̃te/ (ptp de **transplanter**) NM,F (Méd) (gén) receiver of a transplant; (= patient à l'hôpital) transplant patient ◆ **les transplantés du cœur** people who have received heart transplants

transplanter /tʀɑ̃splɑ̃te/ SYN ► conjug 1 ◄ VT (Bot, Méd, fig) to transplant ◆ **se transplanter dans un pays lointain** to uproot o.s. and move to a distant country, to resettle in a distant country

transpolaire /tʀɑ̃spɔlɛʀ/ ADJ transpolar

transpondeur /tʀɑ̃spɔ̃dœʀ/ NM transponder, transpondor

transport /tʀɑ̃spɔʀ/ SYN
■ NM ① (à la main, à dos) carrying; (avec un véhicule) [de marchandises, passagers] transport, transportation (surtout US) ◆ **transport de voyageurs** transport of passengers ◆ **transport scolaire** school transport ◆ **un car se chargera du transport des bagages** the luggage will be taken *ou* transported by coach ◆ **pour faciliter le transport des blessés** to facilitate the transport of the injured, to enable the injured to be moved more easily ◆ **transport de troupes** (Mil) (= action) troop transportation; (= navire, train) troop transport ◆ **transport de fonds** transfer of funds ◆ **endommagé pendant le transport** damaged in transit ◆ **mode de transport** means *ou* mode of transport ◆ **matériel/frais de transport** transportation *ou* transport equipment/costs ◆ **transport maritime** *ou* **par mer** shipping, sea transport ◆ **transport maritime à la demande** tramping ◆ **transport en ambulance** ambulance transport ◆ **transport ferroviaire** rail transport, transport by rail ◆ **transport aérien** *ou* **par air** *ou* **par avion** air transport ◆ **transport(s) maritime(s)** sea transport ◆ **transport(s) routier(s)** road haulage *ou* transport ◆ **transport par hélicoptère** helicopter transport ◆ **entreprise de transport(s)** haulage company, trucking company (US); → **avion, moyen²**
② (Tech) [d'énergie, son] carrying
③ (= transfert) [de traditions, conflit] carrying, bringing; [de thème, idée] carrying over, transposition

transportable | travail

4 (*littér* = *élan*) transport ◆ **(avec) des transports de joie/d'enthousiasme** (with) transports of delight/of enthusiasm ◆ **transport de colère** fit of rage *ou* anger ◆ **embrasser qn avec transport** to embrace sb enthusiastically ◆ **transports amoureux** amorous transports

NMPL **transports** transport, transportation (*surtout US*) ◆ **les transports publics** *ou* **en commun** public transport *ou* transportation (US) ◆ **prendre les transports en commun** to use public transport ◆ **elle passe trois heures par jour dans les transports en commun pour aller travailler** she spends three hours a day commuting to work ◆ **transports urbains** city *ou* urban transport ◆ **transports fluviaux** transport by inland waterway ◆ **mal des transports** travel-sickness (Brit), motion sickness (US) ◆ **médicament contre le mal des transports** travel sickness drug (Brit), anti-motion-sickness drug (US)

COMP **transport au cerveau** † seizure, stroke **transport de justice, transport sur les lieux** (Jur) visit by public prosecutor's office to the scene of a crime

transportable /tʀɑ̃spɔʀtabl/ ADJ [*marchandise*] transportable; [*blessé, malade*] fit to be moved (*attrib*)

transportation /tʀɑ̃spɔʀtasjɔ̃/ NF [*de condamnés*] transportation

transporter /tʀɑ̃spɔʀte/ SYN ► conjug 1 ◄

VT **1** (*à la main, à dos*) to carry; (*avec un véhicule*) [+ *marchandises, voyageurs*] to transport, to carry; (*Tech*) [+ *énergie, son*] to carry ◆ **le train transportait les écoliers/touristes** the train was carrying schoolchildren/tourists, the train had schoolchildren/tourists on board ◆ **le train a transporté les soldats/le matériel au camp de base** the train took *ou* transported the soldiers/the equipment to base camp ◆ **on a transporté le blessé à l'hôpital** the injured man was taken to hospital ◆ **on l'a transporté d'urgence à l'hôpital** he was rushed to hospital ◆ **transporter qch par mer** to ship sth, to transport sth by sea ◆ **transporter des marchandises par terre/train/avion** to transport goods by land/train/plane ◆ **ils ont dû transporter tout le matériel à bras** they had to move all the equipment by hand, they had to carry all the equipment ◆ **le sable/vin est transporté par péniche** the sand/wine is transported by barge ◆ **elle transportait une forte somme d'argent** she was carrying a large sum of money (on her) ◆ **ce roman nous transporte dans un autre monde/siècle** this novel transports us into another world/century ◆ **on se retrouve transporté au seizième siècle** we find ourselves transported back to the sixteenth century

2 (= *transférer*) [+ *traditions, conflit*] to carry, to bring; [+ *thème, idée*] to carry over, to transpose ◆ **transporter la guerre/la maladie dans un autre pays** to carry *ou* spread war/disease into another country ◆ **transporter un fait divers à l'écran** to bring a news item to the screen ◆ **dans sa traduction, il transporte la scène à Moscou** in his translation, he shifts the scene to Moscow

3 (*littér* = *exalter*) to carry away, to send into raptures ◆ **transporter qn de joie** to send sb into transports of delight *ou* into raptures ◆ **être** *ou* **se sentir transporté de joie/d'admiration** to be beside o.s. with joy/with admiration ◆ **transporté de fureur** beside o.s. with fury ◆ **cette musique m'a transporté** the music carried me away ◆ **se laisser transporter par la musique** to let o.s. be carried away by the music

VPR **se transporter** (= *se déplacer*) to go, to betake o.s. (*frm*), to repair (*frm*) ◆ **le parquet s'est transporté sur les lieux** (Jur) the public prosecutor's office visited the scene of the crime ◆ **se transporter quelque part par la pensée** to let one's imagination carry one away somewhere

transporteur, -euse /tʀɑ̃spɔʀtœʀ, øz/ SYN

ADJ ◆ **navire transporteur de marchandises en vrac** bulk carrier ◆ **(navires) transporteurs de pétrole/gaz/produits chimiques** oil/gas/chemical tankers ◆ **bande transporteuse** conveyor belt

NM **1** (= *entrepreneur, entreprise*) carrier, haulage contractor, haulier (Brit); (*Jur*) carrier ◆ **transporteur aérien** airline company ◆ **transporteur routier** road haulage contractor, road haulier (Brit) ◆ **transporteur maritime** shipping agent *ou* company ◆ **transporteur de**

fonds security company (*transporting money*), ≈ Securicor ®
2 (*Tech* = *appareil*) conveyor
3 (*Chim, Bio*) carrier

transposable /tʀɑ̃spozabl/ ADJ ◆ **roman facilement transposable à l'écran** novel that can easily be adapted for the screen *ou* that lends itself to screen adaptation ◆ **ces résultats/idées sont transposables dans d'autres domaines** these results/ideas can be applied to other areas

transposée /tʀɑ̃spoze/ ADJ F, NF (*Math*) ◆ **(matrice) transposée** transpose

transposer /tʀɑ̃spoze/ SYN ► conjug 1 ◄ VTI to transpose ◆ **transposer un roman à l'écran** to adapt a novel for the screen ◆ **ils ont transposé l'action dans les années 30** they have transposed the action to the 1930s

transpositeur /tʀɑ̃spozitœʀ/ ADJ M (*Mus*) transposing

transposition /tʀɑ̃spozisjɔ̃/ SYN NF transposition ◆ **la transposition en droit français d'une directive européenne** the adaptation of a European directive to French law ◆ **la transposition d'un roman à l'écran** the adaptation of a novel for the screen

transposon /tʀɑ̃spozɔ̃/ NM transposon

transputeur /tʀɑ̃spytœʀ/ NM transputer

transpyrénéen, -enne /tʀɑ̃spiʀeneɛ̃, ɛn/ ADJ trans-Pyrenean

transrhénan, e /tʀɑ̃sʀenɑ̃, an/ ADJ transrhenane

transsaharien, -ienne /tʀɑ̃(s)saaʀjɛ̃, jɛn/ ADJ trans-Saharan

transsexualisme /tʀɑ̃(s)sɛksyalism/ NM transsexualism

transsexualité /tʀɑ̃(s)sɛksyalite/ NF transsexuality

transsexuel, -elle /tʀɑ̃(s)sɛksyɛl/ ADJ, NM,F transsexual

transsibérien, -ienne /tʀɑ̃(s)sibeʀjɛ̃, jɛn/
ADJ trans-Siberian
NM ◆ **le transsibérien** the Trans-Siberian Railway

transsonique /tʀɑ̃sɔnik/ ADJ transonic

transsubstantiation /tʀɑ̃(s)sypstɑ̃sjasjɔ̃/ NF transubstantiation

transsudat /tʀɑ̃(s)syda/ NM transudate

transsudation /tʀɑ̃(s)sydasjɔ̃/ NF transudation

transsuder /tʀɑ̃(s)syde/ ► conjug 1 ◄ VI to transude

transuranien, -ienne /tʀɑ̃zyʀanjɛ̃, jɛn/
ADJ transuranic, transuranian
NM transuranic *ou* transuranian element

Transvaal /tʀɑ̃sval/ NM ◆ **le Transvaal** the Transvaal

transvasement /tʀɑ̃svɑzmɑ̃/ NM decanting

transvaser /tʀɑ̃svɑze/ ► conjug 1 ◄ VT (= *soutirer*) to decant; (= *transvider*) to transfer to another container

transversal, e (mpl -**aux**) /tʀɑ̃svɛʀsal, o/ SYN ADJ [*coupe, fibre, pièce*] cross (*épith*), transverse (SPÉC); [*chemin*] which runs across *ou* at right angles; [*vallée*] transverse; [*cloison d'un bateau*] horizontal ◆ **rue transversale** side street ◆ **axe transversal, (route) transversale** cross-country link, cross-country trunk road (Brit) *ou* highway (US) ◆ **(ligne) transversale** [*de chemin de fer*] (*entre deux régions*) cross-country line; (*entre deux villes*) Intercity line ◆ **moteur transversal** transverse engine ◆ **thème transversal** cross-disciplinary theme ◆ **relations transversales** lateral relations ◆ **l'organisation transversale des entreprises** horizontal management structure in companies; → **barre**

transversalement /tʀɑ̃svɛʀsalmɑ̃/ ADV across, crosswise, transversely (SPÉC)

transverse /tʀɑ̃svɛʀs/ ADJ (*Anat*) transverse

transvestisme /tʀɑ̃svɛstism/ NM ⇒ **travestisme**

transvider /tʀɑ̃svide/ ► conjug 1 ◄ VT to transfer to another container

Transylvanie /tʀɑ̃silvani/ NF Transylvania

trapèze /tʀapɛz/ NM **1** (*Géom*) trapezium (Brit), trapezoid (US)
2 (*Sport*) trapeze ◆ **trapèze volant** flying trapeze ◆ **faire du trapèze** to perform on the trapeze
3 (*Anat*) ◆ **(muscle) trapèze** trapezius (muscle)

trapéziste /tʀapezist/ NMF trapeze artist

trapézoèdre /tʀapezɔɛdʀ/ NM (*Minér*) trapezohedron

trapézoïdal, e (mpl -**aux**) /tʀapezɔidal, o/ ADJ trapezoid (*épith*)

trapézoïde /tʀapezɔid/ ADJ, NM ◆ **(os) trapézoïde** trapezoid

Trappe /tʀap/ NF (= *monastère*) Trappist monastery; (= *ordre*) Trappist order

trappe /tʀap/ NF **1** (*dans le plancher*) trap door; (*Tech : d'accès, d'évacuation*) hatch; (*Théât*) trap door; (*pour parachutistes*) exit door ◆ **mettre qn à la trappe** (*fig*) to give sb the push * ◆ **passer à la trappe** [*projet*] to be written off *; [*personne*] to be given the push *, to be shown the door
2 (= *piège*) trap

trappeur /tʀapœʀ/ NM trapper, fur trader

trappillon /tʀapijɔ̃/ NM (*Théât*) trap

trappiste /tʀapist/ NM Trappist (monk)

trappistine /tʀapistin/ NF (= *religieuse*) Trappistine; (= *liqueur*) trappistine

trapu, e /tʀapy/ SYN ADJ **1** [*personne*] squat, stocky, thickset; [*maison*] squat
2 (*arg Scol* = *calé*) [*élève*] brainy *; [*question, problème*] tough, hard, stiff ◆ **une question trapue** a stinker * of a question, a really tough question, a poser ◆ **il est trapu en latin** he's terrific * at Latin

traque /tʀak/ NF [*de gibier*] tracking; [*de personne*] manhunt

traquenard /tʀaknaʀ/ SYN NM (= *piège*) trap; (*fig*) [*de grammaire, loi*] pitfall, trap ◆ **tomber dans un traquenard** to fall into a trap

traquer /tʀake/ SYN ► conjug 1 ◄ VT [+ *gibier*] to track (down); [+ *fugitif*] to track down, to run to earth, to hunt down; (*fig, littér*) [+ *abus, injustice*] to hunt down; (= *harceler*) [*journalistes, percepteur*] to hound, to pursue ◆ **air/regard de bête traquée** look/gaze of a hunted animal ◆ **c'était maintenant un homme traqué** he was now a hunted man

traquet /tʀakɛ/ NM (= *oiseau*) ◆ **traquet (pâtre)** stonechat ◆ **traquet (motteux)** wheatear

traqueur, -euse /tʀakœʀ, øz/ NM,F (*Chasse*) tracker

trauma /tʀoma/ NM (*Méd, Psych*) trauma

traumatique /tʀomatik/ ADJ traumatic

traumatisant, e /tʀomatizɑ̃, ɑ̃t/ ADJ traumatic

traumatiser /tʀomatize/ SYN ► conjug 1 ◄ VT to traumatize

traumatisme /tʀomatism/ SYN NM (*physique*) injury, trauma (SPEC); (*psychologique*) trauma ◆ **traumatisme crânien** cranial trauma (SPÉC), head injury ◆ **subir un traumatisme** to undergo *ou* suffer a traumatic experience ◆ **provoquer un traumatisme chez qn** to traumatize sb

traumatologie /tʀomatɔlɔʒi/ NF traumatology ◆ **service de traumatologie** trauma unit

traumatologique /tʀomatɔlɔʒik/ ADJ traumatological

traumatologiste /tʀomatɔlɔʒist(ə)/, **traumatologue** /tʀomatɔlɔg/ NMF trauma specialist, accident and emergency specialist

travail[1] (pl -**aux**) /tʀavaj, o/ SYN

NM **1** (= *labeur*) ◆ **le travail** work ◆ **travail intellectuel** brainwork, intellectual *ou* mental work ◆ **travail manuel** manual work *ou* labour (NonC) ◆ **ce mouvement demande des semaines de travail** it takes weeks of work to perfect this movement ◆ **il est en plein travail** he's right in the middle of something ◆ **son ardeur au travail** his enthusiasm for work ◆ **se mettre au travail** to get down to work ◆ **allez, au travail !** (it's) time to get down to work! ◆ **observer qn au travail** to watch sb at work, to watch sb working ◆ **avoir du travail/beaucoup de travail** to have (some) work/a lot of work to do ◆ **j'ai un travail fou en ce moment** I'm up to my eyes in work at the moment *, I'm snowed under with work at the moment * ◆ **horaire/vêtements de travail** work schedule/clothes ◆ **conditions/méthodes/groupe/déjeuner de travail** working conditions/methods/group/lunch ◆ **le travail c'est la santé *** work is good for you ◆ **à travail égal, salaire égal** equal pay for equal work ◆ **améliorer la communication, c'est tout un travail !** improving communications is quite a task!

2 (= *tâche*) work (NonC), job; (= *ouvrage*) work (NonC) ◆ **c'est un travail de spécialiste** (*difficile* *à faire)* it's a job for a specialist; *(bien fait)* it's the work of a specialist • **je n'y touche pas : c'est le travail de l'électricien** I'm not touching it – that's the electrician's job • **fais-le tout seul, c'est ton travail** do it yourself, it's your job • **commencer/achever/interrompre un travail** to start/complete/interrupt a piece of work *ou* a job • **ce n'est pas du travail !** *(= c'est mal fait)* that's shoddy work!; *(= ce n'est pas fatigant)* (do you) call that work! • **et voilà le travail !*** not bad, eh? • **les travaux de la commission seront publiés** the committee's work *ou* deliberations *ou* findings will be published • **il est l'auteur d'un gros travail sur le romantisme** he has written a major work on romanticism • **travaux scientifiques/de recherche** scientific/research work • **travaux sur bois** woodwork • **travaux sur métal** metalwork • **les travaux de la ferme** farm work • **les gros travaux, les travaux de force** the heavy work • **travaux de réfection/de réparation/de construction** renovation/repair/building work • **travaux de plomberie** plumbing work • **travaux d'aménagement** alterations, alteration work • **faire faire des travaux dans la maison** to have some work done in the house • **entreprendre de grands travaux d'assainissement/d'irrigation** to undertake large-scale sanitation/irrigation work • **les grands travaux présidentiels/européens** the major projects undertaken by the president/by the European Union • « **pendant les travaux, le magasin restera ouvert** » "business as usual during alterations", "the shop will remain open (as usual) during alterations" • **il y a des travaux (sur la chaussée)** the road is up, there are roadworks in progress • « **attention ! travaux !** » "caution! work in progress!"; *(sur la route)* "roadworks *(Brit)* *ou* roadwork *(US)* ahead!"; → **inspecteur**

3 *(= métier, profession)* job, occupation; *(= situation)* work *(NonC)*, job, situation • **le travail** *(= activité rétribuée)* work *(NonC)* • **avoir un travail intéressant/lucratif** to have an interesting/a highly paid job • **apprendre un travail** to learn a job • **être sans travail, ne pas avoir de travail** to be out of work *ou* without a job *ou* unemployed • **chercher/trouver du travail** to look for/find work *ou* a job • **travail à mi-temps/à plein temps** part-time/full-time work • **travail temporaire** temporary job *ou* work *(NonC)* • **travail de bureau** office work • **travail d'équipe** *ou* **en équipe** team work • **travail en équipes** shift work • **travail précaire** casual labour • **travail en usine** factory work • **cesser le travail** *(dans une usine)* to stop work, to down tools • **reprendre le travail** to go back to work

4 *(Écon : opposé au capital)* labour *(Brit)*, labor *(US)* • **l'exploitation du travail** the exploitation of labour • **association capital-travail** cooperation between workers and management *ou* workers and the bosses* • **les revenus du travail** earned income • **le monde du travail** the world of work

5 *(= facture)* work *(NonC)* • **dentelle d'un travail très fin** finely-worked lace • **sculpture d'un travail délicat** finely-wrought sculpture • **c'est un très joli travail** it's a very nice piece of handiwork *ou* craftsmanship *ou* work • **travail soigné** *ou* **d'artiste/d'amateur** quality/amateurish workmanship *(NonC)* • **c'est du beau** *ou* **joli travail !** *(iro)* nice work!* *(iro)*, well done!* *(iro)*

6 *(= façonnage) [de bois, cuir, fer]* working • **le travail de la pâte** *(Peinture)* working the paste • **le travail du marbre requiert une grande habileté** working with marble requires great skill

7 *[de machine, organe]* work • **travail musculaire** muscular effort, work of the muscles

8 *(= effet) [de gel, érosion, eaux]* work; *(= évolution) [de bois]* warp, warping; *[de vin, cidre]* working • **le travail de l'imagination/l'inconscient** the workings of the imagination/the unconscious • **le travail du temps** the work of time

9 *(Phys)* work • **unité de travail** unit of work

10 *(Méd = accouchement)* labour *(Brit)*, labor *(US)* • **femme en travail** woman in labour • **le travail n'a pas encore commencé** she hasn't gone into labour yet, labour hasn't started yet; → **salle**

COMP **travaux agricoles** agricultural *ou* farm work
travaux d'aiguille needlework
travaux d'approche *(Mil)* sapping *ou* approach works; *(fig)* initial overtures *(auprès de* to) • **tu as fait des travaux d'approche auprès du patron pour ton augmentation ?** have you broached the subject of a rise with the boss?
un travail de bénédictin a painstaking task
travail à la chaîne assembly-line work
travaux des champs ⇒ **travaux agricoles**
travaux dirigés *(Univ)* tutorial (class) *(Brit)*, section (of a course) *(US)*
travail de forçat *(fig)* hard labour *(fig)* • **c'est un travail de forçat** it's hard labour
travaux forcés *(Jur)* hard labour • **être condamné aux travaux forcés** *(lit)* to be sentenced to hard labour • **dans cette entreprise c'est vraiment les travaux forcés** it's real slave labour in this company
un travail de fourmi a long, painstaking job
les travaux d'Hercule the labours of Hercules
travaux d'intérêt général *community work carried out by young people*, ≃ community service *(Brit)*
travaux manuels *(Scol)* handicrafts
travaux ménagers housework
travail au noir *(gén)* undeclared work; *(en plus d'un autre)* moonlighting
travaux pratiques *(Scol, Univ)* *(gén)* practical work; *(en laboratoire)* lab work *(Brit)*, lab *(US)*
travaux préparatoires *[de projet de loi]* preliminary documents
travaux publics civil engineering • **ingénieur des travaux publics** civil engineer; → **entreprise**
un travail de Romain a Herculean task
travaux d'utilité collective (paid) community work *(done by the unemployed)*

travail² (pl **travails**) /tʀavaj/ **NM** *(= appareil)* trave

travaillé, e /tʀavaje/ (ptp de **travailler**) **ADJ**
1 *(= façonné) [bois, cuivre]* worked, wrought
2 *(= fignolé) [style, phrases]* polished, studied; *[meuble, ornement]* intricate, finely-worked • **une balle très travaillée** *(Tennis)* a ball with a lot of spin
3 *(= tourmenté)* • **travaillé par le remords/la peur/la jalousie** tormented by remorse/fear/jealousy
4 *(= ouvré)* • **heures travaillées** hours worked • **le nombre de journées non travaillées** the number of days not worked

travailler /tʀavaje/ GRAMMAIRE ACTIVE 19.2 SYN
► conjug 1 ◄

VI 1 *(= faire sa besogne)* to work • **travailler dur** to work hard • **travailler comme un forçat/une bête de somme** to work like a galley slave/a horse *ou* a Trojan • **travailler comme un nègre*** to work like a slave, to slave away • **il aime travailler au jardin** he likes working in the garden • **je vais travailler un peu à la bibliothèque** I'm going to do some work in the library • **faire travailler sa tête** *ou* **sa matière grise** to set one's mind *ou* the grey matter to work • **va travailler** (go and) do some work • **fais travailler ta tête !** get your brain working!, use your head! • **faire travailler ses bras** to exercise one's arms • **travailler du chapeau*** to be a bit cracked* *ou* nuts* *ou* touched* *(Brit)* • **travailler pour le roi de Prusse** to receive no reward for one's pains

2 *(= exercer un métier)* to work • **travailler en usine/à domicile** to work in a factory/at *ou* from home • **travailler 35 heures par semaine** to work *ou* do a 35-hour week • **travailler dans les assurances/l'enseignement** to work in insurance/education • **travailler aux pièces** to do piecework • **tu pourras te l'offrir quand tu travailleras** you'll be able to buy *ou* afford it once you start work • **dans ce pays on fait travailler les enfants à huit ans** in this country they put children to work at the age of eight *ou* they make children work from the age of eight • **il a commencé à travailler chez Legrand hier** he started work *ou* he went to work at Legrand's yesterday • **sa femme travaille** his wife goes out to work, his wife works • **on finit de travailler à 17 heures** we finish *ou* stop work at 5 o'clock; → **temps¹**

3 *(= s'exercer) [artiste, acrobate]* to practise, to train; *[boxeur]* to have a workout, to train; *[musicien]* to practise • **son père le fait travailler tous les soirs** *[+ enfant]* his father makes him work every evening; → **filet**

4 *(= agir, fonctionner) [firme, argent]* to work • **l'industrie travaille pour le pays** industry works for the country • **travailler à perte** to work *ou* be working at a loss • **faites travailler votre argent** make your money work for you • **le temps travaille pour/contre eux** time is on their side/against them

5 *[métal, bois]* to warp; *[vin, cidre]* to work, to ferment; *[pâte]* to work, to rise; *(fig) [imagination]* to work

VT 1 *(= façonner) [+ matière, verre, fer]* to work, to shape • **travailler la terre** to work *ou* cultivate the land • **travailler la pâte** *(Culin)* to knead *ou* work the dough; *(Peinture)* to work the paste

2 *(= potasser) [+ branche, discipline]* to work at *ou* on; *[+ morceau de musique]* to work on, to practise; *[+ rôle, scène]* to work on; *(= fignoler) [+ style, phrase]* to polish up, to work on; *(Sport) [+ mouvement, coup]* to work on • **travailler son anglais** to work on one's English • **travailler le chant/piano** to practise singing/the piano • **travailler son piano/violon** to do one's piano/violin practice • **travailler une balle** *(Tennis)* to put some spin on a ball

3 *(= agir sur) [+ personne]* to work on • **travailler l'opinion/les esprits** to work on public opinion/people's minds • **travailler qn au corps** *(Boxe)* to punch *ou* pummel sb around the body; *(fig)* to put pressure on sb, to pressurize sb

4 *(= faire s'exercer) [+ taureau, cheval]* to work

5 *(= préoccuper) [doutes, faits]* to worry; *(= tourmenter) [douleur, fièvre]* to torment • **cette idée/ce projet le travaille** this idea/this plan is very much on his mind • **je lui ai menti et ça me travaille** I lied to her and it's really bothering me

VT INDIR **travailler à** *[+ livre, projet]* to work on; *[+ cause, but]* to work for; *(= s'efforcer d'obtenir)* to work towards • **travailler à la perte de qn** to work towards sb's downfall, to endeavour to bring about sb's downfall

travailleur, -euse /tʀavajœʀ, øz/ SYN
ADJ *(= consciencieux)* hard-working, painstaking, diligent *(frm)*
NM,F 1 *(gén)* worker • **un bon/mauvais travailleur, une bonne/mauvaise travailleuse** a good/bad worker
2 *(= personne consciencieuse)* (hard) worker
NM *(= personne exerçant un métier)* worker • **les travailleurs** the workers, working people • **les revendications des travailleurs** the claims made by the workers • **le problème des travailleurs étrangers** the problem of immigrant labour *ou* workers • **travailleur en situation irrégulière** illegal worker
NF **travailleuse** *(= meuble)* worktable
COMP **travailleur agricole** agricultural *ou* farm worker
travailleur clandestin illegal *ou* clandestine worker
travailleur à domicile homeworker
travailleuse familiale home help
travailleur de force labourer
travailleur frontalier cross-border worker
travailleur indépendant self-employed person, freelance worker
travailleur intellectuel non-manual *ou* intellectual worker
travailleur manuel manual worker
travailleur au noir moonlighter
travailleur précaire casual worker, worker on a casual contract
travailleur saisonnier seasonal worker *ou* labourer
travailleur salarié salaried employee, employee on a permanent contract
travailleur social social worker
travailleur temporaire temporary worker

travaillisme /tʀavajism/ **NM** Labour philosophy, Labour brand of socialism

travailliste /tʀavajist/
ADJ Labour
NMF Labour Party member • **il est travailliste** he is Labour, he supports Labour • **les travaillistes** Labour, the Labour Party

travailloter /tʀavajɔte/ ► conjug 1 ◄ **VI** *(péj)* to work a little

travée /tʀave/ **NF** 1 *(= section) [de mur, voûte, rayon, nef]* bay; *[de pont]* span
2 *(Tech = portée)* span
3 *(= rangée) [d'église, amphithéâtre]* row (of benches); *[de théâtre]* row (of seats) • **les travées du fond manifestèrent leur mécontentement** the back rows showed their displeasure

travelage /tʀav(ə)laʒ/ **NM** *(= traverses)* sleepers *(Brit)*, ties *(US)*; *(nombre au km)* number of sleepers *(Brit)* *ou* ties *(US)* per kilometre

traveller /tʀavlœʀ/ **NM** abrév de **traveller's chèque** *ou* **check**

traveller's chèque, traveller's check /tʀavlœʀ(s)ʃɛk/ **NM** traveller's cheque *(Brit)*, traveler's check *(US)*

travelling /tʀavliŋ/ **NM** *(Ciné)* *(= dispositif)* dolly, travelling platform; *(= mouvement)* tracking

◆ **travelling avant/arrière/latéral** tracking in/out/sideways ◆ **travelling optique** zoom shots ◆ **faire un travelling** to track, to dolly

travelo* /tʀavlo/ NM (= *travesti*) drag queen*

travers¹ /tʀavɛʀ/ SYN NM (= *défaut*) failing, fault ◆ **chacun a ses petits travers** everyone has his little failings *ou* faults ◆ **tomber dans le travers qui consiste à faire...** to make the mistake of doing...

travers² /tʀavɛʀ/ NM 1 *(Boucherie)* ◆ **travers (de porc)** sparerib of pork

2 *(locutions)*

♦ **à travers** *[+ vitre, maille, trou, foule]* through; *[+ campagne, bois]* across, through ◆ **voir qn à travers la vitre** to see sb through the window ◆ **ce n'est pas opaque, on voit à travers** it's not opaque – you can see through it ◆ **le renard est passé à travers le grillage** the fox went through the fence ◆ **sentir le froid à travers un manteau** to feel the cold through a coat ◆ **passer à travers champs/bois** to go through *ou* across fields *ou* across country/through woods ◆ **la couche de glace est mince, tu risques de passer à travers** the ice is thin – you could fall through ◆ **juger qn à travers son œuvre** to judge sb through his work ◆ **à travers les siècles** through *ou* across the centuries ◆ **à travers les divers rapports, on entrevoit la vérité** through the various reports we can get some idea of the truth ◆ **passer à travers les mailles du filet** *(lit, fig)* to slip through the net

♦ **au travers** through ◆ **au travers de** through ◆ **la palissade est délabrée : on voit au travers/le vent passe au travers** the fence is falling down and you can see (right) through/the wind comes (right) through ◆ **au travers de ses mensonges, on devine sa peur** through his lies you can tell he's frightened ◆ **passer au travers** *(fig)* to escape ◆ **le truand est passé au travers** the criminal slipped through the net *ou* escaped ◆ **passer au travers d'une corvée** to get out of doing a chore ◆ **tout le monde a eu la grippe mais je suis passé au travers** everyone had flu but I managed to avoid *ou* escape it

♦ **de travers**

(= *pas droit*) crooked, askew ◆ **vent de travers** *(Naut)* wind on the beam ◆ **avoir la bouche/le nez de travers** to have a crooked mouth/nose ◆ **marcher de travers** *[ivrogne]* to stagger *ou* totter along ◆ **planter un clou de travers** to hammer a nail in crooked ◆ **se mettre de travers** *[véhicule]* to stop sideways on ◆ **elle a mis son chapeau de travers** she has put her hat on crooked, her hat is not on straight ◆ **il lui a jeté un regard** *ou* **il l'a regardé de travers** he looked askance at him, he gave him a funny look ◆ **il a avalé sa soupe de travers, sa soupe est passée de travers** his soup has gone down the wrong way

(= *mal*) ◆ **répondre de travers** to give a silly answer ◆ **comprendre de travers** to misunderstand ◆ **aller** *ou* **marcher de travers** to be going wrong ◆ **tout va de travers chez eux en ce moment** everything is going wrong *ou* nothing is going right for them at the moment ◆ **il prend tout de travers** he takes everything the wrong way *ou* amiss

♦ **en travers** across, crosswise; *[navire]* abeam, on the beam ◆ **couper/scier en travers** to cut/saw across ◆ **se mettre en travers** *[navire]* to heave to

♦ **en travers de** across ◆ **un arbre était en travers de la route** there was a tree lying across the road ◆ **le véhicule dérapa et se mit en travers de la route** the vehicle skidded and stopped sideways on *ou* stopped across the road ◆ **se mettre en travers des projets de qn** to stand in the way of sb's plans

♦ **par le travers** *[navire]* abeam, on the beam

traversable /tʀavɛʀsabl/ ADJ which can be crossed ◆ **rivière traversable à gué** fordable river

traverse /tʀavɛʀs/ NF 1 *[de voie ferrée]* sleeper (Brit), tie (US)

2 (= *pièce, barre transversale*) strut, crosspiece

3 (= *raccourci*) ◆ **chemin de traverse, traverse** † road which cuts across, shortcut

traversée /tʀavɛʀse/

NF 1 *[de rue, mer, pont]* crossing; *[de ville, forêt, tunnel]* going through ◆ **la traversée des Alpes/de l'Atlantique en avion** the crossing of the Alps/of the Atlantic by plane ◆ **la traversée de la ville en voiture peut prendre deux heures** driving through the town can take two hours, it can take two hours to cross the town by car ◆ **faire la traversée d'un fleuve à la nage** to swim across a river ◆ **faire la traversée de Dieppe à Newhaven** to cross from Dieppe to Newhaven

2 (= *trajet en bateau*) crossing

3 *(Alpinisme)* (= *course*) through-route; (= *passage*) traverse ◆ **descendre en traversée** *(Ski)* to traverse

COMP **traversée du désert** *[de politicien, parti, artiste]* time (spent) in the wilderness ◆ **après une traversée du désert de cinq ans, il est revenu au pouvoir** after spending five years in the political wilderness, he returned to power ◆ **et tes amours ? – c'est un peu la traversée du désert en ce moment** how's your love life? – it's non-existent at the moment

traverser /tʀavɛʀse/ SYN ► conjug 1 ◄ VT 1 *[personne, véhicule] [+ rue, pont, chaîne de montagnes, mer]* to cross; *[+ ville, forêt, tunnel]* to go through ◆ **traverser une rivière à la nage** to swim across a river ◆ **traverser une rivière en bac** to take a ferry across a river, to cross a river by ferry ◆ **traverser (une rivière) à gué** to ford a river, to wade across a river ◆ **il traversa le salon à grands pas** he strode across the living room ◆ **avant de traverser, assurez-vous que la chaussée est libre** before crossing, make sure that the road is clear

2 *[pont, route]* to cross, to run across; *[tunnel]* to cross under; *[barre, trait]* to run across ◆ **le fleuve/cette route traverse tout le pays** the river/this road runs *ou* cuts right across the country ◆ **ce tunnel traverse les Alpes** this tunnel crosses under the Alps ◆ **un pont traverse le Rhône en amont de Valence** a bridge crosses *ou* there is a bridge across the Rhone upstream from Valence ◆ **une cicatrice lui traversait le front** he had a scar (right) across his forehead, a scar ran right across his forehead

3 (= *percer*) *[projectile, infiltration]* to go *ou* come through ◆ **traverser qch de part en part** to go right through sth ◆ **les clous ont traversé la semelle** the nails have come through the sole ◆ **la pluie a traversé la tente** the rain has come through the tent ◆ **une balle lui traversa la tête** a bullet went through his head ◆ **il s'effondra, la cuisse traversée d'une balle** he collapsed, shot through the thigh ◆ **une douleur lui traversa le poignet** a pain shot through his wrist ◆ **ça ne m'a jamais traversé l'esprit** it never occurred to me *ou* crossed my mind

4 (= *passer à travers*) ◆ **traverser la foule** to make one's way through the crowd

5 *(dans le temps) [+ période]* to go *ou* live through; *[+ crise]* to pass *ou* go through, to undergo ◆ **sa gloire a traversé les siècles** his glory travelled down the ages ◆ **il a traversé une période très difficile avant de réussir** he went through a very difficult period before he succeeded

traversier, -ière /tʀavɛʀsje, jɛʀ/

ADJ 1 *[rue]* which runs across

2 *(Naut) [navire]* cutting across the bows

3 *(Mus)* → **flûte**

NM *(Can)* ferryboat

traversin /tʀavɛʀsɛ̃/ NM *[de lit]* bolster

travertin /tʀavɛʀtɛ̃/ NM travertin(e)

travesti, e /tʀavɛsti/ (ptp de **travestir**)

ADJ (= *déguisé*) *(gén)* disguised; *[acteur]* playing a female role; *[rôle]* female *(played by man)*; → **bal**

NM 1 (= *acteur*) actor playing a female role; (= *artiste de cabaret*) female impersonator, drag artist; (= *homosexuel*) transvestite ◆ **numéro de travesti** drag act

2 (= *déguisement*) fancy dress ◆ **en travesti** in fancy dress

travestir /tʀavɛstiʀ/ SYN ► conjug 2 ◄

VT 1 (= *déguiser*) *[+ personne]* to dress up; *[+ acteur]* to cast in a female role ◆ **travestir un homme en femme** to dress a man up as a woman

2 *[+ vérité, paroles]* to misrepresent

VPR **se travestir** *(pour un bal)* to put on fancy dress; *(Théât)* to put on a woman's costume; *(pour un numéro de cabaret)* to put on drag; *(Psych)* to dress as a woman, to cross-dress ◆ **se travestir en Arlequin** to dress up as Harlequin

travestisme /tʀavɛstism/ NM *(Psych)* transvestism

travestissement /tʀavɛstismɑ̃/ SYN NM 1 (= *action*) *[de personne] (gén)* dressing-up; *(Psych)* cross-dressing; *[de vérité, paroles]* travesty, misrepresentation

2 (= *habit*) fancy dress *(NonC)*

traviole /tʀavjɔl/ **de traviole*** LOC ADJ, LOC ADV skew-whiff*, crooked ◆ **être/mettre de traviole** to be/put skew-whiff* *ou* crooked ◆ **il m'a regardé de traviole** he gave me a funny look ◆ **il comprend tout de traviole** he gets hold of the wrong end of the stick every time*, he gets in a muddle about everything ◆ **elle fait tout de traviole** she does everything wrong ◆ **tout va de traviole en ce moment/dans ce service** everything's going wrong these days/in this department

trayeur, -euse /tʀɛjœʀ, øz/

NM,F milker

NF **trayeuse** (= *machine*) milking machine

trayon /tʀɛjɔ̃/ NM teat

trébuchant, e /tʀebyʃɑ̃, ɑ̃t/ ADJ (= *chancelant*) *[démarche, ivrogne]* tottering *(épith)*, staggering *(épith)*; *[diction, voix]* halting *(épith)*; → **espèce**

trébucher /tʀebyʃe/ SYN ► conjug 1 ◄ VI *(lit, fig)* to stumble ◆ **faire trébucher qn** to trip sb up ◆ **trébucher sur** *ou* **contre** *[+ racine, pierre]* to stumble over, to trip against; *[+ mot, morceau difficile]* to stumble over

trébuchet /tʀebyʃɛ/ NM 1 (= *piège*) bird-trap

2 (= *balance*) assay balance

trécheur /tʀeʃœʀ/ NM ⇒ **trescheur**

tréfilage /tʀefilaʒ/ NM wiredrawing

tréfiler /tʀefile/ ► conjug 1 ◄ VT to wiredraw

tréfilerie /tʀefilʀi/ NF wireworks

tréfileur /tʀefilœʀ/ NM (= *ouvrier*) wireworker, wiredrawer

tréfileuse /tʀefiløz/ NF (= *machine*) wiredrawing machine

tréflé, e /tʀefle/ ADJ trefoil *(épith)*

trèfle /tʀɛfl/ NM 1 (= *plante*) clover ◆ **trèfle à quatre feuilles** four-leaf clover ◆ **trèfle blanc/rouge** white/red clover ◆ **trèfle cornu** trefoil ◆ **trèfle d'eau** bogbean

2 *(Cartes)* clubs ◆ **jouer trèfle** to play a club *ou* clubs ◆ **le 8 de trèfle** the 8 of clubs

3 ◆ **(carrefour en) trèfle** cloverleaf (junction *ou* intersection)

4 *(Archit)* trefoil

5 (= *emblème de l'Irlande*) ◆ **le trèfle** the shamrock ◆ **le Trèfle (irlandais)** *(Rugby)* the Irish team

tréflière /tʀeflijɛʀ/ NF field of clover

tréfonds /tʀefɔ̃/ NM *(littér)* ◆ **le tréfonds de** the inmost depths of ◆ **ébranlé jusqu'au tréfonds** deeply *ou* profoundly shaken, shaken to the core ◆ **dans le** *ou* **au tréfonds de mon cœur** deep down in my heart ◆ **dans le** *ou* **au tréfonds de son âme** in the depths of his soul

tréhalose /tʀealoz/ NM trehalose

treillage /tʀɛjaʒ/ NM *(sur un mur)* lattice work, trellis(work); (= *clôture*) trellis fence ◆ **treillage en voûte** trellis archway

treillager /tʀɛjaʒe/ ► conjug 3 ◄ VT *[+ mur]* to trellis, to lattice; *[+ fenêtre]* to lattice ◆ **treillagé de rubans** criss-crossed with tape

treille /tʀɛj/ NF (= *tonnelle*) vine arbour *(Brit)* *ou* arbor *(US)*; (= *vigne*) climbing vine; → **jus**

treillis¹ /tʀeji/ NM *(en bois)* trellis; *(en métal)* wire-mesh; *(Constr)* lattice work

treillis² /tʀeji/ NM (= *tissu*) canvas; (= *tenue de combat*) battledress, combat uniform; (= *tenue d'exercice*) fatigues

treillisser /tʀejise/ ► conjug 1 ◄ VT to trellis

treize /tʀɛz/ ADJ INV, NM INV thirteen ◆ **il m'en a donné treize à la douzaine** he gave me a baker's dozen ◆ **vendre des huîtres treize à la douzaine** to sell oysters at thirteen for the price of twelve ◆ **le (nombre) treize porte malheur** thirteen is unlucky; *pour autres loc voir* **six**

treizième /tʀɛzjɛm/ ADJ, NMF thirteenth ◆ **treizième mois** *(de salaire)* (bonus) thirteenth month's salary; *pour autres loc voir* **sixième**

treizièmement /tʀɛzjɛmmɑ̃/ ADV in the thirteenth place

treiziste /tʀɛzist/ NM Rugby League player

trekking /tʀekiŋ/ NM (= *activité*) trekking *(NonC)*; (= *randonnée*) trek ◆ **faire un trekking** to go on a trek ◆ **faire du trekking** to go trekking

tréma /tʀema/ NM dieresis ◆ **i tréma** i dieresis

trémail (pl **trémails**) /tʀemaj/ NM ⇒ **tramail**

trémater /tʀemate/ ► conjug 1 ◄ VT *(Naut)* to pass, to overtake

trématodes /tʀematɔd/ NMPL ◆ **les trématodes** trematodes, the Trematoda *(SPÉC)*

tremblaie /tʀɑ̃blɛ/ NF aspen grove

tremblant, e /tʀɑ̃blɑ̃, ɑ̃t/ SYN

ADJ *[personne, membre, main]* trembling, shaking; *[voix]* trembling, shaky, quavering, tremulous; *[lèvres]* trembling; *[lumière]* trembling, flickering, quivering ◆ **il vint me trouver, tremblant** he came looking for me in fear and trembling ◆ **il se présenta tremblant devant son chef** he appeared trembling *ou* shaking before his boss ◆ **tremblant de froid** shivering *ou* trembling with cold ◆ **tremblant de peur** trembling *ou* shaking *ou* shivering with fear ◆ **tremblant de colère** quivering with rage

NF **tremblante** *(= maladie)* ◆ **la tremblante (du mouton)** scrapie

tremble /tʀɑ̃bl/ NM aspen

tremblé, e /tʀɑ̃ble/ (ptp de **trembler**) ADJ

1 *[écriture, dessin]* shaky; *[voix]* trembling, shaky, tremulous, quavering *(épith)*; *[note]* quavering *(épith)*

2 *(Typographie)* ◆ **(filet) tremblé** wavy *ou* waved rule

tremblement /tʀɑ̃bləmɑ̃/ SYN

NM 1 *[de personne] (de froid, de fièvre)* shiver, trembling *(NonC)*, shaking *(NonC)*; *(de peur, d'indignation, de colère)* trembling *(NonC)*, shaking *(NonC)*; *(de fatigue)* trembling *(NonC)* ◆ **un tremblement le parcourut** a shiver ran through him ◆ **il fut saisi d'un tremblement convulsif** he suddenly started shivering *ou* trembling violently ◆ **j'ai été prise de tremblements incontrôlables** I was shaking *ou* trembling uncontrollably

2 *[de feuille]* trembling *(NonC)*, fluttering *(NonC)*; *[de main]* trembling *(NonC)*, shaking *(NonC)*; *[de menton]* quivering *(NonC)*; *[de paupières]* fluttering *(NonC)*; *[de lèvres]* trembling *(NonC)*

3 *[de lumière, lueur]* trembling *(NonC)*, flickering *(NonC)*, quivering *(NonC)*; *[de flamme]* trembling *(NonC)*, flickering *(NonC)*, wavering *(NonC)*; *[de reflet]* shimmering *(NonC)*

4 *[de voix]* trembling *(NonC)*, shaking *(NonC)*, quavering *(NonC)*; *[de son]* trembling *(NonC)*, quavering *(NonC)* ◆ **avec des tremblements dans la voix** in a trembling *ou* quavering *ou* shaky voice

5 *[de bâtiment, vitres, plancher, terre]* shaking *(NonC)*, trembling *(NonC)*

6 *(locution)* ◆ **et tout le tremblement*** the whole (kit and) caboodle*

COMP **tremblement de terre** earthquake ◆ **léger tremblement de terre** earth tremor

trembler /tʀɑ̃ble/ SYN ► conjug 1 ◄ VI 1 *[personne] (de froid, de fièvre)* to shiver, to tremble, to shake *(de* with); *(de peur, d'indignation, de colère)* to tremble, to shake *(de* with); *(de fatigue)* to tremble *(de* with) ◆ **il tremblait de tout son corps** *ou* **de tous ses membres** he was shaking *ou* trembling all over ◆ **trembler comme une feuille** to shake *ou* tremble like a leaf

2 *[feuille]* to tremble, to flutter; *[main]* to tremble, to shake; *[menton]* to quiver; *[paupières]* to flutter; *[lèvres]* to tremble

3 *[lumière, lueur]* to tremble, to flicker, to quiver; *[flamme]* to tremble, to flicker, to waver; *[reflet]* to shimmer

4 *[voix]* to tremble, to shake, to quaver; *[son]* to quaver

5 *[bâtiment, vitres, plancher]* to shake, to tremble ◆ **faire trembler le sol** to make the ground tremble, to shake the ground ◆ **la terre a tremblé** the ground shook ◆ **la terre a encore tremblé en Arménie** there has been another earthquake in Armenia

6 *(= avoir peur)* to tremble ◆ **trembler pour qn/qch** to fear for sb/sth ◆ **trembler à la pensée** *ou* **à l'idée de qch** to tremble at the (very) thought of sth ◆ **il fait trembler ses subordonnés** he strikes fear (and trembling) into his subordinates, his subordinates live in dread of him ◆ **il tremble devant son patron** he lives in fear (and trembling) of his boss ◆ **il tremble de l'avoir perdu** he's terrified that he might have lost it ◆ **je tremble qu'elle ne s'en remette pas** I'm terrified she might not recover

trembleur /tʀɑ̃blœʀ/ NM *(Élec)* trembler

tremblotant, e /tʀɑ̃blɔtɑ̃, ɑ̃t/ ADJ *[personne, main]* trembling, shaking; *[voix]* quavering *(épith)*, tremulous; *[flamme]* trembling *(épith)*, flickering *(épith)*, wavering *(épith)*; *[lumière]* trembling *(épith)*, quivering *(épith)*, flickering *(épith)*

tremblote* /tʀɑ̃blɔt/ NF ◆ **avoir la tremblote** *(de froid)* to have the shivers*; *(de peur)* to have the jitters*; *[vieillard]* to have the shakes*

tremblotement /tʀɑ̃blɔtmɑ̃/ NM 1 *[de personne, main]* trembling *(NonC)*, shaking *(NonC)*

2 *[de voix]* quavering *(NonC)*, trembling *(NonC)* ◆ **avec un tremblotement dans sa voix** with a tremble in his voice

3 *[de lumière, lueur, flamme]* flickering *(NonC)*

trembloter /tʀɑ̃blɔte/ ► conjug 1 ◄ VI 1 *[personne, mains]* to tremble *ou* shake (slightly)

2 *[voix]* to quaver, to tremble

3 *[lumière, lueur, flamme]* to flicker, to waver

trémelle /tʀemɛl/ NF tremella

trémie /tʀemi/ NF 1 *(Tech = entonnoir) [de concasseur, broyeur, trieuse]* hopper

2 *(= mangeoire)* feedbox

3 *(Constr) [de cheminée]* hearth cavity *ou* space; *[d'escalier]* stair cavity

trémière /tʀemjɛʀ/ ADJ F → **rose**

trémolo /tʀemɔlo/ NM *[d'instrument]* tremolo; *[de voix]* quaver, tremor ◆ **avec des trémolos dans la voix** with a quaver *ou* tremor in one's voice

trémoussement /tʀemusmɑ̃/ NM wriggling *(NonC)*, jigging about *(Brit) (NonC)*

trémousser (se) /tʀemuse/ SYN ► conjug 1 ◄ VPR *(= s'agiter)* to wriggle, to jig about *(Brit)*; *(= se déhancher)* to wiggle one's hips ◆ **se trémousser sur sa chaise** to wriggle *ou* jig about *(Brit)* on one's chair ◆ **marcher en se trémoussant** to walk with a wiggle, to wiggle as one walks ◆ **dès qu'elle voit un homme elle se trémousse devant lui** as soon as she sees a man she's all over him

trempabilité /tʀɑ̃pabilite/ NF quenchableness

trempage /tʀɑ̃paʒ/ NM *[de linge, graines, semences]* soaking; *[de papier]* damping, wetting

trempe /tʀɑ̃p/ SYN NF 1 *(Tech) [d'acier] (= processus)* quenching; *(= qualité)* temper ◆ **de bonne trempe** well-tempered

2 *(fig) [de personne, âme]* calibre *(Brit)*, caliber *(US)* ◆ **un homme de sa trempe** a man of his calibre *ou* of his moral fibre

3 *(Tech = trempage) [de papier]* damping, wetting; *[de peaux]* soaking

4 * *(= correction)* hiding* ◆ **flanquer une trempe à qn** to give sb a good hiding* ◆ **je lui ai filé une trempe au tennis** I thrashed* him at tennis

trempé, e /tʀɑ̃pe/ SYN (ptp de **tremper**) ADJ

1 *(= mouillé) [vêtement, personne]* soaked, drenched ◆ **trempé de sueur** bathed *ou* soaked in *ou* streaming with sweat ◆ **trempé jusqu'aux os** *ou* **comme une soupe*** wet through, soaked to the skin ◆ **visage trempé de pleurs** face bathed in tears

2 *[acier, verre]* tempered ◆ **caractère bien trempé** sturdy character

tremper /tʀɑ̃pe/ SYN ► conjug 1 ◄

VT 1 *(= mouiller)* to soak, to drench ◆ **la pluie a trempé sa veste/le tapis** the rain has soaked *ou* drenched his jacket/the carpet ◆ **je me suis fait tremper** I got soaked *ou* drenched

2 *(= plonger) [+ mouchoir, plume]* to dip *(dans* into, in); *[+ pain, biscuit]* to dip, to dunk *(dans* in) ◆ **tremper sa main dans l'eau** to dip one's hand in the water ◆ **il a trempé ses lèvres** he just took a sip ◆ **il n'aime pas qu'on lui trempe la tête dans l'eau** he doesn't like having his head ducked in the water

3 *(Tech) [+ métal, lame]* to quench; → **acier**

4 *(littér = aguerrir, fortifier) [+ personne, caractère, âme]* to steel, to strengthen

VI 1 *[tige de fleur]* to stand in water; *[linge, graines, semences]* to soak ◆ **tes manches trempent dans ton assiette !** your sleeves are trailing in your plate!

2 ◆ **(faire) tremper** *[+ linge, graines]* to soak; *[+ aliments]* to soak, to steep; *[+ papier]* to damp, to wet; *[+ tige de fleur]* to stand in water ◆ **mettre le linge à tremper** to soak the washing, to put the washing to soak ◆ **faire tremper des légumes secs** to soak pulses

3 *(fig péj = participer)* ◆ **tremper dans** *[+ crime, affaire, complot]* to have a hand in, to be involved in

VPR **se tremper** *(= prendre un bain rapide)* to have a quick dip; *(= se mouiller)* to get (o.s.) soaked *ou* soaking wet, to get drenched ◆ **je ne fais que me tremper** I'm just going for a quick dip

trempette /tʀɑ̃pɛt/ NF 1 *(* = baignade)* ◆ **faire trempette** to have a (quick) dip

2 *(Can : Culin)* dips

trempeur /tʀɑ̃pœʀ/ NM *(Métal)* quencher; *[de papier]* damper, wetter

tremplin /tʀɑ̃plɛ̃/ NM 1 *[de piscine]* diving-board, springboard; *[de gymnase]* springboard; *(Ski)* ski-jump

2 *(fig)* springboard ◆ **servir de tremplin à qn** to be a springboard for sb ◆ **le festival est un bon tremplin pour les jeunes cinéastes** the festival is a good springboard for young film-makers

trémulation /tʀemylasjɔ̃/ NF *(Méd)* tremor

trench-coat (pl **trench-coats**) /tʀɛnʃkot/ NM trench coat

trentain /tʀɑ̃tɛ̃/ NM trental

trentaine /tʀɑ̃tɛn/ NF *(= âge, nombre)* about thirty, thirty or so ◆ **il a la trentaine** he's about thirty, he's thirty-ish ◆ **il approche de la trentaine** he's coming up to *ou* he's nearly thirty

trente /tʀɑ̃t/

ADJ INV, NM INV thirty ◆ **les années trente** the (nineteen) thirties; → **concile, glorieux, guerre, tour²** ; *pour loc voir* **six**

COMP **trente et un** *(lit, Cartes)* thirty-one ◆ **être/se mettre sur son trente et un*** to be wearing/put on one's Sunday best *ou* one's glad rags*, to be/get all dressed up to the nines*, to be/get dressed to kill*

trente-et-quarante /tʀɑ̃tekaʀɑ̃t/ NM INV *(Jeux)* trente et quarante

trentenaire /tʀɑ̃t(ə)nɛʀ/ ADJ thirty-year ◆ **(concession) trentenaire** thirty-year lease ◆ **(personne) trentenaire** thirty-year-old (person)

trente-six /tʀɑ̃tsis/

ADJ INV *(lit)* thirty-six; *(* = beaucoup)* umpteen* ◆ **il y en a trente-six modèles** there are umpteen* models ◆ **il n'y a pas trente-six possibilités** there aren't all that many choices ◆ **faire trente-six choses en même temps** *ou* **à la fois** to (try to) do too many things at once, to (try to) do a hundred things at once ◆ **j'ai trente-six mille choses à faire** I've a thousand and one things to do ◆ **voir trente-six chandelles*** to see stars

NM INV thirty-six ◆ **tous les trente-six du mois*** once in a blue moon

trente-sixième /tʀɑ̃tsizjɛm/ ADJ thirty-sixth ◆ **être dans le** *ou* **au trente-sixième dessous** to be in the depths of depression

trentième /tʀɑ̃tjɛm/ ADJ, NMF thirtieth ; *pour loc voir* **sixième**

trépan /tʀepɑ̃/ NM *(Méd)* trephine, trepan; *(Tech)* trepan

trépanation /tʀepanasjɔ̃/ NF *(Méd)* trephination, trepanation

trépané, e /tʀepane/ (ptp de **trépaner**)

NM,F *(Méd)* patient who has undergone trephination *ou* trepanation

ADJ ◆ **être trépané** to have undergone trephination *ou* trepanation

trépaner /tʀepane/ ► conjug 1 ◄ VT *(Méd)* to trephine, to trepan

trépas /tʀepɑ/ NM *(littér)* demise, death; → **vie**

trépassé, e /tʀepɑse/ (ptp de **trépasser**) ADJ *(littér)* deceased, dead ◆ **les trépassés** the departed ◆ **le jour** *ou* **la fête des Trépassés** *(Rel)* All Souls' (Day)

trépasser /tʀepɑse/ SYN ► conjug 1 ◄ VI *(littér)* to pass away, to depart this life

tréphone /tʀefɔn/ NF trephone

trépidant, e /tʀepidɑ̃, ɑ̃t/ SYN ADJ *[plancher]* vibrating, quivering; *[machine]* juddering; *[rythme]* pulsating *(épith)*, thrilling *(épith)*; *[vie]* hectic, busy

trépidation /tʀepidasjɔ̃/ NF *[de moteur, navire, train]* juddering; *(Méd)* trembling; *(fig) [de ville]* hustle and bustle

trépider /tʀepide/ ► conjug 1 ◄ VI *[plancher]* to vibrate, to reverberate; *[machine]* to judder, to throb

trépied /tʀepje/ NM *(gén)* tripod; *(dans l'âtre)* trivet

trépignement /tʀepiɲmɑ̃/ NM stamping (of feet) *(NonC)*

trépigner /tʀepiɲe/ SYN ► conjug 1 ◄ VI to stamp one's feet ◆ **trépigner d'impatience/d'enthousiasme** to stamp (one's feet) with impatience/

trépointe /tʀɛpwɛ̃t/ NF welt

tréponématose /tʀepɔnematoz/ NF treponematosis

tréponème /tʀepɔnɛm/ NM treponema

très /tʀɛ/ SYN ADV 1 (avec adj) very, most; (devant certains ptp etc) (very) much, greatly, highly ◆ **très intelligent/difficile** very ou most intelligent/difficult ◆ **il est très conscient de...** he is very much aware of... ou very conscious of... ◆ **très admiré** greatly ou highly ou (very) much admired ◆ **très industrialisé/automatisé** highly industrialized/automatized ◆ **c'est un garçon très travailleur** he's a very hard-working lad, he's a very hard worker ◆ **elle est très grande dame** she is very much the great lady ou every bit a great lady ◆ **avoir très peur/faim** to be very frightened/hungry ◆ **elle a été vraiment très aimable** she was really most ou very kind ◆ **c'est très nécessaire** it's most ou absolutely essential ◆ **ils sont très amis/très liés** they are great friends/very close (friends) ◆ **je suis très, très content** I'm very, very ou terribly, terribly* pleased ◆ **j'ai très envie de le rencontrer** I would very much like to meet him, I'm very ou most anxious to meet him ◆ **un jeune homme très comme il faut** a well brought-up young man, a very respectable young man ◆ **un hebdomadaire très lu dans les milieux économiques** a magazine that's widely read ou that's read a lot in economic circles ◆ **être très à la page*** to be very ou terribly with-it* ◆ **je ne suis jamais très à mon aise avec lui** I never feel very ou particularly ou terribly* comfortable with him ◆ **êtes-vous fatigué ? – très/pas très*** are you tired? – very ou terribly*/not very ou not terribly*

2 (avec adv) very ◆ **très peu de gens** very few people ◆ **c'est très bien écrit/fait** it's very well written/done ◆ **il est très en avant/arrière** (sur le chemin) he is well ou a long way ahead/behind; (dans une salle) he is well forward ou a long way to the front/well back ou a long way back ◆ **très bien, si vous insistez** all right ou very well, if you insist ◆ **très bien, je vais le lui expliquer** all right ou fine* ou very good ou OK*, I'll explain to him ◆ **travailler le samedi ? très peu pour moi !** work on Saturday? not likely!* ou not me!; → **peu**

trescheur /tʀɛʃœʀ/ NM tressure

trésor /tʀezɔʀ/ SYN NM 1 (= richesses enfouies) treasure (NonC); (Jur : trouvé) treasure-trove; (fig = chose, personne, vertu précieuse) treasure ◆ **découvrir un trésor** to find some treasure ou a treasure-trove ◆ **course** ou **chasse au/chercheur de trésor** treasure hunt/hunter

2 (= petit musée) treasure-house, treasury ◆ **le trésor de Notre-Dame** the treasure-house of Notre-Dame

3 (gén pl = richesses) treasure ◆ **les trésors du Louvre/de l'océan** the treasures ou riches of the Louvre/of the ocean ◆ **je vais chercher dans mes trésors** (hum) I'll look through my treasures ou precious possessions

4 (= abondance) ◆ **des trésors de dévouement/de patience** a wealth of devotion/of patience, boundless devotion/patience ◆ **dépenser des trésors d'ingéniosité** to exercise considerable ou great ingenuity

5 (= ouvrage) treasury

6 (Admin, Fin = ressources) [de roi, État] exchequer, finances; [d'organisation secrète] finances, funds ◆ **le Trésor (public)** the public revenue department, ≈ the Treasury (Brit), ≈ the Treasury Department (US); → **bon**²

7 (affectif) ◆ **mon (petit) trésor** my (little) treasure, my precious ◆ **tu es un trésor de m'avoir acheté ce livre** you're a (real) treasure for buying me this book

8 (Fin) ◆ **trésor de guerre** war chest

trésorerie /tʀezɔʀʀi/ SYN NF 1 (= bureaux) [d'association] accounts department ◆ **Trésorerie (générale** ou **principale)** [de Trésor public] ≈ public revenue office

2 (= gestion) accounts ◆ **leur trésorerie est bien/mal tenue** their accounts are well/badly kept

3 (= argent disponible) finances, funds ◆ **difficultés** ou **problèmes de trésorerie** cash shortage, cash (flow) problems, shortage of funds ◆ **trésorerie nette** net liquid assets

4 (= fonction de trésorier) treasurership

trésorier, -ière /tʀezɔʀje, jɛʀ/ NM,F (gén) [de club, association] treasurer ◆ **trésorier-payeur général** (Admin) paymaster (for a département) ◆ **trésorier d'entreprise** (Fin) company treasurer

tressage /tʀesaʒ/ NM 1 [de cheveux, rubans] plaiting, braiding ; [de paille, fil] plaiting; [de câble, corde, cordon] twisting

2 [de panier, guirlande] weaving

tressaillement /tʀesajmɑ̃/ NM 1 (= frémissement) [de plaisir] thrill, quiver; (de peur) shudder, (de douleur) wince ◆ **des tressaillements parcoururent l'animal** the animal twitched

2 (= sursaut) start

3 [de plancher, véhicule] shaking (NonC), vibration

tressaillir /tʀesajiʀ/ SYN ► conjug 13 ◄ VI
1 (= frémir) (de plaisir) to thrill, to quiver; (de peur) to shudder, to shiver; (de douleur) to wince; [muscle, personne ou animal à l'agonie] to twitch ◆ **son cœur tressaillait** his heart was fluttering

2 (= sursauter) to start, to give a start ◆ **faire tressaillir qn** to startle sb, to make sb jump

3 [plancher, véhicule] to shake, to vibrate

tressautement /tʀesotmɑ̃/ NM (= sursaut) start, jump; (= secousses) [de voyageurs] jolting (NonC), tossing (NonC); [d'objets] shaking (NonC)

tressauter /tʀesote/ ► conjug 1 ◄ VI 1 (= sursauter) to start, to jump ◆ **faire tressauter qn** to startle sb, to make sb jump

2 (= être secoué) [voyageurs] to be jolted, to be tossed about; [objets] to be shaken about, to jump about ◆ **faire tressauter les voyageurs** to toss the passengers about ◆ **les tasses tressautent sur le plateau** the cups are shaking ou jumping about on the tray

tresse /tʀɛs/ SYN NF 1 (= cheveux) plait, braid ◆ **se faire des tresses** to plait (Brit) ou braid one's hair ◆ **tresses africaines** African braids

2 (= cordon) braid (NonC)

3 (Archit = motif) strapwork

tresser /tʀese/ SYN ► conjug 1 ◄ VT 1 [+ cheveux, rubans] to plait, to braid ; [+ paille, fil] to plait; [+ câble, corde, cordon] to twist ◆ **chaussures en cuir tressé** lattice-work leather shoes

2 [+ panier, guirlande] to weave ◆ **tresser des couronnes** ou **des lauriers à qn** to praise ou laud sb to the skies, to sing sb's praises

tréteau (pl **tréteaux**) /tʀeto/ NM 1 (= support) trestle ◆ **table à tréteaux** trestle table

2 (Théât) ◆ **les tréteaux** the boards, the stage ◆ **monter sur les tréteaux** to go on the stage

treuil /tʀœj/ NM winch, windlass

treuillage /tʀœjaʒ/ NM winching up

treuiller /tʀœje/ ► conjug 1 ◄ VT to winch up

trêve /tʀɛv/ SYN NF 1 (Mil, Pol) truce; (Sport) midwinter break ◆ **trêve de Dieu** (Hist) truce of God ◆ **trêve des confiseurs** (hum) Christmas ou New Year (political) truce

2 (= répit) respite, rest ◆ **s'accorder une trêve** to allow o.s. a (moment's) respite ou a rest ◆ **faire trêve à** (littér) [+ disputes, travaux] to rest from

3 ◆ **trêve de** (= assez de) ◆ **trêve de plaisanteries/polémique** enough of this joking/arguing ◆ **trêve de plaisanteries, tu veux vraiment te marier avec lui ?** joking apart, do you really want to marry him?

4 ◆ **sans trêve** (= sans cesse) unremittingly, unceasingly, relentlessly

trévire /tʀeviʀ/ NF parbuckle

trévirer /tʀeviʀe/ ► conjug 1 ◄ VT to parbuckle

trévise /tʀeviz/ NF radicchio lettuce

tri /tʀi/ SYN NM 1 (gén) sorting out; [de fiches, lettres, dossiers, linge] sorting; [de personnes] selection ; [de patients à l'hôpital] triage; [de wagons] shunting, marshalling; [= calibrage] grading; (= tamisage) sifting ◆ **le tri sélectif des ordures ménagères** the selective sorting of household waste ◆ **faire le tri de** (gén) to sort out; [+ lettres, fiches, dossiers, linge] to sort; [+ personnes] to select; [+ wagons] to marshal; [+ déchets] to sort through; (en calibrant) to grade; (en tamisant) to sift ◆ **faire le tri entre les rumeurs et les faits** to sift ou separate fact from rumour ◆ **quand il dit quelque chose il faut toujours faire le tri** you shouldn't believe everything he says ◆ **le chômage m'a permis de faire le tri entre mes vrais et mes faux amis** when I became unemployed I found out who my real friends were ◆ **on a procédé à des tris successifs pour sélectionner les meilleurs candidats** they used a series of selection procedures to sift out the best candidates

2 (Poste) sorting; (Ordin) sort, sorting ◆ **tri postal** sorting of mail ◆ **le (bureau de) tri** the sorting office

tri... /tʀi/ PRÉF tri... ◆ **triacétate** triacetate

triacide /tʀiasid/ NM triacid

triade /tʀijad/ NF triad

triage /tʀijaʒ/ SYN NM → **gare**¹; ⇒ **tri**

triaire /tʀijɛʀ/ NM ◆ **les triaires** triarii

trial /tʀijal/ NM motocross, scrambling (Brit) ◆ **faire du trial** to do motocross, to go scrambling (Brit); → **moto**

triandrie /tʀi(j)ɑ̃dʀi/ NF Triandria

triangle /tʀijɑ̃gl/ NM (Géom, Mus) triangle ◆ **en triangle** in a triangle ◆ **triangle isocèle/équilatéral/rectangle/scalène** isosceles/equilateral/right-angled/scalene triangle ◆ **triangles semblables/égaux** similar/equal triangles ◆ **triangle quelconque** ordinary triangle ◆ **soit un triangle quelconque ABC** let ABC be any triangle ◆ **triangle de signalisation** warning triangle ◆ **le triangle des Bermudes** the Bermuda Triangle ◆ **le Triangle d'or** the Golden Triangle ◆ **un triangle amoureux** a love triangle

triangulaire /tʀijɑ̃gylɛʀ/
ADJ [section, voile, prisme] triangular; [débat, tournoi] three-cornered ◆ **commerce** ou **trafic triangulaire** (Hist) triangular slave trade ◆ **relation triangulaire** triangular ou three-way relationship
NF (= élection) three-cornered (election) contest ou fight

triangulation /tʀijɑ̃gylasjɔ̃/ NF triangulation

trianguler /tʀijɑ̃gyle/ ► conjug 1 ◄ VT to triangulate

trias /tʀijas/ NM (= terrain) trias ◆ **le trias** (= période) the Triassic, the Trias

triasique /tʀijazik/ ADJ Triassic

triathlète /tʀi(j)atlɛt/ NMF triathlete

triathlon /tʀi(j)atlɔ̃/ NM triathlon

triathlonien, -ienne /tʀi(j)atlɔnjɛ̃, jɛn/ NM,F triathlete

triatomique /tʀiatɔmik/ ADJ triatomic

tribade /tʀibad/ NF tribade

tribal, e (mpl **-aux**) /tʀibal, o/ ADJ tribal

tribalisme /tʀibalism/ NM (littér) tribalism

tribasique /tʀibazik/ ADJ tribasic

tribo-électricité /tʀiboelɛktʀisite/ NF tribo-electricity

tribo-électrique /tʀiboelɛktʀik/ ADJ triboelectric

tribologie /tʀibɔlɔʒi/ NF (Tech) tribology

triboluminescence /tʀibɔlyminesɑ̃s/ NF triboluminescence

triboluminescent, e /tʀibɔlyminesɑ̃, ɑ̃t/ ADJ triboluminescent

tribomètre /tʀibɔmɛtʀ/ NM tribometer

tribord /tʀibɔʀ/ NM starboard ◆ **à tribord** to starboard, on the starboard side ◆ **hauban tribord arrière** aft starboard shroud

triboulet /tʀibulɛ/ NM (tige graduée) triblet

tribu /tʀiby/ SYN NF (gén) tribe; (fig) clan ◆ **chef de tribu** tribal chief ◆ **comment va la petite tribu ?*** how's the family?

tribulations /tʀibylasjɔ̃/ SYN NFPL (littér = mésaventures) tribulations, trials, troubles

tribun /tʀibœ̃/ NM (Hist romaine) tribune; (= orateur) powerful orator; (littér = défenseur) tribune (littér)

tribunal (pl **-aux**) /tʀibynal, o/ SYN
NM 1 (lit) court ◆ **tribunal judiciaire/d'exception** judicial/special court ◆ **tribunal révolutionnaire/militaire** revolutionary/military tribunal ◆ **tribunal constitutionnel/international** constitutional/international court ◆ **tribunal fédéral** federal court ◆ **porter une affaire devant les tribunaux** to bring a case before the courts ◆ **déposer une plainte auprès des tribunaux** to instigate legal proceedings ◆ **comparaître devant un tribunal** to appear before a court ◆ **traduire qn devant un tribunal** to bring sb to court ou justice ◆ **traduire qn devant un tribunal militaire** to court-martial sb ◆ **affaire renvoyée d'un tribunal à l'autre** case referred from one court to another

2 (fig) ◆ **le tribunal des hommes** the justice of men ◆ **être jugé par le tribunal suprême** ou **de Dieu** to appear before the judgment seat of God ◆ **être condamné par le tribunal de l'histoire** to be condemned by the judgment of history, to be judged and condemned by history ◆ **s'ériger en tribunal du goût/des mœurs** to set o.s. up as an arbiter of (good) taste/of morals

COMP **tribunal administratif** tribunal dealing with internal disputes in the French civil service
tribunal arbitral arbitration court, court of arbitration
tribunal de commerce commercial court
tribunal des conflits jurisdictional court
tribunal correctionnel ≃ magistrates' court (dealing with criminal matters)
tribunal pour enfants juvenile court
tribunal de grande instance ≃ county court
le Tribunal de l'Inquisition the Tribunal of the Inquisition
tribunal d'instance ≃ magistrates' court (dealing with civil matters)
tribunal pénal international international criminal court
tribunal de police police court
tribunal de première instance † ⇒ **tribunal de grande instance**

tribunat /tʀibyna/ NM (= charge, exercice) tribunate

tribune /tʀibyn/ SYN
NF **1** (pour le public) [d'église, assemblée, tribunal] gallery; [de stade, champ de courses] stand; (couverte) grandstand ◆ **tribune d'honneur, tribune officielle** VIP stand ◆ **les tribunes du public/de la presse** the public/press gallery ◆ **les applaudissements des tribunes** applause from the stands ◆ **il avait une tribune** he had a seat in the stand ◆ **tribune du public** (Parl) visitors' gallery
2 (pour un orateur) platform, rostrum ◆ **monter à la tribune** to mount the platform ou rostrum, to stand up to speak; (Parl = parler) to address the House, to take the floor
3 (fig = débat) forum ◆ **tribune radiophonique** radio forum ◆ **offrir une tribune à la contestation** to offer a forum ou platform for protest ◆ **tribune libre d'un journal** opinion column in ou of a newspaper ◆ **organiser une tribune sur un sujet d'actualité** to organize an open forum ou a free discussion on a topical issue ◆ **se présenter à l'élection pour avoir une tribune afin de faire connaître ses vues** to stand for election to give o.s. a platform from which to publicize one's views

COMP **tribune d'orgue** organ loft

(!) **tribune** ne se traduit pas par le mot anglais **tribune**, qui a le sens de 'tribun'.

tribut /tʀiby/ NM (lit, fig) tribute ◆ **payer tribut au vainqueur** (= argent) to pay tribute to the conqueror ◆ **ils ont payé un lourd tribut à la maladie/guerre** disease/war has cost them dear, disease/war has taken a heavy toll (among them) ◆ **payer tribut à la nature** (littér) to go the way of all flesh, to pay the debt of nature

tributaire /tʀibytɛʀ/ ADJ **1** (= dépendant) ◆ **être tributaire de** to be dependent ou reliant on
2 (Géog) ◆ **être tributaire de** to be a tributary of, to flow into ◆ **rivière tributaire** tributary
3 (Hist = qui paie tribut) tributary ◆ **être tributaire de qn** to be a tributary of sb, to pay tribute to sb

tric /tʀik/ NM ⇒ **trick**

tricard /tʀikaʀ/ NM (arg Crime) ex-convict prohibited from entering certain French cities ◆ **il est tricard dans le milieu du cyclisme** he's an outcast in the cycling world

tricennal, e (mpl **-aux**) /tʀisenal, o/ ADJ tricennial

tricentenaire /tʀisɑ̃t(ə)nɛʀ/
ADJ three-hundred-year-old (épith)
NM tercentenary, tricentennial

tricéphale /tʀisefal/ ADJ (littér) three-headed

triceps /tʀiseps/ ADJ, NM ◆ **(muscle) triceps** triceps (muscle) ◆ **triceps brachial/crural** brachial/crural triceps

tricératops /tʀiseʀatɔps/ NM triceratops

triche */tʀiʃ/ NF cheating ◆ **c'est de la triche** it's cheating ou a cheat

tricher /tʀiʃe/ SYN ► conjug 1 ◄ VI (gén) to cheat ◆ **tricher au jeu** to cheat at gambling ◆ **tricher sur son âge** to lie about ou cheat over one's age ◆ **tricher sur les poids/la longueur** to cheat over on the weight/the length, to give short weight/short measure ◆ **tricher sur les prix** to cheat over the price, to overcharge ◆ **tricher en affaires/en amour** to cheat in business/in love ◆ **on a dû tricher un peu : un des murs est en contre-plaqué** we had to cheat a bit – one of the walls is plywood

tricherie /tʀiʃʀi/ SYN NF (= tromperie) cheating (NonC) ◆ **gagner par tricherie** to win by cheating ◆ **c'est une tricherie** ou **de la tricherie** it's cheating ou a cheat ◆ **on s'en tire avec une petite tricherie** (= astuce) we get round the problem by cheating a bit

tricheur, -euse /tʀiʃœʀ, øz/ SYN NM,F (gén) cheat; (en affaires) swindler, trickster, cheat

trichine /tʀikin/ NF trichina

trichiné, e /tʀikine/ ADJ trichinous

trichineux, -euse /tʀikinø, øz/ ADJ trichinous

trichinose /tʀikinoz/ NF trichinosis

trichite /tʀikit/ NF trichite

trichloréthylène /tʀiklɔʀetilɛn/ NM trichlorethylene, trichloroethylene

trichocéphale /tʀikɔsefal/ NM whipworm

trichoma /tʀikɔma/ NM plica

trichomonas /tʀikɔmɔnas/ NM trichomonad

trichophyton /tʀikɔfitɔ̃/ NM trichophyton

trichrome /tʀikʀom/ ADJ (Tech) three-colour (épith) (Brit), three-color (épith) (US), trichromatic

trichromie /tʀikʀɔmi/ NF (Tech) three-colour (Brit) ou three-color (US) process

trick /tʀik/ NM (Bridge) seventh trick

triclinique /tʀiklinik/ ADJ triclinic, anorthic

triclinium /tʀiklinjɔm/ NM triclinium

tricoises /tʀikwaz/ NFPL pincers

tricolore /tʀikɔlɔʀ/ ADJ (gén) three-coloured (Brit), three-colored (US), tricolour(ed) (frm) (Brit), tricolor(ed) (frm) (US); (= aux couleurs françaises) red, white and blue ◆ **le drapeau tricolore** the (French) tricolour ◆ **le chauvinisme tricolore** (fig) French ou Gallic chauvinism ◆ **l'équipe tricolore** *, **les tricolores** * (Sport) the French team

tricorne /tʀikɔʀn/ NM three-cornered hat, tricorn(e)

tricot /tʀiko/ SYN NM **1** (= vêtement) sweater, jersey, jumper (Brit) ◆ **tricot de corps** vest (Brit), undershirt (US) ◆ **emporte des tricots** take some woollens ou woollies* (Brit) with you
2 (= technique) knitting (NonC); (= ouvrage) (gén) knitting (NonC); (= articles tricotés) knitwear (NonC) ◆ **faire du tricot** to knit, to do some knitting ◆ **tricot jacquard** Jacquard knitwear ◆ **tricot plat** ordinary knitting, knitting on 2 needles ◆ **tricot rond** knitting on 4 needles; → **point²**
3 (= tissu) knitted fabric ◆ **en tricot** knitted ◆ **vêtements de tricot** knitwear

tricotage /tʀikɔtaʒ/ NM knitting

tricoter /tʀikɔte/ ► conjug 1 ◄
VT [+ vêtement, maille] to knit ◆ **écharpe tricotée (à la) main** hand-knit(ted) scarf
VI **1** (lit) to knit ◆ **tricoter serré/lâche** to be a tight/loose knitter ◆ **tricoter à la main** to knit by hand ◆ **tricoter à la machine** to machine-knit; → **aiguille, laine, machine**
2 (*fig) [cycliste] to pedal fast, to twiddle* (Brit); [danseur] to prance about ◆ **tricoter des jambes** [fugitif] to run like mad*; [danseur] to prance about; [bébé] to kick its legs

tricoteur, -euse /tʀikɔtœʀ, øz/
NM,F knitter ◆ **tricoteur de filets** netmaker
NF **tricoteuse** (= machine) knitting machine; (= meuble) tricoteuse

trictrac /tʀiktʀak/ NM (Hist) (= jeu) backgammon; (= partie) game of backgammon; (= plateau) backgammon board

tricuspide /tʀikyspid/ ADJ tricuspid

tricycle /tʀisikl/ NM [d'enfant] tricycle ◆ **faire du tricycle** to ride a tricycle ◆ **tricycle à moteur** motorized tricycle

tridacne /tʀidakn/ NM giant clam

tridactyle /tʀidaktil/ ADJ tridactyl, tridactylous

trident /tʀidɑ̃/ NM (Myth) trident; (Pêche) trident, fish-spear; (Agr) three-pronged fork

tridimensionnel, -elle /tʀidimɑ̃sjɔnɛl/ ADJ three-dimensional

trièdre /tʀi(j)ɛdʀ/
ADJ trihedral
NM trihedron

triennal, e (mpl **-aux**) /tʀijenal, o/ ADJ [prix, foire, élection] triennial, three-yearly; [charge, mandat, plan] three-year (épith); [magistrat, président] elected ou appointed for three years ◆ **assolement triennal** (Agr) three-year rotation of crops

trier /tʀije/ SYN ► conjug 7 ◄ VT **1** (= classer) (gén) to sort out; [+ lettres, fiches] to sort; [+ wagons] to marshal; [+ fruits] to sort; [+ lentilles] to grade
2 (= sélectionner) [+ grains, visiteurs] to sort out; [+ candidats] to select, to pick; [+ lentilles] to pick over; (en tamisant) to sift ◆ **triés sur le volet** (fig) hand-picked ◆ **il raconte un peu n'importe quoi, il faut trier** he talks a lot of nonsense sometimes, you have to decide what to listen to ◆ **mets ça sur la table, on va trier** (hum) say what you want to say and we'll decide

trière /tʀijɛʀ/ NF trireme

trieur, trieuse /tʀijœʀ, tʀijøz/
NM,F (= personne) sorter; (en calibrant) grader ◆ **trieur de minerai/de légumes** ore/vegetable grader
NM (= machine) sorter ◆ **trieur de grains** grain sorter ◆ **trieur-calibreur** [de fruits] sorter; [d'œufs] grader, grading machine
NF **trieuse** (= machine) sorter; [d'ordinateur, photocopieur] sorting machine

trifide /tʀifid/ ADJ trifid

trifolié, e /tʀifɔlje/ ADJ trifoliate, trifoliated

triforium /tʀifɔʀjɔm/ N triforium

trifouiller */tʀifuje/ ► conjug 1 ◄
VT to rummage about in, to root about in
VI to rummage about, to root about ◆ **il trifouillait dans le moteur** he was poking about* in the engine

trigémellaire /tʀiʒemelɛʀ/ ADJ ◆ **grossesse trigémellaire** triplet pregnancy

triglycéride /tʀigliseʀid/ NM triglyceride

triglyphe /tʀiglif/ NM triglyph

trigo */tʀigo/ NF (abrév de **trigonométrie**) trig*

trigone /tʀigɔn/
ADJ trigonal
NM triangle

trigonelle /tʀigɔnɛl/ NF Trigonella

trigonocéphale /tʀigɔnɔsefal/ NM type of pit viper, trigonocephalus (SPÉC)

trigonométrie /tʀigɔnɔmetʀi/ NF trigonometry

trigonométrique /tʀigɔnɔmetʀik/ ADJ trigonometric(al)

trijumeau (pl **trijumeaux**) /tʀiʒymo/ ADJ M, NM ◆ **(nerf) trijumeau** trigeminal ou trifacial nerve

trilatéral, e (mpl **-aux**) /tʀilateʀal, o/ ADJ
1 (Géom) trilateral, three-sided
2 (accords) tripartite ◆ **la (commission) trilatérale** the Trilateral Commission

trilingue /tʀilɛ̃g/ ADJ [dictionnaire, secrétaire] trilingual ◆ **il est trilingue** he's trilingual, he speaks three languages

trilitère /tʀilitɛʀ/ ADJ triliteral

trille /tʀij/ NM [d'oiseau, flûte] trill ◆ **faire des trilles** to trill

triller /tʀije/ ► conjug 1 ◄ VT, VI to trill

trillion /tʀiljɔ̃/ NM trillion

trilobé, e /tʀilɔbe/ ADJ [feuille] trilobate; [ogive] trefoil (épith)

trilobites /tʀilɔbit/ NMPL ◆ **les trilobites** trilobites, the Trilobita (SPÉC)

triloculaire /tʀilɔkylɛʀ/ ADJ trilocular

trilogie /tʀilɔʒi/ NF trilogy

trimaran /tʀimaʀɑ̃/ NM trimaran

trimard † */tʀimaʀ/ NM road ◆ **prendre le trimard** to take to ou set out on the road

trimarder † */tʀimaʀde/ ► conjug 1 ◄
VI (= vagabonder) to walk the roads, to be on the road
VT (= transporter) to lug* ou cart* along

trimardeur, -euse † * /tʀimaʀdœʀ, øz/ NM,F (= vagabond) tramp, hobo (US)

trimbal(l)age */tʀɛ̃balaʒ/, **trimbal(l)ement** * /tʀɛ̃balmɑ̃/ NM [de bagages, marchandises] carting ou lugging around*

trimbal(l)er /tʀɛ̃bale/ ▸ conjug 1 ◂

VT * [+ bagages, marchandises] to lug* ou cart* around; (péj) [+ personne] to trail along; [+ rhume] to carry around ◆ **ces enfants sont sans cesse trimballés du domicile de la mère à celui du père** these children are forever being dragged back and forth between their mother's home and their father's home ◆ **qu'est-ce qu'il trimballe !** (idiot) he's as dumb ou thick (Brit) as they come ◆ **qu'est-ce que je trimballe !** (rhume) I've got a bloody awful cold (Brit)

VPR se trimbaler, se trimballer to trail along ◆ **on a dû se trimbal(l)er en voiture jusque chez eux** we had to trail over to their place in the car ◆ **il a fallu que je me trimballe jusqu'à la gare avec mes valises** I had to trail all the way to the station with my suitcases

trimer * /tʀime/ ▸ conjug 1 ◂ VI to slave away ◆ **faire trimer qn** to keep sb's nose to the grindstone, to drive sb hard, to keep sb hard at it*

trimère /tʀimɛʀ/
ADJ trimeric
NM trimer

trimestre /tʀimɛstʀ/ NM **1** (= période) (gén, Comm) quarter; (Scol) term ◆ **premier/second/troisième trimestre** (Scol) autumn/winter/summer term ◆ **payer par trimestre** to pay quarterly
2 (= loyer) quarter, quarter's rent; (= frais de scolarité) term's fees; (= salaire) quarter's income

trimestriel, -elle /tʀimɛstʀijɛl/ ADJ [publication] quarterly; [paiement] three-monthly, quarterly; [fonction, charge] three-month (épith), for three months (attrib); (Scol) [bulletin, examen] end-of-term (épith), termly (épith)

trimestriellement /tʀimɛstʀijɛlmɑ̃/ ADV [payer] on a quarterly ou three-monthly basis, every quarter, every three months; [publier] quarterly; (Scol) once a term

trimètre /tʀimɛtʀ/ NM trimeter

trimmer /tʀimœʀ, tʀimɛʀ/ NM trimmer

trimoteur /tʀimɔtœʀ/ NM three-engined aircraft

trin /tʀɛ̃/, **trine** /tʀin/ ADJ (Rel, Astron) trine

tringle /tʀɛ̃gl/ NF **1** (= barre) rod ◆ **tringle à rideaux** curtain rod ou rail
2 (Archit = moulure) tenia

tringler /tʀɛ̃gle/ ▸ conjug 1 ◂ VT **1** (Tech) to mark with a line
2 (** : sexuellement) to lay*, to screw**, to fuck** ◆ **se faire tringler** to get laid*

trinidadien, -ienne /tʀinidadjɛ̃, jɛn/
ADJ Trinidadian
NM,F Trinidadien(ne) Trinidadian

trinitaire /tʀinitɛʀ/ ADJ, NMF (Rel) Trinitarian

trinité /tʀinite/ NF **1** (= triade) trinity ◆ **la Trinité** (= dogme) the Trinity; (= fête) Trinity Sunday ◆ **à la Trinité** on Trinity Sunday ◆ **la sainte Trinité** the Holy Trinity; → **Pâques**
2 (Géog) ◆ **Trinité-et-Tobago** Trinidad and Tobago ◆ **(l'île de) la Trinité** Trinidad

trinitrine /tʀinitʀin/ NF nitroglycerin(e), trinitroglycerin

trinitrobenzène /tʀinitʀɔbɛ̃zɛn/ NM trinitrobenzene

trinitrotoluène /tʀinitʀɔtɔlɥɛn/ NM trinitrotoluene

trinôme /tʀinom/ NM (Math) trinomial

trinquer /tʀɛ̃ke/ ▸ conjug 1 ◂ VI **1** (= porter un toast) to clink glasses; (boire) to drink ◆ **trinquer à qch** to drink to sth ◆ **trinquer à la santé de qn** to drink sb's health
2 (* = être puni) to take the rap* ◆ **il a trinqué pour les autres** he took the rap for the others*
3 (= être endommagé) to be damaged ◆ **c'est l'aile qui a trinqué** the wing got the worst of the damage
4 († * = trop boire) to booze*
5 († = se heurter) to knock ou bump into one another

trinquet /tʀɛ̃kɛ/ NM (Naut = mât) foremast

trinquette /tʀɛ̃kɛt/ NF (Naut = voile) fore(-topmast) staysail

trio /tʀijo/ NM (Mus) trio; (= groupe) threesome, trio ◆ **trio urbain** (Courses) system of betting on three horses in any order

triode /tʀijɔd/ NF triode

triolet /tʀijɔlɛ/ NM (Mus) triplet; (Hist Littérat) triolet

triomphal, e (mpl -aux) /tʀijɔ̃fal, o/ SYN ADJ [marche] triumphal; [succès] triumphant, resounding; [entrée, accueil, geste, air, élection] triumphant; (Hist romaine) triumphal ◆ **ce chanteur a fait un retour triomphal en France** this singer has made a triumphant comeback in France

triomphalement /tʀijɔ̃falmɑ̃/ ADV [accueillir, saluer] in triumph; [annoncer] triumphantly ◆ **le président a été réélu triomphalement** the president was triumphantly re-elected

triomphalisme /tʀijɔ̃falism/ NM triumphalism ◆ **ne faisons pas de triomphalisme** let's not gloat

triomphaliste /tʀijɔ̃falist/ ADJ [discours, slogan] triumphalist ◆ **sur un ton triomphaliste** gloatingly, exultantly

triomphant, e /tʀijɔ̃fɑ̃, ɑ̃t/ SYN ADJ triumphant ◆ **l'Église triomphante** the Church triumphant

triomphateur, -trice /tʀijɔ̃fatœʀ, tʀis/
ADJ [parti, nation] triumphant
NM,F (= vainqueur) triumphant victor
NM (Hist romaine) triumphant general

triomphe /tʀijɔ̃f/ SYN NM **1** (Mil, Pol, Sport, gén) triumph ◆ **cet acquittement représente le triomphe de la justice/du bon sens** this acquittal represents the triumph of ou is a triumph for justice/common sense
2 (Hist romaine, gén = honneurs) triumph ◆ **en triomphe** in triumph ◆ **porter qn en triomphe** to bear ou carry sb in triumph, to carry sb shoulder-high (in triumph); → **arc**
3 (= exultation) triumph ◆ **air/cri de triomphe** air/cry of triumph, triumphant air/cry
4 (= succès) triumph ◆ **cette pièce/cet artiste a remporté** ou **fait un triomphe** this play/this artist has been ou had a triumphant success ◆ **ce film/livre est un vrai triomphe** this film/book is a triumphant success ◆ **j'ai le triomphe modeste** I'm not one to boast ◆ **le public lui a fait un triomphe** the audience gave him an ovation

triompher /tʀijɔ̃fe/ SYN ▸ conjug 1 ◂
VI 1 (militairement) to triumph; (aux élections, en sport, gén) to triumph, to win; [cause, raison] to prevail, to be triumphant ◆ **faire triompher une cause** to give ou give victory to a cause ◆ **ses idées ont fini par triompher** his ideas eventually prevailed ou won the day; → **vaincre**
2 (= crier victoire) to exult, to rejoice
3 (= exceller) to triumph, to excel ◆ **triompher dans un rôle** [acteur] to give a triumphant performance in a role

VT INDIR triompher de [+ ennemi] to triumph over, to vanquish; [+ concurrent, rival] to triumph over, to overcome; [+ obstacle, difficulté] to triumph over, to surmount, to overcome; [+ peur, timidité] to conquer, to overcome

trip * /tʀip/ NM (arg Drogue) trip (arg) ◆ **il est en plein trip, il fait un trip** he's tripping ◆ **c'est pas mon trip** (fig) it's not my thing* ou my scene* ◆ **elle est dans son trip végétarien** she's going through a vegetarian phase at the moment

tripaille /tʀipaj/ NF (péj) guts*, innards

tripal, e 1 * (mpl -aux) /tʀipal/ ADJ **réaction tripale** gut reaction ◆ **c'est tripal** it's a gut feeling

tripale 2 /tʀipal/ ADJ [hélice] three-bladed

triparti, e /tʀipaʀti/ ADJ (= à trois éléments) tripartite; (Pol = à trois partis) three-party (épith)

tripartisme /tʀipaʀtism/ NM three-party government

tripartite /tʀipaʀtit/ ADJ ⇒ triparti

tripartition /tʀipaʀtisjɔ̃/ NF tripartition

tripatouillage * /tʀipatuja3/ NM (péj) **1** (= remaniement) [de texte] fiddling about* (de with); [de comptes, résultats électoraux] fiddling* (de with); [statistiques] fiddling, juggling (de with)
2 (= opération malhonnête) fiddle ◆ **tripatouillage électoral** election rigging

tripatouiller * /tʀipatuje/ SYN ▸ conjug 1 ◂ VT (péj)
1 (= remanier) [+ texte] to fiddle about with*; [+ comptes, résultats électoraux] to fiddle*, to tamper with; [+ statistiques] to fiddle with*, to massage*
2 (= tripoter) [+ objet] to fiddle ou mess about with*, to toy with; [+ moteur, moto, machine] to tinker with*; [+ personne] to paw*

tripatouilleur, -euse * /tʀipatujœʀ, øz/ NM,F (péj) (= touche-à-tout) fiddler*; (= affairiste) grafter* (péj)

tripe /tʀip/
NFPL tripes 1 (Culin) tripe ◆ **tripes à la mode de Caen/à la lyonnaise** tripe à la mode de Caen/à la Lyonnaise
2 (* = intestins) guts* ◆ **rendre tripes et boyaux** to be as sick as a dog* ◆ **il joue avec ses tripes** [comédien] he puts his heart and soul into it ◆ **ça vous prend aux tripes** it gets you right there* ◆ **c'est un spectacle qui vous remue les tripes** it's a gut-wrenching performance ◆ **il n'a vraiment pas de tripes** (= courage) he's got no guts*
NF (* = fibre) ◆ **avoir la tripe républicaine/royaliste** to be a republican/a royalist through and through ou to the core

triper * /tʀipe/ ▸ conjug 1 ◂ VI (Drogue) to trip ◆ **ça/elle me fait triper** it/she blows my mind*

triperie /tʀipʀi/ NF (= boutique) tripe shop; (= commerce) tripe trade

tripette * /tʀipɛt/ NF → **valoir**

triphasé, e /tʀifaze/
ADJ three-phase
NM three-phase current

triphénylméthane /tʀifenilmetan/ NM triphenylmethane

triphtongue /tʀiftɔ̃g/ NF triphthong

tripier, -ière /tʀipje, jɛʀ/ NM,F tripe butcher

triplace /tʀiplas/ ADJ, NM three-seater

triplan /tʀiplɑ̃/ NM triplane

triple /tʀipl/
ADJ 1 (= à trois éléments ou aspects) triple; (= trois fois plus grand) treble, triple ◆ **le prix est triple de ce qu'il était** the price is three times ou treble what it was, the price has trebled ◆ **faire qch en triple exemplaire** to make three copies of sth, to do sth in triplicate ◆ **ce livre, je l'ai en triple** I've got three copies of this book ◆ **il faut que l'épaisseur soit triple** three thicknesses are needed, a treble thickness is needed ◆ **avec triple couture** triple stitched ◆ **avec triple semelle** with a three-layer sole ◆ **l'inconvénient est triple, il y a un triple inconvénient** there are three disadvantages, the disadvantages are threefold ◆ **naissance triple** birth of triplets ◆ **prendre une triple dose** to take three times the dose, to take a triple dose (de of)
2 (intensif) ◆ **c'est un triple idiot** he's a prize idiot ◆ **triple idiot !** you stupid idiot! ou fool!
NM ◆ **9 est le triple de 3** 9 is three times 3 ◆ **manger/gagner le triple (de qn)** to eat/earn three times as much (as sb ou as sb does) ◆ **celui-ci pèse le triple de l'autre** this one weighs three times as much as the other ou is three times ou treble the weight of the other ◆ **c'est le triple du prix normal/de la distance Paris-Londres** it's three times ou treble the normal price/the distance between Paris and London ◆ **on a mis le triple de temps à le faire** it took three times as long ou treble the time to do it
COMP la Triple Alliance the Triple Alliance
triple saut triple jump
triple saut périlleux triple somersault; → **croche, entente, galop, menton**

triplé, e /tʀiple/ (ptp de **tripler**)
NM 1 (Courses) [de chevaux] treble (betting on three different horses in three different races)
2 (Sport) [d'athlète] triple success; (Football) hat trick ◆ **il a réussi un beau triplé** [athlète] he came first in three events; [footballeur] he scored a hat trick ◆ **réussir le triplé dans le 4 000 mètres** [équipe] to win the first three places ou come 1st, 2nd and 3rd in the 4,000 metres
NMPL triplés (= bébés) triplets; (= garçons) boy triplets
NFPL triplées (= bébés) girl triplets

triplement /tʀipləmɑ̃/
ADV 1 (= pour trois raisons) in three ways
2 (= à un degré triple) trebly, three times over
NM [de prix, bénéfices, nombre] trebling, tripling, threefold increase (de in) ◆ **cette politique s'est traduite par un triplement de l'endettement public** this policy has caused national debt to treble ou triple, this policy has brought about a threefold increase in the national debt

tripler /tʀiple/ ▸ conjug 1 ◂
VT (gén) to treble, to triple; (Scol, Univ) [+ classe] to do for the third time ◆ **il tripla la dose** he made the dose three times as big, he tripled ou trebled the dose ◆ **tripler la longueur/l'épais-**

seur de qch to treble *ou* triple the length/the thickness of sth, to make sth three times as long/thick ◆ **tripler sa mise** to treble one's stake

■ VI to triple, to treble, to increase threefold ◆ **tripler de valeur/de poids/de volume** to treble in value/in weight/in volume ◆ **le chiffre d'affaires a triplé en un an** turnover has tripled *ou* trebled in a year ◆ **la population de la ville a triplé depuis la guerre** the town's population has tripled *ou* trebled since the war, there has been a threefold increase in the town's population since the war

triplet /triplɛ/ NM *(Math)* triplet; *(Opt)* triple lens

triplette /triplɛt/ NF *(Boules)* threesome

Triplex ® /triplɛks/ NM *(= verre)* laminated safety glass, Triplex ® *(Brit)*

triplex /triplɛks/ NM *(= appartement)* three-storey apartment *ou* flat *(Brit)*, triplex *(US)*

triplicata /triplikata/ NM triplicate

triploïde /triplɔid/ ADJ triploid

triploïdie /triplɔidi/ NF triploidy

triplure /triplyr/ NF buckram

tripode /tripɔd/
■ ADJ tripodal ◆ **mât tripode** tripod (mast)
■ NM tripod

Tripoli /tripɔli/ N Tripoli

tripoli /tripɔli/ NM *(Géol)* tripoli

triporteur /tripɔrtœr/ NM delivery tricycle

tripot /tripo/ NM *(péj)* dive*, joint*

tripotage* /tripɔtaʒ/ SYN NM *(péj)* ① *(= attouchements)* [de personne, partie du corps] groping*, feeling up*
② *(= manigances)* jiggery-pokery* *(NonC)* ◆ **tripotages électoraux** election rigging

tripotée* /tripɔte/ NF ① *(= correction)* belting*, hiding*, thrashing
② *(= grand nombre)* ◆ **une tripotée de...** loads* of..., lots of... ◆ **avoir toute une tripotée d'enfants** to have a whole string of children*

tripoter* /tripɔte/ SYN ▸ conjug 1 ◂ *(péj)*
■ VT ① [+ objet, fruit] to fiddle with, to finger; *(machinalement)* [+ montre, stylo, bouton] to fiddle with, to play with, to toy with ◆ **se tripoter le nez/la barbe** to fiddle with one's nose/one's beard ◆ **elle tripotait nerveusement ses bagues** she was playing with *ou* fiddling with her rings nervously
② [+ personne, partie du corps] to grope*, to feel up* ◆ **se faire tripoter** to be groped*, to be felt up* ◆ **se tripoter** to play with o.s.
■ VI ① *(= fouiller)* to root about, to rummage about ◆ **tripoter dans les affaires de qn/dans un tiroir** to root about *ou* rummage about in sb's things/in a drawer
② *(= trafiquer)* to be involved in some shady business

tripoteur, -euse /tripɔtœr, øz/ NM,F *(péj)* *(= affairiste)* shark*, shady dealer*; *(= peloteur)* groper*

tripous, tripoux /tripu/ NMPL dish *(from Auvergne)* made of sheep's offal

triptyque /triptik/ NM ① *(Art, Littérat)* triptych
② *(Admin = classement)* triptyque

triquard /trikar/ NM → **tricard**

trique /trik/ SYN NF cudgel ◆ **il les mène à la trique** *(fig)* he's a real slave driver ◆ **donner des coups de trique à** to cudgel, to thrash ◆ **maigre** *ou* **sec comme un coup de trique** as skinny as a rake ◆ **avoir la trique** ** to have a hard-on**

trique-madame /trikmadam/ NF INV white stonecrop

trirectangle /trirɛktɑ̃gl/ ADJ trirectangular

trirème /trirɛm/ NF trireme

trisaïeul (pl **trisaïeuls**) /trizajœl, ø/ NM great-great-grandfather

trisaïeule /trizajœl/ NF great-great-grandmother

trisannuel, -elle /trizanɥɛl/ ADJ [fête, plante] triennial

trisecteur, -trice /trisɛktœr, tris/ ADJ trisecting *(épith)*

trisection /trisɛksjɔ̃/ NF *(Géom)* trisection

triskèle /triskɛl/ NM triskelion, triskele

trismus /trismys/ NM lockjaw, trismus *(SPÉC)*

trisomie /trizɔmi/ NF trisomy ◆ **trisomie 21** Down's syndrome, trisomy 21

trisomique /trizɔmik/
■ ADJ trisomic
■ NMF trisome ◆ **trisomique 21** person with Down's syndrome

trisser (se)¹ */trise/ ▸ conjug 1 ◂ VPR *(= partir)* to clear off*, to skedaddle*

trisser² /trise/ ▸ conjug 1 ◂ VT [+ artiste] to ask for a second encore from

trissyllabe /trisi(l)lab/ ADJ, NM ⇒ **trisyllabe**

trissyllabique /trisi(l)labik/ ADJ ⇒ **trisyllabique**

Tristan /tristɑ̃/ NM Tristan, Tristram ◆ **Tristan et Iseu(l)t** Tristan and Isolde

triste /trist/ SYN ADJ ① *(= malheureux, affligé)* [personne] sad, unhappy; [regard, sourire] sad, sorrowful ◆ **d'un air triste** sadly, with a sad look ◆ **d'une voix triste** sadly, in a sad *ou* sorrowful voice ◆ **un enfant à l'air triste** a sad-looking *ou* an unhappy-looking child ◆ **les animaux en cage ont l'air triste** caged animals look sad *ou* miserable ◆ **être triste à l'idée** *ou* **à la pensée de partir** to be sad at the idea *ou* thought of leaving ◆ **elle était triste de voir partir ses enfants** she was sad to see her children go
② *(= sombre, maussade)* [personne] sad, gloomy; [pensée] sad, depressing; [couleur, temps, journée] dreary, depressing; [paysage] bleak, dreary ◆ **il aime les chansons tristes** he likes sad *ou* melancholy songs ◆ **triste à pleurer** terribly sad ◆ **triste à mourir** [personne, ambiance, musique] utterly depressing ◆ **il est triste comme un bonnet de nuit** he's as miserable as sin ◆ **son père est un homme triste** his father is a rather joyless man ◆ **avoir** *ou* **faire triste mine** *ou* **figure** to cut a sorry figure, to look a sorry sight ◆ **faire triste mine** *ou* **figure à qn** to give sb a cool reception, to greet sb unenthusiastically; → **vin**
③ *(= attristant, pénible)* [nouvelle, épreuve, destin] sad ◆ **depuis ces tristes événements** since these sad events took place ◆ **c'est une triste nécessité** it's a painful necessity, it's sadly necessary ◆ **c'est la triste réalité** that's the grim *ou* sad reality ◆ **il se lamente toujours sur son triste sort** he's always bewailing his unhappy *ou* sad fate ◆ **ce furent des mois bien tristes** these were very sad *ou* unhappy months ◆ **ce pays détient le triste record de l'alcoolisme** this country holds the unenviable record for having the highest rate of alcoholism ◆ **il aura le triste privilège d'annoncer...** he'll have the dubious privilege of announcing... ◆ **c'est triste à dire mais...** it's sad to say but... ◆ **triste chose que...** it is sad that... ◆ **depuis son accident, il est dans un triste état** (ever) since his accident he has been in a sad *ou* sorry state ◆ **c'est pas triste !*** *(= c'est amusant)* it's a laugh a minute!*; *(= c'est difficile)* it's really tough!*, it's no joke!*; *(= c'est la pagaille)* it's a real mess!; → **abandonner**
④ *(avant n : péj = lamentable)* ◆ **quelle triste époque !** what sad times we live in! ◆ **une triste réputation/affaire** a sorry reputation/business ◆ **un triste sire** *ou* **personnage** an unsavoury *ou* dreadful individual ◆ **ses tristes résultats à l'examen** his wretched *ou* deplorable exam results

tristement /tristəmɑ̃/ ADV ① *(= d'un air triste)* sadly, sorrowfully
② *(= de façon lugubre)* sadly, gloomily, glumly
③ *(valeur intensive, péjorative)* sadly, regrettably ◆ **tristement célèbre** notorious *(pour for)* ◆ **c'est tristement vrai** it's sad but true

tristesse /tristɛs/ GRAMMAIRE ACTIVE 24.4 SYN NF
① *(= caractère, état)* [de personne, pensée] sadness, gloominess; [de couleur, temps, journée] dreariness; [de paysage] sadness, bleakness, dreariness ◆ **il sourit toujours avec une certaine tristesse** there is always a certain sadness in his smile ◆ **enclin à la tristesse** given to melancholy, inclined to be gloomy *ou* sad
② *(= chagrin)* sadness *(NonC)*, sorrow ◆ **avoir un accès de tristesse** to be overcome by sadness ◆ **les tristesses de la vie** life's sorrows, the sorrows of life ◆ **c'est avec une grande tristesse que nous apprenons son décès** it is with deep sadness *ou* sorrow that we have learned of his death

tristounet, -ette* /tristunɛ, ɛt/ ADJ [temps, nouvelles] gloomy, depressing ◆ **il avait l'air tristounet** he looked a bit down in the mouth* *ou* down in the dumps*

trisyllabe /trisi(l)lab/
■ ADJ trisyllabic
■ NM trisyllable

trisyllabique /trisi(l)labik/ ADJ trisyllabic

trithérapie /triterapi/ NF triple *ou* combination therapy

triticale /tritikal/ NM triticale

tritium /tritjɔm/ NM tritium

Triton /tritɔ̃/ NM *(Myth)* Triton

triton¹ /tritɔ̃/ NM *(= mollusque)* triton; *(= amphibien)* newt

triton² /tritɔ̃/ NM *(Mus)* tritone, augmented fourth

triton³ /tritɔ̃/ NM *(Chim)* triton

triturateur /trityratœr/ NM *(= appareil)* grinder

trituration /trityrasjɔ̃/ NF ① *(= broyage)* grinding up, trituration *(SPÉC)* ◆ **bois de trituration** wood pulp
② [de pâte] pummelling, kneading
③ *(= manipulation)* manipulation

triturer /trityre/ SYN ▸ conjug 1 ◂ VT ① *(= broyer)* [+ sel, médicament, fibres] to grind up, to triturate *(SPÉC)*
② *(= malaxer)* [+ pâte] to pummel, to knead ◆ **ce masseur vous triture les chairs** this masseur really pummels you
③ *(= manipuler)* [+ objet] to fiddle with ◆ **elle triturait nerveusement son mouchoir** she was twisting her handkerchief nervously ◆ **se triturer la cervelle** *ou* **les méninges** to rack *ou* cudgel one's brains*

triumvir /triɔmvir/ NM triumvir

triumviral, e (mpl **-aux**) /triɔmviral, o/ ADJ triumviral

triumvirat /triɔmvira/ NM triumvirate

trivalence /trivalɑ̃s/ NF trivalence, trivalency

trivalent, e /trivalɑ̃, ɑ̃t/ ADJ trivalent

trivalve /trivalv/ ADJ trivalve

trivial, e (mpl **-iaux**) /trivjal, jo/ SYN
■ ADJ ① *(= commun)* [objet, acte, détail, matière] ordinary ◆ **la réalité triviale** the mundane reality ◆ **la communication triviale** everyday communication ◆ **s'il faut entrer dans les considérations triviales** if we want to get down to the nitty gritty*, if we want to get down to brass tacks
② *(frm)* *(= vulgaire)* [expression] colloquial ◆ **selon une expression triviale** to use a colloquial expression ◆ **l'image est odieusement triviale** the image is terribly undignified
③ *(Math)* trivial
■ NM ◆ **le trivial** the ordinary; *(plus péjoratif)* the mundane

⚠ **trivial** se traduit rarement par le mot anglais **trivial**, qui a le sens de 'insignifiant'.

trivialement /trivjalmɑ̃/ ADV ① *(= banalement)* ◆ **la matière sous sa forme la plus trivialement physiologique** matter at the most basically physiological level ◆ **il pense que se préoccuper trivialement des maux de la société française n'est pas de son niveau** he thinks the banal task of concerning himself with the ills of French society is beneath him
② *(= vulgairement)* [appeler, dire] colloquially ◆ **..., comme on l'appelle trivialement** ..., as it is called colloquially

trivialité /trivjalite/ SYN NF ① *(= banalité)* [d'objet, acte, détail, quotidien] ordinariness
② *(= vulgarité)* coarseness, crudeness
③ *(= remarque vulgaire)* coarse *ou* crude remark; *(= remarque banale)* commonplace *ou* trite remark

trivium /trivjɔm/ NM trivium

troc /trɔk/ NM *(= échange)* exchange; *(= système)* barter ◆ **l'économie de troc** the barter economy ◆ **faire du troc** to barter ◆ **on a fait un troc** we did a swap ◆ **le troc de qch contre qch d'autre** bartering *ou* exchanging *ou* swapping sth for sth else

trocart /trɔkar/ NM trocar

trochaïque /trɔkaik/ ADJ trochaic

trochanter /trɔkɑ̃tɛr/ NM trochanter

troche /trɔʃ/ NF top shell

trochée /trɔʃe/ NM trochee

trochile /trɔkil/ NM hummingbird, trochilus *(SPÉC)*

trochilidés /trɔkilide/ NMPL ◆ **les trochilidés** hummingbirds, the Trochilidae *(SPÉC)*

trochin /trɔʃɛ̃/ NM lesser tuberosity of the humerus

trochiter /tʀɔkitɛʀ/ NM greater tuberosity of the humerus

trochlée /tʀɔkle/ NF trochlea

trochléen, -enne /tʀɔkleɛ̃, ɛn/ ADJ trochlear

troène /tʀɔɛn/ NM privet

troglodyte /tʀɔglɔdit/ NM [1] (Ethnol) cave dweller; (fig) troglodyte
[2] (= oiseau) wren

troglodytique /tʀɔglɔditik/ ADJ (Ethnol) troglodytic (SPÉC), cave-dwelling (épith) ◆ **habitation troglodytique** cave dwelling, cave-dweller's settlement

trogne✲ /tʀɔɲ/ NF (= visage) mug✲, face

trognon /tʀɔɲɔ̃/
NM [de fruit] core; [de chou] stalk ◆ **trognon de pomme** apple core ◆ **se faire avoir jusqu'au trognon**✲ to be well and truly had✲ ◆ **mon petit trognon**✲ sweetie pie✲
ADJ INV (✲ = mignon) [enfant, objet, vêtement] cute✲, lovely

Troie /tʀwa/ N Troy ◆ **la guerre/le cheval de Troie** the Trojan War/Horse

troïka /tʀɔika/ NF (gén, Pol) troika

trois /tʀwa/
ADJ INV [1] (= nombre) three; (= troisième) third ◆ **volume/acte trois** volume/act three ◆ **le trois (janvier)** the third (of January) ◆ **Henri III** Henry the Third ◆ « **Les Trois Mousquetaires** » (Littérat) "The Three Musketeers"; pour autres loc voir **six** et **fois**
[2] (= quelques) ◆ **je pars dans trois minutes** I'm off in a couple ou a few minutes ◆ **il n'a pas dit trois mots** he hardly opened his mouth ou said a word; → **cuiller, deux**
NM INV three; (= troisième) third; (Cartes, Dés) three ◆ **c'est trois fois rien** [égratignure, cadeau] it's nothing at all, it's hardly anything ◆ **ça coûte trois fois rien** it costs next to nothing ◆ **et de trois !** that makes three! ; pour autres loc voir **six**
COMP **les trois coups** (Théât) the three knocks (announcing beginning of play)
les trois ordres (Hist) the three estates
trois quarts three-quarters ◆ **portrait de trois quarts** three-quarter(s) portrait ◆ **j'ai fait les trois quarts du travail** I've done three-quarters of the work ◆ **les trois quarts des gens l'ignorent** the great majority of people ou most people don't know this ◆ **aux trois quarts détruit** almost totally destroyed; → **trois-quarts, dimension, étoile, glorieux, grâce, temps¹**

trois-deux /tʀwadø/ NM INV (Mus) three-two time

trois-huit /tʀwaɥit/ NM INV [1] (Mus) three-eight (time)
[2] ◆ **faire les trois-huit** (au travail) to operate three eight-hour shifts, to operate round the clock in eight-hour shifts

troisième /tʀwazjɛm/
ADJ, NMF third ◆ **le troisième sexe** the third sex ◆ **le troisième âge** (= période) retirement (years); (= groupe social) senior citizens ◆ **personne du troisième âge** senior citizen ◆ **troisième cycle d'université** graduate school ◆ **étudiant de troisième cycle** graduate ou post-graduate (Brit) student ◆ **être** ou **faire le troisième larron dans une affaire** to take advantage of the other two quarrelling over something ; pour autres loc voir **sixième**
NF [1] (Scol) ◆ **(classe de) troisième** fourth form ou year (Brit), 8th grade (US)
[2] (= vitesse) third (gear) ◆ **en troisième** in third (gear)

troisièmement /tʀwazjɛmmɑ̃/ GRAMMAIRE ACTIVE 26.5 ADV third(ly), in the third place

trois-mâts /tʀwama/ NM INV (= bateau) three-master

trois-pièces /tʀwapjɛs/ NM INV (= complet) three-piece suit; (= appartement) three-room flat (Brit) ou apartment (surtout US)

trois-points /tʀwapwɛ̃/ ADJ → **frère**

trois-portes /tʀwapɔʀt/ NF INV (= voiture) two-door hatchback

trois-quarts /tʀwakaʀ/ NM INV [1] (= manteau) three-quarter (length) coat
[2] (Rugby) three-quarter ◆ **il joue trois-quarts aile** he plays wing three-quarter ◆ **trois-quarts centre** centre three-quarter ◆ **la ligne des trois-quarts** the three-quarter line
[3] (= violon) three-quarter violin

trois-quatre /tʀwakatʀ/ NM INV (Mus) three-four time

troll /tʀɔl/ NM troll

trolley /tʀɔlɛ/ NM (= dispositif) trolley(-wheel); (✲ = bus) trolley bus

trolleybus /tʀɔlɛbys/ NM trolley bus

trombe /tʀɔ̃b/ SYN NF [1] (Météo) waterspout ◆ **une trombe d'eau, des trombes d'eau** (= pluie) a cloudburst, a downpour ◆ **des trombes de lave/débris** streams ou torrents of lava/debris
[2] ◆ **entrer/sortir/passer en trombe** to sweep in/out/by like a whirlwind ◆ **démarrer en trombe** [voiture] to take off at top speed, to roar off; (fig) to get off to a flying start

trombidion /tʀɔ̃bidjɔ̃/ NM chigger, trombidium (SPÉC)

trombidiose /tʀɔ̃bidjoz/ NF trombidiasis

trombine✲ /tʀɔ̃bin/ NF (= visage) face, mug✲ (péj); (= tête) nut✲

trombinoscope ✲ /tʀɔ̃binɔskɔp/ NM [1] (= photographie collective) group photo
[2] (= annuaire de l'Assemblée nationale) register, with photographs, of French deputies, ≃ rogues' gallery✲ of MPs (Brit) ou representatives (US)

tromblon /tʀɔ̃blɔ̃/ NM [1] (Mil Hist) blunderbuss; [de fusil lance-roquettes] grenade launcher
[2] (✲ = chapeau) hat

trombone /tʀɔ̃bɔn/ NM [1] (Mus) (= instrument) trombone; (= tromboniste) trombonist, trombone (player) ◆ **trombone à coulisse/à pistons** slide/valve trombone ◆ **trombone basse** bass trombone
[2] (= agrafe) paper clip

tromboniste /tʀɔ̃bɔnist/ NMF trombonist, trombone (player)

trommel /tʀɔmel/ NM trommel

trompe /tʀɔ̃p/
NF [1] (Mus) trumpet, horn; († = avertisseur, sirène) horn ◆ **trompe de chasse** hunting horn ◆ **trompe de brume** fog horn; → **son²**
[2] [d'éléphant] trunk; proboscis (SPÉC); [d'insecte] proboscis; [de tapir] snout, proboscis (SPÉC); (✲ = nez) proboscis (hum), snout✲
[3] (Tech) ◆ **trompe à eau/mercure** water/mercury pump
[4] (Archit) squinch
COMP **trompe d'Eustache** Eustachian tube
trompe de Fallope ou **utérine** Fallopian tube

trompe-la-mort /tʀɔ̃plamɔʀ/ NMF INV death-dodger

trompe-l'œil /tʀɔ̃plœj/ NM INV [1] (Art) trompe-l'œil ◆ **peinture en trompe-l'œil** trompe-l'œil painting ◆ **décor en trompe-l'œil** decor done in trompe-l'œil ◆ **peint en trompe-l'œil sur un mur** painted in trompe-l'œil on a wall
[2] (= esbroufe) eyewash (Brit) ✲, hogwash (US) ◆ **c'est du trompe-l'œil** it's all eyewash (Brit) ou hogwash (US)

tromper /tʀɔ̃pe/ GRAMMAIRE ACTIVE 12.1, 18.2 SYN
▶ conjug 1 ◀
VT [1] (= duper) to deceive, to trick, to fool; (= être infidèle à) [+ époux] to be unfaithful to, to deceive, to cheat on✲ ◆ **tromper qn sur qch** to deceive ou mislead sb about ou over sth ◆ **on m'a trompé sur la marchandise** I was misled ◆ **tromper sa femme** to cheat on✲ one's wife, to be unfaithful ◆ **elle trompait son mari avec le patron** she was having an affair with her boss behind her husband's back ◆ **une femme trompée** a woman who has been deceived ◆ **cela ne trompe personne** that doesn't fool anybody ◆ **il trompe son monde** he's fooling everybody around him
[2] (= induire en erreur par accident) [personne] to mislead; [symptômes] to mislead ◆ **les apparences trompent** appearances are deceptive ou misleading ◆ **c'est ce qui vous trompe** that's where you're mistaken ou wrong ◆ **c'est un signe qui ne trompe pas** it's a clear ou an unmistakable sign
[3] (= déjouer) [+ poursuivants] [personne] to elude, to escape from, to outwit; [manœuvre] to fool, to trick ◆ **tromper la vigilance** ou **surveillance de qn** (pour entrer ou sortir) to slip past sb's guard ◆ **il a trompé le gardien de but** ou **la vigilance du gardien de but** he managed to slip the ball past the goalkeeper
[4] (= décevoir) ◆ **tromper l'attente/l'espoir de qn** to fall short of ou fail to come up to sb's expectations/one's hopes ◆ **être trompé dans son attente/ses espoirs** to be disappointed in one's expectations/one's hopes ◆ **tromper la faim/la soif** to stave off one's hunger/thirst ◆ **pour tromper le temps** to kill time, to pass the time ◆ **pour tromper l'ennui** ou **son ennui** to keep boredom at bay ◆ **pour tromper leur longue attente** to while away their long wait
VPR **se tromper** (= faire erreur) to make a mistake, to be mistaken ◆ **se tromper de 5 €** **dans un calcul** to be €5 out (Brit) ou off (US) in one's calculations ◆ **tout le monde peut se tromper** anybody can make a mistake ◆ **se tromper sur les intentions de qn** to be mistaken about sb's intentions, to misjudge ou mistake sb's intentions ◆ **on pourrait s'y tromper, c'est à s'y tromper** you'd hardly know the difference ◆ **ne vous y trompez pas, il arrivera à ses fins** make no mistake, he'll get what he wants ◆ **si je ne me trompe** if I'm not mistaken, unless I'm very much mistaken
◆ **se tromper de** (= confondre) ◆ **se tromper de route/chapeau** to take the wrong road/hat ◆ **se tromper d'adresse** (lit) to get the wrong address ◆ **tu te trompes d'adresse** ou **de porte** (fig) you've come to the wrong place, you've got the wrong person ◆ **se tromper de jour/date** to get the day/date wrong ◆ **vous devez vous tromper de personne, je ne m'appelle pas Jean** you've got the wrong person ou you must be mistaken, I'm not called Jean

tromperie /tʀɔ̃pʀi/ SYN NF [1] (= duperie) deception, deceit, trickery (NonC) ◆ **il y a eu tromperie sur la marchandise** the goods are not what they were described to be
[2] (littér = illusion) illusion

trompeter /tʀɔ̃pete/ ▶ conjug 4 ◀ VT (péj) [+ nouvelle] to trumpet abroad, to shout from the housetops

trompette /tʀɔ̃pɛt/
NF [1] (Mus) trumpet ◆ **trompette de cavalerie** bugle ◆ **trompette d'harmonie/à pistons/chromatique/naturelle** orchestral/valve/chromatic/natural trumpet ◆ **trompette basse/bouchée** bass/muted trumpet ◆ **la trompette du Jugement (dernier)** (Bible) the last Trump ◆ **la trompette de la Renommée** (littér) the Trumpet of Fame ◆ **avoir la queue en trompette** to have a turned-up tail; → **nez, tambour**
[2] (= coquillage) trumpet shell
NM (= trompettiste) trumpeter, trumpet (player); (Mil) bugler

trompette-de-la-mort /tʀɔ̃pɛtdəlamɔʀ/ (pl **trompettes-de-la-mort**) NF (= champignon) horn of plenty

trompettiste /tʀɔ̃petist/ NMF trumpet player, trumpeter

trompeur, -euse /tʀɔ̃pœʀ, øz/ SYN
ADJ [1] (= hypocrite) [personne, paroles, discours] deceitful
[2] (= fallacieux) [distance, profondeur, virage] deceptive ◆ **les apparences sont trompeuses** appearances are deceptive ou misleading
NM,F deceiver ◆ **à trompeur, trompeur et demi** (Prov) every rogue has his match

trompeusement /tʀɔ̃pøzmɑ̃/ ADV (= hypocritement) deceitfully; (= faussement) deceptively

tronc /tʀɔ̃/ SYN
NM [1] [d'arbre] trunk; [de colonne] shaft, trunk; (Géom) [de cône, pyramide] frustum; (Anat) [de nerf, vaisseau] trunk, mainstem ◆ **tronc d'arbre** tree trunk ◆ **tronc de cône/pyramide** truncated cone/pyramid
[2] (Anat = thorax et abdomen) trunk; [de cadavre mutilé] torso
[3] (= boîte) (collection) box ◆ **le tronc des pauvres** the poor box
COMP **tronc commun** (Scol) common-core syllabus

troncation /tʀɔ̃kasjɔ̃/ NF (Ling) truncating; (Ordin) truncation ◆ **recherche par troncation à droite/gauche** search by truncating a word on the right/left

troncature /tʀɔ̃katyʀ/ NF (Minér) truncation

tronche✲ /tʀɔ̃ʃ/ NF (= visage) mug✲; (= tête) nut✲, noggin✲ (US) ◆ **faire** ou **tirer la tronche** (ponctuellement) to make a face; (durablement) to sulk ◆ **il a une sale tronche** he's got a nasty face, he's a nasty-looking customer✲ ◆ **elle a une tronche de cake**✲ she's got an ugly mug✲ ◆ **il lui a envoyé un coup de poing dans la tronche** he punched him in the face ou the kisser✲ ◆ **il a fait une drôle de tronche quand je lui ai dit ça** you should have seen the look on his face when I told him that

tronchet /tʀɔ̃ʃɛ/ NM cooper's block

tronçon /tʀɔ̃sɔ̃/ SYN NM 1 *[de tube, colonne, serpent]* section
2 *[de route, voie]* section, stretch; *[de convoi, colonne]* section; *[de phrase, texte]* part

tronconique /tʀɔ̃kɔnik/ ADJ like a flattened cone *ou* a sawn-off cone

tronçonnage /tʀɔ̃sɔnaʒ/, **tronçonnement** /tʀɔ̃sɔnmɑ̃/ NM *[de tronc]* sawing *ou* cutting up; *[de tube, barre]* cutting into sections

tronçonner /tʀɔ̃sɔne/ SYN ► conjug 1 ◄ VT *[+ tronc]* to saw *ou* cut up; *[+ tube, barre]* to cut into sections; *(Culin)* to cut into small pieces ◆ **le film a été tronçonné en épisodes** the film was divided up into episodes

tronçonneur /tʀɔ̃sɔnœʀ/ NM chain saw operator

tronçonneuse /tʀɔ̃sɔnøz/ NF chain saw

trône /tʀon/ SYN NM 1 *(= siège, fonction)* throne ◆ **trône pontifical** papal throne ◆ **placer qn/monter sur le trône** to put sb on/come to *ou* ascend the throne ◆ **chasser du trône** to dethrone, to remove from the throne ◆ **le trône et l'autel** King and Church
2 *(* hum = WC)* throne* *(hum)* ◆ **être sur le trône** to be on the throne*

trôner /tʀone/ ► conjug 1 ◄ VI 1 *[roi, divinité]* to sit enthroned, to sit on the throne
2 *(= avoir la place d'honneur) [personne]* to sit enthroned; *[chose]* to sit imposingly; *(péj = faire l'important)* to lord it ◆ **la photo dédicacée de son joueur préféré trônait sur son bureau** the signed photograph of his favourite player had pride of place on his desk

tronquer /tʀɔ̃ke/ SYN ► conjug 1 ◄ VT 1 *(= couper) [+ colonne, statue]* to truncate
2 *(= retrancher) [+ citation, texte]* to truncate, to shorten; *[+ détails, faits]* to abbreviate, to cut out ◆ **version tronquée** shortened *ou* truncated version

trop /tʀo/ SYN
ADV 1 *(avec vb = à l'excès)* too much; *(devant adv, adj)* too ◆ **beaucoup** *ou* **bien trop** *[manger, fumer, parler]* far *ou* much too much ◆ **beaucoup** *ou* **bien** *ou* **par** *(littér)* **trop** *(avec adj)* far too, much too, excessively ◆ **il a trop mangé/bu** he has had too much to eat/drink, he has eaten/drunk too much ◆ **elle en a déjà bien trop dit** she has said far *ou* much too much already ◆ **je suis exténué d'avoir trop marché** I'm exhausted from having walked too far *ou* too much ◆ **il a trop travaillé** he has worked too hard, he has done too much work ◆ **vous en demandez trop** you're asking for too much ◆ **elle a trop peu dormi** she hasn't had enough sleep, she's had too little sleep ◆ **il faut régler le problème sans trop attendre** *ou* **tarder** we must solve the problem quickly *ou* without too much delay ◆ **tu as trop conduit** you've been driving (for) too long ◆ **il ne faut pas trop aller le voir** we mustn't go to visit him too often, we mustn't overdo the visits ◆ **en faire trop** *(= exagérer)* to go a bit far ◆ **elle en fait toujours trop** she always goes too far *ou* over the top ◆ **aller beaucoup trop loin** to go overboard*, to go too far, to overdo it ◆ **elle en fait trop pour qu'on la croie vraiment malade** she makes so much fuss it's difficult to believe she's really ill ◆ **un trop grand effort l'épuiserait** too great an effort would exhaust him ◆ **des restrictions trop sévères aggraveraient la situation économique** excessively severe restrictions would aggravate the economic situation ◆ **la maison est trop grande pour eux** the house is too large for them ◆ **la pièce est trop chauffée** the room is overheated ◆ **une trop forte dose** an overdose ◆ **tu conduis bien trop vite/lentement** you drive far too fast/slowly ◆ **vous êtes trop (nombreux)/trop peu (nombreux)** there are too many/too few of you

♦ **trop de** *(quantité)* too much; *(nombre)* too many ◆ **j'ai acheté trop de pain/d'oranges** I've bought too much bread/too many oranges ◆ **n'apportez pas de pain, il y en a déjà trop** don't bring any bread – there's too much already ◆ **n'apportez pas de verres, il y en a déjà trop** don't bring any glasses – there are too many already ◆ **s'il te reste trop de dollars, vends-les moi** if you have dollars left over *ou* to spare, sell them to me ◆ **nous avons trop de personnel** we are overstaffed ◆ **il y a trop de monde dans la salle** the hall is overcrowded *ou* overfull, there are too many people in the hall ◆ **j'ai trop de travail** I'm overworked, I've got too much work (to do) ◆ **trop de bonté/d'égoïsme** excessive kindness/selfishness ◆ **nous n'avons pas trop de place chez nous** we haven't got very much room *ou* (all) that much* room at our place ◆ **on peut le faire sans trop de risques/de mal** it can be done without too much risk/difficulty ◆ **ils ne seront pas trop de deux pour faire ça** it'll take at least the two of them to do it

♦ **trop... pour** *(introduisant une conséquence) (avec verbe)* too much... to; *(devant adj, adv)* too... to ◆ **elle a trop de travail pour partir en weekend** she has too much work to go away for the weekend ◆ **il n'aura pas trop de problèmes pour rentrer à Paris** he won't have too much difficulty getting back to Paris ◆ **il se donne trop peu de mal pour trouver du travail** he's not making enough effort to find work ◆ **le village est trop loin pour qu'il puisse y aller à pied** the village is too far for him to walk there ◆ **il est bien trop idiot pour comprendre** he's far too stupid *ou* too much of an idiot to understand ◆ **c'est trop beau pour être vrai !** it's too good to be true! ◆ **les voyages à l'étranger sont trop rares pour ne pas en profiter** trips abroad are too rare to be missed
2 *(intensif)* too ◆ **j'ai oublié mes papiers, c'est vraiment trop bête** how stupid (of me) *ou* it's too stupid for words – I've forgotten my papers ◆ **c'est trop drôle !** it's too funny for words!, it's hilarious!, how funny! ◆ **c'est par trop injuste** *(littér)* it's too unfair for words ◆ **il y a vraiment par trop de gens égoïstes** there are far too many selfish people about ◆ **il n'est pas trop satisfait/mécontent du résultat** he's not over-pleased *ou* too satisfied *ou* too pleased/not too unhappy *ou* dissatisfied with the result ◆ **vous êtes trop aimable** you are too *ou* most kind ◆ **cela n'a que trop duré** it's gone on (far) too long already ◆ **je ne le sais que trop** I know only too well, I'm only too well aware of that ◆ **je ne sais trop que faire** I am not too *ou* quite sure what to do *ou* what I should do, I don't really know what to do ◆ **cela ne va pas trop bien** things are not going so *ou* terribly well ◆ **je n'ai pas trop confiance en lui** I haven't much *ou* all that much* confidence in him ◆ **je n'en sais trop rien** I don't really know ◆ **il n'aime pas trop ça*** he doesn't like it overmuch *ou* (all) that much*, he isn't too keen *(Brit) ou* overkeen *(Brit)* (on it) ◆ **c'est trop !, c'en est trop !, trop c'est trop !** that's going too far!, enough is enough! ◆ **elle est trop, ta copine !*** your girlfriend's too much!* ◆ **c'est trop génial !*** it's fantastic!; → **tôt**

♦ **de trop, en trop** ◆ **il y a une personne/deux personnes de trop** *ou* **en trop dans l'ascenseur** there's one person/there are two people too many in the lift ◆ **s'il y a du pain en trop, j'en emporterai** if there's any bread (left) over *ou* any bread extra *ou* any surplus bread I'll take some away ◆ **il m'a rendu 2 € de trop** *ou* **en trop** he gave me back €2 too much ◆ **ces 3 € sont de trop** that's 3 euros too much ◆ **l'argent versé en trop** the excess payment ◆ **il pèse 3 kg de trop** he's 3 kg overweight ◆ **ce régime vous fait perdre les kilos en trop** this diet will help you lose those extra pounds ◆ **si je suis de trop, je peux m'en aller !** if I'm in the way *ou* not welcome I can always leave! ◆ **cette remarque est de trop** that remark is uncalled-for ◆ **un petit café ne serait pas de trop** a cup of coffee wouldn't go amiss ◆ **il a bu un verre** *ou* **un coup* de trop** he's had a drink *ou* one* too many ◆ **tu manges/bois de trop*** you eat/drink too much
NM excess, surplus ◆ **le trop d'importance accordé à...** the excessive importance attributed to...

trope /tʀɔp/ NM *(Littérat)* trope

trophée /tʀɔfe/ SYN NM trophy ◆ **trophée de chasse** hunting trophy

trophique /tʀɔfik/ ADJ trophic

trophoblaste /tʀɔfoblast/ NM trophoblast

tropical, e (mpl **-aux**) /tʀɔpikal, o/ ADJ tropical

tropicalisation /tʀɔpikalizasjɔ̃/ NF tropicalization

tropicaliser /tʀɔpikalize/ ► conjug 1 ◄ VT *[+ matériel]* to tropicalize

tropique[1] /tʀɔpik/
ADJ *[année]* tropical
NM *(Géog = ligne)* tropic ◆ **tropique du Cancer/Capricorne** tropic of Cancer/Capricorn
NMPL **tropiques** *(= zone)* tropics ◆ **le soleil des tropiques** the tropical sun ◆ **vivre sous les tropiques** to live in the tropics

tropique[2] /tʀɔpik/ ADJ *(Rhétorique)* tropic

tropisme /tʀɔpism/ NM *(Bio)* tropism

tropopause /tʀɔpopoz/ NF tropopause

troposphère /tʀɔpɔsfɛʀ/ NF troposphere

trop-perçu (pl **trop-perçus**) /tʀopɛʀsy/ NM excess payment, overpayment

trop-plein (pl **trop-pleins**) /tʀoplɛ̃/ SYN NM 1 *(= excès d'eau) [de réservoir, barrage]* overflow; *[de vase]* excess water; *(= tuyau d'évacuation)* overflow (pipe); *(= déversoir)* overflow outlet
2 *(= excès de contenu) [de grains, terre, informations]* excess, surplus ◆ **le trop-plein de terre** the excess earth
3 *(fig)* ◆ **trop-plein d'amour/d'amitié** overflowing love/friendship ◆ **trop-plein de vie** *ou* **d'énergie** surplus *ou* boundless energy ◆ **déverser le trop-plein de son cœur/âme** to pour out one's heart/soul

troquer /tʀɔke/ SYN ► conjug 1 ◄ VT *(= échanger)* to swap, to exchange; *(Comm)* to trade, to barter *(contre, pour* for) ◆ **elle a troqué son sari pour un jean** she swapped her sari for a pair of jeans

troquet* /tʀɔkɛ/ NM (small) café

trot /tʀo/ NM *[de cheval]* trot ◆ **petit/grand trot** jog/full trot ◆ **trot de manège** dressage trot ◆ **trot assis/enlevé** close/rising trot ◆ **course de trot attelé** trotting race ◆ **course de trot monté** *trotting race under saddle* ◆ **aller au trot** *(lit)* to trot along ◆ **vas-y, et au trot !*** off you go, at the double *ou* and be quick about it! ◆ **partir au trot** to set off at a trot ◆ **prendre le trot** to break into a trot

Trotski /tʀɔtski/ NM Trotsky

trotskisme, trotskysme /tʀɔtskism/ NM Trotskyism

trotskiste, trotskyste /tʀɔtskist/ ADJ, NMF Trotskyist, Trotskyite *(péj)*

trotte* /tʀɔt/ NF ◆ **il y a** *ou* **ça fait une trotte (d'ici au village)** it's a fair distance (from here to the village) ◆ **on a fait une (jolie) trotte** we've come a good way, we covered a good distance

trotte-menu /tʀɔtmɔny/ ADJ INV *(hum)* ◆ **la gent trotte-menu** mice

trotter /tʀɔte/ ► conjug 1 ◄
VI 1 *[cheval, cavalier]* to trot
2 *(fig) [personne] (= marcher à petits pas)* to trot about *(ou* along); *(= marcher beaucoup)* to run around, to run hither and thither; *[souris, enfants]* to scurry (about), to scamper (about); *[bébé]* to toddle along ◆ **un air/une idée qui vous trotte dans** *ou* **par la tête** *ou* **la cervelle** a tune/an idea which keeps running through your head
VPR **se trotter*** *(= se sauver)* to dash (off)

trotteur, -euse /tʀɔtœʀ, øz/
NM,F *(= cheval)* trotter, trotting horse
NM 1 *(= chaussure)* flat shoe
2 *(pour apprendre à marcher)* baby-walker
NF **trotteuse** *(= aiguille)* sweep *ou* second hand

trottin †† /tʀɔtɛ̃/ NM (dressmaker's) errand girl

trottinement /tʀɔtinmɑ̃/ NM *[de cheval]* jogging; *[de souris]* scurrying, scampering; *[de personne]* trotting; *[de bébé]* toddling

trottiner /tʀɔtine/ ► conjug 1 ◄ VI *[cheval]* to jog along; *[souris]* to scurry *ou* scamper about *ou* along; *[personne]* to trot along; *[bébé]* to toddle along

trottinette /tʀɔtinɛt/ NF *(= jouet)* (child's) scooter; *(* = voiture)* mini (car) ◆ **faire de la trottinette** to ride a scooter

trottoir /tʀɔtwaʀ/ SYN NM 1 *(= accotement)* pavement *(Brit)*, sidewalk *(US)* ◆ **trottoir roulant** moving walkway, travelator *(Brit)* ◆ **se garer le long du trottoir** to park alongside the kerb ◆ **changer de trottoir** *(pour éviter qn)* to cross the street
2 *(péj)* ◆ **faire le trottoir*** to be a streetwalker *ou* a hooker*, to be on the game* *(Brit)* ◆ **elle s'est retrouvée sur le trottoir** she ended up as a prostitute *ou* on the streets

trou /tʀu/ SYN
NM 1 *(gén, Golf)* hole; *(= terrier)* hole, burrow; *[de flûte]* (finger-)hole; *[d'aiguille]* eye ◆ **par le trou de la serrure** through the keyhole ◆ **le trou du souffleur** *(Théât)* the prompt box ◆ **faire un trou** *(dans le sol)* to dig *ou* make a hole; *(dans une haie)* to make a hole *ou* a gap; *(dans un mur avec une vrille)* to bore *ou* make a hole; *(en perforant : dans le cuir, papier)* to punch *ou* make a hole; *(avec des ciseaux, un couteau)* to cut a hole; *(en usant, frottant)*

to wear a hole *(dans* in) ◆ **faire un trou en un** *(Golf)* to get a hole in one ◆ **un 9/18 trous** *(Golf)* a 9-hole/an 18-hole course ◆ **il a fait un trou à son pantalon** *(usure)* he has (worn) a hole in his trousers; *(brûlure, acide)* he has burnt a hole in his trousers; *(déchirure)* he has torn a hole in his trousers ◆ **ses chaussettes sont pleines de trous** *ou* **ont des trous partout** his socks are in holes *ou* are full of holes ◆ **sol/rocher creusé de trous** ground/rock pitted with holes ◆ **le trou dans la couche d'ozone** the hole in the ozone layer

[2] *(= moment de libre)* gap; *(= déficit)* deficit; *(Sport = trouée)* gap, space ◆ **un trou (de 10 millions) dans la comptabilité** a deficit (of 10 million) in the accounts ◆ **faire le trou** *(Sport)* to break *ou* burst through ◆ **il y a des trous dans ma collection** there are some gaps in my collection ◆ **il y a des trous dans son témoignage** there are gaps in *ou* things missing from his account of what happened ◆ **il a des trous en physique** there are gaps in his knowledge of physics ◆ **cela a fait un gros trou dans ses économies** it made quite a hole in his savings ◆ **le trou de la Sécurité sociale** the deficit in the Social Security budget ◆ **j'ai un trou demain dans la matinée, venez me voir** I have a gap in my schedule tomorrow morning so come and see me ◆ **j'ai un trou d'une heure** I have an hour free ◆ **j'ai eu un trou (de mémoire)** my mind went blank ◆ **texte à trous** *(Scol)* cloze test

[3] *(Anat)* foramen ◆ **trou optique** optic foramen ◆ **trous intervertébraux** intervertebral foramina ◆ **trou vertébral** vertebral canal *ou* foramen; → **œil**

[4] *(péj = localité)* place, hole * *(péj)* ◆ **ce village est un trou** this village is a real hole * *ou* dump * ◆ **il n'est jamais sorti de son trou** he has never been out of his own backyard ◆ **chercher un petit trou pas cher** to look for a little place that's not too expensive ◆ **un trou perdu** *ou* **paumé** * a dead-and-alive hole *, a god forsaken hole * *ou* dump *

[5] *(locutions)* ◆ **(se) faire son trou** * to make a niche for o.s. ◆ **vivre tranquille dans son trou** to live quietly in one's little hideaway *ou* hidey-hole * *(Brit)* ◆ **mettre/être au trou** * *(= prison)* to put/be in clink ⁑ *ou* in the nick *(Brit)* ⁑ ◆ **quand on sera dans le trou** * when we're dead and buried *ou* dead and gone, when we're six feet under *; → **boire**

COMP **trou d'aération** airhole, (air) vent
trou d'air air pocket
trou de balle ⁂ *(lit, fig)* arse-hole ⁂ *(Brit)*, asshole ⁂ *(US)*
trou du chat *[de voilier]* lubber's hole
trou de cigarette cigarette burn
trou du cul ⁂ ⇒ **trou de balle**
trou d'homme manhole
trou de nez * nostril
trou noir *(Astron)* black hole ◆ **c'était le trou noir** *(fig)(= désespoir)* I *(ou* he *etc)* was in the depths of despair
trou normand *glass of spirits, often Calvados, drunk between courses of a meal*
trou d'obus shell-hole, shell-crater
trou de souris mousehole ◆ **elle était si gênée qu'elle serait rentrée dans un trou de souris** she was so embarrassed that she wished the ground would swallow her up
trou de ver wormhole

troubadour /tʀubaduʀ/ NM troubadour

troublant, e /tʀublɑ̃, ɑ̃t/ SYN ADJ *(= déconcertant)* disturbing, disquieting, unsettling; *(= sexuellement provocant)* disturbing, arousing

trouble[1] /tʀubl/ SYN

ADJ [1] *[eau, vin]* unclear, cloudy, turbid *(littér)*; *[regard]* misty, dull; *[image]* blurred, misty, indistinct; *[photo]* blurred, out of focus ◆ **avoir la vue trouble** to have blurred vision; → **pêcher[1]**

[2] *(= équivoque) [personnage, rôle]* shady, suspicious, dubious; *[atmosphère, passé]* shady; *[affaire]* shady, murky, fishy; *[désir]* dark *(épith)*; *(= vague, pas franc) [regard]* shifty, uneasy ◆ **une période trouble de l'histoire** a murky chapter *ou* period in history

ADV ◆ **voir trouble** to have blurred vision, to see things dimly *ou* as if through a mist

trouble[2] /tʀubl/ SYN NM [1] *(= agitation, remue-ménage)* tumult, turmoil; *(= zizanie, désunion)* discord, trouble

[2] *(= émeute)* ◆ **troubles** unrest *(NonC)*, disturbances, troubles ◆ **troubles politiques/sociaux** political/social unrest *(NonC) ou* disturbances *ou* upheavals ◆ **des troubles ont éclaté dans le sud du pays** rioting has broken out *ou* disturbances have broken out in the south of the country ◆ **troubles à l'ordre public** disturbance *ou* breach of the peace; → **fauteur**

[3] *(= émoi affectif ou sensuel)* (inner) turmoil, agitation; *(= inquiétude, désarroi)* distress; *(= gêne, perplexité)* confusion, embarrassment ◆ **le trouble étrange qui s'empara d'elle** the strange feeling of turmoil *ou* agitation which overcame her ◆ **le trouble profond causé par ces événements traumatisants** the profound distress caused by these traumatic events ◆ **le trouble de son âme/cœur** *(littér)* the tumult *ou* turmoil in his soul/heart ◆ **le trouble de son esprit** the agitation in his mind, the turmoil his mind was in ◆ **dominer/se laisser trahir par son trouble** to overcome/give o.s. away by one's confusion *ou* embarrassment ◆ **semer le trouble dans l'esprit des gens** to sow confusion in peoples' minds

[4] *(gén pl : Méd)* trouble *(NonC)*, disorder ◆ **troubles physiologiques/psychiques** physiological/psychological trouble *ou* disorders ◆ **troubles mentaux** mental disorders ◆ **troubles respiratoires/cardiaques** respiratory/heart ailments *ou* disorders ◆ **troubles du sommeil** sleeping disorders ◆ **il a des troubles de la vision** he has trouble with his (eye)sight *ou* vision ◆ **elle souffre de troubles de la mémoire** she has memory problems ◆ **troubles de la personnalité** *ou* **du caractère** personality problems *ou* disorders ◆ **troubles du comportement** behavioural problems ◆ **troubles du langage** speech difficulties ◆ **troubles musculo-squelettiques** repetitive strain injury, RSI ◆ **trouble obsessionnel compulsif** *(Psych)* obsessive-compulsive disorder ◆ **trouble du spectre autiste** autistic spectrum disorder ◆ **ce n'est qu'un trouble passager** it's only a passing disorder

trouble-fête /tʀubləfɛt/ SYN NMF INV spoilsport, killjoy * ◆ **jouer les trouble-fête** to be a spoilsport *ou* killjoy *

troubler /tʀuble/ SYN ► conjug 1 ◄

VT [1] *(= perturber) [+ ordre]* to disturb, to disrupt; *[+ sommeil, tranquillité, silence]* to disturb; *[+ représentation, réunion]* to disrupt; *[+ jugement, raison, esprit]* to cloud; *[+ digestion]* to upset ◆ **troubler l'ordre public** to disturb public order, to cause a breach of public order, to disturb the peace ◆ **en ces temps troublés** in these troubled times

[2] *[+ personne] (= démonter, impressionner)* to disturb, to disconcert; *(= inquiéter)* to trouble, to perturb; *(= gêner, embrouiller)* to bother, to confuse; *(= émouvoir)* to disturb, to unsettle; *(= exciter sexuellement)* to arouse ◆ **elle le regarda, toute troublée** she looked at him, all of a tremble *ou* all in a fluster ◆ **ce film/cet événement l'a profondément troublé** this film/this event has disturbed him deeply ◆ **la perspective d'un échec ne le trouble pas du tout** the prospect of failure doesn't perturb *ou* trouble him in the slightest ◆ **il y a quand même un détail qui me trouble** there's still a detail which is bothering *ou* confusing me ◆ **cesse de parler, tu me troubles (dans mes calculs)** stop talking – you're disturbing me *ou* putting me off (in my calculations) ◆ **troubler un candidat** to disconcert a candidate, to put a candidate off ◆ **troubler (les sens de) qn** to disturb *ou* agitate sb

[3] *(= brouiller) [+ eau]* to make cloudy *ou* muddy *ou* turbid *(littér)*; *[+ vin]* to cloud, to make cloudy; *[+ atmosphère]* to cloud; *[+ ciel]* to darken, to cloud; *(TV) [+ image]* to blur ◆ **les larmes lui troublaient la vue** tears clouded *ou* blurred her vision

VPR **se troubler** [1] *(= devenir trouble) [eau]* to cloud, to become cloudy *ou* muddy *ou* turbid *(littér)*; *[temps]* to become cloudy *ou* overcast; *[ciel]* to become cloudy *ou* overcast, to darken; *[lignes, images, vue]* to become blurred

[2] *(= perdre contenance)* to become flustered ◆ **il se trouble facilement lorsqu'il doit parler en public** he's easily flustered when he has to speak in public ◆ **il répondit sans se troubler** he replied calmly

troué, e[1] /tʀue/ (ptp de **trouer**) ADJ ◆ **bas/sac troué** stocking/bag with a hole *ou* with holes in it ◆ **avoir une chaussette trouée** to have a hole in one's sock ◆ **ce sac est troué** this bag has a hole *ou* holes (in it) ◆ **ses chaussettes sont toutes trouées** *ou* **trouées de partout** his socks are full of holes ◆ **ce seau est troué de partout** *ou* **comme une passoire** *ou* **comme une écumoire** this bucket's like a sieve ◆ **corps troué comme une passoire** *ou* **écumoire** body riddled with bullets ◆ **son gant troué laissait passer son pouce** his thumb stuck *ou* poked out through a hole in his glove

trouée[2] /tʀue/ NF [1] *[de haie, forêt, nuages]* gap, break *(de* in) ◆ **trouée de lumière** shaft of light

[2] *(Mil)* breach ◆ **faire une trouée** to make a breach, to break through

[3] *(Géog = défilé)* gap ◆ **la trouée de Belfort** the Belfort Gap

trouer /tʀue/ SYN ► conjug 1 ◄ VT [1] *[+ vêtement]* to make *ou* wear a hole in; *[+ ticket]* to punch (a hole in); *(= transpercer)* to pierce ◆ **il a troué son pantalon** *(avec une cigarette)* he's burnt a hole in his trousers; *(dans les ronces)* he's torn *ou* ripped a hole in his trousers; *(par usure)* he's worn a hole in his trousers ◆ **ces chaussettes se sont trouées très vite** these socks soon got holes in them ◆ **trouer qch de part en part** to pierce sth through, to pierce a hole right through sth ◆ **après le bombardement, les rues étaient trouées de cratères** after the bombing, the streets were pockmarked with craters ◆ **des immeubles troués par les obus** buildings full of gaping shellholes ◆ **trouer la peau à qn** ⁑ to put a bullet in sb ◆ **se faire trouer la peau** ⁑ to get a bullet in one's hide * ◆ **un culot pareil, ça me troue** ⁑ such cheek is bloody ⁑ *(Brit) ou* damn ⁑ unbelievable

[2] *(fig = traverser) [+ silence, nuit]* to pierce ◆ **une fusée troua l'obscurité** a rocket pierced the darkness ◆ **le soleil troue les nuages** the sun's breaking through the clouds

[3] *(= parsemer : gén ptp)* to dot ◆ **la plaine trouée d'ombres** the plain dotted with shadows

troufignon † ⁑ /tʀufiɲɔ̃/ NM *(= derrière)* backside *, arse ⁂ *(Brit)*, ass ⁂ *(US)*; *(= anus)* arsehole ⁂ *(Brit)*, asshole ⁂ *(US)*

troufion * /tʀufjɔ̃/ NM soldier, squaddie * ◆ **quand j'étais troufion** when I was in the army *ou* was a soldier ◆ **je ne suis pas ton troufion** *(fig)* I'm not your slave

trouillard, e ⁑ /tʀujaʀ, aʀd/ *(péj)*

ADJ yellow *, chicken * *(attrib)*, yellow-bellied ⁑

NM,F yellowbelly ⁑

trouille ⁑ /tʀuj/ NF ◆ **avoir la trouille** to be scared stiff * *ou* to death ◆ **j'ai eu la trouille de ma vie** I got the fright of my life *ou* a hell of a fright * ◆ **flanquer** *ou* **ficher la trouille à qn** to scare the pants off sb *, to put the wind up sb * *(Brit)*

trouillomètre ⁑ /tʀujɔmɛtʀ/ NM ◆ **avoir le trouillomètre à zéro** to be scared witless *

troupe /tʀup/ SYN NF [1] *(Mil, Scoutisme)* troop ◆ **la troupe** *(= l'armée)* the army; *(= les simples soldats)* the troops, the rank and file ◆ **les troupes** the troops ◆ **troupes de choc/de débarquement** shock/landing troops ◆ **lever des troupes** to raise troops ◆ **faire intervenir la troupe** to call *ou* bring in the army ◆ **réservé à la troupe** reserved for the troops ◆ **il y avait de la troupe cantonnée au village** there were some army units billeted in the village → **enfant, homme**

[2] *[de chanteurs, danseurs]* troupe ◆ **troupe (de théâtre)** (theatre *ou* drama) company

[3] *[de gens, animaux]* band, group, troop ◆ **se déplacer en troupe** to go about in a band *ou* group *ou* troop

troupeau (pl **troupeaux**) /tʀupo/ SYN NM *[de bœufs, chevaux] (dans un pré)* herd; *(transhumant)* drove; *[de moutons, chèvres]* flock; *[d'éléphants, buffles, girafes]* herd; *[d'oies]* gaggle; *(péj) [de touristes, prisonniers]* herd *(péj)* ◆ **le troupeau du Seigneur** *(Rel)* the Lord's flock

troupier /tʀupje/

NM († = *soldat)* private

ADJ → **comique**

troussage /tʀusaʒ/ NM *(Culin)* trussing

trousse /tʀus/ SYN

NF *(= étui) (gén)* case, kit; *[de médecin, chirurgien]* instrument case; *[d'écolier]* pencil case *ou* wallet ◆ **trousse à aiguilles** needle case ◆ **trousse à couture** sewing case *ou* kit ◆ **trousse de** *ou* **à maquillage** *(= mallette)* vanity case; *(= sac)* make-up bag ◆ **trousse à outils** toolkit ◆ **trousse à ongles** nail kit, manicure set ◆ **trousse à pharmacie** *ou* **de secours** first-aid kit ◆ **trousse de toilette** *ou* **de voyage** *(= sac)* toilet bag, sponge bag; *(= mallette)* travelling case, grip

LOC PRÉP **aux trousses de** hot on the heels of, on the tail of ◆ **les créanciers/policiers étaient à ses trousses** the creditors/policemen were on his tail *ou* hot on his heels ◆ **avoir la police aux trousses** to have the police on one's tail *ou* hot on one's heels

trousseau (pl **trousseaux**) /tʀuso/ **NM** [1] ◆ **trousseau de clés** bunch of keys

[2] *(= vêtements, linge) [de mariée]* trousseau; *[d'écolier]* outfit

troussequin /tʀuskɛ̃/ **NM** [1] *(Équitation)* cantle

[2] *(= outil)* ⇒ **trusquin**

trousser /tʀuse/ ▸ conjug 1 ◂ **VT** [1] *(Culin) [+ volaille]* to truss

[2] *(† = retrousser) [+ robe, jupes]* to pick *ou* tuck up ◆ **se trousser** to pick *ou* tuck up one's skirts

[3] *(†, hum) [+ femme]* to tumble †

[4] *(† = expédier) [+ poème, article, discours]* to dash off, to throw together ◆ **compliment bien troussé** well-phrased compliment

trousseur † /tʀusœʀ/ **NM** *(hum)* ◆ **trousseur de jupons** womanizer, ladykiller

trou-trou (pl **trou(s)-trou(s)**) /tʀutʀu/ **NM** *(Tricot) row of holes through which ribbon is passed; (Couture) lace trimming through which ribbon is passed* ◆ **chemisier à trous-trous** openwork blouse

trouvable /tʀuvabl/ **ADJ** which can be found

trouvaille /tʀuvɑj/ SYN **NF** *(= objet)* find; *(= idée, métaphore, procédé)* stroke of inspiration, brainwave *(Brit)*; *(= mot)* coinage ◆ **quelle est sa dernière trouvaille ?** *(iro)* what's his latest brainwave?

trouver /tʀuve/ GRAMMAIRE ACTIVE 6.2, 26.5 SYN ▸ conjug 1 ◂

VT [1] *(en cherchant) [+ objet, emploi, main-d'œuvre, renseignement]* to find ◆ **je ne le trouve pas** I can't find it ◆ **où peut-on le trouver ?** where can he be found?, where is he to be found? ◆ **on lui a trouvé une place dans un lycée** he was found a place in a lycée, they found him a place *ou* a place for him in a lycée ◆ **est-ce qu'ils trouveront le chemin ?** will they find the way? *ou* their way? ◆ **trouver le temps/l'énergie/le courage de faire qch** to find (the) time/the energy/the courage to do sth ◆ **comment avez-vous trouvé un secrétaire si compétent ?** how did you come by *ou* find such a competent secretary? ◆ **elle a trouvé en lui un ami sûr/un associé compétent** she has found in him a faithful friend/a competent partner ◆ **trouver son maître** to find one's master

[2] *(= rencontrer par hasard) [+ document, information, personne]* to find, to come across; *[+ difficultés]* to meet with, to come across, to come up against; *[+ idée, plan]* to hit on ◆ **on trouve cette plante sous tous les climats humides** this plant is found *ou* is to be found in all damp climates ◆ **trouver la mort (dans un accident)** to meet one's death (in an accident)

[3] *(= découvrir)* to find ◆ **trouver qch cassé/vide** *(avec attribut du complément)* to find sth broken/empty ◆ **je l'ai trouvé en train de pleurer** I found him crying ◆ **je ne lui trouve aucun défaut** I can find no fault with him ◆ **mais qu'est-ce qu'elle lui trouve ?** what on earth does she see in him?

[4] ◆ **trouver à** (+ *infin*) ◆ **trouver à manger/boire** to find something to eat/drink ◆ **trouver à se distraire/à s'occuper** to find a way to amuse/occupy o.s., to find something to amuse/occupy o.s. with ◆ **il trouve toujours à faire dans la maison** he can always find something to do in the house ◆ **si tu trouves à te garer dans ma rue...** if you manage to find a parking space in my street... ◆ **elle trouvera bien à les loger quelque part** she's bound to find somewhere to put them up ◆ **il n'a rien trouvé à répondre** he couldn't think of anything to say in reply; → **redire**

[5] *(= penser, juger)* to think, to find ◆ **trouver que** to find *ou* think that ◆ **elle trouve qu'il fait trop chaud ici** she finds it too hot (in) here ◆ **trouver qch à son goût/trop cher** to find sth to one's liking/too expensive ◆ **je trouve cela trop sucré/lourd** I find it too sweet/heavy, it's too sweet/heavy for me ◆ **il a trouvé bon de nous écrire** he saw fit to write to us ◆ **trouver le temps long** to find that time passes slowly *ou* hangs heavy on one's hands ◆ **je le trouve fatigué** I think he looks tired ◆ **tu lui trouves bonne mine ?** do you think he's looking well? ◆ **comment l'as-tu trouvé ?** what did you think of him?, how did you find him? ◆ **vous la trouvez sympathique ?** do you like her?, do you think she's nice? ◆ **trouvez-vous ça normal ?** do you think that's right? ◆ **tu trouves ça drôle !, tu trouves que c'est drôle !** so you think that's funny!, so you find that funny! ◆ **vous trouvez ?** (do) you think so?

[6] *(= imaginer, inventer) [+ solution, prétexte, moyen]* to find, to come up with ◆ **comment as-tu fait pour trouver ?** *(énigme)* how did you work it out? ◆ **j'ai trouvé !** I've got it! * ◆ **solution/explication/excuse toute trouvée** ready-made solution/explanation/excuse ◆ **c'est un sujet tout trouvé pour ta rédaction** it's an obvious topic for your essay ◆ **formule bien trouvée** clever *ou* happy phrase ◆ **tu as trouvé ça tout seul ?** *(iro)* did you work it out all by yourself? *(iro)* ◆ **où est-il allé trouver ça ?** where (on earth) did he get that idea from?, whatever gave him that idea?; → **moyen²**, **remède** *etc*

[7] *(= rendre visite à)* ◆ **aller/venir trouver qn** to go/come and see sb ◆ **quand il a des ennuis, c'est moi qu'il vient trouver** when he has problems, it's me he comes to

[8] *(= éprouver)* ◆ **trouver (du) plaisir à qch/à faire qch** to take pleasure in sth/in doing sth, to enjoy sth/doing sth ◆ **trouver une consolation dans le travail** to find consolation in work *ou* in working

[9] *(locutions)* ◆ **ne pas trouver ses mots** to be at a loss for words ◆ **trouver le sommeil** to get to sleep, to fall asleep ◆ **il a trouvé à qui parler** he met his match ◆ **il va trouver à qui parler** he'll get more than he bargained for ◆ **cet objet n'avait pas trouvé d'amateur** no one had expressed *ou* shown any interest in the object ◆ **tu as trouvé ton bonheur dans ce bric-à-brac ?** can you find what you're after *ou* what you're looking for in this jumble? ◆ **je la trouve mauvaise !** * *ou* **saumâtre !** * I don't like it at all, I think it's a bit off * *(Brit)*; → **compte**, **grâce**, **preneur** *etc*

VPR **se trouver** SYN [1] *(= être dans une situation) [personne]* to find o.s.; *[chose]* to be ◆ **il s'est trouvé nez à nez avec Paul** he found himself face to face with Paul ◆ **la question s'est trouvée reléguée au second plan** the question went on the back burner ◆ **la voiture s'est trouvée coincée entre...** the car was jammed between... ◆ **nous nous trouvons dans une situation délicate** we are in a delicate situation ◆ **je me suis trouvé dans l'impossibilité de répondre** I found myself unable to reply ◆ **il se trouve dans l'impossibilité de venir** he's unable to come, he's not in a position to come ◆ **il se trouve dans l'obligation de partir** he has to *ou* is compelled to leave

[2] *(= être situé) [personne]* to be; *[chose]* to be, to be situated ◆ **son nom ne se trouve pas sur la liste** his name isn't on *ou* doesn't appear on the list ◆ **je me trouvais près de l'entrée** I was (standing *ou* sitting *etc*) near the entrance ◆ **il ne fait pas bon se trouver dehors par ce froid** it's not pleasant to be out in this cold ◆ **la maison se trouve au coin de la rue** the house is (situated) *ou* stands on the corner of the street ◆ **où se trouve la poste ?** where is the post office? ◆ **les toilettes se trouvent près de l'entrée** the toilets are (situated) near the entrance

[3] *(= pouvoir être trouvé)* ◆ **un crayon, ça se trouve facilement** you can find a pencil anywhere ◆ **ça ne se trouve pas sous le pas** *ou* **le sabot d'un cheval** it's not easy to find *ou* to come by

[4] *(= se sentir)* to feel ◆ **se trouver bien** *(dans un fauteuil etc)* to be *ou* feel comfortable; *(santé)* to feel well ◆ **il se trouve mieux en montagne** he feels better in the mountains ◆ **elle se trouvait bien dans ce pays** she was happy in this country ◆ **se trouver mal** *(= s'évanouir)* to faint, to pass out ◆ **elle s'est trouvée mal à cause de la chaleur/en entendant la nouvelle** she fainted *ou* passed out in the heat/on hearing the news ◆ **se trouver bien/mal d'avoir fait qch** to be glad/to regret having done sth ◆ **il s'en est bien trouvé** he benefited from it ◆ **il s'en est mal trouvé** he lived to regret it ◆ **je me suis trouvé fin !** *(iro)* a fine *ou* right * fool I looked!

[5] *(= se juger)* ◆ **il se trouve beau dans son nouveau costume** he thinks he looks good in his new suit ◆ **tu te trouves malin** *ou* **intelligent/spirituel ?** I suppose you think that's clever/funny!

[6] *(exprimant la coïncidence : souvent avec infin)* ◆ **se trouver être/avoir...** to happen to be/have... ◆ **elles se trouvaient avoir la même robe** it turned out that they had *ou* they happened to have the same dress ◆ **pour une fois, ils se trouvaient d'accord** for once they happened to agree

[7] *(= découvrir sa personnalité, son style)* ◆ **à cette époque, l'artiste ne s'était pas encore trouvé** at this time, the artist hadn't yet developed his own distinctive style

VPR IMPERS **se trouver** **il se trouve** (*ou* **se trouvera** *etc*) + *nom (= il y a)* ◆ **il se trouve toujours des gens qui disent...** *ou* **pour dire...** there are always people *ou* you'll always find people who will say... ◆ **il se trouvera peut-être des journalistes pour l'approuver** there'll probably be *ou* there may (well) be some journalists who approve

◆ **il se trouve** (*ou* **se trouvait** *etc*) **que** ◆ **il se trouve que c'est moi** it happens to be me, it's me as it happens ◆ **il s'est trouvé que j'étais là quand...** I happened *ou* chanced to be there when..., it so happened that I was there when... ◆ **il se trouvait qu'elle avait menti** it turned out that she had been lying

◆ **si ça se trouve** * ◆ **ils sont sortis, si ça se trouve** they may well be out, they're probably out ◆ **si ça se trouve, il ne viendra pas** maybe he won't come

trouvère /tʀuvɛʀ/ **NM** trouvère *(medieval minstrel)* ◆ **Le Trouvère** *(= opéra)* Il Trovatore

troyen, -enne /tʀwajɛ̃, ɛn/

ADJ *(Antiq)* Trojan ◆ **(virus) troyen** *(Ordin)* Trojan Horse

NM,F **Troyen(ne)** *(Antiq)* Trojan

truand, e /tʀyɑ̃, ɑd/ SYN

NM *(= gangster)* gangster, mobster *(US)*; *(= escroc)* crook

NM,F *(† = mendiant)* beggar

> (!) **truand** ne se traduit pas par le mot anglais **truant**, qui désigne un élève faisant l'école buissonnière.

truander ‡ /tʀyɑ̃de/ ▸ conjug 1 ◂

VT to swindle, to do ‡ ◆ **se faire truander** to be swindled *ou* done ‡

VI to cheat

truble /tʀybl/ **NF** drop-net

trublion /tʀyblijɔ̃/ **NM** troublemaker, agitator

truc¹ /tʀyk/ GRAMMAIRE ACTIVE 7.3 SYN **NM** [1] *(* = moyen, combine)* way, trick ◆ **il a trouvé le truc (pour le faire)** he's got the hang * of it ◆ **il n'a pas encore compris le truc** he hasn't got the hang * of it yet ◆ **avoir le truc** to have the knack ◆ **cherche un truc pour venir me voir** try to find some way of coming to see me ◆ **on le connaît, leur truc** we know what they're up to * *ou* playing at *, we're onto their little game * ◆ **les trucs du métier** the tricks of the trade ◆ **j'ai un truc infaillible contre les taches** I've got just the thing for getting rid of stains, I know a great way of getting rid of stains

[2] *(= tour) [de prestidigitateur]* trick; *(= trucage : Ciné, Théât)* trick, effect ◆ **c'est impressionnant mais ce n'est qu'un truc** it's impressive but it's only a trick *ou* an effect ◆ **il y a un truc !** there's a trick in it!

[3] *(* = chose, idée)* thing ◆ **on m'a raconté un truc extraordinaire** I've been told an extraordinary thing ◆ **j'ai pensé (à) un truc** I've thought of something, I've had a thought ◆ **il y a un tas de trucs à faire** there's a heap of things to do * ◆ **je lui ai offert un petit truc pour son anniversaire** I gave him a little something for his birthday ◆ **il a dit un truc dans ce style** he said something along those lines *ou* something of the sort ◆ **le ski, c'est pas mon truc** skiing isn't my thing * ◆ **la médecine/l'équitation, c'est son truc** he's really into * medicine/horseriding ◆ **chacun son truc** each to his own

[4] *(* = machin) (dont le nom échappe)* thingumajig *, thingummy *, whatsit *; *(inconnu, jamais vu)* contraption, thing, thingumajig *; *(= chose bizarre)* thing ◆ **c'est quoi, ce truc-là ?** what's that thing? *ou* thingumajig? * ◆ **méfie-toi de ces trucs-là** be careful of *ou* beware of those things

[5] *(‡ = personne)* ◆ **Truc (Chouette), Machin Truc** what's-his-(*ou* her-) name *, what-d'you-call-him (*ou* -her) *

truc² /tʀyk/ **NM** *[de train]* truck, waggon

trucage /tʀykaʒ/ SYN **NM** ⇒ **truquage**

truchement /tʀyʃmɑ̃/ **NM** [1] ◆ **par le truchement de qn** through (the intervention *ou* agency of) sb ◆ **par le truchement de qch** with the aid of sth

[2] *(††, littér = moyen d'expression, intermédiaire)* medium, means of expression

trucider * /tʀyside/ ▸ conjug 1 ◂ **VT** *(hum)* to knock off ‡, to bump off ‡ ◆ **je vais me faire trucider si jamais j'arrive en retard !** I'll get killed * *ou* I'll get my head bitten off * if I arrive late!

trucmuche ‡ /tʀykmyʃ/ **NM** [1] *(= chose)* thingumajig *, thingummy *, whatsit *

truculence | **tuer**

② (= *personne*) ✦ **Trucmuche** what's-his-(*ou* her-) name*, what-d'you-call-him (*ou* -her)*

truculence /tʀykylɑ̃s/ NF [*de langage*] vividness, colourfulness (*Brit*), colorfulness (*US*); [*de style*] colourfulness (*Brit*), colorfulness (*US*) ✦ **la truculence de ce personnage** the liveliness *ou* verve of this character

truculent, e /tʀykylɑ̃, ɑ̃t/ SYN ADJ [*langage*] vivid, colourful (*Brit*), colorful (*US*); [*style*] colourful (*Brit*), colorful (*US*); [*personnage*] colourful (*Brit*), colorful (*US*), larger-than-life (*épith*), larger than life (*attrib*)

⚠ **truculent** ne se traduit pas par le mot anglais **truculent**, qui a le sens de 'agressif'.

truelle /tʀyɛl/ NF [*de maçon*] trowel ✦ **truelle à poisson** (*Culin*) fish slice

truffe /tʀyf/ NF ① (= *champignon*) truffle ✦ **truffe noire/blanche** black/white truffle
② (*Culin*) ✦ **truffes (au chocolat)** (chocolate) truffles
③ (= *nez*) [*de chien*] nose
④ (*** = *idiot*) nitwit*, twit*

truffer /tʀyfe/ SYN ▸ conjug 1 ◂ VT ① (*Culin*) to garnish with truffles
② (= *remplir*) ✦ **truffer qch de** to pepper sth with ✦ **truffé de citations** peppered *ou* larded with quotations ✦ **truffé de fautes** *ou* **d'erreurs** riddled with mistakes ✦ **région truffée de mines** area littered with mines ✦ **truffé de pièges** bristling with traps ✦ **pièce truffée de micros** room bristling with hidden bugging devices ✦ **film truffé d'effets spéciaux** film laden with special effects

trufficulteur, -trice /tʀyfikyltœʀ, tʀis/ NM,F truffle grower

trufficulture /tʀyfikyltyʀ/ NF truffle growing

truffier, -ière /tʀyfje, jɛʀ/
ADJ [*région*] truffle (*épith*); [*chêne*] truffle-producing ✦ **chien truffier** truffle hound
NF **truffière** truffle field

truie /tʀɥi/ NF sow

truisme /tʀyism/ SYN NM (*littér*) truism

truite /tʀɥit/ NF trout (*inv*) ✦ **truite saumonée** salmon trout ✦ **truite de mer** sea trout ✦ **truite arc-en-ciel** rainbow trout; → **bleu**

truité, e /tʀɥite/ ADJ ① (= *tacheté*) [*cheval*] mottled, speckled; [*chien*] spotted, speckled
② (= *craquelé*) [*porcelaine*] crackled

trumeau (*pl* **trumeaux**) /tʀymo/ NM ① (= *pilier*) pier; (*entre portes, fenêtres*) pier; (*panneau ou glace*) pier glass; [*de cheminée*] overmantel
② (*Culin*) shin of beef

truquage /tʀykaʒ/ NM ① [*de serrure, verrou*] adapting, fixing*; [*de cartes, dés*] fixing*; [*d'élections*] rigging, fixing*; [*de combat*] fixing*
② († *falsification*) [*de dossier*] doctoring*; [*de comptes*] fiddling*; [*d'œuvre d'art, meuble*] faking
③ (= *effet spécial*) special effect ✦ **un truquage très réussi** a very successful effect ✦ **le truquage d'une scène** (*Ciné*) using special effects in a scene ✦ **truquages optiques** optical effects *ou* illusions ✦ **truquages de laboratoire** lab effects

truqué, e /tʀyke/ (*ptp de* **truquer**) ADJ [*élections*] rigged; [*combat*] fixed*; [*cartes, dés*] fixed* ✦ **une scène truquée** (*Ciné*) a scene involving special effects

truquer /tʀyke/ SYN ▸ conjug 1 ◂ VT ① [+ *serrure, verrou, cartes*] to fix*; [+ *dés*] to load; [+ *combat, élections*] to rig, to fix* ✦ **truquer une scène** (*Ciné*) to use special effects in a scene
② († = *falsifier*) [+ *dossier*] to doctor*; [+ *comptes*] to fiddle*; [+ *œuvre d'art, meuble*] to fake

truqueur, -euse /tʀykœʀ, øz/ NM,F
① (= *fraudeur*) cheat
② (*Ciné*) special effects man (*ou* woman)

truquiste /tʀykist(ə)/ NM ⇒ **truqueur2**

trusquin /tʀyskɛ̃/ NM marking gauge

trust /tʀœst/ SYN NM (= *cartel*) trust; (= *grande entreprise*) corporation; → **antitrust**

truster /tʀœste/ ▸ conjug 1 ◂ VT [+ *secteur du marché*] to monopolize, to corner; [+ *produit*] to have the monopoly of, to monopolize; (* = *accaparer*) to monopolize ✦ **ils ont trusté les médailles aux derniers Jeux olympiques** they carried off all the medals *ou* they made a clean sweep of the medals at the last Olympic Games

trypanosome /tʀipanozɔm/ NM trypanosome

trypanosomiase /tʀipanozɔmjɑz/ NF trypanosomiasis

trypsine /tʀipsin/ NF trypsin

trypsinogène /tʀipsinɔʒɛn/ NM trypsinogen

tryptamine /tʀiptamin/ NF tryptamine

tryptophane /tʀiptɔfan/ NM tryptophan

TSA /teɛsa/ NF ① (abrév de **technologie des systèmes automatisés**) → **technologie**
② (abrév de **trouble du spectre autistique**) ASD

tsar /dzaʀ/ NM tsar, czar, tzar

tsarévitch /dzaʀevitʃ/ NM tsarevich, czarevich, tzarevich

tsarine /dzaʀin/ NF tsarina, czarina, tzarina

tsarisme /dzaʀism/ NM tsarism, czarism, tzarism

tsariste /dzaʀist/ ADJ tsarist, czarist, tzarist

tsé-tsé /tsetse/ NF ✦ (**mouche**) **tsé-tsé** tsetse fly

TSF † /teɛsɛf/ NF (abrév de **télégraphie sans fil**) (= *procédé*) wireless telegraphy; (= *radio*) wireless, radio; (= *poste*) wireless ✦ **à la TSF** on the radio *ou* wireless

T(-)shirt /tiʃœʀt/ NM ⇒ **tee(-)shirt**

tsigane /tsigan/
ADJ (Hungarian) gypsy *ou* gipsy, tzigane ✦ **violoniste/musique tsigane** (Hungarian) gypsy violinist/music
NM (= *langue*) Romany
NMF **Tsigane** (Hungarian) Gypsy *ou* Gipsy, Tzigane

tsoin-tsoin*, tsouin-tsouin* /tswɛ̃tswɛ̃/ EXCL boom-boom!

tss-tss /tsts/ EXCL tut-tut!

tsunami /tsunami/ NM tsunami

TSVP (abrév de **tournez s'il vous plaît**) PTO

TTC /tetese/ (abrév de **toutes taxes comprises**) inclusive of (all) tax

TU /tey/ NM (abrév de **temps universel**) UT ; → **temps¹**

tu, t' /ty, t/
PRON PERS you (*as opposed to* **vous**: familiar form of address); (*Rel*) thou ✦ **t'as*** **de la chance** you're lucky
NM ✦ **employer le tu** to use the "tu" form ✦ **dire tu à qn** to address sb as "tu" ✦ **être à tu et à toi avec qn** to be on first-name terms with sb, to be a great pal of sb*

tuant, tuante* /tɥɑ̃, tɥɑ̃t/ SYN ADJ (= *fatigant*) killing, exhausting; (= *énervant*) exasperating, tiresome

tub † /tœb/ NM (= *bassin*) (bath)tub; (= *bain*) bath

tuba /tyba/ NM (*Mus*) tuba; (*Sport*) snorkel, breathing tube ✦ **tuba d'orchestre** bass tuba

tubage /tybaʒ/ NM (*Méd*) intubation, cannulation

tubaire /tybɛʀ/ ADJ (*Méd*) tubal

tubard, e* /tybaʀ, aʀd/ (*péj*) (abrév de **tuberculeux**)
ADJ suffering from TB
NM,F TB case

tube /tyb/ SYN NM ① (= *tuyau*) (*gén, de mesure, en verre*) tube; (*de canalisation, tubulure, métallique*) pipe; [*de canon*] barrel ✦ **tube capillaire** capillary tube ✦ **tube à essai** test tube ✦ **tube lance-torpilles** torpedo tube ✦ **tube au néon** neon tube ✦ **tube redresseur** (*Élec*) vacuum diode ✦ **tube régulateur de potentiel** triode ✦ **tube cathodique** cathode ray tube ✦ **tube à vide** vacuum valve *ou* tube ✦ **tube électronique** electronic valve *ou* tube ✦ **tube de Crookes/Pitot** Crookes/Pitot tube
✦ **à pleins tubes** ✦ **marcher à pleins tubes** [*moteur*] to be running full throttle *ou* at maximum revs ✦ **il a mis sa chaîne hi-fi à pleins tubes** he turned his stereo on full blast* ✦ **délirer** *ou* **déconner*** **à pleins tubes** to be raving mad*, to be off one's head* *ou* rocker*
② (= *emballage*) [*d'aspirine, dentifrice, peinture*] tube ✦ **tube de rouge (à lèvres)** lipstick ✦ **en tube** in a tube
③ (*Anat, Bot* = *conduit*) ✦ **tube digestif** digestive tract, alimentary canal ✦ **tubes urinifères/séminaux** urinary/seminiferous tubules ✦ **tube pollinique** pollen tube
④ (* = *chanson à succès*) hit ✦ **le tube de l'été** the summer hit, the hit-song of the summer
⑤ (= *vêtement*) ✦ **jupe tube** pull tube, skinny-rib (sweater *ou* jumper)

⑥ († * = *téléphone*) ✦ **donner un coup de tube à qn** to give sb a buzz* *ou* a tinkle*
⑦ († * = *haut-de-forme*) topper*

tuber /tybe/ ▸ conjug 1 ◂ VT [+ *trou de sondes*] to tube; [+ *puits de pétrole*] to rase

tubéracées /tybeʀase/ NFPL ✦ **les tubéracées** tubers, the Tuberaceae (*SPÉC*)

tubercule /tybɛʀkyl/ NM (*Anat, Méd*) tubercle; [*de plante*] tuber ✦ **tubercules quadrijumeaux** corpora quadrigemina, quadrigeminal *ou* quadrigeminate bodies

tuberculeux, -euse /tybɛʀkylø, øz/
ADJ ① (*Méd*) tuberculous, tubercular ✦ **être tuberculeux** to suffer from tuberculosis *ou* TB, to have tuberculosis *ou* TB
② [*plante*] tuberous, tuberose
NM,F tuberculosis *ou* tubercular *ou* TB patient

tuberculine /tybɛʀkylin/ NF tuberculin

tuberculinique /tybɛʀkylinik/ ADJ [*test*] tuberculinic, tuberculin

tuberculisation /tybɛʀkylizasjɔ̃/ NF tuberculation

tuberculose /tybɛʀkyloz/ NF tuberculosis, TB ✦ **tuberculose pulmonaire** pulmonary tuberculosis ✦ **tuberculose osseuse** tuberculosis of the bones

tubéreux, -euse /tybeʀø, øz/
ADJ tuberous
NF **tubéreuse** (= *plante*) tuberose

tubérisation /tybeʀizasjɔ̃/ NF tuberization

tubérisé, e /tybeʀize/ ADJ tuberous, tuberose

tubérosité /tybeʀozite/ NF (*Anat*) tuberosity

tubicole /tybikɔl/ NM tubicolous worm

tubifex /tybifɛks/ NM tubifex

tubipore /tybipɔʀ/ NM organ-pipe coral, tubipora (*SPÉC*)

tubiste /tybist/ NMF tuba player

tubulaire /tybylɛʀ/ ADJ tubular

tubule /tybyl/ NM tubule

tubulé, e /tybyle/ ADJ [*plante*] tubulate; [*flacon*] tubulated

tubuleux, -euse /tybylø, øz/ ADJ tubulous, tubulate

tubuliflore /tybyliflɔʀ/ ADJ tubuliflorous

tubulure /tybylyʀ/ NF ① (= *tube*) pipe
② (*Tech*) (= *ouverture*) tubulure ✦ **tubulures** (= *tubes*) piping ✦ **tubulure d'échappement/d'admission** [*de moteur*] exhaust/inlet manifold ✦ **tubulure d'alimentation** feed *ou* supply pipe

TUC /tyk/
NMPL (abrév de **travaux d'utilité collective**) → **travail¹**
NMF ⇒ **tucard, e**

tucard, e /tykaʀ, aʀd/ NM,F, **tuciste** /tysist/ NMF (paid) community worker (*otherwise unemployed*)

tudieu †† /tydjø/ EXCL zounds! †, 'sdeath! †

tué, e /tɥe/ (*ptp de* **tuer**) NM,F (*dans un accident, un combat*) person killed ✦ **les tués** the dead, those killed ✦ **le nombre des tués sur la route ne cesse d'augmenter** the number of deaths on the road is increasing all the time ✦ **il y a eu cinq tués** there were five (people) killed *ou* five dead

tue-mouche /tymuʃ/
NM INV ✦ (**amanite**) **tue-mouche** (= *champignon*) fly agaric
ADJ ✦ **papier** *ou* **ruban tue-mouche(s)** flypaper

tuer /tɥe/ SYN ▸ conjug 1 ◂
VT ① [+ *personne, animal*] to kill; (*à la chasse*) to shoot ✦ **tu ne tueras point** (*Bible*) thou shalt not kill ✦ **tuer qn à coups de pierre/de couteau** to stone/stab sb with a knife sb to death ✦ **tuer qn d'une balle** to shoot sb dead ✦ **l'alcool tue** alcohol can kill *ou* is a killer ✦ **la route tue des milliers de gens chaque année** thousands of people are killed on the roads every year ✦ **se faire tuer** to get killed ✦ **il était prêt à se faire tuer pour son pays** he was prepared to die for his country ✦ **tuer le père** (*Psych*) to kill the father ✦ **cet enfant me tuera** this child will be the death of me ✦ **il est à tuer !** (*fig*) you (*ou* I) could kill him! ✦ **il n'a jamais tué personne !** he wouldn't hurt a fly, he's quite harmless ✦ **ça n'a jamais tué personne, ça ne va pas te tuer** it won't kill you ✦ **ça tue !*** (= *c'est génial*) it's great! ✦ **quelle odeur ! ça tue les mouches à quinze pas !*** what a stink!* it's enough to kill

a man at twenty paces! ♦ **un culot pareil, ça me tue !** * he's (ou she's etc) got a nerve! ♦ **ça m'a tué d'apprendre qu'ils divorçaient** * I was flabbergasted * ou staggered when I heard that they were getting divorced; → **poule¹, veau**

2 (= ruiner) to kill; (= exténuer) to exhaust, to wear out ♦ **la bureaucratie tue toute initiative** bureaucracy kills (off) all initiative ♦ **les supermarchés n'ont pas tué le petit commerce** supermarkets have not killed off small traders ♦ **ce rouge tue tout leur décor** this red kills (the effect of) their whole decor ♦ **ces escaliers/querelles me tuent** these stairs/quarrels will be the death of me ♦ **tuer qch dans l'œuf** to nip sth in the bud ♦ **tuer le temps** to kill time

VPR se tuer **1** (l'un l'autre) to kill each other ♦ **séparez-les, ils vont se tuer !** pull them apart, they're going to kill each other!

2 (soi-même, par accident) to be killed ♦ **il s'est tué en montagne/en voiture** he was killed in a mountaineering/car accident

3 (= se suicider) to kill o.s. ♦ **il s'est tué d'une balle dans la tête** he put a bullet through his head, he shot himself in the head

4 (= s'épuiser) ♦ **se tuer au travail, se tuer à la tâche** to work o.s. to death, to kill o.s. with work ♦ **se tuer à répéter/expliquer qch à qn** to repeat/explain sth to sb until one is blue in the face, to wear o.s. out repeating/explaining sth to sb ♦ **je me tue à te le dire !** I've told you again and again!

tuerie /tyʁi/ SYN NF (= carnage) slaughter, carnage

tue-tête /tytɛt/ **à tue-tête** LOC ADV ♦ **crier/chanter à tue-tête** to shout/sing at the top of one's voice, to shout/sing one's head off*

tueur, tueuse /tɥœʁ, tɥøz/ SYN
NM,F **1** (= assassin) killer; (fig = personne impitoyable) shark ♦ **tueur (à gages)** hired ou professional killer, contract killer, hitman* ♦ **tueur en série** serial killer
2 (= chasseur) ♦ **tueur de lions/d'éléphants** lion-/elephant-killer
NM (d'abattoir) slaughterman, slaughterer

tuf /tyf/ NM (Géol) (volcanique) tuff; (calcaire) tufa

tuf(f)eau /tyfo/ NM tufa

tuilage /tɥilaʒ/ NM [d'opérations] overlapping

tuile /tɥil/ NF **1** (lit) tile ♦ **tuile creuse** ou **romaine** ou **ronde** curved tile ♦ **tuile faîtière** ridge tile ♦ **tuiles mécaniques** industrial ou interlocking tiles ♦ **couvrir un toit de tuiles** to tile a roof ♦ **toit de tuiles** tiled roof ♦ **tuiles de pierre/d'ardoise** stone/slate tiles ♦ **nous préférons la tuile à l'ardoise** we prefer tiles to slate
2 (* = coup de malchance) stroke ou piece of bad luck ♦ **quelle tuile !** what rotten luck!, what a pain!* ♦ **il vient de m'arriver une tuile** I've just had a piece of bad luck
3 (Culin) (thin sweet) biscuit (Brit) ou cookie (US)

tuileau /tɥilo/ NM tile fragment

tuiler /tɥile/ ► conjug 1 ◄ VT [+ opérations] to overlap

tuilerie /tɥilʁi/ NF (= fabrique) tilery; (= four) tilery, tile kiln

tuilier, -ière /tɥilje, jɛʁ/
ADJ tile (épith)
NM,F tile maker ou manufacturer

tularémie /tylaʁemi/ NF tularaemia (Brit), tularemia (US)

tulipe /tylip/ NF (= fleur) tulip; (= lampe) tulip-shaped lamp ♦ **verre tulipe** tulip glass

tulipier /tylipje/ NM tulip tree

tulle /tyl/ NM tulle ♦ **robe de tulle** tulle dress ♦ **tulle gras** (Méd) sofra-tulle

tullier, -ière /tylje, jɛʁ/ ADJ tulle (épith)

tulliste /tylist/ NMF (= ouvrier) tulle maker

tumbling /tœmbliŋ/ NM (Sport) tumbling

tuméfaction /tymefaksjɔ̃/ SYN NF (= effet) swelling ou puffing up, tumefaction (SPÉC); (= partie tuméfiée) swelling

tuméfier /tymefje/ ► conjug 7 ◄
VT to cause to swell, to tumefy (SPÉC) ♦ **visage/œil tuméfié** puffed-up ou swollen face/eye
VPR **se tuméfier** to swell up, to puff up, to tumefy (SPÉC)

tumescence /tymesɑ̃s/ NF tumescence

tumescent, e /tymesɑ̃, ɑ̃t/ ADJ tumescent

tumeur /tymœʁ/ SYN NF tumour (Brit), tumor (US) (de of), growth (de in) ♦ **tumeur bénigne/maligne** benign/malignant tumour ♦ **tumeur au cerveau** brain tumour

tumoral, e (mpl **-aux**) /tymɔʁal, o/ ADJ tumorous, tumoral

tumorectomie /tymɔʁɛktɔmi/ NF lumpectomy

tumulaire /tymylɛʁ/ ADJ tumular

tumulte /tymylt/ SYN NM **1** (= bruit) [de foule] commotion; [de voix] hubbub; [d'acclamations] thunder, tumult ♦ **un tumulte d'applaudissements** thunderous applause, a thunder of applause ♦ **le tumulte des flots/de l'orage** (littér) the tumult of the waves/of the storm ♦ **la réunion s'est achevée dans un tumulte général** the meeting ended in uproar ou in pandemonium
2 (= agitation) [d'affaires] hurly-burly; [de passions] turmoil, tumult; [de rue, ville] hustle and bustle (de in, of), commotion (de in)

tumultueusement /tymyltɥøzmɑ̃/ ADV stormily, turbulently, tumultuously

tumultueux, -euse /tymyltɥø, øz/ SYN ADJ [séance] stormy, turbulent, tumultuous; [foule] turbulent, agitated; (littér) [flots, bouillonnement] turbulent; [vie, période, jeunesse] stormy, turbulent; [passion] tumultuous, turbulent

tumulus /tymylys/ NM burial mound, tumulus (SPÉC), barrow (SPÉC)

tune /tyn/ NF ⇒ **thune**

tuner /tynɛʁ/ NM (= amplificateur) tuner

tungstate /tœkstat/ NM tungstate

tungstène /tœkstɛn/ NM tungsten, wolfram

tungstique /tœkstik/ ADJ ♦ **acide tungstique** tungstic acid

tuniciers /tynisje/ NMPL ♦ **les tuniciers** tunicates, the Tunicata (SPÉC)

tunique /tynik/ SYN NF **1** [de prêtre] tunicle, tunic; [de femme] (droite) tunic; (à forme ample) smock; (longue) gown; [de soldat, écolier] tunic ♦ **la tunique de Nessus** (Myth) the shirt of Nessus
2 (Anat) tunic, tunica; [de bulbe] tunic ♦ **tunique de l'œil** tunica albuginea of the eye

Tunis /tynis/ N Tunis

Tunisie /tynizi/ NF Tunisia

tunisien, -ienne /tynizjɛ̃, jɛn/
ADJ **1** (de Tunisie) Tunisian
2 ♦ **(T-shirt) tunisien** Grandad-style T-shirt
NM,F **Tunisien(ne)** Tunisian

tunnel /tynɛl/ SYN NM tunnel ♦ **tunnel ferroviaire/routier** railway/road tunnel ♦ **tunnel aérodynamique** wind tunnel ♦ **le tunnel sous la Manche** the Channel Tunnel, the Chunnel* ♦ **voir le bout du tunnel** to see (the) light at the end of the tunnel; → **effet**

tunnelier /tynəlje/ NM (= ouvrier) tunneller; (= machine) mole

TUP /typ/ NM (abrév de **titre universel de paiement**); → aussi **titre**

tupaïa, tupaja /typaja/ NM tree shrew

tupi /typi/
NM (= langue) Tupi
NMF ♦ **Tupi** Tupi

tuque /tyk/ NF (Can) woollen cap, tuque (Can)

turban /tyʁbɑ̃/ NM turban

turbé, turbeh /tyʁbe/ NM turbeh

turbide /tyʁbid/ ADJ (littér) [flots] turbid

turbidité /tyʁbidite/ NF (littér) turbidity, turbidness

turbin * /tyʁbɛ̃/ NM (= emploi) work ♦ **aller au turbin** to go off to work ♦ **se remettre au turbin** to get back to work ♦ **après le turbin** after work

turbine /tyʁbin/ NF turbine ♦ **turbine hydraulique** water ou hydraulic turbine ♦ **turbine à réaction/à impulsion** reaction/impulse turbine ♦ **turbine à vapeur/à gaz** steam/gas turbine

turbiné, e /tyʁbine/ ADJ turbinate(d), turbinal

turbiner¹ * /tyʁbine/ ► conjug 1 ◄ VI to graft (away)*, to slog away*, to slave away ♦ **faire turbiner qn** to make sb work, to keep sb at it* ou with his nose to the grindstone*

turbiner² /tyʁbine/ ► conjug 1 ◄ (Tech) to put through a turbine

turbith /tyʁbit/ NM turpeth

turbo /tyʁbo/
ADJ INV **1** [moteur, voiture] turbo
2 (Ordin) ♦ **turbo pascal/C** turbo pascal/C
NM (= moteur) turbo ♦ **mettre le turbo** * to get a move on*, to step on it*
NF (= voiture) turbo

turboalternateur /tyʁboaltɛʁnatœʁ/ NM turboalternator

turbocompressé, e /tyʁbokɔ̃pʁese/ ADJ turbocharged

turbocompresseur /tyʁbokɔ̃pʁesœʁ/ NM turbocharger ♦ **turbocompresseur de suralimentation** turbosupercharger

turbodiesel /tyʁbodjezɛl/ ADJ, NM turbodiesel

turbo-enseignant, e (pl **turbo-enseignants**) /tyʁboɑ̃sɛɲɑ̃, ɑ̃t/ NM,F teacher commuting long distances

turboforage /tyʁbofɔʁaʒ/ NM turbodrilling

turbomachine /tyʁbomaʃin/ NF turbomachine

turbomoteur /tyʁbomɔtœʁ/ NM turbine engine

turbopompe /tyʁbopɔ̃p/ NF turbopump, turbine-pump

turbo-prof * (pl **turbo-profs**) /tyʁbopʁɔf/ NMF teacher commuting long distances

turbopropulseur /tyʁbopʁopylsœʁ/ NM turboprop

turboréacteur /tyʁboʁeaktœʁ/ NM turbojet (engine) ♦ **turboréacteur à double flux** bypass turbojet ou engine

turbosoufflante /tyʁbosuflɑ̃t/ NF turboblower

turbot /tyʁbo/ NM turbot

turbotière /tyʁbɔtjɛʁ/ NF fish kettle

turbotin /tyʁbɔtɛ̃/ NM young turbot

turbotrain /tyʁbotʁɛ̃/ NM turbotrain

turbulence /tyʁbylɑ̃s/ SYN NF **1** (= dissipation) boisterousness, unruliness
2 (= agitation) (gén Sci) turbulence (NonC) ♦ **entrer dans une zone de turbulences** [avion] to go into an area of turbulence ♦ **l'euro traverse une nouvelle zone de turbulences** the euro is going through a new period of turbulence ♦ **turbulences politiques/sociales** political/social unrest

turbulent, e /tyʁbylɑ̃, ɑ̃t/ SYN ADJ **1** (= agité) [enfant, élève] turbulent, boisterous; [jeunesse, foule] unruly; [époque] turbulent
2 (littér = tumultueux) [passion] turbulent, stormy
3 (Sci) turbulent

turc, turque /tyʁk/
ADJ Turkish ♦ **à la turque** (= accroupi, assis) cross-legged; [cabinets] seatless; (Mus) alla turca
NM **1** (= personne) ♦ **Turc** Turk ♦ **le Grand Turc** (Hist) the Sultan ♦ **les Jeunes Turcs** (Hist, fig) the Young Turks
2 (= langue) Turkish
NF **Turque** Turkish woman

turcique /tyʁsik/ ADJ ♦ **selle turcique** sella turcica

turcophone /tyʁkofɔn/
ADJ Turkish-speaking
NMF Turkish speaker

turdidés /tyʁdide/ NMPL ♦ **les turdidés** the Turdidae (SPÉC)

turf /tyʁf/ NM **1** (Sport) (= terrain) racecourse ♦ **le turf** (= activité) racing, the turf
2 (arg Crime = prostitution) ♦ **le turf** streetwalking ♦ **aller au turf** to go and walk the streets
3 (* = travail) ♦ **aller au turf** to go off to work

turfiste /tyʁfist/ NMF racegoer

turgescence /tyʁʒesɑ̃s/ NF turgescence

turgescent, e /tyʁʒesɑ̃, ɑ̃t/ ADJ turgescent

turgide /tyʁʒid/ ADJ (littér) swollen

turion /tyʁjɔ̃/ NM turion

turista * /tuʁista/ NF holiday tummy* (Brit), traveler's tummy* (US)

turkmène /tyʁkmɛn/
ADJ Turkmen
NM (= langue) Turkmen
NMF **Turkmène** Turkmen

Turkménistan /tyʁkmenistɑ̃/ NM Turkmenistan

turlupiner * /tyʁlypine/ ► conjug 1 ◄ VT to bother, to worry ♦ **ce qui me turlupine** what bugs me* ou worries me

turlute /tyʁlyt/ NF **1** (Can) hummed tune
2 *‡ blow-job *‡ ♦ **faire une turlute à qn** to give sb a blow-job *‡

turluter /tyʁlyte/ ▸ conjug 1 ◂ (Can)
- **VT** [+ chanson] to hum
- **VI** to hum a tune

turlutte /tyʁlyt/ NF (Pêche) jig

turne* /tyʁn/ NF ① († péj = logement) digs*
② (Scol = chambre) room

turonien, -ienne /tyʁɔnjɛ̃, jɛn/ ADJ Turonian

turpide /tyʁpid/ ADJ (littér) [âme] base

turpitude /tyʁpityd/ SYN NF ① (caractère) turpitude
② (gén pl = acte) base act

turquerie /tyʁk(ə)ʁi/ NF Turkism

Turquie /tyʁki/ NF Turkey

turquin /tyʁkɛ̃/ ADJ M (littér) deep blue

turquoise /tyʁkwaz/ NF, ADJ INV turquoise

turriculé, e /tyʁikyle/ ADJ turreted, turriculate(d)

turriforme /tyʁifɔʁm/ ADJ turriform

turritelle /tyʁitɛl/ NF turritella

tussah /tysa/ NM tussore, tusser, tussah (US)

tussilage /tysilaʒ/ NM coltsfoot

tussor /tysɔʁ/ NM tussore, tusser, tussah (US)

tutélaire /tyteleʁ/ ADJ (littér = protecteur) tutelary, protecting (épith); (Jur = de la tutelle) tutelary

tutelle /tytɛl/ SYN NF ① (Jur) [de mineur] guardianship, wardship; [d'aliéné] guardianship ◆ **avoir la tutelle de qn** to be sb's guardian ◆ **mettre qn en tutelle** to put sb in the care of a guardian ◆ **enfant en tutelle** child under guardianship ◆ **être placé sous tutelle judiciaire** to be made a ward of court
② (= contrôle financier, administratif, politique) supervision; (= protection) tutelage, protection ◆ **tutelle administrative/de l'État** administrative/state supervision ◆ **organisme de tutelle** regulator, regulating body ◆ **autorité de tutelle** regulatory authority ◆ **ministère de tutelle** (Admin) ministry in charge ◆ **régime de tutelle** (Pol) trusteeship ◆ **territoires sous tutelle** (Pol) trust territories ◆ **pays sous la tutelle de l'ONU** country under UN trusteeship ◆ **mettre sous tutelle** to put under supervision ◆ **la banque a été mise sous tutelle** control of the bank has been put in the hands of trustees ◆ **être sous la tutelle de qn** (dépendant) to be under sb's supervision; (protégé) to be in sb's tutelage ◆ **tenir** ou **garder en tutelle** [+ pays] to hold sway over; [+ personne] to keep a tight rein on ◆ **exercer sa tutelle sur** to control

tuteur, -trice /tytœʁ, tʁis/ SYN
NM,F (Jur, fig littér = protecteur) guardian; (Univ) tutor ◆ **tuteur légal/testamentaire** legal/testamentary guardian ◆ **tuteur ad hoc** specially appointed guardian
NM (Agr) stake, support

tuteurage /tytœʁaʒ/ NM (Agr) staking

tuteurer /tytœʁe/ ▸ conjug 1 ◂ VT (Agr) to stake (up)

tutoiement /tytwamɑ̃/ NM use of (the familiar) "tu" (instead of "vous")

- **TUTOIEMENT/VOUVOIEMENT**
- There are no hard-and-fast rules about when to use "tu" or "vous" to address people. Small children can be addressed as "tu", and will often reply using the "tu" form as well. In informal contexts among young people of the same age, "tu" is often used even at first meeting. Among the older generation, "vous" is standard until people know each other well; some older married couples even use the "vous" form to address their spouse. As a general rule for non-native speakers, "vous" should always be used to address adults until the other person uses "tu", or asks permission to do so.

tutorat /tytɔʁa/ NM (Scol) guidance; (Univ) tutorial system

tutoriel /tytɔʁjɛl/ NM tutorial

tutoyer /tytwaje/ ▸ conjug 8 ◂ VT ① (= dire « tu » à) ◆ **tutoyer qn** to use the familiar "tu" when speaking to sb, to address sb as "tu" (instead of "vous")
② (littér = fréquenter) to be on familiar ou intimate terms with
③ (= frôler) ◆ **le cheval a tutoyé l'obstacle** the horse brushed the fence ◆ **le nombre des chômeurs tutoie la barre des trois millions** unemployment is nearing the three million mark

tutsi, e /tutsi/
ADJ Tutsi
NM,F **Tutsi, e** Tutsi

tutti /tu(t)ti/ NM INV tutti

tutti frutti /tutifʁuti/ LOC ADJ INV [glace] tutti-frutti

tutti quanti /tutikwɑ̃ti/ **et tutti quanti** LOC ADV and all the rest (of them), and all that lot* ou crowd*

tutu /tyty/ NM tutu, ballet skirt

Tuvalu /tuvalu/ N Tuvalu

tuyau (pl **tuyaux**) /tɥijo/ SYN
NM ① (gén, rigide) pipe, length of piping; (flexible, en caoutchouc, vendu au mètre) length of rubber tubing, rubber tubing (NonC); [de pipe] stem ◆ **il me l'a dit dans le tuyau de l'oreille*** he whispered it to me
② (Habillement = pli) flute
③ * (= conseil) tip; (= renseignement) gen * (NonC) ◆ **quelques tuyaux pour le bricoleur** a few tips for the do-it-yourself enthusiast ◆ **il nous a donné des tuyaux sur leurs activités/projets** he gave us some gen * on their activities/plans ◆ **tuyau crevé** useless tip
COMP **tuyau d'alimentation** feeder pipe ◆ **tuyau d'arrosage** hosepipe, garden hose ◆ **tuyau de cheminée** chimney pipe ou flue ◆ **tuyau de descente** (pluvial) downpipe, fall pipe; [de lavabo, W-C] wastepipe ◆ **tuyau d'échappement** exhaust (pipe), tailpipe ◆ **tuyau de gaz** gas pipe ◆ **tuyau d'orgue** (Géol, Mus) organ pipe ◆ **tuyau de pipe** stem of a pipe ◆ **avoir les artères en tuyau de pipe** to have hardened arteries ◆ **tuyau de poêle** stovepipe ◆ **(chapeau en) tuyau de poêle*** † stovepipe hat ◆ **quelle famille tuyau de poêle !‡** (à problèmes) what a mixed-up family!*; (incestueuse) everybody sleeps with everybody in that family! ◆ **tuyau de pompe** pump pipe

tuyautage /tɥijotaʒ/ NM ① [de linge] fluting, goffering
② (* = renseignement) tipping off

tuyauter /tɥijote/ ▸ conjug 1 ◂ VT ① [+ linge] to flute, to goffer ◆ **un tuyauté** a fluted frill
② (* = conseiller) ◆ **tuyauter qn** to give sb a tip; (= mettre au courant) to put sb in the know*, to give sb the tip-off*

tuyauterie /tɥijotʁi/ NF [de machines, canalisations] piping (NonC); [d'orgue] pipes

tuyère /tyjɛʁ/ NF [de turbine] nozzle; [de four, haut fourneau] tuyère, twyer ◆ **tuyère d'éjection** exhaust ou propulsion nozzle

TV /teve/ NF (abrév de **télévision**) TV

TVA /tevea/ NF (abrév de **taxe sur la valeur ajoutée**) VAT

TVHD /teve'afde/ NF (abrév de **télévision haute définition**) HDTV

tweed /twid/ NM tweed

tweeter /twitœʁ/ NM (Mus) tweeter

twin-set (pl **twin-sets**) /twinsɛt/ NM twinset

twist /twist/ NM (= danse) twist

twister /twiste/ ▸ conjug 1 ◂ VI (Danse) to twist

tylenchus /tilɛ̃kys/ NM Tylenchus

tympan /tɛ̃pɑ̃/ NM ① (Anat) eardrum, tympanum (SPÉC) ◆ **bruit à vous déchirer** ou **crever les tympans** earsplitting noise; → **caisse**
② (Archit) tympan(um)
③ (Tech = pignon) pinion

tympanal, e (mpl -aux) /tɛ̃panal, o/ ADJ, NM ◆ **(os) tympanal** tympanic bone

tympanique /tɛ̃panik/ ADJ (Anat) tympanic

tympanisme /tɛ̃panism/ NM (Méd) tympanitis

tympanon /tɛ̃panɔ̃/ NM (Mus) dulcimer

tyndallisation /tɛ̃dalizasjɔ̃/ NF Tyndallization

type /tip/ SYN
NM ① (= modèle) type ◆ **il y a plusieurs types de bicyclettes** there are several types of bicycle ◆ **une pompe du type B5** a pump of type B5, a type B5 pump ◆ **une pompe du type réglementaire** a regulation-type pump ◆ **une voiture (de) type break** an estate-type (Brit) ou station-wagon-type (US) car ◆ **« convient à tous les types de peau »** "suitable for all skin types" ◆ **certains types humains** certain human types ◆ **avoir le type oriental/nordique** to be Oriental-/Nordic-looking, to have Oriental/Nordic looks ◆ **un beau type de femme/d'homme** a fine specimen of womanhood/of manhood ◆ **c'est le type d'homme à faire cela** he's the type ou sort of man who would do that ◆ **plusieurs opérations de ce type ont déjà eu lieu** several operations of that nature ou kind ou type have already taken place ◆ **des contrats d'un type nouveau** new types of contract ◆ **rien ne peut justifier ce type de comportement** nothing can justify that kind ou type of behaviour ◆ **pour étudier certains types de comportements** to study certain behaviour patterns ◆ **ce** ou **il/elle n'est pas mon type** he/she is not my type ou sort
② (= exemple) classic example ◆ **c'est le type (parfait** ou **même) de l'intellectuel/du vieux garçon** he's the typical intellectual/bachelor, he's a perfect ou classic example of the intellectual/ of the bachelor ◆ **c'est le type même de la machination politique** it's a classic example of political intrigue
③ (* = individu) guy*, chap* (Brit), bloke* (Brit); († = individu remarquable) character; (= amant) boyfriend ◆ **un sale type** a nasty character, a nasty piece of work* ◆ **quel sale type !** he's such a swine‡ ou bastard*‡!; → **chic**
④ (Typographie) typeface; (Numismatique) type
ADJ INV typical, classic; (Stat) standard ◆ **l'erreur/le politicien type** the typical ou classic mistake/politician ◆ **l'exemple/la situation type** the typical ou classic example/situation ◆ **lettre/contrat type** standard letter/contract; → **écart**

typé, e /tipe/ SYN (ptp de **typer**) ADJ ① (physiquement) ◆ **une femme brune et très typée** a dark-haired woman with the characteristic features of her race ◆ **elle est allemande mais pas très typée** she's German but she doesn't look typically German ou doesn't have typical German looks
② [attitudes, goûts] typical, characteristic ◆ **les personnages fortement typés de la commedia dell'arte** the stock characters of the commedia dell'arte

typer /tipe/ ▸ conjug 1 ◂ VT ① (= caractériser) ◆ **auteur/acteur qui type son personnage** author/actor who brings out the features of the character well ◆ **un personnage bien typé** a character well rendered as a type
② (Tech) (= marquer) to stamp, to mark

typesse †‡ /tipɛs/ NF (péj) female* (péj)

typha /tifa/ NM reed mace, (false) bulrush, cat's-tail

typhique /tifik/
ADJ (= du typhus) typhous; (= de la typhoïde) typhic ◆ **bacille typhique** typhoid bacillus
NMF typhoid sufferer

typhoïde /tifɔid/ ADJ, NF ◆ **(fièvre) typhoïde** typhoid (fever)

typhoïdique /tifɔidik/ ADJ typhic

Typhon /tifɔ̃/ NM Typhon

typhon /tifɔ̃/ SYN NM typhoon

typhose /tifoz/ NF fowl pest

typhus /tifys/ NM typhus (fever)

typique /tipik/ SYN ADJ ① (gén, Bio) typical (de of) ◆ **sa réaction est typique** his reaction is typical (of him) ou true to form ou type ◆ **un cas typique de...** a typical case of... ◆ **il a encore oublié, c'est typique !** he's forgotten again – typical!
② † [musique, orchestre] Latin American

typiquement /tipikmɑ̃/ ADV typically

typo* /tipo/
NF abrév de **typographie**
NM abrév de **typographe**

typographe /tipɔgʁaf/ NMF (gén) typographer; (= compositeur à la main) hand compositor

typographie /tipɔgʁafi/ NF ① (= procédé d'impression) letterpress (printing); (= opérations de composition, art) typography
② (= aspect) typography

typographique /tipɔgʁafik/ ADJ [procédé, impression] letterpress (épith); [opérations, art] typographic(al) ◆ **erreur** ou **faute typographique** typographical error, misprint, typo* ◆ **argot typographique** typographers' jargon ◆ **cet ouvrage est une réussite typographique** this work is a success typographically ou as regards typography

typographiquement /tipɔgʁafikmɑ̃/ ADV [imprimer] by letter-press ◆ **livre typographiquement réussi** book that is a success typographically ou successful as regards typography

typolithographie /tipolitɔgʀafi/ NF typolithography

typologie /tipɔlɔʒi/ SYN NF typology

typologique /tipɔlɔʒik/ ADJ typological

typomètre /tipɔmɛtʀ/ NM line *ou* type gauge

Tyr /tiʀ/ N Tyre

tyran /tiʀɑ̃/ SYN NM *(lit, fig)* tyrant ◆ **c'est un tyran domestique** he's a tyrant at home

tyranneau (pl **tyranneaux**) /tiʀano/ NM *(hum, péj)* petty tyrant

tyrannicide /tiʀanisid/ NMF, NM tyrannicide

tyrannie /tiʀani/ SYN NF *(lit, fig)* tyranny ◆ **la tyrannie de la mode/d'un mari** the tyranny of fashion/of a husband ◆ **exercer sa tyrannie sur qn** to tyrannize sb, to wield one's tyrannical powers over sb

tyrannique /tiʀanik/ SYN ADJ *[personne, régime, pouvoir]* tyrannical ◆ **il est tyrannique envers** *ou* **avec ses étudiants** he bullies his students

tyranniquement /tiʀanikmɑ̃/ ADV tyrannically

tyranniser /tiʀanize/ SYN ▸ conjug 1 ◂ VT to bully, to tyrannize ◆ **un élève tyrannisé par ses camarades d'école** a pupil bullied by his classmates

tyrannosaure /tiʀanɔzɔʀ/ NM tyrannosaur, tyrannosaurus

tyrien /tiʀjɛ̃/ ADJ M ◆ **rose tyrien** Tyrian purple

Tyrol /tiʀɔl/ NM ◆ **le Tyrol** the Tyrol

tyrolien, -ienne /tiʀɔljɛ̃, jɛn/
  ADJ Tyrolean; → **chapeau**
  NM,F **Tyrolien(ne)** Tyrolean
  NF **tyrolienne** 1 *(= chant)* yodel, Tyrolienne ◆ **chanter des tyroliennes** to yodel
  2 *(Alpinisme)* *(= technique)* Tyrolean traverse; *(= pont)* rope bridge

tyrosinase /tiʀozinɑz/ NF tyrosinase

tyrosine /tiʀozin/ NF tyrosine

tyrothricine /tiʀotʀisin/ NF tyrothricin

Tyrrhénienne /tiʀenjɛn/ NF → **mer**

tzar /dzaʀ/, **tzarévitch** /dzaʀevitʃ/ NM, **tzarine** /dzaʀin/ NF ⇒ tsar, tsarévitch, tsarine

tzigane /dzigan/ ADJ, NMF ⇒ tsigane

U

U, u /y/ **NM** (= *lettre*) U, u ◆ **poutre en U** U(-shaped) beam ◆ **vallée en U** U-shaped valley ◆ **disposer des tables en U** to arrange tables in a U-shape

ubac /ybak/ **NM** (*Géog*) north(-facing) side, ubac (SPÉC)

ubiquité /ybikɥite/ **NF** ubiquity ◆ **avoir le don d'ubiquité** to be ubiquitous, to be everywhere at once

ubuesque /ybyɛsk/ **ADJ** (= *grotesque*) grotesque; (*Littérat*) Ubuesque

UDF /ydeɛf/ **NF** (abrév de **Union pour la démocratie française**) French centre-right political party

UE /yə/ **NF** ① (abrév de **Union européenne**) EU ② (abrév de **unité d'enseignement**) → **unité**

UEFA /yefa/ **NF** (abrév de **Union of European Football Associations**) UEFA ◆ **la Coupe de l'UEFA** the UEFA Cup

UEM /yɛm/ **NF** (abrév de **Union économique et monétaire**) EMU

UEO /yəo/ **NF** (abrév de **Union de l'Europe occidentale**) WEU

UER † /yəɛʀ/ **NF** (abrév de **Unité d'enseignement et de recherche**) → **unité**

ufologie /yfɔlɔʒi/ **NF** ufology

ufologue /yfɔlɔg/ **NMF** ufologist

UFR /yɛfɛʀ/ **NF** (abrév de **Unité de formation et de recherche**) → **unité**

UHF /yaʃɛf/ **NF** (abrév de **ultra-high frequency**) UHF

uhlan /ylɑ̃/ **NM** uhlan

UHT /yaʃte/ **NF** (abrév de **ultra-haute température**) UHT

ukase /ukaz/ **NM** ⇒ **oukase**

Ukraine /ykʀɛn/ **NF** ◆ **l'Ukraine** the Ukraine

ukrainien, -ienne /ykʀɛnjɛ̃, jɛn/
ADJ Ukrainian
NM (= *langue*) Ukrainian
NM,F Ukrainien(ne) Ukrainian

ukulélé /jukulele/ **NM** ukulele

ulcératif, -ive /ylsɛʀatif, iv/ **ADJ** ulcerative

ulcération /ylsɛʀasjɔ̃/ **SYN NF** ulceration

ulcère /ylsɛʀ/ **NM** ulcer ◆ **ulcère à l'estomac** stomach ulcer ◆ **ulcère variqueux** varicose ulcer

ulcérer /ylsɛʀe/ **SYN** ► conjug 6 ◄ **VT** ① (= *révolter*) to sicken, to appal ◆ **le verdict/cette accusation l'a ulcéré** he was outraged by *ou* appalled at the verdict/the accusation ◆ **être ulcéré (par l'attitude de qn)** to be sickened *ou* appalled (by sb's attitude)
② (*Méd*) to ulcerate ◆ **plaie ulcérée** festering *ou* ulcerated wound

ulcéreux, -euse /ylsɛʀø, øz/ **ADJ** ulcerated, ulcerous

uléma /ylema/ **NM** ulema

ULM /yɛlɛm/ **NM** (abrév de **ultra-léger motorisé**) microlight, microlite ◆ **faire de l'ULM** to go microlighting

ulmaire /ylmɛʀ/ **NF** (= *plante*) meadowsweet

Ulster /ylstɛʀ/ **NM** Ulster

ulstérien, -ienne /ylstɛʀjɛ̃, jɛn/
ADJ Ulster (*épith*)
NM Ulstérien Ulsterman
NF Ulstérienne Ulsterwoman

ultérieur, e /ylteʀjœʀ/ **SYN ADJ** later ◆ **à une date ultérieure** at a later date ◆ **cela devrait faire l'objet de discussions ultérieures** this should be the subject of later *ou* future discussions ◆ **la question sera abordée dans une phase ultérieure (des négociations)** the question will be discussed at a later stage (of the negotiations)

ultérieurement /ylteʀjœʀmɑ̃/ **SYN ADV** later

ultimatum /yltimatɔm/ **SYN NM** ultimatum ◆ **envoyer** *ou* **adresser un ultimatum à qn** to present sb with an ultimatum

ultime /yltim/ **SYN ADJ** [*étape, avertissement, réunion, hommage*] last, final; [*recours, chance*] last; [*objectif, responsabilité*] ultimate; [*tentative*] last(-ditch), final

ultra /yltʀa/
NM (= *réactionnaire*) extreme reactionary; (= *extrémiste*) extremist ◆ **Ultra(-royaliste)** (*Hist*) ultra(-royalist)
PRÉF ◆ **ultra-chic/-long** ultra-chic/-long ◆ **ultra-conservateur/-nationaliste/-orthodoxe** ultra-conservative/-nationalist/-orthodox ◆ **ultra-court** (*gén*) ultra-short ◆ **ondes ultracourtes** (*Radio*) ultra-high frequency ◆ **ultra-plat** [*boîtier, montre*] slimline ◆ **ultra-fin** [*tranche*] wafer-thin; [*poudre, texture*] ultra-fine; [*collant, tissu*] sheer

ultracentrifugation /yltʀasɑ̃tʀifygasjɔ̃/ **NF** ultracentrifugation

ultracentrifugeuse /yltʀasɑ̃tʀifyʒøz/ **NF** ultracentrifuge

ultra-confidentiel, -ielle /yltʀakɔ̃fidɑ̃sjɛl/ **ADJ** (*gén, sur un dossier*) top secret

ultrafiltration /yltʀafiltʀasjɔ̃/ **NF** ultra filtration

ultra-léger, ultraléger, -ère /yltʀaleʒe, ɛʀ/ **ADJ** [*équipement*] ultra-light; [*cigarette*] ultra-mild; [*tissu, vêtement*] very light; → **ULM**

ultra-libéral, ultralibéral, e (mpl **-aux**) /yltʀaliberal, o/
ADJ [*idéologie, politique*] ultra-free market (*épith*); [*personne*] who advocates an ultra-free market
NM,F ultra-free marketeer

ultra-libéralisme, ultralibéralisme /yltʀaliberalism/ **NM** doctrine of the ultra-free market

ultramarin, e /yltʀamaʀɛ̃, in/ **ADJ** ultramarine

ultramicroscope /yltʀamikʀɔskɔp/ **NM** ultramicroscope

ultramicroscopique /yltʀamikʀɔskɔpik/ **ADJ** ultramicroscopic

ultramoderne /yltʀamɔdɛʀn/ **ADJ** (*gén*) ultramodern; [*équipement*] high-tech, hi-tech, state-of-the-art (*épith*)

ultramontain, e /yltʀamɔ̃tɛ̃, ɛn/ (*Rel*)
ADJ ultramontane
NMPL ◆ **les ultramontains** ultramontanists, ultramontanes

ultrapression /yltʀapʀesjɔ̃/ **NF** ultrahigh pressure

ultra-rapide, ultrarapide /yltʀaʀapid/ **ADJ** [*bateau, ordinateur*] high-speed (*épith*) ◆ **formule ultra-rapide** (*dans un restaurant*) express menu

ultraroyaliste /yltʀaʀwajalist/ **ADJ, NMF** ultraroyalist

ultrasecret, -ète /yltʀasəkʀɛ, ɛt/ **ADJ** top secret

ultra-sensible, ultrasensible /yltʀasɑ̃sibl/ **ADJ** [*appareil, balance, dossier, problème*] ultrasensitive; [*personne, peau*] hypersensitive ◆ **film** *ou* **pellicule ultra-sensible** high-speed film

ultrason /yltʀasɔ̃/ **NM** ultrasonic sound ◆ **les ultrasons** ultrasound (*NonC*)

ultrasonique /yltʀasɔnik/, **ultrasonore** /yltʀasɔnɔʀ/ **ADJ** ultrasonic

ultraviolet, -ette /yltʀavjɔlɛ, ɛt/
ADJ ultraviolet
NM ultraviolet ray ◆ **faire des séances d'ultraviolets** to have sunbed sessions

ululation /ylylasjɔ̃/ **NF**, **ululement** /ylylmɑ̃/ **NM** ⇒ **hululement**

ululer /ylyle/ ► conjug 1 ◄ **VI** ⇒ **hululer**

Ulysse /ylis/ **NM** Ulysses

UMP /yɛmpe/ **NF** (abrév de **Union pour un mouvement populaire**) French political party

UMTS /yɛmteɛs/ **NM** (abrév de **Universal Mobile Telecommunication System**) UMTS

✦✦✦✦✦✦✦✦✦✦✦✦✦✦✦✦✦✦✦✦✦✦

un, une /œ̃, yn/

1 - ARTICLE INDÉFINI
2 - PRONOM
3 - ADJECTIF
4 - NOM MASCULIN INV
5 - NOM FÉMININ

▶ Lorsque **un, une** s'emploient dans des locutions figées telles que **pour un rien, un de ces jours, il n'en rate pas une** etc, cherchez au nom ou au verbe.

✦✦✦✦✦✦✦✦✦✦✦✦✦✦✦✦✦✦✦✦✦✦

1 - ARTICLE INDÉFINI

① [GÉN] a, an (*devant voyelle*); (= *un, une quelconque*) some ◆ **ne venez pas un dimanche** don't come on a Sunday ◆ **le témoignage d'un enfant n'est pas valable** a child's evidence *ou* the evidence of a child is not valid ◆ **un chien sent tout de suite si quelqu'un a peur de lui** dogs know straight away when you're afraid of them ◆ **c'est l'œuvre d'un poète** it's the work of a poet ◆ **retrouvons-nous dans un café** let's meet in a café ◆ **un jour/soir il partit** one day/evening he went away ◆ **un jour, tu comprendras** one day *ou* some day you'll understand ◆ **passez un soir** drop in one *ou* some evening ◆ **une fois, il est venu avec un ami et...** once he came with a friend and...

② [AVEC NOM ABSTRAIT] ◆ **avec une grande sagesse/ violence** with great wisdom/violence, very wisely/violently ◆ **des hommes d'un courage sans égal** men of unparalleled courage ◆ **un amour qui frôlait la passion** a love which bordered on passion

③ [AVEC NOM PROPRE] a, an ◆ **ce n'est pas un Picasso** (hum) [personne] he's no Picasso, he's not exactly (a) Picasso; [tableau] it's not a Picasso ◆ **un certain M. Legrand** a (certain) Mr Legrand, one Mr Legrand ◆ **on a élu un (nommé** ou **certain) Dupont** they've appointed a man called Dupont ◆ **c'est encore un Kennedy qui fait parler de lui** that's yet another Kennedy in the news ◆ **il a le talent d'un Hugo** he has the talent of a Hugo ◆ **cet enfant sera un Paganini** this child will be another Paganini

④ [INTENSIF] ◆ **elle a fait une scène !** ou **une de ces scènes !** she made a dreadful scene! ou such a scene! ◆ **j'ai une faim/une soif !** ou **une de ces faims/une de ces soifs !** I'm so hungry/ thirsty!, I'm starving/parched! ◆ **il est d'un sale !** ou **d'une saleté !** he's so dirty!, he's filthy!

2 - PRONOM

① [GÉN] one ◆ **un seul** (just) one ◆ **pas un (seul)** not one; (emphatique) not a single one ◆ **six contre un** six against one ◆ **prêtez-moi un de vos livres** lend me one of your books ◆ **une des trois a dû mentir** one of the three must have been lying ◆ **il est un des rares qui m'ont écrit** he's one of the few (people) who wrote to me ◆ **c'est un de ces enfants qui s'ennuient partout** he's the kind of child ou one of those children who gets bored wherever he goes ◆ **un à qui je voudrais parler, c'est Jean** there's one person I'd like to speak to and that's John, one person I'd like to speak to is John ◆ **un(e) de perdu(e), dix de retrouvé(e)s** (Prov) there are plenty more fish in the sea

◆ **comme pas un*** ◆ **il est arrogant/bête comme pas un** he's as arrogant/stupid as they come ◆ **elle chante/danse comme pas une** she's a great* singer/dancer

◆ **et d'un*** (= voilà une chose faite, terminée) that's one done ou finished ou out of the way

◆ **et d'une !*** (= d'abord) for a start! ◆ **personne ne t'a forcé de venir, et d'une !** no one forced you to come for one thing!, for a start no one forced you to come!

◆ **un(e) à un(e), un(e) par un(e)** one by one ◆ **ajouter les œufs un par un** add the eggs one by one ou one at a time ◆ **pris un par un, ces indices ne font pas une preuve** taken individually, these clues do not constitute proof

◆ **en + un**
(= personne) ◆ **en voilà un qui ne se gêne pas !** well, he's got a nerve! ◆ **j'en connais un qui sera content !** I know someone ou somebody ou one person who'll be pleased! ◆ **il n'y en a pas eu un pour m'aider** nobody lifted a finger to help me
(= chose) ◆ **prête-m'en un** lend me one (of them) ◆ **il n'en reste qu'une** there's only one left ◆ **j'en ai vu un très joli, de chapeau*** I've seen a very nice hat ◆ **il m'en a raconté une drôle sur le directeur** (= histoire) he told me a really funny story about the manager; → **bon**¹

② [AVEC ARTICLE DÉFINI] ◆ **l'un d'eux, l'un d'entre eux** one of them ◆ **l'une des meilleures chanteuses** one of the best singers ◆ **les uns disent..., les autres répondent...** some say..., others reply... ◆ **l'un après l'autre** one after the other ◆ **serrés l'un contre l'autre** huddled together ◆ **elles étaient assises en face l'une de l'autre** they were sitting opposite one another ou each other ◆ **ils sont belges l'un et l'autre** ou **l'un comme l'autre** they're both Belgian, both of them are Belgian ◆ **l'une et l'autre solution sont acceptables** either solution is acceptable, both solutions are acceptable ◆ **malgré ce que peuvent dire les uns et les autres** despite what some ou other people may say ◆ **prenez l'un ou l'autre** take either one, take one or the other; → **ni**

◆ **l'un dans l'autre** (= tout bien considéré) all in all ◆ **l'un dans l'autre il s'y retrouve** all in all he manages to break even ◆ **l'un dans l'autre, cela fera dans les 300 €** it'll come to around €300 in all

◆ **l'un l'autre, les uns les autres** one another, each other ◆ **ils se regardaient l'un l'autre** they looked at one another ou at each other ◆ **ils s'invitent régulièrement les uns les autres** they have each other round regularly ◆ **aimez-vous les uns les autres** (Bible) love one another

3 - ADJECTIF

① [NUMÉRAL CARDINAL] one ◆ **vingt/trente et un ans** twenty-/thirty-one years ◆ **il reviendra dans un an ou deux** he'll come back in a year or two ◆ **il n'y a pas une seule voiture dans les rues** there's not a single car in the streets ◆ **dix heures une (minute)** one minute past ten ◆ **sans un (sou)*** penniless, broke * ◆ **ils ont gagné deux à un** (Sport) they won two-one ◆ **un partout, (la) balle au centre !*** we're even!; → **fois, moins**

② [NUMÉRAL ORDINAL] ◆ **page/chapitre un** page/ chapter one ◆ **en deux mille un** in two thousand and one

③ [= FORMANT UN TOUT] ◆ **le Dieu un et indivisible** the one and indivisible God

◆ **c'est tout un** it's all one, it's one and the same thing ◆ **pour moi c'est tout un** as far as I'm concerned it amounts to the same thing

4 - NOM MASCULIN INV

[= CHIFFRE] one ◆ **un et un font deux** one and one are two ◆ **compter de un à cent** to count from one to a hundred ◆ **tu écris mal tes un** you don't write your ones very clearly ◆ **j'ai fait deux un** (aux dés) I've got two ones ◆ **il habite au 1, rue Léger** he lives at number 1, rue Léger ◆ **le cavalier ne faisait qu'un avec son cheval** horse and rider were as one ◆ **les deux frères ne font qu'un** the two brothers are like one person

5 - NOM FÉMININ

une (Presse) ◆ **la une** the front page ◆ **cet accident fait la une des journaux** the accident made the front pages ou the headlines ◆ **la Une** (TV) channel one ◆ **l'addition de la une !** (au restaurant) bill for table number one please! ◆ **une, deux ! une, deux !** (Mil) left, right! left, right! ◆ **à la une, à la deux, à la trois !** with a one and a two and a three! ◆ **il n'a fait ni une ni deux, il a accepté** he accepted without a second's hesitation ou like a shot ◆ **il n'a fait ni une ni deux et s'est parti** he left there and then ou without further ado; → **colonne**

unanime /ynanim/ SYN ADJ [témoins, sentiment, vote] unanimous ◆ **de l'avis unanime des observateurs** in the unanimous view of the observers ◆ **unanimes pour** ou **à penser que** unanimous in thinking that ◆ **la presse et les politiques sont unanimes à condamner ce meurtre** the press and politicians are unanimous in condemning this murder ◆ **de manière unanime** unanimously

unanimement /ynanimmɑ̃/ SYN ADV unanimously, with one accord

unanimisme /ynanimism/ NM ① (= accord) universal consensus ◆ **il dénonçait l'unanimisme de la presse** he condemned the way in which the papers were all taking the same line
② (Littérat) unanimism, unanism

unanimiste /ynanimist/
ADJ [discours] that reflects generally held beliefs ◆ **une idéologie unanimiste** an ideology to which the majority of people subscribe
NMF (Littérat) unanimist

unanimité /ynanimite/ SYN NF unanimity ◆ **vote acquis à l'unanimité** unanimous vote ◆ **il ont voté à l'unanimité pour** they voted unanimously for ◆ **élu/voté à l'unanimité** elected/ voted unanimously ◆ **élu à l'unanimité moins une voix** elected with only one vote against ou with only one dissenting vote ◆ **il y a unanimité pour dire que...** the unanimous opinion is that..., everyone agrees that... ◆ **cette décision a fait l'unanimité** the decision was approved unanimously ◆ **il fait l'unanimité** there is general agreement about him ◆ **il fait l'unanimité contre lui** everybody disapproves of him

unau /yno/ NM unau, two-toed sloth

unciforme /ɔ̃sifɔʀm/ ADJ unciform

unciné, e /ɔ̃sine/ ADJ uncinate

une-deux /yndø/ NM INV (Football) one-two

UNEDIC /ynedik/ NF (abrév de **Union nationale pour l'emploi dans l'industrie et le commerce**) French national organization managing unemployment benefit schemes

UNEF /ynɛf/ NF (abrév de **Union nationale des étudiants de France**) French national students' union

une-pièce /ynpjɛs/ NM ◆ **(maillot de bain) une-pièce** one-piece swimsuit

UNESCO /ynɛsko/ NF (abrév de **United Nations Educational, Scientific and Cultural Organization**) UNESCO

Unetelle /yntɛl/ NF de **Untel**

unguéal, e (mpl **-aux**) /ɔ̃gɥeal, o/ ADJ ungual

uni¹, e /yni/ SYN (ptp de **unir**) ADJ ① (= sans ornements) [tissu, jupe] plain, self-coloured (Brit); [couleur] plain, solid (US) ◆ **tissu de couleur unie** plain ou self-coloured (Brit) fabric ◆ **l'imprimé et l'uni** printed and plain ou self-coloured (Brit) fabrics ou material, prints and solids (US)
② (= soudé) [couple, amis] close; [famille] close(-knit) ◆ **ils sont unis comme les deux doigts de la main, ils sont très unis** they're very close ◆ **ils forment un couple très uni** they're a very close couple ◆ **unis par les liens du mariage** (frm) joined in marriage, married ◆ **présenter un front uni contre l'adversaire** to present a united front to the enemy ◆ **nous devons rester unis** we must stay ou stand united
③ (= uniforme, lisse) [surface] smooth, even; [mer] calm, unruffled ◆ **une vie unie et sans nuages** (littér) a serene, untroubled life

uni² /yni/ NF (Helv) abrév de **université**

uniate /ynjat/ ADJ, NMF Uniat(e)

uniaxe /yniaks/ ADJ uniaxial

UNICEF /ynisɛf/ NF ou rare NM (abrév de **United Nations Children's Fund**) (ancienn¹) (abrév de **United Nations International Children's Emergency Fund**) UNICEF

unicellulaire /ynisɛlylɛʀ/ ADJ unicellular

unicité /ynisite/ NF uniqueness

unicolore /ynikɔlɔʀ/ ADJ plain, self-coloured (Brit)

unicorne /ynikɔʀn/
ADJ unicornous
NM unicorn

unidimensionnel, -elle /ynidimɑ̃sjɔnɛl/ ADJ one-dimensional

unidirectionnel, -elle /ynidiʀɛksjɔnɛl/ ADJ unidirectional

unidose /ynidoz/
ADJ single-dose (épith)
NF single dose

unième /ynjɛm/ ADJ ◆ **vingt/trente et unième** twenty-/thirty-first

unièmement /ynjɛmmɑ̃/ ADV ◆ **vingt/trente et unièmement** in the twenty-/thirty-first place

unificateur, -trice /ynifikatœʀ, tʀis/ ADJ unifying

unification /ynifikasjɔ̃/ NF [de pays, système, parti] unification ◆ **unification européenne** European unification ◆ **l'unification allemande** ou **de l'Allemagne** the unification of Germany ◆ **l'unification monétaire** monetary union

unifier /ynifje/ SYN ► conjug 7 ◄ VT ① [+ pays, systèmes] to unify; [+ parti] to unify, to unite ◆ **l'Allemagne unifiée** united ou unified Germany ◆ **des pays qui s'unifient lentement** countries that are slowly becoming unified
② [+ procédures, tarifs] to standardize

unifilaire /ynifilɛʀ/ ADJ unifilar

uniflore /yniflɔʀ/ ADJ single-flowered (épith), uniflorous (SPÉC)

unifolié, e /ynifɔlje/ ADJ unifoliate

uniforme /ynifɔʀm/ SYN
ADJ [vitesse, mouvement] regular, uniform; [terrain, surface] even; [style, couleur, ciel, paysage] uniform; [vie, conduite] unchanging, uniform
NM uniform ◆ **être en uniforme** to be in uniform; [étudiant] to be wearing one's uniform ◆ **policier en uniforme** uniformed police officer ◆ **en grand uniforme** in dress uniform, in full regalia ◆ **endosser/quitter l'uniforme** to join/leave the forces ◆ **servir sous l'uniforme** to be in the army ◆ **il y avait beaucoup d'uniformes à ce dîner** there were a great many officers at the dinner ◆ **uniforme scolaire** school uniform

uniformément /ynifɔʀmemɑ̃/ ADV uniformly, regularly ◆ **le temps s'écoule uniformément** time goes steadily by ◆ **répartissez le caramel uniformément dans le moule** spread the caramel evenly around the mould ◆ **appliquer uniformément la crème** apply the cream evenly ◆ **un ciel uniformément bleu/gris** a uniformly blue/grey sky ◆ **vitesse uniformément accélérée** (Phys) uniform change of speed

uniformisation /yniformizasjɔ̃/ NF standardization

uniformiser /yniformize/ SYN ▸ conjug 1 ◂ VT [+ mœurs, tarifs] to standardize; [+ teinte] to make uniform

uniformité /yniformite/ SYN NF [de vitesse, mouvement] regularity, uniformity, steadiness; [de terrain, surface] evenness; [de style, vie, conduite, ciel, paysage] uniformity

unijambiste /yniʒɑ̃bist/
ADJ one-legged
NMF one-legged man (ou woman)

unilatéral, e (mpl **-aux**) /ynilateral, o/ ADJ unilateral; → **stationnement**

unilatéralement /ynilateralmɑ̃/ ADV unilaterally

unilatéralisme /ynilateralism/ NM unilateralism

unilingue /ynilɛ̃g/ ADJ unilingual

unilobé, e /ynilɔbe/ ADJ unilobar

uniloculaire /ynilɔkylɛʀ/ ADJ unilocular

uniment /ynimɑ̃/ ADV (littér = uniformément) smoothly ◆ **(tout) uniment** † (= simplement) (quite) plainly

uninominal, e (mpl **-aux**) /yninɔminal, o/ ADJ ◆ **scrutin uninominal** voting for a single member (attrib)

union /ynjɔ̃/ SYN
NF ① (= alliance) [de États, partis, fortunes] union ◆ **en union avec** in union with ◆ **l'union fait la force** (Prov) united we stand, divided we fall, strength through unity
② (= mariage) union ◆ **deux enfants sont nés de cette union** two children were born of this union
③ (= juxtaposition) [d'éléments, couleurs] combination, blending; → **trait**
④ (= groupe) association, union ◆ **l'Union sportive de Strasbourg** the Strasbourg sports club
COMP **union charnelle** union of the flesh
union conjugale marital union
union de consommateurs consumers' association
union douanière customs union
Union économique et monétaire Economic and Monetary Union
Union européenne European Union
Union de l'Europe occidentale Western European Union
l'union libre cohabitation
union monogame (chez les animaux) pair-bonding
union mystique (Rel) mystic union
Union des républiques socialistes soviétiques Union of Soviet Socialist Republics
union sacrée (Hist) union sacrée (united front presented by the French against the enemy in 1914) ◆ **l'union sacrée des syndicats contre la nouvelle loi** the trade unions' united front against the new law
l'Union soviétique the Soviet Union
Union sportive sports club ou association

unionisme /ynjɔnism/ NM (gén) unionism; (Hist) Unionism

unioniste /ynjɔnist/ ADJ, NMF (gén) unionist; (Hist) Unionist

uniovulé, e /ynjɔvyle/ ADJ uniovular

unipare /ynipaʀ/ ADJ uniparous

unipersonnel, -elle /ynipɛʀsɔnɛl/
ADJ (Ling) impersonal
NM (= verbe) impersonal verb

unipolaire /ynipɔlɛʀ/ ADJ unipolar

unique /ynik/ GRAMMAIRE ACTIVE 5.2 SYN ADJ
① (= seul) only ◆ **mon unique souci/espoir** my only ou sole (frm) ou one concern/hope ◆ **fils/fille unique** only son/daughter ◆ **c'est un fils/une fille unique** he's/she's an only child ◆ **système à parti unique** (Pol) one-party system ◆ **le candidat unique du parti** the party's sole candidate ◆ **ce n'est pas un cas unique** this is not an isolated case ◆ **croire en un Dieu unique** to believe in one God ◆ **l'argent est son unique sujet de préoccupation** money is the only thing he cares about ◆ **deux aspects d'un même et unique problème** two aspects of one and the same problem ◆ **nous proposons des vols vers Strasbourg, Marseille, Lyon et Toulouse à prix unique** we offer flights to Strasbourg, Marseille, Lyon and Toulouse at a single price ◆ **« places : prix unique 10 € »** (dans un cinéma) "all seats €10"; → **monnaie, salaire, sens, seul**
② (après nom = exceptionnel) [livre, talent] unique ◆ **il est/c'est unique en son genre** he's/it's one of a kind ◆ **c'est un livre/une expérience unique en son genre** it's a truly ou an absolutely unique book/experience ◆ **il se croit unique** he thinks he's unique ◆ **unique en France/en Europe** unique ou the only one of its kind in France/in Europe ◆ **unique au monde** quite unique ◆ **un paysage unique au monde** a landscape that is quite unique ◆ **c'est une pièce unique** (Art) it's unique
③ (* = impayable) priceless* ◆ **il est unique ce gars-là !** that guy's priceless! *

uniquement /ynikmɑ̃/ SYN ADV ① (= exclusivement) only, solely, exclusively ◆ **tu ne fais que du secrétariat ? – pas uniquement** do you only have secretarial duties? – no, that's not all I do ◆ **il était venu uniquement pour me voir** he had come just to see me, he had come for the sole purpose of seeing me ◆ **il pense uniquement à l'argent** he only ever thinks of money, he thinks only of money, money is all he ever thinks about
② (= simplement) only, merely, just ◆ **c'était uniquement par curiosité** it was only ou just ou merely out of curiosity

unir /yniʀ/ SYN ▸ conjug 2 ◂
VT ① (= associer) [+ États, partis, fortunes] to unite (à with) ◆ **unir ses forces** to join forces ◆ **le sentiment commun qui les unit** the shared feeling which unites them
② (= marier) ◆ **unir (en mariage)** to marry ◆ **le prêtre qui les a unis** the priest who married them ◆ **ce que Dieu a uni** (Rel) whom God has joined together ◆ **ils ont voulu unir leurs destinées** they wanted to get married
③ (= juxtaposer, combiner) [+ couleurs, qualités] to combine (à with) ◆ **il unit l'intelligence au courage** he combines intelligence with courage
④ (= relier) [+ continents, villes] to link, to join up
VPR **s'unir** ① (= s'associer) [pays, partis, fortunes] to unite (à, avec with) ◆ **s'unir contre un ennemi commun** to unite against a common enemy
② (= se marier) to get married ◆ **des jeunes gens qui vont s'unir** a young couple who are going to be married
③ (= s'accoupler) ◆ **s'unir dans une étreinte fougueuse** to come together in a passionate embrace
④ (= se combiner) [mots, formes, couleurs, qualités] to combine (à, avec with)

unisexe /ynisɛks/ ADJ INV unisex

unisexué, e /ynisɛksɥe/ ADJ unisexual

unisson /ynisɔ̃/ NM (Mus) unison ◆ **à l'unisson** [chanter] in unison ◆ **répondre à l'unisson** to answer as one ◆ **ils ont dit à l'unisson que…** they all said that… ◆ **les deux présidents sont à l'unisson sur ce problème** the two presidents are of one mind about this problem ◆ **l'Espagne s'est mise à l'unisson de ses partenaires européens** Spain has come into line with its European partners

unitaire /ynitɛʀ/
ADJ (Comm, Math, Phys) unitary, unit (épith); (Pol) unitarian; (Rel) Unitarian ◆ **prix unitaire** unit price
NMF (Rel) Unitarian

unitarien, -ienne /ynitaʀjɛ̃, jɛn/ ADJ, NM,F (Pol) unitarian; (Rel) Unitarian

unitarisme /ynitaʀism/ NM (Pol) unitarianism; (Rel) Unitarianism

unité /ynite/ SYN NF ① (= cohésion) unity ◆ **l'unité nationale** national unity ◆ **unité de vues** unity ou unanimity of views ◆ **l'unité d'action des syndicats** the united action of the unions ◆ **réaliser l'unité européenne** to build a united Europe ◆ **les trois unités** (Littér) the three unities ◆ **unité de lieu/de temps/d'action** unity of place/of time/of action ◆ **roman qui manque d'unité** novel lacking in unity ou cohesion
② (= élément) unit ◆ **unité de mesure/de poids** unit of measurement/of weight ◆ **unité administrative** administrative unit ◆ **unité monétaire** monetary unit ◆ **unité monétaire européenne** European monetary ou currency unit ◆ **unité de compte** unit of account ◆ **unité de compte européenne** European Unit of Account ◆ **unité lexicale** lexical item ◆ **la colonne des unités** the units column ◆ **antibiotique à 100 000 unités** antibiotic with 100,000 units ◆ **prix de vente à l'unité** unit selling price, selling price per item ◆ **nous ne les vendons pas à l'unité** we don't sell them singly ou individually
③ (= troupe) unit; (= bateau) ship ◆ **rejoindre son unité** (Mil) to go back to ou rejoin one's unit ◆ **unité mobile de police** mobile police unit ◆ **unité de combat** combat ou fighting unit ◆ **unité d'élite** crack unit
④ (= établissement, service) unit ◆ **unité de production/fabrication** production/manufacturing unit ◆ **unité de soins palliatifs** (Méd) care unit for the terminally ill
⑤ (Univ) ◆ **unité de formation et de recherche, unité d'enseignement et de recherche** † university department ◆ **unité d'enseignement, unité de valeur** † ≈ credit, ≈ course
⑥ (Ordin) ◆ **unité arithmétique et logique** arithmetic logic unit ◆ **unité centrale** mainframe, central processing unit ◆ **unité de commande** control unit ◆ **unité de (lecteur de) disquettes** disk drive unit ◆ **unité périphérique de sortie** output device
⑦ (* = dix mille francs) ten thousand francs ◆ **32 unités** 320,000 francs

⚠ **unité** se traduit par **unity** uniquement au sens de 'cohésion'.

unitif, -ive /ynitif, iv/ ADJ (Rel) unitive

univalent, e /ynivalɑ̃, ɑ̃t/ ADJ univalent, monovalent

univalve /ynivalv/ ADJ univalve (épith)

univers /ynivɛʀ/ SYN NM (gén) universe; (= milieu, domaine) world ◆ **dans tout l'univers** throughout the world ◆ **son univers se borne à son travail** his work is his whole world ◆ **l'univers du discours** (Ling) the universe of discourse ◆ **l'univers mathématique** the world of mathematics ◆ **univers virtuel** virtual world, world of virtual reality ◆ **l'univers impitoyable de la mode** the cut-throat world of fashion; → **face**

universalisation /ynivɛʀsalizasjɔ̃/ NF universalization

universaliser /ynivɛʀsalize/ ▸ conjug 1 ◂ VT to universalize

universalisme /ynivɛʀsalism/ NM (Rel) Universalism; (Philos) universalism

universaliste /ynivɛʀsalist/ ADJ, NMF (Rel) Universalist; (Philos) universalist

universalité /ynivɛʀsalite/ NF universality

universaux /ynivɛʀso/ NMPL ◆ **les universaux (du langage)** (language) universals ◆ **les universaux** (Philos) the universals

universel, -elle /ynivɛʀsɛl/ SYN ADJ ① (gén) universal ◆ **esprit universel** polymath ◆ **c'est un homme universel** he's a polymath, he's a man of vast knowledge ◆ **produit de réputation universelle** world-famous product, product which is universally renowned ◆ **il a une réputation universelle d'honnêteté** he is well-known for his honesty, his honesty is universally recognized; → **exposition, légataire, suffrage**
② (= aux applications multiples) [outil, appareil] universal, all-purpose (épith); → **pince, remède**

universellement /ynivɛʀsɛlmɑ̃/ SYN ADV universally ◆ **des valeurs universellement partagées** universally shared values ◆ **un auteur universellement connu** an author known throughout the world ◆ **il est universellement reconnu comme le plus grand paysagiste français** he is universally recognized as the greatest French landscape artist

universitaire /ynivɛʀsitɛʀ/
ADJ [vie étudiante, restaurant] university (épith); [études, milieux, carrière, diplôme] university (épith), academic; → **année, centre, cité**
NMF academic

université /ynivɛʀsite/ SYN NF university ◆ **entrer à l'université** to start university ◆ **entrée à l'université** university entrance ◆ **depuis son entrée à l'université** since he started university ◆ **université du troisième âge** university of the third age, u3a, post-retirement ou senior citizens' university ◆ **université d'été** (Univ) summer school; (Pol = rencontre) party conference; (= session de formation) summer school organized by a political party for young or potential members

univitellin, e /ynivitɛlɛ̃, in/ ADJ ◆ **jumeaux univitellins** identical ou monozygotic (SPÉC) twins

univocité /ynivɔsite/ NF (Math, Philos) univocity

univoque /ynivɔk/ ADJ [mot] univocal; [relation] one-to-one

Untel, Unetelle /ɑ̃tɛl, yntɛl/ NM so-and-so ◆ **Monsieur Untel** Mr so-and-so

upas /ypa(s)/ NM upas, antiar

upérisation /yperizasjɔ̃/ NF ultra heat treatment

upériser /yperize/ ▸ conjug 1 ◂ VT to sterilize at ultrahigh temperature ◆ **upérisé** ultra heat treated ◆ **lait upérisé** UHT milk

UPF /ypeɛf/ NF (abrév de **Union pour la France**) French political party

uppercut /ypɛrkyt/ NM uppercut

upsilon /ypsilɔn/ NM upsilon

uracile /yrasil/ NM uracil

uraète /yraɛt/ NM wedge-tailed eagle

uræus /yreys/ NM uraeus

uranate /yranat/ NM uranate

urane /yran/ NM uranium oxide

uranie /yrani/ NF (= *papillon*) uranid

uranifère /yranifɛr/ ADJ uranium-bearing

uraninite /yraninit/ NF uraninite

uranique /yranik/ ADJ uranic, uranous

uranisme /yranism/ NM uranism

uranium /yranjɔm/ NM uranium ◆ **uranium appauvri/enrichi** depleted/enriched uranium

uranoscope /yranɔskɔp/ NM (= *poisson*) stargazer

Uranus /yranys/
  NM (*Myth*) Uranus
  NF (*Astron*) Uranus

uranyle /yranil/ NM uranyl

urate /yrat/ NM urate

urbain, e /yrbɛ̃, ɛn/ SYN ADJ 1 (= *de la ville*) (*gén*) urban; [*transports*] city (*épith*), urban
  2 (*littér = poli*) urbane

urbanisation /yrbanizasjɔ̃/ NF urbanization

urbaniser /yrbanize/ ▸ conjug 1 ◂ VT to urbanize ◆ **région fortement urbanisée** heavily built-up *ou* highly urbanized area ◆ **la campagne environnante s'urbanise rapidement** the surrounding countryside is quickly becoming urbanized *ou* is becoming rapidly built up; → **zone**

urbanisme /yrbanism/ NM town planning

urbaniste /yrbanist/
  NMF town planner
  ADJ ⇒ **urbanistique**

urbanistique /yrbanistik/ ADJ [*réglementation, impératifs*] town-planning (*épith*), urbanistic ◆ **nouvelles conceptions urbanistiques** new concepts in town planning

urbanité /yrbanite/ NF (= *politesse*) urbanity

urbi et orbi /yrbietɔrbi/ LOC ADV (*Rel*) urbi et orbi ◆ **proclamer qch urbi et orbi** (*fig*) to proclaim sth from the rooftops

urdu /urdu/ ADJ ⇒ **ourdou**

urédinales /yredinal/ NFPL ◆ **les urédinales** rust fungi, the Uredinales (SPÉC)

urédospore /yredɔspɔr/ NF uredospore

urée /yre/ NF urea

uréide /yreid/ NM ureide

urémie /yremi/ NF uraemia (*Brit*), uremia (*US*) ◆ **faire de l'urémie** to get uraemia (*Brit*) *ou* uremia (*US*)

urémique /yremik/ ADJ uraemic (*Brit*), uremic (*US*)

urétéral, e (mpl **-aux**) /yreteral, o/ ADJ ureteral, ureteric

uretère /yr(ə)tɛr/ NM ureter

urétérite /yreterit/ NF ureteritis

uréthan(n)e /yretan/ NM urethane, ethyl carbamate

urétral, e (mpl **-aux**) /yretral, o/ ADJ urethral

urètre /yretr/ NM urethra

urétrite /yretrit/ NF urethritis

urgence /yrʒɑ̃s/ SYN NF 1 [*de décision, départ, situation*] urgency ◆ **il y a urgence** it's urgent, it's a matter of (great) urgency ◆ **y a-t-il urgence à ce que nous fassions... ?** is it urgent for us to do...? ◆ **il n'y a pas d'urgence** there's no rush, it's not urgent ◆ **c'est une urgence absolue** it's a matter of the utmost urgency ◆ **il faut le faire de toute urgence** it's very *ou* extremely urgent ◆ **faire qch dans l'urgence** (= *très vite*) to do sth in a rush; (= *dans un état d'urgente nécessité*) to do sth urgently *ou* as a matter of urgency ◆ **affaire à traiter en première urgence** question to be dealt with as a matter of the utmost urgency *ou* as (a) top priority
  ◆ **d'urgence** [*mesures, situation, aide*] emergency (*épith*) ◆ **procédure d'urgence** emergency procedure ◆ **déclencher la procédure d'extrême urgence** (*Pol*) to invoke emergency powers ◆ **cela n'a aucun caractère d'urgence** it's not urgent ◆ **transporté d'urgence à l'hôpital** rushed to hospital (*Brit*), rushed to the hospital (*US*) ◆ **être opéré d'urgence** to have an emergency operation ◆ **on l'a appelé d'urgence** he was asked to come immediately ◆ **à envoyer d'urgence** to be sent immediately, for immediate dispatch ◆ **convoquer d'urgence les actionnaires** to call an emergency meeting of the shareholders ◆ **faire qch d'urgence** to do sth urgently
  2 (= *cas urgent*) emergency ◆ **service/salle des urgences** emergency department/ward, casualty department/ward (*Brit*)

urgent, e /yrʒɑ̃, ɑ̃t/ SYN ADJ [*besoin, problème*] urgent, pressing; [*mesure, réunion*] emergency (*épith*); [*appel, réforme*] urgent ◆ **c'est urgent** it's urgent ◆ **rien d'urgent** nothing urgent ◆ **l'urgent est de...** the most urgent thing is to... ◆ **il est urgent de réparer le toit** the roof is in urgent need of repair *ou* needs repairing urgently ◆ **il est urgent qu'une décision soit prise** a decision must be taken urgently *ou* as a matter of urgency ◆ **on a décidé qu'il était urgent d'attendre** (*hum*) they decided it was better to wait, they decided to hasten slowly ◆ **avoir un besoin urgent de capitaux** to need capital urgently, to be in urgent need of capital ◆ **de façon urgente** urgently

urgentissime /yrʒɑ̃tisim/ ADJ very urgent ◆ **ce n'est pas urgentissime** it's not desperately urgent

urgentiste /yrʒɑ̃tist/ NMF (accident and) emergency physician

urger* /yrʒe/ ▸ conjug 3 ◂ VI ◆ **ça urge !** it's urgent! ◆ **je dois lui téléphoner mais ça urge pas** *ou* **il n'y a rien qui urge** I've got to phone him but there's no rush *ou* it's not urgent

uricémie /yrisemi/ NF uricaemia (*Brit*), uricemia (*US*)

urinaire /yrinɛr/ ADJ urinary

urinal (pl **-aux**) /yrinal, o/ NM (bed) urinal

urine /yrin/ NF SYN urine (*NonC*) ◆ **sucre dans les urines** sugar in the urine

uriner /yrine/ SYN ▸ conjug 1 ◂ VI to urinate, to pass *ou* make water (SPÉC)

urineux, -euse /yrinø, øz/ ADJ urinous

urinifère /yrinifɛr/ ADJ uriniferous

urinoir /yrinwar/ NM (public) urinal

urique /yrik/ ADJ uric

URL /yɛrɛl/ NF (abrév de **Universal Resource Locator**) URL

urne /yrn/ NF 1 (*Pol*) ◆ **urne (électorale)** ballot box ◆ **aller** *ou* **se rendre aux urnes** to vote, to go to the polls ◆ **le verdict des urnes** the result of the polls
  2 (= *vase*) urn ◆ **urne funéraire** funeral urn

urobiline /yrɔbilin/ NF urobilin

urobilinurie /yrɔbilinyri/ NF urobilinuria

urodèles /yrɔdɛl/ NMPL ◆ **les urodèles** urodeles, the Urodela (SPÉC)

urogénital, e (mpl **-aux**) /yrɔʒenital, o/ ADJ urogenital

urographie /yrɔgrafi/ NF intravenous pyelogram

urolagnie /yrɔlagni/ NF urolagnia

urologie /yrɔlɔʒi/ NF urology

urologue /yrɔlɔg/ NMF urologist

uromètre /yrɔmɛtr/ NM urinometer

uropode /yrɔpɔd/ NM uropod

uropygial, e (mpl **-aux**) /yrɔpiʒjal, jo/ ADJ uropygial

uropygien, -ienne /yrɔpiʒjɛ̃, jɛn/ ADJ ◆ **glande uropygienne** uropygial gland

ursidés /yrside/ NMPL ursids

URSS /yrs/ NF (*Hist*) (abrév de **Union des républiques socialistes soviétiques**) USSR

URSSAF /yrsaf/ NF (abrév de **Union pour le recouvrement des cotisations de la Sécurité sociale et des allocations familiales**) social security contribution collection agency

ursuline /yrsylin/ NF Ursuline

urticaire /yrtikɛr/ NF nettle rash, hives, urticaria (SPÉC) ◆ **faire** *ou* **avoir des crises d'urticaire** to suffer from nettle rash ◆ **donner de l'urticaire à qn** (*lit*) to bring sb out in a rash; (* = *insupporter*) to make sb's skin crawl

urticant, e /yrtikɑ̃, ɑ̃t/ ADJ urticant ◆ **les poils sont urticants** the hairs can cause itching

urtication /yrtikasjɔ̃/ NF urtication

urubu /yryby/ NM buzzard

Uruguay /yrygwɛ/ NM (= *pays*) Uruguay; (= *fleuve*) Uruguay river

uruguayen, -enne /yrygwajɛ̃, ɛn/
  ADJ Uruguayan
  NM,F **Uruguayen(ne)** Uruguayan

us /ys/ NMPL ◆ **us (et coutumes)** customs

US /yɛs/ NF (abrév de **Union sportive**) → **union**

US(A) /yɛs(a)/ NMPL (abrév de **United States (of America)**) US(A)

usage /yzaʒ/ SYN NM 1 (= *utilisation*) use ◆ **apprendre l'usage de la boussole** to learn how to use a compass ◆ **elle fait un usage immodéré de parfum** she uses (far) too much *ou* an excessive amount of perfume ◆ **abîmé par l'usage** damaged through constant use *ou* by heavy usage ◆ **elle nous laisse l'usage de son jardin** she lets us use her garden, she gives us *ou* allows us the use of her garden ◆ **l'usage de stupéfiants** drug use *ou* abuse ◆ **dépénaliser l'usage des drogues douces** to decriminalize (the use of) soft drugs; → **faux**^{2}
  2 (= *exercice, pratique*) [*de membre, langue*] use; [*de faculté*] use, power ◆ **perdre l'usage de ses yeux/membres** to lose the use of one's eyes/limbs ◆ **perdre l'usage de la parole** to lose the power of speech
  3 (= *fonction, application*) [*d'instrument*] use ◆ **outil à usages multiples** multi-purpose tool ◆ **document à usage interne** document for internal use only ◆ **à usage externe** (*Méd*) for external use (only) ◆ **à usage unique** [*matériel stérile, seringues*] single-use ◆ **servir à divers usages** to have several uses, to serve several purposes ◆ **moquette/pile à usage intensif** heavy-duty carpeting/battery; → **valeur**
  4 (= *coutume, habitude*) custom ◆ **un usage qui se perd** a vanishing custom, a custom which is dying out ◆ **c'est l'usage** it's the done thing, it's the custom ◆ **ce n'est pas l'usage (de)** it's not done (to), it's not the custom (to) ◆ **entrer dans l'usage (courant)** [*objet, mot*] to come into common *ou* current use; [*mœurs*] to become common practice ◆ **contraire aux usages** contrary to common practice *ou* to custom ◆ **il n'est pas dans les usages de la compagnie de faire cela** the company is not in the habit of doing that, it is not the usual policy of the company to do that, it is not customary for the company to do that ◆ **il était d'usage** *ou* **c'était un usage de** it was customary *ou* a custom *ou* usual to ◆ **formule d'usage** set formula ◆ **après les compliments/recommandations d'usage** after the usual *ou* customary compliments/recommendations
  5 (*Ling*) ◆ **l'usage** usage ◆ **expression consacrée par l'usage** expression fixed by usage ◆ **l'usage écrit/oral** written/spoken usage ◆ **l'usage décide** (common) usage decides; → **bon**^{1}
  6 (*littér = politesse*) ◆ **avoir de l'usage** to have breeding ◆ **manquer d'usage** to lack breeding, to be lacking in the social graces ◆ **il n'a pas l'usage du monde** he lacks savoir-faire *ou* the social graces
  7 (*locutions*) ◆ **à son usage personnel, pour son propre usage** for his personal use
  ◆ **avoir l'usage de qch** (= *droit d'utiliser*) to have the use of sth ◆ **en aurez-vous l'usage ?** (= *occasion d'utiliser*) will you have any use for it?
  ◆ **faire + usage de** [+ *pouvoir, droit*] to exercise; [+ *permission, avantage, objet, thème*] to make use of; [+ *violence, force, procédé*] to use, to employ; [+ *expression*] to use ◆ **faire usage de son arme** to use one's gun ◆ **faire (un) bon/mauvais usage de qch** to put sth to good/bad use, to make good/bad use of sth
  ◆ **faire de l'usage** ◆ **ces souliers ont fait de l'usage** these shoes have lasted a long time, I've (*ou* we've *etc*) had good use out of these shoes
  ◆ **à l'usage** ◆ **vous verrez à l'usage comme c'est utile** you'll see when you use it how useful it is ◆ **ça s'assouplira à l'usage** it will soften with

use • **son français s'améliorera à l'usage** his French will improve with practice

♦ **à l'usage de** for use of, for • **notice à l'usage de** notice for (the attention of) • **à l'usage des écoles** *[émission]* for schools; *[manuel]* for use in schools

♦ **en usage** *[dispositif, mot]* in use

♦ **hors d'usage** *[éclairage, installation]* out of service; *[véhicule, machine à laver]* broken down • **mettre hors d'usage** to put out of action

(!) **usage** se traduit rarement par le mot anglais **usage**, sauf en linguistique.

usagé, e /yzaʒe/ SYN ADJ *(= qui a beaucoup servi) [pneu, habits]* worn, old; *(= d'occasion)* used, secondhand; *(qui ne peut plus être utilisé) [seringue, préservatif, ticket, pile]* used • **quelques ustensiles usagés** some old utensils • **huiles usagées** waste oil

usager, -ère /yzaʒe, ɛʀ/ SYN NM,F user • **usager des transports en commun/du téléphone** public transport/telephone user • **usager de la route** road user • **usager de drogue** drug user • **les usagers de la langue française** French (language) speakers

usant, e * /yzɑ̃, ɑ̃t/ SYN ADJ *(= fatigant) [travail]* exhausting, wearing; *[personne]* tiresome, wearing • **il est usant avec ses discours** he wears *ou* tires you out with his talking

USB /yɛsbe/ NM (abrèv de **Universal Serial Bus** *(Ordin)*) (système) USB • **port/connexion USB** USB port/connection • **clé USB** USB key

usé, e /yze/ SYN (ptp de **user**) ADJ [1] *(= détérioré) [objet]* worn; *[vêtement, tapis]* worn, worn-out; *(Nucl Phys) [combustibles]* spent; *[personne] (= épuisé)* worn-out; *(par le stress)* burnt-out • **un parti/homme politique usé par le pouvoir** a party/politician jaded by too many years in power • **usé jusqu'à la corde** threadbare; → **eau**

[2] *(= banal) [thème, expression]* hackneyed, well-worn; *[plaisanterie]* well-worn

Usenet /juznɛt/ NM *(Ordin)* Usenet

user /yze/ SYN ► conjug 1 ◄

VT [1] *(= détériorer) [+ outil, roches]* to wear away; *[+ vêtements]* to wear out • **user un manteau jusqu'à la corde** to wear out a coat, to wear a coat threadbare • **il use deux paires de chaussures par mois** he gets through two pairs of shoes (in) a month • **ils ont usé leurs fonds de culottes sur les mêmes bancs** *(hum)* they were at school together

[2] *(= épuiser) [+ personne, forces]* to wear out; *[+ nerfs]* to wear down; *[+ influence]* to weaken • **la maladie l'avait usé** illness had worn him out

[3] *(= consommer) [+ essence, charbon]* to use, to burn; *[+ papier, huile, eau]* to use

VI *(littér)* • **en user mal/bien avec** *ou* **à l'égard de qn** *(= se comporter)* to treat *ou* use *(littér)* sb badly/well

VT INDIR **user de** *(= utiliser) [+ pouvoir, patience, droit]* to exercise; *[+ charme, influence, liberté]* to use; *[+ autorité]* to use, to exercise; *[+ permission, avantage]* to make use of; *[+ violence, force, procédé]* to use, to employ; *[+ expression, mot]* to use; *(littér) [+ objet, thème]* to make use of • **ce journaliste a usé de moyens déloyaux pour obtenir cette information** this journalist used underhand means to get this information • **usant de douceur** using gentle means • **il en a usé et abusé** he has used and abused it • **il faut en user avec parcimonie** it should be used sparingly

VPR **s'user** *[tissu, vêtement, semelle]* to wear out; *[sentiments, passion]* to wear off • **mon manteau s'use** my coat's showing signs of wear • **elle s'use les yeux à trop lire** she's straining her eyes by reading too much • **elle s'est usée au travail** she wore herself out with work • **c'est ce que tout le monde s'use à lui dire** it's what everyone's been telling him all this time *ou* over and over again

(!) Au sens de 'détériorer' ou 'épuiser', **user** ne se traduit pas par **to use**.

usinage /yzinaʒ/ NM *(= façonnage)* machining; *(= fabrication)* manufacturing

usine /yzin/ SYN

NF factory • **un copain de l'usine** *ou* **d'usine** a friend from the works *ou* factory • **travail en usine** factory work • **ce bureau est une vraie usine !** * this office is a hive of activity! • **l'usine à rêves hollywoodienne** the Hollywood dream factory • **ce pays est une véritable usine à champions** * this country churns out one champion after the other; → **cheminée, travailler**

COMP **usine d'armement** arms *ou* armaments factory

usine d'assemblage assembly plant

usine atomique atomic energy *ou* power station, atomic plant

usine automatisée automated factory

usine d'automobiles car factory *ou* plant

usine de fabrication manufacturing plant

usine à gaz *(lit)* gasworks; *(fig)* huge labyrinthine system

usine d'incinération (d'ordures ménagères) (household waste) incineration plant

usine métallurgique ironworks

usine de montage assembly plant

usine de pâte à papier paper mill

usine de production production plant

usine de raffinage refinery

usine de retraitement (des déchets nucléaires) (nuclear waste) reprocessing plant

usine sidérurgique steelworks, steel mill

usine textile textile plant *ou* factory, mill

usine de traitement des ordures sewage works *ou* farm *ou* plant

usiner /yzine/ ► conjug 1 ◄

VT *(= façonner)* to machine; *(= fabriquer)* to manufacture

VI * • **ça usine dans le coin !** *(= travailler dur)* they're hard at it round here! *

usinier, -ière † /yzinje, jɛʀ/ ADJ *[vie, monde]* factory *(épith)*; *[faubourg]* industrial • **bâtiments usiniers** factories

usité, e /yzite/ SYN ADJ in common use, common • **un temps très/peu usité** a very commonly-used/a rarely-used tense • **le moins usité** the least (commonly) used • **ce mot n'est plus usité** this word is no longer used *ou* in use

ustensile /ystɑ̃sil/ SYN NM *(gén = outil, instrument)* implement • **ustensiles** * *(= attirail)* implements, tackle *(NonC)*, gear *(NonC)* • **ustensile (de cuisine)** (kitchen) utensil • **ustensiles de ménage** household cleaning stuff *ou* things • **ustensiles de jardinage** gardening tools *ou* implements • **qu'est-ce que c'est que cet ustensile ?** * what's that gadget? *ou* contraption?

ustilaginales /ystilaʒinal/ NFPL • **les ustilaginales** smut fungi, the Ustilaginales *(SPÉC)*

usucapion /yzykapjɔ̃/ NF usucapion, acquisitive prescription

usuel, -elle /yzɥɛl/ SYN

ADJ *[objet]* everyday *(épith)*, ordinary; *[mot, expression, vocabulaire]* everyday *(épith)* • **dénomination usuelle d'une plante** common name for *ou* of a plant • **il est usuel de faire** it is usual to do, it is common practice to do

NM *(= livre)* book on the open shelf • **c'est un usuel** it's on the open shelves

usuellement /yzɥɛlmɑ̃/ ADV ordinarily, commonly

usufructuaire /yzyfʀyktɥɛʀ/ ADJ usufructuary

usufruit /yzyfʀɥi/ NM usufruct • **avoir l'usufruit de qch** to hold sth in usufruct

usufruitier, -ière /yzyfʀɥitje, jɛʀ/ ADJ, NM,F usufructuary

usuraire /yzyʀɛʀ/ ADJ *[taux, prêt]* usurious

usure¹ /yzyʀ/ SYN NF *[de vêtement]* wear (and tear); *[d'objet]* wear; *[de terrain, roche]* wearing away; *[de forces, énergie]* wearing out; *(Ling) [de mot]* weakening • **usure normale** fair wear and tear • **résiste à l'usure** wears well, hard-wearing • **le tissu est devenu très brillant, c'est l'usure** the material has gone all shiny because of wear • **on voyait à travers le tissu à cause de l'usure** the material was worn through • **subir l'usure du temps** to be worn away by time • **résister à l'usure du temps** to stand the test of time • **c'est l'usure du pouvoir** *(Pol)* it's the wearing effect of being in power • **usure de la monnaie** debasement of the currency • **on l'aura à l'usure** * we'll wear him down in the end; → **guerre**

usure² /yzyʀ/ NF *(= intérêt)* usury • **prêter à usure** to lend at usurious rates of interest • **je te le rendrai avec usure** *(littér)* I will pay you back (with interest)

usurier, -ière /yzyʀje, jɛʀ/ NM,F usurer

usurpateur, -trice /yzyʀpatœʀ, tʀis/

ADJ *[tendance, pouvoir]* usurping *(épith)*

NM,F usurper

usurpation /yzyʀpasjɔ̃/ NF *[de pouvoir, honneur, titre, nom]* usurpation; *(littér = empiètement)* encroachment

usurpatoire /yzyʀpatwaʀ/ ADJ usurpatory

usurper /yzyʀpe/ SYN ► conjug 1 ◄

VT *[+ pouvoir, honneur, titre, nom, réputation]* to usurp • **il a usurpé le titre de docteur en médecine** he wrongfully took *ou* assumed the title of Doctor of Medicine • **sa réputation n'est pas usurpée** he well deserves his reputation

VI *(littér)* • **usurper sur** *(= empiéter)* to encroach (up)on

ut /yt/ NM *(Mus)* C; → **clé**

Utah /yta/ NM Utah

utérin, e /ytеʀɛ̃, in/ ADJ *(Anat, Jur)* uterine

utérus /yteʀys/ NM womb, uterus • **location** *ou* **prêt d'utérus** womb-leasing; → **col**

utile /ytil/ SYN

ADJ [1] *[objet, appareil, action]* useful; *[aide, conseil]* useful, helpful *(à qn* to *ou* for sb) • **livre utile à lire** useful book to read • **« adresses utiles »** "useful addresses" • **cela vous sera certainement utile** that'll certainly be of use to you • **veux-tu que je lui en parle ? – ce ne sera pas utile** do you want me to speak to him about it? – that won't be necessary • **ça peut toujours être utile** it could always come in handy • **ton parapluie m'a été bien utile ce matin** your umbrella came in very handy (for me) this morning • **j'irai – est-ce bien utile ?** I'll go – is it really worth it *ou* is there any point? • **est-il vraiment utile d'y aller** *ou* **que j'y aille ?** do I really need to go?, is there really any point in (my) going? • **il est utile de rappeler que…** it's worth remembering that… • **il n'a pas jugé utile de prévenir la police** he didn't think it was *ou* he didn't deem it necessary to tell the police, he didn't think it was worth telling the police • **la vie utile d'un bien** *(Écon)* the productive life of an asset; → **charge, temps¹, voter**

[2] *[collaborateur, relation]* useful • **il adore se rendre utile** he loves to make himself useful • **puis-je vous être utile ?** can I be of help?, can I do anything for you?

NM • **l'utile** what is useful; → **joindre**

utilement /ytilmɑ̃/ SYN ADV *(= avec profit)* profitably, usefully • **conseiller utilement qn** to give sb useful advice • **une bibliographie vient très utilement compléter l'article** there is a very helpful bibliography at the end of the article, the article is accompanied by a very useful bibliography • **ces mesures ont utilement contribué au redressement du pays** these measures were effective in putting *ou* helped put the country back on its feet

utilisable /ytilizabl/ SYN ADJ usable • **est-ce encore utilisable ?** *[cahier, vêtement]* can it still be used?, is it still usable?; *[appareil]* is it still usable? *ou* working? • **facilement utilisable** easy to use • **ces listes incomplètes sont difficilement utilisables** it's hard to use these incomplete lists • **une carte de crédit utilisable dans le monde entier** a credit card that can be used throughout the world

utilisateur, -trice /ytilizatœʀ, tʀis/ NM,F *[d'appareil]* user • **utilisateur final** end user

utilisation /ytilizasjɔ̃/ SYN NF *(gén)* use; *(Culin) [de restes]* using (up) • **notice d'utilisation** instructions for use

utiliser /ytilize/ SYN ► conjug 1 ◄ VT [1] *(= employer)* to use • **produit facile à utiliser** user-friendly product, product that is easy to use • **« à utiliser avant le… »** *(sur un emballage)* "use by…"

[2] *(= tirer parti de) [+ personne]* to use; *[+ incident]* to use, to make use of; *(Culin) [+ restes]* to use (up) • **savoir utiliser les compétences** to know how to make the most of *ou* make use of people's abilities • **utiliser qch au mieux** to make the most of sth, to use sth to its best advantage

(!) **utiliser** se traduit rarement par **to utilize**, qui est d'un registre plus soutenu.

utilitaire /ytilitɛʀ/ SYN

ADJ utilitarian; → **véhicule**

NM *(Ordin)* utility

utilitarisme /ytilitaʀism/ NM utilitarianism

utilitariste /ytilitaʀist/ ADJ, NMF *(Philos)* utilitarian

utilité /ytilite/ SYN NF [1] *(= caractère utile)* usefulness; *(= utilisation possible)* use • **je ne conteste pas l'utilité de cet appareil** I don't deny the usefulness of this apparatus • **cet outil a son utilité** this tool has its uses • **cet outil peut avoir son utilité** this tool might come in handy *ou* useful • **d'une grande utilité** very useful, of great use *ou* usefulness *ou* help • **ce li-**

vre ne m'est pas d'une grande utilité this book isn't much use *ou* help ♦ **de peu d'utilité** of little use *ou* help ♦ **d'aucune utilité** (of) no use *ou* help ♦ **sans utilité** useless ♦ **auras-tu l'utilité de cet objet ?** can you make use of this object?, will you have any use for this object? ♦ **de quelle utilité est-ce que cela peut (bien) vous être ?** what earthly use is it to you?, what on earth can you use it for?

2 (= *intérêt*) ♦ **reconnu** *ou* **déclaré d'utilité publique** (*Jur*) state-approved

3 (*Théât*) (= *rôle*) ♦ **jouer les utilités** to play small *ou* bit parts; (*fig*) to play second fiddle

utopie /ytɔpi/ SYN NF 1 (= *genre, ouvrage, idéal politique*) utopia, Utopia

2 (= *idée, plan chimérique*) utopian view (*ou* idea *etc*) ♦ **utopies** utopianism, utopian views *ou* ideas ♦ **ceci est une véritable utopie** that's sheer utopianism ♦ **c'est de l'utopie !** (= *irraisonnable*) it's just a pipedream!, it's all pie in the sky!

utopique /ytɔpik/ SYN ADJ utopian, Utopian; → **socialisme**

utopisme /ytɔpism/ NM Utopianism

utopiste /ytɔpist/ SYN NMF utopian, Utopian

Utrecht /ytʀɛʃt/ N Utrecht

utriculaire /ytʀikylɛʀ/ NF bladderwort

utricule /ytʀikyl/ NM utricle, utriculus

UV /yve/
- NF (abrév de **unité de valeur** († *Univ*)) → **unité**
- NM (abrév de **ultraviolet**) ultraviolet ray ♦ **filtre UVA/UVB** UVA/UVB filter

uval, e (mpl **-aux**) /yval, o/ ADJ uval

uva-ursi /yvayʀsi/ NM INV bearberry

uvée /yve/ NF uvea

uvéite /yveit/ NF uveitis

uvulaire /yvylɛʀ/ ADJ uvular

uvule /yvyl/ NF (= *luette*) uvula

V¹, v¹ /ve/ **NM** (= *lettre*) V, v ◆ **en V** V-shaped ◆ **moteur en V** V-engine ◆ **encolure en V** V-neck ◆ **décolleté en V** V-neckline ◆ **le V de la victoire** the victory sign, the V for victory; → **vitesse**

V², v² (abrév de **voir, voyez**) V

V³ (abrév de **volt**) V

va /va/ → **aller**

vacance /vakɑ̃s/ SYN
☐ 1 (*Admin*) [*de poste*] vacancy
2 (*Jur*) ◆ **vacance de succession** abeyance of succession ◆ **vacance du pouvoir** power vacuum

NFPL vacances SYN 1 (*gén*) holiday(s) (*Brit*), vacation (*US*); (*Univ*) vacation ◆ **les grandes vacances, les vacances d'été** the summer holiday(s) (*Brit*) ou vacation (*US*) ; (*Univ*) the long vacation ◆ **les vacances scolaires/de Noël/d'hiver** the school/Christmas/winter holiday(s) (*Brit*) ou vacation (*US*) ◆ **vacances de** ou **à la neige** winter sports holiday(s) (*Brit*) ou vacation (*US*) ◆ **vacances actives** activity holiday(s) (*Brit*) ou vacation (*US*) ◆ **maison/lieu de vacances** holiday (*Brit*) ou (*US*) vacation home/spot ◆ **au moment de partir en vacances, nous...** just as we were about to set off on (our) holiday (*Brit*) ou vacation (*US*), we... ◆ **aller en vacances en Angleterre** to go on holiday (*Brit*) ou vacation (*US*) to England ◆ **il n'a jamais pris de vacances** he has never taken a holiday (*Brit*) ou vacation (*US*) ◆ **prendre ses vacances en une fois** to take all one's holiday (*Brit*) ou vacation (*US*) at once ◆ **avoir droit à 5 semaines de vacances** to be entitled to 5 weeks' holiday (*Brit*) ou vacation (*US*) ◆ **j'ai besoin de vacances/de quelques jours de vacances** I need a holiday (*Brit*) ou vacation (*US*) /a few days' holiday (*Brit*) ou vacation (*US*) ◆ **il est parti ? ça va nous faire des vacances !** (*hum*) has he gone? that'll give us a break!; → **colonie, devoir**
2 (*Jur*) ◆ **vacances judiciaires** recess, vacation ◆ **vacances parlementaires** parliamentary recess

vacancier, -ière /vakɑ̃sje, jɛʀ/ **NM,F** holidaymaker (*Brit*), vacationer (*US*)

vacant, e /vakɑ̃, ɑ̃t/ SYN **ADJ** 1 [*poste, siège*] vacant; [*appartement*] unoccupied, vacant ◆ **le siège laissé vacant par sa disparition/son départ** the seat left vacant by his death/his departure
2 (*Jur*) [*biens, succession*] in abeyance (*attrib*)

vacarme /vakaʀm/ SYN **NM** racket, row, din ◆ **faire du vacarme** to make a racket ou row ou din ◆ **il y avait un vacarme de klaxons** horns were blaring ◆ **il y avait un vacarme continuel de camions** trucks roared past constantly ◆ **il démarra dans un vacarme assourdissant** he set off with a deafening roar

vacataire /vakatɛʀ/ **NMF** temporary replacement, stand-in; (*Univ*) part-time lecturer (on contract) ◆ **il est vacataire** he's on a temporary contract

vacation /vakasjɔ̃/
☐ 1 (= *temps de travail*) [*d'expert, notaire, commissaire de police*] session; [*de médecin*] shift; [*d'enseignant*] (= *travail*) supply work; (= *honoraires*) fee; (= *vente aux enchères*) auction ◆ **faire des vacations** to work on a short-term basis ◆ **être payé à la vacation** to be paid on a sessional basis
2 ◆ **vacation (radio)** radio contact time

NFPL vacations (= *vacances judiciaires*) recess, vacation

vaccaire /vakɛʀ/ **NF** cow basil

vaccin /vaksɛ̃/ **NM** (= *substance*) vaccine; (= *vaccination*) vaccination, inoculation ◆ **faire un vaccin à qn** to give sb a vaccination ou an inoculation ◆ **vaccin contre la grippe** flu vaccine

vaccinal, e (mpl **-aux**) /vaksinal, o/ **ADJ** [*essai, efficacité*] vaccine (*épith*) ◆ **complication vaccinale** complication arising from a vaccination ◆ **taux de couverture vaccinale** vaccination rate ◆ **campagne vaccinale** vaccination campaign

vaccinateur, -trice /vaksinatœʀ, tʀis/
ADJ vaccinating (*épith*), inoculating (*épith*) ◆ **médecin vaccinateur** doctor specialising in vaccinations
NM,F vaccinator, inoculator

vaccination /vaksinasjɔ̃/ **NF** vaccination, inoculation ◆ **vaccination contre la rage** ou **antirabique/contre l'hépatite B** rabies/hepatitis B vaccination

vaccine /vaksin/ **NF** (= *maladie*) cowpox, vaccinia (SPÉC); († = *inoculation*) inoculation of cowpox ◆ **fausse vaccine** false vaccinia

vacciner /vaksine/ ► conjug 1 ◄ **VT** to vaccinate, to inoculate (*contre* against) ◆ **se faire vacciner** to have a vaccination ou an inoculation, to get vaccinated ou inoculated ◆ **les personnes vaccinées** the people who have been vaccinated ◆ **être vacciné contre qch** [+ *amour, tentation, illusion*] to be cured of sth; [+ *critiques*] to be immune to sth ◆ **merci, maintenant je suis vacciné !*** thanks, I've learnt my lesson! ou I'm cured of that!; → **majeur**

vaccinide /vaksinid/ **NF** vaccinoid reaction

vaccinostyle /vaksinɔstil/ **NM** scarificator

vaccinothérapie /vaksinoteʀapi/ **NF** vaccine therapy

vachard, e* /vaʃaʀ, aʀd/ **ADJ** (= *méchant*) nasty, rotten*, mean

vache /vaʃ/
NF 1 (= *animal*) cow; (= *cuir*) cowhide ◆ **vache laitière** dairy cow ◆ **vache marine** sea cow ◆ **maladie de la vache folle** mad cow disease; → **plancher¹**
2 (*⁎ péj = police*) ◆ **les vaches** the pigs*⁎, the filth*⁎; → **mort¹**
3 (*⁎ = personne méchante*) (*femme*) bitch*⁎, cow*⁎; (*homme*) swine*⁎, sod*⁎ ◆ **ah les vaches !** the bastards!*⁎; → **peau**
4 (*⁎ : intensif*) ◆ **une vache de surprise/bagnole** a ou one hell of a surprise/car*⁎
5 (*locutions*) ◆ **comme une vache qui regarde passer les trains** vacantly ◆ **il parle français comme une vache espagnole*** he absolutely murders the French language ◆ **manger de la vache enragée** to go through hard ou lean times, to have a very hard ou lean time of it ◆ **période de vaches grasses/maigres pour l'éco-** nomie française good ou prosperous/lean ou hard times for the French economy ◆ **donner des coups de pied en vache à qn** to kick sb slyly ◆ **faire un coup en vache à qn** to play a dirty trick on sb, to do the dirty on sb* ◆ **ah la vache !*** (*surprise, admiration*) wow!*, blimey! (*Brit*); (*douleur, indignation*) hell!*⁎, damn (me)!*

ADJ (* = *méchant, sévère*) rotten*, mean ◆ **il est vache** he's really rotten* ou mean, he's a (rotten) swine*⁎ ou sod*⁎ (*Brit*) ◆ **elle est vache** she's really rotten* ou mean, she's a (mean ou rotten) cow*⁎ (*Brit*) ◆ **il n'a pas été vache avec toi** he was quite kind ou good to you ◆ **c'est vache pour eux** it's really rotten for them*

COMP vache à eau (canvas) water bag
vache à lait* (*péj*) cash cow, milch cow (*péj*)
vache sacrée (*lit, fig*) sacred cow

vachement* /vaʃmɑ̃/ **ADV** (= *très*) really ◆ **vachement bon/difficile** really ou damned*⁎ ou bloody*⁎ (*Brit*) good/hard ◆ **on s'est vachement dépêchés** we rushed like mad* ou hell*⁎ ◆ **ça m'a vachement aidé** it helped me no end*, it was a big help ◆ **c'est vachement important pour moi** it's really important to me ◆ **il était vachement bien, ce film !** it was a brilliant film! ◆ **il est vachement plus grand qu'elle** he's a hell of a lot bigger than she is* ◆ **il pleut vachement** it's pouring (down), it's tipping it down* (*Brit*)

vacher /vaʃe/ **NM** cowherd

vachère /vaʃɛʀ/ **NF** cowgirl

vacherie /vaʃʀi/ **NF** 1 * (= *action*) dirty trick*; (= *remarque*) nasty ou bitchy*⁎ remark; (= *caractère méchant*) [*de personne, remarque*] meanness ◆ **faire une vacherie à qn** to play a dirty* ou mean trick on sb ◆ **dire des vacheries** to make nasty remarks
2 (* : *intensif*) ◆ **c'est une sacrée vacherie, cette maladie** it's a hell of a nasty illness* ◆ **cette vacherie d'appareil ne veut pas marcher** this damned*⁎ ou blasted * ou bloody*⁎ (*Brit*) machine won't work ◆ **quelle vacherie de temps !** what damned*⁎ ou bloody*⁎ (*Brit*) awful weather!
3 († = *étable*) cowshed, byre

vacherin /vaʃʀɛ̃/ **NM** (= *glace*) vacherin; (= *fromage*) vacherin cheese

vachette /vaʃɛt/ **NF** 1 (= *jeune vache*) young cow
2 (= *cuir*) calfskin

vacillant, e /vasijɑ̃, ɑ̃t/ SYN **ADJ** 1 [*jambes, démarche*] unsteady, shaky, wobbly; [*lueur, flamme*] flickering (*épith*)
2 [*santé, mémoire*] shaky, failing; [*raison*] failing; [*courage*] wavering, faltering; [*caractère*] indecisive, wavering (*épith*)

vacillation /vasijasjɔ̃/ **NF** ⇒ **vacillement**

vacillement /vasijmɑ̃/ **NM** 1 [*de personne, blessé, ivrogne*] swaying; [*de bébé, meuble*] wobbling; [*de poteau*] swaying; [*de flamme, lumière*] flickering
2 [*de résolution, courage*] faltering, wavering; [*de santé, mémoire*] shakiness

vaciller /vasije/ SYN ► conjug 1 ◄ **VI** 1 (= *chanceler*) [*personne*] to sway (to and fro); [*blessé, ivrogne*] to sway, to reel; [*bébé*] to wobble ◆ **vaciller sur ses**

jambes to be unsteady on one's legs, to sway (to and fro) ◆ **il s'avança en vacillant vers la porte** he reeled *ou* staggered towards the door
2 *[poteau]* to sway (to and fro); *[meuble]* to wobble ◆ **il lui semblait que les murs vacillaient autour d'elle** she felt as if the room was spinning around her
3 *[flamme, lumière]* to flicker
4 *[résolution, courage]* to falter, to waver; *[raison, intelligence]* to fail; *[santé, mémoire]* to be shaky, to be failing ◆ **il vacillait dans ses résolutions** he wavered in his resolve

va-comme-je-te-pousse /vakɔmʒtəpus/ **à la va-comme-je-te-pousse*** LOC ADV in a slapdash manner, any old how*

vacuité /vakɥite/ NF *(littér = vide)* vacuity *(littér)*, emptiness; *(intellectuelle, spirituelle)* vacuity, vacuousness

vacuolaire /vakɥɔlɛʀ/ ADJ vacuolar, vacuolate

vacuole /vakɥɔl/ NF *(Bio)* vacuole

vacuome /vakɥɔm, vakɥom/ NM vacuome

vacuum /vakɥɔm/ NM vacuum

vade-mecum /vademekɔm/ NM INV *(littér)* handbook, vade mecum

vadrouille /vadʀuj/ NF 1 *(* = balade)* ramble, jaunt ◆ **partir en vadrouille** to go on a ramble *ou* jaunt ◆ **être en vadrouille** to be out on a ramble ◆ **elle est toujours en vadrouille à l'étranger** she's always off gallivanting abroad *ou* around the world
2 *(Can = balai)* mop

vadrouiller* /vadʀuje/ ▸ conjug 1 ◂ VI to rove around *ou* about ◆ **vadrouiller dans les rues de Paris** to knock* *ou* rove about the streets of Paris

vadrouilleur, -euse* /vadʀujœʀ, øz/ NM,F rover

Vaduz /vadyz/ N Vaduz

va-et-vient /vaevjɛ̃/ SYN NM INV 1 *[de personnes, véhicules]* comings and goings ◆ **il y a beaucoup de va-et-vient dans ce café** it's a very busy café, there are a lot of comings and goings in this café ◆ **j'en ai assez de ce va-et-vient incessant dans mon bureau** I'm sick of this constant stream of people coming in and out of my office ◆ **faire le va-et-vient entre** *[personne, train, bus]* *(lit)* to go to and fro *ou* backwards and forwards between; *[bateau]* to ply between ◆ **le dossier a fait le va-et-vient d'un bureau à l'autre** the file has been passed backwards and forwards from one office to the other ◆ **l'interprète faisait le va-et-vient entre les deux langues** the interpreter was switching back and forth between the two languages
2 *[de piston, pièce]* ◆ **(mouvement de) va-et-vient** *(gén)* to and fro (motion), backwards and forwards motion; *(verticalement)* up-and-down movement
3 *(Élec)* *(= circuit)* two-way wiring *(NonC)* *ou* wiring system; *(= interrupteur)* two-way switch
4 *(= gond)* helical hinge ◆ **porte à va-et-vient** swing door
5 *(= bac)* (small) ferryboat

vagabond, e /vagabɔ̃, ɔ̃d/ SYN
ADJ *[peuple, vie]* wandering *(épith)*; *[imagination]* roaming *(épith)*, roving *(épith)*, restless ◆ **son humeur vagabonde** his restless mood
NM,F *(péj = rôdeur)* tramp, vagrant; *(littér = personne qui voyage beaucoup)* wanderer, vagabond

vagabondage /vagabɔ̃daʒ/ NM 1 *(= errance)* wandering, roaming ◆ **leurs vagabondages à travers l'Europe** their wanderings across Europe ◆ **le vagabondage de son imagination** *(littér)* the meanderings of his imagination
2 *(Jur, péj = vie sans domicile fixe)* vagrancy

vagabonder /vagabɔ̃de/ SYN ▸ conjug 1 ◂ VI *[personne]* to roam, to wander; *[imagination, esprit]* to wander, to roam ◆ **vagabonder à travers l'Europe** to roam the length and breadth of Europe, to wander across Europe

vagal, e (mpl **-aux**) /vagal, o/ ADJ vagal

vagin /vaʒɛ̃/ NM vagina

vaginal, e (mpl **-aux**) /vaʒinal, o/ ADJ vaginal; → **frottis**

vaginisme /vaʒinism/ NM vaginismus

vaginite /vaʒinit/ NF vaginitis *(NonC)*

vagir /vaʒiʀ/ ▸ conjug 2 ◂ VI *[bébé]* to wail, to cry

vagissant, e /vaʒisɑ̃, ɑ̃t/ ADJ wailing, crying

vagissement /vaʒismɑ̃/ NM wail, cry

vagotonie /vagɔtɔni/ NF vagotonia

vagotonique /vagɔtɔnik/
ADJ vagotonic
NMF person suffering from vagotonia

vague¹ /vag/ SYN
ADJ 1 *(= imprécis)* *[renseignement, geste]* vague; *[notion, idée]* vague, hazy; *[sentiment, forme]* vague, indistinct; *(= distrait)* *[air, regard]* faraway *(épith)*, vague ◆ **j'ai le vague sentiment que...** I have a vague feeling that... ◆ **un vague cousin** some distant cousin ◆ **il avait un vague diplôme** he had a diploma of sorts *ou* some kind of (a) diploma; → **nerf, terrain**
2 *(= ample)* *[robe, manteau]* loose(-fitting)
NM 1 *(littér)* *[de forme]* vagueness, indistinctness; *[de passions, sentiments]* vagueness
2 ◆ **le vague** vagueness ◆ **nous sommes dans le vague** things are rather unclear to us ◆ **il est resté dans le vague** he kept it all *ou* he remained rather vague ◆ **la police a préféré rester dans le vague quant aux causes de cet incident** the police preferred not to give any details about the causes of the incident ◆ **laisser qn dans le vague** to keep sb guessing, to keep sb in the dark ◆ **laisser qch dans le vague** to leave sth up in the air ◆ **regarder dans le vague** to stare into space ◆ **les yeux perdus dans le vague** with a faraway look in his eyes ◆ **vague à l'âme** melancholy ◆ **avoir du vague à l'âme** to feel melancholic

vague² /vag/ SYN NF 1 *(lit)* wave ◆ **vague de fond** *(lit)* groundswell; *(fig)* groundswell of opinion ◆ **le multimédia est une vague de fond qui déferle sur le monde** multimedia is a tidal wave sweeping over the world ◆ **faire des vagues** *(lit, fig)* to make waves ◆ **surtout, pas de vagues !** whatever you do, don't rock the boat!; → **déferlante**
2 *(= déferlement)* wave ◆ **vague d'enthousiasme/de tendresse** wave *ou* surge of enthusiasm/of tenderness ◆ **la première vague d'immigrants/de départs en vacances** the first wave of immigrants/of holiday departures ◆ **vague d'attentats/d'arrestations** wave of bombings/of arrests ◆ **vague de criminalité** crime wave ◆ **vague d'assaut** *(Mil)* wave of assault ◆ **vague de chaleur** heatwave ◆ **vague de froid** cold spell *ou* snap; → **nouveau**
3 *(= émanations)* wave ◆ **une vague de gaz se propagea jusqu'à nous** a smell of gas drifted *ou* wafted up to us
4 *(= ondulation)* *(Archit)* waved motif; *[de chevelure]* wave; *(littér)* *[de blés, fougères]* wave, undulation *(littér)* ◆ **effet de vague** ripple effect

vaguelette /vaglɛt/ NF wavelet, ripple

vaguement /vagmɑ̃/ SYN ADV vaguely ◆ **ils sont vaguement parents** they're vaguely related ◆ **sourire vaguement ironique** vaguely *ou* faintly ironic smile ◆ **il était vaguement inquiet** he was slightly *ou* vaguely worried ◆ **à 18 ans, elle pensait vaguement devenir professeur** when she was 18, she toyed with the idea of becoming a teacher ◆ **il était vaguement question d'organiser une réunion** there was vague talk of planning a meeting ◆ **on entendait vaguement parler dans le couloir** muffled voices could be heard in the corridor

vaguemestre /vagmɛstʀ/ NM *army or navy officer responsible for the delivery of mail*

vaguer /vage/ ▸ conjug 1 ◂ VI *(littér = errer)* *[personne]* to wander, to roam ◆ **laisser vaguer son imagination/son regard** to let one's imagination/one's eyes wander

vahiné /vaine/ NF Tahitian woman, wahine

vaillamment /vajamɑ̃/ ADV bravely, courageously, valiantly

vaillance /vajɑ̃s/ SYN NF *(= courage)* courage, bravery; *(au combat)* gallantry, valour *(Brit)*, valor *(US)* ◆ **avec vaillance** courageously, valiantly

vaillant, e /vajɑ̃, ɑ̃t/ SYN ADJ 1 *(littér = courageux)* brave, courageous; *(au combat)* valiant, gallant ◆ **à cœur vaillant rien d'impossible** *(Prov)* nothing is impossible to a willing heart *(Prov)*; → **sou**
2 *(= vigoureux)* *[personne]* vigorous, hale and hearty, robust; *[monnaie, économie]* healthy ◆ **je ne me sens pas très vaillant** I'm feeling a bit under the weather*, I don't feel too good

vaille que vaille /vajkəvaj/ LOC ADV → **valoir**

vain, e /vɛ̃, vɛn/ SYN
ADJ 1 *(= sans fondement)* *[paroles, promesse]* empty, hollow, vain ; *[craintes, espoir, plaisirs]* vain , empty ◆ **pour lui la loyauté n'est pas un vain mot** loyalty is not an empty word for him, the word loyalty really means something to him
2 *(= frivole)* *[personne]* shallow, superficial
3 *(= infructueux)* *[effort, tentative, attente]* vain *(épith)*, in vain *(attrib)*, futile, fruitless; *[regrets, discussion]* vain *(épith)*, idle *(épith)* ◆ **son sacrifice n'aura pas été vain** his sacrifice will not have been in vain ◆ **il est vain d'essayer de...** it is futile to try to...
4 *(littér = vaniteux)* *[personne]* vain
LOC ADV **en vain** in vain ◆ **elle essaya en vain de s'en souvenir** she tried vainly *ou* in vain to remember ◆ **ce ne fut pas en vain que...** it was not in vain that... ◆ **je réessayai, mais en vain** I tried again, but in vain *ou* but to no avail ◆ **invoquer le nom de Dieu en vain** *(frm)* to take the Lord's name in vain
COMP **vaine pâture** *(Jur)* common grazing land

vaincre /vɛ̃kʀ/ SYN ▸ conjug 42 ◂ VT 1 *[+ rival, concurrent]* to defeat, to beat; *[+ armée, ennemi]* to defeat, to vanquish *(littér)*, to conquer ◆ **les meilleurs ont fini par vaincre** the best men finally won ◆ **à vaincre sans péril, on triomphe sans gloire** triumph without peril brings no glory ◆ **nous vaincrons** we shall overcome
2 *[+ obstacle, préjugé, maladie, sentiment]* to overcome; *[+ chômage]* to conquer ◆ **vaincu par le sommeil** overcome by sleep

vaincu, e /vɛ̃ky/ (ptp de **vaincre**)
ADJ beaten, defeated, vanquished *(littér)* ◆ **s'avouer vaincu** to admit defeat, to confess o.s. beaten ◆ **il part vaincu d'avance** he feels he's beaten *ou* defeated before he begins
NM,F defeated man *(ou* woman) ◆ **les vaincus** the vanquished *(littér)*, the defeated ◆ **malheur aux vaincus !** woe to the vanquished! *(littér)* ◆ **mentalité/attitude de vaincu** defeatist mentality/attitude

vainement /vɛnmɑ̃/ SYN ADV vainly, in vain ◆ **j'ai vainement essayé de lui expliquer** I tried in vain to explain to him, I tried to explain to him (but) to no avail

vainqueur /vɛ̃kœʀ/ SYN
NM *(à la guerre)* victor, conqueror; *(en sport)* winner; *[de concours, élection]* winner ◆ **le vainqueur de l'Everest** the conqueror of Everest ◆ **les vainqueurs de cette équipe** the conquerors of this team ◆ **les vainqueurs de cette compétition** the winners in *ou* of this competition ◆ **accueillir qn en vainqueur** to welcome sb as a conquering hero ◆ **il est sorti vainqueur des élections** he emerged victorious from the election, he emerged as the winner of the election ◆ **ce film est le grand vainqueur du festival** this film scooped all the awards at the festival
ADJ M victorious, triumphant

vair /vɛʀ/ NM vair *(kind of fur)* ◆ **la pantoufle de vair** the glass slipper

vairé, e /veʀe/ ADJ *(Héraldique)* vairy

vairon¹ /vɛʀɔ̃/ NM *(= poisson)* minnow

vairon² /vɛʀɔ̃/ ADJ M ◆ **yeux vairons** *(cerclés de blanc)* wall eyes; *(de couleur différente)* eyes of different colours *(Brit)* *ou* colors *(US)*, wall eyes

vaisseau (pl **vaisseaux**) /vɛso/ NM 1 *(= navire)* vessel *(frm)*, ship ◆ **vaisseau amiral** flagship ◆ **vaisseau de guerre** warship ◆ **vaisseau fantôme** ghost ship ◆ « **le Vaisseau fantôme** » *(Mus)* "the Flying Dutchman" ◆ **vaisseau spatial** spaceship; → **brûler, capitaine, enseigne, lieutenant**
2 *(Anat)* vessel ◆ **vaisseau sanguin/lymphatique/capillaire** blood/lymphatic/capillary vessel
3 *[de plante]* vessel ◆ **plante à vaisseaux** vascular plant
4 *(Archit)* nave

vaisselier /vɛsəlje/ NM *(= meuble)* dresser

vaisselle /vɛsɛl/ NF *(= plats)* crockery; *(= plats à laver)* dishes; *(= lavage)* dishes, washing-up *(Brit)* ◆ **vaisselle de porcelaine** china ◆ **vaisselle de faïence** earthenware ◆ **vaisselle plate** (gold *ou* silver) plate ◆ **faire la vaisselle** to do the dishes *ou* the washing-up *(Brit)*, to wash up *(Brit)* ◆ **la vaisselle était faite en deux minutes** the dishes were done *ou* the washing-up *(Brit)* was done in two minutes ◆ **on peut discuter sans s'envoyer la vaisselle à la tête !** we can talk without throwing things at each other! → **eau**

VAL /val/ NM (abrèv de **véhicule automatique léger**) automated (driverless) train

val (pl **vals** *ou* **vaux**) /val, vo/ NM *(gén dans noms de lieux)* valley ◆ **le Val de Loire** the Val de Loire, the Loire Valley ◆ **le Val d'Aoste** Valle d'Aosta; → **mont**

valable /valabl/ SYN ADJ [1] *(= valide) [contrat, passeport]* valid ◆ **billet valable un an** ticket valid for one year ◆ **« offre valable jusqu'au 31 mai »** "offer valid until 31 May"
[2] *(= acceptable, recevable) [excuse, raison]* valid, legitimate; *[loi, critère, théorie, motif]* valid ◆ **elle n'a aucune raison valable de le faire** she has no good *ou* valid reason for doing it ◆ **ce n'est valable que dans certains cas** it is only valid *ou* it only holds *ou* applies in certain cases ◆ **ce que j'ai dit reste valable dans ce cas aussi** what I said is valid *ou* applies in this case as well
[3] *(= de qualité) [œuvre, solution, commentaire]* worthwhile; *[auteur, équipements]* decent; *[concurrent]* worthy; → **interlocuteur**
[4] *(= rentable)* worthwhile ◆ **financièrement, ce n'est pas valable** it's not financially viable, it's not worthwhile financially

valablement /valabləmɑ̃/ SYN ADV [1] *(= légitimement)* validly, legitimately ◆ **ce billet ne peut pas être valablement utilisé** this ticket isn't valid ◆ **ne pouvant valablement soutenir que...** not being able to uphold legitimately *ou* justifiably that...
[2] *(= de façon satisfaisante)* ◆ **pour en parler valablement, il faut être spécialiste** you need to be a specialist to be able to make valid comments *ou* to have anything worth saying about it

Valais /valɛ/ NM ◆ **le Valais** Valais

valaisan, -anne /valɛzɑ̃, an/
ADJ of *ou* from Valais
NM,F **Valaisan(ne)** inhabitant *ou* native of Valais

valdinguer * /valdɛ̃ge/ ▸ conjug 1 ◂ VI *(= tomber)* ◆ **aller valdinguer** *[personne]* to fall flat on one's face*, to go sprawling ◆ **les boîtes ont failli valdinguer (par terre)** the boxes nearly came crashing down *ou* nearly went flying* ◆ **envoyer valdinguer qn** *(lit)* to send sb flying; *(fig)* to tell sb to clear off* *ou* buzz off*, to send sb off with a flea in his ear* *(Brit)* ◆ **envoyer valdinguer qch** to send sth flying* ◆ **j'ai bien envie de tout envoyer valdinguer !** I'd like to jack it all in!*

valence /valɑ̃s/ NF *(Ling, Phys)* valency *(Brit)*, valence *(US)* ◆ **valence-gramme** gramme-equivalent

valentinite /valɑ̃tinit/ NF valentinite

valériane /valeʀjan/ NF valerian

valérianelle /valeʀjanɛl/ NF corn salad, lamb's lettuce

valet /valɛ/ SYN
NM [1] *(= domestique)* (man) servant; *(Hist) [de seigneur]* valet; *(péj Pol)* lackey *(péj)* ◆ **premier valet de chambre du roi** king's first valet ◆ **valet de comédie** *(Théât)* manservant (part *ou* role) ◆ **jouer les valets** *(Théât)* to play servant parts *ou* roles
[2] *(Cartes)* jack, knave ◆ **valet de cœur** jack *ou* knave of hearts
[3] *(= cintre)* ◆ **valet (de nuit)** valet
[4] *(= outil)* ◆ **valet (de menuisier)** (woodworker's) clamp
COMP **valet d'âtre** companion set
valet de chambre manservant, valet
valet de chiens (hunt) kennel attendant
valet d'écurie groom, stableboy, stable lad *(Brit)*
valet de ferme farmhand
valet de pied footman

valetaille /valtɑj/ NF († *ou péj*) menials, flunkeys †

valétudinaire /valetydinɛʀ/ ADJ, NMF *(littér)* valetudinarian

valeur /valœʀ/ SYN
NF [1] *(= prix)* value, worth; *(Fin) [de devise, action]* value, price ◆ **valeur marchande** *(Comm)* market value ◆ **en valeur déclarée** *(Poste)* value declared ◆ **valeur ajoutée** added value ◆ **produits à forte valeur ajoutée** high added-value products ◆ **des activités à forte** *ou* **haute/faible valeur ajoutée** activities with high/low added value ◆ **valeur d'usage/d'échange** use/exchange value, value in use/in exchange ◆ **valeur nominale** *ou* **faciale** face *ou* nominal value, face amount *(US)* ◆ **valeur vénale** monetary value ◆ **quelle est la valeur de cet objet/de l'euro ?** what is this object/the euro worth?, what is the value of this object/the euro? ◆ **prendre/perdre de la valeur** to go up/down in value, to gain/lose in value ◆ **la valeur intrinsèque de qch** the intrinsic value *ou* worth of sth ◆ **cette monnaie/cette pièce n'a plus de valeur** this currency/this coin is worthless ◆ **estimer la valeur d'un terrain/d'un tableau à 100 000 €** to value a piece of land/a picture at €100,000, to put the value *ou* estimate the value of a piece of land/of a picture at €100,000 ◆ **ces tableaux sont de même valeur** *ou* **ont la même valeur** these pictures are of equal value *ou* have the same value *ou* are worth the same amount ◆ **manuscrit d'une valeur inestimable** priceless manuscript; → **taxe**
[2] *(Bourse : gén pl = titre)* security ◆ **valeurs mobilières** securities, stocks and shares ◆ **valeurs disponibles** liquid assets ◆ **valeurs de premier ordre** *ou* **de tout repos** *ou* **de père de famille** gilt-edged *ou* blue-chip securities, gilts ◆ **valeurs de haute technologie** technology stocks; *(Internet)* Internet stocks; → **bourse, refuge, vedette**
[3] *(= qualité) [de personne, auteur]* worth, merit; *[de roman, tableau]* value, merit; *[de science, théorie]* value; *(littér = courage)* valour *(Brit)*, valor *(US)* ◆ **la valeur de cette méthode/découverte reste à prouver** the value of this method/discovery is still to be proved ◆ **estimer** *ou* **juger qn/qch à sa (juste) valeur** to estimate *ou* judge sb/sth at his/its true value *ou* worth ◆ **son œuvre n'est pas sans valeur** his work is not without value *ou* merit ◆ **ce meuble n'a qu'une valeur sentimentale** this piece of furniture has sentimental value only ◆ **accorder** *ou* **attacher de la valeur à qch** to value sth, to place value on sth; → **jugement**
[4] *(Jeux, Math, Mus)* value ◆ **la valeur affective/poétique/symbolique** the emotive/poetic/symbolic value ◆ **valeur absolue** *(Math)* absolute value ◆ **donnez-lui la valeur d'un verre à liqueur/d'une cuiller à café** give him the equivalent of a liqueur glass/a teaspoonful ◆ **en valeur absolue/relative, le prix des voitures a diminué** in absolute/relative terms the price of cars has gone down
[5] *(locutions)*
◆ **en valeur** ◆ **mettre en valeur** *[+ bien, patrimoine, terrain]* to develop, to exploit; *[+ détail, caractéristique]* to bring out, to highlight, to emphasize; *[+ yeux, jambes]* to set off, to enhance; *[+ taille]* to emphasize *[+ objet décoratif]* to set off, to show (off) to advantage; *[+ personne]* to show to advantage *ou* in a flattering light ◆ **se mettre en valeur** to show o.s. off to advantage ◆ **ce chapeau te met en valeur** that hat is very flattering *ou* becoming, that hat really suits you ◆ **son discours a mis en valeur l'importance de la culture/le rôle des syndicats** in his speech he emphasized the importance of culture/the role of the unions ◆ **mise en valeur** *[de terrain, ressources naturelles, patrimoine]* development; *[de forêt]* exploitation; *[de meuble, tableau]* setting-off; *[de détail, caractéristique, mot]* emphasizing, highlighting
◆ **de valeur** *[bijou, meuble]* valuable, of value ◆ **objets de valeur** valuables, articles of value ◆ **professeur/acteur de valeur** teacher/actor of considerable merit
◆ **sans valeur** *[objet, témoignage]* worthless, valueless
NFPL **valeurs** *(morales, intellectuelles)* values ◆ **échelle** *ou* **hiérarchie des valeurs** scale of values ◆ **système de valeurs** value system ◆ **nous n'avons pas les mêmes valeurs** we don't have *ou* share the same values

valeureusement /valœʀøzmɑ̃/ ADV *(littér)* valiantly, valorously *(littér)*

valeureux, -euse /valœʀø, øz/ SYN ADJ *(littér)* valiant, valorous *(littér)*

valgus /valgys/
ADJ valgus
NM ◆ **valgus du pied** talipes valgus

validation /validasjɔ̃/ SYN NF *[de passeport, billet]* validation; *[de document]* authentication; *[de décision]* ratification; *[de bulletin]* validation, stamping

valide /valid/ SYN ADJ [1] *[personne] (= non blessé ou handicapé)* able, able-bodied; *(= en bonne santé)* fit, well *(attrib)*; *[membre]* good *(épith)* ◆ **la population valide** the able-bodied population ◆ **se sentir assez valide pour faire** to feel fit *ou* well enough to do, to feel up to doing
[2] *[billet, carte d'identité]* valid

valider /valide/ SYN ▸ conjug 1 ◂ VT *[+ passeport, billet]* to validate; *[+ document]* to authenticate; *[+ décision]* to ratify ◆ **faire valider un bulletin** *(Jeux)* to get a coupon validated *ou* stamped ◆ **l'élection ne sera validée que si le taux de participation est suffisant** the election will only be valid if the turnout is high enough

validité /validite/ SYN NF *[de billet, élection, argument, accord]* validity ◆ **quelle est la durée de validité de votre passeport ?** how long is your passport valid for?

valine /valin/ NF valine

valise /valiz/ SYN NF (suit)case, bag ◆ **faire sa valise** *ou* **ses valises** *(lit)* to pack; *(= partir)* to pack one's bags, to pack up and leave ◆ **la valise (diplomatique)** the diplomatic bag *ou* pouch *(US)* ◆ **avoir des valises sous les yeux*** to have bags under one's eyes; → **boucler**

Valkyrie /valkiʀi/ NF Valkyrie, Walkyrie

vallée /vale/ SYN NF valley ◆ **vallée suspendue/en U/glaciaire** hanging/U-shaped/glaciated valley ◆ **vallée sèche** *ou* **morte** dry valley ◆ **la vallée de la Loire/du Nil** the Loire/Nile valley ◆ **la Vallée des Rois/Reines** the Valley of the Kings/Queens ◆ **la vie est une vallée de larmes** *(littér)* life is a vale of tears *(littér)* ◆ **la vallée de la mort** *(Bible)* the valley of the shadow of death; *(Géog)* Death Valley

vallisnérie /valisneʀi/ NF tape grass, wild celery

vallon /valɔ̃/ NM small valley

vallonné, e /valɔne/ ADJ undulating, hilly

vallonnement /valɔnmɑ̃/ NM undulation

valoche * /valɔʃ/ NF case, bag

valoir /valwaʀ/

GRAMMAIRE ACTIVE 1.1, 2.2

SYN ▸ conjug 29 ◂

1 - VERBE INTRANSITIF
2 - VERBE TRANSITIF
3 - VERBE PRONOMINAL

1 - VERBE INTRANSITIF

[1] [VALEUR MARCHANDE] *[propriété, bijou]* to be worth ◆ **valoir 150 €** to be worth €150 ◆ **ça vaut combien ?** *(gén)* how much is it worth?; *(à un commerçant)* how much is it? ◆ **valoir de l'argent** to be worth a lot of money ◆ **ça vaut bien 400 €** *(estimation)* it must easily be worth €400; *(jugement)* it's well worth €400 ◆ **valoir cher/encore plus cher** to be worth a lot/still more ◆ **ça alors, ça vaut mille !*** that's priceless!* → **pesant**
◆ **à valoir** *(Comm)* to be deducted, on account ◆ **paiement/acompte à valoir sur...** payment/deposit to be deducted from... ◆ **100 € à valoir sur votre prochaine facture** €100 credit against your next bill; → **à-valoir**
◆ **faire valoir** *(= exploiter) [+ domaine]* to farm; *[+ titres, capitaux]* to invest profitably
[2] [QUALITÉS] ◆ **que vaut cet auteur/cette émission/le nouveau maire ?** is this author/this programme/the new mayor any good? ◆ **que valent ses promesses ?** what are his promises worth? ◆ **cette pièce vaut surtout par son originalité** the chief *ou* principal merit of this play is its originality ◆ **prendre une chose pour ce qu'elle vaut** to take a thing for what it's worth ◆ **ça vaut ce que ça vaut***, **mais j'ai entendu dire que...** take this for what it's worth, but I've heard that... ◆ **il a conscience de ce qu'il vaut** he's aware of his worth, he knows his (own) worth ◆ **leur fils ne vaut pas cher !** their son's no good! ◆ **il ne vaut pas la corde pour le pendre** he's not worth bothering with ◆ **sa dernière pièce ne valait pas grand-chose** his last play wasn't particularly good, his last play wasn't up to much* *(Brit)* ◆ **ce tissu/cette marchandise ne vaut rien** this material/this article is no good ◆ **votre argument ne vaut rien** your argument is worthless ◆ **cet outil ne vaut rien** this tool is useless *ou* no good *ou* no use ◆ **ce climat ne vaut rien pour les rhumatismes** this climate is no good for rheumatism ◆ **ça/il ne vaut pas tripette*** *ou* **un clou*** *ou* **un pet de lapin*** it's/he's a dead loss*; → aussi **rien**
◆ **faire valoir** *(= mettre en avant) [+ droit]* to assert; *[+ fait]* to emphasize; *[+ argument]* to put forward; *[+ caractéristique]* to highlight, to bring out ◆ **je lui fis valoir que...** I impressed upon him that..., I pointed out to him that... ◆ **il peut faire valoir ses droits à la retraite** he is eligible for retirement ◆ **il s'entoure de gens faibles/ignorants parce que ça le fait valoir** he

surrounds himself with weak/ignorant people because it makes him appear stronger/more intelligent ◆ **se faire valoir** to sell o.s. ◆ **il ne sait pas se faire valoir** he doesn't know how to sell himself; → aussi **faire-valoir**

◆ **valoir mieux** (= *avoir plus de qualités, être meilleur*) ◆ **tu vaux mieux que lui** you're better than he is *ou* than him ◆ **c'est un travail sans intérêt, tu vaux mieux que ça !** it's not a very good job, you're cut out *ou* made for better things! ◆ **cet endroit vaut mieux que sa réputation** this place is better than its reputation allows ◆ **ils ne valent pas mieux l'un que l'autre** they're both as bad as each other
(= *être préférable*) ◆ **dans ce cas, il vaut mieux refuser** *ou* **mieux vaut refuser** in that case, it's better to refuse ◆ **il vaudrait mieux que vous refusiez** you had *ou* you'd better refuse, you would *ou* you'd do better to refuse ◆ **ça vaut mieux comme ça** it's better that way ◆ **avertis-le, ça vaut mieux** I'd tell him if I were you, it would be better if you told him ◆ **il vaut mieux le prévenir** we'd (*ou* you'd *etc*) better tell him ◆ **j'aurais dû lui téléphoner – oui, il aurait mieux valu** I should have phoned him – yes, you should (have) *ou* yes, that would have been the best thing to do ◆ **je le fais tout de suite – il vaudrait mieux (pour toi) !** I'll do it straight away – you'd better! ◆ **il vaut mieux entendre ça que d'être sourd !*** what a stupid thing to say!; → aussi **mieux**

◆ **vaille que vaille** somehow ◆ **la police assurait vaille que vaille un semblant d'ordre** the police somehow managed to maintain order ◆ **pendant la révolution, les gens ont continué à vivre vaille que vaille** during the revolution people somehow managed to go on living their lives

3 [= ÊTRE VALABLE] to hold, to apply, to be valid ◆ **ceci ne vaut que dans certains cas** this only holds *ou* applies *ou* is only valid in certain cases ◆ **la décision vaut pour tout le monde** the decision applies to everyone

4 [= ÉQUIVALOIR À] ◆ **la campagne vaut bien la mer** the countryside is just as good *ou* is every bit as good as the seaside ◆ **une blanche vaut deux noires** (*Mus*) one minim (*Brit*) *ou* half note (*US*) is equivalent to two crochets (*Brit*) *ou* quarter notes (*US*) ◆ **un as vaut quatre points** (*Bridge*) an ace is worth four points ◆ **il vaut largement son frère** he is every bit as good as his brother ◆ **ce nouveau médicament/traitement ne vaut pas le précédent** this new medicine/treatment is not as good as *ou* isn't a patch on* (*Brit*) the previous one ◆ **cette méthode en vaut une autre** it's as good a method as any ◆ **tout ça ne vaut pas la mer/la liberté** this is all very well but it's not like the seaside/having one's freedom ◆ **rien ne vaut un bon bain chaud** there's nothing like a nice warm bath, there's nothing to beat a nice warm bath ◆ **ça ne vaut pas la réflexion qu'il m'a faite hier** you should have heard what he said to me yesterday ◆ **ça vaut pas René*, tu sais ce qu'il m'a fait ?** that's nothing on René* – do you know what he did to me?

5 [= JUSTIFIER] to be worth; (= *mériter*) to deserve ◆ **Lyon vaut (bien) une visite/le déplacement** *ou* **voyage** Lyons is (well) worth a visit/the journey ◆ **une soirée pareille, ça valait le voyage*** (*hum*) it was well worth going to a party like that ◆ **ça valait bien un merci** he (*ou* they *etc*) could have said thank you ◆ **un service en vaut un autre** one good turn deserves another; → **coup, détour, peine**

2 - VERBE TRANSITIF

◆ **valoir qch à qn** (= *rapporter, procurer*) to earn sb sth ◆ **ceci lui a valu des louanges/des reproches** this earned *ou* brought him praise/criticism ◆ **les soucis/ennuis que nous a valus cette affaire !** the worry/trouble that this business has caused us! ◆ **qu'est-ce qui nous vaut l'honneur de cette visite ?** to what do we owe the honour of this visit? ◆ **l'incident lui a valu d'être accusé d'imprudence** the incident meant he was accused of carelessness ◆ **un bon rhume, c'est tout ce que ça lui a valu de sortir sous la pluie** all he got for going out in the rain was a bad cold ◆ **l'inaction ne lui vaut rien** it isn't good for him to remain inactive ◆ **ça ne lui a rien valu** it didn't do him any good

3 - VERBE PRONOMINAL

se valoir (= *être équivalents*) ◆ **ces deux candidats/méthodes se valent** there's not much to choose between the two applicants/methods, the two applicants/methods are of equal merit ◆ **aux échecs, nous nous valons** (*en bien*) we're just as good as each other at chess, we're equally good at chess; (*en mal*) we're both as bad as each other at chess ◆ **ça se vaut*** it's all the same ◆ **et pour le prix ? – ça se vaut** and price-wise? – there's hardly any difference

Valois /valwa/ **NMPL** ◆ **les Valois** the Valois

valorisable /valɔʀizabl/ **ADJ** [*matières, matériaux*] recyclable

valorisant, e /valɔʀizɑ̃, ɑ̃t/ **ADJ** [*travail*] fulfilling ◆ **être valorisant pour qn** to increase sb's self-esteem ◆ **tâches peu valorisantes** menial tasks ◆ **il est très attentionné avec moi, c'est très valorisant** he's very considerate, it makes me feel very worthwhile ◆ **c'est valorisant pour des jeunes de se voir confier de telles responsabilités** being given responsibilities like these increases young people's self-respect *ou* is good for young people's self-esteem ◆ **il essaie de montrer une image valorisante de sa ville** he is trying to show a positive image of his town

valorisation /valɔʀizasjɔ̃/ SYN **NF** 1 (*Écon, Fin*) (= *mise en valeur*) [*de région, terrain, patrimoine*] development; (= *augmentation de la valeur*) [*de produit, monnaie, titres*] increase in value
2 (= *augmentation du mérite, du prestige*) [*de diplôme, compétences*] increased prestige; [*de profession, activité*] improved status; [*de personne*] improved self-esteem ; (*Psych*) self-actualization (*SPÉC*)
3 (*Écol*) [*de déchets*] recovering

valoriser /valɔʀize/ SYN ▸ conjug 1 ◂
VT 1 (*Écon, Fin*) [+ *région, patrimoine, capital*] to develop; [+ *produit, titre*] to increase the value of ◆ **ces aménagements vont valoriser la maison** these improvements will increase the value of the house ◆ **le yen est fortement valorisé sur le marché des changes** the yen has risen sharply on the foreign exchange market
2 (= *donner plus de prestige à*) [+ *diplôme*] to increase the prestige of; [+ *personne*] to increase the standing of; [+ *profession*] to enhance the status of ◆ **pour valoriser l'image de l'entreprise** to enhance the image of the company
3 (*Écol*) [+ *déchets*] to recover
4 (= *évaluer la valeur de*) [+ *entreprise*] to value
VPR se valoriser [*immeuble, monnaie, titres*] to increase in value; [*personne*] to increase one's standing

Valparaiso /valpaʀɛzo/ **N** Valparaiso

valse /vals/ **NF** 1 (= *danse, air*) waltz ◆ **valse lente/viennoise** slow/Viennese waltz ◆ **valse musette** waltz (*to accordion accompaniment*) ◆ « **La Valse de l'empereur** » (*Mus*) "The Emperor Waltz"
2 (= *remplacement fréquent*) ◆ **la valse des étiquettes** *ou* **des prix** constant price rises ◆ **la valse des ministres** *ou* **des portefeuilles** the ministerial musical chairs ◆ **valse-hésitation** shilly-shallying (*NonC*), pussyfooting* (*NonC*) ◆ **la valse des responsables a nui à l'entreprise** the high turnover in managers has harmed the company

valser /valse/ ▸ conjug 1 ◂ **VI** 1 (= *danser*) to waltz
2 (* : *locutions*) ◆ **envoyer valser qch/qn** to send sth/sb flying ◆ **il est allé valser contre le mur** he went flying against the wall ◆ **faire valser l'argent** to spend money like water, to throw money around ◆ **faire valser les étiquettes** *ou* **les prix** to jack up* the prices ◆ **faire valser les ministres/les employés** to play musical chairs with ministerial/staff posts

valseur, -euse /valsœʀ, øz/
NM,F (*Danse*) waltzer
NFPL valseuses ‡ (= *testicules*) balls*‡

valvaire /valvɛʀ/ **ADJ** valvular

valve /valv/ **NF** valve ◆ **valve cardiaque** heart valve

valvé, e /valve/ **ADJ** valvate

valvulaire /valvylɛʀ/ **ADJ** valvular

valvule /valvyl/ **NF** (*Anat, Tech*) valve; [*de fruit*] valvule ◆ **valvule mitrale** mitral valve

vamp /vɑ̃p/ **NF** vamp

vamper* /vɑ̃pe/ ▸ conjug 1 ◂ **VT** to vamp

vampire /vɑ̃piʀ/ **NM** 1 (= *fantôme*) vampire
2 († = *escroc*) vampire, bloodsucker
3 (= *chauve-souris*) vampire bat

vampirique /vɑ̃piʀik/ **ADJ** vampiric

vampiriser /vɑ̃piʀize/ ▸ conjug 1 ◂ **VT** (*lit*) to suck the blood of; (*fig*) to suck the lifeblood out of

vampirisme /vɑ̃piʀism/ **NM** vampirism

van[1] /vɑ̃/ **NM** (= *panier*) winnowing basket

van[2] /van/ **NM** (= *véhicule*) horse-box (*Brit*), horse trailer (*US*)

vanadinite /vanadinit/ **NF** vanadinite

vanadique /vanadik/ **ADJ** vanadic

vanadium /vanadjɔm/ **NM** vanadium

Vancouver /vɑ̃kuvɛʀ/ **N** Vancouver ◆ **l'île de Vancouver** Vancouver Island

vanda /vɑ̃da/ **NF** vanda

vandale /vɑ̃dal/ SYN
NMF vandal; (*Hist*) Vandal
ADJ vandal (*épith*); (*Hist*) Vandalic

vandaliser /vɑ̃dalize/ SYN ▸ conjug 1 ◂ **VT** to vandalize

vandalisme /vɑ̃dalism/ SYN **NM** vandalism ◆ **acte de vandalisme** act of vandalism ◆ **c'est du vandalisme !** it's vandalism!

vandoise /vɑ̃dwaz/ **NF** dace, chub

vanesse /vanɛs/ **NF** vanessa

vanille /vanij/ **NF** (= *gousse, extrait*) vanilla ◆ **crème/glace à la vanille** vanilla cream/ice cream

vanillé, e /vanije/ **ADJ** [*sucre, thé*] vanilla (*épith*); [*parfum*] vanilla-scented

vanillier /vanije/ **NM** vanilla plant

vanilline /vanilin/ **NF** vanillin

vanilliné, e /vaniline/ **ADJ** [*sucre*] flavoured with vanillin

vanillon /vanijɔ̃/ **NM** vanillon

vanité /vanite/ SYN **NF** 1 (= *fatuité*) vanity ◆ **avoir la vanité de croire que...** to be conceited enough to think that... ◆ **il avait des petites vanités d'artiste** he had the little conceits of an artist ◆ **je le dis sans vanité** I say it with all due modesty *ou* without wishing to boast ◆ **tirer vanité de** to pride o.s. on ◆ **elle n'a jamais tiré vanité de sa beauté** she has never been conceited about her beauty ◆ **blesser qn dans sa vanité** to wound sb's pride ◆ **flatter la vanité de qn** to flatter sb's ego
2 (*littér*) [*de paroles, promesse*] emptiness, hollowness, vanity; [*de craintes, espoir, plaisirs*] vanity, emptiness; [*de personne*] shallowness, superficiality; [*d'effort, tentative, attente*] vanity, futility, fruitlessness; [*de regrets, discussion*] vanity, uselessness ◆ **vanité, vanité, tout n'est que vanité** (*Bible*) vanity of vanities, all is vanity
3 (*Art*) vanitas

vaniteusement /vanitøzmɑ̃/ **ADV** vainly, conceitedly

vaniteux, -euse /vanitø, øz/ SYN
ADJ vain, conceited
NM,F vain *ou* conceited person

vanity-case (pl **vanity-cases**) /vanitikɛz/ **NM** vanity case

vannage /vanaʒ/ **NM** (*Agr*) winnowing

vanne /van/ **NF** 1 [*d'écluse*] (lock) gate, sluice (gate); [*de barrage, digue*] floodgate, (sluice) gate; [*de moulin*] (weir) hatch; [*de canalisation*] gate ◆ **vanne thermostatique** thermostat ◆ **ouvrir les vannes** (*fig*) (= *laisser passer ou s'exprimer librement*) to open the floodgates; (* = *pleurer*) to turn on the waterworks*
2 (* = *remarque*) dig*, jibe ◆ **envoyer une vanne à qn** to have a dig at sb*, to jibe at sb

vanneau (pl **vanneaux**) /vano/ **NM** peewit, lapwing ◆ **vanneau huppé** Northern lapwing

vannelle /vanɛl/ **NF** [*d'écluse*] paddle

vanner /vane/ SYN ▸ conjug 1 ◂ **VT** 1 (*Agr*) to winnow
2 (‡ = *fatiguer*) to do in*, to knacker (out)‡ (*Brit*) ◆ **je suis vanné** I'm dead-beat* *ou* knackered‡ (*Brit*)

vannerie /vanʀi/ **NF** (= *métier*) basketry, basketwork; (= *objets*) wickerwork, basketwork

vanneur, -euse /vanœʀ, øz/ **NM,F** winnower

vannier /vanje/ **NM** basket maker, basket worker

vantail (pl **-aux**) /vɑ̃taj, o/ **NM** [*de porte*] leaf; [*d'armoire*] door ◆ **porte à double vantail** *ou* **à (deux) vantaux** stable door (*Brit*), Dutch door (*US*)

vantard, e /vɑ̃taʀ, aʀd/ SYN
ADJ boastful
NM,F boaster, braggart

vantardise /vɑ̃taʀdiz/ SYN NF (= caractère) boastfulness; (= action) boasting (NonC), bragging (NonC); (= propos) boast

vanter /vɑ̃te/ SYN ▸ conjug 1 ◂
■ VT [+ personne] to praise, to sing the praises of; [+ qualité, méthode, avantage] to speak highly of, to praise, to vaunt (frm) ◆ **vanter la marchandise** to peddle one's wares ◆ **film dont on vante les mérites** much-praised film
■ VPR **se vanter** ① (= fanfaronner) to boast, to brag ◆ **sans (vouloir) me vanter** without wishing to blow my own trumpet, without wishing to boast ou brag, I don't want to boast
② (= se targuer) ◆ **se vanter de** to pride o.s. on ◆ **se vanter d'avoir fait qch** to pride o.s. on having done sth ◆ **il se vante de (pouvoir) faire…** he boasts he can ou will do… ◆ **il ne s'en est pas vanté** (iro) he kept quiet about it ◆ **il n'y a pas de quoi se vanter** there's nothing to be proud of ou to boast about ◆ **et il s'en vante !** and he's proud of it!

Vanuatu /vanwatu/ N Vanuatu

va-nu-pieds /vanypje/ NMF INV (péj) tramp, beggar

vapes* /vap/ NFPL ◆ **tomber dans les vapes** to fall into a dead faint, to pass out ◆ **être dans les vapes** (= évanoui) to be out for the count* ou out cold*; (= étourdi par un choc) to be woozy* ou in a daze; (= abruti par le travail) to be punch-drunk ou in a daze; (= distrait) to have one's head in the clouds

vapeur /vapœʀ/ SYN
■ NF ① (littér = brouillard) haze (NonC), vapour (Brit) (NonC), vapor (US) (NonC)
② ◆ **vapeur (d'eau)** steam, (water) vapour (Brit) ou vapor (US) ◆ **vapeur atmosphérique** atmospheric vapour ◆ **à vapeur** (Tech) steam (épith) ◆ **repassage à la vapeur** steam-ironing ◆ **(cuit à la) vapeur** (Culin) steamed
③ (Chim, Phys = émanation) vapour (Brit) (NonC), vapor (US) (NonC) ◆ **vapeurs** (nocives) fumes ◆ **vapeurs d'essence** petrol (Brit) ou gasoline (US) fumes ◆ **vapeur saturante** saturated vapour ◆ **vapeur sèche** dry steam
④ († : gén pl) ◆ **vapeurs** (= malaises) vapours † ◆ **avoir ses vapeurs** (bouffées de chaleur) to have hot flushes (Brit) ou flashes (US); (malaise) to have the vapours †
⑤ (gén pl) ◆ **les vapeurs de l'ivresse/de la gloire** (= griserie) the heady fumes of intoxication/of glory
⑥ (locution) ◆ **aller à toute vapeur** [navire] to sail full steam ahead; (*fig) to go at full speed, to go full steam ahead (fig) → **renverser**
■ NM [bateau] steamship, steamer

vapo* /vapo/ NM abrév de **vaporisateur**

vapocraquage /vapokʀakaʒ/ NM steam reforming

vapocraqueur /vapokʀakœʀ/ NM steam reformer

vaporeusement /vapɔʀøzmɑ̃/ ADV vaporously

vaporeux, -euse /vapɔʀø, øz/ ADJ [tissu, robe] diaphanous, gossamer (épith)(littér); (littér) [lumière, atmosphère] hazy, misty, vaporous; [nuage, cheveux] gossamer (épith)(littér) ◆ **lointain vaporeux** (Art) sfumato background

vaporisage /vapɔʀizaʒ/ NM [de textiles] steaming

vaporisateur /vapɔʀizatœʀ/ SYN NM (à parfum) spray, atomizer; (Agr) spray; (Tech) vaporizer ◆ **parfum en vaporisateur** perfume in a spray bottle ou in an atomizer

vaporisation /vapɔʀizasjɔ̃/ NF ① [de parfum, insecticide, surface] spraying ◆ **une vaporisation suffit** one spray is enough
② (Phys) vaporization

vaporiser /vapɔʀize/ ▸ conjug 1 ◂
■ VT ① [+ parfum, insecticide, surface] to spray ◆ **vaporisez le produit sur la plaie** spray the product onto the wound
② (Phys) to vaporize
■ VPR **se vaporiser** (Phys) to vaporize

vaquer /vake/ SYN ▸ conjug 1 ◂
■ VT INDIR **vaquer à** (= s'occuper de) to attend to, to see to ◆ **vaquer à ses occupations** to attend to one's affairs, to go about one's business
■ VI ① († = être vacant) to stand ou to be vacant
② (Admin = être en vacances) to be on vacation

var /vaʀ/ NM var

varan /vaʀɑ̃/ NM varanus, monitor lizard ◆ **varan de Komodo** Komodo dragon

varangue¹ /vaʀɑ̃g/ NF [de bateau] floor plate

varangue² /vaʀɑ̃g/ NF [de maison] veranda(h)

varappe /vaʀap/ NF (= sport) rock-climbing; (= ascension) (rock) climb ◆ **faire de la varappe** to go rock-climbing

varapper /vaʀape/ ▸ conjug 1 ◂ VI to rock-climb

varappeur, -euse /vaʀapœʀ, øz/ NM,F (rock-) climber

varech /vaʀɛk/ NM kelp, wrack

vareuse /vaʀøz/ NF [de pêcheur, marin] pea jacket; (d'uniforme) tunic; (de ville) jacket

varia /vaʀja/ NMPL varia

variabilité /vaʀjabilite/ SYN NF ① [de temps, humeur] changeableness, variableness
② (Math, Sci) variability

variable /vaʀjabl/ SYN
■ ADJ ① (= incertain) [temps] variable, changeable, unsettled; [humeur] changeable, variable; [vent] variable ◆ **le baromètre est au variable** the barometer is at ou reads "change"
② (= susceptible de changements) [montant, allocation, part] variable; [dimensions, modalités, formes] adaptable, variable; [Math, Sci] (grandeur, quantité, facteur) variable; (Ling) [forme, mot] inflectional, inflected (épith) ◆ **à revenu variable** (Fin) variable yield (épith) ◆ **l'effet est (très) variable selon les individus** the effect varies (greatly) from person to person ou according to the individual ◆ **mot variable en genre** word that is inflected ou marked for gender; → **foyer**, **géométrie**
③ (au pl = varié) [résultats, réactions] varied, varying (épith)
■ NF (Chim, Ling, Math, Phys, Stat) variable ◆ **variable aléatoire/continue/discrète** random/continuous/discrete variable ◆ **variable entière/numérique** (Ordin) integer/numeric variable

variance /vaʀjɑ̃s/ NF variance

variante /vaʀjɑ̃t/ SYN NF (gén) variant (de of), variation (de on); (Ling, Littérat) variant (de of)

variateur /vaʀjatœʀ/ NM ◆ **variateur de vitesse** speed variator ◆ **variateur (de lumière)** dimmer

variation /vaʀjasjɔ̃/ SYN NF ① (= écart, changement) variation (de in) ◆ **les variations de (la) température** variations in (the) temperature, temperature variations ◆ **variations climatiques** climatic ou climate variations ◆ **les variations orthographiques/phonétiques au cours des siècles/selon les régions** spelling/phonetic variations ou variants throughout the centuries/from region to region ◆ **les variations du mode de vie au cours des siècles** the changes in life-style through the centuries ◆ **corrigé des variations saisonnières** (Écon) seasonally adjusted, adjusted for seasonal variations ◆ **variations monétaires** currency fluctuations ◆ **variations hormonales** hormonal fluctuations ◆ **variations d'humeur** mood swings ◆ **les variations de l'opinion** swings ou changes in public opinion ◆ **subir ou connaître de fortes variations** to vary ou fluctuate considerably
② (Mus) variation ◆ **variations pour piano** variations for piano ◆ **variations sur un thème connu** (hum) variations on the same old theme ou on a well-worn theme

varice /vaʀis/ NF (Méd) varicose vein, varix (SPÉC); → **bas**²

varicelle /vaʀisɛl/ NF chickenpox, varicella (SPÉC)

varicocèle /vaʀikɔsɛl/ NF varicocele

varicosité /vaʀikozite/ NF varicosity

varié, e /vaʀje/ SYN (ptp de **varier**) ADJ ① (= non monotone) [style, existence, paysage] varied, varying (épith); [programme, menu] (= qu'on change souvent) varying (épith); (= diversifié) varied ◆ **un travail très varié** a very varied job ◆ **en terrain varié** (Mil) on irregular terrain ◆ **air varié** (Mus) theme with ou and variations
② (littér = non uni) [tissu, couleur] variegated
③ (= divers) [résultats] various, varying (épith), varied; [produits, sujets, objets] various ◆ **hors-d'œuvre variés** selection of hors d'œuvres, hors d'œuvres variés ◆ **avoir recours à des arguments variés** to use various arguments ◆ **on rencontre les opinions les plus variées** you come across the most varied ou diverse opinions on the subject

varier /vaʀje/ SYN ▸ conjug 7 ◂
■ VI ① (= changer) to vary, to change ◆ **faire varier une fonction** (Math) to vary a function ◆ **pour varier un peu** for a bit of a change, for a bit of variety
② (= différer) to vary ◆ **son témoignage n'a pas varié** he stuck to his story ◆ **ma réponse ne variera pas** I will not change my reply ◆ **les prix varient de 15 à 25 €/entre 15 et 25 €** prices vary from €15 to €25/between €15 and €25 ◆ **le taux peut varier du simple au double** rates can vary by as much as 100% ◆ **les tarifs varient selon les pays** prices vary from country to country ◆ **le dosage varie en fonction de l'âge et du poids** the dose varies according to age and weight
③ (Ling) [mot, forme] to be inflected ◆ **ce mot varie en genre et en nombre** this word inflects in gender and number
④ (= changer d'opinion) ◆ **ils varient souvent dans leurs opinions sur…** their opinions often vary on the subject of… ◆ **elle n'a jamais varié sur ce point** she has never changed her opinion on that
■ VT ① [+ style, vie] (= changer) to vary; (= rendre moins monotone) to vary, to lend ou give variety to ◆ **pour varier les plaisirs** (iro) just for a pleasant change (iro) ◆ **elle variait souvent sa coiffure/le menu** she often changed her hair style/the menu
② (= diversifier) [+ thèmes, produits] to vary, to diversify

variétal, e (mpl -aux) /vaʀjetal, o/ ADJ varietal

variété /vaʀjete/ SYN
■ NF ① (= diversité) variety ◆ **étonné par la grande variété des produits/opinions** surprised at the great variety ou the wide range of products/opinions ◆ **aimer la variété** to like variety ◆ **variété des langues** language variety
② (= type) variety ◆ **il cultive exclusivement cette variété de rose** he only grows this variety of rose ◆ **on y rencontrait toutes les variétés de criminels/de costumes** there you could find every possible variety ou type of criminal/of costume
■ NFPL **variétés** (Littérat) miscellanies; (Music-Hall) variety show; (Radio, TV = musique) light music (NonC) ◆ **émission/spectacle/théâtre de variétés** variety programme/show/hall

variole /vaʀjɔl/ NF smallpox, variola (SPÉC)

variolé, e /vaʀjɔle/ ADJ pockmarked

varioleux, -euse /vaʀjɔlø, øz/
■ ADJ suffering from smallpox, variolous (SPÉC)
■ NM smallpox case, patient suffering from smallpox

variolique /vaʀjɔlik/ ADJ smallpox (épith), variolous (SPÉC)

variomètre /vaʀjɔmɛtʀ/ NM variometer

variqueux, -euse /vaʀikø, øz/ ADJ [ulcère] varicose

varlope /vaʀlɔp/ NF trying-plane

varloper /vaʀlɔpe/ ▸ conjug 1 ◂ VT to plane (down)

Varsovie /vaʀsɔvi/ N Warsaw

Varuna /vaʀuna/ NM Varuna

varus /vaʀys/
■ ADJ varus
■ NM talipes varus

varve /vaʀv/ NF varve

vasculaire /vaskylɛʀ/ ADJ (Anat, Bot) vascular ◆ **système vasculaire sanguin** blood-vascular system

vascularisation /vaskylaʀizasjɔ̃/ NF (= processus) vascularization; (= réseau) vascularity

vascularisé, e /vaskylaʀize/ ADJ vascular

vase¹ /vaz/
■ NM (à fleurs, décoratif) vase, bowl ◆ **en vase clos** [vivre, croître] in isolation, cut off from the world, in seclusion; [étudier, discuter] behind closed doors; → **goutte**
■ COMP **vases communicants** communicating vessels ◆ **vase d'expansion** expansion bottle ou tank ◆ **le vase de Mariotte** Mariotte's bottle ou flask ◆ **vase de nuit** chamber pot ◆ **vases sacrés** (Rel) sacred vessels

vase² /vaz/ SYN NF (= boue) silt, mud, sludge (on riverbed)

vasectomie /vazɛktɔmi/ NF vasectomy

vaseline /vaz(ə)lin/ NF Vaseline ®, petroleum jelly

vaseliner /vaz(ə)line/ ▸ conjug 1 ◂ VT to put Vaseline ® ou petroleum jelly on

vaseux, -euse /vɑzø, øz/ SYN ADJ ⓵ (= *boueux*) muddy, silty, sludgy
⓶ (* = *fatigué*) in a daze ◆ **je me sens un peu vaseux** I'm in a bit of a daze, I feel a bit out of it *
⓷ * (= *confus*) [*raisonnement*] woolly, muddled; [*explication*] muddled; (= *médiocre*) [*astuce, plaisanterie*] pathetic *, lousy *

vasière /vɑzjɛʀ/ NF [*de marais salant*] tidal reservoir; (= *fonds vaseux*) (tidal) mud flats; (= *parc à moules*) mussel bed

vasistas /vazistɑs/ NM [*de porte*] (opening) window, fanlight; [*de fenêtre*] fanlight

vasoconstricteur /vazokɔ̃stʀiktœʀ/
ADJ M vasoconstrictor (*épith*)
NM vasoconstrictor

vasoconstriction /vazokɔ̃stʀiksjɔ̃/ NF vasoconstriction

vasodilatateur /vazodilatatœʀ/
ADJ M vasodilator (*épith*)
NM vasodilator

vasodilatation /vazodilatasjɔ̃/ NF vasodil(at)ation

vasomoteur, -trice /vazomɔtœʀ, tʀis/ ADJ vasomotor (*épith*)

vasopressine /vazopʀesin/ NF vasopressin, antidiuretic hormone, ADH

vasouillard, e * /vazujaʀ, aʀd/ ADJ [*personne*] in a daze; [*raisonnement*] woolly, muddled; [*explication*] muddled

vasouiller * /vazuje/ ▸ conjug 1 ◂ VI [*personne*] to flounder; [*opération, affaire*] to struggle along, to limp along

vasque /vask/ NF (= *bassin, lavabo*) basin; (= *coupe*) bowl

vassal, e (mpl **-aux**) /vasal, o/ NM,F (*Hist, fig*) vassal

vassaliser /vasalize/ ▸ conjug 1 ◂ VT [+ *pays*] to reduce to the status of a vassal state

vassalité /vasalite/ NF, **vasselage** /vaslaʒ/ NM (*Hist, fig*) vassalage

vaste /vast/ ADJ ⓵ (= *grand*) [*surface, bâtiment, salle*] large; [*robe, veste*] loose-fitting; [*poche*] huge; [*pantalon*] baggy ◆ **très vaste** [*bâtiment, salle*] vast, huge ◆ **de par le vaste monde** throughout the whole wide world ◆ **il faudrait une salle plus vaste pour accueillir les invités** we need a much larger room to accommodate the guests
⓶ (= *important*) [*organisation, réseau, mouvement, majorité*] vast, huge; [*projet, domaine, problème*] huge; [*sujet, connaissances, érudition*] vast; [*réforme*] far-reaching, sweeping; [*débat*] wide-ranging; [*campagne d'information*] massive, extensive; [*public*] very wide ◆ **à la tête d'un vaste empire industriel** at the head of a vast *ou* huge industrial empire ◆ **ils ont entamé un vaste programme de réformes** they have started a vast *ou* sweeping programme of reforms ◆ **un homme d'une vaste culture** an extremely cultured man, a man of immense learning ◆ **ce sujet est trop vaste** this subject is far too wide *ou* is too vast ◆ **il a de vastes ambitions** he's extremely ambitious ◆ **pourquoi l'ont-ils fait ? – vaste question !** why did they do it? – there's no simple answer to that! ◆ **c'est une vaste rigolade** *ou* **plaisanterie** *ou* **fumisterie !** it's a huge *ou* an enormous joke!

⚠ **vaste** ne se traduit par le mot anglais **vast** que dans certains contextes.

vastitude /vastityd/ NF (*littér*) vastness

va-t-en-guerre /vatɑ̃gɛʀ/ SYN NM INV warmonger

Vatican /vatikɑ̃/ NM ◆ **le Vatican** the Vatican

vaticane /vatikan/ ADJ F [*politique, bibliothèque, grottes*] Vatican

vaticinateur, -trice /vatisinatœʀ, tʀis/ NM,F (*littér*) vaticinator (*frm, littér*)

vaticination /vatisinasjɔ̃/ NF (*littér*) vaticination (*frm, littér*) ◆ **vaticinations** (*péj*) pompous predictions *ou* prophecies

vaticiner /vatisine/ ▸ conjug 1 ◂ VI (*littér* = *prophétiser*) to vaticinate (*frm*) (*littér*); (*péj*) to make pompous predictions *ou* prophecies

va-tout /vatu/ NM INV ◆ **jouer son va-tout** to stake *ou* risk one's all

vauchérie /voʃeʀi/ NF vaucheria

Vaud /vo/ NM ◆ **le canton de Vaud** the canton of Vaud

vaudeville /vod(ə)vil/ NM vaudeville, light comedy ◆ **ça tourne au vaudeville** it's turning into a farce

vaudevillesque /vod(ə)vilɛsk/ ADJ vaudeville (*épith*); (*fig*) farcical

vaudevilliste /vod(ə)vilist/ NM writer of vaudeville

vaudois, e /vodwa, waz/
ADJ (*Hist*) Waldensian; (*Géog*) Vaudois, of *ou* from the canton of Vaud
NM,F (*Hist*) Waldensian ◆ **Vaudois(e)** (*Géog*) Vaudois

vaudou /vodu/
NM ◆ **le culte du vaudou** voodoo
ADJ INV voodoo (*épith*)

vau-l'eau /volo/ ◆ **à vau-l'eau** LOC ADV (*lit*) with the stream *ou* current ◆ **aller** *ou* **s'en aller à vau-l'eau** (*fig*) to be on the road to ruin, to go to the dogs * ◆ **voilà tous mes projets à vau-l'eau !** there are all my plans in ruins! *ou* down the drain! *

vaurien, -ienne /voʀjɛ̃, jɛn/ SYN
NM,F (= *voyou*) good-for-nothing; (= *garnement*) little devil * ◆ **petit vaurien !** little devil! *
NM (= *bateau*) small yacht *ou* sailing boat

vautour /votuʀ/ SYN NM (*lit, fig*) vulture

vautrait /votʀɛ/ NM pack of hounds (*for wild boar hunting*)

vautrer (se) /votʀe/ SYN ▸ conjug 1 ◂ VPR ⓵ (= *se rouler*) to wallow ◆ **se vautrer dans** [+ *boue, vice, obscénité, oisiveté*] to wallow in ◆ **se vautrer dans la fange** (*littér*) to wallow in the mire
⓶ (= *s'avachir*) ◆ **se vautrer dans un fauteuil** to loll *ou* slouch in an armchair ◆ **se vautrer sur** [+ *tapis, canapé*] to sprawl on ◆ **vautré à plat ventre** *ou* **par terre** sprawling *ou* sprawled (flat) on the ground ◆ **vautré dans l'herbe/sur le tapis** sprawling *ou* sprawled in the grass/on the carpet ◆ **il passe ses journées vautré dans le canapé** he spends his days lounging on the sofa
⓷ (* = *échouer*) ◆ **se vautrer à un examen** to fall flat on one's face in an exam ◆ **ils se sont vautrés aux élections** they came to grief in the elections

vauvert /vovɛʀ/ → **diable**

vaux /vo/ NMPL → **val**

vavasseur /vavasœʀ/ NM vavas(s)or, vavasour

va-vite /vavit/ SYN ◆ **à la va-vite** * LOC ADV in a rush *ou* hurry ◆ **faire qch à la va-vite** to rush sth, to do sth in a rush *ou* hurry

VDQS (abrév de **vin délimité de qualité supérieure**) VDQS (*label guaranteeing quality and origin of wine*)

▪ **VDQS**
▪ **VDQS**, on a bottle of French wine, indicates
▪ that it contains wine from an approved regio-
▪ nal vineyard. It is the second highest French
▪ wine classification after "AOC", and is fol-
▪ lowed by "vin de pays". Unlike the previous ca-
▪ tegories, "vin de table" or "vin ordinaire" is ta-
▪ ble wine of unspecified origin, and is often
▪ blended. → **AOC**

veau (pl **veaux**) /vo/ NM ⓵ (= *animal*) calf ◆ **veau marin** seal ◆ **le Veau d'or** (*Bible*) the golden calf ◆ **adorer le Veau d'or** to worship Mammon ◆ **tuer le veau gras** to kill the fatted calf ◆ **veau de lait** *ou* **(élevé) sous la mère** suckling calf; → **pleurer**
⓶ (*Culin*) veal ◆ **escalope/côte de veau** veal escalope/chop ◆ **foie/pied/tête de veau** calf's liver/foot/head ◆ **rôti de veau** roast veal; → **marengo**
⓷ (= *cuir*) calfskin; → **velours**
⓸ (* : *péj*) (= *personne*) sheep; (= *cheval*) nag (*péj*); (= *automobile*) tank * (*péj*)

vécés * /vese/ NMPL ◆ **les vécés** the toilet

vecteur /vɛktœʀ/
ADJ M (*Astron, Géom*) ◆ **rayon vecteur** radius vector
NM (*Math*) vector; (*Mil* = *véhicule*) carrier; (*Bio*) [*de virus*] carrier, vector (*SPÉC*); (*fig*) vehicle, medium ◆ **vecteur glissant** (*Math*) sliding vector ◆ **les médias, vecteurs de l'information** the media, conveyor *ou* carrier of information

vectoriel, -elle /vɛktɔʀjɛl/ ADJ [*espace, produit, fonction, image, ordinateur*] vector (*épith*) ◆ **calcul vectoriel** vector analysis

vectoriser /vɛktɔʀize/ ▸ conjug 1 ◂ VT (*Ordin*) to vectorize

vécu, e /veky/ SYN (ptp de **vivre**)
ADJ [*histoire, aventure*] real(-life) (*épith*), true(-life) (*épith*); [*roman*] real-life (*épith*), based on fact (*attrib*); (*Philos*) [*temps, durée*] lived ◆ **échec mal vécu** failure that is hard to come to terms with ◆ **un licenciement mal vécu peut mener à une dépression** redundancy can lead to depression if the person cannot come to terms with it
NM ◆ **le vécu** (real-life) experience ◆ **ce que le lecteur veut, c'est du vécu** what the reader wants is real-life experience ◆ **c'est une argumentation basée sur le vécu** it's an argument based on actual experience ◆ **il essaie de capturer le vécu de ces SDF** he tries to capture the day-to-day life of these homeless people

Véda /veda/ NM Veda

vedettariat /vədetaʀja/ NM (= *état*) stardom; (= *vedettes*) stars

vedette /vədɛt/ SYN NF ⓵ (= *artiste, personnage en vue*) star ◆ **les vedettes de l'écran/du cinéma** screen/film stars ◆ **une vedette de la politique** a leading figure *ou* a big name in politics ◆ **joueur vedette** star *ou* top player ◆ **mannequin vedette** top model ◆ **présentateur vedette** star presenter ◆ **produit-vedette** (*fig*) leading product, flagship product ◆ **l'émission vedette d'une chaîne** the flagship (programme) of a channel ◆ **valeurs** *ou* **titres vedettes** (*Bourse*) leaders ◆ **(mot) vedette** (*dictionnaire*) headword, entry word (*US*)
⓶ (*Ciné, Théât* = *première place*) ◆ **avoir la vedette** to top the bill, to have star billing ◆ **avoir** *ou* **tenir la vedette (de l'actualité)** (*fig*) to be in the spotlight, to make the headlines ◆ **pendant toute la soirée, il a eu la vedette** (*fig*) he was in the limelight *ou* was the centre of attraction all evening ◆ **avec, en vedette, Lulu** [*film, pièce*] starring Lulu; [*concert, gala*] with Lulu as top of the bill ◆ **mettre qn en vedette** (*Ciné, Théât*) to give sb star billing; (*fig*) to push sb into the limelight, to put the spotlight on sb ◆ **partager la vedette avec qn** (*Ciné, Théât*) to share star billing with sb, to top the bill alongside sb / (*fig*) to share the limelight *ou* spotlight with sb ◆ **il passe en vedette américaine** he's the support (act) ◆ **ravir la vedette à qn** (*fig*) to steal the show from sb ◆ **jouer les vedettes** * to act like a star
⓷ (= *embarcation*) launch; (*Mil*) patrol boat; (= *munie de canons*) gun boat ◆ **vedette lance-torpilles** motor torpedo boat ◆ **vedette lance-missiles** missile-carrying launch
⓸ (†† *Mil* = *guetteur*) sentinel

vedettisation /vədetizasjɔ̃/ NF ◆ **la vedettisation de qn** pushing sb into the limelight, putting the spotlight on sb

védique /vedik/ ADJ, NM Vedic

védisme /vedism/ NM Vedaism

Véga /vega/ NF Vega

végétal, e (mpl **-aux**) /veʒetal, o/
ADJ [*graisses, teintures, huiles*] vegetable (*épith*); [*biologie, histologie, fibres, cellules*] plant (*épith*); [*sol*] rich in humus; [*ornementation*] plant-like; → **règne**
NM vegetable, plant

végétalien, -ienne /veʒetaljɛ̃, jɛn/ ADJ, NM,F vegan

végétalisme /veʒetalism/ NM veganism

végétarien, -ienne /veʒetaʀjɛ̃, jɛn/ ADJ, NM,F vegetarian

végétarisme /veʒetaʀism/ NM vegetarianism

végétatif, -ive /veʒetatif, iv/ ADJ (*Bot, Physiol*) vegetative ◆ **vie végétative** (*Méd*) vegetative state; (*péj*) vegetable-like existence

végétation /veʒetasjɔ̃/ SYN NF ⓵ (= *ensemble des végétaux*) vegetation
⓶ (*Méd*) ◆ **végétations (adénoïdes)** adenoids ◆ **se faire opérer des végétations** to have one's adenoids removed *ou* out *

végéter /veʒete/ SYN ▸ conjug 6 ◂ VI ⓵ (*péj*) [*personne*] to vegetate; [*affaire*] to stagnate
⓶ (*Agr*) (= *être chétif*) to grow poorly, to be stunted; († = *pousser*) to grow, to vegetate

véhémence /veemɑ̃s/ SYN NF (*littér*) vehemence ◆ **la véhémence de ses propos** the vehemence of his words ◆ **avec véhémence** [*protester, refuser, dénoncer*] vehemently ◆ **plaider avec véhémence en faveur de** *ou* **pour qch** to make a passionate plea for sth

véhément, e /veemɑ̃, ɑ̃t/ SYN ADJ (*littér*) vehement ◆ **d'un ton véhément** vehemently

véhémentement /veemɑ̃tmɑ̃/ ADV (littér) vehemently

véhiculaire /veikylɛʀ/ ADJ ◆ **langue véhiculaire** lingua franca, common language

véhicule /veikyl/ SYN NM ① (= moyen de transport, agent de transmission) vehicle ◆ **véhicule automobile/utilitaire/industriel** motor/commercial/industrial vehicle ◆ **véhicule léger** light vehicle ◆ **véhicule spatial** spacecraft
② (fig) vehicle, medium ◆ **le langage est le véhicule de la pensée** language is the vehicle ou medium of thought
③ (Rel) ◆ **petit/grand véhicule** Hinayana/Mahayana Buddhism
④ (Pharm) vehicle

véhiculer /veikyle/ SYN ▸ conjug 1 ◂ VT [+ marchandises, troupes] to convey, to transport; [+ substance, idées] to convey, to serve as a vehicle for; [+ information, images] to convey; [+ virus] to carry

veille /vɛj/ SYN NF ① (= état) wakefulness; (= période) period of wakefulness ◆ **en état de veille** in a waking state, awake ◆ **entre la veille et le sommeil** between waking and sleeping ◆ **nuit de veille** (sans dormir) sleepless night
◆ **en veille** [machine, ordinateur] in sleep mode; [téléphone portable] in standby mode
② (= garde) (night) watch ◆ **homme de veille** (night) watch ◆ **prendre la veille** to take one's turn on watch ◆ **nuit de veille** (en montant la garde) night on watch; (auprès d'un malade) all-night vigil ◆ **faire de la veille technologique** to monitor technological development
③ (= jour précédent) ◆ **la veille** the day before ◆ **la veille au soir** the previous evening, the night ou evening before ◆ **la veille de Pâques/de l'examen** the day before Easter/the exam ◆ **la veille de Noël/du jour de l'an** Christmas/New Year's Eve ◆ **la veille de sa mort** on the eve of his death, on the day before his death; → **demain**
◆ **à la veille de** on the eve of ◆ **tu es à la veille de commettre une grave injustice/une grosse erreur** you are on the brink ou verge of committing a grave injustice/of making a big mistake ◆ **ils étaient à la veille d'être renvoyés/de manquer de vivres** they were on the point of being dismissed/of running out of supplies

veillée /veje/ NF ① (= période) evening (spent in company); (= réunion) evening gathering ou meeting ◆ **faire une veillée autour d'un feu de camp** to spend the evening around a campfire ◆ **il se souvient de ces veillées d'hiver** he remembers those winter evening gatherings ◆ **veillée d'armes** (Hist) knightly vigil ◆ **il régnait une ambiance de veillée d'armes** it felt like the night before a battle
② [de malade] vigil ◆ **veillée funèbre** wake, funeral vigil ◆ **veillée pascale** Easter vigil ◆ **veillée de prières** prayer vigil

veiller /veje/ SYN ▸ conjug 1 ◂
VI ① (= ne pas se coucher) to stay up, to sit up ◆ **veiller tard** to stay ou sit up late ◆ **veiller au chevet d'un malade** to sit up ou keep a vigil at the bedside of a sick person ◆ **veiller auprès du mort** to keep watch ou vigil over the body
② (= être de garde) to be on watch; (= rester vigilant) to be watchful, to be vigilant
③ (= être en état de veille) to be awake
④ (= faire la veillée) to spend the evening in company
VT [+ mort, malade] to watch over, to sit up with ◆ **on veille les morts ici !** (fig) it's pitch dark in here!
VT INDIR ① ◆ **veiller à** [+ intérêts, approvisionnement] to attend to, to see to, to look after ◆ **veiller au bon fonctionnement d'une machine** to make sure a machine is working properly ◆ **veiller à ce que...** to see to it that..., to make sure that... ◆ **veillez à ce que tout soit prêt** make sure that ou ensure that everything is ready ◆ **veiller au grain** (fig) to keep an eye open for trouble ou problems, to look out for squalls (fig)
② ◆ **veiller sur** [+ personne, santé, bonheur de qn] to watch over, to keep a watchful eye on; [+ trésor, lieu] to watch over, to guard
VPR **se veiller** (Helv) to be careful

veilleur /vejœʀ/ NM ① ◆ **veilleur (de nuit)** (night) watchman
② (Mil) look-out

veilleuse /vejøz/ NF ① (= lampe) night light; [de véhicule] sidelight ◆ **mettre en veilleuse** [+ lampe] to dim; [+ projet] to put on the back burner ◆ **mettre ses phares ou se mettre en veilleuses** (= allumer) to put one's sidelights on; (= baisser) to switch to sidelights ◆ **mets-la en veilleuse !**‡ (= tais-toi !) shut your face!‡, put a sock in it!* (Brit); (= du calme !) cool it!‡
② (= flamme) pilot light

veinard, e* /vɛnaʀ, aʀd/ SYN
ADJ lucky, jammy‡ (Brit)
NM,F lucky devil* ou dog*, jammy so-and-so‡ (Brit)

veine /vɛn/ SYN NF ① (Anat) vein ◆ **veine coronaire/pulmonaire** coronary/pulmonary vein ◆ **veine cave** vena cava ◆ **veine porte** portal vein; → **ouvrir, saigner, sang**
② (= nervure) vein; (= filon) [de houille] seam, vein; [de minerai non ferreux] vein; [de minerai de fer] lode, vein
③ (= inspiration) inspiration ◆ **veine poétique/dramatique** poetic/dramatic inspiration ◆ **sa veine est tarie** his inspiration has dried up ◆ **de la même veine** in the same vein ◆ **être en veine** to be inspired ◆ **être en veine de patience/bonté/confidences** to be in a patient/benevolent/confiding mood ou frame of mind
④ (* = chance) luck ◆ **quelle veine** that's a bit of luck, what a bit of luck ◆ **c'est une veine que...** it's lucky that... ◆ **un coup de veine** a stroke of luck ◆ **pas de veine !** hard ou bad ou rotten* luck! ◆ **avoir de la veine** to be lucky ◆ **il n'a pas de veine** (dans la vie) he has no luck; (aujourd'hui) he's out of luck ◆ **ce type a de la veine**, he's a lucky devil* ou dog* ◆ **avoir une veine de cocu*** ou **pendu*** to have the luck of the devil* ◆ **il a eu de la veine aux examens** he was lucky ou in luck at the exams, his luck was in at the exams ◆ **il n'a pas eu de veine aux examens** he was unlucky in the exams, his luck was out at the exams ◆ **c'est bien ma veine !** (iro) that's just my luck!

veiné, e /vene/ (ptp de **veiner**) ADJ ① [bras, peau] veined, veiny ◆ **bras à la peau veinée** veiny arm
② [bois] grained; [marbre] veined ◆ **marbre veiné de vert** marble with green veins, green-veined marble

veiner /vene/ ▸ conjug 1 ◂ VT (aspect du bois) to grain; (aspect du marbre) to vein ◆ **les stries qui veinent le marbre** the veins that can be seen in marble ◆ **les nervures qui veinent une feuille** the pattern of veins on a leaf

veineux, -euse /vɛnø, øz/ ADJ ① [système, sang] venous
② [bois] grainy; [marbre] veined

veinotonique /vɛnɔtɔnik/
ADJ ◆ **traitement veinotonique** treatment using a vein tonic
NM vein tonic

veinule /vɛnyl/ NF (Anat) veinlet, venule (SPÉC); (Bot) venule

veinure /vɛnyʀ/ NF [de bois] graining; [de pierre] veining ◆ **la veinure du marbre** the veins ou veining of the marble

vêlage /vɛlaʒ/ NM [d'animal, iceberg] calving

vélaire /velɛʀ/ ADJ, NF ◆ **(consonne/voyelle) vélaire** velar (consonant/vowel)

vélani /velani/ NM valonia oak

vélar /velaʀ/ NM hedge mustard

vélarisation /velaʀizasjɔ̃/ NF velarization

vélariser /velaʀize/ ▸ conjug 1 ◂ VT to velarize

velarium, vélarium /velaʀjɔm/ NM velarium

velche /vɛlʃ/ NMF (Helv) French-speaking Swiss

Velcro ® /vɛlkʀo/ NM Velcro ® ◆ **bande/fermeture Velcro** Velcro strip/fastening

veld(t) /vɛlt/ NM veld(t)

vêlement /vɛlmɑ̃/ NM ⇒ **vêlage**

vêler /vele/ ▸ conjug 1 ◂ VI to calve

vélie /veli/ NF water cricket

vélin /velɛ̃/ NM (= peau) vellum ◆ **(papier) vélin** vellum (paper)

véliplanchiste /veliplɑ̃ʃist/ NMF windsurfer

vélique /velik/ ADJ sails (épith) ◆ **point vélique** centre of effort

vélite /velit/ NM (Hist) velite

vélivole /velivɔl/
ADJ gliding (épith)
NMF glider pilot

velléitaire /veleitɛʀ/ SYN
ADJ irresolute, indecisive, wavering (épith)
NMF waverer

velléité /veleite/ NF vague desire, vague impulse ◆ **ces mesures ont découragé toute velléité de changement** these measures have discouraged any thought of change ◆ **il a des velléités de carrière littéraire** he has a vague desire to take up a literary career

vélo /velo/ SYN NM bike, cycle ◆ **vélo de course** racing bike ou cycle, racer ◆ **vélo d'appartement** exercise bike ◆ **vélo tout-chemin** hybrid bike ◆ **vélo tout-terrain** mountain bike ◆ **faire du vélo tout-terrain** to go mountain-biking ◆ **vélo-cross** (= sport) stunt-riding; (= vélo) stunt bike ◆ **faire du vélo-cross** to go stunt-riding ◆ **être à** ou **en vélo** to be on a bike ◆ **vélo couché** recumbent (bicycle) ◆ **venir à** ou **en vélo** to come by bike ou on a bike ◆ **il sait faire du vélo** he can ride a bike ◆ **je fais beaucoup de vélo** I cycle a lot, I do a lot of cycling ◆ **on va faire un peu de vélo** we're going out (for a ride) on our bikes ◆ **à cinq ans, il allait déjà à vélo** he could already ride a bike at five ◆ **on y va** ou **en vélo ?** shall we go by bike? ou on our bikes?, shall we cycle there? ◆ **il a un (petit) vélo dans la tête** * he's got a screw loose*, he isn't all there*

véloce /velɔs/ SYN ADJ (littér) swift, fleet (littér)

vélocimétrie /velosimetʀi/ NF velocimetry ◆ **vélocimétrie Doppler** Doppler's method

vélocipède †† /velosiped/ NM velocipede

vélociraptor /velosiʀaptɔʀ/ NM velociraptor

vélocité /velosite/ NF ① (Mus) nimbleness, swiftness ◆ **exercices de vélocité** five-finger exercises
② (Tech) velocity; (littér = vitesse) swiftness, fleetness (littér)

vélodrome /velodʀom/ NM velodrome

vélomoteur /velomotœʀ/ SYN NM moped

vélomotoriste /velomotoʀist/ NMF moped rider

vélopousse NM, **vélo-pousse** NM INV /velopus/ bicycle rickshaw

véloski /veloski/ NM skibob

velot /vəlo/ NM (= veau) stillborn calf; (= peau) (stillborn) calfskin

velours /v(ə)luʀ/ NM ① (= tissu) velvet ◆ **velours de coton/de laine** cotton/wool velvet ◆ **velours côtelé**, **à côtes** corduroy, cord ◆ **velours frappé** crushed velvet ◆ **il joue sur du velours** (fig) he's sitting pretty*; → **main**
② (= velouté) velvet ◆ **le velours de la pêche** the bloom of the peach ◆ **le velours de sa joue** the velvety texture of her cheek, her velvet(y) cheek ◆ **voix/yeux/peau de velours** velvet(y) voice/eyes/skin ◆ **ce potage/cette crème est un vrai velours** this soup/this cream dessert is velvety-smooth ◆ **agneau/veau velours** (lambskin)/(calfskin) suede; → **œil, patte¹**

velouté, e /vəlute/ SYN (ptp de **velouter**)
ADJ ① [tissu] brushed; (à motifs) with a raised velvet pattern
② (= doux) [joues] velvet (épith), velvety, velvet-smooth; [pêche] velvety, downy; [crème, potage, vin] smooth, velvety; [lumière, regard] soft, mellow; [voix] velvet-smooth, mellow
NM ① (= douceur) [de joues] smoothness; [de pêche] smoothness, downiness; [de lumière, regard] softness; [de voix] mellowness
② (Culin) (= sauce) velouté sauce; (= potage) velouté ◆ **velouté de tomates/d'asperges** cream of tomato/asparagus soup

veloutement /vəlutmɑ̃/ NM (= aspect) velvety appearance, velvetiness

velouter /vəlute/ ▸ conjug 1 ◂
VT ① [+ papier] to put a velvety finish on
② [+ joues, pêche] to give a velvet(y) texture to; [+ vin, crème, potage] to make smooth; [+ lumière, regard] to soften, to mellow; [+ voix] to mellow ◆ **le duvet qui veloutait ses joues** the down that gave a velvet softness to her cheeks
VPR **se velouter** [joues, pêche] to take on a velvety texture; [regard] to soften; [voix] to mellow

velouteux, -euse /vəlutø, øz/ ADJ velvet-like, velvety

veloutier /vəlutje/ NM velvet weaver

veloutine /vəlutin/ NF velveteen

Velpeau ® /vɛlpo/ NM → **bande¹**

velu, e /vəly/ ADJ [main, poitrine, homme] hairy; [plante] hairy, villous (SPÉC)

velum, vélum /velɔm/ NM canopy

Vélux ® /velyks/ NM skylight, Velux window ®

velvote /vɛlvɔt/ NF toadflax, butter-and-eggs

venaison /vənɛzɔ̃/ NF venison

vénal, e (mpl **-aux**) /venal, o/ SYN ADJ [1] *[personne]* venal, mercenary; *[activité, amour]* venal
[2] *(Hist) [office]* venal; → **valeur**

vénalité /venalite/ NF venality

vendable /vɑ̃dabl/ ADJ saleable, marketable ◆ **ces produits seront difficilement vendables** these products will be difficult to sell

vendange /vɑ̃dɑ̃ʒ/ NF *(parfois pl = récolte)* wine harvest, grape harvest *ou* picking; *(= raisins récoltés)* grapes (harvested), grape crop; *(gén pl = période)* grape harvest *ou* picking (time) ◆ **pendant les vendanges** during the grape harvest *ou* picking (time) ◆ **faire la vendange** *ou* **les vendanges** to harvest *ou* pick the grapes ◆ **vendange tardive** late harvest

vendangeoir /vɑ̃dɑ̃ʒwaʀ/ NM grape-picker's basket

vendanger /vɑ̃dɑ̃ʒe/ ► conjug 3 ◄
VT *[+ vigne]* to gather *ou* pick *ou* harvest grapes from; *[+ raisins]* to pick, to harvest
VI *(= faire la vendange)* to pick *ou* harvest the grapes; *(= presser le raisin)* to press the grapes

vendangeur, -euse /vɑ̃dɑ̃ʒœʀ, øz/
NM,F grape-picker
NF **vendangeuse** [1] *(= machine)* grape harvester
[2] *(= plante)* aster

Vendée /vɑ̃de/ NF ◆ **la Vendée** the Vendée ◆ **les guerres de Vendée** *pro-royalist uprising in the Vendée during the French revolution*

vendéen, -enne /vɑ̃deɛ̃, ɛn/
ADJ of *ou* from the Vendée
NM,F **Vendéen(ne)** inhabitant *ou* native of the Vendée

vendémiaire /vɑ̃demjɛʀ/ NM Vendémiaire *(1st month of French Republican calendar)*

venderesse /vɑ̃dʀɛs/ NF *(Jur)* vendor

vendetta /vɑ̃deta/ NF vendetta

vendeur, -euse /vɑ̃dœʀ, øz/ SYN
NM [1] *(dans un magasin)* shop assistant *(Brit)*, salesclerk *(US)*; *(dans un grand magasin)* sales assistant, salesman, shop assistant *(Brit)* ◆ « **cherchons 2 vendeurs, rayon librairie** » "2 sales assistants required for our book department"
[2] *(= marchand)* seller, salesman ◆ **vendeur ambulant** street peddler ◆ **vendeur de journaux** newsvendor, newspaper seller ◆ **vendeur à domicile** door-to-door salesman; → **sauvette**
[3] *(= chargé des ventes)* salesman ◆ **c'est un excellent vendeur** he's an excellent salesman, he has a flair for selling
[4] *(Jur)* vendor, seller; *(Écon)* seller ◆ **je ne suis pas vendeur** I'm not selling ◆ **il serait vendeur** he'd be ready *ou* willing to sell ◆ **les pays vendeurs de cacao** the cocoa-selling countries
NF **vendeuse** [1] *(dans un magasin)* shop assistant *(Brit)*, salesclerk *(US)*; *(dans un grand magasin)* sales assistant, saleswoman, shop assistant *(Brit)*; *(jeune)* salesgirl
[2] *(= marchande)* seller, saleswoman ◆ **vendeuse de glaces** ice-cream seller
ADJ *[slogan]* effective

vendre /vɑ̃dʀ/ SYN ► conjug 41 ◄
VT [1] *[+ marchandise, valeurs]* to sell *(à* to) ◆ **vendre qch à qn** to sell sb sth, to sell sth to sb ◆ **vendre au détail/au poids/au mètre/au kilo** to sell retail/by weight/by the metre/by the kilo ◆ **elle vend des foulards à 75 €** she sells scarves for *ou* at €75 ◆ **il m'a vendu un tableau 500 €** he sold me a picture for €500 ◆ **l'art de vendre** salesmanship, the art of selling ◆ **elle vend cher** her prices are high, she's expensive ◆ **ces affiches publicitaires font vendre** these advertising posters get things sold *ou* are boosting sales ◆ **vendre qch aux enchères** to sell sth by auction ◆ **vendre sa part d'une affaire** to sell (out) one's share of a business ◆ « **(maison/terrain) à vendre** » "(house/land) for sale" ◆ **vendre son droit d'aînesse pour un plat de lentilles** *(Bible)* to sell one's birthright for a mess of potage; → **perte, prix** *etc*
[2] *(péj) [+ droit, charge]* to sell ◆ **vendre son âme/honneur** to sell one's soul/honour ◆ **vendre son silence** to be paid for one's silence ◆ **il vendrait père et mère pour réussir/pour ce tableau** he would sell his grandmother to succeed/for this picture
[3] *(= faire payer)* ◆ **ils nous ont vendu très cher ce droit/cet avantage** they made us pay dear *ou* dearly for this right/this advantage ◆ **vendre chèrement sa vie** *ou* **sa peau*** to sell one's life *ou* one's skin dearly
[4] *(* = trahir) [+ personne, complice]* to sell
[5] *(locutions)* ◆ **vendre la peau de l'ours (avant de l'avoir tué)** to count one's chickens (before they are hatched); → **mèche**
VPR **se vendre** [1] *[marchandise]* to sell, to be sold ◆ **se vendre à la pièce/douzaine** to be sold singly/by the dozen ◆ **ça se vend bien** it sells well ◆ **ses romans se vendent comme des petits pains** his novels are selling like hot cakes ◆ **ouvrage/auteur qui se vend bien** work/author that sells well
[2] *[personne] (aussi péj)* to sell o.s. ◆ **se vendre à un parti/l'ennemi** to sell o.s. to a party/the enemy

vendredi /vɑ̃dʀədi/ NM Friday ◆ **Vendredi** *(= personnage de Robinson Crusoé)* Man Friday ◆ **c'était un vendredi treize** it was Friday the thirteenth ; *pour autres loc voir* **samedi**

vendu, e /vɑ̃dy/ (ptp de **vendre**)
ADJ *[fonctionnaire, juge]* corrupt; → **adjuger**
NM *(péj)* Judas, mercenary traitor

venelle /vənɛl/ NF alley

vénéneux, -euse /venenø, øz/ SYN ADJ *[plante, champignon, fleur]* poisonous; *(littér) [charme, beauté]* deadly; *[idée, plaisir]* pernicious, harmful

vénérable /veneʀabl/ SYN
ADJ *(littér, hum = respectable)* venerable ◆ **(d'un âge) vénérable** *(hum = très vieux) [personne, chose]* venerable, ancient
NM *(Rel)* Venerable; *(Franc-Maçonnerie)* Worshipful Master

vénération /veneʀasjɔ̃/ SYN NF *(Rel)* veneration; *(gén = grande estime)* veneration, reverence ◆ **avoir de la vénération pour qn** to venerate *ou* revere sb

vénère* /venɛʀ/ ADJ ◆ **j'étais vénère !** I was so pissed off!*

vénéréologie /veneʀeɔlɔʒi/ NF ⇒ **vénérologie**

vénéréologue /veneʀeɔlɔg/ NMF ⇒ **vénérologue**

vénérer /veneʀe/ SYN ► conjug 6 ◄ VT *(Rel)* to venerate; *(gén)* to venerate, to revere

vénéricarde /veneʀikaʀd/ NF heart shell

vénerie /vɛnʀi/ NF [1] *(= art)* venery *(SPÉC)*, hunting
[2] *(= administration)* ◆ **la vénerie** the Hunt

vénérien, -ienne /veneʀjɛ̃, jɛn/
ADJ [1] *(Méd)* venereal; → **maladie**
[2] *(†† = sexuel)* venereal †, sexual
NM *(= malade)* VD patient, person with VD *ou* venereal disease

vénérologie /veneʀɔlɔʒi/ NF venereology

vénérologue /veneʀɔlɔg/ NMF venereologist

Vénétie /venesi/ NF Venetia

veneur /vənœʀ/ NM *(Hist)* huntsman, venerer † ◆ **grand veneur** master of the royal hounds ◆ **sauce grand veneur** grand veneur sauce *(made with redcurrant jelly and wine)*

Venezuela /venezɥela/ NM Venezuela

vénézuélien, -ienne /venezɥeljɛ̃, jɛn/
ADJ Venezuelan
NM,F **Vénézuélien(ne)** Venezuelan

vengeance /vɑ̃ʒɑ̃s/ SYN NF revenge, vengeance ◆ **soif/désir de vengeance** thirst/desire for revenge *ou* vengeance ◆ **tirer vengeance de qch** to get revenge for sth ◆ **exercer sa vengeance sur** to take (one's) revenge on ◆ **préparer sa vengeance contre qn** to plan (one's) revenge on sb ◆ **crier vengeance** to cry out for revenge *ou* vengeance ◆ **agir par vengeance** to act out of revenge ◆ **assouvir une vengeance personnelle** to satisfy a desire for personal revenge ◆ **de petites vengeances** petty acts of revenge *ou* vengeance ◆ **la vengeance divine** divine retribution *ou* vengeance ◆ **ma vengeance sera terrible !** *(hum)* my revenge will be terrible! ◆ **la vengeance est un plat qui se mange froid** *(Prov)* revenge is a dish best eaten cold *(Prov)*

venger /vɑ̃ʒe/ SYN ► conjug 3 ◄
VT [1] *[+ personne, honneur, mémoire]* to avenge *(de* for)
[2] *[+ injustice, affront]* to avenge ◆ **rien ne vengera cette injustice** nothing will avenge this injustice, there is no revenge for this injustice
VPR **se venger** to avenge o.s., to take (one's) revenge *ou* vengeance ◆ **se venger de qn** to take revenge *ou* vengeance on sb, to get one's own back on sb ◆ **se venger de qch** to avenge o.s. for sth, to take one's revenge for sth ◆ **il l'a fait pour se venger** he did it out of revenge ◆ **je me vengerai** I shall get *ou* have *ou* take my revenge, I shall be avenged ◆ **je n'ai pas pris de fromage mais je me vengerai sur les fruits** I haven't had any cheese but I'll make up for it with the fruit

vengeur, -geresse /vɑ̃ʒœʀ, ʒ(ə)ʀɛs/
ADJ *[personne, geste, lettre]* vengeful
NM,F avenger

véniel, -elle /venjɛl/ ADJ *[faute, oubli]* venial *(littér)*, pardonable, excusable; → **péché**

venimeux, -euse /vənimø, øz/ SYN ADJ [1] *(lit) [serpent, piqûre]* venomous, poisonous
[2] *[personne, voix]* venomous, vicious; *[remarque, haine]* venomous, vicious ◆ **une langue venimeuse** a poisonous *ou* venomous *ou* vicious tongue

venin /vənɛ̃/ SYN NM [1] *[d'animal]* venom, poison ◆ **venin de serpent** snake venom ◆ **crochets à venin** poison fangs
[2] *(fig)* venom, viciousness ◆ **jeter** *ou* **cracher son venin** to spit out one's venom ◆ **répandre son venin contre qn** to pour out one's venom against sb ◆ **paroles pleines de venin** venomous words, words full of venom *ou* viciousness

◆ ◆

venir /v(ə)niʀ/

SYN ► conjug 22 ◄

1 - VERBE INTRANSITIF
2 - VERBE AUXILIAIRE
3 - VERBE IMPERSONNEL
4 - VERBE PRONOMINAL

◆ ◆

1 - VERBE INTRANSITIF

[1] [DANS L'ESPACE] to come ◆ **je viens !** I'm coming! ◆ **venez ! venez !** come on! come on! ◆ **viens voir !** come and see! ◆ **je viens dans un instant** I'll be there in a moment ◆ **quand doit-il venir ?** when is he coming? ◆ **comment est-il venu ? – en avion/en voiture** how did he get here? – by plane/by car ◆ **le voisin est venu** the man from next door came round *ou* called ◆ **il est venu à moi pour me demander si...** he came to ask me if... ◆ **il ne vient jamais aux réunions** he never comes to meetings ◆ **il vient chez nous tous les jeudis** he comes (round) to our house every Thursday ◆ **il venait sur nous l'air furieux** he bore down on us looking furious ◆ **le camion venait droit sur nous** the lorry was coming straight at us *ou* heading straight for us *ou* was bearing down on us ◆ **il vint vers moi** he came up to *ou* towards me; → **monde**

◆ **faire venir** *[+ médecin, plombier]* to send for, to call ◆ **le patron l'a fait venir dans son bureau** the boss called him into his office ◆ **tu nous as fait venir pour rien** you got us to come *ou* you made us come for nothing ◆ **il fait venir son vin de Provence** he has *ou* gets his wine sent from Provence ◆ **on va prendre l'apéritif, ça les fera peut-être venir** *(hum)* let's have a drink, then they'll turn up ◆ **ferme la fenêtre, tu vas faire venir les moustiques** shut the window or you'll attract the mosquitoes *ou* bring in the mosquitoes

◆ **venir à** *ou* **jusqu'à** + *nom (= atteindre) (vers le haut)* to come up to, to reach (up to); *(vers le bas)* to come down to, to reach (down to); *(en longueur, en superficie)* to come out to, to reach ◆ **l'eau nous venait aux genoux** the water came up to our knees, we were knee-deep in water ◆ **il me vient à l'épaule** he comes up to my shoulder ◆ **la forêt vient jusqu'à la route** the forest comes right up to the road

◆ **venir de** *(provenance, cause)* to come from; *(Ling)* to derive from ◆ **ils viennent de Paris** *(en voyage)* they're coming from Paris; *(origine)* they come *ou* are from Paris ◆ **ce produit vient du Maroc** this product comes from Morocco ◆ **l'épée lui vient de son oncle** *(il l'a reçue en cadeau)* he got the sword from his uncle; *(il en a hérité)* the sword was passed down to him by his uncle ◆ **ces troubles viennent du foie** this trouble comes *ou* stems from the liver ◆ **cette substance vient d'un coquillage** this substance comes from shellfish ◆ **ceci vient de son imprudence** this is the result of his carelessness, this comes from his being careless ◆ **d'où vient que... ?** how is it that...?, what is the reason that...? ◆ **de là vient que...** the result of this is that... ◆ **d'où vient cette hâte soudaine ?** why the hurry all of a sudden? ◆ **ça vient de ce que...** it comes *ou* results *ou* stems from the fact that...

[2] [= SE DÉBLOQUER, SE DÉTACHER] ◆ **j'ai tiré et la poignée est venue toute seule** I pulled the handle and it just came off in my hands ◆ **une fois que tu as mouillé le papier peint, ça vient tout seul** once you've dampened the wallpaper, it comes off all by itself

[3] [= ARRIVER, SURVENIR] to come ◆ **quand l'aube vint** when dawn came ◆ **la nuit vient vite** night is coming (on) fast ◆ **ceci vient à point/mal à propos** this has come (along) just at the right/wrong moment ◆ **les idées ne viennent pas** I'm short of ideas ◆ **une idée m'est venue (à l'esprit)** I had an idea, something occurred to me ◆ **l'idée lui est venue de...** it occurred to him to... ◆ **ça ne me serait pas venu à l'idée** *ou* **à l'esprit** that would never have occurred to me *ou* entered my head, I would never have thought of that ◆ **dis le premier mot qui te vient à l'esprit** say the first word that comes into your head ◆ **le bruit est venu jusqu'à nous que...** word has reached us *ou* come to us that... ◆ **comment est-il venu au sport/à la religion ?** *[personne]* how did he (first) come to sport/religion? ◆ **il ne sait pas encore nager, mais ça va venir** he can't swim yet, but it'll come ◆ **ça vient ?** *(impatience)* come on! ◆ **alors ce dossier, ça vient ?** so when's that file going to be ready?, how much longer have I got to wait for that file? ◆ **et ma bière ? – ça vient !** where's my beer? – it's coming!; → **tout, voir**

[4] [DANS LE TEMPS, DANS UNE SÉRIE] to come ◆ **ça vient avant/après** it comes before/after ◆ **le moment viendra où...** the time will come when... ◆ **l'heure est venue** *ou* **le moment est venu d'agir/de changer** the time has come to act *ou* for action/to change *ou* for change ◆ **la semaine/l'année qui vient** the coming week/year ◆ **samedi qui vient** this Saturday, next Saturday; → aussi **venu**

◆ **à venir** ◆ **les années/générations à venir** the years/generations to come, future years/generations ◆ **nous le saurons dans les jours/les mois à venir** we'll know in the next few days/months

[5] [= POUSSER] ◆ **cette plante vient bien dans un sol argileux** this plant does well in a clayey soil

[6] [LOCUTIONS]

◆ **en venir à** ◆ **j'en viens maintenant à votre question/à cet aspect du problème** I shall now come *ou* turn to your question/to that aspect of the problem ◆ **venons-en au fait** let's get to the point ◆ **j'en viens à la conclusion que...** I have come to *ou* reached the conclusion that..., I'm coming to the conclusion that... ◆ **en venir aux mains** *ou* **aux coups** to come to blows ◆ **où voulez-vous en venir ?** what are you getting *ou* driving at? ◆ **j'en viens à me demander si...** I'm beginning to wonder if... ◆ **il en est venu à mendier** he was reduced to begging, he had to resort to begging ◆ **il en est venu à haïr ses parents** he has come to hate his parents, he has got to the stage where he hates his parents ◆ **comment les choses en sont-elles venues là ?** how did things come to this? *ou* get into this state? ◆ **il faudra bien en venir là** that's what it'll come to in the end

◆ **y venir** ◆ **il y viendra, mais ne le brusquez pas** he'll come round to it *ou* to the idea, but don't rush him ◆ **il faudra bien qu'il y vienne** he'll just have to get used to it ◆ **et le budget ? – j'y viens** and the budget? – I'm coming *ou* getting to that ◆ **viens-y !** *(menace)* just (you) come here! ◆ **qu'il y vienne !** *(menace)* just let him come!

2 - VERBE AUXILIAIRE

◆ **venir** + *infinitif (= se déplacer pour)* ◆ **je suis venu travailler** I have come to work ◆ **il va venir la voir** he's going to come to *ou* and see her ◆ **viens m'aider** come and help me ◆ **elle doit venir passer une semaine chez nous** she's coming to spend a week with us ◆ **après cela ne viens pas te plaindre !** and don't (you) come and complain *ou* come complaining afterwards!

◆ **venir de** + *infinitif (passé récent)* ◆ **il vient d'arriver** he has just arrived ◆ **elle venait de se lever** she had just got up

◆ **venir à** + *infinitif* ◆ **s'il venait à mourir** if he were to die, if he should die ◆ **s'il venait à passer par là** if he should (happen *ou* chance to) go that way ◆ **quand l'eau vint à manquer** when the water started running out ◆ **vint à passer un officier** an officer happened to pass by

3 - VERBE IMPERSONNEL

[1] [= ARRIVER, SURVENIR] ◆ **il vient beaucoup d'enfants** a lot of children are coming, there are a lot of children coming ◆ **il lui est venu des boutons*** he came out in spots ◆ **il ne lui viendrait pas à l'idée** *ou* **à l'esprit que j'ai besoin d'aide** it wouldn't occur to him *ou* enter his head *ou* cross his mind that I might need help ◆ **il m'est venu un doute** I had a doubt

[2] [TEMPS] ◆ **il vient un moment/une heure où...** the time/the hour comes when...

[3] [ÉVENTUALITÉ] ◆ **s'il vient à pleuvoir/neiger** if it should (happen to) rain/snow

4 - VERBE PRONOMINAL

s'en venir *(† ou littér = venir)* to come, to approach ◆ **il s'en venait tranquillement** he was approaching unhurriedly ◆ **il s'en vint nous voir** he came to see us

---

Venise /vəniz/ **N** Venice

vénitien, -ienne /venisjɛ̃, jɛn/
ADJ Venetian; → **lanterne, store**
NM,F **Vénitien(ne)** Venetian

vent /vɑ̃/ SYN
NM [1] *(gén)* wind ◆ **vent du nord/d'ouest** North/West wind ◆ **le vent du large** the sea breeze ◆ **il y a** *ou* **il fait du vent** it's windy, there's a wind blowing ◆ **le vent tourne** *(lit, fig)* the wind is turning ◆ **un vent d'orage** a stormy wind ◆ **un vent à décorner les bœufs** a fierce gale, a howling wind ◆ **coup de vent** *(Naut)* gale ◆ **un coup** *ou* **une rafale de vent a emporté son chapeau** a gust of wind blew his hat off ◆ **entrer en coup de vent** to burst in, to come bursting in ◆ **flotter/claquer au vent** to flutter/flap in the wind ◆ **elle courait cheveux au vent** she was running along with her hair streaming in the wind ◆ **observer d'où vient le vent** *(lit)* to see which way the wind blows; *(fig)* to see which way the wind blows *ou* how the land lies ◆ **j'ai senti le vent venir** I sensed what was coming ◆ **il a senti le vent du boulet** *(fig)* he had a narrow escape ◆ **être en plein vent** to be exposed to the wind ◆ **marché/atelier en plein vent** outdoor market/workshop ◆ **rapide comme le vent** swift as the wind, like the wind; → **moulin**

[2] *(= tendance)* ◆ **le vent est à l'optimisme** there's a (general) mood of optimism, there's optimism in the air ◆ **un vent de révolte/contestation** a wind of revolt/protest ◆ **un vent de panique soufflait sur les marchés financiers** a wave of panic swept the financial markets ◆ **aller dans le sens du vent** to follow the crowd

[3] *(euph, † = gaz intestinal)* wind *(NonC)* ◆ **il a des vents** he has wind ◆ **lâcher un vent** to break wind

[4] *(Naut, Chasse)* ◆ **au vent (de)** to windward (of) ◆ **sous le vent (de)** to leeward (of) ◆ **venir au vent** *(Naut)* to turn into the wind ◆ **chasser au vent** *ou* **dans le vent** to hunt upwind ◆ **vent arrière/debout** *ou* **contraire** rear/head wind ◆ **avoir le vent debout** to head into the wind ◆ **aller contre le vent** to go into the wind ◆ **avoir le vent arrière** *ou* **en poupe** to have the wind astern, to sail *ou* run before the wind ◆ **il a le vent en poupe** *(fig)* he has the wind in his sails, he's on a roll* ◆ **l'entreprise a le vent en poupe** the company is on a roll* ◆ **prendre le vent** *(lit)* to test the wind; *(fig)* to test the waters ◆ **avoir bon vent** to have a fair wind ◆ **bon vent !** *(aux marins)* fair journey!; *(* = fichez le camp)* good riddance!

[5] *(locutions)* ◆ **les quatre vents** the four winds ◆ **aux quatre vents, à tous les vents** to the four winds, to all (four) points of the compass ◆ **c'est du vent*** it's just hot air* ◆ **du vent !*** *(= allez-vous-en)* off with you! ◆ **avoir vent de** to get wind of ◆ **quel bon vent vous amène ?** *(aussi hum)* what brings you here? ◆ **elle l'a fait contre vents et marées** she did it against all the odds *ou* despite all the obstacles ◆ **je le ferai contre vents et marées** I'll do it come hell or high water ◆ **faire du vent** *[éventail]* to create a breeze; *(sur le feu)* to fan the flame, to blow up the fire ◆ **il fait beaucoup de vent mais c'est tout** *(péj = être inefficace)* he's always busying about but he doesn't do anything ◆ **avoir du vent dans les voiles*** *(= être ivre)* to be three sheets to the wind*, to be half-seas over* *(Brit)* ◆ **mettre des vents à qn*** to blow sb off*

◆ **dans le vent** ◆ **être dans le vent*** to be trendy, to be with it* ◆ **il a mis tous ses concurrents dans le vent** *(= les a distancés)* he left all the other competitors standing

COMP **vent coulis** draught *(Brit)*, draft *(US)*
vent solaire *(Astron)* solar wind

ventail (pl **-aux**) /vɑ̃taj, o/ **NM** *(= visière)* ventail

vente /vɑ̃t/ SYN
NF [1] *(= action)* sale ◆ **la vente de cet article est interdite** the sale of this article is forbidden ◆ **bureau de vente** sales office ◆ **nous n'en avons pas la vente** we have no demand for that, we can't sell that

◆ **en vente** on sale ◆ **être en vente libre** to be freely on sale ◆ **médicament en vente libre** over-the-counter medicine ◆ **en vente dès demain** available *ou* on sale (as) from tomorrow ◆ **en vente dans toutes les pharmacies/chez votre libraire** available *ou* on sale at all chemists/at your local bookshop ◆ **tous les articles exposés sont en vente** all (the) goods on show are for sale ◆ **mettre en vente** *[+ produit]* to put on sale; *[+ maison, objet personnel]* to put up for sale ◆ **mise en vente** *[de maison]* putting up for sale; *[de produit]* putting on sale ◆ **les articles en vente dans ce magasin** the goods on sale in this store

[2] *(Comm) (= transaction)* sale; *(= technique)* selling ◆ **avoir l'expérience de la vente** to have sales experience, to have experience in selling ◆ **s'occuper de la vente** *(dans une affaire)* to deal with the sales ◆ **il a un pourcentage sur les ventes** he gets a percentage on sales ◆ **directeur/direction/service des ventes** sales director/management/department

[3] ◆ **vente (aux enchères)** (auction) sale, auction ◆ **courir les ventes** to do the rounds of the sales *ou* auctions; → **hôtel, salle**

[4] *(Bourse)* selling ◆ **la livre vaut 1,5 € à la vente** the selling rate for (the pound) sterling is €1.5; → **terme**

COMP **vente par adjudication** sale by auction
vente ambulante *(dans les rues)* street vending *ou* peddling; *(dans un train)* trolley service
vente de charité charity sale *ou* bazaar, jumble sale
vente par correspondance mail-order selling
vente par courtage direct selling
vente directe direct selling *ou* sales
vente à distance distance selling
vente à domicile door-to-door *ou* house-to-house selling
vente judiciaire auction by order of the court
vente paroissiale church sale *ou* bazaar
vente publique public sale
vente par téléphone telephone sales, telesales, telemarketing; → **tempérament**

venté, e /vɑ̃te/ (ptp de **venter**) **ADJ** windswept, windy

venter /vɑ̃te/ ► conjug 1 ◄ **VB IMPERS** *(littér)* ◆ **il vente** the wind is blowing, it is windy; → **pleuvoir**

venteux, -euse /vɑ̃tø, øz/ **ADJ** *[lieu]* windswept, windy; *[temps]* windy

ventilateur /vɑ̃tilatœʀ/ **NM** *(gén)* fan; *(dans un mur, une fenêtre)* ventilator, fan; *(Ciné)* wind machine ◆ **ventilateur électrique** electric fan ◆ **ventilateur à hélice/à turbine** blade/turbine ventilator ◆ **ventilateur de plafond** ceiling fan; → **courroie**

ventilation /vɑ̃tilasjɔ̃/ SYN **NF** [1] *(= aération)* ventilation ◆ **il y a une bonne ventilation dans cette pièce** this room is well ventilated, this room has good ventilation

[2] *(Méd)* ◆ **ventilation respiratoire** respiratory ventilation ◆ **ventilation artificielle/assistée** artificial/assisted ventilation

[3] *(Jur = évaluation)* separate valuation; *(Comptab) [de sommes]* breaking down; *(= répartition) [de subventions, aides]* allocation, distribution ◆ **voici la ventilation des ventes pour cette année-là** here is the breakdown of sales for that year

ventiler /vɑ̃tile/ SYN ► conjug 1 ◄ **VT** [1] *(= aérer) [+ pièce, tunnel]* to ventilate ◆ **pièce bien/mal ventilée** well/poorly ventilated room

[2] *(Méd)* to ventilate

[3] *(= décomposer) [+ total, chiffre, somme]* to break down; *(Jur) [+ produit d'une vente]* to value separately; *(= répartir) [+ touristes, élèves]* to divide up (into groups) ◆ **ventiler les dépenses entre différents comptes** to spread the expenses over different accounts

ventis /vɑ̃ti/ **NMPL** *trees blown down by the wind*

ventôse /vɑ̃toz/ **NM** Ventôse *(6th month of French Republican calendar)*

ventouse /vɑ̃tuz/ **NF** [1] *(= dispositif adhésif)* suction disc, suction pad; *(pour déboucher)* plunger ◆ **faire ventouse** to cling, to adhere ◆ **porte-savon à ventouse** suction-grip soap holder, self-adhering soap holder; → **voiture**

ventral | vergette

ventral, e (mpl **-aux**) /vɑ̃tʀal, o/ ADJ ventral; → **parachute, rouleau**

ventre /vɑ̃tʀ/ SYN NM [1] (= *abdomen*) stomach, belly ◆ **dormir/être étendu sur le ventre** to sleep/be lying on one's stomach *ou* front ◆ **avoir/prendre du ventre** to have/be getting rather a paunch, to have/be getting a bit of a tummy* ◆ **rentrer le ventre** to hold *ou* pull in one's stomach ◆ **passer sur le ventre de qn** (*fig*) to ride roughshod over sb, to walk over sb ◆ **il faudra me passer sur le ventre !** over my dead body!; → **danse, plat**[1]
[2] (= *estomac*) stomach ◆ **se coucher le ventre vide** *ou* **creux** to go to bed hungry *ou* on an empty stomach ◆ **ne partez pas le ventre vide !** *ou* **creux !** don't leave on an empty stomach! ◆ **avoir le ventre plein*** to be full ◆ **avoir mal au ventre, avoir des maux de ventre** to have stomach ache *ou* (a) tummy ache* ◆ **ça me ferait mal au ventre !*** (= *m'embêterait*) it would sicken me!, it would make me sick! ◆ **ventre affamé n'a point d'oreilles** (*Prov*) words are wasted on a starving man ◆ **le ventre de la terre** the bowels of the earth; → **œil, reconnaissance, taper**
[3] (= *utérus*) womb ◆ **quand tu étais dans le ventre de ta mère** when you were in mummy's tummy*
[4] [*d'animal*] (under)belly
[5] [*de cruche, vase*] bulb, bulbous part; [*de bateau*] belly, bilge; [*d'avion*] belly; → **atterrissage**
[6] (*Tech*) ◆ **faire ventre** [*mur*] to bulge; [*plafond*] to sag, to bulge
[7] (*Phys*) [*d'onde*] antinode
[8] (*locutions*) ◆ **courir** *ou* **aller ventre à terre** to go flat out* *ou* at top speed ◆ **galoper ventre à terre** to gallop flat out*, to go at full gallop ◆ **nous allons voir s'il a quelque chose dans le ventre** we'll see what he's made of, we'll see if he's got guts* ◆ **il n'a rien dans le ventre** he has no guts*, he's spineless ◆ **j'aimerais bien savoir ce qu'il a dans le ventre** (*ce qu'il pense*) I'd like to know what's going on in his mind; (*quelles sont ses qualités*) I'd like to see what he's made of ◆ **ouvrir sa montre pour voir ce qu'elle a dans le ventre** to open (up) one's watch to see what it has got inside *ou* what's inside it ◆ **le ventre mou de l'Europe** the soft underbelly of Europe; → **cœur**

ventrebleu †† /vɑ̃tʀəblø/ EXCL gadzooks! †, zounds! †

ventrée* † /vɑ̃tʀe/ NF ◆ **une ventrée de pâtes** a good bellyful* of pasta ◆ **on s'en est mis une bonne ventrée** we pigged* *ou* stuffed* ourselves on it

ventre-saint-gris †† /vɑ̃tʀəsɛ̃gʀi/ EXCL gadzooks! †, zounds! †

ventriculaire /vɑ̃tʀikyleʀ/ ADJ ventricular

ventricule /vɑ̃tʀikyl/ NM ventricle

ventrière /vɑ̃tʀijɛʀ/ NF [1] (= *sangle*) girth; (= *toile de transport*) sling
[2] (*Constr*) purlin; [*de bateau*] bilge block

ventriloque /vɑ̃tʀilɔk/ NMF ventriloquist ◆ **il est ventriloque** he can throw his voice; (*de profession*) he's a ventriloquist

ventriloquie /vɑ̃tʀilɔki/ NF ventriloquy, ventriloquism

ventripotent, e /vɑ̃tʀipɔtɑ̃, ɑ̃t/ ADJ potbellied

ventru, e /vɑ̃tʀy/ SYN ADJ [*personne*] potbellied; [*pot, commode*] bulbous

venturi /vɑ̃tyʀi/ NM Venturi meter

venu, e[1] /v(ə)ny/ (ptp de **venir**) ADJ [1] (= *fondé, placé*) [*personne*] ◆ **être mal venu de faire** to be in no position to do ◆ **elle serait mal venue de se plaindre/refuser** she is in no position to complain/refuse, she should be the last to complain/refuse
[2] ◆ **bien venu** (= *à propos*) [*événement, question, remarque*] timely, apposite, opportune ◆ **mal venu** (= *inopportun*) [*événement, question*] untimely, inapposite, inopportune ◆ **sa remarque était plutôt mal venue** his remark was rather out of place *ou* uncalled-for, his remark was a bit off ◆ **un empressement mal venu** unseemly *ou* unfitting haste ◆ **il serait mal venu de lui poser cette question** (*impers*) it would not be fitting *ou* it would be a bit out of place to ask him (that)
[3] (= *développé*) ◆ **bien venu** [*enfant*] sturdy, sturdily built; [*plante, arbre*] well-developed, fine; [*pièce, œuvre*] well-written ◆ **mal venu** [*enfant, arbre*] (= *chétif*) stunted; (= *mal conformé*) malformed
[4] (= *arrivé*) ◆ **tard venu** late ◆ **tôt venu** early ◆ **le premier/dernier venu** the first/last to come ◆ **il n'est pas le premier venu** (*fig*) he isn't just anybody ◆ **elle n'épousera pas le premier venu** she won't marry the first man that comes along; → **nouveau**

venue[2] /v(ə)ny/ SYN NF [1] [*de personne*] arrival, coming ◆ **à l'occasion de la venue de la reine** (*dans le passé*) when the queen visited; (*dans le futur*) when the queen visits ◆ **il a annoncé sa venue** he announced that he was coming; → **allée**
[2] (*littér* = *avènement*) coming ◆ **la venue du printemps/du Christ** the coming of spring/of Christ ◆ **lors de ma venue au monde** when I came into the world
[3] (*locutions : littér*) ◆ **d'une seule venue, tout d'une venue** [*arbre*] straight-growing (*épith*) ◆ **d'une belle venue** finely *ou* beautifully developed

Vénus /venys/ NF (*Astron, Myth*) Venus ◆ **une Vénus** (= *femme*) a venus, a great beauty; → **mont**

vénus /venys/ NF (= *mollusque*) type of clam

vénusien, -ienne /venyzjɛ̃, jɛn/ ADJ Venusian

vépéciste /vepesist/ NM (= *entreprise*) mail-order firm

vêpres /vɛpʀ/ NFPL vespers ◆ **sonner les vêpres** to ring the vespers bell

ver /vɛʀ/
NM (*gén*) worm; (= *larve*) grub; [*de viande, fruits, fromage*] maggot; [*de bois*] woodworm (*NonC*) ◆ **mangé** *ou* **rongé aux vers** worm-eaten ◆ **avoir des vers** (*Méd*) to have worms ◆ **mes poireaux ont le ver** (*Agr*) my leeks have been eaten *ou* attacked by grubs ◆ **le ver est dans le fruit** (*fig*) the rot has already set in ◆ **tirer les vers du nez à qn** to worm information out of sb ◆ **se tordre** *ou* **se tortiller comme un ver** to wriggle like an eel; → **nu**[1]**, piqué**
COMP **ver blanc** May beetle grub
ver d'eau caddis worm
ver luisant glow-worm
ver de sable sea slug
ver à soie silkworm
ver solitaire tapeworm ◆ **avoir/attraper le ver solitaire** to have/get tapeworm
ver de terre (*lit*) earthworm; (*péj*) worm
ver de vase bloodworm

véracité /veʀasite/ SYN NF [*de rapport, récit, témoin*] veracity (*frm*), truthfulness; [*de déclaration, fait*] truth, veracity (*frm*)

véraison /veʀɛzɔ̃/ NF [*de fruits*] ripening

véranda /veʀɑ̃da/ NF veranda(h)

vératre /veʀatʀ/ NM false hellebore

vératrine /veʀatʀin/ NF veratrin(e)

verbal, e (mpl **-aux**) /vɛʀbal, o/ ADJ [1] (= *oral*) verbal
[2] [*adjectif, locution*] verbal; [*système, forme, terminaison*] verb (*épith*), verbal; → **groupe**

verbalement /vɛʀbalmɑ̃/ ADV [*dire, faire savoir*] verbally, by word of mouth; [*approuver, donner son accord*] verbally

verbalisateur /vɛʀbalizatœʀ/ ADJ M ◆ **l'agent verbalisateur doit toujours...** an officer reporting an offence must always... ◆ **l'agent verbalisateur a oublié de...** the officer who reported *ou* booked* (*Brit*) me (*ou* him *etc*) forgot to...

verbalisation /vɛʀbalizasjɔ̃/ NF [1] (*Police*) reporting (by an officer) of an offence
[2] (*Psych*) verbalization

verbaliser /vɛʀbalize/ ► conjug 1 ◄
VI [1] (*Police*) ◆ **l'agent a dû verbaliser** the officer had to report *ou* book* (*Brit*) him (*ou* me *etc*)
[2] (*Psych*) to verbalize
VT (*Psych*) to verbalize

verbalisme /vɛʀbalism/ NM verbalism

verbe /vɛʀb/ NM [1] (*Gram*) verb ◆ **verbe défectif/impersonnel** defective/impersonal verb ◆ **verbe transitif/intransitif** transitive/intransitive verb ◆ **verbe pronominal** reflexive verb ◆ **verbe actif/passif** active/passive verb, verb in the active/passive (voice) ◆ **verbe d'action/d'état** action/stative verb ◆ **verbe fort** strong verb ◆ **verbe à particule** phrasal verb
[2] (*Rel*) ◆ **le Verbe** the Word ◆ **le Verbe s'est fait chair** the Word was made flesh ◆ **le Verbe incarné** the Word incarnate
[3] (*littér* = *mots, langage*) language, word ◆ **la magie du verbe** the magic of language *ou* the word
[4] (*littér* = *ton de voix*) tone (of voice) ◆ **avoir le verbe haut** to speak in a high and mighty tone, to sound high and mighty

verbeusement /vɛʀbøzmɑ̃/ ADV verbosely

verbeux, -euse /vɛʀbø, øz/ SYN ADJ verbose, wordy, prolix

verbiage /vɛʀbjaʒ/ SYN NM verbiage

verbicruciste /vɛʀbikʀysist/ NMF crossword compiler, compiler of crossword puzzles

verbigération /vɛʀbiʒeʀasjɔ̃/ NF verbigeration

verbosité /vɛʀbozite/ NF verbosity, wordiness, prolixity

Vercingétorix /vɛʀsɛ̃ʒetɔʀiks/ NM Vercingetorix

verdage /vɛʀdaʒ/ NM green manure

verdâtre /vɛʀdɑtʀ/ ADJ greenish

verdelet, -ette /vɛʀdəlɛ, ɛt/ ADJ [*vin*] youngish

verdet /vɛʀdɛ/ NM verdigris

verdeur /vɛʀdœʀ/ SYN NF [1] (= *jeunesse*) vigour (*Brit*), vigor (*US*), vitality
[2] [*de fruit*] tartness, sharpness; [*de vin*] acidity
[3] [*de langage*] forthrightness

verdict /vɛʀdik(t)/ SYN NM verdict ◆ **verdict de culpabilité/d'acquittement** verdict of guilty/of not guilty ◆ **rendre son verdict** [*tribunal*] to return its verdict ◆ **la commission a rendu son verdict** the commission has returned its verdict *ou* made its decision ◆ **le verdict est tombé** *ou* **a été prononcé** the verdict was announced ◆ **il attend le verdict des critiques** he's waiting for the critics' verdict

verdier /vɛʀdje/ NM greenfinch

verdir /vɛʀdiʀ/ SYN ► conjug 2 ◄
VI [*feuilles, arbres*] to turn *ou* go green; [*personne*] to turn pale, to blanch ◆ **verdir de peur** to turn white with fear
VT to turn green

verdissant, e /vɛʀdisɑ̃, ɑ̃t/ ADJ (*littér*) [*arbre, champ*] greening (*épith*)(*littér*)

verdissement /vɛʀdismɑ̃/ NM turning *ou* going green, greening

verdoiement /vɛʀdwamɑ̃/ NM (= *état*) verdancy (*littér*), greenness ◆ **le verdoiement des prés au printemps** (= *action*) the greening of the meadows *ou* the verdant hue taken on by the meadows in spring (*littér*)

verdoyant, e /vɛʀdwajɑ̃, ɑ̃t/ ADJ verdant (*littér*), green

verdoyer /vɛʀdwaje/ ► conjug 8 ◄ VI (= *être vert*) to be verdant (*littér*) *ou* green; (= *devenir vert*) to become verdant (*littér*) *ou* green

verdure /vɛʀdyʀ/ SYN NF [1] (= *végétation*) greenery (*NonC*), verdure (*NonC*)(*littér*) ◆ **tapis de verdure** greensward (*littér*) ◆ **rideau de verdure** curtain of greenery *ou* verdure (*littér*) ◆ **tapisserie de verdure** *ou* **à verdures** verdure (tapestry) ◆ **je vous mets un peu de verdure ?** (*pour un bouquet*) shall I put some greenery in for you?; → **théâtre**
[2] (*littér* = *couleur*) verdure (*littér*), greenness
[3] (= *salade*) lettuce

vérétille /veʀetij/ NM *ou* F veretillum

véreux, -euse /veʀø, øz/ SYN ADJ [1] [*aliment*] maggoty, worm-eaten
[2] [*policier, financier*] corrupt; [*affaire*] dubious, fishy*, shady*

verge /vɛʀʒ/ SYN NF [1] († = *baguette*) stick, cane ◆ **les verges** (*pour fouetter*) the birch ◆ **ce serait lui donner des verges pour nous faire battre** that would be giving him a stick to beat us with ◆ **verge d'or** (= *plante*) goldenrod
[2] (*Hist* = *insigne d'autorité*) [*d'huissier*] wand; [*de bedeau*] rod
[3] (*Anat*) penis
[4] (*Tech* = *tringle*) shank
[5] (*Can* = *mesure*) yard (0,914 m)

vergé, e /vɛʀʒe/ ADJ, NM ◆ **(papier) vergé** laid paper

vergence /vɛʀʒɑ̃s/ NF (*Phys*) vergency

vergeoise /vɛʀʒwaz/ NF brown sugar (*made from waste refining products*)

verger /vɛʀʒe/ NM orchard

vergeté, e /vɛʀʒəte/ ADJ [*peau*] stretch marked

vergette /vɛʀʒɛt/ NF (*Héraldique*) palet

vergeture /vɛʀʒətyʀ/ NF stretch mark

verglaçant, e /vɛʀglasɑ̃, ɑ̃t/ ADJ ◆ **pluie verglaçante** freezing rain

verglacé, e /vɛʀglase/ ADJ icy ◆ **les routes sont verglacées** there's (black) ice on the roads, the roads are icy

verglas /vɛʀglɑ/ NM (black) ice *(on road etc)* ◆ **plaque de verglas** icy patch, patch of black ice

vergogne /vɛʀgɔɲ/ **sans vergogne** LOC ADJ, LOC ADV *[personne, concurrence]* shameless; *[parler, agir]* shamelessly

vergue /vɛʀg/ NF *(Naut)* yard ◆ **grand-vergue** main yard ◆ **vergue de misaine** foreyard ◆ **vergue de hune** topsail yard

véridicité /veʀidisite/ NF *(littér) [de récit, témoignage]* veracity *(frm)*, truthfulness, truth

véridique /veʀidik/ SYN ADJ *[récit, témoignage]* truthful, true, veracious *(frm)*; *[témoin]* truthful, veracious *(frm)*; *[repentir, douleur]* genuine, authentic

véridiquement /veʀidikmɑ̃/ ADV truthfully, veraciously *(frm)*

vérifiable /veʀifjabl/ ADJ verifiable ◆ **c'est aisément vérifiable** it can easily be checked

vérificateur, -trice /veʀifikatœʀ, tʀis/

ADJ *[appareil, système]* checking *(épith)*, verifying *(épith)*

NM,F controller, checker ◆ **vérificateur des douanes** Customs inspector ◆ **vérificateur des comptes** *(Fin)* auditor ◆ **vérificateur général** *(Can)* Auditor General ◆ **vérificateur orthographique** *ou* **d'orthographe** *(Ordin)* spellchecker, spelling checker

NF **vérificatrice** *(Tech)* verifier

vérification /veʀifikasjɔ̃/ SYN NF 1 *(= contrôle) [d'affirmation, fait, récit, alibi]* checking, verification; *[d'adresse, renseignement, rumeur]* checking; *[de véracité, authenticité, exactitude]* ascertaining, checking; *(Fin) [de comptes]* auditing; *[de poids, mesure, classement]* check, checking ◆ **procéder à** *ou* **effectuer plusieurs vérifications** to carry out several checks ◆ **vérification faite** *ou* **après vérification, il se trouve que...** on checking, we find that... ◆ **vérification d'identité** *(Police)* identity check ◆ **vérification des pouvoirs** *(lors d'une assemblée générale)* check on proxies given to shareholders ◆ **vérification du scrutin** *ou* **des votes** *(Pol)* scrutiny of votes ◆ **vérification comptable** auditing, audit ◆ **vérification fiscale** tax investigation ◆ **mission de vérification** investigative mission

2 *(= confirmation)* confirmation; *[d'affirmation, fait]* establishing, confirming, proving (to be true); *[d'axiome, témoignage]* establishing, confirming; *[de soupçons, conjecture]* confirming; *[d'hypothèse, théorie]* confirming, proving (to be true)

vérifier /veʀifje/ SYN ► conjug 7 ◄

VT 1 *(= contrôler) [+ affirmation, fait, récit, alibi]* to check, to verify; *[+ adresse, renseignement, rumeur, identité]* to check; *[+ véracité, authenticité, exactitude]* to ascertain, to check; *(Fin) [+ comptes]* to audit; *[+ poids, mesure, classement]* to check ◆ **ne vous faites pas de souci, cela a été vérifié et revérifié** don't worry – it has been checked and double-checked *ou* cross-checked ◆ **vérifie que/si la porte est bien fermée** check that/if the door's properly closed ◆ **vérifier ses freins/le niveau d'huile** to check one's brakes/the oil (level)

2 *(= confirmer, prouver) [+ affirmation, fait]* to establish the truth of, to confirm (the truth of), to prove to be true; *[+ axiome]* to establish *ou* confirm the truth of; *[+ témoignage]* to establish the truth *ou* veracity *(frm)* of, to confirm; *[+ soupçons, conjecture]* to bear out, to confirm; *[+ hypothèse, théorie]* to bear out, to confirm, to prove ◆ **cet accident a vérifié mes craintes** this accident has borne out *ou* confirmed my fears

VPR **se vérifier** *[craintes]* to be borne out, to be confirmed; *[théorie]* to be borne out, to be proved ◆ **l'adage s'est encore vérifié** the old saying has once again proved true ◆ **cette tendance se vérifie dans tous les secteurs** the tendency is clearly visible in all sectors

vérin /veʀɛ̃/ NM jack ◆ **vérin hydraulique/pneumatique** hydraulic/pneumatic jack ◆ **monté sur vérin** raised on a jack

vérisme /veʀism/ NM verism

vériste /veʀism/ ADJ, NMF verist

véritable /veʀitabl/ SYN ADJ 1 *(= authentique) [argent, or, cuir, perles, larmes, colère]* real, genuine; *[ami, artiste, vocation]* real, genuine, true ◆ **l'art/l'amour véritable se reconnaît d'emblée** true art/love is immediately recognizable

2 *(= vrai, réel) [identité, raisons]* true, real; *[nom]* real ◆ **la véritable religion/joie** true religion/joy ◆ **sous son jour véritable** in his true light ◆ **ça n'a pas de véritable fondement** it has no real foundation

3 *(intensif = qui mérite bien son nom)* real ◆ **un véritable coquin** an absolute *ou* a real *ou* a downright rogue ◆ **véritable provocation** real *ou* downright *ou* sheer provocation ◆ **c'est une véritable folie** it's absolute *ou* sheer madness ◆ **c'est une véritable expédition/révolution** it's a real *ou* veritable *(frm)* expedition/revolution

véritablement /veʀitabləmɑ̃/ SYN ADV really ◆ **est-il véritablement fatigué/diplômé ?** is he really *ou* truly tired/qualified? ◆ **il l'a véritablement fait/rencontré** he actually *ou* really did it/met him ◆ **ce n'est pas truqué : ils traversent véritablement les flammes** it isn't fixed – they really *ou* genuinely do go through the flames ◆ **ce n'est pas véritablement un roman/dictionnaire** it's not really *ou* exactly a novel/dictionary, it's not a real *ou* proper novel/dictionary ◆ **c'est véritablement délicieux** *(intensif)* it's absolutely *ou* positively *ou* really delicious

vérité /veʀite/ GRAMMAIRE ACTIVE 26.4 SYN NF 1 ◆ **la vérité** *(= connaissance du vrai)* truth; *(= conformité aux faits)* the truth ◆ **nul n'est dépositaire de la vérité** no one has a monopoly on (the) truth ◆ **la vérité d'un fait/principe** the truth of a fact/principle ◆ **c'est l'entière vérité** it's the whole truth ◆ **c'est la vérité vraie** * it's the honest truth * ◆ **la vérité toute nue** the naked *ou* unadorned truth ◆ **son souci de (la) vérité** his desire *ou* concern for (the) truth ◆ **dire la vérité** to tell *ou* speak the truth ◆ **jurez de dire la vérité, toute la vérité, rien que la vérité** *(Jur, hum)* do you swear to tell the truth, the whole truth and nothing but the truth? ◆ **la vérité dépasse souvent la fiction** truth is often stranger than fiction ◆ **la vérité sort de la bouche des enfants** *(Prov)* out of the mouths of babes and sucklings (comes forth truth) *(Prov)* ◆ **toute vérité n'est pas bonne à dire** *(Prov)* some things are better left unsaid

2 *(= sincérité, authenticité)* truthfulness, sincerity ◆ **un air/un accent de vérité** an air/a note of sincerity *ou* truthfulness

3 *(= fait vrai, évidence)* truth ◆ **une vérité bien sentie** a heartfelt truth ◆ **vérités éternelles/premières** eternal/first truths *ou* verities *(frm)*; → **La Palice, quatre**

4 *(= vraisemblance)* ◆ **plein de vérité** *[de tableau, personnage]* very true to life

5 *(locutions)* ◆ **la vérité, c'est que je n'en sais rien** the truth (of the matter) is that *ou* to tell (you) the truth I know nothing about it ◆ **l'heure** *ou* **la minute de vérité** the moment of truth

♦ **en vérité** *(= en fait)* in fact, actually; *(= à dire vrai)* to tell the truth, to be honest ◆ **c'est (bien) peu de chose, en vérité** it's really *ou* actually nothing very much ◆ **en vérité je vous le dis** *(Bible)* verily I say unto you

♦ **à la vérité** *(frm)* ◆ **à la vérité il préfère s'amuser que de travailler** to tell the truth *ou* to be honest he'd rather have fun than work ◆ **j'étais à la vérité loin de m'en douter** to tell the truth *ou* truth to tell I was far from suspecting it

verjus /vɛʀʒy/ NM verjuice

verjuter /vɛʀʒyte/ ► conjug 1 ◄ VT to prepare with verjuice ◆ **sauce verjutée** verjuice sauce

verlan /vɛʀlɑ̃/ NM (back) slang

Verlan

Verlan is a particular kind of backslang that has become extremely popular among young people in France. It consists of inverting the syllables of words, and often then truncating the result to make a new word. The slang words "meuf", "keuf", "keum" and "beur" are **verlan** renderings of the words "femme", "flic", "mec" and "Arabe". The expression "laisse béton" ("forget it") is **verlan** for "laisse tomber", and the word **verlan** itself comes from the expression "à l'envers" ("back to front").

vermeil, -eille /vɛʀmɛj/

ADJ *[tissu, objet]* vermilion, bright red; *[bouche]* ruby *(épith)*, cherry *(épith)*, ruby- *ou* cherry-red; *[teint]* rosy; → **carte**

NM *(= métal)* vermeil ◆ **cuiller/médaille de vermeil** silver-gilt spoon/medal

vermet /vɛʀmɛ/ NM worm shell

vermicelle /vɛʀmisɛl/ NM ◆ **vermicelle(s)** *(= pâtes)* vermicelli, angel hair pasta *(US)* *(= granules en sucre)* hundreds and thousands ◆ **potage au vermicelle** vermicelli soup ◆ **vermicelle chinois** fine rice noodles

vermiculaire /vɛʀmikylɛʀ/ ADJ *(Anat)* vermicular, vermiform ◆ **appendice vermiculaire** vermiform appendix ◆ **éminence vermiculaire** vermis ◆ **contraction vermiculaire** peristalsis *(NonC)*

vermiculé, e /vɛʀmikyle/ ADJ vermiculated

vermiculure /vɛʀmikylyʀ/ NF *(gén pl)* vermiculation *(NonC)*

vermiforme /vɛʀmifɔʀm/ ADJ vermiform

vermifuge /vɛʀmifyʒ/ ADJ, NM vermifuge *(SPÉC)* ◆ **poudre vermifuge** worm powder

vermille /vɛʀmij/ NF ground line

vermiller /vɛʀmije/ ► conjug 1 ◄ VI *[sanglier]* to root

vermillon /vɛʀmijɔ̃/

NM *(= poudre)* vermilion, cinnabar ◆ **(rouge) vermillon** *(= couleur)* vermilion, scarlet

ADJ INV vermilion, scarlet

vermillonner /vɛʀmijɔne/ ► conjug 1 ◄ VI to burrow

vermine /vɛʀmin/ SYN NF 1 *(= parasites)* vermin *(NonC)* ◆ **couvert de vermine** crawling with vermin, lice-ridden

2 *(littér, péj = racaille)* vermin; *(†, péj = vaurien)* knave †, cur †

vermineux, -euse /vɛʀminø, øz/ ADJ verminous

vermis /vɛʀmis/ NM vermis

vermisseau (pl **vermisseaux**) /vɛʀmiso/ NM *(= ver)* small worm, vermicule *(SPÉC)*

vermivore /vɛʀmivɔʀ/ ADJ vermivorous

Vermont /vɛʀmɔ̃/ NM Vermont

vermoulu, e /vɛʀmuly/ SYN ADJ *[bois]* full of woodworm, worm-eaten; *[régime politique, institutions]* moth-eaten ◆ **cette commode est vermoulue** there is woodworm in this chest, this chest is full of woodworm *ou* is worm-eaten

vermoulure /vɛʀmulyʀ/ NF *(= traces)* woodworm *(NonC)*, worm holes

vermout(h) /vɛʀmut/ NM vermouth

vernaculaire /vɛʀnakylɛʀ/ ADJ vernacular ◆ **langue vernaculaire** vernacular

vernal, e (mpl **-aux**) /vɛʀnal, o/ ADJ *(Astron, Bot)* vernal

vernalisation /vɛʀnalizasjɔ̃/ NF vernalization

vernation /vɛʀnasjɔ̃/ NF vernation

verni, e /vɛʀni/ (ptp de **vernir**) ADJ 1 *[bois]* varnished; *(= luisant) [feuilles]* shiny, glossy ◆ **cuir verni** patent leather ◆ **souliers vernis** patent (leather) shoes ◆ **poterie vernie** glazed earthenware

2 *(* = chanceux)* lucky, jammy‡ *(Brit)* ◆ **il est verni, c'est un verni** he's lucky *ou* jammy‡ *(Brit)*, he's a lucky devil * *ou* dog *

vernier /vɛʀnje/ NM vernier (scale)

vernir /vɛʀniʀ/ SYN ► conjug 2 ◄ VT *[+ bois, tableau, cuir]* to varnish; *[+ poterie]* to glaze; *[+ ongles]* to put nail varnish on, to varnish ◆ **vernir au tampon** *(Ébénisterie)* to French polish

vernis /vɛʀni/ SYN NM 1 *[de bois, tableau, mur]* varnish; *[de poterie]* glaze ◆ **vernis (à ongles)** nail varnish *ou* polish ◆ **se mettre du vernis (à ongles)** to varnish *ou* paint one's nails ◆ **vernis au tampon** French polish

2 *(= éclat)* shine, gloss

3 *(fig)* veneer *(fig)* ◆ **un vernis de culture** a veneer of culture

4 ◆ **(faux) vernis du Japon** *(= arbre)* varnish tree, tree of heaven

vernissage /vɛʀnisaʒ/ NM 1 *[de bois, tableau, ongles, cuir]* varnishing; *[de poterie]* glazing

2 *(= exposition)* private viewing, preview *(at an art gallery)*

vernissé, e /vɛʀnise/ (ptp de **vernisser**) ADJ *[poterie, tuile]* glazed; *(= luisant) [feuillage]* shiny, glossy

vernisser /vɛʀnise/ ► conjug 1 ◄ VT to glaze

vernisseur, -euse /vɛʀnisœʀ, øz/ NM,F *[de bois]* varnisher; *[de poterie]* glazer

vérole /veʀɔl/ NF 1 *(= variole)* → **petit**

2 *(‡ = syphilis)* pox‡ ◆ **il a/il a attrapé la vérole** he's got/he has caught the pox‡

vérolé, e* /veʀɔle/ ADJ [1] *(= atteint de syphilis)* pox-ridden
[2] *(= mauvais) [contrat]* poxy*, lousy*; *(= abîmé par un virus) [fichier, disquette]* infected by a virus

véronal /veʀɔnal/ NM *(Pharm)* veronal

Vérone /veʀɔn/ N Verona

véronique /veʀɔnik/ NF *(= plante)* speedwell, veronica; *(Tauromachie)* veronica

verrat /veʀa/ NM boar

verre /vɛʀ/ SYN
NM [1] *(= substance)* glass ◆ **verre moulé/étiré/coulé** pressed/cast/drawn glass ◆ **cela se casse** *ou* **se brise comme du verre** it's as brittle as glass; → **laine, papier, pâte**
[2] *(= objet) [de vitre, cadre]* glass; *[de lunettes]* lens ◆ **mettre qch sous verre** to put sth under glass ◆ **verre grossissant/déformant** magnifying/distorting glass ◆ **porter des verres** to wear glasses
[3] *(= récipient)* glass; *(= contenu)* glass, glassful ◆ **ajouter un verre de lait** *(Culin)* ≈ add one cup of milk ◆ **un verre d'eau/de bière** a glass of water/of beer ◆ **verre à bière** beer glass; → **casser, noyer²**, **tempête**
[4] *(= boisson)* drink ◆ **boire** *ou* **prendre un verre** to have a drink ◆ **payer un verre à qn** to buy sb a drink ◆ **lever son verre** to raise one's glass ◆ **boire le verre de l'amitié** to drink a toast to friendship ◆ **videz vos verres !** drink up! ◆ **un petit verre*** a quick one*, a quickie* ◆ **il a bu un verre de trop***, **il a un verre dans le nez*** he's had one too many* *ou* a drop too much*, he's had one over the eight* *(Brit)*
COMP **verre armé** wired glass
verre ballon balloon glass, brandy glass
verre blanc plain glass
verre cathédrale cathedral glass
verres de contact (souples/durs) (soft/hard) contact lenses
verres correcteurs corrective lenses
verre à dégustation wine-tasting glass
verre à dents tooth mug *ou* glass
verre dépoli frosted glass
verre feuilleté laminated glass
verre fumé smoked glass
verres fumés *[de lunettes]* tinted lenses
verre incassable unbreakable glass
verre de lampe lamp glass, (lamp) chimney
verre à liqueur liqueur glass ◆ **verser la valeur d'un verre à liqueur de...** ≈ add two tablespoons of...
verre mesureur measuring glass
verre de montre watch glass
verre à moutarde (glass) mustard jar
verre à pied stemmed glass
verres progressifs multifocal lenses, multifocals
verre de sécurité safety glass
verre trempé toughened glass
verre à vin wineglass
verre à vitre window glass
verre à whisky whisky glass *ou* tumbler

verré, e¹ /veʀe/ ADJ ◆ **papier verré** sandpaper

verrée² /veʀe/ NF *(Helv = petite fête)* small party *(often at work)*

verrerie /vɛʀʀi/ NF *(= usine)* glassworks *(pl inv)*, glass factory; *(= fabrication du verre)* glass-making; *(= manufacture d'objets)* glass-working; *(= objets)* glassware; *(= commerce)* glass trade *ou* industry

verrier /vɛʀje/
NM *(= ouvrier)* glassworker; *(= souffleur de verre)* glassblower; *(= artiste)* artist in glass ◆ **maître verrier** master glazier ◆ **peintre verrier** stained-glass artist
ADJ M *[groupe, établissement]* glass-making

verrière /vɛʀjɛʀ/ NF [1] *(= fenêtre) [d'église, édifice]* window
[2] *(= toit vitré)* glass roof
[3] *(= paroi vitrée)* glass wall
[4] *[d'avion]* canopy

verroterie /vɛʀɔtʀi/ NF ◆ **(bijoux en) verroterie** glass jewellery *(Brit) ou* jewelry *(US)* ◆ **un collier de verroterie** a necklace of glass beads

verrou /veʀu/ NM [1] *[de porte]* bolt ◆ **tire/pousse le verrou** unbolt/bolt the door ◆ **as-tu mis le verrou ?** have you bolted the door? ◆ **verrou de sécurité** *(lit)* safety *ou* security lock; *(fig)* safety net ◆ **mettre qn sous les verrous** to put sb under lock and key ◆ **être sous les verrous** to be behind bars; → **sauter**
[2] *(Tech) [d'aiguillage]* facing point lock; *[de culasse]* bolt
[3] *(Géol)* constriction
[4] *(Mil)* stopper *(in breach)*
[5] *(Ordin)* lock

verrouillage /veʀujaʒ/ NM [1] *(= fermeture) [de porte, fenêtre]* bolting, locking; *[de culasse]* locking ◆ **verrouillage automatique des portes, verrouillage centralisé** *[de voiture]* central locking
[2] *(= fait de rendre inaccessible) (Mil) [de brèche]* closing; *[de frontière]* sealing; *(Ordin)* locking ◆ **le verrouillage parental est recommandé pour certaines émissions/certains sites** parental locking *ou* a parental lock is recommended for certain programmes/certain sites
[3] *(= muselage)* ◆ **le verrouillage des médias** the muzzling of the media
[4] *(= dispositif)* locking mechanism

verrouiller /veʀuje/ SYN ► conjug 1 ◄ VT
[1] *(= fermer) [+ porte, fenêtre]* to bolt; *(à clé)* to lock; *[+ culasse]* to lock
[2] *(= rendre inaccessible) (Mil) [+ brèche]* to close; *[+ frontière]* to seal; *(Ordin, TV)* to lock, to block ◆ **la police a verrouillé le quartier** the police cordoned off *ou* sealed (off) the area
[3] *(= enfermer)* ◆ **ses parents le verrouillent** his parents keep him locked in ◆ **se verrouiller chez soi** *(fig)* to shut o.s. away at home
[4] *(= bloquer) [+ capital, marché, processus]* to block
[5] *(= contrôler)* ◆ **j'ai tout verrouillé** I've got everything under control

verrouilleur /veʀujœʀ/ NM *(Rugby)* last man in the line-out

verrucosité /veʀykozite/ NF verrucosity

verrue /veʀy/ NF *(lit)* wart; *(fig)* eyesore ◆ **verrue plantaire** verruca ◆ **cette usine est une verrue au milieu du paysage** this factory is a blot on the landscape *ou* an eyesore in the middle of the countryside

verruqueux, -euse /veʀykø, øz/ ADJ warty, verrucose *(SPÉC)*

vers¹ /vɛʀ/ SYN PRÉP [1] *(direction)* toward(s), to ◆ **en allant vers Aix/la gare** going to *ou* toward(s) Aix/the station ◆ **le lieu vers lequel il nous menait** the place he was leading us to *ou* to which he was leading us ◆ **vers la droite, la brume se levait** to *ou* toward(s) the right the mist was rising ◆ **la foule se dirigeait vers la plage** the crowd was making for *ou* heading towards the beach ◆ **« vers la plage »** "to the beach" ◆ **elle fit un pas vers la fenêtre** she took a step toward(s) the window ◆ **notre chambre regarde vers le sud/la colline** our bedroom faces *ou* looks south/faces the hills *ou* looks toward(s) the hills ◆ **il tendit la main vers la bouteille** he reached out for the bottle, he stretched out his hand toward(s) the bottle ◆ **le pays se dirige droit vers l'abîme** the country is heading straight for disaster ◆ **c'est un pas vers la paix/la vérité** it's a step toward(s) (establishing) peace/(finding out) the truth ◆ **« Vers une sémantique de l'anglais »** *(titre)* "Towards a Semantics of English" ◆ **traduire vers le français/l'espagnol** to translate into French/Spanish
[2] *(= aux environs de)* around ◆ **c'est vers Aix que nous avons eu une panne** it was (somewhere) near Aix *ou* round about Aix that we broke down ◆ **vers 2 000 mètres l'air est frais** at around the 2,000 metres mark *ou* at about 2,000 metres the air is cool
[3] *(temps : approximation)* about, around ◆ **vers quelle heure doit-il venir ?** around *ou* about what time is he due? ◆ **il est arrivé vers 6 heures** he arrived (at) about *ou* around 6 o'clock ◆ **elle a commencé à lire vers 6 ans** she started reading at about 6 *ou* around 6 ◆ **il était vers (les) 3 heures quand je suis rentré** it was about *ou* around 3 when I came home ◆ **vers la fin de la soirée/de l'année** toward(s) the end of the evening/the year ◆ **vers 1900/le début du siècle** toward(s) *ou* about 1900/the turn of the century

vers² /vɛʀ/ NM [1] *(sg = ligne)* line ◆ **au 3ᵉ vers** in line 3, in the 3rd line ◆ **vers de dix syllabes, vers décasyllabe** line of ten syllables, decasyllabic line ◆ **un vers boiteux** a short line, a hypometric line *(SPÉC)* ◆ **je me souviens d'un vers de Virgile** I recall a line by Virgil ◆ **réciter quelques vers** to recite a few lines of poetry
[2] *(pl = poésie)* verse *(NonC)* ◆ **vers blancs/libres** blank/free verse ◆ **vers de circonstance** occasional verse ◆ **traduction en vers** verse translation ◆ **faire** *ou* **écrire des vers** to write verse, to versify *(péj)* ◆ **mettre en vers** to put into verse ◆ **il fait des vers de temps en temps** he writes a little verse from time to time ◆ **écrire des vers de mirliton** to write a bit of doggerel

versaillais, e /vɛʀsajɛ, ɛz/
ADJ from *ou* of Versailles ◆ **l'armée versaillaise** *(Hist)* army which suppressed the Commune of 1871
NM,F **Versaillais(e)** inhabitant *ou* native of Versailles ◆ **les Versaillais** *(Hist)* the government troops who suppressed the Commune of 1871

Versailles /vɛʀsaj/ N Versailles ◆ **le château de Versailles** the palace of Versailles ◆ **c'est Versailles !** *[appartement]* it's like a palace!, it's palatial!; *[événement, réception]* it's really spectacular!

versant /vɛʀsɑ̃/ SYN NM [1] *[de vallée, toit]* side; *[de massif]* slopes ◆ **les Pyrénées ont un versant français et un versant espagnol** the Pyrenees have a French side and a Spanish side ◆ **le versant nord/français de ce massif** the northern/French slopes of this range
[2] *[de dossier, problème]* side, aspect

versatile /vɛʀsatil/ SYN ADJ fickle, changeable, capricious

versatilité /vɛʀsatilite/ NF fickleness, changeability, capriciousness

verse /vɛʀs/ **à verse** LOC ADV in torrents ◆ **il pleut à verse** it's pouring down, it's coming down in torrents *ou* in buckets*

versé, e /vɛʀse/ SYN (ptp de **verser**) ADJ *(= savant, expérimenté)* ◆ **versé/peu versé dans l'histoire ancienne** (well-)versed/ill-versed in ancient history ◆ **versé/peu versé dans l'art de l'escrime** (highly) skilled *ou* accomplished/unaccomplished in the art of fencing

Verseau /vɛʀso/ NM *(Astron)* ◆ **le Verseau** Aquarius, the Water-carrier ◆ **il est Verseau, il est (du signe) du Verseau** he's (an) Aquarius

versement /vɛʀsəmɑ̃/ SYN NM payment; *(échelonné)* instalment, installment *(US)* ◆ **le versement d'une somme sur un compte** the payment of a sum into an account ◆ **versement par chèque/virement** payment by cheque/credit transfer ◆ **par versements échelonnés** in *ou* by instalments ◆ **je veux faire un versement sur mon compte** I want to put some money into my account, I want to make a deposit into my account ◆ **le versement de ces sommes se fera le mois prochain** these sums will be paid next month ◆ **versement en espèces** cash deposit ◆ **versement à une œuvre** donation to a charity ◆ **bulletin** *ou* **bordereau de versement** paying-in *(Brit) ou* deposit *(US)* slip ◆ **un premier versement** *ou* **un versement initial de 150 €** a first *ou* an initial payment of €150

verser /vɛʀse/ SYN ► conjug 1 ◄
VT [1] *[+ liquide, grains]* to pour, to tip *(dans* into; *sur* onto); *(= servir) [+ thé, café, vin]* to pour (out) *(dans* into) ◆ **verser le café dans les tasses** to pour the coffee into the cups ◆ **verser des haricots (d'un sac) dans un bocal** to pour *ou* tip beans (from a bag) into a jar ◆ **verser du vin/un verre de vin à qn** to pour sb some wine/a glass of wine ◆ **verse-lui/-toi à boire** pour him/yourself a drink ◆ **veux-tu verser à boire/le vin s'il te plaît ?** will you pour (out) *ou* serve the drinks/the wine please?; → **huile**
[2] *(= répandre) [+ larmes, sang]* to shed; *(= déverser)* to pour out, to scatter *(sur* onto) ◆ **verser le sang** *(= tuer)* to shed *ou* spill blood ◆ **sans verser une goutte de sang** without shedding *ou* spilling a drop of blood ◆ **verser un pleur/quelques pleurs** *(littér, hum)* to shed a tear/a few tears
[3] *(= classer)* ◆ **verser une pièce à un dossier** to add an item to a file
[4] *(= payer)* to pay ◆ **verser une somme à un compte** to pay a sum of money into an account, to deposit a sum of money in an account ◆ **verser des intérêts à qn** to pay sb interest ◆ **verser des arrhes** to put down *ou* pay a deposit ◆ **verser une rente à qn** to pay sb a pension
[5] *(= affecter, incorporer)* ◆ **verser qn dans** to assign *ou* attach sb to ◆ **se faire verser dans l'infanterie** to get o.s. assigned *ou* attached to the infantry
VI [1] *(= basculer) [véhicule]* to overturn ◆ **il va nous faire verser dans le fossé** he'll tip us into the ditch, we'll end up in the ditch because of him ◆ **il a déjà versé deux fois** he has already overturned twice
[2] *(= tomber dans)* ◆ **verser dans** *[+ sentimentalité, démagogie]* to lapse into

verset /vɛʀsɛ/ NM *[de Bible, Coran]* verse; *(= prière)* versicle; *(Littérat)* verse

verseur, -euse /vɛʀsœʀ, øz/
ADJ • **bouchon verseur** pour-through stopper • **sucrier verseur** sugar dispenser; → **bec**
NM (= *dispositif*) pourer
NF **verseuse** (= *cafetière*) coffeepot

versicolore /vɛʀsikɔlɔʀ/ ADJ versicolour (*Brit*), versicolor (*US*)

versificateur /vɛʀsifikatœʀ/ NM writer of verse, versifier (*péj*), rhymester (*péj*)

versification /vɛʀsifikasjɔ̃/ NF versification

versifier /vɛʀsifje/ ► conjug 7 ◄
VT to put into verse • **une œuvre versifiée** a work put into verse
VI to write verse, to versify (*péj*)

version /vɛʀsjɔ̃/ SYN NF [1] (*Scol* = *traduction*) translation (*into the mother tongue*), unseen (translation) • **version grecque/anglaise** Greek/English unseen (translation), translation from Greek/English
[2] (= *variante*) [*d'œuvre, texte*] version • **film en version originale** film in the original language *ou* version • **« Casablanca » en version originale (sous-titrée)** "Casablanca" in English (with French subtitles) • **la version française du film** the French version of the film • **film italien en version française** Italian film dubbed into French • **version 4 portes** (= *voiture*) 4-door model
[3] (= *modèle*) model
[4] (= *interprétation*) [*d'incident, faits*] version • **donner sa version des faits** to give one's (own) version of the facts
[5] (*Ordin*) version • **version bêta** beta version

vers-libriste (pl **vers-libristes**) /vɛʀlibʀist/ NMF free verse writer

verso /vɛʀso/ SYN NM back • **au verso** on the back (of the page) • **« voir au verso »** "see over(leaf)"

versoir /vɛʀswaʀ/ NM mouldboard

verste /vɛʀst/ NF verst

versus /vɛʀsys/ PRÉP versus

vert, verte /vɛʀ, vɛʀt/ SYN
ADJ [1] (= *couleur*) green • **vert de jalousie** green with envy • **vert de rage** purple with rage • **vert de peur** white with fear • **les petits hommes verts** (*hum*) the little green men (*hum*); → **feu**[1], **haricot, numéro, tapis** *etc*
[2] (= *pas mûr*) [*céréale, fruit*] unripe, green; [*vin*] young; (= *frais, non séché*) [*foin, bois*] green • **être au régime vert** to be on a green-vegetable diet *ou* a diet of green vegetables; → **cuir**
[3] (= *alerte*) [*vieillard*] vigorous, sprightly, spry • **au temps de sa verte jeunesse** in the first bloom of his youth
[4] († = *sévère*) [*réprimande*] sharp, stiff
[5] [*propos, histoire*] spicy, saucy • **elle en a vu des vertes et des pas mûres** * she has been through it, she has had a hard *ou* rough time (of it) • **il en a dit des vertes (et des pas mûres)** * he came out with some pretty risqué stuff * • **j'en ai entendu des vertes et des pas mûres sur son compte !** * you wouldn't believe the things I've heard about him!; → **langue**
[6] (*Agr*) • **tourisme vert** country holidays • **classe verte** school camp • **avoir les pouces verts** *ou* **la main verte** to have green fingers (*Brit*), to have a green thumb (*US*)
[7] (= *écologique*) green (*épith*) • **le parti vert** (*Pol*) the Green Party • **les produits verts** green products
NM [1] (= *couleur*) green; (*Golf*) green • **vert olive/pistache/émeraude** olive/pistachio/emerald (-green) • **vert pomme/d'eau/bouteille** apple-/sea-/bottle-green • **vert amande/mousse** almond/moss green • **vert menthe** mint green • **vert sapin** forest green • **tu as du vert sur ta jupe** you've got a green stain on your skirt • **mettre un cheval au vert** to put a horse out to grass *ou* to pasture • **se mettre au vert** (= *prendre du repos*) to take a rest *ou* a refreshing break in the country; [*gangster*] to lie low *ou* hole up for a while in the country • **passer au vert** [*voiture*] to go when the lights are on green • **le feu est passé au vert** the lights turned green; → **tendre**[2]
[2] (*Pol* = *écologistes*) • **les Verts** the Greens
NF **verte** († * = *absinthe*) absinth(e)

vert-de-gris /vɛʀdəgʀi/
NM INV verdigris • **les vert-de-gris** (*péj*) (= *soldats allemands*) German soldiers (*during the Second World War*)
ADJ INV grey(ish)-green

vert-de-grisé, e (mpl **vert-de-grisés**) /vɛʀdəgʀize/ ADJ coated with verdigris; (*fig*) grey(ish)-green

vertébral, e (mpl **-aux**) /vɛʀtebʀal, o/ ADJ vertebral; → **colonne**

vertébré, e /vɛʀtebʀe/ ADJ, NM vertebrate

vertèbre /vɛʀtɛbʀ/ NF vertebra • **se déplacer une vertèbre** to slip a disc, to dislocate a vertebra (*SPÉC*) • **vertèbres cervicales/lombaires** cervical/lumbar vertebrae

vertébrothérapie /vɛʀtebʀoteʀapi/ NF ≃ chiropractic

vertement /vɛʀtəmɑ̃/ ADV [*rappeler à l'ordre, répliquer*] sharply, in no uncertain terms; [*critiquer, réagir*] strongly • **se faire vertement réprimander** to get a severe dressing-down, to be hauled over the coals

vertex /vɛʀtɛks/ NM (*Anat*) vertex

vertical, e (mpl **-aux**) /vɛʀtikal, o/
ADJ (*gén*) vertical • **position** *ou* **station verticale** upright position • **bipède à station verticale** upright biped → **avion, concentration**
NF **verticale** [1] • **la verticale** the vertical • **à la verticale** [*s'élever, tomber*] vertically • **falaise à la verticale** vertical *ou* sheer cliff • **écarté de la verticale** off the vertical
[2] (= *ligne, Archit*) vertical line
NM (*Astron*) vertical circle

verticalement /vɛʀtikalmɑ̃/ SYN ADV [*monter*] vertically, straight up; [*descendre*] vertically, straight down

verticalité /vɛʀtikalite/ NF verticalness, verticality

verticille /vɛʀtisil/ NM verticil

verticillé, e /vɛʀtisile/ ADJ verticillate

vertige /vɛʀtiʒ/ SYN NM [1] (= *peur du vide*) • **le vertige** vertigo • **avoir le vertige** to suffer from vertigo, to get dizzy *ou* giddy • **il eut soudain le vertige** *ou* **fut soudain pris de vertige** he suddenly felt dizzy *ou* giddy, he was suddenly overcome by vertigo • **un précipice à donner le vertige** a precipice that would make you (feel) dizzy *ou* giddy • **cela me donne le vertige** it makes me feel dizzy *ou* giddy, it gives me vertigo • **ces chiffres donnent le vertige** these figures make your head swim *ou* spin
[2] (= *étourdissement*) dizzy *ou* giddy spell, dizziness (*NonC*), giddiness (*NonC*) • **avoir un vertige** to have a dizzy *ou* giddy spell *ou* turn • **être pris de vertiges** to get dizzy *ou* giddy turns *ou* spells
[3] (= *exaltation*) fever • **les spéculateurs étaient gagnés par ce vertige** the speculators had caught this fever • **d'autres, gagnés eux aussi par le vertige de l'expansion…** others, who had also been bitten by the expansion bug… *ou* who had also caught the expansion fever…

vertigineusement /vɛʀtiʒinøzmɑ̃/ ADV [*monter, chuter*] at a dizzying rate • **les prix augmentent vertigineusement** prices are rising at a dizzying rate, prices are rocketing *ou* are going sky-high *

vertigineux, -euse /vɛʀtiʒinø, øz/ SYN ADJ
[1] [*plongée, descente*] vertiginous, breathtaking; [*précipice*] breathtakingly high; [*vitesse, hauteur*] breathtaking, dizzy (*épith*), giddy (*épith*)
[2] (= *très rapide*) breathtaking • **une hausse/baisse vertigineuse** a spectacular *ou* dramatic rise/fall
[3] (*Méd*) vertiginous

vertigo /vɛʀtigo/ NM (= *maladie du cheval*) (blind) staggers

vertu /vɛʀty/ SYN NF [1] (= *morale*) virtue • **les vertus bourgeoises** the bourgeois virtues • **les (quatre) vertus cardinales** the (four) cardinal virtues • **vertus théologales** theological virtues • **Vertus** (= *anges*) Virtues • **femme** *ou* **dame** (*hum*) **de petite vertu** † woman of easy virtue; → **nécessité, parer**[1], **prix**
[2] (*littér*) (= *pouvoir*) power; (= *propriété*) property; (= *courage*) courage, bravery • **vertu curative/magique** healing/magic power • **les vertus thérapeutiques du chocolat** the healing properties of chocolate • **les vertus pédagogiques d'un débat** the educational qualities of a debate
[3] (*locutions*)
♦ **en vertu de** in accordance with • **en vertu des pouvoirs qui me sont conférés** in accordance with *ou* by virtue of the powers conferred upon me • **en vertu de l'article 4 de la loi** in accordance *ou* compliance with article 4 of the law • **en vertu de quoi pouvez-vous exiger… ?** by what right can you demand…? • **en vertu de quoi je déclare…** in accordance with which I declare…, by virtue of which I declare…

vertueusement /vɛʀtɥøzmɑ̃/ ADV virtuously

vertueux, -euse /vɛʀtɥø, øz/ SYN ADJ virtuous

vertugadin /vɛʀtygadɛ̃/ NM (*Hist* = *vêtement*) farthingale

verve /vɛʀv/ SYN NF [1] (= *esprit, éloquence*) witty eloquence • **être en verve** to be in brilliant form • **il nous a raconté l'entrevue avec verve** he gave us a spirited account of the interview
[2] (*littér* = *fougue, entrain*) verve, vigour (*Brit*), vigor (*US*), zest • **la verve de son style** the vigour of his style

verveine /vɛʀvɛn/ NF (= *plante*) vervain, verbena; (= *tisane*) verbena tea; (= *liqueur*) vervain liqueur

verveux[1] /vɛʀvø/ NM hoop net

verveux[2], **-euse** /vɛʀvø, øz/ ADJ (*littér*) [*personne, discussion*] vigorous, zestful

vésanie /vezani/ NF vesania

vesce /vɛs/ NF vetch

vésical, e (mpl **-aux**) /vezikal, o/ ADJ vesical

vésicant, e /vezikɑ̃, ɑ̃t/ ADJ vesicant, vesicatory

vésication /vezikasjɔ̃/ NF vesication

vésicatoire /vezikatwaʀ/ ADJ, NM vesicatory

vésiculaire /vezikylɛʀ/ ADJ vesicular

vésicule /vezikyl/ NF (*Méd*) (= *organe*) vesicle; (= *ampoule*) blister; [*de plante*] vesicle • **la vésicule (biliaire)** the gall-bladder • **vésicules séminales** seminal vesicles

vésiculeux, -euse /vezikylø, øz/ ADJ ⇒ **vésiculaire**

vesou /vəzu/ NM sugar cane juice

Vespa ® /vɛspa/ NF Vespa ®

vespasienne /vɛspazjɛn/ NF urinal (*in the street*)

vespéral, e (mpl **-aux**) /vɛspeʀal, o/
ADJ (*littér*) evening (*épith*)
NM (*Rel*) vesperal

vespertilion /vɛspɛʀtiljɔ̃/ NM vespertilio

vespidés /vɛspide/ NMPL • **les vespidés** vespid insects, the Vespidae (*SPÉC*)

vesse-de-loup (pl **vesses-de-loup**) /vɛsdəlu/ NF (= *champignon*) puffball

vessie /vesi/ NF bladder • **vessie natatoire** swim bladder • **elle veut nous faire prendre des vessies pour des lanternes** * she's trying to pull the wool over our eyes

Vesta /vɛsta/ NF Vesta

vestale /vɛstal/ NF (*Hist*) vestal; (*littér*) vestal, vestal virgin

veste /vɛst/ SYN NF [1] (= *habit*) jacket • **veste droite/croisée** single-/double-breasted jacket • **veste de pyjama** pyjama jacket *ou* top • **veste d'intérieur** smoking jacket
[2] (* *locutions*) • **ramasser** *ou* **(se) prendre une veste** (*dans une élection*) to be beaten hollow • **retourner sa veste** to change sides

vestiaire /vɛstjɛʀ/ NM [1] [*de théâtre, restaurant*] cloakroom; [*de stade, piscine*] changing-room • **la dame du vestiaire** the cloakroom attendant *ou* lady • **réclamer son vestiaire** to collect one's things from the cloakroom • **au vestiaire ! au vestiaire !** * get off! • **le joueur a été renvoyé au vestiaire** (= *expulsé*) the player was sent for an early bath • **il a dû laisser sa fierté/ses convictions au vestiaire** he had to forget his pride/his convictions
[2] (= *meuble*) • **(armoire-)vestiaire** locker

vestibulaire /vɛstibylɛʀ/ ADJ vestibular

vestibule /vɛstibyl/ SYN NM [1] [*de maison*] hall; [*d'hôtel*] lobby; [*d'église*] vestibule
[2] (*Anat*) vestibule

vestige /vɛstiʒ/ SYN NM (= *objet*) relic; (= *fragment*) trace; [*de coutume, splendeur, gloire*] vestige, remnant • **vestiges** [*de ville*] remains, vestiges; [*de civilisation, passé*] vestiges, remnants • **vestiges archéologiques/antiques** arch(a)eological/classical remains • **les vestiges de leur armée décimée** the remnants of their decimated army • **les vestiges de la guerre** the vestiges of war

vestimentaire /vɛstimɑ̃tɛʀ/ ADJ • **modes/styles vestimentaires** fashions/styles in clothing *ou* clothes • **dépenses vestimentaires** clothing expenditure, expenditure on clothing • **élégance vestimentaire** sartorial elegance • **ses goûts vestimentaires** his taste in clothes • **code vestimentaire** dress code • **ces fantai-**

sies vestimentaires n'étaient pas de son goût these eccentricities of dress were not to his taste ◆ **il se préoccupait beaucoup de détails vestimentaires** he was very preoccupied with the details of his dress ◆ **sa fonction exigeait une tenue vestimentaire adéquate** his position required that he dress appropriately

veston /vɛstɔ̃/ NM jacket; → **complet**

Vésuve /vezyv/ NM Vesuvius

vêtement /vɛtmɑ̃/ SYN NM ① (= *article d'habillement*) garment, item *ou* article of clothing; (= *ensemble de vêtements, costume*) clothes, clothing (NonC); (*frm* = *manteau, veste*) coat ◆ **le vêtement** (= *industrie*) the clothing industry, the rag trade*, the garment industry (US) ◆ **le vêtement masculin évolue** men's clothes are changing ◆ **c'est un vêtement très pratique** it's a very practical garment *ou* item of clothing *ou* article of clothing
② ◆ **vêtements** clothes ◆ **où ai-je mis mes vêtements ?** where did I put my clothes? *ou* things?* ◆ **emporte des vêtements chauds** take (some) warm clothes *ou* clothing ◆ **porter des vêtements de sport/de ville** to wear sports/town clothes *ou* gear * ◆ **acheter des vêtements de bébé** to buy baby garments *ou* clothes ◆ **il portait des vêtements de tous les jours** he was wearing ordinary *ou* everyday clothes ◆ **vêtements sacerdotaux** vestments ◆ **vêtements de travail/de deuil** working/mourning clothes ◆ **vêtements du dimanche** Sunday clothes, Sunday best (*parfois hum*)
③ (= *rayon de magasin*) ◆ **(rayon) vêtements** clothing department ◆ **vêtements pour dames** ladies' wear (NonC) ◆ **vêtements pour hommes** menswear (NonC) ◆ **vêtements de sport** sportswear (NonC) ◆ **vêtements de ski** skiwear (NonC) ◆ **vêtements de bébé** babywear (NonC)
④ (= *parure*) garment (*fig*) ◆ **le langage est le vêtement de la pensée** language clothes thought

vétéran /veterɑ̃/ SYN NM (*Mil*) veteran, old campaigner; (*fig*) veteran, old hand*; (*Sport*) veteran ◆ **un vétéran de l'enseignement primaire** (= *personne expérimentée*) an old hand* at primary teaching

vétérinaire /veteʀinɛʀ/
NMF vet, veterinary surgeon (*Brit*), veterinarian (US)
ADJ veterinary ◆ **école vétérinaire** veterinary college *ou* school

vététiste /vetetist/ NMF mountain biker

vétille /vetij/ SYN NF trifle, triviality ◆ **ergoter sur des vétilles** to quibble over trifles *ou* trivia *ou* trivialities

vétilleux, -euse /vetijø, øz/ SYN ADJ (*littér*) quibbling, punctilious

vêtir /vetiʀ/ SYN ▸ conjug 20 ◂
VT ① (= *habiller*) [+ *enfant, miséreux*] to clothe, to dress (*de* in)
② (= *revêtir*) [+ *uniforme*] to don, to put on
VPR **se vêtir** to dress (o.s.) ◆ **aider qn à se vêtir** to help sb (to) get dressed ◆ **les monts se vêtaient de neige** (*littér*) the mountains were clad in snow

vétiver /vetivɛʀ/ NM vetiver

veto /veto/ NM (*Pol, gén*) veto ◆ **opposer son veto à qch** to veto sth ◆ **droit de veto** right of veto ◆ **je mets mon veto** I veto that

véto* /veto/ NMF (abrév de **vétérinaire**) vet

vêtu, e /vety/ SYN (ptp de **vêtir**) ADJ dressed ◆ **bien/mal vêtu** well-/badly-dressed ◆ **court vêtue** short-skirted ◆ **à demi-vêtu** half-dressed ◆ **chaudement vêtu** warmly dressed ◆ **vêtu de** dressed in, wearing ◆ **vêtue d'une jupe** wearing a skirt, dressed in a skirt, with a skirt on ◆ **vêtu de bleu** dressed in *ou* wearing blue ◆ **toute de blanc vêtue** dressed all in white ◆ **colline vêtue des ors de l'automne** (*littér*) hill clad in the golden hues of autumn (*littér*)

vêture /vetyʀ/ NF (*Rel*) taking of the habit

vétuste /vetyst/ SYN ADJ [*locaux, immeuble*] run-down, dilapidated ◆ **devenir vétuste** to fall into disrepair

vétusté /vetyste/ NF [*de maison*] dilapidation ◆ **étant donné la vétusté des installations** because the facilities are in such a bad state of repair ◆ **clause de vétusté** obsolescence clause

veuf, veuve /vœf, vœv/
ADJ widowed ◆ **il est deux fois veuf** he has been twice widowed, he is a widower twice over
◆ **rester veuf/veuve de qn** to be left sb's widower/widow
NM widower
NF **veuve** ① (*gén*) widow ◆ **Madame veuve Durand** (*Jur ou vieilli*) the widow Durand ◆ **veuve de guerre** war widow ◆ **la veuve** (†† = *guillotine*) the guillotine ◆ **la veuve poignet** †‡ = *masturbation* ◆ « **La Veuve joyeuse** » (*Mus*) "The Merry Widow"
② (= *oiseau*) whydah (bird), widow bird

veule /vøl/ SYN ADJ spineless

veulerie /vølʀi/ NF spinelessness

veuvage /vœvaʒ/ NM [*de femme*] widowhood; [*d'homme*] widowerhood

vexant, e /vɛksɑ̃, ɑ̃t/ SYN ADJ ① (= *contrariant*) annoying ◆ **c'est vexant de ne pas pouvoir profiter de l'occasion** it's annoying *ou* a nuisance not to be able to take advantage of the opportunity
② (= *blessant*) [*paroles*] hurtful (*pour* to) ◆ **il s'est montré très vexant** he said some very hurtful things

vexation /vɛksasjɔ̃/ SYN NF (= *humiliation*) humiliation ◆ **être en butte à de multiples vexations** to be a victim of harassment

vexatoire /vɛksatwaʀ/ ADJ [*procédés, attitude*] persecutory, hurtful ◆ **mesures vexatoires** harassment

vexer /vɛkse/ SYN ▸ conjug 1 ◂
VT (= *offenser*) to hurt, to offend ◆ **être vexé par qch** to be hurt by sth, to be offended at sth ◆ **elle était vexée de n'avoir pas été informée** she was hurt *ou* offended that she hadn't been told ◆ **vexé comme un pou*** hopping mad *
VPR **se vexer** to be hurt (*de* by), to be *ou* get offended (*de* at) ◆ **se vexer facilement** *ou* **pour un rien** to be easily hurt *ou* offended

vexillaire /vɛksilɛʀ/ NM (*Hist*) standard bearer

vexille /vɛksil/ NM vexillum

vexillologie /vɛksilɔlɔʒi/ NF vexillology

VF /veɛf/ NF (abrév de **version française**) → **version**

VHF /veaʃɛf/ (abrév de **very high frequency**) VHF

VHS /veaʃɛs/ NM (abrév de **Video Home System**) VHS ◆ **filmer en VHS** to film in VHS

via /vja/ PRÉP via

viabilisé, e /vjabilize/ ADJ [*terrain*] with services (laid on), serviced ◆ **entièrement viabilisé** fully serviced

viabiliser /vjabilize/ ▸ conjug 1 ◂ VT [+ *terrain*] to service

viabilité /vjabilite/ NF ① [*de chemin*] practicability ◆ **avec/sans viabilité** [*terrain*] with/without services (laid on), serviced/unserviced
② [*d'organisme, entreprise*] viability

viable /vjabl/ SYN ADJ viable

viaduc /vjadyk/ NM viaduct

viager, -ère /vjaʒe, ɛʀ/
ADJ (*Jur*) [*rente, revenus*] life (*épith*), for life (*attrib*) ◆ **à titre viager** for as long as one lives, for the duration of one's life
NM (= *rente*) life annuity; (= *bien*) property mortgaged for a life annuity ◆ **mettre/acheter une maison en viager** to sell/buy a house in return for a life annuity ◆ **placer son argent en viager** to buy an annuity

Viagra ® /vjagʀa/ NM Viagra ®

viande /vjɑ̃d/ SYN NF ① (*gén*) meat ◆ **viande rouge/blanche** red/white meat ◆ **viande de boucherie** fresh meat, (butcher's) meat ◆ **viande froide** (*lit*) cold meat; (‡ = *cadavre*) dead meat‡ ◆ **viande hachée** minced meat (*Brit*), mince (*Brit*), ground meat (US), hamburger (US) ◆ **viande fraîche/séchée** fresh/dried meat ◆ **viande de bœuf** beef ◆ **viande de cheval** horse meat ◆ **viande de mouton** mutton ◆ **viande de porc** pork ◆ **viande de veau** veal ◆ **évitez les viandes grasses** avoid fatty meats; → **plat²**
② ‡ ◆ **montrer sa viande** to bare one's flesh ◆ **amène ta viande !** shift your carcass *ou* butt (US) over here!‡; → **sac¹**

viander (se)* /vjɑ̃de/ ▸ conjug 1 ◂ VPR to smash o.s. up * *ou* get smashed up * in an accident

viatique /vjatik/ NM (= *argent*) money (for the journey); (= *provisions*) provisions (for the journey); (*Rel* = *communion*) viaticum ◆ **il avait pour seul viatique ses principes** (*littér* = *soutien*) the only thing he had to sustain him in life was his principles ◆ **la culture est un viatique** culture is a precious asset

vibices /vibis/ NFPL vibices

vibrage /vibʀaʒ/ NM (*Tech*) vibration

vibrant, e /vibʀɑ̃, ɑ̃t/ SYN
ADJ ① (*lit*) [*corde, membrane*] vibrating
② [*son, voix*] vibrant, resonant; (*Phon*) [*consonne*] lateral, vibrant ◆ **voix vibrante d'émotion** voice vibrant *ou* resonant with emotion
③ [*discours*] (powerfully) emotive; [*nature*] emotive ◆ **vibrant d'émotion contenue** vibrant with suppressed emotion
NF **vibrante** (= *consonne*) vibrant

vibraphone /vibʀafɔn/ NM vibraphone, vibes

vibraphoniste /vibʀafɔnist/ NMF vibraphone player, vibes player

vibrateur /vibʀatœʀ/ NM vibrator

vibratile /vibʀatil/ ADJ vibratile; → **cil**

vibration /vibʀasjɔ̃/ SYN NF (*gén, Phys*) vibration ◆ **la vibration de sa voix** the vibration *ou* resonance of his voice ◆ **la vibration de l'air (due à la chaleur)** the heat haze

vibrato /vibʀato/ NM vibrato ◆ **jouer qch avec vibrato** to play sth (with) vibrato

vibratoire /vibʀatwaʀ/ ADJ vibratory

vibrer /vibʀe/ SYN ▸ conjug 1 ◂
VI ① (*gén, Phys*) to vibrate; [+ *air chaud*] to shimmer ◆ **faire vibrer qch** to cause sth to vibrate, to vibrate sth
② (*d'émotion*) [*voix*] to quiver ◆ **vibrer en entendant qch** to thrill to the sound of sth ◆ **vibrer en écoutant Beethoven** to be stirred when listening to Beethoven ◆ **faire vibrer qn/un auditoire** to stir *ou* thrill sb/an audience, to send a thrill through sb/an audience ◆ **vibrer d'enthousiasme** to be bubbling with enthusiasm ◆ **vibrer de colère** to quiver with rage ◆ **des accents qui font vibrer l'âme** accents which stir *ou* thrill the soul; → **corde** → **fibre**
VT (*Tech*) [+ *béton*] to vibrate

vibreur /vibʀœʀ/ NM vibrator

vibrion /vibʀijɔ̃/ NM ① (= *bacille*) vibrio ◆ **le vibrion du choléra** vibrio cholerae
② (* = *enfant*) fidget *

vibrionnant, e* /vibʀijɔnɑ̃, ɑ̃t/ ADJ (*hum*) [*personne*] buzzing with energy; [*atmosphère*] effervescent ◆ **il régnait dans la salle de rédaction une agitation vibrionnante** the newsroom was buzzing with activity

vibrionner /vibʀijɔne/ ▸ conjug 1 ◂ VI to fidget *

vibrisse /vibʀis/ NF vibrissa

vibromasseur /vibʀomasœʀ/ NM vibrator

vicaire /vikɛʀ/ NM [*de paroisse*] curate ◆ **grand vicaire, vicaire général** [*d'évêque*] vicar-general ◆ **vicaire apostolique** [*de pape*] vicar apostolic ◆ **le vicaire de Jésus-Christ** the vicar of Christ

vicariance /vikaʀjɑ̃s/ NF vicariousness

vicariant, e /vikaʀjɑ̃, jɑ̃t/ ADJ vicarious

vicariat /vikaʀja/ NM curacy

vice /vis/ SYN NM ① (= *défaut moral, mauvais penchant*) vice ◆ **le vice** (= *mal, débauche*) vice ◆ **le tabac est mon vice** (*hum*) tobacco is my vice ◆ **elle travaille quinze heures par jour : c'est du vice !*** it's perverted *ou* it's sheer perversion the way she works 15 hours a day like that! ◆ **vivre dans le vice** to live a life of vice; → **oisiveté, pauvreté**
② (= *défectuosité*) fault, defect; (*Jur*) defect ◆ **vice de prononciation** slight speech defect ◆ **vice de conformation** congenital malformation ◆ **vice de construction** building fault ◆ **vice de fabrication** manufacturing fault ◆ **vice rédhibitoire** (*Jur*) redhibitory defect ◆ **vice de forme** (*Jur*) technicality ◆ **cassé pour vice de forme** thrown out on a technicality ◆ **vice de procédure** procedural error ◆ **vice caché** latent defect

vice- /vis/ PRÉF vice- ◆ **vice-Premier ministre** deputy Prime Minister ◆ **le vice-champion du monde de judo** the world's number two in judo

vice-amiral (pl **-aux**) /visamiʀal, o/ NM vice-admiral, rear admiral ◆ **vice-amiral d'escadre** vice-admiral

vice-chancelier /visʃɑ̃səlje/ NM vice-chancellor

vice-consul /viskɔ̃syl/ NM vice-consul

vice-consulat /viskɔ̃syla/ NM vice-consulate

vicelard | vider

vicelard, e* /vis(ə)laʀ, aʀd/
- **ADJ** (= pervers) [air, regard, personne] depraved; (= rusé) [question] trick (épith); [plan] cunning
- **NM,F** (= pervers) pervert ◆ **vieux vicelard** dirty old man, old lecher

vice-légat /vislega/ **NM** vice-legate

vice-légation /vislegasjɔ̃/ **NF** vice-legateship

vicennal, e (mpl **-aux**) /visenal, o/ **ADJ** vicennial

vice-présidence /visprezidɑ̃s/ **NF** [de pays] vice-presidency; [de comité] vice-chairmanship; [de congrès, conseil d'administration] vice-presidency, vice-chairmanship

vice-président /visprezidɑ̃/ **NM,F** [de pays] vice-president; [de comité] vice-chairman; [de congrès, conseil d'administration] vice-president, vice-chairman

vice-présidente /visprezidɑ̃t/ **NF** [de pays] vice-president; [de comité] vice-chairwoman; [de congrès, conseil d'administration] vice-president, vice-chairwoman

vice-reine /visʀɛn/ **NF** lady viceroy, vicereine

vice-roi (pl **vice-rois**) /visʀwa/ **NM** viceroy

vice-royauté /visʀwajote/ **NF** viceroyalty

vicésimal, e (mpl **-aux**) /visezimal, o/ **ADJ** vigesimal, vicenary

vice versa /visevɛʀsa/ **ADV** vice versa

vichy /viʃi/ **NM** ① (= tissu) gingham
② ◆ **(eau de) Vichy** vichy ou Vichy water ◆ **vichy fraise** strawberry syrup with vichy water ◆ **carottes vichy** boiled carrots, carrots vichy ◆ **le gouvernement de Vichy** (Hist) the Vichy government

vichyssois, e /viʃiswa, waz/ **ADJ** [gouvernement] Vichy (épith); [population] of Vichy

vichyste /viʃist/
- **ADJ** [idéologie, régime] of the Vichy government
- **NMF** supporter of the Vichy government

viciation /visjasjɔ̃/ **NF** ① [d'atmosphère] pollution, tainting; [de sang] contamination, tainting
② (fig) [de rapports] tainting; [d'esprit, ambiance] tainting, pollution
③ (Jur) [d'acte juridique] vitiation

vicié, e /visje/ **SYN** (ptp de **vicier**) **ADJ**
① [atmosphère] polluted, tainted; [sang] contaminated, tainted
② [rapports] tainted; [esprit, ambiance] tainted, polluted
③ (Jur) [acte juridique] vitiated

vicier /visje/ ► conjug 7 ◄ **VT** ① [+ atmosphère] to pollute, to taint; [+ sang] to contaminate, to taint
② [+ rapports] to taint; [+ esprit, ambiance] to taint, to pollute
③ (Jur) [+ élection] to invalidate; [+ acte juridique] to vitiate, to invalidate

vicieusement /visjøzmɑ̃/ **ADV** ① (= sournoisement) cunningly, slyly
② (= lubriquement) [regarder] lecherously, lustfully

vicieux, -ieuse /visjø, jøz/ **SYN**
- **ADJ** ① (= pervers) [personne, penchant] lecherous, perverted; [air, regard, geste] depraved, licentious
② (littér = dépravé) depraved, vicious (littér)
③ (= rétif) [cheval] restive, unruly
④ (= sournois) [attaque, balle, coup, question] nasty; → **cercle**
⑤ (= fautif) [prononciation, expression] incorrect, wrong
- **NM,F** pervert ◆ **c'est un petit vicieux** he's a little lecher ◆ **un vieux vicieux** a dirty old man, an old lecher

⚠ Sauf dans l'expression 'cercle vicieux', **vicieux** ne se traduit pas par le mot anglais **vicious**, qui a le sens de 'méchant'.

vicinal, e (mpl **-aux**) /visinal, o/ **ADJ** ◆ **chemin vicinal** by-road, byway

vicinalité /visinalite/ **NF** (= statut) vicinal status; (= chemins) by-road, byways, vicinal roads

vicissitudes /visisityd/ **SYN** **NFPL** (= infortunes) vicissitudes; (littér = variations, événements) vicissitudes, vagaries ◆ **les vicissitudes de la vie** the vicissitudes ou the trials and tribulations of life ◆ **il a connu bien des vicissitudes** he has had his ups and downs

vicomtal, e (mpl **-aux**) /vikɔ̃tal, o/ **ADJ** (= de vicomte) of a viscount; (= de vicomtesse) of a viscountess; (= de vicomté) of a viscountcy

vicomte /vikɔ̃t/ **NM** viscount

vicomté /vikɔ̃te/ **NF** viscountcy, viscounty

vicomtesse /vikɔ̃tɛs/ **NF** viscountess

victime /viktim/ **SYN** **NF** (gén) victim; [d'accident, catastrophe] casualty, victim; (Jur) aggrieved party, victim ◆ **être victime de** [+ escroc, accident, calomnie] to be the victim of ◆ **il a été victime de son imprudence/imprévoyance** he was the victim of his own imprudence/lack of foresight ◆ **il est mort, victime d'une crise cardiaque** he died of a heart attack ◆ **l'incendie a fait de nombreuses victimes** the fire claimed many casualties ou victims ◆ **l'attentat n'a pas fait de victimes** there were no casualties ou no one was hurt in the bomb attack ◆ **l'entreprise est victime de la concurrence/de son succès** the company is a victim of the competition/the victim of its own success ◆ **victimes de guerre** war victims ◆ **les victimes de la route** (gén) road casualties; (= morts) road deaths ou fatalities ◆ **victime de la mode** fashion victim, fashionista*

victimisation /viktimizasjɔ̃/ **NF** victimization

victimiser /viktimize/ ► conjug 1 ◄ **VT** [+ personne] to victimize

victimisme /viktimism/ **NM** victimism

victimologie /viktimɔlɔʒi/ **NF** victimology

victoire /viktwaʀ/ **SYN** **NF** (gén) victory; (Sport) win, victory ◆ **victoire aux points** (Boxe) win on points ◆ **victoire à la Pyrrhus** Pyrrhic victory ◆ **crier** ou **chanter victoire** to crow (over one's victory) ◆ **ne criez pas victoire trop tôt** don't count your chickens before they're hatched

Victoria /viktɔʀja/
- **NF** Victoria ◆ **le lac Victoria** Lake Victoria
- **NM** (Géog) Victoria

victoria /viktɔʀja/ **NF** (= voiture, plante) victoria

victorien, -ienne /viktɔʀjɛ̃, jɛn/ **ADJ, NM,F** Victorian

victorieusement /viktɔʀjøzmɑ̃/ **ADV** (gén) victoriously; [combattre, résister, défendre] successfully

victorieux, -ieuse /viktɔʀjø, jøz/ **SYN** **ADJ** [général, campagne, armée, parti] victorious; [équipe] winning (épith), victorious; [air, sourire] triumphant ◆ **son parti est sorti victorieux des élections** his party emerged victorious from the elections

victuailles /viktɥaj/ **SYN** **NFPL** food, victuals (littér)

vidage /vidaʒ/ **NM** ① [de récipient] emptying
② (* = expulsion) kicking out*, chucking out*
③ (Ordin) dump ◆ **vidage de mémoire** memory ou storage dump

vidame /vidam/ **NM** (Hist) vidame

vidamé /vidame/ **NM**, **vidamie** /vidami/ **NF** (= dignité) vidame's office; (= terre) vidame's land

vidange /vidɑ̃ʒ/ **SYN** **NF** ① [de fosse, tonneau, réservoir] emptying; [de voiture] oil change ◆ **entreprise de vidange** sewage disposal business ◆ **faire la vidange** (d'une voiture) to change the oil, to do an ou the oil change; → **bouchon, huile**
② (= matières) ◆ **vidanges** sewage
③ (= dispositif) [de lavabo] waste outlet

vidanger /vidɑ̃ʒe/ **SYN** ► conjug 3 ◄ **VT** ① [+ réservoir, fosse d'aisance] to empty
② [+ huile, eau] to drain (off), to empty out

vidangeur /vidɑ̃ʒœʀ/ **NM** cesspool emptier

vide /vid/ **SYN**
- **ADJ** ① (lit) (gén) empty; (= disponible) [appartement, siège] empty, vacant; (Ling) [élément] empty ◆ **bouteilles vides** (Comm) empty bottles, empties*; → **case, ensemble², estomac, main**
② (= sans intérêt, creux) [journée, heures] empty; [discussion, paroles, style] empty, vacuous ◆ **sa vie était vide** his life was empty ou a void ◆ **passer une journée vide** to spend a day with nothing to do, to spend an empty day; → **tête**
③ ◆ **vide de** empty ou (de)void of ◆ **vide de sens** [mot, expression] meaningless, empty ou (de)void of (all) meaning; [paroles] meaningless, empty ◆ **les rues vides de voitures** the streets empty of cars ◆ **elle se sentait vide de tout sentiment** she felt (de)void ou empty of all feeling
- **NM** ① (= absence d'air) vacuum ◆ **le vide absolu** an absolute vacuum ◆ **pompe à vide** vacuum pump ◆ **faire le vide dans un récipient** to create a vacuum in a container ◆ **sous vide** under vacuum ◆ **emballé sous vide** vacuum-packed ◆ **emballage sous vide** vacuum packing; → **nature, tube**
② (= trou) (entre objets) gap, empty space; (Archit) void ◆ **vide sanitaire** (Constr) underfloor space
③ (= abîme) drop ◆ **le vide** (= l'espace) the void ◆ **être au-dessus du vide** to be over ou above a drop ◆ **tomber dans le vide** to fall into empty space ou into the void ◆ **j'ai peur/je n'ai pas peur du vide** I am/I am not afraid of heights, I have no head/I have a good head for heights
④ (= néant) emptiness ◆ **le vide de l'existence** the emptiness of life ◆ **regarder dans le vide** to gaze ou stare into space ou emptiness
⑤ (= manque) ◆ **un vide douloureux dans son cœur** an aching void in one's heart ◆ **son départ/sa mort laisse un grand vide** his departure/his death leaves a great void ou vacuum ◆ **vide juridique** gap in the law
⑥ (locutions) ◆ **faire le vide autour de soi** to isolate o.s., to drive everyone away ◆ **faire le vide autour de qn** to isolate sb completely, to leave sb on his own ◆ **faire le vide dans son esprit** to empty one's mind ◆ **parler dans le vide** (sans objet) to talk vacuously; (personne n'écoute) to talk to a brick wall, to waste one's breath ◆ **repartir à vide** [camion] to go off again empty ◆ **tourner à vide** [moteur] to run in neutral; [engrenage, mécanisme] to turn without gripping; [personne] to be unable to think straight ◆ **la politique sociale actuelle tourne à vide** the current social policy is not producing results; → **nettoyage, passage**

vidé, e* /vide/ (ptp de **vider**) **ADJ** (= fatigué) [personne] worn out, dead beat*, all in*

vidéaste /videast/ **NMF** video director ◆ **vidéaste amateur** amateur video-maker

vide-grenier (pl **vide-greniers**) /vidgʀ(ə)nje/ **NM** garage sale (sing)

vidéo /video/
- **ADJ INV** video ◆ **caméra/jeu/signal vidéo** video camera/game/signal ◆ **images/film/bande/cassette vidéo** video images/film/tape/cassette ◆ **système de surveillance vidéo** video surveillance system
- **NF** video ◆ **faire de la vidéo** to make videos ◆ **film disponible en vidéo** film available ou out on video ◆ **service de vidéo à la demande** video on demand service

vidéocassette /videokasɛt/ **NF** video cassette

vidéoclip /videoklip/ **NM** (= chanson) video

vidéoclub /videoklœb/ **NM** videoclub

vidéocommunication /videokɔmynikasjɔ̃/ **NF** video communication

vidéoconférence /videokɔ̃feʀɑ̃s/ **NF** videoconference, teleconference

vidéodisque /videodisk/ **NM** videodisk

vidéofréquence /videofʀekɑ̃s/ **NF** video frequency

vidéogramme /videogʀam/ **NM** video recording

vidéographie /videogʀafi/ **NF** videotext ◆ **vidéographie interactive** Videotex ®

vidéolecteur /videɔlɛktœʀ/ **NM** videodisk player

vidéoprojecteur /videopʀɔʒɛktœʀ/ **NM** video projector

vide-ordures /vidɔʀdyʀ/ **NM INV** rubbish chute (Brit), garbage chute (US)

vidéosurveillance /videosyʀvɛjɑ̃s/ **NF** video surveillance ◆ **caméra/système de vidéosurveillance** video surveillance camera/system

vidéotex ® /videotɛks/ **ADJ INV, NM INV** videotex ®

vidéothèque /videɔtɛk/ **NF** video library

vidéotransmission /videotʀɑ̃smisjɔ̃/ **NF** video transmission

vide-poche (pl **vide-poches**) /vidpɔʃ/ **NM** (= récipient) tidy; (dans voiture) side pocket

vide-pomme (pl **vide-pommes**) /vidpɔm/ **NM** apple-corer

vider /vide/ **SYN** ► conjug 1 ◄
- **VT** ① [+ récipient, réservoir, meuble, pièce] to empty; [+ étang, citerne] to empty, to drain ◆ **vider un appartement de ses meubles** to empty ou clear a flat of its furniture ◆ **vider un étang de ses poissons** to empty ou clear a pond of fish ◆ **vider un tiroir sur la table/dans une corbeille** to empty a drawer (out) onto the table/into a wastebasket ◆ **vider la corbeille** (Ordin) to empty the waste ◆ **ils ont vidé 3 bouteilles** (en consommant) they emptied ou drained 3 bottles ◆ **il vida son verre et partit** he emptied ou drained his glass and left ◆ **ils ont vidé tous les tiroirs** (en emportant) they cleaned out ou emptied all the drawers

[2] *[+ contenu]* to empty (out) ◆ **vider l'eau d'un bassin** to empty the water out of a basin ◆ **va vider les ordures** go and empty (out) the rubbish ◆ **vider des déchets dans une poubelle** to empty waste into a dustbin

[3] *(= faire évacuer) [+ lieu]* to empty, to clear ◆ **la pluie a vidé les rues** the rain emptied *ou* cleared the streets

[4] *(= quitter)* ◆ **vider les lieux** to quit *ou* vacate the premises

[5] *(= évider) [+ poisson, poulet]* to gut, to clean out; *[+ pomme]* to core

[6] *(† = régler) [+ querelle, affaire]* to settle

[7] *(Équitation) [+ cavalier]* to throw ◆ **vider les arçons/les étriers** to leave the saddle/the stirrups

[8] *(* = expulser) [+ trouble-fête, indésirable]* to throw out, to chuck out* ◆ **vider qn d'une réunion/d'un bistro** to throw *ou* chuck* sb out of a meeting/of a café

[9] *(= épuiser)* to wear out ◆ **ce travail m'a vidé*** this work has worn me out ◆ **travail qui vous vide l'esprit** occupation that leaves you mentally drained *ou* exhausted

[10] *(locutions)* ◆ **vider son sac*** to come out with it* ◆ **vider l'abcès** to root out the evil ◆ **vider son cœur** to pour out one's heart

VPR se vider *[récipient, réservoir, bassin, salle]* to empty ◆ **les eaux sales se vident dans l'égout** the dirty water empties *ou* drains into the sewer ◆ **ce réservoir se vide dans un canal** this reservoir empties into a canal ◆ **en août, la ville se vide (de ses habitants)** in August, the town empties (of its inhabitants) ◆ **se vider de son sang** to bleed to death ◆ **nos campagnes se vident** our rural areas are becoming empty of people *ou* deserted

videur /vidœʀ/ **NM** *[de boîte de nuit]* bouncer*

viduité /vidɥite/ **NF** *(Jur) [de femme]* widowhood, viduity *(SPÉC)*; *[d'homme]* widowerhood, viduity *(SPÉC)* ◆ **délai de viduité** minimum legal period of widowhood (*ou* widowerhood)

vidure /vidyʀ/ **NF** *[de volaille, poisson]* guts

vie /vi/ SYN

1 - NOM FÉMININ
2 - COMPOSÉS

1 - NOM FÉMININ

[1] [BIO] life ◆ **la Vie** *(Rel)* the Life ◆ **le respect de la vie** respect for life ◆ **la vie animale/végétale** animal/plant life ◆ **donner la vie** to give birth *(à to)* ◆ **donner/risquer sa vie pour** to give/risk one's life for ◆ **avoir la vie dure** *[personne, animal]* to have nine lives; *[préjugé, superstition]* to die hard ◆ **être entre la vie et la mort** to be at death's door ◆ **avoir droit de vie et de mort sur qn** to have the power of life and death over sb ◆ **passer de vie à trépas** to pass on ◆ **faire passer qn de vie à trépas** to dispatch sb into the next world ◆ **sans vie** *[personne, corps] (= mort)* lifeless; *(= évanoui)* insensible ◆ **rappeler qn à/revenir à la vie** to bring sb back to/come back to life ◆ **tôt/tard dans la vie** early/late in life ◆ **attends de connaître la vie pour juger** wait until you know (something) about life before you pass judgment; → **fleuve, question**

◆ **en vie** alive ◆ **être en vie** to be alive ◆ **être bien en vie** to be well and truly alive, to be alive and kicking* ◆ **rester en vie** to stay *ou* remain alive ◆ **maintenir qn en vie** to keep sb alive ◆ **ce journal, ils sont fiers de l'avoir maintenu en vie** they're proud of having kept this newspaper going *ou* afloat

[2] [= ANIMATION] life ◆ **être plein de vie** to be full of life ◆ **un film/portrait plein de vie** a lively film/portrait ◆ **donner de la vie à qch, mettre de la vie dans qch** to liven sth up ◆ **sa présence met de la vie dans la maison** he brings some life *ou* a bit of life into the house, he livens the house up ◆ **sans vie** *[regard]* lifeless, listless; *[rue, quartier]* dead *(attrib)*

[3] [= EXISTENCE] life ◆ **vie sentimentale/conjugale/professionnelle** love/married/professional life ◆ **la vie militaire** life in the services ◆ **la vie de famille/d'étudiant** family/student life ◆ **la vie de pêcheur** the life of a fisherman ◆ **la vie intellectuelle à Paris** intellectual life in Paris, the intellectual life of Paris ◆ **(mode de) vie** way of life, lifestyle ◆ **dans la vie courante** in everyday life ◆ **avoir la vie facile** to have an easy life ◆ **une vie difficile** *ou* **dure** a hard life ◆ **mener la vie dure à qn** to give sb a hard time (of it), to make life hard for sb ◆ **il a** *ou* **mène une vie sédentaire** he has a sedentary lifestyle, he leads a sedentary life ◆ **faire la vie*** † *(= se débaucher)* to live it up, to lead a life of pleasure; *(= faire une scène)* to make a scene ◆ **chaque fois, elle me fait la vie*** she goes on (and on) at me every time ◆ **il en a fait une vie quand...** he kicked up a real fuss* when..., he made a real scene when... ◆ **faire une vie impossible à qn** to make sb's life intolerable *ou* impossible (for them) ◆ **mener joyeuse vie** to have a happy life ◆ **il poursuivit sa petite vie** he carried on with his day-to-day existence *ou* his daily affairs ◆ **elle a refait sa vie avec lui** she made a new life with him ◆ **depuis, il a refait sa vie** since then he's started a new life ◆ **sa femme l'a quitté et il n'a jamais refait sa vie** his wife left him and he never met anyone else ◆ **il a la bonne** *ou* **belle vie** he's got it easy, he has an easy *ou* a cushy* life ◆ **c'est la belle vie !** this is the life! ◆ **c'était la belle vie !** those were the days! ◆ **ce n'est pas une vie !** it's a rotten* *ou* hard life! ◆ **c'est la vie !** that's life! ◆ **quelle vie !** what a life! ◆ **la vie est ainsi faite !** such is life!, that's life! ◆ **la vie continue** life goes on; → **actif, rose, vivre**[1]

[4] [ÉCON] ◆ **(le coût de) la vie** the cost of living ◆ **la vie augmente** the cost of living is rising *ou* going up ◆ **ils manifestent contre la vie chère** they are demonstrating against the high cost of living; → **gagner, niveau**

[5] [= DURÉE] life(time) ◆ **il a habité ici toute sa vie** he lived here all his life ◆ **des habits qui durent une vie** clothes that last a lifetime ◆ **faire qch une fois dans sa vie** to do sth once in one's life(time) ◆ **une occasion pareille n'arrive qu'une fois dans la vie** such an opportunity happens only once in a lifetime ◆ **de ma vie** *(frm)* **je n'ai vu un homme aussi grand** never (in my life) have I seen such a tall man, I have never (in my life) seen such a tall man ◆ **tu as la vie devant toi** you've got your whole life ahead of you; → **jamais**

◆ **à vie** for life ◆ **condamné à la prison à vie** sentenced to life imprisonment ◆ **cet accident l'a marqué à vie** this accident marked him for life ◆ **il est nommé à vie** he has a life appointment ◆ **directeur/président (nommé) à vie** life director/president, director/president for life ◆ **un emploi à vie, ça n'existe plus** there's no such thing as a job for life any more

◆ **à la vie (et) à la mort** *[amitié, fidélité]* undying *(épith)* ◆ **amis à la vie à la mort** friends for life ◆ **entre nous, c'est à la vie et à la mort** we have sworn eternal friendship, we are friends for life ◆ **rester fidèle à qn à la vie à la mort** to remain faithful to sb to one's dying day

◆ **pour la vie** for life ◆ **il est infirme pour la vie** he'll be an invalid for the rest of his life ◆ **amis pour la vie** friends for life, lifelong friends ◆ **quand on est marié, c'est pour la vie** marriage is for life ◆ **quand on est bête, c'est pour la vie** once an idiot, always an idiot ◆ **à Lulu pour la vie** *(tatouage)* Lulu forever

[6] [= BIOGRAPHIE] life (story) ◆ **écrire/lire une vie de qn** to write/read sb's life story ◆ **j'ai lu la vie de Bach** I read Bach's life story *ou* the story of Bach's life ◆ **elle m'a raconté toute sa vie** she told me her whole life story, she told me the story of her life

2 - COMPOSÉS

vie de bâton de chaise riotous *ou* wild existence
vie de bohème Bohemian life *ou* lifestyle
vie de château ◆ **mener la vie de château** to live a life of luxury
vie de garçon bachelor's life *ou* existence
vie de patachon* disorderly way of life *ou* lifestyle
vie privée private life; → **enterrer**

vieil /vjɛj/ **ADJ M** → **vieux**

vieillard /vjɛjaʀ/ SYN **NM** old man ◆ **les vieillards** the elderly, old people; → **asile, hospice**

vieille[1] /vjɛj/ **ADJ F, NF** → **vieux**

vieille[2] /vjɛj/ **NF** *(= poisson)* wrasse

vieillerie /vjɛjʀi/ **NF** *(= objet)* old-fashioned thing; *(= idée)* old *ou* stale idea ◆ **aimer les vieilleries** to like old *ou* old-fashioned things *ou* stuff ◆ **j'ai mal au dos – c'est la vieillerie*** *(hum)* I've got backache – it's old age

vieillesse /vjɛjɛs/ SYN **NF** [1] *(= période)* old age; *(= fait d'être vieux)* (old) age ◆ **mourir de vieillesse** to die of old age ◆ **dans sa vieillesse** in his old age; → **assurance, bâton**

[2] *(= vieillards)* ◆ **la vieillesse** the old, the elderly, the aged; → **jeunesse**

[3] *[de choses]* age

vieilli, e /vjeji/ SYN (ptp de **vieillir**) **ADJ** *(= marqué par l'âge)* aged, grown old *(attrib)*; *(= suranné) [mot, expression]* dated, old-fashioned; *(Mode) [cuir]* distressed *(épith)* ◆ **je l'ai trouvé vieilli** I thought he'd aged ◆ **visage prématurément vieilli** face that has prematurely aged

vieillir /vjejiʀ/ SYN ▸ conjug 2 ◂

VI [1] *(= prendre de l'âge) [personne, maison, organe]* to grow *ou* get old; *[population]* to age ◆ **il a bien/mal vieilli** *[personne]* he has/has not aged well; *[film]* it has/has not stood the test of time, it has not/has become dated ◆ **il a vieilli dans le métier** he grew old in the job ◆ **l'art de vieillir** the art of growing old gracefully

[2] *(= paraître plus vieux)* to age ◆ **il a vieilli de 10 ans en quelques jours** he aged (by) 10 years in a few days ◆ **je la trouve très vieillie** I find she has aged a lot ◆ **il ne vieillit pas** he doesn't get any older ◆ **la mort de sa femme l'a fait vieillir de 20 ans** he aged 20 years when his wife died

[3] *(= passer de mode)* to become (out)dated, to date ◆ **son roman a un peu/beaucoup vieilli** his novel has dated a bit/has really dated

[4] *[vin, fromage]* to age ◆ **vin vieilli en cave** wine aged in the cellar ◆ **vieilli en fûts de chêne** oak-aged ◆ **j'ai fait** *ou* **laissé vieillir quelques bonnes bouteilles dans ma cave** I've got some good bottles of wine maturing in the cellar

VT [1] ◆ **vieillir qn** *[maladie]* to put years on sb; *[coiffure, vêtement]* to make sb look older

[2] *(par fausse estimation)* ◆ **vieillir qn** to make sb older than he (really) is ◆ **vous me vieillissez de 5 ans** you're making me out to be 5 years older than I (really) am

VPR se vieillir to make o.s. look older

vieillissant, e /vjejisɑ̃, ɑ̃t/ **ADJ** *[personne, population, société, équipement]* ageing; *[œuvre]* which is getting dated

vieillissement /vjejismɑ̃/ **NM** [1] *[de personne, population, maison, institution, équipement, matériel]* ageing ◆ **le vieillissement cutané** skin ageing ◆ **malgré le vieillissement démographique, le pays...** despite having an ageing population, the country...

[2] *[de mot, œuvre]* fall from fashion; *[de doctrine]* decline

[3] *[de vin, fromage]* ageing ◆ **vieillissement forcé** artificial ageing

vieillot, -otte /vjɛjo, ɔt/ SYN **ADJ** [1] *(= démodé)* antiquated, quaint

[2] *(= vieux)* old-looking

vielle /vjɛl/ **NF** hurdy-gurdy

vieller /vjele/ ▸ conjug 1 ◂ **VI** to play the hurdy-gurdy

vielleur, -euse /vjelœʀ, øz/, **vielleux, -euse** /vjelø, øz/ **NM,F** hurdy-gurdy player

Vienne /vjɛn/ **N** *(en Autriche)* Vienna; *(en France)* Vienne

viennois, e /vjenwa, waz/

ADJ *(d'Autriche)* Viennese; *(de France)* of *ou* from Vienne ◆ **café/chocolat viennois** coffee/hot chocolate with whipped cream; → **pain**

NM,F Viennois(e) *(d'Autriche)* Viennese; *(de France)* native *ou* inhabitant of Vienne

viennoiserie /vjenwazʀi/ **NF** *sweet breads and buns such as brioches, croissants and pains au chocolat*

Vientiane /vjɛntjan/ **N** Vientiane

vierge /vjɛʀʒ/ SYN

NF [1] *(= pucelle)* virgin

[2] *(Rel)* ◆ **la (Sainte) Vierge** the (Blessed) Virgin ◆ **la Vierge (Marie)** the Virgin (Mary) ◆ **la Vierge immaculée** the Immaculate Virgin, Immaculate Mary ◆ **une Vierge romane/gothique** *(= statue)* a Romanesque/Gothic (statue of the) Virgin; → **fil**

[3] *(Astron)* ◆ **la Vierge** Virgo ◆ **il est Vierge, il est (du signe) de la Vierge** he's (a) Virgo

ADJ [1] *[personne]* virgin *(épith)* ◆ **rester/être vierge** to remain/be a virgin

[2] *[ovule]* unfertilized

[3] *[feuille de papier]* blank, virgin *(épith)*; *[film]* unexposed; *[bande magnétique, disquette]* blank; *[casier judiciaire]* clean; *[terre, neige]* virgin *(épith)*; *(Sport) [sommet]* unclimbed; → **huile, laine, vigne** *etc*

[4] *(littér = exempt)* ◆ **vierge de** free from, unsullied by ◆ **vierge de tout reproche** free from (all)

reproach ◆ **vierge de connaissances/d'expérience** with absolutely no knowledge/experience

Vierges /vjɛʀʒ/ NFPL ◆ **les îles Vierges** the Virgin Islands

Viêtnam, Viêt Nam /vjɛtnam/ NM Vietnam ◆ **Viêtnam du Nord/du Sud** *(Hist)* North/South Vietnam

vietnamien, -ienne /vjɛtnamjɛ̃, jɛn/

ADJ Vietnamese

NM *(= langue)* Vietnamese

NM,F **Vietnamien(ne)** Vietnamese ◆ **Vietnamien(ne) du Nord/Sud** *(Hist)* North/South Vietnamese

vieux /vjø/ SYN, **vieille** /vjɛj/ (devant nm commençant par une voyelle ou un h muet : **vieil** /vjɛj/) (mpl **vieux** /vjø/)

ADJ 1 *(= âgé)* old ◆ **très vieux** ancient, very old ◆ **un vieil homme** an old man ◆ **une vieille femme** an old woman ◆ **c'est un homme déjà vieux** he's already an old man ◆ **« Le Vieil homme et la mer »** *(Littérat)* "The Old Man and the Sea" ◆ **les vieilles gens** old people, the aged *ou* elderly ◆ **un vieux retraité** an old-age pensioner ◆ **il est plus vieux que moi** he's older than I am ◆ **vieux comme comme le monde** *ou* **Hérode** *ou* **mes robes** * *(hum) ou* **les chemins** as old as the hills ◆ **histoire vieille de vingt ans** story which goes back twenty years ◆ **il se fait vieux** he's getting old, he's getting on (in years); → **jour, os**

2 *(= ancien) [demeure, bijoux, meuble]* old ◆ **une belle vieille demeure** a fine old house ◆ **un vin vieux** an old wine ◆ **un pays de vieille civilisation** a country with an age-old civilization ◆ **vieux français** Old French ◆ **vieil anglais** Old English ◆ **c'est déjà vieux tout ça !** that's all old hat! *

3 *(= expérimenté) [marin, soldat, guide]* old, seasoned ◆ **un vieux loup de mer** an old sea dog; → **briscard, renard, routier**

4 *(= usé) [objet, maison, vêtement]* old ◆ **ce pull est très vieux** this sweater is ancient *ou* very old ◆ **vieux papiers** waste paper ◆ **vieux journaux** old (news)papers

5 *(avant le n) (= de longue date) [ami, habitude]* old; *[amitié]* long-standing; *(= passé) [coutumes]* old, ancient ◆ **un vieil ami** an old friend, a friend of long standing ◆ **vieille famille** old *ou* ancient family ◆ **c'est une vieille histoire** it's ancient history *ou* an old story ◆ **nous avons beaucoup de vieux souvenirs en commun** we share a lot of old memories ◆ **c'est la vieille question/le vieux problème** it's the same old question/problem ◆ **traîner un vieux rhume** to have a cold that is dragging on; → **date**

6 *(avant le n) (= de naguère)* old; *(= précédent)* old, former, previous ◆ **la vieille génération** the older generation ◆ **mon vieil enthousiasme** my old *ou* former *ou* previous enthusiasm ◆ **ma vieille voiture était plus confortable que la nouvelle** my old *ou* previous car was more comfortable than the one I've got now ◆ **le vieux Paris/Lyon** old Paris/Lyons ◆ **la vieille France/Angleterre** France/England of bygone days *ou* of yesteryear ◆ **ses vieilles craintes se réveillaient** his old fears were aroused once more; → **école, temps[1]**

7 *(péj : intensif)* ◆ **vieille peau** ⁑ old bag ⁑ ◆ **vieux jeton** * old misery * ◆ **espèce de vieux satyre !** * you dirty old man! * ◆ **n'importe quel vieux bout de papier fera l'affaire** any old bit of paper will do; → **bique, chameau, chnoque** *etc*

NM 1 *(= personne)* old man ◆ **les vieux** the old *ou* aged *ou* elderly, old people ◆ **tu fais partie des vieux maintenant** you're one of the old folks * now ◆ **il a des manies/idées de vieux** he acts/thinks like an old man ◆ **c'est de la musique de vieux** that's music for old people ◆ **un vieux de la vieille** * one of the old brigade ◆ **mon** *ou* **le vieux** ⁑ *(= père)* my *ou* the old man ⁑ ◆ **ses vieux** ⁑ *(= parents)* his folks * ◆ **comment ça va, mon vieux ?** * how are you, old boy? * *(Brit) ou* mate * *(Brit) ou* old buddy? * *(US)* ◆ **mon (petit) vieux** *, **tu vas m'expliquer ça** listen you, you're going to give me an explanation ◆ **ça, mon vieux, c'est ton problème !** * that's your problem mate * *(Brit) ou* man * *(US)* ◆ **ils m'ont augmenté de 100 € – ben mon vieux !** *(exprimant la surprise)* they've given me a 100 euro rise – well I never!; → **petit**

2 ◆ **préférer le vieux au neuf** to prefer old things to new

◆ **coup de vieux** * ◆ **sa mère a pris un bon** *ou* **sacré coup de vieux** her mother has really aged ◆ **ça lui a donné un coup de vieux** *(à une personne)* it put years on him ◆ **cette nouvelle technique donne un terrible coup de vieux à la précédente** this new technique means the old one is now totally out of date

NF **vieille** old woman ◆ **ma** *ou* **la vieille** ⁑ *(= mère)* my *ou* the old woman ⁑ *ou* lady ⁑ ◆ **alors, ma vieille, tu viens ?** * are you coming then, old girl? *; *(hum : à un homme)* are you coming then, old man? * *ou* old chap? * *(Brit) ou* old boy? * *(Brit)* ◆ **comment ça va, ma vieille ?** * how are you, old girl? *; → **petit**

ADV *[vivre]* to an old age, to a ripe old age; *[s'habiller]* old ◆ **elle s'habille trop vieux** she dresses too old ◆ **ce manteau fait vieux** this coat makes you look old

COMP **vieux beau** *(péj)* ageing beau

vieille branche *(fig,* †† *ou hum)* old fruit * *(Brit) ou* bean * *(hum)*

le Vieux Continent the Old World

vieille fille † spinster, old maid ◆ **elle est très vieille fille** she's very old-maidish

vieille France ADJ INV *[personne]* with old-world values

vieux garçon † bachelor ◆ **des habitudes de vieux garçon** bachelor ways

la vieille garde the old guard ◆ **la vieille garde conservatrice du parti** the conservative old guard in the party

vieux jeu ADJ INV *[idées]* old hat *(attrib)*, outmoded; *[personne]* behind the times *(attrib)*, old-fashioned; *[vêtement]* old-fashioned, out-of-date *(épith)*, out of date *(attrib)*

vieilles lunes *(= temps passé)* olden days; *(= idées dépassées)* old-fashioned ideas

le Vieux Monde the Old World

vieil or ADJ INV, NM old gold

vieux rose ADJ INV, NM old rose

vif, vive[1] /vif, viv/ SYN

ADJ 1 *(= plein de vie) [enfant, personne]* lively, vivacious; *[mouvement, rythme, style]* lively, animated, brisk; *(= alerte)* sharp, quick *(attrib)*; *[imagination]* lively, keen; *[intelligence]* keen, quick ◆ **il a l'œil** *ou* **le regard vif** he has a sharp *ou* keen eye ◆ **à l'esprit vif** quick-witted ◆ **eau vive** (fresh) running water, flowing water; → **haie, mémoire[1]**

2 *(= brusque, emporté) [personne]* sharp, brusque, quick-tempered; *[ton, propos, attitude]* sharp, brusque, curt ◆ **il s'est montré un peu vif avec elle** he was rather sharp *ou* brusque *ou* curt with her ◆ **le débat prit un tour assez vif** the discussion took on a rather acrimonious tone

3 *(= profond) [émotion]* keen *(épith)*, intense, strong; *[souvenirs]* vivid; *[impression]* vivid, intense; *[plaisirs, désir]* intense, keen *(épith)*; *[déception]* acute, keen *(épith)*, intense ◆ **j'ai le sentiment très vif de l'avoir vexé** I have the distinct feeling that I've offended him

4 *(= fort, grand) [goût]* strong, distinct; *[chagrin, regret]* deep, great; *[critiques, réprobation]* strong, severe ◆ **une vive satisfaction** a great *ou* deep feeling of satisfaction, deep *ou* great satisfaction ◆ **une vive impatience** great impatience ◆ **il lui fit de vifs reproches** he severely reprimanded him ◆ **un vif penchant pour...** a strong liking *ou* inclination for... ◆ **à vive allure** at a brisk pace ◆ **avec mes plus vifs remerciements** *(formules de politesse)* with my most profound thanks ◆ **c'est avec un vif plaisir que...** it is with very great pleasure that...

5 *(= cru, aigu) [lumière, éclat]* bright, brilliant; *[couleur]* bright, vivid, brilliant; *[froid]* biting, bitter; *[douleur]* sharp; *[vent]* keen, biting, bitter; *[ongles, arête]* sharp ◆ **l'air vif les revigorait** the bracing air revived them ◆ **rouge vif** bright red, vivid *ou* brilliant red ◆ **il faisait un froid très vif** it was bitterly cold

6 *(= à nu) [pierre]* bare; *[joints]* dry

7 *(† = vivant)* alive ◆ **être brûlé/enterré vif** to be burnt/buried alive

◆ **de vive voix** *[renseigner, communiquer, remercier]* personally, in person ◆ **il vous le dira de vive voix** he'll tell you himself *ou* in person

NM 1 *(locutions)*

◆ **à vif** *[chair]* bared; *[plaie]* open ◆ **avoir les nerfs à vif** to have frayed nerves, to be on edge

◆ **au vif** ◆ **être touché** *ou* **piqué au vif** to be cut to the quick

◆ **dans le vif** ◆ **tailler** *ou* **couper** *ou* **trancher dans le vif** *(lit)* to cut into the flesh; *(fig = prendre une décision)* to take drastic action ◆ **entrer dans le vif du sujet** to get to the heart of the matter

◆ **sur le vif** *[peindre, décrire]* from life ◆ **scènes/photos prises sur le vif** scenes shot/photos taken from real life ◆ **faire un reportage sur le vif** to do a live *ou* an on-the-spot broadcast ◆ **voici quelques réactions prises sur le vif** now for a few on-the-spot reactions

2 *(Pêche)* live bait *(NonC)* ◆ **pêcher au vif** to fish with live bait

3 *(Jur = personne vivante)* living person ◆ **donation entre vifs** donation inter vivos; → **mort[2]**

vif-argent /vifaʀʒɑ̃/ NM INV *(Chim)* quicksilver ◆ **il a du vif-argent dans les veines** †, **c'est du vif-argent** † he is a real live wire *

vigie /viʒi/ SYN NF 1 *(sur un bateau) (= matelot)* look-out, watch; *(= poste) [de mât]* look-out post, crow's-nest; *[de proue]* look-out post ◆ **être en vigie** to be on watch

2 ◆ **vigie de frein** *(dans un train)* brake cabin

vigilance /viʒilɑ̃s/ SYN NF *[de personne, attention, soins]* vigilance ◆ **surveiller qn avec vigilance** to keep a very close watch on sb ◆ **tromper la vigilance de qn** to give sb the slip ◆ **rien d'important n'a échappé à leur vigilance** nothing of importance escaped their notice *ou* attention ◆ **une extrême vigilance s'impose** we *(ou* they *etc)* must be extremely vigilant ◆ **l'absorption d'alcool entraîne une baisse de la vigilance** drinking alcohol affects your concentration

vigilant, e /viʒilɑ̃, ɑt/ SYN ADJ *[personne]* vigilant, watchful; *[attention, soins]* vigilant ◆ **essaie d'être plus vigilant quand tu conduis** try and drive more carefully

vigile[1] /viʒil/ NF *(Rel)* vigil

vigile[2] /viʒil/ SYN NM *(Hist)* watch; *(= veilleur de nuit)* (night) watchman; *[de police privée]* vigilante

Vigipirate /viʒipiʀat/ NM ◆ **plan Vigipirate** *series of measures to protect the public against possible terrorist strikes*

vigne /viɲ/ SYN

NF 1 *(= plante)* vine ◆ **être dans les vignes du Seigneur** † to be in one's cups; → **cep, feuille, pied**

2 *(= vignoble)* vineyard ◆ **des champs de vigne** vineyards ◆ **la vigne rapporte peu** *(= activité)* wine-growing isn't very profitable ◆ **les produits de la vigne** the produce of the vineyards; → **pêche[1]**

COMP **vigne vierge** Virginia creeper

vigneau (pl **vigneaux**) /viɲo/ NM winkle

vigneron, -onne /viɲ(ə)ʀɔ̃, ɔn/ NM,F wine grower

vignetage /viɲ(ə)taʒ/, **vignettage** /viɲetaʒ/ NM *(Photo)* vignetting

vignette /viɲɛt/ NF 1 *(Art = motif)* vignette

2 *(† = illustration)* illustration

3 *(Comm = timbre)* (manufacturer's) label *ou* seal; *(sur un médicament) price label on medicines for reimbursement by Social Security* ◆ **vignette (automobile)** ≃ (road) tax disc *(Brit)*, ≃ (annual) license tag *(US)*

vignettiste /viɲetist/ NMF vignette artist

vigneture /viɲ(ə)tyʀ/ NF vine-leaf border

vignoble /viɲɔbl/ NM vineyard ◆ **le vignoble français/bordelais** *(= ensemble de vignobles)* the vineyards of France/Bordeaux

vignot /viɲo/ NM ⇒ **vigneau**

vigogne /vigɔɲ/ NF *(= animal)* vicuna; *(= laine)* vicuna (wool)

vigoureusement /viguʀøzmɑ̃/ SYN ADV *[taper, frotter]* vigorously, energetically; *[protester, résister]* vigorously; *[peindre, écrire]* vigorously, with vigour

vigoureux, -euse /viguʀø, øz/ SYN ADJ

1 *(= robuste) [personne]* vigorous, sturdy; *[cheval]* sturdy; *[corps]* robust, vigorous; *[bras, mains]* strong, powerful; *[poignée de main]* vigorous; *[santé]* robust; *[plante]* sturdy, robust ◆ **manier la hache d'un bras vigoureux** to wield the axe vigorously *ou* with vigour ◆ **il est encore vigoureux pour son âge** he's still hale and hearty *ou* still vigorous for his age

2 *(= énergique) [esprit, style, dessin]* vigorous; *[sentiment, passion]* strong; *[résistance, protestations]* vigorous, strenuous ◆ **donner de vigoureux coups de poing à qch** to deal sth sturdy *ou* strong *ou* energetic blows

vigueur /vigœʀ/ SYN NF 1 *[de personne]* sturdiness, vigour *(Brit)*, vigor *(US)*; *[de corps]* robustness, vigour *(Brit)*, vigor *(US)*; *[de bras, mains]* strength; *[de santé]* robustness; *[de plante]* sturdiness, robustness ◆ **dans toute la vigueur de la jeunesse** in the full vigour of youth

2 *[de sentiment, passion]* strength; *[d'esprit, résistance, protestations]* vigour *(Brit)*, vigor *(US)*

♦ **sans vigueur** without vigour ♦ **se débattre avec vigueur** to defend o.s. vigorously *ou* with vigour ♦ **donner de la vigueur à** to invigorate ♦ **vigueur intellectuelle** intellectual vigour ♦ **s'exprimer/protester avec vigueur** to express o.s./protest vigorously

[3] *[de coloris, style, dessin]* vigour *(Brit)*, vigor *(US)*, energy

[4] *(locutions)*

♦ **en vigueur** *[loi, dispositions]* in force; *[terminologie, formule]* current, in use ♦ **entrer en vigueur** to come into force *ou* effect ♦ **en vigueur depuis hier** in force as of *ou* from yesterday ♦ **faire entrer en vigueur** to bring into force *ou* effect, to implement ♦ **cesser d'être en vigueur** to cease to apply

VIH /veiaʃ/ NM (abrèv de **virus de l'immunodéficience humaine**) HIV

Viking /vikiŋ/ NM Viking

vil, e /vil/ SYN ADJ [1] *(littér = méprisable)* vile, base

[2] *(† = non noble)* low(ly)

[3] *(† = sans valeur) [marchandises]* worthless, cheap ♦ **métaux vils** base metals

[4] ♦ **à vil prix** *[acheter, vendre]* at a very low price, for next to nothing

vilain, e /vilɛ̃, ɛn/ SYN

ADJ [1] *(= laid) [personne, visage]* ugly(-looking); *[vêtement]* ugly, unattractive; *[couleur]* nasty ♦ **elle n'est pas vilaine** she's not bad-looking, she's not unattractive ♦ **le vilain petit canard** *(Littérat, fig)* the ugly duckling ♦ **150 € d'augmentation, ce n'est pas vilain** a €150 pay rise – that's not bad

[2] *(= mauvais) [temps]* bad, lousy*; *[odeur]* nasty, bad ♦ **il a fait vilain toute la semaine*** we've had bad *ou* lousy* weather all week

[3] *(= grave, dangereux) [blessure, affaire]* nasty, bad ♦ **une vilaine plaie** a nasty wound

[4] *(= méchant) [action, pensée]* wicked; *[enfant, conduite]* naughty, bad ♦ **vilains mots** naughty *ou* wicked words ♦ **c'est un vilain monsieur *ou* coco*** he's a nasty customer *ou* piece of work* ♦ **il a été vilain** he was a naughty *ou* bad boy ♦ **il a été vilain au cinéma/avec sa grand-mère** he was naughty at the cinema/with his grandmother, he played up at the cinema/played his grandmother up ♦ **jouer un vilain tour à qn** to play a nasty *ou* naughty trick on sb

NM [1] *(Hist)* villein, villain

[2] *(garçon = méchant)* naughty *ou* bad boy ♦ **oh le (gros) vilain !** what a naughty boy (you are)!

[3] *(* : locution)* ♦ **il va y avoir du vilain, ça va tourner au vilain, ça va faire du vilain** things are going to get nasty, it's going to turn nasty

NF **vilaine** *(= méchante)* naughty *ou* bad girl ♦ **oh la (grosse) vilaine !** what a naughty girl (you are)!

vilainement /vilɛnmɑ̃/ ADV wickedly

vilebrequin /vilbʀəkɛ̃/ NM *(= outil)* (bit-)brace; *[de voiture]* crankshaft

vilement /vilmɑ̃/ ADV *(littér)* vilely, basely

vilenie /vil(ə)ni/, **vilénie** /vileni/ NF *(littér) (= caractère)* vileness, baseness; *(= acte)* villainy, vile *ou* base deed

vilipender /vilipɑ̃de/ SYN ► conjug 1 ◄ VT *(littér)* to revile, to vilify, to inveigh against

villa /villa/ SYN NF [1] *(= maison,)(= maison de plaisance)* villa; *(= pavillon)* (detached) house ♦ **les villas romaines** *(Antiq)* Roman villas

[2] *(= impasse privée)* ≈ mews

villafranchien, -ienne /vilafʀɑ̃ʃjɛ̃, jɛn/

ADJ Villafranchian

NM ♦ **le villafranchien** the Villafranchian stage

village /vilaʒ/ SYN NM *(= bourg, habitants)* village ♦ **village de toile** tent village ♦ **village de vacances, village club** holiday *(Brit) ou* vacation *(US)* village ♦ **village olympique** Olympic village ♦ **le village global** *ou* **planétaire** the global village; → **idiot**

villageois, e /vilaʒwa, waz/

ADJ *[atmosphère, coutumes]* village *(épith)*, rustic *(épith)* ♦ **un air villageois** a rustic air

NM *(= résident)* villager, village resident

NF **villageoise** *(= résidente)* villager, village resident

villanelle /vilanɛl/ NF villanelle

ville /vil/ SYN

NF [1] *(= cité, habitants)* town; *(plus importante)* city ♦ **la ville de Paris** the city of Paris ♦ **la ville d'Albi** the town of Albi ♦ **le plus grand cinéma de la ville** the biggest cinema in town ♦ **en ville, à la ville** in town, in the city ♦ **à la ville comme à la scène** *(comédien)* on stage and off; *(acteur de cinéma)* on screen and off ♦ **à la ville, c'est quelqu'un de charmant** in real life he's perfectly charming ♦ **aller en ville** to go into town ♦ **habiter la ville** to live in a *(ou* the) town *ou* city ♦ **une ville de province** a provincial town ♦ **sa ville d'attache était Genève** Geneva was his home-base

[2] *(= quartier)* ♦ **ville basse/haute** lower/upper (part of the) town ♦ **vieille ville** old (part of) town

[3] *(= municipalité)* ≈ local authority, ≈ town *ou* city council ♦ **dépenses assumées par la ville** local authority spending *ou* expenditure ♦ **l'eau de la ville** tap water

[4] *(= vie urbaine)* ♦ **la ville** town *ou* city life, the town *ou* city ♦ **aimer la ville** to like town *ou* city life *ou* the town *ou* city ♦ **les gens de la ville** townspeople, townsfolk, city folk ♦ **vêtements de ville** town wear *ou* clothes

COMP **ville champignon** mushroom town
ville d'eaux spa (town)
la Ville éternelle the Eternal City
ville forte fortified town
ville industrielle industrial town *ou* city
la Ville lumière the City of Light, Paris
ville nouvelle new town
ville ouverte open city
la Ville rose Toulouse
Ville sainte Holy City
ville satellite satellite town
ville universitaire university town *ou* city

ville-dortoir (pl **villes-dortoirs**) /vildɔʀtwaʀ/ NF dormitory *(Brit) ou* bedroom *(US)* town

villégiature /vi(l)leʒjatyʀ/ NF [1] *(= séjour)* holiday *(Brit)*, vacation *(US)* ♦ **être en villégiature quelque part** to be on holiday *(Brit) ou* vacation *(US) ou* to be holidaying *(Brit) ou* vacationing *(US)* somewhere ♦ **aller en villégiature dans sa maison de campagne** to go for a holiday *(Brit) ou* vacation *(US) ou* to holiday *(Brit) ou* vacation *(US)* in one's country home

[2] ♦ **(lieu de) villégiature** (holiday *(Brit) ou* vacation *(US)*) resort

villeux, -euse /vilø, øz/ ADJ villous

villosité /vilozite/ NF villus ♦ **villosités** villi

Vilnius /vilnjys/ N Vilnius

vin /vɛ̃/ SYN NM [1] *(= boisson)* wine ♦ **vin blanc/rouge/rosé** white/red/rosé wine ♦ **vin gris** pale rosé wine ♦ **vin jaune** *wine produced in the Jura region of France, similar to a light Spanish sherry* ♦ **vin mousseux/de coupage** sparkling/blended wine ♦ **vin ordinaire** *ou* **de table/de messe** ordinary *ou* table/altar *ou* communion wine ♦ **vin nouveau** new wine ♦ **grand vin, vin fin** vintage wine ♦ **un petit vin blanc** a nice little white wine ♦ **vin chaud** mulled wine ♦ **vin cuit** fortified wine ♦ **vin doux** sweet wine ♦ **vin délimité de qualité supérieure** *label guaranteeing quality and origin of a wine* ♦ **vin ouvert** *(Helv = en pichet)* house wine ♦ **quand le vin est tiré, il faut le boire** *(Prov)* once the first step is taken there's no going back; → **lie, pays**[1], **table**

[2] *(= réunion)* ♦ **vin d'honneur** reception *(where wine is served)*

[3] *(= liqueur)* ♦ **vin de palme/de canne** palm/cane wine

[4] *(locutions)* ♦ **être entre deux vins** to be tipsy ♦ **avoir le vin gai/triste** to get merry/maudlin when one drinks

vinage /vinaʒ/ NM *[de vin]* fortifying

vinaigre /vinɛgʀ/ NM [1] *(= condiment)* vinegar ♦ **vinaigre de vin/d'alcool/de cidre/de Xérès** wine/spirit/cider/sherry vinegar; → **mère, mouche**

[2] *(locutions)* ♦ **tourner au vinaigre** to turn sour ♦ **faire vinaigre*** to hurry up, to get a move on

vinaigrer /vinegʀe/ ► conjug 1 ◄ VT to season with vinegar ♦ **la salade/sauce est trop vinaigrée** there's too much vinegar on the salad/in the sauce

vinaigrerie /vinɛgʀəʀi/ NF *(= fabrication)* vinegar-making; *(= usine)* vinegar factory

vinaigrette /vinɛgʀɛt/ NF French dressing, vinaigrette, oil and vinegar dressing ♦ **tomates (en *ou* à la) vinaigrette** tomatoes in French dressing *ou* in oil and vinegar dressing, tomatoes (in) vinaigrette

vinaigrier /vinɛgʀije/ NM [1] *(= fabricant)* vinegar-maker; *(= commerçant)* vinegar dealer

[2] *(= flacon)* vinegar cruet *ou* bottle

vinasse /vinas/ NF *(*, péj)* plonk* *(Brit) (péj)*, cheap wine; *(Tech = résidu)* vinasse

vindicatif, -ive /vɛ̃dikatif, iv/ SYN ADJ vindictive

vindicte /vɛ̃dikt/ NF ♦ **vindicte publique** *(gén)* public condemnation; *(Jur)* prosecution and conviction ♦ **désigner qn à la vindicte publique** *ou* **populaire** to expose sb to public condemnation

viner /vine/ ► conjug 1 ◄ VT *[+ vin]* to fortify

vineux, -euse /vinø, øz/ ADJ [1] *[couleur, odeur, goût]* of wine, winey; *[pêche]* wine-flavoured, that tastes win(e)y; *[haleine]* wine-laden *(épith)*, that smells of wine; *[teint]* purplish, red ♦ **d'une couleur vineuse** wine-coloured, the colour of wine ♦ **rouge vineux** wine-red

[2] *(= riche en alcool)* with a high alcohol content ♦ **région vineuse** rich wine-growing area

vingt /vɛ̃, vɛ̃t/ *en liaison et dans les nombres de 22 à 29*

ADJ INV, NM INV twenty **je te l'ai dit vingt fois** I've told you a hundred times ♦ **il n'avait plus son cœur/ses jambes de vingt ans** he no longer had the heart/the legs of a young man *ou* of a twenty-year-old ♦ **vingt dieux !** †* ye gods! † ♦ **il mérite vingt sur vingt** he deserves full marks ♦ **« Vingt mille lieues sous les mers »** *(Littérat)* "Twenty Thousand Leagues Under the Sea"; *pour autres loc voir* **six, soixante**

COMP **vingt-quatre heures** twenty-four hours ♦ **vingt-quatre heures sur vingt-quatre** round the clock, twenty-four hours a day
vingt et un *(= nombre)* twenty-one ♦ **le vingt-et-un** *(= jeu)* pontoon, vingt-et-un, twenty-one *(US)*

vingtaine /vɛ̃tɛn/ NF ♦ **une vingtaine** about twenty, twenty or so, (about) a score ♦ **une vingtaine de personnes** about twenty people, twenty people or so ♦ **un jeune homme d'une vingtaine d'années** a young man of around *ou* about twenty *ou* of twenty or so

vingt-deux /vɛ̃tdø/ ADJ INV, NM INV twenty-two ♦ **vingt-deux !*** watch out! ♦ **vingt-deux (voilà) les flics !*** watch out! it's the fuzz!* ♦ **22 Long Rifle** *(= carabine)* .22 rifle, point two two rifle ♦ **la ligne des vingt-deux, les vingt-deux** *(Rugby)* the 22-metre line; → **renvoi, renvoyer**

vingtième /vɛ̃tjɛm/

ADJ twentieth ♦ **la vingtième partie** the twentieth part ♦ **au vingtième siècle** in the twentieth century

NM twentieth, twentieth part

vinicole /vinikɔl/ ADJ *[industrie]* wine *(épith)*; *[région]* wine-growing *(épith)*, wine-producing *(épith)*; *[établissement]* wine-making *(épith)*

vinifère /vinifɛʀ/ ADJ viniferous

vinificateur, -trice /vinifikatœʀ, tʀis/ NM,F wine producer

vinification /vinifikasjɔ̃/ NF *[de raisin]* wine-making (process); *[de sucres]* vinification ♦ **méthode de vinification** vinification method

vinifier /vinifje/ ► conjug 7 ◄ VT *[+ moût]* to convert into wine

vinique /vinik/ ADJ vinic

vinosité /vinozite/ NF vinosity

vinyle /vinil/ NM vinyl ♦ **il collectionne les vieux vinyles** he collects old (vinyl) records ♦ **son album est sorti en vinyle en 1959** his album came out on vinyl in 1959

vinylique /vinilik/ ADJ *[peinture]* vinyl *(épith)*

vioc* /vjɔk/ NMF ⇒ **vioque**

viol /vjɔl/ NM *[de personne]* rape; *[de temple]* violation, desecration ♦ **au viol !** rape! ♦ **viol collectif** gang rape ♦ **viol conjugal** marital rape

violacé, e /vjɔlase/ (ptp de **violacer**)

ADJ purplish, mauvish ♦ **rouge/rose violacé** purplish red/pink

NF **violacée** *(= plante)* ♦ **les violacées** the violaceae

violacer /vjɔlase/ ► conjug 3 ◄

VT to make *ou* turn purple *ou* mauve

VPR **se violacer** to turn *ou* become purple *ou* mauve, to take on a purple hue *(littér)*

violateur, -trice /vjɔlatœʀ, tʀis/ NM,F *(= profanateur) [de tombeau]* violator, desecrator; *[de lois]* transgressor

violation /vjɔlasjɔ̃/ SYN NF [1] *[de traité, loi]* violation, breaking; *[de constitution]* violation; *[de droit]* violation, infringement; *[de promesse]* breaking ♦ **violation du secret professionnel** *(Jur)* breach *ou* violation of professional secrecy ♦ **de nombreuses violations de cessez-le-feu** numerous violations of the ceasefire

2 *[de temple]* violation, desecration; *[de frontières, territoire]* violation; *(littér) [de consciences]* violation ◆ **violation de domicile** *(Jur)* forcible entry *(into a person's home)* ◆ **violation de sépulture** *(Jur)* violation *ou* desecration of graves

violâtre /vjɔlɑtʀ/ ADJ purplish, mauvish

viole /vjɔl/ NF viol ◆ **viole d'amour** viola d'amore ◆ **viole de gambe** viola da gamba, bass viol

violemment /vjɔlamɑ̃/ SYN ADV *[réagir, frapper, agresser]* violently ◆ **ces mesures ont été violemment critiquées** these measures have been severely *ou* strongly criticized ◆ **ils ont protesté violemment contre cette interdiction** they have protested vigorously *ou* strongly against this ban

violence /vjɔlɑ̃s/ SYN NF 1 *[de personne, colère, coup, choc]* violence ◆ **violence routière** road violence ◆ **violence verbale** verbal abuse ◆ **mouvement de violence** violent impulse ◆ **répondre à la violence par la violence** to meet violence with violence

2 *[d'odeur, parfum]* pungency; *[d'orage, vent, tempête]* violence, fierceness; *[de pluie]* violence; *[de douleur]* intensity; *[de poison]* virulence; *[d'exercice, effort]* violence, strenuousness; *[de remède]* drastic nature

3 *(= acte)* act of violence ◆ **commettre des violences contre qn** to commit acts of violence against sb ◆ **l'enfant a subi des violences** the child has suffered physical abuse ◆ **faire subir des violences sexuelles à qn** to abuse sb sexually ◆ **inculpé de violence(s) à agent** found guilty of assaulting a police officer *ou* of assault on a police officer

4 *(= contrainte)* ◆ **faire violence à qn** to do violence to sb ◆ **faire violence à une femme** † to use a woman violently † ◆ **se faire violence** to force o.s. ◆ **faire violence à** *[+ sentiments]* to offend, to savage, to desecrate ◆ **obtenir qch par la violence** to get sth by force; → **doux**

violent, e /vjɔlɑ̃, ɑ̃t/ SYN ADJ 1 *(= brutal) [personne, colère, coup, choc, sport]* violent ◆ **il s'est montré violent avec elle** he was violent with her ◆ **c'est un violent** he's a violent man; → **non, mort¹, révolution**

2 *(= intense) [odeur, parfum]* pungent, strong; *[couleur]* harsh; *[orage, vent, tempête]* violent, fierce; *[pluie]* violent; *[sentiment, passion, désir, dégoût]* violent, intense; *[douleur]* intense; *[poison]* virulent; *[exercice, effort]* violent, strenuous; *[remède]* drastic ◆ **violent besoin de s'affirmer** intense *ou* urgent need to assert o.s. ◆ **saisi d'une peur violente** seized by a violent *ou* rabid fear ◆ **une violente migraine** a severe migraine

3 *(* = excessif)* ◆ **c'est un peu violent !** it's a bit much! *, that's going a bit far! *

violenter /vjɔlɑ̃te/ ▸ conjug 1 ◂ VT 1 *[+ femme]* to assault (sexually) ◆ **elle a été violentée** she has been sexually assaulted

2 *(littér) [+ texte, désir]* to do violence to, to desecrate

violer /vjɔle/ SYN ▸ conjug 1 ◂ VT 1 *[+ traité, loi]* to violate, to break; *[+ constitution, cessez-le-feu]* to violate; *[+ droit]* to violate, to infringe; *[+ promesse, serment]* to break

2 *[+ sépulture, temple]* to violate, to desecrate; *[+ frontières, territoire]* to violate ◆ **violer le domicile de qn** to force an entry into sb's home

3 *(= abuser de) [+ personne]* to rape, to ravish † *(littér)*, to violate *(littér)* ◆ **se faire violer** to be raped

4 *(littér) [+ consciences]* to violate

violet, -ette /vjɔlɛ, ɛt/

ADJ purple, violet

NM *(= couleur)* purple, violet ◆ **le violet lui va bien** purple suits him ◆ **porter du violet** to wear purple ◆ **peindre qch en violet** to paint sth purple ◆ **un tube de violet** *(Peinture)* a tube of purple ◆ **robe d'un violet assez pâle** pale purple dress

NF **violette** *(= plante)* violet ◆ **violette odorante** sweet violet ◆ **violette de Parme** Parma violet

violeur, -euse /vjɔlœʀ, øz/ NM,F rapist

violier /vjɔlje/ NM evening stock

violine /vjɔlin/ ADJ dark purple, deep purple

violiste /vjɔlist/ NMF *[de viole]* viola player, violist *(US)*; *[de viole de gambe]* violist

violon /vjɔlɔ̃/ NM 1 *(= instrument d'orchestre)* violin, fiddle *; *(de violoneux)* fiddle; → **accorder, pisser**

2 *(= musicien d'orchestre)* violin, fiddle * ◆ **le premier violon** *[d'orchestre]* the leader, the first violin; *[de quatuor]* the first violin *ou* fiddle * ◆ **les premiers/seconds violons** *(= groupe)* the first/second violins ◆ **payer les violons (du bal)** † *(fig)* to pick up the bill *ou* tab *; → **vite**

3 *(* = prison)* cells, slammer ‡, nick ‡ *(Brit)* ◆ **conduire qn au violon** to take sb to the cells ◆ **passer la nuit au violon** to spend the night in the cells *ou* the slammer ‡ *ou* the nick ‡ *(Brit)*

4 ◆ **violon d'Ingres** (artistic) hobby

violoncelle /vjɔlɔ̃sɛl/ NM cello, violoncello *(SPÉC)*

violoncelliste /vjɔlɔ̃selist/ NMF cellist, cello player, violoncellist *(SPÉC)*

violoneux /vjɔlɔnø/ NM *(de village, péj)* fiddler *

violoniste /vjɔlɔnist/ NMF violinist, violin player

vioque ‡ /vjɔk/ NMF *(= vieillard)* old person, old timer * ◆ **le vioque** *(= père)* my *ou* the old man ‡ ◆ **la vioque** *(= mère)* my *ou* the old woman ‡ *ou* lady ‡ ◆ **mes vioques** my folks *

viorne /vjɔʀn/ NF *(= plante)* viburnum

VIP /veipe/ NMF (abrév de **Very Important Person**) VIP

vipère /vipɛʀ/ NF adder, viper ◆ **vipère aspic** asp ◆ **cette femme est une vipère** that woman's a (real) viper; → **langue, nœud**

vipereau (pl **vipereaux**) /vip(ə)ʀo/ NM young viper

vipéridés /vipeʀide/ NMPL ◆ **les vipéridés** vipers, the Viperidae *(SPÉC)*

vipérin, e /vipeʀɛ̃, in/

ADJ *(lit)* viperine; *(fig) [propos]* vicious, poisonous

NF **vipérine** 1 *(= plante)* viper's bugloss

2 ◆ **(couleuvre) vipérine** grass snake

virage /viʀaʒ/ SYN NM 1 *(= tournant)* bend ◆ **virage en épingle à cheveux** hairpin bend ◆ **virage en S** S-bend, S-curve *(US)* ◆ « **virages sur 3 km** » "bends for 3 km" ◆ **virage relevé** banked corner ◆ **accélérer dans les virages** to accelerate round the bends *ou* curves *(US)* ◆ **cette voiture prend bien les virages** this car corners well ◆ **il a pris son virage trop vite** he went into *ou* took the bend *ou* curve *(US)* too fast ◆ **prendre un virage sur les chapeaux de roues** to take a bend *ou* curve *(US)* on two wheels *ou* on one's hub caps ◆ **prendre un virage à la corde** to hug the bend *ou* curve *(US)*

2 *(= action) [d'avion, véhicule, coureur, skieur]* turn ◆ **faire un virage sur l'aile** *[avion]* to bank ◆ **virage parallèle** *(Ski)* parallel turn

3 *(= changement)* change in policy *ou* of direction ◆ **le virage européen du gouvernement britannique** the British government's change of policy *ou* direction over Europe, the change in the British government's European policy ◆ **amorcer un virage à droite** to take a turn to the right ◆ **un virage à 180 degrés de la politique française** a U-turn in French policy ◆ **savoir prendre le virage** to adapt to meet new circumstances ◆ **l'entreprise vient de prendre un virage stratégique** the company has just adopted a completely new strategy ◆ **le groupe a opéré un virage vers les biotechnologies** the group has turned towards biotechnologies

4 *(= transformation) (Chim) [de papier de tournesol]* change in colour ◆ **virage à l'or/au cuivre** *(Photo)* gold/copper toning ◆ **virage d'une cuti-réaction** *(Méd)* positive reaction of a skin test

virago /viʀago/ NF virago

viral, e (mpl **-aux**) /viʀal, o/ ADJ viral

vire /viʀ/ NF *[de paroi rocheuse]* ledge

virée * /viʀe/ NF *(en voiture)* drive, ride, spin *; *(de plusieurs jours)* trip, tour; *(à pied)* walk; *(de plusieurs jours)* walking *ou* hiking tour; *(à vélo, moto)* ride; *(de plusieurs jours)* trip ◆ **faire une virée** to go for a ride *(ou* walk, drive *etc)* ◆ **faire une virée en voiture** to go for a drive, to go for a ride *ou* spin * in the car ◆ **on a fait une virée en Espagne** we went on a trip *ou* tour round Spain ◆ **faire une virée dans les bars/boîtes de nuit** to go round *ou* do * the bars/nightclubs ◆ **leur virée dans les pubs s'est mal terminée** their pub-crawl * ended badly

virelai /viʀlɛ/ NM *(Littérat)* virelay

virement /viʀmɑ̃/ NM 1 *(Fin)* ◆ **virement (bancaire)** (bank *ou* giro *(Brit)*) transfer ◆ **virement postal** postal *ou* giro *(Brit)* transfer ◆ **faire un virement (d'un compte sur un autre)** to make a (credit) transfer (from one account to another) ◆ **j'ai fait un virement de 1 000 € sur son compte** I transferred €1,000 to his account ◆ **virement automatique** automatic transfer ◆ **virement permanent** standing order

2 ◆ **virement de bord** *(en bateau)* tacking

virémie /viʀemi/ NF viremia

virer /viʀe/ SYN ▸ conjug 1 ◂

VI 1 *(= changer de direction) [véhicule, avion, bateau]* to turn ◆ **virer sur l'aile** to bank ◆ **virer à tout vent** † *(littér)* to be as changeable as a weathercock

2 *(Naut)* ◆ **virer de bord** to tack ◆ **virer vent devant** to go about ◆ **virer vent arrière** to wear ◆ **virer sur ses amarres** to turn at anchor ◆ **virer au cabestan** to heave at the capstan

3 *(= tourner sur soi-même)* to turn (around)

4 *(= changer de couleur, d'aspect) [couleur]* to turn, to change; *(Photo) [épreuves]* to tone; *(Méd) [cuti-réaction]* to come up positive

5 *(= changer d'avis)* to take a new line ◆ **il a viré socialiste** * he's become a socialist

VT INDIR **virer à** *(= devenir)* ◆ **le bleu vire au violet** the blue is turning purple *ou* is changing to purple ◆ **virer au froid/à la pluie/au beau** *[temps]* to turn cold/rainy/fine *ou* fair ◆ **virer à l'aigre** to turn sour ◆ **l'ambiance vire au drame** things are taking a dramatic turn ◆ **le film vire à la farce** the film lapses into farce, the film turns into a farce *ou* becomes farcical ◆ **cette région a viré à droite** *(Pol)* this region has swung to the right ◆ **virer au rouge** *(Fin-)[comptes, résultats]* to go *ou* slip into the red ◆ **les indicateurs (financiers) virent au rouge** indicators have dropped sharply ◆ **il a viré à l'intello** * he's become a bit of an intellectual

VT 1 *(Fin)* to transfer ◆ **virer 200 € sur** *ou* **à un compte** to transfer €200 into an account

2 * *(= expulser)* to kick out *, to chuck out *; *(= renvoyer)* to fire *, to sack * *(Brit)* ◆ **virer qn d'une réunion** to kick *ou* chuck sb out of a meeting * ◆ **se faire virer** *(= se faire expulser)* to get o.s. kicked *ou* thrown out *(de* of); *(= se faire renvoyer)* to be fired *, to get the sack * *(Brit)*

3 *(* = jeter)* to chuck out *, to throw out, to get rid of ◆ **il a viré les vieux fauteuils au grenier** he's chucked * *ou* thrown the old chairs in the loft

4 *(Photo) [+ épreuve]* to tone ◆ **il a viré sa cuti(-réaction)** * *(Méd)* he gave a positive skin test, his skin test came up positive ◆ **il a viré sa cuti** * *(fig)* he changed totally

virescence /viʀesɑ̃s/ NF virescence

vireur /viʀœʀ/ NM turning gear

vireux, -euse /viʀø, øz/ ADJ *(littér)* noxious ◆ **amanite vireuse** amanita virosa

virevoltant, e /viʀvɔltɑ̃, ɑ̃t/ ADJ *[danseuse]* twirling, pirouetting; *[cheval]* pirouetting; *[jupons]* twirling

virevolte /viʀvɔlt/ NF *[de danseuse]* twirl, pirouette; *[de cheval]* demivolt, pirouette; *(fig = volte-face)* about-turn, volte-face ◆ **les virevoltes élégantes de la danseuse** the elegant twirling of the dancer

virevolter /viʀvɔlte/ SYN ▸ conjug 1 ◂ VI *[danseuse]* to twirl around, to pirouette; *[cheval]* to do a demivolt, to pirouette

Virgile /viʀʒil/ NM Virgil

virginal, e (mpl **-aux**) /viʀʒinal, o/

ADJ *(littér)* virginal, maidenly *(littér)* ◆ **d'une blancheur virginale** virgin white

NM *(Mus)* virginal, virginals

Virginie /viʀʒini/ NF *(Géog)* Virginia ◆ **Virginie-Occidentale** West Virginia

virginie /viʀʒini/ NM *(= tabac)* Virginia

virginité /viʀʒinite/ NF 1 *(lit)* virginity, maidenhood *(littér)* ◆ **garder/perdre sa virginité** to keep/lose one's virginity

2 *(fig littér) [de neige, aube, âme]* purity ◆ **il voulait rendre à ce lieu sa virginité** he wished to restore this place to its untouched *ou* virgin quality ◆ **se refaire une virginité** *(hum)* to restore one's image

virgule /viʀgyl/ NF 1 *(= ponctuation)* comma ◆ **mettre une virgule** to put a comma in ◆ **sans y changer une virgule** *(fig)* without changing a (single) thing, without touching a single comma ◆ **c'est exactement ce qu'il m'a dit, à la virgule près** that's exactly what he said to me, word for word ◆ **à quelques virgules près, le texte n'a pas été modifié** apart from the odd comma, the text hasn't been changed at all ◆ **moustaches en virgule** curled moustache

2 *(Math)* (decimal) point ◆ **(arrondi à) 3 chiffres après la virgule** (correct to) 3 decimal places ◆ **5 virgule 2** 5 point 2 ◆ **virgule fixe/flottante** fixed/floating decimal (point)

viril, e /viʀil/ SYN ADJ *[attributs, apparence]* male, masculine; *[attitude, courage, langage, traits]* manly, virile; *[prouesses, amant]* virile ◆ **force virile** virile *ou* manly strength ◆ **amitiés viriles** male friendships ◆ **elle fait un peu viril** she's a bit mannish ◆ **jeu viril** *(Sport)* aggressive style; → **âge, membre, toge**

virilement /viʀilmɑ̃/ ADV in a manly *ou* virile way

virilisant, e /viʀilizɑ̃, ɑ̃t/ ADJ *[médicament]* that provokes male characteristics, virilizing

virilisation /viʀilizasjɔ̃/ NF *(Méd)* virilism

viriliser /viʀilize/ ► conjug 1 ◄ VT *(Bio)* to give male characteristics to; *(en apparence) [+ femme]* to make appear mannish *ou* masculine; *[+ homme]* to make (appear) more manly *ou* masculine

virilisme /viʀilism/ NM virility; *(Méd)* virilism

virilité /viʀilite/ SYN NF *[d'attributs, apparence, formes]* masculinity; *[d'attitude, courage, langage, traits]* manliness, virility; *[de prouesses, amant]* virility ◆ **il se sent menacé dans sa virilité** his masculinity feels threatened ◆ **manquer de virilité** to be unmanly

virion /viʀjɔ̃/ NM virion

virocide /viʀɔsid/
ADJ viricidal
NM viricide

virole /viʀɔl/ NF [1] *(= bague)* ferrule ◆ **couteau à virole tournante** pocket knife with a safety catch
[2] *(Tech = moule)* collar

viroler /viʀɔle/ ► conjug 1 ◄ VT [1] *[+ couteau, parapluie]* to ferrule, to fit with a ferrule
[2] *(Tech)* to place in a collar

virolier, -ière /viʀɔlje, jɛʀ/ NM,F *(Tech)* collar maker

virologie /viʀɔlɔʒi/ NF virology

virologique /viʀɔlɔʒik/ ADJ virological

virologiste /viʀɔlɔʒist/, **virologue** /viʀɔlɔg/ NMF virologist

virose /viʀoz/ NF viral infection

virtualisation /viʀtɥalizasjɔ̃/ NF virtualization

virtualité /viʀtɥalite/ NF [1] *[de marché, sens, revenu]* potentiality
[2] *(Philos, Phys, Ordin)* virtuality

virtuel, -elle /viʀtɥɛl/ SYN
ADJ [1] *(= potentiel) [candidat, marché, sens, revenu]* potential ◆ **tout cela est très virtuel** all that is purely theoretical
[2] *(Philos, Phys, Ordin)* virtual ◆ **mémoire/réalité virtuelle** virtual memory/reality; → **image**
NM *(Ordin)* ◆ **le virtuel** virtual reality

> Au sens de 'potentiel', **virtuel** ne se traduit pas par **virtual**.

virtuellement /viʀtɥɛlmɑ̃/ ADV [1] *(littér = en puissance)* potentially
[2] *(= pratiquement)* virtually ◆ **c'était virtuellement fini** it was virtually finished, it was as good as finished
[3] *(Ordin)* ◆ **visiter virtuellement le Louvre** to make a virtual reality tour of the Louvre

virtuose /viʀtɥoz/ SYN
NMF *(Mus)* virtuoso; *(= personne douée)* master, virtuoso ◆ **virtuose du violon** violin virtuoso ◆ **virtuose de la plume/du pinceau** master of the pen/of the brush, brilliant writer/painter
ADJ virtuoso

virtuosité /viʀtɥozite/ SYN NF virtuosity ◆ **exercices de virtuosité** *(Mus)* exercises in virtuosity ◆ **avec virtuosité** masterfully ◆ **il a interprété ce morceau avec virtuosité** he gave a virtuoso performance (of this piece), he played this piece brilliantly

virucide /viʀysid/ ADJ, NM ⇒ **virocide**

virulence /viʀylɑ̃s/ SYN NF [1] *(Méd)* virulence
[2] *[de critique, opposition, campagne de presse]* virulence, viciousness ◆ **avec virulence** virulently

virulent, e /viʀylɑ̃, ɑ̃t/ SYN ADJ [1] *(Méd)* virulent
[2] *[critique, opposition, déclaration, personne]* virulent, vicious

virure /viʀyʀ/ NF *(Naut)* strake, streak

virus /viʀys/ NM *(Méd, Ordin)* virus ◆ **virus de la rage/du sida** rabies/AIDS virus ◆ **virus de l'immunodéficience humaine** human immunodeficiency virus ◆ **le virus de la danse/du jeu** the dancing/gambling bug* ◆ **attraper le virus du jeu** to be *ou* get bitten by the gambling bug*

vis /vis/
NF [1] *(gén)* screw ◆ **vis à bois** wood screw ◆ **vis à métaux** metal screw ◆ **vis à tête plate/à tête ronde** flat-headed/round-headed screw ◆ **vis à ailettes** wing nut; → **cruciforme, pas¹, serrer, tour²**
[2] † ◆ **(escalier à) vis** spiral staircase
COMP **vis d'Archimède** Archimedes' screw, endless screw
vis micrométrique micrometer screw
vis platinées *[de moteur]* (contact) points
vis de pressoir press screw
vis sans fin worm screw
vis de serrage binding *ou* clamping screw

visa /viza/ SYN NM *(= formule, sceau)* stamp; *(sur un passeport)* visa ◆ **visa d'entrée/de sortie/de transit** entry/exit/transit visa ◆ **visa touristique** *ou* **de tourisme** tourist visa ◆ **visa de censure** *(Ciné)* (censor's) certificate ◆ **visa d'exploitation** *(Ciné)* distribution number ◆ **visa pour...** *(fig)* passport to... ◆ **carte Visa ®** *(Fin)* Visa ® card

visage /vizaʒ/ SYN
NM [1] *(lit = figure, fig = expression, personne, aspect)* face ◆ **au visage pâle/joufflu** pale-/chubby-faced ◆ **un visage connu/ami** a known/friendly face ◆ **je lui trouve bon visage** he looks well (to me) ◆ **sans visage** faceless ◆ **le vrai visage de...** the true face of... ◆ **un homme à deux visages** a two-faced man ◆ **un problème aux multiples visages** a multifaceted problem ◆ **à visage humain** *[capitalisme, entreprise]* with a human face ◆ **le nouveau visage du parti/pays** the new face of the party/country ◆ **donner un nouveau visage à** *[+ ville]* to give a new look to; *[+ entreprise, parti]* to change the face of ◆ **elle changea de visage** her face *ou* expression changed ◆ **l'Europe a changé de visage** the face of Europe has changed; → **soin**
[2] *(locutions)* ◆ **agir/parler à visage découvert** to act/speak openly ◆ **faire bon visage** to put a good face on it ◆ **faire bon visage à qn** *(littér) (= l'accueillir chaleureusement)* to give sb a warm welcome; *(avec hypocrisie)* to put on a show of friendliness for sb ◆ **montrer son vrai visage** to show one's true colours *(Brit) ou* colors *(US)*
COMP **Visage pâle** paleface

visagisme ® /vizaʒism/ NM *(= coiffure)* hair styling; *(= esthétique)* cosmetician

visagiste ® /vizaʒist/ NMF ◆ **(coiffeur) visagiste** (hair) stylist ◆ **(esthéticienne) visagiste** beautician

vis-à-vis /vizavi/ SYN
PRÉP [1] *(= en face de)* ◆ **vis-à-vis de** opposite ◆ **vis-à-vis de la gare** opposite the station
[2] *(= comparé à)* ◆ **vis-à-vis de** beside, next to, against ◆ **mes ennuis ne sont pas graves vis-à-vis des siens** my problems aren't serious beside *ou* next to his
[3] ◆ **vis-à-vis de** *(= envers)* towards, vis-à-vis; *(= à l'égard de)* as regards, with regard to, vis-à-vis ◆ **être sincère vis-à-vis de soi-même** to be frank with oneself ◆ **être méfiant vis-à-vis de ce genre d'évolution** to be wary of such developments ◆ **vis-à-vis de cette proposition** with regard to this proposal ◆ **j'en ai honte vis-à-vis de lui** I'm ashamed of it in front of *ou* before him
ADV *(= face à face)* face to face ◆ **leurs maisons se font vis-à-vis** their houses face *ou* are opposite each other
NM INV [1] *(= position)* ◆ **en vis-à-vis** facing *ou* opposite each other ◆ **des immeubles en vis-à-vis** buildings facing *ou* opposite each other ◆ **ils étaient assis en vis-à-vis** they were sitting opposite each other, they were sitting face to face
[2] *(= tête-à-tête)* encounter, meeting ◆ **un vis-à-vis ennuyeux** a tiresome encounter *ou* meeting
[3] *(= personne faisant face)* person opposite; *(aux cartes) (= partenaire)* partner; *(= homologue)* opposite number, counterpart
[4] *(= bâtiment)* ◆ **immeuble sans vis-à-vis** building with an open outlook ◆ **avoir une école pour vis-à-vis** to have a school opposite, to look out over a school
[5] *(= canapé)* tête-à-tête

viscache /viskaʃ/ NF viscacha, vizcacha

viscéral, e (mpl -aux) /viseʀal, o/ SYN ADJ [1] *(Anat)* visceral
[2] *[haine, peur, besoin]* deep-rooted, visceral *(frm)*; *[rejet]* instinctive; *[attachement]* passionate ◆ **réaction viscérale** gut reaction

viscéralement /viseʀalmɑ̃/ ADV *[attaché]* passionately; *[hostile]* instinctively ◆ **détester viscéralement qch** to have a deep *ou* visceral *(frm)* loathing of sth ◆ **réagir viscéralement à qch** to have a gut reaction to sth ◆ **viscéralement jaloux** pathologically jealous

viscère /visɛʀ/ NM (internal) organ ◆ **viscères** intestines, entrails, viscera *(SPÉC)*

viscose /viskoz/ NF viscose

viscosimètre /viskozimɛtʀ/ NM visco(si)meter

viscosité /viskozite/ NF *[de liquide]* viscosity; *[de surface gluante]* stickiness, viscosity

visé /vize/ NM ◆ **tirer au visé** to shoot with aim, to aim and shoot

visée /vize/ SYN NF [1] *(avec une arme)* taking aim *(NonC)*, aiming *(NonC)*; *(Arpentage)* sighting ◆ **pour faciliter la visée, ce fusil comporte un dispositif spécial** to help you to (take) aim *ou* to help your aim, this rifle comes equipped with a special device; → **ligne¹**
[2] *(gén pl = dessein)* aim, design ◆ **avoir des visées sur qn/qch** to have designs on sb/sth ◆ **les visées expansionnistes d'un pays** the expansionist aims *ou* ambitions of a country ◆ **visées coupables** wicked designs
◆ **à visée** ◆ **il est contre le clonage à visée thérapeutique** he is against therapeutic cloning *ou* cloning for therapeutic purposes ◆ **une opération à visée médiatique** a media stunt

viser¹ /vize/ SYN ► conjug 1 ◄
VT [1] *[+ objectif]* to aim at *ou* for; *[+ cible]* to aim at
[2] *(= ambitionner) [+ effet]* to aim at; *[+ carrière]* to aim at, to set one's sights on
[3] *(= concerner) [mesure]* to be aimed at, to be directed at; *[remarque]* to be aimed *ou* directed at, to be meant *ou* intended for ◆ **cette mesure vise tout le monde** this measure applies to everyone, everyone is affected by this measure ◆ **il se sent visé** he feels he's being got at*
[4] (* = regarder) to take a look at, to have a dekko* *(Brit)* at ◆ **vise un peu ça !** just take a look *ou* have a dekko* *(Brit)* at that!
VI [1] *[tireur]* to aim, to take aim ◆ **viser juste** *(lit)* to aim accurately; *(fig)* not to miss the mark ◆ **viser trop haut/trop bas** to aim (too) high/(too) low ◆ **viser à la tête/au cœur** to aim for the head/the heart
[2] *(= ambitionner)* ◆ **viser haut/plus haut** to set one's sights high/higher, to aim high/higher
VT INDIR **viser à** *(= avoir pour but de)* ◆ **viser à qch/à faire** to aim at sth/to do ◆ **scène qui vise à provoquer le rire** scene which sets out to raise a laugh *ou* to make people laugh ◆ **mesures qui visent à la réunification de la majorité** measures which are aimed at reuniting *ou* which aim *ou* are intended to reunite the majority

viser² /vize/ ► conjug 1 ◄ VT *(Admin) [+ passeport]* to visa; *[+ document]* to stamp ◆ **faire viser un passeport** to have a passport visaed

viseur /vizœʀ/ NM [1] *[d'arme]* sights; *[de caméra, appareil photo]* viewfinder ◆ **viseur à cadre lumineux** *(Photo)* collimator viewfinder
[2] *(Astron = lunette)* telescopic sight

Vishnou, Vishnu /viʃnu/ NM Vishnu

visibilité /vizibilite/ NF [1] *(gén, Sci)* visibility ◆ **bonne/mauvaise visibilité** good/poor *ou* bad visibility ◆ **visibilité nulle** nil *ou* zero visibility ◆ **ce pare-brise permet une très bonne visibilité** this windscreen gives excellent visibility ◆ **manque de visibilité** *(lit)* lack of visibility; *(fig)* lack of foresight ◆ **sans visibilité** *[pilotage, virage, atterrissage]* blind *(épith)* ◆ **piloter sans visibilité** to fly blind
[2] *(= mise en évidence) [de produit, société]* visibility ◆ **une association à grande visibilité médiatique** an organization with a high media profile

visible /vizibl/ SYN
ADJ [1] *(= qui peut être vu)* visible ◆ **visible à l'œil nu/au microscope** visible to the naked eye/under a microscope; → **iceberg**
[2] *(= évident, net) [embarras, surprise]* obvious, visible; *[amélioration, progrès]* clear, visible; *[réparation, reprise]* obvious ◆ **sa déception était visible** his disappointment was obvious *ou* visible, you could see his disappointment *ou* that he was disappointed ◆ **il ne veut pas le faire, c'est visible** he obviously doesn't want to, he doesn't want to, that's obvious *ou* apparent *ou* clear ◆ **il est visible que...** it is obvious *ou* clear that... ◆ **nos produits ne sont pas assez visibles sur ce marché** our products aren't visible enough on the market
[3] *(= en état de recevoir)* ◆ **Monsieur est-il visible ?** is Mr X *(ou* Lord X *etc)* able to receive visitors?, is Mr X *(ou* Lord X *etc)* receiving visitors?

• **elle n'est pas visible le matin** she's not at home to visitors *ou* not in to visitors in the morning

NM • **le visible** what is visible, the visible

visiblement /viziblәmɑ̃/ SYN ADV [1] *(= manifestement)* visibly, obviously • **il était visiblement inquiet** he was visibly *ou* obviously worried • **visiblement, c'est une erreur** obviously *ou* clearly it's a mistake

[2] *(= de façon perceptible à l'œil)* visibly, perceptibly

visière /vizjɛʀ/ NF *[de casquette, képi]* peak; *[de casque]* visor; *(pour le soleil)* eyeshade • **mettre sa main en visière** to shade one's eyes with one's hand; → **rompre**

visioconférence /vizjokɔ̃feʀɑ̃s/ NF videoconference, teleconference

vision /vizjɔ̃/ SYN NF [1] *(= faculté)* (eye)sight, vision; *(= perception)* vision, sight • **une vision défectueuse** defective (eye)sight *ou* vision • **le mécanisme de la vision** the mechanism of vision *ou* sight • **pour faciliter la vision** to aid (eye)sight *ou* vision • **vision nette/floue** clear/hazy vision • **porter des lunettes pour la vision de loin** to wear glasses for distance vision; → **champ¹**

[2] *(= conception)* view • **c'est une vision idyllique des choses** it's an idyllic view of things • **avoir une vision globale** *ou* **d'ensemble d'un problème** to have a global view of a problem • **nous partageons la même vision des choses** we see things (in) the same way

[3] *(= image, apparition, mirage)* vision • **tu as des visions** * you're seeing things

[4] *(= spectacle)* sight • **vision d'horreur** horrific sight *ou* scene • **après l'attentat, l'aéroport offrait une vision d'apocalypse** after the bomb attack the airport was a scene of apocalyptic horror *ou* was like a scene from the apocalypse

visionnage /vizjɔnaʒ/ NM viewing

visionnaire /vizjɔnɛʀ/ SYN ADJ, NMF visionary

visionner /vizjɔne/ ► conjug 1 ◄ VT to view

visionneuse /vizjɔnøz/ NF viewer *(for transparencies or film)*

visiophone /vizjɔfɔn/ NM videophone, viewphone

visiophonie /vizjɔfɔni/ NF video teleconferencing, video calling

visitandine /vizitɑ̃din/ NF Visitandine

Visitation /vizitasjɔ̃/ NF *(Rel)* • **la Visitation** the Visitation • **Ordre de la Visitation** Order of the Visitation

visite /vizit/ SYN

NF [1] *(= fait de visiter)* visiting, going round • **heures/jour de visite** *ou* **des visites** *(à la prison, l'hôpital)* visiting hours/day • **la visite du château a duré deux heures** it took two hours to visit *ou* go round *(Brit) ou* go through *(US)* the château; → **droit³**

[2] *(= tournée, inspection)* visit • **au programme il y a des visites de musée** there are museum visits on the programme • **visite accompagnée** *ou* **guidée** guided tour • **ces visites nocturnes au garde-manger** *(hum)* these nocturnal visits *ou* trips to the pantry

[3] *(chez une connaissance)* visit • **une courte visite** a short visit, a call • **une visite de politesse** a courtesy call *ou* visit • **une visite de remerciements** a thank-you visit • **être en visite chez qn** to be paying sb a visit, to be on a visit to sb • **rendre visite à qn** to pay sb a visit, to call on sb, to visit sb • **je vais lui faire une petite visite** I'm going to pay him a (little) visit, I'm going to call on him • **rendre à qn sa visite** to return sb's visit, to pay sb a return visit • **avoir** *ou* **recevoir la visite de qn** to have a visit from sb • **vos visites se font de plus en plus rares** you should come and visit more often • **ses visites étaient rares** he rarely visited; → **carte**

[4] *(= visiteur)* visitor • **nous avons des visites** we've got visitors *ou* company *ou* guests • **j'ai une visite dans le salon** I have a visitor *ou* I have company in the lounge • **nous attendons de la visite** *ou* **des visites** we're expecting visitors *ou* company *ou* guests • **tiens, nous avons de la visite** *(hum)* hey, we've got company *ou* guests

[5] *[de chef d'État]* visit • **en visite officielle au Japon** on an official visit to Japan

[6] *[de médecin hospitalier avec étudiants]* ward round • **visite (à domicile)** *[de médecin de ville]* (house)call, visit • **il ne fait pas de visites à domicile** he doesn't make housecalls • **visite de contrôle** follow-up visit • **la visite** *(chez le médecin)* (medical) consultation; *(Mil) (quotidienne)* sick parade; *(d'entrée)* medical (examination) *(Brit)*, physical examination *(US)* • **aller à la visite** to go to the surgery (for a consultation) • **passer à la visite (médicale)** *[recrue]* to have a medical *(Brit) ou* physical *(US)* examination • **l'heure de la visite dans le service** the time when the doctor does his ward round(s)

[7] *[de vendeur]* visit, call; *(d'expert)* inspection • **j'ai reçu la visite d'un représentant** I had a visit *ou* call from a representative, a representative called (on me)

COMP **visite du diocèse** ⇒ **visite épiscopale**
visite domiciliaire *(Jur)* house search
visite de douane customs inspection *ou* examination
visite épiscopale *(Rel)* pastoral visitation

visiter /vizite/ SYN ► conjug 1 ◄ VT [1] *[+ pays, ville, site Internet]* to visit; *[+ château, musée]* to visit, to go round *(Brit) ou* through *(US)* • **visiter une maison** *(à vendre)* to look over a house, to view a house • **il me fit visiter sa maison/son laboratoire** he showed me round *(Brit) ou* through *(US)* his house/his laboratory • **il nous a fait visiter la maison que nous envisagions d'acheter** he showed us round *(Brit) ou* through *(US) ou* over *(Brit)* the house we were thinking of buying • **le monument le plus visité de Paris** the most visited site in Paris • **c'est le site Internet le plus visité** it is the most frequently visited website, it is the website with the most hits

[2] *(en cherchant qch) [+ bagages]* to examine, to inspect; *[+ boutiques]* to go round; *[+ recoins]* to search (in); *[+ armoire]* to go through, to search (in); *(Admin) [+ navire]* to inspect; *(hum) [+ coffre-fort]* to visit *(hum)*, to pay a visit to *(hum)* • **leur maison a été visitée plusieurs fois** *(hum)* they've been burgled *ou* they've had burglars several times

[3] *(par charité) [+ malades, prisonniers]* to visit

[4] *[médecin, représentant, inspecteur]* to visit, to call on

[5] *(Rel)* to visit

[6] *(† = fréquenter) [+ voisins, connaissances]* to visit, to call on

visiteur, -euse /vizitœʀ, øz/ SYN

NM,F *(gén)* visitor • **les visiteurs** *(Sport)* the visiting *ou* away team; → **infirmier, médical**

COMP **visiteur des douanes** customs inspector
visiteur de prison prison visitor

vison /vizɔ̃/ NM *(= animal, fourrure)* mink; *(= manteau)* mink (coat)

visonnière /vizɔnjɛʀ/ NF *(Can)* mink farm, minkery *(Can)*

visqueux, -euse /viskø, øz/ SYN ADJ [1] *[liquide]* viscous, thick; *[pâte]* sticky, viscous; *(péj) [surface, objet]* sticky, goo(e)y *, viscous

[2] *(fig péj) [personne, manière]* slimy, smarmy *(Brit)*

vissage /visaʒ/ NM screwing (on *ou* down)

visser /vise/ ► conjug 1 ◄ VT [1] *(au moyen de vis) [+ plaque, serrure]* to screw on; *[+ couvercle]* to screw down *ou* on • **ce n'est pas bien vissé** it's not screwed down properly • **visser un objet sur qch** to screw an object on to sth • **vissé devant la télé** * glued * to the television • **il est resté vissé sur sa chaise** * he never got out of his chair • **le chapeau vissé sur la tête** with his hat jammed hard *ou* tight on his head

[2] *(en tournant) [+ couvercle, bouchon, écrou]* to screw on • **ce couvercle se visse** this is a screw-on lid, this lid screws on • **ce n'est pas bien vissé** *[bouchon]* it's not screwed on *ou* down properly; *[écrou]* it's not screwed down properly

[3] *(* = être strict avec) [+ élève, subordonné]* to keep a tight rein on, to crack down on * • **toi, je vais te visser !** things are going to get tough for you around here!

visseuse /visøz/ NF screwing machine

vista /vista/ NF *(surtout Sport)* clairvoyance

Vistule /vistyl/ NF • **la Vistule** the Vistula

visu /vizy/ **de visu** LOC ADV with one's own eyes • **s'assurer de qch de visu** to check sth with one's own eyes *ou* for oneself

visualisation /vizɥalizasjɔ̃/ NF *(gén)* visualization; *(Ordin)* display; → **console, écran**

visualiser /vizɥalize/ SYN ► conjug 1 ◄ VT *(gén)* to visualize; *(à l'écran)* to display • **j'ai du mal à visualiser la scène** it's hard for me to visualize what happened

visualiseur /vizɥalizœʀ/ *(Ordin)* visualizer

visuel, -elle /vizɥɛl/

ADJ *(gén)* visual • **troubles visuels** eye trouble *(NonC)*; → **champ¹, mémoire¹**

NM,F • **cet écrivain est un visuel** visual images predominate in the writings of this author

NM *(Ordin)* visual display unit, VDU; *(Publicité)* visual • **visuel graphique** graphical display unit

visuellement /vizɥɛlmɑ̃/ ADV visually

vit † /vi/ NM *(littér)* penis

vital, e (mpl **-aux**) /vital, o/ SYN ADJ *(Bio, gén)* vital; → **centre, espace¹, minimum**

vitalisme /vitalism/ NM *(Philos)* vitalism

vitaliste /vitalist/

ADJ vitalist(ic)

NMF vitalist

vitalité /vitalite/ SYN NF *[de personne]* energy, vitality; *[d'institution, terme]* vitality • **il est plein de vitalité** he's full of energy *ou* go *ou* vitality • **la vitalité de ces enfants est incroyable** it's incredible how much energy these children have

vitamine /vitamin/ NF vitamin • **vitamine A/C** vitamin A/C • **alimentation riche/pauvre en vitamines** food that is rich *ou* high/low in vitamins • **lait enrichi en vitamines** vitamin-enriched milk, milk with added vitamins *ou* enriched with vitamins; → **carence**

vitaminé, e /vitamine/ ADJ with added vitamins

vitaminique /vitaminik/ ADJ vitamin *(épith)*

vite /vit/ SYN

ADV [1] *(= à vive allure) [rouler, marcher]* fast, quickly; *[progresser, avancer]* quickly, rapidly, swiftly

[2] *(= rapidement) [travailler, se dérouler, se passer]* quickly, fast; *(= en hâte) [faire un travail]* quickly, in a rush *ou* hurry • **ça s'est passé si vite, je n'ai rien vu** it happened so quickly *ou* fast I didn't see a thing • **il travaille vite et bien** he works quickly and fast and well • **vous avez fait vite pour venir** it didn't take you long to come, you were quick getting here • **ça ne va pas vite** it's slow work • **fais vite !** be quick about it!, look sharp! * • **eh, pas si vite !** hey, not so fast!, hey, hold on (a minute)! • **et plus vite que ça !** and get a move on! *, and be quick about it! • **là il (y) va un peu vite** he's being a bit hasty • **le temps passe vite** time flies • **la police est allée vite en besogne** * the police were quick off the mark *ou* worked fast *ou* didn't waste any time • **vous allez un peu vite en besogne** * you're going too fast, you're a bit too quick off the mark • **aller plus vite que les violons** *ou* **la musique** to jump the gun • **c'est vite dit** * (it's) easier said than done • **j'aurais plus vite fait de l'écrire moi-même** it would have been quicker if I'd written it myself

♦ **vite fait** • **ça, c'est du vite fait !** that's a rushed job!, that's been done too quickly! • **elle s'est tirée vite fait** * she was off like a shot *, she took off as quick as a flash * • **il faut que tu termines ça, vite fait (sur le gaz)** * you have to finish that, pronto * • **on prend une bière, mais vite fait (sur le gaz)** * we'll have a beer, but just a quick one * *ou* a quickie * • **il l'a terminé vite fait, bien fait** he finished it nice and quickly * • **il l'a peint vite fait, bien fait** he gave it a quick coat of paint • **c'est du vite fait, bien fait** it's a nice quick job

[3] *(= bientôt)* soon, in no time • **elle sera vite arrivée/guérie** she'll soon be here/better, she'll be here/better in no time • **il eut vite fait de découvrir que...** he soon *ou* quickly discovered that..., in no time he discovered that... • **ce sera vite fait** it won't take long, it won't take a moment *ou* a second • **on a vite fait de dire que...** it's easy to say that...

[4] *(= immédiatement)* quick • **lève-toi vite !** get up quick! • **va vite voir !** go and see quick! • **au plus vite** as quickly as possible • **il faut le prévenir au plus vite** he must be warned as quickly *ou* as soon as possible • **faites-moi ça, et vite !** do this for me and be quick about it! • **vite ! un médecin** quick! a doctor

ADJ *(style journalistique : Sport)* fast

vitellin, e /vitelɛ̃, in/ ADJ vitelline

vitellus /vitelys/ NM *(Bio)* vitellin

vitesse /vitɛs/ SYN

NF [1] *(= promptitude, hâte)* speed, quickness, rapidity

♦ **en vitesse** *(= rapidement)* quickly; *(= en hâte)* in a hurry *ou* rush • **faites-moi ça en vitesse** do this for me quickly • **faites-moi ça, et en vitesse !** do this for me and be quick about it! • **on va prendre un verre en vitesse** we'll go for a quick drink ◆ **écrire un petit mot en vitesse** to scribble a hasty note ◆ **j'ai préparé le déjeuner/cette conférence un peu en vitesse** I prepared lunch/this lecture in a bit of a hurry *ou* rush

◆ **à toute vitesse, en quatrième vitesse** at full *ou* top speed ◆ **il faut toujours tout faire en quatrième vitesse** everything always has to be done at top speed *ou* in a great rush ◆ **(à la nouvelle) il est arrivé en quatrième vitesse** *ou* **à toute vitesse** (on hearing the news) he came like a shot *ou* at the double

[2] *[de courant, processus]* speed; *[de véhicule, projectile]* speed, velocity ◆ **aimer la vitesse** to love speed ◆ **à la vitesse de 60 km/h** at (a speed of) 60 km/h ◆ **à quelle vitesse allait-il ?, quelle vitesse faisait-il ?** what speed was he going at? *ou* doing?, how fast was he going? ◆ **faire de la vitesse** to go *ou* drive fast ◆ **faire une vitesse (moyenne) de 60** to do an average (speed) of 60 ◆ **prendre de la vitesse** to gather *ou* increase speed, to pick up speed ◆ **gagner** *ou* **prendre qn de vitesse** *(lit)* to beat sb, to outstrip sb; *(fig)* to beat sb to it, to pip sb at the post* *(Brit)*, to beat sb by a nose *(US)* ◆ **entraîné par sa propre vitesse** carried along by his own momentum ◆ **vitesse de propagation/réaction/rotation** speed of propagation/reaction/rotation ◆ **à grande vitesse** at great speed ◆ **passer une vidéo en vitesse accélérée** to fast-forward a video ◆ **faire qch à la vitesse de l'éclair** to do sth with lightning speed *ou* as quick as a flash ◆ **à une vitesse vertigineuse** *[conduire, avancer]* at a dizzying speed; *[augmenter, se multiplier]* at a dizzying rate ◆ **circuler à vitesse réduite** to drive at reduced speed; → **course, excès, perte**

[3] *[d'expédition]* ◆ **grande/petite vitesse** fast/slow goods service ◆ **expédier un colis en petite vitesse** to send a parcel by slow goods service ◆ **expédier un colis en grande vitesse** to send a parcel express

[4] *(= dispositif)* gear ◆ **changer de vitesse** to change *ou* shift *(US)* gear ◆ **2e/4e vitesse** 2nd/4th gear ◆ **passer les vitesses** to go *ou* run through the gears ◆ **passer la vitesse supérieure** *(fig)* to quicken the pace, to shift into high gear *(US)* ◆ **une Europe à deux vitesses** a two-speed Europe ◆ **société/justice à deux vitesses** two-tier society/justice system; → **boîte**

[5] *(locutions)* ◆ **à (la) vitesse grand V*** at top speed, real fast* *(US)* ◆ **il est parti à la vitesse grand V*** he shot off*, he went tearing off*, he left like a bullet from a gun

COMP **vitesse acquise** momentum
vitesse d'affichage *(Ordin)* display speed
vitesse de croisière *(lit, fig)* cruising speed
vitesse de frappe typing speed
vitesse d'impression *(Ordin)* print speed
vitesse initiale muzzle velocity
vitesse de lecture *(Ordin)* reading rate
vitesse de libération escape velocity *ou* speed
vitesse de la lumière speed of light
vitesse de pointe maximum *ou* top speed
vitesse de sédimentation sedimentation speed
vitesse du son *(lit, fig)* speed of sound
vitesse de sustentation minimum flying speed
vitesse de traitement *(Ordin)* processing speed

viticole /vitikɔl/ ADJ *[industrie]* wine *(épith)*; *[région]* wine-growing *(épith)*, wine-producing *(épith)*; *[établissement]* wine-producing *(épith)*, wine-making *(épith)* ◆ **culture viticole** wine growing, viticulture *(SPÉC)*

viticulteur, -trice /vitikyltœʀ, tʀis/ NM,F wine grower, viticulturist *(SPÉC)*

viticulture /vitikyltyʀ/ NF wine growing, viticulture *(SPÉC)*

vitiligo /vitiligo/ NM leucoderma, vitiligo

vitrage /vitʀaʒ/ NM [1] *(= action)* glazing
[2] *(= vitres)* windows; *(= cloison)* glass partition; *(= toit)* glass roof ◆ **double vitrage** double glazing ◆ **fenêtre à double vitrage** double-glazed window
[3] *(= rideau)* net curtain; *(= tissu)* net curtaining

vitrail (pl **-aux**) /vitʀaj, o/ NM stained-glass window, church window ◆ **l'art du vitrail, le vitrail** the art of stained-glass window making

vitre /vitʀ/ SYN NF [1] *[de fenêtre, vitrine]* (window) pane, pane (of glass); *[de voiture]* window ◆ **poser/mastiquer une vitre** to put in/putty a window pane *ou* a pane of glass ◆ **verre à vitre** window glass ◆ **laver/faire les vitres** to wash/do *ou* clean the windows ◆ **appuyer son front à la vitre** to press one's forehead against the window (pane) ◆ **les camions font trembler les vitres** the lorries make the window panes *ou* the windows rattle ◆ **casser une vitre** to break a window (pane) ◆ **vitre blindée** bullet-proof window ◆ **la vitre arrière** *(d'une voiture)* the rear window *ou* windscreen *(Brit) ou* windshield *(US)* ◆ **vitres électriques** electric windows
[2] *(= fenêtre)* ◆ **vitres** windows ◆ **fermer les vitres** to close the windows

vitré, e /vitʀe/ (ptp de **vitrer**)
ADJ [1] *[porte, cloison]* glass *(épith)*; → **baie²**
[2] *(Anat)* ◆ **corps vitré** vitreous body ◆ **humeur vitrée** vitreous humour
NM *(Anat)* vitreous body

vitrer /vitʀe/ ▸ conjug 1 ◂ VT *[+ fenêtre]* to glaze, to put glass in; *[+ véranda, porte]* to put windows in, to put glass in

vitrerie /vitʀəʀi/ NF *(= activité)* glaziery, glazing; *(= marchandise)* glass

vitreux, -euse /vitʀø, øz/ SYN ADJ [1] *(Anat) [humeur]* vitreous
[2] *(Géol)* vitreous; → **porcelaine**
[3] *(péj = terne, glauque) [yeux]* glassy, dull; *[regard]* glassy, glazed, lacklustre *(Brit) ou* lackluster *(US) (épith)*; *[surface, eau]* dull

vitrier /vitʀije/ NM glazier ◆ **ton père n'est pas vitrier !*** I can't see through you!

vitrifiable /vitʀifjabl/ ADJ → **vitrifier** vitrifiable, sealable

vitrification /vitʀifikasjɔ̃/ NF [1] *(Tech) (par fusion)* vitrification; *(par enduit)* glazing ◆ **la vitrification des déchets radioactifs** vitrification of nuclear waste
[2] *[de parquet]* sealing, varnishing

vitrifier /vitʀifje/ ▸ conjug 7 ◂
VT [1] *(Tech) (par fusion)* to vitrify; *(par enduit)* to glaze, to put a glaze on ◆ **déchets vitrifiés** vitrified waste
[2] *(= vernir) [+ parquet]* to seal, to varnish
VPR **se vitrifier** to vitrify

vitrine /vitʀin/ SYN NF [1] *(= devanture)* (shop) window ◆ **en vitrine** in the window ◆ **la vitrine du boucher/de la pâtisserie** the butcher's/ pastry *ou* cake *(Brit)* shop window ◆ **faire les vitrines** to dress the windows ◆ **vitrine publicitaire** display case, showcase ◆ **cette exposition est la vitrine de l'Europe** this exhibition is Europe's showcase ◆ **la vitrine légale d'une organisation terroriste** the legal front for a terrorist organization; → **lécher**
[2] *(= meuble) (chez soi)* display cabinet; *(au musée)* showcase, display cabinet

vitriol /vitʀijɔl/ NM *(Hist, Chim)* vitriol ◆ **une critique/un style au vitriol** *(fig)* a vitriolic review/style ◆ **du vitriol** *(péj = mauvais alcool)* firewater

vitriolage /vitʀijɔlaʒ/ NM *(Tech)* vitriolization

vitrioler /vitʀijɔle/ ▸ conjug 1 ◂ VT [1] *(Tech)* to vitriolize, to treat with vitriol *ou* (concentrated) sulphuric acid
[2] *[+ victime d'agression]* to throw acid *ou* vitriol at

vitrocéramique /vitʀoseʀamik/ NF vitreous ceramic ◆ **table de cuisson en vitrocéramique** ceramic hob

vitulaire /vitylɛʀ/ ADJ ◆ **fièvre vitulaire** vitular fever

vitupération /vitypeʀasjɔ̃/ NF *(= propos)* ◆ **vitupérations** rantings and ravings, vituperations *(frm)*

vitupérer /vitypeʀe/ ▸ conjug 6 ◂
VI to rant and rave ◆ **vitupérer contre qn/qch** to rail against sb/sth, to rant and rave about sb/sth
VT *(littér)* to inveigh against

vivable /vivabl/ SYN ADJ [1] * *[personne]* bearable ◆ **il n'est pas vivable** he's impossible to live with ◆ **ce n'est pas vivable !** it's intolerable!
[2] *[milieu, monde]* fit to live in ◆ **cette maison n'est pas vivable** this house isn't fit to live in

vivace¹ /vivas/ SYN
ADJ [1] *[végétal]* hardy ◆ **plante vivace** (hardy) perennial
[2] *[préjugé]* inveterate, indestructible; *[haine]* undying, inveterate; *[souvenir]* vivid; *[foi]* steadfast, undying; *[tradition]* enduring
NF *(= plante)* perennial

vivace² /vivatʃe/ ADV, ADJ *(Mus)* vivace

vivacité /vivasite/ SYN NF [1] *(= rapidité, vie) [de personne]* liveliness, vivacity; *[de mouvement]* liveliness, briskness; *[d'intelligence]* keenness; *[de langue, dialogues, débat]* liveliness ◆ **vivacité d'esprit** quick-wittedness ◆ **avoir de la vivacité** to be lively *ou* vivacious ◆ **avec vivacité** *[réagir, se déplacer]* swiftly
[2] *(= brusquerie)* sharpness, brusqueness ◆ **avec vivacité** *[critiquer, répliquer]* sharply, brusquely
[3] *(= caractère vif) [de lumière, éclat]* brightness, brilliance; *[de couleur]* vividness; *[de froid]* bitterness; *[de douleur]* sharpness; *[de vent]* keenness
[4] *(= intensité) [d'émotion, plaisir]* keenness, intensity; *[d'impression]* vividness

vivandière /vivɑ̃djɛʀ/ NF *(Hist)* vivandière

vivant, e /vivɑ̃, ɑ̃t/ SYN
ADJ [1] *(= en vie)* living, alive *(attrib)*, live *(épith)* ◆ **né vivant** born alive ◆ **il est encore vivant** he's still alive *ou* living ◆ **il n'en sortira pas vivant** he won't come out of it alive ◆ **expériences sur des animaux vivants** experiments on live *ou* living animals, live animal experiments ◆ **c'est un cadavre/squelette vivant** he's a living corpse/skeleton
[2] *(= plein de vie) [regard, visage, enfant]* lively; *[ville, quartier, rue]* lively, full of life *(attrib)*; *[portrait]* lifelike, true to life *(attrib)*; *[dialogue, récit, film]* lively; *(fig) [personnage]* lifelike
[3] *(= doué de vie) [matière, organisme]* living; → **être**
[4] *(= constitué par des êtres vivants) [machine, témoignage, preuve]* living ◆ **c'est le portrait vivant de sa mère** he's the (living) image of his mother; → **tableau**
[5] *(= en usage) [expression, croyance, influence]* living ◆ **une expression encore très vivante** a phrase which is still very much alive; → **langue**
[6] *(Rel)* ◆ **le pain vivant** the bread of life ◆ **le Dieu vivant** the living God
NM [1] *(= personne, Rel)* ◆ **les vivants** the living ◆ **les vivants et les morts** *(gén)* the living and the dead; *(Bible)* the quick and the dead; → **bon¹**
[2] *(= vie)* ◆ **de son vivant** in his *(ou* her) lifetime, while he *(ou* she) was alive

vivarium /vivaʀjɔm/ NM vivarium

vivats /viva/ SYN NM PL cheers ◆ **il quitta la scène sous les vivats** he left the stage to the cheers of the crowd

vive² /viv/ EXCL ◆ **vive le roi/la France/l'amour !** long live the king/France/love! ◆ **vive les vacances !** three cheers for *ou* hurrah for the holidays!

vive³ /viv/ NF *(= poisson)* weever

vive-eau (pl **vives-eaux**) /vivo, vivzo/ NF ◆ **(marée de) vive-eau** spring tide ◆ **les vives-eaux** the spring tides

vivement /vivmɑ̃/ SYN ADV [1] *(= avec brusquerie)* sharply, brusquely
[2] *(= beaucoup) [regretter]* deeply, greatly; *[désirer]* keenly, greatly; *[affecter, ressentir, intéresser]* deeply, keenly ◆ **s'intéresser vivement à** to take a keen *ou* deep interest in, to be keenly *ou* deeply interested in
[3] *(= avec éclat) [colorer]* brilliantly, vividly; *[briller]* brightly, brilliantly
[4] *(littér = rapidement) [agir, se mouvoir]* in a lively manner
[5] *(marque un souhait)* ◆ **vivement les vacances !** I can't wait for the holidays! *(Brit) ou* for vacation! *(US)*, roll on the holidays!* *(Brit)* ◆ **vivement que ce soit fini !** I'll be glad when it's all over! ◆ **vivement ce soir qu'on se couche !*** I can't wait until bedtime!, roll on bedtime!* *(Brit)*

viveur † /vivœʀ/ NM pleasure seeker

vivier /vivje/ NM *(= étang)* fishpond; *(= réservoir)* fish-tank; *(fig)* breeding ground

vivifiant, e /vivifjɑ̃, jɑ̃t/ ADJ *[air, brise, promenade]* invigorating, bracing; *[ambiance, climat]* invigorating; → **grâce**

vivifier /vivifje/ SYN ▸ conjug 7 ◂ VT [1] *[+ personne]* to invigorate, to enliven; *[+ sang, plante]* to invigorate; *(fig littér) [+ âme]* to vitalize, to quicken *(littér)*; *[+ race]* to vitalize, to give life to
[2] *(emploi absolu)* ◆ **l'esprit vivifie** *(Rel, littér)* the spirit gives life

vivipare /vivipaʀ/
ADJ viviparous
NM viviparous animal ◆ **vivipares** vivipara

viviparité /vivipaʀite/ NF viviparity

vivisection /vivisɛksjɔ̃/ NF vivisection

vivoir /vivwaʀ/ NM *(Can)* living room

vivoter /vivɔte/ SYN ► conjug 1 ◄ VI *[personne]* to get by (somehow), to live from hand to mouth; *[entreprise]* to struggle along

vivre¹ /vivʀ/ SYN ► conjug 46 ◄

VI 1 (= *être vivant*) to live, to be alive ◆ **il n'a vécu que quelques jours** he only lived a few days ◆ **je ne savais pas qu'il vivait encore** I didn't know he was still alive *ou* living ◆ **quand l'ambulance est arrivée, il vivait encore** he was still alive when the ambulance arrived ◆ **quand elle arriva, il avait cessé de vivre** he was dead when she arrived ◆ **vivre vieux** to live to a ripe old age, to live to a great age ◆ **il vivra centenaire** he'll live to be a hundred ◆ **les gens vivent de plus en plus vieux** people are living longer and longer ◆ **le peu de temps qu'il lui reste à vivre** the little time he has left (to live) ◆ **le colonialisme a vécu** colonialism is a thing of the past, colonialism has had its day ◆ **ce manteau a vécu*** this coat is finished *ou* has had its day ◆ **il fait bon vivre** it's good to be alive, it's a good life ◆ **qui vive ?** *(Mil)* who goes there? ◆ **qui vivra verra** *(Prov)* what will be will be *(Prov)*; → **âme, qui-vive**

2 (= *habiter*) to live ◆ **vivre à Londres/en France** to live in London/in France ◆ **vivre avec qn** to live with sb ◆ **ils vivent ensemble/comme mari et femme** they live together/as husband and wife ◆ **vivre dans le passé/dans ses livres/dans la crainte** to live in the past/in one's books/in fear

3 (= *se comporter*) to live ◆ **vivre en paix (avec soi-même)** to be at peace (with oneself) ◆ **vivre dangereusement** to live dangerously ◆ **se laisser vivre** to live for the day, to take life *ou* each day as it comes ◆ **laissez-les vivre !** (= *ne les tracassez pas*) let them be!; *(slogan anti-avortement)* let them live! ◆ **être facile/difficile à vivre** to be easy/difficult to live with *ou* to get on with ◆ **ces gens-là savent vivre** *[épicuriens]* those people (really) know how to live; *[personnes bien élevées]* those people know how to behave ◆ **il faut vivre avec son temps** *ou* **époque** you've got to move with the times; → **apprendre**

4 (= *exister*) to live ◆ **on vit bien en France** life is good in France ◆ **c'est un homme qui a beaucoup vécu** he's a man who has seen a lot of life ◆ **elle ne vit plus depuis que son fils est pilote** *(fig)* she's been living on her nerves since her son became a pilot ◆ **il ne vit que pour sa famille** he lives only for his family; → **art, joie**

5 (= *subsister*) to live (*de* on) ◆ **vivre de laitages/de son salaire/de rentes** to live on dairy produce/on one's salary/on a private income ◆ **vivre au jour le jour** to live from day to day *ou* from hand to mouth ◆ **vivre largement** *ou* **bien** to live well ◆ **avoir (juste) de quoi vivre** to have (just) enough to live on ◆ **ils vivent très bien avec son salaire** they live very comfortably *ou* get along very well on his salary ◆ **il vit de sa peinture/musique** he earns his living by painting/with his music ◆ **travailler/écrire pour vivre** to work/write for a living ◆ **il faut bien vivre !** a person has to live!, you have to live! ◆ **faire vivre qn** *[personne]* to keep sb, to support sb ◆ **je n'aime pas ce métier mais il me fait vivre** I don't like this job but it pays the bills* *ou* it's a living ◆ **seul son amour pour ses enfants le fait vivre** only his love for his children keeps him going ◆ **vivre de l'air du temps** to live on air ◆ **vivre d'amour et d'eau fraîche** to live on love alone ◆ **vivre sur sa réputation** to get by on the strength of one's reputation ◆ **l'homme ne vit pas seulement de pain** *(Bible)* man shall not live by bread alone; → **crochet**

6 *[idée, rue, paysage]* to be alive ◆ **un portrait qui vit** a lively *ou* lifelike portrait, a portrait which seems alive ◆ **sa gloire vivra longtemps** his glory will live on *ou* will endure ◆ **cette idée/idéologie a vécu** this idea/ideology has had its day

VT 1 (= *passer*) to live, to spend ◆ **vivre des jours heureux/des heures joyeuses** to live through *ou* spend happy days/hours ◆ **il vivait un beau roman d'amour** his life was a love story come true ◆ **la vie ne vaut pas la peine d'être vécue** life isn't worth living

2 (= *être mêlé à*) *[+ événement, guerre]* to live through ◆ **nous vivons des temps troublés** we are living in *ou* through troubled times ◆ **le pays vit une période de crise** the country is going through a period of crisis

3 (= *éprouver intensément*) ◆ **vivre sa vie** to live one's own life, to live (one's life) as one pleases *ou* sees fit ◆ **vivre sa foi/son art** to live out one's faith/one's art ◆ **vivre l'instant/le présent** to live for the moment/the present ◆ **vivre son époque intensément** to be intensely involved in the period one lives in ◆ **il a mal vécu son divorce/son adolescence/la mort de sa mère** he had a hard time of it when he got divorced/as an adolescent/when his mother died

vivre² /vivʀ/ SYN

NM *(littér)* ◆ **le vivre et le couvert** bed and board ◆ **le vivre et le logement** board and lodging, room and board

NMPL **vivres** supplies, provisions; → **couper**

vivrier, -ière /vivʀije, ijɛʀ/ ADJ food-producing *(épith)*

vizir /viziʀ/ NM vizier ◆ **le grand vizir** the Grand Vizier ◆ **il veut être vizir à la place du vizir** *(hum)* he wants to be top dog*

vizirat /viziʀa/ NM vizierate

v'là* /vla/ PRÉP ⇒ **voilà**

Vladivostock /vladivɔstɔk/ N Vladivostok

vlan, v'lan /vlɑ̃/ EXCL wham!, bang! ◆ **et vlan ! dans la figure** smack *ou* slap-bang in the face ◆ **et vlan ! il est parti en claquant la porte** wham! *ou* bang! he slammed the door and left

vlog /vlɔg/ NM vlog

VO /veo/ NF (abrèv de **version originale**) ◆ **film en VO** film in the original version *ou* language ◆ **en VO sous-titrée** in the original version with subtitles

vocable /vɔkabl/ NM 1 (= *mot*) term

2 *(Rel)* ◆ **église sous le vocable de saint Pierre** church dedicated to St Peter

vocabulaire /vɔkabylɛʀ/ SYN NM 1 *[de dictionnaire]* vocabulary, word list ◆ **vocabulaire français-anglais** French-English vocabulary ◆ **vocabulaire de la photographie** dictionary *ou* lexicon of photographic terms

2 *[d'individu, groupe]* (= *terminologie*) vocabulary ◆ **vocabulaire technique/médical** technical/medical vocabulary ◆ **vocabulaire actif/passif** active/passive vocabulary ◆ **enrichir son vocabulaire** to enrich one's vocabulary ◆ **j'ai rayé ce mot de mon vocabulaire** that word is no longer part of my vocabulary ◆ **quel vocabulaire !** what language! ◆ **surveille ton vocabulaire !** watch *ou* mind your language!

vocal, e (mpl **-aux**) /vɔkal, o/ ADJ *[organe, musique]* vocal ◆ **synthèse vocale** voice *ou* speech synthesis; → **corde, serveur**

vocalement /vɔkalmɑ̃/ ADV vocally

vocalique /vɔkalik/ ADJ vowel *(épith)*, vocalic ◆ **système vocalique** vowel system

vocalisation /vɔkalizasjɔ̃/ NF *(Ling)* vocalization; *(Mus)* singing exercise

vocalise /vɔkaliz/ NF singing exercise ◆ **faire des vocalises** to practise (one's) singing exercises

vocaliser /vɔkalize/ ► conjug 1 ◄

VT *(Ling)* to vocalize

VI *(Mus)* to practise (one's) singing exercises

VPR **se vocaliser** *(Ling)* to become vocalized

vocalisme /vɔkalism/ NM *(Ling)* (= *théorie*) vocalism; (= *système vocalique*) vowel system; *[de mot]* vowel pattern

vocatif /vɔkatif/ NM vocative (case)

vocation /vɔkasjɔ̃/ SYN NF 1 *(pour un métier, une activité, Rel)* vocation, calling ◆ **avoir/ne pas avoir la vocation** to have/lack a vocation ◆ **avoir la vocation de l'enseignement/du théâtre** to be cut out to be a teacher *ou* for teaching/for acting *ou* the theatre ◆ **vocation artistique** artistic calling ◆ **vocation contrariée** frustrated vocation ◆ **rater sa vocation** to miss one's vocation ◆ **il a la vocation** *(hum)* it's a real vocation for him

2 (= *destin*) vocation, calling ◆ **la vocation maternelle de la femme** woman's maternal vocation *ou* calling ◆ **la vocation industrielle du Japon** the industrial calling of Japan

3 *(Admin)* ◆ **avoir vocation à** *ou* **pour** to have authority to

voceratrice /vɔtʃeʀatʀitʃe, vɔseʀatʀis/, **vocératrice** /vɔseʀatʀis/ NF *(en Corse)* (hired) mourner

vociférateur, -trice /vɔsifeʀatœʀ, tʀis/

ADJ vociferous

NM,F vociferator

vocifération /vɔsifeʀasjɔ̃/ NF cry of rage, vociferation *(frm)* ◆ **pousser des vociférations** to utter cries of rage

vociférer /vɔsifeʀe/ SYN ► conjug 6 ◄

VI to utter cries of rage, to vociferate ◆ **vociférer contre qn** to shout angrily at sb, to scream at sb

VT *[+ insulte, ordre]* to shout (out), to scream ◆ **vociférer des injures** to hurl abuse, to shout (out) *ou* scream insults

vocodeur /vɔkɔdœʀ/ NM vocoder

vodka /vɔdka/ NF vodka

vœu (pl **vœux**) /vø/ GRAMMAIRE ACTIVE 23 SYN NM

1 (= *promesse*) vow ◆ **faire (le) vœu de faire qch** to vow to do sth, to make a vow to do sth ◆ **vœux de religion** religious vows ◆ **vœux de célibat** vows of celibacy ◆ **prononcer ses vœux** *(Rel)* to take one's vows ◆ **vœu de chasteté** vow of chastity ◆ **faire vœu de pauvreté** to take a vow of poverty

2 (= *souhait*) wish ◆ **faire un vœu** to make a wish ◆ **nous formons des vœux pour votre santé** we send our good wishes for your recovery *ou* health ◆ **tous nos vœux de prompt rétablissement** our best wishes for a speedy recovery ◆ **l'assemblée a émis le vœu que...** the assembly expressed the wish *ou* its desire that... ◆ **appeler qch de ses vœux** to hope and pray for sth ◆ **je fais le vœu qu'il me pardonne** I pray (that) he may forgive me ◆ **tous nos vœux (de bonheur)** all good wishes *ou* every good wish for your happiness ◆ **tous nos vœux vous accompagnent** our very best wishes go with you ◆ **vœu pieux** pious hope

3 *(au jour de l'an)* ◆ **les vœux télévisés du président de la République** the President of the Republic's televised New Year speech *ou* address ◆ **il a reçu les vœux du corps diplomatique** he received New Year's greetings from the diplomatic corps ◆ **tous nos (meilleurs** *ou* **bons) vœux de bonne et heureuse année, meilleurs vœux** best wishes for the New Year, Happy New Year; *(sur une carte)* "Season's Greetings"

vogoul(e) /vɔgul/ ADJ, NM Vogul

vogue /vɔg/ SYN NF 1 (= *popularité*) fashion, vogue ◆ **la vogue de l'informatique** the vogue for computers ◆ **connaître une vogue extraordinaire** to be extremely fashionable *ou* popular ◆ **être en vogue** to be in fashion *ou* vogue, to be fashionable ◆ **c'est la grande vogue maintenant** it's all the rage now ◆ **ce n'est plus en vogue** it's no longer fashionable, it's on the way out

2 *(dial* = *foire)* fair

voguer /vɔge/ ► conjug 1 ◄ VI *(littér)* *[embarcation, vaisseau spatial]* to sail; *(fig)* *[pensées]* to drift, to wander ◆ **nous voguions vers l'Amérique** we were sailing towards America ◆ **l'embarcation voguait au fil de l'eau** the boat was drifting *ou* floating along on *ou* with the current ◆ **vogue la galère !** *(hum)* come what may!

voici /vwasi/ PRÉP 1 *(pour désigner : opposé à voilà)* here is, here are, this is, these are ◆ **voici mon bureau et voilà le vôtre** here's *ou* this is my office and there's *ou* that's yours ◆ **voici mon frère et voilà sa femme** this is *ou* here is my brother and there's *ou* that's his wife ◆ **voici mes parents** here are *ou* these are my parents

2 *(pour désigner : même valeur que voilà)* here is, here are, this is, these are ◆ **voici mon frère** this is my brother ◆ **voici le livre que vous cherchiez** here's the book you were looking for ◆ **l'homme/la maison que voici** this (particular) man/house ◆ **M. Dupont, que voici** Mr Dupont here ◆ **il m'a raconté l'histoire que voici** he told me the following story

3 *(pour annoncer, introduire)* here is, here are, this is, these are ◆ **voici le printemps/la pluie** here comes spring/the rain ◆ **voici la fin de l'hiver** the end of winter is here ◆ **me/nous/le** *etc* **voici** here I am/we are/he is *etc* ◆ **les voici prêts à partir** they're ready to leave, that's them ready to leave* ◆ **nous voici arrivés** here we are, we've arrived ◆ **le voici qui se plaint encore** there he goes, complaining again, that's him complaining again* ◆ **me voici à me ronger les sangs pendant que lui...** *(au présent)* here am I *ou* here's me* in a terrible state while he...; *(au passé)* there was I *ou* there was me* in a terrible state while he... ◆ **vous voulez des preuves, en voici** you want proof, well here you are then ◆ **nous y voici** *(lieu)* here we are; *(question délicate)* now we're getting there ◆ **voici qui va vous surprendre** here's something that'll surprise you ◆ **voici qu'il se met à pleuvoir maintenant** and now it's starting to rain ◆ **voici ce que je compte faire** this is what I'm hoping to do ◆ **voici ce qu'il m'a dit/ce dont il s'agit** this is what he told me/what it's all about ◆ **voici comment il faut faire** this is the way to do it, this is how it's done ◆ **voici pourquoi je l'ai fait** this *ou* that was why I did it ◆ **voici pourquoi je l'avais supprimé** that

was why I'd eliminated it ◆ **voici que tombe la nuit** night is falling, it's getting dark

4 *(il y a)* ◆ **voici 5 ans que je ne l'ai pas vu** it's 5 years (now) since I last saw him, I haven't seen him for the past 5 years ◆ **il est parti voici une heure** he left an hour ago, it's an hour since he left ◆ **voici bientôt 20 ans que nous sommes mariés** it'll soon be 20 years since we got married, we'll have been married 20 years soon

voie /vwa/ SYN

NF 1 *(= chemin)* way; *(Admin = route, rue)* road; *(= itinéraire)* route ◆ **voie romaine/sacrée** *(Hist)* Roman/sacred way ◆ **par la voie des airs** *ou* **aérienne** by air ◆ **emprunter la voie maritime** to go by sea ◆ **expédier qch par voie de mer** *ou* **maritime** to send sth by sea *ou* by ship, to ship sth ◆ **voyager par voie de terre** *ou* **terrestre** to travel overland ◆ **voies de communication** communication routes ◆ **voie sans issue** no through road, cul-de-sac ◆ **voie privée** private road ◆ **voie à double sens/à sens unique** two-way/one-way road

2 *(= partie d'une route)* lane ◆ **« travaux – passage à voie unique »** "roadworks – single-lane traffic" ◆ **route à voie unique** single-lane *ou* single-track road ◆ **route à 3/4 voies** 3-/4-lane road ◆ **voie réservée aux autobus/aux cyclistes** bus/cycle lane ◆ **voie à contresens** contraflow lane ◆ **une voie de circulation a été mise en sens inverse sur...** there is a contraflow system in operation on...

3 *[de chemin de fer]* track, (railway) line ◆ **ligne à voie unique/à 2 voies** single-/double-track line ◆ **ligne à voie étroite** narrow-gauge line ◆ **on répare les voies** the line *ou* track is under repair ◆ **voie montante/descendante** up/down line ◆ **le train est annoncé sur la voie 2** the train will arrive at platform 2

4 *(Anat)* ◆ **voies digestives/respiratoires/urinaires** digestive/respiratory/urinary tract ◆ **par voie buccale** *ou* **orale** orally ◆ **administrer qch par voie nasale/rectale** to administer sth through the nose/the rectum ◆ **évacuer qch par les voies naturelles** to get rid of sth by the natural routes *ou* naturally ◆ **les usagers de drogues par voie intraveineuse** intravenous drug users ◆ **être contaminé par voie sexuelle** to be infected through sexual intercourse

5 *(fig)* way ◆ **la voie du bien/mal** the path of good/evil ◆ **la voie de l'honneur** the honourable course ◆ **rester dans la voie du devoir** to keep to the line *ou* path of duty ◆ **entrer dans la voie des aveux** to make a confession ◆ **ouvrir/tracer/montrer la voie** to open up/mark out/show the way ◆ **préparer la voie à qn/qch** to prepare *ou* pave the way for sb/sth ◆ **continuez sur cette voie** continue in this way ◆ **il est sur la bonne voie** he's on the right track ◆ **l'affaire est en bonne voie** things are going well ◆ **mettre qn sur la voie** to put sb on the right track ◆ **trouver sa voie** to find one's way (in life) ◆ **la voie est toute tracée** *(pour une personne)* his career is mapped out (for him); *(pour un projet)* the way ahead is clear ◆ **la voie est libre** the way is clear *ou* open

6 *(= filière, moyen, option)* ◆ **par des voies détournées** by devious *ou* roundabout means ◆ **par la voie hiérarchique/diplomatique** through official/diplomatic channels ◆ **faire qch par (la) voie légale** *ou* **par les voies légales** to follow the proper procedures for doing sth ◆ **par voie de conséquence** in consequence, as a result ◆ **annoncer qch par voie de presse** to announce sth in the press ◆ **publicité par voie d'affiche** poster advertising ◆ **consulter le peuple par voie de référendum** to consult the people in a *ou* by referendum ◆ **recruter des cadres par voie de concours/d'annonces** to recruit executives in open competition/through advertisements ◆ **proposer une troisième voie** to suggest a third option

◆ **en voie de** ◆ **en voie de réorganisation** in the process of reorganization, undergoing reorganization ◆ **en voie d'exécution** in (the) process of being carried out, being carried out ◆ **en voie de guérison** getting better, regaining one's health, on the road to recovery ◆ **en voie de cicatrisation** (well) on the way to healing over ◆ **en voie d'achèvement** (well) on the way to completion, nearing completion ◆ **elle est en voie de réussir** she's on the way *ou* road to success ◆ **il est en voie de perdre sa situation** he's on the way to losing his job, he's heading for dismissal

COMP **voie d'accès** access road

voie Appienne Appian Way

voie de dégagement urbain urban relief road

les voies de Dieu, les voies divines the ways of God *ou* Providence ◆ **les voies de Dieu sont impénétrables** *ou* **insondables** God moves in mysterious ways

voie d'eau leak

voie express express way, motorway *(Brit)*, freeway *(US)*

voie de fait *(Jur)* assault (and battery) *(NonC)* ◆ **voie de fait simple** common assault ◆ **se livrer à des voies de fait sur qn** to assault sb, to commit an assault on sb

voie ferrée railway *(Brit) ou* railroad *(US)* line

voie de garage *(pour train)* siding ◆ **mettre sur une voie de garage** *[+ affaire]* to shelve; *[+ personne]* to shunt to one side ◆ **on m'a mis sur une voie de garage** *(Téléc)* they put me on hold

la voie lactée the Milky Way

voies navigables waterways

voie de passage major route

les voies de la Providence ⇒ **les voies de Dieu**

la voie publique *(Admin)* the public highway

voie de raccordement slip road

voie rapide ⇒ **voie express**

voie royale *(fig)* ◆ **c'est la voie royale vers** *ou* **pour** *(gén)* it's the pathway to; *[+ carrière, pouvoir]* it's the fast track to

les voies du Seigneur ⇒ **les voies de Dieu**

voilà /vwala/

PRÉP 1 *(pour désigner : opposé à voici)* there is, there are, that is, those are; *(même sens que voici)* here is, here are, this is, these are ◆ **voici mon bureau et voilà le vôtre** here's my office and there's *ou* and that's yours ◆ **voici mon frère et voilà sa femme** this is *ou* here's my brother and that's *ou* there's his wife ◆ **voilà mon frère** this is *ou* here is my brother ◆ **voilà le livre que vous cherchiez** *(je le tiens)* here's the book you were looking for; *(il est là-bas)* there's the book you were looking for ◆ **l'homme/la maison que voilà** that man/house (there) ◆ **M. Dupont que voilà** Mr Dupont there ◆ **il m'a raconté l'histoire que voilà** he told me the following story

2 *(pour annoncer, introduire)* there is, there are, that is, those are ◆ **voilà le printemps/la pluie** here comes spring/the rain ◆ **voilà la fin de l'hiver** the end of winter is here ◆ **le voilà, c'est lui** there he is, that's him ◆ **le voilà prêt à partir** he's ready to leave, that's him ready to leave* ◆ **le voilà qui se plaint encore** there he goes, complaining again, that's him complaining again* ◆ **me voilà à me ronger les sangs pendant que lui...** *(au présent)* there am I *ou* there's me* in a terrible state while he...; *(au passé)* there was I *ou* there was me* in a terrible state while he... ◆ **voilà ce que je compte faire** this is what I'm hoping to do ◆ **voilà ce qu'il m'a dit/ce dont il s'agit** *(je viens de le dire)* that's what he told me/what it's all about; *(je vais le dire)* this is what he told me/what it's all about ◆ **voilà comment il faut faire** that's how it's done ◆ **voilà pourquoi je l'ai fait** that's why I did it ◆ **voilà que tombe la nuit** night is falling, it's getting dark ◆ **voilà qu'il se met à pleuvoir maintenant** now it's starting to rain, here comes the rain now ◆ **voilà où je veux en venir** that's what I'm getting at, that's my point ◆ **nous y voilà** *(lieu)* here we are; *(question délicate)* now we're getting there

3 *(pour résumer)* ◆ **... et voilà pourquoi je n'ai pas pu le faire** ... and that's why *ou* that's the reason I couldn't do it ◆ **voilà ce qui fait que c'est impossible** that's what makes it impossible ◆ **voilà qui est louche** that's a bit odd *ou* suspicious ◆ **voilà qui s'appelle parler** that's what I call talking ◆ **voilà ce que c'est (que) de ne pas obéir** that's what comes of not doing as you're told, that's what happens when you don't do as you're told

4 *(il y a)* ◆ **voilà une heure que je l'attends** I've been waiting for him for an hour now, that's a whole hour I've been waiting for him now ◆ **voilà 5 ans que je ne l'ai pas vu** it's 5 years since I last saw him, I haven't seen him for the past 5 years ◆ **il est parti voilà une heure** he left an hour ago, it's an hour since he left ◆ **voilà bientôt 20 ans que nous sommes mariés** it'll soon be 20 years since we got married, we'll have been married 20 years soon

5 *(locutions)* ◆ **voilà le hic*** that's the snag *ou* catch, there's *ou* that's the hitch ◆ **voilà tout** that's all ◆ **et voilà tout** and that's all there is to it *ou* all there is to say, and that's the top and bottom of it* *(Brit)* ◆ **voilà bien les Français !** how like the French!, isn't that just like the French!, that's the French all over!* ◆ **(et) ne voilà-t-il pas qu'il s'avise de se déshabiller** lo and behold, he suddenly decides to get undressed!, I'm blest if he doesn't suddenly decide to get undressed! ◆ **nous voilà frais !** now we're in a mess! *ou* a nice pickle!*, that's a fine mess *ou* pickle we're in!*

◆ **en voilà** ◆ **en voilà une histoire/blague !** what a story/joke!, that's some story/joke! ◆ **en voilà un imbécile !** there's an idiot for you!, what a fool! ◆ **en voilà assez !** that's enough!, that'll do! ◆ **veux-tu de l'argent ? – en voilà** do you want some money? – here's some *ou* here you are ◆ **vous voulez des preuves, en voilà** you want proof, well here you are then

EXCL ◆ **voilà ! j'arrive !** here I come!, there – I'm coming! ◆ **ah ! voilà ! je comprends !** oh, (so) that's it, I understand!, oh, I see! ◆ **voilà autre chose !** *(incident)* that's all I need(ed)!; *(impertinence)* what a cheek!, the cheek of it! ◆ **je n'ai pas pu le faire, et voilà !** I couldn't do it and that's all there is to it! *ou* so there!* ◆ **voilà, je m'appelle M. Dupont et je suis votre nouvel instituteur** right (then), my name is Mr Dupont and I'm your new teacher ◆ **voilà, tu l'as cassé !** there (you are), you've broken it!

voilage[1] /vwalaʒ/ NM *(= rideau)* net curtain; *(= tissu)* net *(NonC)*, netting *(NonC)*, veiling *(NonC)*; *[de chapeau, vêtement]* gauze *(NonC)*, veiling *(NonC)*

voilage[2] /vwalaʒ/ NM *[de roue]* buckle; *[de planche]* warp

voile[1] /vwal/ SYN NF 1 *[de bateau]* sail ◆ **voile carrée/latine** square/lateen sail ◆ **les hautes voiles** the light *ou* upper sails, the (flying) kites ◆ **les basses voiles** the lower sails ◆ **navire sous voiles** ship under sail ◆ **faire voile vers** to sail towards ◆ **mettre à la voile** to set sail, to make way under sail ◆ **mettre toutes voiles dehors** to raise *ou* set full sail ◆ **arriver toutes voiles dehors** *(lit)* to draw near under *ou* in full sail; *(fig)* to make a grand entrance ◆ **mettre les voiles*** *(fig)* to clear off*, to scram* ◆ **marcher à voile et à vapeur*** *[bisexuel]* to be AC/DC* *ou* bi*, to swing both ways*; → **planche, vent, vol**[1]

2 *(littér = embarcation)* sail *(inv)(littér)*, vessel

3 *(= navigation, sport)* sailing, yachting ◆ **faire de la voile** to sail, to go sailing *ou* yachting ◆ **demain on va faire de la voile** we're going sailing *ou* yachting tomorrow ◆ **faire le tour du monde à la voile** to sail round the world

voile[2] /vwal/ SYN NM 1 *(= coiffure, vêtement)* veil ◆ **voile de deuil** (mourning) veil ◆ **voile islamique** Islamic veil ◆ **voile de mariée** bridal veil ◆ **porter le voile** to wear the veil ◆ **prendre le voile** *(Rel)* to take the veil ◆ **sa prise de voile a eu lieu hier** she took the veil yesterday

2 *[de statue, plaque commémorative]* veil

3 *(= tissu)* net *(NonC)*, netting *(NonC)* ◆ **voile de coton/de tergal ®** cotton/Terylene ® net *ou* netting

4 *(fig = qui cache)* veil ◆ **le voile de l'oubli** the veil of oblivion ◆ **sous le voile de la franchise** under the veil *ou* a pretence of candour ◆ **le voile de mystère qui entoure cet assassinat** the veil of mystery that surrounds this murder ◆ **jeter/tirer un voile sur qch** to cast/draw a veil over sth ◆ **lever le voile sur** to unveil, to lift the veil from ◆ **soulever un coin du voile** to lift a corner of the veil

5 *(fig = qui rend flou) (gén)* veil; *(sur un liquide)* cloud ◆ **voile de brume** veil of mist, veiling mist ◆ **avoir un voile devant les yeux** to have a film before one's eyes

6 *(Photo)* fog *(NonC)* ◆ **un voile sur la photo** a shadow on the photo

7 *(Méd)* ◆ **voile au poumon** shadow on the lung ◆ **le voile noir/gris/rouge des aviateurs** blackout/greyout/redout

8 *(Anat)* ◆ **voile du palais** soft palate, velum

9 *[de champignon]* veil

10 *(= enregistrement du son)* warp

voilé[1]**, e**[1] /vwale/ SYN (ptp de **voiler**[1]) ADJ

1 *[femme, statue]* veiled

2 *[termes, allusion, sens]* veiled ◆ **accusation à peine voilée** thinly disguised accusation ◆ **il fit une allusion peu voilée à...** he made a thinly veiled reference to...

3 *(= flou) [lumière, ciel, soleil]* hazy; *[éclat]* dimmed; *[regard]* misty; *[contour]* hazy, misty; *[photo]* fogged ◆ **les yeux voilés de larmes** his eyes misty *ou* misted (over) *ou* blurred with tears ◆ **sa voix était un peu voilée** his voice was slightly husky

voilé[2]**, e**[2] /vwale/ (ptp de **voiler**[2]) ADJ *(= tordu) [roue]* buckled; *[planche]* warped

voilement /vwalmɑ̃/ **NM** *(Tech)* *[de roue]* buckle; *[de planche]* warp

voiler[1] /vwale/ SYN ► conjug 1 ◄

VT *(lit, fig , littér = cacher)* to veil ◆ **les larmes voilaient ses yeux** his eyes were misty with tears ◆ **un brouillard voilait les sommets** the peaks were shrouded in fog ◆ **la plaine était voilée de brume** the plain was shrouded *ou* veiled in mist ◆ **je préfère lui voiler la vérité** I prefer to shield him from the truth *ou* to conceal the truth from him

VPR se voiler [1] [1] *(= porter un voile)* ◆ **se voiler le visage** *[personne]* to wear a veil; *[musulmane]* to wear the veil ◆ **se voiler la face** *(fig)* to close one's eyes *(devant* to)

[2] *(= devenir flou)* *[horizon, soleil]* to mist over; *[ciel]* to grow hazy *ou* misty; *[regard, yeux]* to mist over, to become glazed; *[voix]* to become husky

voiler[2] /vwale/ SYN ► conjug 1 ◄

VPR se voiler [2] *[roue]* to buckle; *[planche]* to warp

VT *[+ roue]* to buckle; *[+ planche]* to warp

voilerie /vwalʀi/ **NF** sail-loft

voilette /vwalɛt/ **NF** (hat) veil

voilier /vwalje/ **NM** [1] *(= navire à voiles)* sailing ship; *(de plaisance)* sailing boat, sailboat (US), yacht ◆ **grand voilier** tall ship

[2] *(= fabricant de voiles)* sailmaker ◆ **maître(-)voilier** master sailmaker

[3] *(= oiseau)* long-flight bird

voilure[1] /vwalyʀ/ **NF** [1] *[de bateau]* sails ◆ **une voilure de 1 000 m^2** 1,000 m^2 of sail ◆ **réduire la voilure** to shorten sail ◆ **réduire sa voilure** *[entreprise]* to reduce its area of activity; → **surface**

[2] *[de planeur]* aerofoils ◆ **voilure tournante** rotary wing

[3] *[de parachute]* canopy

voilure[2] /vwalyʀ/ **NF** ⇒ **voilement**

voir /vwaʀ/

GRAMMAIRE ACTIVE 26.2

SYN ► conjug 30 ◄

1 - VERBE TRANSITIF
2 - VERBE INTRANSITIF
3 - LOCUTION EXCLAMATIVE
4 - VERBE TRANSITIF INDIRECT
5 - VERBE PRONOMINAL

1 - VERBE TRANSITIF

[1] [= PERCEVOIR PAR LA VUE] to see ◆ **je vois deux arbres** I (can) see two trees ◆ **est-ce que tu le vois ?** can you see it? ◆ **je l'ai vu de mes (propres) yeux, je l'ai vu, de mes yeux vu** I saw it with my own eyes ◆ **je l'ai vu comme je vous vois** I saw him as plainly as I see you now ◆ **aller voir un film/une exposition** to go to (see) a film/an exhibition ◆ **c'est un film à voir** it's a film worth seeing ◆ **à le voir si joyeux/triste** seeing him look so happy/sad ◆ **à le voir, on ne lui donnerait pas 90 ans** to look at him, you wouldn't think he was 90 ◆ **vous m'en voyez ravi/navré** I'm delighted/terribly sorry about that ◆ **tu vois ce que je vois ?** do you see what I see? ◆ **voir Naples et mourir** see Naples and die ◆ **j'ai vu la mort de près** I've looked *ou* stared death in the face; → **chandelle, falloir, jour, pays**[1]

◆ **voir** + *infinitif* ◆ **nous les avons vus sauter** we saw them jump ◆ **on a vu le voleur entrer** the thief was seen going in ◆ **j'ai vu bâtir ces maisons** I saw these houses being built ◆ **je voudrais la voir travailler plus** I'd like to see her work more

[2] [= ÊTRE TÉMOIN DE] ◆ **as-tu jamais vu pareille impolitesse ?** have you ever seen *ou* did you ever see such rudeness? ◆ **il a vu deux guerres** he has lived through *ou* seen two wars ◆ **cette maison a vu bien des drames** this house has known *ou* seen many a drama ◆ **à voir son train de vie, elle doit être très riche** if her lifestyle is anything to go by, she must be very rich, looking *ou* to look at her lifestyle, you'd think she was very rich ◆ **je voudrais t'y voir !** I'd like to see you try! ◆ **tu aurais dû refuser ! – j'aurais voulu t'y voir !** you should have said no! – I'd like to see what you'd have done!; → **naître**

◆ **voir** + *infinitif* to see ◆ **ce journal a vu son tirage augmenter** this newspaper has seen an increase in its circulation ◆ **un pays qui voit renaître le fascisme** a country which is witnessing *ou* seeing the rebirth of fascism

[3] [= DÉCOUVRIR, CONSTATER] to see ◆ **va voir s'il y a quelqu'un** go and see if there's anybody there ◆ **des meubles comme on en voit partout** ordinary furniture ◆ **vous verrez que ce n'est pas leur faute** you'll see that they're not to blame ◆ **il ne fera plus cette erreur – c'est à voir** he won't make the same mistake again – that remains to be seen *ou* -- we'll see ◆ **nous allons bien voir !** we'll soon find out! ◆ **(attendons,) on verra bien** we'll see, let's wait and see ◆ **voyez si elle accepte** see if she'll agree ◆ **voyez comme les prix ont augmenté** see how prices have risen ◆ **c'est ce que nous verrons !** we'll see about that! ◆ **histoire de voir, pour voir** just to see ◆ **essaie un peu, pour voir !** *(menace)* just you try! ◆ **il n'a pas de goût, il n'y a qu'à voir comment il s'habille** he's got no taste, just look at the way he dresses ◆ **c'est tout vu !*** that's for sure!, it's a dead cert! * ◆ **si tu me trompes, moi je vais voir ailleurs*** *(euph)* if you're ever unfaithful to me, I'll go and find somebody else ◆ **va voir ailleurs si j'y suis !*** get lost!*; → **falloir**

[4] [= IMAGINER, SE REPRÉSENTER] to see, to imagine ◆ **tu me vois aller lui dire ça/rester sans travailler ?** can you see *ou* imagine me telling him that?/not working? ◆ **je ne le vois pas** *ou* **je le vois mal habiter la banlieue** I (somehow) can't see *ou* imagine him living in the suburbs ◆ **je le verrais bien dans ce rôle** I could just see him in this role ◆ **nous ne voyons pas qu'il ait de quoi s'inquiéter** we can't see that he has any reason for worrying ◆ **voyez-vous une solution ?** can you see a solution? ◆ **je ne vois pas le problème** I don't see what the problem is ◆ **comment voyez-vous l'avenir ?** how do you see *ou* envisage the future? ◆ **je ne vois pas comment ils auraient pu gagner** I can't *ou* don't see how they could have won ◆ **tu vois, vois-tu, voyez-vous** you see ◆ **tu vois ça d'ici** you can just imagine it ◆ **il va encore protester, je vois ça d'ici** he's going to start protesting again, I can see it coming ◆ **je vois* ma sœur, elle a trois enfants et...** take my sister, she has three children and...; → **inconvénient, noir, rose**

[5] [= EXAMINER, ÉTUDIER] *[+ problème, dossier]* to look at; *[+ leçon]* to look *ou* go over; *[+ circulaire]* to see, to read ◆ **il a encore trois malades à voir** he still has three patients to see ◆ **il faudra voir la question de plus près** we'll have to look at *ou* into the question more closely, the question requires closer examination ◆ **il faut** *ou* **il faudra voir** we'll have to see ◆ **je verrai (ce que je dois faire)** I'll have to see, I'll think about it ◆ **voyons un peu comment tu fais** let's see how you do it

[6] [= JUGER, CONCEVOIR] to see ◆ **c'est à vous de voir s'il est compétent** it's up to you to see *ou* to decide whether he is competent ◆ **si elle ne revient pas travailler lundi, elle va se faire mal voir** if she doesn't come back to work on Monday, it won't look too good ◆ **il a fait ça pour se faire bien voir de ses collègues/des autorités** he did that to impress his colleagues/to make himself popular with the authorities ◆ **façon** *ou* **manière de voir** view of things, outlook ◆ **nous n'avons pas la même façon de voir les choses** we see things differently ◆ **voici comment on peut voir les choses** you can look at things this way ◆ **nous ne voyons pas le problème de la même façon** we don't see *ou* view the problem in the same way, we don't take the same view of the problem ◆ **ne voir aucun mal à...** to see no harm in... ◆ **voir qn comme un ami** to look upon *ou* regard sb as a friend, to consider sb a friend ◆ **il ne voit que son intérêt** he only considers his own interest; → **œil**

[7] [= RENCONTRER] *[+ médecin, avocat]* to see ◆ **il voit le directeur ce soir** he's seeing the manager tonight ◆ **le ministre doit voir les délégués** the minister is to see *ou* meet the delegates ◆ **on ne vous voit plus** we never see you these days, you've become quite a stranger ◆ **il la voit beaucoup** he sees a lot of her ◆ **je l'ai assez vu*** I've had (quite) enough of him* ◆ **aller voir** *[+ médecin, avocat]* to go and see; *[+ ami]* to go and see, to call on, to visit ◆ **aller voir qn à l'hôpital** to visit sb *ou* go and see sb in hospital ◆ **passez me voir quand vous serez à Paris** look me up *ou* call in and see me *(Brit)* when you're in Paris ◆ **je suis passé le voir** I went to see him ◆ **il vient nous voir demain** he's coming to see us tomorrow

[8] [= FAIRE L'EXPÉRIENCE DE] ◆ **j'en ai vu d'autres !** I've seen worse! ◆ **il en a vu de dures** *ou* **de toutes les couleurs** *ou* **des vertes et des pas mûres*** he has been through the mill *ou* through some hard times, he has taken some hard knocks ◆ **en faire voir (de dures** *ou* **de toutes les couleurs) à qn** to give sb a hard time ◆ **a-t-on jamais vu ça ?, on n'a jamais vu ça !** have you ever seen *ou* heard anything like it? ◆ **on aura tout vu !** we've seen everything now!, that beats everything! ◆ **vous n'avez encore rien vu !** you haven't seen anything yet!, you ain't seen nothing yet! *; → **autre**

[9] [= COMPRENDRE] to see ◆ **je ne vois pas ce que vous voulez dire** I don't see *ou* get *ou* understand what you mean, I don't understand your meaning ◆ **elle ne voyait pas le côté drôle de l'aventure** she couldn't see *ou* appreciate the funny side of what had happened ◆ **vous aurez du mal à lui faire voir que...** you'll find it difficult to make him see *ou* realize that... ◆ **je ne vois pas comment il a pu oublier** I don't see how he could forget ◆ **tu vas le faire tout de suite, vu ?*** you're going to do it straightaway, understood?

[10] [* = SUPPORTER] ◆ **elle ne peut pas le voir (en peinture)** she can't stand (the sight of) him

[11] [LOCUTIONS]

◆ **faire voir** *(= montrer)* to show ◆ **fais voir !** show me!, let me have a look! ◆ **faites-moi voir ce dessin** show me *ou* let me see the picture ◆ **va te faire voir (ailleurs) !*** get lost!* ◆ **qu'il aille se faire voir (chez les Grecs) !*** he can go to hell!*

◆ **voir venir** *(= attendre les événements)* to wait and see ◆ **j'ai quelques économies, ça me permettra de voir venir*** I've got some money put by, it should be enough to see me through * ◆ **on va perdre, ça je le vois venir (gros comme une maison*)** *(= prévoir)* we're going to lose, I can see it coming (a mile off*) ◆ **je te vois venir* (avec tes gros sabots)** I can see what you're leading up to ◆ **150 € pour ce vase ? on t'a vu venir !*** *(iro)* €150 for that vase? they saw you coming! *

◆ **rien/quelque chose/pas grand-chose à voir avec** *ou* **dans** ◆ **je n'ai rien à voir dans cette affaire** this has nothing to do with me, none of this has anything to do with me ◆ **cela n'a rien/a quelque chose à voir avec...** this has got nothing/something to do with... ◆ **son nouveau film ? rien à voir avec les précédents** his new film? it's nothing like his previous work ◆ **le résultat n'a plus grand-chose à voir avec le projet initial** the result bears scarcely any resemblance *ou* very little relation to the initial project

2 - VERBE INTRANSITIF

[1] [AVEC LES YEUX] to see ◆ **voir mal** to have trouble seeing ◆ **on voit mal ici** it's difficult to see in here ◆ **on n'y voit plus** you can't see a thing ◆ **voir trouble** to have blurred vision ◆ **il a vu grand** he planned things on a grand *ou* big scale, he thought big; → **clair, loin, rouge**

[2] [* : INTENSIF] ◆ **dites voir, vous connaissez la nouvelle ?** tell me, have you heard the news? ◆ **dis-moi voir...** tell me... ◆ **essaie voir !** just try it and see!, just you try it! ◆ **regarde voir ce qu'il a fait !** just look what he's done!

3 - LOCUTION EXCLAMATIVE

voyons *(rappel à l'ordre)* ◆ **un peu de charité, voyons !** come (on) now, let's be charitable! ◆ **mais voyons, il n'a jamais dit ça !** oh come on, he never said that! ◆ **voyons voir !** let's see now!

4 - VERBE TRANSITIF INDIRECT

voir à *(littér = veiller à)* to make sure that, to see (to it) that ◆ **nous verrons à vous contenter** we shall do our best *ou* our utmost to please you ◆ **il faudra voir à ce qu'il obéisse** we must see *ou* make sure that he obeys

5 - VERBE PRONOMINAL

se voir

[1] [SOI-MÊME] ◆ **se voir dans une glace** to see oneself in a mirror ◆ **il ne s'est pas vu mourir** death caught him unawares ◆ **elle se voyait déjà célèbre** she pictured herself famous already ◆ **je me vois mal habiter** *ou* **habitant là** I can't see myself living there somehow ◆ **tu te vois faire trois heures de trajet par jour ?** can you see yourself commuting three hours every day? ◆ **il la trouve moche – il ne s'est pas vu !** he thinks she's ugly – has he looked in the mirror lately?

[2] [MUTUELLEMENT] to see each other ◆ **ils se voient beaucoup** they see a lot of each other ◆ **nous essaierons de nous voir à Londres** we shall try to see each other *ou* to meet (up) in London ◆ **ils ne**

peuvent pas se voir * they can't stand the sight of each other *

3 [= SE TROUVER] ◆ **se voir contraint de** to find o.s. forced to ◆ **je me vois dans la triste obligation de...** sadly, I find myself obliged to...

4 [= ÊTRE VISIBLE, ÉVIDENT] *[tache, couleur, sentiments]* to show ◆ **la tache ne se voit pas** the stain doesn't show ◆ **il est très intelligent – ça se voit !** he's very clever – that's obvious!; → **nez**

5 [= SE PRODUIRE] ◆ **cela se voit tous les jours** it happens every day, it's an everyday occurrence ◆ **ça ne se voit pas tous les jours** it's not something you see every day, it's quite a rare occurrence ◆ **cela ne s'est jamais vu !** it's unheard of! ◆ **une attitude qui ne se voit que trop fréquemment** an all-too-common attitude ◆ **des attitudes/préjugés qui se voient encore chez...** attitudes/prejudices which are still commonplace *ou* encountered in...

6 [FONCTION PASSIVE] ◆ **ils se sont vu interdire l'accès du musée** they were refused admission to the museum ◆ **ces outils se sont vus relégués au grenier** these tools have been put away in the attic ◆ **je me suis vu répondre que c'était trop tard** I was told that it was too late

---

voire /vwaʀ/ **ADV** 1 *(frm = et même)* indeed, nay † *(littér)* ◆ **c'est révoltant, voire même criminel** it's disgusting, indeed criminal ◆ **il faudrait attendre une semaine, voire un mois** you would have to wait a week or even a month ◆ **ce sera difficile, voire impossible** it'll be difficult, if not impossible

2 *(= j'en doute)* indeed? ◆ **ce n'est pas une manœuvre politique ? – voire !** it isn't a political manoeuvre? – we shall see!

voirie /vwaʀi/ **NF** 1 *(= enlèvement des ordures)* refuse *(Brit)* *ou* garbage *(US)* collection; *(= dépotoir)* refuse *(Brit)* *ou* garbage *(US)* dump

2 *(= entretien des routes)* road *ou* highway maintenance; *(= service administratif)* roads *ou* highways department; *(= voie publique)* (public) highways ◆ **travaux de voirie** road works ◆ **les ingénieurs de la voirie** highway *ou* road engineers

voisé, e /vwaze/ **ADJ** *(Phon)* voiced

voisement /vwazmɑ̃/ **NM** *(Phon)* voicing

voisin, e /vwazɛ̃, in/ SYN

ADJ 1 *(= proche)* neighbouring *(Brit)*, neighboring *(US)*; *(= adjacent)* next ◆ **les maisons/rues voisines** the neighbouring houses/streets ◆ **il habite la maison voisine/la rue voisine** he lives in the house next door/in the next street ◆ **deux maisons voisines (l'une de l'autre)** two adjoining houses, two houses next to each other ◆ **une maison voisine de l'église** a house next to *ou* adjoining the church ◆ **ils se sont réfugiés dans des villages voisins** they took refuge in neighbouring villages ◆ **les pays voisins de la Suisse** the countries bordering on *ou* adjoining Switzerland ◆ **les années voisines de 1870** the years around 1870 ◆ **un chiffre d'affaires voisin de 2 milliards d'euros** a turnover in the region of 2 billion euros

2 *(= semblable)* *[idées, espèces, cas]* connected ◆ **voisin de** akin to, related to ◆ **un animal voisin du chat** an animal akin to *ou* related to the cat ◆ **dans un état voisin de la folie** in a state bordering on *ou* akin to madness

NM,F 1 *(gén)* neighbour *(Brit)*, neighbor *(US)* ◆ **nous sommes voisins** we're neighbours ◆ **nos voisins d'à côté** our next-door neighbours, the people next door ◆ **les voisins du dessus/dessous** the people (who live) above/below ◆ **nos voisins de palier** our neighbours *ou* the people who live across the landing ◆ **un de mes voisins de table** one of the people next to me at table, one of my neighbours at table ◆ **je demandai à mon voisin de me passer le sel** I asked the person (sitting) next to me *ou* my neighbour to pass me the salt ◆ **qui est ta voisine cette année ?** *(en classe)* who is sitting next to you this year? ◆ **mon voisin de dortoir/de salle** the person in the bed next to mine (in the dormitory/ward) ◆ **j'étais venu en voisin** I had dropped in as I lived nearby ◆ **nos voisins européens** our European neighbours

2 *(fig littér = prochain)* neighbour *(Brit)*, neighbor *(US)* ◆ **envier son voisin** to envy one's neighbour

voisinage /vwazinaʒ/ **NM** 1 *(= voisins)* neighbourhood *(Brit)*, neighborhood *(US)* ◆ **ameuter tout le voisinage** to rouse the whole neighbourhood ◆ **être connu de tout le voisinage** to be known throughout the neighbourhood ◆ **faire une enquête de voisinage** to make inquiries in the neighbourhood ◆ **querelle/conflit de voisinage** quarrel/dispute between neighbours

2 *(= relations)* ◆ **être en bon voisinage avec qn, entretenir des relations de bon voisinage avec qn** to be on neighbourly terms with sb

3 *(= environs)* vicinity ◆ **les villages du voisinage** the villages in the vicinity, the villages round about ◆ **se trouver dans le voisinage** to be in the vicinity ◆ **dans le voisinage immédiat du musée** in the immediate vicinity of the museum ◆ **nous ne connaissons personne dans le voisinage** we don't know anyone in the neighbourhood *ou* around here

4 *(= proximité)* proximity, closeness ◆ **le voisinage de la montagne** the proximity *ou* closeness of the mountains ◆ **il n'était pas enchanté du voisinage de cette usine** he wasn't very happy at having the factory so close *ou* on his doorstep

5 *(Math)* *[de point]* neighbourhood *(Brit)*, neighborhood *(US)*

voisiner /vwazine/ ► conjug 1 ◄ **VI** *(= être près de)* ◆ **voisiner avec qch** to be (placed) side by side with sth

voiture /vwatyʀ/ SYN **NF** 1 *(= automobile)* car, automobile *(US)* ◆ **ils sont venus en voiture** they came by car, they drove (here) ◆ **voiture(-)balai** *(Tour de France)* broom wagon; *(Métro)* last train ◆ **vol à la voiture(-)bélier** ram-raiding ◆ **voiture cellulaire** prison *ou* police van *(Brit)*, patrol *ou* police wagon *(US)* ◆ **voiture de compétition** competition car ◆ **voiture de course** racing car ◆ **voiture décapotable** convertible ◆ **voiture-école** driving-school car ◆ **voiture de formule un** Formula-One car ◆ **voiture de grande remise** *(Admin)* hired limousine (with chauffeur) ◆ **voiture de location** rental car, rented *ou* hired *(Brit)* car, hire car *(Brit)* ◆ **voiture de maître** chauffeur-driven car ◆ **voiture particulière** private car ◆ **voiture pie** † ≃ (police) patrol car, ≃ panda car *(Brit)* ◆ **voiture de place** *(Admin)* taxi cab, hackney carriage *(Brit)* ◆ **voiture de police** police car ◆ **voiture de pompiers** fire engine ◆ **voiture publicitaire** *(Tour de France)* promoter's *ou* sponsor's back-up vehicle ◆ **voiture-radio** radio car ◆ **voiture sans chauffeur** self-drive hire car ◆ **voiture sans permis** *small car for which no driving licence is required* ◆ **voiture de série** production car ◆ **voiture de fonction, voiture de service, voiture de société** company car ◆ **voiture de sport** sportscar ◆ **voiture de tourisme** saloon *(Brit)*, sedan *(US)* ◆ **voiture ventouse** illegally parked car *(exceeding the time limit for parking)*

2 *(= wagon)* carriage *(Brit)*, coach *(Brit)*, car *(US)* ◆ **voiture de tête/queue** front/back carriage *(Brit)* *ou* coach *(Brit)* *ou* car *(US)* ◆ **voiture-bar** buffet car ◆ **voiture-couchette** couchette ◆ **voiture-lit** sleeper *(Brit)*, Pullman *(US)*, sleeping car *(US)* ◆ **voiture-restaurant** dining car ◆ **en voiture !** all aboard!

3 *(= véhicule attelé, poussé)* *(pour marchandises)* cart; *(pour voyageurs)* carriage, coach; *(pour handicapé)* wheelchair, invalid carriage *(Brit)* ◆ **voiture à bras** handcart ◆ **voiture à cheval** horse-drawn carriage ◆ **voiture d'enfant** pram *(Brit)*, baby carriage *(US)*, perambulator *(Brit)* *(frm)* ◆ **voiture de poste** mailcoach, stagecoach ◆ **voiture des quatre saisons** costermonger's *(Brit)* *ou* greengrocer's *(Brit)* barrow, sidewalk vegetable barrow *(US)*; → **petit**

voiturée †† /vwatyʀe/ **NF** *(hum)* *[de choses]* cartload; *[de personnes]* carriageful, coachload

voiturer /vwatyʀe/ ► conjug 1 ◄ **VT** (†† *ou hum*) *(sur un chariot)* to wheel in; (* *: en voiture*) to take in the car

voiturette /vwatyʀɛt/ **NF** *(d'infirme)* carriage; *(= petite auto)* little *ou* small car

voiturier /vwatyʀje/ **NM** (†, *Jur*) carrier, carter; *[d'hôtel, casino]* doorman *(responsible for parking clients' cars)* ◆ « **voiturier** » *(écriteau)* "valet parking"

voix /vwɑ/ SYN **NF** 1 *(= sons)* voice ◆ **à voix basse** in a low *ou* hushed voice ◆ **ils parlaient à voix basse** they were talking in hushed *ou* low voices *ou* in undertones ◆ **à voix haute, à haute voix** aloud, out loud ◆ **voix de crécelle/de fausset/de gorge** shrill/falsetto/throaty voice ◆ **d'une voix blanche** in a toneless *ou* flat voice ◆ **d'une voix forte** in a loud voice ◆ **à haute et intelligible voix** loud and clear ◆ **avoir de la voix** to have a good (singing) voice ◆ **être** *ou* **rester sans voix** to be speechless *(devant* before, at) ◆ **de la voix et du geste** by word and gesture, with words and gestures ◆ **une voix lui cria de monter** a voice shouted to him to come up ◆ **donner de la voix** *(= aboyer)* to bay, to give tongue; (* *= crier*) to bawl ◆ **voix dans le champ** *ou* **in** *(Ciné, TV)* voice-in ◆ **voix hors champs** *ou* **off** *(Théât)* voice-off; *(= commentaire)* voice-over ◆ **elle commente les images en voix off** she provides the voice-over for the pictures ◆ **la voix des violons** the voice of the violins; → **élever, gros, portée**[2]

2 *(= conseil, avertissement)* ◆ **voix de la conscience/raison** voice of conscience/reason ◆ **une petite voix m'a dit...** something inside me said... ◆ **se fier à la voix d'un ami** to rely on *ou* trust to a friend's advice ◆ **la voix du sang** the ties of blood, the call of the blood ◆ **c'est la voix du sang qui parle** he must heed the call of his blood

3 *(= opinion)* voice; *(Pol = suffrage)* vote ◆ **la voix du peuple** the voice of the people, vox populi ◆ **mettre qch aux voix** to put sth to the vote ◆ **la proposition a recueilli 30 voix** the proposal received *ou* got 30 votes ◆ **demander la mise aux voix d'une proposition** to ask for a vote on a proposal, to ask for a proposal to be put to the vote ◆ **avoir voix consultative** to have consultative powers *ou* a consultative voice ◆ **avoir voix prépondérante** to have a casting vote ◆ **gagner des voix** to win votes ◆ **donner sa voix à un candidat** to give a candidate one's vote, to vote for a candidate ◆ **le parti obtiendra peu de/beaucoup de voix** the party will poll badly/heavily ◆ **avoir voix au chapitre** to have a say in the matter

4 *(Mus)* voice ◆ **chanter à 2/3 voix** to sing in 2/3 parts ◆ **fugue à 3 voix** fugue in 3 voices ◆ **voix de basse/de ténor** bass/tenor (voice) ◆ **chanter d'une voix fausse/juste** to sing out of tune/in tune ◆ **voix de tête/de poitrine** head/chest voice ◆ **être/ne pas être en voix** to be/not to be in good voice ◆ **la voix humaine/céleste de l'orgue** the vox humana/voix céleste on the organ

5 *(Ling)* voice ◆ **à la voix active/passive** in the active/passive voice

vol[1] /vɔl/ SYN

NM 1 *[d'oiseau, avion]* *(gén)* flight ◆ **vol ramé/plané** flapping/gliding flight ◆ **faire un vol plané** *[oiseau]* to glide through the air; *(fig = tomber)* to fall flat on one's face ◆ **vol d'essai/de nuit** trial/night flight ◆ **vol régulier/charter** scheduled/charter flight ◆ **il y a 8 heures de vol entre...** it's an 8-hour flight between... ◆ **le vol Paris-Londres** the Paris-London flight ◆ **heures/conditions de vol** flying hours/conditions ◆ **vol habité** manned flight ◆ **vol sec** flight only ◆ **pilote qui a plusieurs centaines d'heures de vol** pilot with several hundred hours flying time ◆ **avoir plusieurs heures de vol** * *(fig = avoir de l'expérience)* to have been around for many years; *(péj)* *[femme]* to look a bit worn (around the edges) * → **haut, ravitaillement**

2 *(= ensemble d'animaux volants)* flock, flight ◆ **un vol de perdrix** a covey *ou* flock of partridges ◆ **un vol de canards sauvages** a flight of wild ducks ◆ **un vol de moucherons** a cloud of gnats

3 *(locutions)* ◆ **prendre son vol** *[oiseau]* to take wing, to fly off *ou* away; *(fig)* to take off

◆ **à vol d'oiseau** as the crow flies

◆ **au vol** ◆ **attraper qch au vol** *[+ ballon, objet lancé]* to catch sth as it flies past, to catch sth in midair; *[+ autobus, train]* to leap onto sth as it moves off ◆ **elle a rattrapé son chapeau au vol** she caught her hat as it went flying through the air ◆ **saisir une occasion au vol** to leap at *ou* seize an opportunity ◆ **saisir** *ou* **cueillir une remarque/une impression au vol** to catch a chance *ou* passing remark/impression ◆ **tirer un oiseau au vol** to shoot (at) a bird on the wing

◆ **en (plein) vol** in (full) flight

COMP **vol libre** hang-gliding ◆ **pratiquer le vol libre** to hang-glide, to go hang-gliding

vol relatif *(Sport)* relative work, RW *(style of free fall parachuting)*

vol à voile gliding ◆ **faire du vol à voile** to go gliding

vol[2] /vɔl/ SYN

NM *(= délit)* theft ◆ **vol simple** *(Jur)* theft ◆ **vol qualifié** *ou* **aggravé** aggravated theft ◆ **vol avec violence** robbery with violence ◆ **vols de voiture** car thefts ◆ **c'est du vol !** *(fig)* it's daylight robbery!, it's a rip-off! ⁑ ◆ **c'est du vol organisé** *(fig)* it's a racket

COMP **vol à l'arraché** bag-snatching

vol domestique *theft committed by an employee*

vol avec effraction burglary, breaking and entering
vol à l'étalage shoplifting *(NonC)*
vol à main armée armed robbery
vol à la roulotte theft from a vehicle
vol à la tire pickpocketing *(NonC)*

volage /vɔlaʒ/ SYN **ADJ** *[époux, cœur]* flighty, fickle, inconstant

volaille /vɔlaj/ SYN **NF** ◆ **une volaille** a bird, a fowl ◆ **la volaille** poultry ◆ **les volailles de la basse-cour** farmyard poultry ◆ **volaille rôtie** roast fowl ◆ **farcir la volaille de marrons** stuff the bird with chestnuts ◆ **c'est de la volaille** *(= du poulet)* it's chicken ◆ **foie/escalope de volaille** chicken liver/breast

volailler, -ère /vɔlaje, ɛʀ/ **NM,F** poulterer

volailleur, -euse /vɔlajœʀ, øz/ **NM,F** poultry farmer

volant¹ /vɔlɑ̃/ SYN

NM 1 *[de voiture]* steering wheel ◆ **être au volant** to be at *ou* behind the wheel ◆ **la femme au volant** women drivers ◆ **prendre le volant, se mettre au volant** to take the wheel ◆ **c'est lui qui tenait le volant** he was at *ou* behind the wheel ◆ **un brusque coup de volant** a sharp turn of the wheel ◆ **as du volant** crack *ou* ace driver

2 *(Tech = roue, régulateur)* flywheel; *(de commande)* (hand)wheel

3 *[de rideau, robe]* flounce ◆ **jupe à volants** flounced skirt, skirt with flounces

4 *(= balle de badminton)* shuttlecock; *(= jeu)* badminton, battledore and shuttlecock †

5 *[de carnet à souches]* tear-off portion

6 *(= réserve, marge)* reserve

COMP **volant inclinable** tilt steering wheel
volant magnétique magneto
volant réglable adjustable steering wheel
volant de sécurité reserve, safeguard
volant de trésorerie cash reserve

volant², e /vɔlɑ̃, ɑ̃t/ **ADJ** 1 *(= qui vole)* flying ◆ **le personnel volant, les volants** the flight *ou* flying staff; → **poisson, soucoupe, tapis** *etc*

2 *(littér = fugace) [ombre, forme]* fleeting

3 *(= mobile, transportable) [pont, camp, personnel]* flying ◆ **(brigade) volante** *(Police)* flying squad; → **feuille**

volanté, e /vɔlɑ̃te/ **ADJ** *[jupe]* flounced

volapük /vɔlapyk/ **NM** Volapuk

volatil, e¹ /vɔlatil/ SYN **ADJ** *(Bourse, Chim)* volatile; *(littér = éphémère)* evanescent, ephemeral; → **alcali**

volatile² /vɔlatil/ **NM** *(gén hum) (= volaille)* fowl; *(= tout oiseau)* winged *ou* feathered creature

volatilisable /vɔlatilizabl/ **ADJ** volatilizable

volatilisation /vɔlatilizasjɔ̃/ **NF** 1 *(Chim)* volatilization

2 *(= disparition)* extinguishing, obliteration

volatiliser /vɔlatilize/ ► conjug 1 ◄

VT *(Chim)* to volatilize

VPR **se volatiliser** SYN 1 *(Chim)* to volatilize

2 *(= disparaître)* to vanish (into thin air)

volatilité /vɔlatilite/ **NF** volatility

vol-au-vent /vɔlovɑ̃/ **NM INV** vol-au-vent

volcan /vɔlkɑ̃/ **NM** 1 *(Géog)* volcano ◆ **volcan en activité/éteint** active/extinct volcano

2 *(fig) (= personne)* spitfire; *(= situation)* powder keg, volcano ◆ **nous sommes assis sur un volcan** we are sitting on a powder keg *ou* a volcano

volcanique /vɔlkanik/ **ADJ** *(lit)* volcanic; *(fig) [tempérament]* explosive, fiery

volcanisme /vɔlkanism/ **NM** volcanism

volcanologie /vɔlkanɔlɔʒi/ **NF** vulcanology

volcanologue /vɔlkanɔlɔg/ **NMF** vulcanologist

vole /vɔl/ **NF** *(Cartes)* vole

volée /vɔle/ **NF** 1 *[d'oiseaux] (= envol, distance)* flight; *(= groupe)* flock, flight ◆ **une volée de moineaux/corbeaux** a flock *ou* flight of sparrows/crows ◆ **s'enfuir comme une volée de moineaux** to scatter in all directions ◆ **une volée d'enfants** a swarm of children ◆ **prendre sa volée** *(lit)* to take wing, to fly off *ou* away; *(fig = s'affranchir)* to spread one's wings; → **haut**

2 *(en Suisse = groupe d'élèves)* (pupils in the same) year

3 *(= décharge, tir)* volley ◆ **volée de flèches** flight *ou* volley of arrows ◆ **volée d'obus** volley of shells

4 *(= suite de coups)* volley ◆ **une volée de coups** a volley of blows ◆ **une volée de bois vert** † *(= coups)* a volley *ou* flurry of blows; *(= réprimande)* a volley of reproaches ◆ **administrer/recevoir une bonne volée** to give/get a sound thrashing *ou* beating

5 *(Football, Tennis)* volley ◆ **faire une reprise de volée** to strike the ball on the volley ◆ **volée croisée/de face/de revers** *(Tennis)* cross-court/forehand/backhand volley

6 *(Archit)* ◆ **volée de marches** flight of stairs

7 *(locutions)*

◆ **à la volée** ◆ **jeter qch à la volée** to fling sth about ◆ **semer à la volée** to sow broadcast, to broadcast ◆ **attraper la balle à la volée** to catch the ball in midair ◆ **saisir une allusion à la volée** to pick up a passing allusion

◆ **à toute volée** *[gifler, lancer]* vigorously, with full force ◆ **les cloches sonnaient à toute volée** the bells were pealing out ◆ **il referma la porte/fenêtre à toute volée** he slammed the door/window shut

voler¹ /vɔle/ SYN ► conjug 1 ◄ **VI** 1 *[oiseau, avion, pilote]* to fly ◆ **vouloir voler avant d'avoir des ailes** to want to run before one can walk ◆ **voler de ses propres ailes** to stand on one's own two feet, to fend for o.s. ◆ **on entendrait voler une mouche** you could hear a pin drop

2 *[flèche, pierres, insultes]* to fly ◆ **voler en éclats** *[fenêtre]* to shatter; *[bâtiment]* to explode; *[mythe]* to be exploded ◆ **faire voler en éclats** *[+ bâtiment, fenêtre]* to shatter; *[+ mythe]* to explode ◆ **voler au vent** *[neige, voile, feuille]* to fly in the wind, to float on the wind ◆ **plaisanterie qui vole bas** feeble joke ◆ **ça ne vole pas haut !** * it's pretty low-level!

3 *(= s'élancer)* ◆ **voler vers qn/dans les bras de qn** to fly to sb/into sb's arms ◆ **voler au secours de qn** to fly to sb's assistance ◆ **il lui a volé dans les plumes** * *(physiquement)* he flew at him, he laid into him *, he went for him; *(verbalement)* he went for him ◆ **se voler dans les plumes** * to go for each other, to fly at each other

4 *(littér = passer, aller très vite) [temps]* to fly; *[embarcation, véhicule]* to fly (along) ◆ **son cheval volait/semblait voler** his horse flew (along)/seemed to fly (along)

voler² /vɔle/ SYN ► conjug 1 ◄ **VT** 1 *[+ objet] (= dérober)* to steal ◆ **voler de l'argent/une idée/un baiser à qn** to steal money/an idea/a kiss from sb ◆ **on m'a volé mon stylo** somebody stole my pen, my pen has been stolen ◆ **se faire voler ses bagages** to have one's luggage stolen ◆ **il ne l'a pas volé !** *(fig)* he asked for it!, it serves him right! ◆ **il ne l'a pas volée, cette médaille !** *(fig)* he worked hard for that medal! ◆ **qui vole un œuf vole un bœuf** *(Prov)* once a thief, always a thief *(Prov)*

2 *[+ personne] (= dépouiller)* to rob; *(= léser)* to cheat ◆ **voler les clients** to rob *ou* cheat customers ◆ **voler les clients sur le poids** to cheat customers over (the) weight, to give customers short measure ◆ **le boucher ne t'a pas volé sur le poids** the butcher gave you good weight ◆ **voler qn lors d'un partage** to cheat sb when sharing out ◆ **se sentir volé** *(lors d'un spectacle interrompu)* to feel cheated *ou* robbed ◆ **on n'est pas volé** * you get your money's worth all right *, it's good value for money

volet /vɔlɛ/ SYN **NM** 1 *[de fenêtre, hublot]* shutter ◆ **volet roulant** roller shutter

2 *[d'avion]* flap ◆ **volet d'intrados/de freinage** split/brake flap ◆ **volet de courbure** *[de parachute]* flap

3 *[de capot de voiture]* bonnet flap; *[de roue à aube]* paddle ◆ **volet de carburateur** throttle valve, butterfly valve

4 *[de triptyque]* volet, wing; *[de feuillet, carte]* section; → **trier**

5 *[de trilogie, émission, plan d'action, enquête]* part ◆ **un plan de paix en trois volets** a three-point peace plan ◆ **le volet social du traité** the social chapter of the treaty ◆ **le volet agricole de l'accord** the section on agriculture in the agreement

voleter /vɔl(ə)te/ ► conjug 4 ◄ **VI** *[oiseau]* to flutter about, to flit about; *[rubans, flocons]* to flutter

voleur, -euse /vɔlœʀ, øz/ SYN

ADJ ◆ **être voleur** *(gén)* to be light-fingered, to be a (bit of a) thief; *(commerçant)* to be a cheat *ou* swindler, to be dishonest; *[animal]* to be a thief ◆ **voleur comme une pie** thievish as a magpie

NM,F *(= malfaiteur)* thief; *(= escroc, commerçant)* swindler ◆ **voleur de grand chemin** highwayman ◆ **voleur à l'étalage** shoplifter ◆ **voleur d'enfants** † kidnapper ◆ **au voleur !** stop thief! ◆ **voleur de voitures** car thief ◆ **se sauver comme un voleur** to run off like a thief (in the night); → **tire²**

Volga /vɔlga/ **NF** Volga

volière /vɔljɛʀ/ **NF** *(= cage)* aviary ◆ **ce bureau est une volière** this office is a proper henhouse * *(hum)*

volige /vɔliʒ/ **NF** *(= toit)* lath

voliger /vɔliʒe/ ► conjug 3 ◄ **VT** to lath

volitif, -ive /vɔlitif, iv/ **ADJ** volitional, volitive

volition /vɔlisjɔ̃/ **NF** volition

volley /vɔlɛ/, **volley-ball** /vɔlɛbol/ **NM** volleyball ◆ **volley(-ball) de plage** beach volley

volleyer /vɔleje/ ► conjug 1 ◄ **VI** *(Tennis)* to volley

volleyeur, -euse /vɔlɛjœʀ, øz/ **NM,F** *(Volley)* volleyball player; *(Tennis)* volleyer

volontaire /vɔlɔ̃tɛʀ/ SYN

ADJ 1 *(= voulu) [acte, enrôlement, prisonnier]* voluntary; *[oubli]* intentional; → **engagé**

2 *(= décidé) [personne]* wilful, headstrong; *[expression, menton]* determined

NMF *(Mil, gén)* volunteer ◆ **se porter volontaire pour qch** to volunteer for sth ◆ **je suis volontaire** I volunteer ◆ **volontaire du service national à l'étranger** *person doing his military service as a civilian working abroad*

volontairement /vɔlɔ̃tɛʀmɑ̃/ SYN **ADV** 1 *(= de son plein gré)* voluntarily, of one's own free will; *(Jur = facultativement)* voluntarily

2 *(= exprès)* intentionally, deliberately ◆ **il a dit ça volontairement** he said it on purpose *ou* deliberately

3 *(= d'une manière décidée)* determinedly

volontariat /vɔlɔ̃taʀja/ **NM** *(gén)* voluntary participation; *(Mil)* voluntary service ◆ **faire du volontariat** to do voluntary work ◆ **sur la base du volontariat** on a voluntary basis ◆ **nous faisons appel au volontariat pour ce travail** we use voluntary workers *ou* volunteers for this work

volontarisme /vɔlɔ̃taʀism/ **NM** voluntarism

volontariste /vɔlɔ̃taʀist/ **ADJ, NMF** voluntarist

volonté /vɔlɔ̃te/ SYN **NF** 1 *(= faculté)* will; *(= souhait, intention)* wish, will *(frm)* ◆ **manifester sa volonté de faire qch** to show one's intention of doing sth ◆ **accomplir/respecter la volonté de qn** to carry out/respect sb's wishes ◆ **la volonté générale** the general will ◆ **la volonté nationale** the will of the nation ◆ **les dernières volontés de qn** the last wishes of sb ◆ **volonté de puissance** thirst for power ◆ **volonté de guérir/réussir** will to recover/succeed ◆ **que ta volonté soit faite** *(Rel)* Thy will be done; → **indépendant, quatre**

2 *(= disposition)* ◆ **bonne volonté** goodwill, willingness ◆ **mauvaise volonté** lack of goodwill, unwillingness ◆ **il a beaucoup de bonne volonté mais peu d'aptitude** he shows great willingness but not much aptitude ◆ **il met de la bonne/mauvaise volonté à faire son travail** he goes about his work with goodwill/grudgingly, he does his work willingly/unwillingly *ou* with a good/bad grace ◆ **il fait preuve de bonne/mauvaise volonté** he has a positive/negative attitude ◆ **paix sur la terre, aux hommes de bonne volonté** peace on earth (and) goodwill to all men ◆ **faire appel aux bonnes volontés pour construire qch** to appeal to volunteers to construct sth ◆ **toutes les bonnes volontés sont les bienvenues** all offers of help are welcome ◆ **avec la meilleure volonté du monde** with the best will in the world

3 *(= caractère, énergie)* willpower, will ◆ **faire un effort de volonté** to make an effort of will(power) ◆ **avoir de la volonté** to have willpower ◆ **cette femme a une volonté de fer** this woman has an iron will *ou* a will of iron ◆ **réussir à force de volonté** to succeed through sheer will(power) *ou* determination ◆ **échouer par manque de volonté** to fail through lack of will(power) *ou* determination ◆ **faire preuve de volonté** to display willpower

4 *(locutions)*

◆ **à volonté** ◆ « **pain/café à volonté** » "as much bread/coffee as you like *ou* want" ◆ « **sucrer à volonté** » "sweeten to taste" ◆ **vous pouvez le prendre ou le laisser à volonté** you can take it or leave it as you wish *ou* just as you like ◆ **nous avons de l'eau à volonté** we have as much water as we want, we have plenty of water ◆ **vin à volonté pendant le repas** as much wine as one wants *ou* unlimited wine with the meal ◆ **billet payable à volonté** *(Comm)* promissory note payable on demand ◆ **il en fait toujours à sa volonté** he always does things his own way, he always does as he pleases ou likes, he always suits himself

volontiers /vɔlɔ̃tje/ GRAMMAIRE ACTIVE 9.2 SYN ADV ① (= avec plaisir) gladly ◆ **je l'aiderais volontiers** I would gladly ou willingly help him ◆ **voulez-vous dîner chez nous ? – volontiers !** would you like to eat with us? – I'd love to ou with pleasure! ◆ **un autre whisky ? – très** ou **bien volontiers** another whisky? – I'd love one ou yes please ◆ **je me serais volontiers passé de cette corvée** I could quite happily have done without that chore ◆ **je reconnais volontiers m'être trompé** I readily ou freely admit I was wrong ② (= habituellement) ◆ **on croit volontiers que...** people often believe that..., people are apt ou quite ready to believe that... ◆ **il est volontiers critique sur le travail des autres** he's always ready to criticize other people's work ◆ **ses œuvres sont volontiers provocatrices** his works tend to be provocative ◆ **il lit volontiers pendant des heures** he'll read for hours on end

volt /vɔlt/ NM volt

voltage /vɔltaʒ/ NM voltage

voltaïque /vɔltaik/ ADJ voltaic, galvanic

voltaire /vɔltɛʀ/ NM ◆ **(fauteuil) voltaire** Voltaire chair

voltairianisme /vɔltɛʀjanism/ NM Voltair(ian)ism

voltamètre /vɔltamɛtʀ/ NM voltameter

voltampère /vɔltɑ̃pɛʀ/ NM volt-ampere

volte /vɔlt/ NF (Équitation) volte

volte-face /vɔltəfas/ SYN NF INV ① (lit) ◆ **faire volte-face** (= se retourner) to turn round ② (= changement d'opinion) about-turn, U-turn, volte-face (frm) ◆ **faire une volte-face** to do an about-turn ou a U-turn

volter /vɔlte/ ► conjug 1 ◄ VI (Équitation) ◆ **faire volter un cheval** to make a horse circle

voltige /vɔltiʒ/ NF (Équitation) trick riding ◆ **voltige (aérienne)** aerobatics, stunt flying ◆ **faire de la voltige** (Gym) to do acrobatics ◆ **(haute) voltige** (Gym) acrobatics ◆ **c'est de la (haute) voltige intellectuelle** it's mental gymnastics ◆ **c'était un exercice de haute voltige monétaire** it was an example of financial wizardry

voltigement /vɔltiʒmɑ̃/ NM fluttering

voltiger /vɔltiʒe/ SYN ► conjug 3 ◄ VI [oiseaux] to flit about, to flutter about; [objet léger] to flutter about

voltigeur /vɔltiʒœʀ/ NM ① (= acrobate) acrobat; (= pilote) stunt pilot ou flier ② (Hist, Mil) light infantryman

voltmètre /vɔltmɛtʀ/ NM voltmeter

volubile /vɔlybil/ SYN ADJ ① [personne, éloquence] voluble ② (Bot) voluble

volubilis /vɔlybilis/ NM convolvulus, morning glory

volubilité /vɔlybilite/ NF volubility ◆ **parler avec volubilité** to talk volubly

volucompteur ® /vɔlykɔ̃tœʀ/ NM (volume) indicator

volumateur, -trice /vɔlymatœʀ, tʀis/ ADJ [shampoing, mousse] that gives body to the hair

volume /vɔlym/ SYN NM ① (= livre, tome) volume ② (= espace, quantité) volume ◆ **volume moléculaire/atomique** molecular/atomic volume ◆ **volume d'eau d'un fleuve** volume of water in a river ◆ **eau oxygénée à 20 volumes** 20-volume hydrogen peroxide ◆ **le volume des exportations/transactions** the volume of exports/trade ◆ **le marché est en baisse de 7% en volume** the volume of the market has fallen 7% ◆ **faire du volume** [gros objets] to be bulky, to take up space ③ (= intensité) [de son] volume ◆ **volume de la voix/radio** volume of the voice/radio ◆ **volume sonore** (pour enregistrement) sound level; (mesure de pollution) noise level

volumétrie /vɔlymetʀi/ NF volumetry

volumétrique /vɔlymetʀik/ ADJ volumetric

volumineux, -euse /vɔlyminø, øz/ SYN ADJ [catalogue, dictionnaire, dossier] bulky, voluminous; [courrier] voluminous; [paquet] bulky

volumique /vɔlymik/ ADJ (Phys) ◆ **masse volumique** density ◆ **poids volumique** specific weight, weight per unit volume

volupté /vɔlypte/ SYN NF (sensuelle) sensual delight, sensual ou voluptuous pleasure; (morale, intellectuelle) exquisite delight ◆ **elle s'est plongée dans son bain avec volupté** she sank luxuriously into her bath

voluptueusement /vɔlyptɥøzmɑ̃/ ADV voluptuously

voluptueux, -euse /vɔlyptɥø, øz/ SYN ADJ voluptuous

volute /vɔlyt/ SYN NF ① [de colonne, grille, escalier] volute, scroll; [de fumée] curl, wreath; [de vague] curl ◆ **en volute** voluted, scrolled ② (= mollusque) volute

volvaire /vɔlvɛʀ/ NF volvaria

volve /vɔlv/ NF volva

volvoce /vɔlvɔs/, **volvox** /vɔlvɔks/ NM volvox

volvulus /vɔlvylys/ NM volvulus

vomer /vɔmɛʀ/ NM vomer

vomi /vɔmi/ NM vomit

vomique /vɔmik/ ADJ F ◆ **noix**

vomiquier /vɔmikje/ NM nux vomica (tree)

vomir /vɔmiʀ/ SYN ► conjug 2 ◄ VT ① [+ aliments] to vomit, to bring up; [+ sang] to spit, to bring up ② (sans compl) to be sick, to vomit, to throw up ◆ **il a vomi partout** he was sick everywhere ◆ **ça te fera vomir** it'll make you vomit ou be sick ◆ **avoir envie de vomir** to feel sick ◆ **ça donne envie de vomir, c'est à vomir** (fig) it makes you ou it's enough to make you sick, it's nauseating ③ (fig) [+ lave, flammes] to belch forth, to spew forth; [+ injures, haine] to spew out ④ (fig = détester) to loathe, to abhor ◆ **il vomit les intellectuels** he has a loathing for ou loathes intellectuals

vomissement /vɔmismɑ̃/ NM ① (= action) vomiting (NonC) ◆ **il fut pris de vomissements** he (suddenly) started vomiting ② (= matières) vomit (NonC)

vomissure /vɔmisyʀ/ NF vomit (NonC)

vomitif, -ive /vɔmitif, iv/ ADJ, NM (Pharm) emetic

vorace /vɔʀas/ SYN ADJ [animal, personne, curiosité] voracious ◆ **appétit vorace** voracious ou ravenous appetite ◆ **plantes voraces** plants which deplete the soil

voracement /vɔʀasmɑ̃/ ADV voraciously

voracité /vɔʀasite/ SYN NF voracity, voraciousness

vortex /vɔʀtɛks/ NM (littér) vortex

vorticelle /vɔʀtisɛl/ NF vorticella

vos /vo/ ADJ POSS → votre

Vosges /voʒ/ NFPL ◆ **les Vosges** the Vosges

vosgien, -ienne /voʒjɛ̃, jɛn/ ADJ Vosges (épith), of ou from the Vosges NM,F **Vosgien(ne)** inhabitant ou native of the Vosges

VOST (abrév de **version originale sous-titrée**) → version

votant, e /vɔtɑ̃, ɑ̃t/ NM,F voter

votation /vɔtasjɔ̃/ NF (Helv) voting

vote /vɔt/ SYN NM ① (= approbation) [de projet de loi] vote (de for); [de loi, réforme] passing; [de crédits] voting ◆ **après le vote du budget** after the budget was voted ② (= suffrage, acte, opération) vote; (= ensemble des votants) voters ◆ **le vote électronique** e-voting ◆ **le vote socialiste** Socialist voters, the Socialist vote ◆ **vote de confiance** vote of confidence ◆ **vote à main levée** vote by a show of hands ◆ **vote à bulletin secret/par correspondance** secret/postal vote ou ballot ◆ **vote par procuration** proxy vote ◆ **vote direct/indirect** direct/indirect vote ◆ **vote blanc/nul** blank/spoilt ballot paper ◆ **vote sanction** vote of no confidence ◆ **vote utile** tactical vote ◆ **vote bloqué** single vote on a bill containing several government amendments ◆ **vote de confiance** vote of confidence ◆ **procéder** ou **passer au vote** to proceed to a vote, to take a vote; → bulletin, bureau, droit³

voter /vɔte/ SYN ► conjug 1 ◄
VI to vote ◆ **voter à main levée** to vote by a show of hands ◆ **voter à droite/pour X** to vote for the right/for X ◆ **voter libéral/à gauche** to vote Liberal/for the left ◆ **voter utile** to vote tactically ◆ **voter pour/contre qch** to vote for/against sth ◆ **j'ai voté contre** I voted against it ◆ **voter sur une motion** to vote on a motion ◆ **j'ai voté blanc** I cast a blank vote ◆ **voter avec les** ou **ses pieds** to vote with one's feet
VT (= adopter) [+ projet de loi] to vote for; [+ loi, réforme] to pass; [+ crédits] to vote ◆ **voter la censure** to pass a vote of censure ◆ **voter la reconduction d'une grève** to vote to continue a strike ◆ **ne pas voter** [+ amendement] to vote out ◆ **voter la mort du roi** to vote to execute the king, to vote for the king's death

votif, -ive /vɔtif, iv/ ADJ votive

votre (pl **vos**) /vɔtʀ, vo/ ADJ POSS your; (emphatique) your own; (†, Rel) thy ◆ **laissez votre manteau et vos gants au vestiaire** (à une personne) leave your coat and gloves in the cloakroom; (à plusieurs personnes) leave your coats and gloves in the cloakroom ◆ **un de vos livres** one of your books, a book of yours ◆ **je vous accorde votre lundi** you may have Monday off ◆ **Votre Excellence/Majesté** Your Excellency/Majesty ; pour autres loc voir son¹, ton¹

vôtre /votʀ/
PRON POSS ◆ **le vôtre, la vôtre, les vôtres** yours ◆ **ce sac n'est pas le vôtre** this bag isn't yours, this isn't your bag ◆ **nos enfants sont sortis avec les vôtres** our children are out with yours ◆ **à la (bonne) vôtre !** your (good) health!, cheers! ◆ **vous voulez y aller quand même – à la (bonne) vôtre !*** you still want to go? – rather you than me! ; pour autres loc voir sien
NMF ① ◆ **j'espère que vous y mettrez du vôtre** I hope you'll pull your weight ou do your bit*; → aussi sien ② ◆ **les vôtres** your family, your folks* ◆ **vous et tous les vôtres** you and all those like you, you and your kind (péj) ◆ **bonne année à vous et à tous les vôtres** Happy New Year to you and yours ◆ **nous pourrons être des vôtres ce soir** we shall be able to join your party ou join you tonight; → sien
ADJ POSS (littér) yours ◆ **son cœur est vôtre depuis toujours** his (ou her) heart has always been yours ◆ **amicalement vôtre** best wishes; → sien

vouer /vwe/ SYN ► conjug 1 ◄ VT ① (Rel) ◆ **vouer qn à Dieu/à la Vierge** to dedicate sb to God/to the Virgin Mary; → savoir ② (= promettre) to vow ◆ **il lui a voué un amour éternel** he vowed his undying love to her ③ (= consacrer) to devote ◆ **vouer son temps à ses études** to devote one's time to one's studies ◆ **se vouer à une cause** to dedicate o.s. ou devote o.s. to a cause ④ (gén ptp = condamner) to doom ◆ **projet voué à l'échec** project doomed to ou destined for failure ◆ **famille vouée à la misère** family doomed to poverty

◆◆◆◆◆◆◆◆◆◆◆◆◆◆◆◆◆◆◆◆◆◆◆◆◆◆◆

vouloir¹ /vulwaʀ/
GRAMMAIRE ACTIVE 1.1, 3, 4, 8, 9.3
SYN ► conjug 31 ◄

1 - VERBE TRANSITIF
2 - VERBE TRANSITIF INDIRECT
3 - VERBE PRONOMINAL

◆◆◆◆◆◆◆◆◆◆◆◆◆◆◆◆◆◆◆◆◆◆◆◆◆◆◆

1 - VERBE TRANSITIF

① [= EXIGER, ÊTRE DÉCIDÉ À OBTENIR] [+ objet, augmentation, changement] to want ◆ **vouloir faire qch** to want to do sth ◆ **vouloir que qn fasse qch/que qch se fasse** to want sb to do sth/sth to be done ◆ **je veux que tu viennes tout de suite** I want you to come at once ◆ **il veut absolument venir/qu'elle parte/ce jouet** he is set on coming/on her leaving/on having that toy, he is determined to come/(that) she should leave/to have that toy ◆ **il ne veut pas y aller/qu'elle y aille** he doesn't want to go/her to go ◆ **vouloir, c'est pouvoir** (Prov), **quand on veut, on peut** (Prov) where there's a will there's a way (Prov) ◆ **qu'est-ce qu'ils veulent maintenant ?** what do they want now? ◆ **il sait ce qu'il veut** he knows what he wants ◆ **il veut sans vouloir** he only half wants to ◆ **tu l'as voulu** you asked for it ◆ **tu l'auras voulu** it'll have been your own fault, you'll have brought it on yourself ◆ **elle fait de lui ce qu'elle veut** she does what she likes with him, she twists him round her little finger

◆ **en vouloir*** (= vouloir gagner, réussir) ◆ **il en veut** he wants to win ◆ **l'équipe de France en veut ce soir** the French team is raring to go* ou is out to win tonight

② [= DÉSIRER, SOUHAITER] ◆ **voulez-vous à boire/manger ?** would you like something to drink/

eat? ◆ **tu veux quelque chose à boire ?** would you like *ou* do you want something to drink? ◆ **comment voulez-vous votre poisson, frit ou poché ?** how would you like your fish – fried or poached? ◆ **je ne veux pas qu'il se croie obligé de...** I wouldn't like *ou* I don't want him to feel obliged to... ◆ **je voulais vous dire...** I meant to tell you... ◆ **il voulait partir hier mais...** he wanted *ou* meant *ou* intended to leave yesterday but... ◆ **il ne voulait pas vous blesser** he didn't want *ou* mean to hurt you ◆ **sans vouloir vous vexer** no offence (meant) ◆ **qu'il le veuille ou non** whether he likes it or not ◆ **ça va comme tu veux ?*** is everything all right *ou* OK?* ◆ **veux-tu que je te dise** *ou* **raconte pourquoi... ?** shall I tell you why...? ◆ **que lui voulez-vous ?** what do you want with him? ◆ **qu'est-ce qu'il me veut, celui-là ?*** what does he want (from me)?

♦ **comme + vouloir** ◆ **comme tu veux** (*ou* **vous voulez)** as you like *ou* wish *ou* please ◆ **bon, comme tu voudras** all right, have it your own way *ou* suit yourself ◆ **comme vous voulez, moi ça m'est égal** just as you like *ou* please *ou* wish, it makes no difference to me

♦ **si + vouloir** ◆ **si tu veux, si vous voulez** if you like, if you want (to) ◆ **oui, si on veut** (= *dans un sens, d'un côté*) yes, if you like ◆ **s'il voulait, il pourrait être ministre** if he wanted (to), he could be a minister, he could be a minister if he so desired ◆ **s'il voulait (bien) nous aider, cela gagnerait du temps** it would save time if he'd help us ◆ **s'ils veulent garder leur avance, ils ne peuvent se permettre de relâcher leur effort** if they want to keep their lead they can't afford to reduce their efforts

♦ **en veux-tu en voilà*** ◆ **il y a eu des discours en veux-tu en voilà** there were speeches galore ◆ **elle a des dettes en veux-tu en voilà** she's up to her ears *ou* eyes in debt* ◆ **on lui a proposé des stages en veux-tu en voilà** they've offered him one course after another

♦ **sans le vouloir** unintentionally, inadvertently ◆ **si je t'ai vexé, c'était sans le vouloir** if I offended you it was unintentional *ou* I didn't mean to

♦ **vouloir de qch** (*avec de partitif = désirer*) ◆ **je n'en veux plus** [*+ nourriture*] I don't want any more ◆ **est-ce que tu en veux ?** [*+ gâteau*] do you want some?, would you like some? → see also verbe transitif indir; → **bien, mal²**

[3] [AU CONDITIONNEL] ◆ **je voudrais un stylo/écrire/qu'il m'écrive** I would like a pen/to write/him to write to me ◆ **il aurait voulu être médecin mais...** he would have liked to be a doctor *ou* he would like to have been a doctor but... ◆ **je ne voudrais pas abuser** I don't want to impose ◆ **je voudrais/j'aurais voulu que vous voyiez sa tête !** I wish you could see/could have seen his face! ◆ **je voudrais qu'il soit plus énergique, je lui voudrais plus d'énergie** (*frm*) I wish he was a bit more energetic ◆ **je voudrais bien voir ça !** I'd like to see that!; → voir verbe transitif 2

[4] [EXPRIMANT L'IMPUISSANCE] ◆ **que voulez-vous, que veux-tu, qu'est-ce que vous voulez, qu'est-ce que tu veux** what can you do?, what do you expect? ◆ **que veux-tu, c'est comme ça, on n'y peut rien** what can you do? *ou* what do you expect? that's the way it is and there's nothing we can do about it ◆ **qu'est-ce que tu veux que je te dise ? j'ai perdu** what can I say? *ou* what do you want me to say? I lost

[5] [= CONSENTIR À] ◆ **ils ne voulurent pas nous recevoir** they wouldn't see us, they weren't willing to see us ◆ **le moteur ne veut pas partir** the engine won't start ◆ **le feu n'a pas voulu prendre** the fire wouldn't light *ou* catch ◆ **il joue bien quand il veut** he plays well when he wants to *ou* has a mind to *ou* when he puts his mind to it

♦ **vouloir bien** ◆ **je veux bien le faire/qu'il vienne** (*s'il le faut vraiment*) I don't mind doing it/if he comes; (*il n'y a pas d'inconvénient*) I'm quite happy to do it/for him to come; (*enthousiaste*) I'm happy *ou* I'll be happy to do it/for him to come ◆ **je voudrais bien y aller** I'd really like *ou* I'd love to go ◆ **si tu voulais bien le faire, ça nous rendrait service** if you'd be kind enough to do it, you'd be doing us a favour ◆ **tu veux bien leur dire que...** would you please tell them that... ◆ **je veux bien encore un peu de café** I'd like some more coffee ◆ **encore un peu de thé ? – je veux bien** more tea? – yes, please ◆ **nous en parlerons plus tard, si vous le voulez bien** we'll talk about it later, if you don't mind ◆ **je veux bien le croire mais...** I'd like to take his word for it but..., I'm quite prepared to believe him but... ◆ **moi je veux bien, mais...** fair enough*, but...

[6] [FORMULES DE POLITESSE] ◆ **voudriez-vous avoir l'obligeance** *ou* **l'amabilité de...** would you be so kind as to... ◆ **veuillez croire à toute ma sympathie** please accept my deepest sympathy ◆ **voulez-vous me prêter ce livre ?** will you lend me this book? ◆ **voudriez-vous fermer la fenêtre ?** would you mind closing the window? ◆ **si vous voulez bien me suivre** (come) this way, please; → **agréer**

[7] [À L'IMPÉRATIF : ORDRE] ◆ **veux-tu (bien) te taire !** will you (please) be quiet! ◆ **veuillez quitter la pièce immédiatement** please leave the room at once ◆ **veux-tu bien arrêter !** will you please stop it!, stop it will you *ou* please!

[8] [= CHERCHER À, ESSAYER DE] to try ◆ **elle voulut se lever mais elle retomba** she tried to get up but she fell back ◆ **en voulant m'aider, il a fait échouer mon projet** by trying to help he ruined my plan ◆ **il veut se faire remarquer** he wants to be noticed, he's out to be noticed

[9] [= ESCOMPTER, DEMANDER] ◆ **vouloir qch de qn** to want sth from sb ◆ **que voulez-vous de moi ?** what do you want from me? ◆ **vouloir un certain prix de qch** to want a certain price for sth ◆ **j'en veux 150** € I want €150 for it

[10] [= S'ATTENDRE À] to expect ◆ **comment voulez-vous que je sache ?** how should I know?, how do you expect me to know? ◆ **avec 500 € par mois, comment veux-tu qu'elle s'en sorte ?** how do you expect her to manage on €500 a month? ◆ **il a tout, pourquoi voudriez-vous qu'il réclame ?** he's got everything so why should he complain? ◆ **que voulez-vous qu'on y fasse ?** what do you expect us (*ou* them *etc*) to do about it?

[11] [LOCUTIONS]

♦ **en vouloir à qn** to have something against sb, to have a grudge against sb ◆ **les deux frères s'en veulent à mort** the two brothers absolutely hate each other *ou* are at daggers drawn ◆ **en vouloir à qn de qch** to hold sth against sb ◆ **il m'en veut beaucoup d'avoir fait cela** he holds a tremendous grudge against me for having done that ◆ **il m'en veut d'avoir fait rater ce projet** he holds it against me that I made the plan fail ◆ **il m'en veut de mon incompréhension** he holds the fact that I don't understand against me, he resents the fact that I don't understand ◆ **je m'en veux d'avoir accepté** I could kick myself* *ou* I'm so annoyed with myself for accepting ◆ **accepter cela ? je m'en voudrais !** accept that? not on your life! ◆ **ne m'en veuillez pas, ne m'en voulez pas*** don't hold it against me ◆ **tu ne m'en veux pas ?** no hard feelings? ◆ **je ne t'en veux pas** I'm not angry with you

♦ **en vouloir à qch** to be after sth ◆ **il en veut à son argent** he's after her money ◆ **ils en voulaient à sa vie** they wanted him dead ◆ **ils en voulaient à sa réputation** they wanted to ruin his reputation

[12] [= AFFIRMER] to claim ◆ **une philosophie qui veut que l'homme soit...** a philosophy which claims that man is... ◆ **la légende veut qu'il soit né ici** according to legend he was born here

♦ **je veux !*** ◆ **ça te dirait d'aller à la mer ? – je veux !** would you like to go to the seaside? – that would be great!* *ou* you bet!* ◆ **tu vas lui demander ? – je veux !** are you going to ask him? – you bet (I am)!

[13] [SUJET CHOSE = REQUÉRIR] to need, to require ◆ **cette plante veut un sol riche** this plant needs *ou* requires a rich soil ◆ **l'usage veut que...** custom requires that... ◆ **comme le veut la loi** according to the law, as the law requires ◆ **comme le veut la tradition** according to tradition

[14] [= FAIRE] [*destin, sort*] ◆ **le hasard voulut que...** as luck would have it... ◆ **le malheur a voulu qu'il prenne cette route** he had the misfortune to take this road

2 - VERBE TRANSITIF INDIRECT

vouloir de (*gén nég, interrog = accepter*) ◆ **vouloir de qn/qch** to want sb/sth ◆ **on ne veut plus de lui** *ou* **on n'en veut plus au bureau** they don't want him *ou* won't have him in the office any more ◆ **je ne veux pas de lui comme chauffeur** I don't want him *ou* won't have him as a driver ◆ **voudront-ils de moi dans leur nouvelle maison ?** will they want me in their new house? ◆ **je l'accompagnerai si elle veut de moi** I'll go with her if she'll have me ◆ **elle ne veut plus de ce chapeau** she doesn't want this hat any more

3 - VERBE PRONOMINAL

se vouloir (= *vouloir être, prétendre être*) ◆ **ce journal se veut objectif** this newspaper likes to think it's *ou* is meant to be objective ◆ **son discours se veut rassurant** what he says is meant to be reassuring ◆ **cette peinture se veut réaliste** this painting is supposed to be realistic

vouloir² /vulwaʀ/ SYN **NM** [1] (*littér = volonté*) will [2] ◆ **bon vouloir** goodwill ◆ **mauvais vouloir** reluctance ◆ **avec un mauvais vouloir évident** with obvious reluctance ◆ **attendre le bon vouloir de qn** to wait on sb's pleasure ◆ **cette décision dépend du bon vouloir du ministre** this decision depends on the minister's goodwill

voulu, e /vuly/ SYN (ptp de **vouloir**) **ADJ** [1] (= *requis*) required, requisite ◆ **il n'avait pas l'argent voulu** he didn't have the required *ou* requisite money *ou* the money required ◆ **au moment voulu** at the required moment ◆ **en temps voulu** in due time *ou* course ◆ **produire l'effet voulu** to produce the desired effect ◆ **le temps voulu** the time required

[2] (= *volontaire*) deliberate, intentional ◆ **c'est voulu*** it's done on purpose, it's intentional *ou* deliberate

vous /vu/

PRON PERS [1] (*sujet, objet*) you; (*pl de tu, toi*) you ◆ **les gens qui viennent vous poser des questions** (*valeur indéfinie*) people who come asking questions *ou* who come and ask you questions ◆ **vous avez bien répondu tous les deux** you both answered well, the two of you answered well ◆ **vous et lui, vous êtes aussi têtus l'un que l'autre** you are both as stubborn as each other ◆ **si j'étais vous, j'accepterais** if I were you *ou* in your shoes I'd accept ◆ **eux ont accepté, vous pas** *ou* **pas vous** they accepted but you didn't, they accepted but not you ◆ **vous parti(s), je pourrai travailler** once you've gone *ou* with you out of the way, I'll be able to work ◆ **c'est enfin vous, vous voilà enfin** here you are at last ◆ **qui l'a vu ? vous ?** who saw him? (did) you? ◆ **je vous ai demandé de m'aider** I asked you to help me ◆ **elle n'obéit qu'à vous** you're the only one *ou* ones she obeys

[2] (*emphatique : insistance, apostrophe*) (*sujet*) you, you yourself (*sg*), you yourselves (*pl*); (*objet*) you ◆ **vous tous écoutez-moi** listen to me all of you *ou* the lot of you* ◆ **vous, vous n'avez pas à vous plaindre** you have no cause to complain ◆ **pourquoi ne le ferais-je pas : vous l'avez bien fait, vous !** why shouldn't I do it – you did (it)! *ou* you yourself *ou* you yourselves did it! ◆ **vous, mentir ?, ce n'est pas possible** you, tell a lie? I can't believe it ◆ **alors vous, vous ne partez pas ?** so what about you – aren't you going? ◆ **vous, aidez-moi !** you (there) *ou* hey you, give me a hand! ◆ **je vous demande à vous parce que je vous connais** I'm asking you because I know you ◆ **je vous connais, vous !** I know you! ◆ **vous, vous m'agacez !, vous m'agacez, vous !** you're getting on my nerves! ◆ **vous, je vois que vous n'êtes pas bien** it's obvious to me that you're not well

[3] (*emphatique avec qui, que*) ◆ **c'est vous qui avez raison** it's you who is (*ou* are) right ◆ **vous tous qui m'écoutez** all of you listening to me ◆ **et vous qui détestiez le cinéma, vous avez bien changé** and (to think) you were the one who hated the cinema *ou* you used to say you hated the cinema – well you've certainly changed!

[4] (*avec prép*) you ◆ **à vous quatre vous pourrez le porter** with four of you *ou* between (the) four of you you'll be able to carry it ◆ **cette maison est-elle à vous ?** does this house belong to you?, is this house yours? ◆ **vous n'avez même pas une chambre à vous tout seul/tout seuls ?** you don't even have a room to yourself *ou* of your own/to yourselves *ou* of your own? ◆ **c'est à vous de décider** it's up to you to decide ◆ **l'un de vous** *ou* **d'entre vous doit le savoir** one of you must know ◆ **de vous à moi** between you and me ◆ **vous ne pensez qu'à vous** you think only of yourself (*ou* yourselves)

[5] (*dans comparaisons*) you ◆ **il me connaît mieux que vous** (*mieux qu'il ne vous connaît*) he knows me better than (he knows) you; (*mieux que vous ne me connaissez*) he knows me better than you do ◆ **il est plus/moins fort que vous** he's stronger than you/not as strong as you (are) ◆ **il a fait comme vous** he did as *ou* what you did, he did the same as you

[6] (*avec vpr : souvent non traduit*) ◆ **vous êtes-vous bien amusé(s) ?** did you have a good time? ◆ **je crois que vous vous connaissez** I believe you know each other ◆ **servez-vous donc** do help

yourself (*ou* yourselves) ◆ **ne vous disputez pas** don't fight ◆ **asseyez-vous donc** do sit down

NM ◆ **dire vous à qn** to call sb "vous" ◆ **le vous est de moins en moins employé** (the form of address) "vous" *ou* the "vous" form is used less and less frequently

vous-même (pl **vous-mêmes**) /vumɛm/ PRON → **même**

vousseau /vuso/, **voussoir** /vuswaʀ/ NM voussoir

voussure /vusyʀ/ NF (*= courbure*) arching; (*= partie cintrée*) arch; (*Archit = archivolte*) archivolt

voûte /vut/ SYN

NF (*Archit*) vault; (*= porche*) archway ◆ **voûte en plein cintre/d'arête** semi-circular/groined vault ◆ **voûte en ogive/en berceau** rib/barrel vault ◆ **voûte en éventail** fan-vaulting (*NonC*) ◆ **en voûte** vaulted ◆ **la voûte d'une caverne** the vault of a cave ◆ **une voûte d'arbres** (*fig*) an archway of trees; → **clé**

COMP **la voûte céleste** the vault *ou* canopy of heaven
voûte crânienne dome of the skull, vault of the cranium (*SPÉC*)
la voûte étoilée the starry vault *ou* dome
voûte du palais *ou* **palatine** roof of the mouth, hard palate
voûte plantaire arch (of the foot)

voûté, e /vute/ (ptp de **voûter**) ADJ 1 [*cave, plafond*] vaulted, arched

2 [*dos*] bent; [*personne*] stooped ◆ **être voûté, avoir le dos voûté** to be stooped, to have a stoop

voûter /vute/ SYN ▸ conjug 1 ◂

VT 1 (*Archit*) to arch, to vault

2 [*+ personne, dos*] to make stooped ◆ **la vieillesse l'a voûté** age has given him a stoop

VPR **se voûter** ◆ **il s'est voûté avec l'âge** he has become stooped with age

vouvoiement /vuvwamɑ̃/ NM addressing sb as "vous", using the "vous" form ◆ **entre eux, le vouvoiement reste de rigueur** they still address each other as "vous" → TUTOIEMENT/VOUVOIEMENT

vouvoyer /vuvwaje/ ▸ conjug 8 ◂ VT ◆ **vouvoyer qn** to address sb as "vous", to use the "vous" form with sb → TUTOIEMENT/VOUVOIEMENT

vox populi /vɔkspɔpyli/ NF vox populi, voice of the people

voyage /vwajaʒ/ SYN NM 1 (*gén*) journey, trip; (*par mer*) voyage ◆ **le voyage, les voyages** travelling (*Brit*), traveling (*US*) ◆ **il aime les voyages** he likes travel *ou* travelling ◆ **les voyages le fatiguent** travelling tires him ◆ **le voyage l'a fatigué** the journey tired him ◆ **j'ai fait un beau voyage** I had a very nice trip ◆ **les voyages de Christophe Colomb** the voyages *ou* journeys of Christopher Columbus ◆ « **Les Voyages de Gulliver** » (*Littérat*) "Gulliver's travels" ◆ « **Voyage au bout de l'enfer** » (*Ciné*) "The Deerhunter" ◆ « **Voyage au bout de la nuit** » (*Littérat*) "Journey to the End of Night" ◆ **les fatigues du voyage** the strain of the journey ◆ **il reste 3 jours de voyage** there are still 3 days' travelling left, the journey will take another 3 days (to do) ◆ **lors de notre voyage en Espagne** on our trip to Spain, during *ou* on our travels in Spain ◆ **frais/souvenirs de voyage** travel expenses/souvenirs ◆ **voyage aller/retour** outward/return journey ◆ **voyage d'affaires/d'agrément/d'études** business/pleasure/study *ou* field trip ◆ **voyage d'information** fact-finding trip ◆ **voyage autour du monde** round-the-world trip ◆ **faire un voyage autour du monde** to go round the world ◆ **voyage de noces** honeymoon ◆ **voyage organisé** *ou* **à forfait** package tour *ou* holiday (*Brit*) ◆ **le grand voyage** (*littér, euph*) the last great journey (*littér*) ◆ **faire le grand voyage** (*euph*) to pass away ◆ **les voyages forment la jeunesse** (*Prov*) travel broadens the mind; → **agence, bon**[1], **sac**[1]

♦ **en voyage** ◆ **il est en voyage** he's away ◆ **il est absent, il est parti en voyage** he's away - he's gone (off) on a trip ◆ **au moment de partir en voyage** just as he (*ou* I *etc*) was setting off on his (*ou* my *etc*) journey *ou* travels

2 (*= course*) trip, journey ◆ **faire deux voyages pour transporter qch** to make two trips to transport sth ◆ **j'ai dû faire le voyage de Grenoble une seconde fois** I had to make the trip *ou* journey from Grenoble a second time

3 († *Drogue*) trip

voyager /vwajaʒe/ SYN ▸ conjug 3 ◂ VI to travel ◆ **j'ai voyagé en avion/par mer/en 1e classe** I travelled by air/by sea/1st class ◆ **aimer voyager** to like travelling ◆ **il a beaucoup voyagé** he has travelled widely *ou* a great deal, he has done a lot of travelling ◆ **qui veut voyager loin ménage sa monture** (*Prov*) he who takes it slow and steady goes a long way ◆ **cette malle a beaucoup voyagé** this trunk has travelled a great deal *ou* has done a lot of travelling ◆ **ces vins/denrées voyagent mal/bien** these wines/goods travel badly/well

voyageur, -euse /vwajaʒœʀ, øz/ SYN

NM,F (*= explorateur, vendeur*) traveller (*Brit*), traveler (*US*); (*= passager*) traveller (*Brit*), traveler (*US*), passenger ◆ **c'est un grand voyageur** he travels a lot ◆ **voyageur de commerce** commercial traveller, sales representative

ADJ (*littér*) [*humeur, tempérament*] wayfaring (*littér*); → **commis, pigeon**

voyageur-kilomètre (pl **voyageurs-kilomètres**) /vwajaʒœʀkilɔmɛtʀ/ NM passenger kilometre

voyagiste /vwajaʒist/ NM tour operator

voyance /vwajɑ̃s/ NF clairvoyance

voyant, e /vwajɑ̃, ɑ̃t/ SYN

ADJ [*couleurs*] loud

NM,F (*= illuminé*) visionary, seer; (*= personne qui voit*) sighted person ◆ **les voyants** the sighted

NF **voyante** ◆ **voyante (extralucide)** clairvoyant

NM 1 (*= signal*) ◆ **voyant (lumineux)** (*gén*) indicator light; (*d'alerte*) (warning) light ◆ **tous les voyants sont au rouge, tous les voyants (rouges) sont allumés** The situation is critical, we're on red alert* ◆ **voyant d'essence/d'huile** petrol/oil warning light

2 [*d'arpenteur*] levelling rod *ou* staff

voyelle /vwajɛl/ NF vowel ◆ **voyelle orale/nasale/cardinale/centrale** oral/nasal/cardinal/central vowel ◆ **point voyelle** vowel point

voyeur, -euse /vwajœʀ, øz/ NM,F voyeur; (*qui se cache*) Peeping Tom

voyeurisme /vwajœʀism/ NM voyeurism

voyou /vwaju/ SYN

NM 1 (*= délinquant*) lout, hooligan, yobbo‡ (*Brit*)

2 (*= garnement, enfant*) rascal, brat* ◆ **espèce de petit voyou !** you little rascal!

ADJ loutish ◆ **un air voyou** a loutish manner ◆ **il avait l'air un peu voyou** he looked like a bit of a lout

voyoucratie /vwajukʀasi/ NF thuggery ◆ **ces méthodes relèvent de la voyoucratie** these methods are little more than thuggery

VPC /vepese/ NF (abrév de **vente par correspondance**) → **vente**

vrac /vʀak/ SYN

♦ **en vrac** LOC ADV (*= au poids, sans emballage, au détail*) loose; (*= en gros*) in bulk *ou* quantity; (*= en désordre*) in a jumble, higgledy-piggledy ◆ **acheter du vin en vrac** to buy wine in bulk ◆ **il a tout mis en vrac dans la valise** he jumbled everything into the case, he filled the case any old how ◆ **il a cité en vrac Hugo, Balzac et Baudelaire** he quoted Hugo, Balzac and Baudelaire at random ◆ **il a jeté en vrac quelques idées sur le papier** he jotted some ideas down on paper

vrai, vraie /vʀɛ/ GRAMMAIRE ACTIVE 26.1, 26.3 SYN

ADJ 1 (*après n = exact*) [*récit, fait*] true; (*Art, Littérat*) [*couleurs, personnage*] true ◆ **ce que tu dis est vrai** what you say is true *ou* right ◆ **c'est dangereux, c'est** *ou* (*frm*) **il est vrai, mais...** it's dangerous, it's true *ou* certainly, but... ◆ **le tableau, tristement vrai, que cet auteur peint de notre société** the picture, sadly only too true (to life), which this author paints of our society ◆ **tu as fini, pas vrai ?*** you've finished, right?* *ou* haven't you? ◆ **tu veux venir aussi, pas vrai ?*** you want to come too, right?* *ou* don't you? ◆ **c'est beau, pas vrai ?*** it's lovely, isn't it? ◆ **c'est pas vrai !*** (*dénégation*) it just isn't true!; (*surprise*) I don't believe it! ◆ **c'est pas vrai ! j'ai encore oublié mes clés !*** (*consternation*) oh no, I don't believe it! I've forgotten my keys again! ◆ **il est pas vrai, ce type !*** that guy's unbelievable! ◆ **il n'en est pas moins vrai que...** it's nonetheless *ou* nevertheless true that... ◆ **ce n'est que trop vrai** it's only too true ◆ **et cela est si vrai qu'une rencontre est prévue pour demain** and to prove it a meeting has been planned for tomorrow; → **trop, vérité**

2 (*gén avant nom = réel, authentique*) real ◆ **ce sont ses vrais cheveux** that's his own hair ◆ **une vraie blonde** a real *ou* genuine blonde ◆ **un vrai Picasso** a real *ou* genuine Picasso ◆ **son vrai nom c'est Charles** his real name is Charles ◆ **des bijoux en or vrai** real gold jewellery ◆ **lui c'est un cheik, un vrai de vrai*** he's a sheik – the real thing *ou* the genuine article ◆ **un vrai socialiste** a true socialist; → aussi **vrai-faux**

3 (*avant nom : intensif*) real ◆ **c'est un vrai fou !** he's really *ou* completely mad! ◆ **c'est une vraie mère pour moi** she's a real mother to me ◆ **un vrai chef-d'œuvre/héros** a real masterpiece/hero

4 (*avant nom = bon*) real ◆ **c'est le vrai moyen de le faire** that's the real way to do it

5 (*= scientifiquement observable*) ◆ **le temps solaire vrai** true solar time ◆ **le jour vrai** true time

NM 1 (*= la vérité*) ◆ **le vrai** the truth ◆ **il y a du vrai dans ce qu'il dit** there's some truth *ou* there's an element of truth in what he says ◆ **distinguer le vrai du faux** to distinguish truth from falsehood *ou* the true from the false ◆ **être dans le vrai** to be right; → **plaider**

2 (*locutions*) ◆ **il dit vrai** he's right (in what he says), it's true what he says ◆ **à vrai dire, à dire (le) vrai** to tell (you) the truth, in (actual) fact, actually

♦ **en vrai*** in real life ◆ **je les ai vus en vrai** I saw them in real life ◆ **comment ça se passe, en vrai ?** what actually happens?

♦ **pour de vrai*** for real*, really, seriously ◆ **c'est pour de vrai ?*** is it for real?*, do you (*ou* they *etc*) really mean it?

♦ **au vrai** (*littér*), **de vrai** †† in (actual) fact

ADV ◆ **faire vrai** [*décor, perruque*] to look real *ou* like the real thing; [*peintre, artiste*] to strive for realism, to paint (*ou* draw *etc*) realistically ◆ **vrai †, quelle honte !** oh really, how shameful!

vrai-faux, vraie-fausse (mpl **vrais-faux**) /vʀɛfo, vʀɛfos/ ADJ 1 (*délivré par une autorité*) ◆ **vrai-faux passeport/visa** false passport/visa (*issued by the state authorities to government agents etc*)

2 (*= truqué*) [*entretien*] faked; [*journal télévisé*] mock (*épith*); (*= usurpateur*) [*chirurgien, savant*] bogus (*épith*), phoney* (*épith*)

vraiment /vʀɛmɑ̃/ SYN ADV 1 (*= véritablement*) really ◆ **nous voulons vraiment la paix** we really do want peace ◆ **s'aiment-ils vraiment ?** do they really (and truly) love each other?

2 (*intensif*) really ◆ **il est vraiment idiot** he's a real idiot, he's really stupid ◆ **vraiment, il exagère !** really, he's going too far! ◆ **je ne sais vraiment pas quoi faire** I really *ou* honestly don't know what to do ◆ **oui vraiment, c'est dommage** yes, it's a real shame ◆ **vous trouvez ? – ah oui, vraiment !** do you think so? – oh yes, definitely!

3 (*de doute*) ◆ **vraiment ?** really?, is that so? ◆ **il est parti – vraiment ?** he has gone – (has he) really?

vraisemblable /vʀɛsɑ̃blabl/ SYN ADJ [*hypothèse, interprétation*] likely; [*situation, intrigue*] plausible, convincing ◆ **peu vraisemblable** [*excuse, histoire*] improbable, unlikely ◆ **il est (très) vraisemblable que...** it's (highly *ou* most) likely *ou* probable that...

vraisemblablement /vʀɛsɑ̃blabləmɑ̃/ SYN ADV probably, in all likelihood *ou* probability, very likely ◆ **viendra-t-il ? – vraisemblablement/vraisemblablement pas** will he come? – probably/probably not ◆ **la fin, vraisemblablement proche, des hostilités** the end of hostilities, which looks imminent *ou* is likely to come very soon

vraisemblance /vʀɛsɑ̃blɑ̃s/ SYN NF [*d'hypothèse, interprétation*] likelihood; [*de situation romanesque*] plausibility, verisimilitude ◆ **selon toute vraisemblance** in all likelihood, in all probability

vraquier /vʀakje/ NM bulk carrier

V/Réf (abrév de **votre référence**) your ref

vrillage /vʀijaʒ/ NM [*de fils d'étoffe*] kink; [*d'aile, hélice*] twist

vrille /vʀij/ NF 1 [*de plante*] tendril

2 (*= outil*) gimlet

3 (*= spirale*) spiral; (*en avion*) spin, tailspin ◆ **escalier en vrille** spiral staircase ◆ **descente en vrille** (*en avion*) spiral dive ◆ **descendre en vrille** (*en avion*) to spiral downwards, to come down in a spin ◆ **se mettre en vrille** [*avion*] to go into a tailspin ◆ **partir en vrille*** [*personne*] to go crazy* [*situation, plan*] to go pear-shaped*

vrillé, e /vʀije/ (ptp de **vriller**) ADJ [*tige*] tendrilled; [*fil*] twisted

vrillée /vʀije/ NF knotgrass

vriller

vriller /vʀije/ SYN ▸ conjug 1 ◂
- **VT** to bore into, to pierce
- **VI** [avion] to spiral, to spin; [fil] to become twisted

vrillette /vʀijɛt/ NF furniture beetle

vrombir /vʀɔ̃biʀ/ SYN ▸ conjug 2 ◂ **VI** [moteur] (régulièrement) to throb; (après une accélération) to roar; [insecte] to buzz, to hum ◆ **faire vrombir son moteur** to rev one's engine

vrombissement /vʀɔ̃bismɑ̃/ SYN NM [de moteur] (régulier) humming (NonC); (après accélération) roar; [d'insecte] buzzing (NonC), humming (NonC)

vroum /vʀum/ EXCL brum! brum!

VRP /veɛʀpe/ NM (abrév de **voyageur, représentant, placier**) sales rep*; → aussi **voyageur**

VS (abrév de **versus**) vs, v

VSNE /veɛsɛnə/ NM (abrév de **volontaire du service national à l'étranger**) → **volontaire**

VSO /veɛso/ ADJ (abrév de **very superior old**) VSO

VSOP /veɛsope/ ADJ (abrév de **very superior old pale**) VSOP

VTC /vetese/ NM (abrév de **vélo tout-chemin**) → **vélo**

VTT /vetete/ NM (abrév de **vélo tout-terrain**) → **vélo**

vu¹, vue¹ /vy/ (ptp de **voir**)
- **ADJ** [1] (= compris) ◆ **c'est vu ?** all right?, got it?*, understood? ◆ **c'est bien vu ?** all clear?*, is that quite clear? ◆ **vu ?** OK?*, right?* ◆ **c'est tout vu** it's a foregone conclusion; → **ni**
- [2] (= jugé) ◆ **balle/passe bien vue** well-judged ball/pass ◆ **remarque bien vue** judicious remark ◆ **c'était bien vu de sa part** what he said was spot-on*
- [3] (= considéré) ◆ **bien vu** [personne] well thought of, highly regarded ◆ **mal vu** [personne] poorly thought of ◆ **il est mal vu du patron** the boss thinks poorly of him ou has a poor opinion of him ◆ **ici c'est bien/mal vu de porter une cravate** it's the done thing here ou it's good form (Brit) /it's not the done thing ou it's bad form (Brit) to wear a tie here; → **déjà**
- **NM** **au vu de** (= étant donné, d'après) [+ sondages, résultats, rapport] in the light of
◆ **au vu et au su de** with the full knowledge of ◆ **au vu et au su de tous** ou **de tout le monde** openly and publicly

vu² /vy/ GRAMMAIRE ACTIVE 17.1 SYN
- **PRÉP** (gén, Jur) in view of ◆ **vu la situation, cela valait mieux** in view of ou considering the situation, it was better that way ◆ **vu son humeur, il vaut mieux ne rien dire** considering ou given his mood, it's best not to say anything
- **CONJ** **vu que** * in view of the fact that, seeing ou considering that ◆ **vu qu'il était tard, nous avons abandonné la partie** seeing ou considering how late it was, we abandoned the game

vue² /vy/ SYN NF [1] (= sens) sight, eyesight ◆ **perdre la vue** to lose one's (eye)sight ◆ **troubles de la vue** sight trouble ◆ **il a une bonne vue** he has good eyesight, his eyesight is good ◆ **il a la vue basse** ou **courte** he's short-sighted ou near-sighted (US) ◆ **une politique à courte vue** a short-sighted policy ◆ **don de seconde** ou **double vue** gift of second sight
- [2] (= regard) ◆ **détourner la vue** to look away, to avert one's gaze ◆ **porter la vue sur qn/qch** (littér) to cast one's eyes over sb/sth, to look in sb's direction/in the direction of sth ◆ **s'offrir à la vue de tous** to present o.s. for all to see ◆ **il l'a fait à la vue de tous** he did it in full view of everybody
- [3] (= panorama) view ◆ **de cette colline, on a une très belle vue de la ville** there's a very good view ou you get a very good view of the town from this hill ◆ **avec vue imprenable** with an open ou unobstructed view ou outlook ◆ **ces immeubles nous bouchent la vue** those buildings block our view ◆ **cette pièce a vue sur la mer** this room looks out onto the sea ◆ **chambre avec vue sur la montagne** room with a view of the mountains ◆ **de là, on avait une vue de profil de la cathédrale** from there you had a side view of the cathedral ◆ **vue cavalière** (lit) bird's eye view; (fig) overview ◆ **avoir une vue cavalière d'une situation/période** to have an overview of a situation/period; → **perte, point¹**
- [4] (= spectacle) sight ◆ **la vue du sang l'a fait s'évanouir** the sight of the blood made him faint ◆ **à la vue de** at the sight of ◆ **à sa vue elle s'est mise à rougir** when she saw him she began to blush
- [5] (= image) view ◆ **des vues de Paris** views of Paris ◆ **un film de 36 vues** a 36-exposure film ◆ **ils nous ont montré des vues prises pendant leurs vacances** they showed us some photos they'd taken on their holidays ◆ **vue de la ville sous la neige** view of the town in the snow; → **prise²**
- [6] (= opinion) ◆ **vues** views ◆ **exprimer ses vues sur un sujet** to air one's views on a subject ◆ **de courtes vues** short-sighted views; → **échange**
- [7] (= conception) view ◆ **il a une vue pessimiste de la situation** he has a pessimistic view of the situation ◆ **donner une vue d'ensemble** to give an overall view ou an overview ◆ **c'est une vue de l'esprit** that's a purely theoretical view; → **point¹**
- [8] (= projet) ◆ **vues** plans; (sur qn ou ses biens) designs ◆ **la société a des vues sur cet immeuble** the company has its eye on that building ◆ **elle a des vues sur lui** (pour un projet) she has her eye on him; (= elle veut l'épouser) she has designs on him, she has her eye on him
- [9] (Jur = fenêtre) window
- [10] (locutions)
◆ **à vue** [piloter, atterrir] visually; [atterrissage, navigation] visual; [payable] at sight ou on demand ◆ **dépôt à vue** demand ou sight deposit ◆ **tirer à vue** to shoot on sight ◆ **naviguer à vue** (lit) to navigate visually; (fig) to play it by ear
◆ **à première vue** at first sight
◆ **à vue de nez** * roughly*, at a rough guess
◆ **à vue d'œil** (= rapidement) before one's very eyes; (= par une estimation rapide) at a quick glance ◆ **il maigrit à vue d'œil** he seems to be getting thinner before our very eyes ou by the minute*
◆ **de vue** by sight ◆ **je le connais de vue** I know him by sight ◆ **perdre qn de vue** (lit) to lose sight of sb ◆ **perdre qch de vue** (lit, fig) to lose sight of sth ◆ **il ne faut pas perdre de vue que...** we mustn't lose sight of the fact that... ◆ **perdre/ne pas perdre un ami de vue** to lose touch/keep in touch with a friend
◆ **en vue** (lit, fig) (= proche) in sight ◆ **(bien) en vue** (= en évidence) conspicuous ◆ **très/assez en vue** (= célèbre) very much/much in the public eye ◆ **il a mis sa pancarte bien en vue** he put his placard in a prominent ou a conspicuous position ou where everyone could see it ◆ **c'est un des hommes politiques les plus en vue** he's one of the most prominent ou best-known men in politics ◆ **avoir un poste en vue** to have one's sights on a job ◆ **avoir un collaborateur en vue** to have an associate in mind
◆ **en vue de** ◆ **avoir en vue de faire** to have it in mind to do, to plan to do ◆ **il a acheté une maison en vue de son mariage** he has bought a house with his marriage in mind ◆ **il s'entraîne en vue de la course de dimanche/de devenir champion du monde** he's training with a view to the race on Sunday/becoming world champion ◆ **il a dit cela en vue de le décourager** he said that with the idea of ou with a view to discouraging him
◆ **plein la vue** * ◆ **il lui en a mis plein la vue*** he really impressed her ◆ **il a essayé de m'en mettre plein la vue*** he really tried to impress me; → **changement, garder, tirer**

Vulcain /vylkɛ̃/ NM Vulcan

vulcain /vylkɛ̃/ NM (= papillon) red admiral

vulcanien, -ienne /vylkanjɛ̃, jɛn/ ADJ vulcanian

vulcanisation /vylkanizasjɔ̃/ NF vulcanization

vulcaniser /vylkanize/ ▸ conjug 1 ◂ VT to vulcanize

vulcanologie /vylkanɔlɔʒi/ NF vulcanology

vulcanologue /vylkanɔlɔg/ NMF vulcanologist

vulgaire /vylgɛʀ/ SYN
- **ADJ** [1] (= grossier) [langage, personne] vulgar, coarse; [genre, décor] vulgar, crude ◆ **il est d'un vulgaire !** he's so common ou vulgar!
- [2] (= prosaïque) [réalités, problèmes] commonplace, everyday, mundane
- [3] (= usuel, banal) common, popular ◆ **nom vulgaire** common ou popular name ◆ **langues vulgaires** common languages; → **latin**
- [4] (littér, † = du peuple) common ◆ **esprit vulgaire** common mind ◆ **l'opinion vulgaire** the common opinion
- [5] (avant n = quelconque) ordinary ◆ **vulgaire escroc** common swindler ◆ **un vulgaire bout de bois** an ordinary piece of wood ◆ **de la vulgaire matière plastique** ordinary plastic, common or garden plastic (Brit), garden-variety plastic (US)
- **NM** ◆ **le vulgaire** [1] (vieilli ou hum = peuple) the common herd
- [2] (= vulgarité) ◆ **tomber dans le vulgaire** to lapse into vulgarity

vulgairement /vylgɛʀmɑ̃/ SYN ADV [1] (= grossièrement) vulgarly, coarsely ◆ **j'en ai ras la casquette** *, **comme on dit vulgairement** I'm fed up to the back teeth*, if you'll forgive the expression
- [2] (= couramment) [dénommer] popularly, commonly ◆ **le fruit de l'églantier, vulgairement appelé** ou **que l'on appelle vulgairement gratte-cul** the fruit of the wild rose, commonly known as ou called haws

vulgarisateur, -trice /vylgaʀizatœʀ, tʀis/ NM,F popularizer

vulgarisation /vylgaʀizasjɔ̃/ SYN NF popularization ◆ **vulgarisation scientifique** scientific popularization ◆ **c'est un ouvrage de vulgarisation scientifique** it's a book that makes science accessible to the layman ou the general public ◆ **ouvrage de vulgarisation scientifique** popular scientific work

vulgariser /vylgaʀize/ SYN ▸ conjug 1 ◂ VT
- [1] [+ ouvrage] to popularize
- [2] (littér = rendre vulgaire) to coarsen ◆ **cet accent la vulgarise** this accent makes her sound coarse

vulgarisme /vylgaʀism/ NM vulgarism

vulgarité /vylgaʀite/ SYN NF [1] (= grossièreté) vulgarity, coarseness (NonC) ◆ **des vulgarités** vulgarities
- [2] (littér = terre à terre) commonplaceness, ordinariness

vulgate /vylgat/ NF vulgate

vulgum pecus* /vylgɔmpekys/ NM (hum) ◆ **le vulgum pecus** the hoi polloi, the common herd

vulnérabilité /vylneʀabilite/ SYN NF vulnerability

vulnérable /vylneʀabl/ SYN ADJ (gén, Cartes) vulnerable

vulnéraire /vylneʀɛʀ/ NF (= plante) kidney vetch, ladies' fingers

vulpin /vylpɛ̃/ NM foxtail

vulvaire /vylvɛʀ/
- **ADJ** (Anat) vulvar
- **NF** (= plante) stinking goosefoot

vulve /vylv/ NF vulva

vulvite /vylvit/ NF vulvitis

vumètre /vymɛtʀ/ NM recording level gauge

Vve abrév de **veuve**

W

W¹, w /dubləve/ **NM** (= *lettre*) W, w
W² (abrév de **Watt**) W
wagnérien, -ienne /vagneʀjɛ̃, jɛn/
  ADJ Wagnerian
  NM,F Wagnerian
wagon /vagɔ̃/ SYN
  NM 1 [*de train*] (*de marchandises*) truck, wagon (*Brit*), freight car (*US*); (*de voyageurs*) carriage (*Brit*), car (*US*)
  2 (= *contenu*) truckload, wagonload ♦ **un plein wagon de marchandises** a truckful *ou* truckload of goods ♦ **il y en a tout un wagon*** (= *plein*) there are stacks of them*, there's a whole pile of them*
  COMP **wagon à bestiaux** cattle truck *ou* wagon **wagon frigorifique** refrigerated van **wagon de marchandises** goods truck, freight car (*US*) **wagon de voyageurs** passenger carriage (*Brit*) *ou* car (*US*)
wagon-citerne (pl **wagons-citernes**) /vagɔ̃sitɛʀn/ **NM** tanker, tank wagon
wagon-couchettes (pl **wagons-couchettes**) /vagɔ̃kuʃɛt/ **NM** couchette car *ou* carriage, ≈ sleeping car
wagon-foudre (pl **wagons-foudres**) /vagɔ̃fudʀ/ **NM** (wine) tanker *ou* tank wagon
wagon-lit (pl **wagons-lits**) /vagɔ̃li/ **NM** sleeper (*Brit*), Pullman (*US*)
wagonnet /vagɔnɛ/ SYN **NM** small truck
wagon-poste (pl **wagons-postes**) /vagɔ̃pɔst/ **NM** mail van
wagon-réservoir (pl **wagons-réservoirs**) /vagɔ̃ʀezɛʀvwaʀ/ **NM** ⇒ **wagon-citerne**
wagon-restaurant (pl **wagons-restaurants**) /vagɔ̃ʀɛstɔʀɑ̃/ **NM** restaurant *ou* dining car
wagon-tombereau (pl **wagons-tombereaux**) /vagɔ̃tɔ̃bʀo/ **NM** high-sided wagon
wagon-trémie (pl **wagons-trémies**) /vagɔ̃tʀemi/ **NM** hopper wagon *ou* car
wahhabisme /waabism/ **NM** Wa(h)habism
wahhabite /waabit/ **ADJ, NMF** Wa(h)habi
Walhalla /valala/ **NM** Valhalla
walkie-talkie (pl **walkies-talkies**) /wokitoki/ **NM** ⇒ **talkie-walkie**
Walkman ® /wɔkman/ **NM** Walkman ®, personal stereo
walk-over /wɔ(l)kɔvœʀ, walkɔvœʀ/ **NM INV** (*Sport*) walkover
walkyrie /valkiʀi/ **NF** (*Myth*) Valkyrie; (*fig hum*) amazon
wallaby (pl **wallabies**) /walabi/ **NM** wallaby
wallingant, e /walɛ̃gɑ̃, ɑ̃t/ **NM,F** (*Belg péj*) Walloon separatist

Wallis-et-Futuna /walisefutuna/ **N** Wallis and Futuna Islands
wallon, -onne /walɔ̃, ɔn/
  ADJ Walloon
  NM (= *dialecte*) Walloon
  NM,F **Wallon(ne)** Walloon
Wallonie /walɔni/ **NF** Wallonia
wallonisme /walɔnism/ **NM** Walloon-French word (*ou* expression)
WAP /wap/ **NM** (abrév de **wireless access protocol**) WAP ♦ **téléphone WAP** WAP phone
wapiti /wapiti/ **NM** wapiti
warning /waʀniŋ/ **NPL** [*de voiture*] hazard warning lights (*Brit*), hazard lights (*US*)
warrant /vaʀɑ̃/ **NM** 1 [*de magasins généraux*] warrant, warehouse warrant *ou* receipt, bond warrant; [*de port*] dock *ou* deposit warrant
  2 (*Bourse*) warrant
warrantage /vaʀɑ̃taʒ/ **NM** warrant discounting
warranter /vaʀɑ̃te/ ► conjug 1 ◄ **VT** to warrant, to secure by warrant, to cover by a warehouse *ou* dock receipt
Washington /waʃiŋtɔn/
  N (= *ville*) Washington DC
  NM (= *État*) Washington (State)
wassingue /vasɛ̃g/ **NF** floorcloth
water-ballast (pl **water-ballasts**) /watɛʀbalast/ **NM** water ballast tank
water-closet(s) † /watɛʀklɔzɛt/ **NM(PL)** ⇒ **waters**
watergang /watɛʀgɑ̃g/ **NM** (*Belg*) watercourse
Waterloo /watɛʀlo/ **N** Waterloo ♦ **la bataille de Waterloo** the Battle of Waterloo ♦ **il a connu son Waterloo quand...** he met his Waterloo when...
water-polo /watɛʀpolo/ **NM** water polo
waterproof /watɛʀpʀuf/ **ADJ INV** [*montre, mascara*] waterproof
waters † /watɛʀ/ **NMPL** toilet, loo* (*Brit*), lavatory ♦ **où sont les waters ?** where's the toilet?
waterzoï /watɛʀzɔj/ **NM** (*Belg = plat*) waterzooi (*chicken stew*)
watt /wat/ **NM** watt
wattheure /watœʀ/ **NM** watt hour
wattman † /watman/ **NM** tram driver
wattmètre /watmɛtʀ/ **NM** wattmeter
W-C, WC /vese/ **NMPL** (abrév de **water-closet(s)**) ⇒ **waters**
Web /wɛb/ SYN **NM INV** ♦ **le Web** the (World Wide) Web
webcam /wɛbkam/ **NF** webcam
weber /vebɛʀ/ **NM** weber

webmaster /wɛbmastœʀ/, **webmestre** /wɛbmɛstʀ/ **NM** webmaster
webzine /wɛbzin/ **NM** webzine
week-end (pl **week-ends**) /wikɛnd/ **NM** weekend ♦ **partir en week-end** to go away for the weekend ♦ **partir en week-end prolongé** to go away on *ou* for a long weekend
Weimar /vajmaʀ/ **N** Weimar ♦ **la république de Weimar** the Weimar Republic
Wellington /wɛliŋtɔn/ **N** Wellington
wellingtonia /wɛliŋtɔnja/ **NM** sequoia
welter /wɛltɛʀ/ **NM** → **poids**
western /wɛstɛʀn/ **NM** western ♦ **western-spaghetti, western italien** spaghetti western
Westphalie /vɛsfali/ **NF** Westphalia
wharf /waʀf/ **NM** wharf
whipcord /wipkɔʀd/ **NM** whipcord
whisky (pl **whiskies**) /wiski/ **NM** (*écossais*) whisky; (*américain, irlandais*) whiskey ♦ **whisky soda** whisky and soda
whist /wist/ **NM** whist
white-spirit /wajtspiʀit/ **NM** white-spirit
wifi, wi-fi /wifi/ **NM INV** (abrév de **wireless fidelity**) Wi-Fi
Wight /wait/ **N** ♦ **l'île de Wight** the Isle of Wight
wigwam /wigwam/ **NM** wigwam
williams /wiljams/ **NF** ♦ **(poire) williams** Williams pear
winch /win(t)ʃ/ **NM** (*Naut = treuil*) winch
Winchester /winʃɛstɛʀ/ **NF** ♦ **(carabine) Winchester** Winchester (rifle)
Windhoek /windøk/ **N** Windhoek
Wisconsin /viskɔnsin/ **NM** Wisconsin
wishbone /wiʃbon/ **NM** [*de bateau, planche à voile*] wishbone
wisigoth, e /vizigo, ɔt/
  ADJ Visigothic
  NM,F **Wisigoth(e)** Visigoth
wisigothique /vizigɔtik/ **ADJ** Visigothic
witz * /vits/ **NM** (*Helv = plaisanterie*) joke
wolfram /vɔlfʀam/ **NM** wolfram
wolof /wɔlɔf/
  ADJ Wolof
  NM (= *langue*) Wolof
  NM,F **Wolof** Wolof
wombat /wɔ̃ba/ **NM** wombat
woofer /wufœʀ/ **NM** woofer
wormien /vɔʀmjɛ̃/ **ADJ M** ♦ **os wormiens** wormian bones
würmien, -ienne /vyʀmjɛ̃, jɛn/ **ADJ** wurmian
www /dubləvedubləvedubləve/ (abrév de **World Wide Web**) www
wyandotte /vjɑ̃dɔt/ **ADJ, NF** Wyandotte
Wyoming /wajɔmiŋ/ **NM** Wyoming
wysiwyg /wiziwig/ **ADJ** (abrév de **what you see is what you get** (*Ordin*)) WYSIWYG

X, x /iks/ NM 1 (= *lettre*) X, x; (*Math*) x ◆ **chromosome X** X-chromosome ◆ **l'axe des x** (*Math*) the x axis ◆ **croisés en X** forming an x ◆ **ça fait x temps que je ne l'ai pas vu*** I haven't seen him for ages ◆ **je te l'ai dit x fois** I've told you umpteen* times ◆ **plainte contre X** (*Jur*) action against person or persons unknown ◆ **Monsieur X** Mr X ◆ **elle a accouché sous X** she gave her baby up as soon as it was born ◆ **les enfants nés sous X** children whose mothers gave them up at birth ◆ **film (classé) X** X(-rated) film, 18 film; → **rayon**
2 (*arg Univ*) ◆ **l'X** the École polytechnique ◆ **un X** a student of the École polytechnique → POLYTECHNIQUE

xanthie /gzɑ̃ti/ NF orange sallow

xanthine /gzɑ̃tin/ NF xanthin

xanthome /gzɑ̃tom/ NM xanthoma

xanthophylle /gzɑ̃tɔfil/ NF xanthophyl(l)

Xavier /gzavje/ NM Xavier

xénarthres /gzenaʀtʀ/ NMPL ◆ **les xénarthres** xenarthrans, the Xenarthra (SPÉC)

xénogreffe /gzenogʀɛf/ NF xenograft, xenogeneic tissue graft

xénon /gzenɔ̃/ NM xenon

xénophobe /gzenɔfɔb/ SYN
ADJ xenophobic
NMF xenophobe

xénophobie /gzenɔfɔbi/ SYN NF xenophobia

Xénophon /gzenɔfɔ̃/ NM Xenophon

xéranthème /gzeʀɑ̃tɛm/ NM xeranthemum

xérès /gzeʀɛs/
NM (= *vin*) sherry
N **Xérès** (= *ville*) Jerez

xérodermie /gzeʀɔdɛʀmi/ NF xeroderm(i)a

xérographie /gzeʀɔgʀafi/ NF xerography

xérophtalmie /gzeʀɔftalmi/ NF xerophthalmia

xérophyte /gzeʀɔfit/ NF xerophyte

xérus /gzeʀys, kseʀys/ NM ground squirrel

Xerxès /gzɛʀsɛs/ NM Xerxes

xi /ksi/ NM xi

ximénie /gzimeni/ NF mountain plum (tree), Ximenia (SPÉC)

xiphoïde /gzifɔid/ ADJ ◆ **appendice xiphoïde** xiphisternum, xiphoid (process)

xiphoïdien, -ienne /gzifɔidjɛ̃, jɛn/ ADJ xiphoid

xiphophore /gzifɔfɔʀ/ NM swordtail

XML /iksɛmɛl/ NM (*abrév de* Extensible Markup Language) XML

xylème /gzilɛm/ NM xylem

xylène /gzilɛn/ NM xylene

xylidine /gzilidin/ NF xylidine

xylocope /gzilɔkɔp/ NM carpenter bee

xylographe /gzilɔgʀaf/ NM xylographer

xylographie /gzilɔgʀafi/ NF (= *technique*) xylography; (= *gravure*) xylograph

xylographique /gzilɔgʀafik/ ADJ xylographic

xylophage /gzilɔfaʒ/
ADJ [*insecte*] wood-boring (*épith*)
NM woodborer

xylophène ® /gzilɔfɛn/ NM wood preservative

xylophone /gzilɔfɔn/ NM xylophone

xylophoniste /gzilɔfɔnist/ NMF xylophonist

xylose /gziloz/ NM xylose

xyste /ksist/ NM xyst(us)

Y

Y¹, y¹ /igʀɛk/ NM (= *lettre*) Y, y ◆ **chromosome Y** (*Bio*) Y-chromosome ◆ **l'axe des y** (*Math*) the y axis

Y² (abrév de **yen**) Y

y² /i/
[ADV] (*indiquant le lieu*) there ◆ **restez-y** stay there ◆ **nous y avons passé 2 jours** we spent 2 days there ◆ **il avait une feuille de papier et il y dessinait un bateau** he had a sheet of paper and he was drawing a ship on it ◆ **avez-vous vu le film ? – j'y vais demain** have you seen the film? – I'm going (to see it) tomorrow ◆ **les maisons étaient neuves, personne n'y avait habité** the houses were new and nobody had lived in them ◆ **la pièce est sombre, quand on y entre, on n'y voit rien** the room is dark and when you go in you can't see a thing ◆ **j'y suis, j'y reste** here I am and here I stay ◆ **ah ! j'y suis !** (*fig*) (*comprendre*) oh, I understand!; (*se rappeler*) oh, I remember! ◆ **vous y allez, à ce dîner ?** * are you going to that dinner then? ◆ **je suis passée le voir mais il n'y était pas** I stopped by to see him but he wasn't there; → **aller, avoir**

[PRON PERS] 1 (*gén se rapportant à des choses*) it ◆ **vous serez là ? – n'y comptez pas** you'll be there? – it's highly unlikely *ou* I doubt it ◆ **n'y pensez plus** forget (about) it ◆ **à votre place, je ne m'y fierais pas** if I were you I wouldn't trust it ◆ **il a plu alors que personne ne s'y attendait** it rained when no one was expecting it to ◆ **il y trouve du plaisir** he enjoys it

2 (*locutions*) ◆ **elle s'y connaît** she knows all about it, she's an expert ◆ **il faudra vous y faire** you'll just have to get used to it ◆ **je n'y suis pour rien** it's nothing to do with me, I had no part in it ◆ **je n'y suis pour personne** I'm not in to anyone; → **avoir, comprendre, voir** etc

◆ **ça y est** ◆ **ça y est ! c'est fait !** that's it, it's done! ◆ **ça y est, il a cassé le verre** there you are, he's broken the glass ◆ **ça y est, il a signé le contrat** that's it, he's signed the contract ◆ **ça y est oui !, je peux parler ?** is that it then? *ou* have you finished then? can I talk now? ◆ **ça y est, tu es prêt ? – non ça n'y est pas** is that it then, are you ready? – no I'm not ◆ **ça y est pour quelque chose** it has something to do with it

3 (* = *il*) ◆ **c'est-y pas gentil ?** (*aussi iro*) isn't it nice? ◆ **y en a qui exagèrent** some people *ou* folk go too far ◆ **du pain ? y en a pas** bread? there's none *ou* there isn't any

yacht /'jɔt/ NM yacht ◆ **yacht de course/croisière** racing/cruising yacht

yacht-club (pl **yacht-clubs**) /'jɔtklœb/ NM yacht club

yachting † /'jɔtiŋ/ NM yachting ◆ **faire du yachting** to go out on one's yacht, to go yachting

yacht(s)man † /'jɔtman/ (pl **yacht(s)men** /'jɔt mɛn/) NM yacht owner, yachtsman

yack /'jak/ NM ⇒ **yak**

Yahvé /'jave/ NM Yahveh

yak /'jak/ NM yak

yakusa /'jakuza/ NM yakuza

Yalta /'jalta/ N Yalta ◆ **la conférence/les accords de Yalta** the Yalta conference/agreement

Yama /'jama/ NM Yama

Yamoussoukro /'jamusukʀo/ N Yamoussoukro

yang /'jɑ̃g/ NM yang

Yang-Tsê Kiang /'jɑ̃gtsekjɑ̃g/ NM Yangtze (Kiang)

yankee /'jɑ̃ki/ ADJ, NMF Yankee

Yaoundé /'jaunde/ N Yaoundé

yaourt /'jauʀt/ NM yog(h)urt ◆ **yaourt nature/maigre** natural/low-fat yog(h)urt ◆ **yaourt aux fruits/à la grecque** fruit/Greek yog(h)urt ◆ **yaourt à boire** yog(h)urt drink ◆ **yaourt brassé** thick creamy yog(h)urt ◆ **t'as du yaourt dans la tête !** * you're completely daft *

yaourtière /'jauʀtjɛʀ/ NF yoghurt-maker

yard /'jaʀd/ NM yard

yatagan /'jatagɑ̃/ NM yataghan

yearling /'jœʀliŋ/ NM (= *cheval*) yearling

yèble /jɛbl/ NF ⇒ **hièble**

Yémen /'jemɛn/ NM ◆ **le Yémen** the Yemen ◆ **Nord-/Sud-Yémen** North/South Yemen ◆ **au Yémen** in Yemen

yéménite /'jemenit/
[ADJ] Yemeni
[NMF] **Yéménite** Yemeni

yen /'jɛn/ NM (*Fin*) yen

yéti /'jeti/ NM yeti

yeuse /'jøz/ NF holm oak, ilex

yeux /'jø/ pl de **œil**

yéyé, yé-yé * † /'jeje/
[ADJ INV] ◆ **musique yéyé** French pop music of the 1960s ◆ **les années yéyé** the sixties ◆ **la mode yéyé** the sixties' look
[NM] ◆ **le yéyé** French pop music of the 1960s
[NMF INV] (= *chanteur*) French pop singer of the 1960s; (= *jeune*) teenage pop fan of the 1960s

yiddish /'jidiʃ/ ADJ, NM Yiddish

Yi king /'jikiŋ/ NM I Ching

yin /'jin/ NM yin

ylang-ylang /ilɑ̃ilɑ̃/ NM ylang-ylang, ilang-ilang

yod /'jɔd/ NM yod

yoga /'jɔga/ NM yoga ◆ **faire du yoga** to do yoga

yogi /'jɔgi/ NM yogi

yogourt, yoghourt /'jɔguʀt/ NM ⇒ **yaourt**

yohimbehe /'jɔimbe/ NM (*Bot*) yohimbé, yohimbi

yohimbine /'jɔimbin/ NF yohimbine

Yokohama /jokoama/ N Yokohama

yole /'jɔl/ NF skiff

Yom Kippour /'jɔmkipuʀ/ NM Yom Kippur

yorkshire, yorkshire-terrier (pl **yorkshire-terriers**) /'jɔʀkʃœʀtɛʀje/ NM Yorkshire terrier, yorkie *

yougoslave /'jugɔslav/
[ADJ] Yugoslav, Yugoslavian
[NMF] **Yougoslave** Yugoslav, Yugoslavian

Yougoslavie /'jugɔslavi/ NF Yugoslavia ◆ **la république fédérale de Yougoslavie** the Federal Republic of Yugoslavia

youp /'jup/ EXCL hup! ◆ **allez youp, dégagez !** come on, get a move on!

youpala /'jupala/ NM baby bouncer

youpi /'jupi/ EXCL yippee

youpin, e *‡ /'jupɛ̃, in/ NM,F (*injurieux*) Yid *‡ (*injurieux*)

yourte /'juʀt/ NF yurt

youyou /'juju/ NM (*Naut*) dinghy

yo-yo, yoyo ® /'jojo/ NM INV (= *jouet*) yo-yo ◆ **les mouvements de yoyo du dollar** (*Fin*) the wild fluctuations of the dollar ◆ **jouer au yo-yo, faire le yoyo** (*fig*) to yo-yo

ypérite /ipeʀit/ NF mustard gas, yperite (SPÉC)

ytterbine /itɛʀbin/ NF ytterbia, ytterbium oxide

ytterbium /itɛʀbjɔm/ NM ytterbium

yttria /itʀija/ NM yttria, yttrium oxide

yttrifère /itʀifɛʀ/ ADJ yttric, yttriferous

yttrique /itʀik/ ADJ yttric

yttrium /itʀjɔm/ NM yttrium

yuan /'jyan/ NM yuan

yucca /'juka/ NM yucca

Yukon /'jykɔ̃/ NM ◆ **le Yukon** (= *fleuve*) the Yukon (River) ◆ **le (territoire du) Yukon** the Yukon (Territory)

yuppie (pl **yuppies**) /'jupi/ NM yuppie, yuppy

Z

Z, z /zɛd/ NM (lettre) Z, z; → **A¹**

ZAC /zak/ NF (abrèv de **zone d'aménagement concerté**) → **zone**

Zacharie /zakaʀi/ NM (= *prophète*) Zechariah; (= *père de Jean-Baptiste*) Zachariah

ZAD /zad/ NF (abrèv de **zone d'aménagement différé**) → **zone**

Zagreb /ʒagʀɛb/ N Zagreb

zain /zɛ̃/ ADJ M ◆ **cheval zain** zain

Zaïre /zaiʀ/ NM ◆ **le Zaïre** († = *pays*) Zaire; (= *fleuve*) the Zaire (River)

zaïre /zaiʀ/ NM (= *monnaie*) zaire

zaïrois, -oise /zaiʀwa, waz/
- ADJ Zairean, Zairian
- NM,F **Zaïrois(e)** Zairean, Zairian

zakouski /zakuski/ NMPL zakuski, zakouski

Zambèze /zɑ̃bɛz/ NM ◆ **le Zambèze** the Zambezi (River)

Zambie /zɑ̃bi/ NF Zambia

zambien, -ienne /zɑ̃bjɛ̃, jɛn/
- ADJ Zambian
- NM,F **Zambien(ne)** Zambian

zamier /zamje/ NM zamia

zancle /zɑ̃kl/ NM (= *poisson*) Moorish idol

zanzi /zɑ̃zi/ NM dice game

Zanzibar /zɑ̃zibaʀ/ N Zanzibar

zapatiste /zapatist/ ADJ ◆ **l'armée zapatiste** the Zapatistas

Zapotèques /zapɔtɛk/ NMPL ◆ **les Zapotèques** the Zapotec(an)s

zapper /zape/ ►conjug 1 ◄ VI (*à la télévision*) to channel-hop, to zap; (*à la radio*) to flick from one channel to the next

zappeur, -euse /zapœʀ, øz/ NM,F (TV) zapper, channel-hopper

zapping /zapiŋ/ NM (TV) zapping, channel-hopping

Zarathoustra /zaʀatustʀa/ NM Zarathustra ◆ **« Ainsi parlait Zarathoustra »** (*Littérat*) "Thus Spoke Zarathustra"

zarbi⁎ /zaʀbi/ ADJ (= *bizarre*) bizarre

zazou, e /zazu/
- ADJ ◆ **la jeunesse zazou(e)** young jazz-swingers of the 1940s ◆ **tenue zazoue** zoot suit
- NM,F (*parfois péj*) ≈ hepcat⁎

zébi /zebi/ NM → **peau**

zèbre /zɛbʀ/ NM (= *animal*) zebra; (⁎ = *individu*) guy⁎, bloke⁎ (Brit) ◆ **un drôle de zèbre** an oddball⁎, an odd bod⁎ (Brit) ◆ **filer** ou **courir comme un zèbre** to run like the wind

zébrer /zebʀe/ ►conjug 6 ◄ VT (*lignes régulières*) to stripe; (*lignes irrégulières*) to streak (*de* with) ◆ **ciel zébré d'éclairs** sky streaked with lightning ◆ **allée zébrée d'ombre et de lumière** lane dappled with light and shade

zébrure /zebʀyʀ/ SYN NF [*d'animal*] stripe, streak; [*de coup de fouet*] weal, welt; (= *éclair*) streak

zébu /zeby/ NM zebu

zée /ze/ NM (= *poisson*) John Dory

Zélande /zelɑ̃d/ NF Zealand

zélateur, -trice /zelatœʀ, tʀis/ NM,F (*gén*) champion, partisan (*péj*), zealot (*péj*); (Rel) Zealot

zèle /zɛl/ SYN NM zeal ◆ **avec zèle** zealously, with zeal ◆ **faire du zèle** (*péj*) to be over-zealous ◆ **faire preuve de/manquer de zèle** to show/lack enthusiasm ◆ **pas de zèle !** don't overdo it! ◆ **pousser le zèle jusqu'à faire qch** to go to the extreme of doing sth, to go so far as to do sth; → **excès, grève**

zélé, e /zele/ SYN ADJ zealous

zélote /zelɔt/ NM (Hist) Zealot

zen /zɛn/
- ADJ INV (*lit*) Zen ◆ **jardin zen** Zen garden ◆ **rester zen**⁎ (*fig* = *serein*) to remain unfazed⁎ ◆ **c'est zen, chez lui/cette pièce !**⁎ (*fig* = *dépouillé*) his place/this room is very minimalist!
- NM Zen

zénana /zenana/ NM → **peau**

zénith /zenit/ SYN NM (*lit, fig*) zenith ◆ **le soleil est au zénith** ou **à son zénith** the sun is at its zenith ou height ◆ **au zénith de la gloire** at the zenith ou peak of glory

zénithal, e (*mpl* -aux) /zenital, o/ ADJ zenithal ◆ **éclairage zénithal** overhead natural lighting

Zénon /zenɔ̃/ NM Zeno

zéolite, zéolithe /zeɔlit/ NF zeolite

ZEP /zɛp/ NF ① (abrèv de **zone d'éducation prioritaire**) → **zone**
② (abrèv de **zone d'environnement protégé**) → **zone**

zéphyr /zefiʀ/ NM (*vent*) zephyr ◆ **Zéphyr** (Myth) Zephyr(us)

zéphyrien, -ienne /zefiʀjɛ̃, jɛn/ ADJ (*littér*) zephyr-like (*littér*)

zeppelin /zɛplɛ̃/ NM zeppelin

zéro /zeʀo/ SYN
NM ① (*gén, Math*) zero, nought (Brit); (*compte à rebours*) zero; (*dans un numéro de téléphone*) o, zero (US) ◆ **les enfants de zéro à cinq ans** children up to the age of five ◆ **sur une échelle de zéro à dix** on a scale of zero ou nought (Brit) to ten ◆ **recommencer à zéro, repartir de** ou **à zéro** to start from scratch again, to go back to square one ◆ **remettre à zéro** [+ *compteur, chronomètre*] to reset ◆ **il n'avait rien compris, j'ai dû tout reprendre à zéro** he hadn't understood a thing, I had to start all over again from scratch ◆ **tout ça, pour moi, c'est zéro, je veux des preuves**⁎ as far as I'm concerned that's worthless ou a waste of time – I want some proof ◆ **les avoir à zéro**⁎ to be scared out of one's wits⁎, to be scared stiff⁎; → **compteur, moral, partir¹, réduire**
② (*température*) freezing (point), zero (*centigrade*) ◆ **3 degrés au-dessus de zéro** 3 degrees above freezing (point) ou above zero ◆ **3 degrés au-dessous de zéro** 3 degrees below freezing (point) ou below zero, 3 degrees below⁎, minus 3 (degrees centigrade) ◆ **zéro absolu** absolute zero
③ (Rugby, Football) zero, nil (Brit), nothing (US); (Tennis) love ◆ **mener par 2 jeux/sets à zéro** (Tennis) to lead (by) 2 games/sets to love ◆ **zéro à zéro** ou **zéro partout à la mi-temps** no score at half time ◆ **gagner par 2 (buts) à zéro** to win 2 nil (Brit) ou 2 nothing (US), to win by 2 goals to zero ou nil (Brit) ou nothing (US) ◆ **la France avait zéro à la mi-temps** France hadn't scored ou had no score by half time
④ (Scol) zero, nought (Brit) ◆ **zéro de conduite** bad mark (Brit) ou grade (US) for behaviour ou conduct ◆ **zéro pointé** (Scol) nothing, nought (Brit) (*counted in the final average mark*) ◆ **le gouvernement mérite un zéro pointé** the government deserves nothing out of 20 ◆ **mais en cuisine, zéro (pour la question)**⁎ but as far as cooking goes he's (ou she's) useless ou a dead loss⁎
⑤ (⁎ = *personne*) dead loss⁎, washout⁎
ADJ ◆ **zéro heure** (*gén*) midnight; (*heure GMT*) zero hour ◆ **zéro heure trente** (*gén*) half past midnight; (*heure GMT*) zero thirty hours ◆ **il a fait zéro faute** he didn't make any mistakes, he didn't make a single mistake ◆ **zéro défaut/stock** zero defect/stock ◆ **j'ai eu zéro point** I got no marks (Brit) ou points (US) (at all), I got zero ◆ **ça m'a coûté zéro franc zéro centime**⁎ I got it for nothing ◆ **en ski, le risque zéro n'existe pas** in skiing there's no such thing as zero risk ◆ **taux de croissance zéro** zero growth ◆ **le point zéro** (Nucl) ground zero ◆ **l'option zéro** (Mil) the zero option

zérotage /zeʀɔtaʒ/ NM zero setting

zeste /zɛst/ SYN NM ① [*de citron, orange*] peel (NonC); (*en cuisine*) zest (NonC), peel (NonC) ◆ **avec un zeste de citron** with a piece of lemon peel
② (*fig* = *pointe*) [*d'ironie*] touch, hint ◆ **un zeste de folie/d'humour** a touch of madness/humour

zesteur /zɛstœʀ/ NM zester

zêta /(d)zeta/ NM zeta

zeugma /zøgma/, **zeugme** /zøgm/ NM zeugma

Zeus /zøs/ NM Zeus

zeuzère /zøzɛʀ/ NF leopard moth

zézaiement /zezɛmɑ̃/ NM lisp

zézayer /zezeje/ SYN ►conjug 8 ◄ VI to lisp

ZI /ʒedi/ NF (abrèv de **zone industrielle**) → **zone**

zibeline /ziblin/ NF sable

zidovudine /zidɔvydin/ NF zidovudine

zieuter⁎ /zjøte/ ►conjug 1 ◄ VT (*longuement*) to eye; (*rapidement*) to have a squint at⁎, to have a dekko at⁎ (Brit)

zig⁎ † /zig/ NM ⇒ **zigoto**

ziggourat /ziguʀat/ NF ziggurat, zik(k)urat

zigoto⁎ † /zigoto/, **zigomar**⁎ † /zigɔmaʀ/ NM guy⁎, bloke⁎ (Brit), chap⁎ (Brit), geezer⁎ † ◆ **c'est un drôle de zigoto** he's a bit of an oddball⁎ ◆ **faire le zigoto** to mess ou muck (Brit) around

zigouiller⁎ /ziguje/ ►conjug 1 ◄ VT to do in⁎ ◆ **se faire zigouiller** to get bumped off⁎

zigounette * /ziɡunɛt/ NF (hum ou langage enfantin) willy* (Brit), peter* (US)

zigue * † /zig/ NM ⇒ **zig**

zigzag /zigzag/ SYN NM zigzag ◆ **route en zigzag** windy ou winding ou zigzagging road ◆ **faire des zigzags** [route] to zigzag; [personne] to zigzag along ◆ **avoir fait** ou **eu une carrière en zigzag** to have had a chequered career

zigzaguer /zigzage/ SYN ▶ conjug 1 ◀ VI to zigzag (along)

Zimbabwe /zimbabwe/ NM Zimbabwe

zimbabwéen, -enne /zimbabweɛ̃, ɛn/
ADJ Zimbabwean
NM,F **Zimbabwéen(ne)** Zimbabwean

zinc /zɛ̃g/ NM ① (= métal) zinc
② (* = avion) plane
③ (* = comptoir) bar, counter ◆ **boire un coup sur le zinc** to have a drink at the bar

zincifère /zɛ̃sifɛʀ/, **zincique** /zɛ̃sik/ ADJ zinciferous, zincous

zingage /zɛ̃gaʒ/ NM → **zinguer** zinc coating

zinguer /zɛ̃ge/ ▶ conjug 1 ◀ VT [+ toiture, acier] to coat with zinc

zingueur /zɛ̃gœʀ/ NM zinc worker ◆ **plombier-zingueur** plumber and zinc worker

zinjanthrope /zɛ̃ʒɑ̃tʀɔp/ NM zinjanthropus

zinnia /zinja/ NM zinnia

zinzin * /zɛ̃zɛ̃/
ADJ cracked*, nuts*, barmy* (Brit)
NM ① (= fou) nutcase*, loony*
② (= machin) thingummy(jig) * (Brit), thingamajig (US), what's-it* (Brit)
NMPL **zinzins** * (arg Bourse) institutional investors

zinzolin /zɛ̃zɔlɛ̃/ (littér)
ADJ M reddish-purple
NM reddish-purple (colour)

zip ® /zip/ NM zip ◆ **poche fermée par un zip** zip(ped) pocket

zippé, e /zipe/ (ptp de **zipper**) ADJ zip-up (épith), with a zip

zipper /zipe/ ▶ conjug 1 ◀ VT [+ vêtement] to zip up; [+ fichier] to zip

zircon /ziʀkɔ̃/ NM zircon

zircone /ziʀkɔn, ziʀkɔn/ NF zirconium oxide, zirconia

zirconium /ziʀkɔnjɔm/ NM zirconium

zizanie /zizani/ SYN NF ill-feeling ◆ **mettre** ou **semer la zizanie dans une famille** to set a family at loggerheads, to stir up ill-feeling in a family

zizi¹ * /zizi/ NM (langage enfantin = pénis) willy* (Brit), peter* (US) (hum)

zizi² /zizi/ NM (= oiseau) cirl bunting

zloty /zlɔti/ NM zloty

zob *‡ /zɔb/ NM (= pénis) dick**‡, prick**‡, cock**‡

Zodiac /zɔdjak/ NM rubber ou inflatable dinghy

zodiacal, e (mpl -aux) /zɔdjakal, o/ ADJ [constellation, signe] of the zodiac; [lumière] zodiacal

zodiaque /zɔdjak/ NM zodiac; → **signe**

zoé /zɔe/ NF zoaea (Brit), zoea (US)

Zohar /zɔaʀ/ NM ◆ **le Zohar** the Zohar

zombi(e) /zɔ̃bi/ SYN NM zombie

zona /zona/ NM shingles (sg), herpes zoster (SPÉC) ◆ **avoir un zona** to have shingles

zonage /zonaʒ/ NM (Urbanisme, Ordin) zoning

zonal, e (mpl -aux) /zonal, o/ ADJ zonal

zonard, e *‡ /zonaʀ, aʀd/ NM,F (= marginal) dropout*

zone /zon/ SYN
NF ① (gén, Sci) zone, area; (Transport) travel zone ◆ **zone d'élevage** (Agr) cattle-breeding area ◆ **zone de pêche** fishing zone ◆ **zone d'influence** (d'un pays) sphere ou area of influence (of a country) ◆ **la zone des combats** the combat zone ◆ **zone de haute/basse pression** (Météo) area of high/low pressure ◆ **zone franc/**

sterling franc/sterling area ◆ **hors zone franc** [pays] that does not belong to the franc area ◆ **zones A, B et C** (Scol) three zones in France where schools take mid-term breaks and Easter holidays at different times to avoid overcrowding in the transport system and at holiday resorts ◆ **dans cette affaire, des zones d'ombre subsistent encore** some aspects of this business remain very unclear ◆ **de deuxième/troisième zone** (fig) second-/third-rate ◆ **arriver sur zone** (Mil) to arrive at the scene of the action
② (* = quartiers pauvres) ◆ **la zone** the slum belt; (= marginalité) the dropout lifestyle ◆ **c'est la zone** ! it's the pits! * ◆ **enlève ce bric-à-brac de ton jardin, ça fait zone** * get rid of that junk in your garden, it looks like a tip *
COMP **zone d'activités** business park, enterprise zone
zone d'aménagement concerté urban development zone
zone d'aménagement différé future development zone
la zone des armées the war zone
zone artisanale industrial estate (Brit) ou park (US) for small businesses
zone bleue ≈ restricted parking zone ou area
zone dangereuse danger zone
zone démilitarisée demilitarized zone
zone de dépression ou **dépressionnaire** (Météo) trough of low pressure
zone de dialogue (Ordin) dialogue box
zone d'éducation prioritaire area targeted for special help in education
zone d'environnement protégé environmentally protected zone, ≈ SSSI (Brit)
zone érogène erogenous zone
zone euro Euroland
zone d'exclusion (Mil) exclusion zone ◆ **zone d'exclusion aérienne** no-fly zone
zone franche free zone
zone frontalière border area ou zone
zone industrielle industrial estate (Brit) ou park (US)
zone inondable flood-risk area
zone interdite off-limits area, no-go area ◆ **zone interdite à la navigation** area which is closed to shipping
zone libre (Hist France) unoccupied France ◆ **passer/se réfugier en zone libre** to enter/take refuge in the unoccupied zone
zone de libre-échange free trade zone ou area
zone monétaire monetary zone
zone occupée occupied zone
zone piétonne ou **piétonnière** pedestrian precinct
zone à risque (catastrophes naturelles) disaster-prone area; (criminalité) high-risk area
zone rouge red zone
zone tampon (Mil) buffer zone; (Ordin) buffer
zone de turbulences (en avion) area of turbulence; (fig) trouble spot
zone urbaine urban area
zone à urbaniser en priorité † urban development zone

zoné, e /zone/ ADJ (Minér) banded, zoned

zoner /zone/ ▶ conjug 1 ◀
VT to zone
VI ‡ [marginal] to bum around‡

zonure /zonyʀ/ NM zonurid

zoo /zo(o)/ NM zoo

zoogamète /zoogamɛt/ NM zoogamete

zoogéographie /zooʒeɔgʀafi/ NF zoogeography

zooglée /zoogle/ NF zoogloea (Brit), zooglea (US)

zoolâtre /zoolɑtʀ/
ADJ zoolatrous
NMF zoolater

zoolâtrie /zoolɑtʀi/ NF zoolatry

zoologie /zoolɔʒi/ NF zoology

zoologique /zoolɔʒik/ ADJ zoological

zoologiste /zoolɔʒist/, **zoologue** /zoolɔg/ NMF zoologist

zoom /zum/ NM (= objectif) zoom lens; (= effet) zoom ◆ **faire un zoom sur** to zoom in on ◆ **zoom avant/arrière** zoom in/out ◆ **faire un zoom avant/arrière** to zoom in/out

zoomer /zume/ ▶ conjug 1 ◀ VI to zoom in (sur on)

zoomorphe /zoomɔʀf/ ADJ zoomorphic

zoomorphisme /zoomɔʀfism/ NM zoomorphism

zoonose /zoonoz/ NF zoonosis

zoopathie /zoopati/ NF zoanthropy

zoophile /zoofil/
ADJ zoophilic
NMF zoophilist

zoophilie /zoofili/ NF (= perversion) zoophilia

zoophobie /zoofɔbi/ NF zoophobia

zoopsie /zoopsi/ NF zoopsia

zoospore /zoospɔʀ/ NM zoospore

zootechnicien, -ienne /zooteknisjɛ̃, jɛn/ NM,F zootechnician

zootechnie /zootekni/ NF zootechnics (sg)

zootechnique /zooteknik/ ADJ zootechnic

zoreille * /zɔʀɛj/ NMF person from metropolitan France living in the overseas territories

zorille /zɔʀij, zɔʀil/ NF zorilla, zorille

Zoroastre /zɔʀoastʀ/ NM Zoroaster, Zarathustra

zoroastrien, -ienne /zɔʀoastʀijɛ̃, jɛn/ ADJ, NM,F Zoroastrian

zoroastrisme /zɔʀoastʀism/ NM Zoroastrianism, Zoroastrism

Zorro /zoʀo/ NM Zorro ◆ **jouer les Zorro** * to play the hero

zostère /zɔstɛʀ/ NF eelgrass

zostérien, -ienne /zɔsteʀjɛ̃, jɛn/ ADJ shingles (épith), herpes zoster (SPÉC) (épith)

zou * /zu/ EXCL ◆ **(allez) zou !** (= partez) off with you!, shoo!*; (= dépêchez-vous) get a move on! * ◆ **et zou, les voilà partis !** zoom, off they go! *

zouave /zwav/ NM Zouave, zouave ◆ **faire le zouave** * to play the fool, to fool around

zouk /zuk/ NM zouk

zoulou, e /zulu/
ADJ Zulu
NM (= langue) Zulu
NM,F **Zoulou(e)** Zulu

Zoulouland /zululɑ̃d/ NM Zululand

zozo * /zozo/ NM (= naïf) nit(wit)*, ninny*; (= individu) guy, bloke (Brit)

zozoter /zozɔte/ SYN ▶ conjug 1 ◀ VI to lisp

ZUP † /zyp/ NF (abrév de **zone à urbaniser en priorité**) → **zone**

zut * /zyt/ EXCL (= c'est embêtant) damn!*, darn (it)! *; (= ça suffit !) (do) shut up! * ◆ **je te dis zut !** get lost! * ◆ **je fais ce que je veux, zut alors !** I'll do what I want, for goodness' sake! ◆ **et puis zut à la fin ! j'abandonne !** what the heck *, I give up! ◆ **avoir un œil qui dit zut à l'autre** to be cross-eyed

zutique /zytik/ ADJ (Hist Littérat) Zutique

zutiste /zytist/ NMF (Hist Littérat) Zutiste

zwanze /zwɑ̃z/ NF (Belg) joke

zwanzer /zwɑ̃ze/ ▶ conjug 1 ◀ VI (Belg) to joke

zwinglianisme /zvɛ̃gljanism/ NM Zwinglianism

zygène /ziʒɛn/ NF (= papillon) burnet

zygoma /zigɔma/ NM zygoma, zygomatic arch

zygomatique /zigɔmatik/
ADJ zygomatic ◆ **os/arcade zygomatique** zygomatic bone/arch
NM zygomatic major (muscle) (SPÉC) ◆ **se dérouiller les zygomatiques** * (hum) to have a good laugh

zygomorphe /zigɔmɔʀf/ ADJ zygomorphic, zygomorphous

zygomycètes /zigɔmisɛt/ NMPL zygomycetes

zygote /zigɔt/ NM zygote

zyklon /ziklɔ̃/ NM ◆ **(gaz) zyklon, zyklon B** Zyklon B

zymase /zimaz/ NF zymase

zymotique /zimɔtik/ ADJ zymotic

CARTES   *MAPS*

EUROPE, ASIE	1	*EUROPE, ASIA*
AFRIQUE	2	*AFRICA*
EUROPE POLITIQUE	3-4	*POLITICAL EUROPE*
FRANCE	5	*FRANCE*
DÉPARTEMENTS ET TERRITOIRES D'OUTRE-MER	6	*FRENCH OVERSEAS DEPARTMENTS AND TERRITORIES*
BELGIQUE	7	*BELGIUM*
SUISSE	8	*SWITZERLAND*
QUÉBEC	9	*QUEBEC*

EUROPE, ASIE
EUROPE, ASIA

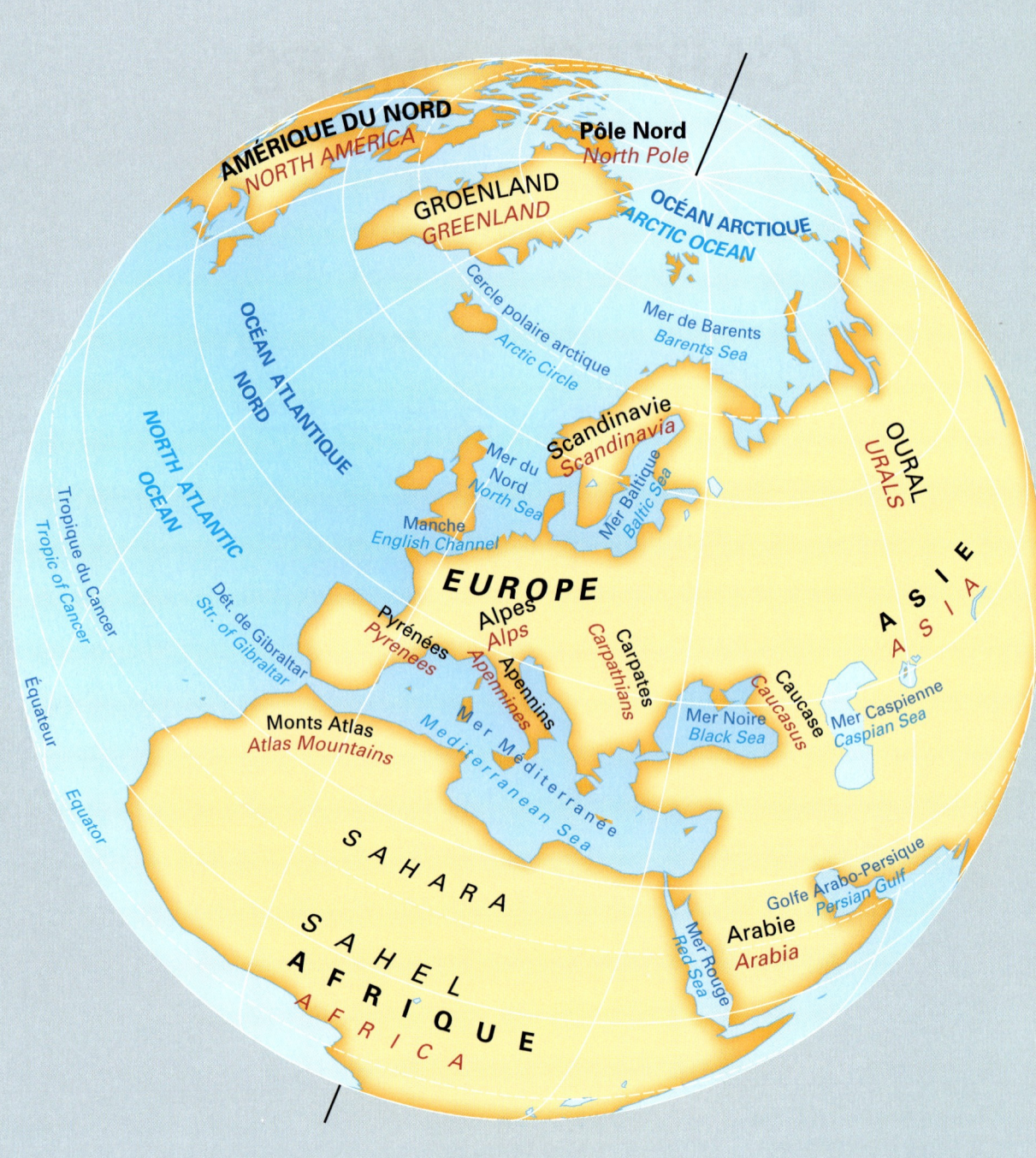

carte / *map* - 1

AFRIQUE

AFRICA

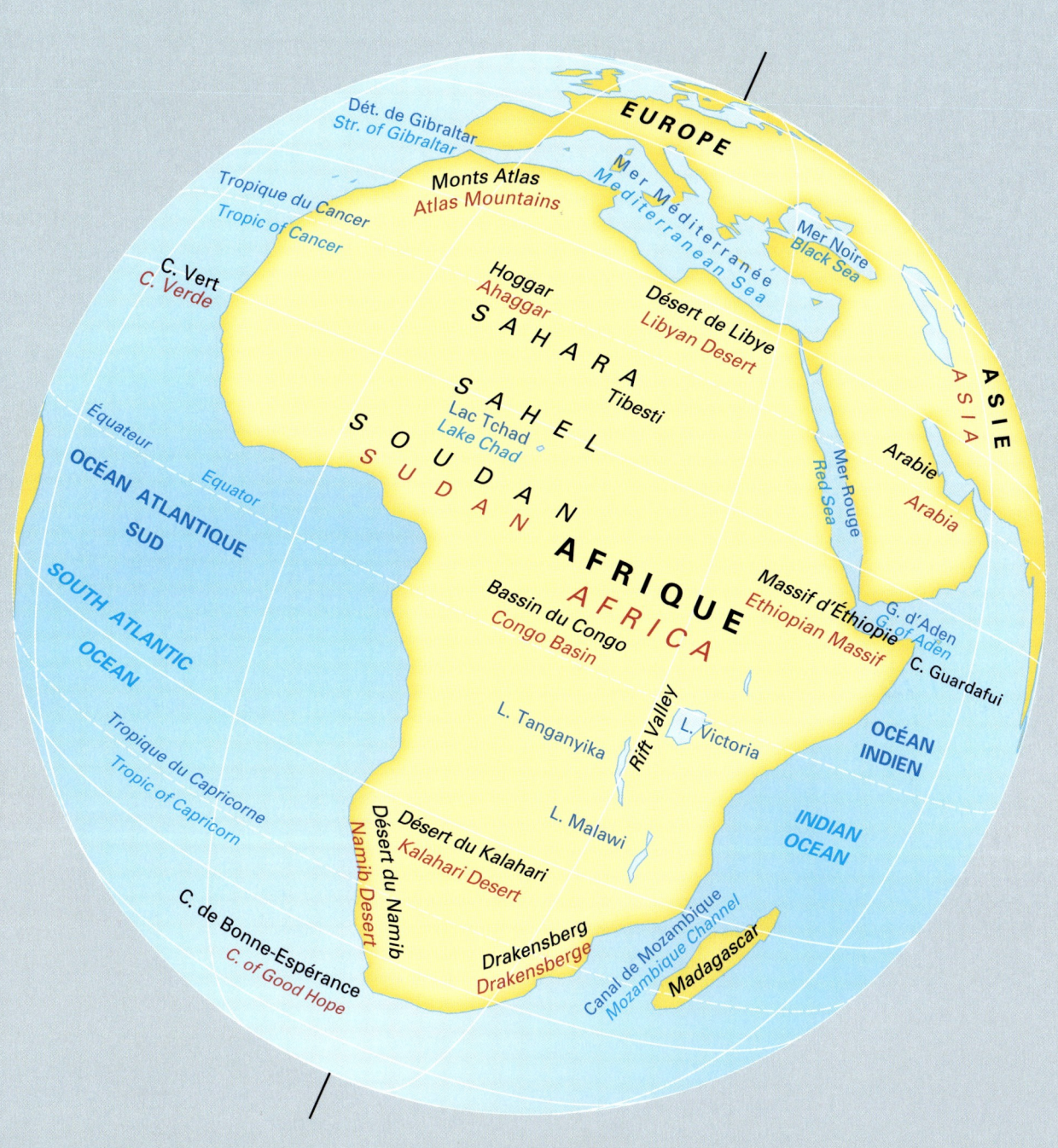

carte / map - 2

EUROPE POLITIQUE

carte / map - 3

POLITICAL EUROPE

carte / map - 4

DOM-COM — FRENCH OVERSEAS DEPARTMENTS AND TERRITORIES

GUYANE / FRENCH GUIANA

GUADELOUPE
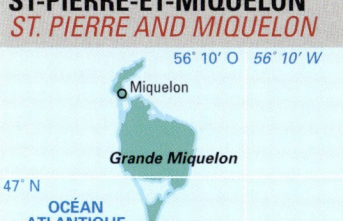

RÉUNION
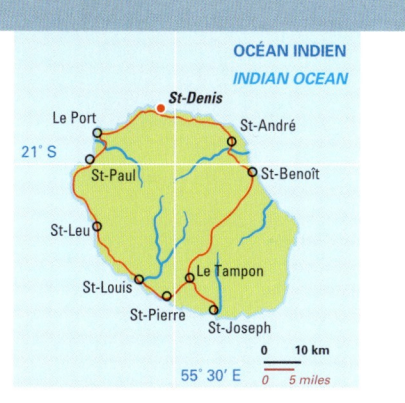

MARTINIQUE

ST-PIERRE-ET-MIQUELON / ST. PIERRE AND MIQUELON

MAYOTTE
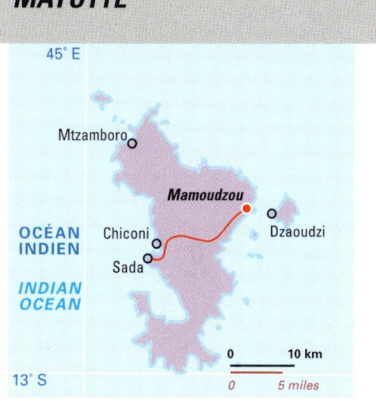

NOUVELLE-CALÉDONIE / NEW CALEDONIA
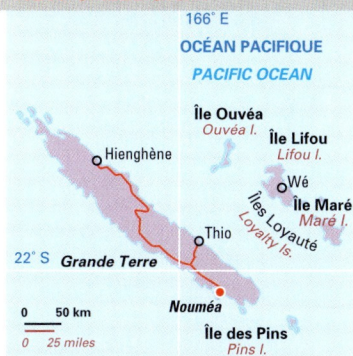

WALLIS-ET-FUTUNA / WALLIS AND FUTUNA
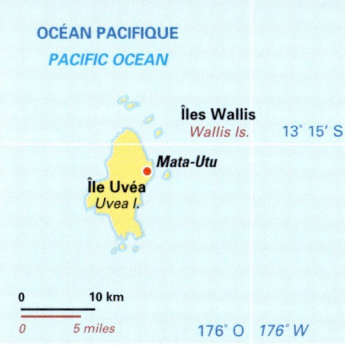

POLYNÉSIE-FRANÇAISE / FRENCH POLYNESIA

DOM et ROM (À la fois département d'outre-mer et région d'outre-mer)
Guyane, Guadeloupe, Réunion, Martinique.
French Guiana, Guadeloupe, Réunion, Martinique.

COM (Collectivité d'outre-mer)
Mayotte, Wallis et Futuna, Île Saint-Barthélémy, Île Saint-Martin, Saint-Pierre-et-Miquelon.
Mayotte, Wallis and Futuna, Saint-Barthélémy Is., Saint-Martin Is., Saint-Pierre-and-Miquelon.

POM Pays d'outre-mer : Nouvelle Calédonie et Polynésie-française.
New Caledonia and French Polynesia.

TAAF Les terres Australes et Antarctiques françaises comprennent les îles Crozet, les îles Kerguelen, la terre Adélie, l'île Saint-Paul et l'île de la Nouvelle-Amsterdam.
The French Southern and Antarctic Territories consist of the Crozet Islands, Kerguelen Islands, Adelie Coast, St. Paul Island and Amsterdam Island.

BELGIQUE / BELGIUM

QUÉBEC

carte / map - 9

DICTIONNAIRE DE SYNONYMES FRANÇAIS

FRENCH THESAURUS

ABRÉVIATIONS/ABBREVIATIONS

abrév.	abréviation	**indéf.**	indéfini	**plaisant.**	par plaisanterie
abusivt	emploi abusif	**Inform.**	informatique	**plur.**	pluriel
adj.	adjectif, adjectival	**interj.**	interjection	**Pol.**	politique
adjt	emploi adjectival	**invar.**	invariable	**pop.**	langage populaire
Admin.	administration	**iron.**	ironique	**prép.**	préposition, prépositionnel
adv.	adverbe, adverbial	**lang. biblique**	langage biblique		
Agric.	agriculture	**lang. enfants**	langage des jeunes enfants ou des adultes qui s'adressent à eux	**pron.**	pronom
Anat.	anatomie			**Psych.**	psychanalyse, psychiatrie
anciennt	anciennement			**Psychol.**	psychologie
anglic.	anglicisme	**Ling.**	linguistique	**qqch.**	quelque chose
Archit.	architecture	**littér.**	langage littéraire	**qqn**	quelqu'un
argot.	argotique	**Littérat.**	littérature	**qqpart**	quelque part
Astron.	astronomie	**Mar.**	maritime, marine	**recomm. offic.**	recommandation officielle
Aviat.	aviation	**Math.**	mathématique	**région.**	régionalisme
Biol.	biologie	**Méd.**	médecine	**Relig.**	religion
Bot.	botanique	**Milit.**	militaire	**Scol.**	scolaire
Chir.	chirurgie	**Mus.**	musique	**Sociol.**	sociologie
conj.	conjonction, conjonctif	**Mythol.**	mythologie	**Techn.**	techniques
didact.	langage didactique	**n.**	nom masculin et féminin	**Typo**	typographie
Écol.	écologie	**n. f.**	nom féminin	**Univ.**	université
Écon.	économie	**n. m. pl.**	nom masculin pluriel	**v. impers.**	verbe impersonnel
euph.	euphémisme	**n. m.**	nom masculin	**v. intr.**	verbe intransitif
fam.	langage familier	**n. m. pl.**	nom masculin pluriel	**v. intr. ind.**	verbe intransitif indirect
fig.	au figuré	**Naut.**	nautisme	**v. pron.**	verbe pronominal
Fin.	finances	**nég.**	négatif	**v. tr.**	verbe transitif
Géog.	géographie	**péj.**	péjoratif	**v. tr. ind.**	verbe transitif indirect
Géol.	géologie	**Philo.**	philosophie	**Vétér.**	médecine vétérinaire
Hist.	histoire	**Physiol.**	physiologie	**Zool.**	zoologie
Hortic.	horticulture				

Abréviations utilisées dans le dictionnaire de synonymes (qui peuvent être différentes de celles qui figurent dans le texte français-anglais).

Abbreviations used in the thesaurus (which could be different from those used in the French-English dictionary).

A

abaissement N. M. **1.** affaissement, baisse, chute, descente **2.** diminution, baisse, chute, dépréciation, dévaluation **3.** décadence, déclin, dégénérescence, dégradation, détérioration

abaisser V. TR. **1.** descendre, baisser, rabattre **2.** diminuer, amoindrir, rapetisser, réduire **3.** atténuer, adoucir, affaiblir, amenuiser, amortir, diminuer **4.** affaiblir, abattre, anéantir, dégrader, déprécier, dévaluer **5.** humilier, mortifier, rabaisser, ravaler
♦ **s'abaisser** V. PRON. **1.** descendre, s'affaisser **2.** se plier, se compromettre, se soumettre, s'aplatir *(fam.)* **3.** s'avilir, déchoir, s'humilier

abandon N. M. **I. 1.** capitulation, concession, défaite, forfait, retrait, reddition, retraite **2.** démission, désistement, défection, renoncement, renonciation **II. 1.** arrêt, cessation, fin, suspension **2.** élimination, rejet, enterrement *(fam.)* **III. 1.** isolement, délaissement, solitude **2.** délaissement, lâchage *(fam.)*, largage *(fam.)*, plaquage *(fam.)* **IV.** détente, abandonnement, nonchalance

abandonné, ée ADJ. **1.** dépeuplé, déserté, inhabité **2.** délaissé, seul, solitaire

abandonner
▸ V. INTR. capituler, abdiquer, céder, s'avouer vaincu, baisser les bras, battre en retraite, déclarer forfait, s'incliner, lâcher pied/prise, se résigner, se retirer, caler *(fam.)*, laisser tomber *(fam.)*, jeter l'éponge *(fam.)*, se dégonfler *(fam.)*
▸ V. TR. **1.** donner, céder, se dépouiller de, se dessaisir, livrer, léguer, renoncer à, lâcher *(fam.)* **2.** renoncer à, cesser, se désister de, enterrer, en finir avec, sacrifier **3.** démissionner, abdiquer, se démettre **4.** partir de, déménager de, déserter, évacuer, fuir, laisser, quitter, se retirer de **5.** se séparer de, se détacher de, se défaire de, fausser compagnie à, quitter, rompre avec, tourner le dos à, bazarder *(fam.)*, lâcher *(fam.)*, laisser choir *(fam.)*, laisser tomber *(fam.)*, larguer *(fam.)*, plaquer *(fam.)*, planter là *(fam.)* **6.** négliger, délaisser, se désintéresser de, oublier, laisser en plan, laisser en rade *(fam.)*

abasourdir V. TR. stupéfier, atterrer, consterner, déconcerter, ébahir, éberluer, étonner, hébéter, interloquer, méduser, sidérer, stupéfaire, souffler

abattement N. M. **1.** accablement, affliction, découragement, désespoir, tristesse **2.** épuisement, apathie, faiblesse, fatigue, lassitude, léthargie, mollesse, torpeur, langueur *(littér.)* **3.** diminution, exonération, déduction, réduction, ristourne *(fam.)*

abattre V. TR. **I. 1.** couper, trancher, scier **2.** démolir, anéantir, détruire, raser, descendre *(fam.)* **3.** briser, annihiler, broyer, écraser, renverser, ruiner, saper, vaincre **II. 1.** accabler, affliger, consterner, décourager, démoraliser, déprimer, épuiser, affaiblir, fatiguer, miner, saper le moral de **2.** épuiser, affaiblir, fatiguer **III.** tuer, assassiner, éliminer, exécuter, mettre à mort, régler son compte à, buter *(fam.)*, descendre *(fam.)*, flinguer *(fam.)*, liquider *(fam.)*, refroidir *(fam.)*, supprimer *(fam.)*, zigouiller *(fam.)*
♦ **s'abattre** V. PRON. tomber, crouler, s'affaisser, s'écraser, s'écrouler, s'effondrer

abattu, ue ADJ. **1.** fatigué, faible, las **2.** découragé, affligé, dégoûté, déprimé

abdiquer V. TR. **1.** renoncer à, *[sans complément]* renoncer au pouvoir, se démettre, déposer sa couronne **2.** *[sans complément]* capituler, abandonner, s'avouer vaincu, baisser les bras, démissionner, renoncer, laisser tomber *(fam.)*

aberrant, ante ADJ. **1.** absurde, extravagant, farfelu, insensé, saugrenu, loufoque *(fam.)* **2.** anormal, atypique, irrégulier

abîme N. M. **1.** gouffre, abysse, précipice **2.** immensité, profondeurs **3.** division, écart, fossé, gouffre, monde

abîmer V. TR. **1.** endommager, casser, détériorer, détraquer, saccager, saboter, amocher *(fam.)*, arranger *(iron.)*, bigorner *(fam.)*, bousiller *(fam.)*, déglinguer *(fam.)*, esquinter *(fam.)* **2.** blesser, meurtrir, amocher *(fam.)*
♦ **s'abîmer** V. PRON. **1.** se gâter, se détériorer **2.** disparaître, couler, sombrer, s'enfoncer

abject, ecte ADJ. dégoûtant, abominable, bas, écœurant, honteux, infâme, infect, ignoble, odieux, répugnant, sordide, vil, dégueulasse *(fam.)*

abolir V. TR. **1.** anéantir, annuler, détruire, démanteler, ruiner **2.** abroger, annuler, casser, supprimer

abominable ADJ. **1.** répugnant, atroce, effroyable, horrible, monstrueux, odieux **2.** mauvais, affreux, catastrophique, détestable, désastreux, épouvantable, exécrable, horrible

abondamment ADV. beaucoup, amplement, considérablement, copieusement, largement, libéralement, à flots, à foison, à profusion, à satiété, à torrents, à volonté, en quantité, tant et plus, à gogo *(fam.)*, en pagaille *(fam.)*, à revendre *(fam.)*

abondance N. F. **1.** profusion, avalanche, débauche, déluge, foisonnement, flot, luxe, multitude, pluie **2.** aisance, fortune, luxe, opulence, prospérité, richesse

abondant, ante ADJ. **I. 1.** volumineux, copieux, généreux, opulent **2.** épais, fourni, luxuriant, touffu **II. 1.** nombreux, innombrable, multiple **2.** foisonnant, grouillant, *[pluie]* torrentiel, diluvien

abonder V. INTR. foisonner, fourmiller, grouiller, proliférer, pulluler

abordable ADJ. **1.** accostable, accessible, facile d'accès **2.** compréhensible, accessible **3.** bon marché, modéré, raisonnable

aborder V. TR. **1.** accéder à, accoster, apponter, (s')approcher de, arriver à, atteindre, toucher **2.** heurter, attaquer, éperonner, prendre d'assaut **3.** *[qqn]* accoster, arrêter **4.** entamer, en arriver à, s'attaquer à, en venir à, se lancer dans, parler de

aboutir V. INTR. réussir, être mené à son terme, voir le jour

aboutissement N. M. **1.** résultat, conséquence, *[d'efforts]* couronnement **2.** fin, dénouement, issue, terme

aboyer V. TR. et INTR. crier, hurler, glapir, japper, gueuler *(fam.)*

abrégé N. M. résumé, compendium, condensé, digest, récapitulatif, sommaire, synopsis

abréger V. TR. **1.** raccourcir, alléger, couper, diminuer, écourter, réduire, limiter, tronquer **2.** condenser, résumer

abri N. M. **I.** habitation, baraque, cabane **II. 1.** refuge, asile, havre, retraite, oasis **2.** cache, cachette, lieu sûr, repaire, planque *(fam.)* **3.** couverture, auvent, porche, préau, toit **4.** entrepôt, grange, grenier, hangar, remise

abriter V. TR. **1.** protéger, garantir, préserver, défendre **2.** cacher, dissimuler, receler, recouvrir **3.** héberger, accueillir, loger, recevoir
♦ **s'abriter** V. PRON. **1.** se garantir, se protéger, se préserver, se mettre à couvert **2.** se retrancher, se réfugier, se cacher

abroger V. TR. annuler, abolir, casser, révoquer, supprimer

abrupt, upte ADJ. **1.** escarpé, à pic, raide **2.** net, tranchant **3.** heurté, haché **4.** brusque, acerbe, bourru, brutal, revêche, rude

abruptement ADV. brusquement, à brûle-pourpoint, de but en blanc, ex abrupto, inopinément, sans préambule

abruti, ie
▸ ADJ. étourdi, ahuri, hébété, dans les choux *(fam.)*, dans les vapes *(fam.)*
▸ ADJ. et N. idiot, bête, imbécile, stupide, andouille *(fam.)*, crétin *(fam.)*, demeuré *(fam.)*

abrutir V. TR. **1.** abêtir, crétiniser **2.** abasourdir, étourdir, hébéter

abscons, onse ADJ. obscur, hermétique, impénétrable, indéchiffrable, sibyllin, abstrus *(littér.)*

absence N. F. **1.** manque, carence, défaut, omission, pénurie, privation **2.** inattention, distraction

absent, ente ADJ. **1.** parti, au loin, disparu, éloigné **2.** manquant, défaillant, inexistant **3.** distrait, inattentif, lointain, rêveur, dans la lune *(fam.)*, dans les nuages *(fam.)*

absenter (s') V. PRON. partir, disparaître, s'éclipser, s'éloigner, se retirer, sortir

absolu, ue
▸ ADJ. **1.** autocratique, autoritaire, dictatorial, totalitaire **2.** catégorique, entier, exclusif, formel, intransigeant, inflexible **3.** total, complet, illimité, inconditionnel, infini, intégral **4.** pur, fort
▸ N. M. idéal, perfection

absolument ADV. et INTERJ. **1.** à tout prix, à toute force, coûte que coûte, nécessairement, obligatoirement **2.** tout à fait, complètement, entièrement, littéralement, parfaitement, totalement, vraiment **3.** oui, bien sûr, certainement, parfaitement, tout à fait

absorbé, ée ADJ. occupé, méditatif, préoccupé, songeur

absorber V. TR. **1.** s'imbiber de, boire, pomper, s'imprégner de, se pénétrer de **2.** se nourrir de, avaler, boire, consommer, engloutir, ingérer, ingurgiter, manger **3.** annexer, intégrer **4.** accaparer, occuper, prendre, retenir

absorption N. F. **1.** consommation, ingestion, ingurgitation **2.** annexion, intégration

absoudre V. TR. **1.** pardonner, effacer, excuser, remettre **2.** innocenter, acquitter, blanchir, disculper

abstenir de (s') V. PRON. **1.** s'empêcher de, se défendre de, éviter, s'interdire de, se retenir de **2.** se priver de, se passer de, se refuser, renoncer à, faire une croix sur *(fam.)*

abstraction N. F. **1.** idée, concept, entité, notion **2.** fiction, chimère

abstrait, aite ADJ. **1.** non figuratif **2.** théorique, conceptuel, intellectuel, spéculatif **3.** utopique, chimérique, irréel **4.** *[péj.]* obscur, abscons, hermétique, nébuleux, sibyllin

absurde ADJ. **1.** illogique, incohérent, inconséquent, irrationnel **2.** déraisonnable, aberrant, extravagant, fou, insensé, ridicule **3.** bête, idiot, inepte, grotesque, sot, stupide

absurdité N. F. **1.** bêtise, aberration, ânerie, erreur, faute, imbécillité, ineptie, niaiserie, sottise, stupidité, bourde *(fam.)*, connerie *(fam.)* **2.** illogisme, incohérence, irrationalité

abus N. M. **1.** excès, exagération, outrance **2.** injustice, autorité, illégalité

abuser V. TR. **I.** *[sans complément]* exagérer, passer/dépasser la mesure/les bornes, charrier *(fam.)*, pousser *(fam.)*, y aller fort *(fam.)*, tirer sur la corde *(fam.)* **II.** tromper, berner, duper, leurrer, mystifier, se jouer de, blouser *(fam.)*, mener en bateau *(fam.)*, pigeonner *(fam.)*, rouler *(fam.)*
♦ **s'abuser** V. PRON. se tromper, faire erreur, se méprendre, s'illusionner, se leurrer, se mettre le doigt dans l'œil (jusqu'au coude) *(fam.)*, se gourer *(fam.)*

abusif, ive ADJ. **1.** excessif, exagéré, immodéré **2.** impropre, incorrect **3.** illégitime, infondé, injustifié **4.** injuste, inique

acariâtre ADJ. bougon, désagréable, grincheux, grognon, pas commode, acrimonieux *(littér.)*, bilieux *(littér.)*

accablant, ante ADJ. **1.** écrasant, fatigant, lourd, tuant **2.** étouffant, oppressant, pesant, suffocant **3.** affligeant, consternant, intolérable **4.** accusateur, impitoyable, irréfutable

accablement N. M. abattement, découragement, dépression

accabler V. TR. **1.** accuser, charger, confondre, dénoncer, vouer aux gémonies **2.** surcharger, écraser, pressurer, terrasser **3.** désespérer, abattre, affliger, décourager, démoraliser

accalmie N. F. **1.** embellie, éclaircie **2.** trêve, pause, répit **3.** calme, apaisement, paix, repos, sérénité, tranquillité

accaparant, ante ADJ. envahissant, abusif, exigeant

accaparer V. TR. **1.** monopoliser, s'attribuer, s'emparer de, mettre le grappin sur *(fam.)*, rafler *(fam.)*, truster *(fam.)* **2.** absorber, occuper, prendre, réserver, retenir

accéder à V. TR. IND. **1.** entrer dans, pénétrer dans **2.** parvenir à, aborder, aboutir à, arriver à, atteindre **3.** acquiescer à, accepter de, consentir à, se rendre à, souscrire à

accélérer
▸ V. TR. hâter, activer, pousser, précipiter, presser, stimuler, booster *(fam.)*

accent N. M. 1. ton, accentuation 2. modulation, prononciation 3. inflexion, intonation, tonalité

accentuation N. F. intensification, accroissement, amplification, augmentation, renforcement

accentué, ée ADJ. marqué, accusé, fort, prononcé

accentuer V. TR. 1. faire ressortir, appuyer sur, insister sur, mettre l'accent sur, mettre en évidence, mettre en relief, souligner 2. intensifier, accroître, augmenter, renforcer
• **s'accentuer** V. PRON. s'intensifier, augmenter, s'accroître, croître, s'amplifier, grandir, ressortir

acceptable ADJ. 1. convenable, correct, honnête, passable, présentable, suffisant, potable (fam.) 2. recevable, satisfaisant, valable

acceptation N. F. accord, agrément, assentiment, consentement

accepter V. TR. 1. acquiescer à, adhérer à, se rallier à, souscrire à, avaler (fam.), dire amen à (fam.) 2. autoriser, permettre 3. adopter, accueillir, admettre, agréer, recevoir 4. supporter, endurer, se soumettre à, subir, tolérer

acception N. F. sens, signification

accès N. M. 1. entrée, abord, approche 2. poussée, attaque, atteinte, bouffée, crise 3. élan, transport

accessible ADJ. 1. atteignable, abordable, à portée de la main 2. faisable, réalisable 3. accueillant, abordable, affable, aimable, approchable, engageant 4. compréhensible, facile, intelligible, simple, à la portée de tout le monde

accession N. F. avènement, admission, arrivée, promotion

accessoire
▶ ADJ. 1. annexe, auxiliaire, complémentaire, supplémentaire 2. mineur, anecdotique, insignifiant, marginal, négligeable, secondaire, superflu
▶ N. M. instrument, outil, pièce, ustensile

accident N. M. 1. collision, accrochage, carambolage, choc, crash, pépin (fam.) 2. incident, ennui, mésaventure, revers, bûche (fam.), os (fam.), pépin (fam.), tuile (fam.) 3. aléa, aventure, imprévu, péripétie, vicissitude (littér.)

accidenté, ée ADJ. 1. inégal, bosselé, irrégulier, montagneux, tourmenté 2. blessé, abîmé, amoché, touché 3. endommagé, cabossé, détérioré, esquinté (fam.)

accidentel, elle ADJ. 1. fortuit, imprévu, inattendu, inopiné 2. accessoire, contingent

accidentellement ADV. 1. fortuitement, par hasard, incidemment, inopinément, malencontreusement 2. exceptionnellement, occasionnellement

acclamation N. F. applaudissement, bravo, hourra, ovation, vivat

acclamer V. TR. applaudir, faire une ovation, ovationner, faire la claque

acclimater V. TR. 1. habituer, accoutumer, adapter 2. importer, implanter, introduire, naturaliser
• **s'acclimater** V. PRON. s'adapter, s'accoutumer, se faire à, se familiariser avec, s'habituer

accoler V. TR. lier, joindre, juxtaposer, relier, réunir

accommodant, ante ADJ. 1. facile à vivre, de bonne composition, commode, facile, sociable 2. arrangeant, complaisant, conciliant, coulant (fam.)

accommoder V. TR. 1. adapter, accorder, ajuster 2. cuisiner, apprêter, préparer, mitonner (fam.) 3. concilier, allier

accompagner V. TR. 1. se joindre à, aller avec, marcher avec, suivre 2. conduire, chaperonner, escorter, guider, surveiller, flanquer (souvent péj.) 3. compléter, ajouter, assortir 4. s'ajouter à, se joindre à

• **s'accompagner de** V. PRON. 1. s'assortir de, s'émailler de 2. avoir pour conséquence, être suivi de

accompli, ie ADJ. 1. fini, révolu, terminé 2. parfait, complet, idéal, impeccable, irréprochable, modèle 3. remarquable, achevé, distingué, excellent, expert

accomplir V. TR. 1. effectuer, commettre, exécuter, mettre à exécution, mener à bien, réaliser, s'acquitter de 2. achever, finir, mener à son terme, terminer

accord N. M. 1. acceptation, agrément, approbation, autorisation, aval, consentement, feu vert, permission 2. concorde, complicité, connivence, consensus, (bonne) entente 3. arrangement, compromis, pacte, traité

accorder V. TR. 1. adapter, approprier, assortir, conformer, harmoniser 2. allier, agencer, assembler, associer, combiner, concilier 3. admettre, avouer, confesser, convenir, reconnaître 4. donner, attribuer, consentir, décerner, offrir 5. attacher, attribuer, imputer

accoster V. TR. 1. aborder, approcher, draguer (fam.), racoler (fam.) 2. se ranger contre, aborder, arriver à, [sans complément] atterrir, toucher terre

accoucher de V. TR. IND. 1. mettre au monde, donner la vie à, donner naissance à, enfanter, engendrer, [animal] mettre bas 2. produire, donner naissance à, donner le jour à, engendrer 3. créer, élaborer, pondre (fam.)

accouplement N. M. 1. croisement, monte, reproduction, saillie 2. rapport (sexuel), copulation, coït, baise (fam.)

accoupler V. TR. réunir, accoler, assembler, associer, combiner, jumeler, joindre, lier, rapprocher, unir
• **s'accoupler** V. PRON. faire l'amour, coïter, s'unir (littér.), copuler (plaisant)

accourir V. INTR. se précipiter, se hâter

accoutrement N. M. habillement, affublement, déguisement, mise, tenue, attifement (fam.)

accoutumance N. F. 1. adaptation, acclimatement, habitude 2. dépendance, addiction, assuétude 3. immunisation, insensibilisation, mithridatisation (littér.), mithridatisme (littér.)

accoutumer V. TR. 1. habituer, adapter, acclimater, familiariser avec, rompre à 2. immuniser, insensibiliser, mithridatiser (littér.)
• **s'accoutumer** V. PRON. s'habituer, s'acclimater, s'adapter, se faire, se familiariser, prendre le pli

accroc N. M. 1. déchirure, trou 2. infraction, entorse, transgression, violation 3. difficulté, anicroche, complication, empêchement, incident, problème

accrochage N. M. 1. accident, choc, collision 2. dispute, altercation, friction, heurt, incident, querelle, rixe, échauffourée

accrocher V. TR. 1. fixer, agrafer, attacher, épingler, pendre, suspendre 2. heurter, bousculer
• **s'accrocher** V. PRON. 1. se tenir, s'agripper, se cramponner, se retenir, saisir 2. ne pas lâcher, se cramponner (fam.), s'incruster (fam.) 3. tenir (bon), lutter, résister 4. se disputer, se quereller, s'attraper (fam.), s'engueuler (fam.)

accrocheur, euse ADJ. 1. tenace, acharné, battant, combatif, opiniâtre 2. racoleur

accroissement N. M. 1. augmentation, croissance, développement, multiplication, progression, renforcement 2. accentuation, amplification, aggravation, intensification, recrudescence

accroître V. TR. 1. augmenter, agrandir, développer, étendre, multiplier, renforcer 2. accentuer, aggraver, amplifier, intensifier
• **s'accroître** V. PRON. grandir, s'aggraver, augmenter, se développer, s'étendre, s'intensifier, progresser

accueil N. M. 1. hospitalité, réception, traitement 2. entrée, réception

accueillant, ante ADJ. 1. aimable, affable, bienveillant, chaleureux, cordial 2. hospitalier

accueillir V. TR. 1. recevoir, héberger, loger, offrir l'hospitalité à 2. abriter, contenir

accumulation N. F. 1. amoncellement, amas, entassement, montagne, superposition, tas 2. concentration, assemblage, collection, rassemblement, regroupement, réunion 3. collecte, capitalisation, cumul

accumuler V. TR. amonceler, amasser, engranger, entasser, rassembler, regrouper, réunir 2. collectionner, capitaliser, cumuler, emmagasiner, mettre en réserve, thésauriser

accusateur, trice N. et ADJ. dénonciateur, calomniateur, délateur, détracteur

accusation N. F. 1. inculpation, charge, incrimination 2. attaque, blâme, charge, critique, grief, reproche, réquisitoire 3. calomnie, dénigrement, diffamation, médisance

accuser V. TR. 1. désigner, accabler, dénoncer 2. attaquer, charger, dénoncer, faire retomber/rejeter la faute sur, faire le procès de, incriminer, jeter la pierre à, mettre en cause, faire porter le chapeau à (fam.), mettre sur le dos de (fam.) 3. poursuivre, mettre en examen, inculper 4. révéler, dénoter, indiquer, marquer, montrer 5. accentuer, dessiner, faire ressortir, souligner

acerbe ADJ. blessant, agressif, caustique, incisif, mordant, piquant, sarcastique, venimeux, virulent, acrimonieux (littér.)

acéré, ée ADJ. 1. affilé, dur, tranchant, pointu 2. aigu, intense, mordant, strident, vif 3. acerbe, aigre, blessant, caustique, incisif, mordant

acharné, ée ADJ. 1. tenace, courageux, entêté, obstiné, opiniâtre 2. enragé, ardent, fanatique, farouche, forcené

acharnement N. M. 1. rage, animosité, fureur, furie, haine 2. persévérance, ardeur, obstination, opiniâtreté, ténacité

acharner (s') V. PRON. persévérer, continuer, s'entêter, s'obstiner, persister

achat N. M. acquisition, emplette
• **achats** PLUR. courses, commissions, emplettes, shopping (fam.)

acheminer V. TR. 1. transporter, amener, conduire, convoyer, porter 2. envoyer, adresser, faire parvenir, livrer
• **s'acheminer** V. PRON. aller, avancer, se diriger, marcher

acheter V. TR. 1. acquérir, faire l'acquisition/l'achat/l'emplette de, se procurer, entrer en possession de 2. payer, avancer les fonds pour 3. offrir, payer, procurer 4. corrompre, soudoyer, suborner, arroser (fam.), graisser la patte à (fam.), donner des pots de vin à (fam.)

acheteur, euse N. et ADJ. 1. acquéreur, client, consommateur, payeur 2. [au plur.] clientèle

achever V. TR. I. 1. finir, accomplir, arriver au bout de, exécuter, mener à bien/à terme, mettre la dernière main à, terminer 2. conclure, mettre un point final à II. 1. anéantir, épuiser, ruiner, causer la perte de 2. abattre, donner le coup de grâce à, tuer
• **s'achever** V. PRON. finir, arriver à son terme/à sa conclusion, cesser, prendre fin, se terminer

acide ADJ. et N. M. 1. acidulé, aigre, aigrelet, piquant, vert, sur (littér.) 2. acerbe, âcre, aigre, caustique, incisif, sarcastique, acrimonieux (littér.)

acompte N. M. avance, arrhes, à-valoir, provision

à-coup N. M. secousse, cahot, raté, saccade, soubresaut

acquérir V. TR. 1. acheter 2. hériter, recevoir, recueillir 3. gagner, conquérir, obtenir, remporter

acquiescement N. M. acceptation, accord, adhésion, agrément, approbation, assentiment, consentement

acquis, ise
▶ ADJ. établi, certain, incontestable, reconnu
▶ N. M. 1. conquête 2. connaissances, bagage, expérience

acquitter V. TR. 1. disculper, absoudre, amnistier, blanchir, déclarer non coupable, innocenter, pardonner 2. payer, régler, rembourser
• **s'acquitter de** V. PRON. 1. se libérer de, se dégager de, payer, régler, rembourser 2. accomplir, exécuter, faire honneur à, mener à bien, remplir

âcre ADJ. 1. irritant, acide, amer, âpre, piquant, râpeux 2. acerbe, acide, aigre, cuisant, grinçant, mordant, acrimonieux (littér.)

acrobatie N. F. 1. voltige, contorsion, dislocation, équilibrisme, saut 2. tour de passe-passe, expédient, truc (fam.)

acte N. M. 1. action, démarche, fait, geste, intervention 2. [Admin., Droit] document, certificat, titre 3. épisode, moment
♦ **actes** PLUR. conduite, attitude, comportement, réactions

acteur, trice N. 1. comédien, artiste, enfant de la balle, interprète, tragédien 2. protagoniste, intervenant

actif, ive
▸ ADJ. 1. agile, prompt, rapide, vif 2. affairé, dynamique, entreprenant, occupé, travailleur, zélé 3. en activité 4. agissant, efficace, opérant
▸ N. M. patrimoine, avoir, bien, capital

action N. F. 1. activité, effort, fonctionnement, marche, mouvement, service 2. acte, conduite, démarche, entreprise, fait, geste, initiative, intervention, manœuvre, opération, agissements (péj.) 3. effet, efficacité, force 4. combat, bataille, coup de main, engagement 5. intrigue, péripétie, scénario 6. animation, mouvement, vie

actionner V. TR. mettre en marche/en route, déclencher, enclencher, entraîner, faire fonctionner, mouvoir (soutenu)

activement ADV. énergiquement, ardemment, vivement

activer V. TR. 1. accélérer, hâter, presser, pousser 2. attiser, aviver, exacerber, exciter, stimuler
♦ **s'activer** V. PRON. 1. s'affairer, s'occuper 2. se hâter, se dépêcher, se presser, faire diligence (soutenu), se grouiller (fam.), se magner (fam.)

activité N. F. 1. dynamisme, ardeur, énergie, entrain, vigueur, vitalité, zèle 2. animation, agitation, circulation, mouvement 3. occupation, emploi, métier, profession, travail, boulot (fam.), job (fam.)

actualiser V. TR. moderniser, dépoussiérer, mettre à jour, rajeunir, renouveler, rénover

actualité N. F. modernité, contemporanéité
♦ **actualités** PLUR. informations, journal (télévisé), nouvelles, infos (fam.)

actuel, elle ADJ. 1. contemporain, courant, de notre temps, d'aujourd'hui, présent 2. moderne, à la mode

actuellement ADV. à présent, aujourd'hui, de nos jours, en ce moment, maintenant, par les temps qui courent, présentement (littér.)

acuité N. F. 1. lucidité, clairvoyance, finesse, perspicacité, pénétration, sagacité 2. intensité, gravité, violence

adage N. M. pensée, dicton, maxime, précepte, proverbe, sentence

adaptation N. F. 1. acclimatation, accoutumance, ajustement 2. modification, transformation 3. transposition, arrangement, traduction

adapté, ée ADJ. approprié, adéquat, conforme, convenable, idoine (littér.)

adapter V. TR. 1. assembler, abouter, ajuster, joindre, rattacher, réunir 2. approprier, accommoder, accorder, ajuster, assortir, harmoniser 3. transposer, moderniser, [Cinéma] porter à l'écran, [Théâtre] porter à la scène
♦ **s'adapter (à)** V. PRON. 1. s'ajuster (à), s'acclimater (à), s'accommoder (à), s'accorder à, avec, s'accoutumer (à), s'habituer (à), se mettre au diapason (de) 2. aller avec, cadrer avec, concorder avec, convenir à, correspondre à

addition N. F. 1. somme, total 2. compte, décompte, dû, facture, note, prix à payer, relevé, douloureuse (fam.) 3. adjonction, ajout

additionnel, elle ADJ. ajouté, adjoint, annexé, complémentaire, en supplément, joint, subsidiaire, supplémentaire

additionner V. TR. 1. totaliser, faire la somme de 2. ajouter, compléter par 3. [d'eau, etc.] allonger, couper, diluer, étendre, mouiller, rallonger

adepte N. 1. partisan, allié, défenseur, sympathisant, tenant 2. disciple, fidèle, prosélyte, recrue

adéquat, ate ADJ. approprié, ad hoc, convenable, idoine (littér.)

adhérent, ente N. 1. membre, affilié, cotisant, participant, souscripteur 2. adepte, partisan

adhérer à V. TR. IND. 1. (se) coller à, faire corps avec, se souder à, tenir à 2. approuver, adopter, se rallier à, souscrire à, suivre 3. s'affilier à, cotiser à, devenir membre de, s'engager dans, s'enrôler dans, s'inscrire à, se joindre à, rejoindre

adhésion N. F. 1. accord, acceptation, agrément, approbation, assentiment, consentement, suffrage 2. affiliation, inscription, souscription

adjacent, ente ADJ. attenant, contigu, juxtaposé, limitrophe, mitoyen, voisin

adjoindre V. TR. 1. associer, attacher, joindre 2. ajouter, accoler, annexer, apposer, juxtaposer, rapprocher
♦ **s'adjoindre** V. PRON. s'associer, s'attacher, engager, prendre, recruter

adjoint, ointe N. collaborateur, aide, assistant, auxiliaire, bras droit, second

adjuger V. TR. attribuer, accorder, décerner, donner, gratifier de, octroyer
♦ **s'adjuger** V. PRON. s'approprier, accaparer, s'annexer, s'emparer de, truster (fam.)

adjurer V. TR. implorer, conjurer, prier, supplier

admettre V. TR. 1. reconnaître, accepter, avouer, convenir de 2. tolérer, accepter, approuver, autoriser, permettre, souffrir, supporter

administrateur, trice N. 1. directeur, fondé de pouvoir, gérant, manager, responsable, régisseur 2. agent, fonctionnaire

administratif, ive ADJ. officiel, bureaucratique, public, réglementaire

administration N. F. 1. direction, conduite, gérance, gestion, management 2. fonction publique 3. bureaucratie, paperasserie

administrer V. TR. 1. diriger, commander, conduire, faire marcher, gérer, manager 2. donner, faire absorber, faire prendre, [une correction] infliger, filer (fam.), flanquer (fam.)

admirable ADJ. 1. magnifique, éblouissant, incomparable, merveilleux, splendide, sublime, superbe 2. remarquable, étonnant, excellent, exceptionnel, extraordinaire, prodigieux

admirablement ADV. merveilleusement, à merveille, extraordinairement, magnifiquement, parfaitement, prodigieusement, splendidement, superbement

admirateur, trice N. enthousiaste, adorateur, inconditionnel, fan (fam.), groupie (fam.)

admiratif, ive ADJ. émerveillé, ébloui, fasciné

admiration N. F. éblouissement, émerveillement, engouement, enthousiasme, ravissement, emballement (fam.)

admirer V. TR. s'émerveiller de, s'engouer pour, s'enthousiasmer pour, s'extasier devant, être en extase devant, porter aux nues

admissible ADJ. 1. recevable, acceptable, concevable, plausible, valable 2. supportable, acceptable, tolérable

admission N. F. entrée, accueil, adhésion, introduction, réception

admonester V. TR. réprimander, faire la morale à, gronder, houspiller, sermonner, engueuler (fam.), passer un savon à (fam.), sonner les cloches à (fam.), chapitrer (littér.), morigéner (littér.), tancer (littér.)

adonner à (s') V. PRON. 1. se consacrer à, cultiver, s'appliquer à, se donner à, s'occuper à, pratiquer 2. se livrer à, s'abandonner à, se laisser aller à, sombrer dans, tomber dans

adopter V. TR. 1. choisir, élire, opter pour 2. approuver, acquiescer, consentir à, être d'accord avec 3. entériner, faire passer, ratifier, voter 4. suivre, s'aligner sur, se convertir à, embrasser, épouser 5. employer, emprunter, avoir recours à, user de

adoption N. F. choix, élection, sélection 2. approbation, consentement, ralliement 3. ratification, sanction, vote

adorable ADJ. 1. ravissant, charmant, gracieux, joli, mignon, craquant (fam.) 2. aimable, délicieux, exquis, gentil

adoration N. F. 1. culte, dévotion, ferveur, idolâtrie, vénération 2. admiration, adulation, amour, dévotion, idolâtrie, passion, vénération

adorer V. TR. 1. vénérer, glorifier, idolâtrer, rendre gloire à, rendre hommage à, rendre un culte à, révérer 2. aimer (à la folie), aduler, être fou de, idolâtrer, raffoler de, vénérer, chérir (littér.)

adosser V. TR. appuyer, accoter, plaquer contre
♦ **s'adosser** V. PRON. s'appuyer, prendre appui contre, se mettre dos à

adoucir V. TR. 1. édulcorer, sucrer 2. atténuer, alléger, calmer, diminuer, estomper, étouffer, soulager 3. modérer, assouplir, mitiger, tempérer, mettre un bémol à (fam.)
♦ **s'adoucir** V. PRON. se réchauffer, s'attiédir, se radoucir, tiédir

adresse[1] N. F. 1. destination 2. domicile, habitation, résidence, coordonnées (fam.)

adresse[2] N. F. 1. agilité, aisance, art, dextérité, habileté, souplesse, tour de main, virtuosité 2. habileté, art, diplomatie, doigté, entregent, finesse, maestria, maîtrise, science, subtilité, talent

adresser V. TR. 1. expédier, envoyer, faire parvenir, poster, transmettre 2. dédier, dédicacer 3. exprimer, présenter, proférer, transmettre
♦ **s'adresser à** V. PRON. 1. parler à, demander à, interpeller, questionner 2. recourir à, aller voir, avoir recours à, faire appel à, solliciter, se tourner vers 3. concerner, avoir pour cible, être destiné à, toucher

adroit, oite ADJ. 1. habile, exercé, expérimenté, expert 2. astucieux, délié, diplomate, fin, habile, malin, politique, rusé, subtil

aduler V. TR. admirer, adorer, aimer, idolâtrer, chérir (littér.)

adulte ADJ. et N. 1. développé, fait, formé, mûr 2. majeur, grand, grande personne 3. responsable, mûr, posé, raisonnable, réfléchi, sérieux

advenir V. INTR. arriver, avoir lieu, se passer, se produire, survenir

adversaire N. 1. concurrent, antagoniste, challenger (anglic.), compétiteur, rival 2. contradicteur, ennemi, opposant

adverse ADJ. 1. opposé, concurrent, ennemi, rival 2. défavorable, contraire, hostile, opposé

adversité N. F. 1. malchance, difficulté, épreuve, malheur, misère, poisse (fam.) 2. fatalité, infortune, mauvais sort, mauvaise fortune

aérer V. TR. 1. ventiler, mettre à l'air 2. espacer, alléger, clarifier, éclaircir
♦ **s'aérer** V. PRON. 1. prendre l'air, s'oxygéner, prendre un bol d'air, respirer 2. se changer les idées, se détendre, se distraire, décompresser (fam.)

aérosol N. M. atomiseur, nébuliseur, pulvérisateur, vaporisateur

aérostat N. M. ballon, dirigeable, montgolfière, zeppelin

affabilité N. F. amabilité, bienveillance, gentillesse, civilité, complaisance, courtoisie, politesse

affable ADJ. aimable, accueillant, avenant, courtois, engageant, gracieux, obligeant, poli

affabulation N. F. mensonge, invention, fabulation

affabuler V. INTR. mentir, inventer, fabuler

affadir V. TR. 1. édulcorer, dénaturer, ôter la saveur de 2. atténuer, affaiblir, amoindrir, émousser, modérer 3. décolorer, délaver

affaiblir V. TR. 1. anémier, diminuer, épuiser, fatiguer, fragiliser 2. atténuer, émousser, modérer, tempérer, user 3. ébranler, atteindre, entamer, porter atteinte à, ruiner, saper
♦ **s'affaiblir** V. PRON. 1. dépérir, baisser, décliner, diminuer, s'étioler, faiblir 2. baisser, s'atténuer, décliner, décroître, diminuer, faiblir, vaciller

affaiblissement N. M. 1. fatigue, dépérissement, épuisement 2. amoindrissement, atténuation, baisse, diminution 3. déclin, décadence, déchéance, dégénérescence, dégradation

affaire N. F. I. entreprise, commerce, firme, magasin, société II. 1. question, problème, sujet 2. histoire, intrigue, scandale 3. procès, cas, cause, litige III. aubaine, occasion

◆ **affaires** PLUR. **1.** économie, business (anglic.), finance **2.** effets personnels, bagage, vêtements **3.** activités, devoirs, obligations, occupations, tâches, travail

affairé, ée ADJ. actif, occupé

affairer (s') V. PRON. s'occuper, s'activer, s'agiter, se démener

affaissement N. M. **1.** éboulement, chute, écroulement, effondrement, glissement, tassement **2.** avachissement, ramollissement, relâchement

affaisser V. TR. **1.** tasser **2.** affaiblir, abattre, accabler, amoindrir, déprimer

◆ **s'affaisser** V. PRON. **1.** s'effondrer, s'ébouler, s'écrouler, tomber **2.** plier, se courber, fléchir, se tasser **3.** se laisser tomber, s'affaler, s'écrouler, s'effondrer **4.** s'affaiblir, baisser, crouler, décliner

affaler V. TR. [une voile] descendre, amener

◆ **s'affaler** V. PRON. tomber, s'abattre, s'affaisser, s'écrouler, s'effondrer, se laisser tomber, se vautrer, s'étaler (fam.), s'avachir (fam.)

affectation[1] N. F. **1.** attribution, assignation, imputation **2.** nomination, désignation, détachement, mutation **3.** poste, emploi

affectation[2] N. F. **1.** préciosité, apprêt, grands airs, manières, chichis (fam.), simagrées (fam.), afféterie (littér.) **2.** comédie, bluff (fam.), chiqué (fam.)

affecté, ée ADJ. **1.** artificiel, contraint, emprunté, étudié, factice, faux, feint, forcé **2.** cérémonieux, apprêté, maniéré

affecter[1] V. TR. feindre, afficher, contrefaire, jouer, prendre l'air de, simuler

affecter[2] V. TR. **1.** attribuer, assigner, consacrer, dédier, imputer **2.** désigner, mettre en place, muter, nommer **3.** classer, qualifier, spécifier

affecter[3] V. TR. **1.** agir sur, atteindre, marquer, toucher **2.** émouvoir, affliger, attrister, chagriner, désoler, peiner, remuer (fam.)

affectif, ive ADJ. émotionnel, passionnel, sentimental

affection N. F. **1.** attachement, amitié, amour, sympathie, tendresse **2.** maladie, indisposition, mal

affectionner V. TR. aimer, avoir du goût pour, apprécier, avoir une prédilection pour, raffoler de, goûter (littér.), priser (littér.)

affectueusement ADV. tendrement, amicalement, chaleureusement

affectueux, euse ADJ. **1.** aimant, câlin, doux, tendre **2.** amical, chaleureux, cordial, fraternel, gentil

affermir V. TR. **1.** raffermir, durcir, raidir **2.** renforcer, ancrer, cimenter, conforter, consolider, fortifier

affichage N. M. **1.** présentation, annonce, publication, publicité **2.** [Inform.] visualisation

affiche N. F. **1.** annonce, affichette, avis, panneau publicitaire, placard, publicité **2.** poster

afficher V. TR. **1.** placarder, apposer **2.** indiquer, annoncer, publier **3.** [Inform.] présenter, visualiser **4.** manifester, affecter, déployer, étaler, exhiber, faire étalage de, professer

◆ **s'afficher** V. PRON. se montrer, s'exhiber, parader, se pavaner

affilé, ée ADJ. **1.** affûté, aiguisé, coupant, pointu, tranchant **2.** acéré, aigu, incisif, pénétrant, vif

affilée (d') LOC. ADV. à la file, à la suite, de suite, d'une seule traite, en continu, non-stop, sans arrêt, sans interruption

affiliation N. F. **1.** adhésion, enrôlement, inscription **2.** admission, entrée, incorporation, intégration, rattachement

affilier V. TR. intégrer, enrôler, incorporer, rattacher

◆ **s'affilier à** V. PRON. adhérer à, entrer à/dans, s'inscrire à, rejoindre

affiner V. TR. **1.** amincir **2.** épurer, dégrossir, purifier, raffiner **3.** éduquer, civiliser, polir, raffiner

◆ **s'affiner** V. PRON. **1.** se préciser, prendre tournure **2.** s'éduquer, se perfectionner, se raffiner

affinité N. F. **1.** parenté, analogie, correspondance, rapport, relation, ressemblance **2.** accord, goût, inclination, penchant

affirmatif, ive ADJ. **1.** catégorique, péremptoire **2.** assertif, positif

affirmation N. F. **1.** déclaration, allégation, assertion **2.** démonstration, expression, manifestation, preuve

affirmer V. TR. **1.** assurer, alléguer, avancer, certifier, déclarer, prétendre, soutenir **2.** manifester, confirmer, démontrer, exprimer, prouver, témoigner

◆ **s'affirmer** V. PRON. **1.** s'affermir, se confirmer, se consolider, se fortifier, se renforcer **2.** se manifester, se déclarer, s'exprimer, se montrer, se produire

affleurer V. INTR. apparaître, émerger, percer, poindre, sortir, transparaître

affliction N. F. chagrin, abattement, accablement, désespoir, détresse, douleur, peine, souffrance, tristesse, tourment

affligeant, ante ADJ. **1.** attristant, décourageant, démoralisant, déplorable, déprimant **2.** lamentable, calamiteux, consternant, désastreux, désespérant, désolant, navrant, nul, pitoyable, minable (fam.)

affliger V. TR. **1.** peiner, affecter, attrister, chagriner, contrarier, désespérer, fendre le cœur de **2.** consterner, abattre, accabler, désoler, navrer **3.** frapper, accabler, atteindre, mettre à l'épreuve

affluence N. F. **1.** afflux, arrivée, écoulement, flux, flot **2.** abondance, avalanche, déferlement, déluge, foisonnement, pluie, profusion **3.** foule, multitude, rush

affluer V. INTR. **1.** couler, arriver, se déverser, monter **2.** converger, accourir, se bousculer, déferler, se masser, se presser

afflux N. M. affluence, arrivée, déferlement, flot, flux, ruée, vague

affolant, ante ADJ. **1.** effrayant, alarmant, épouvantable, inquiétant, terrible **2.** excitant, affriolant, aguichant

affolé, ée ADJ. **1.** effrayé, alarmé, effaré, épouvanté, terrifié **2.** désorienté, agité, bouleversé, égaré, troublé

affolement N. M. **1.** peur, inquiétude, panique **2.** agitation, bouleversement, désarroi, égarement, trouble **3.** désordre, hâte, précipitation

affoler V. TR. **1.** effrayer, alarmer, effarer, inquiéter, paniquer **2.** déboussoler, agiter, bouleverser, désorienter, troubler **3.** exciter, aguicher, affrioler, troubler, allumer (fam.)

◆ **s'affoler** V. PRON. **1.** prendre peur, s'effrayer, paniquer, perdre la tête, perdre le nord (fam.), perdre la boule (fam.) **2.** s'angoisser, s'alarmer, se faire du souci, s'inquiéter, se tourmenter, se frapper (fam.) **3.** se dépêcher, s'agiter, se hâter, se dégrouiller (fam.)

affranchir V. TR. **1.** libérer, délivrer, émanciper **2.** décharger, débarrasser, dégager, exempter, exonérer, soustraire à **3.** timbrer

◆ **s'affranchir (de)** V. PRON. **1.** se libérer (de), secouer le joug, se délivrer (de), s'émanciper (de), couper le cordon (ombilical) (fam.) **2.** se débarrasser de, se défaire de, rejeter, se soustraire à

affreusement ADV. horriblement, épouvantablement, terriblement

affreux, euse ADJ. **1.** laid, difforme, disgracieux, hideux, horrible, monstrueux, repoussant **2.** effrayant, effroyable, épouvantable, monstrueux, terrible **3.** odieux, atroce, détestable, exécrable, ignoble, infect **4.** désagréable, pénible, triste

affriolant, ante ADJ. désirable, aguichant, attirant, charmeur, émoustillant, ensorcelant, excitant, séduisant, sexy (fam.)

affront N. M. **1.** offense, gifle, humiliation, injure, insulte, outrage, vexation, camouflet (littér.) **2.** échec, honte, mortification **3.** ravage, outrage

affrontement N. M. **1.** bataille, choc, combat, guerre, heurt **2.** face-à-face, duel **3.** match, rencontre, tournoi

affronter V. TR. **1.** combattre, attaquer, s'attaquer à, lutter contre, s'opposer à **2.** faire face à, se heurter à, rencontrer **3.** défier, braver, se mesurer à

◆ **s'affronter** V. PRON. **1.** se heurter, s'attaquer, se combattre, être en conflit, s'opposer **2.** être en compétition, être en, se faire concurrence, se mesurer, se rencontrer

affubler V. TR. **1.** accoutrer, déguiser, travestir, vêtir, attifer (fam.), fagoter (fam.), harnacher (fam.) **2.** donner, gratifier de, octroyer, coller (fam.)

affûté, ée ADJ. **1.** aiguisé, tranchant **2.** fin, aigu, pénétrant, rusé

affûteur, euse N. aiguiseur, émouleur, rémouleur

afin de LOC. PRÉP. pour, dans le but de, dans le dessein de, dans l'intention de, de manière à, en vue de

agaçant, ante ADJ. énervant, crispant, excédant, exaspérant, horripilant, irritant, casse-pieds (fam.), chiant (très fam.), collant (fam.), embêtant (fam.), emmerdant (très fam.), enquiquinant (fam.), tannant (fam.)

agacement N. M. **1.** irritation, énervement, exaspération **2.** contrariété, déplaisir, désagrément, ennui, emmerdement (fam.)

agacer V. TR. **1.** énerver, contrarier, crisper, exaspérer, excéder, hérisser, horripiler, irriter, porter/taper sur les nerfs à (fam.), casser les pieds à (fam.), embêter (fam.) **2.** provoquer, exciter, taquiner, asticoter (fam.), enquiquiner (fam.), tanner (fam.), titiller (fam.) **3.** exacerber, exciter, piquer

âge N. M. **1.** ancienneté, génération, temps **2.** existence, vie **3.** période, ère, époque, heure, saison, temps

âgé, ée ADJ. vieux, croulant (fam., péj.), usé (fam., péj.)

agencement N. M. arrangement, aménagement, disposition, distribution, organisation, répartition

agencer V. TR. **1.** disposer, arranger, aménager, distribuer, ordonner, organiser, structurer **2.** coordonner, arranger, combiner

agent N. M. **1.** cause, facteur, force, instrument, moyen, origine **2.** employé, préposé, représentant **3.** imprésario

agglomération N. F. **1.** ville, bourg, bourgade, cité, mégalopole, métropole, village, zone urbaine, conurbation (Géog.) **2.** groupement, réunion

agglomérer V. TR. agglutiner, agréger, amalgamer, assembler, conglomérer, rassembler

agglutiner V. TR. **1.** coller, agréger, amalgamer, conglomérer, lier, mélanger **2.** amasser, accumuler, entasser, réunir **3.** joindre, unir

aggravation N. F. accroissement, augmentation, complication, escalade, intensification, progression, recrudescence, redoublement

aggraver V. TR. **1.** empirer, compliquer, envenimer **2.** accroître, accentuer, augmenter, étendre, intensifier, renforcer

◆ **s'aggraver** V. PRON. **1.** empirer, aller de mal en pis, se dégrader, se détériorer, s'envenimer, se corser (fam.) **2.** grandir, s'accentuer, augmenter, progresser

agile ADJ. alerte, adroit, habile, léger, leste, mobile, souple

agilité N. F. aisance, adresse, habileté, légèreté, mobilité, souplesse

agir V. INTR. **1.** opérer, exercer une action, intervenir, jouer **2.** se comporter, se conduire, s'y prendre **3.** entreprendre, œuvrer, travailler, se bouger (fam.), se remuer (fam.)

agissements N. M. PL. manœuvres, intrigues, machinations, menées, combines (fam.), magouilles (fam.), manigances (fam.)

agitateur, trice N. perturbateur, émeutier, meneur, révolutionnaire, séditieux, trublion

agitation N. F. **1.** turbulence, bouillonnement, mouvement, remous, tourbillonnement **2.** animation, activité, effervescence, fièvre, frénésie, remue-ménage, tourbillon **3.** précipitation, affolement, fièvre, hâte, nervosité **4.** émoi, anxiété, désarroi, émotion, inquiétude, panique **5.** excitation, délire, fébrilité **6.** désordre, remous, tohu-bohu, tumulte, émeute, trouble, sédition, bordel (fam.), pagaille (fam.)

agité, e ADJ. **1.** instable, nerveux, remuant, surexcité, turbulent **2.** anxieux, bouleversé **3.** animé, mouvementé, trépidant, tumultueux **4.** houleux, tempétueux

agiter V. TR. I. **1.** remuer, secouer, brandir **2.** [la tête] dodeliner de, hocher, [la queue] frétiller de, remuer II. 1. émouvoir, bouleverser, ébranler, troubler, mettre en émoi, affoler, alarmer 2. animer, embraser, enflammer, exciter, mettre en effervescence

◆ **s'agiter** v. PRON. 1. remuer, s'animer, bouger, gesticuler, se tortiller, se trémousser, ne pas tenir en place, gigoter (fam.) 2. frémir, frissonner, osciller, trembler 3. se démener, s'affairer, s'empresser, se précipiter 4. s'énerver, s'exciter

agoniser v. INTR. 1. s'éteindre, être à l'agonie, expirer, mourir, passer (euph.) 2. décliner, s'effondrer, péricliter, toucher à sa fin

agrafe N. F. 1. attache, épingle, trombone 2. broche, attache, barrette, boucle, clip, épingle, fermoir, fibule

agrafer v. TR. attacher, accrocher, assembler, épingler, fixer, joindre, maintenir

agrandir v. TR. 1. augmenter, accroître, allonger, amplifier, développer, étendre, élargir, grossir 2. dilater, enfler, gonfler

agrandissement N. M. accroissement, amplification, augmentation, développement, dilatation, élargissement, extension

agréable ADJ. 1. beau, charmant, gracieux, joli, plaisant, séduisant 2. mélodieux, harmonieux 3. savoureux, appétissant, délectable, délicat, délicieux, exquis 4. aimable, doux, galant 5. sociable, affable, amène, avenant, charmant, gentil, plaisant, sympathique

agréer v. TR. approuver, accepter, acquiescer à, admettre, donner son accord/son feu vert à, permettre

agrément N. M. 1. acceptation, accord, acquiescement, approbation, assentiment, autorisation, consentement, permission 2. attrait, charme, grâce

agrémenter v. TR. 1. décorer, embellir, enjoliver, ornementer, orner, parer 2. enrichir, émailler, rehausser, relever

agresser v. TR. 1. assaillir, attaquer, sauter à la gorge de, tomber sur (le paletot de) (fam.) 2. provoquer, chercher (fam.), rentrer dans le lard à (fam.) 3. stresser, atteindre

agressif, ive ADJ. 1. menaçant, brutal, hargneux, méchant, violent 2. bagarreur, batailleur, belliqueux, provocateur, querelleur, teigneux (fam.) 3. vif, criard, violent 4. accrocheur, battant, combatif, pugnace (littér.)

agressivité N. F. 1. combativité, ardeur, hargne, pugnacité (littér.) 2. brutalité, malveillance, méchanceté, violence

agripper v. TR. attraper, accrocher, cramponner, harponner, saisir

◆ **s'agripper** v. PRON. s'accrocher, se cramponner, se rattraper

aguerri, ie ADJ. fort, endurci, éprouvé

aguerrir v. TR. 1. entraîner, accoutumer, exercer, habituer, préparer 2. endurcir, affermir, fortifier, tremper

aguets (aux) LOC. ADJ. et ADV. 1. à l'affût, en embuscade, en observation 2. attentif, en alerte, en éveil, sur ses gardes, sur le qui-vive, vigilant

aguichant, ante ADJ. provocant, affriolant, aguicheur, émoustillant, sexy (fam.)

aguicher v. TR. attirer, affrioler, allécher, émoustiller, exciter, provoquer, allumer (fam.)

ahaner v. INTR. s'essouffler, fatiguer, peiner, souffler, suer

ahuri, ie ADJ. 1. stupéfait, abasourdi, ébahi, éberlué, époustouflé, hébété, interdit, pantois 2. déconcerté, confondu, décontenancé, démonté, dérouté 3. abruti, bête, idiot, imbécile, sot, stupide

ahurir v. TR. 1. stupéfier, abasourdir, ébahir, éberluer, époustoufler, interloquer 2. déconcerter, confondre, décontenancer, démonter, dérouter, interdire, prendre au dépourvu

ahurissant, ante ADJ. 1. étonnant, confondant, sidérant, stupéfiant 2. excessif, insensé, scandaleux

aide[1] N. F. 1. assistance, appui, collaboration, concours, coopération, intervention, renfort, secours, service, soutien, coup de main (fam.), coup de pouce (fam.) 2. subside, avance, don, faveur, prêt, subvention

aide[2] N. adjoint, apprenti, assistant, auxiliaire, bras droit, second

aider v. TR. 1. seconder, assister, épauler, prêter la main à, prêter main forte à, donner un coup de pouce/un coup de main à (fam.) 2. secourir, porter secours à, tendre la main à, dépanner (fam.) 3. réconforter, remonter 4. patronner, appuyer, mettre le pied à l'étrier à, pousser, protéger, pistonner (fam.) 5. faciliter, faire le jeu de, favoriser, servir

◆ **s'aider (de)** v. PRON. s'appuyer sur, employer, prendre appui sur, se servir de, tirer parti de, utiliser

aigre ADJ. 1. acide, aigrelet, piquant, piqué, vert, sur (littér.) 2. strident, aigu, criard, grinçant, perçant 3. froid, acéré, coupant, mordant, piquant, saisissant, vif 4. acerbe, acariâtre, acide, cassant, caustique, fielleux, hargneux, revêche, tranchant, venimeux, acrimonieux (littér.)

aigreur N. F. 1. acidité, [d'estomac] brûlure 2. acrimonie, amertume, fiel, rancœur, ressentiment

aigri, ie ADJ. amer, aigre, désabusé, désenchanté

aigu, uë ADJ. I. 1. pointu, acéré, anguleux, effilé 2. affilé, affûté, aiguisé, coupant, tranchant 3. saillant II. haut, aigre, clair, criard, déchirant, élevé, haut perché, perçant, pointu, strident III. intense, cuisant, vif, violent IV. pénétrant, aiguisé, incisif, perçant, subtil, vif

aiguille N. F. 1. tige, broche, crochet 2. aiguillon, épine 3. pic, bec, dent, piton, sommet

aiguiller v. TR. orienter, diriger, mettre sur la (bonne) voie

aiguillonner v. TR. 1. piquer 2. animer, aiguiser, attiser, aviver, encourager, enflammer, éperonner, stimuler

aiguisé, ée ADJ. 1. pointu, affilé, tranchant 2. pénétrant, aigu, incisif, perçant, sagace, subtil

aiguiser v. TR. 1. affiler, affûter, repasser 2. stimuler, accroître, aiguillonner, aviver, exacerber, exciter, fouetter 3. affiner, affûter, fignoler, parfaire, polir

ailleurs ADV. 1. autre part, sous d'autres latitudes, sous d'autres cieux, sous des cieux plus cléments (plaisant) 2. absent, dans la lune, dans les nuages

aimable ADJ. courtois, affable, avenant, gracieux, liant, obligeant, plaisant, poli, serviable, sociable, accort (littér.)

aimant, ante ADJ. affectueux, amoureux, câlin, caressant, doux, tendre

aimer v. TR. 1. être amoureux de, adorer, être épris de, être fou de, chérir (littér.), avoir dans la peau (fam.), avoir le béguin pour (fam.), en pincer pour (fam.) 2. apprécier, affectionner, avoir de la sympathie pour, avoir du goût pour, être amateur de, être friand de, goûter, porter dans son cœur, prendre/trouver plaisir à, se passionner pour, raffoler de

aîné, ée N. 1. premier-né 2. précurseur, ancêtre, devancier

air N. M. 1. allure, apparence, aspect, attitude, comportement, dehors, extérieur, manières, dégaine (fam.) 2. expression, figure, mine, physionomie, visage, gueule (fam.) 3. ressemblance, petit côté (fam.)

aire N. F. 1. emplacement, espace, surface, terrain, zone 2. superficie 3. domaine, champ, région, sphère, zone

aisance N. F. 1. facilité, agilité, habileté, souplesse 2. naturel, assurance, décontraction, désinvolture 3. opulence, abondance, aise, bien-être, confort, richesse

aise N. F. 1. satisfaction, contentement, convenance, félicité, joie 2. naturel, assurance, décontraction, désinvolture 3. opulence, abondance, aisance, bien-être, confort, richesse

aisé, ée ADJ. 1. facile, abordable, commode, naturel, simple, coulant (fam.) 2. fortuné, nanti, prospère, riche

aisément ADV. facilement, naturellement, sans peine, simplement

ajourner v. TR. 1. reporter, différer, repousser, retarder, surseoir à (Droit ou littér.) 2. éliminer, refuser, coller (fam.), recaler (fam.)

ajout N. M. addition, adjonction, complément, rajout, supplément

ajouter v. TR. 1. adjoindre, inclure, incorporer, insérer, intercaler 2. dire

◆ **s'ajouter à** v. PRON. s'adjoindre à, accompagner, s'additionner à, compléter, se greffer sur

ajusté, ée ADJ. collant, cintré, étroit, juste, moulant, serré

ajustement N. M. adaptation, accommodation, arrangement, réglage

ajuster v. TR. 1. adapter, accommoder, accorder, approprier, concilier 2. arranger, combiner, disposer, ordonner, organiser 3. viser, mettre en joue 4. assembler, connecter, emboîter, joindre, monter, raccorder

◆ **s'ajuster** v. PRON. 1. s'adapter, s'appliquer, coïncider, coller, s'emboîter, mouler 2. s'entendre, s'accommoder, s'accorder, se mettre d'accord

alambiqué, ée ADJ. compliqué, biscornu, confus, tortueux, tarabiscoté (fam.)

alangui, ie ADJ. 1. langoureux, amoureux, énamouré, sentimental, languide (littér.) 2. languissant, affaibli, mourant 3. lent, indolent, nonchalant, ramolli, ramollo (fam.)

alarmant, ante ADJ. inquiétant, angoissant, effrayant, préoccupant

alarme N. F. 1. alerte, éveil 2. crainte, affolement, effroi, émoi, émotion, épouvante, frayeur, peur, terreur 3. avertisseur, antivol, signal, sirène

alarmé, ée ADJ. inquiet, effrayé, inquiété, préoccupé

alarmer v. TR. effrayer, affoler, inquiéter, mettre en émoi, paniquer, préoccuper, tourmenter, tracasser

◆ **s'alarmer** v. PRON. s'inquiéter, s'affoler, s'effrayer, paniquer, prendre peur, se biler (fam.), se faire du mauvais sang/un sang d'encre (fam.), flipper (fam.)

alarmiste
▸ ADJ. pessimiste, catastrophiste
▸ N. Cassandre, oiseau de mauvais augure

album N. M. 1. classeur, collection, recueil 2. disque, coffret 3. registre, cahier, livre d'or

alcoolique N. ivrogne, éthylique, alcoolo (fam.), pochard (fam.), poivrot (fam.), soiffard (fam.), soûlard (fam.), soûlaud (fam.)

alcooliser (s') v. PRON. boire, s'enivrer, s'imbiber (fam.), s'imprégner (fam.), picoler (fam.)

aléa N. M. risque, hasard, impondérable, imprévu, incertitude, vicissitude (littér.)

aléatoire ADJ. hasardeux, douteux, hypothétique, incertain

alentours N. M. PL. abords, entourage, environnement, environs, parages, voisinage

alerte[1] ADJ. 1. agile, fringant, léger, leste, sémillant, vif 2. éveillé, prompt, rapide, vif

alerte[2] N. F. 1. alarme, avertissement, signal 2. menace, danger

alerter v. TR. 1. mettre en garde, attirer l'attention de, avertir, prévenir, mettre la puce à l'oreille de (fam.) 2. ameuter, appeler, mobiliser

algue N. F. goémon, fucus, varech

alibi N. M. justification, excuse, prétexte

aliéné, ée ADJ. fou, dément, déséquilibré, malade (mental), cinglé (fam.), détraqué (fam.), dingue (fam.), fêlé (fam.), timbré (fam.), toqué (fam.)

aliéner v. TR. 1. perdre, se priver de, renoncer à 2. [Droit] céder, abandonner, léguer, transférer, vendre

aligné, ée ADJ. 1. rectiligne, tiré au cordeau 2. en ligne, en file indienne, en rang d'oignons, ordonné

alignement N. M. 1. ligne, file, rangée 2. nivellement, standardisation, uniformisation

aligner v. TR. 1. mettre en ligne, ranger 2. niveler, ajuster, standardiser, uniformiser

◆ **s'aligner** v. PRON. se mettre en ligne, se ranger

aliment N. M. nourriture, comestible, denrée, nutriment, provision, vivre, mets (littér.)

alimentation N. F. 1. nourriture, nutrition, régime 2. approvisionnement, fourniture, ravitaillement

alimenter v. TR. 1. nourrir, donner à manger à 2. approvisionner, ravitailler 3. entretenir, fournir, nourrir

◆ **s'alimenter** v. pron. 1. manger, se nourrir, se restaurer, se sustenter (plaisant) 2. se procurer, se fournir

aliter (s') v. pron. se coucher, se mettre au lit, garder le lit

alléchant, ante adj. 1. appétissant 2. attirant, attrayant, engageant, séduisant, tentant

allécher v. tr. 1. appâter, faire saliver, mettre en appétit, mettre l'eau à la bouche de 2. attirer, gagner, séduire, tenter

allée n. f. voie, avenue, chemin, cours, mail

allégation n. f. affirmation, assertion, déclaration, propos

alléger v. tr. 1. débarrasser, décharger, [bateau] délester 2. baisser, amoindrir, dégrever, réduire 3. apaiser, adoucir, atténuer, calmer, diminuer, soulager 4. abréger, aérer

allégorie n. f. 1. symbole, emblème, figure, image, métaphore, personnification 2. parabole, apologue, conte, fable, mythe

allègre adj. joyeux, alerte, enjoué, gai, gaillard, guilleret, leste, vert, vif

allégresse n. f. enthousiasme, euphorie, exultation, gaieté, joie, jubilation, liesse (littér.)

alléguer v. tr. arguer de, invoquer, mettre en avant, objecter, prétexter, se prévaloir de

aller v. intr. 1. se déplacer, circuler 2. marcher, cheminer, errer, se promener 3. fonctionner, marcher 4. se sentir, se porter

allergie n. f. 1. intolérance, hypersensibilité 2. répulsion, antipathie, dégoût, hostilité, rejet, répugnance

alliage n. m. mélange, amalgame, assemblage, combinaison

alliance n. f. 1. coalition, confédération, entente, fédération, ligue, union 2. pacte, accord, convention 3. mariage, union 4. rapprochement, amalgame, association, combinaison 5. anneau, bague, jonc

allié, ée adj. et n. 1. partenaire, associé, coalisé 2. appui, aide, ami, auxiliaire 3. apparenté, parent

allier v. tr. 1. combiner, accorder, assortir, concilier, conjuguer, joindre, harmoniser, marier 2. associer, coaliser, liguer, unir

◆ **s'allier** v. pron. s'entendre, s'associer, se coaliser, faire cause commune, faire équipe, se liguer, s'unir

allocation n. f. 1. indemnité, pension, prestation, subvention 2. attribution, assignation

allocution n. f. discours, oraison, laïus (fam.), speech (fam.), harangue (péj.)

allongé, ée adj. 1. étendu, couché 2. effilé, en amande, étiré, fuselé, oblong

allongement n. m. 1. accroissement, augmentation, développement, extension 2. prolongation, prolongement, prorogation 3. affinement, élongation, étirage, étirement

allonger v. tr. 1. accroître, augmenter, développer, grandir 2. prolonger, faire durer, proroger, rallonger 3. étendre, avancer, déployer, étirer, tendre, tirer 4. diluer, délayer, étendre, fluidifier

◆ **s'allonger** v. pron. 1. s'étendre, se coucher, se reposer, se mettre au lit 2. durer, se prolonger 3. grandir, s'affiner, s'effiler

allouer v. tr. attribuer, accorder, concéder, doter, gratifier, impartir, octroyer

allumer v. tr. 1. mettre le feu à, embraser, enflammer 2. éclairer, faire briller, illuminer 3. déclencher, catalyser, déchaîner, exciter, provoquer, soulever, susciter 4. [fam.] séduire, aguicher, exciter, vamper (fam.)

allure n. f. I. 1. vitesse, cadence, rythme, train 2. démarche, marche, pas II. 1. apparence, air, aspect, contenance, extérieur, physionomie, dégaine (fam.), look (fam.), touche (fam.) 2. attitude, comportement, conduite, façons, manières 3. tournure, tour 4. distinction, chic, classe, prestance

allusion n. f. évocation, clin d'œil, insinuation, non-dit, sous-entendu

alourdir v. tr. 1. peser sur, frapper, grever 2. lester, appesantir, charger, surcharger 3. aggraver, compliquer, envenimer 4. engourdir, appesantir, ralentir

altération n. f. 1. changement, modification, transformation 2. dégradation, décomposition, dégénérescence, détérioration, putréfaction 3. dégât, atteinte, avarie, tare 4. falsification, déformation, distorsion, travestissement, truquage

altercation n. f. dispute, algarade, empoignade, querelle, engueulade (fam.), prise de bec (fam.)

altérer v. tr. 1. modifier, changer, transformer, métamorphoser 2. abîmer, avarier, décomposer, dégrader, détériorer, gâter, pourrir, putréfier, ronger, rouiller 3. affaiblir, abâtardir, avilir, corrompre, dépraver, pervertir 4. bouleverser, affecter, atteindre, déranger, ébranler, troubler 5. falsifier, contrefaire, déformer, déguiser, fausser, maquiller, truquer, travestir 6. assoiffer, déshydrater, dessécher, donner soif à

alternance n. f. rotation, enchaînement, succession, suite

alternatif, ive adj. 1. périodique, cadencé, rythmique 2. alterné, successif 3. différent, autre, [médecine] parallèle, doux

alternative n. f. choix, dilemme, option, solution de remplacement

alternativement adv. successivement, à tour de rôle, l'un après l'autre, périodiquement, tour à tour

alterner v. intr. se remplacer, faire un roulement, se relayer, se succéder, tourner

altitude n. f. hauteur, élévation, niveau

altruisme n. m. désintéressement, abnégation, charité, dévouement, générosité, humanité, philanthropie

altruiste adj. généreux, charitable, philanthrope

alvéole n. f. cavité, case, cellule, compartiment, loge, niche

amabilité n. f. gentillesse, affabilité, bonne grâce, civilité, courtoisie, obligeance, politesse, serviabilité

amadouer v. tr. apprivoiser, adoucir, attendrir, cajoler, flatter, fléchir, enjôler, entortiller

amaigri, ie adj. maigre, creusé, émacié

amaigrir v. tr. creuser, dessécher, émacier

◆ **s'amaigrir** v. pron. maigrir, s'amincir, mincir

amalgame n. m. 1. alliage, alliance, assemblage, combinaison, fusion, mélange 2. confusion, assimilation, identification, mélange

amalgamer v. tr. 1. allier, associer, combiner, fusionner, mélanger, mêler 2. confondre, assimiler, identifier, mélanger, mettre dans le même sac (fam.)

amant n. m. 1. soupirant, adorateur, amoureux, bien-aimé 2. ami, compagnon, concubin, petit ami, chéri (fam.), homme (fam.), jules (fam.), mec (fam.)

amarrer v. tr. attacher, accrocher, ancrer, assujettir, assurer, enchaîner, fixer

amas n. m. amoncellement, accumulation, agglomérat, agrégat, empilement, entassement, monceau, montagne, pile, pyramide, tas, fatras (fam.), ramassis (péj.)

amasser v. tr. 1. accumuler, amonceler, emmagasiner, empiler, engranger, entasser, rassembler 2. capitaliser, économiser, épargner, mettre de côté, thésauriser

amateur, trice n. 1. collectionneur, aficionado, connaisseur, passionné 2. [péj.] dilettante, fantaisiste, bricoleur, fumiste (fam.)

ambages (sans) loc. adv. directement, franchement, sans ambiguïté, sans circonlocutions, sans détours, sans faux-fuyants, sans tourner autour du pot (fam.), tout de go (fam.)

ambassadeur, drice n. diplomate, délégué, émissaire, envoyé, plénipotentiaire, représentant

ambiance n. f. 1. atmosphère, cadre, climat, décor, environnement, milieu, bain (fam.) 2. animation, bonne humeur, entrain, gaieté

ambigu, uë adj. 1. équivoque, amphibologique, à double entente, à double sens 2. énigmatique, obscur, sibyllin, pas clair (fam.) 3. louche, douteux, équivoque

ambiguïté n. f. double sens, amphibologie, équivoque, incertitude

ambitieux, euse adj. 1. important, d'envergure, hardi, téméraire 2. présomptueux, orgueilleux, prétentieux 3. arriviste (péj.), carriériste (péj.), jeune loup (nom)

ambition n. f. 1. aspiration, idéal, quête, recherche, rêve, soif 2. but, désir, dessein, fin, prétention, projet, visée, vue 3. arrivisme (péj.), carriérisme (péj.)

ambitionner v. tr. aspirer à, avoir des vues sur, briguer, caresser, convoiter, désirer, prétendre à, rêver de, souhaiter, viser à

ambulant, ante adj. 1. mobile, itinérant, nomade 2. forain, colporteur

âme n. f. 1. esprit, étincelle (divine), feu, flamme, force, spiritualité 2. conscience, caractère, cœur, esprit, personnalité 3. agent, animateur, artisan, cerveau, chef, cheville ouvrière, instigateur, moteur, promoteur

amélioration n. f. 1. perfectionnement, évolution, mieux, progrès 2. correction, finition, retouche, fignolage (fam.) 3. détente, normalisation, réchauffement 4. embellissement, rénovation, réparation, restauration 5. éclaircie, embellie, radoucissement, redoux 6. [de santé] rétablissement, rémission, répit

améliorer v. tr. 1. perfectionner, parfaire, peaufiner, fignoler (fam.), lécher (fam.) 2. corriger, amender, retoucher, réviser, revoir 3. fortifier, affermir, rétablir 4. détendre, normaliser, réconcilier 5. embellir, arranger, rénover, réparer, restaurer

◆ **s'améliorer** v. pron. 1. aller mieux, s'arranger, progresser 2. [relations] se détendre, se normaliser, se réchauffer 3. s'éclaircir, se dégager, se découvrir, embellir

aménagement n. m. 1. agencement, arrangement, disposition, distribution, ordre, organisation 2. équipement, développement 3. adaptation, assouplissement, modification

aménager v. tr. agencer, arranger, disposer, distribuer, équiper, installer, ordonner 2. adapter, amender, assouplir, corriger, modifier, rectifier

amende n. f. contravention, procès-verbal, p.-v. (fam.), prune (fam.)

amendement n. m. 1. modification, aménagement, changement, correction, rectification, réforme, révision 2. [Agric.] fertilisation, abonnissement, bonification 3. engrais, fumure

amender v. tr. 1. améliorer, changer (en mieux), corriger, rectifier, réformer 2. modifier, aménager, corriger, rectifier, redresser, réformer, réviser 3. [Agric.] fertiliser, bonifier

◆ **s'amender** v. pron. 1. s'améliorer, s'arranger, se corriger 2. s'assagir, se ranger, se ranger des voitures (fam.)

amener v. tr. 1. conduire, emmener, mener, transporter 2. apporter, acheminer, conduire, distribuer, donner 3. causer, déclencher, engendrer, entraîner, occasionner, produire, provoquer, susciter 4. introduire, préparer, présenter

amenuiser (s') v. pron. diminuer, s'amoindrir, se dissiper, s'estomper, s'évanouir, s'évaporer

amer, ère adj. 1. acide, âcre, âpre 2. attristant, affligeant, cruel, cuisant, décevant, décourageant, désolant, douloureux, pénible, sombre, triste 3. acerbe, aigre, âpre, caustique, mordant, piquant, rude, sarcastique

amertume n. f. 1. rancœur, acrimonie, aigreur, animosité, dépit, ressentiment 2. âpreté, acidité, aigreur

ameublement n. m. mobilier, agencement, décoration, meubles

ameuter v. tr. 1. alerter, appeler 2. attrouper, battre le rappel de, rassembler, regrouper

ami, ie

▶ n. 1. camarade, compagnon, familier, intime, copain (fam.), pote (fam.) 2. allié, amateur, défenseur, partisan

▶ n. m. [aussi 'petit ami'] amant, amoureux, compagnon, fiancé, jules (fam.), mec (fam.), chum (Québec)

▶ n. f. [aussi 'petite amie'] compagne, fiancée, maîtresse, blonde (Québec)

amical, ale adj. chaleureux, aimable, affectueux, cordial, gentil, sympathique

amicalement ADV. chaleureusement, aimablement, affectueusement, cordialement, sympathiquement

amincir
▸ V. TR. affiner
▸ V. INTR. mincir, maigrir, s'affiner

amitié N. F. 1. affection, attachement, camaraderie, sympathie, tendresse, inclination (*littér.*) 2. accord, entente, bonne intelligence 3. bienveillance, bonté, sympathie

amoindrir V. TR. 1. diminuer, amenuiser, rapetisser, réduire, restreindre 2. affaiblir, abaisser, atténuer, user

amoindrissement N. M. 1. diminution, amenuisement, réduction, restriction 2. affaiblissement, abaissement, décroissance

amollir V. TR. 1. ramollir, attendrir, liquéfier 2. affaiblir, alanguir, débiliter, liquéfier, avachir (*fam.*)
♦ **s'amollir** V. PRON. faiblir, s'affaiblir, fléchir, se relâcher

amonceler V. TR. entasser, accumuler, agglomérer, amasser, empiler, superposer

amoncellement N. M. entassement, accumulation, amas, échafaudage, monceau, montagne, pile, tas

amoral, ale ADJ. immoral, dépravé, dévoyé, sans foi ni loi

amorce N. F. 1. commencement, début, ébauche, embryon, esquisse 2. détonateur

amorcer V. TR. commencer, attaquer, ébaucher, entamer, esquisser, initier, lancer, mettre en route, mettre sur les rails

amorphe ADJ. apathique, atone, avachi, indolent, mou

amortir V. TR. I. 1. affaiblir, adoucir, atténuer, calmer, diminuer, émousser, estomper, modérer, tempérer 2. assourdir, étouffer, feutrer II. 1. rembourser, couvrir, éponger 2. rentabiliser

amour N. M. 1. affection, attachement, inclination, passion, penchant, tendresse, flamme (*littér. ou plaisant*), idylle (*littér. ou plaisant*) 2. goût, attirance, engouement, faible, intérêt, passion 3. sexualité, érotisme, baise (*fam.*), chose (*euph.*), partie de jambes en l'air (*fam.*) 4. relation, liaison, mariage, union 5. dévotion, culte, adoration, vénération

amouracher de (s') V. PRON. s'éprendre de, s'enticher de (*fam.*), se toquer de (*fam.*)

amourette N. F. aventure, caprice, flirt, passade, béguin (*fam.*)

amoureux, euse
▸ ADJ. 1. épris, entiché, fou, mordu (*fam.*), toqué (*fam.*) 2. aimant, câlin, caressant, doux, sentimental, tendre 3. ardent, lascif, langoureux, passionné, sensuel, voluptueux 4. érotique, sexuel 5. amateur, admirateur, ami, fanatique, féru, fervent, fou, passionné, accro (*fam.*), fan (*fam.*), mordu (*fam.*)
▸ N. M. ami, amant, petit ami, flirt, soupirant, tourtereau (*au plur.*)
▸ N. F. amie, petite amie, flirt

amour-propre N. M. fierté, dignité, orgueil, respect de soi

ample ADJ. 1. vaste, étendu, grand, large, spacieux, volumineux 2. abondant, copieux, développé, important 3. [*vêtement*] large, blousant, grand, vague

amplement ADV. 1. abondamment, copieusement, grandement, largement, longuement 2. aisément, facilement, grandement

ampleur N. F. 1. dimension, amplitude, étendue, grandeur, largeur, taille, volume 2. envergure, dimension, importance, poids, portée, valeur, gravité

amplifier V. TR. 1. augmenter, accroître, agrandir, développer, étendre, exacerber, grandir, intensifier 2. exagérer, dramatiser, grossir, outrer
♦ **s'amplifier** V. PRON. augmenter, s'accroître, enfler, grandir, grossir, s'intensifier

amplitude N. F. 1. étendue, ampleur, grandeur, intensité, magnitude, portée 2. écart, différence, distance, variation

ampoule N. F. 1. flacon, burette, fiole 2. cloque, boursouflure, bulle, vésicule

ampoulé, ée ADJ. emphatique, affecté, boursouflé, déclamatoire, grandiloquent, guindé, pompeux, ronflant (*fam.*)

amputation N. F. 1. mutilation, ablation, sectionnement 2. suppression, allègement, censure, coupure, retrait

amputer V. TR. 1. couper, enlever, ôter, retrancher, sectionner, tailler 2. mutiler, estropier 3. censurer, élaguer, expurger, mutiler, raccourcir, retirer, retrancher, supprimer, tailler, tronquer 4. priver

amusant, ante ADJ. 1. divertissant, délassant, détendant, distrayant, récréatif, réjouissant, fun (*fam.*) 2. drôle, burlesque, cocasse, comique, désopilant, drolatique, hilarant, humoristique, risible, bidonnant (*fam.*), gondolant (*fam.*), impayable (*fam.*), marrant (*fam.*), poilant (*fam.*), rigolo (*fam.*)

amusement N. M. divertissement, délassement, jeu, passe-temps, plaisir, réjouissance, amusette (*péj.*)

amuser V. TR. 1. divertir, distraire, délasser, dérider, égayer, mettre en gaieté, en train, réjouir 2. détourner l'attention de, distraire, endormir
♦ **s'amuser** V. PRON. 1. se distraire, se divertir, jouer 2. prendre du bon temps, faire la fête, faire la foire/la java/la noce/la nouba (*fam.*), s'éclater (*fam.*), se défoncer (*fam.*), prendre son pied (*fam.*)

anachronique ADJ. désuet, démodé, obsolète, périmé, d'un autre âge, d'arrière-garde

analogie N. F. 1. ressemblance, affinité, correspondance, parenté, proximité, similitude, voisinage 2. comparaison, liaison, lien, parallélisme, rapport, relation

analogue ADJ. approchant, comparable, équivalent, parent, proche, semblable, similaire, voisin

analyse N. F. 1. observation, critique, décomposition, étude, examen 2. compte rendu, abrégé, précis, résumé, synthèse 3. psychanalyse

analyser V. TR. 1. étudier, approfondir, examiner, rendre compte de, décortiquer (*fam.*), éplucher (*fam.*) 2. psychanalyser, coucher sur un divan (*plaisant*)

anarchie N. F. désordre, chaos, confusion, bazar (*fam.*), bordel (*très fam.*), boxon (*très fam.*), pagaille (*fam.*)

anarchique ADJ. désordonné, brouillon, chaotique, confus, bordélique (*fam.*) 2. anarchiste

ancêtre N. 1. aïeul, ascendant, parent, père 2. prédécesseur, devancier, initiateur, précurseur

ancien, -ienne
▸ ADJ. 1. passé, ex-, périmé, précédent, révolu 2. éloigné, ancestral, immémorial, lointain, millénaire, reculé, séculaire 3. antique, d'époque 4. vieux, archaïque, d'antan, démodé, dépassé, désuet, obsolète, suranné, vieillot, vétuste, antédiluvien (*plaisant*)
▸ N. vieillard, aîné, doyen, vétéran, vieux, dinosaure (*péj.*), vieux de la vieille (*fam.*)

anciennement ADV. autrefois, avant, dans le passé, dans le temps, il y a longtemps, jadis

ancre N. F. grappin

ancrer V. TR. 1. mouiller, amarrer 2. enraciner, établir, fixer, implanter

âne N. M. 1. baudet, grison, bourricot (*fam.*) 2. ignorant, idiot, imbécile, niais, sot, stupide, bourrique (*fam.*), buse (*fam.*), cruche (*fam.*)

anéantir V. TR. 1. détruire, abattre, abolir, annihiler, briser, dévorer, écraser, engloutir, enterrer, pulvériser, ravager, réduire en poudre/en poussière/à néant 2. tuer, exterminer, massacrer 3. accabler, abattre, briser, consterner, démolir 4. fatiguer, épuiser, exténuer

anéantissement N. M. 1. destruction, abolition, annihilation, écrasement, effondrement, engloutissement, pulvérisation, suppression 2. extermination, massacre 3. mort, disparition, extinction, fin 4. abattement, accablement, consternation

anecdote N. F. 1. histoire, conte, fable, historiette, récit 2. nouvelle, bruit, écho, potin (*fam.*) 3. détail

anecdotique ADJ. contingent, accessoire, insignifiant, marginal

anémique ADJ. chétif, anémié, débile, déficient, délicat, faible, fluet, fragile, frêle, malingre

ânerie N. F. 1. erreur, absurdité, baliverne, bêtise, idiotie, imbécillité, ineptie, niaiserie, sottise, stupidité, connerie (*très fam.*) 2. bévue, bourde, faute, impair, gaffe (*fam.*)

anesthésier V. TR. 1. insensibiliser, chloroformer, endormir 2. apaiser, assoupir, calmer, endormir

ange N. M. 1. esprit céleste, angelot, chérubin, séraphin, archange 2. amour

angélique ADJ. 1. céleste, parfait, pur, ravissant, séraphique 2. vertueux, saint

angle N. M. 1. coin, arête, coude, encoignure, recoin, renfoncement, tournant 2. point de vue, aspect, côté, éclairage, perspective, rapport

angoissant, ante ADJ. 1. inquiétant, alarmant, flippant (*fam.*) 2. oppressant, lourd

angoisse N. F. anxiété, appréhension, crainte, effroi, inquiétude, tourment, affres (*littér.*)

angoissé, ée ADJ. 1. anxieux, inquiet, oppressé, stressé, tourmenté 2. affolé, épouvanté, paniqué

angoisser V. TR. 1. inquiéter, oppresser, stresser, tourmenter 2. alarmer, affoler, effrayer, paniquer
♦ **s'angoisser** V. PRON. s'inquiéter, s'affoler, s'alarmer, s'effrayer, paniquer, se tourmenter, se biler (*fam.*), flipper (*fam.*)

anicroche N. F. difficulté, accroc, complication, contretemps, embarras, ennui, heurt, incident, obstacle, problème, hic (*fam.*), pépin (*fam.*)

animal^1, ale, aux ADJ. 1. bestial, brutal, grossier, instinctif, physique 2. charnel, sensuel

animal^2 N. M. bête, bestiole (*souvent péj.*)

animateur, trice N. 1. dirigeant, cheville ouvrière, instigateur, meneur, moteur, promoteur 2. présentateur, annonceur, disc-jockey, meneur de jeu 3. moniteur

animation N. F. 1. activité, affairement, agitation, mouvement, vie 2. entrain, enthousiasme, exaltation, excitation, feu, fougue, passion, vivacité

animé, ée ADJ. 1. passant, vivant 2. ardent, bouillonnant, chaud, débordant, enflammé, vif 3. agité, houleux, mouvementé, orageux, tumultueux 4. mobile, mouvant

animer V. TR. 1. stimuler, électriser, enflammer, exalter 2. inspirer, conduire, déterminer, diriger, mener, pousser 3. diriger, conduire, mener, présider 4. égayer, alimenter 5. illuminer, aviver, colorer
♦ **s'animer** V. PRON. 1. s'agiter, se mouvoir, s'ébranler, se remuer 2. s'éveiller 3. s'emporter, s'échauffer, s'irriter

animosité N. F. antipathie, hostilité, inimitié, malveillance, rancune, ressentiment 2. agressivité, acharnement, âpreté, colère, emportement, fiel, véhémence, virulence

ankyloser V. TR. engourdir, courbaturer, paralyser
♦ **s'ankyloser** V. PRON. s'engourdir, se raidir, se rouiller

anneau N. M. 1. bague, alliance, jonc, chevalière 2. rond, annelet, boucle 3. chaînon, maillon, manille

annexe^1 ADJ. 1. attaché, additionnel, auxiliaire, complémentaire, joint, supplémentaire 2. secondaire, accessoire, marginal, mineur, subsidiaire

annexe^2 N. F. 1. ajout, addition, appendice, complément, pièce jointe, supplément 2. dépendance, succursale, filiale

annexer V. TR. 1. attacher, incorporer, joindre, rattacher, réunir 2. occuper, coloniser, monopoliser, squatter

annihiler V. TR. anéantir, abolir, briser, détruire, effacer, neutraliser, paralyser, réduire à néant, ruiner, supprimer

anniversaire N. M. commémoration, bicentenaire, célébration, centenaire, fête, jubilé, tricentenaire

annonce N. F. 1. communiqué, avertissement, avis, communication, déclaration, message, notification, nouvelle, proclamation, publication **2.** faire-part, avis **3.** publicité, message publicitaire, réclame **4.** indice, indication, marque, prélude, présage, signe

annoncer v. tr. **1.** communiquer, apprendre, avertir de, aviser de, déclarer, divulguer, indiquer, informer de, instruire de, notifier, porter à la connaissance, présenter, publier, révéler, signaler **2.** prédire, pronostiquer, prophétiser **3.** dénoter, augurer, indiquer, marquer, prouver, révéler, signaler **4.** précéder, préluder à, préparer
 • **s'annoncer** v. pron. **1.** se dessiner, se profiler **2.** se présenter

annotation n. f. commentaire, observation, réflexion, remarque

annulation n. f. **1.** abrogation, cassation, invalidation, résiliation, révocation, rupture **2.** suppression, abolition, anéantissement, destruction, extinction, liquidation **3.** effacement, radiation

annuler v. tr. **1.** invalider, abroger, infirmer, résilier, révoquer, rompre, [un jugement] casser **2.** éteindre, faire disparaître, liquider **3.** décommander **4.** annihiler, supprimer

anodin, ine adj. insignifiant, banal, fade, insipide, neutre, quelconque, terne

anomalie n. f. **1.** bizarrerie, étrangeté, exception, irrégularité, particularité, singularité **2.** anormalité, altération, difformité, malformation, monstruosité

anonyme adj. **1.** inconnu, indéterminé, secret **2.** non signé **3.** banal, aseptisé, impersonnel, insipide, quelconque

anormal, ale, aux adj. et n. **1.** irrégulier, aberrant, atypique, exceptionnel **2.** bizarre, étrange, extraordinaire, inhabituel, insolite, singulier **3.** arriéré, handicapé, inadapté

anse n. f. **1.** poignée, anneau **2.** baie, calanque, crique, golfe

antagonisme n. m. **1.** opposition, combat, conflit, désaccord, lutte, rivalité **2.** agressivité, antipathie, inimitié

antagoniste adj. et n. **1.** opposé, antagonique, rival **2.** adversaire, contradicteur, ennemi, rival

antalgique adj. et n. m. analgésique, anesthésiant, anesthésique, antidouleur, calmant

antérieur, eure adj. précédent, antécédent, préexistant

anthologie n. f. morceaux choisis, compilation, extraits, florilège, mélanges, recueil

antichambre n. f. salle d'attente, entrée, hall, réception, vestibule

anticipation n. f. **1.** prévision, futurologie, prospective **2.** science-fiction

anticiper v. tr. **1.** prévoir, escompter, pronostiquer, s'attendre à **2.** devancer, prévenir

antidote n. m. **1.** contrepoison **2.** dérivatif, diversion, exutoire, remède, vaccin

antinomie n. f. contradiction, opposition, incompatibilité

antinomique adj. contradictoire, contraire, incompatible, opposé

antipathie n. f. prévention, aversion, dégoût, haine, hostilité, inimitié, répugnance, répulsion, allergie (fam.)

antipathique adj. désagréable, déplaisant, détestable, imbuvable (fam.)

antipode n. m. opposé

antique adj. **1.** ancien, passé **2.** immémorial, ancestral, séculaire **3.** démodé, archaïque, dépassé, suranné, antédiluvien (plaisant.) **4.** usé, vétuste

antithèse n. f. **1.** contraste, antinomie, opposition **2.** opposé, antithétique, contraire, inverse

anxiété n. f. appréhension, angoisse, crainte, inquiétude, tourment, affres (littér.)

anxieux, euse adj. angoissé, inquiet, préoccupé, soucieux, tourmenté, tracassé

apaisement n. m. **1.** soulagement, adoucissement, consolation **2.** pacification, dégel, retour au calme

apaiser v. tr. **1.** rasséréner, calmer, rassurer, tranquilliser **2.** amadouer, attendrir, lénifier, pacifier **3.** adoucir, atténuer, calmer, consoler,

dissiper, endormir, éteindre, modérer, soulager, tempérer **4.** assouvir, contenter, étancher, éteindre, rassasier, satisfaire

apanage n. m. privilège, exclusivité, lot, monopole, prérogative, propre

apathie n. f. inertie, indolence, léthargie, mollesse, nonchalance, passivité, torpeur

apathique adj. et n. indolent, amorphe, inerte, léthargique, lymphatique, mou, nonchalant, passif, mollasson (fam.)

apercevoir v. tr. **1.** voir, aviser, découvrir, discerner, distinguer, entrevoir, remarquer, repérer **2.** comprendre, déceler, deviner, discerner, saisir, sentir, piger (fam.)
 • **s'apercevoir de** v. pron. constater, comprendre, découvrir, prendre conscience de, se rendre compte de, noter, remarquer

aperçu n. m. **1.** estimation, coup d'œil, vue **2.** exemple, avant-goût, échantillon, idée **3.** abrégé, exposé, présentation

à-peu-près n. m. approximation, flou, imprécision, vague

apeuré, ée adj. effrayé, craintif, effarouché

aphorisme n. m. maxime, adage, formule, pensée, précepte, proverbe, sentence

aphrodisiaque adj. excitant, érotique, stimulant, bandant (fam.)

apitoyer v. tr. attendrir, émouvoir, remuer, toucher
 • **s'apitoyer sur** v. pron. **1.** compatir à, plaindre **2.** s'attendrir sur

aplanir v. tr. **1.** égaliser, araser, niveler, polir, raboter, unir **2.** atténuer, lever, simplifier, supprimer

aplati, ie adj. [nez] camard, camus, écrasé, épaté

aplatir v. tr. **1.** plaquer, lisser, rabattre **2.** écraser, laminer, écrabouiller (fam.)
 • **s'aplatir** v. pron. **1.** s'allonger, s'étendre **2.** se soumettre, s'abaisser, ramper, se coucher (fam.)

aplomb n. m. **1.** verticalité **2.** équilibre, stabilité, [à cheval] assiette **3.** assurance, aisance, courage, sang-froid, culot (fam.), estomac (fam.) **4.** effronterie, audace, hardiesse, impudence, culot (fam.), toupet (fam.)

apogée n. m. point culminant, apothéose, comble, faîte, sommet, summum, zénith, acmé (littér.)

apologie n. f. **1.** défense, justification, plaidoyer **2.** éloge, célébration, exaltation, glorification, panégyrique, dithyrambe (littér.)

apostropher v. tr. **1.** appeler, héler, interpeller **2.** invectiver

apothéose n. f. **1.** consécration, couronnement, glorification, triomphe **2.** apogée, comble, sommet, summum, [d'un spectacle] bouquet, clou

apôtre n. m. **1.** disciple, missionnaire, prédicateur **2.** défenseur, apologiste, champion, propagateur, prosélyte

apparaître v. intr. **1.** se montrer, se détacher, émerger, jaillir, montrer le bout de son nez (fam.), paraître, percer, poindre, surgir **2.** se manifester, se déclarer, se dévoiler, se faire jour, se révéler, survenir, transparaître **3.** éclore, se former, naître **4.** sembler, paraître

apparat n. m. éclat, faste, luxe, magnificence, pompe, somptuosité, splendeur

appareil n. m. **1.** instrument, dispositif, engin, machine, outil, ustensile **2.** arsenal, attirail, collection **3.** système **4.** avion **5.** téléphone, combiné **6.** dentier, prothèse

apparemment adv. **1.** visiblement, au premier abord, en surface, extérieurement, superficiellement **2.** sans doute, selon toute apparence, vraisemblablement

apparence n. f. **1.** aspect, air, cachet, caractère, couleur, mine, physionomie, visage **2.** façade, décor, dehors, écorce, enveloppe, extérieur, masque, surface, vernis **3.** trace, lueur, ombre, rayon, soupçon, vestige

apparent, ente adj. **1.** visible, détectable, perceptible, sensible **2.** manifeste, criant, évident, flagrant, incontestable, patent, visible **3.** prétendu, supposé, superficiel, de surface, trompeur

apparenté, ée adj. **1.** de la même famille, parent **2.** allié **3.** semblable, proche, ressemblant, voisin

apparenter à (s') v. pron. **1.** ressembler à, approcher de, avoisiner, tenir de **2.** s'unir à, s'allier à

apparier v. tr. **1.** allier, associer, assortir, combiner, coupler, harmoniser, marier, unir **2.** accoupler, appareiller

apparition n. f. **1.** arrivée, entrée, venue **2.** manifestation **3.** avènement, commencement, éclosion, émergence, éruption, naissance **4.** vision, ectoplasme, fantôme, revenant, spectre

appartenance n. f. **1.** affiliation, adhésion, rattachement **2.** possession

appartenir à v. tr. ind. **1.** être le bien de, être la propriété de **2.** dépendre de, faire partie de **3.** être le propre de, être caractéristique de **4.** revenir à, être du devoir de, incomber à **5.** se rapporter à, concerner, relever (de), ressortir à

appât n. m. **1.** piège, leurre, [Pêche] esche **2.** attrait, perspective
 • **appâts** n. m. pl. charmes, attraits

appâter v. tr. allécher, attirer, séduire, tenter, tendre une carotte à (fam.)

appauvrir v. tr. **1.** ruiner, paupériser, mettre sur la paille (fam.) **2.** épuiser, affaiblir

appauvrissement n. m. **1.** ruine, paupérisation **2.** épuisement, affaiblissement, dépérissement, étiolement

appel n. m. **1.** cri, interjection **2.** signal, sonnerie **3.** coup de téléphone, communication **4.** mobilisation, incorporation, levée (en masse), recrutement **5.** exhortation, incitation, invitation

appeler v. tr. I. **1.** héler, apostropher, interpeller, siffler **2.** téléphoner, passer un coup de téléphone à, passer un coup de fil à (fam.) **3.** faire venir, convier, convoquer, demander, inviter **4.** invoquer, implorer **5.** mobiliser, incorporer, recruter II. **1.** nommer, baptiser, dénommer, prénommer, surnommer **2.** qualifier (de), donner le titre de III. **1.** nécessiter, exiger, motiver, réclamer, requérir **2.** causer, déterminer, entraîner, occasionner, provoquer, susciter IV. exhorter, engager, inciter, inviter, solliciter
 • **s'appeler** v. pron. se nommer, avoir pour nom, se prénommer, répondre au nom de

appellation n. f. **1.** dénomination, désignation **2.** mot, nom, qualificatif, titre, vocable **3.** label, marque

appétissant, ante adj. **1.** alléchant, savoureux, succulent, ragoûtant (fam.) **2.** agréable, attirant, attrayant, engageant, séduisant, tentant **3.** désirable, affriolant, attirant, excitant

appétit n. m. **1.** faim, gloutonnerie, goinfrerie, gourmandise, voracité, boulimie **2.** désir, envie, faim, soif, appétence (littér.)

applaudir v. tr. **1.** acclamer, ovationner **2.** approuver, se féliciter de, se réjouir de

applaudissement n. m. **1.** acclamation, ban, bravo, ovation, vivat **2.** admiration, compliment, éloge, encouragement, félicitation, louange

application n. f. I. effort, assiduité, attention, concentration, soin, zèle II. **1.** exécution, réalisation **2.** emploi, usage III. logiciel, software IV. pose, placage, superposition

appliqué, ée adj. attentif, assidu, consciencieux, sérieux, soigneux, studieux, travailleur

appliquer v. tr. I. **1.** placer, apposer, étaler, étendre, plaquer, poser, coller, imprimer **2.** asséner, administrer, infliger, coller (fam.), ficher (fam.), filer (fam.), flanquer (fam.), foutre (très fam.) II. **1.** employer, faire usage de, mettre à exécution, mettre en application, mettre en pratique, user de, utiliser **2.** affecter, attribuer, consacrer, destiner, imputer

appointements n. m. pl. paie, émoluments, gages, honoraires, rémunération, rétribution, salaire, traitement

apport n. m. **1.** concours, appoint, contribution, part, participation **2.** cotisation, financement, investissement

apporter v. tr. **1.** venir avec, porter, rapporter, amener (fam.) **2.** donner, fournir, procurer **3.** entraîner, amener, causer, engendrer, occasionner, produire, susciter

apposer v. tr. **1.** appliquer, mettre, poser **2.** inscrire, écrire, insérer

appréciable ADJ. **1.** évaluable, chiffrable, estimable, mesurable, quantifiable **2.** notable, important, perceptible, sensible, substantiel, visible **3.** précieux

appréciation N. F. **1.** estimation, évaluation, expertise **2.** arbitrage, discernement, jugement **3.** opinion, avis, commentaire, critique, jugement, observations **4.** note, observation

apprécier V. TR. **1.** aimer, affectionner, estimer, goûter, savourer, priser (littér.) **2.** estimer, calculer, déterminer, évaluer, expertiser, mesurer

appréhender V. TR. **1.** concevoir, percevoir, saisir **2.** craindre, avoir peur de, redouter **3.** capturer, arrêter, prendre, alpaguer (fam.), cueillir (fam.), épingler (fam.), pincer (fam.)

appréhension N. F. angoisse, anxiété, crainte, inquiétude, peur

apprendre V. TR. **1.** annoncer, avertir de, aviser de, communiquer, indiquer, informer de **2.** découvrir, être averti de, être avisé de, être informé de, être instruit de, être mis au courant de **3.** enseigner, inculquer, mettre/fourrer dans le crâne à (fam.) **4.** étudier, assimiler, digérer, ingurgiter, s'initier à, bûcher (fam.), potasser (fam.)

apprenti, ie N. **1.** élève, aide, stagiaire **2.** débutant, néophyte, novice

apprentissage N. M. **1.** formation, initiation, instruction, préparation, stage **2.** expérience, épreuve, exercice

apprêt N. M. affectation, artifice, maniérisme, préciosité, recherche, afféterie (littér.)

apprêté, ée ADJ. maniéré, affecté, artificiel, compassé, étudié, guindé, mièvre, précieux, recherché

apprêter V. TR. préparer, accommoder, assaisonner, cuisiner, faire cuire
♦ **s'apprêter (à)** V. PRON. **1.** se préparer à, se disposer à **2.** s'habiller, se parer, se pomponner, se bichonner (fam.)

apprivoiser V. TR. **1.** domestiquer, dompter, dresser, soumettre **2.** amadouer, charmer, conquérir, gagner, séduire **3.** adoucir, civiliser, humaniser, polir

approbateur, trice ADJ. **1.** favorable, affirmatif, approbatif, consentant **2.** appréciateur, flatteur, louangeur

approbation N. F. **1.** acceptation, accord, acquiescement, agrément, autorisation, aval, consentement, permission, bénédiction (fam.) **2.** adoption, homologation, ratification **3.** applaudissement, éloge, estime, suffrage

approchant, ante ADJ. **1.** proche, voisin **2.** semblable, analogue, comparable, équivalent, ressemblant

approche N. F. **1.** abord, accès, contact, fréquentation **2.** apparition, arrivée, venue **3.** point de vue, conception, démarche

approcher
▶ V. INTR. **1.** venir, arriver, [nuit] tomber **2.** se rapprocher, s'avancer, venir plus près
▶ V. TR. **1.** fréquenter, côtoyer, coudoyer **2.** tendre vers, s'apparenter à, friser, frôler **3.** joindre, rapprocher
♦ **s'approcher** V. PRON. s'avancer, venir

approfondi, ie ADJ. détaillé, fouillé, poussé

approfondir V. TR. **1.** creuser **2.** étudier, creuser, explorer, fouiller, réfléchir sur, sonder

approfondissement N. M. **1.** creusement **2.** analyse, examen, exploration, réflexion

approprié, ée ADJ. adapté, adéquat, ad hoc, heureux, opportun, pertinent, idoine (littér.)

approprier V. TR. adapter, accommoder, accorder, ajuster, conformer
♦ **s'approprier** V. PRON. **1.** s'attribuer, accaparer, s'adjuger, chiper, s'emparer de, empocher, faire main basse sur, se saisir de, rafler (fam.) **2.** [de manière illicite] s'arroger, ravir, usurper, voler, piquer (fam.)

approuver V. TR. **1.** accepter, acquiescer à, admettre, adopter, agréer, autoriser, consentir à, dire amen à, ratifier **2.** donner raison à, être d'accord avec, se rallier à **3.** apprécier, applaudir (des deux mains)

approvisionnement N. M. **1.** ravitaillement, alimentation, fourniture **2.** provisions, fournitures, réserves, stock, vivres

approvisionner V. TR. **1.** ravitailler, alimenter, fournir, garnir, munir, nourrir **2.** provisionner

approximatif, ive ADJ. **1.** approchant, approché, proche, voisin **2.** imprécis, évasif, vague

approximation N. F. **1.** estimation, évaluation **2.** à-peu-près, imprécision

approximativement ADV. **1.** environ, au jugé, à vue d'œil, à vue de nez, en gros, grossièrement, grosso modo, à la louche **2.** imparfaitement, sans précision

appui N. M. I. **1.** aide, assistance, collaboration, concours, coopération, secours, soutien **2.** protection, caution, patronage, recommandation, piston (fam.) **3.** allié, auxiliaire, second, soutien, supporter II. **1.** base, fondement **2.** support, contrefort, étai, soutien, tuteur **3.** accoudoir, accotoir, balustrade, barre, rampe

appuyé, ée ADJ. énergique, insistant, lourd

appuyer V. TR. **1.** soutenir, épauler, étayer, maintenir **2.** confirmer, asseoir, consolider, corroborer, fortifier, renforcer **3.** aider, assister, encourager, prêter main-forte à, soutenir **4.** recommander, défendre, parrainer, plaider pour, pistonner (fam.)

âpre ADJ. **1.** raboteux, râpeux, rêche, rugueux **2.** pénible, cruel, cuisant, dur, rigoureux, vif **3.** agressif, acharné, farouche, féroce, opiniâtre, rude, sauvage, virulent

après PRÉP. et ADV. I. [dans le temps] **1.** puis, alors, ensuite, consécutivement **2.** plus tard, postérieurement, ensuite **3.** passé, au-delà de, une fois que **4.** consécutivement, à cause de, subséquemment, successivement, suite à, à la suite de II. [dans l'espace] **1.** au-delà, plus loin **2.** derrière, à la queue, à la suite, à la traîne, ensuite, plus loin **3.** contre **4.** sous

âpreté N. F. **1.** âcreté, amertume, austérité **2.** rigueur, pénibilité, sévérité **3.** violence, animosité, ardeur, rudesse, véhémence

a priori
▶ LOC. ADV. au premier abord, à première vue, au premier coup d'œil
▶ N. M. préjugé, idée toute faite

à-propos N. M. **1.** pertinence, bien-fondé, opportunité **2.** présence d'esprit, répartie

apte ADJ. capable, propre à, qualifié (pour), susceptible de

aptitude N. F. capacité, compétence, disposition, don, faculté, prédisposition, talent

arbitrage N. M. **1.** médiation, entremise **2.** compromis, accommodement, conciliation **3.** décision, jugement, sentence, verdict

arbitraire ADJ. **1.** conventionnel **2.** gratuit, libre **3.** injuste, illégal, injustifié, irrégulier **4.** despotique, tyrannique

arbitre N. **1.** juge, expert **2.** conciliateur, médiateur

arbitrer V. TR. **1.** juger, décider, statuer sur, régler, trancher **2.** contrôler

arborer V. TR. **1.** afficher, étaler, exhiber, montrer **2.** hisser, déployer, élever

arc N. M. **1.** courbe, cambrure, cintre, demi-cercle **2.** arcade, arceau, arche, voûte

arc-bouter V. TR. appuyer, adosser, épauler, étayer

archaïque ADJ. **1.** ancien **2.** primitif **3.** arriéré, démodé, dépassé, obsolète, périmé, rétrograde

arche N. F. arc, arcade, voûte

archétype N. M. modèle, étalon, exemple, prototype, parangon (littér.)

architecte N. **1.** bâtisseur, constructeur **2.** concepteur, créateur, ingénieur, inventeur, maître d'œuvre

architecture N. F. construction, charpente, disposition, ordonnance, ossature, squelette, structure

architecturer V. TR. agencer, bâtir, charpenter, construire, structurer

ardemment ADV. passionnément, activement, chaudement, furieusement, profondément, vivement

ardent, ente ADJ. **1.** enflammé, brûlant, embrasé, incandescent **2.** chaud, brûlant, torride **3.** flamboyant, éclatant, brillant **4.** impétueux, enflammé, enthousiaste, exalté, fougueux, frénétique, impatient, passionné, tout feu tout flamme, vif, volcanique **5.** acharné, dévoué, empressé, farouche, fervent, zélé **6.** amoureux, chaud, sensuel **7.** profond, dévorant, pressant

ardeur N. F. **1.** impétuosité, empressement, enthousiasme, exaltation, ferveur, feu sacré, flamme, fougue, véhémence, vivacité **2.** zèle, allant, entrain **3.** désir, feu, flamme, passion, transport

ardu, ue ADJ. **1.** difficile, pénible, coton (fam.), musclé (fam.) **2.** escarpé, raide, rude

arête N. F. angle, bord, ligne, saillie

argent N. M. **1.** fonds, capital, finances, moyens, ressources, richesse **2.** liquide, espèces, monnaie, numéraire, cash (fam.), ferraille (fam.), mitraille (fam.) **3.** monnaie, billets, espèces, liquide, ferraille (fam.), mitraille (fam.) **4.** sous (fam.), blé (fam.), cacahuètes (fam.), flouze (fam.), fric (fam.), galette (fam.), oseille (fam.), pépètes (fam.), pèze (fam.), pognon (fam.), ronds (fam.)

argument N. M. **1.** raison, preuve **2.** démonstration, argumentation, raisonnement **3.** sujet, intrigue, thème **4.** exposé, sommaire, synopsis

argumentation N. F. **1.** démonstration, argumentaire, raisonnement, thèse **2.** dialectique, rhétorique

argumenter V. INTR. **1.** discuter **2.** [péj.] ergoter, couper les cheveux en quatre, ratiociner (littér.), discutailler (fam.), pinailler (fam.)

aride ADJ. **1.** desséché, désertique, sec, stérile **2.** indifférent, froid, insensible, sec **3.** rébarbatif, austère, ingrat, rebutant

aridité N. F. **1.** sécheresse, stérilité **2.** froideur, indifférence, insensibilité, sécheresse **3.** austérité, sévérité

armature N. F. ossature, bâti, carcasse, charpente, échafaudage, squelette, structure, support, treillis

armée N. F. **1.** défense (nationale), forces, troupes, la grande muette, la soldatesque (fam., péj.) **2.** unité de combat, bataillon, brigade, division, escadre, escadron, milice, peloton, régiment **3.** service militaire **4.** foule, armada, essaim, flot, kyrielle, masse, multitude, nuée, régiment, foultitude (fam.)

armement N. M. armes, arsenal, matériel de guerre

armer V. TR. **1.** équiper, doter, fournir à, munir, pourvoir **2.** prémunir, aguerrir, cuirasser, endurcir, fortifier, blinder (fam.) **3.** consolider, renforcer **4.** [Marine] gréer, équiper
♦ **s'armer** V. PRON. **1.** se fortifier, s'aguerrir **2.** se garantir, se munir, se prémunir, se protéger

armistice N. M. arrêt des hostilités, suspension des hostilités, trêve

armoire N. F. placard, garde-robe, penderie

armoiries N. F. PL. blason, armes, chiffre, écu, écusson, emblème

armure N. F. **1.** cotte de mailles, cuirasse **2.** carapace, défense, protection

aromate N. M. condiment, assaisonnement, épice

aromatique ADJ. parfumé, odorant, odoriférant

arôme N. M. **1.** parfum, exhalaison, odeur, senteur, fragrance (littér.), [d'un vin] bouquet, [d'une viande] fumet **2.** [naturel, artificiel] aromatisant

arqué, ée ADJ. **1.** courbe, cambré, convexe **2.** [nez] busqué, aquilin, bourbonien, crochu, recourbé

arrachage N. M. **1.** arrachement, éradication, extirpation, extraction **2.** déracinement, débroussaillage, défrichement, essartage

arrachement N. M. **1.** enlèvement, dépouillement, écorchement, épilation, extraction **2.** démembrement, déchirement, écartèlement, écartement, rupture **3.** déchirement

arracher V. TR. **1.** déraciner, déplanter, déterrer **2.** extraire, détacher, enlever, extirper, ôter, retirer **3.** déchirer, couper, écorcher, lacérer **4.** s'emparer de, emporter, obtenir, remporter, [malhonnêtement] dérober, extorquer, soutirer

arrangeant, e ADJ. conciliant, accommodant, complaisant, facile, coulant (fam.)

arrangement N. M. **1.** disposition, configuration, installation, rangement, structure **2.** aménagement, agencement, ameublement, décoration **3.** combinaison, assemblage, assor-

arranger timent, coordination **4.** organisation, dispositions, mise sur pied, préparation, préparatifs **5.** accord, accommodement, compromis, conciliation, convention, entente, modus vivendi **6.** orchestration, adaptation, harmonisation

arranger V. TR. I. **1.** disposer, configurer, installer, placer, ordonner, ranger, trier **2.** aménager, agencer, décorer, meubler **3.** préparer, accommoder, apprêter, dresser, parer **4.** concilier, assembler, assortir, combiner, coordonner **5.** organiser, combiner, ménager, mettre sur pied, préparer, régler, goupiller *(fam.)* II. **1.** réparer, refaire, remettre à neuf, remettre en état, reprendre, restaurer, retaper **2.** rafistoler *(fam.)*, rectifier, rajuster, remanier, retoucher III. convenir à, agréer à, aller à, plaire à, satisfaire, botter *(fam.)*, chanter à *(fam.)* IV. orchestrer, adapter, harmoniser

♦ **s'arranger** V. PRON. **1.** s'améliorer, aller mieux, bien se terminer, rentrer dans l'ordre, se réparer **2.** embellir **3.** se débrouiller, se dépêtrer, se tirer d'affaire, se dépatouiller *(fam.)*, se démerder *(très fam.)* **4.** s'accorder, s'accommoder, s'entendre

arrestation N. F. capture, interpellation, prise, rafle, coup de filet *(fam.)*

arrêt N. M. I. **1.** fin, abandon, cessation, gel, interruption, suspension **2.** suppression, abolition, annulation, inhibition, privation II. **1.** pause, intervalle, relâche, rémission, répit, repos, silence **2.** halte, étape, escale, séjour III. station, gare IV. **1.** immobilisation, arrestation, blocage, contrôle, rétention, saisie **2.** crise, asphyxie, stagnation, panne, paralysie V. décision, arrêté, décret, jugement, sentence

arrêter V. TR. I. **1.** mettre fin à, faire cesser, mettre un terme à, mettre le holà à, stopper, *[momentanément]* interrompre, suspendre **2.** *[la vue]* borner, cacher, limiter **3.** couper (la parole à), interrompre II. **1.** immobiliser, bloquer, enrayer, fixer **2.** tenir en échec, contenir, endiguer, enrayer, entraver, mettre un frein à, juguler, paralyser III. appréhender, attraper, capturer, s'emparer de, empoigner, mettre la main au collet à, agrafer *(fam.)*, alpaguer *(fam.)*, choper *(fam.)*, coincer *(fam.)*, embarquer *(fam.)*, mettre le grappin sur *(fam.)*, pincer *(fam.)* IV. décider, s'accorder sur, choisir, convenir de, s'entendre sur, fixer

♦ **s'arrêter** V. PRON. **1.** cesser, s'achever, se conclure, finir, prendre fin, (se) terminer, *[momentanément]* s'interrompre **2.** faire halte, stationner, se planter *(fam.)*, *[brusquement]* caler, piler, stopper **3.** *[Transport]* desservir, passer par

arrhes N. F. PL. dépôt, à-valoir, avance, gage, garantie, provision

arriéré, ée
▶ ADJ. **1.** démodé, anachronique, archaïque, dépassé, désuet, fossile, périmé, réactionnaire, rétrograde, suranné, d'arrière-garde, rétro *(fam.)*, ringard *(fam.)* **2.** barbare, fruste, grossier, inculte, sauvage **3.** attardé, débile, demeuré, idiot, retardé, simple d'esprit, taré
▶ N. M. **1.** dette, arrérages, dû, impayé **2.** retard

arrière[1] ADV. et ADJ.
— **en arrière 1.** derrière, en retrait **2.** à la traîne, derrière **3.** à l'envers, à reculons **4.** à la renverse

arrière[2] N. M. **1.** derrière, cul, dos, postérieur **2.** envers, dos, revers, verso **3.** *[d'un bateau]* poupe

arrière-goût N. M. souvenir, impression, relent, sentiment

arrière-pensée N. F. calcul, réserve, réticence

arrière-train N. M. derrière, croupe, fesses, postérieur, cul *(fam.)*, séant *(littér. ou plaisant)*

arrimer V. TR. amarrer, accrocher, assujettir, attacher, caler, fixer, immobiliser, maintenir

arrivée N. F. **1.** venue, approche, entrée, débarquement *(fam.)*, *[de marchandises]* arrivage **2.** commencement, apparition, avènement, début, naissance, survenance *(littér.)*

arriver V. INTR. I. **1.** venir (de), *[en masse]* affluer **2.** se présenter, s'amener *(fam.)*, atterrir *(fam.)*, débarquer *(fam.)*, se pointer *(fam.)*, rappliquer *(fam.)* **3.** approcher, être proche, venir, *[nuit]* tomber, *[jour]* se lever II. s'accomplir, advenir, avoir lieu, se dérouler, se passer, se produire, se réaliser, survenir, tomber III. réussir, aller loin, s'élever, faire du chemin, percer

arriviste N. ambitieux, carriériste, parvenu

arrogance N. F. insolence, dédain, fatuité, fierté, hauteur, impertinence, impudence, mépris, prétention, suffisance, morgue *(littér.)*, outrecuidance *(littér.)*

arrogant, ante ADJ. méprisant, altier, dédaigneux, fat, fier, hautain, impertinent, impudent, présomptueux, rogue, suffisant, supérieur, outrecuidant *(littér.)*

arroger (s') V. PRON. s'approprier, s'adjuger, s'appliquer, s'attribuer, s'octroyer, usurper

arrondi, ie
▶ ADJ. rond, ballonné, bombé, convexe, courbe, rebondi
▶ N. M. courbe, bombement, courbure, galbe, renflement

arrondir V. TR. **1.** adoucir, atténuer **2.** accroître, agrandir, augmenter, compléter, élargir, étendre, gonfler, grossir
♦ **s'arrondir** V. PRON. grossir, enfler, ballonner, bedonner, gonfler

arroser V. TR. **1.** irriguer, baigner, traverser **2.** baigner, asperger, bassiner, humecter, mouiller, pulvériser, vaporiser **3.** éclabousser, asperger, doucher, tremper, saucer *(fam.)* **4.** fêter, célébrer, porter un toast à **5.** *[fam.]* corrompre, acheter, soudoyer, stipendier *(littér.)*, graisser la patte à *(fam.)* **6.** *[fam.]* bombarder, mitrailler

art N. M. **1.** don, adresse, génie, habileté, talent, virtuosité **2.** métier, maîtrise, savoir-faire, science, technique **3.** artifice, affectation, apprêt, recherche

artère N. F. voie, avenue, boulevard, rue

article N. M. **1.** marchandise, objet, produit, denrée **2.** écrit, billet, chronique, courrier, éditorial, entrefilet, papier, reportage, rubrique, tribune **3.** sujet, chapitre, matière, point, objet, question **4.** chapitre, clause, partie, point, rubrique, section **5.** déterminant

articulation N. F. **1.** jointure, attache, charnière, emboîtement, ligament **2.** assemblage, cardan, charnière, cheville, jeu, joint **3.** organisation **4.** imbrication **5.** prononciation, élocution, voix

articuler V. TR. I. **1.** prononcer, détacher (les syllabes/les mots), marteler **2.** dire, énoncer, exprimer, proférer II. **1.** assembler, joindre **2.** organiser, agencer, architecturer, ordonner, structurer

artifice N. M. **1.** astuce, stratagème, subterfuge, subtilité, technique, tour, truc *(fam.)* **2.** ruse, feinte, manœuvre, manège, piège, leurre

artificiel, elle ADJ. **1.** fabriqué, factice, faux, imité, industriel, synthétique, postiche **2.** arbitraire, conventionnel **3.** affecté, de commande, contraint, emprunté, faux, feint, forcé

artisan, ane N. auteur, âme, cerveau, cheville ouvrière, initiateur, instigateur, ouvrier, promoteur

as N. M. champion, maître, phénomène, virtuose, aigle *(fam.)*, crack *(fam.)*, phénix *(littér.)*

ascendance N. F. origine, extraction, naissance, race, souche

ascendant N. M. **1.** pouvoir, autorité, empire, emprise, fascination, influence, séduction **2.** parent, aïeul, ancêtre

ascension N. F. **1.** montée, élévation, progression, progrès **2.** escalade

ascétique ADJ. austère, janséniste, monacal, rigoriste, spartiate, érémitique *(littér.)*

asile N. M. abri, refuge, retraite, toit, havre *(littér.)*

aspect N. M. **1.** apparence, air, allure, dehors, extérieur, forme, physionomie **2.** configuration, tournure **3.** perspective, angle, côté, face, jour, point de vue

asperger V. TR. arroser, doucher, éclabousser, mouiller, humecter, tremper

aspérité N. F. **1.** rugosité, inégalité, irrégularité, relief, saillie **2.** rudesse, âpreté

asphalte N. M. bitume, goudron, macadam

asphalter V. TR. bitumer, goudronner, macadamiser

asphyxiant, ante ADJ. **1.** suffocant, toxique **2.** étouffant, irrespirable, oppressant

asphyxie N. F. **1.** suffocation, étouffement **2.** dépérissement, étiolement, étouffement, étranglement, oppression, paralysie

asphyxier V. TR. étouffer, suffoquer

aspiration N. F. **1.** inspiration, inhalation **2.** désir, ambition, attente, espérance, espoir, rêve, souhait **3.** appel d'air, succion

aspirer V. TR. **1.** inspirer, humer, inhaler, renifler **2.** absorber, avaler, pomper, sucer
— **aspirer à** désirer, ambitionner, espérer, prétendre à, souhaiter, soupirer après, tendre à, courir après *(fam.)*

assagir V. TR. **1.** calmer, discipliner **2.** modérer, apaiser, atténuer, diminuer, tempérer
♦ **s'assagir** V. PRON. se ranger, s'amender, se calmer, se ranger des voitures *(fam.)*

assaillant, ante N. attaquant, agresseur

assaillir V. TR. **1.** attaquer, agresser, se jeter sur, se précipiter sur, sauter sur, tomber sur (le paletot de) *(fam.)* **2.** harceler, accabler, importuner, tourmenter

assainir V. TR. **1.** désinfecter, épurer, nettoyer, purifier **2.** assécher, drainer **3.** équilibrer, rétablir, stabiliser

assainissement N. M. **1.** désinfection, épuration, purification **2.** assèchement, dessèchement, drainage

assaisonnement N. M. condiment(s), aromate(s), épice(s)

assaisonner V. TR. **1.** accommoder, apprêter, épicer, pimenter, relever **2.** agrémenter, émailler, pimenter, rehausser, relever

assassinat N. M. meurtre, crime, homicide

assassiner V. TR. tuer, abattre, éliminer, supprimer, dégommer *(fam.)*, descendre *(fam.)*, faire la peau à *(fam.)*, refroidir *(fam.)*, trucider *(fam.)*, zigouiller *(fam.)*, dessouder *(argot)*

assaut N. M. **1.** attaque, charge, combat, coup de main, escarmouche, offensive, raid **2.** *[Boxe, escrime]* engagement, combat, *[Alpinisme]* escalade

assèchement N. M. dessèchement, drainage, assainissement

assécher V. TR. **1.** drainer, assainir **2.** tarir, mettre à sec, pomper, sécher, vider

assemblage N. M. **1.** groupement, regroupement, réunion **2.** agglomération, accolement, emboîtement, jonction, montage **3.** ensemble, alliance, association, collection, combinaison, mélange

assemblée N. F. **1.** assistance, audience, auditoire, public **2.** rassemblement, académie, cercle, compagnie, conférence, société, aréopage *(littér.)* **3.** chambre, congrès, conseil, parlement

assembler V. TR. **1.** grouper, amasser, collecter, collectionner, ramasser, recueillir, regrouper, réunir **2.** convoquer, battre le rappel de, réunir **3.** lier, accoler, agglomérer, agréger, attacher, connecter, emboîter, joindre, raccorder, relier, réunir, unir **4.** combiner, allier, associer, coordonner, composer, marier, unir
♦ **s'assembler** V. PRON. s'attrouper, affluer, se masser, se rassembler

assener V. TR. appliquer, administrer, donner, envoyer, frapper, lancer, porter, allonger *(fam.)*, coller *(fam.)*, ficher *(fam.)*, filer *(fam.)*, flanquer *(fam.)*

assentiment N. M. approbation, acceptation, accord, acquiescement, agrément, autorisation, consentement, permission, suffrage

asseoir V. TR. **1.** installer, mettre, placer, poser, planter *(fam.)* **2.** consolider, affermir, conforter, établir **3.** motiver, appuyer, assurer, établir, fonder

assertion N. F. affirmation, thèse, *[au plur.]* dires

asservir V. TR. opprimer, assujettir, contraindre, dominer, enchaîner, juguler, maîtriser, soumettre, subjuguer

asservissement N. M. assujettissement, dépendance, esclavage, servitude, soumission, subordination, sujétion, chaînes *(littér.)*, joug *(littér.)*

assidu, ue ADJ. **1.** constant, continu, persévérant, régulier, soutenu, suivi, zélé, diligent *(littér. ou Admin.)* **2.** ponctuel, exact **3.** appliqué, consciencieux, scrupuleux **4.** empressé, présent

assiduité N. F. **1.** constance, continuité, persévérance, zèle **2.** ponctualité, exactitude **3.** application, scrupule **4.** présence, empressement

assidûment ADV. 1. constamment, continuellement, régulièrement 2. ponctuellement, exactement 3. avec empressement

assiéger V. TR. 1. encercler, assaillir, bloquer, cerner, entourer, investir 2. se presser à, se bousculer à, prendre d'assaut 3. importuner, harceler, poursuivre, solliciter 4. accabler, assaillir, obséder, tourmenter, troubler

assiette¹ N. F. 1. position, assise, équilibre, stabilité, tenue 2. base, fondation, fondement, soubassement

assiette² N. F. 1. plat, écuelle, auge (fam.) 2. assiettée

assigner V. TR. 1. attribuer, affecter, décerner, impartir, imputer 2. déterminer, délimiter, fixer, marquer

assimilation N. F. 1. comparaison, amalgame, confusion, équivalence, identification, rapprochement 2. apprentissage, acquisition, compréhension, imprégnation 3. intégration, acculturation, insertion 4. digestion, absorption

assimiler V. TR. 1. comparer, amalgamer, confondre, identifier, ramener à, rapprocher 2. comprendre, acquérir, adopter, apprendre, s'approprier, faire sien, s'imprégner de, intégrer, saisir, imprimer (fam.), piger (fam.) 3. intégrer, absorber, acculturer, adopter, incorporer, insérer 4. digérer, absorber

assis, ise ADJ. affermi, assuré, équilibré, établi, ferme, stable

assise N. F. base, fondement, soubassement

assistance N. F. 1. assemblée, audience, auditoire, public, salle, spectateurs 2. aide, bons offices, collaboration, concours, coopération, protection, secours, soutien

assistant, ante N. 1. adjoint, aide, auxiliaire, bras droit, collaborateur, lieutenant, second 2. chargé de cours

assister V. TR. 1. seconder, aider, appuyer, épauler, soutenir 2. veiller sur, accompagner, être aux côtés de, protéger, prendre soin de, s'occuper de, soigner
– **assister à** être témoin de, être présent à, participer à, suivre

association N. F. 1. assemblage, agrégation, alliance, combinaison, mariage, rapprochement, réunion, symbiose, synergie 2. alliance, coalition, entente, union 3. société, club, communauté, compagnie, confédération, confrérie, congrégation, consortium, coopérative, corporation, groupement, guilde, ligue, mutuelle, organisation, parti, union 4. bande, groupe 5. collaboration, coopération, participation 6. adhésion, admission, affiliation, participation

associé, ée N. 1. adjoint, collaborateur, collègue 2. membre, actionnaire, confrère, partenaire, sociétaire 3. complice, acolyte, camarade, compagne, compagnon, compère, partenaire

associer V. TR. 1. allier, assortir, combiner, joindre, lier, marier, mêler, rapprocher, unir 2. [qqn à] faire collaborer, enrôler, incorporer, intégrer, recruter
♦ **s'associer** V. PRON. 1. s'accorder, s'allier, s'assortir, se combiner, s'harmoniser, se marier, s'unir 2. se réunir, s'allier, collaborer, coopérer, faire cause commune, se fédérer, se grouper, se joindre, se lier, se liguer, s'unir

assoiffé, ée ADJ. 1. altéré, asséché, déshydraté 2. avide, affamé, altéré

assoiffer V. TR. altérer, assécher, déshydrater

assombrir V. TR. 1. obscurcir, plonger dans les ténèbres 2. foncer, noircir 3. attrister, affliger, peiner, [événement] jeter une ombre sur
♦ **s'assombrir** V. PRON. 1. se couvrir, s'obscurcir 2. se rembrunir, se renfrogner

assommant, ante ADJ. ennuyeux, fastidieux, lassant, tuant, barbant (fam.), casse-pied (fam.), chiant (très fam.), embêtant (fam.), emmerdant (fam.), empoisonnant (fam.), enquiquinant (fam.), gonflant (fam.), rasant (fam.), rasoir (fam.), soûlant (fam.), suant (fam.), tannant (fam.)

assommer V. TR. 1. étourdir, mettre K.-O., estourbir (fam.), sonner (fam.) 2. épuiser, éreinter, exténuer, harasser, vider, claquer (fam.), crever (fam.), vanner (fam.) 3. abasourdir, abattre, accabler, anéantir 4. ennuyer, embêter, excéder, fatiguer, barber (fam.), casser les pieds de (fam.), emmerder (fam.), empoisonner (fam.), enquiquiner (fam.), gonfler (fam.), pomper l'air à (fam.), faire suer (fam.), raser (fam.), soûler (fam.), tanner (fam.)

assortiment N. M. 1. arrangement, alliance, association, mélange, mariage, harmonie 2. ensemble, choix, éventail, jeu, lot, sélection, [de mesures] train

assortir V. TR. assembler, accorder, accoupler, allier, associer, combiner, coordonner, harmoniser, marier, réunir, unir
♦ **s'assortir** V. PRON. s'accorder, s'adapter, s'harmoniser, se marier

assoupi, ie ADJ. somnolent, endormi

assoupir V. TR. 1. endormir 2. apaiser, adoucir, affaiblir, atténuer, calmer, diminuer, engourdir, éteindre
♦ **s'assoupir** V. PRON. 1. s'endormir, somnoler, sombrer dans le sommeil 2. s'apaiser, s'adoucir, s'affaiblir, s'atténuer, se calmer, s'effacer, s'estomper

assouplir V. TR. 1. délier, dénouer, déraidir 2. adoucir, discipliner, mater, plier, soumettre 3. aménager, corriger, modérer, tempérer

assourdir V. TR. 1. amortir, atténuer, étouffer, feutrer 2. assommer, casser les oreilles à (fam.)

assourdissant, ante ADJ. 1. bruyant, fracassant, retentissant 2. assommant, abrutissant, fatigant

assouvi, ie ADJ. 1. rassasié, repu 2. satisfait, apaisé, comblé, contenté

assouvir V. TR. satisfaire, apaiser, calmer, combler, étancher, rassasier

assujettir V. TR. 1. asservir, maîtriser, se rendre maître de, opprimer, plier sous sa loi, soumettre, subjuguer, mettre sous son joug (littér.) 2. contraindre, commander, forcer, imposer, obliger, soumettre 3. attacher, arrimer, assurer, caler, fixer, immobiliser, maintenir, river

assujettissement N. M. soumission, asservissement, esclavage, servitude, subordination, sujétion

assumer V. TR. se charger de, assurer, prendre en charge, prendre sur soi, prendre la responsabilité de, prendre sous son bonnet, supporter

assurance N. F. 1. aisance, confiance en soi, sang-froid, cran (fam.) 2. aplomb, audace, hardiesse, culot (fam.), toupet (fam.) 3. certitude, conviction, sûreté 4. garantie, engagement, gage, preuve, promesse 5. affirmation, déclaration, promesse, protestation

assuré, ée ADJ. 1. confiant, décidé, déterminé, énergique, résolu, sûr (de soi) 2. ferme, solide, stable 3. garanti, certain, évident, immanquable, indubitable, inévitable, infaillible, sûr

assurément ADV. 1. certainement, à coup sûr, immanquablement, infailliblement, sûrement 2. certes, bien entendu, bien sûr, incontestablement, indéniablement, indiscutablement, indubitablement, sans conteste

assurer V. TR. 1. caler, accrocher, affermir, arrimer, attacher, assujettir, fixer, immobiliser, maintenir 2. protéger, couvrir, défendre, garantir, préserver, sauvegarder 3. fournir, garantir, ménager, procurer 4. assumer, pourvoir à 5. affirmer, attester, certifier, garantir, jurer, promettre, soutenir
♦ **s'assurer** V. PRON. 1. s'affermir, se caler 2. contracter une assurance 3. se ménager, se concilier, s'emparer de, gagner, se saisir de

astiquer V. TR. frotter, briquer, cirer, fourbir, nettoyer, polir

astre N. M. étoile, astéroïde, comète, corps céleste, météore, nébuleuse, nova, planète

astreignant, ante ADJ. contraignant, asservissant, assujettissant, exigeant

astreindre V. TR. obliger, assujettir, condamner, contraindre, enchaîner, forcer, imposer, soumettre

astronomique ADJ. 1. sidéral 2. démesuré, colossal, énorme, faramineux, phénoménal, vertigineux, [prix] exorbitant, inabordable, prohibitif

astuce N. F. 1. ingéniosité, adresse, finesse, habileté 2. stratagème, artifice, invention, ruse, tour, combine (fam.), truc (fam.)

astucieux, euse ADJ. ingénieux, finaud, futé, habile, inventif, malin, roué, rusé, combinard (fam.)

asymétrie N. F. dissymétrie, déséquilibre, irrégularité

atermoiement N. M. 1. [souvent plur.] ajournement, manœuvre dilatoire, faux-fuyant, retard, temporisation, tergiversation, procrastination (littér.) 2. [Droit] concordat, grâce

atermoyer V. INTR. différer, hésiter, reculer, retarder, tarder, temporiser, tergiverser, user de manœuvres dilatoires

athlétique ADJ. 1. sportif 2. fort, musclé, robuste, solide, vigoureux, costaud (fam.)

atmosphère N. F. 1. air 2. ambiance, climat, environnement, milieu

atomiser V. TR. 1. désintégrer 2. fractionner, disperser, diviser, émietter, morceler, parcelliser 3. pulvériser, vaporiser

atomiseur N. M. aérosol, bombe, nébuliseur, pulvérisateur, vaporisateur

atone ADJ. 1. mou, amorphe, apathique, éteint, inerte 2. inexpressif, fixe, immobile, morne 3. [Méd.] paresseux, hypotonique 4. monocorde, uniforme

atout N. M. avantage, arme, carte maîtresse, chance, joker, plus, ressource

atrabilaire ADJ. coléreux, colérique, irascible, irritable, morose, sombre

atroce ADJ. 1. abominable, cruel, effrayant, effroyable, épouvantable, horrible, ignoble, infâme, inhumain, odieux 2. douloureux, déchirant, insupportable, intolérable, poignant 3. méchant, dur, horrible, ignoble, odieux

atrocement ADV. excessivement, affreusement, horriblement, monstrueusement, terriblement

atrocité N. F. 1. barbarie, cruauté, inhumanité, monstruosité, sauvagerie 2. crime, abomination, monstruosité, torture 3. calomnie, horreur

atrophie N. F. 1. dépérissement, amaigrissement 2. affaiblissement, amoindrissement, dépérissement, étiolement, régression

atrophier V. TR. 1. affaiblir, amaigrir 2. détruire, amoindrir, débiliter, dégrader, étioler
♦ **s'atrophier** V. PRON. 1. dépérir, se ratatiner (fam.) 2. diminuer, s'affaiblir, s'amoindrir, se dégrader, s'étioler, se réduire

attachant, ante ADJ. attirant, charmant, intéressant, séduisant, touchant

attaché, ée ADJ. fixe, fixé, joint, lié

attachement N. M. 1. affection, amitié, amour, sentiment, sympathie, tendresse 2. lien, attache, liaison, nœud, union 3. goût, inclination, intérêt, passion

attacher V. TR. I. 1. immobiliser, accrocher, amarrer, ancrer, arrimer, arrêter, assurer, bloquer, fixer, maintenir 2. [un prisonnier] ligoter, enchaîner, ficeler, garrotter, lier II. 1. placer, accrocher, pendre, suspendre 2. assembler, accoler, accoupler, atteler, coupler, joindre, lier, relier, réunir, unir
♦ **s'attacher à** V. PRON. 1. se concentrer sur, s'adonner à, se consacrer à, s'intéresser à, se livrer à, s'occuper de 2. s'appliquer à, chercher à, s'efforcer de, essayer de, travailler à, tendre à, viser à 3. se prendre d'affection pour

attaque N. F. I. 1. [Milit.] offensive, action, assaut, charge, raid, sortie 2. agression, attentat, guet-apens II. critique, accusation, coup de griffe, dénigrement, diatribe, pique, pointe, reproche, sortie, trait III. 1. crise, accès 2. apoplexie, congestion cérébrale, coup de sang (fam.)

attaquer V. TR. I. 1. déclarer la guerre à, bombarder, charger, donner l'assaut à, ouvrir le combat/le feu contre, prendre l'offensive/passer à l'offensive contre 2. agresser, assaillir, frapper, molester, sauter à la gorge de II. 1. critiquer, accuser, dénigrer, donner un coup de griffe à, faire le procès de, incriminer, jeter la pierre à, matraquer, médire de 2. provoquer, chercher querelle à, défier, prendre à partie, chercher des crosses à (fam.) 3. intenter un procès à, actionner, poursuivre (en justice) III. 1. altérer, corroder, corrompre, détériorer, endommager, piquer, ronger 2. porter atteinte à, miner, nuire à, saper IV. commencer, aborder, débuter, démarrer, entamer, entreprendre, s'atteler à

attardé, ée ADJ. et N. 1. rétrograde, dépassé, ringard *(fam.)* 2. arriéré, débile, demeuré, simple d'esprit

atteindre V. TR. 1. frapper, heurter, porter atteinte à 2. émouvoir, affecter, éprouver, remuer, toucher, secouer *(fam.)* 3. choquer, blesser, heurter, offenser, vexer 4. attraper, prendre, parvenir à toucher, saisir 5. contacter, joindre, toucher 6. arriver à, aborder, accéder à, gagner, parvenir à, rejoindre

atteinte N. F. 1. dégât, altération, attaque, dommage, préjudice 2. injure, insulte, outrage 3. violation, attentat, coup de canif, entorse 4. accès, attaque, crise, effet

attenant, ante ADJ. accolé, adjacent, contigu, limitrophe, mitoyen, voisin

attendre
▸ V. TR. 1. exiger, vouloir 2. guetter 3. espérer, escompter
▸ V. INTR. 1. patienter, être dans l'expectative, *[d'être reçu]* faire antichambre 2. hésiter, atermoyer, différer, temporiser, tergiverser, traîner
♦ **s'attendre à** V. PRON. prévoir, compter sur, escompter, imaginer, présager, pressentir, pronostiquer

attendrir V. TR. 1. amollir 2. émouvoir, apitoyer, désarmer, fléchir, remuer, toucher, troubler
♦ **s'attendrir** V. PRON. 1. s'apitoyer, compatir, s'émouvoir 2. mollir, faiblir

attendrissant, ante ADJ. émouvant, bouleversant, désarmant, touchant

attendrissement N. M. 1. sensibilité, émotion, trouble 2. apitoiement, commisération, compassion, pitié

attentat N. M. 1. agression, attaque, crime 2. offense, atteinte, coup, crime, outrage, préjudice

attente N. F. 1. expectative 2. pause 3. prévision, calcul 4. désir, espérance, espoir, souhait

attentif, ive ADJ. 1. vigilant, appliqué, concentré, consciencieux, scrupuleux 2. attentionné, assidu, empressé, obligeant, prévenant, zélé

attention N. F. 1. application, concentration, méticulosité, sérieux, soin, vigilance, diligence *(littér. ou Admin.)* 2. curiosité, intérêt, méfiance, soupçon 3. prévenance, délicatesse, empressement, obligeance, soin, sollicitude, zèle 4. égards, gentillesse

attentionné, ée ADJ. prévenant, aimable, attentif, courtois, empressé, gentil, obligeant, serviable

atténuer V. TR. 1. amoindrir, affaiblir, diminuer, réduire 2. modérer, adoucir, alléger, amortir, apaiser, émousser, estomper, soulager, tempérer, *[un son]* assourdir, étouffer, feutrer

atterrant, ante ADJ. accablant, affligeant, consternant, désolant

attestation N. F. 1. certificat, *[de paiement]* quittance, reçu, *[d'authenticité]* vidimus 2. déclaration, affirmation, assurance, confirmation 3. preuve, gage, marque, signe, témoignage

attester V. TR. 1. déclarer, affirmer, assurer, certifier, confirmer, garantir 2. prouver, démontrer, faire foi de, manifester, marquer, révéler, témoigner de

attirail N. M. 1. équipement, bagage, équipage, harnachement, panoplie, barda *(fam.)*, bastringue *(fam.)*, bazar *(fam.)*, fourbi *(fam.)* 2. assortiment, assemblage, ramassis

attirance N. F. 1. goût, faible, fascination, inclination, intérêt, penchant, prédilection 2. attraction, attrait, charme, fascination, séduction

attirant, ante ADJ. 1. séduisant, affriolant, aguichant, appétissant, charmant, craquant *(fam.)* 2. attrayant, alléchant, engageant, intéressant, tentant

attirer V. TR. I. 1. aspirer, absorber, drainer, pomper 2. faire venir, amener, *[en masse]* faire affluer, faire courir II. 1. plaire à, captiver, charmer, gagner, séduire, tenter 2. appâter, allécher, leurrer 3. aguicher, enjôler, racoler III. causer, déclencher, entraîner, occasionner, provoquer, soulever, susciter

♦ **s'attirer** V. PRON. 1. obtenir, gagner, se concilier, se procurer 2. encourir, prêter le flanc à, risquer

attiser V. TR. 1. activer, aviver, ranimer, stimuler 2. exciter, déchaîner, embraser, enflammer, envenimer, exacerber, exaspérer

attitude N. F. 1. tenue, contenance, maintien, port, pose, position, posture 2. aspect, air, allure, expression, extérieur, physionomie 3. comportement, actes, agissements, conduite, manières

attouchement N. M. contact, caresse, chatouillement, effleurement, frôlement

attractif, ive ADJ. attrayant, alléchant, appétissant, attirant, engageant, intéressant, séduisant, tentant

attraction N. F. 1. pesanteur, gravitation 2. attirance, appel, attrait, charisme, charme, fascination, séduction, tentation 3. spectacle, exhibition, numéro, show *(anglic.)*

attrait N. M. 1. charme, agrément, enchantement, séduction, tentation 2. attirance, affinité, attraction, faible, fascination, goût, inclination, penchant, sympathie
♦ **attraits** PLUR. *[d'une personne]* agréments, charmes, sex-appeal

attraper V. TR. I. 1. saisir, agripper, cramponner, s'emparer de, empoigner, happer 2. recevoir, décrocher, gagner, obtenir, remporter 3. capturer, arrêter, mettre la main sur, piéger, prendre au piège, agrafer *(fam.)*, alpaguer *(fam.)*, choper *(fam.)*, épingler *(fam.)*, gauler *(fam.)*, piquer *(fam.)*, pincer *(fam.)*, mettre le grappin sur *(fam.)* 4. *[une maladie]* contracter, choper *(fam.)*, ramasser *(fam.)* II. abuser, duper, leurrer, mystifier, tromper III. réprimander, disputer, gronder, houspiller, sermonner, admonester *(littér.)*, enguirlander *(fam.)*, engueuler *(fam.)*, passer un savon à *(fam.)*, sonner les cloches à *(fam.)*

attrayant, ante ADJ. attractif, alléchant, attirant, charmant, engageant, plaisant, séduisant

attribuer V. TR. 1. donner, accorder, adjuger, allouer, assigner, doter de, impartir, octroyer, départir *(littér.)* 2. conférer, décerner, gratifier de 3. imputer, affecter, allouer 4. supposer, accorder, prêter, reconnaître 5. mettre sur le compte de, imputer, prêter, reporter (sur), rejeter (sur)

attribut N. M. 1. caractéristique, apanage, caractère, particularité, prérogative, propriété, qualité, signe (distinctif), trait 2. emblème, accessoire, décoration, signe (représentatif), symbole

attribution N. F. affectation, allocation, assignation, dotation, imputation, octroi, remise
♦ **attributions** PLUR. autorité, champ d'action, compétence, domaine, fonction, pouvoirs, prérogative, privilège, ressort, rôle, sphère d'activité

attrister V. TR. affliger, affecter, chagriner, consterner, désespérer, désoler, navrer, peiner

attroupement N. M. 1. groupe, foule, rassemblement 2. manifestation

attrouper V. TR. assembler, ameuter, grouper, rassembler, battre le rappel de
♦ **s'attrouper** V. PRON. se masser, se rassembler, *[avec une intention hostile]* s'ameuter

aubaine N. F. 1. profit, avantage 2. chance, occasion, opportunité, coup de bol *(fam.)*, veine *(fam.)*

aube N. F. 1. aurore, jour naissant, lever du jour, point du jour, pointe du jour, premières lueurs du jour, première clarté 2. commencement, aurore, début, origine, matin

audace N. F. 1. aplomb, arrogance, effronterie, impertinence, impudence, insolence, sans-gêne, culot *(fam.)*, toupet *(fam.)*, outrecuidance *(littér.)*, culot *(fam.)* 2. hardiesse, assurance, bravoure, intrépidité, témérité, cran *(fam.)*, culot *(fam.)*

audacieux, euse ADJ. et N. 1. courageux, brave, hardi, intrépide, culotté *(fam.)*, gonflé *(fam.)* 2. risqué, aventureux, hasardeux, osé, téméraire 3. novateur, neuf, nouveau, original

audience N. F. 1. séance 2. entretien, entrevue, rendez-vous 3. assistance, assemblée, assistants, auditoire, public, salle, spectateurs 4. attention, écoute, intérêt

auditoire N. M. auditeurs, assemblée, assistance, audience, public, spectateurs, salle

augmentation N. F. 1. *[dimensions]* accroissement, agrandissement, croissance, grossissement, prolongement 2. *[en hauteur]* élévation, hausse, montée, rehaussement, relèvement, remontée 3. *[d'un nombre, d'une quantité]* multiplication, accumulation, addition, recrudescence, redoublement 4. *[d'un prix, coût]* hausse, escalade, élévation, flambée, inflation, majoration, montée 5. *[de valeur]* plus-value, valorisation 6. *[en qualité]* amélioration, gain, progrès, progression 7. *[en intensité]* renforcement, accentuation, amplification, intensification, poussée, redoublement

augmenter
▸ V. TR. 1. *[dimensions]* accroître, agrandir, développer, élever, étendre, prolonger, rallonger 2. *[un nombre, une quantité]* multiplier, décupler, doubler, quadrupler, redoubler, tripler 3. *[un prix, coût]* majorer, élever, hausser, relever, renchérir 4. intensifier, aggraver, amplifier, accentuer, exacerber, exciter, redoubler, renforcer 5. compléter, enrichir
▸ V. INTR. 1. croître, aller (en) crescendo, s'accentuer, s'accroître, s'amplifier, se développer, s'étendre, grandir, s'intensifier, monter, se renforcer, redoubler 2. *[prix]* s'apprécier, flamber, grimper (en flèche), être en hausse

augurer V. TR. 1. présager, annoncer, promettre 2. conjecturer, deviner, inférer, prédire, prévoir, présumer

aujourd'hui ADV. actuellement, à l'époque actuelle, à l'heure qu'il est, à présent/dans le temps présent, de nos jours, en ce moment, maintenant, présentement

aumône N. F. 1. charité, assistance, bienfait, faveur, secours 2. offrande, don, obole 3. grâce, faveur

auparavant ADV. d'abord, antérieurement, au préalable, avant, déjà, en premier, plus tôt, préalablement, précédemment

aura N. F. 1. influence, charisme, impact, prestige 2. halo, atmosphère, ambiance, brume, émanation, voile

auréole N. F. 1. nimbe, gloire 2. halo, couronne 3. prestige, éclat, gloire 4. atmosphère, aura, émanation 5. tache, cerne

auréoler V. TR. 1. ceindre, baigner, entourer, envelopper, nimber 2. glorifier, exalter, magnifier 3. couronner, parer

aurore N. F. 1. lever du jour, aube, point du jour, premières lueurs du jour, première clarté 2. commencement, début, origine, aube, matin

ausculter V. TR. 1. examiner 2. sonder, prendre la température de, prendre le pouls de, tâter

aussitôt
▸ ADV. immédiatement, à l'instant, au même instant, dès l'abord, instantanément, sans délai, sans retard, sans tarder, séance tenante, sur le champ, sur l'heure, tout de suite, illico *(fam.)*
▸ PRÉP. dès, au moment de, juste après

austère ADJ. 1. ascétique, frugal, rigoureux, rude, spartiate 2. rigoriste, janséniste, puritain, rigide, sévère, stoïque 3. sobre, dépouillé, monastique, nu, triste 4. grave, dur, froid, sérieux, sévère

austérité N. F. 1. ascétisme 2. rigorisme, jansénisme, puritanisme, stoïcisme 3. sobriété, dépouillement, nudité 4. gravité, dureté, froideur, sévérité

auteur N. M. 1. rédacteur, dramaturge, écrivain, homme/femme de lettres, parolier 2. compositeur 3. initiateur, artisan, créateur, fondateur, inventeur, promoteur

authentifier V. TR. 1. certifier, constater, garantir, légaliser, valider 2. reconnaître, attribuer

authentique ADJ. 1. véritable, assuré, avéré, certain, effectif, établi, exact, indiscutable, indubitable, réel, sûr, véridique, vrai, vrai de vrai *(fam.)* 2. sincère, juste, naturel, vrai, pur jus/sucre *(fam.)* 3. *[Droit]* notarié, certifié conforme, public, solennel

automate N. M. 1. robot 2. androïde 3. somnambule, fantoche, jouet, machine, marionnette, pantin, robot

automatique ADJ. 1. inconscient, instinctif, involontaire, machinal, mécanique, réflexe, spontané 2. [fam.] forcé, immanquable, inévitable, mathématique, sûr 3. systématique, informatisé, programmé

automatiquement ADV. 1. mécaniquement 2. inconsciemment, involontairement, machinalement, spontanément 3. forcément, inéluctablement, inévitablement, obligatoirement

automatisme N. M. habitude, réflexe

automobile N. F. voiture, auto, bagnole (fam.), caisse (fam.), char (fam., Québec), guimbarde (fam., péj.), tacot (fam., péj.), tire (argot)

autonome ADJ. indépendant, libre, souverain

autonomie N. F. 1. souveraineté, indépendance, liberté 2. liberté, indépendance

autorisation N. F. 1. accord, agrément, approbation, aval, consentement, feu vert, permission, [à ne pas faire qqch.] dispense, dérogation, exemption 2. habilitation 3. permis, bon, congé, dispense, laissez-passer, licence, permission, pouvoir

autorisé, ée ADJ. 1. permis, admis, toléré 2. qualifié, compétent 3. officiel, digne de foi

autoriser V. TR. 1. permettre, accepter, accorder, admettre, consentir à, donner le feu vert à, donner son aval à, tolérer, souffrir (littér.) 2. dépénaliser, décriminaliser 3. habiliter, accréditer 4. justifier, légitimer, permettre

autoritaire ADJ. 1. dictatorial, absolu, absolutiste, despotique, fort, musclé, totalitaire, tyrannique 2. directif, cassant, dur, impératif, impérieux, intransigeant, péremptoire, sec, sévère, tranchant

autorité N. F. I. fermeté, force, poigne, rigueur, vigueur II. 1. pouvoir, commandement, domination, puissance, souveraineté, supériorité 2. souveraineté, empire, omnipotence, suprématie, toute-puissance III. 1. ascendant, emprise, influence, poids 2. charisme, crédit, prestige, réputation IV. attributions, compétence, prérogative, pouvoir V. 1. dignitaire, notabilité, officiel 2. personnalité, (grande) figure, pointure (fam.), ponte (fam.)

autosatisfaction N. F. vanité, fatuité, prétention, suffisance, triomphalisme, infatuation (littér.)

autour ADV. alentour, aux alentours, aux environs, à la ronde

autre ADJ. et PRON. 1. distinct, différent, dissemblable, étranger 2. changé, différent, méconnaissable, nouveau, transformé 3. dernier, prochain

autrefois ADV. anciennement, dans le temps, dans les temps anciens, de mon (son etc.) temps, jadis

autrement ADV. 1. différemment, d'une autre façon, d'une autre manière 2. sinon, dans le cas contraire, faute de cela/faute de quoi, quoi, sans cela 3. bien plus, beaucoup

auxiliaire
▸ ADJ. complémentaire, accessoire, additionnel, adjuvant, annexe, second, subsidiaire, supplémentaire
▸ N. 1. aide, adjoint, assistant, bras droit, collaborateur, complice, lieutenant, second 2. [Scol.] vacataire

avachi, ie ADJ. 1. déformé, flasque, mou, usé 2. indolent, mou, ramolli, sans ressort, flagada (fam.)

avachir V. TR. amollir, déformer, ramollir, user
♦ **s'avachir** V. PRON. 1. s'affaisser, s'aplatir, se déformer 2. s'effondrer, se vautrer, s'étaler (fam.) 3. se relâcher, se laisser aller

aval N. M. 1. caution, garantie, soutien 2. accord, autorisation, permission

avaler V. TR. absorber, boire, déglutir, dévorer, engloutir, ingérer, ingurgiter, bouffer (fam.), enfourner (fam.), gober (fam.), s'enfiler (fam.)

avaliser V. TR. 1. garantir, cautionner, se porter garant de 2. appuyer, cautionner

avance N. F. 1. progression, avancée, déplacement, marche, mouvement 2. acompte, arrhes, à-valoir, crédit, escompte, prêt, provision 3. offre, approche, ouverture

avancé, ée ADJ. I. 1. éveillé, en avance, précoce 2. évolué, élaboré, moderne, perfectionné 3. progressiste, anti-conformiste, d'avant-garde, libre, révolutionnaire II. 1. [heure] tardif 2. avarié, gâté, [viande] faisandé, [fruit] blet

avancée N. F. 1. saillie 2. marche, avance, progression 3. [surtout plur.] progrès, avancement, bond en avant, développement

avancement N. M. 1. progrès, amélioration, avancée(s), développement, évolution, perfectionnement, progression 2. promotion

avancer
▸ V. TR. I. 1. rapprocher, approcher 2. tendre, allonger II. 1. déclarer, affirmer, alléguer, énoncer, mettre en avant, prétendre, soutenir 2. suggérer, émettre, présenter III. 1. faire progresser, activer, pousser 2. hâter, accélérer, précipiter IV. prêter
▸ V. INTR. 1. gagner du terrain, approcher, marcher, progresser 2. s'améliorer, se développer, évoluer, se perfectionner, progresser 3. dépasser, faire saillie, déborder, empiéter, gagner, mordre, surplomber
♦ **s'avancer** V. PRON. 1. approcher, s'approcher, marcher, progresser 2. s'aventurer, se compromettre, s'engager, se hasarder, prendre des risques, se mouiller (fam.)

avant[1]
▸ ADV. 1. autrefois, anciennement, dans le temps, jadis 2. plus tôt, antérieurement, auparavant, précédemment 3. d'abord, antérieurement, préalablement, premièrement 4. ci-dessus, au-dessus, plus haut, supra 5. en tête, devant
▸ PRÉP. antérieurement à, à la veille de

avant[2] N. M. 1. devant, tête, nez, [de bateau] étrave, proue 2. front, première ligne

avantage N. M. 1. atout, arme, avance, plus, ressource 2. privilège, faveur, préférence, prérogative, supériorité 3. bien, bénéfice, fruit, gain, intérêt, mérite, profit

avantager V. TR. 1. favoriser, aider, faire la part belle à, privilégier, servir 2. embellir, arranger, flatter

avantageux, euse ADJ. 1. favorable, fructueux, intéressant, lucratif, précieux, profitable, rentable, salutaire 2. économique, intéressant 3. abondant, généreux, opulent, plantureux, volumineux 4. flatteur, seyant 5. prétentieux, fat, orgueilleux, poseur, présomptueux, suffisant, vaniteux

avant-goût N. M. 1. aperçu, échantillon, exemple, idée 2. anticipation, préfiguration, pressentiment

avant-propos N. M. INVAR. avertissement, introduction, préambule, préface, présentation, prologue

avare
▸ ADJ. mesquin, chiche, économe, regardant, pingre (fam.), radin (fam.), rapiat (fam.)
▸ N. harpagon, grigou (fam.), grippe-sou (fam.), rat (fam.)

avarice N. F. mesquinerie, pingrerie (fam.), radinerie (fam.)

avarier V. TR. 1. endommager, abîmer, détériorer 2. gâter, aigrir, altérer, blettir, [viande] faisander, pourrir, putréfier

avenant[1], **ante** ADJ. aimable, accueillant, affable, agréable, engageant, sympathique, accort (littér. ou plaisant)

avenant[2] N. M. modification, amendement, clause additionnelle

avènement N. M. 1. arrivée, venue 2. début, apparition, arrivée, commencement, naissance 3. accession, élévation

avenir N. M. 1. futur, horizon, lendemain 2. destinée, destin, devenir, sort 3. carrière, situation 4. postérité

aventure N. F. 1. événement, accident, épisode, incident, mésaventure, péripétie, [au plur.] tribulations 2. entreprise, affaire, épopée, histoire, odyssée 3. liaison, passade, rencontre, tocade, intrigue (littér.) 4. hasard, aléa, péril

aventurer V. TR. 1. hasarder, exposer, jouer, tenter, risquer 2. commettre, compromettre 3. suggérer, avancer, émettre
♦ **s'aventurer** V. PRON. se risquer, s'aviser de, s'engager, expérimenter, se hasarder, se lancer, tenter, s'embarquer (fam.)

aventureux, euse ADJ. 1. audacieux, entreprenant, hardi, téméraire 2. hasardeux, aléatoire, dangereux, imprudent, osé, risqué, casse-cou (fam.) 3. romanesque

aventurier, ière N. baroudeur, globe-trotter, vagabond, bourlingueur (fam.)

avenue N. F. voie, allée, artère, boulevard, cours, mail

avéré, ée ADJ. attesté, assuré, authentique, confirmé, certain, établi, incontestable, indéniable, indiscutable, indubitable, prouvé, reconnu, réel, sûr, vrai, véridique, véritable

avérer (s') V. PRON. 1. apparaître, se montrer, paraître, ressortir, se révéler, se trouver 2. se confirmer, se vérifier

averse N. F. 1. pluie, précipitation, ondée, giboulée, grain, douche (fam.), sauce (fam.), saucée (fam.) 2. multitude, avalanche, cascade, déferlement, déluge, flot, grêle, pluie, torrent, flopée (fam.)

aversion N. F. répulsion, antipathie, dégoût, haine, horreur, phobie, répugnance, exécration (littér.)

averti, ie ADJ. 1. prévenu, au courant, au fait, informé, au parfum (fam.) 2. expérimenté, avisé, compétent, instruit, sagace

avertir V. TR. 1. informer, aviser, éclairer, instruire, notifier, prévenir 2. alerter, mettre en garde 3. réprimander, admonester (littér.) 4. [sans complément] sonner, klaxonner

avertissement N. M. 1. avis, conseil, instruction, mise en garde, recommandation 2. introduction, avant-propos, avis, préambule, préface, prologue 3. signe, présage 4. blâme, coup de semonce, carton jaune, remontrance, admonestation (littér.)

aveu N. M. 1. confession, déclaration, reconnaissance 2. confidence, épanchement, révélation

aveuglant, ante ADJ. 1. éblouissant 2. évident, flagrant, frappant, manifeste, patent

aveugle ADJ. 1. absolu, complet, entier, illimité, inconditionnel, intégral, total 2. fanatique, forcené, furieux 3. sans fenêtre, borgne

aveuglement N. M. 1. erreur, égarement, folie, errements (littér.) 2. entêtement, obstination, cécité

aveugler V. TR. 1. éblouir 2. égarer, troubler 3. boucher, calfeutrer, colmater, murer, obstruer, étancher (Naut.)

aveuglette (à l') LOC. ADV. 1. en, à l'aveugle, à tâtons 2. aveuglément, aléatoirement, au hasard, au petit bonheur (fam.), au pif (fam.)

avide ADJ. 1. glouton, affamé, goulu, insatiable, vorace 2. cupide, âpre au gain, rapace 3. ardent, concupiscent, passionné

avidité N. F. 1. appétit, faim, goinfrerie, gloutonnerie, voracité 2. désir, appétit, boulimie, envie, faim 3. concupiscence, ardeur, convoitise 4. cupidité, âpreté au gain, rapacité

avilir V. TR. abaisser, dégrader, déshonorer, flétrir, prostituer, rabaisser, ravaler, souiller
♦ **s'avilir** V. PRON. 1. s'abaisser, se dégrader, déchoir, se ravaler 2. se déprécier, se dévaluer

aviné, ée ADJ. ivre, soûl, beurré (fam.), bituré (fam.), bourré (fam.), cuit (fam.), éméché (fam.), imbibé (fam.), noir (fam.), paf (fam.), pété (fam.), pinté (fam.), rond (comme une queue de pelle) (fam.), schlass (fam.)

avion N. M. aéroplane, aérodyne, aéronef, appareil, coucou (fam.), zinc (fam.), taxi (argot)

avis N. M. I. 1. opinion, appréciation, idée, jugement, pensée, point de vue, position, sentiment, vue 2. conseil, avertissement, directive, exhortation, instruction, recommandation 3. suffrage, voix, vote II. 1. annonce, bulletin, communiqué, information, message, note, préavis, proclamation 2. avant-propos, avertissement, préambule, préface

avisé, ée ADJ. clairvoyant, averti, circonspect, compétent, éclairé, réfléchi, sage

aviser V. TR. avertir, conseiller, informer, prévenir
♦ **s'aviser de** V. PRON. 1. s'apercevoir, découvrir, remarquer, se rendre compte de 2. penser à, songer à, trouver 3. oser, essayer, tenter, s'aventurer à, se hasarder à, se risquer à

aviver V. TR. 1. activer, animer, attiser, ranimer, réveiller 2. accentuer, augmenter, attiser, envenimer, exaspérer, exciter, exalter

avocat, ate N. 1. défenseur, représentant, bavard (argot), avocaillon (péj.), avocassier (péj.), défenseur de la veuve et de l'orphelin (plaisant ou péj.) 2. apologiste, défenseur, apôtre, champion, intercesseur, serviteur

avoir V. TR. 1. posséder, bénéficier de, détenir, disposer de, être propriétaire de, jouir de 2. obtenir, acheter, acquérir, se procurer 3. porter sur/avec soi, détenir 4. présenter 5. ressentir, éprouver, sentir 6. passer, connaître, faire l'expérience de, vivre 7. garder, entretenir

avoir² N. M. 1. bien, argent, fortune, possession, richesse 2. crédit, actif, solde créditeur

avoisinant, ante ADJ. voisin, adjacent, attenant, contigu, environnant, proche

avoisiner V. TR. approcher de, frôler, friser (fam.)

avorté, ée ADJ. manqué, raté, loupé (fam.)

avorter V. INTR. 1. [d'un enfant] faire passer (fam.), [naturellement] faire une fausse-couche 2. échouer, rater, tourner court, capoter (fam.)

avouer V. TR. 1. reconnaître, admettre, confesser, concéder, convenir 2. confier 3. s'accuser, décharger sa conscience, parler, passer aux aveux, lâcher le morceau (fam.), manger le morceau (fam.), se mettre à table (fam.)

axe N. M. 1. pivot, arbre, charnière, essieu 2. ligne, direction, orientation 3. voie, artère, route

axer V. TR. diriger, centrer, orienter

◆ ◆ ◆ ◆ ◆ ◆ ◆ ◆ ◆ ◆ ◆ ◆ ◆ ◆ ◆ ◆ ◆ ◆ ◆

B

babiole N. F. 1. bibelot, colifichet, bricole (fam.) 2. bêtise, bagatelle, broutille, frivolité, futilité, rien, vétille, bricole (fam.)

bac¹ N. M. 1. traversier, ferry-boat, traille, va-et-vient 2. baquet, bassin, cuve

baccalauréat N. M. bac, bachot (fam.), maturité (Suisse)

bâcher V. TR. couvrir, camoufler, envelopper, recouvrir

bâcler V. TR. gâcher, saboter, sabrer, saloper (fam.)

badaud, aude N. curieux, flâneur, passant

badigeonner V. TR. 1. peindre, teinter, barbouiller (péj.) 2. enduire, recouvrir

badin, ine ADJ. enjoué, espiègle, folâtre, gai, léger, mutin

badinage N. M. 1. badinerie, batifolage, marivaudage 2. amusement, jeu, plaisanterie

badiner V. INTR. 1. s'amuser, jouer, plaisanter, blaguer (fam.), rigoler (fam.) 2. batifoler, folâtrer, marivauder

bafouer V. TR. 1. ridiculiser, couvrir de boue, outrager, traîner dans la boue, vouer aux gémonies, conspuer (littér.), persifler (littér.), railler (littér.), vilipender (littér.) 2. se moquer de, faire fi de (littér.)

bafouiller V. TR. et INTR. balbutier, bégayer, bredouiller, marmonner

bagage N. M. 1. valise, malle, paquet, sac, vanity-case (anglic.) 2. équipement, attirail, paquetage, barda (fam.), fourbi (fam.) 3. connaissances, acquis, compétence, formation

bagarre N. F. 1. bataille, bastonnade, combat, échauffourée, empoignade, mêlée, pugilat, rixe, baston (argot) 2. dispute, altercation, querelle, prise de bec (fam.) 3. compétition, rivalité, lutte

bagarreur, euse ADJ. et N. 1. batailleur, battant, combatif 2. agressif, belliqueux, querelleur

bagatelle N. F. 1. bêtise, babiole, broutille, frivolité, futilité, rien, vétille, bricole (fam.) 2. [vieux] bibelot, bricole (fam.)

bagou N. M. volubilité, éloquence, faconde, loquacité, verve

bague N. F. 1. anneau, alliance, chevalière, jonc, marquise, semaine, bagouse (fam.) 2. annelure, collier, manchon

baguette N. F. 1. badine, canne, jonc 2. [Archit.] moulure, asperge, chapelet, cordelière, frette, listel 3. [Techn.] agitateur, broche, jauge, tige, tringle, tube

baie¹ N. F. crique, anse, calanque, golfe, rade, conche (région.)

baie² N. F. ouverture, fenêtre

baie³ N. F. grain, boule

baignade N. F. bain, trempette (fam.)

baigner V. TR. 1. immerger, plonger, tremper 2. arroser, humecter, inonder, noyer, tremper 3. envelopper, entourer, imprégner, pénétrer, remplir
◆ **se baigner** V. PRON. 1. se laver, prendre un bain, faire trempette (fam.) 2. nager

bâillonner V. TR. museler, réduire au silence

bain N. M. 1. baignade, trempette (fam.) 2. toilette, ablutions (Relig. ou plaisant) 3. teinture, coloration 4. [linguistique, etc.] immersion
◆ **bains** PLUR. 1. thermes, hammam 2. station thermale

baiser¹ V. TR. 1. embrasser, baisoter, bécoter (fam.), biser (fam.), bisouter (fam.) 2. [fam.] tromper

baiser² N. M. 1. bise, bécot (fam.), bisou (fam.), mimi (fam.), poutou (fam.), baise (Belgique), bec (Québec, Belgique, Suisse) 2. [profond] patin (fam.), pelle (fam.)

baisse N. F. 1. diminution, abaissement, affaissement, chute, dégringolade, désescalade 2. affaiblissement, déclin, fléchissement

baisser
▶ V. TR. 1. abaisser, descendre, rabattre, [voile] affaler, ramener 2. [drapeau, couleurs] amener 3. courber, fléchir, incliner, pencher 4. diminuer, atténuer, faire tomber, réduire
▶ V. INTR. 1. décliner, décroître, descendre, être en baisse 2. faiblir, s'affaiblir, décliner, décroître, diminuer, se déprécier, tomber 3. [marée] refluer, déchaler, se retirer
◆ **se baisser** V. PRON. s'abaisser, se courber, s'incliner, se pencher

balade N. F. promenade, excursion, randonnée, vadrouille (fam.)

balader V. TR. promener, sortir
◆ **se balader** V. PRON. se promener, flâner, musarder, vadrouiller (fam.)

balafre N. F. cicatrice, coupure, couture, entaille, estafilade, taillade

balafrer V. TR. 1. couper, couturer, taillader 2. barrer

balai N. M. balayette, brosse, époussette

balance N. F. 1. [sortes] bascule, pèse-bébé, pesette, pèse-lettre, peson, pèse-grains, baroscope, trébuchet 2. équilibre, pondération

balancement N. M. 1. bercement, dandinement, dodelinement 2. oscillation, vacillation, va-et-vient 3. [bateau] roulis, tangage

balancer
▶ V. TR. 1. agiter, bercer, faire aller et venir, faire osciller, mouvoir, remuer 2. compenser, contrebalancer, corriger, équilibrer, neutraliser 3. comparer, opposer, peser 4. [fam.] jeter, bazarder (fam.), ficher en l'air (fam.), foutre en l'air (fam.) 5. [fam.] quitter, larguer (fam.), plaquer (fam.) 6. [fam.] congédier, mettre à la porte, renvoyer, lourder (fam.), sacquer (fam.), virer (fam.) 7. [fam.] dénoncer, cafter (fam.), donner (fam.), moucharder (fam.)
▶ V. INTR. hésiter, flotter, vaciller, être sur le balan (Suisse) 2. swinguer
◆ **se balancer** V. PRON. 1. osciller 2. se dandiner, onduler, se tortiller 3. [bateau] rouler, tanguer

balayer V. TR. 1. déblayer 2. emporter, anéantir, ruiner, supprimer 3. chasser, se débarrasser de, écarter, rejeter, repousser

balbutiement N. M. bégaiement, bredouillement, bredouillis
◆ **balbutiements** PLUR. commencement, début(s), premiers pas

balbutier V. INTR. et TR. 1. bégayer, bredouiller, ânonner 2. babiller 3. commencer, débuter, faire ses premiers pas

balisage N. M. signalisation, fléchage, marquage, signalétique

balise N. F. marque, bouée, signal

baliser V. TR. marquer, flécher, jalonner, signaliser

baliverne N. F. sornette, sottise, histoire (à dormir debout), chanson, foutaise (fam.)

balle¹ N. F. 1. ballon, pelote 2. boule 3. plomb, chevrotine, bastos (argot), berlingot (argot), dragée (argot), prune (fam.), pruneau (fam.), valda (fam.)

balle² N. F. 1. sac, ballot, colis, [de café] farde 2. botte

ballon N. M. 1. balle, bulle, sphère 2. aérostat, dirigeable, montgolfière, zeppelin 3. [d'eau chaude] chauffe-eau, cumulus

ballonnements N. M. PL. flatulence, flatuosité, météorisme

ballot N. M. 1. balle, colis 2. balluchon, bagage, paquet 3. [fam.] idiot, lourdaud, sot, cruche (fam.)

ballotter
▶ V. TR. balancer, cahoter, remuer, secouer
▶ V. INTR. osciller, remuer, trembler

balourd, ourde ADJ. et N. 1. rustaud, butor, rustre 2. empoté, fruste, gauche, grossier, lourd, maladroit, stupide

balourdise N. F. 1. bêtise, maladresse, gaffe (fam.) 2. gaucherie, lourdeur, maladresse

balustrade N. F. rambarde, balustre, garde-corps, garde-fou, parapet, rampe

bambin, e N. enfant, gosse (fam.), marmot (fam.), mioche (fam.), chiard (fam., péj.)

banal, ale, als ADJ. 1. commun, courant, habituel, normal, ordinaire 2. quelconque, insignifiant, insipide, pauvre, plat, trivial, vulgaire 3. cliché, rebattu, usé, bateau (fam.)

banalité N. F. 1. insignifiance, insipidité, platitude 2. cliché, évidence, lapalissade, lieu commun, platitude, poncif, stéréotype, truisme

banc N. M. 1. banquette, gradin 2. bande, colonie, formation

bancal, ale, als ADJ. 1. branlant, de travers, de guingois (fam.), de traviole (fam.) 2. boiteux, claudicant (littér.) 3. insatisfaisant, bâtard 4. aberrant, erroné, incorrect

bandage N. M. bande, écharpe, ligature, pansement, [Techn.] spica

bande¹ N. F. 1. bandage, bandelette, écharpe 2. bandeau, banderole, rouleau, ruban 3. [de cuir] courroie, dragonne, lanière, sangle 4. [de toile, de tissu] laize, lé 5. raie, barre, zébrure 6. pellicule, vidéo

bande² N. F. 1. groupe, association, compagnie, équipe, gagne (Québec) 2. gang, armée, troupe 3. clan, clique (fam., péj.), coterie (péj.) 4. troupeau, horde, meute

bandeau N. M. 1. serre-tête, turban 2. coiffe, fronteau 3. couronne 4. frise, moulure, plate-bande

bander V. TR. 1. panser 2. raidir, tendre, roidir

banderole N. F. bannière, enseigne, fanion, oriflamme

bandit N. M. 1. malfaiteur, criminel, gangster, voleur, brigand, filou 2. pirate, flibustier, forban 3. coquin, gredin, misérable, vaurien, arsouille (fam.), chenapan (fam.), fripon (fam.), sacripant (fam.)

banlieue N. F. périphérie, couronne, environs, faubourgs

bannière N. F. drapeau, étendard, oriflamme

bannir V. TR. 1. exiler, chasser, déporter, expulser, expatrier, interdire de séjour, mettre au ban (de), proscrire, refouler, éloigner, chasser, écarter, exclure, rejeter, supprimer 3. interdire, proscrire

banqueroute N. F. 1. faillite, déconfiture, dépôt de bilan, liquidation 2. débâcle, faillite, naufrage, ruine

banquet N. M. festin, repas, agapes (plaisant)

baptiser V. TR. 1. [Relig.] ondoyer, appeler, dénommer, nommer, surnommer 3. [vin] couper, diluer, mouiller

baquet N. M. bac, cuve, cuvier, baille (Mar.)

bar N. M. café, pub, troquet (fam.)

baraque N. F. 1. abri, bicoque, cabane, cahute, hutte 2. échoppe 3. maison, cabane, cambuse, masure, taudis, bicoque (fam.), turne (fam.) 4. [fam.] entreprise, boîte (fam.), crémerie (fam.)

baratin N. M. 1. battage, blabla (fam.), bobards (fam.), boniment (fam.), salades (fam.) 2. volubilité, bagout, tchatche (fam.)

baratiner V. TR. 1. embobiner (fam.), entortiller (fam.), raconter des salades à (fam.) 2. courtiser, faire du plat à (fam.)

baratineur, euse N. beau parleur, discoureur, phraseur, tchatcheur (fam.)

barbant, ante ADJ. ennuyeux, assommant, chiant (comme la pluie) (*très fam.*), emmerdant (*fam.*), rasant (*fam.*), rasoir (*fam.*), tannant (*fam.*).

barbare ADJ. 1. cruel, féroce, impitoyable, inhumain, sanguinaire, sauvage 2. grossier, rustre 3. incorrect

barbarie N. F. cruauté, brutalité, férocité, inhumanité, sauvagerie

barbe N. F. barbiche, barbichette, bouc, collier, favoris, impériale, moustache, pattes de lapin, barbouze (*fam.*)

barber V. TR. ennuyer, assommer, bassiner (*fam.*), casser les pieds à (*fam.*), emmerder (*fam.*), faire chier (*très fam.*), raser (*fam.*), tanner (*fam.*)

barbouiller V. TR. 1. tacher, embarbouiller, maculer, salir, souiller 2. peindre, peinturer (*fam.*), peinturlurer (*fam.*) 3. gribouiller, griffonner, noircir

barème N. M. 1. tarif, prix 2. graduation, échelle, table

baril N. M. tonneau, caque, fût, tonnelet

bariolé, ée ADJ. bigarré, chamarré, diapré, multicolore, panaché

barque N. F. 1. embarcation, canot, chaloupe, barcasse (*péj.*), coquille de noix (*péj.*), rafiot (*péj.*), esquif (*littér.*) 2. [*sortes*] barge, bélandre, gondole, patache, pinasse, pirogue, plate, sattau

barrage N. M. 1. barricade 2. digue, batardeau, estacade 3. obstacle, barrière, blocage, obstruction, résistance

barre N. F. I. 1. [*de métal*] barreau, tige, tringle, [*d'or*] lingot, [*de bois*] baguette, bâton 2. [*sur porte*] bâcle, épar II. gouvernail III. 1. trait, bande, ligne 2. limite, niveau, plafond, seuil IV. [*dans la mer*] banc, haut-fond, bas-fond

barreau N. M. 1. échelon, degré 2. barre

barrer V. TR. 1. rayer, biffer, raturer 2. boucher, barricader, couper, obstruer 3. empêcher, fermer, interdire 4. [*bateau*] gouverner

barricade N. F. barrière, barrage, clôture, haie

barricader V. TR. barrer, bloquer, boucher

♦ **se barricader** V. PRON. se retrancher (derrière), se cloîtrer, s'isoler, se terrer

barrière N. F. I. 1. clôture, échalier, haie, palissade 2. barrage, barricade 3. récif II. 1. obstacle, difficulté, empêchement, entrave 2. séparation, fossé, limite, mur

bas¹, basse ADJ. I. 1. [*taille*] court, petit 2. [*son*] grave 3. [*voix*] faible, inaudible 4. [*prix*] modéré, infime, modique, vil (*littér.*) II. [*dans une hiérarchie*] inférieur, faible, moindre, subalterne III. 1. [*en qualité*] mauvais, médiocre 2. abject, grossier, ignoble, impur, indigne, infâme, mesquin, odieux, vulgaire, vil (*littér.*) 3. avilissant, dégradant, honteux, infamant, innommable

bas² N. M. base, fond, pied

basané, ée ADJ. bronzé, bistré, boucané, hâlé, tanné

basculer V. TR. et INTR. culbuter, capoter, chavirer, chuter, tomber, verser

base N. F. 1. [*d'un objet*] assise, assiette, embase, fond, fondement, point d'appui, support 2. [*d'un bâtiment*] fondation, embasement, empattement, soubassement 3. [*d'un raisonnement*] appui, assise, clé de voûte, fondement, pivot, pierre angulaire 4. [*d'un mot*] racine, radical 5. origine, fond, point de départ, racine, siège, source

♦ **bases** PLUR. rudiments, abc, b.a.-ba, notions

baser V. TR. 1. fonder, appuyer, échafauder, faire reposer 2. établir, installer

♦ **se baser sur** V. PRON. se fonder sur, s'appuyer sur, reposer sur

basique ADJ. 1. élémentaire, essentiel, fondamental 2. rudimentaire

bassesse N. F. 1. abaissement, avilissement, abjection, déchéance, dégradation, médiocrité, petitesse 2. honte, ignominie, indignité, infamie, lâcheté, turpitude, vice 3. servilité, vénalité 4. compromission, courbette, vilenie

bassin N. M. 1. cuvette, bassine, bassinet, vase 2. pièce d'eau, étang, plan d'eau, réservoir 3. piscine 4. rade, cale sèche, darse, dock 5. gisement 6. dépression, cuvette, plaine

bataille N. F. 1. guerre, action, affrontement, combat, engagement, escarmouche, opération, baroud (*argot militaire*) 2. bagarre, affrontement, combat, conflit, échauffourée, escarmouche, lutte, mêlée, rixe 3. rivalité, combat, lutte

batailler V. INTR. 1. se bagarrer, se démener, s'escrimer, ferrailler, lutter 2. discuter, argumenter, se disputer, se quereller

batailleur, euse ADJ. 1. belliqueux, bagarreur, combatif, pugnace (*littér.*) 2. querelleur

bataillon N. M. 1. armée, compagnie, troupe, régiment 2. groupe, cohorte, escadron, légion, troupe

bâtard, arde
▸ ADJ. 1. naturel, adultérin, illégitime 2. hybride, croisé, mélangé, métis, métissé 3. imparfait, bancal
▸ N. M. corniaud

bateau¹ N. M. navire, bâtiment, cargo, embarcation, paquebot, vaisseau, rafiot (*péj.*), nef (*littér.*)

bateau² N. M. [*fam.*] canular, mystification

bateau³ ADJ. INVAR. banal, classique, éculé, rebattu

batifoler V. INTR. 1. folâtrer, s'amuser, gambader, jouer 2. flirter, badiner, marivauder

bâtiment N. M. 1. construction, bâtisse, édifice, immeuble, maison, monument 2. bateau, navire, vaisseau

bâtir V. TR. 1. construire, édifier, élever, ériger, monter 2. établir, créer, fonder, échafauder, forger, imaginer, inventer, façonner, monter 3. faufiler

bâtisse N. F. bâtiment, construction, édifice

bâtisseur, euse N. 1. architecte, constructeur, promoteur 2. créateur, fondateur, initiateur, instaurateur

bâton N. M. 1. baguette, barre 2. perche, hampe 3. piquet, jalon, tuteur 4. [*pour la marche*] canne, badine

battage N. M. publicité, bruit, matraquage, réclame

battement N. M. 1. coup, heurt, martèlement, [*de tambour*] roulement 2. [*de cœur*] pulsation, palpitation 3. intervalle, décalage, pause, fourche (*Belgique*)

batterie N. F. 1. pile, accumulateur, accus (*fam.*) 2. série, arsenal, ensemble, train 3. percussion, [*sortes*] caisse claire, grosse caisse, cymbale, timbale, drums

batteur N. M. 1. percussionniste, drummer 2. mixeur, fouet

battre
▸ V. INTR. 1. remuer, se balancer, claquer, [*voile*] faseyer 2. [*cœur*] palpiter
▸ V. TR. I. 1. frapper, donner/mettre des coups à, lever/porter la main sur, rosser, rouer de coups, taper (sur), arranger (*fam.*), casser la gueule/la tronche à (*très fam.*), coller/flanquer/filer/foutre des coups à (*fam.*), démolir (*fam.*), dérouiller (*fam.*), faire sa fête à (*fam.*), mettre la tête au carré à (*fam.*), passer à tabac (*fam.*), piler (*fam.*), rentrer dans le mou de (*fam.*), sauter sur (le casaquin de) (*fam.*), tomber sur le paletot de (*fam.*) 2. [*avec un bâton, une cravache*] bastonner, bâtonner, cingler, cravacher, flageller, fouetter, matraquer, sangler, frotter l'échine de (*fam.*) 3. [*à coups de poing*] bourrer de coups, boxer, cogner, échiner, éreinter, tabasser (*fam.*) 4. [*avec la main*] claquer, calotter, fesser, gifler, souffleter, talocher (*fam.*) II. vaincre, avoir l'avantage sur, défaire, enfoncer, gagner, prendre le dessus sur, tailler (en pièces), triompher de, avoir (*fam.*), piler (*fam.*), pulvériser (*fam.*), torcher (*très fam.*), [*dans un tournoi*] se débarrasser de, se défaire de, éliminer III. 1. [*métal*] marteler 2. [*substance*] agiter, fouetter, baratter, mélanger, mêler, travailler, touiller (*fam.*) 3. [*cartes*] mélanger, mêler

♦ **se battre** V. PRON. 1. combattre, lutter, livrer bataille 2. se taper, en découdre, en venir aux mains, faire le coup de poing, se bagarrer (*fam.*), se bouffer le nez (*fam.*), se castagner (*fam.*), se cogner (*fam.*), se crêper le chignon (*fam.*), se coller (*fam.*), s'étriper (*fam.*) 3. se disputer, se chamailler, se quereller 4. se démener, s'acharner, batailler, s'escrimer, ferrailler, remuer ciel et terre

bavard, arde
▸ ADJ. 1. loquace, communicatif, disert, prolixe, verbeux, volubile, causant (*fam.*) 2. indiscret, cancanier, commère, concierge 3. long, diffus, redondant, verbeux
▸ N. 1. discoureur, jaseur, phraseur, baratineur (*fam.*), pipelette (*fam.*) 2. commère, concierge

bavardage N. M. 1. papotage, babillage, bagout, caquet, caquetage, causette (*fam.*), parlote (*fam.*) 2. boniment, délayage, verbiage, baratin (*fam.*), blabla (*fam.*) 3. commérage, indiscrétion, on-dit, potin, cancan (*fam.*), racontar (*fam.*), ragot (*fam.*)

bavarder V. INTR. 1. parler, caqueter, causer, discourir, discuter, jacasser, bavasser (*fam., péj.*), discuter le bout de gras (*fam.*), faire la causette (*fam.*), papoter (*fam.*), tailler une bavette (*fam.*), tchatcher (*fam.*) 2. cancaner, jaser

bavure N. F. 1. erreur, faute, ratage, bourde (*fam.*) 2. traînée, macule, tache 3. ébarbure, barbe, barbille, masselotte

bazar N. M. 1. marché, souk 2. attirail, bric-à-brac, barda (*fam.*), bastringue (*fam.*), fourbi (*fam.*) 3. désordre, capharnaüm, fatras, fouillis, pagaille, pêle-mêle, binz (*fam.*), bordel (*fam.*), boxon (*très fam.*), foutoir (*très fam.*), merdier (*très fam.*), souk (*fam.*)

beau, belle ADJ. 1. agréable, adorable, aimable, charmant, épatant, formidable, chouette (*fam.*), extra (*fam.*) 2. enchanteur, divin, exquis, féerique, grandiose, magique 3. élégant, délicat, distingué, raffiné, fin, gracieux, majestueux, chic (*fam.*) 4. bienséant, convenable, correct, honnête, poli 5. heureux, avantageux, bon, favorable, florissant, glorieux, prospère, propice 6. [*esthétiquement*] esthétique, joli, magnifique, merveilleux, mignon, ravissant, somptueux, splendide, sublime, superbe 7. [*physiquement*] bien fait, sculptural, séduisant, bien roulé (*fam.*), canon (*fam.*) 8. [*moralement*] admirable, digne, élevé, estimable, généreux, grand, haut, honorable, juste, magnanime, noble, pur, saint, sublime, vertueux 9. [*intellectuellement*] accompli, admirable, bon, brillant, délicieux, éblouissant, éclatant, fort, habile, intéressant, passionnant 10. [*météo*] radieux, dégagé, ensoleillé, serein, splendide 11. [*en quantité*] gros, considérable, coquet, joli, rondelet

beaucoup ADV. 1. énormément, copieusement, grandement, infiniment, joliment, prodigieusement, singulièrement, vivement, tant et plus, bigrement (*fam.*), bougrement (*fam.*), diablement (*fam.*), pas un peu (*fam.*), salement (*fam.*), vachement (*fam.*) 2. souvent, fréquemment, tous les quatre matins (*fam.*) 3. longtemps, longuement

beauté N. F. 1. esthétique, agrément, charme, harmonie, joliesse, plastique, splendeur, vénusté (*littér.*) 2. élégance, délicatesse, distinction, finesse, grâce 3. féerie, éclat, faste, magie, magnificence, majesté, splendeur, somptuosité 4. noblesse, élévation, générosité, grandeur 5. appas, charme, trésor 6. déesse, bombe (*fam.*), pin-up (*fam.*), vénus (*souvent au négatif*)

bébé N. M. nourrisson, nouveau-né, petit, poupon, bambin (*fam.*), gosse (*fam.*), lardon (*fam.*), loupiot (*fam.*), marmot (*fam.*), mioche (*fam.*), môme (*fam.*), moutard (*fam.*)

bedonnant, ante ADJ. ventru, pansu, ventripotent

bégayer V. INTR. 1. balbutier, bredouiller 2. commencer, tâtonner

béguin N. M. 1. amourette, caprice, engouement, fantaisie, flirt, passade, tocade 2. amoureux, chéri, flirt

beige ADJ. et N. bis, sable, beigeasse (*péj.*), beigeâtre (*péj.*)

belliqueux, euse ADJ. 1. guerrier, belliciste, faucon, va-t-en-guerre 2. agressif, batailleur, combatif, hostile, pugnace, violent

bénédiction N. F. 1. grâce, faveur, protection 2. aubaine, bienfait, bonheur 3. accord, permission

bénéfice N. M. 1. faveur, grâce, privilège 2. profit, boni, excédent, gain, rapport, revenu, bénéf (*fam.*)

bénéficiaire

bénéficiaire
- N. allocataire, affectataire, attributaire
- ADJ. rentable, avantageux, lucratif, profitable, juteux *(fam.)*

bénéficier V. TR. IND.
- – bénéficier de 1. posséder, jouir de 2. profiter de, tirer avantage de, tirer parti de
- – bénéficier à profiter à, être utile à, rendre service à, servir

bénéfique ADJ. bienfaisant, favorable, profitable, salutaire

benêt N. et ADJ. M. sot, niais, nigaud, andouille *(fam.)*, godiche *(fam.)*, gogo *(fam.)*

bénévole ADJ. et N. 1. volontaire 2. désintéressé, gracieux, gratuit

bénévolement ADV. gratuitement, gracieusement, volontairement

bénin, igne ADJ. anodin, inoffensif, *[faute]* véniel

bénir V. TR. 1. consacrer, oindre, sacrer 2. protéger, répandre ses bienfaits sur 3. remercier, glorifier, louanger, louer, rendre grâce à

benne N. F. 1. chariot, berline, blondin, wagonnet 2. cabine, œuf 3. hotte, comporte *(région.)*

berceau N. M. 1. berce *(surtout Belgique)*, bercelonnette, couffin, moïse 2. cintre, arc, voûte

bercer V. TR. 1. balancer, agiter doucement 2. *[littér.]* adoucir, apaiser, calmer, charmer, consoler, endormir

berge¹ N. F. 1. rivage, bord, rive 2. berme, chemin de halage 3. talus

berner V. TR. abuser, attraper, circonvenir, duper, jouer un mauvais/un sale tour à, mystifier, piéger, avoir *(fam.)*, blouser *(fam.)*, couillonner *(très fam.)*, embobiner *(fam.)*, faire prendre des vessies pour des lanternes à *(fam.)*, mener en bateau *(fam.)*, pigeonner *(fam.)*, posséder *(fam.)*, rouler *(fam.)*, rouler dans la farine *(fam.)*, baiser *(très fam.)*

besogne N. F. travail, activité, corvée *(péj.)*, mission, occupation, ouvrage, tâche

besoin N. M. 1. nécessité, exigence 2. désir, appétit, envie, faim, goût, soif, appétence *(littér.)* 3. dénuement, gêne, indigence, manque, misère, pauvreté, peine, privation, débine *(fam.)*, mouise *(fam.)*, mouscaille *(fam.)*

bestial, ale, aux ADJ. animal, brutal, féroce, grossier, inhumain, sauvage

bestialité N. F. brutalité, animalité, férocité, grossièreté, inhumanité, sauvagerie

bétail N. M. bestiaux, bêtes, cheptel

bête¹ ADJ. 1. idiot, abruti, crétin, débile, imbécile, inepte, niais, nigaud, obtus, sot, stupide, bébête *(fam.)*, bêta *(fam.)*, bêtasse *(fam.)*, cloche *(fam.)*, couillon *(très fam.)*, cruche *(fam.)*, con *(très fam.)*, taré *(fam.)*, tartignole *(fam.)* 2. étourdi, inattentif 3. simple, élémentaire, enfantin

bête² N. F. animal, bestiole, bébête *(fam.)*

bêtement ADV. stupidement, niaisement, sottement

bêtise N. F. 1. sottise, idiotie, imbécillité, ineptie, naïveté, niaiserie, stupidité 2. ignorance 3. erreur, ânerie, maladresse, bourde *(fam.)*, connerie *(très fam.)*, gaffe *(fam.)* 4. babiole, bagatelle, enfantillage, plaisanterie

beugler V. INTR. 1. meugler, mugir 2. hurler, brailler, vociférer, gueuler *(fam.)*

bévue N. F. erreur, bavure, bêtise, impair, maladresse, pas de clerc, boulette *(fam.)*, bourde *(fam.)*, gaffe *(fam.)*

biais N. M. 1. diagonale, oblique, obliquité 2. aspect, angle, côté, éclairage, point de vue 3. détour

biaiser V. INTR. 1. obliquer 2. louvoyer, finasser, se dérober, tergiverser, tourner autour du pot

bibelot N. M. babiole, bagatelle, colifichet, bricole *(fam.)*

bibliothèque N. F. 1. armoire, rayonnage, casier (à livres) 2. cabinet de lecture, bureau

bichonner V. TR. 1. choyer, dorloter, gâter, soigner 2. pomponner, parer

bicoque N. F. baraque, cabane, masure

bicyclette N. F. 1. cycle, vélo, bécane *(fam.)*, biclou *(fam.)*, clou *(fam.)*, bicycle *(Québec, fam.)*, la petite reine *(Sport)* 2. *[d'autrefois]* bicycle, célérifère, draisienne, vélocipède 3. *[multiple]* tandem

bide N. M. 1. ventre, panse, bedaine *(fam.)*, bedon *(fam.)*, bidon *(fam.)*, brioche *(fam.)* 2. *[fam.]* échec, désastre, fiasco, four, insuccès, flop *(fam.)*, gamelle *(fam.)*, veste *(fam.)*

bidon
- N. M. 1. jerrycan, gourde, nourrice, bouille *(Suisse)* 2. ventre, panse, bedaine *(fam.)*, bedon *(fam.)*, bide *(fam.)*, brioche *(fam.)*
- ADJ. *[fam.]* faux, simulé, truqué

bien¹ ADV. INVAR. 1. beau, agréable, aimable, parfait 2. estimable, digne, honnête, honorable, respectable 3. convenable, correct, satisfaisant, sérieux 4. heureux, content 5. chic, distingué, sélect *(fam.)* 6. pratique, commode, confortable, utile, au poil *(fam.)*

bien²
- INTERJ. 1. bravo, à la bonne heure, parfait 2. d'accord, entendu, OK, ça marche *(fam.)*
- ADV. 1. convenablement, correctement, dignement, honnêtement, honorablement 2. raisonnablement, judicieusement, prudemment, sagement 3. adroitement, à merveille, comme un ange, habilement, merveilleusement 4. attentivement 5. admirablement, agréablement, gracieusement, joliment 6. favorablement, avantageusement, heureusement, utilement 7. absolument, complètement, entièrement, extrêmement, intégralement, pleinement, profondément, réellement, totalement, à fond *(fam.)*, bigrement *(fam.)*, bougrement *(fam.)*, diablement *(fam.)*, sacrément *(fam.)*, vachement *(fam.)*

bien³ N. M. 1. avantage, bénéfice, bienfait, intérêt, profit, satisfaction, service, utilité 2. fortune, argent, avoir, capital, moyens, patrimoine, richesse, ressources 3. chose, possession, *[Droit]* acquêt, conquêt, dot

bien-aimé, e
- ADJ. chéri, favori, chouchou *(fam.)*
- N. M. amoureux, amant, fiancé, petit ami
- N. F. amoureuse, fiancée, petite amie, maîtresse, dulcinée *(le plus souvent iron.)*

bien-être N. M. INVAR. 1. bonheur, aise, béatitude, contentement, félicité, jouissance, plaisir, quiétude, satisfaction, sérénité 2. détente, décontraction, relaxation 3. aisance, confort, prospérité

bienfaisance N. F. 1. bienveillance, bonté, générosité, bénignité *(littér.)*, débonnaireté *(littér.)* 2. philanthropie, assistance, charité

bienfaisant, ante ADJ. 1. bienfaiteur, bon, charitable, généreux, humain 2. bénéfique, favorable, profitable, salutaire

bienfait N. M. avantage, bénéfice, joie, plaisir, profit, utilité

bienfaiteur, trice N. donateur, mécène, philanthrope, protecteur

bien-fondé N. M. 1. légitimité, bon droit, recevabilité, validité 2. pertinence, justesse, utilité

bienheureux, euse ADJ. 1. enchanté, comblé, heureux, ravi 2. béat 3. *[Relig.]* élu, saint, vénérable

bienséance N. F. convenances, bonnes manières, correction, décence, décorum, étiquette, protocole, savoir-vivre, usages

bienséant, ante ADJ. convenable, correct, décent, délicat, honnête, poli, de bon ton

bientôt ADV. incessamment, avant peu/sous peu, dans un instant, d'un moment à l'autre, dans peu de temps, prochainement, sans tarder, tantôt, vite, incessamment sous peu *(plaisant)*

bienveillance N. F. bonté, altruisme, bonne volonté, bon vouloir, complaisance, douceur, humanité, indulgence, mansuétude, obligeance *(littér.)*

bienveillant, ante ADJ. 1. bon, généreux, humain 2. *[à l'excès]* complaisant, conciliant, indulgent

bienvenu, ue ADJ. opportun, à propos, heureux, qui tombe à point (nommé), qui tombe à pic *(fam.)*, qui tombe pile *(fam.)*

biffer V. TR. barrer, effacer, raturer, rayer, sabrer, supprimer

bifteck N. M. steak, chateaubriand, rumsteck, tournedos, semelle *(fam., péj.)*

bifurcation N. F. carrefour, croisement, embranchement, fourche, patte d'oie

bifurquer V. INTR. se dédoubler, diverger, se diviser

bigarré, ée ADJ. 1. bariolé, chamarré, coloré, jaspé 2. disparate, hétéroclite, hétérogène, mêlé, varié

bijou N. M. 1. joyau, merveille, chef-d'œuvre, perle, trésor

bilan N. M. 1. inventaire, état, point 2. balance, solde 3. conséquences, résultat, suites

billet N. M. 1. titre de transport, contremarque, ticket 2. carte, ticket

biner V. TR. sarcler, bêcher

bisbille N. F. dispute, brouille, chamaillerie, crêpage de chignon *(fam.)*, prise de bec *(fam.)*

biscornu, ue ADJ. 1. tordu, asymétrique, difforme 2. extravagant, abracadabrant, baroque, bizarre, farfelu, saugrenu, tarabiscoté *(fam.)*, tordu *(fam.)*

biscuit N. M. 1. *[sucré]* boudoir, craquelin, galette, gaufrette, petit-beurre, sablé, tuile, bonbon *(Belgique)* 2. *[salé]* cracker, bretzel

bise N. F. baiser, bécot *(fam.)*, bisou *(fam.)*, poutou *(fam.)*, bec *(région.)*

bistro(t) N. M. café, bar, pub, pinte *(Suisse)*, troquet *(fam.)*

bitume N. M. 1. asphalte, goudron, macadam 2. chaussée, macadam, pavé, trottoir

bitumer V. TR. asphalter, goudronner, macadamiser

bivouac N. M. campement, camp

bizarre ADJ. 1. anormal, curieux, étrange, inattendu, insolite, singulier, surprenant, bizarroïde *(fam.)* 2. extravagant, abracadabrant(esque), insensé, saugrenu, loufoque *(fam.)*, tordu *(fam.)* 3. excentrique, baroque, fantasque, original 4. fou, cinglé *(fam.)*, dérangé *(fam.)*, détraqué *(fam.)*, fêlé *(fam.)* 5. mal, tout chose *(fam.)*

bizarrement ADV. curieusement, étrangement, singulièrement

bizarrerie N. F. 1. étrangeté, singularité 2. extravagance, loufoquerie 3. excentricité, originalité 4. anomalie, curiosité

blabla N. M. bobards *(fam.)*, boniment *(fam.)*, salades *(fam.)*

blafard, arde ADJ. blanc, blême, décoloré, exsangue, hâve, livide, pâle, terne, terreux

blague N. F. 1. plaisanterie, histoire drôle 2. rigolade *(fam.)* 3. mensonge, bobard *(fam.)*, craque *(fam.)*, salades *(fam.)*, galéjade *(région.)* 4. canular, farce, (mauvais) tour 5. bêtise, bévue, impair, boulette *(fam.)*, bourde *(fam.)*, gaffe *(fam.)*

blaguer
- V. INTR. plaisanter, déconner *(très fam.)*, rigoler *(fam.)*, galéjer *(région.)*
- V. TR. taquiner, se moquer de, railler, chambrer *(fam.)*, charrier *(fam.)*

blagueur, euse N. et ADJ. farceur, moqueur, plaisantin, galéjeur *(région.)*

blâme N. M. 1. condamnation, anathème, critique, désapprobation, désaveu, réprobation, reproche, animadversion *(littér.)* 2. remontrance, réprimande

blâmer V. TR. 1. accuser, condamner, critiquer, désapprouver, désavouer, incriminer, jeter la pierre à, faire le procès de, réprouver, stigmatiser, anathématiser *(soutenu)*, fustiger *(littér.)*, *[sans complément]* mettre au banc des accusés 2. réprimander

blanc, blanche
- ADJ. 1. laiteux, argenté, incolore, opalin, lacté, albe *(littér.)*, lactescent *(littér.)*, opalescent *(littér.)*, *[de vieillesse]* chenu *(littér.)* 2. blafard, blanchâtre, blême, crayeux, livide 3. pur, net, propre, vierge
- N. M. 1. espace, interligne, intervalle, vide 2. silence, pause

blancheur N. F. 1. blanc, candeur *(littér.)*, lactescence *(littér.)*, opalescence *(littér.)* 2. pâleur, lividité

blanchisserie N. F. teinturerie, laverie (automatique), pressing, buanderie *(Québec)*

blanchisseur, euse N. teinturier, buandier (Québec), nettoyeur (Québec)

blasé, ée ADJ. **1.** indifférent, froid, insensible **2.** dégoûté, désabusé, désenchanté, lassé (de tout)

blason N. M. arme, armoiries, écu, écusson

blasphème N. M. **1.** impiété, sacrilège **2.** imprécation, injure, insulte

blasphémer
▸ V. TR. injurier, insulter
▸ V. INTR. jurer, sacrer

blême ADJ. blafard, blanc, livide, pâle, blanc comme un linge, blanc comme un cachet d'aspirine

blêmir V. INTR. pâlir, blanchir, se décomposer, devenir blanc comme un linge

blennorragie N. F. blennorrhée, chaude-pisse (fam.), chtouille (argot)

blessant, ante ADJ. désobligeant, injurieux, mortifiant, offensant, vexant

blessé, ée ADJ. **1.** froissé, mortifié, offensé, vexé **2.** estropié, accidenté, invalide, mutilé

blesser V. TR. **I. 1.** abîmer, contusionner, déchirer, écorcher, écharper, estropier, meurtrir, mutiler, amocher (fam.) **2.** [à coups de couteau] couper, balafrer, entailler, percer, poignarder **3.** [par écrasement] broyer, écraser, fouler, froisser **II. 1.** affecter, choquer, contrarier, froisser, heurter, offenser **2.** attenter à, léser, nuire, porter atteinte à, porter préjudice à
♦ **se blesser** V. PRON. **1.** se faire mal, se couper, s'écorcher, s'égratigner, s'entailler, se meurtrir **2.** se formaliser, s'offenser, prendre la mouche, se vexer

blessure N. F. **1.** lésion, balafre, contusion, coupure, plaie, bobo (fam.) **2.** douleur, chagrin, froissement, meurtrissure, offense, vexation

bloc N. M. **1.** roche, rocher, boulder (Géol.), [Techn.] libage, moellon, pavé, [de bois] billot **2.** calepin, carnet **3.** amas, assemblage, tas **4.** îlot, pâté de maisons **5.** ensemble, totalité, tout **6.** coalition, union

blocage N. M. **1.** barrage, obstacle, obstruction **2.** inhibition, complexe **3.** [des prix] gel, encadrement **4.** immobilisation, paralysie

bloquer V. TR. **I. 1.** caler, coincer, immobiliser **2.** serrer à bloc **II. 1.** barrer, boucher, embouteiller, obstruer **2.** inhiber, paralyser **3.** arrêter, enrayer, geler, interrompre, stopper

blottir (se) V. PRON. **1.** se pelotonner, se mettre en boule, se ramasser, se recroqueviller, se replier, se tapir **2.** se cacher, se réfugier, s'enfouir

blouse N. F. **1.** tablier, sarrau **2.** chemisette, chemisier, corsage

bluff N. M. bidon (fam.), chiqué (fam.), esbroufe (fam.), flan (fam.), frime (fam.), intox (fam.)

bluffer
▸ V. TR. impressionner, épater, estomaquer (fam.)
▸ V. INTR. donner le change, frimer (fam.), faire de l'esbroufe (fam.), faire de l'épate (fam.)

bobine N. F. **1.** bobineau, cannelle, canette, fuseau, fusette, rouleau **2.** film, pellicule, rouleau

boire V. TR. **I. 1.** avaler, absorber, ingurgiter, téter, carburer à (fam.), descendre (fam.), écluser (fam.), lamper (fam.), pomper (fam.), siffler (fam.), s'enfiler (fam.), s'envoyer (fam.), se taper (fam.) **2.** [d'un trait] lamper, vider **3.** [à petits coups] buvoter, siroter, laper **4.** s'imprégner de, absorber, s'imbiber de, se remplir de **II.** [sans complément] **1.** se désaltérer, s'abreuver, étancher sa soif, se rafraîchir **2.** s'enivrer, se soûler, biberonner (fam.), se cuiter (fam.), picoler (fam.), se pinter (fam.), prendre une biture/une cuite (fam.)

bois N. M. **1.** forêt, sylve (poétique) **2.** bosquet, boqueteau, bouquet d'arbres, futaie, taillis, bocage (littér.)

boisson N. F. breuvage, consommation, rafraîchissement, nectar (littér.)

boîte N. F. **1.** récipient, contenant, emballage **2.** caisse, carton, coffre **3.** boîtier, cassette, coffret **4.** case, casier **5.** conserve **6.** [fam.] entreprise, taule (fam.) **7.** [fam.] école, collège, lycée, bahut (fam.)

boiter V. INTR. boitiller, aller clopin-clopant, clopiner, traîner la jambe, avoir une patte folle, traîner la patte (fam.), claudiquer (littér. ou plaisant)

boiteux, euse ADJ. **1.** claudicant (littér. ou plaisant), bancal **2.** bancal, branlant, instable **3.** insatisfaisant, fragile, imparfait

boîtier N. M. boîte, coffret, écrin, étui

bol N. M. **1.** coupe, jatte, pot, tasse **2.** bolée **3.** [fam.] chance

bombarder V. TR. **1.** canonner, matraquer, mitrailler, pilonner, arroser (argot militaire) **2.** harceler, accabler, assaillir, cribler **3.** parachuter, catapulter, propulser

bombe N. F. **1.** machine infernale **2.** aérosol, atomiseur, pulvérisateur, spray

bombé, ée ADJ. arrondi, arqué, cintré, courbe, renflé, ventru

bomber
▸ V. TR. **1.** enfler, gonfler, renfler **2.** cambrer, cintrer, courber **3.** taguer, graffiter
▸ V. INTR. **1.** gondoler, gonfler, [Couture] goder **2.** [fam.] filer, bourrer (fam.), foncer (fam.)

bon, bonne ADJ. **I.** délicieux, délicat, exquis, goûteux, savoureux, succulent **II. 1.** altruiste, bienfaisant, bienveillant, généreux, indulgent, serviable **2.** louable, charitable, généreux, méritoire, noble, vertueux **3.** aimable, brave, complaisant, estimable, gentil, honnête, obligeant **III. 1.** capable, adroit, doué, expert, habile, ingénieux **2.** avisé, éclairé, judicieux, prudent, raisonnable, sage **IV.** avantageux, fertile, instructif, lucratif, productif, profitable, utile **V. 1.** approprié, adéquat, efficace **2.** favorable, bénéfique, heureux, opportun, propice, salutaire, sain **VI. 1.** exact, correct, juste, rigoureux, sérieux, solide, sûr **2.** fidèle, pur, véritable, vrai

bond N. M. **1.** saut, bondissement, cabriole, gambade, saut de carpe **2.** soubresaut, sursaut **3.** augmentation, explosion, flambée, hausse

bondé, ée ADJ. plein (à craquer), comble, archiplein (fam.), bourré (fam.), plein comme un œuf (fam.)

bondir V. INTR. **1.** sauter, courir, s'élancer, jaillir, se précipiter **2.** cabrioler, gambader, sauter, faire un/des bond(s)

bonheur N. M. **I. 1.** contentement, enchantement, joie, plaisir, ravissement, félicité (littér.) **2.** bien-être, calme, paix, sérénité **3.** euphorie, béatitude, extase **II. 1.** chance, aubaine, bonne fortune **2.** avantage, joie, plaisir

boniment N. M. **1.** mensonge, bavardage, baratin (fam.), blabla (fam.), blague (fam.), bobard (fam.) **2.** plat (fam.), battage, matraquage, baratin (fam.)

bonté N. F. **1.** bienveillance, altruisme, bienfaisance, clémence, compassion, humanité, mansuétude, miséricorde **2.** amabilité, bienveillance, gentillesse, obligeance **3.** naïveté, simplicité, débonnaireté (littér.)

boom N. M. **1.** prospérité, croissance, essor, expansion **2.** augmentation, bond, explosion, flambée, hausse

bord N. M. **1.** côté, arête, bordure, extrémité, limite, marge, tranche **2.** contour, cadre, entourage, bordure, périphérie, pourtour **3.** [de rivière] rive, berge, rivage **4.** [de forêt] lisière, orée

border V. TR. **1.** longer, suivre **2.** entourer, encadrer, enceindre, franger

bordure N. F. **1.** bord, tour **2.** cadre, contour, encadrement **3.** périphérie, périmètre, pourtour **4.** [de forêt] lisière, orée **5.** [de mer] côte, littoral **6.** [d'arbres, etc.] cordon, haie, ligne **7.** [Couture] liseré, feston, garniture

borne N. F. limite, frontière

borné, ée ADJ. bête, buté, étroit, limité, obtus, stupide, bas de plafond (fam.)

borner V. TR. **1.** délimiter, border, confiner, limiter, marquer, terminer **2.** circonscrire, limiter, modérer, réduire, restreindre
♦ **se borner à** V. PRON. se limiter à, se cantonner à, se contenter de, ne faire que, se satisfaire de, s'en tenir à

bosse N. F. **1.** enflure, tumeur, grosseur **2.** bosselure, excroissance, protubérance, renflement **3.** monticule, élévation, éminence

bosselé, ée ADJ. cabossé, accidenté, bossué

bosser
▸ V. INTR. travailler, [dur] boulonner (fam.), se défoncer (fam.), marner (fam.), trimer (fam.), turbiner (fam.), tâcher (littér.)

▸ V. TR. étudier, bûcher (fam.), plancher sur (fam.), potasser (fam.)

bosseur, euse N. et ADJ. travailleur, bûcheur (fam.)

botte[1] N. F. gerbe, bottée, bottelée, bouquet, fagot, faisceau

botte[2] N. F. bottillon, bottine, boots (plur.), brodequin, cuissarde, godillot, ranger, santiag

bottillon N. M. bottine, brodequin, godillot, boots (plur.)

bouche N. F. **1.** museau (fam.), bec (fam.), clapet (fam.), gosier (fam.), gueule (fam.) **2.** orifice, entrée, gueule, ouverture **3.** [d'un fleuve] embouchure

bouché, ée ADJ. **1.** brumeux, couvert, gris, sombre **2.** [fam.] borné, obtus, dur/lent à la détente (fam.)

boucher V. TR. **1.** encombrer, obstruer, oblitérer (Méd.) **2.** fermer, barrer, barricader, condamner, murer, obturer **3.** colmater, calfater, calfeutrer
♦ **se boucher** V. PRON. **1.** s'engorger **2.** [ciel] se couvrir, s'assombrir, s'obscurcir

bouchon N. M. **1.** tampon, capuchon **2.** embouteillage, encombrement, retenue

boucle N. F. **1.** anneau, agrafe, fermoir, œil **2.** nœud, rosette, [tricot] maille **3.** [de cheveux] frisette, accroche-cœur, anglaise, bouclette, frisottis **4.** méandre, courbe, sinuosité, [avion] looping (anglic.) **5.** cycle, ronde

boucler V. TR. **1.** attacher, fermer **2.** verrouiller, encercler, bloquer, cerner, investir **3.** finaliser, achever, mettre la dernière main à, mettre un point final à

bouder
▸ V. INTR. être fâché, faire la lippe, faire la tête (fam.), faire du boudin (fam.), faire la gueule (fam.)
▸ V. TR. dédaigner, se détourner de, ignorer

boue N. F. **1.** gadoue, fange (littér.), bouillasse (fam.), gadouille (fam.) **2.** limon, bourbe, vase

boueux, euse ADJ. **1.** bourbeux, vaseux, fangeux (littér.), gadouilleux (fam.) **2.** crotté (fam.)

bouffée N. F. **1.** accès, crise, explosion, poussée **2.** exhalaison, émanation, souffle, [de cigarette] taffe (fam.)

bouffi, ie ADJ. **1.** gonflé, boudiné, boursouflé, gras, gros, joufflu, mafflu **2.** ampoulé, emphatique, grandiloquent, pompeux

bouffonnerie N. F. **1.** farce, blague, comédie, facétie, pitrerie, arlequinade (littér.) **2.** cocasserie, drôlerie, grotesque

bouge N. M. **1.** taudis, galetas **2.** cabaret, bouiboui (fam.)

bouger
▸ V. INTR. **1.** remuer, s'agiter, gigoter, ne pas rester/ne pas tenir en place, avoir la bougeotte (fam.) **2.** se déplacer, se mouvoir, aller et venir **3.** branler, osciller **4.** broncher, ciller, protester, réagir **5.** changer, avancer, évoluer, se modifier, progresser, aller de l'avant
▸ V. TR. déplacer, déranger
♦ **se bouger** V. PRON. [fam.] s'activer, agir, se démener, se donner du mal/de la peine, se remuer (fam.), s'arracher (fam.), ne pas rester les deux pieds dans le même sabot (fam.)

bougie N. F. chandelle, cierge

bougon, onne ADJ. et N. grognon, grincheux, ronchonneur, ronchon (fam.)

bougonner V. INTR. grommeler, grogner, maugréer (fam.), râler (fam.), rouspéter (fam.)

bouillie N. F. **1.** compote, purée **2.** salmigondis

bouillir V. INTR. **1.** bouillonner, bouillotter **2.** s'impatienter, s'énerver

bouillonnant, ante ADJ. **1.** tumultueux, turbulent **2.** fougueux, ardent, exalté, impétueux, pétulant, tout feu tout flamme, volcanique

bouillonnement N. M. **1.** ébullition, bouillon **2.** fougue, ardeur, effervescence, exaltation, impétuosité, pétulance

bouillonner V. INTR. **1.** bouillir, bouillotter, frémir, frissonner **2.** [d'impatience, etc.] brûler, bouillir, piaffer, trépigner

boule N. F. sphère, balle, bille, boulet, boulette, globe

boulevard N. M. avenue, artère, cours, mail

bouleversant, ante ADJ. déchirant, émouvant, pathétique, poignant, saisissant

bouleversé, ée ADJ. ému, ébranlé, troublé, remué, retourné, secoué

bouleversement N. M. 1. émotion, choc, commotion, ébranlement, secousse, trouble 2. perturbation, branle-bas, cataclysme, conflagration, dérèglement, désordre, remue-ménage, chamboulement (fam.) 3. ravage, destruction, ruine, saccage

bouleverser V. TR. 1. émouvoir, ébranler, retourner, secouer, troubler, tournebouler (fam.), tourner le(s) sang(s) à (fam.) 2. perturber, déranger, désorganiser, jeter le trouble dans, mettre sens dessus dessous, renverser, révolutionner, chambarder (fam.), chambouler (fam.)

bouquet N. M. 1. gerbe, botte, faisceau, touffe 2. arôme, fumet, nez

bourde N. F. 1. erreur, bêtise, bévue, faute, faux pas, impair, maladresse, pas de clerc (littér.), blague (fam.), gaffe (fam.) 2. baliverne, invention, plaisanterie

bourdonner V. INTR. 1. vrombir, ronronner 2. tinter 3. bruire (littér.)

bourrasque N. F. rafale, tempête, tourbillon, tourmente

bourré, ée ADJ. 1. bondé, comble, complet 2. plein, farci, rempli, truffé 3. [fam.] ivre

bourrer V. TR. 1. rembourrer, garnir 2. remplir, farcir, truffer 3. tasser, entasser 4. gaver, gorger, rassasier
♦ **se bourrer** V. PRON. se gaver, se goinfrer, se farcir (fam.)

bourru, ue ADJ. rude, abrupt, acariâtre, ours, renfrogné, revêche

bourse N. F. 1. porte-monnaie, portefeuille 2. pension, aide financière, subside, subvention

bousculade N. F. 1. désordre, cohue 2. hâte, cavalcade, course, précipitation

bousculer V. TR. 1. déranger, bouleverser, mettre sens dessus dessous, chambouler (fam.) 2. heurter, percuter, pousser, rentrer dans (fam.) 3. malmener, brusquer, rudoyer, secouer 4. activer, harceler, presser, secouer

bousiller V. TR. 1. [fam.] abîmer 2. [fam.] tuer

bout N. M. I. 1. extrémité, limite, pointe 2. embout, [d'un pain, etc.] croûton, entame, quignon 3. fin, aboutissement, achèvement, issue, terme II. morceau, fragment, part, portion, segment, [petit] éclat, miette

boutade N. F. plaisanterie, bon mot, mot d'esprit, trait d'esprit, saillie (littér.), galéjade (région.)

boute-en-train N. M. amuseur, farceur, joyeux drille, gai luron, comique de la troupe

bouteille N. F. 1. flacon, fiole 2. bonbonne, dame-jeanne, fiasque, tourie 3. litre, boutanche (fam.)

boutique N. F. magasin, commerce, échoppe

bouton N. M. 1. commutateur, interrupteur, poussoir 2. bourgeon, œil 3. pustule, tumeur, vésicule 4. attache

boutonner V. TR. attacher, fermer

boxer V. TR. frapper, cogner (fam.), bourrer de coups (fam.), tabasser (fam.)

boyau N. M. 1. [surtout plur.] entrailles, intestins, tripes, viscères, [Chir.] catgut 2. tuyau, conduite 3. conduit, galerie, tranchée

boycott N. M. 1. interdit, blocus 2. ostracisme, mise à l'index, quarantaine

boycotter V. TR. ostraciser, jeter l'interdit sur, mettre à l'index, mettre en quarantaine, rompre les relations avec

bracelet N. M. anneau, chaînette, gourmette

brader V. TR. liquider, solder, sacrifier, vendre à prix cassés/sacrifiés, bazarder (fam.)

brailler V. INTR. 1. hurler, beugler, criailler, s'époumoner, vociférer, braire (fam.), bramer (fam.), s'égosiller (fam.), gueuler (fam.) 2. pleurer, chialer (fam.)

branche N. F. 1. branchette, brindille, rameau, ramille 2. discipline, domaine, ramification, secteur, spécialité
♦ **branches** PLUR. branchage, ramure, ramée (littér.)

branchement N. M. connexion, raccordement, rattachement

brancher V. TR. 1. connecter, raccorder, rattacher, relier 2. orienter, diriger 3. [fam.] intéresser, passionner 4. [fam.] séduire, plaire à, accrocher (fam.)

brandir V. TR. agiter, lever en l'air, montrer

branlant, ante ADJ. chancelant, bringuebalant, instable, vacillant

braquer V. TR. 1. diriger, orienter, pointer, tourner 2. attaquer, agresser, voler
♦ **se braquer** V. PRON. se buter, se cabrer, monter sur ses grands chevaux

brassage N. M. mélange, amalgame, assemblage, fusion, melting-pot (anglic.)

brasser V. TR. 1. remuer, tourner, touiller 2. manier, gérer, manipuler, traiter

bravade N. F. 1. défi, provocation 2. fanfaronnade, rodomontade, vantardise

brave ADJ. 1. courageux, hardi, héroïque, intrépide, vaillant, valeureux 2. bon, gentil, honnête, obligeant, serviable

bravement ADV. courageusement, crânement, hardiment, vaillamment, valeureusement

braver V. TR. 1. défier, affronter, narguer, passer outre, provoquer, faire la nique à (fam.) 2. mépriser, se moquer de, offenser, violer, faire fi de (littér.)

bravo N. M. applaudissement, acclamation, hourra, ovation, vivat

bravoure N. F. courage, hardiesse, héroïsme, vaillance, valeur

brèche N. F. 1. ouverture, passage, trou, trouée 2. cassure

bredouiller V. TR. et INTR. balbutier, bafouiller, bégayer, marmonner, baragouiner (fam.)

bref¹, brève ADJ. 1. court, éphémère, fugace, momentané 2. rapide 3. succinct, concis, laconique, lapidaire, sobre 4. brusque, brutal, coupant, tranchant

bref² ADV. enfin, en résumé, en un mot, en un mot comme en cent, pour faire court

bretelle N. F. 1. courroie, bandoulière, lanière, [de vêtement] épaulette 2. voie de raccordement, embranchement

breuvage N. M. boisson, nectar, philtre

bribe N. F. fragment, bout, miette, morceau, parcelle

bric-à-brac N. M. INVAR. bazar, fatras, bastringue (fam.), fourbi (fam.), foutoir (fam.)

bricole N. F. 1. bibelot, bagatelle, babiole 2. bêtise, babiole, bagatelle, broutille, frivolité, futilité, rien, vétille 3. [surtout plur., fam.] ennui, problème

bricoler V. TR. 1. fabriquer, mettre au point, bidouiller (fam.) 2. réparer, arranger, bidouiller (fam.) 3. [fam., sans complément] trafiquer (fam.), bidouiller (fam.), ficher (fam.), foutre (fam.), magouiller (fam.), traficoter (fam.)

brider V. TR. freiner, contenir, entraver, refréner, réprimer, tenir en bride

briefer V. TR. informer, mettre au courant, mettre au parfum (fam.), rancarder (fam.)

brièvement ADV. 1. momentanément 2. rapidement 3. succinctement, laconiquement, en peu de mots

brièveté N. F. 1. rapidité, brusquerie 2. concision, laconisme

brigand N. M. 1. bandit, gangster, malfaiteur, pillard, pirate, truand, voleur, malfrat (fam.), malandrin (littér.) 2. chenapan, coquin, fripon, vaurien

briguer V. TR. ambitionner, convoiter, poursuivre, rechercher, viser, lorgner (sur) (fam.)

brillamment ADV. remarquablement, superbement, splendidement, avec brio

brillant¹, ante ADJ. 1. lumineux, chatoyant, éblouissant, étincelant, flamboyant, radieux, rayonnant, resplendissant, rutilant 2. magnifique, éblouissant, éclatant, fastueux, luxueux, riche, somptueux 3. captivant, intéressant, pétillant, spirituel, vif 4. doué, fameux, émérite, illustre, remarquable

briller V. INTR. I. 1. étinceler, chatoyer, flamboyer, luire, miroiter, rayonner, resplendir, rutiler, scintiller, brasiller (littér.) 2. pétiller, étinceler, s'illuminer, luire II. 1. se distinguer, impressionner 2. exceller, faire des étincelles (fam.)

brimer V. TR. tourmenter, maltraiter, opprimer, persécuter, [un nouveau] bizuter

brin N. M. 1. brindille, fétu 2. filament, fibre, fil

brio N. M. virtuosité, éclat, entrain, fougue, maestria, panache, pétulance, vivacité

brioche N. F. ventre, panse, bedon (fam.), bedaine (fam.), bide (fam.)

briquer V. TR. astiquer, frotter, fourbir

briser V. TR. I. casser, broyer, démolir, ébrécher, fracasser, fracturer, mettre en pièces, pulvériser, réduire en miettes, rompre, atomiser (fam.) II. 1. affliger, accabler, bouleverser, fendre le cœur 2. anéantir, détruire, mettre fin à, ruiner 3. fatiguer, éreinter, harasser, casser (fam.), crever (fam.), vider (fam.)
♦ **se briser** V. PRON. se casser, éclater, se rompre, voler en éclats

brochure N. F. bulletin, fascicule, livret, opuscule, plaquette, tract

broder V. TR. 1. agrémenter, développer, embellir, enjoliver 2. exagérer, fabuler, inventer, en rajouter (fam.)

broncher V. INTR. protester, bouger, ciller, manifester, murmurer, réagir, sourciller, moufter (fam.)

bronzé, ée ADJ. hâlé, basané, doré, tanné

brosser V. TR. 1. épousseter, étriller, frotter 2. dépeindre, camper, décrire, esquisser, peindre 3. [Belgique] sécher (fam.)

brouhaha N. M. rumeur, bourdonnement, [fort] tapage, tumulte

brouillard N. M. brume, buée, vapeur, brouillasse (péj.), purée de pois (fam.)

brouillasser V. IMPERS. bruiner, crachiner, pleuvasser, pleuviner

brouille N. F. dispute, différend, fâcherie, froid, mésentente, bisbille (fam.)

brouillé, ée ADJ. 1. fâché, en froid 2. terne, terreux

brouiller V. TR. 1. mélanger, embrouiller, emmêler, enchevêtrer, mêler 2. altérer, embrouiller, troubler 3. fâcher, désunir, enfoncer un coin entre, semer la zizanie chez 4. parasiter, coder, crypter
♦ **se brouiller** V. PRON. 1. s'emmêler, se confondre, devenir confus 2. se fâcher, se disputer 3. se troubler, se voiler 4. se gâter, s'assombrir, se couvrir, s'obscurcir, se voiler

brouillon¹, onne ADJ. confus, désordonné, embrouillé, bordélique (fam.)

brouillon² N. M. ébauche, esquisse, premier jet, rough (anglic.)

broutille N. F. bêtise, babiole, bagatelle, frivolité, futilité, rien, vétille, bricole (fam.)

broyer V. TR. 1. écraser, moudre, pulvériser, piler, écrabouiller (fam.) 2. croquer, mâcher, mastiquer 3. anéantir, annihiler, détruire, laminer

bruit N. M. 1. [léger] bruissement, chuchotement, clapotis, cliquetis, froissement, froufrou, gargouillis, grésillement, ronronnement 2. [fort, violent] battement, claquement, clameur, déflagration, détonation, fracas, grondement, pétarade, roulement, vrombissement 3. [fort, gênant] tintamarre, tapage, tumulte, vacarme, boucan (fam.), chahut (fam.), chambard (fam.), foin (fam.), potin (fam.), raffut (fam.), ramdam (fam.), tintouin (fam.) 4. [mélodieux] chant, murmure, musique

brûlant, ante ADJ. 1. chaud, bouillant, cuisant, [soleil] torride 2. délicat, épineux, glissant, périlleux, sensible

brûler
▶ V. TR. 1. calciner, carboniser, consumer, embraser, griller, incendier, incinérer, cramer (fam.) 2. roussir 3. irriter, piquer
▶ V. INTR. se consumer, s'embraser, flamber, cramer (fam.)
♦ **se brûler** V. PRON. s'ébouillanter, s'échauder

brûlure N. F. 1. chaleur, feu, irritation, urtication 2. échauffement

brume N. F. brouillard, brouillasse, brumaille, brumasse, vapeur, voile

brumeux, euse ADJ. 1. brouillardeux, voilé 2. confus, flou, fumeux, nébuleux, obscur, vague

brusque ADJ. 1. abrupt, bourru, brutal, cavalier, rude, violent 2. bref, cassant, cinglant, sec, vif 3. animal, bestial 4. soudain, imprévu, inattendu, inopiné, précipité, subit

brusquement ADV. 1. soudainement, à brûle-pourpoint, de but en blanc, du jour au lendemain, inopinément, subitement, tout à coup, sans préavis 2. brutalement, vivement

brusquer V. TR. 1. hâter, activer, précipiter, presser 2. malmener, bousculer, rudoyer, secouer

brusquerie N. F. 1. rudesse, brutalité 2. [littér.] soudaineté, hâte, rapidité

brut, brute ADJ. 1. naturel, originel, primitif, pur, sauvage, vierge 2. grossier, fruste, inachevé, rudimentaire

brutal, ale, aux ADJ. 1. agressif, dur, vif, violent 2. brusque, cru, direct, franc, rude, sec, vif 3. soudain, brusque, inattendu, inopiné, précipité, subit 4. animal, bestial, grossier

brutalement ADV. 1. agressivement, durement, violemment, à la cosaque, à la hussarde, à la cravache, manu militari 2. soudainement, brusquement, inopinément, précipitamment, subitement

brutaliser V. TR. battre, brusquer, frapper, malmener, maltraiter, molester, rudoyer

brutalité N. F. 1. barbarie, cruauté, dureté, férocité, inhumanité, sauvagerie, violence 2. brusquerie, rudesse 3. animalité, bestialité
♦ **brutalités** PLUR. sévices, coups, mauvais traitements, maltraitance, violences, voies de fait (Droit)

brute N. F. goujat, malotru, mufle, rustre, gougnafier (fam.)

bruyamment ADV. tapageusement, bien fort, haut et fort, tumultueusement

bruyant, ante ADJ. 1. assourdissant, fracassant, retentissant, sonore, tonitruant 2. tapageur, braillard (fam.), gueulard (fam.)

budget N. M. 1. comptes, comptabilité 2. somme, enveloppe

buffet N. M. armoire, bahut, commode, crédence, desserte, dressoir, vaisselier

buisson N. M. fourré, broussaille, hallier, taillis, breuil (Chasse, région.)

buissonneux, euse ADJ. broussailleux, fourni, touffu

bulletin N. M. 1. attestation, certificat, récépissé, reçu 2. bordereau, ordre 3. communiqué, carnet de notes, rapport 4. publication, journal, périodique, revue

bureau N. M. I. 1. secrétaire, table (de travail) 2. cabinet, étude II. 1. agence, antenne, filiale 2. comité, commission

bureaucrate N. gratte-papier (péj.), gratteur de papier (péj.), paperassier (péj.), rond-de-cuir (péj.), scribe (péj.), scribouillard (péj.)

burlesque ADJ. 1. bouffon, comique, cocasse 2. farfelu, extravagant, grotesque, saugrenu, loufoque (fam.)

business N. M. affaires, commerce, négoce, bizness (fam.)

buste N. M. 1. torse, poitrine, tronc 2. seins, poitrine

but N. M. 1. objectif, dessein, intention, objet, propos, visée, vue 2. motif, cause, motivation, raison 3. cible, objectif, point de mire

buté, ée ADJ. 1. entêté, obstiné, têtu (comme une mule), cabochard (fam.) 2. borné, à la vue courte, étroit

butin N. M. capture, dépouille, prise, proie, trophée, gâteau (fam.)

butiner V. TR. glaner, grappiller, récolter

butte N. F. colline, éminence, élévation, hauteur, mont, monticule, motte, tertre

byzantin, ine ADJ. [péj.] compliqué, oiseux, stérile, vain

✦ ✦ ✦ ✦ ✦ ✦ ✦ ✦ ✦ ✦ ✦ ✦ ✦ ✦ ✦ ✦

C

cabale N. F. complot, conjuration, conspiration, intrigue

cabane N. F. baraque, cabanon, cahute, case, hutte, bicoque (fam.)

cabine N. F. 1. couchette, chambre 2. habitacle, carlingue, cockpit

cabinet N. M. 1. réduit, cagibi, débarras 2. agence, bureau, étude
♦ **cabinets** PLUR. toilettes, latrines, waters, w.-c., water-closet, petit coin (fam.), pipi-room (fam.), chiottes (très fam.)

câble N. M. 1. corde, filin, remorque, touée 2. télégramme, câblogramme

cabochard, arde ADJ. et N. entêté, forte tête, têtu

cabosser V. TR. bosseler, bossuer, déformer

cabotin, ine N. et ADJ. 1. prétentieux, m'as-tu-vu, poseur 2. cabot, histrion (littér. et péj.), ringard (fam.)

cabrer V. TR. braquer, buter
♦ **se cabrer** V. PRON. se braquer, se buter, se révolter, se rebiffer (fam.)

cabriole N. F. bond, entrechat, culbute, galipette, gambade, pirouette, saut

caché, ée ADJ. 1. clandestin, occulte, secret, souterrain 2. secret, codé, cryptique

cacher V. TR. 1. dissimuler, camoufler, faire disparaître, receler, celer (littér.), planquer (fam.) 2. abriter, enfermer, enserrer, renfermer, serrer 3. [dans la terre] enfouir, ensevelir, enterrer 4. voiler, couvrir, envelopper, masquer, recouvrir 5. [la vue] boucher, arrêter 6. éclipser, occulter 7. taire, dissimuler, étouffer, tenir secret, celer (littér.)
♦ **se cacher** V. PRON. se dérober, disparaître (à la vue), s'embusquer, se tapir, se terrer, se mettre à l'abri, se planquer (fam.)

cachet N. M. 1. comprimé, capsule, gélule, pastille 2. sceau, empreinte, estampille, oblitération, tampon, timbre 3. caractère, charme, originalité, style

cachette N. F. cache, repaire, planque (fam.)

cacophonie N. F. 1. dissonance 2. vacarme, tintamarre, boucan (fam.)

cadavérique ADJ. livide, blafard, plombé, terreux, cadavéreux (littér.)

cadavre N. M. 1. mort, corps, dépouille, macchabée (fam.) 2. charogne

cadeau N. M. 1. don, offrande, présent (littér.) 2. bienfait, bénédiction, manne

cadence N. F. 1. allure, vitesse 2. rythme

cadre N. M. 1. encadrement, bordure, chambranle, châssis 2. décor, environnement, milieu, paysage 3. domaine, champ, limites, sphère, zone 4. manager, [au plur.] encadrement

cadrer
▸ V. TR. centrer
▸ V. INTR. s'accorder, s'assortir, coïncider, concorder, correspondre, coller (fam.)

caduc, uque ADJ. 1. démodé, dépassé, désuet, obsolète, périmé, vieux 2. annulé, nul

cafard¹, arde N. 1. [vieux] hypocrite, bigot, tartuffe 2. dénonciateur, rapporteur, balance (fam.), cafteur (fam.), mouchard (fam.), sycophante (littér.)

cafard² N. M. déprime, blues (fam.), bourdon (fam.), spleen (littér.)

cafarder
▸ V. INTR. déprimer, avoir le vague à l'âme, broyer du noir, avoir le bourdon (fam.), avoir le moral à zéro/dans les chaussettes (fam.), avoir un coup de calcaire (fam.)
▸ V. TR. dénoncer, cafter (fam.), moucharder (fam.)

cafardeux, euse ADJ. 1. déprimé, mélancolique, triste 2. déprimant, glauque, lugubre, sinistre, sordide, triste

café¹ N. M. express, expresso, (petit) noir, caoua (fam.), jus (fam.), [mauvais] jus de chaussette (fam.), lavasse (fam.)

café² N. M. bar, bistrot, brasserie, buvette, cafétéria, débit de boissons, troquet (fam.)

cafouillage N. M. confusion, désordre, cafouillis (fam.), embrouillamini, mélimélo (fam.), micmac (fam.), pagaille (fam.)

cafouiller V. INTR. s'embrouiller, s'emmêler, s'empêtrer, se prendre les pieds dans le tapis (fam.), s'emmêler les pinceaux (fam.)

cage N. F. 1. [à oiseaux] volière, [à volaille] épinette, mue, nichoir, [à lapins] clapier, lapinière 2. prison, geôle (littér.) 3. [Foot] but

cageot N. M. cagette, clayette, caissette

cagibi N. M. réduit, débarras

cagnotte N. F. économies, bas de laine, tirelire

cahier N. M. 1. album, bloc-notes, calepin, carnet, registre 2. fascicule

cahin-caha ADV. péniblement, tant bien que mal, clopin-clopant (fam.), balin-balan (fam., région.)

cahot N. M. 1. heurt, cahotement, secousse, soubresaut 2. difficulté, anicroche, contrariété, obstacle, vicissitude (littér.), hic (fam.)

cahoter
▸ V. TR. ballotter, éprouver, secouer
▸ V. INTR. bringuebaler, osciller

caïd N. M. 1. chef (de bande), cador (argot) 2. huile (fam.), gros bonnet (fam.), (grosse) légume (fam.), manitou (fam.), ponte (fam.)

caillou N. M. gravier, pierre, galet, rocaille, caillasse (fam.)

caillouteux, euse ADJ. pierreux, rocailleux

caisse N. F. boîte, caissette, coffre, malle

caisson N. M. cloche (à plongeur)

cajoler V. TR. câliner, caresser, choyer, dorloter

cajolerie N. F. câlinerie, câlin, caresse, chatterie, tendresse

cajoleur, euse ADJ. câlin, caressant, tendre

cal N. M. callosité, calus, durillon

calamité N. F. 1. catastrophe, cataclysme, désastre, fléau 2. malheur, désolation, misère

calamiteux, euse ADJ. 1. catastrophique, désastreux, funeste 2. pitoyable, affligeant, lamentable, navrant, nul

calciner V. TR. brûler, carboniser, griller, cramer (fam.)

calcul N. M. I. 1. arithmétique, algèbre 2. mesure, compte, détermination, estimation, évaluation 3. estimation, prévision, spéculation, supputation II. 1. manigance, manœuvre, menées, stratégie 2. intérêt

calculer V. TR. 1. chiffrer, compter, mesurer 2. estimer, évaluer, peser, prévoir, supputer 3. arranger, combiner, préparer, prévoir, régler

calé, ée ADJ. 1. fort, doué, qui assure (fam.) 2. compliqué, ardu, difficile, chiadé (fam.)

calendrier N. M. 1. éphéméride, almanach 2. planning, échéancier 3. agenda, emploi du temps

calepin N. M. carnet, bloc-notes, répertoire

caler¹ V. INTR. céder, abandonner, reculer, renoncer

caler²
▸ V. INTR. s'arrêter, s'immobiliser, bloquer
▸ V. TR. appuyer, assujettir, étayer, fixer, stabiliser

calfeutrer V. TR. boucher, obturer
♦ **se calfeutrer** V. PRON. s'enfermer, se cloîtrer, se claquemurer, se confiner

calibre N. M. 1. diamètre, dimension, grosseur, taille 2. acabit, carrure, classe, envergure 3. jauge, étalon

calibrer V. TR. 1. mesurer, jauger 2. classer, trier

câlin, ine ADJ. caressant, aimant, cajoleur, doux

câliner V. TR. cajoler, caresser, choyer, dorloter

câlinerie N. F. cajolerie, câlin, caresse

callosité N. F. cal, calus, durillon, [sur le pied] cor, oignon

calmant, ante ADJ. et N. M. 1. apaisant, lénifiant 2. analgésique, anesthésique, sédatif, tranquillisant

calme¹ ADJ. **1.** tranquille, en paix, paisible, quiet (littér.) **2.** détendu, placide, serein, cool (fam.), relax (fam.) **3.** impassible, flegmatique, imperturbable, maître de soi, posé

calme² N. M. **I. 1.** tranquillité, paix, placidité, sérénité, quiétude (littér.) **2.** impassibilité, contrôle de soi, flegme, sang-froid **II. 1.** accalmie, embellie **2.** marasme, apathie, stagnation

calmement ADV. **1.** tranquillement, paisiblement **2.** posément, de sang froid, impassiblement, imperturbablement, sereinement

calmer V. TR. **1.** apaiser, pacifier, tranquilliser **2.** diminuer, adoucir, apaiser, assoupir, endormir, éteindre, lénifier, modérer, soulager, tempérer **3.** assouvir, désaltérer, étancher, satisfaire
♦ **se calmer** V. PRON. **1.** cesser, se dissiper, tomber, [mer, vent] calmir (Mar.) **2.** s'apaiser, se contenir, se rasséréner, se reprendre **3.** s'arranger, rentrer dans l'ordre, se tasser (fam.)

calomnie N. F. accusation, allégation, attaque, dénonciation (calomnieuse), diffamation

calomnier V. TR. accuser, attaquer, couvrir de boue, diffamer, traîner dans la boue

calomnieux, euse ADJ. diffamatoire, faux, injurieux, mensonger

calquer V. TR. **1.** décalquer **2.** imiter, copier, démarquer, plagier, pomper (fam.)

calvaire N. M. martyre, chemin de croix, épreuve, supplice, torture

camarade N. ami, compagnon, copain (fam.), pote (fam.), poteau (fam.), camarluche (argot), camaro (argot)

camaraderie N. F. **1.** amitié, copinage, familiarité, copinerie (fam.) **2.** entraide, solidarité

cambriolage N. M. vol, casse (fam.)

cambrioler V. TR. dévaliser, voler, braquer (fam.)

cambrioleur, euse N. voleur, rat d'hôtel, casseur (fam.)

cambrure N. F. **1.** arc, cintrage, courbure, incurvation **2.** [de cheval] ensellure

camoufler V. TR. **1.** cacher, dissimuler, dérober à la vue, masquer **2.** déguiser, maquiller

camouflet N. M. affront, claque, gifle, humiliation, insulte, offense, outrage, vexation

camp N. M. **1.** bivouac, campement, [Milit.] cantonnement, quartiers **2.** parti, clan, côté, faction, groupe

campagnard, arde
▸ ADJ. champêtre, bucolique, pastoral, rustique
▸ N. rural

campagne N. F. **1.** nature, champs, cambrousse (fam., péj.) **2.** opération, croisade, [Milit.] expédition

campement N. M. **1.** bivouac, camp, campée (région. ou littér.) **2.** [Milit.] cantonnement, quartier

camper
▸ V. INTR. bivouaquer, coucher sous la toile
▸ V. TR. **1.** décrire, peindre, représenter **2.** installer, planter
♦ **se camper** V. PRON. se dresser, se planter, se poser

camping N. M. campement, camp, camp/village de toile

canaille N. F. et ADJ. **1.** crapule, bandit, fripouille (fam.), gredin (fam.) **2.** polisson, coquin, voyou, arsouille (fam.), fripon (fam.)

canal N. M. **1.** conduit, conduite, tube, tuyau **2.** chenal **3.** détroit, passe **4.** filière, circuit, voie **5.** intermédiaire, entremise, truchement **6.** chaîne (de télévision)

canalisation N. F. **1.** conduite, tuyau, [sortes] gazoduc, oléoduc, pipe-line **2.** tuyauterie, plomberie

canaliser V. TR. **1.** maîtriser, contrôler **2.** centraliser, concentrer, grouper, réunir **3.** aiguiller, diriger

canapé N. M. divan, clic-clac, méridienne, ottomane, sofa, [deux places] causeuse, tête-à-tête

cancan N. M. bavardage, commérage, potin (fam.), racontar (fam.), ragot (fam.), clabaudage (littér.)

candeur N. F. **1.** ingénuité, crédulité, innocence, naïveté **2.** pureté, simplicité

candidat, ate N. **1.** aspirant, postulant, prétendant **2.** compétiteur, concurrent

candide ADJ. **1.** ingénu, innocent, naïf **2.** pur, simple

canevas N. M. **1.** plan, ossature, schéma, structure, trame **2.** ébauche, esquisse

caniculaire ADJ. étouffant, écrasant, torride

canicule N. F. grande chaleur, étuve, fournaise, cagnard (région.)

cannabis haschich, chanvre indien, marijuana, came (fam.), chichon (fam.), hasch (fam.), herbe (fam.), marie-jeanne (fam.), matos (fam.), shit (fam.)

canne N. F. **1.** bambou, roseau, canisse (région.) **2.** bâton

canon¹ N. M. bouche à feu, mortier, obusier

canon² N. M. **1.** idéal, archétype, modèle, type **2.** [adj., fam.] magnifique, superbe, top (fam.)

canot N. M. **1.** barque, annexe, chaloupe, yole, nacelle (littér.) **2.** canoë, canadienne, kayak, pirogue

cantine N. F. **1.** réfectoire, restaurant, cantoche (fam.) **2.** coffre, malle **3.** cuisine, roulante

cantonner V. TR. reléguer, confiner
♦ **se cantonner à** V. PRON. se borner à, se contenter de, se limiter à, s'en tenir à

canular N. M. blague, farce, mystification, fumisterie (fam.)

cap N. M. **1.** pointe, bec, promontoire **2.** direction, orientation, route **3.** étape, palier, stade

capable ADJ. **1.** adroit, habile **2.** doué, fort, intelligent **3.** compétent, expert, qualifié

capacité N. F. **I. 1.** contenance, volume, [d'un bateau] tonnage, jauge **2.** étendue, portée **II. 1.** aptitude, compétence, disposition, faculté, qualité, talent, valeur **2.** pouvoir, faculté, force

capharnaüm N. M. bric-à-brac, fourbi, bazar (fam.), bordel (fam.), boxon (très fam.)

capital¹, ale, aux ADJ. essentiel, fondamental, premier, primordial, principal, suprême, cardinal (littér.)

capital² N. M. **1.** argent, avoir, fonds, fortune, valeur **2.** patrimoine, richesse(s), trésor(s)

capitaliser V. TR. thésauriser, amasser

capiteux, euse ADJ. enivrant, étourdissant, grisant, qui monte à la tête

capitulation N. F. **1.** reddition **2.** renoncement, abandon, abdication, démission

capituler V. INTR. **1.** se rendre, déposer/rendre les armes, hisser le drapeau blanc **2.** renoncer, abandonner, abdiquer, baisser les bras, céder, démissionner, s'incliner

capoter V. INTR. **1.** chavirer, se renverser, se retourner **2.** échouer, avorter, faire long feu, faire naufrage, tourner court, s'en aller en eau de boudin

caprice N. M. **1.** envie, coup de tête, fantaisie, lubie, toquade (fam.) **2.** passade, amourette, aventure, flirt, béguin (fam.), tocade (fam.)

capricieux, ieuse ADJ. **1.** lunatique, fantasque, inconséquent, inconstant **2.** instable, changeant

capter V. TR. **1.** recevoir, intercepter **2.** accrocher, captiver, conquérir, gagner, obtenir **3.** canaliser, recueillir

captif, ive
▸ ADJ. détenu, emprisonné, enfermé, incarcéré, prisonnier, en cage
▸ N. prisonnier, détenu

captivant, ante ADJ. **1.** passionnant, enthousiasmant, fascinant, palpitant, prenant **2.** séduisant, charmeur, magicien, sorcier

captiver V. TR. charmer, conquérir, enchanter, ensorceler, gagner, passionner, plaire à, séduire

captivité N. F. détention, emprisonnement, enfermement, incarcération, internement

capture N. F. **1.** arrestation **2.** prise, butin, trophée

capturer V. TR. **1.** arrêter, appréhender, choper (fam.), coincer (fam.), cueillir (fam.), épingler (fam.), gauler (fam.), harponner (fam.), pincer (fam.), alpaguer (argot) **2.** attraper, s'emparer de, prendre

caractère N. M. **I.** signe, chiffre, lettre, symbole **II. 1.** tempérament, constitution, nature, personnalité **2.** courage, détermination, fermeté, résolution, ténacité, trempe, volonté **III. 1.** caractéristique, attribut, marque, particularité, propriété, qualité, signe, spécificité, trait **2.** air, allure, apparence, aspect **IV.** cachet, allure, originalité, personnalité, relief, style, gueule (fam.)

caractériser V. TR. **1.** distinguer, déterminer, différencier, individualiser, marquer, particulariser **2.** définir, déterminer, préciser, spécifier

caractéristique
▸ ADJ. **1.** distinctif, déterminant, particulier, personnel, propre, spécifique, typique **2.** représentatif, emblématique, significatif, symptomatique
▸ N. F. caractère, marque, particularité, qualité, signe, spécificité, trait

carambolage N. M. collision, accrochage, télescopage

caramboler V. TR. heurter, accrocher, bousculer, percuter, télescoper

carapace N. F. **1.** armure, blindage, bouclier, cuirasse **2.** [Zool.] test, bouclier

carboniser V. TR. brûler, calciner, griller, cramer (fam.)

carcan N. M. assujettissement, contrainte, entrave, chaînes (littér.), joug (littér.)

carcasse N. F. **1.** squelette, ossature **2.** armature, charpente **3.** châssis, coque

carence N. F. manque, défaut, déficience, insuffisance, lacune, pénurie

caressant, ante ADJ. affectueux, aimant, cajoleur, câlin, tendre

caresse N. F. **1.** effleurement, frôlement **2.** cajolerie, câlinerie, papouille (fam.), mamours (fam.), [abusive] attouchement

caresser V. TR. **1.** cajoler, câliner, papouiller (fam.), peloter (fam.), tripoter (fam.) **2.** [un animal] flatter **3.** effleurer, frôler **4.** entretenir, nourrir, se complaire dans

cargaison N. F. **1.** charge, chargement, fret **2.** quantité, collection, provision, réserve, tas

caricatural, ale, aux ADJ. **1.** grotesque, burlesque, comique, ridicule **2.** exagéré, outré, parodique **3.** primaire, simpliste

caricature N. F. **1.** charge, dessin satirique **2.** satire, critique **3.** parodie, simulacre, travestissement

caricaturer V. TR. charger, contrefaire, parodier, railler, ridiculiser, tourner en ridicule

carnage N. M. **1.** boucherie, hécatombe, massacre, tuerie **2.** dégât, destruction, dévastation, ravage

carnet N. M. calepin, agenda, bloc-notes, répertoire, mémo (fam.)

carré¹, ée ADJ. **1.** large, robuste **2.** net, catégorique, direct, franc, tranché **3.** droit, loyal

carré² N. M. **1.** case, carreau **2.** [de jardin] planche, carreau **3.** dé, cube, carrelet **4.** coin, bout **5.** foulard

carreau N. M. **1.** vitre, fenêtre, glace **2.** dalle, pavé

carrefour N. M. **1.** croisement, bifurcation, croisée des chemins, embranchement, étoile, fourche, patte d'oie, rond-point **2.** symposium, forum, rencontre, table ronde

carrelage N. M. dallage, pavement

carreler V. TR. **1.** daller, paver **2.** quadriller

carrément ADV. **1.** franchement, clairement, sans ambages, sans détour, sans prendre de gant, bille en tête (fam.), sans tourner autour du pot (fam.) **2.** complètement, absolument, totalement

carrer (se) V. PRON. **1.** se caler, s'installer **2.** se camper, se planter

carrière N. F. **1.** profession, activité professionnelle, métier, situation **2.** parcours (professionnel), cursus

carriériste N. arriviste, ambitieux

carrure N. F. **1.** largeur d'épaules **2.** valeur, calibre, classe, envergure, stature

cartable N. M. sac, porte-documents, sacoche, serviette

carte N. F. 1. plan, atlas, mappemonde, planisphère 2. carton 3. menu 4. billet, ticket

cartel N. M. association, consortium, entente, trust

cartésien, ienne ADJ. rationnel, clair, logique, méthodique

cas N. M. 1. circonstance, événement, fait, occasion, occurrence, situation 2. hypothèse, éventualité, possibilité 3. affaire, cause, dossier

casanier, ière ADJ. sédentaire, pantouflard (fam.)

cascade N. F. 1. chute (d'eau), cataracte, cascatelle (littér.) 2. acrobatie, voltige 3. série, avalanche, déluge, flot, kyrielle, ribambelle, succession, torrent

case N. F. 1. hutte, paillote 2. casier, compartiment, loge 3. carré

caser V. TR. 1. ranger, loger, placer, enfourner (fam.), fourrer (fam.) 2. établir, fixer, placer 3. [fam.] marier

caserne N. F. baraquement, casernement, quartiers

cash ADV. et N. M. comptant, rubis sur l'ongle

casier N. M. 1. case, compartiment 2. nasse

cassant, ante ADJ. 1. cassable, fragile 2. brusque, coupant, dur, impérieux, péremptoire, sec, tranchant

cassé, ée ADJ. 1. brisé, rompu 2. [voix] faible, éraillé, voilé 3. abîmé, bousillé (fam.), déglingué (fam.), fichu (fam.), foutu (fam.), nase (fam.) 4. [fam.] fatigué

casse-cou N. M. INVAR. audacieux, imprudent, risque-tout, téméraire

casse-croûte N. M. INVAR. en-cas, collation, snack, casse-dalle (fam.)

casse-pieds N. et ADJ. INVAR. 1. gêneur, casse-couilles (très fam.), chieur (très fam.), emmerdeur (fam.), enquiquineur (fam.), raseur (fam.) 2. ennuyeux, assommant, chiant (très fam.), emmerdant (très fam.), gonflant (fam.), rasoir (fam.)

casser
▶ V. TR. 1. briser, broyer, disloquer, écraser, fracasser, fracturer, rompre 2. abîmer, détruire, bousiller (fam.), déglinguer (fam.), esquinter (fam.) 3. annuler 4. démettre, dégrader, déposer, destituer, limoger, révoquer
▶ V. INTR. se briser, claquer, se rompre, péter (fam.)

cassure N. F. 1. brisure, brèche, casse, crevasse, faille, fente, fissure, fracture 2. [Géol.] diaclase, faille, joint 3. rupture, coupure, fêlure

caste N. F. clan, classe

castrer V. TR. châtrer, bistourner, chaponner, couper, émasculer

cataclysme N. M. 1. calamité, catastrophe, désastre, fléau 2. bouleversement, crise, ravage

catalogue N. M. 1. index, inventaire, liste, nomenclature, recueil, répertoire, rôle, table 2. liste, dénombrement, énumération, inventaire

cataloguer V. TR. 1. juger, classer, étiqueter, jauger 2. indexer, inventorier, répertorier

catapulter V. TR. 1. lancer, projeter, propulser, porter 2. promouvoir, propulser, bombarder (fam.), parachuter (fam.)

catastrophe N. F. 1. calamité, cataclysme, fléau 2. drame, coup, désastre, infortune, malheur, tragédie, cata (fam.), tuile (fam.)

catastropher V. TR. abattre, accabler, atterrer, consterner

catastrophique ADJ. 1. affreux, désastreux, dramatique, effroyable, épouvantable, terrible 2. déplorable, calamiteux, désastreux, lamentable

catégorie N. F. espèce, classe, famille, genre, groupe, ordre, race, série, sorte, type

catégorique ADJ. 1. absolu, clair, formel, indiscutable, net 2. autoritaire, cassant, coupant, définitif, impératif, péremptoire, tranchant

catimini (en) LOC. ADV. en cachette, à la dérobée, en secret, en tapinois, en douce (fam.)

cauchemar N. M. 1. mauvais rêve, terreur nocturne 2. hantise, bête noire, obsession, tourment

causant, ante ADJ. communicatif, bavard, loquace, disert (littér.)

cause N. F. 1. motif, mobile, raison, sujet 2. origine, fondement, moteur, principe, source 3. agent, auteur, créateur, instigateur 4. intérêt, parti 5. procès, affaire

causer¹ V. TR. amener, amorcer, apporter, attirer, catalyser, déclencher, donner lieu à, entraîner, motiver, occasionner, produire, provoquer, susciter

causer² V. INTR. 1. parler, bavarder, converser, deviser, discuter, papoter (fam.), faire causette (fam.), tailler une bavette (fam.) 2. jaser, cancaner, faire des potins (fam.)

causeur, euse
▶ ADJ. loquace, bavard, causant (fam.), disert (littér.)
▶ N. orateur, discoureur

caustique ADJ. 1. acide, brûlant, corrodant, corrosif, cuisant 2. acerbe, acéré, corrosif, incisif, mordant, piquant, satirique

caution N. F. 1. gage, cautionnement, garantie, sûreté 2. garant, répondant 3. appui, aval, soutien

cautionner V. TR. avaliser, répondre de, se porter garant de

cavalcade N. F. chevauchée, course, galopade

cavaleur, euse ADJ. et N. coureur (de filles/de jupons), volage, dragueur (fam.), chaud lapin (fam.)

cavalier, ière
▶ ADJ. désinvolte, hardi, hautain, impertinent, inconvenant
▶ N. danseur, partenaire
▶ N. M. jockey, écuyer
◆ **cavalière** N. F. amazone, écuyère

cavalièrement ADV. insolemment, impertinemment, à la hussarde

cave N. F. 1. cellier, chai 2. sous-sol, caveau

caverne N. F. 1. grotte, cavité 2. antre, refuge, repaire, tanière

caverneux, euse ADJ. grave, bas, profond, sépulcral

cavité N. F. 1. creux, anfractuosité, concavité, excavation, niche, trou, vide 2. [Géol.] abîme, aven, caverne, fosse, gouffre, grotte, précipice, ravin

céder
▶ V. TR. donner, abandonner, concéder, se dessaisir de, passer, transmettre
▶ V. INTR. 1. casser, craquer, lâcher, rompre, péter (fam.) 2. s'écrouler, s'enfoncer 3. cesser, disparaître, tomber 4. capituler, battre en retraite, s'incliner, lâcher prise, lâcher pied, se rendre, renoncer, se résigner

ceindre V. TR. 1. cerner, encercler, enclore, enfermer, entourer, enserrer 2. revêtir, mettre

célébration N. F. 1. commémoration, cérémonie, fête 2. apologie, exaltation, glorification

célèbre ADJ. 1. fameux, (très) connu, glorieux, illustre, insigne, légendaire, notoire, renommé, réputé, connu comme le loup blanc 2. historique, inoubliable, mémorable, proverbial

célébrer V. TR. 1. commémorer, fêter 2. chanter, exalter, glorifier, louer, sanctifier, vanter 3. [la messe] dire

célébrité N. F. 1. renom, gloire, notoriété, popularité, renommée, réputation, succès 2. personnalité, gloire, grand nom, star, vedette, pointure (fam.), [Cinéma] tête d'affiche

cellule N. F. 1. prison, cachot, geôle (littér.), mitard (argot) 2. loge, chambrette 3. case, alvéole, compartiment, loge 4. groupe, noyau, section

cénacle N. M. cercle, chapelle, clan, club, coterie (péj.)

cendres N. F. PL. ruines, débris, restes

censé, ée ADJ. supposé, présumé, réputé

censure N. F. 1. blâme, condamnation, critique, désapprobation, réprobation 2. interdit, mise à l'index

censurer V. TR. 1. blâmer, condamner, critiquer, désapprouver, réprouver 2. supprimer, caviarder 3. interdire

central, ale, aux ADJ. essentiel, capital, fondamental, principal

centralisation N. F. concentration, rassemblement, regroupement, réunion

centraliser V. TR. concentrer, rassembler, regrouper, réunir

centre N. M. 1. milieu, cœur, nombril, noyau 2. siège, cœur, foyer 3. base, fondement, principe, clé de voûte 4. cerveau, cheville ouvrière, pivot 5. pôle, axe

centrer V. TR. 1. diriger, orienter, focaliser 2. cadrer

cependant ADV. et CONJ. néanmoins, pourtant, toutefois, malgré cela, en regard de cela, toujours est-il que, avec tout cela, n'empêche que (fam.)

cerceau N. M. arc, arceau, archet

cercle N. M. 1. rond, anneau, disque, couronne, rosace 2. auréole, cerne, halo, nimbe 3. circonvolution, rotation, rond, tour 4. club, cénacle, chapelle, clan

cercler V. TR. encercler, cerner, entourer, ceindre (littér.)

cercueil N. M. bière, sarcophage, boîte (fam.)

cérébral, ale, aux ADJ. intellectuel, mental

cérémonial N. M. 1. code, décorum, étiquette, protocole, règles, usage 2. rituel, rite

cérémonie N. F. 1. fête, célébration, commémoration, réception 2. décorum, cérémonial, solennité, appareil (littér.), pompe (littér.)
◆ **cérémonies** PLUR. [péj.] façons, chinoiseries, chichis (fam.), complications

cérémonieux, euse ADJ. 1. affecté, apprêté, compassé, solennel 2. formaliste, protocolaire

cerne N. M. 1. halo, auréole 2. [sous les yeux] poche, valise (fam.)

cerner V. TR. 1. assiéger, bloquer, boucler, encercler, investir 2. circonscrire, délimiter 3. appréhender, comprendre, faire le tour de, saisir

certain, aine ADJ. 1. convaincu, assuré, persuadé, sûr 2. incontestable, avéré, confirmé, indéniable, indiscutable, indubitable, sûr 3. inévitable, garanti, inéluctable, immanquable 4. évident, flagrant, manifeste 5. réel, authentique, vrai 6. relatif

certainement ADV. 1. incontestablement, indéniablement, indiscutablement, indubitablement, assurément, sans aucun doute 2. inévitablement, fatalement, infailliblement, nécessairement, à coup sûr, sûrement 3. (très) probablement 4. [en exclamatif] bien sûr !, certes !, évidemment !, naturellement !, un peu ! (fam.)

certifier V. TR. 1. affirmer, assurer, attester, confirmer, garantir, maintenir, soutenir 2. authentifier, légaliser, vidimer (Admin.)

certitude N. F. 1. évidence, vérité 2. assurance, conviction, croyance

cerveau N. M. 1. esprit, intelligence, tête 2. tête, cervelle, crâne, ciboulot (fam.) 3. organisateur, chef, instigateur, meneur

cervelle N. F. intelligence, matière grise, méninges (fam.)

cessation N. F. arrêt, abandon, fin, interruption, suspension

cesse (sans) ADV. continuellement, constamment, en permanence, perpétuellement, sans relâche, 24 heures sur 24, non-stop, à longueur de journée (péj.)

cesser
▶ V. TR. 1. arrêter, interrompre, mettre fin à, stopper, suspendre 2. abandonner, lâcher, renoncer à
▶ V. INTR. 1. s'arrêter, finir, prendre fin, s'achever, se terminer 2. disparaître, s'effacer, s'enfuir, s'évanouir

cession N. F. 1. donation, transfert, transmission, transport, vente 2. abandon, abandonnement, délaissement

c'est-à-dire LOC. CONJ. à savoir, en d'autres termes, id est, i.e., soit, assavoir (littér.)

chagrin N. M. 1. tristesse, affliction, douleur, peine, souffrance, tourment 2. contrariété, déception, dépit (littér.)

chagriner V. TR. 1. affecter, affliger, attrister, peiner, contrister (littér.) 2. tracasser, contrarier, inquiéter, tourmenter, turlupiner (fam.)

chahut N. M. tapage, tumulte, vacarme, barouf (fam.), boucan (fam.), chambard (fam.), raffut (fam.)

chahuter
▶ V. INTR. s'agiter, faire du tapage, faire du raffut (fam.)
▶ V. TR. 1. bousculer, malmener 2. conspuer, huer

chaîne N. F. 1. collier, châtelaine, ferronnière, sautoir 2. [TV] canal 3. réseau, circuit 4. succession, suite, série, séquence, chapelet

châle N. M. fichu, écharpe, étoffe, pointe

chaleur N. F. 1. chaud, canicule, étuve, fournaise, touffeur (littér.) 2. animation, ardeur, enthousiasme, entrain, exaltation, ferveur, feu, fougue, impétuosité, passion, véhémence, vigueur, vivacité 3. cordialité

chaleureusement ADV. cordialement, chaudement

chaleureux, euse ADJ. 1. cordial, affectueux, amical, sympathique 2. ardent, empressé, enthousiaste, fervent, zélé

challenge N. M. 1. défi, gageure 2. compétition, championnat, coupe

chamailler (se) V. PRON. se disputer, se chicaner, se quereller, [femmes] se crêper le chignon (fam.)

chamaillerie N. F. dispute, querelle, chicane

chamboulement N. M. bouleversement, branle-bas, chaos, perturbation, remue-ménage, chambardement (fam.)

chambouler V. TR. bouleverser, mettre sens dessus dessous, perturber, révolutionner, chambarder (fam.)

chambre N. F. 1. chambrette, cambuse (fam.), piaule (fam.), turne (fam.) 2. pièce, salle 3. assemblée, parlement 4. cavité, compartiment, case

champ N. M. 1. terrain, prairie, pré, terre 2. sphère, cercle, domaine, étendue, zone

champêtre ADJ. rural, bucolique, campagnard, pastoral, rustique, agreste (littér.)

champion, onne N. 1. tenant du titre, recordman, vainqueur 2. concurrent, challengeur, compétiteur 3. as, virtuose, crack (fam.) 4. défenseur, avocat, apôtre

chance N. F. 1. hasard, fortune, sort 2. bonne fortune, bonheur, heureux hasard, bonne étoile, baraka, bol (fam.), pot (fam.), veine (fam.) 3. aubaine, occasion, opportunité 4. éventualité, possibilité, probabilité

chancelant, ante ADJ. 1. branlant, flageolant, titubant, vacillant 2. fragile, faible, incertain, précaire

chanceler V. INTR. 1. branler, flageoler, tituber, vaciller 2. faiblir, fléchir, montrer des signes de faiblesse, vaciller

chanceux, euse ADJ. fortuné, favorisé par le sort, heureux, veinard (fam.), verni (fam.)

chandelier N. M. bougeoir, candélabre, flambeau, girandole, lustre

chandelle N. F. bougie, cierge, flambeau

changeant, ante ADJ. 1. incertain, inégal, instable, variable 2. capricieux, fantasque, inconstant (littér.), instable, versatile, volage 3. divers, protéiforme, varié 4. chatoyant, moiré, versicolore (didact.)

changement N. M. 1. modification, altération, conversion, métamorphose, transformation 2. réorganisation, réaménagement, remaniement, restructuration 3. évolution, nouveauté, renouvellement, variété 4. alternance, balancement, fluctuation, oscillation, variation

changer
▶ V. TR. 1. modifier, métamorphoser, réformer, remanier, transfigurer, transformer 2. altérer, contrefaire, défigurer, déformer, déguiser, dénaturer, fausser, truquer 3. varier, diversifier 4. remplacer, renouveler 5. échanger, troquer
▶ V. INTR. évoluer, fluctuer, se modifier/être modifié, [radicalement] se métamorphoser, se transformer, faire peau neuve

chanson N. F. 1. air, chant, mélodie 2. [péj.] rengaine, antienne, couplet, litanie, refrain, ritournelle 3. [péj.] baliverne, histoire à dormir debout

chant N. M. 1. gazouillis, ramage (littér.) 2. chanson, mélodie 3. air, aria, ballade

chanter
▶ V. INTR. 1. gazouiller, roucouler, siffler 2. chantonner, fredonner, pousser la chansonnette (fam.)
▶ V. TR. 1. conter, dire, raconter 2. [littér.] célébrer, exalter, louer, vanter

chantier N. M. 1. atelier, entrepôt 2. projet, travail 3. [fam.] désordre, fouillis, bazar (fam.), bordel (fam.), boxon (très fam.)

chanvre N. M. cannabis, haschisch, marijuana, hasch (fam.), herbe (fam.), marie-jeanne (fam.), shit (fam.)

chaos N. M. confusion, bouleversement, désordre, pagaille, perturbation

chaotique ADJ. confus, désordonné, incohérent

chapardage N. M. vol, maraude, larcin, rapine (littér.)

chaparder V. TR. voler, dérober, faire main basse sur, barboter (fam.), chiper (fam.), chouraver (fam.), chourer (fam.), piquer (fam.)

chapeau N. M. 1. coiffe, couvre-chef (plaisant), bibi (fam.), galure (fam.), galurin (fam.), bada (argot), bitos (argot), doulos (argot) 2. [de feutre] feutre, bicoquet, borsalino 3. [de paille] canotier, panama 4. [autres] béret, bicorne, tricorne, melon, sombrero, stetson, toque 5. [anciennt, d'homme] bousingot, manille, tromblon 6. [anciennt, de femme] bavolet, cabriolet, calotte, capeline, capote, charlotte

chapeauter V. TR. coiffer, contrôler, diriger, être à la tête de, superviser

chapelet N. M. 1. rosaire 2. série, cascade, cortège, kyrielle, ribambelle

chapitre N. M. 1. partie, section 2. sujet, matière, objet, question, rubrique, thème

charabia N. M. jargon, amphigouri (littér.), galimatias (littér.), baragouin (fam.)

charge N. F. I. 1. fardeau, poids, faix (littér.) 2. chargement, cargaison, fret II. contrainte, boulet, croix, embarras, gêne, servitude III. 1. [souvent plur.] impôt, imposition, redevance, taxe 2. dépense, frais IV. 1. poste, dignité, emploi, fonction, ministère, office, place, sinécure 2. mandat, mission, ordre V. indice, présomption, preuve VI. 1. caricature, imitation 2. critique, satire VII. assaut, attaque

chargé, ée ADJ. 1. plein, rempli 2. nuageux, couvert, lourd 3. [estomac] lourd, embarrassé 4. [péj.] compliqué, tarabiscoté, touffu, [décoration] lourd, rococo

chargement N. M. cargaison, charge, fret

charger V. TR. I. 1. fréter, arrimer 2. placer, embarquer 3. garnir, couvrir, emplir, remplir, recouvrir 4. encombrer, remplir, surcharger II. 1. accuser, déposer contre, incriminer, taxer 2. caricaturer III. exagérer, forcer, outrer IV. attaquer, s'élancer sur, foncer sur, fondre sur, se jeter sur, se ruer sur

◆ **se charger de** V. PRON. assumer, endosser, faire son affaire de, s'occuper de, prendre la responsabilité de

chariot N. M. 1. caddie (nom déposé), diable 2. char, carriole, charrette, fourgon

charisme N. M. influence, charme, magnétisme

charitable ADJ. 1. altruiste, bienveillant, compatissant, indulgent, miséricordieux 2. caritatif

charité N. F. 1. altruisme, bienveillance, humanité, indulgence, miséricorde, philanthropie 2. aumône, obole, offrande

charivari N. M. tapage, tintamarre, tumulte, vacarme, barouf (fam.), boucan (fam.), chambard (fam.), potin (fam.), raffut (fam.), ramdam (fam.)

charlatan N. M. 1. escroc, imposteur, menteur, hâbleur (littér.) 2. camelot

charmant, ante ADJ. 1. séduisant, adorable, charmeur, ensorcelant, envoûtant, ravissant 2. agréable, attrayant, délicieux, enchanteur, exquis, merveilleux, plaisant 3. sympathique, amical, cordial

charme N. M. I. 1. grâce, séduction, chien (fam.) 2. agrément, délice, plaisir II. 1. enchantement, ensorcellement, envoûtement, magnétisme, sort, sortilège 2. amulette, porte-bonheur, talisman

◆ **charmes** PLUR. attraits, appas, beauté, grâce

charmé, ée ADJ. enchanté, heureux, ravi, très content

charmer V. TR. 1. séduire, attirer, émerveiller, fasciner, subjuguer 2. enchanter, ravir

charmeur, euse
▶ ADJ. charmant, aguicheur, enjôleur, séduisant
▶ N. M. séducteur, don Juan, lovelace (littér.), tombeur (fam.)
▶ N. F. séductrice, aguicheuse, allumeuse (fam.), vamp (fam.)

charnel, elle ADJ. I. 1. corporel, naturel 2. matériel, sensible, tangible II. 1. physique, intime, sexuel 2. lascif, libidineux, lubrique, luxurieux, sensuel

charnu, ue ADJ. 1. bien en chair, dodu, plantureux, potelé, replet 2. épais, pulpeux

charpente N. F. 1. armature, bâti, carcasse, châssis, ossature 2. squelette, ossature 3. structure, architecture, canevas, organisation, trame

charpenter V. TR. 1. structurer, articuler, construire, organiser 2. dégauchir, équarrir, tailler

charpie (en) LOC. ADV. en bouillie, en capilotade, en marmelade, en compote, en purée (fam.)

charrette N. F. carriole, char, chariot, tombereau

charte N. F. convention, protocole, règlement

chasse N. F. 1. cynégétique 2. traque, poursuite 3. recherche, quête

chasser
▶ V. TR. 1. déloger, bouter, débusquer, dénicher 2. traquer, donner la chasse à, être aux trousses de, poursuivre, pourchasser 3. exclure, bouter, évincer, expulser, mettre dehors, refouler, rejeter 4. congédier, licencier, mettre à la porte, remercier, renvoyer, se séparer de, flanquer dehors (fam.), lourder (fam.), sacquer (fam.), vider (fam.), virer (fam.) 5. [d'un pays] bannir, exiler, [Relig.] excommunier 6. dissiper, balayer, écarter, éliminer, supprimer 7. conjurer, exorciser
▶ V. INTR. déraper, glisser, patiner, riper

chasseur, euse N. 1. braconnier, colleteur, trappeur, traqueur 2. groom, domestique

châssis N. M. cadre, bâti, carcasse, charpente

chaste ADJ. 1. abstinent 2. pur, décent, innocent, modeste, pudique, sage, vertueux 3. platonique

chasteté N. F. 1. abstinence, continence 2. pureté, sagesse, vertu

chat N. M. matou (fam.), minet (fam.), minou (fam.), mistigri (fam.), miaou (lang. enfants)

châtié, ée ADJ. académique, classique, dépouillé, épuré, poli, pur

châtier V. TR. 1. punir, corriger, sanctionner 2. corriger, épurer, perfectionner, polir, soigner

châtiment N. M. 1. punition, expiation, pénitence, sanction 2. [Relig.] damnation, dam

chatouillement N. M. 1. titillation, chatouille (fam.), chatouillis (fam.), guili-(-guili) (fam.), papouille (fam.) 2. démangeaison, picotement

chatouiller V. TR. 1. titiller, faire des guili(-guili) à (fam.), faire des papouilles à (fam.) 2. démanger, picoter 3. piquer, exciter 4. flatter, charmer, plaire à, titiller

chatouilleux, euse ADJ. 1. sensible, délicat, douillet 2. irritable, ombrageux, susceptible, à fleur de peau

chatoyant, ante ADJ. brillant, changeant, miroitant, moiré, scintillant

chaud, chaude ADJ. I. fiévreux, fébrile II. 1. fougueux, amoureux, ardent, bouillant, emporté, vif 2. fervent, ardent, fanatique, passionné, zélé 3. [fam.] enthousiaste, décidé, emballé (fam.), partant (fam.) III. [fam.] âpre, dur, sanglant, sévère 2. dangereux, risqué

chauffer
▶ V. TR. 1. réchauffer 2. animer, enflammer, exalter, exciter 3. [un concurrent] entraîner, exercer
▶ V. INTR. 1. s'échauffer 2. [fam.] aller mal, se gâter, barder (fam.), tourner au vinaigre (fam.)

◆ **se chauffer** V. PRON. s'échauffer, se mettre en condition, se mettre en train

chauffeur N. M. 1. automobiliste, conducteur, chauffard (péj.) 2. camionneur, routier 3. machiniste

chaussée N. F. 1. route, macadam, rue, voie 2. digue, levée, remblai, talus

chaussure N. F. soulier, escarpin, savate, godasse (fam.), godillot (fam.), grolle (fam.), pompe (fam.), péniche (fam.), tatane (fam.)

chauve ADJ. dégarni, déplumé (fam.)

chauvin, ine ADJ. cocardier, patriotard, nationaliste, xénophobe

chavirer
▸ V. INTR. 1. basculer, capoter, dessaler, se renverser, se retourner 2. chanceler, tanguer, trébucher, vaciller
▸ V. TR. bouleverser, émouvoir, renverser, retourner, secouer, toucher

chef N. M. 1. directeur, dirigeant, patron, P.D.G., responsable, supérieur, boss (fam.), singe (argot) 2. animateur, guide, leader, meneur, tête, cacique (littér.), coryphée (littér.), [de la mafia] parrain 3. officier, gradé 4. [de tribu arabe] cheik, [amérindien] sachem 5. champion, as, crack 6. cuisinier, coq

chef-d'œuvre N. M. bijou, joyau, merveille, prodige, trésor

chemin N. M. 1. voie, allée, passage, piste, route, rue, sentier 2. itinéraire, circuit, parcours, route, trajet 3. trajectoire, course

chemise N. F. 1. chemisier, corsage, liquette (fam.), limace (argot) 2. couverture, dossier

chemisier N. M. corsage, liquette

chenapan N. M. coquin, bandit, galopin, garnement, polisson, vaurien, affreux jojo (fam.)

cheptel N. M. bétail, bestiaux, troupeau

cher¹, chère ADJ. 1. coûteux, dispendieux, exorbitant, hors de prix, inabordable, onéreux, ruineux, chérot (fam.), salé (fam.) 2. adoré, aimé, bien-aimé, chéri

cher² ADV. chèrement, le prix fort, à prix d'or, bonbon (fam.), la peau des fesses (fam.), la peau du cul (fam.), les yeux de la tête (fam.)

chercher V. TR. 1. rechercher, faire la chasse à, se mettre en quête de, quérir (littér.) 2. imaginer, inventer, supposer 3. réfléchir à, penser à

chèrement ADV. 1. cher, le prix fort, à prix d'or 2. affectueusement, tendrement 3. amoureusement, pieusement

chéri, ie ADJ. ET N. favori, chouchou (fam.)

chérir V. TR. 1. adorer, aduler, aimer, porter dans son cœur, vénérer 2. estimer, priser

chétif, ive ADJ. 1. débile, fluet, maigrelet, malingre, rachitique, pur, maigrichon (fam.), maigriot (fam.) 2. rabougri, ratatiné

cheval N. M. 1. monture, bourrin, coursier (littér.), destrier (littér.), dada (lang. enfants) 2. pur-sang, yearling 3. [reproducteur] étalon 4. [sauvage] mustang, tarpan

chevelure N. F. cheveux, toison, crinière (fam.), tignasse (fam.)

cheveu N. M. poil (fam.), tif (fam.)
♦ **cheveux** PLUR. chevelure, toison, crinière (fam.), tignasse (fam.)

chevronné, ée ADJ. expérimenté, expert, qualifié

chic
▸ ADJ. INVAR. 1. élégant, allure 2. huppé, b.c.b.g., NAP, chicos (fam.), smart (fam.), sélect (fam.) 3. gentil, brave, chouette (fam.), super (fam.), sympa (fam.)
▸ N. M. 1. élégance, allure, chien, distinction, prestance 2. aisance, habileté, savoir-faire

chicanier, ière ADJ. pointilleux, chicaneur, coupeur de cheveux en quatre, ergoteur, pinailleur, tatillon, vétilleux (littér.), enculeur de mouches (très fam.)

chiche ADJ. 1. maigre, juste, mesquin, pauvre 2. [vieilli] avare, parcimonieux, pingre, regardant, ladre (littér.), radin (fam.), près de ses sous (fam.)

chichis N. M. PL. 1. affectation, mignardises, minauderies, simagrées 2. cérémonie, embarras, façons, manières

chien N. M. 1. clébard (fam.), cabot (fam. et péj.), chienchien (fam.), toutou (fam.), clebs (fam.), roquet (péj.) 2. [jeune] chiot 3. allure, chic, distinction

chiffonner V. TR. 1. friper, bouchonner, froisser, plisser 2. contrarier, chagriner, ennuyer, intriguer, tourmenter, tracasser, turlupiner (fam.)

chiffre N. M. 1. nombre 2. montant, somme, total 3. indice, taux 4. code (secret), cryptage 5. combinaison 6. marque, monogramme

chiffrer V. TR. 1. évaluer, calculer, compter, quantifier 2. numéroter 3. coder, crypter
♦ **se chiffrer** V. PRON.
— **se chiffrer à** s'élever à, monter jusqu'à, atteindre
— **se chiffrer en** se compter par

chimère N. F. fantasme, illusion, mirage, rêve, songe, utopie

chimérique ADJ. 1. illusoire, imaginaire, irréalisable, irréaliste, irréel, utopique, vain 2. rêveur, romanesque, utopiste, visionnaire 3. fabuleux, fantastique, imaginaire, mythique

chiper V. TR. voler, dérober, barboter, piquer (fam.)

choc N. M. I. 1. collision, coup, heurt, percussion 2. accident, accrochage, carambolage, télescopage II. 1. bataille, affrontement, combat, lutte 2. conflit, antagonisme, confrontation, opposition III. 1. émotion, bouleversement, coup, ébranlement, traumatisme 2. commotion

choisi, ie ADJ. 1. châtié, élégant, précieux, recherché 2. raffiné, d'élite, distingué

choisir V. TR. 1. adopter, opter pour, retenir, sélectionner, embrasser, jeter son dévolu sur 2. élire, désigner, nommer 3. se décider pour, se déterminer pour, s'engager pour, se prononcer pour, prendre parti pour

choix N. M. I. 1. option, alternative, [difficile] dilemme 2. décision, résolution II. 1. désignation, élection, nomination, sélection III. 1. assortiment, collection, éventail, gamme, palette, sélection 2. anthologie, florilège, recueil

choquant, ante ADJ. 1. déplacé, grossier, incongru, inconvenant, indécent, malséant (littér.) 2. révoltant, scandaleux, shocking (plaisant)

choquer V. TR. 1. blesser, heurter, froisser, indigner, offenser, offusquer, révolter, scandaliser 2. bouleverser, commotionner, ébranler, traumatiser, secouer (fam)

choyer V. TR. 1. cajoler, couver, dorloter, gâter, materner, soigner, chouchouter (fam.) 2. cultiver, entretenir, nourrir

chronique¹ ADJ. 1. durable, persistant 2. constant, permanent 3. habituel, systématique

chronique² N. F. 1. [surtout au plur.] annales, histoire, mémoires 2. article, billet, courrier, éditorial, rubrique

chuchotement N. M. murmure, susurrement, messes basses (péj.)

chuchoter V. TR. 1. murmurer, susurrer, souffler 2. [sans complément] parler bas, faire des messes basses (péj.)

chute N. F. I. 1. culbute, bûche (fam.), dégringolade (fam.), gadin (fam.), gamelle (fam.), pelle (fam.), [Alpinisme] dévissage 2. éboulement, écrasement, effondrement II. baisse, déclin, effondrement, dégringolade (fam.) III. déchéance, décadence, déconfiture (fam.), effondrement, ruine IV. reste, déchet, résidu, rognure V. [de pluie, de neige] précipitation

chuter V. INTR. 1. tomber, dégringoler, choir (littér.), se ramasser (fam.), ramasser/se prendre une bûche (fam.), prendre un gadin (fam.), se prendre une gamelle (fam.), ramasser/se prendre une pelle (fam.) 2. baisser, dégringoler, s'effondrer 3. échouer, prendre un gadin (fam.)

cible N. F. 1. point de mire 2. but, objectif

cibler V. TR. délimiter, circonscrire, déterminer

cicatrice N. F. 1. balafre, couture 2. marque, blessure, empreinte, stigmate, trace

ciel N. M. 1. voûte céleste, azur (littér.), cieux (littér.), éther (littér.), firmament (littér.), nues (littér.) 2. paradis, au-delà

cierge N. M. bougie, chandelle, luminaire

cigarette N. F. cibiche (fam.), clope (fam.), pipe (fam.), sèche (fam.), tige (fam.)

cime N. F. sommet, crête, faîte, pic, pointe

cimenter V. TR. 1. affermir, consolider, raffermir 2. lier, sceller, unir

cimetière N. M. catacombe, hypogée, nécropole, ossuaire, boulevard des allongés (fam.)

cinéma N. M. 1. septième art, grand écran, salles obscures 2. ciné (fam.), cinoche (fam.) 3. [fam.] comédie, cirque (fam.) 4. [fam.] bluff, chiqué (fam.)

cinglant, ante ADJ. acerbe, blessant, cruel, féroce, vexant

cingler¹ V. INTR. naviguer, progresser, faire route, voguer

cingler² V. TR. 1. cravacher, flageller, fouetter 2. blesser, vexer

circonférence N. F. périmètre, périphérie, pourtour

circonscrire V. TR. 1. entourer, borner, délimiter, limiter 2. cerner, délimiter 3. enrayer, arrêter, freiner, juguler

circonspect, ecte ADJ. prudent, mesuré, précautionneux, réfléchi, réservé

circonspection N. F. prudence, mesure, précaution, réflexion, réserve, retenue

circonstance N. F. 1. cas, coïncidence, hasard, occasion 2. donnée, condition, modalité, particularité
♦ **circonstances** PLUR. conjoncture, état des choses, situation

circonvenir V. TR. abuser, berner, endormir, manœuvrer, emberlificoter (fam.), embobiner (fam.), entortiller (fam.)

circonvolution N. F. enroulement, ondulation, sinuosité, spirale, spire

circuit N. M. I. 1. parcours, itinéraire, tour, trajet 2. périple, promenade, randonnée, voyage II. 1. autodrome, piste 2. réseau, canal

circulaire ADJ. 1. rond 2. giratoire, rotatoire 3. périphérique

circulation N. F. 1. trafic, passage, flux, mouvement 2. diffusion, propagation, transmission

circuler V. INTR. 1. passer, se déplacer, se promener 2. conduire, rouler 3. courir, se propager, se répandre 4. passer de main en main, se transmettre

cisailler V. TR. couper, scier, taillader

ciseler V. TR. 1. sculpter 2. parfaire, parachever, polir, fignoler (fam.), peaufiner (fam.)

citadelle N. F. 1. château fort, fort, fortification 2. centre, bastion, rempart

citation N. F. 1. extrait, morceau, passage 2. assignation, convocation

cité N. F. ville, agglomération, métropole, mégalopole

citer V. TR. 1. mentionner, énumérer, indiquer, nommer, rapporter, signaler 2. alléguer, invoquer

citoyen, enne
▸ ADJ. civique, patriotique
▸ N. ressortissant, national

civilisation N. F. 1. culture 2. progrès, évolution

civilisé, ée ADJ. évolué, poli, policé, raffiné

civiliser V. TR. affiner, améliorer, dégrossir, éduquer, policer, polir

civilité N. F. 1. courtoisie, politesse, amabilité 2. sociabilité, bonnes manières, savoir-vivre

civique ADJ. patriotique, citoyen

civisme N. M. patriotisme, citoyenneté

clair¹ ADV. franchement, clairement, sans ambages, sans ambiguïté, sans détour, sans équivoque

clair², aire ADJ. I. 1. lumineux, éclatant 2. pâle 3. limpide, cristallin, pur, transparent 4. dégagé, beau, serein II. 1. compréhensible, intelligible, limpide, lumineux 2. explicite, franc, sans détour, sans ambiguïté 3. évident, manifeste, flagrant, apert (littér.) III. 1. distinct, intelligible, net 2. argentin, aigu, cristallin IV. fluide, liquide V. clairsemé, aéré, peu fourni

clairement ADV. 1. distinctement, nettement, précisément 2. explicitement, franchement, sans ambages, sans ambiguïté, sans détour, sans équivoque 3. intelligiblement 4. manifestement, incontestablement, indubitablement

claironner V. TR. proclamer, carillonner, clamer, crier sur les toits, publier (littér.)

clairsemé, ée ADJ. 1. éparpillé, dispersé, disséminé, épars, espacé 2. rare, chétif, maigre

clairvoyance N. F. discernement, acuité, lucidité, pénétration, perspicacité, sagacité

clairvoyant, ante ADJ. 1. lucide, avisé, pénétrant, perspicace, sagace 2. voyant, extra-lucide

clamer V. TR. 1. crier, hurler 2. proclamer, carillonner, claironner, crier sur les toits, publier (littér.)

clameur N. F. 1. bruit, tumulte, vacarme 2. cri, hurlement, vocifération, tollé 3. acclamation, hourra, vivat

clan N. M. 1. association, bande, caste, classe, chapelle, coterie, parti 2. camp, côté, faction, parti 3. tribu

clandestin, ine ADJ. 1. secret, caché, souterrain, subreptice 2. illégal, frauduleux, illicite, prohibé, [marché] noir, parallèle

clandestinement ADV. 1. en cachette, secrètement, subrepticement, [diffuser] sous le manteau, en sous-main 2. illégalement, au noir

clandestinité N. F. 1. illégalité 2. secret

claque N. F. 1. gifle, soufflet (littér.), baffe (fam.), beigne (fam.), calotte (fam.), mandale (fam.), mornifle (fam.), taloche (fam.), tape (fam.), tarte (fam.) 2. affront, humiliation, camouflet (littér.)

claquer
▶ V. INTR. 1. battre, s'agiter 2. casser, lâcher, se rompre, péter (fam.)
▶ V. TR. 1. casser, péter (fam.) 2. gifler, filer/flanquer une baffe à (fam.), filer/flanquer une beigne à (fam.) 3. [fam.] fatiguer, épuiser, éreinter, exténuer, crever (fam.), mettre à plat (fam.), vanner (fam.), vider (fam.) 4. [fam.] dépenser, flamber, gaspiller, bouffer (fam.), croquer (fam.)
♦ **se claquer** V. PRON. [un muscle] se déchirer, se froisser

clarification N. F. 1. éclaircissement, explication 2. décantation, défécation, épuration, purification

clarifier V. TR. 1. éclaircir, débrouiller, démêler, élucider 2. décanter, défequer, épurer, filtrer, purifier

clarté N. F. 1. lumière, lueur, nitescence (littér.) 2. luminosité, éclat 3. limpidité, pureté 4. netteté, limpidité, précision

clash N. M. désaccord, conflit, dispute, rupture

classe[1] N. F. I. 1. catégorie, division, espèce, série, sorte 2. caste, catégorie, clan, état, groupe II. 1. valeur, carrure, envergure, qualité 2. élégance, allure, chic, distinction, race, raffinement 3. standing III. 1. cours, leçon 2. école

classe[2] ADJ. chic, classieux (fam.), distingué, smart (fam.)

classement N. M. 1. rangement, arrangement, groupement, mise en ordre 2. classification, taxinomie, typologie 3. rang, place

classer V. TR. 1. ordonner, ranger, répartir, trier 2. archiver, ranger 3. classifier, catégoriser, différencier, distribuer, sérier 4. juger, cataloguer, étiqueter, jauger

classification N. F. 1. classement, répartition 2. hiérarchie, ordre, typologie

classifier V. TR. classer, répartir

classique ADJ. 1. banal, commun, courant, habituel, ordinaire, bateau (fam., péj.) 2. traditionnel, conventionnel 3. sobre, strict

clé N. F. 1. crochet, passe-partout, rossignol 2. explication, secret, sens, signification, solution 3. [en apposition] central, capital, essentiel

clémence N. F. 1. indulgence, bienveillance, magnanimité (littér.), mansuétude (littér.), miséricorde 2. douceur

clément, ente ADJ. 1. indulgent, bienveillant, magnanime (littér.), miséricordieux, exorable (littér.) 2. doux

cliché N. M. 1. négatif 2. photo(graphie) 3. banalité, lieu commun, poncif, phrase toute faite, stéréotype

client, ente N. 1. acheteur, acquéreur, amateur, preneur, chaland, cille (argot) 2. habitué, fidèle 3. consommateur, importateur 4. patient, malade

cligner V. TR.
– **cligner les, des yeux** ciller, clignoter, papilloter

climat N. M. ambiance, atmosphère, contexte, milieu

clin d'œil N. M. 1. clignement, coup d'œil, œillade 2. allusion

clinquant[1], **ante** ADJ. criard, tapageur, voyant

clinquant[2] N. M. 1. faux, simili, toc (fam.) 2. brillant, vernis

clique N. F. bande, clan, coterie, mafia

clivage N. M. division, disjonction, séparation

cloaque N. M. 1. bourbier, décharge, égout, sentine (littér.) 2. bas-fonds, boue

clochard, arde N. sans-abri, sans domicile fixe, S.D.F, vagabond, cloche (fam.), clodo (fam.), clopinard (fam.)

cloche N. F. 1. [petite] clochette, grelot, sonnette, [grosse] bourdon 2. airain (poétique), bronze (poétique) 3. dessus-de-plat, couvercle

cloison N. F. 1. mur, paroi, claustra 2. barrière, division, séparation

cloisonnement N. M. compartimentation, compartimentage, séparation

cloisonner V. TR. compartimenter, séparer

cloîtrer V. TR. enfermer, claquemurer, emprisonner, claustrer (littér.), boucler (fam.)
♦ **se cloîtrer** V. PRON. s'enfermer, se barricader, se claquemurer, se murer, se retirer (du monde)

clopiner V. INTR. boiter, boitiller, claudiquer

cloque N. F. 1. ampoule, bulle, phlyctène 2. boursouflure, bulle

clore V. TR. 1. fermer 2. enclore, clôturer, enfermer 3. achever, arrêter, clôturer, finir, terminer, [une séance] lever

clôture N. F. 1. barrière, barbelé, échalier, enceinte, grillage, haie, palissade, treillage, treillis 2. achèvement, arrêt, cessation, fin, [de séance] levée

clôturer V. TR. 1. clore, enclore, fermer 2. achever, arrêter, clore, finir, terminer, [une séance] lever

clown N. M. 1. bouffon, auguste 2. pitre, charlot (fam.), guignol (fam.), mariole (fam.), zouave (fam.)

club N. M. 1. association, cercle, cénacle, groupe, société 2. boîte (de nuit)

coaguler V. INTR. cailler, se figer, prendre, se solidifier

coaliser V. TR. grouper, rassembler, réunir, unir
♦ **se coaliser** V. PRON. s'allier, se liguer, s'unir

coalition N. F. alliance, association, confédération, entente, ligue, union

cocardier, ière ADJ. chauvin, nationaliste, patriotard

cocasse ADJ. amusant, burlesque, comique, drôle, risible, marrant (fam.), poilant (fam.), tordant (fam.)

cochon[1] N. M. 1. porc, verrat, pourceau (littér.) 2. [petit] cochonnet, goret, porcelet

cochon[2], **onne** ADJ. et N. 1. malpropre, dégoûtant, sale 2. pornographique, obscène 3. grivois, égrillard, paillard, polisson, salé (fam.) 4. vicieux

cochonner V. TR. 1. salir, souiller, tacher, maculer (littér.) 2. bâcler, gâcher, bousiller (fam.)

cochonnerie N. F. 1. pacotille, merde (très fam.), saloperie (très fam.), toc (fam.) 2. sale tour, rosserie, crasse, tour de cochon, vacherie (fam.) 3. obscénité, grivoiserie, cochonceté (fam.) 4. saleté

cockpit N. M. cabine, carlingue, habitacle, poste de pilotage

cocu, ue N. et ADJ. trompé, qui porte des cornes

cocufier V. TR. tromper, faire porter des cornes à, coiffer de cornes

codage N. M. cryptage, chiffrement, encodage

code N. M. 1. législation, loi, règlement 2. chiffre 3. combinaison 4. feu de croisement

coder V. TR. crypter, chiffrer, encoder

codifier V. TR. 1. réglementer 2. normaliser, rationaliser, systématiser

coefficient N. M. facteur, marge, pourcentage, ratio

coercitif, ive ADJ. contraignant, oppressif

coercition N. F. contrainte, pression, oppression

cœur N. M. I. 1. battant (fam.), palpitant (fam.) 2. ardeur, allant, conviction, enthousiasme, entrain, ferveur, zèle 3. courage II. 1. centre, milieu, nœud, aubier, duramen

coexistence N. F. 1. concomitance, simultanéité 2. cohabitation

coffre N. M. 1. huche, layette, maie, malle 2. coffre-fort, coffiot (argot) 3. [d'orgue] buffet, cabinet

coffret N. M. écrin, baguier, cassette

cogner V. TR. 1. heurter, buter contre, choquer 2. frapper, taper (sur)

cohérence N. F. 1. cohésion, équilibre, harmonie, homogénéité, unité 2. logique, cohésion, rationalité

cohérent, ente ADJ. 1. homogène, équilibré, harmonieux, uni 2. logique, suivi, rationnel

cohésion N. F. 1. ensemble, solidarité, unité 2. cohérence, logique

cohue N. F. 1. foule, multitude, peuple (fam.), populo (fam.) 2. bousculade, confusion, mêlée, ruée, rush

coi, coite ADJ. 1. muet, silencieux 2. abasourdi, muet, pantois, pétrifié, sidéré, stupéfait, sans voix, baba (fam.)

coiffer V. TR. 1. peigner, arranger, brosser 2. diriger, chapeauter, superviser, être à la tête de 3. recouvrir, couronner, surmonter

coin N. M. I. 1. angle, encoignure, recoin, renfoncement 2. [des lèvres] commissure II. endroit, localité, région, pays, quartier, secteur III. 1. cale 2. poinçon

coincé, ée ADJ. [fam.] complexé, inhibé, [air] constipé

coincer V. TR. 1. immobiliser, bloquer, caler 2. retenir, serrer, bloquer 3. acculer, [sur une question] piéger, coller (fam.) 4. [fam.] arrêter, alpaguer (fam.), choper (fam.), cueillir (fam.), épingler (fam.), pincer (fam.)
♦ **se coincer** V. PRON. se bloquer, s'enrayer, gripper

coïncidence N. F. 1. concomitance, simultanéité, synchronisme 2. hasard, concours de circonstances

coïncident, ente ADJ. concomitant, simultané, synchrone

coïncider V. INTR. 1. s'accorder, concorder, correspondre, se recouper 2. se superposer, se confondre, se recouvrir

col N. M. 1. goulot 2. brèche, défilé, détroit, gorge, pas, port 3. collet, collerette, fraise

colère N. F. fureur, emportement, furie, irritation, rage, courroux (littér.), foudres (littér.), ire (littér.)

coléreux, euse ADJ. emporté, irascible, irritable, soupe au lait (fam.), atrabilaire (littér.), bilieux (littér.)

collaborateur, trice N. 1. collègue 2. adjoint, aide, associé, assistant, second

collaboration N. F. aide, appui, concours, coopération, participation

collaborer (à) V. TR. IND. coopérer (à), participer (à), apporter son concours (à), prendre part à

collant, ante ADJ. 1. adhésif, autocollant 2. gluant, poisseux, visqueux 3. ajusté, étroit, moulant, serré 4. importun, crampon (fam.), glu (fam.), pot de colle (fam.)

collation N. F. en-cas, goûter, casse-croûte (fam.), lunch (fam.), quatre-heures (lang. enfants)

collecter V. TR. glaner, ramasser, rassembler, récolter, recueillir, réunir

collectif, ive ADJ. 1. commun, général, public 2. en équipe, collégial, en groupe 3. social, public

collection N. F. 1. assortiment, ensemble, groupe 2. quantité, foule, kyrielle, multitude, ribambelle, tas, variété, flopée (fam.)

collégien, ienne N. élève, écolier, potache *(fam.)*

collègue N. 1. homologue, confrère, consœur 2. collaborateur, associé

coller
▶ V. TR. 1. encoller, fixer, *[affiche]* placarder 2. appuyer, appliquer, plaquer, presser 3. consigner, punir 4. ajourner, recaler, refuser, étendre *(fam.)*
▶ V. INTR. 1. adhérer, attacher, tenir 2. poisser
♦ **se coller** V. PRON. se serrer, s'appuyer, se plaquer

colleter (se) V. PRON. 1. s'affronter, se bagarrer, se battre, s'empoigner, lutter 2. se débattre (avec, dans)

colline N. F. butte, coteau, éminence, hauteur, mamelon, tertre

collision N. F. 1. impact, choc 2. accident, accrochage, télescopage 3. désaccord, antagonisme, opposition, rivalité

colloque N. M. conférence, congrès, forum, rencontre, séminaire, symposium, table ronde

collusion N. F. complicité, accord, connivence, entente, intelligence *(littér.)*

colmater V. TR. 1. boucher, fermer, obturer 2. combler, réduire

colonie N. F. 1. communauté, groupe, peuplement 2. *[d'abeilles]* essaim, ruche

colonne N. F. 1. pilier, pilastre, poteau, colonnette, dosseret 2. file, cohorte, cortège

coloration N. F. 1. teinte, ton 2. carnation, pigmentation 3. teinture, couleur

coloré, ée ADJ. 1. enluminé, vermeil 2. animé, expressif, haut en couleur, imagé, parlant, vivant

colorer V. TR. 1. teindre, pigmenter, teinter 2. colorier, peindre 3. empreindre, charger, teinter

coloris N. M. 1. couleur, teinte, ton 2. teint, carnation

colossal, ale, aux ADJ. démesuré, énorme, fantastique, gigantesque, herculéen, monstrueux, monumental, titanesque

colporter V. TR. divulguer, diffuser, ébruiter, propager, rapporter, répandre

combat N. M. I. *[Milit.]* 1. action, engagement, échauffourée, escarmouche, baroud *(argot militaire)* 2. conflit, guerre, lutte armée II. 1. duel, corps à corps 2. bagarre, bataille, échauffourée, rixe, *[à coups de poing]* pugilat III. 1. lutte, bataille, engagement 2. antagonisme, conflit, opposition, rivalité

combatif, ive ADJ. 1. agressif, bagarreur, batailleur, belliqueux 2. accrocheur, battant, pugnace *(littér.)*

combattant, ante N. 1. guerrier, soldat, guérillero 2. adversaire, antagoniste, rival

combattre V. TR. 1. se battre contre, assaillir, faire la guerre à, livrer bataille à, lutter contre 2. s'opposer à, batailler contre, se battre contre, s'élever contre, s'engager contre, lutter contre

combinaison N. F. I. 1. agencement, arrangement, association, composition, disposition, mosaïque 2. alliance, amalgame, mariage, mélange, réunion II. 1. combinatoire, probabilités 2. code, chiffre, *[au jeu]* martingale III. manœuvre, calcul, machination, manigance, stratagème, combine *(fam.)*

combiner V. TR. 1. agencer, arranger, assembler, associer, composer, disposer, ordonner 2. allier, assortir, marier, mélanger, réunir, unir 3. préparer, manigancer, tramer, goupiller *(fam.)*, ourdir *(littér.)*, machiner *(fam.)*, magouiller *(fam.)*, trafiquer *(fam.)*

comble¹ ADJ. plein, bondé, bourré, complet

comble² N. M. 1. apogée, apothéose, faîte, maximum, pinacle, sommet, summum, zénith 2. grenier, attique, mansarde

combler V. TR. 1. charger, couvrir, accabler, gorger 2. boucher, colmater, obturer, remblayer 3. contenter, satisfaire pleinement, gâter

comédie N. F. 1. farce, *[de boulevard]* vaudeville, *[grossière]* pantalonnade 2. simagrées, caprice, cinéma *(fam.)*, cirque *(fam.)* 3. simulation, bluff, chiqué *(fam.)*

comédien, enne N. 1. acteur, interprète, cabot *(péj.)*, cabotin *(péj.)*, histrion *(péj.)* 2. hypocrite, cabotin

comestible
▶ ADJ. consommable, mangeable
▶ N. M. PL. aliments, denrées alimentaires, nourriture, victuailles

comique ADJ. 1. amusant, burlesque, cocasse, désopilant, facétieux, hilarant, bidonnant *(fam.)*, crevant *(fam.)*, impayable *(fam.)*, marrant *(fam.)*, pliant *(fam.)*, poilant *(fam.)*, rigolo *(fam.)*, tordant *(fam.)* 2. risible, grotesque, ridicule

comité N. M. commission, bureau, cellule

commande N. F. instruction, ordre

commandement N. M. 1. injonction, ordre, sommation 2. loi, précepte, prescription, règle 3. autorité, pouvoir 4. direction, conduite

commander V. TR. I. 1. ordonner, imposer, prescrire 2. conduire, diriger, mener, mener à la baguette, régenter, *[sans complément]* faire la loi, *[femme]* porter la culotte *(plaisant)* II. actionner, contrôler, déclencher III. 1. appeler, exiger, nécessiter, réclamer, requérir 2. attirer, imposer, inspirer IV. surplomber, dominer

comme ADV. et CONJ. 1. en tant que, en qualité de, à titre de 2. ainsi que, à l'instar de, au même titre que, non moins que *(littér.)* 3. puisque, étant donné que, vu que 4. alors que, au moment où, tandis que

commencement N. M. I. 1. début, départ, démarrage, amorce, mise en train 2. apparition, arrivée, naissance, aube *(littér.)*, aurore *(littér.)*, matin *(littér.)*, prémices *(littér.)* 3. déclenchement, ouverture II. 1. exorde, préambule, prologue 2. introduction, préface 3. axiome, postulat, prémisse, principe

commencer
▶ V. TR. 1. débuter, amorcer, attaquer, démarrer, donner le coup d'envoi de, engager, entamer, mettre en route, mettre sur les rails, mettre en train 2. déclencher, initier, ouvrir, provoquer 3. créer, fonder, former, instituer
▶ V. INTR. se déclencher, débuter, démarrer, naître, partir

commentaire N. M. 1. remarque, observation 2. glose, exégèse, explication, note 3. *[surtout au plur., désobligeants]* commérages, médisances, cancan *(fam.)*

commentateur, trice N. 1. éditorialiste, chroniqueur, présentateur 2. annotateur, exégète, glossateur, scoliaste

commenter V. TR. 1. expliquer, gloser 2. épiloguer sur, gloser sur

commérages N. M. PL. ragots, cancans *(fam.)*, potins *(fam.)*, racontars *(fam.)*

commerçant, ante N. marchand, détaillant, distributeur, négociant, revendeur, boutiquier *(souvent péj.)*, maquignon *(péj.)*

commerce N. M. 1. affaires, échanges, négoce, business 2. marketing, mercatique, merchandising 3. magasin, boutique, débit, fonds 4. fréquentation, rapport, relation

commère N. F. bavarde, cancanière, concierge

commettre V. TR. 1. accomplir, réaliser, consommer *(littér.)*, perpétrer *(littér.)* 2. charger, employer, commissionner, préposer, *[Droit]* désigner, nommer

commission N. F. 1. course, achat, emplette 2. message, consigne 3. comité, bureau 4. prime, courtage, ducroire 5. pot-de-vin, dessous-de-table, enveloppe, bakchich *(fam.)* 6. charge, mandat, mission

commode¹ ADJ. 1. pratique, fonctionnel, maniable 2. facile, aisé

commode² N. F. armoire, chiffonnier, semainier

commotion N. F. 1. choc, explosion, secousse 2. traumatisme, trauma 3. bouleversement, choc, désordre, trouble, traumatisme

commotionner V. TR. choquer, ébranler, secouer, traumatiser

commun, une ADJ. 1. courant, banal, fréquent, ordinaire, répandu, standard, usuel 2. quelconque, banal, ordinaire, trivial, vulgaire 3. identique, comparable, semblable 4. général, collectif, public, universel 5. mitoyen

communauté N. F. 1. collectivité, corps, groupe, société 2. association, corporation, union 3. *[nationale]* état, nation, patrie 4. *[religieuse]* congrégation, confrérie, ordre 5. identité, accord, conformité, similitude, unité

communément ADV. couramment, généralement, habituellement, ordinairement

communicatif, ive ADJ. 1. expansif, exubérant, loquace, ouvert, causant *(fam.)* 2. contagieux

communication N. F. 1. circulation, diffusion, échange, transmission 2. expression, manifestation 3. annonce, avis, communiqué, dépêche, message, note, nouvelle, renseignement 4. rapport, liaison, relation 5. jonction, passage 6. appel *(téléphonique)*, coup de téléphone

communion N. F. accord, entente, harmonie, union

communiqué N. M. annonce, avis, bulletin, communication, déclaration, message, note

communiquer
▶ V. TR. 1. dire, donner, faire part de, faire savoir, livrer, passer, publier, transmettre 2. révéler, confier, divulguer, livrer 3. imprimer, transmettre
▶ V. INTR. 1. s'exprimer, parler, prendre la parole 2. se confier, s'ouvrir

compact, acte ADJ. 1. dense, serré, tassé 2. épais, consistant 3. massif

compagne N. F. 1. concubine, (petite) amie, (petite) copine *(fam.)* 2. camarade, copine *(fam.)*

compagnie N. F. 1. présence, fréquentation, société, commerce *(littér.)* 2. entreprise, firme, société 3. assemblée, société, communauté 4. théâtre, troupe

compagnon N. M. 1. concubin, (petit) ami, (petit) copain *(fam.)*, jules *(fam.)*, mec *(fam.)* 2. camarade, copain *(fam.)*

comparable ADJ. analogue, approchant, semblable, similaire, voisin, du même acabit, du même genre

comparaison N. F. 1. rapprochement, parallèle 2. collation, collationnement, confrontation, recension 3. image, allégorie, métaphore

comparer V. TR. 1. rapprocher, mettre en parallèle 2. *[des textes]* collationner, confronter

compartiment N. M. 1. case, casier 2. cellule, loge, alvéole 3. catégorie, domaine, secteur

compartimenter V. TR. cloisonner, séparer

compassé, ée ADJ. affecté, contraint, empesé, guindé, raide, gourmé *(littér.)*, coincé *(fam.)*, constipé *(fam.)*

compassion N. F. pitié, apitoiement, commisération, miséricorde

compatibilité N. F. accord, concordance, harmonie

compatible ADJ. accordable, conciliable

compatir à V. TR. IND. s'apitoyer sur, s'attendrir sur, plaindre

compatissant, ante ADJ. charitable, miséricordieux

compensation N. F. 1. dédommagement, indemnité, récompense, réparation 2. consolation, dédommagement 3. équilibre, pondération

compenser V. TR. 1. dédommager, indemniser 2. contrebalancer, corriger, équilibrer, neutraliser, pondérer, racheter, rattraper, réparer

compétence N. F. 1. aptitude, art, capacité, connaissances, expertise, science, lumières *(souvent plaisant)* 2. autorité, pouvoir, qualité, ressort

compétent, ente ADJ. capable, expert, maître, qualifié, savant, orfèvre en la matière, grand clerc

compétiteur, trice N. adversaire, candidat, challengeur, concurrent, rival

compétitif, ive ADJ. 1. attractif, bon marché 2. concurrentiel

compétition N. F. 1. rivalité, bataille, concurrence, lutte 2. challenge, championnat, coupe, critérium, match, épreuves 3. concurrence

compilation N. F. 1. collection, recueil 2. anthologie, best of *(fam.)*, compil *(fam.)* 3. plagiat

compiler V. TR. 1. collecter, assembler, réunir 2. plagier

complaisance N. F. I. 1. amabilité, bienveillance, civilité, empressement, obligeance, serviabilité 2. indulgence, faiblesse II. faveur, galanterie III. 1. contentement, délectation, plaisir, satisfaction 2. autosatisfaction, orgueil, vanité, fatuité

complaisant, ante ADJ. 1. aimable, bienveillant, obligeant, serviable 2. arrangeant, accommodant, indulgent, coulant *(fam.)* 3. flagorneur, flatteur 4. content, satisfait

complément N. M. 1. ajout, addition, supplément 2. addenda, annexe, appendice 3. appoint, reliquat, reste, solde

complémentaire ADJ. additionnel, auxiliaire, supplémentaire

complet, ète ADJ. 1. entier, exhaustif, intégral, total 2. absolu, achevé, parfait, total 3. accompli, achevé, complété, fini, terminé, révolu 4. bondé, bourré, chargé, comble, plein, rempli, surchargé

complètement ADV. 1. entièrement, exhaustivement, à bloc, à fond, in extenso, intégralement, jusqu'au trognon *(fam.)*, jusqu'à l'os *(fam.)* 2. absolument, extrêmement, parfaitement, radicalement, totalement, tout à fait, sur toute la ligne, en tout point, à cent pour cent, dans les grandes largeurs *(plaisant.)* 3. de haut en bas, de fond en comble, de la cave au grenier 4. des pieds à la tête, de pied en cap

compléter V. TR. 1. augmenter, enrichir 2. parachever, parfaire, mettre la dernière main à

complexe
▸ ADJ. 1. compliqué, délicat, difficile 2. composite, composé
▸ N. M. structure, ensemble, combinat

complexé, ée ADJ. inhibé, bloqué, refoulé, coincé *(fam.)*

complexer V. TR. inhiber, bloquer, gêner, coincer *(fam.)*

complication N. F. 1. complexité, difficulté, embrouillement 2. ennui, accroc, anicroche, contretemps, embarras, difficulté, problème 3. aggravation

complice
▸ ADJ. entendu, de connivence
▸ N. 1. acolyte, comparse, affidé *(péj.)*, compère 2. associé, aide, compagnon

complicité N. F. 1. connivence, entente, intelligence 2. aide, participation, coopération, assistance

compliment N. M. 1. félicitation, éloge, louange 2. galanterie
♦ **compliments** PLUR. devoirs, hommages, respects

complimenter V. TR. féliciter, congratuler, louer, tirer son chapeau à, louanger *(littér.)*

compliqué, ée ADJ. 1. complexe, délicat, difficile 2. alambiqué, confus, contourné, embrouillé, entortillé, emberlificoté *(fam.)*

compliquer V. TR. 1. complexifier 2. emmêler, embrouiller, entortiller, emberlificoter *(fam.)* 3. obscurcir, brouiller, rendre confus
♦ **se compliquer** V. PRON. 1. se complexifier, se corser *(fam.)* 2. s'aggraver

complot N. M. conspiration, conjuration, intrigue, machination, menées, cabale

comploter V. TR. 1. machiner, manigancer, projeter, tramer, ourdir *(littér.)* 2. *[sans complément]* intriguer, conspirer

comportement N. M. 1. attitude, conduite, agissements, façons, manières, procédés 2. réaction, tenue

comporter V. TR. 1. se composer de, contenir, être constitué de, comprendre, inclure 2. admettre, autoriser, souffrir, tolérer
♦ **se comporter** V. PRON. 1. se conduire, agir, réagir 2. fonctionner, marcher

composé, ée
▸ ADJ. 1. composite, complexe, varié 2. apprêté, affecté, artificiel, compassé, étudié
▸ N. M. alliage, amalgame, complexe, mélange

composer V. TR. 1. agencer, arranger, assembler, combiner, constituer, disposer, former, ordonner 2. faire partie de, constituer, former 3. élaborer, confectionner, créer, façonner, préparer, produire
♦ **se composer de** V. PRON. comporter, comprendre, consister en, être constitué de

composite ADJ. 1. composé, mélangé 2. divers, disparate, hétéroclite, hétérogène

composition N. F. 1. teneur, composants, ingrédients 2. agencement, arrangement, assemblage, combinaison, constitution, disposition, formation 3. structure, organisation 4. élaboration, confection, création, préparation, production 5. alliage, combinaison 6. devoir, dissertation, rédaction

compréhensible ADJ. 1. intelligible, accessible, clair, qui tombe sous le sens 2. explicable, concevable, naturel, normal, humain

compréhensif, ive ADJ. 1. bienveillant, indulgent, large d'esprit, libéral, tolérant 2. étendu, complet, extensif, large, vaste

compréhension N. F. 1. entendement, intelligence, comprenette *(fam.)* 2. clarté, compréhensibilité, intelligence 3. bienveillance, indulgence, largeur d'esprit, tolérance

comprendre V. TR. I. 1. assimiler, intégrer, pénétrer, saisir, entendre *(littér.)*, capter *(fam.)*, piger *(fam.)*, imprimer *(fam.)* 2. admettre, concevoir II. 1. comporter, compter, consister en, englober, embrasser, impliquer, inclure 2. compter, faire entrer en ligne de compte, englober, inclure, incorporer, intégrer
♦ **se comprendre** V. PRON. s'entendre, s'accorder, être sur la même longueur d'onde, voir les choses du même œil

compresser V. TR. 1. comprimer, écraser, presser, serrer 2. *[Inform.]* compacter

comprimé N. M. cachet, pastille, pilule

comprimer V. TR. 1. compresser, presser, serrer 2. *[Inform.]* compacter 3. réduire, restreindre

compromettant, ante ADJ. gênant, encombrant

compromettre V. TR. 1. risquer, mettre en danger, nuire à, hypothéquer 2. discréditer, nuire à, porter atteinte à, porter préjudice à, faire du tort à 3. impliquer, exposer, mouiller *(fam.)*
♦ **se compromettre** V. PRON. s'exposer, se salir les mains, se commettre *(littér.)*

compromis N. M. 1. accord, accommodement, arrangement, conciliation, entente, terrain d'entente 2. juste milieu, demi-mesure, intermédiaire, moyen terme, cote mal taillée *(péj.)*

compte N. M. 1. calcul, décompte, dénombrement, énumération, recensement, total 2. avantage, bénéfice, intérêt, profit
♦ **comptes** PLUR. 1. explications, rapport 2. comptabilité, écritures

compter
▸ V. TR. 1. chiffrer, dénombrer, énumérer, nombrer, recenser 2. facturer 3. inclure, prendre en compte, prendre en considération 4. comporter, comprendre, être constitué de, englober, inclure 5. prévoir
▸ V. INTR. 1. importer, entrer en ligne de compte 2. regarder à la dépense

compte rendu N. M. exposé, rapport, récit, relation *(littér.)*

concéder V. TR. 1. accorder, allouer, céder, donner, octroyer 2. admettre, accorder, avouer, convenir, reconnaître 3. abandonner, céder, laisser

concentration N. F. 1. accumulation, centralisation, convergence, rassemblement, regroupement, réunion 2. application, attention, contention, recueillement, réflexion, tension

concentré, ée
▸ ADJ. 1. attentif, absorbé, appliqué 2. condensé, réduit
▸ N. M. condensé, extrait, résumé, quintessence

concentrer V. TR. 1. accumuler, assembler, faire converger, grouper, masser, rassembler, regrouper, réunir 2. associer, intégrer 3. diriger, canaliser, fixer, focaliser 4. condenser, réduire
♦ **se concentrer** V. PRON. 1. s'appliquer, faire attention, réfléchir 2. se rassembler, affluer, converger, se masser, se regrouper

concept N. M. abstraction, idée, notion

concepteur, trice N. inventeur, créateur, père

conception N. F. I. 1. idée, notion, opinion, vue 2. entendement, intellection, jugement II. 1. élaboration, création 2. fécondation, génération

concerner V. TR. intéresser, s'appliquer à, avoir trait à, porter sur, être l'affaire de, se rapporter à, regarder, être relatif à, toucher, viser

concertation N. F. consultation, échange de vues, négociation, pourparlers

concerter V. TR. arranger, combiner, organiser, préméditer, préparer
♦ **se concerter** V. PRON. se consulter, tenir conseil

concession N. F. 1. compromis, renoncement 2. cession, don, octroi 3. autorisation

concevoir V. TR. 1. créer, construire, échafauder, élaborer, former, imaginer, inventer, penser 2. comprendre, saisir 3. envisager, se représenter, se faire une idée de 4. éprouver, ressentir, nourrir *(littér.)*

concierge N. 1. gardien, portier, cerbère *(péj. ou plaisant.)* 2. bavard, commère, pipelet *(fam.)*

conciliant, ante ADJ. 1. accommodant, arrangeant, de bonne composition, tolérant, coulant *(fam.)* 2. apaisant, lénifiant

conciliateur, trice N. arbitre, médiateur, négociateur

conciliation N. F. 1. accommodement, accord, agrément, arrangement, compromis, concorde, entente, rapprochement 2. arbitrage, médiation, entremise

concilier V. TR. 1. accorder, réconcilier, raccommoder *(fam.)*, *[sans complément]* arrondir les angles 2. allier, faire cadrer, faire concorder, harmoniser
♦ **se concilier** V. PRON. 1. s'attirer, gagner, se procurer, rallier, remporter 2. être compatible, s'accorder

concis, ise ADJ. bref, condensé, court, sobre, succinct, *[trop]* dépouillé, laconique, lapidaire, sommaire

concision N. F. brièveté, laconisme, sobriété

concitoyen, enne N. compatriote

concluant, ante ADJ. 1. convaincant, décisif, définitif, probant 2. positif

conclure V. TR. 1. achever, clore, couronner, finir, mettre le point final à, terminer 2. arrêter, fixer, régler, résoudre 3. s'accorder sur, s'entendre sur, passer, signer 4. déduire, induire, inférer

conclusion N. F. 1. règlement, solution, terminaison 2. fin, dénouement, épilogue, issue, terme 3. enseignement, leçon

concomitance N. F. coexistence, coïncidence, simultanéité, synchronisme

concomitant, ante ADJ. coexistant, coïncidant, simultané, synchrone

concordance N. F. 1. accord, conformité, correspondance, harmonie 2. analogie, affinité, convergence, ressemblance, similitude, symétrie

concordant, ante ADJ. convergent, analogue, semblable, similaire

concorde N. F. accord, entente, fraternité, harmonie, bonne intelligence, paix, union

concorder V. INTR. s'accorder, cadrer, coïncider, correspondre, coller *(fam.)*

concourir V. INTR. participer, être en compétition, être en concurrence, être en lice

concours N. M. 1. aide, apport, appui, collaboration, contribution, coopération, intervention 2. compétition, épreuve, rencontre, joute

concret, ète ADJ. 1. matériel, palpable, positif, réel, tangible, visible 2. pratique, pragmatique, réaliste, terre à terre

concrètement ADV. pratiquement, effectivement, réellement, dans les faits, dans la réalité

concrétiser V. TR. matérialiser, donner corps à, réaliser
♦ **se concrétiser** V. PRON. se manifester, se matérialiser, prendre corps, se réaliser, se traduire (par)

concurrence N. F. compétition, lutte, rivalité

concurrencer V. TR. rivaliser avec, menacer, marcher sur les brisées de

concurrent, ente N. compétiteur, candidat, challengeur, participant, rival

condamnable ADJ. blâmable, critiquable, répréhensible

condamnation N. F. I. 1. punition, peine, sanction, *[à payer]* astreinte 2. arrêt, jugement, sentence 3. *[d'un ouvrage]* mise à l'index, censure, interdiction, interdit II. attaque, accusation, blâme, critique, désaveu, procès, réprobation, animadversion (littér.) **III.** fermeture, obstruction, verrouillage

condamné, ée
▶ ADJ. inguérissable, incurable, perdu, cuit (fam.), fichu (fam.), foutu (fam.)
▶ N. détenu, repris de justice

condamner V. TR. **I. 1.** critiquer, anathématiser, désapprouver, désavouer, se prononcer contre, réprouver, stigmatiser, crier haro sur **2.** interdire, défendre, prohiber, proscrire **II. 1.** barrer, boucher, murer, obstruer **2.** fermer, verrouiller

condenser V. TR. **1.** concentrer, comprimer, réduire **2.** abréger, dépouiller, réduire, resserrer

condescendance N. F. arrogance, dédain, hauteur, morgue, supériorité

condescendant, ante ADJ. arrogant, dédaigneux, hautain, protecteur, supérieur

condescendre à V. TR. IND. **1.** daigner, s'abaisser à, consentir à, vouloir bien **2.** accéder à, se prêter à, complaire à (littér.)

condiment N. M. aromate, assaisonnement, épice

condition N. F. **I.** clause, convention, disposition, stipulation **II. 1.** exigence, préalable, prérequis **2.** prétention, demande salariale **III. 1.** destinée, situation, sort **2.** [vieilli] classe (sociale), état, rang, situation
◆ **conditions** PLUR. circonstances, climat, conjoncture, contexte

conditionnement N. M. **1.** influence, intoxication (péj.) **2.** emballage, empaquetage, packaging

conditionner V. TR. **I. 1.** déterminer, commander, dicter **2.** influencer, influer sur **3.** habituer, éduquer, entraîner, former, couler dans le moule **II.** emballer, empaqueter

conducteur, trice N. **1.** automobiliste, chauffeur, pilote **2.** camionneur, routier

conduire V. TR. **1.** piloter, manœuvrer, être au volant de **2.** accompagner, emmener, escorter, guider, mener **3.** commander, administrer, diriger, gérer, gouverner, manager, mener, piloter, être à la tête de, tenir la barre de, tenir le gouvernail de, tenir les rênes de **4.** acheminer, amener, apporter, convoyer, porter, transporter, transmettre
◆ **se conduire** V. PRON. agir, se comporter, réagir, se tenir

conduit N. M. conduite, canalisation, canal, collecteur, colonne, tube, tuyau

conduite N. F. **1.** canalisation, canal, collecteur, colonne, conduit, tube, tuyau **2.** commandement, administration, direction, gestion, gouvernement, pilotage **3.** pilotage **4.** comportement, agissements, attitude, procédés, réaction

confectionner V. TR. fabriquer, exécuter, préparer, réaliser, [un repas] mijoter, mitonner

conférence N. F. **1.** colloque, congrès, forum, meeting, rencontre, séminaire, sommet, symposium, table ronde **2.** exposé, communication, cours **3.** entretien, réunion

conférer
▶ V. TR. **1.** attribuer, administrer, décerner, donner **2.** apporter, donner
▶ V. INTR. parler, causer, converser, discuter, s'entretenir

confesser V. TR. **1.** avouer, admettre, convenir de, reconnaître, faire l'aveu de **2.** confier, déclarer

confession N. F. **1.** aveu, déclaration, reconnaissance **2.** croyance, credo, religion **3.** confesse, pénitence

confiant, ante ADJ. **1.** assuré, sûr (de soi) **2.** communicatif, ouvert

confidence N. F. **1.** confession, effusion, épanchement, expansion **2.** aveu, révélation, déboutonnage, déballage (péj.), strip-tease (fam.)

confidentiel, ielle ADJ. **1.** secret, top secret **2.** limité, restreint

confier V. TR. **1.** donner, laisser, remettre, remettre à la garde/aux mains/entre les mains de **2.** déléguer, attribuer, conférer, donner la charge de **3.** avouer, dévoiler, livrer, révéler
◆ **se confier** V. PRON. s'épancher, se livrer, s'ouvrir, se déboutonner, se vider son sac (fam.)

confinement N. M. isolement, enfermement, quarantaine, réclusion

confiner V. TR. enfermer, cantonner, isoler, reléguer
◆ **se confiner** V. PRON. se cloîtrer, s'isoler, se retirer, vivre en vase clos

confins N. M. PL. bornes, frontières, limites, marches (ancienn.)

confirmation N. F. **1.** affirmation, assurance, certitude, consécration **2.** attestation, entérinement, garantie, homologation, légalisation, ratification, sanction, validation **3.** preuve, vérification

confirmé, ée ADJ. chevronné, éprouvé, exercé, expert, qualifié

confirmer V. TR. **1.** assurer, certifier, corroborer, garantir **2.** attester, entériner, homologuer, légaliser, ratifier, sanctionner, valider **3.** affermir, conforter, encourager, fortifier, renforcer **4.** démontrer, attester, prouver, vérifier
◆ **se confirmer** V. PRON. s'avérer, se vérifier

confisquer V. TR. **1.** saisir, mettre la main sur **2.** enlever, ravir, retirer, soustraire **3.** accaparer, détourner, retenir, voler

conflictuel, elle ADJ. **1.** antagonique, adverse, opposé **2.** tendu

conflit N. M. **1.** guerre, conflagration, embrasement, lutte (armée) **2.** rivalité, antagonisme, affrontement, bataille, combat, lutte, tiraillement **3.** dispute, désaccord, discorde, heurt **4.** litige

confondre V. TR. **1.** amalgamer, associer, assimiler, fondre, fusionner, mélanger, mêler, réunir, unir **2.** mélanger, embrouiller, intervertir, se méprendre sur, mettre dans le même sac, se tromper sur **3.** consterner, déconcerter, décontenancer, désarçonner, interdire, laisser coi, stupéfier **4.** démasquer, découvrir **5.** déjouer, démonter
◆ **se confondre** V. PRON. **1.** se mêler, se mélanger, s'embrouiller **2.** coïncider, se superposer

conforme ADJ. **1.** en règle, correct, réglementaire, régulier **2.** identique, analogue, pareil, semblable **3.** conformiste, orthodoxe

conformément à LOC. PRÉP. d'après, en conformité avec, selon, suivant, en vertu de

conformer V. TR. accorder, adapter, ajuster, approprier
◆ **se conformer à** V. PRON. s'aligner sur, s'accommoder de, s'assujettir à, se modeler sur, observer, se plier à, se régler sur, se soumettre à, suivre, sacrifier à

conformiste N. et ADJ. **1.** conservateur, orthodoxe, traditionaliste **2.** conventionnel, bien-pensant, vieux jeu (péj.)

conformité N. F. **1.** analogie, affinité, correspondance, rapport, ressemblance, similitude **2.** accord, concordance, harmonie

confort N. M. **1.** aise(s), bien-être **2.** commodités, standing

confortable ADJ. **1.** douillet, cosy (anglic.) **2.** facile, aisé, commode **3.** conséquent, honnête, honorable, substantiel, [somme] coquet, joli, rondelet

conforter V. TR. affermir, confirmer, fortifier, raffermir, soutenir

confronter V. TR. comparer, mettre en parallèle, mettre en présence, mettre en regard
◆ **se confronter à** V. PRON. affronter, faire face à, se colleter avec

confus, use ADJ. **I. 1.** embrouillé, amphigourique, brouillon, brumeux, nébuleux, obscur, cafouilleux (fam.) **2.** chaotique, anarchique, compliqué, trouble **3.** incertain, flou, indécis, indéterminé, indistinct, vague **II. 1.** déconcerté, embarrassé, honteux, penaud, piteux **2.** désolé, ennuyé, navré **3.** intimidé, gêné

confusion N. F. **1.** gêne, désarroi, embarras, honte, trouble **2.** erreur, méprise, malentendu, quiproquo, cafouillage (fam.), cafouillis (fam.) **3.** salade (fam.), fouillis, embrouillamini, fatras, méli-mélo (fam.), bordel (très fam.), foutoir (très fam.), merdier (très fam.) **4.** bouleversement, anarchie, chaos, désordre, capharnaüm, désorganisation, trouble **5.** cohue, débâcle, débandade **6.** obscurité, incohérence

congé N. M. **1.** vacances, repos, relâche **2.** licenciement, renvoi, congédiement

congédier V. TR. **1.** éconduire (littér.), renvoyer, expédier (fam.), envoyer sur les roses (fam.), envoyer dinguer/paître/promener/se faire voir (fam.) **2.** licencier, chasser, débaucher, se défaire de, destituer, donner son congé à, donner son compte à, mettre à la porte, mettre dehors, limoger, remercier, renvoyer, révoquer, donner ses huit jours à (domestique), balancer (fam.), débarquer (fam.), ficher/foutre dehors (fam.), ficher/flanquer à la porte (fam.), lourder (fam.), sacquer (fam.), vider (fam.), virer (fam.)

congénital, ale, aux ADJ. héréditaire, atavique, inné, naturel

congratuler V. TR. complimenter, féliciter, couvrir de louanges, encenser, rendre hommage à

congrès N. M. colloque, assises, conférence, forum, symposium, table ronde

conjecture N. F. **1.** hypothèse, supposition, présomption **2.** prévision, pronostic

conjecturer V. TR. imaginer, présumer, soupçonner, supposer

conjoint N. M. époux, mari

conjointe N. F. épouse, femme, légitime (fam.), bourgeoise (fam., péj.), chère et tendre (plaisant), chère moitié (plaisant)

conjointement ADV. ensemble, de concert, concurremment, de conserve, simultanément

conjoncture N. F. situation, circonstances, conditions, contexte

conjuguer V. TR. **1.** combiner, allier, associer, joindre, unir **2.** [Grammaire] fléchir

conjurer V. TR. **1.** comploter, conspirer, tramer **2.** implorer, adjurer, supplier **3.** charmer, chasser, exorciser

connaissance N. F. **1.** conscience **2.** compréhension, entendement, représentation **3.** relation, ami, familier, fréquentation, liaison, rencontre
◆ **connaissances** PLUR. **1.** acquis, bagage, compétence, culture, éducation, érudition, instruction, savoir, science **2.** notions, clartés, lumières

connaisseur, -euse N. et ADJ. amateur, compétent, expert

connaître V. TR. **1.** savoir, être au courant de, être informé de, être renseigné sur **2.** fréquenter, rencontrer **3.** éprouver, expérimenter, passer par, ressentir, sentir

connecter V. TR. relier, brancher, raccorder, réunir

connexe ADJ. analogue, joint, lié, voisin, afférent (soutenu ou Droit)

connexion N. F. **1.** affinité, analogie, liaison, lien, rapport, relation **2.** branchement, liaison

connivence N. F. complicité, entente, intelligence

connu, ue ADJ. **1.** célèbre, fameux, illustre, légendaire, renommé, réputé **2.** notoire, proverbial **3.** commun, répandu, rebattu, réchauffé

conquérir V. TR. **1.** s'approprier, assujettir, dominer, s'emparer de, soumettre, vaincre **2.** obtenir, gagner, remporter **3.** amener à soi, s'attacher, attirer, capter, gagner **4.** séduire, charmer, enchanter, envoûter, subjuguer, tomber (fam.)

conquête N. F. **1.** appropriation, domination, prise, soumission **2.** séduction, soumission **3.** acquisition, acquis, avancée(s), victoire

consacrer V. TR. **I. 1.** accorder, dédier, destiner, dévouer, donner, sacrifier, vouer **2.** affermir, asseoir, confirmer, entériner, ratifier **II. 1.** bénir, sacrer **2.** oindre, ordonner
◆ **se consacrer à** V. PRON. s'adonner à, s'employer à, se livrer à, s'occuper de

consciemment ADV. sciemment, volontairement, délibérément, en toute connaissance de cause

conscience N. F. **1.** connaissance **2.** intuition, sentiment **3.** sens moral, moralité, cœur, probité, scrupule **4.** application, minutie, scrupule, soin

consciencieux, ieuse ADJ. scrupuleux, appliqué, minutieux, sérieux, soigneux, travailleur

conscient, ente ADJ. **1.** délibéré, volontaire, réfléchi, voulu **2.** éveillé, lucide

consécration N. F. **I. 1.** apothéose, couronnement, sacre, triomphe, victoire **2.** confirmation, ratification, sanction, validation **II. 1.** bénédiction, dédicace **2.** onction, sacre

conseil N. M. **I. 1.** avis, proposition, recommandation, suggestion **2.** avertissement, mise en garde **II. 1.** consultant, audit, conseiller **2.** assemblée, chambre, aréopage, juridiction, tribunal

conseiller[1] V. TR. **1.** recommander, préconiser, proposer, suggérer **2.** engager à, exhorter à, inciter à, pousser à **3.** aviser, guider

conseiller[2]**, ère** N. **1.** consultant, audit, conseil **2.** guide, inspirateur, mentor (littér.)

consensus N. M. accord, entente, modus vivendi

consentement N. M. acceptation, accord, acquiescement, agrément, approbation, assentiment, autorisation, permission

consentir V. TR. accorder, concéder, octroyer

conséquence N. F. effet, contre-coup, fruit, répercussion, retentissement, retombée, suite, [malheureuse] séquelle

conséquent, ente ADJ. **1.** cohérent, logique **2.** considérable, important

conservateur, trice ADJ. et N. conformiste, antiprogressiste, traditionaliste

conservation N. F. préservation, entretien, maintien, protection, sauvegarde

conserver V. TR. **1.** entretenir, maintenir, préserver, protéger, sauvegarder, sauver **2.** garder, détenir, retenir, tenir à l'abri
♦ **se conserver** V. PRON. rester, durer, subsister, survivre

considérable ADJ. **1.** énorme, grand, gros, immense, important, imposant, majeur, de taille **2.** éminent, notable, remarquable

considérablement ADV. énormément, abondamment, amplement, copieusement, à foison, à profusion, largement, bigrement (fam.), bougrement (fam.), sacrément (fam.), vachement (fam.)

considération N. F. **1.** estime, déférence, égard, respect, révérence, vénération **2.** attention, étude, examen **3.** remarque, réflexion, observation

considérer V. TR. **1.** contempler, examiner, observer **2.** étudier, analyser, apprécier, examiner, faire cas de, peser, prendre en compte, tenir compte de **3.** admirer, estimer, faire grand cas de, révérer, vénérer

consigne N. F. **1.** ordre, directive, instruction, prescription **2.** règlement **3.** retenue, colle (fam.)

consigner V. TR. **1.** déposer **2.** écrire, noter **3.** acter, constater, enregistrer, rapporter, relater **4.** retenir, coller (fam.)

consistance N. F. **1.** densité, fermeté, dureté, force, solidité, stabilité **2.** crédit, fondement

consistant, ante ADJ. **1.** dense, cohérent, dur, ferme, solide **2.** épais, visqueux **3.** copieux, nourrissant, riche, substantiel

consister V. TR. IND.
– **consister en** se composer de, comporter, comprendre
– **consister à** se résumer à, revenir à

consolant, ante ADJ. apaisant, calmant, consolateur, lénifiant, réconfortant, consolatoire (littér.), lénitif (littér.)

consolation N. F. **1.** dédommagement, compensation, satisfaction **2.** apaisement, adoucissement, baume, réconfort, soulagement, dictame (littér.)

consoler V. TR. **1.** calmer, rasséréner, réconforter, sécher les larmes de, remonter (fam.) **2.** dédommager, compenser **3.** adoucir, alléger, atténuer, diminuer, endormir

consolidation N. F. **1.** affermissement, raffermissement, renfort, stabilisation **2.** ancrage, confirmation, enracinement, implantation

consolider V. TR. **1.** affermir, étayer, fortifier, raffermir, renforcer, soutenir, stabiliser **2.** ancrer, asseoir, cimenter, confirmer, enraciner, implanter, fixer

consommation N. F. **1.** boisson, rafraîchissement **2.** utilisation, emploi, usage

consommer V. TR. **1.** utiliser, employer, user de **2.** absorber, boire, manger, prendre, se nourrir de, vivre de **3.** brûler, consumer, employer

conspiration N. F. complot, cabale, conjuration, intrigue, machination

constamment ADV. continuellement, continûment, incessamment, invariablement, en permanence, régulièrement, sans arrêt, sans discontinuer, sans relâche, sans répit, sans trêve, sans cesse, toujours

constance N. F. **1.** régularité, continuité, durabilité, immutabilité, invariabilité, permanence, persistance, stabilité **2.** assiduité, obstination, opiniâtreté, persévérance, résolution **3.** fidélité

constant, ante ADJ. **1.** continuel, continu, durable, immuable, invariable, permanent, persistant, stable **2.** assidu, obstiné, opiniâtre, persévérant, résolu

constatation N. F. observation, constat, remarque

constater V. TR. apercevoir, découvrir, enregistrer, noter, observer, reconnaître, remarquer, sentir, voir

consternant, ante ADJ. **1.** douloureux, accablant, affligeant, atterrant **2.** déplorable, désolant, calamiteux, désespérant, lamentable, navrant, pitoyable

consternation N. F. abattement, accablement, désolation, douleur, surprise, stupéfaction, stupeur

consterner V. TR. **1.** abattre, accabler, anéantir, atterrer, stupéfier, terrasser **2.** désoler, navrer

constituant N. M. composant, donnée, élément, ingrédient

constituer V. TR. **1.** créer, bâtir, édifier, élaborer, établir, fonder, monter, mettre sur pied, organiser **2.** instituer, établir **3.** composer, représenter **4.** désigner, assigner, placer, préposer

constitution N. F. **1.** création, composition, construction, édification, élaboration, fondation, formation, organisation **2.** arrangement, composition, disposition, forme, organisation, structure, texture **3.** caractère, complexion, conformation, personnalité, tempérament **4.** établissement, institution **5.** désignation, assignation

constructeur, trice N. **1.** fabricant **2.** architecte, bâtisseur, promoteur **3.** créateur, fondateur, architecte

constructif, ive ADJ. positif, efficace

construction N. F. **1.** bâtiment, bâtisse, édifice, immeuble, installation, maison, monument, ouvrage **2.** édification, érection **3.** fabrication, élaboration **4.** organisation, aménagement, architecture, arrangement, composition, structure

construire V. TR. **1.** bâtir, édifier, élever, ériger **2.** fabriquer **3.** organiser, aménager, architecturer, arranger, articuler, composer, structurer **4.** élaborer, fonder, forger, imaginer

consultation N. F. **1.** enquête, plébiscite, référendum, sondage **2.** examen, lecture **3.** visite (médicale), examen médical

consulter V. TR. **1.** interroger, questionner, sonder, prendre l'avis de, prendre le pouls de **2.** examiner, compulser, se référer à
♦ **se consulter** V. PRON. se concerter, discuter

consumer V. TR. **1.** brûler, calciner, dévorer, embraser, incendier **2.** anéantir, détruire, dévorer, ronger, ruiner, user
♦ **se consumer** V. PRON. **1.** brûler, se calciner **2.** dépérir, s'étioler

contact N. M. **I. 1.** adhérence **2.** attouchement, effleurement, caresse **3.** toucher **II. 1.** rapport, relation, liaison **2.** fréquentation, commerce, coudoiement

contacter V. TR. **1.** joindre, atteindre, se mettre en rapport avec, toucher, prendre langue avec (littér.), s'aboucher avec (littér.) **2.** rencontrer, approcher

contagieux, euse ADJ. **1.** transmissible, épidémique **2.** communicatif

contamination N. F. **1.** contagion, infection, transmission **2.** pollution

contaminer V. TR. **1.** infecter **2.** polluer, corrompre, vicier **3.** envahir, empoisonner, gagner, gangréner

conte N. M. légende, fable, fiction, fabliau, histoire, historiette

contemplatif, ive ADJ. méditatif, rêveur, songeur

contemplation N. F. **1.** méditation, rêverie, recueillement **2.** admiration, émerveillement, extase

contempler V. TR. **1.** considérer, envisager, réfléchir à **2.** admirer, examiner, regarder
♦ **se contempler** V. PRON. se regarder, s'admirer

contemporain, aine ADJ. actuel, moderne, présent

contenance N. F. **1.** capacité, cubage, tonnage **2.** attitude, air, allure, comportement, maintien, mine

contenir V. TR. **1.** comporter, comprendre, compter, posséder, receler, renfermer **2.** accueillir, recevoir, tenir **3.** contrôler, dominer, endiguer, dompter, maîtriser, refréner, refouler, réprimer
♦ **se contenir** V. PRON. se contrôler, se calmer, se dominer, se maîtriser, se modérer, se retenir

content, ente ADJ. **1.** satisfait, heureux, bien aise (littér.) **2.** gai, joyeux, réjoui **3.** charmé, enchanté, ravi

contentement N. M. **1.** bonheur, béatitude, félicité, joie, plaisir, ravissement, satisfaction, aise (littér.) **2.** assouvissement, satisfaction

contenter V. TR. **1.** combler, exaucer, plaire à, satisfaire, suffire à **2.** assouvir, satisfaire
♦ **se contenter de** V. PRON. **1.** se satisfaire de, s'accommoder de, s'arranger de, faire avec, avoir assez de **2.** se borner à, se cantonner à, se limiter à, s'en tenir à

contenu N. M. **1.** chargement, charge **2.** teneur, fond, substance

conter V. TR. dire, raconter, rapporter, relater, narrer (littér.)

contestable ADJ. discutable, douteux, sujet à caution

contestation N. F. **1.** controverse, débat, discussion, objection **2.** dénégation, désaveu **3.** altercation, démêlé, différend, dispute, querelle

contester V. TR. **1.** discuter, controverser, mettre/remettre en cause, mettre/remettre en doute, mettre/remettre en question, récuser, nier **2.** dénier, disputer, refuser

contexte N. M. situation, environnement, conjoncture, climat, conditions

contigu, uë ADJ. **1.** accolé, attenant, avoisinant, mitoyen, voisin **2.** analogue, connexe, proche, semblable, similaire, voisin

contiguïté N. F. **1.** contact, mitoyenneté, proximité, voisinage **2.** analogie, connexion, liaison, proximité, rapport, similitude, voisinage

continu, ue ADJ. **1.** continuel, constant, ininterrompu, incessant, perpétuel, persistant **2.** assidu, indéfectible, opiniâtre, prolongé, soutenu, suivi

continuateur, trice N. successeur, disciple, imitateur, épigone (littér., souvent péj.)

continuation N. F. **1.** poursuite, reprise, suite **2.** prolongation, continuité, prolongement

continuel, elle ADJ. **1.** continu, constant, ininterrompu, incessant, permanent, perpétuel, de tous les instants **2.** fréquent, éternel, sempiternel (péj.)

continuellement ADV. sans arrêt, sans cesse, constamment, continûment, journellement, sans relâche, sans répit, sans trêve, toujours, tout le temps, à chaque instant, à tout bout de champ, à toute heure, à longueur de journée, du matin au soir, à tout moment, nuit et jour

continuer
▶ V. TR. **1.** poursuivre, persévérer dans, perpétuer, reprendre **2.** prolonger, étendre, pousser
▶ V. INTR. **1.** se poursuivre, se prolonger **2.** durer, se perpétuer **3.** persister, persévérer

continuité N. F. **1.** constance, enchaînement, ininterruption, liaison **2.** durée, continuation, pérennité, permanence, persistance

contour N. M. **1.** bord, bordure, délinéament, limite, périmètre, périphérie, pourtour, tour **2.** courbe, forme, galbe, ondulation **3.** détour, lacet, méandre, sinuosité

contourner V. TR. **1.** éluder, escamoter, esquiver, éviter **2.** éviter, déborder, tourner

contracté, ée ADJ. crispé, noué, stressé, tendu

contracter[1] V. TR. **1.** acquérir, développer, prendre **2.** attraper, choper (fam.), ramasser (fam.) **3.** souscrire

contracter[2] V. TR. **1.** crisper, stresser **2.** diminuer, raccourcir, réduire, resserrer, tasser **3.** raidir, bander, serrer, tendre
- **se contracter** V. PRON. **1.** se crisper, se durcir **2.** se réduire, diminuer/rétrécir

contraction N. F. **1.** contracture, crampe, raideur, raidissement, spasme **2.** constriction, resserrement **3.** réduction, diminution

contracture N. F. contraction, crampe, raideur, raidissement, spasme

contradiction N. F. **1.** contestation, démenti, dénégation, négation, objection, opposition, réfutation **2.** incompatibilité, antinomie, inconséquence, opposition

contradictoire ADJ. **1.** contraire, divergent, opposé **2.** incompatible, antinomique **3.** illogique, incohérent, inconséquent, paradoxal

contraignant, ante ADJ. astreignant, assujettissant

contraindre V. TR. [littér.] contenir, entraver, refouler, réfréner, réprimer, retenir

contrainte N. F. **1.** pression, coercition, force, intimidation, coaction (littér.) **2.** exigence, impératif, obligation, servitude **3.** gêne, entrave

contraire
▸ ADJ. **1.** antinomique, antithétique, contradictoire, incompatible, inverse, opposé **2.** adverse, antagoniste, défavorable, ennemi, attentatoire, hostile
▸ N. M. **1.** antithèse, inverse, opposé **2.** antonyme

contrairement à LOC. PRÉP. à l'opposé de, à l'inverse de, à la différence de, au contraire de

contrariant, ante ADJ. agaçant, ennuyeux, fâcheux

contrarier V. TR. **1.** chagriner, embêter, troubler, chiffonner (fam.), tarabuster (fam.) **2.** agacer, embêter, ennuyer, fâcher, irriter, mécontenter, emmerder (fam.) **3.** contrecarrer, barrer, déjouer, déranger, entraver, faire obstacle à, gêner, freiner, nuire à, résister à

contrariété N. F. **1.** souci, ennui **2.** agacement, déception, déplaisir, irritation, mécontentement

contraste N. M. opposition, différence, discordance, disparité, dissemblance, écart

contrat N. M. **1.** accord, convention, engagement, pacte **2.** [assurances] police

contravention N. F. **1.** procès-verbal, contredanse (fam.), PV (fam.), prune (fam.) **2.** infraction, entorse, transgression, violation

contre PRÉP. , ADV. **1.** auprès (de), à côté (de), près de, sur **2.** à l'encontre de **3.** en échange de, moyennant **4.** malgré, en dépit de, nonobstant (littér.)

contre-attaquer V. INTR. riposter, se rebiffer, se venger

contrebalancer V. TR. compenser, équilibrer, neutraliser, faire contrepoids à, pondérer

contrecarrer V. TR. s'opposer à, bloquer, contrarier, contrer, déjouer, enrayer, faire obstacle à

contrecoup N. M. conséquence, contrechoc, choc en retour, effet, incidence, réaction, répercussion, suite, [néfaste] séquelle

contredire V. TR. **1.** démentir, aller à l'encontre de, nier, réfuter, prendre le contre-pied de, s'inscrire en faux contre **2.** contrarier, s'opposer à
- **se contredire** V. PRON. se désavouer, se déjuger, se raviser, [par inadvertance] se couper

contrée N. F. pays, province, région, terre

contrefaçon N. F. **1.** falsification, démarquage, imitation, pastiche, plagiat **2.** faux, copie, contrefaction (Droit)

contrefaire V. TR. **1.** falsifier, altérer **2.** copier, calquer, démarquer, imiter, mimer, pasticher, reproduire **3.** déguiser, dénaturer **4.** déformer, décomposer, défigurer

contrepartie N. F. **1.** compensation, contrepoids, dédommagement **2.** contraire, antithèse, contre-pied, inverse, opposé

contrer V. TR. contrecarrer, faire obstacle à, s'opposer à, se dresser contre

contretemps N. M. complication, accident, accroc, difficulté, empêchement, ennui, impondérable, imprévu, obstacle

contribuer à V. TR. IND. **1.** aider à, collaborer à, coopérer à, participer à, prendre part à, apporter sa pierre à l'édifice de **2.** tendre à, concourir à, conspirer à (littér.)

contribution N. F. **1.** aide, apport, appui, collaboration, concours, coopération, tribut (littér.) **2.** cotisation, écot, mise de fonds, part, quote-part, tribut **3.** impôt, droit, imposition, prélèvement, taxe

contrôle N. M. **1.** inspection, examen, pointage, test, vérification **2.** observation, monitorage (recomm. offic.), monitoring (anglic.), surveillance **3.** censure **4.** maîtrise, domination

contrôler V. TR. **1.** examiner, s'assurer de, inspecter, pointer, tester, vérifier **2.** observer, surveiller **3.** maîtriser, canaliser, contenir, dominer, endiguer
- **se contrôler** V. PRON. se maîtriser, se contenir, se dominer

controverse N. F. **1.** débat, discussion, polémique **2.** [Philo.] éristique

controversé, ée ADJ. débattu, contesté, discuté, sujet à caution

contusion N. F. bleu, ecchymose, lésion, meurtrissure

contusionné, ée ADJ. meurtri, contus

convaincant, ante ADJ. concluant, décisif, démonstratif, percutant, probant **2.** persuasif, éloquent

convaincre V. TR. **1.** persuader, décider, déterminer **2.** faire entendre raison à

convaincu, ue ADJ. **1.** certain, persuadé, sûr **2.** assuré, éloquent, pénétré **3.** déterminé, farouche, résolu

convenable ADJ. **1.** adapté, adéquat, ad hoc, à propos, compatible, conforme, de saison, pertinent, expédient (littér.), idoine (littér. ou plaisant) **2.** favorable, opportun, propice **3.** acceptable, correct, passable, potable (fam.) **4.** bienséant, correct, décent, digne, honnête, honorable, séant, de bon ton, (très) comme il faut (fam.)

convenablement ADV. adéquatement, comme il faut, correctement, décemment

convenance N. F. [littér.] accord, adéquation, affinité, conformité, harmonie, pertinence, rapport
- **convenances** PLUR. bienséance, correction, décence, décorum, savoir-vivre, usage(s)

convenir V. TR. IND. **1.** faire l'affaire **2.** être à propos, être opportun
– **convenir à 1.** plaire à, aller à, arranger, agréer à (littér.), botter (fam.), chanter à (fam.) **2.** s'accorder avec, aller à, cadrer avec, correspondre à, coller avec (fam.)
– **convenir de 1.** arranger, décider, s'entendre sur, fixer **2.** avouer, concéder, reconnaître

convention N. F. **1.** arrangement, accord, compromis, contrat, engagement, entente, marché, pacte, traité **2.** article, disposition, stipulation **3.** code, loi, principe, règle, tradition

conventionnel, elle ADJ. **1.** classique, académique, banal, convenu, stéréotypé, traditionnel **2.** formaliste, conformiste, vieux jeu **3.** arbitraire

convergent, ente ADJ. analogue, concordant, semblable, similaire, voisin

converger V. INTR. **1.** se concentrer, concourir, confluer **2.** aboutir, se rencontrer **3.** s'accorder, coïncider, concorder, se recouper

conversation N. F. **1.** discussion, causerie, dialogue, entretien, tête-à-tête **2.** [secrète] aparté, conciliabule, messes basses (péj.) **3.** bavardage, causette, palabres (péj.), parlote (fam.)

converser V. INTR. discuter, bavarder, causer, conférer, dialoguer, discourir, échanger des propos, faire/tenir salon, s'entretenir, parler, deviser (littér. ou plaisant)

convertir V. TR. **1.** catéchiser, amener à la foi, convaincre **2.** rallier, gagner **3.** changer, métamorphoser, transformer, transmuer, transmuter
- **se convertir** V. PRON. trouver son chemin de Damas

conviction N. F. **1.** certitude, assurance, croyance, foi **2.** persuasion **3.** détermination, résolution, sérieux

convier V. TR. **1.** inviter, prier **2.** engager, exciter, inciter, induire, inviter, solliciter

convive N. hôte, invité, commensal (soutenu)

convocation N. F. **1.** appel, invitation, [à un examen] collante (fam.) **2.** [Droit] assignation, citation

convoiter V. TR. ambitionner, aspirer à, briguer, désirer, envier, rêver de, soupirer après, guigner (fam.), lorgner sur (fam.), loucher sur (fam.)

convoitise N. F. désir, appétit, ardeur, avidité, cupidité, envie, appétence (littér.)

convoquer V. TR. **1.** appeler, convier, inviter, mander (littér.) **2.** [Droit] assigner, citer

coopération N. F. collaboration, aide, appui, concours, contribution, participation

coopérer à V. TR. IND. collaborer à, aider à, s'associer à, concourir à, contribuer à, participer à, prendre part à

coordination N. F. **1.** organisation, agencement, arrangement, harmonisation **2.** enchaînement, liaison

coordonner V. TR. **1.** organiser, agencer, arranger, combiner, harmoniser, ordonner **2.** assortir **3.** enchaîner, lier, relier

copain N. M. et ADJ. M. **1.** camarade, ami **2.** amoureux, ami, compagnon, petit ami, mec (fam.), jules (fam.)

copie N. F. I. **1.** double, calque, épreuve, facsimilé, photocopie, reproduction **4.** réplique, répétition **3.** maquette, réduction **4.** [d'un ordinateur, d'une personne, etc.] clone II. **1.** contrefaçon, falsification, imitation **2.** plagiat, calque, démarcage, pastiche III. **1.** exemplaire **2.** manuscrit à corriger, devoir, composition

copier V. TR. **1.** noter, prendre en note, relever, transcrire **2.** calquer, reproduire **3.** imiter, contrefaire, falsifier **4.** plagier, démarquer, pasticher, pomper (fam.), [sans complément] tricher **5.** mimer, reproduire, ressembler à **6.** [un ordinateur, une personne, etc.] cloner

copieusement ADV. abondamment, amplement, considérablement, largement, sacrément (fam.)

copieux, euse ADJ. abondant, ample, généreux, plantureux

copinage N. M. favoritisme, népotisme, clientélisme, piston (fam.)

copine N. F. **1.** camarade, amie **2.** amoureuse, amie, compagne, petite amie, nana, (fam.)

coquet, ette ADJ. **1.** élégant, charmant, chic, mignon, pimpant **2.** [fam.] conséquent, gentil, joli, rondelet, substantiel

coquetterie N. F. **1.** élégance, chic, goût **2.** séduction, galanterie, marivaudage **3.** affectation, minauderie, afféterie (littér.)

coquin, ine
▸ ADJ. **1.** espiègle, malicieux, polisson **2.** grivois, égrillard, gaillard, gaulois, leste, libertin, licencieux, paillard, polisson, salé, cochon (fam.)
▸ N. M. **1.** bandit, canaille, escroc, scélérat, voleur, vaurien **2.** garnement, brigand, canaille, chenapan, bandit (fam.)

corbeille N. F. **1.** panier, ciste, manne **2.** [de fleurs] massif, parterre **3.** mezzanine

cordage N. M. **1.** corde, câble, filin **3.** [Mar.] bout, filin, manœuvre, câble, grelin, garcette

corde N. F. **1.** cordage, cordon, lien, [petite] cordeau, cordelette **2.** [pour animaux] laisse, longe, trait **3.** boyau, catgut (Méd.) **4.** câble, filin

cordial, ale, aux ADJ. **1.** affectueux, accueillant, amical, bienveillant, chaleureux, sympathique **2.** [vieilli] fortifiant, réconfortant, reconstituant, stimulant, tonique, remontant (fam.)

cordialité N. F. amabilité, amitié, bienveillance, chaleur, courtoisie, sympathie

cordon N. M. **1.** aiguillette, attache, câble, cordelière, dragonne, ruban **2.** file, ligne, rang, rangée **3.** bordure, bande, lisière

coriace ADJ. **1.** ferme, dur **2.** tenace, obstiné, opiniâtre, dur à cuire (fam.)

corollaire N. M. conséquence, effet, implication, répercussion, suite

corporation N. F. communauté, confrérie, corps, guilde, hanse, métier, ordre

corporel, elle ADJ. **1.** physique, charnel **2.** naturel, physiologique **3.** matériel

corps N. M. I. **1.** organisme, matière, substance **2.** chose, objet II. **1.** anatomie, morphologie, physique **2.** cadavre, dépouille (mortelle) III. **1.** assemblée, association, cellule, communauté, compagnie, ensemble, groupe, organe, société **2.** corporation, ordre IV. consistance, épaisseur

corpulent, ente ADJ. fort, gros, lourd, obèse, massif, mastoc (fam.)

correct, ecte ADJ. I. exact, bon, conforme, fidèle, juste II. **1.** châtié, pur **2.** bienséant, convenable, décent **3.** honnête, loyal, régulier, scrupuleux, réglo (fam.) III. acceptable, convenable, moyen, passable, satisfaisant, O.K. (fam.), potable (fam.)

correctement ADV. **1.** exactement, avec justesse, sans erreur **2.** décemment, comme il faut, convenablement **3.** honnêtement, loyalement, scrupuleusement **4.** moyennement, passablement

correctif N. M. correction, rectificatif, rectification

correction N. F. I. **1.** modification, rectification, remaniement, reprise, retouche, révision **2.** biffure, rature, surcharge **3.** correctif, rectificatif II. punition, coups, dégelée (fam.), dérouillée (fam.), pile (fam.), raclée (fam.), volée (fam.) III. conformité, exactitude, fidélité, justesse IV. **1.** bienséance, décence, politesse, savoir-vivre **2.** honnêteté, scrupule V. atténuation, adoucissement, compensation, contrepoids, neutralisation

corrélation N. F. rapport, concordance, correspondance, dépendance, interdépendance, liaison, relation

correspondance N. F. **1.** courrier, lettres, relations épistolaires **2.** liaison, rapport, relation **3.** accord, affinité, analogie, concordance, conformité, corrélation, ressemblance, similitude **4.** simultanéité, concordance, synchronisme **5.** [Transport] changement

correspondant, ante ADJ. équivalent, homologue, semblable, similaire

correspondre à V. TR. IND. **1.** s'accorder à, cadrer avec, concorder avec, convenir à, s'harmoniser avec, coller avec (fam.) **2.** se rapporter à, se référer à **3.** se conformer à, répondre à, satisfaire

corridor N. M. couloir, galerie, passage

corriger V. TR. I. **1.** réformer, amender, redresser, rectifier **2.** modifier, rectifier, remanier, reprendre, retoucher **3.** biffer, raturer II. atténuer, balancer, compenser, neutraliser, pallier, racheter, réparer III. punir, châtier, donner une leçon à, donner/filer une dégelée à (fam.)

corroborer V. TR. confirmer, affermir, appuyer, étayer, renforcer, soutenir

corroder V. TR. attaquer, désagréger, détériorer, détruire, entamer, ronger, user

corrompre V. TR. I. **1.** soudoyer, acheter, circonvenir, gagner, suborner, stipendier (littér.), graisser la patte de/à (fam.) II. **1.** dépraver, avilir, gangrener, pervertir, perdre, souiller **2.** dénaturer, altérer, défigurer, déformer

♦ **se corrompre** V. PRON. s'avarier, s'altérer, se décomposer, se gâter, pourrir, se putréfier

corrompu, ue ADJ. **1.** dépravé, dissolu, perverti, vil **2.** vénu, vénal, vénus, ripou (fam.) **3.** avarié, gâté, pourri, putréfié

corrosif, ive ADJ. **1.** corrodant, brûlant, caustique **2.** acerbe, caustique, décapant, mordant, virulent

corruption N. F. **1.** dépravation, avilissement, gangrène, perversion, souillure, tare, vice **2.** altération, déformation, dérèglement, dissolution

corsage N. M. chemisier, chemisette, haut, blouse

corsé, ée ADJ. **1.** épicé, pimenté, piquant, relevé **2.** ardu, compliqué, difficile, chiadé (fam.), costaud (fam.), coton (fam.), trapu (fam.) **3.** grivois, osé, salé, scabreux

corser V. TR. **1.** épicer, pimenter, rehausser, relever **2.** compliquer

cortège N. M. **1.** défilé, convoi, file, procession **2.** escorte, cour, suite **3.** ribambelle, kyrielle, suite, flopée (fam.), tapée (fam.)

cossu, ue ADJ. riche, aisé, fortuné, nanti, opulent, friqué (fam.), rupin (fam.)

costaud, aude ADJ. **1.** bien bâti, fort, robuste, balèze (fam.), maous (fam.) **2.** solide, robuste **3.** doué, fort, balèze (fam.), calé (fam.), fortiche (fam.)

costume N. M. **1.** habit, habillement, tenue, vêtement, accoutrement (souvent péj.) **2.** complet (-veston), costard (fam.) **3.** déguisement, habit

costumé, ée ADJ. déguisé, travesti

cote N. F. **1.** cotation, cours **2.** niveau, indice **3.** popularité, succès

coté, ée ADJ. estimé, apprécié, prisé, réputé

côte[1] N. F. **1.** côtelette, entrecôte **2.** bande, rayure **3.** nervure, carde

côte[2] N. F. **1.** coteau, cuesta (Géog.) **2.** pente, montée, raidillon, rampe, grimpette (fam.)

côte[3] N. F. bord, bordure, littoral, rivage, cordon (littoral)

côté N. M. I. **1.** flanc **2.** versant, côte, coteau, flanc, pan, pente **3.** bord, bordure **4.** face, ligne, pan II. aspect, angle, perspective, point de vue, sens III. camp, bord, parti

coteau N. M. **1.** colline, monticule **2.** côte, flanc, pente, versant

coter V. TR. **1.** évaluer, estimer, juger, noter **2.** noter, numéroter

cotisation N. F. contribution, écot, quote-part

cotiser V. INTR. contribuer, payer son écot

cotonneux, euse ADJ. **1.** duveté, flasque, farineux, mou, spongieux **2.** assourdi, feutré, sourd

côtoyer V. TR. **1.** fréquenter, approcher, coudoyer, frayer avec, se frotter à **2.** border, s'étendre le long de, longer

couard, arde ADJ. et N. lâche, peureux, poltron, pleutre (littér.), pusillanime (littér.), veule (littér.), dégonflard (fam.), dégonflé (fam.), lope (fam.), lopette (fam.), trouillard (fam.)

couardise N. F. lâcheté, poltronnerie, pleutrerie (littér.), pusillanimité (littér.), veulerie (littér.)

couche N. F. **1.** croûte, épaisseur, film, pellicule **2.** assise, lit, strate **3.** catégorie, classe, strate

coucher V. TR. **1.** mettre au lit, [un malade] aliter **2.** allonger, étendre **3.** renverser, abattre **4.** incliner, pencher **5.** consigner, inscrire, noter, porter

♦ **se coucher** V. PRON. **1.** se mettre au lit, se mettre/se glisser dans les draps, aller au/aller faire dodo (lang. enfants), se pieuter (fam.) **2.** [malade] s'aliter **3.** s'allonger, s'étendre **4.** s'incliner, se courber, (se) pencher, ployer **5.** se renverser, s'affaisser, basculer, verser

coude N. M. **1.** angle, saillie **2.** courbe, tournant, virage **3.** méandre, détour, sinuosité

coudoyer V. TR. côtoyer, approcher, fréquenter, rencontrer

coudre V. TR. **1.** raccommoder, rapiécer, ravauder, repriser **2.** monter, bâtir **3.** suturer

couler
▸ V. INTR. **1.** circuler, s'écouler, filer **2.** déborder, dégouliner, se répandre, ruisseler, pisser (fam.) **3.** dégoutter, goutter, sourdre, suinter **4.** chavirer, s'abîmer, s'enfoncer, s'engloutir, faire naufrage, sombrer **5.** se noyer **6.** péricliter, décliner, dépérir
▸ V. TR. **1.** transvaser, verser **2.** glisser, passer **3.** vivre, passer **4.** saborder, saboter **5.** perdre, ruiner **6.** mouler, fondre
♦ **se couler** V. PRON. **1.** se glisser, se faufiler **2.** s'introduire, pénétrer

couleur N. F. **1.** coloration, coloris, nuance, teinte, ton, tonalité **2.** colorant, peinture, pigment, teinture **3.** carnation, teint **4.** apparence, aspect, caractère, figure, tournure

couloir N. M. corridor, galerie, passage

coup N. M. I. **1.** choc, commotion, ébranlement, heurt, secousse **2.** claque, gifle, tape, raclée, beigne (fam.), châtaigne (fam.), gnon (fam.), marron (fam.), pain (fam.), ramponneau (fam.) **3.** [léger] chiquenaude, pichenette (fam.), tape (fam.) **4.** atteinte, dommage, préjudice, trait (littér.) II. manœuvre, astuce, tour, combine (fam.), truc (fam.) III. **1.** essai, tentative **2.** occasion, fois

coupable ADJ. **1.** fautif, responsable **2.** blâmable, condamnable, punissable, répréhensible **3.** honteux, inavouable, indigne, infâme, vicieux **4.** illégitime, illicite

coupant, ante ADJ. **1.** acéré, affilé, affûté, aiguisé, tranchant **2.** autoritaire, bref, cassant, péremptoire, tranchant

couper V. TR. I. blesser, balafrer, écorcher, entailler, entamer, fendre, labourer, taillader II. **1.** abattre, faucher **2.** tailler, cisailler, sectionner, trancher **3.** scier, débiter, fendre, tronçonner **4.** émincer, hacher III. **1.** écourter, ébouter, raccourcir, rafraîchir **2.** écimer, étêter **3.** ébrancher, élaguer, émonder **4.** raser, tondre **5.** ébarber, émarger, rogner **6.** abréger, amputer, tronquer **7.** châtrer, émasculer IV. **1.** fractionner, diviser, morceler, partager, scinder, segmenter, séparer, saucissonner (fam.) **2.** traverser, croiser, passer par V. **1.** arrêter, faire cesser, intercepter, interrompre, rompre, suspendre **2.** barrer, bloquer
♦ **se couper** V. PRON. **1.** se croiser, s'entrecroiser **2.** s'entailler, s'écorcher, se taillader **3.** se contredire, se trahir

couple N. M. **1.** ménage, mariage **2.** paire, binôme, duo, tandem

coupler V. TR. accoupler, assembler, associer, connecter, apparier (littér.), géminer (littér.)

couplet N. M. **1.** strophe, stance **2.** chanson **3.** [péj.] tirade, antienne, chanson, refrain, rengaine, ritournelle

coupure N. F. **1.** entaille, balafre, estafilade, incision, taillade **2.** interruption, arrêt, panne, rupture **3.** séparation, cassure, fossé, fracture, hiatus, rupture, solution de continuité **4.** pause, break (fam.)

cour N. F. **1.** patio, atrium (Antiquité) **2.** suite, cercle, cortège, courtisans, groupies (fam.) **3.** assemblée, parlement **4.** tribunal, juridiction

courage N. M. **1.** bravoure, cœur, force (d'âme), héroïsme, stoïcisme, vaillance, valeur **2.** audace, hardiesse, intrépidité, témérité, cran (fam.), estomac (fam.) **3.** ardeur, énergie, résolution, volonté

courageusement ADV. **1.** bravement, vaillamment, valeureusement **2.** hardiment, intrépidement, crânement, témérairement **3.** énergiquement, résolument

courageux, euse ADJ. **1.** brave, héroïque, stoïque, vaillant, valeureux, preux (littér.) **2.** audacieux, crâne, hardi, intrépide, téméraire **3.** énergique, décidé, résolu

couramment ADV. **1.** communément, banalement, fréquemment, généralement, habituellement, normalement, ordinairement, usuellement **2.** aisément, avec aisance, facilement, sans difficulté, [traduire, lire] à livre ouvert

courant[1], **ante** ADJ. **1.** actuel, en cours **2.** commun, banal, classique, habituel, normal, ordinaire, quelconque, répandu, usité, usuel

courant[2] N. M. **1.** fil de l'eau, cours **2.** électricité, jus (fam.) **3.** déplacement, circulation, flux, mouvement **4.** groupe, école, mouvement, tendance **5.** élan, force, mouvement

courbatu, ue ADJ. courbaturé, ankylosé, fourbu, moulu (fam.)

courbe[1] ADJ. **1.** arqué, arrondi, bombé, cambré, cintré, concave, convexe, coudé, courbé, curviligne, incurvé, infléchi, recourbé, renflé, voûté **2.** [anormalement] tordu, tors

courbe[2] N. F. **1.** arc, courbure **2.** tournant, coude, virage **3.** méandre, boucle, cingle (région.) **4.** arabesque, ondulation, sinuosité, volute **5.** graphique, tracé

courber V. TR. **1.** plier, arquer, cintrer, couder, fléchir, incurver, infléchir, voûter, [anormalement] fausser, gauchir, gondoler, tordre **2.** incliner, affaisser, baisser, coucher, pencher, plier **3.** assujettir, dominer, humilier, rabaisser, soumettre

◆ **se courber** V. PRON. se baisser, s'incliner, se pencher, se plier, ployer

courbure N. F. **1.** arrondi, cambrure, courbe, fléchissement **2.** *[dos]* cambrure, lordose, ensellure, *[anormale]* scoliose **3.** tournant, virage **4.** méandre, ondulation, sinuosité

courir
▸ V. TR. **1.** parcourir, couvrir, sillonner **2.** fréquenter, hanter **3.** s'exposer à, aller au devant de
▸ V. INTR. **1.** filer, foncer, galoper, trotter, bomber *(fam.)*, cavaler *(fam.)*, droper *(fam.)*, tracer *(fam.)*, prendre ses jambes à son cou *(fam.)*, piquer un cent mètres/un sprint *(fam.)* **2.** se dépêcher, s'empresser, se hâter, se presser **3.** couler, s'écouler, filer, glisser, passer **4.** circuler, se communiquer, se propager, se répandre

couronne N. F. **1.** guirlande **2.** anneau, cercle **3.** auréole, halo, nimbe **4.** diadème, bandeau (royal)

couronnement N. M. **1.** sacre, intronisation **2.** faîte, sommet **3.** aboutissement, accomplissement, consécration, *[d'un spectacle]* clou, *[d'une carrière]* bâton de maréchal

couronner V. TR. **1.** sacrer, introniser **2.** récompenser, honorer **3.** auréoler, ceindre, coiffer, entourer, environner **4.** achever, conclure, parachever, parfaire, terminer

cours N. M. **1.** déroulement, développement, enchaînement, marche, progression, succession, suite **2.** cote, prix, taux **3.** classe, leçon **4.** manuel, traité

course N. F. **1.** footing, jogging, sprint **2.** bousculade, cavalcade *(fam.)*, rush *(fam.)* **3.** parcours, trajet **4.** mouvement, déplacement, marche **5.** excursion, marche, randonnée, virée *(fam.)* **6.** achat, commission, emplette, *[au plur.]* shopping, magasinage *(Québec)*

court, courte ADJ. et ADV. **1.** petit, bas, ras **2.** éphémère, bref, fugace, fugitif, momentané, passager **3.** abrégé, bref, concis, laconique, résumé, sommaire, succinct **4.** direct, immédiat **5.** insuffisant, juste, limité, sommaire

courtiser V. TR. **1.** aduler, flatter, louanger, lécher les bottes de *(fam.)* **2.** faire du charme à, faire la cour à, baratiner *(fam.)*, conter fleurette à *(fam.)*, draguer *(fam.)*, faire du plat à *(fam.)*, faire du gringue à *(fam.)*

courtois, oise ADJ. affable, aimable, gracieux, poli, civil *(littér.)*

courtoisie N. F. affabilité, amabilité, politesse, civilité *(littér.)*

couru, ue ADJ. apprécié, prisé, recherché, à la mode, en vogue, branché *(fam.)*, in *(fam.)*

coût N. M. **1.** prix, montant, valeur **2.** dépense, débours, frais

coûter V. TR. et INTR. **I. 1.** valoir, revenir à, se monter à **2.** causer, entraîner, occasionner, provoquer **3.** faire perdre **II.** peser, être pénible

coûteux, euse ADJ. cher, hors de prix, onéreux, ruineux, dispendieux *(littér.)*

coutume N. F. habitude, mœurs, mode, pratique, règle, tradition, usage, us *(littér.)*

coutumier, ière ADJ. habituel, ordinaire, usuel

couture N. F. **1.** piqûre, points **2.** confection, mode **3.** cicatrice, balafre

couver
▸ V. TR. **1.** protéger, choyer, élever dans du coton, surprotéger, chouchouter *(fam.)* **2.** incuber **3.** préparer, concocter, fomenter, tramer, manigancer, combiner, mijoter *(fam.)*, ourdir *(littér.)*
▸ V. INTR. être en gestation, fermenter, se préparer

couvert, erte ADJ. **1.** habillé, vêtu **2.** bouché, assombri, brumeux, nébuleux, nuageux

couverture N. F. **1.** plaid, courtepointe, édredon **2.** couvre-livre, jaquette, liseuse **3.** reliure, cartonnage **4.** protection, défense **5.** garantie, provision **6.** prétexte, paravent

couvrir V. TR. **I. 1.** habiller, vêtir **2.** envahir, consteller, cribler, joncher, parsemer **3.** coiffer, couronner **4.** inonder, submerger **5.** charger, accabler, combler, faire crouler sous **II. 1.** cacher, dissimuler, masquer, occulter, voiler **2.** déguiser, cacher, receler, celer *(littér.)* **3.** dominer, étouffer **III.** s'étendre sur, embrasser **IV.** compenser, contrebalancer, effacer **V.** garantir, protéger **VI.** s'accoupler avec, monter, saillir, servir

◆ **se couvrir** V. PRON. **1.** s'assombrir, se brouiller, se charger, s'obscurcir, se voiler **2.** s'habiller, se vêtir, *[chaudement]* s'emmitoufler **3.** se garantir, ouvrir le parapluie

crachat N. M. expectoration, glaviot *(fam.)*, graillon *(fam.)*, huître *(fam.)*, mollard *(fam.)*

cracher
▸ V. INTR. **1.** expectorer, crachoter, glavioter *(fam.)*, graillonner *(fam.)*, molarder *(fam.)* **2.** grésiller, crachoter, craquer
▸ V. TR. projeter, rejeter

craindre V. TR. **1.** appréhender, avoir peur de, s'effrayer de, redouter **2.** révérer, respecter

crainte N. F. **1.** appréhension, alarme, angoisse, anxiété, inquiétude, peur, phobie, frousse *(fam.)*, trouille *(fam.)* **2.** respect, révérence, vénération

craintif, ive ADJ. **1.** peureux, timoré, poltron, pusillanime *(littér.)*, trouillard *(fam.)* **2.** apeuré, effarouché, effrayé, timide **3.** angoissé, anxieux, inquiet

cran[1] N. M. **1.** encoche, coche, entaille **2.** degré, échelon, niveau **3.** ondulation, boucle

cran[2] N. M. audace, courage, culot *(fam.)*, estomac *(fam.)*

crâner V. INTR. fanfaronner, parader, plastronner, poser, faire le malin/le mariole/le dur *(fam.)*, frimer *(fam.)*, la ramener *(fam.)*, rouler des mécaniques *(fam.)*, se la péter *(fam.)*

crâneur, euse ADJ. et N. prétentieux, fanfaron, plastronneur, poseur, vaniteux, bêcheur *(fam.)*, frimeur *(fam.)*, m'as-tu-vu *(fam.)*

crapule N. F. bandit, canaille, escroc, truand, voleur, voyou, fripouille *(fam.)*

craqueler V. TR. fendiller, crevasser, fêler, fissurer, lézarder

craquer
▸ V. TR. casser, céder, se déchirer, lâcher, *[bas]* filer
▸ V. INTR. **1.** craqueter, grésiller **2.** *[sous la dent]* croquer **3.** s'effondrer, s'écrouler, disjoncter *(fam.)*, péter les plombs/un câble *(fam.)* **4.** *[fam.]* tomber sous le charme, fondre

crasse N. F. **1.** saleté, malpropreté, ordure **2.** *[fam.]* méchanceté, sale tour, saleté, saloperie *(fam.)*, tour de cochon *(fam.)*, vacherie *(fam.)*

crasseux, euse ADJ. sale, dégoûtant, malpropre, cracra *(fam.)*, cradoc *(fam.)*, crados *(fam.)*, crapoteux *(fam.)*

crayonner V. TR. **1.** écrire, gribouiller, griffonner **2.** dessiner, croquer, ébaucher, esquisser

créancier, ière N. prêteur, bailleur de fonds

créateur, trice
▸ ADJ. générateur, producteur
▸ N. **1.** auteur, architecte, bâtisseur, concepteur, constructeur, fondateur, inventeur, novateur, père, promoteur **2.** couturier, styliste

créatif, ive ADJ. inventif, imaginatif, innovant

création N. F. **1.** commencement, apparition, début, genèse, naissance, origine **2.** conception, enfantement, invention **3.** réalisation, construction, élaboration, production **4.** établissement, fondation, formation, institution, mise en place, organisation **5.** œuvre, production, trouvaille **6.** monde, nature, univers

créativité N. F. inventivité, imagination, innovation, invention

créature N. F. **1.** être **2.** être humain, homme, individu, personnage **3.** favori, protégé, poulain

crédibilité N. F. **1.** vraisemblance, plausibilité **2.** crédit *(littér.)*, créance

crédible ADJ. **1.** croyable, plausible, vraisemblable **2.** digne de foi, digne de confiance, fiable

crédit N. M. **I. 1.** ascendant, autorité, empire, influence, pouvoir **2.** faveur, estime, prestige, réputation **3.** force, importance **II.** avance, prêt

credo N. M. foi, conviction, dogme, principe, règle

crédule ADJ. candide, confiant, ingénu, naïf, gobeur *(fam.)*

créer V. TR. **1.** concevoir, enfanter, engendrer, imaginer, inventer, faire naître, tirer du néant **2.** réaliser, bâtir, composer, construire, édifier, élaborer, ériger, former, produire **3.** aménager, établir, instituer, mettre en place, organiser **4.** causer, amener, faire apparaître, déclencher, engendrer, faire naître, générer, occasionner, produire, provoquer, susciter

crème N. F. **1.** baume, liniment, onguent **2.** élite, fine fleur, gratin *(fam.)*, dessus du panier *(fam.)*

crépiter V. INTR. craquer, grésiller, pétiller

crépuscule N. M. **1.** tombée du jour, tombée de la nuit, déclin du jour, brune *(littér.)* **2.** décadence, déclin, fin

crête N. F. **1.** faîte, cime, haut, sommet **2.** huppe

crétin, ine ADJ. et N. imbécile, abruti, âne, débile, idiot, niais, sot, stupide, andouille *(fam.)*, ballot *(fam.)*, brèle *(fam.)*, buse *(fam.)*, con *(très fam.)*, connard *(très fam.)*, corniaud *(fam.)*, cornichon *(fam.)*, couillon *(fam.)*, cruche *(fam.)*, cul *(très fam.)*, moule *(fam.)*, patate *(fam.)*, gourde *(fam.)*, poire *(fam.)*, saucisse *(fam.)*

crétinerie N. F. imbécillité, bêtise, débilité, idiotie, connerie *(très fam.)*

creuser V. TR. **I. 1.** percer, forer, ouvrir **2.** bêcher, labourer, piocher **3.** évider **4.** éroder, affouiller, ronger **5.** cambrer, rentrer **II. 1.** approndir, explorer, fouiller, s'appesantir sur, sonder **2.** accentuer, augmenter, agrandir

◆ **se creuser** V. PRON. **1.** s'accentuer, augmenter, grandir **2.** *[fam.]* chercher, se casser (la tête) *(fam.)*, se prendre la tête *(fam.)*

creux, euse
▸ ADJ. **1.** évidé, vide **2.** encaissé, enfoncé **3.** amaigri, maigre, émacié **4.** enfoncé, cave, creusé **5.** futile, insignifiant, vain, vide de sens
▸ N. M. **1.** cavité, anfractuosité, caverne, excavation, trou **2.** dépression, cuvette, fosse, fossé, gorge, ornière

crevasse N. F. **1.** faille **2.** anfractuosité, cassure, craquelure, entaille, fente, fissure, lézarde **3.** engelure, gerçure

crever
▸ V. INTR. éclater, claquer, péter *(fam.)*
▸ V. TR. percer, déchirer, péter *(fam.)*

cri N. M. **1.** appel **2.** *[fort, désagréable]* clameur, beuglement, braillement, hurlement, rugissement **3.** *[de douleur, de désarroi]* gémissement, lamentation, plainte, râle **4.** *[de dispute]* éclat de voix, braillement, criaillerie **5.** *[de désapprobation]* huée, protestation, vocifération **6.** *[d'approbation]* acclamation, bravo, hourra, ovation, viva

criailler V. INTR. rouspéter, piailler, brailler *(fam.)*

criant, criante ADJ. **1.** choquant, révoltant, scandaleux **2.** évident, éclatant, flagrant, manifeste, patent

criard, criarde ADJ. **1.** brailleur, criailleur, braillard *(fam.)*, gueulard *(fam.)* **2.** perçant, strident **3.** tapageur, clinquant, tape-à-l'œil

crier V. TR. et INTR. **1.** *[fort]* hurler, criailler, s'égosiller, s'époumoner, rugir, tempêter, tonner, vociférer, beugler *(fam.)*, brailler *(fam.)*, braire *(fam.)*, bramer *(fam.)*, gueuler *(fam.)* **2.** *[de douleur]* gémir, se plaindre, piailler **3.** crisser, gémir, grincer, hurler **4.** affirmer, annoncer, claironner, clamer, proclamer, trompeter

crime N. M. **1.** meurtre, assassinat, homicide **2.** délit, faute, infraction, forfait *(littér.)*

criminel, elle
▸ ADJ. condamnable, coupable, répréhensible
▸ N. **1.** coupable, bandit, délinquant, gangster, malfaiteur **2.** meurtrier, assassin

crise N. F. **1.** accès, attaque, atteinte, poussée **2.** phase critique, désarroi, malaise, perturbation, trouble

crisper V. TR. **1.** agacer, énerver, exaspérer, irriter, gonfler *(fam.)* **2.** contracter, convulser, décomposer, déformer

◆ **se crisper** V. PRON. se contracter, se convulser

critère N. M. **1.** indice, marque, preuve **2.** facteur, donnée, paramètre, raison

critiquable ADJ. **1.** attaquable, contestable, discutable, sujet à caution **2.** blâmable, condamnable, répréhensible

critique[1] ADJ. **1.** décisif, capital, crucial, déterminant **2.** dangereux, explosif, grave, périlleux, tendu

critique[2]
▸ ADJ. négatif, défavorable, sévère, contempteur *(littér.)*

▸ N. F. 1. analyse, appréciation, examen, jugement 2. attaque, accusation, coup de bec, coup de patte, coup de griffe, [sévère] blâme, condamnation, diatribe, éreintement 3. reproche, remontrance, réprimande, réprobation, réserve

critiquer V. TR. 1. analyser, commenter, discuter, étudier, examiner, juger 2. attaquer, blâmer, condamner, décrier, désapprouver, réprouver, trouver à redire à

crochet N. M. I. 1. croc, pendoir 2. agrafe, croc, esse, patte 3. passe-partout, rossignol II. détour

crochu, ue ADJ. courbé, recourbé, [nez] aquilin

croire V. TR. 1. accepter, admettre (comme vrai), ajouter foi à 2. [naïvement] prendre pour argent comptant, avaler (fam.), gober (fam.), [sans complément] mordre à l'hameçon, marcher (fam.)

♦ **se croire** V. PRON. s'estimer, s'imaginer, se prendre pour, se trouver

croisement N. M. 1. carrefour, croisée (des chemins), embranchement, fourche, intersection, jonction, patte d'oie 2. mélange, métissage, hybridation

croiser V. TR. 1. entrecroiser, entrelacer 2. couper, franchir, traverser 3. rencontrer, passer à côté de, tomber sur (fam.) 4. mélanger, hybrider, mâtiner, mêler, métisser

♦ **se croiser** V. PRON. 1. se chevaucher, se recouvrir 2. se couper, se rencontrer, se traverser

croissance N. F. 1. accroissement, agrandissement, augmentation, développement, poussée 2. développement, essor, expansion, progression, progrès

croître V. INTR. 1. grandir, pousser, se développer 2. augmenter, s'agrandir, se développer, s'étendre, gagner, grossir, s'intensifier, redoubler

croquer
▸ V. INTR. croustiller, craquer
▸ V. TR. 1. mordre 2. dessiner, ébaucher, esquisser 3. camper, caricaturer

croquis N. M. dessin, ébauche, épure, esquisse, schéma, crobard (fam.)

crotte N. F. 1. excrément, étron, caca (lang. enfants), merde (très fam.) 2. [de cheval] crottin, [de vache] bouse, [d'oiseau] fiente

crotté, ée ADJ. sale, boueux, souillé

crouler V. INTR. s'abattre, s'affaisser, s'écrouler, s'effondrer, [bâtiment] se délabrer, menacer ruine, tomber en ruine, [terre] s'ébouler

croupe N. F. arrière-train, derrière, fesses, postérieur, croupion (fam.)

croupir V. INTR. 1. moisir, pourrir 2. stagner, se corrompre 3. s'encroûter, moisir, pourrir, stagner, végéter

croustillant, ante ADJ. 1. croquant, craquant 2. grivois, épicé, poivré, salé 3. piquant, pittoresque, plaisant

croûte N. F. couche, dépôt, pellicule, plaque

croyable ADJ. crédible, digne de foi, imaginable, plausible, vraisemblable

croyance N. F. 1. conviction, doctrine, dogme, doxa, foi, religion, superstition (péj.) 2. confiance, espérance, foi

croyant, ante ADJ. et N. 1. dévot, mystique, pieux, religieux 2. fidèle, pratiquant, bigot (péj.)

cru, crue ADJ. 1. vif, brutal, criard 2. direct, brutal, franc 3. choquant, réaliste, rude 4. graveleux, grivois, leste, libre, licencieux, salé

cruauté N. F. 1. barbarie, bestialité, férocité, inhumanité, méchanceté, sadisme, sauvagerie 2. méchanceté, dureté, rudesse, sévérité 3. atrocité, excès

cruche N. F. 1. cruchon, pichet 2. imbécile, abruti, âne, débile, idiot, niais, sot

crucial, ale, aux ADJ. 1. critique, décisif, déterminant 2. capital, central, essentiel, majeur, primordial, vital

cruel, elle ADJ. 1. barbare, féroce, sadique, sanguinaire, sauvage 2. méchant, dur, sévère 3. implacable, inexorable, inflexible 4. douloureux, affreux, atroce, épouvantable, insupportable 5. amer, âpre, cinglant, cuisant

cruellement ADV. 1. férocement, brutalement, sadiquement 2. méchamment, durement 3. douloureusement, affreusement, atrocement, durement, pénibleument, terriblement

crûment ADV. brutalement, durement, franchement, tout net, rudement, sans détour, sèchement, vertement, sans tourner autour du pot (fam.), sans faire dans la dentelle (fam.)

crypter V. TR. chiffrer, brouiller, cryptographier, encoder

cueillir V. TR. 1. récolter, faire la cueillette de, ramasser, [du raisin] vendanger 2. [fam.] arrêter

cuirasse N. F. 1. corselet, cotte 2. blindage 3. défense, carapace, protection, rempart

cuirasser V. TR. 1. barder, armer, blinder, caparaçonner 2. aguerrir, endurcir, fortifier, blinder (fam.)

♦ **se cuirasser** V. PRON. s'aguerrir, s'endurcir, se fortifier, se blinder (fam.)

cuire
▸ V. TR. [façons] bouillir, braiser, frire, griller, mijoter, mitonner, rissoler, rôtir
▸ V. INTR. 1. piquer, brûler, être en feu 2. brûler, cramer (fam.), étouffer (fam.)

cuisant, ante ADJ. 1. âpre, mordant 2. douloureux, amer, cinglant, humiliant

cuisine N. F. 1. art culinaire, gastronomie 2. nourriture, manger, chère (littér.), bouffe (fam.), popote (fam.), tambouille (fam.) 3. manœuvres, manigances, fricotage (fam.), grenouillage (fam.), magouille (fam.)

cuisiner V. TR. 1. accommoder, apprêter, mitonner, [sans complément] être aux fourneaux, faire la tambouille (fam.) 2. [fam.] interroger, mettre sur le gril, questionner

cuisinier, ière N. 1. chef, maître coq, maître queux (plaisant), rôtisseur, saucier, cuistot (fam.) 2. [bon] cordon-bleu

culbute N. F. 1. cabriole, galipette, roulade, roulé-boulé, soleil 2. chute, dégringolade 3. banqueroute, faillite, ruine

culbuter
▸ V. INTR. basculer, dégringoler, s'écrouler, faire un soleil, tomber, verser
▸ V. TR. 1. renverser, bousculer, mettre sens dessus dessous 2. battre, défaire, enfoncer, renverser, repousser, vaincre

culminer V. INTR. 1. dominer, surplomber 2. plafonner

culot N. M. 1. fond 2. [fam.] aplomb, assurance, audace, effronterie, toupet (fam.)

culotté, ée ADJ. audacieux, effronté, gonflé (fam.)

culte N. M. 1. liturgie, rite 2. messe, cérémonie, office, service 3. religion, confession 4. admiration, adoration, adulation, amour, attachement, vénération, idolâtrie (péj.)

cultivé, ée ADJ. érudit, instruit, lettré, savant

cultiver V. TR. I. 1. labourer, exploiter, travailler, [sans complément] travailler la terre 2. faire pousser II. développer, éduquer, former, perfectionner III. s'adonner à, se donner à, s'intéresser à, se plaire à, travailler

♦ **se cultiver** V. PRON. apprendre, s'enrichir, s'éduquer, s'instruire, se perfectionner

culture N. F. I. 1. civilisation 2. connaissances, éducation, érudition, formation, instruction, savoir, science II. 1. agriculture, exploitation (d'une terre) 2. [souvent au plur.] plantation

cumuler V. TR. 1. réunir, associer, allier, conjuguer, rassembler 2. amasser, collectionner, masser

cupide ADJ. âpre (au gain), avare, avide, rapace, vénal

cupidité N. F. âpreté (au gain), avarice, avidité, convoitise, rapacité, vénalité

curieusement ADV. bizarrement, drôlement, étonnamment, étrangement, singulièrement

curieux, euse ADJ. 1. indiscret, fouineur, fureteur 2. bizarre, drôle, étonnant, étrange, original, singulier 3. incompréhensible, singulier, surprenant

curiosité N. F. 1. intérêt, appétit, soif de connaître 2. indiscrétion 3. bizarrerie, singularité

cursus N. M. INVAR. études, parcours

cuve N. F. bac, baquet, citerne, réservoir

cuvette N. F. 1. bassine, lavabo 2. bassin, creux, dépression, doline (Géog.)

cycle[1] N. M. 1. séquence, boucle, suite 2. [Astron.] révolution 3. [Littérat.] saga, geste (Moyen Âge)

cycle[2] N. M. bicyclette, vélo

cyclique ADJ. périodique, récurrent

cyclone N. M. ouragan, tornade, typhon, hurricane (anglic.)

cylindre N. M. rouleau, tambour, tube

cynique ADJ. immoral, impudent, insolent

cynisme N. M. immoralité, impudence

D

daigner V. TR. accepter, condescendre à, s'abaisser à, consentir à, se plier à, vouloir bien

damné, ée ADJ. 1. réprouvé 2. maudit, sacré, fichu (fam.), foutu (fam.), sale (fam.), satané (fam.)

dandy N. M. esthète

danger N. M. 1. péril, menace 2. hasard, aléa, risque 3. piège, écueil, embûche

dangereusement ADV. 1. gravement, grièvement 2. sérieusement

dangereux, euse ADJ. 1. périlleux, menaçant, redoutable 2. violent, agressif, méchant 3. malsain, mauvais, nocif, nuisible, pernicieux 4. grave, mauvais, sérieux 5. critique, brûlant, délicat, difficile, épineux, glissant, scabreux, sensible 6. aventureux, hasardeux, imprudent, périlleux, risqué, téméraire, casse-gueule (fam.)

danser V. INTR. 1. valser 2. trembler, osciller, tanguer, vaciller

dater V. INTR. 1. être démodé, avoir vieilli, être passé de mode, remonter au déluge 2. marquer, faire date

déambuler V. INTR. se promener, cheminer, errer, flâner, marcher, se balader (fam.), vadrouiller (fam.)

débâcle N. F. 1. [Milit.] déroute, débandade, déconfiture 2. faillite, défaite, effondrement, krach, naufrage, ruine

déballer V. TR. 1. désemballer, dépaqueter 2. étaler, exposer 3. confesser, avouer, dévoiler, s'ouvrir de, lâcher (fam.)

débarrasser V. TR. 1. déblayer, dégager, désencombrer, [une table] desservir 2. décharger, délester, exonérer, libérer, soulager

♦ **se débarrasser de** V. PRON. 1. abandonner, se défaire de, en finir avec, jeter, mettre au rebut, rejeter, balancer (fam.), bazarder (fam.), mettre au rancart (fam.), virer (fam.) 2. enlever, ôter, quitter, retirer 3. oublier, évacuer 4. se délivrer, s'affranchir, se libérer 5. congédier, repousser, envoyer promener (fam.), envoyer paître (fam.) 6. licencier, débaucher, se défaire de, remercier, renvoyer, mettre à la porte, se séparer de, débarquer (fam.), sacquer (fam.), virer (fam.) 7. tuer, éliminer, liquider (fam.)

débat N. M. 1. discussion, explication 2. conférence, forum, table ronde, [d'assemblée politique] séance 3. contestation, controverse, différend, polémique

débattre V. TR. 1. discuter (de), agiter, délibérer de, examiner, traiter, [sans complément] parlementer 2. négocier, marchander

♦ **se débattre** V. PRON. s'agiter, se démener

débauche N. F. 1. dépravation, dévergondage, écarts (de conduite), libertinage, licence, luxure, stupre (littér.), turpitude (littér.), gaudriole (fam.) II. 1. abus, débordement, excès 2. abondance, foule, luxe, orgie, pléthore, profusion, surabondance

débauché, ée
▸ ADJ. corrompu, dépravé, dissolu, immoral, libertin, perverti, vicieux
▸ N. libertin, coureur

débaucher V. TR. congédier, licencier, mettre à la porte, renvoyer, se séparer de, débarquer (fam.), sacquer (fam.), vider (fam.), virer (fam.)

débile ADJ. et N. 1. faible, fragile, frêle, malingre, rachitique 2. déficient (mental), arriéré (mental), attardé (mental), demeuré, retardé (mental), simple d'esprit

débiliter V. TR. 1. affaiblir, anémier 2. décourager, démoraliser, déprimer

débit N. M. 1. rythme, cadence 2. diction, élocution

débiter V. TR. I. 1. dire, raconter, servir (péj.), sortir (fam., péj.), débagouler (fam., péj.), dégoiser (fam., péj.) 2. réciter, déclamer II. 1. couper, découper, diviser, partager 2. produire, fabriquer, fournir, sortir, vendre

déblayer V. TR. 1. dégager, débarrasser, désencombrer 2. enlever, ôter, retirer

débloquer V. TR. 1. décoincer, dégager, dégripper 2. libérer, dégeler

déboire N. M. 1. déception, amertume, déconvenue, désillusion, mécompte (littér.) 2. [souvent au plur.] échec, ennui, épreuve

déboîter V. TR. 1. démonter, disjoindre 2. désarticuler, démettre, disloquer, fouler, luxer, démancher

débonder (se) V. PRON. se confier, ouvrir son cœur, se déboutonner, s'épancher, s'ouvrir, vider son sac (fam.)

débordé, ée ADJ. dépassé, noyé, sous pression, submergé, surchargé, charrette (fam.)

débordement N. M. 1. déchaînement, explosion 2. profusion, déferlement, déluge, exubérance, flot, surabondance, torrent 3. excès, écart de conduite, libertinage, licence 4. crue, inondation

déborder
▸ V. INTR. 1. couler, s'échapper, se répandre 2. se déchaîner, éclater, exploser 3. faire saillie, ressortir, saillir, surplomber
▸ V. TR. 1. dépasser, empiéter sur, franchir, mordre sur 2. contourner, dépasser, encercler, tourner

débotté (au) LOC. ADV. à l'improviste, au dépourvu, de but en blanc

débouché N. M. 1. marché, clientèle 2. perspective (d'avenir), opportunité, ouverture

déboucher V. TR. 1. dégager, désengorger, désobstruer 2. ouvrir, décapsuler

débourser V. TR. dépenser, payer, verser, décaisser (Comptabilité), aligner (fam.), casquer (fam.), cracher (fam.), lâcher (fam.)

déboussolé, ée ADJ. désorienté, affolé, désemparé, troublé, qui a perdu le nord (fam.), paumé (fam.), qui a perdu les pédales (fam.)

débraillé, ée
▸ ADJ. 1. négligé, en désordre, dépoitraillé (fam.) 2. libre, sans retenue
▸ N. M. désordre, laisser-aller, liberté, négligé

débridé, ée ADJ. déchaîné, effréné, sans retenue

débris N. M. 1. fragment, morceau, [de verre, de poterie] tesson, [de tissu] lambeau, [de bois] copeau, sciure 2. reste, [de repas] relief, rogaton (fam.) 3. déchet, détritus, ordure, rebut, résidu, rognure

débrouillard, arde ADJ. et N. habile, adroit, astucieux, dégourdi, malin, rusé, démerdard (fam.), démerde (fam.), roublard (fam., souvent péj.)

débrouillardise N. F. habileté, adresse, astuce, ruse, débrouille (fam.), démerde (fam.), roublardise (fam., souvent péj.)

débrouiller V. TR. 1. démêler, dénouer, séparer, trier 2. élucider, clarifier, déchiffrer, éclaircir, expliquer, tirer au clair
◆ **se débrouiller** V. PRON. s'arranger, se défendre, s'en sortir, y arriver, se tirer d'affaire, s'en tirer (fam.), se démerder (fam.), se dépatouiller (fam.)

débroussailler V. TR. 1. défricher, éclaircir, essarter 2. débrouiller, défricher, dégrossir, éclaircir, tirer au clair

début N. M. 1. commencement, départ, origine, prémices (littér.) 2. entrée en matière, ouverture, exorde 3. ABC, b.a.-ba
◆ **débuts** PLUR. apprentissage, balbutiements, premières armes, premiers pas

débutant, ante ADJ. et N. novice, apprenti, néophyte, nouveau, bizut (fam.), bleu (fam.)

débuter V. INTR. 1. commencer, s'ouvrir, démarrer (fam.) 2. faire ses débuts, commencer, faire ses premières armes, faire ses premiers pas, démarrer (fam.)

décadence N. F. déclin, chute, déchéance, décrépitude, dégénérescence, déliquescence, écroulement, effondrement

décadent, ente ADJ. déliquescent, dégénéré, fin de race, fin de siècle

décalage N. M. 1. écart, distance, intervalle, variation 2. désaccord, différence, discordance, dissonance, rupture

décaler V. TR. 1. avancer 2. retarder, reculer, remettre, reporter, repousser 3. changer, déplacer, modifier

décamper V. INTR. déguerpir, s'enfuir, filer, fuir, lever le camp, quitter la place, se sauver, plier bagage (fam.), prendre le large (fam.), ficher le camp (fam.), détaler (fam.), décaniller (fam.)

décapant, ante ADJ. 1. abrasif 2. corrosif, caustique, mordant, subversif, virulent

décaper V. TR. frotter, gratter, nettoyer, poncer

décapiter V. TR. 1. couper la tête de, faire tomber/rouler la tête de, guillotiner, trancher le cou de, raccourcir (fam.) 2. écimer, étêter, découronner

décédé, ée ADJ. mort, défunt, disparu, trépassé (littér.), feu (devant un nom)

décéder V. INTR. mourir, s'en aller, disparaître, s'éteindre, passer de vie à trépas, périr, rendre l'âme, rendre le dernier soupir, expirer (littér.), trépasser (littér.), avaler son acte/bulletin de naissance (fam.), caner (fam.), casser sa pipe (fam.), clamser (fam.), claquer (fam.), crever (fam.), passer l'arme à gauche (fam.), y rester (fam.)

déceler V. TR. 1. découvrir, détecter, mettre au jour, pointer sur, repérer, trouver 2. indiquer, annoncer, attester, démontrer, manifester, montrer, prouver, révéler, signaler, trahir

décence N. F. 1. bienséance, convenance, honnêteté 2. pudeur, chasteté, pudicité (littér.) 3. politesse, correction, savoir-vivre, tact

décent, ente ADJ. 1. de bon ton, convenable, correct 2. pudique, chaste, convenable 3. correct, acceptable, convenable, honnête, raisonnable, suffisant

décentraliser V. TR. délocaliser, régionaliser, déconcentrer (Admin.)

déception N. F. déconvenue, désappointement, désenchantement, désillusion, désabusement (littér.), déboire (littér.), décompte (littér.), mécompte (littér.)

décerner V. TR. accorder, adjuger, allouer, attribuer, concéder, conférer, doter, octroyer, procurer, remettre

décès N. M. mort, disparition, trépas (littér.), dernier sommeil (littér.), sommeil éternel (littér.)

décevoir V. TR. désappointer, frustrer, tromper les attentes de

déchaîné, ée ADJ. 1. démonté, furieux 2. excité, exalté, exubérant, fougueux, surexcité 3. débordant, débridé, effréné

déchaînement N. M. 1. emportement, débordement, débridement, déferlement, explosion, libération, soulèvement, transport, tempête 2. fureur, emportement, violence

déchaîner V. TR. 1. déclencher, entraîner, exciter, inciter à, occasionner, provoquer, soulever, susciter 2. désenchaîner, détacher, libérer
◆ **se déchaîner** V. PRON. éclater, s'emporter, exploser

décharge N. F. I. déchetterie, dépôt d'ordures, dépotoir II. tir, bordée, fusillade, salve, volée III. quittance, acquit

décharger V. TR. 1. débarder, débarquer 2. assener, décocher 3. disculper, blanchir, innocenter, laver (de tout soupçon) 4. libérer, soulager

déchéance N. F. 1. abaissement, avilissement, chute, décadence, déclin, dégradation, disgrâce 2. [physique] décrépitude, vieillissement

déchet N. M. 1. [surtout au plur.] détritus, ordure 2. [surtout au plur.] débris, bris, chute, épluchure, rebut, résidu, rognure, scorie 3. gaspillage, déperdition, perte

déchiffrer V. TR. 1. décrypter, décoder 2. deviner, comprendre, découvrir, démêler, éclaircir, pénétrer (le sens de), percer, saisir

déchiqueter V. TR. déchirer, broyer, découper, hacher, lacérer, mettre en lambeaux, mettre en pièces, taillader, tailler en pièces

déchirant, ante ADJ. 1. bouleversant, émouvant, pathétique, poignant, tragique 2. aigu, perçant, strident

déchirement N. M. 1. chagrin, affliction, arrachement, douleur, peine, tourment 2. discorde, désunion, division 3. déchirure, claquage, lacération, rupture

déchirer V. TR. 1. déchiqueter, arracher, lacérer 2. [la peau] balafrer, égratigner, entamer, érafler, érailler, griffer, labourer 3. attrister, affliger, bouleverser, fendre le cœur de, meurtrir, tourmenter 4. diviser, scinder, tirailler 5. [cri] fendre, percer, rompre, trouer 6. calomnier, diffamer, médire, offenser, outrager

déchirure N. F. 1. accroc 2. blessure, coupure, crevasse, écorchure, égratignure, éraflure 3. ouverture, percée, trouée

déchu, ue ADJ. détrôné, déposé, destitué

décidé, ée ADJ. 1. déterminé, ferme, hardi, résolu, volontaire 2. fixé, convenu, entendu, réglé, résolu 3. certain, arrêté, déclaré, délibéré, franc, manifeste

décider V. TR. 1. fixer, arrêter, décréter, déterminer, se mettre dans la tête 2. commander, ordonner 3. arbitrer, juger, trancher 4. convaincre, entraîner, persuader, pousser

décimer V. TR. anéantir, détruire, exterminer, massacrer, tuer, rayer de la carte

décisif, ive ADJ. 1. capital, crucial, déterminant, important, prépondérant, principal 2. concluant, convaincant, incontestable, irréfutable, péremptoire 3. définitif, dernier 4. affirmatif, décidé, dogmatique, péremptoire, tranchant

décision N. F. 1. choix, délibération, parti, résolution 2. [administrative] arrêt, arrêté, décret, résolution 3. [arbitraire] diktat, ukase

déclamer V. TR. dire, réciter, débiter (péj.), [vers] scander

déclaration N. F. 1. affirmation, annonce, communication, proclamation 2. [de principes] manifeste, profession de foi 3. dires, parole, propos 4. aveu, confession, confidence, révélation 5. attestation

déclarer V. TR. 1. affirmer, annoncer, exprimer, indiquer, manifester, proclamer, professer, signifier 2. avouer, confier, reconnaître 3. révéler, dévoiler, porter à la connaissance (de), signaler 4. attester, certifier, notifier
◆ **se déclarer** V. PRON. apparaître, se déclencher, éclater, survenir

déclasser V. TR. 1. déranger, déplacer 2. rétrograder, faire régresser

déclenchement N. M. commencement, démarrage, lancement, mise en marche, mise en route

déclencher V. TR. 1. provoquer, catalyser, entraîner, déterminer, occasionner, susciter 2. mettre en marche, démarrer, lancer, mettre en branle, mettre en route
◆ **se déclencher** V. PRON. survenir, apparaître, se déclarer, éclater, se manifester, se produire, surgir

déclin N. M. 1. décadence, affaiblissement, déchéance, dégénérescence, étiolement, fin 2. baisse, décroissance, diminution

décliner
▸ V. TR. 1. repousser, écarter, refuser, rejeter 2. dire, énoncer, énumérer
▸ V. INTR. 1. baisser, décroître, diminuer, tomber 2. dépérir, s'affaiblir, empirer, s'étioler, languir 3. faiblir, déchoir, dégénérer, s'effondrer, péricliter

décoder V. TR. 1. déchiffrer, décrypter 2. comprendre, deviner, interpréter, pénétrer, percer, saisir

décoiffer V. TR. dépeigner, ébouriffer, hérisser, écheveler (littér.)

décollage N. M. 1. envol 2. essor, démarrage, envolée

décoller
▸ V. INTR. 1. s'envoler, s'élever dans les airs, quitter le sol, prendre son essor (littér.) 2. progresser, s'envoler, se développer, prendre son essor
▸ V. TR. 1. enlever, détacher, ôter 2. distancer, décrocher, lâcher (fam.)

décolorer V. TR. 1. ternir, affadir, effacer 2. blondir, blanchir, oxygéner
◆ **se décolorer** V. PRON. déteindre, s'affadir, s'effacer, se faner, se ternir

décombres N. M. PL. ruines, débris, déblais, éboulis, gravats, restes, vestiges

décomposer V. TR. I. 1. dissocier, désagréger, résoudre (littér.) 2. analyser, diviser, scinder II. 1. pourrir, altérer, corrompre, dégrader, gâter, putréfier 2. détruire, déliter, désorganiser, disloquer, dissoudre 3. troubler, altérer, convulser

◆ **se décomposer** V. PRON. 1. pourrir, s'altérer, se corrompre, se dégrader, se putréfier, [viande] faisander 2. se troubler, perdre contenance, se démonter 3. se désagréger, se déliter, se désorganiser, se disloquer, s'effriter

décomposition N. F. I. 1. dissociation, désagrégation, résolution (littér.) 2. analyse, division II. 1. pourriture, altération, corruption, putréfaction, [de la viande] faisandage 2. décadence, déliquescence, délitement, dissolution, effritement 3. trouble, altération, convulsion

décompte N. M. 1. compte, dénombrement, détail, relevé 2. déduction, défalcation, retranchement, soustraction

décompter V. TR. 1. compter, dénombrer, énumérer 2. déduire, défalquer, retrancher, soustraire

déconcertant, ante ADJ. 1. déroutant, désarçonnant, déstabilisant, troublant 2. bizarre, étonnant, imprévu, inattendu, surprenant

déconcerter V. TR. décontenancer, démonter, dérouter, désarçonner, désemparer, désorienter, déstabiliser, interdire, surprendre, troubler

déconfiture N. F. 1. déroute, défaite, échec, effondrement, fiasco, naufrage, ruine 2. banqueroute, faillite, insolvabilité, ruine

décongestionner V. TR. dégager, désembouteiller, désencombrer, désengorger

déconnecter V. TR. 1. débrancher 2. séparer, décorréler

décontenancer V. TR. déconcerter, démonter, dérouter, désarçonner, désemparer, désorienter, déstabiliser, interdire, troubler

◆ **se décontenancer** V. PRON. se troubler, se démonter, perdre contenance

décontracté, ée ADJ. 1. détendu, cool (fam.), relax (fam.) 2. dégagé, désinvolte, libre

décontracter V. TR. 1. détendre, relaxer 2. relâcher, décrisper

◆ **se décontracter** V. PRON. se relaxer, se détendre

décontraction N. F. 1. détente, relaxation 2. relâchement 3. désinvolture, aisance, calme, détachement

déconvenue N. F. déception, dépit, désappointement, désillusion, désenchantement

décor N. M. 1. décoration, ornementation, parure 2. environnement, cadre, milieu, paysage, toile de fond

décoration N. F. 1. embellissement, ornementation 2. ornements, décor 3. médaille, croix, étoile, insigne, palme, plaque, rosette, ruban, banane (fam.)

décorer V. TR. 1. agrémenter, embellir, enjoliver, orner, parer 2. médailler

décortiquer V. TR. analyser, disséquer, désosser, éplucher (fam.)

décorum N. M. 1. bienséance, convenances 2. apparat, cérémonial, étiquette, protocole

découler V. INTR. dériver, se déduire, émaner, procéder, provenir, résulter, venir

découper V. TR. 1. couper, tailler, trancher 2. débiter, dépecer, équarrir 3. détacher, lever 4. diviser, fractionner, morceler, partager 5. échancrer, denteler, entailler, évider

◆ **se découper** V. PRON. se détacher, se dessiner, se profiler, se silhouetter, ressortir

décourageant, ante ADJ. affligeant, démoralisant, désespérant 2. démotivant, démobilisateur, dissuasif, rebutant

découragement N. M. abattement, accablement, démoralisation, désenchantement, écœurement, lassitude, blues (fam.), cafard (fam.)

décourager V. TR. 1. abattre, accabler, couper bras et jambes à, dégoûter, démonter, démoraliser, déprimer, désenchanter, désespérer, écœurer 2. démotiver, démobiliser, lasser, rebuter, doucher (fam.), refroidir (fam.) 3. empêcher, enrayer, prévenir 4. [qqn de faire qqch.] dissuader, détourner

◆ **se décourager** V. PRON. perdre courage/espoir, se lasser, baisser les bras, jeter le manche après la cognée

décousu, ue ADJ. désordonné, confus, haché, illogique, incohérent, inconséquent, sans suite

découverte N. F. 1. invention, création, illumination, trait de génie, trouvaille 2. exploration, recherche, reconnaissance 3. révélation

découvrir V. TR. 1. apercevoir, discerner, distinguer, remarquer, repérer, surprendre 2. déceler, détecter, dépister, trouver, dégoter (fam.), dénicher (fam.) 3. inventer, concevoir, imaginer, trouver 4. dévoiler, divulguer, exposer, mettre au jour, lever le voile sur, révéler 5. deviner, percer (à jour), pénétrer, saisir 6. exposer, dégager, dénuder

◆ **se découvrir** V. PRON. 1. se déshabiller, se dénuder, se dévêtir, se désaper (fam.) 2. se dégager, s'éclaircir, s'éclairer 3. s'exposer

décrasser V. TR. 1. nettoyer, laver 2. dégrossir, décrotter, déniaiser

décrépitude N. F. 1. délabrement, usure 2. sénilité, déchéance 3. décadence, déchéance, dégénérescence, déliquescence

décrier V. TR. critiquer, dénigrer, déprécier, discréditer, médire de/sur, vilipender (littér.), débiner (fam.)

décrire V. TR. 1. raconter, dépeindre, expliquer, exposer, peindre, représenter, retracer, faire le tableau de 2. tracer, dessiner, esquisser

décrocher
▸ V. TR. 1. dépendre, descendre 2. [fam.] obtenir, gagner, dégoter (fam.), dénicher (fam.)
▸ V. INTR. 1. abandonner, démissionner, lâcher pied, renoncer, s'avouer vaincu 2. [fam.] déconnecter, débrancher (fam.)

décroître V. INTR. baisser, s'affaiblir, s'amoindrir, diminuer, décliner, faiblir

décrypter V. TR. 1. déchiffrer, décoder 2. deviner, comprendre, lire, pénétrer (le sens de), percer, saisir

déçu, ue ADJ. 1. dépité, désappointé, désenchanté 2. frustré, inassouvi, insatisfait

dédaigner V. TR. 1. mépriser, faire fi de, faire bon marché de, se moquer de 2. refuser, décliner, rejeter, repousser

dédaigneux, euse ADJ. condescendant, altier, arrogant, hautain, méprisant, supérieur

dédain N. M. condescendance, arrogance, hauteur, mépris

dédale N. M. 1. labyrinthe, lacis, réseau 2. embrouillamini, complications, confusion, écheveau, enchevêtrement, forêt

dédire (se) V. PRON. se contredire, se déjuger, se désavouer, se rétracter, revenir sur ses propos, se raviser, manger son chapeau (fam.)

dédommagement N. M. 1. indemnité, compensation, consolation, réparation, [Assurances] dommages et intérêts 2. consolation, compensation

dédommager V. TR. 1. compenser, indemniser, réparer 2. remercier, consoler, récompenser

déduction N. F. 1. remise, abattement, décompte, défalcation, réduction, retranchement, soustraction 2. inférence 3. conclusion

déduire V. TR. 1. décompter, défalquer, enlever, retenir, retrancher, soustraire 2. conclure, inférer, tirer comme conséquence

défaillance N. F. 1. défaut, défectuosité, erreur, panne 2. évanouissement, étourdissement, faiblesse, malaise, syncope 3. incapacité, incompétence

défaillir V. INTR. 1. s'évanouir, se trouver mal, tomber dans les pommes/les vapes (fam.), tourner de l'œil (fam.) 2. baisser, s'affaiblir, décliner, diminuer 3. faiblir, flancher (fam.)

défaire V. TR. 1. déconstruire, démolir, démonter, désassembler 2. détacher, déboutonner, dégrafer, délacer, dénouer, dessangler 3. déballer, ouvrir 4. vaincre, battre, culbuter, enfoncer, écraser, tailler en pièces 5. [qqn de] débarrasser, affranchir, dégager, délivrer, dépêtrer

◆ **se défaire** V. PRON. 1. se décomposer, se déliter, se désagréger, s'écrouler, s'effondrer 2. se déshabiller, se dévêtir, se mettre à l'aise, se désaper (fam.)

– **se défaire de** abandonner, se débarrasser de, se dessaisir de, se démettre de, céder, délaisser, jeter, rejeter, renoncer à, se séparer de, balancer (fam.), bazarder (fam.), mettre au rancart (fam.)

défait, aite ADJ. 1. abattu, affaibli, décomposé, épuisé, exténué 2. décontenancé 3. en désordre

défaite N. F. 1. échec, déconfiture, fiasco, revers, branlée (fam.), brossée (fam.), déculottée (fam.), dérouillée (fam.), pile (fam.), piquette (fam.), raclée (fam.) 2. débâcle, débandade, déroute

défaut N. M. I. 1. imperfection, anomalie, défectuosité, malformation, tare, vice 2. travers, vice 3. inconvénient, désavantage, faiblesse, lacune II. 1. absence, carence, insuffisance, manque, pénurie 2. [Droit] défaillance, contumace

défavorable ADJ. 1. désavantageux, hostile, mauvais, néfaste, nuisible 2. opposé, adverse, contraire 3. péjoratif, dépréciatif, négatif

défavorisé, ée ADJ. pauvre, démuni, déshérité, indigent, laissé pour compte, sous-développé

défavoriser V. TR. désavantager, contrarier, desservir, gêner, handicaper, nuire à

défection N. F. abandon, désertion, retrait, trahison

défectueux, euse ADJ. 1. hors d'état, hors service 2. imparfait, déficient, insuffisant, mauvais, laissant à désirer 3. incorrect, bancal, boiteux, vicieux

défectuosité N. F. défaut, anomalie, imperfection, malfaçon, malformation, tare, vice

défendre V. TR. I. 1. protéger, garantir, garder, sauvegarder 2. secourir, aller à la rescousse de II. 1. plaider pour, intercéder en faveur de, soutenir, se faire l'avocat de, prendre la défense de, prendre fait et cause pour, plaider la cause de 2. se prononcer pour, être en faveur de III. interdire, prohiber, proscrire

◆ **se défendre** V. PRON. 1. lutter, se battre, se débattre, résister 2. riposter, réagir, répondre

défendu, ue ADJ. interdit, illégal, illicite, prohibé

défense N. F. I. 1. protection, bouclier, cuirasse, rempart 2. aide, rescousse, sauvegarde, secours, soutien II. excuse, justification III. 1. plaidoirie, plaidoyer 2. avocat, défenseur IV. interdiction, prohibition

défenseur N. M. 1. avocat, adepte, apôtre, champion, intercesseur, partisan, soutien, tenant 2. protecteur, gardien

déférence N. F. 1. considération, égards, estime, respect 2. [excessive] bassesse, obséquiosité, servilité

déferlement N. M. 1. invasion, afflux, flot, vague 2. débordement, effusion, explosion

déferler V. INTR. 1. [vague] se briser 2. envahir, affluer, se répandre

défi N. M. 1. bravade, provocation 2. challenge, gageure, performance

défiance N. F. méfiance, crainte, doute, circonspection, incrédulité, réserve, scepticisme, suspicion

défiant, ante ADJ. méfiant, circonspect, incrédule, sceptique, soupçonneux

déficience N. F. insuffisance, carence, défaillance, défaut, faiblesse, lacune, limite

déficient, ente ADJ. insuffisant, défaillant, faible, lacunaire, limité, médiocre

déficit N. M. 1. dette, découvert, perte, trou (fam.), mali (Belgique) 2. insuffisance, déficience, manque, pénurie

défier V. TR. 1. provoquer, challenger (anglic.), mettre au défi, jeter le gant à 2. affronter, braver, se dresser contre, narguer, résister à, faire la nique à (fam.)

défigurer V. TR. 1. abîmer, altérer, contrefaire, décomposer, dégrader, enlaidir, gâter 2. dénaturer, altérer, caricaturer, fausser, transformer, travestir

défilé N. M. 1. gorge, canyon, couloir, détroit, goulet, passage, [dans désignations] pas

2. colonne, cortège, file, parade, procession, [de chars] corso **3.** succession, chapelet, cortège, procession

défiler V. INTR. se succéder, se dérouler, (se) passer

défiler (se) V. PRON. se dérober, s'esquiver, fuir

défini, ie ADJ. déterminé, clair, délimité, précis

définir V. TR. **1.** déterminer le sens de, expliquer **2.** fixer, décider, indiquer, préciser, spécifier **3.** délimiter, cerner, circonscrire

définitif, ive ADJ. **1.** fixe, arrêté, déterminé, inébranlable, invariable, irrémédiable, irrévocable, sans appel **2.** dernier, final, finalisé, ultime

définition N. F. signification, explication, sens

définitivement ADV. irrémédiablement, à jamais, irrévocablement, pour toujours, une fois pour toutes

défoncer V. TR. enfoncer, briser, détériorer, éventrer

déformation N. F. **1.** altération, modification, transformation **2.** distorsion, gauchissement **3.** défiguration, falsification **4.** difformité, dysmorphie, malformation

déformer V. TR. **1.** altérer, changer, modifier, transformer **2.** distendre, avachir, bosseler, courber, distordre, gauchir, tordre **3.** caricaturer, défigurer, dénaturer, distordre, falsifier, fausser, travestir
♦ **se déformer** V. PRON. gauchir, s'avachir, se distendre, gondoler

défricher V. TR. **1.** débroussailler, essarter **2.** préparer, déblayer, débrouiller, dégrossir, démêler, éclaircir

défriper V. TR. déchiffonner, défroisser, déplisser, lisser

défunt, unte ADJ. et N. mort, disparu, trépassé (littér.), feu (devant un nom)

dégagé, ée ADJ. **1.** désinvolte, cavalier, décontracté, léger, cool (fam.), relax (fam.) **2.** libre, désencombré

dégager V. TR. **1.** débloquer, désobstruer, déblayer, désencombrer, libérer **2.** délivrer, sortir **3.** extraire, enlever, ôter, retirer, tirer **4.** découvrir, dénuder, dépouiller **5.** distinguer, isoler, séparer **6.** émettre, exhaler, produire, répandre
♦ **se dégager** V. PRON. **1.** se délivrer, s'extirper, s'extraire, se dépêtrer, se libérer, se tirer **2.** se découvrir, s'éclaircir **3.** émaner, s'exhaler, se répandre, sortir, sourdre (littér.) **4.** se manifester, ressortir, résulter

dégaine N. F. allure, air, apparence, genre, style, look (fam.), touche (fam.)

dégarni, ie ADJ. chauve, déplumé (fam.)

dégarnir V. TR. **1.** débarrasser, dépouiller, vider **2.** élaguer, émonder, tailler
♦ **se dégarnir** V. PRON. **1.** se vider, se désemplir **2.** perdre ses cheveux, se déplumer (fam.)

dégât N. M. dommage, casse, dégradation, déprédation, destruction, détérioration, méfait, ravage, [sur un bateau] avarie

dégeler V. TR. **1.** faire fondre, décongeler, réchauffer **2.** débloquer, libérer **3.** détendre, décrisper, dérider, décoincer (fam.), [l'atmosphère] réchauffer

dégénérer V. INTR. **1.** s'abâtardir **2.** s'appauvrir, s'avilir, se dégrader, se pervertir **3.** s'aggraver, se détériorer, empirer, mal tourner, tourner au vinaigre (fam.)

dégonflé, ée ADJ. **1.** à plat, crevé **2.** lâche, peureux, poltron, couard (littér.), pleutre (littér.), pusillanime (littér.), froussard (fam.), trouillard (fam.), pétochard (fam.)

dégonfler (se) V. PRON. **1.** se désenfler, se vider **2.** [fam.] mollir, lâcher pied, se déballonner (fam.), flancher (fam.)

dégourdi, ie ADJ. débrouillard, éveillé, futé, malin, démerdard (fam.)

dégourdir V. TR. déluré, dégrossir, déniaiser, dessaler (fam.)
♦ **se dégourdir** V. PRON. **1.** se dérouiller **2.** s'affranchir, s'émanciper, se dessaler (fam.)

dégoût N. M. **1.** écœurement, inappétence, nausée **2.** aversion, horreur, mépris, répugnance, répulsion, exécration (littér.)

dégoûtant, ante ADJ. **1.** infect, écœurant, ignoble, immangeable, imbuvable, innommable, repoussant, répugnant, dégueulasse (fam.) **2.** nauséabond, fétide, puant **3.** sale, crasseux, immonde, malpropre, dégueu (fam.), dégueulasse (fam.) **4.** odieux, abject, honteux, ignoble, révoltant, dégueulasse (fam.), salaud (très fam.) **5.** obscène, grossier, grivois, licencieux, sale, cochon (fam.), dégueulasse (fam.)

dégoûté, ée ADJ. écœuré, blasé, déçu, désenchanté, revenu de tout

dégoûter V. TR. **1.** écœurer, indisposer, rebuter, répugner, débecter (fam.) **2.** révolter, débecter (fam.) **3.** [qqn de faire qqch.] dissuader, détourner

dégradant, ante ADJ. humiliant, avilissant, déshonorant, infamant, honteux

dégradation N. F. **1.** dégât, délabrement, destruction, dommage, endommagement, profanation **2.** abaissement, avilissement, déchéance **3.** destitution, déposition

dégrader V. TR. **1.** abîmer, délabrer, détériorer, détruire, endommager, profaner, ruiner **2.** abaisser, avilir, déshonorer, rabaisser
♦ **se dégrader** V. PRON. **1.** s'aggraver, se détériorer, empirer **2.** se délabrer, tomber en ruine

degré N. M. **1.** marche, échelon **2.** gradin, rang, rangée **3.** gradation, nuance **4.** grade, classe, échelon, niveau, position, rang **5.** stade, étape, palier, phase, point **6.** titrage, titre

dégrever V. TR. exempter, exonérer

dégringolade N. F. **1.** culbute, chute **2.** baisse, chute, effondrement

dégringoler
▶ V. INTR. **1.** chuter, culbuter, faire la culbute, tomber, s'étaler (fam.), se casser la figure/la binette (fam.) **2.** s'affaisser, s'ébouler, s'écrouler **3.** baisser, chuter, s'effondrer, sombrer
▶ V. TR. dévaler, descendre, débouler (fam.)

dégriser V. TR. **1.** désenivrer, dessoûler **2.** désillusionner, faire revenir sur terre, refroidir, doucher (fam.)

dégrossir V. TR. **1.** débrouiller, défricher, démêler **2.** dégourdir, débrouiller, décrotter, déniaiser, dessaler (fam.)

déguerpir V. INTR. décamper, s'enfuir, filer, fuir, partir, quitter la place, se sauver, se casser (fam.), se débiner (fam.), décaniller (fam.), détaler (fam.), ficher/lever le camp (fam.), prendre la poudre d'escampette (fam.), plier bagage (fam.), prendre le large (fam.), se tailler (fam.), se tirer (fam.)

déguisement N. M. **1.** travestissement **2.** costume, accoutrement

déguiser V. TR. **1.** accoutrer, affubler, costumer, travestir **2.** cacher, camoufler, dissimuler, farder, maquiller, maquiller, voiler, celer (littér.) **3.** contrefaire, dénaturer, falsifier **4.** arranger, enrober, farder

déguster V. TR. savourer, apprécier, se délecter de, se régaler de

dehors N. M. **1.** air, abord, apparence, aspect, façade, figure, surface **2.** extérieur

déjections N. F. PL. excréments, fèces, crottes, [d'oiseau] fientes

déjouer V. TR. **1.** contrecarrer, contrarier, faire échec à **2.** échapper à, tromper, se soustraire à

délabré, ée ADJ. croulant, décrépit, en ruine

délabrement N. M. **1.** ruine, dégradation, vétusté **2.** déclin, décadence, décomposition, décrépitude, déliquescence

délabrer V. TR. abîmer, dégrader, détériorer, endommager, gâter, ruiner
♦ **se délabrer** V. PRON. s'abîmer, se dégrader, se détériorer, [bâtiment] tomber en ruine, menacer ruine

délai N. M. **1.** prolongation, extension **2.** sursis, moratoire, répit, suspension **3.** échéance, terme **4.** période, laps de temps

délaissement N. M. abandon, désertion, isolement, déréliction (littér.)

délaisser V. TR. abandonner, se désintéresser de, déserter, se détourner de, négliger, renoncer à, lâcher (fam.)

délassant, ante ADJ. **1.** reposant, défatigant, relaxant **2.** distrayant, divertissant

délassement N. M. **1.** détente, loisir, relâchement, repos **2.** distraction, divertissement

délasser V. TR. **1.** détendre, défatiguer, relaxer, reposer **2.** distraire, divertir, changer les idées de

délateur, trice N. accusateur, dénonciateur, indicateur, rapporteur, sycophante (littér.), balance (fam.), cafard (fam.), cafteur (fam.), donneur (fam.), mouchard (fam.), mouton (argot)

délation N. F. dénonciation, cafardage (fam.), mouchardage (fam.), rapportage (fam.)

délavé, ée ADJ. décoloré, défraîchi, éteint, fade, fané, pâle, passé

délayer V. TR. **1.** diluer, dissoudre, étendre, [du plâtre] gâcher **2.** paraphraser **3.** [sans complément] faire du remplissage, allonger la sauce (fam.)

délectable ADJ. délicieux, exquis, savoureux, succulent

délecter (se) V. PRON. déguster, goûter, jouir (de), se régaler, se réjouir, se repaître (de), savourer

délétère ADJ. **1.** asphyxiant, irrespirable, méphitique, nocif, nuisible, toxique **2.** nuisible, corrupteur, malsain, néfaste

délibération N. F. **1.** débat, discussion, examen, réflexion, délibéré (Droit) **2.** décision, résolution

délibéré, ée ADJ. **1.** intentionnel, conscient, pesé, réfléchi, volontaire, voulu **2.** décidé, assuré, déterminé, ferme, résolu

délibérément ADV. **1.** intentionnellement, à dessein, consciemment, de propos délibéré, exprès, volontairement **2.** résolument

délibérer V. INTR. **1.** se concerter, se consulter, débattre, tenir conseil, tenir en conciliabule **2.** réfléchir, méditer, penser **3.** hésiter, tergiverser

délicat, ate ADJ. I. **1.** savoureux, délicieux, fin, raffiné, recherché, suave, subtil, succulent **2.** beau, élégant, gracieux, harmonieux, joli, raffiné **3.** léger, aérien, éthéré, vaporeux II. **1.** fragile, fin, tendre, ténu **2.** chétif, débile, faible, fluet, frêle, malingre **3.** susceptible, chatouilleux, ombrageux III. pénétrant, délié, exigeant, fin, raffiné, sensible, sophistiqué, subtil IV. **1.** embarrassant, difficile, épineux, malaisé, périlleux, risqué, scabreux **2.** complexe, compliqué, subtil V. **1.** attentionné, prévenant, gentil **2.** scrupuleux, honnête, probe (littér.)

délicatement ADV. **1.** doucement, précautionneusement, soigneusement **2.** élégamment, finement, gracieusement **3.** savoureusement, délicieusement, exquisement

délicatesse N. F. I. **1.** finesse, raffinement, recherche, suavité, subtilité, succulence **2.** beauté, élégance, finesse, grâce, harmonie, raffinement, joliesse (littér.) II. **1.** fragilité, finesse, ténuité **2.** chétivité, débilité, faiblesse III. complexité, difficulté, subtilité IV. **1.** attention, prévenance, soin **2.** discrétion, tact, scrupule

délice N. **1.** bonheur, délectation, enchantement, jouissance, plaisir, régal **2.** charme, plaisir, séduction

délicieusement ADV. agréablement, divinement, merveilleusement

délicieux, euse ADJ. **1.** savoureux, délectable, délicat, exquis **2.** merveilleux, adorable, divin, charmant, enchanteur, exquis

délimitation N. F. **1.** bornage, marquage **2.** détermination, définition, fixation **3.** limite, frontière

délimiter V. TR. **1.** borner, entourer, limiter, marquer **2.** déterminer, définir, fixer **3.** circonscrire, cantonner, cerner, restreindre

déliquescence N. F. décadence, chute, déchéance, déclin, décrépitude, dégénérescence, dégradation, dégringolade, détérioration, écroulement, effondrement

délirant, ante ADJ. **1.** insensé, dément, démentiel, fou, dingue (fam.) **2.** extravagant, déréglé, effréné **3.** surexcité, frénétique

délire N. M. **1.** divagation, confusion, déraison, égarement, folie **2.** enthousiasme, exaltation, exultation, frénésie, transport

délirer V. INTR. divaguer, déraisonner, perdre l'esprit/la raison/le bon sens, débloquer (fam.), déconner (fam.), déjanter (fam.), déménager (fam.), dérailler (fam.)

délit N. M. crime, contravention, infraction

délivrance N. F. 1. libération, affranchissement 2. soulagement, débarras 3. accouchement

délivrer V. TR. 1. libérer, affranchir 2. débarrasser, décharger, dégager, soulager 3. livrer, fournir, remettre
♦ **se délivrer** V. PRON. s'affranchir, se débarrasser, se dégager, se libérer

déloger V. TR. 1. chasser, expulser, vider *(fam.)* 2. débusquer 3. extraire, extirper, retirer

déloyal, ale, aux ADJ. 1. malhonnête, incorrect, indélicat 2. faux, félon, fourbe, hypocrite, parjure, perfide, traître, trompeur

déloyauté N. F. 1. malhonnêteté, indélicatesse 2. fausseté, félonie, fourberie, hypocrisie, perfidie, traîtrise, forfaiture *(littér.)*

déluge N. M. 1. averse, cataracte, pluie diluvienne/torrentielle, trombe 2. abondance, avalanche, déferlement, flot, flux, pluie, torrent, *[d'injures]* bordée, tombereau

déluré, ée ADJ. 1. dégourdi, éveillé, malin, vif 2. effronté, coquin, dessalé, hardi

demande N. F. 1. sollicitation, réclamation, requête, revendication, *[pressante]* instance, *[écrite]* pétition 2. imploration, prière, supplique 3. désir, souhait 4. commandement, exigence, injonction, ordre, sommation 5. question, interrogation

demander V. TR. 1. solliciter, réclamer, requérir, revendiquer, *[humblement]* implorer, quémander *(péj.)*, mendier *(péj.)*, quêter *(péj.)* 2. commander, enjoindre, exiger, imposer, ordonner, prescrire 3. nécessiter, appeler, exiger, imposer, réclamer, requérir 4. désirer, souhaiter, vouloir 5. convoquer, appeler, faire venir
♦ **se demander si** V. PRON. délibérer sur, réfléchir à, se poser la question de savoir si, se tâter *(fam.)*

démangeaison N. F. 1. irritation, chatouillement, picotement 2. envie, désir

démanger V. TR. 1. irriter, chatouiller, picoter, gratouiller *(fam.)* 2. tenter, faire envie à, titiller *(fam.)*

démantèlement N. M. 1. démolition, destruction 2. abolition, destruction, désorganisation

démanteler V. TR. 1. démolir, abattre, détruire, raser 2. anéantir, abolir, désorganiser, réduire à néant, ruiner

démarcation N. F. délimitation, limitation, séparation

démarche N. F. 1. allure, marche, pas, port 2. cheminement (intellectuel), forme de pensée, raisonnement 3. demande, requête, sollicitation, tentative 4. procédure, formalité

démarquer V. TR. 1. copier, calquer, piller, plagier 2. solder, dégriffer

démarrage N. M. 1. départ 2. commencement, début, lancement, mise en route, mise en train, mise en jambes *(Sport ou fam.)*

démarrer
▸ V. TR. 1. commencer, amorcer, entamer, lancer, ouvrir, mettre en branle, mettre en route, mettre en train 2. mettre en route, actionner, faire partir
▸ V. INTR. 1. partir, se mettre en marche, se mettre en branle 2. commencer, débuter, se mettre en jambes *(Sport ou fam.)* 3. faire ses débuts, faire ses premiers pas, faire ses premières armes

démasquer V. TR. découvrir, confondre, ôter/lever le masque de, percer à jour

démêlé N. M. dispute, altercation, contestation, désaccord, différend, litige, querelle

démêler V. TR. I. 1. désentortiller, dévider 2. coiffer, peigner II. 1. clarifier, débrouiller, éclaircir, élucider, percer, tirer au clair 2. séparer, différencier, discerner, distinguer, faire le départ entre 3. comprendre, déchiffrer, décrypter, deviner

démembrement N. M. 1. découpage, division, fractionnement, morcellement, partage, séparation, *[Pol.]* balkanisation 2. démantèlement, dislocation

démembrer V. TR. 1. découper, diviser, fractionner, morceler, partager, séparer, *[Pol.]* balkaniser 2. démanteler, disloquer

déménager
▸ V. TR. vider, débarrasser, démeubler
▸ V. INTR. 1. partir, s'en aller, vider les lieux, *[sans prévenir]* déménager à la cloche de bois 2. *[fam.]* déraisonner

démence N. F. 1. aliénation, folie 2. aberration, délire, égarement, folie

démener (se) V. PRON. 1. s'agiter, se débattre, se remuer, *[violemment]* s'agiter comme un beau diable/comme un diable dans un bénitier 2. se donner de la peine/du mal, se remuer, remuer ciel et terre, se bagarrer *(fam.)*, se bouger *(fam.)*, se décarcasser *(fam.)*, se défoncer *(fam.)*, se démancher *(fam.)*, faire des pieds et des mains *(fam.)*, se mettre en quatre *(fam.)*

démenti N. M. contradiction, dénégation, désaveu, infirmation

démentiel, elle ADJ. 1. déraisonnable, exagéré, fou, insensé, dingue *(fam.)* 2. colossal, fou, phénoménal, prodigieux, dingue *(fam.)*, monstre *(fam.)*

démentir V. TR. 1. contredire, désavouer 2. infirmer, s'inscrire en faux contre, nier, réfuter

démesure N. F. excès, exagération, gigantisme, outrance

démesuré, ée ADJ. 1. énorme, colossal, gigantesque, immense, incommensurable, monumental, monstrueux, titanesque 2. exagéré, déraisonnable, excessif, exorbitant, immodéré

démesurément ADV. 1. énormément, immensément, monstrueusement 2. exagérément, excessivement, immodérément

démettre¹ V. TR. disloquer, déboîter, luxer, démancher *(fam.)*, démantibuler *(fam.)*

démettre² V. TR. destituer, chasser, donner congé à, relever, renvoyer
♦ **se démettre** V. PRON. abandonner, se défaire de, démissionner de, quitter, renoncer à, se retirer de

demeure N. F. domicile, habitation, logement, logis, maison, résidence

demeurer V. INTR. 1. habiter, loger, résider, séjourner, crécher *(fam.)*, nicher *(fam.)*, percher *(fam.)* 2. durer, continuer, se maintenir, persister, perdurer, rester, subsister, survivre, tenir 3. persister, continuer, persévérer, rester 4. s'attarder, rester

démission N. F. 1. abandon, abdication, renonciation, résignation 2. dém *(fam.)*

démissionner V. INTR. 1. se démettre de ses fonctions, se retirer, donner son congé, filer sa dém *(fam.)*, rendre son tablier *(fam.)* 2. renoncer, abandonner, abdiquer, se résigner, baisser les bras *(fam.)*, laisser tomber *(fam.)*

demi-tour N. M.
– faire demi-tour 1. revenir sur ses pas, rebrousser chemin 2. se retourner, faire volte-face, tourner les talons

démobiliser V. TR. 1. démotiver, décourager 2. rendre à la vie civile

démocratique ADJ. égalitaire, égalitariste

démocratiser V. TR. populariser, généraliser, vulgariser

démodé, ée ADJ. désuet, archaïque, arriéré, dépassé, obsolète, rétrograde, suranné, vieillot, vieux, vieux jeu, qui a fait son temps, ringard *(fam.)*, tarte *(fam.)*

démolir V. TR. I. 1. détruire, abattre, briser, casser, démanteler, démonter, raser, renverser 2. abolir, faire table rase de 3. ruiner, anéantir, saper II. 1. abîmer, détériorer, saccager, bigorner *(fam.)*, bousiller *(fam.)*, déglinguer *(fam.)*, démantibuler *(fam.)*, esquinter *(fam.)* 2. *[fam.]* battre, terrasser, arranger *(fam.)*, abîmer le portrait à *(fam.)*, casser la figure/la gueule à *(fam.)*, rentrer dans *(fam.)* 3. critiquer, éreinter, descendre (en flammes) *(fam.)*, casser les reins à *(fam.)* 4. épuiser, anéantir, exténuer, crever *(fam.)*, tuer *(fam.)*, vider *(fam.)*

démolition N. F. destruction, démantèlement

démon N. M. 1. esprit, dieu, génie, lutin, *[arabe]* djinn 2. *[mauvais]* génie du mal 3. garnement, petit diable

démoniaque ADJ. 1. diabolique, infernal, luciférien, machiavélique, satanique, méphistophélique *(littér.)* 2. sarcastique, diabolique, sardonique

démonstratif, ive ADJ. 1. communicatif, expansif, expressif, extraverti, exubérant, ouvert 2. convaincant, probant

démonstration N. F. 1. argumentation, justification, raisonnement 2. manifestation, déploiement, expression, marque, signe, témoignage, étalage *(péj.)* 3. exhibition

démonté, ée ADJ. 1. déconcerté, décontenancé, troublé 2. agité, déchaîné, houleux, tumultueux

démonter V. TR. 1. désassembler, désosser, désunir, disjoindre, disloquer, mettre en pièces 2. déconcerter, décontenancer, désarçonner, désemparer, désorienter, déstabiliser, troubler 3. désarçonner, jeter à bas, renverser, vider
♦ **se démonter** V. PRON. se décontenancer, s'affoler, perdre contenance, perdre son sang-froid, se troubler

démontrer V. TR. 1. prouver, attester, établir 2. indiquer, manifester, montrer, prouver, révéler, témoigner de

démoralisant, ante ADJ. décourageant, déprimant, désespérant

démoraliser V. TR. décourager, abattre, dégoûter, démonter, démotiver, déprimer, désespérer

démotiver V. TR. décourager, démobiliser

démuni, ie
▸ ADJ. 1. à court (d'argent), désargenté *(fam.)*, fauché (comme les blés) *(fam.)*, raide *(fam.)*, sans le sou *(fam.)*, sans un kopeck *(fam.)* 2. impuissant, désarmé, faible
▸ N. déshérité, misérable, pauvre

démunir V. TR. priver, déposséder, dépouiller, dénantir (Droit)
♦ **se démunir** V. PRON. se dessaisir, se priver, se séparer

démystifier V. TR. 1. détromper, tirer de l'erreur 2. *[abusivement]* démythifier, banaliser

dénaturer V. TR. 1. gâter, altérer, corrompre, vicier 2. frelater, adultérer, trafiquer 3. déformer, défigurer, falsifier, fausser, pervertir, trahir, travestir

dénégation N. F. 1. contestation, démenti, déni, désaveu, inscription en faux 2. refus, négation

dénicher V. TR. trouver, découvrir, tomber sur, dégoter *(fam.)*, pêcher *(fam.)*

dénier V. TR. 1. contester, nier, récuser, refuser de reconnaître 2. refuser (d'accorder)

dénigrement N. M. attaque, critique, médisance, détraction *(littér.)*, éreintement *(fam.)*

dénigrer V. TR. attaquer, critiquer, déblatérer contre, déchirer à belles dents, décrier, déprécier, discréditer, médire de, rabaisser, détracter *(littér.)*, dépriser *(littér.)*, débiner *(fam.)*, descendre *(fam.)*, éreinter *(fam.)*

dénivellation N. F. dénivelé, dénivelée, pente

dénombrement N. M. compte, calcul, chiffrage, détail, énumération, inventaire, quantification, recensement

dénombrer V. TR. calculer, compter, détailler, énumérer, faire le compte de, inventorier, quantifier, recenser

dénomination N. F. appellation, désignation, nom, étiquette *(souvent péj.)*

dénommer V. TR. appeler, désigner, nommer, qualifier, étiqueter *(souvent péj.)*

dénoncer V. TR. 1. accuser, rapporter, trahir, balancer *(fam.)*, cafarder *(fam.)*, cafeter *(fam.)*, donner *(fam.)*, griller *(fam.)*, moucharder *(fam.)*, vendre *(fam.)* 2. condamner, faire connaître, révéler 3. annuler, résilier, rompre
♦ **se dénoncer** V. PRON. 1. se livrer, se rendre 2. se trahir

dénonciateur, trice N. accusateur, délateur, indicateur, sycophante *(littér.)*, balance *(fam.)*, cafard *(fam.)*, cafteur *(fam.)*, donneur *(fam.)*, mouchard *(fam.)*, rapporteur *(fam.)*, mouton *(argot criminel)*

dénonciation N. F. 1. accusation, délation, trahison, cafardage *(fam.)*, mouchardage *(fam.)*, rapportage *(fam.)* 2. condamnation, révélation 3. annulation, résiliation, rupture

dénoter V. TR. annoncer, attester, désigner, indiquer, marquer, montrer, signifier, témoigner de, trahir

dénouement N. M. achèvement, conclusion, épilogue, fin, issue, résultat, solution, terme, *[heureux]* happy end *(anglic.)*

dénouer V. TR. **1.** détacher, défaire, délacer, délier, desserrer **2.** débrouiller, démêler, éclaircir, résoudre, percer à jour, tirer au clair **3.** assouplir, dégager, désengourdir, développer
* **se dénouer** V. PRON. aboutir, s'achever, se conclure, finir, se terminer

denrée N. F. **1.** aliment, comestible, [*au plur.*] victuailles, vivres **2.** article, marchandise, produit

dense ADJ. **1.** concis, condensé, dru, ramassé, riche **2.** compact, abondant, épais, fort, impénétrable, serré, tassé, touffu, [*brouillard*] à couper au couteau

densité N. F. **1.** concision, concentration, richesse **2.** compacité, épaisseur

dent N. F. **1.** quenotte (*fam.*), croc (*argot*) **2.** croc, crochet, canine **3.** cran, denture

dénudé, ée ADJ. **1.** dépouillé, dégarni, [*terre*] pelé **2.** nu, [*épaules, etc.*] dégagé **3.** chauve, dégarni

dénuder V. TR. **1.** découvrir, dégager, révéler **2.** dépouiller, dégarnir **3.** déshabiller, dévêtir

dénué, ée ADJ. démuni, dépouillé, dépourvu, exempt, privé

dénuement N. M. besoin, gêne, indigence, misère, pauvreté, dèche (*fam.*), mouise (*fam.*)

dépanner V. TR. **1.** réparer **2.** remorquer **3.** aider, tirer d'embarras, donner un coup de main/de pouce à (*fam.*)

déparer V. TR. enlaidir, altérer, gâter, faire tache avec/dans, jurer avec

déparier V. TR. dépareiller, désassortir

départ N. M. **I. 1.** décollage, envol **2.** appareillage **II. 1.** démission **2.** licenciement, limogeage, renvoi, congédiement (*surtout Admin.*) **III.** commencement, début, démarrage, origine

départager V. TR. **1.** arbitrer **2.** séparer, faire le départ entre

départir V. TR. [*littér.*] accorder, distribuer, impartir
* **se départir de** V. PRON. abandonner, se défaire de, se détacher de, quitter, renoncer à, sortir de, se déprendre de (*littér.*)

dépassé, ée ADJ. **1.** démodé, archaïque, caduc, désuet, obsolète, périmé, rétrograde, vieillot, ringard (*fam.*) **2.** débordé, noyé, pas à la hauteur, submergé

dépasser V. TR. **I. 1.** doubler, devancer, distancer, gagner de vitesse, gratter (*fam.*) **2.** [*en taille*] être plus grand que, manger la soupe sur la tête de (*fam.*) **3.** surpasser, devancer, l'emporter sur, griller (*fam.*), coiffer sur le poteau (*fam.*) **II. 1.** franchir, déborder sur, mordre sur, sortir de **2.** surplomber **III.** excéder, outrepasser

dépayser V. TR. déconcerter, décontenancer, dérouter, désorienter

dépecer V. TR. **1.** couper, débiter, découper, équarrir, tailler en pièces **2.** diviser, démembrer, morceler, partager, balkaniser (Pol.)

dépêche N. F. **1.** avis, correspondance, lettre, message, missive (*littér.*) **2.** câble, câblogramme, pneumatique, télégramme, télex

dépêcher V. TR. envoyer, expédier
* **se dépêcher** V. PRON. s'empresser, se hâter, se presser, faire vite, faire diligence (*soutenu*), s'activer (*fam.*), se décarcasser (*fam.*), se dégrouiller (*fam.*), faire fissa (*fam.*), se grouiller (*fam.*), se magner (*fam.*), se magner le train/le popotin (*fam.*)

dépeindre V. TR. décrire, brosser le tableau de, camper, peindre, représenter, raconter, retracer

dépenaillé, ée ADJ. déguenillé, débraillé, haillonneux, loqueteux

dépendance N. F. **1.** corrélation, interdépendance, liaison, lien de causalité, rapport, solidarité **2.** asservissement, assujettissement, esclavage, servitude, soumission, subordination, sujétion, chaînes (*littér.*), joug (*littér.*) **3.** accoutumance, addiction, assuétude (*soutenu*) **4.** annexe, succursale, [*au plur., d'un château*] communs

dépendant, ante ADJ. **1.** non autonome **2.** accro (*fam.*)

dépendre V. TR. IND.
– **dépendre de 1.** être conditionné par, découler de, être lié à, procéder de, provenir de, résulter de, reposer sur, tenir à **2.** être du ressort de, relever de, ressortir à **3.** être sous l'autorité de, être subordonné à **4.** être soumis à, être sous l'emprise de, être à la merci de

dépens de (aux) LOC. PRÉP. **1.** au détriment de, au préjudice de **2.** à la charge de, aux frais de, aux crochets de (*fam.*)

dépense N. F. **1.** frais, débours, [*imprévu*] extra, faux frais **2.** [*Comptabilité*] décaissement, débours, sortie **3.** consommation, usage, utilisation

dépenser V. TR. **1.** débourser, payer, aligner (*fam.*), casquer (*fam.*), cracher (*fam.*), lâcher (*fam.*) **2.** dilapider, dévorer, dissiper, écorner, engloutir, gaspiller, claquer (*fam.*), croquer (*fam.*) **3.** employer, consommer, déployer, prodiguer, utiliser, user
* **se dépenser** V. PRON. se démener, se fatiguer, se donner du mal, se décarcasser (*fam.*)

dépensier, ière ADJ. et N. dissipateur, dilapidateur, gaspilleur, gouffre, prodigue, panier percé

déperdition N. F. **1.** diminution, fuite, perte **2.** affaiblissement, dégradation, dépérissement, épuisement

dépérir V. INTR. **1.** s'affaiblir, s'anémier, décliner, s'étioler, languir, se consumer (*littér.*) **2.** se faner, s'étioler, sécher sur pied **3.** se délabrer, dégénérer, se détériorer, péricliter

dépérissement N. M. **1.** affaiblissement, anémie, épuisement, langueur **2.** étiolement **3.** délabrement, décadence, dégénérescence, détérioration, ruine

dépêtrer V. TR. dégager, délivrer, libérer, sortir, tirer, tirer d'affaire
* **se dépêtrer** V. PRON. se dégager, se délivrer, se libérer, (se) sortir, se déprendre (*littér.*), se tirer d'affaire, se dépatouiller (*fam.*)

dépeuplement N. M. **1.** dépopulation, [*des campagnes*] déruralisation, exode rural **2.** déboisement, déforestation

déphasé, ée ADJ. décalé, dépassé, hors du coup (*fam.*), à côté de la plaque (*fam.*)

dépiauter V. TR. **1.** dépouiller, écorcher **2.** éplucher, peler **3.** analyser, décortiquer, disséquer, éplucher

dépistage N. M. **1.** recherche **2.** découverte, détection, repérage

dépister V. TR. **1.** découvrir, rattraper, repérer, retrouver **2.** déceler, découvrir

dépit N. M. **1.** aigreur, amertume, désappointement, ressentiment, vexation **2.** jalousie, rancœur

dépité, ée ADJ. déçu, contrarié, désappointé, marri (*littér.*)

dépiter V. TR. chagriner, contrarier, décevoir, désappointer, froisser, vexer

déplacé, ée ADJ. **1.** inopportun, hors de saison, malvenu, mal à propos **2.** choquant, incongru, inconvenant, intempestif, malséant, scabreux

déplacement N. M. **I. 1.** mouvement, va-et-vient, navette **2.** voyage, [*au plur.*] pérégrinations **3.** locomotion **4.** migration, flux **5.** mutation, changement, détachement, transfert **II. 1.** dérangement, déclassement **2.** déboîtement, dislocation

déplacer V. TR. **I. 1.** bouger, déménager, manipuler **2.** muter, détacher, transférer **3.** décaler, avancer, changer, modifier, repousser **II. 1.** déranger, déclasser, intervertir **2.** déboîter, démettre
* **se déplacer** V. PRON. **1.** bouger, aller et venir, circuler, se déranger **2.** avancer, aller, marcher, se mouvoir, venir **3.** voyager, circuler, vadrouiller (*fam.*)

déplaire à V. TR. IND. **1.** contrarier, fâcher, froisser, importuner, indisposer, offenser, offusquer, peiner, vexer, défriser (*fam.*) **2.** dégoûter, rebuter, répugner à

déplaisant, ante ADJ. **1.** antipathique, désagréable, désobligeant **2.** contrariant, ennuyeux, fâcheux, gênant, irritant, pénible, rébarbatif **3.** dégoûtant, répugnant **4.** laid, disgracieux, ingrat, repoussant, vilain, moche (*fam.*)

déplaisir N. M. amertume, contrariété, désagrément, mécontentement

dépliant N. M. prospectus, brochure, imprimé

déplier V. TR. **1.** ouvrir, déployer, étaler **2.** allonger, étendre, étirer
* **se déplier** V. PRON. s'ouvrir

déploiement N. M. **1.** ouverture, dépliage, déroulement, extension **2.** démonstration, étalage, exhibition **3.** [*de troupes*] positionnement

déplorable ADJ. **1.** misérable, effroyable, piètre, piteux, pitoyable, triste **2.** regrettable, désastreux, fâcheux, funeste, tragique **3.** détestable, exécrable, lamentable, mauvais **4.** affligeant, attristant, catastrophique, choquant, lamentable, navrant, pitoyable, révoltant, scandaleux

déplorer V. TR. regretter, trouver mauvais, pleurer

déployer V. TR. **I. 1.** déplier, dérouler, étendre, ouvrir **2.** [*une voile*] déferler, tendre, [*un drapeau*] arborer **3.** [*des troupes*] positionner, disposer **II. 1.** exhiber, faire étalage de, faire parade de, manifester, montrer **2.** employer, prodiguer, user de

dépolluer V. TR. assainir, décontaminer, épurer

déportation N. F. exil, bannissement, relégation, transportation

déporter V. TR. **1.** dévier **2.** exiler, bannir, expulser, reléguer

déposer
▸ V. TR. **1.** mettre, mettre à terre, placer, poser **2.** consigner, emmagasiner, entreposer, [*de l'argent*] verser **3.** destituer, démettre, [*un roi*] détrôner, chasser du trône
▸ V. INTR. **1.** témoigner, intervenir **2.** se décanter, précipiter

déposition N. F. **1.** témoignage, déclaration **2.** destitution, déchéance, dégradation

déposséder V. TR. **1.** dépouiller, dessaisir, priver, spolier **2.** évincer, supplanter

dépôt N. M. **I. 1.** remise, versement **2.** cautionnement, consignation, couverture, gage, garantie, provision **II. 1.** entrepôt, magasin, stock **2.** garage, **3.** prison, bloc (*fam.*), violon (*argot*) **III.** sédiment, alluvion, boue, vase, [*de calcaire*] tartre, [*de vin*] lie

dépouille N. F. **1.** cadavre, corps **2.** mue, exuvie

dépouillé, ée ADJ. **1.** austère, sévère, sobre **2.** concis, sans fioritures, sobre

dépouillement N. M. **1.** austérité, simplicité, sobriété **2.** privation, renoncement **3.** analyse, examen

dépouiller V. TR. **I. 1.** écorcher, dépiauter (*fam.*) **2.** déshabiller, dénuder, dévêtir **3.** dégarnir, dénuder **II. 1.** déposséder, démunir, spolier, dénantir (Droit) **2.** voler, dévaliser, gruger (*fam.*), nettoyer (*fam.*), plumer (*fam.*), tondre (*fam.*), [*au jeu*] lessiver (*fam.*), rincer (*fam.*) **III.** analyser, examiner, décortiquer, disséquer, éplucher (*fam.*)
* **se dépouiller de** V. PRON. abandonner, se défaire de, se départir de, renoncer à, abdiquer (*littér.*)

dépravation N. F. **1.** perversion, corruption, débauche, luxure, vice **2.** avilissement, dégradation, profanation **3.** [*vieux*] altération, corruption

dépravé, ée ADJ. **1.** altéré, corrompu, faussé, perverti **2.** amoral, immoral, vicieux, vil

dépréciation N. F. baisse, chute, décote, dévalorisation, dévaluation

déprécier V. TR. **1.** critiquer, décrier, dénigrer, dévaloriser, discréditer, mépriser, mésestimer, rabaisser, ravaler, débiner (*fam.*), déblatérer (*littér.*) **2.** minimiser, diminuer **3.** dévaloriser, faire tort à
* **se déprécier** V. PRON. **1.** baisser, diminuer, [*monnaie*] se dévaloriser, se dévaluer **2.** se rabaisser, se ravaler

déprédation N. F. malversation, concussion, détournement, dilapidation, gaspillage, prévarication
* **déprédations** PLUR. dégâts, dégradations, destructions, détériorations, dévastations, dommages, saccages, vandalisme

dépressif, ive ADJ. déprimé, abattu, neurasthénique, cafardeux (*fam.*)

dépression N. F. **I. 1.** abattement, accablement, apathie, langueur, blues (*fam.*), bourdon (*fam.*), cafard (*fam.*), coup de calcaire (*fam.*), déprime (*fam.*), flip (*fam.*), spleen (*littér.*) **2.** récession,

déprimant crise II. 1. affaissement, creux 2. bassin, cañon, cuvette, fosse, vallée 3. cyclone, zone dépressionnaire

déprimant, ante ADJ. démoralisant, débilitant, décourageant, flippant (fam.)

déprimé, ée ADJ. dépressif, abattu, découragé, démoralisé, cafardeux (fam.)

déprimer
▸ V. INTR. avoir le cafard (fam.), avoir les blues (fam.), broyer du noir (fam.), avoir un coup de calcaire (fam.), flipper (fam.), être au trente-sixième dessous (fam.), avoir le moral à zéro (fam.), avoir le moral dans les chaussettes (fam.)
▸ V. TR. 1. décourager, abattre, démoraliser, déforcer (Belgique) 2. enfoncer, affaisser

député, ée N. 1. parlementaire 2. ambassadeur, délégué, envoyé, légat, mandataire, représentant

déracinement N. M. 1. arrachement, extirpation 2. déportation, exil, expatriation

déraciner V. TR. 1. arracher, enlever, extirper, extraire 2. détruire, arracher, éradiquer, extirper 3. déporter, exiler, expatrier

déraison N. F. démence, folie, inconséquence

déraisonnable ADJ. 1. absurde, insensé, irraisonnable, irrationnel, irréfléchi 2. exagéré, excessif, extravagant

déraisonner V. INTR. divaguer, délirer, perdre l'esprit/la raison/le bon sens, avoir une araignée dans le/au plafond (fam.), débloquer (fam.), déconner (très fam.), déjanter (fam.), déménager (fam.), dérailler (fam.), yoyotter de la touffe (fam.)

dérangement N. M. 1. gêne, ennui, perturbation, trouble 2. désordre, bouleversement, désorganisation, remue-ménage, chambardement (fam.), pagaille (fam.) 3. dérèglement, détraquement, perturbation

dérangé, ée ADJ. 1. en désordre 2. malade, déréglé, détraqué, embarrassé, patraque (fam.)

déranger V. TR. 1. bouger, déclasser, déplacer, intervertir, mettre sens dessus dessous, toucher (à), chambarder (fam.), chambouler (fam.) 2. perturber, bouleverser, bousculer, désorganiser, troubler 3. importuner, contrarier, embarrasser, ennuyer, gêner, troubler 4. dérégler, détraquer, déglinguer (fam.)
◆ **se déranger** V. PRON. se déplacer, bouger

dérapage N. M. 1. glissade, tête-à-queue 2. dérive

déraper V. INTR. 1. glisser, chasser, patiner, riper 2. dévier, dérailler

déréglé, ée ADJ. 1. débauché, désordonné, dissolu, libertin 2. dérangé, détraqué, patraque (fam.)

dérèglement N. M. 1. dérangement, bouleversement, détraquement, perturbation 2. débauche, dissolution, libertinage, licence, vice

dérégler V. TR. déranger, bouleverser, détraquer, perturber, troubler, déglinguer (fam.)
◆ **se dérégler** V. PRON. se détraquer, se déglinguer (fam.)

dérider V. TR. amuser, distraire, égayer, réjouir, faire sourire, décoincer (fam.), dégeler (fam.)

dérision N. F. dédain, ironie, mépris, moquerie, persiflage, raillerie, sarcasme

dérisoire ADJ. 1. insignifiant, infime, minime, négligeable 2. [péj.] médiocre, futile, minable, pauvre, piètre, ridicule, risible, vain

dérivatif N. M. distraction, divertissement, diversion, exutoire

dérivation[1] N. F. 1. détournement, déviation 2. court-circuit, shunt

dérive N. F. déviation, dérapage

dériver[1] V. TR. détourner, dévier

dériver[2] V. INTR. 1. dévier, glisser, perdre le cap 2. déraper, perdre le cap

dernier, ière
▸ ADJ. 1. final, terminal, ultime 2. extrême, suprême 3. décisif, définitif 4. passé, précédent 5. récent, nouveau
▸ N. 1. lambin, traînard 2. benjamin

dérobade N. F. échappatoire, faux-fuyant, fuite, reculade, pirouette (fam.)

dérobé, ée ADJ. secret, caché, dissimulé

dérober V. TR. voler, détourner, s'emparer de, escamoter, escroquer, extorquer, piller, soustraire, subtiliser, barboter (fam.), chaparder (fam.), chiper (fam.), choper (fam.), chourer (fam.), faucher (fam.), piquer (fam.), rafler (fam.)
◆ **se dérober** V. PRON. 1. s'éclipser, s'esquiver, fuir, se sauver 2. user de faux-fuyants, faire faux bond, se défiler 3. faiblir, céder, défaillir, mollir, manquer (à), flancher (fam.)

dérogation N. F. 1. dispense, exception 2. atteinte, entorse, infraction, manquement, violation

déroulement N. M. 1. développement, cours, enchaînement, évolution, marche, processus, séquence, succession, suite 2. déploiement

dérouler V. TR. 1. déplier, déployer, développer, étaler, étendre 2. dévider, débobiner, faire défiler 3. passer en revue, revoir
◆ **se dérouler** V. PRON. 1. avoir lieu, advenir, s'écouler, se passer, se produire, survenir 2. se succéder, s'enchaîner, se suivre 3. onduler, serpenter 4. défiler

déroutant, ante ADJ. déconcertant, déstabilisant, perturbant

déroute N. F. 1. débâcle, débandade, déconfiture, dispersion, retraite, bérézina (fam.) 2. échec, débâcle, défaite, désastre

dérouter V. TR. 1. déconcerter, confondre, décontenancer, démonter, désarçonner, désorienter, déstabiliser, ébranler, interloquer, perturber 2. détourner, dévier

derrière[1] PRÉP. et ADV. 1. en arrière 2. sur l'envers, au dos, au revers, au verso 3. en retrait, en arrière, à la queue, à la traîne (péj.) 4. après, à la suite

derrière[2] N. M. 1. arrière, dos, fond 2. envers, revers, verso 3. arrière-train, croupe, fesses, cul (très fam.), lune (fam.), popotin (fam.), postérieur (fam.), train (fam.)

désabusé, ée ADJ. blasé, découragé, déçu, dégoûté, désenchanté, désillusionné, revenu de tout

désabusement N. M. déception, dégoût, désillusionnement (littér.)

désaccord N. M. 1. mésentente, brouille, différend, discorde, dispute, dissension, dissentiment, fâcherie, incompatibilité (d'humeur), malentendu, opposition, querelle, mésintelligence (littér.) 2. contradiction, antagonisme, contraste, décalage, différence, discordance, dissonance, divergence, divorce, écart, incohérence, incompatibilité, opposition

désaffecté, ée ADJ. abandonné, à l'abandon, inutilisé

désaffection N. F. détachement, désintérêt, désamour (littér.)

désagréable ADJ. 1. antipathique, acariâtre, bourru, discourtois, impoli, réfrigérant, revêche, rude 2. blessant, acerbe, agressif, désobligeant, offensant, vexant 3. acide, âcre, aigre, âpre, dégoûtant, écœurant, fade, insipide 4. fétide, incommodant, nauséabond, putride 5. contrariant, déplaisant, ennuyeux, fâcheux, fastidieux, gênant, importun, malencontreux, malheureux, pénible 6. disgracieux, ingrat, laid, moche (fam.)

désagréger V. TR. décomposer, déliter, dissocier, dissoudre, désunir, disloquer, effriter, morceler, pulvériser, scinder
◆ **se désagréger** V. PRON. s'écrouler, se décomposer, se disloquer, se déliter, s'effondrer, s'effriter, se scinder

désagrément N. M. 1. ennui, déboire, souci, tracas, embêtement (fam.), emmerdement (très fam.) 2. déplaisir, contrariété, mécontentement

désaltérer V. TR. abreuver, étancher la soif de
◆ **se désaltérer** V. PRON. boire, étancher sa soif

désamorcer V. TR. enrayer, neutraliser, tuer dans l'œuf

désappointé, ée ADJ. déçu, dépité

désappointement N. M. déception, déconvenue, dépit, désenchantement, désillusion, douche (froide)

désappointer V. TR. décevoir, dépiter, tromper les attentes de, défriser (fam.)

désapprobation N. F. réprobation, blâme, condamnation, désaveu

désapprouver V. TR. blâmer, censurer, condamner, critiquer, désavouer, donner tort à, réprouver, trouver mauvais, trouver à redire à, vitupérer (littér.)

désarçonner V. TR. 1. démonter, jeter à bas, renverser 2. déconcerter, décontenancer, démonter, dérouter, déstabiliser, troubler, déboussoler (fam.)

désargenté, ée ADJ. démuni, à court (d'argent), gêné, impécunieux (littér.), à sec (fam.), dans la dèche (fam.), fauché (comme les blés) (fam.), raide (fam.), sans le sou (fam.), sans un kopeck (fam.)

désarmant, ante ADJ. attendrissant, émouvant, touchant

désarmé, ée ADJ. démuni, impuissant, sans défense

désarmer V. TR. I. 1. toucher, adoucir, attendrir, émouvoir, fléchir 2. décontenancer, déconcerter II. 1. démilitariser 2. déséquiper 3. désamorcer

désarroi N. M. 1. angoisse, détresse, égarement, trouble 2. confusion, désordre

désarticuler V. TR. déboîter, démettre, démonter, disloquer, démantibuler (fam.), déglinguer (fam.)
◆ **se désarticuler** V. PRON. se contorsionner, se désosser

désassembler V. TR. démonter, désunir, disjoindre, démantibuler

désastre N. M. 1. calamité, cataclysme, catastrophe, fléau, malheur 2. faillite, banqueroute, déconfiture, krach, ruine 3. échec, fiasco, bérézina (fam.), bide (fam.), [pièce] four (fam.)

désastreux, euse ADJ. 1. catastrophique, calamiteux, funeste, tragique 2. désolant, déplorable, lamentable, navrant

désavantage N. M. 1. handicap, entrave, obstacle 2. inconvénient, défaut, désagrément

désavantager V. TR. défavoriser, desservir, handicaper, léser, nuire à, pénaliser

désaveu N. M. 1. condamnation, désapprobation 2. dénégation, apostasie, démenti, reniement, rétractation

désavouer V. TR. 1. condamner, blâmer, désapprouver, réprouver 2. renier, nier 3. revenir sur, rétracter (littér.)
◆ **se désavouer** V. PRON. se dédire, se raviser, se rétracter, se renier

désaxé, ée ADJ. déséquilibré, instable, fou, détraqué (fam.)

descendance N. F. 1. progéniture, lignée, postérité, semence (lang. biblique) 2. extraction, filiation, généalogie, lignage, parenté, race, souche

descendre
▸ V. INTR. 1. baisser, décroître, diminuer, faiblir 2. [astre] se coucher, [nuit] tomber, [mer] se retirer 3. rétrograder, baisser, être relégué 4. loger, résider, séjourner
▸ V. TR. 1. dégringoler, dévaler 2. suivre, emprunter, longer 3. décharger, débarquer 4. décrocher, déposer 5. abaisser, baisser, [une voile] affaler, amener

descente N. F. 1. pente, déclivité 2. chute, affaissement, baisse, dégringolade 3. raid, coup de main, incursion, [de la police] rafle

descriptif N. M. 1. plan, schéma 2. résumé, rapport

description N. F. 1. exposé, état, rapport, récit 2. portrait, signalement 3. croquis, graphique, tableau

désemparé, ée ADJ. déconcerté, décontenancé, dérouté, désarmé

désenchantement N. M. déception, déconvenue, désillusion, désabusement (littér.), désillusionnement (littér.)

désengager (se) V. PRON. se retirer, s'affranchir, se libérer

déséquilibre N. M. 1. instabilité 2. disparité, écart, disproportion, distorsion, inégalité 3. folie, névrose, psychopathie

déséquilibré, ée
▸ ADJ. bancal, disproportionné, dissymétrique, inégal
▸ N. névrosé, désaxé, psychopathe

déséquilibrer v. tr. déstabiliser, ébranler, perturber, rendre instable, secouer

désert¹, erte adj. 1. inhabité, abandonné, dépeuplé 2. vide, déserté, sans âme qui vive

désert² n. m. 1. vide, néant 2. coin perdu/retiré, bled (fam.), trou (fam.)

déserter v. tr. 1. abandonner, délaisser, quitter 2. renier, trahir

désertion n. f. 1. insoumission, [à l'ennemi] trahison 2. abandon, délaissement 3. reniement, défection

désertique adj. aride, inculte, infertile, sec, stérile

désespérant, ante adj. désolant, affligeant, décourageant, navrant

désespéré, ée adj. 1. effondré, atterré, catastrophé, inconsolable 2. extrême, intense, suprême 3. catastrophique, pitoyable 4. perdu, cuit (fam.), fichu (fam.), foutu (fam.)

désespérer
▸ v. tr. affliger, consterner, chagriner, décourager, désoler
▸ v. intr. se décourager, perdre patience, perdre espoir
♦ se désespérer v. pron. se désoler, perdre espoir

désespoir n. m. abattement, accablement, affliction, découragement, désolation, détresse, désespérance (littér.)

déshabiller v. tr. 1. dévêtir, dénuder, désaper (fam.), mettre à poil (très fam.) 2. démasquer, découvrir, étaler, exhiber, mettre à nu, montrer
♦ se déshabiller v. pron. 1. se dévêtir, se mettre nu, se dénuder, se désaper (fam.), se mettre à poil (très fam.) 2. se mettre à l'aise, se découvrir, se défaire

déshabituer v. tr. désaccoutumer, [d'une substance] désintoxiquer

déshérité, ée adj. misérable, défavorisé, démuni, indigent

déshériter v. tr. 1. déposséder, dépouiller, exhéréder (Droit) 2. désavantager, défavoriser

déshonneur n. m. honte, ignominie, indignité, infamie, opprobre (littér.), turpitude (littér.)

déshonorant, ante adj. avilissant, dégradant, honteux, ignoble, infamant, ignominieux (littér.)

déshonorer v. tr. avilir, déconsidérer, discréditer, flétrir, salir, souiller, couvrir de boue, traîner dans la boue
♦ se déshonorer v. pron. s'abaisser, s'avilir, se compromettre

déshydrater v. tr. 1. dessécher, sécher 2. lyophiliser

desiderata n. m. pl. désirs, aspirations, souhaits, vœux, revendications, [de salaire] prétentions

désignation n. f. 1. appellation, dénomination 2. choix, élection, nomination

designer n. m. dessinateur, styliste

désigner v. tr. 1. indiquer, marquer, montrer, signaler 2. appeler, dénommer, nommer 3. dénommer, nommer, représenter, signifier 4. s'appliquer à, qualifier, symboliser 5. choisir, élire, nommer 6. destiner, qualifier

désillusion n. f. déception, déboire, déconvenue, désappointement, désenchantement, mécompte (littér.)

désinfecter v. tr. aseptiser, assainir, purifier, stériliser, verduniser

désinfection n. f. antisepsie, asepsie, aseptisation, assainissement, purification, stérilisation

désinformation n. f. intoxication, matraquage, propagande, intox (fam.), bourrage de crâne (fam.)

désinhiber v. tr. décomplexer, débloquer (fam.), décoincer (fam.)

désintégration n. f. 1. désagrégation, dématérialisation, déstructuration 2. destruction, anéantissement

désintégrer v. tr. 1. désagréger, dématérialiser, déstructurer, pulvériser 2. détruire, annihiler, réduire à néant

désintéressé, ée adj. 1. altruiste, généreux 2. bénévole, gratuit 3. objectif, impartial

désintéressement n. m. 1. altruisme, abandon de soi-même, abnégation, bonté, générosité, oubli de soi 2. dédommagement, indemnisation

désintéresser v. tr. dédommager, indemniser, payer
♦ se désintéresser de v. pron. négliger, délaisser, se détacher de, se moquer de, se laver les mains de

désintérêt n. m. indifférence, détachement

désintoxiquer v. tr. déshabituer, désaccoutumer

désinvolte adj. 1. aisé, dégagé, détaché, léger, libre, cool (fam.) 2. impertinent, cavalier, inconvenant, insolent, sans-gêne

désinvolture n. f. 1. aisance, facilité, laisser-aller, légèreté, liberté 2. impertinence, familiarité, inconvenance, insolence, sans-gêne

désir n. m. 1. souhait, envie, rêve, vœu 2. ambition, but, dessein, envie, intention, volonté 3. appétit, appétence, aspiration, faim, goût, inclination, intérêt, passion, penchant, soif, velléité 4. convoitise, ardeur, concupiscence, libido, sensualité

désirable adj. 1. affriolant, appétissant, attrayant, excitant, séduisant, tentant, sexy (fam.) 2. souhaitable, enviable, tentant

désirer v. tr. 1. souhaiter, ambitionner, aspirer à, avoir du goût pour, avoir des vues sur, briguer, convoiter, prétendre à, rêver de, soupirer après, lorgner (sur) (fam.), loucher sur (fam.) 2. convoiter, avoir envie de

désistement n. m. abandon, renoncement, retrait

désister (se) v. pron. abandonner, abandonner/quitter la partie, renoncer, se retirer

désobéir à v. tr. ind. 1. se rebeller contre, résister à, se révolter contre 2. contrevenir à, enfreindre, passer outre, transgresser, violer

désobéissance n. f. 1. indiscipline, indocilité, insoumission, insubordination, mutinerie, rébellion, résistance, révolte 2. contravention, opposition, transgression, violation

désobéissant, ante adj. difficile, entêté, indiscipliné, insoumis, insubordonné, mutin, rebelle, récalcitrant, réfractaire, résistant, révolté, indocile (littér.)

désobligeant, ante adj. désagréable, blessant, déplaisant, discourtois, malveillant, sec, vexant

désodorisant, ante adj. , n. m. déodorant, anti-transpirant

désœuvré, e adj. inactif, inoccupé, oisif

désœuvrement n. m. inaction, inoccupation, oisiveté

désolant, ante adj. 1. affligeant, déplorable, lamentable, navrant, à pleurer (fam.) 2. contrariant, ennuyeux

désolation n. f. 1. destruction, calamité, dévastation, ravage, ruine 2. affliction, chagrin, consternation, détresse, douleur, souffrance, tourment

désolé, ée adj. 1. contrarié, chagriné, confus, embêté, navré 2. désert, désertique

désoler v. tr. 1. affliger, attrister, chagriner, consterner, navrer 2. détruire, dévaster, ravager, ruiner, saccager

désolidariser v. tr. 1. disjoindre, désassembler, découpler, dissocier 2. désunir, diviser
♦ se désolidariser de v. pron. 1. abandonner, se détourner de, se séparer de, lâcher (fam.) 2. désavouer, renier

désopilant, ante adj. comique, cocasse, drôle, hilarant, bidonnant (fam.), crevant (fam.), fendant (fam.), gondolant (fam.), marrant (fam.), poilant (fam.), rigolo (fam.), tordant (fam.)

désordonné, ée adj. 1. sans soin, bordélique (fam.), pagailleux (fam.) 2. confus, brouillé, brouillon, décousu, embrouillé, indistinct, incohérent, cafouilleux (fam.) 3. bouleversé, dérangé, désorganisé 4. ébouriffé, échevelé, embrouillé, embroussaillé 5. débauché, déréglé, dissolu, licencieux, sans frein

désordre n. m. 1. fouillis, bric-à-brac, chaos, capharnaüm, fatras, fourbi, bazar (fam.), binz (fam.), chantier (fam.), pagaille (fam.), souk (fam.), bordel (très fam.), boxon (très fam.), foutoir (très fam.), merdier (très fam.) 2. désorganisation, anarchie, gabegie, perturbation, pétaudière, pandémonium (littér.), binz (fam.), chienlit (fam.), merde (très fam.), pagaille (fam.) 3. confusion, égarement, désarroi, panique, perturbation, trouble 4. chahut, tapage, tumulte, tohu-bohu, boucan (fam.), chambard (fam.) 5. agitation, anarchie, bagarre, bouleversement, embrasement, émeute, trouble 6. dérèglement, dissipation, licence

désorganisation n. f. 1. désordre, bouleversement, dysfonctionnement, perturbation, trouble 2. décomposition, désagrégation, déstructuration

désorganiser v. tr. 1. déranger, bouleverser, perturber, troubler 2. décomposer, désagréger, déstructurer

désorienter v. tr. 1. déconcerter, décontenancer, dérouter, démonter, désarçonner, déstabiliser, embrouiller, troubler 2. dérouter, égarer, perdre, faire perdre ses repères à, déboussoler (fam.)

despote n. m. autocrate, césar, dictateur, dominateur

despotique adj. absolu, arbitraire, autocratique, dictatorial, dominateur, tyrannique

despotisme n. m. absolutisme, autoritarisme, dictature, tyrannie

dessaisir v. tr. démunir, déposséder, dépouiller, priver, spolier
♦ se dessaisir de v. pron. abandonner, céder, délaisser, se démunir de, se déposséder de, renoncer à, se séparer de

dessaler
▸ v. tr. dégourdir, délurer, déniaiser
▸ v. intr. chavirer, se renverser, se retourner

desséché, ée adj. 1. aride, désertique 2. décharné, étique, maigre, momifié, squelettique 3. dur, endurci, froid, insensible, racorni, sec

dessèchement n. m. 1. assèchement, déshydratation, dessiccation 2. endurcissement, racornissement, sclérose

dessécher v. tr. 1. sécher, assécher, déshydrater, lyophiliser 2. épuiser, tarir, vider 3. amaigrir, décharner, exténuer 4. appauvrir, racornir, scléroser 5. endurcir, racornir
♦ se dessécher v. pron. 1. se déshydrater 2. s'endurcir, se racornir

dessein n. m. but, désir, intention, objectif, plan, programme, projet, propos, visée, vue

desserrer v. tr. 1. relâcher, défaire 2. écarter

desservir¹ v. tr. 1. passer par, s'arrêter à, aller à, relier 2. [une pièce] donner dans, faire communiquer

desservir² v. tr. 1. défavoriser, contrecarrer, désavantager, entraver, gêner, handicaper, jouer un sale tour à, nuire à, plomber (fam.), pourrir (fam.), véroler (fam.) 2. débarrasser, enlever les plats/les couverts de

dessin n. m. 1. croquis, ébauche, esquisse, graffiti, schéma 2. [Art] carton, étude, [coloré] aquarelle, gouache, lavis, sépia, [à un crayon] crayon, fusain, sanguine, [gravé] gravure, pointe-sèche 3. illustration, image, représentation, vue 4. motif, ornement, arabesque 5. contour, figure, forme, ligne, tracé, trait

dessinateur, trice n. illustrateur, caricaturiste, portraitiste

dessiner v. tr. 1. représenter, reproduire, tracer, [rapidement] crayonner, croquer, délinéer (didact.), ébaucher, esquisser, [mal] gribouiller, griffonner 2. faire ressortir, accuser, dévoiler, exposer, révéler 3. former, présenter, tracer
♦ se dessiner v. pron. 1. paraître, apparaître, se détacher, se dévoiler, se former, se montrer, se profiler, se révéler, ressortir 2. se développer, se préciser, prendre forme/tournure 3. approcher, s'annoncer, se profiler (à l'horizon)

dessoûler
▸ v. tr. dégriser, désenivrer (littér.)
▸ v. intr. cuver (fam.)

dessous-de-table n. m. invar. bakchich, enveloppe, pot-de-vin, gratification

déstabiliser v. tr. 1. ébranler, déséquilibrer, secouer 2. désorienter, déranger, décontenancer, désarçonner, mettre mal à l'aise, perturber, troubler

destin N. M. 1. destinée, fatalité, nécessité, prédestination, fatum (littér.) 2. hasard, chance, fortune, providence 3. lot, sort, destinée, étoile 4. existence, destinée, vie

destination N. F. 1. fin, finalité 2. mission, destinée, raison d'être, rôle, vocation 3. emploi, affectation, usage, utilisation 4. but, direction

destinée N. F. 1. fatalité, destin 2. sort, destin, lot 3. existence, vie 4. finalité, destination, vocation

destiner V. TR. 1. prédestiner, promettre 2. assigner, affecter, appliquer, attribuer, garder, réserver
♦ **se destiner à** V. PRON. s'orienter vers, s'engager dans, se préparer pour, viser

destituer V. TR. 1. licencier, congédier, démettre, renvoyer, déboulonner (fam.), dégommer (fam.), démissionner (fam., iron.), faire sauter (fam.), [haut personnage, fonctionnaire] disgracier, limoger, mettre à pied, révoquer, [militaire] dégrader, casser, [roi] détrôner, déposer 2. dépouiller, priver

destitution N. F. licenciement, renvoi, [d'un haut personnage, fonctionnaire] disgrâce, limogeage, mise à pied, révocation, [d'un militaire] cassation, dégradation, [d'un roi] déposition

destructeur, trice ADJ. 1. dévastateur, meurtrier, ravageur 2. néfaste, nuisible, funeste, [passion] dévorant 3. subversif, séditieux

destruction N. F. 1. démolition 2. anéantissement, annihilation, écroulement, effondrement, désagrégation, suppression 3. dégât, dégradation, détérioration, dévastation, dommage, ravage, ruine 4. désorganisation, démantèlement, désintégration 5. extermination, génocide, massacre, tuerie

désuet, ète ADJ. démodé, ancien, archaïque, obsolète, passé de mode, périmé, suranné, vieillot, vieilli, vieux, antédiluvien (fam. ou plaisant), de papa (fam.), rétro (fam.), ringard (fam.)

désunion N. F. 1. désaccord, divergence, division, mésentente 2. divorce, rupture, séparation

désunir V. TR. 1. brouiller, diviser, séparer 2. désassembler, détacher, dissocier, disjoindre, disloquer

détaché, ée ADJ. désinvolte, flegmatique, impassible, indifférent, insensible, insouciant, cool (fam.)

détachement N. M. 1. calme, désinvolture, désintérêt, impassibilité, indifférence, insensibilité, insouciance, ataraxie (soutenu) 2. patrouille, arrière-garde, avant-garde, commando, escorte, escouade, flanc-garde

détacher¹ V. TR. I. 1. défaire, déboutonner, dégrafer, dénouer 2. déchaîner, désenchaîner, délivrer, libérer 3. disjoindre, découpler, dételer 4. découper, prélever 5. décoller, enlever, séparer II. déléguer, affecter, dépêcher, députer, mandater, nommer III. 1. écarter, isoler 2. articuler, marteler
♦ **se détacher** V. PRON. 1. tomber, s'échapper, se décoller, glisser 2. apparaître, se découper, se dessiner, se profiler, surgir 3. ressortir, saillir, trancher

détacher² V. TR. décrasser, dégraisser, nettoyer

détail N. M. 1. élément, morceau, partie 2. bagatelle, babiole, broutille, rien, vétille, bricole (fam.) 3. renseignement, information, explication, précision 4. relevé, décompte, exposé, liste

détaillé, ée ADJ. approfondi, analytique, circonstancié, minutieux, précis

détailler V. TR. 1. décrire, énumérer, exposer, préciser, raconter 3. découper, débiter 3. dévisager, examiner

détaler V. INTR. décamper, déguerpir, s'enfuir, décaniller (fam.), filer (fam.), jouer des flûtes (fam.), prendre les jambes à son cou (fam.), se tirer (fam.)

détecter V. TR. déceler, débusquer, découvrir, dépister, discerner, localiser, repérer

déteindre V. INTR. se décolorer, passer

dételer V. INTR. s'arrêter, décompresser, décrocher, se relâcher

détendre V. TR. décontracter, calmer, délasser, désénerver, relâcher

♦ **se détendre** V. PRON. 1. se décontracter, s'abandonner, se délasser, se distraire, se laisser aller, se relâcher, se relaxer, se reposer 2. se distendre, se relâcher, s'avachir (péj.)

détendu, ue ADJ. 1. calme, apaisé, décontracté, relâché, serein 2. distendu, lâche

détenir V. TR. 1. posséder, disposer de, être en possession de 2. garder, [un objet volé] receler 3. séquestrer, garder prisonnier

détente N. F. 1. décontraction, délassement, relâchement, relaxation, répit, repos 2. apaisement, décrispation

détenteur, trice N. propriétaire, possesseur, titulaire, [d'un record, titre] tenant, [d'objet volé] receleur

détention N. F. 1. captivité, emprisonnement, enfermement, incarcération 2. séquestration 3. propriété, possession

détenu, ue N. prisonnier, captif, réclusionnaire (Droit)

détergent, ente ADJ. et N. M. 1. lessive, nettoyant, poudre à laver, savon 2. détersif, lessiviel, nettoyant

détérioration N. F. 1. dégât, dégradation, dommage, [de navire, de marchandise] avarie 2. abaissement, baisse, décadence, déclin

détériorer V. TR. 1. abîmer, casser, dégrader, démolir, détraquer, endommager, gâter, amocher (fam.), bousiller (fam.), déglinguer (fam.), esquinter (fam.) 2. attaquer, détruire, nuire à, ruiner
♦ **se détériorer** V. PRON. 1. se dégrader, se délabrer, se gâter, [denrée] s'avarier, pourrir, se corrompre 2. s'aggraver, aller de mal en pis, dégénérer, empirer, s'envenimer, se gangrener, se gâter, se pourrir

déterminant, ante ADJ. capital, crucial, décisif

détermination N. F. I. 1. délimitation, définition, estimation, fixation, limitation, précision 2. caractérisation, définition, qualification 3. évaluation, appréciation, calcul, estimation, mesure II. résolution, énergie, fermeté, opiniâtreté, volonté

déterminé, ée ADJ. 1. arrêté, certain, défini, délimité, fixe, fixé, précis, précisé, réglé, spécifique 2. résolu, décidé, ferme, inébranlable

déterminer V. TR. I. 1. délimiter, définir, établir, fixer, indiquer, limiter, préciser, régler, spécifier 2. caractériser, définir, qualifier 3. évaluer, apprécier, calculer, estimer, mesurer 4. identifier, diagnostiquer II. 1. causer, amener, conditionner, déclencher, engendrer, entraîner, être à l'origine de, occasionner, produire, susciter 2. [qqn à faire qqch.] encourager, décider, amener, conduire, conseiller, engager, entraîner, inciter, inspirer, persuader, pousser
♦ **se déterminer** V. PRON. se décider, fixer son choix (sur), opter (pour), se prononcer (pour), se résoudre (à)

déterrer V. TR. 1. arracher, déraciner 2. exhumer 3. découvrir, exhumer, ressortir, ressusciter, tirer de l'oubli, trouver, dénicher (fam.), dégoter (fam.)

détestable ADJ. 1. haïssable, abominable, antipathique, exécrable, insupportable, méprisable, odieux, imbuvable (fam.) 2. catastrophique, calamiteux, épouvantable, [temps] de chien (fam.), pourri (fam.)

détester V. TR. haïr, avoir en horreur, abhorrer (littér.), abominer (littér.), exécrer (littér.), avoir dans le nez/le pif (fam.), ne pas pouvoir blairer (fam.), ne pas pouvoir encadrer (fam.), ne pas pouvoir piffer (fam.), ne pas pouvoir sacquer (fam.), ne pas pouvoir sentir (fam.)

détonation N. F. déflagration, éclatement, explosion

détonner V. INTR. faire contraste, faire tache, jurer, trancher

détour N. M. I. 1. crochet, déviation 2. tournant, angle, boucle, coude, courbe, contour, lacet, méandre, sinuosité, virage, zigzag II. 1. biais, faux-fuyant, louvoiement, manœuvre, manigance, ruse, subterfuge 2. circonlocution, circonvolution, périphrase

détourné, ée ADJ. indirect, allusif, oblique, voilé

détournement N. M. 1. dérivation, déroutage, déroutement 2. concussion, abus de biens sociaux, dissipation, malversation, pillage, soustraction, vol

détourner V. TR. I. 1. dévier, dériver, dérouter 2. esquiver, éluder, éviter, parer 3. voler, distraire, soustraire II. 1. [qqn de] distraire, arracher (à), divertir, éloigner, dégoûter (péj.) 2. dissuader, empêcher
♦ **se détourner de** V. PRON. abandonner, négliger, renoncer à 2. dévier de, [du droit chemin] s'égarer, se fourvoyer

détracteur, trice N. accusateur, adversaire, critique, dépréciateur, diffamateur, ennemi, médisant, mauvaise langue, contempteur (littér.), zoïle (littér.)

détraqué, ée ADJ. 1. en panne, hors service, h.s. (fam.) 2. dérangé, patraque (fam.)

détraquer V. TR. dérégler, détériorer, déglinguer (fam.)

détresse N. F. 1. désespoir, affliction, angoisse, chagrin, désarroi, douleur, peine 2. misère, dénuement, indigence, infortune, malheur

détriment de (au) N. M. aux dépens de, au préjudice de, au désavantage de

détritus N. M. déchet, débris, résidu, reste, rebut

détromper V. TR. désabuser, éclairer, dessiller les yeux de, ouvrir les yeux à, tirer de l'erreur

détrôner V. TR. 1. chasser (du trône), déposer, destituer 2. évincer, éclipser, effacer, supplanter

détrousser V. TR. voler, dépouiller, dévaliser, lester (plaisant)

détruire V. TR. I. 1. démolir, abattre, jeter bas/à bas, jeter à terre, raser, renverser 2. briser, atomiser, broyer, casser, défoncer, démolir, écraser, fracasser, pulvériser, rompre, [flammes] consumer, dévorer, réduire en cendres, [des livres] pilonner, mettre au pilon 3. dévaster, ravager, saccager 4. anéantir, annihiler, réduire à néant, bousiller (fam.) II. 1. tuer, décimer, éliminer, exterminer, faire périr, massacrer 2. annuler, infirmer, invalider 3. supprimer, déraciner, dissiper, enlever, extirper 4. attaquer, atteindre, corroder, corrompre, entamer, ronger III. 1. désorganiser, démanteler, désintégrer 2. ébranler, grignoter, miner, ronger, saper 3. gâter, troubler
♦ **se détruire** V. PRON. 1. se tuer, se massacrer 2. se suicider, se supprimer

dette N. F. 1. dû, débet, découvert, passif, solde débiteur 2. engagement, devoir, obligation

deuil N. M. 1. affliction, chagrin, douleur, malheur, souffrance, tristesse 2. perte

dévaler
▸ V. TR. descendre, dégringoler, débouler (fam.)
▸ V. INTR. rouler, dégringoler, tomber, débouler (fam.)

dévaliser V. TR. 1. cambrioler, piller 2. voler, dépouiller, délester (iron.), soulager (iron.)

dévalorisation N. F. 1. dépréciation, dévaluation 2. déconsidération, dénigrement, dépréciation, dévaluation, discrédit

dévaloriser V. TR. 1. dévaluer, déprécier 2. déconsidérer, dénigrer, déprécier, dévaluer, discréditer, rabaisser, ravaler, sous-estimer, dépriser (littér.)

dévaluation N. F. dévalorisation, dépréciation

dévaluer V. TR. dévaloriser, déprécier

devancer V. TR. 1. dépasser, distancer, gagner de vitesse, prendre l'avantage sur, passer devant, semer (fam.) 2. primer sur, dépasser, l'emporter sur, surpasser 3. aller au-devant de, anticiper sur, prévenir 4. précéder, être avant

devant¹
▸ ADV. 1. en avant, en face, en vis-à-vis 2. en tête, au devant
▸ PRÉP. 1. à l'égard de, vis-à-vis de 2. en présence de, à la vue de, au nez et à la barbe de

devant² N. M. partie antérieure, avant, [d'une maison] façade, [d'un bateau] nez, proue

dévastateur, trice ADJ. destructeur, meurtrier, ravageur

dévastation N. F. destruction, dégât, désolation, ravage, ruine, saccage

dévaster V. TR. 1. détruire, désoler, ravager, ruiner, saccager 2. emporter, inonder

déveine N. F. malchance, infortune (littér.), guigne (fam.), poisse (fam.)

développé, ée ADJ. **1.** ample, épanoui, fort, grand **2.** évolué **3.** [sens] aigu, aiguisé

développement N. M. **I. 1.** accroissement, amplification, augmentation, croissance, épanouissement, essor, extension, progression **2.** multiplication, prolifération **3.** propagation, extension, rayonnement **II. 1.** germination, naissance **2.** pousse, épanouissement **III.** enrichissement, épanouissement, formation **IV. 1.** déroulement, avancement, cours, évolution, progrès **2.** évolution, transformation **3.** prolongement, rebondissement, suite **V.** exposé, détail, [trop long] tirade, longueurs

développer V. TR. **I. 1.** accroître, agrandir, allonger, amplifier, augmenter, élargir, étendre, grossir **2.** aiguiser, cultiver, éduquer, enrichir, exercer, former **II. 1.** exposer, détailler, éclaircir, expliquer, traiter, [trop longuement] délayer, broder sur **2.** élaborer, mettre au point **III.** déplier, déployer, dérouler, étaler, étendre

◆ **se développer** V. PRON. **1.** s'accroître, augmenter, grandir, se multiplier, progresser, prospérer, proliférer (littér.) **2.** se former, germer, naître **3.** pousser, s'épanouir, fleurir, fructifier **4.** se propager, s'amplifier, grossir, prendre de l'ampleur, rayonner, se répandre

devenir[1] V. INTR. **1.** se transformer en, se métamorphoser en **2.** changer, évoluer

devenir[2] N. M. **1.** avenir, futur **2.** évolution, changement, mouvement, mutation, transformation

dévergondé, ée ADJ. débauché, dépravé, libertin, licencieux

déverser V. TR. **1.** répandre, verser, épancher (littér.) **2.** décharger, débarquer, vomir (péj.)

◆ **se déverser** V. PRON. **1.** s'écouler, s'évacuer, se répandre, se vider **2.** affluer, déferler

dévêtir V. TR. déshabiller, dénuder, désaper (fam.), mettre à poil (très fam.)

◆ **se dévêtir** V. PRON. se déshabiller, se dénuder, se mettre nu, se désaper (fam.), se mettre à poil (très fam.)

dévêtu, ue ADJ. nu, déshabillé, dénudé, à poil (très fam.), en tenue d'Adam/d'Ève (fam.)

déviation N. F. **I. 1.** dérivation, délestage, détour **2.** dérive **3.** [d'un rayon] diffraction, déflexion, réfraction **4.** [de la colonne] déformation, cyphose, lordose, scoliose **II. 1.** écart, aberration, variation **2.** déviationnisme, dissidence, hétérodoxie

dévier
▶ V. TR. **1.** détourner, déporter, dérouter **2.** déformer, déjeter, infléchir
▶ V. INTR. s'infléchir, dériver

devin, devineresse
▶ N. voyant, astrologue, sorcier, visionnaire, vaticinateur (littér.), [surtout Antiquité] aruspice, augure, auspice, oracle, prophète
▶ N. F. diseuse de bonne aventure, Cassandre (Antiquité ou littér.), prophétesse, pythie (Antiquité ou littér.), pythonisse (Bible ou plaisant), sibylle (Antiquité ou littér.)

deviner V. TR. **1.** découvrir, déceler, discerner, entrevoir, pénétrer, trouver **2.** démasquer, pénétrer, reconnaître **3.** se douter de, flairer, pressentir, sentir, soupçonner, subodorer **4.** comprendre, interpréter, lire entre les lignes **5.** prédire, prophétiser

devinette N. F. charade, énigme, logogriphe, question à trente francs, rébus

devis N. M. estimation, évaluation

dévisager V. TR. examiner, détailler, fixer, observer, scruter

devise[1] N. F. **1.** slogan, mot d'ordre, maxime, cri de ralliement **2.** légende

devise[2] N. F. monnaie, eurodevise, xénodevise

deviser V. INTR. bavarder, causer, converser, dialoguer, discuter, s'entretenir, parler, palabrer (souvent péj.)

dévoiler V. TR. **1.** découvrir, laisser voir **2.** déclarer, divulguer, expliquer, livrer, révéler **3.** démasquer, lever le masque de, mettre à nu

◆ **se dévoiler** V. PRON. apparaître, éclater, s'étaler, paraître, percer, poindre

devoir[1] V. TR. **1.** [qqch. à qqn] être redevable à, être en reste avec, être le débiteur de, être l'obligé de **2.** [infinitif] être dans l'obligation de, avoir à, être tenu de, être obligé de

devoir[2] N. M. **1.** loi morale **2.** obligation, impératif, nécessité **3.** charge, fonction, obligation, office, responsabilité, rôle, service, tâche, travail **4.** composition, contrôle, épreuve, interrogation (écrite), copie

◆ **devoirs** PLUR. hommages, respects, civilités

dévorant, ante ADJ. **1.** ardent, avide, débordant, démesuré, insatiable, inextinguible (littér.) **2.** destructeur, dévastateur, ravageur

dévorer V. TR. **1.** manger, absorber, avaler, engloutir, engouffrer, se repaître de, bouffer (fam.), bâfrer (fam.), se bourrer de (fam.), s'empiffrer de (fam.), se gaver de (fam.), se goinfrer de (fam.) **2.** dépenser, dilapider, dissiper, engloutir, flamber, gaspiller, claquer (fam.), croquer (fam.) **3.** anéantir, brûler, consumer, détruire, ravager **4.** tourmenter, consumer, hanter, miner, obséder, poursuivre, ronger **5.** accaparer, absorber, bouffer (fam.)

dévot, ote ADJ. et N. **1.** fervent, pieux, religieux **2.** [péj.] bigot, bondieusard (fam.), calotin (fam.), cul-bénit (fam.), grenouille de bénitier (fam.), punaise de sacristie (fam.), rat d'église (fam.)

dévotement ADV. pieusement, religieusement

dévotion N. F. **1.** piété, ferveur, religion **2.** adoration, culte, passion, vénération

dévoué, ée ADJ. **1.** fidèle, loyal, serviable, sûr **2.** empressé, assidu, zélé

dévouement N. M. **1.** abnégation, don de soi, sacrifice **2.** loyalisme, attachement, fidélité

dévouer V. TR. consacrer, dédier, donner, livrer, offrir, sacrifier, vouer

◆ **se dévouer** V. PRON. se sacrifier, payer de sa personne

dévoyé, ée N. M., F. dépravé, débauché, délinquant

dextérité N. F. adresse, agilité, art, astuce, doigté, habileté, savoir-faire

diabolique ADJ. démoniaque, infernal, machiavélique, maléfique, satanique, méphistophélique (littér.)

diagnostic N. M. évaluation, expertise

diagnostiquer V. TR. discerner, déceler

diagramme N. M. **1.** croquis, plan, schéma **2.** courbe, graphique, [circulaire] camembert, [rond] patate (fam.)

dialecte N. M. parler, idiome, patois

dialectique N. F. **1.** argumentation, logique, raisonnement **2.** [Philo.] dialogue, maïeutique

dialogue N. M. **1.** conversation, discussion, échange, entretien, face-à-face, tête-à-tête **2.** concertation, négociation

dialoguer V. INTR. **1.** converser, conférer, s'entretenir, échanger (des propos), parler **2.** se concerter, négocier

diaphane ADJ. translucide, pâle, transparent

diarrhée N. F. colique, lientérie, chiasse (fam.), courante (fam.)

diatribe N. F. attaque, factum, libelle, pamphlet, satire, philippique (littér.)

dictateur, trice N. autocrate, césar, despote, potentat, tyran

dictatorial, ale, aux ADJ. **1.** absolu, autocratique, autoritaire, despotique, totalitaire, tyrannique **2.** impérieux, tranchant

dictature N. F. **1.** autocratie, absolutisme, autoritarisme, caporalisme, césarisme, fascisme, nazisme, totalitarisme **2.** diktats, tyrannie

dicter V. TR. **1.** ordonner, commander, prescrire, stipuler **2.** conditionner, décider de, régler **3.** suggérer, inspirer, souffler

diction N. F. élocution, articulation, débit, énonciation, prononciation

dictionnaire N. M. **1.** lexique, encyclopédie, glossaire, thésaurus, vocabulaire, dico (fam.) **2.** index, concordance

dicton N. M. adage, maxime, proverbe

didactique
▶ ADJ. **1.** pédagogique **2.** savant, scientifique, technique
▶ N. F. pédagogie

diète N. F. régime, [complète] jeûne, abstinence

diététique ADJ. équilibré, allégé, hypocalorique, sain

dieu N. M. **1.** déité, divinité, esprit **2.** [au plur., esprits domestiques] lares, mânes, pénates **3.** idole **4.** [avec une majuscule] le Créateur, l'Éternel, l'Être Suprême, le Tout-Puissant, le Très-Haut

diffamant, ante ADJ. calomnieux, diffamatoire, infamant, mensonger

diffamation N. F. accusation, calomnie, médisance

diffamatoire ADJ. calomnieux, mensonger

diffamer V. TR. attaquer, calomnier, couvrir de boue, discréditer, ternir la réputation/l'honneur de, traîner dans la boue

différence N. F. **I. 1.** disparité, contraste, dissimilitude, dissemblance, distinction, [petite] nuance, [grande] abîme, fossé **2.** particularité, spécificité, altérité, distinction, départ, partage **II. 1.** écart, différentiel, distance, intervalle **2.** complément, appoint, reste, solde, supplément **3.** inégalité, disproportion **III.** contradiction, désaccord, discordance, divergence, incohérence, incompatibilité, opposition **IV.** diversité, hétérogénéité, mélange, variété **V.** changement, modification, variation

différenciation N. F. distinction, démarcation, discrimination, distinguo, séparation

différencier V. TR. distinguer, séparer, discriminer (littér.)

◆ **se différencier** V. PRON. se distinguer, différer, se particulariser, se singulariser, se détacher du lot

différend N. M. conflit, contestation, contentieux, démêlé, désaccord, discussion, dispute, litige, querelle

différent, ente ADJ. **1.** autre, dissemblable, distinct **2.** contraire, contradictoire, divergent, éloigné, opposé **3.** changé, méconnaissable, modifié, transformé **4.** singulier, à part, exceptionnel, nouveau

différer
▶ V. TR. remettre, ajourner, reculer, renvoyer, reporter, repousser, retarder, surseoir à
▶ V. INTR. **1.** tarder, atermoyer, attendre, temporiser **2.** se différencier, se distinguer, s'éloigner, s'écarter, s'opposer, diverger

difficile ADJ. **I. 1.** ardu, dur, laborieux, malaisé, pénible, calé (fam.), chiadé (fam.), coton (fam.), trapu (fam.), musclé (argot scol.) **2.** délicat, complexe, embarrassant, épineux, scabreux, sensible **3.** obscur, abscons, compliqué, confus, énigmatique, ésotérique, impénétrable, mystérieux **4.** escarpé, périlleux, raide **II.** douloureux, pénible, triste **III. 1.** acariâtre, contrariant, coriace, intraitable, irascible, ombrageux, querelleur **2.** désobéissant, capricieux, indiscipliné, indocile **IV. 1.** délicat, exigeant, raffiné **2.** chicaneur, exigeant, maniaque, pointilleux, tatillon

difficilement ADV. **1.** laborieusement, à grand-peine, à l'arraché, malaisément, péniblement, tant bien que mal **2.** à peine, tout juste

difficulté N. F. **1.** complexité, complication, confusion, obscurité **2.** embarras, gêne, mal, peine **3.** problème, contrariété, empêchement, ennui, résistance, tracas, cheveu (fam.), épine (fam.), hic (fam.), os (fam.), pépin (fam.) **4.** obstacle, accroc, barrière, écueil **5.** objection, chicane, contestation, opposition, résistance

difforme ADJ. déformé, contrefait, déjeté, monstrueux, mal fait, mal bâti, tordu, tors (littér.)

difformité N. F. déformation, dystrophie, malformation, monstruosité

diffus, use ADJ. **1.** tamisé, voilé **2.** abondant, prolixe, verbeux

diffuser V. TR. **1.** [Radio, TV] émettre, mettre sur les ondes, programmer, retransmettre, transmettre **2.** disperser, émettre, propager, répandre **3.** distribuer **4.** populariser, vulgariser

diffusion N. F. **1.** [Radio, TV] émission, programmation, transmission, retransmission **2.** distribution **3.** propagation, dissémination, vulgarisation

digérer V. TR. **1.** assimiler **2.** intégrer, assimiler, absorber **3.** [fam.] accepter, endurer, supporter, tolérer, avaler (fam.), encaisser (fam.)

digne ADJ. **1.** estimable, convenable, honnête, méritant, respectable **2.** louable, méritoire, noble **3.** grave, sobre, solennel

dignement ADV. **1.** convenablement, honnêtement, honorablement **2.** fièrement, noblement

dignitaire N. M. autorité, hiérarque, personnalité, (grand) ponte (fam.), (grosse) huile (fam.), grosse légume (fam.), gros bonnet (fam.)

dignité N. F. **1.** amour-propre, fierté, orgueil **2.** grandeur, noblesse, respectabilité **3.** noblesse, gravité, réserve, retenue, solennité

digression N. F. parenthèse, incise

digue N. F. **1.** jetée, barrage, brise-lames, levée, môle **2.** obstacle, barrière, frein, rempart

dilapidateur, trice ADJ. et N. dépensier, dissipateur, gaspilleur, prodigue

dilapidation N. F. **1.** dissipation **2.** gaspillage

dilapider V. TR. dissiper, engloutir, flamber, gaspiller, prodiguer, jeter par les fenêtres, claquer (fam.), craquer (fam.), croquer (fam.)

dilatation N. F. **1.** élargissement, extension, distension, gonflement, grossissement **2.** [du gaz] expansion

dilater V. TR. élargir, agrandir, distendre, gonfler
♦ **se dilater** V. PRON. enfler, se distendre, s'élargir, gonfler, grossir, s'ouvrir

dilettante N. amateur, fumiste (péj.), touche-à-tout (péj.)

diligence N. F. **1.** empressement, hâte, promptitude, rapidité, vitesse, célérité (littér.) **2.** application, attention, soin, zèle

diligent, ente ADJ. **1.** actif, empressé, expéditif, prompt, rapide **2.** appliqué, assidu, attentif, soigneux, zélé

diluer V. TR. **1.** délayer, allonger, étendre, mouiller, noyer **2.** affaiblir, diminuer

dimension N. F. **1.** étendue, calibre, format, gabarit, mesure, surface, taille, épaisseur, grandeur, grosseur, hauteur, largeur, longueur, mensuration, pointure, profondeur **2.** importance, envergure, portée, valeur

diminuer
▸ V. INTR. **1.** baisser, s'affaisser, s'amenuiser, se calmer, décroître, décliner, descendre, faiblir, mollir, tomber **2.** rétrécir, raccourcir, rapetisser, [jour] décroître **3.** dégonfler, désenfler, rapetisser
▸ V. TR. **1.** amoindrir, abaisser, ramener (à), réduire, resserrer, restreindre **2.** rétrécir, raccourcir **3.** abréger, comprimer, condenser, contracter, écourter, résumer, tronquer **4.** modérer, attiédir, calmer, émousser, freiner, rabattre, ralentir, refroidir, relâcher **5.** atténuer, adoucir, alléger, amortir, apaiser, calmer, estomper, mitiger, modérer, tempérer **6.** assourdir, baisser, descendre **7.** dévaloriser, abaisser, avilir, dégrader, dénigrer, déprécier, discréditer, rabaisser, ravaler

diminution N. F. I. **1.** amoindrissement, abaissement, affaissement, amenuisement, baisse, décroissance, décroissement, déperdition, réduction **2.** rétrécissement, raccourcissement **3.** abrègement, compression, concentration, contraction **4.** dégonflement, réduction **5.** allégement, soulagement **6.** modération, ralentissement II. **1.** dépréciation, dévalorisation, dévaluation, moins-value **2.** rabais, réduction, remise **3.** abattement, décharge, dégrèvement, exemption, exonération, réduction

diplomate
▸ ADJ. habile, adroit, fin, politique, rusé, subtil
▸ N. ambassadeur, attaché, consul, légat, nonce, émissaire, envoyé

diplomatie N. F. adresse, doigté, finesse, habileté, savoir-faire, tact

diplomatique ADJ. adroit, habile, fin

diplôme N. M. **1.** parchemin (plaisant), peau d'âne (plaisant) **2.** certificat, brevet, titre **3.** récompense, médaille, prix

dire V. TR. I. **1.** articuler, formuler, émettre, énoncer, lancer, proférer, prononcer, balancer (péj.), débiter (péj.), déblatérer (péj.), lâcher (péj.), sortir (fam.) **2.** exprimer, annoncer, communiquer **3.** raconter, conter, narrer **4.** préciser, indiquer, fixer **5.** affirmer, assurer, certifier, prétendre **6.** répondre, répliquer, objecter II. **1.** dévoiler, divulguer, ébruiter, révéler **2.** confier, avouer III. ordonner, commander, enjoindre, sommer, stipuler IV. manifester, dénoter, exprimer, marquer, montrer, signifier, trahir
♦ **se dire** V. PRON. se prétendre, s'autoproclamer

direct, ecte ADJ. **1.** droit, rectiligne **2.** franc, carré, droit, net et précis, sans détour **3.** immédiat **4.** sans arrêt, non-stop, rapide, sans escale

directement ADV. **1.** tout droit **2.** immédiatement **3.** complètement, diamétralement, exactement, totalement **4.** franchement, carrément, nettement, ouvertement, sans détour, sans ambages, sans tourner autour du pot (fam.), tout de go (fam.), bille en tête (fam.)

directeur, trice N. **1.** dirigeant, administrateur, gérant, manager, patron, président, boss (fam.) **2.** supérieur, chef, boss (fam.)

directif, ive ADJ. **1.** autoritaire, autocratique **2.** directionnel

direction N. F. I. organisation, administration, commandement, conduite, gestion, pilotage II. **1.** responsables, dirigeants, présidence **2.** service, département, section III. **1.** axe, azimut, ligne, sens **2.** chemin, orientation, voie **3.** allure, tour, tournure

directive N. F. instruction, commandement, consigne, injonction, ordre, recommandation, stipulation

dires N. M. PL. affirmations, déclaration, paroles, propos, témoignage

dirigeant, ante N. administrateur, chef, directeur, gérant, patron, président, responsable, boss (fam.)

diriger V. TR. **1.** gouverner, administrer, commander, encadrer, gérer, organiser, piloter, présider à, régir, être aux commandes de, être aux manettes de, être à la tête de, tenir la barre/le gouvernail de, avoir la haute main sur, tenir les rênes de **2.** ordonner, régler, régenter **3.** inspirer, guider, entraîner, mener, pousser **4.** manœuvrer, conduire, guider, piloter **5.** braquer, orienter, pointer
♦ **se diriger (vers)** V. PRON. **1.** s'acheminer (vers), aller vers, s'avancer vers, gagner, marcher vers, mettre le cap sur, prendre le chemin de, se rendre à, se tourner vers, se mettre en mouvement vers, [foule] confluer vers **2.** voguer vers, cingler vers, faire route/voile vers, mettre le cap sur **3.** s'orienter, se repérer

discernement N. M. **1.** jugement, bon sens, circonspection, perspicacité, jugeote (fam.) **2.** discrimination, distinction, identification

discerner V. TR. **1.** voir, distinguer, entrevoir, percevoir **2.** entendre, percevoir **3.** sentir, ressentir **4.** différencier, démêler, distinguer, discriminer, identifier, reconnaître **5.** deviner, déceler, percevoir, saisir, sentir

disciple N. **1.** élève **2.** adepte, apôtre, fidèle, partisan, prosélyte, tenant

discipline N. F. **1.** loi, règlement, règle(s) de conduite, obéissance, docilité, soumission **3.** matière, art, domaine, science, sujet

discipliné, ée ADJ. obéissant, docile, soumis

discipliner V. TR. **1.** assujettir, soumettre **2.** éduquer, élever, former, dresser (péj.) **3.** maîtriser, dompter

discontinu, ue ADJ. **1.** alternatif, intermittent, irrégulier, momentané, sporadique, temporaire **2.** coupé, divisé, interrompu **3.** dénombrable, discret

discordance N. F. **1.** dissonance, inharmonie (littér.), cacophonie (péj.) **2.** divergence, décalage, désaccord, différence, disparité, écart, incompatibilité, incohérence

discordant, ante ADJ. **1.** dissonant, faux, inharmonique **2.** criard **3.** divergent, contraire, incompatible, opposé

discorde N. F. désaccord, dissension, mésentente, querelle

discothèque N. F. boîte de nuit, boîte (fam.), disco (fam.)

discount N. M. rabais, déduction, remise, ristourne

discourir V. INTR. disserter, palabrer, pérorer, baratiner (fam.), laïusser (fam.), tenir le crachoir (fam.)

discours N. M. **1.** allocution, adresse, conférence, déclaration, proclamation, speech **2.** exposé, laïus (fam.), speech (fam.), topo (fam.) **3.** exhortation, harangue **4.** traité, exposé **5.** [religieux, moral] sermon, homélie, instruction, morale, oraison, prêche, prédication, prône, prêchi-prêcha (fam.), péj.) **6.** [en faveur de qqn] apologie, compliment, éloge, louange, panégyrique, plaidoyer **7.** [contre qqn] réquisitoire, charge, réprimande, catilinaire (littér.), philippique (littér.)

discourtois, oise ADJ. impoli, désobligeant, grossier, irrespectueux, irrévérencieux, rustre, incivil (littér.)

discrédit N. M. défaveur, déconsidération (littér.)

discréditer V. TR. déconsidérer, décrier, dénigrer, déprécier, disqualifier, nuire à, brûler (fam.), couler (fam.), griller (fam.)

discret¹, ète ADJ. **1.** réservé, secret, pudique, silencieux **2.** furtif, rapide **3.** retiré, isolé, à l'abri des regards, secret, tranquille **4.** modeste, effacé, réservé, retenu **5.** sobre, simple **6.** léger, modéré, ténu, voilé

discret², ète ADJ. **1.** discontinu **2.** digital, numérique

discrètement ADV. **1.** en catimini, à pas de loup, sur la pointe des pieds, en douce (fam.) **2.** à la dérobée, furtivement, [filer] à l'anglaise **3.** sobrement, sans ostentation, sans tambour ni trompette

discrétion N. F. **1.** réserve, délicatesse, retenue, tact **2.** simplicité, sobriété

discrimination N. F. ségrégation, apartheid, racisme, sexisme

discriminer V. TR. distinguer, différencier, séparer, faire le départ entre (littér.)

disculper V. TR. **1.** innocenter, blanchir, laver (de tout soupçon), mettre hors de cause **2.** excuser, justifier

discussion N. F. **1.** conversation, débat, délibération, échange (de vues), [sur des détails] argutie, ergotage **2.** examen **3.** controverse, polémique **4.** dispute, altercation, contestation, différend, empoignade, explication, querelle, prise de bec (fam.)

discutable ADJ. attaquable, contestable, critiquable, douteux, sujet à caution

discuté, ée ADJ. controversé, contesté, critiqué

discuter
▸ V. INTR. **1.** bavarder, causer, conférer, converser, tenir conseil, colloquer (plaisant), discutailler (fam., péj.) **2.** polémiquer, épiloguer, ergoter, palabrer, parlementer, chercher la petite bête (fam.) **3.** se chicaner (fam.), se disputer, se quereller
▸ V. TR. **1.** débattre de, agiter, argumenter sur **2.** contester, critiquer, mettre en question, mettre en cause **3.** négocier, marchander

disert, erte ADJ. bavard, à la parole facile, causant, éloquent, loquace, prolixe

disgrâce N. F. défaveur, discrédit

disgracieux, euse ADJ. **1.** laid, ingrat **2.** discourtois, déplaisant, désagréable, revêche

disjoindre V. TR. **1.** désassembler, désunir, détacher, diviser, scinder, séparer **2.** fendiller, fendre, fissurer, lézarder **3.** déboîter, démonter, disloquer **4.** isoler, déconnecter, décorréler, distinguer, séparer

disjoint, ointe ADJ. différent, déconnecté, décorrélé, dissocié, distinct, séparé

dislocation N. F. **1.** déboîtement, désarticulation, entorse, foulure, luxation **2.** démantèlement, démembrement, désagrégation, dissolution

disloquer V. TR. **1.** déboîter, démettre, démancher, désarticuler, luxer, démantibuler (fam.) **2.** démanteler, démembrer, désunir, dissoudre, diviser, disperser **3.** détraquer, fausser **4.** briser, casser, démolir

disparaître V. INTR. I. **1.** se cacher, se dissimuler, se voiler, [soleil] se coucher **2.** s'effacer, se dissiper, s'enlever, s'estomper, s'évanouir, s'en aller en fumée, passer **3.** s'en aller, s'éclipser, s'évanouir, s'évaporer **4.** fuir, se défiler, s'enfuir, filer, se retirer, décamper (fam.) **5.** s'égarer, s'envoler, se volatiliser II. **1.** mourir, décéder, s'éteindre, quitter cette terre **2.** [navire] couler, périr, se perdre, sombrer

disparate ADJ. composite, bigarré, divers, hétéroclite, hétérogène, mélangé, panaché, discordant (péj.)

disparité N. F. diversité, contraste, différence, dissemblance, hétérogénéité, discordance (péj.), dissonance (péj.)

disparition N. F. 1. absence 2. dissipation, dissolution, éclipse, effacement, évanouissement 3. décès, mort 4. suppression, extinction, fin, mort, perte

disparu, ue N. défunt, mort

dispatcher V. TR. répartir, distribuer, envoyer

dispendieux, ieuse ADJ. coûteux, cher, onéreux, ruineux, chérot (fam.)

dispense N. F. 1. autorisation, dérogation, exemption, permission 2. exonération, franchise

dispenser V. TR. I. 1. accorder, donner, distribuer, répandre, départir (littér.) 2. partager, répartir II. [qqn de] 1. exempter, décharger, délivrer, exonérer, dégager, libérer, soustraire, tenir quitte 2. épargner, faire grâce

disperser V. TR. 1. éparpiller, disséminer, dissiper, parsemer, répandre, semer 2. dissiper 3. diviser, fragmenter, morceler, séparer 4. émietter, éparpiller 5. chasser, débander, mettre en fuite

• **se disperser** V. PRON. 1. partir, s'égailler, s'éparpiller, essaimer 2. s'enfuir, se débander, fuir 3. diffuser, irradier, rayonner 4. se déconcentrer, s'éparpiller

dispersion N. F. 1. éparpillement, dissémination 2. dissipation 3. division, fragmentation, morcellement, séparation 4. débandade, déroute, mise en fuite 5. diaspora, éparpillement

disponibilité N. F. 1. loisir, temps libre 2. vacance

• **disponibilités** PLUR. trésorerie, fonds de roulement, espèces, réserve

disponible ADJ. 1. inoccupé, libre, vacant 2. accessible, abordable

dispos, ose ADJ. agile, alerte, allègre, en forme, gaillard, ingambe

disposé, ée à ADJ. prêt à, enclin à, partant pour (fam.)

disposer V. TR. 1. agencer, arranger, combiner, composer, configurer, construire, établir, installer, monter, ordonner, orienter, placer, ranger, [table] dresser 2. [loi, contrat] dicter, décréter, prescrire, régler

• **se disposer à** V. PRON. se préparer à, s'apprêter à, être sur le point de

dispositif N. M. 1. machine, mécanisme, système 2. méthode, dispositions, mesures, organisation, plan (d'action), procédé

disposition N. F. I. 1. agencement, arrangement, assemblage, combinaison, composition, construction, distribution, ordonnance, organisation, orientation, placement, rangement, répartition 2. place, orientation, position, situation II. structure, configuration, ordre II. humeur, état d'esprit, composition III. prescription, règle

• **dispositions** PLUR. 1. mesures, plan d'action, résolutions 2. précautions 3. intentions, sentiments 4. aptitudes, don, facilités, facultés, goût, inclination, qualités

disproportion N. F. déséquilibre, différence, disparité, inégalité

disproportionné, ée ADJ. 1. inégal, déséquilibré 2. démesuré, exagéré, excessif, surdimensionné

dispute N. F. 1. querelle, altercation, chicane, conflit, démêlé, différend, discorde, discussion, escarmouche, explication, friction, heurt, accrochage (fam.), bisbille (fam.), bouffage de nez (fam.), chamaillerie (fam.), crêpage de chignon (fam.), engueulade (fam.), prise de bec (fam.), [entre villages, partis] querelle/rivalité de clocher, [entre époux] scène (de ménage) 2. brouille, fâcherie, rupture

disputer V. TR. 1. [Sport] jouer, participer à 2. [fam.] réprimander, gourmander, gronder, sermonner, admonester, morigéner (littér.), tancer (littér.), attraper (fam.), crier après (fam.), enguirlander (fam.), engueuler (comme du poisson pourri) (très fam.), incendier (fam.), passer un savon à (fam.), remettre à sa place (fam.), remonter les bretelles à (fam.), secouer les puces à (fam.), sonner les cloches à (fam.), taper sur les doigts à (fam.), tirer les oreilles à (fam.)

• **se disputer** V. PRON. se quereller, avoir des mots, se chamailler, avoir maille à partir, se bagarrer (fam.), se bouffer le nez (fam.), se chicaner (fam.), se chipoter (fam.), s'engueuler (fam.), se crêper le chignon (fam.)

disqualifier V. TR. 1. éliminer, exclure, scratcher 2. discréditer, déconsidérer, déshonorer

disque N. M. 1. cercle, galet, halo, rond 2. album, microsillon, vinyle, noir (fam.)

disséminer V. TR. 1. disperser, éparpiller, répandre, semer 2. diffuser, propager, répandre

dissension N. F. désaccord, déchirement, discorde, dissentiment, divorce, guerre, mésentente, opposition, querelle, mésintelligence (littér.)

disséquer V. TR. 1. dépecer 2. analyser, décortiquer, désosser, passer au crible, éplucher (fam.)

dissertation N. F. composition, essai, étude, mémoire, traité

disserter V. INTR. discourir, causer, parler, palabrer (péj.), pérorer (péj.), pontifier (péj.)

dissidence N. F. division, rébellion, révolte, schisme, scission, sécession, séparation

dissident, ente ADJ. et N. rebelle, hérétique, hétérodoxe, non-conformiste, opposé, révolté, séparatiste

dissimulateur, trice N. fourbe, cachottier, hypocrite, sournois

dissimulation N. F. 1. duplicité, fausseté, fourberie, hypocrisie, sournoiserie 2. cachotterie 3. déguisement, camouflage

dissimulé, ée ADJ. cachottier, double, faux, hypocrite, sournois

dissimuler V. TR. 1. cacher, escamoter, celer (littér.) 2. masquer, dérober/soustraire aux regards, occulter, voiler, offusquer (littér.) 3. camoufler, atténuer 4. garder secret, taire

• **se dissimuler** V. PRON. se cacher, disparaître, s'éclipser, se faire tout petit (fam.), rentrer sous terre (fam.)

dissipation N. F. 1. disparition, dispersion, éparpillement 2. dépense, dilapidation, gaspillage 3. distraction 4. indiscipline, turbulence

dissipé, ée ADJ. 1. turbulent, désobéissant, indiscipliné, indocile (littér.) 2. débauché, dévergondé, dissolu

dissiper V. TR. 1. chasser, faire disparaître, disperser, éliminer, éparpiller, supprimer 2. écarter, ôter de la tête 3. dépenser, dévorer, dilapider, engloutir, gaspiller, jeter par les fenêtres, manger, claquer (fam.) 4. distraire, déconcentrer

• **se dissiper** V. PRON. 1. disparaître, se disperser, s'évaporer, se volatiliser 2. s'apaiser, s'atténuer, se calmer

dissociation N. F. 1. distinction, dédoublement, différenciation, disjonction, séparation 2. désintégration, séparation

dissocier V. TR. 1. distinguer, déconnecter, décorréler, départager, différencier, disjoindre, isoler, séparer 2. désunir, désagréger, désintégrer, séparer

dissolu, ue ADJ. débauché, agité, corrompu, dépravé, déréglé, léger, libertin, relâché

dissolution N. F. 1. décomposition, désagrégation, désintégration, annulation, cessation, rupture 3. anéantissement, disparition, écroulement, ruine

dissonance N. F. 1. cacophonie, discordance, rupture de ton 2. désaccord, contradiction, divergence, opposition, inharmonie (littér.)

dissonant, ante ADJ. 1. cacophonique, discordant, faux 2. divergent, discordant

dissoudre V. TR. 1. faire fondre, diluer 2. annuler, mettre fin à, rompre

• **se dissoudre** V. PRON. fondre

dissuader V. TR. détourner, déconseiller à, décourager, faire renoncer

dissymétrie N. F. asymétrie, déséquilibre, irrégularité

dissymétrique ADJ. asymétrique, déséquilibré, irrégulier, biscornu (péj.)

distance N. F. 1. écart, écartement, éloignement, espace, espacement, étendue, intervalle 2. chemin, course, parcours, trajet 3. différence, abîme, écart, monde 4. recul

distancer V. TR. 1. dépasser, devancer, décoller de (fam.), décrocher (fam.), gratter (fam.), lâcher (fam.), semer (fam.) 2. surpasser, dominer (de la tête et des épaules), laisser loin derrière, surclasser, enfoncer (fam.) 3. disqualifier

distant, ante ADJ. 1. éloigné, loin 2. froid, altier, hautain, inaccessible, réservé, sur la réserve

distendre V. TR. 1. étirer, allonger, tendre, tirer 2. gonfler, ballonner

• **se distendre** V. PRON. se détendre, se relâcher, s'avachir (péj.)

distiller V. TR. 1. sécréter, épancher, exsuder, répandre 2. rectifier, cohober, réduire, sublimer 3. raffiner

distinct, incte ADJ. 1. visible, perceptible 2. clair, net, tranché 3. différent, autre, contrasté, dissemblable, indépendant, séparé

distinctif, ive ADJ. caractéristique, particulier, propre, singulier, spécifique, typique

distinction N. F. 1. différenciation, démarcation, départ, discrimination, distinguo, séparation 2. décoration, dignité, récompense 3. classe, élégance, finesse, raffinement, tenue

distingué, ée ADJ. 1. élégant, chic, raffiné, bcbg (fam.), chicos (fam.), classe (fam.), classieux (fam.), smart (fam.) 2. choisi, d'élite, sélect (fam.) 3. brillant, célèbre, éminent, insigne, supérieur

distinguer V. TR. 1. discriminer, différencier, discerner, dissocier, isoler, mettre à part, séparer, [sans complément] ne pas faire d'amalgame, ne pas tout mélanger, ne pas mélanger les torchons et les serviettes (fam.) 2. caractériser, différencier, spécifier 3. apercevoir, discerner, percevoir, reconnaître, repérer, voir 4. choisir, préférer, remarquer

• **se distinguer** V. PRON. 1. différer, se détacher, se différencier, s'opposer, se particulariser, se singulariser 2. s'illustrer, briller, percer, se détacher du lot, se faire remarquer, se signaler, triompher

distorsion N. F. 1. altération, déformation, transformation, travestissement (péj.) 2. décalage, déséquilibre, disparité, écart

distraction N. F. I. 1. inattention, étourderie, inadvertance, inapplication 2. bévue, erreur, étourderie, oubli, gaffe (fam.) II. 1. loisir, détente 2. amusement, divertissement, passetemps, récréation, hobby (anglic.) 3. dérivatif, diversion

distraire V. TR. 1. divertir, amuser, changer les idées de, désennuyer, égayer, récréer (littér.) 2. dissiper, déranger

• **se distraire** V. PRON. se divertir, s'amuser, se délasser, se détendre, se changer les idées, se récréer (littér.)

distrait, aite ADJ. 1. inattentif, absent, absorbé, rêveur 2. étourdi, écervelé, évaporé, tête en l'air

distraitement ADV. 1. rêveusement, [écouter] d'une oreille distraite 2. étourdiment

distrayant, ante ADJ. divertissant, amusant, délassant, distractif, récréatif

distribuer V. TR. I. 1. donner, dispenser, octroyer, prodiguer 2. répartir, partager 3. allouer, assigner, attribuer II. amener, conduire, répandre III. 1. catégoriser, classer, classifier 2. arranger, agencer, aménager, ordonner, organiser, ranger

distributeur, trice N. vendeur, concessionnaire, débitant, détaillant, diffuseur, grossiste, revendeur

distribution N. F. 1. diffusion 2. attribution, partage, répartition, [Cartes] donne 3. don, dispensation 4. arrangement, agencement, aménagement, disposition 5. affiche, casting (anglic.)

dithyrambique ADJ. élogieux, laudatif, louangeur

divagation N. F. 1. délire, folie 2. digression, élucubration, rêverie

divaguer V. INTR. 1. délirer, déraisonner, perdre l'esprit/la raison/le bon sens, avoir des papillons dans le compteur (fam.), avoir une araignée dans le/au plafond (fam.), débloquer (fam.), déconner (fam.), déjanter (fam.), démé-

divergence | **doucher**

nager *(fam.)*, dérailler *(fam.)*, yoyotter de la touffe *(fam.)* **2.** errer, s'égarer, vagabonder, vaguer *(littér.)*

divergence N. F. **1.** désaccord, contradiction, différence, écart, opposition **2.** dispersion, écartement

divergent, ente ADJ. différent, discordant, éloigné, opposé

diverger V. INTR. **1.** différer, se différencier, se distinguer **2.** se contredire, s'opposer **3.** s'écarter, s'éloigner

divers, erse ADJ. **1.** composite, bariolé, changeant, disparate, diversiforme, hétérogène, mélangé, varié **2.** diversifié, différent, éclectique

diversifier V. TR. changer, élargir, varier

diversion N. F. dérivatif, antidote, distraction, divertissement

diversité N. F. **1.** variété, éclectisme, hétérogénéité **2.** multiplicité, pluralité

divertir V. TR. **1.** amuser, changer les idées de, distraire, égayer, récréer *(littér.)* **2.** faire rire, réjouir
- **se divertir** V. PRON. s'amuser, se distraire, se récréer *(littér.)*

divertissant, ante ADJ. distrayant, amusant, drôle, plaisant, récréatif, réjouissant

divertissement N. M. **1.** amusement, agrément, délassement, distraction, plaisir, réjouissance, récréation *(littér.)* **2.** jeu, passe-temps, distraction, hobby *(anglic.)*, loisir, (partie de) plaisir

divin, ine ADJ. **1.** céleste, surnaturel **2.** sublime, délicieux, exquis, merveilleux, parfait, suprême

divination N. F. prédiction, clairvoyance, prémonition, prescience, prophétie, révélation, voyance, vaticination *(littér.)*

diviniser V. TR. **1.** déifier, sacraliser, sanctifier **2.** exalter, glorifier, idéaliser, magnifier

divinité N. F. déité *(littér.)*, déesse, dieu

diviser V. TR. **1.** fractionner, décomposer, désagréger, dissocier, fragmenter, morceler, parceller, scinder **2.** cloisonner, compartimenter **3.** distribuer, répartir, partager **4.** *[un terrain]* lotir, démembrer, morceler **5.** brouiller, déchirer, désunir, opposer, semer la discorde chez
- **se diviser** V. PRON. **1.** bifurquer, se séparer **2.** se ramifier, se scinder, se segmenter **3.** se disperser, s'éparpiller

division N. F. I. **1.** fractionnement, fragmentation, morcellement, scission, sectionnement, segmentation, séparation **2.** partage, distribution **3.** lotissement, démembrement, morcellement II. classement, classification III. désaccord, clivage, dispute, divorce, mésentente, querelle, rupture, scission, schisme, mésintelligence *(littér.)*

divorce N. M. **1.** désaccord, clivage, désunion, rupture, séparation **2.** contradiction, conflit, divergence, opposition

divorcer V. INTR. rompre, se quitter, se séparer

divulguer V. TR. dévoiler, ébruiter, mettre au grand jour, proclamer, propager, publier, répandre, révéler, crier sur (tous) les toits *(fam.)*

docile ADJ. **1.** discipliné, obéissant, sage **2.** flexible, malléable, maniable, pliant, souple, soumis, qui file doux *(fam.)*

docilité N. F. **1.** obéissance, sagesse **2.** flexibilité, malléabilité, soumission

docte ADJ. **1.** érudit, instruit, savant **2.** doctoral, doctrinaire, dogmatique, professoral, sentencieux, pédantesque *(péj.)*, pontifiant *(péj.)*

doctrinaire ADJ. dogmatique, sectaire, systématique

doctrine N. F. **1.** dogme, doxa, idéologie, opinion, système, théorie, thèse **2.** religion, croyance **3.** philosophie

document N. M. **1.** écrit, formulaire, papier, pièce (justificative), texte **2.** documentaire

documentation N. F. annales, archives, dossier, matériaux, doc *(fam.)*

documenter V. TR. **1.** informer, renseigner **2.** étayer, appuyer

dodeliner V. INTR. balancer, osciller

dodu, ue ADJ. gras, grassouillet, potelé, rebondi, replet, rondouillard *(fam.)*

dogmatique ADJ. **1.** doctrinaire, sectaire, systématique **2.** catégorique, absolu, affirmatif, tranchant **3.** doctoral, professoral, sentencieux

dogme N. M. article de foi, croyance, credo, doctrine, doxa, règle

doigté N. M. diplomatie, adresse, entregent, habileté, savoir-faire, tact

doléances N. F. PL. griefs, plaintes, réclamations, récriminations, revendications

domaine N. M. I. **1.** propriété, bien (foncier), terre **2.** fief, terrain II. **1.** matière, discipline, spécialité, sujet **2.** compétence, ressort, spécialité, partie *(fam.)*, rayon *(fam.)* **3.** monde, sphère, univers

domestique[1] ADJ. **1.** privé, familial, intime **2.** familier, de compagnie **3.** national, intérieur

domestique[2] N. M. **1.** employé de maison **2.** *[sortes]* bonne, bonne d'enfants, cuisinier, femme de chambre/de charge/de journée/de ménage, gouvernante, groom, intendant, jardinier, maître d'hôtel, majordome, nourrice, nurse, servante, serviteur, soubrette, valet (de chambre/de ferme/de pied) **3.** esclave, valet, larbin *(péj., fam.)*, bonniche *(péj., fam.)*
- **domestiques** PLUR. domesticité, personnel de maison

domestiquer V. TR. **1.** apprivoiser, dompter, dresser **2.** asservir, assujettir, soumettre

domicile N. M. **1.** résidence, chez-soi, demeure, habitation, logement, maison, home *(anglic.)* **2.** adresse, siège

dominant, ante ADJ. **1.** important, premier, prépondérant, primordial, principal **2.** déterminant, caractéristique **3.** général, régnant, répandu **4.** culminant, élevé, éminent, haut, supérieur

dominateur, trice
▶ ADJ. **1.** despotique, oppressif, tyrannique **2.** autoritaire, impérieux, volontaire
▶ N. **1.** conquérant, maître, vainqueur **2.** despote, dictateur, oppresseur, tyran

domination N. F. **1.** dictature, joug, oppression, tyrannie **2.** autorité, empire, maîtrise, omnipotence, pouvoir, prépondérance, suprématie **3.** emprise, ascendant, influence **4.** *[de soi-même]* maîtrise, self-control *(anglic.)*

dominer
▶ V. INTR. **1.** prédominer, avoir le dessus, l'emporter, prévaloir, régner, tenir le haut du pavé, triompher **2.** *[vieux]* culminer
▶ V. TR. **1.** diriger, gouverner, régir, soumettre **2.** asservir, assujettir, enchaîner, mater, subjuguer **3.** surpasser, avoir l'avantage sur, avoir barre sur, damer le pion à, écraser, l'emporter sur, prendre le meilleur sur **4.** primer **5.** maîtriser, contenir, contrôler, dompter, surmonter, avoir bien en main **6.** surplomber, couronner, surmonter, se dresser au-dessus de
- **se dominer** V. PRON. se maîtriser, se contenir, prendre sur soi, se posséder *(surtout au négatif)*

dommage N. M. **1.** dégât, avarie, dégradation, détérioration, endommagement, perte, ravage **2.** *[Assurances]* sinistre **3.** atteinte, préjudice, tort

dommageable ADJ. nuisible, fâcheux, préjudiciable

dompter V. TR. **1.** apprivoiser, domestiquer, dresser **2.** asservir, assujettir, dominer, maîtriser, mater, plier (à son autorité), réduire, soumettre, subjuguer, terrasser, triompher de, vaincre **3.** maîtriser, contrôler, juguler, museler, surmonter

don N. M. I. **1.** donation, legs **2.** cadeau, gratification, offrande, présent, libéralité *(littér.)* **3.** aumône, bienfait **4.** subside, subvention II. **1.** aptitude, art, capacité, facilité, génie, habileté, qualité, talent **2.** bienfait, bénédiction, faveur, grâce

don Juan N. M. séducteur, casanova, lovelace, tombeur *(fam.)*, coureur de jupons *(fam., péj.)*

donnée N. F. élément, circonstance, condition, facteur, item, renseignement

donner V. TR. I. **1.** offrir, faire cadeau de, faire présent de, céder, laisser, présenter, remettre, faire l'aumône de *(péj.)* **2.** fournir, administrer, distribuer, octroyer, procurer, prodiguer, répartir, balancer *(fam.)*, coller *(fam.)*, filer *(fam.)*, fourguer *(fam.)*, refiler *(fam.)* **3.** infliger, assener, allonger *(fam.)*, ficher *(fam.)*, flanquer *(fam.)*, foutre *(fam.)* **4.** accorder, concéder, consentir **5.** allouer, attribuer, doter de, gratifier de, impartir **6.** décerner à, déférer à **7.** consacrer, employer, sacrifier, vouer II. dénoncer, livrer (à la police), balancer *(fam.)*, balanstiquer *(fam.)*, cafter *(fam.)*, moucharder *(fam.)* III. *[Théâtre]* jouer, avoir à l'affiche, représenter IV. causer, apporter, provoquer, susciter V. **1.** communiquer, dire, exposer, exprimer, indiquer, informer de, livrer, porter à la connaissance, signifier **2.** établir, fixer, imposer, indiquer, prescrire
- **se donner** V. PRON. **1.** s'accorder, s'attribuer, se permettre, s'approprier *(péj.)*, s'arroger *(péj.)* **2.** échanger, se passer, se transmettre

donneur, euse N. **1.** donateur **2.** dénonciateur, délateur, indicateur, balance *(argot)*, mouchard *(fam.)*

don Quichotte N. M. justicier, défenseur des opprimés/de la veuve et de l'orphelin, redresseur de torts

dopant N. M. anabolisant, excitant, remontant, stimulant

doper V. TR. **1.** droguer **2.** stimuler, donner un coup de fouet à, remonter, revigorer, booster *(anglic.)*

doré, ée ADJ. **1.** brillant, ambré, cuivré, mordoré **2.** bronzé, basané, bruni, hâlé, tanné

dorer
▶ V. TR. cuivrer, bronzer
▶ V. INTR. bronzer, griller, rôtir *(fam.)*

dorloter V. TR. choyer, cajoler, caresser, mitonner, bouchonner *(fam.)*, chouchouter *(fam.)*

dormir V. INTR. **1.** reposer, être dans les bras de Morphée, faire un somme *(fam.)*, faire dodo *(lang. enfants)*, pioncer *(fam.)*, ronfler *(fam.)*, roupiller *(fam.)*, *[profondément]* en écraser *(très fam.)*, *[légèrement]* sommeiller, somnoler **2.** traîner, lanterner, lambiner *(fam.)*

dos N. M. **1.** colonne (vertébrale), échine, *[d'animal ou fam.]* râble **2.** arrière, derrière, envers, revers, verso **3.** dossier

dosage N. M. **1.** posologie **2.** mesure, proportion

dose N. F. **1.** quantité, partie, portion, proportion, couche *(fam.)* **2.** mesure, part, ration

doser V. TR. mesurer, proportionner, régler

dossier[1] N. M. **1.** dos **2.** tête de lit

dossier[2] N. M. **1.** répertoire **2.** affaire, cas, question, sujet

dotation N. F. **1.** attribution, équipement **2.** pension, traitement

doter V. TR. équiper, attribuer à, douer, gratifier, munir, nantir, octroyer à, pourvoir

double
▶ N. M. **1.** copie, duplicata, reproduction, ampliation *(Admin.)*, expédition *(Admin.)* **2.** sosie, alter ego, clone, jumeau, ombre, réplique
▶ ADJ. ambigu, amphibologique, équivoque

doubler V. TR. **1.** dépasser, augmenter, intensifier, redoubler **2.** fourrer, molletonner, ouater **3.** remplacer, se substituer à **4.** postsynchroniser

douceâtre ADJ. **1.** fade, douceureux, insipide **2.** mielleux, douceureux, sirupeux

doucement ADV. **1.** délicatement, en douceur, posément, précautionneusement, doucettement *(fam.)* **2.** lentement, mollement, mollo *(fam.)*, mou *(fam.)*, piane-piane *(fam.)*, pianissimo *(fam.)*, piano *(fam.)* **3.** à voix basse, mezzo voce **4.** faiblement, légèrement **5.** peu à peu, graduellement, pas à pas, petit à petit **6.** moyennement, comme ci comme ça *(fam.)*, couci-couça *(fam.)*, cahin-caha *(fam.)*, tout doux *(fam.)*

douceureux, euse ADJ. **1.** doux, douceâtre **2.** mielleux, benoît, sucré, tout sucre et tout miel, melliflue *(littér.)*, papelard *(littér.)*, patelin *(littér.)*

douceur N. F. **1.** onctuosité, moelleux, suavité, velouté **2.** délicatesse, modération **3.** affabilité, amabilité, aménité, bienveillance, bonté, clémence, gentillesse, humanité, indulgence, mansuétude

doucher V. TR. **1.** arroser, tremper, rincer *(fam.)*, saucer *(fam.)* **2.** *[fam.]* refroidir, remettre les pieds sur terre à, faire revenir sur terre *(fam.)*

doué, ée ADJ. capable, brillant, fort

douer V. TR. doter, donner en partage, gratifier, nantir, pourvoir, affliger (*péj. ou plaisant*)

douillet, ette ADJ. 1. confortable, cosy (*anglic.*), doux, ouaté 2. délicat, chatouilleux, sensible

douleur N. F. 1. mal, souffrance, [*intense*] supplice, torture 2. affliction, chagrin, contrition, crève-cœur, déchirement, détresse, deuil, peine, tristesse

douloureux, euse ADJ. 1. endolori, sensible 2. pénible, cruel, cuisant 3. affligeant, attristant, déchirant, navrant

doute N. M. 1. hésitation, flottement, incertitude, indécision, indétermination, irrésolution, perplexité, vacillation 2. scepticisme, pyrrhonisme (*Philo.*) 3. soupçon, défiance, méfiance, suspicion

douter V. TR. IND.
– **douter de** 1. désespérer de 2. se défier de, se méfier de
– **douter que, si** se demander si, ne savoir si
♦ **se douter de** V. PRON. deviner, avoir idée de, conjecturer, flairer, imaginer, pressentir, soupçonner, subodorer

douteux, euse ADJ. 1. incertain, aléatoire, hypothétique, improbable, problématique 2. contestable, discutable, suspect, sujet à caution 3. ambigu, amphibologique, équivoque, obscur

doux, douce ADJ. I. sucré, liquoreux, mielleux, sirupeux II. 1. lisse, fin, satiné, soyeux, velouté 2. douillet, confortable, moelleux, mollet, mou, souple III. 1. faible, modéré, [*lumière*] tamisé, [*couleur*] pâle 2. tempéré, clément 3. léger, délicat 4. anodin, bénin, inoffensif IV. 1. caressant, harmonieux, mélodieux, suave 2. agréable, délicieux, exquis 3. facile, doré, douillet, indolent, plaisant V. 1. affable, aimable, amène, angélique, bénin, bienveillant, complaisant, conciliant, coulant, débonnaire, indulgent, souple, tolérant 2. docile, maniable, obéissant, sage, soumis, souple 3. affectueux, aimant, câlin, caressant, tendre

draconien, ienne ADJ. rigoureux, drastique, inexorable, intransigeant, radical, sévère

draguer V. TR. 1. curer, débourber, désenvaser, désensabler 2. [*fam.*] courtiser, faire la cour à, racoler, faire du gringue à (*fam.*), faire du plat à (*fam.*), faire du rentre-dedans à (*fam.*)

dragueur, euse N. coureur, séducteur, cavaleur (*fam.*), [*femme*] allumeuse (*fam.*)

drainer V. TR. 1. assainir, assécher 2. attirer, faire affluer

dramatique ADJ. 1. grave, sérieux, terrible, tragique 2. émouvant, passionnant, pathétique, poignant, saisissant 3. théâtral

dramatiser V. TR. exagérer, amplifier, faire une montagne de, prendre au tragique, faire tout un plat de (*fam.*)

drame N. M. 1. catastrophe, désastre, tragédie 2. théâtre

drapeau N. M. bannière, couleurs, fanion

draper V. TR. cacher, couvrir, envelopper

draperie N. F. rideau, cantonnière, tenture

drastique ADJ. 1. draconien, contraignant, radical, rigoureux, strict 2. hydragogue, purgatif

dresser V. TR. I. 1. lever, mettre à la verticale, redresser 2. élever, ériger, installer, monter, préparer 3. établir, fixer II. 1. apprivoiser, dompter, mater 2. éduquer, élever, instruire, styler 3. exercer, familiariser, former, habituer III. [*contre qqn, qqch.*] exciter, braquer, monter IV. équarrir, aplanir, dégauchir
♦ **se dresser** V. PRON. 1. se hausser, se hisser 2. se mettre debout, se lever 3. se hérisser

drogue N. F. 1. stupéfiant, came (*fam.*), camelote (*fam.*), dope (*fam.*), matos (*fam.*), merde (*très fam.*), [*héroïne*] blanche (*fam.*), poudre (*fam.*), [*à fumer*] fumette (*fam.*), herbe (*fam.*), [*à priser*] reniflette (*fam.*) 2. médicament, mixture, potion 3. remède de bonne femme, décoction, onguent

drogué, ée ADJ. et N. toxicomane, accro (*fam.*), camé (*fam.*), chargé (*fam.*), défoncé (*fam.*), speed (*fam.*), speedé (*fam.*), shooté (*fam.*)

droguer (se) V. PRON. fumer, se piquer, se camer (*fam.*), se charger (*fam.*), se défoncer (*fam.*), se shooter (*fam.*), sniffer (*fam.*)

droit¹, droite ADJ. I. 1. raide 2. direct, rectiligne 3. aligné, d'aplomb 4. vertical, debout II. 1. honnête, équitable, intègre, juste, probe (*littér.*) 2. franc, loyal, sincère

droit² ADV. 1. en ligne droite 2. directement

droit³, droite ADJ.
– côté droit [*d'un bateau*] tribord

droit⁴ N. M. 1. autorisation, permission 2. faculté, habileté, possibilité, pouvoir, prérogative, privilège 3. légalité, justice, légitimité 4. contribution, imposition, impôt, redevance, taxe

droiture N. F. 1. honnêteté, équité, probité 2. franchise, loyauté, sincérité 3. rectitude, impartialité

drolatique ADJ. 1. cocasse, curieux, drôle, plaisant 2. bouffon, burlesque

drôle ADJ. 1. amusant, cocasse, comique, désopilant, hilarant, inénarrable, ineffable, plaisant, risible, bidonnant (*fam.*), gondolant (*fam.*), impayable (*fam.*), marrant (*fam.*), poilant (*fam.*), rigolo (*fam.*), tordant (*fam.*), à se tordre (*fam.*) 2. facétieux, comique, humoristique 3. bizarre, curieux, étonnant, étrange, singulier, surprenant 4. mal à l'aise, tout chose (*fam.*)

drôlement ADV. 1. bizarrement, curieusement, étrangement 2. extrêmement, diablement, joliment, bigrement, fichtrement (*fam.*), rudement (*fam.*), sacrément (*fam.*), vachement (*fam.*)

drôlerie N. F. cocasserie, bouffonnerie, comique

dru, ue ADJ. épais, dense, fourni, serré, touffu

duel N. M. 1. affaire (d'honneur), rencontre, réparation (par les armes) 2. combat, joute 3. antagonisme, lutte, opposition, rivalité

dune N. F. butte, colline

duo N. M. paire, couple

dupe
▶ ADJ. crédule, facile à tromper, naïf
▶ N. F. pigeon (*fam.*), bonne poire (*fam.*), dindon de la farce (*fam.*), gogo (*fam.*)

duper V. TR. abuser, attraper, berner, flouer, se jouer de, leurrer, mystifier, piéger, tromper, avoir (*fam.*), baiser (*très fam.*), couillonner (*très fam.*), emboîner (*fam.*), empiler (*fam.*), enfoncer (*fam.*), estamper (*fam.*), faire (*fam.*), feinter (*fam.*), foutre dedans (*fam.*), mettre dedans (*fam.*), gruger (*fam.*), pigeonner (*fam.*), refaire (*fam.*), rouler (*fam.*)

duperie N. F. tromperie, imposture, leurre, supercherie, arnaque (*fam.*)

duplicata N. M. INVAR. copie, double

duplicité N. F. fausseté, dissimulation, double jeu, hypocrisie

dupliquer V. TR. copier, reproduire

dur¹, dure ADJ. I. 1. ferme, fort, résistant, rigide, robuste, solide 2. rêche, rude, rugueux 3. coriace, duraille (*fam.*), [*pain*] rassis II. 1. abrupt, raide, rude 2. ardu, difficile, calé (*fam.*), chiadé (*fam.*), coton (*fam.*), duraille (*fam.*), musclé (*fam.*), trapu (*fam.*), vache (*fam.*) 3. rigoureux, pénible, sévère, inclément (*littér.*) III. 1. aguerri, courageux, endurant, endurci, stoïque 2. acharné, âpre, farouche, féroce, implacable, sauvage IV. 1. autoritaire, brutal, inhumain, insensible, musclé, sévère, strict, vache (*fam.*) 2. impitoyable, implacable, inébranlable, inexorable, inflexible, intraitable, intransigeant, rigoriste 3. turbulent, difficile, dissipé, indiscipliné 4. blessant, acéré, cassant, choquant, cinglant, offensant, rogue, sévère 5. draconien, drastique, rigoureux, strict

dur² ADV. 1. fort, ferme, rudement, sec 2. énergiquement, sérieusement

durable ADJ. 1. constant, permanent, persistant, stable, [*maladie*] chronique 2. profond, enraciné, solide, tenace, vif, vivace 3. viable

durcir
▶ V. TR. 1. affermir, endurcir, fortifier, tremper 2. radicaliser 3. [*l'acier*] tremper 4. [*une artère*] indurer
▶ V. INTR. 1. rassir, sécher 2. se solidifier, prendre
♦ **se durcir** V. PRON. se radicaliser

durcissement N. M. 1. raffermissement, renforcement 2. [*Méd.*] induration, sclérose 3. callosité, corne, durillon

durée N. F. 1. temps, longueur (du temps) 2. moment, instant, période 3. continuité, pérennité, permanence, persistance

durement ADV. 1. sèchement, brutalement, désagréablement, méchamment, vertement 2. rudement, brutalement, [*élever*] à la dure 3. douloureusement, cruellement, péniblement

durer V. INTR. 1. se prolonger, se maintenir 2. se conserver, demeurer, résister, rester, subsister, tenir 3. vivre, se perpétuer 4. aller loin, faire du profit, faire de l'usage

dureté N. F. 1. consistance, fermeté, rigidité 2. rigueur, rudesse, inclémence (*littér.*) 3. insensibilité, sécheresse 4. brutalité, cruauté, méchanceté, rudesse, sévérité

durillon N. M. cal, callosité, [*sur le pied*] cor

dynamique ADJ. actif, énergique, entreprenant, plein d'allant, battant (*fam.*), fonceur (*fam.*), pêchu (*fam.*)

dynamiser V. TR. stimuler, activer, donner un coup de fouet à, booster (*fam.*)

dynamisme N. M. énergie, allant, entrain, pep, punch, ressort, tonus, vitalité, vivacité, frite (*fam.*), pêche (*fam.*)

dynamite N. F. explosif, plastic

E

eau N. F. 1. flots (*littér.*), onde (*littér.*), flotte (*fam.*), baille (*argot marine*) 2. pluie, flotte (*fam.*) 3. flotte (*fam.*), château-la-Pompe (*fam., plaisant*)

ébahi, ie ADJ. abasourdi, éberlué, époustouflé, interdit, interloqué, médusé, stupéfait, baba (*fam.*), épaté (*fam.*), estomaqué (*fam.*), scié (*fam.*), sidéré (*fam.*), soufflé (*fam.*)

ébattre (s') V. PRON. s'amuser, batifoler, se divertir, folâtrer, gambader, jouer

ébauche N. F. 1. premier jet, croquis, esquisse, essai 2. canevas, modèle, plan, projet, schéma 3. amorce, commencement, début, embryon, esquisse, germe

ébaucher V. TR. 1. amorcer, commencer, engager, entamer, entreprendre, esquisser, tracer les grandes lignes de 2. crayonner, croquer, dessiner, esquisser, tracer 3. préparer, projeter
♦ **s'ébaucher** V. PRON. s'esquisser, apparaître, se dessiner, naître, percer, poindre

éberlué, ée ADJ. ébahi, époustouflé, interdit, interloqué, médusé, stupéfait, baba (*fam.*), ébaubi (*fam.*), épaté (*fam.*), estomaqué (*fam.*), scié (*fam.*), sidéré (*fam.*), soufflé (*fam.*)

éblouir V. TR. 1. aveugler, blesser les yeux/la vue de 2. émerveiller, époustoufler, fasciner, impressionner, séduire, subjuguer, épater (*fam.*), en mettre plein la vue à (*fam.*), jeter de la poudre aux yeux à (*péj.*)

éblouissant, ante ADJ. 1. aveuglant, brillant, éclatant, étincelant 2. beau, brillant, enchanteur, fabuleux, fantastique, merveilleux, somptueux, splendide 3. impressionnant, brillant, époustouflant, étourdissant, bluffant (*fam.*)

éblouissement N. M. 1. aveuglement 2. vertige, malaise, syncope, trouble 3. émerveillement, enchantement, ravissement

éboulement N. M. 1. chute, affaissement, écroulement, effondrement, glissement, dégringolade (*fam.*) 2. éboulis

ébouler (s') V. PRON. s'affaisser, crouler, s'écrouler, s'effondrer, tomber, dégringoler (*fam.*)

ébouriffer V. TR. 1. hérisser, décoiffer, dépeigner, écheveler, embrouiller 2. [*fam.*] abasourdir, ahurir, ébahir, étonner, surprendre, décoiffer (*fam.*), souffler (*fam.*)

ébranler V. TR. I. 1. agiter, faire chanceler, secouer, faire trembler 2. mouvoir, faire bouger, remuer II. 1. compromettre, affaiblir, attaquer, atteindre, entamer, mettre en danger, miner, saper 2. éprouver, abattre, décourager, détruire, secouer III. 1. émouvoir, agiter, atteindre, bouleverser, remuer, secouer, toucher, troubler 2. faire hésiter, troubler

♦ **s'ébranler** V. PRON. 1. trembler, branler, osciller 2. démarrer, avancer, partir, se mettre en branle, se mettre en marche, se mettre en route 3. s'animer

ébrécher V. TR. 1. casser, abîmer, écorner, endommager, entamer 2. amoindrir, diminuer, écorner, endommager, entamer

ébrouer (s') V. PRON. 1. renifler, souffler 2. s'agiter, folâtrer, s'ébattre, se secouer

ébruiter V. TR. divulguer, colporter, crier sur les toits, dire, éventer, propager, publier, répandre
♦ **s'ébruiter** V. PRON. se savoir, percer, se répandre, transpirer

ébullition N. F. 1. bouillonnement, bouillon 2. agitation, bouillonnement, effervescence, exaltation, excitation

écaille N. F. 1. coque, coquille, écale 2. lamelle, croûte 3. plaque, squame

écailler V. TR. *[des huîtres]* ouvrir
♦ **s'écailler** V. PRON. s'effriter, se crevasser, se fendiller

écart N. M. I. 1. distance, éloignement 2. écartement, fourchette, intervalle II. 1. différence, distance, marge 2. variation, décalage, différence III. embardée, déviation

écarteler V. TR. 1. démembrer 2. partager, déchirer, mettre devant un dilemme, tirailler

écartement N. M. éloignement, distance, écart, espace, *[entre des roues]* empattement

écarter V. TR. I. 1. désunir, disjoindre, diviser, partager, séparer 2. espacer, desserrer 3. ouvrir, entrouvrir II. 1. exclure, faire abstraction de, laisser de côté, mettre à l'écart, négliger, passer sur 2. supprimer, éliminer, retrancher 3. refuser, décliner, rejeter, repousser III. 1. évincer, mettre à l'écart, marginaliser, mettre au placard *(fam.)*, mettre sur la touche *(fam.)* 2. exiler, bannir, chasser, reléguer
♦ **s'écarter** V. PRON. 1. se disperser, s'éloigner 2. faire place, s'effacer, s'ôter, se pousser, se ranger 3. diverger, bifurquer 4. s'ouvrir, s'entrouvrir

ecchymose N. F. contusion, bleu, coup, hématome, pinçon

écervelé, ée
▸ ADJ. étourdi, distrait, évaporé, inconséquent, irréfléchi, léger, foufou *(fam.)*
▸ N. tête de linotte, petite tête *(fam.)*, tête en l'air *(fam.)*

échafaudage N. M. 1. amoncellement, édifice, monceau, pyramide, tas 2. combinaison, construction

échafauder V. TR. 1. amasser, accumuler, amonceler, empiler, entasser, superposer 2. bâtir, combiner, construire, élaborer, mettre sur pied 3. baser, établir, fonder

échancrer V. TR. 1. entailler, creuser, entamer, évider 2. couper, décolleter, découper, tailler

échancrure N. F. 1. découpure, coupure, encoche, entaille, indentation 2. décolleté, entournure 3. baie, golfe

échange N. M. 1. remplacement, interversion, inversion, permutation, substitution 2. commerce, transaction 3. troc 4. *[surtout plur.]* conversation, discussion

échanger V. TR. 1. changer, intervertir, inverser, permuter, remplacer 2. troquer 3. *[des devises]* changer 4. *[sans complément]* communiquer, dialoguer, s'expliquer, (se) parler
♦ **s'échanger** V. PRON. s'adresser, se communiquer, s'envoyer

échantillon N. M. 1. panel, collection 2. spécimen, exemplaire, exemple, modèle, prototype, représentant 3. aperçu, abrégé, avant-goût, idée

échappatoire N. F. 1. dérobade, esquive, excuse, faux-fuyant, fuite, prétexte, ruse, subterfuge 2. issue, porte de sortie

échappée N. F. 1. perspective, dégagement, ouverture, vue 2. trouée, clairière 3. escapade, fugue, fuite, promenade, sortie

échapper V. INTR. *[des mains]* glisser, tomber
♦ **s'échapper** V. PRON. 1. se sauver, déguerpir, s'enfuir, fuir, se barrer *(fam.)*, filer *(fam.)*, se faire la malle *(fam.)*, prendre la clé des champs *(fam.)*, se tirer *(fam.)* 2. *[prisonnier]* s'évader, se faire la belle *(fam.)*, *[Milit.]* faire le mur 3. s'éclipser, brûler la politesse, disparaître, s'esquiver 4. s'épandre, couler, déborder, se répandre, suinter, transpirer

écharper V. TR. 1. entailler, balafrer, mutiler 2. lyncher, massacrer, mettre en charpie, mettre/tailler en pièces 3. vilipender, démolir, descendre *(fam.)*, éreinter *(fam.)*, esquinter *(fam.)*
♦ **s'écharper** V. PRON. s'entre-tuer, se tailler en pièces

échauffement N. M. 1. réchauffement 2. excitation, animation, ardeur, effervescence, exaltation, surexcitation

échauffer V. TR. 1. chauffer, réchauffer 2. enflammer, agiter, animer, énerver, enfiévrer, exalter, exciter 3. énerver, impatienter, chauffer les oreilles à *(fam.)*, filer/foutre les boules à *(très fam.)*
♦ **s'échauffer** V. PRON. 1. s'animer, s'emballer, s'envenimer 2. s'exalter, bouillonner, s'enthousiasmer

échauffourée N. F. accrochage, bagarre *(fam.)*, combat, empoignade, engagement, escarmouche, rixe

échéance N. F. 1. expiration, terme 2. date 3. délai

échec N. M. 1. insuccès, malheur 2. avortement, chute, défaite, faillite, naufrage, ratage *(fam.)* 3. fiasco, bide *(fam.)*, flop *(fam.)*, foirade *(fam.)*, four *(fam.)* 4. déboire, déception, déconvenue, revers, veste *(fam.)*

échelle N. F. 1. escabeau, escalier 2. suite, gamme, hiérarchie, série, succession 3. indexation, barème 4. graduation, degrés 5. niveau, échelon

échelon N. M. 1. barreau, degré, marche, ranche *(région.)* 2. niveau, degré, grade, palier, position, rang 3. phase, étape, palier, stade

échelonner V. TR. 1. répartir, distribuer, diviser, espacer, étaler 2. graduer, étager, sérier

écheveau N. M. dédale, imbroglio, jungle, labyrinthe, embrouillamini *(fam.)*, méli-mélo *(fam.)*, micmac *(fam.)*

échevelé, ée ADJ. 1. ébouriffé, hérissé, hirsute 2. déchaîné, effréné, enragé, fébrile, frénétique 3. insensé, désordonné

échiner (s') V. PRON. s'épuiser, s'éreinter, s'esquinter, s'exténuer, se fatiguer, se crever *(fam.)*, se tuer *(fam.)*

écho N. M. 1. bruit, nouvelle, on-dit, rumeur, potin *(fam.)* 2. impact, retentissement 3. expression, reflet, résonance 4. approbation, réponse, résonance, sympathie

échouer V. INTR. 1. arriver, atterrir, débarquer 2. perdre la partie, essuyer/subir un échec, manquer/rater son coup *(fam.)*, boire un bouillon *(fam.)*, se casser les dents *(fam.)*, se casser la gueule *(fam.)*, se casser le nez *(fam.)*, faire chou blanc *(fam.)*, prendre/ramasser une pelle *(très fam.)*, prendre/ramasser une veste *(fam.)*, se faire étendre *(fam.)*, se ramasser *(fam.)* 3. mal tourner, avorter, faire long feu, faire naufrage, manquer, rater, s'en aller en eau de boudin, capoter *(fam.)*, faire un bide *(fam.)*, foirer *(fam.)*, merder *(très fam.)*, tomber à l'eau *(fam.)*, tomber dans le lac *(fam.)*
♦ **s'échouer** V. PRON. toucher le fond, s'ensabler, s'envaser

éclabousser V. TR. 1. arroser, asperger, mouiller 2. rejaillir sur, compromettre, salir, souiller, tacher, ternir (la réputation de)

éclaboussure N. F. salissure, souillure, tache

éclair N. M. 1. éclat, flamboiement, flamme, fulgurance, lueur 2. illumination, révélation

éclairage N. M. 1. lumière, clarté 2. angle, aspect, côté, jour, perspective, point de vue

éclaircie N. F. 1. embellie, trouée 2. amélioration, accalmie, détente, répit 3. clairière, trouée

éclaircir V. TR. 1. dégager 2. délaver 3. fluidifier, allonger, diluer, étendre 4. tailler, élaguer 5. expliquer, clarifier, débrouiller, défricher, dégrossir, démêler, éclairer, élucider, expliciter, tirer au clair
♦ **s'éclaircir** V. PRON. 1. se découvrir, se dégager 2. se raréfier, se dégarnir

éclaircissement N. M. 1. élucidation, explication 2. *[surtout plur.]* précision, commentaire, explication, justification, renseignement

éclairé, ée ADJ. 1. lumineux, clair 2. averti, avisé, évolué, expérimenté, instruit, savant 3. clairvoyant, judicieux, lucide, sage, sensé

éclairer V. TR. 1. illuminer, embraser 2. *[sans complément]* allumer (la lumière) 3. clarifier, éclaircir, élucider, expliquer 4. renseigner, apprendre à, édifier, guider, informer, initier, instruire 5. détromper, désabuser, dessiller les yeux de, ouvrir les yeux de
♦ **s'éclairer** V. PRON. 1. s'allumer 2. s'illuminer, devenir radieux, rayonner

éclat N. M. I. fragment, brisure, débris, morceau, *[de bois]* écharde, éclisse, *[d'os]* esquille, *[de pierre]* recoupe II. 1. retentissement, bruit, claquement, fracas, tumulte, vacarme, boucan *(fam.)* 2. scandale, esclandre, tapage III. 1. clarté, lumière, splendeur 2. brillance, chatoiement, éclair, feu, flamboiement, lustre, miroitement, scintillement IV. 1. beauté, épanouissement, fraîcheur, rayonnement 2. brio, couleur, relief 3. animation, éclair, feu, flamme, pétillement, vivacité 4. apparat, faste, luxe, magnificence, pompe, richesse, somptuosité, splendeur 5. prestige, auréole, célébrité, gloire, grandeur

éclatant, ante ADJ. I. brillant, ardent, éblouissant, étincelant, flamboyant, rutilant, vif, voyant II. bruyant, aigu, fracassant, perçant, retentissant, sonore, strident, tonitruant III. évident, aveuglant, criant, flagrant, frappant, incontestable, indéniable, indiscutable, irrécusable, manifeste, notoire IV. 1. triomphal, fracassant, retentissant 2. remarquable, brillant, éblouissant, étincelant, lumineux, supérieur 3. épanoui, radieux, ravi, rayonnant, resplendissant 4. fastueux, luxueux, magnifique, riche

éclater V. INTR. I. 1. exploser, péter *(fam.)*, sauter *(fam.)* 2. se briser, se casser, se fendre, s'ouvrir, se rompre, crever *(fam.)*, péter *(fam.)* 3. se diviser, se scinder, voler en éclats II. retentir, crépiter III. se mettre en colère, exploser, s'emporter, fulminer IV. 1. commencer, se déclarer, se déclencher 2. se manifester, se montrer, se révéler, sauter aux yeux *(fam.)*

éclectique ADJ. diversifié, divers, hétérogène, varié

éclipser V. TR. 1. cacher, camoufler, dissimuler, masquer, obscurcir, occulter, voiler, offusquer *(littér.)* 2. dominer, effacer, détrôner, supplanter, surclasser, surpasser, vaincre, faire de l'ombre à
♦ **s'éclipser** V. PRON. 1. s'en aller, déguerpir, disparaître, s'esquiver, partir, se retirer, se sauver, sortir, filer *(fam.)*, mettre les bouts *(fam.)*, mettre les voiles *(fam.)*, se tirer *(fam.)*, tirer sa révérence *(fam.)* 2. disparaître, s'évanouir

éclopé, ée ADJ. et N. boiteux, blessé, claudicant, estropié, infirme

éclore V. INTR. 1. s'épanouir, fleurir, s'ouvrir 2. apparaître, commencer, s'éveiller, se manifester, naître, paraître, se produire, surgir

éclosion N. F. 1. épanouissement, floraison 2. apparition, avènement, commencement, début, éveil, naissance, production, surgissement

écœurant, ante ADJ. 1. dégoûtant, fade, fétide, immonde, infâme, infect, nauséabond, puant, rebutant, repoussant, répugnant 2. révoltant, choquant, répugnant 3. décourageant, démoralisant, désespérant

écœurement N. M. 1. nausée, dégoût, haut-le-cœur 2. répugnance, dégoût, indignation, mépris, répulsion 3. découragement, abattement, démoralisation, lassitude, ras-le-bol *(fam.)*

écœurer V. TR. 1. dégoûter, faire horreur à, lever/soulever le cœur à, rebuter, répugner à 2. révolter, dégoûter, indigner, scandaliser, débecqueter *(fam.)* 3. décourager, abattre, démoraliser, lasser

école N. F. I. 1. établissement (scolaire), bahut *(fam.)*, boîte *(fam.)* 2. cours, classe, leçon II. 1. mouvement, chapelle, coterie, groupe, tendance 2. doctrine, système, tendance

éconduire V. TR. 1. repousser, refuser, envoyer balader *(fam.)*, envoyer bouler *(fam.)*, envoyer paître *(fam.)*, envoyer promener *(fam.)*, envoyer aux/sur les pelotes *(fam.)*, envoyer sur les roses *(fam.)* 2. congédier, chasser, se débarrasser de, mettre à la porte, reconduire, renvoyer

économe ADJ. avare, parcimonieux, fourmi *(fam.)*, regardant *(fam.)*

économie N. F. 1. parcimonie 2. gain 3. administration, gestion, ménage 4. agencement, aménagement, arrangement, disposition, distribution, ordonnance, ordre, organisation, plan, structure
• **économies** PLUR. épargne, disponibilités, pécule, réserve, bas de laine (fam.), magot (fam.), matelas (fam.), éconocroques (fam.), tirelire (fam.)

économique ADJ. avantageux, intéressant, bon marché (fam.)

économiser V. TR. 1. épargner, amasser, emmagasiner, thésauriser, mettre de côté (fam.) 2. [avec excès] lésiner sur, gratter sur (fam.), mégoter sur (fam.), rogner sur (fam.) 3. [sans complément] regarder à la dépense, dépenser au compte-gouttes 4. ménager, réserver 5. être avare de, être chiche de

écorce N. F. 1. croûte 2. peau, pelure, zeste

écorcher V. TR. 1. dépouiller, dépiauter 2. érafler, blesser, déchirer, égratigner, excorier, griffer, labourer 3. racler, râper 4. déformer, altérer, estropier

écorchure N. F. égratignure, déchirure, entaille, éraflure, excoriation, griffure, plaie

écorner V. TR. 1. ébrécher, casser, entamer 2. diminuer, amoindrir, dissiper, entamer, faire une brèche dans, réduire

écoulement N. M. 1. flux, dégoulinement, déversement, égouttement, filet, flot, fuite, ruissellement, suintement 2. [Méd.] épanchement, excrétion, sécrétion, suppuration

écouler V. TR. vendre, débiter, placer
• **s'écouler** V. PRON. 1. couler, dégouliner, dégorger, dégoutter, se déverser, s'échapper, fuir, se répandre, suinter 2. disparaître, s'en aller, se consumer, se dissiper, s'enfuir, s'évanouir, s'envoler 3. se débiter, se placer, se vendre, s'enlever (fam.)

écourter V. TR. 1. abréger, alléger, résumer, tronquer (péj.) 2. couper, diminuer, raccourcir, rapetisser, rogner

écouter V. TR. 1. être à l'écoute de, prêter l'oreille à, [sans complément] dresser l'oreille, tendre l'oreille 2. croire, suivre, tenir compte de 3. exaucer, céder à, obéir à, satisfaire

écran N. M. 1. rideau, filtre, voile 2. paravent, abri, bouclier, protection

écrasant, ante ADJ. 1. lourd, pesant 2. accablant, pénible, pesant 3. étouffant, lourd, oppressant, pesant, suffocant 4. cuisant, humiliant

écrasement N. M. anéantissement, destruction, élimination

écraser V. TR. I. 1. broyer, briser, concasser, égruger, fouler, moudre, piler, presser, mettre/réduire en bouillie, pulvériser, écrabouiller (fam.) 2. aplatir, aplanir, tasser II. 1. accabler, pressurer, surcharger 2. vaincre, anéantir, battre à plate couture, tailler en pièces, défaire (littér.) 3. dominer, éclipser, surclasser, surpasser, triompher de, enfoncer (fam.), laminer (fam.), mettre la pâtée à (fam.) III. 1. désespérer, abattre, accabler, anéantir, terrasser 2. opprimer, étouffer, soumettre
• **s'écraser** V. PRON. 1. s'aplatir 2. s'entasser, se serrer 3. tomber, s'abattre, se crasher (fam.)

écrier (s') V. PRON. s'exclamer, clamer, crier, hurler, vociférer

écrin N. M. étui, boîte, cassette, coffre, coffret

écrire V. TR. I. 1. inscrire, noircir du papier, [avec soin] calligraphier, [mal, rapidement] barbouiller, brouillonner, crayonner, gribouiller, griffonner, gratter (fam.) 2. consigner, marquer, noter 3. orthographier II. 1. rédiger, composer, coucher (par écrit), jeter (par écrit), libeller, produire, accoucher de (fam.), pondre (fam., péj.) 2. publier, donner
• **s'écrire** V. PRON. correspondre

écrit N. M. 1. texte, composition, rédaction 2. œuvre, livre, ouvrage, publication

écriteau N. M. pancarte, affiche, enseigne, étiquette, panneau, placard

écriture N. F. 1. [soignée] calligraphie, [hâtive] gribouillage, barbouillage, gribouillis, griffonnage, [illisible] pattes de mouche 2. style, plume, griffe (fam.), patte (fam.) 3. graphie

écrivain, aine N. 1. auteur, homme/femme de lettres, littérateur, plume 2. [mauvais] écrivailleur, écrivaillon, écrivassier, plumitif, pisseur de copie (fam.)

écrouer V. TR. incarcérer, emprisonner, coffrer (fam.), mettre à l'ombre (fam.)

écroulement N. M. 1. effondrement, affaissement, chute, dégringolade, éboulement 2. anéantissement, chute, culbute, destruction, disparition, dissolution, naufrage, renversement, ruine

écrouler (s') V. PRON. 1. s'effondrer, s'abattre, s'affaisser, céder, s'ébouler, tomber, dégringoler 2. s'anéantir, se désagréger, disparaître, se dissoudre, sombrer, mourir 3. s'affaler, s'effondrer, tomber 4. tomber, perdre l'équilibre, trébucher, choir (littér.), s'étaler (fam.), dégringoler (fam.), se ramasser (fam.), se vautrer (fam.)

écueil N. M. 1. brisant, banc de sable, chaussée, récif, rocher 2. danger, chausse-trappe, obstacle, péril, piège

écume N. F. 1. mousse, [sur la mer] moutons 2. salive, bave, spume (Méd.)

écumer
▶ V. INTR. 1. mousser, moutonner 2. enrager, bouillir, rager
▶ V. TR. piller, razzier

éden N. M. paradis, eldorado, lieu de délices, pays de cocagne

édicter V. TR. décréter, fixer, promulguer, publier

édifiant, ante ADJ. 1. instructif 2. moralisateur, exemplaire, modèle, moral, pieux, vertueux

édification N. F. 1. construction, érection 2. constitution, création, élaboration, établissement, fondation 3. instruction, éducation, information, moralisation, perfectionnement

édifice N. M. 1. bâtiment, bâtisse, construction, monument, immeuble 2. organisation, architecture, arrangement, assemblage, combinaison, ensemble 3. entreprise, œuvre, ouvrage

édifier V. TR. 1. bâtir, construire, dresser, élever, ériger 2. établir, composer, constituer, créer, échafauder, élaborer, élever, fonder, organiser 3. instruire, éclairer, renseigner

éducateur, trice
▶ N. pédagogue, guide, initiateur, instructeur, maître, mentor, précepteur
▶ ADJ. pédagogique, éducatif, formateur

éducation N. F. 1. enseignement, apprentissage, formation, initiation, instruction 2. culture, connaissances, instruction 3. pédagogie 4. perfectionnement, affinement, amélioration, développement 5. savoir-vivre, bienséance, distinction, (bonnes) manières, politesse

édulcorer V. TR. 1. sucrer, adoucir, dulcifier (littér.) 2. atténuer, adoucir, affaiblir, envelopper

éduquer V. TR. 1. élever, instruire 2. former, cultiver, développer, entraîner, exercer 3. discipliner, façonner

effacé, ée ADJ. 1. modeste, humble, timide 2. terne, éteint, falot, insignifiant, quelconque

effacer V. TR. I. 1. gratter, barrer, biffer, gommer, raturer, rayer, [tableau] essuyer 2. enlever, caviarder, censurer, couper, oblitérer, sabrer, supprimer 3. estomper, éteindre, faner, faire passer, ternir II. 1. abolir, annuler, éliminer, faire table rase de, rayer de ses tablettes, supprimer 2. oublier, enterrer (fam.) 3. faire oublier, estomper, faire disparaître III. 1. réparer, laver, racheter 2. absoudre, pardonner, passer l'éponge sur (fam.)
• **s'effacer** V. PRON. 1. disparaître, s'enlever, partir 2. se décolorer, s'obscurcir, pâlir, passer 3. s'estomper, s'assoupir, s'éteindre, s'évanouir 4. s'écarter, se dérober, se retirer, [pour qqn] laisser sa place

effarant, ante ADJ. 1. effrayant, alarmant, affolant, inquiétant, terrifiant 2. stupéfiant, consternant, incroyable, inouï, sidérant (fam.)

effarement N. M. stupéfaction, ahurissement, ébahissement, effroi, saisissement, stupeur, trouble

effarer V. TR. 1. effrayer, affoler, alarmer, apeurer, effaroucher, épouvanter, horrifier, faire peur à, glacer d'effroi, terrifier 2. stupéfier, consterner, sidérer (fam.)

effaroucher V. TR. 1. apeurer, affoler, alarmer, effrayer, faire peur à, inquiéter, paniquer (fam.) 2. choquer, blesser, intimider, offusquer, troubler

effectif, ive ADJ. concret, positif, réel, solide, tangible, véritable

effectuer V. TR. accomplir, faire, mener, pratiquer, procéder à, réaliser

effervescence N. F. 1. ébullition, bouillonnement 2. agitation, échauffement, embrasement, émoi, exaltation, excitation, trouble, tumulte

effet N. M. 1. action, impact, influence, portée 2. conséquence, fruit, incidence, produit, résultante, résultat, suite, [fâcheux] séquelle 3. réaction, choc en retour, contrecoup, répercussion, retentissement, retour, ricochet 4. impression, sensation
• **effets** PLUR. affaires, habits, vêtements, fringues (fam.), frusques (fam.), sapes (fam.)

efficace ADJ. 1. actif, agissant, efficient, opérant 2. capable, compétent, valable (fam.)

efficacité N. F. 1. pouvoir, action, effet, énergie, force, propriété, puissance, vertu 2. productivité, efficience, rendement

effigie N. F. 1. figure, image, portrait, représentation, symbole 2. empreinte, marque, sceau

effilé, ée ADJ. 1. allongé, délié (littér.) 2. élancé, fuselé, mince, svelte

effilocher V. TR. effiler, défiler, détisser, éfaufiler, effranger, érailler, parfiler
• **s'effilocher** V. PRON. s'effranger, s'effiler

efflanqué, ée ADJ. décharné, amaigri, maigre, osseux, sec, squelettique, étique (littér.)

effleurement N. M. contact, atteinte, attouchement, caresse, frôlement

effleurer V. TR. 1. frôler, friser, lécher, raser, toucher (à) 2. caresser, attoucher 3. évoquer (rapidement), aborder, dire deux mots de, glisser sur, survoler

effluve N. M. 1. souffle, émanation, exhalaison, vapeur 2. arôme, fumet, odeur, parfum

effondrement N. M. 1. affaissement, chute, éboulement, écroulement 2. anéantissement, débâcle, décadence, destruction, disparition, fin, ruine 3. abattement, accablement, consternation, découragement, dépression 4. baisse, chute, dégringolade, [boursier] krach

effondrer V. TR. détruire, briser, défoncer, rompre
• **s'effondrer** V. PRON. 1. crouler, s'abattre, s'abîmer, s'affaisser, se briser, céder, s'ébouler, s'écraser, tomber 2. s'affaler, tomber, s'étaler (fam.), se ramasser (fam.), se vautrer (fam.) 3. s'anéantir, agoniser, se désagréger, disparaître, sombrer 4. baisser, chuter, dégringoler, s'écrouler 5. craquer (fam.)

efforcer (s') V. PRON.
— s'efforcer de s'appliquer à, s'attacher à, chercher à, se démener pour, se donner du mal pour, s'escrimer à, essayer de, s'évertuer à, s'ingénier à, tâcher de, tendre à, tenter de, travailler à, viser (à), se mettre en quatre pour (fam.), se décarcasser pour (fam.)

effort N. M. 1. application, attention, concentration, peine, tension, travail, volonté, contention (littér.), huile de coude/de bras (fam.) 2. [financier, etc.] sacrifice, coup de collier (fam.) 4. force, poussée, pression, travail

effrayant, ante ADJ. 1. inquiétant, alarmant, affolant, effarant, terrifiant, flippant (fam.), paniquant (fam.) 2. repoussant, abominable, affreux, atroce, effroyable, épouvantable, horrible, ignoble, laid, monstrueux, sinistre

effrayer V. TR. 1. faire peur à, alarmer, angoisser, apeurer, affoler, effarer, effaroucher, épouvanter, horrifier, terrifier, terroriser, glacer d'effroi, faire dresser les cheveux sur la tête de, faire flipper (fam.), paniquer (fam.) 2. tourmenter, inquiéter, causer du souci à
• **s'effrayer de** V. PRON. avoir peur de, craindre, redouter

effréné, ée ADJ. 1. déchaîné, débridé, délirant, échevelé, fou, frénétique, passionné, vertigineux 2. excessif, démesuré, exagéré, immodéré, insensé, outré

effritement N. M. 1. déclin, dégradation, désagrégation, épuisement, usure **2.** baisse, déclin, diminution, fléchissement

effriter (s') V. PRON. 1. se désagréger, s'écailler, s'émietter, se pulvériser **2.** s'amenuiser, décroître, décliner, diminuer, fléchir, fondre

effroi N. M. 1. frayeur, alarme, affolement, effarement, épouvante, panique, peur, terreur, trouille *(fam.)* **2.** angoisse, anxiété, crainte

effronté, ée ADJ. 1. insolent, impertinent, impudent, malappris, mal élevé, sans gêne, sans vergogne, outrecuidant *(littér.)*, culotté *(fam.)*, gonflé *(fam.)* **2.** éhonté, cynique

effronterie N. F. insolence, aplomb, audace, front, hardiesse, impertinence, impudence, sans-gêne, outrecuidance *(littér.)*, culot *(fam.)*, toupet *(fam.)*

effroyable ADJ. 1. angoissant, effrayant, affolant, effarant, terrifiant, terrorisant, flippant *(fam.)*, paniquant *(fam.)* **2.** affreux, abominable, apocalyptique, atroce, catastrophique, épouvantable, horrible, terrible, tragique, dantesque *(littér.)* **3.** laid, monstrueux, repoussant **4.** incroyable, excessif, invraisemblable

effusion N. F. 1. épanchement, flot, débordement **2.** enthousiasme, ferveur, élan, exaltation, transport

égal, ale, aux ADJ. 1. équivalent, identique, pareil, semblable, similaire **2.** constant, invariable, régulier, uniforme **3.** lisse, plain, plan, plat, ras, uni **4.** monotone, monocorde **5.** équitable, égalitaire, impartial, neutre **6.** détaché, indifférent **7.** calme, paisible, pondéré, tranquille

également ADV. 1. aussi, de plus, de surcroît, en outre, en plus **2.** autant, pareillement

égaler V. TR. 1. équivaloir, faire, valoir **2.** rivaliser avec, atteindre, le disputer à, parvenir à, valoir

égaliser V. TR. 1. équilibrer, ajuster **2.** aplanir, araser, niveler, unir, régaler *(Techn.)*

égalité N. F. 1. équivalence, concordance, conformité, identité, parité, péréquation **2.** équilibre **3.** régularité, continuité, uniformité **4.** constance, calme, équanimité, pondération, sérénité, tranquillité

égard N. M. *[surtout plur.]* attention, considération, déférence, politesse, prévenance, respect

égarement N. M. 1. folie, aberration, absence, aveuglement, délire, démence, dérèglement, divagation **2.** désarroi, affolement, trouble **3.** désordre, dérèglement, écart, erreur, faute

égarer V. TR. 1. perdre, paumer *(fam.)* **2.** désorienter, dérouter, dévoyer, fourvoyer, perdre **3.** abuser, aveugler, dévoyer, pervertir, tromper, troubler, tourner la tête de
♦ **s'égarer V. PRON. 1.** se perdre, se fourvoyer, faire fausse route, se paumer *(fam.)* **2.** se disperser, errer, se noyer, aller dans tous les sens **3.** divaguer, dérailler *(fam.)*

égayer V. TR. 1. amuser, animer, dérider, désennuyer, distraire, divertir, réjouir **2.** orner, agrémenter, animer, colorer, décorer, embellir, enjoliver
♦ **s'égayer V. PRON.** s'amuser, se distraire, se divertir, se réjouir, rire

égide N. F. appui, auspices, patronage, protection, tutelle

égocentrique ADJ. égocentriste, égotiste, individualiste, narcissique

égoïsme N. M. égocentrisme, amour de soi, individualisme, égotisme *(littér.)*

égoïste ADJ. égocentrique, égocentriste, individualiste, personnel

égosiller (s') V. PRON. crier, s'époumoner, hurler, tonitruer, beugler *(fam.)*, brailler *(fam.)*, gueuler *(fam.)*

égoutter V. TR. drainer, faire écouler
♦ **s'égoutter V. PRON.** dégoutter, goutter, suinter

égratigner V. TR. 1. érafler, écorcher, déchirer, effleurer, gratter, griffer **2.** critiquer, dénigrer, médire de/sur, piquer, donner un coup de griffe à, épingler *(fam.)*

égratignure N. F. éraflure, déchirure, écorchure, griffure, bobo *(fam.)*

égrillard, arde ADJ. coquin, cru, épicé, gaillard, gaulois, grivois, hardi, leste, libertin, polisson, salé

éhonté, ée ADJ. 1. cynique, effronté, impudent, sans vergogne **2.** scandaleux, honteux

éjecter V. TR. 1. projeter **2.** *[fam.]* chasser, se débarrasser de, évincer, jeter (dehors), renvoyer, balancer *(fam.)*, flanquer/ficher à la porte *(fam.)*, sacquer *(fam.)*, vider *(fam.)*, virer *(fam.)*

élaboration N. F. 1. conception, composition, constitution, construction, création, formation, mise au point, préparation **2.** production, confection, fabrication, réalisation

élaborer V. TR. 1. concevoir, composer, construire, échafauder, former, mettre au point, préparer, concocter *(fam.)* **2.** produire, confectionner, créer, fabriquer, réaliser

élaguer V. TR. 1. tailler, couper, ébrancher, écimer, éclaircir, égayer, émonder, étêter **2.** retrancher, couper, enlever, ôter, soustraire, supprimer

élan N. M. 1. impulsion, essor, lancée, poussée **2.** ardeur, chaleur, fougue, vivacité **3.** accès, effusion, emportement, envolée, mouvement, transport

élancé, ée ADJ. mince, délié, fin, fuselé, long, longiligne, svelte

élancer (s') V. PRON. 1. prendre son élan **2.** s'envoler **3.** se précipiter, bondir, courir, se jeter, se lancer, se ruer, voler, foncer *(fam.)* **4.** se dresser, s'élever, jaillir, pointer

élargir V. TR. 1. augmenter, accroître, agrandir, amplifier, développer, enrichir, étendre **2.** dilater, évaser **3.** libérer, relâcher, relaxer, faire sortir
♦ **s'élargir V. PRON. 1.** enfler, forcir, s'étoffer, gonfler **2.** se relâcher, s'avachir

élargissement N. M. 1. agrandissement, dilatation, distension, évasement, extension **2.** augmentation, accroissement, développement, extension **3.** libération, levée d'écrou, relâchement, relaxe

élasticité N. F. 1. extensibilité, compressibilité, ductilité **2.** souplesse, agilité, ressort **3.** adaptabilité, flexibilité, souplesse

élastique
▸ **ADJ. 1.** extensible, compressible, ductile, étirable **2.** souple, agile **3.** variable, flexible, à la carte **4.** accommodant, complaisant, flexible, lâche, laxiste, souple **5.** changeant, malléable, mobile
▸ **N. M.** caoutchouc

électricité N. F. 1. courant, jus *(fam.)* **2.** lumière

électriser V. TR. enthousiasmer, enflammer, exalter, exciter, galvaniser, passionner, soulever, surexciter, survolter, transporter

élégance N. F. I. 1. allure, chic, classe, distinction, goût, raffinement **2.** beauté, agrément, harmonie **3.** délicatesse, charme, finesse, grâce, sveltesse **II. 1.** adresse, doigté, habileté **2.** aisance, savoir-vivre **3.** style, bien-dire

élégant, ante ADJ. 1. bien habillé, bien mis, chic, pimpant, chicos *(fam.)*, fringué *(fam.)*, sapé *(fam.)*, tiré à quatre épingles *(fam.)*, sur son trente-et-un *(fam.)*, bichonné *(fam., péj.)*, coquet *(péj.)*, endimanché *(péj.)*, pomponné *(fam., péj.)* **2.** habillé, chic, seyant, chicos *(fam.)* **3.** distingué, chic, choisi, raffiné, chicos *(fam.)*, classieux *(fam.)*, sélect *(fam.)*, smart *(fam.)* **4.** gracieux, charmant, fin, élancé, svelte **5.** adroit, habile

élément N. M. 1. composant, composante, constituant, item, morceau, partie **2.** donnée, critère, détail, facteur, paramètre **3.** cause, condition, principe **4.** environnement, biotope, cadre, milieu

élémentaire ADJ. 1. fondamental, basique, essentiel, principal **2.** rudimentaire, grossier, primitif, simple, basique *(péj.)*

élévation N. F. I. 1. montée, ascension **2.** altitude, hauteur **3.** butte, bosse, éminence, hauteur, monticule, tertre **II.** construction, édification, érection **III.** accroissement, augmentation, hausse **IV.** accession, ascension, avancement, nomination, promotion

élevé, ée ADJ. 1. haut, grand **2.** important, considérable, gros, lourd, *[facture]* salé *(fam., péj.)*, sévère *(fam., péj.)* **3.** supérieur, dominant, éminent **4.** noble, beau, généreux, grand, sublime, supérieur **5.** soigné, relevé, soutenu **6.** *[rythme]* rapide, effréné, endiablé, soutenu

élève N. 1. écolier, collégien, lycéen, étudiant, potache *(fam.)* **2.** apprenti **3.** aspirant, cadet **4.** disciple

élever V. TR. I. 1. dresser, hisser, lever, monter, soulever **2.** exhausser, hausser, rehausser, relever, surélever, surhausser **II. 1.** bâtir, construire, dresser, édifier, ériger **2.** créer, établir, fonder **III.** accroître, augmenter, hausser, majorer, relever **IV. 1.** grandir, anoblir, édifier, ennoblir **2.** promouvoir **V. 1.** éduquer, cultiver, dresser, former, gouverner, instruire **2.** entretenir, nourrir, soigner, prendre soin de
♦ **s'élever V. PRON. 1.** grimper, se hisser, monter **2.** se dresser, être érigé, pointer **3.** apparaître, naître, surgir, survenir **4.** augmenter, s'accroître **5.** progresser, monter

élimé, ée ADJ. râpé, usagé, usé (jusqu'à la corde)

élimination N. F. 1. disqualification, recalage *(fam.)* **2.** suppression, effacement **3.** exclusion, refus, rejet **4.** éviction, expulsion **5.** liquidation *(fam.)*, suppression **6.** évacuation, excrétion, expulsion, rejet

éliminer V. TR. 1. disqualifier, recaler, *[à un examen]* coller *(fam.)* **2.** supprimer, balayer, chasser, détruire, dissiper, effacer, enlever, rayer **3.** exclure, bannir, écarter, proscrire, refuser, rejeter **4.** évincer, chasser, expulser, jeter dehors, renvoyer, balancer *(fam.)*, flanquer à la porte *(fam.)*, vider *(fam.)*, virer *(fam.)* **5.** tuer, abattre, assassiner, se débarrasser de, supprimer, descendre *(fam.)*, liquider *(fam.)* **6.** évacuer, excréter

élire V. TR. choisir, adopter, coopter, désigner, plébisciter

élite N. F. aristocratie, (fine) fleur, crème *(fam.)*, dessus du panier *(fam.)*, gratin *(fam.)*

elliptique ADJ. concis, allusif, bref, laconique, lapidaire, télégraphique

élocution N. F. diction, articulation, débit, prononciation

éloge N. M. 1. compliment, félicitation, louange **2.** apologie, célébration, dithyrambe, glorification, panégyrique

élogieux, ieuse ADJ. flatteur, avantageux, dithyrambique, laudatif, louangeur

éloigné, ée ADJ. 1. distant, lointain, séparé **2.** écarté, perdu, reculé **3.** ancien, antique, lointain, reculé, vieux **4.** différent, divergent

éloignement N. M. 1. distance, écart, espacement, intervalle, recul, séparation **2.** différence, écart **3.** absence, départ, disparition, fuite, retraite **4.** bannissement, exil

éloigner V. TR. 1. emporter (loin de) **2.** écarter, espacer, pousser, reculer, repousser, retirer, séparer **3.** chasser, bannir, congédier, éconduire, évincer, rejeter, reléguer **4.** différer, reculer, repousser, retarder **5.** détourner, dérouter, détacher, dévier, distraire
♦ **s'éloigner V. PRON. 1.** s'en aller, s'écarter, partir, se retirer **2.** dévier, déborder, s'écarter, perdre le fil, sortir **3.** différer, diverger, s'opposer **4.** s'affaiblir, s'atténuer, décroître, s'effacer, s'estomper, s'évanouir, disparaître **5.** déserter, tourner le dos à

éloquence N. F. 1. facilité (d'expression), faconde, loquacité, verve, volubilité, bagout *(fam.)*, tchatche *(fam.)* **2.** conviction, feu, flamme, force, vigueur, passion, véhémence **3.** rhétorique, art oratoire

éloquent, ente ADJ. 1. disert, bavard, loquace **2.** convaincant, persuasif **3.** expressif, parlant, probant, significatif

élu, ue N. délégué, représentant, député, parlementaire

élucider V. TR. clarifier, faire la lumière sur, débrouiller, démêler, dénouer, éclaircir, éclairer, expliquer

éluder V. TR. éviter, se dérober à, se détourner de, escamoter, esquiver, fuir, laisser de côté, passer par-dessus/sur

émacié, ée ADJ. maigre, amaigri, décharné, en lame de couteau, étique, hâve, sec, squelettique

émailler V. TR. 1. parsemer, consteller, cribler, semer, truffer **2.** *[agréablement]* agrémenter, embellir, enjoliver, enrichir, orner, parer

émanation N. F. 1. émission, bouffée, dégagement, effluence, effluve, exhalaison, odeur, souffle, vapeur, vent **2.** parfum, fumet **3.** relent, miasme **4.** expression, manifestation, produit

émancipation N. F. libération, affranchissement, délivrance

émanciper V. TR. libérer, affranchir, délivrer
• **s'émanciper** V. PRON. se libérer, s'affranchir, prendre sa volée, voler de ses propres ailes, couper le cordon (ombilical)

emballage N. M. **1.** conditionnement, empaquetage, packaging **2.** boîte, caisse, carton, étui

emballement N. M. engouement, coup de cœur, coup de foudre, enthousiasme, exaltation, passion, transport, tocade (fam.)

emballer V. TR. **1.** conditionner, empaqueter, envelopper **2.** plaire à, enchanter, enthousiasmer, exalter, griser, passionner, ravir, séduire, transporter, botter (fam.), chanter à (fam.)
• **s'emballer** V. PRON. s'enthousiasmer, avoir un coup de cœur/de foudre, s'engouer, se passionner, prendre le mors aux dents, se toquer (fam.)

embarcation N. F. bateau, barque, canot, rafiot (fam.)

embarquer V. TR. **1.** charger, emporter, enlever, mettre, monter, prendre **2.** impliquer, engager, entraîner, pousser, embringuer (fam.), mouiller (fam.)

embarras N. M. **1.** difficulté, accroc, anicroche, complication, contrariété, embêtement, empêchement, inconvénient, obstacle, problème, cactus (fam.), emmerde (très fam.), emmerdement (très fam.) **2.** charge, désagrément, ennui, gêne, souci, tracas **3.** malaise, confusion, émotion, gaucherie, gêne, honte, timidité, trouble **4.** hésitation, indécision, indétermination, irrésolution **5.** indisposition, crise, dérangement, indigestion **6.** embouteillage, encombrement, engorgement, bouchon (fam.)

embarrassant, ante ADJ. **1.** volumineux, encombrant **2.** délicat, compromettant, difficile, épineux, ennuyeux, gênant, scabreux

embarrassé, ée ADJ. **1.** confus, contrit, gêné, honteux, l'oreille basse, penaud **2.** emprunté, constipé, contraint, empoté, gauche, timide **3.** indécis, hésitant, incertain, irrésolu, perplexe, troublé **4.** compliqué, confus, embrouillé, obscur, emberlificoté (fam.), entortillé (fam.) **5.** lourd, gauche, laborieux, maladroit, pénible, pesant **6.** inquiet, ennuyé, préoccupé, soucieux

embarrasser V. TR. **1.** encombrer, congestionner, embouteiller, gêner, obstruer **2.** ennuyer, gêner, incommoder, importuner, embêter (fam.), emmerder (très fam.) **3.** déconcerter, décontenancer, dérouter, désorienter, interdire, interloquer, réduire à quia, troubler **4.** alourdir, entraver, ralentir

embauche N. F. recrutement, engagement, enrôlement

embaucher V. TR. engager, recruter, enrôler

embaumer V. TR. **1.** sentir bon, fleurer (bon) **2.** parfumer

embellie N. F. **1.** accalmie, éclaircie **2.** amélioration, apaisement, détente, mieux

embellir V. TR. **1.** décorer, égayer, enjoliver, ornementer, orner, parer **2.** avantager, améliorer, arranger, flatter **3.** enrichir, agrémenter, émailler, enjoliver, fleurir, rehausser **4.** idéaliser, magnifier, poétiser

embellissement N. M. **1.** décoration, ornementation, fioriture (péj.) **2.** amélioration, arrangement, enjolivement, enrichissement **3.** idéalisation

embêtant, ante ADJ. **1.** contrariant, empoisonnant, ennuyeux, fâcheux, importun, casse-pieds (fam.), emmerdant (très fam.), enquiquinant (fam.) **2.** ennuyeux, assommant (fam.), barbant (fam.), casse-pieds (fam.), chiant (très fam.), rasoir (fam.), tannant (fam.)

embêtement N. M. contrariété, désagrément, ennui, souci, tracas, tourment (littér.), emmerde (fam.), emmerdement (fam.), prise de tête (fam.)

[embê]ter V. TR. **1.** contrarier, déranger, empoisonner, chiffonner (fam.), enquiquiner (fam.), [as]sommer (fam.), barber (fam.) [casser les] pieds à (fam.) [...]

• **s'embêter** V. PRON. s'ennuyer, se morfondre, se barber (fam.), s'emmerder (très fam.), se faire chier (très fam.), se faire suer (fam.)

emblée (d') LOC. ADV. d'abord, aussitôt, du premier coup, d'entrée de jeu, immédiatement, sur-le-champ, incontinent (littér.), illico (fam.), bille en tête (fam.)

emblème N. M. **1.** attribut, image, insigne, signe, symbole **2.** blason, cocarde, drapeau, écusson, insigne

emboîter V. TR. assembler, encastrer, enchâsser, emmancher, imbriquer
• **s'emboîter** V. PRON. s'encastrer

embonpoint N. M. grosseur, adiposité, corpulence, rondeur, surcharge pondérale, rotondité (fam., plaisant)

embourber V. TR. enliser, envaser
• **s'embourber** V. PRON. **1.** s'enliser, s'envaser **2.** s'empêtrer, s'emmêler, s'enferrer, s'enfoncer, s'enliser, patauger, se perdre, s'emberlificoter (fam.)

embouteillage N. M. encombrement, bouchon (fam.), embarras de circulation, ralentissement, retenue

embouteillé, ée ADJ. encombré, bloqué

emboutir V. TR. percuter, défoncer, enfoncer, heurter, télescoper, emplafonner (fam.), tamponner (fam.)

embranchement N. M. **1.** bifurcation, carrefour, croisement, fourche, intersection, patte d'oie, [d'autoroute] bretelle (de raccordement) **2.** division, branche, classification, ramification, subdivision

embrasement N. M. **1.** incendie, feu **2.** illumination, clarté, lumière **3.** trouble, conflagration, conflit, guerre **4.** exaltation, effervescence, excitation, passion

embraser V. TR. **1.** allumer, enflammer, incendier **2.** brûler, chauffer **3.** éclairer, illuminer **4.** exalter, échauffer, électriser, enfiévrer, enflammer, exciter, passionner
• **s'embraser** V. PRON. s'enflammer, prendre feu, devenir la proie des flammes

embrassade N. F. accolade, enlacement, étreinte

embrasser V. TR. I. **1.** baiser, faire la bise à (fam.), biser (fam.), sauter au cou de (fam.), [amoureusement] bécoter (fam.), rouler une pelle à (très fam.), rouler un patin à (très fam.) **2.** prendre dans ses bras, donner l'accolade à, enlacer, étreindre, serrer dans ses bras II. **1.** choisir, adopter, épouser, prendre, suivre **2.** accepter, adopter, partager, prendre, suivre, faire sien III. contenir, comprendre, couvrir, englober, recouvrir, renfermer, toucher (à)
• **s'embrasser** V. PRON. se bécoter (fam.), se sucer la pomme (fam.)

embrayer V. TR. **1.** enclencher, amorcer, entamer, entreprendre **2.** engrener

embrigader V. TR. recruter, enrégimenter, enrôler, incorporer, mobiliser

embrouillamini N. M. confusion, fouillis, imbroglio, mélange, maquis (littér.), brouillamini (fam.), cafouillis (fam.), micmac (fam.), sac de nœuds (fam.)

embrouillé, ée ADJ. obscur, brouillon, compliqué, confus, emmêlé, entortillé, fumeux, trouble, emberlificoté (fam.)

embrouiller V. TR. **1.** emmêler, brouiller, confondre, enchevêtrer, entortiller, mélanger, mêler, emberlificoter (fam.) **2.** obscurcir, brouiller, compliquer, embrumer, troubler **3.** désorienter, circonvenir, emberlificoter (fam.), embobiner (fam.)
• **s'embrouiller** V. PRON. **1.** s'empêtrer, s'embourber, s'emmêler, s'enferrer, s'enliser, patauger, se perdre, perdre le fil, cafouiller (fam.), s'emberlificoter (fam.), se mélanger les pinceaux/les crayons/les pédales (fam.), se prendre les pieds dans le tapis (fam.), vasouiller (fam.) **2.** bafouiller, bredouiller

embryon N. M. **1.** œuf, fœtus **2.** amorce, commencement, début, ébauche, germe, prémices

embryonnaire ADJ. larvaire, en germe, en gestation

embûche N. F. piège, difficulté, écueil, obstacle, problème, traquenard, cactus (fam.), hic (fam.), os (fam.)

embuscade N. F. guet-apens, piège, traquenard

embusquer V. TR. cacher, camoufler, planquer (fam.)
• **s'embusquer** V. PRON. se cacher, se dissi[muler], se tapir, se planquer (fam.)

éméché, ée ADJ. ivre, gai, gris (fam.), parti (fam.), pompette (fam.)

émergence N. F. apparition, arrivée, irruption, naissance, survenue

émerger V. INTR. **1.** sortir **2.** affleurer, apparaître, poindre **3.** se dégager, se faire jour, se montrer, naître, paraître, poindre **4.** s'imposer, percer

émérite ADJ. distingué, accompli, brillant, chevronné, éminent, expérimenté, insigne

émerveillement N. M. **1.** éblouissement, enchantement, plaisir, ravissement **2.** admiration, engouement, enthousiasme, emballement (fam.)

émerveiller V. TR. éblouir, charmer, enchanter, enthousiasmer, fasciner, ravir, subjuguer, transporter, laisser pantois, emballer (fam.)
• **s'émerveiller** V. PRON. admirer, s'extasier, se pâmer

émettre V. TR. **1.** répandre, propager **2.** transmettre, diffuser, porter sur les ondes **3.** formuler, articuler, avancer, exprimer, hasarder, lâcher, incontinent (littér.), proférer, prononcer **4.** lancer, darder, jeter **5.** dégager, exhaler, répandre

émeute N. F. insurrection, agitation, désordre, rébellion, révolte, sédition, soulèvement, trouble

émietter V. TR. morceler, atomiser, désagréger, disperser, disséminer, effriter, éparpiller, fractionner, fragmenter, parcelliser, [Pol.] balkaniser

émigration N. F. expatriation, migration, exode, fuite, transplantation

émigré, ée N. et ADJ. migrant, exilé, expatrié, réfugié (politique)

émigrer V. INTR. s'expatrier, s'exiler, se réfugier

éminence N. F. **1.** hauteur, bosse, butte, colline, élévation, mamelon, montagne, mont, monticule, pic, piton, sommet, tertre **2.** protubérance, apophyse, excroissance, proéminence, saillie, tubercule, tubérosité

éminent, ente ADJ. **1.** distingué, brillant, émérite, insigne, remarquable, supérieur **2.** renommé, célèbre, fameux, grand, réputé **3.** important, considérable, élevé, haut

émission N. F. **1.** diffusion, transmission **2.** programme **3.** lancement, mise en circulation **4.** émanation, production

emmagasiner V. TR. **1.** entreposer, stocker **2.** accumuler, amasser, engranger, entasser

emmêler V. TR. **1.** embrouiller, enchevêtrer, entrelacer, entremêler, mêler **2.** brouiller, compliquer, embrouiller, obscurcir
• **s'emmêler** V. PRON. s'embrouiller, s'empêtrer, s'enferrer, s'enliser, patauger, se perdre, cafouiller (fam.), s'emberlificoter (fam.)

emmener V. TR. conduire, accompagner, escorter, mener

émoi N. M. **1.** émotion, trouble **2.** agitation, effervescence, excitation

émoluments N. M. PL. rétribution, rémunération, appointements, cachet, gains, honoraires, indemnité, paie, salaire, traitement, vacations

émotif, ive ADJ. **1.** émotionnel, affectif **2.** impressionnable, nerveux, sensible

émotion N. F. **1.** trouble, agitation, bouleversement, choc, commotion, désarroi, émoi **2.** sensibilité, sentiment

émousser V. TR. **1.** épointer, casser, user **2.** atténuer, affaiblir, amortir, endormir, éteindre
• **s'émousser** V. PRON. s'affaiblir, s'atténuer, perdre de sa force, perdre de sa vigueur

émoustiller V. TR. griser, étourdir, (faire) tourner la tête à **2.** aguicher, affrioler, exciter, provoquer

émouvant, ante ADJ. **1.** touchant, attendrissant **2.** bouleversant, déchirant, pathétique, poignant, saisissant

émouvoir V. TR. **1.** affecter, aller (droit) au cœur de, atteindre, attendrir, parler au cœur de, trouver le chemin du cœur de, impressionner, toucher, troubler, faire vibrer **2.** ébranler,

empaqueter | encrasser

empaqueter : bouleverser, frapper, remuer, saisir, secouer, retourner (fam.), prendre aux entrailles/aux tripes (fam.), remuer les tripes de (fam.), tirer des larmes à (fam.)
- **s'émouvoir** V. PRON. 1. se troubler 2. s'alarmer, s'inquiéter, se préoccuper, se soucier

empaqueter V. TR. conditionner, emballer, envelopper

emparer de (s') V. PRON. 1. prendre, agripper, saisir 2. accaparer, s'approprier, mettre la main sur, faire main basse sur, mettre le grappin sur (fam.), rafler (fam.), usurper (péj.) 3. envahir, gagner, saisir, submerger 4. subjuguer, conquérir, fasciner

empâté, ée ADJ. bouffi, épais

empâtement N. M. embonpoint, bouffissure

empêchement N. M. 1. obstacle, barrière, entrave, frein, opposition 2. complication, accroc, contrariété, contretemps, difficulté, embarras, gêne

empêcher V. TR. 1. faire obstacle à, barrer (la route à), bloquer, déjouer, écarter, endiguer, enrayer, entraver, éviter, faire barrage à, juguler, s'opposer à, prévenir, stopper 2. interdire, défendre, prohiber, s'opposer à
- **s'empêcher de** V. PRON. se retenir de, se défendre de, se priver de

empesé, ée ADJ. 1. amidonné, dur 2. apprêté, compassé, guindé, pincé, raide, gourmé (littér.), coincé (fam.), constipé (fam.)

empester V. TR. 1. empuantir, empoisonner, vicier 2. [sans complément] puer, chlinguer (fam.), cocoter (fam.), fouetter (fam.)

empêtrer V. TR. embarrasser, encombrer, entraver, gêner
- **s'empêtrer** V. PRON. s'embarrasser, s'embourber, s'embrouiller, s'enferrer, s'enfoncer, s'enliser, patauger, barboter (fam.), cafouiller (fam.), s'emberlificoter (fam.), se mélanger les crayons/les pédales/les pinceaux (fam.), se prendre les pieds dans les tapis (fam.)

emphase N. F. grandiloquence, enflure, exagération, outrance, pathos, pédantisme

emphatique ADJ. ampoulé, académique, affecté, apprêté, boursouflé, déclamatoire, guindé, pédantesque, pompeux, prétentieux, ronflant, sentencieux, solennel, sonore, théâtral

empiéter sur V. INTR. 1. chevaucher, déborder sur, envahir, gagner, grignoter, mordre sur, recouvrir 2. usurper, dépasser, outrepasser, marcher sur les plates-bandes de

empilement N. M. superposition, amas, amoncellement, entassement, pile, tas

empiler V. TR. 1. superposer, accumuler, amasser, entasser 2. presser, compresser, serrer

empire N. M. 1. contrôle, commandement, gouvernement, souveraineté 2. ascendant, autorité, emprise, influence, pouvoir, mainmise, puissance 3. crédit, autorité, prestige 4. maîtrise, sang-froid 5. colonies

empirer V. INTR. s'aggraver, aller de mal en pis, dégénérer, se dégrader, se détériorer, s'envenimer, se gâter, se corser (fam.), tourner au vinaigre (fam.)

emplacement N. M. lieu, aire, coin, endroit, espace, place, position, secteur, site, situation, terrain, zone

emplette N. F. achat, acquisition, commission, course

emplir V. TR. 1. remplir, bonder, bourrer, charger, combler, farcir, saturer, truffer 2. encombrer, occuper 3. envahir, se répandre dans 4. combler, gonfler

emploi N. M. 1. travail, activité, métier, place, position, poste, profession, service, situation, boulot (fam.), gagne-pain (fam.), job (fam.) 2. usage, utilisation, maniement, mise en jeu, mise en œuvre 3. application 4. destination, fonction, rôle

employé¹, ée ADJ. utilisé, usité

employé², ée N. agent, préposé, subordonné, salarié, travailleur

employer V. TR. 1. se servir de, consommer, dépenser, disposer de, mettre en œuvre, user de, utiliser 2. exercer, agir avec, appliquer, recourir à, user de 3. consacrer, apporter, consumer, dépenser, déployer, donner, mettre, vouer 4. occuper, consacrer, mettre à profit, passer, remplir 5. faire travailler, occuper, charger, préposer, commettre (littér.)
- **s'employer** V. PRON. 1. s'utiliser, être usité 2. s'appliquer à, s'attacher à, se consacrer à, se dépenser pour, à, se multiplier pour, se préoccuper de

empocher V. TR. ramasser, encaisser, gagner, percevoir, recevoir, toucher, se mettre dans la poche (fam.)

empoigner V. TR. 1. saisir, accrocher, agripper, attraper, prendre, serrer 2. émouvoir, bouleverser, remuer, retourner, secouer
- **s'empoigner** V. PRON. se disputer, se quereller, se colleter (littér.)

empoisonner V. TR. 1. intoxiquer 2. tuer 3. gâter, corrompre, dénaturer, pervertir, troubler 4. tourmenter, incommoder 5. ennuyer, barber (fam.), embêter (fam.), enquiquiner (fam.), emmerder (très fam.), raser (fam.), tanner (fam.)

empoisonneur, euse N. gêneur, fâcheux, importun, casse-couilles (très fam.), casse-pieds (fam.), emmerdeur (fam.), enquiquineur (fam.), peste (fam.), poison (fam.), raseur (fam.)

emporté, ée ADJ. coléreux, bouillant, chaud, fougueux, impétueux, impulsif, irascible, irritable, violent, soupe au lait (fam.)

emportement N. M. 1. colère, fureur, furie, irritation 2. débordement, délire, dérèglement, égarement

emporter V. TR. 1. transporter, charrier, emmener 2. entraîner, arracher, balayer, emmener 3. détruire, anéantir, dévaster, submerger 4. faire mourir, tuer 5. voler, enlever, piller, prendre, ravir, soustraire, embarquer (fam.), rafler (fam.) 6. conquérir, enlever, gagner, obtenir, remporter 7. conserver, garder
- **s'emporter** V. PRON. se mettre en colère, éclater, se fâcher, fulminer, pester, tempêter, tonner, monter sur ses grands chevaux, piquer une colère, prendre le mors aux dents, prendre la mouche, sortir de ses gonds, avoir la moutarde qui monte au nez, s'emballer (fam.)

empoté, ée ADJ. maladroit, gauche, peu dégourdi, godiche

empreinte N. F. 1. trace, marque 2. sceau, griffe, seing 3. moulage 4. cicatrice, marque, stigmate, trace

empressé, ée ADJ. 1. diligent, zélé 2. attentif, attentionné, complaisant, dévoué, prévenant 3. galant, ardent

empressement N. M. 1. diligence, complaisance, dévouement, zèle 2. galanterie, ardeur, assiduité 3. promptitude, hâte 4. avidité

empresser (s') V. PRON. 1. se dépêcher, courir, se hâter, se presser, se précipiter 2. s'affairer, se démener, se mettre en quatre (fam.)

emprise N. F. ascendant, autorité, domination, empire, influence, pouvoir, puissance

emprisonnement N. M. captivité, détention, enfermement, incarcération, internement, prison, réclusion, collocation (Belgique)

emprisonner V. TR. 1. mettre en prison, écrouer, incarcérer, interner, mettre sous les verrous, boucler (fam.), coffrer (fam.), embastiller (fam.), mettre à l'ombre (fam.), mettre en taule (fam.), mettre au trou (fam.) 2. enfermer, cadenasser, claquemurer, claustrer, cloîtrer, consigner, détenir, retenir, séquestrer, reclure (littér.) 3. cerner, entourer, environner 4. serrer, enserrer, envelopper, comprimer, renfermer

emprunt N. M. 1. crédit, prêt 2. imitation, calque, copie, plagiat

emprunté, ée ADJ. 1. contraint, embarrassé, gauche, godiche (fam.) 2. d'emprunt

emprunter V. TR. 1. passer par, prendre, suivre 2. prendre, taper (fam.) 3. aller chercher, devoir, prendre 4. copier, imiter, se modeler sur, plagier, répéter, reproduire, singer

empuantir V. TR. empester, empoisonner, vicier

émulation N. F. concurrence, compétition, lutte, rivalité

émule N. 1. concurrent, adversaire, compétiteur, rival 2. égal, équivalent

encadrement N. M. 1. bordure, cadre, chambranle, châssis, entourage 2. direction, cadres, hiérarchie, staff (fam.)

encadrer V. TR. 1. entourer, border 2. diriger, mener

encaissé, ée ADJ. resserré, étroit, profond

encaisser V. TR. percevoir, gagner, recevoir, recouvrer, toucher, empocher (fam.), ramasser (fam.)

encastrer V. TR. emboîter, enchâsser, enclaver, insérer, loger

enceinte¹ ADJ. F. grosse, en cloque (fam.)

enceinte² N. F. 1. clôture, barrière, ceinture, mur, muraille, palissade, rempart 2. périmètre 3. haut-parleur, baffle

encenser V. TR. flatter, louer, porter aux nues, avoir la bouche pleine de

encercler V. TR. 1. cercler, encadrer, entourer 2. être autour de, enclore, enfermer, enserrer 3. cerner, assiéger, attaquer

enchaînement N. M. 1. déroulement, agencement, cours, ordre, suite 2. série, chaîne, succession, suite 3. liaison, transition 4. association, connexion, filiation 5. conséquence, résultat, suite

enchaîner V. TR. 1. attacher, charger de chaînes, lier, [un prisonnier] mettre aux fers 2. soumettre, asservir, assujettir, contraindre, dompter, maîtriser, museler, opprimer, plier (à), subjuguer 3. lier, unir (à) 4. coordonner, associer, lier, relier
- **s'enchaîner** V. PRON. 1. se suivre, se succéder 2. découler, se déduire

enchanté, ée ADJ. 1. magique, féerique 2. ravi, charmé, content, heureux

enchantement N. M. 1. sortilège, charme, ensorcellement, envoûtement, incantation, magie, maléfice, sort 2. ravissement, bonheur, émerveillement, griserie, ivresse, joie

enchanter V. TR. 1. ensorceler, envoûter, jeter un sort sur 2. ravir, captiver, charmer, conquérir, émerveiller, fasciner, séduire, subjuguer, botter (fam.)

enchanteur, teresse
▸ ADJ. merveilleux, charmant, charmeur, de rêve, féerique, paradisiaque, ravissant, séduisant
▸ N. magicien, ensorceleur, mage, sorcier

enchâsser V. TR. encastrer, emboîter, [une pierre] enchatonner, monter, sertir 2. insérer, intercaler 3. encadrer, entourer

enchevêtrement N. M. 1. réseau, entrelacement, imbrication, interpénétration, intrication, tissu 2. mélange, dédale, désordre, embrouillement, imbroglio, labyrinthe, embrouillamini (fam.), fouillis (fam.)

enclencher V. TR. déclencher, amorcer, commencer, débuter, engager, entamer, initier, lancer, mettre en route, mettre sur les rails, mettre en train

enclin, ine ADJ. disposé, porté, prédisposé, sujet

enclore V. TR. 1. clôturer, ceindre, clore, enceindre, entourer, fermer 2. enclaver, encercler, enfermer, enserrer, entourer

enclos N. M. 1. clos, corral, parc 2. clôture, enceinte, mur

encoche N. F. entaille, cran

encoder V. TR. crypter, chiffrer

encombrant, ante ADJ. 1. volumineux, embarrassant 2. importun, indiscret, nuisible, parasite, pesant 3. compromettant, gênant

encombrement N. M. 1. entassement, accumulation, amas 2. embouteillage, bouchon (fam.), embarras de circulation, ralentissement, retenue

encombrer V. TR. 1. embarrasser, gêner, boucher, obstruer 2. surcharger, embouteiller

encourageant, ante ADJ. 1. prometteur, engageant 2. stimulant, dynamisant, motivant, réconfortant

encouragement N. M. 1. stimulation, aiguillon, exhortation, incitation 2. aide, appui, réconfort, soutien

encourager V. TR. 1. stimuler, aiguillonner, enhardir, exciter 2. conforter, aider, appuyer, favoriser, soutenir, supporter (S[...])

encourir V. TR. s'exp[...] de, risqu[...]

♦ **s'encrasser** V. PRON. se salir, se calaminer, s'entartrer

encroûter (s') V. PRON. s'abêtir, s'abrutir, croupir, dégénérer, s'encrasser, moisir, se scléroser, végéter

endeuiller V. TR. attrister, assombrir

endiablé, ée ADJ. infernal, débridé, déchaîné, effréné, frénétique

endiguer V. TR. 1. canaliser 2. contenir, barrer (le passage à), brider, enrayer, entraver, freiner, juguler, faire obstacle à

endoctriner V. TR. enrégimenter, catéchiser, fanatiser, subjuguer, bourrer le crâne de (fam.), embobiner (fam.), matraquer (fam.)

endommager V. TR. abîmer, altérer, avarier, dégrader, détériorer, gâter, saccager, amocher (fam.), bousiller (fam.), déglinguer (fam.), détraquer (fam.), esquinter (fam.), flinguer (fam.), fusiller (fam.)

endormi, ie ADJ. 1. assoupi, inerte 2. ensommeillé, somnolent, dans les vapes (fam.) 3. lent, appesanti, inactif, indolent, lourd, mou, paresseux

endormir V. TR. I. 1. assoupir 2. anesthésier, chloroformer, engourdir, insensibiliser 3. hypnotiser 4. atténuer, adoucir, apaiser, attiédir, calmer, émousser, soulager II. 1. ennuyer, assommer, lasser, barber (fam.), enquiquiner (fam.), raser (fam.) 2. tromper, bercer, enjôler, leurrer, amuser (fam.), embobiner (fam.), entortiller (fam.), mener en bateau (fam.) 3. vaincre, surmonter

♦ **s'endormir** V. PRON. 1. s'assoupir, s'appesantir, somnoler, fermer l'œil, piquer du nez (fam.) 2. s'atténuer, s'adoucir, s'apaiser, se calmer, s'effacer, s'engourdir, s'estomper, mourir

endosser V. TR. 1. mettre, enfiler, revêtir 2. assumer, accepter, se charger de, prendre sur soi, prendre sous son bonnet

endroit N. M. 1. lieu, coin, emplacement, place, position, situation 2. localité, bourg, village 3. passage, moment 4. recto, dessus, devant

enduire V. TR. badigeonner, barbouiller, couvrir, frotter, imprégner, recouvrir, oindre (littér.), tartiner (fam.)

endurance N. F. résistance, énergie, fermeté, force

endurant, ante ADJ. résistant, dur, dur au mal, costaud (fam.), dur à cuire (fam.)

endurci, ie ADJ. 1. dur, durci 2. résistant, aguerri, endurant, éprouvé 3. insensible, indifférent, dur, impitoyable, implacable, inflexible, sec, blindé (fam.) 4. invétéré, avéré, confirmé, impénitent, irrécupérable

endurcir V. TR. 1. durcir 2. aguerrir, armer, cuirasser, fortifier, tremper, blinder (fam.)

endurer V. TR. 1. subir, souffrir, soutenir, supporter, encaisser (fam.), essuyer (fam.) 2. tolérer, permettre, supporter, avaler (fam.), digérer (fam.)

énergie N. F. 1. vitalité, force, ressort, ressource, tonus, vie, vigueur, punch (fam.) 2. volonté, ardeur, constance, courage, détermination, dynamisme, fermeté, force, persévérance, poigne, résolution

énergique ADJ. 1. dynamique, actif, décidé, résolu 2. vigoureux, fort, mâle, musclé, puissant, robuste, vif, violent 3. efficace, actif, agissant, puissant 4. rigoureux, draconien, drastique, dur

énergiquement ADV. 1. fermement, dur, fort, avec force, fortement, vigoureusement, violemment, tambour battant 2. courageusement, fermement, hardiment, résolument

énergumène N. 1. individu 2. fanatique, exalté, excité, forcené, fou furieux, possédé

énervant, ante ADJ. agaçant, crispant, exaspérant, excédant, horripilant, irritant, rageant, gonflant (fam.), râlant (fam.), tuant (fam.)

énervé, ée ADJ. nerveux, à cran, à bout de nerfs (fam.), sous pression (fam.), speedé (fam.)

énervement N. M. 1. agacement, exaspération, impatience, irritation 2. irritabilité, nervosité 3. agitation, effervescence, excitation, surexcitation

énerver V. TR. 1. agacer, crisper, exaspérer, excéder, horripiler, impatienter, irriter, gonfler (très fam.), porter/taper sur les nerfs à (fam.), taper sur le système à (fam.), filer/foutre les boules à (très fam.), courir sur le haricot à (très fam.) 2. échauffer, exciter, surexciter

♦ **s'énerver** V. PRON. 1. s'impatienter, bouillir 2. s'échauffer, s'emporter, s'enflammer, s'exciter, avoir la moutarde qui monte au nez (fam.), monter sur ses grands chevaux (fam.) 3. s'affoler, paniquer, péter les plombs (fam.), péter un câble (fam.)

enfance N. F. 1. âge tendre, jeunesse 2. [littér.] origine, commencement, début, aube (littér.), aurore (littér.), matin (littér.)

enfant N. M. 1. petit, petite fille, fillette, petit garçon, garçonnet, bambin, chiard (fam., péj.), gosse (fam.), lardon (fam., péj.), loupiot (fam.), marmot (fam.), mioche (fam.), môme (fam.), mouflet (fam.), moutard (fam.), pitchoun (fam.), têtard (fam., péj.), tête blonde (souvent plur.), miston (argot) 2. descendant, fils, fille, rejeton (fam.), [au plur.] progéniture, postérité, marmaille (fam.) 3. fruit, produit 4. innocent, enfant de chœur, petit saint, idiot, imbécile

enfanter V. TR. 1. accoucher de, donner le jour à, donner la vie à, mettre au monde 2. procréer, engendrer 3. produire, créer, donner naissance à, élaborer, engendrer, mettre au jour, préparer, accoucher de (fam.)

enfantillage N. M. puérilité, gaminerie, bagatelle, bêtise, caprice, futilité, niaiserie, sottise

enfantin, ine ADJ. 1. puéril, immature, infantile 2. naïf, ingénu 3. élémentaire, facile, simple, bête comme chou (fam.)

enfermement N. M. emprisonnement, captivité, détention, internement, réclusion, séquestration

enfermer V. TR. I. 1. confiner, claquemurer, claustrer, cloîtrer, séquestrer, verrouiller, reclure (littér.), parquer (fam.) 2. interner, écrouer, emprisonner, incarcérer, mettre sous les verrous, boucler, coffrer (fam.), mettre à l'ombre (fam.) 3. mettre sous clé, serrer, boucler (fam.) II. 1. entourer, cerner, clore, enceindre, encercler, enclaver, enclore, enserrer, environner, ceindre (littér.) 2. contenir, comprendre, impliquer, renfermer 3. faire entrer, circonscrire, emprisonner, limiter

♦ **s'enfermer** V. PRON. 1. se barricader, se cadenasser, se calfeutrer, se claquemurer, se claustrer, se cloîtrer, s'isoler 2. se confiner, se cantonner, s'emmurer, se murer

enferrer (s') V. PRON. s'enfoncer, s'embarrasser, s'embourber, s'embrouiller, s'empêtrer, s'enliser, s'emberlificoter

enfilade N. F. alignement, file, rangée, série, succession, suite

enfiler V. TR. 1. mettre, endosser, chausser, passer, revêtir 2. embrocher 3. s'engager dans, prendre

enflammé, ée ADJ. 1. brûlant, en feu 2. empourpré, en feu 3. irrité, rouge 4. animé, ardent, embrasé, enthousiaste, passionné, surexcité

enflammer V. TR. 1. mettre le feu à, allumer, embraser 2. enluminer, empourprer, rougir 3. envenimer, infecter, irriter 4. animer, échauffer, électriser, embraser, enthousiasmer, exalter, galvaniser, survolter, chauffer (fam.), doper (fam.)

♦ **s'enflammer** V. PRON. 1. prendre feu, brûler, s'embraser, flamber, devenir la proie des flammes 2. se mettre en colère, s'emporter, s'énerver, s'irriter, prendre la mouche, monter sur ses grands chevaux (fam.) 3. s'exalter, s'enthousiasmer

enflé, ée ADJ. 1. gonflé, ballonné, bouffi, boursouflé, hypertrophié, intumescent, tuméfié, tumescent, turgescent, volumineux 2. ampoulé, boursouflé, emphatique, grandiloquent, ronflant

enfler
▶ V. TR. 1. gonfler, grossir 2. ballonner, bouffir, boursoufler 3. augmenter, majorer 4. amplifier, exagérer
▶ V. INTR. gonfler, grossir

enflure N. F. 1. gonflement, bouffissure, boursouflure, congestion, intumescence, œdème, tuméfaction 2. emphase, grandiloquence, outrance

enfoncé, ée ADJ. 1. bas, profond, en dedans, en retrait 2. rentré, cave, creusé, creux

enfoncement N. M. 1. défoncement 2. cavité, creux 3. renfoncement, angle (rentrant), niche, réduit, alcôve 4. immersion

enfoncer V. TR. 1. introduire, engager, fourrer (fam.) 2. planter, ficher, plonger 3. défoncer, emboutir 4. battre (à plate couture), écraser, surpasser, vaincre, laminer (fam.), piler (fam.), filer la raclée à (fam.), rosser (fam.)

♦ **s'enfoncer** V. PRON. 1. s'engloutir, s'abîmer, couler, plonger, sombrer 2. s'embourber, s'enliser 3. s'empêtrer, s'enliser, patauger, s'emberlificoter (fam.) 4. péricliter, s'enferrer, plonger, se ruiner, sombrer 5. s'engager, avancer, s'avancer, se couler, disparaître, s'enfouir, s'engouffrer, entrer, pénétrer, rentrer (fam.)

enfouir V. TR. 1. enterrer, ensevelir 2. cacher, dissimuler 3. plonger, enfoncer 4. taire, garder secret

♦ **s'enfouir** V. PRON. 1. s'enfoncer, se plonger 2. se blottir 3. se réfugier, se retirer

enfreindre V. TR. contrevenir à, désobéir à, manquer à, outrepasser, passer outre, transgresser, violer, faire une entorse à

enfuir (s') V. PRON. 1. fuir, battre en retraite, déguerpir, disparaître, filer, partir, prendre la fuite, s'en aller, s'éclipser, s'envoler, s'esquiver, se sauver, se barrer (fam.), calter (pop.), décamper (fam.), détaler (fam.), se faire la malle (fam.), se faire la paire (fam.), mettre les bouts (fam.), mettre les voiles (fam.), prendre le large (fam.), prendre la poudre d'escampette (fam.), prendre la tangente (fam.), se tailler (fam.), se tirer (fam.) 2. s'échapper, s'évader, faire le mur (fam.) 3. se retirer, se réfugier 4. disparaître, se dissiper, s'envoler, s'évanouir, passer

engageant, ante ADJ. 1. attrayant, affriolant, aguichant, alléchant, appétissant, attirant, séduisant 2. affable, aimable, amène (littér.), avenant, bienveillant, charmant, sympathique 3. encourageant, prometteur

engagement N. M. 1. obligation, contrat, convention, pacte 2. promesse, parole, serment, vœu 3. embauche, recrutement 4. combat, assaut, bataille, échauffourée, escarmouche 5. mise en jeu, service

engager V. TR. I. 1. recruter, s'attacher, embaucher, enrégimenter, enrôler, prendre, racoler (fam.) 2. entraîner, aventurer, compromettre, embarquer, embringuer (fam.), fourrer (fam.) II. 1. lier, astreindre, contraindre, obliger, tenir 2. mettre en gage, hypothéquer III. 1. introduire, enfoncer, glisser, mettre 2. investir, mettre, placer 3. commencer, amorcer, attaquer, entamer, entreprendre, initier, lancer, livrer, mettre en route, mettre sur les rails, mettre en train, ouvrir

♦ **s'engager** V. PRON. commencer, s'amorcer, débuter
— **s'engager à** promettre, se faire fort de, jurer, faire vœu de, donner sa parole
— **s'engager dans** 1. entrer dans, s'avancer dans, enfiler, pénétrer dans, prendre, suivre 2. s'aventurer dans, entreprendre, se jeter dans, se lancer dans, s'embarquer dans (fam.), s'embringuer dans (fam.), se fourrer dans (fam.), [sans complément] se jeter à l'eau

engendrer V. TR. 1. procréer, accoucher de, concevoir, enfanter, faire 2. causer, amener, créer, déterminer, entraîner, faire naître, générer, occasionner, produire, provoquer, susciter

engin N. M. 1. appareil, dispositif, instrument, machine, outil, ustensile 2. missile

englober V. TR. 1. comporter, comprendre, compter, contenir, embrasser, inclure, intégrer, rassembler, réunir, amalgamer (péj.) 2. annexer, enclaver, joindre

engloutir V. TR. 1. dévorer, absorber, avaler, ingurgiter, enfourner, engouffrer (fam.), s'enfiler (fam.) 2. dilapider, dépenser, dévorer, dissiper, gaspiller, claquer (fam.), croquer (fam.), manger (fam.) 3. ensevelir, abîmer, enterrer, noyer, submerger

♦ **s'engloutir** V. PRON. sombrer, couler, disparaître, s'abîmer (littér.)

engoncé, ée ADJ. guindé, raide, rigide, coincé (fam.)

engorgement N. M. 1. encombrement, obstruction, saturation 2. embouteillage, bouchon (fam.), ralentissement, retenue

engouement N. M. enthousiasme, admiration, coup de cœur, emballement (fam.), [passager] tocade (fam.)

engouer de (s') V. PRON. s'enticher de, s'éprendre de, s'enthousiasmer pour, se passionner pour, s'emballer pour (fam.), se toquer de (fam.)

engouffrer V. TR. dévorer, avaler, engloutir, ingurgiter, s'enfiler (fam.), enfourner (fam.)
- **s'engouffrer** V. PRON. s'élancer, se jeter, se précipiter

engourdi, ie ADJ. 1. gourd, ankylosé, paralysé, raide, rigide 2. empoté, lent 3. léthargique, endormi, hébété, inerte

engourdir V. TR. 1. ankyloser, paralyser, raidir, transir 2. appesantir, alourdir 3. assoupir, endormir
- **s'engourdir** V. PRON. 1. s'ankyloser, se raidir 2. s'assoupir, s'endormir

engourdissement N. M. 1. ankylose, courbature, raideur, rigidité 2. alourdissement, appesantissement, atonie, hébétude, stupeur 3. assoupissement, léthargie, somnolence, torpeur

engraisser
- V. TR. 1. gaver, gorger 2. fertiliser, améliorer, amender, bonifier, enrichir, fumer
- V. INTR. prendre du poids, s'alourdir, s'arrondir, s'empâter, (s')épaissir, forcir, grossir, prendre de l'embonpoint, faire du lard (fam.)
- **s'engraisser** V. PRON. s'enrichir, prospérer

engranger V. TR. emmagasiner, accumuler, amasser, stocker

enhardir V. TR. encourager, aiguillonner, stimuler
- **s'enhardir** V. PRON. oser, prendre de l'assurance, se lancer, sortir de sa réserve

énigmatique ADJ. 1. hermétique, ésotérique, obscur, abscons (littér.), abstrus (littér.), sibyllin (littér.) 2. étrange, impénétrable, indéchiffrable, inexplicable, insondable, mystérieux, secret, ténébreux 3. ambigu, équivoque

énigme N. F. 1. devinette, charade, logogriphe, colle (fam.) 2. mystère, secret

enivrant, ante ADJ. 1. grisant, capiteux, entêtant, étourdissant 2. troublant, séduisant 3. enthousiasmant, exaltant, excitant, grisant, passionnant

enivrement N. M. 1. ivresse, ébriété 2. griserie, enthousiasme, exaltation, excitation, extase, transport, vertige

enivrer V. TR. 1. soûler, griser 2. étourdir, griser 3. exciter, exalter, soulever, transporter
- **s'enivrer** V. PRON. se soûler, boire, s'émécher, se griser, se prendre de boisson, se beurrer (fam.), se biturer (fam.), se cuiter (fam.), se noircir (fam.), picoler, prendre une biture/une caisse/une cuite (fam.), se bourrer/se péter la gueule (très fam.), se pinter (fam.), se piquer le nez (fam.)

enjamber V. TR. passer par-dessus, franchir, sauter, traverser

enjoindre V. TR. commander, imposer, ordonner, prescrire

enjôler V. TR. séduire, cajoler, conquérir, duper, embobiner (fam.), empaumer (fam.), entortiller (fam.), envelopper (fam.)

enjoliver V. TR. 1. décorer, agrémenter, embellir, orner, parer 2. exagérer, amplifier, embellir, broder sur (fam.)

enjoué, ée ADJ. gai, allègre, aimable, badin, folâtre, guilleret, jovial, joyeux, léger

enjouement N. M. gaieté, allégresse, bonne humeur, entrain, joie, jovialité

enlacement N. M. 1. croisement, entrecroisement, entrelacement, entremêlement, nœud 2. embrassade, étreinte, embrassement (littér.)

enlacer V. TR. 1. croiser, entrecroiser, entrelacer, entremêler 2. entourer 3. attacher, lier 4. embrasser, étreindre

enlaidir V. TR. déparer, abîmer, défigurer

enlèvement N. M. 1. ramassage, déblai, déblayage, dégagement, levée 2. rapt, kidnapping, prise en otage, vol

enlever V. TR. 1. retrancher, déduire, défalquer, ôter, prélever, prendre, retirer, soustraire 2. extirper, arracher, dégager, extraire, ôter, tirer 3. détacher, couper, prélever 4. dérober, prendre, rafler, ravir, voler 5. confisquer, priver de 6. kidnapper, prendre en otage, voler, ravir (littér.) II. 1. faire disparaître, effacer, laver 2. éliminer, excepter, exclure, ôter, supprimer 3. faire cesser, balayer, détruire, lever, faire passer III. 1. débarrasser, dégager, ramasser 2. se défaire de, se débarrasser de, ôter, quitter, retirer, tomber (fam.) 3. emporter, embarquer (fam.) 4. [littér.] hisser, élever, lever, monter, soulever IV. 1. conquérir 2. enthousiasmer, électriser, enflammer, exalter, galvaniser, emballer (fam.) 3. obtenir, arracher, conquérir, s'emparer de, emporter, gagner, prendre, remporter, rafler (fam.)
- **s'enlever** V. PRON. 1. s'élever, s'envoler, se dresser 2. disparaître, s'effacer, partir 3. se vendre, s'écouler, partir (fam.)

enliser V. TR. embourber, ensabler, envaser
- **s'enliser** V. PRON. 1. s'embourber, s'ensabler, s'envaser, échouer 2. s'embrouiller, s'empêtrer, s'enferrer, s'enfoncer, s'emberlificoter (fam.) 3. patauger, piétiner

ennemi, ie
- N. adversaire, antagoniste, détracteur, opposant, rival
- ADJ. contraire, adverse, hostile, opposé

ennui N. M. I. 1. désœuvrement 2. abattement, accablement, cafard, découragement, dégoût (de la vie/de tout), langueur, lassitude, mélancolie, neurasthénie, idées noires, tristesse, spleen (littér.) II. 1. souci, désagrément, contrariété, embarras, incident, mésaventure, problème, tracas, tracasserie, vicissitude (littér.) 2. complication, accident, anicroche, avanie, contretemps, coup dur, difficulté, déboire, embarras, misère, problème, embêtement (fam.), emmerde (très fam.), emmerdement (très fam.), histoire (fam.), hic (fam.), os (fam.), pépin (fam.), tuile (fam.) 3. inconvénient, incommodité, embêtement (fam.), hic (fam.)

ennuyé, ée ADJ. 1. confus, embarrassé, embêté (fam.), emmerdé (fam.) 2. mécontent

ennuyer V. TR. 1. gêner, agacer, déplaire à, déranger, embarrasser, empoisonner, énerver, excéder, importuner, incommoder, bassiner (fam.), casser les pieds à (fam.), cavaler (fam.), courir sur le haricot de (fam.), emmerder (très fam.), enquiquiner (fam.), faire chier (très fam.), faire suer (fam.), tanner (fam.) 2. inquiéter, obséder, préoccuper, soucier, tracasser, tourmenter, chicaner (Québec), embêter (fam.) 3. lasser, abrutir, assommer, endormir, fatiguer, barber (fam.), raser (fam.) 4. chagriner, contrarier, mécontenter
- **s'ennuyer** V. PRON. se morfondre, trouver le temps long, se languir, se barber (fam.), s'embêter (fam.), s'emmerder (très fam.), se faire chier (très fam.), se faire suer (fam.)

ennuyeux, euse ADJ. 1. contrariant, déplaisant, fâcheux, embêtant (fam.), emmerdant (très fam.), empoisonnant (fam.) 2. embarrassant, désagréable, difficile, gênant, malencontreux, pénible 3. soporifique, embêtant, ennuyant, fastidieux, insipide, lassant, rébarbatif, assommant (fam.), barbant (fam.), chiant (très fam.), emmerdant (très fam.), enquiquinant (fam.), mortel (fam.), rasant (fam.), raseur (fam.), rasoir (fam.) 4. fatigant, fâcheux, importun, sciant (fam.), casse-pieds (fam.), soûlant (fam.), suant (fam.), tannant (fam.)

énoncer V. TR. 1. formuler, avancer, décliner, émettre, énumérer, exposer, exprimer, mentionner, stipuler 2. prononcer, articuler, dire

enorgueillir V. TR. gonfler d'orgueil
- **s'enorgueillir de** V. PRON. se glorifier de, se flatter de, s'honorer de, se prévaloir de, se targuer de, se vanter de

énorme ADJ. 1. colossal, considérable, formidable, gigantesque, immense, incalculable, incommensurable, monumental, méga (fam.), monstre (fam.) 2. hypertrophié, anormal, astronomique, cyclopéen, démesuré, fou, incroyable, monstrueux, phénoménal 3. obèse, éléphantesque

énormément ADV. abondamment, à profusion, ardemment, colossalement, considérablement, copieusement, en quantité, excessivement, extrêmement, follement, formidablement, fortement, immensément, infiniment, intensément, largement, prodigieusement, profondément, suprêmement, terriblement, rudement (fam.), bigrement (fam.), bougrement (fam.), sacrément (fam.), vachement (fam.)

énormité N. F. 1. grandeur, immensité 2. bêtise, bévue, gaffe, sottise 3. invraisemblance

enquérir de (s') V. PRON. demander, chercher, s'informer de, rechercher, se renseigner sur, aller aux nouvelles de, s'inquiéter de

enquête N. F. 1. instruction, information 2. examen, investigation, recherche 3. sondage, consultation, étude (de marché), [dans la rue] micro-trottoir

enquêter V. INTR. s'informer, s'enquérir, se renseigner

enraciné, ée ADJ. ancré, tenace, vivace

enraciner V. TR. ancrer, implanter
- **s'enraciner** V. PRON. 1. s'établir, se fixer, s'implanter, s'installer 2. s'ancrer, se consolider, s'incruster, prendre (racine)

enragé, ée ADJ. 1. acharné, effréné, forcené 2. extrémiste, excessif, fanatique 3. furieux, furibond 4. fanatique, fou, passionné, fan (fam.), mordu (fam.)

enrager V. INTR. fulminer, écumer, fumer, rager, bisquer (fam.), râler (fam.)

enrayer V. TR. 1. bloquer, arrêter, empêcher, étouffer, stopper 2. freiner, brider, briser, contenir, endiguer, juguler

enrégimenter V. TR. 1. endoctriner, embrigader 2. enrôler, mobiliser, recruter

enregistrement N. M. 1. inscription, immatriculation 2. transcription 3. prise de son

enregistrer V. TR. 1. immatriculer, homologuer 2. noter, archiver, consigner, inscrire, recueillir, relever, répertorier, saisir, transcrire 3. prendre acte de, constater, prendre bonne note de, tenir compte de 4. mémoriser, assimiler, retenir, imprimer (fam.), faire entrer dans sa tête (fam.) 5. graver, filmer, repiquer

enrichir V. TR. 1. accroître, augmenter, agrandir, compléter, développer, élargir, étendre, étoffer, meubler, orner 2. fertiliser, améliorer, amender, bonifier
- **s'enrichir** V. PRON. prospérer, faire fortune, gagner de l'argent, s'engraisser, faire son beurre (fam.), se remplir les poches (fam.)

enrichissant, ante ADJ. instructif, profitable

enrichissement N. M. 1. fortune, richesse 2. progrès, approfondissement, développement 3. acquisition

enrobé, ée ADJ. enveloppé, grassouillet, replet, rondelet, bien en chair, rondouillard (fam.)

enrober V. TR. 1. envelopper, entourer 2. voiler, déguiser, masquer

enrôlement N. M. 1. conscription, incorporation 2. recrutement, engagement

enrôler V. TR. 1. incorporer, lever, mobiliser 2. engager, associer, enrégimenter, recruter
- **s'enrôler** V. PRON. s'engager, adhérer

enroué, ée ADJ. cassé, éraillé, rauque, rocailleux, voilé

enrouler V. TR. 1. envelopper 2. bobiner, caneter, embobiner, envider, peloter, renvider
- **s'enrouler** V. PRON. se lover, se pelotonner, se ramasser

enseignant, ante N. professeur, instituteur, lecteur, maître-assistant

enseigne N. F. 1. panonceau, panneau, pancarte 2. drapeau, bannière, étendard

enseignement N. M. 1. éducation, formation, instruction 2. discipline, matière 3. cours, conférence, exposé, leçon 4. préceptes, doctrine, principes, système 5. exemple, leçon 6. conclusion, leçon, morale

enseigner V. TR. 1. inculquer, apprendre, expliquer, transmettre 2. donner des cours de, [Relig.] prêcher, [sans complément] professer 3. éclairer, éduquer, former, initier 4. indiquer, dévoiler, montrer, révéler

ensemble¹ ADV. 1. conjointement, collectivement, en commun, de concert, en concordance, de conserve, à l'unisson, en chœur, coude à coude (fam.), main dans la main (fam.), comme un seul homme (fam.) 2. simultanément, à la fois, en même temps 3. en bloc, à la fois, de front

ensemble² N. M. 1. globalité, intégralité, somme, totalité, tout 2. assemblage, assortiment, collection, jeu, lot **3.** assemblée, collectivité, collège, corps, formation, groupe, groupement, réunion

ensemencer V. TR. **1.** semer, planter, emblaver **2.** aleviner, empoissonner **3.** féconder, mettre la petite graine dans *(fam.)*

enserrer V. TR. **1.** serrer, corseter, emprisonner, immobiliser, ceindre *(littér.)* **2.** embrasser **3.** entourer, ceinturer, cerner, encercler, enclore, enfermer, englober, renfermer, ceindre *(littér.)*

ensevelir V. TR. **1.** inhumer, enterrer, donner une sépulture à **2.** submerger, engloutir **3.** cacher, enfouir, plonger

ensoleillé, ée ADJ. lumineux, clair, radieux

ensorceler V. TR. **1.** envoûter, enchanter, marabouter **2.** enjôler, charmer, fasciner, subjuguer, séduire

ensuite ADV. **1.** puis, après, par la suite **2.** en second lieu, a posteriori, ultérieurement

ensuivre (s') V. PRON. résulter, découler, procéder

entacher V. TR. **1.** salir, gâter, souiller, ternir **2.** compromettre, flétrir, ternir

entaille N. F. **1.** encoche, brèche, coupure, cran, échancrure, fente, sillon **2.** estafilade, balafre, blessure, coupure, taillade *(littér.)* **3.** crevasse, faille

entailler V. TR. **1.** inciser **2.** balafrer, blesser, couper, écharper, entamer, taillader
♦ **s'entailler** V. PRON. s'entamer, s'ouvrir, se charcuter *(fam.)*

entamer V. TR. **1.** commencer, aborder, amorcer, attaquer, débuter, ébaucher, engager, entreprendre, initier, se lancer dans, mettre en train, ouvrir **2.** attaquer, corroder, manger, mordre, percer, piquer, rayer, ronger, toucher, user **3.** entailler, blesser, égratigner, inciser, ouvrir **4.** affaiblir, battre en brèche, ébranler **5.** amoindrir, ébrécher, écorner, toucher à

entassement N. M. **1.** accumulation, amas, amoncellement, échafaudage, empilement, pile, superposition, tas **2.** rassemblement **3.** cohue, foule, presse

entasser V. TR. **1.** amonceler, empiler, superposer **2.** accumuler, amasser, amonceler, collectionner, emmagasiner, stocker **3.** économiser, capitaliser, épargner, thésauriser **4.** masser, empiler, presser, serrer, tasser
♦ **s'entasser** V. PRON. se serrer, s'agglutiner, s'écraser, se presser, se tasser

entendement N. M. **1.** compréhension, conception, intellection **2.** intelligence, jugement, raison, bon sens, comprenette *(fam.)*, jugeote *(fam.)*

entendre V. TR. **1.** percevoir, discerner, distinguer, écouter **2.** vouloir dire, insinuer **3.** *[infinitif]* vouloir, compter, exiger, prétendre, désirer, préférer
♦ **s'entendre** V. PRON. **1.** s'associer, s'arranger, se coaliser, pactiser **2.** *[voix]* porter **3.** *[mot]* se dire, s'employer, être usité

entendu, ue ADJ. convenu, arrangé, décidé, réglé, résolu

entente N. F. **I. 1.** arrangement, accommodement, accord, compromis, conciliation, transaction **2.** alliance, accord, association, coalition, convention, pacte, traité, union **3.** collusion, complicité, connivence, intelligence *(littér.)* **II.** harmonie, accord, amitié, amour, camaraderie, concorde, paix, union

entériner V. TR. approuver, confirmer, consacrer, enregistrer, homologuer, ratifier, sanctionner, valider

enterrement N. M. **1.** inhumation, mise en terre, mise au tombeau, ensevelissement *(littér.)* **2.** funérailles, obsèques **3.** effondrement, abandon, échec, fin, mort, rejet

enterrer V. TR. **1.** porter/mettre en terre, ensevelir, inhumer **2.** enfouir, cacher **3.** étouffer, passer sous silence **4.** abandonner, renoncer à, mettre au rancart *(fam.)* **5.** anéantir, détruire
♦ **s'enterrer** V. PRON. se retirer, se cacher, se confiner, s'isoler

entêtant, ante ADJ. **1.** enivrant, capiteux, grisant **2.** obsédant

entêté, ée ADJ. et N. **1.** têtu, buté, cabochard *(fam.)*, tête de cochon *(fam.)*, tête de mule *(fam.)*, tête de pioche *(fam.)* **2.** obstiné, acharné, opiniâtre, persévérant, tenace, volontaire

entêtement N. M. acharnement, obstination, opiniâtreté, persévérance, persistance, ténacité

entêter V. TR. étourdir, griser, monter à la tête de
♦ **s'entêter** V. PRON. s'acharner, s'obstiner, persévérer, s'opiniâtrer *(littér.)*, se buter *(péj.)*

enthousiasmant, ante ADJ. exaltant, grisant, passionnant, emballant *(fam.)*

enthousiasme N. M. **1.** admiration, coup de cœur/de foudre, engouement, ravissement, emballement *(fam.)* **2.** ardeur, chaleur, empressement, entrain, exaltation, excitation, ferveur, feu, flamme, fougue, passion, zèle, emballement *(fam.)* **3.** plaisir, allégresse, joie **4.** lyrisme, inspiration

enthousiasmer V. TR. **1.** remplir d'admiration, captiver, enivrer, ravir, botter *(fam.)*, emballer *(fam.)* **2.** passionner, électriser, embraser, enflammer, exalter, fanatiser, galvaniser, griser, soulever, transporter
♦ **s'enthousiasmer** V. PRON. **1.** se passionner, admirer, s'engouer *(littér.)* **2.** s'enflammer, s'exalter, s'exciter, s'emballer *(fam.)*, se toquer *(fam.)*

enthousiaste ADJ. **1.** passionné, ardent, chaud *(avant nom)*, fanatique, fervent **2.** chaleureux, cordial, *[applaudissements]* frénétique, à tout rompre, *[éloge]* enflammé, lyrique **3.** exalté, excité, en délire, transporté

enticher de (s') V. PRON. **1.** s'enthousiasmer pour, s'enflammer pour, s'engouer de, se passionner pour, s'emballer pour *(fam.)*, se toquer de *(fam.)* **2.** s'éprendre de, tomber amoureux de, s'amouracher de *(fam.)*, tomber en amour avec *(Québec)*

entier, ière ADJ. **1.** complet, inentamé, intact, intégral, total, *[liste]* exhaustif **2.** parfait, absolu, franc, plein, plénier, pur, sans réserve **3.** catégorique, absolu, entêté, intransigeant, intraitable, obstiné, opiniâtre, têtu, tout d'une pièce, à tout crin **4.** indemne, intact, sain et sauf

entièrement ADV. **1.** parfaitement, absolument, à cent pour cent, complètement, pleinement, sans partage, sans réserve, sans restriction, totalement, tout à fait **2.** intégralement, complètement, de A à Z, de fond en comble, de point en point, dans sa totalité, dans son entier, du tout au tout, sur toute la ligne

entorse N. F. **1.** foulure, luxation **2.** infraction, accroc, atteinte, contravention, manquement, violation

entortiller V. TR. **1.** envelopper, enrober **2.** attacher, nouer **3.** circonvenir, enjôler, séduire, avoir *(fam.)*, emberlificoter *(fam.)*, embobiner *(fam.)*, rouler (dans la farine) *(fam.)* **4.** embrouiller, compliquer, emberlificoter *(fam.)*
♦ **s'entortiller** V. PRON. **1.** s'enrouler, s'envelopper **2.** s'embarrasser, s'embrouiller, s'emmêler, s'emberlificoter *(fam.)*, se prendre les pieds dans le tapis *(fam.)*

entourage N. M. **1.** cercle, compagnie, milieu, proches, société, voisinage **2.** bordure, bord, cadre, encadrement

entourer V. TR. **I. 1.** encercler, border, ceinturer, cerner, circonscrire, encadrer, enceindre, enclaver, enserrer, environner, ceindre *(littér.)* **2.** clôturer, clore, enclore, enfermer, fermer **3.** envelopper, enrober, s'enrouler autour de **4.** baigner, auréoler, nimber **5.** approcher, s'empresser auprès de/autour de, se presser autour, se ranger autour **II. 1.** choyer, combler, être aux petits soins pour, s'occuper de, soutenir **2.** fréquenter, accompagner

entracte N. M. **1.** interruption, pause **2.** interlude, divertissement, intermède, intermezzo

entraide N. F. solidarité, secours (mutuel)

entraider (s') V. PRON. s'épauler, se soutenir, se serrer les coudes *(fam.)*

entrailles N. F. PL. **1.** boyaux, abats, intestins, tripes, viscères **2.** sein, flancs

entrain N. M. **1.** allant, activité, ardeur, chaleur, cœur, enthousiasme, feu, fougue, gaieté, joie (de vivre), pétulance, vie, vitalité, vivacité, zèle **2.** animation, vie, vivacité

entraînant, ante ADJ. **1.** rythmé, dansant **2.** convaincant, éloquent

entraînement N. M. **I.** exercice, habitude, pratique, préparation, training **II. 1.** force, courant, élan, enchaînement, engrenage, impulsion **2.** feu, chaleur, enthousiasme, exaltation, passion, emballement *(fam.)* **III.** transmission

entraîner V. TR. **1.** emporter, arracher, balayer, charrier, enlever **2.** conduire, attirer, emmener, guider, mener, pousser, tirer, traîner **3.** captiver, galvaniser, séduire, soulever, transporter, emballer *(fam.)*, embarquer *(fam.)* **4.** causer, amener, appeler, déclencher, engendrer, impliquer, occasionner, produire, provoquer, être à l'origine de **5.** exercer, dresser, familiariser, former, habituer, préparer
♦ **s'entraîner** V. PRON. s'exercer, apprendre, faire des gammes, se faire la main *(fam.)*

entraîneur, euse N. **1.** instructeur, coach, manager, moniteur **2.** chef, animateur, conducteur, meneur

entrave N. F. **1.** obstacle, empêchement, frein, gêne **2.** attache, chaîne, fer, lien **3.** assujettissement, contrainte, joug, chaînes *(littér.)*

entraver V. TR. **1.** attacher, empêtrer **2.** contrarier, empêcher, enrayer, freiner, gêner, faire de l'obstruction à, s'opposer à, mettre des bâtons dans les roues de *(fam.)*

entrechoquer (s') V. PRON. se heurter, se percuter, se tamponner

entrée N. F. **I. 1.** hall, antichambre, vestibule **2.** seuil, porte, orée **3.** ouverture, accès, bouche, embouchure, orifice **II.** place, billet **III.** début, hors-d'œuvre **IV. 1.** apparition, arrivée, irruption **2.** admission, intégration, introduction, réception, adhésion, affiliation

entregent N. M. doigté, adresse, diplomatie, habileté, savoir-faire, tact

entrelacer V. TR. entrecroiser, entremêler, mélanger, natter, tisser, tresser
♦ **s'entrelacer** V. PRON. s'entrecroiser, se confondre, s'enchevêtrer, s'entremêler, se mêler

entremêler V. TR. **1.** mélanger, mêler **2.** entrecroiser, entrelacer, enchevêtrer **3.** entrecouper, entrelarder, larder, parsemer

entremettre (s') V. PRON. **1.** intervenir, intercéder **2.** s'immiscer, s'ingérer, se mêler

entremise N. F. médiation, arbitrage, bons offices, intercession, interposition, intervention

entreposer V. TR. stocker, emmagasiner

entrepôt N. M. dépôt, halle, hangar, magasin, réserve, resserre

entreprenant, ante ADJ. **1.** actif, dynamique, audacieux, hardi, téméraire **2.** galant, hardi

entreprendre V. TR. **1.** commencer, amorcer, attaquer, déclencher, démarrer, enclencher, engager, entamer, initier, intenter, mettre sur le métier, s'atteler à, avoir, prendre l'initiative de, montrer/ouvrir la voie de **2.** *[de faire qqch.]* se disposer à, essayer de, se proposer de, tenter de

entreprise N. F. **1.** société, affaire, commerce, établissement, exploitation, firme, industrie, négoce, usine **2.** œuvre, action, affaire, opération, ouvrage, projet, travail **3.** essai, tentative **4.** aventure, équipée

entrer V. INTR. aller, s'introduire, se couler, s'engager, s'engouffrer, s'enfoncer, faire irruption, se faufiler, se glisser, s'infiltrer, s'insinuer, pénétrer, se plonger

entretenir V. TR. **1.** maintenir, alimenter, conserver, garder, prolonger **2.** exercer **3.** tenir, soigner **4.** cultiver, soigner **5.** couver, caresser, nourrir **6.** faire vivre, avoir à (sa) charge, se charger de, nourrir, pourvoir/subvenir aux besoins de
♦ **s'entretenir** V. PRON. **1.** se maintenir, se conserver **2.** converser, bavarder, causer, conférer, deviser, dialoguer, discuter, parlementer, parler

entretien N. M. **1.** entrevue, audience, interview, rendez-vous, *[particulier]* tête-à-tête **2.** conversation, causerie, conciliabule, dialogue, discussion **3.** conservation, maintenance
♦ **entretiens** PLUR. conférence, colloque, sommet

entrevoir V. TR. **1.** apercevoir, entrapercevoir, distinguer **2.** pressentir, deviner, percevoir, présager, prévoir, soupçonner, subodorer

entrevue N. F. **1.** entretien, audience, conversation, discussion, interview, *[en particulier]* tête-à-tête **2.** rencontre, rendez-vous, visite

énumération N. F. 1. décompte, compte, dénombrement, recensement 2. liste, catalogue, détail, inventaire, répertoire, table, tableau

énumérer V. TR. décompter, analyser, citer, compter, dénombrer, détailler, inventorier, recenser

envahir V. TR. I. conquérir, s'emparer de, entrer dans, se rendre maître de, occuper, prendre (d'assaut), subjuguer II. 1. déborder sur, empiéter sur à/sur 2. inonder, recouvrir, se répandre dans 3. couvrir, remplir 4. infester, proliférer dans, pulluler dans III. 1. *[émotion]* gagner, emplir, submerger 2. *[idée]* se propager dans, se communiquer à, gagner

envahissant, ante ADJ. 1. accaparant, dévorant, exigeant 2. importun, indiscret, collant *(fam.)* 3. débordant, impérieux, pressant

enveloppe N. F. I. 1. étui, chape, contenant, écrin, fourreau, gaine, housse 2. pli 3. membrane, capsule, gangue, peau, sac, tunique II. apparence, aspect, dehors, écorce, extérieur, façade, semblant III. 1. budget, compte, crédit 2. dessous-de-table, commission, gratification, pot-de-vin, bakchich *(fam.)*

envelopper V. TR. I. 1. emballer, empaqueter, enrober 2. draper, bander, emmailloter, emmitoufler, entourer, nouer, rouler 3. couvrir, entourer, recouvrir 4. baigner, auréoler, encadrer 5. cacher, déguiser, dissimuler, emballer, enrober, farder, voiler II. englober, comprendre, impliquer, inclure III. *[Milit.]*cerner, assiéger, encercler, investir

envenimer V. TR. 1. infecter, enflammer, irriter 2. aggraver, attiser, aviver, enflammer, exaspérer
♦ **s'envenimer** V. PRON. se gâter, s'aggraver, aller de mal en pis, dégénérer, se dégrader, se détériorer, empirer

envergure N. F. 1. largeur, ampleur, dimension, étendue, importance, rayon 2. classe, calibre, carrure, étoffe, poids, qualité, stature, surface, trempe 3. développement, extension, portée

envers N. M. 1. derrière, dos, revers, verso 2. contraire, inverse, opposé 3. revers, contrepartie, rançon

envie N. F. 1. désir, besoin, faim, goût, inclination, soif, appétence *(littér.)* 2. convoitise, tentation 3. caprice, fantaisie, goût, lubie, gré, humeur 4. jalousie 5. tache de vin

envier V. TR. 1. jalouser 2. convoiter, désirer, guigner *(fam.)*, lorgner *(fam.)*, loucher sur *(fam.)*, reluquer *(fam.)*, soupirer après *(littér.)*

envieux, euse ADJ. 1. jaloux 2. avide, désireux

environ PRÉP., ADV. à peu près, approximativement, grosso modo, presque, dans les *(fam.)*, en gros *(fam.)*, à la louche *(fam.)*, à vue de nez *(fam.)*

environnant, ante ADJ. 1. proche, avoisinant, voisin 2. ambiant

environnement N. M. 1. cadre (de vie), milieu, situation 2. ambiance, atmosphère, cadre, entourage, milieu 3. nature, écologie

environner V. TR. entourer, cerner, enceindre, encercler, encadrer, enclore, enfermer, envelopper

environs N. M. PL. abords, parage, voisinage

envisager V. TR. 1. considérer, examiner, imaginer, passer en revue, penser à, peser, réfléchir à 2. regarder, contempler, voir

envoi N. M. expédition, colis, courrier, paquet

envol N. M. 1. départ, essor 2. décollage

envolée N. F. 1. envol, vol 2. élan, mouvement 3. développement, essor, *[des prix]* escalade, flambée

envoler (s') V. PRON. I. 1. décoller, partir 2. se disperser, voler 3. s'élancer, s'élever, monter 4. *[prix]* flamber, décoller II. 1. se dissiper, s'anéantir, s'écouler, s'effacer, s'enfuir, s'estomper, passer, se perdre 2. *[fam.]* partir, s'en aller, disparaître, s'éclipser, s'enfuir, s'évader, s'évanouir, s'évaporer

envoûtant, ante ADJ. fascinant, captivant, ensorcelant, magnétique, prenant

envoûtement N. M. 1. ensorcellement, charme, enchantement, maléfice, sortilège 2. magnétisme, hypnotisme 3. fascination, charme, séduction

envoûter V. TR. 1. ensorceler, jeter un sort sur 2. dominer, assujettir, posséder 3. captiver, charmer, enchanter, ensorceler, fasciner, séduire, subjuguer

envoyé, ée N. représentant, ambassadeur, délégué, diplomate, émissaire, mandataire, messager, missionnaire, plénipotentiaire

envoyer V. TR. I. 1. transmettre, adresser, expédier, poster 2. déléguer, dépêcher, détacher II. 1. jeter, décocher, lancer, projeter, balancer *(fam.)* 2. appliquer, décocher, donner, allonger *(fam.)*, coller *(fam.)*, ficher *(fam.)*, filer *(fam.)*, flanquer *(fam.)*

épais, épaisse ADJ. 1. consistant, dur, fort, grossier 2. pâteux, gluant, sirupeux, visqueux 3. dense, dru, impénétrable, profond, serré, touffu 4. opaque, compact, profond, *[brouillard]* à couper au couteau *(fam.)* 5. corpulent, courtaud, empâté, enveloppé, fort, gras, gros, lourd, massif, râblé, ramassé, trapu, mastoc *(fam.)* 6. obtus, crasse, grossier, lent, lourd, pesant

épaisseur N. F. 1. couche 2. consistance, compacité, densité 3. étendue, profondeur 4. empâtement, corpulence, grosseur 5. lenteur, lourdeur

épaissir
▶ V. TR. 1. renforcer 2. faire grossir, alourdir, arrondir 3. solidifier, faire prendre, conglutiner, figer, lier, réduire
▶ V. INTR. engraisser, s'alourdir, s'empâter, forcir, grossir, prendre de l'embonpoint, se remplumer *(fam.)*

épancher V. TR. confier, décharger, déverser, soulager
♦ **s'épancher** V. PRON. parler, s'abandonner, se confier, se déboutonner, se débonder, se livrer, s'ouvrir, ouvrir son cœur, vider son sac *(fam.)*

épandre V. TR. étaler, disperser, éparpiller, répandre

épanoui, ie ADJ. 1. gai, joyeux, radieux, réjoui 2. équilibré, sain, bien dans sa peau, bien dans ses baskets *(fam.)*

épanouir V. TR. 1. dérider, détendre, réjouir 2. déployer, déplier, étendre
♦ **s'épanouir** V. PRON. 1. éclore, fleurir, se déployer, s'ouvrir 2. s'évaser 3. s'éclairer, se dérider, s'illuminer 4. s'accomplir, s'affirmer, se réaliser, prendre toute sa dimension

épanouissement N. M. 1. éclosion, efflorescence, floraison 2. ampleur, plénitude 3. éclat, plénitude, rayonnement, splendeur 4. accomplissement

épargne N. F. 1. économies, réserve, bas de laine *(fam.)*, magot *(fam.)*, tirelire *(fam.)* 2. thésaurisation, capitalisation 3. parcimonie, économie

épargner V. TR. 1. économiser, mettre de côté, accumuler, entasser, thésauriser 2. compter, ménager, lésiner sur *(péj.)* 3. ménager, respecter 4. gracier, sauver, faire grâce à 5. *[qqch. à qqn]* dispenser de, décharger de, dégager de, éviter à, exempter de, exonérer de, libérer de, préserver de

éparpiller V. TR. 1. disperser, disséminer, émietter, épandre, étaler, étendre, répandre, semer 2. dissiper, distribuer, gaspiller
♦ **s'éparpiller** V. PRON. 1. s'égailler, se disperser 2. s'égarer, se disperser, papillonner

épars, arse ADJ. éparpillé, clairsemé, dispersé

épatant, ante ADJ. sensationnel, formidable, chouette *(fam.)*, extra *(fam.)*, génial *(fam.)*, super *(fam.)*, terrible *(fam.)*

épate N. F. ostentation, bluff, chiqué *(fam.)*, esbroufe *(fam.)*, frime *(fam.)*

épaté, ée ADJ. 1. impressionné, ahuri, ébahi, époustouflé, étonné, stupéfait, surpris, scié *(fam.)*, soufflé *(fam.)* 2. camus, aplati, écrasé

épater V. TR. impressionner, ahurir, ébahir, étonner, en imposer à, stupéfier, surprendre, en mettre plein la vue à *(fam.)*, décoiffer *(fam.)*, en boucher un coin à *(fam.)*, scier *(fam.)*, souffler *(fam.)*

épauler V. TR. 1. aider, assister, seconder, soutenir 2. appuyer, recommander

épave N. F. débris, déchet, loque, ruine

éperdu, ue ADJ. 1. bouleversé, affolé, agité, désespéré, égaré, ému, retourné 2. transporté, enivré, fou, ivre 3. extrême, enragé, exalté, fou, frénétique, furieux, intense, passionné, vif, violent

éphémère ADJ. 1. fugitif, bref, court, rapide 2. temporaire, momentané, de passage, passager, provisoire 3. fragile, fugace, périssable, précaire

épicé, ée ADJ. 1. relevé, assaisonné, échauffant, fort, pimenté, poivré 2. gaillard, coquin, gaulois, grivois, leste, licencieux, osé, piquant, salé, cochon *(fam.)*

épicurien, ienne ADJ. et N. bon vivant, hédoniste, jouisseur, sensuel, voluptueux, sybarite *(littér.)*

épidermique ADJ. 1. cutané 2. superficiel, à fleur de peau 3. instinctif, irréfléchi, réflexe, spontané, viscéral, tripal *(fam.)*

épier V. TR. 1. observer, être à l'affût de, espionner, guetter, guigner, lorgner, scruter, surveiller 2. *[sans complément]* faire le guet, faire sentinelle, être aux aguets, être à l'affût, monter la garde, être en planque *(argot policier)*, planquer *(argot policier)*

épiloguer sur V. TR. IND. 1. discourir sur, disserter sur, gloser sur, palabrer sur 2. chicaner sur, ergoter sur, trouver à redire à

épine N. F. aiguille, aiguillon, piquant *(fam.)*

épineux, euse ADJ. délicat, ardu, difficile, embarrassant

épingler V. TR. 1. attacher, accrocher, agrafer 2. stigmatiser, montrer du doigt

épisode N. M. 1. moment, acte, page, partie, phase, époque 2. fait, aventure, circonstance, événement, incident, péripétie

épisodique ADJ. intermittent, sporadique

éploré, ée ADJ. 1. en larmes, en pleurs, larmoyant 2. affligé, désolé, triste

éplucher V. TR. 1. peler, décortiquer, écaler, écosser, dépiauter *(fam.)* 2. étudier, décortiquer, disséquer, inspecter, passer au crible, scruter

épluchure N. F. peau, pelure, déchet

éponger V. TR. 1. essuyer 2. absorber, étancher 3. payer, s'acquitter de, résorber

époque N. F. 1. période, âge, division, ère, étape, règne, siècle 2. temps, date, moment, saison

épouse N. F. femme, compagne, dame *(pop.)*, bourgeoise *(pop.)*, dulcinée *(fam., souvent plaisant)*, légitime *(fam.)*, moitié *(fam.)*

épouser V. TR. 1. se marier avec, s'unir à, passer la bague au doigt de *(fam.)* 2. partager, s'attacher à, embrasser, prendre parti pour, soutenir 3. mouler, gainer, serrer, suivre

épousseter V. TR. dépoussiérer, essuyer, nettoyer

époustoufler V. TR. abasourdir, couper le souffle à, étonner, méduser, stupéfier, décoiffer *(fam.)*, épater *(fam.)*, estomaquer *(fam.)*, souffler *(fam.)*

épouvantable ADJ. 1. effrayant, apocalyptique, effroyable, horrible, horrifiant, terrible, terrifiant 2. abominable, affreux, atroce, cruel, odieux, monstrueux, révoltant, scandaleux 3. mauvais, catastrophique 4. détestable, ignoble, infernal, insupportable, intolérable 5. énorme, extraordinaire, extrême, formidable, phénoménal

épouvante N. F. terreur, affolement, effroi, frayeur, horreur, panique

épouvanter V. TR. 1. faire peur à, affoler, angoisser, effrayer, faire fuir, horrifier, terrifier, terroriser 2. abasourdir, ahurir, atterrer, catastropher, effarer, stupéfier

époux N. M. 1. conjoint 2. mari, compagnon, homme *(fam.)*, (chère) moitié *(fam., plaisant)*

éprendre de (s') V. PRON. 1. tomber amoureux de, s'attacher à, s'enticher de, s'amouracher de *(fam.)*, s'énamourer de *(littér.)*, se toquer de *(fam.)* 2. se passionner pour, s'engouer de, s'enthousiasmer pour, s'enticher de

épreuve N. F. I. 1. souffrance, adversité, détresse, douleur, malheur, tourment 2. mauvais moment, calvaire, coup du sort, croix, purgatoire, revers de fortune 3. attaque, assaut, atteinte, coup, persécution II. 1. examen, audition, composition, devoir, écrit, interrogation, oral, colle *(fam.)* 2. compétition, challenge, critérium, match, rencontre III. 1. reproduction, cliché, photographie 2. copie, morasse, placard IV. critère, pierre de touche V. essai, expérience, expérimentation, test

épris, ise ADJ. 1. amoureux, entiché, mordu (*fam.*), toqué (*fam.*) 2. passionné, avide, féru, fou, séduit, mordu (*fam.*)

éprouvant, ante ADJ. pénible, épuisant, éreintant, exténuant, harassant, crevant (*fam.*), tuant (*fam.*)

éprouvé, ée ADJ. I. 1. certain, confirmé, sûr, vérifié 2. fidèle, sûr 3. expert, expérimenté II. atteint, ébranlé, marqué, touché

éprouver V. TR. 1. ressentir, concevoir, rencontrer, percevoir, sentir, vivre, goûter 2. endurer, souffrir, subir, supporter 3. expérimenter, essayer, mettre à l'épreuve, mettre en pratique, prendre la mesure de, tâter de, tester, vérifier 4. tenter, hasarder, risquer 5. peiner, atteindre, ébranler, frapper, marquer, secouer, toucher

épuisant, ante ADJ. éreintant, exténuant, harassant, pénible, claquant (*fam.*), crevant (*fam.*), tuant (*fam.*)

épuisé, ée ADJ. 1. exténué, à bout de souffle, à bout de course, anéanti, brisé (de fatigue), à bout, éreinté, fourbu, harassé, moulu, claqué (*fam.*), crevé (*fam.*), flagada (*fam.*), flapi (*fam.*), mort (*fam.*), raplapla (*fam.*), rétamé (*fam.*), vanné (*fam.*), vidé (*fam.*), sur la jante (*fam.*), sur les genoux (*fam.*), sur les rotules (*fam.*), recru (*littér.*), rompu (*littér.*) 2. fini, à sec, saigné à blanc, vidé

épuisement N. M. 1. fatigue, abattement, accablement, éreintement, exténuation, harassement 2. affaiblissement, anémie, anéantissement, consomption, débilitation, débilité, délabrement, déperdition, dépérissement, étiolement 3. tarissement, appauvrissement, assèchement, exhaustion, raréfaction

épuiser V. TR. I. 1. fatiguer, briser, éreinter, exténuer, harasser, user, claquer (*fam.*), crever (*fam.*), lessiver (*fam.*), mettre à plat (*fam.*), pomper (*fam.*), tuer (*fam.*), vanner (*fam.*), vider (*fam.*), rompre (*littér.*) 2. [*fam.*] excéder, fatiguer, lasser, mettre à bout II. 1. appauvrir, assécher, dessécher, mettre à sec, ruiner, saigner à blanc, sécher, tarir, vider 2. absorber, anéantir, consommer, dépenser, détruire, dévorer, terminer, user, venir à bout de, vider 3. écouler, liquider

♦ **s'épuiser** V. PRON. 1. s'user, disparaître 2. s'écouler, s'enlever, se vendre 3. s'échiner, s'éreinter, se fatiguer, s'user, se tuer (*fam.*)

épurer V. TR. 1. assainir, apurer, purger, purifier, [*un liquide*] clarifier, décanter, distiller, filtrer 2. améliorer, affiner, châtier, dépouiller, nettoyer, parfaire, perfectionner, polir, purger, toiletter 3. censurer, châtrer, couper, expurger 4. éliminer, écarter, exclure, expulser, purger

équilibre N. M. 1. stabilité, aplomb, assiette 2. balance, égalité 3. harmonie, accord, balancement, eurythmie, pondération, proportion, symétrie 4. santé mentale, raison

équilibré, ée ADJ. 1. stable, assuré, ferme, solide 2. proportionné, bien bâti, harmonieux, balancé (*fam.*) 3. mesuré, raisonnable, pondéré, sage, sain (d'esprit), solide, épanoui, qui a la tête sur les épaules

équilibrer V. TR. 1. compenser, balancer, contrebalancer, contrepeser, corriger, égaler, équivaloir, neutraliser, pondérer 2. stabiliser 3. harmoniser, coordonner, répartir

équipage N. M. 1. escorte, cortège, suite 2. attelage 3. [*Naut., Aviat.*] personnel (navigant)

équipe N. F. 1. groupe, bande, brigade, escouade, pool 2. [*Sport*] écurie

équipement N. M. 1. appareillage, matériel, outillage, dotation 2. installation, aménagement 3. [*Mar.*] armement 4. [*Milit.*] matériel, arme, armement, attirail, bagage, fourniment, barda (*fam.*), bataclan (*fam.*), fourbi (*fam.*)

équiper V. TR. 1. munir, doter, garnir, nantir, pourvoir 2. aménager, agencer, installer, monter, outiller 3. [*Mar.*] armer, appareiller, fréter, gréer 4. développer, industrialiser, moderniser

♦ **s'équiper** V. PRON. 1. se munir, s'armer, se doter, se pourvoir 2. se vêtir, se mettre en tenue

équitable ADJ. 1. juste, correct 2. impartial, loyal, neutre, objectif 3. égal

équité N. F. 1. droiture, justice 2. égalité, impartialité

équivalent[1], ente ADJ. 1. égal 2. similaire, comparable, identique, pareil, semblable 3. [*mot, terme*] synonyme

équivalent[2] N. M. 1. pareil, semblable 2. substitut, synonyme, traduction

équivaloir à V. TR. IND. 1. égaler, équipoller, valoir autant que 2. signifier, correspondre à, représenter, revenir à

équivoque
- ▸ ADJ. 1. ambigu, à double sens, amphibologique, amphigourique, obscur 2. douteux, louche, suspect 3. licencieux, libidineux
- ▸ N. F. ambiguïté, amphibologie, malentendu, quiproquo

éradiquer V. TR. supprimer, arracher, extirper

érafler V. TR. 1. égratigner, écorcher, érailler, griffer 2. rayer

éraflure N. F. égratignure, écorchure, éraillure, excoriation, griffure

ère N. F. époque, âge, période, temps

éreintant, ante ADJ. épuisant, exténuant, harassant, pénible, claquant (*fam.*), crevant (*fam.*), tuant (*fam.*)

éreinté, ée ADJ. exténué, brisé (de fatigue), à bout, éreinté, fourbu, harassé, las, moulu, claqué (*fam.*), crevé (*fam.*), flagada (*fam.*), flapi (*fam.*), mort (*fam.*), raplapla (*fam.*), rétamé (*fam.*), vanné (*fam.*), vidé (*fam.*), sur les genoux (*fam.*), sur les rotules (*fam.*), recru (*littér.*), rompu (*littér.*)

éreinter V. TR. 1. épuiser, briser, esquinter, exténuer, fatiguer, harasser, rompre (*littér.*), claquer (*fam.*), crever (*fam.*), pomper (*fam.*), tuer (*fam.*), vanner (*fam.*), vider (*fam.*) 2. critiquer, étriller, malmener, maltraiter, aplatir (*fam.*), démolir (*fam.*), descendre (en flammes) (*fam.*)

ergoter V. INTR. argumenter, chicaner, discuter du sexe des anges, disputailler, épiloguer, chinoiser (*fam.*), chipoter (*fam.*), couper les cheveux en quatre (*fam.*), discutailler (*fam.*), pinailler (*fam.*), enculer les mouches (*très fam.*), ratiociner (*littér.*), vétiller (*littér.*)

ériger V. TR. 1. bâtir, construire, dresser, édifier, élever, lever 2. créer, établir, fonder, instituer

♦ **s'ériger en** V. PRON. agir comme, se conduire comme/en, se poser en, se présenter comme, s'autoproclamer

éroder V. TR. 1. ronger, corroder 2. user, affaiblir, dégrader, émousser, miner, saper

érosion N. F. 1. [*Géog.*] ablation, corrosion, désagrégation, usure 2. corrosion, usure 3. baisse, dégradation, dépréciation, détérioration, usure

érotique ADJ. 1. amoureux 2. sensuel, sexuel, voluptueux 3. excitant, bandant (*très fam.*), sexy (*fam.*), torride (*fam.*) 4. pornographique, cochon (*fam.*)

errant, ante ADJ. 1. vagabond, itinérant, nomade 2. abandonné, égaré, perdu, vagabond 3. flottant, fugitif, furtif, vague

errements N. M. PL. 1. fautes, écarts, égarements, erreurs, folies, péchés 2. hésitation, divagation, errance, flottement, indécision, irrésolution

errer V. INTR. 1. aller à l'aventure, aller et venir, battre le pavé, courir les champs/les rues, déambuler, flâner, marcher, se promener, vagabonder, rôder (*péj.*), traînasser (*péj., fam.*), traîner (*péj.*), vadrouiller (*fam.*), vaguer (*littér.*) 2. s'égarer, se perdre, dévier de son chemin 3. flotter, passer, se promener 4. [*littér.*] se tromper, divaguer

erreur N. F. 1. faute, ânerie, connerie (*fam.*) 2. confusion, bévue, malentendu, méprise, quiproquo 3. impair, bavure, faux pas, maladresse, boulette (*fam.*), bourde (*fam.*), gaffe (*fam.*) 4. inexactitude, contresens, contre-vérité, faux sens, non-sens, perle 5. égarement, débordement, dérèglement, écart, errements, folie, péché 6. aberration, absurdité, aveuglement, bêtise, préjugé 7. illusion, fausse apparence, fausseté, mensonge

erroné, ée ADJ. 1. fautif, faux, incorrect, inexact 2. aberrant, bancal, mal fondé

érudit, ite
- ▸ ADJ. cultivé, docte, instruit, lettré, savant
- ▸ N. lettré, mandarin, savant, puits de science

érudition N. F. savoir, connaissance(s), culture, science

éruption N. F. 1. jaillissement, débordement, explosion 2. [*Méd.*] poussée, accès

esbroufe N. F. parade, bluff, poudre aux yeux, chiqué (*fam.*), épate (*fam.*), flafla (*fam.*), frime (*fam.*)

escalader V. TR. 1. gravir, grimper, monter 2. franchir, enjamber, passer

escale N. F. 1. arrêt, étape, halte, relâche, stop-over 2. port, relâche

escalier N. M. degrés, marches

escamoter V. TR. 1. faire disparaître, cacher, camoufler, dissimuler, effacer, masquer, occulter, recouvrir, voiler 2. rentrer, replier 3. voler, attraper, dérober, subtiliser 4. éluder, contourner, esquiver, éviter, sauter, se soustraire à, couper à (*fam.*)

escapade N. F. sortie, bordée, équipée, fugue, virée (*fam.*)

escarmouche N. F. 1. accrochage, échauffourée, engagement 2. altercation, chamaillerie, dispute, duel, joute, prise de bec (*fam.*)

escarpé, ée ADJ. 1. abrupt, à pic 2. raide, ardu, malaisé, montant

escarpement N. M. à-pic, abrupt, falaise, paroi, pente

esclaffer (s') V. PRON. rire, éclater de rire, pouffer (*fam.*), se gondoler (*fam.*), se tordre (*fam.*)

esclandre N. M. éclat, scandale, scène, tapage

esclavage N. M. 1. asservissement, assujettissement, servage, servitude, subordination, sujétion 2. tyrannie, contrainte, domination, oppression, chaînes (*littér.*), joug (*littér.*)

esclave N. 1. serf 2. serviteur, valet 3. jouet, chose, marionnette, pantin

escompter V. TR. espérer, attendre, s'attendre à, compter sur, miser sur, prévoir, tabler sur

escorte N. F. 1. garde, détachement 2. suite, cortège, accompagnateur, accompagnement

escorter V. TR. 1. accompagner, chaperonner, flanquer, suivre 2. convoyer, conduire

escrimer (s') V. PRON. s'acharner, s'appliquer, se battre, se démener, s'échiner, s'efforcer, s'évertuer, s'ingénier

escroc N. M. voleur, bandit, gangster, malfaiteur, pirate, aigrefin (*littér.*), chevalier d'industrie (*littér.*), arnaqueur (*fam.*), entubeur (*très fam.*), faisan (*argot*), filou (*fam.*), fripouille (*fam.*)

escroquer V. TR. 1. voler, extorquer, soustraire, soutirer, faire main basse sur, barboter (*fam.*), carotter (*fam.*), chouraver (*fam.*), piquer (*fam.*), rafler (*fam.*) 2. tromper, arnaquer (*fam.*), avoir (*fam.*), blouser (*fam.*), entuber (*très fam.*), estamper (*fam.*), filouter (*fam.*), flouer (*fam.*), gruger (*fam.*), matraquer (*fam.*), rouler (*fam.*), truander (*fam.*)

escroquerie N. F. 1. vol, arnaque (*fam.*), carambouillage (*fam.*) 2. fraude, malhonnêteté 3. abus de confiance, tromperie, entourloupe (*fam.*)

ésotérique ADJ. 1. occulte, cabalistique, caché, secret, voilé 2. hermétique, énigmatique, impénétrable, incompréhensible, indéchiffrable, inintelligible, nébuleux, obscur, abscons (*littér.*), abstrus (*littér.*), sibyllin (*littér.*)

espace N. M. I. 1. immensité, infini 2. univers, cosmos 3. atmosphère, ciel, éther (*littér.*) II. étendue, aire, place, superficie, surface, volume, sphère, zone III. 1. espacement, distance, écart, écartement, interstice, intervalle, vide 2. distance, course, route, trajet, trajectoire

espacé, ée ADJ. 1. éloigné, distant, séparé 2. clairsemé, disséminé, échelonné, éparpillé, épars

espacer V. TR. 1. éloigner, détacher, disséminer, distancer, échelonner, éparpiller, étaler, séparer 2. [*dans le temps*] échelonner, étaler, répartir

espèce N. F. 1. genre, catégorie, classe, groupe, qualité, sorte, engeance (*péj.*) 2. variété, essence, race, sous-classe, sous-ordre, type

♦ **espèces** PLUR. numéraire, liquide, cash

espérance N. F. 1. espoir, aspiration, attente, désir, souhait 2. croyance, assurance, certitude, confiance, conviction, expectative, promesse 3. prévision, estimation, perspective, pressentiment 4. possibilité, chance

espérer V. TR. 1. désirer, aspirer à, souhaiter, [*sans complément*] avoir espoir, garder espoir 2. attendre, s'attendre à, compter sur, escompter, penser, tabler sur 3. [*infinitif*] aimer à croire/vouloir croire, se promettre de, se flatter de (*littér.*)

espiègle ADJ. malicieux, coquin, facétieux, gamin, malin, mutin, polisson, taquin, turbulent, fripon (*fam.*)

espion, onne N. 1. agent (secret), barbouze (*fam.*), taupe (*fam.*) 2. indicateur, indic (*fam.*), barbouze (*fam.*), mouchard (*fam.*), mouche (*fam.*), mouton (*argot*)

espionner V. TR. épier, guetter, surveiller, [*avec micro*] mettre sur écoute

espoir N. M. 1. espérance, aspiration, attente, désir, souhait 2. [*ferme*] assurance, certitude, conviction

esprit N. M. I. 1. âme, conscience, moi, sujet 2. entendement, intelligence, raison, bon sens, sens (commun), cerveau (*fam.*), cervelle (*fam.*), méninges (*fam.*), tête (*fam.*) 3. pensée, culture, idées, imagination, opinion, réflexion II. intention, but, désir, dessein, idée, optique III. finesse, adresse, à-propos, brio, ingéniosité, malice, humour, sel, verve IV. 1. génie, démon, djinn, elfe, farfadet, fée, gnome, kobold, korrigan, lutin 2. fantôme, revenant, spectre, mânes (*littér.*)

esquinter V. TR. 1. abîmer, casser, démolir, détériorer, endommager, amocher (*fam.*), bousiller (*fam.*), cramer (*fam.*), déglinguer (*fam.*) 2. épuiser, éreinter, exténuer, fatiguer, harasser, crever (*fam.*) 3. critiquer, éreinter, étriller, malmener, démolir (*fam.*), descendre (en flammes) (*fam.*)

esquisse N. F. 1. croquis, crayon, ébauche, essai, étude, premier jet, modèle, plan, pochade 2. ébauche, abrégé, aperçu, canevas, carcasse, grandes lignes, idée générale, ossature, plan, schéma

esquisser V. TR. 1. crayonner, croquer, dessiner, ébaucher, indiquer, pocher, tracer 2. amorcer, commencer, ébaucher, dessiner les contours de

esquiver V. TR. 1. éviter, échapper à, se soustraire à, couper à (*fam.*) 2. se dérober à, éluder, escamoter

♦ **s'esquiver** V. PRON. s'éclipser, décamper, se dérober, disparaître, s'échapper, s'enfuir, filer (à l'anglaise), se sauver, se défiler, se barrer (*fam.*), prendre la tangente (*fam.*), se tirer (*fam.*)

essai N. M. I. 1. expérience, épreuve, expérimentation, test, vérification 2. essayage 3. audition 4. tentative, démarche, effort II. début, apprentissage, bégaiement, commencement, ébauche, esquisse, premiers pas, tâtonnement III. traité, étude, monographie

essaim N. M. 1. colonie 2. multitude, armée, nuée, quantité, troupe, troupeau, volée

essayer V. TR. 1. expérimenter, contrôler, éprouver, mettre à l'épreuve, mettre à l'essai, tester, vérifier 2. enfiler, passer 3. tâter de, aborder, goûter de, se lancer dans, tenter

♦ **s'essayer à** V. PRON. 1. s'exercer à 2. se hasarder à, s'aventurer à, se risquer à

essence N. F. 1. carburant 2. [*d'arbre*] espèce 3. extrait, arôme, concentré, élixir, huile (essentielle), oléolat 4. substance, caractère, esprit, fond, principe, quintessence 5. [*Philo.*] entité, nature, substrat

essentiel[1]**, ielle** ADJ. 1. caractéristique, constitutif, foncier, fondamental, intrinsèque 2. principal, dominant, majeur 3. important, capital, primordial, vital 4. véritable, vrai 5. [*Philo.*] absolu

essentiel[2] N. M. essence, substance, cœur, fond, nœud, noyau

essentiellement ADV. 1. par définition, fondamentalement, typiquement 2. principalement, absolument, avant tout, majoritairement, surtout

essor N. M. 1. envol, envolée, vol, volée 2. impulsion, élan 3. croissance, activité, boom, développement, épanouissement, expansion, extension, progrès, progression

essouffler (s') V. PRON. 1. s'époumoner, haleter, souffler, suffoquer 2. ralentir, baisser, connaître une éclipse, connaître un passage à vide, s'épuiser, stagner

essuyer V. TR. 1. éponger, nettoyer 2. [*cheval*] bouchonner 3. dépoussiérer, épousseter 4. éprouver, endurer, recevoir, subir, souffrir (*littér.*), encaisser (*fam.*)

estampille N. F. 1. marque (de fabrique), garantie, griffe, label (de qualité), signature 2. cachet, sceau

esthétique
▸ N. F. 1. beauté, art, beau, harmonie, plastique 2. design, style
▸ ADJ. 1. beau, décoratif, harmonieux, joli, sculptural 2. artistique 3. [*Chir.*] plastique, reconstructeur

estimable ADJ. 1. appréciable, louable, méritoire 2. respectable, digne, honorable, recommandable

estimation N. F. 1. calcul, appréciation, détermination, devis, évaluation, expertise, prisée 2. à-peu-près, aperçu, approximation 3. prévision, espoir

estime N. F. 1. considération, déférence, égard, respect 2. faveur, honneur

estimer V. TR. I. 1. apprécier, admirer, considérer, honorer, faire grand cas de, vénérer, avoir une bonne/haute opinion de, priser (*littér.*) 2. goûter, priser (*littér.*) II. 1. expertiser, apprécier, coter, évaluer, examiner, jauger 2. calculer, apprécier, chiffrer, évaluer, mesurer III. 1. être d'avis, considérer, croire, juger, penser, présumer, tenir, trouver 2. considérer comme, croire, juger, regarder comme, tenir pour, trouver

♦ **s'estimer** V. PRON. se sentir, se considérer, se croire, se juger, se trouver

estomac N. M. ventre, panse, bedaine (*fam.*)

estomaquer V. TR. abasourdir, ahurir, ébahir, étonner, suffoquer, épater (*fam.*), époustoufler (*fam.*), sidérer (*fam.*), souffler (*fam.*)

estomper V. TR. 1. effacer, éteindre 2. adoucir, affaiblir, atténuer, diminuer, édulcorer, modérer, tamiser, voiler

♦ **s'estomper** V. PRON. s'effacer, décroître, faiblir, mourir, pâlir, passer

estropié, ée ADJ. infirme, éclopé, impotent, invalide

établi,ie ADJ. 1. situé 2. démontré, acquis, admis, avéré, certain, incontestable, indiscutable, prouvé, reconnu, réel, sûr 3. en place, en usage, en vigueur

établir V. TR. I. 1. installer, disposer, fixer, implanter, loger, placer, poser, poster, caser (*fam.*), [*des troupes*] cantonner 2. bâtir, construire, dresser, échafauder, édifier, élever, ériger 3. créer, constituer, élaborer, fonder, instaurer, instituer, mettre en place/sur pied, monter, organiser 4. [*liens*] nouer, créer II. 1. confirmer, démontrer, montrer, poser, prouver 2. déterminer, fixer, préciser, mettre en vigueur 3. découvrir, reconnaître 4. arrêter, calculer, dresser 5. faire régner III. accréditer, affecter, introniser, nommer, placer

♦ **s'établir** V. PRON. 1. élire domicile, se fixer, habiter, s'installer, planter ses pénates (*plaisant*) 2. s'ancrer, s'enraciner, prendre place 3. se poster

établissement N. M. I. 1. installation, disposition, implantation, placement 2. construction, érection II. 1. création, constitution, fondation, instauration, institution, mise en place, organisation 2. rédaction, édition III. démonstration, confirmation, preuve IV. entreprise, affaire, exploitation, firme, maison, société, usine, boîte (*fam.*)

étage N. M. 1. niveau, degré, palier 2. plateforme 3. catégorie, classe, couche, degré, échelon, gradin, rang, stade

étagère N. F. rayonnage, rayon, tablette

étalage N. M. 1. devanture, éventaire, vitrine 2. démonstration, déballage, déploiement, exhibition, parade

étalement N. M. 1. échelonnement, répartition 2. décalage

étaler V. TR. I. 1. mettre à plat, étendre 2. déplier, déployer, dérouler, développer, étendre, ouvrir 3. éparpiller, répandre 4. [*fam.*] faire tomber, jeter à terre, étendre (*fam.*) II. enduire, badigeonner, barbouiller (*fam.*), épandre, répartir, tartiner (*fam.*) III. échelonner, espacer, répartir, décaler IV. 1. exposer, dérouler, montrer, déballer (*fam.*) 2. exhiber, afficher, arborer, exposer, faire étalage de, faire montre de, faire parade de 3. révéler, dévoiler, exposer, raconter, déballer (*fam.*)

♦ **s'étaler** V. PRON. 1. se déployer, se dérouler, se développer, s'étendre 2. s'échelonner, se répartir 3. s'afficher, s'exhiber, parader, se pavaner 4. s'étendre, se laisser tomber, s'affaler (*fam.*), s'avachir (*fam.*), se vautrer (*fam.*) 5. [*fam.*] tomber (de tout son long), choir (*littér.*), se ramasser (*fam.*), se prendre une gamelle (*fam.*)

étalon N. M. archétype, modèle, référence, standard, type

étanche ADJ. imperméable, hermétique

étancher V. TR. 1. sécher, assécher, éponger 2. assouvir, apaiser, satisfaire

étang N. M. pièce d'eau, lac, mare, [*artificiel*] bassin, réservoir

étape N. F. 1. halte, escale, relais 2. parcours, route, trajet 3. époque, période, phase, stade 4. degré, échelon, palier, pas

état N. M. I. 1. situation, condition 2. identité, âge, nationalité, sexe 3. position (sociale), condition, destin, existence, sort, vie 4. métier, profession, travail II. 1. niveau, degré, étape, point, rang 2. version, mouture III. bilan, bulletin, compte rendu, description, exposé, inventaire, recensement, statistique

État N. M. 1. nation, empire, puissance, pays, royaume 2. chose publique, cité, communauté nationale, corps politique, société 3. gouvernement, pouvoir (central), administration, service (public) 4. service public, société nationale

étayer V. TR. 1. consolider, appuyer, assurer, caler, renforcer, soutenir 2. appuyer, conforter, renforcer, soutenir, apporter de l'eau au moulin de

♦ **s'étayer** V. PRON. se fonder

éteindre V. TR. 1. étouffer 2. fermer 3. souffler 4. assouvir, affaiblir, amortir, apaiser, calmer, diminuer, endormir, étancher 5. effacer, assourdir, éclipser, faner, faire passer, obscurcir, ternir 6. anéantir, abolir, consumer, détruire, exterminer, supprimer 7. [*une dette*] annuler, acquitter, amortir

♦ **s'éteindre** V. PRON. 1. mourir, disparaître, expirer, périr, succomber, trépasser (*littér.*), crever (*fam.*) 2. s'affaiblir, s'assoupir, se calmer, décliner, décroître, s'effacer, s'estomper, mourir, passer, retomber 3. finir, s'achever, périr

éteint, einte ADJ. 1. décoloré, défraîchi, délavé, effacé, estompé, fané, pâle, pâli, passé, terne 2. étouffé, sourd 3. inexpressif, fade, morne, mort 4. apathique, amorphe, atone, inerte, fatigué, usé

étendard N. M. drapeau, bannière, gonfalon

étendre V. TR. I. 1. allonger, coucher 2. déployer, déplier, dérouler, détendre, développer, étaler, étirer, pendre, tendre 3. mettre, placer, poser 4. éparpiller II. appliquer, enduire, étaler, répandre III. accroître, accentuer, agrandir, amplifier, augmenter, développer, élargir, généraliser, grossir, propager, renforcer, répandre, reculer les frontières de IV. délayer, allonger, couper, diluer, éclaircir, fluidifier, mélanger

♦ **s'étendre** V. PRON. 1. se coucher, s'allonger 2. s'agrandir, s'allonger, se détendre, s'élargir, s'étirer, grandir 3. croître, se déployer, se développer, envahir, gagner (du terrain), se généraliser, grandir, grossir, prendre de l'ampleur, progresser, se propager, rayonner, se renforcer, se répandre 4. continuer, courir, se dérouler, durer, se prolonger

étendu, ue ADJ. 1. vaste, ample, large, spacieux 2. varié, riche 3. important, considérable 4. couché, gisant

étendue N. F. I. 1. espace, aire, grandeur, superficie, surface 2. dimension, amplitude, largeur, longueur, volume 3. distance, portée II. 1. extension, ampleur, développement 2. importance, envergure, immensité, portée, proportion III. domaine, cercle, champ, horizon, sphère IV. durée, temps

éternel, elle ADJ. 1. divin 2. immortel, inaltérable, immuable 3. durable, impérissable, indéfectible, indestructible, indissoluble, infini 4. continuel, constant, incessant, interminable, permanent, perpétuel, sempiternel

éternellement ADV. 1. indéfiniment, interminablement, pour l'éternité, (pour) toujours, ad vitam aeternam 2. [*péj.*] inévitablement, continuellement, perpétuellement, sempiternellement

éterniser V. TR. 1. immortaliser, pérenniser, perpétuer 2. faire durer, prolonger
• **s'éterniser** V. PRON. 1. durer, se prolonger, traîner (en longueur), n'en plus finir 2. s'attarder, rester, traîner

éternuement N. M. sternutation, atchoum (fam.)

étêter V. TR. décapiter, découronner, écimer, tailler

éthéré, ée ADJ. 1. aérien, délicat, irréel, léger, surnaturel, vaporeux 2. élevé, haut, noble, pur, serein, sublime, platonique

éthique
▸ N. F. morale, déontologie
▸ ADJ. moral, déontologique

étincelant, ante ADJ. 1. brillant, chatoyant, flamboyant, luisant, rayonnant, resplendissant, rutilant, scintillant 2. éblouissant, éclatant, incandescent, radieux

étinceler V. INTR. 1. éclairer, briller, chatoyer, flamboyer, luire, rayonner, resplendir, rutiler, scintiller, brasiller (littér.) 2. briller, pétiller, lancer des éclairs

étincelle N. F. 1. flammèche 2. éclair, éclat, lueur

étioler V. TR. affaiblir, anémier, appauvrir, atrophier, rabougrir
• **s'étioler** V. PRON. 1. se faner, s'anémier, s'atrophier, dépérir, se rabougrir 2. languir, s'affaiblir, décliner, dépérir

étique ADJ. amaigri, cachectique, décharné, efflanqué, émacié, famélique, hâve, maigre, squelettique

étiqueter V. TR. 1. dénommer, indiquer, noter 2. cataloguer, classer, juger

étiquette N. F. 1. protocole, bienséance, cérémonial, décorum, formes, règles, savoir-vivre 2. label 3. inscription, timbre, vignette

étirement N. M. allongement, extension

étirer V. TR. allonger, détirer, distendre, élonger, étendre, tirer
• **s'étirer** V. PRON. 1. se dérouler, s'étendre, se tendre 2. se détendre 3. s'effilocher, s'effiler

étoffe N. F. 1. tissu, textile 2. valeur, aptitudes, calibre, capacités, envergure, trempe

étoffer V. TR. enrichir, développer, donner du corps à, nourrir
• **s'étoffer** V. PRON. grossir, s'élargir, se remplumer (fam.)

étoile N. F. 1. astre, planète, comète 2. astérisque 3. célébrité, star, vedette

étonnant, ante ADJ. 1. surprenant, déconcertant, étourdissant, frappant, inconcevable, incroyable, renversant, saisissant, stupéfiant, suffoquant, ébouriffant (fam.), raide (fam.) 2. étrange, anormal, bizarre, curieux, drôle, inattendu, insolite, original, singulier, troublant 3. exceptionnel, extraordinaire, fantastique, impressionnant, merveilleux, prodigieux, remarquable, épatant (fam.), époustouflant (fam.), extra (fam.), fabuleux (fam.), formidable (fam.), sensass (fam.), sensationnel (fam.), soufflant (fam.), super (fam.), terrible (fam.) 4. gigantesque, écrasant, faramineux, monstrueux, phénoménal 5. magique, miraculeux, mirifique (fam.), mirobolant (fam.)

étonné, ée ADJ. surpris, abasourdi, ahuri, déconcerté, ébahi, éberlué, frappé, interdit, interloqué, médusé, renversé, saisi, stupéfait, suffoqué, baba (fam.), soufflé (fam.)

étonnement N. M. surprise, ahurissement, ébahissement, saisissement, stupéfaction, stupeur

étonner V. TR. 1. surprendre, abasourdir, ahurir, confondre, déconcerter, décontenancer, ébahir, interdire, interloquer, méduser, renverser, saisir, sidérer, stupéfier, suffoquer, couper les bras et les jambes à, asseoir (fam.), éberluer (fam.), estomaquer (fam.), scier (fam.) 2. impressionner, couper le souffle, faire son effet sur, en boucher un coin à (fam.), décoiffer (fam.), épater (fam.), époustoufler (fam.), souffler (fam.)
• **s'étonner** V. PRON. être surpris, trouver étrange (que)

étouffant, ante ADJ. irrespirable, accablant, caniculaire, lourd, oppressant, pesant, suffocant

étouffé, ée ADJ. assourdi, faible, sourd

étouffement N. M. I. 1. asphyxie, dyspnée, étranglement, oppression, suffocation 2. moiteur, touffeur (littér.) II. répression, anéantissement, destruction, écrasement, neutralisation, suppression

étouffer
▸ V. TR. I. 1. asphyxier, étrangler, suffoquer 2. incommoder, gêner, oppresser 3. [un incendie] éteindre, noyer II. amortir, assourdir, atténuer, couvrir, noyer III. 1. cacher, dissimuler, enterrer, escamoter, noyer, passer sous silence 2. anéantir, écraser, étrangler, mater, museler, neutraliser, opprimer, stopper, tuer (dans l'œuf) 3. arrêter, contenir, enrayer, juguler, refouler, réprimer, retenir
▸ V. INTR. mal respirer, suffoquer, manquer d'air
• **s'étouffer** V. PRON. 1. s'asphyxier, s'étrangler, suffoquer 2. s'écraser, se presser 3. s'atténuer, mourir, se perdre

étourderie N. F. 1. distraction, inadvertance, inattention, légèreté 2. bêtise, bévue, imprudence, oubli

étourdi, ie
▸ ADJ. distrait, écervelé, évaporé, imprudent, inattentif, insouciant, irréfléchi, léger
▸ N. hurluberlu, étourneau (fam.), tête de linotte (fam.), tête en l'air (fam.), tête folle (fam.)

étourdir V. TR. 1. assommer, estourbir (fam.), mettre k.-o. (fam.), sonner (fam.) 2. enivrer, chavirer, griser, monter à la tête de, soûler, tourner la tête de 3. abrutir, assommer, assourdir, fatiguer, incommoder, casser la tête à (fam.), casser les oreilles à (fam.)
• **s'étourdir** V. PRON. 1. s'enivrer, se griser, se soûler 2. se distraire, oublier

étourdissant, ante ADJ. 1. assourdissant, abrutissant, fatigant 2. éblouissant, brillant, prodigieux, sensationnel, époustouflant (fam.), décoiffant (fam.), ébouriffant (fam.)

étourdissement N. M. 1. vertige, défaillance, éblouissement, évanouissement, faiblesse, syncope 2. griserie, égarement, enivrement, fièvre, ivresse, vertige

étrange ADJ. bizarre, anormal, curieux, drôle, énigmatique, étonnant, incompréhensible, inexplicable, inhabituel, insolite, singulier, surprenant

étranger, ère
▸ N. 1. apatride, immigrant, immigré, réfugié, métèque (injurieux) 2. intrus 3. inconnu, tiers
▸ ADJ. 1. extérieur, allogène 2. exotique, lointain 3. différent, distinct, isolé 4. inconnu, ignoré

étranglement N. M. 1. strangulation 2. étouffement, suffocation 3. [d'une activité, etc.] paralysie, asphyxie, étouffement 4. répression, musellement, oppression 5. resserrement, rétrécissement

étrangler V. TR. 1. tuer, assassiner, prendre à la gorge, serrer le kiki de (fam.) 2. oppresser, étouffer 3. ruiner, asphyxier, étouffer, mettre à mal, nuire à 4. opprimer, mater, museler, réprimer 5. resserrer, rétrécir
• **s'étrangler** V. PRON. 1. s'étouffer, suffoquer 2. se resserrer, rétrécir

être[1] V. INTR. I. 1. exister, vivre 2. [suivi d'un adj.] se sentir, aller, se porter II. 1. se trouver, loger, résider 2. demeurer, rester III. consister en, représenter

être[2] N. M. 1. créature 2. individu, personne, type 3. âme, conscience, esprit, individualité, moi, nature, personnalité, personne 4. essence, nature intime 5. existence

étreindre V. TR. 1. embrasser, enlacer, prendre/serrer dans ses bras, presser dans ses bras/sur son cœur, serrer 2. oppresser, empoigner, étouffer, presser, serrer, tenailler

étreinte N. F. 1. embrassade, enlacement 2. accouplement, coït

étriller V. TR. 1. brosser, bouchonner, frotter, panser 2. critiquer, éreinter, malmener, maltraiter, rudoyer

étriper V. TR. 1. éviscérer, vider 2. éventrer 3. [fam.] agresser, attaquer, critiquer

étriqué, ée ADJ. 1. étroit, court, exigu, juste, limité, maigre, restreint, rétréci, riquiqui (fam.) 2. borné, étroit, intolérant, limité, médiocre, mesquin, petit, sectaire, minable (fam.)

étroit, oite ADJ. I. 1. étréci, effilé, étiré, rétréci 2. étranglé, encaissé, resserré 3. serré, collant, court, étriqué, juste, moulant, petit 4. mince, court, faible, fin, maigre 5. intime, confiné, exigu, juste, limité, réduit, riquiqui (fam.) II. exact, restreint, restrictif III. intime, fort, privé, profond IV. 1. rigoureux, strict, scrupuleux 2. borné, étriqué, intolérant, limité, médiocre, mesquin, petit, sectaire

étroitement ADV. 1. intimement, fortement 2. exactement, expressément, rigoureusement, scrupuleusement, strictement 3. de (très) près 4. à l'étroit

étude N. F. 1. analyse, enquête, examen, expérimentation, expertise, exploration, observation 2. article, essai, mémoire, traité, travail 3. dessin, ébauche 4. affectation, apprêt, recherche, afféterie (littér.)
• **études** PLUR. apprentissage, cursus, parcours scolaire, scolarité, travail scolaire

étudié, ée ADJ. 1. médité, mûri, pensé, réfléchi 2. recherché, pensé, soigné, sophistiqué, travaillé, chiadé (fam.) 3. affecté, apprêté, artificiel, calculé, contraint, emprunté, faux, feint

étudier V. TR. 1. apprendre, s'instruire sur, travailler, bûcher (fam.), potasser (fam.) 2. analyser, approfondir, ausculter, considérer, éplucher, examiner, fouiller, observer, explorer, s'intéresser à, se pencher sur, tâter 3. chercher, rechercher 4. composer, mettre au point, préméditer, préparer

étui N. M. boîte, boîtier, écrin, emballage, enveloppe, fourreau, gaine

euphorie N. F. bien-être, allégresse, enthousiasme, entrain, excitation, extase, joie, jubilation, liesse, surexcitation

euphorique ADJ. 1. euphorisant 2. heureux, enjoué, enthousiaste, excité, aux anges (fam.), au septième ciel (fam.)

évacuation N. F. 1. dégorgement, débordement, déversement, écoulement, flux 2. éjection, élimination, excrétion, expulsion 3. départ, abandon, exode, retrait, retraite

évacuer V. TR. 1. éliminer, excréter, expulser, rejeter 2. dégorger, déverser, faire écouler, vidanger, vider 3. abandonner, déguerpir de, quitter, se retirer de, sortir, [les lieux] vider 4. faire partir, faire sortir

évader (s') V. PRON. 1. fuir, s'échapper, s'enfuir, se sauver, cavaler (fam.), jouer la fille de l'air (fam.), se faire la belle (argot) 2. s'en aller, s'éclipser, s'esquiver, filer (à l'anglaise), fuir, se libérer, se retirer, sortir, se soustraire

évaluation N. F. 1. appréciation, calcul, chiffrage, dénombrement, détermination, estimation, mesure 2. mesure, prix, valeur 3. approximation, à-peu-près, estimation

évaluer V. TR. apprécier, estimer, jauger, juger, soupeser, supputer 2. déterminer, calculer, chiffrer, coter, expertiser, mesurer, peser

évanouir (s') V. PRON. 1. perdre connaissance, défaillir, se trouver mal, perdre ses esprits, tourner de l'œil (fam.), tomber dans les pommes/dans les vapes (fam.) 2. disparaître, s'anéantir, cesser, se dissiper, s'éclipser, s'effacer, s'enfuir, s'envoler, s'évaporer, fondre, mourir

évanouissement N. M. 1. malaise, défaillance, faiblesse, syncope 2. anéantissement, disparition, effacement, perte

évaporé, ée ADJ. et N. étourdi, écervelé, folâtre, frivole, insouciant, léger, sans cervelle (fam.), tête en l'air (fam.)

évaporer (s') V. PRON. 1. se vaporiser, se volatiliser 2. se dissiper, s'éventer 3. s'exhaler, s'exprimer 4. disparaître, s'éclipser, s'envoler, se volatiliser

évaser V. TR. agrandir, élargir

évasif, ive ADJ. 1. ambigu, allusif, détourné, équivoque, imprécis, laconique, vague 2. fuyant, dilatoire

évasion N. F. 1. fuite, belle (argot), cavale (argot) 2. distraction, changement, délassement, divertissement

éveillé, ée ADJ. vif, alerte, dégourdi, déluré, malin, futé (fam.)

éveiller V. TR. 1. réveiller 2. déclencher, animer, exciter, faire naître, piquer, provoquer, susciter 3. évoquer, rappeler 4. développer, révéler, stimuler
• **s'éveiller** V. PRON. se réveiller, ouvrir les yeux, ouvrir un œil (fam.)

événement N. M. 1. fait, action, aventure, épisode, péripétie, [inattendu] coup de théâtre 2. histoire, affaire 3. situation, cas, circonstance, conjoncture, occasion 4. nouvelle

éventail N. M. 1. gamme, assortiment, choix, sélection 2. échelle, fourchette

éventer V. TR. 1. divulguer, dévoiler, raconter, répandre 2. découvrir, déjouer, deviner, flairer 3. rafraîchir
♦ **s'éventer** V. PRON. 1. s'aérer 2. s'altérer, tourner

éventrer V. TR. 1. étriper 2. ouvrir, crever, défoncer

éventualité N. F. 1. cas, hypothèse, possibilité 2. circonstance, événement, occurrence 3. contingence, hasard, incertitude

éventuel, elle ADJ. 1. possible 2. aléatoire, contingent, hypothétique, imprévisible, incertain

éventuellement ADV. 1. le cas échéant, à l'occasion 2. peut-être, probablement

évertuer à (s') V. PRON. s'appliquer à, s'acharner à, s'attacher à, batailler pour, se battre pour, s'échiner à, s'efforcer de, s'épuiser à, s'escrimer à, se fatiguer à, s'ingénier à, lutter pour, peiner pour, tâcher de, se tuer à (fam.)

éviction N. F. 1. expulsion, congédiement, élimination, exclusion, rejet, renvoi 2. dépossession, supplantation

évidemment ADV. 1. absolument, assurément, bien sûr, cela s'entend, cela va de soi, certainement, et comment (donc), bien entendu, naturellement 2. à l'évidence, à coup sûr, assurément, incontestablement, indubitablement, sans aucun doute, sans conteste, sans contredit

évidence N. F. 1. certitude 2. transparence, vérité 3. truisme, généralité, lapalissade

évident, ente ADJ. 1. visible, apparent, clair, incontestable, indéniable, indiscutable, indubitable, irréfutable, manifeste, net, patent 2. flagrant, aveuglant, criant, clair comme le jour, éclatant, gros comme une maison (fam.) 3. trivial, facile

évincer V. TR. 1. écarter, chasser, éliminer, exclure, expulser, blackbouler (fam.), débarquer (fam.), virer (fam.) 2. l'emporter sur, détrôner, supplanter

éviter V. TR. 1. esquiver, détourner, échapper à, écarter, se garer de, parer, passer au travers de, se préserver de, se soustraire à 2. contourner, se détourner de, s'écarter de, s'éloigner de, fuir 3. se dérober à, se dispenser de, éluder, s'épargner, passer outre/au travers de, se soustraire à, obvier à (littér.), couper à (fam.) 4. s'interdire, bannir, supprimer

évocation N. F. 1. rappel, allusion, mention, remémoration, représentation 2. incantation, sortilège

évolué, ée ADJ. 1. civilisé, développé 2. cultivé, éclairé, large d'esprit

évoluer V. INTR. 1. se mouvoir, manœuvrer 2. changer, bouger, se modifier, se transformer, varier 3. progresser, innover, s'adapter, vivre avec son temps

évolution N. F. 1. mouvement, [Milit.] manœuvre 2. changement, bouleversement, développement, métamorphose, modification, transformation 3. progrès, avancement, cours, processus, progression

évoquer V. TR. 1. invoquer 2. décrire, montrer 3. rappeler, réveiller, faire revivre, remémorer (littér.) 4. suggérer, appeler, éveiller, rappeler, susciter 5. faire allusion à, aborder, citer, effleurer, mentionner, nommer, poser 6. représenter, incarner, symboliser

exacerber V. TR. 1. porter à son paroxysme, aiguiser, aviver, exalter, enflammer, exciter, intensifier 2. aggraver, attiser, envenimer, exaspérer, irriter

exact, exacte ADJ. 1. correct, bon, juste 2. précis, net 3. authentique, réel, véridique, véritable, vrai 4. [sens] propre, littéral, strict 5. fidèle, conforme, textuel 6. sûr, certain, fiable, solide 7. ponctuel, à l'heure, assidu, consciencieux, régulier 8. minutieux, attentif, précis, rigoureux, scrupuleux, strict

exactement ADV. 1. en tout point, régulièrement, religieusement, rigoureusement, scrupuleusement, [respecter] à la lettre 2. objectivement, fidèlement, littéralement, mot à mot, de point en point, textuellement 3. bien, adéquatement, correctement 4. précisément, justement 5. parfaitement, en plein, rigoureusement, tout à fait, au quart de poil (fam.) 6. [exclamatif] tout juste, absolument, certes, oui, parfaitement, tout à fait

exaction N. F. abus de pouvoir, extorsion, pillage, vol, malversation (littér.), prévarication (littér. ou Droit), [d'un fonctionnaire] concussion
♦ **exactions** PLUR. mauvais traitements, excès, sévices, violences

exactitude N. F. 1. ponctualité, assiduité, régularité 2. justesse, correction, précision, rectitude, rigueur 3. fidélité, justesse, ressemblance, véracité, vérité, véridicité (littér.) 4. application, attention, conscience, minutie, soin, scrupule

exagération N. F. 1. amplification, dramatisation, grossissement, surestimation 2. emphase, enflure, hyperbole 3. excès, abus, démesure, outrance

exagéré, ée ADJ. 1. outrancier, caricatural, chargé, excessif, extrême, fort, hyperbolique, outré 2. inabordable, astronomique, excessif, exorbitant 3. abusif, surfait 4. démesuré, débridé, effréné, fou, immodéré, insensé 5. forcé, affecté

exagérément ADV. trop, abusivement, démesurément, à l'excès, excessivement, à outrance

exagérer V. TR. I. 1. amplifier, agrandir, augmenter, enfler, gonfler, grandir, grossir, majorer, surestimer, [en mal] dramatiser, pousser au noir 2. forcer, accentuer, accuser, amplifier, charger, grossir, outrer II. [sans complément] 1. en ajouter, fabuler, broder, se vanter, bluffer (fam.), se gonfler (fam.), hâbler (littér.) 2. abuser, aller trop loin, dépasser les bornes, ne pas y aller de main morte, passer la mesure, atiger (fam..), charrier (fam.), faire fort (fam.), forcer la dose (fam.), pousser (fam.), tirer sur la ficelle (fam.), pousser le bouchon trop loin (fam.)

exaltant, ante ADJ. excitant, électrisant, enivrant, enthousiasmant, galvanisant, grisant, passionnant, stimulant, vivifiant, emballant (fam.)

exaltation N. F. 1. agitation, déchaînement, délire, effervescence, surexcitation 2. ardeur, chaleur, enthousiasme, feu, fièvre, fougue, passion, véhémence 3. griserie, enivrement, extase, exultation, ivresse, ravissement, transport, emballement (fam.) 4. glorification, célébration, louange, apologie

exalté, ée
▶ ADJ. 1. intense, délirant, exacerbé, vif 2. excité, frénétique, surexcité, survolté 3. ardent, enthousiaste, fougueux, passionné
▶ N. tête brûlée, énergumène, enragé, excité, fanatique, fou

exalter V. TR. 1. animer, chauffer (à blanc), échauffer, électriser, enflammer, enivrer, enthousiasmer, exciter, fanatiser, galvaniser, griser, passionner, soulever, survolter, transporter, emballer (fam.) 2. intensifier, aviver, fortifier, ranimer, raviver, réchauffer, renforcer, réveiller, stimuler, vivifier 3. rehausser, relever, faire ressortir 4. améliorer, développer, grandir, hausser, perfectionner 5. glorifier, bénir, déifier, diviniser, magnifier, porter aux nues, mettre sur un piédestal 6. célébrer, chanter, louer, vanter
♦ **s'exalter** V. PRON. s'enthousiasmer, s'enflammer, s'engouer, se passionner, se monter la tête (fam.), s'emballer (fam.)

examen N. M. 1. étude, analyse, auscultation, contrôle, enquête, exploration, inspection, investigation, recherche, test, vérification 2. [rapide] tour d'horizon, survol 3. consultation, visite, [complet] bilan de santé, check-up (anglic.) 4. épreuve, test, audition, composition, écrit, interrogation, oral, partiel 5. brevet, certificat

examiner V. TR. I. 1. observer, considérer, contempler, étudier, explorer, inspecter, passer en revue, regarder, scruter, visiter, [avec dédain] toiser 2. compulser, consulter, dépouiller II. 1. analyser, étudier, sonder 2. contrôler, éprouver, essayer, expérimenter, vérifier 3. ausculter, palper, tâter, toucher III. 1. réfléchir à, repasser, repeser, ressasser, retourner dans son esprit, revoir 2. débattre, délibérer de/sur, discuter, mettre sur le tapis

exaspérant, ante ADJ. excédant, agaçant, crispant, énervant, horripilant, insupportable, irritant, rageant (fam.)

exaspération N. F. 1. agacement, colère, énervement, irritation, rage 2. exacerbation, aggravation, exaltation, excitation, intensification

exaspérer V. TR. 1. excéder, agacer, crisper, énerver, fâcher, faire bouillir, irriter, pousser à bout, courir sur le système à (fam.), courir sur le haricot à (très fam.), gonfler (très fam.), porter sur les nerfs de (fam.), taper sur les nerfs à (fam.) 2. intensifier, accroître, aggraver, aiguiser, aviver, envenimer, exacerber, exciter

exaucer V. TR. 1. combler, contenter, satisfaire 2. accomplir, accorder, réaliser

excavation N. F. 1. cavité, anfractuosité, antre, caverne, creux, grotte 2. fosse, entonnoir, puits, souterrain, tranchée, trou

excédent N. M. 1. surplus, différence (en plus), excès, résidu, reste, supplément, surcroît, surcharge, trop-plein 2. bénéfice, boni, gain, plus-value, reste, solde

excédentaire ADJ. en trop, en surnombre, en surcharge

excéder V. TR. 1. dépasser, surpasser, l'emporter sur 2. outrepasser, passer 3. exaspérer, agacer, crisper, énerver, horripiler, importuner, insupporter, irriter, casser la tête/les pieds à (fam.)

excellence N. F. perfection, qualité, supériorité, suprématie

excellent, ente ADJ. 1. délicieux, divin, exquis, fameux, goûteux, succulent, extra (fam.) 2. admirable, de premier ordre, en or, incomparable, magistral, merveilleux, parfait, remarquable, supérieur, de première bourre (fam.), extra (fam.), super (fam.) 3. talentueux, accompli, doué, remarquable, balèze (fam.), calé (fam.), fortiche (fam.)

exceller V. INTR. briller, se distinguer, s'illustrer, triompher

excentricité N. F. bizarrerie, extravagance, fantaisie, folie, originalité, singularité

excentrique ADJ. 1. bizarre, baroque, extravagant, farfelu, insolite, original 2. périphérique, excentré

excepté PRÉP. à l'exception de, abstraction faite de, non compris, en dehors de, à l'exclusion de, hormis, hors, à part, à la réserve de, sauf, sinon

excepter V. TR. écarter, enlever, exclure, mettre de côté, mettre à part, retirer, retrancher

exception N. F. 1. dérogation, restriction 2. anomalie, entorse, irrégularité, particularité, singularité 3. phénomène

exceptionnel, elle ADJ. 1. rare, occasionnel 2. anormal, étonnant, extraordinaire 3. spécial, d'exception 4. remarquable, émérite, hors du commun, hors ligne, hors pair, rare, supérieur, unique

excès N. M. 1. excédent, reste, surplus, trop-plein 2. profusion, débauche, luxe, orgie, pléthore, surabondance 3. démesure, abus, exagération, outrance, trop (fam.) 4. débordement, abus, dérèglement, dévergondage, écart, inconduite, libertinage, licence

excessif, ive ADJ. 1. démesuré, abusif, énorme, extrême, immodéré, surabondant 2. inabordable, abusif, ahurissant, exagéré, exorbitant, prohibitif 3. outrancier, exagéré, outré 4. extraordinaire, exceptionnel, extrême, infini, prodigieux

excessivement ADV. 1. outrageusement, à l'excès, démesurément, exagérément, surabondamment 2. extraordinairement, extrêmement, fabuleusement, incroyablement, infiniment

excitable ADJ. 1. irritable, coléreux, nerveux, susceptible 2. réceptif, sensible

excitant, ante
▶ ADJ. 1. enivrant, électrisant, enthousiasmant, exaltant, galvanisant, grisant, passionnant, stimulant, emballant (fam.) 2. attrayant, appétissant, alléchant, engageant, plaisant, séduisant, tentant 3. aphrodisiaque, stimulant 4. provoquant, affriolant, aguichant, émoustillant, troublant, voluptueux, bandant (très fam.), sexy (fam.)
▶ N. M. 1. aiguillon, stimulus 2. euphorisant, réconfortant, remontant, stimulant, tonique

excitation N. F. 1. stimulation, coup de fouet 2. encouragement, appel, exhortation, incitation, invitation, provocation, sollicitation 3. exaltation, ardeur, passion, ravissement, transport 4. agitation, animation, bouillonnement, ébullition, effervescence, fébrilité, fièvre, surexcitation, délire 5. énervement, exaspération, irritation

excité, ée
▶ ADJ. agité, ardent, énervé, nerveux, dans tous ses états *(fam.)*, speed *(fam.)*
▶ N. énergumène, enragé

exciter V. TR. I. 1. causer, déclencher, éveiller, faire naître, insuffler, provoquer, ranimer, raviver, réveiller, solliciter, susciter 2. activer, aiguillonner, attiser, aviver, éperonner, fouetter, piquer, stimuler, doper *(fam.)* 3. exacerber, aggraver, envenimer, exaspérer 4. caresser, chatouiller, flatter II. 1. agiter, animer, enfiévrer, passionner, surexciter 2. déchaîner, électriser, embraser, enflammer, galvaniser 3. exalter, enivrer, enlever, enthousiasmer, ravir, transporter, emballer *(fam.)* 4. émoustiller, affrioler, aguicher, attirer, attiser le désir de, troubler, allumer *(fam.)*, faire bander *(très fam.)* 5. échauffer, enivrer, mettre en verve III. agacer, énerver, irriter, provoquer, taquiner

◆ **s'exciter** V. PRON. 1. s'énerver, s'agiter, s'emporter 2. s'enthousiasmer, s'enflammer, se monter la tête *(fam.)*

exclamation N. F. 1. clameur, cri 2. interjection, juron

exclamer (s') V. PRON. s'écrier, se récrier, dire

exclu, ue N. paria, marginal, laissé-pour-compte, réprouvé *(littér.)*

exclure V. TR. 1. bannir, chasser, écarter, éliminer, épurer, évincer, excommunier, exiler, expulser, mettre à la porte, proscrire, radier, rejeter, renvoyer, repousser, éjecter *(fam.)*, vider *(fam.)*, virer *(fam.)*, [momentanément] mettre à l'écart, mettre sur la touche *(fam.)* 2. ôter, rayer, retrancher, supprimer 3. excepter, écarter, faire abstraction de 4. empêcher, interdire, s'opposer à, être incompatible avec 5. interdire, prohiber, proscrire

exclusif, ive ADJ. 1. absolu, particulier, personnel, propre, spécial, spécifique, unique 2. possessif, égoïste, jaloux 3. étroit, buté, entier, entêté, de parti pris

exclusion N. F. 1. expulsion, radiation, rejet, renvoi, [momentanée] mise à l'écart, mise sur la touche *(fam.)* 2. élimination, suppression 3. destitution, dégradation, révocation 4. isolement, désocialisation, marginalisation, ostracisme

excréments N. M. PL. 1. déjections, matières fécales, fèces, selles, excrétions *(littér.)* 2. étrons, crottes, caca *(fam.)*, colombins *(fam.)*, merde *(très fam.)* 3. crotte, bouse, crottin, purin, [d'insecte] chiasse, chiure, [de cerf, sanglier] fumées, laissées, [d'oiseau] fiente, guano

excroissance N. F. protubérance, bosse, kyste, polype, proéminence, saillie, tumeur

excursion N. F. promenade, course, expédition, partie de campagne, randonnée, sortie, tournée, voyage, balade *(fam.)*, virée *(fam.)*

excusable ADJ. compréhensible, défendable, justifiable, pardonnable, supportable, tolérable

excuse N. F. 1. justification, défense, décharge, explication, motif, raison 2. prétexte, dérobade, échappatoire, faux-fuyant 3. *[souvent plur.]* regret, (demande de) pardon

excuser V. TR. 1. expliquer, justifier, légitimer, motiver 2. pardonner, absoudre, décharger 3. admettre, accepter, pardonner, passer sur, supporter, tolérer, fermer les yeux sur, passer l'éponge sur *(fam.)*

◆ **s'excuser** V. PRON. 1. se justifier, se défendre 2. demander pardon, faire amende honorable, regretter

exécrable ADJ. 1. abominable, détestable, épouvantable, horrible, insupportable, odieux, [humeur] de chien, de dogue 2. dégoûtant, imbuvable, immangeable, immonde, infect, répugnant 3. déplorable, affligeant, calamiteux, consternant, désastreux, lamentable, navrant, nul, pitoyable, minable *(fam.)*

exécrer V. TR. détester, haïr, avoir en horreur, maudire, rejeter, repousser, ne pas pouvoir souffrir, vomir, abhorrer *(littér.)*, abominer *(littér.)*, ne pouvoir sentir *(fam.)*

exécuter V. TR. I. 1. accomplir, effectuer, opérer, réaliser, mener à bien/à bonne fin, mettre à exécution, procéder à, travailler 2. fabriquer, confectionner, réaliser 3. interpréter, jouer, massacrer *(fam., péj.)* II. obéir à, s'acquitter de, exercer, observer, remplir, satisfaire à, tenir III. 1. tuer, abattre, assassiner, décapiter, éliminer, fusiller, guillotiner, mettre à mort, pendre (haut et court), descendre *(fam.)*, expédier *(fam.)*, liquider *(fam.)*, supprimer *(fam.)*, *[un soldat]* passer par les armes 2. critiquer, discréditer, démolir, éreinter, esquinter, descendre (en flammes) *(fam.)*

◆ **s'exécuter** V. PRON. obéir, obtempérer

exécution N. F. 1. accomplissement, conduite, réalisation 2. construction, composition, rédaction 3. facture, forme 4. interprétation 5. mise à mort, assassinat, décapitation, pendaison, supplice

exemplaire¹ ADJ. 1. remarquable, modèle, parfait, vertueux 2. sévère, dissuasif

exemplaire² N. M. 1. copie, épreuve, imitation, réplique 2. numéro, édition, épreuve 3. échantillon, exemple, spécimen

exemple N. M. 1. modèle, idéal, image, parangon, type 2. précédent, antécédent 3. spécimen, cas, exemplaire 4. aperçu, échantillon, esquisse, idée, illustration, notion, preuve

exempt, exempte ADJ. dépourvu, démuni, dénué, privé

exempter V. TR. 1. réformer 2. affranchir, alléger, décharger, dégager, dégrever, dispenser, exonérer, libérer 3. garantir, immuniser (contre), mettre à l'abri, préserver

exercé, ée ADJ. entraîné, adroit, averti, expérimenté, expert, formé, habile

exercer V. TR. 1. entraîner, aguerrir, cultiver, dresser, éduquer, endurcir, façonner, former, habituer, plier, rompre 2. pratiquer, s'acquitter de, se consacrer à, se livrer à, remplir 3. employer, mettre en action, déployer 4. travailler

◆ **s'exercer** V. PRON. 1. s'entraîner, s'appliquer, s'essayer, s'entretenir, faire des/ses gammes, se faire la main *(fam.)* 2. se manifester, s'appliquer, se faire sentir

exercice N. M. 1. pratique, usage 2. entraînement, expérience, habitude 3. activité physique, culture physique, gymnastique, sport 4. *[Scol.]* devoir 5. *[Milit.]* manœuvre, instruction

exhaler V. TR. 1. dégager, émettre, produire, répandre 2. respirer, transpirer, suer *(fam.)* 3. pousser, laisser échapper, rendre 4. exprimer, donner libre cours à, proférer

◆ **s'exhaler** V. PRON. s'évaporer, émaner, transpirer

exhaustif, ive ADJ. complet, entier, intégral, total

exhiber V. TR. 1. montrer, exposer, présenter, produire, faire voir 2. dénuder, découvrir, dévoiler 3. arborer, afficher, étaler, faire étalage de, faire montre de, faire parade de

◆ **s'exhiber** V. PRON. se montrer, parader, se pavaner, se produire, se donner/s'offrir en spectacle

exhibition N. F. 1. présentation, exposition, numéro, représentation, show, spectacle 2. déploiement, dépense, étalage, parade

exhortation N. F. 1. encouragement, appel, incitation, invitation 2. sermon, admonestation, harangue, leçon

exhorter V. TR. 1. haranguer 2. encourager, appeler, convier, engager, exciter, inciter, inviter

exhumer V. TR. 1. déterrer 2. ressortir, rappeler, ressusciter, réveiller, déterrer *(fam.)*, ressortir du placard *(fam.)*

exigeant, ante ADJ. 1. difficile (à contenter), intraitable 2. pointilleux, maniaque, minutieux, perfectionniste, sourcilleux, tatillon 3. sévère, dur, strict 4. astreignant, accaparant, absorbant, prenant

exigence N. F. 1. contrainte, besoin, impératif, loi, nécessité, obligation, ordre, règle 2. désir, appétit, besoin 3. demande, condition, revendication, *[au plur., salariales]* prétentions

exiger V. TR. 1. revendiquer, réclamer, requérir 2. ordonner, enjoindre, commander, imposer,

requérir 3. nécessiter, appeler, astreindre à, commander, contraindre à, imposer, obliger à, réclamer, requérir

exigu, uë ADJ. étroit, étriqué, minuscule, petit, réduit, restreint, riquiqui *(fam.)*

exil N. M. 1. expatriation, départ 2. bannissement, déportation, expulsion, proscription, renvoi 3. éloignement, isolement, séparation 4. réclusion, retraite

exiler V. TR. 1. bannir, chasser, déporter, exclure, expatrier, expulser, ostraciser, proscrire 2. éloigner, écarter, reléguer

◆ **s'exiler** V. PRON. 1. s'expatrier, émigrer, se réfugier 2. se retirer, disparaître, fuir, s'enterrer *(fam.)*

existant, ante ADJ. 1. actuel, présent, en vigueur 2. concret, effectif, palpable, positif, réel

existence N. F. 1. présence, matérialité, réalité 2. vie, jours 3. sort, destin, destinée, état

exister V. INTR. 1. être, vivre, être sur terre 2. se rencontrer, se trouver, régner 3. durer, continuer, demeurer, persister, subsister 4. compter, importer, valoir

exode N. M. 1. émigration, expatriation 2. fuite, sauve-qui-peut 3. *[des cerveaux, des capitaux]* évasion, fuite

exonérer V. TR. 1. affranchir, décharger, dégager, dispenser, exempter, libérer 2. dégrever

exorbitant, ante ADJ. excessif, démesuré, exagéré, extravagant, immodéré, inabordable, invraisemblable, dingue *(fam.)*, faramineux *(fam.)*, fou *(fam.)*, monstrueux *(fam.)*

exorciser V. TR. 1. chasser, conjurer 2. désenvoûter, désensorceler

exotique ADJ. 1. lointain 2. tropical 3. étrange, différent, inhabituel, dépaysant

expansif, ive ADJ. communicatif, démonstratif, extraverti, exubérant

expansion N. F. 1. croissance, boom, développement, épanouissement, essor 2. diffusion, extension, propagation 3. débordement, effusion, épanchement 4. *[d'un gaz]* dilatation, décompression, détente, explosion

expatrier V. TR. exiler, expulser

◆ **s'expatrier** V. PRON. émigrer, s'exiler, se réfugier

expectative N. F. attente, espérance, espoir, perspective

expectorer V. TR. cracher, expulser, *[sans complément]* tousser

expédient¹, **ente** ADJ. adéquat, à propos, commode, convenable, indiqué, opportun, utile, idoine *(littér. ou plaisant)*

expédient² N. M. 1. palliatif 2. moyen, astuce, échappatoire, ressource, solution, combine *(fam.)*, truc *(fam.)*

expédier V. TR. 1. envoyer, adresser, dépêcher, poster, transmettre 2. régler 3. bâcler, liquider, torcher *(fam.)*, trousser *(littér.)* 4. congédier, se débarrasser de, renvoyer, éconduire *(littér.)*, envoyer paître/péter/promener/sur les roses *(fam.)*

expéditif, ive ADJ. 1. rapide, prompt, vif 2. sommaire, court, hâtif, précipité

expédition N. F. I. envoi, transport II. 1. voyage, périple, randonnée, virée *(fam.)* 2. entreprise, aventure, campagne, croisade, équipée, mission 3. coup (de main), descente, raid

expérience N. F. 1. savoir-faire, acquis, connaissance(s), expertise, métier, qualification, science 2. expérimentation, épreuve, essai, observation, tentative, test 3. pratique, familiarité, habitude, routine, usage

expérimental, ale, aux ADJ. 1. empirique, pragmatique 2. d'avant-garde, modèle, pilote

expérimentation N. F. expérience, épreuve, essai, étude, test

expérimenté, ée ADJ. exercé, accompli, averti, chevronné, compétent, confirmé, connaisseur, expert, qualifié

expérimenter V. TR. 1. éprouver, essayer, goûter de, tâter de, tester, vérifier 2. constater, se rendre compte de, éprouver

expert | extrémité

expert, erte
- ADJ. exercé, accompli, adroit, assuré, averti, chevronné, compétent, connaisseur, éprouvé, expérimenté, instruit, savant, orfèvre en la matière
- N. **1.** professionnel, connaisseur, maître, spécialiste **2.** virtuose, as (fam.), crack (fam.)

expertise N. F. estimation, évaluation, investigation, vérification

expertiser V. TR. estimer, apprécier, évaluer

expiration N. F. **1.** souffle, haleine **2.** échéance, fin, terme

expirer V. INTR. **1.** souffler, exhaler **2.** mourir, décéder, s'éteindre, succomber, passer (littér.), périr (littér.), rendre l'âme (littér. ou plaisant.), trépasser (littér.) **3.** finir, cesser, prendre fin, se terminer, arriver à terme **4.** s'affaiblir, baisser, décliner, décroître, diminuer, se dissiper, s'éteindre, s'évanouir

explication N. F. **1.** commentaire, éclaircissement, exégèse, exposé, glose, indication, légende, précision, renseignement **2.** clé, élucidation, solution **3.** cause, justification, motif, raison (d'être) **4.** dispute, altercation, discussion, mise au point, règlement de compte

explicite ADJ. **1.** exprès, formel **2.** clair, détaillé, limpide, net, positif, précis **3.** catégorique, clair, formel, net

explicitement ADV. expressément, clairement, distinctement, en toutes lettres, formellement, nettement

expliciter V. TR. **1.** formuler, énoncer, exposer **2.** préciser, éclaircir, expliquer

expliquer V. TR. **1.** communiquer, décrire, dire, exposer, exprimer, manifester, montrer, raconter **2.** préciser, développer, expliciter **3.** interpréter, commenter, traduire **4.** enseigner, apprendre, montrer **5.** justifier, excuser, légitimer, motiver, rendre compte de **6.** élucider, débrouiller, démêler, éclaircir, faire la lumière sur, tirer au clair
- ♦ s'**expliquer** V. PRON. **1.** se disculper, se défendre, se justifier **2.** vider une querelle

exploit N. M. prouesse, performance, record, succès, tour de force

exploitation N. F. I. **1.** domaine, ferme, plantation, propriété **2.** fabrique, industrie, manufacture, usine **3.** commerce, entreprise, établissement **4.** concession II. **1.** mise en valeur, culture, production **2.** mise à profit, utilisation

exploiter V. TR. **1.** faire valoir, tirer profit de, [à l'excès] saigner à blanc **2.** utiliser, profiter de, tirer parti de **3.** abuser de, profiter de, pressurer, rançonner, sous-payer, voler, rouler (fam.), spolier (littér.)

exploiteur, euse N. profiteur, affameur, spoliateur (littér.), vampire, vautour

exploration N. F. **1.** voyage, expédition, incursion, mission, reconnaissance **2.** sondage, prospection **3.** étude, analyse, approfondissement, auscultation, examen, sondage

explorer V. TR. **1.** parcourir, découvrir, fouiller, inspecter, prospecter, reconnaître, visiter **2.** étudier, approfondir, ausculter, examiner, fouiller, sonder, tâter

exploser V. INTR. **1.** détoner, éclater, sauter, péter (fam.) **2.** éclater, déborder, se déchaîner **3.** s'emporter, fulminer, tonner

explosif, -ive ADJ. **1.** explosible **2.** critique, dangereux, sensible, tendu **3.** impétueux, bouillant, fougueux, violent, volcanique

explosion N. F. **1.** déflagration, désintégration, détonation, éclatement **2.** accès, bouffée, débordement, déchaînement, éruption, jaillissement **3.** flambée, boom

exposé N. M. **1.** communication, conférence, discours, briefing, laïus (fam.), speech (fam.), topo (fam.) **2.** analyse, compte rendu, description, énoncé, exposition, narration, présentation, rapport, récit

exposer V. TR. **1.** communiquer, déclarer, décrire, détailler, développer, énoncer, expliquer, indiquer, présenter, publier, raconter, retracer **2.** montrer, afficher, étaler, exhiber, présenter, offrir à la vue **3.** orienter, diriger, disposer, placer, tourner (vers) **4.** soumettre, présenter **5.** compromettre, mettre en danger, mettre en péril, risquer, commettre (littér.) **6.** abandonner à, livrer à, mettre en butte à

- ♦ s'**exposer** V. PRON. **1.** se montrer, s'afficher, s'exhiber **2.** courir un risque, s'aventurer, se découvrir **3.** se compromettre, se commettre (littér.), se mouiller (fam.)

exposition N. F. I. **1.** présentation, étalage, exhibition, montre (littér.) **2.** salon, concours, foire, forum, rétrospective II. orientation, situation III. **1.** exposé, compte rendu, description, explication, narration, présentation, rapport, récit **2.** introduction, exorde, prélude, proposition **3.** argument

exprès[1], esse ADJ. **1.** explicite, net, positif, précis **2.** absolu, catégorique, formel, impératif

exprès[2] ADV. **1.** délibérément, à dessein, intentionnellement, sciemment, volontairement **2.** spécialement, expressément, juste, précisément

expressément ADV. **1.** explicitement, formellement, nettement, précisément **2.** exprès, juste, spécialement

expressif, ive ADJ. **1.** significatif, démonstratif, éloquent, évocateur, parlant, suggestif **2.** coloré, animé, haut en couleur, mobile, pittoresque, vivant

expression N. F. I. **1.** formule, énoncé, locution, mot, terme, tour, tournure **2.** style, forme, manière II. mimique, air, figure, masque, mine III. manifestation, émanation, incarnation, matérialisation IV. chaleur, ferveur, vie

exprimer V. TR. **1.** communiquer, dire, énoncer, expliquer, exposer, formuler, présenter, signifier, témoigner, transmettre **2.** manifester, extérioriser, faire entendre, exhaler, représenter, révéler, traduire **3.** vouloir dire, rendre, signifier, symboliser, traduire **4.** respirer, peindre, rendre, représenter **5.** extraire
- ♦ s'**exprimer** V. PRON. **1.** parler **2.** s'extérioriser **3.** s'accomplir, se réaliser

expulser V. TR. **1.** chasser, reconduire à la frontière, refouler, renvoyer, repousser **2.** exclure, évincer, sortir, éjecter (fam.), vider (fam.), virer (fam.) **3.** déloger, mettre à la porte, vider (fam.) **4.** bannir, exiler, expatrier, proscrire **5.** éliminer, évacuer, rejeter

expulsion N. F. **1.** exclusion, éviction, évincement, mise à la porte, rejet, renvoi, [Sport] carton rouge **2.** refoulement, rejet, renvoi **3.** bannissement, exil, proscription **4.** élimination, évacuation, excrétion

expurger V. TR. **1.** épurer **2.** censurer, châtrer, corriger, couper, mutiler, charcuter (fam.)

exquis, ise ADJ. **1.** savoureux, délectable, délicieux, excellent, fin, succulent **2.** délicat, distingué, raffiné, rare **3.** adorable, aimable, charmant, délicieux **4.** suave, charmant, doux

exsangue ADJ. **1.** blafard, blême, cadavérique, hâve, livide, pâle **2.** faible, anémique, asthénique

extase N. F. **1.** béatitude, enivrement, exaltation, ravissement **2.** contemplation, émerveillement

extasier (s') V. PRON. s'émerveiller, crier au miracle, s'écrier, s'exclamer, se pâmer

extensible ADJ. élastique, ductile, malléable, souple

extension N. F. **1.** allongement, déploiement, détente, distension, étirement **2.** développement, amplification **3.** accroissement, agrandissement, allongement, dilatation, élargissement, grossissement, prolongement **4.** expansion, accroissement, augmentation, croissance, développement, essor, intensification, multiplication **5.** propagation, diffusion

exténuant, ante ADJ. épuisant, éreintant, harassant, claquant (fam.), crevant (fam.), tuant (fam.)

exténué, ée ADJ. épuisé, à bout (de course), à bout de souffle, anéanti, brisé (de fatigue), éreinté, fourbu, harassé, moulu, claqué (fam.), crevé (fam.), flagada (fam.), flapi (fam.), mort (fam.), raplapla (fam.), rétamé (fam.), vanné (fam.), vidé (fam.), sur les genoux (fam.), sur les rotules (fam.), recru (littér.), rompu (littér.)

exténuer V. TR. épuiser, affaiblir, anéantir, briser, éreinter, fatiguer, harasser, mettre sur le flanc, claquer (fam.), crever (fam.), lessiver (fam.), tuer (fam.), vanner (fam.), vider (fam.)

extérieur[1], eure ADJ. **1.** étranger, externe, extrinsèque **2.** périphérique, externe **3.** superficiel, apparent, de façade **4.** visible, apparent, manifeste

extérieur[2] N. M. **1.** dehors, plein air **2.** air, allure, apparence, aspect, dehors, façade, manière, masque, mine

extérioriser V. TR. exprimer, faire connaître, manifester, montrer

extermination N. F. anéantissement, destruction, massacre, génocide, liquidation (fam.)

exterminer V. TR. anéantir, détruire, éteindre, massacrer, supprimer, tuer, liquider (fam.)

externe ADJ. **1.** extérieur, périphérique **2.** extrinsèque

extinction N. F. **1.** disparition, destruction, épuisement, fin, mort **2.** abolition, abrogation, annulation, suppression

extirper V. TR. **1.** extraire, arracher, déraciner, enlever, ôter **2.** détruire, anéantir, éradiquer **3.** arracher, tirer **4.** soutirer, arracher, extorquer, tirer
- ♦ s'**extirper** V. PRON. s'extraire, se dégager, sortir

extorquer V. TR. **1.** soutirer, arracher, extirper, tirer **2.** voler, dérober, carotter (fam.)

extraction N. F. **1.** ablation, arrachage, déracinement, éradication, excision, extirpation **2.** ascendance, lignage, lignée, naissance, origine, race, souche

extraire V. TR. **1.** sortir, dégager, détacher, isoler, prélever, prendre, relever, tirer **2.** enlever, ôter, retirer **3.** arracher, déraciner, énucléer, extirper **4.** exprimer, tirer
- ♦ s'**extraire** V. PRON. se dégager, s'extirper, sortir

extrait N. M. **1.** essence, concentré, quintessence **2.** passage, bribe, citation, fragment, morceau (choisi), page, partie **3.** abrégé, analyse, résumé, sommaire

extraordinaire ADJ. I. **1.** inhabituel, exceptionnel, hors du commun, insolite, inusité, rare, sans exemple, sans pareil, sans précédent, singulier, unique **2.** spécial, particulier **3.** accidentel, imprévu II. **1.** inconcevable, ahurissant, incroyable, inexplicable, inimaginable, invraisemblable, inouï **2.** bizarre, abracadabrant, abracadabrantesque, curieux, étrange, excentrique, extravagant, fantasque, original, surprenant, décoiffant (fam.), ébouriffant (fam.) III. extrême, colossal, démesuré, énorme, immense, phénoménal, faramineux (fam.) IV. **1.** fabuleux, fantasmagorique, fantastique, féerique, merveilleux, mirifique, mirobolant **2.** miraculeux, prodigieux, surnaturel V. **1.** supérieur, admirable, d'exception, remarquable, sublime **2.** excellent, fameux, sensationnel, au poil (fam.), épatant (fam.), extra (fam.), à tout casser (fam.)

extravagance N. F. **1.** excentricité, bizarrerie, loufoquerie **2.** frasque, caprice, erreur de conduite, folie, incartade, lubie **3.** élucubration, absurdité, divagation, énormité

extravagant, ante ADJ. **1.** déraisonnable, absurde, délirant, dément, fou, grotesque, incohérent, insensé, irrationnel, loufoque (fam.), tordu (fam.), à la mords-moi-le-nœud (très fam.), [histoire] à dormir debout **2.** excentrique, bizarre, étrange, farfelu, fou, loufoque

extraverti, ie ADJ. ouvert, communicatif, démonstratif, sociable

extrême ADJ. **1.** dernier, final, terminal, ultime **2.** grand, infini, intense, exceptionnel, extraordinaire, passionné, profond **3.** excessif, démesuré, disproportionné, exagéré, immodéré, outré **4.** radical, drastique
- ♦ **extrêmes** N. M. PL. antipodes, contraires, opposés

extrêmement ADV. extraordinairement, exceptionnellement, excessivement, fabuleusement, formidablement, immensément, infiniment, prodigieusement, suprêmement, terriblement, au possible, en diable, on ne peut plus, au plus haut point, diablement, comme tout (fam.)

extrémisme N. F. jusqu'au-boutisme, fondamentalisme, intégrisme

extrémiste N. jusqu'au-boutiste, enragé, fondamentaliste, intégriste, ultra

extrémité N. F. bout, bord, coin, fin, limite, lisière, pointe, terminaison

exubérance N. F. 1. abondance, débordement, luxuriance, profusion 2. expansivité, exagération, faconde, pétulance, prolixité, vitalité, volubilité

exubérant, ante ADJ. 1. abondant, débordant, luxuriant, surabondant 2. communicatif, débordant, démonstratif, expansif, pétulant

exulter V. INTR. se réjouir, déborder de joie, éclater de joie, être fou de joie, jubiler, être aux anges, être au septième ciel

exutoire N. M. dérivatif, antidote, distraction, diversion, défouloir, soupape de sécurité

◆◆◆◆◆◆◆◆◆◆◆◆◆◆◆◆◆◆◆◆

F

fable N. F. 1. conte, allégorie, folklore, histoire, légende, mythe, parabole 2. mensonge, affabulation, invention

fabrication N. F. 1. production, confection, création 2. façon, façonnage

fabriquer V. TR. 1. réaliser, créer, élaborer, monter 2. manufacturer, façonner, produire, usiner, bricoler (fam.) 3. manigancer, tramer, fabricoter (fam.), ficher (fam.), foutre (très fam.), mijoter (fam.), trafiquer (fam.) 4. inventer, bâtir, concocter, échafauder, forger 5. former, entraîner

fabuleux, euse ADJ. 1. légendaire, mythique, mythologique 2. imaginaire, chimérique, fictif, irréel 3. étonnant, extraordinaire, fantastique, prodigieux 4. énorme, astronomique, colossal, exorbitant 5. exceptionnel, hors du commun, merveilleux

façade N. F. 1. devant, face, front, devanture 2. apparence, dehors, enveloppe, extérieur, vernis

face N. F. 1. figure, visage, tête, minois, mine, physionomie, frimousse (fam.), faciès (péj.), gueule (fam.) 2. devant, façade, front 3. côté, plan, facette, paroi, versant 4. aspect, allure, apparence, physionomie, tournure

facétie N. F. 1. plaisanterie, blague, bouffonnerie, pitrerie 2. farce, espièglerie, mystification, tour, canular (fam.), niche (fam.)

facétieux, euse ADJ. 1. comique, drôle, spirituel 2. farceur, blagueur, gouailleur, moqueur, plaisantin, taquin, rigolo (fam.)

facette N. F. 1. face, côté 2. aspect, angle, côté

fâché, ée ADJ. contrarié, mécontent, de mauvaise humeur, en colère, irrité, courroucé (littér.)

fâcher V. TR. 1. agacer, mettre en colère, exaspérer, irriter, mécontenter, piquer, vexer, courroucer (littér.) 2. affliger, attrister, chagriner, contrarier, navrer, peiner, chiffonner (fam.), embêter (fam.)

◆ **se fâcher** V. PRON. 1. s'emporter, s'irriter, se mettre en colère, montrer les dents, prendre la mouche, rouspéter, sortir de ses gonds, se mettre en rogne (fam.), gueuler (très fam.), râler (fam.), voir rouge (fam.) 2. se formaliser, se froisser, s'offenser, se piquer, se vexer, la trouver mauvaise (fam.) 3. se brouiller, se disputer, rompre

fâcheux, euse ADJ. 1. contrariant, déplaisant, désagréable, malencontreux, regrettable 2. accablant, affligeant, cruel

facile ADJ. 1. simple, abordable, accessible, commode, enfantin, aisé (littér.), fastoche (fam.) 2. agréable, doux, tranquille 3. coulant, courant 4. clair, compréhensible, intelligible, limpide, simple 5. accommodant, arrangeant, complaisant, conciliant

facilement ADV. 1. sans difficulté, aisément, à l'aise, commodément, sans effort, sans peine, haut la main, comme une fleur (fam.), comme un rien (fam.), les doigts dans le nez (fam.), dans un fauteuil (fam.) 2. couramment, naturellement 3. volontiers, de bon gré 4. pour peu de chose 5. au moins, au bas mot, au minimum, pour le moins

facilité N. F. I. 1. simplicité, accessibilité, commodité 2. clarté, intelligibilité II. 1. possibilité, avantage, commodité, latitude, liberté, marge, moyen, occasion 2. arrangement, concession III. 1. aptitude, capacité, disposition, don, prédisposition 2. adresse, agilité, aisance, habileté 3. [d'élocution] brio, aisance, faconde, éloquence 4. naturel, agrément, grâce, désinvolture

faciliter V. TR. simplifier, aider, aplanir les difficultés de, arranger, favoriser

façon N. F. 1. manière, mode, procédé 2. allure, air, attitude, genre, maintien, mine, tournure, dégaine (fam.) 3. exécution, confection, fabrication, facture, travail

◆ **façons** PLUR. 1. manières, comportement, conduite, habitudes, pratiques 2. affectation, cérémonies, manières, minauderie, chichis (fam.), simagrées (fam.)

façonner V. TR. 1. transformer, arranger, modeler, sculpter, travailler 2. fabriquer, bâtir, composer, confectionner, créer, élaborer, usiner 3. dresser, dégourdir, dégrossir, éduquer, former, polir

facteur, trice
▶ N. préposé, agent, porteur, messager
▶ N. M. élément, agent, cause, principe

factice ADJ. 1. imité, artificiel, faux, postiche, bidon (fam.), en carton-pâte (fam.) 2. [péj.] affecté, apprêté, artificiel, contraint, de commande, d'emprunt, faux, feint, forcé

faction N. F. 1. parti, brigue, cabale, clan, ligue 2. agitation, complot, conspiration, intrigue, mutinerie, sédition 3. coterie, chapelle, secte 4. surveillance, garde, guet

facture¹ N. F. 1. manière, style, ton, patte (fam.) 2. exécution, faire, façon, technique, travail

facture² N. F. 1. bordereau, compte, décompte, état, mémoire, note, relevé 2. addition, note, douloureuse (fam.)

facturer V. TR. compter, chiffrer, faire payer

faculté N. F. 1. droit, capacité, liberté, moyen, possibilité, pouvoir 2. aptitude, capacité, disposition, don, facilité, force, moyen, talent 3. propriété, vertu 4. université, enseignement supérieur, école, fac (fam.)

◆ **facultés** PLUR. 1. moyens, ressources 2. lucidité, intelligence, raison, tête

fadaise N. F. 1. baliverne, faribole, ineptie, niaiserie, sornette, sottise, billevesée (littér.) 2. bagatelle, bricole, broutille, futilité, niaiserie

fade ADJ. 1. insipide, douceâtre, plat, fadasse (fam.) 2. écœurant 3. terne, décoloré, délavé, éteint, neutre, pâle, passé 4. anodin, banal, inexpressif, insipide, plat, quelconque, terne

fagoter V. TR. accoutrer, affubler, arranger (fam.), ficeler (fam.)

faible¹ ADJ. et N.
▶ ADJ. 1. frêle, anémique, chétif, débile, déficient, fragile, malingre, rachitique, souffreteux, crevard (fam.), faiblard (fam.) 2. affaibli, anéanti, bas, cacochyme, chancelant, épuisé, fatigué, impotent, invalide 3. déficient, défaillant, fragile 4. sans défense, désarmé, fragile, impuissant, vulnérable 5. [jour, lumière, couleur] blême, insuffisant, pâle, vague 6. [son] étouffé, bas, imperceptible, insaisissable, léger, mourant 7. modéré, bas, doux, léger, modeste, modique, petit 8. médiocre, insuffisant, mauvais, nul, faiblard 9. réfutable, chancelant, incertain, indécis, vacillant 10. indécis, inconsistant, influençable, mou, pusillanime, velléitaire, veule 11. accommodant, complaisant, indulgent, bonne poire (fam.), coulant (fam.)
▶ N. 1. opprimé, pauvre, petit 2. gringalet, freluquet, mauviette, avorton (fam.) 3. mannequin, pantin

faible² N. M. goût, attirance, inclination, péché mignon, penchant, prédilection, préférence

faiblement ADV. 1. peu, guère (littér.) 2. avec peine, mal 3. insuffisamment, médiocrement 4. à peine, doucement, légèrement, mollement, vaguement, sans force, timidement

faiblesse N. F. I. 1. affaiblissement, abattement, apathie, défaillance, épuisement, fatigue, inanition 2. étourdissement, défaillance, évanouissement, malaise, syncope 3. vulnérabilité, délicatesse, fragilité, impuissance, infériorité, petitesse II. petitesse, minceur, modicité III. 1. défaut, carence, déficience, désavantage, faille, inconvénient, lacune, travers, talon d'Achille 2. médiocrité, indigence, inintérêt, insignifiance, nullité, platitude IV. 1. irrésolution, apathie, indécision, laisser-aller, mollesse, pusillanimité, veulerie 2. complaisance, indulgence 3. inclination, attirance, complaisance, goût, penchant, point faible, prédilection, préférence

faiblir V. INTR. 1. diminuer, s'affaiblir, s'atténuer, baisser, décliner, décroître, mollir 2. s'effacer, s'estomper, pâlir 3. fléchir, chanceler, mollir, se relâcher, s'user, vaciller, flancher (fam.) 4. céder, défaillir, fléchir, lâcher, plier, ployer

faille N. F. 1. cassure, brèche, crevasse, fêlure, fente, fissure, fracture 2. défaut, faiblesse, insuffisance, lacune, point faible, défaut de la cuirasse, talon d'Achille

faillite N. F. 1. dépôt de bilan, banqueroute, liquidation (judiciaire) 2. débâcle, culbute, déconfiture, krach, ruine, baccara (argot), carambouillage (fam.) 3. échec, fiasco, insuccès, ratage

faim N. F. 1. appétit, creux (fam.), fringale (fam.) 2. famine, disette 3. désir, appétit, boulimie, envie 4. avidité, ambition, cupidité

fainéant, ante N. et ADJ. paresseux, propre à rien, vaurien, cossard (fam.), feignant (fam.), flemmard (fam.), tire-au-flanc (fam.), tire-au-cul (fam.)

fainéanter V. INTR. paresser, buller (fam.), coincer la bulle (fam.), flemmarder (fam.), traîner (fam.)

fainéantise N. F. paresse, indolence, flemmardise (fam.), flemme (fam.)

faire V. TR. I. 1. réaliser, être l'artisan de, confectionner, constituer, créer, fabriquer, façonner, forger, produire, usiner, [un bâtiment] bâtir, construire, édifier, élever, [une œuvre] composer, écrire, élaborer, accoucher de (fam.) 2. accomplir, effectuer, exécuter, désarmer, s'appuyer (fam.), s'enfiler (fam.), s'envoyer (fam.), se farcir (fam.), se taper (fam.), [une action, un crime] commettre, perpétrer 3. agir, intervenir, décider, entreprendre 4. s'occuper à, fabriquer (fam.), bricoler (fam.), ficher (fam.), foutre (très fam.), traficoter (fam.), trafiquer (fam.) 5. pratiquer, apprendre, étudier, exercer, préparer 6. produire, émettre, fabriquer, sortir 7. engendrer, concevoir, enfanter, mettre bas, procréer 8. instruire, former, dresser, façonner, forger, modeler II. 1. constituer, composer, former, dessiner 2. valoir, contenir, coûter, mesurer, peser 3. causer, créer, déterminer, entraîner, occasionner, provoquer, susciter III. représenter, jouer, agir comme, faire fonction de IV. 1. parcourir, franchir 2. visiter, prospecter 3. obtenir, amasser, gagner, ramasser V. 1. fournir, débiter, écouler, vendre 2. donner, allouer, offrir, procurer, servir

◆ **se faire** V. PRON. 1. se former, s'améliorer, se bonifier, mûrir 2. se produire, arriver, survenir 3. se pratiquer, être courant

faisable ADJ. possible, exécutable, réalisable

faisceau N. M. 1. ensemble, accumulation, assemblage 2. gerbe, botte, bouquet, grappe 3. rayon, pinceau, rai

fait¹ N. M. 1. acte, action 2. événement, affaire, anecdote, aventure, cas, épisode, incident, phénomène, trait 3. réalité, concret, vérité 4. sujet, cas

fait², **faite** ADJ. 1. constitué, bâti, balancé (fam.), foutu (fam.), [femme] roulé (fam.) 2. mûr, dans la force de l'âge 3. à point 4. fardé, verni

faîte N. M. 1. faîtage, arête, couronnement 2. cime, crête, haut, point culminant, sommet 3. apogée, acmé, apothéose, comble, limite, pinacle, summum, zénith

falaise N. F. escarpement, à-pic

fallacieux, euse ADJ. 1. trompeur, faux, fourbe, hypocrite, mensonger, perfide, [argument] captieux, spécieux 2. illusoire, vain

falsifier V. TR. 1. contrefaire, maquiller, truquer 2. altérer, adultérer, frelater, trafiquer, tripatouiller (fam.) 3. défigurer, changer, déformer, dénaturer, fausser, gauchir, travestir

famélique ADJ. 1. affamé, crève-la-faim, meurt-de-faim, misérable, miséreux, pauvre 2. décharné, efflanqué, maigre, squelettique, étique (littér.)

fameux, euse ADJ. 1. célèbre, connu, renommé, réputé 2. glorieux, brillant, grand, illustre 3. mémorable 4. extraordinaire, achevé, consommé, insigne, fier (fam.), fieffé (fam.), foutu (fam.), méchant (fam.), rude (fam.), sacré (fam.) 5. excellent, délectable, délicieux, exquis, succulent

familiariser V. TR. 1. accoutumer à, dresser à, entraîner à, former à, habituer à, rompre à (*littér.*) 2. apprivoiser

familiarité N. F. 1. intimité, camaraderie, cordialité 2. contact, commerce, fréquentation, promiscuité 3. désinvolture, effronterie, sans-gêne 4. naturel, abandon, liberté, simplicité 5. grossièreté, liberté, privauté

familier, ière
▶ ADJ. 1. domestique, apprivoisé 2. intime, lié, proche 3. connu 4. coutumier, accoutumé, habituel, ordinaire 5. accessible, liant, sociable 6. libre, cavalier, désinvolte, grossier, insolent, sans-gêne 7. *[langage]* relâché 8. aisé, facile, simple, usuel
▶ N. habitué, ami, intime, proche, relation

familièrement ADV. simplement, librement, naturellement, sans façon

famille N. F. I. 1. parenté, ascendance, descendance, postérité 2. dynastie, branche, lignée, race, sang, souche II. 1. foyer, logis, maison, ménage 2. maisonnée, progéniture, marmaille (*fam.*), nichée (*fam.*), smala (*fam.*), tribu (*fam.*) III. 1. classe, catégorie, collection, espèce, genre, race, type 2. groupe, clan, coterie, école

famine N. F. disette, faim

fan N. admirateur, inconditionnel, fana (*fam.*), fondu (*fam.*), groupie (*fam.*)

fanatique ADJ. et N. 1. enthousiaste, ardent, chaud, convaincu, fervent, fou, passionné, accro (*fam.*), enragé (*fam.*), fan (*fam.*), groupie (*fam.*), mordu (*fam.*), *[en sport]* tifosi (*fam.*) 2. intolérant, doctrinaire, extrémiste, illuminé, sectaire

fanatisme N. M. 1. intolérance, esprit de parti, étroitesse de vue, extrémisme, sectarisme 2. passion, engouement, enthousiasme, ferveur, folie

fané, ée ADJ. 1. desséché, flétri 2. défraîchi, éteint, flétri, fripé, passé

faner V. TR. 1. flétrir, friper, gâter, sécher 2. défraîchir, affadir, altérer, décolorer, éclaircir, éteindre, ternir
♦ **se faner** V. PRON. 1. se flétrir, s'étioler, sécher 2. se décolorer, jaunir, pâlir, passer

fanfaron, onne ADJ. et N. vantard, hâbleur, bravache (*littér.*), matamore (*littér.*), crâneur (*fam.*), faraud (*fam.*), fier-à-bras (*fam.*), frimeur (*fam.*), m'as-tu-vu (*fam.*)

fanfaronner V. INTR. parader, faire le brave, faire le fier, faire le malin, plastronner, poser, se vanter, crâner (*fam.*), frimer (*fam.*), faire de l'esbroufe (*fam.*), faire de l'épate (*fam.*), faire le mariolle (*fam.*), la ramener (*fam.*), se la jouer (*fam.*)

fantaisie N. F. 1. créativité, imagination, invention, inventivité 2. caprice, folie, lubie, passade, tocade, foucade (*littér.*) 3. originalité, excentricité, imprévu

fantaisiste ADJ. 1. original, baroque, bohème, extravagant, fantasque, farfelu (*fam.*), loufoque (*fam.*) 2. imaginaire, arbitraire, inventé, faux

fantasme N. M. 1. illusion, fantôme, vision, chimère (*littér.*) 2. rêve, utopie, château en Espagne

fantasque ADJ. 1. lunatique, capricieux, changeant, versatile, volage, foufou (*fam.*) 2. extravagant, abracadabrant, baroque, saugrenu, farfelu (*fam.*)

fantastique
▶ ADJ. 1. imaginaire, chimérique, fabuleux, fantasmagorique, féerique, irréel, surnaturel 2. étonnant, bizarre, délirant, démentiel, déraisonnable, étrange, extraordinaire, extravagant, fou, inouï, insensé, invraisemblable, stupéfiant, dingue (*fam.*) 3. colossal, énorme, phénoménal, sensationnel
▶ N. M. merveilleux, imaginaire, surnaturel

fantoche N. M. marionnette, pantin, polichinelle, homme de paille, prête-nom

fantôme N. M. 1. revenant, apparition, ectoplasme, esprit, spectre, vision, zombie 2. simulacre, double, semblant 3. apparence, fantasme, illusion

faramineux, euse ADJ. 1. extraordinaire, fabuleux, fantastique, fou, phénoménal, prodigieux, stupéfiant 2. colossal, astronomique, démesuré, effarant, gigantesque

farce N. F. 1. comédie, bouffonnerie, pantalonnade 2. tour, blague, galéjade, plaisanterie, mystification, tromperie, attrape (*fam.*), canular (*fam.*), niche (*fam.*)

farceur, euse N. et ADJ. 1. espiègle, facétieux, malicieux, moqueur, polisson 2. blagueur, boute-en-train, plaisantin 3. amuseur, baladin, bouffon, clown

farcir V. TR. 1. garnir, bourrer, emplir, remplir 2. truffer, entrelarder, larder 3. surcharger, bourrer, encombrer

fardeau N. M. 1. charge, faix (*littér.*) 2. poids, charge, boulet, croix (*littér.*)

farfelu, ue ADJ. et N. 1. bizarre, excentrique, extravagant, hurluberlu, foldingue (*fam.*), loufoque (*fam.*) 2. absurde, baroque, biscornu, drôle, saugrenu

farouche ADJ. I. 1. indompté, sauvage 2. timide, craintif, méfiant 3. ombrageux, asocial, misanthrope, sauvage II. acharné, âpre, chaud, convaincu, opiniâtre, tenace, véhément

fascicule N. M. brochure, carnet, livret, opuscule, plaquette

fascinant, ante ADJ. ensorcelant, envoûtant, magnétique

fascination N. F. 1. attrait, charme, ensorcellement, envoûtement, magie, séduction 2. attraction, aimant, appel, ascendant, attirance, magnétisme

fasciner V. TR. 1. captiver, attirer, éblouir, émerveiller, ensorceler, envoûter, magnétiser, subjuguer 2. charmer, plaire à, séduire 3. hypnotiser

faste[1] N. M. magnificence, apparat, éclat, luxe, opulence, pompe, richesse, somptuosité, splendeur

faste[2] ADJ. bénéfique, avantageux, favorable, heureux, opportun, propice

fastidieux, ieuse ADJ. ennuyeux, assommant, lassant, monotone, barbant (*fam.*), bassinant (*fam.*), casse-pieds (*fam.*), chiant (*très fam.*), embêtant (*fam.*), emmerdant (*très fam.*), enquiquinant (*fam.*), mortel (*fam.*), rasant (*fam.*), rasoir (*fam.*), suant (*fam.*)

fastueux, euse ADJ. 1. luxueux, éclatant, somptueux, opulent, riche 2. dépensier, large, prodigue

fat, fate ADJ. vaniteux, arrogant, content de soi, plein de soi-même, poseur, prétentieux, suffisant, infatué (de sa personne) (*littér.*), outrecuidant (*littér.*)

fatal, ale, als ADJ. 1. immanquable, forcé, imparable, inéluctable, inévitable, obligatoire, sûr 2. funeste, désastreux, néfaste, nuisible 3. mortel, létal 4. fatidique

fataliste ADJ. résigné, passif

fatalité N. F. 1. destin, destinée, sort 2. malédiction, mauvais sort 3. adversité, hasard, malchance, malheur, déveine (*fam.*)

fatidique ADJ. 1. fatal 2. inéluctable, inévitable, inexorable, obligatoire

fatigant, ante ADJ. 1. épuisant, éreintant, exténuant, harassant, pénible, crevant (*fam.*), tuant (*fam.*) 2. lassant, ennuyeux, fastidieux, assommant (*fam.*), barbant (*fam.*), casse-pieds (*fam.*), chiant (*fam.*), emmerdant (*fam.*), rasant (*fam.*), rasoir (*fam.*)

fatigue N. F. 1. faiblesse, lassitude, coup de bambou (*fam.*), coup de barre (*fam.*), coup de pompe (*fam.*) 2. épuisement, harassement, surmenage

fatigué, ée ADJ. 1. épuisé, las, éreinté, exténué, fourbu, harassé, surmené, recru (*littér.*), rompu (*littér.*), à plat (*fam.*), cassé (*fam.*), claqué (*fam.*), crevé (*fam.*), flagada (*fam.*), flapi (*fam.*), h. s. (*fam.*), lessivé (*fam.*), mort (*fam.*), moulu (*fam.*), nase (*fam.*), pompé (*fam.*), sur le flanc (*fam.*), sur les genoux (*fam.*), sur les rotules (*fam.*), vanné (*fam.*), vidé (*fam.*) 2. *[traits, visage]* tiré 3. usagé, abîmé, avachi, défraîchi, déformé, fané, usé

fatiguer V. TR. 1. épuiser, éreinter, exténuer, harasser, user, consumer (*littér.*), casser (*fam.*), claquer (*fam.*), crever (*fam.*), lessiver (*fam.*), tuer (*fam.*), vanner (*fam.*), vider (*fam.*) 2. importuner, exaspérer, assommer, bassiner (*fam.*), embêter (*fam.*), enquiquiner (*fam.*), tanner (*fam.*) 3. ennuyer, barber (*fam.*), pomper (*fam.*), raser (*fam.*), faire chier (*très fam.*)

♦ **se fatiguer** V. PRON. 1. s'épuiser, s'échiner, s'éreinter, s'exténuer, se surmener, se casser (la nénette, le cul) (*fam.*), se claquer (*fam.*), se crever (*fam.*), se fouler (*fam.*), se tuer (*fam.*) 2. se lasser, se blaser, en avoir assez

fatras N. M. 1. amas, amoncellement, désordre, fouillis, ramassis 2. confusion, désordre, fouillis, mélange

faucher V. TR. 1. moissonner, tondre 2. abattre, coucher, anéantir, décimer, détruire, renverser, terrasser

faufiler V. TR. bâtir, coudre
♦ **se faufiler** V. PRON. se glisser, se couler, s'immiscer, s'insinuer, s'introduire

faussaire N. 1. contrefacteur, falsificateur, imitateur, *[de monnaie]* faux-monnayeur 2. imposteur, mystificateur, trompeur

faussement ADV. 1. à tort, erronément (*littér.*) 2. trompeusement, fallacieusement

fausser V. TR. 1. altérer, défigurer, dénaturer, falsifier, maquiller, travestir, truquer 2. pervertir, corrompre, détraquer, gâter, vicier 3. forcer, abîmer, déformer, gauchir, tordre, voiler

fausseté N. F. 1. erreur, inexactitude 2. déloyauté, dissimulation, duplicité, fourberie, hypocrisie, jésuitisme, pharisaïsme, tartuferie 3. tromperie, imposture, mensonge

faute N. F. 1. erreur, ânerie, bêtise, connerie (*fam.*), couillonnade (*fam.*) 2. bévue, impair, tort, faux pas, boulette (*fam.*), bourde (*fam.*), gaffe (*fam.*) 3. *[de langage]* incorrection, impropriété, barbarisme, solécisme, lapsus 4. *[Typo]* coquille 5. imprudence, négligence 6. imperfection, défaut, faiblesse, inconvénient, travers 7. méfait, crime, délit, forfait, inconduite, péché 8. culpabilité, responsabilité, tort

fautif, ive ADJ. 1. erroné, défectueux, faux, imparfait, incorrect, inexact, vicieux 2. coupable, responsable

faux[1]**, fausse** ADJ. 1. erroné, fautif, incorrect, inexact, mauvais, tortu (*littér.*) 2. trompeur, factice, fallacieux, mensonger, subreptice, truqué, captieux (*littér.*) 3. affecté, artificiel, emprunté, étudié, feint, forcé, insincère, postiche, simulé, supposé, prétendu, pseudo, soi-disant, usurpé, bidon (*fam.*) 4. falsifié, apocryphe, inauthentique, inventé, pastiche 5. artificiel, factice 6. imaginaire, chimérique, fabuleux, fictif, factice, illusoire, vain 7. déloyal, cabotin, fourbe, hypocrite, perfide, sournois, faux-derche (*fam.*), faux-jeton (*fam.*)

faux[2] N. M. contrefaçon, copie, imitation, toc (*fam.*)

faux-fuyant N. M. dérobade, détour, échappatoire, excuse, pirouette, prétexte, subterfuge

faveur N. F. 1. considération, crédit, estime, popularité, sympathie 2. aide, appui, bénédiction, protection, recommandation 3. privilège, bénéfice, bienfait, service, fleur (*fam.*), piston (*fam.*) 4. cadeau, don, largesse 5. ruban

favorable ADJ. 1. bienveillant, approbateur, clément, indulgent, positif 2. avantageux, bénéfique, faste, opportun, propice

favori, ite
▶ ADJ. 1. chéri, préféré, bien-aimé 2. préféré, de prédilection, fétiche
▶ N. 1. protégé 2. chouchou (*fam.*), coqueluche (*fam.*)
▶ N. F. concubine, créature, maîtresse

favorisé, ée ADJ. privilégié, fortuné, heureux, bien loti, prospère

favoriser V. TR. 1. aider, appuyer, avantager, privilégier, protéger, seconder, soutenir, pistonner (*fam.*) 2. faciliter, promouvoir, servir

favoritisme N. M. 1. partialité 2. népotisme, copinage (*fam.*), piston (*fam.*)

fébrile ADJ. 1. fiévreux, chaud 2. agité, énervé, excité, impatient, nerveux 3. ardent, frénétique, passionné, vif

fécond, onde ADJ. 1. fertile, prolifique 2. productif, fertile, fructifiant, généreux, plantureux, riche 3. fructueux, productif 4. créateur, créatif, fertile, imaginatif, inventif

féconder V. TR. 1. fertiliser 2. enrichir, améliorer, ensemencer, imprégner

fécondité N. F. 1. productivité, fertilité, générosité 2. créativité, inventivité, prolificité 3. richesse, abondance, fertilité

fédération N. F. 1. association, coalition, ligue, société, union 2. État fédéral, confédération

fédérer V. TR. grouper, coaliser, liguer, rassembler, regrouper, réunir, unir

féerique ADJ. 1. fabuleux, fantastique, irréel, magique, prodigieux, surnaturel 2. enchanteur, magnifique, merveilleux

feindre V. TR. 1. affecter, imiter, simuler, faire semblant de 2. mentir, déguiser, dissimuler

feint, feinte ADJ. artificiel, affecté, de commande, étudié, faux, simulé

feinte N. F. 1. leurre, attrape, piège, ruse, stratagème, subterfuge, tromperie 2. artifice, comédie, déguisement, dissimulation, faux-semblant, hypocrisie, mensonge

fêler V. TR. fissurer, fendiller, fendre

félicitations N. F. PL. 1. compliments, hommages 2. applaudissements, éloges, louanges

félicité N. F. 1. bonheur, béatitude, contentement, extase, joie 2. [Relig.] salut

féliciter V. TR. 1. complimenter 2. applaudir, complimenter, louanger, louer, tresser des couronnes/des lauriers à
• **se féliciter de** V. PRON. se réjouir de, être content de, se louer de

fêlure N. F. cassure, faille, fente, fissure, lézarde

femme N. F. 1. dame, gonzesse (fam.) 2. poupée (fam.), gosse (fam.), môme (fam.), pépée (fam.), poulette (fam.), souris (fam.) 3. épouse, compagne, dame (pop.), bourgeoise (pop.), dulcinée (fam., souvent plaisant), légitime (fam., souvent plaisant), moitié (fam., souvent plaisant)

fendiller V. TR. craqueler, crevasser, fêler, fissurer, lézarder, [les doigts, lèvres] gercer

fendre V. TR. 1. couper, cliver, diviser, tailler, trancher 2. fendiller, lézarder 3. casser
• **se fendre** V. PRON. 1. se disjoindre, s'entrouvrir, s'ouvrir 2. se craqueler, se crevasser, se fêler, se lézarder

fenêtre N. F. 1. croisée, baie, hublot, lucarne, lunette, œil-de-bœuf, soupirail, trappe, vasistas 2. vitre, carreau, vitrage 3. ouverture, orifice

fente N. F. 1. fissure, brisure, cassure, coupure, crevasse, déchirure, faille 2. entaille, enture, estafilade, incision 3. espace, interstice, intervalle, jour, trou, vide

ferme ADJ. 1. consistant, compact, dur, résistant, solide 2. assuré, autoritaire, décidé, déterminé, énergique, inflexible, opiniâtre, résolu, tenace 3. droit, fort, raide, robuste, solide, vigoureux 4. courageux, impassible, imperturbable, stoïque 5. fixe, ancré, arrêté, décidé, déterminé, définitif, formel, immuable

fermé, ée ADJ. 1. sélectif, clos, exclusif, snob (fam.) 2. borné, buté, obtus

ferment N. M. 1. levure, moisissure, bacille, bactérie, suc 2. agent, cause, germe, levain, principe, source

fermenter V. INTR. 1. lever, travailler 2. s'agiter, bouillonner, s'échauffer, s'exalter

fermer V. TR. I. 1. entourer, borner, enclore, enfermer 2. serrer, refermer, resserrer II. 1. clore, claquer, barricader, cadenasser, condamner, verrouiller 2. boucher, barrer, bloquer, obstruer, obturer 3. boucler, boutonner, cacheter, clore, plier, rabattre, sceller, tirer III. 1. couper, éteindre, interrompre 2. arrêter, faire cesser, clore, clôturer, solder, terminer
• **se fermer** V. PRON. 1. cicatriser, guérir, se refermer 2. se refrogner, s'assombrir, se renfermer, se (re)fermer comme une huître

fermeté N. F. 1. consistance, dureté, résistance, solidité 2. stabilité, bonne tenue 3. autorité, assurance, détermination, inflexibilité, résolution, poigne (fam.) 4. constance, endurance, opiniâtreté, persévérance, ténacité

fermeture N. F. 1. clôture, barrage, bouclage, interdiction, verrouillage 2. obturation, obstruction, occlusion 3. attache, fermoir, barre, cadenas, loquet, pêne, serrure, verrou 4. arrêt, cessation, coupure, interruption

féroce ADJ. 1. sauvage, fauve 2. cruel, barbare, impitoyable, inhumain, sanguinaire

férocité N. F. 1. barbarie, brutalité, cruauté, inhumanité, sadisme, sauvagerie 2. acharnement, fureur, rage, violence

fertile ADJ. 1. prolifique, fécond 2. productif, fécond, généreux, gras, plantureux, riche 3. inventif, créatif, ingénieux, subtil

fertiliser V. TR. améliorer, amender, bonifier, engraisser, enrichir, fumer

fertilité N. F. 1. richesse, fécondité, générosité, rendement 2. prolificité, fécondité 3. inventivité, créativité, ingéniosité

féru, ue ADJ. passionné, amoureux, enragé, fanatique, fervent, accro (fam.), fou (fam.), mordu (fam.), toqué (fam.)

fervent, ente ADJ. 1. ardent, chaleureux, enthousiaste, passionné 2. fanatique, dévot, exalté, zélé

ferveur N. F. 1. dévotion, piété, zèle 2. ardeur, chaleur, effusion, enthousiasme, exaltation, feu, flamme, passion

fessée N. F. correction, déculottée (fam.)

fesser V. TR. corriger, battre, botter le derrière/le train à (fam.), filer une déculottée à (fam.)

fesses N. F. PL. postérieur, derrière, fessier, arrière-train, croupe (fam.), cul (fam.), fion (pop.), joufflu (fam.), miches (fam.), panier (fam.), pétard (fam.), popotin (fam.), train (fam.), pot (fam.), baba (argot)

festin N. M. 1. banquet, agapes (littér.), bombance (fam.), gueuleton (fam.), ripaille (fam.) 2. régal

fêtard, arde N. viveur, bambocheur (fam.), jouisseur (fam.), noceur (fam.)

fête N. F. 1. célébration, cérémonie, commémoration, festivités, réjouissances 2. festival 3. foire, kermesse 4. réception, gala, garden-party, soirée, boum (fam.), raout (fam.), sauterie (fam.) 5. fiesta, bamboula (fam.), bombe (fam.), bringue (fam.), foire (fam.), java (fam.), noce (fam.), nouba (fam.) 6. régal, bonheur, enchantement, joie, plaisir

fêter V. TR. 1. célébrer, commémorer, honorer, solenniser 2. arroser (fam.)

fétiche N. M. amulette, grigri, idole, mascotte, porte-bonheur, porte-chance, talisman

fétide ADJ. 1. malodorant, dégoûtant, écœurant, méphitique, nauséabond, puant, putride 2. abominable, ignoble, immonde, infect, innommable, repoussant, répugnant

feu N. M. 1. flambée, brasier, flammes, fournaise, incendie 2. âtre, cheminée, foyer 3. éclairage, lumière, fanal, flambeau, lamparo, lampe, torche, [de voiture] code, lanterne, phare, veilleuse 4. inflammation, démangeaison, irritation 5. animation, ardeur, chaleur, élan, enthousiasme, exaltation, ferveur, flamme, fougue, impétuosité, passion, véhémence

feuille N. F. 1. lame, lamelle, plaque 2. feuillet, copie 3. journal, bulletin, gazette, canard (fam.), feuille de chou (fam.) 4. fiche, bulletin, formulaire
• **feuilles** PLUR. feuillage, feuillée (littér.), feuillure (littér.), frondaison (littér.), ramée (littér.), ramure (littér.)

feuilleter V. TR. consulter, compulser, lire en diagonale, parcourir, survoler

fiable ADJ. 1. sérieux, consciencieux, sûr 2. crédible, digne de foi, exact, sûr 3. sécurisé, sûr

fiancé, ée
▶ N. M. promis (littér.), futur (fam.), ami
▶ N. F. bien-aimée, dulcinée

fiasco N. M. échec, faillite, insuccès, ratage, bide (fam.), flop (fam.), [pièce] four

ficeler V. TR. attacher, brider, saucissonner (fam.)

ficelle N. F. 1. corde 2. astuce, artifice, ruse, procédé, stratagème, truc (fam.)

ficher¹ V. TR. planter, clouer, enfoncer, fixer, introduire
• **se ficher de** V. PRON. 1. dédaigner, négliger, se balancer de (fam.), se battre l'œil de (fam.), se contreficher de (fam.), se foutre de (très fam.) 2. se moquer de, rire de, faire des gorges chaudes de, se foutre de (très fam.)

fichu, ue ADJ. 1. condamné, fini, incurable, inguérissable, perdu, cuit (fam.), foutu (fam.) 2. hors service, irrécupérable, H.S. (fam.), bousillé (fam.), foutu (fam.) 3. fâcheux, maudit, sale, fieffé (fam.), foutu (fam.), sacré (fam.), satané (fam.)

fictif, ive ADJ. 1. imaginaire, fabriqué, inventé, irréel 2. trompeur, factice, faux, feint, illusoire

fiction N. F. 1. roman, conte, fable, allégorie, apologue 2. illusion, chimère, mirage, songe

fidèle
▶ ADJ. 1. dévoué, honnête, loyal, probe 2. assidu, régulier 3. durable, éprouvé, sincère, solide, sûr 4. conforme, correct, exact, fiable, juste, véridique
▶ N. 1. croyant, paroissien, ouaille (fam., surtout plur.), brebis (littér.) 2. partisan, adepte, sectateur 3. habitué, client

fidélité N. F. 1. dévouement, attachement, honnêteté, loyauté 2. exactitude, correction, véracité, vérité 3. obéissance, allégeance

fieffé, ée ADJ. accompli, achevé, complet, consommé, parfait, fichu (fam.), fini (fam.), foutu (très fam.), sacré (fam.), satané (fam.)

fier à (se) V. PRON. 1. croire, ajouter foi à, écouter, faire crédit à 2. faire confiance à, avoir foi en, compter sur, se reposer sur, s'en remettre à

fier, fière ADJ. 1. orgueilleux, altier, arrogant, avantageux, bouffi (d'orgueil), dédaigneux, fat, froid, hautain, méprisant, prétentieux, suffisant, supérieur, vaniteux, crâneur (fam.), faraud (littér.) 2. digne, noble 3. entier, indomptable, farouche, sauvage

fièrement ADV. 1. dignement, bravement, courageusement, crânement, le front haut, la tête haute 2. dédaigneusement, orgueilleusement

fierté N. F. I. 1. amour-propre, estime (de soi-même), orgueil, vanité 2. dignité, cœur, noblesse II. 1. mépris, condescendance, dédain, hauteur, morgue 2. arrogance, orgueil, présomption, suffisance, vanité III. 1. contentement, joie, satisfaction 2. honneur, gloire

fièvre N. F. 1. température, fébrilité 2. bouillonnement, agitation, exaltation, excitation, fébrilité, surexcitation 3. ardeur, chaleur, feu, fougue, passion 4. amour, folie, manie, passion, rage, soif

fiévreux, -euse ADJ. 1. fébrile, brûlant, chaud 2. exalté, agité, excité, nerveux, surexcité 3. bouillonnant, fébrile, frénétique, intense

figé, ée ADJ. 1. immobile, paralysé, pétrifié, raidi, statufié 2. raide, contraint, hiératique 3. sclérosé, fossilisé 4. conventionnel, fixé, stéréotypé

figer V. TR. 1. solidifier, cailler, coaguler, geler 2. immobiliser, clouer, paralyser, pétrifier, raidir 3. scléroser, fossiliser

fignoler V. TR. parachever, parfaire, ciseler, mettre la dernière main à, peaufiner, polir, raffiner, soigner, chiader (fam.), lécher (fam.)

figure N. F. I. 1. visage, face, faciès, tête, binette (fam.), bobine (fam.), bouille (fam.), frimousse (fam.), gueule (fam.), minois (fam.), portrait (fam.), trogne (fam.), trombine (fam.), tronche (fam.) 2. apparence, aspect, dehors, extérieur 3. physionomie, air, attitude, mine, tête II. 1. illustration, dessin, graphique, planche, schéma 2. emblème, allégorie, représentation, symbole 3. [Art] effigie, portrait, statue 4. forme, signe III. 1. personnage, personnalité, nom 2. caractère, type

figuré, ée ADJ. imagé, métaphorique

figurer V. TR. 1. représenter, dessiner, peindre, sculpter 2. symboliser, incarner, représenter
• **se figurer** V. PRON. 1. se représenter, se faire une idée de, s'imaginer 2. croire, imaginer, penser, supposer

fil N. M. 1. fibre, brin, filament 2. attache, lien 3. tranchant 4. cours, déroulement, enchaînement, liaison, succession

file N. F. 1. ligne, alignement, enfilade, rangée, série, succession, suite 2. colonne, cortège, défilé, procession 3. cordon, haie, rang, rangée 4. couloir, voie

filer
▶ V. INTR. 1. foncer, courir, s'enfuir, fuir 2. disparaître, fondre, glisser 3. se démailler
▶ V. TR. 1. dévider, laisser aller, lâcher, larguer 2. suivre, pister, prendre en filature, filocher (fam.)

filet N. M. I. 1. [Pêche] épuisette, épervier, senne, traîne 2. [Chasse] nasse, épuisette, lacet 3. piège, embûche, nasse, lacs (littér.), rets (littér.) 4. résille, réticule II. [de volaille] aiguillette, blanc, suprême, magret

filiation N. F. 1. lignée, descendance, généalogie, origine, parenté 2. enchaînement, liaison, lien, ligne, ordre, succession, suite

filière N. F. 1. canal, voie 2. domaine 3. réseau

filiforme ADJ. 1. longiligne 2. mince, fluet, frêle, grêle, gracile, menu

fille N. F. 1. enfant 2. femme, gonzesse (fam.), nana (fam.), souris (fam.)

film N. M. 1. pellicule, bobine, rouleau 2. long/moyen/court métrage, toile (fam.) 3. déroulement, enchaînement, fil, succession

filou N. M. 1. voleur, aigrefin, bandit, crapule, escroc, fripon, arnaqueur (fam.), fripouille (fam.) 2. garnement, coquin, voyou

fils N. M. descendant, enfant, gars (fam.), héritier (fam.), rejeton (fam.), fiston (fam.)

filtre N. M. 1. passoire, chaussette, étamine 2. contrôle, vérification

filtrer
▶ V. TR. 1. clarifier, épurer, passer à l'étamine, purifier 2. voiler, tamiser 3. contrôler, vérifier
▶ V. INTR. 1. couler, passer, pénétrer, suinter, traverser, sourdre (littér.) 2. s'éventer, percer, se répandre, transpirer

fin[1] N. F. I. 1. bout, borne, limite, queue, sortie, terminaison 2. terme, aboutissement, achèvement, conclusion, dénouement, expiration 3. arrêt, abandon, cessation, clôture II. 1. déclin, agonie, chute, crépuscule 2. disparition, anéantissement, décès, destruction, écroulement, mort, ruine, trépas (littér.) III. but, destination, finalité, intention, objectif, objet, visée

fin[2], **fine** ADJ. I. 1. menu, allongé, délié, effilé, élancé, étroit, fuselé, mince, svelte 2. pointu, acéré, aigu, effilé 3. vaporeux, arachnéen, léger 4. subtil, léger, ténu II. 1. affiné, pur, raffiné 2. précieux, raffiné 3. délicat, doux, léger 4. délectable, délicieux, exquis, savoureux III. 1. sensible, exercé, précis 2. clairvoyant, averti, avisé, perspicace, sagace, subtil 3. intelligent, adroit, astucieux, habile, ingénieux, malin, retors, rusé, finaud (fam.), futé (fam.) 4. piquant, spirituel

final, ale, als ADJ. 1. dernier, terminal, ultime 2. définitif, décisif

finalement ADV. 1. à la fin, enfin, en dernier lieu, en dernier ressort 2. en définitive, en conclusion, en fin de compte, au bout du compte, somme toute, au total, tout bien considéré, tout compte fait

finalité N. F. but, objectif, visée

finance N. F. affaires, banque, business (fam.)
♦ **finances** N. F. PL. fonds, argent, avoir, bourse, budget, porte-monnaie, ressources, trésorerie

financer V. TR. 1. commanditer, parrainer, sponsoriser, soutenir, subventionner 2. payer, casquer pour (fam.)

financier, ière ADJ. 1. d'argent, pécuniaire, matériel 2. bancaire, budgétaire, monétaire

finesse N. F. 1. raffinement, beauté, délicatesse, distinction, élégance, grâce, pureté 2. sveltesse, gracilité, minceur 3. subtilité, acuité, clairvoyance, intelligence, pénétration, perspicacité, sagacité 4. diplomatie, adresse, délicatesse, souplesse, tact 5. artifice, astuce, ruse, stratagème, ficelle (fam.), finasserie (fam.)

fini, ie ADJ. 1. limité, borné 2. disparu, évanoui, perdu, révolu, terminé 3. usé, épuisé, perdu, fait (fam.), fichu (fam.), flambé (fam.), foutu (très fam.), mort (fam.), [personne] has been (fam.) 4. accompli, achevé, consommé, fichu (fam.), fieffé (littér.), sacré (fam.)

finir
▶ V. TR. 1. arrêter, cesser, clore, clôturer, couper court à, mettre fin à, mettre un point final à, mettre un terme à, terminer 2. achever, accomplir, boucler, terminer 3. parachever, mettre la dernière main à, parfaire, fignoler (fam.), lécher (fam.)
▶ V. INTR. 1. s'achever, s'arrêter, cesser, prendre fin, s'interrompre, se terminer 2. expirer, arriver à échéance 3. disparaître, s'évanouir

fioriture N. F. ornement, agrément, décoration, enjolivement, parement, parure

firme N. F. entreprise, établissement, maison, société, boîte (fam.)

fissure N. F. 1. brèche, cassure, crevasse, faille, fêlure, fente, lézarde, scissure, sillon 2. faiblesse, faille, lacune

fissurer V. TR. craqueler, crevasser, fêler, fendiller, fendre, lézarder

fixation N. F. 1. accrochage, amarrage, arrimage 2. ancrage, établissement, implantation, sédentarisation 3. attache 4. détermination, arrêt, définition, délimitation, établissement, mise au point 5. obsession, fixette (fam.)

fixe ADJ. 1. immobile, figé 2. sédentaire 3. inchangé, inaltérable, immuable, invariable, stable, stationnaire 4. régulier, constant, continu, permanent, persistant, stable 5. défini, arrêté, définitif, déterminé, ferme, réglementé

fixer V. TR. I. 1. immobiliser, amarrer, ancrer, arrimer, assujettir, assurer, attacher, caler, maintenir, retenir, suspendre 2. assembler, clouer, coincer, coller, épingler, lier, nouer, river, sceller, visser 3. retenir, ancrer, enraciner, ficher, graver, imprimer, planter 4. sédentariser, ancrer, établir, implanter 5. stabiliser, arrêter, asseoir II. observer, dévisager, examiner, regarder avec insistance, scruter III. 1. décider, arrêter, conclure, se mettre d'accord sur 2. délimiter, définir, déterminer, établir, régler, réglementer 3. assigner, indiquer, marquer, prescrire, spécifier IV. [qqn sur] renseigner, éclairer, édifier, informer, instruire, mettre au fait, mettre au courant, mettre au parfum (fam.), rancarder (fam.)
♦ **se fixer** V. PRON. 1. s'implanter, s'établir, s'installer, prendre pied 2. s'ancrer, se cristalliser, s'imprimer

flacon N. M. bouteille, fiole, burette, flasque, gourde, [de parfum] atomiseur, vaporisateur

flageoler V. INTR. chanceler, tituber, trembler, vaciller

flagrant, ante ADJ. aveuglant, criant, éclatant, évident, incontestable, indéniable, indiscutable, indubitable, manifeste, notoire, patent

flair N. M. 1. odorat 2. clairvoyance, discernement, instinct, intuition, perspicacité, sagacité, nez (fam.)

flairer V. TR. 1. humer, sentir, renifler, prendre le vent 2. deviner, pressentir, sentir, soupçonner, subodorer, se douter de

flambeau N. M. 1. torche, bougie, brandon 2. chandelier, candélabre, torchère 3. guide, lumière, phare

flambée N. F. 1. feu 2. bouffée, crise, explosion, poussée 3. augmentation, envol, escalade

flamber
▶ V. INTR. 1. brûler, se consumer, s'enflammer 2. étinceler, briller, flamboyer, scintiller 3. augmenter, s'envoler, grimper, atteindre des sommets
▶ V. TR. dépenser, dilapider, dissiper, gaspiller, claquer (fam.), croquer (fam.)

flamboyer V. INTR. 1. brûler, flamber 2. briller, étinceler, rayonner, resplendir, rutiler, scintiller

flamme N. F. I. feu, flammèche, flammerole II. 1. éclat, clarté, éclair, feu, lueur, lumière 2. ardeur, chaleur, élan, exaltation, ferveur, feu, fièvre, fougue 3. amour, désir, passion III. banderole, bannière, drapeau, fanion, oriflamme
♦ **flammes** PLUR. incendie, feu, sinistre

flanc N. M. côté, aile, bord, pan, versant, travers

flancher V. INTR. faiblir, abandonner, céder, lâcher pied, mollir, plier, reculer, craquer (fam.), se dégonfler (fam.)

flâner V. INTR. 1. se promener, déambuler, errer, se balader (fam.), vadrouiller (fam.), musarder (littér.), muser (littér.) 2. paresser, traîner, flemmarder (fam.), lambiner (fam.), lanterner (littér.)

flanquer V. TR. 1. escorter, accompagner 2. couvrir, garantir, protéger 3. encadrer, border

flasque ADJ. 1. mou, avachi, mollasse, ramolli 2. inconsistant, amorphe, atone, inerte, lâche

flatter V. TR. I. 1. complimenter, honorer 2. louer, courtiser, encenser, faire des courbettes à, flagorner (littér.), louanger (littér.), lancer des fleurs à (fam.), lécher les bottes de (fam.), lécher le cul de (très fam.), passer la main dans le dos à (fam.), passer la pommade à (fam.), passer la brosse à reluire à (fam.) II. avantager, embellir, idéaliser III. 1. charmer, délecter, plaire à, faire plaisir à 2. caresser, amadouer, cajoler, câliner 3. chatouiller, exciter 4. encourager, entretenir, favoriser
♦ **se flatter de** V. PRON. 1. prétendre, compter, se faire fort de, se piquer de, se targuer de, se vanter de 2. se glorifier de, s'enorgueillir de, se prévaloir de, se gargariser de

flatterie N. F. compliment, hommage, louange, [péj.] courtisanerie, courbettes, coups d'encensoir, flagornerie, lèche (fam.)

flatteur, euse
▶ N. M. complimenteur, courtisan, encenseur, flagorneur (littér.), thuriféraire (littér.), lèche-botte (fam.), lèche-cul (fam.), lécheur (fam.)
▶ ADJ. 1. élogieux, laudatif, obligeant 2. hypocrite, complaisant, obséquieux, patelin 3. seyant

fléau N. M. calamité, catastrophe, désastre, malheur, plaie

flécher V. TR. baliser, jalonner, marquer, signaliser

fléchir
▶ V. INTR. 1. se courber, s'arquer, gauchir, s'incurver, s'infléchir 2. décliner, baisser, diminuer, faiblir, reculer 3. faiblir, chanceler, mollir, vaciller, lâcher pied, céder, désarmer, flancher (fam.) 4. se soumettre, capituler, céder, s'incliner, plier
▶ V. TR. 1. émouvoir, apitoyer, attendrir, ébranler, toucher 2. plier, courber, incliner, ployer, recourber

flegmatique ADJ. 1. détaché, calme, décontracté, froid, impassible, imperturbable, maître de soi, placide 2. paresseux, lymphatique

flegme N. M. calme, décontraction, détachement, froideur, impassibilité, imperturbabilité, maîtrise de soi, placidité, sang-froid

flétrir V. TR. 1. faner, dessécher, sécher 2. rider, friper, marquer, ravager 3. défraîchir, altérer, décolorer, faner, gâter, ternir 4. entacher, déshonorer, salir, souiller, ternir
♦ **se flétrir** V. PRON. 1. se rider, se chiffonner, se friper, se parcheminer, se ratatiner 2. se ternir, s'altérer, se décolorer, se faner, passer

flétrissure N. F. souillure, déshonneur, honte, infamie, tache, opprobre (littér.), stigmate (littér.)

fleurir V. INTR. 1. éclore, s'épanouir 2. être florissant, croître, se développer, s'épanouir, grandir, prospérer 3. orner, émailler

fleuve N. M. 1. cours d'eau, rivière 2. flot, déluge, torrent

flexible ADJ. 1. élastique, plastique, pliable, pliant, souple 2. accommodant, docile, malléable, maniable, souple 3. modulable, aménagé, souple, à la carte

flexion N. F. 1. fléchissement, courbure 2. désinence, conjugaison, déclinaison

flirter V. INTR.
– **flirter avec** 1. courtiser, sortir avec, avoir une histoire avec 2. approcher, friser, frôler, se rapprocher de

florilège N. M. anthologie, extraits, morceaux choisis, recueil, best of (fam.), chrestomathie (littér.), spicilège (littér.)

florissant, ante ADJ. 1. épanoui, coloré, fleuri, rayonnant, rebondi 2. très bon, éclatant, resplendissant, splendide 3. prospère, riche, en pleine expansion

flot N. M. 1. courant, flux, marée 2. écoulement, cours 3. débordement, débauche, déluge, torrent 4. affluence, afflux, foule, marée, nuée, flopée (fam.)
♦ **flots** PLUR. mer, océan, lames, vagues, onde (littér.)

flottant, ante ADJ. I. 1. mobile 2. dénoué, libre, épars 3. ample, flou, lâche, vague II. 1. fluctuant, instable, variable 2. hésitant, fluctuant, incertain, inconstant, indécis, indéterminé, instable, irrésolu, mouvant

flottement N. M. 1. balancement, agitation, ondulation 2. hésitation, doute, incertitude, indécision, tâtonnement 3. fluctuation

flotter V. INTR. 1. surnager, nager 2. onduler, battre, claquer, voler, voleter, voltiger 3. hésiter, balancer, osciller

flou, floue
▸ ADJ. **1.** brouillé, brumeux, effacé, flouté, indistinct, nébuleux, trouble **2.** flottant, ample, lâche, large, vague **3.** imprécis, incertain, fumeux, nébuleux, vague
▸ N. M. imprécision

flouer V. TR. tromper, berner, duper, escroquer, leurrer, posséder *(fam.)*, refaire *(fam.)*, rouler *(fam.)*

fluctuant, ante ADJ. **1.** incertain, flottant, hésitant, indécis, indéterminé, irrésolu **2.** changeant, flottant, inconstant, instable, mobile, mouvant, variable

fluctuer V. INTR. **1.** changer, évoluer, se modifier, se transformer, varier **2.** se balancer, flotter

fluet, ette ADJ. menu, délicat, faible, gracile, grêle, maigre, mince

fluide
▸ ADJ. **1.** liquide **2.** aisé, coulant, clair, délié, limpide, souple
▸ N. M. **1.** liquide **2.** force, courant, flux, influx, magnétisme, onde, radiation, rayonnement

flux N. M. **1.** écoulement, évacuation **2.** abondance, affluence, débordement, déferlement, déluge, flot, profusion, torrent **3.** mouvement, balancement, agitation

foi N. F. **1.** croyance, conviction **2.** religion, confession, culte, dogme, église **3.** confiance, crédit **4.** conscience, honneur, loyauté, probité, sincérité

foire N. F. **1.** braderie **2.** fête foraine, kermesse **3.** exposition, salon

foison N. F. abondance, foule, kyrielle, masse, multitude, nuée, flopée *(fam.)*

foisonnant, ante ADJ. abondant, généreux, riche, surabondant

foisonner V. INTR. abonder, fourmiller, grouiller, proliférer, pulluler

folâtrer V. INTR. s'amuser, batifoler *(fam.)*, s'ébattre, gambader, jouer, papillonner

folie N. F. **I. 1.** démence, aliénation, délire, déséquilibre (mental), égarement, insanité **2.** égarement, aveuglement, emportement, vertige **II. 1.** marotte, dada, manie, passion **2.** caprice, coup de tête, lubie, toquade **3.** fantaisie, bizarrerie, extravagance **4.** écart de conduite, escapade, frasque, fredaine, incartade **III.** aberration, absurdité, bêtise, sottise, stupidité, connerie *(fam.)*

fomenter V. TR. allumer, causer, faire naître, provoquer, susciter

foncé, ée ADJ. **1.** sombre, obscur, profond **2.** brun, basané, bistre, mat

foncer V. TR. assombrir, bronzer, brunir
– **foncer sur** charger, assaillir, attaquer, bondir sur, s'élancer sur, fondre sur, se précipiter sur, se ruer sur, sauter sur

foncier, ière ADJ. **1.** terrien **2.** constitutif, essentiel, fondamental, inné, naturel

fonction N. F. **1.** activité, charge, devoir, mandat, mission, rôle, service, tâche, travail **2.** situation, emploi, métier, place, poste, profession **3.** pouvoir, attribution, compétence, qualité **4.** utilité, rôle

fonctionnement N. M. **1.** action, activité, marche, service, travail **2.** processus, mécanisme, organisation, rouage

fonctionner V. INTR. aller, marcher, travailler, tourner rond *(fam.)*, carburer *(fam.)*

fond N. M. **I. 1.** profondeurs, tréfonds *(littér.)* **2.** bas, base, fondement **II. 1.** bout, extrémité, fin **2.** arrière-plan, lointain **III. 1.** contenu, substance, substrat, sujet, thème **2.** cœur, nœud **3.** canevas, intrigue, trame

fondamental, ale, aux ADJ. **1.** essentiel, constitutif, basal **2.** élémentaire, primaire, premier, rudimentaire, basique *(fam.)* **3.** capital, central, crucial, déterminant, primordial, vital **4.** radical, foncier

fondateur, trice N. créateur, auteur, bâtisseur, mère, père

fondation N. F. **1.** institution **2.** constitution, création, édification, établissement, instauration **3.** *[généralement au plur.]* assise, armature, assiette, base, charpente, fondement, soubassement

fondé, ée ADJ. justifié, légitime, motivé, recevable, valable

fondement N. M. **1.** cause, condition, consistance, justification, motif, objet, raison, sujet **2.** principe, origine, source **3.** *[généralement au plur.]* base, assiette, assise, fondations, soubassement

fonder V. TR. **1.** bâtir, construire, créer, édifier, élever, ériger, établir, instaurer **2.** constituer, établir, former, instituer, ouvrir **3.** appuyer, asseoir, baser, échafauder, établir, faire reposer **4.** justifier, appuyer, motiver
♦ **se fonder sur** V. PRON. s'appuyer sur, compter sur, se baser sur *(fam.)*

fondre
▸ V. TR. **1.** liquéfier, délayer, dissoudre **2.** couler, mouler **3.** amalgamer, fusionner, incorporer, mélanger, mêler, réunir **4.** atténuer, adoucir, estomper
▸ V. INTR. **1.** se désagréger, se dissoudre, se liquéfier **2.** disparaître, s'anéantir, se dissiper, s'évanouir, se volatiliser **3.** maigrir **4.** s'émouvoir, s'attendrir, craquer *(fam.)*
♦ **se fondre** V. PRON. **1.** s'estomper, s'évanouir, disparaître, se réduire **2.** se confondre, se mêler, se rejoindre

fonds N. M. **1.** propriété, foncier **2.** magasin, boutique, débit, établissement, exploitation **3.** *[au plur.]* argent, bien, capital, espèces, finances, moyens, ressources, somme

force N. F. **I. 1.** vigueur, résistance, robustesse, solidité **2.** intensité, profondeur, vivacité, *[du vent]* vitesse **3.** véhémence, ardeur, éloquence, feu, vigueur **II. 1.** qualité, habileté, mérite, talent, valeur **2.** capacité, faculté, possibilité **III. 1.** niveau, difficulté **2.** portée, importance, influence, valeur **IV. 1.** impulsion, dynamisme, nerf, ressort, souffle, vitalité **2.** efficacité, action, effet, puissance **V. 1.** contrainte, pression, violence **2.** nécessité, obligation

forcé, ée ADJ. **I. 1.** obligatoire, nécessaire **2.** inévitable, automatique, fatal, immanquable, obligé **3.** involontaire, non prévu **II. 1.** affecté, artificiel, contraint, factice, faux **2.** outré, exagéré, excessif

forcément ADV. inévitablement, immanquablement, fatalement, inéluctablement, nécessairement, obligatoirement, automatiquement *(fam.)*

forcené, ée ADJ. **1.** fou, déraisonnable, insensé **2.** acharné, enragé, frénétique, furibond, furieux, infernal, passionné

forcer V. TR. **I. 1.** briser, crocheter, enfoncer, fracturer, ouvrir, rompre **2.** violenter, violer **3.** épuiser, fatiguer, claquer *(fam.)*, crever *(fam.)* **II.** s'attirer, acquérir, gagner **III. 1.** augmenter, hausser, monter, pousser **2.** exagérer, accentuer, charger, grossir, outrer **3.** altérer, déformer, dénaturer, détourner **IV.** *[qqn à]* obliger, astreindre, acculer, condamner, contraindre, entraîner, pousser, réduire
♦ **se forcer** V. PRON. **1.** se contraindre, se dominer, se faire violence **2.** s'obliger, s'imposer

forger V. TR. **1.** construire, fabriquer, façonner, produire **2.** constituer, établir, fonder, former, monter **3.** inventer, imaginer, monter de toutes pièces, trouver

formaliser V. TR. modéliser, axiomatiser, mathématiser

formaliste ADJ. **1.** cérémonieux, conventionnel, formel, protocolaire, traditionaliste **2.** scrupuleux, maniaque, pointilleux, tatillon, vétilleux *(littér.)*

formalité N. F. démarche, procédure, règle
♦ **formalités** PLUR. cérémonial, cérémonie, étiquette, usages

format N. M. **1.** gabarit, calibre, dimension, taille **2.** importance, acabit, carrure, envergure

formateur, trice ADJ. instructif, éducatif, enrichissant

formation N. F. **I. 1.** création, composition, constitution, élaboration, genèse, institution **2.** apparition, naissance, développement, production **3.** développement, croissance, évolution, puberté **II.** groupe, groupement, organisation, parti, unité, *[Sport]* équipe, *[Milit.]* détachement, troupe **III. 1.** apprentissage, éducation, instruction **2.** connaissances, bagage, culture, éducation **IV.** orchestre, ensemble, groupe

forme N. F. **I. 1.** apparence, allure, aspect, morphologie **2.** tracé, contour, dessin, ligne, modelé, relief **3.** apparition, ombre, vision, silhouette **II.** santé, équilibre, état (physique/psychologique) **III. 1.** sorte, catégorie, espèce, genre, mode, type, variété **2.** façon, arrangement, coupe, structure, style **IV.** tournure, évolution **V.** gabarit, matrice, modèle, moule, patron **VI.** expression, formulation, style, ton, tour, tournure
♦ **formes** PLUR. usages, (bonnes) manières, cérémonial, étiquette, protocole, règles

formel, elle ADJ. **1.** catégorique, absolu, clair, explicite, exprès, net **2.** assuré, certain, évident, flagrant, incontestable, indéniable, indiscutable, indubitable, irréfutable, manifeste, sûr **3.** conventionnel, cérémonieux, formaliste, protocolaire, traditionaliste

formellement ADV. **1.** sans équivoque, clairement, explicitement, nettement **2.** catégoriquement, absolument, expressément, rigoureusement

former V. TR. **I. 1.** créer, fabriquer, façonner, modeler, *[une association]* constituer, établir, fonder, instituer, *[une argumentation]* articuler, bâtir, construire **2.** déterminer, causer, engendrer, produire **3.** composer, constituer **4.** *[des lettres]* calligraphier, dessiner, écrire, tracer **5.** concevoir, élaborer, forger, imaginer, nourrir **6.** émettre, énoncer, exprimer, formuler **II.** cultiver, éduquer, élever, instruire, préparer
♦ **se former** V. PRON. **1.** apparaître, se constituer, se créer, se développer, naître, se nouer **2.** s'instruire, apprendre son métier **3.** s'améliorer, se parfaire, se perfectionner

formidable ADJ. **1.** sensationnel, extraordinaire, fantastique, dément *(fam.)*, du tonnerre *(fam.)*, épatant *(fam.)*, géant *(fam.)*, génial *(fam.)*, sensass *(fam.)*, super *(fam.)* **2.** étonnant, prodigieux, renversant, stupéfiant, beau *(fam.)*, fumant *(fam.)*, marrant *(fam.)* **3.** considérable, énorme, gigantesque, imposant **4.** effrayant, épouvantable, redoutable, terrible *(fam.)*

formulaire N. M. imprimé, bordereau, questionnaire

formulation N. F. expression, énonciation, style, tour, tournure

formule N. F. **1.** énoncé, expression, locution, paroles, phrase, tournure, intitulé, libellé, *[sage]* aphorisme, précepte, proverbe, sentence, *[Pol.]* slogan **2.** moyen, astuce, méthode, mode, procédé, système, technique, solution, remède, truc *(fam.)*

formuler V. TR. énoncer, émettre, expliciter, exposer, exprimer, présenter, prononcer, mettre des mots sur, oraliser, tourner

fort[1], forte ADJ. **I. 1.** robuste, athlétique, bien bâti, musclé, puissant, bien taillé, vigoureux, balèze *(fam.)*, baraqué *(fam.)*, costaud *(fam.)* **2.** corpulent, épais, gras, gros, massif, obèse **3.** cartonné, dur, épais, résistant, rigide, solide **II. 1.** intense, puissant, vif, vigoureux, violent, du diable *(fam.)*, *[mal de tête]* carabiné *(fam.)*, soigné *(fam.)*, *[fièvre]* de cheval *(fam.)* **2.** pénétrant, tenace, enivrant, lourd **3.** corsé, épicé, piquant, relevé, *[café]* noir, serré, tassé **4.** sonore, claironnant, puissant, retentissant, d'enfer *(fam.)* **5.** accusé, grave, lourd, marqué, prononcé **III. 1.** capable, adroit, doué, expérimenté, ferré, habile, imbattable, malin, savant, calé *(fam.)*, fortiche *(fam.)* **2.** résolu, aguerri, armé, courageux, énergique, ferme, tenace, trempé **IV. 1.** extraordinaire, étonnant, incroyable, inouï, invraisemblable, stupéfiant **2.** exagéré, outré, poussé, raide *(fam.)* **V. 1.** efficace, énergique, influent, puissant **2.** autoritaire, énergique, violent **3.** convaincant, décisif, efficace **4.** invincible, irrésistible

fort[2] ADV. **I.** énergiquement, dur, ferme, fortement, vigoureusement, violemment, *[crier, frapper]* comme un sourd *(fam.)* **II. 1.** beaucoup, excessivement, extrêmement, grandement, nettement **2.** extrêmement, tout à fait

fort[3] N. M. **1.** spécialité, domaine, partie **2.** forteresse, citadelle, fortification, fortin, place forte **3.** cœur, milieu **4.** puissant

fortement ADV. **1.** vigoureusement, énergiquement, fort, violemment **2.** fermement, solidement **3.** intensément, ardemment, farouchement, passionnément, profondément, puissamment, vivement **4.** beaucoup, considérablement, grandement, nettement

forteresse N. F. 1. citadelle, château fort, fort, fortin, place forte 2. rempart, mur, bastion, citadelle

fortifiant, ante
- ADJ. 1. réconfortant, revigorant, stimulant, tonifiant, vivifiant 2. nutritif, roboratif
- N. M. reconstituant, cordial, tonique, remontant *(fam.)*

fortifier V. TR. 1. ragaillardir, réconforter, remonter, revigorer, tonifier, vivifier, retaper *(fam.)*, requinquer *(fam.)*, remettre d'aplomb *(fam.)*, remettre sur pied *(fam.)* 2. affermir, durcir, endurcir, retremper, tremper 3. conforter, encourager 4. développer, agrandir, augmenter, renforcer 5. consolider, étayer, renforcer, soutenir 6. armer, défendre, protéger

fortuit, uite ADJ. accidentel, casuel, contingent, imprévu, inattendu, inopiné

fortune N. F. I. 1. argent, avoir, bien, capital, patrimoine, ressources, richesse 2. opulence, luxe, richesse 3. prospérité, réussite, succès II. 1. hasard, chance 2. destin, avenir, destinée, sort, vie

fortuné, ée ADJ. 1. riche, aisé, nanti, riche à millions, friqué *(fam.)*, plein aux as *(fam.)*, argenté *(littér.)* 2. chanceux, veinard *(fam.)*, verni *(fam.)*

fosse N. F. 1. trou, boyau, douve, excavation, fossé, tranchée 2. tombe 3. gouffre, abysse, dépression

fossé N. M. 1. fosse, douve, ruisseau, tranchée 2. séparation, abîme, écart, gouffre

fou, folle ADJ. et N. I. 1. déséquilibré, aliéné, dément, désaxé, malade (mental), névrosé, obsédé 2. *[péj.]* allumé *(fam.)*, atteint *(fam.)*, azimuté *(fam.)*, barjo *(fam.)*, branque *(fam.)*, branquignol *(fam.)*, braque *(fam.)*, brindezingue *(fam.)*, cinglé *(fam.)*, cinoque *(fam.)*, cintré *(fam.)*, débile *(fam.)*, déjanté *(fam.)*, demeuré *(fam.)*, dérangé *(fam.)*, détraqué *(fam.)*, dingo *(fam.)*, dingue *(fam.)*, fada *(fam.)*, fêlé *(fam.)*, foldingue *(fam.)*, fondu *(fam.)*, frappé *(fam.)*, givré *(fam.)*, jeté *(fam.)*, louf *(fam.)*, loufoque *(fam.)*, maboul *(fam.)*, marteau *(fam.)*, à la masse *(fam.)*, piqué *(fam.)*, ravagé *(fam.)*, sinoque *(fam.)*, siphonné *(fam.)*, sonné *(fam.)*, tapé *(fam.)*, timbré *(fam.)*, toc-toc *(fam.)*, toqué *(fam.)*, tordu *(fam.)*, zinzin *(fam.)* 3. évaporé, écervelé, étourdi, fantasque, folâtre 4. égaré, fixe, hagard, halluciné II. passionné, amoureux, enragé, entiché, fanatique, obsédé, accro *(fam.)*, dingue *(fam.)*, fana *(fam.)*, mordu *(fam.)* III. 1. déraisonnable, aberrant, anormal, bizarre, extravagant, idiot, insensé, irrationnel, saugrenu, farfelu *(fam.)*, loufoque *(fam.)*, tordu *(fam.)* 2. dangereux, hasardé, hasardeux 3. déréglé, capricieux, débridé, déchaîné, désordonné, effréné, vertigineux IV. 1. énorme, astronomique, exorbitant, fabuleux, prodigieux, vertigineux, faramineux *(fam.)* 2. incoercible, irrépressible, irrésistible, violent

foudroyant, ante ADJ. 1. soudain, brusque, brutal, fulgurant, subit 2. renversant, terrassant, terrible, violent 3. mortel

foudroyer V. TR. 1. tuer, faucher, terrasser 2. abattre, anéantir, annihiler, briser, écraser, détruire, ruiner

fouetter V. TR. 1. cingler, cravacher, gifler, sangler, fouailler *(littér.)* 2. aiguillonner, aiguiser, attiser, éperonner, exciter, stimuler

fougue N. F. impétuosité, allant, ardeur, élan, emballement, enthousiasme, entrain, exaltation, feu, fièvre, flamme, pétulance, véhémence, vivacité

fougueux, euse ADJ. ardent, bouillant, enflammé, enthousiaste, exubérant, impétueux, pétulant, vaillant, véhément

fouille N. F. 1. perquisition, inspection, visite 2. recherche, examen
- **fouilles** PLUR. excavations, chantier, site

fouiller
- V. TR. 1. remuer, creuser, gratter, retourner, *[animal]* fouir 2. explorer, examiner, inspecter, scruter, sonder, passer au peigne fin *(fam.)*, passer au crible *(fam.)*, *[police]* perquisitionner 3. approfondir, analyser, creuser, disséquer *(fam.)*, éplucher *(fam.)* 4. consulter, compulser, dépouiller, étudier, examiner, éplucher *(fam.)* 5. travailler, ciseler, détailler, chiader *(très fam.)*, fignoler *(fam.)*, peaufiner *(fam.)*
- V. INTR. fouiner, fureter, farfouiller *(fam.)*, fourgonner *(fam.)*, fourrager *(fam.)*, fourrer son nez partout *(fam.)*, trifouiller *(fam.)*

fouillis N. M. confusion, désordre, fatras, méli-mélo, pêle-mêle, bazar *(fam.)*, bordel *(fam.)*, capharnaüm *(fam.)*, pagaille *(fam.)*

fouiner V. INTR. fureter, fouiller, farfouiller *(fam.)*, fourrager *(fam.)*, fourrer son nez partout *(fam.)*

foulard N. M. 1. fichu, carré, madras, pointe, cache-col, cache-nez, écharpe 2. *[islamique]* voile, hidjab

foule N. F. 1. affluence, attroupement, bousculade, cohue, encombrement, grouillement, monde 2. agitation, animation 3. assistance, assemblée, auditoire, public, *[en mouvement]* cortège, défilé, troupe 4. peuple, masse, multitude, plèbe, populace *(péj.)*, tourbe *(péj.)*, troupeau *(péj.)*, populo *(fam.)*

fouler V. TR. 1. marcher sur 2. écraser, presser
- **se fouler** V. PRON. se tordre, se luxer

four N. M. 1. autoclave, étuve 2. fournaise, étuve 3. échec, désastre, fiasco, insuccès, bide *(fam.)*, flop *(fam.)*

fourbe
- ADJ. déloyal, dissimulé, faux, hypocrite, perfide, rusé, sournois, traître, trompeur
- N. tartufe, faux-jeton *(fam.)*

fourberie N. F. 1. duplicité, déloyauté, fausseté, hypocrisie 2. duperie, mensonge, ruse, traîtrise, tromperie, entourloupe *(fam.)*

fourbi N. M. 1. attirail, bagage, équipement, barda *(fam.)*, bastringue *(fam.)*, bazar *(fam.)*, saint-frusquin *(fam.)* 2. désordre, fouillis, bazar *(fam.)*, bordel *(fam.)*, capharnaüm *(fam.)*

fourbu, ue ADJ. éreinté, épuisé, exténué, moulu, rompu, claqué *(fam.)*, crevé *(fam.)*, flagada *(fam.)*, flapi *(fam.)*, lessivé *(fam.)*, vanné *(fam.)*, vidé *(fam.)*, sur les genoux *(fam.)*, sur les rotules *(fam.)*

fourche N. F. 1. trident, croc, crochet 2. bifurcation, carrefour, embranchement, patte-d'oie

fourmiller V. INTR. 1. abonder, grouiller, foisonner, pulluler 2. démanger, picoter

fournaise N. F. 1. brasier, four, fourneau 2. chaleur, canicule, feu

fourni, ie ADJ. abondant, dense, dru, épais, étoffé, touffu

fournir V. TR. 1. alimenter, approvisionner, ravitailler 2. procurer, livrer, servir 3. équiper, armer, munir, outiller, pourvoir 4. exposer, apporter, donner, présenter, produire 5. accomplir, produire
- **se fournir** V. PRON. s'approvisionner, se ravitailler, se servir, faire ses courses

fournisseur, euse N. 1. commerçant, marchand, grossiste 2. approvisionneur, pourvoyeur, ravitailleur 3. entrepreneur

fourniture N. F. 1. livraison, délivrance, remise 2. prestation 3. approvisionnement, alimentation, ravitaillement
- **fournitures** PLUR. matériel, équipement

fourrer V. TR. 1. doubler, garnir, molletonner, ouater 2. farcir, garnir 3. enfoncer, enfourner, introduire, plonger, ficher *(fam.)*, flanquer *(fam.)*

fourrure N. F. pelage, poil, toison

fourvoyer V. TR. 1. égarer, perdre 2. abuser, induire en erreur, tromper
- **se fourvoyer** V. PRON. 1. s'égarer, se perdre 2. se tromper, faire erreur, faire fausse route

foyer N. M. 1. âtre, cheminée, feu 2. brasier, feu, flamme 3. demeure, domicile, intérieur, logis, maison, toit, bercail *(souvent plaisant)*, nid *(littér.)*, pénates *(littér.)*, home *(anglic.)* 4. ménage, famille 5. centre, cœur, noyau

fracas N. M. agitation, tintamarre, tumulte, vacarme, boucan *(fam.)*, raffut *(fam.)*

fracassant, ante ADJ. 1. retentissant, éclatant, assourdissant, tonitruant 2. provocant, tapageur

fracasser V. TR. briser, casser, rompre, mettre/réduire en miettes, faire voler en éclats

fraction N. F. morceau, parcelle, part, partie, portion, segment

fractionner V. TR. fragmenter, démembrer, diviser, morceler, parcelliser, scinder, sectionner, segmenter

fracture N. F. 1. cassure, brisure, rupture, bris *(Assurances)* 2. faille, brèche, crevasse 3. blessure, fêlure, fracas

fracturer V. TR. 1. casser, briser, rompre 2. défoncer, enfoncer, forcer

fragile ADJ. 1. cassable, cassant 2. chétif, débile, délicat, faible, frêle, malingre 3. vulnérable, sensible, faible, sans défense 4. éphémère, fugace, fugitif, précaire, passager

fragiliser V. TR. affaiblir, amoindrir, précariser

fragilité N. F. 1. faiblesse, délicatesse 2. vulnérabilité, faillibilité 3. précarité, instabilité

fragment N. M. 1. bout, bribe, brisure, débris, éclat, lambeau, miette, morceau, parcelle, partie, tronçon, *[d'os]* esquille 2. extrait, échantillon, citation, passage

fragmentaire ADJ. incomplet, lacunaire, morcelé, partiel

fragmenter V. TR. morceler, découper, diviser, fractionner, partager, scinder, segmenter

fraîcheur N. F. I. 1. froid, froidure, fraîche *(fam.)* 2. froideur, réserve II. 1. éclat, beauté, jeunesse 2. nouveauté, originalité 3. allant, jeunesse, vivacité 4. candeur, authenticité, ingénuité, naturel, spontanéité

frais¹, fraîche
- ADJ. 1. neuf, nouveau, récent 2. vivant, présent 3. propre, net, sain 4. reposé, florissant 5. *[couleur]* éclatant, vif 6. candide, ingénu, naïf, naturel, spontané 7. réservé, froid
- ADV. 1. froid, frisquet *(fam.)* 2. nouvellement, fraîchement, récemment

frais² N. M. PL. coût, débours, dépense(s)

franc, franche ADJ. 1. droit, honnête, loyal, carré *(fam.)*, ouvert, naturel, sincère, spontané 3. catégorique, clair, certain, direct, limpide, net, précis, sans détour 4. *[couleur]* tranché, cru, naturel, pur

franchement ADV. 1. loyalement, en conscience 2. ouvertement, clair, clairement, à cœur ouvert, en toute franchise, honnêtement, librement, sincèrement 3. sans ambages, sans mâcher ses mots, sans tourner autour du pot, brutalement, sans détour, tout cru, tout net, carrément *(fam.)* 4. à dire vrai, vraiment 5. certainement, évidemment, indiscutablement, nettement, vraiment 6. très, extrêmement, sacrément *(fam.)* 7. résolument, sans hésiter, rondement, carrément *(fam.)*, franco *(fam.)*, sans faire dans la dentelle *(fam.)*

franchir V. TR. 1. enjamber, escalader, passer, sauter 2. traverser, dépasser, doubler, passer 3. parcourir, couvrir 4. surmonter, triompher de, vaincre, avoir raison de 5. dépasser, outrepasser, transgresser, violer

franchise N. F. 1. sincérité, droiture, loyauté 2. franc-parler, parler-vrai 3. dispense, dérogation, exemption, exonération

frange N. F. 1. bord, limite 2. marge, minorité 3. chiens

frappant, ante ADJ. 1. impressionnant, étonnant, saisissant, spectaculaire 2. évident, éclatant, criant, lumineux, manifeste

frappe N. F. choc, coup, allonge *(fam.)*, *[Foot]* shoot, tête

frapper V. TR. I. 1. battre, brutaliser, corriger, taper, porter la main sur, cogner *(fam.)*, casser la gueule à *(très fam.)*, éclater *(fam.)*, passer à tabac *(fam.)*, tabasser *(fam.)* 2. *[une balle]* shooter, botter 3. heurter, cogner (contre), entrer en collision avec, percuter 4. marteler, tambouriner, tapoter II. 1. impressionner, interloquer, méduser, saisir 2. affecter, affliger, atteindre, bouleverser, choquer, émouvoir, éprouver, donner un choc à, heurter, secouer, toucher 3. sauter aux yeux à, éblouir

fraternel, elle ADJ. 1. affectueux, amical, cordial, sympathique 2. charitable, généreux, secourable

fraternité N. F. 1. amour (du prochain), charité, solidarité 2. camaraderie, amitié, confraternité, solidarité 3. entente, communion, harmonie, union

fraude N. F. 1. contrefaçon, dol, escroquerie, falsification, resquille *(fam.)* 2. artifice, ruse, supercherie, tromperie, trucage 3. tricherie, dissimulation, hypocrisie

frauder V. TR. et INTR. 1. tricher 2. voler, tromper, resquiller *(fam.)*, truander *(fam.)*

fraudeur, euse N. tricheur, resquilleur *(fam.)*

frauduleux, euse ADJ. 1. illégal, illicite, irrégulier 2. faux, falsifié

frayeur N. F. peur, affolement, alarme, crainte, effroi, épouvante, panique, terreur

frein N. M. 1. obstacle, empêchement, entrave, limitation 2. mors

freiner
▶ V. INTR. décélérer, ralentir, [brutalement] piler *(fam.)*
▶ V. TR. 1. contrarier, enrayer, gêner, limiter, ralentir 2. brider, endiguer, modérer, refréner, refroidir

frelater V. TR. adultérer, dénaturer, falsifier, trafiquer

frêle ADJ. 1. chétif, délicat, faible, fluet, malingre 2. fragile, délicat, menu, mince, ténu 3. fugitif, passager, périssable

frémir V. INTR. 1. frissonner, trembler, tressaillir 2. vibrer, palpiter 3. mijoter, bouillir 4. bruire, frissonner

frénésie N. F. 1. enthousiasme, ardeur, acharnement, exaltation, fièvre, folie, passion 2. débordement, déchaînement, délire, emportement, fureur, furie, rage, violence 3. désir, faim, boulimie *(fam.)*, fringale *(fam.)*

frénétique ADJ. 1. agité, déchaîné, délirant, dément, exalté, fou, furieux, hystérique, surexcité 2. ardent, débordant, effréné, forcené, passionné, violent 3. acharné, enragé, éperdu, fiévreux 4. endiablé, effréné, vif

fréquemment ADV. 1. souvent, communément, régulièrement, maintes fois *(littér.)* 2. constamment, continuellement, perpétuellement

fréquence N. F. rythme, périodicité

fréquent, ente ADJ. 1. commun, banal, courant, habituel, ordinaire, répandu, standard, usuel 2. réitéré, répété 3. périodique, régulier

fréquentation N. F. 1. contact, compagnie, société, commerce *(littér.)* 2. connaissance, relation, accointance *(littér.)* 3. assiduité 4. pratique, familiarité, usage

fréquenter V. TR. 1. courir, hanter, peupler 2. frayer avec, sortir avec, copiner avec *(fam.)*, être maqué avec *(fam.)* 3. côtoyer, approcher, coudoyer, se frotter à, s'attacher aux pas de 4. connaître, visiter, voir 5. lire, pratiquer

frère N. M. 1. frangin, frérot *(fam.)* 2. ami, camarade, compagnon, copain *(fam.)*, pote *(fam.)* 3. semblable, congénère, égal, pair, pareil, prochain

frétiller V. INTR. se trémousser, s'agiter, remuer

friand, ande ADJ. amateur, avide, gourmand

friandise N. F. bonbon, chatterie, confiserie, douceur, gâterie, gourmandise, sucrerie

friction N. F. 1. frottement 2. massage, frottement 3. conflit, désaccord, dispute, froissement, heurt, accrochage *(fam.)*

frictionner V. TR. frotter, masser, [un cheval] bouchonner

frigorifié, ée ADJ. glacé, gelé, transi, congelé

frileux, euse ADJ. timoré, craintif, hésitant, pusillanime *(littér.)*

frime N. F. 1. épate, fanfaronnade, bluff *(fam.)*, esbroufe *(fam.)* 2. comédie, blague, simulacre, simulation, bluff *(fam.)*

frimer V. INTR. parader, fanfaronner, faire le brave, faire le malin, plastronner, crâner *(fam.)*, faire de l'esbroufe *(fam.)*, faire de l'épate *(fam.)*, faire la mariolle *(fam.)*, la ramener *(fam.)*, se la jouer *(fam.)*

fringant, ante ADJ. alerte, allègre, frétillant, gaillard, guilleret, leste, pétillant, pétulant, pimpant, sémillant, ingambe *(littér.)*

friper V. TR. 1. chiffonner, froisser, plisser 2. rider, faner, flétrir, marquer

fripouille N. F. bandit, brigand, canaille, coquin, crapule, escroc, fripon, gibier de potence, gredin, scélérat, vaurien, vermine, voyou

frisé, ée ADJ. ondulé, bouclé, crépu, crêpelé, permanenté

friser
▶ V. TR. 1. boucler, onduler, crêper, permanenter 2. raser, approcher de, effleurer, frôler 3. approcher de, avoisiner, confiner à, flirter avec, frôler
▶ V. INTR. frisotter, boucler, onduler

frisson N. M. 1. tremblement, frissonnement, tressaillement, [de froid] grelottement, [d'horreur] crispation, haut-le-corps, horripilation, saisissement 2. vertige, émoi

frissonner V. INTR. 1. grelotter, trembler 2. frémir, tressaillir

frivole ADJ. 1. inconsistant, creux, futile, léger, oiseux, spécieux, superficiel, vain 2. étourdi, futile, inconsistant, insouciant, léger, vain, je-m'en-foutiste *(fam.)* 3. volage, léger, infidèle

frivolité N. F. 1. futilité, inanité, légèreté, vanité 2. légèreté, insouciance, je-m'en-foutisme *(fam.)* 3. inconstance
◆ **frivolités** PLUR. amusement, bagatelles, bêtises, broutilles, enfantillages, fadaises, futilités, niaiseries

froid¹ N. M. I. 1. fraîcheur 2. hiver, froidure II. 1. embarras, gêne, malaise, trouble 2. brouille, fâcherie, mécontentement, mésentente

froid², **froide** ADJ. I. 1. frais, gelé, glacé, glacial, frisquet *(fam.)* 2. [climat, hiver] rude II. 1. calme, détaché, flegmatique, posé, impassible, imperturbable, de marbre 2. distant, austère, glacial, hautain, indifférent, réfrigérant, renfermé 3. dur, aride, insensible, sec 4. terne, ennuyeux, inexpressif, monotone, nu, plat, sec

froideur N. F. I. 1. froid 2. fraîcheur II. 1. calme, détachement, flegme, impassibilité, imperturbabilité 2. austérité, indifférence, insensibilité, réserve, sévérité 3. sécheresse, aridité, dureté 4. antipathie, hostilité

froisser V. TR. 1. chiffonner, friper, plisser, bouchonner 2. aplatir, écraser, fouler, piétiner 3. contusionner, meurtrir 4. blesser, choquer, déplaire à, fâcher, heurter, meurtrir, mortifier, offenser, offusquer, toucher, ulcérer, vexer, piquer, toucher au vif, braquer *(fam.)*
◆ **se froisser** V. PRON. se formaliser, se fâcher, se hérisser, s'offusquer, se vexer

frôlement N. M. 1. attouchement, caresse, effleurement 2. frémissement, frissonnement, froissement, frou-frou

frôler V. TR. 1. effleurer, caresser, toucher 2. raser, serrer 3. approcher de, confiner à, côtoyer, coudoyer, passer (bien) près de, être à la frontière de, être à la limite de, friser

front N. M. 1. tête, visage 2. audace, effronterie, impudence, culot *(fam.)*, toupet *(fam.)* 3. façade, devant, fronton 4. frontière 5. [Milit.] avant, première ligne 6. champ de bataille, champ d'honneur, guerre 7. coalition, bloc, cartel, groupement, ligue, union

frontière N. F. 1. démarcation, délimitation, ligne, limite 2. bordure, confins, lisière 3. borne, limite

frontispice N. M. 1. façade 2. en-tête, titre, vignette

frottement N. M. 1. abrasion, friction, mouvement, pression 2. grippage

frotter V. TR. 1. astiquer, brosser, cirer, encaustiquer, fourbir, lustrer, nettoyer, polir, briquer *(fam.)* 2. décaper, gratter, limer, poncer, racler, râper 3. frictionner, masser, [un cheval] bouchonner, étrifler, laver
◆ **se frotter** V. PRON. 1. fréquenter, frayer 2. s'affronter, se heurter 3. attaquer, défier, provoquer 4. entreprendre, affronter, risquer

froussard, arde ADJ. peureux, lâche, couard *(littér.)*, pleutre *(littér.)*, pusillanime *(littér.)*, dégonflé *(fam.)*, péteux *(fam.)*, pétochard *(fam.)*, poltron *(littér.)*, trouillard *(fam.)*

frousse N. F. peur, crainte, frayeur, trouille *(fam.)*

fructifier V. INTR. 1. se développer, s'accroître 2. produire, rapporter, rendre *(fam.)*

fructueux, euse ADJ. 1. avantageux, lucratif, payant, profitable, rémunérateur, rentable, juteux *(fam.)* 2. fécond, productif, utile

frugal, ale, aux ADJ. 1. maigre, chiche, léger, pauvre 2. ascétique, austère, simple

fruit N. M. 1. profit, bénéfice, rapport, avantage, récompense 2. conséquence, produit, résultat

fruste ADJ. 1. rudimentaire, brut, primitif, rustique, simple 2. inculte, balourd, grossier, loudaud, rustre

frustration N. F. insatisfaction, déception

frustrer V. TR. 1. décevoir, désappointer, trahir, tromper 2. défavoriser, déposséder, dépouiller, déshériter, léser, spolier

fugace ADJ. éphémère, bref, fugitif, furtif, passager, précaire, provisoire, évanescent *(littér.)*

fugitif, ive
▶ ADJ. 1. bref, éphémère, fragile, fugace, furtif, passager, transitoire, évanescent *(littér.)* 2. inconstant, changeant, instable, mobile, mouvant, variable
▶ N. 1. évadé, fuyard 2. banni, proscrit

fugue N. F. escapade, échappée, équipée, fuite

fuir
▶ V. TR. 1. se dérober à, éluder, esquiver, éviter, se soustraire à 2. se garder de, éviter, ne pas approcher 3. abandonner, quitter
▶ V. INTR. 1. s'en aller, s'échapper, s'éclipser, s'enfuir, s'esquiver, prendre la fuite, décamper *(fam.)*, déguerpir *(fam.)*, détaler *(fam.)*, filer *(fam.)*, se barrer *(fam.)*, se débiner *(fam.)*, caleter *(fam.)*, se carapater *(fam.)*, se cavaler *(fam.)*, filer à l'anglaise *(fam.)*, prendre le large, prendre la poudre d'escampette *(fam.)*, prendre la clé des champs *(fam.)*, prendre la tangente *(fam.)*, prendre ses jambes à son cou *(fam.)*, se tailler *(fam.)*, ficher/foutre le camp *(fam.)* 2. se réfugier, se cacher, s'exiler 3. passer, couler, se dissiper, s'écouler, s'évanouir 4. couler, s'échapper, pisser *(fam.)* 5. céder, se dérober, s'enfoncer

fuite N. F. I. 1. évasion, disparition, échappée, cavale *(argot)* 2. débâcle, débandade, déroute, panique, sauve-qui-peut 3. émigration, exode 4. fugue, escapade II. indiscrétion, révélation III. déperdition, exode, hémorragie, perte IV. dérobade, échappatoire, esquive, excuse, faux-fuyant

fulgurant, ante ADJ. 1. foudroyant, brusque, rapide, soudain 2. violent, vif 3. aveuglant, éblouissant, éclatant, étincelant

fulminer V. INTR. s'emporter, éclater, exploser, pester, tempêter, tonner, gueuler *(fam.)*

fumée N. F. vapeur, exhalaison, [de volcan] fumerolle

fumet N. M. 1. odeur, arôme, bouquet, senteur 2. goût, odeur, parfum, saveur

fumeux, euse ADJ. compliqué, amphigourique, brumeux, confus, embrouillé, filandreux, nébuleux, obscur, ténébreux, vague, cafouilleux *(fam.)*

fumier N. M. engrais, compost, fertilisant

fumiste N. 1. charlatan, farceur, imposteur, mystificateur, mauvais plaisant, plaisantin 2. amateur, dilettante 3. désinvolte, je-m'en-fichiste *(fam.)*, je-m'en-foutiste *(fam.)*

funèbre ADJ. 1. funéraire, mortuaire 2. lugubre, macabre, sinistre, sépulcral, triste, ténébreux

funérailles N. F. PL. enterrement, obsèques, inhumation, mise au tombeau

funeste ADJ. 1. fatal, meurtrier, mortel 2. tragique, violent 3. affligeant, catastrophique, désastreux, malheureux, navrant, pitoyable, regrettable, sinistre, tragique 4. dangereux, malsain, néfaste, nocif, nuisible, pernicieux, préjudiciable 5. funèbre, lugubre, sinistre, sombre, triste

fureter V. INTR. fouiller, chercher, explorer, farfouiller *(fam.)*, fouiner *(fam.)*

fureur N. F. 1. colère, emportement, furie, rage, courroux *(littér.)*, ire *(littér.)* 2. acharnement, ardeur, exaltation, fougue, frénésie, impétuosité, passion, rage, véhémence 3. [d'éléments naturels] agitation, impétuosité, violence

furibond, onde ADJ. furieux, courroucé *(littér.)*, fumasse *(fam.)*, furax *(fam.)*, furibard *(fam.)*

furie N. F. 1. bacchante, dragon, harpie, mégère 2. fureur, emportement, rage 3. acharnement, ardeur, exaltation, fièvre, fougue, impétuosité, passion, rage, véhémence

furieux, euse ADJ. 1. en colère, furibond, en furie, hors de soi, hors de ses gonds, en rage, courroucé *(littér.)*, fumasse *(fam.)*, furax *(fam.)*,

furtif | **garderie**

furibard (fam.), en pétard (fam.), remonté (fam.) **2.** déchaîné, impétueux, violent **3.** excessif, exacerbé, extrême, fameux, fou, sacré (fam.) **4.** acharné, enragé, fanatique, forcené, frénétique

furtif, ive ADJ. **1.** caché, clandestin, secret, subreptice **2.** discret, rapide, fugace, fugitif

furtivement ADV. en cachette, à la dérobée, discrètement, en catimini, en secret, en tapinois, secrètement, subrepticement, en douce (fam.)

fuselé, ée ADJ. mince, délié, effilé, élancé, svelte

fusion N. F. **1.** fonte, liquéfaction **2.** réunion, amalgame, combinaison, mélange, regroupement, union **3.** [d'entreprises] concentration, intégration, mariage, réunion

fusionner
▸ V. TR. réunir, allier, amalgamer, assembler, associer, combiner, rassembler, unifier, unir
▸ V. INTR. s'allier, s'assembler, se fondre, se grouper, se regrouper, se rejoindre, se réunir, s'unifier, s'unir

fustiger V. TR. **1.** fouetter, cingler, cravacher, flageller **2.** blâmer, condamner, critiquer, réprouver, stigmatiser, vitupérer (littér.), abîmer (fam.)

futé, ée ADJ. malin, astucieux, débrouillard, déluré, dégourdi, éveillé, fute-fute (fam., souvent au négatif)

futile ADJ. **1.** insignifiant, creux, dérisoire, frivole, léger, oiseux, superficiel, stérile, vain, vide **2.** frivole, léger, puéril, superficiel

futilité N. F. **1.** superficialité, frivolité, inanité, inconsistance, insignifiance, légèreté, puérilité, stérilité, vanité, vide **2.** [souvent au plur.] bagatelle, broutille, enfantillage, fadaise, rien, sottise, vétille, connerie (très fam.)

futur, ure
▸ ADJ. postérieur, à venir, prochain, suivant, ultérieur
▸ N. M. avenir, lendemain

• •

G

gabarit N. M. **1.** dimension, calibre, format, taille, tonnage **2.** modèle, forme, patron **3.** carrure, envergure, stature **4.** sorte, acabit, calibre, catégorie, classe, espèce, genre, nature, type, farine (fam.)

gabegie N. F. gaspillage, confusion, désordre, gâchis, pagaille

gâchage N. M. gaspillage, gâchis, perte, sabotage, bousillage (fam.)

gâcher V. TR. **1.** bâcler, saboter, bousiller (fam.), cochonner (fam.), saloper (fam.), torcher (fam.), torchonner (fam.) **2.** gaspiller, dissiper, galvauder **3.** manquer, rater **4.** abîmer, gaspiller, gâter, massacrer, perdre **5.** assombrir, attrister, empoisonner, gâter, ruiner **6.** délayer, diluer, dissoudre

gâchis N. M. **1.** gaspillage, gabegie, perte **2.** sabotage, gâchage, massacre, bousillage (fam.) **3.** désordre, pagaille, pastis (fam.) **4.** mortier

gadoue N. F. **1.** boue, fange (littér.), crotte (fam.), gadouille (fam.) **2.** vidange, ordures ménagères

gaffe N. F. impair, balourdise, bêtise, bévue, bourde, maladresse, sottise, pas de clerc (littér.), ânerie (fam.), boulette (fam.), connerie (fam.)

gaffer V. INTR. [fam.] commettre un impair, mettre les pieds dans le plat (fam.)

gaffeur, euse N. et ADJ. maladroit, balourd, lourd, lourdaud

gage N. M. **1.** caution, arrhes, cautionnement, dépôt, garantie, hypothèque, nantissement, sûreté **2.** assurance, promesse **3.** preuve, témoignage
• **gages** PLUR. salaire, appointements, émoluments, rémunération, rétribution

gageure N. F. **1.** pari **2.** défi, challenge

gagnant, ante N. vainqueur, champion, lauréat

gagne-pain N. M. INVAR. emploi, travail, job (fam.)

gagner V. TR. I. **1.** percevoir, remporter, toucher, empocher (fam.), encaisser (fam.), palper (fam.), rafler (fam.), ramasser (fam.), se mettre dans les fouilles (très fam.) **2.** acquérir, conquérir, moissonner, rapporter, récolter, recueillir, retirer,

ramasser (fam.) **3.** [iron.] attraper, contracter, prendre II. **1.** s'attirer, capter, conquérir, s'assujettir, s'attacher, séduire, subjuguer, se concilier **2.** convaincre, appâter, convertir, persuader, rallier, séduire, tenter, circonvenir (péj.), corrompre (péj.) III. **1.** accéder à, aborder, approcher de, arriver à, atteindre, parvenir à, rejoindre, toucher **2.** s'emparer de, envahir, se communiquer à, toucher, [sans complément] s'étendre, progresser, se propager, se répandre IV. [Sport] battre, dominer, l'emporter sur, prendre l'avantage sur, triompher de, vaincre

gai, gaie ADJ. **1.** joyeux, allègre, badin, content, enjoué, folâtre, gaillard, guilleret, jovial, réjoui **2.** ivre, éméché, émoustillé, gris, parti (fam.), pompette (fam.) **3.** animé **4.** amusant, comique, divertissant, drôle, rigolo (fam.) **5.** éclatant, riant, vif

gaiement ADV. **1.** joyeusement, allègrement, jovialement, plaisamment **2.** volontiers, de bon cœur, avec entrain

gaieté N. F. **1.** joie, allégresse, enjouement, entrain, exultation, hilarité, belle, bonne humeur, jovialité, jubilation, rires, liesse (littér.) **2.** humour, ironie, sel

gaillard[1], arde ADJ. **1.** vigoureux, alerte, allègre, dispos, frais, fringant, sain, solide, vaillant, valide, vert, vif, ingambe (littér.) **2.** [humeur] enjoué, gai, guilleret, jovial, joyeux **3.** [allure] décidé, ferme **4.** [propos] cru, coquin, égrillard, épicé, gaulois, gras, graveleux, grivois, léger, leste, libre, licencieux, osé, poivré, polisson, rabelaisien, salé

gaillard[2] N. M. gars (fam.), bonhomme (fam.), lascar (fam.), loustic (fam.), type (fam.), zèbre (fam.)

gain N. M. **1.** avantage, bénéfice, fruit, intérêt, produit, profit, rapport, rendement **2.** revenu, argent, appointements, émoluments, honoraires, rémunération, rétribution, salaire, solde, traitement **3.** économie **4.** accroissement, acquisition, agrandissement, augmentation

gaine N. F. **1.** enveloppe, étui, fourreau, housse **2.** ceinture, corset

gala N. M. cérémonie, fête, réception, réjouissance, spectacle

galant, ante
▸ ADJ. **1.** attentionné, chevaleresque, courtois, délicat, empressé, prévenant **2.** libertin, érotique
▸ N. M. amant, amoureux, cavalier, chevalier servant, soupirant

galanterie N. F. **1.** politesse, amabilité, bonnes manières, civilité, courtoisie, délicatesse, gentillesse, prévenance, respect **2.** séduction, coquetterie, cour, marivaudage **3.** compliment, douceur, baratin (fam.)

galbe N. M. **1.** courbe, arrondi, cintrage, courbure, panse **2.** forme, contour, ligne, profil

galbé, ée ADJ. arrondi, cambré, courbe, pansu, renflé

gale N. F. **1.** grattelle (pop.), rogne (pop.) **2.** peste, poison, teigne, vipère, chameau (fam.)

galère N. F. **1.** trière, trirème, galéasse, galiote, prame **2.** mésaventure, guêpier, piège, traquenard **3.** [plur.] bagne, travaux forcés **4.** enfer

galerie N. F. **1.** passage, corridor, couloir, [à colonnes] péristyle, portique, [vitrée] véranda **2.** souterrain, boyau, tunnel, [de mine] albraque, descenderie, taille, travers-banc, bovette (région.) **3.** balcon, accourse, loge, loggia, jubé, tribune, triforium **4.** [au théâtre] paradis, poulailler (fam.) **5.** assistance, auditoire, monde, public, spectateurs, témoins **6.** musée, collection **7.** porte-bagages

galet N. M. **1.** caillou **2.** roulette

galimatias N. M. charabia, embrouillamini, fatras, imbroglio, jargon, sabir, amphigouri (littér.), baragouin (fam.)

galipette N. F. culbute, cabriole, roulade, roulé-boulé

galon N. M. **1.** ruban, ganse, passement, extrafort, soutache **2.** centimètre **3.** grade, chevron, ficelle (fam.), sardine (fam.)

galoper V. INTR. **1.** se dépêcher, courir, se hâter, cavaler (fam.) **2.** s'emballer

galopin N. M. chenapan, garnement, polisson, vaurien (péj.)

galvaniser V. TR. **1.** animer, électriser, enflammer, enthousiasmer, entraîner, exalter, exciter, réveiller, stimuler **2.** métalliser, argenter, chromer, dorer, nickeler, zinguer

galvauder V. TR. **1.** gâcher, gaspiller, perdre **2.** avilir, abaisser, compromettre, dégrader, déshonorer, flétrir, salir, souiller, ternir
• **se galvauder** V. PRON. se dégrader, s'abaisser

gambade N. F. bond, cabriole, entrechat, saut

gambader V. INTR. batifoler, bondir, cavalcader, danser, s'ébattre, folâtrer, sauter, sautiller

gamin, ine
▸ N. enfant, petit, gosse (fam.), mioche (fam.), môme (fam.), mouflet (fam.), moutard (fam.), titi (fam.), morveux (fam., péj.), gone (fam., région.), minot (fam., région.), pitchoun (fam., région.)
▸ ADJ. **1.** enfantin, immature, puéril, bébête (fam.) **2.** espiègle, farceur, malicieux, mutin

gaminerie N. F. **1.** enfantillage, puérilité **2.** espièglerie, facétie

gamme N. F. **1.** ligne, collection, éventail, palette, panoplie, spectre **2.** série, succession

gang N. M. bande, cohorte, groupe

ganglion N. M. renflement, grosseur

gangrène N. F. **1.** nécrose, mortification, putréfaction **2.** mal, chancre, cancer, corruption, décomposition, destruction, pourriture

gangrener V. TR. empoisonner, corrompre, dénaturer, infecter, pervertir, pourrir, ronger, souiller, vicier

gangster N. M. **1.** malfaiteur, bandit, voleur, truand **2.** crapule, brigand, canaille, filou, pirate, fripouille (fam.), forban (littér.)

gangstérisme N. M. banditisme, criminalité

gant N. M. mitaine, moufle

garage N. M. **1.** stationnement **2.** box, parking **3.** remise, dépôt

garant, ante N. **1.** caution, assurance, gage, garantie, sûreté **2.** preuve, témoignage **3.** protecteur, défenseur, gardien

garantie N. F. **1.** engagement, signature **2.** aval, caution **3.** gage, arrhes, cautionnement, consignation, couverture, dépôt, hypothèque, nantissement, warrant **4.** assurance, précaution, sûreté (littér.)

garantir V. TR. **1.** promettre, répondre de **2.** affirmer, assurer, attester, certifier, confirmer, jurer, soutenir **3.** cautionner, avaliser, couvrir, se porter garant de, répondre de **4.** authentifier, certifier, légaliser, valider **5.** préserver, assurer, abriter, couvrir, défendre, immuniser, prémunir, protéger, sauvegarder, sauver
• **se garantir de** V. PRON. **1.** se mettre à l'abri de, se garder de, se garer de (fam.) **2.** se prémunir contre, parer à

garce N. F. peste, chipie, poison, sorcière, teigne, vipère, chameau (fam.), salope (très fam.)

garçon N. M. **1.** fils, enfant, rejeton (fam.) **2.** homme, gars (fam.), mec (fam.), type (fam.) **3.** célibataire, vieux garçon

garde[1] N. F. **1.** conservation, défense, préservation, protection, soin **2.** surveillance **3.** escorte, milice, troupe

garde[2] N. **1.** conservateur, dépositaire **2.** gardien, sentinelle, surveillant, veilleur, vigile **3.** gardien (de prison), garde-chiourme (fam.), maton (fam.)

garde[3] N. infirmier, garde-malade

garde-fou N. M. **1.** barrière, balustrade, bastingage, filière, garde-corps, parapet, rambarde **2.** protection, rempart

garder V. TR. I. **1.** conserver, entreposer, [un objet volé] receler **2.** détenir, tenir sous sa garde/sous bonne garde, [contre son gré] séquestrer **3.** maintenir, tenir **4.** économiser, épargner, mettre de côté, réserver II. **1.** veiller sur, surveiller **2.** défendre, préserver, protéger, sauvegarder III. observer, pratiquer, respecter
• **se garder de** V. PRON. **1.** s'abstenir de, éviter de, prendre garde de **2.** se méfier de, se défier de **3.** éviter, se défendre de, se garantir de, se prémunir contre, se préserver de

garderie N. F. crèche, jardin d'enfants, pouponnière

gardien, ienne N. 1. garde, sentinelle, veilleur, vigile 2. garant, conservateur, défenseur, protecteur, tuteur 3. dépositaire, détenteur, consignataire, magasinier

gare N. F. station, arrêt

garer V. TR. parquer, ranger
• **se garer** V. PRON. stationner

gargantuesque ADJ. pantagruélique, abondant, copieux, énorme, monumental, plantureux

gargariser de (se) V. PRON. se délecter de, se régaler de, savourer

gargote N. F. auberge, taverne, bouiboui *(fam.)*

gargouillement N. M. 1. gargouillis, glouglou *(fam.)* 2. borborygme

garnement N. M. galopin *(fam.)*, coquin, diable, fripon, polisson, vaurien, voyou, affreux jojo *(fam.)*, sacripant *(fam.)*

garnir V. TR. 1. approvisionner, fournir, munir, pourvoir 2. remplir, bourrer, emplir, farcir 3. rembourrer, doubler, capitonner, fourrer, matelasser, ouatiner 4. occuper, combler, remplir 5. agrémenter, border, décorer, embellir, encadrer, enjoliver, étoffer, ornementer, orner, parer

garniture N. F. 1. ornement, accessoire, assortiment, parure, [Couture] bordure, broderie, passementerie, volant 2. renfort, protection 3. couche, change, protection, serviette 4. [Cuisine] accompagnement

garrotter V. TR. 1. ligoter, attacher 2. museler, bâillonner, enchaîner

gars N. M. 1. homme, garçon, individu, bonhomme *(fam.)*, gaillard *(fam.)*, mec *(fam.)*, type *(fam.)* 2. fils, fiston *(fam.)*

gaspillage N. M. gâchis, coulage, dépense, dilapidation, dissipation, gabegie, perte

gaspiller V. TR. 1. gâcher, galvauder, perdre 2. dépenser, dévorer, dilapider, dissiper, engloutir, jeter par la fenêtre, manger, prodiguer, claquer *(fam.)*, craquer *(fam.)*, croquer *(fam.)*

gaspilleur, euse N. et ADJ. dépensier, dilapidateur, dissipateur, prodigue, flambeur *(fam.)*

gastronome N. M. gourmet, gourmand, fine gueule *(fam.)*

gastronomie N. F. cuisine, art culinaire, table

gâté, ée ADJ. 1. détérioré, pourri, [dent] carié, malade 2. choyé, dorloté 3. capricieux

gâter V. TR. I. 1. endommager, abîmer, détériorer 2. [la nourriture] altérer, aigrir, avarier, corrompre, pourrir, putréfier II. 1. gâcher, compromettre, massacrer, saboter 2. empoisonner, gâcher, gangrener, infecter, vicier 3. défigurer, déparer, enlaidir, entacher, flétrir 4. pervertir, corrompre, déformer, dégrader, dépraver, fausser, frelater III. 1. cajoler, câliner, choyer, couver, dorloter, chouchouter *(fam.)* 2. combler, pourrir *(fam.)*
• **se gâter** V. PRON. 1. s'abîmer, s'aigrir, s'avarier, blettir, se décomposer, s'éventer, moisir, se piquer, pourrir, tourner 2. se détériorer, s'aggraver, s'assombrir, se brouiller, se dégrader 3. mal tourner, s'envenimer, barder *(fam.)*, chauffer *(fam.)*, tourner au vinaigre *(fam.)*

gâterie N. F. 1. cajolerie, caresse, chatterie 2. sucrerie, chatterie, douceur, gourmandise

gâteux, euse ADJ. sénile, décrépit, retombé en enfance, gaga *(fam.)*, ramolli *(fam.)*

gâtisme N. M. sénilité, abêtissement, abrutissement, ramollissement

gauche ADJ. 1. maladroit, balourd, inhabile, malhabile, lourdaud, nigaud, pataud, emmanché *(fam.)*, empoté *(fam.)*, godiche *(fam.)* 2. embarrassé, contraint, empêché, emprunté, gêné, laborieux, lourd, pesant, piteux, timide 3. dévié, gauchi, oblique, tordu [Mar.] bâbord

gaucherie N. F. 1. maladresse, lourdeur, inhabileté *(littér.)* 2. embarras, timidité 3. impair, balourdise, bourde, maladresse, pas de clerc *(littér.)*, gaffe *(fam.)*

gauchir
▶ V. INTR. se courber, se déformer, dévier, jouer, gondoler, se tordre, travailler, se voiler
▶ V. TR. déformer, biaiser, dévier, fausser, tordre, voiler

gaulois, oise ADJ. 1. celte 2. égrillard, coquin, cru, épicé, gaillard, gras, graveleux, grivois, leste, licencieux, osé, pimenté, poivré, polisson, rabelaisien, salé

gauloiserie N. F. gaillardise, grivoiserie, paillardise, polissonnerie, gaudriole *(fam.)*

gausser (se) V. PRON. se moquer, s'amuser, plaisanter, railler, ridiculiser, se rire, charrier *(fam.)*

gaver V. TR. 1. gorger, rassasier, saturer, repaître *(littér.)*, bourrer *(fam.)* 2. engraisser, embecquer
• **se gaver** V. PRON. se bourrer, bâfrer *(fam.)*, bouffer *(fam.)*, s'empiffrer *(fam.)*, se goinfrer *(fam.)*

gavroche N. M. gamin, titi *(fam.)*, poulbot *(fam.)*

gaz N. M. INVAR. 1. fluide 2. émanation, exhalaison, fumée, fumerolle, vapeur 3. [souvent au plur.] flatuosité, vent, flatulence *(littér.)*, pet *(fam.)*, prout *(fam.)*

gaze N. F. 1. mousseline, voile 2. compresse

gazette N. F. 1. journal, revue, canard *(fam.)*, feuille de chou *(fam.)* 2. chronique 3. bavard, commère, concierge

gazon N. M. herbe, pelouse, pré, verdure

gazouillement N. M. 1. pépiement, chant, gazouillis, ramage *(littér.)* 2. babil, babillage, gazouillis, lallation, areu-areu *(fam.)* 3. susurrement, bruissement, chuchotement, chuchotis, gazouillis, murmure

gazouiller V. INTR. 1. pépier, chanter, jaser, ramager 2. babiller 3. bruire, chuchoter, murmurer, susurrer

géant, ante
▶ N. 1. [Mythol.] monstre, cyclope, ogre, titan 2. colosse, hercule, titan, malabar *(fam.)* 3. génie, héros, surhomme 4. superpuissance, supergrand *(fam.)*
▶ ADJ. colossal, cyclopéen, énorme, gigantesque, grand, immense, grandissime, méga *(fam.)*

geignard, arde ADJ. et N. plaintif, dolent, gémissant, larmoyant, pleurnichard, pleurnicheur

geignement N. M. 1. plainte, cri, gémissement, pleur, soupir 2. lamentation, complainte, jérémiade, récrimination

geindre V. INTR. 1. gémir, chouiner *(fam.)* 2. se lamenter, se plaindre, pleurer, pleurnicher, récriminer

gel N. M. 1. givre, glace, verglas 2. gelée 3. blocage, arrêt, immobilisation, interruption, suspension

gelé, ée ADJ. 1. transi, engourdi, glacé, gourd 2. glacial, froid, glacé

gelée N. F. 1. glace, gel, verglas, [au plur.] frimas 2. gélatine, blanc-manger 3. confiture 4. gel, pâte

geler
▶ V. INTR. 1. se congeler, se figer, se prendre en glace, se solidifier 2. avoir froid, cailler *(très fam.)*, peler *(très fam.)*
▶ V. TR. 1. transir, congeler, frigorifier, glacer 2. gêner, glacer, paralyser, pétrifier, réfrigérer, refroidir, tétaniser 3. arrêter, bloquer, immobiliser, interrompre, suspendre

gélule N. F. capsule, cachet

gémir V. INTR. 1. crier, geindre, se plaindre, chouiner *(fam.)* 2. se lamenter, larmoyer, se plaindre, pleurer, pleurnicher, récriminer 3. grincer, crisser

gémissant, ante ADJ. plaintif, geignard, larmoyant, pleurnichard, pleurard

gémissement N. M. 1. plainte, cri, geignement, pleur, soupir 2. jérémiade, lamentation, récrimination, doléance *(littér.)*

gemme N. F. 1. pierre, joyau 2. résine

gênant, ante ADJ. 1. encombrant, embarrassant 2. inconfortable, incommode 3. déplaisant, désagréable, embarrassant, ennuyeux, pénible, emmerdant *(très fam.)* 4. contraignant, assujettissant 5. envahissant, fâcheux, gêneur, importun, incommodant, indiscret, pesant

gendarme N. M. 1. brigadier, garde (mobile), cogne *(pop.)* 2. virago, furie 3. gardien

gêne N. F. 1. difficulté, embarras 2. désavantage, ennui, frein, handicap, incommodité, inconvénient, obstacle 3. dérangement, contrainte, charge, entrave, nuisance 4. confusion, embarras, froid, malaise, trouble 5. pauvreté, besoin, embarras, privations, dèche *(fam.)*, mouise *(fam.)*, panade *(fam.)*

gêné, ée ADJ. 1. mal à l'aise, mal dans sa peau, confus, embarrassé, intimidé 2. affecté, contraint, emprunté, gauche 3. désargenté *(fam.)*, à court *(fam.)*, fauché *(fam.)*, raide *(fam.)*, dans la dèche *(fam.)*, dans la mouise *(fam.)*, impécunieux *(littér.)*

généalogie N. F. 1. ascendance, descendance, filiation, lignée 2. pedigree

gêner V. TR. 1. serrer, brider, empêtrer, engoncer 2. encombrer, embarrasser, obstruer 3. oppresser, angoisser, tourmenter 4. déranger, déplaire à, ennuyer, importuner, incommoder, indisposer, embêter *(fam.)*, emmerder *(très fam.)*, empoisonner *(fam.)* 5. handicaper, bloquer, brider, contraindre, contrarier, désavantager, entraver, empêcher, nuire à, faire obstacle à, paralyser, restreindre, mettre des bâtons dans les roues à 6. mettre mal à l'aise, décontenancer, embarrasser, intimider, troubler
• **se gêner** V. PRON. se contraindre, s'en faire *(fam.)*

général, ale, aux ADJ. I. 1. global, d'ensemble, synoptique 2. collectif, générique II. 1. courant, constant, commun, habituel, ordinaire 2. unanime, total, universel 3. dominant, partagé, répandu III. large, générique

généralement ADV. communément, à l'accoutumée, classiquement, couramment, d'habitude, d'ordinaire, en général/d'une manière générale, habituellement, le plus souvent, normalement, ordinairement, en règle générale, traditionnellement, usuellement

généralisation N. F. 1. extension, développement, propagation 2. banalisation, démocratisation, diffusion, popularisation, vulgarisation 3. extrapolation, induction

généraliser V. TR. 1. étendre, extrapoler, systématiser, universaliser 2. répandre, étendre, propager 3. banaliser, démocratiser, diffuser, populariser, vulgariser
• **se généraliser** V. PRON. 1. se répandre, s'étendre, se propager 2. se banaliser, se démocratiser, se diffuser, se populariser, se vulgariser

généralité N. F. 1. totalité, ensemble 2. majorité, plupart 3. banalité, cliché, lieu commun, platitude, poncif

générateur, trice ADJ. créateur, producteur, source

génération N. F. 1. âge, tranche d'âge 2. création, engendrement, formation, genèse, production 3. procréation, reproduction

générer V. TR. causer, créer, déclencher, engendrer, produire, provoquer, être à l'origine de, être (à la) source de

généreusement ADV. 1. beaucoup, en abondance, abondamment, amplement, copieusement, grassement, largement, libéralement, sans compter, à pleines mains 2. noblement, chevaleresquement, magnanimement *(littér.)*

généreux, euse ADJ. I. 1. noble, altruiste, beau, désintéressé, élevé, fier, fort, grand 2. bienveillant, bienfaisant, bon, charitable, chrétien, fraternel, gentil, humain, magnanime II. 1. large, libéral, prodigue 2. fécond, fertile, productif, riche III. 1. abondant, copieux, inépuisable, intarissable 2. plantureux, opulent

générosité N. F. 1. noblesse (de sentiments/de cœur), altruisme, abnégation, cœur, grandeur d'âme, désintéressement, dévouement, oubli de soi, magnanimité *(littér.)* 2. bienveillance, bienfaisance, bonté, charité, clémence, humanité, indulgence 3. largesse, libéralité, munificence *(littér.)*, magnificence *(littér.)*, prodigalité *(péj.)* 4. opulence, grosseur 5. fécondité, fertilité, richesse 6. [souvent au plur.] bienfait, cadeau, don, largesse, libéralité

genèse N. F. création, apparition, élaboration, formation, génération, gestation, origine, naissance

génétique ADJ. héréditaire, atavique

gêneur, euse N. importun, indésirable, intrus, fâcheux *(littér.)*, casse-pieds *(fam.)*, emmerdeur *(très fam.)*, empêcheur de tourner en rond *(fam.)*, empoisonneur *(fam.)*, enquiquineur *(fam.)*, plaie *(fam.)*, raseur *(fam.)*

génial, ale, aux ADJ. 1. de génie, astucieux, ingénieux, lumineux 2. sensationnel, fabuleux,

génie N. M. 1. divinité, dieu, démon, djinn, dragon, éfrit, elfe, esprit, fée, gnome, lutin, ondin, sylphe, troll 2. caractère, esprit, nature, spécificité 3. disposition, art, capacité, don, instinct, talent, bosse (fam.) 4. prodige, as (fam.), crack (fam.), lumière (fam.), phénix (fam.)

genre N. M. 1. classe, espèce, famille, ordre, race, variété 2. sorte, catégorie, espèce, nature, style, type, acabit (péj.) 3. allure, air, apparence, aspect, attitude, extérieur, façons, manière, style, tenue, tournure, dégaine (fam.), look (fam.), touche (fam.)

gens N. PL. 1. monde, foule, public 2. personnes, êtres humains

gentil, ille ADJ. 1. aimable, affable, attentionné, complaisant, délicat, empressé, fin (Québec), généreux, obligeant, prévenant, sympathique, chic (fam.), sympa (fam.) 2. doux, tendre 3. obéissant, mignon, sage, tranquille 4. joli, agréable, aimable, beau, charmant, coquet, gracieux, mignon, plaisant, gentillet (souvent péj.) 5. [fam., somme] important, coquet (fam.), joli (fam.), rondelet (fam.)

gentillesse N. F. 1. amabilité, affabilité, attention, bonne grâce, complaisance, délicatesse, douceur, empressement, obligeance, prévenance, serviabilité, aménité (littér.) 2. bienveillance, bonté, générosité, indulgence

gentiment ADV. 1. aimablement 2. sagement, tranquillement

gentleman N. M. homme d'honneur, galant (homme), gentilhomme (littér.)

génuflexion N. F. 1. agenouillement, prosternation 2. adulation, adoration, flatterie, obséquiosité, servilité

geôle N. F. cellule, cachot, prison

geôlier, ière N. gardien, surveillant, garde-chiourme (fam.), maton (argot)

géométrique ADJ. exact, mathématique, précis, régulier, rigoureux

gérance N. F. administration, gestion, régie

gérant, ante N. 1. administrateur, agent, directeur, dirigeant, gestionnaire, mandataire, régisseur, responsable 2. [d'immeuble] syndic 3. [de bar, d'hôtel] directeur, patron (fam.), taulier (fam.), tenancier (Admin. ou péj.)

gerbe N. F. 1. botte, bouquet, faisceau 2. [d'étincelles] fusée 3. [d'eau] colonne

gercer V. TR. crevasser, craqueler, fendiller, fendre

gerçure N. F. crevasse, craquelure, entaille, excoriation, fendillement, fissure

gérer V. TR. 1. administrer, conduire, diriger, gouverner, piloter, régir, driver (fam.), manager (fam.) 2. organiser, user de, utiliser 3. manier, manipuler

germe N. M. 1. bactérie, microbe, virus 2. embryon 3. origine, cause, commencement, fondement, point de départ, principe, racine, semence, source

germer V. INTR. se développer, se former, éclore, se faire jour, naître

gestation N. F. 1. grossesse 2. genèse, conception, élaboration, formation, mise au point, préparation

geste N. M. 1. mouvement, signe, mimique, pantomime 2. action, acte

gesticuler V. INTR. s'agiter, bouger, remuer, se trémousser, gigoter (fam.)

gestion N. F. 1. administration, conduite, direction, gérance, gouvernance, gouvernement, management 2. intendance, organisation 3. maniement, manutention

gestionnaire N. gérant, administrateur, intendant

gibecière N. F. sac, carnassière, carnier, sacoche

gibier N. M. 1. proie 2. [gros] venaison

giboulée N. F. averse, grain, ondée, pluie

gicler V. INTR. jaillir, fuser

gifle N. F. 1. soufflet, baffe (fam.), beigne (fam.), calotte (fam.), claque (fam.), mandale (fam.), taloche (fam.), tape (fam.), tarte (fam.), torgnole (fam.) 2. affront, humiliation, vexation, avanie (littér.), camouflet (littér.)

gifler V. TR. 1. claquer (fam.), calotter (fam.), talocher (fam.), souffleter (littér.) 2. cingler, fouetter

gigantesque ADJ. 1. immense, colossal, cyclopéen, démesuré, éléphantesque, énorme, géant, monumental, monstrueux, pharaonique, titanesque 2. énorme, étonnant, fabuleux, fantastique, formidable, phénoménal, prodigieux, faramineux 3. incommensurable, insondable

gigoter V. INTR. remuer, s'agiter, frétiller, se trémousser

gilet N. M. cardigan, tricot

girond, onde ADJ. [surtout au fém.] bien en chair, dodu, grassouillet, replet

gisement N. M. 1. couche, amas 2. mine, filon, veine 3. banc

gîte N. M. 1. habitation, abri, demeure, logement, maison, refuge, toit 2. [d'animal] repaire, antre, bauge, refuge, retraite, tanière, terrier

gîter V. INTR. résider, coucher, demeurer, habiter, loger

givre N. M. frimas, gelée (blanche), glace

glabre ADJ. 1. imberbe, lisse, nu 2. rasé

glaçant, ante ADJ. glacé, froid, glacial, réfrigéré

glace N. F. I. 1. givre, gelée blanche, verglas 2. banquise, iceberg, glacier, sérac II. crème glacée, sorbet III. 1. vitre, carreau, verre, vitrage 2. miroir, psyché

glacé, ée ADJ. 1. gelé 2. dur, glacial, glaçant, réfrigérant

glacer V. TR. I. 1. transir, engourdir, geler, refroidir 2. congeler, geler 3. refroidir, frapper, réfrigérer II. 1. effrayer, figer, pétrifier 2. intimider, réfrigérer III. 1. calandrer, cirer 2. lustrer

glacial, ale, als ADJ. 1. glaçant, très froid, hivernal, polaire, sibérien 2. hostile, dur, froid, glaçant, glacé, hautain, réfrigérant, sec 3. imperturbable, de glace, de marbre, insensible, marmoréen (littér.)

glaire N. F. 1. mucosité 2. expectoration, crachat

glaise N. F. argile, marne

glaive N. M. épée, lame

glaner V. TR. récolter, butiner, grappiller, puiser, ramasser, recueillir

glapir V. INTR. 1. japper, aboyer 2. crier, brailler, hurler, gueuler (très fam.)

glapissement N. M. 1. jappement, aboiement 2. cri, braillement, hurlement

glauque ADJ. 1. verdâtre, bleuâtre 2. blafard, livide 3. malsain, lugubre, sinistre, sordide, triste, craignos (fam.)

glissade N. F. dérapage, chute

glissant, ante ADJ. 1. fuyant, insaisissable 2. dangereux, hasardeux, instable, précaire, risqué, [pente] savonneux

glissement N. M. 1. affaissement, chute, éboulement 2. évolution, changement, modification, transformation, variation, dérapage (péj.)

glisser
▶ V. TR. 1. engager, fourrer, insinuer, introduire 2. donner, couler, passer, remettre, filer (fam.) 3. dire, confier, insinuer, souffler
▶ V. INTR. 1. patiner, skier 2. déraper, chasser, patiner, riper 3. coulisser 4. échapper, se dérober, filer, tomber
◆ **se glisser** V. PRON. se couler, entrer, se faufiler, s'infiltrer, s'insinuer, s'introduire, pénétrer

glissière N. F. coulisse, zip (nom déposé)

global, ale, aux ADJ. 1. général, d'ensemble 2. entier, complet, intégral, total 3. mondial, planétaire

globalement ADV. en bloc, dans l'ensemble, en gros (fam.)

globe N. M. 1. monde, planète, terre 2. boule, rond, sphère, orbe (littér.)

globule N. M. boulette, bulle, grain

globuleux, euse ADJ. 1. globulaire 2. saillant, gros

gloire N. F. I. 1. célébrité, notoriété, popularité, renom, renommée, réputation 2. honneur, lauriers, mérite II. 1. vedette, célébrité, personnalité, star 2. fleuron, fierté, orgueil, ornement, succès III. 1. éclat, grandeur, illustration, prestige, rayonnement, splendeur, lustre (littér.), [Relig.] majesté 2. auréole, halo, nimbe, splendeur

glorieux, euse ADJ. 1. [personne] célèbre, brillant, fameux, grand, illustre, prestigieux, renommé, réputé 2. [événement, chose] mémorable, célèbre, éclatant, fameux, grand, illustre, magnifique, prestigieux, splendide

glorification N. F. louange, apologie, célébration, éloge, exaltation, panégyrique (littér.)

glorifier V. TR. 1. louer, célébrer, chanter, exalter, honorer, louanger, vanter, élever des autels à, rendre gloire à, rendre hommage à 2. bénir, adorer 3. déifier, diviniser, magnifier
◆ **se glorifier** V. PRON. s'applaudir, s'enorgueillir, se flatter, se louer, se piquer, se prévaloir, se targuer, se vanter

gloriole N. F. ostentation, orgueil, prétention, suffisance, vanité

glose N. F. explication, annotation, commentaire, interprétation, note

gloser V. TR. annoter, commenter, éclaircir, expliquer, interpréter, traduire

glossaire N. M. dictionnaire, lexique, vocabulaire

gloussement N. M. 1. caquet 2. ricanement, rire

glousser V. INTR. 1. caqueter 2. ricaner, pouffer

glouton, onne ADJ. et N. gourmand, goinfre, goulu, insatiable, vorace, bâfreur (fam.), morfal (fam.)

gloutonnerie N. F. appétit, avidité, goinfrerie, gourmandise, voracité

glu N. F. 1. colle forte 2. [fam.] importun, crampon (fam.), pot de colle (fam.)

gluant, ante ADJ. collant, glutineux, poisseux, visqueux

gnome N. M. 1. esprit, farfadet, lutin 2. nain, avorton (fam., péj.), demi-portion (fam., péj.), nabot (fam., péj.)

gobelet N. M. godet, chope, quart, tasse, timbale

gober V. TR. 1. manger, avaler 2. croire, avaler (fam.)

goberger (se) V. PRON. prendre ses aises, se prélasser, faire bombance

goder V. INTR. pocher, grimacer, grigner, godailler (fam.)

godet N. M. 1. gobelet, timbale 2. [fam.] verre, canon (fam.), pot (fam.) 3. auge, auget

goémon N. M. algue, fucus, varech

gogo (à) LOC. ADV. à discrétion, à foison, à profusion, en quantité, à satiété, à souhait, à volonté, en veux-tu en voilà (fam.)

goguenard, arde ADJ. moqueur, gouailleur, ironique, narquois, railleur, sarcastique

goinfre N. M. glouton, goulu, gourmand, vorace, bâfreur (fam.), morfal (fam.), gueulard (fam., région.)

goinfrer (se) V. PRON. se gaver, dévorer, engloutir, se repaître (littér.), se bâfrer (fam.), se bourrer (fam.), s'empiffrer (fam.), manger à s'en faire crever la panse/la sous-ventrière (fam.)

goinfrerie N. F. gloutonnerie, avidité, voracité

golfe N. M. baie, anse

gommage N. M. 1. effacement, atténuation, estompage 2. exfoliation, peeling (anglic.)

gomme N. F. baume, résine

gommer V. TR. effacer, atténuer, estomper, lisser, ôter, supprimer

gondoler V. INTR. se bomber, se courber, se déformer, se déjeter, gauchir, se gonfler, jouer, travailler, se voiler

gonflé, ée ADJ. bouffi, boursouflé, enflé, soufflé, rebondi, turgescent

gonflement N. M. 1. gonflage 2. bombement, boursouflure, dilatation, distension, grossissement 3. [Méd.] bouffissure, cloque, emphysème, enflure, grosseur, hypertrophie, intumescence, œdème, renflement, tuméfaction, turgescence 4. inflation, augmentation, montée 5. exagération, emphase

gonfler
▸ V. TR. 1. bomber, dilater, enfler 2. remplir, [d'eau] gorger 3. ballonner, bouffir, boursoufler, congestionner, dilater, distendre, enfler, tuméfier 4. exagérer, amplifier, grossir, monter, surestimer, surfaire
▸ V. INTR. 1. s'arrondir, s'élargir, s'empâter, enfler, grossir 2. [cours d'eau] grossir, enfler, monter 3. fermenter, lever 4. s'accroître, s'arrondir, augmenter, croître, enfler, grossir

gorge N. F. 1. buste, poitrine, sein(s) 2. gosier, kiki (fam.) 3. canyon, couloir, défilé, porte, vallée

gorgée N. F. 1. trait, coup (fam.), goulée (fam.), lampée (fam.) 2. bouffée

gorger V. TR. 1. gaver, bourrer, engraisser, rassasier 2. combler, abreuver, couvrir, gaver, rassasier, remplir, repaître, saturer
♦ **se gorger de** V. PRON. 1. se gaver de, se bourrer de (fam.), s'empiffrer de (fam.), se goinfrer de (fam.) 2. se rassasier de, se repaître de, se soûler de

gouaille N. F. goguenardise, persiflage, raillerie, verve

gouailleur, euse ADJ. moqueur, facétieux, goguenard, narquois, persifleur, railleur

goudron N. M. bitume, asphalte, macadam, [de houille] coaltar

goudronner V. TR. bitumer, asphalter, macadamiser

gouffre N. M. 1. abîme, précipice, fosse, puits, [calcaire] aven, bétoire 2. ruine, catastrophe, désastre

goujat N. malotru, grossier personnage, malappris, mufle, rustre, gougnafier (fam.), pignouf (fam.)

goujaterie N. F. grossièreté, impolitesse, incorrection, indélicatesse, muflerie

goulet N. M. couloir, chenal, passage

goulu, ue ADJ. et N. glouton, avide, goinfre, gourmand, vorace, bâfreur (fam.), morfal (fam.)

goulûment ADV. avidement, gloutonnement, voracement

gourbi N. M. 1. cabane, hutte 2. baraque, bouge, réduit, taudis, cambuse (fam.), galetas (fam.), piaule (fam.)

gourd, gourde ADJ. engourdi, ankylosé

gourde N. F. 1. courge 2. bidon 3. [fam.] bête, idiot, imbécile, maladroit, niais, sot, buse (fam.), corniaud (fam.), cornichon (fam.), crétin (fam.), cruche (fam.), godiche (fam.)

gourdin N. M. matraque, bâton, massue, trique

gourmand, ande ADJ. et N. 1. goulu, vorace, glouton, goinfre 2. gourmet, gastronome, bec fin, fine bouche, fine gueule (fam.) 3. [menu, étape, etc.] gastronomique

gourmander V. TR. gronder, réprimander, sermonner, admonester (littér.), chapitrer (littér.), morigéner (littér.), tancer (littér.), engueuler (fam.), houspiller (fam.)

gourmandise N. F. 1. voracité, gloutonnerie, goinfrerie 2. friandise, douceur, chatterie (fam.), gâterie (fam.)

gourmé, ée ADJ. affecté, apprêté, cérémonieux, compassé, empesé, guindé, pincé

gourmet N. M. gastronome, connaisseur, fine bouche, gourmand, fine gueule (fam.)

gourou N. M. maître à penser, mentor

goût N. M. 1. saveur, sapidité 2. envie, appétit, désir, faim 3. attirance, amour, attachement, attrait, cœur, engouement, faible, faiblesse, inclination, intérêt, penchant, prédilection, vocation

goûter[1] V. TR. 1. déguster, se délecter de, jouir de, savourer 2. éprouver, ressentir, sentir 3. aimer, apprécier, approuver, estimer, raffoler de, être amateur de, être fou de, priser (littér.)

goûter[2] N. M. collation, quatre-heures (lang. enfants)

goûteux, euse ADJ. savoureux, délicieux, fameux, succulent

goutte N. F. gouttelette, globule, perle

 INTR. dégoutter, s'égoutter

 dirigeant, responsa-

gouvernante N. F. 1. nurse, bonne d'enfant, nourrice 2. bonne 3. chaperon, duègne

gouvernement N. M. 1. autorité(s), État, force publique, pouvoir (politique) 2. ministère, conseil des ministres 3. régime, institution, système

gouverner V. TR. 1. piloter, manœuvrer, être aux commandes de, tenir la barre de, tenir le gouvernail de 2. diriger, administrer, commander, conduire, gérer, manier, mener, régir, régner sur, être aux leviers de, [sans complément] tenir les rênes du pouvoir 3. guider, éduquer, élever, influencer, instruire 4. dominer, mener, régenter, tenir en lisière (littér.) 5. maîtriser, être maître de, freiner, refréner

grabuge N. M. 1. dispute, querelle 2. dégât, désordre, bagarre (fam.), casse (fam.), charivari (fam.), vilain (fam.)

grâce N. F. I. 1. faveur, avantage, bienfait, don, gracieuseté (littér.) 2. plaisir, faveur, honneur II. 1. amabilité, affabilité, aménité, bienveillance, bonté, douceur, gentillesse 2. indulgence, miséricorde, pardon, pitié 3. aide, assistance, secours 4. [de Dieu] bénédiction, secours 5. amnistie, pardon III. charme, agrément, attrait, beauté, délicatesse, élégance, finesse, vénusté (littér.)

gracier V. TR. pardonner, absoudre, amnistier

gracieusement ADV. 1. poliment, affablement, aimablement, courtoisement, civilement (littér.) 2. élégamment, agréablement, délicatement, délicieusement, joliment 3. gratuitement, bénévolement

gracieux, euse ADJ. 1. attrayant, beau, charmant, distingué, élégant, harmonieux, joli, mignon, plaisant, raffiné 2. aimable, affable, agréable, avenant, bienveillant, charmant, civil, cordial, courtois, doux, empressé, engageant, gentil, poli, sympathique, accort (littér.), amène (littér.) 3. bénévole, gratuit

gracile ADJ. délicat, élancé, filiforme, fin, fluet, frêle, grêle, menu, mince

gradation N. F. 1. accroissement, augmentation, échelonnement, montée en puissance, progression 2. degré, cran, échelon, étape, grade, palier, phase, stade

grade N. M. 1. échelon, catégorie, degré, niveau, rang 2. [Univ.] titre

gradin N. M. 1. degré, banc, marche 2. étage, palier, terrasse

graduation N. F. 1. division, degré, repère 2. échelle

graduel, elle ADJ. progressif, échelonné

graduellement ADV. progressivement, doucement, petit à petit, peu à peu, pas à pas, pied à pied, de proche en proche, de jour en jour, d'heure en heure

graduer V. TR. échelonner, étager

graffiter V. TR. inscrire, bomber, taguer

graffiti N. M. PL. inscription, tag

graillon N. M. 1. friture, graisse 2. rogaton

grain N. M. I. 1. graine, semence 2. céréale II. granulation, granule III. parcelle, corpuscule, fragment, morceau, particule IV. averse, bourrasque, giboulée, ondée, pluie, tempête, tornade

graine N. F. 1. semence, grain 2. pépin, amande, noyau

graisse N. F. 1. gras, matière grasse, lipide 2. friture, graillon 3. [alimentaire] beurre, huile, lanoline, margarine 4. [animale] saindoux, panne, spermaceti, suif 5. [minérale] paraffine, vaseline 6. lubrifiant 7. cambouis

graisser V. TR. 1. huiler, lubrifier 2. oindre (littér.) 3. encrasser, salir, tacher

graisseux, euse ADJ. 1. gras, huileux, sale 2. adipeux

grand[1], **grande** ADJ. I. 1. élevé, élancé, haut 2. long 3. large, ample, étendu, spacieux, vaste 4. profond 5. [choix] varié, vaste II. 1. essentiel, considérable, important, majeur, principal 2. intense, fort, vif, violent 3. invétéré, fieffé, gros, sacré (fam.) 4. [péj.] exagéré, emphatique, grandiloquent III. 1. influent, puissant 2. fameux, excellent, glorieux, illustre, prestigieux, remarquable, réputé, supérieur 3. éminent, magistral, talentueux 4. noble, beau, généreux, magnifique

grand[2] N. M. 1. puissant, magnat 2. noble, crate

grandement ADV. beaucoup, amplement, b énormément, extrêmement, fort, fortemen largement, puissamment, tout à fait

grandeur N. F. 1. 1. dimension, amplitude, étendue, format, gabarit, mesure, taille 2. quantité, valeur, variable 3. importance, ampleur, intensité, magnitude, poids, portée II. 1. gloire, force, influence, pouvoir, prestige, puissance, rayonnement 2. [d'âme] noblesse, dignité, distinction, élévation, générosité, majesté, mérite, valeur, magnanimité (littér.)
♦ **grandeurs** PLUR. dignités, distinctions, gloire, honneurs, pompe

grandiloquence N. F. emphase, boursouflure, enflure, pompe, solennité

grandiloquent, ente ADJ. emphatique, ampoulé, boursouflé, déclamatoire, phraseur, pompeux, ronflant, solennel

grandiose ADJ. majestueux, imposant, impressionnant, magnifique, monumental, royal

grandir
▸ V. INTR. 1. pousser, s'allonger, croître, se développer, monter 2. augmenter, s'accroître, s'amplifier, croître, enfler, s'étendre, gonfler, grossir, s'intensifier 3. [psychologiquement] mûrir, s'élever
▸ V. TR. 1. hausser 2. agrandir, grossir 3. ennoblir, élever 4. élever, exalter 5. exagérer, amplifier, dramatiser, grossir, outrer
♦ **se grandir** V. PRON. s'élever, se hausser

grand-mère N. F. 1. aïeule, mamie (fam.), mémé (fam.) 2. [péj.] vieille, aïeule, ancêtre, fossile (fam.), mamie (fam.), mémé (fam.)

grand-père N. M. 1. aïeul, papi (fam.), papy (fam.), pépé (fam.) 2. [péj.] vieillard, vieux, aïeul, ancêtre, croulant (fam.), fossile, géronte (littér.), papi (fam.), pépé (fam.)

grange N. F. grenier, hangar, fenil, gerbier

granulé, ée
▸ ADJ. granulaire, granuleux
▸ N. M. granule, pilule

granuleux, euse ADJ. 1. granulaire 2. granité, granulé, grenu, papilleux

graphie N. F. 1. écriture, transcription 2. orthographe

graphique N. M. courbe, diagramme, tableau, tracé, [rond] camembert (fam.)

grappe N. F. faisceau, groupe

grappiller V. TR. 1. glaner, cueillir, ramasser, recueillir 2. rogner, gratter (fam.), grignoter (fam.), rabioter (fam.)

grappin N. M. crampon, croc, crochet, harpon

gras, grasse ADJ. 1. graisseux, glissant, gluant, huileux, poisseux, visqueux 2. fort, adipeux, bien en chair, charnu, corpulent, dodu, empâté, épais, étoffé, grassouillet, gros, obèse, pansu, plantureux, potelé, rebondi, replet, rond, rondelet, rondouillard (fam.) 3. [sol] fertile, abondant, plantureux 4. égrillard, cru, épicé, gaillard, gaulois, graveleux, grivois, grossier, licencieux, obscène, poivré, polisson, rabelaisien, salé

grassement ADV. abondamment, amplement, confortablement, copieusement, généreusement, grandement, largement

grassouillet, ette ADJ. gras, dodu, potelé, replet, rond, rondelet, rondouillard (fam.)

gratifiant, ante ADJ. valorisant, satisfaisant

gratification N. F. 1. cadeau, avantage, don, libéralité, pourboire, récompense, [en fin d'année] étrennes 2. commission, arrosage, dessous de table, enveloppe, faveur, pot-de-vin, bakchich (fam.) 3. bonus, allocation, indemnité, prime 4. [Psych.] valorisation

gratifier V. TR. 1. donner à, accorder à, allouer à, attribuer à, dispenser à, doter, octroyer à 2. douer, favoriser, nantir, affliger (plaisant) 3. imputer à, attribuer à 4. [iron.] administrer, donner, flanquer (fam.), foutre (très fam.) 5. [Psych.] valoriser

gratin N. M. élite, crème, fine fleur, dessus du panier, gotha

gratitude N. F. reconnaissance, obligation

gratte-ciel N. M. tour, building

gratte-papier N. M. bureaucrate (péj.), plumitif (péj.), rond-de-cuir (péj.), scribouillard (fam., péj.)

gratter V. TR. 1. racler, gratouiller (fam.) 2. enlever, effacer 3. fouiller, remuer, [animal] fouir 4. démanger, picoter, gratouiller (fam.)

grattoir N. M. 1. racloir 2. décrottoir, gratte-pieds 3. gratte-dos

gratuit, uite ADJ. 1. non payant, libre, gratis (fam.), gratos (fam.) 2. bénévole, désintéressé, gracieux 3. arbitraire, absurde, hasardeux, immotivé, infondé, injustifié

gratuitement ADV. 1. sans rien débourser, gracieusement, pour rien, sans bourse délier (littér.), gratis (fam.), gratos (fam.), pour pas un rond (fam.), à l'œil (fam.), aux frais de la princesse (fam.) 2. bénévolement, gracieusement, pour l'honneur, pour rien 3. par jeu, arbitrairement

gravats N. M. PL. débris, décombres, déblais, plâtras

grave ADJ. I. bas, caverneux, profond II. 1. solennel, digne, posé, réfléchi, réservé, sage, sérieux 2. compassé, affecté, empesé, raide, rigide, gourmé (littér.) 3. imposant, majestueux III. 1. sévère, gros, important, lourd, sérieux, mortel, [rhume] carabiné (fam.) 2. critique, alarmant, angoissant, dangereux, dramatique, inquiétant, préoccupant, redoutable, sérieux, tragique 3. cruel, pénible, triste

graveleux, euse ADJ. 1. caillouteux, pierreux, rocailleux 2. cru, égrillard, épicé, gaillard, gaulois, gras, grivois, libre, licencieux, obscène, poivré, polisson, rabelaisien, salé

gravement ADV. 1. solennellement, dignement, posément, sérieusement 2. dangereusement, grièvement, sérieusement, sévèrement 3. considérablement, énormément, terriblement

graver V. TR. 1. buriner, sculpter, [sur pierre] lithographier 2. fixer, enregistrer, imprimer, incruster, marquer, empreindre (littér.)

gravier N. M. caillou, gravillon, ballast

gravir V. TR. 1. escalader, ascensionner, monter, grimper 2. franchir

gravitation N. F. attraction, pesanteur

gravité N. F. 1. sérieux, austérité, componction, raideur, réserve, rigidité, sévérité, solennité 2. importance, acuité, étendue, poids, portée, sévérité

graviter V. INTR.
– graviter autour de 1. tourner autour de, être en orbite autour de 2. fréquenter, se mouvoir dans la sphère de

gravure N. F. 1. ciselure, entaille, glyphe, nielle 2. illustration, estampe, photographie, planche, reproduction

gré N. M.
– au gré de au goût de, à la convenance de, au choix de, à la fantaisie de, au bon plaisir de
– de bon gré, de plein gré de bonne grâce, de bon cœur, de gaieté de cœur, librement, volontairement, volontiers
– de gré à gré à l'amiable
– contre son gré à contrecœur, à son corps défendant, contre sa volonté, de mauvais cœur, la mort dans l'âme, malgré soi
– savoir gré à remercier, avoir de la gratitude pour, être reconnaissant à

greffe N. F. 1. greffon, ente 2. transplantation

greffer V. TR. 1. enter 2. transplanter 3. ajouter, insérer, introduire, enter (littér.)

◆ **se greffer sur** V. PRON. s'ajouter à, s'adjoindre à

grêle[1] ADJ. 1. filiforme, délié, élancé, fin, fluet, gracile, long, maigre, mince 2. faible, délicat, fragile, menu, ténu

grêle[2] N. F. 1. grêlon, grésil 2. volée, avalanche, bordée, cascade, chapelet, déluge, kyrielle, pluie

grelot N. M. clochette, sonnette

grelotter V. INTR. frissonner, claquer des dents, trembler, trembloter

grenier N. M. 1. combles, mansarde 2. grange, fenil, pailler

grenouillage N. M. intrigues, combines (fam.), magouille (fam.), tripotage (fam.)

grenouiller V. INTR. intriguer, magouiller (fam.)

grenu, ue ADJ. granité, granulé, granuleux, grené

grésillement N. M. 1. crépitement 2. friture, parasites

grésiller V. INTR. crépiter, craquer, craqueler, pétiller

grève[1] N. F. rive, bord, plage, rivage

grève[2] N. F. arrêt de travail, débrayage

grever V. TR. 1. charger, accabler, frapper, imposer, surcharger, obérer (littér.) 2. alourdir, affecter, hypothéquer, plomber (fam.)

gribouillage N. M. gribouillis, barbouillage, griffonnage

gribouiller V. TR. et INTR. griffonner, barbouiller

grief N. M. doléance, charge, plainte, récrimination, reproche

grièvement ADV. gravement, sérieusement, sévèrement

griffe N. F. 1. ongle, serre 2. crampon, crochet 3. signature, cachet, empreinte, estampille, étiquette, marque, sceau

griffer V. TR. écorcher, égratigner, érafler, rayer, [fort] balafrer

griffonnage N. M. barbouillage, gribouillage, gribouillis

griffonner V. TR. 1. gribouiller, barbouiller 2. écrire, crayonner, dessiner 3. rédiger à la hâte, jeter sur le papier

griffure N. F. écorchure, éraflure, égratignure, griffe (Belgique), rayure, [profonde] balafre

grignoter V. TR. 1. ronger, manger 2. picorer, manger du bout des lèvres, [sans complément] chipoter, pignocher 3. gagner, prendre, rattraper

grigri N. M. amulette, fétiche, mascotte, porte-bonheur, talisman

grillage N. M. treillage, claire-voie, clôture, treillis

grille N. F. 1. clôture, barreaux, herse 2. [TV, Radio] programmation

griller
▶ V. TR. 1. rôtir, [café] torréfier 2. dessécher, racornir 3. [cigarette] fumer
▶ V. INTR. 1. brûler, flamber, cramer (fam.) 2. [fam.] bronzer, cuire, dorer, rôtir (fam.)

grillon N. M. cri-cri (fam.), grillot (région.)

grimace N. F. moue, mimique, rictus, [involontaire] tic
◆ **grimaces** PLUR. simagrées, cérémonie(s), façons, minauderies, mines, singeries, afféterie (littér.)

grimacer V. INTR. faire la moue, bouder, faire grise mine, se renfrogner

grimer V. TR. maquiller, farder

grimpée N. F. 1. ascension, escalade, montée, grimpette (fam.) 2. côte, montée, grimpette (fam.)

grimper
▶ V. TR. escalader, gravir
▶ V. INTR. 1. s'élever, monter 2. augmenter, monter, [prix] flamber

grimpeur, euse N. alpiniste, ascensionniste, varappeur

grinçant, ante ADJ. 1. discordant, dissonant 2. acerbe, aigre, amer, caustique, mordant

grincement N. M. crissement, couinement

grincer V. INTR. crisser, couiner (fam.)

grincheux, euse ADJ. acariâtre, bougon, hargneux, revêche, grognon (fam.), râleur (fam.), rogue (fam.), ronchon (fam.), ronchonneur (fam.), rouspéteur (fam.)

gringalet N. M. freluquet, avorton (fam.), demi-portion (fam.), minus (fam.), moustique (fam.)

gripper V. INTR. se bloquer, s'arrêter, se coincer

gripper (se) V. PRON. se bloquer, se coincer

gris, grise ADJ. I. 1. [nuances] ardoise, anthracite, cendré, cendreux, mastic, plombé, souris, tourterelle, [cheval] pinchard 2. [cheveux] argenté, grisonnant, poivre et sel 3. [temps] couvert, nuageux II. morne, grisâtre, maussade, monotone, morose, terne III. un peu ivre, entre deux vins, gai, éméché (fam.), parti (fam.), pompette (fam.)

grisaille N. F. monotonie, morosité, tristesse

grisant, ante ADJ. 1. exaltant, enivrant, enthousiasmant, excitant 2. capiteux, enivrant, entêtant

grisâtre ADJ. terne, maussade, monotone, morose, triste

griser V. TR. 1. soûler, enivrer, étourdir, monter/porter à la tête/tourner la tête de 2. enthousiasmer, enivrer, étourdir, exalter, exciter

griserie N. F. 1. ivresse, enivrement, étourdissement 2. exaltation, enivrement, excitation, ivresse, vertige

grisonnant, ante ADJ. gris, argenté, poivre et sel

grivois, oise ADJ. égrillard, coquin, croustillant, cru, épicé, gaillard, gaulois, gras, graveleux, léger, leste, libertin, libre, licencieux, osé, poivré, rabelaisien, salé, cochon (fam.)

grivoiserie N. F. gaillardise, gauloiserie, licence, obscénité, gaudriole (fam.), joyeuseté (fam.)

groggy ADJ. INVAR. 1. étourdi, k.-o. (fam.), sonné (fam.) 2. épuisé, éreinté, exténué, claqué (fam.), crevé (fam.), k.-o. (fam.), lessivé (fam.), pompé (fam.), vanné (fam.), vidé (fam.)

grogne N. F. mécontentement, protestations, récriminations, rouspétances (fam.)

grognement N. M. [du chien] grondement, [du sanglier] grommellement 2. grommellement, bougonnement (fam.), ronchonnement (fam.)

grogner V. INTR. 1. [chien] gronder, [sanglier] grommeler 2. grommeler, marmonner, pester, protester, maugréer (littér.), bougonner (fam.), grognonner (fam.), râler (fam.), ronchonner (fam.), rouspéter (fam.)

grognon ADJ. et N. acariâtre, grincheux, pleurnicheur, bougon (fam.), râleur (fam.), rouspéteur (fam.) 2. mécontent, boudeur, maussade, morose, renfrogné, ronchon (fam.)

grommeler V. TR. et INTR. marmonner, grogner, murmurer, maugréer (littér.), bougonner (fam.), ronchonner (fam.)

grommellement N. M. grognement, bougonnement (fam.), ronchonnement (fam.)

grondement N. M. [de chien] grognement, [de sanglier] grommellement 2. [de tonnerre] roulement

gronder
▶ V. INTR. 1. [chien] grogner, [sanglier] grommeler 2. tonner 3. menacer, couver
▶ V. TR. disputer, se fâcher contre, gourmander, houspiller, rabrouer, réprimander, tempêter contre, tonner contre, admonester (littér.), morigéner (littér.), tancer (littér.), attraper (fam.), crier après (fam.), engueuler (très fam.), enguirlander (fam.), passer un savon à (fam.), savonner la tête à (fam.), sonner les cloches à (fam.)

gros, grosse
▶ ADJ. I. [physiquement, concrètement] 1. volumineux, colossal, épais, important, large, massif 2. corpulent, bedonnant, boulot, courtaud, empâté, énorme, enveloppé, épais, fort, gras, imposant, massif, obèse, pansu, pesant, potelé, puissant, replet, rond, rondelet, trapu, ventripotent, ventru, en surcharge pondérale (Méd.), membru (littér.), maous (fam.) 3. arrondi, ample, bombé, charnu, épanoui, généreux, opulent, rebondi, renflé 4. [visage] bouffi, boursouflé, joufflu 5. [yeux] globuleux, saillant 6. [lèvres] charnu, épais 7. [femme] enceinte, [femelle] pleine 8. [mer, temps] mauvais, houleux II. [en intensité, importance] 1. fort, intense, profond, violent, bon (fam.), [baiser] appuyé, sonore 2. considérable, colossal, immense, important, maous (fam.) 3. élevé, éminent, haut, important, remarquable 4. riche, grand, important, influent, opulent 5. grave, énorme, lourd, sérieux III. commun, épais, grossier, ordinaire, rudimentaire, simple, solide, vulgaire
▶ N. mastodonte, baleine, éléphant, hippopotame, poussah, patapouf (fam.)

grossesse N. F. 1. gestation, gravidité 2. maternité

grosseur N. F. 1. corpulence, bouffissure, embonpoint, épaisseur, générosité, obésité, opulence, rondeur, rotondité (littér.) 2. dimension, calibre, épaisseur, format, gabarit, largeur, taille, volume 3. abcès, bosse, boule, bourrelet, enflure, excroissance, gonflement, tumeur

grossier, ière ADJ. I. 1. brut, brut de fonderie (fam.) 2. rudimentaire proximatif, imprécis, rapide, sommaire **II. 1.** imparfait, informe, mal fini, ni fait ni à faire **2.** sans grâce, épais, gros, lourd, massif, mastoc (fam.) **3.** maladroit, gros, peu subtil, cousu de fil blanc **III. 1.** discourtois, butor, effronté, familier, impoli, incivil, incorrect, indélicat, inélégant, insolent **2.** vulgaire, choquant, cru, dégoûtant, inconvenant, malhonnête, ordurier, trivial, malséant (littér.), malsonnant (littér.) **3.** gaulois, obscène, poivré, salé, cochon (fam.) **IV. 1.** balourd, mal dégrossi, lourdaud, rustaud, rustre **2.** béotien, philistin **3.** [littér.] inculte, barbare, fruste, primitif, rude, rustique, sauvage **4.** [littér.] bestial, animal, bas, charnel, sensuel

grossièrement ADV. **1.** approximativement, en gros, grosso-modo (fam.), à la louche (fam.), à vue de nez (fam.) **2.** imparfaitement, schématiquement, sommairement, à la va-vite **3.** lourdement, beaucoup, sacrément (fam.) **4.** impoliment, effrontément **5.** vulgairement, trivialement

grossièreté N. F. **1.** vulgarité, inconvenance, obscénité, trivialité **2.** gros mot, incongruité, obscénité, ordure, saleté, cochonceté (fam.), cochonnerie (fam.) **3.** injure, insulte **4.** impolitesse, goujaterie, inconvenance, incorrection, insolence, muflerie

grossir
▸ V. INTR. **1.** forcir, se développer, prendre du poids, prendre des kilos, profiter, [trop] s'alourdir, engraisser, (s')épaissir, s'empâter, enfler, faire du lard (fam.) **2.** croître, gonfler, monter **3.** se dilater, s'arrondir, s'élargir, enfler, gonfler, se tuméfier **4.** augmenter, s'amplifier, se développer, enfler, s'étendre, grandir
▸ V. TR. **1.** agrandir, élargir **2.** accroître, augmenter, enfler, enrichir, étendre, renforcer **3.** exagérer, amplifier, dramatiser, forcer, outrer

grossissement N. M. **1.** augmentation, accroissement, agrandissement, développement, extension **2.** dilatation, gonflement **3.** exagération, amplification

grotesque ADJ. ridicule, absurde, bouffon, burlesque, caricatural, extravagant, risible, saugrenu, loufoque (fam.)

grotte N. F. caverne, cavité, excavation

grouiller V. INTR. fourmiller, abonder, foisonner, pulluler

groupe N. M. **I. 1.** association, collectif, groupement, réunion, [fermé] cénacle, cercle, école, chapelle (péj.), clique (péj.), coterie (péj.), gang (péj.) **2.** communauté, collectivité, nation, société, [ethnique] phratrie, clan, tribu, ethnie, race **3.** [Sport] équipe, formation **4.** bande, bataillon, brochette, chapelet, constellation, escadron, escouade, essaim, grappe, peloton, pléiade, régiment, tribu, troupe **II.** catégorie, classe, division, ensemble, espèce, famille, ordre, section, sorte **III. 1.** complexe, ensemble **2.** consortium, holding, trust **3.** collection, ensemble

groupement N. M. **I.** association, bloc, coalition, confédération, fédération, formation, front, ligue, organisation, rassemblement, syndicat, union **II. 1.** assemblage, arrangement, disposition **2.** accumulation, concentration, rassemblement, regroupement, réunion

grouper V. TR. **1.** amasser, accumuler, agglomérer, assembler, collectionner, masser, rassembler, réunir, unir **2.** classer, organiser, ranger, répartir **3.** apparier, accoupler **4.** bloquer, concentrer, centraliser
♦ **se grouper** V. PRON. **1.** s'associer, s'assembler, se coaliser, se fédérer, se liguer, se regrouper, se réunir, s'unir **2.** s'agglomérer, s'attrouper, se réunir

guenille N. F. chiffon, chiffe, loque
♦ **guenilles** PLUR. haillons, défroque, hardes, loques, oripeaux, nippes (fam.)

guéri, ie ADJ. rétabli, debout, remis, d'aplomb (fam.), sur pied (fam.), retapé (fam.)

guérillero N. M. franc-tireur, maquisard, partisan, pistolero

guérir
▸ V. INTR. **1.** se rétablir, aller mieux, être en convalescence, en réchapper, recouvrer la santé, récupérer, se remettre, sortir de maladie, se remettre d'aplomb (fam.), se retaper (fam.), s'en sortir (fam.) **2.** (se) cicatriser (fam.), fermer, se refermer

▸ V. TR. **1.** sauver, arracher à la maladie/à la mort, remettre sur pied, remettre d'aplomb (fam.) **2.** désintoxiquer **3.** cicatriser, refermer **4.** adoucir, apaiser, calmer, consoler, pallier, remédier à, soulager **5.** [qqn de] corriger, délivrer, débarrasser, faire passer le goût (de ...) à
♦ **se guérir** V. PRON. se rétablir, s'en tirer (fam.)

guérison N. F. **1.** rétablissement, [inespérée] résurrection **2.** cicatrisation, apaisement, cessation

guérisseur, euse N. **1.** magnétiseur, rebouteux **2.** sorcier, charlatan (péj)

guérite N. F. **1.** poste de garde, guitoune (fam.) **2.** échauguette, échiffe, poivrière **3.** abri

guerre N. F. **1.** conflit, combat(s), conflagration, embrasement, hostilités, lutte armée **2.** [péj.] carnage, boucherie (fam.), casse-pipe (fam.) **3.** campagne, croisade, expédition **4.** combat, bataille, lutte, bagarre (fam.) **5.** hostilité, dispute, inimitié, querelle, guéguerre (fam.)

guerrier, ière
▸ ADJ. **1.** militaire **2.** martial **3.** combatif, belliqueux, va-t-en-guerre (fam.)
▸ N. **1.** combattant, militaire, soldat **2.** conquérant, capitaine **3.** belliciste, épervier, faucon, va-t-en-guerre (fam.)

guerroyer V. INTR. **1.** faire la guerre, combattre **2.** lutter, batailler, se battre

guet-apens N. M. **1.** attaque, attentat, embuscade **2.** piège, traquenard

guetter V. TR. **1.** épier, surveiller, [sans complément] faire le guet **2.** attendre, être à l'affût de, convoiter, guigner

gueule N. F. bouche, gosier

gueux, euse N. **1.** mendiant, clochard, indigent, misérable, miséreux, nécessiteux, pauvre, pouilleux, traîne-misère, vagabond, va-nu-pieds **2.** vaurien, brigand, coquin, malandrin (littér.)

guichet N. M. **1.** billetterie, distributeur (de billets) **2.** caisse **3.** judas

guide[1] N. **1.** accompagnateur, cornac (fam.) **2.** conseiller, conducteur, directeur, gouverneur, mentor, [surtout Relig.] berger, pasteur, gourou

guide[2] N. M. **1.** manuel, abrégé, aide-mémoire, indicateur, mémento, mode d'emploi, notice, résumé, synopsis, vade-mecum **2.** fil conducteur, boussole, flambeau (littér.) **3.** glissière

guider V. TR. **1.** conduire, mener, piloter, cornaquer (fam.) **2.** commander, diriger, déterminer, gouverner, mener **3.** télécommander, radioguider, téléguider **4.** conseiller, éclairer, éduquer, inspirer, orienter **5.** aiguiller, mettre sur la voie, orienter
♦ **se guider sur** V. PRON. **1.** prendre pour repère, se diriger d'après, se repérer sur **2.** prendre pour exemple

guigner V. TR. **1.** lorgner, loucher sur, reluquer (fam.) **2.** convoiter, avoir des vues sur, viser **3.** guetter, attendre, épier, être à l'affût de

guignol N. M. pantin, bouffon, clown, fantoche, marionnette, charlot (fam.), rigolo (fam.)

guilleret, ette ADJ. **1.** gai, allègre, badin, frétillant, fringant, éveillé, jovial, joyeux, léger, réjoui, sémillant, vif, primesautier (littér.) **2.** leste, gaillard

guillotine N. F. échafaud, bois de justice, veuve (argot)

guillotiner V. TR. décapiter, couper la tête de, trancher le cou/la tête de, raccourcir (fam.)

guindé, ée ADJ. **1.** contraint, affecté, apprêté, collet monté, compassé, corseté, engoncé, étudié, maniéré, pincé, raide (comme la justice), solennel, gourmé (littér.), coincé (fam.), constipé (fam.) **2.** académique, ampoulé, emphatique, boursouflé, empesé, emphatique, pompeux, solennel

guinguette N. F. auberge, bal, estaminet, bastringue (fam.)

guirlande N. F. **1.** feston, [électrique] girandole **2.** chapelet

guitoune N. F. tente, abri, cagna, gourbi

gymnaste N. acrobate, athlète

gymnastique N. F. culture physique, éducation physique, gym (fam.), exercice, aérobic

◆ ◆ ◆ ◆ ◆ ◆ ◆ ◆ ◆ ◆ ◆ ◆ ◆ ◆ ◆ ◆ ◆ ◆ ◆ ◆

H

habile ADJ. **1.** adroit, capable, industrieux (littér.) **2.** expert, émérite, virtuose **3.** diplomate, fin, politique **4.** astucieux, débrouillard, ingénieux, malin, rusé, subtil, roublard (péj.), roué (péj.)

habilement ADV. **1.** adroitement **2.** expertement, finement, ingénieusement, subtilement, talentueusement **3.** astucieusement, ingénieusement, subtilement

habileté N. F. **1.** adresse, aptitude, capacité, dextérité, tour de main, industrie (littér.), patte (fam.) **2.** expertise, art, don, savoir-faire, talent **3.** brio, facilité, maîtrise, maestria, talent, virtuosité **4.** diplomatie, doigté, savoir-faire, tact **5.** astuce, débrouillardise, ingéniosité, ruse, subtilité, roublardise (péj.), rouerie (péj.)

habiliter V. TR. autoriser, permettre, qualifier

habillé, ée ADJ. chic, élégant, chicos (fam.)

habillement N. M. **1.** vêtement(s), habit(s), tenue, effets (littér.), accoutrement (péj.), attifement (péj.) **2.** déguisement, costume **3.** confection, couture **4.** habillage

habiller V. TR. **1.** vêtir, mettre des vêtements à, accoutrer (péj.), affubler (péj.), attifer (péj.), fagoter (péj.), ficeler (péj.), harnacher (péj.) **2.** entourer, draper, envelopper, recouvrir **3.** décorer, arranger, orner, parer **4.** camoufler, couvrir, déguiser, dissimuler
♦ **s'habiller** V. PRON. se vêtir, se couvrir, se fringuer (fam.), se nipper (fam.), se saper (fam.)

habit N. M. **1.** vêtement, affaire, effet (littér.), atours (littér.), fringue (fam.), nippe (fam.), fripe (fam.), frusques (fam., péj.), guenille (péj.), hardes (péj.), sape (fam.), oripeaux (littér., péj.) **2.** costume, déguisement **3.** habillement, tenue, toilette, accoutrement (fam.), défroque (fam.) **4.** uniforme, livrée **5.** frac, queue-de-pie

habitacle N. M. cabine, cockpit, poste (de pilotage)

habitant, ante N. **1.** occupant, hôte, résident, âme (littér. ou plaisant) **2.** citoyen, administré, sujet **3.** autochtone, aborigène, indigène, natif

habitat N. M. **1.** milieu, environnement **2.** [Écol.] biotope **3.** logement

habitation N. F. **1.** logement, appartement, demeure, logis, maison, résidence **2.** domicile, logement, chez-soi, home (fam.), pénates (fam.), séjour (littér.) **3.** abri, gîte, nid, toit

habiter
▸ V. INTR. demeurer, loger, résider, vivre, crécher (fam.), percher (fam.)
▸ V. TR. **1.** occuper, vivre dans/à **2.** hanter, obséder, poursuivre, tourmenter, tarabuster **3.** animer, posséder

habitude N. F. **1.** coutume, mœurs, règle, rite, tradition, usage, us (littér.) **2.** manie, automatisme, déformation, marotte, péché mignon, penchant, pli, tic **3.** routine, train-train **4.** accoutumance, adaptation, entraînement **5.** expérience, pratique

habitué, ée N. familier, client, fidèle, [de bar, etc.] pilier (nom)

habituel, elle ADJ. **1.** courant, classique, commun, ordinaire, normal **2.** coutumier, accoutumé, familier, ordinaire, traditionnel, rituel **3.** consacré, usuel, d'usage

habituellement ADV. **1.** d'ordinaire, ordinairement, généralement, normalement, à l'accoutumée, en temps ordinaire **2.** couramment, communément, rituellement, traditionnellement

habituer V. TR. **1.** accoutumer, acclimater, adapter, entraîner, familiariser **2.** éduquer, dresser, entraîner, façonner, former
♦ **s'habituer** V. PRON. s'acclimater, s'accommoder, s'accoutumer, s'adapter, se familiariser (avec), se plier (à)

hâblerie N. F. fanfaronnade, bluff, forfanterie, vantardise, esbroufe (fam.), gasconnade (littér.), rodomontade (littér.)

hâbleur, euse N. et ADJ. fanfaron, vantard, fier-à-bras, gascon, matamore, rodomont (littér.)

haché, ée ADJ. heurté, saccadé

hacher V. TR. 1. tailler, couper, découper, trancher 2. interrompre, couper, entrecouper 3. hachurer

hachure N. F. raie, rayure

hachurer V. TR. rayer, hacher

hagard, arde ADJ. effaré, égaré, hébété

haie N. F. 1. bordure, baragne (provençal) 2. barrière, obstacle 3. rangée, cordon, file, rang

haillons N. M. PL. guenilles, hardes, loques, défroque (fam.), oripeaux (littér.)

haine N. F. aversion, antipathie, animosité, dégoût, détestation, exécration, horreur, hostilité, inimitié, répulsion, répugnance, ressentiment, abomination (littér.), animadversion (littér.), fiel (littér.), venin (littér.)

haineux, euse ADJ. 1. hostile, malveillant 2. enfiellé, fielleux, venimeux

haïr V. TR. détester, avoir horreur de, ne pas pouvoir souffrir, abhorrer (littér.), abominer (littér.), exécrer (littér.), honnir (littér.), ne pas pouvoir pifer (fam.), ne pas pouvoir sentir (fam.), ne pas pouvoir voir (fam.)

haïssable ADJ. détestable, exécrable, infâme, ignoble, insupportable, odieux

hâlé, ée ADJ. brun, basané, boucané, bronzé, cuivré, doré, tanné

haleine N. F. souffle, respiration

haler V. TR. 1. remorquer, tirer, touer 2. [Mar.] paumoyer

hâler V. TR. bronzer, basaner, brunir, cuivrer, dorer, tanner

haletant, ante ADJ. 1. essoufflé, à bout de souffle, pantelant, anhélant (littér.) 2. précipité, saccadé

halètement N. M. essoufflement, [Méd.] anhélation, dyspnée

haleter V. INTR. souffler, s'essouffler, [Méd.] anhéler

hall N. M. 1. entrée, antichambre, salle, vestibule 2. salle

halle N. F. 1. hangar, entrepôt, magasin 2. marché

hallucinant, ante ADJ. extraordinaire, fabuleux, impressionnant, saisissant, stupéfiant

hallucination N. F. illusion, fantasme, vision, berlue (fam.)

halluciné, ée ADJ. égaré, dément, hagard, visionnaire

halo N. M. aura, auréole, cerne, nimbe

halte N. F. 1. pause, arrêt, interruption, relâche, répit, trêve 2. escale, étape

hameçon N. M. piège, amorce, appât, leurre

hampe N. F. 1. bâton, digon (Mar.) 2. [de lettre] queue

handicap N. M. 1. incapacité, impotence, invalidité 2. désavantage, entrave, frein, gêne, inconvénient, obstacle, pénalité 3. infériorité

handicapé, ée ADJ. et N. infirme, impotent, invalide

handicaper V. TR. défavoriser, désavantager, desservir, entraver, freiner, pénaliser, plomber (fam.)

hangar N. M. abri, bâtiment, entrepôt, grange, remise

hanter V. TR. 1. obséder, miner, poursuivre, ronger, tarabuster, tourmenter 2. habiter, courir, fréquenter, peupler

hantise N. F. 1. obsession, idée fixe 2. peur, psychose

happer V. TR. attraper, agripper, saisir

harangue N. F. 1. allocution, discours 2. exhortation, prêche, sermon 3. diatribe, catilinaire (littér.), philippique (littér.), prosopopée (littér.)

haranguer V. TR. exhorter, sermonner

harassant, ante ADJ. fatigant, épuisant, éreintant, exténuant, pénible, rude, crevant (fam.), tuant (fam.)

harassé, ée ADJ. fatigué, à bout, épuisé, éreinté, exténué, fourbu, recru (littér.), rompu (littér.), à plat (fam.), cassé (fam.), claqué (fam.), crevé (fam.), h.s. (fam.), lessivé (fam.), mort (fam.), moulu (fam.), nase (fam.), pompé (fam.), sur le flanc (fam.), sur les genoux (fam.), sur les rotules (fam.), vanné (fam.), vidé (fam.)

harasser V. TR. 1. fatiguer, anéantir, épuiser, éreinter, exténuer, surmener, user, casser (fam.), claquer (fam.), crever (fam.), lessiver (fam.), tuer (fam.), vanner (fam.), vider (fam.) 2. [un cheval] estrapasser, éreinter

harceler V. TR. 1. assaillir, presser, talonner, traquer 2. importuner, assaillir, empoisonner, fatiguer, persécuter, tarabuster, tourmenter, asticoter (fam.) 3. hanter, miner, obséder, poursuivre, tourmenter, travailler (fam.)

hardes N. F. PL. haillons, guenilles, loques, défroque (fam.), oripeaux (littér.)

hardi, ie ADJ. 1. courageux, brave, intrépide, téméraire, risque-tout 2. audacieux, aventureux, présomptueux 3. effronté, cavalier, impudent, insolent, culotté (fam.) 4. impudique, gaillard, leste, libre, licencieux, osé, risqué, salé (fam.) 5. original, novateur, nouveau, osé

hardiesse N. F. 1. courage, bravoure, cœur, intrépidité, témérité 2. audace, présomption 3. effronterie, aplomb, front, impudence, insolence, culot (fam.), toupet (fam.) 4. licence, liberté 5. originalité, nouveauté, innovation

hardiment ADV. 1. courageusement, bravement, intrépidement 2. effrontément, impudemment, insolemment

hargne N. F. 1. agressivité, animosité, colère, rogne (fam.) 2. ténacité, combativité

hargneux, euse ADJ. agressif, acariâtre, colérique, méchant, querelleur, rageur, revêche

haricot N. M. flageolet, chevrier, coco, dolic, fayot (fam.)

harmonie N. F. I. 1. entente, accord, concorde, paix, union, unité 2. concordance, conformité 3. équilibre, alliance, balancement, eurythmie, grâce, homogénéité, régularité, symétrie 4. consonance, euphonie II. 1. musique, mélodie 2. fanfare, orphéon, philharmonie

harmonieux, euse ADJ. 1. mélodieux, musical, doux, suave 2. équilibré, cohérent, homogène, proportionné, régulier 3. agréable, beau, esthétique, gracieux

harmonisation N. F. 1. coordination, conciliation, équilibrage 2. accompagnement, arrangement, orchestration

harmoniser V. TR. 1. accorder, allier, concilier, faire concorder, coordonner, équilibrer 2. orchestrer, arranger

♦ **s'harmoniser** V. PRON. s'accorder, aller (ensemble), s'appareiller, se combiner, concorder, correspondre, se marier, s'approprier (littér.)

harnachement N. M. accoutrement, attirail, équipement

harnacher V. TR. 1. équiper 2. accoutrer, affubler, attifer (fam.)

harnais N. M. 1. harnachement, caparaçon 2. baudrier, ceinture de sécurité

harpie N. F. démon, furie, mégère, (vieille) sorcière

harponner V. TR. attraper, agrafer (fam.), alpaguer (fam.), épingler (fam.), mettre le grappin sur (fam.), pincer (fam.)

hasard N. M. 1. coïncidence, imprévu 2. circonstances, conjoncture 3. destin, fatalité, sort

hasarder V. TR. 1. essayer, tenter 2. émettre, avancer, proposer, suggérer 3. aventurer, commettre, exposer, jouer, risquer 4. s'exposer à, risquer

♦ **se hasarder** V. PRON. s'aventurer, s'aviser de, oser, se risquer à

hasardeux, euse ADJ. aléatoire, audacieux, aventureux, dangereux, fou, imprudent, risqué, téméraire

haschisch N. M. cannabis, kif, marijuana, hasch (fam.), herbe (fam.), marie-jeanne (fam.), shit (fam.)

hâte N. F. 1. diligence, empressement, promptitude, rapidité, vitesse, célérité (littér.) 2. précipitation, empressement 3. impatience

hâter V. TR. 1. accélérer, activer, brusquer, précipiter, presser 2. avancer, brusquer, précipiter

♦ **se hâter** V. PRON. 1. se dépêcher, s'empresser, se presser, faire vite, faire diligence (littér.), activer (fam.), se bouger (fam.), se décarcasser (fam.), se dégrouiller (fam.), faire fissa (fam.), se grouiller (fam.), se magner (fam.), se magner le train/le popotin (fam.) 2. courir, se précipiter

hâtif, ive ADJ. 1. précipité, prématuré 2. expéditif, bâclé 3. précoce

hâtivement ADV. 1. précipitamment, rapidement, en coup de vent (fam.) 2. expéditivement, à la diable, à la va-vite, dare-dare (fam.), à-la-six-quatre-deux (fam.)

hausse N. F. 1. accroissement, augmentation, bond, boom, crescendo, montée, poussée, progression, [de violence] escalade, recrudescence, [des prix] flambée 2. majoration, augmentation, élévation, relèvement, valorisation 3. crue, élévation

hausser V. TR. 1. élever, hisser, lever, monter 2. surélever, exhausser, surhausser, remonter 3. [la voix] élever, enfler, forcer 4. augmenter, accroître, majorer, relever

♦ **se hausser** V. PRON. se dresser, se hisser, se soulever

haut¹, haute ADJ. I. 1. élevé, grand, élancé 2. dressé, levé II. 1. intense, extrême, grand, vif 2. aigu, élevé 3. éclatant, puissant, retentissant, sonore III. 1. éminent, dominant, grand, important, puissant, supérieur, transcendant 2. noble, édifiant, élevé, héroïque

haut² N. M. et ADV. 1. sommet, cime, faîte 2. corsage, top (fam.)

hautain, aine ADJ. 1. altier, fier, conquérant, aux grands airs, impérieux, orgueilleux 2. arrogant, condescendant, dédaigneux, méprisant

hauteur N. F. I. 1. altitude 2. taille, stature 3. niveau II. butte, colline, élévation, éminence, mamelon, mont, montagne, monticule, tertre III. noblesse, élévation, grandeur, sublimité, supériorité IV. arrogance, condescendance, dédain, fierté, morgue, orgueil

haut-fond N. M. banc, barre, bas-fond

haut-le-cœur N. M. INVAR. 1. nausée, mal de cœur 2. dégoût, écœurement, répugnance, répulsion

haut-le-corps N. M. INVAR. soubresaut, sursaut, tressaillement

haut-parleur N. M. baffle, enceinte

hâve ADJ. 1. décharné, émacié, étique, maigre 2. blafard, blême, cireux, livide

havre N. M. abri, oasis, port, refuge

héberger V. TR. abriter, accueillir, loger, recevoir

hébété, ée ADJ. ahuri, abruti, sidéré, stupide, troublé

hébétement N. M. abrutissement, ahurissement, hébétude, stupeur

hébétude N. F. ahurissement, abrutissement, hébétement, stupeur

hécatombe N. F. 1. boucherie, carnage, massacre, tuerie 2. immolation, sacrifice

hégémonie N. F. autorité, domination, empire, pouvoir, prépondérance, supériorité, suprématie

hégémonique ADJ. dominant, dominateur, prépondérant

héler V. TR. appeler, interpeller

hélice N. F. spirale, vis, vrille

hématome N. M. ecchymose, bleu, contusion

hémorragie N. F. 1. saignement 2. fuite, déperdition, exode, perte

herbage N. M. prairie, pâturage, pâture, pré

herbe N. F. 1. graminée, ray-grass 2. foin, fourrage 3. gazon, pelouse, verdure

herbicide ADJ. et N. M. désherbant, débroussaillant, défoliant

herboriser V. INTR. botaniser (littér.)

hercule N. M. 1. colosse, force de la nature, armoire à glace 2. bateleur, lutteur

herculéen, éenne ADJ. titanesque, colossal, gigantesque

héréditaire ADJ. 1. atavique, congénital, génétique, inné 2. séculaire, traditionnel

hérédité N. F. atavisme, génétique

hérésie N. F. 1. dissidence, hétérodoxie 2. sacrilège, crime

hérétique ADJ. 1. hérésiarque, apostat, hétérodoxe, relaps, renégat 2. impie, incroyant, infidèle 3. déviationniste, dissident, non-conformiste

hérisser V. TR. 1. horripiler, crisper, exaspérer, indisposer, irriter 2. ébouriffer, redresser
♦ **se hérisser** V. PRON. 1. se raidir, se dresser 2. se fâcher, se cabrer, se crisper, s'irriter

héritage N. M. 1. legs, succession 2. *[fig.]* patrimoine, legs 3. tradition

hériter V. TR. recevoir (en partage), recueillir

héritier, ière N. 1. légataire, successeur 2. continuateur, disciple, fils spirituel, successeur

hermétique ADJ. 1. étanche, clos, fermé 2. obscur, énigmatique, ésotérique, impénétrable, opaque, secret, sibyllin, abscons *(littér.)*, abstrus *(littér.)*, imbitable *(très fam.)*

hermétisme N. M. 1. ésotérisme, occultisme 2. impénétrabilité, opacité

héroïne¹ N. F. 1. protagoniste 2. grande dame, femme d'exception, modèle

héroïne² N. F. blanche *(fam.)*, héro *(fam.)*

héroïque ADJ. 1. épique, glorieux, homérique 2. brave, courageux, valeureux 3. stoïque

héroïquement ADV. 1. courageusement, bravement, vaillamment, valeureusement 2. stoïquement

héroïsme N. M. 1. bravoure, courage, vaillance 2. stoïcisme

héros N. M. 1. protagoniste, personnage principal 2. brave, grand homme, modèle 3. *[Mythol.]* demi-dieu

hésitant, ante ADJ. 1. incertain, flottant, fluctuant, indécis, indéterminé, irrésolu, perplexe 2. chancelant, vacillant

hésitation N. F. 1. incertitude, balancement, flottement, indécision, indétermination, perplexité 2. atermoiement, errements, tâtonnement, tergiversation, valse-hésitation 3. réticence, réserve, résistance, scrupule

hésiter V. INTR. 1. balancer, flotter, fluctuer, s'interroger, osciller, se tâter *(fam.)*, ne pas savoir sur quel pied danser *(fam.)* 2. atermoyer, tâtonner, tergiverser, tourner autour du pot *(fam.)* 3. avoir des scrupules 4. chanceler, vaciller 5. balbutier, bégayer, chercher ses mots, ânonner

hétéroclite ADJ. composite, bigarré, disparate, divers, hétérogène, hybride, mélangé, varié, de bric et de broc

hétérodoxe ADJ. 1. hérétique 2. dissident, déviationniste, indépendant, non-conformiste

hétérogène ADJ. 1. bigarré, composite, disparate, divers, diversifié, hétéroclite, de bric et de broc 2. dissemblable, différent

hétérogénéité N. F. disparité, dissemblance, diversité

heure N. F. 1. plombe *(fam.)* 2. période, époque, instant, temps 3. circonstance, occasion

heureusement ADV. 1. avantageusement, bien, favorablement 2. élégamment, avec bonheur, harmonieusement, idéalement

heureux, euse ADJ. I. 1. content, béat, épanoui, radieux, ravi, satisfait, aux anges *(fam.)*, aise *(littér.)* 2. serein, comblé, tranquille 3. charmé, enchanté, ravi II. 1. chanceux, favorisé, fortuné, veinard *(fam.)* 2. avantageux, bon, favorable 3. harmonieux, beau, réussi, bien trouvé

heurt N. M. 1. coup, choc, collision, impact, tamponnement, télescopage 2. à-coup, cahot, saccade, secousse 3. conflit, affrontement, antagonisme, friction, froissement, querelle

heurté, ée ADJ. abrupt, rocailleux, rude, saccadé

heurter V. TR. 1. percuter, choquer, cogner, emboutir, tamponner, taper, télescoper 2. contrarier, atteindre, blesser, froisser, offenser, offusquer, scandaliser, vexer 3. affronter, attaquer, combattre
♦ **se heurter** V. PRON. 1. s'affronter, s'accrocher 2. se cogner, s'entrechoquer

hiatus N. M. 1. désaccord, décalage 2. interruption, rupture, solution de continuité 3. fente, interstice

hideur N. F. 1. horreur, monstruosité 2. abjection, bassesse, ignominie, infamie, monstruosité

hideux, euse ADJ. 1. laid, affreux, atroce, difforme, horrible, ignoble, monstrueux, repoussant 2. ignoble, abject, infâme, répugnant, monstrueux

hiérarchie N. F. 1. classement, classification, gradation, ordre 2. subordination, voie hiérarchique

hiérarchique ADJ. 1. ordonné, structuré, organisé 2. subordonné

hiérarchiser V. TR. 1. classer, graduer, ordonner 2. structurer, organiser

hiératique ADJ. 1. sacré, solennel 2. immobile, figé, impassible

hilarant, ante ADJ. comique, burlesque, cocasse, désopilant, drôle, facétieux, inénarrable, bidonnant *(fam.)*, crevant *(fam.)*, fendant *(fam.)*, gondolant *(fam.)*, impayable *(fam.)*, marrant *(fam.)*, pliant *(fam.)*, poilant *(fam.)*, rigolo *(fam.)*, tordant *(fam.)*

hilare ADJ. gai, radieux, réjoui, rieur

hilarité N. F. allégresse, gaieté, jubilation

hippisme N. M. courses, équitation, turf

hippodrome N. M. champ de courses, turf

hirsute ADJ. ébouriffé, échevelé, hérissé, coiffé avec un pétard *(fam.)*, *[cheveux]* en bataille, en pétard *(fam.)*

hisser V. TR. 1. lever, élever, soulever, guinder (Techn.) 2. *[pavillon]* arborer
♦ **se hisser** V. PRON. s'élever, se hausser

histoire N. F. 1. anecdote, épisode, récit, relation *(littér.)* 2. conte, légende, fable 3. biographie, autobiographie, mémoires, vie 4. annales, archives, chronique II. affaire, aventure, événement III. embarras, anicroche, complication, ennui, incident, problème, hic *(fam.)*, os *(fam.)*, pépin *(fam.)* IV. mensonge, balivernes, blague *(fam.)*, chanson *(fam.)*, salade *(fam.)*
♦ **histoires** PLUR. *[péj.]* comédie, façons, manières, chichis *(fam.)*, simagrées *(fam.)*

historiette N. F. anecdote, conte, nouvelle

historique ADJ. 1. réel, authentique, vrai 2. célèbre, connu, illustre 3. mémorable, marquant, qui fait date 4. diachronique

HIV N. M. V.I.H., L.A.V.

hobby N. M. passe-temps (favori), manie, marotte, violon d'Ingres, dada *(fam.)*

hocher V. TR. *[la tête]* dodeliner de, remuer, secouer

hold-up N. M. attaque à main armée, braquage *(fam.)*

holocauste N. M. 1. sacrifice, immolation 2. *[juif]* Shoah, extermination, génocide

homélie N. F. 1. prêche, instruction, prône, sermon 2. discours, remontrance, réprimande, sermon

homérique ADJ. épique, héroïque

homicide¹ N. et ADJ. criminel, assassin, meurtrier

homicide² N. M. 1. crime, assassinat, meurtre 2. *[sortes]* infanticide, fratricide, matricide, parricide

hommage N. M. 1. considération, respect 2. expression, témoignage, tribut
♦ **hommages** PLUR. compliments, civilités, devoirs, respects, salutations

hommasse ADJ. masculin, viril, garçonnier

homme N. M. 1. mâle, garçon, bonhomme *(fam.)*, gars *(fam.)*, mec *(fam.)*, mecton *(fam.)*, gonze *(pop.)*, gus *(fam.)*, type *(fam.)* 2. individu, personne, quidam 3. humain, mortel, créature, humanité, espèce humaine, animal raisonnable *(plaisant)* 4. *[fam.]* époux, mari, amant, jules, mec *(fam.)*, régulier *(fam.)*, grand amour

homogène ADJ. 1. cohérent, harmonieux, régulier, uni, uniforme 2. semblable, équivalent, similaire

homogénéité N. F. cohérence, cohésion, harmonie, régularité, unité

homologation N. F. autorisation, entérinement, officialisation, ratification, validation

homologue
▸ ADJ. analogue, correspondant, équivalent, semblable, similaire
▸ N. collègue, confrère

homologuer V. TR. autoriser, confirmer, entériner, officialiser, ratifier, sanctionner, valider

homosexualité N. F. 1. homophilie, pédérastie, uranisme 2. lesbianisme, saphisme

homosexuel N. M. gay, homophile, inverti, pédéraste, homo *(fam.)*, pédé *(fam., souvent injurieux)*, pédale *(fam., injurieux)*, tapette *(fam., injurieux)*

homosexuelle N. F. lesbienne, invertie, gouine *(fam., injurieux)*

hongre ADJ. castré, châtré, coupé

honnête ADJ. I. 1. intègre, droit, incorruptible, irréprochable, loyal, moral, scrupuleux, vertueux, probe *(littér.)*, réglo *(fam.)* 2. équitable, juste, raisonnable, de bonne guerre 3. brave, décent, digne 4. franc, sincère II. 1. acceptable, convenable, décent, honorable, moyen, passable, satisfaisant, suffisant 2. consciencieux, scrupuleux III. 1. chaste, fidèle, modeste, pudique, pur, sage, vertueux

honnêtement ADV. 1. loyalement, en toute franchise, sans détour, sincèrement 2. irréprochablement, loyalement, vertueusement 3. convenablement, correctement, honorablement, moyennement, passablement, raisonnablement, suffisamment

honnêteté N. F. 1. intégrité, dignité, droiture, loyauté, moralité, probité 2. franchise, bonne foi, loyauté, sincérité 3. bienséance, correction, délicatesse, décence 4. chasteté, modestie, pudeur, pureté, sagesse, vertu

honneur N. M. 1. dignité, fierté, estime, réputation, respect (de soi-même) 2. faveur, grâce 3. prérogative, privilège 4. gloire, fleuron, fierté, orgueil
♦ **honneurs** PLUR. 1. considération, égards, estime 2. distinctions, titres

honnir V. TR. *[littér.]* blâmer, mépriser, vomir, vilipender *(littér.)*, vouer à l'opprobre/aux gémonies *(littér.)*

honorabilité N. F. honneur, respectabilité

honorable ADJ. 1. digne, estimable, noble, respectable 2. acceptable, convenable, correct, honnête, moyen, suffisant

honorablement ADV. 1. dignement, noblement, respectueusement 2. convenablement, correctement, honnêtement, raisonnablement, suffisamment

honoraire ADJ. émérite, d'honneur

honoré, ée ADJ. 1. estimé, respecté 2. flatté, ravi

honorer V. TR. I. 1. célébrer, glorifier, rendre gloire à, rendre hommage à, saluer 2. estimer, respecter, révérer, vénérer II. 1. remplir, respecter, s'acquitter de 2. payer, acquitter, régler III. gratifier
♦ **s'honorer de** V. PRON. s'enorgueillir de, se flatter de, se faire gloire de, se targuer de

honorifique ADJ. d'honneur, honoraire, honoris causa

honte N. F. 1. déshonneur, abjection, humiliation, ignominie, infamie, indignité, opprobre *(littér.)*, turpitude *(littér.)* 2. scandale, abomination, flétrissure, ignominie, infamie 3. embarras, gêne, réserve, retenue, timidité 4. pudeur, scrupule

honteux, euse ADJ. 1. avilissant, dégradant, déshonorant, ignominieux, scandaleux 2. abject, bas, dégoûtant, ignoble, immoral, inavouable, infâme, méprisable, vil 3. confus, déconfit, penaud

hôpital N. M. centre hospitalier, clinique, établissement de soins, établissement hospitalier, sanitaire, maison de santé, maternité, hosto *(fam.)*

horaire N. M. 1. indicateur, guide 2. emploi du temps, planning, programme

horde N. F. 1. bande, colonie, gang, meute 2. tribu, peuplade

horizon N. M. 1. paysage, étendue, environnement, vue 2. avenir, futur, perspective

horloge N. F. pendule, carillon, comtoise

hormis PRÉP. excepté, abstraction faite de, à l'exception de, hors, à part, sauf, fors *(littér.)*

horreur N. F. I. 1. effroi, épouvante, peur, terreur 2. aversion, abomination, dégoût, haine, répugnance, répulsion, détestation (littér.), exécration (littér.) II. 1. abjection, atrocité, hideur, infamie, noirceur 2. crime, monstruosité III. 1. grossièreté, obscénité, cochonnerie (fam.) 2. insulte, injure IV. monstre, mocheté (fam.), [femme] laideron, cageot (fam.), guenon (fam.), (gros) tas (fam.), thon (fam.)

horrible ADJ. 1. hideux, affreux, immonde, laid, monstrueux 2. infect, dégoûtant, exécrable, dégueulasse (fam.) 3. abominable, affreux, atroce, effrayant, effroyable, épouvantable, infâme, monstrueux, révoltant 4. excessif, extrême, terrible

horriblement ADV. 1. affreusement, atrocement, effroyablement, hideusement, monstrueusement, terriblement 2. excessivement, extrêmement, terriblement

horrifiant, ante ADJ. effrayant, effroyable, épouvantable, terrible, terrifiant

horrifier V. TR. 1. épouvanter, terrifier 2. choquer, scandaliser

horripilant, ante ADJ. agaçant, crispant, énervant, exaspérant, irritant

horripiler V. TR. agacer, crisper, énerver, exaspérer, hérisser, irriter, impatienter, insupporter (fam.), taper sur les nerfs à (fam.)

hors PRÉP. en dehors de, excepté, hormis, sans, sauf, fors (littér.)

hors-d'œuvre N. M. 1. entrée 2. avant-goût, préliminaires, préambule, prélude

hospitalier, ière ADJ. accueillant, ouvert

hostile ADJ. 1. adverse, ennemi 2. inamical, froid, glacé, inhospitalier, malveillant

hostilité N. F. 1. haine, animosité, antipathie, inimitié, malveillance 2. opposition, défaveur
• **hostilités** PLUR. guerre, combat, conflit, lutte (armée)

hôte N. 1. maître (de maison), amphitryon (plaisant) 2. invité 3. habitant, locataire, occupant

hôtel N. M. auberge, pension, motel

hôtelier, ière N. aubergiste, hôte, taulier (fam.)

hôtesse N. F. 1. maîtresse de maison 2. [d'accueil] réceptionniste

houleux, euse ADJ. mouvementé, agité, orageux, tumultueux

houppe N. F. 1. pompon, houppette, freluche, floche (région.) 2. toupet, touffe 3. huppe, aigrette, panache

hourra
▸ INTERJ. bravo, youpi
▸ N. M. acclamation, ovation, vivat

houspiller V. TR. réprimander, gourmander, gronder, chapitrer, sermonner, admonester (littér.), morigéner (littér.), tancer (littér.), attraper (fam.), crier après (fam.), disputer (fam.), engueuler (fam.), tirer les oreilles à (fam.)

housse N. F. enveloppe, gaine

huées N. F. PL. chahut, charivari, clameur, sifflets, tollé

huer V. TR. siffler, chahuter, conspuer

huile N. F. 1. graisse, lubrifiant 2. [fam.] notable, gros bonnet (fam.), grosse légume (fam.), (grand) pontre (fam.)

huiler V. TR. graisser, lubrifier

huileux, euse ADJ. graisseux, gras, visqueux

huissier N. M. appariteur, portier

humain, aine
▸ ADJ. bienveillant, altruiste, bon, charitable, compatissant, généreux, philanthrope, secourable, sensible
▸ N. M. 1. individu, personne, mortel (littér. ou plaisant) 2. [Sciences] hominidé, homo sapiens
• **humains** PLUR. humanité, gens, hommes

humainement ADV. charitablement, généreusement

humaniser V. TR. adoucir, apprivoiser, civiliser

humanitaire ADJ. 1. altruiste, bon, humain 2. caritatif, philanthropique

humanité N. F. 1. bienveillance, altruisme, bonté, charité, clémence, compassion, indulgence, philanthropie 2. humains, hommes, espèce humaine, genre humain

humble ADJ. 1. effacé, modeste, réservé 2. petit, médiocre, obscur, pauvre, simple 3. soumis, servile (péj.)

humblement ADV. 1. modestement, en toute humilité 2. médiocrement, modestement, pauvrement, petitement

humecter V. TR. humidifier, asperger, imbiber, imprégner, mouiller
• **s'humecter** V. PRON. s'embuer, se mouiller

humer V. TR. 1. inhaler, aspirer, respirer 2. flairer, renifler, sentir

humeur N. F. 1. caractère, disposition, nature, naturel, tempérament 2. disposition, état d'esprit/d'âme 3. caprice, fantaisie, impulsion

humide ADJ. 1. mouillé 2. embrumé, embué 3. moite 4. pluvieux

humidifier V. TR. humecter, mouiller

humiliant, ante ADJ. avilissant, abaissant, dégradant, déshonorant, mortifiant

humiliation N. F. 1. avilissement, abaissement, dégradation, déshonneur, honte, mortification 2. affront, gifle, vexation, avanie (littér.), camouflet (littér.)

humilié, ée ADJ. honteux, mortifié, penaud

humilier V. TR. 1. abaisser, avilir, déshonorer, rabaisser 2. blesser, mortifier, offenser, vexer, faire honte à
• **s'humilier** V. PRON. s'abaisser, s'aplatir (péj.), ramper (péj.)

humilité N. F. 1. modestie, réserve, retenue 2. soumission, déférence

humoriste N. amuseur, comique, fantaisiste, caricaturiste

humoristique ADJ. amusant, cocasse, comique, drôle, désopilant, hilarant, plaisant, spirituel, marrant (fam.), rigolo (fam.), bidonnant (fam.), poilant (fam.)

humour N. M. esprit, drôlerie, ironie, raillerie, sel

huppe N. F. aigrette, houppe, panache

huppé, ée ADJ. [fam.] chic, distingué, fortuné, b.c.b.g. (fam.)

hurlement N. M. 1. cri, clameur, vocifération, glapissement, beuglement (fam.) 2. mugissement, rugissement

hurler V. INTR. 1. crier, vociférer, beugler (fam.), brailler (fam.), gueuler (très fam.) 2. s'époumoner, s'égosiller 3. [vent] mugir, rugir 4. [couleurs] jurer, détonner, dissoner

hurluberlu N. M. farfelu, extravagant, loufoque (fam.)

hutte N. F. cabane, baraque, bicoque, cahute, paillote, buron (région.)

hybride ADJ. 1. croisé, bâtard, mâtiné, métis 2. disparate, composite, hétérogène, mixte

hygiène N. F. 1. propreté, soin du corps 2. salubrité, santé publique

hygiénique ADJ. salubre, propre, sain

hyperbole N. F. emphase, exagération, outrance

hyperbolique ADJ. 1. emphatique, grandiloquent 2. exagéré, excessif, outré

hypersensible ADJ. hyperémotif, écorché vif

hypertrophie N. F. 1. surdéveloppement, gonflement 2. exagération, excès, outrance, hyperbole

hypertrophié, ée ADJ. 1. gonflé, enflé, dilaté 2. démesuré, surdimensionné

hypnotique ADJ. narcotique, somnifère, soporifique

hypnotiser V. TR. 1. magnétiser, endormir 2. éblouir, captiver, ensorceler, fasciner

hypocrisie N. F. 1. duplicité, dissimulation, fausseté, fourberie, jésuitisme, patelinage 2. bigoterie, tartuferie, cagoterie (littér.), papelardise (littér.), pharisaïsme (littér.) 3. comédie, feinte, mensonge, tromperie

hypocrite
▸ ADJ. 1. fourbe (soutenu), faux, cauteleux (littér.) 2. affecté, artificiel, dissimulé, double, faux 3. bigot, tartufe, cagot (littér.), papelard (littér.), pharisien (littér.)
▸ N. 1. comédien, fourbe, imposteur, judas, janus, sainte-nitouche, sournois, faux-cul (fam.), faux jeton (fam.), jésuite

hypocritement ADV. faussement, sournoisement, en jouant un double jeu

hypothèque N. F. gage, garantie

hypothéquer V. TR. engager, grever, lier

hypothèse N. F. 1. supposition, assomption, conjecture, présomption 2. éventualité, possibilité 3. axiome, postulat, prémisse

hypothétique ADJ. 1. supposé, conjectural, présumé 2. douteux, aléatoire, improbable, incertain

hystérie N. F. délire, excitation, folie

hystérique ADJ. surexcité, déchaîné, frénétique, nerveux

✦✦✦✦✦✦✦✦✦✦✦✦✦✦✦✦✦✦✦✦

I

idéal¹, ale, als ou aux ADJ. 1. optimal, parfait, rêvé 2. accompli, achevé, complet, consommé, pur 3. abstrait, conceptuel, idéel, théorique 4. imaginaire, chimérique, idéalisé, mythique, rêvé, utopique 5. platonique

idéal² N. M. 1. utopie, chimère, fantasme, rêve 2. modèle, canon, exemple, type (même), parangon (littér.) 3. absolu, perfection

idéaliser V. TR. embellir, ennoblir, flatter, glorifier, magnifier, poétiser, sublimer

idéaliste ADJ. 1. utopiste, rêveur, boy-scout (fam., péj.) 2. irréaliste, chimérique

idée N. F. 1. concept, abstraction, conception, notion 2. hypothèse, pensée, réflexion, théorie 3. sujet, argument, source, thème 4. opinion, avis, position, sentiment, vue 5. doctrine, croyance, idéologie, philosophie, système, théorie 6. aperçu, abrégé, avant-goût, ébauche, échantillon, esquisse 7. imagination 8. intention, dessein, désir, plan, projet, volonté 9. chimère, fantaisie, fantasme, imagination, invention, mythe, rêve, vision 10. apparence, fantôme, ombre

identifier V. TR. 1. assimiler, confondre (péj.) 2. reconnaître, dépister, déterminer, diagnostiquer
• **s'identifier à** V. PRON. entrer dans la peau de, faire un avec

identique ADJ. 1. analogue, égal, équivalent, même, pareil, semblable 2. inchangé, constant, égal, immuable, inaltérable 3. commun, partagé

identité N. F. 1. égalité, équivalence, homologie, ressemblance, similarité, similitude 2. communauté, accord, coïncidence 3. état-civil

idéologie N. F. doctrine, pensée, philosophie, système, théorie, thèse

idiome N. M. 1. langue 2. dialecte, parler, patois

idiot, idiote
▸ ADJ. 1. bête, inintelligent, sot, stupide, bête comme ses pieds (fam.), cloche (fam.), con (fam.), crétin (fam.), débile (fam.) 2. absurde, aberrant, déraisonnable, extravagant, fou, illogique, inepte, insensé, irrationnel, ridicule
▸ N. 1. imbécile, niais, abruti (fam.), ahuri (fam.), andouille (fam.), ballot (fam.), brèle (fam.), brute (fam.), con (très fam.), corniaud (fam.), cornichon (fam.), couillon (très fam.), crétin (fam.), cruche (fam.), débile (fam.), dinde (fam.), gourde (fam.) 2. arriéré, crétin, débile, dégénéré, demeuré, innocent, simple d'esprit, taré (fam.)

idiotie N. F. 1. crétinisme, arriération, débilité, imbécillité 2. bêtise, crétinerie, débilité, imbécillité, inintelligence, nullité, sottise, stupidité, connerie (fam.) 3. absurdité, bêtise, ineptie, niaiserie, sottise

idoine ADJ. approprié, adapté, adéquat, ad hoc, convenable, pertinent

idolâtre ADJ. et N. 1. adorateur, dévot, exalté, fanatique, fou, inconditionnel, passionné, sectateur, fan (fam.), groupie (fam.) 2. païen, gentil

idolâtrer V. TR. adorer, déifier, diviniser, révérer, vénérer

idole N. F. 1. statue, effigie, fétiche 2. dieu, déité

idylle N. F. 1. amourette, aventure, passade, béguin (fam.), flirt (fam.) 2. entente, lune de miel

idyllique ADJ. 1. merveilleux, idéal, paradisiaque, parfait, sublime, aux petits oignons (fam.), [relation] sans nuages 2. idéalisé, embelli, rêvé 3. bucolique, arcadien, pastoral, agreste (littér.)

ignare ADJ. ignorant, analphabète, illettré, inculte

ignoble ADJ. 1. abject, bas, déshonorant, dégradant, infâme, innommable, méprisable, odieux, vil, ignominieux (littér.) 2. dégoûtant, affreux, effrayant, hideux, horrible, immonde, infect, repoussant, répugnant, sordide, à faire vomir, dégueulasse (très fam.)

ignoblement ADV. abjectement, affreusement, bassement, hideusement, horriblement, ignominieusement, indignement, odieusement

ignominie N. F. 1. abjection, bassesse, dégradation, déshonneur, honte, infamie, opprobre (littér.), turpitude (littér.), vilenie (littér.) 2. horreur, monstruosité

ignominieux, euse ADJ. abject, avilissant, dégradant, déshonorant, flétrissant, honteux, ignoble, infamant, infâme, méprisable, répugnant, vil

ignorance N. F. 1. méconnaissance, inconscience 2. inculture, lacunes, illettrisme, analphabétisme, barbarie, obscurantisme 3. incapacité, incompétence, insuffisance, nullité 4. inexpérience, candeur, ingénuité, innocence, naïveté

ignorant, ante
▸ ADJ. 1. inculte, illettré, analphabète, ignare 2. inexpérimenté, ingénu, novice 3. incapable, incompétent, inhabile 4. profane, béotien, novice
▸ N. âne, ilote (littér.), nullard (fam.), nullité (fam.)

ignoré, ée ADJ. 1. inconnu, inexploré, vierge 2. obscur, anonyme, méconnu 3. négligé, passé sous silence

ignorer V. TR. 1. ne pas savoir, être dans l'ignorance de, être ignorant de 2. méconnaître, se moquer de, faire fi de (littér.) 3. dédaigner, mépriser, faire mine de ne pas voir, faire la sourde oreille à, fermer les yeux sur

illégal, ale, aux ADJ. 1. illicite, défendu, frauduleux, interdit, irrégulier, prohibé 2. arbitraire, usurpatoire 3. clandestin, parallèle

illégalement ADV. illicitement, clandestinement, frauduleusement, illégitimement, irrégulièrement

illégalité N. F. irrégularité, illicéité (Droit)

illégitime ADJ. I. 1. illégal, illicite, irrégulier 2. abusif, infondé, injuste, injustifié, indu (littér ou Droit) II. 1. coupable, adultérin, incestueux 2. bâtard, adultérin, naturel

illicite ADJ. 1. défendu, frauduleux, illégal, interdit, irrégulier, prohibé 2. adultère, clandestin, coupable, illégitime

illicitement ADV. illégalement, clandestinement, frauduleusement, illégitimement, irrégulièrement

illico ADV. aussitôt, immédiatement, promptement, séance tenante, sur-le-champ, tout de suite, rapido(-presto) (fam.)

illimité, ée ADJ. 1. grand, immense, infini, sans bornes 2. démesuré, gigantesque, immense, incalculable, incommensurable 3. arbitraire, absolu, discrétionnaire 4. indéfini, indéterminé

illogique ADJ. 1. absurde, alogique, antilogique, faux 2. aberrant, contradictoire, incohérent, inconséquent, irrationnel

illumination N. F. 1. découverte, éclair, idée, inspiration (subite), trait de génie, flash (fam.) 2. éclairement, éclairage, lumière

illuminé, ée ADJ. et N. 1. inspiré, mystique, visionnaire 2. exalté, enragé, fanatique, forcené

illuminer V. TR. 1. éclairer 2. enflammer, allumer, embraser 3. ensoleiller, embellir
♦ **s'illuminer** V. PRON. s'éclairer, briller, rayonner

illusion N. F. 1. chimère, fantasme, fiction, irréalité, leurre, rêve, songe, utopie 2. hallucination, leurre, mirage, vision 3. erreur, aberration

illusionner V. TR. éblouir, épater
♦ **s'illusionner** V. PRON. s'abuser, se bercer d'illusions, se faire des illusions, se flatter, se leurrer, se méprendre, se tromper, croire au père Noël (fam.), se monter la tête (fam.), se monter le bourrichon (fam.)

illusionniste N. prestidigitateur, escamoteur, magicien

illusoire ADJ. faux, apparent, chimérique, fallacieux, fictif, imaginaire, spécieux, trompeur, utopique, vain

illustration N. F. I. 1. dessin, figure, gravure, image, photographie, planche, reproduction 2. iconographie 3. enluminure, miniature II. exemple, échantillon

illustre ADJ. 1. légendaire, fameux, glorieux, mémorable, noble, prestigieux 2. célèbre, de grand renom, renommé, réputé

illustrer V. TR. 1. orner, décorer 2. éclairer, exemplifier, expliquer 3. démontrer, montrer, prouver
♦ **s'illustrer** V. PRON. se distinguer, briller, se faire remarquer, se signaler

îlot N. M. 1. île 2. bloc, pâté de maisons 3. [de résistance, etc.] poche

image N. F. I. 1. illustration, caricature, dessin, effigie, épreuve, gravure, peinture, photo, planche 2. reflet, réplique, représentation, reproduction 3. icône II. 1. comparaison, allégorie, figure, métaphore, portrait 2. description, reflet, reproduction, tableau, vue III. 1. incarnation, expression, personnification, représentation 2. apparence, face, figure, manifestation, visage 3. emblème, figure, icône, signe, symbole

imagé, ée ADJ. 1. métaphorique, figuré 2. animé, coloré, expressif, haut en couleur, vivant

imaginaire ADJ. 1. fabuleux, fantastique, fictif, irréel, magique, mythique, onirique 2. inventé, fabriqué, fantaisiste, faux, fictif, sans fondement 3. chimérique, fallacieux, fantasmagorique, idéal, illusoire, spécieux, trompeur, utopique

imagination N. F. 1. imaginaire 2. créativité, esprit d'invention, fantaisie, inspiration, inventivité, la folle du logis (littér.) 3. mensonge, affabulation, conte, fable, fantaisie, fiction, invention 4. illusion, chimère, divagation, extravagance, fantasme, folie, rêve, songe 5. évasion, rêverie

imaginer V. TR. I. 1. inventer, créer, construire, concevoir, découvrir, trouver, pêcher (fam.) 2. rêver, évoquer, se représenter 3. [péj.] combiner, manigancer, goupiller (fam.) II. 1. se faire une idée de, concevoir, envisager, se figurer, se représenter 2. croire, conjecturer, deviner, penser, supposer
♦ **s'imaginer** V. PRON. 1. se voir, se projeter 2. croire, se figurer, penser, se représenter, se mettre dans la tête

imbattable ADJ. 1. fort, invincible 2. inégalable, hors pair, indépassable, insurpassable, sans égal

imbécile
▸ ADJ. 1. bête, abruti, borné, idiot, inepte, inintelligent, niais, sot, stupide, bouché (fam.), con (fam.), couillon (fam.), crétin (fam.), débile (fam.), dégénéré (fam.) 2. [Méd.] arriéré, crétin, débile, faible d'esprit, simple d'esprit
▸ N. âne, abruti, crétin, idiot, incapable, niais, propre à rien, sot, andouille (fam.), ballot (fam.), bourricot (fam.), brêle (fam.), buse (fam.), cloche (fam.), con (très fam.), conard (très fam.), corniaud (fam.), cornichon (fam.), couillon (très fam.), courge (fam.), cruche (fam.), débile (fam.), dégénéré (fam.), empaffé (fam.), gourde (fam.)

imbécillité N. F. 1. [Méd.] arriération mentale, crétinisme 2. stupidité, absurdité, balourdise, bêtise, crétinerie, idiotie, inintelligence, niaiserie, sottise, débilité (fam.) 3. bévue, ânerie, bêtise, idiotie, ineptie, niaiserie, sottise, boulette (fam.), bourde (fam.), connerie (très fam.)

imberbe ADJ. glabre, lisse, nu

imbiber V. TR. humecter, détremper, imprégner, mouiller, tremper
♦ **s'imbiber** V. PRON. absorber, boire, s'imprégner

imbriquer V. TR. emboîter, combiner, enchâsser, enchevêtrer, entrecroiser, entrelacer

imbroglio N. M. confusion, mélange, embrouillamini (fam.), méli-mélo (fam.), pastis (fam.), sac de nœuds (fam.)

imbuvable ADJ. mauvais, dégoûtant, écœurant, exécrable, infect, insipide

imitateur, trice N. 1. copieur, plagiaire, pasticheur, suiveur, épigone (littér.) 2. contrefacteur, faussaire

imitation N. F. 1. copie, calque, reproduction, [frauduleuse] contrefaçon, faux 2. [péj.] décalquage, démarquage, pastiche, plagiat, [outrée] caricature, parodie, singerie 3. simili, toc (fam.) 4. simulation, affectation, simulacre 5. mimétisme

imiter V. TR. 1. copier, calquer, s'inspirer de, [frauduleusement] contrefaire, falsifier 2. [péj.] décalquer, démarquer, pasticher, parodier, piller, pirater, plagier 3. mimer, faire le/la, jouer, reproduire, simuler, singer (fam.) 4. suivre, s'aligner sur, prendre pour modèle, s'inspirer de, marcher sur les traces de, prendre de la graine de (fam.), emboîter le pas à (fam.) 5. ressembler à, rappeler

immaculé, ée ADJ. 1. pur, chaste, intact, vierge 2. net, blanc, impeccable, propre, sans tache

immangeable ADJ. infect, dégoûtant, écœurant, inconsommable, mauvais

immanquablement ADV. 1. assurément, inévitablement, infailliblement, sûrement, à coup sûr, sans faute, à tous les coups (fam.), neuf fois sur dix (fam.) 2. invariablement

immatériel, elle ADJ. 1. incorporel, impalpable, spirituel 2. pur, platonique, éthéré (littér.) 3. aérien, léger, vaporeux, arachnéen (littér.)

immatriculation N. F. inscription, enregistrement, identification

immédiat, ate ADJ. I. 1. instantané 2. présent 3. imminent, proche, prochain 4. subit, prompt II. 1. direct 2. brut, primitif, simple

immédiatement ADV. 1. directement 2. aussitôt, à l'instant, sur-le-champ, sans délai, sur l'heure, incessamment, instantanément, tout de suite, séance tenante, sans tarder, sur le coup, hic et nunc (littér.), incontinent (littér.), illico (fam.), aussi sec (fam.) 3. d'emblée, dès l'abord, d'entrée, tout de suite

immémorial, ale, aux ADJ. ancestral, antique, lointain, millénaire, séculaire

immense ADJ. 1. illimité, infini, incommensurable, sans bornes 2. ample, grand, vaste 3. colossal, démesuré, géant, gigantesque, monumental 4. intense, profond

immensité N. F. 1. infini, espace, infinitude (littér.), vastitude (littér.) 2. énormité, gigantisme 3. infinité, multitude, quantité

immerger V. TR. baigner, plonger
♦ **s'immerger** V. PRON. 1. se plonger 2. couler

immeuble
▸ ADJ. immobilier
▸ N. M. 1. bien, bien-fonds, fonds, propriété 2. bâtiment, bâtisse, construction, édifice, ensemble, habitation, [à plusieurs étages] barre, building (anglic.), gratte-ciel, tour

immigré, ée ADJ. et N. immigrant, migrant

imminent, ente ADJ. immédiat, prochain, proche

immiscer dans (s') V. PRON. s'ingérer dans, s'insinuer dans, intervenir dans, se mêler de, se fourrer dans (fam.), mettre/fourrer son nez dans (fam.)

immobile ADJ. 1. fixe 2. à l'arrêt, immobilisé, rivé, statique 3. stagnant, croupi, croupissant, dormant 4. inerte, engourdi, gisant, inanimé 5. hiératique, figé, de pierre 6. inactif, en repos, passif 7. pétrifié, cloué, figé, médusé, paralysé 8. invariable, ferme, immuable, inébranlable

immobilisation N. F. 1. arrêt, blocage 2. gel, paralysie

immobiliser V. TR. I. 1. arrêter, figer, fixer, stopper 2. maintenir, assujettir, assurer, attacher, bloquer, clouer, retenir, river, tenir, visser 3. tenir au lit II. 1. paralyser, clouer, figer, pétrifier, statufier, tétaniser 2. geler, paralyser 3. scléroser, figer, fossiliser
♦ **s'immobiliser** V. PRON. 1. s'arrêter, stopper 2. se figer, se raidir

immobilisme N. M. attentisme, conservatisme, fossilisation, inertie, sclérose, stagnation

immobilité N. F. 1. inactivité, inertie, repos 2. ankylose, engourdissement, paralysie 3. fixité, impassibilité 4. immobilisme, immuabilité, invariabilité, sclérose, stagnation

immodéré, ée ADJ. 1. abusif, démesuré, excessif, outrancier, outré 2. déréglé, effréné, exagéré

immodérément ADV. abusivement, à l'excès, démesurément, excessivement, exagérément

immoler V. TR. 1. sacrifier, offrir en sacrifice, égorger 2. exterminer, assassiner, massacrer, mettre à mort, tuer
♦ **s'immoler** V. PRON. 1. se suicider, se faire hara-kiri 2. se sacrifier

immonde ADJ. 1. dégoûtant, écœurant, infect, repoussant, répugnant, sale 2. avilissant, abject, dégradant, honteux, ignoble, infâme, odieux, révoltant, sordide, vil

immondices N. F. PL. déchets, balayures, détritus, ordures, saletés, fange (littér.)

immoral, ale, aux ADJ. 1. malhonnête, amoral, corrompu, cynique 2. honteux, déréglé, impur, malpropre 3. débauché, corrompu, dépravé, dévergondé, dissolu, vicieux 4. indécent, licencieux, obscène

immortaliser V. TR. 1. éterniser, perpétuer, pérenniser 2. faire passer à la postérité

immortel, elle ADJ. 1. éternel, immuable, impérissable, indestructible, indéfectible (littér.) 2. célèbre, glorieux, illustre

immuable ADJ. 1. invariable, constant, continu, durable, fixe, stable 2. éternel, impérissable, inaltérable, indestructible 3. figé, immobile, stéréotypé 4. ferme, inébranlable

immuniser V. TR. 1. vacciner, mithridatiser 2. protéger, mettre à l'abri, préserver, garantir, blinder (fam.), cuirasser (fam.)

immunité N. F. 1. dispense, exemption, exonération, franchise, liberté, privilège 2. immunisation, mithridatisme, préservation, protection 3. inviolabilité, irresponsabilité

impact N. M. 1. choc, collision, coup, heurt 2. effet, conséquence, incidence, influence, répercussion, retentissement, [négatif] séquelle

impair N. M. maladresse, pas de clerc, boulette (fam.), bourde (fam.), gaffe (fam.)

imparable ADJ. 1. inévitable 2. implacable, incontournable, inéluctable, inexorable

impardonnable ADJ. inexcusable, injustifiable, irrémissible (littér.)

imparfait, aite ADJ. 1. approximatif, embryonnaire, fragmentaire, grossier, inachevé, incomplet, imprécis, partiel, rudimentaire, sommaire, vague 2. insuffisant, faible, lacunaire 3. défectueux, inégal, manqué, médiocre

impartial, ale, aux ADJ. neutre, désintéressé, droit, équitable, intègre, juste, objectif, sans parti pris

impartialité N. F. neutralité, droiture, équité, intégrité, justice, objectivité

impartir V. TR. accorder, attribuer, départir, donner, octroyer, réserver

impasse N. F. voie sans issue, cul-de-sac

impassibilité N. F. 1. calme, flegme, imperturbabilité, placidité, sang-froid 2. indifférence, froideur, insensibilité 3. stoïcisme, ataraxie (littér.) 4. immobilité, apathie, fixité

impassible ADJ. 1. calme, flegmatique, imperturbable, inébranlable, placide 2. stoïque, apathique 3. immobile, impénétrable, insensible, de glace, de marbre

impatiemment ADV. 1. avidement, coléreusement, fiévreusement 2. anxieusement, fébrilement, nerveusement

impatience N. F. 1. impétuosité, avidité, désir, empressement, fièvre, fougue, hâte, précipitation 2. irascibilité, irritabilité 3. agacement, colère, énervement, exaspération, irritation 4. anxiété, inquiétude, nervosité

impatient, ente ADJ. 1. ardent, bouillant, fougueux, impétueux, nerveux, vif, brusque 2. agacé, énervé, fébrile 3. avide, curieux, désireux, empressé

impatienter V. TR. 1. agacer, crisper, énerver, exaspérer, excéder, horripiler, irriter, échauffer (les oreilles/la tête de) (fam.) 2. lasser, faire perdre patience à
♦ **s'impatienter** V. PRON. perdre patience, bouillir, piaffer, ronger son frein, faire les cent pas, tourner comme un lion en cage

impeccable ADJ. 1. sans défaut, pur 2. propre, net, nickel chrome (fam.) 3. irréprochable, excellent, parfait, impec (fam.)

impénétrable ADJ. 1. inaccessible, inabordable, dense, serré, touffu 2. impassible, imperméable, inaccessible 3. énigmatique, hermétique, insaisissable, mystérieux, secret 4. incompréhensible, hermétique, indéchiffrable, inintelligible, insondable, obscur, sibyllin, ténébreux, abscons (littér.), abstrus (littér.)

impénitent, ente ADJ. endurci, incorrigible, incurable, invétéré, irrécupérable, indécrottable (fam.)

impensable ADJ. inconcevable, incroyable, inimaginable, insensé, invraisemblable

impératif¹, ive ADJ. 1. autoritaire, dominateur, impérieux, péremptoire, tranchant, bref 2. injonctif 3. impérieux, absolu, pressant, urgent

impératif² N. M. contrainte, exigence, nécessité, prescription, condition sine qua non

impérativement ADV. absolument, à tout prix, coûte que coûte, nécessairement, obligatoirement

imperceptible ADJ. 1. indiscernable, insaisissable, insensible, inaudible, invisible 2. minuscule, infime, insignifiant, microscopique, minime, négligeable 3. léger, faible

imperfection N. F. 1. travers, carence, défaut, faiblesse, faille, faute, lacune, manque, tare, vice 2. défectuosité, défaut, malfaçon, vice (de forme/de fabrication) 3. médiocrité, déficience

impérialiste ADJ. 1. colonialiste, expansionniste 2. absolutiste, autoritariste, despotique

impérieux, euse ADJ. 1. irrésistible, absolu, irrépressible, pressant, urgent, violent, incoercible (littér.) 2. impératif, autoritaire, cassant, catégorique, dictatorial, dominateur, magistral, péremptoire, tranchant, tyrannique

impérissable ADJ. éternel, immortel, immuable, inaltérable, indéfectible, indestructible, perpétuel

impéritie N. F. ignorance, inaptitude, incapacité, incompétence, inhabileté

imperméable ADJ. 1. étanche, hermétique, imperméabilisé 2. indifférent, fermé, impénétrable, inaccessible, insensible, rebelle, réfractaire, sourd

impersonnel, elle ADJ. 1. neutre, objectif 2. banal, aseptisé, dépersonnalisé, insignifiant, quelconque

impertinence N. F. 1. effronterie, arrogance, audace, impolitesse, impudence, inconvenance, incorrection, insolence, irrespect, irrévérence (littér.), outrecuidance (littér.), culot (fam.), toupet (fam.) 2. écart (de langage), moquerie, offense

impertinent, ente ADJ. insolent, arrogant, cavalier, effronté, hardi, impudent, inconvenant, incorrect, irrespectueux, outrecuidant (littér.), culotté (fam.)

imperturbable ADJ. impassible, apathique, calme, constant, détaché, flegmatique, froid, inébranlable, olympien, placide, stoïque

impétueux, euse ADJ. 1. déchaîné, effréné, endiablé, enragé, frénétique, furieux 2. torrentueux 3. ardent, bouillant, exalté, fougueux, véhément, vif 4. explosif, emporté, de feu, pétulant, volcanique

impétuosité N. F. 1. ardeur, flamme, fougue, vivacité 2. emballement, exaltation, fièvre, frénésie, pétulance, véhémence 3. fureur, furie, rage, violence

impitoyable ADJ. 1. cruel, féroce, implacable, inflexible, inhumain, intraitable, sans merci, sans pitié 2. sévère, accablant, rigoureux, sans indulgence 3. acharné, farouche, forcené, inexpiable, mortel 4. insensible, endurci, de fer, de granit, de pierre

implacable ADJ. 1. inéluctable, fatal, immanquable, imparable, inévitable, inexorable, infaillible, irrésistible 2. impitoyable, inflexible, irréductible 3. acharné, farouche, forcené

implanter V. TR. 1. introduire, établir, installer, mettre en place 2. fixer, ancrer, enraciner, insérer
♦ **s'implanter** V. PRON. 1. s'établir, se fixer, s'installer 2. s'enraciner, s'ancrer, prendre

implication N. F. incidence, conséquence, impact, prolongement, retombée, suite

implicite ADJ. tacite, informulé, non dit, sous-entendu

impliquer V. TR. 1. compromettre, engager, mêler, mettre en cause, mouiller (fam.) 2. comporter, comprendre, contenir, inclure, renfermer, supposer 3. nécessiter, exiger, imposer, réclamer 4. causer, amener, emporter, engendrer, entraîner, occasionner, provoquer 5. signifier, montrer, supposer, vouloir dire
♦ **s'impliquer** V. PRON. s'engager, s'investir, monter au créneau

implorer V. TR. 1. supplier, adjurer, en appeler à, conjurer, prier 2. réclamer, mendier, quémander, quêter, solliciter

impoli, ie ADJ. mal élevé, effronté, grossier, impertinent, inconvenant, incorrect, insolent, irrespectueux, irrévérencieux, mal poli, sans gêne, discourtois (littér.)

impolitesse N. F. inconvenance, goujaterie, grossièreté, impertinence, incorrection, insolence, irrespect, irrévérence, muflerie, sans-gêne

impondérable
▸ ADJ. 1. imprévisible, imprédictible 2. impalpable, léger, subtil
▸ N. M. incertitude, aléa, hasard, imprévu, risque

impopulaire ADJ. mal-aimé, mal vu

importance N. F. I. 1. ampleur, dimension, étendue, grandeur, taille 2. portée, étendue, intérêt, poids, rôle, valeur II. influence, autorité, crédit, poids, prestige, puissance III. arrogance, fatuité, orgueil, prétention, suffisance, vanité, outrecuidance (littér.)

important, ante ADJ. I. 1. considérable, conséquent, d'envergure, grand, gros, de taille (fam.) 2. grave, sérieux 3. substantiel, appréciable, conséquent, considérable, fort, grand, gros, insigne, net, notable, sensible, de taille (fam.), [somme] coquet (fam.), joli (fam.) II. 1. fondamental, capital, crucial, décisif, de conséquence, de poids, essentiel, majeur, primordial, vital, d'importance, qui tient à cœur 2. marquant, mémorable III. 1. éminent, célèbre, connu, considérable, illustre, de marque, renommé, respectable 2. influent, puissant IV. prétentieux, arrogant, affecté, avantageux, fat, glorieux, infatué, suffisant, vain, outrecuidant (littér.), ramenard (fam.)

importer¹ V. TR. 1. introduire, rapporter 2. rapatrier

importer² V. INTR. compter, entrer en ligne de compte, jouer, peser, être important, avoir de l'importance

importun, une
▸ ADJ. 1. indésirable, envahissant, indiscret, casse-pieds (fam.), collant (fam.), crampon (fam.), embêtant (fam.), enquiquinant (fam.), tannant (fam.) 2. agaçant, déplaisant, désagréable, embarrassant, ennuyeux, intempestif
▸ N. gêneur, indésirable, casse-pieds (fam.), chieur (très fam.), colique (fam.), crampon (fam.), enquiquineur (fam.), emmerdeur (très fam.), fléau (fam.), glu (fam.), plaie (fam.), pot de colle (fam.), raseur (fam.)

importuner V. TR. déranger, embarrasser, ennuyer, gêner, incommoder, indisposer, embêter (fam.), enquiquiner (fam.), faire chier (très fam.), agacer, excéder, persécuter, tourmenter, assommer (fam.), asticoter (fam.), casser les pieds à (fam.), casser les couilles à (très fam.), cavaler (très fam.), courir (fam.), empoisonner (fam.), pomper (fam.), tarabuster (fam.) 3. assiéger, assaillir, être après, harceler, poursuivre, talonner

imposant, ante ADJ. 1. corpulent, massif 2. majestueux, auguste, impérial, noble, superbe 3. grave, solennel 4. considérable, formidable, impressionnant, important

imposer V. TR. I. 1. commander, demander (impérativement), exiger, ordonner, prescrire 2. dicter, édicter, fixer, soumettre à 3. nécessiter, exiger, réclamer, requérir II. infliger, faire subir III. inspirer, susciter IV. taxer, grever, [indûment] mettre en coupe réglée
♦ **s'imposer** V. PRON. 1. se faire un devoir/une obligation de, s'astreindre à, se contraindre à, se forcer à, s'obliger à 2. avoir le dessus, dominer, triompher 3. prédominer, occuper le terrain, prévaloir 4. être nécessaire, être incontournable

imposition N. F. 1. taxation 2. impôt, charge, contribution, droit, taxe

impossibilité N. F. 1. empêchement, obstacle (majeur) 2. incapacité, impuissance

impossible ADJ. I. 1. infaisable, irréalisable, inapplicable, inexécutable, impraticable 2. impensable, inconcevable, incroyable, inenvisageable 3. insoluble, inextricable II. 1. invraisemblable, extravagant, inimaginable, inouï, ridicule 2. inadmissible, indu, inexcusable III. chimérique, illusoire, insensé, utopique, vain IV. [fam.] 1. invivable, infernal, insupportable 2. intenable, insupportable, intolérable

imposteur N. M. 1. simulateur, charlatan, faux prophète, menteur, mystificateur, bluffeur (fam.) 2. hypocrite, faux dévot, tartufe 3. usurpateur

imposture N. F. 1. mensonge, mystification, supercherie, tromperie, charlatanisme, blague (fam.), canular (fam.) 2. hypocrisie, fausseté

impôt N. M. 1. taxe, charge, contribution, droit, imposition, patente, prélèvement, redevance 2. fiscalité, système fiscal 3. fisc

impotent, ente ADJ. et N. infirme, estropié, invalide, paralytique, perclus

impraticable ADJ. 1. inaccessible, malaisé 2. impossible, inapplicable, inexécutable, infaisable, irréalisable

imprécis, ise ADJ. 1. approximatif, grossier, vague 2. indistinct, flou, indéfinissable, indéterminé, indiscernable 3. confus, flou, vague

imprécision N. F. 1. flou, indétermination, vague 2. à-peu-près, approximation

imprégner V. TR. 1. humecter, gorger, imbiber, tremper 2. envahir, pénétrer 3. influencer, déteindre sur, imprimer, marquer
♦ **s'imprégner** V. PRON. 1. absorber, boire 2. assimiler, apprendre, se pénétrer de

impression N. F. I. 1. sensation, émotion, sentiment 2. intuition, feeling (fam.) 3. appréciation, avis, jugement, opinion, pensée, sentiment, vues II. 1. empreinte, marque 2. souvenir, trace 3. effet, action, impact, influence III. tirage, édition, gravure, reproduction

impressionnant, ante ADJ. 1. étonnant, bouleversant, frappant, émouvant, saisissant 2. grandiose, imposant, majestueux, monumental, spectaculaire 3. remarquable, brillant, virtuose

impressionner V. TR. 1. frapper, bouleverser, ébranler, émouvoir, remuer, saisir, toucher, [en mal] secouer, traumatiser, troubler, retourner (fam.) 2. éblouir, en imposer à, intimider, bluffer (fam.), épater (fam.), en mettre plein la vue à (fam.), souffler (fam.), taper dans l'œil de (fam.), [sans complément] en jeter (fam.)

imprévoyant, ante ADJ. et N. insouciant, étourdi, imprudent, irréfléchi, léger, négligent, écervelé (fam.), tête de linotte (fam.), tête en l'air (fam.)

imprévu¹, ue ADJ. 1. fortuit, accidentel, inattendu, inopiné 2. brusque, soudain, subit 3. inespéré, extraordinaire 4. déconcertant

imprévu² N. M. 1. hasard, aléa, [malheureux] accident, accroc, tuile (fam.) 2. fantaisie, originalité, pittoresque

imprimer V. TR. I. 1. tirer, éditer 2. publier, faire paraître II. 1. marquer, graver 2. appliquer, apposer, estamper, gaufrer III. 1. communiquer, donner, inculquer, inspirer, insuffler 2. animer, imprégner, pénétrer
♦ **s'imprimer** V. PRON. se graver, se fixer, se marquer

improbable ADJ. douteux, hypothétique, incertain

improductif, ive ADJ. 1. inefficace 2. inutile, infructueux, stérile, vain 3. ingrat, aride, stérile

impropre ADJ. 1. abusif, incorrect, inexact, vicieux 2. inapproprié, inadéquat, inadapté 3. incapable, inapte, incompétent

impropriété N. F. incorrection, erreur, barbarisme

improvisation N. F. 1. imagination, invention 2. [Jazz] jam-session, bœuf (argot)

improviser V. TR. 1. inventer, imaginer 2. [Jazz, sans complément] faire un bœuf (argot)

improviste (à l') LOC. ADV. 1. inopinément, ex abrupto, soudainement, subitement, tout à coup, sans crier gare 2. par surprise, au dépourvu, abruptement, ex abrupto, au débotté, tout à trac (fam.)

imprudence N. F. 1. irréflexion, imprévoyance, inconscience, inconséquence, légèreté 2. hardiesse, témérité 3. étourderie, maladresse

imprudent, ente
▸ ADJ. 1. téméraire, audacieux, aventureux, hardi 2. écervelé, étourdi, inconséquent, inconsidéré, léger, malavisé 3. dangereux, hasardé, hasardeux, osé, périlleux, risqué
▸ N. casse-cou (fam.), risque-tout (fam.)

impudence N. F. effronterie, aplomb, arrogance, front, impertinence, insolence, outrecuidance (littér.), culot (fam.), toupet (fam.)

impudent, ente ADJ. effronté, arrogant, impertinent, insolent, outrecuidant (littér.), culotté (fam.)

impudique ADJ. 1. indécent, inconvenant, lascif, libidineux, licencieux, paillard, obscène, sale, salé 2. dévergondé, débauché, immodeste

impuissance N. F. 1. faiblesse, inaptitude, insuffisance 2. impossibilité, incapacité

impuissant, ante ADJ. 1. faible, démuni, désarmé, fragile, inapte, incapable 2. inopérant, improductif, inefficace, infructueux, inutile, stérile, vain

impulsif, ive ADJ. fougueux, bouillant, emporté, irréfléchi, spontané

impulsion N. F. 1. poussée, force 2. [Sport] appel, élan 3. élan, entraînement, essor, lancée, poussée 4. effet, action, empire, emprise, influence, mouvement, pression 5. instinct, penchant, tendance

impur, ure ADJ. pollué, empesté, sale, souillé, vicié

impureté N. F. 1. saleté, cochonnerie (fam.), saloperie (très fam.) 2. pollution, corruption, souillure

imputation N. F. 1. accusation, allégation, charge, incrimination, inculpation 2. affectation, assignation, attribution

imputer V. TR. 1. attribuer, prêter 2. affecter, appliquer, assigner, porter en compte

inabordable ADJ. 1. inaccessible, inapprochable 2. très cher, hors de prix, exorbitant, prohibitif

inacceptable ADJ. 1. inadmissible, inconcevable, inadmissible, intolérable, scandaleux 2. [Droit] irrecevable

inaccessible ADJ. 1. inapprochable, inabordable, [lieu] impénétrable, impraticable, hors d'atteinte, hors de portée 2. incompréhensible, hermétique, inconnaissable 3. distant, fier, froid, hautain, inabordable 4. hors de prix, exorbitant, inabordable

inaccoutumé, ée ADJ. inhabituel, anormal, exceptionnel, insolite, inusité, nouveau, rare

inachevé, ée ADJ. inabouti, imparfait, incomplet, lacunaire, en suspens

inactif, ive ADJ. 1. immobile, en repos 2. inoccupé, désœuvré, oisif 3. inopérant, inefficace

inaction N. F. 1. inactivité, désœuvrement, oisiveté 2. léthargie, immobilité, inertie, torpeur

inactivité N. F. 1. immobilité, inaction 2. inertie, stagnation, sommeil 3. [Admin.] congé

inadaptation N. F. 1. inadéquation 2. asocialité

inadapté ADJ. et N. 1. inadéquat, impropre, inapproprié 2. antisocial, asocial, caractériel, délinquant, marginal

inadéquat, ate ADJ. inadapté, impropre, inapproprié

inadmissible ADJ. inacceptable, inconcevable, irrecevable, inexcusable, insupportable, intolérable

inaltérable ADJ. 1. incorruptible, imputrescible, inattaquable, inoxydable, inusable 2. [couleur] fixe, grand/bon teint 3. immuable, constant, éternel, impérissable, indestructible, perpétuel, stable, indéfectible (littér.)

inanimé, ée ADJ. 1. inerte, immobile 2. évanoui, sans connaissance 3. inexpressif, froid

inapplicable ADJ. impraticable, inexécutable, infaisable, irréalisable, impossible

inappréciable ADJ. 1. considérable, d'importance, inestimable, précieux, sans prix 2. incalculable, indéterminable

inapproprié, ée ADJ. impropre, inadapté, inadéquat

inapte ADJ. 1. incapable, incompétent, inhabile 2. impropre, inadapté

inaptitude N. F. incapacité, insuffisance, impéritie (littér.)

inassouvi, ie ADJ. insatisfait, frustré, inapaisé (littér.)

inattaquable ADJ. 1. imprenable, hors d'atteinte, imbattable, invincible, invulnérable 2. inaltérable, incorruptible 3. incontestable, indiscutable, irréfutable, irréfragable (Droit) 4. irréprochable, impeccable, irrépréhensible

inattendu, ue ADJ. 1. fortuit, accidentel, imprévu, inopiné 2. imprévisible, inespéré 3. déconcertant, déroutant, surprenant

inattention N. F. 1. distraction, étourderie, inadvertance, inconséquence, insouciance, irréflexion, légèreté 2. imprudence, négligence 3. indifférence

inauguration N. F. lancement, ouverture, [d'une exposition] vernissage

inaugurer V. TR. 1. ouvrir, [Relig.] consacrer 2. étrenner 3. entreprendre, instaurer, mettre en pratique

inavouable ADJ. honteux, coupable, déshonorant, infâme

incalculable ADJ. 1. indénombrable, incommensurable, indéterminable, innombrable 2. considérable, démesuré, énorme, illimité, immense, infini, inimaginable

incandescent, ente ADJ. 1. brûlant, ardent, chauffé à blanc, igné (littér.) 2. exalté, ardent, brûlant 3. embrasé, enflammé, lumineux

incantation N. F. 1. enchantement, évocation, formule magique 2. prière, mélopée

incapable
▸ ADJ. 1. incompétent, inapte, en dessous de tout, maladroit, malhabile 2. imbécile, ignare, ignorant
▸ N. bon à rien, médiocre, nul, nullité, propre à rien, minable (fam.), nullard (fam.), ringard (fam.), zéro (fam.)

incapacité N. F. 1. impossibilité, impuissance, inaptitude, insuffisance 2. ignorance, incompétence, inhabileté, impéritie (littér.) 3. handicap, infirmité, invalidité 4. [Droit] déchéance

incarcération N. F. emprisonnement, captivité, détention, enfermement, internement

incarcérer V. TR. enfermer, écrouer, emprisonner, interner, mettre en prison, mettre sous les verrous, boucler (fam.), coffrer (fam.), mettre à l'ombre (fam.), mettre en taule (fam.), mettre au trou (fam.)

incarnation N. F. 1. avatar, métamorphose 2. image, expression, personnification, symbole

incarner V. TR. personnifier, figurer, représenter, symboliser 2. interpréter, jouer

incartade N. F. écart de conduite, caprice, extravagance, faux-pas, folie, frasque, fredaine, peccadille

incendie N. M. feu, brasier, flammes, sinistre

incendier V. TR. 1. brûler, consumer, détruire par le feu, mettre le feu à 2. échauffer, enflammer, exalter 3. injurier, réprimander

incertain, aine ADJ. I. 1. indécis, fluctuant, hésitant, irrésolu 2. variable, changeant, flottant, inconstant, instable, précaire 3. [démarche] chancelant, hésitant II. 1. aléatoire, contingent, douteux, hypothétique 2. hasardeux, aventuré, aventureux, osé, risqué III. 1. ambigu, contestable, douteux, équivoque, nébuleux 2. obscur, ténébreux IV. 1. indéterminé 2. imprécis, brouillé, confus, flou, indécis, indéfini, indistinct, obscur, trouble, vague, vaporeux

incertitude N. F. 1. doute, flottement, hésitation, indécision, indétermination, irrésolution, perplexité, tergiversation 2. variabilité, fluctuation, inconstance, instabilité, oscillation, précarité 3. aléa, danger, hasard, impondérable, imprévu, péril, risque

incessant, ante ADJ. 1. continu, constant, continuel, ininterrompu, permanent, suivi 2. perpétuel, continuel, éternel, sempiternel (péj.)

incidence N. F. effet, conséquence, contrecoup, implication, influence, prolongement, répercussion, retombée, suite, [négative] séquelle

incident N. M. accroc, anicroche, complication, difficulté, ennui, péripétie, coup dur (fam.), os (fam.), pépin (fam.)

incinérer V. TR. brûler, réduire en cendres

inciser V. TR. couper, blesser, entailler, entamer, ouvrir, scarifier

incisif, ive ADJ. acerbe, acéré, acide, caustique, mordant, tranchant

incision N. F. 1. coupure, entaille, fente, excision, boutonnière (Chir.) 2. scarification

incitation N. F. 1. encouragement, appel, excitation, exhortation, instigation, invitation, provocation 2. récompense, carotte (fam.)

inciter V. TR. 1. conseiller à, encourager, engager, exciter, exhorter, inviter 2. pousser, déterminer, disposer, entraîner, incliner, porter, stimuler

inclinaison N. F. pente, déclivité, dévoiement, obliquité

inclination N. F. 1. tendance, appétit, appétence, disposition, envie, goût, penchant, pente, préférence, propension 2. affection, amitié, amour, attachement, attirance, complaisance, faible, faiblesse, pente (naturelle), prédilection, sympathie 3. inclinaison, mouvement, [pour saluer] courbette, révérence, salut

incliner V. TR. abaisser, baisser, coucher, courber, fléchir, pencher, plier

♦ **s'incliner** V. PRON. 1. se pencher, se baisser, se courber 2. s'infléchir, descendre, pencher 3. saluer, se prosterner, faire une courbette, faire une révérence 4. se soumettre, obéir, obtempérer, courber le front/la nuque 5. abandonner, capituler, céder, lâcher prise, se résigner, baisser les bras (fam.), caler (fam.), jeter l'éponge (fam.), laisser tomber (fam.)

inclure V. TR. 1. insérer, enfermer, glisser, intégrer, introduire, mettre 2. adjoindre, ajouter, joindre 3. comporter, comprendre, contenir, impliquer, intégrer, renfermer

incohérence N. F. 1. désordre, absurdité, décousu, illogisme, inconséquence, irrationalité 2. contradiction, désaccord, différence

incohérent, ente ADJ. 1. désordonné, brouillon, chaotique, confus, décousu, sans queue ni tête, sans suite 2. délirant, contradictoire, illogique, inconséquent, insensé, irrationnel

incolore ADJ. 1. pâle, blanc, transparent 2. terne, fade, inexpressif, insipide, plat

incomber à V. TR. IND. échoir à, appartenir à, retomber sur, revenir (en partage) à

incommoder V. TR. gêner, déranger, ennuyer, empoisonner, importuner, [odeur] indisposer

incomparable ADJ. 1. inégalable, hors pair, indépassable, insurpassable, sans égal, sans pareil, supérieur, unique 2. accompli, admirable, parfait

incompatibilité N. F. 1. antagonisme, antinomie, désaccord, opposition 2. contradiction, discordance

incompatible ADJ. 1. antagonique, contraire, exclusif (de), inconciliable, irréconciliable, opposé 2. contradictoire, discordant

incompétence N. F. 1. incapacité, inaptitude, nullité, impéritie (littér.) 2. ignorance, inexpérience, méconnaissance

incompétent, ente ADJ. 1. incapable, inapte, nul 2. ignorant, ignare

incomplet, ète ADJ. 1. inachevé, inabouti, en suspens 2. fragmentaire, lacunaire, partiel, [collection, série] dépareillé 3. imparfait, insuffisant

incompréhensible ADJ. 1. inexplicable, inconcevable 2. impénétrable, inscrutable, insondable 3. illisible, indéchiffrable 4. inintelligible, amphigourique, cabalistique, hermétique, mystérieux, obscur, opaque, sibyllin, ténébreux, abscons (littér.), abstrus (littér.), imbitable (très fam.) 5. déconcertant, bizarre, curieux, étrange

incompréhensif, ive ADJ. étroit d'esprit, fermé, intolérant, sectaire

incompréhension N. F. 1. intolérance, étroitesse/fermeture d'esprit, manque d'indulgence 2. méconnaissance, inintelligence

inconcevable ADJ. 1. inimaginable, impensable, invraisemblable, paradoxal 2. étonnant, incroyable, inouï, stupéfiant, surprenant 3. inadmissible, inacceptable

inconditionnel, elle
▶ ADJ. 1. absolu, complet, entier, illimité, intégral, sans réserve, total, aveugle (péj.) 2. impératif, systématique
▶ N. admirateur, fanatique, fan (fam.), fana (fam.), fondu (fam.), groupie (fam.)

inconfortable ADJ. 1. incommode, malcommode, spartiate 2. embarrassant, délicat, déplaisant, désagréable, épineux, gênant, malaisé

incongru, ue ADJ. inconvenant, déplacé, inopportun, intempestif, malvenu, malséant (littér.)

inconnu, ue
▶ ADJ. 1. ignoré, indéterminé, [auteur] anonyme 2. étranger, inexploré 3. mystérieux, énigmatique, impénétrable, occulte, secret
▶ N. étranger, tiers

inconsciemment ADV. involontairement, à son insu, instinctivement, machinalement, mécaniquement

inconscience N. F. 1. insouciance, irréflexion, irresponsabilité, légèreté 2. aveuglement, égarement, folie 3. ignorance, méconnaissance

inconscient, ente ADJ. 1. machinal, automatique, instinctif, involontaire, irraisonné, irréfléchi, spontané 2. insouciant, fou, irréfléchi, irresponsable, léger

inconséquent, ente ADJ. 1. incohérent, absurde, déraisonnable, fou, illogique, insensé, irrationnel 2. inconsidéré, imprudent, irréfléchi, malavisé 3. écervelé, étourdi, imprudent, irréfléchi, irresponsable, léger

inconsidéré, ée ADJ. 1. absurde, stupide, non pertinent 2. indiscret, maladroit

inconsistant, ante ADJ. 1. mou, fluide 2. fragile 3. amorphe, faible, mollasse, mou 4. léger, frivole, changeant, inconstant, versatile 5. insignifiant, creux, insipide, sans intérêt, vide

inconstant, ante ADJ. 1. infidèle, frivole, léger, volage 2. changeant, capricieux, flottant, fluctuant, instable, mobile, variable, versatile 3. fragile, fugitif, fuyant, précaire

incontestable ADJ. 1. certain, avéré, indéniable, indiscutable, indubitable, sûr, hors de doute 2. évident, flagrant, manifeste 3. inattaquable, formel, irrécusable, irréfutable, irréfragable (Droit)

incontestablement ADV. assurément, certainement, sans conteste, sans aucun doute, évidemment, indéniablement, indiscutablement, indubitablement, irréfutablement, manifestement

incontournable ADJ. 1. inéluctable, fatal, fatidique, immanquable, imparable, implacable, inévitable, inexorable, obligé 2. indispensable, inévitable, obligatoire, primordial, must (fam.) (nom)

incontrôlable ADJ. 1. invérifiable, improuvable, indémontrable, injustifiable 2. indomptable, ingouvernable, non maîtrisable 3. impérieux, invincible, irrépressible, irrésistible, incoercible (littér.)

inconvenant, ante ADJ. impoli, cavalier, déplacé, désinvolte, effronté, impertinent, impudent, incorrect, insolent, irrespectueux, irrévérencieux, inopportun, malvenu, malséant (littér.), outrecuidant (littér.) 2. choquant, grossier, incongru, indécent, licencieux, libre, malsonnant, obscène

inconvénient N. M. 1. défaut, désavantage, mauvais côté, ombre au tableau 2. empêchement, difficulté, écueil, entrave, frein, gêne, handicap, objection, obstacle 3. désagrément, embarras, ennui, incommodité (littér.) 4. danger, risque, péril (littér.)

incorporer V. TR. 1. amalgamer, agréger, combiner, mélanger 2. insérer, intégrer, introduire 3. annexer, joindre, rattacher, réunir, unir 4. assimiler, intégrer 5. affilier, agréger, associer 6. enrôler, appeler, engager, enrégimenter, mobiliser, recruter

♦ **s'incorporer** V. PRON. s'intégrer, s'assimiler, entrer, se fondre

incorrect, ecte ADJ. 1. faux, bancal, défectueux, erroné, inexact, mauvais 2. fautif, abusif, barbare, impropre 3. impoli, discourtois, impertinent, irrespectueux, mal poli 4. indécent, déplacé, incongru, inconvenant, malséant (littér.) 5. déloyal, indélicat, irrégulier, malhonnête

incorrection N. F. 1. impropriété, barbarisme, faute 2. impolitesse, grossièreté, impertinence 3. indécence, inconvenance, incongruité

incorrigible ADJ. 1. entêté, endurci, impénitent, incurable, invétéré, indécrottable (fam.), irrécupérable (fam.) 2. incurable

incorruptible ADJ. 1. imputrescible, inaltérable, inattaquable 2. honnête, intègre, probe (littér.)

incrédule
▶ ADJ. 1. sceptique, dubitatif 2. incroyant, agnostique, irréligieux, non-croyant, sceptique
▶ N. athée, libre penseur, esprit fort

incrédulité N. F. 1. doute, scepticisme, défiance 2. athéisme, incroyance, irréligion, libre pensée

incriminer V. TR. accuser, attaquer, blâmer, mettre en cause, suspecter, s'en prendre à

incroyable ADJ. I. 1. invraisemblable, impensable, inconcevable, inimaginable 2. étonnant, fabuleux, fantastique, prodigieux, surprenant 3. extravagant, bizarre, grotesque, impayable, ridicule, rocambolesque, à dormir debout (fam.), sacré (fam.) II. [péj.] 1. effarant, excessif, exorbitant, fou, inouï, phénoménal, renversant, stupéfiant 2. inadmissible, insupportable, intolérable, révoltant, scandaleux

incroyablement ADV. 1. extraordinairement, fabuleusement, formidablement 2. extrêmement, énormément, excessivement, effroyablement, terriblement, drôlement (fam.), sacrément (fam.), vachement (fam.)

incroyant, ante ADJ. et N. athée, impie, irréligieux, libre penseur, esprit fort

incruster V. TR. insérer, introduire, [d'or, d'argent] damasquiner

♦ **s'incruster** V. PRON. 1. se déposer, adhérer 2. se graver, s'imprimer 3. s'imposer, s'enraciner, prendre racine (fam.), taper l'incruste (fam.)

inculquer V. TR. enseigner, apprendre, graver dans l'esprit, imprimer dans l'esprit, faire entrer dans la tête

inculte ADJ. 1. en friche, vague, vierge, sauvage 2. ignorant, analphabète, ignare, illettré 3. barbare, fruste, grossier, primitif

incurable ADJ. 1. inguérissable 2. condamné, inguérissable, perdu, fichu (fam.), fini (fam.), foutu (fam.) 3. incorrigible, indécrottable (fam.)

incursion N. F. 1. attaque, coup de main, descente, invasion, raid, razzia 2. irruption 3. intervention, immixtion, ingérence, intrusion 4. détour, crochet (fam.)

indécence N. F. 1. impertinence, impudence, inconvenance, insolence, culot (fam.) 2. impudeur, obscénité, impudicité (littér.)

indécent, ente ADJ. 1. inconvenant, choquant, déplacé, impudent, insolent, malséant (littér.) 2. impudique, débraillé, immodeste (littér.) 3. licencieux, grossier, hardi, impur, malpropre, obscène, sale, scabreux 4. incroyable, honteux, insolent

indéchiffrable ADJ. 1. illisible 2. embrouillé, impénétrable, incompréhensible, indécodable, inintelligible

indécis, ise ADJ. 1. hésitant, désorienté, perplexe 2. inconsistant, flottant, fluctuant, incertain, irrésolu, ondoyant, vacillant 3. douteux, incertain 4. imprécis, confus, flou, incertain, indéfini, indéterminé, indistinct, nébuleux, trouble, vague, vaporeux, ni chair ni poisson 5. ambigu, équivoque, général

indécision N. F. hésitation, doute, errements, flottement, incertitude, indétermination, irrésolution, perplexité

indéfectible ADJ. éternel, immuable, impérissable, indestructible, indissoluble, solide, sûr

indéfendable ADJ. 1. insoutenable 2. inexcusable, impardonnable, injustifiable

indéfini, ie ADJ. **1.** illimité, infini, sans bornes, sans fin **2.** imprécis, confus, flou, incertain, indécis, indéterminé, trouble, vague

indéfiniment ADV. éternellement, continuellement, perpétuellement, sans fin, toujours

indéfinissable ADJ. **1.** indéterminable, confus, incertain, ni chair ni poisson, vague **2.** étrange, inclassable, inexplicable **3.** indescriptible, indicible, ineffable, inexprimable **4.** énigmatique

indélébile ADJ. **1.** ineffaçable **2.** indestructible, immuable, inaltérable, perpétuel **3.** inoubliable, éternel, immortel, impérissable, ineffaçable, mémorable

indélicat, ate ADJ. **1.** impoli, cavalier, déplacé, grossier, inconvenant, inélégant, malséant (littér.) **2.** malhonnête, déloyal, inélégant, irrégulier, véreux

indélicatesse N. F. **1.** impolitesse, goujaterie, grossièreté, inélégance, muflerie **2.** malhonnêteté, déloyauté

indemne ADJ. sauf, sain et sauf, entier, sans une égratignure

indemnisation N. F. **1.** compensation, dédommagement, défraiement **2.** indemnité

indemniser V. TR. dédommager, compenser, défrayer, rembourser

indemnité N. F. **1.** compensation, dédommagement, dommages-intérêts, réparation **2.** allocation, prestation, prime

indéniable ADJ. **1.** certain, évident, flagrant, incontestable, indiscutable, manifeste **2.** formel, inattaquable, irrécusable, irréfutable

indépendamment de LOC. PRÉP. **1.** outre, en plus de **2.** abstraction faite de, en dehors de, sans parler de, mis à part

indépendance N. F. **1.** liberté, émancipation, autonomie **2.** souveraineté, autonomie, non alignement **3.** individualisme, indocilité, insoumission, non conformisme **4.** [des pouvoirs, etc.] séparation

indépendant, ante
▸ ADJ. **1.** libre, autonome **2.** souverain, autonome, non aligné **3.** individualiste, non-conformiste, dissident, hétérodoxe, indocile (littér.), insoumis **4.** free-lance **5.** distinct, dissocié, séparé
▸ N. franc-tireur, électron libre

indépendantiste ADJ. et N. autonomiste, sécessionniste, séparatiste

indescriptible ADJ. **1.** indéfinissable **2.** indicible, ineffable, inénarrable, inexprimable **3.** inimaginable, extraordinaire, incroyable, inouï

indésirable
▸ ADJ. importun, de trop
▸ N. intrus, gêneur, importun, persona non grata

indestructible ADJ. **1.** inusable, inaltérable, incassable, indélébile, infrangible (littér.) **2.** impérissable, éternel, immortel, immuable, perpétuel **3.** solide, indéfectible, indissoluble, inébranlable

indéterminé, ée ADJ. **1.** imprécis, confus, flou, vague, vaporeux **2.** inconnu, indéfini **3.** illimité **4.** indécis, flottant, fluctuant, hésitant, incertain, irrésolu, perplexe

index N. M. INVAR. **1.** catalogue, inventaire, liste, répertoire, table **2.** lexique, glossaire **3.** indice

indicateur[1] N. M. **1.** guide **2.** indice, signe

indicateur[2]**, trice** N. dénonciateur, espion, informateur, donneur (fam.), indic (fam.), mouchard (fam.), balance (argot), doulos (argot), mouton (argot)

indicatif N. M. **1.** signal **2.** générique, jingle, sonal (recomm. offic.)

indication N. F. **1.** indice, annonce, marque, preuve, signe, symptôme, trace **2.** renseignement, information, info (fam.), tuyau (fam.), rancard (argot) **3.** avis, conseil, recommandation, suggestion **4.** directive, instruction, ordre, prescription

indice N. M. **1.** indication, marque, preuve, signe, symptôme, trace **2.** annonce, augure, présage **3.** renseignement, indication **4.** présomption, argument, charge **5.** coefficient, index

indicible ADJ. **1.** indescriptible, ineffable, inexprimable, inénarrable, inracontable, intraduisible **2.** extraordinaire, incroyable, inouï

indifférence N. F. **1.** désintérêt, inattention, insensibilité, tiédeur, inappétence (littér.) **2.** détachement, flegme, impassibilité **3.** froideur, dédain, mépris **4.** passivité, apathie, ataraxie, indolence **5.** athéisme, agnosticisme, incrédulité, irréligion, scepticisme

indifférent, ente ADJ. **1.** impassible, détaché, flegmatique, imperturbable **2.** passif, apathique, inattentif, indolent, insouciant, je-m'en-foutiste (fam.) **3.** résigné, blasé, désabusé, fataliste **4.** froid, égoïste, sans cœur, sec **5.** quelconque, anodin, banal, inintéressant, insignifiant

indigent, ente ADJ. insuffisant, fruste, pauvre, rare, rudimentaire, simpliste, sommaire

indigeste ADJ. **1.** lourd, inassimilable, pesant **2.** incompréhensible, confus, embrouillé, imbitable (très fam.)

indignation N. F. **1.** colère, fureur, révolte **2.** scandale

indigne ADJ. **1.** méprisable, abject, coupable, vil **2.** honteux, avilissant, bas, condamnable, déshonorant, immoral, impur, infamant, inqualifiable, odieux, révoltant, scandaleux **3.** [parent] dénaturé, maltraitant

indigner V. TR. scandaliser, choquer, écœurer, mettre en colère, outrer, révolter
♦ **s'indigner** V. PRON. s'emporter, se fâcher, s'irriter, fulminer, s'offenser, protester, se révolter, vitupérer

indiquer V. TR. **1.** mentionner, citer, dire, donner, énumérer, nommer, préciser, spécifier **2.** désigner, montrer, pointer, signaler **3.** marquer, écrire, graver, inscrire, noter **4.** apprendre, enseigner, faire connaître, faire savoir **5.** dénoter, accuser, attester, démontrer, dénoncer, être le signe de, laisser augurer/présager, laisser supposer, manifester, marquer, prouver, révéler, signaler, témoigner, trahir

indirect, ecte ADJ. **1.** écarté, éloigné **2.** allusif, détourné, évasif, insinuant, oblique, sournois, voilé **3.** de biais, latéral, biaisé **4.** collatéral **5.** de seconde main

indirectement ADV. **1.** par ricochet, par contrecoup, par la bande (fam.) **2.** sournoisement **3.** par ouï-dire, de seconde main, par le téléphone arabe (fam.)

indiscernable ADJ. **1.** identique, équivalent, pareil, semblable **2.** imperceptible, inaudible, insaisissable, insensible, invisible

indiscipline N. F. **1.** désobéissance, dissipation, indocilité (littér.) **2.** insoumission, mauvais esprit, insubordination, sédition

indiscipliné, ée ADJ. désobéissant, insoumis, insubordonné, rebelle, rétif, forte/mauvaise tête, indocile (littér.)

indiscret, ète ADJ. et N. **1.** bavard, cancanier **2.** inconvenant, curieux, fouineur, fureteur, inquisiteur, écouteur (aux portes) **4.** importun, fâcheux, intrus

indiscrétion N. F. **1.** curiosité **2.** révélation, fuite **3.** bavardage, commérage, racontar, cancan (fam.)

indiscutable ADJ. **1.** certain, aveuglant, évident, flagrant, indéniable, indubitable, manifeste **2.** formel, authentique, inattaquable, incontestable, irrécusable, irréfutable

indispensable ADJ. **1.** nécessaire, incontournable, inéluctable, obligatoire, obligé, must (fam.) (nom) **2.** essentiel, important, primordial, utile, vital

indisposé, ée ADJ. malade, incommodé, souffrant, mal fichu (fam.), patraque (fam.)

indisposer V. TR. **1.** gêner, déranger, importuner, incommoder **2.** déplaire à, agacer, contrarier, fâcher, froisser, hérisser, mécontenter, se mettre à dos, faire tiquer

indistinct, incte ADJ. flou, confus, imprécis, indécis, indéfini, nébuleux, obscur, trouble, vague, [bruit] sourd

individu N. M. **1.** spécimen, échantillon, exemplaire, unité, individualité **2.** être (humain), personne, femme, homme, humain **3.** individualité, moi **4.** personne, bonhomme (fam.), citoyen (fam.), gaillard (fam.), gars (fam.), mec (fam.), quidam (fam.), type (fam.), zèbre (fam.), zigoto (fam.)

individualiser V. TR. **1.** particulariser, caractériser, distinguer, individuer (littér.) **2.** personnaliser

individualiste ADJ. et N. **1.** non-conformiste **2.** [péj.] égoïste, égocentrique, personnel

individualité N. F. **1.** ego, moi, caractère, personnalité, personne **2.** originalité, particularité

individuel, elle ADJ. **1.** distinct, particulier, propre, spécifique, singulier **2.** personnel, particulier **3.** isolé, seul **4.** spécial, singulier, particulier **5.** privé

indivisible ADJ. **1.** insécable **2.** inséparable, indissociable

indolence N. F. **1.** mollesse, apathie, engourdissement, inertie, langueur, torpeur **2.** nonchalance, inertie, mollesse, paresse, sybaritisme (littér.)

indolent, ente ADJ. **1.** mou, amorphe, apathique, atone, avachi, endormi, mollasse (fam.), mollasson (fam.) **2.** nonchalant, fainéant, inactif, inerte, oisif, paresseux **3.** alangui, langoureux, languissant, languide (littér.)

indomptable ADJ. **1.** inapprivoisable **2.** courageux, fier, indocile (littér.) **3.** inflexible, inébranlable, invincible, irréductible

indubitable ADJ. **1.** évident, aveuglant, certain, flagrant, incontestable, indéniable, indiscutable, manifeste, sûr **2.** formel, irrécusable, irréfutable

induire V. TR. **1.** inférer, conclure **2.** conduire, amener, convier, encourager, engager, inciter, inviter, porter, pousser **3.** entraîner, catalyser, causer, déclencher, occasionner, provoquer

indulgence N. F. **1.** bienveillance, bonté, charité, clémence, compréhension, générosité, humanité, tolérance, longanimité (littér.), magnanimité (littér.), mansuétude (littér.), miséricorde (surtout Relig.) **2.** complaisance, faiblesse, facilité, mollesse

indulgent, ente ADJ. **1.** compréhensif, bienveillant, bon, clément, conciliant, généreux, tolérant, magnanime (littér.), coulant (fam.), miséricordieux (surtout Relig.) **2.** [péj.] complaisant

industrie N. F. entreprise, établissement, exploitation, fabrique, manufacture, usine

inébranlable ADJ. **1.** indestructible, à toute épreuve, robuste, solide, bâti à chaux et à sable **2.** imperturbable, impassible, impavide, stoïque **3.** intransigeant, déterminé, ferme, inflexible **4.** arrêté, tenace

inédit, ite ADJ. nouveau, neuf, original, sans précédent, premier du genre

inefficace ADJ. **1.** inactif, impuissant, inopérant **2.** infructueux, improductif, inutile, stérile, vain **3.** incapable, incompétent

inefficacité N. F. **1.** impuissance **2.** incapacité, incompétence **3.** inutilité, stérilité

inégal, ale, aux ADJ. **1.** différent, disparate, divers **2.** imparfait **3.** déséquilibré, disproportionné, injuste **4.** bosselé, accidenté, cahoteux, irrégulier, raboteux, rugueux **5.** changeant, instable, irrégulier, en dents de scie, avec des hauts et des bas, variable, versatile

inégalable ADJ. **1.** imbattable, hors pair, indépassable, sans concurrence, sans égal, sans pareil, supérieur, unique **2.** hors pair, sans égal, sans pareil

inégalité N. F. **1.** différence, déséquilibre, disparité, disproportion **2.** variation, changement, fluctuation, oscillation, saute **3.** aspérité, bosse, cahot, dénivellation, irrégularité

inéluctable ADJ. **1.** immanquable, fatal, fatidique, imparable, implacable, indubitable, inexorable, irrésistible **2.** inévitable, incontournable, obligatoire

inénarrable ADJ. **1.** inracontable, indicible, ineffable, inexprimable **2.** comique, ineffable, impayable (fam.)

inepte ADJ. **1.** bête, idiot, inintelligent, niais, sot, stupide, crétin (fam.) **2.** absurde, incohérent, insensé, insane (littér.)

ineptie N. F. **1.** bêtise, absurdité, idiotie, imbécilité, inintelligence, insanité, niaiserie, sottise, stupidité **2.** ânerie, idiotie, insanité

inépuisable ADJ. 1. intarissable 2. infini, inexhaustible (littér.) 3. infatigable, inlassable 4. fécond, généreux

inerte ADJ. 1. inanimé 2. immobile, figé 3. amorphe, apathique, atone, indolent, léthargique, mou, passif

inertie N. F. 1. apathie, atonie, immobilisme, inaction, indolence, léthargie, mollesse, passivité, paresse 2. résistance passive

inespéré, ée ADJ. inattendu, imprévu

inestimable ADJ. 1. incalculable, inappréciable 2. précieux, sans prix 3. considérable, immense

inévitable ADJ. 1. immanquable, certain, fatal, fatidique, imparable, incontournable, inéluctable, inexorable, obligé 2. nécessaire, assuré, forcé, incontournable, indispensable, logique, obligatoire 3. [plaisant] habituel, rituel, sempiternel

inévitablement ADV. fatalement, certainement, forcément, immanquablement, inéluctablement, infailliblement, nécessairement, obligatoirement, tôt ou tard

inexact, acte ADJ. 1. faux, erroné, incorrect, mauvais 2. infidèle, déformé

inexactitude N. F. 1. fausseté 2. erreur, faute 3. à-peu-près, approximation, imprécision 4. mensonge, contrevérité

inexcusable ADJ. 1. impardonnable, irrémissible (littér.) 2. injustifiable, indéfendable

inexistant, ante ADJ. 1. absent 2. négligeable, insignifiant, nul (et non avenu), moins que rien, néant, zéro (fam.) 3. irréel, chimérique, fabriqué, faux, fictif, imaginaire, inventé

inexorable ADJ. 1. impitoyable, implacable, inflexible, intraitable, sans pitié 2. immanquable, fatal, imparable, inéluctable, inévitable

inexpérimenté, ée ADJ. 1. débutant, ignorant, inexercé, maladroit, neuf, nouveau, novice, profane, inexpert (littér.) 2. ingénu, jeune, naïf

inexplicable ADJ. 1. incompréhensible, énigmatique, impénétrable, inconcevable, indéchiffrable, mystérieux, obscur 2. inexprimable, indéfinissable 3. étrange, déconcertant, extraordinaire, singulier

inexploré, ée ADJ. inconnu, ignoré, nouveau, vierge

inexpressif, ive ADJ. 1. éteint, atone, figé, froid, inanimé, inerte, vague 2. fade, insipide, plat, sans relief, terne

inexprimable ADJ. 1. indéfinissable 2. incommunicable, indescriptible, indicible, ineffable, inénarrable, inexplicable, intraduisible

in extenso
▶ LOC. ADV. complètement, entièrement, exhaustivement, intégralement, totalement, d'un bout à l'autre, en entier
▶ LOC. ADJ. complet, entier, exhaustif, intégral

inextricable ADJ. 1. embrouillé, emmêlé, enchevêtré, indébrouillable 2. tortueux, dédaléen (littér.) 3. compliqué, embrouillé, incompréhensible, inintelligible

infaillible ADJ. 1. efficace, fiable, parfait, radical, souverain 2. assuré, certain, immanquable, inévitable, sûr

infailliblement ADV. 1. immanquablement, à coup sûr, fatalement, inéluctablement, sûrement, à tous les coups (fam.) 2. inévitablement, forcément, nécessairement, obligatoirement

infaisable ADJ. impossible, impraticable, inexécutable, irréalisable

infamant, ante ADJ. honteux, avilissant, dégradant, déshonorant, infâme (littér.), ignominieux (littér.)

infâme ADJ. 1. honteux, avilissant, dégradant, déshonorant, infamant, odieux, répugnant, sordide, ignominieux (littér.) 2. détestable, odieux 3. dégoûtant, immonde, infect, innommable, malpropre, sale 4. atroce, horrible, laid, monstrueux

infantile ADJ. puéril, enfantin, immature, gamin (fam.), bébête (fam.)

infatigable ADJ. 1. endurant, résistant, robuste, solide, increvable (fam.) 2. inlassable, incessant, inépuisable

infatué, ée ADJ. vaniteux, fat, fier, hautain, orgueilleux, prétentieux, suffisant, vain, outrecuidant (littér.), puant (fam.)

infect, ecte ADJ. 1. dégoûtant, écœurant, ignoble, immonde, infâme, innommable, repoussant, répugnant, dégueulasse (très fam.) 2. nauséabond, fétide, pestilentiel, puant 3. [temps, etc.] pourri, dégueulasse (très fam.) 4. odieux, abject, détestable, exécrable, ignoble, infâme, répugnant, révoltant

infecter V. TR. 1. contaminer 2. corrompre, polluer, souiller

infection N. F. 1. contagion, contamination, épidémie, infestation 2. puanteur, pestilence (littér.)

inférieur, eure ADJ. 1. bas, profond 2. mineur, dépendant, moindre, secondaire, subalterne, subordonné 3. médiocre, commun

infériorité N. F. 1. faiblesse 2. handicap, défaut, désavantage, faiblesse, inconvénient 3. servitude, subordination

infernal, ale, aux ADJ. 1. démoniaque, diabolique, satanique, méphistophélique (littér.) 2. accéléré, démentiel, endiablé, d'enfer, forcené 3. insupportable, exécrable, impossible, intenable, invivable, terrible

infertile ADJ. 1. aride, désertique, incultivable, pauvre, stérile 2. improductif, stérile, infécond (littér.)

infester V. TR. 1. ravager, attaquer, dévaster, envahir, écumer, piller, saccager 2. hanter, harceler, tourmenter 3. empoisonner

infidèle
▶ N. païen, gentil, hérétique, impie
▶ ADJ. 1. inconstant, adultère, volage 2. inexact, déformé, erroné, incorrect, mensonger 3. défaillant, fantaisiste, incertain

infidélité N. F. 1. inconstance, adultère, trahison, tromperie 2. manquement, dérogation, entorse, transgression, violation 3. inexactitude, écart, erreur

infiltration N. F. 1. pénétration, filtration, introduction, passage, percolation, suintement 2. injection, piqûre 3. noyautage, entrisme

infiltrer V. TR. 1. traverser, pénétrer, s'insinuer dans 2. introduire, injecter
♦ **s'infiltrer** V. PRON. 1. s'introduire, s'insinuer, pénétrer 2. se faufiler, se glisser

infime ADJ. 1. infinitésimal, imperceptible, microscopique, minime, minuscule 2. insignifiant, dérisoire, minime, négligeable, ridicule

infini¹, ie ADJ. 1. interminable, éternel, sans fin, perpétuel 2. illimité, colossal, démesuré, énorme, immense, vaste 3. incalculable, incommensurable, innombrable 4. extrême, absolu, parfait

infini² N. M. infinité, immensité, infinitude (littér.), vastitude (littér.)

infiniment ADV. 1. à l'infini 2. extrêmement, diablement, énormément, excessivement, follement, furieusement, immensément, incomparablement, terriblement, beaucoup

infinité N. F. 1. immensité, infini, infinitude (littér.), vastitude (fam.) 2. multitude, multiplicité, myriade, profusion, quantité, surabondance, foultitude (fam.)

infinitésimal, ale, aux ADJ. infime, imperceptible, microscopique, minime, minuscule

infirme ADJ. handicapé, éclopé, estropié, impotent, invalide, mutilé, béquillard (fam.)

infirmer V. TR. 1. annuler, casser 2. démentir, détruire, réfuter, ruiner 3. diminuer, affaiblir

infirmité N. F. handicap, impotence, incapacité, invalidité

inflammation N. F. 1. irritation, rougeur 2. ignition

inflation N. F. 1. hausse, augmentation, escalade, montée 2. multiplication, extension, intensification, progression

infléchir V. TR. 1. courber, incliner, plier 2. modifier, dévier
♦ **s'infléchir** V. PRON. ployer, s'arquer, se courber, fléchir, gauchir, s'incurver, plier

inflexible ADJ. 1. ferme, inébranlable, intraitable, irréductible, de fer 2. implacable, draconien, impitoyable, inexorable, intraitable, intransigeant 3. incontournable, absolu

inflexion N. F. 1. flexion, inclinaison, infléchissement 2. courbure, courbe, déviation, sinuosité 3. accent, intonation, modulation, tonalité

infliger V. TR. 1. administrer, donner, coller (fam.), ficher (fam.), filer (fam.), flanquer (fam.) 2. imposer

influençable ADJ. manipulable, docile, malléable, maniable

influence N. F. 1. effet, action, impact, incidence 2. impulsion, pression 3. crédit, audience, poids, prestige 4. ascendant, charisme, emprise, magnétisme, pouvoir, [d'un pays, d'une théorie] rayonnement 5. empreinte, griffe, marque

influencer V. TR. 1. agir sur, influer sur, orienter, peser sur, [personne] déteindre sur 2. [péj.] manipuler, embobiner (fam.)

influent, ente ADJ. important, puissant

influer V. TR. IND. [sans complément] faire pencher la balance
— **influer sur** agir sur, influencer, orienter, peser sur

informateur, trice N. indicateur, espion, dénonciateur, indic (fam.), mouchard (fam.), balance (argot), mouton (argot)

information N. F. 1. communication, annonce, avis, briefing, communiqué, message, nouvelle 2. renseignement, donnée, indication, précision, scoop (fam.), tuyau (fam.) 3. enquête, étude, examen, investigation, instruction (préparatoire)
♦ **informations** PLUR. actualités, flash, journal (télévisé), nouvelles, infos (fam.)

informe ADJ. 1. grossier, ébauché, imparfait, inachevé, incomplet 2. confus, indistinct 3. laid, disgracieux

informer V. TR. renseigner, avertir, aviser, éclairer, instruire, mettre au courant, mettre au fait, prévenir, briefer (critique), affranchir (fam.), mettre au parfum (fam.), rancarder (fam.), tuyauter (fam.)
♦ **s'informer** V. PRON. 1. se renseigner, s'enquérir, interroger, aller aux nouvelles 2. se documenter

infortuné, ée ADJ. malheureux, malchanceux, maudit, pauvre

infraction N. F. 1. délit, crime 2. manquement, atteinte, attentat, contravention, dérogation, désobéissance, entorse, transgression, violation

infrastructure N. F. 1. fondation, fondement, sous-œuvre 2. équipement(s), installations

infructueux, euse ADJ. improductif, impuissant, inefficace, inopérant, inutile, sans résultat, stérile, vain

ingénier à (s') V. PRON. s'efforcer de, s'escrimer à, s'évertuer à, chercher à

ingénieux, euse ADJ. astucieux, adroit, habile, intelligent, inventif, subtil, industrieux (littér.)

ingéniosité N. F. astuce, adresse, habileté, intelligence

ingénu, ue ADJ. candide, ignorant, inexpérimenté, innocent, naïf, simple, simplet (péj.)

ingérer V. TR. avaler, absorber, ingurgiter, manger, prendre

ingérer dans (s') V. PRON. s'immiscer dans, s'entremettre dans, intervenir dans, se mêler de, s'occuper de, mettre/fourrer son nez dans (fam.)

ingrat, ate ADJ. 1. oublieux, égoïste 2. aride, improductif, pauvre, sec, stérile 3. difficile, pénible 4. disgracieux, déplaisant, désagréable, disgracié, inesthétique, laid, moche (fam.)

ingrédient N. M. composant, constituant, élément

inguérissable ADJ. incurable, condamné, perdu, fichu (fam.), foutu (fam.)

ingurgiter V. TR. 1. avaler, absorber, boire, engloutir, ingérer, enfourner (fam.), engouffrer (fam.) 2. apprendre, assimiler, se mettre dans la tête

inhabile ADJ. 1. maladroit, gauche, malhabile, novice 2. inapte, incapable, incompétent

inhabité, ée ADJ. **1.** désert, sauvage, solitaire **2.** inoccupé, abandonné, délaissé, dépeuplé, vide

inhabituel, elle ADJ. **1.** inaccoutumé, exceptionnel, rare, inusité (littér.) **2.** étrange, anormal, insolite, singulier

inhaler V. TR. inspirer, absorber, aspirer, humer, respirer

inhérent, ente ADJ.
– **inhérent à** propre à, essentiel à, immanent à, inséparable de, intrinsèque à

inhiber V. TR. **1.** prohiber, défendre, empêcher, interdire **2.** enrayer, bloquer, juguler, paralyser, [Psych.] refouler **3.** complexer, coincer (fam.)

inhospitalier, ière ADJ. **1.** froid, glacial, revêche **2.** farouche, sauvage

inhumain, aine ADJ. **1.** monstrueux, barbare, bestial, brutal, féroce, odieux, sadique **2.** insensible, dur, impitoyable, implacable **3.** insupportable, affreux, atroce, épouvantable, infernal

inhumer V. TR. enterrer, ensevelir, mettre, porter en terre

inimaginable ADJ. **1.** inconcevable, impensable, incroyable, inenvisageable, inouï, invraisemblable **2.** extraordinaire, étonnant, fabuleux, phénoménal, stupéfiant, sidérant (fam.)

inimitable ADJ. **1.** incomparable, imbattable, inégalable, unique **2.** hors pair, sans égal, sans pareil

inimitié N. F. antipathie, animosité, aversion, haine, hostilité, rancune, ressentiment

inintelligible ADJ. **1.** hermétique, ésotérique, illisible, incompréhensible, obscur, opaque, sibyllin, abscons (littér.), abstrus (littér.) **2.** confus, nébuleux **3.** insaisissable, impénétrable, indéchiffrable, inexplicable, insondable

inintéressant, ante ADJ. banal, commun, insignifiant, quelconque, sans intérêt, [personne] falot

ininterrompu, ue ADJ. **1.** continu, non-stop, 24 heures sur 24 **2.** permanent, incessant, continuel

initial, ale, aux ADJ. originel, original, premier, primitif

initialement ADV. à l'origine, au début, originairement, originellement

initiateur, trice N. **1.** introducteur, instigateur, pionnier **2.** auteur, créateur, promoteur **3.** innovateur, novateur, précurseur **4.** éducateur, maître

initiation N. F. **1.** apprentissage, éducation, formation, instruction **2.** baptême, introduction, affiliation, [avec brimades] bizutage

initiative N. F. **1.** action, intervention **2.** mesure(s), disposition(s) **3.** volonté, décision

initier V. TR. **1.** apprendre, conduire, enseigner, former, instruire **2.** déclencher, amorcer, engager, entamer, impulser, lancer, mettre en branle, mettre en route
◆ **s'initier** V. PRON. s'instruire, apprendre, étudier, se former

injecter V. TR. **1.** inoculer, infiltrer, introduire **2.** insuffler, introduire, transmettre, infuser (littér.)

injection N. F. piqûre, infiltration, inoculation, perfusion, transfusion, vaccination, [Drogue] fixe (fam.), shoot (fam.)

injonction N. F. ordre, commandement, diktat, mise en demeure, sommation, ukase, ultimatum

injure N. F. **1.** insulte, apostrophe, insolence, invective, gros mot (fam.), nom d'oiseau (fam.), sottise (fam.) **2.** offense, affront, atteinte, blessure, coup, indignité, insulte, outrage

injurier V. TR. **1.** insulter, apostropher, offenser, agonir (d'injures) (littér.), invectiver (littér.), donner des noms d'oiseau à (fam.), traiter de tous les noms (fam.) **2.** outrager, offenser

injurieux, euse ADJ. insultant, blessant, grossier, mortifiant, offensant, outrageant

injuste ADJ. **1.** illégitime, abusif, arbitraire, illégal **2.** inégal, inégalitaire, à deux vitesses **3.** inéquitable, inique, partial, léonin (littér.) **4.** immérité, infondé, injustifié, indu (littér. ou Droit)

injustice N. F. **1.** iniquité, partialité **2.** abus, passe-droit

injustifié, ée ADJ. **1.** injuste, arbitraire, gratuit, immérité **2.** abusif, illégitime, immotivé, infondé, indu (littér. ou Droit)

inné, ée ADJ. **1.** naturel, foncier, infus (littér.) **2.** atavique, congénital, héréditaire

innocence N. F. **1.** candeur, fraîcheur, ingénuité, naïveté, simplicité **2.** pureté, virginité **3.** innocuité

innocent, ente ADJ. et N. M. non coupable, non responsable, blanc comme neige (fam., souvent iron.) **2.** naïf, benêt, bête, crédule, demeuré, idiot, niais, nigaud, simple, simple d'esprit, simplet **3.** candide, chaste, immaculé, ingénu, pur **4.** inoffensif, anodin, bénin, irréprochable **5.** angélique, comme l'enfant qui vient de naître

innocenter V. TR. **1.** blanchir, disculper, justifier, laver, réhabiliter **2.** absoudre, acquitter, excuser, pardonner

innombrable ADJ. **1.** incalculable, illimité, infini **2.** considérable, nombreux

innommable ADJ. **1.** dégoûtant, immonde, infect, dégueulasse (très fam.) **2.** bas, abominable, honteux, ignoble, indigne, infâme, inqualifiable, odieux, scandaleux, sordide, vil

innovation N. F. **1.** nouveauté, création, changement, nouveau, transformation **2.** audace, hardiesse, inventivité, originalité **3.** découverte, invention

innover V. TR. **1.** changer **2.** inventer, créer, trouver

inoccupé, ée ADJ. **1.** vacant, disponible, libre, vide **2.** inhabité, vide **3.** désœuvré, inactif, oisif

inoculer V. TR. **1.** injecter **2.** transmettre, inspirer, insuffler, propager, infuser (littér.), instiller (littér.)

inoffensif, ive ADJ. **1.** innocent, anodin, bénin **2.** pacifique, calme, doux, paisible, tranquille

inondation N. F. **1.** débordement, sinistre **2.** déferlement, invasion

inonder V. TR. **1.** submerger, noyer **2.** arroser, asperger, baigner, mouiller, tremper **3.** affluer sur/dans, envahir, déferler sur, prendre d'assaut

inopérant, ante ADJ. impuissant, inefficace, inutile, sans résultat, vain

inopiné, ée ADJ. **1.** fortuit, imprévu, inattendu **2.** soudain, subit **3.** surprenant

inopportun, une ADJ. **1.** fâcheux, importun, inconvenant, regrettable **2.** intempestif, déplacé, hors de propos, hors de saison, incongru, mal choisi, malvenu, malséant (littér.)

inoubliable ADJ. **1.** mémorable, fameux, historique, marquant **2.** indélébile, ineffaçable

inouï, ïe ADJ. étonnant, extraordinaire, formidable, incroyable, prodigieux, sensationnel, unique

inqualifiable ADJ. indigne, honteux, ignoble, infâme, innommable, odieux, scandaleux, sordide, vil, dégueulasse (très fam.)

inquiet, ète ADJ. **1.** alarmé, agité, anxieux, angoissé, préoccupé, soucieux, tourmenté, troublé, tracassé **2.** apeuré, effaré, effarouché, effrayé **3.** pessimiste **4.** crispé, anxieux, fiévreux, impatient, tendu

inquiétant, ante ADJ. **1.** alarmant, angoissant, effrayant, menaçant, préoccupant **2.** grave, sérieux **3.** sinistre, louche, menaçant, craignos (fam.), [mine] patibulaire, sombre

inquiéter V. TR. **1.** alarmer, agiter, affoler, alerter, angoisser, apeurer, chagriner, effrayer, ennuyer, épouvanter, tourmenter, tracasser, troubler, travailler (fam.) **2.** harceler, tourmenter
◆ **s'inquiéter** V. PRON. s'alarmer, s'affoler, s'émouvoir, se faire du souci, se soucier, se tracasser, se biler (fam.), s'en faire (fam.), se faire du mouron (fam.), se faire de la bile (fam.), se faire des cheveux (fam.), se faire du mauvais sang (fam.), se frapper (fam.), se ronger les sangs (fam.)

inquiétude N. F. **1.** alarme, appréhension, crainte, peine, peur, préoccupation, souci, tourment **2.** angoisse, agitation, anxiété, émoi, malaise, trouble

inquisiteur, trice ADJ. **1.** curieux, fouineur, fureteur, indiscret, inquisitorial (littér.) **2.** soupçonneux, scrutateur

insaisissable ADJ. **1.** fuyant, fluide, fugace, impalpable, évanescent (littér.) **2.** imperceptible, indiscernable, insensible **3.** incompréhensible, ésotérique, impénétrable, fumeux (fam.)

insalubre ADJ. **1.** malsain, impur, pollué **2.** polluant

insanité N. F. **1.** bêtise, ânerie, idiotie, imbécillité, ineptie, sottise **2.** folie, démence

insatiable ADJ. **1.** avide, affamé, boulimique **2.** vorace, glouton, goinfre, goulu **3.** inassouvissable, dévorant, inapaisable (littér.), inextinguible (littér.)

insatisfaisant, ante ADJ. décevant, faible, insuffisant, médiocre

insatisfait, aite ADJ. **1.** mécontent, déçu **2.** inassouvi, frustré, inapaisé (littér.)

inscription N. F. **1.** écrit, devise, graffiti, tag, [sur une œuvre, un édifice] exergue, ex-libris, épigraphe, [sur une tombe] épitaphe **2.** immatriculation, adhésion, affiliation, conscription, enregistrement **3.** citation, mention

inscrire V. TR. **1.** graver **2.** écrire, coucher sur le papier, consigner, indiquer, marquer, mentionner, noter, porter **3.** enregistrer, copier **4.** enrôler, immatriculer, matriculer
◆ **s'inscrire** V. PRON. s'affilier, adhérer

insécurité N. F. **1.** danger, dangerosité, risques, péril(s) (littér.) **2.** instabilité, précarité

insensé, ée ADJ. **1.** irrationnel, aberrant, absurde, démentiel, extravagant, fou, inepte, irréfléchi, saugrenu **2.** [rythme] effréné, démentiel, échevelé, enragé, excessif, forcené, frénétique, tumultueux **3.** [fam.] incroyable, fou, délirant (fam.), dingue (fam.)

insensibiliser V. TR. **1.** endormir **2.** anesthésier, chloroformer, éthériser (ancienn)

insensibilité N. F. **1.** paralysie, apathie, inconscience, léthargie **2.** analgésie **3.** détachement, ataraxie, impassibilité, indifférence **4.** désintérêt, imperméabilité, indifférence **5.** dureté, cruauté, froideur

insensible ADJ. **1.** engourdi, paralysé **2.** apathique, assoupi, indolent, léthargique **3.** détaché, impassible, imperturbable **4.** dur, de pierre, froid, glacial, impitoyable, implacable, indifférent, inexorable, inhumain, sec, sans cœur **5.** imperceptible, faible, indécelable, indiscernable, léger, minime, minuscule

inséparable ADJ. **1.** indivisible, insécable, joint, uni **2.** inévitable, éternel

insérer V. TR. **1.** introduire, glisser, intercaler **2.** incorporer, emboîter, encastrer, enchâsser, enclaver, implanter, incruster, [feuille] encarter, interfolier, [pierre] enchatonner, sertir **3.** ajouter, inclure, introduire, mettre, fourrer (fam.)
◆ **s'insérer** V. PRON. **1.** se placer, s'attacher, s'implanter, s'encastrer **2.** s'assimiler, s'intégrer **3.** s'inscrire, s'intégrer

insidieux, euse ADJ. **1.** sournois, traître **2.** trompeur, fallacieux, illusoire **3.** piégé, rusé, spécieux, captieux (littér.)

insigne[1] ADJ. **1.** remarquable, éclatant, éminent, fameux **2.** important, signalé (littér.)

insigne[2] N. M. **1.** emblème, symbole **2.** marque, badge, plaque, signe **3.** décoration, médaille, récompense, ruban

insignifiant, ante ADJ. **1.** banal, anodin, fade, falot, inconsistant, inodore et sans saveur, insipide, médiocre, nul, ordinaire, quelconque, terne **2.** frivole, accessoire, dérisoire, futile, vain, vide, sans intérêt **3.** infime, dérisoire, mince, minime, minuscule, négligeable, petit **4.** [péj.] misérable, malheureux, mesquin, de rien du tout (fam.)

insinuation N. F. allusion, sous-entendu

insinuer V. TR. **1.** suggérer, glisser, laisser entendre, sous-entendre **2.** vouloir dire, entendre (littér.)
◆ **s'insinuer** V. PRON. s'introduire, se couler, entrer, envahir, se faufiler, se glisser, s'infiltrer, pénétrer

insipide ADJ. **1.** fade, douceâtre **2.** ennuyeux, fastidieux, (incolore) inodore et sans saveur, plat, sans sel 3. effacé, anodin, banal, falot, inconsistant, insignifiant, ordinaire, quelconque, terne

insistance N. F. 1. obstination, acharnement, constance, entêtement, opiniâtreté, persévérance, ténacité 2. indiscrétion

insistant, ante ADJ. 1. appuyé, pressant, instant (littér.) 2. indiscret

insister V. INTR. 1. s'obstiner, s'acharner, s'entêter, continuer, persévérer, persister 2. mettre les points sur les i, enfoncer le clou, en remettre une couche/une louche (fam.)

insolence N. F. 1. effronterie, impertinence, irrespect, culot (fam.), toupet (fam.) 2. offense, impertinence, insulte 3. arrogance, dédain, impudence, mépris, morgue, outrecuidance (littér.), superbe (littér.)

insolent, ente ADJ. 1. impertinent, effronté, grossier, impoli, irrespectueux 2. arrogant, désinvolte, hautain, impudent, orgueilleux, prétentieux, outrecuidant (littér.) 3. déplacé, cavalier, familier, hardi, inconvenant, indécent, injurieux, insultant, leste 4. extraordinaire, honteux, incroyable, indécent, inouï, provocant

insolite ADJ. 1. singulier, anormal, bizarre, étonnant, étrange, exceptionnel, extraordinaire, inaccoutumé, inhabituel, rare 2. excentrique, extravagant, ovni (nom)

insondable ADJ. 1. impénétrable, incompréhensible, inexplicable, inintelligible, insaisissable, obscur 2. immense, abyssal, incommensurable, infini, intense, profond

insouciance N. F. 1. frivolité, étourderie, imprévoyance, irréflexion, légèreté 2. détachement, décontraction, désinvolture, indifférence, indolence, nonchalance

insouciant, ante ADJ. étourdi, désinvolte, frivole, évaporé, imprévoyant, irréfléchi, léger, négligent

insoumis, ise
▸ ADJ. rebelle, désobéissant, frondeur, indiscipliné, récalcitrant, réfractaire, rétif, révolté, séditieux, indocile (littér.)
▸ N. réfractaire, déserteur, mutin, objecteur de conscience, séditieux

insoupçonné, ée ADJ. 1. ignoré, inconnu, nouveau 2. inattendu, secret, stupéfiant

insoutenable ADJ. 1. insupportable, épouvantable, infernal, intolérable 2. inadmissible, inacceptable, indéfendable, injustifiable

inspecter V. TR. 1. contrôler, superviser, surveiller, vérifier, visiter 2. examiner, étudier, explorer, fouiller, ratisser, sonder, passer au peigne fin 3. scruter, regarder des pieds à la tête

inspection N. F. contrôle, examen, fouille, ronde, vérification, surveillance, visite, [de bateau] arraisonnement, [de troupes] revue

inspiration N. F. I. aspiration, inhalation II. 1. intuition, éclair (de génie), idée 2. veine, verve 3. grâce, esprit, illumination, souffle III. conseil, avis, impulsion, influence, instigation, suggestion

inspirer
▸ V. INTR. aspirer, respirer
▸ V. TR. I. 1. susciter, communiquer, donner, inoculer, imprimer, insuffler, faire naître, provoquer, suggérer, instiller (littér.) 2. imposer, commander, dicter II. 1. conseiller, diriger, encourager, persuader 2. animer, déterminer
◆ **s'inspirer de** V. PRON. imiter, copier, prendre modèle sur, plagier (péj.)

instabilité N. F. 1. déséquilibre 2. variabilité, fluctuation, inconstance, mobilité, versatilité 3. fragilité, précarité

instable ADJ. I. bancal, boiteux, branlant, chancelant, vacillant II. 1. changeant, fluctuant, mobile, mouvant, variable 2. capricieux, changeant, fluctuant, inconstant, versatile 3. fragile, fugitif, labile, précaire III. nomade, errant, vagabond IV. déséquilibré, caractériel

installation N. F. 1. emménagement 2. arrangement, agencement, aménagement, équipement, organisation 3. pose, établissement, mise en place 4. intronisation, investiture
◆ **installations** PLUR. infrastructure, équipement

installer V. TR. 1. placer, mettre en place, poser, caser (fam.) 2. aménager, agencer, arranger, disposer, équiper 3. introniser, asseoir, établir

◆ **s'installer** V. PRON. 1. emménager, se loger, planter ses pénates/sa tente (plaisant) 2. s'établir, s'enraciner, se fixer, s'implanter, prendre pied, prendre racine 3. se mettre, s'asseoir, prendre place, se placer, [dans un fauteuil] se carrer

instance N. F. 1. demande, pression, prière, requête, sollicitation 2. procédure, procès 3. institution, autorité

instant[1]**, ante** ADJ. 1. pressant, appuyé, insistant 2. imminent

instant[2] N. M. moment, heure, minute, période, seconde, temps

instantané, ée ADJ. 1. immédiat, brutal, prompt, rapide, soudain, subit 2. bref, fugace, fugitif

instantanément ADV. aussitôt, à l'instant, immédiatement, sur-le-champ, tout de suite, incontinent (littér.)

instaurer V. TR. établir, constituer, créer, ériger, fonder, implanter, inaugurer, instituer, mettre en place, organiser, promouvoir

instigateur, trice N. inspirateur, âme, cause, incitateur, meneur, moteur, promoteur

instiller V. TR. insuffler, inoculer, insinuer, inspirer

instinct N. M. 1. intuition, flair, inspiration, perspicacité, feeling (fam.), pif (fam.) 2. aptitude, disposition, don, sens, talent, bosse (fam.) 3. nature, inclination, penchant, tendance 4. pulsion

instinctif, ive ADJ. 1. irréfléchi, automatique, inconscient, involontaire, irraisonné, machinal, mécanique, réflexe, spontané 2. viscéral, animal, instinctuel, irraisonné, tripal (fam.) 3. inné, naturel

instinctivement ADV. 1. spontanément, impulsivement, inconsciemment, d'instinct 2. machinalement, mécaniquement, par automatisme, par habitude

instituer V. TR. établir, constituer, créer, ériger, fonder, implanter, instaurer, mettre en place

institution N. F. 1. création, fondation, érection, établissement, instauration, organisation 2. établissement 3. école, collège, pension, pensionnat
◆ **institutions** PLUR. État, pouvoir, régime, système

instructeur, trice N. éducateur, entraîneur, moniteur, professeur

instructif, ive ADJ. formateur, édifiant, éducatif, enrichissant, plein d'enseignement

instruction N. F. I. 1. savoir, connaissances, culture, éducation, lettres, science, bagage (fam.) 2. apprentissage, édification, initiation 3. enseignement, formation, pédagogie II. consigne, directive, indication, ordre, prescription III. enquête, information

instruire V. TR. 1. éduquer, enseigner, former, initier 2. [Droit] examiner 3. [qqn de, sur] apprendre à, annoncer à, avertir de, aviser de, informer, notifier, faire part à, prévenir, renseigner
◆ **s'instruire** V. PRON. apprendre, se cultiver, étudier, se former

instruit, ite ADJ. cultivé, éclairé, érudit, expérimenté, lettré, sage, savant, calé (fam.)

instrument N. M. 1. outil, appareil, engin, machine, ustensile 2. moyen, organe 3. agent, âme, bras, exécutant, jouet (péj.), pantin (péj.)

insubordination N. F. 1. rébellion, contestation, révolte 2. désobéissance, indiscipline, manquement (à la discipline/à l'obéissance), insoumission

insuffisance N. F. 1. carence, défaut, déficience, déficit, faiblesse, lacune, manque, pauvreté, pénurie 2. médiocrité, faiblesse, imperfection, infériorité, intérêt, insignifiance 3. inaptitude, ignorance, impuissance, incapacité, incompétence, nullité, impéritie (littér.)

insuffisant, ante ADJ. 1. maigre, mesquin, pauvre, court (fam.), juste (fam.) 2. imparfait, déficient, faible, incomplet, insignifiant, jeune, mauvais, médiocre 3. incapable, ignare, inapte, incompétent, nul

insuffler V. TR. injecter, communiquer, imprimer, inoculer, inspirer, instiller (littér.)

insultant, ante ADJ. injurieux, blessant, grossier, offensant, outrageant

insulte N. F. 1. affront, attaque, atteinte, injure, offense, outrage 2. invective, grossièreté, insolence

insulter V. TR. 1. injurier, invectiver (littér.), agonir (littér.), donner des noms d'oiseau à (fam.), traiter de tous les noms (fam.) 2. offenser, outrager

insupportable ADJ. 1. odieux, antipathique, détestable, exécrable, haïssable, impossible, infernal, invivable, imbuvable (fam.) 2. turbulent, impossible, infernal, intenable, pénible 3. atroce, épouvantable, insoutenable, intenable, intolérable, terrible

insurgé, ée ADJ. et N. émeutier, factieux, insoumis, mutin (nom), révolté, rebelle, séditieux

insurger (s') V. PRON. 1. se révolter, se mutiner, se rebeller, se soulever, se rebiffer (fam.) 2. s'indigner, se cabrer, se dresser, s'inscrire en faux, protester, regimber

insurmontable ADJ. 1. infranchissable, insurpassable, invincible 2. incontrôlable, indomptable

insurrection N. F. émeute, levée (de boucliers), mouvement (insurrectionnel), mutinerie, rébellion, résistance (à l'oppression), révolte, révolution, sédition, soulèvement, trouble, [Hist.] jacquerie

intact, acte ADJ. 1. indemne, entier, (sain et) sauf 2. inchangé, inaltéré, tel quel 3. propre, immaculé, net, pur, sans tache 4. sauf

intarissable ADJ. 1. inépuisable, inlassable 2. abondant, débordant, fécond, généreux, inépuisable

intégral, ale, aux ADJ. 1. complet, entier, exhaustif, total 2. absolu

intégralement ADV. 1. complètement, entièrement, parfaitement, totalement 2. in extenso, en entier, en totalité, exhaustivement, dans son intégralité, dans sa totalité, du début à la fin, de A à Z

intégralité N. F. 1. ensemble, totalité 2. intégrité, entièreté, complétude (littér.)

intégration N. F. 1. concentration, absorption, fusion, imbrication, unification, union 2. assimilation, incorporation, adaptation, appropriation, imprégnation, acculturation

intègre ADJ. 1. honnête, incorruptible, vertueux, probe (littér.) 2. équitable, impartial, juste

intégrer V. TR. 1. incorporer, assimiler, fondre 2. comprendre, associer, inclure, réunir, unir
◆ **s'intégrer** V. PRON. s'insérer, s'assimiler

intégrisme N. M. fondamentalisme, traditionalisme

intégriste ADJ. et N. fondamentaliste, traditionaliste

intégrité N. F. 1. totalité, intégralité 2. honnêteté, incorruptibilité, probité

intellect N. M. entendement, esprit, intelligence

intellectuel, elle
▸ ADJ. 1. mental, idéologique, moral, psychique, spirituel 2. cérébral, abstrait, intello (fam.)
▸ N. cérébral, cerveau, tête, intello (fam.), tête d'œuf (péj.)

intelligence N. F. 1. esprit, entendement, intellect, matière grise, pensée, raison 2. clairvoyance, discernement, jugement, pénétration, perspicacité, sagacité, subtilité, jugeote (fam.) 3. compréhension, intellection, perception 4. complicité, collusion, connivence, entente

intelligent, ente ADJ. 1. pensant, raisonnable 2. brillant, capable, doué, éveillé, fin, fort, vif, futé (fam.) 3. perspicace, clairvoyant, pénétrant, sagace, subtil 4. habile, adroit, astucieux, ingénieux, malin

intelligible ADJ. accessible, clair, compréhensible, facile, limpide, lumineux, net, simple

intempéries N. F. PL. mauvais temps, rigueurs du climat

intempestif, ive ADJ. déplacé, importun, incongru, inconvenant, indiscret, inopportun, malvenu, malséant (littér.)

intemporel, elle ADJ. 1. éternel, atemporel, immuable 2. immatériel, désincarné, incorporel

intenable ADJ. 1. intolérable, épouvantable, infernal, insupportable, invivable 2. turbulent, impossible, infernal, insupportable, indocile (littér.), terrible (fam.) **3.** indéfendable, injustifiable

intense ADJ. **1.** vif, extrême, fort, profond, violent, [mal de tête] carabiné (fam.) **2.** dense **3.** soutenu, cru, vif, passionné, ardent, tumultueux

intensif, ive ADJ. soutenu, accentué, prononcé

intensification N. F. accroissement, amplification, augmentation, exacerbation, extension, renforcement, [en mal] aggravation

intensifier V. TR. augmenter, accroître, amplifier, développer, exacerber, renforcer, [en mal] aggraver
♦ **s'intensifier** V. PRON. s'accentuer, s'accroître, s'amplifier, augmenter, croître, se développer, grandir, monter, redoubler, se renforcer, [en mal] s'aggraver

intensité N. F. **1.** force, acuité, amplitude, puissance, véhémence, violence **2.** [d'un son] volume **3.** [de la lumière] brillance, vivacité **4.** ampérage

intenter V. TR.
– **intenter une action contre** attaquer, actionner, attraire en justice, ester en justice

intention N. F. **1.** but, dessein, fin, objectif, objet, plan, projet, visée **2.** détermination, décision, désir, résolution, volonté, vouloir, [vague] velléité **3.** préméditation **4.** mobile, cause, motif **5.** disposition

intentionnel, elle ADJ. délibéré, conscient, prémédité, préparé, volontaire, voulu

intentionnellement ADV. exprès, délibérément, de propos délibéré, à dessein, sciemment, volontairement

intercaler V. TR. insérer, enchâsser, glisser, incorporer, interpoler, introduire, joindre, mettre entre, placer entre
♦ **s'intercaler** V. PRON. **1.** s'insérer, se glisser **2.** s'interposer

intercéder V. INTR.
– **intercéder pour, en faveur de** intervenir pour, s'entremettre pour, parler pour, défendre

intercepter V. TR. **1.** s'emparer de, attraper au vol, saisir **2.** surprendre, capter, saisir **3.** arrêter, interrompre, boucher, cacher, éclipser, masquer, occulter, voiler

interception N. F. arrêt, blocage, interruption

interchangeable ADJ. **1.** commutable, permutable, substituable **2.** jetable, remplaçable

interdiction N. F. **1.** défense, prohibition **2.** tabou, interdit

interdire V. TR. **I. 1.** défendre, prohiber, proscrire, mettre hors la loi **2.** empêcher, exclure, s'opposer à, faire obstacle à **3.** censurer, condamner, frapper d'interdit **4.** [sa porte] fermer **5.** suspendre, frapper d'interdiction **II.** interloquer, confondre, étonner, laisser pantois, laisser sans voix
♦ **s'interdire de** V. PRON. **1.** s'abstenir de, s'empêcher de, se garder de, se retenir de **2.** se refuser à, se défendre de

interdit¹, ite ADJ. **I. 1.** défendu, illégal, illicite, prohibé **2.** tabou, proscrit **II.** ahuri, déconcerté, décontenancé, ébahi, médusé, pantois, pétrifié, saisi, sans voix, stupéfait, stupide, ébaubi (littér.), sidéré (fam.)

interdit² N. M. **1.** condamnation, censure **2.** tabou **3.** mise à l'index, boycott, exclusive

intéressant, ante ADJ. **1.** captivant, palpitant, passionnant, prenant **2.** pertinent, important, valable **3.** curieux, piquant, remarquable **4.** profitable, avantageux, fructueux, lucratif, payant, rémunérateur, rentable, juteux (fam.) **5.** attrayant, alléchant, attirant, attractif, [prix] modique, raisonnable

intéressé, ée ADJ. **1.** calculateur **2.** cupide, vénal **3.** attiré, captivé, passionné, séduit

intéresser V. TR. **1.** plaire à, captiver, passionner, accrocher (fam.), brancher (fam.) **2.** concerner, s'appliquer à, se rapporter à, relever de, avoir rapport à/avec, toucher, avoir trait à **3.** importer à, préoccuper, toucher
♦ **s'intéresser à** V. PRON. **1.** aimer, cultiver, étudier, pratiquer, s'adonner à **2.** s'occuper de, se pencher sur, suivre **3.** se soucier de, se préoccuper de

intérêt N. M. **I. 1.** avantage, bien, importance, profit, utilité, qualité, piment, sel **II.** curiosité, attirance, désir (d'apprendre), goût, inclination, penchant **III.** bienveillance, attention, compréhension, gentillesse, sollicitude, sympathie **IV. 1.** prix de l'argent, agio, escompte, loyer, [excessif] usure **2.** revenu, dividende, gain, rapport, rente

interférer V. INTR. interagir, intervenir, jouer un rôle

intérieur¹, eure ADJ. **1.** interne **2.** civil, intestin (littér.) **3.** domestique **4.** intime, privé, secret **5.** psychique, spirituel

intérieur² N. M. **1.** dedans **2.** contenu, centre, entrailles **3.** foyer, chez-soi, home (anglic.), logis, maison, nid **4.** arrière-pays, hinterland

intérieurement ADV. **1.** au-dedans **2.** mentalement, intimement, dans son for intérieur, secrètement, tout bas, in petto, à part soi

intérim N. M. **1.** remplacement, suppléance, interrègne (plaisant) **2.** travail temporaire

intérimaire
▸ ADJ. temporaire, momentané, passager, provisoire, transitoire, précaire
▸ N. remplaçant, suppléant, vacataire

interlope ADJ. **1.** douteux, équivoque, louche, mal famé, suspect, [hôtel] borgne **2.** frauduleux, de contrebande, illégal, illicite

interloqué, ée ADJ. ahuri, confondu, déconcerté, décontenancé, désarçonné, déstabilisé, médusé, muet, pantois, pétrifié, saisi, sans voix, stupéfait, stupide, ébaubi (littér.), sidéré (fam.)

interlude N. M. intermède, entracte, interruption

intermède N. M. **1.** arrêt, entracte, interruption, intervalle **2.** interlude, divertissement, intermezzo

intermédiaire¹ ADJ. **1.** moyen, médian, entre les deux (fam.) **2.** transitoire

intermédiaire²
▸ N. **1.** négociateur, arbitre, médiateur **2.** agent, entremetteur, interprète, boîte aux lettres (fam.), homme de paille (péj.), prête-nom (péj.) **3.** commerçant **4.** agent, commissionnaire, courtier, mandataire, représentant
▸ N. M. **1.** entre-deux, milieu, moyen terme, moyenne **2.** entremise, médiation, truchement **3.** transition, lien, pont

interminable ADJ. **1.** incessant, continuel, éternel, fastidieux, infini, long, sans fin, sempiternel, long comme un jour sans pain **2.** démesuré, énorme, gigantesque, immense

intermittence N. F. **1.** discontinuité, irrégularité **2.** [d'une douleur] intermission, rémission **3.** [du rythme cardiaque] arythmie

intermittent, ente ADJ. **1.** discontinu, irrégulier **2.** épisodique, sporadique **3.** [lumière] clignotant, à éclipse

international, ale, aux ADJ. **1.** mondial, global, planétaire **2.** cosmopolite

interne ADJ. **1.** intérieur, [querelle] intestine (littér.) **2.** intrinsèque, endogène, profond

internement N. M. enfermement, captivité, emprisonnement, détention, incarcération

interner V. TR. enfermer, emprisonner, boucler (fam.)

Internet N. M. le réseau des réseaux, la Toile, le Net, le Web

interpellation N. F. **1.** apostrophe **2.** arrestation, capture **3.** injonction, mise en demeure, sommation

interpeller V. TR. **1.** apostropher, appeler, héler **2.** arrêter, appréhender, capturer, agrafer (fam.), alpaguer (fam.), cueillir (fam.), épingler (fam.), pincer (fam.), ramasser (fam.) **3.** intéresser, susciter un écho/un intérêt chez

interposer V. TR. intercaler, mettre, placer, poser
♦ **s'interposer** V. PRON. s'entremettre, intervenir

interprétation N. F. **1.** explication, commentaire, exégèse, glose, paraphrase, herméneutique **2.** lecture, version **3.** exécution, jeu

interprète N. **1.** traducteur **2.** intermédiaire, porte-parole **3.** commentateur, exégète **4.** artiste, acteur, comédien, chanteur, musicien

interpréter V. TR. **1.** commenter, éclaircir, expliquer, gloser **2.** comprendre, déchiffrer, décoder, décrypter, deviner, expliquer, lire, pénétrer, saisir **3.** jouer, exécuter, incarner, représenter

interrogateur, trice ADJ. interrogatif, inquisiteur (péj.)

interrogation N. F. **1.** demande, question **2.** épreuve, contrôle, devoir, examen, colle (fam.), interro (fam.) **3.** interrogatoire

interroger V. TR. **1.** questionner, poser une/des question(s) à, presser de questions, cuisiner (fam.), mettre sur le gril (fam.), mettre sur la sellette (fam.) **2.** demander à, s'enquérir auprès de, se renseigner auprès de, sonder, consulter, interviewer, tâter (le pouls de) **4.** interpeller **5.** scruter, examiner, fouiller
♦ **s'interroger** V. PRON. **1.** hésiter, se tâter **2.** descendre en soi-même

interrompre V. TR. **1.** arrêter, briser, cesser, couper (court à), discontinuer, finir, rompre **2.** abandonner, suspendre **3.** couper la parole à **4.** rompre, trancher **5.** déranger, entrecouper, hacher, perturber, traverser, troubler
♦ **s'interrompre** V. PRON. cesser, (s')arrêter, finir

interruption N. F. **1.** arrêt, cessation, coupure, discontinuation, discontinuité, halte, suspension **2.** relâche, vacances **3.** pause, battement, entracte, intermède, répit, break (fam.) **4.** intervalle, hiatus, rupture, saut, solution de continuité **5.** coupure, dérangement, panne, rupture **6.** [Méd.] rémission, répit

intersection N. F. **1.** croisement, carrefour, croisée **2.** arête, concours

interstice N. M. **1.** fente **2.** intervalle, écart, espace

intervalle N. M. **1.** distance, écart, éloignement, espace **2.** fente, interstice **3.** battement, entracte, intermède, interruption, pause, répit, rémission, silence, suspension, temps (d'arrêt), break (fam.) **4.** intérim, interrègne **5.** différence, écart, [grand] abîme, fossé

intervenir V. INTR. **1.** agir, entrer en action, entrer en jeu, entrer en scène, opérer **2.** s'entremettre, s'interposer, faire un geste, [au négatif] lever, remuer le petit doigt (fam.) **3.** la ramener (fam.), mettre/mêler son grain de sel (fam.), ramener sa fraise (fam.)

intervention N. F. **1.** action **2.** aide, bons offices, concours, entremise, intercession, médiation, piston (fam.) **3.** ingérence, immixtion, incursion, intrusion **4.** opération (chirurgicale)

interversion N. F. **1.** inversion, permutation, transposition **2.** [Ling.] métathèse, anastrophe

intervertir V. TR. inverser, permuter, renverser, retourner, transposer

interview N. F. entretien, conversation

interviewer V. TR. interroger, questionner

intestins N. M. PL. **1.** viscères, entrailles (didact. ou littér.), boyaux (fam. pour l'homme), tripes (fam. pour l'homme), tripaille (fam.) **2.** ventre

intime
▸ ADJ. **1.** profond, intérieur **2.** essentiel **3.** personnel, domestique, particulier, privé, secret **4.** étroit, familier **5.** [rapport] sexuel, charnel, physique
▸ N. ami, confident, familier, proche

intimement ADV. **1.** profondément, foncièrement, dans son for intérieur **2.** étroitement

intimer V. TR. commander, enjoindre, notifier, signifier

intimidation N. F. menace, pression, chantage

intimider V. TR. **1.** impressionner, en imposer à **2.** effaroucher, embarrasser, gêner, mettre mal à l'aise, troubler **3.** glacer, frigorifier, inhiber, paralyser, terroriser **4.** menacer, faire pression sur

intimité N. F. **1.** vie personnelle, vie privée **2.** familiarité

intituler V. TR. appeler, dénommer, nommer, baptiser (plaisant)

intolérable ADJ. **1.** aigu, atroce, épouvantable, horrible, insoutenable, insupportable, intenable **2.** accablant, abominable, désagréable, importun **3.** inadmissible, inacceptable, insupportable, odieux, révoltant, scandaleux

intolérance N. F. **1.** étroitesse d'esprit, intransigeance, rigidité **2.** fanatisme, sectarisme **3.** allergie

intolérant, ante ADJ. **1.** étroit, intransigeant, intraitable **2.** fanatique, sectaire

intonation N. F. accent, inflexion, mélodie, modulation, prosodie

intouchable ADJ. **1.** sacré, intangible, inviolable, tabou, sacro-saint (fam.) **2.** inapprochable **3.** invulnérable, inamovible, indéboulonnable (fam.)

intoxication N. F. **1.** empoisonnement **2.** endoctrinement, désinformation, bourrage de crâne (fam.), intox (fam.), matraquage (fam.)

intoxiquer V. TR. empoisonner
♦ **s'intoxiquer** V. PRON. **1.** s'empoisonner **2.** se droguer

intraitable ADJ. **1.** exigeant, intransigeant **2.** impitoyable, implacable, inflexible, irréductible **3.** désobéissant, difficile, dur, entier, farouche, fier, indomptable

intransigeance N. F. inflexibilité, rigidité, intolérance, raideur, sévérité

intransigeant, ante ADJ. **1.** intraitable, absolu, farouche, inflexible, irréductible **2.** raide, rigide, rigoriste, rigoureux, sévère, strict **3.** intolérant, sectaire **4.** autoritaire, draconien, dur

intrépide ADJ. **1.** audacieux, brave, courageux, fier, hardi, héroïque, impavide, vaillant, valeureux **2.** inébranlable, ferme **3.** déterminé, imperturbable, enragé (fam.), sacré (fam.)

intrigue N. F. **1.** complot, agissements, cabale, conspiration, imbroglio, machination, manège, manœuvres, menées, combine (fam.), cuisine (fam.), embrouille (fam.), fricotage (fam.), grenouillage (fam.), magouille (fam.), manigance (fam.), micmac (fam.), trafic (fam.), tripotage (fam.) **2.** scénario, action, argument, histoire, nœud

intriguer
▸ V. TR. étonner, appeler/attirer l'attention de, paraître/sembler bizarre à, interpeller, mettre la puce à l'oreille à, surprendre
▸ V. INTR. manœuvrer, comploter, magouiller (fam.)

intrinsèque ADJ. **1.** inhérent, constitutif, essentiel, immanent, propre **2.** interne, intérieur

introduction N. F. I. **1.** commencement **2.** entrée en matière, avant-propos, avertissement, avis (au lecteur), (discours) préliminaires, exorde, exposition, préambule, préface, prélude, prodrome, prolégomènes, prologue II. **1.** admission, entrée, infiltration (péj.) **2.** importation, acclimatation, adoption **3.** présentation, recommandation **4.** pénétration, intromission III. initiation, apprentissage, préparation

introduire V. TR. **1.** insérer, caser, enfoncer, enfourner, engager, entrer, glisser, incorporer, injecter, intégrer, intercaler, (faire) passer, planter, plonger, rentrer, ficher (fam.), fourrer (fam.) **2.** conduire, faire entrer, faire passer **3.** importer, acclimater, adopter, implanter **4.** infuser, injecter, inoculer, inspirer, insuffler, instiller (littér.) **5.** présenter, faire connaître, lancer, ouvrir les portes à, parrainer, patronner, pousser
♦ **s'introduire** V. PRON. **1.** entrer, se couler, se faufiler, se glisser, (s')infiltrer, s'insinuer, pénétrer, se fourrer (fam.) **2.** s'ingérer, s'immiscer, se mêler

introverti, ie ADJ. inhibé, renfermé, replié sur soi

intrus, use ADJ. et N. importun, gêneur, indésirable, indiscret

intuition N. F. **1.** pressentiment, prémonition, prescience **2.** sagacité, flair, instinct, sixième sens, feeling (fam.), nez (fam.)

inusable ADJ. solide, inaltérable, indestructible, à toute épreuve

inusité, ée ADJ. **1.** inutilisé, inemployé, rare, inusuel (littér.) **2.** inhabituel, anormal, exceptionnel, extraordinaire, inaccoutumé, rare, singulier

inutile ADJ. **1.** superflu, accessoire, superfétatoire (littér.) **2.** inefficace, infructueux, stérile, vain **3.** creux, oiseux, vide

inutilement ADV. en vain, en pure perte, sans nécessité, stérilement, vainement, pour rien, pour des prunes (fam.)

inutilisable ADJ. inemployable, inexploitable

inutilisé, ée ADJ. **1.** inusité, inemployé **2.** inexploité, inemployé

inutilité N. F. inefficacité, futilité, inanité, stérilité, vanité

invalide N. handicapé, impotent, infirme

invalider V. TR. annuler, abolir, détruire, réduire à néant

invalidité N. F. infirmité, handicap, impotence, incapacité

invariable ADJ. **1.** constant, égal, éternel, fixe, immuable, permanent **2.** certain, immobile, inaltérable, stable, stationnaire

invariablement ADV. toujours, constamment, immanquablement, immuablement, rituellement, perpétuellement, à tous les coups (fam.)

invasion N. F. **1.** envahissement, occupation **2.** irruption, incursion, ruée **3.** déferlement, débordement, inondation, pénétration **4.** diffusion, propagation

invective N. F. injure, affront, insulte, sortie

invectiver
▸ V. TR. injurier, insulter, agonir (littér.), incendier (fam.)
▸ V. INTR. crier, déclamer, fulminer, pester

inventaire N. M. **1.** dénombrement, énumération, recensement **2.** catalogue, état, liste, nomenclature, récapitulation, relevé, répertoire, revue, table, tableau

inventer V. TR. **1.** découvrir, concevoir, créer, imaginer, trouver **2.** forger, arranger, broder, fabriquer, imaginer, improviser, rêver, monter de toutes pièces, controuver (littér.) **3.** chercher, supposer

inventeur, trice N. auteur, créateur, découvreur, fondateur, mère, père

inventif, ive ADJ. **1.** créatif, fécond, fertile **2.** astucieux, habile, imaginatif, ingénieux

invention N. F. **1.** création, découverte, innovation **2.** découverte, idée, trouvaille **3.** imagination, créativité, inspiration, inventivité **4.** astuce, combinaison, expédient, ressource **5.** mensonge, affabulation, conte, fable, fiction, histoire, blague (fam.), craque (fam.)

inventorier V. TR. **1.** dénombrer, chiffrer, compter, évaluer, mesurer **2.** répertorier, cataloguer, ficher, lister, recenser

invérifiable ADJ. **1.** incontrôlable **2.** indémontrable, improuvable

inverse[1] ADJ. **1.** contraire, antithétique, opposé **2.** renversé **3.** réciproque

inverse[2] N. M. **1.** contraire, opposé **2.** contrepartie **3.** antipode, antithèse, contre-pied

inversement ADV. **1.** réciproquement, vice versa **2.** à l'inverse, au contraire, en revanche, par contre (fam.)

inverser V. TR. **1.** intervertir, permuter **2.** renverser, retourner

inversion N. F. **1.** permutation, interversion **2.** renversement, retournement

investigation N. F. enquête, analyse, étude, examen, information, observation, recherche

investir V. TR. **1.** engager, placer **2.** conférer à, doter, pourvoir, revêtir **3.** assiéger, bloquer, cerner, encercler, environner
♦ **s'investir** V. PRON. s'impliquer, donner de soi-même

investissement N. M. **1.** placement **2.** blocus, encerclement, siège

invétéré, ée ADJ. **1.** ancien, ancré, chronique, enraciné, fortifié, vieux **2.** endurci, impénitent, incorrigible, incurable

invincible ADJ. **1.** imbattable, irréductible, invulnérable **2.** imprenable, inexpugnable (littér.) **3.** insurmontable, indomptable, irrépressible, irrésistible, incoercible (littér.) **4.** irréfutable, inattaquable, incontestable, indiscutable, irrécusable **5.** inaltérable, impérissable, indestructible

inviolable ADJ. **1.** sacré, intangible, tabou, sacro-saint (fam.) **2.** imprenable, invulnérable, inexpugnable (littér.)

invisible ADJ. **1.** imperceptible, indécelable, indiscernable, [encre] sympathique, [avion, navire] furtif **2.** introuvable, insaisissable **3.** mystérieux, occulte, secret

invitation N. F. **1.** faire-part, convocation, carton (fam.), flyer (anglic.) **2.** prière, appel, appel du pied, demande, exhortation, invite, attrait, appel, incitation, excitation

invité, ée N. hôte, convive, commensal (littér.)

inviter V. TR. **1.** convier, convoquer, recevoir **2.** conseiller, encourager, engager, exciter, exhorter, presser, recommander à, stimuler **3.** prier, demander à, enjoindre à, ordonner à, sommer **4.** inciter, induire, porter, pousser

invivable ADJ. insupportable, impossible, infernal, intenable, intolérable

involontaire ADJ. **1.** automatique, inconscient, machinal, mécanique, réflexe **2.** spontané, instinctif, incontrôlé, irraisonné, irréfléchi **3.** forcé

invoquer V. TR. **1.** appeler, adjurer, conjurer, implorer, prier **2.** en appeler à, faire appel à, citer, avoir recours à **3.** alléguer, s'appuyer sur, arguer de, avancer, prétexter, se prévaloir de

invraisemblable ADJ. **1.** incroyable, impensable, impossible, inconcevable, inimaginable, inouï, ébouriffant (fam.), [histoire] à dormir debout (fam.), sans queue ni tête (fam.) **2.** douteux, improbable **3.** chimérique, fabuleux, fantastique

invulnérable ADJ. **1.** imprenable, invincible, inviolable, inexpugnable (littér.) **2.** imbattable, indomptable **3.** intouchable, inamovible, indéboulonnable (fam.)

irascible ADJ. coléreux, emporté, irritable, ombrageux, atrabilaire (littér.), soupe au lait (fam.)

ironie N. F. **1.** humour, moquerie **2.** dérision, goguenardise, persiflage, raillerie, sarcasme

ironique ADJ. moqueur, blagueur, goguenard, narquois, persifleur, railleur, sarcastique

ironiser V. INTR. (se) railler, se moquer, rire, faire de l'humour, se gausser (littér.)

irradier V. INTR. **1.** briller, se diffuser, rayonner **2.** se propager, se développer, se diffuser, se disperser, gagner, se répandre

irraisonné, ée ADJ. incontrôlé, instinctif, irréfléchi, irrépressible, viscéral, tripal (fam.)

irrationnel, elle ADJ. **1.** absurde, anormal, extravagant, déraisonnable, fou, illogique, incohérent **2.** gratuit, irréfléchi

irréalisable ADJ. **1.** inexécutable, impossible, impraticable, infaisable **2.** chimérique, inaccessible, utopique

irréaliste ADJ. utopique, chimérique

irrécupérable ADJ. **1.** irréparable, irrattrapable, fichu (fam.), foutu (fam.), mort (fam.) **2.** incorrigible, impénitent, invétéré, perdu, indécrottable (fam.)

irréel, elle ADJ. chimérique, fabuleux, fantasmagorique, fantasmatique, fantastique, imaginaire

irréfléchi, ie ADJ. **1.** écervelé, étourdi, impulsif, irrationnel, léger **2.** spontané, inconscient, instinctif, involontaire, irraisonné, machinal, mécanique **3.** déraisonnable, inconsidéré, irresponsable

irréfutable ADJ. inattaquable, évident, formel, incontestable, indiscutable, irrécusable, manifeste

irrégularité N. F. **1.** inégalité, asymétrie, dissymétrie **2.** exception, particularité **3.** anomalie, défaut, perturbation **4.** illégalité, incorrection, illicéité (Droit) **5.** erreur, caprice, désordre, écart, faute, manquement

irrégulier, ière ADJ. **1.** accidenté, bosselé, inégal **2.** asymétrique, dissymétrique, baroque, biscornu (fam.) **3.** anormal, accidentel **4.** discontinu, capricieux, convulsif, déréglé, erratique, intermittent, saccadé, sporadique **5.** inégal **6.** incorrect, arbitraire, déloyal, frauduleux, illicite, illégal, illégitime, malhonnête

irrégulièrement ADV. **1.** par à-coups, sporadiquement **2.** illégalement, frauduleusement, par la bande (fam.), en sous-main (fam.)

irrémédiable ADJ. **1.** irréparable, définitif, sans recours, irrémissible (littér.) **2.** incurable, insoignable

irremplaçable ADJ. unique, exceptionnel, d'exception, extraordinaire, hors du commun, incomparable, inégalable

irréparable ADJ. **1.** irrécupérable, fichu (fam.), foutu (fam.), mort (fam.) **2.** irrémédiable, définitif, irrémissible (littér.)

irrépressible ADJ. impérieux, incontrôlable, invincible, irrésistible, incoercible (littér)

irréprochable ADJ. **1.** irrépréhensible, impeccable, parfait, sans défaut, sans reproche, sans tare **2.** inattaquable, indiscutable

irrésistible ADJ. **1.** impérieux, incontrôlable, invincible, irrépressible, plus fort que soi, tyrannique, incoercible (littér.) **2.** inéluctable **3.** implacable **4.** séduisant, adorable, délicieux, craquant (fam.)

irrésolu, ue ADJ. **1.** indécis, flottant, hésitant, incertain, indéterminé, perplexe, vacillant **2.** indécidé, en suspens

irrésolution N. F. indécision, hésitation, incertitude, indétermination, perplexité

irrespectueux, euse ADJ. impertinent, audacieux, impoli, insolent, irrévérencieux (littér.)

irrespirable ADJ. **1.** pollué, asphyxiant, délétère, méphitique, nocif, toxique **2.** oppressant, étouffant, suffocant **3.** insupportable, accablant, insoutenable, invivable, délétère (littér.)

irresponsable ADJ. **1.** inconscient, insensé **2.** inconsidéré, irréfléchi

irréversible ADJ. irrévocable, définitif, sans appel, sans retour

irrévocable ADJ. définitif, arrêté, fixe, inébranlable, sans appel

irritable ADJ. **1.** coléreux, chatouilleux, irascible, nerveux, ombrageux, susceptible, atrabilaire (littér.), soupe au lait (fam.) **2.** excitable, sensible

irritant, ante ADJ. **1.** agaçant, crispant, désagréable, énervant, enrageant, exaspérant, excitant, horripilant **2.** âcre, agressif, suffocant

irritation N. F. **1.** agacement, colère, énervement, exaspération, impatience, nervosité **2.** rougeur, brûlure, démangeaison, feu, inflammation, prurit

irrité, ée ADJ. énervé, à cran, enragé, exaspéré, hors de soi, nerveux, courroucé (littér.)

irriter V. TR. **1.** mettre en colère, agacer, crisper, énerver, exacerber, exaspérer, excéder, fâcher, faire sortir de ses gonds, hérisser, horripiler, indigner, insupporter (fam.), mettre en boule (fam.), porter sur les nerfs de (fam.), taper sur les nerfs de (fam.), courroucer (littér.) **2.** enflammer, brûler, démanger, donner des rougeurs à, piquer

♦ **s'irriter** V. PRON. se mettre en colère, bouillir, s'emporter, s'enflammer, se fâcher, se hérisser, se mettre en boule (fam.), monter sur ses grands chevaux (fam.), voir rouge (fam.)

irruption N. F. **1.** intrusion, incursion **2.** attaque, invasion, raid, razzia **3.** apparition

isolé, ée ADJ. I. **1.** séparé, détaché **2.** écarté, perdu, reculé, retiré, paumé (fam.) II. **1.** délaissé, abandonné, esseulé **2.** seul, solitaire, ermite III. unique, exceptionnel, individuel, particulier, rare

isolement N. M. **1.** solitude **2.** abandon, délaissement, déréliction (littér.) **3.** claustration, exil, séquestration, [Méd.] quarantaine **4.** isolation

isoler V. TR. **1.** détacher, disjoindre, dissocier, écarter, extraire, séparer **2.** éloigner, cloîtrer, confiner, écarter, reclure (littér.), [Méd.] mettre en quarantaine **3.** abstraire, considérer à part, dégager, discerner, distinguer, individualiser, séparer **4.** calfeutrer, insonoriser

♦ **s'isoler** V. PRON. se retirer, se barricader, se claustrer, se confiner, s'enfermer, s'enterrer, se réfugier, se terrer, faire le vide autour de soi

issu, ue ADJ. **1.** natif, originaire **2.** né **3.** produit, dérivé, résultant

issue N. F. **1.** sortie, débouché, dégagement, ouverture, passage, porte **2.** solution, échappatoire **3.** aboutissement, conclusion, débouché, dénouement, fin, résultat

itinéraire N. M. **1.** parcours, chemin, circuit, route, trajet, voyage **2.** cheminement, parcours, progression, trajectoire, voie

itinérant, ante ADJ. **1.** ambulant **2.** nomade

ivre ADJ. **1.** aviné, en état d'ivresse, pris de boisson, soûl (fam.), beurré (fam.), bituré (fam.), blindé (fam.), bourré (fam.), cuité (fam.), défoncé (fam.), noir (fam.), paf (fam.), parti (fam.), pété (fam.), pinté (fam.), plein (comme une barrique/comme une outre) (fam.), rétamé (fam.), rond (comme une queue de pelle) (fam.), schlass (fam.) **2.** transporté, enivré, fou, grisé, troublé

ivresse N. F. **1.** ébriété, hébétude, soûlerie (fam.) **2.** enivrement, enthousiasme, exaltation, excitation, étourdissement, griserie, joie **3.** transport, émotion, enchantement, extase, volupté

ivrogne
▸ ADJ. alcoolique, éthylique, intempérant, buveur, dipsomane (Méd.)
▸ N. alcoolo (fam.), picoleur (fam.), pilier de bar/de bistrot (fam.), pochard (fam.), poivrot (fam.), sac à vin (fam.), soiffard (fam.), soûlard (fam.), soûlot (fam.), soûlographe (fam.)

◆ ◆

J

jacasser V. INTR. bavarder, caqueter, jaser, palabrer, papoter, bavasser (fam.)

jaillir V. INTR. **1.** couler, gicler, se répandre **2.** se dresser, pointer, saillir, s'élever **3.** s'élancer, bondir, surgir **4.** fuser, s'élever, partir, monter

jaillissement N. M. **1.** jet **2.** surgissement, éruption, explosion

jalon N. M. marque, balise, repère

jalonner V. TR. **1.** s'échelonner le long de, marquer, ponctuer **2.** marquer, baliser, piqueter, signaliser

jalouser V. TR. envier, convoiter

jalousie N. F. **1.** dépit, convoitise, envie **2.** persienne, contrevent, store, volet

jaloux, ouse ADJ. **1.** envieux **2.** exclusif, possessif, craintif, défiant, soupçonneux, ombrageux (littér.)

jamais ADV. **1.** en aucun cas, en aucune façon, à aucun prix, pour un empire, pour rien au monde, pour tout l'or du monde **2.** à la saint glinglin (fam.), quand les poules auront des dents (fam.), tous les trente-six du mois (fam.)

jambe N. F. **1.** membre inférieur, béquille (fam.), canne (fam.), gambette (fam.), gigot (fam.), guibole (fam.), jambonneau (fam.), patte (fam.), poteau (fam., péj.), [au plur.] échasses (fam.), flûtes (fam.), quilles (fam.) **2.** jambage

jambière N. F. guêtre, houseau, [au plur.] leggings

janséniste ADJ. austère, ascétique, intransigeant, puritain, rigide, rigoriste

jappement N. M. aboiement, glapissement

japper V. INTR. **1.** aboyer, glapir **2.** crier, criailler

jaquette N. F. **1.** habit, frac, queue-de-pie **2.** couverture

jardin N. M. parc, clos, closerie, jardinet

jardinier, ière N. **1.** horticulteur, pépiniériste **2.** jardiniste, paysagiste

jargon N. M. **1.** argot **2.** galimatias, sabir, baragouin (fam.), charabia (fam.) **3.** lexique, terminologie, vocabulaire

jaser V. INTR. **1.** bavarder, babiller, cancaner, caqueter, causer, jacasser, parler, potiner **2.** médire, critiquer, déblatérer **3.** gazouiller, jacasser, piailler

jaseur, euse ADJ. et N. babillard, bavard, causeur

jatte N. F. bol, coupe, jale

jauge N. F. **1.** contenance, capacité, tonnage **2.** jaugeage **3.** règle

jauger V. TR. **1.** contenir, cuber, tenir **2.** apprécier, estimer, évaluer, juger, mesurer

jaunir V. INTR. pâlir, se décolorer, se faner, passer

je-m'en-foutisme N. M. indifférence, légèreté, je-m'en-fichisme (fam.)

je-m'en-foutiste ADJ. et N. indifférent, léger, je-m'en-fichiste (fam.)

jérémiade N. F. lamentation, doléance, gémissement, plainte, pleurnicherie, récrimination

jet N. M. **1.** jaillissement, émission, giclée **2.** lancer, projection **3.** faisceau, trait **4.** [Bot.] drageon, bourgeon, pousse, rejet, rejeton

jetée N. F. digue, brise-lames, débarcadère, embarcadère, môle

jeter V. TR. I. **1.** lancer, envoyer, projeter, balancer (fam.), flanquer (fam.) **2.** pousser, envoyer, précipiter, rejeter **3.** répandre, déverser, disperser, éparpiller, parsemer, semer, verser, épandre (littér.) II. **1.** proférer, envoyer, crier, émettre, pousser **2.** écrire, noter III. construire, établir, poser IV. se débarrasser de, abandonner, se défaire de, mettre à la poubelle, mettre au rebut, balancer (fam.), bazarder (fam.), liquider (fam.), mettre au rancart (fam.) V. causer, provoquer, plonger dans, semer

♦ **se jeter** V. PRON. **1.** sauter, plonger **2.** se déverser, aboutir, affluer, déboucher, se décharger

jeu N. M. I. **1.** amusement, distraction, divertissement, récréation, activité ludique, passe-temps, [au plur.] ébats **2.** partie **3.** sport II. interprétation, exécution III. espièglerie, badinage, bagatelle, batifolage, plaisanterie IV. **1.** fonctionnement, action **2.** marge, liberté **3.** stratégie, manigances (fam.) V. assortiment, ensemble, lot

jeun (à) LOC. ADV. le ventre creux (fam.), le ventre vide (fam.)

jeune ADJ. et N. M. **1.** juvénile, jeunet (fam.), jeunot (fam.) **2.** nouveau, neuf, récent **3.** inexpérimenté, candide, ingénu, naïf, novice, tendre **4.** fils, cadet, junior **5.** [vin] vert **6.** [fam.] insuffisant, court, juste, léger, maigre, misérable, parcimonieux, pauvre, ric-rac (fam.)

jeûne N. M. **1.** abstinence, ascèse, carême, pénitence **2.** privations **3.** diète

jeunesse N. F. **1.** adolescence, âge tendre, fleur de l'âge, printemps (de la vie) **2.** jeunes **3.** fraîcheur, verdeur, vigueur, vivacité **4.** tendron (littér.), gamine (fam.), minette (fam.), petite

joie N. F. **1.** allégresse, bonheur, délice, enchantement, euphorie, exaltation, exultation, griserie, ivresse, jubilation, ravissement, réjouissance, liesse (littér.) **2.** contentement, aise, avantage, fierté, honneur, plaisir, satisfaction **3.** [souvent plur.] agrément, bienfait, douceur, félicité, jouissance, plaisir, satisfaction

joindre V. TR. I. **1.** lier, accoler, attacher, assembler, relier, réunir, unir **2.** annexer, adjoindre, ajouter, attacher, englober, inclure, incorporer, insérer, intercaler **3.** allier, assembler, associer, conjuguer, combiner, grouper, marier, rassembler, réunir, unir II. contacter, atteindre, toucher

♦ **se joindre** V. PRON. **1.** participer à, s'associer à, se mêler à, prendre part à, suivre, s'unir à **2.** adhérer à

joint, jointe ADJ. **1.** attenant, accolé **2.** adhérent, attaché, jointif **3.** conjugué **4.** annexé, additionnel **5.** inhérent, attaché, connexe

jointure N. F. **1.** articulation, article, attache **2.** jonction, charnière, joint, suture **3.** assemblage

joli, ie ADJ. **1.** agréable, beau, aimable, attrayant, charmant, gentil, gracieux, mignon, pimpant, ravissant, chouette (fam.), avenant (littér.) **2.** [fam.] avantageux, important, intéressant **3.** [fam.] substantiel, important, beau, coquet (fam.), gentil (fam.), rondelet (fam.)

joliment ADV. **1.** agréablement, bien, délicieusement, gentiment **2.** délicatement **3.** [fam.] beaucoup, bien, terriblement, très, bigrement (fam.), bougrement (fam.), drôlement (fam.), fameusement (fam.), rudement (fam.), sacrément (fam.), vachement (fam.)

joncher V. TR. couvrir, éparpiller, parsemer, recouvrir, semer, tapisser

jonction N. F. I. **1.** embranchement, confluent **2.** jointure, articulation, suture, [des lèvres] commissure II. **1.** raccordement, aboutement, aboutage, branchement, connexion, couplage, liaison, réunion, union **2.** conjonction, assemblage, conjugaison, union

jongler V. INTR.
— **jongler avec** jouer avec, se débrouiller avec, manier

jouer
▸ V. INTR. **1.** s'amuser, se divertir, folâtrer, s'ébattre (littér.), faire joujou (lang. enfants), faire mumuse (lang. enfants) **2.** plaisanter, s'amuser, badiner, rire, blaguer (fam.) **3.** intervenir, compter, entrer en jeu, entrer en ligne de compte, importer, influer, jouer **4.** [dans un film] tourner, avoir un rôle **5.** se déformer, se fausser, gauchir, se gondoler, travailler, se voiler

▸ V. TR. 1. exécuter, interpréter 2. [pièce de théâtre] donner, passer, monter, représenter 3. [film] projeter, passer, programmer, avoir à l'affiche 4. tenir le rôle de, incarner, interpréter, personnifier 5. imiter, affecter, contrefaire, feindre, mimer, simuler, singer 6. risquer, aventurer, compromettre, exposer, hasarder, mettre en jeu

♦ **se jouer de** V. PRON. 1. mépriser, se rire de 2. [qqn] abuser, berner, tromper, rouler (fam.)

jouet N. M. 1. jeu, joujou (lang. enfants) 2. marionnette, pantin 3. victime, esclave, proie

joufflu, ue ADJ. bouffi, poupin, rebondi, mafflu (littér.)

joug N. M. 1. attelage, harnachement, harnais 2. domination, assujettissement, attache, contrainte, dépendance, emprise, esclavage, oppression, servitude, sujétion 3. chaîne, carcan, collier

jouir V. INTR. 1. [sexuellement] avoir/prendre du plaisir, être au septième ciel, prendre son pied (fam.), grimper aux rideaux (fam.), s'envoyer en l'air (fam.)
 – **jouir de** 1. profiter de, apprécier, goûter, savourer 2. se délecter de, se régaler de, se repaître de (littér.) 3. avoir, bénéficier de, connaître, disposer de, posséder

jouissance N. F. 1. délectation, délice, plaisir, régal, satisfaction 2. bien-être, douceur, volupté 3. orgasme, plaisir 4. [Droit] usage, possession, usufruit

jouisseur, euse N. 1. épicurien, hédoniste, sybarite (littér.) 2. bon vivant, bambocheur, viveur, fêtard (fam.), noceur (fam.) 3. libertin, débauché

jouissif, ive ADJ. jubilatoire, réjouissant

jour N. M. 1. journée 2. date 3. lumière, clarté, lueur 4. angle, apparence, aspect, éclairage 5. ouverture, fente, fissure, vide

♦ **jours** PLUR. 1. vie, existence 2. époque, période, temps

journal N. M. 1. mémoires, cahier 2. quotidien, gazette, canard (fam.), feuille de chou (fam., péj.), torchon (fam., péj.), [Pol] organe 3. magazine, hebdomadaire 4. bulletin, périodique, revue 5. nouvelles, actualités, informations

journaliste N. 1. rédacteur, chroniqueur, commentateur, correspondant, critique, échotier, éditorialiste, envoyé spécial, localier, reporter, articlier (péj.), folliculaire (péj.), journaleux (péj.) 2. pamphlétaire, polémiste

joute N. F. 1. lutte, combat, compétition, dispute, duel, rivalité 2. [Moyen Âge] tournoi

jovial, ale, aux ADJ. gai, allègre, enjoué, gaillard, joyeux, réjoui

jovialité N. F. gaieté, bonne humeur, enjouement

joyau N. M. 1. bijou, gemme, [au plur.] pierreries 2. merveille, bijou, chef-d'œuvre 3. [d'une collection] perle, clou

joyeusement ADV. allègrement, gaiement, gaillardement, jovialement

joyeuseté N. F. plaisanterie, bouffonnerie, farce, pitrerie

joyeux, euse ADJ. gai, allègre, enjoué, épanoui, gaillard, heureux, jovial, radieux, réjoui, jouasse (fam.) 2. agréable, amusant, bon

jubilation N. F. allégresse, euphorie, gaieté, joie, liesse, réjouissance

jubilatoire ADJ. réjouissant, jouissif

jubiler V. INTR. exulter, se réjouir, triompher, bicher (fam.)

jucher V. TR. hisser, percher, placer (en hauteur)
♦ **se jucher** V. PRON. se percher, se hisser, monter

judas N. M. 1. traître, fourbe, hypocrite 2. guichet, œil, ouverture

judicieusement ADV. 1. intelligemment, adroitement, finement, habilement 2. à bon escient, (avec) à propos, opportunément

judicieux, euse ADJ. 1. raisonnable, bien, bon, opportun, sage, sensé 2. intelligent, astucieux, pertinent, rationnel

juge N. 1. magistrat 2. arbitre 3. expert

jugé (au) LOC. ADV. 1. à l'estime 2. à première vue 3. à la louche (fam.), à vue de nez (fam.), à vue de pays (fam.)

jugement N. M. 1. décision, arbitrage, arrêt, décret, sentence, verdict 2. avis, appréciation, idée, opinion, pensée, point de vue, position, sentiment 3. affirmation, proposition 4. discernement, clairvoyance, entendement, esprit, finesse, intelligence, perspicacité, raison, bon sens/sens commun, jugeote (fam.)

juger V. TR. 1. arbitrer, rendre un jugement sur, rendre une sentence sur, rendre un verdict sur, statuer sur 2. trancher, conclure, décider, se prononcer 3. estimer la valeur de, apprécier, coter, évaluer, expertiser, peser 4. considérer, envisager, examiner, jauger, cataloguer (fam.), classer (fam.), étiqueter (fam.) 5. penser, croire, considérer, estimer, trouver

♦ **se juger** V. PRON. se considérer, se voir

juguler V. TR. 1. arrêter, dompter, enrayer, étouffer, interrompre, maîtriser, mater, neutraliser, stopper 2. asservir, tenir en bride

jumeau, elle
▸ ADJ. identique, semblable
▸ N. double, clone, copie conforme, sosie

jumeler V. TR. accoupler, coupler

junior ADJ. et N. cadet, jeune, puîné

jurer
▸ V. TR. 1. affirmer, assurer, déclarer, prétendre, soutenir 2. promettre, donner sa parole que, s'engager à, faire le serment de
▸ V. INTR. 1. prêter serment 2. blasphémer 3. [contre qqn, qqch.] crier, grogner, maugréer, pester, râler (fam.) 4. détonner, dissoner, hurler
♦ **se jurer** V. PRON. se promettre, décider

juridiction N. F. 1. tribunal, chambre, conseil, cour 2. compétence, circonscription, ressort

juriste N. homme de loi, jurisconsulte, légiste

jus N. M. suc, sauce

jusqu'au-boutisme N. M. extrémisme, maximalisme

jusqu'au-boutiste N. extrémiste, maximaliste, ultra (fam.)

justaucorps N. M. body, (maillot) collant

juste[1] ADJ. I. 1. équitable, impartial 2. honnête, correct, droit, intègre, loyal 3. fondé, justifié, légitime, mérité, motivé II. 1. exact, authentique, correct, réel, véritable, vrai 2. [heure] précis, exact III. 1. adéquat, approprié, bon, convenable, précis, propre 2. rationnel, harmonieux, heureux, logique, pertinent, raisonnable, rigoureux, sensé, strict IV. 1. insuffisant, maigre, court (fam.), jeune (fam.) 2. étroit, collant, étriqué, serré 3. tangent, limite (fam.)

juste[2] ADV. 1. exactement, précisément, pile (fam.) 2. correctement, rigoureusement 3. [parler] sagement, avec à-propos, d'or 4. avec précision 5. seulement, rien que

justement ADV. 1. équitablement, impartialement 2. adéquatement, convenablement, correctement, logiquement, pertinemment, avec pertinence, à propos, avec raison 3. à bon droit, à juste titre, dûment, légitimement 4. exactement, précisément

justesse N. F. 1. exactitude, convenance, correction, précision, propriété 2. bien-fondé, correction, raison, vérité 3. authenticité, exactitude, objectivité, précision, rectitude, véracité, vérité 4. perspicacité, finesse, lucidité

justice N. F. 1. équité, droiture, impartialité, intégrité, probité 2. bien-fondé, légitimité 3. droit, légalité, loi

justicier N. M. vengeur, redresseur de torts, Robin des bois, Zorro

justifiable ADJ. défendable, compréhensible, excusable, explicable, soutenable

justification N. F. I. 1. fondement, motif, motivation, raison (d'être) 2. explication, argument, compte, raison 3. preuve, justificatif II. 1. défense, décharge, excuse, [pour sa propre cause] plaidoyer pro domo 2. apologie, défense, plaidoyer

justifié, ée ADJ. légitime, fondé, juste, mérité, motivé

justifier V. TR. 1. défendre, blanchir, couvrir, décharger, disculper, excuser, innocenter, laver, mettre hors de cause 2. autoriser, légitimer, permettre 3. expliquer, fonder, légitimer, motiver 4. démontrer, prouver, témoigner de 5. confirmer, vérifier

♦ **se justifier** V. PRON. s'expliquer, se défendre, se disculper, se trouver des excuses

juteux, euse ADJ. 1. fondant 2. [fam.] rentable, avantageux, fructueux, intéressant, lucratif, payant, rémunérateur

juvénile ADJ. 1. jeune, adolescent 2. vif, vert

juxtaposer V. TR. accoler, rapprocher

juxtaposition N. F. accolement, assemblage

◆ ◆ ◆ ◆ ◆ ◆ ◆ ◆ ◆ ◆ ◆ ◆ ◆ ◆ ◆ ◆ ◆ ◆

K

kayak N. M. canoé, canot

kermesse N. F. fête, foire, ducasse (région.)

kidnapper V. TR. enlever, prendre en otage, ravir (littér.)

kidnappeur, euse N. ravisseur, preneur d'otages

kidnapping N. M. enlèvement, rapt

kiosque N. M. pavillon, belvédère, édicule, gloriette

klaxon N. M. avertisseur, signal sonore, [ancienn.] corne, trompe

klaxonner V. TR. et INTR. avertir, [ancienn.] corner

knock-out, k.-o. ADJ. INVAR. 1. assommé, hors de combat, groggy (fam.), sonné (fam.) 2. épuisé, h.s. (fam.), lessivé (fam.), à plat (fam.), vanné (fam.), vidé (fam.)

krach N. M. banqueroute, débâcle (financière), effondrement boursier, faillite

kyrielle N. F. quantité, avalanche, cascade, chapelet, déluge, flot, foule, infinité, multiplicité, multitude, myriade, nuée, pluie, ribambelle, série, succession, suite, flopée (fam.), foultitude (fam.), tapée (fam.)

kyste N. M. tumeur, ganglion, [du cuir chevelu] loupe, tanne

◆ ◆ ◆ ◆ ◆ ◆ ◆ ◆ ◆ ◆ ◆ ◆ ◆ ◆ ◆ ◆ ◆ ◆

L

label N. M. 1. marque, étiquette 2. maison de disques

labeur N. M. besogne, activité, occupation, ouvrage, tâche, travail

laborieusement ADV. péniblement, difficilement, lourdement, malaisément

laborieux, euse ADJ. 1. travailleur, actif, appliqué, studieux, bosseur (fam.), bûcheur (fam.) 2. ardu, difficile, dur, fatigant, malaisé, pénible 3. [péj.] lourd, embarrassé, gauche, maladroit, pesant, qui sent l'huile de coude (fam.)

labourer V. TR. 1. ameublir, défoncer, retourner 2. déchirer, écorcher, égratigner, griffer, lacérer, taillader

labyrinthe N. M. 1. dédale, entrelacement, lacis, réseau 2. confusion, complication, désordre, détours, embrouillamini, enchevêtrement, forêt, maquis, méandres

labyrinthique ADJ. enchevêtré, indébrouillable, inextricable, dédaléen (littér.)

lacer V. TR. attacher, lier

lacération N. F. déchiquetage, déchirement, mise en lambeaux/en pièces

lacérer V. TR. 1. déchiqueter, déchirer, mettre en charpie, mettre en lambeaux, mettre en pièces 2. labourer, déchirer, taillader

lacet N. M. 1. attache, aiguillette, corde, ganse 2. virage, détour, méandre, tournant, zigzag 3. piège, collet, filet, lacs

lâchage N. M. abandon, délaissement

lâche
▸ ADJ. 1. peureux, poltron, couard (littér.), pleutre (littér.), pusillanime (littér.), dégonflard (fam.), dégonflé (fam.), froussard (fam.), trouillard (fam.) 2. bas, abject, déloyal, honteux, indigne, méprisable, vil 3. desserré, détendu, flasque, mou 4. flottant, flou, large, vague 5. relâché, languissant, mou, traînant
▸ N. 1. déserteur, fuyard, traître 2. lope (fam.), lopette (fam.), couille molle (très fam.)

lâchement ADV. bassement, honteusement, indignement, vilement (littér.)

lâcher
▸ V. TR. **1.** laisser échapper, laisser tomber **2.** desserrer, détendre, relâcher, donner du mou à **3.** [fam.] abandonner, délaisser, laisser (tomber), quitter, balancer (fam.), jeter (fam.), larguer (fam.), plaquer (fam.) **4.** distancer, dépasser, se détacher de, semer (fam.) **5.** laisser partir **6.** envoyer, lancer, larguer **7.** dire, laisser échapper, lancer, pousser
▸ V. INTR. (se) casser, céder, (se) rompre, claquer (fam.), péter (fam.)

lâcheté N. F. **1.** peur, poltronnerie, couardise (littér.), pleutrerie (littér.), pusillanimité (littér.) **2.** bassesse, indignité, trahison, vilenie (littér.)

lacis N. M. **1.** entrelacement, dédale, réseau **2.** confusion, complication, désordre, détours, embrouillamini, enchevêtrement, forêt, labyrinthe, maquis, méandres

laconique ADJ. bref, concis, court, cursif, elliptique, lapidaire, sommaire, succinct

lacs N. M. collet, filet, lacet, piège, rets (littér.)

lacté, ée ADJ. laiteux, lactescent (littér.)

lacunaire ADJ. fragmentaire, incomplet, imparfait, inachevé, insuffisant

lacune N. F. **1.** défaut, carence, défectuosité, déficience, faiblesse, insuffisance **2.** omission, manque, oubli, trou **3.** interruption, hiatus, vide

laid, laide ADJ. disgracieux, disgracié, ingrat, inesthétique, vilain, mochard (fam.), moche (fam.), tarte (fam.), tartignole (fam.) **2.** bas, honteux, lâche, malhonnête

laideron N. M. mocheté (fam.), boudin (fam.), cageot (fam.), épouvantail (fam.), guenon (fam.), thon (fam.), remède à l'amour (plaisant)

laideur N. F. **1.** disgrâce, hideur, mocheté (fam.) **2.** bassesse, abjection, ignominie, indignité, infamie, turpitude **3.** horreur, verrue

lainage N. M. pull, pull-over, chandail, gilet, tricot, petite laine (fam.)

laisse N. F. attache, lien

laisser V. TR. I. **1.** abandonner, déserter, quitter, camper là (fam.), lâcher (fam.), planter (là) (fam.) **2.** oublier II. **1.** donner, abandonner, céder, confier, léguer, remettre, transmettre, vendre **2.** renoncer à, lâcher III. maintenir, conserver, garder, tenir IV. permettre, consentir à, souffrir V. déposer

laisser-aller N. M. INVAR. **1.** légèreté, abandon, désinvolture, insouciance, liberté, relâchement **2.** négligence, désordre, incurie **3.** débraillé, négligé

laissez-passer N. M. INVAR. **1.** coupe-file **2.** sauf-conduit, passeport, permis

laiteux, euse ADJ. blanc, blanchâtre, opalin, lactescent (littér.)

laïus N. M. discours, exposé, intervention, blabla (fam.), boniment (fam.), speech (fam.), topo (fam.)

lambeau N. M. **1.** loque, haillon **2.** morceau, débris, bout, bribe, fragment, partie

lambin, ine
▸ ADJ. lent, indolent, mou, mollasson (fam.), traînard (fam.)
▸ N. escargot, tortue

lambiner V. INTR. s'attarder, lanterner, musarder, traîner, traînasser (fam.)

lambris N. M. boiserie, frisette

lame N. F. **1.** vague, paquet de mer **2.** plaque, feuille, lamelle, languette

lamelle N. F. **1.** lame, plaquette **2.** pellicule, plaque

lamentable ADJ. **1.** déplorable, affligeant, désolant, douloureux, malheureux, misérable, navrant, pitoyable, sinistre, triste **2.** mauvais, piètre, catastrophique, déplorable, désastreux, nul, minable, pathétique, piètre, piteux, à pleurer (fam.)

lamentation N. F. **1.** complainte, cri, geignement, gémissement, plainte, pleur, pleurnicherie **2.** [souvent plur.] jérémiade, doléance, plainte, récrimination

lamenter (se) V. PRON. **1.** gémir, geindre, se plaindre, pleurer **2.** se désoler, se plaindre, pleurer, pleurnicher

laminer V. TR. **1.** étirer, écrouir **2.** réduire, diminuer, rogner **3.** vaincre, battre à plate(s) couture(s), écraser, mettre la pâtée à (fam.)

lampe N. F. **1.** lampadaire, applique, globe (lumineux), lustre, suspension, torche, [petite] lumignon, veilleuse, loupiote (fam.) **2.** éclairage, lumière

lampée N. F. gorgée, goulée (fam.)

lance N. F. **1.** pique, dard, javeline, javelot, pertuisane **2.** [Chir.] lancette

lancée N. F. élan, impulsion, [de bateau] erre

lancement N. M. publication, émission, mise en circulation **2.** promotion **3.** jet, lancer

lancer[1] V. TR. **1.** jeter, catapulter, darder, décocher, déverser, détacher, envoyer, projeter, lâcher, larguer, balancer (fam.) **2.** donner, appliquer, envoyer, allonger (fam.), balancer (fam.), coller (fam.), ficher (fam.), filer (fam.), flanquer (fam.), foutre (fam.) **3.** dire, émettre, lâcher, pousser, éructer (péj.), vomir (péj.) **4.** déclencher, engager, initier, mettre en branle, mettre en route, mettre en train, mettre sur les rails, mettre sur orbite **5.** promouvoir, introduire, pousser, patronner
♦ **se lancer** V. PRON. s'élancer, fondre, se jeter, plonger, se précipiter

lancer[2] N. M. jet, lâcher, lancement, projection

lancinant, ante ADJ. **1.** obsédant, torturant **2.** ennuyeux, fatigant, lassant

lanciner V. TR. **1.** élancer **2.** obséder, hanter, poursuivre, tenailler, tourmenter, tracasser, travailler (fam.)

lande N. F. brande, bruyère, garrigue, maquis

langage N. M. **1.** langue, parler, verbe (lang. biblique) **2.** discours, paroles, propos **3.** vocabulaire, code, lexique, terminologie, jargon (péj.) **4.** sémiotique, gestuelle

langoureux, euse ADJ. tendre, alangui, amoureux, énamouré, languissant, mourant, transi, languide (littér.)

langue N. F. **1.** langage, jargon, idiome, parler **2.** style **3.** discours, langage, paroles, propos

langueur N. F. apathie, indolence, léthargie, mollesse, nonchalance, paresse, somnolence, relâchement, torpeur

languide ADJ. **1.** langoureux, alangui, énamouré, transi **2.** languissant, mourant

languir V. INTR. **1.** attendre (longuement/vainement), moisir, sécher **2.** traîner (en longueur), stagner, végéter **3.** [vieux ou littér.] s'ennuyer, se morfondre

languissant, ante ADJ. **1.** langoureux, alangui, énamouré, transi, languide (littér.) **2.** nonchalant, indolent, mou **3.** abattu, atone, défaillant, déprimé, faible, somnolent, stagnant, traînant **4.** morne, ennuyeux, terne

lanière N. F. courroie, attache, bretelle

lanterne N. F. **1.** falot, fanal, [ancienn.] réverbère **2.** projecteur, rétroprojecteur

lanterner V. INTR. traîner, s'amuser, flâner, lambiner, musarder, tarder

lapalissade N. F. évidence, tautologie, truisme

lapidaire ADJ. concis, bref, court, cursif, laconique, ramassé, succinct

laquais N. M. valet, domestique, groom, serviteur, larbin (fam., péj.)

larcin N. M. vol, maraudage, barbotage (fam.), chapardage (fam.)

larder V. TR. **1.** entrelarder **2.** émailler, entrecouper, entremêler, farcir, parsemer, semer, truffer, bourrer (fam.)

largage N. M. **1.** parachutage **2.** [fam.] renvoi, vidage (fam.)

large[1] ADJ. I. **1.** ouvert, évasé **2.** ample, étendu, grand, lâche, spacieux, vaste **3.** [sourire] épanoui II. **1.** abondant, considérable, copieux, important, vaste **2.** généreux, fastueux, prodigue, munificent (littér.) III. **1.** lâche, ample, flou, vague **2.** souple, compréhensif, indulgent, libéral, libre, ouvert, tolérant, latitudinaire (péj.), laxiste (péj.), coulant (fam.)

large[2] N. M. **1.** largeur **2.** haute mer

largement ADV. **1.** abondamment, amplement, beaucoup, copieusement, généreusement, grassement, libéralement, [dépenser] sans compter **2.** au moins, au minimum, bien, au bas mot (fam.) **3.** [gagner] sans difficulté, haut la main, dans un fauteuil (fam.), les doigts dans le nez (fam.)

largesse N. F. **1.** générosité, libéralité, prodigalité, munificence (littér.) **2.** [souvent plur.] cadeau, bienfait, don, présent

largeur N. F. **1.** large **2.** envergure, ampleur, carrure, diamètre, grosseur **3.** [de tissu, papier] lé, laize

larguer V. TR. **1.** lancer, déverser, envoyer, jeter, lâcher, laisser tomber, parachuter, balancer (fam.) **2.** [les amarres] détacher, filer, lâcher, [une voile] déferler, déployer **3.** [fam.] abandonner, délaisser, déserter, quitter, droper (fam.), lâcher (fam.), laisser tomber (fam.), plaquer (fam.) **4.** [fam.] distancer, semer, laisser loin derrière

larme N. F.
♦ **larmes** PLUR. sanglots, pleurs, [feintes] larmes de crocodile

larmoiement N. M. pleurnichement, pleurnicherie

larmoyant, ante ADJ. **1.** éploré, en larmes, en pleurs, en sanglot, sanglotant **2.** geignard, gémissant, pleurnichard, pleurnicheur

larmoyer V. INTR. **1.** pleurer **2.** se plaindre, geindre, gémir, pleurnicher

larvé, ée ADJ. **1.** latent, insidieux, rampant, sous-jacent **2.** embryonnaire, larvaire

las, lasse ADJ. **1.** fatigué, faible, abattu, épuisé, fourbu, recru (littér.) **2.** dégoûté, blasé, écœuré, ennuyé, excédé, irrité, lassé

lascif, ive ADJ. **1.** sensuel, amoureux, charnel, érotique, suggestif, voluptueux **2.** [péj.] impudique, concupiscent, impur, libidineux, lubrique, luxurieux, salace, vicieux

lascivement ADV. **1.** sensuellement, voluptueusement **2.** impudiquement, lubriquement

lasciveté N. F. **1.** sensualité, érotisme, volupté **2.** impudicité, licence, lubricité, obscénité

lassant, ante ADJ. ennuyeux, fatigant, assommant (fam.), barbant (fam.), embêtant (fam.), rasoir (fam.), tannant (fam.)

lasser V. TR. **1.** ennuyer, impatienter, importuner, assommer (fam.), barber (fam.), embêter (fam.), raser (fam.), tanner (fam.) **2.** fatiguer, épuiser, excéder, harasser **3.** décourager, rebuter **4.** dégoûter, écœurer

lassitude N. F. **1.** abattement, fatigue **2.** découragement, désespérance

latent, ente ADJ. **1.** caché, implicite, inexprimé, masqué, profond, secret, sous-entendu **2.** en germe, en gestation, larvé, rampant, sous-jacent

latéral, ale, aux ADJ. **1.** de côté **2.** indirect, détourné

latitude N. F. liberté, champ, facilité, faculté, marge

laudateur, trice N. louangeur, adulateur, apologiste, thuriféraire (littér.)

laudatif, ive ADJ. élogieux, complimenteur, flatteur, louangeur, [terme] mélioratif

lauréat, ate ADJ. et N. vainqueur, gagnant, [d'un diplôme] impétrant

lavage N. M. **1.** nettoyage, lessivage **2.** lessive

laver V. TR. **1.** nettoyer, décrasser, décrotter, dégraisser, lessiver, lotionner, savonner, [sans complément] faire la plonge (fam.) **2.** baigner, débarbouiller (fam.), ablutionner (littér.) **3.** enlever, effacer, ôter **4.** venger **5.** innocenter, blanchir, décharger, disculper, justifier
♦ **se laver** V. PRON. se nettoyer, se débarbouiller, faire sa toilette, se décrasser (fam.), [les dents] (se) brosser

laverie N. F. blanchisserie, pressing

lavette N. F. [fig.] mou, chiffe molle, larve (fam.)

laxatif, ive ADJ. purgatif, dépuratif, cathartique (littér.)

laxiste ADJ. permissif, latitudinaire (littér.)

lazzi N. M. moquerie, plaisanterie, pointe, quolibet, raillerie, sarcasme, brocard (littér.)

leader N. M. 1. chef de file, figure de proue 2. meneur, chef 3. premier, numéro un

leadership N. M. autorité, commandement, direction, domination, hégémonie, prédominance, prééminence, prépondérance, suprématie

lécher V. TR. 1. léchouiller (fam.) 2. laper, boire 3. effleurer, atteindre 4. peaufiner, polir, soigner, chiader (fam.), fignoler (fam.)

leçon N. F. 1. cours, classe, conférence, répétition 2. conclusion, enseignement, instruction, morale, moralité, précepte 3. avertissement, exhortation, réprimande, admonestation (littér.) 4. châtiment, correction, punition 5. version, lecture, variante

lecture N. F. 1. décodage, déchiffrage, déchiffrement, décryptage, herméneutique 2. consultation 3. explication, interprétation

légal, ale, aux ADJ. 1. juridique, réglementaire 2. légitime, licite, permis, régulier

légalement ADV. licitement, réglementairement

légaliser V. TR. 1. officialiser 2. authentifier, authentiquer, certifier, confirmer, garantir, valider

légalisme N. M. formalisme, juridisme, rigorisme

légaliste ADJ. et N. formaliste, rigoriste

légalité N. F. 1. régularité, licéité 2. droit, justice

légendaire ADJ. 1. fabuleux, imaginaire, mythique 2. célèbre, connu, fameux, mémorable, notoire (péj.), proverbial

légende N. F. 1. conte, fable, histoire 2. mythe, épopée 3. folklore, mythologie

léger, ère ADJ. I. 1. petit, discret, faible, imperceptible, indécelable, indiscernable, infime, insensible, mince, minime, négligeable, ténu 2. sans gravité, anodin, bénin, [faute] véniel 3. vaporeux, aérien, délicat, fin, immatériel, arachnéen (littér.) II. 1. élancé, délié, fin, frêle, gracile, grêle, menu, mince, svelte 2. agile, alerte, fringant, guilleret, ingambe, leste, sémillant, souple, vif III. 1. digeste, digestible, frugal, sobre, sommaire 2. diététique, allégé, light (anglic.) IV. 1. dégagé, allègre, désinvolte, enjoué 2. insouciant, distrait, écervelé, étourdi, évaporé, folâtre, frivole, futile, inattentif, superficiel V. 1. irresponsable, déraisonnable, imprévoyant, imprudent, inconséquent, inconsidéré, irréfléchi, négligent 2. insuffisant, faible, inconsistant, jeune, juste, superficiel VI. 1. volage, coureur, frivole, inconstant, infidèle, cavaleur (fam.) 2. dissipé, dissolu, libertin 3. grivois, badin, égrillard, leste, libre, licencieux, osé

légèrement ADV. 1. délicatement, doucement, en douceur, faiblement, imperceptiblement 2. frugalement, sobrement 3. un peu, superficiellement, vaguement 4. inconsidérément, frivolement, futilement, imprudemment, à la légère, [traiter] par-dessus la jambe (fam.)

légèreté N. F. 1. agilité, grâce, souplesse 2. aisance, facilité, grâce, naturel 3. finesse, délicatesse, gracilité 4. insouciance, désinvolture, frivolité, futilité, imprudence, inconscience, irréflexion 5. peu de poids, finesse, immatérialité, minceur

légiférer V. INTR. 1. édicter des lois 2. réglementer, codifier, régler

légion N. F. cohorte, armada, armée, bataillon, flot, kyrielle, meute, multitude, nuée, quantité, régiment, ribambelle, flopée (fam.), foultitude (fam.), tapée (fam.)

législation N. F. loi, droit, textes de loi

légitime ADJ. 1. compréhensible, à bon droit, admissible, à juste titre, fondé, juste, justifié, motivé, normal, permis, raisonnable 2. équitable, juste, mérité 3. légal

légitimer V. TR. 1. reconnaître 2. excuser, défendre, justifier

légitimité N. F. 1. bien-fondé, bon droit 2. souveraineté

legs N. M. 1. héritage, succession 2. donation, aliénation, don, libéralité 3. tradition, héritage

léguer V. TR. laisser, donner, faire parvenir, transmettre

leitmotiv N. M. refrain, couplet, histoire, litanie, rabâchage, rengaine, ritournelle, antienne (littér.), chanson (fam.), disque (fam.), musique (fam.)

lendemain N. M. 1. avenir, futur 2. suite, conséquence, impact, prolongement, répercussion

lénifiant, ante ADJ. 1. apaisant, adoucissant, calmant, lénitif (littér.) 2. rassurant, consolant, optimiste, rassérénant 3. amollissant, débilitant

lénifier V. TR. 1. adoucir, apaiser, assoupir, atténuer, calmer, endormir, modérer, soulager, tempérer 2. amollir, débiliter

lent, lente ADJ. 1. long, d'une lenteur d'escargot, lambin (fam.) 2. [voix] traînant 3. calme, posé, tranquille 4. lourd, engourdi, épais, lourdaud 5. apathique, alangui, endormi, indolent, mou, nonchalant, pataud

lentement ADV. 1. avec lenteur, doucement, au pas, à pas comptés, piano, pianissimo, au ralenti, lento 2. graduellement, insensiblement, pas à pas, peu à peu 3. posément

lenteur N. F. 1. apathie, mollesse, nonchalance 2. [d'esprit] épaisseur, lourdeur, pesanteur
◆ **lenteurs** PLUR. 1. atermoiements, barguignage, délais, retards, tergiversations 2. longueurs, temps morts

lèpre N. F. [fig.] cancer, gangrène, peste

lépreux, euse ADJ. galeux, misérable, miteux, pouilleux

lesbien, ienne
▸ ADJ. saphique
▸ N. F. homosexuelle, invertie, gomorrhéenne (littér.), gouine (fam., injurieux)

léser V. TR. 1. désavantager, défavoriser, desservir, frustrer, nuire à, porter préjudice à, faire du tort à 2. blesser, attaquer, atteindre, endommager, toucher

lésiner V. INTR. économiser, épargner, regarder à la dépense, rogner, chicaner (fam.), mégoter (fam.)

lésion N. F. 1. blessure, contusion, dégénérescence, ecchymose, engelure, hématome, inflammation, nécrose, plaie, trauma, ulcération 2. dommage, préjudice, tort

lessive N. F. 1. blanchissage, lavage, nettoyage 2. linge 3. détergent, détersif, poudre à laver

lessiver V. TR. laver, blanchir, nettoyer

lest N. M. charge, estive (ancienntᵗ)

leste ADJ. 1. preste, agile, alerte, allègre, dégagé, dispos, fringant, gaillard, guilleret, léger, prompt, rapide, vert, vif, allant (littér.) 2. cavalier, désinvolte, hardi, irrespectueux, irrévérencieux (littér.) 3. cru, coquin, égrillard, épicé, gaillard, gaulois, grivois, hardi, libertin, libre, licencieux, osé, poivré, polisson, salé

lester V. TR. 1. charger, alourdir, plomber 2. [l'estomac] remplir

léthargie N. F. 1. apathie, atonie, engourdissement, inaction, inertie, langueur, nonchalance, prostration, somnolence, torpeur 2. catalepsie, mort apparente 3. marasme, paralysie, stagnation

lettre N. F. 1. caractère, signe, graphème (Ling.) 2. message, billet, dépêche, écrit, mot, pli, missive (littér.), épître (littér. ou Bible), bafouille (fam.), [en prison] biffeton (argot)
◆ **lettres** PLUR. littérature, humanités (littér.)

lettré, ée ADJ. et N. cultivé, érudit, savant, docte (littér.)

leurre N. M. 1. appât, amorce, appeau, piège 2. tromperie, artifice, feinte, illusion, imposture, mystification, supercherie, miroir aux alouettes, poudre aux yeux, duperie (littér.), poudre de perlimpinpin (fam.), attrape-nigaud (fam.), pipeau (fam.)

leurrer V. TR. abuser, attraper, berner, décevoir, duper, endormir, enjôler, mystifier, tromper, avoir (fam.), bluffer (fam.), emboîner (fam.), pigeonner (fam.), rouler (fam.), mener en bateau (fam.)
◆ **se leurrer** V. PRON. s'illusionner, s'abuser, se faire des illusions, se méprendre, se mettre le doigt dans l'œil (jusqu'au coude) (fam.), se monter la tête (fam.), se raconter des histoires (fam.)

levée N. F. I. digue, banc, banquette, chaussée, remblai, talus II. 1. disparition, dissipation 2. arrêt, cessation, fin, interruption, suppression, suspension III. 1. récolte, collecte, perception 2. enlèvement, ramassage IV. enrôlement, appel aux armes, mobilisation, recrutement V. [Cartes] main, pli

lever¹
▸ V. TR. 1. soulever, élever, dresser, hausser, enlever, hisser, monter, redresser, relever 2. dessiner, dresser 3. supprimer, abolir, annuler, effacer, enlever, écarter, ôter, retirer, [des difficultés] aplanir 4. arrêter, faire cesser, interrompre, mettre fin à, suspendre 5. découper, couper, prélever 6. percevoir, collecter, prélever, ramasser, recueillir 7. enrôler, mobiliser, recruter
▸ V. INTR. 1. fermenter, gonfler 2. [plante] pousser
◆ **se lever** V. PRON. 1. se mettre debout 2. se dresser, monter 3. apparaître, arriver, commencer, germer, naître, pointer, surgir, montrer le bout de son nez 4. disparaître, se dissiper 5. se dégager, s'éclaircir

lever² N. M. levé, plan

levier N. M. commande, manette, pédale

lèvre N. F. 1. [inférieure] lippe 2. [d'une plaie] bord
◆ **lèvres** PLUR. bouche, babines (fam.)

lexique N. M. 1. vocabulaire, nomenclature, terminologie, jargon (péj.) 2. dictionnaire, glossaire, index

lézarde N. F. fente, brèche, crevasse, fêlure, fissure

lézarder¹ V. TR. crevasser, disjoindre, fendiller, fendre, fissurer

lézarder² V. INTR. [fam.] paresser, se dorer au soleil

liaison N. F. 1. relation, communication, contact, fréquentation, lien 2. aventure (amoureuse), flirt, histoire, passade, relation 3. corrélation, connexion, correspondance, dépendance, fil conducteur, filiation, interdépendance, jonction, lien, rapport, relation 4. enchaînement, association, cohérence, contiguïté, continuité, succession, suite, transition

liant, liante
▸ ADJ. engageant, affable, aimable, doux, sociable, amène (littér.)
▸ N. M. 1. agglomérant, agglutinant 2. affabilité, aménité (littér.)

libelle N. M. pamphlet, satire, diatribe, factum (littér.)

libellé N. M. formule, formulation, rédaction

libeller V. TR. écrire, rédiger, remplir

libéral, ale, aux ADJ. 1. tolérant, compréhensif, large d'esprit, ouvert 2. généreux, large, prodigue, munificent (littér.) 3. antiprotectionniste

libéralement ADV. abondamment, généreusement, largement

libéralisme N. M. 1. tolérance, largeur d'esprit, ouverture d'esprit 2. capitalisme (privé)

libéralité N. F. 1. générosité, charité, largesse, prodigalité, magnificence (littér.), munificence (littér.) 2. [surtout plur.] cadeau, aumône, bienfait, don, donation, générosité, gratification, largesse, legs

libérateur, trice N. et ADJ. 1. sauveur 2. émancipateur

libération N. F. 1. remise en liberté, élargissement 2. affranchissement, dégagement, délivrance, émancipation 3. déréglementation, dérégulation 4. soulagement, délivrance

libéré, ée ADJ. 1. affranchi, émancipé 2. libre

libérer V. TR. 1. délivrer, élargir, relâcher, relaxer, sortir/tirer de prison, [par mesure spéciale] amnistier, gracier 2. [des troupes] démobiliser 3. affranchir, déchaîner, dégager, délier, émanciper, briser le joug de (littér.), rompre les chaînes de (littér.) 4. dégager, débarrasser, déblayer, désencombrer, évacuer 5. débloquer, décoincer, dégager, extirper 6. [d'une charge] décharger, débarrasser, dégager, délivrer, dispenser, éviter à, exempter, exonérer, relever, tenir quitte, soulager
◆ **se libérer** V. PRON. 1. se rendre disponible, se dégager 2. devenir vacant 3. s'affranchir, s'émanciper, rompre ses liens/ses chaînes

liberté N. F. 1. autonomie, indépendance 2. disponibilité, loisir, temps (libre) 3. latitude, autorisation, facilité, faculté, loisir, permission, possibilité, pouvoir, licence (littér.) 4. franchise,

franc-parler, hardiesse 5. désinvolture, familiarité, laisser-aller, laxisme, permissivité, sans-gêne 6. aisance, jeu, souplesse
• **libertés** PLUR. licences, audace, familiarités, hardiesse, privautés

libertin, ine
▶ ADJ. 1. débauché, déréglé, dévergondé, dissolu, licencieux 2. leste, coquin, gaillard, galant, grivois, osé, polisson
▶ N. 1. jouisseur, coureur, débauché 2. libre penseur, esprit fort

libertinage N. M. 1. galanterie 2. immoralité, débauche, vice, licence (*littér.*) 3. débordements, dérèglements, dévergondage, frasques

libidineux, euse ADJ. 1. lascif, sensuel 2. licencieux, impudique, lubrique, salace, vicieux

libido N. F. appétit sexuel, désir

libre ADJ. I. disponible, dégagé, inoccupé, vacant, vide II. 1. autonome, affranchi, indépendant, souverain 2. volontaire, délibéré III. permis, autorisé, possible IV. 1. accessible, dégagé 2. *[entrée]* gratuit 3. *[cheveux]* flottant, détaché V. 1. dégagé, aisé, désinvolte, facile, léger, libéré 2. familier, cavalier, désinvolte 3. spontané, franc 4. coquin, cru, égrillard, épicé, gaillard, gaulois, graveleux, grivois, guilleret, hardi, inconvenant, leste, libertin, licencieux, osé, pimenté, polisson, salé

librement ADV. 1. de plein gré, volontairement 2. franchement, à cœur ouvert, ouvertement, sans détour 3. familièrement 4. sans entrave

licence N. F. I. 1. permis, autorisation, droit, permission 2. liberté (d'action), latitude II. 1. libertinage, débauche, débordement, dérèglement, désordre, dévergondage, excès, immoralité, impudicité, inconduite, luxure 2. grivoiserie

licenciement N. M. 1. renvoi, congédiement, destitution, mise à pied, révocation, départ *(euph.)* 2. *[au plur.]* dégraissage *(fam.)*, charrette *(fam.)*

licencier V. TR. 1. congédier, chasser, débaucher, destituer, limoger, mettre à pied, mettre à la porte, mettre au chômage, remercier, renvoyer, révoquer, balancer *(fam.)*, débarquer *(fam.)*, dégommer *(fam.)*, lourder *(fam.)*, sabrer *(fam.)*, sacquer *(fam.)*, vider *(fam.)*, virer *(fam.)*, *[un domestique]* donner son compte/ses huit jours à 2. *[effectifs]* dégraisser *(fam.)*

licencieux, euse ADJ. 1. leste, audacieux, croustillant, cru, égrillard, épicé, érotique, gaillard, gaulois, gras, graveleux, grivois, immodeste, inconvenant, indécent, léger, libre, pimenté, poivré, polisson, salé, scabreux, vert, raide *(fam.)* 2. dévergondé, dépravé, déréglé, désordonné, effronté, immoral, impudique, libertin, libidineux, luxurieux (*littér.*)

licite ADJ. permis, admis, autorisé, légal, possible, toléré

lie N. F. 1. dépôt, résidu 2. rebut, bas-fond, racaille

lié, liée ADJ. 1. relié, connexe, coordonné, imbriqué, interdépendant, joint, solidaire, uni 2. familier, intime, proche

lien N. M. 1. attache, corde, cordon, courroie, ficelle, ligature, sangle 2. *[au plur.]* chaînes, entraves, fers II. 1. corrélation, connexion, correspondance, filiation, rapport, rapprochement, relation 2. cohérence, continuité, enchaînement, fil conducteur, liaison, suite 3. intermédiaire, passerelle, trait d'union III. 1. relation, liaison 2. affinité, attachement, attache, point commun

lier V. TR. I. 1. nouer, attacher, enchaîner, fixer, joindre, relier, unir 2. ficeler, botteler 3. ligoter, attacher, ficeler, garrotter II. engager, assujettir, astreindre, obliger III. associer, faire dépendre de, faire le lien avec, rattacher, relier, faire le rapprochement entre
• **se lier** V. PRON. sympathiser, fraterniser, s'aboucher (*littér.*), s'accointer (*littér., péj.*), s'acoquiner *(péj.)*

liesse N. F. réjouissance, allégresse, exultation, gaieté, joie

lieu N. M. 1. endroit, espace, site, coin *(fam.)*, *[d'un drame, etc.]* scène 2. emplacement, place, point, position

lieutenant N. M. adjoint, aide, assistant, alter ego, bras droit, second

lifting N. M. 1. déridage, lissage *(recomm. offic.)*, remodelage *(recomm. offic.)* 2. toilettage

ligature N. F. 1. lien, attache 2. nœud

ligaturer V. TR. attacher, lier

lignage N. M. lignée, descendance, extraction, famille, filiation, naissance, nom, race, sang, souche

ligne N. F. I. 1. trait, droite, courbe, raie 2. contour, dessin, forme, galbe, modelé, profil, délinéament (*littér.*), linéament (*littér.*) 3. silhouette, allure 4. ride II. 1. limite, démarcation, front, frontière, séparation 2. rangée, bordure, cordon, file, rang, rideau III. *[politique, etc.]* orientation, axe, direction, voie IV. *[de transport]* liaison, connexion, voie V. *[de produits]* gamme VI. filiation, descendance, lignée, parenté VII. fil à pêche

lignée N. F. 1. descendance, filiation, ligne, postérité 2. famille, dynastie, extraction, lignage, maison, naissance, race, sang, souche

ligoter V. TR. attacher, enchaîner, entraver, ficeler, garrotter, lier

ligue N. F. 1. alliance, association, coalition, confédération, front, fédération, groupement, organisation, union 2. faction, bande, parti

liguer V. TR. allier, associer, coaliser, fédérer, grouper, organiser, unir
• **se liguer** V. PRON. s'allier, s'associer, se coaliser, comploter, se conjurer, se fédérer, se grouper, s'organiser, s'unir

limer V. TR. 1. polir, ébarber 2. élimer, râper, user

limier N. M. détective, enquêteur, espion, inspecteur (de police)

limitation N. F. 1. bornage, délimitation, démarcation 2. restriction, contingentement, contrôle, limite

limite N. F. I. 1. extrémité, bord, bout, confins, *[d'un bois]* lisière, orée 2. démarcation, frontière, séparation II. 1. borne, barrière, bordure, enceinte 2. cadre, contour, domaine, mesure, périmètre, sphère III. fin, terme IV. maximum, extrême
• **limites** PLUR. possibilités, capacités, moyens

limité, ée ADJ. 1. borné, étroit, simpliste, qui a des œillères, qui ne voit pas plus loin que le bout de son nez *(fam.)* 2. sommaire, superficiel 3. réduit, restreint 4. fini

limiter V. TR. 1. borner, circonscrire, délimiter, renfermer 2. restreindre, contingenter, diminuer, freiner, mesurer, modérer, rationner, réduire 3. entraver 4. terminer, arrêter
• **se limiter** V. PRON. se restreindre

limitrophe ADJ. 1. frontalier, limite, périphérique 2. contigu, adjacent, attenant, proche, voisin

limoger V. TR. démettre, casser, chasser, se débarrasser de, disgracier, destituer, mettre à pied, relever de ses fonctions, renvoyer, révoquer, se séparer de, balancer *(fam.)*, débarquer *(fam.)*, dégommer *(fam.)*, sacquer *(fam.)*, vider *(fam.)*, virer *(fam.)*

limon N. M. dépôt, alluvions, boue, vase, bourbe (*littér.*)

limpide ADJ. 1. clair, cristallin, diaphane, pur, translucide, transparent 2. compréhensible, clair, intelligible, lumineux, simple, clair comme de l'eau de roche *(souvent iron.)* 3. franc

limpidité N. F. 1. clarté, brillance, netteté, pureté, transparence 2. intelligibilité, accessibilité, clarté, lisibilité

linge N. M. toile, tissu

lingerie N. F. 1. dessous, sous-vêtements 2. buanderie 3. bonneterie

liniment N. M. baume, onguent, pommade

liquéfier V. TR. 1. condenser 2. fondre
• **se liquéfier** V. PRON. 1. fondre 2. s'amollir

liqueur N. F. alcool, digestif, eau-de-vie, spiritueux

liquidation N. F. 1. règlement 2. braderie, solde 3. réalisation, vente 4. *[fam.]* élimination, meurtre

liquide
▶ ADJ. fluide
▶ N. M. 1. fluide, solution 2. boisson 3. espèces, numéraire, liquidités

liquider V. TR. I. 1. réaliser, vendre 2. régler, partager 3. solder, brader, bazarder *(fam.)* II. *[fam.]* 1. se débarrasser de, en finir avec, expédier, régler, terminer 2. terminer, faire un sort à 3. tuer, abattre, se débarrasser de, se défaire de, éliminer, supprimer, envoyer dans l'autre monde *(fam.)*, zigouiller *(fam.)*

liquoreux, euse ADJ. doux, douceureux, sirupeux

lire V. TR. 1. déchiffrer, décoder, décrypter 2. réciter, dire, prononcer 3. compulser, consulter 4. bouquiner *(fam.)* 5. interpréter, expliquer 6. pénétrer, découvrir, discerner

lisibilité N. F. clarté, intelligibilité

lisible ADJ. 1. déchiffrable, décodable, décryptable 2. compréhensible, clair, intelligible

lisière N. F. bord, bordure, extrémité, frontière, limite, orée

lisse ADJ. 1. égal, plat, uni 2. poli 3. glabre, imberbe

lisser V. TR. 1. aplanir, aplatir 2. défriper, déchiffonner, défroisser 3. lustrer, polir

liste N. F. 1. énumération, dénombrement, inventaire, recensement 2. relevé, bordereau, catalogue, état, inventaire, nomenclature, répertoire 3. index, répertoire, table, *[de lauréats]* palmarès

lit N. M. 1. couche (*littér.*), dodo (*lang. enfants*), paddock *(fam.)*, page *(fam.)*, pageot *(fam.)*, pieu *(fam.)*, plumard *(fam.)*, plume *(fam.)*, pucier *(fam.)*, sac à puce *(fam.)*, *[de bébé]* berceau, *[sommaire]* couchette, natte, paillasse 2. tapis, matelas 3. dépôt, couche, strate 4. cours, ravin, ravine

litanie N. F. 1. chant, prière, antienne (*littér.*) 2. rabâchage, couplet, histoire, leitmotiv, refrain, rengaine, scie, antienne (*littér.*), chanson *(fam.)*, disque *(fam.)*

litige N. M. 1. affaire, cause, procès 2. conflit, contestation, controverse, démêlé, différend, dispute, discussion

litigieux, euse ADJ. 1. contentieux, contestable, contesté 2. douteux

littéral, ale, aux ADJ. 1. exact, propre, (au sens) strict 2. textuel, à la lettre, mot à mot

littéralement ADV. 1. à la lettre, mot à mot, textuellement 2. véritablement

littérateur N. M. auteur, écrivain, homme de lettres, écrivassier *(péj.)*, plumitif *(péj.)*

littoral N. M. bord de mer, côte, rivage

liturgie N. F. rite, cérémonial, culte, rituel

livide ADJ. 1. blafard, blanc (comme un linge/comme un cachet d'aspirine), blême, pâle, hâve (*littér.*) 2. cadavérique, cireux, exsangue, plombé, terreux, verdâtre, vitreux, cadavéreux (*littér.*)

livraison N. F. 1. remise, délivrance, fourniture 2. fascicule, numéro

livre N. M. 1. volume, édition, écrit, ouvrage, texte, bouquin *(fam.)*, *[de magie ou plaisant]* grimoire 2. tome, partie
• **livres** PLUR. registre, comptabilité

livrer V. TR. 1. remettre, délivrer, donner, fournir, porter, procurer 2. *[à la justice]* déférer, confier, remettre 3. exposer, communiquer, confier, dévoiler, révéler 4. dénoncer, trahir, vendre, donner *(fam.)*
• **se livrer** V. PRON. 1. se rendre, se constituer prisonnier 2. se confier, s'abandonner, s'épancher, s'ouvrir, ouvrir son cœur, se déboutonner *(fam.)*

local¹, ale, aux ADJ. et N. indigène, autochtone

local² N. M. pièce, atelier, bureau

localisation N. F. 1. détection, repérage 2. implantation, emplacement, position, situation, locus *(Biol.)*

localiser V. TR. 1. repérer, détecter, positionner, situer 2. circonscrire, délimiter, limiter

localité N. F. agglomération, bourg, bourgade, commune, village

location N. F. 1. louage 2. bail, affermage

locomotion N. F. 1. déplacement, marche, transport, voyage 2. traction

locuteur, trice N. sujet parlant, émetteur, énonciateur, interlocuteur

locution N. F. expression, formule, tour, tournure, *[propre à une langue]* idiotisme

loge N. F. 1. alvéole, cellule, compartiment, niche 2. box, stalle 3. avant-scène, baignoire

logement N. M. 1. hébergement 2. gîte, abri, toit 3. demeure, domicile, habitation, résidence, nid, chez-soi (fam.), home (anglic.), pénates (littér.), [types] appartement, maison, [d'appoint] pied-à-terre, chambre, garçonnière, studio 4. habitat

loger
▸ V. INTR. 1. demeurer, habiter, résider, vivre, crécher (fam.), percher (fam.) 2. gîter, nicher 3. séjourner, descendre
▸ V. TR. 1. héberger, accueillir, recevoir, offrir un toit à 2. abriter, contenir, tenir 3. mettre, installer, placer, ranger, caser (fam.), fourrer (fam.)
♦ **se loger** V. PRON. 1. s'installer, trouver un toit 2. s'introduire, s'enfoncer, se ficher, pénétrer, se fourrer (fam.)

logiciel N. M. application, programme, progiciel, [de jeu] ludiciel

logique¹ ADJ. 1. cohérent, conséquent, judicieux, juste, rigoureux, suivi, vrai 2. cartésien, déductif, discursif, méthodique, rationnel, systématique 3. inévitable, forcé, naturel, nécessaire, normal

logique² N. F. 1. cohérence, méthode, raison, rigueur 2. enchaînement, fatalité 3. dialectique, argumentation, raisonnement, sophistique

logiquement ADV. 1. normalement, en principe 2. méthodiquement, rationnellement, rigoureusement

logis N. M. habitation, foyer, logement, maison, chez-soi (fam.), home (anglic.), pénates (littér.)

logo N. M. symbole, emblème

logorrhée N. F. verbiage, verbalisme, logomachie (littér.)

loi N. F. I. 1. droit, code, législation, textes 2. [sortes] arrêté, décret, [ancienn] édit, charte, ordonnance, règlement, statut 3. autorité, commandement, domination, empire, pouvoir, puissance II. 1. norme, canon, dogme, principe, règle 2. contrainte, devoir, impératif, nécessité, obligation, précepte, prescription, principe, règle 3. devise, règle

loin ADV. éloigné, lointain, à distance, à l'écart

lointain, aine
▸ ADJ. 1. distant, écarté, éloigné, loin, reculé 2. reculé, éloigné, immémorial 3. absorbé, distant, distrait, dans le vague 4. indirect 5. vague, petit
▸ N. M. arrière-plan, fond, horizon

loisir N. M. 1. temps libre, temps à soi, liberté, oisiveté, vacances 2. passe-temps, activité, distraction, hobby (anglic.), occupation

long, longue ADJ. 1. allongé, élancé, étendu, oblong 2. grand, interminable 3. lent, ennuyeux, fastidieux, interminable, longuet (fam.), mortel (fam.) 4. bavard, diffus, prolixe, verbeux 5. ancien, vieux 6. lointain 7. entier, tout

longer V. TR. 1. border, côtoyer, raser 2. emprunter, suivre

longtemps ADV. 1. longuement, (pendant) des heures, des heures durant, des heures et des heures, un long moment 2. beaucoup

longuement ADV. abondamment, amplement, beaucoup, longtemps, [réfléchir] mûrement

longueur N. F. 1. taille, envergure, étendue, grandeur 2. distance, espace, trajet 3. durée, lenteur

look N. M. allure, apparence, dégaine, genre, style, touche (fam., péj.)

lopin N. M. parcelle, morceau

loquace ADJ. bavard, prolixe, volubile, causant (fam.)

loquacité N. F. volubilité, prolixité, verve, faconde (littér.), bagou (fam.)

loque N. F. 1. lambeau 2. guenille 3. épave, déchet (humain)
♦ **loques** PLUR. guenilles, haillons, oripeaux (littér.)

loqueteux, euse ADJ. 1. déchiré, en loques 2. déguenillé, en haillons, en loques

lorgner V. TR. 1. regarder, loucher sur (fam.), reluquer (fam.) 2. convoiter, guigner, viser, loucher sur (fam.)

lorsque CONJ. quand, au moment où, à l'instant où, à l'époque où

lot N. M. 1. part, portion 2. lotissement 3. assortiment, ensemble, jeu, stock 4. kit 5. apanage, destin, destinée, héritage, sort

loti, ie ADJ.
– **bien loti** favorisé, avantagé
– **mal loti** défavorisé, désavantagé

lotir V. TR. 1. partager, morceler, répartir 2. doter, attribuer à, munir, pourvoir

louable ADJ. bien, bon, digne, estimable, honnête, honorable, méritoire

louange N. F. 1. éloge, apologie, exaltation, glorification, dithyrambe (littér.), panégyrique (littér.) 2. applaudissement, compliment, encouragement, félicitation 3. gloire, mérite

louanger V. TR. 1. louer, célébrer, chanter les louanges de, encenser, exalter, faire l'éloge de, glorifier, porter aux nues, tresser des couronnes/des lauriers à, magnifier (littér.) 2. flatter, flagorner

louche ADJ. 1. trouble, douteux, équivoque, incertain, suspect, troublant, pas clair (fam.), pas net (fam.) 2. interlope, borgne, inquiétant, mal famé 3. [vieux] oblique, torve, de travers

loucher V. INTR. bigler (fam.), avoir une coquetterie dans l'œil (fam.), avoir un œil qui dit merde à l'autre (fam.), avoir un œil qui joue du billard et l'autre qui compte les points (fam.), avoir les yeux qui se croisent (les bras) (fam.)

louer¹ V. TR. 1. complimenter, féliciter 2. célébrer, bien parler de, chanter les louanges de, couvrir de fleurs, élever aux nues, encenser, exalter, faire l'éloge de, glorifier, porter aux nues/au pinacle, tresser des couronnes/des lauriers à, louanger (littér.), magnifier (littér.) 3. prôner, vanter 4. [Relig.] bénir, glorifier
♦ **se louer de** V. PRON. se féliciter de, s'applaudir de, se glorifier de, se vanter de

louer² V. TR. 1. donner en location, donner à bail, donner à loyer, [une terre] affermer 2. prendre en location, prendre à bail, prendre à loyer 3. affréter, fréter, noliser 4. réserver, retenir

loup N. M. 1. [poisson] bar 2. masque 3. défaut, défectuosité, malfaçon, ratage, raté, loupage (fam.), loupé (fam.)

lourd, lourde ADJ. I. 1. pesant 2. dense, compact 3. massif, corpulent, épais, fort, gros, imposant, opulent, mastoc (fam.) 4. [terre] collant, gras, détrempé II. 1. indigeste, pesant, bourratif (fam.) 2. [estomac] chargé, appesanti, embarrassé III. 1. important, écrasant 2. grave, grossier 3. accablant, douloureux, dur, pénible, sévère IV. 1. couvert, bas, chargé 2. menaçant, oppressant, orageux V. 1. [regard] appuyé, insistant 2. [sommeil] profond VI. 1. stupide, balourd, béotien, bête, bovin, crasse, empoté, endormi, épais, fruste, gros, grossier, lent, lourdaud, maladroit, malhabile, niais, obtus, pataud, pesant, rustre, sot, lourdingue (fam.) 2. embarrassé, confus, gauche, indigeste, laborieux, tarabiscoté

lourdaud, aude
▸ ADJ. 1. maladroit, balourd, gauche, pataud (fam.) 2. grossier, balourd, béotien, bête, lourd, fruste, obtus, lourdingue (fam.)
▸ N. rustaud, rustre, cruche (fam.)

lourdement ADV. 1. fortement 2. durement, rudement, sévèrement 3. grossièrement 4. pesamment

lourdeur N. F. 1. poids, masse, pesanteur 2. alourdissement, appesantissement, engourdissement

loustic N. M. mauvais plaisant, coco (fam.), gaillard (fam.), lascar (fam.), numéro (fam.), type (fam.), zèbre (fam.), zigoto (fam.)

louvoiement N. M. atermoiement, détour, faux-fuyant, manœuvre, tergiversation

louvoyer V. INTR. 1. biaiser, atermoyer, tergiverser, user de faux-fuyants, finasser (fam.) 2. remonter (au vent)

lover (se) V. PRON. s'enrouler, se blottir, se pelotonner, se recroqueviller

loyal, ale, aux ADJ. 1. franc, droit, carré, correct, de bonne foi, fair-play, honnête, régulier, réglo (fam.), probe (littér.) 2. de bonne guerre 3. fidèle, dévoué, sûr

loyalement ADV. 1. honnêtement, cartes sur table, sportivement 2. fidèlement

loyalisme N. M. fidélité, dévouement

loyauté N. F. 1. droiture, bonne foi, fair-play, franchise, honnêteté, probité 2. fidélité, dévouement

lubie N. F. envie, caprice, coup de tête, fantaisie, folie, manie, passade, dada (fam.), tocade (fam.)

lubrification N. F. graissage, huilage

lubrifier V. TR. graisser, huiler, oindre

lubrique ADJ. concupiscent, lascif, libidineux, luxurieux, salace, sensuel, vicieux

lucarne N. F. fenêtre, chien-assis, œil-de-bœuf, faîtière, tabatière, Velux (nom déposé)

lucide ADJ. 1. sensé, conscient 2. clairvoyant, intelligent, pénétrant, perspicace, sagace

lucidité N. F. 1. raison, bon sens, conscience 2. clairvoyance, intelligence, netteté, pénétration, perspicacité, sagacité

lucratif, ive ADJ. rémunérateur, attractif, avantageux, fructueux, intéressant, payant, rentable, juteux (fam.)

lucre N. M. gain, bénéfice, profit

lueur N. F. 1. lumière, clarté, flamme, nitescence (littér.) 2. éclat, éclair, étincelle, flamme

lugubre ADJ. 1. triste, funeste, sinistre, sombre, glauque (fam.) 2. [littér.] funèbre, macabre

lugubrement ADV. sinistrement, tristement

luire V. INTR. 1. briller, éclairer, étinceler, flamboyer, rayonner, resplendir, rutiler 2. miroiter, chatoyer, reluire, scintiller

luisant, ante ADJ. 1. brillant, étincelant, rutilant 2. chatoyant, moiré 3. lustré

lumière N. F. 1. clarté, jour, lueur, [vive] éclat 2. électricité, éclairage, feu, illumination, lampe, lanterne, luminaire 3. rayonnement, éclairement, reflet 4. éclat, brillant, feu, splendeur 5. génie, savant, sommité, as (fam.), crack (fam.), flambeau (littér.), [au négatif] aigle, phénix
♦ **lumières** PLUR. connaissances, éclaircissements, explications, indications, informations, intelligence, lueurs, précisions, renseignements, savoir, science

lumineux, euse ADJ. I. 1. éclairé 2. brillant, éclatant, éblouissant, incandescent 3. luminescent, fluorescent, phosphorescent, nitescent (littér.) 4. radieux, clair, ensoleillé, étincelant II. 1. éclairant, clair, évident, limpide, net 2. génial, brillant, clair, lucide, pénétrant

luminosité N. F. 1. clarté, lumière 2. brillance, brillant, éclat

lunatique ADJ. capricieux, fantasque, d'humeur changeante, instable, versatile

lunettes N. F. PL. verres, besicles (littér.), binocles (fam.), carreaux (fam.), hublots (fam.)

luron, onne N.
– **gai, joyeux luron** boute-en-train, bon vivant, joyeux drille

lustre N. M. 1. poli, brillant, éclat, luisant, miroitement, vernis 2. faste, éclat, magnificence, relief, somptuosité, splendeur 3. gloire, réputation, valeur 4. luminaire, plafonnier, suspension, couronne de lumière, lampe astrale

lustré, ée ADJ. 1. brillant, luisant, satiné 2. usé, élimé, râpé

lustrer V. TR. 1. frotter, polir 2. [étoffe] calandrer, cylindrer, glacer 3. [cuir] lisser, satiner

luter V. TR. colmater, boucher

lutiner V. TR. harceler, peloter (fam.)

lutte N. F. 1. affrontement, bataille, combat, duel, échauffourée, guerre, mêlée, pugilat, rixe, bagarre (fam.) 2. opposition, antagonisme, collision, combat, conflit, duel, guerre, hostilité, rivalité 3. résistance, action, agitation, révolte 4. débat, assaut, controverse, discussion, dispute, escrime (fig.), joute (oratoire), querelle 5. compétition, concours, course, match

lutter V. INTR. 1. combattre, batailler, se battre, en découdre, se bagarrer (fam.), guerroyer (littér.) 2. se défendre, se débattre, résister

luxation N. F. 1. déboîtement, désarticulation, dislocation 2. élongation, entorse, foulure

luxe N. M. 1. somptuosité, apparat, éclat, faste, magnificence, opulence, pompe, raffinement, richesse, splendeur 2. superflu, dépense superflue, superfluité (littér.) 3. abondance, débauche, foisonnement, excès, profusion, pullulement

luxer V. TR. déboîter, démettre, désarticuler, disloquer

luxueusement ADV. fastueusement, magnifiquement, princièrement, richement, royalement, somptueusement, splendidement

luxueux, euse ADJ. 1. fastueux, éclatant, magnifique, opulent, princier, riche, royal, somptueux, splendide 2. de luxe

luxure N. F. 1. débauche, dépravation, licence, paillardise, vice, stupre (littér.) 2. sensualité, concupiscence, incontinence, lasciveté, lubricité

luxuriance N. F. exubérance, abondance, floraison, foisonnement, surabondance

luxuriant, ante ADJ. exubérant, abondant, riche, surabondant, touffu

lycée N. M. établissement, école, bahut (fam.), boîte (fam.), athénée (Belgique), cégep (Québec), gymnase (Suisse)

lymphatique ADJ. 1. apathique, indolent, mou, nonchalant 2. [Méd. ancienne] flegmatique

lyncher V. TR. mettre en pièces, écharper, massacrer

lyrique ADJ. 1. poétique 2. exalté, ardent, enflammé, enthousiaste, passionné

lyrisme N. M. ardeur, chaleur, enthousiasme, exaltation, feu, passion

❖ ❖

M

macabre ADJ. 1. funèbre 2. lugubre, noir, sépulcral, sinistre, triste

macadam N. M. 1. revêtement, asphalte, bitume, goudron 2. chaussée

mâcher V. TR. mastiquer, mâchonner, mâchouiller (fam.)

machiavélique ADJ. 1. diabolique, démoniaque 2. perfide, pervers, retors

machinal, ale, aux ADJ. automatique, inconscient, instinctif, involontaire, irréfléchi, mécanique, réflexe

machination N. F. 1. manœuvre, agissements, intrigue, manège, manigance, menées, ruse 2. complot, conspiration

machine N. F. 1. appareil, dispositif, engin, instrument, mécanique, mécanisme, outil, bécane (fam.) 2. automate 3. ordinateur, bécane (fam.) 4. lave-vaisselle

machiste ADJ. et N. M. phallocrate, sexiste, macho (fam.)

maculer V. TR. salir, barbouiller, crotter, encrasser, noircir, souiller, tacher

maelström N. M. 1. tourbillon, gouffre, vortex 2. tourmente, cyclone, ouragan, tempête, tornade, tourbillon

maestria N. F. brio, adresse, facilité, habileté, maîtrise, virtuosité

magasin N. M. 1. commerce, affaire, boutique, échoppe, fonds de commerce 2. entrepôt, abri, dépôt, docks, réserve, resserre 3. réserve 4. chargeur, boîtier

magazine N. M. revue, périodique

magicien, enne N. 1. prestidigitateur, escamoteur, illusionniste 2. mage, alchimiste, astrologue, devin, enchanteur, ensorceleur, fée, nécromancien, sorcier, thaumaturge

magie N. F. 1. prestidigitation, illusionnisme, tour de passe-passe 2. sorcellerie, alchimie, astrologie, divination, enchantement, envoûtement 3. charme, beauté, prestige, puissance, séduction

magique ADJ. 1. enchanté, féérique, surnaturel 2. cabalistique, ésotérique, occulte 3. merveilleux, enchanteur, ensorcelant, envoûtant, fantastique, fascinant, féérique

magistral, ale, aux ADJ. 1. [littér.] doctoral, pédant (péj.), péremptoire, pontifiant (péj.), professoral, solennel 2. excellent, magnifique, splendide, superbe, supérieur

magma N. M. mélange, agglomérat, bouillie, masse (informe)

magnanime ADJ. bon, beau, chevaleresque, clément, généreux, grand, noble

magnat N. M. potentat, gros bonnet (fam.), baron (fam.), roi (fam.)

magnétique ADJ. ensorcelant, envoûtant, fascinant, hypnotisant, subjuguant

magnétiser V. TR. 1. aimanter 2. hypnotiser, envoûter, fasciner, subjuguer

magnétisme N. M. 1. charme, attraction, fascination 2. ascendant, autorité, charisme, influence 3. hypnotisme, envoûtement, hypnose, suggestion

magnifier V. TR. 1. exalter, célébrer, glorifier, louer, chanter les louanges de 2. idéaliser, embellir

magnifique ADJ. 1. admirable, brillant, éclatant, féérique, grandiose, magistral, merveilleux, splendide, superbe 2. fastueux, luxueux, princier, royal, somptueux

magouille N. F. escroquerie, fraude, intrigue, machination, manœuvre, manigance, trafic, combine (fam.), cuisine (fam.)

magouiller V. TR. combiner, intriguer, cuisiner (fam.), traficoter (fam.), trafiquer (fam.)

maigre ADJ. I. 1. mince, chétif, décharné, efflanqué, étique, fluet, gringalet, hâve, menu, rachitique, sec, squelettique, maigrichon (fam.), maigriot (fam.) 2. [visage] anguleux, creusé, émacié, hâve II. 1. aride, pauvre, stérile 2. rare, clairsemé, pauvre, rabougri III. médiocre, chiche, faible, insuffisant, juste, mince, misérable, pauvre, petit, piètre IV. écrémé, allégé

maigreur N. F. 1. minceur, amaigrissement 2. insuffisance, médiocrité, pauvreté

maigrir
▸ V. INTR. perdre du poids, se dessécher, fondre, mincir, décoller (fam.), [visage] s'émacier
▸ V. TR. amaigrir, amincir, [le visage] émacier

maille N. F. 1. chaînon, maillon 2. point 3. tricot, jersey

maillon N. M. chaînon, anneau, maille

maillot N. M. 1. débardeur, polo, tee-shirt 2. [de danse, gymnastique] collant

main N. F. menotte, cuiller (fam.), louche (fam.), paluche (fam.), patte (fam.), pince (fam.), pogne (fam.), [puissante] poigne, battoir (fam.)

mainmise N. F. 1. ascendant, emprise, influence, pouvoir 2. prise, rafle

maintenance N. F. entretien, suivi

maintenant ADV. 1. actuellement, à l'heure qu'il est, à présent, aujourd'hui, de nos jours, en ce moment 2. désormais, à l'avenir

maintenir V. TR. 1. soutenir, appuyer, caler, retenir, supporter, tenir 2. attacher, assembler, fixer 3. conserver, entretenir, garder, perpétuer, poursuivre, sauvegarder 4. immobiliser, assujettir, bloquer 5. confirmer, affirmer, certifier, réitérer, répéter, soutenir
◆ **se maintenir** V. PRON. 1. durer, demeurer, perdurer, persister, rester, subsister 2. se tenir

maintien N. M. 1. contenance, air, allure, attitude, port, posture, présentation, prestance, tenue 2. conservation, continuité, préservation, sauvegarde

maison N. F. 1. bâtiment, bâtisse, construction, habitation, logement, résidence, pavillon, villa, baraque (péj.), bicoque (péj.), masure (péj.) 2. domicile, bercail (souvent plaisant), chez-soi, demeure, foyer, gîte, habitation, logis, nid, pénates, toit (fam.) 3. intérieur, ménage 4. famille, dynastie, lignée, maisonnée 5. établissement, entreprise, firme, société, boîte (fam.), boutique (fam.)

maître, maîtresse
▸ ADJ. 1. expert, adroit, compétent, virtuose 2. principal, capital, essentiel, fondamental, majeur, primordial
▸ N. 1. chef, dirigeant, gouvernant, patron, [Hist.] seigneur, souverain 2. enseignant, éducateur, instituteur, pédagogue, précepteur, professeur des écoles 3. possesseur, propriétaire 4. modèle, exemple, gourou, initiateur, mentor 5. virtuose, expert

maîtresse N. F. 1. compagne, petite amie, concubine, copine (fam.), nana (fam.) 2. [du roi] favorite

maîtrise N. F. 1. autorité, contrôle, domination, empire, pouvoir, suprématie 2. habileté, maestria, savoir-faire, tour de main, virtuosité 3. manécanterie

maîtriser V. TR. 1. vaincre, terrasser 2. discipliner, asservir, assujettir, soumettre 3. stopper, arrêter, enrayer, juguler 4. dominer, commander à, contrôler, dompter, être maître de, surmonter 5. posséder, dominer
◆ **se maîtriser** V. PRON. se contenir, se contrôler, se dominer, prendre sur soi

majestueux, euse ADJ. 1. noble, digne, hiératique, imposant, olympien, solennel, auguste (littér.) 2. grandiose, impressionnant, monumental

majeur, eure ADJ. 1. capital, essentiel, fondamental, primordial, principal 2. adulte, grand

majorer V. TR. augmenter, élever, hausser, rehausser, relever, revaloriser

mal[1] ADV. 1. difficilement, malaisément, péniblement 2. maladroitement, de travers, comme un pied (fam.), comme une patate (fam.), comme une savate (fam.) 3. médiocrement 4. défavorablement, désagréablement 5. malencontreusement, inopportunément 6. incomplètement, imparfaitement, insuffisamment

mal[2] N. M. I. 1. douleur, affection, maladie, bobo (fam.) 2. martyre, douleur, supplice, torture 3. peine, affliction, chagrin II. 1. tort, préjudice 2. calamité, désolation, dommage, malheur, souffrance III. vice, crime, faute, péché

malade
▸ ADJ. 1. souffrant, en mauvaise santé, maladif 2. incommodé, indisposé, mal (en point), mal fichu (fam.), mal foutu (fam.), patraque (fam.) 3. [dent] gâté, carié 4. bouleversé, retourné, secoué
▸ N. patient, client

maladie N. F. 1. affection, mal, pathologie, syndrome 2. manie, obsession, passion, rage, vice, virus (fam.)

maladif, ive ADJ. 1. souffreteux, chétif, malingre 2. morbide, malsain, pathologique

maladresse N. F. 1. gaucherie, inhabileté, lourdeur 2. erreur, balourdise, bêtise, bévue, faux pas, impair, pas de clerc (littér.), le pavé de l'ours (littér.), boulette (fam.), bourde (fam.), gaffe (fam.)

maladroit, oite
▸ ADJ. 1. gauche, lourdaud, malhabile, pataud, inhabile (littér.), empoté (fam.), godiche (fam.), gourde (fam.), manchot (fam.) 2. grossier, lourd, [mensonge, etc.] cousu de fil blanc 3. laborieux, embarrassé, pesant 4. malavisé, inconsidéré, sot
▸ N. propre à rien, ballot, balourd, gaffeur (fam.), gourde (fam.), manche (fam.)

malaise N. M. 1. évanouissement, défaillance, éblouissement, étourdissement, vertige 2. indisposition, dérangement, incommodité, trouble 3. crise, mécontentement 4. embarras, froid, gêne, tension 5. angoisse, inquiétude, souffrance, tourment, trouble

malaisé, ée ADJ. difficile, ardu, compliqué, délicat, laborieux

malaxer V. TR. 1. pétrir, manier, travailler, tripoter, triturer 2. mélanger

malchance N. F. 1. adversité, malheur, infortune (littér.) 2. malédiction, fatalité, mauvais œil, mauvais sort, déveine (fam.), guigne (fam.), manque de pot (fam.), poisse (fam.)

mâle ADJ. 1. masculin 2. viril, courageux, énergique, vigoureux

malédiction N. F. 1. anathème, imprécation 2. malchance, fatalité, malheur, mauvais sort

maléfice N. M. sortilège, ensorcellement, envoûtement, sort

maléfique ADJ. malfaisant, démoniaque, diabolique, infernal, malin, satanique

malencontreux, euse ADJ. 1. ennuyeux, contrariant, fâcheux, gênant 2. inopportun, déplacé, mal à propos, malheureux, regrettable

malentendu N. M. méprise, confusion, équivoque, quiproquo, maldonne (fam.)

malfaçon N. F. défaut, anomalie, défectuosité, imperfection, tare, vice

malfaisant, ante ADJ. 1. maléfique, mauvais 2. malsain, néfaste, nocif, pernicieux, pervers, préjudiciable 3. nuisible, ennemi

malfaiteur N. M. bandit, criminel, escroc, gangster, voleur, truand, gibier de potence, malfrat (fam.)

malfamé, ée ADJ. louche, interlope, mal fréquenté

malformation N. F. défaut, difformité, dystrophie

malgré PRÉP. 1. contre, en dépit de/que, au mépris de, nonobstant (littér.) 2. cependant

malhabile ADJ. maladroit, gauche, lourdaud, pataud, empoté (fam.), godiche (fam.), gourde (fam.)

malheur N. M. 1. adversité, affliction, chagrin, douleur, détresse, épreuve, peine, infortune (littér.) 2. malédiction, fatalité, malchance, mauvaise fortune, mauvais sort, infortune (littér.) 3. épreuve, accident, coup du destin/du sort, deuil, drame, échec, misère, revers, tragédie 4. calamité, catastrophe, désastre, fléau 5. inconvénient, désagrément, ennui

malheureux, euse
▸ ADJ. I. 1. triste, affligé, désolé, navré, peiné 2. éprouvé, infortuné, misérable, pauvre, pitoyable 3. pénible, misérable, rude II. 1. fâcheux, maladroit, funeste, malencontreux, regrettable 2. malchanceux 3. affligeant, attristant, déplorable, désolant, lamentable III. insignifiant, lamentable, minable, misérable, pauvre, pitoyable
▸ N. pauvre, miséreux

malhonnête ADJ. 1. immoral, véreux, marron, improbe (littér.) 2. déloyal, incorrect, indélicat

malice N. F. 1. méchanceté, malveillance, malignité (littér.) 2. espièglerie, esprit, ironie, moquerie, raillerie

malicieux, euse ADJ. 1. coquin, espiègle, farceur, taquin 2. astucieux, futé, malin, rusé 3. ironique, moqueur, narquois, railleur

malin, maligne
▸ ADJ. 1. intelligent, débrouillard, dégourdi, déluré, éveillé, fin, futé, habile 2. [péj.] rusé, madré (littér.), matois (littér.), démerdard (fam.), roublard (fam.) 3. malicieux, moqueur, railleur 4. maléfique, néfaste, nocif, pernicieux 5. grave, cancéreux
▸ N. fine mouche, fine guêpe

malingre ADJ. chétif, débile, délicat, faible, fragile, frêle, maladif, rachitique, souffreteux

malléable ADJ. 1. influençable, flexible, maniable 2. élastique, extensible, flexible, maniable, souple

mallette N. F. porte-documents, attaché-case, serviette

malmener V. TR. 1. maltraiter, battre, brusquer, brutaliser, molester, rudoyer, secouer (fam.) 2. houspiller, chahuter, conspuer, huer, tomber sur le paletot de (fam.) 3. critiquer, éreinter, arranger (fam.), assaisonner (fam.), étriller (littér.)

malodorant, ante ADJ. puant, fétide, infect, méphitique, nauséabond, pestilentiel

malotru N. M. grossier personnage, goujat, mufle, rustre, gougnafier (fam.)

malpropre ADJ. 1. sale, crasseux, dégoûtant, cradingue (fam.), crado (fam.), dégueulasse (très fam.) 2. grossier, inconvenant, indécent, obscène (fam.), cochon (fam.) 3. immoral, malhonnête, sale, sordide

malsain, aine ADJ. 1. nocif, dangereux, délétère, insalubre, nuisible, pollué, pourri 2. morbide, maladif, pathologique 3. pernicieux, étouffant, glauque 4. immoral, corrupteur, malfaisant, pervers

maltraiter V. TR. 1. battre, brutaliser, frapper, malmener, molester, rudoyer 2. critiquer, éreinter, arranger (fam.), esquinter (fam.), étriller (littér.)

malveillance N. F. 1. hostilité, agressivité, animosité, malignité, méchanceté 2. sabotage

malveillant, ante ADJ. 1. hostile, haineux, malintentionné, médisant 2. aigre, blessant, désobligeant, venimeux

malvenu, ue ADJ. déplacé, fâcheux, hors de propos, incongru, inconvenant, inopportun, intempestif, mal à propos, malséant (littér.)

malversation N. F. exaction, concussion, détournement (de fonds), trafic d'influence, tripotage, prévarication (littér. ou Droit), magouilles (fam.)

management N. M. administration, conduite, direction, exploitation, gestion

manager V. TR. administrer, conduire, diriger, gérer, être à la tête de, être aux manettes de

manageur, euse N. 1. administrateur, cadre, directeur, dirigeant, gestionnaire 2. impresario, agent (artistique) 3. entraîneur, coach (anglic.)

mandarin N. M. sommité, patron, pontife, (grand) ponte (fam.)

mandat N. M. 1. mission, charge 2. pouvoir, commission, délégation, procuration 3. effet (de commerce), ordre

mandataire N. 1. fondé de pouvoir, agent, délégué, gérant, intermédiaire, représentant 2. commissionnaire

mandater V. TR. déléguer, dépêcher, envoyer

manège N. M. 1. carrousel 2. agissements, intrigue, jeu, machination, manigances, manœuvres, menées

mangeable ADJ. comestible, consommable, digeste, bouffable (très fam.)

mangeoire N. F. auge, râtelier

manger V. TR. I. 1. consommer, absorber, avaler, croquer, déguster, gober, ingérer, ingurgiter, mâcher, mastiquer, ronger, savourer, becqueter (fam.), bouffer (fam.), boulotter (fam.), s'enfiler (fam.), grailler (pop.), tortorer (pop.) 2. [animaux] brouter, paître, pâturer II. [sans complément] 1. s'alimenter, se nourrir, prendre quelque chose, se restaurer, se sustenter, casser la croûte/la graine (fam.), croûter (fam.), se remplir/se caler l'estomac (fam.) 2. passer à table, se mettre à table, collationner, déjeuner, dîner, souper III. dépenser, consumer, dévorer, dilapider, flamber, engloutir, gaspiller, claquer (fam.), croquer (fam.), flamber (fam.) IV. corroder, attaquer, dévorer, ronger

maniable ADJ. 1. manœuvrable 2. commode, pratique 3. élastique, ductile, malléable 4. docile, flexible, malléable, souple

maniaque ADJ. 1. exigeant, méticuleux, pointilleux, tatillon, vétilleux (littér.), pinailleur (fam.) 2. obsédé

manie N. F. 1. idée fixe, monomanie, obsession 2. habitude, tic 3. goût, fantaisie, marotte, toquade, dada (fam.)

maniement N. M. utilisation, emploi, manipulation, usage

manier V. TR. 1. manipuler, tâter, toucher 2. pétrir, malaxer, modeler, travailler, tripoter, triturer 3. employer, se servir de, faire usage de, user de, utiliser 4. manœuvrer, conduire, diriger, gouverner 5. gérer, brasser, manipuler, remuer, traiter

manière N. F. 1. façon, méthode, modalité, mode, moyen, procédé, système, technique, tour (de main), truc (fam.) 2. style, façon, facture, forme, genre, technique, griffe, patte
◆ **manières** PLUR. 1. minauderies, mignardise, préciosité 2. cérémonies, embarras, façons, simagrées, chichis (fam.)

maniéré, ée ADJ. 1. guindé, affecté, compassé, pincé, poseur, chichiteux (fam.), chochotte (fam.), [femme] mijaurée, pimbêche 2. apprêté, contourné, entortillé, précieux, recherché

manifestation N. F. I. 1. expression, démonstration, marque, signe, témoignage 2. phénomène, symptôme 3. apparition, éclosion II. défilé, marche (de protestation), meeting, rassemblement, manif (fam.)

manifeste ADJ. 1. évident, aveuglant, clair, criant, éclatant, flagrant, palpable, patent, tangible, visible 2. net, affirmé, assuré, décidé

manifester
▸ V. TR. 1. extérioriser, déployer, donner libre cours à, exprimer, faire éclater, marquer, montrer, révéler, témoigner de 2. dire, affirmer, annoncer, faire connaître, déclarer, faire part de, proclamer 3. révéler, déceler, faire ressortir, indiquer, laisser paraître, mettre en lumière, traduire, trahir
▸ V. INTR. défiler, descendre dans la rue
◆ **se manifester** V. PRON. 1. se faire connaître, se présenter 2. surgir, apparaître, se déclarer, se dévoiler, éclater, émerger, entrer en jeu/en scène, se faire jour, se faire sentir, se montrer, se révéler, sortir de l'ombre, survenir 3. se traduire 4. agir, s'exercer

manigance N. F. agissements, machination, manège, manœuvre, tripotage, combine (fam.), magouille (fam.), micmac (fam.)

manigancer V. TR. 1. imaginer, combiner, tramer, ourdir (littér.) 2. comploter, fricoter (fam.), magouiller (fam.), traficoter (fam.), trafiquer (fam.)

manipulable ADJ. influençable, docile

manipulation N. F. 1. emploi, maniement, usage, utilisation 2. opération, traitement 3. désinformation, intoxication, propagande, bourrage de crâne (fam.), intox (fam.) 4. manœuvre, tripotage, combine (fam.), cuisine (fam.), grenouillage (fam.), magouille (fam.)

manipuler V. TR. 1. manier, malaxer, mélanger, palper, pétrir, tâter, toucher, tripoter 2. gérer, brasser, manier, remuer, traiter 3. influencer, manœuvrer, suggestionner, télécommander, téléguider

manœuvre[1] N. F. 1. [Milit.] exercice, évolution, mouvement 2. manigance, intrigue, jeu, machination, ruse, combine (fam.), magouille (fam.), [au plur.] agissements, manège, menées, tripotage, grenouillage (fam.) 3. [Mar.] câble, cordage, filin

manœuvre[2] N. M. ouvrier, travailleur manuel, O.S.

manœuvrer
▸ V. TR. 1. gouverner, conduire, diriger, manier, mener 2. influencer, manipuler, suggestionner
▸ V. INTR. ruser, intriguer, magouiller (fam.)

manque N. M. 1. absence, carence, défaut, déficience, déficit, insuffisance, pénurie 2. privation, besoin, dénuement, embarras, indigence, paupérisme, pauvreté 3. lacune, omission, trou, vide 4. manquement, défaillance

manqué, ée ADJ. raté, perdu, fichu, foutu (fam.), râpé (fam.)

manquement N. M. infraction, écart, entorse, irrégularité, transgression, violation

manquer
▸ V. INTR. 1. faire défaut, se faire, devenir rare, disparaître 2. s'absenter, être absent, faillir, faire défaut, se dérober
▸ V. TR. 1. échouer à, rater, louper (fam.) 2. perdre, gâcher, louper (fam.) 3. ne pas se présenter à, sécher (fam.)

manuel N. M. cours, abrégé, aide-mémoire, guide, livre, mémento, précis

maquette N. F. 1. modèle réduit 2. canevas, ébauche, esquisse, ossature, plan, projet, schéma, synopsis, trame

maquillage N. M. 1. cosmétique(s), fard 2. camouflage, déguisement, falsification, trucage

maquiller V. TR. 1. farder, grimer 2. camoufler, déguiser, falsifier, farder, fausser, travestir, truquer
◆ **se maquiller** V. PRON. se farder, se grimer, se faire une beauté (plaisant), se refaire/se ravaler la façade (fam., péj.)

maquis N. M. 1. garrigue, friche 2. labyrinthe, dédale, écheveau, jungle, méandres

marasme N. M. 1. crise, malaise, récession, stagnation 2. abattement, découragement, dépression

marauder V. INTR. voler, dérober, piller, chaparder (fam.)

marbrure N. F. 1. moirure, bigarrure, jaspure 2. [Méd.] livedo

marchand, ande N. commerçant, fournisseur, négociant, vendeur, maquignon *(péj.)*

marchandage N. M. négociation, tractation

marchandise N. F. article, denrée, produit, *[collectif]* came *(fam.)*, camelote *(fam., souvent péj.)*, pacotille *(fam., péj.)*

marche N. F. I. échelon, degré, gradin II. 1. pas, allure, démarche, train 2. cheminement, déambulation 3. promenade, course, excursion, randonnée, tour 4. défilé, manifestation III. 1. cours, courant, déroulement, évolution, processus 2. progression, avancée, *[d'un feu, d'une épidémie, etc.]* propagation IV. fonctionnement, activité

marché N. M. I. accord, affaire, contrat, convention, négociation, pacte, transaction II. 1. foire, braderie 2. halle, bazar, *[arabe]* souk III. 1. commerce, bourse, échange 2. débouché, clientèle

marcher V. INTR. 1. se mouvoir, se déplacer 2. avancer, cheminer, déambuler, se promener, *[sans but]* errer, flâner 3. fonctionner, rouler (sur du velours) *(fam.)*

mare N. F. 1. étang, pièce d'eau 2. flaque

marécage N. M. 1. marais, étang 2. bas-fond, bourbier

marécageux, euse ADJ. 1. bourbeux, fangeux 2. aquatique, uligineux

marée N. F. flot, déluge, flux, ruée, vague

marge N. F. 1. bord, bordure 2. écart, différence 3. délai, sursis, temps

marginal, ale, aux
▶ ADJ. 1. en marge 2. secondaire, accessoire, anecdotique, annexe, contingent 3. asocial, désocialisé, exclu, paumé *(fam.)*
▶ N. exclu, paria, clochard *(fam.)*, paumé *(fam.)*, zonard *(fam.)*

marginaliser V. TR. exclure, écarter, mettre à l'écart, laisser de côté, laisser sur la touche *(fam.)*, *[de la société]* désocialiser

mari N. M. conjoint, époux, jules *(fam.)*, homme *(fam.)*, mec *(fam.)*

mariage N. M. 1. union, alliance 2. noce(s) 3. ménage, union 4. association, alliance, assemblage, combinaison, mélange, union

marier V. TR. 1. unir 2. allier, assembler, associer, combiner, joindre, mélanger 3. assortir, apparier, harmoniser
♦ **se marier** V. PRON. 1. s'unir, convoler (en justes noces) *(plaisant.)*, prendre femme, mari 2. se combiner, s'accorder, s'assortir, s'harmoniser

marijuana N. F. cannabis, chanvre (indien), haschisch, hasch *(fam.)*, herbe *(fam.)*, kif *(fam.)*, marie-jeanne *(fam.)*, shit *(fam.)*

marin N. M. 1. navigateur, *[aguerri]* loup de mer *(fam.)*, *[mauvais]* marin d'eau douce/de bateau-lavoir 2. matelot, mataf *(argot)*

marionnette N. F. fantoche, guignol, mannequin, pantin

marmite N. F. faitout, caquelon

marmonner V. TR. grommeler, bougonner, mâchonner, marmotter, maugréer, murmurer, ronchonner *(fam.)*

marotte N. F. 1. manie, habitude, tic, travers 2. violon d'Ingres, caprice, folie, dada *(fam.)*

marquant, ante ADJ. 1. remarquable, notable, saillant 2. mémorable

marque N. F. I. appellation, enseigne, griffe, label, logo, nom II. 1. estampille, cachet, chiffre, empreinte, poinçon, sceau, tampon, timbre 2. monogramme, paraphe, seing, signature 3. insigne, chevron, galon, signe, symbole III. 1. balise, borne, bouée, jalon, repère 2. encoche, coche, repère, trait (de scie) IV. 1. manifestation, démonstration, empreinte, indice, indication, preuve, signe, symptôme, témoin, trace, trait, vestige 2. présage, annonce V. 1. pli, impression 2. tache, flétrissure 3. stigmate, bleu, cicatrice, ecchymose, marbrure, vergeture, zébrure VI. 1. résultat 2. cale, butoir, starting-block

marqué, ée ADJ. 1. net, accentué, accusé, évident, prononcé 2. grêlé, picoté 3. flétri, buriné, fatigué, vieilli

marquer V. TR. I. 1. écrire, consigner, inscrire, noter, relever 2. pointer, cocher, désigner, indiquer, signaler 3. repérer, coter, étiqueter, matriculer, numéroter 4. matérialiser, baliser, jalonner, signaler, tracer II. 1. imprimer, estamper, estampiller, poinçonner, timbrer 2. stigmatiser, buriner, flétrir, marbrer, tacher, taveler, zébrer 3. imprégner, déteindre sur, empreindre, influencer 4. affecter, impressionner, toucher 5. *[sans complément]* laisser des traces, *[événement]* faire date III. 1. manifester, dire, exprimer, montrer, témoigner 2. mettre en évidence, accentuer, ponctuer, faire ressortir, scander 3. dénoter, attester, dénoncer, indiquer, manifester, montrer, prouver, révéler, signaler, témoigner de IV. *[Sport]* 1. obtenir, réussir 2. serrer

marteler V. TR. 1. pilonner, écraser 2. battre, frapper (sur), tambouriner sur 3. accentuer, détacher, prononcer avec force

martial, ale, aux ADJ. guerrier, belliqueux, combatif, militaire

martyr N. M. victime, bouc émissaire, souffre-douleur, tête de turc

martyre N. M. 1. *[Relig.]* supplice, baptême du sang 2. calvaire, croix, supplice, torture, tourment

martyriser V. TR. 1. brutaliser, maltraiter, faire souffrir 2. torturer, crucifier, supplicier, tourmenter

mascarade N. F. 1. carnaval 2. hypocrisie, comédie, imposture, mystification, supercherie

mascotte N. F. porte-bonheur, amulette, fétiche, porte-chance

masculin, ine ADJ. 1. mâle, viril 2. garçonnier, garçon manqué, hommasse *(péj.)*

masque N. M. 1. loup 2. apparence, couvert, dehors, extérieur, façade, semblant, vernis 3. air, expression, faciès, physionomie, visage

masquer V. TR. 1. camoufler, cacher, déguiser, dissimuler, farder, travestir, voiler 2. dérober à la vue, cacher, couvrir, éclipser, faire écran à, occulter, recouvrir

massacre N. M. 1. tuerie, assassinat, boucherie, carnage, hécatombe, holocauste 2. anéantissement, destruction, dévastation, extermination, génocide 3. désastre, gâchis, sabotage, saccage

massacrer V. TR. 1. détruire, décimer, exterminer 2. tuer, assassiner, bousiller *(fam.)* 3. abîmer, défigurer, détériorer, gâter, saccager, bousiller *(fam.)*, démolir *(fam.)*, esquinter *(fam.)* 4. critiquer, éreinter, descendre (en flammes) *(fam.)*, tirer à boulets rouges sur *(fam.)*

masse N. F. I. 1. bloc, morceau, paquet 2. poids, volume 3. tas, amas, amoncellement, agglomérat, agrégat, magma 4. ensemble, somme, totalité II. 1. groupe, foule, multitude, rassemblement 2. multitude, armée, cohorte, foule, kyrielle, légion, meute, myriade, nuée, ribambelle, flopée *(fam.)*, foultitude *(fam.)*, tapée *(fam.)*

masser[1] V. TR. rassembler, agglomérer, concentrer, réunir
♦ **se masser** V. PRON. se presser, se concentrer, s'ameuter, s'agglutiner *(péj.)*

masser[2] V. TR. frictionner, frotter, malaxer, palper, pétrir, presser

massif[1], **ive** ADJ. 1. épais, compact, corpulent, imposant, lourd, opulent, pesant, maous *(fam.)*, mastoc *(fam.)* 2. important, considérable, intense

massif[2] N. M. 1. corbeille, parterre, plate-bande 2. bosquet, buisson 3. montagne, chaîne

massue N. F. 1. gourdin, batte, bâton, casse-tête, masse 2. *[adjt]* décisif, indiscutable, irréfutable, de poids

mastiquer V. TR. mâcher, mâchonner, mâchouiller *(fam.)*

masure N. F. baraque, bicoque, cabane, gourbi, taudis

mat, mate ADJ. 1. terne, dépoli 2. foncé 3. sourd, étouffé

match N. M. compétition, combat, concours, épreuve, partie, rencontre, tournoi

matelas N. M. 1. couche, paillasse 2. lit, coussin 3. sécurité, protection

matelasser V. TR. 1. rembourrer, bourrer, capitonner 2. cuirasser

matelot N. M. marin, homme d'équipage, mathurin *(argot)*, mataf *(argot)*, *[aguerri]* loup de mer

mater V. TR. 1. dompter, dresser, soumettre, serrer la vis à *(fam.)*, visser *(fam.)* 2. réprimer, étouffer, juguler, terrasser, vaincre

matérialiser V. TR. 1. symboliser, incarner, représenter 2. marquer, concrétiser 3. réaliser, faire aboutir, concrétiser
♦ **se matérialiser** V. PRON. se réaliser, se concrétiser, prendre corps, voir le jour

matérialiste ADJ. 1. pratique, matériel, prosaïque, réaliste, terre à terre 2. *[Philo.]* positif

matériau N. M. 1. matière 2. éléments, documents, données, informations

matériel[1], **elle** ADJ. 1. concret, effectif, palpable, physique, sensible, tangible 2. financier, pécuniaire 3. matérialiste, prosaïque, réaliste, terre à terre

matériel[2] N. M. 1. matériau, matière 2. équipement, instruments, outillage, matos *(fam.)* 3. données, documents, matériau

materner V. TR. dorloter, choyer, surprotéger

maternité N. F. 1. enfantement, génération, procréation 2. accouchement 3. grossesse

mathématique ADJ. 1. cartésien, logique 2. exact, précis, rigoureux, scientifique

matière N. F. I. 1. substance 2. corps 3. matériau 4. étoffe, tissu II. 1. sujet, contenu, fond, objet, propos, substance, teneur, thème 2. discipline, champ, domaine, secteur, sujet, terrain 3. point, article, question, sujet

matin N. M. 1. matinée 2. jour, aube, aurore, lever du jour/du soleil 3. *[de la vie]* commencement, début, aube *(littér.)*, aurore *(littér.)*, printemps *(littér.)*

mâtiné, ée ADJ. 1. métissé, bâtard, croisé 2. mêlé, mélangé, panaché

matois, oise ADJ. rusé, finaud, malin, retors, roué, madré *(littér.)*

matraquage N. M. intoxication, bourrage de crâne *(fam.)*, intox *(fam.)*

matraque N. F. trique, bâton, casse-tête

matraquer V. TR. 1. frapper, assommer, battre 2. critiquer, démolir, descendre (en flammes) *(fam.)*, tirer à boulets rouges sur

maturité N. F. 1. âge adulte, force de l'âge, automne de la vie *(littér.)* 2. plénitude, épanouissement, vigueur 3. sagesse, modération, pondération

maudire V. TR. 1. anathématiser 2. condamner, réprouver 3. détester, exécrer, haïr, vomir, abominer *(littér.)* 4. pester contre, injurier, envoyer au diable

maudit, ite ADJ. 1. réprouvé, damné 2. infortuné, malheureux 3. détestable, exécrable, haïssable, damné *(fam.)*, fichu *(fam.)*, foutu *(très fam.)*, sacré *(fam.)*, sale *(fam.)*, satané *(fam.)*

maugréer V. INTR. bougonner, grogner, grommeler, marmonner, pester, râler *(fam.)*, ronchonner *(fam.)*, rouspéter *(fam.)*

maussade ADJ. 1. désagréable, acariâtre, acrimonieux, boudeur, bourru, grincheux, grognon, renfrogné, revêche 2. désabusé, mélancolique, pessimiste 3. morose, morne, terne, triste

mauvais, aise ADJ. I. 1. infect, dégoûtant, imbuvable, immangeable, immonde, dégueulasse *(très fam.)* 2. nauséabond, dégoûtant, délétère, fétide, pestilentiel, puant II. 1. faux, erroné, incorrect, inexact, infidèle 2. inadéquat, impropre, inadapté, inapproprié, inefficace III. 1. dangereux, dommageable, malsain, néfaste, nuisible, pernicieux, préjudiciable 2. défavorable, funeste, sinistre IV. 1. grave, sérieux, sévère 2. pénible, atroce, difficile, épouvantable, horrible, sale *(fam.)* V. 1. immoral, bas, corrompu, coupable, indigne, malhonnête, vicieux 2. malveillant, fielleux, haineux, malfaisant, méchant, médisant, vache *(fam.)* 3. détestable, désagréable, odieux, rébarbatif, revêche, fichu *(fam.)*, foutu *(très fam.)*, sale *(fam.)* VI. 1. piètre, imparfait, insuffisant, médiocre, piètre 2. piteux, lamentable, misérable, triste 3. déplorable, minable, nul, à la godille *(fam.)*, à la gomme *(fam.)*, à la manque *(fam.)*, nase *(fam.)*, ringard *(fam.)*, zéro *(fam.)*, merdique *(très fam.)*

mauviette N. F. 1. lâche, poltron, lavette (fam.), lopette (fam.) 2. gringalet, avorton (fam.), demi-portion (fam.)

maxime N. F. 1. précepte, devise, loi, moralité, principe, règle 2. axiome, proposition, vérité 3. aphorisme, pensée, sentence, apophtegme (littér.) 4. adage, dicton, proverbe

maximum
▸ ADJ. maximal, plafond, [vitesse] de pointe
▸ N. M. plafond, comble, limite

méandre N. M. courbe, boucle, coude, courbure, détour, lacet, sinuosité, zigzag

mécaniquement ADV. automatiquement, instinctivement, involontairement, machinalement

mécanisme N. M. 1. mécanique, machine, système 2. processus, fonctionnement, mouvement

mécénat N. M. parrainage, patronage, sponsorisation

mécène N. M. bienfaiteur, protecteur, sponsor

méchamment ADV. hargneusement, agressivement, cruellement, durement

méchanceté N. F. 1. malveillance, cruauté, dureté, perversité, venin, vacherie (fam.) 2. coup d'épingle, médisance, pique, pointe 3. misère, crasse, mauvais, vilain, sale tour, rosserie, saloperie (fam.), vacherie (fam.), vilenie (littér.)

méchant¹, ante ADJ. 1. malveillant, cruel, malfaisant, malintentionné, mauvais, nuisible, odieux, rosse, sans-cœur, vache (fam.) 2. démoniaque, diabolique, satanique 3. féroce 4. [enfant] insupportable, indiscipliné, intraitable, turbulent, vilain 5. blessant, acerbe, acrimonieux, agressif, fielleux, haineux, médisant, venimeux 6. grave, important, malin, mauvais, sérieux, moche (fam.), sale (fam.) 7. infime, insignifiant, maigre, malheureux, misérable, piètre, de rien du tout (fam.)

méchant², ante N. 1. scélérat, criminel, vilain 2. peste, charogne, rosse, teigne, sale bête (fam.), carne (fam.), chameau (fam.), salaud (fam.), vache (fam.), [femme] chipie, dragon, harpie, mégère, garce (fam.), vipère (fam.)

mèche N. F. 1. [de cheveux] touffe, accroche-cœur, boucle, épi, houppe, toupet 2. foret, vrille 3. cordon, lumignon, rat-de-cave

méconnaissable ADJ. métamorphosé, transformé

méconnaître V. TR. 1. déprécier, méjuger, mésestimer, se méprendre sur, sous-estimer, se tromper sur 2. ignorer, dédaigner, faire fi de, se moquer de, négliger, oublier

méconnu, ue ADJ. 1. ignoré, obscur 2. incompris

mécontent, ente ADJ. 1. fâché, contrarié, ennuyé, irrité 2. de mauvaise humeur, grincheux, grognon, maussade, ronchon 3. insatisfait, déçu, dépité, désappointé

mécontentement N. M. 1. déplaisir, colère, contrariété, désagrément, insatisfaction 2. [collectif] grincements de dents, grogne (fam.), rogne (fam.), rouspétance (fam.)

mécontenter V. TR. fâcher, agacer, contrarier, déplaire à, irriter

médecin N. M. docteur, praticien, thérapeute, toubib (fam.)

médiateur, trice N. arbitre, conciliateur, intermédiaire, négociateur

médiation N. F. arbitrage, conciliation, entremise, intermédiaire, interposition, intervention, bons offices

médical, ale, aux ADJ. 1. thérapeutique, curatif 2. soignant

médicament N. M. remède, médication, produit pharmaceutique, drogue (souvent péj.)

médiocre ADJ. 1. inférieur, humble, obscur 2. incapable, incompétent, nul 3. insuffisant, insatisfaisant, mauvais 4. négligeable, faible, insignifiant, minime, pauvre, piètre 5. commun, insignifiant, ordinaire, quelconque 6. borné, étriqué, étroit, limité

médiocrité N. F. 1. modestie, obscurité, pauvreté 2. insuffisance, maigreur, pauvreté 3. bassesse, mesquinerie, petitesse 4. faiblesse, intérêt, insignifiance, pauvreté

médire V. TR. IND. [sans complément] critiquer, cancaner (fam.), déblatérer (fam.), jaser (fam.), potiner (fam.)
– **médire de** attaquer, décrier, dénigrer, calomnier, dire pis que pendre de, baver sur (fam.), cracher sur (fam.), débiner (fam.), déblatérer contre/sur (fam.), taper sur (fam.), casser du sucre sur le dos de (fam.), vilipender (littér.)

médisance N. F. 1. dénigrement, calomnie, diffamation 2. commérage, on-dit, cancan (fam.), potin (fam.), racontar (fam.), ragot (fam.)

médisant, ante
▸ ADJ. diffamatoire, calomnieux, cancanier, fielleux, malveillant, venimeux
▸ N. calomniateur, diffamateur, mauvaise/méchante langue, langue d'aspic/de serpent/de vipère

méditation N. F. 1. pensée, réflexion 2. contemplation, recueillement

méditer
▸ V. INTR. 1. réfléchir 2. rêver, songer 3. contempler, se recueillir
▸ V. TR. 1. réfléchir à, approfondir 2. mûrir, combiner, échafauder, préparer, projeter

méduser V. TR. stupéfier, ébahir, éberluer, interloquer, pétrifier, sidérer (fam.), couper la chique à (fam.)

meeting N. M. assemblée, manifestation, rassemblement, réunion 2. rencontre

méfait N. M. 1. mauvais coup, crime, faute, forfait (littér.) 2. dégât, dommage, nuisance, ravage

méfiance N. F. défiance, réserve, scepticisme, soupçons, suspicion

méfiant, ante ADJ. soupçonneux, circonspect, réservé, sceptique, suspicieux

méfier (se) V. PRON. être sur ses gardes, être aux aguets, être sur le qui-vive, faire attention, faire gaffe (fam.)
– **se méfier de** 1. se défier de, se garder de 2. douter de, mettre en doute

mégarde (par) LOC. ADV. par erreur, par distraction, par étourderie, par inadvertance, par inattention, involontairement, sans le faire exprès

mégère N. F. dragon, furie, harpie, (vieille) sorcière, virago, poison (fam.)

meilleur, eure
▸ ADJ. mieux, supérieur
▸ N. premier
– **le meilleur** le fin du fin, le must, le nec plus ultra, le summum, le top (fam.)

méjuger V. TR. déprécier, méconnaître, se tromper sur, sous-estimer, mésestimer (littér.)

mélancolie N. F. 1. dépression, asthénie, neurasthénie 2. tristesse, abattement, idées noires, vague à l'âme, blues (fam.), cafard (fam.), spleen (littér.) 3. nostalgie, regret

mélancolique ADJ. 1. triste, cafardeux, dépressif, pessimiste, sombre, ténébreux 2. morne, sombre, triste 3. nostalgique 4. neurasthénique

mélange N. M. 1. réunion, alliance, amalgame, assemblage, association, combinaison, fusion, panachage (fam.). [de races] croisement, accouplement, alliance, métissage, union 3. assortiment, cocktail, mariage, mosaïque, patchwork 4. composé, combinaison, mixture (souvent péj.), préparation 5. confusion, désordre, embrouillamini, enchevêtrement, fouillis, imbroglio, méli-mélo (fam.), salade (fam.), salmigondis (fam.)

mélangé, ée ADJ. 1. métis, bâtard, croisé, hybride, mêlé, métissé 2. composite, bigarré, disparate, divers, hétéroclite, mixte, varié

mélanger V. TR. 1. mêler, allier, amalgamer, associer, combiner, incorporer, joindre, marier, mixer, panacher, réunir 2. [avec de l'eau, etc.] couper, étendre, frelater, recouper, tremper 3. croiser, mâtiner 4. agiter, fouetter, malaxer, touiller 5. emmêler, brouiller, enchevêtrer, entremêler, mettre en désordre 6. [des cartes] brasser, battre, mêler 7. confondre, embrouiller
◆ **se mélanger** V. PRON. 1. se mêler, fusionner 2. s'embrouiller, se confondre

mêlée N. F. 1. bataille, bagarre, combat, échauffourée, lutte, rixe 2. confusion, chaos, cohue

mêler V. TR. 1. allier, amalgamer, assembler, associer, combiner, incorporer, joindre, mixer, panacher, réunir, unir 2. emmêler, brouiller, mettre en désordre, enchevêtrer, entremêler 3. [qqn à qqch.] impliquer, associer, compromettre, entraîner
◆ **se mêler** V. PRON. 1. s'unir, s'entrelacer, fusionner 2. s'emmêler, se mélanger 3. se confondre, s'embrouiller
– **se mêler de** 1. s'occuper de, toucher à 2. s'immiscer dans, s'ingérer dans, intervenir dans, mettre/fourrer son nez dans (fam.), se fourrer dans (fam.)

méli-mélo N. M. 1. mélange, capharnaüm, confusion, fouillis, bazar (fam.) 2. imbroglio, embrouillamini (fam.), micmac (fam.), salade (fam.), sac d'embrouilles/de nœuds (fam.)

mélodie N. F. 1. air 2. chant, aria, ariette, cantilène, chanson, lied 3. harmonie, rythme 4. intonation, inflexions

mélodieux, euse ADJ. harmonieux, chantant, doux, musical, suave

mélodramatique ADJ. 1. grandiloquent, emphatique, larmoyant, pompeux, ronflant 2. sentimental, romantique

membre N. M. 1. bras, jambe 2. partie 3. associé, adhérent, affilié, inscrit, sociétaire

même ADJ. 1. identique, égal, équivalent, pareil, semblable, similaire 2. commun 3. strict, exact 4. propre 5. inchangé, identique

mémoire¹ N. F. 1. souvenir, rémanence, souvenance, trace 2. renommée, réputation

mémoire² N. M. dissertation, étude, exposé, monographie, traité
◆ **mémoires** PLUR. 1. autobiographie, cahiers, journal, souvenirs 2. annales, chroniques, commentaires

mémorable ADJ. 1. inoubliable, indélébile, ineffaçable 2. marquant, fameux, glorieux, historique, remarquable

menaçant, ante ADJ. 1. inquiétant, dangereux, incertain, sinistre, sombre 2. agressif, comminatoire (littér.)

menace N. F. 1. intimidation, contrainte 2. avertissement 3. danger, risque, spectre, péril (littér.), [permanente] épée de Damoclès

menacé, ée ADJ. fragile, incertain, en danger, en péril

menacer V. TR. 1. intimider, mettre le couteau/le pistolet sous la gorge 2. mettre en danger, mettre en péril, [l'avenir] hypothéquer 3. attendre, pendre au nez de (fam.)

ménage N. M. 1. couple 2. famille, foyer, maison, maisonnée 3. entretien

ménagement N. M. 1. mesure, circonspection, prudence, réserve 2. attention, délicatesse, égards, précaution, tact

ménager¹ V. TR. 1. être indulgent avec, épargner, prendre des précautions avec, mettre/prendre des gants avec (fam.) 2. économiser, épargner 3. mesurer, modérer 4. assurer, donner, fournir, garantir, procurer, réserver 5. organiser, arranger, préparer 6. aménager, installer, pratiquer
◆ **se ménager** V. PRON. 1. se garder, se réserver 2. se soigner, se dorloter, s'écouter, se chouchouter (fam.)

ménager², ère ADJ. domestique, familial

mendier
▸ V. INTR. tendre la main, demander la charité, faire la manche (fam.)
▸ V. TR. implorer, quémander, quêter, solliciter

mener V. TR. 1. accompagner, amener, conduire, emmener 2. transporter, convoyer 3. diriger, administrer, commander, conduire, gérer, gouverner, piloter, régir, régenter (péj.), être aux commandes/aux manettes de, être à la tête de 4. animer, guider, faire marcher 5. [compétition] être en tête de, dominer

meneur, euse N. 1. chef, dirigeant, leader 2. agitateur, instigateur, provocateur

mensonge N. M. 1. contrevérité, canular, histoire, imposture, invention, mystification, tromperie, conte (littér.), fable (littér.), blague (fam.), baratin (fam.), bobard (fam.), boniment (fam.), craque (fam.), salade (fam.), galéjade (région.) 2. fabulation, mythomanie 3. duplicité, fausseté, imposture 4. désinformation, manipulation, bourrage de crâne (fam.)

mensonger, ère ADJ. **1.** faux, erroné, inexact, controuvé (littér.) **2.** trompeur, fallacieux (littér.)

mental, ale, aux
- ADJ. **1.** cérébral, intellectuel **2.** psychique, psychologique
- N. M. moral, psychisme

mentalité N. F. **1.** état d'esprit, psychologie **2.** moralité, mœurs, morale

menteur, euse
- ADJ. **1.** mensonger, faux, trompeur, fallacieux (littér.) **2.** fourbe, hypocrite, perfide
- N. **1.** fabulateur, mystificateur, mythomane **2.** hâbleur, bluffeur, esbroufeur, vantard **3.** imposteur, simulateur

mention N. F. **1.** indication, note **2.** citation, évocation, rappel

mentionner V. TR. **1.** citer, nommer, parler de **2.** signaler, évoquer, indiquer, stipuler **3.** consigner, citer, enregistrer, inscrire, noter, rapporter

mentir V. INTR. inventer, fabuler, raconter des blagues/des histoires/des craques (fam.)

mentor N. M. conseiller, directeur de conscience, gouverneur, guide

menu, ue ADJ. **1.** fin, délicat, fluet, gracile, grêle, mince **2.** petit, insignifiant, léger, négligeable

méphitique ADJ. malsain, asphyxiant, délétère, fétide, irrespirable, nocif, puant, toxique

méprendre (se) V. PRON. se tromper, s'abuser, faire erreur, faire fausse route, se fourvoyer

mépris N. M. **1.** indifférence, dédain, détachement **2.** insolence, arrogance, dédain, hauteur, morgue, superbe (littér.) **3.** dégoût, dédain, mésestime

méprisable ADJ. vil, abject, avilissant, bas, détestable, honteux, ignoble, ignominieux, indigne, infâme

méprisant, ante ADJ. dédaigneux, arrogant, hautain

méprise N. F. confusion, erreur, maldonne, malentendu, quiproquo, fourvoiement (littér.)

mépriser V. TR. **1.** dédaigner, déprécier, honnir (littér.), cracher sur (fam.) **2.** braver, bafouer, faire fi de, se jouer de, se moquer de, narguer, se rire de, transgresser, fouler aux pieds (littér.) **3.** négliger, se désintéresser de, dédaigner, ne faire aucun cas de, snober

mer N. F. **1.** océan, large **2.** flots, onde (littér.) **3.** marée **4.** abondance, flot, flux, masse, océan, multitude, surabondance

mérite N. M. **1.** qualité, capacité, talent, valeur **2.** avantage, force, vertu **3.** honneur, éloge, gloire

mériter V. TR. **1.** valoir, être digne de, valoir la peine de **2.** donner droit à, justifier **3.** encourir, être passible de, risquer **4.** réclamer, exiger

merveille N. F. miracle, bijou, chef-d'œuvre, émerveillement, enchantement, joyau, prodige

merveilleux, euse ADJ. **1.** magique, fantastique, fantasmagorique, féerique, surnaturel **2.** remarquable, admirable, extraordinaire, fabuleux, formidable, prodigieux, épatant (fam.), sensationnel (fam.), super (fam.) **3.** magnifique, admirable, éblouissant, enchanteur, splendide, superbe

mésaventure N. F. **1.** accident, aventure, incident, malchance, [au plur.] tribulations, vicissitudes **2.** déconvenue, déboire

mésentente N. F. désaccord, brouille, discorde, dispute, dissension, divergence, division, froid, zizanie

mesquin, ine ADJ. **1.** étriqué, borné, étroit, limité, médiocre **2.** bas, médiocre, sordide, minable (fam.), moche (fam.) **3.** avare, chiche, parcimonieux, avaricieux (littér.), radin (fam.)

mesquinerie N. F. petitesse, bassesse, étroitesse d'esprit, médiocrité **2.** avarice, parcimonie, lésine (littér.), radinerie (fam.)

message N. M. **1.** correspondance, dépêche, lettre, missive, pli **2.** discours, annonce, avis, communiqué, déclaration **3.** commission, communication

messagerie N. F. **1.** courrier électronique, boîte aux lettres (électronique), alphapage (nom déposé) **2.** transport **3.** routage

mesure N. F. I. **1.** évaluation, détermination **2.** dimension, grandeur, largeur, longueur, mensuration, taille **3.** étalon, unité **4.** dose, ration II. cadence, mouvement, rythme III. disposition, acte, décision, initiative, plan d'action IV. modération, circonspection, pondération, précaution, prudence, retenue, sobriété

mesuré, ée ADJ. **1.** calculé **2.** lent **3.** réglé, régulier, rythmique **4.** modéré, circonspect

mesurer V. TR. **1.** métrer, arpenter, prendre les mesures/les dimensions de, toiser **2.** calibrer, cuber, jauger **3.** doser, compter, limiter, proportionner, régler **4.** évaluer, apprécier, calculer, déterminer, jauger, juger, quantifier **5.** modérer, ménager **6.** distribuer, compter, départir
- **se mesurer** V. PRON. se battre, s'affronter, en découdre, lutter, s'opposer, rivaliser, se tirer la bourre (fam.)

métamorphose N. F. **1.** transformation, changement, évolution, mutation, révolution, transmutation (littér.) **2.** avatar, incarnation

métamorphoser V. TR. **1.** transformer, transfigurer **2.** bouleverser, révolutionner

métaphore N. F. image, allégorie, comparaison, figure

métaphorique ADJ. imagé, allégorique, figuré

méthode N. F. **1.** démarche, formule, marche à suivre, mode, procédure, système, technique **2.** façon (de faire), manière, moyen, procédé, recette, tactique, truc (fam.) **3.** logique, méthodologie, ordre **4.** discipline, organisation

méthodique ADJ. **1.** systématique, organisé, régulier **2.** cartésien, logique, ordonné, rationnel, rigoureux, réfléchi, systématique

méticuleux, euse ADJ. **1.** consciencieux, minutieux, scrupuleux, soigneux **2.** [péj.] maniaque, pointilleux, tatillon, vétilleux (littér.)

métier N. M. **1.** profession, carrière, gagne-pain, travail, boulot (fam.), job (fam.) **2.** fonction **3.** savoir-faire, art, expérience, habileté, maîtrise, tour de main

métis ADJ. **1.** métissé, mulâtre, quarteron **2.** hybride **3.** bâtard, mâtiné

métisser V. TR. croiser, hybrider

métrer V. TR. mesurer, arpenter

métropole N. F. **1.** capitale, centre urbain, conurbation, ville **2.** mère-patrie

mettre V. TR. **1.** revêtir, endosser, enfiler, passer **2.** placer, déposer, installer, poser, ranger, coller (fam.), ficher (fam.), flanquer (fam.), fourrer (fam.), foutre (très fam.) **3.** appliquer, apposer, appuyer, coller, déposer, étaler, étendre, imposer, poser **4.** disposer, arranger **5.** étendre, coucher **6.** dresser, appuyer, asseoir **7.** introduire, emboîter, enfoncer, engager, glisser, inclure, insérer, nicher **8.** planter, enfouir, enfoncer, enterrer, plonger **9.** loger, ranger, serrer, caser (fam.) **10.** verser **11.** établir, camper, fixer, poster **12.** investir, engager, placer, miser, jouer
- **se mettre** V. PRON. se placer, s'installer, prendre place, se carrer, se glisser, s'installer

meubler V. TR. **1.** aménager, équiper, garnir, installer **2.** occuper, remplir **3.** enrichir, étoffer, nourrir

meugler V. INTR. mugir, beugler

meurtre N. M. homicide, assassinat, crime, liquidation (fam.)

meurtri, ie ADJ. marqué, endommagé, en compote, en marmelade, [fruit] talé

meurtrier, ière
- ADJ. **1.** mortel, destructeur, funeste, sanglant **2.** homicide, criminel
- N. assassin, criminel, homicide, tueur

meurtrir V. TR. **1.** contusionner, écraser, endolorir, mettre en compote (fam.) **2.** taler, endommager **3.** blesser, peiner, navrer (littér.), faire des bleus à l'âme de

meurtrissure N. F. **1.** contusion, bleu, ecchymose **2.** talure **3.** blessure, peine, plaie

meute N. F. **1.** bande, troupe **2.** foule, populace (péj.) **3.** armada, armée, bataillon, cohorte, colonie, essaim, flot, horde, kyrielle, légion, masse, myriade, nuée, régiment, ribambelle, tas, troupe, flopée (fam.)

microscopique ADJ. imperceptible, infime, infinitésimal, invisible, minime, minuscule

mielleux, euse ADJ. doucereux, mièvre, onctueux, sucré, patelin (littér.)

miette N. F. **1.** fragment, morceau **2.** débris, bribe, brisure, éclat **3.** atome, brin, once

mieux N. M. **1.** amélioration, progrès, [temps] accalmie, embellie

mièvre ADJ. **1.** affecté, maniéré, sucré, mignard (littér.) **2.** doucereux, fade, gentillet, plat, [histoire] à l'eau de rose

mignon, onne ADJ. **1.** joli, charmant, délicat, gracieux, craquant (fam.), à croquer (fam.), croquignolet (fam.), mimi (fam.) **2.** adorable, gentil, chic (fam.), chou (fam.), trognon (fam.)

migraine N. F. mal de tête, céphalée, mal de crâne (fam.)

migrant, ante ADJ. émigrant, immigrant

migration N. F. déplacement, émigration, immigration, transhumance

mijaurée N. F. pimbêche, pécore, prétentieuse, bêcheuse (fam.), chichiteuse (fam.)

mijoter
- V. INTR. mitonner, cuire
- V. TR. **1.** cuisiner, mitonner, préparer **2.** combiner, manigancer, tramer, ourdir (littér.), fricoter (fam.)

milieu N. M. I. **1.** centre, cœur, foyer, noyau **2.** moitié II. **1.** ambiance, atmosphère, cadre, climat, décor, bain (fam.) **2.** entourage, monde, société, sphère, univers **3.** [Écol.] environnement, biotope, élément, espace, habitat **4.** classe (sociale), catégorie (sociale), condition (sociale), rang

militaire
- ADJ. **1.** guerrier, martial **2.** stratégique
- N. soldat, appelé, homme de troupe

militant, ante
- ADJ. actif, activiste
- N. **1.** activiste **2.** adepte, partisan, prosélyte

militer V. INTR. lutter, se battre, combattre, s'engager

millénaire ADJ. ancestral, ancien, immémorial

million N. M. bâton (fam.), brique (fam.), patate (fam.)

mimer V. TR. **1.** imiter, copier, reproduire, singer (fam.) **2.** simuler, affecter, contrefaire, feindre, jouer

mimique N. F. expression, gestuelle, grimace, moue, rictus

minable
- ADJ. **1.** misérable, lamentable, pitoyable **2.** [fam.] dérisoire, de rien du tout, infime, insignifiant, misérable, piètre, piteux **3.** [fam.] étriqué, misérable **4.** [fam.] consternant, affligeant, au-dessous de tout, calamiteux, déplorable, lamentable, nul, foireux (fam.), ringard (fam.), à la gomme (fam.), à la noix (fam.) **5.** méprisable, bas, médiocre, mesquin, sordide
- N. nullité, loser (fam.), minus (fam.), nullard (fam.), pauvre type (fam.), tocard (fam.), zéro (fam.)

minauderies N. F. PL. affectation, façons, grâces, manières, mines, simagrées, mignardises (littér.), chichis (fam.)

mince ADJ. **1.** fin, délicat, menu, délié (littér.) **2.** allongé, effilé, élancé, fuselé, longiligne, svelte **3.** ténu, étroit **4.** insignifiant, léger, maigre, médiocre, négligeable **5.** limité, faible, modeste, petit

minceur N. F. **1.** finesse, gracilité, sveltesse **2.** faiblesse **3.** ténuité

mincir
- V. INTR. s'amincir, s'affiner, s'allonger, maigrir, fondre (fam.)
- V. TR. amincir, affiner, allonger

mine¹ N. F. I. **1.** air, allure, apparence, aspect, dehors, extérieur **2.** maintien, allure, contenance, prestance, tenue II. **1.** expression, physionomie **2.** figure, face, minois, tête, visage, bouille (fam.), frimousse (fam.)
- **mines** PLUR. **1.** affectation, maniérisme **2.** minauderies, coquetteries, grâces, simagrées, singeries, chichis (fam.), mignardises (littér.)

mine² N. F. **1.** gisement, carrière **2.** fonds, filon, gisement, source, trésor

miner V. TR. 1. éroder, affouiller, attaquer, caver, creuser, ronger, saper 2. affaiblir, attaquer, détruire, dévorer, ravager, ronger, ruiner, saper, user 3. consumer, brûler, corroder, ronger

mineur, eure ADJ. accessoire, annexe, marginal, minime, second, secondaire, de second ordre, de second plan

minime ADJ. 1. infime, imperceptible, infinitésimal, microscopique, minuscule 2. insignifiant, dérisoire, [somme] modique 3. [péj.] médiocre, misérable, piètre

minimiser V. TR. 1. minorer, abaisser, réduire 2. sous-estimer, sous-évaluer 3. dédramatiser, dépassionner

minimum ADJ. minimal, le plus bas, [valeur, prix] plancher

ministère N. M. 1. charge, emploi, fonction, mission 2. [Relig.] sacerdoce, apostolat 3. gouvernement 4. portefeuille, département

minorer V. TR. 1. minimiser 2. sous-estimer, sous-évaluer

minorité N. F. petite partie, frange

minuscule ADJ. 1. microscopique, infime, minime 2. petit, étriqué, exigu, riquiqui (fam.), grand comme un mouchoir de poche (fam.) 3. dérisoire, mesquin, négligeable

minutie N. F. soin, application, précision, rigueur, scrupule, méticulosité (littér.)

minutieux, euse ADJ. 1. consciencieux, appliqué, méticuleux, scrupuleux, soigneux 2. [péj.] pointilleux, pointu, tatillon, vétilleux (littér.) 3. détaillé

miracle N. M. prodige, merveille, mystère

miraculeux, euse ADJ. 1. surnaturel 2. extraordinaire, fabuleux, fantastique, inespéré, prodigieux

mirage N. M. 1. hallucination, illusion, image, vision 2. attrait, séduction 3. leurre, chimère, fantasme, illusion

miroir N. M. 1. glace, [sur pied] psyché 2. image, reflet, représentation

miroiter V. INTR. briller, chatoyer, étinceler, luire, scintiller

mis, mise ADJ. habillé, vêtu

misanthrope
▸ N. solitaire, atrabilaire, ermite, ours, sauvage
▸ ADJ. farouche, atrabilaire, insociable, sauvage, solitaire

mise N. F. 1. [Jeux] enjeu, cave, masse, poule 2. tenue, accoutrement (souvent péj.), habillement, toilette, attifement (fam., péj.)

miser V. TR. jouer, parier, ponter, risquer, [sans complément] caver

misérable
▸ ADJ. 1. pauvre, déshérité, indigent, miséreux, nécessiteux, impécunieux (littér.), fauché (fam.), sans le sous (fam.) 2. sordide, miteux, pouilleux (fam.) 3. déplorable, lamentable, pitoyable, regrettable 4. dérisoire, insignifiant, malheureux, médiocre, pauvre, piètre, minable (fam.) 5. malhonnête, honteux, méprisable, mesquin
▸ N. 1. miséreux, va-nu-pieds, crève-la-faim (fam.), meurt-de-faim (fam.), pouilleux (fam.) 2. bandit, crapule, scélérat, fripouille (fam.)

misère N. F. 1. pauvreté, besoin, dénuement, gêne, indigence, pénurie, dèche (fam.), mélasse (fam.), mouise (fam.), mouscaille (fam.), panade (fam.) 2. chagrin, détresse, malheur, peine 3. ennui, malheur, infortune (littér.), pépin (fam.), mélasse (fam.), mistoufle (fam.), pastis (fam.), purée (fam.) 4. tracasserie, méchanceté, méchant tour 5. babiole, bagatelle, broutille, vétille, bricole (fam.)

miséreux, euse ADJ. et N. misérable, pauvre, pauvre diable, va-nu-pieds, crève-la-faim (fam.), meurt-de-faim (fam.), pouilleux (fam.)

miséricorde N. F. clémence, grâce, indulgence, pardon

mission N. F. 1. mandat, ministère, office 2. commission, délégation, députation 3. tâche, besogne, charge, travail 4. but, destination, fonction, objectif, raison d'être, rôle, vocation 5. expédition

missive N. F. lettre, billet, dépêche, message, mot, bafouille (fam.), épître (littér. ou Bible)

mité, ée ADJ. usé, mangé, rongé, troué

miteux, euse ADJ. misérable, lamentable, piètre, piteux, pitoyable, pouilleux, sordide, minable (fam.)

mitigé, ée ADJ. 1. mêlé, mélangé, nuancé, partagé, mi-figue mi-raisin (fam.), [résultats] en demi-teinte, avec des hauts et des bas, en dents de scie 2. relâché, incertain

mitonner
▸ V. INTR. mijoter, bouillir, cuire
▸ V. TR. 1. cuisiner, mijoter 2. préparer, concocter 3. dorloter, choyer, soigner

mitoyen, enne ADJ. adjacent, attenant, contigu, voisin

mitrailler V. TR. 1. arroser (fam.) 2. assaillir, bombarder, harceler 3. [fam.] photographier

mi-voix (à) LOC. ADV. à voix basse, doucement, mezza-voce

mixte
▸ ADJ. 1. combiné, composé, hybride, mélangé, mêlé, panaché 2. interracial
▸ N. M. composé, hybride, mélange

mixture N. F. mélange, composition, mixtion

mobile¹ ADJ. 1. amovible, volant 2. itinérant, ambulant, errant, nomade 3. agile, vif 4. adaptable, flexible, modulable, souple 5. variable, changeant, flottant, fluctuant 6. mouvant, chatoyant, fugitif 7. animé, expressif 8. versatile, capricieux, changeant, fantasque

mobile² N. M. 1. motif, cause, moteur, raison 2. [téléphone] portable, cellulaire

mobilisation N. F. appel, ralliement, rappel, rassemblement

mobiliser V. TR. 1. appeler, rappeler (sous les drapeaux), embrigader, enrégimenter, enrôler, lever, recruter, réquisitionner 2. faire appel à, battre le rappel de, rallier, rassembler 3. concentrer, canaliser, focaliser

mobilité N. F. 1. [Physiol.] motilité 2. agilité 3. souplesse, flexibilité 4. variabilité, fluctuation

mobylette N. F. cyclomoteur, vélomoteur, bécane (fam.), mob (fam.)

modalité N. F. 1. circonstance, condition, particularité 2. mode, formule, manière, type

mode¹ N. F. 1. vogue, engouement 2. style, goût 3. confection, couture, prêt-à-porter

mode² N. M. 1. genre, façon, forme, manière, style, ton 2. formule, méthode, modalité, type

modèle N. M. I. 1. type, archétype, canon, étalon, exemple, idéal, parangon, référence, spécimen, standard 2. prototype 3. patron, carton, esquisse, gabarit, maquette, moule 4. corrigé, canevas, formule, plan 5. sujet, original, motif 6. mannequin, cover-girl, top-modèle II. [en adjectif] 1. parfait, accompli, achevé, consommé, exemplaire, idéal, irréprochable 2. pilote

modeler V. TR. 1. façonner, manier, pétrir, sculpter 2. conformer à, former sur, régler sur
♦ **se modeler sur** V. PRON. se conformer à, se mouler sur, se régler sur

modération N. F. mesure, circonspection, discrétion, pondération, réserve, retenue 2. frugalité, sobriété, tempérance 3. diminution, adoucissement, mitigation, réduction, remise

modéré, ée ADJ. et N. 1. doux, tempéré 2. moyen, abordable, bas, doux, faible, modique, raisonnable 3. mesuré, modeste, pondéré, sage, sobre 4. [Pol.] centriste, conservateur, modérantiste

modérément ADV. sans excès, avec modération

modérer V. TR. 1. tempérer, adoucir, atténuer, estomper, mitiger, nuancer, pondérer 2. réprimer, apaiser, calmer, contenir, freiner, ralentir, réfréner, mettre en sourdine, mettre un frein à, mettre en mode mineur, mettre un bémol à 3. limiter, borner, réduire, régler, restreindre

moderne ADJ. 1. actuel, contemporain, présent 2. neuf, nouveau, récent, high-tech (anglic.), dernier cri (fam.) 3. de son temps, à la mode, branché (fam.), câblé (fam.), dans le coup (fam.), in (fam.), à la page (fam.)

modernisation N. F. 1. rénovation, réforme, renouvellement 2. actualisation, mise à jour, réactualisation

moderniser V. TR. 1. rénover, rajeunir, réformer, renouveler, donner un coup de jeune à (fam.) 2. actualiser, mettre à jour, réactualiser

modernité N. F. actualité, contemporanéité, modernisme

modeste ADJ. 1. effacé, discret, réservé 2. simple, humble, pauvre 3. limité, bas, faible, [somme] modique 4. modéré, limité, raisonnable, sage 5. chaste, décent, discret, pudique, réservé

modestie N. F. 1. effacement, discrétion, humilité, réserve, retenue 2. décence, honnêteté, pudeur, vertu 3. médiocrité, modicité, petitesse

modification N. F. 1. changement, évolution, transformation, variation, [radicale] métamorphose, [en mieux] amélioration, progression, [en pire] aggravation, altération 2. correction, rectification, remaniement, révision, retouche 3. amendement, avenant, rectificatif

modifier V. TR. 1. changer, transformer, [profondément] bouleverser, métamorphoser 2. corriger, rectifier, retoucher, réviser, revoir 3. amender, adapter, améliorer, corriger, réformer 4. déformer, altérer, dénaturer, fausser, travestir, truquer 5. infléchir, dévier
♦ **se modifier** V. PRON. changer, évoluer, fluctuer, se transformer, varier

modique ADJ. 1. petit, bas, faible, infime, insignifiant, minime, modeste 2. abordable, à la portée de toutes les bourses

modulation N. F. inflexion, accent, intonation, tonalité

moduler V. TR. 1. chanter, siffler, siffloter 2. adapter, ajuster, pondérer

moelleux, euse ADJ. 1. doux, mou, souple 2. onctueux, fondant, savoureux, tendre, velouté 3. confortable, douillet, élastique, mollet

mœurs N. F. PL. 1. coutumes, (genre de) vie, habitudes, pratiques, usages, us (littér.) 2. conduite, mentalité, morale, moralité, principes

moi N. M. 1. ego, personnalité 2. bibi (fam.), mézigue (pop.)

moiré, ée ADJ. chatoyant, irisé, iridescent (littér.), ondé (littér.)

moisir V. INTR. se gâter, chancir, se piquer, pourrir

moisson N. F. récolte, collecte, cueillette, ramassage

moissonner V. TR. 1. faucher, couper 2. récolter, cueillir, ramasser 3. accumuler, amasser, engranger, multiplier

moite ADJ. humide, mouillé

molester V. TR. malmener, battre, brutaliser, frapper, maltraiter, mettre à mal, rudoyer, secouer (fam.), faire passer un mauvais quart d'heure à (fam.)

mollesse N. F. 1. souplesse, moelleux 2. apathie, indolence, langueur, nonchalance 3. laisser-aller, abandon

mollir V. INTR. 1. blettir, se ramollir 2. diminuer, baisser, décliner, faiblir 3. s'attendrir, fléchir 4. chanceler, faiblir, flancher, lâcher (prise), plier, baisser les bras, se dégonfler (fam.)

moment N. M. 1. instant, intervalle, (laps de) temps, heure, minute, seconde 2. période, époque, ère, passage, passe, saison 3. date, heure, jour 4. circonstance, conjoncture, occasion, situation

momentané, ée ADJ. 1. bref, éphémère, fugace, passager 2. provisoire, temporaire 3. discontinu, intermittent

monarchie N. F. 1. couronne, royauté 2. royaume, empire

monarque N. M. 1. souverain, empereur, prince, roi 2. autocrate, potentat, tyran

monastère N. M. 1. cloître, communauté, couvent 2. [en Orient] ashram, bonzerie, lamaserie

monastique ADJ. 1. monacal, religieux 2. claustral

monceau N. M. amas, amoncellement, empilement, pile, masse, monticule, tas

mondain, aine ADJ. frivole, futile, vain

mondanité N. F. frivolité, futilité, vanité

monde N. M. I. 1. univers, cosmos, macrocosme 2. terre, globe, planète 3. création, nature II. humanité, genre humain, hommes, société

III. 1. milieu, microcosme, société, classe (sociale) **2.** haute société, aristocratie, gotha, grand monde, beau monde (fam.), gratin (fam.), haut du pavé (fam.) **IV.** écart, abîme, gouffre, océan

mondial, ale, aux ADJ. planétaire, global, international, universel

mondialisation N. F. globalisation, internationalisation, planétarisation, universalisation

monnaie N. F. **1.** devise **2.** pièces, espèces sonnantes et trébuchantes (souvent plaisant) **3.** espèce, numéraire **4.** appoint

monnayer V. TR. **1.** monétiser **2.** faire payer **3.** convertir, réaliser, vendre

monopole N. M. **1.** [d'État] régie **2.** exclusivité, apanage, privilège

monopoliser V. TR. accaparer, s'emparer de, truster (fam.)

monotone ADJ. **1.** monocorde **2.** uniforme, grisâtre, plat, terne, uni

monotonie N. F. uniformité, ennui, grisaille, prosaïsme

monsieur N. M. homme, individu, quidam, bonhomme (fam.), gars (fam.), mec (fam.), type (fam.)

monstre N. M. **1.** phénomène, prodige, être difforme **2.** animal fabuleux/fantastique, chimère, dragon **3.** barbare, sauvage

monstrueux, euse ADJ. **1.** difforme, laid, hideux, horrible, repoussant **2.** colossal, démesuré, éléphantesque, gigantesque **3.** phénoménal, bizarre, étonnant, prodigieux **4.** inhumain, abominable, affreux, atroce, effroyable, épouvantable, horrible, ignoble, terrible

monstruosité N. F. **1.** difformité, anomalie, malformation **2.** atrocité, abomination, horreur, ignominie

mont N. M. butte, colline, élévation, hauteur, mamelon, massif, montagne, monticule

montage N. M. **1.** assemblage, ajustage, pose **2.** arrangement, disposition **3.** dressage, installation

montagne N. F. **1.** mont, colline, élévation (de terrain), éminence, massif, pic **2.** amas, amoncellement, empilement, monceau, tas **3.** quantité, foule

montant N. M. **1.** chiffre, coût, somme, total **2.** jambage, portant, barre (verticale)

montée N. F. **I. 1.** ascension, escalade, grimpée, grimpette (fam.) **2.** côte, grimpée, pente, raidillon, rampe, grimpette (fam.) **II. 1.** augmentation, accroissement, hausse, poussée, progression, [forte] escalade, explosion **2.** amplification, crescendo, développement, intensification

monter
▸ V. INTR. **1.** grimper, s'élever **2.** être en crue, s'élever, gonfler, grossir **3.** augmenter, s'accentuer, s'amplifier, croître, grandir, s'intensifier, [énormément] crever les plafonds, battre des records **4.** être promu, gravir des échelons, s'élever dans la hiérarchie, avoir/recevoir de l'avancement, prendre du galon **5.** percer, avoir le vent en poupe
▸ V. TR. **1.** gravir, escalader, grimper **2.** élever, exhausser, hausser, lever, rehausser, relever, remonter, surélever **3.** dresser, installer, planter **4.** ajuster, assembler, enchâsser, sertir **5.** équiper, installer **6.** constituer, bâtir, créer, établir, organiser **7.** combiner, arranger, échafauder, organiser, préparer **8.** [Théâtre] réaliser, mettre en scène **9.** [Vétér.] s'accoupler avec, couvrir, saillir, servir
♦ **se monter à** V. PRON. coûter, atteindre, se chiffrer à, s'élever à, revenir à

monticule N. M. butte, éminence, hauteur, mamelon, tertre

montrer V. TR. **1.** désigner, indiquer, pointer, signaler **2.** exposer, brandir, déployer, étaler, exhiber, présenter **3.** découvrir, dégager, dénuder, dévoiler, laisser deviner, mettre en évidence, accuser (péj.) **4.** attester, dénoter, exprimer, extérioriser, manifester, marquer, présenter, révéler, témoigner de **5.** arborer, afficher, déclarer, extérioriser, faire montre de, faire preuve de **6.** dépeindre, caractériser, décrire, évoquer, raconter, représenter, retracer **7.** démontrer, confirmer, établir, illustrer, prouver, souligner, vérifier **8.** enseigner, apprendre, expliquer, faire entendre, instruire de
♦ **se montrer** V. PRON. **1.** apparaître, percer, poindre, pointer (le bout de son nez), sortir, surgir **2.** se dessiner, se dégager, se distinguer, émerger **3.** s'afficher, s'étaler, s'exhiber, s'exposer aux regards, parader, se pavaner **4.** être, s'avérer, se révéler **5.** paraître, se présenter

monument N. M. **1.** bâtiment, construction, édifice, palais **2.** chef d'œuvre

monumental, ale, aux ADJ. **1.** colossal, démesuré, énorme, gigantesque, immense **2.** grandiose, imposant, majestueux, prodigieux

moquer V. TR. railler, ridiculiser
♦ **se moquer** V. PRON. plaisanter, blaguer, se gausser (littér. ou plaisant), ironiser, persifler, railler
– **se moquer de 1.** s'amuser, faire des gorges chaudes de, narguer, ridiculiser, rire de, tourner en ridicule, brocarder (littér.), chambrer (fam.), charrier (fam.), se ficher de (fam.), se foutre de (très fam.), mettre en boîte (fam.), se payer la tête de (fam.), rire au nez de (fam.) **2.** abuser, berner, se jouer de, se ficher de (fam.), se foutre de (très fam.), mener en bateau (fam.), rouler (fam.) **3.** braver, dédaigner, faire fi de, faire la nique à **4.** bafouer, mépriser **5.** ne pas se soucier de, n'avoir rien à cirer de (fam.), se ficher de (fam.), se foutre de (très fam.)

moquerie N. F. **1.** ironie, dérision, impertinence, malice, persiflage, raillerie, satire **2.** affront, attaque, lazzi, pied de nez, pointe, quolibet, sarcasme, trait, mise en boîte (fam.)

moqueur, euse
▸ ADJ. ironique, caustique, facétieux, frondeur, goguenard, narquois, piquant, persifleur, railleur, sardonique
▸ N. blagueur (fam.), pince-sans-rire

moral[1], ale, aux ADJ. **1.** éthique **2.** honnête, convenable, juste, probe, vertueux **3.** édifiant, exemplaire, instructif **4.** intellectuel, spirituel **5.** mental, psychique, psychologique

moral[2] N. M. **1.** mental, psychique **2.** état psychologique

morale N. F. **I. 1.** éthique, déontologie, sens du devoir, valeurs **2.** honnêteté, probité, vertu **II.** moralité, mentalité, mœurs **II.** enseignement, apologue, leçon, maxime, moralité **2.** réprimande, leçon, admonestation (littér.)

moralement ADV. psychologiquement, mentalement, dans la tête

moralisateur, trice ADJ. **1.** édifiant **2.** sermonneur, prêcheur

moralité N. F. **1.** conscience, mentalité, mœurs, morale, principes **2.** honnêteté, probité **3.** enseignement, apologue, conclusion, maxime, morale, sentence

moratoire N. M. **1.** suspension, interruption **2.** délai, répit, sursis

morbide ADJ. **1.** pathologique, maladif, malsain **2.** anormal, dépravé

morceau N. M. **1.** division, fraction, parcelle, part, partie, pièce, portion, quartier, segment, tronçon **2.** fragment, bout, bribe, brin, grain, particule, [d'aliment] bouchée, miette, rondelle, tranche, lichette (fam.) **3.** débris, brisure, éclat, lambeau **4.** extrait, page, passage

morceler V. TR. **1.** découper, démembrer, dépecer, fractionner, fragmenter, émietter, [un terrain] lotir **2.** partager, diviser, répartir **3.** désagréger, atomiser, [Pol.] balkaniser

mordant, ante
▸ ADJ. **1.** vif, âpre, cuisant, piquant **2.** acerbe, acéré, âpre, caustique, corrosif, à l'emporte-pièce, grinçant, incisif, piquant, acrimonieux (littér.), mordicant (littér.)
▸ N. M. **1.** allant, force, fougue, vivacité **2.** piquant, agressivité

mordiller V. TR. mâchonner, ronger, mâchouiller (fam.)

mordre V. TR. **1.** croquer, déchiqueter, déchirer, mordiller, ronger, mâchouiller (fam.) **2.** [serpent] piquer **3.** entamer, attaquer, corroder, détruire, ronger, user
– **mordre sur** empiéter sur, avancer sur, chevaucher, déborder sur, dépasser sur

morfondre (se) V. PRON. attendre, s'ennuyer, se désespérer, languir, ronger son frein

morgue N. F. arrogance, dédain, hauteur, insolence, mépris, orgueil, suffisance

moribond, onde ADJ. agonisant, mourant, à l'agonie, à l'article de la mort, expirant, qui a un pied dans la tombe

morigéner V. TR. réprimander, chapitrer, corriger, gronder, sermonner, frotter les oreilles à (fam.), secouer (fam.), admonester (littér.), gourmander (littér.), tancer (littér.)

morne ADJ. **1.** abattu, cafardeux, éteint, morose, sombre, taciturne, triste **2.** monotone, atone, gris, inexpressif, insipide, morose, plat, terne, uniforme

morose ADJ. abattu, atrabilaire, bilieux, cafardeux, maussade, mélancolique, morne, renfrogné, sombre, taciturne, triste, chagrin (littér.)

morphologie N. F. anatomie, corps, plastique

morsure N. F. **1.** blessure, meurtrissure, plaie **2.** piqûre, brûlure

mort[1], morte ADJ. **1.** décédé, disparu, défunt (soutenu), feu (avant le nom), trépassé (littér.), crevé (fam.), clamsé (pop.), entre quatre planches (fam.) **2.** éteint **3.** désert, immobile, vide **4.** stagnant, dormant **5.** [fam.] épuisé, éreinté, fourbu, rompu, claqué (fam.), crevé (fam.), lessivé (fam.), moulu (fam.), vanné (fam.), sur les genoux (fam.), sur les rotules (fam.) **6.** [fam.] usé, abîmé, hors d'usage, fichu (fam.), foutu (fam.), h.s. (fam.)

mort[2] N. F. **1.** décès, disparition, fin, perte, trépas (littér.) **2.** agonie, dernière heure, dernier souffle (littér.) **3.** anéantissement, destruction, disparition, écroulement, effondrement, enterrement, fin, perte, ruine

mort[3], morte N. **1.** défunt (soutenu), disparu **2.** victime **3.** cadavre, corps, dépouille, restes, macchabée (pop.) **4.** esprit, fantôme, mânes, spectre, revenant

mortel, elle ADJ. **1.** létal, mortifère **2.** meurtrier, fatal, foudroyant, funeste **3.** périssable, éphémère **4.** implacable, irréductible **5.** intense, absolu, complet, extrême, total

mortification N. F. **1.** vexation, affront, humiliation, camouflet (littér.), soufflet (littér.) **2.** gangrène, momification, nécrose **3.** ascèse, ascétisme, continence, macération, pénitence

mortifier V. TR. **1.** blesser, froisser, humilier, offenser, outrager, ulcérer, vexer **2.** [Relig.] affliger, châtier, macérer, mater (sa chair) **3.** dévitaliser, nécroser

mosaïque N. F. **1.** carrelage, dallage **2.** marqueterie, patchwork **3.** mélange, patchwork, pot-pourri

mot N. M. **1.** terme, expression **2.** lettre, écrit, message, missive (littér.)
♦ **mots** PLUR. **1.** paroles, phrases, propos **2.** discours

moteur N. M. **1.** instigateur, âme, animateur, artisan, cerveau, cheville ouvrière, inspirateur, meneur, promoteur **2.** mécanique, machine, machinerie, moulin (fam.) **3.** cause, mobile, motif, motivation, ressort

motif N. M. **I. 1.** cause, mobile, motivation, origine, pourquoi, prétexte, raison **2.** objet, matière, occasion, propos, raison d'être, sujet **3.** justification, excuse, explication **4.** [Droit] attendu, considérant **II.** dessin, modèle, ornement **III.** thème, leitmotiv

motivation N. F. justification, explication, cause, motif

motivé, ée ADJ. **1.** fondé, justifié **2.** mobilisé, stimulé

motiver V. TR. **1.** causer, déclencher, déterminer, donner lieu à, engendrer, entraîner, faire naître, occasionner, provoquer, susciter **2.** expliquer, justifier, légitimer **3.** mobiliser, stimuler

moto N. F. motocyclette, bécane (fam.), engin (fam.), machine (fam.), meule (fam.)

mou, molle
▸ ADJ. **1.** moelleux, cotonneux, pâteux, tendre **2.** souple, élastique, flexible, plastique **3.** flasque, avachi, ramolli, relâché **4.** faible, inconsistant, lâche, veule, gnangnan (fam.) **5.** amorphe, apathique, atone, avachi, endormi, indolent, lymphatique, nonchalant, mollasse (fam.), mollasson (fam.)
▸ N. velléitaire, chiffe (fam.), limace (fam.)

moucheté, ée ADJ. 1. tacheté, ocellé, tigré 2. chiné, bigarré

moudre V. TR. broyer, écraser, mettre en poudre, piler, pulvériser

mouillé, ée ADJ. 1. humide, [mains] moite 2. trempé, dégouttant, détrempé, ruisselant 3. compromis

mouiller
▸ V. TR. 1. humecter, arroser, asperger, baigner, éclabousser, humidifier, imbiber, inonder, tremper 2. tremper, doucher (fam.), rincer (fam.), saucer (fam.) 3. diluer, couper, étendre (d'eau), baptiser (fam.)
▸ V. INTR. jeter l'ancre, faire escale

moulant, ante ADJ. ajusté, collant, près du corps, serré

moule N. M. forme, matrice, modèle, type

mouler V. TR. 1. gainer, s'ajuster à, dessiner, épouser, serrer 2. façonner, couler, fondre, sculpter

mourant, ante ADJ. 1. moribond, agonisant, expirant, à l'article de la mort 2. faible, affaibli, déclinant, expirant

mourir V. INTR. 1. décéder, agoniser, disparaître, s'en aller, s'éteindre, être emporté, partir, succomber, expirer (littér.), passer (de vie à trépas) (littér.), passer dans l'autre monde (littér.), quitter la vie (littér.), quitter cette terre/ce bas monde/cette vallée de larmes (souvent plaisant), être rappelé par Dieu (littér.), rendre l'âme (littér.), rendre le dernier soupir (littér.), trépasser (littér.), aller ad patres (fam.), casser sa pipe (fam.), s'en aller/partir les pieds devant (fam.), passer l'arme à gauche (fam.), clamser (fam.), claquer (fam.), crever (fam.), calancher (pop.), caner (pop.), claboter (pop.), avaler son bulletin de naissance, partir entre quatre planches (pop.) 2. périr, perdre la vie, se tuer, y rester (fam.) 3. dépérir, souffrir, crever (fam.) 4. disparaître, cesser, s'anéantir, finir, péricliter 5. s'affaiblir, diminuer, s'effacer, s'estomper, s'éteindre, s'évanouir, passer

mousseux, euse ADJ. 1. écumeux, spumeux (littér.) 2. champagnisé

moutonner V. INTR. 1. écumer, blanchir 2. se pommeler 3. friser, boucler, frisotter

moutonnier, ière ADJ. grégaire, imitateur, suiveur, suiviste

mouture N. F. version, état, variante

mouvant, ante ADJ. 1. ondoyant, moutonnant, ondulant 2. changeant, flottant, fluctuant, instable, ondoyant, versatile

mouvement N. M. I. 1. déplacement, cours, course, évolution, marche, trajectoire, trajet, [circulaire] rotation, giration, révolution 2. [en avant] progression, avance, avancée, pénétration 3. [vers le haut] montée, ascension, élévation, hausse, soulèvement 4. [en arrière] recul, récession, reflux, retour, rétrogradation 5. [vers le bas] affaissement, baisse, chute, décroissement, descente 6. [inégal, alternatif] va-et-vient, balancement, ballottement, battement, navette, ondulation, oscillation, pulsation, vibration 7. [de terrain] glissement, plissement, soulèvement 8. [de l'eau] courant, écoulement, flot, flux, reflux, clapotis, remous II. 1. mobilité, motilité 2. geste, gesticulation, signe 3. [involontaire] réflexe, automatisme, contraction, convulsion, crispation, soubresaut, sursaut, tremblement, tressaillement III. 1. action, acte, geste, initiative, réaction 2. élan, impulsion, inclination, passion, sentiment 3. insurrection, agitation, émeute, sédition, soulèvement, troubles 4. école (de pensée), mouvance, tendance IV. 1. animation, activité, agitation, passage, trafic, va-et-vient, vie 2. allant, dynamisme, effervescence, entrain, fougue

mouvementé, ée ADJ. 1. animé, agité, tumultueux, vivant, [en mal] houleux, orageux 2. accidenté, tourmenté, vallonné

mouvoir V. TR. 1. actionner, manœuvrer, remuer 2. faire agir, animer, ébranler, émouvoir, exciter, pousser, remuer (fam.)
▸ **se mouvoir** V. PRON. 1. bouger, se déplacer, marcher, (se) remuer 2. fréquenter, évoluer dans

moyen¹, enne ADJ. 1. médian, intermédiaire 2. acceptable, convenable, correct, honnête, honorable, médiocre, passable 3. standard, banal, commun, courant, normal, ordinaire, quelconque 4. modéré, abordable

moyen² N. M. I. 1. procédé, clé, façon, formule, manière, marche à suivre, méthode, recette, solution, voie 2. [astucieux] artifice, astuce, ruse, stratégie, subterfuge, tactique, combine (fam.), filon (fam.), joint (fam.), plan (fam.), système (fam.), truc (fam.) 3. instrument, arme, technique, levier, ressort II. 1. possibilité, faculté, pouvoir 2. [personnel] aptitude, capacité, disposition, force, don, facilité
▸ **moyens** PLUR. argent, revenu, fonds, ressources, richesse

moyennant PRÉP. 1. contre, avec, au prix de, en échange de, grâce à, pour 2. à condition que

moyenne N. F. norme, normale, standard

moyennement ADV. 1. médiocrement 2. correctement, honnêtement, convenablement, honorablement 3. médiocrement, passablement 4. [en réponse] couci-couça (fam.), moitié-moitié (fam.)

mue N. F. 1. métamorphose, changement, transformation 2. dépouille, peau

muet, ette ADJ. 1. aphone 2. interloqué, bouche bée, interdit, sans voix, coi (littér.) 3. taciturne, silencieux

mufle
▸ N. M. 1. museau 2. goujat, malotru, rustre, gougnafier (fam.)
▸ ADJ. grossier, indélicat, mal élevé

mugir V. INTR. 1. beugler, meugler 2. hurler, rugir, tonitruer, brailler (fam.), gueuler (fam.)

multicolore ADJ. 1. polychrome 2. bariolé, bigarré, chamarré

multiforme ADJ. 1. divers, multiple, varié 2. protéiforme

multiple ADJ. 1. divers, multiforme, pluriel, varié 2. [au plur.] nombreux, abondants, plusieurs, maints (littér.)

multiplication N. F. 1. accroissement, augmentation, développement, hausse, répétition 2. [forte] escalade, explosion, inflation, intensification, prolifération, pullulement 3. reproduction

multiplicité N. F. 1. abondance, foisonnement, multitude, profusion 2. variété, diversité, gamme, pluralité

multiplier V. TR. 1. répéter 2. accroître, augmenter 3. doubler, tripler, quadrupler, quintupler, décupler 4. accumuler, collectionner, entasser
▸ **se multiplier** V. PRON. 1. s'accroître, augmenter, croître, se développer 2. se reproduire, engendrer, procréer, proliférer, se propager

multitude N. F. I. 1. quantité, abondance, grand nombre, infinité, multiplicité 2. tas, kyrielle, tombereau, cargaison (fam.), flopée (fam.), foultitude (fam.), tapée (fam.), chiée (très fam.) 3. [en mouvement] avalanche, flot, foisonnement, fourmillement, kyrielle, torrent II. [d'animés] 1. foule, armée, essaim, horde, légion, meute, myriade, nuée, régiment, ribambelle, troupe, tapée (fam.), tripotée (fam.) 2. [en mouvement] affluence, afflux, cohue, presse III. masse, foule, peuple (péj.), populace (péj.), tourbe (péj.), populo (fam.), vulgum pecus (fam.)

municipalité N. F. 1. commune, mairie, ville 2. mairie, hôtel de ville

munir V. TR. doter, armer, équiper, fournir à, garnir, nantir, outiller, pourvoir, procurer à, ravitailler
▸ **se munir de** V. PRON. prendre, s'armer de, se doter de, s'équiper de, se pourvoir de

mur N. M. 1. paroi, cloison, séparation 2. clôture, muret, murette 3. enceinte, fortification, muraille, rempart 4. obstacle, barrage, barrière, fossé

mûr, mûre ADJ. 1. adulte, développé, fait, grand 2. pondéré, posé, raisonnable, réfléchi, sérieux 3. prêt

muraille N. F. 1. rempart, enceinte, fortification, mur 2. paroi, mur

murer V. TR. 1. emmurer 2. aveugler, boucher, condamner
▸ **se murer** V. PRON. s'enfermer, se calfeutrer, se claustrer, se cloîtrer, se confiner, s'isoler, se renfermer

mûrir
▸ V. TR. préparer, approfondir, méditer, préméditer, projeter, réfléchir à, tramer, concocter (fam.), mijoter (fam.), ourdir (littér.)
▸ V. INTR. 1. grandir, changer, se développer, s'étoffer, se former 2. se préciser, prendre forme, prendre tournure

murmure N. M. 1. marmonnement, bourdonnement, chuchotement, marmottement, susurrement 2. bruissement, babil, chanson, chuchotis, gazouillement, gazouillis 3. plainte, grognement, grondement, protestation 4. rumeur, on-dit

murmurer
▸ V. TR. chuchoter, marmonner, marmotter, souffler, susurrer
▸ V. INTR. 1. parler bas, parler à voix basse 2. bruire, bourdonner, chuinter, gazouiller 3. se plaindre, bougonner, grogner, gronder, maugréer (littér.), râler (fam.), rognonner (fam.), ronchonner (fam.), rouspéter (fam.)

musarder V. INTR. s'amuser, baguenauder, déambuler, flâner, lambiner, lanterner, se promener, traîner (péj.), se balader (fam.), muser (littér.), vadrouiller (fam.)

musclé, ée ADJ. 1. athlétique, musculeux, robuste, solide, vigoureux, costaud (fam.) 2. solide, énergique 3. autoritaire, brutal

muscler V. TR. renforcer, consolider, dynamiser, fortifier, booster (fam.), donner du punch à (fam.)

museau N. M. mufle, groin, truffe

musée N. M. 1. muséum 2. conservatoire, cabinet, galerie 3. collection, glyptothèque, pinacothèque

museler V. TR. 1. bâillonner, faire taire, garrotter, réduire au silence 2. brider, contenir, dompter, juguler, réfréner, réprimer

musical, ale, aux ADJ. chantant, doux, harmonieux, mélodieux

musique N. F. 1. harmonie, euphonie, eurythmie 2. [fig.] mélodie, chant, chanson, harmonie, murmure 3. fanfare, clique, harmonie, orchestre, orphéon

mutation N. F. 1. transformation, changement, conversion, évolution, révolution, transmutation 2. déplacement, (changement d')affectation

muter V. TR. déplacer, affecter

mutilation N. F. 1. amputation, ablation 2. coupe, coupure, altération, déformation, dégradation

mutiler V. TR. 1. couper, amputer, estropier 2. tronquer, abréger, amputer, castrer, couper, raccourcir 3. altérer, amoindrir, déformer, dénaturer 4. détériorer, abîmer, dégrader, endommager

mutin, ine
▸ ADJ. espiègle, gai, gamin, malicieux, malin, piquant, vif, badin (littér.)
▸ N. mutiné, factieux, insoumis, insurgé, rebelle, révolté, séditieux

mutiner (se) V. PRON. s'insurger, se rebeller, se révolter, se soulever

mutinerie N. F. 1. insurrection, émeute, rébellion, révolte, révolution, sédition, soulèvement 2. faction

mutuel, elle ADJ. réciproque, partagé

myope N. et ADJ. amétrope, bigleux (fam.), miro (fam.)

myriade N. F. multitude, kyrielle, profusion, flopée (fam.), foultitude (fam.), tapée (fam.)

mystère N. M. 1. secret, cachotterie (fam.) 2. discrétion, ombre, secret, silence 3. énigme, profondeurs, secret, arcanes (littér.) 4. [Littérat.] miracle, diablerie

mystérieux, euse ADJ. 1. inexplicable, énigmatique, obscur, secret, sibyllin, ténébreux 2. discret, énigmatique, impénétrable, insaisissable, secret 3. hermétique, cabalistique, ésotérique, indéchiffrable, occulte, abscons (littér.), abstrus (littér.) 4. caché, invisible, voilé

mystification N. F. 1. tromperie, imposture, supercherie 2. plaisanterie, attrape, attrape-nigaud, canular, duperie, mensonge, mauvais tour, blague (fam.) 3. mythe

mystifier V. TR. tromper, abuser, berner, duper, leurrer, faire grimper à l'arbre/à l'échelle *(fam.)*, faire marcher *(fam.)*, posséder *(fam.)*

mystique ADJ. et N. inspiré, exalté, fanatique, illuminé

mythe N. M. **1.** légende, fable, mythologie, tradition **2.** allégorie **3.** utopie, chimère, fantasme, illusion, mirage, rêve

mythique ADJ. **1.** fabuleux, imaginaire, légendaire **2.** irréel, chimérique, illusoire, irréaliste, utopique **3.** admiré, culte

N

nacré, ée ADJ. irisé, opalin, iridescent *(littér.)*

nævus N. M. grain de beauté, tache de naissance, tache de vin, envie *(fam.)*, fraise *(fam.)*

nage N. F. natation
– **être en nage** être en sueur, être en eau, être couvert de sueur, être trempé, suer, transpirer, dégouliner (de sueur) *(fam.)*

nager V. INTR. **1.** se baigner, se tremper, patauger *(fam.)* **2.** flotter, baigner, surnager

nageur, euse N. baigneur, crawleur, brasseur, plongeur

naïf, naïve
▸ ADJ. **1.** candide, benêt, confiant, crédule, dupe, inexpérimenté, innocent, niais, nigaud, simple, simplet, ingénu *(littér.)*, gobeur *(littér.)*, gogo *(fam.)* **2.** intuitif, naturel, spontané
▸ N. poire *(fam.)*, pomme *(fam.)*, cave *(argot)*

nain, naine
▸ ADJ. petit, minuscule, lilliputien
▸ N. lutin, farfadet, gnome, tom-pouce *(fam.)*, avorton *(péj.)*, nabot *(péj.)*

naissance N. F. **1.** accouchement, enfantement, mise au monde, parturition, venue au monde, [Relig. chrétienne] nativité **2.** commencement, apparition, début, départ, création, éclosion, genèse, origine, racine, aube *(littér.)*, aurore *(littér.)*, prémices *(littér.)* **3.** ascendance, extraction, famille, filiation, origine

naître V. INTR. **1.** venir au monde, voir le jour, entrer dans le monde/dans la vie **2.** commencer, apparaître, débuter, éclore, germer, paraître, percer, poindre, pointer, s'élever, se développer, se former, sortir de, sourdre, surgir, [jour] se lever

naïvement ADV. candidement, ingénument, innocemment

naïveté N. F. candeur, crédulité, fraîcheur, ingénuité, innocence

nanti, ie ADJ. riche, fortuné, opulent, (bien) pourvu

nantir V. TR. doter, donner à, douer, gratifier, munir, pourvoir, procurer à, affliger *(péj.)*

narcissique ADJ. égotiste, égocentrique, nombriliste

narcissisme N. M. égocentrisme, égotisme, infatuation *(littér.)*

narcotique
▸ ADJ. anesthésique, assoupissant, calmant, hypnotique, sédatif, soporifique
▸ N. M. somnifère, calmant, sédatif, drogue

narguer V. TR. braver, défier, mépriser, provoquer, se moquer de, faire la nique à *(fam.)*

narquois, oise ADJ. rusé, goguenard, caustique, ironique, malicieux, moqueur, persifleur, railleur, ricaneur, sarcastique

narration N. F. récit, compte rendu, exposé, exposition, rapport, relation

narrer V. TR. conter, dire, exposer, faire le récit de, raconter, rapporter, relater, retracer

nasse N. F. piège, casier, claie, filet, panier

natal, ale, als ADJ. originel, [langue] maternel

natif, ive ADJ. et N. **1.** inné, naturel **2.** indigène, autochtone, habitant, [Australie] aborigène

nation N. F. **1.** peuple, communauté, population **2.** état, pays, patrie, puissance **3.** [vieux] race, groupe, ethnie, gent *(littér.)*

national, ale, aux N. ressortissant, citoyen

nationalisation N. F. étatisation, collectivisation, socialisation

nationaliser V. TR. étatiser, collectiviser, socialiser

nationalisme N. M. **1.** patriotisme, chauvinisme *(péj.)* **2.** autonomisme, indépendantisme, séparatisme

nationaliste ADJ. et N. **1.** patriote, chauvin *(péj.)* **2.** autonomiste, indépendantiste, séparatiste

natte N. F. **1.** matelas, tapis (de sol), paillasson **2.** tresse, macaron **3.** [Mar.] paillet

naturalisation N. F. **1.** acquisition de la nationalité **2.** acclimation, acclimatement **3.** empaillage, taxidermie

naturaliser V. TR. **1.** acclimater **2.** empailler

nature N. F. **1.** essence, entité, substance **2.** caractère, constitution, génie, inclination, naturel, penchant, personnalité, tempérament, complexion *(littér.)* **3.** catégorie, classe, espèce, genre, manière, ordre, sorte, type **4.** condition, état, réalité **5.** monde, univers, cosmos **6.** campagne, vert

naturel¹, elle ADJ. **1.** brut, cru, pur, vierge, [soie] grège **2.** physiologique, corporel **3.** constitutif, inhérent, inné, intrinsèque, natif, originel, propre, infus *(littér.)* **4.** normal, commun, compréhensible, légitime, logique, raisonnable **5.** authentique, franc, honnête, simple, sincère, spontané, vrai **6.** aisé, facile **7.** [enfant] illégitime, bâtard *(péj.)*

naturel² N. M. **1.** caractère, complexion, constitution, humeur, nature, tempérament **2.** authenticité, ingénuité, simplicité, sincérité, spontanéité, fraîcheur **3.** aisance, facilité, familiarité

naturellement ADV. **1.** inévitablement, forcément, inéluctablement, infailliblement, nécessairement **2.** aisément, facilement, spontanément **3.** simplement **4.** [exclamatif] évidemment, certainement, bien entendu, bien sûr, et comment

naufrage N. M. **1.** submersion, sinistre, fortune de mer **2.** échec, banqueroute, débâcle, déconfiture, désastre, déroute, écroulement, effondrement, faillite, perte, ruine
– **faire naufrage** échouer, couler, sombrer, disparaître sous les flots, s'engloutir, périr (corps et biens), s'abîmer *(littér.)*

nauséabond, onde ADJ. **1.** fétide, dégoûtant, écœurant, empesté, empuanti, méphitique, malodorant, pestilentiel, puant, rebutant, répugnant **2.** abject, ignoble, immonde, infâme, infect, repoussant, répugnant, sordide

nausée N. F. **1.** mal au cœur, haut-le-cœur, malaise **2.** aversion, dégoût, écœurement, horreur, répugnance, répulsion

nauséeux, euse ADJ. **1.** abject, dégoûtant, écœurant, ignoble, immonde, infâme, infect, nauséabond, répugnant, sordide **2.** [médicament] émétique, vomitif

nautique ADJ. **1.** naval, marin, maritime **2.** aquatique

navette N. F. allées et venues, allers et retours, va-et-vient

naviguer V. INTR. **1.** voguer, cingler, fendre les flots, faire route, faire voile, sillonner les mers **2.** voyager, bourlinguer **3.** [Internet] surfer

navrant, ante ADJ. **1.** affligeant, attristant, consternant, décourageant, déplorable, désespérant, désolant, lamentable, pitoyable **2.** ennuyeux, contrariant, fâcheux, regrettable **3.** déchirant, cruel, émouvant, poignant

navré, ée ADJ. attristé, chagriné, désolé, confus, déçu, dépité, désappointé

navrer V. TR. **1.** affliger, affecter, attrister, chagriner, déchirer, dépiter, désoler, meurtrir, fendre le cœur de, meurtrir, peiner, contrister *(littér.)* **2.** ennuyer, contrarier, désoler, fâcher

néanmoins ADV. et CONJ. cependant, cela étant, en tout cas, mais, malgré cela, pourtant, quand même, tout de même, toujours est-il que, toutefois, nonobstant *(littér.)*

néant N. M. **1.** rien, zéro **2.** nullité, inanité, vacuité, vide **3.** vide, non-être, rien

nébuleux, euse ADJ. **1.** brumeux, couvert, embrumé, nuageux, obscur, obscurci, vaporeux, voilé **2.** confus, alambiqué, brumeux, énigmatique, flou, fumeux, hermétique, incompréhensible, indistinct, inintelligible, insaisissable, obscur, trouble, vague, vaseux *(fam.)*, abscons *(littér.)*, abstrus *(littér.)*, amphigourique *(littér.)*

nécessaire
▸ ADJ. **1.** obligatoire, essentiel, fondamental, impératif, indispensable, primordial **2.** inévitable, fatal, forcé, immanquable, inéluctable, infaillible, logique, mathématique, obligatoire, obligé
▸ N. M. minimum, indispensable

nécessairement ADV. **1.** obligatoirement, absolument, impérativement **2.** inévitablement, certainement, fatalement, obligatoirement, par force, forcément, immanquablement, indispensablement, infailliblement, mathématiquement, sûrement

nécessité N. F. **1.** obligation, devoir, exigence, impératif **2.** utilité, besoin **3.** dénuement, besoin, détresse, gêne, indigence, pauvreté **4.** [Philo.] destin, fatalité

nécessiter V. TR. **1.** réclamer, appeler, commander, demander, exiger, requérir **2.** impliquer, déterminer, motiver

nécessiteux, euse ADJ. et N. pauvre, indigent, malheureux, misérable, miséreux, sans-le-sou *(fam.)*, impécunieux *(littér.)*

néfaste ADJ. **1.** défavorable, désastreux, fatal, funeste **2.** nuisible, corrupteur, dangereux, délétère, dommageable, hostile, malsain, mauvais, nocif, pernicieux, préjudiciable

négatif, ive
▸ ADJ. critique, défavorable, hostile, opposé
▸ N. M. cliché, contretype

négation N. F. **1.** refus, condamnation, contestation, contradiction, dénégation, déni, réfutation, rejet **2.** antithèse, contraire, contre-pied

négligé N. M. **1.** débraillé, laisser-aller, relâchement **2.** déshabillé

négligeable ADJ. dérisoire, infime, insignifiant, médiocre, menu, mince, minime, peanuts *(anglic.)*

négligemment ADV. **1.** sans soin, à la diable, à la légère, de manière désordonnée, inconsidérément, sans méthode, sans réfléchir **2.** mollement, nonchalamment, paresseusement

négligence N. F. **1.** nonchalance, mollesse, paresse, abandon **2.** inattention, distraction, insouciance, irréflexion, laisser-aller, relâchement, incurie *(littér.)* **3.** étourderie, omission, oubli

négligent, ente ADJ. distrait, étourdi, inattentif, indolent, insouciant, irréfléchi, nonchalant, oublieux (de), je-m'en-foutiste *(fam.)*

négliger V. TR. **1.** omettre, oublier, laisser échapper, laisser passer, manquer à **2.** abandonner, dédaigner, délaisser, mépriser, passer outre/par-dessus, se désintéresser de, se détourner de, faire fi de *(littér.)*, faire litière de *(littér.)*, laisser tomber *(fam.)*, se ficher de *(fam.)*, se foutre de *(fam.)*, [une maladie] mal soigner
♦ **se négliger** V. PRON. se relâcher, se laisser aller

négoce N. M. commerce, business *(fam.)*, trafic *(péj.)*

négociable ADJ. **1.** cessible, transférable **2.** [prix] à débattre

négociant, ante N. commerçant, concessionnaire, distributeur, exportateur, grossiste, importateur, marchand, trafiquant *(péj.)*

négociateur, trice N. **1.** arbitre, conciliateur, courtier, intermédiaire, médiateur **2.** diplomate, agent diplomatique, délégué, émissaire, envoyé, plénipotentiaire

négociation N. F. **1.** pourparlers, discussion, marchandage, tractation, transaction **2.** dialogue, concertation

négocier
▸ V. TR. **1.** acheter, commercer, marchander, monnayer, faire trafic de, trafiquer, vendre **2.** débattre de, traiter
▸ V. INTR. dialoguer, discuter, parlementer, être en pourparlers

néophyte
▸ N. **1.** novice, débutant, bleu *(fam.)* **2.** (nouveau) converti, prosélyte
▸ ADJ. inexpérimenté, neuf, nouveau

nerf N. M. **1.** dynamisme, énergie, force, muscle, ressort **2.** concision, vigueur

nerveusement ADV. 1. fébrilement, impatiemment 2. énergiquement 3. convulsivement, spasmodiquement

nerveux, euse ADJ. 1. coriace, filandreux, tendineux 2. dynamique, concis, énergique, musclé, vigoureux 3. agité, brusque, énervé, excité, excitable, fébrile, fiévreux, impatient, irritable 4. convulsif, spasmodique 5. psychosomatique

nervosité N. F. énervement, agacement, agitation, exaspération, excitation, fébrilité, impatience, irritation, surexcitation

nervure N. F. 1. veine, veinure 2. [Archit.] branche, lierne, tierceron

net¹, nette
▶ ADJ. 1. propre, astiqué, bien tenu, entretenu, frais, immaculé, impeccable, lumineux, propret, pur, soigné, briqué (fam.), nickel (fam.) 2. clair, catégorique, distinct, exact, explicite, exprès, formel, précis, régulier, tranché 3. droit, franc, honnête, loyal, transparent 4. marqué, sensible, significatif, tangible, visible 5. T.T.C., toutes taxes comprises
▶ ADV. 1. catégoriquement, crûment, franchement, nettement, ouvertement 2. d'un coup, brusquement, brutalement

Net² N. M. le réseau des réseaux, Internet, la Toile, le Web

nettement ADV. clairement, carrément, catégoriquement, distinctement, expressément, fermement, formellement, fortement, franchement, ouvertement, sans ambages, sans ambiguïté, sans détour

netteté N. F. 1. propreté, éclat, limpidité, pureté, transparence 2. clarté, justesse, précision, rigueur

nettoyage N. M. 1. lavage, décrassage, détachage, entretien, époussetage, récurage, coup de balai (fam.), [d'une façade] ravalement, [d'un métal] astiquage, décapage, dérochage, fourbissage, [du linge] blanchissage 3. [de l'estomac] purge

nettoyer V. TR. 1. laver, décrasser, détacher, entretenir, épousseter, lessiver, récurer, briquer (fam.) 2. [le corps] débarbouiller, décrasser, éponger, frictionner, laver, savonner 3. [une plaie] laver, déterger, purifier 4. [l'estomac] purger 5. [du métal] astiquer, blanchir, décaper, dérocher, fourbir 6. [une arme] dérouiller, écouvillonner 7. [une bouteille] rincer, goupillonner 8. [un puits, un bassin] curer, désengorger, draguer, écurer 9. [un bateau] briquer, caréner 10. [un cheval] toiletter, bouchonner, brosser, étriller
♦ **se nettoyer** V. PRON. se laver, faire sa toilette, se débarbouiller, se décrasser, se savonner

neuf, neuve ADJ. 1. moderne, audacieux, frais, nouveau, récent 2. inconnu, inédit, nouveau, original 3. inexpérimenté, novice 4. novice, débutant, inexpérimenté, néophyte, nouveau, bleu (fam.)

neurasthénie N. F. mélancolie, abattement, dépression, spleen (littér.), blues (fam.), cafard (fam.), déprime (fam.), flip (fam.)

neurasthénique ADJ. et N. mélancolique, dépressif, déprimé, cafardeux (fam.)

neuroleptique ADJ. et N. M. anxiolytique, psycholeptique, psychotrope, tranquillisant

neutraliser V. TR. 1. anéantir, annihiler, annuler, désamorcer, enrayer, étouffer, maîtriser, paralyser, rendre inoffensif 2. corriger, amortir, compenser, contrebalancer, contrecarrer, équilibrer

neutralité N. F. 1. impartialité, objectivité 2. abstention, non-engagement

neutre ADJ. 1. impartial, objectif, indifférent 2. anodin, banal, insignifiant, quelconque 3. discret, aseptisé, fade, incolore, insipide, morne, terne

névralgie N. F. mal de tête, céphalée, migraine

nez N. M. 1. pif (fam.), blair (fam.), blase (fam.), nase (fam.), tarin (fam.), truffe (fam.), [long, plaisant] appendice, piton (fam.), trompe (fam.) 2. odorat, flair 3. intuition, flair, perspicacité, sagacité 4. [de bateau] avant, proue

niais, niaise
▶ ADJ. naïf, béat, bête, crétin, idiot, inepte, imbécile, nigaud, simple, simplet, sot, stupide, ballot (fam.), balourd (fam.), bêta (fam.), cruche (fam.), godiche (fam.), gourde (fam.), nunuche (fam.)

▶ N. idiot, benêt, crétin, dadais, imbécile, naïf, nigaud, simplet, sot, andouille (fam.), bêta (fam.), bille (fam.), branquignol (fam.), cruche (fam.), godiche (fam.), gourde (fam.), nouille (fam.), patate (fam.)

niaiserie N. F. 1. bêtise, crédulité, idiotie, imbécillité, naïveté, nigauderie, sottise, stupidité 2. bagatelle, ânerie, babiole, bêtise, baliverne, broutille, fadaise, futilité, ineptie, rien, sottise, vétille

niche N. F. cavité, alcôve, creux, renfoncement

nicher
▶ V. INTR. 1. nidifier, faire son nid 2. [fam.] loger, demeurer, habiter, résider, séjourner, crécher (fam.), percher (fam.), squatter (fam.)
▶ V. TR. placer, caser, coincer, mettre
♦ **se nicher** V. PRON. 1. nidifier, faire son nid 2. s'abriter, se blottir, se cacher, se placer, se presser, se réfugier, se serrer, se tapir, se caser (fam.)

nid N. M. foyer, abri, demeure, gîte, habitation, home, logement, maison, retraite, toit

nier V. TR. 1. contester, contredire, démentir, dire le contraire de, disconvenir, mettre en doute, se défendre de, s'inscrire en faux contre 2. refuser, dénier, désavouer, récuser, rejeter, renier

nigaud, aude
▶ ADJ. niais, benêt, simplet, sot, nouille (fam.), nunuche (fam.)
▶ N. dadais, cornichon (fam.), couillon (fam.), cruche (fam.), godiche (fam.), gourde (fam.), nicodème (fam.), patate (fam.)

nimber V. TR. auréoler, baigner, entourer, envelopper

niveau N. M. 1. degré, classe, échelon, force, hauteur, ligne, qualité, rang, sorte, type, valeur 2. étage

niveler V. TR. aplanir, araser, égaliser, mettre de niveau

noble
▶ ADJ. 1. aristocratique 2. distingué, auguste, chevaleresque, courageux, digne, éminent, fier, généreux, héroïque, imposant, magnanime, magnifique, majestueux, olympien, respectable, vénérable 3. élevé, beau, de qualité, grand, haut, pur, sublime, éthéré (littér.)
▶ N. 1. aristocrate, gentilhomme, patricien, seigneur, nobliau (péj.) 2. [d'Angleterre] lord, [d'Espagne] hidalgo, menin, [de la Rome antique] patricien, [de la campagne] hobereau

noblement ADV. dignement, aristocratiquement, chevaleresquement, élégamment, fièrement, généreusement, grandement, magnifiquement, magnanimement (littér.)

noblesse N. F. 1. distinction, dignité, élégance, élévation, fierté, générosité, grandeur, hauteur, magnanimité, majesté 2. aristocratie, [d'Angleterre] gentry

noce N. F. 1. mariage 2. [fam.] fête, bombe (fam.), bringue (fam.), java (fam.), nouba (fam.)

noceur, euse N. et ADJ. fêtard (fam.), noctambule, patachon (fam.)

nocif, ive ADJ. 1. dangereux, dommageable, funeste, malfaisant, malin, mauvais, néfaste, négatif, nuisible, pernicieux, préjudiciable 2. toxique, délétère, pathogène

nocivité N. F. toxicité, malignité

nœud N. M. 1. lien, boucle, ruban, bouffette, catogan, rosette 2. centre, cœur, fond, point chaud, point sensible 3. difficulté, problème, hic (fam.), [Littérat.] intrigue, péripétie 4. [Techn.] épissure, [Bot.] nodosité

noir, noire ADJ. 1. obscur, sombre, ténébreux 2. bronzé, basané, foncé, hâlé 3. triste, funeste, funèbre, glauque, lugubre, macabre, malheureux, sinistre, sombre, alarmiste 4. diabolique, atroce, effroyable, épouvantable, mauvais, méchant, odieux, pervers, sombre, terrible 5. sale 6. [ciel] couvert, menaçant, orageux, sombre

noir N. M. 1. obscurité, ténèbres (littér.) 2. mascara, khôl

noirceur N. F. 1. saleté, crasse 2. perfidie, atrocité, bassesse, horreur, indignité, infamie, méchanceté, monstruosité, vilenie (littér.)

noircir V. TR. 1. salir, barbouiller, charbonner, maculer 2. assombrir, brunir, obscurcir 3. calomnier, dénigrer, déshonorer, diffamer, discréditer, traîner dans la boue 4. exagérer, charger, dramatiser, forcer, outrer

noliser V. TR. affréter, [un avion] chartériser, [un navire] fréter

nom N. M. 1. mot, signe, substantif, terme, vocable 2. dénomination, appellation, désignation, label, marque, qualificatif, qualification, titre 3. lignée, famille, race, sang 4. réputation, renom, renommée, célébrité, gloire 5. prénom, nom de baptême, petit nom (fam.)

nomade
▶ ADJ. itinérant, ambulant, errant, migrateur, mobile, vagabond, voyageur, instable (péj.)
▶ N. bohémien, forain, gitan, manouche, romanichel, tsigane, [du désert] bédouin
♦ **nomades** PLUR. gens du voyage

nombre N. M. 1. chiffre, numéro 2. quantité, contingent, effectif 3. cadence, harmonie, rythme

nombreux, euse ADJ. 1. [au plur.] abondants, innombrables, multiples, maints (littér.) 2. dense, considérable, grand, important 3. cadencé, harmonieux, rythmé

nomenclature N. F. 1. catalogue, classification, collection, inventaire, liste, recueil, répertoire 2. terminologie, lexique, thésaurus, vocabulaire

nomination N. F. 1. désignation, affectation, élection, élévation, promotion, catapultage (péj.), parachutage (péj.) 2. [dans une distribution de prix] mention, sélection

nommé, ée ADJ.
– à point nommé à temps, à propos, à point, opportunément, à pic (fam.), pile (fam.)

nommément ADV. 1. nominalement, nominativement 2. spécialement, en particulier

nommer V. TR. 1. appeler, baptiser, dénommer, donner un nom à, prénommer, qualifier 2. citer, énumérer, indiquer, faire mention de, mentionner 3. désigner, choisir, commettre (Droit), élire, établir, instituer, bombarder (fam.), catapulter (péj.), parachuter (péj.) 4. dénoncer, donner (fam.)

non
▶ ADV. négatif (Milit.), niet (fam.)
▶ N. M. refus

nonchalamment ADV. mollement, distraitement, doucement, indolemment, lentement, négligemment, paresseusement

nonchalance N. F. 1. apathie, indolence, inertie, langueur, léthargie, mollesse, paresse, torpeur, atonie (littér.), morbidesse (littér.) 2. décontraction, désinvolture, détachement, indifférence, insouciance, légèreté, négligence, je-m'en-foutisme (fam.)

nonchalant, ante ADJ. 1. apathique, alangui, endormi, indolent, languide (littér.), languissant, léthargique, mou, paresseux 2. décontracté, désinvolte, indifférent, insouciant, léger, négligent, je-m'en-foutiste (fam.)

non-conformisme N. M. 1. anticonformisme, indépendance, individualisme 2. originalité, excentricité, fantaisie

non-conformiste N. et ADJ. anticonformiste, dissident, hétérodoxe, indépendant, individualiste, marginal, original

nonne N. F. religieuse, moniale, sœur

non-sens N. M. INVAR. 1. absurdité, bêtise, ineptie, stupidité 2. contresens

non-stop ADJ. INVAR. 1. direct, sans arrêt 2. d'affilée, continuellement, continûment, sans arrêt, sans cesse, sans désemparer, sans discontinuer, sans relâche, sans s'arrêter, 24 heures sur 24

nord N. M. INVAR. et ADJ. INVAR.
▶ ADJ. INVAR. septentrional, boréal, [pôle] arctique
▶ N. M. INVAR. septentrion (littér.)

normal, ale, aux ADJ. INVAR. 1. courant, classique, habituel, ordinaire, régulier, sans surprise 2. compréhensible, attendu, légitime, logique, naturel, raisonnable

normale N. F. moyenne, norme

normalement ADV. ordinairement, communément, couramment, d'habitude, d'ordinaire, généralement, habituellement, régulièrement, traditionnellement, usuellement, de coutume (soutenu)

normalisation N. F. 1. codification, rationalisation, réglementation 2. standardisation, homogénéisation, systématisation, unification, uniformisation 3. [de relations] rétablissement, apaisement, assainissement

normaliser V. TR. 1. codifier, rationaliser, réglementer 2. standardiser, homogénéiser, systématiser, unifier, uniformiser 3. [des relations] rétablir, apaiser, assainir

norme N. F. 1. modèle, canon, code, convention, loi, principe, règle, règlement, standard 2. moyenne, normale 3. [Sociol.] idéologie, loi, règle, valeur

nostalgie N. F. 1. regret, ennui, mal du pays, passéisme 2. mélancolie, tristesse, vague à l'âme, blues (fam.), cafard (fam.), spleen (littér.)

nostalgique ADJ. 1. passéiste 2. mélancolique, morose, sombre, triste

notable
▸ ADJ. important, appréciable, considérable, frappant, marquant, notoire, remarquable, saillant, saisissant, sensible, visible, fameux (fam.), insigne (littér.), signalé (littér.)
▸ N. M. personnalité, figure, notabilité, sommité, bourgeois, huile (fam.), (grosse) légume (fam.), (grand) ponte (fam.)

notamment ADV. particulièrement, entre autres, par exemple, principalement, singulièrement, spécialement, spécifiquement, surtout

notation N. F. 1. symbole 2. appréciation, annotation, indication, note, observation, remarque

note N. F. 1. ton, nuance, tonalité, touche 2. commentaire, annotation, apostille, appréciation, avis, considération, indication, note bene, notice, notule, observation, pensée, point, réflexion, remarque, scolie, [au plur.] addenda 3. communiqué, avis, circulaire, communication, information, mémorandum 4. addition, compte, facture, relevé, total, douloureuse (fam.)

noter V. TR. 1. écrire, cocher, consigner, copier, enregistrer, indiquer, inscrire, marquer, mentionner, prendre note de/en note, souligner, relever, transcrire 2. remarquer, apercevoir, constater, observer, relever 3. juger, apprécier, coter, évaluer

notice N. F. 1. préface, avant-propos, avertissement, avis, explication, exposé, note, préambule, résumé 2. guide, conseils d'utilisation, mode d'emploi

notification N. F. annonce, avis, communication, signification, exploit (Droit)

notifier V. TR. signifier, annoncer, communiquer, faire connaître, faire part de, faire savoir, informer de, instruire de, intimer, signaler

notion N. F. 1. élément, base, concept, idée, rudiment 2. hypothèse, axiome, postulat, prémisse, principe 3. conscience, idée, représentation, sens, sentiment 4. [souvent au plur.] connaissance, acquis, culture, lueurs, lumières, savoir, bagage (fam.)

notoire ADJ. connu, avéré, clair, certain, éclatant, évident, flagrant, incontestable, indéniable, manifeste, notable, patenté, public, reconnu, de notoriété publique

notoriété N. F. célébrité, gloire, nom, renom, renommée, réputation

noué, ée ADJ. 1. contracté, contrarié, crispé, tendu 2. noueux, tordu, tors

nouer V. TR. 1. attacher, entortiller, entrelacer, envelopper, fermer, fixer, joindre, lacer, lier, serrer, réunir 2. établir, contracter, tisser

noueux, euse ADJ. 1. osseux, décharné, maigre, rugueux, sec 2. tordu, tors

nourri, ie ADJ. abondant, continu, gros, dense, étoffé, intense, riche

nourrice N. F. 1. assistante maternelle, baby-sitter (anglic.), garde/gardienne d'enfants, gouvernante, nounou (fam.) 2. bidon, jerrycan, réservoir

nourrir V. TR. 1. alimenter, abreuver, allaiter, approvisionner, donner à manger à, donner le sein à, ravitailler, sustenter (littér.) 2. augmenter, alimenter, amplifier, enfler, enrichir, entretenir, étoffer, façonner, grossir, soutenir 3. échafauder, caresser, entretenir, former, préparer 4. élever, éduquer, former
♦ **se nourrir** V. PRON. manger, consommer, s'alimenter, se repaître de, se restaurer, bouffer (fam.), becqueter (fam.), boulotter (fam.), croûter (fam.)

nourrissant, ante ADJ. nutritif, calorique, consistant, énergétique, énergisant, fortifiant, nourricier, riche, substantiel, qui tient au corps (fam.), roboratif (littér.)

nourrisson N. M. bébé, nouveau-né, petit, poupon

nourriture N. F. 1. alimentation, nutrition 2. aliment, cuisine, denrées, manger, mets, ordinaire, pain, pitance (péj.), subsistance, vivres, victuailles, soupe (fam.), bectance (fam.), bouffe (fam.), bouffetance (fam.), boustifaille (fam.), croûte (fam.), mangeaille (fam.), tambouille (fam.)

nouveau, nouvelle
▸ ADJ. 1. récent, jeune, moderne, naissant, neuf 2. original, différent, hardi, inconnu, inaccoutumé, inattendu, inédit, inhabituel, innovant, insolite, inusité, neuf, novateur 3. inexpérimenté, débutant, jeune, neuf, novice, néophyte
▸ N. débutant, néophyte, novice, bizuth (fam.), bleu (fam.)
▸ N. M. nouveauté, inédit, neuf, nouvelle(s)

nouveau-né, nouveau-née N. bébé, nourrisson, poupon

nouveauté N. F. 1. originalité, changement, fraîcheur, hardiesse, jeunesse, modernisme 2. innovation, création 3. actualité, primeur (littér.)

nouvelle N. F. information, annonce, dépêche, écho, fait divers, vent, [non vérifiée] bruit, rumeur, [exclusive] scoop (anglic.)
♦ **nouvelles** PLUR. actualités, bulletin, flash d'informations, informations, journal (télévisé), infos (fam.)

novateur, trice ADJ. innovant, audacieux, créateur, d'avant-garde, futuriste, innovateur, pionnier, précurseur, révolutionnaire

novice
▸ N. débutant, apprenti, jeune, néophyte, nouveau, jeune recrue, bleu (fam.)
▸ ADJ. ignorant, candide, incompétent, inexpérimenté, inexpert (littér.)

noyau N. M. 1. graine, pépin 2. centre, âme, cœur, foyer, origine, siège 3. groupe, association, cellule, cercle, clan, chapelle, comité, groupuscule, organisation, section

noyautage N. M. infiltration, entrisme

noyer V. TR. 1. engloutir, dévaster, immerger, inonder, plonger, submerger, tremper, baigner 2. occulter, étouffer 3. délayer, diluer 4. égarer, embrouiller, perdre
♦ **se noyer** V. PRON. 1. sombrer, couler, boire la tasse (fam.) 2. se perdre, s'égarer, s'embarrasser, s'embrouiller, se fondre, se fourvoyer 3. disparaître, se fondre

nu, nue ADJ. 1. dénudé, déshabillé, dévêtu, dans le plus simple appareil, en costume d'Adam/d'Ève, à poil (fam.) 2. (à) découvert, dénudé 3. chauve, dégarni, pelé, déplumé (fam.), [visage] glabre 4. dépouillé, aride, austère, désert, monacal, pauvre, pelé, sobre, strict, vide, [vérité] cru, pur

nuage N. M. nébulosité, mouton, nue (littér.), nuée (littér., souvent plur.)

nuageux, euse ADJ. couvert, brumeux, ennuagé, gris, nébuleux, obscur, orageux, sombre

nuance N. F. 1. teinte, couleur, ton, tonalité, demi-teinte 2. brin, grain, once, pointe, soupçon 3. degré, gradation 4. finesse, différence, précision, subtilité

nuancé, ée ADJ. 1. varié, diversifié 2. modéré, adouci, atténué, tempéré 3. mitigé, en demi-teinte

nuancer V. TR. 1. préciser, différencier, distinguer 2. modérer, adoucir, atténuer, mesurer, mettre un bémol à, pondérer, tempérer

nubile ADJ. pubère, formé, mariable, réglé

nucléaire ADJ. atomique, nucléarisé

nudité N. F. dépouillement, austérité, vide

nuée N. F. 1. nuage, brume, buée, vapeur, nue (littér.) 2. multitude, abondance, affluence, armada, armée, avalanche, bande, bataillon, chapelet, cohorte, collection, cortège, déluge, essaim, flot, foule, fourmillement, horde, kyrielle, légion, masse, meute, myriade, pluie, régiment, ribambelle, troupe, troupeau, flopée (fam.), foultitude (fam.)

nuire à V. TR. IND. 1. desservir, causer du tort à, défavoriser, désavantager, léser, faire (du) tort à, porter atteinte à, porter préjudice à, porter tort à, mettre des bâtons dans les roues à (fam.), tirer dans les pattes à (fam.) 2. discréditer, compromettre, déconsidérer 3. endommager, compromettre, contrarier, contrecarrer, entraver, freiner, faire obstacle à, gêner, handicaper, miner, ruiner

nuisance N. F. 1. gêne, dérangement, dommage, ennui, inconvénient, préjudice, tort, trouble 2. pollution, saleté, souillure

nuisible ADJ. dangereux, dommageable, ennemi, hostile, maléfique, malfaisant, malsain, mauvais, néfaste, nocif, parasite, pernicieux, pervers, préjudiciable, redoutable, toxique, délétère (littér.), funeste (littér.)

nuit N. F. obscurité, noir, ombre, pénombre, ténèbres (littér.)

nul, nulle
▸ ADJ. 1. insignifiant, inexistant, infime, insuffisant 2. incompétent, inapte, incapable, inefficace, ignare, ignorant 3. minable, bête, idiot, inepte, lamentable, mauvais, raté, sot, stupide, à la gomme (fam.), à la noix (de coco) (fam.) 4. caduc, invalide, périmé
▸ N. nullité, bon à rien, cancre, moins que rien, nullard (fam.), ringard (fam.), tocard (fam.), zéro (fam.)

nullement ADV. aucunement, en rien, pas (du tout), point (littér.)

nullité N. F. 1. caducité, invalidité 2. ignorance, imbécillité, incapacité, incompétence, sottise, stupidité 3. bon à rien, idiot, ignare, ignorant, incapable, incompétent, minable, nul, crétin (fam.), nase (fam.)

numéraire N. M. espèces, argent, cash, change, liquide, liquidités, monnaie, blé (fam.), cacahuètes (fam.), flouze (fam.), fric (fam.), galette (fam.), oseille (fam.), pépètes (fam.), pèze (fam.), pognon (fam.), ronds (fam.), picaillons (fam.), radis (fam.), sous (fam.)

numéro N. M. 1. chiffre, nombre, matricule 2. exemplaire, livraison, parution 3. spectacle, show (anglic.), sketch, tour 4. phénomène, original, gaillard (fam.), lascar (fam.), loustic (fam.), rigolo (fam.), spécimen (fam.), zèbre (fam.), zigoto (fam.)

numérotation N. F. numérotage, foliotage, immatriculation, pagination

numéroter V. TR. chiffrer, coter, immatriculer, folioter, paginer

nursery N. F. crèche, garderie, pouponnière

nutritif, ive ADJ. nourrissant, consistant, fortifiant, nourricier, riche, substantiel, roboratif (littér.)

O

oasis N. F. abri, asile, refuge, retraite, havre (littér.)

obédience N. F. 1. [littér.] obéissance, dépendance, soumission, subordination, sujétion 2. religion 3. mouvance

obéir V. TR. IND. [sans complément] s'incliner, s'exécuter, se soumettre, courber la tête/le front (littér.)
– **obéir à** 1. écouter, se mettre aux ordres de 2. observer, obtempérer à, respecter, sacrifier à, suivre, s'assujettir à, se conformer à, se plier à, se ranger à, se soumettre à 3. satisfaire à, correspondre à, remplir, répondre à

obéissance N. F. 1. soumission, subordination, sujétion, obédience (littér.) 2. docilité 3. respect, observance, observation, obédience (littér.)

obéissant, ante ADJ. 1. docile, discipliné, doux, gouvernable, sage, soumis 2. malléable, flexible, maniable, souple

obèse
- ADJ. gros, corpulent, énorme, gras, bedonnant, massif, ventripotent, ventru, en surcharge pondérale (Méd.)
- N. mastodonte, baleine, éléphant, hippopotame, poussah, gros lard (fam., péj.), gros patapouf (fam., péj.), tonneau (fam., péj.)

objecter V. TR. 1. répondre, arguer, rétorquer, riposter, répliquer 2. prétexter, alléguer, invoquer

objectif¹, ive ADJ. 1. concret, effectif, positif, tangible, vrai 2. impartial, détaché, désintéressé, équitable, extérieur, juste, neutre

objectif² N. M. 1. but, ambition, dessein, fin, intention, objet, visée, vues 2. cible, but, point de mire 3. téléobjectif, fish-eye, grand-angle, zoom

objection N. F. 1. critique, réfutation, remarque, réplique 2. contestation, contradiction, difficulté, opposition, protestation, reproche 3. inconvénient, empêchement, obstacle

objectivement ADV. 1. impartialement, fidèlement, sans parti pris 2. en fait, concrètement, en réalité, pratiquement

objectivité N. F. 1. impartialité, neutralité 2. impersonnalité

objet N. M. I. 1. chose, bidule (fam.), machin (fam.), truc (fam.), zinzin (fam.) 2. outil, instrument, ustensile 3. [de toilette, etc.] article, affaire 4. [petit, sans importance] bibelot, bagatelle, broutille, colifichet II. 1. but, dessein, fin, intention, objectif, visées 2. cause, motif, raison (d'être) 3. thème, matière, propos, substance, sujet

obligation N. F. 1. responsabilité, devoir 2. nécessité, astreinte, contrainte, exigence, impératif 3. charge, corvée, servitude, tâche 4. engagement, promesse, serment

obligatoire ADJ. 1. imposé, exigé, essentiel, de rigueur 2. [fam.] inévitable, fatal, forcé, immanquable, imparable, incontournable, inéluctable, infaillible, obligé

obligatoirement ADV. 1. nécessairement, forcément 2. inévitablement, fatalement, forcément, immanquablement, infailliblement

obligé, ée ADJ. 1. indispensable, nécessaire, obligatoire 2. [fam.] inévitable, fatal, forcé, immanquable, imparable, incontournable, inéluctable, infaillible 3. [soutenu] reconnaissant, redevable

obligeance N. F. affabilité, amabilité, bienveillance, bonté, complaisance, gentillesse, prévenance

obligeant, ante ADJ. affable, aimable, bienveillant, bon, complaisant, généreux, gentil, officieux, prévenant, secourable, serviable, chic (fam.)

obliger V. TR. 1. forcer, acculer, astreindre, commander, condamner, contraindre, pousser, réduire 2. [soutenu] rendre service à, aider, secourir
- **s'obliger à** V. PRON. 1. se forcer à, s'astreindre à, se contraindre à 2. s'engager à, promettre

oblique ADJ. 1. de biais, de côté 2. indirect, détourné, louche, tortueux

obliquement ADV. 1. de biais, de côté, en diagonale, en oblique, [regarder] d'un œil torve 2. de travers, de guingois

obliquer V. INTR. 1. braquer, tourner, virer 2. dévier, bifurquer

oblitérer V. TR. 1. tamponner 2. boucher, obstruer 3. [littér.] effacer, estomper, gommer

obnubiler V. TR. 1. obséder, hanter, harceler, poursuivre, tarauder 2. obscurcir

obole N. F. 1. don, offrande 2. contribution, écot, quote-part

obscène ADJ. graveleux, immoral, impudique, inconvenant, indécent, licencieux, ordurier, pornographique, salace, cochon (fam.)

obscénité N. F. 1. grossièreté, ordure, cochonnerie (fam.), cochonceté (fam.), saleté (fam.) 2. indécence, immoralité, inconvenance, trivialité

obscur, ure ADJ. I. 1. noir, sombre, ténébreux, enténébré (littér.) 2. [ciel] assombri, chargé, couvert, nébuleux, nuageux II. 1. incompréhensible, difficile, énigmatique, impénétrable, indéchiffrable, inexplicable, inintelligible, insaisissable, abscons (littér.), abstrus (littér.) 2. ambigu, brumeux, confus, diffus, douteux, équivoque, flou, fumeux, indistinct, louche, nébuleux, trouble, vague 3. embrouillé, alambiqué, amphigourique, complexe, compliqué, entortillé 4. hermétique, cabalistique, caché, ésotérique, mystérieux, secret, sibyllin, voilé 5. ignoré, humble, inconnu

obscurcir V. TR. I. 1. assombrir, voiler, couvrir de ténèbres (littér.), enténébrer (littér.) 2. [nuages] cacher, éclipser, offusquer (littér.) 3. [fumée] noircir, troubler II. 1. cacher, voiler 2. obnubiler 3. brouiller, embrouiller, opacifier, troubler

obscurité N. F. 1. noir, noirceur, nuit, ténèbres (littér.) 2. hermétisme 3. anonymat

obsédé, ée N. obsessionnel, maniaque

obséder V. TR. hanter, poursuivre, obnubiler, tarauder, tracasser, travailler, tourmenter, prendre la tête de (fam.), turlupiner (fam.)

obsèques N. F. PL. funérailles, enterrement

obséquieux, euse ADJ. 1. servile, plat, rampant, soumis 2. flatteur, flagorneur

obséquiosité N. F. 1. servilité, platitude 2. flatterie, flagornerie

observance N. F. obéissance, observation, pratique, respect, soumission 2. [vieux] loi, règle

observateur, trice
- N. témoin, spectateur
- ADJ. attentif, vigilant

observation N. F. I. 1. examen, étude 2. surveillance II. 1. constat, constatation 2. commentaire, annotation, note, réflexion, remarque 3. critique, avertissement, remontrance, réprimande, reproche III. obéissance, observance, respect, obédience (littér.)

observatoire N. M. mirador, nid de pie, poste d'observation

observer V. TR. I. 1. examiner, considérer, contempler, étudier, regarder 2. épier, contrôler, espionner, guetter, surveiller 3. dévisager, fixer, scruter, toiser 4. constater, apercevoir, faire le constat que, marquer, noter, relever, remarquer II. se conformer à, s'assujettir à, exécuter, obéir à, se plier à, pratiquer, remplir, respecter, se soumettre à, suivre

obsession N. F. 1. manie, idée fixe, marotte 2. hantise, cauchemar, phobie, tourment, bête noire, prise de tête (fam.)

obsolète ADJ. périmé, ancien, démodé, dépassé, désuet, passé de mode, suranné, vieux, vieilli, obsolescent (littér.)

obstacle N. M. 1. barrage, écran, mur, [sur cours d'eau] embâcle 2. empêchement, accroc, adversité, barrage, barrière, blocage, contretemps, difficulté, écueil, embarras, entrave, frein, gêne, obstruction, opposition, pierre d'achoppement, résistance, restriction, anicroche (fam.), bec (fam.), cactus (fam.), os (fam.)

obstination N. F. 1. persévérance, constance, opiniâtreté, ténacité 2. entêtement, acharnement

obstiné, ée ADJ. 1. constant, opiniâtre, persévérant, résolu, tenace, volontaire 2. entêté, buté, têtu

obstinément ADV. résolument, farouchement, opiniâtrement, mordicus (fam.)

obstiner (s') V. PRON. 1. s'acharner, continuer, insister, persévérer, persister, ne pas lâcher 2. s'entêter, se buter, ne pas en démordre

obstruction N. F. encombrement, engorgement, obturation

obstruer V. TR. 1. boucher, engorger, encombrer 2. bloquer, barrer, embarrasser, encombrer, fermer

obtempérer V. TR. IND. [sans complément] s'exécuter, s'incliner
- **obtempérer à** obéir à, se soumettre à

obtenir V. TR. 1. gagner, acquérir, conquérir, enlever, prendre, se procurer, rallier, remporter, [difficilement] arracher, soutirer, décrocher (fam.) 2. recevoir, recueillir 3. trouver, dénicher (fam.), dégoter (fam.)

obturer V. TR. 1. boucher, calfater, calfeutrer, colmater, combler 2. condamner, aveugler, murer 3. [une dent] plomber

obtus, use ADJ. bête, balourd, borné, épais, lourd, lourdaud, pesant, stupide, bouché (fam.), lourdingue (fam.)

obvier à V. INTR. éviter, empêcher, pallier, parer à, prévenir, remédier à, faire obstacle à

occasion N. F. 1. aubaine, chance, opportunité, occase (fam.) 2. circonstance, cas, conjoncture, événement, situation 3. motif, cause, matière, prétexte, raison

occasionnel, elle ADJ. 1. accidentel, contingent, fortuit, imprévu 2. exceptionnel, épisodique, inhabituel, irrégulier

occasionnellement ADV. 1. exceptionnellement, épisodiquement, sporadiquement, de temps en temps 2. accidentellement, fortuitement, incidemment, inopinément

occasionner V. TR. amener, apporter, attirer, être cause de, catalyser, causer, créer, déclencher, donner lieu à, engendrer, entraîner, générer, produire, provoquer, soulever, susciter

occulte ADJ. 1. clandestin, secret, souterrain 2. caché, inconnu, mystérieux, secret, cryptique 3. cabalistique, ésotérique, hermétique, magique

occulter V. TR. 1. dissimuler, cacher, faire écran à, masquer 2. taire, étouffer, passer sous silence

occupant, ante N. 1. habitant, hôte, locataire, résident 2. envahisseur, oppresseur

occupation N. F. 1. affaire, besogne, emploi, engagement, ouvrage, tâche 2. loisir, distraction, hobby (anglic.), passe-temps 3. carrière, fonction, métier, profession, travail 4. invasion, envahissement

occupé, ée ADJ. 1. affairé, absorbé, pris 2. envahi, conquis 3. habité

occuper V. TR. 1. habiter, loger dans, [illégalement] squatter 2. envahir, assujettir, contrôler, se rendre maître de 3. employer 4. exercer, détenir, remplir 5. absorber, accaparer 6. emplir, couvrir, garnir, meubler, remplir 7. amuser, distraire, faire passer le temps à (fam.) 8. [le temps] passer, tromper, tuer
- **s'occuper** V. PRON. passer le temps, se distraire
- **s'occuper de** 1. se consacrer à, s'adonner à, s'appliquer à, se charger de, s'employer à, travailler à, vaquer à 2. prendre soin de, veiller sur 3. se mêler de, s'intéresser à, s'immiscer dans (péj.), mettre son nez dans (péj.)

octroi N. M. attribution, allocation, concession, don, dotation, remise

octroyer V. TR. accorder, allouer, attribuer, concéder, consentir, distribuer, donner, impartir, offrir
- **s'octroyer** V. PRON. s'adjuger, s'approprier, s'arroger, usurper (péj.)

odeur N. F. 1. effluve, émanation, exhalaison 2. [agréable] arôme, bouquet, fumet, parfum, senteur 3. [désagréable] puanteur, relent

odieux, euse ADJ. 1. ignoble, détestable, exécrable, haïssable, infâme, répugnant 2. antipathique, détestable, insupportable, intolérable, imbuvable (fam.)

odorant, ante ADJ. aromatique, parfumé, odoriférant (littér.)

œdème N. M. gonflement, enflure, stase, tuméfaction

œil N. M. 1. globe oculaire 2. regard, vision, vue 3. bourgeon, bouton, pousse 4. espion, judas 5. [d'aiguille] chas 6. œillet, œilleton
- **yeux** PLUR. mirettes (fam.), billes (fam.), calots (fam.), carreaux (fam.), châsses (argot), neuneuils (lang. enfants)

œuvre N. F. 1. création, composition, réalisation, production 2. ouvrage, écrit, livre 3. activité, travail, tâche, besogne (littér.), labeur (littér.)

offensant, ante ADJ. blessant, désobligeant, grossier, injurieux, insultant, mortifiant, outrageant

offense N. F. affront, humiliation, injure, insulte, outrage, avanie (littér.), camouflet (littér.), claque (fam.), gifle (fam.)

offenser V. TR. 1. blesser, choquer, fâcher, froisser, offusquer, humilier, piquer au vif, vexer, insulter, outrager 2. [littér.] braver, manquer à
- **s'offenser** V. PRON. se formaliser, se froisser, s'offusquer, se vexer, prendre ombrage (de), prendre la mouche (fam.)

offensif, ive ADJ. agressif, batailleur, combatif, belliqueux, pugnace (littér.)

offensive N. F. 1. attaque, assaut, charge 2. campagne, bataille, croisade, lutte, opération

office N. M. 1. organisme, agence, bureau 2. culte, messe, service

officiel, elle ADJ. 1. réglementaire, administratif 2. solennel, formel 3. autorisé, accrédité

offrande N. F. 1. obole, aumône, don, secours 2. [Relig.] libation, immolation, oblation, sacrifice

offre N. F. 1. proposition, ouverture, [à appel d'offres] soumission, [aux enchères] surenchère, [galante] avances 2. [Écon.] marché

offrir V. TR. 1. donner, céder, faire cadeau de, faire don de, faire présent de (soutenu), payer 2. proposer, mettre à disposition, prêter 3. accorder, allouer, concéder, octroyer 4. sacrifier, immoler, vouer 5. comporter, donner lieu à, fournir, présenter, procurer

• **s'offrir** V. PRON. se payer, s'accorder, se donner, s'octroyer

offusquer V. TR. choquer, blesser, déplaire à, froisser, indigner, heurter, offenser, piquer (au vif), scandaliser, vexer

• **s'offusquer** V. PRON. se formaliser, se froisser, s'indigner, se scandaliser, se vexer, prendre la mouche, prendre ombrage (de)

ogre N. M. gargantua, glouton, goulu

oignon N. M. 1. rhizome, bulbe 2. cor, durillon 3. derrière

oiseux, euse ADJ. inutile, creux, dérisoire, futile, insignifiant, stérile, superflu, vain

oisif, ive ADJ. désœuvré, inactif, inoccupé

oisiveté N. F. désœuvrement, inaction, inactivité, inoccupation

o.k.
▶ ADV. oui, d'accord, entendu, ça marche (fam.)
▶ ADJ. INVAR. bien, bon, correct, passable

olibrius N. M. [fam.] original, excentrique, phénomène, zèbre (fam.), zigoto (fam.)

ombrageux, euse ADJ. 1. défiant, méfiant, soupçonneux 2. peureux, craintif, farouche 3. difficile, susceptible

ombre N. F. I. 1. ombrage, couvert 2. obscurité, nuit, noir, ténèbres (littér.) 3. demi-jour, clair-obscur, pénombre 4. contour, silhouette II. 1. secret, mystère, obscurité, silence 2. apparence, chimère, fantôme, illusion, mirage, simulacre (littér.) 3. inquiétude, contrariété, malaise, préoccupation

omettre V. TR. négliger, faire l'impasse sur, laisser de côté, oublier, passer sur, passer sous silence, taire, laisser tomber (fam.), sauter (fam.)

omission N. F. 1. oubli, négligence 2. lacune, absence, manque, trou, vide

omnipotence N. F. toute-puissance, autorité, domination, hégémonie, pouvoir absolu, suprématie

omnipotent, ente ADJ. tout-puissant, hégémonique

onctueux, euse ADJ. 1. doux, moelleux, velouté 2. gras, huileux, savonneux 3. [péj.] mielleux, doucereux, douceâtre, sucré, patelin (littér.)

ondée N. F. averse, giboulée, grain, pluie, douche (fam.), saucée (fam.)

on-dit N. M. INVAR. racontar, bruit, commérage, ouï-dire, ragot, rumeur, cancan (fam.), potin (fam.)

ondoyant, ante ADJ. ondulant, dansant, mobile, mouvant, onduleux, souple

ondoyer V. INTR. onduler, flotter

ondulation N. F. I. 1. [de la mer] agitation, onde, ondoiement, remous, vague 2. [des blés] balancement, frémissement, frisson, ondoiement II. 1. méandre, coude, courbure, détour, sinuosité 2. vallonnement, pli, repli 3. [dans les cheveux] cran

ondulé, ée ADJ. 1. bouclé, frisé 2. onduleux, courbe, sinueux

onduler V. INTR. 1. ondoyer, flotter 2. serpenter 3. boucler, friser

onéreux, euse ADJ. cher, coûteux, dispendieux, exorbitant, hors de prix, inabordable, ruineux, salé (fam.)

opacité N. F. 1. obscurité, ombre, nuit, ténèbres 2. inintelligibilité, obscurité

opaque ADJ. 1. dense, épais 2. noir, obscur, sombre, ténébreux (littér.) 3. incompréhensible, énigmatique, hermétique, impénétrable, indéchiffrable, inintelligible, insondable, mystérieux, obscur, sibyllin, abscons (littér.), abstrus (littér.)

opérateur, trice N. 1. manipulateur 2. standardiste, téléphoniste 3. cadreur, cameraman 4. [Bourse] agent (de change), broker, courtier, donneur d'ordres, trader

opération N. F. 1. calcul 2. acte, action, entreprise, réalisation, tâche, travail 3. processus, manipulation, traitement 4. intervention (chirurgicale) 5. [Milit.] bataille, campagne, combat, expédition, intervention, offensive 6. transaction, affaire

opérer V. TR. 1. exécuter, accomplir, effectuer, pratiquer, procéder à, réaliser 2. déclencher, amener, entraîner, occasionner, produire, provoquer, susciter

opiniâtre ADJ. 1. entêté, obstiné, têtu, cabochon (fam.) 2. acharné, déterminé, ferme, inébranlable, persévérant, résolu, tenace

opiniâtreté N. F. 1. entêtement, obstination 2. acharnement, détermination, fermeté, persévérance, résolution, ténacité

opinion N. F. 1. avis, appréciation, idée, jugement, manière de voir, pensée, point de vue, position, sentiment, son de cloche 2. théorie, thèse 3. [assurée] certitude, conviction, credo, croyance, foi 4. [incertaine] conjecture, soupçon 5. [subjective] impression, sentiment 6. [toute faite] parti pris, préjugé, prévention

opportun, une ADJ. 1. à propos, bienvenu, judicieux, souhaitable 2. [moment, temps] approprié, favorable, propice, utile

opportunément ADV. à propos, [arriver] à point, à point nommé, à pic (fam.), pile (fam.), pile-poil (fam.)

opportunité N. F. 1. à-propos, bien-fondé, pertinence 2. [abusivt] occasion, aubaine, chance, possibilité

opposant, ante N. adversaire, antagoniste, contradicteur, détracteur, ennemi

opposé¹, ée ADJ. 1. contraire, inverse, symétrique 2. incompatible, antagoniste, divergent, inconciliable 3. antinomique, antithétique, contradictoire 4. [Sport, Pol.] adverse 5. dissident, opposant, rebelle

opposé² N. M. 1. antithèse, contre-pied 2. inverse, contraire

opposer V. TR. I. 1. diviser, séparer, semer la discorde entre 2. dresser contre, exciter contre, soulever contre II. objecter, alléguer, invoquer, rétorquer III. confronter, comparer, mettre en balance, mettre en face, mettre en regard

• **s'opposer** V. PRON. 1. s'affronter, se faire face, lutter, se mesurer 2. contraster, différer, diverger

opposition N. F. 1. antagonisme, combat, conflit, duel, heurt, hostilité, lutte, rivalité 2. désaccord, contestation, désapprobation 3. discorde, dissension, dissentiment 4. symétrie 5. contraste, discordance, disparité 6. obstacle, barrage, empêchement, obstruction, veto

oppressant, ante ADJ. étouffant, lourd, pesant, suffocant, angoissant, accablant, pénible

oppresser V. TR. 1. étouffer, gêner, suffoquer 2. angoisser, accabler, écraser, étrangler, étreindre, tenailler, torturer, tourmenter

oppresseur N. M. despote, autocrate, dictateur, potentat, tyran

oppressif, ive ADJ. coercitif, opprimant, totalitaire, tyrannique

oppression N. F. 1. étouffement, asphyxie, gêne, suffocation 2. angoisse 3. asservissement, assujettissement, esclavage, servitude, soumission, sujétion, tyrannie, chaînes (littér.), joug (littér.)

opprimé, ée N. esclave, exploité

opprimer V. TR. 1. écraser, asservir, assujettir, enchaîner, persécuter, plier sous sa loi, réduire en esclavage, soumettre, tyranniser 2. bâillonner, enchaîner, garrotter, mater, museler

opprobre N. M. 1. déshonneur, discrédit, honte, ignominie, flétrissure (littér.) 2. avilissement, abjection, déchéance, ignominie, infamie, turpitude

opter V. INTR.
– **opter pour** adopter, choisir, arrêter son choix sur, se décider pour, jeter son dévolu sur, pencher pour, préférer, prendre le parti de

optimal, ale, aux ADJ. 1. maximal, maximum 2. idéal, parfait

optimisme N. M. 1. espoir 2. enthousiasme, euphorie

optimiste ADJ. 1. enthousiaste, euphorique 2. rassurant, encourageant

option N. F. choix, alternative

optionnel, elle ADJ. 1. facultatif 2. en option

optique N. F. 1. perspective, angle, aspect 2. conception, avis, façon de voir (les choses), idée, opinion, point de vue, sentiment, vision

opulence N. F. 1. abondance, aisance, fortune, luxe, prospérité, richesse 2. ampleur, générosité, plénitude

opulent, ente ADJ. 1. riche, aisé, fortuné, nanti 2. fastueux, cossu 3. plantureux, fort, généreux, gros, plein

opuscule N. M. brochure, écrit, fascicule, livre, ouvrage

orage N. M. ouragan, tempête, tourmente

orageux, euse ADJ. 1. lourd 2. agité, fiévreux, houleux, mouvementé, troublé, tumultueux

oral, ale, aux ADJ. 1. verbal 2. parlé 3. buccal

oralement ADV. verbalement, de vive voix

orateur, trice N. 1. conférencier, intervenant, déclamateur (péj.) 2. [de talent] tribun, débatteur, rhéteur 3. prédicateur

orbite N. F. mouvance, domaine, sphère, zone d'action

orchestration N. F. 1. instrumentation, arrangement, harmonisation 2. organisation, direction, planification

orchestre N. M. 1. ensemble, formation, groupe 2. harmonie, fanfare, orphéon

orchestrer V. TR. 1. [Mus.] instrumenter, arranger, harmoniser 2. organiser, diriger, planifier

ordinaire ADJ. 1. courant, classique, coutumier, familier, habituel, normal, standard, traditionnel, usuel 2. banal, médiocre, moyen, quelconque, simple, trivial, vulgaire

ordinairement ADV. habituellement, à l'accoutumée, communément, couramment, en général, généralement, d'habitude, le plus souvent, normalement

ordinateur N. M. calculateur, machine (fam.), bécane (fam.)

ordonnance N. F. 1. acte, arrêté, décret, décret-loi, règlement 2. [Méd.] prescription

ordonnancement N. M. agencement, aménagement, arrangement, disposition, distribution, organisation, structure

ordonné, ée ADJ. méthodique, méticuleux, organisé, rangé, soigneux

ordonner V. TR. I. 1. agencer, arranger, coordonner, disposer, distribuer, ordonnancer, organiser 2. classer, classifier, hiérarchiser, trier 3. ranger, débrouiller, démêler II. 1. commander, demander impérativement, dicter, donner ordre de, réclamer 2. [à qqn] sommer de, enjoindre de, mettre en demeure de III. [Méd.] prescrire IV. [Relig.] consacrer

ordre N. M. I. commandement, consigne, demande, directive, injonction, instruction, oukase (péj.), précepte, prescription, sommation II. 1. organisation, rangement 2. classement, agencement, aménagement, arrangement, disposition, distribution, rangement 3. [de termes] enchaînement, succession, suite III. niveau, importance, plan IV. minutie, méticulosité, soin V. 1. calme, équilibre, harmonie, paix, sécurité, sérénité, tranquillité 2. discipline VI. 1. catégorie, genre, nature, sorte, type 2. communauté, association, congrégation, corporation, corps

ordure N. F. 1. détritus, balayure, débris, déchet, résidu, salissure 2. saleté, crasse, caca (fam.), merde (très fam.) 3. grossièreté, infamie, obscénité, saleté, cochonnerie (fam.), saloperie (très

ordurier | **pacotille**

fam.) **4.** *[injurieux]* pourriture, charogne (*fam.*), fumier (*très fam.*), enfoiré (*très fam.*), pourri (*fam.*), salaud (*très fam.*), salopard (*très fam.*), salope (*très fam.*)

ordurier, ière ADJ. grossier, graveleux, ignoble, immonde, infâme, obscène, trivial, cochon (*fam.*)

oreille N. F. **1.** esgourde (*argot*), feuille (*argot*), portugaise (*argot*) **2.** ouïe, audition **3.** *[de lièvre]* oreillard, *[de sanglier]* écoute **4.** ailette, anse, orillon

organe N. M. **1.** voix **2.** émanation, expression **3.** âme, centre, instrument, moteur **4.** accessoire, élément, équipement, instrument **5.** pénis, membre (viril), sexe

organisateur, trice N. animateur, cheville ouvrière, pivot, promoteur

organisation N. F. **I. 1.** structuration, agencement, aménagement, arrangement, architecture, composition, disposition, distribution, planification **2.** classement, classification, rangement **3.** coordination, articulation, combinaison **II. 1.** mise sur pied, mise en place, planification, préparation **2.** constitution, établissement, formation, instauration **III.** planning, programme **IV.** méthode, ordre, systématisme **V.** association, entreprise, groupement, organisme, parti, société

organisé, ée ADJ. **1.** structuré, cohérent, construit, hiérarchisé, ordonné, planifié **2.** méthodique, discipliné, ordonné, systématique

organiser V. TR. **I. 1.** structurer, agencer, aménager, arranger, composer, disposer, distribuer, ordonner, planifier, ordonnancer (*littér.*) **2.** classer, classifier, ranger, trier **3.** coordonner, articuler, combiner **II. 1.** concerter, diriger, monter, mettre sur pied, mettre en place, planifier, préparer, programmer **2.** constituer, créer, édifier, établir, fonder, former, instaurer, instituer

organisme N. M. **1.** corps, constitution **2.** agence, bureau, comité, commission, institut, organisation, service, structure

orgie N. F. **1.** beuverie, débauche, ripaille (*fam.*), soûlographie (*fam.*) **2.** excès, débauche, débordement, profusion, surabondance

orgueil N. M. **1.** arrogance, autosatisfaction, fatuité, hauteur, morgue, prétention, présomption, suffisance, vanité, infatuation (*littér.*), outrecuidance (*littér.*), superbe (*littér.*), puant (*fam.*) **2.** amour-propre, dignité, estime de soi-même, fierté **3.** gloire, fierté, honneur

orgueilleux, euse ADJ. **1.** arrogant, présomptueux, prétentieux, suffisant, vain, vaniteux, fat (*littér.*), infatué (*littér.*), outrecuidant (*littér.*) **2.** *[de qqn, qqch.]* fier, content, satisfait

orientation N. F. **1.** exposition, disposition, position, situation **2.** voie, direction, piste, sens **3.** ligne, tendance

orienté, ée ADJ. partial, biaisé, engagé, partisan, de parti pris

orienter V. TR. **1.** exposer, diriger, disposer, placer, tourner **2.** conduire, canaliser, diriger, guider, mener **3.** infléchir, entraîner, influencer, influer sur, peser sur **4.** aiguiller, diriger, mettre sur la voie, brancher (*fam.*)

♦ **s'orienter** V. PRON. se repérer, se diriger, se reconnaître, se retrouver, trouver ses marques/ses repères

orifice N. M. **1.** ouverture, bouche, entrée **2.** trou **3.** *[Anat.]* foramen, méat

originaire ADJ. **1.** natif, aborigène, autochtone, indigène, naturel **2.** congénital, inné **3.** premier, d'origine, initial, primitif, originel

original[1] N. M. **1.** modèle, archétype, prototype, source **2.** manuscrit, minute (*Droit*)

original[2]**, ale, aux**
▸ ADJ. **1.** inédit, neuf, nouveau, sans précédent, *[édition]* princeps **2.** personnel, innovant, inventif, non-conformiste, révolutionnaire, singulier **3.** bizarre, atypique, excentrique, fantaisiste, farfelu, particulier, pittoresque, singulier, spécial
▸ N. **1.** fantaisiste, phénomène, numéro (*fam.*), olibrius (*fam.*), ovni (*fam.*) **2.** anticonformiste, bohème, marginal

originalité N. F. **1.** nouveauté, innovation, audace, invention, inventivité, non-confor-

misme **2.** spécificité, particularité, traits distinctifs **3.** bizarrerie, excentricité, fantaisie, pittoresque, singularité

origine N. F. **1.** ascendance, extraction, famille, filiation, parenté, souche, *[d'un animal]* pedigree **2.** provenance, *[d'un mot]* étymologie **3.** commencement, début, genèse, (point de) départ **4.** naissance, aube (*littér.*), aurore (*littér.*) **5.** embryon, germe **6.** source, base, cause, fondement, motif, pourquoi, principe, raison

ornement N. M. **1.** décoration, embellissement, enjolivement, garniture, ornementation **2.** *[de vêtement]* accessoire, colifichet, falbala, fanfreluche, parure

orner V. TR. **1.** décorer, agrémenter, animer, égayer, embellir, enjoliver, garnir, ornementer, parer, rehausser **2.** *[un livre]* enluminer, illustrer **3.** *[un tissu]* broder, galonner, passementer, pomponner, soutacher, tapisser

orthodoxe ADJ. et N. conventionnel, conformiste, traditionnel, traditionaliste

orthographe N. F. graphie, écriture

oscillation N. F. **1.** balancement, ballottement, bercement, vacillement, va-et-vient, *[de la tête]* dodelinement, *[du bateau]* roulis, tangage **2.** fluctuation, flottement, hésitation, instabilité, tergiversation

osciller V. INTR. **1.** se balancer, ballotter, branler, bringuebaler, tanguer, vaciller, *[de la tête]* dodeliner **2.** fluctuer, balancer, flotter, hésiter, tergiverser

osé, ée ADJ. **1.** risqué, audacieux, aventureux, hardi, téméraire, culotté (*fam.*) **2.** grivois, cru, égrillard, leste, licencieux, salé, scabreux

oser V. TR. **1.** entreprendre, essayer, tenter, se lancer dans, risquer, *[une remarque]* avancer, hasarder **2.** *[infinitif]* ne pas craindre de, se hasarder à, se risquer à, avoir le front/l'impudence de (*péj.*)

ossature N. F. **1.** squelette, carcasse, charpente, os, ossements **2.** armature, architecture, contexture, structure, texture **3.** canevas, armature, plan, structure, trame

ostensible ADJ. apparent, évident, flagrant, manifeste, ostentatoire, ouvert, patent, visible, voyant

ostensiblement ADV. ouvertement, à la face du monde, au grand jour, en public, manifestement, visiblement, au vu et au su de tout le monde

ostentatoire ADJ. voyant, indécent, ostensible, tapageur

otage N. M. gage, caution, garant, répondant

ôter V. TR. **1.** dégager, débarrasser, déplacer, enlever **2.** *[un vêtement]* enlever, se débarrasser de, quitter, retirer **3.** barrer, biffer, radier, rayer, supprimer **4.** déduire, défalquer, retrancher, soustraire **5.** *[qqch. à qqn]* déposséder, dépouiller, priver, spolier

ou CONJ. sinon, autrement, faute de quoi, sans ça, sans quoi

oubli N. M. **1.** amnésie, absence, perte de mémoire, trou de mémoire **2.** étourderie, distraction, inadvertance, inattention, négligence **3.** manque, lacune, omission, trou (*fam.*) **4.** abandon, manquement, négligence **5.** anonymat, effacement, néant, obscurité

oublier V. TR. **1.** désapprendre **2.** ne pas penser à, omettre **3.** *[qqch. qqpart]* laisser **4.** négliger, escamoter, faire l'impasse sur, laisser de côté, passer sous silence, sauter (*fam.*) **5.** délaisser, abandonner, se détacher de, négliger, faire son deuil de, faire une croix sur (*fam.*), lâcher (*fam.*), laisser tomber (*fam.*) **6.** pardonner, effacer, enterrer, passer l'éponge sur (*fam.*) **7.** se déconnecter de, débrancher de (*fam.*)

oui
▸ ADV. assurément, bien entendu, bien sûr, certes, d'accord, tout à fait, affirmatif (*Mil. ou fam.*), O.K. (*fam.*), ouais (*fam.*), ça marche (*fam.*), comment donc ! (*fam.*)
▸ N. M. acceptation, accord, acquiescement, agrément, aval, feu vert

ouï-dire N. M. INVAR. bruit, on-dit, racontar, rumeur, potin (*fam.*), radio-trottoir (*fam.*), téléphone arabe/de brousse (*fam.*)

ouïe N. F. **1.** audition, oreille **2.** branchie

ouragan N. M. **1.** cyclone, hurricane, tornade, tourbillon, typhon, tempête **2.** bourrasque, rafale, tourmente **3.** déferlement, frénésie, tempête, tourbillon

ourdir V. TR. manigancer, combiner, comploter, machiner, monter, tramer, mijoter (*fam.*)

outil N. M. **1.** instrument, accessoire, appareil, engin, machine, ustensile **2.** moyen, aide, instrument

outillage N. M. équipement, instruments, matériel, matos (*fam.*)

outrage N. M. **1.** insulte, affront, injure, offense, avanie (*littér.*), camouflet (*littér.*) **2.** atteinte, attentat, coup, dommage, tort

outrager V. TR. insulter, bafouer, cracher sur, humilier, injurier, mortifier, offenser, vexer

outrance N. F. **1.** démesure, abus, exagération, excès, extravagance **2.** emphase, enflure

outrancier, ière ADJ. **1.** démesuré, exagéré, excessif, forcé, hyperbolique, immodéré, outré **2.** criard, tapageur, voyant

outré, ée ADJ. **1.** démesuré, caricatural, exagéré, excessif, outrancier, surfait **2.** révolté, choqué, indigné, offensé, scandalisé, suffoqué

outrecuidance N. F. **1.** prétention, fatuité, suffisance, vanité, infatuation (*littér.*) **2.** effronterie, aplomb, arrogance, impertinence, impudence, culot (*fam.*), toupet (*fam.*)

outrecuidant, ante ADJ. **1.** prétentieux, fat, présomptueux, suffisant, vaniteux, crâneur (*fam.*) **2.** effronté, arrogant, impertinent, impudent, culotté (*fam.*)

outrepasser V. TR. dépasser, empiéter sur, enfreindre, franchir, passer, transgresser

outrer V. TR. **1.** amplifier, caricaturer, dramatiser, exagérer **2.** révolter, choquer, indigner, irriter, offenser, offusquer, scandaliser, couper le souffle à

ouvert, erte ADJ. **I. 1.** béant **2.** accessible, libre **3.** découvert, à l'air libre **II.** déclaré, flagrant, franc, manifeste, notoire, patent, public **III. 1.** communicatif, cordial, démonstratif, expansif, extraverti, tolérant, libéral

ouvertement ADV. **1.** franchement, carrément, clairement, sans ambages, sans détour, sans tourner autour du pot (*fam.*) **2.** au grand jour, à découvert, à la face du monde, au vu et au su de tout le monde

ouverture N. F. **I. 1.** accès, entrée, issue, passage **2.** trou, brèche, faille, fente, fissure, jour, interstice, orifice, percée, trouée **3.** fenêtre, baie, hublot **4.** bec, bouche, goulot, gueule **II.** entrebâillement, écartement **III. 1.** commencement, début, départ **2.** lancement, inauguration **IV.** débouché
♦ **ouvertures** PLUR. avances, offres, propositions

ouvrage N. M. **1.** travail, occupation, œuvre, tâche, besogne (*littér.*), labeur (*littér.*) **2.** livre, écrit, essai, étude, manuel, opuscule, volume **3.** construction, bâtiment, édifice, monument

ouvrir V. TR. **I. 1.** déballer, décacheter, défaire, déficeler, dépaqueter **2.** déboucher, décapsuler **3.** déboutonner, défaire, dégrafer, délacer **II. 1.** déverrouiller, entrebâiller, entrouvrir **2.** écarter, tirer **3.** déplier, déployer, étendre **4.** *[les yeux]* écarquiller **III. 1.** couper, entamer, fendre **2.** creuser, percer, pratiquer **3.** inciser, entailler, percer **IV. 1.** allumer, brancher, mettre en marche **2.** commencer, amorcer, débuter, engager, entamer, inaugurer, lancer **3.** créer, fonder
♦ **s'ouvrir** V. PRON. éclore, se déplier, s'épanouir

ovation N. F. acclamation, applaudissement, ban, bis, hourra, cri, vivat

P

pacifier V. TR. apaiser, adoucir, calmer (les esprits de), tranquilliser

pacifique ADJ. **1.** doux, calme, débonnaire, paisible, placide, serein, tranquille **2.** inoffensif

pacifiste N. antimilitariste, colombe, non-violent

pacotille N. F. camelote (*fam.*), verroterie, cochonnerie (*fam.*), nanar (*fam.*), toc (*fam.*)

pacte N. M. traité, accord, alliance, arrangement, convention, contrat, engagement, entente, marché

pactiser V. INTR. 1. composer, négocier, transiger 2. s'accorder, s'entendre, fraterniser

pagaille N. F. 1. fouillis, désordre, bazar *(fam.)*, foutoir *(fam.)*, souk *(fam.)*, bordel *(très fam.)* 2. anarchie, gabegie, chienlit *(très fam.)*, merdier *(très fam.)*

page N. F. 1. folio 2. événement, épisode, fait

paginer V. TR. folioter, numéroter

paiement N. M. 1. règlement, acquittement, versement 2. rétribution, récompense, rémunération, salaire

païen, ïenne ADJ. et N. 1. idolâtre, polythéiste 2. impie, infidèle

paillard, arde
▸ ADJ. licencieux, coquin, égrillard, gaulois, grivois, impudique, polisson, salace, cochon *(fam.)*
▸ N. débauché, libertin, libidineux, cochon *(fam.)*

paillardise N. F. 1. débauche, dépravation, lascivité, licence, lubricité, luxure, salacité 2. grivoiserie, gaillardise, gaudriole, gauloiserie

paillasse N. F. matelas, couchette, grabat, litière, natte

paillasson N. M. 1. tapis-brosse 2. abri, abrivent, brise-vent

paille N. F. 1. chaume, éteule 2. fétu, tige 3. *[de pierre précieuse]* défaut, crapaud, imperfection

pair N. M. 1. semblable, collègue, condisciple, égal 2. pareil

paire N. F. 1. tandem, binôme, duo 2. couple, pariade

paisible ADJ. calme, débonnaire, doux, pacifique, placide, quiet, serein, tranquille, peinard *(fam.)*, pépère *(fam.)*

paisiblement ADV. calmement, doucement, pacifiquement, placidement, posément, sereinement, tranquillement

paître V. INTR. brouter, manger, pacager, pâturer

paix N. F. 1. calme, repos, silence, tranquillité, quiétude *(littér.)* 2. tranquillité (d'âme), sérénité 3. pacification, accalmie, apaisement, conciliation, réconciliation 4. armistice, pacte, traité, trêve 5. concorde, accord, entente, harmonie, ordre

palabrer V. INTR. 1. discourir, discuter, pérorer *(péj.)*, laïusser *(fam.)* 2. marchander, discutailler *(fam.)*

palabres N. F. PL. 1. discours, conciliabule, conférence, conversation, discussion, paroles 2. pourparlers, marchandage

pâle ADJ. 1. clair 2. décoloré, affadi, délavé, déteint, éteint 3. blafard, blanc, blême, cireux, défait, exsangue, hâve, livide, plombé, terreux, pâlichon *(fam.)*, pâlot *(fam.)*, de papier mâché *(fam.)* 4. faible, doux 5. fade, faible, incolore, inodore et sans saveur, insipide, médiocre, pauvre, piètre, terne

palette N. F. 1. gamme, choix, collection, ensemble, éventail, panoplie 2. aube, pale

pâleur N. F. 1. lividité, blancheur 2. fadeur, insipidité, pauvreté, platitude, tiédeur

palier N. M. 1. plateforme, étage 2. échelon, degré, étape, gradation, niveau, phase, stade

pâlir
▸ V. INTR. 1. blêmir, changer de couleur, verdir 2. se décolorer, se faner, jaunir, passer, se ternir 3. s'affaiblir, s'atténuer, s'effacer, s'estomper
▸ V. TR. décolorer, faner, jaunir, ternir

palissade N. F. clôture, banquette, barrière, lice

palliatif N. M. expédient, exutoire, pis-aller, remède

pallier V. TR. 1. remédier à, atténuer, diminuer, parer à, pourvoir à, obvier à *(soutenu)* 2. cacher, couvrir, déguiser, dissimuler, masquer, voiler

palpable ADJ. 1. concret, matériel, réel, sensible, tangible 2. manifeste, certain, clair, évident, patent

palper V. TR. 1. toucher, examiner, manier, masser, tâter, peloter *(fam.)*, tripoter *(fam.)* 2. *[de l'argent, fam.]* gagner, percevoir, recevoir, empocher *(fam.)*, encaisser *(fam.)*, ramasser *(fam.)*, se faire *(fam.)*, toucher *(fam.)*

palpitant, ante ADJ. 1. pantelant, frémissant, tremblant 2. excitant, angoissant, captivant, émouvant, intéressant, passionnant, saisissant

palpitation N. F. battement, frémissement, tremblement, trépidation, vibration

palpiter V. INTR. 1. battre 2. frémir, panteler, trembler, tressaillir, vibrer 3. scintiller

paludisme N. M. malaria, palu *(fam.)*

pâmer (se) V. PRON. 1. s'évanouir, défaillir, perdre connaissance, tomber dans les pommes/les vapes *(fam.)* 2. s'extasier, s'émerveiller, tomber en extase, tomber en pâmoison *(plaisant)*

pamphlet N. M. diatribe, libelle, placard, satire, tract, factum *(littér.)*

pan N. M. 1. côté, face, flanc, paroi, versant 2. morceau, partie, portion 3. aspect, facette 4. basque

panacée N. F. remède (universel), solution

panache N. M. 1. aigrette, bouquet, houppe, huppe, plume, plumet 2. brio, aisance, éclat, (fière) allure, maestria, prestige, talent, virtuosité

panaché, ée ADJ. 1. mélangé, divers, mêlé, varié 2. bariolé, bigarré, multicolore 3. disparate

panacher V. TR. 1. mélanger, mêler 2. barioler, chamarrer

pancarte N. F. écriteau, affiche, enseigne, panneau, placard

panégyrique N. M. apologie, dithyrambe, éloge, glorification, louange

panégyriste N. 1. apologiste, encenseur, laudateur *(littér.)*, thuriféraire *(littér.)*, zélateur *(littér.)* 2. *[péj.]* adulateur, flagorneur, flatteur, caudataire *(littér.)*, prôneur *(littér.)*

panel N. M. échantillon, assortiment

panier N. M. corbeille, banne, barquette, bourriche, cabas, couffin, hotte, paneton, panière

panique N. F. 1. terreur, affolement, effroi, épouvante, peur 2. déroute, désordre, fuite, sauve-qui-peut

paniquer
▸ V. TR. terrifier, affoler, épouvanter
▸ V. INTR. s'affoler, s'angoisser, avoir/prendre peur, perdre la tête, perdre son sang-froid, perdre le nord *(fam.)*, perdre les pédales *(fam.)*

panne N. F. arrêt (de fonctionnement), coupure, interruption

panneau N. M. 1. écriteau, indication, pancarte, plaque, signal, tableau 2. planche, battant, vantail, volet 3. piège, filet 4. *[Couture]* pan, lé

panoplie N. F. 1. arsenal, assortiment, cargaison, choix, collection, éventail, gamme, sélection, série 2. déguisement

panorama N. M. 1. vue, décor, paysage, perspective, site, spectacle 2. tour d'horizon, vue d'ensemble

panse N. F. 1. ventre, estomac, bedaine *(fam.)*, bedon *(fam.)*, bide *(fam.)* 2. *[de ruminants]* rumen 3. galbe

pansement N. M. 1. bande, adhésif, agglutinatif, bandage, bandelette, charpie, compresse, coton, gaze, linge, ouate 2. remède, baume

panser V. TR. 1. bander, soigner 2. bouchonner, brosser, étriller 3. adoucir, apaiser, calmer

pansu, ue ADJ. 1. ventru, replet, ventripotent, bedonnant *(fam.)* 2. galbé, rebondi, renflé

pantagruélique ADJ. gargantuesque, abondant, copieux, énorme, monumental, d'ogre, plantureux

pantalon N. M. culotte, ben *(fam.)*, bénard *(fam.)*, falzar *(fam.)*, froc *(fam.)*, futal *(fam.)*, fute *(fam.)*

pantin N. M. 1. marionnette, fantoche, polichinelle 2. *[péj.]* bouffon, clown, girouette, guignol, charlot 3. esclave

pantois, oise ADJ. abasourdi, ahuri, ébahi, interdit, interloqué, médusé, sans voix, sidéré, stupéfait, estomaqué *(fam.)*, soufflé *(fam.)*, suffoqué *(fam.)*

pantomime N. F. 1. mimodrame, saynète 2. *[péj.]* comédie, cirque, contorsions, gesticulations

pantouflard, arde ADJ. casanier, sédentaire, popote *(fam.)*

pantoufle N. F. chausson, babouche, charentaise, mule, savate

papa N. M. père, dab *(argot)*, paternel *(fam.)*, vieux *(fam.)*

pape N. M. 1. souverain pontife, chef de l'Église, Saint-Père, Sa Sainteté 2. chef (de file), gourou, leader

paperasserie N. F. bureaucratie, tracasseries administratives

papier N. M. 1. écrit, article, copie, imprimé, papelard *(fam.)* 2. document, note 3. pièce d'identité 4. *[péj.]* paperasse *(fam.)* 5. *[Fin.]* titre, valeur

papillon N. M. 1. lépidoptère 2. avis, prospectus, tract

papillonner V. INTR. 1. s'agiter, battre, clignoter, papilloter 2. s'éparpiller, s'amuser, batifoler, changer, s'ébattre, folâtrer, marivauder, virevolter, voltiger

papilloter V. INTR. 1. miroiter, scintiller, trembler, trembloter, vaciller 2. cligner, ciller, clignoter, papillonner

papotage N. M. bavardage, babillage, caquetage *(péj., fam.)*, parlote *(péj., fam.)* 2. commérage, cancan *(fam.)*, potin *(fam.)*, ragot *(fam.)*

papoter V. INTR. 1. bavarder, babiller, causer, discuter le bout de gras *(fam.)*, jacasser *(fam.)*, faire la parlote *(fam.)*, tailler une bavette *(fam.)*, caqueter *(péj., fam.)* 2. cancaner, potiner

paquebot N. M. bateau, bâtiment, navire

paquet N. M. 1. colis 2. emballage, boîte, pack, sac, sachet 3. bagage, balluchon, barda *(fam.)*

paquetage N. M. bagage, affaires, équipement, barda *(fam.)*, fourniment *(littér.)*

parabole N. F. allégorie, apologue, comparaison, fable

parachever V. TR. 1. achever, accomplir, conclure, couronner, finir, mettre la dernière main à, terminer, mettre la touche finale à 2. parfaire, ciseler, fignoler, peaufiner, perfectionner, polir, chiader *(fam.)*, lécher *(fam.)* 3. compléter, enrichir

parachutage N. M. 1. largage, droppage 2. désignation, nomination, catapultage *(fam.)*

parachuter V. TR. 1. larguer, droper, lâcher 2. affecter, nommer, bombarder *(fam.)*, catapulter *(fam.)*

parade N. F. 1. revue, cérémonie, défilé 2. ostentation, esbroufe *(fam.)*, montre *(littér.)* 3. défense, diversion

parader V. INTR. s'afficher, s'étaler, faire le beau, faire le fier, faire l'important, faire la roue, se montrer, se pavaner, poser, frimer *(fam.)*, plastronner *(littér.)*

paradigme N. M. 1. exemple, modèle, référence, type 2. classe, ensemble, série

paradis N. M. 1. ciel, cieux, cité céleste, cour céleste, céleste demeure, royaume de Dieu, le royaume éternel 2. *(lieu de)* délice(s), éden, Élysée *(poétique)* 3. eldorado, pays de cocagne 4. nirvana 5. *[au théâtre]* galerie, poulailler *(fam.)*

paradisiaque ADJ. enchanteur, divin, édénique, féerique, idyllique, merveilleux, sublime

paradoxal, ale, aux ADJ. contradictoire, aberrant, absurde, antinomique, bizarre, illogique, inconcevable

paradoxalement ADV. curieusement, bizarrement, étrangement

paradoxe N. M. contradiction, absurdité, antinomie, bizarrerie, illogisme, incohérence, inconséquence, sophisme

parages N. M. PL. 1. environs, alentours, pays, secteur, voisinage, coin *(fam.)* 2. *[Mar.]* approche, atterrage

paragraphe N. M. alinéa, section, verset

paraître V. INTR. 1. apparaître, se dessiner, se dévoiler, éclater, éclore, émerger, se manifester, se montrer, naître, percer, pointer, se présenter, ressortir, surgir, transparaître, venir, poindre *(littér.)* 2. *[en public, sur scène, à l'écran]* se produire 3. briller, poser, se faire valoir, plastronner *(fam.)* 4. sembler, avoir l'air, avoir la mine, faire figure, passer pour, faire *(fam.)* 5. être édité, être dans les librairies, être publié, sortir

parallèle

- ADJ. **1.** analogue, comparable, équivalent, proche, ressemblant, semblable, similaire **2.** clandestin, illégal, marginal, noir, occulte, souterrain, [médecine] alternative, douce
- N. M. rapprochement, analogie, comparaison, parallélisme

parallèlement ADV. corrélativement, à la fois, dans le même temps, en même temps, simultanément

parallélisme N. M. **1.** comparaison **2.** ressemblance, analogie, similitude

paralysé, ée

- ADJ. **1.** engourdi, ankylosé, glacé, insensible, pétrifié, tétanisé, transi, perclus (littér.) **2.** bloqué, figé, gelé, immobile, inerte
- ADJ. et N. paralytique, impotent

paralyser V. TR. **1.** arrêter, annihiler, bloquer, empêcher, entraver, figer, gêner, immobiliser, mettre au point mort, neutraliser, stopper **2.** figer, clouer (sur place), engourdir, glacer, pétrifier, statufier, stupéfier, tétaniser, transir **3.** intimider, complexer, couper ses moyens à, inhiber

paralysie N. F. **1.** arrêt, asphyxie, blocage, étouffement, étranglement **2.** engourdissement, ankylose, assoupissement, immobilité, inaction, impuissance, inertie, inhibition

paralytique ADJ. et N. paralysé, impotent

paramètre N. M. facteur, donnée, élément, indice, variable

parangon N. M. modèle, canon, étalon, exemple, idéal, paradigme, prototype

paranoïaque ADJ. et N. mégalomane, persécuté, mégalo (fam.), parano (fam.)

parapet N. M. balustrade, garde-corps, garde-fou, rambarde

paraphe N. M. signature, émargement, griffe

paraphrase N. F. **1.** commentaire, explication, glose **2.** périphrase

parapluie N. M. **1.** pébroc (fam.), pépin (fam.) **2.** protection, couverture

parasite

- ADJ. inutile, encombrant, importun, superflu
- N. profiteur, pique-assiette (fam.)
- N. M. grésillement, brouillage, bruit, friture (fam.)

parasiter V. TR. **1.** perturber, brouiller **2.** abuser de, profiter de, vivre aux crochets de

paravent N. M. **1.** écran, couverture, façade, prétexte **2.** protection, abri

parc N. M. **1.** jardin (public) **2.** enclos **3.** ensemble, totalité, [de véhicules] flotte

parcelle N. F. **1.** morceau, éclat, fraction, fragment, part, partie, portion **2.** atome, bribe, brin, grain, miette, ombre, once, soupçon **3.** terrain, lopin, lot, lotissement, terre

parce que LOC. CONJ. car, c'est que, comme, dans la mesure où, en effet, étant donné que, du fait que, pour ce que, puisque, par la raison que, sous prétexte que, [fam.] à cause que (pop.), attendu que (Droit)

parcimonie N. F. économie, épargne, mesure, mesquinerie (péj.)

parcimonieux, euse ADJ. **1.** mesuré, économe, modeste, chiche (fam.) **2.** [péj.] avare, mesquin, regardant, pingre (fam.) **3.** maigre, court, insuffisant, juste, pauvre, serré, jeune (fam.), riquiqui (fam.), mesquin (péj.)

parcourir V. TR. **1.** traverser, couvrir, franchir **2.** arpenter, battre, faire le tour de, patrouiller dans, sillonner, visiter **3.** feuilleter, lire (en diagonale), regarder, survoler **4.** passer en revue, explorer, inspecter, prospecter

parcours N. M. **1.** distance, traite **2.** itinéraire, chemin, circuit, cours, course, route, trajet **3.** carrière, cheminement, curriculum vitæ, trajectoire, [scolaire] cursus

pardessus N. M. manteau, gabardine, imperméable, pelure (fam.)

pardon N. M. absolution (soutenu ou Relig.), amnistie, grâce, indulgence, miséricorde, rédemption, rémission

pardonnable ADJ. **1.** excusable, graciable, rémissible **2.** acceptable, tolérable

pardonner V. TR. **1.** faire grâce, absoudre, amnistier, gracier, oublier, remettre **2.** excuser, faire crédit à **3.** tolérer, passer (l'éponge) sur, supporter

paré, ée ADJ. **1.** orné, décoré, endimanché, habillé, vêtu, bichonné (fam.), pomponné (fam.) **2.** pourvu, doté, équipé, nanti **3.** (fin) prêt

pareil, eille

- ADJ. **1.** identique, même, similaire **2.** comparable, analogue, équivalent, semblable **3.** tel
- N. **1.** égal, équivalent **2.** semblable, congénère, pair

pareillement ADV. **1.** de la même façon, à l'avenant, identiquement, semblablement **2.** aussi, également, de même, idem (fam.), pareil (fam.)

parent¹, ente ADJ.
– parent (de) apparenté (à), analogue (à), proche (de), semblable (à), similaire (à), voisin (de)

parent², ente N. **1.** mère, père **2.** ascendant, ancêtre, aïeul, bisaïeul, trisaïeul **3.** proche, allié, ascendant, collatéral, descendant

♦ **parents** PLUR. **1.** géniteurs (plaisant.), vieux (fam.) **2.** proches, famille, familiers, siens **3.** famille, dynastie, lignée, maison, parenté

parenté N. F. **1.** famille, dynastie, lignage, ligne, lignée **2.** lien, alliance, ascendance, descendance, cousinage, filiation, fraternité **3.** sang, consanguinité, origine, souche **4.** analogie, affinité, corrélation, lien, proximité, rapport, ressemblance, similitude

parenthèse N. F. digression, incise

parer¹ V. TR. **1.** décorer, agrémenter, arranger, embellir, enjoliver, fleurir, garnir, ornementer, orner **2.** endimancher, apprêter, habiller, bichonner (fam.), pomponner (fam.), attifer (fam., péj.) **3.** colorer, embellir, farder (péj.) **4.** [Cuisine] préparer

♦ **se parer** V. PRON. s'apprêter, s'ajuster, s'arranger, s'endimancher, se bichonner (fam.), se pomponner (fam.), s'attifer (fam., péj.)

parer² V. TR. **1.** éviter, détourner, échapper à, esquiver **2.** défendre de, garantir de, protéger de
– **parer à 1.** se protéger de, se mettre à l'abri de, se garantir contre/de, se prémunir contre, prévenir **2.** faire face à, pourvoir à **3.** remédier à, pallier, obvier à (soutenu)

paresse N. F. **1.** fainéantise, flemmardise (fam.), flemme (fam.) **2.** apathie, assoupissement, engourdissement, indolence, inertie, langueur, lourdeur, mollesse, nonchalance **3.** désœuvrement, oisiveté

paresser V. INTR. lézarder, se prélasser, traîner, buller (fam.), coincer la bulle (fam.), fainéanter (fam.), faire le lézard (fam.), flemmarder (fam.), glander (fam.), ne pas en ficher une rame (fam.), se la couler douce (fam.), se les rouler (fam.), se tourner les pouces (fam.), tirer au flanc (fam.), traînasser (fam.)

paresseusement ADV. nonchalamment, indolemment, lentement, mollement, languissamment (littér.)

paresseux, euse

- ADJ. **1.** indolent, fainéant, languissant, mou, nonchalant, cossard (fam.), feignant (fam.), flemmard (fam.) **2.** désœuvré, inactif, oisif **3.** endormi, apathique, inerte, lent
- N. **1.** fainéant, cancre, partisan du moindre effort, branleur (fam.), clampin (fam.), cossard (fam.), feignant (fam.), flemmard (fam.), glandeur (fam.), jean-foutre (fam.), tire-au-flanc (fam.)
- N. M. aï (ou bradype), unau

parfaire V. TR. **1.** achever, parachever **2.** compléter, enrichir **3.** perfectionner, ajouter à, améliorer, ciseler, épurer, fignoler, finir, mettre la dernière main à, mettre la touche finale à, polir, chiader (fam.), lécher (fam.), peaufiner (fam.)

parfait, aite ADJ. **1.** admirable, accompli, achevé, beau, (très) bien, (très) bon, complet, en or, excellent, exemplaire, exquis, extraordinaire, idyllique, impeccable, idéal, incomparable, irréprochable, modèle, réussi, aux petits oignons (fam.), au poil (fam.) **2.** sublime, céleste, divin **3.** pur, sans faute, sans tache **4.** entier, absolu, complet, total **5.** adéquat, infaillible **6.** exact, strict **7.** [péj.] consommé, complet, fameux, fieffé, fini, franc, pur, sacré

parfaitement ADV. **1.** admirablement, à la perfection, à merveille, divinement, excellemment, impeccablement, magnifiquement, merveilleusement, souverainement, superbement, supérieurement, on ne peut mieux, [travailler] comme un ange **2.** tout à fait, absolument, complètement, entièrement, intégralement, pleinement, totalement **3.** bien sûr, exactement, oui

parfois ADV. quelquefois, de temps à autre, de temps en temps, à certains moments, par moments, des fois (fam.)

parfum N. M. **1.** arôme, effluve, exhalaison, fumet, odeur, senteur, fragrance (littér.) **2.** [d'un vin] bouquet **3.** extrait, eau de toilette, essence

parfumé, ée ADJ. **1.** odorant, aromatique, odoriférant **2.** aromatisé, épicé

parfumer V. TR. **1.** embaumer **2.** aromatiser, relever **3.** imprégner, vaporiser

pari N. M. **1.** enjeu **2.** défi

paria N. M. **1.** exclu, marginal **2.** misérable, défavorisé **3.** maudit, réprouvé **4.** [en Inde] hors-caste, intouchable

parier V. TR. **1.** jouer, engager, mettre en jeu, miser, risquer **2.** affirmer, être sûr de, ficher son billet que (fam.), mettre sa main au feu que (fam.)

parité N. F. égalité, concordance, communauté, identité, ressemblance, similitude

parjure

- N. M. faux serment
- N. traître, félon (littér.)
- ADJ. déloyal, infidèle

parking N. M. **1.** stationnement **2.** parc de stationnement, box, garage

parlant, ante ADJ. **1.** expressif, éloquent, probant, significatif **2.** [fam., surtout au nég.] bavard, démonstratif, extraverti

parlementaire

- ADJ. constitutionnel, représentatif
- N. député, élu, représentant, sénateur

parlementer V. INTR. débattre, argumenter, discuter, négocier, palabrer, traiter

parler¹ V. INTR. **1.** s'exprimer, ouvrir la bouche, l'ouvrir (fam.), en placer une (fam.) **2.** deviser, discourir, bavarder, causer, conférer, converser, dialoguer, discuter, s'entretenir, baratiner (fam.), jacter (fam.), tailler une bavette (fam.), tchatcher (fam.) **3.** [en public] discourir, déclamer, avoir/prendre la parole, amuser le tapis (fam.), laïusser (fam.), tenir le crachoir (fam.) **4.** [péj.] pérorer, jargonner, jaser **5.** [jeu] annoncer **6.** avouer, accoucher (fam.), vider son sac (fam.), se mettre à table (fam.), manger le morceau (fam.) **7.** s'abandonner, se communiquer, se confier, se déboutonner

parler² N. M. **1.** idiome, dialecte, idiolecte, langue, patois, sociolecte **2.** diction, articulation, élocution, prononciation

parmi PRÉP. **1.** au milieu de, dans, entre **2.** au sein de, avec, à/au côté de, près de, au nombre de, au rang de, chez, sur

parodie N. F. **1.** imitation, pastiche **2.** simulacre, caricature, travestissement

parodier V. TR. caricaturer, contrefaire, imiter, mimer, pasticher, railler, ridiculiser, singer (fam.)

paroi N. F. **1.** cloison, mur, muraille **2.** à-pic

paroisse N. F. **1.** communauté, village **2.** chapelle, église

parole N. F. I. **1.** langage, verbe (littér.) **2.** phonation, voix **3.** éloquence, discours, langue, verbe **4.** diction, élocution, parler, ton II. **1.** mot, discours, expression, formule, propos **2.** assurance, engagement, foi, promesse, serment **3.** déclaration, dire **4.** texte

parolier, ière N. auteur, chansonnier, dialoguiste, librettiste, scénariste

paroxysme N. M. **1.** comble, extrême, maximum, point culminant, sommet, summum **2.** exacerbation, crise

parquer V. TR. **1.** garer **2.** enfermer, confiner, entasser, rassembler

parrain N. M. **1.** tuteur **2.** caution, garant, répondant **3.** sponsor

parrainage N. M. **1.** patronage, appui, caution, égide, protection, recommandation, soutien, tutelle **2.** sponsorisation, financement, sponsoring

parrainer V. TR. 1. sponsoriser, commanditer, financer 2. patronner, aider, appuyer, protéger, soutenir 3. introduire, cautionner, présenter, recommander, pistonner *(fam.)*

parsemé, ée ADJ.
– **parsemé de** couvert de, constellé de, criblé de, émaillé de, jonché de, pailleté de, recouvert de, saupoudré de, semé de

parsemer V. TR. disperser, disséminer, répandre, semer

part N. F. 1. partie, division, fraction, fragment, morceau, parcelle, portion, ration, tranche, *[de terre]* lopin 2. participation, appoint, apport, contingent, contribution, écot, lot, quote-part 3. prorata, quotité

partage N. M. 1. partition, découpage, démembrement, division, fractionnement, fragmentation, morcellement, séparation 2. distribution, répartition 3. communion, participation 4. *[Droit]* liquidation, succession 5. part, destinée, lot, sort

partagé, ée ADJ. 1. commun, général 2. mutuel, réciproque 3. hésitant, déchiré, écartelé, embarrassé, perplexe, tiraillé

partager V. TR. I. 1. diviser, cloisonner, démembrer, fractionner, fragmenter, morceler, scinder, séparer, subdiviser 2. sectionner, couper, débiter, découper, dépecer 3. écarteler, tirailler II. 1. distribuer, attribuer, départager, départir, lotir, répartir, dispatcher *(fam.)* 2. avoir/mettre en commun III. 1. embrasser, épouser, se solidariser avec 2. prendre part à, s'associer à, compatir à, éprouver, participer à
♦ **se partager** V. PRON. se ramifier, se diviser, se dissocier, se scinder, se séparer, se subdiviser

partant, ante ADJ. d'accord, disposé, favorable, volontaire, chaud, emballé *(fam.)*, pour *(fam.)*

partenaire N. 1. compagnon (de jeu), équipier 2. cavalier, danseur 3. interlocuteur 4. allié, associé, coéquipier, collaborateur, complice

parterre N. M. 1. massif, corbeille, plate-bande 2. auditoire, assistance, orchestre, public, salle, spectateurs

parti[1], **ie** ADJ. 1. absent, disparu 2. *[bien, mal]* commencé, engagé, barré *(fam.)*, embarqué *(fam.)*

parti[2] N. M. 1. association, formation, groupe, mouvement, organisation, rassemblement, union 2. camp, clan, chapelle *(péj.)*, coterie *(péj.)*, faction *(péj.)*, ligue *(péj.)*, secte *(péj.)* 3. tendance, bord, cause, côté 4. décision, résolution 5. solution

partial, ale, aux ADJ. 1. partisan, de parti pris, orienté, sectaire 2. injuste, prévenu, subjectif, tendancieux

partialité N. F. 1. parti pris, préjugé 2. aveuglement, faiblesse, favoritisme, préférence 3. injustice, prévention

participant, ante ADJ. et N. 1. présent 2. acteur, protagoniste 3. concurrent, compétiteur 4. adhérent, membre

participation N. F. 1. collaboration, aide, concours, coopération 2. apport, contribution, mise (de fonds), part, quote-part, souscription 3. adhésion, complicité, connivence 4. intéressement, actionnariat *(ouvrier)*

participer V. TR. IND. se mettre/être de la partie, s'impliquer, entrer dans la danse/le jeu, mettre la main à la pâte
– **participer à** 1. se joindre à, se mêler à/de, s'immiscer dans *(péj.)* 2. assister à, prendre part à 3. collaborer à, concourir à, contribuer à, coopérer à, être complice de *(péj.)*, être mouillé dans *(péj., fam.)*, tremper dans *(péj., fam.)*

particulariser V. TR. individualiser, singulariser
♦ **se particulariser** V. PRON. se différencier, différer, se distinguer, se faire remarquer, se signaler, se singulariser, sortir du lot

particularisme N. M. 1. particularité, caractère 2. régionalisme

particularité N. F. 1. caractéristique, attribut, idiosyncrasie, modalité, propriété, qualité, spécificité 2. originalité, différence, individualité, particularisme, singularité 3. anomalie, exception, irrégularité

particule N. F. 1. élément, fragment, parcelle 2. corpuscule, atome 3. *[Ling.]* affixe, préfixe, suffixe

particulier, ière ADJ. 1. individuel, distinct, isolé, séparé 2. personnel, intime, privé 3. caractéristique, distinctif, propre, spécial, spécifique, sui generis, typique 4. original, bizarre, extraordinaire, remarquable, singulier 5. précis

particulièrement ADV. 1. notamment, en particulier, principalement, spécialement, spécifiquement, surtout 2. extrêmement, éminemment, exceptionnellement, notablement, prodigieusement, remarquablement, singulièrement

partie N. F. 1. division, fraction, fragment, morceau, parcelle, part, portion, quartier, section, segment, tranche, tronçon 2. sous-ensemble, branche, embranchement, rameau, ramification 3. chapitre, fragment, morceau, passage, subdivision, *[de pièce de théâtre]* acte, scène 4. élément, composant, membre, organe, pièce 5. côté, bout, extrémité 6. détail, bribe, miette 7. phase, étape, stade 8. spécialité, domaine, métier, profession, secteur, branche *(fam.)*, créneau *(fam.)*, rayon *(fam.)*, sphère *(fam.)* 9. jeu, manche, match, rencontre 10. *[Mus.]* morceau, mouvement, passage, voix

partiel, elle ADJ. fragmentaire, incomplet, lacunaire, limité, parcellaire, relatif

partiellement ADV. en partie, à demi, incomplètement

partir V. INTR. I. 1. s'en aller, se mettre en marche, se mettre en chemin/en route, démarrer 2. se sauver, battre en retraite, décamper, déguerpir, quitter la place, se barrer *(fam.)*, calter *(fam.)*, se carapater *(fam.)*, se casser *(fam.)*, débarrasser le plancher *(fam.)*, se débiner *(fam.)*, dégager *(fam.)*, se faire la malle *(fam.)*, se faire la valise *(fam.)*, ficher/foutre le camp *(fam.)*, jouer la fille de l'air *(fam.)*, lever l'ancre *(fam.)*, lever le siège *(fam.)*, mettre la clé sous la porte *(fam.)*, les mettre *(fam.)*, mettre les bouts *(fam.)*, mettre les voiles *(fam.)*, plier bagage *(fam.)*, prendre la clé des champs *(fam.)*, prendre la poudre d'escampette *(fam.)*, prendre le large *(fam.)*, se tailler *(fam.)*, tailler la route *(fam.)*, se tirer *(fam.)*, tourner/montrer les talons *(fam.)*, vider les lieux *(fam.)* 3. déménager 4. *[en vitesse]* détaler, s'enfuir, fuir, prendre ses jambes à son cou *(fam.)* 5. sortir, gagner la porte/la sortie, prendre congé, se retirer 6. *[discrètement]* s'esquiver, s'échapper, s'éclipser, fausser compagnie, filer (à l'anglaise) 7. s'absenter, disparaître, voyager, émigrer, faire son balluchon/ses valises/ses paquets *(fam.)* 8. se disperser, circuler 9. *[navire]* appareiller, lever l'ancre 10. s'envoler, décoller 11. fuser, jaillir, sauter II. 1. *[euph.]* mourir, disparaître 2. s'effacer, disparaître, s'enlever III. 1. commencer, débuter, démarrer, s'engager

partisan, ane
▸ N. 1. adepte, allié, ami, disciple, fidèle, supporter 2. adhérent, affilié, associé, recrue 3. militant, défenseur, propagandiste *(péj.)*, prosélyte *(péj.)*, sectateur *(péj.)* 4. *[péj.]* affidé, conspirateur, factieux, fauteur, suppôt 5. résistant, franc-tireur, guérillero
▸ ADJ. de parti pris, orienté, partial, sectaire, subjectif, tendancieux

partout ADV. de tous côtés, de toutes parts, à tous les coins de rue, tous azimuts *(fam.)*

parure N. F. 1. ornement, décoration 2. mise, toilette, atours *(littér.)* 3. bijoux, joyaux

parution N. F. publication, édition, lancement, sortie

parvenir V. TR. IND.
– **parvenir à** 1. joindre, aboutir à, aller jusqu'à, arriver à, atteindre, venir à 2. s'élever à, accéder à 3. trouver moyen de, obtenir, réussir à, venir à bout de
– **faire parvenir** 1. acheminer 2. transmettre, adresser, envoyer

parvenu N. M. 1. nouveau riche, arrivé, arriviste 2. vulgaire

parvis N. M. esplanade, agora, place

pas N. M. I. 1. enjambée, foulée 2. allure, marche, train, vitesse 3. démarche, marche 4. empreinte, trace 5. avance, bond, progrès II. 1. étape, degré, palier, seuil 2. passage, col, défilé, détroit 3. devant, seuil

passable ADJ. acceptable, admissible, assez bon, correct, honnête, moyen, suffisant, supportable, potable *(fam.)*

passablement ADV. 1. assez, plutôt, relativement 2. moyennement, raisonnablement, pas mal *(fam.)*

passade N. F. 1. aventure, affaire, amourette, flirt, liaison, béguin *(fam.)* 2. caprice, coup de tête, fantaisie, toquade

passage N. M. I. 1. voie, allée, chemin, gué 2. ouverture, accès, entrée, porte/galerie de communication, issue, seuil, sortie, col, débouché, pas, passe, trouée 3. *[étroit]* boyau, chenal, corridor, couloir, dégagement, défilé, détroit, galerie, gorge, goulet II. 1. franchissement, traversée 2. écoulement, fuite 3. voyage 4. circulation, allée et venue, trafic, va-et-vient 5. transition, changement, gradation III. 1. moment, circonstance, passe, période 2. extrait, fragment, morceau, page

passager, ère
▸ N. voyageur
▸ ADJ. 1. court, bref, de courte durée 2. fugitif, éphémère, fragile, frêle, fugace, précaire 3. épisodique, momentané, provisoire, temporaire, transitoire

passagèrement ADV. 1. momentanément, provisoirement, temporairement 2. brièvement, fugitivement

passant, ante
▸ ADJ. fréquenté, animé, populeux, passager *(fam.)*
▸ N. piéton, badaud, flâneur, promeneur

passation N. F. transmission, dévolution, transfert

passe N. F. 1. passage, canal, chenal, détroit, goulet 2. moment, circonstance, passage, période

passé[1], **ée** ADJ. 1. accompli, écoulé, révolu 2. *[heure]* bien sonné 3. dernier, précédent II. 1. ancien, démodé, désuet, vieilli 2. flétri, avancé, fané, *[fruit]* blet 3. décoloré, défraîchi, délavé, éteint, jauni, pâli, terni, pisseux *(péj., fam.)*

passé[2] N. M. 1. histoire (ancienne), tradition 2. vie, antécédents, histoire, mémoire, souvenirs, vieilles lunes

passe-droit N. M. 1. privilège, avantage, dispense, faveur, préférence, prérogative, piston *(fam.)* 2. inégalité, injustice

passe-partout
▸ N. M. INVAR. clé, crochet de serrurier, passe
▸ ADJ. banal, commun, courant, insignifiant, ordinaire, quelconque, bateau *(fam.)*

passeport N. M. laissez-passer, pièce d'identité, papiers (d'identité), sauf-conduit

passer[1] V. INTR. 1. circuler, aller (et venir), défiler, marcher 2. transiter, entrer et sortir, traverser 3. venir, se rendre, rendre visite, faire un saut *(fam.)* 4. couler, courir, s'écouler, se succéder, filer *(fam.)*, s'enfuir *(littér.)*, s'envoler *(littér.)*, fuir *(littér.)* 5. (se) faner, se décolorer, s'éclaircir, s'effacer, s'estomper, pâlir, (se) ternir 6. finir, cesser, disparaître, s'en aller, se dissiper, se résorber, s'éteindre, se terminer 7. être accepté, être admis, être voté 8. être digéré, descendre *(fam.)*

passer[2] V. TR. I. 1. dépasser, devancer, passer devant, surpasser 2. franchir, enjamber, escalader, sauter, traverser 3. dépasser, excéder, outrepasser II. 1. donner, glisser, prêter, remettre, refiler *(fam.)* 2. transmettre, communiquer, *[un film]* jouer, projeter, avoir à l'affiche III. appliquer, enduire de, étaler, étendre, frotter de IV. 1. vivre, couler, subir, traîner 2. *[son temps]* employer, consacrer, occuper, consumer, gaspiller *(péj.)*, perdre *(péj.)* V. filtrer, clarifier, cribler, tamiser VI. 1. *[un vêtement]* revêtir, endosser, enfiler, essayer, mettre 2. introduire, glisser, enfoncer VII. 1. omettre, laisser, oublier, sauter, faire l'impasse sur 2. accepter, céder sur, concéder, être indulgent pour, excuser, pardonner, permettre, supporter, tolérer
♦ **se passer** V. PRON. 1. se dérouler, advenir, arriver, avoir lieu, se produire 2. s'écouler, cesser, finir

passerelle N. F. passage, pont

passe-temps N. M. INVAR. distraction, amusement, délassement, divertissement, jeu, loisir, occupation, récréation

passible ADJ.
– **passible de** 1. sous le coup de 2. assujetti à, redevable de, soumis à
– **être passible de** encourir, s'exposer à, mériter, risquer

passif¹, ive ADJ. 1. inactif, amorphe, apathique, atone, éteint, indifférent, inerte 2. docile, obéissant

passif² N. M. débit, arriéré, découvert, dette, dû

passion N. F. 1. ardeur, chaleur, élan, enthousiasme, exaltation, feu, flamme, fougue, lyrisme, sensibilité, véhémence, vie 2. folie, éréthisme, excitation, fièvre, frénésie, fureur, furie, maladie, manie, rage 3. adoration, adulation, culte, fanatisme, idolâtrie, vénération 4. amour, affection, attachement, désir, engouement, sentiment 5. *[passagère]* caprice, passade, béguin *(fam.)*, tocade *(fam.)* 6. emballement, entraînement, ivresse 7. appétit, désir, virus *(fam.)*

passionnant, ante ADJ. captivant, attachant, électrisant, enivrant, exaltant, excitant, fascinant, intéressant, palpitant

passionné, ée
▸ ADJ. 1. ardent, bouillonnant, brûlant, chaud, enflammé, enthousiaste, exalté, de feu, tout feu tout flammes, véhément, vif 2. frémissant, doux, fervent, lyrique, romanesque 3. effréné, fébrile, forcené, frénétique
▸ N. exalté, énergumène, enthousiaste, enragé, fanatique

passionnel, elle ADJ. 1. affectif, amoureux 2. extrême, ardent, fanatique, fervent

passionnément ADV. 1. beaucoup, éperdument, extrêmement, fanatiquement, follement, à la folie, à la fureur, furieusement, intensément, violemment 2. ardemment, fougueusement, impétueusement, vivement

passionner V. TR. 1. captiver, attacher, fasciner, intéresser 2. enthousiasmer, animer, électriser, enfiévrer, enflammer, exalter, galvaniser
♦ **se passionner** V. PRON. s'enthousiasmer, se piquer au jeu, s'emballer *(fam.)*

passivité N. F. 1. inertie, apathie, indifférence, indolence, mollesse 2. docilité, obéissance

passoire N. F. 1. tamis, crible, filtre 2. égouttoir, chinois, couloire, passe-bouillon, passe-thé, passette

pastiche N. M. 1. imitation, parodie 2. plagiat, copie, faux

pasticher V. TR. 1. imiter, caricaturer, contrefaire, mimer, parodier, singer *(fam.)* 2. copier, démarquer, voler, s'inspirer de, plagier

pastille N. F. 1. cachet, comprimé, gélule, pilule, tablette 2. bonbon, dragée 3. pois

pastoral, ale, aux ADJ. bucolique, campagnard, champêtre, idyllique, paysan, rural, rustique, agreste *(littér.)*

patachon N. M. noctambule, bambocheur *(fam.)*, bringueur *(fam.)*, fêtard *(fam.)*, noceur *(fam.)*

pataquès N. M. 1. impair, gaffe *(fam.)* 2. cuir, faute

pataud, aude
▸ ADJ. gauche, balourd, empoté, lent, lourd, maladroit
▸ N. lourdaud, empoté, maladroit, patapouf

patauger V. INTR. 1. barboter 2. s'enliser, patouiller *(fam.)* 3. s'embarrasser, s'embourber, s'embrouiller, s'empêtrer, s'enferrer, s'enliser, nager, se noyer, se perdre, piétiner, s'emberlificoter *(fam.)*, vasouiller *(fam.)*

pâte N. F. composition, crème, pommade, préparation

pâté N. M. 1. terrine, mousse 2. friand, croustade 3. bloc, groupe 4. tache d'encre, bavure, macule

patelin, ine ADJ. doucereux, faux, flatteur, hypocrite, mielleux, onctueux, sucré, benoît *(littér.)*

patent, ente ADJ. évident, clair, criant, éclatant, flagrant, manifeste, visible

pâteux, euse ADJ. 1. épais, farineux, lourd 2. *[voix]* assourdi, gras, mou

pathétique
▸ ADJ. touchant, bouleversant, déchirant, dramatique, émouvant, poignant, qui prend aux entrailles/aux tripes *(fam.)*
▸ N. M. pathos, éloquence

pathologique ADJ. maladif, morbide

pathos N. M. INVAR. 1. mélodrame 2. emphase, pathétique

patibulaire ADJ. inquiétant, menaçant, sinistre, sombre

patiemment ADV. calmement, infatigablement, sereinement, tranquillement

patience N. F. 1. endurance, résignation, stoïcisme 2. persévérance, constance, courage, effort, ténacité 3. indulgence, tolérance, longanimité *(soutenu)* 4. calme, douceur 5. flegme, sang-froid

patient, ente
▸ ADJ. 1. indulgent, débonnaire, doux, endurant, longanime *(soutenu)* 2. imperturbable, calme, résigné, stoïque 3. tenace, constant, inlassable, persévérant
▸ N. malade, client

patienter V. INTR. attendre, prendre son mal en patience, poireauter *(fam.)*

patiner V. INTR. 1. déraper, chasser, glisser 2. piétiner, faire du sur place *(fam.)*

pâtir V. INTR. souffrir, endurer, subir, supporter

patois N. M. dialecte, idiome, parler

patouiller
▸ V. TR. tripoter, tripatouiller *(fam.)*
▸ V. INTR. patauger

patraque ADJ. malade, faible, fatigué, incommodé, indisposé, souffrant, mal fichu *(fam.)*, mal foutu *(fam.)*, pas dans son assiette *(fam.)*

patricien, enne
▸ N. 1. noble, aristocrate 2. puissant, privilégié
▸ ADJ. aristocratique, distingué

patrie N. F. nation, cité, communauté, métropole, pays, sol/terre natal(e)

patrimoine N. M. 1. bien, capital, domaine (familial), fortune, propriété 2. héritage, apanage 3. trésor, capital, richesse

patriote
▸ N. 1. résistant 2. nationaliste, patriotard *(péj.)*, chauvin *(péj.)*, cocardier *(péj.)*
▸ ADJ. 1. patriotique, citoyen 2. nationaliste, chauvin *(péj.)*, cocardier *(péj.)*

patriotique ADJ. 1. civique, citoyen 2. nationaliste, patriote

patriotisme N. M. amour de la patrie, esprit de clocher, nationalisme

patron¹, onne N. 1. employeur, boss *(fam.)* 2. dirigeant, chef (d'entreprise), directeur, manager, p.-d. g. 3. gérant, tenancier, taulier *(fam.)* 4. *[Méd.]* professeur, mandarin, (grand) manitou *(fam.)*, (grand) ponte *(fam.)* 5. (saint) protecteur

patron² N. M. forme, modèle, carton, dessin, pochoir

patronage N. M. 1. protection, appui, concours, parrainage, recommandation, soutien 2. égide, auspice

patronner V. TR. 1. cautionner, aider, épauler, protéger, recommander, pistonner *(fam.)* 2. appuyer, promouvoir, soutenir

patrouiller V. INTR. parcourir, quadriller, surveiller

patte N. F. 1. membre, pince, serre 2. jambe, pied 3. adresse, habileté, technique, tour de main, virtuosité 4. style, cachet, empreinte, griffe, ton 5. croc, crochet

pâturage N. M. herbage, alpage, champ, pacage, pâquis, pâtis, pâture, prairie

pâture N. F. 1. pâturage, herbage, pacage 2. nourriture, aliment, pitance *(fam.)*

pâturer V. TR. et INTR. paître, brouter, se nourrir, *[Vénerie]* viander

pause N. F. 1. *(temps d')*arrêt, interruption, intervalle, silence, suspension, break *(fam.)* 2. halte, arrêt, séjour, station 3. entracte, mi-temps 4. délassement, (temps de) battement, récréation, relâche, répit, repos, trêve

pauvre
▸ ADJ. 1. indigent, dans le besoin, défavorisé, dépourvu, misérable, miséreux, impécunieux *(littér.)*, désargenté *(fam.)*, fauché (comme les blés) *(fam.)*, raide (comme un passe-lacet) *(fam.)*, sans un *(fam.)*, sans le sou *(fam.)*, sans un sou vaillant *(fam.)* 2. ruiné, appauvri 3. modeste, humble, simple 4. malheureux, à plaindre, infortuné *(littér.)* 5. déplorable, lamentable, misérable, piteux, pitoyable, triste 6. insuffisant, dérisoire, faible, malheureux, médiocre, mince, de misère, modeste, piètre, piteux, ridicule, chiche *(fam.)*, minable *(fam.)* 7. usé, déformé, éculé, élimé, râpé, miteux *(fam.)* 8. infertile, aride, improductif, infécond, ingrat, maigre, médiocre, sec, stérile 9. plat, banal, indigent, quelconque
▸ N. exclu, défavorisé, démuni, (économiquement) faible, indigent, malheureux, clochard, mendiant, meurt-de-faim, misérable, nécessiteux *(soutenu)*, crève-la-faim *(fam.)*

pauvrement ADV. 1. misérablement, à l'étroit, chichement, dans la gêne, humblement 2. mal, exécrablement, lamentablement

pauvreté N. F. 1. dénuement, besoin, embarras, gêne, indigence, misère, pénurie, privation, débine *(fam.)*, dèche *(fam.)*, mistoufle *(fam.)*, mouise *(fam.)*, mouscaille *(fam.)*, panade *(fam.)*, panne *(fam.)*, pétrin *(fam.)*, purée *(fam.)*, impécuniosité *(littér.)*, nécessité *(littér.)*, gueuserie *(péj.)*, pouillerie *(péj.)* 2. appauvrissement, paupérisation, paupérisme, ruine 3. infertilité, aridité, stérilité 4. faiblesse, déficience, indigence, maigreur, médiocrité 5. insuffisance, défaut, disette, manque, pénurie 6. banalité, médiocrité, platitude

pavaner (se) V. PRON. parader, s'exhiber, faire le beau, faire la roue, se faire voir, paraître, plastronner, poser, se rengorger, crâner *(fam.)*, frimer *(fam.)*

pavé N. M. 1. pavage, carrelage, dallage, pavement 2. rue, chaussée, voie publique 3. carreau, dalle 4. steak

paver V. TR. carreler, couvrir, daller, recouvrir, revêtir

pavillon N. M. 1. maison, bungalow, chalet, cottage, villa 2. kiosque, belvédère, rotonde 3. drapeau, bannière, couleurs, étendard, grand/petit pavois

pavoiser V. INTR. se réjouir, boire du petit lait, crier victoire, être fier, triompher, ne plus se sentir (de joie) *(fam.)*

payant, ante ADJ. lucratif, avantageux, efficace, fructueux, intéressant, profitable, rémunérateur, rentable, satisfaisant, juteux *(fam.)*, valable *(fam.)*

paye N. F. salaire, appointements, émoluments, gages, gains, rémunération, rétribution, solde, mois *(fam.)*

payer V. TR. I. 1. débourser, décaisser, dépenser, donner, verser, aligner *(fam.)*, allonger *(fam.)*, cracher *(fam.)*, se fendre de *(fam.)*, lâcher *(fam.)* 2. financer, offrir, subventionner, banquer *(fam.)*, casquer *(fam.)*, *[sans complément]* mettre la main à la poche *(fam.)*, raquer *(fam.)*, régaler *(fam.)* 3. acheter, donner, offrir 4. soudoyer, acheter, corrompre, arroser *(fam.)*, stipendier *(littér.)* 5. acquitter, régler, se libérer de, liquider, rembourser, solder, contenter, désintéresser, satisfaire, servir II. 1. récompenser, rétribuer 2. dédommager, défrayer, indemniser, rembourser 3. appointer, rémunérer, salarier, *[mal]* payer avec un lance-pierre *(fam.)* III. 1. expier, racheter 2. faire les frais de IV. rapporter, rendre
♦ **se payer** V. PRON. acheter, acquérir, s'accorder, se donner, s'octroyer, s'offrir, se procurer

pays N. M. 1. État, nation, puissance 2. peuple, nation 3. patrie, foyer, sol/terre natal(e) 4. province, endroit, lieu, région, bourg, bourgade, coin *(fam.)*, bled *(fam.)*, patelin *(fam.)*, trou *(fam.)* 5. terroir, cru 6. domaine, empire, royaume, sphère, univers 7. territoire, région, terre, zone

paysage N. M. 1. panorama, perspective, (point de) vue, site 2. décor 3. situation, conjoncture

paysan, anne
▸ N. 1. agriculteur, exploitant agricole, cultivateur, éleveur, fermier, métayer 2. campagnard, rural 3. *[péj.]* rustre, bouseux *(fam., péj.)*, culterreux *(fam., péj.)*, péquenot *(fam., péj.)*, plouc *(fam., péj.)*
▸ ADJ. 1. rural, rustique, terrien 2. agricole

peau N. F. 1. épiderme, derme, couenne *(fam.)*, cuir *(fam.)*, *[de chèvre]* maroquin, *[de veau]* vélin, velot, *[de poisson]* galuchat 2. teint 3. écorce, enveloppe, pelure, zeste 4. fourrure 5. parchemin

peaufiner V. TR. parfaire, ciseler, mettre la dernière main à, perfectionner, polir, soigner, fignoler *(fam.)*, lécher *(fam.)*

peccadille N. F. bêtise, bricole, enfantillage, misère, rien, vétille

péché N. M. 1. mal 2. chute 3. faute, manquement, offense (à Dieu), sacrilège, transgression, violation 4. erreur, écart, errements, impénitence, débauche, luxure, vice, stupre (littér.)

pécher V. INTR. 1. fauter, faillir, offenser Dieu 2. *[fam., à la 3ᵉ personne]* clocher *(fam.)*, ne pas tourner rond *(fam.)*

pêcher V. TR. prendre, attraper, *[sans complément]* taquiner le goujon *(fam.)*

pécule N. M. magot, bas de laine, économies, épargne, réserves

pécuniaire ADJ. financier, budgétaire, matériel

pédagogique ADJ. 1. éducatif, formateur 2. didactique, scolaire

pédagogue N. 1. éducateur, enseignant, maître, précepteur, professeur 2. didacticien

pédant, ante
▸ ADJ. doctoral, dogmatique, magistral, professoral, solennel, suffisant
▸ N. vaniteux, cuistre *(littér.)*

pédantisme N. M. emphase, cuistrerie *(littér.)*, pédanterie *(littér.)*

pédéraste N. M. 1. pédophile 2. homosexuel, pédale *(fam., injurieux)*, pédé *(fam., souvent injurieux)*

pedigree N. M. généalogie, extraction, origine

pédophile ADJ. ET N. pédéraste, pédale *(fam.)*, pédé *(fam.)*

pègre N. F. 1. milieu 2. racaille, canaille, vermine

peigner V. TR. 1. coiffer, démêler 2. *[laine]* carder, démêler, dénouer

peignoir N. M. 1. sortie de bain 2. déshabillé, négligé, robe de chambre, saut de lit

peindre V. TR. I. 1. mettre en couleurs, badigeonner, laquer, ripoliner 2. *[maladroitement]* peinturlurer, barbouiller, barioler, peinturer 3. farder, grimer, maquiller 4. *[sans complément]* brosser un tableau, faire de la/une peinture, *[bien]* avoir un bon coup de pinceau II. 1. brosser, camper, croquer, portraiturer 2. dépeindre, conter, décrire, exprimer, raconter, représenter, retracer, traduire

peine N. F. 1. difficulté, embarras, mal 2. effort, fatigue, travail 3. chagrin, affliction, blessure, déchirement, désolation, détresse, douleur, mal, meurtrissure, souffrance, tristesse 4. ennui, malheur, épreuve, misère, souci, tourment, tracas 5. punition, sanction, tarif *(fam.)*, châtiment *(soutenu)*

peiner
▸ V. TR. affliger, affecter, attrister, chagriner, éprouver, navrer, désobliger, fâcher, meurtrir
▸ V. INTR. avoir du mal, (se) fatiguer, se démener, s'évertuer, en baver *(fam.)*, galérer *(fam.)*, ramer *(fam.)*, suer *(fam.)*, trimer *(fam.)*

peintre N. M. artiste, badigeonneur *(fam., péj.)*, barbouilleur *(fam., péj.)*

peinture N. F. 1. recouvrement, ravalement 2. badigeon, laque, revêtement 3. couleur, gouache 4. tableau, toile, croûte *(péj.)*, *[murale]* fresque 5. barbouillage *(péj.)*, barbouille *(péj.)*, gribouillage *(péj.)* 6. description, image, panorama, représentation, tableau

peinturer V. TR. barbouiller, barioler, peinturlurer

peinturlurer V. TR. barbouiller, barioler, peinturer

péjoratif, ive ADJ. dépréciatif, critique, défavorable

pelage N. M. fourrure, livrée, poil, robe, toison

pelé, ée ADJ. 1. nu, aride, dénudé 2. *[crâne]* chauve, dégarni, dénudé, tondu, déplumé *(fam.)*

pêle-mêle
▸ ADV. 1. en désordre, en vrac, sens dessus dessous 2. çà et là
▸ N. M. INVAR. désordre, capharnaüm, fatras, fouillis, bazar *(fam.)*, bordel *(très fam.)*

peler
▸ V. TR. éplucher, écorcher, gratter
▸ V. INTR. desquamer

pellicule N. F. 1. couche, dépôt, enduit, épaisseur, film 2. enveloppe, membrane, peau 3. écaille, squame 4. film, bobine, rouleau, bande

peloton N. M. groupe, troupe

pelotonner (se) V. PRON. se blottir, s'enrouler, se lover, se ramasser, se recroqueviller

pelure N. F. épluchure, écorce, peau

pénalisation N. F. 1. pénalité, punition, sanction 2. répression 3. désavantage, handicap

pénaliser V. TR. sanctionner, frapper, condamner, punir, réprimer, châtier *(soutenu)* 2. désavantager, handicaper

pénalité N. F. sanction, pénalisation, *[Football]* coup franc, coup de pied de réparation, penalty

pénates N. M. PL. foyer, bercail, domicile, habitation, maison, nid, toit

penaud, aude ADJ. confus, contrit, déconcerté, déconfit, embarrassé, gêné, honteux, humilié, mortifié, piteux, repentant

penchant N. M. 1. attirance, affection, amour, désir, faible, intérêt, passion, sympathie, tendresse 2. propension, faiblesse, goût, habitude, impulsion, inclination, tendance 3. aptitude, disposition, facilité, génie, nature, prédisposition, vocation 4. *[mauvais]* défaut, démon, vice

pencher
▸ V. INTR. 1. s'incliner, ployer 2. déverser, s'incurver
▸ V. TR. abaisser, baisser, coucher, courber, fléchir, incliner, renverser
♦ **se pencher** V. PRON. se baisser, se courber, s'incliner, se prosterner

pendant¹, ante ADJ. 1. tombant 2. ballant 3. en instance, en attente, en suspens

pendant² N. M. I. 1. réplique, semblable 2. correspondant, symétrique 3. contrepartie II. pendeloque, girandole, pendentif

pendant³ PRÉP. durant, au cours de, dans, en, au milieu de

pendentif N. M. sautoir, girandole, pendant, pendeloque

pendre
▸ V. INTR. 1. retomber, tomber, traîner, pendouiller *(fam.)* 2. s'affaisser, s'avachir *(fam.)*
▸ V. TR. 1. suspendre, accrocher, attacher, fixer 2. *[le linge]* étendre 3. mettre la corde au cou de
♦ **se pendre** V. PRON. 1. se suspendre, s'accrocher 2. se suicider, se passer la corde autour du cou

pénétrant, ante ADJ. 1. aigu, clairvoyant, délié, fin, lucide, ouvert, perçant, perspicace, profond, sagace, subtil, vif 2. fort, puissant 3. mordant, incisif, piquant

pénétration N. F. 1. acuité, clairvoyance, finesse, lucidité, perspicacité, sagacité, subtilité, flair *(fam.)*, nez *(fam.)* 2. intrusion, incursion, invasion 3. infiltration, envahissement, montée 4. introduction, intromission

pénétrer
▸ V. INTR. 1. s'introduire, s'avancer, s'aventurer, se couler, s'enfoncer, s'engager, entrer, se glisser, s'infiltrer, s'insinuer, plonger, se fourrer *(fam.)* 2. parvenir, accéder, avoir accès, aller, arriver, atteindre, gagner, toucher
▸ V. TR. 1. transpercer, filtrer, mordre, passer, percer, traverser, transir 2. briser, enfoncer, percer, rompre, trouer, crever *(fam.)* 3. imprégner, baigner, imbiber, infiltrer, inonder, tremper 4. comprendre, apercevoir, déchiffrer, découvrir, démêler, deviner, lire, mettre au jour, percer, percevoir, pressentir, saisir 5. approfondir, scruter, sonder 6. atteindre, gagner, toucher
♦ **se pénétrer** V. PRON. se combiner, se mêler

pénible ADJ. I. 1. fatigant, éprouvant, épuisant, éreintant, exténuant, harassant, lourd, tuant *(fam.)* 2. ardu, âpre, difficile, dur, épineux, ingrat, laborieux, malaisé 3. astreignant, assujettissant, contraignant, exigeant, pesant II. 1. douloureux, âpre, atroce, brutal, cruel, éprouvant, grave, lourd, mortel 2. affligeant, amer, angoissant, attristant, consternant, déchirant, déplorable, désolant, funeste, malheureux, mauvais, navrant, poignant, triste, cruel *(littér.)* III. 1. déplaisant, désagréable, embarrassant, ennuyeux, gênant, chiant *(fam.)* 2. intenable, épouvantable, impossible, infernal, insupportable, invivable, terrible, chiant *(très fam.)*

péniblement ADV. 1. difficilement, avec peine, à l'arraché, à grand-peine, laborieusement, mal, malaisément, tant bien que mal, cahin-caha *(fam.)* 2. cruellement, amèrement, douloureusement, durement 3. tout juste, à peine

péniche N. F. chaland, barge

pénis N. M. sexe (masculin), membre (viril), phallus, verge, bistouquette *(fam.)*, braquemart *(fam.)*, dard *(fam.)*, machin *(fam.)*, manche *(fam.)*, quéquette *(fam.)*, queue *(fam.)*, zizi *(fam.)*, zob *(fam.)*, biroute *(argot)*

pénitence N. F. 1. contrition, regret, repentance, repentir, résipiscence *(littér.)* 2. confession 3. mortification, ascétisme, austérité 4. punition, châtiment *(littér.)*

pénitentiaire ADJ. carcéral, cellulaire

pénombre N. F. 1. clair-obscur, demi-jour, jour douteux, lumière incertaine/tamisée 2. ombre, obscurité

pensable ADJ. concevable, acceptable, croyable, envisageable, faisable, imaginable, possible

pense-bête N. M. aide-mémoire, mémento, guide-âne *(fam.)*

pensée N. F. 1. entendement, compréhension, esprit, intelligence, jugement, raison, raisonnement 2. méditation, réflexion, rêverie, spéculation 3. avis, conception, idée, opinion, point de vue, position, sentiment 4. préoccupation 5. projet, dessein, idée, intention 6. observation, considération, impression, réflexion, remarque 7. philosophie, doctrine, idéologie, système, théorie 8. adage, axiome, dicton, maxime, proverbe, sentence, aphorisme *(didact.)*, apophtegme *(didact.)*

penser
▸ V. INTR. raisonner, méditer, réfléchir, spéculer, cogiter *(fam.)*, ruminer *(fam.)*
▸ V. TR. imaginer, concevoir, croire, se douter de, espérer, estimer, juger, présumer, supposer, soupçonner, trouver 2. étudier, calculer, élaborer, mûrir 3. compter, avoir en vue de, avoir l'intention de, envisager de, projeter de, se proposer de, songer à, caresser l'idée de

pensif, ive ADJ. 1. songeur, contemplatif, méditatif, rêveur 2. absent, absorbé, occupé, préoccupé, soucieux

pension N. F. 1. pensionnat, internat, institution, école 2. allocation, rente, retraite

pensionnaire N. 1. interne 2. hôte 3. *[Théâtre]* acteur, comédien

pensionnat N. M. pension, internat, institution

pensum N. M. corvée, punition, purge *(fam.)*, servitude *(littér.)*

pente N. F. 1. déclivité, inclinaison, obliquité 2. côte, descente, dévers, escarpement, grimpée, grimpette *(fam.)*, montée, rampe, raidillon 3. versant, côté, pan 4. inclination, penchant, propension, tendance

pénurie N. F. 1. manque, besoin, carence, défaut, disette, épuisement, insuffisance, rareté, indigence *(littér.)* 2. gêne, misère, pauvreté, famine, vaches maigres

pépier V. INTR. gazouiller, chanter, crier

pépinière N. F. 1. gisement, mine, réserve, réservoir, source 2. école, laboratoire

perçant, ante ADJ. 1. aigu, inquisiteur, pénétrant 2. perspicace, clairvoyant, lucide, pointu, sagace, subtil 3. strident, assourdissant, criard, déchirant, éclatant, suraigu 4. aigre, incisif, mordant, pénétrant, piquant, vif

percée N. F. 1. ouverture, brèche, déchirure, trouée 2. montée, développement, progrès, réussite, succès

perceptible ADJ. 1. sensible, appréciable, discernable 2. apercevable, apparent, visible 3. audible 4. intelligible, clair, compréhensible, évident 5. manifeste, net, palpable 6. *[d'impôt]* percevable, recouvrable

perception N. F. 1. impression, sens, sensation 2. représentation, idée, image 3. *[d'impôt]* recouvrement, collecte, encaissement, levée, rentrée

percer
▸ V. TR. 1. s'enfoncer dans, pénétrer 2. transpercer, crever, faire un trou dans, forer, perforer, piquer, poinçonner, trouer 3. *[plusieurs fois]* cribler, larder *(fam.)* 4. *[son]* déchirer, transpercer, vriller 5. *[une voie]* ouvrir 6. *[Archit.]* fenêtrer, ajourer 7. déchiffrer, comprendre, déceler, découvrir, deviner, lire, mettre au jour, pénétrer, saisir
▸ V. INTR. 1. apparaître, affleurer, émerger, se montrer, paraître, poindre, pointer, sortir, surgir 2. s'ébruiter, s'éventer, filtrer, se répandre,

transpirer **3.** réussir, arriver, se distinguer, s'imposer, se faire un nom, sortir de l'ombre/de l'anonymat/de l'obscurité

perceuse N. F. chignole, foreuse, vrille

percevable ADJ. **1.** perceptible, appréciable, discernable, sensible **2.** *[impôt]* recouvrable

percevoir V. TR. **1.** discerner, distinguer, saisir **2.** apercevoir, découvrir, entrevoir, remarquer, repérer, voir **3.** sentir, flairer **4.** entendre, ouïr *(littér.)* **5.** se rendre compte de, comprendre, concevoir, se figurer, imaginer, se représenter **6.** recevoir, collecter, empocher, encaisser, ramasser, récolter, recueillir, retirer, toucher **7.** *[impôt]* lever, collecter, recouvrer

perche N. F. **1.** gaule, bâton, croc, tige **2.** *[de prise de son]* girafe

perclus, use ADJ. **1.** impotent, paralytique **2.** inerte, inactif, paralysé

percussion N. F. **1.** choc, coup **2.** *[Mus.]* batterie, drums *(anglic.)*

percussionniste N. batteur, drummer *(anglic.)*

percutant, ante ADJ. **1.** frappant, saisissant **2.** convaincant, persuasif, massue *(fam.)*

percuter
- V. TR. heurter, emboutir, rentrer dans, tamponner, télescoper, emplafonner
- V. INTR. *[fam.]* comprendre, saisir, imprimer *(fam.)*, piger *(fam.)*

perdant, ante
- ADJ. battu, défait, vaincu
- N. vaincu, raté *(fam.)*, loser *(fam.)*

perdre V. TR. **1.** égarer, oublier, paumer *(fam.)* **2.** dérouter, désorienter, égarer **3.** être dépouillé de, se dépouiller de **4.** gaspiller, dissiper, gâcher, galvauder, *[une occasion]* manquer, louper *(fam.)*, rater *(fam.)* **5.** quitter, se défaire de, déposer, renoncer à **6.** corrompre, causer la ruine de, ruiner, démolir *(fam.)* **7.** *[sans complément]* se faire battre, avoir le dessous, échouer, se faire laminer *(fam.)*

- **se perdre** V. PRON. **1.** prendre le mauvais chemin, s'égarer, faire fausse route, se fourvoyer *(littér.)*, se paumer *(fam.)* **2.** décroître, diminuer, disparaître, faiblir, se relâcher, tomber **3.** *[voix, bruit]* s'étouffer, mourir **4.** s'abîmer, s'avarier, dégénérer, se gâter **5.** causer sa propre ruine, se corrompre, se débaucher, se dévoyer, se sacrifier

perdu, ue ADJ. **I. 1.** introuvable, égaré **2.** éloigné, abandonné, écarté, désert, isolé, reculé, retiré, paumé *(fam.)* **II.** révolu, disparu, envolé, évanoui, oublié **III.** errant, égaré **IV. 1.** désaxé, fou **2.** désorienté, déboussolé, égaré, déphasé, dérouté, largué *(fam.)*, paumé *(fam.)*. **V. 1.** condamné, désespéré, incurable, frappé à mort **2.** abîmé, endommagé, gâté, inutilisable, irrécupérable **3.** sans espoir, cuit *(fam.)*, fini *(fam.)*, fichu *(fam.)*, foutu *(fam.)*, flambé *(fam.)*, frit *(fam.)*, mort *(fam.)* **4.** corrompu, débauché, dépravé, dévoyé, fourvoyé

père N. M. **1.** papa, dab *(argot.)*, pater *(fam.)*, paternel *(fam.)*, vieux *(fam.)*, auteur des jours *(littér.)*, géniteur *(littér.)* **2.** ancêtre, ascendant, aïeul **3.** créateur, auteur, fondateur, initiateur, instaurateur, instigateur, inventeur **4.** abbé, moine, religieux **5.** protecteur

pérégrination N. F. errance, aventure, odyssée, voyage

péremptoire ADJ. **1.** décisif, absolu, concluant, indiscutable, irréfutable, sans réplique **2.** catégorique, autoritaire, cassant, coupant, magistral, tranchant

pérenniser V. TR. perpétuer, conserver, continuer, faire durer, immortaliser, maintenir, préserver, reproduire, transmettre

pérennité N. F. continuité, durée, éternité, immortalité, perpétuité

perfection N. F. **1.** absolu, bien, beau, beauté, excellence, idéal **2.** perle, ange, bijou, joyau, merveille, trésor **3.** achèvement, consommation, couronnement, fin, parachèvement

perfectionné, ée ADJ. **1.** amélioré **2.** châtié, affiné, épuré **3.** optimisé

perfectionnement N. M. **1.** amélioration, correction **2.** avancement, couronnement, édification **3.** progrès, mieux, plus

perfectionner V. TR. **1.** améliorer, achever, affiner, compléter, parfaire **2.** cultiver, éduquer, faire évoluer, faire progresser, sophistiquer **3.** corriger, châtier, épurer, polir, retoucher

perfide
- ADJ. **1.** méchant, empoisonné, envenimé, fielleux, sournois, venimeux **2.** machiavélique, cauteleux, fallacieux, fourbe, hypocrite, sournois, trompeur **3.** dangereux, traître
- N. *[littér.]* fourbe, scélérat, traître

perfidie N. F. **1.** déloyauté, fausseté, fourberie, machiavélisme, traîtrise **2.** *[littér.]* infidélité, trahison

perforation N. F. trou, ouverture

perforatrice N. F. **1.** perforeuse, poinçonneuse **2.** marteau-piqueur

perforer V. TR. **1.** percer, crever, forer, transpercer, traverser, trouer **2.** poinçonner

performance N. F. **1.** exploit, prouesse, record, succès, tour de force **2.** résultat

performant, ante ADJ. compétitif, bon, efficace

péricliter V. INTR. décliner, aller mal, baisser, couler, dépérir, aller à vau-l'eau, pâtir *(littér.)*

péril N. M. danger, difficulté, écueil, épreuve, hasard, risque

périlleux, euse ADJ. **1.** dangereux, acrobatique, difficile, hasardeux, risqué, casse-gueule *(fam.)* **2.** brûlant, délicat, scabreux, sensible

périmé, ée ADJ. **1.** caduc, nul **2.** ancien, anachronique, arriéré, attardé, démodé, dépassé, désuet, obsolète, rétrograde, suranné, de papa *(fam.)*, inactuel *(soutenu)*

périmètre N. M. **1.** tour, bord, ceinture, circonférence, contour, limite, périphérie, pourtour **2.** portée, étendue, rayon **3.** zone, région, sphère

période N. F. **1.** durée, intervalle, laps de temps, moment **2.** époque, âge, ère, saison, temps **3.** phase, cycle, étape, stade **4.** *[Arts]* manière

périodique
- ADJ. **1.** régulier, fréquent **2.** alternatif, cyclique, intermittent
- N. M. magazine, journal, publication, revue

périodiquement ADV. régulièrement, cycliquement

péripétie N. F. **1.** épisode, aléa, circonstance, événement, imprévu, incident, rebondissement **2.** *[Littérat.]* nœud, catastrophe, coup de théâtre

périphérie N. F. **1.** bord, circonférence, contour, limite, périmètre, pourtour **2.** banlieue, abords, faubourgs

périphérique
- ADJ. **1.** excentrique, limitrophe, péri-urbain, suburbain **2.** extérieur, extrinsèque
- N. M. **1.** *[Inform.]* terminal **2.** rocade, boulevard/voie circulaire express, périph *(fam.)*

périphrase N. F. **1.** circonlocution *(soutenu)*, circuit, détour **2.** paraphrase

périple N. M. **1.** voyage, circuit, expédition, tour, tournée **2.** *[Mar.]* circumnavigation, cercle

périr V. INTR. **1.** mourir, disparaître, s'éteindre, expirer, finir, tomber, trépasser *(littér.)* **2.** s'anéantir, crouler, entrer en décadence, s'écrouler, finir, tomber en ruine

périssable ADJ. **1.** corruptible **2.** *[littér.]* caduc, court, éphémère, fragile, fugace, instable, mortel, précaire

perle N. F. **1.** goutte, gouttelette **2.** perfection, ange, bijou, joyau, merveille, oiseau rare, trésor **3.** bévue, erreur, sottise, bourde *(fam.)*

permanence N. F. **1.** constance, continuité, durée, fixité, immuabilité, invariabilité, pérennité, perpétuation, persistance, stabilité **2.** bureau, local, salle **3.** salle d'études, perm *(fam.)*

permanent, ente
- ADJ. **1.** constant, fixe, inaltérable, invariable, stable **2.** continu, ininterrompu, endémique **3.** durable, persistant
- N. militant

perméabilité N. M. porosité, pénétrabilité

perméable ADJ. **1.** poreux, pénétrable **2.** accessible, ouvert, sensible **3.** *[péj.]* influençable, docile

permettre V. TR. **1.** accepter, accorder, acquiescer à, admettre, agréer, approuver, consentir, trouver bon, vouloir bien **2.** donner l'occasion de, autoriser, donner lieu à, favoriser, laisser place à **3.** tolérer, autoriser, endurer, laisser aller, passer sur, supporter, souffrir *(littér.)*

- **se permettre** V. PRON. s'accorder, s'autoriser, s'octroyer, s'offrir, se passer *(fam.)*

permis¹, ise ADJ. **1.** autorisé, admis, légal, licite, toléré **2.** légitime **3.** possible

permis² N. M. **1.** permission, autorisation **2.** droit, licence **3.** laissez-passer, sauf-conduit

permissif, ive ADJ. laxiste, latitudinaire *(littér.)*

permission N. F. **1.** autorisation, droit, liberté, licence, pouvoir **2.** acquiescement, acceptation, accord, agrément, approbation, aval, consentement, feu vert **3.** habilitation, dispense, *[Droit]* permis **4.** *[Milit.]* congé, perm(e) *(fam.)*

permutation N. F. commutation, échange, interversion, inversion, substitution

permuter V. TR. intervertir, changer, commuter, échanger, inverser, substituer

pernicieux, euse ADJ. **1.** dangereux, grave, malfaisant, malsain, mauvais, nocif, nuisible **2.** diabolique, funeste, sinistre

perpétrer V. TR. accomplir, commettre, consommer, exécuter

perpétuel, elle ADJ. **1.** infini, éternel, immuable, impérissable, inaltérable, indéfini, indélébile, indestructible, indissoluble **2.** continuel, constant, continu, éternel, fréquent, habituel, incessant, ininterrompu, permanent, réitéré, renouvelé, répété, sans fin, sempiternel *(péj.)*

perpétuellement ADV. **1.** constamment, assidûment, continuellement, sans arrêt, sans cesse, sans interruption, sans trêve **2.** immuablement, définitivement, éternellement, indéfectiblement, indéfiniment, invariablement, à jamais, (pour) toujours, ad vitam æternam

perpétuer V. TR. **1.** maintenir, conserver, continuer, entretenir, éterniser, garder, pérenniser, transmettre **2.** immortaliser

- **se perpétuer** V. PRON. durer, se conserver, demeurer, se maintenir, perdurer, se reproduire, rester, se transmettre, survivre

perpétuité N. F. *[littér.]* perpétuation, pérennité

perplexe ADJ. indécis, dubitatif, embarrassé, hésitant, incertain, indéterminé, irrésolu, embêté *(fam.)*, entre le zist et le zest *(fam.)*

perplexité N. F. indécision, confusion, doute, embarras, hésitation, incertitude, indétermination, irrésolution

perquisition N. F. visite (domiciliaire), fouille, descente de police

perquisitionner V. INTR. fouiller, faire une descente

perruque N. F. postiche, faux cheveux, moumoute *(fam.)*

persécuté, ée
- ADJ. **1.** opprimé, martyrisé **2.** brimé, harcelé, importuné, molesté, tyrannisé
- N. **1.** victime, martyr **2.** *[Psych.]* paranoïaque

persécuter V. TR. **1.** martyriser, molester, opprimer, torturer **2.** s'acharner contre, brimer, harceler, importuner, poursuivre, presser, tourmenter, tyranniser

persécuteur, trice
- N. bourreau, despote, oppresseur, tourmenteur, tyran
- ADJ. oppressif, cruel, despotique, persécutant, tyrannique

persévérance N. F. constance, acharnement, courage, endurance, énergie, esprit de suite, fermeté, fidélité, insistance, obstination, opiniâtreté, patience, ténacité, volonté, entêtement *(péj.)*

persévérant, ante ADJ. acharné, constant, endurant, fidèle, insistant, obstiné, opiniâtre, tenace, volontaire, entêté *(péj.)*, têtu *(péj.)*

persévérer V. INTR. **1.** persister, continuer **2.** s'acharner, aller contre vents et marées, insister, s'obstiner, persister, poursuivre, soutenir son effort, s'opiniâtrer *(littér.)*

persifler V. TR. railler, se moquer de, mettre en boîte *(fam.)*, brocarder *(littér.)*

persifleur, euse ADJ. moqueur, ironique, narquois, railleur

persistance N. F. 1. continuité, durée 2. constance, fermeté, obstination, opiniâtreté, persévérance, entêtement (péj.), esprit de suite, suite dans les idées 3. permanence, stabilité

persistant, ante ADJ. 1. constant, continu, durable, fixe, inébranlable, permanent, stable 2. obstiné, incessant, ininterrompu, opiniâtre, soutenu 3. [image] rémanent

persister V. INTR. 1. persévérer, s'obstiner, s'opiniâtrer, poursuivre 2. durer, se conserver, continuer, demeurer, se maintenir, perdurer, se prolonger, rester, subsister, tenir

personnage N. M. 1. notable, autorité, célébrité, (grande) figure, gloire, grand, dignitaire, mandarin, notabilité, personnalité, potentat, pontife, sommité, vedette, V.I.P., gros bonnet (fam.), grosse légume (fam.), huile (fam.), (grand) manitou (fam.), pointure (fam.), (grand) ponte (fam.), ténor (fam.) 2. individu, homme, citoyen (fam.), coco (fam.), type (fam.), zèbre (fam.), zigoto (fam.) 3. héros, protagoniste 4. rôle

personnaliser V. TR. particulariser, individualiser

personnalité N. F. 1. individualité, ego, être, moi, originalité, soi 2. nature, caractère, constitution, tempérament 3. personne célèbre, autorité, célébrité, dignitaire, (grande) figure, mandarin, notable, notabilité, personnage, potentat, pontife, sommité, vedette, V.I.P., gros bonnet (fam.), grosse légume (fam.), huile (fam.), (grand) manitou (fam.), pointure (fam.), (grand) ponte (fam.), ténor (fam.)

personne N. F. 1. être (humain), homme, individu, citoyen, sujet, créature (fam.), mortel (fam.), quidam (fam.), type (fam.) 2. individualité, âme, moi, personnalité, sujet 3. personnage

personnel¹, elle ADJ. 1. individuel, particulier, propre, spécifique, perso (fam.) 2. original, particulier, spécial, typique, de son cru (fam.) 3. subjectif, relatif 4. privé, confidentiel, intime 5. égoïste, égocentrique 6. exclusif

personnel² N. M. main-d'œuvre, effectif, employés, ressources humaines

personnellement ADV. 1. en personne, soi-même 2. individuellement, particulièrement, singulièrement 3. pour ma part, à mon avis, en ce qui me concerne, quant à moi, selon moi

personnification N. F. symbole, allégorie, incarnation, type

personnifier V. TR. incarner, représenter, symboliser

perspective N. F. 1. vue, coup d'œil, échappée, panorama 2. champ, horizon 3. éventualité, attente, expectative, idée, projection 4. aspect, angle, côté, éclairage, optique, point de vue

perspicace ADJ. clairvoyant, avisé, fin, lucide, pénétrant, perçant, psychologue, sagace, subtil

perspicacité N. F. clairvoyance, acuité, discernement, finesse, habileté, intelligence, intuition, jugement, lucidité, pénétration, psychologie, sagacité, subtilité, flair (fam.), jugeote (fam.), nez (fam.)

persuadé, ée ADJ. certain, convaincu

persuader V. TR. convaincre, agir sur, amadouer, décider, déterminer, entraîner, faire entendre raison à, gagner, séduire, toucher, vaincre, conduire à ses raisons (littér.)

persuasif, ive ADJ. convaincant, éloquent

persuasion N. F. 1. habileté, adresse, diplomatie, éloquence 2. assurance, certitude, conviction, croyance

perte N. F. 1. mort, deuil 2. anéantissement, décadence, dégénérescence, dégradation, dépérissement, extinction 3. insuccès, défaite, naufrage, ruine 4. déperdition, déficit, fuite, hémorragie 5. dommage, appauvrissement, dégât, mal, malheur, préjudice, sinistre 6. déchéance, privation 7. mutilation, privation 8. gaspillage, déchet, gâchage, coulage (fam.)

pertinemment ADV. en connaissance de cause, convenablement, correctement, judicieusement, justement

pertinence N. F. bien-fondé, actualité, à-propos, convenance, correction

pertinent, ente ADJ. 1. approprié, convenable, judicieux, juste, congru (soutenu) 2. distinctif, discriminant

perturbant, ante ADJ. dérangeant, désorientant, déstabilisant, déstructurant, troublant

perturbateur, trice N. agitateur, contestataire, gêneur, provocateur, séditieux, trublion

perturbation N. F. 1. dérangement, dérèglement, dysfonctionnement, détraquement (fam.) 2. [Radio] parasite, friture 3. bouleversement, crise 4. [Méd.] déséquilibre, désordre, lésion, trouble 5. [Météo] dépression

perturber V. TR. 1. désorganiser, bouleverser, dérégler, chambarder (fam.), chambouler (fam.), détraquer (fam.) 2. déranger, affecter, déconcerter, dérouter, désarçonner, désorienter, ébranler, troubler, retourner (fam.)

pervers, erse
▸ ADJ. 1. malsain, corrompu, débauché, dépravé, déréglé, dévoyé, vicieux, tordu (fam.) 2. méchant, diabolique, malfaisant, noir, satanique, sournois
▸ N. dépravé, débauché, satyre, vicieux, cochon (fam.)

perversion N. F. 1. corruption, altération, dépravation, dérangement, dérèglement, égarement 2. anomalie, dégénérescence, détraquement 3. [sexuelle] déviance, déviation 4. folie, perversité

perversité N. F. 1. malignité, méchanceté, perfidie, vice, scélératesse (littér.) 2. corruption, dépravation

pervertir V. TR. 1. débaucher, dépraver, dévoyer, égarer, perdre, encanailler (fam.) 2. corrompre, altérer, dénaturer, détériorer, empoisonner, gâter, infecter, pourrir, vicier 3. fausser, déformer, déranger, dérégler, détraquer, troubler

pesamment ADV. 1. lourdement, comme une masse 2. gauchement, maladroitement

pesant, ante ADJ. I. 1. lourd, alourdi, appesanti 2. accablant, écrasant, étouffant, oppressant 3. indigeste, inassimilable 4. massif, gros 5. embarrassé, gauche, laborieux, maladroit II. 1. astreignant, assujettissant, asservissant, contraignant, pénible, tyrannique 2. importun, encombrant, ennuyeux, gênant, assommant (fam.), embêtant (fam.), rasoir (fam.)

pesanteur N. F. 1. lourdeur, masse, poids 2. attraction, gravitation, gravité 3. malaise 4. lenteur, inertie, lourdeur

peser
▸ V. INTR. avoir un poids de, faire
– **peser à** 1. coûter à, ennuyer 2. importuner, ennuyer, fatiguer, gêner, embêter (fam.)
– **peser sur** 1. incomber à, retomber sur (les épaules de) 2. influencer, agir sur, compter dans, influer sur, jouer dans, se répercuter sur 3. accabler, écraser, étouffer, oppresser, opprimer 4. assombrir, appesantir, grever
▸ V. TR. 1. soupeser 2. apprécier, mettre en balance, calculer, comparer, estimer, évaluer, jauger, juger, mesurer

pessimisme N. M. défaitisme, catastrophisme, sinistrose

pessimiste ADJ. 1. sombre, bilieux, inquiet, maussade, mélancolique, noir 2. alarmiste, défaitiste, négatif

peste N. F. 1. empoisonneur, démon, poison, chameau (fam.), gale (fam.), plaie (fam.), teigne (fam.) 2. [femme] mégère, virago

pester V. INTR. fulminer, s'emporter, grogner, invectiver, jurer, maudire, protester, rager, fumer (fam.), râler (fam.), rouspéter (fam.), maugréer (soutenu)

pestiféré, ée N. paria, brebis galeuse, exclu, maudit, réprouvé

pestilentiel, elle ADJ. 1. puant, écœurant, fétide, infect, irrespirable, nauséabond 2. corrupteur, impur, malfaisant, néfaste, nuisible, pernicieux 3. délétère, contagieux, malsain, méphitique (littér.)

pet N. M. gaz, flatuosité, pétard (fam.), prout (fam.)

pétillant, ante ADJ. I. gazeux, mousseux, spittant (Belgique) II. 1. fringant, sémillant 2. éveillé, brillant, intelligent 3. brillant, flamboyant, scintillant

pétillement N. M. 1. crépitement, grésillement, décrépitation (didact.) 2. scintillement, éclat, étincellement, flamboiement

pétiller V. INTR. 1. crépiter, craquer, grésiller, péter (fam.), craqueter (littér.), décrépiter (didact.) 2. chatoyer, scintiller 3. éclater, briller, étinceler, rayonner, resplendir

petit¹, ite ADJ. I. 1. bas, court, ras 2. bas sur pattes (fam.), haut comme trois pommes (à genoux) (fam.) 3. menu, fin, fluet, mince 4. en miniature, au petit pied II. 1. exigu, étroit, réduit, restreint, riquiqui (fam.), grand comme un mouchoir de poche (fam.) 2. étriqué, juste III. 1. bref, concis, laconique, sommaire, succinct 2. rapide, élémentaire, rudimentaire, superficiel IV. 1. faible, dérisoire, insignifiant, léger, mince, mineur, minime, négligeable, ténu 2. limité, chiche, humble, maigre, misérable, modeste, modique, pauvre, restreint, riquiqui (fam.) 3. médiocre, borné, bas, étriqué, étroit, mesquin, piètre, vil 4. mineur, négligeable, obscur, quelconque, secondaire

petit² ADV.
– **en petit** réduit, en miniature
– **petit à petit** 1. par degré, doucement, graduellement, insensiblement, lentement, pas à pas, peu à peu, progressivement 2. de proche en proche, de fil en aiguille

petit³ N. 1. bout d'homme, miniature, nain, demi-portion (fam.), microbe (fam.), puce (fam.), avorton (péj.), gringalet (péj.), nabot (péj.) 2. enfant, bébé, jeune, bambin, bout de chou (fam.), gamin (fam.), gosse (fam.), môme (fam.), mouflet (fam.)
◆ **petite** N. F. petite fille, jeune fille, bout (de femme) (fam.), gamine (fam.), puce (fam.)

petitesse N. F. I. 1. petite taille 2. exiguïté, étroitesse, finesse II. 1. modicité, faiblesse, insignifiance, modestie, pauvreté 2. médiocrité, bassesse, étroitesse, faiblesse, mesquinerie, vilenie (littér.) 3. obscurité, humilité

pétri, ie ADJ.
– **pétri de** 1. plein de, gorgé de, rempli de, riche de, bouffi de (péj.), imbu de (péj.) 2. mélangé de, empreint de, pénétré de

pétrifié, ée ADJ. 1. figé, changé en statue (de sel), cloué, foudroyé, glacé, immobile, paralysé, statufié, tétanisé 2. ébahi, interdit, médusé, sidéré, stupéfait, suffoqué

pétrifier V. TR. 1. lapidifier, fossiliser 2. figer, ankyloser, clouer, foudroyer, glacer, horrifier, méduser, paralyser, sidérer, statufier, tétaniser, suffoquer (fam.) 3. fixer, bloquer, immobiliser

pétrir V. TR. 1. malaxer, brasser, écraser, manier, manipuler, travailler, tripoter, triturer 2. façonner, modeler

pétrolier N. M. tanker, navire-citerne

pétulance N. F. vivacité, ardeur, brio, chaleur, entrain, exubérance, feu, flamme, fougue, impétuosité, turbulence, vitalité

pétulant, ante ADJ. vif, bouillant, débordant (de vie), exubérant, fougueux, fringant, impétueux, turbulent

peuplade N. F. groupe, horde, tribu

peuple N. M. 1. nation, pays, société 2. ethnie, peuplade 3. masse, couches populaires, gens du commun, plèbe, prolétariat, populace (péj.), populo (péj.) 4. foule, grand public, masse, monde, multitude

peuplé, ée ADJ. habité, animé, fréquenté, populeux, vivant

peuplement N. M. 1. colonisation, établissement, implantation 2. [Écol.] biocénose, biote, faune, flore

peupler V. TR. 1. habiter, occuper 2. s'implanter dans, coloniser 3. planter, semer 4. remplir, envahir, occuper, hanter (littér.)

peur N. F. 1. crainte, alarme, alerte, angoisse, anxiété, appréhension, inquiétude, frousse (fam.), pétoche (fam.), trouille (fam.) 2. [grande] panique, affolement, effroi, épouvante, frayeur, hantise, terreur, trac, suée (fam.), affres (littér.) 3. lâcheté, poltronnerie, couardise (littér.), pleutrerie (littér.) 4. aversion, phobie, répulsion

peureux, euse ADJ. et N. craintif, lâche, poltron, dégonflé (fam.), foireux (fam.), froussard (fam.), lope (fam.), lopette (fam.), péteux (fam.), pétochard (fam.), poule mouillée (fam.), trouillard (fam.), couard (littér.), pleutre (littér.), pusillanime (littér.)

peut-être ADV. possiblement, éventuellement, probablement, sans doute

phallocrate N. M. phallocentrique, machiste, misogyne, sexiste, macho (fam.)

phallus N. M. membre (viril), pénis, sexe (masculin), verge, ithyphalle (didact.), priape (didact.)

phare N. M. 1. feu, lanterne 2. [littér.] flambeau, guide, lumière

pharisien, enne N. et ADJ. hypocrite, tartufe

phase N. F. 1. étape, degré, échelon, palier, stade 2. période, épisode, moment, partie

phénix N. M. génie, aigle, gloire, lumière, oiseau rare, prodige, surdoué, as (fam.), crack (fam.)

phénoménal, ale aux ADJ. étonnant, colossal, exceptionnel, extraordinaire, fabuleux, fantastique, gigantesque, formidable, incroyable, inimaginable, inouï, monstrueux, monumental, prodigieux, renversant, sensationnel, stupéfiant, décoiffant (fam.), ébouriffant (fam.), époustouflant (fam.), faramineux (fam.), monstre (fam.)

phénomène N. M. 1. fait, événement, manifestation, réalité 2. merveille, miracle, prodige 3. monstre 4. excentrique, énergumène, fantaisiste, farfelu, original, numéro (fam.), ovni (fam.)

philanthrope N. bienfaiteur, altruiste, donateur, humanitariste, mécène

philanthropie N. F. altruisme, bienfaisance, charité, générosité

philantropique ADJ. 1. altruiste, bon, charitable, généreux, humaniste 2. caritatif, de bienfaisance, de charité, humanitaire, humanitariste

philosophe
▶ N. 1. sage 2. penseur, métaphysicien 3. encyclopédiste
▶ ADJ. 1. optimiste 2. calme, fataliste, résigné, sage

philosophie N. F. 1. doctrine, conception, école, idéologie, pensée, principes, système, théorie, thèse, vision du monde 2. esthétique, éthique, logique, métaphysique, morale, ontologie, téléologie 3. calme, fatalisme, indifférence, optimisme, raison, résignation, sagesse, sérénité, équanimité (littér.)

philtre N. M. charme, breuvage (magique), potion magique

phobie N. F. aversion, crainte, dégoût, haine, hantise, horreur, peur, terreur, bête noire (fam.)

phonique ADJ. acoustique, sonore

phosphorescence N. F. luminescence, brasillement

phosphorescent, ente ADJ. 1. luminescent, fluorescent, luisant, lumineux, photogène 2. brillant, étincelant

photo N. F. cliché, diapositive, épreuve, image, instantané, photographie, prise de vue, tirage

photographie N. F. 1. prise de vue, cliché, épreuve, instantané, tirage 2. reproduction, illustration, image, photo 3. description, peinture, représentation

phrase N. F. 1. énoncé, expression, formule, mot, sentence 2. style
♦ **phrases** PLUR. 1. propos, mots, paroles 2. [péj.] discours, circonvolutions, détours, périphrases, tirade, circonlocutions (soutenu)

phraséologie N. F. style, langue, terminologie, jargon (péj.)

phraseur, euse
▶ N. 1. bavard, beau parleur, bonimenteur, discoureur, palabreur, baratineur (fam.) 2. déclamateur, rhéteur (littér.)
▶ ADJ. grandiloquent, déclamatoire

physiologique ADJ. 1. corporel, naturel 2. somatique, organique, physique

physionomie N. F. 1. figure, face, faciès, physique, tête, traits, visage, binette (fam.), bouille (fam.), gueule (très fam.), tronche (fam.) 2. air, attitude, expression, masque, mine, mimique 3. apparence, allure, aspect, caractère, dehors, extérieur, face

physique
▶ ADJ. 1. matériel, corporel, réel 2. organique, physiologique, somatique 3. charnel, intime, sensuel, sexuel
▶ N. M. apparence, constitution, corps, forme, organisme, plastique, physionomie, complexion (littér.)

physiquement ADV. 1. matériellement 2. au physique, corporellement 3. sexuellement, charnellement (soutenu)

piaffer V. INTR. s'impatienter, s'agiter, bouillir, piétiner, trépigner, ronger son frein

piaillement N. M. 1. piaulement 2. criaillerie, cri, criaillement, piaillerie

piailler V. INTR. 1. crier, criailler, jaser, piauler, couiner 2. protester, brailler, criailler, chouiner (fam.), couiner (fam.), râler (fam.)

piauler V. INTR. 1. crier, glapir, miauler, couiner 2. grincer

pic¹ N. M. pioche, [d'alpiniste] piolet, [de maçon] picot

pic² N. M. sommet, aiguille, cime, crête, dent, mont, montagne, piton

pic (à)
▶ LOC. ADJ. escarpé, abrupt, raide
▶ LOC. ADV. [fam.] à propos, à point nommé, bien, opportunément, pile (poil) (fam.)

pichet N. M. cruche, pot

picorer V. TR. et INTR. 1. becqueter, picoter 2. grignoter, manger comme un moineau/du bout des dents, pignocher, mangeotter (fam.) 3. grappiller, glaner

picotement N. M. chatouillement, démangeaison, fourmillement, fourmis, irritation, picotis, piqûre

picoter V. TR. 1. becqueter, picorer 2. piquer, chatouiller, démanger

pie N. F. bavard, jacasseur, jaseur, moulin à paroles, phraseur, commère (fam.), concierge (fam.), pipelette (fam.)

pièce N. F. 1. division, fragment, morceau 2. élément, constituant, fragment, morceau, organe, partie 3. unité, l'un, morceau, tête, [de tissu] coupon 4. [monnaie] espèce, jeton, monnaie, piécette 5. acte, certificat, diplôme, document, note, papier, titre 6. salle, chambre 7. [de théâtre] œuvre dramatique, comédie, drame, tragédie, revue, vaudeville 8. [en vers] poème, poésie

pied N. M. 1. peton (fam.), nougat (pop.), panard (pop.), patte (fam.), pince (pop.), pinceau (pop.), ripaton (pop.), arpion (argot) 2. [d'animal] patte 3. bas, assise, base 4. [de vigne] cep 5. [Versification] mètre

piédestal N. M. base, piédouche, socle, support

piège N. M. 1. filet, nasse, rets (littér.), [à souris] souricière, trappe 2. astuce, artifice, chausse-trappe, embûche, feinte, leurre, machine, miroir aux alouettes, panneau, ruse, stratagème, subterfuge, traquenard, attrape-nigaud (fam.), attrape-couillon (très fam.), piège à cons (très fam.) 3. embuscade, guêpier, guet-apens, souricière 4. écueil, complication

piéger V. TR. 1. traquer 2. berner, abuser, attraper, tromper, avoir (fam.), coincer (fam.), faire tomber dans le panneau (fam.), baiser (très fam.), se jouer de (littér.)

pierre N. F. 1. roche 2. caillou, galet, roc, rocher

pierreries N. F. PL. gemmes, bijoux, joyaux, pierres précieuses

pierreux, euse ADJ. 1. caillouteux, rocailleux, rocheux 2. graveleux, grumeleux

piété N. F. 1. ferveur, culte, dévotion, religion 2. affection, amour, respect

piétinement N. M. stagnation, immobilité, immobilisme, marasme

piétiner
▶ V. TR. 1. marcher sur, écraser, fouler aux pieds, froisser 2. malmener, s'acharner sur, insulter, s'essuyer les pieds sur 3. transgresser, enfreindre, violer
▶ V. INTR. 1. trépigner, piaffer 2. marquer le pas 3. aller et venir (sur place) 4. traîner (en longueur), ne pas avancer, durer, être en panne, faire du sur-place, ne pas en finir, patauger, patiner, stagner, tourner en rond, végéter

piètre ADJ. sans valeur, affligeant, bas, déplorable, dérisoire, faible, insignifiant, insuffisant, lamentable, maigre, médiocre, mesquin, minime, misérable, modique, négligeable, passable, pauvre, petit, piteux, pitoyable, ridicule, minable (fam.)

pieu N. M. piquet, poteau, bâton, échalas, épieu, poteau

pieusement ADV. 1. dévotement, dévotieusement, religieusement 2. précieusement, jalousement, religieusement, respectueusement, soigneusement, scrupuleusement, tendrement

pieux, pieuse ADJ. croyant, pratiquant, religieux, bigot (péj.), dévot (péj.)

pile¹ N. F. 1. amoncellement, amas, empilage, empilement, entassement, monceau, montagne, tas 2. batterie, générateur 3. pilier, colonne, montant, pied-droit, pilastre, pylône

pile² ADV. 1. à propos, à pic, à point (nommé), bien, opportunément 2. précis, juste, juste à temps, sonnant, pétant (fam.), tapant (fam.) 3. net, brusquement

piler¹ V. INTR. [fam.] freiner brutalement, s'arrêter net

piler² V. TR. broyer, concasser, écraser, pulvériser, réduire en miettes/en poudre, triturer

pilier N. M. 1. colonne, pied-droit, pilastre, pile, pylône 2. appui, défenseur, étai, partisan, soutien, support 3. habitué, familier, fidèle

pillage N. M. 1. mise à sac, déprédation, sac, saccage 2. vol, brigandage, larcins, razzia, maraudage (littér.), rapine (littér.) 3. concussion, détournement, exaction 4. plagiat, calque, copie, démarquage, emprunt, imitation

pillard, arde N. voleur, brigand, maraudeur, pilleur, pirate

piller V. TR. 1. voler, dérober, dévaliser, mettre à sac 2. plagier, calquer, copier, démarquer, emprunter à, imiter

pilon N. M. 1. broyeur 2. dame, hie 3. jambe de bois 4. [de poulet] cuisse

pilonner V. TR. 1. broyer, écraser 2. marteler, matraquer 3. bombarder, canonner

pilotage N. M. conduite, direction, guidage, navigation

pilote N. 1. barreur, skipper, timonier (littér.) 2. aviateur, copilote 3. conducteur, chauffeur 4. guide, cornac, cicérone (littér.) 5. [en apposition] expérimental, modèle, test

piloter V. TR. 1. manœuvrer, conduire, être au volant de 2. gouverner, administrer, commander, diriger, être à la tête de, être aux commandes de, être aux manettes de, gérer, mener, tenir la barre de, tenir le gouvernail de, tenir les rênes de, manager (fam.) 3. guider, accompagner, escorter, mener, cornaquer (fam.)

pilule N. F. 1. pastille, cachet, comprimé, grain, granule, granulé 2. contraceptif (oral)

pimbêche N. F. prétentieuse, mijaurée, péronnelle, bêcheuse (fam.), chichiteuse (fam.), pécore (littér.)

piment N. M. 1. chili, poivre de Cayenne 2. esprit, piquant, saveur, sel

pimenté, ée ADJ. 1. épicé, corsé, fort, piquant, relevé 2. osé, grivois, licencieux, salé

pimenter V. TR. épicer, agrémenter, assaisonner, corser, relever

pimpant, ante ADJ. 1. élégant, gracieux, joli 2. fringant, allègre, joyeux, pétillant, sémillant, vif

pinailler V. INTR. ergoter, chicaner, discutailler, chercher la petite bête (fam.), chinoiser (fam.), chipoter (fam.), couper les cheveux en quatre (fam.), enculer les mouches (très fam.), ratiociner (littér.)

pinailleur, euse N. ergoteur, chicaneur, discutailleur, chipotier (fam.), coupeur de cheveux en quatre (fam.), ratiocineur (littér.), vétilleux (littér.)

pince N. F. 1. tenaille 2. [Couture] fronce, pli

pincé, ée ADJ. 1. guindé, empesé, raide, sec, coincé (fam.), constipé (fam.), gourmé (littér.) 2. [bouche, lèvre, nez] fermé, mince, serré 3. [fam.] amoureux, mordu (fam.)

pinceau N. M. 1. brosse, blaireau, houppe, queue-de-morue 2. [lumineux] faisceau

pincer v. tr. 1. serrer, coincer, saisir 2. [froid] piquer, mordre

pingre n. et adj. avare, mesquin, parcimonieux, regardant, grippe-sou (fam.), radin (fam.), rapiat (fam.), ladre (littér.)

pingrerie n. f. avarice, mesquinerie, radinerie (fam.), ladrerie (littér.), lésine (littér.)

piocher v. tr. 1. creuser, fouir 2. prendre, puiser, dégoter (fam.)

pion[1] n. m. élément, pièce

pion[2], **pionne** n. [fam.] surveillant, maître d'étude

pionnier, ière n. 1. défricheur, colon, conquérant, explorateur 2. bâtisseur, créateur, fondateur, initiateur, innovateur, inspirateur, instigateur, père, précurseur, promoteur

pipe n. f. bouffarde (fam.), brûle-gueule (fam.), [des Indiens] calumet, [orientale] narguilé

pipeau n. m. 1. flûte, chalumeau, flageolet, flûtiau, musette 2. appeau

pipeline n. m. 1. oléoduc 2. canalisation, canal, collecteur, conduite, tube, tuyau

pipi n. m. urine, pisse (fam.)

piquant[1], **ante** adj. 1. pointu, acéré, aigu, perforant 2. vif, mordant 3. épicé, fort 4. aigre, acide, piqué 5. gazeux, pétillant 6. acerbe, acide, âcre, aigre, amer, blessant, caustique, vexant 7. malicieux, fin, incisif, mordant, mutin, satirique, savoureux, spirituel, vif 8. amusant, charmant, curieux, drôle, excitant, inattendu, intéressant, pittoresque, plaisant

piquant[2] n. m. 1. aiguillon, épine 2. relief, agrément, mordant, piment, saveur, sel 3. charme, chien (fam.)

pique[1] n. f. lance, dard, hallebarde, javelot, pointe, sagaie

pique[2] n. f. raillerie, méchanceté, moquerie, pointe, quolibet, rosserie, sarcasme, vanne (fam.), brocard (littér.)

piqué, ée adj. 1. [bois] vermoulu, mangé aux vers, pourri, rongé 2. [vin] acide, aigre, aigrelet, sur, tourné 3. [Mus.] détaché, staccato

pique-assiette n. invar. parasite, profiteur

piquer v. tr. I. 1. trouer, percer 2. attaquer, manger, ronger 3. [serpent] mordre 4. planter, enfoncer, ficher, plonger 5. coudre 6. vacciner 7. euthanasier, tuer II. 1. aiguillonner, éperonner 2. attiser, chatouiller, éveiller, exciter, stimuler III. 1. picoter, brûler, cuire, démanger, gratter, pincer 2. irriter, atteindre, blesser, fâcher, froisser, offenser, vexer

♦ **se piquer** v. pron. 1. se droguer, se fixer (fam.), se piquouser (fam.), se shooter (fam.) 2. s'aigrir, se gâter, surir, tourner 3. se fâcher, s'emporter, se formaliser, se froisser, s'offusquer, s'offenser, prendre la mouche, se vexer

piqueté, ée adj. piqué, tacheté, tavelé

piqûre n. f. 1. blessure, morsure, picotement, urtication 2. injection, inoculation, vaccin, piquouse (fam.) 3. couture 4. vermoulure 5. tache, oxydation, rousseur 6. pique, méchanceté, moquerie, pointe, quolibet, raillerie, rosserie, sarcasme, vanne (fam.), brocard (littér.)

pirate
▸ n. m. 1. écumeur de mer, corsaire, forban, boucanier (Antilles) 2. escroc, aigrefin, bandit, filou, fripouille, gangster, requin, scélérat, truand, voleur, forban (littér.) 3. [informatique] hacker (anglic.)
▸ adj. illégal, clandestin, illicite, irrégulier

pirater v. tr. 1. plagier, copier, démarquer, piller 2. [un avion] détourner

piraterie n. f. 1. flibuste, flibusterie 2. escroquerie, exaction, filouterie, fraude, vol

pirouette n. f. 1. cabriole, gambade, tour, virevolte, volte 2. dérobade, échappatoire, esquive, excuse, faux-fuyant, fuite, plaisanterie 3. revirement, changement, retournement, volte-face, palinodie (littér.)

pirouetter v. intr. pivoter, tourbillonner, tournoyer, virevolter

pis n. m. tétine, mamelle

piscine n. f. bassin, baignoire, bain, pièce d'eau, réservoir

pisser
▸ v. intr. uriner, faire pipi (fam.), se soulager (fam.)
▸ v. tr. évacuer, perdre

piste n. f. 1. voie, chemin, sentier 2. trace, indication, [d'animal] foulée 3. circuit

pister v. tr. suivre, filer, prendre en filature, suivre (la trace de), filocher (fam.)

pistolet n. m. revolver, arme, feu (fam.), flingue (fam.), pétard (fam.), calibre (argot)

piston n. m. [fam.] appui, coup de pouce, parrainage, recommandation, soutien

pistonner v. tr. [fam.] recommander, appuyer, favoriser, parrainer, pousser, donner un coup de pouce à (fam.)

pitance n. f. nourriture, aliments, subsistance, ordinaire (littér.), rata (argot militaire)

piteux, euse adj. 1. affligeant, déplorable, lamentable, mal en point, médiocre, misérable, pauvre, pitoyable, triste, minable (fam.), piètre (littér.) 2. confus, contrit, honteux, penaud, la queue basse/entre les jambes (fam.)

pitié n. f. 1. commisération, apitoiement, attendrissement, compassion 2. bonté, bienveillance, charité, clémence, cœur, humanité, indulgence, sensibilité, mansuétude (littér.) 3. [Relig.] grâce, merci, miséricorde 4. condescendance, dédain, mépris

piton n. m. 1. clou, broche, vis 2. [rocheux] éminence, aiguille, montagne, pic

pitoyable adj. 1. piteux, affligeant, calamiteux, consternant, déplorable, désastreux, exécrable, lamentable, minable, médiocre, méprisable, pauvre, triste, dans un triste état, minable (fam.) 2. douloureux, malheureux, moche, triste

pitre n. m. clown, bouffon, comique (de la troupe), guignol

pitrerie n. f. clownerie, facétie, farce, plaisanterie, singerie (fam.)

pittoresque
▸ adj. 1. original, bizarre, curieux, exotique, folklorique, insolite 2. expressif, cocasse, coloré, haut en couleur, piquant, savoureux, truculent
▸ n. m. couleur (locale), caractère, exotisme, insolite, originalité

pivot n. m. 1. axe, arbre 2. base, centre, clé de voûte, fondement, soutien, support 3. organisateur, cheville ouvrière, pilier, responsable

placard n. m. 1. affiche, écriteau, pancarte 2. armoire, buffet

placarder v. tr. afficher, apposer, coller

place n. f. I. 1. espace, volume 2. emplacement, endroit, lieu, position, siège, site, situation 3. esplanade, agora, forum, parvis, square 4. disposition, agencement, arrangement, ordre, position II. 1. fauteuil, siège, loge, strapontin 2. billet, entrée III. 1. classement, position, rang 2. emploi, charge, dignité, fonction, métier, position, poste, rang, rôle, situation, travail, job (fam.)

placement n. m. 1. installation, agencement, rangement 2. investissement, mise (de fonds) 3. hospitalisation, internement

placer v. tr. I. 1. agencer, ajuster, arranger, disposer, ordonner, ranger 2. déposer, mettre, poser, ficher (fam.), flanquer (fam.), foutre (très fam.) 3. faire tenir, loger, mettre, ranger, caser (fam.), fourrer (fam.), nicher (fam.), serrer (littér.) 4. installer, asseoir, mettre, poster 5. situer, centrer, établir, localiser II. 1. investir, engager 2. [des espoirs] fonder, mettre 3. vendre, louer

♦ **se placer** v. pron. 1. s'installer, s'asseoir, se mettre, se ranger 2. se classer

placide adj. 1. paisible, calme, mesuré, pacifique, patient, pondéré, serein, tranquille, cool (fam.) 2. flegmatique, froid, impassible, imperturbable

placidité n. f. 1. calme, nonchalance, patience, sang-froid, sérénité, tranquillité 2. flegme, impassibilité, imperturbabilité

plafond n. m. 1. voûte 2. maximum, limite (haute), seuil, sommet

plafonner
▸ v. intr. 1. culminer, atteindre la limite 2. stagner, faire du sur-place, marquer le pas
▸ v. tr. limiter, brider

plage n. f. grève, bord de mer, marina, rivage

plagiaire n. contrefacteur, copieur, copiste, imitateur, pasticheur, pillard, pilleur

plagiat n. m. copie, calque, copiage, démarquage, emprunt, imitation, pastiche, pillage

plagier v. tr. copier, calquer, contrefaire, démarquer, imiter, pasticher, piller, reproduire

plaid n. m. couverture, tartan

plaider v. tr. défendre, affirmer, attester, faire valoir, soutenir

plaidoyer n. m. 1. plaidoirie, défense 2. justification, apologie, défense, éloge

plaie n. f. 1. blessure, écorchure, égratignure, lésion, meurtrissure, bobo (lang. enfants) 2. affliction, blessure, douleur, peine, souci, tracas

plaignant, ante n. demandeur, accusateur, partie, plaideur

plaindre v. tr. avoir pitié de, s'apitoyer sur, s'attendrir sur, compatir avec, prendre en pitié

♦ **se plaindre** v. pron. 1. se lamenter, conter ses peines 2. geindre, crier, gémir, pleurer, bêler (fam.), couiner (fam.), pleurnicher (fam.) 3. protester, criailler, grommeler, jeter/pousser les hauts cris, maugréer, récriminer, râler (fam.), rouspéter (fam.) 4. réclamer, revendiquer, crier misère

plain-pied (de) loc. adj. au même niveau, de niveau

plainte n. f. 1. cri (de douleur), gémissement, hurlement, lamentation, pleur, soupir (littér.) 2. doléance, grief, protestation, réclamation, récrimination, reproche, revendication, criaillerie (péj.), jérémiade (péj.)

plaintif, ive adj. gémissant, larmoyant (péj.), geignard (péj., fam.), pleurnichard (péj., fam.), dolent (péj., littér.)

plaire v. intr. avoir du succès, être populaire, être en vogue, réussir
– **plaire à** 1. convenir à, agréer à, aller à, contenter, être à la convenance de, avoir la faveur de, faire plaisir à, sembler bon à, satisfaire, tenter, botter (fam.), chanter à (fam.), dire à (fam.) 2. séduire, attirer, charmer, conquérir, avoir un ticket avec (fam.), avoir une touche avec (fam.), taper dans l'œil à (fam.), tourner la tête à (fam.)

♦ **se plaire** v. pron. s'aimer, s'apprécier

plaisamment adv. 1. drôlement 2. agréablement, délicieusement, gracieusement, joliment

plaisant, ante
▸ adj. 1. agréable, attrayant, charmant, gentil, gracieux, joli, riant 2. aimable, amène, attirant, attachant, avenant, gai, séduisant, sympathique 3. engageant, excitant 4. amusant, comique, divertissant, drôle, piquant, réjouissant, risible, spirituel, rigolo (fam.)
▸ n. m. [vieux] bouffon, farceur, loustic

plaisanter
▸ v. intr. s'amuser, badiner, rire, blaguer (fam.), rigoler (fam.)
▸ v. tr. se moquer de, railler, taquiner, charrier (fam.), mettre en boîte (fam.)

plaisanterie n. f. 1. boutade, bon mot, saillie, trait d'esprit, blague (fam.) 2. moquerie, pointe, raillerie, taquinerie, mise en boîte (fam.), vanne (fam.) 3. facétie, badinerie, bouffonnerie, pitrerie, couillonnade (très fam.), gag (fam.) 4. farce, mystification, attrape (fam.), bateau (fam.), blague (fam.), bobard (fam.), canular (fam.) 5. jeu, bagatelle, rigolade (fam.)

plaisantin n. m. 1. farceur, blagueur, bouffon, pitre 2. [péj.] amateur, dilettante, fumiste (fam.), rigolo (fam.)

plaisir n. m. 1. satisfaction, bien-être, bonheur, contentement, délectation, délice, félicité, joie 2. hédonisme, épicurisme 3. jouissance, volupté 4. distraction, amusement, divertissement, jeu, passe-temps, récréation, réjouissance

plan[1], **plane** adj. égal, plain, plat, uni, de niveau

plan[2] n. m. 1. surface 2. hauteur, niveau 3. importance, catégorie, ordre 4. domaine, perspective, registre 5. [Cinéma] prise de vue

plan[3] n. m. I. 1. intention, dessein, idée, programme, projet, visée, vue 2. planification, calcul, combinaison, entreprise, stratégie, système, tactique II. 1. cadre, canevas, charpente,

planche N. F. 1. latte, planchette 2. rayon, tablette 3. image, estampe, gravure, illustration, reproduction 4. [Hortic.] carré
♦ **les planches** PLUR. la scène, le théâtre, les tréteaux

plancher N. M. 1. sol 2. parquet 3. minimum, limite (basse), [en apposition] limite

planer V. INTR. 1. voler 2. flotter dans l'air 3. rêver, être dans les nuages (fam.), être dans les vapes (fam.), être à côté de ses pompes (fam.), être à l'ouest (fam.), rêvasser (fam.)

planétaire ADJ. mondial, global, intercontinental, international, terrestre, universel

planète N. F. 1. corps céleste, astre 2. terre, globe, monde

planifier V. TR. 1. programmer, calculer, ordonner, organiser, préparer, prévoir 2. projeter, envisager, penser, préméditer, se proposer de, songer à

planning N. M. 1. calendrier, agenda, emploi du temps, programme 2. organisation, arrangement, ordonnancement, plan de travail

planque N. F. 1. cachette, cache 2. [fam.] sinécure, combine (fam.), filon (fam.), fromage (fam.)

plantation N. F. I. implantation, installation, pose II. 1. champ, culture, exploitation (agricole), [de jeunes végétaux] pépinière, [de légumes] potager, [d'arbres fruitiers] verger 2. [d'arbres] boisement, peuplement

plante N. F. végétal
♦ **plantes** PLUR. végétation, flore

planter V. TR. 1. semer, repiquer, transplanter 2. ensemencer, [d'arbres] arborer, boiser, reboiser 3. enfoncer, ficher, implanter, piquer 4. installer, camper, élever, placer, poser, [une tente] dresser, monter
♦ **se planter** V. PRON. se poster, s'arrêter, se camper, se mettre

plantureux, euse ADJ. 1. abondant, copieux, gargantuesque, d'ogre, pantagruélique 2. rond, corpulent, dodu, gras, gros, potelé, replet 3. épanoui, avantageux, opulent, plein, rebondi

plaque N. F. 1. feuille, carreau, lame, lamelle, plaquette, table, tablette 2. écriteau, panonceau 3. médaille, badge 4. écaille, croûte

plaquer V. TR. 1. appliquer, coller, couvrir de, recouvrir de, placarder 2. aplatir, appuyer, mettre à plat 3. pousser, coincer (fam.)

plaquette N. F. 1. publication, brochure, livret, monographie, opuscule, recueil 2. lamelle, planchette, plaque

plastique[1] ADJ. flexible, malléable, mou, souple

plastique[2]
▸ N. F. forme, physique, corps
▸ N. M. plastoc (fam.)

plastronner V. INTR. parader, faire l'intéressant, fanfaronner, se mettre en valeur, se pavaner, poser, crâner (fam.), frimer (fam.)

plat[1], **plate** ADJ. I. 1. plan, égal, horizontal, lisse, plain, uni 2. aplati, mince 3. [cheveux] raide, aplati 4. [nez] camard, aplati, camus II. 1. servile, humble, obséquieux, rampant, vil 2. terne, banal, creux, fade, falot, incolore, inconsistant, insipide, médiocre, monotone, morne, pâle, prosaïque, quelconque, uniforme, vide, fadasse (fam.)

plat[2] N. M. 1. plateau, ustensile 2. mets, spécialité

plateau N. M. 1. plate-forme, table, [de tourne-disque] platine 2. [Théâtre] scène, planches, tréteaux 3. [TV] studio, décor 4. plat, assortiment

plate-bande N. F. parterre, corbeille, massif

plateforme N. F. 1. terrasse, balcon, belvédère, terre-plein 2. étage, palier 3. plateau 4. [en montagne] épaule, replat 5. [politique] programme, base, projet

platitude N. F. 1. fadeur, banalité, facilité, faiblesse, inconsistance, insignifiance, insipidité, médiocrité, monotonie, pauvreté, prosaïsme, uniformité 2. cliché, banalité, bêtise, évidence, fadaise, généralité, lapalissade, lieu commun, niaiserie, poncif, sottise, stéréotype, truisme

platonique ADJ. 1. chaste, désincarné, idéal, immatériel, pur, spirituel, sublime, éthéré (littér.) 2. théorique, formel

plâtras N. M. gravats, déblais, débris, décombres

plausible ADJ. 1. admissible, acceptable, concevable, crédible, croyable, pensable, possible, recevable, vraisemblable 2. probable, possible

pléiade N. F. 1. aréopage, cénacle, école, groupe 2. grande quantité, affluence, armée, contingent, essaim, flot, foule, légion, multitude, myriade, nuée, régiment, ribambelle, flopée (fam.)

plein, pleine ADJ. I. 1. rempli, farci, garni 2. complet, [à l'excès] bondé, comble, plein comme un œuf, plein à craquer, saturé, bourré (fam.) 3. [avant le nom] total, absolu, complet, entier, plénier, tout 4. rassasié, repu 5. [femelle] gravide, grosse II. 1. épanoui, arrondi, avantageux, charnu, dodu, généreux, gras, gros, opulent, plantureux, potelé, rebondi, replet, rond 2. ample, dense, étoffé, nourri, soutenu

pleinement ADV. 1. entièrement, absolument, complètement, tout (à fait), totalement 2. parfaitement, très

plénipotentiaire N. M. fondé de pouvoir, ambassadeur, diplomate, émissaire, envoyé

plénitude N. F. 1. épanouissement, force (de l'âge), maturité 2. bonheur, contentement 3. intégrité, totalité 4. abondance, ampleur, profusion 5. comblement, saturation

pléonasme N. M. redondance, tautologie

pléthore N. F. profusion, abondance, débordement, excès, surabondance, surplus

pléthorique ADJ. excessif, foisonnant, surabondant, surchargé

pleurer
▸ V. INTR. 1. être en larmes, répandre des larmes, verser des larmes, larmoyer, sangloter, chialer (fam.) 2. crier, brailler, braire, couiner, hurler 3. se plaindre, geindre, gémir, se lamenter, larmoyer, pleurnicher, réclamer, chouiner (fam.) 4. implorer
▸ V. TR. 1. regretter, déplorer, se lamenter sur 2. se repentir de

pleurnichard, arde ADJ. et N. pleurnicheur, geignard, larmoyant, plaintif, pleurard (fam.), dolent (littér.)

pleurnicher V. INTR. geindre, gémir, se lamenter, avoir la larme à l'œil, larmoyer, se plaindre, pleurer

pleurs N. M. PL. 1. larmes, sanglots 2. cris, geignements, gémissements, jérémiades, lamentations, plaintes, pleurnicheries, soupirs (littér.)

pleutre N. M. et ADJ. peureux, craintif, lâche, poltron, dégonflé (fam.), foireux (fam.), froussard (fam.), péteux (fam.), pétochard (fam.), poule mouillée (fam.), trouillard (fam.), couard (littér.), pusillanime (littér.)

pleuvoir
▸ V. IMPERS. bruiner, crachiner, pleuvasser, pleuviner, pleuvoter, flotter (fam.), pisser (fam.)
▸ V. INTR. affluer, arriver en abondance, s'amonceler

pli[1] N. M. 1. pliure, arête, corne, nervure 2. poche, bourrelet, fanon, repli, ride, ridule, [du coude] saignée 3. [Couture] fronce, godron, pince, tuyau 4. [de terrain] plissement, accident, cuvette, dépression, dôme, éminence, ondulation 5. habitude, manie, réflexe, rite, rituel

pli[2] N. M. 1. lettre, feuillet, mot (fam.), billet (littér.), missive (littér.) 2. levée

plier
▸ V. TR. 1. replier, fermer, rabattre, ranger 2. plisser, corner, enrouler, froncer, rouler 3. courber, arquer, couder, fausser, fléchir, incliner, incurver, recourber, ployer (littér.)
▸ V. INTR. 1. s'incliner, se courber, se déformer, fléchir, s'incurver, pencher, ployer, se tordre 2. céder, faiblir, flancher, fléchir, s'incliner, mollir, obtempérer, reculer, se rendre

plissé, ée ADJ. 1. froncé, ruché 2. fripé, chiffonné, marqué, parcheminé, raviné, ridé

plissement N. M. froncement, froissement, contraction

plisser V. TR. 1. froncer, rucher 2. froisser, chiffonner

pliure N. F. 1. pli, arête, corne, nervure 2. creux

plomb N. M. 1. sceau, scellé 2. charge, grenaille, chevrotine 3. fusible

plombage N. M. 1. obturation 2. amalgame

plombé, ée ADJ. 1. scellé 2. grevé, alourdi, lesté 3. [ciel] nuageux, chargé, lourd, sombre 4. [teint] pâle, blafard, blême, cadavérique, cireux, exsangue, hâve, livide, olivâtre, terreux, verdâtre 5. [dent] obturé

plomber V. TR. 1. lester, alourdir 2. sceller 3. [une dent] boucher, obturer

plongeant, ante ADJ. profond, échancré

plongée N. F. 1. [de sous-marin] immersion, descente 2. [d'avion] piqué, descente 3. voyage, descente, immersion 4. vue plongeante

plongeon N. M. 1. chute, saut 2. faillite, culbute, bouillon (fam.) 3. immersion, descente

plonger
▸ V. TR. 1. immerger, baigner, noyer, submerger, tremper 2. enfoncer, enfouir, introduire, mettre, faire pénétrer, fourrer (fam.) 3. jeter, précipiter
▸ V. INTR. 1. piquer 2. sauter, piquer une tête 3. s'immerger, disparaître, s'enfoncer, s'engloutir, sombrer

plongeur, euse N. 1. homme-grenouille 2. [fam.] laveur, rinceur

ployer
▸ V. TR. courber, arquer, couder, fausser, fléchir, incliner, incurver, infléchir, plier, recourber, tordre
▸ V. INTR. 1. s'incliner, se courber, se déformer, fléchir, s'incurver, pencher, (se) plier, se tordre 2. céder, faiblir, flancher, fléchir, s'incliner, mollir, obtempérer, reculer, se rendre

pluie N. F. 1. précipitation, averse, eau (du ciel), giboulée, gouttes, grain, ondée, orage, douche (fam.), flotte (fam.), rincée (fam.), sauce (fam.), saucée (fam.) 2. [forte] déluge, cataracte, hallebardes

plume N. F. 1. aigrette, panache, plumet 2. stylo, crayon 3. style, écriture
♦ **plumes** PLUR. plumage, duvet

plupart N. F. et PRON. INDÉF.
– **la plupart (de)** la majorité (de), l'essentiel (de), le gros de, le plus grand nombre (de), presque tous
– **la plupart du temps** ordinairement, d'ordinaire, le plus souvent, généralement, habituellement, neuf fois sur dix

pluralité N. F. multiplicité, diversité, variété

plus[1] ADV. davantage, encore
– **en plus** 1. à côté de ça, au surplus, de surcroît, par surcroît, et pour couronner le tout (fam.), par-dessus le marché (fam.) 2. en prime, en complément, en sus

plus[2] N. M. 1. avantage, atout 2. amélioration, bonification, gain, mieux

plusieurs
▸ ADJ. 1. quelques, plus d'un, un certain nombre de, maint (littér.) 2. différent, divers 3. beaucoup de, bon nombre de, pas mal de, quantité de, moult (littér.)
▸ N. d'aucuns, certains, quelques-uns

plus-value N. F. 1. bénéfice, boni, excédent, gain, profit 2. amélioration, valorisation

plutôt ADV. 1. assez, passablement, moyennement, relativement 2. en fait, en réalité, du moins 3. de préférence

pluvieux, euse ADJ. humide, bruineux

poche N. F. 1. emballage, pochette, sac, sachet 2. gousset, pochette, fouille (fam.) 3. cerne, valise (fam.), valoche (fam.)

pocher
▸ V. TR. 1. ébouillanter, blanchir, échauder 2. meurtrir
▸ V. INTR. goder, faire des plis, godailler

pochette N. F. poche, emballage, sac, sachet

poésie N. F. 1. poème, chant, pièce en vers 2. lyrisme, romantisme 3. beauté, charme, émotion 4. littérature, rimaillerie (péj.)

poète
▶ N. 1. auteur, écrivain, aède (littér.), barde (littér.), faiseur de vers (péj.), rimailleur (péj.), rimeur (péj.), versificateur (péj.) 2. chantre, troubadour
▶ ADJ. rêveur, idéaliste, utopiste

poétique ADJ. 1. lyrique 2. beau, idéal 3. romantique, touchant

poids N. M. I. 1. masse, charge, lourdeur, pesanteur, poussée 2. ligne 3. bloc, masse, morceau 4. [d'un diamant] carat 5. densité, titre II. 1. charge, faix, fardeau, responsabilité 2. souci, accablement, fatigue 3. embarras, gêne, oppression, pesanteur, pression, boulet (fam.) III. 1. importance, force, portée, valeur 2. autorité, influence

poids lourd N. M. camion, semi-remorque, gros cul (fam.)

poignant, ante ADJ. pathétique, bouleversant, déchirant, émouvant

poigne N. F. énergie, autorité, fermeté, force, vigueur

poignée N. F. manette, levier, bouton, béquille, [de pot, de casserole] anse, oreille, [de fenêtre] crémone, espagnolette, [de porte] bec de cane

poil N. M. 1. pelage, fourrure, toison, [de cheval] robe 2. barbe, moustache, duvet 3. soie, crin

poilu, ue ADJ. 1. velu, barbu, chevelu, moustachu 2. cotonneux, duveteux, pubescent, velu

poinçon N. M. 1. garantie, estampille, label, marque, sceau 2. pointeau, alène, coin, matrice

poinçonner V. TR. 1. estampiller, frapper, graver, marquer 2. percer, perforer, transpercer, trouer

poindre V. INTR. 1. percer, éclore, pointer, saillir, sortir 2. apparaître, émerger, se faire jour, se lever, se montrer, naître, paraître, se présenter, se profiler, surgir, survenir, venir, montrer le bout de son nez (fam.)

poing N. M.
— **coup de poing** châtaigne (fam.), marron (fam.), allonge (argot)

point N. M. I. 1. position, emplacement, endroit, lieu, place 2. repère, coordonnée II. [d'un score, d'un résultat] marque, note III. ponctuation, signe IV. 1. sujet, chapitre, matière, problème, question, rubrique, thème 2. [d'un discours, d'un écrit] partie, lieu, article, disposition, chef (littér.) V. 1. moment, étape, phase, stade 2. état, situation 3. degré, échelon, niveau, seuil

pointage N. M. 1. contrôle, vérification 2. enregistrement 3. visée

point de vue N. M. 1. panorama, coup d'œil, paysage, site, vue 2. approche, aspect, optique, perspective 3. opinion, appréciation, avis, conception, idée, jugement, pensée, position, sentiment

pointe N. F. I. 1. bout, extrémité, apex 2. bec, cap 3. sommet, cime, haut, pic II. 1. aiguille, flèche 2. piquant, épine 3. clou III. 1. émergence, point 2. avant-garde IV. châle, fichu, foulard V. moquerie, épigramme, pique, plaisanterie, quolibet, raillerie, sarcasme, lazzi (littér.), vanne (fam.)

pointer[1] V. TR. 1. signaler, montrer du doigt 2. cocher, contrôler, marquer, noter, relever, vérifier 3. diriger, braquer, orienter, viser

pointer[2] V. INTR. 1. pousser, percer 2. jaillir, se dresser, s'élancer 3. apparaître, émerger, naître, paraître, poindre, se profiler, surgir, montrer le bout de son nez (fam.)

pointilleux, euse ADJ. 1. minutieux, consciencieux, méticuleux, rigoureux, scrupuleux, soigneux, vigilant, maniaque (péj.) 2. exigeant, formaliste, sourcilleux, tatillon, chicaneur (fam.), ergoteur (fam.), pinailleur (fam.), vétilleux (littér.) 3. chatouilleux, délicat, difficile, irascible, susceptible

pointu, ue ADJ. 1. acéré, aigu, effilé, piquant 2. élevé, aigu, haut perché 3. spécialisé, affûté

pointure N. F. taille, dimension

poison N. M. 1. toxique, venin, bouillon d'onze heures (fam.) 2. importun, empoisonneur, enquiquinant (fam.) 3. démon, peste, vipère, carne (fam.), chameau (fam.), teigne (fam.), vache (fam.)

poisseux, euse ADJ. collant, gluant, gras, visqueux

poisson N. M. 1. [collectif] marée, poissonnaille (fam.), poiscaille (pop.), [petit] fretin 2. [jeune] alevin, nourrain

poitrine N. F. 1. buste, poitrail, poumons, sein, thorax, torse, buffet (fam.), caisse (fam.), coffre (fam.) 2. [féminine] seins, gorge, mamelles (fam.), lolos (fam.), nénés (fam.), nichons (fam.)

poivré, ée ADJ. 1. relevé, assaisonné, épicé, fort 2. [propos] grivois, coquin, croustillant, cru, égrillard, épicé, gaillard, gaulois, graveleux, léger, leste, libertin, libre, licencieux, osé, rabelaisien, salé, cochon (fam.)

polaire ADJ. 1. glacial, sibérien 2. arctique, antarctique, hyperboréen (littér.)

polariser V. TR. attirer, concentrer, focaliser
♦ **se polariser sur** V. PRON. se concentrer sur, se fixer sur, se focaliser sur

pôle N. M. 1. extrémité, calotte 2. centre, cœur, noyau

polémique
▶ N. F. controverse, contestation, désaccord, différend, dispute, querelle
▶ ADJ. critique, agressif, défavorable, négatif, sévère

poli[1], **ie** ADJ. 1. lisse, bruni 2. brillant, briqué, éclatant, étincelant, frotté, luisant, lustré 3. fini, soigné, fignolé (fam.)

poli[2], **ie** ADJ. 1. bien élevé, bienséant, convenable, correct, courtois, de bon ton, policé, respectueux 2. aimable, affable, amène, déférent 3. distingué, civilisé, délicat, éduqué, élégant, raffiné

police[1] N. F. 1. ordre, administration, justice 2. force publique, forces de l'ordre, flics (fam.), flicaille (fam., péj.), poulets (fam.), poulaille (argot), rousse (argot) 3. commissariat

policer V. TR. civiliser, adoucir, affiner, cultiver, éduquer, humaniser, polir, raffiner

polichinelle N. M. 1. fantoche, girouette, marionnette, pantin 2. bouffon, clown, guignol, pitre, rigolo (fam.)

policier, ière
▶ N. 1. agent (de police), gardien de la paix, flic (fam.), poulet (fam.), bourre (argot), cogne (argot), condé (argot), vache (argot) 2. détective, limier, espion, indicateur
▶ ADJ. et N. M.
— **(roman) policier** roman noir, thriller, polar (fam.)

poliment ADV. courtoisement, affablement, respectueusement, civilement (littér.)

polir V. TR. I. 1. aplanir, adoucir, aléser, égaliser, limer, planer, poncer, raboter 2. astiquer, briquer, décaper, faire briller, fourbir, frotter, lustrer II. 1. civiliser, affiner, cultiver, dégrossir, éduquer, humaniser, policer 2. parfaire, apporter la dernière main/la dernière touche à, châtier, ciseler, épurer, fignoler, peaufiner, soigner, lécher (fam.)

polisson, onne
▶ N. 1. galopin, garnement, vaurien 2. débauché
▶ ADJ. canaille, coquin, égrillard, gaulois, gras, graveleux, grivois, hardi, libertin, licencieux, osé, paillard

polissonnerie N. F. espièglerie, farce, niche, tour

politesse N. F. 1. bienséance, bon ton, convenances, correction, décence, éducation, (bonnes) manières, savoir-vivre, usages 2. affabilité, amabilité, aménité, complaisance, galanterie, tact, urbanité (littér.) 3. égard, courtoisie, déférence, respect

politique[1]
▶ ADJ. 1. civil, civique, public, social 2. habile, adroit, diplomate, diplomatique, fin, rusé
▶ N. M. 1. État, gouvernement, pouvoir 2. politicien, politicard (péj.)

politique[2] N. F. 1. stratégie, calcul, gouvernance, gouvernement, tactique 2. [extérieure] diplomatie

polluer V. TR. contaminer, corrompre, infecter, infester, souiller, vicier

pollution N. F. 1. souillure 2. nuisance, agression

poltron, onne ADJ. et N. peureux, craintif, lâche, dégonflé (fam.), froussard (fam.), pétochard (fam.), poule mouillée (fam.), trouillard (fam.), couard (littér.), pleutre (littér.), pusillanime (littér.)

pomme N. F. 1. [pour distinguer de pomme de terre] pomme en l'air, pomme fruit 2. fruit défendu (littér.) 3. boule, [de canne] pommeau, [de douche] douchette

pommelé, ée ADJ. 1. tacheté, moucheté 2. [ciel] moutonné

pompe N. F. 1. apparat, appareil, cérémonial, cérémonie, décorum, éclat, faste, grandeur, lustre, luxe, magnificence, majesté, panache, richesse, solennité, somptuosité, splendeur, clinquant (péj.) 2. rhétorique, affectation, boursouflure, emphase, enflure, grandiloquence, solennité, vanité

pomper V. TR. 1. aspirer, absorber, boire, sucer 2. puiser, tirer

pompeux, euse ADJ. 1. solennel, cérémonieux, fastueux, majestueux 2. affecté, ampoulé, apprêté, boursouflé, cérémonieux, déclamatoire, empesé, emphatique, enflé, grandiloquent, pédant, pontifiant, prétentieux, ronflant, sentencieux, solennel

pompier[1] N. M. sapeur(-pompier), soldat du feu

pompier[2], **ière** ADJ. académique, conventionnel, ringard (fam.)

pompon N. M. houppe, houppette

pomponner V. TR. parer, toiletter, bichonner (fam.)
♦ **se pomponner** V. PRON. s'apprêter, se faire beau, se parer, se bichonner (fam.), s'endimancher, se mettre sur son trente et un

poncif N. M. stéréotype, banalité, cliché, idée reçue, lieu commun

ponctionner V. TR. 1. [Méd.] dégorger, vider 2. [les contribuables] taxer, traire (fam.)

ponctualité N. F. exactitude, assiduité, régularité

ponctuation N. F. pause, temps d'arrêt, silence

ponctuel, elle ADJ. 1. exact, à l'heure 2. assidu, régulier, scrupuleux 3. localisé, local 4. isolé, limité, spécial, spécifique

ponctuer V. TR. 1. entrecouper 2. souligner, accentuer, scander 3. jalonner, baliser

pondération N. F. 1. mesure, égalité de caractère/d'humeur, calme, modération, prudence, retenue 2. balance, équilibre

pondéré, ée ADJ. 1. posé, calme, prudent, raisonnable, réfléchi, sage 2. mesuré, égal, modéré, nuancé, raisonné, réservé, retenu, tempéré 3. équilibré, proportionné

pondérer V. TR. 1. tempérer, modérer, nuancer 2. équilibrer, balancer, compenser

pont N. M. 1. arche, passerelle, ponceau, viaduc 2. appontement, passerelle 3. intermédiaire, liaison, passage, passerelle, transition 4. essieu

pontifiant, ante ADJ. doctoral, empesé, emphatique, pédant, professoral, sentencieux, solennel

pontificat N. M. papauté, règne

pontifier V. INTR. pérorer, faire donner les grandes orgues

pool N. M. 1. groupement, communauté, consortium, groupe, syndicat 2. équipe

populace N. F. 1. prolétariat, masse, peuple, populaire, populo (fam.), vulgaire (littér.) 2. foule, multitude 3. racaille, canaille, pègre

populaire ADJ. 1. démocratique 2. laborieux, ouvrier, pauvre, petit 3. humble, ordinaire, plébéien, roturier, simple 4. commun, plébéien, vulgaire 5. folklorique, traditionnel 6. célèbre, apprécié, connu, fameux, renommé, réputé

populariser V. TR. répandre, démocratiser, diffuser, généraliser, massifier, propager, vulgariser

popularité N. F. 1. célébrité, audience, gloire, notoriété, renom, renommée, réputation 2. vogue, cote, estime, faveur 3. sympathie, cote d'amour

population N. F. 1. habitants, gens, individus, peuple 2. collectivité, corps social, nation, pays, peuple, public

populeux, euse ADJ. animé, fréquenté, habité, passant, peuplé, populaire

porc N. M. 1. cochon, [*mâle*] verrat 2. [*jeune*] porcelet, cochon de lait, cochonnet, goret 3. charcuterie 4. [*péj.*] débauché, cochon, dégoûtant, dépravé, vicieux

porche N. M. 1. abri 2. portique, arc, entrée, porte cochère

poreux, euse ADJ. perméable, ouvert, percé

pornographie N. F. obscénité, sexe, porno (*fam.*), cul (*très fam.*)

pornographique ADJ. obscène, x, porno (*abrév. fam.*), cochon (*fam.*), hard (*fam.*)

port[1] N. M. 1. rade, bassin 2. col, passage, passe 3. refuge, abri, asile, havre

port[2] N. M. 1. transport, affranchissement, expédition 2. air, allure, contenance, démarche, maintien, prestance, tenue

portable ADJ. 1. portatif, mobile, transportable 2. mettable, convenable

portant, ante
▸ N. M. montant, pied-droit
▸ ADJ.
– **bien portant** sain, en bonne santé, en pleine forme
– **mal portant** malade, en mauvaise santé, souffrant, mal en point (*fam.*)

porte N. F. 1. accès, entrée, issue, ouverture, sortie 2. vantail, battant, lourde (*argot*) 3. portière 4. portail, grille, porche, portique, propylée, [*triomphale*] arc

porté, ée ADJ.
– **être porté sur** aimer, affectionner, avoir du goût pour, avoir un faible pour, avoir un penchant pour, être amateur de, être attiré par, s'intéresser à, se passionner pour, raffoler de

porte-bonheur N. M. INVAR. amulette, fétiche, gri-gri, mascotte, porte-chance, talisman

porte-documents N. M. INVAR. attaché-case, cartable, mallette, serviette

porte-drapeau N. M. 1. porte-étendard, enseigne (*ancient*) 2. chef, cerveau, leader, meneur, représentant, tête

portée N. F. I. 1. impact, conséquence, effet, importance, influence, intérêt, place, poids, signification 2. envergure, étendue, force, valeur 3. niveau, aptitude, force 4. trajectoire, amplitude, ampleur, distance II. progéniture, petits, nichée

portefeuille N. M. 1. porte-billets, porte-carte 2. titres, valeurs 3. ministère

porte-parole N. M. INVAR. représentant, fondé de pouvoir, interprète

porter V. TR. I. 1. tenir, prendre 2. transporter, apporter, emporter, livrer, rapporter, transférer, transbahuter (*fam.*), trimbaler (*fam.*) 3. pousser, conduire, diriger, entraîner, mouvoir, transporter 4. [*sur soi*] arborer, avoir, exhiber, mettre, présenter 5. supporter, soutenir, tenir 6. [*des fruits*] produire, donner II. 1. [*par écrit*] inscrire, coucher 2. contenir, déclarer, dire, indiquer, préciser, stipuler 3. [*une nouvelle*] annoncer III. 1. exprimer, manifester, montrer, présenter, traduire 2. accorder, attacher, prêter, vouer (*littér.*) IV. 1. assener, administrer, appliquer, envoyer, lancer, allonger (*fam.*), coller (*fam.*), ficher (*fam.*), filer (*fam.*), flanquer (*fam.*) 2. [*sans complément*] faire mouche, toucher juste, toucher une corde sensible

portion N. F. 1. subdivision, morceau, part, partie, section, segment, tronçon 2. [*d'aliment*] tranche, bout, part, quartier, rondelle 3. ration, dose, part 4. [*de terrain*] parcelle, lopin 5. lot, part, quotité

portrait N. M. 1. effigie, image, photo, représentation 2. peinture, tableau 3. signalement, description

pose N. F. I. 1. installation, mise en place, montage 2. application II. 1. position, attitude, posture 2. affectation, façons, snobisme

posé, ée ADJ. pondéré, calme, grave, mûr, réfléchi, sage

posément ADV. 1. calmement, doucement, paisiblement, tranquillement 2. lentement, gravement

poser
▸ V. TR. I. 1. placer, déposer, mettre, flanquer (*fam.*), foutre (*très fam.*) 2. étaler, étendre 3. installer, adapter, monter 4. poster, camper, disposer, dresser, placer II. 1. postuler, admettre, établir, fixer, formuler, supposer 2. évoquer, soulever
▸ V. INTR. faire le beau, crâner, faire le paon, parader, se pavaner, frimer (*fam.*)
♦ **se poser** V. PRON. 1. [*avion*] atterrir, toucher le sol, [*sur l'eau*] amerrir, [*sur la Lune*] alunir 2. [*oiseau*] se percher, se jucher

poseur, euse ADJ. prétentieux, bêcheur, maniéré, m'as-tu-vu, minaudier, pédant, snob, crâneur (*fam.*), fat (*littér.*)

positif, ive ADJ. 1. affirmatif, favorable 2. assuré, authentique, incontestable, solide, sûr 3. objectif, concret, effectif, matériel, réel, tangible 4. réaliste, matérialiste, pragmatique, pratique 5. constructif, intéressant

position N. F. I. 1. emplacement, coordonnées, disposition, lieu, localisation, place, site, situation 2. exposition, inclinaison, orientation 3. attitude, pose, posture, station II. point de vue, conception, idée, opinion, parti, vues III. 1. classement, degré, échelon, niveau, place, rang 2. condition, état, place, rang, situation, standing 3. sort, condition, état, situation 4. charge, emploi, établissement, fonction, poste, situation

positionner V. TR. localiser, déterminer, placer, situer

possédé, ée
▸ ADJ. 1. ensorcelé, envoûté 2. hanté, habité, obsédé, tourmenté
▸ N. 1. énergumène 2. furieux, insensé

posséder V. TR. 1. avoir (à sa disposition), bénéficier de, détenir, disposer de, être en possession de, être détenteur de, être maître de, être pourvu de, être titulaire de, jouir de 2. comporter, compter, contenir, être constitué de, renfermer 3. savoir, connaître, dominer, maîtriser 4. hanter, envoûter, habiter, obséder

possesseur N. M. détenteur, dépositaire, propriétaire, titulaire

possessif, ive ADJ. abusif, exclusif, jaloux

possession N. F. 1. détention, disposition, droit d'usage, jouissance, propriété 2. domaine, fief, propriété 3. avoir, bien, chose, richesse 4. colonie, conquête, dépendance, établissement, territoire 5. domination, contrôle, empire, maîtrise

possibilité N. F. 1. capacité, force, moyen, potentiel, pouvoir 2. droit, faculté, loisir, occasion, opportunité (*fam.*) 3. éventualité, cas, hypothèse 4. chance, espoir
♦ **possibilités** PLUR. [*financières*] ressources, moyens

possible ADJ. 1. faisable, praticable, réalisable, jouable (*fam.*) 2. permis, autorisé, licite, loisible, toléré 3. imaginable, concevable, croyable, envisageable, pensable, plausible, vraisemblable 4. éventuel, contingent, potentiel, probable, virtuel

poste N. M. 1. position, emplacement, place 2. antenne 3. emploi, affectation, charge, fonction, place, situation, job (*fam.*) 4. récepteur, appareil, radio, télévision, transistor

poster[1] V. TR. expédier, adresser, envoyer, mettre à la boîte/à la poste

poster[2] V. TR. placer, établir, installer, mettre
♦ **se poster** V. PRON. se placer, se camper, s'embusquer, s'installer, se mettre, se planter

postérieur[1], **eure** ADJ. 1. ultérieur 2. futur, avenir, prochain 3. arrière

postérieur[2] N. M. fesses, derrière, fessier, (arrière-)train (*fam.*), croupe, cul (*très fam.*), miches (*fam.*), pétard (*fam.*), popotin (*fam.*)

postérité N. F. 1. descendance, descendants, enfants, fils, héritiers, lignée, progéniture (*fam.*), rejetons (*fam.*) 2. avenir, futur, générations futures, siècles futurs 3. immortalité, mémoire 4. successeurs, continuateurs, disciples, héritiers, épigones (*soutenu*)

postiche
▸ ADJ. factice, artificiel, faux, surajouté
▸ N. M. perruque, mèche, moumoute (*fam.*)

postulant, ante N. candidat, aspirant, prétendant

postulat N. M. 1. convention, hypothèse 2. axiome, principe

postuler V. TR. 1. solliciter, briguer, rechercher 2. supposer, admettre, poser, présupposer

posture N. F. 1. attitude, contenance, maintien, port, pose, position, tenue 2. situation, condition, position

pot N. M. 1. vase, bocal, broc, cruche, pichet, potiche 2. arrosage 3. verre, chope, godet (*fam.*) 4. coup (*fam.*), tournée (*fam.*)

potable ADJ. 1. buvable, consommable, sain 2. acceptable, convenable, honorable, moyen, passable

pot-de-vin N. M. commission, enveloppe, gratification, bakchich (*fam.*), dessous-de-table (*fam.*)

poteau N. M. pieu, colonne, pilier, pylône

potelé, ée ADJ. dodu, charnu, gras, grassouillet, gros, joufflu, plein, poupin, rebondi, rembourré, replet, rond, rondelet, rondouillard (*fam.*)

potentat N. M. 1. magnat 2. [*péj.*] autocrate, despote, dictateur, tyran 3. monarque, souverain

potentialité N. F. possibilité, éventualité, virtualité

potentiel, elle
▸ ADJ. 1. virtuel, conditionnel, hypothétique 2. en puissance
▸ N. M. 1. puissance, capacité, force, possibilité 2. tension, charge, voltage

poterie N. F. céramique, faïencerie, terre cuite

potin N. M. 1. commérage, on-dit, racontar, ragot, cancan (*fam.*) 2. bruit, chahut, charivari, tapage, tintamarre, tohu-bohu, vacarme, barouf (*fam.*), boucan (*fam.*), foin (*fam.*), raffut (*fam.*), ramdam (*fam.*)

potion N. F. 1. médicament, purge, remède 2. boisson

pot-pourri N. M. mélange, cocktail, compilation, macédoine, mosaïque, patchwork

pou N. M. vermine, morpion (*fam.*), toto (*fam.*)

poubelle N. F. 1. boîte à ordures, corbeille, vide-ordures 2. dépotoir, déversoir

poudre N. F. 1. fard 2. poussière 3. explosif

pouffer V. INTR. s'esclaffer, éclater de rire, glousser, ricaner, rire

pouilleux, euse
▸ ADJ. 1. déguenillé, dépenaillé, loqueteux, miséreux, pauvre, pitoyable 2. misérable, sordide, minable (*fam.*), miteux (*fam.*)
▸ N. pauvre, clochard, loqueteux, paria, va-nu-pieds, cloche (*fam.*), clodo (*fam.*)

poulailler N. M. 1. cage, mue 2. [*au théâtre*] galerie, paradis

poulain N. M. 1. jeune cheval, yearling 2. protégé, favori, chouchou (*fam.*)

poule N. F. volaille, poularde, cocotte (*lang. enfants*), [*petite*] poulette

poulet N. M. [*mâle*] poussin, coquelet

poupée N. F. 1. baigneur, poupon 2. marionnette 3. pansement, sparadrap

pouponner V. INTR. materner, câliner, dorloter, chouchouter (*fam.*)

pourboire N. M. service, gratification, pièce (*fam.*), pourliche (*fam.*)

pourcentage N. M. rapport, coefficient, proportion, tantième, taux

pourchasser V. TR. 1. poursuivre, être aux trousses de, talonner, courir après (*fam.*), courser (*fam.*) 2. chasser, poursuivre, traquer

pourfendre V. TR. 1. mettre à mal, tuer 2. attaquer, blâmer, condamner, critiquer, s'en prendre à, faire le procès de, stigmatiser, tirer à boulets rouges sur, fustiger (*littér.*)

pourparlers N. M. PL. conférence, conversation, discussion, négociations, palabres (*péj.*), tractations, sommet

pourri, ie ADJ. I. 1. avarié, abîmé, corrompu, décomposé, faisandé, gâté, moisi, piqué, tourné 2. puant, infect, dégueulasse (*très fam.*) II. 1. perverti, gangrené, putride 2. corrompu, vendu, véreux, ripou (*fam.*) III. 1. [*temps, climat*] humide, pluvieux, malsain 2. [*fam.*] mauvais, insupportable

pourrir
▸ V. INTR. 1. s'altérer, s'avarier, chancir, se corrompre, se décomposer, se gâter, moisir, se putréfier, tomber en putréfaction, tourner 2. *[fam.]* croupir, moisir 3. *[fam.]* se détériorer, s'aggraver, dégénérer, empirer, s'envenimer, se gangrener, se gâter
▸ V. TR. 1. abîmer, avarier, corrompre, détériorer, gâter, infecter, ronger 2. *[fam.]* pervertir, corrompre, altérer, dénaturer, empoisonner, gâter, vicier

pourriture N. F. 1. putréfaction, décomposition 2. corruption, carie, dépravation, gangrène, perversion 3. *[injurieux]* ordure, charogne *(fam.)*, fumier *(fam.)*, pourri, enfoiré *(très fam.)*, salaud *(très fam.)*, salopard *(très fam.)*, salope *(très fam.)*

poursuite N. F. 1. continuation, prolongation, prolongement, reprise, suite 2. chasse, pistage, traque 3. recherche, quête *(soutenu)* 4. procès, action (en justice), procédure

poursuivre V. TR. I. 1. donner la chasse à, être aux trousses de, pourchasser, talonner, traquer, courir après *(fam.)*, courser *(fam.)* 2. presser, acculer, s'acharner sur, assiéger, harceler, importuner, relancer, serrer de près, être après *(fam.)* 3. obséder, hanter, importuner, persécuter, tourmenter, torturer II. 1. rechercher, ambitionner, aspirer à, briguer, chercher, désirer, prétendre à, solliciter 2. conduire, mener, pousser 3. continuer, maintenir, persévérer dans, pousser, prolonger III. 1. s'attaquer à, chasser, faire la guerre à 2. *[devant la justice]* attaquer, accuser, actionner, citer en justice, traduire en justice, traîner en justice
♦ **se poursuivre** V. PRON. 1. continuer, se maintenir, tenir 2. durer, se prolonger, suivre son cours

pourtant ADV. cependant, en attendant, mais, malgré cela, néanmoins, pour autant, toutefois, nonobstant *(soutenu)*

pourtour N. M. tour, bord, bordure, cercle, circonférence, contour, extérieur, périphérie

pourvoir V. TR. 1. fournir, alimenter, approvisionner, armer, assortir, équiper, garnir, munir, nantir, orner 2. *[qqn]* procurer à, donner à, doter, douer, gratifier, *[d'un poste]* nommer à
♦ **se pourvoir** V. PRON. se munir, s'approvisionner, s'armer, s'équiper, prendre

pourvu, ue ADJ. 1. fourni, achalandé 2. doté, doué, nanti
– **être pourvu de** avoir, disposer de, posséder, être armé de, être équipé de, être muni de, être nanti de

pousse N. F. bourgeon, jet, rejeton, scion, surgeon

poussé, ée ADJ. 1. exagéré, fort, osé, culotté *(fam.)*, fort de café *(fam.)* 2. soigné, approfondi, détaillé, fouillé, pointu, soigneux, chiadé *(fam.)*

poussée N. F. 1. impulsion, élan, mouvement, pression, propulsion, souffle 2. force, charge, pesée, poids 3. accès, aggravation, bouffée, crise, éruption 4. augmentation, flambée, hausse, montée

pousser[1] V. INTR. croître, se développer, forcir, grandir, lever, pointer, sortir, venir

pousser[2] V. TR. I. 1. bousculer, écarter, repousser 2. déplacer, (faire) avancer, charrier, chasser, entraîner, propulser 3. *[une porte]* ouvrir, fermer, tirer II. forcer, accentuer, accroître, exacerber, exagérer III. 1. activer, animer, attiser, aviver 2. aiguillonner, animer, entraîner, éperonner, exciter, stimuler 3. soutenir, aider, encourager, épauler, favoriser, pistonner *(fam.)*, donner un coup de pouce à *(fam.)* 4. harceler, presser IV. produire, émettre, exhaler, faire, jeter, lâcher, lancer, proférer V. 1. continuer, faire durer, poursuivre, prolonger 2. approfondir, développer, fouiller
♦ **se pousser** V. PRON. 1. se déplacer, s'écarter, s'éloigner, s'ôter, se reculer, se retirer 2. se bousculer, jouer des coudes

poussière N. F. 1. saleté, ordure, mouton *(fam.)* 2. *[au plur.]* particules, cendres, débris, restes, scories, *[charbon]* poussier 3. poudre

poussiéreux, euse ADJ. 1. sale, poudreux *(littér.)* 2. archaïque, démodé, dépassé, fossilisé, périmé, rétrograde, suranné, vétuste, vieilli, vieillot, vieux jeu, ringard *(fam.)*

poussif, ive ADJ. 1. essoufflé, haletant 2. *[économie, etc.]* ralenti, mal en point

poutre N. F. 1. madrier 2. poutrelle, profilé, lattis, longeron

pouvoir[1] V. TR. 1. être en état de, avoir la capacité de, avoir la force de, être capable de, être à même de, être en mesure de, être en situation de, être susceptible de, être de taille à 2. avoir la possibilité de, avoir l'autorisation de, avoir la permission de 3. savoir, avoir l'art de 4. risquer de, courir le risque de

pouvoir[2] N. M. I. 1. capacité, art, don, faculté 2. efficacité, propriété, vertu 3. liberté, autorisation, droit, latitude, permission, possibilité II. 1. souveraineté, autorité, hégémonie, mainmise, maîtrise, tutelle 2. gouvernement, État, régime 3. commandement 4. délégation, commission, mandat, mission, procuration 5. attribution, ressort III. 1. influence, ascendant, autorité, empire, emprise, puissance 2. grandeur, omnipotence, toute-puissance

pragmatique ADJ. 1. pratique, concret, matériel, prosaïque, terre à terre, utilitaire 2. efficace, commode, ingénieux 3. réaliste, constructif, matérialiste, positif, pragmatiste 4. empirique, expérimental

praticable ADJ. 1. réalisable, exécutable, faisable, possible 2. utilisable, accessible, carrossable, empruntable

praticien, enne N. 1. homme de l'art, professionnel, spécialiste, technicien 2. médecin, clinicien, docteur, thérapeute, toubib *(fam.)*

pratiquant, ante ADJ. croyant, dévot, fervent, pieux, religieux

pratique[1] ADJ. 1. expérimental, empirique, pragmatique 2. utilitaire, efficace, ingénieux, pragmatique, utile 3. commode, aisé, fonctionnel, maniable 4. concret, matériel, pragmatique, prosaïque, terre à terre

pratique[2] N. F. 1. action, expérience, praxis 2. habitude, exercice, apprentissage, entraînement, perfectionnement, savoir-faire 3. utilisation, emploi, usage 4. coutume, habitude, mode, tradition, usage 5. action, actes, application, exécution, réalisation 6. *[Relig.]* observance, culte

pratiquement ADV. 1. à peu (de choses) près, pour ainsi dire, presque, quasi, virtuellement, quasiment *(fam.)* 2. en fait, concrètement, dans les faits, en pratique, en réalité, matériellement, objectivement

pratiquer V. TR. 1. exécuter, accomplir, appliquer, garder, mener, observer, opérer, réaliser 2. exercer, s'adonner à, cultiver, se livrer à 3. utiliser, adopter, appliquer, employer, éprouver, expérimenter, manier, recourir à, suivre, user de 4. fréquenter, hanter, *[des personnes]* côtoyer 5. ménager, frayer, ouvrir, percer, tracer

pré N. M. prairie, herbage, pacage, pâturage

préalable
▸ ADJ. préliminaire, antécédent, antérieur, précédent, préparatoire
▸ N. M. prérequis, condition (sine qua non)

préalablement ADV. d'abord, auparavant, au préalable, avant (toute chose), en premier (lieu), premièrement

préambule N. M. 1. entrée en matière 2. avant-propos, avertissement, exorde, exposition, introduction, préface, discours préliminaire, prologue, prolégomènes *(soutenu)* 3. prélude, avant-goût, prémices, prodrome *(littér.)*

préavis N. M. avertissement, annonce, avis, notification, signification

précaire ADJ. 1. incertain, fragile, instable 2. passager, court, éphémère, fugace, fugitif, temporaire 3. *[santé]* délicat, chancelant, fragile

précarité N. F. 1. fragilité, incertitude, insécurité, instabilité, vulnérabilité 2. inconstance, variabilité

précaution N. F. 1. disposition, garantie, mesure 2. prudence, attention, circonspection, prévoyance, soin, vigilance 3. diplomatie, discrétion, ménagement, réserve

précautionneusement ADV. 1. soigneusement, attentivement, délicatement, doucement, lentement, en marchant sur des œufs 2. prudemment, frileusement

précautionneux, euse ADJ. 1. circonspect, défiant, méfiant, prévoyant, prudent, réfléchi, pusillanime *(péj.)* 2. soigneux, appliqué, méticuleux, minutieux, ordonné, précis, rigoureux, scrupuleux, zélé

précédemment ADV. antérieurement, auparavant, avant

précédent[1], ente ADJ. 1. antérieur, antécédent *(littér.)* 2. passé, dernier

précédent[2] N. M. antécédent, exemple, fait antérieur analogue/semblable, référence

précéder V. TR. 1. aller devant, dépasser, devancer, ouvrir la voie à, passer devant, prendre le pas sur 2. annoncer, anticiper, être le signe avant-coureur de, préluder à, préparer

précepte N. M. 1. loi, commandement, dogme, instruction, règle, prescription, principe 2. aphorisme, enseignement, formule, leçon, maxime, sentence

prêcher V. TR. 1. conseiller, encourager à, exhorter à, préconiser, prôner, recommander 2. moraliser, sermonner 3. enseigner, annoncer 4. évangéliser, catéchiser

précieusement ADV. soigneusement, avec soin, jalousement, pieusement

précieux, euse ADJ. 1. cher, apprécié, prisé 2. de prix, de valeur, inestimable, introuvable, rare, rarissime, recherché 3. fin, choisi, délicat, raffiné 4. appréciable, avantageux, d'un grand secours, inappréciable, irremplaçable, profitable, utile 5. *[péj.]* affecté, apprêté, contourné, emprunté, maniéré, recherché, chichiteux *(fam.)*, affété *(littér.)*

préciosité N. F. 1. raffinement, recherche, subtilité 2. *[péj.]* affectation, mièvrerie, mignardise, afféterie *(littér.)*

précipice N. M. 1. gouffre, abîme, *[dans la mer]* abysse 2. désastre, catastrophe, faillite, ruine

précipitamment ADV. 1. prestement, en courant, en hâte, en vitesse, à toute allure, rapidement, vite, vivement, à la galopade *(fam.)*, à toute vapeur *(fam.)*, à toute blinde *(fam.)*, à toute berzingue *(fam.)*, dare-dare *(fam.)*, *[monter un escalier]* quatre à quatre 2. *[péj.]* avec précipitation, brusquement, en catastrophe, à la hâte, à la sauvette, hâtivement, sans réfléchir, tête baissée, la tête la première, bille en tête *(fam.)*, à la diable *(fam.)*, à la va-comme-je-te-pousse *(fam.)*, à la va-vite *(fam.)*

précipitation N. F. hâte, brusquerie, empressement, frénésie, impatience, impétuosité, promptitude

précipiter V. TR. 1. jeter, envoyer, lancer, pousser 2. accélérer, activer, forcer, hâter, presser 3. avancer, brusquer 4. anéantir, ruiner
♦ **se précipiter** V. PRON. 1. sauter, se jeter, plonger, tomber 2. accourir, courir, s'élancer, se jeter, se lancer, se ruer, foncer *(fam.)* 3. s'empresser, se dépêcher, se hâter, se presser 4. s'accélérer, se bousculer, se brusquer, s'emballer

précis, ise ADJ. 1. clair, défini, déterminé, distinct 2. méticuleux, minutieux, soigneux 3. exact, correct, fidèle, juste, rigoureux 4. *[heure]* juste, sonnant, pétant *(fam.)*, pile *(fam.)*, tapant *(fam.)* 5. détaillé, circonstancié, explicite, exprès, formel 6. assuré, ferme, sûr 7. *[cas]* particulier, isolé, ponctuel, spécifique, singulier, unique

précisément ADV. 1. au juste, exactement, vraiment 2. rigoureusement, consciencieusement, fidèlement, méticuleusement, minutieusement, religieusement, scrupuleusement, soigneusement 3. clairement, distinctement, expressément, formellement, nettement 4. à proprement parler, stricto sensu, textuellement 5. particulièrement, vraiment, terriblement *(fam.)*

préciser V. TR. 1. définir, désigner, déterminer, énoncer, établir, fixer 2. indiquer, dire, mentionner, relever, signaler, souligner, spécifier, stipuler 3. développer, clarifier, détailler, expliciter, expliquer
♦ **se préciser** V. PRON. 1. se dessiner, apparaître (plus) clairement, se faire jour, prendre corps, prendre forme, prendre tournure 2. se confirmer, se rapprocher

précision N. F. 1. exactitude, fidélité, justesse, rigueur, sûreté 2. clarté, netteté 3. adresse, dextérité, doigté, sûreté 4. détail, développement, explication, information

précoce ADJ. 1. prématuré, anticipé 2. [végétaux] hâtif, primeur 3. [enfant] avancé (pour son âge), prodige, surdoué

préconiser V. TR. recommander, conseiller, indiquer, prêcher (souvent péj.), prôner, vanter

précurseur
▸ N. M. 1. ancêtre, devancier 2. initiateur, novateur
▸ ADJ. M. annonciateur, avant-coureur

prédécesseur N. M. devancier, aîné, ancêtre

prédestiner V. TR. appeler, destiner, déterminer, vouer

prédéterminé, ée ADJ. 1. inévitable, nécessaire 2. préréglé

prédiction N. F. 1. prévision, conjecture, pronostic 2. prophétie, annonce, augure, oracle 3. divination, vaticination (littér.)

prédilection N. F. goût, attirance, attrait, faible, faiblesse, inclination, penchant, préférence, tendresse

prédire V. TR. prévoir, annoncer, augurer, conjecturer, deviner, présager, pronostiquer, prophétiser

prédisposer V. TR. incliner, amener, appeler, inciter, influencer, porter, pousser, préparer

prédisposition N. F. 1. disposition, aptitude, don, facilité, talent 2. penchant, goût, inclination, propension, tendance

prédominance N. F. primauté, domination, hégémonie, prééminence, prépondérance, règne, supériorité, suprématie, leadership (anglic.)

prédominant, ante ADJ. principal, dominant, majeur, premier, prépondérant, primordial

prédominer V. INTR. dominer, l'emporter, prévaloir, primer, régner, triompher, [en nombre] être majoritaire

prééminence N. F. primauté, domination, prédominance, prépondérance, supériorité, suprématie, leadership (anglic.)

prééminent, ente ADJ. prédominant, dominant, majeur, premier, prépondérant, primordial, supérieur

préétabli, ie ADJ. prédéterminé, préconçu

préexistant, ante ADJ. antérieur, antécédent, préalable

préface N. F. avant-propos, avertissement, avis (au lecteur), introduction, préambule, prolégomènes, prologue

préféré, ée
▸ ADJ. 1. de prédilection, bien-aimé, favori, fétiche 2. attitré
▸ N. protégé, favori, chouchou (fam.)

préférence N. F. 1. prédilection, attirance, faible, faiblesse, faveur, goût, penchant 2. choix, option 3. favoritisme, partialité

préférer V. TR. 1. aimer le plus, estimer le plus, chérir 2. aimer mieux, avoir une préférence pour, incliner vers, pencher pour 3. adopter, choisir, élire, opter pour 4. aimer, se plaire à

préfigurer V. TR. annoncer, être le signe avant-coureur de, préluder, présager

préhistorique ADJ. antédiluvien, anachronique, ancien, démodé, suranné

préjudice N. M. 1. dommage, lésion, mal 2. atteinte, détriment, tort 3. persécution

préjudiciable ADJ. dangereux, dommageable, néfaste, nocif, nuisible

préjugé N. M. jugement préconçu, (idée) a priori, croyance, idée reçue, idée toute faite, idée préconçue, parti pris, préconception, présomption, prévention

prélasser (se) V. PRON. se reposer, se détendre, fainéanter, paresser, se relaxer, buller (fam.), coincer la bulle (fam.), flemmarder (fam.), lézarder (fam.), avoir/rester les doigts de pied en éventail (fam.)

prélèvement N. M. 1. retenue, [Droit] distraction 2. prise, ponction, [Méd.] prise de sang

prélever V. TR. 1. enlever, extraire, lever, prendre 2. retenir, ôter, retirer, retrancher

préliminaire ADJ. et N. M. préalable, introductif, liminaire, préparatoire
♦ **préliminaires** PLUR. préambule, commencement, entrée en matière, prélude

prélude N. M. 1. annonce, avant-goût, présage, promesse, signe (avant-coureur) 2. introduction, commencement, début, ouverture, préambule, préliminaire, prologue

prématuré, ée ADJ. 1. en avance, avancé, (né) avant terme, hâtif, précoce 2. anticipé

prématurément ADV. avant l'heure, avant le temps, précocement, trop tôt

prémédité, ée ADJ. intentionnel, calculé, délibéré, mûri, préparé, prévu, volontaire, voulu

préméditer V. TR. 1. projeter 2. préparer, calculer, combiner, mûrir, tramer, machiner (fam.), manigancer (fam.), mijoter (fam.), ourdir (littér.)

prémices N. F. PL. 1. amorce, annonce, commencement, début, embryon 2. avant-goût, primeur

premier¹, ière ADJ. I. 1. initial, originaire, original, originel 2. primitif, brut, élémentaire, primaire 3. antérieur, ancien 4. liminaire, de tête, préalable II. 1. dominant, en tête, prédominant, prééminent, prépondérant 2. supérieur, remarquable 3. capital, essentiel, fondamental, primordial, principal 4. vital, indispensable, nécessaire

premier², ière N. 1. auteur, initiateur, introducteur, inventeur, pionnier, promoteur 2. premier-né, aîné 3. leader, cacique, gagnant, maître, meilleur, vainqueur, [d'une promotion] major

premièrement ADV. (tout) d'abord, au préalable, avant tout, avant toute chose, en premier (lieu), primo (fam.)

prémisse N. F. hypothèse, postulat, principe, supposition

prémonition N. F. intuition, prescience, pressentiment

prémonitoire ADJ. 1. annonciateur, avant-coureur 2. prophétique

prémunir V. TR. armer, abriter, assurer, défendre, garder, immuniser, préserver, protéger, vacciner
♦ **se prémunir** V. PRON.
– **se prémunir de, contre** se garantir de/contre, se munir contre, prévenir, se protéger de/contre

prenant, ante ADJ. 1. captivant, envoûtant, fascinant, haletant, palpitant, passionnant 2. absorbant, accaparant

prendre¹ V. INTR. 1. épaissir, durcir, se figer, geler, se solidifier 2. marcher, s'implanter, réussir 3. raciner, reprendre

prendre² V. TR. I. 1. (se) saisir (de), agripper, arracher, attraper, s'emparer de, empoigner, happer, ramasser, tirer 2. obtenir, accaparer, s'approprier, s'attribuer, [par la force] confisquer, conquérir, enlever 3. trouver, dénicher, dégoter (fam.), pêcher (fam.) 4. emmener, chercher, enlever 5. voler, déposséder de, dépouiller de, dérober, faire main basse sur, piller, subtiliser, barboter (fam.), carotter (fam.), chiper (fam.), chouraver (fam.), faucher (fam.), piquer (fam.), rafler (fam.), soustraire (littér.), ravir (fam.). 6. appréhender, arrêter, attraper, capturer, mettre la main au collet de, agrafer (fam.), alpaguer (fam.), choper (fam.), coincer (fam.), cravater (fam.), cueillir (fam.), embarquer (fam.), épingler (fam.), harponner (fam.), pincer (fam.), piquer (fam.), poisser (fam.), ramasser (fam.) 7. surprendre, attraper, pincer (fam.), piquer (fam.), prendre la main dans le sac (fam.) 8. acquérir, gagner, grappiller 9. demander, absorber, coûter, dévorer, exiger, nécessiter, occuper, réclamer 10. consommer, absorber, avaler, boire, manger, toucher à, ingérer (soutenu) 11. acheter, se procurer II. 1. utiliser, se munir de, se pourvoir de, employer, user, [un vêtement, un accessoire] emporter, enfiler, mettre 2. choisir, adopter, embrasser, épouser 3. s'adjoindre, s'attacher, embaucher, engager 4. affecter, adopter, se donner 5. contracter 6. s'engager dans, entrer dans, emprunter, suivre, [un virage] aborder 7. [un véhicule] monter dans, embarquer dans, emprunter III. 1. accueillir, recueillir 2. considérer, aborder, envisager 3. interpréter, entendre
♦ **se prendre** V. PRON.
– **s'en prendre à** 1. incriminer, accuser, attaquer, blâmer, mettre en cause, suspecter 2. agresser, (s')attaquer (à), prendre à partie
– **se prendre de** éprouver, concevoir

prénommer V. TR. appeler, baptiser, nommer

préoccupant, ante ADJ. inquiétant, alarmant, critique, ennuyeux, grave, sérieux, flippant (fam.)

préoccupation N. F. 1. souci, angoisse, ennui, inquiétude, tracas, tourment (littér.) 2. pensée, sollicitude 3. obsession, idée fixe

préoccupé, ée ADJ. 1. soucieux, anxieux, inquiet, tendu, tracassé, chiffonné (fam.), turlupiné (fam.) 2. pensif, absorbé, songeur

préoccuper V. TR. absorber, tourmenter, tracasser, chiffonner (fam.), travailler (fam.), trotter dans la tête de (fam.), turlupiner (fam.)
♦ **se préoccuper** V. PRON.
– **se préoccuper de** 1. s'intéresser à, s'occuper de, penser à, songer à 2. s'inquiéter de, se soucier de
– **ne pas se préoccuper de** laisser de côté, oublier, ne pas prendre en considération/en compte, ne pas s'embarrasser de

préparatifs N. M. PL. organisation, mise au point, mise en route/en train, préparation

préparation N. F. 1. élaboration, conception, étude, gestation, mise au point, organisation, préparatifs 2. [Cuisine] apprêt, confection, cuisson 3. introduction, apprentissage, éducation, entraînement, formation, instruction, stage 4. échauffement 5. composition, concoction, mélange, [pharmaceutique] remède

préparatoire ADJ. préalable, exploratoire, préliminaire

préparer V. TR. I. 1. apprêter, aménager, arranger, disposer, dresser, mettre 2. composer, fabriquer, façonner 3. cuisiner, accommoder, apprêter, cuire, mijoter, mitonner, parer 4. aplanir, déblayer, défricher, faciliter, frayer, ouvrir II. 1. travailler à, concevoir, ébaucher, élaborer, étudier, organiser, prévoir, projeter 2. étudier pour, bosser (fam.), potasser (fam.) III. 1. méditer, couver, mûrir, nourrir, préméditer 2. tramer, arranger, concerter, échafauder, monter, combiner (fam.), goupiller (fam.), machiner (fam.), manigancer (fam.), mijoter (fam.), ourdir (littér.) IV. produire, amener, entraîner, faciliter, faire le lit de, provoquer V. former, instruire, prédisposer
♦ **se préparer** V. PRON. 1. s'apprêter, faire sa toilette, s'habiller, se parer, se vêtir 2. être imminent, couver, menacer, s'annoncer

prépondérance N. F. domination, avantage, emprise, hégémonie, prédominance, prééminence, primauté, supériorité, suprématie, leadership (anglic.)

prépondérant, ante ADJ. dominant, essentiel, hégémonique, prédominant, prééminent, premier, primordial, principal

préposer V. TR. charger de, affecter à, employer à, mettre à (la tête de), nommer à, commettre à (littér.)

prérogative N. F. 1. privilège, apanage, attribut, avantage, droit, faveur, honneur, préséance 2. [au plur.] compétences, attributions, possibilités, pouvoirs

près ADV. et PRÉP. à une petite distance, à côté, à deux/à quatre pas, à proximité, au coin de la rue, dans le voisinage, dans un lieu proche/voisin, la porte à côté (fam.)

présage N. M. annonce, avant-goût, avertissement, marque, préfiguration, prélude, signe (avant-coureur), augure (littér.), auspice (littér.)

présager V. TR. 1. annoncer, augurer, indiquer, laisser pressentir, préparer, promettre 2. prévoir, conjecturer, prédire, présumer, promettre, pronostiquer

prescription N. F. I. 1. commandement, exigence, impératif, injonction, loi, obligation, précepte, principe, règle 2. indication, clause, consigne, directive, instruction, (mot d') ordre 3. [médicale] ordonnance II. [Droit] invalidation, annulation, extinction, invalidité, nullité, péremption

prescrire V. TR. I. 1. commander, demander, exiger, réclamer, requérir, vouloir 2. recommander, conseiller, inciter à 3. dicter, arrêter, disposer, édicter, fixer, imposer, indiquer, stipuler II. [Droit] abolir, annuler, éteindre, rendre caduc, résilier, supprimer

prescrit, ite ADJ. 1. imposé, requis 2. fixé, recommandé, voulu 3. [Droit] nul, éteint

présence N. F. I. 1. existence 2. compagnie, vue 3. assistance, assiduité, fréquentation II. 1. personnalité, caractère, tempérament 2. influence, autorité, rayonnement, rôle

présent¹, ente ADJ. 1. actuel, contemporain, de notre temps, moderne 2. frais, immédiat 3. en vigueur

présent² N. M. 1. actualité, modernité 2. instant, immédiat

présent⁴ N. M. 1. cadeau, don, étrenne, offrande 2. bienfait, bien, cadeau, don, faveur

présentable ADJ. 1. convenable, acceptable, correct, montrable, passable, potable *(fam.)* 2. *[personne]* sortable *(fam.)*

présentateur, trice N. 1. animateur, annonceur, commentateur 2. démonstrateur

présentation N. F. 1. exposition, exhibition, production, représentation 2. introduction, avant-propos, préambule, préface 3. exposé, descriptif, développement 4. apparence, allure, forme

présenter V. TR. I. 1. faire voir, exhiber, exposer, montrer, produire 2. fournir, aligner 3. proposer, donner, offrir, servir 4. faire faire la connaissance de, introduire 5. tourner, diriger, exposer, offrir, tendre II. 1. exprimer, exposer, formuler 2. animer, mettre en valeur III. 1. comporter, avoir, offrir 2. dessiner, former

♦ **se présenter** V. PRON. 1. se montrer, se faire connaître, paraître 2. décliner son identité 3. *[devant un tribunal]* comparaître 4. se porter candidat, postuler, se proposer 5. se produire, arriver, s'offrir, passer, surgir, survenir, venir, advenir *(littér.)*

préservation N. F. protection, conservation, défense, sauvegarde

préserver V. TR. 1. assurer, abriter, défendre, garantir, mettre à l'abri, prémunir, protéger, sauver, garer *(fam.)* 2. conserver, garder, sauvegarder

président, ente N. 1. chef de l'État, *[en France]* locataire de l'Élysée 2. P.-D. G., chef, directeur, *[d'université]* doyen

présider V. TR. 1. siéger, animer, diriger 2. régner sur, régler, avoir la haute main sur

présomption N. F. 1. conjecture, hypothèse, pressentiment, supposition 2. indice, charge, soupçon, suspicion 3. vanité, arrogance, fatuité, hauteur, prétention, suffisance, outrecuidance *(littér.)*

présomptueux, euse ADJ. 1. prétentieux, arrogant, fat, orgueilleux, suffisant, vaniteux, vantard, outrecuidant *(littér.)*, vain *(littér.)* 2. audacieux, hardi, imprudent, irréfléchi, osé, téméraire

presque ADV. à peu (de chose) près, approximativement, environ, pas loin de, pour ainsi dire, près de, grosso modo *(fam.)*, quasiment *(fam.)*

pressant, ante ADJ. 1. urgent, ardent, impérieux, pressé 2. appuyé, autoritaire, impératif, insistant, instant *(littér.)* 3. suppliant, insistant 4. chaleureux, chaud

pressé, ée ADJ. 1. urgent, pressant 2. hâtif, précipité, rapide 3. empressé, impatient 4. en retard, à la bourre *(fam.)* II. comprimé, compact, serré

pressentiment N. M. prémonition, impression, intuition, prescience

pressentir V. TR. 1. prévoir, anticiper, s'attendre à, augurer, deviner, entrevoir, présager 2. déceler, détecter, se douter de, flairer, percevoir, sentir, soupçonner, subodorer, renifler *(fam.)* 3. sonder, tâter

presser
▸ V. TR. 1. appuyer, comprimer, peser, serrer, tasser 2. écraser, broyer, exprimer, fouler, pressurer 3. tordre, essorer 4. entasser, resserrer, serrer, tasser 5. embrasser, étreindre, serrer 6. accélérer, activer, brusquer, hâter, précipiter, dépêcher *(soutenu)* 7. aiguillonner, hâter 8. assaillir, assiéger, courir après, harceler, persécuter, poursuivre, talonner 9. accabler, étrangler, oppresser, serrer, tourmenter
▸ V. INTR. être urgent, ne pas pouvoir attendre, urger *(fam.)*

♦ **se presser** V. PRON. 1. se dépêcher, accélérer, aller vite, courir, s'empresser, se hâter, hâter le mouvement, se précipiter, foncer *(fam.)*, se

grouiller *(fam.)*, se manier (le train/le popotin/le cul) *(fam.)* 2. se bousculer, affluer, s'entasser, se masser, se tasser

pression N. F. I. 1. compression, constriction, étreinte, pressage, pressurage, serrage 2. poussée, effort, force, tension II. influence, empire III. *[souvent au plur.]* 1. sollicitations, demandes 2. contrainte, chantage

pressurer V. TR. 1. presser, comprimer, écraser 2. épuiser, abuser de, exploiter, profiter de 3. accabler, saigner (à blanc)

prestance N. F. allure, contenance, distinction, maintien, noblesse, tournure, port *(littér.)*

prestation N. F. 1. aide, allocation, indemnité 2. fourniture 3. représentation, exhibition, performance

preste ADJ. agile, alerte, empressé, leste, rapide, vif, prompt *(littér.)*

prestidigitateur, trice N. illusionniste, escamoteur, magicien, manipulateur

prestidigitation N. F. illusionnisme, escamotage, illusion, magie, manipulation, tour de passe-passe

prestige N. M. 1. ascendant, aura, auréole, éclat 2. renommée, gloire, rayonnement, renom, réputation 3. séduction, attrait, charme, illusion, magie

prestigieux, euse ADJ. 1. éminent, émérite, prodigieux, remarquable 2. glorieux, de grande envergure, grandiose, héroïque 3. réputé, célèbre, fameux, illustre, de marque, renommé

présumé, ée ADJ. 1. censé, réputé, soi-disant, supposé 2. hypothétique, présomptif, regardé comme, supposé, putatif *(littér.)*

présumer V. TR. croire, conjecturer, estimer, penser, supposer

prêt¹, prête ADJ. 1. préparé, paré 2. décidé, disposé, mûr

prêt² N. M. avance, crédit

prétendant, ante N. 1. amoureux, fiancé, soupirant, futur *(fam. ou région.)* 2. postulant, aspirant, candidat

prétendre V. TR. 1. affirmer, alléguer, avancer, déclarer, dire, garantir, soutenir 2. se flatter de, se vanter de 3. vouloir, demander, entendre, exiger, réclamer, revendiquer
– **prétendre à** ambitionner, aspirer à, briguer, postuler à, viser, lorgner *(fam.)*

prétendu, ue ADJ. soi-disant, faux, pseudo, supposé

prête-nom N. M. homme de paille, intermédiaire, représentant, pantin *(fam.)*

prétentieux, euse ADJ. et N. 1. présomptueux, arrogant, fat, fier, m'as-tu-vu, orgueilleux, suffisant, supérieur, vaniteux, bêcheur *(fam.)*, crâneur *(fam.)*, ramenard *(fam.)* 2. maniéré, académique, affecté, ampoulé, emphatique, pédant, pompeux, pontifiant, précieux, ronflant 3. tapageur, clinquant, m'as-tu-vu 4. *[femme]* mijaurée, pimbêche, bêcheuse *(fam.)*

prétention N. F. I. *[souvent au plur.]* 1. exigence, condition, revendication 2. ambition, désir, dessein, espérance, intention, visée II. 1. arrogance, fatuité, orgueil, pédantisme, présomption, suffisance, vanité 2. affectation, bouffissure, emphase

prêter V. TR. 1. mettre à disposition, avancer, donner, fournir, passer 2. imputer, attribuer, donner, reconnaître, supposer 3. porter, accorder, attacher

♦ **se prêter à** V. PRON. 1. céder à, se plier à, souscrire à, supporter 2. condescendre à, s'abaisser à, accepter de, consentir à, daigner

prêteur, euse N. bailleur (de fonds), commanditaire, créancier, usurier *(péj.)*

prétexte N. M. alibi, allégation, couverture, échappatoire, excuse, faux-fuyant, faux-semblant, subterfuge

prétexter V. TR. alléguer, arguer de, s'autoriser de, avancer, invoquer

preuve N. F. 1. confirmation, affirmation, assurance, attestation, indice, manifestation, marque, signe, symptôme, témoignage, trace 2. pièce à conviction 3. critère, argument 4. démonstration

prévaloir V. INTR. l'emporter, avoir l'avantage, dominer, prédominer, primer, triompher

♦ **se prévaloir de** V. PRON. 1. alléguer, arguer de, citer, faire valoir 2. se flatter de, s'enorgueillir de, se glorifier de, se targuer de, se vanter de

prévenance N. F. amabilité, attention, complaisance, égard, empressement, galanterie, obligeance, serviabilité, soin, sollicitude

prévenant, ante ADJ. aimable, affable, agréable, attentionné, avenant, complaisant, courtois, dévoué, empressé, galant, obligeant, serviable

prévenir V. TR. 1. avertir, annoncer à, aviser, informer, instruire, mettre au courant, signaler à 2. mettre en garde, alerter 3. détourner, éviter, parer à, prémunir contre, obvier à *(soutenu)* 4. aller au-devant de, anticiper, devancer

prévention N. F. 1. parti pris, a priori négatif, défiance, méfiance, partialité, préjugé *(défavorable)* 2. mesure(s) préventive(s), prophylaxie, protection, prudence

prévisible ADJ. attendu, probable

prévision N. F. 1. prédiction, prophétie, vaticination *(littér.)* 2. prescience, pressentiment, divination 3. clairvoyance, prévoyance 4. prospective, futurologie 5. anticipation, calcul, conjecture, estimation, extrapolation, hypothèse, pronostic, supposition

prévoir V. TR. 1. pressentir, augurer, deviner, flairer, prédire, prophétiser 2. anticiper, s'attendre à, conjecturer, entrevoir, envisager, imaginer, présager, présumer, pronostiquer 3. préparer, calculer, organiser, planifier, programmer

prévoyance N. F. 1. prudence, circonspection, précaution, sagesse, vigilance 2. épargne, économie 3. assurance

prévoyant, ante ADJ. 1. avisé, circonspect, précautionneux, prudent, raisonnable, sage, vigilant 2. économe

prier
▸ V. INTR. se recueillir
▸ V. TR. 1. adorer, invoquer 2. solliciter, requérir l'aide de 3. supplier, adjurer, implorer 4. appeler, réclamer

prière N. F. I. 1. cri, adjuration, appel, imploration, invocation, supplication, supplique 2. demande, instance, invitation, requête, sollicitation II. *[Relig.]* oraison, dévotion, litanie

primaire ADJ. 1. premier, essentiel, fondamental, indispensable, primitif, basique *(fam.)* 2. simpliste, caricatural, rudimentaire, sommaire 3. *[péj.]* arriéré, attardé

primauté N. F. prédominance, domination, prééminence, prépondérance, préséance, priorité, supériorité, suprématie

prime N. F. 1. gratification, avantage, pourcentage, récompense 2. bonus

primer¹ V. TR. récompenser, couronner, gratifier, honorer

primer² V. INTR. dominer, avoir la préséance, l'emporter, gagner, prédominer, prévaloir

primesautier, ière ADJ. 1. impulsif, spontané, vif 2. guilleret, allègre, badin, folâtre, frétillant, fringant, sémillant 3. familier, leste, gaillard

primeur N. F. nouveauté, commencement

primitif, ive
▸ ADJ. 1. sauvage, brut, naturel 2. archaïque, rudimentaire 3. grossier, fruste, inculte, primaire, rustre, simple 4. originel, initial, originaire, original, premier 5. fondamental, élémentaire, essentiel, primordial, simple, basique *(fam.)*
▸ N. M. aborigène, sauvage *(péj.)*

primordial, ale, aux ADJ. 1. capital, décisif, essentiel, fondamental, majeur, prédominant, principal 2. indispensable, incontournable, nécessaire, vital 3. premier, primitif

princier, ière ADJ. splendide, fastueux, luxueux, magnifique, royal, somptueux

principal, ale, aux ADJ. 1. central, essentiel, clé, fondamental, important, majeur 2. déterminant, capital, décisif, dominant, prédominant, primordial 3. cardinal, élémentaire, primordial

principalement ADV. 1. essentiellement, avant tout, en règle, majoritairement, en grande partie, surtout 2. particulièrement, notamment, singulièrement, spécialement

principe N. M. 1. cause (première), agent, auteur, créateur, moteur, origine, racine, source 2. commencement, début 3. base, axe, centre, essence, fondement, pierre angulaire 4. postulat, axiome, définition, hypothèse, prémisse, proposition 5. convention, doctrine, dogme, loi, maxime, norme, précepte, règle, théorie 6. opinion, conviction
- **principes** PLUR. 1. bonnes mœurs, catéchisme, credo, foi, morale, religion 2. bases, abc, notions élémentaires, rudiments

priorité N. F. 1. antériorité 2. primauté, préséance, primeur 3. tour de faveur

pris, prise ADJ. 1. occupé, absorbé, accaparé, affairé 2. attribué, affecté, réservé 3. enrhumé, [nez] enchifrené (fam.)

prise N. F. I. 1. absorption, ingestion, inhalation 2. dose, sniff (fam.) II. 1. appropriation, capture, conquête, enlèvement 2. butin, coup de filet, proie III. 1. préhension, saisie 2. [Sport de combat] clé 3. [Alpinisme] aspérité, saillie, gratton (fam.) IV. emprise, ascendant, empire, influence, pouvoir V. solidification, coagulation, durcissement

prison N. F. 1. centre pénitentiaire, centrale, centre de détention, maison d'arrêt, taule (fam.), ballon (argot), geôle (littér.) 2. emprisonnement, détention, privation de liberté, réclusion

prisonnier, ière
▸ N. 1. détenu, taulard (fam.) 2. captif
▸ ADJ. emprisonné, captif, détenu, enfermé, incarcéré, interné

privation N. F. I. 1. défaut, absence, manque 2. perte, suppression II. 1. ascétisme, abstinence, continence, renoncement, sacrifice 2. besoin, gêne, indigence, misère, pauvreté 3. restriction, frustration, renonciation, sacrifice

privé¹, ée ADJ. 1. intime, intérieur, personnel, propre 2. particulier, domestique, personnel, privatif, réservé 3. officieux

privé², ée de ADJ. 1. sans, démuni de, en manque de 2. dénué de, dépourvu de, exempt de, vide de 3. amputé de, appauvri de, déchu de, dépossédé de, dépouillé de

priver V. TR. 1. déposséder, démunir, dépouiller, destituer, spolier (littér.) 2. frustrer, sevrer
- **se priver** V. PRON. se restreindre, faire des sacrifices, se saigner aux quatre veines, se serrer la ceinture (fam.)

privilège N. M. 1. prérogative, apanage, droit, faveur, passe-droit 2. avantage, acquis, bénéfice

privilégié, ée
▸ ADJ. 1. favori, préféré 2. exceptionnel, idéal, parfait, unique 3. favorisé, avantagé, chanceux, gâté, heureux
▸ N. fortuné, nanti, possédant, riche

privilégier V. TR. 1. avantager, être partial envers, favoriser 2. préférer, faire pencher la balance du côté de 3. encourager, aider, faciliter

prix N. M. I. 1. coût, montant, valeur (vénale) 2. tarif, condition 3. rémunération, loyer, rétribution, salaire 4. cotation, cote, cours, taux II. contrepartie, conséquence, effet, rançon, tribut III. importance, valeur IV. récompense, cadeau, coupe, diplôme (d'honneur), médaille, trophée

probabilité N. F. 1. vraisemblance, chance, plausibilité 2. possibilité, chance, éventualité 3. conjecture, hypothèse, prévision

probable ADJ. plausible, croyable, envisageable, possible, vraisemblable

probablement ADV. vraisemblablement, peut-être, sans doute, selon toute vraisemblance

probant, ante ADJ. concluant, convaincant, éloquent, parlant

probité N. F. droiture, équité, honnêteté, impartialité, incorruptibilité, intégrité, loyauté, moralité, rectitude, sens moral

problématique
▸ ADJ. 1. aléatoire, hasardeux, hypothétique 2. équivoque, ambigu, douteux, incertain, obscur 3. discutable, contestable, incontrôlable, invérifiable, sujet à caution 4. compliqué, confus, difficile
▸ N. F. questionnement

problème N. M. 1. cas, affaire, question, sujet, thème 2. difficulté, écueil, ennui, blème (fam.), cactus (fam.), enquiquinement (fam.), hic (fam.), os (fam.), pépin (fam.), merde (très fam.) 3. controverse, conflit 4. énigme, casse-tête

procédé N. M. méthode, astuce, moyen, procédure, processus, recette, secret, solution, système, technique, combine (fam.), ficelle (fam.), truc (fam.)

procéder V. INTR. opérer, agir, se comporter, se conduire
– **procéder à** effectuer, accomplir, exécuter, se livrer à, opérer, pratiquer, réaliser

procédure N. F. 1. marche à suivre, méthode, procédé, processus 2. formalité, pratique, règle, règlement, usage, paperasserie (péj.) 3. [Droit] action, instruction, poursuites, procès

procédurier, ière ADJ. chicaneur, belliqueux, tracassier

procès N. M. 1. action, poursuites 2. affaire, action, cas, cause, instance, procédure 3. litige, conflit, désaccord, différend, chicane (péj.)

procession N. F. 1. défilé, cortège, file, queue 2. série, succession, suite, théorie 3. cérémonie (religieuse)

processus N. M. 1. procédé, méthode, procédure, technique 2. évolution, cours, déroulement, développement, progrès

procès-verbal N. M. 1. constat, compte rendu, rapport, relation 2. contravention, amende, contredanse (fam.), papillon (fam.), prune (fam.), p.-v. (fam.)

prochain, aine
▸ ADJ. 1. proche, adjacent, attenant, contigu, voisin 2. à venir, imminent, premier, près d'arriver, qui vient, suivant, ultérieur
▸ N. M. autrui, les autres, frère, semblable

prochainement ADV. bientôt, incessamment, sous peu

proche¹ ADJ. 1. prochain, imminent 2. récent 3. voisin, adjacent, attenant, avoisinant, contigu, limitrophe, d'à côté (fam.) 4. accessible, rapproché 5. comparable, approchant, ressemblant, semblable, similaire, voisin

proche² N. 1. parent, ami, familier, intime 2. [au plur.] entourage, famille, parenté, siens

proclamation N. F. 1. annonce, avis, ban, communiqué, déclaration, divulgation, publication 2. manifeste, appel, cri public, dénonciation

proclamer V. TR. clamer, affirmer, annoncer, claironner, déclarer, divulguer, manifester, professer, révéler, crier sur les toits (fam.)

procréer V. TR. concevoir, donner le jour à, engendrer, fabriquer, mettre au monde, produire, enfanter (littér.)

procuration N. F. pouvoir, charge, délégation, mandat

procurer V. TR. 1. fournir, allouer, approvisionner en, assurer, gratifier de, munir de, nantir de, octroyer, pourvoir de/en 2. produire, amener, apporter, causer, donner, engendrer, entraîner, faire naître, occasionner, provoquer, rapporter, susciter, valoir
- **se procurer** V. PRON. 1. acquérir, acheter, s'offrir, se payer (fam.) 2. obtenir, dénicher, recueillir, trouver, décrocher (fam.), dégoter (fam.), pêcher (fam.) 3. s'attirer, racoler, recruter

prodigalité N. F. 1. générosité, largesse, libéralité, munificence (littér.) 2. abondance, débauche, déluge, foisonnement, infinité, luxe, profusion

prodige N. M. 1. miracle, merveille 2. chef-d'œuvre, trésor 3. surdoué, aigle, génie, phénomène, virtuose, as (fam.), crack (fam.), lumière (fam.), phénix (fam.), tête (fam.)

prodigieusement ADV. 1. admirablement, merveilleusement 2. étonnamment, follement, incroyablement 3. considérablement, excessivement, immensément, incommensurablement, infiniment, puissamment

prodigieux, euse ADJ. 1. surnaturel, fabuleux, fantastique, féerique, merveilleux, miraculeux 2. étonnant, ahurissant, exceptionnel, extraordinaire, impensable, inconcevable, incroyable, inexplicable, inimaginable, inouï, invraisemblable, renversant, sensationnel, stupéfiant, surprenant, époustouflant (fam.), fou (fam.) 3. considérable, colossal, énorme, gigantesque, monstrueux, monumental, phénoménal, faramineux (fam.), monstre (fam.) 4. admirable, éblouissant, formidable, génial, magnifique, mirifique, remarquable, sublime, mirobolant (fam.), terrible (fam.)

prodigue ADJ. 1. généreux, débordant, large, libéral, munificent (littér.) 2. dépensier, gaspilleur, panier percé (fam.), dilapidateur (littér.) 3. abondant, fécond, fertile, prolixe

prodiguer V. TR. 1. répandre, dépenser, distribuer, donner (à profusion), épancher 2. manifester, déployer, exposer 3. [de l'argent] dilapider, dépenser, dissiper, gaspiller, jeter par les fenêtres

productif, ive ADJ. 1. fécond, fertile, généreux 2. prolifique, créatif, fécond, fertile 3. fructueux, lucratif, profitable, rentable, juteux (fam.)

production N. F. 1. formation, dégagement, émission 2. apparition, éclosion, enfantement, génération, genèse 3. fabrication, création 4. récolte, fruit, produit, rendement 5. œuvre, écrit, ouvrage 6. présentation, exhibition

productivité N. F. 1. fécondité, fertilité 2. créativité 3. rendement, efficacité, efficience

produire V. TR. I. 1. créer, confectionner, construire, élaborer, fabriquer, façonner 2. composer, écrire, accoucher de (fam.), pondre (fam.) II. 1. voir naître, enfanter (littér.) 2. donner, fructifier, porter, procurer, rapporter, rendre 3. causer, amener, apporter, catalyser, créer, déclencher, engendrer, entraîner, occasionner, provoquer, susciter 4. dégager, émettre, exhaler III. 1. présenter, exhiber, exhumer, fournir, montrer, tendre 2. alléguer, citer
- **se produire** V. PRON. 1. advenir, arriver, se dérouler, avoir lieu, s'offrir, se présenter, survenir 2. s'accomplir, se réaliser 3. se montrer, s'exhiber

produit N. M. 1. substance 2. article, bien, denrée, marchandise 3. production, ouvrage 4. fruit, bénéfice, gain, profit, rapport, recette, rendement, rente, revenu 5. résultat, artefact, conséquence, effet, rançon, résultante, suite 6. [d'une union] enfant, fruit, progéniture, rejeton (fam.)

proéminence N. F. protubérance, aspérité, avancée, bosse, éminence, mamelon, relief, saillie

proéminent, ente ADJ. protubérant, bombé, en avant, en relief, renflé, saillant

profanation N. F. 1. sacrilège, atteinte, attentat, outrage 2. violation 3. dégradation, avilissement, pollution

profane ADJ. et N. 1. laïc, civil, mondain, séculier 2. ignorant, béotien, incompétent, inexpérimenté, novice

profaner V. TR. avilir, dégrader, insulter, polluer, salir, souiller, vandaliser, violer

proférer V. TR. prononcer, articuler, débiter, émettre, énoncer, jeter, pousser, sortir (fam.)

professer V. TR. proclamer, afficher, déclarer, manifester

professeur N. enseignant, instructeur, maître, moniteur, prof (fam.)

profession N. F. 1. métier, activité, occupation, partie, pratique, spécialité 2. carrière, condition, situation, état (littér.), emploi, travail, boulot (fam.), gagne-pain (fam.), job (fam.)

professionnel, elle
▸ ADJ. 1. expérimenté, averti, exercé, expert (en la matière), qualifié 2. technique
▸ N. spécialiste, connaisseur, expert, orfèvre en la matière, pro (fam.)

professoral, ale, aux ADJ. 1. enseignant 2. doctoral, magistral, pédant (péj.), pontifiant (péj.)

profil N. M. 1. contour, dessin, galbe, ligne, linéament, silhouette 2. section, côté, coupe 3. compétences, aptitudes, caractéristiques

profiler V. TR. 1. découper 2. caréner
- **se profiler** V. PRON. 1. se découper, se dessiner, se détacher, ressortir, se silhouetter 2. s'esquisser, apparaître, poindre, se préciser, montrer le bout de son nez (fam.)

profit N. M. 1. produit, acquêt, avantage, bénéfice, bien, fruit, gain, plus-value, revenu, gâteau (fam.) 2. intérêt, avantage, fruit, parti, utilité

profitable ADJ. **1.** utile, enrichissant, formateur, fructueux, instructif, intéressant **2.** productif, efficace **3.** avantageux, lucratif, payant, rémunérateur, rentable, juteux (fam.) **4.** bénéfique, bienfaisant, bon, sain, salutaire

profiter V. INTR. se développer, grandir, grossir, pousser

profond, onde ADJ. **I. 1.** bas, inférieur **2.** enfoncé, creux, encaissé **3.** éloigné, caché, lointain, reculé **4.** abyssal **5.** [décolleté] plongeant, échancré **6.** épais, impénétrable, sombre **7.** gros, grave, lourd, sérieux **8.** [voix] grave, caverneux, sépulcral **II. 1.** absolu, complet, extrême, immense, infini, total, vaste **2.** aigu, ardent, fort, intense, puissant, vif, violent **3.** intime, secret **4.** durable, fidèle, solide **5.** [sommeil] lourd, de plomb **III. 1.** difficile, abstrait, abstrus, élevé, fort, mystérieux, obscur, savant **2.** pénétrant, intelligent, perspicace, sagace

profondément ADV. **I.** loin, profond, très avant **II. 1.** fortement, ardemment, extrêmement, intensément, vivement **2.** parfaitement, complètement, pleinement, totalement **III. 1.** foncièrement, intimement **2.** intérieurement, dans son for intérieur, inconsciemment

profondeur N. F. **I. 1.** abîme, abysse, fosse **2.** épaisseur, creux, enfoncement, fond, hauteur **3.** dimension, distance, perspective **II. 1.** intérieur, intériorité, intimité, secret, tréfonds (littér.) **2.** pénétration, acuité, intelligence, perspicacité, sagacité **III. 1.** consistance, densité, fermeté, substance **2.** force, ardeur, intensité, puissance, vigueur, vivacité **3.** durabilité, constance, fidélité, permanence, solidité, stabilité **4.** plénitude, richesse

profusion N. F. **1.** abondance, avalanche, débauche, débordement, déluge, exubérance, foisonnement, flot, luxe, luxuriance, masse, multiplicité, multitude, pluie, prolifération **2.** excès, pléthore, surabondance

progéniture N. F. descendance, enfant(s), petit(s), (petite) famille, héritiers (plaisant), rejeton(s) (fam.)

programme N. M. **I. 1.** projet, dessein, intention, objectif, plan, plate-forme, profession de foi **2.** planning, calendrier, emploi du temps, horaire, plan de travail, planification **3.** ordre du jour, menu **II.** affiche, annonce **III. 1.** émission **2.** logiciel, application

programmer V. TR. planifier, orchestrer, organiser, préparer, prévoir, régler

progrès N. M. **1.** amélioration, amendement, avancée, gain, mieux, pas en avant, perfectionnement **2.** développement, ascension, croissance, essor, expansion, extension, montée **3.** progression, avancement, cheminement, cours, évolution, marche, mouvement **4.** propagation, avance, avancée

progresser V. INTR. **1.** se développer, s'accroître, s'amplifier, augmenter, croître, s'étendre, monter en puissance **2.** se propager, gagner du terrain, [en mal] s'aggraver, empirer **II. 1.** s'améliorer, s'amender, mûrir, se perfectionner **2.** réussir, faire du chemin, monter, prospérer **III. 1.** avancer, évoluer **2.** cheminer, aller, (s')avancer, marcher, se mouvoir

progressif, ive ADJ. **1.** graduel, gradué **2.** croissant, grandissant

progression N. F. **1.** essor, accroissement, augmentation, croissance, développement, expansion, extension, hausse, montée en puissance, progrès, propagation **2.** avance, ascension, avancée, cheminement, marche **3.** évolution, avancement, cours, courant, développement, marche, mouvement, progrès, [en bien] amélioration, [en mal] aggravation **4.** échelonnement, gradation, paliers

progressiste ADJ. avancé, anti-conformiste, d'avant-garde, révolutionnaire

progressivement ADV. graduellement, doucement, lentement, par degrés, par paliers, pas à pas, petit à petit, peu à peu, (tout) doucettement (fam.)

prohibé, ée ADJ. interdit, défendu, illégal, illicite

prohiber V. TR. interdire, censurer, condamner, défendre, empêcher, exclure, mettre à l'index, proscrire

prohibitif, ive ADJ. inabordable, exagéré, excessif, exorbitant, ruineux

prohibition N. F. interdiction, censure, condamnation, défense, interdit, proscription

proie N. F. **1.** capture, prise **2.** victime, jouet

projection N. F. **1.** jet, éjection, émission, jaillissement, lancement, pulvérisation, vaporisation **2.** giclée, éclaboussure, gerbe **3.** prévision, extrapolation **4.** dessin, perspective, plan **5.** représentation, film, séance **6.** [Psychol.] transfert, déplacement, identification

projet N. M. **1.** but, idée, intention, résolution, visée, volonté, vue, dessein (littér.) **2.** entreprise, plan, programme **3.** maquette, canevas, dessin, ébauche, esquisse, plan

projeter V. TR. **1.** propulser, bombarder, cracher, éjecter, envoyer, expulser, jeter, lancer, pulvériser, vomir **2.** préparer, échafauder, combiner (fam.), mijoter (fam.), ourdir (littér.), comploter (péj.), manigancer (péj.), tramer (péj.)

prolétariat N. M. peuple, masses laborieuses, ouvriers, travailleurs

prolifération N. F. multiplication, reproduction

proliférer V. INTR. se multiplier, s'accroître, s'agrandir, augmenter, se développer, envahir, grandir, se propager, pulluler, se reproduire, pousser (comme des champignons/du chiendent) (fam.)

prolifique ADJ. productif, abondant, fécond, fertile, riche

prolixe ADJ. **1.** bavard, intarissable, loquace, volubile, disert (littér.) **2.** abondant, copieux, long, diffus (péj.), verbeux (péj.) **3.** expansif, exubérant

prologue N. M. **1.** introduction, avant-propos, avertissement, avis, entrée en matière, préambule, préface, présentation **2.** prélude, avant-goût, préliminaires, prodrome

prolongation N. F. **1.** allongement, augmentation, continuation, extension, poursuite, prolongement, prorogation, suite **2.** délai, sursis

prolongé, ée ADJ. **1.** continu, suivi, tenu **2.** interminable, grand

prolongement N. M. **1.** allongement, augmentation, extension, prolongation **2.** continuation, continuité **3.** conséquence, aboutissement, développement, effet, incidence, répercussion, suite, [mauvais] séquelle

prolonger V. TR. **I.** allonger, continuer, rallonger, tirer en longueur **II. 1.** faire durer, entretenir, perpétuer, proroger, traîner en longueur **2.** continuer, poursuivre, pousser

◆ **se prolonger** V. PRON. **1.** continuer, s'allonger, s'étendre, s'étirer, se poursuivre, se perpétuer **2.** durer, se maintenir, persister, tenir, tirer en longueur, s'éterniser (péj.), traîner (en longueur) (péj.)

promenade N. F. **1.** sortie, circuit, excursion, flânerie, marche, randonnée, périple, voyage, balade (fam.), tour (fam.), vadrouille (fam.), virée (fam.), échappée (littér.) **2.** allée, avenue, boulevard, cours, mail

promener V. TR. transporter, traîner, balader (fam.)

◆ **se promener** V. PRON. **1.** marcher, circuler, déambuler, voyager **2.** flâner, errer, baguenauder (fam.), se balader (fam.), vadrouiller (fam.)

promeneur, euse N. **1.** flâneur, badaud, passant **2.** marcheur, excursionniste, randonneur

promesse N. F. **1.** assurance, déclaration, engagement, foi, parole (d'honneur), protestation, serment **2.** annonce, présage, signe **3.** convention, contrat, engagement

prometteur, euse ADJ. engageant, de bon augure, encourageant, rassurant

promettre V. TR. **1.** assurer, affirmer, certifier, garantir, jurer **2.** annoncer, augurer, laisser présager, laisser prévoir, prédire, préparer **3.** proposer, faire briller, faire miroiter, laisser espérer

promontoire N. M. cap, avancée, bec, belvédère, éminence, éperon, hauteur, pointe, saillie

promoteur, trice N. **1.** animateur, âme, centre, dirigeant, incitateur, instigateur, leader, meneur, moteur, tête, héraut (littér.) **2.** auteur, concepteur, créateur, initiateur, inspirateur, père, pionnier, précurseur

promotion N. F. **1.** accession, ascension, avancement, dignité, distinction, élévation, nomination **2.** progrès, amélioration, émancipation **3.** publicité, communication, lancement, promo (fam.) **4.** année, classe, cuvée (fam.), promo (fam.)

promouvoir V. TR. **1.** élever, nommer, propulser, bombarder (fam.), catapulter (fam.), parachuter (fam.) **2.** favoriser, aider, améliorer, animer, encourager, protéger, soutenir **3.** lancer, mettre en avant, pousser

prompt, prompte ADJ. **1.** empressé, diligent, expéditif, preste, rapide, vif, zélé **2.** coléreux, irascible, susceptible, soupe au lait (fam.) **3.** rapide, brusque, hâtif, immédiat, instantané, soudain, subit **4.** de courte durée, bref, court, succinct **5.** prochain, proche, rapide

promptitude N. F. **1.** rapidité, célérité, diligence, empressement, hâte **2.** vivacité, agilité, dextérité, prestesse, rapidité, vélocité, vitesse

promulguer V. TR. édicter, décréter, proclamer, publier

prôner V. TR. **1.** préconiser, conseiller, prêcher pour, recommander, vanter **2.** célébrer, approuver, encenser, exalter, glorifier, louer, vanter

prononcé, ée ADJ. accentué, accusé, appuyé, fort, marqué, souligné, très visible

prononcer V. TR. **1.** émettre, articuler **2.** énoncer, dire, exprimer, formuler, proférer **3.** décréter, déclarer, proclamer, rendre **4.** [bas] chuchoter, murmurer **5.** [distinctement] accentuer, détacher, marquer, marteler, scander, [une lettre] faire sentir/sonner **6.** [mal] écorcher **7.** [indistinctement] bafouiller, balbutier, bégayer, bredouiller, zézayer

◆ **se prononcer** V. PRON. **1.** opter, choisir, se décider, se déclarer, se déterminer, pencher, prendre parti **2.** conclure à, juger, statuer, trancher

prononciation N. F. **1.** énonciation **2.** articulation, élocution **3.** accentuation, inflexion, intonation, phrasé, prosodie, ton **4.** diction, accent

pronostic N. M. prévision, anticipation, conjecture, extrapolation, prédiction

pronostiquer V. TR. annoncer, anticiper, conjecturer, prédire, prévoir, prophétiser

propagande N. F. endoctrinement, intoxication, bourrage de crâne (fam.), intox (fam.)

propagation N. F. **1.** multiplication, reproduction **2.** dissémination, contagion, contamination, diffusion **3.** diffusion, (mise en) circulation, colportage, divulgation, transmission, vulgarisation **4.** extension, expansion, invasion, marche, progrès, progression

propager V. TR. **1.** répandre, disséminer, semer **2.** diffuser, enseigner, populariser, vulgariser **3.** accréditer **4.** colporter, crier sur les toits, divulguer, publier à son de trompe

◆ **se propager** V. PRON. **1.** se répandre, circuler, s'étendre, gagner (du terrain), faire tache d'huile **2.** se développer, augmenter, s'intensifier **3.** se transmettre, se diffuser, irradier, rayonner

propension N. F. disposition, appétence, attirance, goût, inclination, penchant, tendance

prophétie N. F. **1.** annonce, oracle, prédiction, prévision **2.** divination, vaticination (littér.)

prophétique ADJ. visionnaire, inspiré, prémonitoire

prophétiser V. TR. prévoir, annoncer, conjecturer, deviner, entrevoir, prédire, pronostiquer, vaticiner (littér.)

propice ADJ. **1.** favorable, opportun **2.** convenable, bon, faste, heureux

proportion N. F. **1.** dimension, étendue, mesure **2.** pourcentage, dose, prorata, taux **3.** dosage, mesure **4.** équilibre, eurythmie, harmonie, rapport, symétrie

proportionné, ée ADJ.
– **(bien) proportionné 1.** équilibré, harmonieux, homogène, régulier, symétrique **2.** beau, bien bâti, bien tourné, bien fichu (fam.), bien foutu (fam.), fait au moule, [femme] bien roulée (fam.)

proportionner V. TR. **1.** doser, calculer, calibrer, mesurer **2.** approprier, assortir, rapporter, répartir

propos N. M. 1. discours, déclaration, dire, mots, parole, phrase 2. objectif, but, désir, intention, pensée, résolution, volonté, dessein *(littér.)* 3. sujet, matière, objet, thème

proposer V. TR. 1. présenter, mettre en avant, soumettre 2. montrer, présenter 3. offrir, donner 4. suggérer, conseiller, souffler
• **se proposer** V. PRON. présenter sa candidature, s'offrir, se porter volontaire

proposition N. F. 1. offre, marché, ouverture, suggestion, *[galante]* avance 2. motion, résolution 3. affirmation, allégation, aphorisme, assertion, jugement, maxime, précepte, thèse

propre[1] ADJ. I. 1. immaculé, blanc, frais, lavé, net, propret 2. bien tenu, bien entretenu, impeccable, nettoyé, pimpant 3. soigné, soigneux II. 1. individuel, distinctif, exclusif, particulier, personnel, spécifique, typique 2. privé, à soi, personnel III. adéquat, adapté, ad hoc, approprié, convenable, exact, juste, précis, idoine *(littér.)* IV. honnête, bien, correct, intègre, moral, réglo *(fam.)*, probe *(littér.)* V. *[sens]* littéral, textuel

propre[2] N. M. caractéristique, attribut, nature, particularité, spécificité, apanage *(littér.)*

proprement ADV. 1. typiquement, exclusivement, spécifiquement 2. exactement, en fait, pratiquement, précisément, véritablement, vraiment 3. littéralement 4. bien, comme il faut, convenablement, correctement, décemment, honnêtement 5. soigneusement, avec propreté

propreté N. F. 1. pureté, salubrité 2. hygiène, tenue, toilette 3. fraîcheur, blancheur, netteté, pureté

propriétaire N. 1. possesseur, détenteur, maître, patron 2. hôte, proprio *(fam.)*

propriété N. F. I. 1. possession 2. bien, avoir, capital *(en nature)*, domaine, fonds, immeuble, patrimoine, terre II. 1. attribut, caractère, caractéristique, essence, nature, particularité, propre 2. pouvoir, faculté, qualité, vertu III. adéquation, correction, exactitude, justesse, précision

propulser V. TR. 1. projeter, lancer, envoyer 2. *[fam.]* nommer, promouvoir, bombarder *(fam.)*, catapulter *(fam.)*, parachuter *(fam.)*

propulsion N. F. élan, force, impulsion, poussée

prorata N. M. INVAR. pourcentage, proportion, quote-part, quotité, rapport

prorogation N. F. 1. prolongation, maintien, reconduction, renouvellement 2. délai, moratoire, répit, sursis 3. *[Pol.]* ajournement, renvoi, report

proroger V. TR. 1. prolonger, allonger, rallonger, reconduire, renouveler 2. remettre, repousser, retarder

prosaïque ADJ. 1. commun, banal, ordinaire, plat, quelconque 2. matériel, matérialiste, physique, primaire, terre à terre, trivial, au ras des pâquerettes *(fam.)*

proscription N. F. 1. expulsion, ban, bannissement, exclusion, exil, ostracisme 2. élimination, bannissement, refus, rejet 3. interdiction, censure, condamnation, mise à l'index, prohibition

proscrire V. TR. 1. expulser, bannir, chasser, exiler, refouler, reléguer, renvoyer 2. éliminer, bannir, écarter, enlever, exclure, refuser, rejeter 3. interdire, censurer, condamner, défendre, mettre à l'index, prohiber

prosélyte N. adepte, apôtre, militant, missionnaire, partisan, zélateur, sectateur *(péj.)*

prospecter V. TR. 1. chercher, rechercher, se mettre en quête de, partir à la chasse de 2. sonder, creuser, fouiller 3. explorer, inspecter, parcourir, patrouiller, reconnaître, sillonner, visiter 4. consulter, interroger

prospection N. F. 1. exploration, fouille, investigation, enquête, recherche, reconnaissance, sondage 2. *[de clientèle]* démarchage, mailing, publipostage

prospère ADJ. 1. riche, aisé, fortuné 2. florissant, resplendissant 3. faste, favorable, heureux

prospérer V. INTR. 1. se développer, être florissant, fructifier, progresser, avoir le vent en poupe, marcher 2. croître, s'épanouir, fleurir, foisonner, se multiplier, pulluler 3. s'enrichir, faire ses affaires, réussir, engraisser *(fam.)*, faire son beurre *(fam.)*

prospérité N. F. 1. fortune, richesse, réussite, succès 2. bonheur, abondance, aisance, bien-être, opulence, splendeur, félicité *(littér.)* 3. activité, développement, essor, expansion

prosterner (se) V. PRON. 1. s'agenouiller, mettre un genou à terre, se courber, s'incliner 2. s'abaisser, s'humilier, ramper, s'aplatir *(fam.)*, se coucher par terre *(fam.)*

prostituée N. F. professionnelle, péripatéticienne, belle-de-jour, belle-de-nuit, amazone, entraîneuse, fille de joie, fille publique, fille des rues, fille, racoleuse *(fam.)*, poule (de luxe) *(fam.)*, tapineuse *(fam.)*, créature *(péj.)*, femme de mauvaise vie *(péj.)*, grue *(fam., péj.)*, putain *(fam., péj.)*, pute *(fam., péj.)*, courtisane *(littér.)*, demi-mondaine *(littér.)*, hétaïre *(littér.)*, fleur de macadam *(littér.)*

prostituer V. TR. 1. dégrader, avilir, déshonorer, galvauder, profaner, salir, souiller, vendre 2. débaucher, dépraver, dévoyer, maquereauter *(fam.)*
• **se prostituer** V. PRON. 1. se vendre, s'abaisser 2. vivre de ses charmes, faire le trottoir *(fam.)*, faire le tapin *(fam.)*, tapiner *(fam.)*

prostitution N. F. racolage, tapin *(fam.)*, trottoir *(fam.)*, turbin *(fam.)*, turf *(argot)*

prostration N. F. abattement, accablement, anéantissement, apathie, hébétude, léthargie, torpeur

prostré, ée ADJ. accablé, abattu, anéanti, apathique, effondré

protagoniste N. M. 1. participant, acteur 2. personnage, caractère, héros, rôle 3. animateur, instigateur, leader, meneur, pionnier, promoteur

protecteur[1], trice ADJ. I. 1. tutélaire 2. paternel, bienveillant 3. *[péj.]* condescendant, dédaigneux, hautain II. conservateur, mainteneur, prophylactique

protecteur[2], trice N. 1. bienfaiteur, ange gardien, appui, mécène, soutien 2. défenseur, champion, gardien, pilier, sauveur 3. *[saint]* patron 4. chaperon, chevalier servant

protection N. F. I. 1. conservation, préservation, sauvegarde 2. défense, sécurité, sûreté, surveillance II. 1. appui, assistance, aide, recommandation, secours 2. garantie, assurance 3. tutelle, parrainage, patronage III. 1. armure, blindage, carapace, couverture, cuirasse, habillage 2. rempart, bouclier, cache, écran, filtre, parapluie, paravent

protégé, ée
▶ ADJ. 1. (à) couvert, abrité, à l'abri, préservé 2. en lieu sûr 3. sûr 4. immunisé, cuirassé, défendu, vacciné, blindé *(fam.)*
▶ N. favori, chouchou *(fam.)*, poulain *(fam.)*, créature *(littér.)*

protéger V. TR. I. 1. sauvegarder, conserver, garantir, préserver 2. mettre en sûreté, accompagner, escorter, garder, surveiller 3. défendre, abriter, assurer, garantir, prémunir, préserver 4. fortifier, blinder, cuirasser, immuniser, vacciner II. 1. aider, assister, secourir, soutenir 2. bénir, garder 3. veiller sur, mettre/prendre sous son aile, prendre sous sa protection, couver III. 1. appuyer, épauler, parrainer, patronner, recommander, pistonner *(fam.)*, pousser *(fam.)* 2. encourager, favoriser, promouvoir, soutenir
• **se protéger** V. PRON. se défendre, s'armer, s'assurer, ouvrir le parapluie *(fam.)*

protestataire ADJ. et N. opposant, contestataire

protestation N. F. 1. objection, dénégation, opposition 2. réclamation, plainte, récrimination, revendication, *[au plur.]* doléances 3. murmure, clameur, cri, levée de bouclier, coup de gueule *(fam.)*

protester V. INTR. s'opposer, broncher, se cabrer, s'indigner, murmurer, se plaindre, pousser les hauts cris, se rebeller, se récrier, récriminer, regimber, se révolter, tempêter, tonner, taper du poing sur la table, gueuler *(fam.)*, râler *(fam.)*, rebiffer *(fam.)*, ronchonner *(fam.)*, rouspéter *(fam.)*, ruer dans les brancards *(fam.)*

protocole N. M. I. 1. étiquette, bienséance, cérémonial, code, convenances, forme, règle, rituel 2. norme, règlement 3. décorum, apparat, cérémonie II. convention, accord, acte, traité

prototype N. M. 1. archétype, étalon, modèle, type 2. original

protubérance N. F. 1. saillie, bosse, éminence, excroissance, tubérosité 2. monticule, mamelon

protubérant, ante ADJ. proéminent, bombé, enflé, saillant

prouesse N. F. exploit, action d'éclat, haut fait, morceau de bravoure, performance

prouvé, ée ADJ. certain, attesté, avéré, confirmé, constaté, démontré, établi, vérifié

prouver V. TR. 1. démontrer (par A + B), établir, faire comprendre, mettre en évidence, vérifier 2. attester de, affirmer, confirmer, être le signe de, exprimer, indiquer, manifester, marquer, montrer, révéler, témoigner, trahir

provenance N. F. source, fondement, origine, point de départ, racine

provenir de V. TR. IND. 1. émaner de, partir de, sortir de 2. résulter de, découler de, dépendre de, dériver de, procéder de, tenir à, être tiré de, venir de 3. descendre de, être issu de, être né de

proverbe N. M. adage, aphorisme, dicton, maxime, sentence

proverbial, ale, aux ADJ. légendaire, admis, célèbre, connu, fameux, notoire, reconnu

providence N. F. 1. ciel, dieu, dieux, divinités 2. chance, destin, hasard, sort 3. bienfaiteur, ange (gardien), protecteur, sauveur, secours

providentiel, elle ADJ. opportun, bon, heureux, inespéré, miraculeux, salutaire

provision N. F. 1. réserve, amas, approvisionnement, fourniture, munition, stock, cargaison *(fam.)* 2. acompte, avance, dépôt
• **provisions** PLUR. 1. commissions, courses 2. ravitaillement, aliments, denrées (alimentaires), viatique, victuailles, vivres

provisionner V. TR. alimenter, approvisionner

provisoire ADJ. 1. temporaire, momentané, passager, transitoire 2. fugace, court, bref, éphémère, fugitif, précaire 3. de fortune

provisoirement ADV. 1. en attendant, momentanément 2. temporairement, par intérim, passagèrement, transitoirement

provocant, ante ADJ. 1. agressif, batailleur, belliqueux, querelleur 2. agaçant, irritant 3. suggestif, aguichant, affriolant, émoustillant, excitant, racoleur 4. arrogant, effronté, hardi, insolent, provocateur

provocateur, trice
▶ N. 1. agitateur, excitateur, fauteur de troubles, meneur 2. agresseur, assaillant, attaquant, offenseur
▶ ADJ. provocant, arrogant, effronté, hardi, insolent

provocation N. F. 1. défi, bravade, provoc *(fam.)* 2. attaque, agression, menace 3. agacerie, coquetterie

provoquer V. TR. I. 1. amener, amorcer, appeler, apporter, attirer, catalyser, causer, créer, déchaîner, déclencher, engendrer, entraîner, occasionner, produire, susciter 2. exciter, aiguillonner, allumer, enflammer, éveiller, inspirer, soulever 3. prendre l'initiative de, animer, promouvoir II. 1. attaquer, agresser, menacer, mettre au défi 2. agacer, harceler 3. narguer, attaquer, braver, défier, se frotter à 4. aguicher, émoustiller, allumer *(fam.)*

proxénète N. protecteur, souteneur, maquereau *(fam.)*, mac *(argot)*, marlou *(argot)*

proximité N. F. 1. voisinage, contiguïté, mitoyenneté 2. imminence, approche 3. parenté, affinité, analogie, points communs, ressemblance, similitude

prude
▶ ADJ. puritain, pudique, bégueule *(fam.)*, collet monté *(fam.)*, pudibond *(littér.)*
▶ N. F. sainte-nitouche

prudemment ADV. 1. sagement, raisonnablement 2. pas à pas, avec circonspection, précautionneusement

prudence N. F. 1. pondération, discernement, mesure, réflexion, sagesse 2. ménagement, doigté, tact 3. précaution, attention, circonspection, vigilance 4. hésitation, réticence

prudent, ente ADJ. 1. prévoyant, attentif, averti, avisé, circonspect, mesuré, pondéré, raisonnable, réfléchi, sage, vigilant 2. hésitant, réticent 3. [à l'excès] précautionneux, timoré, pusillanime (littér.)

pseudonyme N. M. nom d'emprunt, faux nom, nom d'artiste, nom de scène, nom de plume, nom de guerre, pseudo (fam.)

psychique ADJ. mental, intérieur, psychologique

psychisme N. M. psychologie, état d'esprit, mental, psyché (littér.)

psychologie N. F. 1. psychisme, caractère, comportement, mentalité, mœurs 2. perspicacité, clairvoyance, diplomatie, doigté, finesse (psychologique), intuition, pénétration, sagacité, tact

psychologique ADJ. psychique, mental

psychologue ADJ. perspicace, clairvoyant, diplomate, fin, sagace, subtil

psychopathe N. déséquilibré, fou, malade (mental), pervers

psychose N. F. 1. folie, aliénation, délire, démence 2. obsession, angoisse, hantise

puant, ante ADJ. 1. malodorant, fétide, infect, méphitique, nauséabond, pestilentiel, répugnant 2. vaniteux, poseur, prétentieux, satisfait, snob, suffisant, fat

puanteur N. F. fétidité, infection, miasmes, pestilence, relent, remugle (littér.)

pubère ADJ. formé, adolescent, nubile (didact.), [fille] réglée

puberté N. F. 1. adolescence, âge ingrat, âge tendre 2. formation, nubilité (didact.)

public¹, ique ADJ. 1. commun, collectif, communautaire, général, national 2. accessible, libre, ouvert à tous 3. notoire, connu, répandu 4. manifeste, visible 5. officiel, authentique, solennel 6. laïque

public² N. M. 1. assistance, assemblée, audience, auditeurs, auditoire, parterre, salle, spectateurs, galerie (fam.) 2. masse, foule, multitude, peuple, population

publication N. F. I. 1. annonce, affichage, divulgation, proclamation, promulgation, [de mariage] ban 2. sortie, édition, lancement, mise en vente, parution, tirage II. 1. ouvrage, écrit, fascicule, livraison, livre, recueil, volume 2. périodique, bulletin, journal, numéro, revue

publicité N. F. 1. message publicitaire, spot publicitaire, pub (fam.) 2. placard publicitaire, affiche, affichage 3. propagande, bruit, battage (fam.), matraquage (fam.), ramdam (fam.) 4. retentissement, renommée

publier V. TR. 1. rendre public, annoncer, claironner, clamer, crier, déclarer, dévoiler, divulguer, ébruiter, étaler (au grand jour), exprimer, manifester, proclamer, répandre, trompeter 2. écrire, donner, accoucher (fam.) 3. éditer, faire paraître, imprimer, lancer, sortir

publiquement ADV. 1. en public, officiellement 2. ouvertement, à la face du monde, à visage découvert, au grand jour, devant tout le monde, haut et fort, tout haut, ostensiblement

pudeur N. F. 1. confusion, embarras, gêne, honte, scrupule, timidité, vergogne 2. discrétion, délicatesse, modestie, réserve, respect, retenue, tact 3. décence, bienséance, pruderie (péj.), pudibonderie (péj.)

pudibond, onde ADJ. prude, pudique, puritain, bégueule (fam.), collet monté (fam.)

pudique ADJ. 1. décent, chaste, correct, sage, prude (péj.), pudibond (péj.) 2. discret, délicat, modeste, réservé, retenu

puer V. INTR. et TR. empester, empuantir, sentir mauvais, cocoter (fam.), cogner (fam.), fouetter (fam.), ne pas sentir la rose (fam.), schlinguer (fam.), sentir (fam.), dauber (argot)

puéril, ile ADJ. 1. enfantin, candide, immature, infantile, naïf, niais, bébé (fam.), bébête (fam.), gamin (fam.) 2. frivole, dérisoire, futile, superficiel, vain (littér.)

puérilité N. F. 1. infantilisme, naïveté, niaiserie 2. enfantillage, frivolité, futilité

pugilat N. M. combat, bataille, échauffourée, lutte, mêlée, rixe, bagarre (fam.)

pugnace ADJ. combatif, accrocheur, agressif, bagarreur, batailleur, belliqueux

puiser V. TR. 1. tirer, pomper 2. prendre, emprunter, glaner, récolter, piocher (fam.)

puisque CONJ. étant donné que, attendu que, comme, dans la mesure où, dès l'instant que, du fait que, du moment où/que, parce que, pour la raison que, vu que

puissamment ADV. 1. énergiquement, âprement, fortement, furieusement, passionnément, redoutablement, solidement, vigoureusement, violemment 2. considérablement, énormément, extrêmement, fort, fortement, infiniment, intensément, prodigieusement

puissance N. F. I. 1. force, vigueur, virilité 2. efficacité, force, pouvoir 3. capacité, faculté, possibilité II. intensité, dimension, énergie, profondeur, [d'un son] volume III. 1. autorité, crédit, influence, pouvoir, souveraineté 2. [légale] droit, autorité IV. nation, empire, État, pays, royaume, grand, super-grand V. [Mathématiques] exposant

puissant, ante ADJ. 1. vigoureux, fort, musclé, robuste, solide, balèze (fam.), costaud (fam.) 2. influent, considérable, haut placé, important, omnipotent, qui a le bras long 3. efficace, agissant, énergique, tout-puissant 4. profond, fort, intense, soutenu, vif, violent

pulluler V. INTR. 1. abonder, foisonner, fourmiller, grouiller 2. proliférer, envahir, se répandre, pousser (comme des champignons/du chiendent) (fam.)

pulsation N. F. battement, frémissement, mouvement alternatif, oscillation, vibration

pulsion N. F. 1. instinct, besoin, envie, impulsion 2. tendance, pente

pulvérisateur N. M. 1. atomiseur, aérosol, brumisateur (nom déposé), nébuliseur, spray, vaporisateur 2. aérographe, pistolet 3. poudreuse, sulfateuse

pulvérisation N. F. 1. désagrégation, division 2. vaporisation

pulvériser V. TR. 1. écraser, broyer, atomiser, concasser, effriter, égruger, émietter, moudre, piler, réduire en miettes/en poudre 2. vaporiser, volatiliser 3. anéantir, balayer, détruire, fracasser, réduire en cendres/en poussière, tailler en pièces, bousiller (fam.), écrabouiller (fam.), mettre en charpie (fam.)

punch N. M. dynamisme, allant, énergie, force, mordant, tonus, vigueur, vitalité, peps (fam.)

punir V. TR. 1. sanctionner, infliger une peine à, sévir contre, taper sur les doigts de (fam.), châtier (littér.), [un élève] consigner, coller (fam.) 2. battre, corriger, frapper, châtier (littér.) 3. réprimer, interdire, redresser, sanctionner, sévir contre 4. venger, laver, faire payer

punition N. F. 1. sanction, condamnation, pénalité, pénitence, châtiment (littér.) 2. correction, coups, fessée, raclée 3. vengeance, représailles, vindicte

pupitre N. M. 1. lutrin 2. bureau, table 3. console, clavier

pur, pure ADJ. I. 1. brut, entier, franc, sans mélange, nature, naturel, nu 2. affiné, assaini, décanté, épuré, filtré, purifié, rectifié, [eau] potable 3. clair, cristallin, limpide, lumineux, serein, transparent, [ciel] bleu, sans nuage, [son] argentin II. 1. soigné, châtié, correct, délicat, élégant, raffiné 2. net, clair, immaculé, impeccable, propre, sain, sans tache, blanc comme neige III. 1. angélique, candide, frais, ingénu, innocent, virginal 2. chaste, continent, platonique, pudique, sage, vertueux 3. vierge, inaltéré, intact 4. immatériel, aérien, ailé, éthéré, séraphique, sublime IV. 1. désintéressé, authentique, sincère, véritable, vrai 2. honnête, droit, franc, intègre, probe (littér.) V. [science, recherche] théorique, fondamental

purée N. F. 1. crème, bouillie, coulis, suprême, [de pommes de terre] (pommes) mousseline 2. miettes, bouillie, capilotade, charpie, compote, marmelade, poussière

purement ADV. 1. exclusivement, seulement, simplement, strictement, uniquement 2. absolument, intégralement, totalement

pureté N. F. I. 1. limpidité, clarté, luminosité, netteté, propreté, transparence 2. grâce, délicatesse, finesse, perfection II. 1. ingénuité, candeur, fraîcheur, innocence 2. droiture, franchise, honnêteté, intégrité, probité 3. désintéressement, authenticité, sincérité 4. chasteté, continence, honneur, innocence, pudeur, vertu, virginité III. correction, élégance

purger V. TR. I. 1. nettoyer, épurer, purifier 2. vidanger, curer, désobstruer, vider 3. effacer, laver II. 1. expurger, débarrasser de, retrancher 2. chasser de, balayer, débarrasser, éliminer de, libérer, vider III. s'acquitter de, accomplir, exécuter, subir

purification N. F. 1. assainissement, purge 2. lavage, désinfection, nettoyage 3. épuration, clarification, décantation, élimination, filtrage 4. affinage, raffinage

purifier V. TR. 1. assainir, désinfecter, purger 2. clarifier, filtrer, rectifier 3. épurer, affiner, raffiner

purisme N. M. 1. affectation, préciosité 2. perfectionnisme, rigorisme

puritain, aine ADJ. 1. prude, pudique, pudibond (littér.) 2. austère, intransigeant, janséniste, rigide, rigoriste, strict

puritanisme N. M. 1. rigorisme, ascétisme, austérité, intransigeance, jansénisme, rigidité, rigueur 2. pruderie, pudibonderie (littér.)

pusillanime ADJ. craintif, anxieux, faible, frileux, lâche, peureux, poltron, prudent, timoré, froussard (fam.), pétochard (fam.), poule mouillée (fam.), trouillard (fam.), couard (littér.), pleutre (littér.), veule (littér.)

pusillanimité N. F. poltronnerie, faiblesse, frilosité, lâcheté, frousse (fam.), couardise (littér.), pleutrerie (littér.), veulerie (littér.)

pustule N. F. grosseur, bouton, bubon, bulbe, furoncle, vésicule

putréfaction N. F. corruption, décomposition, gangrène, pourriture

putréfier V. TR. corrompre, décomposer, gâter
 se putréfier V. PRON. s'altérer, se corrompre, se décomposer, se dissoudre, pourrir

putride ADJ. 1. putrescent, décomposé, faisandé, gâté, pourri, [odeur] fétide, pestilentiel 2. malsain, corrupteur, immoral, impur, morbide, pernicieux, pervers

putsch N. M. coup d'État, coup de main, pronunciamiento

P.-V. N. M. contravention, procès-verbal, contredanse (fam.), prune (fam.)

pylône N. M. colonne, mât, pilier, poteau, sapine

✦ ✦ ✦ ✦ ✦ ✦ ✦ ✦ ✦ ✦ ✦ ✦ ✦ ✦ ✦ ✦ ✦ ✦ ✦

Q

quadriller V. TR. 1. carreler, [des rues] carroyer 2. contrôler, ratisser, passer au peigne fin

quai N. M. 1. appontement, débarcadère, embarcadère, wharf (anglic.) 2. plateforme

qualification N. F. 1. appellation, épithète, nom, qualité, titre 2. éliminatoire, série, tour

qualifié, ée ADJ. 1. compétent, apte, capable, exercé, expérimenté, expert, ferré, rompu (à), calé (fam.), trapu (fam.) 2. autorisé, habilité

qualifier V. TR. 1. appeler, dénommer, désigner, intituler, nommer, mettre un nom sur, [une personne] traiter 2. caractériser, déterminer, symboliser 3. [Sport] sélectionner

qualité N. F. 1. attribut, caractère, caractéristique, essence, particularité, propriété, signe distinctif, spécificité 2. classe, carrure, distinction, envergure, étoffe, mérite, stature, valeur, calibre (fam.), trempe (fam.) 3. aptitude, capacité, compétence, disposition, don, mérite, talent, valeur, vertu 4. fonction, condition, qualification, titre

quant à LOC. PRÉP. en ce qui concerne, concernant, pour ce qui est de, à la rubrique (de), sur le plan de, côté (fam.), question (fam.), rapport à (fam.)

quantifiable ADJ. calculable, chiffrable

quantifier v. tr. calculer, chiffrer, évaluer, mettre un chiffre sur

quantité n. f. 1. volume, charge, dose, masse, stock 2. nombre

quarantaine n. f. 1. [Méd.] isolement 2. boycott, boycottage, mise à l'index, interdit, ostracisme, proscription

quartier n. m. 1. quart 2. morceau, fraction, part, partie, pièce, portion, ration, tranche 3. [de lune] croissant 4. secteur, arrondissement, district, zone 5. [Milit.] cantonnement, campement, caserne, casernement

quartz n. m. cristal de roche, silice

quasiment adv. [fam.] presque, pratiquement, à peu près, à peu de chose près, quasi (littér. ou région.)

quelconque adj. 1. banal, commun, courant, insignifiant, ordinaire, passe-partout, sans odeur ni saveur 2. inintéressant, falot, médiocre, terne

quelque
▸ adv. environ, à peu près, approximativement
▸ adj. indéf. un, certain
♦ **quelques** plur. un petit nombre de, un certain nombre de, plusieurs, une poignée de

quelquefois adv. 1. parfois, certaines fois, quelques fois 2. de temps à autre, de loin en loin, de temps en temps

quémander v. tr. mendier, implorer, quêter, réclamer, solliciter

quémandeur, euse n. solliciteur, demandeur, quêteur, tapeur (fam.)

qu'en dira-t-on n. m. commérages, on-dit, racontar, cancans (fam.), potins (fam.), ragots (fam.)

querelle n. f. 1. dispute, altercation, débat, démêlé, désaccord, différend, discorde, discussion, dissension, passe d'armes, bisbille (fam.), bringue (fam., Suisse), brouille (fam.), chamaillerie (fam.), prise de bec (fam.) 2. conflit, bataille, controverse, guerre, polémique

quereller v. tr.
♦ **se quereller** v. pron. se disputer, s'accrocher, se bagarrer, se battre, se bringuer (fam., Suisse), se chamailler (fam.), s'engueuler (très fam.)

querelleur, euse
▸ adj. agressif, batailleur, belliqueux, boute-feu, chamailleur, chicaneur, ferrailleur, hargneux
▸ n. mauvais coucheur, mauvaise tête, [femme] harpie

question n. f. 1. interrogation, demande 2. devinette, énigme, colle (fam.) 3. affaire, controverse, discussion, histoire, matière, point, problème, sujet

questionnaire n. m. formulaire, imprimé, [à choix multiple] Q.C.M.

questionner v. tr. interroger, consulter, interviewer, poser des questions/la question à, sonder, tâter, [en insistant] cuisiner (fam.), mettre/tenir sur le gril (fam.), tenir sur la sellette (fam.)

quêter
▸ v. intr. faire la quête, recueillir des aumônes
▸ v. tr. mendier, quémander, rechercher, réclamer, solliciter

queue n. f. 1. [Bot.] tige, pédicule, pédoncule, pétiole 2. arrière, bout, extrémité, fin 3. file d'attente 4. manche, cognée

quiconque pronom n'importe qui, personne

quidam n. m. 1. individu, inconnu, personne, bonhomme (fam.), mec (fam.), type (fam.) 2. monsieur Tout-le-monde, tout un chacun, l'homme de la rue, le citoyen lambda

quiet, quiète adj. tranquille, calme, paisible

quiétude n. f. calme, apaisement, paix, repos, sérénité, tranquillité

quincaillerie n. f. 1. ferblanterie 2. [fam.] pacotille, camelote (fam.), toc (fam.), [bijoux] affûtiaux (fam.)

quintessence n. f. le meilleur, le nec plus ultra, l'essentiel, le principal, la substantifique moelle (littér.)

quiproquo n. m. malentendu, confusion, maldonne, méprise, embrouillamini (fam.)

quittance n. f. acquit, décharge, récépissé, reçu

quitte adj. délivré, débarrassé, dégagé, exempté, libéré, libre

quitter v. tr. 1. s'en aller de, s'absenter de, déménager de, déserter de, déguerpir de, s'échapper de, évacuer, laisser 2. abandonner, fausser compagnie à, rompre avec, se séparer de, lâcher (fam.), laisser choir/tomber (fam.), lourder (fam.), plaquer (fam.) 3. démissionner de, se démettre de, planter là (fam.) 4. ôter, enlever, retirer, se débarrasser de, se défaire de, se dépouiller de
♦ **se quitter** v. pron. rompre, se séparer

qui-vive n. m. invar.
– **être sur le qui-vive** être sur ses gardes, être en alerte, être sur les dents

quolibet n. m. plaisanterie, moquerie, persiflage, pointe, raillerie, sarcasme, taquinerie, lazzi (littér.), pique (fam.), vanne (fam.)

quota n. m. contingent, pourcentage

quote-part n. f. contribution, apport, cotisation, écot, part, quotité (Droit)

quotidien¹, enne adj. 1. journalier 2. habituel, banal, commun, normal, ordinaire, régulier, rituel, usuel

quotidien² n. m. journal, gazette, feuille de chou (péj.)

quotient n. m. rapport, ratio

quotité n. f. part, fraction, portion, quote-part

✦✦✦✦✦✦✦✦✦✦✦✦✦✦✦✦✦

R

rabâcher v. tr. radoter, redire, répéter, ressasser, chanter sur tous les tons, rebattre les oreilles (de), [sans complément] chanter toujours la même chanson/antienne (littér.)

rabais n. m. réduction, baisse, diminution, discount (anglic.), escompte, remise, ristourne, solde

rabaisser v. tr. 1. diminuer, abaisser, baisser, limiter, modérer, rabattre, réduire, restreindre 2. avilir, abaisser, avilir, dégrader, dénigrer, déprécier, déshonorer, humilier, ravaler, ridiculiser
♦ **se rabaisser** v. pron. 1. s'humilier, s'abaisser, se déshonorer 2. se déprécier, se dénigrer

rabat-joie n. m. invar. trouble-fête, bonnet de nuit, empêcheur de tourner en rond, éteignoir (fam.), pisse-froid (fam.), pisse-vinaigre (fam.)

rabattre v. tr. 1. refermer, abaisser, abattre, aplatir, baisser, coucher, rabaisser, replier 2. déduire, diminuer, décompter, défalquer, modérer, réduire, retenir, retrancher 3. rabaisser, abaisser, atténuer, baisser, diminuer, limiter, modérer, restreindre, tempérer 4. racoler, attirer
♦ **se rabattre sur** v. pron. se contenter de, accepter, faire avec, se satisfaire de

râblé, ée adj. trapu, épais, courtaud, ramassé

raboter v. tr. aplanir, dégauchir, polir, varloper

rabougri, ie adj. chétif, desséché, difforme, frêle, malingre, racorni, rachitique, ratatiné

rabrouer v. tr. gronder, remettre à sa place, repousser, clouer le bec à (fam.), envoyer au diable (fam.), envoyer balader (fam.), envoyer bouler (fam.), envoyer promener (fam.), envoyer sur les roses (fam.), moucher (fam.), remballer (fam.), remonter les bretelles (fam.), rembarrer (fam.)

racaille n. f. 1. canaille, escroc, vermine, crapule (fam.), fripouille (fam.) 2. populace, lie, rebut, plèbe (littér.)

raccommoder v. tr. 1. rapiécer, ravauder, recoudre, renforcer, remmailler, réparer, repriser, restaurer, stopper, rafistoler (fam.) 2. réconcilier, rabibocher (fam.)
♦ **se raccommoder** v. pron. se réconcilier, enterrer la hache de guerre, se remettre (ensemble), se rabibocher (fam.)

raccompagner v. tr. reconduire, ramener, remmener

raccord n. m. 1. jonction, raccordement 2. enchaînement, liaison 3. coude, manchon 4. retouche

raccordement n. m. 1. branchement, connexion 2. enchaînement, liaison, transition 3. embranchement, bretelle (d'accès)

raccorder v. tr. assembler, connecter, embrancher, joindre, rabouter, rattacher, relier, réunir, unir

raccourci n. m. abrégé, ellipse, résumé

raccourcir
▸ v. tr. 1. abréger, couper, diminuer, écourter, rapetisser, réduire, rétrécir 2. [des branches] élaguer, ébouter, [un arbre] écimer, émonder, tailler
▸ v. intr. 1. rétrécir, rapetisser 2. diminuer

raccrocher v. tr. 1. racoler, accoster 2. remettre, reposer
♦ **se raccrocher** v. pron. 1. s'agripper, se cramponner, se rattraper, se retenir 2. se rapporter, se rattacher, se relier

race n. f. 1. origine, ascendance, branche, ethnie, extraction, famille, filiation, lignage, lignée, maison, naissance, peuple, sang, souche 2. descendance, enfants, fils, lignée, postérité 3. espèce, genre, sorte, type, engeance (péj.), gent (littér.)

rachat n. m. 1. remboursement, reprise 2. rédemption, délivrance, expiation, réhabilitation, salut

racheter v. tr. 1. expier, compenser, délivrer de, effacer, faire oublier, libérer de, payer, rattraper, réparer 2. sauver, réhabiliter, [Relig.] rédimer 3. [une entreprise] reprendre, absorber, filialiser, récupérer

rachitique adj. chétif, atrophié, débile, difforme, étiolé, maigre, malingre, rabougri, maigrichon (fam.), maigriot (fam.), racho (fam.)

racine n. f. 1. bulbe, bulbille, caïeu, griffe, oignon, pivot, radicelle, radicule, rhizome 2. origine, base, commencement, naissance, souche, source 3. [Ling.] radical, base, mot souche

racisme n. m. 1. xénophobie, antisémitisme, nationalisme 2. discrimination, ségrégation

raciste n. et adj. xénophobe, antisémite, nationaliste

racket n. m. rançonnement, chantage, extorsion

racketter v. tr. rançonner, faire chanter

racler v. tr. 1. gratter, curer, frotter, nettoyer 2. râper

racolage n. m. 1. enrôlement, embrigadement, recrutement 2. rabattage, retape (fam.), tapin (fam.)

racoler v. tr. embrigader, engager, enrôler, recruter 2. accoster, aborder, attirer, [sans complément] faire de la retape (fam.)

racoleur, euse
▸ n. 1. recruteur 2. propagandiste
▸ adj. accrocheur, aguicheur, démagogique, raccrocheur, titillant, démago (fam.)

racontar n. m. commérage, bavardage, bruit, calomnie, invention, on-dit, ragot, persiflage, cancan (fam.), potin (fam.), clabaudage (littér.)

raconter v. tr. 1. dire, débiter (péj.), exposer, rapporter, relater, rendre compte de, retracer, conter (littér.), narrer (littér.) 2. avouer, confesser

rade n. f. bassin, port, havre

radiation¹ n. f. 1. exclusion, destitution, expulsion, licenciement, mise à l'écart, renvoi, révocation 2. annulation, effacement, élimination, suppression

radiation² n. f. 1. rayon, faisceau, onde, rai, rayonnement 2. propagation, émanation, émission, irradiation, rayonnement

radical, ale, aux adj. 1. absolu, catégorique, complet, fondamental, irrévocable, profond, total 2. draconien, drastique, dur, féroce, strict 3. infaillible, souverain, sûr 4. jusqu'au-boutiste, extrémiste, ferme, intransigeant, pur, pur jus

radicaliser v. tr. durcir, raidir, renforcer

radier v. tr. 1. congédier, démettre, déposer, destituer, licencier, limoger, relever, renvoyer, révoquer 2. effacer, barrer, biffer, éliminer, enlever, ôter, supprimer, rayer

radieux, euse adj. 1. éclatant, éblouissant, ensoleillé, étincelant, lumineux, rayonnant, resplendissant 2. content, épanoui, ravi, rayonnant, réjoui

radin, ine
▸ **ADJ.** avare, économe, mesquin, pingre, regardant, chiche (fam.), près de ses sous (fam.), rapiat (fam.), rat (fam.), parcimonieux (littér.)
▸ **N.** avare, harpagon, pingre, picsou, grigou (fam.), rapiat (fam.), rat (fam.)

radoter V. INTR. **1.** divaguer, débloquer (fam.), délirer (fam.), déménager (fam.), dérailler (fam.), déraisonner (littér.), extravaguer (littér.) **2.** rabâcher, se répéter, chanter toujours la même chanson/antienne

radoucir V. TR. **1.** réchauffer, adoucir, attiédir **2.** atténuer, alléger, calmer, estomper, réduire, soulager **3.** modérer, adoucir, apaiser, assouplir, mettre un bémol à, mitiger, tempérer
◆ **se radoucir** V. PRON. **1.** se réchauffer, s'attiédir, s'adoucir, tiédir **2.** s'attendrir, fléchir, s'adoucir **3.** se modérer, en rabattre, lâcher du lest, mettre de l'eau dans son vin

rafale N. F. **1.** bourrasque, coup de vent, tornade, tourbillon, [Mar.] grain, risée **2.** tir, décharge, salve, giclée (fam.)

raffermir V. TR. **1.** renforcer, cimenter, confirmer, consolider, endurcir, étayer, fortifier, solidifier, tonifier **2.** ranimer, attiser, aviver, exalter, ragaillardir, raviver, réconforter, revigorer, revivifier, stimuler

raffiné, ée ADJ. **1.** délicat, chic, de bon goût, distingué, élégant, subtil, stylé, [personne] bien élevé, bien éduqué, cultivé **2.** recherché, ingénieux, minutieux, perfectionné, sophistiqué, chiadé (fam.)

raffinement N. M. délicatesse, art, classe, distinction, élégance, finesse, minutie, recherche, sophistication, subtilité

raffiner V. TR. **1.** distiller, affiner, purifier **2.** perfectionner, châtier, épurer, policer, polir, fignoler (fam.)

raffoler de V. TR. IND. être fou de, adorer, aimer, s'enflammer pour, avoir un engouement pour, s'enthousiasmer pour, être entiché de, être épris de, être passionné de, avoir le virus de (fam.), être accro à (fam.)

rafle N. F. razzia, arrestation, coup de filet, descente (de police), raid

rafler V. TR. **1.** dérober, accaparer, conquérir, faire une razzia sur, mettre la main sur, s'approprier, s'emparer de, subtiliser, voler, chaparder (fam.), faucher (fam.), piquer (fam.), ratiboiser (fam.) **2.** gagner, empocher, encaisser, percevoir, ramasser, récolter, remporter, toucher, ravir (littér.), souffler (fam.), truster (fam.)

rafraîchir V. TR. **1.** refroidir, réfrigérer **2.** rajeunir, raviver, revigorer, revivifier, rénover, retaper
◆ **se rafraîchir** V. PRON. **1.** boire, se désaltérer, étancher sa soif **2.** [température] fraîchir, baisser, diminuer, se refroidir

rafraîchissement N. M. **1.** boisson, consommation, pot (fam.) **2.** refroidissement, baisse des températures

ragaillardir V. TR. revigorer, fortifier, ranimer, réconforter, reconstituer, remonter (fam.), ravigoter (fam.), requinquer (fam.), retaper (fam.), revivifier (fam.)

rage N. F. **1.** colère, exaspération, fureur, furie, hargne, rogne (fam.), courroux (littér.), ire (littér.) **2.** frénésie, ardeur, déchaînement, exaltation **3.** manie, passion

rageant, ante ADJ. enrageant, agaçant, crispant, énervant, exaspérant, excédant, irritant, râlant (fam.)

rageur, euse ADJ. **1.** coléreux, colérique, irascible, irritable, soupe au lait, qui a la tête près du bonnet **2.** hargneux, agressif, emporté, furibond, vindicatif, violent

ragot N. M. commérage, bavardage, calomnie, histoire, invention, médisance, on-dit, racontar, persiflage, cancan (fam.), potin (fam.), clabaudage (fam.)

ragoûtant, ante ADJ. **1.** appétissant, alléchant **2.** agréable, affriolant, attrayant, engageant, séduisant, tentant

raid N. M. **1.** commando, attaque, campagne, coup de main, descente, expédition, incursion, mission, opération (éclair), razzia **2.** rallye, expédition

raide ADJ. **1.** rigide, dur, tendu, ferme **2.** ankylosé, engourdi **3.** abrupt, à pic, droit, escarpé **4.** affecté, collet monté, compassé, guindé, gourmé (littér.) **5.** austère, autoritaire, grave, inflexible, intraitable, intransigeant, rigide, sévère, strict

raideur N. F. **1.** ankylose, contraction, engourdissement, raidissement, rigidité, tension **2.** affectation, componction **3.** austérité, intransigeance, rigueur, rigidité, sévérité

raidir V. TR. **1.** bander, contracter, tendre **2.** tirer, roidir (littér.) **3.** engourdir, ankyloser **4.** radicaliser, durcir, renforcer

raie N. F. trait, bande, hachure, ligne, liseré, rayure, strie, striure, zébrure

rail N. M. **1.** [de sécurité] barrière, couloir, glissière **2.** [au plur.] chemin de fer, voie (ferrée)

railler V. TR. se moquer de, montrer du doigt, persifler, plaisanter de, ridiculiser, se payer la tête de, charrier (fam.), se ficher de (fam.), se foutre de (fam.), mettre en boîte (fam.), brocarder (littér.), se gausser de (littér.)

raillerie N. F. **1.** [souvent au plur.] plaisanterie, moquerie, critique, épigramme, flèche, pointe, quolibet, sarcasme, trait, lazzi (littér.) **2.** persiflage, dérision, ironie, malice, moquerie

railleur, euse N. et ADJ. ironique, blagueur, caustique, moqueur, mordant, narquois, persifleur, piquant, sardonique, satirique, taquin, frondeur (littér.)

rainure N. F. entaille, cannelure, canal, coulisse, glissière, rigole, sillon

raisin N. M. vigne, cépage

raison N. F. **1.** intelligence, entendement, esprit, intellect, jugement, lucidité **2.** bon sens, compréhension, discernement, intelligence, sagesse, sens commun, jugeote (fam.) **3.** cause, argument, excuse, explication, fondement, justification, mobile, motif, origine, pourquoi, prétexte, sujet

raisonnable ADJ. **1.** intelligent, pensant, rationnel **2.** judicieux, mûr, pondéré, posé, prudent, réfléchi, sage, sensé **3.** convenable, acceptable, correct, honnête, modéré, naturel, normal

raisonné, ée ADJ. **1.** logique, rationnel **2.** calculé, réfléchi

raisonnement N. M. démonstration, argumentation, déduction, dialectique, explication, logique

raisonner V. INTR. **1.** penser, calculer, déduire, induire, juger, méditer, philosopher, réfléchir, cogiter (fam.) **2.** discuter, chicaner (fam.), discutailler (fam.), ergoter (fam.), couper les cheveux en quatre (fam.), enculer les mouches (très fam.), ratiociner (littér.)

rajeunir V. TR. moderniser, actualiser, dépoussiérer, rafraîchir, rénover, renouveler, retaper, revigorer, infuser un sang nouveau/neuf à, donner un coup de jeune à (fam.)

ralentir
▸ V. TR. **1.** entraver, freiner, gêner, modérer, retarder **2.** affaiblir, atténuer, diminuer, réduire
▸ V. INTR. **1.** décélérer, freiner, lever le pied (fam.) **2.** baisser, diminuer **3.** [économie, activité] s'essouffler, fléchir, marquer le pas

ralentissement N. M. **1.** décélération, freinage **2.** réduction, baisse, diminution, essoufflement, fléchissement **3.** relâchement, répit, repos, trêve **4.** embouteillage, bouchon, encombrement, retenue

râler V. INTR. grogner, maugréer, pester, protester, ronchonner, bisquer (fam.), fumer (fam.), rager (fam.), rouspéter (fam.)

râleur, euse N. et ADJ. grincheux, bougon (fam.), grognon (fam.), ronchon (fam.), rouspéteur (fam.)

rallier V. TR. **1.** rassembler, assembler, regrouper, réunir, battre le rappel de **2.** gagner, acquérir, remporter **3.** rejoindre, regagner, réintégrer, retourner à
◆ **se rallier à** V. PRON. **1.** [une idée] approuver, adhérer à, adopter, croire à, se ranger à, souscrire à **2.** [un groupe] rejoindre (les rangs de), adhérer à, grossir les rangs de

rallumer V. TR. ranimer, raviver, réchauffer, ressusciter, réveiller
◆ **se rallumer** V. PRON. [la haine, l'espoir] renaître, revivre

rallye N. M. **1.** circuit (automobile), course **2.** réunion, bal, fête

ramassage N. M. **1.** collecte, [des ordures] enlèvement **2.** récolte, cueillette, glanage, grappillage, moisson, [du foin] fenaison

ramassé, ée ADJ. **1.** blotti, pelotonné, recroquevillé **2.** court, courtaud, épais, massif, puissant, râblé, trapu, mastoc (fam.) **3.** concentré, bref, concis, condensé, dense

ramasser V. TR. **1.** collecter, amasser, rassembler, recueillir, regrouper, réunir, [des ordures] enlever, [des copies] relever **2.** récolter, cueillir, glaner, grappiller, [du foin] râteler **3.** se procurer, empocher, encaisser, gagner, recevoir, attraper (fam.), rafler (fam.) **4.** concentrer, condenser, réduire, resserrer, résumer
◆ **se ramasser** V. PRON. se blottir, se pelotonner, se recroqueviller, se replier

rambarde N. F. balustrade, barrière, bastingage, garde-corps, garde-fou, main courante

ramener V. TR. **1.** raccompagner, reconduire **2.** rapporter, rendre, restituer **3.** réduire, limiter, restreindre **4.** rabattre, remonter, tirer **5.** restaurer, réintroduire, remettre, rétablir, faire revenir

ramer V. INTR. nager, godiller, pagayer, souquer, [vigoureusement] faire force de rames (soutenu)

rameuter V. TR. **1.** ameuter, appeler, rassembler, regrouper **2.** mobiliser, battre le rappel de, embrigader, enrégimenter, enrôler, recruter

ramification N. F. **1.** rameau, arborescence, arborisation, inflorescence **2.** division, branche, embranchement, partie, rameau, subdivision

ramifier (se) V. PRON. **1.** se diviser, se dissocier, se partager, se scinder, se séparer, se subdiviser **2.** s'étendre, se propager, se répandre

ramollir V. TR. **1.** amollir, attendrir **2.** affaiblir, alanguir, avachir, débiliter, aveulir (littér.) **3.** [la terre] ameublir
◆ **se ramollir** V. PRON. se distendre, s'avachir, se détendre, se relâcher

rampant, ante ADJ. **1.** bas, plat, servile, soumis, vil **2.** flatteur, obséquieux

rampe N. F. **1.** montée, côte, grimpée, pente, grimpette (fam.) **2.** balustrade, main courante

ramper V. INTR. **1.** se traîner, se glisser **2.** s'humilier, s'aplatir, faire des courbettes, se mettre à plat ventre

rancœur N. F. aigreur, amertume, animosité, dépit, hostilité, rancune, ressentiment

rançon N. F. [du plaisir, du succès, etc.] contrepartie, conséquence, envers, inconvénient, prix, tribut

rançonner V. TR. **1.** racketter, dépouiller **2.** exploiter, pressurer, saigner, voler

rancune N. F. aigreur, amertume, animosité, dépit, hostilité, rancœur, ressentiment, inimitié (soutenu)

randonnée N. F. promenade, circuit, excursion, marche, tour, trek, trekking, balade (fam.)

rang N. M. **1.** file, alignement, colonne, cordon, enfilade, haie, ligne, queue, rangée, série, succession, suite **2.** grade, caste, catégorie, classe, condition, degré, milieu, niveau, qualité, situation **3.** numéro, échelon, ordre, place, position **4.** [élevé] fonction, dignité, place, titre

rangé, ée ADJ. **1.** ordonné, aligné, classé, en ordre, net **2.** sérieux, classique, conformiste, sage

rangée N. F. file, alignement, chaîne, colonne, cordon, enfilade, haie, ligne, queue, rang, série, succession, suite

rangement N. M. **1.** classement, agencement, arrangement, disposition, mise en ordre, ordre, organisation **2.** placard, armoire

ranger V. TR. **1.** classer, agencer, aménager, arranger, mettre de l'ordre dans, mettre en place, ordonner, réorganiser, remettre en place, trier **2.** mettre à l'abri, mettre en lieu sûr, remiser **3.** placer, disposer, mettre, caser (fam.), [une voiture] garer, parquer **4.** contraindre, soumettre
◆ **se ranger** V. PRON. **1.** se mettre, s'aligner, s'ordonner, se placer, s'installer, se parquer **2.** s'effacer, faire place **3.** s'assagir, se calmer, se soumettre **4.** rentrer dans le rang, s'assagir, se ranger des voitures (fam.)

ranimer V. TR. **1.** ressusciter, faire renaître, faire revivre **2.** réveiller, rallumer, raviver, réchauffer, stimuler **3.** encourager, réchauffer, réconforter, remonter, revigorer, ravigoter (fam.)

rapace
- ADJ. 1. féroce, impitoyable 2. avide, âpre au gain, avare, cupide, insatiable, vorace
- N. M. 1. oiseau de proie 2. requin (fam.), vautour (fam.)

râpé, ée ADJ. élimé, usagé, usé (jusqu'à la corde)

râper V. TR. gratter, racler

rapetisser
- V. TR. 1. réduire, amenuiser, diminuer, écourter, restreindre, rétrécir 2. amoindrir, déprécier, écraser, rabaisser
- V. INTR. raccourcir, diminuer
- ♦ se rapetisser V. PRON. se ratatiner, se recroqueviller

râpeux, euse ADJ. 1. [au toucher] rugueux, rêche, raboteux 2. [au goût] âpre, aigre 3. [son] rocailleux, rude

rapide ADJ. 1. alerte, diligent, empressé, expéditif (péj.), impétueux, prompt, vif, preste (littér.), véloce (littér.) 2. brusque, brutal, fulgurant, hâtif, précipité, soudain 3. bref, accéléré, concis, court, cursif, éphémère, expéditif (péj.), furtif, sommaire (péj.) 4. [rythme] soutenu, enlevé 5. [pente] abrupt, incliné, pentu, raide 6. [train] express

rapidement ADV. 1. vite, à la hâte, rondement, vivement, prestement (littér.), à fond de train, à bride abattue, à grands pas, à tire d'aile, à toute allure, à toute vitesse, bon train, comme une flèche, comme un éclair, à fond la caisse (fam.), à fond les manettes (fam.), à toute blinde (fam.), à toute vapeur (fam.), à un train d'enfer (fam.), à toute berzingue (fam.), au galop (fam.), au trot, (fam.) en moins de deux, [manger] sur le pouce (fam.), avec un lance-pierre (fam.), [écrire] d'un seul jet, [courir] ventre à terre, [rouler] à tombeau ouvert 2. promptement, bientôt, d'urgence, en toute hâte, sans tarder 3. en un instant, en moins de rien, en un tour de main, en deux temps trois mouvements, vite fait, tambour battant, en quatrième vitesse (fam.), en deux coups de cuillère à pot (fam.), dare-dare (fam.), en cinq sec (fam.), illico presto (fam.), presto (fam.), rapido(s) (fam.) 4. brusquement, brutalement, soudainement 5. [trop] expéditivement, à la sauvette, à la va-vite, au pas de course, hâtivement, précipitamment 6. [rapide] comme un éclair, en coup de vent (fam.), rapido(s) (fam.) 7. en résumé, brièvement, en abrégé

rapidité N. F. 1. vitesse, célérité, diligence, promptitude, prestesse (littér.), vélocité (littér.), [d'élocution] volubilité 2. hâte, précipitation, soudaineté

rappel N. M. 1. évocation, allusion, citation, mention 2. [au spectacle] bis 3. avertissement 4. [de troupes] mobilisation, appel

rappeler V. TR. 1. évoquer, citer, commémorer, faire allusion à, redire, remémorer, retracer 2. ressembler à, évoquer, se rapprocher de 3. ramener, faire revenir, [un artiste] bisser 4. [une armée] mobiliser, appeler
- ♦ se rappeler V. PRON. se souvenir, mémoriser, se remémorer, se remettre en mémoire

rapport N. M. 1. compte rendu, récit, analyse, expertise, exposé, procès-verbal, témoignage 2. bénéfice, apport, fruit, gain, intérêt, produit, profit, rendement, revenu 3. lien, filiation, analogie, connexion, corrélation, correspondance, rapprochement, liaison, parenté, relation, ressemblance, similitude 4. relation, fréquentation, liaison, union, [avec l'ennemi] intelligence 5. mesure, fraction, proportion, ratio 6. point de vue, angle, aspect, perspective

rapporter V. TR. 1. restituer, ramener, remettre (à sa place), redonner, rendre, replacer 2. produire, apporter, donner, faire gagner, [sans complément] payer, être juteux (fam.) 3. raconter, citer, colporter, consigner, conter, dire, exposer, relater 4. [fam.] répéter, [sans complément] cafarder (fam.), cafter (fam.), moucharder (fam.) 5. attribuer, imputer, raccrocher, ramener, rapprocher, rattacher, relier
- ♦ se rapporter à V. PRON. concerner, avoir trait à, être afférent à, correspondre à, être relatif à, intéresser, regarder, se rattacher à, toucher à

rapporteur, euse N. et ADJ. délateur, dénonciateur, mouchard, traître, balance (fam.), cafard (fam.), sycophante (littér.)

rapprochement N. M. 1. réconciliation, alliance, accord, union 2. lien, amalgame, assimilation, association, comparaison, parallèle, rapport

rapprocher V. TR. 1. approcher, avancer 2. accoler, assembler, grouper, joindre, presser, unir 3. réconcilier, concilier, réunir, tisser des liens entre 4. comparer, amalgamer, assimiler, mettre en parallèle, mettre en regard
- ♦ se rapprocher V. PRON. approcher, s'avancer

rare ADJ. 1. introuvable, raréfié, recherché 2. inhabituel, exceptionnel, extraordinaire, hors du commun, inaccoutumé 3. [cheveux, herbes] clairsemé, épars, peu fourni

raréfier (se) V. PRON. diminuer, s'amoindrir, s'appauvrir, disparaître, s'éclaircir, se réduire, se tarir

rarement ADV. guère, à peine, exceptionnellement, peu, pas souvent

rareté N. F. 1. pénurie, défaut, disette, insuffisance, manque 2. curiosité, phénomène, mouton à cinq pattes, merle blanc 3. denrée rare

ras, rase
- ADJ. court, pelé, rasé, tondu
- ADV. au plus court, au plus près

raser V. TR. 1. tondre, tonsurer, couper, tailler 2. démolir, démanteler, détruire, dévaster, pulvériser, renverser, saccager, [un pays, une ville] rayer de la carte 3. effleurer, friser, frôler, longer, serrer

rassasié, ée ADJ. 1. repu, assouvi, blindé (fam.), bourré (fam.), calé (fam.), gavé (fam.) 2. comblé, content, satisfait, saturé

rassasier V. TR. combler, apaiser, assouvir, contenter, satisfaire

rassemblement N. M. 1. réunion, attroupement, concentration, manifestation, meeting, regroupement, rencontre, rendez-vous 2. collecte, collection, concentration, regroupement, réunion

rassembler V. TR. 1. unir, fusionner, mêler, réunir, unifier 2. [des personnes] réunir, ameuter, attrouper, coaliser, concentrer, grouper, masser, rallier, regrouper, unir 3. [des objets] collecter, accumuler, amasser, collectionner, concentrer, joindre, recueillir, regrouper, réunir
- ♦ se rassembler V. PRON. se réunir, s'amasser, s'assembler, confluer, se masser, se regrouper

rasséréner V. TR. apaiser, consoler, rassurer, réconforter, remonter, sécuriser, soulager, tranquilliser
- ♦ se rasséréner V. PRON. retrouver son calme, reprendre des esprits

rassurer V. TR. calmer, apaiser, consoler, rasséréner, réconforter, remettre en confiance, remonter, sécuriser, soulager, tranquilliser

ratage N. M. échec, désastre, insuccès, bérézina, bide (fam.), fiasco (fam.), flop (fam.), foirage (fam.), gamelle (fam.), loupage (fam.), plantage (fam.), [spectacle] four

ratatiner V. TR. rapetisser, dessécher, rabougrir, racornir
- ♦ se ratatiner V. PRON. se rabougrir, se friper, s'étioler, se recroqueviller, se tasser

raté, ée
- N. bon à rien, loser (fam.), minus (habens) (fam.), nul (fam.), nullard (fam.), tocard (fam.), zéro (fam.)
- N. M. 1. à-coup, saccade, soubresaut 2. échec, ratage, revers

rater
- V. INTR. échouer, avorter, capoter (fam.), faire un flop (fam.), foirer (fam.), louper (fam.), merder (très fam.), partir en vrille (fam.), péter dans la main (fam.)
- V. TR. 1. manquer, passer à côté de, louper (fam.) 2. gâcher, perdre

ratifier V. TR. 1. autoriser, adopter, agréer, approuver, confirmer, entériner 2. authentifier, consacrer, homologuer, officialiser, reconnaître, sanctionner, signer, valider

ration N. F. dose, lot, mesure, part, portion, quantité

rationaliser V. TR. normaliser, standardiser, systématiser

rationnel, elle ADJ. raisonnable, cartésien, cohérent, judicieux, logique, mathématique, méthodique, ordonné, organisé, réfléchi, scientifique, sensé

rationner V. TR. 1. répartir, contingenter 2. restreindre, limiter
- ♦ se rationner V. PRON. se limiter, se priver, se restreindre, se surveiller, se serrer la ceinture (fam.)

ratisser V. TR. 1. râteler 2. fouiller, inspecter, passer au peigne fin

rattachement N. M. annexion, adjonction, incorporation, raccrochement, réunion

rattacher V. TR. 1. relier, raccrocher, rapporter 2. annexer, adjoindre, incorporer, réunir

rattraper V. TR. 1. récupérer, regagner, reprendre, retrouver 2. compenser, atténuer, racheter, réparer, ravoir (fam.) 3. atteindre, rejoindre, serrer de près 4. ressaisir, retenir (au vol)
- ♦ se rattraper V. PRON. 1. se raccrocher, s'accrocher, s'agripper, se cramponner, se retenir 2. se racheter, s'améliorer, se corriger 3. se reprendre, se ressaisir

rature N. F. biffure, correction, retouche, surcharge, trait (de plume)

raturer V. TR. barrer, biffer, corriger, rayer, retoucher, surcharger

rauque ADJ. éraillé, cassé, enroué, guttural, rocailleux, rude

ravage N. M. désastre, dégât, destruction, détérioration, dévastation, dommage, saccage, casse (fam.), [du temps] méfait

ravager V. TR. 1. dévaster, anéantir, briser, délabrer, démolir, détruire, endommager, mettre à feu et à sang, piller, ruiner, saccager 2. [un visage, etc.] marquer, flétrir, rider

ravaler V. TR. 1. nettoyer, gratter, refaire, remettre en état, [une façade] ragréer 2. avilir, abaisser, dénigrer, déprécier, humilier, rabaisser 3. contenir, dominer, étouffer, maîtriser, mettre dans sa poche, refouler, réfréner, réprimer, retenir, surmonter, taire
- ♦ se ravaler V. PRON. descendre, déchoir, s'abaisser, s'humilier, se rabaisser

ravi, ie ADJ. enchanté, aux anges, charmé, comblé, heureux, radieux, rayonnant, réjoui, satisfait, bien aise (littér.), bienheureux (littér.)

raviné, ée ADJ. [visage] marqué, buriné, creusé, ravagé, ridé

raviner V. TR. éroder, affouiller, creuser

ravir V. TR. 1. dérober, arracher, confisquer, emporter, faire main basse sur, s'approprier, s'emparer de, subtiliser, voler, souffler (fam.) 2. enchanter, charmer, combler, émerveiller, enthousiasmer, plaire à, transporter, emballer (fam.)

raviser (se) V. PRON. changer d'avis, faire volteface, se dédire, se désister, faire machine/marche arrière, revenir sur sa décision, se reprendre, se rétracter

ravissant, ante ADJ. enchanteur, admirable, adorable, charmant, engageant, gracieux, joli, merveilleux, séduisant, superbe, à croquer (fam.)

ravissement N. M. enchantement, délectation, émerveillement

ravisseur, euse N. kidnappeur, preneur d'otages

ravitaillement N. M. 1. approvisionnement, alimentation, réapprovisionnement, [d'un navire, d'un avion] avitaillement 2. provisions, denrées, marchandises, réserves, stock, subsistances, victuailles, vivres

ravitailler V. TR. 1. munir, fournir, pourvoir 2. approvisionner, alimenter, assurer la subsistance de, nourrir, réapprovisionner, [un navire, un avion] avitailler

raviver V. TR. 1. ranimer, réactiver, ressusciter, réveiller 2. rafraîchir, rajeunir, ranimer, renouveler

rayer V. TR. 1. érafler, couper, entailler, entamer, tailladder 2. hachurer, strier, zébrer 3. barrer, annuler, biffer, effacer, raturer, supprimer

rayon[1] N. M. jet, faisceau, radiation, trait, rai (littér.)

rayon[2] N. M. 1. étagère, planche, rayonnage, tablette 2. [dans un grand magasin] stand, comptoir

rayonnage N. M. étagère, planche, rayon, tablette

rayonnant, ante ADJ. 1. en étoile, radiant 2. éclatant, éblouissant, étincelant, flamboyant, lumineux, radieux 3. épanoui, gai, heureux, joyeux, radieux, ravi, réjoui, resplendissant 4. magnifique, splendide

rayonnement N. M. 1. radiation, diffusion, émission, irradiation, propagation, transmission 2. éclat, clarté, lumière 3. influence, ascendant, éclat, impact, prestige 4. essor, expansion

rayonner V. INTR. 1. briller, éclairer, irradier, luire, se diffuser 2. se développer, se diffuser, s'étendre, se manifester, se propager, se répandre 3. [chaleur] se diffuser, irradier, se propager, se répandre 4. [de joie] éclater, irradier

rayure N. F. 1. bande, hachure, ligne, strie, trait, zébrure 2. éraflure, coupure, entaille, griffure, raie, strie, taillade

razzia N. F. 1. incursion, attaque, descente, raid 2. pillage, sac, saccage 3. rafle

réaction N. F. 1. opposition, protestation, remous, résistance 2. réponse, répartie, réplique, riposte, sursaut, réflexe 3. conséquence, contrecoup, effet

réactionnaire ADJ. et N. conservateur, obscurantiste, rétrograde, réac (fam.)

réagir V. INTR. 1. reprendre (le dessus), remonter le courant, se ressaisir, se secouer (fam.) 2. se comporter, se conduire

réalisable ADJ. faisable, accessible, exécutable, possible, praticable

réalisation N. F. 1. accomplissement, aboutissement, achèvement, concrétisation, exécution, fabrication, mise en œuvre, production 2. œuvre, création, production 3. [Cinéma] mise en scène, direction, [Radio] mise en ondes 4. [Fin.] liquidation, vente

réaliser V. TR. 1. accomplir, concrétiser, créer, donner corps à, effectuer, exécuter, matérialiser, mener à bien, mettre à exécution, mettre en œuvre, opérer 2. [Cinéma] mettre en scène, diriger, [Radio] mettre en ondes 3. comprendre, s'apercevoir, saisir, voir 4. [Fin.] liquider, vendre

♦ **se réaliser** V. PRON. 1. arriver, avoir lieu, prendre corps, s'accomplir, se concrétiser, se produire, [rêve] devenir réalité 2. s'épanouir, s'accomplir

réalisme N. M. 1. pragmatisme, bon sens 2. [Art] naturalisme, vérisme 3. [d'une description] crudité, brutalité

réaliste N. et ADJ. 1. pragmatique, concret 2. [Art] naturaliste, vériste 3. [description] cru, brutal

réalité N. F. 1. vérité, évidence, exactitude, véracité 2. existence, historicité, matérialité, substance 3. réel, faits

réapparaître V. INTR. recommencer, renaître, reprendre, se reproduire, resurgir, se réveiller, revenir, [mal] récidiver

réapparition N. F. retour, recommencement, renaissance, renouveau, reprise, résurgence, réveil, [d'un mal] récidive

rébarbatif, ive ADJ. 1. ennuyeux, aride, fastidieux, ingrat, barbant (fam.), chiant (très fam.) 2. rebutant, désagréable, dur, farouche, hargneux, hostile, repoussant, revêche, rude

rebattu, ue ADJ. éculé, banal, commun, connu, ressassé, usé, réchauffé (fam.)

rebelle ADJ. et N. 1. insoumis, dissident, factieux, insurgé, mutin, récalcitrant, rétif, révolté, révolutionnaire, séditieux, subversif, trublion 2. désobéissant, indiscipliné, indocile, insubordonné 3. [toux, mal] tenace, opiniâtre

rebeller (se) V. PRON. 1. s'insurger, se mutiner, se révolter, se soulever, se rebiffer (fam.), ruer dans les brancards (fam.) 2. protester, regimber, renâcler, s'indigner, se récrier, se scandaliser

rébellion N. F. révolte, désobéissance, dissidence, fronde, insoumission, insubordination, insurrection, mutinerie, sédition, soulèvement

rebondi, ie ADJ. 1. dodu, bien en chair, charnu, gras, gros, opulent, rondelet, potelé, renflé, rond, boulot (fam.), grassouillet (fam.), rondouillard (fam.) 2. [joues] jouflu, mafflu, [ventre] bedonnant, ventripotent, ventru, pansu

rebondir V. INTR. 1. bondir, rejaillir, ricocher, sauter 2. repartir, renaître, reprendre, revenir

rebondissement N. M. rebond, (nouveau) développement, coup de théâtre, péripétie

rebord N. M. bordure, bord, limite, [d'un puits] margelle

rebours (à) LOC. ADV. et PRÉP. 1. à l'envers, à rebrousse-poil, à contrefil, à contre-poil 2. à contre-courant, à contresens

rebrousser V. TR.
– **rebrousser chemin** retourner en arrière, faire demi-tour, revenir en arrière/sur ses pas, tourner bride

rebut N. M. 1. déchet, débris, détritus, ordure 2. [littér.] lie (littér.), fond du panier (fam.)

rebuter V. TR. 1. repousser, dégoûter, répugner 2. décourager, démoraliser, déplaire à, écœurer, fatiguer, lasser

récalcitrant, ante ADJ. et N. rétif, désobéissant, factieux, indiscipliné, indocile, insoumis, insurgé, mutin, rebelle, séditieux

recaler V. TR. ajourner, refuser, coller (fam.)

récapituler V. TR. reprendre, condenser, faire la synthèse de, passer en revue, résumer

receler V. TR. 1. cacher, dissimuler 2. être dépositaire de, garder, posséder 3. contenir, renfermer

récemment ADV. 1. il y a peu, dernièrement, naguère (littér.) 2. depuis peu, fraîchement, nouvellement

recensement N. M. dénombrement, compte, énumération, évaluation, inventaire, recension (littér.)

recenser V. TR. dénombrer, compter, énumérer, évaluer, faire le compte/l'inventaire de

récent, ente ADJ. 1. frais, dernier, jeune, proche, [connaissance, etc.] de fraîche date 2. moderne, neuf, nouveau

récépissé N. M. reçu, accusé de réception, acquit, décharge, quittance, reconnaissance (de dettes)

réceptacle N. M. récipient, bassin, contenant, cuve, cuvette, réservoir

réception N. F. 1. accueil, hospitalité 2. réunion, cérémonie, cocktail, gala, soirée 3. admission, intronisation, investiture

récession N. F. 1. recul, éloignement, fuite 2. baisse, diminution, fléchissement, ralentissement 3. crise, dépression, marasme

recette N. F. 1. formule, manière, méthode, moyen, procédé, secret, système, combine (fam.), ficelle (fam.), truc (fam.) 2. bénéfice, boni, gain, produit, rentrée (d'argent), revenu 3. [Comptabilité] crédit 4. [d'impôts] perception, recouvrement 5. [de marchandises] admission, réception

recevable ADJ. acceptable, admissible, valable

recevoir V. TR. 1. percevoir, acquérir, capter, encaisser, hériter de, obtenir, recueillir, toucher 2. donner l'hospitalité à, accueillir, convier, héberger, inviter, recueillir 3. donner audience à, accueillir 4. traiter 5. subir, éprouver, essuyer, souffrir, écoper de (fam.), trinquer (fam.) 6. accepter, admettre

réchauffer V. TR. 1. chauffer, attiédir, dégeler, déglacer, échauffer, tiédir 2. réveiller, atiser, aviver, exalter, ranimer, [le cœur] réconforter

rêche ADJ. 1. dur, abrasif, râpeux, rude, rugueux 2. bourru, difficile, rétif, revêche, rude, sec

recherche N. F. 1. exploration, chasse, fouille, prospection, quête 2. quête, poursuite, tentative 3. étude, enquête, expérience, expérimentation, investigation 4. raffinement, apprêt, art, sophistication, [péj.] affectation, maniérisme, préciosité

recherché, ée ADJ. 1. demandé, couru, prisé, rare, à la mode 2. étudié, délicat, raffiné, soigné, sophistiqué, travaillé 3. [péj.] affecté, apprêté, compassé, maniéré, mignard, précieux

rechercher V. TR. 1. explorer, chasser, fouiller, poursuivre, prospecter, [qqn] être aux trousses de, pourchasser 2. étudier, analyser, enquêter sur, examiner, investiguer 3. chercher, ambitionner, briguer, convoiter, courir après, désirer, poursuivre, viser

rechigner V. INTR. bouder, faire des difficultés, maugréer, râler, ronchonner (fam.), rouspéter (fam.), [en emploi négatif] sourciller, tiquer

– **rechigner à** renâcler à, ne pas être chaud pour, répugner à, se faire prier pour

rechute N. F. récidive, aggravation, reprise, retour

récidive N. F. 1. rechute 2. réapparition, recommencement, reprise

récidiver V. INTR. 1. rechuter, recommencer, réitérer ses erreurs, retomber dans ses anciens travers 2. réapparaître, recommencer, reprendre

récif N. M. brisant, écueil, rocher, roche, roc

récipient N. M. contenant, boîte, bol, container, réceptacle, saladier

réciproque
▸ N. F. symétrique, pendant, inverse
▸ ADJ. 1. bilatéral, mutuel, simultané, symétrique, synallagmatique (Droit) 2. mutuel, partagé

récit N. M. 1. compte rendu, exposé, histoire, narration, rapport, relation 2. annales, chronique, mémoires 3. conte, fable, histoire, historiette, légende

récital N. M. concert, spectacle, tour de chant

réciter V. TR. déclamer, débiter (souvent péj.), dire, énoncer, prononcer, raconter

réclamation N. F. demande, doléance, requête, revendication, [Droit] pétition

réclamer V. TR. 1. exiger, demander, implorer, quémander, requérir, revendiquer, solliciter 2. avoir besoin de, appeler, commander, demander, exiger, imposer, mériter, nécessiter, ordonner, requérir, supposer 3. se plaindre, protester, récriminer, se récrier, râler (fam.), ronchonner (fam.), rouspéter (fam.)

réclusion N. F. détention, captivité, claustration, emprisonnement, enfermement, incarcération, internement, prison, séquestration

récolte N. F. 1. cueillette, collecte, fenaison, moisson, ramassage, vendange 2. collecte, butin, gain, levée, moisson, profit

récolter V. TR. 1. cueillir, arracher, collecter, moissonner, ramasser, vendanger 2. obtenir, butiner, collecter, glaner, grappiller, recueillir, retirer, tirer, [une punition] se prendre (fam.)

recommandable ADJ. estimable, fiable, fréquentable, honnête, honorable, respectable

recommandation N. F. 1. appui, intervention, parrainage, patronage, piston 2. avertissement, consigne, directive, exhortation, instruction, ordre 3. avis, conseil

recommander V. TR. 1. appuyer, parrainer, patronner, pistonner (péj.) 2. conseiller, exhorter à, indiquer, préconiser, prescrire, prôner
♦ **se recommander de** V. PRON. se réclamer de, en appeler à, invoquer, se prévaloir de

recommencer
▸ V. TR. reprendre (à zéro), refaire, réitérer, renouveler, répéter, reproduire, se remettre à
▸ V. INTR. 1. récidiver, revenir à la charge, remettre ça (fam.), repiquer au truc (fam.) 2. se renouveler, renaître, reprendre, revenir, se reproduire, se répéter

récompense N. F. 1. compensation, dédommagement, prime, rémunération, rétribution 2. prix, accessit, décoration, médaille, mention, satisfecit 3. fruit, bénéfice, prix, salaire, sanction

recomposer V. TR. 1. reconstruire, refaire, refonder, reformer 2. [une œuvre] remanier, récrire, refondre

réconcilier V. TR. 1. rapprocher, renouer les liens entre, réunir, rabibocher (fam.), raccommoder (fam.) 2. accorder, concilier, mettre d'accord
♦ **se réconcilier** V. PRON. 1. renouer, enterrer la hache de guerre, faire la paix, fumer le calumet de la paix, reprendre des relations, se rabibocher (fam.), se raccommoder (fam.), recoller les morceaux (fam.) 2. se remettre ensemble

reconduire V. TR. I. 1. raccompagner, escorter, ramener 2. éconduire, expulser, mettre à la porte II. 1. renouveler, prolonger, proroger 2. continuer, confirmer, maintenir, poursuivre

réconfort N. M. consolation, appui, secours, soulagement, soutien

réconfortant, ante ADJ. 1. consolant, d'un grand soutien 2. revigorant, remontant, stimulant, tonique, ravigotant (fam.)

réconforter V. TR. 1. consoler, encourager, faire chaud au cœur à, redonner le moral à, soutenir

reconnaissance N. F. **1.** aveu, confession **2.** légitimation, acception **3.** exploration, découverte, inspection, prospection, visite **4.** gratitude

reconnaissant, ante ADJ. obligé (soutenu)
– **être reconnaissant envers** savoir gré (de qqch.) à, avoir de la gratitude pour/envers

reconnaître V. TR. **1.** identifier, se rappeler, retrouver, se souvenir de, remettre (fam.) **2.** discerner, deviner, différencier, discriminer, distinguer **3.** admettre, accepter, avouer, concéder, confesser, constater, convenir de **4.** accorder, attribuer, concéder, prêter **5.** [un enfant] légitimer **6.** explorer, examiner, inspecter, prospecter, sonder, visiter
♦ **se reconnaître** V. PRON. se repérer, se diriger, s'orienter, se retrouver

reconnu, ue ADJ. **1.** célèbre, connu, fameux, notoire, renommé, réputé **2.** admis, avéré, de notoriété publique, notoire, prouvé

reconquérir V. TR. retrouver, récupérer, regagner, reprendre, recouvrer (littér.)

reconsidérer V. TR. **1.** réexaminer, réétudier, réviser, revoir **2.** remettre en cause/en question

reconstituer V. TR. **1.** rétablir, recréer, recomposer, reformer, renouveler **2.** réparer, régénérer, tonifier, vivifier

reconstitution N. F. **1.** reconstruction, recréation, recomposition, réfection, renouvellement **2.** restitution, reproduction

reconstruction N. F. **1.** rénovation, réfection, réparation, restauration, rétablissement **2.** reconstitution, reproduction

reconstruire V. TR. rebâtir, redresser, refaire, relever, réparer, restaurer, rétablir, rénover **2.** reconstituer, reproduire

reconversion N. F. **1.** recyclage **2.** transformation, conversion, recyclage

record N. M. **1.** exploit, prouesse, performance **2.** [en apposition] maximum, jamais atteint, jamais vu

recoudre V. TR. raccommoder, rapiécer, repriser

recouper V. TR. retailler
♦ **se recouper** V. PRON. coïncider, concorder, correspondre, s'accorder

recourir A V. TR. IND. faire appel à, faire usage de, s'appuyer sur, avoir recours à, employer, mettre en jeu, mettre en œuvre, s'adresser à, se servir de, solliciter, user de, utiliser

recours N. M. **1.** usage, emploi, utilisation **2.** soutien, secours, refuge, ressource **3.** [Droit] appel, pourvoi, requête

recouvrer V. TR. **1.** retrouver, ravoir, rattraper, reconquérir, récupérer, regagner, reprendre, ressaisir **2.** encaisser, percevoir, toucher

recouvrir V. TR. **1.** inclure, s'appliquer à, coïncider avec, comprendre, correspondre à, embrasser **2.** enduire, coiffer, enrober, envelopper, joncher, napper, parsemer, revêtir, saupoudrer, tapisser, tartiner **3.** envahir, ensevelir, s'étendre sur, inonder **4.** dissimuler, cacher, camoufler, déguiser, masquer, voiler
♦ **se recouvrir** V. PRON. se chevaucher, s'imbriquer, se superposer

récréation N. F. **1.** amusement, délassement, détente, distraction, divertissement, temps libre **2.** pause, relâche, repos, break (fam.), [Scol.] interclasse, récré (lang. enfants)

récrier (se) V. PRON. **1.** protester, s'indigner, s'insurger, se plaindre, se rebeller, récriminer, regimber, se révolter, ronchonner (fam.), rouspéter (fam.), se rebiffer (fam.) **2.** s'exclamer, s'écrier

récrimination N. F. protestation, complainte, doléance, grief, objection, plainte, jérémiade (littér.)

récriminer V. INTR. protester, critiquer, objecter, se plaindre, faire des reproches, trouver à redire, pester (fam.), râler (fam.), ronchonner (fam.), rouspéter (fam.), maugréer (littér.)

recroqueviller (se) V. PRON. **1.** se replier, se rabougrir, se racornir, se ramasser, se ratatiner, se recourber, se refermer, se rétracter, se tasser **2.** se blottir, se lover, se pelotonner, se ramasser, se serrer

recru, ue ADJ. épuisé, à bout de course, à bout de forces, assommé, brisé, éreinté, fatigué, fourbu, harassé, las, moulu, rompu, à plat (fam.), claqué (fam.), crevé (fam.), H.S. (fam.), sur les genoux (fam.), sur les rotules (fam.), vanné (fam.), vidé (fam.)

recrudescence N. F. accroissement, aggravation, augmentation, exacerbation, hausse, intensification, progression, regain, redoublement, renforcement, reprise

recrue N. F. **1.** [Milit.] conscrit, appelé, bleu (fam.) **2.** adepte, adhérent, membre, partisan

recrutement N. M. **1.** [Milit.] enrôlement, appel, conscription, incorporation, mobilisation, rappel, racolage (péj.) **2.** embauche, embrigadement (péj.), engagement

recruter V. TR. **1.** [Milit.] enrôler, appeler, enrégimenter, incorporer, lever, mobiliser, rappeler, racoler (péj.) **2.** embaucher, embrigader (péj.), employer, engager

rectification N. F. correction, mise au point, modification, remaniement, retouche, révision

rectifier V. TR. corriger, arranger, rajuster, redresser, remanier, rétablir, retoucher, réviser

reçu N. M. récépissé, accusé de réception, acquit, décharge, quittance, reconnaissance de dettes

recueil N. M. **1.** anthologie, choix, collection, compilation, corpus, florilège **2.** assemblage, réunion **3.** catalogue, [de renseignements] annuaire, almanach, répertoire, [de chansons] chansonnier, [de faits historiques] annales, chronique

recueilli, ie ADJ. absorbé, concentré, contemplatif, méditatif, pensif, songeur

recueillir V. TR. **1.** collecter, amasser, assembler, capter, glaner, grappiller, moissonner, rassembler, récolter, réunir **2.** obtenir, acquérir, enregistrer, gagner, hériter, percevoir, recevoir, remporter, retirer **3.** accueillir, donner/offrir l'hospitalité à, donner refuge/donner asile à, prendre chez soi

recul N. M. **1.** régression, affaiblissement, déclin, ralentissement **2.** retrait, décrochage, reflux, repli, retraite **3.** distance, distanciation, éloignement

reculé, ée ADJ. **1.** éloigné, écarté, isolé, lointain, perdu, retiré, paumé (fam.) **2.** ancien, antique, éloigné, lointain

reculer
▸ V. INTR. **1.** s'éloigner, aller à reculons, faire un/des pas en arrière **2.** abandonner, battre en retraite, céder du terrain, faire machine/marche arrière, fuir, se retirer, renoncer, caler (fam.), caner (fam.), flancher (fam.), lâcher pied (fam.) **3.** régresser, baisser, diminuer, perdre du terrain, refluer, rétrograder
▸ V. TR. reporter, ajourner, décaler, déplacer, différer, éloigner, remettre, retarder, renvoyer, repousser

reculons (à) ADV. **1.** en allant en arrière **2.** contre son gré, avec réticence, en freinant des quatre fers (fam.), en se faisant tirer l'oreille

récupérer V. TR. **1.** retrouver, reprendre, ravoir, recouvrer (soutenu) **2.** remettre en état, arranger, réparer, recycler, sauver, ravoir (fam.) **3.** [des heures de travail] compenser, remplacer **4.** [sans complément] se rétablir, se remettre, reprendre du poil de la bête (fam.)

récurer V. TR. frotter, curer, nettoyer

récurrent, ente ADJ. récursif, itératif, répétitif

récuser V. TR. contester, dénier, écarter, nier, refuser, rejeter, repousser
♦ **se récuser** V. PRON. s'abstenir, fuir, se défiler (fam.)

recycler V. TR. récupérer, réutiliser
♦ **se recycler** V. PRON. se reconvertir, se requalifier

rédaction N. F. **1.** écriture, [d'un contrat] établissement **2.** libellé, texte **3.** dissertation, composition, narration, dissert (fam.), rédac (fam.)

reddition N. F. capitulation, abdication, abandon

rédemption N. F. rachat, absolution, délivrance, expiation, pardon, réhabilitation, salut

redevable ADJ. débiteur, obligé

redevance N. F. contribution, charge, droit, impôt, prestation, rente, taxe, tribut, royalties (anglic.)

rédiger V. TR. **1.** écrire, formuler, [rapidement] gribouiller, griffonner, jeter sur le papier **2.** [un contrat] dresser, établir

redire V. TR. **1.** rapporter, raconter, répéter, révéler **2.** rabâcher, répéter, ressasser, seriner **3.** récapituler, rappeler, répéter, reprendre

redistribution N. F. répartition, transfert

redite N. F. répétition, redondance

redondant, ante ADJ. **1.** [style] ampoulé, bavard, délayé, diffus, enflé, surabondant, verbeux **2.** superflu, pléonastique

redonner V. TR. rendre, ramener, rapporter, remettre, restituer, rétrocéder, [de l'argent] rembourser

redoubler V. TR. **1.** [une classe] refaire, recommencer, repiquer (fam.) **2.** répéter, doubler, réitérer, renouveler **3.** accroître, accentuer, aggraver, amplifier, augmenter, aviver, exacerber, intensifier, multiplier, renforcer

redoutable ADJ. **1.** dangereux, effrayant, menaçant, rude, terrible **2.** grave, inquiétant, mauvais, sérieux **3.** puissant, considérable, formidable

redouter V. TR. craindre, appréhender, avoir peur de, avoir une peur bleue de, s'effrayer de, s'inquiéter de

redressement N. M. **1.** relèvement, redémarrage, reprise **2.** [fiscal] correction, dégrèvement, majoration, rehaussement

redresser V. TR. **1.** lever, hausser, relever **2.** détordre, dégauchir, défausser **3.** remettre droit, remettre d'aplomb, remettre à la verticale **4.** rectifier, corriger, rattraper, réformer, réparer, rétablir
♦ **se redresser** V. PRON. **1.** se relever, redémarrer, se remettre, repartir, [Bourse] repartir à la hausse **2.** se tenir droit, bomber le torse/la poitrine

redresseur N. M.
– **redresseur de torts** don Quichotte, justicier, défenseur de la veuve et de l'orphelin, défenseur des opprimés, Robin des bois

réducteur, trice ADJ. simplificateur, schématique

réduction N. F. **1.** diminution, abaissement, atténuation, baisse, compression, limitation **2.** abrégement, contraction, raccourcissement **3.** remise, abattement, décompte, déduction, dégrèvement, escompte, rabais, réfaction (Commerce), ristourne **4.** modèle (réduit), maquette, miniature

réduire V. TR. **1.** diminuer, abaisser, amoindrir, atténuer, baisser, écourter, minorer, modérer, rabaisser, [effectifs] dégraisser **2.** abréger, comprimer, condenser, contracter, écourter, raccourcir, rapetisser, resserrer, tasser **3.** rationner, atténuer, borner, diminuer, limiter, restreindre **4.** [Cuisine] épaissir, concentrer **5.** [une fracture, une foulure] remettre en place, rebouter

réduit¹, ite ADJ. limité, diminué, faible, maigre, mince, minime, modéré, pauvre, petit, restreint

réduit² N. M. **1.** cagibi, débarras, galetas (péj.), taudis (péj.) **2.** niche, alcôve

réel
▸ N. M. réalité, vécu, vrai
▸ ADJ. **1.** authentique, concret, effectif, établi, exact, factuel, manifeste, notable, palpable, patent, positif, sensible, sérieux, solide, substantiel, tangible, véritable, véridique, vrai, visible **2.** [valeur] juste **3.** historique, existant

réellement ADV. vraiment, bel et bien, certainement, concrètement, effectivement, en réalité, en vérité, pour de bon, tout bonnement, véritablement, tout de bon (littér.), pour de vrai (fam.)

refaire V. TR. **1.** reprendre (à zéro), [un ouvrage] refondre, récrire **2.** recommencer, réitérer, renouveler, répéter, rééditer (fam.) **3.** réparer, rafraîchir, rajuster, reconstruire, rénover, restaurer

référence N. F. **1.** source, base, référent, repère **2.** modèle, échantillon, étalon, standard **3.** note, indication, coordonnées, renvoi
♦ **références** PLUR. recommandation, attestation, certificat

référer V. TR. IND.
– **référer à 1.** faire référence à, avoir trait à, concerner, se rapporter à, renvoyer à, viser à **2.** reporter à, être soumis à

– **en référer à** informer, en attester à, s'en remettre à, en appeler à, faire un rapport à, rapporter à
♦ **se référer à** V. PRON. 1. faire référence à, avoir trait à, concerner, se rapporter à, renvoyer à, viser 2. s'appuyer sur, se fonder sur, se reporter à, s'en remettre à, se reposer sur

réfléchi, ie ADJ. 1. raisonnable, avisé, circonspect, mesuré, mûr, pondéré, posé, rassis, sérieux 2. délibéré, étudié, mûri, pesé

réfléchir
▶ V. TR. refléter, renvoyer, répercuter, réverbérer
▶ V. INTR. 1. penser, méditer, se concentrer, songer, cogiter (fam.), faire marcher ses méninges (fam.), faire travailler sa matière grise/sa cervelle (fam.), gamberger (fam.), phosphorer (fam.), se casser/se prendre la tête (fam.), se creuser la tête (fam.), se presser le citron (fam.), se triturer les méninges (fam.) 2. hésiter, tergiverser, délibérer (littér.)

reflet N. M. 1. réflexion, image 2. expression, écho, image, miroir, représentation, traduction 3. éclat, brillant, chatoiement, irisation, miroitement, moirure, scintillement

refléter V. TR. 1. réfléchir, renvoyer, répercuter, réverbérer 2. indiquer, être le signe de, être le symptôme de, exprimer, manifester, traduire
♦ **se refléter** V. PRON. 1. se réfléchir, se mirer (littér.) 2. transparaître, être perceptible, se faire jour

réflexe
▶ ADJ. automatique, instinctif, involontaire, machinal
▶ N. M. automatisme, conditionnement

réflexion N. F. 1. renvoi, écho, rayonnement, reflet, répercussion, réverbération 2. concentration, attention, étude, examen, méditation, cogitation (plaisant), délibération (littér.) 3. discernement, application, attention, circonspection 4. remarque, commentaire, considération, idée, observation

reflux N. M. 1. baisse (des eaux), baissant 2. marée descendante, jusant, perdant 3. recul, repli, retrait, refluement (soutenu)

réformateur, trice ADJ. et N. rénovateur, progressiste

réforme N. F. changement, amélioration, modification, révision, transformation

réformer V. TR. 1. changer, améliorer, amender, corriger, modifier, rectifier, remanier, réviser 2. [Milit.] radier, mettre hors service, retirer du service

refouler V. TR. 1. chasser, bannir, éconduire, expulser, rejeter, renvoyer, repousser, éjecter (fam.), envoyer au diable (fam.), envoyer balader (fam.), envoyer bouler (fam.), envoyer promener (fam.), envoyer sur les roses (fam.), rabrouer (fam.), rembarrer (fam.) 2. censurer, bloquer, contenir, dissimuler, endiguer, étouffer, inhiber, ravaler, refréner, rentrer, repousser, réprimer, retenir 3. faire reculer, faire refluer, maîtriser

réfractaire ADJ. et N. 1. rebelle, désobéissant, frondeur, indocile, insoumis, récalcitrant, rétif 2. [à qqch.] insensible, étranger, fermé, hermétique, imperméable, rebelle

refrain N. M. rengaine, chanson, leitmotiv, ritournelle, antienne (littér.), disque (fam.), scie (fam.), bringue (Suisse)

refréner V. TR. brider, censurer, contenir, contrôler, dominer, endiguer, enrayer, freiner, inhiber, juguler, mettre un frein à, modérer, refouler, réprimer, tempérer, tenir en bride
♦ **se refréner** V. PRON. se contenir, se contrôler, se dominer, se limiter, se maîtriser, se modérer, se retenir

refroidir V. TR. 1. réfrigérer, congeler, frigorifier, geler, glacer, rafraîchir 2. décourager, affaiblir, attiédir, émousser, freiner, glacer, modérer, réfrigérer, tempérer, doucher (fam.)

refroidissement N. M. 1. réfrigération, congélation 2. attiédissement, affaiblissement, froid 3. grippe, froid, rhume

refuge N. M. 1. abri, asile, havre, retraite 2. [d'un animal] tanière, antre, gîte, repère 3. recours, ressource, secours, soutien

réfugié, ée N. exilé, expatrié, personne déplacée

réfugier (se) V. PRON. 1. s'abriter, s'évader, s'isoler, se retirer, se sauver, trouver refuge 2. [dans un pays étranger] émigrer, s'enfuir, s'exiler, s'expatrier, fuir

refus N. M. rejet, fin de non-recevoir, non, opposition, veto

refuser V. TR. 1. décliner, dédaigner, bouder, dire non à, écarter, exclure, opposer son refus à, ne pas vouloir, s'opposer à, rejeter, repousser, retoquer (fam.) 2. nier, contester, défendre, dénier, interdire, récuser 3. [un candidat] ajourner, coller (fam.), recaler (fam.)
♦ **se refuser** V. PRON. s'interdire, s'abstenir de, se priver de

réfuter V. TR. démentir, contredire, infirmer, s'opposer à, répondre à, repousser

regagner V. TR. 1. rejoindre, rallier, réintégrer, rentrer à, retourner à, revenir à 2. récupérer, rattraper, reconquérir, recouvrer, rentrer en possession de, reprendre, retrouver, se réapproprier

regain N. M. recrudescence, accroissement, aggravation, augmentation, exacerbation, intensification, progression, redoublement, remontée, renforcement, renouveau, reprise, résurgence, retour, second souffle

régal N. M. 1. délice, festin, délectation 2. plaisir, bonheur, joie, jouissance, ravissement, volupté

régaler V. TR. délecter, traiter (littér.)
♦ **se régaler** V. PRON. déguster, se délecter, savourer, faire bonne chère (soutenu), se lécher les babines (fam.), se taper la cloche (fam.)

regard N. M. 1. coup d'œil, clignement d'œil, œillade 2. point de vue, œil, vision, vue 3. ouverture, fente, lucarne, soupirail

regardant, ante ADJ. 1. avare, économe, mesquin, parcimonieux, pingre, près de ses sous (fam.), radin (fam.) 2. vigilant, minutieux, pointilleux, tatillon

regarder V. TR. 1. observer, attacher/poser son regard sur, braquer ses yeux sur, consulter, contempler, examiner, diriger son regard sur, fixer, parcourir, tourner les yeux vers, aviser (littér.), mirer (littér.), mater (fam.), viser (fam.), zieuter (fam.) 2. [rapidement] jeter un coup d'œil à, [avec beaucoup d'attention] inspecter, scruter, [avec avidité, envie] caresser du regard/des yeux, lorgner, guigner (fam.), loucher sur (fam.), reluquer (fam.), [avec insistance] dévisager, ne pas quitter des yeux, toiser 3. [un livre] consulter, feuilleter, lire en diagonale, jeter un coup d'œil à, parcourir, survoler 4. concerner, avoir affaire à, avoir trait à, intéresser, toucher, viser 5. faire attention à, avoir en vue, considérer, envisager, rechercher, se préoccuper de, s'intéresser à

régénérer V. TR. 1. reconstituer, améliorer, assainir, purifier, redynamiser, renouveler, rénover 2. revigorer, donner un second souffle à, ragaillardir, redonner vie à, remettre d'aplomb, revivifier, ravigoter (fam.), regonfler (fam.), requinquer (fam.), retaper (fam.)

régenter V. TR. diriger, commander, contrôler, dominer, exercer son empire sur, gouverner, orchestrer, régir

regimber V. INTR. se rebeller, se cabrer, s'insurger, se mutiner, protester, résister, se révolter, se rebiffer (fam.), ruer dans les brancards (fam.)

régime N. M. 1. pouvoir, État, gouvernement, institutions 2. réglementation, mode de fonctionnement, structure, système 3. alimentation, diète, nourriture 4. diète, cure 5. [d'un cours d'eau] débit, écoulement

région N. F. 1. circonscription, canton, district, province, pays, territoire, zone, rivage (littér.), terre (littér.) 2. zone, coin, espace, étendue, partie, secteur

régir V. TR. déterminer, commander, conduire, gouverner, guider, orchestrer, présider à, régenter, régler

registre N. M. 1. cahier, album, calepin, carnet, journal, livre, recueil, répertoire, [de police] main courante, [d'un notaire] minutier 2. tonalité, caractère, genre, style, ton, [Ling.] niveau de langue 3. domaine, plan, ressort 4. gamme, éventail, palette, spectre 5. [d'une voix] ambitus, tessiture

règle N. F. 1. double décimètre, carrelet, réglet, réglette 2. loi, code, commandement, discipline, instruction, ordre, précepte, [au plur.] règlement, réglementation 3. convention, coutume, habitude, institution, norme, principe, usage 4. [de la politesse] étiquette, cérémonial, convenances, protocole 5. [d'un ordre religieux] observance
♦ **règles** PLUR. menstruations, flux menstruel, ragnagnas (fam.)

réglé, ée ADJ. 1. organisé, mesuré, ordonné, rangé, sage 2. régulier, fixe, méthodique, systématique, uniforme 3. décidé, calculé, déterminé, prévu, fixé 4. [jeune fille] formée, nubile, pubère

règlement N. M. 1. loi, charte, code, constitution, convention, régime, réglementation 2. arrangement, accord, arbitrage, conclusion, solution 3. paiement, acquittement, arrêté, liquidation, solde 4. [Droit] décision, arrêté, décret, prescription, [de police] ordonnance

réglementaire ADJ. 1. administratif 2. en règle, conforme, en bonne et due forme, légal, licite, valable, valide

réglementation N. F. 1. aménagement, codification, normalisation, rationalisation, standardisation, systématisation, [des prix, loyers] fixation 2. loi, charte, code, convention, régime

réglementer V. TR. fixer, aménager, codifier, légiférer sur, programmer, normaliser, rationaliser, régler, systématiser

régler V. TR. 1. établir, arrêter, commander, codifier, convenir de, décider de, déterminer, dicter, fixer, gouverner, légiférer sur, mettre au point, organiser, programmer, réglementer 2. résoudre, arbitrer, arranger, clore, conclure, expédier, liquider, statuer sur, terminer, trancher, vider, solutionner (fam.) 3. payer, acquitter, arrêter, liquider, solder, [une dette] honorer 4. tirer/tracer des lignes sur
♦ **se régler** V. PRON. [événements] rentrer dans l'ordre, revenir à la normale

règne N. M. 1. gouvernement, pouvoir 2. époque, âge, cycle, ère, saison, siècle, temps 3. domination, empire, pouvoir, prédominance, suprématie

régner V. INTR. 1. gouverner, diriger, être sur le trône 2. dominer, prédominer, prévaloir, primer, triompher, sévir (péj.) 3. exister, s'établir

regorger de V. TR. IND. être plein de, abonder en, déborder de, foisonner de/en, fourmiller de, grouiller de, être bourré de (fam.)

régresser V. INTR. décliner, décroître, diminuer, reculer, rétrograder

régression N. F. recul, baisse, déclin, diminution, récession, reflux, repli

regret N. M. 1. nostalgie, mélancolie, spleen (littér.) 2. remords, repentir, componction (littér.), contrition (littér.), attrition (Relig.) 3. affliction, peine 4. déception, contrariété, déplaisir

regrettable ADJ. déplorable, affligeant, attristant, désolant, fâcheux, gênant, malheureux, navrant, pénible, triste

regretter V. TR. 1. se repentir de, se reprocher 2. [suivi de l'infinitif] s'en vouloir de, se mordre les doigts de (fam.) 3. [sans complément] faire son mea-culpa, battre sa coulpe (littér.) 4. déplorer, désapprouver, pleurer, se lamenter de 5. s'excuser de, demander pardon pour, être désolé de, être navré de

regrouper V. TR. 1. [des gens] rallier, masser, rassembler, réunir, unir 2. [des choses] collecter, assembler, amasser, centraliser, rassembler, réunir
♦ **se regrouper** V. PRON. 1. se réunir, s'assembler, se grouper, se masser, se rassembler 2. s'associer, se fusionner, se coaliser, se liguer

régulariser V. TR. 1. régler, légaliser, normaliser, officialiser 2. aménager, organiser, programmer

régularité N. F. 1. légalité, conformité, validité 2. homogénéité, cohérence, égalité, harmonie, symétrie, unité 3. exactitude, assiduité, ponctualité, rigueur 4. périodicité, saisonnalité

régulation N. F. contrôle, contingentement, limitation

régulier, ière ADJ. I. 1. homogène, cohérent, égal, équilibré, géométrique, harmonieux, proportionné, symétrique, uniforme 2. constant, continu, fixe, incessant 3. soutenu, assidu, méthodique, suivi, systématique 4. assidu, ponctuel II. fréquent, habituel, périodique, monotone (péj.), réglé comme une horloge/comme du papier à musique (fam.) III. 1. honnête, correct, normal, fair-play (fam.), net (fam.), réglo (fam.) 2. en règle, légal, normal, rangé, réglementaire, fair-play (fam.), net (fam.), réglo (fam.)

régulièrement ADV. 1. légalement, réglementairement 2. uniformément, également, uniment 3. en cadence, en rythme 4. assidûment, périodiquement, à date/jour fixe, à intervalles réguliers 5. fréquemment, habituellement 6. constamment, méthodiquement, systématiquement

régurgiter V. TR. vomir, dégueuler (très fam.), dégobiller (fam.), gerber (très fam.), rendre (fam.)

réhabiliter V. TR. 1. innocenter, absoudre, blanchir, disculper, excuser, laver, pardonner, racheter 2. réinsérer, réintégrer 3. revaloriser, rehausser, relever, rétablir 4. rénover, moderniser, refaire, remettre en état, réparer, restaurer
 • **se réhabiliter** V. PRON. se racheter, se rattraper, [auprès de qqn] recouvrer l'estime de

rehausser V. TR. 1. élever, exhausser, hisser, lever, monter, relever, redresser, remonter, soulever, surélever 2. augmenter, accroître, élever, majorer, relever 3. mettre en valeur, accentuer, faire ressortir, faire valoir, revaloriser, souligner, soutenir 4. agrémenter, assaisonner, aviver, corser, orner, pimenter, relever

réincarnation N. F. métempsycose, renaissance, palingénésie (didact.), transmigration (didact.)

réinsérer V. TR. 1. réintroduire, réintégrer 2. réadapter, réhabiliter, réintégrer, resocialiser

réinsertion N. F. 1. réintroduction, réintégration 2. réadaptation, réhabilitation, réintégration, resocialisation

réintégrer V. TR. 1. rejoindre, regagner, rentrer dans, retourner à, revenir à 2. rétablir, réhabiliter, renommer, replacer

réitérer V. TR. recommencer, refaire, renouveler, répéter, reprendre, rééditer (fam.)

rejaillir V. INTR.
 – **rejaillir sur** éclabousser, gicler sur, rebondir sur, retomber sur, ricocher sur

rejet N. M. 1. éjection, évacuation, excrétion 2. refus, abandon 3. exclusion, élimination, éviction, expulsion, radiation 4. récusation, inacceptation (soutenu), enterrement (fam.) 5. [Bot.] rejeton, drageon, surgeon

rejeter V. TR. 1. relancer, renvoyer, repousser 2. évacuer, cracher, expulser, rendre, restituer, vomir 3. bannir, balayer, chasser, éliminer, exclure, mettre à l'écart, refouler, reléguer, répudier, envoyer promener/balader/bouler (fam.), envoyer au diable (fam.), jeter (fam.) 4. condamner, proscrire, récuser, repousser, réprouver 5. [une offre] décliner, dédaigner, [une solution] écarter, éliminer 6. réfuter, repousser, nier, envoyer balader/promener (fam.), jeter (fam.), mettre au panier (fam.), remballer (fam.), rembarrer (fam.) 7. refuser, dire non à, opposer un refus à, opposer une fin de non-recevoir à, [une demande, en Droit] débouter

rejoindre V. TR. 1. rallier, regagner, réintégrer, rentrer à, retourner à, revenir à 2. aboutir à, atteindre, rattraper, retrouver 3. [une personne] rattraper, recoller à (fam.) 4. [une idée, un témoignage] recouper 5. adhérer à, adopter, partager, rallier, se rallier à, se ranger à
 • **se rejoindre** V. PRON. 1. confluer, converger, se réunir 2. se recouper, coïncider, concorder, correspondre

réjoui, ie ADJ. joyeux, enjoué, épanoui, gai, guilleret, hilare, jovial, radieux, ravi, rayonnant, rieur

réjouir V. TR. ravir, enchanter, faire plaisir à, mettre en joie, rendre joyeux
 • **se réjouir** V. PRON. jubiler, déborder de joie, exulter
 – **se réjouir de** être heureux de, applaudir, se faire une fête de, se féliciter de, être bien/fort aise de (soutenu), se frotter les mains de (fam.)

réjouissance N. F. 1. allégresse, gaieté, joie, jubilation, liesse (littér.) 2. [généralement au plur.] amusement, divertissement, distraction, festivité, fête, récréation

réjouissant, ante ADJ. 1. amusant, cocasse, divertissant, gai, jouissif, plaisant, marrant (fam.), tordant (fam.) 2. agréable, drôle, jubilatoire

relâche N. M. OU F. 1. détente, relaxation, repos 2. interruption, pause, répit, suspension, trêve

relâché, ée ADJ. 1. laxiste, permissif 2. flasque, avachi, distendu, mou 3. dissolu, corrompu, débauché, libertin

relâchement N. M. 1. laisser-aller, laxisme, négligence, permissivité 2. desserrement 3. [des muscles] relaxation, décontraction, décrispation 4. [des mœurs] dissolution

relâcher V. TR. 1. détendre, décontracter, décrisper, relaxer 2. desserrer, lâcher 3. adoucir, assouplir, baisser, diminuer, ramollir 4. libérer, délivrer, lâcher, remettre en liberté, élargir (Droit), relaxer (Droit) 5. [Mar.] faire escale, s'arrêter, toucher au port
 • **se relâcher** V. PRON. 1. diminuer, s'assouplir, baisser, chanceler, décroître, faiblir, fléchir, mollir (fam.) 2. se négliger, se laisser aller 3. se détendre, se décrisper, se délasser, se calmer, s'apaiser, se décontracter, se reposer 4. se distendre, s'amollir, s'avachir

relais N. M. 1. étape, halte, poste 2. auberge, gîte, hôtel 3. intermédiaire, médiateur 4. [Techn.] retransmetteur, réémetteur, répéteur

relance N. F. 1. reprise, redémarrage, réveil 2. rappel, nouvelle sollicitation

relancer V. TR. 1. renvoyer, rejeter 2. rappeler, solliciter 3. poursuivre, harceler 4. ranimer, réactiver, donner un second souffle à 5. [Jeu] surenchérir

relater V. TR. raconter, exposer, rapporter, rendre compte de, retracer, conter (littér.), narrer (littér.)

relatif, ive ADJ. 1. subjectif 2. partiel, imparfait, incomplet, insuffisant, limité, moyen, sommaire

relation N. F. I. 1. connexion, corrélation, correspondance, liaison, lien (logique), rapport, rapprochement 2. contact, liaison, lien, rapport II. 1. connaissance, attache, contact, familier, fréquentation, lien, piston (fam.) 2. [amoureuse] liaison, aventure, flirt 3. [sexuelle] rapport, union III. compte rendu, exposé, narration, procès-verbal, rapport, récit, témoignage

relaxation N. F. 1. [des muscles] relâchement, décontraction 2. détente, décontraction, délassement 3. sophrologie 4. désinvolture, aisance, naturel

relaxer[1] V. TR. [un détenu] libérer, élargir (Droit), relâcher

relaxer[2] V. TR. décontracter, calmer, défatiguer, désénerver, délasser, détendre, reposer
 • **se relaxer** V. PRON. se décontracter, se délasser, se détendre, se reposer, décompresser (fam.)

relayer V. TR. 1. prendre le relais de, succéder à, relever, reprendre le flambeau des mains de 2. remplacer, se substituer à 3. [Radio, TV] retransmettre
 • **se relayer** V. PRON. alterner, se remplacer

reléguer V. TR. 1. bannir, déporter, exiler 2. mettre à l'écart, écarter, rejeter, remiser 3. [Sports] déclasser

relent N. M. 1. effluve, émanation, miasme, mauvaise odeur, puanteur, remugle (littér.) 2. trace, soupçon, ombre, pointe, reste, teinte

relevé, ée ADJ. 1. redressé, remonté, retroussé 2. épicé, assaisonné, corsé, fort, pimenté, piquant

relevé N. M. 1. liste, décompte, détail, état, relèvement, tableau 2. dessin, plan

relever V. TR. I. 1. remettre debout, redresser, lever, remonter, retrousser, soulever 2. reconstruire, rebâtir, redresser, remettre debout, renflouer, refaire, restaurer, rétablir II. augmenter, élever, majorer, monter, rehausser, remonter III. 1. assaisonner, agrémenter, épicer, pimenter 2. faire ressortir, donner du relief à, exhausser, rehausser, souligner IV. 1. constater, découvrir, noter, observer, remarquer, trouver 2. noter, consigner, copier, inscrire, retenir 3. [un plan] dresser, lever V. [des copies] ramasser, collecter VI. [un défi, une remarque] répondre à VII. 1. [qqn] relayer, prendre le relais de, prendre la relève de, remplacer 2. [qqn d'une fonction] démettre, destituer, limoger, révoquer 3. [qqn d'un engagement] libérer, dégager, détacher, délier (soutenu)
 • **se relever** V. PRON. 1. se remettre debout, se redresser, remonter, se ramasser 2. renaître, repartir, ressusciter, se rétablir 3. guérir, recouvrer la santé, se remettre, se rétablir

relief N. M. I. 1. saillie, bosse, monticule, proéminence 2. [Géog.] topographie, configuration, modelé 3. [Techn.] modelé, enlevure II. force, caractère, éclat, personnalité, piment, vigueur, sel (fam.)

relier V. TR. 1. faire communiquer, connecter, joindre, raccorder, réunir 2. [des idées] enchaîner, associer, lier, rapprocher 3. mettre en rapport, faire le rapprochement entre, raccrocher

religieux, euse ADJ. 1. sacré, divin 2. croyant, fervent, orthodoxe, pieux, pratiquant, dévot (souvent péj.) 3. recueilli, respectueux

religion N. F. 1. confession, croyance, culte, foi 2. doctrine, croyance, dogme 3. avis, conviction, credo, opinion

reliquat N. M. 1. [d'un compte] reste, solde 2. restant, excédent, reste, complément, vestige

reluire V. INTR. briller, chatoyer, étinceler, flamboyer, luire, miroiter, resplendir, rutiler, scintiller

remaniement N. M. 1. réorganisation, remodelage, restructuration, révision, [d'un texte] refonte 2. bouleversement, métamorphose, révolution 3. transformation, changement, correction, modification, rectification, retouche, relookage (fam.)

remanier V. TR. 1. réorganiser, remodeler, restructurer, réviser, [un texte] refondre 2. changer, arranger, corriger, modifier, rectifier, reprendre, retoucher, revoir, transformer, relooker (fam.) 3. bouleverser, métamorphoser, révolutionner

remarquable ADJ. 1. extraordinaire, hors du commun, marquant, notable 2. prestigieux, brillant, de haut vol, de haute volée, de premier ordre, de premier plan, émérite, éminent, hors pair, insigne, sans égal, sans pareil, supérieur

remarque N. F. 1. observation, commentaire, considération, réflexion, [en passant] incise 2. annotation, note 3. critique, objection, remontrance, réprimande, reproche

remarquer V. TR. apercevoir, constater, découvrir, discerner, noter, observer, relever, se rendre compte de, repérer, s'apercevoir de, s'aviser de, trouver, voir

rembourré, ée ADJ. 1. capitonné, matelassé 2. grassouillet, bien en chair, replet, rondouillard (fam.)

remboursement N. M. 1. paiement, acquittement, amortissement, [d'une rente] rachat, [d'une dette] extinction 2. défraiement, indemnisation

rembourser V. TR. 1. s'acquitter de, payer, rendre, [une dette] éteindre 2. défrayer, couvrir, indemniser

remède N. M. 1. médicament, drogue, médication, soin, traitement, vaccin 2. solution, antidote, dérivatif, expédient, exutoire, moyen, palliatif, panacée, potion magique, ressource

remédier à V. TR. IND. 1. calmer, guérir, soulager 2. pallier, compenser, parer à, pourvoir à, suppléer à, obvier à (littér.) 3. arranger, corriger, rattraper, rectifier, réparer

remercier V. TR. 1. dire merci à, rendre grâce à, savoir gré à 2. bénir, louer 3. dédommager, récompenser II. chasser, congédier, donner son compte à, éconduire, licencier, limoger, mettre à la porte, renvoyer, révoquer, se séparer de, balancer (fam.), lourder (fam.), sacquer (fam.), vider (fam.), virer (fam.), [un domestique] donner ses huit jours à

remettre V. TR. 1. replacer, ramener, rapporter, réintégrer 2. ajouter, rajouter 3. confier, déposer, donner, laisser, livrer, passer, rendre, restituer, filer (fam.), refiler (fam.) 4. se rappeler, reconnaître, se souvenir de 5. rétablir, ajourner, reculer, renvoyer (à plus tard), reporter, retarder, [un jugement] renvoyer, surseoir à, [indéfiniment] renvoyer aux calendes grecques
 • **se remettre** V. PRON. 1. récupérer, guérir, recouvrer la santé, se relever, se rétablir, s'en sortir, s'en tirer (fam.), se retaper (fam.) 2. se calmer, se tranquilliser, retrouver son calme

– **se remettre à** *[une activité]* recommencer, replonger dans, retourner à, revenir à

remise N. F. **1.** abri, appentis, débarras, hangar, local, réserve, resserre **2.** attribution, délivrance, dépôt, distribution, don, livraison **3.** réduction, abattement, bonification, déduction, discount, escompte, prime, rabais, ristourne **4.** ajournement, atermoiement, délai, renvoi, retardement, sursis **5.** *[d'une peine]* grâce, rémission **6.** *[d'un péché]* pardon, absolution, rémission

rémission N. F. **1.** absolution, effacement, pardon **2.** grâce, amnistie **3.** accalmie, apaisement, arrêt, calme, cessation, répit, relâche, trêve

remodeler V. TR. **1.** retravailler, réorganiser, restructurer **2.** *[visage]* dérider, lisser

remonter
- V. INTR. repartir (à la hausse), progresser, se redresser, reprendre, se rétablir
- V. TR. **1.** élever, exhausser, hausser, monter, relever, surélever, surhausser **2.** retrousser, relever **3.** consoler, mettre du baume au cœur de, raffermir, ragaillardir, réconforter, revigorer, revivifier, soutenir, ravigoter *(fam.)*, regonfler *(fam.)*, requinquer *(fam.)*, retaper *(fam.)*

remontrance N. F. reproche, avertissement, blâme, critique, grief, observation, réprimande, sermon, engueulade *(fam.)*, admonestation *(littér.)*, objurgation *(littér.)*, semonce *(littér.)*, prêchi-prêcha *(fam.)*, savon *(fam.)*

remords N. M. **1.** repentir, regret, contrition *(littér.)* **2.** *[Relig.]* contrition, attrition, pénitence

remorquer V. TR. **1.** tracter, tirer, traîner **2.** *[un bateau]* haler, touer

remous N. M. **1.** bouillonnement, effervescence, tourbillon, turbulence **2.** agitation, mouvement, remue-ménage, trouble, tumulte

rempart N. M. **1.** enceinte, fortification, mur, muraille **2.** bastion, citadelle **3.** protection, barrière, bouclier, cuirasse

remplaçant, ante N. substitut, adjoint, intérimaire, représentant, successeur, suppléant, *[Théâtre, Cinéma]* doublure

remplacement N. M. **1.** intérim, suppléance **2.** substitution, échange, relève **3.** changement, renouvellement

remplacer V. TR. **1.** changer, renouveler **2.** se substituer à, relever, prendre le relais de, prendre la relève de, relayer, succéder à, supplanter, suppléer *(littér.)* **3.** représenter, faire fonction de, faire office de, jouer le rôle de, servir de, tenir la place de, tenir lieu de, suppléer à, *[Théâtre, Cinéma]* doubler

rempli, ie ADJ. **1.** plein, bourré *(fam.)*, plein comme un œuf *(fam.)* **2.** *[de monde]* bondé, comble, complet, plein, bourré *(fam.)*, plein à craquer *(fam.)*

remplir V. TR. **1.** emplir, bourrer, charger, combler, garnir, gorger **2.** peupler, envahir, inonder, occuper **3.** *[le temps]* meubler, occuper, tuer *(fam.)* **4.** *[un formulaire]* compléter, renseigner *(Admin.)*, *[un chèque]* libeller **5.** *[une obligation]* accomplir, effectuer, exécuter, exercer, observer, répondre à, respecter, s'acquitter de, satisfaire à, tenir **6.** *[une fonction]* exercer, occuper, tenir

remporter V. TR. **1.** reprendre, remmener, repartir avec **2.** gagner, conquérir, enlever, obtenir, récolter, décrocher *(fam.)*, rafler *(fam.)*, truster *(fam.)*

remuant, ante ADJ. **1.** actif, animé, dynamique, frétillant, pétulant, sémillant, tonique **2.** déchaîné, agité, excité, fougueux, turbulent

remue-ménage N. M. INVAR. **1.** agitation, animation, branle-bas, désordre, effervescence, pagaille, tohu-bohu, trouble, tumulte, chambardement *(fam.)* **2.** chahut, brouhaha, tintamarre, vacarme

remuer
- V. TR. **1.** mélanger, battre, brasser, brouiller, malaxer, pétrir, tourner, travailler, *[la salade]* fatiguer *(fam.)*, touiller *(fam.)* **2.** *[la terre]* retourner, bêcher, fouiller, *[animal]* fouir **3.** secouer, balancer, ballotter, bercer **4.** émouvoir, attendrir, bouleverser, ébranler, frapper, perturber, secouer, toucher, troubler, chambouler *(fam.)*, émotionner *(fam.)*, prendre aux tripes *(fam.)*
- V. INTR. **1.** *[dans le vent]* frémir, se balancer, frissonner, ondoyer, onduler, osciller, trembler, vaciller **2.** s'agiter, bouger, frétiller, gesticuler, gigoter *(fam.)*, se dandiner *(fam.)*, se tortiller *(fam.)*, se trémousser *(fam.)* **3.** *[la tête]* hocher, balancer, branler, dodeliner de, secouer

♦ **se remuer** V. PRON. **1.** bouger, s'agiter **2.** se démener, faire des pieds et des mains, se donner de la peine, se bouger *(fam.)*, se décarcasser *(fam.)*, se défoncer *(fam.)*, se mettre en quatre *(fam.)*, se casser le derrière/le cul *(très fam.)* **3.** se dépêcher, se bouger *(fam.)*, se grouiller *(fam.)*, se manier (le train, le popotin) *(fam.)*

rémunérateur, trice ADJ. lucratif, avantageux, fructueux, payant, profitable, rentable, juteux *(fam.)*

rémunération N. F. **1.** salaire, appointements, émoluments, gages, honoraires, mensualité, paye, solde, traitement, vacation **2.** avantage, cachet, commission, gain, jeton (de présence), pourcentage, prime, rétribution

rémunérer V. TR. payer, rétribuer, *[une personne]* appointer, salarier

renâcler V. INTR. **1.** rechigner, se faire prier, freiner des quatre fers *(fam.)*, se faire tirer l'oreille *(fam.)*, traîner des pieds *(fam.)* **2.** protester, râler *(fam.)*, rouspéter *(fam.)*

renaissance N. F. **1.** réincarnation, résurrection **2.** renouveau, renouvellement **3.** réapparition, résurgence, retour, réveil

renaître V. INTR. **1.** ressusciter, reprendre vie, revenir à la vie, revivre **2.** resurgir, réapparaître, refaire surface, reparaître, repousser, revivre

renchérir V. INTR. **1.** être en hausse, augmenter, enchérir, grimper **2.** en rajouter *(fam.)*, en remettre *(fam.)*

rencontre N. F. **I. 1.** entrevue, contact, conversation, rendez-vous, rancard *(fam.)* **2.** colloque, conférence, meeting *(anglic.)*, réunion, sommet **II. 1.** compétition, championnat, épreuve, match, partie **2.** accrochage, bataille, combat, duel, échauffourée **III. 1.** jonction, contact, réunion **2.** collision, choc, heurt, télescopage

rencontrer V. TR. **1.** faire la connaissance de, connaître, croiser **2.** apercevoir, atteindre, croiser, tomber sur, trouver, voir **3.** affronter, disputer, combattre **4.** joindre, approcher, toucher, voir **5.** heurter, buter sur, se cogner à, percuter, toucher **6.** *[des difficultés]* affronter, se heurter à, se trouver face à, tomber sur, trouver (sur son chemin), s'achopper à *(littér.)*

♦ **se rencontrer** V. PRON. **1.** se croiser, faire connaissance, se connaître **2.** apparaître, arriver, avoir lieu, exister, se présenter, se produire, se trouver, se voir **3.** se rejoindre, confluer, se retrouver, se réunir, se toucher

rendement N. M. **1.** productivité, efficacité, fertilité **2.** rentabilité, bénéfice, gain, produit, profit, rapport, revenu

rendez-vous N. M. rencontre, audience, entretien, entrevue, rancard *(fam.)*

rendre V. TR. **I. 1.** restituer, ramener, rapporter, redonner, remettre, renvoyer, retourner, rétrocéder **2.** *[les armes]* poser, mettre bas **3.** *[de l'argent]* rembourser, s'acquitter de **4.** *[la santé]* ramener, faire recouvrer *(littér.)* **II. 1.** *[un jugement]* prononcer, émettre **2.** *[un son, etc.]* produire, donner, émettre **3.** exprimer, émettre, présenter, produire, représenter, reproduire, restituer, traduire **III.** vomir, régurgiter, dégobiller *(très fam.)*, dégueuler *(très fam.)*, gerber *(très fam.)*

♦ **se rendre** V. PRON. **1.** aller, venir, porter ses pas **2.** capituler, baisser les bras, s'avouer vaincu, se livrer, s'incliner

renfermer V. TR. **1.** comporter, comprendre, contenir, enserrer, englober, inclure, posséder, receler **2.** cacher, dissimuler, receler

♦ **se renfermer** V. PRON. **1.** se murer, se claquemurer **2.** se replier sur soi, se fermer (comme une huître), se renfrogner

renflé, ée ADJ. bombé, arrondi, galbé, gonflé, pansu, rond, ventru

renflement N. M. bombement, bosse, grosseur, panse, proéminence, rondeur, ventre

renflouer V. TR. remettre à flot, *[Mar.]* déséchouer

♦ **se renflouer** V. PRON. se remplumer *(fam.)*, se refaire (la cerise) *(fam.)*

renfoncement N. M. creux, alcôve, anfractuosité, coin, encoignure, niche, recoin, trou

renforcement N. M. **1.** consolidation, affermissement, durcissement **2.** accentuation, aggravation, augmentation, intensification, recrudescence

renforcer V. TR. **1.** armer, épaissir, fortifier, raffermir **2.** accentuer, accroître, affermir, aggraver, agrandir, s'ajouter à, augmenter, aviver, consolider, exacerber, grossir, intensifier **3.** appuyer, asseoir, conforter, consolider, corroborer, étayer, soutenir

renfort N. M. **1.** renforcement, consolidation **2.** aide, appui, assistance, soutien, coup de main *(fam.)* **3.** supplément, complément **4.** *[d'une chaussure]* contrefort, *[d'un vêtement]* épaulement

renfrogné, ée ADJ. maussade, acariâtre, boudeur, bourru, grincheux, morose

rengaine N. F. refrain, chanson, couplet, leitmotiv, litanie, rabâchage, ritournelle, disque *(fam.)*, scie *(fam.)*, antienne *(littér.)*, bringue *(Suisse)*

rengorger (se) V. PRON. faire le beau, bomber le torse/la poitrine, faire l'important, prendre de grands airs, plastronner, poser, se pavaner, crâner *(fam.)*, faire la roue *(fam.)*, frimer *(fam.)*

renier V. TR. abandonner, abjurer, désavouer, mentir à, nier, rejeter, renoncer à, répudier

renommé, ée ADJ. célèbre, connu, coté, fameux, illustre, populaire, prestigieux, de renom, réputé, qui fait parler de lui

renommée N. F. célébrité, cote, crédit, gloire, notoriété, popularité, prestige, renom, réputation

renoncement N. M. **1.** renonciation, abandon, abnégation, détachement, privation, sacrifice **2.** *[aux plaisirs]* ascèse, abstinence, ascétisme

renoncer V. TR. IND. abandonner, abdiquer, s'avouer vaincu, baisser les bras, battre en retraite, capituler, céder, déclarer forfait, démissionner, se désister, faire défection, lâcher prise, quitter la partie, se retirer, s'incliner, jeter l'éponge *(fam.)*, jeter le manche après la cognée *(fam.)*, laisser tomber *(fam.)*

renouveau N. M. **1.** regain, recommencement, relance, renaissance, reprise, retour (en force) **2.** modernisation, régénération, renaissance, renouvellement

renouveler V. TR. **1.** changer, dépoussiérer, moderniser, rajeunir, régénérer, remanier, rénover, donner un coup de jeune à *(fam.)* **2.** *[une douleur]* aviver, redoubler, réveiller **3.** prolonger, proroger, reconduire **4.** recommencer, refaire, réitérer, répéter

♦ **se renouveler** V. PRON. **1.** repousser, se reformer, renaître **2.** changer, bouger, évoluer, se moderniser, se modifier, se transformer, varier **3.** recommencer, se répéter, se reproduire

rénovation N. F. **1.** réforme, amélioration, dépoussiérage, remodelage, renouvellement, revalorisation **2.** remise à neuf, modernisation, rafraîchissement, réfection, réhabilitation, remise en état, réparation, restauration

rénover V. TR. **1.** réformer, améliorer, dépoussiérer, remodeler, renouveler, revaloriser, transformer **2.** remettre à neuf, moderniser, rafraîchir, réhabiliter, réparer, restaurer, retaper

renseignement N. M. **1.** information, éclaircissement, indication, indice, lumière, précision, rancard *(argot)*, tuyau *(fam.)* **2.** espionnage

renseigner V. TR. informer, avertir, éclairer (la lanterne de), instruire, brancher *(fam.)*, mettre au courant *(fam.)*, mettre au parfum *(fam.)*, rancarder *(fam.)*, tuyauter *(fam.)*, édifier *(littér.)*

♦ **se renseigner (sur)** V. PRON. enquêter, aller aux nouvelles, se documenter, s'enquérir (de), s'informer (sur), s'instruire (de), interroger (sur)

rentable ADJ. lucratif, avantageux, fructueux, intéressant, payant, profitable, rémunérateur, juteux *(fam.)*

rente N. F. redevance, arrérages, intérêt, pension, produit, revenu, retraite

rentrée N. F. **1.** revenu, gain, recette **2.** encaissement, perception, recette, recouvrement **3.** reprise, début, recommencement, come-back *(anglic.)*

rentrer
- V. TR. **1.** enfoncer, faire pénétrer, introduire, plonger, ranger, rengainer, fourrer *(fam.)* **2.** refouler, cacher, dissimuler, étouffer, ravaler, réfréner, réprimer, retenir **3.** *[le ventre]* creuser

▸ V. INTR. revenir, faire demi-tour, rebrousser chemin, se retirer, retourner, revenir sur ses pas
– **rentrer à** rallier, regagner, réintégrer, rejoindre, retourner à, revenir à
– **rentrer dans** **1.** *[une catégorie]* appartenir à, dépendre de, être compris dans, être contenu dans, faire partie de, relever de **2.** emboutir, heurter, percuter, tamponner, télescoper **3.** s'emboîter dans, s'encastrer dans, s'enfoncer dans, s'insérer dans **4.** s'enfoncer dans, pénétrer dans, s'engager dans, s'introduire dans, s'infiltrer dans **5.** *[ses frais]* recouvrer, récupérer, retrouver

renversant, ante ADJ. étonnant, ahurissant, décoiffant, ébouriffant, inouï, sidérant, stupéfiant, surprenant

renversement N. M. **1.** interversion, commutation, inversion, permutation **2.** bouleversement, basculement, retournement, révolution, chambardement *(fam.)*, chamboulement *(fam.)* **3.** chute, anéantissement, destruction, écroulement, ruine **4.** *[d'un bateau]* chavirement, dessalage

renverser V. TR. **1.** intervertir, inverser, mettre à l'envers, permuter, retourner **2.** vaincre, abattre, anéantir, briser, broyer, défaire, démolir, détrôner, détruire, foudroyer, ruiner, terrasser, envoyer au tapis *(fam.)* **3.** *[un piéton]* écraser, faucher **4.** bouleverser, mettre sens dessus dessous, révolutionner, chambarder *(fam.)*, chambouler *(fam.)* **5.** étonner, abasourdir, couper le souffle à, couper bras et jambes à, ébahir, stupéfier, suffoquer, estomaquer *(fam.)*, sidérer *(fam.)*, souffler *(fam.)* **6.** faire tomber, répandre, verser **7.** coucher, pencher
♦ **se renverser** V. PRON. **1.** tomber, basculer, culbuter, se retourner **2.** *[bateau]* chavirer, dessaler

renvoi N. M. **1.** congé, congédiement, destitution, exclusion, expulsion, licenciement, limogeage, mise à pied, révocation **2.** retour, réexpédition **3.** ajournement, remise, report **4.** appel de note, référence, *[Droit]* apostille **5.** éructation, régurgitation, rot, rototo *(lang. enfants)*

renvoyer V. TR. **I. 1.** chasser, balayer, écarter, éconduire, évincer, exclure, expulser, mettre dehors, mettre à la porte, envoyer balader *(fam.)*, envoyer bouler *(fam.)*, envoyer paître *(fam.)*, envoyer promener *(fam.)* **2.** licencier, congédier, donner son congé à, éjecter, limoger, mettre à pied, remercier, dégommer *(fam.)*, lourder *(fam.)*, sabrer *(fam.)*, sacquer *(fam.)*, vider *(fam.)*, virer *(fam.)*, *[un domestique]* donner ses huit jours **3.** destituer, disgracier **II. 1.** réexpédier, retourner **2.** refuser, rendre **3.** répercuter, faire écho à, réfléchir, refléter, réverbérer

réorganisation N. F. remaniement, réaménagement, remodelage, restructuration

réorganiser V. TR. remanier, réaménager, remodeler, restructurer

repaire N. M. **1.** tanière, gîte, terrier, antre *(littér.)*, retraite *(littér.)* **2.** refuge, abri, asile, cachette, nid

répandre V. TR. **1.** déverser, arroser, laisser tomber, renverser, verser **2.** disperser, disséminer, distiller, éparpiller, essaimer, semer **3.** dégager, diffuser, distiller, émettre, exhaler **4.** *[une nouvelle]* diffuser, colporter *(péj.)*, divulguer, ébruiter, éventer, propager **5.** *[un savoir]* étendre, populariser, propager, véhiculer, vulgariser **6.** *[des bienfaits]* distribuer, dispenser, prodiguer
♦ **se répandre** V. PRON. **1.** s'écouler, couler, ruisseler **2.** déborder, s'échapper **3.** s'étendre, se dégager, se disséminer, essaimer, se propager, faire tache d'huile **4.** proliférer, pulluler, se reproduire **5.** s'ébruiter, circuler, courir, filtrer, gagner, se propager, transpirer

répandu,ue ADJ. **1.** épars, diffus, profus *(littér.)* **2.** commun, banal, connu, courant, fréquent

reparaître V. INTR. réapparaître, récidiver, recommencer, renaître, reprendre, se reproduire, ressurgir, se réveiller, revenir à la surface

réparation N. F. **1.** restauration, rafraîchissement, réfection, remise en état, rafistolage *(fam.)*, retapage **2.** *[d'un mur]* consolidation, replâtrage, *[d'une machine]* dépannage, *[d'un navire]* carénage, calfatage, radoub, *[d'un vêtement]* raccommodage, rapiéçage **3.** *[d'une faute]* expiation, rachat **4.** indemnisation, compensation, dédommagement, dommages-intérêts, indemnité

réparer V. TR. **1.** restaurer, arranger, corriger, remettre à neuf, remettre en état, reprendre, retaper, retoucher, rabibocher *(fam.)*, rafistoler *(fam.)* **2.** *[un mur]* consolider, relever, rempiéter, replâtrer, *[une machine]* dépanner, *[un navire]* caréner, calfater, radouber, *[un vêtement]* raccommoder, rapiécer **3.** *[une erreur, un oubli]* corriger, compenser, effacer, pallier, racheter, rattraper, remédier à, suppléer à **4.** *[une faute]* expier, effacer, racheter, *[un tort]* redresser **5.** dédommager, indemniser, compenser

repartie N. F. réplique, réponse, riposte

repartir V. INTR. redémarrer, recommencer, reprendre

répartir V. TR. **1.** partager, dispatcher, distribuer, *[un risque, des frais]* consolider, mutualiser **2.** disperser, disposer, disséminer, éparpiller, ventiler **3.** classer, catégoriser, classifier, disposer, grouper, ordonner, ranger, sérier **4.** *[dans le temps]* échelonner, étaler

répartition N. F. **1.** distribution, attribution, partage, ventilation **2.** agencement, classement, classification, distribution, ordonnance, ordre, *[dans le temps]* échelonnement, étalement **3.** disposition, dispatching *(anglic.)*, zonage

repas N. M. **1.** nourriture, cuisine, bouffe *(fam.)*, croûte *(fam.)*, frichti *(fam.)*, mangeaille *(péj.)*, pitance *(péj.)* **2.** *[du matin]* petit déjeuner, *[du midi]* déjeuner, *[du soir]* dîner, souper, *[léger]* collation, dînette, goûter, pique-nique **3.** *[de fête]* festin, gala, banquet, réveillon, gueuleton *(fam.)*, ripaille *(fam.)*

repasser
▸ V. INTR. revenir, retourner, retraverser
▸ V. TR. **1.** vérifier **2.** réviser, apprendre, étudier, répéter, revoir, bachoter *(fam.)*, bûcher *(fam.)*, potasser *(fam.)* **3.** évoquer, se remettre en mémoire, se remémorer **4.** remettre, passer, filer *(fam.)*, fourguer *(fam.)*, refiler *(fam.)* **5.** défriper, lisser **6.** affûter, affiler, aiguiser

repenser V. TR. reconsidérer, réexaminer, remettre en cause/en question, revenir sur, réviser, revoir

repentir (se) V. PRON. faire son mea-culpa, faire amende honorable, reconnaître ses torts, s'en vouloir, battre sa coulpe *(littér.)*, s'en mordre les doigts *(fam.)*

repentir N. M. **1.** regret, remords, contrition *(littér.)*, repentance *(littér.)* **2.** mea-culpa

répercussion N. F. **1.** écho, réflexion, renvoi, réverbération **2.** conséquence, contrecoup, effet, incidence, onde de choc, prolongement, retentissement, retombée, suite, *[mauvaise]* séquelle

répercuter V. TR. **1.** refléter, réfléchir, renvoyer, réverbérer **2.** transmettre, communiquer, diffuser, passer, renvoyer, reporter, transférer
♦ **se répercuter** V. PRON. se transmettre, se propager

repère N. M. **1.** marque, balise, borne, jalon, piquet, taquet, témoin, trace **2.** référence, indication, indice, norme **3.** valeur, système de valeurs

repérer V. TR. **1.** apercevoir, déceler, dépister, détecter, localiser, situer **2.** découvrir, remarquer **3.** baliser, borner, marquer, jalonner
♦ **se repérer** V. PRON. s'orienter, se diriger, se reconnaître, se retrouver, se situer

répertoire N. M. **1.** catalogue, classement, énumération, état, fichier, index, inventaire, liste, nomenclature, recueil, relevé, sommaire, table, tableau **2.** *[d'adresses]* agenda, carnet

répertorier V. TR. cataloguer, classifier, dénombrer, ficher, inventorier, lister

répéter V. TR. **I. 1.** redire, réitérer, rabâcher, radoter, rebattre les oreilles de, ressasser, seriner, dire sur tous les tons *(fam.)* **2.** raconter, citer, ébruiter, rapporter, se faire l'écho de **3.** rapporter, cafarder *(fam.)*, cafter *(fam.)*, moucharder *(fam.)* **II. 1.** refaire, recommencer, réitérer, renouveler, reprendre, reproduire **2.** imiter, reproduire **3.** réviser, repasser, revoir
♦ **se répéter** V. PRON. **1.** recommencer, se renouveler, se reproduire, revenir **2.** radoter, être redondant, faire des redites, rabâcher

répétition N. F. **1.** recommencement, récurrence, réitération, reproduction, retour **2.** *[d'une faute]* récidive, rechute **3.** redite, redondance **4.** séance de travail, répète *(fam.)*, *[Théâtre]* générale, couturière

répit N. M. **1.** délai, moratoire, sursis **2.** repos, battement, éclaircie, halte, pause, relâche, trêve **3.** calme, détente, paix **4.** *[pour une douleur, une maladie]* rémission, accalmie, interruption

replacer V. TR. **1.** ranger, réinstaller, recaser *(fam.)*, refourrer *(fam.)*, refoutre *(très fam.)* **2.** *[dans un contexte]* resituer, rétablir

replanter V. TR. **1.** repiquer, transplanter **2.** reboiser, repeupler

replet, ète ADJ. dodu, charnu, gras, grassouillet, plantureux, potelet, rebondi, rond, rondouillard *(fam.)*, rondelet *(fam.)*

repli N. M. **I. 1.** ourlet, pli, rabat, rempli, revers **2.** ondulation, bourrelet, sinuosité **3.** *[souvent au plur.]* recoin, dédale, labyrinthe, méandre, sinuosité, *[d'une âme]* tréfonds **II. 1.** baisse, diminution, recul, reflux **2.** *[Milit.]* retraite, recul

replier V. TR. rabattre, refermer, retrousser
♦ **se replier** V. PRON. **1.** se blottir, se pelotonner, se ramasser, se recroqueviller, se tasser **2.** *[sur soi]* se renfermer, rentrer dans sa coquille **3.** reculer, abandonner (le terrain), battre en retraite, décrocher, fuir, refluer, se retirer **4.** se plier, se courber, fléchir, ployer, se rabattre, se tordre, se tortiller

réplique N. F. **1.** réponse, repartie, riposte **2.** objection, contestation, critique, discussion, observation **3.** copie, calque, double, imitation, reproduction **4.** sosie, clone, double, jumeau

répliquer V. TR. **1.** répondre, rétorquer, riposter **2.** *[sans complément]* contester, objecter, protester

répondre V. TR. **1.** dire, réagir **2.** objecter, contester, protester, répliquer, rétorquer, riposter
– **répondre à** **1.** *[une critique, une objection]* réfuter **2.** *[une attente, une exigence]* combler, convenir à, correspondre à, être conforme à, obéir à, remplir, satisfaire (à) **3.** *[une invitation, un salut]* rendre, payer de retour **4.** *[un stimulus]* obéir à, réagir à
– **répondre de** **1.** garantir, affirmer, assurer, certifier, s'engager sur **2.** *[de qqn]* cautionner, se porter garant de

réponse N. F. **1.** réplique, réaction, répartie, riposte **2.** explication, éclaircissement, justification **3.** solution, clé

reportage N. M. enquête, article, document, documentaire, papier

reporter[1] V. TR. **1.** rapporter, déplacer, replacer, remporter, retourner, transporter **2.** remettre (à plus tard), ajourner, différer, reculer, renvoyer, repousser, retarder, surseoir à *(littér. ou Droit)* **3.** transcrire, porter, transférer
♦ **se reporter à** V. PRON. se référer à, consulter

reporter[2] N. journaliste, chroniqueur, correspondant, envoyé spécial

repos N. M. **1.** congé, inactivité, loisir, relâchement, vacances **2.** tranquillité, calme, détente, délassement, paix, quiétude **3.** accalmie, arrêt, halte, interruption, pause, relâche, rémission, répit

reposé, ée ADJ. délassé, détendu, dispos, en forme, frais (comme une rose/comme un gardon), relaxé

reposer[1]
▸ V. TR. délasser, détendre, relaxer
▸ V. INTR. rester au repos, décanter
♦ **se reposer** V. PRON. se délasser, prendre du repos, reprendre haleine, reprendre son souffle, se détendre, se relaxer, souffler *(fam.)*
– **se reposer sur** compter sur, faire confiance à, se décharger sur, s'en remettre à, se fier à

reposer[2] V. TR. remettre en place, ranger, replacer

repoussant, ante ADJ. **1.** affreux, dégoûtant, difforme, effrayant, effroyable, hideux, horrible, laid, monstrueux **2.** abject, atroce, dégoûtant, écœurant, ignoble, immonde, innommable, infect, rebutant, répugnant, *[odeur]* fétide, nauséabond, pestilentiel, puant

repousser V. TR. **1.** pousser en arrière, faire reculer **2.** chasser, bannir, éconduire, éjecter, éloigner, évincer, rabrouer, refouler, rejeter, renvoyer, envoyer au diable *(fam.)*, envoyer balader *(fam.)*, envoyer bouler *(fam.)*, envoyer dinguer *(fam.)*, envoyer paître *(fam.)*, envoyer promener *(fam.)*, envoyer valser *(fam.)*, remballer *(fam.)*, rembarrer *(fam.)* **3.** écarter, abandonner, décliner, dédaigner, dire non à, éliminer, mépriser, refuser, résister à, rejeter, retoquer *(fam.)* **4.** ajourner, différer, reculer, remettre (à plus tard), reporter, retarder, *[indéfiniment]* renvoyer aux calendes grecques **5.** dégoûter, déplaire à, écœurer, rebuter, répugner

répréhensible ADJ. **1.** condamnable, coupable, délictueux, punissable **2.** blâmable, critiquable

reprendre
▸ V. TR. **I. 1.** continuer, poursuivre **2.** regagner, rejoindre **3.** retrouver **4.** *[des relations]* renouer, rétablir **5.** récupérer, recouvrer *(littér.)* **6.** réparer, corriger, retoucher, revoir **7.** redire, répéter **8.** récapituler, résumer **II. 1.** critiquer, blâmer, censurer, condamner **2.** corriger, chapitrer, gourmander, réprimander, sermonner, morigéner *(littér.)*, remettre à sa place *(fam.)*
▸ V. INTR. recommencer, redémarrer
♦ **se reprendre** V. PRON. **1.** réagir, se ressaisir **2.** se corriger, se rétracter

représentant, ante N. **1.** agent, correspondant, délégué, envoyé, mandataire, porte-parole **2.** aperçu, échantillon, exemple, individu, modèle, spécimen **3.** *[du peuple]* député, élu, parlementaire

représentatif, ive ADJ. caractéristique, remarquable, spécifique, typique

représentation N. F. **1.** description, dessin, illustration, image, peinture, photographie, portrait, reflet, reproduction, tableau, transcription, traduction **2.** emblème, allégorie, effigie, figure, image, incarnation, personnification, symbole **3.** diagramme, carte, graphe, graphique, maquette, plan, schéma, tableau **4.** vision, idée, image, perception **5.** séance, spectacle **6.** délégation, mandat, mission, *[diplomatique]* ambassade, légation

représenter V. TR. **1.** décrire, brosser le portrait/le tableau de, camper, dessiner, dépeindre, exprimer, évoquer, montrer, peindre, photographier, reproduire **2.** symboliser, désigner, figurer, signifier **3.** incarner, personnifier **4.** correspondre à, constituer, équivaloir à, être **5.** montrer, donner à voir, indiquer, rappeler, refléter **6.** *[Théâtre]* donner, interpréter, jouer **7.** remplacer, être le porte-parole de, tenir lieu de
♦ **se représenter** V. PRON. **1.** concevoir, comprendre, se faire une idée de, se figurer, s'imaginer **2.** penser à, reconstituer, se rappeler, se souvenir de, se remémorer *(littér.)*

répression N. F. **1.** punition, châtiment, sanction **2.** étouffement, écrasement

réprimande N. F. avertissement, blâme, correction, remontrance, reproche, sermon, engueulade *(très fam.)*, lavage de tête *(fam.)*, savon *(fam.)*, scène *(fam.)*, admonestation *(littér.)*

réprimander V. TR. gronder, blâmer, corriger, critiquer, gourmander, rappeler à l'ordre, sermonner, disputer *(fam.)*, engueuler *(très fam.)*, enguirlander *(fam.)*, faire les gros yeux à *(fam.)*, houspiller *(fam.)*, laver la tête à *(fam.)*, passer un savon à *(fam.)*, remonter les bretelles à *(fam.)*, secouer *(fam.)*, sonner les cloches à *(fam.)*, admonester *(littér.)*, chapitrer *(littér.)*, fustiger *(littér.)*, morigéner *(littér.)*, semoncer *(littér.)*, tancer *(littér.)*

réprimer V. TR. **1.** contenir, arrêter, brider, étouffer, modérer, ravaler, refouler, refréner, rentrer, retenir **2.** punir, sanctionner, sévir contre, châtier *(littér.)* **3.** étouffer, briser, écraser, noyer dans le sang

reprise N. F. **1.** fois, coup *(fam.)* **2.** recommencement, redémarrage, regain, relance, remontée, renouveau, retour **3.** reconquête, récupération **4.** répétition **5.** *[TV, Radio]* rediffusion **6.** *[chanson]* refrain **7.** *[Boxe]* round **8.** raccommodage, retouche, stoppage

repriser V. TR. rapiécer, coudre, raccommoder, réparer, stopper

réprobation N. F. **1.** *[Relig.]* malédiction **2.** blâme, anathème *(littér.)*, animadversion *(littér.)* **3.** désapprobation, condamnation, critique

reproche N. M. **1.** accusation, avertissement, blâme, remontrance, réprimande, semonce, admonestation *(littér.)*, objurgation *(littér.)* **2.** grief, plainte, récrimination **3.** objection, critique, observation, remarque

reprocher V. TR. accuser de, blâmer de, critiquer, faire grief de
♦ **se reprocher** V. PRON. s'en vouloir de, regretter, se repentir de, se mordre les doigts de *(fam.)*

reproduction N. F. **1.** recommencement, renouvellement, répétition, retour **2.** copie, calque, contrefaçon, double, duplicata, imitation, facsimilé, reflet, réplique

reproduire V. TR. **1.** copier, calquer, contrefaire, imiter, mimer, répéter, reprendre **2.** représenter, croquer, dessiner, dépeindre, refléter, restituer, traduire **3.** éditer, publier
♦ **se reproduire** V. PRON. **1.** recommencer, se renouveler, se répéter **2.** se multiplier, engendrer, se perpétuer **3.** proliférer, se propager

réprouver V. TR. **1.** condamner, bannir, blâmer, critiquer, désapprouver, stigmatiser, abominer *(littér.)*, fustiger *(littér.)*, honnir *(littér.)* **2.** maudire, anathématiser, damner, frapper d'anathème

repu, ue ADJ. assouvi, gavé, rassasié

répudier V. TR. rejeter, abandonner, désavouer, refuser, renier

répugnance N. F. **1.** horreur, dégoût, répulsion **2.** nausée, écœurement, haut-le-cœur **3.** aversion, exécration, haine

répugnant, ante ADJ. **1.** dégoûtant, exécrable, infâme, infect, ignoble, immonde, innommable, repoussant, rebutant, dégueulasse *(fam.)*, *[odeur]* fétide, nauséabond, pestilentiel, puant **2.** méprisable, dégoûtant, abject, affreux, détestable, écœurant, épouvantable, horrible, odieux, révoltant, ignominieux *(littér.)*

répugner V. TR. dégoûter, déplaire à, donner envie de vomir à, écœurer, faire horreur à, rebuter

répulsion N. F. **1.** dégoût, écœurement, haut-le-cœur, horreur, répugnance **2.** antipathie, aversion, haine, horreur, exécration *(littér.)*

réputation N. F. **1.** notoriété, célébrité, estime, gloire, popularité, prestige, renom, renommée, aura *(littér.)*, crédit *(littér.)*, considération *(littér.)* **2.** honneur, nom, vertu

réputé, ée ADJ. célèbre, connu, coté, fameux, illustre, populaire, prestigieux, renommé

requérir V. TR. **1.** solliciter, demander, exiger, réclamer **2.** nécessiter, exiger, imposer, réclamer, vouloir

requête N. F. demande, démarche, prière, sollicitation, supplique

requis, ise ADJ. demandé, exigé, imposé, nécessaire, obligatoire, prescrit

réquisitionner V. TR. mobiliser, engager, enrôler, mettre à contribution, recruter

réquisitoire N. M. **1.** accusation, attaque, diatribe, pamphlet, satire **2.** *[Droit pénal]* plaidoirie, réquisition

réseau N. M. **1.** enchevêtrement, dédale, écheveau, entrecroisement, entrelacement, entrelacs, labyrinthe, lacis **2.** circuit, ensemble, organisation, structure

réserve N. F. **I. 1.** discrétion, quant-à-soi, retenue, timidité **2.** modération, circonspection, mesure, prudence **3.** décence, modestie, pudeur **II.** critique, doute, restriction, réticence **III. 1.** entrepôt, arrière-boutique, magasin, dépôt, remise, resserre **2.** *[naturelle]* parc
♦ **réserves** PLUR. **1.** économies, disponibilités, épargne **2.** provision, stock

réservé, ée ADJ. **1.** privé, gardé, personnel, protégé **2.** réticent, dubitatif, hésitant, prudent, tiède **3.** discret, distant, effacé, modeste, renfermé, secret, taciturne, timide **4.** prudent, circonspect, mesuré, modéré **5.** décent, pudique

réserver V. TR. **1.** louer, faire mettre à part, retenir **2.** garder, économiser, épargner, mettre de côté **3.** conserver, garder, ménager **4.** *[un accueil, une surprise]* préparer, offrir, prévoir

réservoir N. M. **1.** citerne, cuve, château d'eau, réceptacle **2.** réserve, gisement, pépinière, vivier

résidence N. F. **1.** séjour, demeure, habitation **2.** adresse, domicile, foyer, logement **3.** logement, demeure, gîte, maison, propriété

résident, ente N. **1.** citoyen, ressortissant **2.** habitant, occupant, pensionnaire

résider V. INTR. demeurer, être établi, habiter, crécher *(fam.)*

résidu N. M. **1.** déchet, débris, dépôt, détritus, fond, rebut, reste, scorie **2.** boue, lie, tartre

résignation N. F. fatalisme, abdication, acceptation, démission, renoncement, soumission

résigné, ée ADJ. fataliste, indifférent, philosophe, soumis

résigner V. TR.
♦ **se résigner** V. PRON. abdiquer, baisser les bras, céder, démissionner, en prendre son parti, se faire une raison, s'incliner
– **se résigner à** accepter de, s'accommoder de, consentir à, se résoudre à, se soumettre à

résilier V. TR. annuler, casser, dissoudre, invalider, mettre fin à, résoudre, révoquer, rompre

résistance N. F. **1.** solidité, dureté, fermeté, robustesse **2.** endurance, force, solidité, ténacité **3.** *[d'un animal, d'une plante]* rusticité **4.** défense, insurrection, lutte, mutinerie, opposition, rébellion, révolte, sédition **5.** refus, désobéissance, levée de boucliers, opposition **6.** obstacle, accroc, barrière, blocage, difficulté, frein, obstruction, opposition **7.** inhibition, blocage, censure, refoulement

résistant, ante
▸ N. franc-tireur, maquisard
▸ ADJ. **1.** solide, robuste, tenace **2.** endurant, coriace, fort, infatigable, résilient, solide, tenace, dur à cuire *(fam.)*, increvable *(fam.)* **3.** *[animal, plante]* rustique, *[plante]* vivace **4.** désobéissant, rebelle

résister V. TR. IND. **1.** tenir bon, s'accrocher, ne pas baisser les bras, ne pas se laisser faire *(fam.)*, ne pas lâcher *(fam.)*, tenir le coup/le choc *(fam.)* **2.** durer, se maintenir, survivre, tenir **3.** se débattre, se démener **4.** regimber, renâcler, se faire prier *(fam.)*, se faire tirer l'oreille *(fam.)*, traîner les pieds *(fam.)*
– **résister à** **1.** se défendre contre, lutter contre, repousser, se dresser contre, s'insurger contre, s'opposer à, se rebeller contre, se refuser à, se révolter contre **2.** *[à qqn]* désobéir à, contrarier, s'opposer à, tenir tête à, se rebiffer contre *(fam.)* **3.** *[un choc]* supporter, être à l'épreuve de

résolu, ue ADJ. **1.** décidé, assuré, convaincu, déterminé, énergique, ferme, opiniâtre **2.** *[à faire qqch.]* prêt (à), déterminé

résolution N. F. **1.** décision, choix, dessein, intention, parti, projet, programme, volonté **2.** détermination, acharnement, constance, énergie, fermeté, obstination, opiniâtreté, suite dans les idées, ténacité, volonté **3.** dénouement, achèvement, conclusion, fin, terme **4.** *[Méd.]* résorption, disparition

résonner V. INTR. retentir, sonner, tinter, vibrer

résorber V. TR. faire disparaître, absorber, avaler, effacer, éliminer, éponger, supprimer
♦ **se résorber** V. PRON. s'éteindre, s'apaiser, se calmer, cesser, disparaître, retomber, tomber

résoudre V. TR. **1.** régler, débrouiller, démêler, dénouer, en finir avec, trancher, vider, solutionner *(fam.)* **2.** deviner, déchiffrer, élucider, pénétrer, tirer au clair, trouver, tenir la clé de
♦ **se résoudre** V. PRON. **1.** se régler, rentrer dans l'ordre **2.** se résigner, faire contre mauvaise fortune bon cœur, s'incliner, se faire une raison

respect N. M. **1.** tolérance, compréhension, indulgence, largeur d'esprit **2.** considération, déférence, égard, estime, galanterie, politesse **3.** obéissance à, culte, observance, observation **4.** adoration, crainte, piété, vénération
♦ **respects** PLUR. salutations, compliments, devoirs, hommages

respectable ADJ. **1.** honorable, convenable, digne de respect, estimable, honnête, sérieux, vénérable, auguste *(littér.)* **2.** conséquent, appréciable, important, non négligeable, coquet *(fam.)*, gentil *(fam.)*, joli *(fam.)*, rondelet *(fam.)*

respecter V. TR. **1.** tolérer, accepter **2.** estimer, avoir des égards pour, honorer, vénérer, révérer *(littér.)* **3.** se conformer à, garder, observer, obéir à, se plier à, suivre, tenir compte de

respectueux, euse ADJ. poli, déférent, humble, soumis, révérencieux *(littér.)*

respiration N. F. **1.** souffle, haleine **2.** ventilation, *[phases]* inspiration, aspiration, expiration **3.** inhalation, absorption

respirer
▸ V. INTR. **1.** inspirer, aspirer, expirer **2.** *[avec difficulté]* haleter, suffoquer **3.** souffler, prendre l'air, prendre une bouffée d'oxygène

▶ V. TR. 1. absorber, humer, inhaler 2. exprimer, dégager, exhaler, manifester, marquer, transpirer

resplendir V. INTR. briller, étinceler, flamboyer, irradier, luire, rayonner, reluire, rutiler, scintiller

resplendissant, ante ADJ. 1. brillant, éclatant, étincelant, flamboyant, lumineux, rayonnant, rutilant, scintillant 2. radieux, splendide, superbe

responsabilité N. F. 1. devoir, obligation 2. poste, charge, fonction, mission 3. faute, implication

responsable
▶ ADJ. 1. garant, comptable (littér.) 2. raisonnable, mûr, pondéré, prudent, réfléchi, sérieux
▶ N. 1. auteur, coupable, fautif 2. chef, décideur, dirigeant, leader (anglic.)

ressaisir V. TR. raccrocher, rattraper, reprendre
♦ **se ressaisir** V. PRON. 1. se maîtriser, se contrôler 2. réagir, se reprendre, reprendre le dessus

ressasser V. TR. 1. remâcher, retourner dans sa tête, ruminer, rouler (littér.) 2. redire, rebattre les oreilles de, répéter, seriner, rabâcher (fam.)

ressemblance N. F. 1. similarité, analogie, concordance, parenté, point commun, rapport, relation, similitude, symétrie, voisinage 2. air de famille, petit air (fam.)

ressemblant, ante ADJ. similaire, analogue, approchant, comparable, équivalent, proche, semblable, voisin

ressembler V. TR. IND.
 – **ressembler à** s'apparenter à, approcher de, avoir des airs de, être comme/pareil à/semblable à, évoquer, rappeler, se rapprocher de, tenir de
♦ **se ressembler** V. PRON. 1. être similaire, avoir des points communs 2. avoir un air de famille

ressentiment N. M. aigreur, amertume, animosité, hostilité, rancœur, rancune

ressentir V. TR. éprouver, connaître, endurer, nourrir, être sensible à, goûter, sentir

resserrer V. TR. 1. rapprocher 2. rétrécir, abréger, condenser, diminuer, ramasser, réduire, restreindre 3. comprimer, étrangler 4. consolider, cimenter, intensifier, raffermir, renforcer 5. serrer, contracter, refermer, presser, tasser
♦ **se resserrer** V. PRON. 1. se rapprocher 2. se rétrécir, se tasser 3. se raffermir, se renforcer

ressort[1] N. M. 1. énergie, allant, ardeur, dynamisme, élan, force, tonus, pêche (fam.), punch (fam.) 2. cause, agent, énergie, force, moteur 3. suspension

ressort[2] N. M. domaine, attributions, autorité, compétence, responsabilité(s)

ressortir
▶ V. TR. déterrer, exhumer, ressusciter, tirer de l'oubli
▶ V. INTR. se détacher, apparaître, contraster, se découper, se dessiner, se distinguer, trancher

ressource N. F. 1. richesse, atout, faculté, potentiel, réserve 2. moyen, arme, atout, expédient (souvent péj.), procédé, solution, astuce (fam.), combine (fam.), truc (fam.) 3. recours, issue, planche de salut, refuge, secours
♦ **ressources** PLUR. argent, bourse, économies, finances, fonds, fortune, moyens, revenu, richesses

ressusciter
▶ V. INTR. 1. renaître, reprendre vie, revivre 2. réapparaître, refleurir, renaître de ses cendres, resurgir, se rallumer, se ranimer, se réveiller
▶ V. TR. 1. guérir, ramener à la vie, rétablir, sauver 2. ranimer, déterrer, exhumer, redonner vie 3. raviver, restaurer, rétablir, réveiller, revitaliser, tirer de l'oubli/du sommeil

restant N. M. 1. reste, reliquat, résidu 2. solde

restaurant N. M. resto (fam.), auberge, brasserie, self-service, boui-boui (péj.), gargote (péj.), [à l'armée] mess

restauration N. F. réparation, embellissement, reconstruction, réfection, réhabilitation, remise en état, rénovation

restaurer[1] V. TR. nourrir, régaler
♦ **se restaurer** V. PRON. s'alimenter, manger, se nourrir, se remplir le ventre, se sustenter (plaisant), becter (fam.), bouffer (fam.), casser la croûte/la graine (fam.), croûter (fam.), grailler (fam.)

restaurer[2] V. TR. 1. réparer, reconstituer, reconstruire, réhabiliter, remettre en état, rénover, retaper 2. rétablir, ramener, ranimer, réhabiliter, relever

reste N. M. 1. complément, différence, excédent, reliquat, résidu, restant, surplus 2. [d'une somme à payer] solde 3. [d'une histoire] suite
♦ **restes** PLUR. 1. ruines, décombres, [d'un bateau] épave 2. déchets, débris, détritus, fragments, rebuts, [d'un repas] reliefs, rogatons (fam.) 3. cadavre, cendres, dépouille, os, ossements, reliques 4. traces, vestiges

rester V. INTR. 1. habiter, demeurer, résider, séjourner, stationner, crécher (fam.) 2. se maintenir, demeurer, durer, perdurer, persister, se perpétuer, subsister, tenir 3. s'attarder, attendre, s'éterniser, traîner, croupir (péj.), moisir (péj.), pourrir (péj.)

restituer V. TR. 1. redonner, rembourser, remettre, rendre, retourner 2. reproduire, reconstituer, recréer, rétablir, simuler 3. [une énergie] dégager, libérer 4. exprimer, rendre, reproduire, traduire

restreindre V. TR. 1. diminuer, abréger, amoindrir, comprimer, limiter, réduire, resserrer 2. [les mouvements] gêner, entraver, limiter
♦ **se restreindre** V. PRON. se rationner, se limiter, se modérer, se priver, réduire ses dépenses, se serrer la ceinture (fam.)

restreint, einte ADJ. 1. limité, faible, réduit 2. étroit, petit, confiné, exigu, grand comme un mouchoir de poche 3. [sens d'un mot] strict, étroit

restriction N. F. I. 1. limitation, amoindrissement, compression, diminution, réduction, resserrement, [budgétaire] coupe 2. rationnement, contingentement, limitation II. 1. réticence, arrière-pensée, réserve 2. barrière, obstacle

restructuration N. F. réorganisation, réaménagement, recomposition, remodelage

restructurer V. TR. réorganiser, réaménager, recomposer, remodeler

résultante N. F. conséquence, aboutissement, contrecoup, effet, fruit, produit, rançon, résultat, séquelle, suite (logique)

résultat N. M. 1. conséquence, aboutissement, conclusion, contrecoup, effet, fruit, issue, répercussion, rançon, résultante, suite (logique) 2. bilan, état 3. [Sport, Pol.] score, [au plur., Scol.] notes 4. total, produit, quotient, reste, somme

résulter de V. INTR. découler de, dériver de, naître de, procéder de, provenir de, venir de

résumé[1], **ée** ADJ. abrégé, concis, court, schématique, simplifié, succinct, compendieux (littér.)

résumé[2] N. M. 1. récapitulation, aperçu, bilan, synthèse 2. abrégé, condensé, extrait, précis, [de scénario] synopsis

résumer V. TR. 1. récapituler, reprendre, synthétiser 2. abréger, condenser, écourter, raccourcir, réduire
♦ **se résumer à** V. PRON. se limiter à, consister en, se borner à, se réduire à

rétablir V. TR. 1. réparer, reconstituer, reconstruire, renouer, reprendre, restaurer 2. redresser, réédifier, refaire, réinstaller, relever 3. renouer, reprendre, restaurer 4. réintégrer, ramener, réhabiliter, remettre en place, remettre en vigueur, replacer 5. guérir, remettre sur pied, remettre en selle, ressusciter, sauver, remplumer (fam.), requinquer (fam.), retaper (fam.)
♦ **se rétablir** V. PRON. guérir, aller mieux, recouvrer la santé, récupérer, se refaire une santé, se remettre, se remettre sur pied, se remettre le dessus, reprendre du poil de la bête (fam.), se remplumer (fam.), se requinquer (fam.), se retaper (fam.), s'en tirer (fam.)

rétablissement N. M. 1. recouvrement, remise en fonction, remise en vigueur 2. restauration, réinstallation, restitution 3. guérison, convalescence

retaper V. TR. réparer, rafraîchir, refaire, remettre à neuf, remettre en état, reprendre, relever

retard N. M. 1. délai, ajournement 2. piétinement, lenteur, ralentissement 3. [intellectuel] arriération, déficience

retarder V. TR. 1. attarder, mettre en retard, ralentir 2. ajourner, décaler, différer, reculer, remettre, repousser

retenir V. TR. I. 1. garder, accaparer, confisquer, conserver, détenir, intercepter, saisir 2. capter, absorber, accaparer, attirer 3. [qqn] accaparer, garder, occuper, mettre le grappin sur (fam.), tenir la jambe à (fam.) 4. se souvenir de, assimiler, enregistrer, garder en mémoire, mémoriser, se rappeler 5. sélectionner, adopter, choisir, se décider pour, élire, opter pour, se prononcer pour 6. réserver, assurer, louer, [une date] arrêter, fixer II. 1. attacher, accrocher, amarrer, bloquer, clouer, coincer, enchaîner, fixer, immobiliser, maintenir (en place), river 2. réprimer, arrêter, brider, calmer, contenir, contrôler, dominer, endiguer, étouffer, maîtriser, museler, ravaler, refouler, réfréner, tenir en bride III. prélever, décompter, déduire, défalquer, ôter, précompter, prendre, rabattre, retirer, retrancher, soustraire, ponctionner (fam.)
♦ **se retenir** V. PRON. 1. se contenir, garder son sang-froid, se calmer, se contrôler, se dominer, se faire violence, se maîtriser, se modérer, rester cool (fam.), rester zen (fam.) 2. s'accrocher, s'agripper, se cramponner, se raccrocher, se rattraper, se tenir

retentir V. INTR. 1. résonner, éclater, sonner, tinter, vibrer 2. éclater

retentissant, ante ADJ. 1. bruyant, assourdissant, sonore, [voix] claironnant, tonitruant, tonnant 2. éclatant, fracassant, remarquable, spectaculaire, [succès] triomphal, [échec] cuisant

retentissement N. M. 1. contrecoup, conséquence, développement, impact, prolongement, répercussion, résonance (littér.) 2. succès, écho, éclat, publicité

retenue N. F. 1. prélèvement, précompte 2. modération, circonspection, mesure, pondération, réserve 3. pudeur, discrétion, dignité, modestie, tenue 4. [Scol.] consigne, colle (fam.) 5. embouteillage, encombrement, engorgement, ralentissement, bouchon (fam.) 6. [d'eau] barrage, réservoir

réticence N. F. hésitation, arrière-pensée, circonspection, défiance, réserve

réticent, ente ADJ. hésitant, circonspect, défiant, dubitatif, réservé, tiède, pas très chaud (fam.)

rétif, ive ADJ. désobéissant, indiscipliné, indocile, insoumis, insubordonné, rebelle, récalcitrant, réfractaire

retiré, ée ADJ. isolé, à l'écart, éloigné, perdu, reculé, au diable vauvert, paumé (fam.)

retirer V. TR. I. 1. arracher, couper, enlever, extirper, extraire, ôter, soustraire, tirer 2. faire disparaître, enlever, ôter 3. [ce qu'on a dit] revenir sur, ravaler, reprendre 4. confisquer, prendre 5. décompter, déduire, défalquer, enlever, ôter, prélever, retenir, retrancher, soustraire II. obtenir (en retour), gagner, enlever, percevoir, recevoir, récolter, recueillir, sortir
♦ **se retirer** V. PRON. 1. partir, disparaître, s'éclipser, s'esquiver, fausser compagnie, filer à l'anglaise (péj.), vider les lieux, se barrer (fam.), se casser (fam.), filer (fam.), ficher le camp (fam.) 2. abandonner, battre en retraite, faire défection, reculer, se replier, [d'une compétition] déclarer forfait, [d'un engagement] se désister, démissionner 3. se cloîtrer, se cacher, se claustrer, s'exiler, s'isoler, se murer, se réfugier 4. [mer] baisser, descendre, refluer

retombée N. F. répercussion, conséquence, contrecoup, effet, effet secondaire, impact, implication, incidence, portée, résultat, suite, [négative] séquelle

retomber V. INTR. 1. redescendre, baisser, chuter, rebaisser 2. faiblir, s'apaiser, se calmer, s'éteindre, diminuer, disparaître 3. pendre, pendouiller (fam.) 4. rechuter, récidiver, recommencer

rétorquer V. TR. objecter, répliquer, répondre, riposter, repartir (littér.)

retors, orse ADJ. et N. M. rusé, fin, machiavélique, malin, vicieux, madré (littér.), roué (littér.), chafouin (fam.), finaud (fam.), matois (littér.), roublard (fam.), vicelard (fam.)

retouche N. F. rectification, amélioration, correction, modification

retoucher V. TR. améliorer, arranger, corriger, perfectionner, rectifier, remanier, réviser

retour N. M. I. 1. recommencement, réapparition, renaissance, renouveau, répétition, reprise, réveil 2. recrudescence, accroissement, augmentation, intensification, progression, regain 3. rentrée, come-back (anglic.) II. 1. réaction, commentaire, écho, feedback (anglic.) 2. répercussion, effet boomerang, ricochet III. renvoi, réexpédition

retournement N. M. 1. revirement, bouleversement, coup de théâtre, péripétie 2. [d'un bateau] chavirement, dessalage

retourner
▶ V. INTR. rentrer, faire demi-tour, partir, repartir, revenir (sur ses pas), rebrousser chemin, s'en aller
▶ V. TR. 1. inverser, intervertir, permuter, renverser 2. faire tomber, faire basculer, renverser 3. fouiller, remuer, [la terre] bêcher, labourer, [la salade] fatiguer (fam.), touiller (fam.) 4. mettre sens dessus dessous, bouleverser, chambarder (fam.), chambouler (fam.) 5. bouleverser, émouvoir, perturber, remuer, secouer, traumatiser, troubler, tournebouler (fam.) 6. réexpédier, renvoyer, refuser
♦ **se retourner** V. PRON. 1. [bateau] chavirer, dessaler 2. [voiture] capoter, faire un tonneau

retracer V. TR. conter, décrire, évoquer, exposer, peindre, raconter, rapporter, relater, rendre compte de, narrer (littér.)

rétractation N. F. désaveu, abandon, abjuration, reniement, palinodie (littér.)

rétracter[1] V. TR. revenir sur, annuler, désavouer, démentir, renier, reprendre, retirer
♦ **se rétracter** V. PRON. se dédire, faire machine arrière, faire marche arrière, ravaler ses paroles, revenir sur ses dires, se désavouer, se raviser, se reprendre

rétracter[2] V. TR. rentrer, contracter, raccourcir
♦ **se rétracter** V. PRON. se recroqueviller, se contracter, se crisper, se raccourcir, se rétrécir

retrait N. M. 1. recul, évacuation, désengagement, marche arrière, repli, retraite 2. abandon, défection, départ, renoncement 3. annulation, suppression

retraite N. F. I. 1. recul, désengagement, évacuation, marche arrière, reflux, repli, retrait 2. fuite, débâcle, débandade, défaite, déroute II. 1. abri, asile, havre, nid, refuge 2. [d'un animal, littér.] terrier, gîte, repaire, tanière, trou, antre (littér.) III. solitude, repos IV. pension, allocation vieillesse

retrancher V. TR. 1. couper, élaguer, éliminer, enlever, ôter, retirer, soustraire, supprimer 2. rayer, barrer, biffer, élaguer, enlever 3. [une somme] prélever, décompter, déduire, défalquer, rabattre, retenir, soustraire

rétrécir
▶ V. TR. 1. contracter, rapetisser, raccourcir, réduire, resserrer 2. ratatiner, racornir 3. limiter, borner, diminuer, restreindre 4. ajuster, reprendre, resserrer
▶ V. INTR. rapetisser, raccourcir, se rétracter

rétribuer V. TR. payer, appointer, rémunérer, salarier, avoir à sa solde (péj.)

rétribution N. F. paye, appointements, cachet, commission, émoluments, gages, honoraires, rémunération, salaire, solde, traitement

rétrograde ADJ. réactionnaire, arriéré, obscurantiste, passéiste

rétrograder
▶ V. INTR. 1. reculer, battre en retraite, se retirer, se replier, revenir en arrière 2. régresser, baisser, déchoir, descendre
▶ V. TR. déclasser

retrousser V. TR. relever, remonter, replier, rouler, soulever

retrouver V. TR. 1. récupérer, reconquérir, recouvrer, remettre la main sur, rentrer en possession de, reprendre, se réapproprier 2. repérer, localiser 3. rejoindre, rencontrer (à nouveau), revoir 4. revenir à, retourner à 5. se souvenir de, se rappeler

♦ **se retrouver** V. PRON. 1. se réunir, se donner rendez-vous, se rejoindre 2. se croiser, se rencontrer, se revoir 3. s'orienter, se reconnaître, se repérer, se situer

réunion N. F. 1. assemblée, assises, colloque, conférence, congrès, débat, meeting, rencontre, séance de travail, séminaire, symposium, table ronde, [solennelle] grand-messe 2. combinaison, alliance, assemblage, conjonction, convergence, enchaînement, fusion, groupement, jonction, liaison, mariage, mélange, rapprochement, rassemblement, rencontre 3. [d'un territoire à un autre] annexion, adjonction, incorporation, rattachement 4. [de choses] ensemble, amas, bloc, bouquet, chapelet, faisceau, groupe, masse, tas 5. [de textes] recueil, choix, collection, groupement

réunir V. TR. 1. assembler, amalgamer, centraliser, concentrer, rassembler, regrouper 2. raccorder, accoupler, adjoindre, apparier, attacher, incorporer, joindre, lier, rassembler, rattacher, recomposer, rejoindre, relier 3. accumuler, amasser, collecter, collectionner, entasser, grouper, masser, rassembler, récolter, recueillir 4. combiner, allier, associer, concilier, conjuguer, englober, joindre, marier, unir
♦ **se réunir** V. PRON. 1. se rencontrer, s'assembler, se rassembler, se retrouver, s'associer, se coaliser, se joindre, se liguer, se regrouper, se rejoindre

réussir
▶ V. TR. 1. mener à bien, achever, aboutir, mener à bon terme, y arriver, [un pari] gagner 2. [un but] marquer
▶ V. INTR. 1. parvenir à ses fins 2. prospérer, faire fortune, se développer 3. marcher, atteindre/toucher le but, fonctionner, triompher, aller loin, avoir le vent en poupe, faire carrière, faire du chemin, percer, faire son trou (fam.), [brillamment] cartonner (fam.), décrocher/gagner le coquetier (fam.), décrocher la timbale (fam.), faire un carton (fam.), faire un malheur (fam.)
— **réussir à** 1. [suivi de l'infinitif] arriver à, parvenir à, trouver le moyen de 2. [qqn] profiter à, convenir à, bien aller à

réussite N. F. succès, exploit, réalisation, triomphe, victoire

revaloriser V. TR. 1. hausser, majorer, réévaluer, rehausser, relever, remonter 2. réhabiliter, rénover

revanche N. F. 1. vengeance, loi du talion 2. retour en force, riposte

rêvasser V. INTR. rêver, avoir l'esprit/la tête ailleurs, être dans les nuages/dans la lune, bayer aux corneilles (fam.)

rêve N. M. 1. songe, [mauvais] cauchemar 2. désir, ambition, espoir, souhait, vœu 3. imagination, chimère, fantasme, illusion, mirage, utopie

rêvé, ée ADJ. idéal, parfait

revêche ADJ. rebutant, abrupt, bourru, grincheux, intraitable, rébarbatif, renfrogné, acrimonieux (littér.)

réveil N. M. retour, regain, renaissance, renouveau, résurrection

réveiller V. TR. 1. tirer du sommeil 2. [ses muscles] dégourdir, chauffer, déraidir, dérouiller 3. évoquer, raviver, ressusciter, faire remonter à la surface/à la conscience 4. attiser, exalter, exciter, galvaniser, raffermir, raviver, ranimer, stimuler
♦ **se réveiller** V. PRON. 1. s'éveiller, sortir du sommeil, ouvrir un œil (fam.) 2. se ranimer, reprendre conscience, revenir à soi 3. réapparaître, refaire surface, reprendre vie, sortir de l'oubli 4. réagir, se remuer (fam.), se secouer (fam.)

révélateur, trice ADJ. significatif, éloquent, emblématique, expressif, parlant, suggestif, symptomatique

révélation N. F. 1. dévoilement, aveu, confidence, déclaration, divulgation, indiscrétion 2. [de l'avenir] prédiction, divination, prescience, prévision 3. vision, intuition, prémonition, pressentiment 4. découverte, baptême, initiation

révéler V. TR. 1. communiquer, déclarer, découvrir, dévoiler, divulguer, étaler au grand jour, exposer, lever le voile sur, proclamer, rapporter, trahir, crier sur les toits 2. enseigner, initier, instruire 3. indiquer, accuser, annoncer, attester, démontrer, dénoncer, dévoiler, manifester, marquer, montrer, prouver, témoigner de, trahir
♦ **se révéler** V. PRON. 1. apparaître, se dessiner, se manifester 2. [suivi d'un adj.] s'avérer, se montrer, se trouver

revenant, ante N. apparition, ectoplasme, esprit, fantôme, mort-vivant, spectre

revendication N. F. demande, desiderata, exigence, prétention, réclamation, [au plur.] doléances

revendiquer V. TR. 1. demander, exiger, prétendre à, réclamer, requérir, sollicifer 2. assumer, s'arroger, s'attribuer, endosser

revenir V. INTR. 1. recommencer, réapparaître, renaître, reparaître, reprendre, se reproduire, ressurgir 2. repasser, rappliquer (fam.)
— **revenir à** 1. rentrer à, faire retour, regagner, réintégrer, rejoindre, repartir à, retourner à 2. appartenir à, concerner, incomber à, retomber sur, échoir à (soutenu) 3. équivaloir à, consister à, signifier que 4. coûter, s'élever à, se monter à, valoir, se vendre
— **revenir à soi** reprendre conscience, se réveiller, retrouver ses esprits, refaire surface (fam.)

revenu N. M. 1. salaire, rémunération, traitement 2. bénéfice, fruit, gain, produit, profit, rapport, recette, rentrée d'argent, ressources, [de valeurs] dividende, intérêt, rente

rêver
▶ V. INTR. 1. rêvasser, avoir la tête dans les étoiles, avoir la tête/l'esprit ailleurs, être dans les nuages/dans la lune, être perdu dans ses pensées, bayer aux corneilles (fam.) 2. fantasmer, bâtir des châteaux en Espagne, divaguer (fam.), délirer (fam.)
▶ V. TR. inventer, forger, imaginer

révérence N. F. 1. considération, déférence, égard, estime, respect, vénération 2. courbette, inclination, salut, salutation, plongeon (fam.)

révérer V. TR. honorer, admirer, adorer, estimer, vénérer

rêverie N. F. 1. rêvassserie, méditation, songe, songerie 2. chimère, fantasme, illusion, mirage, rêve, utopie

revers N. M. 1. dos, arrière, derrière, envers, verso, [d'une pièce] côté pile 2. rabat, parement, repli 3. déboire, accident, aventure (fâcheuse), coup du sort, défaite, échec, infortune, insuccès

revêtement N. M. enduit, chape, chemise, cuirasse, enveloppe, placage

revêtir V. TR. 1. habiller, parer 2. porter, arborer, emprunter, endosser, enfiler, passer 3. couvrir, enduire, garnir, recouvrir, tapisser

rêveur, euse ADJ. et N. distrait, absent, contemplatif, méditatif, penseur, songeur, pensif, dans la lune (fam.), dans les nuages (fam.) 2. idéaliste, utopiste

revigorer V. TR. ragaillardir, fortifier, ranimer, réconforter, remonter, revivifier, booster (fam.), ravigoter (fam.), requinquer (fam.), retaper (fam.)

revirement N. M. 1. retournement, changement 2. volte-face, pirouette, palinodie (littér.)

réviser V. TR. 1. modifier, améliorer, amender, corriger, rectifier, réexaminer, remanier, reprendre, revenir sur, revoir 2. vérifier, contrôler 3. mettre à jour, actualiser, revoir 4. repasser, répéter, revoir

révision N. F. 1. modification, amélioration, correction, rectification, remaniement 2. vérification, contrôle, maintenance 3. mise à jour, actualisation

revisiter V. TR. 1. repenser, reconsidérer, réexaminer, réviser, revoir 2. réinterpréter, faire une nouvelle lecture de

revitaliser V. TR. ranimer, doper, raffermir, raviver, régénérer, revigorer, revivifier, tonifier, booster (fam.), ravigoter (fam.), redonner du punch (fam.)

revivre
▶ V. INTR. 1. ressusciter, renaître, revenir à la vie 2. resurgir, réapparaître, renaître, se renouveler
▶ V. TR. 1. passer par, refaire l'expérience de 2. se remémorer, se rappeler

revoir V. TR. I. 1. corriger, améliorer, réformer, reprendre, retoucher, réviser 2. remettre en cause, modifier, reconsidérer, réexaminer 3. réviser, relire, repasser, répéter, bûcher (fam.), potasser (fam.) II. se souvenir de, se rappeler, se remémorer

révoltant, ante ADJ. choquant, abject, dégoûtant, honteux, ignoble, inacceptable, indigne, infâme, inqualifiable, odieux, scandaleux

révolte N. F. 1. insurrection, émeute, lutte, rébellion, sédition, soulèvement, [de marins, de soldats] mutinerie, [Hist., de paysans] jacquerie 2. contestation, fronde, levée de boucliers, résistance 3. indignation, colère, répulsion

révolté, ée ADJ. et N. 1. insoumis, agitateur, contestataire, dissident, émeutier, factieux, insurgé, mutin, rebelle, séditieux 2. outré, indigné, scandalisé

révolter V. TR. choquer, dégoûter, écœurer, horrifier, indigner, offusquer, outrer, scandaliser, ulcérer

♦ **se révolter** V. PRON. 1. s'insurger, arborer/brandir l'étendard de la révolte, se rebeller, se soulever, [marins, soldats] se mutiner 2. s'indigner, se cabrer, crier au scandale, protester, se rebiffer (fam.), regimber (fam.)

révolu, ue ADJ. 1. accompli, achevé, passé, sonné, [ans] bien sonné (fam.) 2. disparu, dépassé, envolé, évanoui, passé, perdu, périmé

révolution N. F. 1. bouleversement, cataclysme, ébullition, effervescence, tourmente, chambardement (fam.), chamboulement (fam.), conflagration (littér.) 2. insurrection, rébellion, révolte 3. rotation, tour

révolutionnaire ADJ. 1. insurrectionnel, agitateur, factieux, insurgé, rebelle, révolté, séditieux 2. novateur, d'avant-garde, futuriste, inédit, nouveau, original, subversif

révolutionner V. TR. 1. transformer, bouleverser, bousculer, métamorphoser, repousser les limites de, chambarder (fam.), chambouler (fam.) 2. bouleverser, ébranler, émouvoir, mettre en émoi, secouer, troubler

revolver N. M. pistolet, browning, colt, feu (fam.), flingue (fam.), joujou (fam., plaisant), pétard (fam.)

révoquer V. TR. 1. destituer, congédier, démettre, licencier, limoger, mettre à pied, relever de ses fonctions, renvoyer, balancer (fam.), débarquer (fam.), débouler (fam.), dégommer (fam.), faire sauter (fam.), lourder (fam.), sacquer (fam.), vider (fam.), virer (fam.) 2. annuler, abolir, abroger, casser, déclarer nul, invalider, résilier, rompre

revue N. F. 1. inspection 2. examen, bilan, dénombrement, inventaire, récapitulation, recensement 3. [Milit.] parade, défilé, prise d'armes, spectacle 4. magazine, annales, bulletin, gazette, périodique, publication

révulser V. TR. révolter, dégoûter, écœurer, indigner, scandaliser

ribambelle N. F. quantité, cascade, chapelet, cortège, défilé, kyrielle, légion, meute, multitude, nuée, procession, théorie, troupeau (péj.), flopée (fam.), tapée (fam.), tripotée (fam.)

ricanement N. M. moquerie, persiflage, plaisanterie, quolibet, raillerie, sarcasme, lazzi (littér.)

ricaner V. INTR. 1. glousser, pouffer 2. se moquer, railler, se gausser (littér. ou plaisant)

riche
▶ ADJ. 1. aisé, argenté, fortuné, huppé, nanti, opulent, prospère, friqué (fam.), richard (fam.), rupin (fam.) 2. luxueux, cossu, coûteux, fastueux, magnifique, somptueux, [quartier] chic 3. florissant, éclatant, généreux, luxuriant, opulent, planteureux, prospère, [pays] développé, industrialisé 4. fécond, fertile, productif 5. nourrissant, abondant, copieux, nutritif, substantiel
▶ N. nanti, milliardaire, millionnaire, multimillionnaire, Crésus (fam.), nabab (fam.), richard (fam.), satrape (littér.)

richesse N. F. I. 1. fortune, aisance, luxe, opulence, prospérité 2. luxe, faste, éclat, magnificence, somptuosité II. 1. abondance, foisonnement, luxuriance, profusion, prospérité 2. fécondité, fertilité, productivité
♦ **richesses** PLUR. 1. bien, argent, capital, fortune, moyens, or, patrimoine, ressources 2. [d'un pays] ressources

ride N. F. 1. ridule, marque, patte-d'oie 2. plissement, froncement, onde, ondulation 3. creux, fente, ligne, pli, raie, sillon

rideau N. M. 1. voile, draperie, store, tenture, voilage 2. écran, barrage, barrière, haie, mur

rider V. TR. plisser, flétrir, friper, froncer, marquer, raviner

♦ **se rider** V. PRON. se flétrir, se friper, se froncer, se plisser, se ratatiner

ridicule ADJ. 1. risible, grotesque, saugrenu 2. minable, dérisoire, lamentable, pathétique, piètre, piteux, pitoyable 3. excessif, caricatural 4. absurde, bête, déraisonnable, idiot, sot

ridiculiser V. TR. se moquer de, s'amuser de, bafouer, caricaturer, chiner, parodier, persifler, railler, rire de, tourner en dérision/en ridicule, charrier (fam.), se ficher de (fam.), se foutre de (très fam.), mettre en boîte (fam.), brocarder (littér.), se gausser de (littér.)

rien PRON. INDÉF. et N. M. 1. néant, inanité, vacuité, vide, zéro 2. broutille, babiole, bagatelle, bêtise, bricole, détail, futilité, vétille 3. que dalle (fam.)

rigide ADJ. 1. dur, coriace, ferme, raide, résistant, solide 2. austère, autoritaire, puritain 3. inflexible, intolérant, intraitable, intransigeant, rigoriste, rigoureux, sévère, strict 4. sclérosé, fossilisé

rigidité N. F. 1. dureté, solidité 2. raideur 3. austérité, inflexibilité, intolérance, intransigeance, rigorisme, rigueur

rigoler V. INTR. 1. plaisanter, s'amuser, se moquer, blaguer (fam.), déconner (fam.) 2. rire, s'esclaffer, se bidonner (fam.), se fendre la pipe/la gueule (fam.), se gondoler (fam.), se marrer (fam.), se poiler (fam.), se tordre (fam.)

rigoureux, euse ADJ. 1. dur, âpre, cruel, difficile, excessif, pénible, rude, inclément (littér.) 2. austère, draconien, implacable, inflexible, rigide, rigoriste, strict 3. minutieux, absolu, exact, mathématique, méticuleux, précis, scientifique, strict

rigueur N. F. 1. dureté, âpreté, rudesse, sévérité, inclémence (littér.) 2. austérité, dureté, fermeté, implacabilité, inflexibilité, intransigeance, rigidité, rigorisme, sévérité 3. exactitude, cohérence, logique, minutie, netteté, précision, rectitude, régularité

rincer V. TR. laver, nettoyer, passer à l'eau

ringard, arde N. et ADJ.
▶ ADJ. 1. démodé, dépassé, désuet, kitsch, passé de mode, périmé, rétro, vieillot, tarte (fam.), tartignole (fam.) 2. incapable, médiocre, nul
▶ N. nullité, tocard (fam.)

riposte N. F. 1. réponse, repartie, réplique 2. contre-attaque, contre-offensive, réaction, représailles, vengeance

riposter V. INTR. 1. répondre, répliquer, rétorquer, repartir 2. contre-attaquer, se défendre, réagir, se venger

rire[1] V. INTR. 1. s'esclaffer, pouffer, ricaner, rigoler (fam.), se marrer (fam.), [bêtement] glousser 2. plaisanter, s'amuser, se divertir, se distraire, s'égayer

♦ **se rire de** V. PRON. dédaigner, ignorer, se jouer de, mépriser, se moquer de, ne pas tenir compte de, faire fi de (littér.)

rire[2] N. M. 1. hilarité, bonne humeur, gaieté, jubilation, rigolade (fam.) 2. rictus, ricanement, sourire 3. moquerie, plaisanterie, raillerie

risible ADJ. grotesque, burlesque, cocasse, (d'un haut) comique, ridicule, saugrenu

risque N. M. 1. danger, aléa, hasard, inconvénient, péril 2. [Assurances] préjudice, sinistre

risqué, ée ADJ. 1. périlleux, aléatoire, aventureux, dangereux, hardi, hasardeux, imprudent, osé, téméraire, casse-cou (fam.), casse-gueule (fam.) 2. scabreux, hardi, leste, licencieux, osé

risquer V. TR. 1. engager, compromettre, exposer, jouer avec, mettre en jeu, mettre en danger/en péril 2. oser, entreprendre, tenter 3. encourir, être passible de, s'exposer à

♦ **se risquer à** V. PRON. 1. s'aventurer à, s'engager dans, essayer de, se frotter à, se hasarder à 2. s'aviser de, oser, se permettre de

rite N. M. 1. liturgie, culte, religion, tradition 2. coutume, cérémonie, cérémonial, habitude, pratique, rituel, usage

rituel, elle
▶ ADJ. 1. sacré, cultuel, liturgique, religieux 2. habituel, conventionnel, coutumier, traditionnel, usuel 3. précis, cérémoniel, ordinaire
▶ N. M. 1. rite, coutume, cérémonie, cérémonial, habitude, pratique, usage 2. liturgie, culte, tradition 3. protocole, étiquette

rivage N. M. 1. bord, berge, côte, littoral, rive 2. grève, plage

rival, ale, aux
▶ ADJ. antagonique, antagoniste, adverse, concurrent, opposé
▶ N. adversaire, antagoniste, compétiteur, concurrent, ennemi

rivaliser V. INTR.
– rivaliser avec 1. se comparer à, approcher de, égaler, le disputer à 2. défier, combattre (contre), concurrencer, lutter contre, se disputer avec, se mesurer avec

rivalité N. F. 1. compétition, affrontement, antagonisme, concurrence, conflit, duel, lutte, opposition 2. émulation

rive N. F. bord, berge, côte, littoral, rivage

river V. TR. 1. fixer, assujettir, assembler, attacher, clouer, enchaîner, riveter 2. immobiliser, clouer, figer sur place

rivière N. F. cours d'eau, affluent, fleuve, source, torrent

rixe N. F. dispute, accrochage, affrontement, altercation, bataille, combat, échauffourée, lutte, mêlée, pugilat, règlement de compte, bagarre (fam.), baston (fam.), castagne (fam.)

robe N. F. 1. tunique, fourreau 2. [Antiquité ou d'avocat, de professeur] toge, épitoge, tunique 3. [Relig.] soutane, aube, froc 4. [d'un cheval] pelage

robuste ADJ. 1. fort, bâti à chaud et à sable, endurant, puissant, résistant, solide, solide comme un roc/comme le Pont-Neuf, vigoureux, balèze (fam.), costaud (fam.) 2. [plantes] rustique, vivace 3. indestructible, durable, incassable, inusable, increvable (fam.)

robustesse N. F. force, endurance, puissance, résistance, solidité, vigueur

rocailleux, euse ADJ. 1. rocheux, caillouteux, graveleux, pierreux 2. dur, chaotique, confus, heurté, raboteux, râpeux, rêche, rude, rugueux 3. [voix] éraillé, enroué, guttural, râpeux, rauque

rocher N. M. 1. pierre, bloc, caillou, roc, roche 2. écueil, brisant, récif

roder V. TR. mettre au point, accoutumer, adapter, entraîner, exercer, familiariser, habituer, mettre en train

rôder V. INTR. errer, vagabonder, traîner, battre le pavé, traînailler (fam.), traînasser (fam.), vadrouiller (fam.)

rogner V. TR. 1. [livre] couper, massicoter 2. diminuer, écourter, raccourcir, [un angle] arrondir

rognure N. F. déchet, chute, copeau, débris, éclat, miette, résidu, reste

roi N. M. 1. monarque, souverain, empereur 2. magnat, baron, grand manitou (fam.), grand sachem (fam.)

rôle N. M. 1. personnage, emploi, [insignifiant] panne 2. fonction, attribution, devoir, emploi, métier, mission, responsabilité, tâche

roman N. M. 1. récit, fiction, histoire, livre, ouvrage, bouquin (fam.) 2. fable, affabulation, histoire, invention, bateau (fam.), bobard (fam.), craque (fam.)

romantique ADJ. 1. sentimental, exalté, fleur bleue, passionné, romanesque, rêveur 2. idéaliste, chimérique, utopiste

rompre
▶ V. TR. 1. briser, casser, facturer, fracasser, mettre en pièces 2. faire céder, emporter, enfoncer 3. interrompre, couper court à, en finir avec, faire cesser, mettre fin à, mettre un terme à 4. annuler, dénoncer, dissoudre, invalider, mettre fin à, résilier, révoquer 5. enfreindre, déroger à, manquer à
▶ V. INTR. 1. se fâcher, se brouiller, couper les ponts 2. se quitter, se séparer

♦ **se rompre** v. pron. se briser, se casser, céder, craquer, éclater, lâcher, sauter, crever *(fam.)*, péter *(fam.)*

rompu, ue adj. épuisé, à bout de forces, éreinté, exténué, fourbu, harassé, moulu, à plat *(fam.)*, claqué *(fam.)*, crevé *(fam.)*, esquinté *(fam.)*, flapi *(fam.)*, flagada *(fam.)*, h.s. *(fam.)*, lessivé *(fam.)*, mort *(fam.)*, sur les genoux/les rotules *(fam.)*, vanné *(fam.)*, vidé *(fam.)*.

ronchonner v. intr. grogner, broncher, geindre, gémir, grommeler, pester, se plaindre, protester, récriminer, bougonner, maronner *(fam., région.)*, râler *(fam.)*, rognonner *(fam.)*, rouspéter *(fam.)*, maugréer *(littér.)*

rond¹, ronde adj. **1.** circulaire, cylindrique, orbiculaire, sphérique **2.** arrondi, courbe, voûté **3.** dodu, charnu, grassouillet, gros, potelé, rebondi, replet, rondelet, boulot *(fam.)*, rondouillard *(fam.)*

rond² n. m. cercle, cylindre, disque, globe, sphère

ronde n. f. **1.** inspection, examen, guet, patrouille, tour, tournée, visite **2.** danse, farandole

rondelet, ette adj. **1.** dodu, charnu, grassouillet, potelé, rebondi, replet, boulot *(fam.)*, rondouillard *(fam.)* **2.** appréciable, conséquent, considérable, important, substantiel, coquet *(fam.)*, gentil *(fam.)*, joli *(fam.)*

rondeur n. f. **1.** sphéricité, circularité, convexité, rotondité *(littér.)* **2.** embonpoint, *[au plur.]* formes

rond-point n. m. carrefour, croisement, embranchement, étoile, fourche, intersection

ronflant, ante adj. ampoulé, creux, déclamatoire, emphatique, grandiloquent, pompeux, prétentieux

ronflement n. m. bourdonnement, grondement, mugissement, rugissement, vrombissement, ronron *(fam.)*

ronfler v. intr. bourdonner, gronder, mugir, rugir, vrombir

ronger v. tr. **1.** grignoter, déchiqueter, entamer, mâchouiller *(fam.)*, mordiller **2.** *[insectes]* manger, piquer **3.** altérer, attaquer, brûler, corroder, dissoudre, entamer, éroder, pourrir **4.** miner, consumer, dévorer, hanter, obséder, poursuivre, tenailler, tourmenter, tarabuster *(fam.)*, travailler *(fam.)*

ronronnement n. m. **1.** ronron *(fam.)* **2.** bourdonnement, grondement, murmure, ronflement, vrombissement, ronron *(fam.)*

rotation n. f. **1.** cercle, tour **2.** révolution, circumduction *(soutenu)*, giration *(soutenu)* **3.** alternance, cycle, roulement, succession, turn-over *(anglic.)*

rouer v. tr.
— **rouer de coups** battre, frapper, rosser, taper, tomber à bras raccourcis sur, cogner *(fam.)*, démolir *(fam.)*, passer à tabac *(fam.)*, tabasser *(fam.)*

rougeaud, aude adj. congestionné, coloré, couperosé, cramoisi, écarlate, empourpré, injecté, rouge, rougi, rubicond, sanguin, vermeil

rougeur n. f. inflammation, couperose, érubescence, érythème

rougir v. intr. s'empourprer, piquer un fard *(fam.)*, piquer un soleil *(fam.)*

rouiller
▸ v. intr. (s')oxyder
▸ v. tr. ankyloser, engourdir
♦ **se rouiller** v. pron. s'ankyloser, s'engourdir

rouleau n. m. **1.** bobine, cylindre, tube **2.** vague, déferlante, mouton

roulement n. m. **1.** grondement, battement, rantanplan **2.** alternance, cycle, rotation, succession, turn-over *(anglic.)* **3.** *[d'argent]* circulation

rouler
▸ v. intr. **1.** dégringoler, couler, dévaler, s'écrouler, glisser, tomber, tourner **2.** *[voiture]* se déplacer
▸ v. tr. **1.** enrouler, envelopper, mettre en boule **2.** charrier, emporter, entraîner, transporter
♦ **se rouler** v. pron. **1.** se pelotonner, se lover **2.** s'enrouler, s'envelopper

rouspéter v. intr. protester, broncher, pester, se plaindre, récriminer, bougonner *(fam.)*, râler *(fam.)*, maugréer *(littér.)*

roussir v. tr. et intr. brûler, griller, cramer *(fam.)*

route n. f. **1.** chaussée, voie, *[sortes]* autoroute, départementale, nationale **2.** itinéraire, chemin, parcours, trajet, voie **3.** voyage, marche

routine n. f. **1.** habitude, métro/boulot/dodo *(fam.)*, ronron *(fam.)*, train-train *(fam.)* **2.** traditionalisme, conformisme, conservatisme

routinier, ière adj. habituel, conventionnel, rituel

royal, ale, aux adj. **1.** monarchique, régalien **2.** fastueux, majestueux, princier, somptueux **3.** absolu, complet, parfait, souverain, total

royaume n. m. **1.** monarchie, royauté **2.** domaine, empire, fief, pays **3.** paradis, haut lieu, Mecque

ruban n. m. **1.** bolduc **2.** galon, extrafort, ganse, liseré, passement

rubrique n. f. catégorie, section, chapitre

rude adj. **1.** froid, âpre, rigoureux **2.** *[au toucher]* raboteux, râpeux, rêche, rugueux, *[à l'oreille]* désagréable, heurté, rauque **3.** austère, fruste, rustique, sauvage **4.** bourru, cru, grossier, fruste, inculte, mal dégrossi **5.** *[coup]* violent, brutal, dur **6.** revêche, sévère, *[ton]* agressif, abrupt, cassant, coupant, incisif, sec, tranchant **7.** difficile, âpre, cruel, dur, pénible, sévère, *[adversaire]* redoutable, dur à cuire *(fam.)*

rudesse n. f. **1.** *[d'un climat]* dureté, âpreté, rigueur, rusticité, inclémence *(littér.)* **2.** *[au toucher]* rugosité **3.** brutalité, brusquerie, dureté, rigueur, sécheresse, sévérité **4.** grossièreté, manque de raffinement

rudiment n. m. ébauche, commencement, embryon, esquisse, germe, linéament *(littér.)*
♦ **rudiments** plur. a.b.c., b.a.-ba, bases, éléments, essentiel, notions, principes

rudimentaire adj. **1.** élémentaire, (à l'état) brut, embryonnaire, primitif **2.** fruste, grossier, basique *(fam.)* **3.** insuffisant, approximatif, imprécis, pauvre, simpliste, schématique, sommaire, succinct, superficiel

rudoyer v. tr. **1.** brutaliser, bousculer, malmener, maltraiter, mettre à mal, molester, secouer, violenter **2.** rabrouer, brusquer, houspiller *(fam.)*

rue n. f. **1.** voie, impasse, passage, *[large]* artère, avenue, boulevard, cours, mail, *[étroite]* boyau, ruelle, venelle **2.** chaussée, route

ruée n. f. afflux, déferlement, déluge, flot, marée, rush, torrent, vague

ruer v. intr.
♦ **se ruer** v. pron. s'élancer, bondir, courir, s'empresser, se hâter, se lancer, plonger, se précipiter

rugir v. tr. et intr. **1.** *[félin]* feuler **2.** *[personne]* crier, hurler, vociférer, tonner, gueuler *(fam.)* **3.** *[moteur, etc.]* gronder, mugir, ronfler, vrombir

rugueux, euse adj. râpeux, raboteux, rêche, rude

ruine n. f. **1.** délabrement, destruction, détérioration, dévastation, ravage **2.** décadence, débâcle, démantèlement, déroute **3.** fin, anéantissement, échec, écroulement, effondrement, faillite, mort **4.** banqueroute, déconfiture, faillite, naufrage **5.** gouffre (financier), abîme, pompe à fric *(fam.)* **6.** loque (humaine), débris, déchet (humain), épave, sous-homme
♦ **ruines** plur. vestiges, débris, décombres, restes

ruiné, ée adj. **1.** pauvre, misérable, désargenté *(fam.)*, fauché (comme les blés) *(fam.)*, sur la paille *(fam.)*, sans le sou *(fam.)*, *[au jeu]* décavé *(fam.)*, lessivé *(fam.)*, rincé *(fam.)* **2.** en ruine, délabré, démoli, détruit, dévasté, saccagé, ravagé

ruiner v. tr. **1.** dévaster, délabrer, détériorer, détruire, endommager, ravager, saccager, désoler *(littér.)* **2.** *[la santé]* affaiblir, altérer, dégrader, détériorer, endommager, miner, ravager, user, esquinter *(fam.)* **3.** *[les espoirs, chances, etc.]* anéantir, annihiler, briser, réduire à néant, porter le coup de grâce à **4.** dépouiller, couler *(fam.)*, mettre sur la paille *(fam.)*, plumer *(fam.)*, lessiver *(fam.)*, nettoyer *(fam.)*, rincer *(fam.)*
♦ **se ruiner** v. pron. **1.** faire faillite, perdre sa fortune **2.** dépenser beaucoup/trop

ruineux, euse adj. coûteux, cher, exorbitant, hors de prix, onéreux, prohibitif, dispendieux *(soutenu)*

ruisseler v. intr. couler, dégouliner, dégoutter, se répandre, tomber

rumeur n. f. **1.** on-dit, bruit (de couloir), cancan *(fam.)*, commérage *(fam.)*, racontar *(fam.)*, ragot *(fam.)* **2.** bourdonnement, brouhaha, bruit, murmure

ruminer v. tr. ressasser, méditer, remâcher

rupture n. f. **1.** fracture, arrachement, cassure, déchirure, éclatement, fêlure **2.** interruption, arrêt, cessation **3.** annulation, dénonciation, invalidation, résiliation, révocation **4.** décalage, coupure, écart, fossé, fracture **5.** séparation, brouille, clash *(anglic.)*, divorce, fâcherie

rural, ale, aux
▸ adj. **1.** agricole, paysan, terrien **2.** rustique, bucolique, campagnard, champêtre, pastoral, agreste *(littér.)*
▸ n. paysan, agriculteur, campagnard, cultivateur, fermier, terrien

ruse n. f. **1.** manœuvre, artifice, astuce, détour, feinte, stratagème, subterfuge, combine *(fam.)*, ficelle *(fam.)*, truc *(fam.)* **2.** adresse, artifice, astuce, diplomatie, finesse, fourberie *(péj.)*, habileté, roublardise *(péj.)*, rouerie *(péj.)*, matoiserie *(littér.)*

rusé, ée adj. **1.** astucieux, adroit, diplomate, fin, finaud, futé, habile, malin, retors, roué *(péj.)*, combinard *(fam.)*, roublard *(fam.)*, sioux *(fam.)*, madré *(littér.)*, matois *(littér.)* **2.** *[air, mine]* malicieux, narquois, sournois

ruser v. intr. manœuvrer, biaiser, finasser, louvoyer, tergiverser

rush n. m. **1.** afflux, déferlement, flot, marée, ruée, vague **2.** *[Cinéma]* épreuve de tournage *(recomm. offic.)* **3.** *[Sport]* sprint

rustique adj. **1.** champêtre, bucolique, campagnard, pastoral, paysan, rural, agreste *(littér.)* **2.** grossier, abrupt, fruste, rude, rustaud, rustre **3.** austère, brut, dépouillé, frugal, minimaliste, simple **4.** *[Agric.]* résistant, robuste, vivace

rustre n. m. et adj. **1.** brute, goujat, grossier (personnage), impoli, malappris, mal élevé, malotru, mufle, gougnafier *(fam.)*, pignouf *(fam.)* **2.** balourd, béotien, fruste, inculte, lourdaud, péquenot *(fam.)*, plouc *(fam.)*

rythme n. m. **1.** tempo, cadence, harmonie, mesure, mouvement, temps, *[Jazz]* swing **2.** vitesse, allure, cadence **3.** fréquence, périodicité **4.** alternance, rotation

rythmé, ée adj. **1.** cadencé, mesuré, rythmique **2.** harmonieux, mélodieux

rythmer v. tr. **1.** cadencer, régler, scander **2.** organiser, articuler, structurer

✦ ✦ ✦ ✦ ✦ ✦ ✦ ✦ ✦ ✦ ✦ ✦ ✦ ✦ ✦ ✦ ✦ ✦ ✦ ✦

S

saborder v. tr. **1.** couler, envoyer par le fond, faire sauter **2.** ruiner, couper, couler *(fam.)*

sabotage n. m. **1.** détérioration, destruction, bousillage *(fam.)*, torpillage *(fam.)* **2.** bâclage, gâchage, gâchis

saboter v. tr. **1.** détériorer, abîmer, détruire, gâcher, gâter, bousiller *(fam.)*, torpiller *(fam.)* **2.** bâcler, cochonner *(fam.)*, torcher *(fam.)*

sabrer v. tr. **1.** enlever, biffer, censurer, couper, rayer, supprimer **2.** *[fam., candidat]* refuser, coller *(fam.)*, recaler *(fam.)*, sacquer *(fam.)*

sac¹ n. m. **1.** enveloppe, emballage, poche, sachet **2.** sacoche, bagage, besace, cabas, cartable, musette, serviette

sac² n. m. pillage, saccage, dévastation

saccade n. f. à-coup, heurt, secousse, soubresaut

saccadé, ée adj. discontinu, entrecoupé, haché, heurté, irrégulier

saccage n. m. **1.** destruction, dégât, dévastation, ravage, déprédation *(soutenu)* **2.** pillage, sac

saccager v. tr. **1.** mettre à sac, dévaster, mettre à feu et à sang, piller, ravager, razzier, ruiner **2.** détruire, abîmer, gâter, massacrer *(fam.)* **3.** bouleverser, chambarder *(fam.)*, chambouler *(fam.)*

sachet n. m. **1.** emballage, enveloppe, poche, sachet **2.** paquet, sac

sacré, ée ADJ. **1.** saint, béni, consacré, divin **2.** religieux, liturgique, rituel **3.** intouchable, inviolable, révéré, sacro-saint, tabou, vénérable **4.** [avant le nom, fam.] incroyable, extraordinaire, achevé, consommé, grand, parfait, fieffé (péj.), satané (péj.), fichu (péj., fam.)

sacrer V. TR. **1.** couronner, introniser **2.** consacrer, bénir, oindre, sanctifier

sacrifice N. M. **1.** offrande, holocauste, immolation **2.** don, offre **3.** abnégation, désintéressement, dévouement, renoncement, résignation **4.** privation, dépense, effort

sacrifier V. TR. **1.** immoler, offrir (en sacrifice) **2.** renoncer à, abandonner, négliger **3.** brader, liquider, solder, vendre (à) bon marché, bazarder (fam.)
♦ **se sacrifier** V. PRON. se dévouer, faire don de soi

sacrilège N. M. **1.** profanation, blasphème, outrage, violation **2.** [plaisant] crime, hérésie, péché

sacro-saint, sacro-sainte ADJ. **1.** intouchable, révéré, sacré, tabou, vénérable **2.** traditionnel

sadique
▸ ADJ. **1.** atroce, barbare, bestial, inhumain, sanguinaire **2.** cruel, pervers
▸ N. **1.** pervers **2.** tortionnaire

sadisme N. M. **1.** cruauté, barbarie, bestialité, férocité, inhumanité **2.** perversion

saga N. F. histoire, cycle, légende, récit

sagace ADJ. sage, avisé, clairvoyant, lucide, pénétrant, perspicace

sage
▸ ADJ. **1.** bon, judicieux **2.** averti, avisé, intelligent, sensé **3.** raisonnable, circonspect, équilibré, mesuré, posé, prudent, réfléchi, sérieux **4.** docile, calme, doux, obéissant **5.** vertueux, chaste, décent, honnête, pudique
▸ N. philosophe, savant

sagement ADV. **1.** tranquillement, calmement, gentiment, comme un ange **2.** raisonnablement, prudemment

sagesse N. F. **1.** discernement, circonspection, mesure, prudence, bon sens **2.** calme, docilité, douceur, obéissance, tranquillité

saigner
▸ V. INTR. avoir une hémorragie, pisser (le sang) (fam.)
▸ V. TR. égorger, poignarder, tuer

saillant, ante ADJ. **1.** aigu, anguleux, proéminent, protubérant, en saillie **2.** [yeux] globuleux, gonflé, gros **3.** marquant, frappant, mémorable, notable

saillie N. F. **I.** relief, angle (saillant), arête, aspérité, avancée **II.** boutade, bon mot, mot d'esprit, plaisanterie, pointe, trait (d'esprit) **III.** accouplement, copulation, monte

saillir
▸ V. TR. s'accoupler avec, couvrir, monter, servir
▸ V. INTR. faire saillie, avancer, déborder, dépasser, se détacher, ressortir, être en surplomb

sain, saine ADJ. **1.** bien portant, en bonne santé, florissant, frais, gaillard, robuste, valide **2.** bon pour la santé, équilibré, hygiénique, salubre, salutaire **3.** sensé, raisonnable, sage

saint, sainte
▸ ADJ. **1.** consacré, sacré **2.** respectable, sacré, vénérable
▸ N. **1.** élu, bienheureux, glorieux **2.** [protecteur] patron

saisie N. F. **1.** capture, prise **2.** enregistrement, prise **3.** dactylographie, frappe **4.** [Droit] confiscation, mainmise, séquestre

saisir V. TR. **I. 1.** attraper, (s')accrocher (à), (s')agripper (à), empoigner, happer **2.** s'emparer de, conquérir, prendre **3.** [Droit] confisquer, réquisitionner **4.** profiter de, exploiter, mettre à profit, se servir de, tirer avantage de, tirer parti de, tirer profit de, utiliser, sauter sur (fam.) **5.** enregistrer, dactylographier, taper **II. 1.** comprendre, appréhender, concevoir, piger (fam.), se mettre dans la tête/le crâne (fam.) **2.** apercevoir, apprécier, découvrir, discerner, percevoir, voir **III. 1.** surprendre, ébahir, étonner, frapper, stupéfier **2.** émouvoir, impressionner, retourner, secouer **3.** transir
♦ **se saisir de** V. PRON. **1.** s'approprier, s'emparer de, monopoliser (péj.), usurper (péj.) **2.** conquérir, se rendre maître de **3.** appréhender, arrêter, capturer, agrafer (fam.), alpaguer (fam.), épingler (fam.), pincer (fam.)

saisissant, ante ADJ. **1.** impressionnant, bouleversant, émouvant, frappant, poignant, touchant **2.** surprenant, étonnant, renversant, sidérant, stupéfiant, décoiffant (fam.), époustouflant (fam.) **3.** captivant, palpitant, troublant **4.** piquant, glacial, vif

saisissement N. M. **1.** émotion, choc, commotion, émoi **2.** stupéfaction, ébahissement, étonnement, stupeur

salace ADJ. obscène, gaulois, grivois, leste, paillard, salé, cochon (fam.)

salaire N. M. **1.** rémunération, appointements, cachet, émoluments, fixe, gages, honoraires, indemnités, revenu, solde, traitement **2.** paie, mensualité, mois (fam.) **3.** gain, profit, gratification, commission, pourboire, prime **4.** rétribution, châtiment, prix, récompense, sanction

salarié, ée ADJ. et N. **1.** employé, ouvrier, travailleur **2.** [au plur.] personnel, main d'œuvre

sale ADJ. **I. 1.** malpropre, boueux, crasseux, crotté, dégoûtant, graisseux, poussiéreux, souillé, terreux, dégueulasse (fam.), cracra (fam.), cradingue (fam.), crado (fam.) **2.** honteux, bas, lâche, laid, malhonnête **3.** grivois, indécent, obscène, ordurier, scabreux, salé, cochon (fam.) **II. 1.** antipathique, détestable, ignoble, infect, méprisable, répugnant **2.** désagréable, difficile **3.** dangereux, ennuyeux, embêtant **4.** [temps] mauvais, méchant, vilain, de chien (fam.), dégueulasse (fam.) **5.** damné, maudit

salé, ée ADJ. **1.** salin, saumâtre **2.** grivois, cru, gaulois, leste, licencieux, scabreux, cochon (fam.)

saleté N. F. **I. 1.** malpropreté, crasse **2.** ordure, immondice **3.** impureté, salissure, tache, cochonnerie (fam.), saloperie (très fam.) **4.** boue, gadoue **5.** crotte, excréments, merde (très fam.) **II.** pacotille, cochonnerie (fam.), camelote (fam.), merde (très fam.), saloperie (très fam.), toc (fam.). **III. 1.** bassesse, abjection, indignité **2.** obscénité, grossièreté **3.** mauvais/vilain tour, rosserie, crasse, saloperie (fam.), tour de cochon (fam.), vacherie (fam.), vilenie (littér.) **IV.** rosse, ordure, chameau, salaud (très fam.), saligaud (très fam.), salope (très fam.), saloperie (très fam.), vache (fam.)

salir V. TR. **1.** souiller, crotter, éclabousser, encrasser, graisser, maculer, tacher, barbouiller (fam.), cochonner (fam.), dégueulasser (fam.), saloper (fam.) **2.** contaminer, polluer **3.** [moralement] corrompre, déshonorer, éclabousser, entacher, flétrir, nuire à, souiller, ternir **4.** calomnier, diffamer, discréditer, traîner dans la boue, baver sur (fam.)

salissure N. F. **1.** saleté, souillure **2.** éclaboussure, tache

salle N. F. **1.** pièce **2.** auditoire, assistance, auditeurs, public, spectateurs **3.** [de spectacle] cinéma, théâtre **4.** [de concert, de conférence] auditorium

salubre ADJ. sain, hygiénique, salutaire

saluer V. TR. **1.** dire bonjour/au revoir à **2.** accueillir **3.** rendre hommage à, applaudir, honorer, s'incliner devant, donner un coup de chapeau à (fam.) **4.** s'incliner, se prosterner

salut N. M. salutation, [parole] bonjour, bonsoir, au revoir, adieu, bye, bye(-bye) (fam.), ciao (fam.), hello (fam.), [geste] inclinaison de tête, poignée de main, révérence, courbette (péj.)

salutaire ADJ. profitable, avantageux, bienfaisant, utile **2.** sain, salubre

salutation N. F. **1.** salut **2.** révérence, courbette (péj.), [exagérée] salamalec (péj., fam.)

salve N. F. **1.** décharge, rafale **2.** bordée, volée

sanctifier V. TR. **1.** consacrer, sacraliser **2.** idolâtrer, célébrer, déifier, diviniser, glorifier

sanction N. F. **1.** punition, amende, condamnation, peine, répression, châtiment (littér.) **2.** approbation, confirmation, entérinement, ratification **3.** rançon, envers, expiation, prix à payer

sanctionner V. TR. **1.** punir, réprimer, sévir contre, châtier (littér.) **2.** consacrer, approuver, confirmer, entériner, homologuer, ratifier

sanctuaire N. M. **1.** temple, église **2.** asile, haut lieu, refuge, réserve

sandale N. F. claquette, nu-pieds, spartiate, tong

sang N. M. lignée, famille, hérédité, lignage, origine, race, souche

sang-froid N. M. maîtrise de soi, aplomb, assurance, flegme, impassibilité, cran (fam.), self-control (fam.)

sanglant, ante ADJ. **1.** ensanglanté, sanguinolent **2.** meurtrier, sanguinaire **3.** violent, blessant, cuisant, injurieux, offensant, saignant

sanglot N. M. **1.** hoquet, spasme
♦ **sanglots** PLUR. pleurs, gémissements, larmes, plaintes

sangloter V. INTR. pleurer, pleurnicher, chialer (fam.), [fort] pleurer à chaudes larmes, pleurer toutes les larmes de son corps

sangsue N. F. **1.** exploiteur, parasite, profiteur **2.** pot de colle (fam.), raseur (fam.)

sanguin, ine ADJ. rouge, congestionné, cramoisi, écarlate, rougeaud, rubicond

sanguinaire ADJ. **1.** cruel, barbare, altéré/ivre de sang **2.** sanglant

sans PRÉP. **1.** dépourvu de, démuni de, privé de **2.** faute de

sans-cœur ADJ. et N. INVAR. égoïste, dur, endurci, indifférent, insensible, impitoyable, inhumain, méchant, cœur de pierre

sans-gêne
▸ ADJ. INVAR. désinvolte, cavalier, envahissant, familier
▸ N. M. INVAR. désinvolture, audace, impolitesse, inconvenance, insolence, outrecuidance (littér.)

santé N. F. **1.** vitalité, équilibre, forme, vie **2.** complexion, constitution, tempérament

saper V. TR. **1.** attaquer, affouiller, creuser, éroder, excaver, miner, ronger **2.** abattre, affaiblir, battre en brèche, défaire, démolir, détruire, dévaster, ébranler, miner

sarcasme N. M. **1.** dérision, ironie, moquerie **2.** moquerie, flèche, lazzi, pique, pointe, quolibet, raillerie, vanne (fam.), brocard (littér.), trait (littér.)

sarcastique ADJ. caustique, ironique, persifleur, railleur, sardonique

sarcler V. TR. **1.** extirper **2.** désherber, biner, échardonner, essarter

satanique ADJ. **1.** méchant, pervers **2.** démoniaque, diabolique, infernal, méphistophélique (littér.)

satellite N. M. **1.** astre, lunule, planète **2.** [en apposition] dépendant, annexé

satiné, ée ADJ. **1.** brillant, lustré **2.** doux, lisse, soyeux, velouté

satire N. F. **1.** dérision, moquerie, plaisanterie, raillerie **2.** caricature, charge, critique, épigramme, libelle, pamphlet, parodie, catilinaire (littér.)

satirique ADJ. **1.** caustique, mordant, piquant, railleur **2.** parodique

satisfaction N. F. **1.** assouvissement, apaisement, contentement **2.** bonheur, contentement, joie, plaisir **3.** gain de cause, réparation **4.** complaisance, suffisance, triomphe **5.** douceur, avantage, consolation

satisfaire V. TR. **1.** convenir à, contenter, plaire à, agréer à (littér.) **2.** combler, contenter, exaucer **3.** assouvir, apaiser, calmer, étancher, rassasier **4.** donner suite à, faire droit à, répondre à
– **satisfaire à** se conformer à, accomplir, s'acquitter de, exécuter, faire face à, observer, remplir, respecter, se soumettre à
♦ **se satisfaire de** V. PRON. se contenter de, s'accommoder de, s'arranger de, faire avec (fam.)

satisfaisant, ante ADJ. acceptable, convenable, correct, honnête, honorable, suffisant

satisfait, aite ADJ. **1.** content, heureux, béat (péj.) **2.** comblé, exaucé, rassasié **3.** fier, arrogant, avantageux, complaisant, prétentieux, suffisant, vaniteux

saturation N. F. **1.** engorgement **2.** satiété, lassitude, ras-le-bol (fam.)

saturé, ée ADJ. **1.** plein, gonflé, rempli **2.** encombré, embouteillé, engorgé

satyre N. M. **1.** faune, ægipan **2.** exhibitionniste, pervers **3.** obsédé, vicieux, cochon (fam.)

saucissonner V. TR. découper, couper, trancher

sauf, sauve
- ADJ. intact, entier, rescapé, sauvé
- PRÉP. 1. excepté, à l'exception de, à l'exclusion de, à part, hormis, hors 2. sous réserve de, à moins de

saugrenu, ue ADJ. 1. étrange, baroque, bizarre, excentrique, extravagant, insolite, original, singulier, farfelu (fam.), loufoque (fam.) 2. impropre, inattendu, incongru, insensé

saupoudrer V. TR. 1. poudrer, enfariner, fariner 2. consteller, émailler, orner, parsemer 3. disperser, éparpiller, répandre

saut N. M. I. 1. bond, bondissement 2. sautillement, gambade 3. acrobatie, cabriole, salto, voltige 4. chute, plongeon II. 1. cahot, soubresaut, sursaut, tressautement 2. saute, variation brusque III. cascade, cataracte, chute (d'eau)

sauter
- V. INTR. 1. bondir, s'élancer 2. sautiller, cabrioler, gambader, trépigner 3. sursauter, tressauter, tressaillir 4. descendre, plonger, tomber 5. éclater, exploser, péter, voler en éclats
- V. TR. 1. franchir, enjamber, passer 2. oublier, escamoter, manquer, omettre, passer, faire l'impasse sur, [une étape] brûler

sautiller V. INTR. sauter, caracoler, gambader

sauvage¹ ADJ. I. 1. fauve, inapprivoisé, indomptable 2. agreste, champêtre, rustique 3. désert, inhabité, retiré, solitaire 4. non civilisé, à l'état de nature, primitif II. 1. farouche, craintif, distant, misanthrope, ombrageux, timide 2. brut, mal dégrossi, mal embouché, fruste, grossier, inculte, rude III. barbare, bestial, cruel, féroce, inhumain, sanglant, sanguinaire IV. illégal, illicite, irrégulier, parallèle

sauvage² N. 1. primitif, barbare 2. solitaire, ermite, misanthrope, ours 3. brute, goujat, grossier personnage, malotru, rustaud, rustre

sauvagerie N. F. 1. barbarie, bestialité, brutalité, cruauté, férocité, sadisme, violence 2. misanthropie, insociabilité, timidité

sauvegarde N. F. 1. protection, conservation, défense, maintien, préservation 2. abri, asile, rempart, refuge

sauvegarder V. TR. sauver, conserver, défendre, garantir, maintenir, préserver, protéger

sauver V. TR. 1. guérir, rétablir, tirer d'affaire (fam.) 2. préserver, conserver, défendre, garantir, mettre à l'abri/en sûreté, protéger, sauvegarder 3. rachéter
- ◆ **se sauver** V. PRON. 1. s'échapper, s' enfuir, s'évader, prendre la fuite, jouer la fille de l'air (fam.), prendre la poudre d'escampette (fam.), prendre la clé des champs (fam.), [soldat, pensionnaire] faire/sauter le mur (fam.) 2. s'en aller, déguerpir, s'éclipser, s'esquiver, fuir, prendre congé, se barrer (fam.), se carapater (fam.), se débiner (fam.), détaler (fam.), filer (fam.), se tailler (fam.)

sauvette (à la) LOC. ADV. 1. discrètement, furtivement, sous le manteau 2. en toute hâte, hâtivement, précipitamment

sauveur N. M. sauveteur, ange gardien, bienfaiteur, homme providentiel, libérateur

savant¹, ante ADJ. 1. cultivé, éclairé, érudit, instruit, lettré, docte (littér.) 2. compétent, expert, maître dans, versé dans, calé (fam.), fortiche (fam.) 3. difficile, ardu, compliqué, recherché

savant², ante N. 1. chercheur, scientifique, spécialiste 2. érudit, humaniste, lettré, philosophe, sage

saveur N. F. 1. goût, sapidité 2. agrément, charme, goût, piment, piquant, sel, plaisant (littér.)

savoir¹ V. TR. 1. connaître, être au courant de, être au fait de, être informé de, être instruit de 2. maîtriser, connaître, dominer, posséder 3. [suivi de l'infinitif] pouvoir, être à même de, être capable de, être en état de, être en mesure de, parvenir à, [finement] avoir la manière (pour), s'y connaître (pour) (fam.), s'y entendre (pour) (fam.)

savoir² N. M. connaissance, acquis, bagage, culture, érudition, instruction

savoir-faire N. M. INVAR. 1. compétence, adresse, dextérité, habileté, ingéniosité, maîtrise, métier, pratique, talent, tour de main, art (littér.) 2. entregent, doigté, tact

savoir-vivre N. M. INVAR. 1. éducation, correction, délicatesse, doigté, tact 2. bienséance, bonne éducation, civilité, convenances, politesse, urbanité (littér.)

savourer V. TR. 1. apprécier, déguster, se délecter de, goûter, se régaler de 2. prendre plaisir à, se délecter de, jouir de, profiter de

savoureux, euse ADJ. 1. succulent, délicat, délicieux, doux, exquis, fameux (fam.), délectable (littér.) 2. plaisant, croustillant, piquant, truculent

sbire N. M. homme de main, nervi, tueur

scabreux, euse ADJ. 1. licencieux, cru, égrillard, graveleux, leste, obscène, salé, cochon (fam.) 2. déplacé, hardi, inconvenant, indécent, libre 3. dangereux, hasardeux, périlleux, risqué 4. embarrassant, délicat, épineux, inconfortable

scandale N. M. 1. esclandre, bruit, tapage, bordel (fam.), foin (fam.), grabuge (fam.) 2. honte, horreur, abomination (littér.), infamie (littér.) 3. affaire, casserole (fam.)

scandaleux, euse ADJ. honteux, choquant, déplorable, éhonté, indigne, obscène, révoltant

scandaliser V. TR. choquer, indigner, offenser, offusquer, outrer, révolter
- ◆ **se scandaliser** V. PRON. 1. s'indigner 2. se formaliser, se froisser, se hérisser, s'offenser, s'offusquer

scander V. TR. rythmer, accentuer, ponctuer, souligner

sceau N. M. 1. cachet, estampille 2. plomb, scellé 3. marque, cachet, empreinte, griffe, patte, signature, signe, style

scélérat, ate ADJ. criminel, infâme, méchant, perfide (littér.)

sceller V. TR. 1. fermer, cacheter, plomber 2. assembler, fixer, cimenter, plâtrer 3. affermir, cimenter, confirmer, consacrer, entériner, ratifier

scénario N. M. 1. trame, histoire, intrigue, pitch 2. canevas, découpage, story-board, synopsis, script 3. plan (d'action) 4. cas de figure

scène N. F. I. 1. plateau, planches, tréteaux, théâtre 2. décor 3. séquence, passage, tableau 4. spectacle 5. [d'un crime, etc.] lieu, théâtre II. querelle, accrochage, altercation, dispute, prise de bec (fam.)

scepticisme N. M. 1. athéisme, incrédulité 2. méfiance, défiance, doute, incrédulité

sceptique
- ADJ. dubitatif, défiant, incrédule
- N. athée, impie, incroyant, irréligieux, non-croyant

schéma N. M. 1. diagramme, arbre, croquis, dessin, plan, représentation 2. canevas, ébauche, esquisse, grandes lignes, plan, trame, linéaments (littér.)

schématique ADJ. 1. sommaire, bref, concis, simplifié, succinct 2. [péj.] rudimentaire, grossier, réducteur, simpliste, basique (fam.)

schématiquement ADV. sommairement, en gros, succinctement, grosso modo (fam.)

schématiser V. TR. simplifier, abréger, condenser, résumer, synthétiser, donner les grandes lignes de

schisme N. M. 1. scission, division, sécession, séparation 2. dissidence, déviation, hérésie

sciemment ADV. exprès, consciemment, délibérément, en toute connaissance de cause, intentionnellement, volontairement

science N. F. 1. savoir, connaissance, bagage, culture, érudition, expertise, instruction 2. art, adresse, compétence, maîtrise, savoir-faire 3. discipline, domaine, matière, sujet

scientifique
- ADJ. 1. objectif, logique, rationnel 2. didactique, savant
- N. chercheur, savant

scinder V. TR. diviser, couper, disjoindre, fractionner, fragmenter, morceler, sectionner, séparer

scintillant, ante ADJ. 1. brillant, chatoyant, étincelant, luisant, miroitant 2. clignotant, papillotant

scintillement N. M. 1. miroitement, chatoiement, reflet, scintillation 2. éclat, feu 3. clignotement, papillotement

scintiller V. INTR. 1. étinceler, briller, chatoyer, flamboyer, luire, miroiter, rutiler 2. clignoter, papilloter, palpiter

scission N. F. dissidence, division, rupture, schisme, séparation

sclérose N. F. immobilisme, blocage, engourdissement, immobilité, fossilisation, momification, paralysie

scléroser V. TR. figer, asphyxier, engourdir, fossiliser, immobiliser, paralyser
- ◆ **se scléroser** V. PRON. se dessécher, s'engourdir, se figer, se fossiliser, s'immobiliser, se momifier, s'encroûter (fam.)

scolarité N. F. cursus, études, parcours scolaire

score N. M. 1. marque, décompte, note, résultat 2. performance

scorie N. F. déchet, cendre, poussière, mâchefer, résidu

scrupule N. M. 1. sérieux, attention, méticulosité, minutie, ponctualité, précision, rigueur, soin, zèle 2. doute, cas de conscience, état d'âme, hésitation 3. honte, pudeur, vergogne (littér.)

scrupuleusement ADV. 1. honnêtement, consciencieusement, sérieusement 2. strictement, à la lettre, exactement, fidèlement, méticuleusement, minutieusement, précisément, religieusement, rigoureusement, soigneusement

scrupuleux, euse ADJ. 1. consciencieux, correct, honnête, ponctuel, sérieux 2. attentif, exact, fidèle, méticuleux, méthodique, minutieux, soigneux 3. strict, étroit, formaliste (péj.)

scruter V. TR. 1. observer, examiner, inspecter, regarder 2. dévisager, fixer, toiser 3. sonder, analyser, disséquer, étudier, examiner, explorer, fouiller, passer au crible, éplucher (fam.)

sculpter V. TR. façonner, buriner, ciseler, modeler, mouler, tailler

sculpture N. F. 1. statuaire, figurine, statue, statuette 2. bas-relief, glyptique, gravure, haut-relief

S.D.F. N. sans-abri, clochard, sans-logis, clodo (fam.)

séance N. F. 1. débat, audience, réunion, session, vacation (Droit) 2. représentation, spectacle, matinée, soirée

séant N. M. fessier, derrière, fesses, postérieur, siège, arrière-train (fam.), cul (très fam.), popotin (fam.)

sec¹, sèche ADJ. I. 1. séché, déshydraté, desséché, rassis 2. aride, ingrat, stérile 3. sans accompagnement, brut 4. maigre, décharné, efflanqué, émacié, étique II. 1. bref, laconique 2. abrupt, acerbe, brutal, cassant, cinglant, désobligeant, glacial, incisif, mordant 3. insensible, dur, de marbre, de pierre, endurci, indifférent 4. autoritaire, raide, revêche, rude, pète-sec (fam.) 5. austère, étriqué, rébarbatif, rebutant

sécession N. F. 1. dissidence, révolte, rupture, séparation, séparatisme 2. autonomie, indépendance

sèchement ADV. 1. brièvement, vivement 2. brusquement, brutalement, durement, froidement, rudement, sévèrement

sécher
- V. TR. 1. assécher, mettre à sec, tarir, vider 2. déshydrater, dessécher, étuver 3. faner, flétrir, dessécher 4. essuyer, éponger, étancher
- V. INTR. 1. se dessécher, se déshydrater, s'évaporer 2. dépérir, se faner, se flétrir, se racornir
- ◆ **se sécher** V. PRON. s'essuyer, s'éponger

sécheresse N. F. 1. aridité, dessèchement 2. dureté, brutalité, froideur, indifférence, insensibilité 3. concision, brièveté, laconisme

second, e N. adjoint, aide, assistant, auxiliaire, bras droit, lieutenant

secondaire ADJ. 1. accessoire, adventice, annexe, contingent, incident, marginal, mineur, subsidiaire 2. consécutif, collatéral, corollaire, dérivé, parallèle

seconder V. TR. aider, assister, épauler, prêter main-forte à, servir, soutenir, faire le jeu de (péj.)

secouer V. TR. I. 1. agiter, remuer 2. *[la tête]* hocher 3. ballotter, cahoter, ébranler, faire vibrer 4. se libérer de, s'affranchir de II. bouleverser, choquer, commotionner, perturber, remuer, traumatiser, ficher un coup à *(fam.)*, tournebouler *(fam.)* III. réprimander, houspiller, admonester *(littér.)*, engueuler *(fam.)*
♦ **se secouer** V. PRON. 1. s'ébrouer 2. réagir, se prendre en main, se reprendre, se ressaisir, se bouger *(fam.)*, s'y mettre *(fam.)*

secourir V. TR. 1. porter secours à, assister, venir à la rescousse de 2. aider, prêter main-forte à, tendre la main à, donner un coup de main à *(fam.)* 3. défendre, intervenir en faveur de, protéger, soutenir

secours N. M. 1. aide, appui, assistance, coup de main, service, soins, soutien 2. renfort, rescousse 3. sauvetage, secourisme 4. don, aide, allocation, aumône, charité, subside, subvention 5. bienfaisance, entraide

secousse N. F. 1. à-coup, cahot, saccade, soubresaut, tremblement, trépidation 2. choc, commotion, coup, ébranlement, traumatisme 3. convulsion, frisson, spasme

secret¹, ète ADJ. 1. enfoui, caché, dérobé, discret, voilé 2. inconnu, ignoré, invisible 3. clandestin, furtif, sourd, sournois, souterrain, ténébreux, subreptice *(littér.)* 4. confidentiel, caché, intime 5. impénétrable, caché, ésotérique, hermétique, insondable, mystérieux, obscur, occulte 6. réservé, insaisissable, renfermé, dissimulé *(péj.)*, fuyant *(péj.)*, cachottier *(péj., fam.)*

secret² N. M. 1. mystère, cachotterie *(fam.)* 2. énigme, mystère, pot aux roses *(fam.)*, *[au plur.]* dessous, coulisses, arcanes *(littér.)* 3. discrétion, confidentialité, silence 4. astuce, méthode, procédé, recette, combine *(fam.)*, truc *(fam.)* 5. motif, clé, raison

secrétaire N. bureau, bonheur-du-jour, scriban

secrètement ADV. 1. en secret, confidentiellement, dans l'anonymat, dans l'ombre, en cachette, en catimini, clandestinement, en coulisse, en sous-main, furtivement, incognito, subrepticement, en tapinois, sous le manteau, en douce *(fam.)* 2. intérieurement, à part soi, en/dans son for intérieur, en soi-même, intimement, in petto

sécréter V. TR. 1. distiller, dégager, exhaler, exsuder 2. élaborer, produire

sectaire
▶ ADJ. fanatique, doctrinaire, intolérant, partisan
▶ N. sectateur, adepte

secteur N. M. 1. domaine, branche, partie, sphère, rayon *(fam.)* 2. emplacement, arrondissement, district, quartier, subdivision, zone 3. *[fam.]* alentours, environs, parages, voisinage, zone, coin *(fam.)*

section N. F. 1. coupure 2. profil, coupe 3. division, partie, subdivision 4. segment, bout, morceau, portion, tronçon 5. cellule, groupe

sectionner V. TR. 1. couper, débiter, trancher 2. fractionner, compartimenter, fragmenter, morceler, parcelliser, segmenter, subdiviser

séculaire ADJ. 1. centenaire 2. ancien, âgé, ancestral, antique, immémorial

sécuriser V. TR. 1. rassurer, apaiser, calmer, désangoisser, tranquilliser 2. assurer/garantir la sécurité de

sécurité N. F. 1. sérénité, calme, confiance, tranquillité 2. ordre, paix 3. protection, défense, police, sûreté 4. fiabilité

sédatif, ive ADJ. et N. M. 1. calmant, analgésique, antalgique 2. soporifique, dormitif 3. tranquillisant, anxiolytique, neuroleptique, psycholeptique

sédentaire
▶ ADJ. permanent
▶ N. *[péj.]* casanier, cul-de-plomb *(fam.)*, pantouflard *(fam.)*, pot-au-feu *(fam.)*

sédiments N. M. PL. alluvions, couche, dépôt, formation

séditieux, euse
▶ ADJ. contestataire, incendiaire, subversif
▶ N. factieux, agitateur, émeutier, insoumis, rebelle, révolutionnaire

sédition N. F. rébellion, agitation, émeute, insurrection, mutinerie, révolte, soulèvement, putsch

séducteur, trice
▶ ADJ. charmeur, aguichant, cajoleur, enjôleur, ensorceleur, séduisant, tentateur
▶ N. M. don Juan, bourreau des cœurs, casanova, charmeur, enjôleur, homme à femmes, dragueur *(fam.)*, tombeur *(fam.)*, lovelace *(littér.)*
▶ N. F. femme fatale, aguicheuse, allumeuse *(fam.)*, vamp *(fam.)*

séduction N. F. 1. attrait, agrément, beauté, charme 2. attraction, ascendant, fascination, magie

séduire V. TR. 1. charmer, captiver, conquérir, faire la conquête de, fasciner, plaire à, ravir, subjuguer, allumer *(fam.)*, emballer *(fam.)*, faire du gringue à *(fam.)*, lever *(fam.)*, taper dans l'œil à *(fam.)*, tourner la tête à *(fam.)*, tomber *(fam.)*, vamper *(fam.)* 2. tenter, allécher, attirer, intéresser

séduisant, ante ADJ. 1. charmant, agréable, aimable, beau, brillant 2. désirable, attirant, affriolant, aguichant, irrésistible, sexy *(fam.)* 3. tentant, alléchant, attrayant, intéressant

segment N. M. morceau, division, fraction, part, partie, portion, section

segmenter V. TR. découper, couper, diviser, fractionner, fragmenter, sectionner, scinder

ségrégation N. F. discrimination, exclusion, *[raciale]* apartheid

seigneur N. M. 1. prince, roi, souverain, sire 2. suzerain, châtelain, hobereau, maître 3. noble, gentilhomme, grand, monsieur

sein N. M. mamelle *(fam.)*, lolo *(fam.)*, néné *(fam.)*, nichon *(fam.)*, robert *(fam.)*, rotoplot *(fam.)*, téton *(fam.)*
♦ **seins** PLUR. poitrine, buste

séisme N. M. 1. tremblement de terre, secousse sismique, secousse tellurique 2. bouleversement, cataclysme, commotion

séjour N. M. résidence, vacances, villégiature

séjourner V. INTR. résider, demeurer, habiter, loger

sel N. M. saveur, esprit, finesse, piment, piquant, plaisant *(littér.)*

sélect, ecte ADJ. 1. distingué, chic, élégant 2. fermé, exclusif, réservé

sélection N. F. 1. choix, tri 2. assortiment, choix, éventail

sélectionner V. TR. choisir, opter pour, élire *(littér.)*, *[Cinéma, etc.]* nominer

selles N. F. PL. excréments, déjections, fèces, caca *(fam.)*, crottes *(fam.)*

selon PRÉP. 1. conformément à, suivant 2. d'après, de l'avis de, suivant

semblable¹ ADJ. 1. identique, pareil 2. analogue, assimilé, comparable, équivalent, ressemblant, similaire 3. commun, même 4. tel, pareil

semblable² N. prochain, autrui, congénère, égal, frère, pareil

semblant N. M.
– **faire semblant de** feindre de, faire mine de, affecter de

sembler V. INTR. 1. paraître, avoir l'air de, donner l'impression de 2. ressembler à

semence N. F. 1. grain, graine 2. sperme, liquide séminal

semer V. TR. 1. ensemencer 2. planter 3. disséminer, disperser, éparpiller, jeter, joncher de, répandre 4. propager, jeter, répandre

séminaire N. M. cours, colloque, conférence, congrès, forum, rencontre, symposium

semis N. M. 1. plantation, ensemencement, semailles 2. plant

semonce N. F. remontrance, réprimande, reproches, admonestation *(littér.)*

sempiternel, elle ADJ. 1. continuel, constant, éternel, incessant, ininterrompu, perpétuel 2. immuable, indéfectible, invariable

sénile ADJ. gâteux, décrépit, gaga *(fam.)*, ramolli *(fam.)*

sens¹ N. M. I. 1. sensation 2. conscience, connaissance II. 1. discernement, entendement, jugement, raison, sagesse 2. instinct, intuition, notion, sentiment III. 1. signification, acception, définition 2. esprit, clé, lettre 3. raison d'être

sens² N. M. 1. direction, côté, fil 2. orientation, but, perspective

sensation N. F. 1. émotion, impression 2. intuition, impression, sentiment 3. admiration, effet, étonnement, surprise

sensationnel, elle ADJ. spectaculaire, impressionnant, prodigieux, décoiffant *(fam.)*, d'enfer *(fam.)*, ébouriffant *(fam.)*, énorme *(fam.)*, époustouflant *(fam.)*, fantastique *(fam.)*, génial *(fam.)*

sensé, ée ADJ. 1. raisonnable, mesuré, pondéré, posé, rationnel, sage 2. intelligent, judicieux, pertinent

sensibiliser V. TR. attirer l'attention de, atteindre, faire prendre conscience à, faire réagir, intéresser, toucher

sensibilité N. F. 1. excitabilité, réceptivité, susceptibilité 2. émotivité, affectivité, sensiblerie *(péj.)*, sentimentalité *(péj.)* 3. émotion, passion, sentiment 4. humanité, bonté, cœur, compassion, pitié

sensible ADJ. I. 1. émotif, délicat, fragile, impressionnable, tendre, vulnérable 2. sensitif, sensoriel 3. bon, aimant, compatissant, généreux, humain, tendre II. susceptible, chatouilleux, ombrageux III. 1. perceptible, apparent, palpable, tangible, visible 2. appréciable, clair, évident, marqué, net, notable IV. dangereux, brûlant, chaud, délicat, douloureux, névralgique

sensiblement ADV. 1. notablement, clairement, nettement, substantiellement, visiblement 2. presque, approximativement, à peu près, à peu de choses près, pratiquement, quasiment *(fam.)*, grosso modo *(fam.)*

sensualité N. F. volupté, désir, érotisme, jouissance, libido, plaisir, sens *(plur.)*, sexualité, chair *(littér.)*

sensuel, elle ADJ. 1. érotique, charnel 2. lascif, amoureux, voluptueux, chaud *(fam.)*

sentence N. F. 1. arbitrage, arrêt, décision, décret, jugement, verdict 2. condamnation, sanction 3. adage, aphorisme, axiome, dicton, formule, maxime

sentencieux, euse ADJ. solennel, docte, emphatique, grave, pompeux

senteur N. F. parfum, effluve, exhalaison, odeur, fragrance *(littér.)*

sentier N. M. chemin, layon, passage, piste, voie

sentiment N. M. I. 1. perception, sens, sensation 2. connaissance intuitive, conscience, impression, pressentiment 3. avis, idée, jugement, opinion, pensée, point de vue, position 4. instinct, intuition, sens, fibre *(fam.)* II. amour, affection, attachement, inclination, tendresse 2. humanité, attendrissement, cœur, compassion III. 1. émotion, chaleur, feu, passion 2. sensibilité, délicatesse, finesse, justesse

sentimental, ale, aux ADJ. 1. tendre, romantique, sensible, fleur bleue *(fam.)* 2. affectif, amoureux

sentinelle N. F. garde, factionnaire, guetteur, veilleur, vigie, planton *(fam.)*

sentir V. TR. I. humer, flairer, renifler, respirer II. ressentir, éprouver, percevoir III. 1. comprendre, deviner, discerner, flairer, percevoir, prendre conscience de, se rendre compte de, soupçonner, subodorer *(fam.)* 2. apprécier, comprendre, être sensible à, goûter, percevoir, savourer IV. 1. avoir l'odeur de, fleurer *(littér.)*, indiquer, respirer, révéler, trahir
♦ **se sentir** V. PRON. 1. s'estimer, se juger, se trouver 2. se manifester, être perceptible, être prévisible

séparation N. F. 1. dissociation, démembrement, désagrégation, disjonction, dislocation, fragmentation, morcellement, rupture 2. démarcation, barrière, borne, cloison, frontière, limite, mur 3. différence, différenciation, distinction 4. absence, distance, éloignement, exil 5. divorce, brouille, cassure, rupture 6. clivage, dissidence, division, schisme, scission, sécession

séparatisme N. M. autonomisme, dissidence, indépendantisme, sécessionnisme

séparatiste N. et ADJ. autonomiste, dissident, indépendantiste, sécessionniste

séparé, ée ADJ. différent, dissocié, distinct, indépendant, particulier, à part

séparément ADV. 1. isolément, individuellement, un à un, un par un 2. de côté, à part

séparer V. TR. 1. isoler, enlever, extraire, mettre à part, ôter 2. détacher, décomposer, démembrer, désagréger, disjoindre, dissocier, fragmenter, morceler 3. cloisonner, diviser, partager 4. espacer, écarter, éloigner 5. différencier, départager, discriminer, distinguer, faire le départ entre (*littér.*) 6. désunir, brouiller, éloigner, opposer, creuser un abîme/un fossé entre, s'interposer entre
◆ **se séparer** V. PRON. 1. se quitter, rompre, divorcer, casser (*fam.*) 2. se diviser, se dédoubler, fourcher, se ramifier 3. se dissoudre, se disloquer

sépulture N. F. tombe, tombeau, monument funéraire, sépulcre (*littér.*)

séquelle N. F. 1. reliquat, trace 2. conséquence, effet, incidence, répercussion, retombée, suite 3. complication

séquence N. F. 1. suite 2. passage 3. [*Cinéma*] découpage, plan, scène

séquestration N. F. enfermement, détention, emprisonnement, internement, claustration (*littér.*)

séquestre N. M. saisie, confiscation, mainmise, réquisition

séquestrer V. TR. enfermer, claquemurer, détenir, emprisonner, garder, interner, retenir, claustrer (*littér.*)

serein, eine ADJ. 1. calme, confiant, placide, tranquille, cool (*fam.*) 2. sans nuage, clair, pur

sereinement ADV. tranquillement, calmement, placidement, en toute quiétude

sérénité N. F. 1. placidité, calme, égalité d'âme, équanimité (*littér.*) 2. quiétude, bien-être, bonheur, calme, paix, tranquillité

série N. F. I. 1. suite, séquence, succession 2. cycle 3. quantité, cascade, chapelet, cortège, festival, kyrielle, ribambelle, vague, flopée (*fam.*), tas (*fam.*) II. collection, assortiment, choix, jeu III. feuilleton, soap (-opéra) IV. [*Sport, Jeu*] catégorie, classe, division, groupe

sérier V. TR. classer, échelonner, hiérarchiser, ordonner, ranger

sérieusement ADV. 1. consciencieusement, scrupuleusement, soigneusement 2. réellement, véritablement, vraiment, pour de bon (*fam.*), pour de vrai (*fam.*) 3. activement, vigoureusement 4. sans rire, gravement 5. grièvement, gravement, sévèrement

sérieux[1]**, euse** ADJ. I. 1. posé, adulte, conséquent, raisonnable, réfléchi, responsable, sage 2. appliqué, bon, consciencieux, minutieux, scrupuleux, soigneux 3. fiable, soigné, soigneux, solide, sûr 4. convenable, honnête, rangé, réglé, sage, comme il faut (*fam.*) II. 1. important, considérable, substantiel 2. critique, dangereux, dramatique, grave, inquiétant, préoccupant 3. sévère, austère, froid, grave, solennel III. valable, bon, fondé, réel, solide

sérieux[2] N. M. 1. conscience, application, scrupule, soin, zèle 2. solidité, fiabilité 3. solennité, gravité

seriner V. TR. répéter, rabâcher, ressasser, rebattre les oreilles de, chanter sur tous les tons

serment N. M. 1. assurance, engagement, promesse 2. vœu, résolution

sermon N. M. 1. homélie, prêche, prédication, prône 2. exhortation, harangue 3. remontrance, blâme, leçon, réprimande, semonce, savon (*fam.*), admonestation (*littér.*)

sermonner V. TR. faire la morale à, blâmer, gourmander, gronder, réprimander, admonester (*littér.*), chapitrer (*littér.*), haranguer (*littér.*), morigéner (*littér.*), tancer (*littér.*), disputer (*fam.*), engueuler (*fam.*), passer un savon à (*fam.*), remonter les bretelles à (*fam.*)

serpenter V. INTR. sinuer, onduler, zigzaguer, faire des détours, faire des méandres

serré, ée ADJ. I. 1. entassé, pressé, tassé 2. dense, compact, dru, épais, fourni, touffu 3. [*café*] tassé, fort II. 1. ajusté, collant, étroit, moulant, près du corps 2. étriqué, étroit, juste, petit 3. bridé, corseté, sanglé, boudiné III. précis, concis, rigoureux

serrement N. M. contraction, pincement, oppression

serrer V. TR. I. 1. tenir, empoigner, pincer, presser 2. assembler, attacher, bloquer, caler, coincer, joindre, lier, visser 3. presser, rapprocher, tasser 4. étreindre, embrasser, enlacer, entourer, presser 5. contracter, crisper, pincer 6. comprimer, compresser, étrangler, gêner 7. acculer, coincer, presser 8. mouler, coller à, corseter, épouser, gainer, sangler II. 1. s'approcher de, effleurer, frôler, raser 2. poursuivre, presser, talonner
◆ **se serrer** V. PRON. 1. se blottir, se coller, se pelotonner 2. se rapprocher, se resserrer, se tasser

servante N. F. domestique, bonne (à tout faire), employée de maison, femme de chambre, bonniche (*fam., péj.*), [*au théâtre*] soubrette

serveur N. M. barman, garçon (de café)

serviable ADJ. obligeant (*soutenu*), aimable, complaisant

service N. M. 1. département, administration, bureau, direction, office, organisme 2. travail, activité (rémunérée), emploi 3. aide, appui, assistance, bienfait, bons offices, concours, collaboration, faveur 4. [*religieux*] cérémonie, culte, liturgie, messe, office 5. [*funéraire*] funérailles 6. [*militaire*] régiment 7. [*Transport*] desserte 8. [*Sport*] engagement

serviette N. F. 1. essuie-main 2. cartable, porte-documents, sac

servile ADJ. obséquieux, plat, rampant, lèche-bottes (*fam.*), lèche-cul (*très fam.*)

servir
▶ V. TR. 1. être au service de, travailler pour, être à la botte de (*péj.*), être aux ordres de (*péj.*), être à la solde de (*péj.*) 2. rendre service à, aider, appuyer, seconder, secourir, soutenir 3. être utile à, appuyer, favoriser 4. donner, distribuer, payer, verser 5. présenter, offrir, proposer 6. [*Sport*] engager 7. saillir, couvrir, monter
▶ V. INT. faire de l'usage
◆ **se servir** V. PRON. se fournir, [*indûment*] se sucrer (*fam.*)

servitude N. F. 1. asservissement, assujettissement, esclavage, soumission, subordination, sujétion, chaînes (*littér.*), joug (*littér.*) 2. contrainte, obligation

seuil N. M. 1. pas de (la) porte, entrée 2. lisière, orée 3. limite, point critique

seul, seule ADJ. 1. unique, simple 2. isolé, abandonné, esseulé 3. célibataire 4. solitaire

seulement ADV. 1. rien que, exclusivement, ne ... que, uniquement 2. simplement, tout bêtement (*fam.*), tout bonnement (*fam.*) 3. juste, en tout et pour tout 4. mais, cependant, néanmoins, toutefois, malheureusement

sévère ADJ. 1. exigeant, impitoyable, rigide, rude, strict, pas commode (*fam.*), pas tendre (*fam.*), rosse (*fam.*), vache (*fam.*) 2. critique, cinglant, désapprobateur, réprobateur 3. rigoureux, draconien, dur, exact, sourcilleux, strict 4. lourd, élevé, grave, gros, important, sérieux, salé (*fam.*) 5. austère, aride, dépouillé, froid, sobre 6. difficile, ardu, aride

sévèrement ADV. 1. durement, âprement, rigoureusement, [*mener*] à la baguette (*fam.*) 2. grièvement, gravement, sérieusement

sévérité N. F. 1. dureté, inflexibilité, intransigeance, rigidité, rigorisme 2. austérité, aridité, dépouillement, froideur, sécheresse 3. gravité, sérieux

sévices N. M. PL. brutalités, coups (et blessures), maltraitance, mauvais traitements, violence(s), voies de fait

sévir V. INTR. 1. punir 2. faire rage, se déchaîner

sexe N. M. 1. sexualité, chair, bagatelle (*fam.*), chose (*fam.*), cul (*très fam.*), fesse (*fam.*), gaudriole (*fam.*) 2. organes génitaux, parties sexuelles 3. [*masculin*] pénis, phallus, membre, verge, biroute (*fam.*), bistouquette (*fam.*), bite (*fam.*), braquemart (*fam.*), dard (*fam.*), quéquette (*fam.*), queue (*fam.*), zigounette (*fam.*), zizi (*fam.*), zob (*fam.*) 4. [*féminin*] vulve, lèvres, nymphes, chatte (*fam.*), foufoune (*fam.*), foufounette (*fam.*), minette (*fam.*), moule (*fam.*)

sexuel, elle ADJ. 1. génital, intime 2. charnel, érotique, physique, libidinal (*Psych.*)

sexy ADJ. INVAR. 1. désirable, excitant, bandant (*fam.*) 2. affriolant, aguichant, émoustillant, érotique, excitant, sensuel, suggestif

seyant, ante ADJ. 1. flatteur, avantageux 2. élégant

shooter V. INTR. tirer, botter, dégager
◆ **se shooter** V. PRON. se piquer, se droguer

shopping N. M. courses, achats, emplettes

show N. M. spectacle, exhibition, numéro, représentation, revue

si CONJ. 1. au cas où, dans le cas où, à supposer que, supposons que 2. à condition que, à condition de 3. quand, à chaque fois que, lorsque, toutes les fois que

sibyllin, ine ADJ. 1. énigmatique, ésotérique, hermétique, impénétrable, indéchiffrable, mystérieux, obscur, occulte, ténébreux, abscons (*littér.*), abstrus (*littér.*) 2. brumeux, fumeux, nébuleux

sidérant, ante ADJ. stupéfiant, ahurissant, confondant, effarant, renversant, époustouflant (*fam.*), estomaquant (*fam.*), soufflant (*fam.*)

sidéré, ée ADJ. ébahi, coi, hébété, stupéfait, estomaqué (*fam.*), scié (*fam.*), soufflé (*fam.*), comme deux ronds de flan (*fam.*)

sidérer V. TR. stupéfier, couper le souffle de, ébahir, éberluer, époustoufler, interloquer, méduser, renverser, estomaquer (*fam.*), scier (*fam.*), souffler (*fam.*), couper la chique/le souffle à (*fam.*)

siècle N. M. époque, âge, ère, période, temps

siège N. M. 1. place 2. [*sortes*] chaise, fauteuil, pliant, strapontin, tabouret 3. base, centre, foyer 4. résidence principale, quartier général 5. encerclement, blocus 6. fesses, séant (*littér.*), derrière (*fam.*), postérieur (*fam.*)

siéger V. INTR. 1. tenir séance 2. occuper un siège, présider, trôner 3. résider, demeurer, se localiser, se situer, se trouver

sifflement N. M. 1. stridulation, chant 2. bruissement, crissement, chuintement

siffler
▶ V. INTR. 1. siffloter 2. chanter, chuinter
▶ V. TR. 1. appeler 2. conspuer, chahuter, huer

sifflet N. M. sifflement
◆ **sifflets** PLUR. huées, charivari, cris, tollé

signal N. M. 1. signe (convenu) 2. signalisation, indication, feu, panneau 3. annonce, amorce, commencement, début, prélude, prémices (*littér.*) 4. indice, marque, présage, promesse, signe avant-coureur, prodrome (*littér.*) 5. [*lumineux*] feu, balise, sémaphore, voyant 6. [*sonore*] avertisseur, appel, bip, cloche, gong, klaxon, sifflet, sirène, sonnerie

signalement N. M. description, portrait-robot

signaler V. TR. 1. avertir de, annoncer, aviser de, faire part de, indiquer, notifier, prévenir de 2. mentionner, citer, montrer, pointer, souligner 3. indiquer, annoncer, déceler, désigner, marquer, montrer, révéler 4. dénoncer, démasquer, vendre (*fam.*) 5. baliser, flécher, jalonner
◆ **se signaler** V. PRON. se distinguer, s'illustrer, se particulariser, se singulariser, sortir du lot (*fam.*)

signalisation N. F. 1. balisage 2. indication, panneau 3. [*lumineuse*] feu, balise, sémaphore, voyant

signaliser V. TR. 1. matérialiser 2. baliser, flécher, jalonner

signature N. F. 1. paraphe, initiales, monogramme, visa 2. émargement 3. nom 4. marque, empreinte, griffe, sceau

signe N. M. 1. signal, geste 2. indice, indication, marque, preuve, symptôme 3. annonce, augure, auspice, avertissement, présage, promesse 4. attribut, caractère, caractéristique, trait 5. symbole, emblème, figure, image, insigne, marque, représentation 6. notation, caractère, chiffre, graphie, idéogramme, pictogramme

signer V. TR. 1. émarger, parapher, viser 2. attester, authentifier 3. approuver, souscrire à 4. [*Sport*] recruter, engager

significatif, ive ADJ. **1.** caractéristique, révélateur, symptomatique, typique **2.** éloquent, évocateur, expressif, parlant **3.** net, important, marquant, non négligeable, tangible

signification N. F. **1.** sens, acception, définition, signifié (Ling.) **2.** portée, valeur **3.** notification, annonce, avis

signifier V. TR. **1.** vouloir dire, dénoter, désigner, exprimer, traduire **2.** manifester, indiquer, marquer, montrer, révéler, témoigner de **3.** équivaloir à, impliquer, revenir à, rimer à **4.** notifier, avertir de, aviser de, informer de **5.** intimer, commander, enjoindre, mettre en demeure de, ordonner, sommer de

silence N. M. **1.** mutisme **2.** black-out **3.** calme, paix, tranquillité **4.** temps d'arrêt, interruption, pause

silencieusement ADV. **1.** en silence, sans mot dire **2.** à pas feutrés, sans bruit **3.** en sourdine

silencieux, euse ADJ. **1.** muet, [de stupeur] coi, sans voix, [d'embarras] sec **2.** calme, endormi, muet, paisible, tranquille **3.** discret, réservé, secret, taciturne, timide **4.** feutré, étouffé, ouaté

silhouette N. F. **1.** ligne, contour, forme, profil **2.** ombre, image, reflet

sillon N. M. **1.** rainure, cannelure, rigole **2.** pli, ligne, ride, ridule **3.** fente, fissure

sillonner V. TR. **1.** traverser **2.** parcourir, explorer, patrouiller dans, voyager en/dans, bourlinguer dans/sur (fam.) **3.** creuser, labourer, rayer, rider

simagrées N. F. PL. **1.** minauderies, affectation **2.** comédie, embarras, façons, manières, mines, chichis (fam.), histoires (fam.), grimaces (littér.)

similaire ADJ. semblable, analogue, apparenté, approchant, assimilable, comparable, égal, ressemblant, voisin

similitude N. F. **1.** analogie, parenté, ressemblance, similarité, voisinage **2.** communauté, concordance, harmonie, identité, parité

simple ADJ. I. **1.** élémentaire, indécomposable, indivisible, insécable, irréductible **2.** naturel, pur II. seul, unique, [chambre d'hôtel] single (anglic.). III. **1.** facile, aisé, commode, enfantin **2.** compréhensible, accessible, clair, intelligible, limpide IV. **1.** primitif, élémentaire, fruste, rudimentaire, sommaire, basique (fam.) **2.** dépouillé, austère, fruste, nu, sévère, sobre, basique (fam.) **3.** banal, commun, ordinaire, quelconque **4.** sans façon, familier, populaire, nature (fam.) V. **1.** candide, crédule, ingénu, innocent, pur, naïf, niais, simplet **2.** réservé, humble, modeste, pas fier (fam.)

simplement ADV. **1.** facilement, aisément, naturellement **2.** sans cérémonie, familièrement, sans façon, à la bonne franquette (fam.), sans chichis (fam.) **3.** purement, tout bonnement, uniquement **4.** intelligiblement, en termes clairs **5.** franchement, clairement, sans ambages, sans détour, sans tourner autour du pot (fam.)

simplet, ette ADJ. ingénu, naïf, niais, simple (d'esprit)

simplicité N. F. **1.** facilité, commodité **2.** clarté, limpidité **3.** naturel, bonhomie, cordialité, familiarité **4.** dépouillement, austérité, rusticité, sobriété, sévérité **5.** naïveté, candeur, crédulité, inexpérience, ingénuité, innocence, bêtise (péj.), niaiserie (péj.) **6.** droiture, franchise

simplificateur, trice ADJ. schématique, réducteur

simplifié, ée ADJ. **1.** stylisé, schématisé **2.** schématique, sommaire, basique (fam.)

simplifier V. TR. **1.** faciliter, arranger, aplanir/ réduire les difficultés de **2.** clarifier, schématiser, styliser

simpliste ADJ. élémentaire, fruste, grossier, primaire, rudimentaire, sommaire, basique (fam.)

simulacre N. M. **1.** semblant, caricature, faux-semblant, illusion, imitation, parodie, simulation **2.** fantôme, ombre

simulateur, trice N. imposteur, contrefaiseur, menteur

simulation N. F. affectation, comédie, feinte, imitation, chiqué (fam.), cinéma (fam.), cirque (fam.)

simulé, ée ADJ. faux, artificiel, factice, feint, de commande

simuler V. TR. **1.** affecter, contrefaire, faire semblant de, feindre, jouer, mimer, prétexter, singer **2.** reproduire, offrir l'apparence de, représenter, sembler

simultané, ée ADJ. concomitant, coexistant, coïncident, synchrone

simultanéité N. F. concomitance, coexistence, coïncidence, synchronisme

simultanément ADV. **1.** en même temps, au même moment, à la fois, de front, ensemble **2.** de concert, de conserve, à l'unisson

sincère ADJ. **1.** franc, direct, de bonne foi, honnête, loyal, ouvert, spontané, carré (fam.) **2.** vrai, authentique, réel, véridique, véritable **3.** exact, fidèle, sérieux

sincèrement ADV. **1.** franchement, à cœur ouvert, honnêtement, en toute bonne foi, en toute franchise, carrément (fam.) **2.** réellement, vraiment, de bonne foi, du fond du cœur **3.** à dire vrai, franchement, à franchement parler, en réalité

sincérité N. F. **1.** franchise, bonne foi, loyauté, spontanéité **2.** authenticité, exactitude, réalité, sérieux, véracité, vérité

singer V. TR. **1.** contrefaire, affecter, feindre, jouer, simuler **2.** imiter, caricaturer, copier, mimer, parodier, pasticher

singulariser V. TR. distinguer, faire remarquer
• **se singulariser** V. PRON. se distinguer, se caractériser, se différencier, se particulariser, se faire remarquer, se signaler

singularité N. F. **1.** particularité, individualité, originalité, unicité **2.** bizarrerie, anomalie, étrangeté, excentricité, extravagance

singulier, ière ADJ. **1.** atypique, anormal, différent, distinct, inhabituel, insolite, inusité, à part, particulier, rare, spécial, unique **2.** surprenant, bizarre, curieux, étonnant, étrange, inexplicable, paradoxal **3.** excentrique, original **4.** extraordinaire, incroyable, remarquable

singulièrement ADV. **1.** très, considérablement, énormément, extrêmement, particulièrement **2.** bizarrement, curieusement, étrangement, drôlement (fam.) **3.** particulièrement, notamment, principalement **4.** individuellement, personnellement

sinistre[1] ADJ. **1.** funeste, angoissant, inquiétant, menaçant, de mauvais augure **2.** lugubre, funèbre, macabre, mortel, sombre, triste, sépulcral (littér.), ténébreux (littér.) **3.** grave, sévère, sombre, triste **4.** patibulaire **5.** lamentable, pauvre, sombre, triste

sinistre[2] N. M. **1.** catastrophe, accident **2.** [Assurances] dommage(s), perte(s)

sinistré, ée ADJ. ravagé, détruit

sinon CONJ. **1.** excepté, à l'exception de, à l'exclusion de, à part, hormis, hors, sauf **2.** voire **3.** à défaut de **4.** autrement, dans le cas contraire, faute de quoi, ou bien, sans quoi

sinueux, euse ADJ. **1.** courbe, ondoyant, onduleux **2.** zigzagant, tortueux

sinuosité N. F. **1.** courbure, galbe **2.** courbe, coude, détour, lacet, méandre, ondulation, virage **3.** pli, repli

sirène N. F. alarme, avertisseur

siroter V. TR. déguster, boire, laper

sirupeux, euse ADJ. **1.** épais, gluant, poisseux, visqueux **2.** doucereux, mièvre, sucré, dégoulinant (fam.)

site N. M. **1.** situation, emplacement, endroit, lieu, place, position **2.** zone **3.** panorama, paysage

situation N. F. I. **1.** emplacement, endroit, lieu, localisation, place, position, site **2.** exposition, disposition, orientation II. **1.** circonstances, conjoncture, contexte, état de(s) choses, état de fait, paysage **2.** [Banque] bilan, solde III. **1.** emploi, fonction, métier, place, position, poste, profession, travail, job (fam.) **2.** condition, état, fortune, position, rang

situer V. TR. **1.** détecter, localiser, repérer **2.** placer, implanter, installer, localiser, mettre
• **se situer** V. PRON. **1.** se trouver, résider, siéger **2.** avoir lieu, se dérouler, se passer

slogan N. M. devise, formule

snob ADJ. et N. **1.** poseur, affecté, apprêté, prétentieux, m'as-tu-vu (fam.) **2.** fermé, sélect

snober V. TR. dédaigner, mépriser

snobisme N. M. affectation, pose, affèterie (littér.)

sobre ADJ. **1.** abstinent, frugal, tempérant **2.** classique, discret, simple **3.** dépouillé, simple **4.** austère, ascétique, sévère **5.** modéré, mesuré, pondéré, réservé

sobrement ADV. **1.** modérément, légèrement, peu, raisonnablement **2.** simplement, discrètement, sagement, sans ornement

sobriété N. F. **1.** abstinence, frugalité, tempérance **2.** simplicité, discrétion **3.** dépouillement, simplicité **4.** austérité, ascétisme, sévérité **5.** mesure, circonspection, modération, pondération, réserve, retenue

sociabilité N. F. amabilité, aménité, liant, politesse

sociable ADJ. **1.** liant, affable, aimable, amène, avenant, communicatif, engageant, ouvert **2.** social

social, ale, aux ADJ. **1.** sociable **2.** [obligations, etc.] mondain **3.** humain, politique, sociologique

sociétaire ADJ. et N. associé, affilié, membre

société N. F. I. **1.** collectivité, communauté, corps social **2.** groupe, cercle, clan, famille, tribu **3.** assemblée, assistance, compagnie, public **4.** association, club, fédération II. **1.** entourage, milieu, monde **2.** fréquentation, compagnie, relation, commerce (littér.) III. entreprise, affaire, compagnie, établissement, firme, maison, boîte (fam.)

socle N. M. **1.** assise, base, soubassement, support **2.** piédestal, acrotère **3.** fondation, base, fondement

sœur N. F. frangine (fam.)

sofa N. M. canapé, divan

soi-disant
▸ ADJ. INVAR. prétendu, présumé, pseudo-, supposé
▸ ADV. prétendument

soif N. F. **1.** pépie (fam.) **2.** désir, appétit, besoin, envie, faim **3.** curiosité

soigné, ée ADJ. **1.** élégant, bien tenu, impeccable, net, pimpant, propre, tiré à quatre épingles (fam.), sur son trente et un (fam.) **2.** appliqué, consciencieux, minutieux, peaufiné, soigneux, clean (fam., anglic.), chiadé (fam.), fignolé (fam.), léché (fam.) **3.** étudié, châtié, littéraire, raffiné, recherché, soutenu

soigner V. TR. **1.** traiter, panser **2.** guérir, rétablir, remettre sur pied, remettre d'aplomb (fam.) **3.** choyer, couver, dorloter, gâter, être aux petits soins avec, bichonner (fam.), chouchouter (fam.), élever dans du coton (fam.), pouponner (fam.) **4.** entretenir, conserver, cultiver, ménager (fam.) **5.** travailler, ciseler, fignoler (fam.), lécher (fam.), mitonner (fam.), peaufiner (fam.)

soigneusement ADV. avec soin, consciencieusement, délicatement, méticuleusement, minutieusement

soigneux, euse ADJ. appliqué, consciencieux, diligent, méticuleux, minutieux, ordonné, scrupuleux, sérieux, soigné

soin N. M. **1.** hygiène (corporelle), toilette **2.** application, attention, diligence, exactitude, minutie, sérieux **3.** délicatesse, attention, ménagement, précaution, prudence **4.** sollicitude, attention, dévouement, égard, empressement, prévenance **5.** charge, devoir, mission, responsabilité, souci, tracas
• **soins** PLUR. traitement, thérapeutique

soir N. M. **1.** crépuscule, tombée du jour, tombée de la nuit **2.** soirée **3.** [littér.] fin, déclin, automne (littér.), hiver (littér.)

soirée N. F. **1.** soir **2.** veillée, réunion **3.** fête, bal, réception

soit
▸ CONJ. **1.** ou **2.** à savoir, c'est-à-dire
▸ ADV. bien, bon, d'accord, entendu, admettons, si vous voulez, d'ac (fam.), ok (fam.), ça marche (fam.), ça roule (fam.)

sol N. M. **1.** terre, terrain, terroir **2.** territoire, pays **3.** plancher

soldat N. M. **1.** militaire, combattant, guerrier, homme de guerre, soudard (péj.), reître (péj., littér.) **2.** appelé, conscrit, recrue, bleu (fam.)

3. homme de troupe, homme du rang, bidasse (fam.), deuxième pompe (fam.), troufion (fam.)

solde[1] N. F. rétribution, paie, rémunération, salaire

solde[2] N. M. 1. balance, bilan, situation 2. complément, appoint, différence, reliquat, restant, reste 3. [*créditeur*] avoir
♦ **soldes** PLUR. 1. liquidation 2. braderie, solderie

solder V. TR. 1. acquitter, payer 2. clôturer, fermer 3. brader, discounter, liquider, casser les prix de, sacrifier, vendre au rabais, bazarder (fam.)
♦ **se solder par** V. PRON. aboutir à, se conclure par, se traduire par, se terminer par

solennel, elle ADJ. 1. grave, digne 2. [*péj.*] affecté, cérémonieux, compassé, doctoral, emphatique, guindé, professoral, sentencieux 3. officiel, authentique, formel, protocolaire, public 4. cérémoniel, imposant, majestueux

solennellement ADV. 1. cérémonieusement, pompeusement, sentencieusement, en grande pompe 2. officiellement, publiquement

solennité N. F. 1. gravité, sérieux, componction (*péj.*), emphase (*péj.*) 2. apparat, majesté, pompe

solidaire ADJ. 1. coresponsable 2. uni, attaché, lié, soudé 3. dépendant, connexe, corrélatif, interdépendant

solidariser V. TR. unir, lier, souder
♦ **se solidariser** V. PRON. s'allier, s'entraider, se soutenir, s'unir, se serrer les coudes (fam.)

solidarité N. F. 1. esprit de corps, altruisme, cohésion, entraide, fraternité 2. dépendance, corrélation, interaction, interdépendance

solide ADJ. I. dur, consistant, ferme II. 1. résistant, incassable, indéchirable, inusable, robuste, costaud (fam.) 2. vigoureux, endurant, fort, résistant, robuste, vaillant, bâti à chaux et à sable, costaud (fam.), increvable (fam.) III. durable, ferme, fiable, indéfectible, indestructible, inébranlable, stable, sûr, à toute épreuve, bon teint (*plaisant*), (en) béton (fam.) IV. 1. fondé, exact, positif, sérieux, sûr, valable, qui tient la route (fam.) 2. réel, assuré, concret, effectif, tangible

solidement ADV. fortement, fermement, robustement

solidifier V. TR. durcir, épaissir, gélifier
♦ **se solidifier** V. PRON. se figer, prendre, [*lait*] cailler, [*sang*] coaguler, [*eau*] geler

solidité N. F. 1. consistance, dureté, résistance, robustesse 2. force, endurance, résistance, robustesse, vigueur 3. continuité, durabilité, pérennité, permanence, persistance, stabilité 4. ténacité, constance, courage, cran (fam.)

solitaire
▶ ADJ. 1. esseulé, reclus, seul 2. retiré, abandonné, dépeuplé, désert, inhabité, isolé
▶ N. 1. ermite, anachorète 2. misanthrope, ours, sauvage

solitude N. F. 1. isolement 2. abandon, délaissement, déréliction (*littér.*) 3. désert

sollicitation N. F. 1. incitation, appel, excitation, invite, stimulation 2. demande, instance, prière, requête

solliciter V. TR. 1. demander, réclamer, requérir, mendier (*péj.*), quémander (*péj.*), quêter (*péj.*) 2. postuler à, briguer 3. importuner, assiéger, prier 4. attirer, tenter

sollicitude N. F. 1. intérêt, affection, attention, égard, prévenance, soin 2. inquiétude, souci

solution N. F. 1. explication, clé, résolution, résultat 2. moyen, astuce, méthode, expédient (*souvent péj.*), procédé, combine (fam.), truc (fam.) 3. achèvement, aboutissement, conclusion, dénouement, épilogue, fin, issue, règlement, terme 4. soluté, solvant, teinture

sombre ADJ. I. 1. noir, obscur, ombreux, opaque, ténébreux (*littér.*) 2. foncé, basané, brun, hâlé, noirâtre, noiraud 3. assombri, bas, brumeux, couvert, nuageux, voilé II. 1. triste, abattu, déprimé, funèbre, lugubre, sinistre, ténébreux (*littér.*) 2. pessimiste, atrabilaire, bilieux 3. pauvre, sinistre, triste III. 1. inquiétant, alarmant, angoissant, effrayant, menaçant, préoccupant, sinistre, funeste (*littér.*) 2. tragique, dramatique, noir 3. mystérieux, obscur, occulte, sourd, souterrain

sombrer V. INTR. 1. s'abîmer, chavirer, couler, disparaître, s'engloutir, faire naufrage, se perdre, périr (*corps et biens*) 2. s'effondrer, péricliter, aller à sa ruine 3. s'abandonner, s'enfoncer, s'enliser, se laisser aller, se noyer, glisser, tomber

sommaire[1] ADJ. 1. court, bref, concis, condensé, laconique, lapidaire, schématique, succinct 2. rudimentaire, élémentaire, fruste, grossier, primaire, réducteur, simpliste, superficiel, basique (fam.) 3. expéditif, hâtif, précipité, rapide 4. [*repas*] léger, frugal, pris sur le pouce (fam.)

sommaire[2] N. M. 1. table des matières 2. abrégé, aperçu, digest, extrait, précis, résumé

sommairement ADV. 1. en abrégé, brièvement, en résumé, schématiquement, succinctement, dans les grandes lignes, en gros (fam.), grosso modo (fam.) 2. grossièrement, rudimentairement, simplement, superficiellement 3. rapidement, expéditivement, hâtivement, précipitamment, en deux/trois coups de cuillère à pot (fam.)

sommation N. F. 1. commandement, demande 2. mise en demeure, injonction, ordre, ultimatum 3. assignation, citation, intimation

somme[1] N. F. 1. montant, chiffre 2. total, addition, compte, résultat 3. masse, ensemble, totalité 4. œuvre, compendium (*littér.*)

somme[2] N. M. sieste, dodo (fam.), roupillon (fam.)

sommeil N. M. 1. assoupissement, somnolence, torpeur 2. somme, dodo (fam.), roupillon (fam.), dormition (Relig.) 3. inactivité, engourdissement, inertie

sommeiller V. INTR. dormir, somnoler, pioncer (fam.), roupiller (fam.), pousser un roupillon (fam.)

sommer V. TR. ordonner à, commander à, enjoindre à, intimer à, mettre en demeure, signifier à

sommet N. M. 1. dessus 2. faîte, cime, crête, haut, point culminant, pointe, tête 3. montagne, massif, pic, pointe 4. couronnement, apogée, faîte, zénith, pinacle (*littér.*) 5. summum, comble, perfection 6. conférence, rencontre, réunion

sommité N. F. célébrité, autorité, figure, gloire, (grand) maître, lumière, mandarin, monsieur, (grand) nom, notable, personnage, personnalité, ténor, vedette, phare (*littér.*), gros bonnet (fam.), grosse légume (fam.), grosse pointure (fam.), huile (fam.), (grand) ponte (fam.)

somnifère N. M. narcotique, barbiturique, soporifique

somnolence N. F. 1. assoupissement, demi-sommeil, sommeil, torpeur 2. engourdissement, atonie, apathie, inertie, léthargie, mollesse, torpeur

somnolent, ente ADJ. 1. assoupi, endormi, ensommeillé 2. apathique, indolent, mou, nonchalant, avachi (fam.), mollasse (fam.)

somnoler V. INTR. sommeiller, s'assoupir, dormir d'un œil

somptueux, euse ADJ. 1. magnifique, fastueux, luxueux, opulent, princier, riche, royal 2. coûteux

son N. M. 1. bruit 2. sonorité, accents, intonation, résonance, timbre, ton, voix 3. musique, rythme

sondage N. M. 1. consultation, enquête, questionnaire, radio-trottoir 2. prospection

sonde N. F. 1. tube, cathéter, drain 2. tarière, trépan

sonder V. TR. 1. interroger, consulter, enquêter auprès de, prendre la température de, pressentir, tâter (le pouls de) 2. analyser, approfondir, creuser, explorer, fouiller, inspecter, scruter 3. forer, percer

songe N. M. 1. rêve 2. apparence, chimère, fantasme, illusion, imagination, invention, mirage, rêve, utopie

songer V. TR. IND. rêver, méditer, rêvasser (*péj.*)
– **songer à** 1. se souvenir de, se rappeler, se remémorer 2. penser à, réfléchir à 3. tenir compte de, considérer, faire attention à, se préoccuper de 4. [*suivi de l'infinitif*] envisager de, avoir l'idée de, penser, projeter de, se mettre en tête de, se proposer de

songeur, euse ADJ. 1. rêveur, contemplatif, méditatif 2. pensif, absent, absorbé, préoccupé, soucieux

sonner
▶ V. INTR. 1. carillonner, corner, résonner, vibrer 2. siffler, tinter
▶ V. TR. 1. frapper 2. [*fam.*] assommer, étourdir, estourbir (fam.), mettre k.-o. (fam.) 3. [*fam.*] ébranler, bouleverser, tournebouler (fam.)

sonnette N. F. 1. clochette, cloche 2. sonnerie, carillon

sonore ADJ. 1. retentissant, éclatant, tonitruant, tonnant, vibrant 2. bruyant

sophistication N. F. 1. complexité, complication 2. raffinement, recherche, subtilité, [*péj.*] affectation, maniérisme, préciosité

sophistiqué, ée ADJ. 1. complexe, de pointe, performant 2. recherché, évolué, raffiné, [*péj.*] affecté, maniéré, précieux

soporifique
▶ ADJ. 1. narcotique, dormitif, hypnotique, sédatif, somnifère 2. ennuyeux, assommant, barbant (fam.), chiant (très fam.), mortel (fam.), mortifère (fam.), rasoir (fam.)
▶ N. M. somnifère

sorcellerie N. F. 1. magie, diablerie, féerie 2. ensorcellement, envoûtement, maléfice, sortilège

sorcier N. M. magicien, chaman, enchanteur, envoûteur, jeteur de sorts, marabout, thaumaturge (*littér.*)

sorcière N. F. 1. magicienne, envoûteuse, jeteuse de sorts, enchanteresse, méchante fée (*lang. enfants*) 2. mégère, harpie

sordide ADJ. 1. sale, crasseux, dégoûtant, immonde, infect, malpropre, pouilleux, repoussant, répugnant 2. ignoble, abject, écœurant, hideux, infâme 3. mesquin, vil

sornettes N. F. PL. bêtises, balivernes, sottises, fables (*littér.*)

sort N. M. 1. hasard, providence, fortune (*littér.*) 2. avenir, destin, destinée, étoile, fortune (*littér.*) 3. condition, état, lot, position 4. sortilège, charme, enchantement, ensorcellement, envoûtement, maléfice

sortable ADJ. convenable, correct, décent, montrable, présentable

sorte N. F. 1. catégorie, classe, famille, forme, genre, groupe, ordre, type, variété 2. nature, espèce, race, trempe 3. façon, manière

sortie N. F. 1. issue, débouché, porte, [*sur autoroute*] bretelle 2. promenade, balade, escapade, tour, échappée (*littér.*) 3. lancement, mise en circulation, édition, parution, publication 4. apparition, émergence 5. échappement, écoulement, évacuation 6. invective, algarade

sortilège N. M. 1. ensorcellement, envoûtement, charme, enchantement, maléfice, sorcellerie 2. magie, fascination

sortir[1] V. INTR. I. 1. aller dehors, s'aérer, mettre le nez dehors (fam.), s'oxygéner (fam.) 2. aller se promener, se dégourdir les jambes, faire un tour 3. partir, s'en aller, s'éclipser, s'esquiver, se retirer, décamper, déguerpir, débarrasser le plancher (fam.) II. 1. déborder, se répandre, sourdre (*littér.*) 2. surgir, affleurer, émerger, percer, poindre, pousser, ressortir
♦ **se sortir** V. PRON.
– **se sortir de** 1. réchapper de, se relever de 2. se dépêtrer de, se tirer de
– **s'en sortir** 1. reprendre le dessus, se tirer d'affaire, s'en tirer (fam.) 2. y arriver, se débrouiller, se démerder (très fam.), se dépatouiller (fam.), tirer son épingle du jeu (fam.)

sortir[2] V. TR. 1. promener, balader 2. lancer, éditer, faire paraître, publier 3. [*fam.*] expulser, vider (fam.), virer (fam.) 4. [*Sport*] battre, éliminer

sosie N. double, clone, jumeau, réplique

sot, sotte
▶ ADJ. 1. bête, borné, idiot, imbécile, inintelligent, stupide, balourd (fam.), nunuche (fam.) 2. absurde, déraisonnable, inepte, insensé, malavisé, ridicule 3. confus, déconcerté, penaud
▶ N. âne, abruti, benêt, dadais, étourdi, idiot, imbécile, niais, nigaud, andouille (fam.), bêta (fam.), buse (fam.), cloche (fam.), con (très fam.), cornichon (fam.), couillon (très fam.), crétin (fam.), cruche (fam.), nouille (fam.)

sottement ADV. bêtement, absurdement, idiotement, stupidement, connement *(fam.)*

sottise N. F. **1.** bêtise, balourdise, crétinerie, idiotie, imbécillité, inintelligence, niaiserie, stupidité **2.** ânerie, absurdité, baliverne, bêtise, énormité, fadaise, faribole, ineptie, insanité, sornette **3.** bévue, faute, impair, maladresse, bourde *(fam.)*, gaffe *(fam.)* **4.** babiole, bagatelle, bêtise, bricole, broutille, futilité, misère, rien, vétille, foutaise *(fam.)*

sou N. M. pièce, centime, kopeck *(fam.)*, liard *(fam.)*, radis *(fam.)*, rond *(fam.)*

soubassement N. M. **1.** assiette, assise, base, embasement, fondation, fondement **2.** socle, piédestal, stylobate

soubresaut N. M. **1.** frisson, convulsion, haut-le-corps, spasme, tressaillement **2.** saccade, cahot, secousse, trépidation

souche N. F. **1.** racine **2.** origine, ascendance, extraction, famille, filiation, lignage, lignée, naissance, race, sang **3.** talon

souci N. M. **1.** angoisse, alarme, anxiété, crainte, inquiétude, préoccupation **2.** contrariété, désagrément, difficulté, embarras, ennui, problème, tourment, tracas, embêtement *(fam.)*, emmerdement *(très fam.)*, empoisonnement *(fam.)*

soucier V. TR. inquiéter, ennuyer, préoccuper, tourmenter, tracasser, turlupiner *(fam.)*

♦ **se soucier** V. PRON. s'inquiéter, se tourmenter

soucieux, euse ADJ. inquiet, anxieux, contrarié, ennuyé, préoccupé, tourmenté, tracassé, turlupiné *(fam.)*

soudain¹, aine ADJ. **1.** brusque, brutal, foudroyant, fulgurant, instantané, prompt, rapide, subit **2.** imprévu, fortuit, inattendu, inopiné

soudain² ADV. soudainement, brusquement, brutalement, subitement, tout à coup, tout d'un coup, sans crier gare

soudainement ADV. brusquement, brutalement, subitement, tout d'un coup, *[demander]* à brûle-pourpoint, de but en blanc

souder V. TR. unir, accoler, agglutiner, conglomérer, joindre, réunir

soudoyer V. TR. acheter, corrompre, payer, arroser *(fam.)*, graisser la patte à *(fam.)*, stipendier *(littér.)*, *[un témoin]* suborner

soudure N. F. **1.** jonction **2.** assemblage, raccord, soudage **3.** brasure

souffle N. M. I. **1.** haleine, expiration, respiration, soupir **2.** bouffée, effluve, émanation, exhalaison **3.** vent, air, courant, rafale **4.** onde de choc II. **1.** âme, esprit, vie **2.** inspiration, créativité, enthousiasme, exaltation, lyrisme, veine

souffler
▸ V. INTR. **1.** expirer **2.** haleter, s'essouffler **3.** se reposer, se délasser, se détendre, reprendre haleine, reprendre son souffle, respirer
▸ V. TR. **1.** exhaler, cracher, vomir **2.** éteindre **3.** suggérer, conseiller

soufflet N. M. affront, humiliation, mortification, offense, outrage, camouflet *(littér.)*

souffrance N. F. **1.** douleur **2.** affliction, chagrin, détresse, croix, larmes, peine **3.** épreuve, calvaire, supplice, torture, tourment

souffrant, ante ADJ. **1.** malade, incommodé, indisposé, mal en point, mal fichu *(fam.)*, patraque *(fam.)*, tout chose *(fam.)* **2.** maladif, dolent *(littér.)*

souffre-douleur N. M. victime, bête noire, bouc émissaire, jouet, martyr, tête de Turc

souffreteux, euse ADJ. maladif, chétif, débile, malingre, rachitique, dolent *(littér.)*

souffrir
▸ V. INTR. **1.** avoir mal, être à la torture, déguster *(fam.)*, dérouiller *(fam.)*, en baver *(fam.)*, morfler *(fam.)*, trinquer *(fam.)* **2.** peiner, en baver *(fam.)*, galérer *(fam.)* **3.** s'abîmer, se détériorer, morfler *(fam.)*
▸ V. TR. **1.** endurer, éprouver, subir, supporter, encaisser *(fam.)* **2.** admettre, accepter, autoriser, permettre, tolérer **3.** supporter, sentir, voir

souhait N. M. **1.** aspiration, ambition, attente, désir, envie, rêve, volonté **2.** vœu

souhaitable ADJ. **1.** indiqué, adéquat, approprié, conseillé, convenable, opportun, recommandé, requis **2.** enviable, désirable

souhaiter V. TR. **1.** appeler (de ses vœux), aspirer à, avoir envie de, désirer, espérer, rêver de **2.** convoiter, avoir des vues sur, viser, lorgner sur *(fam.)*

souiller V. TR. I. **1.** salir, tacher **2.** polluer, contaminer, infecter II. **1.** avilir, corrompre, entacher, gâter **2.** déshonorer, profaner, violer **3.** calomnier, diffamer, éclabousser

souillure N. F. **1.** contamination, pollution **2.** avilissement, corruption, flétrissure **3.** faute, péché, tache, tare

soûl, soûle ADJ. ivre, beurré *(fam.)*, bituré *(fam.)*, blindé *(fam.)*, bourré *(fam.)*, déchiré *(fam.)*, gai *(fam.)*, gris *(fam.)*, noir *(fam.)*, paf *(fam.)*, parti *(fam.)*, pinté *(fam.)*, plein (comme une huître/comme une outre/comme une barrique), rond (comme une queue de pelle) *(fam.)*

soulagement N. M. **1.** apaisement, adoucissement, allègement **2.** aide, consolation, palliatif, réconfort, remède

soulager V. TR. **1.** secourir, aider, assister, faire du bien à, décharger, ôter une épine du pied à **2.** alléger, adoucir, apaiser, atténuer, calmer, consoler, modérer, réduire, tempérer

soûler V. TR. **1.** enivrer, étourdir, griser, monter à la tête à **2.** abrutir, assommer, étourdir, fatiguer, gaver *(fam.)*

♦ **se soûler** V. PRON. s'enivrer, boire (plus que de raison), se beurrer *(fam.)*, se biturer *(fam.)*, se bourrer (la gueule) *(fam.)*, se cuiter *(fam.)*, se péter la gueule *(fam.)*, picoler *(fam.)*, se pinter (la gueule) *(très fam.)*, prendre une biture/une caisse/une cuite *(fam.)*

soulèvement N. M. émeute, insurrection, rébellion, révolte, sédition, *[de marins, de soldats]* mutinerie, *[de paysans, Hist.]* jacquerie

soulever V. TR. I. **1.** lever, élever, hausser, hisser **2.** retrousser, relever, remonter II. **1.** provoquer, causer, déclencher, engendrer, entraîner, occasionner, produire, susciter **2.** poser, aborder, élever, évoquer **3.** enflammer, déchaîner, enthousiasmer, exalter, exciter

♦ **se soulever** V. PRON. **1.** se dresser, se lever **2.** se rebeller, s'insurger, se mutiner, se rebiffer, se révolter

soulier N. M. chaussure, godasse *(fam.)*, grole *(fam.)*, pompe *(fam.)*, tatane *(fam.)*

souligner V. TR. **1.** accentuer, accuser, faire ressortir, mettre en avant, mettre en relief, mettre en valeur **2.** insister sur, appuyer sur, faire remarquer, marquer, mettre en évidence, s'étendre sur

soumettre V. TR. **1.** assujettir, asservir, conquérir, contraindre, dominer, dompter, enchaîner, inféoder, mater, museler, opprimer, pacifier *(euph.)*, ranger sous ses lois, réduire, subjuguer **2.** exposer, offrir, présenter, proposer

♦ **se soumettre** V. PRON. **1.** abandonner (le combat/la lutte), capituler, se livrer, se rendre **2.** s'abaisser, courber la tête/le front/l'échine, ployer le genou, baisser pavillon, baisser son froc *(fam.)*, filer doux *(fam.)* **3.** céder, fléchir, s'incliner, obéir, obtempérer, plier, se résigner, mettre les pouces *(fam.)*

soumis, ise ADJ. **1.** discipliné, déférent, docile, maniable, obéissant, souple **2.** résigné, humble **3.** servile, bas **4.** asservi, pacifié

soumission N. F. **1.** docilité, obéissance, obédience *(littér.)*, servilité *(péj.)* **2.** humilité, acceptation, résignation **3.** asservissement, assujettissement, esclavage, inféodation, servitude, sujétion, vassalité **4.** observance, obéissance **5.** conquête, réduction **6.** capitulation, reddition

soupape N. F. **1.** obturateur, clapet **2.** exutoire, dérivatif, diversion, issue

soupçon N. M. **1.** doute, présomption, suspicion **2.** méfiance, défiance, suspicion

soupçonner V. TR. **1.** suspecter, se défier de, douter de, se méfier de, incriminer **2.** se douter, imaginer, avoir idée **3.** croire à, deviner, entrevoir, pressentir, flairer *(fam.)*, subodorer *(fam.)*, conjecturer *(littér.)*

soupçonneux, euse ADJ. défiant, méfiant, suspicieux **2.** jaloux, craintif, ombrageux

soupeser V. TR. apprécier, estimer, évaluer, jauger, juger de

soupir N. M. **1.** souffle **2.** gémissement, plainte

soupirant N. M. galant, amant, amoureux, prétendant

soupirer V. INTR. **1.** souffler, expirer **2.** pleurer, gémir, geindre, se plaindre, se lamenter

souple ADJ. I. **1.** mou, élastique, extensible, flexible, malléable, maniable **2.** agile, alerte, délié, leste, preste, vif **3.** décontracté, aisé, dégagé, félin, gracieux, léger, ondoyant II. **1.** liant, accommodant, compréhensif, conciliant, diplomate, habile, politique **2.** docile, complaisant, flexible, malléable

souplesse N. F. **1.** élasticité, flexibilité, malléabilité, maniabilité, plasticité **2.** agilité, adresse, légèreté **3.** adaptabilité **4.** diplomatie, adresse, compréhension, doigté

source N. F. **1.** point d'eau, fontaine, résurgence **2.** *[lumineuse]* foyer **3.** cause, base, commencement, générateur, germe, origine, point de départ, raison **4.** mine, filon, trésor, veine

sourcilleux, euse ADJ. exigeant, chatouilleux, intransigeant, maniaque, strict, scrupuleux, pointilleux *(péj.)*, tatillon *(péj.)*, vétilleux *(péj., littér.)*

sourd, sourde
▸ ADJ. **1.** malentendant, dur d'oreille, dur de la feuille *(fam.)*, sourdingue *(fam.)* **2.** assourdi, cotonneux, étouffé, feutré, mat, mou **3.** enroué, voilé **4.** diffus, caché, latent, secret, souterrain, vague
▸ N. malentendant

sourdre V. INTR. **1.** couler, s'échapper, filtrer, suinter **2.** paraître, apparaître, éclore, émerger, naître, poindre

souriant, ante ADJ. gai, enjoué, épanoui, jovial, réjoui, rieur, tout sourire

souricière N. F. **1.** ratière, tapette **2.** piège, traquenard

sournois, oise ADJ. **1.** hypocrite, dissimulateur, faux, fourbe **2.** insidieux, perfide, traître, subreptice *(littér.)*

sournoisement ADV. en cachette, en catimini, à la dérobée, en sous-main, en tapinois, hypocritement, en douce *(fam.)*, mine de rien *(fam.)*, en dessous *(fam.)*

souscrire à V. TR. IND. accepter, accéder à, acquiescer à, adhérer à, admettre, consentir à, se prêter à, se rallier à

sous-développé, ée ADJ. **1.** *[Écon.]* en voie de développement, moins avancé **2.** en retard **3.** sous-équipé

sous-entendre V. TR. **1.** insinuer, laisser deviner, laisser entendre, suggérer **2.** vouloir dire, impliquer, indiquer

sous-entendu¹, ue ADJ. implicite, inexprimé, informulé, tacite

sous-entendu² N. M. allusion, ellipse, insinuation, implicite, non-dit

sous-estimation N. F. sous-évaluation, dépréciation, mésestimation *(littér.)*

sous-estimer V. TR. déprécier, dévaloriser, méjuger, mésestimer, minimiser, sous-évaluer

sous-jacent, ente ADJ. **1.** implicite, latent, occulte **2.** inférieur, subjacent

sous-main (en) N. M. secrètement, à la dérobée, dans l'ombre, en cachette, en catimini, clandestinement, en coulisse, en secret, incognito, subrepticement, en tapinois *(fam.)*, sous le manteau *(fam.)*

soustraction N. F. **1.** décompte, déduction **2.** détournement, vol

soustraire V. TR. **1.** décompter, déduire, défalquer, enlever, ôter, prélever, retirer, retrancher **2.** s'approprier, confisquer, dérober, détourner, escamoter, escroquer, subtiliser, voler, chaparder *(fam.)*, débarrasser de *(fam.)*, faucher *(fam.)*, ravir *(littér.)*

♦ **se soustraire à** V. PRON. échapper à, se dégager de, se dérober à, éluder, esquiver, éviter, manquer à, couper à *(fam.)*, s'affranchir de *(littér.)*

sous-vêtements N. M. PL. dessous, linge de corps, lingerie

soutenable ADJ. 1. supportable, endurable, tenable, tolérable, vivable 2. défendable, explicable, justifiable

souteneur N. M. proxénète, protecteur, maquereau (fam.), marlou (fam.), jules (pop.), julot (pop.)

soutenir V. TR. I. 1. maintenir, porter, supporter, tenir 2. consolider, accoter, appuyer, caler, étayer, renforcer II. 1. aider, appuyer, assister, donner la main à, encourager, épauler, prêter main-forte à, seconder, secourir, venir à la rescousse de 2. fortifier, conforter, réconforter, remonter, stimuler, sustenter 3. favoriser, pistonner, protéger 4. défendre, épouser la cause de, plaider pour, prendre fait et cause pour, prendre le parti de, recommander 5. financer, parrainer, sponsoriser, subventionner III. affirmer, assurer, attester, avancer, certifier, faire valoir, maintenir, prétendre, professer IV. continuer, persévérer dans, persister dans, poursuivre V. résister à, faire face à, endurer, souffrir, supporter, tenir contre
♦ **se soutenir** V. PRON. 1. se tenir debout, se tenir droit 2. durer, se continuer, subsister 3. s'entraider, se prêter assistance, se prêter main-forte, être solidaire, se donner un coup de main (fam.), se serrer les coudes (fam.)

soutenu, ue ADJ. 1. assidu, constant, continu, incessant, ininterrompu, persévérant, persistant, régulier, suivi 2. intense, profond, vif 3. recherché, académique, châtié, littéraire, soigné

souterrain¹, aine ADJ. secret, caché, clandestin, larvé, occulte, sourd, ténébreux, subreptice (littér.)

souterrain² N. M. tunnel, galerie

soutien N. M. 1. support, (point d')appui, béquille, contrefort, étai, soutènement 2. aide, appui, assistance, patronage, protection, recommandation, secours, [financier] allocation, subsides, subvention 3. accord, appui, collaboration, concours, coopération, encouragement 4. défenseur, appui, champion, partisan

soutirer V. TR. 1. prélever 2. transvaser, clarifier 3. extorquer, arracher, escroquer, taper (fam.), tirer (fam.)

souvenir N. M. 1. réminiscence, évocation, pensée, rappel 2. mémoire, souvenance, ressouvenance (littér.) 3. trace, arrière-goût, ombre, relique, vestige
♦ **souvenirs** PLUR. 1. passé 2. mémoires, autobiographie

souvenir de (se) V. PRON. 1. se rappeler, revoir, se remémorer (littér.), avoir souvenance de (littér.) 2. reconnaître, remettre (fam.) 3. retenir, penser à, prendre bonne note de

souvent ADV. 1. plusieurs fois, à maintes reprises, à plusieurs reprises, fréquemment 2. généralement, communément, d'ordinaire, en général, habituellement, la plupart du temps

souverain¹, aine ADJ. I. 1. tout-puissant, absolu, omnipotent, suprême 2. régnant 3. indépendant, autonome, libre II. 1. supérieur, absolu, divin, extrême, idéal, parfait, suprême 2. efficace, absolu, infaillible, magistral, puissant, radical, sûr

souverain², aine N. 1. monarque, prince, roi 2. maître, arbitre, chef, seigneur

souveraineté N. F. 1. couronne (royale/impériale), empire, royauté 2. pouvoir, autorité, empire, omnipotence, toute-puissance, supériorité 3. autonomie, indépendance

soyeux, euse ADJ. doux, lustré, satiné

spacieux, euse ADJ. étendu, ample, grand, immense, large, vaste

spasme N. M. contraction, contracture, convulsion, crispation, soubresaut, tiraillement, tremblement

spatial, ale, aux ADJ. cosmique, interplanétaire, intersidéral, interstellaire

spécial, ale, aux ADJ. 1. caractéristique, distinctif, particulier, propre, spécifique 2. [cas] individuel, d'espèce, ponctuel 3. singulier, à part, atypique, extraordinaire, exceptionnel, hors du commun, original, particulier, unique 4. bizarre, étrange

spécialement ADV. 1. notamment, par exemple, en particulier, entre autres, particulièrement, surtout, singulièrement (littér.) 2. exprès, exclusivement, spécifiquement

spécialiste N. expert, grand clerc (en la matière), homme de l'art, professionnel

spécialité N. F. 1. discipline, branche, domaine, partie, sphère, rayon (fam.) 2. mets, plat 3. spécialisation

spécieux, euse ADJ. fallacieux, faux, trompeur, captieux (littér.)

spécification N. F. 1. caractérisation, définition, détermination 2. précision, indication, mention

spécificité N. F. caractéristique, particularité, propre, singularité

spécifier V. TR. 1. fixer, caractériser, déterminer, définir 2. indiquer, mentionner, préciser, stipuler

spécifique ADJ. particulier, caractéristique, propre, spécial, sui generis, typique

spécifiquement ADV. 1. exprès, exclusivement, spécialement, uniquement 2. typiquement, proprement, uniquement 3. particulièrement, à proprement parler

spécimen N. M. 1. modèle, archétype, exemple, prototype, type 2. échantillon, exemplaire, individu, représentant

spectacle N. M. 1. représentation, divertissement, exhibition, gala, revue, séance, show 2. scène, tableau, vue

spectaculaire ADJ. impressionnant, extraordinaire, prodigieux, sensationnel

spectateur, trice N. 1. observateur, témoin 2. assistant, auditeur, téléspectateur
♦ **spectateurs** PLUR. assistance, auditoire, parterre, public, salle, galerie (fam.)

spectre N. M. 1. fantôme, apparition, ectoplasme, esprit, ombre, mort, revenant 2. menace, épouvantail, obsession, peur

spéculation N. F. 1. raisonnement, théorie 2. calcul, réflexion, supputation 3. agiotage, opérations boursières, jeu boursier, boursicotage (fam.), coup de Bourse (fam.)

spéculer V. INTR. agioter, jouer en Bourse, boursicoter (fam.)

speech N. M. discours, laïus (fam.), topo (fam.)

sphère N. F. 1. boule, globe 2. [terrestre] globe, Terre, mappemonde 3. milieu, cadre, champ, domaine, mouvance, univers, zone

spirale N. F. volute, arabesque, enroulement, hélice, serpentin, torsade, vrille

spiritualité N. F. 1. esprit 2. mysticisme, dévotion, foi, religiosité

spirituel, elle ADJ. 1. intérieur, moral 2. mystique, métaphysique, religieux 3. intellectuel, mental 4. amusant, drôle, humoristique, malicieux, pétillant, piquant

spiritueux N. M. alcool, liqueur

splendeur N. F. 1. beauté 2. magnificence, apparat, brillant, faste, luxe, pompe, richesse, somptuosité 3. gloire, éclat, grandeur, lustre, panache, prestige, rayonnement 4. prospérité

splendide ADJ. 1. superbe, beau, admirable, magnifique, merveilleux, sublime, [temps] radieux 2. somptueux, brillant, éblouissant, étincelant, fastueux

splendidement ADV. admirablement, divinement, magnifiquement, merveilleusement, somptueusement, superbement

spolier V. TR. voler, déposséder, dépouiller, dessaisir, frustrer, léser, priver, gruger (fam.)

sponsor N. M. mécène, commanditaire (recomm. offic.), parrain (recomm. offic.), parraineur (recomm. offic.)

sponsoriser V. TR. commanditer, financer, parrainer, soutenir

spontané, ée ADJ. 1. naturel, authentique, direct, franc, sincère, nature (fam.) 2. impulsif, automatique, inconscient, instinctif, involontaire, irréfléchi, machinal, mécanique 3. sauvage

spontanéité N. F. naturel, authenticité, fraîcheur, franchise, franc-parler, sincérité

spontanément ADV. 1. librement, de soi-même 2. instinctivement, d'instinct, naturellement 3. sans calcul, sincèrement

sporadique ADJ. intermittent, épisodique, irrégulier, isolé, occasionnel

sporadiquement ADV. irrégulièrement, de temps à autre, de temps en temps, épisodiquement, occasionnellement, par accès, par intermittence, par moments

sport N. M. exercice (physique), culture physique, éducation physique, gymnastique

spray N. M. atomiseur, bombe, pulvérisateur, vaporisateur

sprinter V. INTR. foncer, courir, piquer un cent mètres (fam.)

squelette N. M. 1. ossature, carcasse 2. ossements, os, restes 3. structure, architecture, armature, canevas, charpente, plan, schéma

squelettique ADJ. maigre, décharné, efflanqué, émacié, étique, maigrelet

stabilisation N. F. 1. consolidation, affermissement, renforcement 2. équilibrage 3. blocage, gel

stabiliser V. TR. 1. équilibrer, régler 2. renforcer, affermir, consolider 3. bloquer, fixer, geler

stabilité N. F. 1. équilibre, aplomb, assiette 2. constance, continuité, fermeté, permanence, solidité 3. calme, aplomb, équilibre, fermeté

stable ADJ. 1. équilibré, d'aplomb, solide 2. constant, continu, durable, ferme, fixe, immuable, inaltérable, invariable, permanent, persistant 3. stationnaire, sans changement, statique

stade N. M. 1. étape, degré, échelon, étage, niveau, palier, phase, point 2. terrain (de sport), arène

stage N. M. formation, apprentissage, préparation

stagnant, ante ADJ. dormant, immobile, mort

stagnation N. F. 1. immobilité 2. engourdissement, ankylose, immobilisme, inertie, marasme, paralysie, piétinement, ralentissement

stagner V. INTR. 1. croupir 2. végéter, s'encroûter, s'enliser, faire du sur-place, patiner, piétiner, plafonner, tourner en rond

standard¹
▸ N. M. 1. norme, étalon, modèle, moyenne, règle, type 2. [Jazz] classique
▸ ADJ. INVAR. 1. courant, commun, habituel, ordinaire 2. normalisé, conforme

standardisation N. F. 1. normalisation, homogénéisation, rationalisation, unification 2. uniformisation, alignement, nivellement

standardiser V. TR. 1. normaliser, homogénéiser, rationaliser, unifier 2. uniformiser, aligner, niveler

standing N. M. 1. niveau de vie, classe, position, rang, train de vie, condition (littér.) 2. luxe, classe, confort

star N. F. célébrité, étoile, vedette

station N. F. 1. arrêt, gare 2. halte, arrêt, pause 3. posture, attitude, position

stationnaire ADJ. stable, étale, fixe, immobile, invariable, stagnant, statique

stationner V. INTR. se garer, se parquer

statique ADJ. 1. immobile, figé 2. stable, stationnaire

statuer V. TR. 1. décider, arrêter, établir, juger, ordonner 2. trancher, régler, résoudre

statufier V. TR. 1. figer, pétrifier, tétaniser 2. mettre sur un piédestal

stature N. F. 1. taille, gabarit, grandeur, hauteur, mensurations 2. envergure, carrure, classe, étoffe, qualité, trempe, valeur

statut N. M. 1. position, état, situation 2. règlement

stéréotype N. M. cliché, banalité, généralité, lieu commun, poncif, truisme

stéréotypé, ée ADJ. banal, conventionnel, figé, tout fait

stérile ADJ. 1. aseptique 2. infécond, infertile 3. aride, désertique, improductif, inculte, incultivable, ingrat, maigre, pauvre, pouilleux, sec 4. inefficace, inutile, vain 5. oiseux, vide

stérilisation N. F. 1. aseptisation, assainissement, désinfection, pasteurisation 2. appauvrissement, dessèchement 3. castration, émasculation

stériliser V. TR. 1. aseptiser, désinfecter, étuver, javelliser, pasteuriser, purifier 2. appauvrir, dessécher, épuiser, tarir 3. castrer, châtrer, couper, émasculer

stérilité N. F. 1. infécondité, infertilité, agénésie (didact.) 2. improductivité, aridité, pauvreté 3. inutilité, inefficacité, vanité (littér.)

stigmate N. M. 1. cicatrice, marque, trace 2. empreinte, flétrissure, signe, symptôme, vestige

stigmatiser V. TR. condamner, anathématiser, blâmer, critiquer, dénoncer, désapprouver, jeter l'anathème sur, réprouver, fustiger (littér.)

stimulant[1], **ante** ADJ. 1. vivifiant, fortifiant, réparateur, revigorant, tonifiant, tonique 2. excitant, analeptique, dopant, réconfortant 3. encourageant, incitatif, motivant

stimulant[2] N. M. 1. excitant, fortifiant, reconstituant, remontant, psychotonique, tonique 2. encouragement, aiguillon, coup de fouet, éperon, incitation, motivation, stimulation

stimulateur, trice ADJ. et N. M. excitateur, stimulant

stimulation N. F. 1. encouragement, dynamisation, incitation, motivation 2. excitation, stimulus

stimuler V. TR. 1. accélérer, activer, aider, pousser 2. encourager, donner du cœur à l'ouvrage à, dynamiser, éperonner, motiver, booster (fam.) 3. aviver, aiguillonner, aiguiser, animer, exalter, exciter, fouetter 4. doper, donner un coup de fouet à, fortifier, remonter, réveiller, revigorer, tonifier, vivifier, booster (fam.), ravigoter (fam.)

stipulation N. F. 1. clause, condition, mention 2. précision

stipuler V. TR. préciser, dire, énoncer, indiquer, mentionner, porter, spécifier

stock N. M. 1. provision, réserve 2. lot, assortiment

stockage N. M. emmagasinage, entassement, entreposage

stocker V. TR. emmagasiner, engranger, entasser, entreposer, faire provision de, faire une réserve de

stoïcisme N. M. courage, caractère, fermeté, dureté, héroïsme, impassibilité, imperturbabilité

stoïque ADJ. courageux, dur, ferme, héroïque, impassible, imperturbable, inébranlable

stopper
▶ V. TR. 1. immobiliser, arrêter, mettre au point mort 2. faire cesser, barrer la route à, boucher le chemin à, bloquer, cesser, enrayer, interrompre, juguler, mettre fin à, mettre un terme à, suspendre 3. repriser, raccommoder, ravauder
▶ V. INTR. s'arrêter, s'immobiliser, faire halte

stratagème N. M. ruse, acrobatie, artifice, astuce, subterfuge, subtilité, tour (de passe-passe), combine (fam.), ficelle (fam.), truc (fam.)

strate N. F. 1. niveau, classe, couche 2. [Géol.] banc, assise, couche, lit

stratégie N. F. tactique, plan (d'action), politique

stratégique ADJ. 1. déterminant, crucial, essentiel, important 2. tactique, militaire

stress N. M. 1. agression, pression, tension 2. angoisse, anxiété, nervosité

stressé, ée ADJ. angoissé, anxieux, crispé, nerveux, oppressé, tendu

strict, stricte ADJ. 1. précis, exact, rigoureux, [sens] étroit, littéral 2. exigeant, autoritaire, dur, inflexible, intraitable, intransigeant, pointilleux, rigide, sévère 3. astreignant, assujettissant, contraignant, draconien, dur, rigoureux, sévère 4. sobre, austère, classique, sévère

strictement ADV. 1. absolument, complètement, entièrement, totalement 2. rigoureusement, étroitement, stricto sensu

stricto sensu ADV. au sens strict, à la lettre, au pied de la lettre, à proprement parler, littéralement, proprement

strident, ente ADJ. perçant, aigu, criard, sifflant, sonore, suraigu

strie N. F. 1. rayure, cannelure, raie, rainure, ride, sillon, striure 2. ligne, hachure, trait

strier V. TR. rayer, hachurer, zébrer, vermiculer (littér.)

structure N. F. 1. agencement, architecture, arrangement, composition, configuration, disposition, économie, forme, ordonnance, ordonnancement, ordre, organisation, plan 2. armature, carcasse, charpente, ossature, squelette 3. construction, bâtiment 4. constitution, contexture, texture

structurer V. TR. 1. organiser 2. agencer, arranger, bâtir, charpenter, construire, ordonner

studieux, euse ADJ. travailleur, appliqué, assidu, sérieux, bûcheur (fam.)

stupéfaction N. F. stupeur, abasourdissement, ahurissement, ébahissement, effarement, étonnement

stupéfaire V. TR. stupéfier, abasourdir, ébahir, éberluer, méduser, suffoquer, époustoufler (fam.), estomaquer (fam.), scier (fam.), sidérer (fam.), souffler (fam.)

stupéfait, aite ADJ. abasourdi, ahuri, bouche bée, coi, déconcerté, ébahi, éberlué, interloqué, médusé, suffoqué, confondu (littér.), interdit (littér.), baba (fam.), époustouflé (fam.), estomaqué (fam.), scié (fam.), sidéré (fam.), soufflé (fam.), comme deux ronds de flan (fam.)

stupéfiant, ante ADJ. ahurissant, éberluant, effarant, incroyable, inouï, médusant, renversant, saisissant, suffoquant, à couper le souffle (fam.), époustouflant (fam.), estomaquant (fam.), sidérant (fam.), soufflant (fam.), confondant (littér.)

stupéfier V. TR. stupéfaire, abasourdir, ébahir, éberluer, méduser, renverser, suffoquer, époustoufler (fam.), estomaquer (fam.), scier (fam.), sidérer (fam.), souffler (fam.)

stupeur N. F. 1. stupéfaction, abasourdissement, ahurissement, ébahissement, saisissement 2. hébétude, abattement

stupide ADJ. 1. bête, abruti, absurde, borné, idiot, imbécile, inepte, inintelligent, insensé, niais, obtus, sot, bouché (fam.), con (très fam.), crétin (fam.), débile (fam.), bête comme ses pieds (fam.), bête à manger du foin (fam.), bête comme un âne/une oie (fam.), con comme la lune (fam.) 2. abasourdi, ahuri, ébahi, éberlué, interloqué, interdit (littér.), sidéré (fam.)

stupidement ADV. bêtement, idiotement, inintelligemment, sottement

stupidité N. F. 1. bêtise, absurdité, balourdise, crétinerie, crétinisme, débilité, idiotie, imbécillité, ineptie, inintelligence, niaiserie, sottise, connerie (très fam.) 2. ânerie, bévue, boulette, bourde, crétinerie, erreur, faute, ineptie, blague (fam.), connerie (fam.), gaffe (fam.)

style N. M. 1. écriture, expression, langue, plume, rhétorique 2. manière, empreinte, façon, facture, genre, main, patte, ton, touche, tour 3. goût, caractère, design, esthétique, forme, mode 4. classe, allure, cachet 5. tournure, air, allure, apparence, aspect, genre, dégaine (fam.), look (fam.), touche (fam.) 6. catégorie, calibre, genre, ordre, sorte, type, acabit (péj.), farine (péj.)

styliser V. TR. schématiser, simplifier, symboliser

stylo N. M. crayon à bille, marqueur, stylo-feutre, Bic (marque déposée)

suave ADJ. 1. agréable, délicat, délicieux, doux, exquis, délectable (soutenu) 2. harmonieux, céleste, enchanteur, gracieux, mélodieux

subalterne
▶ ADJ. inférieur, mineur, petit, secondaire, de second ordre
▶ N. subordonné, exécutant, inférieur, second, sous-ordre (péj.), sous-fifre (fam., péj.)

subdiviser V. TR. diviser, compartimenter, fractionner, morceler, partager, segmenter
◆ **se subdiviser** V. PRON. se ramifier

subdivision N. F. 1. division, catégorie, classe, classification, embranchement, famille, genre, groupe, ordre, ramification, sous-division 2. case, compartiment 3. [d'un texte] chapitre, morceau, partie

subir V. TR. 1. faire l'objet de, essuyer (fam.) 2. supporter, endurer, éprouver, souffrir, prendre (fam.), ramasser (fam.) 3. [un importun] s'appuyer (fam.), se faire (fam.), se taper (fam.) 4. [une loi] obéir à, suivre 5. [un examen] passer, se soumettre à

subit, ite ADJ. 1. soudain, brusque, brutal, foudroyant, fulgurant 2. inopiné, imprévu

subitement ADV. soudain, brusquement, brutalement, instantanément, soudainement, tout à coup, du jour au lendemain, subito (fam.), [demander] à brûle-pourpoint, de but en blanc

subjectif, ive ADJ. 1. individuel, particulier, personnel 2. relatif, partial, partisan, tendancieux (péj.)

subjuguer V. TR. 1. captiver, charmer, conquérir, enchanter, envoûter, fasciner, ravir, séduire 2. circonvenir, gagner, embobiner (fam.), entortiller (fam.)

sublime ADJ. 1. transcendant, noble, supérieur 2. beau, divin, magique, merveilleux, parfait, prodigieux

sublimer V. TR. 1. transcender, élever, ennoblir, purifier, spiritualiser 2. idéaliser, magnifier 3. gazéifier, vaporiser

submerger V. TR. 1. inonder, couvrir, engloutir, noyer 2. accabler, déborder, dépasser, écraser, envahir, surcharger

subodorer V. TR. deviner, se douter de, flairer, pressentir, sentir, soupçonner

subordination N. F. 1. dépendance, assujettissement, soumission, sujétion, vassalité, joug (littér.) 2. hiérarchie, ordre

subordonné[1], **ée à** ADJ. dépendant de, lié à, tributaire de

subordonné[2], **ée** N. subalterne, adjoint, employé, inférieur, sous-ordre (péj.), sous-fifre (fam., péj.)

subordonner V. TR. soumettre, attacher, faire dépendre, asservir (littér.), assujettir (fam.)

suborner V. TR. corrompre, acheter, soudoyer

subreptice ADJ. souterrain, caché, clandestin, furtif, secret, sournois

subrepticement ADV. secrètement, à la dérobée, en cachette, clandestinement, furtivement, sournoisement, en catimini, en tapinois, en douce (fam.)

subside N. M. aide, allocation, contribution, don, secours, subvention

subsidiaire ADJ. 1. annexe, auxiliaire, complémentaire, supplémentaire 2. secondaire, accessoire, contingent, incident, marginal, mineur

subsistance N. F. 1. existence, besoins, entretien, pain, vie, pitance (plaisant) 2. nourriture, alimentation, aliment

subsister V. INTR. 1. rester, se conserver, continuer, demeurer, durer, se maintenir, perdurer, se pérenniser, persister, résister à l'épreuve du temps, survivre, tenir 2. vivre, exister, survivre, végéter, vivoter, surnager (fam.)

substance N. F. 1. corps, matière 2. essence, nature, quintessence, substantifique moelle, substrat, suc 3. contenu, essentiel, fond, matière, objet, sujet

substantiel, elle ADJ. 1. nourrissant, consistant, nutritif, riche 2. important, appréciable, conséquent, considérable, notable, sérieux, [somme] coquet (fam.), joli (fam.), rondelet (fam.)

substituer V. TR. changer, remplacer par, mettre à la place de
◆ **se substituer à** V. PRON. prendre la place de, remplacer, tenir lieu de, suppléer (littér.)

substitut N. M. 1. suppléant, remplaçant, représentant 2. succédané, produit de remplacement, produit de substitution, ersatz (péj.)

substitution N. F. remplacement, échange, changement, commutation, permutation

subterfuge N. M. ruse, artifice, astuce, détour, stratagème

subtil, ile ADJ. 1. léger, délicat, imperceptible, ténu 2. fin, clairvoyant, perspicace, sagace (littér.) 3. aiguisé, affûté, aigu, délié, fin, pénétrant, vif 4. adroit, astucieux, habile, ingénieux, rusé, sophistiqué, futé, malin 5. [péj.] abstrait, compliqué, difficile, alambiqué (fam.), tiré par les cheveux (fam.)

subtiliser V. TR. voler, dérober, faire main basse sur, barboter (fam.), chaparder (fam.), chiper (fam.), chouraver (fam.), chourer (fam.), escamoter (fam.), faucher (fam.), piquer (fam.), rafler (fam.), souffler (fam.)

subtilité N. F. 1. finesse, adresse, ingéniosité, intelligence 2. délicatesse, raffinement, préciosité (péj.) 3. complication, difficulté, casuistique (péj.) 4. [péj.] argutie, artifice, chicane, finasserie

subvenir à V. TR. IND. pourvoir à, fournir à, satisfaire à, suffire à

subvention N. F. allocation, aide, contribution, don, financement, secours, subside (souvent plur.)

subventionner V. TR. financer, doter, soutenir (financièrement)

subversif, ive ADJ. contestataire, destructeur, pernicieux, révolutionnaire, séditieux

succédané N. M. substitut, produit de remplacement, produit de substitution, ersatz (péj.)

succéder à V. TR. IND. 1. suivre, venir après 2. remplacer, relayer, relever, prendre la suite de, prendre la relève de
♦ **se succéder** V. PRON. 1. passer, défiler, se dérouler, s'enchaîner, se suivre 2. alterner

succès N. M. 1. réussite, issue heureuse 2. prospérité, réussite 3. vogue, mode 4. performance, exploit, prouesse, tour de force, triomphe, victoire, tabac (fam.) 5. tube (fam.), hit (fam.)

successeur N. M. continuateur, épigone, héritier, remplaçant, [désigné] dauphin

succession N. F. 1. suite, chaîne, chronologie, cours, course, déroulement, enchaînement, fil, ordre 2. alternance 3. série, cascade, chapelet, cortège, défilé, enfilade, énumération, kyrielle, procession, ribambelle, suite 4. remplacement, relève 5. héritage, legs

successivement ADV. 1. alternativement, tantôt... tantôt, tour à tour 2. à tour de rôle, chacun à son tour, l'un après l'autre 3. à la file, de suite, coup sur coup

succinct, incte ADJ. 1. court, abrégé, bref, concis, condensé, ramassé, résumé, schématique (péj.), sommaire (péj.) 2. elliptique, laconique, lapidaire 3. léger, peu abondant, maigre, modeste

succinctement ADV. brièvement, rapidement, en résumé, schématiquement, sommairement, dans les grandes lignes, en quelques mots

succomber V. INTR. mourir, décéder, disparaître, trouver la mort, expirer (littér.), périr (littér.)

succulent, ente ADJ. délicieux, excellent, exquis, fameux, savoureux, délectable (soutenu)

succursale N. F. agence, annexe, comptoir, dépendance, filiale

sucer V. TR. 1. aspirer, absorber, boire, manger, téter, pomper (fam.) 2. lécher, suçoter

sucré, ée ADJ. 1. doux, miellé, sirupeux 2. doucereux, hypocrite, mielleux, onctueux, patelin (littér.)

sucrerie N. F. confiserie, bonbon, douceur, friandise, gâterie, gourmandise

suer
▸ V. TR. 1. secréter, exsuder 2. exhaler, distiller, respirer, sentir
▸ V. INTR. 1. transpirer, être en eau, être en nage, n'avoir plus un poil de sec (fam.) 2. peiner, s'échiner, travailler dur 3. suinter, dégouliner, dégoutter, ruisseler

sueur N. F. transpiration, perspiration, sudation

suffire V. INTR. aller, convenir, faire l'affaire

suffisance N. F. vanité, orgueil, présomption, prétention, fatuité (littér.), infatuation (littér.)

suffisant, ante ADJ. 1. assez 2. convenable, correct, honnête, honorable, passable, raisonnable, satisfaisant 3. vaniteux, arrogant, fat, infatué, pédant, poseur, prétentieux, satisfait, bêcheur (fam.), crâneur (fam.), frimeur (fam.), vain (littér.)

suffocant, ante ADJ. 1. oppressant, accablant, asphyxiant, étouffant 2. stupéfiant, ahurissant, effarant, renversant, confondant (fam.), époustouflant (fam.), estomaquant (fam.), sidérant (fam.), soufflant (fam.)

suffoquer
▸ V. INTR. étouffer, manquer d'air
▸ V. TR. 1. prendre à la gorge, asphyxier, étouffer, oppresser 2. stupéfier, abasourdir, couper le souffle à, laisser sans voix, estomaquer (fam.), scier (fam.), sidérer (fam.), souffler (fam.)

suffrage N. M. 1. vote, voix 2. scrutin 3. approbation, adhésion, assentiment, [massif] plébiscite

suggérer V. TR. 1. conseiller, dicter, inspirer, recommander, souffler 2. insinuer, faire allusion à, sous-entendre, laisser entendre 3. faire penser à, évoquer, rappeler

suggestif, ive ADJ. 1. évocateur, éloquent 2. provoquant, aguichant, affriolant, excitant, lascif

suggestion N. F. proposition, conseil, indication, recommandation

suicider (se) V. PRON. se tuer, se détruire, se donner la mort, mettre fin à ses jours, se supprimer, se faire hara-kiri

suinter
▸ V. INTR. couler, dégoutter, s'échapper, s'égoutter, perler, ruisseler, sourdre (littér.)
▸ V. TR. exsuder, distiller, sécréter, suer

suite N. F. I. série, cascade, chaîne, chapelet, défilé, enfilade, file, kyrielle, procession, ribambelle, succession II. 1. cours, déroulement, enchaînement, fil, succession 2. cohérence, fil (conducteur), liaison, lien, ordre III. 1. conséquence, choc en retour, contrecoup, effet, implication, incidence, prolongement, répercussion, résultat, retombée, [négative] séquelle 2. développement, continuation 3. séquence, cycle IV. escorte, accompagnement, cortège, cour, gens, équipage (littér.)

suivant¹, ante ADJ. 1. prochain, futur, postérieur, ultérieur 2. ci-après, ci-dessous

suivant² PRÉP. 1. conformément à 2. selon, d'après 3. en fonction de, à proportion de, à raison de

suivi¹, ie ADJ. 1. régulier, assidu, constant, continu, ininterrompu, soutenu 2. cohérent, logique

suivi² N. M. contrôle, monitoring (anglic.)

suivre V. TR. I. succéder à, découler de, s'ensuivre, résulter de, venir de II. 1. parcourir, descendre, emprunter, prendre, remonter 2. longer, côtoyer, épouser III. 1. accompagner, emboîter le pas de, escorter, marcher sur les talons de 2. pister, pourchasser, poursuivre, talonner, traquer, filer (le train à) (fam.), filocher (fam.), s'accrocher aux basques de (fam.) 3. imiter, marcher sur les brisées de, marcher sur les pas/les traces de IV. être d'accord avec, adhérer à, adopter, se joindre à, se régler sur 2. se conformer à, accomplir, écouter, obéir à, observer, remplir, respecter, sacrifier à V. 1. s'intéresser à, assister à, se passionner pour, regarder 2. comprendre, entraver (fam.), piger (fam.) VI. surveiller, épier, observer, regarder
♦ **se suivre** V. PRON. se succéder, s'enchaîner, se relayer

sujet¹, ette à ADJ. enclin à, exposé à, porté à, prédisposé à, susceptible de

sujet² N. M. I. 1. matière, champ, objet, point, question 2. thème, argument, fond 3. affaire, problème, question 4. raison, cause, fondement, mobile, motif, pourquoi, source II. 1. [Psych.] personne 2. [Méd.] malade, patient 3. [Art] modèle

sujet³, ette N. 1. citoyen, ressortissant 2. gouverné, inférieur, vassal

sujétion N. F. 1. obéissance, asservissement, assujettissement, dépendance, esclavage, oppression, soumission, subordination, servitude, chaînes (littér.), joug (littér.) 2. contrainte, gêne, incommodité

summum N. M. apogée, comble, faîte, fin du fin, maximum, nec plus ultra, perfection, sommet, top (fam.)

superbe ADJ. 1. très beau, de toute beauté, magnifique, merveilleux, somptueux, splendide, [personne] canon (fam.) 2. admirable, excellent, fantastique, remarquable

superbement ADV. magnifiquement, admirablement, divinement, merveilleusement, somptueusement, splendidement

supercherie N. F. tromperie, duperie, fraude, imposture, mensonge, mystification, pot aux roses (fam.)

superficie N. F. surface, aire, dimension, espace, étendue

superficiel, elle ADJ. 1. apparent, extérieur 2. bénin, léger 3. sommaire, incomplet, succinct, à la surface des choses 4. inconsistant, creux, oiseux, vain, vide 5. frivole, évaporé, futile, insouciant, léger

superficiellement ADV. 1. légèrement, en surface 2. sommairement, brièvement, rapidement, schématiquement, [lire] en diagonale, cursivement 3. à la légère, par-dessus la jambe (fam.)

superflu, ue
▸ ADJ. 1. surabondant, en trop, superfétatoire (littér.) 2. inutile, oiseux, redondant, vain
▸ N. M. luxe

supérieur¹, eure ADJ. I. élevé, haut, du dessus (fam.), du haut (fam.), plafond II. 1. suprême, prééminent, prépondérant 2. dominant, dirigeant, possédant III. 1. de qualité, (des) meilleur(s), haut de gamme, excellent, fameux, extra (fam.) 2. éminent, distingué, émérite, d'exception, exceptionnel, hors ligne, hors pair, incomparable, unique IV. arrogant, condescendant, dédaigneux, fier, hautain, prétentieux, suffisant

supérieur², eure N. chef, patron, [au plur.] hiérarchie, encadrement

supériorité N. F. 1. avantage, atout, dessus, longueur d'avance 2. primauté, hégémonie, prédominance, prééminence, prépondérance, suprématie, préséance (littér.) 3. distinction, excellence, transcendance 4. arrogance, condescendance, dédain, orgueil, suffisance

superposer V. TR. empiler, amonceler, entasser, étager
♦ **se superposer** V. PRON. se recouvrir, se chevaucher

superposition N. F. 1. empilement, amoncellement, entassement 2. chevauchement 3. stratification

superstition N. F. 1. croyance 2. pensée magique, crédulité

superviser V. TR. contrôler, chapeauter, diriger, mener

supervision N. F. contrôle, direction

supplanter V. TR. prendre la place de, évincer, détrôner, éclipser, remplacer, se substituer à, suppléer (littér.)

suppléant, ante N. 1. remplaçant, intérimaire 2. adjoint, assesseur

suppléer V. TR. 1. compenser, combler, contrebalancer, corriger, pallier, racheter, remédier à, réparer 2. remplacer, se substituer à, prendre la place de

supplément N. M. 1. complément, appoint, bonus, à côté (fam.), extra (fam.), rab (fam.), rabiot (fam.), rallonge (fam.) 2. surplus, excédent, surcroît 3. addenda, additif, annexe, appendice

supplémentaire ADJ. 1. complémentaire, additionnel, adjoint, ajouté, en plus, en extra (fam.) 2. adventice, autre

supplication N. F. prière, conjuration, imploration, supplique, adjuration (littér.)

supplice N. M. 1. torture, sévices 2. châtiment, exécution, peine 3. calvaire, angoisse, martyre, tourment, affres (littér.)

supplicier V. TR. martyriser, torturer

supplier V. TR. prier, conjurer, implorer, tomber aux genoux/aux pieds de, se traîner aux pieds de, adjurer (littér.)

support N. M. 1. appui, soutien 2. assise, base, piédestal, socle, soubassement 3. étai, béquille, colonne, pied, pilier, pylône, poutre

supportable ADJ. 1. tenable, soutenable, tolérable, vivable 2. excusable, acceptable, admissible, passable

supporter¹ V. TR. 1. soutenir, étayer, maintenir 2. être à l'épreuve de, résister à, tenir bon contre, tolérer 3. subir, endurer, résister à, digérer (fam.), encaisser (fam.), se farcir (fam.), se faire (fam.) 4. admettre, accepter, s'accommoder de, tolérer, avaler, souffrir (littér.) 5. se charger de, assumer, endosser, prendre à sa charge, prendre sur soi, s'appuyer (fam.), se coltiner (fam.) 6. [Sport] encourager, soutenir

supporter² N. M. partisan, aficionado, fan *(fam.)*, *[italiens]* tifosi

supposé, ée ADJ. **1.** censé **2.** prétendu, soi-disant, pseudo- **3.** présumé, hypothétique, putatif *(Droit)*

supposer V. TR. **1.** croire, penser, présumer, imaginer, conjecturer *(littér.)* **2.** postuler, admettre, poser, prendre comme prémisse **3.** impliquer, avoir comme corollaire, induire, nécessiter, réclamer **4.** *[qqch. à qqn]* attribuer, prêter

supposition N. F. hypothèse, conjecture, présomption, spéculation, supputation

suppression N. F. **1.** abolition, abandon, abrogation, annulation, levée **2.** cessation, disparition, extinction **3.** destruction, anéantissement **4.** assassinat, meurtre **5.** coupure, amputation, coupe claire, coupe sombre, diminution, élimination, mutilation, retranchement

supprimer V. TR. **1.** enlever, couper, amputer, éliminer, éradiquer, ôter, retirer, retrancher **2.** barrer, biffer, déléaturer, effacer, rayer **3.** faire cesser, arrêter, éteindre, mettre fin à **4.** empêcher, briser, étouffer, inhiber **5.** abolir, abroger, annuler, casser, lever **6.** faire disparaître, aplanir, balayer, bannir, chasser, écarter, escamoter **7.** détruire, anéantir, annihiler, démolir, éliminer **8.** tuer, abattre, assassiner, éliminer, buter *(fam.)*, dégommer *(fam.)*, descendre *(fam.)*, faire la peau de *(fam.)*, rectifier *(fam.)*, refroidir *(fam.)*

♦ **se supprimer** V. PRON. se suicider, se donner la mort, mettre fin à ses jours, se tuer, se faire hara-kiri

supputation N. F. **1.** hypothèse, conjecture, prévision, supposition **2.** calcul, estimation, évaluation, spéculation

supputer V. TR. **1.** supposer, conjecturer, imaginer **2.** calculer, estimer, évaluer, examiner, jauger

suprématie N. F. **1.** hégémonie, domination, omnipotence **2.** primauté, ascendant, prédominance, prépondérance, prééminence, supériorité

suprême ADJ. **1.** souverain, supérieur, *[Relig.]* divin **2.** extrême, grand, magistral, parfait **3.** dernier, final, ultime, *[effort]* désespéré

sûr, sûre ADJ. **1.** vrai, assuré, authentique, avéré, certain, établi, évident, garanti, incontestable, indubitable, irrécusable, officiel **2.** convaincu, assuré, certain, confiant, persuadé **3.** éprouvé, bon, fiable, infaillible, sérieux, solide **4.** de confiance, dévoué, fidèle, indéfectible, de parole, loyal, sincère **5.** ferme, assuré, exercé, expert **6.** inéluctable, fatal, immanquable, inévitable **7.** sans danger, calme, paisible, tranquille

surabondance N. F. **1.** excès, redondance, saturation, surcharge, surproduction **2.** profusion, débauche, débordement, déluge, exubérance, luxuriance, pléthore, prodigalité

suranné, ée ADJ. **1.** désuet, ancien, démodé, inactuel, vieilli, vieillot, vieux **2.** *[péj.]* dépassé, antédiluvien, archaïque, arriéré, fossile, obsolète, périmé, rétrograde, ringard *(fam.)*

surcharge N. F. **1.** excédent, excès, surcroît, surplus **2.** surabondance, débauche, débordement, excès **3.** correction, rajout, rature

surchargé, ée ADJ. **1.** bondé, bourré, comble, complet, *[classe]* pléthorique **2.** chargé, lourd **3.** corrigé, raturé

surcharger V. TR. **1.** charger, alourdir, encombrer, remplir, bourrer *(fam.)* **2.** accabler, écraser, *[d'impôts]* grever, surimposer, surtaxer, ponctionner *(fam.)*

surcroît N. M. **1.** surplus, excédent, surcharge **2.** augmentation, accroissement, supplément

surdoué, ée N. génie, prodige, fort en thème *(fam.)*

surélévation N. F. exhaussement, surhaussement

surélever V. TR. exhausser, élever, hausser, rehausser, surhausser

sûrement ADV. **1.** oui **2.** assurément, à coup sûr, à l'évidence, à n'en pas douter, certainement, certes, immanquablement, inévitablement, infailliblement, obligatoirement, sans faute, à tous les coups **3.** sans doute

surestimer V. TR. **1.** majorer, surévaluer **2.** gonfler, amplifier, (s')exagérer, surfaire

sûreté N. F. **1.** sécurité, ordre **2.** adresse, agilité, assurance, dextérité, fermeté, habileté, justesse, précision **3.** acuité, clairvoyance, justesse, lucidité **4.** fiabilité, efficacité **5.** caution, assurance, gage, garantie

surévaluer V. TR. surestimer, amplifier, (s')exagérer, gonfler, majorer, surfaire

surexcitation N. F. exaltation, déchaînement, échauffement, fièvre, frénésie

surexcité, ée ADJ. exalté, déchaîné, en délire, enflammé, frénétique, survolté

surface N. F. **1.** étendue, espace, plan **2.** superficie, aire, dimension **3.** dehors, apparence, extérieur, façade

surfait, aite ADJ. surestimé, exagéré, surévalué

surgir V. INTR. **1.** jaillir, bondir, déboucher, émerger, faire irruption, se montrer, paraître, poindre, sortir, venir **2.** naître, apparaître, se développer, s'élever, se faire jour, se manifester, percer, pointer, se présenter, se produire, survenir

surhomme N. M. héros, géant, superman

surhumain, aine ADJ. **1.** titanesque **2.** surnaturel, surréel

sur-le-champ LOC. ADV. aussitôt, immédiatement, séance tenante, sur l'heure, sans délai, sans retard, sans tarder, illico (presto) *(fam.)*, incontinent *(littér.)*, sans désemparer *(littér.)*

surmenage N. M. fatigue, épuisement

surmené, ée ADJ. épuisé, exténué, éreinté, harassé, crevé *(fam.)*, vidé *(fam.)*

surmonter V. TR. **1.** coiffer, couronner, dominer, surplomber **2.** vaincre, l'emporter sur, franchir, triompher de, venir à bout de **3.** maîtriser, contenir, contrôler, dominer, dompter

surnager V. INTR. **1.** flotter, nager **2.** survivre, garder la tête hors de l'eau, se maintenir (à flot), rester, subsister

surnaturel, elle ADJ. **1.** extraordinaire, fabuleux, fantastique, irréel, merveilleux, prodigieux **2.** divin, magique, miraculeux

surnom N. M. **1.** pseudonyme, nom de guerre, nom de plume, nom de scène, pseudo *(fam.)* **2.** sobriquet, petit nom *(fam.)*

surnombre (en)
▸ LOC. ADV. en excédent, en surplus, en trop
▸ LOC. ADJ. excédentaire, surnuméraire

surnommé, ée ADJ. dit, alias

surpasser V. TR. devancer, battre, damer le pion à, dépasser, distancer, dominer, éclipser, effacer, l'emporter sur, être au-dessus de, être supérieur à, primer sur, surclasser, enfoncer *(fam.)*, griller *(fam.)*

♦ **se surpasser** V. PRON. se dépasser, s'arracher *(fam.)*

surpeuplé, ée ADJ. grouillant, fourmillant, populeux

surplomber V. TR. avancer sur, dépasser, dominer, surmonter

surplus N. M. **1.** surproduction **2.** excédent, excès, reliquat, restant, reste, trop-plein **3.** complément, rab *(fam.)*, rabiot *(fam.)*, rallonge *(fam.)* **4.** surcroît, augmentation, supplément, surcharge

surprenant, ante ADJ. **1.** étonnant, déconcertant, stupéfiant **2.** inattendu, inopiné **3.** remarquable, incroyable, inouï, époustouflant *(fam.)* **4.** curieux, bizarre, étrange, insolite, singulier

surprendre V. TR. **1.** étonner, déconcerter, ébahir, prendre au dépourvu, prendre de court, stupéfier, ébouriffer *(fam.)*, épater *(fam.)*, estomaquer *(fam.)*, scier *(fam.)*, souffler *(fam.)*, suffoquer *(fam.)* **2.** capter, apercevoir, déceler, découvrir, discerner, intercepter, remarquer, saisir **3.** prendre (sur le fait), attraper, coincer *(fam.)*, pincer *(fam.)*, prendre la main dans le sac *(fam.)*

surpris, ise ADJ. étonné, déconcerté, désorienté, ébahi, frappé (d'étonnement/de stupeur), saisi, stupéfait, baba *(fam.)*, comme deux ronds de flan *(fam.)*, ébouriffé *(fam.)*, épaté *(fam.)*, estomaqué *(fam.)*, scié *(fam.)*, sidéré *(fam.)*, soufflé *(fam.)*, suffoqué *(fam.)*

surprise N. F. **1.** étonnement, consternation, ébahissement, stupéfaction, stupeur **2.** cadeau, présent *(soutenu)*

sursaut N. M. **1.** frisson, haut-le-corps, soubresaut, tressaillement, tressautement **2.** effort, tentative

sursauter V. INTR. **1.** tressaillir, sauter, tressauter **2.** bondir, réagir

surseoir à V. TR. IND. différer, reculer, remettre, reporter, retarder, suspendre

sursis N. M. délai, répit, moratoire

surtout ADV. **1.** par dessus tout, plus que tout **2.** principalement, notamment, particulièrement, spécialement

surveillance N. F. **1.** garde, guet, veille **2.** vigilance, attention, contrôle, inspection, observation **3.** conduite, contrôle, direction, suivi **4.** sécurité, défense, protection, espionnage, contre-espionnage

surveillant, ante N. **1.** garde, gardien, vigile **2.** *[Scol.]* pion *(fam.)*, surgé *(argot)* **3.** *[de prison]* gardien, garde-chiourme *(péj., fam.)*, maton *(argot)*

surveiller V. TR. **1.** épier, espionner, garder à vue, guetter, ne pas quitter des yeux, observer, suivre, tenir de près, avoir à l'œil *(fam.)*, fliquer *(fam., péj.)* **2.** veiller sur, faire attention à, garder/avoir l'œil sur *(fam.)*, avoir dans le collimateur *(fam.)*, marquer à la culotte *(fam.)*, *[jeune fille]* chaperonner **3.** vérifier, conduire, contrôler, examiner, inspecter, présider à, suivre **4.** *[son langage]* modérer, faire attention à

survenir V. INTR. apparaître, arriver, se déclarer, faire irruption, intervenir, se manifester, se présenter, se produire, surgir, venir, advenir *(littér.)*

survivant, ante N. rescapé, réchappé *(littér.)*

survivre V. INTR. se maintenir, demeurer, durer, persister, subsister, tenir **2.** végéter, subsister, vivoter

survoler V. TR. **1.** effleurer, glisser sur **2.** parcourir, lire en diagonale/cursivement

survolté, ée ADJ. exalté, déchaîné, électrisé, en délire, enflammé, galvanisé, surchauffé, surexcité, comme une pile électrique *(fam.)*

susceptible ADJ. chatouilleux, irritable, ombrageux, sensitif *(littér.)*

susciter V. TR. **1.** occasionner, amener, attirer, catalyser, causer, créer, déclencher, donner lieu à, engendrer, entraîner, provoquer, valoir **2.** éveiller, allumer, animer, déchaîner, exciter, faire naître, soulever

suspect, ecte ADJ. **1.** douteux, équivoque, interlope, louche, trouble **2.** peu sûr, peu fiable, sujet à caution

suspecter V. TR. **1.** soupçonner, mettre en cause, mettre en doute, incriminer **2.** entrevoir, conjecturer, deviner, présumer, pressentir, subodorer, supposer, flairer *(fam.)*

suspendre V. TR. **1.** accrocher, attacher, fixer, pendre **2.** arrêter, abandonner, discontinuer, (faire) cesser, geler, interrompre **3.** ajourner, différer, reculer, remettre, renvoyer, reporter, repousser, retarder, surseoir à *(soutenu)* **4.** démettre, dégrader, destituer, mettre à pied, mettre en disponibilité, relever de ses fonctions

suspendu, ue ADJ. **1.** en suspens **2.** accroché, pendu, *[jardin]* en terrasse

suspens (en) LOC. ADV. **1.** en attente, en sommeil, suspendu, en carafe *(fam.)*, en panne *(fam.)*, en plan *(fam.)*, en rade *(fam.)*, en souffrance *(littér.)* **2.** irrésolu, flottant, hésitant, indécis

suspension N. F. **1.** lustre, plafonnier **2.** amortisseurs, ressorts **3.** abandon, arrêt, cessation **4.** interruption, pause, repos, temps d'arrêt **5.** délai, moratoire

suspicieux, euse ADJ. soupçonneux, défiant, méfiant, sur la défensive, sur ses gardes

suspicion N. F. **1.** défiance, doute, méfiance **2.** soupçon

susurrer
▸ V. TR. glisser (à l'oreille), souffler
▸ V. INTR. murmurer, chuchoter

svelte ADJ. élancé, délié, effilé, élégant, fin, fuselé, léger, longiligne, mince

symbole N. M. 1. emblème, attribut, insigne, marque, signe 2. représentation, allégorie, figure, image 3. archétype, incarnation, personnification, type 4. notation, signe, chiffre, nombre, logo

symbolique ADJ. 1. emblématique, allégorique, figuratif, métaphorique 2. théorique, formel

symboliser V. TR. 1. représenter, figurer 2. incarner, personnifier

symétrie N. F. 1. régularité, balancement, équilibre, harmonie 2. concordance, correspondance, ressemblance

symétrique ADJ. 1. régulier, équilibré 2. inverse, opposé

sympathie N. F. 1. amitié, affection, attachement, fraternité, tendresse 2. attirance, affinité, attraction, faible, inclination, intérêt, penchant 3. bienveillance, complaisance 4. compassion, pitié, sensibilité

sympathique ADJ. 1. chaleureux, amical, accueillant, cordial, fraternel 2. avenant, aimable, charmant, gentil, plaisant, amène (littér.)

sympathiser V. INTR. s'entendre, fraterniser, se lier, avoir de bons rapports, être en bons termes, copiner (fam.)

symptomatique ADJ. caractéristique, emblématique, révélateur, significatif, typique

symptôme N. M. indice, manifestation, marque, signe, stigmate (péj.)

synchrone ADJ. simultané, coïncidant, concomitant, synchronique

syncope N. F. évanouissement, défaillance, éblouissement, étourdissement, faiblesse, malaise, perte de connaissance

syndicat N. M. 1. groupement (professionnel), association, coopérative 2. coordination, fédération, union

syndrome N. M. affection, maladie

synonyme N. M. équivalent, substitut

synopsis N. M. scénario, canevas, intrigue, plan, trame

synthèse N. F. 1. combinaison, alliance, association, mariage, réunion 2. déduction, raisonnement déductif, généralisation 3. conclusion, enseignement

synthétique ADJ. 1. global 2. fabriqué, artificiel

synthétiser V. TR. résumer, condenser, récapituler, schématiser

systématique ADJ. 1. méthodique, déductif, logique, ordonné, organisé, rationnel, réglé 2. constant, automatique, habituel, invariable, machinal, régulier, entêté (péj.), têtu (péj.)

systématiquement ADV. 1. méthodiquement, rationnellement 2. automatiquement, constamment, invariablement, par principe, régulièrement

systématiser V. TR. normaliser, réglementer

système N. M. 1. mécanisme, appareil, dispositif 2. procédé, astuce, manière, méthode, moyen, plan, tactique, technique, combine (fam.), recette (fam.), truc (fam.) 3. doctrine, dogme, école, idéologie, théorie 4. régime, gouvernement, règle, structure

✦ ✦

T

table N. F. I. bureau, comptoir, console, crédence, desserte, guéridon II. index, liste, répertoire, sommaire, tableau

tableau N. M. 1. peinture, toile, croûte (péj.) 2. scène, image, spectacle, vision, vue 3. récit, analyse, fresque, peinture, représentation, vue d'ensemble 4. [de prix] tarif, barème

tabler V. INTR.
– **tabler sur** compter sur, escompter, espérer, miser sur

tablette N. F. 1. rayon, étagère, planchette, rayonnage 2. plaque, plaquette

tablier N. M. 1. blouse, sarrau 2. [Techn.] rideau

tabou
▸ N. M. interdit
▸ ADJ. 1. inviolable, interdit, intouchable, sacré, sacro-saint 2. prohibé, brûlant, interdit, intouchable

tache N. F. 1. marque, moucheture, tacheture, tiqueture 2. [d'un fruit] meurtrissure, tavelure 3. [Méd.] nævus, macule, pétéchie, rougeur, [sur l'ongle] albugo 4. salissure, bavure, éclaboussure, macule, marque, souillure, trace

tâche N. F. 1. activité, besogne, occupation, corvée (péj.), pensum (péj.), labeur (littér.), boulot (fam.), job (fam.) 2. devoir, obligation, fonction, mission, rôle, office (littér.)

taché, ée ADJ. 1. maculé, sali, souillé, cochonné (fam.) 2. [naturellement] moucheté, tacheté, tavelé, tigré

tacher V. TR. maculer, graisser, marquer, salir, souiller, cochonner (fam.)

tâcher V. TR. et TR. IND.
– **tâcher de** s'efforcer de, s'appliquer à, essayer de, faire des efforts pour, faire son possible pour, s'employer à, s'escrimer à, s'évertuer à, s'ingénier à, œuvrer pour, tenter de, travailler à
– **tâcher que** veiller à ce que, faire en sorte que, s'arranger pour que

tacheté, ée ADJ. 1. moucheté, piqueté 2. [cheval] tisonné, pommelé, truité

tacite ADJ. implicite, inexprimé, informulé, sous-entendu

taciturne ADJ. silencieux, avare de paroles, renfermé, secret

tact N. M. délicatesse, atttention, diplomatie, doigté, habileté, prévenance, savoir-faire

tactique¹ ADJ. 1. adroit, astucieux, malin 2. stratégique, préstratégique

tactique² N. F. plan (d'action), manœuvre, méthode, politique, recette, stratégie, technique, truc (fam.)

tag N. M. graffiti, bombage, graff (fam.)

taguer V. TR. graffiter, bomber

taillader V. TR. balafrer, charcuter, déchiqueter, déchirer, entailler, lacérer, labourer

taille N. F. I. coupe, ébranchage, écimage, élagage, émondement, étêtage, taillage II. 1. grandeur, carrure, gabarit, hauteur, pointure, stature 2. dimension, calibre, format, grandeur, grosseur, importance, longueur, proportion

tailler V. TR. 1. couper, [en pointe] appointer, [en biseau] biseauter, [en arrondi] échancrer 2. [des arbres] ébourgeonner, ébrancher, écimer, éclaircir, élaguer, émonder, étêter 3. sculpter, ciseler 4. [les cheveux] couper, rafraîchir 5. [Couture] couper, découper, patronner

taillis N. M. buissons, bois, fourrés, maquis

taire V. TR. passer sous silence, cacher, dissimuler, enfouir, garder secret, omettre, voiler
♦ **se taire** V. PRON. 1. faire silence, demeurer/rester bouche cousue, demeurer/se tenir coi, ne pas desserrer les dents, ne pas dire un mot, la boucler (fam.), s'écraser (fam.), la fermer (fam.), fermer son bec (fam.), fermer sa gueule (très fam.), mettre sa langue dans sa poche (fam.), ne pas piper (fam.) 2. garder un secret, être une tombe

talent N. M. 1. aptitude, aisance, capacité, compétence, disposition, don, génie, faculté, instinct, prédisposition 2. adresse, art, brio, dextérité, doigté, maestria, virtuosité, savoir-faire 3. prodige, génie, star, virtuose

talentueux, euse ADJ. doué, de haut vol, de haute volée, émérite

talisman N. M. amulette, charme, fétiche, grigri, mascotte, porte-bonheur

talonner V. TR. 1. serrer de près, être aux trousses de, marcher sur les talons de, marquer à la culotte, pourchasser, poursuivre, traquer 2. harceler, assiéger, persécuter, presser, relancer, tarabuster, tourmenter

talus N. M. remblai, butte, levée, parapet

tamiser V. TR. 1. cribler, bluter, filtrer, passer, sasser, trier, vanner 2. adoucir, atténuer, estomper, filtrer, voiler

tampon N. M. 1. bouchon, bonde 2. cachet, flamme, oblitération

tamponner V. TR. 1. frotter, étendre, imbiber 2. essuyer, étancher, sécher 3. emboutir, défoncer, heurter, percuter, télescoper, emplafonner (fam.), froisser la tôle de (fam.) 4. timbrer, estampiller, oblitérer, poinçonner

tandem N. M. paire, binôme, couple, duo

tangible ADJ. 1. palpable, charnel, matériel, sensible 2. concret, authentique, effectif, établi, incontestable, manifeste, matériel, réel

tanguer V. INTR. 1. se balancer, onduler, osciller 2. vaciller, bouger, chanceler, tituber, zigzaguer

tanière N. F. 1. antre, bauge, gîte, repaire 2. cachette, refuge, repaire, retraite, trou (fam.)

tank N. M. 1. citerne, réservoir 2. char d'assaut, automitrailleuse, blindé, char, panzer

tanner V. TR. 1. préparer, chromer, mégisser 2. bronzer, boucaner, brunir, hâler

tapage N. M. 1. vacarme, chahut, charivari, tintamarre, tohu-bohu, barouf (fam.), bazar (fam.), bordel (fam.), boucan (fam.), chambard (fam.), potin (fam.), raffut (fam.), tintouin (fam.) 2. scandale, désordre, esclandre, foin (fam.) 3. battage, bruit, publicité, ramdam (fam.), tam-tam (fam.)

tapageur, euse ADJ. 1. bruyant, braillard, vociférant, gueulard (fam.), piaillard (fam.) 2. criard, clinquant, outrancier, provocateur, tape-à-l'œil, voyant

tape N. F. claque, gifle, tapette

tape-à-l'œil ADJ. INVAR. criard, clinquant, outrancier, provocateur, tapageur, voyant

taper
▸ V. TR. 1. battre, boxer, brutaliser, calotter, cogner, fesser, frapper, rosser, talocher (fam.) 2. pianoter, tambouriner, tapoter 3. dactylographier, saisir
▸ V. INTR. 1. frapper, cogner, donner des coups, tambouriner, tapoter 2. [soleil] brûler, chauffer, cogner 3. [vin] monter à la tête, cogner (fam.)

tapinois (en) LOC. ADV. en cachette, à la dérobée, en catimini, en secret, furtivement, sous cape, subrepticement, en douce (fam.)

tapir (se) V. PRON. se blottir, se cacher, se recroqueviller, se terrer, se planquer (fam.)

tapis N. M. 1. carpette, descente de lit, kilim, lirette, moquette, [de couloir, d'escalier] chemin 2. natte, paillasson, [de judo] tatami 3. lit, couche

tapisser V. TR. 1. [personne] tendre, coller, couvrir, orner, recouvrir, revêtir 2. [chose] recouvrir, cacher, couvrir, joncher, parsemer

tapisserie N. F. 1. tenture, rideau 2. papier mural, papier peint

taquin, ine ADJ. et N. malicieux, badin, coquin, espiègle, facétieux, farceur, moqueur

taquiner V. TR. 1. agacer, chiner, faire enrager, exciter, plaisanter, asticoter (fam.), blaguer (fam.), faire bisquer (fam.), faire marcher (fam.), mettre en boîte (fam.) 2. chatouiller, agacer, picoter

tarabiscoté, ée ADJ. 1. affecté, alambiqué, amphigourique, contourné, embrouillé 2. [explication] embarrassé, emprunté 3. chargé, baroque, lourd, orné, surchargé

tarabuster V. TR. 1. agacer, harceler, importuner, presser, tourmenter, asticoter (fam.) 2. obséder, contrarier, miner, ronger, tracasser, travailler, chiffonner (fam.), turlupiner (fam.)

tarauder V. TR. 1. percer, fileter, forer, perforer, transpercer, trouer, vriller 2. obséder, miner, ronger, tenailler, torturer, tourmenter

tarder V. INTR. 1. traîner, atermoyer, faire traîner, lambiner, lanterner, perdre son temps, traînasser 2. se faire attendre, être lent à venir, se faire désirer

tardif, ive ADJ. 1. retardé, en retard, hors de saison 2. [heure] avancé, indu

tare N. F. 1. poids 2. malformation, altération, déficience, handicap, maladie 3. imperfection, défaut, défectuosité, malfaçon, travers, vice

targuer de (se) V. PRON. 1. [qqch.] s'enorgueillir de, se donner les gants de, être fier de, se flatter de, se piquer de, se prévaloir de, se vanter de, tirer vanité de 2. [suivi de l'infinitif] se faire fort de, compter, espérer, prétendre

tarif N. M. 1. barème 2. prix, cote, coût, montant, taux

tarir
▶ V. TR. 1. assécher, dessécher, épuiser, sécher, mettre à sec 2. consumer, dissiper, engloutir, éteindre
▶ V. INTR. 1. cesser de couler, s'arrêter, s'assécher 2. s'appauvrir, s'éteindre, s'épuiser, stopper

tartiner V. étaler, beurrer, enduire, recouvrir

tas N. M. amas, amoncellement, monceau, montagne, pile, pyramide, superposition, [de foin, de blé] meule

tasser V. TR. 1. presser, bourrer, compacter, comprimer, damer 2. entasser, empiler, masser, presser, resserrer, serrer
♦ **se tasser** V. PRON. 1. s'affaisser, s'effondrer 2. se voûter, rapetisser, se ratatiner, se recroqueviller 3. se serrer, se blottir, se presser

tâter V. TR. 1. toucher, fouiller, palper, tâtonner 2. sonder, ausculter, interroger, prendre le pouls/la température de

tatillon, onne ADJ. pointilleux, maniaque, scrupuleux, strict, tracassier, chipoteur (fam.), pinailleur (fam.), vétilleux (littér.)

tâtonnement N. M. essai, balbutiement, bégaiement, flottement, hésitation

tâtonner V. INTR. 1. tâter 2. essayer, hésiter, avancer sur la pointe des pieds

tâtons (à) LOC. ADV. 1. à l'aveugle, à l'aveuglette, en tâtonnant 2. au hasard, sans méthode

taudis N. M. bouge, bidonville, cambuse, gourbi, masure

tautologie N. F. répétition, lapalissade, pléonasme, redite, redondance, réitération, truisme

taux N. M. 1. barème, tarif 2. cours, cote, valeur 3. quotient, pourcentage, rapport, ratio

tavelé, ée ADJ. marqué, marqueté, piqueté, tacheté

taverne N. F. [vieilli] auberge, brasserie, buvette, cabaret, café, estaminet (région.), guinguette, gargote (péj.)

taxable ADJ. imposable, assujetti (à l'impôt)

taxation N. F. imposition, assujettissement à l'impôt

taxe N. F. contribution, charge, fiscalité, imposition, impôt, redevance, [Hist.] dîme, gabelle, taille

taxer V. TR. 1. imposer 2. qualifier, appeler, baptiser, nommer, traiter 3. accuser, charger, reprocher

technicien, enne N. professionnel, exécutant, expert, homme de l'art, praticien, spécialiste

technique
▶ ADJ. 1. spécial, pointu, professionnel, scientifique, spécialisé 2. mécanique
▶ N. F. 1. procédé, art, méthode, métier, pratique, technologie 2. astuce, recette, combine (fam.), ficelles (du métier) (fam.), truc (fam.) 3. habileté, adresse, art, patte, savoir-faire, technicité (emploi critique), tour de main, virtuosité

teigneux, euse ADJ. mauvais, agressif, batailleur, hargneux

teint N. M. 1. nuance, coloration, coloris, ton 2. [de peau] carnation, coloris

teinte N. F. nuance, coloris, ton

teinter V. TR. 1. colorer 2. fumer
♦ **se teinter de** V. PRON. se nuancer de

teinture N. F. coloration, couleur

télécommander V. TR. 1. téléguider, radioguider, télépiloter 2. [péj.] manipuler, piloter, téléguider

téléguider V. TR. 1. télécommander 2. [péj.] manipuler, piloter, télécommander

téléphone N. M. 1. appareil, cellulaire, mobile, portable, bigophone (fam.) 2. combiné

téléphoner à V. TR. IND. appeler, donner/passer un coup de fil à (fam.), bigophoner (fam.)

télescopage N. M. choc, accrochage, carambolage, collision, heurt, tamponnement

télescoper V. TR. accrocher, emboutir, heurter, percuter, rentrer dans, tamponner

télévision N. F. 1. télédistribution 2. le huitième art, le petit écran, les étranges lucarnes 3. téléviseur, télé (fam.)

téméraire ADJ. 1. audacieux, aventureux, casse-cou, entreprenant, hardi, risque-tout, tête brûlée 2. périlleux, aventureux, dangereux, hasardeux, imprudent, insensé, osé, risqué

témérité N. F. audace, hardiesse, imprudence, intrépidité, présomption

témoignage N. M. 1. déposition, déclaration, rapport, relation (littér.) 2. démonstration, attestation, gage, manifestation, marque, preuve, signe, témoin

témoigner V. TR. 1. affirmer, attester, certifier, déposer, jurer 2. manifester, faire montre de, montrer 3. attester, démontrer, indiquer, marquer, montrer, révéler

témoin N. M. 1. spectateur, assistant, auditeur, observateur, déposant (Droit) 2. attestation, marque, repère, signe, souvenir, témoignage, trace, vestige 3. [de course de relais] bâton

tempérament N. M. nature, caractère, constitution, mentalité, naturel, personnalité

tempérance N. F. 1. mesure, modération 2. frugalité, sobriété 3. continence, ascétisme

tempérant, ante ADJ. 1. mesuré, modéré, raisonnable 2. frugal, sobre 3. continent, ascète

température N. F. chaleur, [Méd.] fièvre

tempéré, ée ADJ. 1. doux, clément 2. modéré, doux, équilibré, pondéré, posé, raisonnable

tempérer V. TR. 1. adoucir, attiédir, rafraîchir, réchauffer 2. atténuer, apaiser, assagir, calmer, contenir, diminuer, mitiger, modérer, mettre en mode mineur, mettre un bémol à

tempête N. F. 1. bourrasque, cyclone, coup de chien, coup de tabac, gros temps, ouragan, tornade, tourmente, typhon 2. déchaînement, débordement, déferlement, explosion, tonnerre 3. agitation, bouleversement, chaos, désordre, tourmente, trouble

tempêter V. INTR. se déchaîner, s'emporter, exploser, fulminer, pester, tonner, gueuler (très fam.), pousser un coup de gueule/une gueulante (très fam.)

tempo N. M. cadence, rythme, vitesse

temporaire ADJ. 1. provisoire, court, de courte durée, éphémère, momentané, passager, transitoire 2. intérimaire, intermittent, occasionnel, précaire, remplaçant, saisonnier

temporairement ADV. momentanément, passagèrement, provisoirement

temporiser V. INTR. attendre, atermoyer, différer, gagner du temps, user de manœuvres dilatoires (péj.)

temps N. M. 1. durée, temporalité 2. époque, âge, ère, moment, période, saison, siècle 3. délai, marge, répit, sursis 4. distance, recul 5. pause, arrêt, interruption 6. étape, stade 7. météo, conditions atmosphériques/climatiques, couleur du ciel, températures

tenable ADJ. supportable, endurable, soutenable, tolérable, vivable

tenace ADJ. 1. durable, indéracinable, indestructible, ineffaçable, inextirpable, résistant 2. acharné, buté, accrocheur, entêté, ferme, infatigable, irréductible, obstiné, opiniâtre, têtu, coriace (fam.), crampon (fam.)

ténacité N. F. acharnement, entêtement, fermeté, obstination, opiniâtreté, persévérance

tenailler V. TR. étreindre, hanter, mettre au supplice, miner, obséder, ronger, tarauder, torturer, tourmenter

tenant N. M. 1. détenteur 2. adepte, apôtre, appui, avocat, champion, défenseur, partisan

tendance
▶ N. F. 1. inclination, penchant, appétit, aptitude, disposition, pente, prédisposition, propension, appétence (littér.) 2. direction, orientation, sens 3. mouvement, couleur politique, courant, école, mouvance
▶ ADJ. à la mode, en vogue, branché (fam.), in (fam.)

tendancieux, euse ADJ. partial, orienté, partisan, subjectif

tendon N. M. tirant (Boucherie)

tendre[1] V. TR. 1. tirer, bander, contracter, raidir 2. donner, avancer, présenter 3. [partie du corps] allonger, avancer, étendre 4. [un piège] disposer, dresser 5. [un mur, une pièce] tapisser, recouvrir
♦ **se tendre** V. PRON. s'aggraver, dégénérer, se dégrader, se détériorer, empirer, se gâter

tendre[2] ADJ. 1. délicat, fondant, moelleux, mou 2. câlin, affectueux, aimant, amoureux, cajoleur, caressant, enjôleur, langoureux, sensible, sentimental 3. attendrissant, charmant, délicieux, touchant 4. [couleur] pastel, délicat, doux, pâle

tendrement ADV. affectueusement, amoureusement, avec amour, doucement

tendresse N. F. affection, amitié, amour, attachement
♦ **tendresses** PLUR. cajoleries, amabilités, caresses, chatteries, égards, gentillesse

tendu, ue ADJ. 1. raide, dur, rigide 2. contracté, à bout de nerfs, à cran, crispé, stressé 3. difficile, explosif, lourd, pénible, pesant

ténèbres N. F. PL. 1. obscurité, noir, ombre, noirceur (littér.) 2. obscurantisme

ténébreux, euse ADJ. 1. noir, couvert, obscur, ombreux, sombre 2. incompréhensible, fumeux, impénétrable, inextricable, abscons (littér.), abstrus (littér.) 3. énigmatique, mystérieux, secret 4. taciturne, mélancolique, sombre

teneur N. F. 1. contenu, fond, objet, sujet 2. degré de concentration, proportion, quantité, pourcentage, taux, titre

tenir
▶ V. TR. 1. fixer, accrocher, amarrer, attacher, immobiliser, retenir 2. soutenir, maintenir 3. conserver, détenir, garder, posséder 4. contenir, jauger, recevoir, renfermer 5. contrôler, maîtriser, retenir 6. [une position] défendre 7. [une charge, une fonction] exercer, occuper, remplir 8. [une affaire] administrer, diriger, gérer, gouverner, mener, s'occuper de 9. [un rôle] jouer, remplir 10. [un engagement] respecter, être fidèle à, observer
▶ V. INTR. 1. adhérer, accrocher, s'attacher, coller 2. résister, ne pas céder, ne pas baisser les bras, tenir bon, tenir le choc/le coup (fam.) 3. continuer, durer, persister, subsister
♦ **se tenir** V. PRON. 1. s'accrocher, s'agripper, se cramponner, se retenir 2. se comporter, se conduire 3. se camper, se dresser 4. habiter, demeurer, loger, séjourner, se trouver

ténor N. M. célébrité, figure, sommité, star, vedette, pointure (fam.)

tension N. F. 1. contraction, bandage, érection, raidissement 2. attention, application, concentration, effort 3. crise, antagonisme, brouille, crispation, discorde, froid, mésentente, tiraillement, tirage (fam.)

tentant, ante ADJ. alléchant, affriolant, aguichant, appétissant, désirable, engageant, excitant, séduisant

tentation N. F. 1. appel, aiguillon, attraction, attrait, séduction, sollicitation 2. envie, désir, inclination, penchant, démangeaison (fam.)

tentative N. F. essai, ballon d'essai, effort, expérience, expérimentation

tente N. F. abri, canadienne, [indienne] tipi, wigwam, [d'Asie centrale] yourte, [de cirque] chapiteau

tenter V. TR. 1. essayer, aventurer, entreprendre, expérimenter, hasarder, oser, risquer 2. allécher, attirer, faire envie à, plaire à, séduire 3. intéresser, enthousiasmer, chanter à (fam.), démanger (fam.)

tenture N. F. tapisserie, draperie, écran, portière, rideau

tenu, ue ADJ. occupé, absorbé, accaparé, pris

ténu, ue ADJ. 1. délicat, frêle, gracile, grêle, menu, mince 2. subtil, faible, fragile, impalpable, léger

tenue N. F. 1. habit, accoutrement (péj.), costume, habillement, mise, toilette, uniforme, vêtements, atours (littér.), effets (littér.), fringues (fam.), frusques (fam.), nippes (fam.), sapes (fam.) 2. comportement, attitude, conduite 3. correction, décence, distinction, manières, politesse, savoir-vivre 4. maintien, attitude, port, posture, prestance

tergiversation N. F. atermoiement, dérobade, détour, esquive, faux-fuyant, hésitation

tergiverser V. INTR. atermoyer, balancer, biaiser, ergoter, finasser, hésiter, louvoyer, se tâter, temporiser, tourner autour du pot (fam.)

terme N. M. I. 1. fin, achèvement, aboutissement, bout, conclusion, dénouement, issue 2. échéance, expiration, limite II. mot, nom, vocable
♦ **termes** PLUR. rapports, relations

terminaison N. F. 1. bout, extrémité 2. désinence, flexion, suffixe

terminal, ale, aux ADJ. final, dernier, extrême, suprême, ultime

terminer V. TR. 1. achever, conclure, finir, en finir avec, mettre la dernière main à, mener à terme, mettre un point final à, mettre un terme à, venir à bout de, boucler (fam.), liquider (fam.), torcher (fam.) 2. clore, arrêter, clôturer, conclure, fermer, mettre fin à, régler
♦ **se terminer** V. PRON. 1. s'arrêter, arriver à son terme, cesser, finir, s'interrompre, prendre fin 2. se dénouer, se résoudre 3. se conclure, se solder par, se traduire par

terminologie N. F. vocabulaire, jargon, langage, langue, lexique, nomenclature

terne ADJ. 1. décoloré, défraîchi, délavé, fade, fané, passé 2. blafard, blanc, blême, décoloré, pâle, terreux 3. falot, atone, effacé, inexpressif, inodore et sans saveur 4. triste, gris, maussade, morose, sombre

ternir V. TR. 1. décolorer, défraîchir, délaver, effacer, faner 2. avilir, déprécier, discréditer, entacher, flétrir, salir, souiller
♦ **se ternir** V. PRON. se dépolir, se décolorer, se faner, pâlir, passer

terrain N. M. 1. sol, terre, formation (Géol.) 2. aire, espace, place, secteur, territoire, zone 3. emplacement, lotissement, parcelle 4. camp, base 5. domaine, matière, partie, secteur, spécialité, sphère, sujet, rayon (fam.)

terrasser V. TR. 1. renverser, abattre, démolir, écraser, jeter à terre, mater, mettre à terre, vaincre 2. accabler, anéantir, atterrer, briser 3. foudroyer, faucher, frapper

terre N. F. 1. globe, monde, planète, univers 2. sol, champ, terrain, terroir 3. domaine, bien, exploitation, foncier, fonds, propriété 4. région, lieu, pays, territoire 5. continent, île

terrer (se) V. PRON. 1. se cacher, s'abriter, s'embusquer, se mettre à couvert, se réfugier, se tapir, se planquer (fam.) 2. s'isoler, se calfeutrer, se claquemurer, se claustrer, se cloîtrer

terrestre ADJ. 1. tellurique, tellurien 2. temporel, mondain, séculier 3. matériel, charnel, corporel, physique

terreur N. F. 1. effroi, angoisse, épouvante, frayeur, horreur, panique, peur bleue, affres (littér.), frousse (fam.), trouille (fam.) 2. terrorisme, intimidation 3. dur, bandit, fripouille, vaurien, frappe (fam.)

terreux, euse ADJ. 1. sale, boueux, crotté, maculé 2. blafard, blême, cadavérique, cireux, hâve, pâle

terrible ADJ. 1. effrayant, atroce, épouvantable, cauchemardesque, horrible, paniquant, terrifiant, tragique, à donner la chair de poule, à faire frémir, à glacer le sang 2. pénible, affreux, catastrophique, désastreux, méchant, inquiétant, patibulaire, sinistre 4. déchaîné, furieux, violent 5. turbulent, désobéissant, indiscipliné, infernal, intenable

terriblement ADV. 1. énormément, excessivement, extrêmement, formidablement, prodigieusement, bigrement (fam.), bougrement (fam.), diablement (fam.), drôlement (fam.), rudement (fam.), sacrément (fam.), vachement (fam.) 2. affreusement, épouvantablement, horriblement, redoutablement

terrier N. M. tanière, abri, cache, gîte, repaire, trou

terrifiant, ante ADJ. 1. affolant, effrayant, atroce, épouvantable, cauchemardesque, paniquant, tragique, à donner la chair de poule, à faire frémir, à glacer le sang 2. méchant, inquiétant, patibulaire, sinistre

terrifier V. TR. affoler, alarmer, apeurer, effrayer, épouvanter, donner la chair de poule à, donner des sueurs froides à, faire froid dans le dos à, faire dresser les cheveux sur la tête à, paniquer (fam.), terroriser, saisir d'effroi

territoire N. M. 1. état, nation, patrie, pays, sol 2. zone, aire, région, secteur 3. [Admin.] circonscription, canton, district, province, région

terroir N. M. 1. terre, sol, terrain 2. pays, campagne, province, région, territoire

terroriser V. TR. affoler, effrayer, épouvanter, figer/glacer le sang à, faire dresser les cheveux sur la tête à, horrifier, pétrifier, remplir de terreur, saisir d'effroi, terrifier

test N. M. 1. essai, expérience, expérimentation 2. vérification, contrôle, épreuve, essai, expertise, mesure 3. [Scol.] examen, contrôle, évaluation, interrogation, colle (fam.), interro (fam.)

tester V. TR. 1. essayer, expérimenter 2. contrôler, éprouver, mettre à l'épreuve, vérifier

testicules N. M. PL. bourses, balles (fam.), bijoux de famille (fam.), burettes (très fam.), couilles (très fam.), joyeuses (fam.), roubignolles (fam.), roupettes (fam.), roustons (fam.), valseuses (fam.)

tétaniser V. TR. paralyser, clouer (sur place), figer, glacer, pétrifier, statufier

tête N. F. I. 1. figure, visage, bille (fam.), binette (fam.), bobine (fam.), bougie (fam.), bouille (fam.), gueule (très fam.), trogne (fam.), trombine (fam.), tronche (fam.) 2. caboche (fam.), caberlot (fam.), carafon (fam.), ciboulot (fam.), cigare (fam.), citron (fam.), citrouille (fam.) II. 1. facultés, lucidité 2. raison, bon sens, cervelle III. 1. meneur, cerveau, chef, leader 2. génie, cerveau, fort en thème IV. 1. début, avant-garde, commencement, devant 2. [d'arbre] cime, faîte, haut, sommet

tête-à-tête N. M. entretien, conciliabule, conversation privée, dialogue, entrevue, face-à-face

téter V. TR. sucer, suçoter, tirer sur

têtu, ue
▸ ADJ. entêté, acharné, buté, obstiné, opiniâtre, tenace
▸ N. forte tête, cabochard (fam.), tête de cochon (fam.), tête de lard (fam.), tête de mule (fam.), tête de pioche (fam.)

texte N. M. 1. source, document, écrit 2. copie, manuscrit, tapuscrit 3. [d'un acte, d'un devoir] énoncé, formulation, libellé 4. [d'un opéra] livret, [d'une chanson] paroles

textuel, elle ADJ. 1. exact, authentique, conforme, fidèle 2. littéral, mot à mot

textuellement ADV. mot à mot, mot pour mot, de point en point, exactement, texto (fam.)

texture N. F. 1. structure, composition, consistance, constitution 2. trame, composition, plan, structure

théâtral, ale, aux ADJ. 1. scénique, dramatique 2. grandiloquent, ampoulé, déclamatoire, emphatique, pompeux, ronflant

théâtre N. M. 1. planches, scène, tréteaux 2. compagnie, troupe 3. [genres] comédie, boulevard, café-théâtre, drame, farce, mélodrame, tragédie, vaudeville 4. cadre, emplacement, endroit, scène, site

thème N. M. 1. sujet, matière, objet, propos, question, thématique 2. [Mus.] motif, leitmotiv

théorie N. F. 1. conception, doctrine, dogme, pensée, philosophie, thèse 2. loi, principe, règle, système 3. spéculation, hypothèse

théorique ADJ. 1. spéculatif, abstrait, conceptuel 2. [valeur] conventionnel, arbitraire, de principe 3. abstrait, chimérique, idéal, imaginaire, hypothétique, irréaliste

théoriquement ADV. en principe, dans l'abstrait, logiquement, normalement, sur le papier

thérapie N. F. 1. thérapeutique, cure, médicament(s), médication, remède, soins, traitement 2. analyse, psychanalyse, psychothérapie

thésauriser V. TR. et INTR. épargner, capitaliser, économiser, mettre de côté, mettre à gauche

thèse N. F. 1. doctrine, système, théorie, [Univ.] doctorat 2. argument, assertion, conception, opinion, pensée, raisonnement

thorax N. M. poitrine, buste, cage thoracique, torse, tronc, caisse (fam.), coffre (fam.)

tic N. M. 1. grimace, mimique, rictus 2. manie, bizarrerie, habitude, travers (péj.)

ticket N. M. billet, bulletin, carte, coupon, place, [Transport] titre de transport

tiède ADJ. 1. doux, moite, tiédi, tiédasse (péj.) 2. mou, hésitant, mitigé, modéré, réticent, timide

tiédeur N. F. 1. douceur, attiédissement, moiteur 2. mollesse, modération, réticence, timidité

tiédir
▸ V. INTR. s'atténuer, diminuer, faiblir, mollir, se tempérer
▸ V. TR. rendre tiède, chauffer, refroidir, attiédir (littér.)

tiers N. M. 1. étranger, autrui, inconnu, intrus, tierce personne 2. médiateur, intermédiaire, négociateur

tige N. F. 1. bâton, baguette, barre, bielle, broche, cheville, cylindre, fût, tringle 2. [de fleur] hampe, pédoncule, queue 3. [de céréales] chaume, chalumeau, éteule, paille, tuyau

timbre N. M. 1. sonorité, son, ton, tonalité 2. sonnerie, cloche, clochette, grelot, sonnette 3. cachet, marque, sceau, tampon, vignette 4. patch

timbrer V. TR. affranchir, estampiller, marquer, tamponner

timide ADJ. 1. craintif, complexé, effarouché, introverti, réservé, timoré, pusillanime (littér.), coincé (fam.) 2. faible, frileux, hésitant, indécis, mou

timidement ADV. 1. craintivement, avec hésitation, avec réserve, avec retenue, pudiquement 2. faiblement, frileusement, mollement

timidité N. F. 1. crainte, gêne, inhibition, introversion, modestie, pusillanimité (littér.) 2. faiblesse, frilosité, indécision, tiédeur

timoré, ée ADJ. craintif, effarouché, peureux, poltron, couard (littér.), pleutre (littér.), pusillanime (littér.), dégonflé (fam.), froussard (fam.), pétochard (fam.), trouillard (fam.), poule mouillée (fam.)

tintamarre N. M. tapage, tohu-bohu, vacarme, barouf (fam.), boucan (fam.), foin (fam.), raffut (fam.), ramdam (fam.), tintouin (fam.)

tinter V. INTR. résonner, carillonner, retentir, sonner

tiquer V. INTR. 1. tressaillir, hausser les sourcils, sourciller 2. rechigner

tir N. M. 1. coup de feu, décharge, feu, rafale, salve 2. [Football] shoot 3. stand

tirade N. F. 1. [Théâtre] monologue, morceau de bravoure, réplique 2. discours, couplet, laïus (fam.), tartine (fam.)

tirage N. M. 1. [Imprimerie] édition, impression, typographie 2. gravure 3. cliché, épreuve, photo

tiraillement N. M. 1. écartèlement 2. conflit, accrochage, anicroche, désaccord, dissension, friction, mésentente, tirage (fam.) 3. contraction, crampe, spasme

tirailler V. TR. écarteler, ballotter, déchirer

tiré, ée ADJ. [visage, traits] fatigué, défait

tire-au-flanc N. INVAR. paresseux, feignant, cossard (fam.), flemmard (fam.), tire-au-cul (très fam.)

tirer
▸ V. TR. 1. allonger, détirer, distendre, étendre, tendre, [ses chaussettes] relever, remonter 2. fermer, amener à, traîner, haler, ramener, remorquer, tracter 3. [un trait, une droite] tracer, abaisser 4. [une arme] dégainer, sortir 5. [un liquide] exprimer, extraire, [d'un puits] pomper, puiser 6. [une idée] dégager, déduire, inférer 7. emprunter, extraire, prendre, puiser, pomper (fam.) 8. imprimer, éditer, photocopier, reproduire, sortir 9. gagner, obtenir, recevoir, recueillir 10. tuer, abattre, descendre (fam.), flinguer (fam.)
▸ V. INTR. 1. faire feu, ouvrir le feu, mitrailler, canarder (fam.) 2. [Foot] shooter

tiret N. M. division, coupure, trait, trait d'union

tisane N. F. décoction, infusion, macération

tissu N. M. 1. étoffe, textile, [de laine] drap, lainage, [de soie] brocart, satin, soierie, [de coton] cotonnade, [de lin] toile 2. enchaînement, enchevêtrement, enfilade, mélange, série, succession 3. peau, chair, membrane

titan N. M. colosse, force de la nature, géant, goliath, hercule

titanesque ADJ. colossal, cyclopéen, démesuré, gigantesque, herculéen, monstrueux, monumental

titiller V. INTR. 1. chatouiller 2. tracasser, préoccuper, tarabuster *(fam.)*, turlupiner *(fam.)* 3. taquiner, agacer, provoquer, asticoter *(fam.)* 4. allécher, attirer, faire venir l'eau à la bouche de

titre N. M. I. 1. nom, appellation, dénomination, intitulé 2. *[de journal]* rubrique, en-tête, manchette II. 1. fonction, qualification, spécification 2. grade, diplôme III. cause, motif, raison IV. *[Droit]* acte, certificat, document, instrument, papier, pièce

tituber V. INTR. chanceler, flageoler, osciller, trébucher, vaciller

titulaire N. détenteur, possesseur, tenant

tocade N. F. caprice, coup de tête, lubie, passade, entichement *(littér.)*

tohu-bohu N. M. brouhaha, tapage, vacarme, tintamarre, barouf *(fam.)*, chahut *(fam.)*, charivari *(fam.)*, foire *(fam.)*, ramdam *(fam.)*

toile N. F. 1. tissu, *[de lin]* batiste, hollande, linon, *[de coton]* coutil, indienne, mousseline 2. *[plastifiée, vernie]* linoléum, moleskine 3. peinture, tableau, croûte *(péj.)* 4. *[Mar.]* voiles, voilure

toilette N. F. 1. ablutions *(littér.)*, *[d'un animal]* toilettage, *[d'une chose]* astiquage, nettoiement 2. tenue, habillement, mise, parure, vêtements, atours *(plur.)*

♦ **toilettes** PLUR. w.-c., cabinets, cabinet/lieu d'aisances, latrines, water-closet, waters, petit coin *(fam.)*, pipi-room *(fam.)*, chiottes *(très fam.)*, gogues *(très fam.)*

toiser V. TR. dévisager, examiner, inspecter, observer, regarder de haut, scruter, zieuter *(fam.)*

toison N. F. 1. fourrure, laine, pelage, poil 2. cheveux, chevelure, crinière *(fam.)*, tignasse *(péj.)*

toit N. M. 1. couverture, toiture, *[plat]* terrasse 2. asile, abri, gîte, refuge, retraite, havre *(littér.)* 3. domicile, demeure, habitation, logement

tolérable ADJ. supportable, acceptable, admissible, endurable, tenable, vivable

tolérance N. F. 1. compréhension, indulgence, largeur d'esprit, libéralisme, ouverture d'esprit, mansuétude *(littér.)* 2. *[excessive]* complaisance, laisser-faire, laxisme, permissivité, relâchement 3. résistance, solidité, tenue 4. latitude, délai, marge, temps, volant

tolérant, ante ADJ. 1. compréhensif, accommodant, indulgent, large d'esprit, libéral, ouvert, coulant *(fam.)* 2. complaisant

tolérer V. TR. 1. autoriser, consentir à, passer sur, permettre, souffrir *(littér.)* 2. excuser, fermer les yeux sur, pardonner, laisser passer 3. endurer, souffrir, supporter, avaler *(fam.)*

tollé N. M. clameur, chahut, charivari, haro, huées, protestations, sifflets

tombant, ante ADJ. pendant, retombant, *[chair]* flasque

tombe N. F. sépulture, fosse, tombeau, dernier asile *(littér.)*, dernière demeure *(littér.)*

tombeau N. M. caveau, cénotaphe, mausolée, sépulture, tombe, sépulcre *(littér.)*, dernière demeure *(littér.)*

tomber V. INTR. I. 1. culbuter, s'affaler, basculer, dégringoler, s'écrouler, s'effondrer, faire une chute, chuter *(fam.)*, se casser la figure *(fam.)*, se casser la binette/la figure/la gueule *(fam.)*, dinguer *(fam.)*, s'étaler *(fam.)*, se ficher/se foutre/se flanquer par terre *(fam.)*, prendre/ramasser une bûche *(fam.)*, prendre/ramasser un gadin *(fam.)*, prendre/ramasser une gamelle *(fam.)*, prendre/ramasser une pelle *(fam.)*, se rétamer *(fam.)*, se vautrer *(fam.)*, valdinguer *(fam.)* 2. *[avion]* piquer, s'abattre 3. *[liquide]* couler, dégoutter 4. pleuvoir, s'abattre II. 1. baisser, s'affaiblir, s'apaiser, s'atténuer, se calmer, décliner, diminuer, s'éteindre, faiblir, se réduire 2. *[jour]* diminuer, décliner, s'affaiblir III. 1. capituler, être renversé, être vaincu 2. mourir, disparaître, périr, succomber, verser son sang

tombeur N. M. séducteur, bourreau des cœurs, casanova, don Juan, homme à femmes

ton N. M. 1. accent, inflexion, intonation, modulation, registre, timbre, tonalité, voix 2. teinte, coloris, couleur, degré, nuance, tonalité, *[de chair]* carnation 3. *[Mus.]* note, modulation, tonalité

tonalité N. F. 1. intonation, timbre 2. teinte, coloris, couleur, nuance, ton 3. style, coloration, forme, tournure

tondre V. TR. 1. raser, couper (court), tailler, ratiboiser *(fam.)* 2. dépouiller, déposséder, plumer *(fam.)*, saigner *(fam.)* 3. escroquer, estamper *(fam.)*, rouler *(fam.)*

tonifier V. TR. 1. raffermir, durcir 2. stimuler, fortifier, ragaillardir, donner un coup de fouet à *(fam.)*, retaper *(fam.)*

tonique ADJ. 1. dynamique, énergique 2. revigorant, remontant, tonifiant, roboratif *(littér.)*

tonitruant, ante ADJ. éclatant, assourdissant, perçant, strident

tonneau N. M. 1. barrique, baril, fût, futaille 2. *[Mar.]* jauge, tonnage

tonnelle N. F. berceau, charmille, gloriette, pavillon de verdure, pergola

tonner V. INTR. crier, exploser, fulminer, tempêter, vitupérer, gueuler *(très fam.)*, rouspéter *(fam.)*

tonus N. M. 1. *[musculaire]* tonicité 2. dynamisme, énergie, ressort, frite *(fam.)*, pêche *(fam.)*, punch *(fam.)*

torche N. F. flambeau, torchère

torchon N. M. linge de cuisine, chiffon, essuie-mains

tordre V. TR. courber, déformer, fausser, gauchir, tortiller

♦ **se tordre** V. PRON. 1. vriller, se déformer, s'entortiller, gondoler, s'incurver, se plier 2. se fouler, se faire une entorse à

tordu, ue ADJ. 1. courbe, arqué, biscornu, déformé, dévié, difforme, tors 2. vrillé, contourné, tors

tornade N. F. bourrasque, cyclone, hurricane, ouragan, typhon

torpeur N. F. 1. somnolence, engourdissement, léthargie 2. inactivité, abattement, dépression, inaction, langueur, prostration

torpiller V. TR. 1. couler 2. saboter, démolir, faire échec à, faire échouer, ruiner, saper

torrent N. M. déluge, avalanche, déferlement, flot, pluie

torrentiel, elle ADJ. 1. torrentueux 2. diluvien, abondant, diluvial, impétueux, violent

torride ADJ. 1. brûlant, bouillant, caniculaire, équatorial, étouffant, tropical 2. ardent, sensuel, chaud *(fam.)*

torsader V. TR. tordre, cordeler, corder, tortiller, tresser

torse N. M. poitrine, buste, thorax, tronc

torsion N. F. contraction, crispation, déformation, distorsion

tort N. M. 1. défaut, erreur, faute, travers 2. dommage, atteinte, dégât, préjudice 3. affront, atteinte, injustice, mal

tortiller
▸ V. TR. tordre, cordeler, corder, tresser
▸ V. INTR. 1. balancer, remuer 2. *[fam.]* atermoyer, balancer, hésiter, tergiverser, tourner autour du pot

♦ **se tortiller** V. PRON. se balancer, s'agiter, se déhancher, gigoter, se trémousser

tortueux, euse ADJ. 1. sinueux, anfractueux, ondoyant, flexueux *(littér.)*, serpentin *(littér.)* 2. hypocrite, dissimulé, fourbe, oblique, perfide *(littér.)*

torture N. F. 1. supplice, question *(Hist.)* 2. martyre, agonie, calvaire, épreuve, souffrance, affres *(littér.)*, tourment *(littér.)*

torturer V. TR. 1. supplicier, martyriser, soumettre à la question *(Hist.)* 2. dévorer, hanter, mettre au supplice, ronger, tarauder, tenailler, tourmenter *(littér.)*

tôt ADV. 1. de bonne heure, à la première heure, à l'aube, à l'heure du laitier, au chant du coq, au matin, au point du jour, au saut du lit, aux premières lueurs du jour, de bon/grand matin, dès potron-minet *(littér.)*, aux aurores *(fam.)*, *[se lever]* avec les poules 2. précocement

total¹, ale, aux ADJ. 1. complet, général, intégral 2. global 3. absolu, entier, inconditionnel, parfait, plein, sans borne, sans limite, sans réserve, sans restriction

total² N. M. addition, ensemble, masse, montant, somme, totalité, tout

totalement ADV. complètement, absolument, de A à Z, de fond en comble, entièrement, intégralement, parfaitement, pleinement, radicalement, tout à fait, à fond *(fam.)*

totaliser V. TR. 1. additionner, sommer *(Math.)* 2. compter, cumuler, grouper, rassembler, réunir

totalitaire ADJ. absolu, autocratique, despotique, dictatorial, omnipotent, tyrannique

totalitarisme N. M. despotisme, dictature, tyrannie

totalité N. F. ensemble, entièreté, globalité, intégralité, intégrité

touchant¹ PRÉP. concernant, au sujet de, sur, à propos de, relativement à, rapport à *(fam.)*

touchant², ante ADJ. attendrissant, attachant, désarmant, émouvant, poignant

touche N. F. 1. style, cachet, expression, genre, manière, patte *(fam.)* 2. note, brin, nuance, teinte

touché, ée ADJ. ému, affecté, attendri, bouleversé, ébranlé, remué

toucher¹ V. TR. I. 1. palper, tâter, tripoter, *[légèrement]* caresser, effleurer, frôler, *[fam.]* atteindre, frapper, cogner, heurter, taper II. 1. avoisiner, être en contact avec, confiner, côtoyer, jouxter 2. aborder, arriver à, faire escale à, gagner, parvenir à, rallier 3. contacter, atteindre, entrer en contact avec, joindre, se mettre en rapport avec III. 1. attendrir, aller droit au cœur de, bouleverser, émouvoir, interpeller, prendre aux entrailles, remuer, prendre aux tripes *(fam.)* 2. offenser, affecter, blesser, heurter IV. encaisser, émarger à, empocher, gagner, percevoir, recevoir, se faire *(fam.)*, se mettre dans la poche *(fam.)*, palper *(fam.)*, ramasser *(fam.)*

♦ **se toucher** V. PRON. être contigu, être en contact, être voisin

toucher² N. M. contact, palpation

touffe N. F. 1. *[d'arbres, de végétaux]* bouquet, bosquet, buisson 2. *[de poils, cheveux]* épi, crinière, houppe, mèche, toupet

touffu, ue ADJ. 1. dense, broussailleux, foisonnant, impénétrable 2. épais, abondant, dru, fourni 3. compliqué, compact, dense, embrouillé

toujours ADV. 1. constamment, à toute heure, continuellement, en toute saison, en toutes circonstances, hiver comme été, jour et nuit, perpétuellement, sans cesse, sans discontinuer, sans relâche, sans répit, tout le temps, continûment *(littér.)*, 24 heures sur 24 2. encore 3. systématiquement, inéluctablement, immanquablement, invariablement 4. cependant, du moins, en tout cas, en tout état de cause, quoi qu'il en soit

toupet N. M. 1. houppe, épi, touffe 2. *[fam.]* aplomb, audace, effronterie, impertinence, impudence, sans-gêne, culot *(fam.)*, outrecuidance *(littér.)*

tour¹ N. F. gratte-ciel, building, *[de guet]* beffroi, *[d'église]* campanile, *[de château]* donjon, *[de mosquée]* minaret

tour² N. M. I. 1. circonférence, bordure, contour, périphérie, pourtour 2. détour, circonvolution, coude, courbe, méandre, sinuosité II. promenade, balade, circuit, excursion, marche, périple, randonnée, sortie, tournée, voyage, virée *(fam.)* III. 1. révolution, giration, mouvement giratoire, rotation 2. pirouette, cabriole, virevolte, volte IV. 1. astuce, artifice, stratagème, subterfuge, combine *(fam.)*, coup *(fam.)*, ficelle *(fam.)*, truc *(fam.)* 2. farce, facétie, mystification, plaisanterie, supercherie, blague *(fam.)* V. expression, air, allure, évolution, façon, forme

tourbillon N. M. 1. cyclone, grain, ouragan, tempête, tornade, turbulence, typhon 2. maelström, remous, vortex 3. agitation, affolement, effervescence, valse

tourbillonner v. intr. tournoyer, pirouetter, tourner, virevolter, voleter

tourment n. m. affliction, angoisse, anxiété, contrariété, martyre, supplice, torture, tracas, affres (littér.), embêtement (fam.)

tourmente n. f. 1. bourrasque, cyclone, orage, ouragan, tempête, tornade 2. troubles, agitation, bouleversement, commotion, perturbations

tourmenté, ée adj. 1. accidenté, bosselé, chaotique, inégal, irrégulier, vallonné 2. angoissé, anxieux, soucieux, torturé, troublé, tracassé 3. agité, fiévreux, houleux, mouvementé, orageux, tempétueux (littér.), tumultueux (littér.) 4. compliqué, alambiqué, contourné, torturé, tarabiscoté (fam.)

tourmenter v. tr. 1. maltraiter, brutaliser, martyriser, molester 2. harceler, persécuter, rendre la vie dure à, tarabuster, être toujours après (fam.), faire tourner en bourrique (fam.) 3. préoccuper, troubler, chiffonner (fam.), tracasser (fam.), turlupiner (fam.) 4. angoisser, assaillir, dévorer, mettre au supplice, obséder, ronger, tenailler, torturer
• **se tourmenter** v. pron. s'alarmer, s'angoisser, s'inquiéter, se soucier, se tracasser, se biler (fam.), s'en faire (fam.), se faire des cheveux (blancs) (fam.), se faire du mauvais sang (fam.), se faire de la bile (fam.), se faire du mouron (fam.), se faire un sang d'encre (fam.)

tournant n. m. 1. virage, angle, coin, coude, courbure, épingle à cheveux, lacet, méandre, zigzag 2. changement (de direction), bouleversement, renversement, rupture, virage

tourné, ée adj. 1. exposé, disposé, orienté 2. aigre, piqué, sur

tournée n. f. voyage, balade, circuit, déplacement, inspection, parcours, périple, ronde, tour, visite, virée (fam.)

tourner
▶ v. tr. 1. orienter, braquer, disposer, exposer, présenter 2. retourner, changer de côté, changer de sens 3. [en déformant] tordre, tortiller 4. [Cuisine] mélanger, brasser, malaxer, remuer, touiller (fam.), [la salade] fatiguer (fam.) 5. éviter, contourner, éluder 6. filmer, réaliser 7. exprimer, formuler, présenter
▶ v. intr. 1. graviter, orbiter, pivoter, tournoyer, tournailler (fam.), tournicoter (fam.) 2. pirouetter, chavirer, pivoter, tournoyer, virevolter 3. papillonner, voltiger 4. virer, braquer, obliquer, se rabattre 5. alterner, changer de place/de rôle, permuter, se relayer, se succéder 6. fonctionner, être en marche 7. [bien ou mal] se dérouler, évoluer, marcher, se passer 8. s'altérer, s'aigrir, cailler, se corrompre, se gâter, se piquer
• **se tourner** v. pron. 1. se retourner, se détourner, [vivement] faire volte-face 2. s'orienter 3. faire appel à, recourir à

tournoi n. m. championnat, challenge, compétition, épreuve, joute

tournoyer v. intr. tourner, pirouetter, pivoter, tourbillonner, virevolter, tournailler (fam.), tourniquer (fam.)

tournure n. f. 1. allure, apparence, aspect, extérieur, maintien, physionomie, port, touche (fam.) 2. cours, allure, développement, direction, face, évolution, marche, tendance 3. expression, construction, formule, locution, tour

tousser v. intr. 1. toussailler, toussoter 2. expectorer, cracher, graillonner

tout[1] n. m. totalité, ensemble, globalité, intégralité

tout[2]**, toute, tous, toutes** adj. et pron. 1. complet, entier, intégral, total 2. chaque
• **tous** plur. tout le monde

tout[3] adv. 1. extrêmement, très 2. entièrement, absolument, complètement, pleinement, totalement

toutefois adv. cependant, malgré cela, néanmoins, pourtant, seulement, pour autant (littér.)

toute-puissance n. f. invar. omnipotence, absolutisme, hégémonie, souveraineté, suprématie

tout-puissant, toute-puissante adj. omnipotent, absolu, souverain

toxicomane n. drogué, cocaïnomane, éthéromane, héroïnomane, morphinomane, opiomane, accro (fam.), camé (fam.), junkie (fam.), toxico (fam.)

toxicomanie n. f. intoxication, accoutumance, addiction, toxicodépendance

toxique
▶ adj. empoisonné, mauvais, nocif, nuisible, pathogène, [champignon] vénéneux, [gaz] délétère, asphyxiant, méphitique, suffocant
▶ n. m. poison, toxine

trac n. m. crainte, angoisse, anxiété, appréhension, frousse (fam.), pétoche (fam.), trouille (fam.)

tracas n. m. 1. souci, crainte, inquiétude, tourment (littér.) 2. difficulté, embarras, embêtement, ennui

tracasser v. tr. inquiéter, contrarier, ennuyer, préoccuper, tarabuster, embêter (fam.), travailler (fam.), turlupiner (fam.)
• **se tracasser** v. pron. se soucier, s'angoisser, se tourmenter, se mettre martel en tête, se biler (fam.), se faire de la bile (fam.), s'en faire (fam.), se faire des cheveux (blancs) (fam.), se faire du mauvais sang (fam.), se faire du mouron (fam.), se prendre la tête (fam.)

tracassier, ière adj. chicaneur, chicanier, ergoteur, procédurier, vétilleux (littér.)

trace n. f. 1. empreinte, pas 2. piste, voie 3. [Vénerie] erres, foulées, pas, passée II. 1. marque, auréole, traînée, tache 2. cicatrice, couture, stigmate 3. impression, marque, souvenir, stigmate 4. reste, indication, indice, témoignage, témoin, vestige 5. conséquence, séquelle III. particule, lueur, ombre, soupçon

tracé n. m. dessin, forme, configuration, figure, graphique, parcours, plan

tracer v. tr. 1. dessiner, brosser, crayonner, ébaucher, esquisser, tirer 2. [une courbe] décrire 3. [une figure géométrique] construire 4. [une voie] frayer, indiquer, montrer, ouvrir 5. baliser, jalonner, matérialiser, signaliser

tractations n. f. pl. négociations, discussions, marchandages, pourparlers

traction n. f. 1. remorquage, remorque 2. pompe (fam.)

tradition n. f. 1. folklore, légende, croyance, mythe 2. coutume, convention, habitude, pratique, rite, usage, us et coutumes

traditionaliste adj. et n. conservateur, conformiste, [Relig.] intégriste

traditionnel, elle adj. 1. rituel, orthodoxe 2. conformiste, conventionnel, vieux jeu (péj.) 3. habituel, classique, consacré, coutumier, rituel 4. folklorique, populaire

traditionnellement adv. 1. habituellement, classiquement, en règle générale, généralement 2. conventionnellement, rituellement

traduction n. f. 1. transcodage, [Scol.] version, thème 2. expression, manifestation, reflet, représentation, transposition

traduire v. tr. 1. transcoder, déchiffrer, décoder, décrypter, transcrire, transposer 2. révéler, dénoter, exprimer, laisser paraître, manifester, montrer, refléter, trahir

trafic n. m. 1. circulation, mouvement, passage 2. [péj.] commerce, carambouillage, contrebande, maquignonnage, magouille (fam.)

trafiquer v. tr. 1. altérer, contrefaire, dénaturer, falsifier, truquer, bricoler (fam.) 2. faire, combiner, manigancer, fabriquer (fam.), ficher (fam.), foutre (fam.), fricoter (fam.), magouiller (fam.), traficoter (fam.)

tragédie n. f. drame, calamité, catastrophe, désastre, malheur

tragique adj. 1. dramatique, abominable, catastrophique, effroyable, funeste, pathétique, terrible 2. sombre, théâtral

tragiquement adv. dramatiquement, affreusement, effroyablement, épouvantablement, funestement

trahir v. tr. I. 1. dénoncer, livrer, vendre (fam.), donner (fam.) 2. divulguer, dévoiler, livrer, révéler 3. manifester, dénoter, laisser paraître, prouver, signaler, témoigner de II. 1. abandonner, lâcher (fam.), jouer un tour de cochon à (fam.), faire une vacherie/une saloperie à (fam.) 2. [sans complément] passer à l'ennemi, déserter, faire défection 3. abuser de, tromper III. dénaturer, altérer, déformer, desservir, fausser, pervertir
• **se trahir** v. pron. 1. se couper, se contredire 2. se montrer sous son vrai jour, montrer le bout de l'oreille

trahison n. f. 1. défection, désertion 2. infidélité, adultère, inconstance, perfidie (littér.), coup de canif dans le contrat de mariage 3. déloyauté, coup de poignard dans le dos, traîtrise, baiser de judas (littér.), félonie (littér.), forfaiture (littér.), perfidie (littér.), lâchage (fam.)

train n. m. 1. [Transport] chemin de fer, rail, transport ferroviaire 2. convoi, rame 3. [sortes] direct, aérotrain, auto-couchettes, express, omnibus, rapide, tortillard (fam.), T.G.V., turbotrain

traînant, ante adj. 1. pendant 2. lent, monotone, morne, mou, sans nerf

traînard, arde n. et adj. lambin, à la traîne, à la remorque (fam.), retardataire, tortue

traînée n. f. 1. trace, marque 2. coulure, dégoulinade 3. sillage, [d'une comète] chevelure

traîner
▶ v. tr. 1. tirer, amener, remorquer, [bateau] haler, touer 2. transporter, trimbaler (fam.)
▶ v. intr. I. 1. pendre, tomber, pendouiller (fam.) 2. durer, s'allonger, s'éterniser, se poursuivre, se prolonger, tarder, n'en pas finir 3. stagner, piétiner, ne pas avancer, faire du sur-place (fam.) II. 1. flâner, musarder, traînailler (fam.), traînasser (fam.) 2. s'attarder, lanterner, lambiner (fam.) 3. errer, battre le pavé, déambuler, vagabonder, vadrouiller (fam.), zoner (fam.)
• **se traîner** v. pron. ramper, s'abaisser, s'humilier

train-train n. m. routine, monotonie, ronron (fam.)

trait n. m. 1. marque, barre, coup de crayon, hachure, ligne, rature, rayure, tracé 2. [Imprimerie] filet, glyphe, ligne, tiret 3. caractéristique, attribut, caractère, marque, particularité, signe 4. raillerie, attaque, flèche, pique, pointe, sarcasme
• **traits** plur. visage, physionomie

traite n. f. 1. lettre de change, billet, effet de commerce 2. trafic, commerce, négoce

traité n. m. 1. cours, discours, dissertation, essai, étude, thèse 2. convention, accord, alliance, charte, concordat, entente, pacte, protocole

traitement n. m. 1. soins, cure, intervention, médication, thérapie, thérapeutique 2. salaire, appointements, émoluments, gages, honoraires, paie, rémunération, solde 3. opération, conditionnement, manipulation, procédé, transformation

traiter v. tr. 1. soigner, s'occuper de, prodiguer des soins à 2. se comporter avec, se conduire avec, [rudement] malmener, brusquer, maltraiter 3. qualifier, appeler 4. [une question] aborder, débattre de, discuter, étudier, examiner, mettre sur le tapis, parler de 5. brasser, conclure, mener, négocier, s'occuper de 6. [avec qqn] négocier, composer, discuter, parlementer, transiger

traître, traîtresse
▶ adj. déloyal, faux, félon, fourbe, infidèle, lâche, perfide (littér.)
▶ n. renégat, déserteur, espion, judas, parjure, transfuge, félon (littér.), vendu (fam.)

traîtrise n. f. 1. déloyauté, fourberie, trahison, félonie (littér.), perfidie (littér.) 2. piège, chausse-trappe, coup fourré, tromperie, baiser de judas

trajectoire n. f. cheminement, itinéraire, parcours, route, [d'un satellite] orbite 2. direction, orientation

trajet n. m. voyage, chemin, course, distance, itinéraire, parcours, route

trame n. f. 1. texture, enchevêtrement 2. [d'une histoire] canevas, intrigue, plan, ossature, scénario, squelette, synopsis

tramer v. tr. 1. tisser 2. comploter, combiner, conspirer, échafauder, machiner, manigancer, préparer, ourdir (littér.), fricoter (fam.), magouiller (fam.), mijoter (fam.), trafiquer (fam.)

tranchant, ante
- ADJ. **1.** aigu, affûté, aiguisé, coupant **2.** cassant, autoritaire, coupant, impérieux, incisif, péremptoire, sans réplique, sec
- N. M. fil, taille

tranche
N. F. **1.** part, morceau, partie, portion, *[de lard]* barde, *[de viande]* bifteck, escalope, *[de melon]* côte, *[de poisson]* darne, *[de fruit]* quartier, *[de pain]* tartine, toast, *[de saucisson, etc.]* rondelle **2.** côté, bord, *[d'un ski]* carre **3.** phase, partie, portion, tronçon **4.** classe, plage

tranché, ée
ADJ. **1.** catégorique, clair, défini, déterminé, net, sans nuance *(péj.)* **2.** différent, distinct, séparé **3.** *[couleurs]* franc, net

tranchée
N. F. fossé, boyau, sillon

trancher
- V. INTR. contraster, détonner, se détacher, ressortir
- V. TR. **1.** couper, cisailler, hacher, rompre, sectionner, tailler **2.** régler, arbitrer, juger

tranquille
ADJ. **1.** calme, immobile, sage **2.** paisible, en paix, *[vie, bonheur]* sans nuage **3.** silencieux, quiet *(littér.)*, *[personne]* coi *(littér.)* **4.** placide, pacifique, impassible, pondéré, serein **5.** pépère *(fam.)*, cool *(fam.)*, peinard *(fam.)*, relax *(fam.)*, tranquillos *(fam.)* **6.** certain, assuré, sûr **7.** confiant

tranquillement
ADV. **1.** calmement, paisiblement, placidement, posément, sagement, sereinement **2.** lentement, mollement, piano, à la papa *(fam.)*, peinardement *(fam.)*, pépère *(fam.)*, tranquillos *(fam.)* **3.** en confiance, les yeux fermés, sans inquiétude

tranquillisant, ante
- ADJ. rassurant, apaisant, calmant, sécurisant
- N. M. calmant, antidépresseur, anxiolytique, neuroleptique, sédatif

tranquilliser
V. TR. calmer, apaiser, rasséréner, rassurer, sécuriser

tranquillité
N. F. **1.** calme, paix, repos, sécurité, quiétude *(littér.)*, *[publique]* ordre **2.** sérénité, assurance, flegme, placidité, sang-froid, quiétude *(littér.)*

transaction
N. F. **1.** arrangement, accommodement, accord, compromis, conciliation, entente **2.** affaire, commerce, échange, marché, négoce, opération, transfert

transcendant, ante
ADJ. éminent, exceptionnel, incomparable, sublime, supérieur

transcender
V. TR. **1.** *[Psych.]* sublimer **2.** dépasser, prendre le pas sur, surpasser

transcoder
V. TR. traduire, transcrire

transcription
N. F. **1.** copie, enregistrement, report **2.** translittération, notation

transcrire
V. TR. **1.** copier, coucher par écrit, enregistrer, inscrire, mentionner, porter, reporter **2.** traduire, transcoder, transposer **3.** translittérer

transe
N. F. **1.** hypnose **2.** enthousiasme, exaltation, extase
- **transes** PLUR. appréhension, crainte, inquiétude, affres *(littér.)*

transférer
V. TR. **1.** transporter, déplacer, convoyer, mener, transplanter, véhiculer, transbahuter *(fam.)* **2.** délocaliser, déménager **3.** transmettre, aliéner, céder, donner, léguer

transfert
N. M. **1.** transport, déplacement, transplantation, *[d'un prisonnier]* translation **2.** délocalisation, déménagement **3.** transmission, aliénation, cession **4.** *[Psych.]* identification, déplacement, projection

transfiguration
N. F. transformation, métamorphose

transfigurer
V. TR. transformer, changer (radicalement), métamorphoser

transformation
N. F. modification, aménagement, changement, conversion, métamorphose, rénovation

transformer
V. TR. **1.** modifier, aménager, changer, refaire, remanier, transmuer, *[radicalement]* métamorphoser, transfigurer **2.** *[en bien]* améliorer, arranger, moderniser, rénover **3.** *[en mal]* dénaturer, altérer, défigurer, déformer, travestir **4.** *[une matière première]* traiter, élaborer
- **se transformer** V. PRON. évoluer, changer, se modifier, se métamorphoser

transfuge
N. **1.** traître, déserteur, parjure, félon *(littér.)*, judas *(littér.)*, renégat *(littér.)* **2.** dissident, rebelle, révolté

transgresser
V. TR. contrevenir à, déroger à, désobéir à, enfreindre, faire une entorse à, manquer à, passer/franchir les bornes de, passer outre, tourner, violer

transgression
N. F. infraction, contravention, désobéissance, entorse, manquement, viol, violation

transi, ie
ADJ. **1.** *[de froid]* gelé, engourdi, glacé, refroidi, saisi **2.** *[de peur]* paralysé, cloué, figé, médusé, pétrifié, saisi, tétanisé

transiger
V. INTR. composer, s'arranger, s'entendre, faire des concessions, lâcher du lest, négocier, pactiser (avec), traiter, couper la poire en deux *(fam.)*

transition
N. F. **1.** enchaînement, liaison, lien **2.** évolution, adaptation, ajustement, changement, progression

transitoire
ADJ. **1.** court, de courte durée, éphémère, fugace, fugitif, passager, précaire **2.** provisoire, intérimaire, temporaire

translucide
ADJ. diaphane, clair, cristallin, hyalin, limpide

transmettre
V. TR. **1.** donner, céder, léguer, passer, transférer **2.** déléguer **3.** communiquer, diffuser, faire parvenir, répercuter **4.** propager, communiquer, inoculer, véhiculer

transmissible
ADJ. **1.** *[Droit]* cessible, transférable **2.** contagieux, communicable, infectieux

transmission
N. F. **1.** *[Droit]* cession, dévolution, passation, transfert **2.** communication **3.** diffusion, émission **4.** propagation, contagion, contamination, inoculation

transparaître
V. INTR. apparaître, affleurer, émerger, percer, poindre, se faire jour, se manifester, se profiler, se révéler

transparence
N. F. **1.** clarté, limpidité, diaphanéité *(littér.)* **2.** *[d'une pensée]* compréhensibilité, clarté, intelligibilité, limpidité, netteté

transparent, ente
ADJ. **1.** translucide, cristallin, limpide, pur, *[tissu, teint]* diaphane **2.** compréhensible, clair, évident, intelligible, pénétrable **3.** accessible, ouvert à tous

transpercer
V. TR. **1.** percer, crever, éventrer, perforer, trouer, vriller, embrocher *(fam.)* **2.** *[pluie]* traverser, mouiller, pénétrer, tremper (jusqu'aux os)

transpiration
N. F. **1.** sudation, perspiration **2.** sueur, moiteur, suée

transpirer
V. INTR. **1.** suer, dégouliner, être en eau, être en nage, être en sueur, ruisseler **2.** suinter, dégoutter, exsuder, perler, se répandre, sourdre **3.** s'ébruiter, se faire jour, s'éventer, filtrer, percer, se répandre

transplantation
N. F. **1.** repiquage, plantation **2.** *[d'organe]* greffe **3.** transfert, déplacement

transplanter
V. TR. **1.** repiquer, replanter **2.** greffer **3.** transférer, déplacer

transport
N. M. **1.** déplacement, locomotion **2.** acheminement, envoi, expédition, portage, transfert, transit, translation, *[à cheval]* roulage, *[en chariot]* charroi, *[rail et route]* ferroutage **3.** *[du courrier]* messagerie, poste II. ardeur, déchaînement, délire, élan, exaltation, enthousiasme, excitation, ivresse

transporter
V. TR. **1.** déplacer, camionner, charrier, convoyer, déménager, transférer, voiturer, transbahuter *(fam.)*, trimballer *(fam.)* **2.** enthousiasmer, électriser, enivrer, exalter, exciter, galvaniser, survolter

transporteur
N. M. **1.** camionneur, transitaire **2.** convoyeur, cargo

transposer
V. TR. **1.** intervertir, inverser, modifier, permuter, renverser l'ordre de **2.** traduire, adapter

transposition
N. F. **1.** interversion, changement, inversion, permutation, renversement **2.** *[d'une œuvre]* adaptation

transversal, ale, aux
ADJ. **1.** latitudinal, transverse **2.** de biais, oblique, penché **3.** pluridisciplinaire

trapu, ue
ADJ. **1.** costaud, courtaud, épais, lourd, massif, râblé, balèze *(fam.)*, baraqué *(fam.)*, mastoc *(fam.)* **2.** ramassé, massif

traquenard
N. M. piège, chausse-trape, embûche, embuscade, guet-apens, souricière

traquer
V. TR. poursuivre, chasser, harceler, pourchasser, talonner, courir après *(fam.)*

traumatiser
V. TR. choquer, bouleverser, commotionner, ébranler, perturber, secouer *(fam.)*

traumatisme
N. M. choc, commotion, coup

travail
N. M. I. **1.** action, activité, œuvre, ouvrage, labeur *(littér.)* **2.** emploi, business *(anglic.)*, fonction, intérim, métier, occupation, place, poste, profession, situation, boulot *(fam.)*, gagne-pain *(fam.)*, job *(fam.)*, turbin *(fam.)* **3.** *[facile]* sinécure, planque *(fam.)* **4.** *[imposé, pénible]* besogne, corvée, pensum, tâche, labeur *(littér.)* **5.** peine, effort, huile de coude *(fam.)* II. étude, livre, œuvre, ouvrage, recherche, texte III. accouchement, enfantement
- **travaux** PLUR. réparations, aménagements, rénovations, transformations

travailler
- V. TR. **1.** *[une matière]* façonner, *[le marbre]* ciseler, *[la pâte]* malaxer, triturer, *[la terre]* cultiver **2.** *[son style, etc.]* aiguiser, ciseler, fouiller, polir, chiader *(fam.)*, fignoler *(fam.)* **3.** *[une discipline, un talent]* cultiver **4.** occuper, inquiéter, préoccuper, tourmenter, tracasser
- V. INTR. **1.** œuvrer, abattre de la besogne, bosser *(fam.)*, boulonner *(fam.)*, bûcher *(fam.)*, gratter *(fam.)*, marner *(fam.)* **2.** *[avec fatigue, peine]* se crever *(fam.)*, galérer *(fam.)*, ramer *(fam.)*, trimer *(fam.)* **3.** apprendre, étudier, bûcher *(fam.)*, piocher *(fam.)*, potasser *(fam.)* **4.** *[bois]* se déformer, gauchir, gondoler, gonfler, jouer

travailleur, euse
- ADJ. courageux, laborieux, studieux, zélé, bosseur *(fam.)*, bûcheur *(fam.)*
- N. **1.** salarié, actif, employé, manœuvre, ouvrier, prolétaire **2.** bourreau de travail, bosseur *(fam.)*, bûcheur *(fam.)*

travers
N. M. imperfection, défaut, faiblesse, tare, tort, vice

traverser
V. TR. I. **1.** percer, perforer, trouer **2.** transpercer, passer au travers de, pénétrer dans II. **1.** franchir, passer **2.** parcourir, courir, sillonner **3.** *[fleuve, rivière]* arroser, baigner, irriguer III. croiser, barrer, s'étendre au travers de IV. vivre, faire l'expérience de, passer par

travestir
V. TR. **1.** costumer, déguiser **2.** déformer, altérer, contrefaire, dénaturer, fausser **3.** falsifier, camoufler, dissimuler, maquiller, masquer, trafiquer, truquer

travestissement
N. M. **1.** déguisement **2.** *[Psych.]* transvestisme, travestisme **3.** déformation, altération, distorsion **4.** parodie, pastiche, simulacre

trébucher
V. INTR. buter, faire un faux pas, perdre l'équilibre, s'emmêler les pieds *(fam.)*

tremblant, ante
ADJ. **1.** chancelant, frémissant, oscillant, tremblotant **2.** *[voix]* vacillant, bredouillant, chevrotant, tremblotant **3.** craintif, alarmé, apeuré, peureux

tremblement
N. M. **1.** frémissement, ébranlement, frisson, saccade, secousse, soubresaut **2.** *[convulsif]* convulsion, spasme, tressaillement **3.** *[de la voix]* chevrotement, trémolo, vibrato

trembler
V. INTR. I. **1.** s'agiter, frémir, frissonner, remuer, trembloter **2.** *[de froid, de peur]* frémir, claquer des dents, frissonner, grelotter, trembler comme une feuille/de tous ses membres, tressaillir, *[jambes]* flageoler **3.** *[sol]* trépider, vibrer **4.** *[lumière]* scintiller, clignoter, papilloter, trembloter **5.** *[voix]* chevroter, trembloter II. avoir peur, s'alarmer, s'inquiéter, avoir froid dans le dos, avoir des sueurs froides

trémousser (se)
V. PRON. **1.** s'agiter, frétiller, remuer, se tortiller, gigoter *(fam.)* **2.** *[en marchant]* se dandiner, se déhancher

trempe
N. F. qualité, caractère, carrure, énergie, envergure, stature, valeur

trempé, ée
ADJ. mouillé, dégoulinant, imbibé, imprégné, ruisselant

tremper
- V. TR. **1.** imbiber, arroser, baigner, doucher, humecter, immerger, imprégner, inonder, mouiller, plonger **2.** affermir, aguerrir, endurcir, fortifier, blinder *(fam.)* **3.** *[du vin]* couper, diluer
- V. INTR. macérer, baigner, mariner

♦ **se tremper** V. PRON. se baigner, nager, patauger, faire trempette *(fam.)*

trépasser V. INTR. décéder, mourir, s'éteindre, rendre le dernier souffle/le dernier soupir

trépidant, ante ADJ. agité, animé, échevelé, effervescent, frénétique, mouvementé

trépigner V. INTR. piaffer, s'impatienter, piétiner, sauter, sautiller

très ADV. bien, au dernier point, exceptionnellement, excessivement, extrêmement, fantastiquement, follement, formidablement, grandement, hautement, parfaitement, prodigieusement, remarquablement, terriblement, fort *(littér.)*, bigrement *(fam.)*, bougrement *(fam.)*, diablement *(fam.)*, drôlement *(fam.)*, fichtrement *(fam.)*, foutrement *(fam.)*, hyper *(fam.)*, méchamment *(fam.)*, passablement *(fam.)*, rudement *(fam.)*, sacrément *(fam.)*, salement *(fam.)*, super *(fam.)*, vachement *(fam.)*

trésor N. M. **1.** richesse, argent, fortune, pactole, réserve, magot *(fam.)* **2.** chef-d'œuvre, merveille, richesse, *[au plur.]* patrimoine, ressources

trésorerie N. F. **1.** paierie, finances, trésor **2.** disponibilités, fonds, liquidités, ressources, réserves

tressaillir V. INTR. **1.** sursauter, bondir, tressauter **2.** trembler, frémir, frissonner **3.** vibrer

tresse N. F. **1.** natte, dreadlocks *(anglic.)* **2.** galon, cordon, passement, soutache

tresser V. TR. natter, entrelacer, tortiller, *[du fil]* cordonner

trêve N. F. **1.** cessez-le-feu, cessation des hostilités **2.** relâche, halte, interruption, pause, répit

tri N. M. **1.** triage, classement **2.** sélection, choix, écrémage

triage N. M. **1.** tri, classement **2.** *[de grains, etc.]* criblage, calibrage

tribu N. F. groupe, clan, ethnie, peuplade, phratrie, société

tribulations N. F. PL. mésaventures, déboires, vicissitudes

tribunal N. M. **1.** palais de justice, parquet, prétoire **2.** juridiction, cour **3.** *[militaire]* cour martiale

tribune N. F. **1.** estrade, *[d'église]* ambon, chaire **2.** débat, discussion, forum

tricher V. INTR. **1.** frauder, truander *(fam.)* **2.** copier, pomper *(fam.)*

tricherie N. F. **1.** triche *(fam.)*, truandage *(fam.)* **2.** fraude, malhonnêteté, supercherie, tromperie, arnaque *(fam.)*, truandage *(fam.)*

tricheur, euse N. **1.** fraudeur, truqueur, arnaqueur *(fam.)* **2.** copieur

tricot N. M. **1.** chandail, cardigan, gilet, lainage, pull, pull-over, sweater, (petite) laine *(fam.)* **2.** maille

trier V. TR. **1.** choisir, écrémer, filtrer, sélectionner **2.** *[des grains, etc.]* cribler, sasser, tamiser, *[des fruits]* calibrer **3.** classer, classifier, ordonner, mettre de l'ordre dans

triomphal, ale, aux ADJ. **1.** *[entrée, succès]* éclatant, retentissant **2.** *[accueil]* enthousiaste, chaleureux, délirant

triomphant, ante ADJ. **1.** victorieux **2.** content, heureux, radieux, rayonnant, satisfait

triomphe N. M. **1.** victoire **2.** consécration, apothéose **3.** satisfaction, exaltation **4.** succès, réussite, *[chanson]* tube *(fam.)*, *[livre]* best-seller

triompher V. INTR. **1.** gagner, vaincre **2.** jubiler, chanter victoire, exulter, pavoiser **3.** exceller, être à son meilleur, réussir brillamment

tripatouiller V. TR. falsifier, trafiquer, truquer, magouiller *(fam.)*

tripes N. F. PL. intestins, boyaux, entrailles, viscères

tripotage N. M. **1.** manipulation, *[attouchements]* pelotage *(fam.)* **2.** manigances, intrigue, manœuvres, trafic, fricotage *(fam.)*, magouille *(fam.)*, micmac *(fam.)*, patouillage *(fam.)*, trifouillage *(fam.)*, tripatouillage *(fam.)* **3.** *[électoral]* fraude, cuisine, manipulations

tripoter V. TR. **1.** toucher, malaxer, manipuler, palper, tâter, triturer **2.** *[attouchements]* lutiner, peloter *(fam.)* **3.** fouiner, farfouiller *(fam.)*, trifouiller *(fam.)* **4.** trafiquer, fricoter *(fam.)*, magouiller *(fam.)*

trique N. F. gourdin, bâton, casse-tête, matraque

triste ADJ. **I. 1.** attristé, affligé, désolé, éploré, malheureux, peiné, sombre **2.** abattu, découragé, cafardeux *(fam.)* **3.** mélancolique, morose, rabat-joie, trouble-fête **4.** lugubre, austère, dépouillé, morne, sinistre **5.** *[couleur]* obscur, terne **II.** accablant, affligeant, douloureux, navrant, pénible, regrettable, rude, tragique

tristesse N. F. **1.** peine, affliction, désarroi **2.** abattement, accablement, dépression, morosité, blues *(fam.)*, bourdon *(fam.)*, cafard *(fam.)*, spleen *(littér.)* **3.** grisaille, austérité, désolation, froideur, monotonie

triturer V. TR. **1.** broyer, concasser, piler, pulvériser **2.** malaxer, pétrir **3.** jouer avec, manier, tripoter

trivial, ale, aux ADJ. choquant, bas, grossier, obscène, sale, vulgaire

trivialité N. F. **1.** grossièreté, bassesse, obscénité, vulgarité **2.** prosaïsme, banalité, platitude **3.** lieu commun, banalité, évidence, platitude, truisme

trombe N. F. cyclone, colonne, tornade, tourbillon

tromper V. TR. **1.** abuser, attraper, bercer de vaines promesses, berner, duper, endormir, leurrer, se jouer de, mystifier, avoir *(fam.)*, baiser *(très fam.)*, blouser *(fam.)*, bourrer le mou à *(fam.)*, couillonner *(très fam.)*, dorer la pilule à *(fam.)*, embobiner *(fam.)*, entuber *(très fam.)*, faire marcher *(fam.)*, faire prendre des vessies pour des lanternes à *(fam.)*, mener en bateau *(fam.)*, posséder *(fam.)*, rouler (dans la farine) *(fam.)* **2.** escroquer, flouer, voler, empiler *(fam.)*, enfiler *(fam.)*, entôler *(fam.)*, entuber *(fam.)*, estamper *(fam.)*, pigeonner *(fam.)*, rouler *(fam.)* **3.** déjouer, donner le change à, endormir **4.** *[vigilance]* échapper à, se soustraire à **5.** *[attente, espoir]* décevoir, frustrer **6.** être infidèle à, trahir *(soutenu)*, faire cocu *(fam.)*, cocufier *(fam.)*, faire porter des cornes à *(fam.)*

♦ **se tromper** V. PRON. **1.** faire erreur, faire fausse route, se fourvoyer, se ficher/se foutre/se mettre dedans *(fam.)*, se gourer *(fam.)*, se planter *(fam.)* **2.** s'abuser, se bercer d'illusions, s'illusionner, se méprendre, avoir tort, se mettre le doigt dans l'œil (jusqu'au coude) *(fam.)*, prendre des vessies pour des lanternes *(fam.)*, se faire de idées *(fam.)*, croire au Père Noël *(fam.)*

tromperie N. F. **1.** feinte, bluff, imposture, mensonge, mystification, tricherie, duperie *(littér.)* **2.** fourberie, fausseté, hypocrisie **3.** escroquerie, falsification, fraude, supercherie, arnaque *(fam.)* **4.** attrape, farce, tour de passe-passe, blague *(fam.)* **5.** illusion, chimère, leurre

trompeur, euse ADJ. **1.** menteur, fourbe, hypocrite, mystificateur **2.** fallacieux, chimérique, faux, illusoire, captieux *(littér.)*, spécieux *(littér.)*

tronc N. M. **1.** fût, *[coupé]* bille, rondin, souche **2.** buste, bassin, poitrine, thorax, torse **3.** boîte, coffre, coffret

tronçon N. M. **1.** morceau, fragment, part, partie, portion, segment, tranche **2.** *[de route]* portion, segment

tronçonner V. TR. débiter, couper, scier, sectionner, trancher

trône N. M. couronne, pouvoir, souveraineté

tronquer V. TR. abréger, amputer, écourter, élaguer, raccourcir, réduire, rogner

trop ADV. **1.** à l'excès, exagérément, excessivement, surabondamment **2.** très, bien, fort *(soutenu)*

trophée N. M. **1.** butin, capture, dépouille, prise **2.** coupe, médaille, prix, récompense

trop-plein N. M. **1.** excédent, excès, surcharge, surplus **2.** *[Techn.]* déversoir, dégorgeoir, puisard

troquer V. TR. **1.** échanger **2.** changer, remplacer

trottoir N. M. **1.** accotement, banquette **2.** terrasse

trou N. M. **I. 1.** cavité, alvéole, anfractuosité, creux, dépression, excavation, *[de la peau]* pore **2.** *[sur la route]* fondrière, nid de poules, ornière **3.** abri, tanière, terrier **4.** brèche, crevasse, fente, fissure, ouverture, trouée **5.** orifice, *[d'une aiguille]* chas **6.** *[dans un vêtement]* accroc, déchirure **7.** déficit, gouffre **II. 1.** lacune, manque, omission, oubli **2.** perte de mémoire, absence, blanc **3.** *[temps libre]* créneau, fenêtre

troublant, ante ADJ. **1.** déconcertant, déroutant, saisissant, surprenant **2.** inquiétant, alarmant **3.** ensorcelant, envoûtant, suggestif

trouble[1] ADJ. **1.** brouillé, flou, indistinct **2.** boueux, bourbeux, vaseux, fangeux *(littér.)* **3.** ambigu, confus, équivoque, nébuleux, ténébreux **4.** inavouable, malsain, suspect, louche *(fam.)*

trouble[2] N. M. **1.** bouleversement, agitation, confusion, désordre, remue-ménage, tumulte, tourmente *(littér.)* **2.** émotion, émoi *(littér.)* **3.** désarroi, affolement, détresse, inquiétude **4.** embarras, confusion, malaise, perplexité **5.** délire, égarement, folie **6.** *[Méd.]* dérèglement, altération, désordre, dysfonctionnement

♦ **troubles** PLUR. désordre, émeute, insurrection, mutinerie, révolte, révolution, soulèvement

troublé, ée ADJ. **I. 1.** brouillé, trouble **2.** boueux, turbide *(littér.)* **II. 1.** agité, houleux, incertain, mouvementé, tourmenté, tumultueux **2.** ému, déboussolé **3.** embarrassé, confus **4.** inquiet, affolé, perplexe

trouble-fête N. INVAR. importun, empêcheur de tourner en rond, éteignoir, rabat-joie, pisse-froid *(fam.)*, pisse-vinaigre *(fam.)*

troubler V. TR. **1.** obscurcir, assombrir, brouiller **2.** dérégler, bouleverser, contrarier, contrecarrer, déranger, entraver, perturber **3.** désorienter, décontenancer, désarçonner, déstabiliser, mettre mal à l'aise, déboussoler *(fam.)* **4.** embarrasser, contrarier, déranger, gêner, incommoder, tracasser *(fam.)*, turlupiner *(fam.)* **5.** affoler, inquiéter, tourmenter, chambouler *(fam.)*, tourneboule *(fam.)* **6.** émouvoir, bouleverser, remuer, toucher **7.** enivrer, émoustiller, ensorceler, séduire

♦ **se troubler** V. PRON. perdre contenance, se décontenancer, perdre pied, perdre la boussole *(fam.)*, perdre les pédales *(fam.)*

trouer V. TR. **1.** percer, perforer, transpercer **2.** *[les nuages]* déchirer

troupe N. F. **1.** *[Milit.]* unité, corps, bataillon, brigade, colonne, commando, compagnie, détachement, escadron, escouade, patrouille, peloton, régiment, section **2.** *[d'animaux]* troupeau **3.** bande, cohorte, cortège, horde, légion, flopée *(fam.)* **4.** *[Théâtre]* compagnie

♦ **troupes** PLUR. forces armées, armée

troupeau N. M. **1.** cheptel, bétail, bestiaux, troupe, *[de cerfs]* harde, harpail **2.** *[péj.]* foule, attroupement, bande, plèbe *(littér.)*, peuple *(fam., péj.)*, populace *(péj.)*, populo *(fam.)*

trousse N. F. étui, boîte, poche, pochette, sacoche

trouvaille N. F. **1.** découverte **2.** création, astuce, invention, illumination, innovation, trait de génie

trouver V. TR. **I. 1.** se procurer, découvrir, dénicher *(fam.)*, mettre la main sur *(fam.)*, dégoter *(fam.)*, déterrer *(fam.)*, pêcher *(fam.)* **2.** détecter, déceler, localiser, repérer **3.** *[qqn]* atteindre, contacter, joindre **II. 1.** imaginer, concevoir, créer, innover, inventer **2.** aller chercher, puiser, tirer **III.** comprendre, déchiffrer, deviner, éclaircir, élucider, faire (toute) la lumière sur, percer, résoudre, saisir **IV.** considérer comme, estimer, juger, regarder comme, tenir pour *(soutenu)*

♦ **se trouver** V. PRON. **1.** exister, s'offrir, se rencontrer **2.** se situer, avoir lieu, figurer, se placer, siéger

truand N. M. bandit, gangster, malfaiteur, voleur, malfrat *(fam.)*

truc N. M. **1.** astuce, artifice, expédient, méthode, procédé, recette, secret, stratagème, combine *(fam.)*, ficelle *(fam.)* **2.** chose, bidule *(fam.)*, engin *(fam.)*, machin *(fam.)*, trucmuche *(fam.)*, zinzin *(fam.)*

trucage N. M. **1.** fraude, contrefaçon **2.** *[souvent au plur.]* effets spéciaux

truculent, ente ADJ. **1.** pittoresque, original, haut en couleur, picaresque **2.** coloré, imagé, savoureux

truffer V. TR. bourrer, charger, emplir, émailler, farcir, garnir, larder, remplir

truisme N. M. banalité, évidence, platitude, lapalissade, tautologie

truquer V. TR. fausser, falsifier, maquiller, trafiquer, travestir, [une photo] retoucher, [des dés] piper, [des cartes] biseauter

trust N. M. 1. holding, combinat, conglomérat, groupe, société 2. entente, cartel, consortium, groupe, pool

tuant, ante ADJ. 1. fatigant, épuisant, éreintant, exténuant, crevant (fam.), vannant (fam.) 2. énervant, assommant, pénible, usant

tube N. M. 1. [Méd.] canule, drain, sonde 2. canal, canalisation, conduit, conduite, tuyau

tuer V. TR. I. [personne] 1. assassiner, abattre, exécuter, répandre le sang de (littér.), avoir la peau de (fam.), bousiller (fam.), crever la paillasse à (fam.), expédier dans l'autre monde (fam.), faire la peau à (fam.), faire son affaire à (fam.), liquider (fam.), nettoyer (fam.), refroidir (fam.), trucider (fam.), zigouiller (fam.). 2. [avec une arme à feu] buter (fam.), descendre (fam.), dessouder (argot), flinguer (fam.). 3. [autres méthodes] empoisonner, étouffer, étrangler, noyer, poignarder, égorger, lapider 4. [au combat, à la guerre] anéantir, décimer, écraser, exterminer, faucher, massacrer 5. [un animal] abattre, saigner, [en sacrifice] immoler, sacrifier II. [maladie, travail, etc.] 1. emporter, foudroyer 2. ruiner, détruire, supprimer 3. [fam.] fatiguer, épuiser, exténuer, claquer (fam.), lessiver (fam.), mettre sur les rotules (fam.), vanner (fam.), vider (fam.) 4. [fam.] chagriner, dégoûter, désespérer, peiner

♦ **se tuer** V. PRON. 1. se suicider, se donner la mort, mettre fin à ses jours, se détruire (littér.), se faire sauter la cervelle (fam.), se faire sauter le caisson (fam.), se foutre en l'air (fam.), se supprimer (fam.), se faire hara-kiri (fam.) 2. mourir, perdre la vie, trouver la mort

tuerie N. F. boucherie, carnage, hécatombe, massacre, saignée

tueur, euse N. 1. assassin, criminel, meurtrier 2. [à gages] nervi, sbire, sicaire, spadassin

tuméfaction N. F. enflure, boursouflure, gonflement, grosseur, œdème

tuméfié, ée ADJ. boursouflé, enflé, gonflé

tumeur N. F. 1. enflure, excroissance, grosseur, kyste 2. [bénigne] adénome, fibrome, polype, verrue 3. [maligne] cancer, carcinome, sarcome

tumulte N. M. agitation, brouhaha, chahut, charivari, tapage, tohu-bohu, vacarme, hourvari (littér.), barouf (fam.), boucan (fam.), foin (fam.), ramdam (fam.)

tumultueux, euse ADJ. 1. mouvementé, agité, houleux, orageux, passionné 2. bouillonnant, chaotique, violent

tunique N. F. robe, boubou, kimono

tunnel N. M. galerie, passage souterrain, souterrain

turbulence N. F. 1. dissipation, pétulance, vivacité 2. [surtout au plur.] tourbillon, appel d'air 3. [surtout au plur.] trouble, remous, tourmente

turbulent, ente ADJ. agité, bruyant, chahuteur, dissipé, remuant, vif

turpitude N. F. 1. ignominie, débauche, immoralité, infamie, vice 2. bassesse, compromission, horreur, lâcheté, trahison

tutelle N. F. 1. garde, administration 2. emprise, autorité, dépendance, mainmise, surveillance

tuteur N. M. piquet, bâton, échalas, étai, perche, rame

tuyau N. M. 1. canalisation, buse, boyau, conduite, flexible, tube 2. [Méd.] drain, canule 3. [d'instrument à vent] porte-vent 4. [fam.] renseignement

type N. M. I. 1. [Techn.] matrice, forme, moule 2. archétype, étalon, modèle, prototype, stéréotype, symbole, [de beauté] canon, idéal 3. exemple, échantillon, modèle, représentant, spécimen 4. classe, espèce, famille, genre, modèle, ordre, variété II. [fam.] individu, bonhomme (fam.), coco (fam.), gars (fam.), gus (fam.), mec (fam.), zèbre (fam.), zigoto (fam.), zigue (fam.), pingouin (argot)

typé, ée ADJ. caractéristique, accusé, marqué

typhon N. M. cyclone, hurricane, ouragan, tornade

typique ADJ. caractéristique, distinctif, particulier, représentatif, significatif, singulier, spécifique

typologie N. F. classification, catégorisation, classement, nomenclature, taxinomie

tyran N. M. oppresseur, autocrate, despote, dictateur, potentat

tyrannie N. F. 1. autoritarisme, autocratie, despotisme, dictature, oppression, joug (littér.) 2. contrainte, emprise, diktat, servitude

tyrannique ADJ. 1. absolu, arbitraire, autocratique, despotique, dictatorial, oppressif 2. autoritaire, despote, dominateur, impérieux

tyranniser V. TR. opprimer, asservir, assujettir, écraser, persécuter

✦ ✦ ✦ ✦ ✦ ✦ ✦ ✦ ✦ ✦ ✦ ✦ ✦ ✦ ✦ ✦ ✦ ✦ ✦ ✦

U

ulcération N. F. lésion, plaie, ulcère

ulcérer V. TR. 1. froisser, affliger, heurter, humilier, mortifier, piquer, vexer 2. exaspérer, irriter, révolter, scandaliser

ultérieur, eure ADJ. prochain, futur, postérieur, suivant, à venir

ultérieurement ADV. après, ensuite, par la suite, plus tard, postérieurement

ultimatum N. M. sommation, commandement, exigence, intimation, injonction, mise en demeure, ordre

ultime ADJ. dernier, extrême, final, suprême, terminal

unanime ADJ. 1. général, absolu, collectif, total, universel 2. [au plur.] d'accord, du même avis, de la même opinion, unis

unanimement ADV. d'un commun accord, en chœur, collectivement, totalement, à l'unanimité, comme un seul homme (fam.)

unanimité N. F. 1. accord, assentiment, entente, consensus, consentement 2. communauté de vues, conformité, ensemble, harmonie

uni, ie ADJ. I. 1. joint, connexe, indissociable, réuni, d'un seul tenant 2. solidaire, soudé 3. homogène, cohérent II. 1. lisse, égal, nivelé, plan, plat 2. monochrome, unicolore

unifier V. TR. 1. normaliser, aligner, égaliser, harmoniser, homogénéiser, niveler, standardiser, uniformiser 2. unir, fusionner, rassembler, regrouper, réunir

uniforme¹ ADJ. 1. régulier, constant, continu, égal, invariable, réglé 2. homogène, cohérent, uni 3. identique, analogue, pareil, semblable 4. monotone, égal, régulier, simple, uni

uniforme² N. M. tenue, habit

uniformiser V. TR. égaliser, aplanir, homogénéiser, niveler, normaliser, standardiser, unifier

uniformité N. F. 1. régularité, égalité 2. homogénéité, cohérence, unité 3. monotonie, égalité, platitude, régularité 4. identité, ressemblance, standardisation

union N. F. 1. mariage 2. conjonction, alliance, association, fusion, liaison 3. entente, accord, communion, concorde, fraternité, solidarité 4. fédération, association, coalition, groupement, ligue, parti 5. accouplement, coït

unique ADJ. 1. seul, exclusif, isolé, à part, particulier, singulier 2. exceptionnel, d'exception, hors du commun, hors ligne, hors pair, incomparable, inégalable, inimitable, irremplaçable, sans égal, sans pareil, sans rival

uniquement ADV. exclusivement, purement, rien que, seulement, simplement, spécialement, strictement

unir V. TR. 1. agglutiner, agréger, amalgamer, assembler, fusionner, joindre, lier, marier, mélanger, mêler, souder 2. allier, fédérer, réunir

♦ **s'unir** V. PRON. 1. se marier, s'épouser, se pacser, se mettre la bague au doigt (fam.) 2. s'allier, s'associer, se coaliser, faire bloc, faire front commun, se liguer, se solidariser 3. se mêler, se fondre, fusionner, se mélanger

unité N. F. I. 1. cohérence, cohésion, homogénéité, harmonie, régularité 2. communauté, conformité, identité, similitude, uniformité II. élément, composant, composante, constituant, partie (constitutive), pièce

univers N. M. 1. cosmos, ciel, espace, galaxie, monde, nature 2. globe, monde, planète, terre 3. domaine, champ d'activité, cercle, milieu, sphère

universel, elle ADJ. 1. cosmique, astral, céleste 2. mondial, global, international, planétaire 3. général, commun, unanime 4. encyclopédique, érudit, omniscient, savant

universellement ADV. mondialement, internationalement, planétairement, à l'échelle mondiale/planétaire

université N. F. faculté, fac (fam.), alma mater (souvent plaisant)

urbain, aine ADJ. 1. citadin 2. municipal, communal

urgence N. F. empressement, hâte

urgent, ente ADJ. pressé, impératif, impérieux, pressant

urine N. F. pipi (fam.), pisse (fam.), [d'animaux] pissat

uriner V. INTR. faire pipi (fam.), faire ses besoins (fam.), pisser (fam.), se soulager (fam., euph.), [involontairement] s'oublier (fam., euph.)

usage N. M. 1. emploi, utilisation, [de drogue] consommation, [Droit] usufruit, jouissance 2. fonction, destination, utilité 3. coutume, habitude, mode, mœurs 4. activité, exercice, fonctionnement

♦ **usages** PLUR. 1. bienséance, civilité, convenances, politesse, savoir-vivre 2. cérémonial, décorum, étiquette, forme, protocole, rites

usagé, ée ADJ. usé, défraîchi, fatigué, passé, vétuste, vieilli

usager N. M. abonné, client, utilisateur

usant, ante ADJ. épuisant, éreintant, exténuant, crevant (fam.), tuant (fam.)

usé, ée ADJ. I. 1. élimé, abîmé, détérioré, émoussé, entamé, râpé, rogné, usagé, vieux 2. avachi, fatigué, fripé, râpé, usagé 3. décrépit, amoindri, délabré, détruit, dévasté, épuisé, fatigué II. 1. émoussé, démodé, éteint, fini 2. banal, éculé, rebattu, réchauffé, archiconnu (fam.), bateau (fam.)

user V. TR. 1. élimer, abîmer, émousser, entamer, mordre, râper, roder, rogner 2. consommer, absorber, dépenser, détruire, dévorer, épuiser, manger 3. miner, affaiblir, amoindrir, consumer, détruire, épuiser, fatiguer

♦ **s'user** V. PRON. 1. se fatiguer, s'épuiser, perdre ses forces 2. faiblir, chanceler, mollir, perdre ses forces, se relâcher, vaciller

usine N. F. fabrique, industrie, manufacture

usité, ée ADJ. banal, courant, coutumier, employé, fréquent, habituel, ordinaire, répandu, usuel, utilisé

ustensile N. M. 1. accessoire, appareil, engin, instrument, matériel, outil, récipient 2. chose, engin (fam.), machin (fam.), truc (fam.), zinzin (fam.)

usuel, elle ADJ. commun, banal, courant, familier, fréquent, ordinaire, usité

usure N. F. 1. dégradation, abrasion, corrosion, détérioration, dommage, érosion, vétusté 2. diminution, affaiblissement, amoindrissement, érosion

usurper V. TR. 1. s'approprier, s'arroger, s'attribuer, s'emparer de, saisir 2. voler, dérober, ravir

utile ADJ. 1. avantageux, commode, fructueux, payant, profitable, salutaire, expédient (littér.) 2. efficace, secourable 3. judicieux, prudent

utilement ADV. efficacement, avantageusement, fructueusement, profitablement

utilisable ADJ. employable, exploitable, [voie] carrossable, praticable

utilisation N. F. 1. emploi, exploitation, maniement, usage 2. fonction, application, destination, utilité

utiliser V. TR. 1. employer, manier, avoir recours à, recourir à, s'aider de, se servir de, user de 2. exploiter, faire appel à, jouer de, jouer la carte de, mettre à profit, mettre en jeu, profiter de, tirer profit de, tirer parti de

utilitaire ADJ. **1.** pratique, fonctionnel **2.** matérialiste, intéressé, prosaïque, réaliste, terre à terre

utilité N. F. avantage, bienfait, efficacité, intérêt, profit, secours, usage

utopie N. F. **1.** idéal **2.** chimère, fantasme, illusion, mirage, rêve

utopique ADJ. **1.** idéaliste **2.** chimérique, illusoire, imaginaire, irréaliste

utopiste N. et ADJ. **1.** idéaliste **2.** rêveur, illuminé, poète, songe-creux (péj.)

❖ ❖ ❖ ❖ ❖ ❖ ❖ ❖ ❖ ❖ ❖ ❖ ❖ ❖ ❖ ❖ ❖ ❖ ❖

V

vacance N. F. **1.** disponibilité, carence, inoccupation **2.** vacuité, vide
• **vacances** PLUR. congé, détente, permission, loisirs, relâche, repos, villégiature

vacant, ante ADJ. **1.** inoccupé, disponible, inhabité, libre, vide, abandonné (Droit) **2.** [poste] à pourvoir, disponible

vacarme N. M. tumulte, chahut, charivari, tapage, tintamarrre, tohu-bohu, barouf (fam.), bordel (fam.), boucan (fam.), chambard (fam.), raffut (fam.), ramdam (fam.), sabbat (fam.)

vacillant, ante ADJ. **1.** chancelant, branlant, flageolant, titubant, tremblant **2.** incertain, flottant, hésitant, indécis, instable, irrésolu, mobile, versatile

vaciller V. INTR. **1.** se balancer, chanceler, flageoler, tanguer, tituber, trembler **2.** clignoter, cligner, papilloter, scintiller, trembloter **3.** faiblir, s'affaiblir, chanceler, fléchir

va-et-vient N. M. INVAR. **1.** oscillation, balancement, branle, mouvement alternatif **2.** allées et venues, navette **3.** circulation, passage, trafic

vagabond, onde
▶ ADJ. nomade, errant, instable, itinérant
▶ N. clochard, rôdeur, sans-abri, S.D.F., cloche (fam.), clodo (fam.)

vagabonder V. INTR. **1.** se promener, se baguenauder, courir les rues, déambuler, errer, flâner, musarder, traînasser, traîner, traînailler (fam.), vadrouiller (fam.) **2.** divaguer, errer, flotter, vaguer (littér.)

vague²
▶ ADJ. I. **1.** confus, flou, imprécis, incertain, indécis, indéfini, indéterminé **2.** [vêtement] ample, flottant, flou, lâche, large, vaporeux II. **1.** approximatif, ambigu, confus, imprécis, nébuleux, obscur, fumeux (fam.) **2.** indéfini, indiscernable, indéterminable, sourd, trouble **3.** obscur, insignifiant, quelconque
▶ N. M. flou, imprécision, indétermination

vague³ N. F. **1.** lame, brisant, mouton, rouleau **2.** déferlement, afflux, avalanche, flot, marée, ruée, rush
• **vagues** PLUR. **1.** flots, moutonnement, onde (littér.), [grosses] houle **2.** scandale, difficultés, remous

vaguement ADV. **1.** confusément, indistinctement, imparfaitement **2.** approximativement, évasivement, imprécisément (littér.) **3.** un peu, à peine, faiblement, légèrement

vaillance N. F. bravoure, cœur, courage, hardiesse, héroïsme, intrépidité

vaillant, ante ADJ. **1.** brave, courageux, hardi, héroïque, intrépide **2.** en forme, dispos, solide, vigoureux, pêchu (fam.)

vain, vaine ADJ. **1.** inefficace, infructueux, inutile, stérile, superflu **2.** dérisoire, creux, frivole, futile, insignifiant, puéril, superficiel, captieux (littér.), spécieux (littér.) **3.** chimérique, fallacieux, faux, illusoire, imaginaire, mensonger, trompeur **4.** [littér.] prétentieux, fat, infatué, orgueilleux, suffisant, vaniteux, puant (fam.)

vaincre V. TR. **1.** battre, abattre, anéantir, avoir raison de, écraser, l'emporter sur, mettre en déroute, mettre/tailler en pièces, renverser, défaire (littér.), enfoncer (fam.), laminer (fam.), filer une raclée à (fam.), filer la pâtée à (fam.) **2.** surmonter, dominer, maîtriser, avoir raison de, triompher de, venir à bout de

vainement ADV. inutilement, en pure perte, en vain, sans succès

vainqueur N. M. et ADJ. I. champion, gagnant, lauréat, triomphateur, victorieux II. [air] triomphant, prétentieux, avantageux, conquérant, suffisant

valable ADJ. **1.** valide, en bonne et due forme, en règle, réglementaire **2.** acceptable, admissible, bon, fondé, justifié, légitime, recevable, sérieux, solide **3.** autorisé, qualifié **4.** [fam.] compétent, capable, efficace, estimable, de valeur

valablement ADV. **1.** utilement, efficacement **2.** correctement, convenablement, dûment

valet N. M. domestique, laquais, serviteur, larbin (péj.)

valeur N. F. I. **1.** prix, cotation, cote, cours, coût, évaluation, montant, tarif **2.** titre, action, bon du trésor, effet de commerce, obligation II. **1.** mérite, calibre, carrure, classe, envergure, étoffe, grandeur, pointure, qualité, stature, trempe **2.** [littér.] bravoure, courage, fermeté (d'âme), héroïsme, vaillance **3.** noblesse, dignité, générosité, grandeur (d'âme) III. validité, efficacité, intérêt, portée, utilité IV. équivalent, mesure

valeureux, euse ADJ. brave, courageux, vaillant, héroïque

validation N. F. confirmation, approbation, authentification, consécration, entérinement, homologation, ratification

valide ADJ. **1.** bien portant, en forme, fort, gaillard, robuste, sain, vigoureux **2.** valable, autorisé, en cours, légal, réglementaire

valider V. TR. confirmer, approuver, authentifier, entériner, homologuer, ratifier, sanctionner

validité N. F. conformité, régularité

valise N. F. bagage, paquetage, balluchon (fam.), valoche (fam.)

vallée N. F. vallon, canyon, cluse, combe, défilé, dépression, gorge, goulet, ravin, ravine

valoir
▶ V. TR. attirer, apporter, causer, procurer
▶ V. INTR. **1.** coûter, se monter à, revenir à, se vendre à **2.** égaler, équivaloir à, peser **3.** mériter, être digne de, donner droit à

valorisation N. F. **1.** plus-value **2.** mise en valeur, amélioration, amendement, bonification, enrichissement **3.** recyclage

valoriser V. TR. **1.** donner une plus-value à, faire prendre de la valeur à **2.** recycler

vandale N. destructeur, hooligan (anglic.), iconoclaste, saccageur, déprédateur (littér.), casseur (fam.), [de tombes, etc.] profanateur

vandaliser V. TR. saccager, détériorer, dévaster, détruire, piller, [des tombes, etc.] profaner

vandalisme N. M. déprédation, dégradation, destruction, détérioration, dévastation, saccage, [des tombes, etc.] profanation

vanité N. F. **1.** fatuité, complaisance, fierté, morgue, orgueil, ostentation, présomption, prétention, suffisance, infatuation (littér.), outrecuidance (littér.) **2.** [littér.] futilité, fragilité, frivolité, inconsistance, insignifiance, néant, précarité, vide **3.** inutilité, inanité, inefficacité

vaniteux, euse ADJ. et N. fat, faraud, imbu de soi-même, infatué, m'as-tu-vu, orgueilleux, poseur, prétentieux, satisfait de soi, suffisant, vain (littér.), bêcheur (fam.), crâneur (fam.)

vanner V. TR. tamiser, bluter, cribler, filtrer, passer, sasser

vantard, arde ADJ. et N. bluffeur, fabulateur, fanfaron, hâbleur, matamore, menteur, rodomont (littér.)

vantardise N. F. bluff, fanfaronnade, forfanterie, hâblerie, jactance, rodomontade, bidon (fam.), chiqué (fam.), épate (fam.), esbroufe (fam.), flafla (fam.), frime (fam.)

vanter V. TR. louer, célébrer, complimenter, exalter, faire le panégyrique de, glorifier, porter au pinacle, porter aux nues, recommander, faire mousser (fam.)
• **se vanter** V. PRON. fanfaronner, plastronner, se pousser du col, ramener sa fraise (fam.), se faire mousser (fam.), crâner (fam.), frimer (fam.), la ramener (fam.)

vapeur N. F. humidité, brouillard, brume, buée, nuage

vaporeux, euse ADJ. **1.** nébuleux, brumeux, flou, fondu, sfumato, voilé **2.** aérien, délicat, éthéré, fin, inconsistant, léger, transparent, arachnéen (littér.)

vaporisateur N. M. aérosol, atomiseur, brumisateur (nom déposé), nébuliseur, pulvérisateur, spray

vaporiser V. TR. pulvériser, atomiser, disperser, dissiper, imprégner, parfumer, répandre, volatiliser

vaquer à V. INTR. IND. s'adonner à, se consacrer à, se livrer à, s'occuper de, s'appliquer à

variabilité N. F. changement, fluctuation, inconstance, instabilité, irrégularité, mobilité, versatilité

variable¹ ADJ. changeant, discontinu, fluctuant, imprévisible, inconstant, insaisissable, instable, irrégulier, mobile, modulable, mouvant, versatile

variable² N. F. paramètre, facteur, donnée

variante N. F. [d'un film, etc.] mouture, version, remake (anglic.)

variation N. F. **1.** changement, fluctuation, oscillation, transformation, [dans l'humeur, le courant] saute **2.** aléa, vicissitude **3.** écart, amplitude

varié, ée ADJ. **1.** divers, diversifié, éclectique, multiple **2.** hétéroclite, complexe, composite, disparate, mélangé, mêlé **3.** [couleurs] bigarré, bariolé, chamarré, chatoyant, moiré, taché

varier
▶ V. TR. diversifier, modifier, renouveler, transformer
▶ V. INTR. évoluer, changer, fluctuer, osciller, se modifier, se transformer, bouger (fam.)

variété N. F. **1.** diversité, différence, éclectisme, hétérogénéité, pluralité **2.** collection, assortiment, choix, éventail, gamme, mosaïque, palette **3.** variante, espèce, forme, genre, manière, type, variation, version **4.** chanson, music-hall

vase¹ N. M. coupe, bol, cruche, jarre, pot, potiche, récipient, urne

vase² N. F. boue, gadoue, limon, bouillasse (fam.), bourbe (littér.), fange (littér.)

vaseux, euse ADJ. boueux, bourbeux, limoneux, fangeux (littér.)

vaste ADJ. **1.** spacieux, ample, de belles dimensions, étendu, grand, gigantesque, immense, imposant, large **2.** considérable, ambitieux, colossal, d'envergure, énorme, important

va-t-en-guerre N. INVAR. belliciste, batailleur, belliqueux, épervier, faucon

vaurien, enne N. **1.** chenapan, coquin, galopin, garnement, polisson, fripon (fam.), mauvaise graine (fam.) **2.** voyou, canaille, gredin, fripouille (fam.), petite frappe (fam.)

vautour N. M. **1.** charognard, condor, griffon, gypaète, rapace **2.** pirate, requin, chacal, charognard, rapace

vautrer (se) V. PRON. **1.** s'affaler, se coucher, s'étaler, se prélasser, se traîner, s'avachir (fam.) **2.** s'adonner, s'abandonner, se complaire, se livrer, sombrer

va-vite (à la) ADV. hâtivement, à la hâte, précipitamment, à la six-quatre-deux (fam.), [manger] sur le pouce (fam.), avec un lance-pierres (fam.)

vécu, ue
▶ ADJ. réel, authentique, véridique, véritable, vrai
▶ N. M. expérience, parcours (personnel)

vedette N. F. **1.** étoile, star (anglic.), superstar, tête d'affiche **2.** sommité, célébrité, gloire, personnalité, pointure (fam.) **3.** embarcation, bateau, canot

végétation N. F. **1.** flore, plantes, verdure **2.** arborisation, arborescence, arbre, dendrite

végéter V. INTR. **1.** dépérir, s'anémier, s'atrophier, s'étioler, se faner, se rabougrir **2.** vivoter, languir, s'encroûter (fam.), moisir (fam.) **3.** stagner, ne pas avancer, patiner, patauger, piétiner

véhémence N. F. impétuosité, ardeur, feu, flamme, fougue, frénésie, passion, vigueur, vivacité, violence

véhément, ente ADJ. ardent, bouillant, enflammé, fougueux, frénétique, impétueux, passionné, vif, violent

véhicule N. M. I. **1.** automobile, voiture **2.** autobus, autocar **3.** moto, motocycle, motocyclette II. vecteur, média, organe, support

véhiculer V. TR. **1.** acheminer, convoyer, transporter, voiturer **2.** diffuser, faire passer, répandre, répercuter, transmettre

veille N. F. **1.** insomnie, éveil, vigilance **2.** surveillance, faction, garde, quart, veillée **3.** jour précédent

veiller V. INTR. **1.** être éveillé, être en éveil **2.** être de garde

veinard, arde ADJ. et N. chanceux, chançard *(fam.)*, verni *(fam.)*

veine N. F. **1.** vaisseau **2.** *[de feuille]* nervure, *[de bois]* veinure **3.** gisement, filon **4.** verve, inspiration, souffle **5.** *[fam.]* chance, aubaine, baraka *(fam.)*, bol *(fam.)*, cul *(très fam.)*, fion *(très fam.)*, pot *(fam.)*

velléitaire ADJ. hésitant, changeant, inconstant, indécis, instable, irrésolu, versatile

vélo N. M. bicyclette, bécane *(fam.)*, biclou *(fam.)*

véloce ADJ. rapide, prompt, vif, vite *(littér. ou Sport)*

vélomoteur N. M. cyclomoteur, motocyclette, mobylette *(nom déposé)*

velouté, ée
▶ ADJ. **1.** duveté, doux, duveteux, lustré, pelucheux, satiné, soyeux, velouteux **2.** onctueux, moelleux
▶ N. M. **1.** douceur **2.** onctuosité, suavité

vénal, ale, aux ADJ. corruptible, corrompu, cupide, intéressé, mercenaire

vendeur, euse
▶ ADJ. accrocheur, alléchant, racoleur
▶ N. **1.** marchand, commerçant, camelot **2.** représentant, V.R.P

vendre V. TR. **1.** céder, aliéner *(Droit)* **2.** *[Commerce]* écouler, débiter, faire commerce de **3.** monnayer, négocier, se faire payer **4.** se débarrasser de, se défaire de, bazarder *(fam.)* **5.** *[Bourse]* liquider, brader, échanger, réaliser, rétrocéder
♦ **se vendre** V. PRON. **1.** s'écouler, s'enlever **2.** se donner, se prostituer

vénéneux, euse ADJ. toxique, dangereux, empoisonné, nocif

vénérable ADJ. **1.** respectable, digne, estimable, honorable, respecté, révéré, auguste *(littér.)* **2.** *[âge]* avancé, canonique, respectable **3.** *[Relig.]* sacré, saint

vénération N. F. **1.** respect, admiration, considération, révérence **2.** amour, adoration, idolâtrie **3.** *[Relig.]* adoration, culte, dévotion, piété

vénérer V. TR. **1.** respecter, admirer, révérer **2.** chérir, adorer, idolâtrer, vouer un culte à **3.** *[Relig.]* adorer, honorer, révérer

vengeance N. F. **1.** revanche, représailles, rétorsion, riposte, loi du talion, vendetta *(Corse)* **2.** châtiment, punition

venger V. TR. réparer, dédommager, laver, redresser
♦ **se venger** V. PRON. se faire justice, exercer des représailles, prendre sa revanche, rendre le mal pour le mal, riposter

venimeux, euse ADJ. I. **1.** haineux, malfaisant, malintentionné, malveillant, médisant, perfide, sournois **2.** calomnieux, aigre, corrosif, empoisonné, fielleux, enfiellé *(littér.)* II. toxique, dangereux, empoisonné, *[plante]* vénéneux

venin N. M. **1.** poison **2.** calomnie, acrimonie, fiel, perfidie

venir V. INTR. I. **1.** aller, passer, se rendre, radiner *(fam.)*, rappliquer *(fam.)*, s'amener *(fam.)*, se pointer *(fam.)* **2.** approcher, avancer, se rapprocher II. **1.** pousser, apparaître, croître, se développer **2.** apparaître, arriver, se produire, survenir

vent N. M. **1.** bise, aquilon *(poétique)*, zef *(argot)*, *[léger]* brise, souffle, zéphyr *(poétique)* **2.** flatulence, flatuosité, gaz, pet

vente N. F. **1.** cession **2.** débit, écoulement, *[au rabais]* braderie, solde, liquidation

ventilation N. F. **1.** aération, aérage, tirage **2.** ventilateur, soufflerie **3.** répartition, partage, péréquation, dispatching *(anglic.)*

ventiler V. TR. **1.** aérer, souffler (sur) **2.** répartir, dispatcher, trier

ventre N. M. abdomen, bedaine *(fam.)*, bedon *(fam.)*, bide *(fam.)*, bidon *(fam.)*, brioche *(fam.)*, buffet *(fam.)*, panse *(fam.)*

ventru, ue ADJ. **1.** ventripotent, bedonnant, pansu **2.** renflé, bombé, pansu

venue N. F. **1.** arrivée, apparition, entrée **2.** avènement, début, irruption, surgissement

véracité N. F. exactitude, authenticité, fidélité, justesse, vérité

verbeux, euse ADJ. bavard, délayé, logorrhéique, phraseur, prolixe

verbiage N. M. bavardage, délayage, logorrhée, longueurs, phraséologie, remplissage, blabla *(fam.)*

verdict N. M. sentence, arrêt, arrêté, décision, jugement, ordonnance

verdir V. INTR. **1.** verdoyer **2.** blêmir, pâlir, perdre ses couleurs

verdure N. F. **1.** végétation, plantes, vert **2.** *[fam.]* légumes verts

véreux, euse ADJ. **1.** corrompu, malhonnête, marron, pourri, ripou *(fam.)* **2.** douteux, louche, suspect **3.** *[fruit]* gâté

verge N. F. **1.** tige, baguette **2.** pénis, phallus, membre viril, biroute *(fam.)*, bite *(fam.)*, braquemart *(fam.)*, manche *(fam.)*, quéquette *(fam.)*, queue *(fam.)*, zizi *(fam.)*, *[en érection]* priape, ithyphalle *(didact.)*

véridique ADJ. exact, authentique, avéré, fidèle, juste, véritable, vrai

vérification N. F. **1.** contrôle, épreuve, essai, examen, expertise **2.** *[de comptes]* audit, apurement **3.** confirmation, preuve

vérifier V. TR. **1.** contrôler, examiner, expertiser, réviser, *[des comptes]* auditer, apurer, *[inventaire]* pointer, récoler **2.** essayer, s'assurer de, éprouver, expérimenter, tester **3.** confirmer, corroborer, prouver, constater
♦ **se vérifier** V. PRON. se confirmer, être corroboré, se réaliser

véritable ADJ. **1.** réel, authentique, effectif, véridique **2.** naturel, authentique, pur, vrai **3.** vrai, avéré, franc, incontestable, sincère, sûr

véritablement ADV. réellement, assurément, bel et bien, en effet, par le fait, proprement, vraiment

vérité N. F. I. **1.** authenticité, exactitude, fidélité, justesse, véracité, vrai, véridicité *(littér.)* **2.** réalité II. **1.** axiome, loi, postulat, principe **2.** certitude, conviction, croyance, dogme, évidence III. **1.** justesse, naturel, ressemblance, vraisemblance **2.** franchise, authenticité, bonne foi, sincérité

vermine N. F. **1.** racaille, canaille, crapule **2.** parasites, gale, poux, puces, punaises

vermoulu, ue ADJ. piqué, piqueté, rongé

vernir V. TR. **1.** laquer, peindre **2.** lustrer

vernis N. M. **1.** enduit, émail, laque **2.** apparence, brillant, croûte, dehors, éclat trompeur, écorce, façade, teinture

verre N. M. **1.** cristal, pyrex *(nom déposé)*, securit *(nom déposé)* **2.** chope, coupe, flûte, gobelet, godet **3.** *[fam.]* pot *(fam.)*, bock *(fam.)*, canon *(fam.)*, coup *(fam.)*, drink *(anglic., fam.)*, godet *(fam.)*
♦ **verres** PLUR. lunettes, bésicles *(fam.)*, binocles *(fam.)*

verrouiller V. TR. **1.** cadenasser, barricader, fermer au verrou **2.** bloquer, fermer, *[des portes]* condamner, *[un quartier]* boucler, encercler **3.** *[une personne]* enfermer, mettre sous les verrous, boucler, coffrer **4.** paralyser, bloquer

vers PRÉP. **1.** en direction de, à destination de, à la rencontre de, sur **2.** du côté de, dans les/aux environs de, aux abords de, à l'approche de, à proximité de, dans le voisinage de

versant N. M. **1.** pente, côté, face, pan, *[nord]* ubac, *[sud]* adret **2.** aspect, côté, facette

versatile ADJ. changeant, capricieux, inconstant, instable, lunatique, variable, velléitaire

versé, ée ADJ.
– **versé dans** expert en, spécialiste de/en, savant en, passé maître dans

versement N. M. paiement, dépôt, règlement, remise

verser
▶ V. TR. **1.** répandre, déverser, épandre, faire couler, *[à table]* servir **2.** payer, déposer, donner, régler, remettre, virer **3.** apporter, déposer, mettre **4.** incorporer, affecter, muter, nommer
▶ V. INTR. tomber, basculer, culbuter, se coucher

version N. F. **1.** traduction **2.** état, mouture, variante **3.** interprétation, compte rendu, exposé, rapport, récit, relation

verso N. M. dos, derrière, envers, revers

vert, verte ADJ. **1.** blême, blafard, bleu, livide, verdâtre **2.** alerte, vif, fringant, gaillard, ingambe, vaillant, vif, vigoureux **3.** acide, aigre, sur **4.** cru, égrillard, gaulois, graveleux **5.** écologiste, écolo *(fam.)*

vertèbres N. F. colonne vertébrale, échine, épine dorsale, rachis

verticalement ADV. d'aplomb, à pic, debout, droit

vertige N. M. **1.** éblouissement, étourdissement, malaise, tournis *(fam.)* **2.** enivrement, euphorie, exaltation, excitation, folie, griserie, ivresse, trouble

vertigineux, euse ADJ. démesuré, astronomique, colossal, exorbitant

vertu N. F. **1.** qualité, don, valeur **2.** propriété, capacité, caractéristique, faculté, pouvoir, qualité **3.** honnêteté, mérite, moralité, probité, valeur

vertueux, euse ADJ. **1.** *[vieilli ou plaisant, femmes]* chaste, fidèle, pur **2.** *[vieux ou littér.]* édifiant, exemplaire, méritoire

verve N. F. éloquence, loquacité, faconde *(littér.)*, bagou *(fam.)*

veste N. F. veston, blazer, jaquette, saharienne, vareuse, *[courte]* blouson, spencer, *[chaude]* anorak, caban, canadienne, doudoune

vestibule N. M. antichambre, entrée, hall, porche, salle d'attente

vestige N. M. **1.** *[surtout au plur.]* débris, décombres, ruine, trace **2.** souvenir, empreinte, marque, reste

vêtement N. M. **1.** habit, fringue *(fam.)*, nippe *(fam.)*, guenille *(fam., péj.)*, loque *(fam. péj.)* **2.** *[de travail]* bleu, combinaison, livrée, salopette **3.** *[Relig.]* aube, chasuble, soutane, surplis
♦ **vêtements** PLUR. **1.** toilette, mise, tenue, atours *(littér.)*, accoutrement *(péj.)*, affublement *(péj.)*, fripes *(fam.)*, frusques *(fam.)*, sapes *(fam.)* **2.** *[de qqn]* affaires, effets, garde-robe

vétéran N. M. **1.** ancien combattant **2.** briscard, ancien, doyen, vieux de la vieille, vieux routier

vétille N. F. bagatelle, babiole, bêtise, broutille, détail, misère, rien, bricole *(fam.)*

vétilleux, euse ADJ. chicaneur, chicanier, formaliste, pointilleux, sourcilleux, tatillon, pinailleur *(fam.)*, coupeur de cheveux en quatre, enculeur de mouches *(très fam.)*

vêtir V. TR. **1.** habiller, couvrir, accoutrer *(péj.)*, affubler *(péj.)*, fagoter *(fam., péj.)*, fringuer *(fam.)* **2.** déguiser, costumer, travestir
♦ **se vêtir** V. PRON. s'habiller, se couvrir, s'accoutrer *(péj.)*, s'attifer *(péj.)*, se fagoter *(fam., péj.)*, se fringuer *(fam.)*, se nipper *(fam.)*, se saper *(fam.)*

vêtu, ue ADJ. habillé, accoutré *(péj.)*, affublé *(péj.)*, mis, paré, fringué *(fam.)*, nippé *(fam.)*, sapé *(fam.)*

vétuste ADJ. délabré, abîmé, antique, en mauvais état, vieilli, qui a fait son temps

veule ADJ. lâche, avachi, faible, mou, sans caractère, sans volonté, chiffe molle *(fam.)*, couille molle *(très fam.)*

vexant, ante ADJ. **1.** blessant, cinglant, désobligeant, humiliant, insultant, mortifiant, offensant, ulcérant **2.** contrariant, exaspérant, excédant, irritant, rageant, râlant *(fam.)*

vexation N. F. humiliation, brimade, gifle, insulte, mortification, rebuffade, sarcasme, tracasserie, avanie *(littér.)*

vexer V. TR. blesser, froisser, heurter, humilier, mortifier, offenser, piquer au vif, scandaliser, ulcérer
♦ **se vexer** V. PRON. se fâcher, se formaliser, se froisser, prendre la mouche *(fam.)*

viable ADJ. **1.** durable, sain, stable **2.** carrossable, praticable

viande N. F. chair, barbaque (fam.), bidoche (fam.), [dure] carne (fam.), semelle (fam.)

vibrant, ante ADJ. 1. retentissant, éclatant, sonore, de stentor 2. bouleversant, déchirant, émouvant, lyrique, passionné, pathétique

vibration N. F. 1. battement, ébranlement, trépidation 2. onde 3. frémissement, frisson, tremblement

vibrer V. INTR. 1. trépider, trembler 2. retentir, résonner, sonner, tinter, vrombir 3. être ému, frémir, palpiter, trembler

vice N. M. 1. défectuosité, défaut, imperfection, malfaçon 2. travers, défaut, faible, faiblesse, tare 3. passion, maladie, manie, virus (fam.) 4. dépravation, débauche, dérèglement, dévergondage, inconduite, libertinage, luxure, stupre (littér.)

vicié, ée ADJ. pollué, impur, pestilentiel, souillé, corrompu (littér.)

vicieux, euse ADJ. et N. 1. débauché, dévergondé, libertin, roué (littér.) 2. obscène, dégoûtant, lubrique, libidineux, pervers, salace, cochon (fam.), vicelard (fam.) 3. mauvais, vachard (fam.)

vicissitudes N. F. PL. aléas, accidents, coups du destin, hasards, incertitudes, mésaventures, tribulations, infortunes (littér.)

victime N. F. 1. mort, blessé, sinistré, tué 2. proie, prise 3. bouc émissaire, martyr, souffre-douleur

victoire N. F. 1. succès, réussite, triomphe 2. exploit, performance, prouesse

victorieux, euse ADJ. 1. vainqueur, champion, gagnant, glorieux, triomphateur 2. [air] triomphant, conquérant

victuailles N. F. PL. nourriture, provisions de bouche, vivres

vidange N. F. 1. écoulement, purge 2. tout-à-l'égout 3. gadoue, eaux-vannes 4. bonde, nable

vidanger V. TR. purger, vider

vide[1] ADJ. 1. asséché, à sec 2. inoccupé, disponible, inhabité, libre, vacant 3. désert, abandonné, dépeuplé 4. dénudé, nu 5. creux 6. futile, creux, insignifiant, insipide, vain

vide[2] N. M. 1. cosmos, espace 2. néant, rien, vacuité 3. cavité, espace, fente, fissure, ouverture, trou 4. blanc, lacune, manque 5. futilité, inanité, néant, vacuité

vider V. TR. 1. vidanger, purger 2. déverser, écoper, évacuer, transvaser 3. assécher, dessécher, mettre à sec, tarir 4. avaler, boire, finir, ingurgiter, nettoyer (fam.), sécher (fam.) 5. déblayer, désencombrer, désobstruer 6. évacuer, jeter, ôter, retirer 7. [un animal] étriper, éviscérer, nettoyer
♦ **se vider** V. PRON. 1. couler, s'écouler 2. désemplir

vie N. F. I. 1. existence, jours, peau (fam.) 2. biographie 3. âme, esprit, souffle 4. destin, destinée, sort II. 1. apparition, animation, mouvement 2. énergie, dynamisme, entrain, vigueur, vitalité, pétulance (littér.) 3. chaleur, pittoresque

vieillard N. M. vieux, aîné, ancien, patriarche, personne âgée, papi (fam.), (vieux/petit) pépé (fam.), débris (péj.), fossile (fam., péj.), ruine (péj.), croulant (fam., péj.), vioque (fam., péj.)

vieillarde N. F. vieille, aînée, ancienne, matriarche, personne âgée, mamie (fam.), (petite) mémé (fam.), mémère (fam., péj.), débris (péj.), fossile (fam. péj.), ruine (péj.), vieille taupe (fam., péj.), vioque (fam., péj.)

vieillesse N. F. 1. troisième âge, quatrième âge, vieillerie (fam., plaisant.), crépuscule/soir de la vie (littér.) 2. grand âge, déclin, décrépitude, sénilité, vieux jours 3. ancienneté, antiquité, vétusté

vieilli, ie ADJ. 1. défraîchi, fané, flétri 2. dépassé, désuet, passé de mode, périmé, suranné, usé, vieillot 3. [langage] archaïque, obsolète

vieillir
▶ V. INTR. 1. prendre de l'âge, avancer en âge, ne plus être de la première jeunesse, se faire vieux, être sur le retour (fam.) 2. se décatir, décliner, s'affaiblir, se faner, se flétrir, s'user, prendre un coup de vieux (fam.) 3. se démoder, appartenir au passé, dater, passer de mode
▶ V. TR. affiner, mûrir

vieillot, otte ADJ. ancien, démodé, dépassé, désuet, passé de mode, périmé, suranné, usé

vierge
▶ N. F. 1. pucelle, vestale 2. Marie, Madone, Notre-Dame
▶ ADJ. 1. puceau, pucelle, chaste, innocent 2. blanc, immaculé, intact, net, pur 3. brut, cru, naturel, pur 4. inexploré, inexploité, sauvage 5. inutilisé, inaltéré, intact, neuf

vieux, vieille ADJ. 1. âgé, chargé d'ans (littér.), vioque (fam.) 2. décrépit, gâteux, sénile, usé, croulant (fam.) 3. usagé, défraîchi, délabré, élimé, fatigué, usé, vétuste 4. ancien, ancestral, antique, d'autrefois, de jadis, historique 5. confirmé, ancien, vétéran 6. ancré, enraciné, invétéré, long 7. démodé, caduc, dépassé, désuet, suranné, vieillot 8. lointain, révolu, ancien

vif, vive ADJ. I. vivant II. 1. agile, alerte, fringant, guilleret, léger, leste, pétulant, sémillant 2. aigu, brillant, éveillé, pénétrant, rapide 3. [rythme] enlevé, rapide, [Mus.] allegro, allegretto III. 1. intense, aigu, extrême, forte, profond 2. [froid, vent] saisissant, aigre, âpre, mordant, perçant, piquant 3. tonique, vivifiant 4. criard, coloré, cru, éclatant, franc, gai, intense, voyant IV. 1. ardent, emporté, fougueux, impétueux, impulsif, sanguin, volcanique 2. acerbe, caustique, cinglant, cuisant, dur, mordant

vigie N. F. sentinelle, factionnaire, garde, gardien, guetteur, planton, veilleur

vigilance N. F. 1. éveil, (état de) veille 2. surveillance, attention 3. circonspection, précaution, soin

vigilant, ante ADJ. 1. attentif, à l'écoute 2. circonspect, précautionneux, prudent 3. aux aguets, en garde 4. [soins] assidu, empressé

vigile N. M. sentinelle, factionnaire, garde, gardien, guetteur, planton, veilleur, vigie

vigne N. F. 1. raisin, pampre (poétique) 2. vignoble, clos

vigoureusement ADV. 1. énergiquement, activement, fermement, vivement 2. brutalement, durement, fortement, fort, puissamment, sans ménagement, [secouer] comme un prunier (fam.)

vigoureux, euse ADJ. 1. fort, athlétique, gaillard, nerveux, puissant, robuste, solide comme le Pont-Neuf, vaillant, costaud (fam.) 2. énergique, ferme, nerveux, puissant 3. [plantes] résistant, robuste, vivace

vigueur N. F. 1. force, puissance, robustesse, verdeur, vitalité 2. énergie, ardeur, dynamisme, fermeté, nerf, puissance 3. puissance sexuelle, virilité

vil, vile ADJ. abject, bas, corrompu, dépravé, ignoble, impur, indigne, infâme, méprisable, mesquin, misérable, petit, répugnant, servile

vilain, aine ADJ. 1. laid, disgracieux, hideux, horrible, moche (fam.) 2. [temps] mauvais, détestable, sale, de chien (fam.) 3. insupportable, désagréable, exécrable 4. méchant, malhonnête, sale (fam.) 5. mauvais, inquiétant, traître, sale (fam.)

vilipender V. TR. attaquer, décrier, dénigrer, injurier, mettre au pilori, traîner dans la boue, vouer aux gémonies, vitupérer (littér.)

villa N. F. 1. pavillon, bungalow, chalet, cottage, maison, maisonnette 2. cité

village N. M. bourg, agglomération, bourgade, commune, localité, bled (fam.), patelin (fam.), trou (fam.), [petit] hameau, lieudit

ville N. F. agglomération, cité, cité-dortoir, commune, municipalité 2. capitale, centre urbain, conurbation, mégalopole, métropole

vin N. M. jus de la treille (plaisant.), dive bouteille (plaisant.), pinard (fam.), jaja (argot), gros qui tache (fam., péj.), gros rouge (fam., péj.), picrate (fam., péj.), piquette (fam., péj.), vinasse (fam., péj.)

vindicatif, ive ADJ. 1. rancunier, revanchard 2. agressif, coléreux, haineux, hostile

violation N. F. infraction, atteinte, contravention, entorse, manquement, outrage, transgression

violemment ADV. 1. brutalement, fort, fortement, rudement 2. énergiquement, furieusement, intensément, vigoureusement, vivement

violence N. F. 1. brutalité, agressivité, force 2. intensité, déchaînement, fougue, frénésie, fureur, furie, véhémence, virulence
♦ **violences** PLUR. brutalités, mauvais traitements, coups, maltraitance, sévices, voies de fait

violent, ente ADJ. I. 1. brutal, agressif, brusque, dur 2. coléreux, enragé, impétueux, irascible, tyrannique, virulent II. 1. intense, aigu, extrême, fort, puissant 2. [désir] ardent, éperdu, furieux, irrépressible 3. [douleur] terrible, fulgurant

violer V. TR. 1. abuser de, forcer, outrager, souiller, violenter (euph.) 2. contrevenir à, déroger à, désobéir à, enfreindre, fausser, manquer à, passer par-dessus, transgresser 3. profaner, souiller

virage N. M. 1. tournant, boucle, coude, courbe, épingle à cheveux, lacet, méandre 2. changement de direction, retournement

virer
▶ V. TR. verser, déposer, transférer
▶ V. INTR. 1. changer de direction, braquer, faire demi-tour, prendre un virage, tourner 2. [couleur] tourner

virevolter V. INTR. pirouetter, tourbillonner, tournoyer

viril, ile ADJ. 1. mâle, masculin 2. brutal, énergique, ferme, puissant, costaud (fam.)

virilité N. F. 1. masculinité 2. vigueur sexuelle 3. énergie, fermeté, poigne, puissance

virtuel, elle ADJ. 1. potentiel, en puissance, éventuel, latent, possible, théorique 2. [monde] simulé

virtuose N. 1. maestro 2. expert, maître, prodige, as (fam.), crack (fam.)

virtuosité N. F. 1. brio, maestria 2. maîtrise, expertise, facilité, habileté, talent, technique

virulence N. F. 1. violence, âpreté, fougue, frénésie, fureur, impétuosité, véhémence, feu (littér.) 2. nocivité

virulent, ente ADJ. 1. violent, âpre, cinglant, corrosif, cuisant, incisif, venimeux, vif 2. contagieux, infectieux, nocif

visa N. M. certificat, autorisation

visage N. M. 1. face, figure, binette (fam.), bobine (fam.), bouille (fam.), gueule (très fam.), poire (fam.), pomme (fam.), trogne (fam.), trombine (fam.), tronche (fam.), tête (fam.), [mignon] frimousse (fam.), minois (fam.), museau (fam.) 2. mine, air, expression, traits 3. allure, caractère, physionomie, tournure, tête (fam.)

vis-à-vis de LOC. PRÉP. 1. en face de, à l'opposé de, à l'opposite de, en regard de, nez à nez avec 2. en comparaison de, en regard de, par rapport à 3. envers, avec, à l'égard de, à l'endroit de, en ce qui concerne

viscéral, ale, aux ADJ. instinctif, inconscient, irraisonné, profond, tripal (fam.)

viscères N. M. PL. 1. boyaux, entrailles, intestins, tripes (fam.) 2. abats, triperie, tripes

visée N. F. [surtout au plur.] ambition, but, désir, intention, objectif, prétention, vues, dessein (littér.)

viser V. TR. 1. mettre en joue, ajuster, pointer son arme sur 2. ambitionner, aspirer à, briguer, convoiter, prétendre à, poursuivre, rêver de, guigner (fam.), lorgner sur (fam.) 3. concerner, s'appliquer à, intéresser

visible ADJ. 1. apparent, distinct, observable, perceptible 2. évident, clair, flagrant, manifeste, ostensible

visiblement ADV. manifestement, apparemment, clairement, de toute évidence, incontestablement, indubitablement

vision N. F. 1. vue, acuité visuelle, œil 2. conception, appréhension, idée, image, opinion, représentation, vue 3. apparition, chimère, fantasme, fantôme, hallucination, illusion, mirage, rêve 4. idée, image mentale, [obsédante] hantise, obsession 5. intuition, clairvoyance

visionnaire
▶ N. 1. halluciné, illuminé, prophète, songe-creux, vaticinateur (littér.) 2. précurseur, annonciateur
▶ ADJ. chimérique, extravagant, rêveur, romanesque

visite N. F. 1. entrevue, démarche, rencontre, réception 2. inspection, examen, ronde, [de la police] descente, fouille, perquisition 3. excursion, tour, tournée, voyage

visiter V. TR. 1. se rendre auprès de, aller voir, rendre visite à, saluer 2. inspecter, examiner, fouiller, explorer

visiteur, euse N. 1. invité, commensal, hôte, visite 2. touriste, estivant, excursionniste, vacancier, voyageur 3. démarcheur

visqueux, euse ADJ. 1. collant, poisseux, gras, huileux, sirupeux 2. mielleux, doucereux, hypocrite, sirupeux, melliflu (*littér.*), papelard (*littér.*), patelin (*littér.*)

visualiser V. TR. 1. afficher, rendre visible 2. imaginer, se faire une idée de, se représenter

vital, ale, aux ADJ. indispensable, capital, essentiel, fondamental, incontournable, de première nécessité, primordial

vitalité N. F. dynamisme, allant, énergie, entrain, pétulance, santé, tonus, vie, vigueur, pep (*fam.*), punch (*fam.*)

vite
▶ ADJ. [*Sport ou littér.*] rapide, véloce (*littér.*)
▶ ADV. 1. à toute vitesse, à fond de train, à bride abattue, à toute allure, à un train d'enfer, au pas de course, comme un boulet de canon, comme une flèche, en trombe, rapidement, vélocement (*littér.*), à fond la caisse (*fam.*), à toute berzingue (*fam.*), à toute blinde (*fam.*), à toute vapeur (*fam.*), à toute pompe (*fam.*), à pleins gaz (*fam.*), à la vitesse grand V (*fam.*), en quatrième vitesse (*fam.*), [*courir*] à toutes jambes, ventre à terre 2. hâtivement, à la hâte, en coup de vent, à la six-quatre-deux (*fam.*) 3. en très peu de temps, en un clin d'œil, en un temps record, en vitesse, en un rien de temps, en un tour de main, lestement, prestement, promptement, rapidement, rondement, dare-dare (*fam.*), en moins de deux (*fam.*), en trois coups de cuiller à pot (*fam.*), presto (*fam.*) 4. bientôt, dans peu de temps, rapidement, sous peu

vitesse N. F. 1. rapidité, promptitude, célérité (*littér.*), diligence (*littér.*), vélocité (*littér.*) 2. allure, régime, rythme, train

vitre N. F. carreau, fenêtre, glace

vitreux, euse ADJ. 1. vitré, transparent 2. blafard, blême, cadavérique, cireux, hâve, livide, terne, terreux

vitrine N. F. 1. devanture, étalage 2. armoire vitrée

vivable ADJ. supportable, acceptable, tenable, tolérable

vivace ADJ. 1. robuste, coriace, endurant, résistant, vigoureux 2. durable, bien ancré, enraciné, impérissable, indestructible

vivacité N. F. 1. entrain, activité, animation, ardeur, impétuosité, pétulance, alacrité (*littér.*) 2. rapidité, promptitude, prestesse (*littér.*), vélocité (*littér.*) 3. réactivité, présence d'esprit 4. emportement, ardeur, fougue, mordant, véhémence, violence 5. éclat, brillant, couleur, intensité

vivant, ante ADJ. et N. M. I. 1. en vie, sain et sauf 2. de chair et de sang II. 1. dynamique, énergique, éveillé, plein d'entrain 2. fréquenté, animé 3. durable, vivace 4. pétillant, expressif, vif 5. ressemblant, expressif, parlant 6. haut en couleur, imagé, pittoresque

vivats N. M. PL. acclamations, bravos, hourras

vivement ADV. 1. rapidement, prestement, rondement, tambour battant, promptement (*littér.*), au trot (*fam.*) 2. brutalement, crûment, durement, sèchement, vertement, violemment 3. intensément, ardemment, fortement, infiniment, profondément

vivifier V. TR. 1. stimuler, doper, fortifier, ragaillardir, revigorer, tonifier, ravigoter (*fam.*), remonter (*fam.*) 2. ranimer, reconstituer, revitaliser

vivoter V. INTR. subsister, s'étioler, stagner, survivre, tenir, végéter

vivre
▶ V. INTR. 1. être en vie, exister, être au monde 2. durer, subsister 3. habiter, demeurer, être domicilié, loger, résider, rester, séjourner 4. demeurer, se perpétuer, subsister

▶ V. TR. 1. [*une épreuve*] subir, connaître, endurer, éprouver, supporter, traverser 2. [*des jours*] couler, passer

vivres N. M. PL. aliments, denrées, nourriture, produits alimentaires, provisions (de bouche), ravitaillement, réserves, victuailles

vocabulaire N. M. 1. lexique, glossaire 2. mots, jargon (*péj.*), langage, langue, terminologie

vocation N. F. 1. inclination, attirance, disposition, goût, passion, penchant, prédilection 2. mission, fonction, raison d'être, rôle

vociférations N. F. PL. cris, braillements, invectives, huées, hurlements, beuglements (*fam.*)

vociférer V. INTR. crier, brailler, élever la voix, s'égosiller, s'époumoner, hurler, tonner, beugler (*fam.*), gueuler (*très fam.*)

vœu N. M. 1. désir, demande, desiderata (plur.), espoir, prière, souhait 2. promesse, engagement, résolution

vogue N. F.
– en vogue (à la) mode, branché (*fam.*), in (*anglic.*), tendance (*fam.*)

voie N. F. I. 1. chemin, passage 2. axe routier, artère, autoroute, avenue, boulevard, chaussée, chemin, passage, rue 3. couloir, file 4. direction, chemin, itinéraire, ligne, parcours, route, trajet II. brisées, sillage, trace III. moyen, façon, méthode, possibilité, procédé IV. carrière, fonction, métier

voile¹ N. M. I. 1. rideau, store, voilage 2. foulard, crêpe, haïk, litham, tchador, voilette II. 1. enveloppe, manteau 2. apparence, couvert, masque, prétexte

voile² N. F. toile, voilure

voilé, e ADJ. 1. brumeux, couvert, embrumé, nuageux 2. flou 3. atténué, estompé, obscur, opaque 4. cassé, enroué, éraillé, rauque

voiler¹ V. TR. 1. obscurcir, éclipser, embrumer, tamiser 2. masquer, envelopper, estomper 3. dissimuler, cacher, camoufler
♦ **se voiler** V. PRON. s'obscurcir, s'assombrir, se boucher, se brouiller, s'opacifier, [*soleil*] se cacher, disparaître

voiler (se)² V. PRON. [*roue*] se gauchir, se fausser, se tordre

voir V. TR. I. 1. apercevoir, discerner, embrasser, entrevoir, remarquer 2. assister à, connaître, être témoin de, subir, vivre 3. examiner, étudier, observer, regarder, vérifier 4. constater, découvrir, distinguer II. 1. rencontrer, croiser, fréquenter, rendre visite à, visiter, tomber sur (*fam.*) 2. consulter, avoir affaire à, faire appel à III. 1. imaginer, concevoir, envisager, se figurer, se représenter, trouver 2. apprécier, considérer, estimer, juger 3. comprendre, se rendre compte de, se représenter, saisir
♦ **se voir** V. PRON. 1. se considérer, se jauger, se juger, se percevoir, se sentir 2. se montrer, paraître, sauter aux yeux 3. arriver, advenir, avoir lieu, se passer, survenir, se présenter, se produire

voisin, ine ADJ. 1. proche, adjacent, attenant, avoisinant, contigu, côte à côte, frontalier, juxtaposé, limitrophe, mitoyen, rapproché 2. ressemblant, apparenté, approchant, comparable, similaire

voiture N. F. 1. automobile, bagnole (*fam.*), caisse (*fam.*), chiotte (*fam.*), guimbarde (*fam., péj.*), tacot (*fam., péj.*), tire (*fam.*), veau (*fam., péj.*) 2. [*Chemin de fer*] rame, fourgon, wagon, wagon-lit

voix N. F. 1. organe (souvent plaisant) 2. ton, accent, intonation, timbre 3. appel, avertissement, conseil 4. suffrage, vote

vol¹ N. M. 1. envol, envolée, essor 2. trajet, traversée 3. [*d'insectes, d'oiseaux*] nuée, bande, nuage, volée

vol² N. M. 1. cambriolage, détournement de fonds, brigandage, chapardage, hold-up, maraudage, pillage, larcin (*littér.*), rapine (*littér.*), fauche (*fam.*) 2. escroquerie, carambouillage, filouterie, fraude, grivèlerie, resquille, arnaque (*fam.*)

volage ADJ. inconstant, changeant, frivole, infidèle, léger, cavaleur (*fam.*), coureur (*fam.*)

volaille N. F. volatile, oiseau de basse-cour

volant N. M. 1. fanfreluche, falbala 2. marge, réserve, stock

volatil, ile ADJ. 1. changeant, fluctuant, instable, mouvant, variable 2. évaporable

volatiliser V. TR. vaporiser, sublimer
♦ **se volatiliser** V. PRON. 1. se dissiper, se vaporiser, s'évaporer 2. disparaître, s'éclipser, s'envoler, s'enfuir, s'évanouir, s'évaporer, décamper (*fam.*), filer (*fam.*)

voler¹ V. INTR. 1. s'envoler, fendre l'air, planer, voleter, voltiger 2. flotter, onduler, ondoyer (*littér.*)

voler² V. TR. 1. s'emparer de, s'approprier, détourner, escamoter, extorquer, faire main basse sur, grappiller, marauder, piller, soustraire, subtiliser, dérober (*littér.*), ravir (*littér.*), barboter (*fam.*), calotter (*fam.*), carotter (*fam.*), chaparder (*fam.*), chiper (*fam.*), choper (*fam.*), chouraver (*fam.*), chourer (*fam.*), faucher (*fam.*), gratter (*fam.*), piquer (*fam.*), rafler (*fam.*), taxer (*fam.*) 2. déposséder, cambrioler, dépouiller, dévaliser, escroquer, faire les poches de, délester (*plaisant*), arnaquer (*fam.*), estamper (*fam.*), étriller (*fam.*), gruger (*fam.*), pigeonner (*fam.*), plumer (*fam.*), ratiboiser (*fam.*), refaire (*fam.*), repasser (*fam.*), tondre (*fam.*), truander (*fam.*)

volet N. M. 1. persienne, contrevent, jalousie 2. abattant, vantail 3. feuillet, volant 4. partie, étape, pan, phase

voleur, euse N. 1. malfaiteur, bandit, brigand, cambrioleur, cleptomane, gangster, pickpocket, rat d'hôtel, resquilleur, truand 2. escroc, aigrefin, canaille, coquin, crapule, filou, fripon, arnaqueur (*fam.*), faisan (*argot*), forban (*littér.*)

volontaire ADJ. 1. bénévole, consentant, libre 2. délibéré, conscient, intentionnel, prémédité, réfléchi, voulu 3. décidé, déterminé, énergique, obstiné, opiniâtre, résolu, tenace

volontairement ADV. 1. bénévolement, de son plein gré 2. délibérément, à dessein, en connaissance de cause, exprès, de propos délibéré, intentionnellement, sciemment

volonté N. F. 1. désir, intention, projet, résolution, vœu, dessein (*littér.*) 2. exigence, demande, prière, requête 3. détermination, acharnement, énergie, fermeté, obstination, opiniâtreté, persévérance, résolution, suite dans les idées, ténacité, cran (*fam.*)

volontiers ADV. 1. de bon cœur, avec plaisir, de bonne grâce, de gaieté de cœur, de bon gré, sans se faire prier 2. souvent, fréquemment 3. aisément, facilement 4. oui, avec plaisir

volte-face N. F. INVAR. 1. demi-tour 2. revirement, changement, pirouette, retournement, virevolte, palinodies (*littér.*)

voltiger V. INTR. voleter, flotter, papillonner, planer, virevolter, tourbillonner, tournoyer, zigzaguer

volubile ADJ. bavard, éloquent, loquace, prolixe, verbeux, causant (*fam.*), disert (*littér.*)

volume N. M. I. 1. livre, opuscule, ouvrage, recueil, bouquin (*fam.*) 2. tome II. 1. espace, place 2. dimension, ampleur, encombrement, gabarit, grosseur, importance III. 1. capacité, calibre, contenance, cubage, jauge, tonnage 2. masse, quantité, somme

volumineux, euse ADJ. gros, encombrant, imposant

volupté N. F. 1. plaisir, délice, délectation, jouissance 2. sensualité

voluptueux, euse ADJ. 1. agréable, caressant, chaud, doux 2. érotique, émoustillant, excitant, lascif, luxurieux, troublant, sexy (*fam.*) 3. sensuel, charnel, épicurien, jouisseur, sybarite (*littér.*)

volute N. F. circonvolution, arabesque, courbe, hélice, ondulation, serpentin, sinuosité, spire

vomir V. TR. 1. régurgiter, rendre, dégobiller (*fam.*), dégueuler (*très fam.*), [*sans complément*] rendre tripes et boyaux, gerber (*fam.*) 2. [*volcan*] cracher, évacuer, expulser 3. [*des insultes*] éructer, cracher, proférer, balancer (*fam.*), sortir (*fam.*) 4. détester, avoir en horreur, haïr, abhorrer (*littér.*), abominer (*littér.*), exécrer (*littér.*), ne pas pouvoir sentir/encaisser/gober (*fam.*)

vorace ADJ. 1. goulu, avide, boulimique, glouton, goinfre 2. affamé, inassouvi, insatiable, inextinguible (*littér.*) 3. cupide, avide, rapace

voracité N. F. 1. appétit, avidité, boulimie, gloutonnerie, goinfrerie 2. cupidité, avidité, rapacité

vote N. M. 1. suffrage, voix 2. consultation, plébiscite, référendum, scrutin 3. scrutin, élection

voter
▸ V. TR. adopter, choisir
▸ V. INTR. aller aux urnes, faire son devoir de citoyen (*souvent plaisant*)

vouer V. TR. 1. consacrer, dédier, dévouer, donner, employer, offrir 2. destiner, prédestiner, promettre, *[à l'échec]* condamner

vouloir[1] V. TR. 1. désirer, ambitionner, aspirer à, avoir envie de, briguer, convoiter, prétendre à, souhaiter, tenir à, viser 2. exiger, commander, demander, entendre que, ordonner, prescrire, réclamer, requérir, revendiquer

vouloir[2] N. M. volonté, détermination, résolution

voulu, ue ADJ. 1. volontaire, délibéré, fait exprès, intentionnel, prémédité 2. exigé, désiré, fixé, prescrit, requis, souhaité 3. opportun

voûte N. F. arc, arceau, berceau, cintre, coupole, dais, dôme, voussure

voûter V. TR. 1. courber, plier 2. cintrer
♦ **se voûter** V. PRON. se courber, se casser

voyage N. M. 1. excursion, circuit, périple, tour, balade *(fam.)*, virée *(fam.)*, *[par mer]* croisière, traversée, *[scientifique]* exploration 2. trajet, aller (et retour), cheminement, itinéraire, parcours 3. déplacement, route, tournée 4. va-et-vient, allées et venues, navette

voyager V. INTR. 1. courir le monde, se promener, vagabonder, se balader *(fam.)*, bourlinguer *(fam.)*, rouler sa bosse *(fam.)*, vadrouiller *(fam.)* 2. se déplacer, circuler, faire l'aller-retour/des allers-retours

voyageur, euse
▸ ADJ. migrateur, nomade
▸ N. 1. passager, touriste 2. globe-trotter, aventurier, explorateur, promeneur, routard, bourlingueur *(fam.)*

voyant[1], **ante** N. devin, cartomancien, extralucide, médium, sibylle, spirite

voyant[2], **ante** ADJ. 1. criard, criant, outrancier, tapageur, tape-à-l'œil 2. évident, flagrant, manifeste, ostensible, perceptible, visible

voyou N. M. 1. crapule, canaille, fripouille, vaurien, (petite) frappe *(fam.)*, gouape *(fam.)* 2. *[de banlieue]* sauvageon, loubard *(fam.)*, hooligan *(anglic.)*, loulou *(fam.)*, zonard *(fam.)* 3. chenapan, coquin, fripon, galopin, garnement, polisson, vaurien

vrac (en) LOC. ADV. 1. pêle-mêle, en désordre, en tas 2. au poids

vrai[1], **vraie** ADJ. 1. exact, avéré, certain, indubitable, sûr, véridique 2. fidèle, juste 3. authentique, véritable 4. effectif, réel 5. franc, authentique, loyal, pur, sincère, spontané 6. naturel, senti, vécu 7. *[intensif, avant le nom]* achevé, complet, fieffé, parfait, sacré *(fam.)*

vrai[2] N. M. réel, réalité, vécu

vraiment ADV. 1. effectivement, assurément, bel et bien, en vérité, à dire vrai, réellement, véritablement, pour de vrai *(fam.)* 2. franchement, en vérité, sans mentir, sérieusement, sincèrement 3. absolument, parfaitement, réellement, tout à fait 4. extrêmement, au plus haut point, terriblement

vraisemblable ADJ. 1. crédible, croyable, plausible 2. possible, envisageable, probable

vraisemblablement ADV. probablement, plausiblement, sans doute

vraisemblance N. F. 1. crédibilité, plausibilité (*littér.*) 2. probabilité

vriller
▸ V. INTR. s'enrouler, se tordre
▸ V. TR. tarauder, pénétrer, percer

vrombir V. INTR. 1. bourdonner 2. gronder, mugir, ronfler, rugir

vrombissement N. M. 1. bourdonnement 2. grondement, mugissement, ronflement, rugissement

VU PRÉP. étant donné, compte tenu de, eu égard à

vue N. F. 1. vision, acuité visuelle, œil, regard 2. panorama, paysage, perspective, point de vue 3. spectacle, image, scène, tableau, vision 4. opinion, appréciation, conception, idée, jugement, pensée, point de vue, position 5. coupe, profil, section
♦ **vues** PLUR. intentions, projets, plans

vulgaire ADJ. 1. grossier, obscène, populacier, trivial, poissard (*littér.*) 2. commun, bas, banal, grossier, ordinaire, prosaïque, terre à terre, trivial 3. *[avant le nom]* banal, ordinaire, pauvre, quelconque

vulgairement ADV. 1. grossièrement, trivialement 2. couramment, communément, usuellement

vulgarisation N. F. diffusion, démocratisation, massification (*didact.*), propagation

vulgariser V. TR. propager, démocratiser, diffuser, massifier (*didact.*), populariser, répandre, simplifier

vulgarité N. F. grossièreté, obscénité, trivialité

vulnérabilité N. F. 1. précarité 2. fragilité, délicatesse, faiblesse

vulnérable ADJ. 1. attaquable, exposé, précaire 2. fragile, faible, sans défense, sensible

W

wagon N. M. 1. fourgon, plateau, *[à plateforme]* truck 2. *[Rail]* voiture

wagonnet N. M. benne, chariot, lorry

Web N. M. Internet, le Net, la Toile

X

xénophobe ADJ. et N. chauvin, nationaliste

xénophobie N. F. chauvinisme, nationalisme

Z

zébrure N. F. 1. rayure, raie 2. strie, marque, sillon, traînée

zèle N. M. ardeur, application, cœur, dévouement, empressement, enthousiasme, flamme, passion

zélé, ée ADJ. dévoué, ardent, assidu, diligent, enthousiaste, fervent

zénith N. M. apogée, pinacle, point culminant, sommet, summum

zéro N. M. 1. bulle (*argot scol.*) 2. *[fam.]* nullité, bon à rien, incapable, nul, tocard (*fam.*) 3. néant, rien

zeste N. M. 1. écorce 2. pointe, pincée, soupçon

zézayer V. INTR. bléser, zozoter (*fam.*), avoir un cheveu/un fil sur la langue (*fam.*)

zigzag N. M. détour, crochet, lacet, méandre, sinuosité, virage

zigzaguer V. INTR. aller de travers, serpenter, slalomer, tourner, *[bateau]* louvoyer

zizanie N. F. désaccord, brouille, désunion, discorde, mésentente, tension, mésintelligence (*littér.*)

zombi N. M. 1. fantôme, ectoplasme, esprit, revenant 2. fantoche, marionnette, pantin

zone N. F. 1. espace, endroit, lieu, périmètre, quartier, région, secteur, territoire 2. domaine, champ, sphère

zozoter V. INTR. zézayer, bléser, avoir un cheveu/un fil sur la langue (*fam.*)

GRAMMAIRE ACTIVE
LANGUAGE IN USE

Sommaire / Contents

1 La suggestion	11 L'accord	19 Les demandes d'emploi
2 Le conseil	12 Le désaccord	20 La correspondance commerciale
3 Propositions	13 L'approbation	21 La correspondance générale
4 Demandes	14 La désapprobation	22 Les remerciements
5 La comparaison	15 La certitude, la probabilité, la possibilité et la capacité	23 Les vœux
6 L'opinion		24 Les faire-part
7 Les goûts et préférences	16 L'incertitude, l'improbabilité, l'impossibilité et l'incapacité	25 Les invitations
8 L'intention et la volonté		26 La dissertation
9 La permission	17 L'explication	27 Le téléphone
10 L'obligation	18 L'excuse	

LA GRAMMAIRE ACTIVE ROBERT & COLLINS est divisée en 27 chapitres qui présentent plusieurs milliers de structures syntaxiques couvrant l'essentiel des besoins de communication entre francophones et anglophones.

Elle permet de s'exprimer directement dans la langue étrangère au lieu de procéder à la traduction à partir du mot ou de la locution, tels qu'ils figurent dans la partie dictionnaire. L'usager part ici d'un thème de réflexion ou du message qu'il cherche à communiquer et trouve dans le chapitre concerné un vaste éventail de possibilités d'expression dans la langue étrangère. De brèves indications dans sa langue maternelle, dont la fonction n'est pas de traduire mais de servir de points de repère, l'informeront sur le registre (familier ou soutenu) ou la nature (hésitante ou assurée, directe ou indirecte) du message.

Les exemples de la **Grammaire active** ont été tirés d'une très vaste base de données informatisée en langue française et en langue anglaise. Ces exemples ont été sélectionnés dans un grand nombre de sources différentes, allant de la littérature à la correspondance personnelle, en passant par les magazines, les journaux, ainsi que la langue parlée telle qu'on l'entend à la télévision et à la radio. Ils garantissent ainsi l'authenticité absolue des structures grammaticales et des expressions idiomatiques qui sont proposées.

Plusieurs centaines de mots-clés du dictionnaire sont suivis d'un renvoi vers la **Grammaire active**. Ces renvois mentionnent les numéros de chapitres concernés et avertissent l'usager qu'il trouvera dans le recueil d'expressions grammaticales des possibilités d'expression supplémentaires qui complètent l'information contenue dans les articles bilingues.

THIS "LANGUAGE IN USE" supplement is divided into 27 topics, providing thousands of structures to facilitate self-expression and communication in French.

Using a key word in the message you wish to convey as a starting point, **Language in Use** shows you other possible ways of expressing the same message and provides you with a repertoire from which to choose the most appropriate formulation for the situation you are dealing with. The core translation which follows each phrase acts as a point of reference rather than as a direct equivalent and we have also provided guidance as to whether a phrase should be used in a familiar or formal context, whether it expresses the message directly or indirectly, or in a tentative or assertive manner.

Language in Use has been compiled using our vast linguistic databases of contemporary French and English. The examples have been selected from a wide variety of different sources: fiction and non-fiction, magazines and newspapers, business and personal correspondence, and spoken material gathered from real-life conversations and radio and television programmes. This means you can always be sure that the phrases and grammatical structures you choose are idiomatic and up-to-date.

Several hundred dictionary entries are linked to **Language in Use** by means of cross-references which show the topic number and section in **Language in Use** where that dictionary entry occurs. This linking of the main text with **Language in Use** allows you to navigate directly from a single-concept word in the dictionary to further, more diverse means of expression in context.

1   LA SUGGESTION

1.1 Pour faire des suggestions

- **You might like to** think it over before giving me your decision
  = **peut-être souhaitez**-vous
- **If you were to** give me the negative, **I could** get copies made
  = si vous … je **pourrais**
- **You could** help me clear out my office, **if you don't mind**
  = vous **pourriez** … si cela ne vous ennuie pas
- **We could** stop off in Venice for a day or two, **if you like**
  = nous **pourrions** … si vous **voulez**
- I've got an idea — **let's organize** a surprise birthday party for Megan !
  = **organisons**
- **If you've no objection(s), I'll** ask them round for dinner on Sunday
  = si vous n'avez pas d'**objections**, je
- **If I were you, I'd** be very careful
  = si j'étais vous, je
- **If you ask me, you'd better** take some extra cash
  = à mon **avis**, vous feriez bien de
- **If you want my advice, I'd** steer well clear of them
  = à votre **place**, je
- **I'd be very careful not to** commit myself at this stage
  = je ferais très attention à ne pas
- **I would recommend (that) you** discuss it with him before making a decision
  = je vous **recommande** de
- **It could be in your interest to** have a word with the owner first
  = il serait **peut-être** dans votre **intérêt** de
- **There's a lot to be said for** living alone
  = a beaucoup d'**avantages**

Directement

- **I suggest that** ou **I'd like to suggest that** you take a long holiday
  = je **suggère** que
- **We propose that** half the fee be paid in advance, and half on completion
  = nous **proposons** que
- **It is quite important that** you develop her sense of fun and adventure
  = il est très **important** que
- I cannot put it too strongly: **you really must** see a doctor
  = il faut absolument que vous

Moins directement

- **Say you were to** approach the problem from a different angle
  = et si vous
- In these circumstances, **it might be better to** wait
  = il vaudrait peut-être mieux
- **It might be a good thing** ou **a good idea to** warn her about this
  = ce serait **peut-être** une bonne **idée** de
- **Perhaps it might be as well to** look now at the issues
  = il serait **peut-être** bon de
- **Perhaps you should** take up birdwatching
  = vous **devriez peut-être**
- **If I may make a suggestion**, a longer hemline might suit you better
  = si je peux me **permettre** une **suggestion**
- **Might I be allowed to offer a little advice?** — talk it over with a solicitor before you go any further
  = **puis**-je me **permettre** de vous donner un **conseil** ?
- **If I may be permitted to remind you of** one of the golden rules of journalism
  = **puis**-je me **permettre** de vous **rappeler**
- **If I might be permitted to suggest something**, installing bigger windows would make the office much brighter
  = si je **puis** me **permettre** une **suggestion**

En posant une question

- **How do you fancy** a holiday in Australia? *(familier)*
  = ça vous **tente** …
- I was thinking of inviting her to dinner. **How about it?** *(familier)*
  = qu'est-ce que vous en **dites** ?
- **What would you say to** a trip up to town next week?
  = que **diriez**-vous de
- **Would you like to** go away on a second honeymoon?
  = **aimeriez**-vous
- **What if** you try ignoring her and see if that stops her complaining?
  = et si
- What you need is a change of scene. **Why not** go on a cruise or to a resort?
  = **pourquoi** ne pas
- **Suppose** ou **Supposing** you left the kids with Joe and came out with me?
  = et si
- **What do you think about** taking calcium supplements?
  = que **pensez**-vous de
- **Have you ever thought of** starting up a magazine of your own?
  = avez-vous déjà **songé** à
- **Would you care to** have lunch with me? *(soutenu)*
  = **voudriez**-vous

1.2 Pour demander des idées

- **What would you do if you were me?**
  = que feriez-vous à ma **place** ?
- **Have you any idea how I should** go about it to get the best results?
  = avez-vous une **idée** sur la façon dont je **devrais**
- I've no idea what to call our pet snake: **have you any suggestions?**
  = avez-vous des **suggestions** ?
- I can only afford to buy one of them: **which do you suggest?**
  = que feriez-vous à ma **place** ?
- **I wonder if you could suggest** where we might go for a few days?
  = je me **demande** si vous pourriez me donner une **idée** :

2   LE CONSEIL

2.1 Pour demander un conseil

- What would you do **if you were me?**
  = à ma **place**
- Would a pear tree grow in this situation? If not, **what would you recommend?**
  = que **conseillez**-vous
- **Do you think I ought to** tell the truth if he asks me where I've been?
  = pensez-vous que je **devrais**
- **What would you advise me to do** in the circumstances?
  = que me **conseilleriez**-vous de faire
- **Would you advise me to** seek promotion within this firm or apply for another job?
  = à votre **avis, dois**-je
- **I'd like** ou **I'd appreciate your advice on** personal pensions
  = j'aimerais avoir votre **avis** sur
- **I'd be grateful if you could advise me on** how to treat this problem
  = je vous serais **reconnaissant** si vous pouviez me donner votre avis sur

2.2 Pour donner un conseil

De manière impersonnelle

- **It might be wise** *ou* **sensible** *ou* **a good idea to** consult a specialist
  = il serait peut-être **prudent** de
- **It might be better to** think the whole thing over before making any decisions
  = il **vaudrait** peut-être mieux
- **You'd be as well to** state your position at the outset, so there is no mistake
  = vous feriez bien de
- **You would be well-advised to** invest in a pair of sunglasses if you're going to Morocco
  = vous feriez bien de
- **You'd be ill-advised to** have any dealings with this firm
  = vous auriez **tort** de
- **It would certainly be advisable to** book a table
  = il serait **prudent** de
- **It is in your interest** *ou* **your best interests to** keep your dog under control if you don't want it to be reported
  = il est dans votre **intérêt** de
- **Do be sure to** read the small print before you sign anything
  = prenez soin de
- **Try to avoid** getting her back up; she'll only make your life a misery
  = essayez d'**éviter** de
- **Whatever you do, don't** drink the local schnapps
  = quoi qu'il arrive, ne ... pas

De manière plus personnelle

- **If you ask me, you'd better** take some extra cash
  = à mon **avis**, vous feriez mieux de
- **If you want my advice, I'd** steer well clear of them
  = à votre **place**, je
- **If you want my opinion, I'd** go by air to save time
  = à votre **place**, je
- **In your shoes** *ou* **If I were you, I'd** be thinking about moving on
  = à votre **place**, je
- **Take my advice** and don't rush into anything
  = suivez mon **conseil**
- **I'd be very careful not to** commit myself at this stage
  = je ferais très **attention** à ne pas
- **I think you ought to** *ou* **should** seek professional advice
  = je crois que vous **devriez**
- **My advice would be to** have nothing to do with them
  = je vous **conseillerais** de
- **I would advise you to** pay up promptly before they take you to court
  = je vous **conseille** de
- **I would advise against** calling in the police unless they threaten you
  = je **déconseillerais** de
- **I would strongly advise you to** reconsider this decision
  = je vous **conseille** vivement de
- **I would urge you to** reconsider selling the property
  = je ne saurais trop vous **conseiller** de
- **Might I offer a little advice?** — talk it over with a solicitor before you go any further *(soutenu)*
  = puis-je me permettre de vous donner un **conseil** ?

2.3 Pour lancer un avertissement

- It's really none of my business but **I don't think you should** get involved
  = je ne crois pas que vous **devriez**
- **A word of caution:** watch what you say to him if you want it to remain a secret
  = un petit **conseil** :
- **I should warn you that** he's not an easy customer to deal with
  = je vous **préviens** que
- **Take care not to** burn your fingers
  = faites **attention** à ne pas
- **Make sure that** *ou* **Mind that** *ou* **See that you don't** say anything they might find offensive
  = surtout, **évitez** de
- **I'd think twice about** sharing a flat with the likes of him
  = je **réfléchirais** à deux fois avant de
- **It would be sheer madness to** attempt to drive without your glasses
  = ce serait de la folie que de
- **You risk** a long delay in Amsterdam **if** you come back by that route
  = vous **risquez** ... si
- **I am afraid I must refuse**
  = je crains de devoir refuser
- **I cannot possibly comply with** this request
  = je ne peux pas accéder à
- **It is unfortunately impracticable for us** to commit ourselves at this stage
  = il nous est **malheureusement** impossible de
- In view of the proposed timescale, **I must reluctantly decline to** take part
  = je me vois **malheureusement** obligé de refuser de

---

3   PROPOSITIONS

De façon directe

- **I would be delighted to** help out, **if I may**
  = je serais très **heureux** de ... si vous le souhaitez
- **It would give me great pleasure to** invite your mother to dinner on Saturday
  = cela me ferait très **plaisir** de
- **We would like to offer you** the post of Sales Director
  = nous **voudrions** vous **offrir**
- **I hope you will not be offended if I offer** a contribution towards your expenses
  = j'espère que vous ne m'en **voudrez** pas **si** j'offre
- **Do let me know if I can** help in any way
  = **prévenez-moi si**
- **If we can** be of any further assistance, **please do not hesitate to** contact us *(soutenu)*
  = si nous **pouvons** ... n'hésitez pas à

En posant une question

- **Say we were to** offer you a 10 % increase plus a company car, **how would that sound?**
  = mettons que ... qu'en **dites**-vous ?
- **What if I were to** call for you in the car?
  = et **si** je
- **Could I** give you a hand with your luggage?
  = est-ce que je **peux**
- **Shall I** pick you up from work on Friday afternoon?
  = **voulez**-vous que je
- **Is there anything I can do to** help you find suitable accommodation?
  = **puis**-je
- **May** *ou* **Can I offer you** a drink?
  = **puis**-je vous **offrir**
- **Would you like me to** find out more about it for you?
  = **voulez**-vous que je
- **Would you allow me to** pay for dinner, at least?
  = me **permettez**-vous de

4 DEMANDES

- **Would you please** drop by on your way home and pick up the papers you left here?
  = **pourriez**-vous
- **Could you please** try to keep the noise down while I'm studying?
  = **pourriez**-vous
- **Would you mind** looking after Hannah for a couple of hours tomorrow?
  = cela vous ennuierait-il de
- **Could I ask you to** watch out for anything suspicious in my absence?
  = **puis**-je vous demander de

À l'écrit

- **I should be grateful if you could** confirm whether it would be possible to increase my credit limit to £5000
  = je vous serais **reconnaissant** de bien **vouloir**
- **We should be glad to** receive your reply by return of post
  = nous **souhaiterions**
- **We would ask you not to** use the telephone for long-distance calls
  = nous vous **prions** de ne pas
- **You are requested to** park at the rear of the building
  = vous êtes **prié** de
- **We look forward to** receiving confirmation of your order within 14 days
  = dans l'attente de
- **Kindly inform us if** you require alternative arrangements to be made
  = **veuillez** nous faire savoir si

De façon plus indirecte

- **I would rather you didn't** breathe a word to anyone about this
  = je **préférerais** que vous ne ... pas
- **I would appreciate it if you could** let me have copies of the best photographs
  = je vous serais **reconnaissant** si vous **pouviez**
- **I was hoping that you might** find time to visit your grandmother
  = j'**espérais** que vous **pourriez**
- **I wonder whether you could** spare a few pounds till I get to the bank?
  = est-ce qu'il vous serait **possible** de
- **I hope you don't mind if I** borrow your exercise bike for half an hour
  = j'**espère** que cela ne vous ennuie pas que
- **It would be very helpful** ou **useful if you could** have everything ready a week in advance
  = cela me etc rendrait service si vous **pouviez**
- **If it's not too much trouble, would you** pop my suit into the dry cleaners on your way past?
  = si cela ne vous dérange pas trop, **pourriez**-vous
- **You won't forget** to lock up before you leave, **will you?**
  = vous n'oublierez pas de

5 LA COMPARAISON

5.1 Objectivement

- The streets, although wide for a Chinese city, are narrow **compared with** English streets
  = **comparé** à
- The bomb used to blow the car up was small **in** ou **by comparison with** those often used nowadays
  = par **rapport** à
- **In contrast to** the opulence of the Kirov, the Northern Ballet Theatre is a modest company
  = par **contraste** avec
- The loss of power because of the lower octane rating of paraffin **as opposed to** petrol is about fifteen per cent
  = par **opposition** à
- **Unlike** other loan repayments, those to the IMF cannot simply be rescheduled
  = à la **différence** de
- **If we set** the actual cost **against** our estimate, we can see how inaccurate the estimate was
  = si nous **comparons** ... à
- **Whereas** house thieves often used to make off only with video recorders, they now also tend to empty the fridge
  = alors que
- Property rights are conferred on both tenants and home owners; **the former** are common, **the latter** are private
  = les premiers ..., les seconds ...
- Anglophone Canadians have a distinctive structure to their society, which **differentiates** it **from** other anglophone societies
  = **différencie** ... de

5.2 Comparaisons favorables

- Silverlight was, indeed, **far superior to** him intellectually
  = bien **supérieur** à
- The Australians are far bigger and stronger than us — **we can't compete with** their robot-like style of play
  = nous ne pouvons pas **rivaliser** avec
- St Petersburg **has the edge over** Moscow and other central cities in availability of some foods
  = est légèrement **supérieur** à
- Michaela was astute beyond her years and altogether **in a class of her own**
  = **unique** en son genre

5.3 Comparaisons défavorables

- Joseph's amazing technicolour dreamcoat **is not a patch on** some of the jerseys now being worn by the country's leading goalkeepers
  = n'est rien à **côté** de
- The chair he sat in **was nowhere near as** comfortable **as** his own
  = était loin d'être aussi ... que
- The parliamentary opposition **is no match for** the government
  = ne peut pas **rivaliser** avec
- Commercially-made ice-cream **is far inferior to** the home-made variety
  = est très **inférieur** à
- The sad truth is that, as a poet, **he was never in the same class as** his friend
  = il n'a jamais pu **rivaliser** avec
- Ella doesn't rate anything that **doesn't measure up to** Shakespeare
  = n'est pas du **niveau** de
- Her brash charms **don't bear comparison with** Marlene's sultry sex appeal
  = n'est pas **comparable** à

5.4 Pour comparer deux choses semblables

- The new system costs **much the same as** the old one
  = pratiquement la **même** chose que
- When it comes to quality, **there's not much to choose between** them
  = il n'y a pas grande **différence** entre
- **There is essentially no difference between them**
  = il n'y a pas de **différence** fondamentale entre eux
- The impact was **equivalent to** 250 hydrogen bombs exploding
  = **équivalent** à

6 - l'opinion

- In 1975, Spanish workers had longer hours than most Europeans but now they are **on a par with** the French
  = sur un pied d'**égalité** avec
- In Kleinian analysis, the psychoanalyst's role **corresponds to** that of mother
  = **correspond** à
- The immune system **can be likened to** a complicated electronic network
  = peut être **comparé** à
- **There was a close resemblance between** her **and** her son
  = ... et ... se **ressemblaient** beaucoup
- **It's swings and roundabouts** — what you win in one round, you lose in another
  = c'est du **pareil** au même

5.5 Pour opposer deux choses non comparables

- **You can't compare** bacteria levels in cooked food **with** those in raw vegetables
  = vous ne pouvez pas **comparer** ... à
- All the muffins in England **cannot compare with** her scones
  = ne sauraient être **comparés** à
- **There's no comparison between** Waddle now **and** Waddle three years ago
  = on ne peut **comparer** ... à
- His book **has little in common with** those approved by the Party
  = n'a pas grand-chose en **commun** avec
- Here we are, practically twins, except **we have nothing in common**
  = nous n'avons rien en **commun**
- The modern army **bears little resemblance to** the army of 1940
  = ne **ressemble** guère à

6 L'OPINION

6.1 Pour demander l'opinion de quelqu'un

- **What do you think of** the new Managing Director?
  = que **pensez**-vous de
- **What is your opinion on** women's rights?
  = quelle est votre **opinion** sur
- **What are your thoughts on** the way forward?
  = quel est votre **avis** sur
- **What is your attitude to** people who say there is no such thing as sexual inequality?
  = quelle est votre **attitude** à l'égard de
- **What are your own feelings about** the way the case was handled?
  = quel est votre **sentiment** sur
- **How do you see** the next stage develop**ing**?
  = à votre **avis**, comment
- **How do you view** an event like the Birmingham show in terms of the cultural life of the city?
  = comment **percevez**-vous
- **I would value your opinion on** how best to set this all up
  = je voudrais avoir votre **avis** sur
- **I'd be interested to know what your reaction is to** the latest report on food additives
  = j'aimerais connaître votre **réaction** face à

6.2 Pour exprimer son opinion

- **In my opinion**, eight years as President is enough and sometimes too much for any man to serve in that capacity
  = à mon **avis**
- **As I see it**, everything depended on Karlov being permitted to go to Finland
  = **selon** moi
- **I feel that** there is an epidemic of fear about cancer which is not helped by the regular flow of publicity about the large numbers of people who die of it
  = je **trouve** que
- **Personally, I believe** the best way to change a government is through the electoral process
  = **personnellement**, je **crois** que
- **It seems to me that** the successful designer leads the public
  = il me **semble** que
- **I am under the impression that** he is essentially a man of peace
  = j'ai l'**impression** que
- **I have an idea that** you are going to be very successful
  = j'ai **idée** que
- **I am of the opinion that** the rules should be looked at and refined
  = je suis d'**avis** que
- **I'm convinced that** we all need a new vision of the future
  = je suis **convaincu** que
- **I daresay** there are so many names that you get them mixed up once in a while
  = j'**imagine** que
- We're prepared to prosecute the company, which **to my mind** has committed a criminal offence
  = à mon **avis**
- Most parts of the black market activity, **from my point of view**, is not, strictly speaking, illegal
  = d'**après** moi
- **As far as I'm concerned**, Barnes had it coming to him
  = en ce qui me **concerne**
- It's a matter of mutual accommodation, nothing more. **That's my view of the matter**
  = telle est mon **opinion** sur la question
- **It is our belief that** to be proactive is more positive than being reactive
  = nous **croyons** que
- **If you ask me**, there's something odd going on
  = si vous voulez mon **avis**
- **If you want my opinion**, if you don't do it soon, you'll lose the opportunity altogether and you'll be sorry
  = si vous voulez mon **opinion**

6.3 Pour répondre sans exprimer d'opinion

- Would I say she had been a help? **It depends what you mean by** help
  = cela dépend de ce que vous entendez par
- It could be seen as a triumph for capitalism but **it depends on your point of view**
  = c'est une question de **point** de vue
- **It's hard** ou **difficult to say whether** I identify with the hippy culture or not
  = il est **difficile** de dire si
- **I'm not in a position to comment on whether** the director's accusations are well-founded
  = je ne suis pas à même de dire si
- **I'd prefer not to comment on** operational decisions taken by the service in the past
  = je préférerais ne pas me **prononcer** sur
- **I'd rather not commit myself** at this stage
  = je préférerais ne pas m'**engager**
- **I don't have any strong feelings about which of the two companies** we should use for the job
  = je n'ai pas d'**opinion** bien arrêtée sur le choix de l'entreprise
- **This isn't something I've given much thought to**
  = je n'y ai pas vraiment réfléchi
- **I know nothing about** the workings of the female mind
  = j'**ignore** tout de

7 LES GOÛTS ET PRÉFÉRENCES

7.1 Pour demander ce que quelqu'un aime

- **Would you like to** visit the castle, while you are here?
  = **aimerais**-tu

- How would you feel about asking Simon to join us?
  = et si on
- What do you like doing best when you're on holiday?
  = que **préfères**-tu
- What's your favourite film?
  = quel est ton ... **préféré** ?
- Which of the two proposed options do you prefer?
  = entre les deux ..., lequel **préfères**-tu ?
- We could either go to Rome or stay in Florence — **which would you rather** do?
  = que **préférerais**-tu

7.2 Pour dire ce que l'on aime

- I'm very keen on gardening
  = j'**aime** beaucoup le
- I'm very fond of white geraniums and blue petunias
  = j'**adore**
- I really enjoy a good game of squash after work
  = j'**apprécie** vraiment
- There's nothing I like more than a quiet night in with a good book
  = rien de tel que
- I have a weakness for rich chocolate gateaux
  = j'ai un **faible** pour
- I have a soft spot for the rich peaty flavours of Islay malt
  = j'ai un **faible** pour

7.3 Pour dire ce que l'on n'aime pas

- Acting **isn't really my thing** — I'm better at singing
  = n'est pas mon **truc**
- Watching football on television **isn't my favourite** pastime
  = n'est pas mon ... **favori**
- Some people might find it funny but **it's not my kind of** humour
  = ce n'est pas mon **genre** de
- I enjoy playing golf but tennis is **not my cup of tea**
  = ce n'est pas ma tasse de thé
- Sitting for hours on motorways **is not my idea of fun**
  = ça ne m'amuse pas de
- The idea of walking home at 11 o'clock at night **doesn't appeal to me**
  = ne me dit rien
- I've gone off the idea of cycling round Holland
  = j'ai renoncé à l'idée de
- I can't stand ou can't bear the thought of seeing him
  = je ne **supporte** pas
- I am not enthusiastic about growing plants directly in greenhouse soil because of the risk of soil diseases
  = je ne suis guère **enthousiasmé** par l'idée de
- I'm not keen on seafood
  = je n'**aime** pas beaucoup
- I don't like the fact that he always gets away with not helping out
  = je n'**apprécie** pas trop le fait que
- What I hate most is waiting in queues for buses
  = ce que je **déteste** le plus, c'est de
- I dislike laziness since I'm such an energetic person myself
  = me **déplaît**
- There's nothing I dislike more than having to go to work in the dark
  = il n'y a rien qui me **déplaît** plus que de
- I have a particular aversion to the religious indoctrination of schoolchildren
  = j'ai une **aversion** particulière pour
- I find it intolerable that people like him should have so much power
  = je trouve **intolérable** que

7.4 Pour dire ce que l'on préfère

- I'd prefer to ou I'd rather wait until I have enough money to go by air
  = je **préférerais** ou j'**aimerais** mieux
- I'd prefer not to ou I'd rather not talk about it just now
  = je **préférerais** ne pas ou j'**aimerais** mieux ne pas
- I'd prefer you to ou I'd rather you put your comments in writing
  = je **préférerais** ou j'**aimerais** mieux que tu
- I'd prefer you not to ou I'd rather you didn't invite him
  = je **préférerais** ou j'**aimerais** mieux que tu ne ... pas
- I like the blue curtains better than ou I prefer the blue curtains to the red ones
  = j'**aime** mieux ... que ... ou je **préfère** ... à ...

7.5 Pour exprimer l'indifférence

- It makes no odds whether you have a million pounds or nothing, we won't judge you on your wealth
  = que vous ayez ..., ça n'a aucune importance
- I really don't care what you tell her as long as you tell her something
  = ce que ... m'est complètement **égal**
- It's all the same to me whether he comes or not
  = peu m'**importe** que
- I don't mind at all — let's do whatever is easiest
  = cela m'est complètement **égal**
- It doesn't matter which method you choose to use
  = peu **importe** le
- I don't feel strongly about the issue of privatization
  = ... m'est **indifférent**
- I have no particular preference
  = je n'ai pas de **préférence**

8 L'INTENTION ET LA VOLONTÉ

8.1 Pour demander ce que quelqu'un compte faire

- Do you intend to ou Will you take the job?
  = as-tu l'**intention** de
- What flight **do you intend to** take?
  = as-tu l'**intention** de
- Did you mean to ou intend to tell him about it, or did it just slip out?
  = avais-tu l'**intention** de
- What do you intend to do ou What are your intentions?
  = qu'as-tu l'**intention** de faire ?
- What do you propose to do with the money?
  = qu'est-ce que tu **penses** faire
- What did you have in mind for the rest of the programme?
  = qu'est-ce que tu avais prévu pour
- Have you anyone in mind for the job?
  = as-tu quelqu'un en **vue** pour

8.2 Pour exprimer ses intentions

- We're toying with the idea of releasing a compilation album
  = nous **songeons** à
- I'm thinking of retiring next year
  = je **pense**
- I'm hoping to go and see her when I'm in Paris
  = j'**espère**
- What I have in mind is to start a small software business
  = ce que je **pense** faire c'est de
- I studied history, with a view to becoming a politician
  = en **vue** de
- We bought the land in order to farm ou for the purpose of farming it
  = **afin** de
- We plan to move ou We are planning on moving next year
  = nous **projetons** de

- Our aim in *ou* Our object in buying the company is to provide work for the villagers
  = le **but** que nous nous sommes fixé en … est de
- I aim to reach Africa in three months
  = je **compte**

Avec plus de conviction

- I am going to *ou* I intend to sell the car as soon as possible
  = je vais *ou* j'ai l'**intention** de
- I have made up my mind to *ou* I have decided to go to Japan
  = j'ai **décidé** de
- I intended him to be a poet but he chose to be an accountant
  = je **voulais** qu'il
- I went to London, intending to visit her *ou* with the intention of visiting her, but she was away on business
  = dans l'**intention** de
- We have every intention of winning a sixth successive championship
  = nous sommes **décidés** à
- I have set my sights on recapturing the title
  = je suis **déterminé** à
- My overriding ambition is to overthrow the President
  = j'ai pour principale **ambition** de
- I resolve to do everything in my power to bring the affair to an end
  = je suis **résolu** à

8.3 Pour exprimer ce qu'on n'a pas l'intention de faire

- I don't mean to offend you, but I think you're wrong
  = je ne **veux** pas
- I don't intend to pay unless he completes the job
  = je n'ai pas l'**intention** de
- I have no intention of accepting the post
  = je n'ai pas du tout l'**intention** de
- We are not thinking of advertising this post at the moment
  = nous n'**envisageons** pas de

8.4 Pour exprimer ce que l'on désire faire

- I'd like to see the Sistine Chapel some day
  = j'**aimerais**
- I want to work abroad when I leave college
  = je **veux**
- We want her to be an architect when she grows up
  = nous **voulons** qu'elle
- I'm keen to see more students take up zoology
  = j'**aimerais** vraiment

Avec davantage d'enthousiasme

- I'm dying to leave and make my fortune in Paris (*familier*)
  = je meurs d'**envie** de
- My ambition is to go straight from being an enfant terrible to a grande dame
  = j'ai pour **ambition** de
- I long to go to Australia but I can't afford it
  = j'ai très **envie** de
- I insist on speaking to the manager
  = j'**exige** de

8.5 Pour exprimer ce que l'on ne veut pas faire

- I would prefer not to *ou* I would rather not have to speak to her about this
  = j'**aimerais** mieux ne pas *ou* je **préférerais** ne pas
- I wouldn't want to have to change my plans just because of her
  = je n'**aimerais** pas

- I don't want to *ou* I have no wish to *ou* I have no desire to take the credit for something I didn't do
  = Je ne veux pas *ou* je n'ai pas du tout l'**intention** de
- I refuse to be patronized by the likes of her
  = je **refuse** de

9 LA PERMISSION

9.1 Pour demander la permission de faire quelque chose

- Can I *ou* Could I borrow your car this afternoon?
  = **puis**-je *ou* **pourrais**-je
- Can I have the go-ahead to order the supplies?
  = est-ce que j'ai le **feu** vert pour
- Are we allowed to say what we're up to or is it top secret at the moment?
  = avons-nous le **droit** de
- Would it be all right if I arrived on Monday instead of Tuesday?
  = est-ce que cela vous **dérangerait** si
- Would it be possible for us to leave the car in your garage for a week?
  = est-ce qu'il nous serait **possible** de
- We leave tomorrow. Is that all right by you?
  = est-ce que cela vous **convient** ?
- Do you mind if I come to the meeting next week?
  = cela ne vous **ennuie** pas que
- Would it bother you if I invited him?
  = cela vous **ennuierait**-il si
- Would you let me come into partnership with you?
  = me **permettriez**-vous de
- Would you have any objection to sailing at once?
  = verriez-vous un **inconvénient** à ce que
- With your permission, I'd like to ask some questions
  = si vous le **permettez**, j'aimerais

Avec moins d'assurance

- Is there any chance of borrowing your boat while we're at the lake?
  = est-ce qu'il serait **possible** de
- I wonder if I could possibly use your telephone?
  = je me demande s'il serait **possible** de
- Might I be permitted to suggest the following ideas? (*soutenu*)
  = **puis**-je me **permettre** de
- May I be allowed to set the record straight? (*soutenu*)
  = est-ce qu'il m'est **permis** de

9.2 Pour donner la permission

- You can have anything you want
  = vous **pouvez**
- You are allowed to visit the museum, as long as you apply in writing to the Curator first
  = vous avez le **droit** de
- It's all right by me if you want to skip the Cathedral visit
  = je n'ai pas d'**objection** à ce que
- You have my permission to be absent for that week
  = je vous **autorise** à
- There's nothing against her going there with us
  = rien ne l'**empêche** de
- The Crown was agreeable to having the case called on March 23
  = **consentit** à ce que
- I do not mind if my letter is forwarded to the lady concerned
  = je ne vois pas d'**inconvénient** à ce que
- You have been authorised to use force to protect relief supply routes
  = on vous **autorise** à

- **We should be happy to allow you to** inspect the papers here *(soutenu)*
  = nous vous **autorisons volontiers** à

Avec plus d'insistance

- If you need to keep your secret, **of course you must** keep it
  = bien sûr, il **faut**
- **By all means** charge a reasonable consultation fee
  = n'**hésitez** pas à
- **I have no objection at all to your** quot**ing me in your article**
  = je n'ai pas d'**objection** à ce que vous
- **We would be delighted to** have you
  = c'est avec **plaisir** que nous

9.3 Pour refuser la permission

- **You can't** *ou* **you mustn't** go anywhere near the research lab
  = vous ne **devez** pas
- **I don't want you to** see that Milner again
  = je ne **veux** pas que tu
- **I'd rather you didn't** give them my name
  = j'aimerais autant que tu ne ... pas
- **I wouldn't want you to** be asking around about them too much
  = je n'aimerais pas que tu
- **You're not allowed to** leave the ship until relieved
  = vous n'avez pas le **droit** de
- **I've been forbidden to** swim for the moment
  = on m'a **interdit** de
- **I've been forbidden** alcohol **by** my doctor
  = m'a **interdit**
- **I couldn't possibly allow you to** pay for all this
  = je ne **peux** pas vous **laisser**
- **You must not** enter the premises without the owners' authority
  = vous ne **devez** pas
- **We cannot allow** the marriage **to** take place
  = nous ne **pouvons** pas permettre que

De façon plus énergique

- **I absolutely forbid you to** take part in any further search
  = je vous **interdis** formellement de
- **You are forbidden to** contact my children
  = je vous **interdis** de
- Smoking **is strictly forbidden** at all times
  = il est strictement **interdit** de
- **It is strictly forbidden to** carry weapons in this country
  = il est strictement **interdit** de
- **We regret that it is not possible for you to** visit the castle at the moment, owing to the building works *(à l'écrit)*
  = nous sommes au **regret** de vous informer que vous ne pouvez pas

---

10   L'OBLIGATION

10.1 Pour exprimer ce que l'on est obligé de faire

- Go and see Pompeii — **it's a must!** *(familier)*
  = c'est à ne pas **manquer**
- You need to be very good, **no two ways about it** *(familier)*
  = tu n'as pas le **choix**
- **You've got to** *ou* **You have to** be back before midnight
  = vous **devez**
- **You need to** *ou* **You must** have an address in Prague before you can apply for the job
  = il **faut** que vous
- I have no choice: this is how **I must** live and I cannot do otherwise
  = je **dois**

- **He was forced to** ask his family for a loan
  = il a été **obligé** de
- Jews **are obliged to** accept the divine origin of the Law
  = sont tenus de
- A degree **is indispensable** for future entrants to the profession
  = est **indispensable**
- Party membership **is an essential prerequisite of** a successful career
  = est la condition **sine qua non** pour
- **It is essential to** know what the career options are before choosing a course of study
  = il est **essentiel** de
- A dog collar **is a requirement of** law
  = est **exigé** par
- Wearing the kilt **is compulsory** for all those taking part
  = est **obligatoire**
- One cannot admit defeat, **one is driven to** keep on trying
  = on est **contraint** à
- **We have no alternative but to** fight
  = nous n'avons pas le **choix**, nous **devons**
- Three passport photos **are required** *(soutenu)*
  = il **faut** fournir
- Soldiers **must not fail to** take to arms against the enemy *(soutenu)*
  = se **doivent** de
- **You will** go directly to the headmaster's office and wait for me there *(soutenu)*
  = allez

10.2 Pour savoir si l'on est obligé de faire quelque chose

- **Do I have to** *ou* **Have I got to** be home by midnight?
  = est-ce que je **dois**
- **Does one have** *ou* **need to** book in advance?
  = **faut**-il
- **Is it necessary to** look at the problem across the continent?
  = est-il **nécessaire** de
- **Ought I to** tell my colleagues?
  = **devrais**-je
- **Should I** tell my boyfriend about my fantasy to paint his face and dress him in my petticoat?
  = **devrais**-je
- **Am I meant to** *ou* **Am I expected to** *ou* **Am I supposed to** fill in this bit of the form?
  = est-ce que je suis **censé**

10.3 Pour exprimer ce que l'on n'est pas obligé de faire

- **I don't have to** *ou* **I haven't got to** be home so early now the nights are lighter
  = je ne suis pas **obligé** de
- **You don't have to** *ou* **You needn't** go there if you don't want to
  = vous n'êtes pas **obligé** de
- **You are not obliged to** *ou* **You are under no obligation to** invite him
  = rien ne vous **oblige** à
- **It is not necessary** *ou* **compulsory** *ou* **obligatory to** have a letter of acceptance but it does help
  = il n'est pas **nécessaire** de
- The Revenue **does not expect you to** pay the assessed amount
  = n'**exige** pas que vous

10.4 Pour exprimer ce que l'on ne doit pas faire

- **On no account must you** be persuaded to give up the cause
  = vous ne **devez** en aucun cas
- **You are not allowed to** sit the exam more than three times
  = on n'a pas le **droit** de

- Smoking **is not allowed** in the dining room
  = il n'est pas **permis** de
- **You mustn't** show this document to any unauthorised person
  = vous ne **devez** pas
- These are tasks **you cannot** ignore, delegate or bungle
  = que l'on ne peut pas se **permettre** de
- **You're not supposed to** ou **You're not meant to** use this room unless you are a club member
  = vous n'êtes pas **censé**

De façon plus énergique

- **It is forbidden to** bring cameras into the gallery
  = il est **interdit** de
- **I forbid you to** return there
  = je vous **interdis** de
- **You are forbidden to** talk to anyone while the case is being heard
  = il vous est **interdit** de
- **Smoking is forbidden** ou **is prohibited** ou **is not permitted** in the dining room
  = il est **interdit** de

11   L'ACCORD

11.1   Pour exprimer l'accord avec ce qui est dit

- **I fully agree with you** ou **I totally agree with you** on this point
  = je suis entièrement d'**accord** avec vous
- **We are in complete agreement** on this
  = nous sommes entièrement d'**accord**
- **I entirely take your point about** the extra vehicles needed
  = je suis entièrement de votre **avis** à propos de
- **I think we see completely eye to eye** on this issue
  = je pense que nous avons exactement le même point de vue
- **You're quite right in** pointing at the distribution system as the main problem
  = vous avez **raison** de
- **We share your views** on the proposed expansion of the site
  = nous **partageons** votre point de vue
- **As you have quite rightly pointed out**, we still have a long way to go
  = comme vous l'avez fait remarquer
- **I have to concede that** the results are quite eye-catching
  = je dois **reconnaître** que
- **I have no objection to this** being done
  = je n'ai pas d'**objection** à ce que
- **I agree up to a point**
  = je suis d'**accord** dans une certaine mesure

De façon familière

- Go for a drink instead of working late? **Sounds good to me!**
  = je suis **partant** !
- **That's a lovely thought**
  = comme ça serait bien !
- **I'm all for** encouraging a youth section in video clubs such as ours
  = je suis tout à fait pour
- **I couldn't agree with you more**
  = je suis tout à fait d'**accord** avec vous

De façon plus soutenue

- **I am delighted to wholeheartedly endorse** your campaign
  = je suis **heureux** d'apporter mon **soutien** sans réserve à
- **Our conclusions are entirely consistent with** your findings
  = nos conclusions viennent confirmer

- Independent statistics **corroborate** those of your researcher
  = **corroborent**
- **We applaud** the group's decision to stand firm on this point
  = nous **approuvons**

11.2   Pour exprimer l'accord avec ce qui est proposé

- This certainly **seems the right way to go about it**
  = semble être la bonne façon de procéder
- **I will certainly give my backing to** such a scheme
  = je ne manquerai pas d'apporter mon **soutien** à
- **It makes sense to** enlist helping hands for the final stages
  = il semble logique de
- **We certainly welcome** this development in Stirling
  = nous nous **réjouissons** de

De façon plus familière

- **It's a great idea**
  = c'est une idée formidable
- Cruise control? **I like the sound of that**
  = ça me paraît une bonne idée
- **I'll go along with** Ted's proposal that we open the club up to women
  = je suis d'**accord** avec

De façon plus soutenue

- This solution **is most acceptable** to us
  = paraît tout à fait **acceptable**
- The proposed scheme **meets with our approval**
  = nous **approuvons**
- This is a proposal which **deserves our wholehearted support**
  = mérite pleinement notre **soutien**
- **We assent to** ou **We give our assent to** your plan to develop the site
  = nous donnons notre **accord** à

11.3   Pour exprimer l'accord avec ce qui est demandé

- Of course **I'll be happy to** organise it for you
  = je serai **heureux** de
- **I'll do as you suggest** and send him the documents
  = je suivrai votre **conseil**
- **There's no problem about** getting tickets for him
  = nous n'aurons aucun mal à

De façon plus soutenue

- Reputable builders **will not object to** this reasonable request
  = ne feront pas **objection** à
- **We should be delighted to** cooperate with you in this enterprise
  = nous serions **enchantés** de
- An army statement said it **would comply with** the ceasefire
  = **respecterait**
- **I consent to** the performance of such procedures as are considered necessary
  = je donne mon **assentiment** à

12   LE DÉSACCORD

12.1   Pour exprimer le désaccord avec ce qui est dit

- I'm afraid **he's quite wrong** if he's told you that vasectomies can't be reversed
  = se **trompe**
- **You're wrong in thinking that** I haven't understood
  = vous avez **tort** de penser que
- **I cannot agree with you** on this point
  = je ne suis pas du tout d'**accord** avec vous

- We cannot accept the view that R and D spending or rather the lack of it explains the decline of Britain
  = nous ne pouvons **accepter** l'**opinion** selon laquelle
- To say we should forget about it, no **I cannot go along with that**
  = je ne suis pas du tout d'**accord** là-dessus
- **We must agree to differ on this one**
  = nous devons reconnaître que nos **opinions divergent**
- I think **it might be better if you thought it over again**
  = il vaudrait mieux que vous reconsidériez la question

Avec plus d'insistance

- **This is most emphatically not the case**
  = cela n'est absolument pas le cas
- **I entirely reject** his contentions
  = je **rejette** absolument
- **We explicitly reject** the implication in your letter
  = nous **rejetons** catégoriquement
- **I totally disagree with** the previous two callers
  = je ne suis pas du tout d'**accord** avec

12.2 Pour exprimer le désaccord avec ce qui est proposé

Avec force

- **I'm dead against** this idea *(familier)*
  = je suis tout à fait **contre**
- **Right idea, wrong approach** *(familier)*
  = c'était une bonne idée, mais ils *etc* s'y sont mal pris
- **I will not hear of** such a thing
  = je ne veux pas entendre parler de
- **It is not feasible to** change the schedule at this late stage
  = il est **impensable** de
- This **is not a viable alternative**
  = ce n'est pas **faisable**
- Running down the street shouting "Eureka" has emotional appeal but **is the wrong approach**
  = n'est pas la bonne manière de s'y prendre

Avec moins d'insistance

- **I'm not too keen on** this idea
  = ne me **plaît** pas beaucoup
- **I don't think much of** this idea
  = je n'**aime** pas beaucoup
- **This doesn't seem to be the right way of** dealing with the problem
  = cela ne semble pas être la bonne manière de
- While we are grateful for the suggestion, **we are unfortunately unable to** implement this change *(soutenu)*
  = nous ne sommes **malheureusement** pas à même de
- **I regret that I am not in a position to** accept your kind offer *(soutenu)*
  = je suis **désolé** de ne pas être en mesure de

12.3 Pour exprimer le désaccord avec ce qui est demandé

- **I wouldn't dream of** doing a thing like that
  = **jamais** je ne
- I'm sorry but **I can't** do it
  = il m'est **impossible** de
- **I cannot in all conscience** leave those kids in that atmosphere
  = je ne peux pas, en conscience

Avec plus de force

- **This is quite out of the question** for the time being
  = cela est hors de **question**

- **I won't agree to** *ou* **I can't agree to** any plan that involves your brother
  = je m'**oppose** à
- **I refuse point blank to** have anything to do with this affair
  = je **refuse** net de

... et de façon plus soutenue

- **I am afraid I must refuse**
  = je crains de devoir **refuser**
- **I cannot possibly comply with** this request
  = je ne peux pas **accéder** à
- **It is impracticable for us to** commit ourselves at this stage
  = il nous est **difficile** de
- In view of the proposed timescale, **I must reluctantly decline to** take part
  = je me vois malheureusement obligé de **refuser** de

13 L'APPROBATION

13.1 Pour approuver ce qui a été dit

- **I couldn't agree** (with you) **more**
  = je suis entièrement de votre **avis**
- **I couldn't have put it better myself,** even if I'd tried
  = c'est **exactement** ce que j'aurais dit moi-même
- We must oppose terrorism, whatever its source. — **Hear, hear!**
  = **bravo** !
- **I endorse** his feelings regarding the situation *(soutenu)*
  = je **partage**

13.2 Pour approuver une proposition

- **It's just the job!** *(familier)*
  = c'est **exactement** ce qu'il nous faut !
- **This is just the sort of thing I wanted**
  = c'est **exactement** ce que je voulais
- **This is exactly what I had in mind** when I asked for the plan to be drawn up
  = c'est **précisément** ce que j'avais à l'esprit
- Thank you for sending the draft agenda: **I like the look of it very much**
  = il a l'air très bien
- **We are all very enthusiastic about** *ou* **very keen on** his latest set of proposals
  = nous accueillons avec **enthousiasme**
- **I shall certainly give it my backing**
  = je **soutiendrai** certainement cela
- Any game which is as clearly enjoyable as this **meets with my approval**
  = a mon **approbation**
- Skinner's plan **deserves our total support** *ou* **our wholehearted approval**
  = mérite tout notre **soutien**
- **There are considerable advantages in** the alternative method you propose
  = comporte de nombreux avantages
- **We recognize** the merits of this scheme
  = nous **reconnaissons**
- **We view** your proposal to extend the site **favourably**
  = nous voyons d'un œil **favorable**
- This project **is worthy of our attention**
  = mérite notre attention

13.3 Pour approuver une idée

- **You're quite right to** wait before making such an important decision
  = vous avez **raison** de
- **I entirely approve of** the idea
  = j'**approuve** entièrement

- **I'd certainly go along with that!**
  = je suis tout à fait pour !
- **I'm very much in favour of** that sort of thing
  = je suis vraiment pour

13.4 Pour approuver une action

- **I applaud** Noble's perceptive analysis of the problems
  = j'**approuve**
- **I have a very high opinion of** their new teaching methods
  = j'ai une très haute opinion de
- **I have a very high regard for** the work of the Crown Prosecution Service
  = je tiens en haute **estime**
- **I think very highly of** the people who have been leading thus far
  = j'ai une grande **estime** pour
- **I certainly admire** his courage in telling her exactly what he thought of her
  = j'**admire** beaucoup
- **I must congratulate you on** the professional way you handled the situation
  = je dois vous **féliciter** de

14   LA DÉSAPPROBATION

- **This doesn't seem to be the right way of** going about it
  = je ne pense pas que ce soit la bonne façon de
- **I don't think much of** what this government has done so far
  = ne me dit rien qui vaille
- **I can't say I'm pleased about** what has happened
  = je ne peux pas dire que je sois vraiment satisfait de
- As always, Britain **takes a dim view of** sex
  = voit d'un mauvais œil
- **We have a low opinion of** ou **poor opinion of** opportunists like him
  = nous n'avons pas une bien haute **opinion** de

Plus directement

- **I'm fed up with** having to wait so long for payments to be made
  = j'en ai **assez** de
- **I've had (just) about enough of** this whole supermodel thing
  = j'en ai vraiment **assez** de
- **I can't bear** ou **stand** people who smoke in restaurants
  = je ne **supporte** pas
- **He was quite wrong to** repeat what I said about her
  = il a eu **tort** de
- **I cannot approve of** ou **support** any sort of testing on live animals
  = je **réprouve**
- **We are opposed to** all forms of professional malpractice
  = nous nous **opposons** à
- **We condemn** any intervention which could damage race relations
  = nous **condamnons**
- **I must object to** the tag "soft porn actress"
  = je dois **protester** contre
- **I'm very unhappy about** your (idea of) going off to Turkey on your own
  = ne me **plaît** pas du tout
- **I strongly disapprove of** such behaviour
  = je **désapprouve** complètement

15   LA CERTITUDE, LA PROBABILITÉ, LA POSSIBILITÉ ET LA CAPACITÉ

15.1 La certitude

- **She was bound to** discover that you and I had talked
  = il était à prévoir qu'elle allait
- **It is inevitable that they will** get to know of our meeting
  = ils vont **inévitablement**
- **I'm sure** ou **certain (that)** he'll keep his word
  = je suis **sûr** que
- **I'm positive** ou **convinced (that)** it was your mother I saw
  = je suis **sûr et certain** que
- **We now know for certain** ou **for sure that** the exam papers were seen by several students before the day of the exam
  = nous savons maintenant avec **certitude** que
- **I made sure** ou **certain that** no one was listening to our conversation
  = je me suis **assuré** que
- From all the evidence **it is clear that** they were planning to take over
  = il est **clair** que
- **It is indisputable that** there are budgerigars in the UK that are harbouring illness
  = il est **incontestable** que
- **It is undeniable that** racial tensions in Britain have been increasing in recent years
  = il est **incontestable** que
- **There is no doubt that** the talks will be a landmark in the new political agenda
  = il ne fait aucun **doute** que
- **There can be no doubt about** the objective of the animal liberationists
  = ne fait aucun **doute**
- This crisis has demonstrated **beyond all (possible) doubt** that effective political control must be in place before the creation of such structures
  = sans le moindre **doute**
- Her pedigree **is beyond dispute** ou **question**
  = ne fait aucun **doute**
- **You have my absolute assurance that** this is the case
  = je peux vous **garantir** que
- **I can assure you that** I have had nothing to do with any dishonest trading
  = je peux vous **assurer** que
- **Make no mistake about it** — I will return when I have proof of your involvement
  = soyez **certain** que

15.2 La probabilité

- **There is a good** ou **strong chance that** they will agree to the deal
  = il y a de fortes **chances** pour que
- **It seems highly likely that** it was Bert who spilled the beans
  = il y a de fortes **chances** pour que
- **The chances** ou **the odds are that** he will play safe in the short term
  = il y a fort à parier que
- **The probability is that** your investment will be worth more in two years' time
  = il est fort **probable** que
- If parents tell a child that she is bright, then she will, **in all probability**, see herself as bright and behave as such
  = selon toute **probabilité**
- You will **very probably** be met at the airport by one of our men
  = très **probablement**
- **It is highly probable that** American companies will face retaliation abroad
  = il est très **probable** que

- **It is quite likely that** you will get withdrawal symptoms at first
  = il est **probable** que
- **The likelihood is that** the mood of mistrust and recrimination will intensify
  = il est très **probable** que
- The person indicted is, **in all likelihood**, going to be guilty as charged
  = selon toute **probabilité**
- **There is reason to believe that** the books were stolen from the library
  = il y a **lieu** de croire que
- **He must** know of the paintings' existence
  = il **doit**
- The talks **could very well** spill over into tomorrow
  = **pourraient** très bien
- The cheque **should** reach you by Saturday
  = **devrait**

15.3 La possibilité

- The situation **could** change from day to day
  = **pourrait**
- Britain **could perhaps** play a more positive role in developing policy
  = **pourrait peut-être**
- **I venture to suggest (that)** a lot of it is to do with him
  = je me permets de **suggérer** que
- **It is possible that** a premonition is triggered when a random image happens to coincide with the later event
  = il est **possible** que
- **It is conceivable that** the British economy is already in recession
  = il est **possible** que
- **It is well within the bounds of possibility that** England could be beaten
  = il est très **possible** que
- **It may be that** the whole battle will have to be fought over again
  = il se **peut** que
- **It may be (the case) that** they got your name from the voters' roll
  = il se **peut** que
- **There is an outside chance that** the locomotive may appear in the Gala
  = il existe une très faible **chance** pour que
- **There is a small chance that** your body could reject the implants
  = il y a un **risque** que

15.4 Pour exprimer ce que l'on est capable de faire

- Our Design and Print Service **can** supply envelopes and package your existing literature
  = **peut**
- Applicants must **be able to** use a word processor
  = être **capables** de
- When it came to raising the spirits of the sleep-deprived ravers at Glastonbury, Ultramarine **were more than up to the job**
  = ont vraiment été à la **hauteur** de la tâche
- **He is qualified to** teach physics
  = il a les **qualifications** requises pour

16 L'INCERTITUDE, L'IMPROBABILITÉ, L'IMPOSSIBILITÉ ET L'INCAPACITÉ

16.1 L'incertitude

- **I doubt if** ou **It is doubtful whether** he knows where it came from
  = je **doute** que
- **There is still some doubt surrounding** his exact whereabouts
  = le **doute** subsiste quant à
- **I have my doubts about** replacing private donations with taxpayers' cash
  = j'ai des **doutes** quant à
- **It isn't known for sure** ou **It isn't certain** where she is
  = on ne **sait** pas exactement
- Sometimes you stay in your room for three, four, five days at a time, **you couldn't say for sure**
  = on ne **sait** pas exactement
- It's all still up in the air — **we won't know for certain** until the end of next week
  = nous serons dans l'**incertitude**
- You're asking why I should do such an extraordinary thing and **I'm not sure** ou **certain that** I really know the answer
  = je ne suis pas **sûr** ou **certain que**
- **I'm not convinced that** you can teach people to think sideways on problems
  = je ne suis pas **convaincu** que
- **We are still in the dark about** where the letter came from
  = nous **ignorons** toujours
- **It is touch and go whether** base rates have to go up
  = il n'est pas **certain** que
- **I'm wondering if** I should offer to help them out?
  = je me **demande** si

16.2 L'improbabilité

- You have **probably not** yet seen the document I am referring to
  = vous n'avez **probablement** pas
- **It is highly improbable that**, in the past 30 years, meteor fireballs have changed the noise they have been making for billennia
  = il est très peu **probable** que
- **It is very doubtful whether** the expedition will reach the summit
  = il est peu **probable** que
- **In the unlikely event that** the room was bugged, the music would scramble their conversation
  = **si jamais**
- **It was hardly to be expected that** the course of democratization would always run smoothly
  = on ne **pouvait** guère s'attendre à ce que

16.3 L'impossibilité

- **There can be no** return to earlier standards
  = il est **impossible** de
- Nowadays Carnival **cannot** happen **without** the police telling us where to walk and what direction to walk in
  = ne **peut** ... sans que
- This is not to say that academic judgement is sacrosanct: since academic judgement is not uniform, **this cannot be the case**
  = ce n'est pas **possible**
- **I couldn't possibly** invite George and not his wife
  = je ne **pourrais** pas
- **The new law rules out any possibility of** exceptions
  = exclut toute **possibilité** de
- He said **there was no question of** him representing one half of the Arab world against the other
  = il n'était pas **question** que
- A West German spokesman said **it was out of the question that** these weapons would be based in Germany
  = il était hors de **question** que
- **There is not (even) the remotest chance that** ou **There is absolutely no chance that** he will succeed
  = il n'y a pas la moindre **chance** que
- The idea of trying to govern twelve nations from one centre **is unthinkable**
  = est **inconcevable**

17 - l'explication

- Since we had over 500 applicants, **it would be quite impossible to** interview them all
  = il serait tout à fait **impossible** de

16.4 Pour exprimer ce que l'on est incapable de faire

- **I can't** drive, I'm afraid
  = je ne **sais** pas
- **I don't know how to** use a word processor
  = je ne **sais** pas
- The army **has been unable to** suppress the political violence in the area
  = n'a pas **pu**
- The congress had shown itself **incapable of** real reform
  = **incapable** de
- His fellow-directors **were not up** to running the business without him
  = n'étaient pas **capables** de
- He called all the gods to help lift the giant's leg and free Thor, but even together they **were not equal** to the task
  = n'étaient pas à la **hauteur**
- I'm afraid the task proved (to be) **beyond his capabilities** *ou* **abilities**
  = trop **difficile** pour lui
- I would like to leave him but sometimes I feel the effort **is beyond me**
  = est au-**dessus** de mes **forces**
- **He simply couldn't cope with** the stresses of family life
  = il ne **pouvait** pas faire face à
- Far too many women accept that they're **hopeless at** *ou* **no good at** managing money
  = totalement **incapables** de
- **I'm not in a position to** say now how much substance there is in the reports
  = je ne suis pas en **mesure** de
- **It is quite impossible for me to** describe the confusion and horror of the scene
  = je suis dans l'**impossibilité** de

17 L'EXPLICATION

17.1 Donner les raisons de quelque chose

- He was sacked. **For the simple reason that** he just wasn't up to it any more
  = pour la simple **raison** que
- **The reason that** we are still so obsessed by him is simply that he was the one person we had who knew what was what
  = la **raison** pour laquelle
- He said he could not be more specific **for** security **reasons**
  = pour des **raisons** de
- Students have been arrested recently **because of** suspected dissident activities
  = en **raison** de
- Parliament has prevaricated, **largely because of** the unwillingness of the main opposition party to support the changes
  = essentiellement en **raison** de
- Teachers in the eastern part of Germany are assailed by fears of mass unemployment **on account of** their communist past
  = du **fait** de
- Morocco has announced details of the austerity package it is adopting **as a result of** pressure from the International Monetary Fund
  = par **suite** de
- They are facing higher costs **owing to** rising inflation
  = par **suite** de
- The full effects will be delayed **due to** factors beyond our control
  = en **raison** de
- **Thanks to** their generosity, the charity can afford to buy new equipment
  = **grâce** à
- What also had to go was the notion that some people were born superior to others **by virtue of** their skin colour
  = en **raison** de
- Tax collection was often carried out **by means of** illegal measures
  = au **moyen** de
- He shot to fame **on the strength of** a letter he had written to the Queen
  = **grâce** à
- The King and Queen's defence of old-fashioned family values has acquired a poignancy **in view of** their inability to have children
  = **vu**
- The police have put considerable pressure on the Government to toughen its stance **in the light of** recent events
  = étant **donné**
- **In the face of** this continued disagreement, the parties have asked for the polling to be postponed
  = **face** à
- His soldiers had so far been restraining themselves **for fear of** harming civilians
  = de **crainte** de
- Babies have died **for want of** *ou* **for lack of** proper medical attention
  = **faute** de
- I refused her a divorce, **out of** spite I suppose
  = **par**
- The warder was freed unharmed **in exchange for** the release of a colleague
  = en **échange** de
- The court had ordered his release, **on the grounds that** he had already been acquitted of most charges against him
  = sous **prétexte** que
- I am absolutely for civil disobedience **on** moral **grounds**
  = pour des **raisons**
- It is unclear why they initiated this week's attack, **given that** negotiations were underway
  = étant **donné** que
- **Seeing that** he had a police escort, the only time he could have switched containers was en route to the airport
  = étant **donné** que
- **As** these bottles are easy to come by, you can have one for each purpose
  = **comme**
- International intervention was appropriate **since** tensions had reached the point where there was talk of war
  = **puisque**
- Yet she was not deaf, **for** she started at the sound of a bell *(littér)*
  = **puisque**
- I'm naturally disappointed this is not quite enough to win on the first ballot. **So** I confirm it is my intention to let my name go forward to the second ballot
  = **donc**
- What the Party said was taken to be right, **therefore** anyone who disagreed must be wrong
  = par **conséquent**
- **Following** last weekend's rioting in central London, Conservatives say some left-wing Labour MPs were partly to blame
  = à la **suite** de
- **The thing is** that once you've retired there's no going back
  = c'est que

17.2 Pour expliquer la cause ou l'origine de quelque chose

- The serious dangers to your health **caused by** *ou* **brought about by** cigarettes are now better understood
  = **provoqué** par
- When the picture was published recently, **it gave rise to** *ou* **led to** speculation that the three were still alive and being held captive
  = cela a donné **lieu** à

- The army argues that security concerns **necessitated** the demolitions
  = rendaient ... **nécessaires**
- This lack of recognition **was at the root of** the dispute which led to their march
  = était à l'**origine** de
- **I attribute** all this mismanagement **to** the fact that the General Staff in London is practically non-existent
  = j'**attribue** ... à
- This unrest **dates from** colonial times
  = **remonte** à
- The custom **goes back to** pre-Christian days
  = **remonte** à

18 L'EXCUSE

18.1 Pour s'excuser

- **I'm really sorry**, Steve, **but** we won't be able to come on Saturday
  = je suis vraiment **désolé** ... mais
- **I'm sorry that** your time has been wasted
  = je suis **désolé** que
- **I am sorry to have to** say this to you but you're no good
  = je suis **désolé** de
- **Apologies if** I seemed obsessed with private woes last night
  = toutes mes **excuses** si
- **I must apologize for** what happened. Quite unforgivable
  = je vous prie de m'**excuser** pour
- **I owe you an apology**. I didn't think you knew what you were talking about
  = je vous dois des **excuses**
- The general back-pedalled, saying that **he had had no intention of** offending the German government
  = il n'avait aucunement l'**intention** de
- **Please forgive me for** feeling sorry for myself
  = veuillez me **pardonner** de
- **Please accept our apologies** if this has caused you any inconvenience (soutenu)
  = nous vous prions d'accepter nos **excuses**
- **Do forgive me for** being a little abrupt (soutenu)
  = veuillez m'**excuser** de

18.2 Pour accepter la responsabilité de quelque chose

- **I admit** I submitted the second gun for inspection, in the knowledge that you had used my own for the killing
  = je **reconnais**
- **I have no excuse for** what happened
  = je n'ai aucune **excuse** pour
- **It is my fault that** our marriage is on the rocks
  = c'est ma **faute** si
- The Government **is not entirely to blame but neither is it innocent**
  = tout cela n'est pas entièrement la faute de ... mais il n'est pas non plus **innocent**
- **I should never have** let him rush out of the house in anger
  = je n'aurais jamais dû
- Oh, but **if only I hadn't** made Freddy try to get my bag back!
  = si seulement je n'avais pas
- I hate to admit that the old man was right, but **I made a stupid mistake**
  = je me suis grossièrement **trompé**
- **My mistake was in** failing to push my concerns and convictions
  = j'ai fait l'**erreur** de
- **My mistake was to** arrive wearing a jacket and polo-neck jumper
  = j'ai fait l'**erreur** de
- In December the markets raced ahead, and I missed out. **That was my mistake**
  = ça a été une **erreur** de ma part

18.3 Pour exprimer des regrets

- **I'm very upset about** her decision but when only one partner wants to make an effort you're fighting a losing battle
  = je suis très **contrarié** de
- **It's just a bit of a shame that**, on close inspection, the main vocalists look like Whitney Houston and Lionel Richie
  = c'est bien **dommage** que
- **I feel awful** but I couldn't stand by and watch him make a fool of himself, someone had to tell him to shut up
  = je suis vraiment **désolé**
- **I'm afraid I can't** help you very much
  = j'ai bien peur de ne pouvoir
- **It is a pity that** my profession can make money out of the misfortunes of others
  = il est **dommage** que
- **It is unfortunate that** the matter should have come to a head when the Western allies may be on the brink of military engagement
  = il est **regrettable** que
- **I very much regret that** we have been unable to reach agreement
  = suis **navré** que
- The accused **bitterly regrets** this incident and it won't happen again
  = **regrette** amèrement
- **We regret to inform you that** the post of Editor has now been filled (style écrit)
  = nous sommes au **regret** de vous informer que

18.4 Pour rejeter toute responsabilité

- **I didn't do it on purpose**, it just happened
  = je ne l'ai pas fait **exprès**
- Sorry, Nanna. **I didn't mean to** upset you
  = je n'avais pas l'**intention** de
- Excuse me, but **I was under the impression that** these books were being written for women
  = j'avais l'**impression** que
- **We are simply trying to** protect the interests of our horses and owners
  = nous essayons tout simplement de
- I know how this hurt you but **I had no choice**. I had to put David's life above all else
  = je n'avais pas le choix
- **We were obliged to** accept their conditions
  = nous avons été **obligés** de
- We are unhappy with 1.5 %, but under the circumstances **we have no alternative but to** accept
  = nous ne pouvons faire autrement que de
- **I had nothing to do with** the placing of any advertisement
  = je n'avais rien à voir avec
- A Charlton spokesman assured Sheffield supporters that **it was a genuine error** and there was no intention to mislead them
  = c'était vraiment une **erreur**

19 - les demandes d'emploi

89 Short Street
Glossop
Derbys SK13 4AP

The Personnel Director
Norton Manufacturing Ltd
Sandy Lodge Industrial Estate
Northants NN10 8QT

3 February 2002

Dear Sir or Madam[1],

With reference to your advertisement in the Guardian of 2 February 2002, I wish to apply for the post of Export Manager in your company.

I am currently employed as Export Sales Executive for United Engineering Ltd. My main role is to develop our European business by establishing contact with potential new distributors and conducting market research both at home and abroad.

I believe I could successfully apply my sales and marketing skills to this post and therefore enclose my curriculum vitae for your consideration. Please do not hesitate to contact me if you require further details. I am available for interview at any time.

I look forward to hearing from you.

Yours faithfully,

Janet Lilly

Janet Lilly

---

[1] *Quand on ne sait pas si la personne à qui on s'adresse est un homme ou une femme, il convient d'utiliser la présentation ci-contre.*

Toutefois, si l'on connaît le nom de la personne, la présentation suivante est préférable :

Mr Leonard Easdon
ou
Mrs Emma Gault
Personnel Director
Norton Manufacturing Ltd etc.

Pour commencer votre lettre, la formule à employer est la suivante :
"Dear Sir" ou "Dear Madam"

Toute lettre commençant ainsi doit se terminer par la formule "Yours faithfully" suivie de la signature. Pour plus de détails, voir pages 60 - 61.

---

19 LES DEMANDES D'EMPLOI

19.1 Pour commencer la lettre

- **In reply to your advertisement** for a Trainee Manager in today's Guardian, I would be grateful if you would send me further details of the post
    = me **référant** à votre **annonce**

- **I wish to apply for the post of** bilingual correspondent, as advertised in this week's Euronews
    = je me permets de poser ma **candidature** au **poste** de

- **I am writing to ask if there is any possibility of work in your company**
    = je vous serais **reconnaissant** de me faire savoir s'il me serait possible d'obtenir un emploi dans votre **entreprise**

- **I am writing to enquire about the possibility of joining your company on work placement** for a period of 3 months
    = je vous serais **reconnaissant** de me faire savoir s'il me serait possible d'effectuer un **stage** rémunéré dans votre **entreprise**

19.2 Pour parler de son expérience professionnelle et exposer ses motivations

- **I have** three **years' experience of** office work
    = j'ai ... années d'**expérience** en

- **I am familiar with word processors**
    = je connais divers logiciels de traitement de texte

- **As well as speaking fluent** English, **I have a working knowledge of** German **and a reading knowledge of** Swedish
    = je **parle** couramment ..., possède de bonnes **connaissances** en ... et lis le

- **I am currently working in** this field
    = je **travaille** actuellement dans

- **As you will see from my CV,** I have worked in Belgium before
    = comme l'indique mon **CV**

- **Although I have no experience of** this type of work, **I have** had other holiday jobs and can supply references from my employers, if you wish
    = bien que je n'aie pas d'**expérience** dans ... j'ai

- **My current salary is** ... per annum and I have four weeks' paid leave
    = mon **salaire** actuel est de

CURRICULUM VITAE

Name:	Kate Maxwell
Address:	12 Poplar Avenue, Leeds LS12 9DT, England
Telephone:	0113 246 6648
Date of Birth:	2.2.73
Marital Status:	Single
Nationality:	British
Qualifications[1]:	Diploma in Business Management, Liverpool College of Business Studies (1997) BA Honours in French with Hispanic Studies (Upper 2nd class), University of York (1996) A-Levels: English (B), French (A), Spanish (A), Geography (C) (1991) O-Levels: in 8 subjects (1989)
Employment History:	Sales Assistant, Langs Bookshop, York (summer 1997) English Assistant, Lycée Victor Hugo, Nîmes, France (1994-95) Au Pair, Nantes, France (summer 1992) Campsite courier, Peniscola, Spain (summer 1991)
Other Information:	I enjoy reading, the cinema, skiing and amateur dramatics. I hold a clean driving licence and am a non-smoker.
References:	Mr John Jeffries / General Reference / Langs Bookshop / York / YT5 2PS Ms Teresa González / Department of Spanish / University of York / York / YT4 3DE

[1] *Si l'on pose sa candidature à un poste à l'étranger, l'emploi de formules telles que "French equivalent of A-Levels (Baccalauréat Langues)" est conseillé.*

- **I would like to change jobs** to broaden my experience
  = j'aimerais changer de **situation**
- **I would like to make better use of** my languages
  = j'aimerais **pratiquer** davantage

19.3 Pour terminer la lettre

- **I will be available from** the end of April
  = je serai **disponible** à partir de
- **I am available for interview** at any time
  = je me tiens à votre **disposition** pour un **entretien**
- **I would be glad to supply further details**
  = je me tiens à votre **disposition** pour tout complément d'**information**
- **Please do not hesitate to contact me** for further information
  = n'hésitez pas à me contacter
- **Please do not contact my current employer**
  = je vous serais **reconnaissant** de ne pas contacter mon **employeur** actuel
- **I enclose** a stamped addressed envelope for your reply
  = veuillez trouver **ci-joint**

19.4 Comment demander et rédiger des références

- In my application for the position of German lecturer, I have been asked to provide the names of two referees and **I wondered whether you would mind if I gave your name** as one of them
  = je vous serais **reconnaissant** de me permettre de donner votre nom

- Ms Lane has applied for the post of Marketing Executive with our company and has given us your name as a reference. **We would be grateful if you would let us know whether you would recommend her for this position**
  = nous vous serions **reconnaissants** de bien vouloir nous dire si vous la **recommandez** pour ce poste

- **Your reply will be treated in the strictest confidence**
  = votre **réponse** sera considérée comme strictement confidentielle

- I have known Mr Chambers for four years in his capacity as Sales Manager and **can warmly recommend him for the position**
  = c'est avec plaisir que je vous le **recommande** pour ce poste

20 - la correspondance commerciale

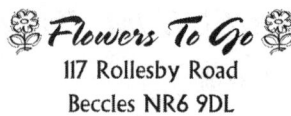
Flowers To Go
117 Rollesby Road
Beccles NR6 9DL
☎ 61 654 31 71

Ms Sharon McNeillie
41 Courthill Street
Beccles NR14 8TR

18 January 2000

Dear Ms McNeillie,

Special Offer! 5% discount on orders received in January!

Thank you for your recent enquiry. We can deliver fresh flowers anywhere in the country at very reasonable prices. Our bouquets come beautifully wrapped, with satin ribbons, attractive foil backing, a sachet of plant food and, of course, your own personalized message. For that special occasion, we can even deliver arrangements with a musical greeting, the ideal surprise gift for birthdays, weddings or Christmas!

Whatever the occasion, you will find just what you need to make it special in our latest brochure, which I have pleasure in enclosing, along with our current price list. All prices include delivery within the UK.

During the promotion, a discount of 5% will apply on all orders received before the end of January, so hurry!

We look forward to hearing from you.

Yours sincerely,

Daisy Duckworth

Daisy Duckworth
Promotions Assistant

19.5 Pour accepter ou refuser une offre d'emploi

- Thank you for your letter of 20 March. **I will be pleased to attend for interview** at your Manchester offices on Thursday 7 April at 10am
  = je serai très heureux de me rendre à l'**entretien**

- **I would like to confirm my acceptance of** the post of Marketing Executive
  = je désire **confirmer** que j'accepte

- **I would be delighted to accept this post. However,** would it be possible to postpone my starting date until 8 May?
  = c'est avec **plaisir** que j'**accepterais** ce poste. Toutefois

- **I would be glad to accept your offer; however,** the salary stated is somewhat lower than what I had hoped for
  = c'est avec **plaisir** que j'**accepterais** votre **offre** ; toutefois

- Having given your offer careful thought, **I regret that I am unable to accept**
  = j'ai le **regret** de devoir la **refuser**

---

20 LA CORRESPONDANCE COMMERCIALE

20.1 Demandes de renseignements

- **We** see ou note from your advertisement in the latest edition of the Healthy Holiday Guide that you are offering cut-price salmon fishing holidays in Scotland, and **would be grateful if you would send us** full details of prices and dates available between 14 July and 30 August
  = nous vous serions **reconnaissants** de bien vouloir nous **envoyer**

- I read about the Association for Improvements in the Maternity Services in the NCT newsletter and would be very interested to learn more about your activities. **Please send me details of** membership
  = je vous serais **reconnaissant** de bien vouloir m'**envoyer** de plus amples **renseignements** sur

- **In response to your enquiry of** 8 March, **we have pleasure in enclosing** full details on our activity holidays in Cumbria, **together with** our price list
  = **suite** à votre lettre du ..., nous vous prions de trouver **ci-joint** ... ainsi que

```
                                    Carrick Foods Ltd
                                    Springwood Industrial estate
                                         Alexandra Road
         Ms J Chalmers                    Sheffield S11 5GF
         Department of English
         Holyrood High School
         Mirlees Road
         Sheffield S19 7KL

         14 April 2002


         Dear Ms Chalmers,

         Thank you for your letter of 7 April enquiring if it would be
         possible to arrange a group visit to our factory. We would of
         course be delighted to invite you and your pupils to take part
         in a guided factory tour. You will be able to observe the
         process from preparation through to canning, labelling and
         packaging of the final product ready for dispatch. Our factory
         manager will be available to answer pupils' questions at the
         end of the tour.

         I would be grateful if you could confirm the date of your
         proposed visit, as well as the number of pupils and teachers
         in the party, at your earliest convenience.

         Thank you once again for your interest in our company. I look
         forward to meeting you.

         Yours sincerely,

         George Whyte

         George Whyte
```

- **Thank you for your enquiry about** the Association for the Conservation of Energy. **I have enclosed** a leaflet explaining our background, as well as a list of the issues we regularly campaign on. **Should you wish** to join ACE, a membership application form is also enclosed
  = nous vous **remercions** de votre demande de **renseignements** concernant ... Veuillez trouver ci-joint ... ainsi que ... Si vous désirez

20.2 Commandes

- **We would like to place an order for** the following items, in the sizes and quantities specified below
  = nous aimerions passer **commande** de
- **Please find enclosed our order no.** 3011 for ...
  = veuillez trouver notre **commande** n°
- **The enclosed order** is based on your current price list, assuming our usual discount of 5 % on bulk orders
  = la **commande** ci-jointe
- **I wish to order** a can of "Buzz off!" wasp repellent, as advertised in the July issue of Gardeners' Monthly **and enclose a cheque for** £2.50
  = je désire **commander** ... et vous envoie un chèque de

- **Thank you for your order of** 16 June, which will be dispatched within 30 days
  = nous vous **remercions** de votre **commande** en date du
- **We acknowledge receipt of your order no.** 3570 and advise that the goods will be dispatched within 7 working days
  = nous **accusons réception** de votre **commande** n°
- **We regret that the goods you ordered are temporarily out of stock**
  = nous **regrettons** de vous dire que les articles que vous avez **commandés** sont temporairement épuisés
- **Please allow 28 days for delivery**
  = veuillez compter un **délai** de 28 jours pour la **livraison**

20.3 Livraisons

- **Our delivery time is** 60 days from receipt of order
  = nos **délais** de **livraison** sont de
- **We await confirmation of your order**
  = nous attendons **confirmation** de votre **commande**

- **We confirm that the goods were dispatched on** 4 September
  = nous **confirmons** que les **marchandises** ont été **expédiées** le
- **We cannot accept responsibility for** goods damaged in transit
  = nous ne pouvons accepter aucune **responsabilité** pour

20.4   Pour se plaindre

- **We have not yet received** the items ordered on 22 January (our order no. 2263 refers)
  = nous n'avons pas encore reçu **livraison** de
- **We wish to draw your attention to** an error in the consignment received on 18 November
  = nous désirons vous **signaler**
- **Unfortunately**, the goods were damaged in transit
  = **malheureusement**
- **The goods received differ significantly from the description in your catalogue**
  = les articles livrés ne correspondent pas à la description qui en est donnée dans votre catalogue
- If the goods are not received by 20 October, **we shall have to cancel our order**
  = nous nous verrons contraints d'**annuler** notre **commande**

20.5   Règlement

- **The total amount outstanding is** ...
  = la **somme** qui reste à **régler** s'élève à
- **We would be grateful if you would attend to this account immediately**
  = nous vous serions reconnaissants de bien vouloir **régler** cette **somme** dans les plus brefs délais
- **Please remit payment by return**
  = veuillez nous faire parvenir ce **règlement** par retour du courrier
- Full payment **is due within** 14 working days from receipt of goods
  = est **dû** sous
- **We enclose** a cheque for ... **in settlement of your invoice no.** 2003L/58
  = veuillez trouver ci-joint ... en **règlement** de votre **facture** n°
- We must point out an error in your account and **would be grateful if you would adjust your invoice** accordingly
  = nous vous serions reconnaissants de rectifier votre **facture**
- This mistake was due to an accounting error, and **we enclose a credit note for** the sum involved
  = nous vous prions de trouver ci-joint un avoir pour
- **Thank you for your cheque** for ... in settlement of our invoice
  = nous vous remercions de votre chèque
- **We look forward to doing further business with you in the near future**
  = Nous espérons vous compter à nouveau parmi nos clients

21   LA CORRESPONDANCE GÉNÉRALE

[voir pages 1280-1281]
[see pages 1280-1281]

21.1   Pour commencer une lettre

Pour écrire à quelqu'un que l'on connaît

- **Thank you** ou **Thanks for your letter**, which arrived yesterday
  = **merci** pour votre **lettre**
- **It was good** ou **nice** ou **lovely to hear from you**
  = cela m'a fait plaisir d'avoir de vos **nouvelles**
- **I felt I must write a few lines** just to say hello
  = je vous **envoie** ce petit **mot**
- **I'm sorry I haven't written for so long**, and hope you'll forgive me; I've had a lot of work recently and ...
  = je suis **désolé** de ne pas vous avoir **écrit** depuis si longtemps
- **This is a difficult letter for me to write**, and I hope you will understand how I feel
  = je ne sais par où commencer cette **lettre**

Pour écrire à un organisme

- **I am writing to ask whether** you (have in) stock a book entitled ...
  = je vous **écris** pour demander si
- **Please send me** ... I enclose a cheque for ...
  = je vous prie de **m'envoyer**
- When I left your hotel last week, I think I may have left a beige raincoat in my room. **Would you kindly** let me know whether it has been found
  = je vous serais très **reconnaissant** de bien vouloir
- I have seen the details of your summer courses, and **wish to know whether** you still have any vacancies on the Beginners' Swedish course
  = je **désirerais** savoir si

21.2   Pour terminer une lettre (avant la formule de politesse)

À une connaissance

- **Gerald joins me in sending** very best wishes to you all
  = Gerald se joint à moi pour vous **adresser**
- **Irene sends her kindest regards**
  = Irene me charge de vous **transmettre** ses **amitiés**
- **Please remember me to** your wife — I hope she is well
  = mon meilleur **souvenir** à
- If there is anything else I can do, **please don't hesitate to get in touch** again
  = n'hésitez pas à me **contacter**
- **I look forward to hearing from you**
  = j'attends votre réponse avec impatience

À un(e) ami(e)

- **Say hello to Martin for me**
  = dis **bonjour** à Martin pour moi
- **Give my warmest regards to Vincent**
  = **transmets** toutes mes **amitiés** à Vincent
- **Doreen asks me to give you her best wishes**
  = Doreen me charge de te **transmettre** ses **amitiés**
- **Do write** when you have a minute
  = **écris**-moi
- **Do let us have your news** from time to time
  = donne-nous de tes **nouvelles**

226 Wilton Street
Leicester LE8 7SP

20th November 2002

Dear Hannah,

Sorry I haven't been in touch for a while. It's been hectic since we moved house and we're still unpacking! Anyway, it's Leah's first birthday on the 30th and I wondered if you and the kids would like to come to her party that afternoon.

We were planning to start around 4 o'clock and finish around 5.30 or so. I've invited a clown and a children's conjuror, mainly for the entertainment of the older ones. With a bit of luck, you and I might get a chance to catch up on all our news!

Drop me a line or give me a ring if you think you'll be able to make it over on the 30th. It would be lovely if you could all come!

Hoping to hear from you soon. Say hello to Danny, Paul and Jonathan for me.

Love,

Jackie

Les tableaux ci-dessous présentent quelques exemples-types de formules épistolaires.

À quelqu'un que l'on connaît personnellement

Début de lettre	Fin de lettre
Dear Mr Brown Dear Mrs Drake Dear Mr & Mrs Charlton Dear Miss Baker Dear Ms Black Dear Dr Armstrong Dear Professor Lyons Dear Sir Gerald Dear Lady Mcleod Dear Andrew Dear Margaret	**Formule habituelle** Yours sincerely **Plus amical** With all good wishes Yours sincerely With kindest regards Yours sincerely

À une connaissance, ou à un(e) ami(e)

Début de lettre	Fin de lettre
Dear Alison Dear Annie and George Dear Uncle Eric Dear Mrs Newman Dear Mr and Mrs Jones My dear Miss Armitage	**Formule habituelle** Yours sincerely **Plus amical** With best wishes Yours sincerely With kindest regards Yours sincerely With all good regards Yours sincerely **Plus familier** With best wishes Yours ever Kindest regards With best wishes As always

21 - la correspondance générale

LANGUAGE IN USE 1210

14 Apsley Grove
Aberdeen AB4 7LP
Scotland

14th April 2002

Dear Hélène and Michel,

I arrived back in Britain last night, just before midnight. My flight from Paris was delayed by over four hours and I was quite exhausted by the time we finally landed. Still, I have the weekend ahead to recover before going back to work on Monday!

I just wanted to thank you for all your warmth and hospitality, which made my stay with you truly unforgettable. I took hundreds of photographs, as you know, and I plan to get them developed as soon as possible and put the best ones in an album. I'll send you some, too, of course.

Remember that you're more than welcome to come and stay with me here any time. I'd be really glad to have you both and it would give me a chance to repay you for all your kindness.

Keep in touch and take care!

With love from

Les tableaux ci-dessous présentent quelques exemples-types de formules épistolaires.

Lettres commerciales

Début de lettre	Fin de lettre
	Formule habituelle
à une entreprise Dear Sirs	Yours faithfully
à un homme Dear Sir	
à une femme Dear Madam	
à une personne que l'on ne connaît pas Dear Sir or Madam	

À un(e) ami(e) proche, à un(e) parent(e)

Début de lettre	Fin de lettre
	Formule habituelle
Dear Victoria My dear Albert Dear Aunt Eleanor Dear Granny and Grandad Dear Mum and Dad My dear Elizabeth Dearest Norman My dearest Mother My dearest Dorinda My darling Augustus	With love from Love from
	Plus familier
	Love to all Love from us all Yours All the best
	Plus affectueusement
	With much love from Lots of love from Much love, as always All my love

- **Hoping to hear from you before too long**
    = j'espère avoir bientôt de tes **nouvelles**
- Rhona **sends her love**/Raimond **sends his love**
    = t'**embrasse**
- **Give my love to** Daniel and Leah, and tell them how much I miss them
    = **embrasse** de ma part
- Jodie and Carla **send you a big hug**
    = t'**embrassent** très fort

21.3 L'organisation des voyages

- **Please send me details of** your prices
    = veuillez m'**adresser** le détail de
- **Please advise** availability of dates between 1 August and 30 September
    = veuillez me faire savoir
- **Please let me know by return of post if** you have one single room with bath, half board, for the week commencing 3 October
    = veuillez me faire savoir par retour du courrier si
- **I would like to book** bed-and-breakfast accommodation with you
    = je souhaite **réserver**
- **Please consider this a firm booking** and hold the room until I arrive
    = je **confirme** ma réservation
- **Please confirm the following by fax**: one single room with shower for the nights of 20-23 October 1995
    = veuillez **confirmer** par fax la **réservation** suivante :
- **I am afraid I must ask you to alter my booking from** 25 August **to** 3 September. I hope this will not cause too much inconvenience
    = je me vois obligé de vous demander de **reporter** ma **réservation** du ... au
- **I am afraid I must cancel the booking** made with you for 5 September
    = je me vois **contraint** d'**annuler**

22 LES REMERCIEMENTS

- **Please accept our sincere thanks for** all your help and support
    = recevez nos plus **sincères remerciements**
- **I am writing to thank you** ou **to say thank you for** allowing me to quote your experience in my article on multiple births following fertility treatment
    = je vous écris pour vous **remercier** de
- **We greatly appreciated** your support during our period of captivity
    = nous avons été très **sensibles** à
- Your advice and understanding **were much appreciated**
    = je vous suis très **reconnaissant** de

De façon plus familière

- Just a line to say **thanks for** the lovely book which arrived today
    = **merci** pour
- **It was really nice of you to** remember my birthday
    = c'était très **gentil** de ta part de
- **(Would you) please thank him from me**
    = **remerciez**-le pour moi
- **I can't thank you enough for** finding my watch
    = je ne sais pas comment vous **remercier** d'avoir

De la part d'un groupe

- **Thank you on behalf of** the Wigtown Business Association for ...
    = au nom de ..., **merci** pour
- **We send our heartfelt thanks to** him and Olive and we hope that we shall continue to see them at future meetings of the group
    = nous adressons nos plus vifs **remerciements** à
- **I am instructed by** our committee **to tender our sincere thanks for** your assistance at our recent Valentine Social *(soutenu)*
    = je suis chargé de vous adresser nos plus **sincères remerciements** pour

À l'attention d'un groupe

- **A big thank you to** everyone involved in the show this year *(familier)*
    = un grand **merci** à
- **Please convey to everybody my warmest thanks and deepest appreciation**, and ask them to forgive me for not writing letters to each individual
    = **transmettez** à tous mes **remerciements** les plus vifs et l'expression de ma **reconnaissance**
- **We must express our appreciation to** the University of Durham Research Committee for providing a grant
    = nous sommes extrêmement **reconnaissants** à
- **I should like to extend my grateful thanks to** all the volunteers who helped make it such an enjoyable event
    = je souhaite adresser mes **remerciements** à

23 LES VŒUX

- NB : Dans la section suivante, [...] pourrait être "a Merry Christmas and a Happy New Year", "a happy birthday", "a speedy recovery", etc.

23.1 Expressions passe-partout

- **I hope you have** a lovely holiday/a safe and pleasant journey/a successful trip
    = je vous **souhaite**
- **With love and best wishes for** [...]
    = meilleurs **vœux** de
- **With all good wishes for** [...], **from** (+ *signature*)
    = (avec) tous mes **vœux** de
- **(Do) give my best wishes to** your mother **for** a happy and healthy retirement
    = **transmettez** mes meilleurs **vœux** de ... à
- Len **joins me in sending you all our very best wishes for** a successful new career
    = ... se joint à moi pour vous adresser nos meilleurs **vœux** de

23.2 À l'occasion de Noël et du Nouvel An

- NB : en G.-B. et aux U.S.A. il est traditionnel d'envoyer des cartes de vœux pour Noël et le Nouvel An avant le 25 décembre
- **Merry Christmas and a Happy New Year**
    = **Joyeux Noël** et **Bonne Année**
- **With season's greetings and very best wishes from** (+ *signature*)
    = **bonnes fêtes** de fin d'**année** et meilleurs **vœux**
- **A Merry Christmas to you all, and best wishes for health, happiness and prosperity in the New Year**
    = **Joyeux Noël** à tous et meilleurs **vœux** de santé et de prospérité pour la Nouvelle **Année**

24 - les faire-part

- **May I send you all our very best wishes for 2001**
  = nous vous présentons nos meilleurs **vœux** pour 2001

23.3 À l'occasion d'un anniversaire

- **All our love and best wishes on your** 21st **birthday**, from Mum, Dad, Kerry and the cats
  = nous te **souhaitons** un très heureux **anniversaire** avec toute notre affection

- **This is to send you our fondest love and very best wishes on your eighteenth birthday, from** Aunt Alison and Uncle Paul
  = nous t'**adressons** tous nos **vœux** de bonheur pour tes 18 ans. Bien affectueusement

- **Wishing you a happy birthday for next Wednesday**. See you at the party, love Hannah
  = je te **souhaite** un très bon **anniversaire** pour mercredi

- I am writing to wish you **many happy returns (of the day)**. Hope your birthday brings you everything you wished for. Love from Grandma and Grandpa
  = un très **joyeux anniversaire**

23.4 Pour envoyer des vœux de rétablissement

- Sorry (to hear) you're ill — **get well soon!** *(familier)*
  = j'espère que tu seras bientôt **rétabli**

- I was very sorry to learn that you were ill, and **send you my best wishes for a speedy recovery** *(soutenu)*
  = je vous adresse tous mes **vœux** de prompt **rétablissement**

23.5 Pour souhaiter bonne chance à quelqu'un

- NB : Dans la section suivante, […] pourrait être "interview", "driving test", "exam", etc.

- I thought I'd drop you a line to send you **best wishes for your** […]
  = bonne **chance** pour ton

- **Good luck for your** […]. I hope things go well for you on Friday
  = bonne **chance** pour ton

- Sorry to hear you didn't get the job — **better luck next time!**
  = je suis sûr que tu **réussiras** la prochaine fois

- Sorry you're leaving us. **Good luck in** your future career
  = bonne **chance** pour

- We all wish you **the best of luck in** your new job
  = bonne **chance** pour

23.6 Pour féliciter quelqu'un

Oralement

- You're doing a great job! **Good for you!** Keep it up!
  = **bravo** !

- You're pregnant? **Congratulations!** When's the baby due?
  = **félicitation**s !

- You've finished the job already? **Well done!**
  = **bravo** !

- All I can say is **well done for** complain**ing and congratulations on** gett**ing the back-dated money**
  = c'est bien d'avoir … je vous **félicite** d'avoir

Par écrit

- **We all send you our love and congratulations on** such an excellent result
  = nous vous adressons toutes nos **félicitations** pour

- **This is to send you our warmest congratulations and best wishes on** […]
  = toutes nos **félicitations** pour

- **Allow me to offer you my heartiest congratulations on** a well-deserved promotion
  = permettez-moi de vous **féliciter** de tout cœur pour

---

24 LES FAIRE-PART

24.1 Comment annoncer une naissance

De façon familière

- Julia Archer **gave birth to** a healthy 6lb 5oz baby son, Andrew, last Monday
  = a le **plaisir** de vous **annoncer** la **naissance** de

- Lisa had a baby boy, 7lb 5oz, last Saturday. **Mother and baby are both doing well**
  = La mère et l'enfant se portent bien

Officiellement

- Graham and Susan Anderson (née McDonald) **are delighted to announce the birth of** a daughter, Laura Anne, on 11th October, 2001, at the Royal Maternity Hospital, Glasgow *(dans une lettre ou un journal)*
  = ont la **joie** de vous faire part de la **naissance** de

- At the Southern General Hospital, on 1st December, 2001, **to Paul and Diane Kelly a son, John** *(dans un journal)*
  = Paul et Diane Kelly ont la **joie** d'**annoncer** la **naissance** de John

… et comment répondre

- **Congratulations (to you both) on the birth of** your son, and best wishes to Alexander for good health and happiness throughout his life
  = toutes nos **félicitations** à l'occasion de la **naissance** de

- **We were delighted to hear about the birth of** Stephanie, and send our very best wishes to all of you
  = nous avons été très **heureux** d'apprendre la **naissance** de

24.2 Comment annoncer des fiançailles

De façon familière

- **I'm sure you'll be delighted to learn that** Sally and I **got engaged** last Saturday
  = je suis sûr que tu seras **heureux** d'apprendre que … nous nous sommes **fiancés**

- **I'm happy to be able to tell you that** James and Valerie **have** at last **become engaged**
  = je suis **heureux** de t'apprendre que … se sont **fiancés**

Officiellement

- **It is with much pleasure that the engagement is announced between** Michael, younger son of Professor and Mrs Perkins, York, **and** Jennifer, only daughter of Dr and Mrs Campbell, Aberdeen *(dans un journal)*
  = nous avons le **plaisir** de vous annoncer les **fiançailles** de … et de …

- **Both families are happy to announce the engagement of** Lorna Thompson, eldest daughter of Mark and Elaine Thompson **to** Brian Gordon, only son of James and Mary Gordon *(dans un journal)*
  = les familles … et … sont **heureuses** de vous annoncer les **fiançailles** de … et …

- Mr and Mrs Levison **have much pleasure in announcing the engagement of** their daughter Marie **to** Mr David Hood, Canada *(dans un journal)*
  = ont le **plaisir** de vous annoncer les **fiançailles** de ... et ...

[... et comment répondre]

- **Congratulations to you both on your engagement**, and very best wishes for a long and happy life together
  = **félicitations** à tous deux pour vos **fiançailles**

- **I was delighted to hear of your engagement**, and wish you both all the best for your future together
  = j'ai été très **heureux** d'apprendre vos **fiançailles**

24.3 Comment annoncer un mariage

[De façon familière]

- Louise and Peter **have decided to get married** on the 4th June
  = ont décidé de se **marier**

- **I'm getting married** in June, to a wonderful man named Lester Thompson
  = je me **marie**

- **We've finally set the date for** the 19th May, 2001
  = nous avons finalement fixé la date au

[Officiellement]

- Mr and Mrs William Morris **are delighted to announce the marriage of** their daughter Sarah to Mr Jack Bond, in St. Francis Church, Whitley Bay, on 5th January 2001 *(dans une lettre ou un journal)*
  = sont heureux de vous annoncer le **mariage** de

- At Netherlee Parish Church, on 1st October, 2001, by Rev. I Doherty, Alison, daughter of Ian and Mary Johnstone, Netherlee, to Derek, son of Ray and Lorraine Gilmore, Bishopbriggs *(dans un journal)*
  = on nous prie d'annoncer le **mariage** de Mademoiselle Alison Johnstone, fille de Monsieur et Madame Ian Johnstone, avec Monsieur Derek Gilmore, fils de Monsieur et Madame Ray Gilmore, en l'église de Netherlee, le 1er octobre 2001. La cérémonie a été **célébrée** par le Révérend I. Doherty

[... et comment répondre]

- **Congratulations on your marriage**, and best wishes to you both for your future happiness
  = (toutes mes) **félicitations** à l'occasion de votre **mariage**

- **We were delighted to hear about your daughter's marriage to** Iain, and wish them both all the best for their future life together
  = nous avons été très heureux d'apprendre le **mariage** de votre fille et de ...

24.4 Comment annoncer un décès

[Dans une lettre personnelle]

- My husband **died suddenly** last year
  = ... est **mort** subitement

- **It is with great sadness that I have to tell you that** Joe's father **passed away** three weeks ago
  = c'est avec la plus grande **tristesse** que je dois t'annoncer que ... est **décédé**

[Officiellement (dans un journal)]

- **Suddenly**, at home, in Newcastle-upon-Tyne, on Saturday 2nd July, 2001, Alan, aged 77 years, **the beloved husband of** Helen and **loving father of** Matthew
  = ... son épouse et ... son fils ont la **douleur** de vous faire part du **décès** brutal

- Mavis Ann, wife of the late Gavin Birch, **passed away peacefully** in the Western Infirmary on 4th October 2002, aged 64 years. **No flowers, please**
  = ... s'est **éteinte** paisiblement ... Ni fleurs ni couronnes

- **It is with deep sadness that** the Fife Club **announces the death of** Mr Tom Levi, who died in hospital on May 19 after a stroke
  = c'est avec la plus profonde **tristesse** que ... vous annonce le **décès** de

[... et comment répondre]

- I was terribly upset to hear of Jim's death, and am writing to send you **all warmest love and deepest sympathy**
  = toute mon amitié et ma plus profonde **sympathie**

- **Deepest sympathy on the loss of** a good friend to you and all of us
  = toutes mes **condoléances** à l'occasion de la **perte** de

- My husband and I **were greatly saddened to learn of the passing of** Dr Smith, and send you and your family our most sincere condolences
  = c'est avec la plus grande **tristesse** que ... avons appris le **décès** de

- **We wish to extend our deepest sympathy on your sad loss to you and your wife**
  = nous vous adressons à votre épouse et à vous-même nos plus sincères **condoléances**

24.5 Pour annoncer un changement d'adresse

- We are moving house next week. **Our new address** as of 4 December 2001 **will be** 41 Acacia Avenue, BN7 2BT Barnton
  = notre nouvelle **adresse** ... sera

25 LES INVITATIONS

25.1 Les invitations officielles

- Mr and Mrs James Waller **request the pleasure of your company at the marriage of** their daughter Mary Elizabeth to Mr Richard Hanbury at St Mary's Church, Frampton on Saturday, 21st August, 2001 at 2 o'clock and afterwards at Moor House, Frampton
  = ont le plaisir de vous **inviter** à l'occasion du mariage de

- The Warden and Fellows of Hertford College, Oxford **request the pleasure of the company of** Miss Charlotte Young and partner **at a dinner** to mark the anniversary of the founding of the College
  = ont le plaisir de **convier** ... à un dîner

- Margaret and Gary Small **request the pleasure of your company at a reception** (*ou* **dinner**) to celebrate their Silver Wedding, on Saturday 12th November, 2001, at 8pm at Norton House Hotel, Edinburgh
  = ont le plaisir de vous **inviter** à une **réception** (*ou* un dîner)

[... et comment répondre]

- **We thank you for your kind invitation to** the marriage of your daughter Annabel on 20th November, **and have much pleasure in accepting**
  = nous vous remercions de votre aimable **invitation** au ... et nous faisons une joie d'**accepter**

- **We regret that we are unable to accept your invitation to** the marriage of your daughter on 6th May
  = nous regrettons de ne pouvoir **accepter** votre **invitation** au

25.2 Les invitations plus intimes

- **We are celebrating** Rosemary's engagement to David by holding a dinner dance at the Central Hotel on Friday 11th February, 2001, **and very much hope that you will be able to join us**
  = nous **fêtons** ... et espérons de tout cœur que vous pourrez vous **joindre** à nous

- **We** are giving a dinner party next Saturday, and **would be delighted if you and your wife could come**
  = nous serions heureux si votre femme et vous pouviez être des nôtres

- **I'm planning a** 25th **birthday party** for my nephew — **hope you'll be able to make it**
  = j'**organise** une **soirée** d'anniversaire ... j'espère que vous pourrez venir

- **I'm having a party** next week for my 18th — **come along, and bring a friend**
  = j'**organise** une **soirée** ... **joins**-toi à nous et amène un de tes amis

25.3 Invitations à se joindre à quelqu'un

- **Why don't you come down** for a weekend and let us show you Sussex?
  = pourquoi ne viendriez-vous pas

- **Would you be interested in** coming with us to the theatre next Friday?
  = est-ce que cela vous dirait de

- **Would you and Gordon like to come** to dinner next Saturday?
  = voulez-vous venir ... Gordon et toi ?

- **Would you be free for** lunch next Tuesday?
  = seriez-vous **libre** pour

- **Perhaps we could** meet for coffee some time next week?
  = peut-être pourrions-nous

25.4 Pour accepter une invitation

- **I'd love to** meet up with you tomorrow
  = je serais **heureux** de

- **It was good of you to invite me**, I've been longing to do something like this for ages
  = c'était très **gentil** à vous de m'**inviter**

- **Thank you for your invitation to** dinner — **I look forward to it very much**
  = merci pour votre **invitation** ... je me fais une joie de venir

25.5 Pour refuser une invitation

- **I'd love to come, but I'm afraid** I'm already going out that night
  = j'aimerais beaucoup venir mais **malheureusement**

- **I'm terribly sorry, but I won't be able to come to** your party
  = je suis **désolé** mais je ne pourrai pas venir à

- **I wish I could come, but unfortunately** I have something else on
  = j'aimerais pouvoir venir, mais **malheureusement**

- **Unfortunately, it's out of the question** for the moment
  = **malheureusement**, c'est impossible

- It was very kind of you to invite me to your dinner party next Saturday. **Unfortunately I will not be able to accept**
  = je ne peux **malheureusement** pas **accepter**

- **Much to our regret, we are unable to accept** (soutenu)
  = nous sommes au **regret** de devoir **refuser**

25.6 Sans donner de réponse précise

- **I'm not sure** what I'm doing that night, but I'll let you know either way before the end of the week
  = je ne suis pas **sûr**

- **It all depends on whether** I can get a sitter for Rosie at short notice
  = cela **dépend** : oui, si

- **I'm afraid I can't really make any definite plans** until I know when Alex will be able to take her holidays
  = je ne peux **malheureusement** pas m'**engager**

- It looks as if we might be going abroad with Jack's company in August so **I'd rather not commit myself** to a holiday yet
  = je préférerais ne pas m'**engager**

26 LA DISSERTATION

26.1 Les grandes lignes de l'argument

Pour introduire un sujet

De façon impersonnelle

- **It is often said** ou **asserted** ou **claimed that** the informing "grass" is named after the song Whispering Grass, but the tag long predates the ditty
  = on **dit** bien souvent que

- **It is a truth universally acknowledged that** the use and abuse of the Queen's English is stirring up a hornet's nest
  = tout le monde s'**accorde** à **dire** que

- **It is a truism** ou **a commonplace (to say) that** American accents are infinitely more glamorous than their British counterparts
  = l'**opinion** selon laquelle ... est un lieu commun

- **It is undeniably true** that Gormley helped to turn his members into far more sophisticated workers
  = il est **indéniable** que

- **It is a well-known fact that** in this age of technology, it is computer screens which are responsible for many illnesses
  = tout le monde **sait** que

- **It is sometimes forgotten that** much Christian doctrine comes from Judaism
  = on **oublie** parfois que

- **It would be naïve to suppose that** in a radically changing world these 50-year-old arrangements can survive
  = il serait **naïf** de croire que

- **It would hardly be an exaggeration to say that** the friendship of both of them with Britten was among the most creative in the composer's life
  = on peut **dire** presque sans **exagérer** que

- **It is hard to open a newspaper nowadays without reading that** TV is going to destroy reading and that electronic technology has made the written word obsolete
  = de nos jours, il est presque **impossible** d'ouvrir un journal sans lire que

- **First of all, it is important to try to understand** some of the systems and processes involved in order to create a healthier body
  = tout d'abord, il est **important** de **comprendre**

- **It is in the nature of** classics in sociological theory **to** make broad generalizations about such things as societal evolution
  = c'est un **trait caractéristique** des ... que de

- **It is often the case that** early interests lead on to a career
  = il est souvent **vrai** que

De façon personnelle

- **By way of introduction, let me** summarize the background to this question
  = en **guise** d'**introduction**, j'aimerais

- **I would like to start with** a very sweeping statement
  = je **commencerai** par

26 - la dissertation

- **Before going into the issue of** criminal law, **I wish first to summarize** how Gewirth derives his principles of morality and justice
  = **avant** d'**étudier** en détail le **problème** de ... je voudrais **résumer**
- **Let us look at** what self-respect in your job actually means
  = **examinons**
- **We commonly think of** people **as** isolated individuals but, in fact, few of us ever spend more than an hour or two of our waking hours alone
  = nous **considérons généralement** ... **en tant que**
- **What we are mainly concerned with here is** the conflict between what the hero says and what he actually does
  = ce qui nous **préoccupe** ici, c'est
- **We live in a world in which** the word "equality" is bandied about
  = nous vivons dans un monde où

Pour évoquer des concepts ou des problèmes

- **The concept of** controll**ing** disease-transmitting insects by genetic means isn't new
  = l'**idée** de
- **The idea of** gett**ing** rich without too much effort has universal appeal
  = l'**idée** de
- **The question of whether** Hamlet was insane has long occupied critics
  = la **question** de **savoir** si
- Why they were successful where their predecessors had failed **is a question that has been much debated**
  = est un **problème** souvent débattu
- **One of the most striking features** ou **aspects of this issue** ou **topic** ou **question is** the way (in which) it arouses strong emotions
  = l'un des **aspects** les plus frappants de ce **problème**, c'est
- **There are a number of issues** on which China and Britain openly disagree
  = il existe un certain nombre de **questions**

Pour faire des généralisations

- **People** who work outside the home **tend to believe that** parenting is an easy option
  = les gens ont **tendance** à penser que
- **There's always a tendency for people to** exaggerate your place in the world
  = les gens ont **tendance** à
- Many gardeners **have a tendency to** anthropomorphize plants
  = ont **tendance** à
- Fate **has a propensity to** behave in the same way to people of similar nature
  = a une **propension** à
- **For the (vast) majority of people**, literature is a subject which is studied at school but which has no relevance to life as they know it
  = pour la **plupart** des gens
- **For most of us**, the thought of the alternative to surviving into extreme old age is worse than surviving
  = pour la **plupart** d'entre nous
- History provides **numerous examples** ou **instances of** misguided national heroes who did more harm than good in the long run
  = de nombreux **exemples** de

Pour être plus précis

- The Meters' work with Lee Dorsey **in particular** merits closer inspection
  = en **particulier**
- **One particular issue** raised by Narayan was, suppose Grant at the time of his conviction was old enough to be hanged, what would have happened?
  = un **problème particulier**
- **A more specific point** relates to using the instrument in figure 6.6 as a way of challenging our hidden assumptions about reality
  = un **aspect** plus **spécifique**
- **More specifically**, he accuses Western governments of continuing to supply weapons and training to the rebels
  = plus **précisément**

26.2 Pour présenter une thèse

Remarques d'ouverture

- **First of all, let us consider** the advantages of urban life
  = tout d'**abord examinons**
- **Let us begin with an examination of** the social aspects of this question
  = **commençons** par **examiner**
- **The first thing that needs to be said is that** the author is presenting a one-sided view
  = tout d'**abord**, il faut dire que
- **What should be established at the very outset is that** we are dealing with a practical rather than philosophical issue
  = la **première constatation** qui s'impose est que

Pour délimiter le débat

- In the next section, **I will pursue the question of** whether the expansion of the Dutch prison system can be explained by Box's theory
  = je **développerai** le **problème** de
- **I will then deal with the question of** whether or not the requirements for practical discourse are compatible with criminal procedure
  = je **traiterai ensuite** du **problème** de
- We must distinguish between the psychic and the spiritual, and **we shall see how** the subtle level of consciousness is the basis for the spiritual level
  = nous **verrons** comment
- **I will confine myself to** giving an account of certain decisive facts in my militant career with Sartre
  = je me **contenterai** de
- In this chapter, **I shall largely confine myself to** a consideration of those therapeutic methods that use visualization as a part of their procedures
  = j'**étudierai** essentiellement
- **We will not concern ourselves here with** the Christian legend of St James
  = nous ne nous **préoccuperons** pas ici de
- **Let us now consider** to what extent the present municipal tribunals differ from the former popular tribunals in the above-mentioned points
  = **examinons maintenant**
- **Let us now look at** the types of corporatism that theorists developed to clarify the concept
  = **abordons maintenant**

Pour exposer les problèmes

- **The main issue under discussion is** how the party should re-define itself if it is to play any future role in Hungarian politics
  = le **problème principal** est
- **A second, related problem is that** business ethics has mostly concerned itself with grand theorising
  = **problème annexe** :
- **The issue at stake here is** one of misrepresentation or cheating
  = ce dont il s'**agit** ici est
- **An important aspect of** Milton's imagery **is** the play of light and shade
  = un des **aspects** importants de ... est
- **It is worth mentioning here that** when this was first translated, the opening reference to Heidegger was entirely deleted
  = il faut **mentionner** ici que

26 - la dissertation

- **Finally, there is the argument that** castrating a dog will give it a nasty streak
  = **enfin**, on peut dire que

Pour mettre un argument en doute

- In their joint statement, the two presidents use tough language to condemn violence but **is there any real substance in what's been agreed?**
  = leur accord a-t-il un **contenu réel**?

- This is a question which **merits close(r) examination**
  = mérite un **examen** plus attentif

- The unity of the two separate German states **raises fundamental questions for** Germany's neighbours
  = **soulève** des **problèmes fondamentaux** pour

- The failure to protect our fellow Europeans **raises fundamental questions on** the role of the armed forces
  = **soulève** des **questions essentielles** quant à

- **This raises once again the question of** whether a government's right to secrecy should override the public's right to know
  = cela **soulève** à nouveau la **question** de savoir

- **This poses the question of** whether it is possible for equity capital to be cheap and portfolio capital to be expensive simultaneously
  = cela pose la **question** de savoir

Pour analyser les problèmes

- **It is interesting to consider why** this scheme has opened so successfully
  = il est intéressant d'**examiner** pourquoi

- **On the question of** whether civil disobedience is likely to help end the war, Chomsky is deliberately diffident
  = sur la **question** de

- **We are often faced with the choice between** our sense of duty **and** our own personal inclinations
  = nous sommes souvent contraints de faire un choix entre ... et

- **When we speak of** realism in music, **we do not at all have in mind** the illustrative bases of music
  = quand nous **parlons** de ..., nous ne **pensons** pas à

- **It is reasonable to assume that** most people living in industrialized societies are to some extent contaminated by environmental poisons
  = on peut raisonnablement **penser** que

Pour étayer un argument

- **An argument in support of** this approach **is that** it produces results
  = le fait que ... est un **argument** en **faveur** de

- **In support of his theory**, Dr Gold notes that most oil contains higher-than-atmospheric concentrations of helium-3
  = pour **appuyer** sa **théorie**

- **This is the most telling argument in favour of** an extension of the right to vote
  = c'est l'**argument** le plus éloquent en **faveur** de

- **The second reason for advocating** this course of action **is that** it benefits the community at large
  = une autre **raison** de **soutenir** ... est que

- **The third, more fundamental, reason for** looking to the future **is that** we need a successful market
  = la troisième **raison**, plus **essentielle**, de ... est que

- Confidence in capitalism seems to be at a post-war low. **The fundamental reason for** this contradiction seems to me quite simple
  = la **raison essentielle** de

26.3 Pour présenter une antithèse

Pour critiquer quelque chose ou pour s'y opposer

- **In actual fact, the idea of** there being a rupture between a so-called old criminology and an emergent new criminology **is somewhat misleading**
  = en **réalité**, l'**idée selon** laquelle ... est quelque peu trompeuse

- In order to argue this, I will show that Wyeth's **position is untenable**
  = le **point** de vue de ... est **indéfendable**

- **It is claimed, however,** that the strict Leboyer method is not essential for a less traumatic birth experience
  = on **affirme cependant**

- **This need not mean that** we are destined to suffer for ever. **Indeed, the opposite may be true**
  = cela ne veut pas dire que ... il se peut même que le **contraire** soit **vrai**

- Many observers, though, **find it difficult to share his opinion that** it could mean the end of the Tamil Tigers
  = ne partagent guère son **opinion selon** laquelle

- **On the other hand**, there is a competing principle in psychotherapy that should be taken into consideration
  = d'un autre **côté**

- The judgement made **may well be true but** the evidence given to sustain it is unlikely to convince the sceptical
  = est peut-être **juste**, **mais**

- Reform **is all very well, but** it is pointless if the rules are not enforced
  = c'est bien joli, **mais**

- The case against the use of drugs in sport rests primarily on the argument that ... **This argument is weak, for two reasons**
  = cet **argument** manque de solidité, pour deux **raisons**

- According to one theory, the ancestors of vampire bats were fruit-eating bats. But **this idea** ou **argument does not hold water**
  = cette **idée** ou cet **argument** ne **tient** pas

- The idea **does not stand up to** historical scrutiny
  = ne **résiste** pas à

- **This view does not stand up** if we examine the known facts about John
  = ce **point** de vue ne **tient** pas

- **The trouble with the idea that** social relations are the outcome of past actions **is not that** it is wrong, **but rather that** it is uninformative
  = le **problème** que pose l'**idée selon** laquelle ... n'est pas que ... mais plutôt que

- **The difficulty with this view is that** he bases the principle on a false premise
  = là où son **point** de vue **pèche**, c'est que

- **The snag with** such speculations **is that** too much turns on one man or event
  = l'**inconvénient** que présente ... est que

- Removing healthy ovaries **is entirely unjustified in my opinion**
  = est totalement **injustifié selon** moi

Pour proposer une alternative

- **Another approach may be to** develop substances capable of blocking the effects of the insect's immune system
  = une manière **différente** d'**aborder** le **problème** serait de

- **Another way of looking at that claim is to** note that Olson's explanations require little knowledge of the society in question
  = on peut **envisager** le **problème** sous un autre **angle** en

- **However, the other side of the coin is** the fact that an improved self-image can lead to prosperity
  = cependant, il y a le **revers** de la **médaille**, à savoir que

- **It is more accurate to speak of** new criminologies rather than of a single new criminology
    = il est plus **juste** de parler de
- **Paradoxical though it may seem**, computer models of mind can be positively humanising
    = aussi **paradoxal** que cela puisse paraître

26.4 Pour présenter une synthèse

Pour évaluer les arguments exposés

- **How can we reconcile** these two apparently contradictory viewpoints?
    = comment **réconcilier**
- **On balance**, making money honestly is more profitable than making it dishonestly
    = à tout prendre
- Since vitamins are expensive, **one has to weigh up the pros and cons**
    = il faut **peser** le **pour** et le **contre**
- **The benefits of** partnership in a giant trading market will almost certainly **outweigh the disadvantages**
    = les **avantages** de ... l'emportent sur les **inconvénients**
- **The two perspectives are not mutually exclusive**
    = ces deux **points** de vue ne sont pas totalement incompatibles

Pour sélectionner un argument particulier

- Dr Meaden's theory **is the most convincing explanation**
    = est l'**explication** la plus **convaincante**
- **The truth** ou **fact of the matter is that** in a free society you can't turn every home into a fortress
    = la **vérité** est que
- But **the truth is that** Father Christmas has a rather mixed origin
    = la **vérité** est que
- This is an exercise that on paper might not seem to be quite in harmony, but **in actual fact** this is not the position
    = en **réalité**
- **When all is said and done, it must be acknowledged that** a purely theoretical approach to social issues is sterile
    = en **fin** de compte, il faut reconnaître que

Pour résumer les arguments

- In this chapter, **I have demonstrated** ou **shown that** the Cuban alternative has been undergoing considerable transformations
    = j'ai **montré** que
- **This shows how**, in the final analysis, adhering to a particular theory on crime is at best a matter of reasoned choice
    = cela **démontre** comment
- **The overall picture shows that** prison sentences were relatively frequent
    = cette vue d'ensemble **montre** que
- **To recap** ou **To sum up, then, (we may conclude that)** there are in effect two possible solutions to this problem
    = en **résumé**, on peut **conclure** que
- **To sum up this chapter** I will offer two examples
    = pour **résumer** ce chapitre
- **To summarize**, we have seen that the old industries in Britain had been hit after the First World War by a deteriorating international position
    = en **résumé**
- Habermas's argument, **in a nutshell**, is as follows
    = en **bref**
- But **the key to the whole argument is** a single extraordinary paragraph
    = la **clé** du problème ... se trouve dans
- **To round off this section** on slugs, gardeners may be interested to hear that there are three species of predatory slugs in the British Isles
    = pour **clore** cette section

Pour tirer des conclusions

- **From all this, it follows that** it is impossible to extend those kinds of security measures to all potential targets of terrorism
    = il **découle** de tout cela que
- This, of course, **leads to the logical conclusion that** those who actually produce do have a claim to the results of their efforts
    = nous amène **logiquement** à **conclure** que
- **There is only one logical conclusion we can reach**, which is that we ask our customers what they think of our marketing programme
    = on ne peut **aboutir** qu'à une seule **conclusion logique**
- **The inescapable conclusion is that** the criminal justice system has a hand in creating the reality we see
    = la **conclusion inéluctable** à laquelle on **aboutit** est que
- **We must conclude that** there is no solution to the problem of defining crime
    = nous devons **conclure** que
- **In conclusion**, the punishment model of deterrence is highly unsatisfactory
    = **pour conclure**
- **The upshot of all this is that** GIFT is more likely to be readily available than IVF
    = le **résultat** de tout cela est que
- **So it would appear that** ESP is not necessarily limited to the right hemisphere of the brain
    = il **semblerait** donc que
- **This only goes to show that** a good man is hard to find, be he black or white
    = cela **prouve** bien que
- **The lesson to be learned is that** the past, especially a past lived in impotence, can be enslaving
    = la leçon que l'on peut en **tirer** est que
- **At the end of the day**, the only way the drug problem will be beaten is when people are encouraged not to take it
    = en **fin** de compte
- **Ultimately, then**, these critics are significant
    = en **définitive**

26.5 Pour rédiger un paragraphe

Pour ajouter quelque chose

- **In addition**, the author does not really empathize with his hero
    = de **plus**
- This award-winning writer, **in addition to being** a critic, biographer and poet, has written 26 crime novels
    = **outre** qu'il est
- But this is only part of the picture. **Added to this** are fears that a major price increase would cause riots
    = **s'ajoute** à cela ...
- **An added** complication **is** that the characters are not aware of their relationship to one another
    = un **autre** ... est
- **Also**, there is the question of language.
    = par **ailleurs**
- **The question also arises as to** how this idea can be put into practice
    = se pose **aussi** la question de savoir
- Politicians, **as well as** academics and educationalists, tend to feel strongly about the way in which history is taught
    = **ainsi** que
- But, **over and above that**, each list contains fictitious names or addresses
    = en **plus** de cela
- **Furthermore**, ozone is, like carbon dioxide, a greenhouse gas
    = en **outre**

26 - la dissertation

Pour comparer

- **Compared with** the heroine, Alison is an insipid character
  = **comparé** à
- **In comparison with** the Czech Republic, the culture of Bulgaria is less westernized
  = en **comparaison** de
- This is a high percentage for the English Midlands but low **by comparison with** some other parts of Britain
  = par **comparaison** avec
- **On the one hand**, there is no longer a Warsaw Pact threat. **On the other (hand)**, the positive changes could have negative side-effects
  = d'un **côté** ... de l'autre
- **Similarly**, a good historian is not obsessed by dates
  = de **même**
- There can only be one total at the bottom of a column of figures and **likewise** only one solution to any problem
  = **pareillement**
- What others say of us will translate into reality. **Equally**, what we affirm as true of ourselves will likewise come true
  = de **même**
- There will now be a change in the way we are regarded by our partners, and, **by the same token**, the way we regard them
  = du **même** coup
- **There is a fundamental difference between** adequate nutrient intake **and** optimum nutrient intake
  = il existe une **différence** fondamentale entre ... et

Pour relier deux éléments

- **First of all** ou **Firstly**, I would like to outline the benefits of the system
  = tout d'**abord**
- In music we are concerned **first and foremost** with the practical application of controlled sounds relating to the human psyche
  = en tout **premier** lieu
- **In order to understand** the conflict between the two nations, **it is first of all necessary to** know something of the history of the area
  = pour comprendre ... il faut tout d'**abord**
- **Secondly**, it might be simpler to develop chemical or even nuclear warheads for a large shell than for a missile
  = **deuxièmement**
- **In the first/second/third place**, the objectives of privatization were contradictory
  = **premièrement, deuxièmement, troisièmement**
- **Finally,** there is the argument that castrating a dog will give it a nasty streak
  = **enfin**

Pour exprimer une opinion personnelle

- **In my opinion**, the government is underestimating the scale of the epidemic
  = à mon **avis**
- **My personal opinion is that** the argument lacks depth
  = **personnellement**, je pense que
- This is a popular viewpoint, but **speaking personally**, I cannot understand it
  = **personnellement**
- **Personally**, I think that no one can appreciate ethnicity more than black or African people themselves
  = **personnellement**
- **For my part**, I cannot agree with the leadership on this question
  = pour ma **part**
- **My own view is that** what largely determines the use of non-national workers are economic factors rather than political ones
  = je **trouve** que
- **In my view**, it only perpetuates the very problem that it sets out to address
  = à mon **idée**

- Although the author argues the case for patriotism, **I feel that** he does not do it with any great personal conviction
  = je **crois** que
- **I believe that** people do understand that there can be no quick fix for Britain's economic problems
  = je **crois** que
- **It seems to me that** what we have is a political problem that needs to be solved at a political level
  = il me **semble** que
- **I would maintain that** we have made a significant effort to ensure that the results are made public
  = je **soutiens** que

Pour présenter l'opinion de quelqu'un d'autre

- **He claims** ou **maintains that** intelligence is conditioned by upbringing
  = il **soutient** que
- Bukharin **asserts that** all great revolutions are accompanied by destructive internal conflict
  = **affirme** que
- The communique **states that** some form of nuclear deterrent will continue to be needed for the foreseeable future
  = **affirme** que
- **What he is saying is that** the time of the highly structured political party is over
  = il **dit** que
- His admirers **would have us believe that** watching this film is more like attending a church service than having a night at the pictures
  = voudraient nous faire **croire** que
- **According to** the report, poverty creates a climate favourable to violence
  = **selon**

Pour donner un exemple

- **To take another example**: many thousands of people have been condemned to a life of sickness and pain because ...
  = pour prendre un autre **exemple**
- Let us consider, **for example** ou **for instance**, the problems faced by immigrants arriving in a strange country
  = par **exemple**
- His meteoric rise **is the most striking example yet of** voters' disillusionment with the record of the previous government
  = est l'**exemple** le plus frappant de
- The case of Henry Howey Robson **serves to illustrate** the courage exhibited by young men in the face of battle
  = **illustre** bien
- Just consider, **by way of illustration**, the difference in amounts accumulated if interest is paid gross, rather than having tax deducted
  = pour **illustrer**
- **A case in point is** the decision to lift the ban on contacts with the republic
  = ... est un bon **exemple**
- **Take the case of** the soldier returning from war
  = prenons le **cas** de
- **As** the Prime Minister **remarked,** the Channel Tunnel will greatly benefit us all
  = comme l'a fait **remarquer**

26.6 Les mécanismes de la discussion

Pour présenter une supposition

- They telephoned the president to put pressure on him. And **that could be interpreted as** trying to gain an unconstitutional political advantage
  = on pourrait **interpréter** cela comme
- Retail sales in Britain rose sharply last month. This was higher than expected and **could be taken to mean that** inflationary pressures remain strong
  = laisse **supposer** que

- **It might well be prudent to** find some shelter for the night rather than sleep in the van
    = il serait sans **doute** prudent de
- These substances do not remain effective for very long. This is **possibly** because they work against the insects' natural instinct to feed
    = **peut-être**
- She had become a definite security risk and **it is not beyond the bounds of possibility that** murder may have been considered
    = il n'est pas **impossible** que
- I am somewhat reassured by Mr Fraser's assertion, which **leads one to suppose that** on that subject he is in full agreement with Catholic teaching
    = nous amène à **supposer** que
- It is **probably** the case that all long heavy ships are vulnerable
    = **probablement**
- After hearing nothing from the taxman for so long, most people **might reasonably assume that** their tax affairs were in order
    = seraient en droit de **supposer** que
- **One could be forgiven for thinking that** because the substances are chemicals, they'd be easy to study
    = il serait excusable de penser que
- Thus, **I venture to suggest that** very often when visions are mentioned in the literature of occultism, self-created visualizations are meant
    = j'oserais même dire que

Pour exprimer la certitude   Voir aussi 15 : La certitude

- **It is clear that** any risk to the human foetus is very low
    = il est **clair** que
- Whatever may be said about individual works, the early poetry as a whole is **indisputably** a poetry of longing
    = **indiscutablement**
- Yet, **undeniably**, this act of making it a comprehensible story does remove it one degree further from reality
    = **indéniablement**
- **There can be no doubt that** the Earth underwent a dramatic cooling which destroyed the environment and life style of these creatures
    = il ne fait aucun **doute** que
- **It is undoubtedly true that** over the years there has been a much greater emphasis on safer sex
    = il est **indéniable** que
- **As we all know**, adultery is far from uncommon
    = comme nous le savons tous
- **One thing is certain**: no one can claim that ESP has never helped make money
    = une chose est **sûre**
- **It is (quite) certain that** unless peace can be brought to this troubled land, no amount of aid will solve the long-term problems of the people
    = il est **certain** que

Pour exprimer le doute   Voir aussi 16 : L'incertitude

- **It is doubtful whether**, in the present repressive climate, anyone would be brave or foolish enough to demonstrate publicly
    = il n'est pas **sûr** que
- **It remains to be seen whether** the security forces will try to intervene
    = (il) reste à savoir si
- Once in a while I think about all that textbook Nietzsche and **I wonder whether** anyone ever truly understood a word of it
    = je me **demande** si
- **I have (a few) reservations about** the book
    = j'émettrais quelques **réserves** sur
- Since it spans a spectrum of ideologies, **it is by no means certain that** it will stay together
    = il n'est pas du tout **certain** que

- **It is questionable whether** media coverage of terrorist organizations actually affects terrorism
    = il n'est pas **sûr** que
- **This raises the whole question of** exactly when men and women should retire
    = cela **soulève** la **question** de savoir
- The crisis **sets a question mark against** the Prime Minister's stated commitment to intervention
    = remet en **question**
- Both these claims are **true up to a point** and they need to be made
    = vrai dans une certaine **mesure**

Pour marquer l'accord   Voir aussi 11 : L'accord

- **I agree wholeheartedly with** the opinion that smacking should be outlawed
    = je suis entièrement d'**accord** avec
- **One must acknowledge that** China's history will make change more painful
    = il faut **reconnaître** que
- **It cannot be denied that** there are similarities between these two approaches
    = il est **indéniable** que
- Courtney - **rightly in my view** - is strongly critical of the snobbery and elitism that is all too evident in these circles
    = à **juste** titre, selon moi
- Preaching was considered an important activity, **and rightly so** in a country with a high illiteracy rate
    = (et) à **juste** titre

Pour marquer le désaccord   Voir aussi 12 : Le désaccord

- **I must disagree with** Gordon's article on criminality: it is dangerous to suggest that to be a criminal one must look like a criminal
    = je ne suis pas d'**accord** avec
- He was not a lovable failure but rather a difficult man who succeeded. **It is hard to agree**
    = on peut difficilement être d'**accord**
- As a former teacher **I find it hard to believe that** there is no link at all between screen violence and violence on the streets
    = il m'est difficile de croire que
- The strength of their feelings **is scarcely credible**
    = est peu **crédible**
- Her claim to have been the first to discover the phenomenon **defies credibility**
    = n'est pas **crédible**
- Nevertheless, **I remain unconvinced by** Milton
    = je ne suis toujours pas **convaincu** par
- Many do not believe that water contains anything remotely dangerous. Sadly, **this is far from the truth**
    = c'est loin d'être vrai
- To say that everyone requires the same amount of a vitamin is as stupid as saying we all have blonde hair and blue eyes. **It simply isn't true**
    = c'est complètement **faux**
- His remarks were not only highly offensive to black and other ethnic minorities but **totally inaccurate**
    = tout à fait **inexactes**
- Stomach ulcers are often associated with good living and a fast-moving lifestyle. **(But) in reality** there is no evidence to support this belief
    = (mais) en **réalité**
- This version of a political economy **does not stand up to close scrutiny**
    = ne **tient** pas lorsqu'on l'examine attentivement

Pour souligner un argument

- Nowadays, there is **clearly** less stigma attached to unmarried mothers
    = de toute **évidence**

- Evidence shows that ..., so once again **the facts speak for themselves**
  = les **faits** parlent d'eux-mêmes
- **Few will argue with the principle that** such a fund should be set up
  = on ne saurait remettre en **question** l'idée que
- Hyams **supports this claim** by looking at sentences produced by young children learning German
  = **appuie** cette affirmation
- This issue **underlines** the dangers of continuing to finance science in this way
  = **souligne**
- **The most important thing is to** reach agreement from all sides
  = le plus **important** est de
- Perhaps **the most important aspect of** cognition is the ability to manipulate symbols
  = l'aspect le plus **important** de

Pour mettre un détail en valeur

- **It would be impossible to exaggerate the importance of** these two volumes for anyone with a serious interest in the development of black gospel music
  = on ne saurait **exagérer** l'importance de
- The symbolic importance of Jerusalem for both Palestinians and Jews is almost **impossible to overemphasize**
  = on ne saurait **sous-estimer**
- **It is important to be clear that** Jesus does not identify himself with Yahweh
  = il faut bien savoir que
- **It is significant that** Mandalay seems to have become the central focus in this debate
  = le **fait** que ... est **révélateur**
- **It should not be forgotten that** many of those now in exile were close to the centre of power until only one year ago
  = il ne faut pas oublier que
- **It should be stressed that** the only way pet owners could possibly contract such a condition from their pets is by eating them
  = il faut **souligner** que
- **There is a very important point here and that is that** the accused claims that he was with Ms Martins all evening on the night of the crime
  = on trouve ici une remarque très **importante**, à savoir que
- At the beginning of his book Mr Gordon **makes a telling point**
  = fait une remarque **importante**
- Suspicion is **the chief feature of** Britain's attitude to European theatre
  = la **caractéristique** principale de
- **In order to focus attention on** Hobson's distinctive contributions to macroeconomics, these wider issues are neglected here
  = afin d'**attirer** l'**attention** sur
- These statements **are interesting in that** they illustrate different views
  = sont **intéressants** du **fait** que

27 — LE TÉLÉPHONE

27.1 Pour obtenir un numéro

- **Could you get me 01843 465786, please?** (o-one-eight-four-three-four-six-five-seven-eight-six)
  = Je voudrais le 01 843 46 57 86, s'il vous plaît, (zéro un huit cent quarante-trois quarante-six cinquante-sept quatre-vingt six)
- **Could you give me directory enquiries** (Brit) ou **directory assistance** (US)**, please?**
  = Pourriez-vous me **passer** les **renseignements**, s'il vous plaît ?
- **Can you give me the number of Europost, 20 rue de la Marelle, Pierrefitte?**
  = Je voudrais le **numéro** de la société Europost, 20, rue de la Marelle, à Pierrefitte
- **What is the code for Martinique?**
  = Quel est l'**indicatif** pour la Martinique ?
- **How do I make an outside call** ou **How do I get an outside line?**
  = Comment est-ce que je peux **téléphoner** à l'extérieur ?
- **What do I dial to get the speaking clock?**
  = Quel **numéro** dois-je faire pour l'horloge parlante ?
- **It's not in the book**
  = Je n'ai pas trouvé le numéro dans l'**annuaire**
- **You omit the "o" when dialling England from France**
  = Si vous **téléphonez** de France en Angleterre, ne faites pas le zéro

27.2 Quand l'abonné répond

- **Could I have** ou **Can you give me extension 516?**
  = Pourriez-vous me passer le **poste** 516, s'il vous plaît ?
- **Is that Mr Lambert's phone?**
  = Je suis bien chez M. Lambert ?
- **Could I speak to Mr Wolff, please?** ou **I'd like to speak to Mr. Wolff, please**
  = Je voudrais parler à M. Wolff, s'il vous plaît ou Pourrais-je parler à M. Wolff, s'il vous plaît ?
- **Could you put me through to Dr Henderson, please?**
  = Pourriez-vous me **passer** le docteur Henderson, s'il vous plaît ?
- **Who's speaking?**
  = Qui est à l'**appareil** ?
- **I'll call back in half an hour**
  = Je **rappellerai** dans une demi-heure
- **Could I leave my number for her to call me back?**
  = Pourrais-je laisser mon **numéro** pour qu'elle me rappelle ?
- **I'm ringing from a callbox** (Brit) ou **I'm calling from a paystation** (US)
  = Je vous **appelle** d'une **cabine** téléphonique ou Je **téléphone** d'une **cabine**
- **I'm phoning from England**
  = J'appelle ou Je téléphone d'Angleterre
- **Would you ask him to ring me when he gets back?**
  = Pourriez-vous lui demander de me rappeler quand il rentrera ?

27.3 Pour répondre au téléphone

- **Hello, this is Anne speaking**
  = Allô, c'est Anne à l'**appareil**
- (Is that Anne?) **Speaking**
  = (C'est Anne à l'appareil ?) Elle-même
- **Would you like to leave a message?**
  = Voulez-vous laisser un **message** ?
- **Can I take a message?**
  = Puis-je lui transmettre un message ?
- **Hold the line please**
  = Ne **quittez** pas ou Ne raccrochez pas
- **I'll call you back**
  = Je vous rappelle
- **This is a recorded message**
  = Vous êtes en **communication** avec un répondeur automatique
- **Please speak after the tone** ou **after the beep**
  = Veuillez laisser votre **message** après le **bip** sonore

27.4 Le standard vous répond

- **Grand Hotel, can I help you?**
  = Grand Hôtel, bonjour ou à votre service

- Who's calling, please?
    = Qui est à l'**appareil** ?
- Who shall I say is calling?
    = C'est de la part de qui ?
- Do you know his extension number?
    = Est-ce que vous connaissez son **numéro** de **poste** ?
- I am connecting you *ou* putting you through now
    = Je vous le **passe**
- I have a call from Tokyo for Mrs Thomas
    = J'ai quelqu'un en **ligne** de Tokyo qui demande Mme Thomas
- I've got Miss Martin on the line for you
    = J'ai Mlle Martin à l'**appareil**
- Dr Robert's line is busy
    = Le docteur Roberts est déjà en ligne
- Sorry to keep you waiting
    = Désolé de vous faire attendre
- There's no reply
    = Ça ne **répond** pas
- You're through to our Sales Department
    = Vous êtes en **ligne** avec le service des ventes

27.5 L'opérateur vous répond

- What number do you want *ou* What number are you calling?
    = Quel **numéro** demandez-vous ?
- Where are you calling from?
    = D'où **appelez**-vous ?
- Would you repeat the number, please?
    = Pourriez-vous **répéter** le **numéro**, s'il vous plaît ?
- Replace the handset and dial again
    = **Raccrochez** et renouvelez votre appel *ou* **Raccrochez** et recomposez le numéro
- There's a Mr Campbell calling you from Amsterdam who wishes you to pay for the call. Will you accept?
    = M. Campbell vous **appelle** en **PCV** d'Amsterdam. Est-ce que vous acceptez la **communication** ?
- Go ahead, caller
    = Vous êtes en **ligne**
- (aux Renseignements) There's no listing under that name
    = (Directory Enquiries) Il n'y a pas d'**abonné** à ce nom
- They're ex-directory (Brit) *ou* unlisted (US)
    = Désolé, leur **numéro** est sur la **liste** rouge
- There's no reply from 01 45 77 57 84
    = Le 01 45 77 57 84 ne **répond** pas
- Hold the line, please *ou* Please hold
    = Ne **quittez** pas
- All lines to Bristol are engaged - please try later
    = Par suite de l'**encombrement** des **lignes**, votre appel ne peut aboutir. Veuillez rappeler ultérieurement
- I'm trying it for you now
    = J'essaie d'obtenir votre correspondant
- It's ringing for you now
    = Ça **sonne**

- The line is engaged (Brit) *ou* busy (US)
    = La **ligne** est **occupée**
- The number you have dialled has not been recognized (*message enregistré*)
    = Il n'y a pas d'**abonné** au **numéro** que vous avez demandé (recorded message)
- The number you have dialled no longer exists. Please consult the directory (*message enregistré*)
    = Le **numéro** de votre correspondant n'est plus attribué. Veuillez consulter l'**annuaire** ou votre centre de **renseignements**
- The number you have dialled has been changed. Please dial 02 33 42 21 70 (*message enregistré*)
    = Le **numéro** de votre correspondant a changé. Veuillez composer désormais le 02 33 42 21 70 (recorded message)
- The number you are calling is engaged (Brit) *ou* busy (US). Please try again later
    = Toutes les **lignes** de votre correspondant sont **occupées**. Veuillez **rappeler** ultérieurement (recorded message)

27.6 Les différents types de communication

- It's a local call
    = C'est une **communication** locale
- This is a long-distance call
    = C'est une **communication** interurbaine
- I want to make an international call
    = Je voudrais appeler l'étranger
- I want to make a reverse charge call to a London number (Brit) *ou* I want to call a London number collect (US)
    = Je voudrais **appeler** Londres en **PCV** (NB : *system no longer exists in France*)
- I'd like an alarm call for 7.30 tomorrow morning
    = Je voudrais être réveillé à 7 h 30 demain

27.7 En cas de difficulté

- I can't get through (at all)
    = Je n'arrive pas à avoir le **numéro**
- Their phone is out of order
    = Leur **téléphone** est en **dérangement**
- We were cut off
    = On nous a **coupés** *ou* La **communication** a été **coupée**
- I must have dialled the wrong number
    = J'ai dû faire un faux **numéro**
- We've got a crossed line
    = Il y a quelqu'un d'autre sur la **ligne**
- I've called them several times with no reply
    = J'ai **appelé** plusieurs fois, mais ça ne **répond** pas
- You gave me a wrong number
    = Vous m'avez donné un faux **numéro**
- I got the wrong extension
    = On ne m'a pas donné le bon **poste** *ou* On s'est trompé de **poste**
- This is a very bad line
    = La **ligne** est très mauvaise

ANNEXES
APPENDICES

SOMMAIRE

LE VERBE FRANÇAIS

NOMBRES, HEURES
ET DATES

POIDS, MESURES
ET TEMPÉRATURES

CONTENTS

THE FRENCH VERB

NUMBERS, TIME
AND DATES

WEIGHTS, MEASURES
AND TEMPERATURES

FORMATION OF COMPOUND TENSES OF FRENCH VERBS

Most verbs form their compound tenses using the verb *avoir*, except in the reflexive form. Simple tenses of the auxiliary are followed by the past participle to form the compound tenses shown below (the verb *avoir* is given as an example)

AVOIR

PRESENT		
	j'	ai
	tu	as
	il	a
	nous	avons
	vous	avez
	ils	ont

IMPERFECT		
	j'	avais
	tu	avais
	il	avait
	nous	avions
	vous	aviez
	ils	avaient

FUTURE		
	j'	aurai
	tu	auras
	il	aura
	nous	aurons
	vous	aurez
	ils	auront

CONDITIONAL (PRESENT)		
	j'	aurais
	tu	aurais
	il	aurait
	nous	aurions
	vous	auriez
	ils	auraient

PAST HISTORIC		
	j'	eus
	tu	eus
	il	eut
	nous	eûmes
	vous	eûtes
	ils	eurent

IMPERATIVE	
	aie
	ayons
	ayez

PRESENT PARTICIPLE	
	ayant

SUBJUNCTIVE (PRESENT)		
	que j'	aie
	que tu	aies
	qu'il	ait
	que nous	ayons
	que vous	ayez
	qu'ils	aient

SUBJUNCTIVE (IMPERFECT) (rare)		
	que j'	eusse
	que tu	eusses
	qu'il	eût
	que nous	eussions
	que vous	eussiez
	qu'ils	eussent

+ PAST PARTICIPLE
(chanté)
(bu)
(eu)
(été)

COMPOUND TENSES OF VERBS

= **PERFECT**

(*chanter* = il **a chanté**)
(*boire* = il **a bu**)
(*avoir* = il **a eu**)
(*être* = il **a été**)

= **PLUPERFECT**

(il **avait chanté**, il **avait bu**,
il **avait eu**, il **avait été**)

= **FUTURE PERFECT**

(il **aura chanté**, il **aura bu**,
il **aura eu**, il **aura été**)

= **PAST CONDITIONAL**
(this tense is rarely studied but the forms are not rare)

(il **aurait chanté**, il **aurait bu**,
il **aurait eu**, il **aurait été**)

= **PAST ANTERIOR**
(rare as a spoken form)

(il **eut chanté**, il **eut bu**,
il **eut eu**, il **eut été**)

= **PAST IMPERATIVE** (rare)

(**aie chanté, aie bu, aie eu, aie été**)

= **SECOND FORM OF PAST PARTICIPLE**

(**ayant chanté, ayant bu,
ayant eu, ayant été**)

= **PAST SUBJUNCTIVE**
(rare as spoken form)

(qu'il **ait chanté**, qu'il **ait bu**,
qu'il **ait eu**, qu'il **ait été**)

= **PLUPERFECT SUBJUNCTIVE**
(very rare, even in the written form)

(qu'il **eût chanté**, qu'il **eût bu**,
qu'il **eût eu**, qu'il **eût été**)

conjugation 1 – **ARRIVER**: regular verbs ending in **-er**

INDICATIVE

PRESENT
j'arrive
tu arrives
il arrive
nous arrivons
vous arrivez
ils arrivent

PERFECT
je suis arrivé
tu es arrivé
il est arrivé
nous sommes arrivés
vous êtes arrivés
ils sont arrivés

IMPERFECT
j'arrivais
tu arrivais
il arrivait
nous arrivions
vous arriviez
ils arrivaient

PLUPERFECT
j'étais arrivé
tu étais arrivé
il était arrivé
nous étions arrivés
vous étiez arrivés
ils étaient arrivés

PAST HISTORIC
j'arrivai
tu arrivas
il arriva
nous arrivâmes
vous arrivâtes
ils arrivèrent

PAST ANTERIOR
je fus arrivé
tu fus arrivé
il fut arrivé
nous fûmes arrivés
vous fûtes arrivés
ils furent arrivés

FUTURE
j'arriverai [aʀivlə!ʀɛ]
tu arriveras
il arrivera
nous arriverons [aʀiv(ə)ʀɔ̃]
vous arriverez
ils arriveront

FUTURE PERFECT
je serai arrivé
tu seras arrivé
il sera arrivé
nous serons arrivés
vous serez arrivés
ils seront arrivés

SUBJUNCTIVE

PRESENT
que j'arrive
que tu arrives
qu'il arrive
que nous arrivions
que vous arriviez
qu'ils arrivent

IMPERFECT
que j'arrivasse
que tu arrivasses
qu'il arrivât
que nous arrivassions
que vous arrivassiez
qu'ils arrivassent

PAST
que je sois arrivé
que tu sois arrivé
qu'il soit arrivé
que nous soyons arrivés
que vous soyez arrivés
qu'ils soient arrivés

PLUPERFECT
que je fusse arrivé
que tu fusses arrivé
qu'il fût arrivé
que nous fussions arrivés
que vous fussiez arrivés
qu'ils fussent arrivés

CONDITIONAL

PRESENT
j'arriverais [aʀivʀɛ]
tu arriverais
il arriverait
nous arriverions [aʀivəʀjɔ̃]
vous arriveriez
ils arriveraient

PAST I
je serais arrivé
tu serais arrivé
il serait arrivé
nous serions arrivés
vous seriez arrivés
ils seraient arrivés

PAST II
je fusse arrivé
tu fusses arrivé
il fût arrivé
nous fussions arrivés
vous fussiez arrivés
ils fussent arrivés

IMPERATIVE

PRESENT
arrive
arrivons
arrivez

PAST
sois arrivé
soyons arrivés
soyez arrivés

PARTICIPLE

PRESENT
arrivant

PAST
arrivé, ée
étant arrivé

INFINITIVE

PRESENT
arriver

PAST
être arrivé

NB The verbs *jouer, tuer* etc. are regular: e.g. *je joue, je jouerai* ; *je tue, je tuerai*.

LE VERBE FRANÇAIS

conjugation 1 (reflexive form) – **SE REPOSER**: regular verbs ending in **-er**

INDICATIVE

PRESENT
je me repose
tu te reposes
il se repose
nous nous reposons
vous vous reposez
ils se reposent

PERFECT
je me suis reposé
tu t'es reposé
il s'est reposé
nous nous sommes reposés
vous vous êtes reposés
ils se sont reposés

IMPERFECT
je me reposais
tu te reposais
il se reposait
nous nous reposions
vous vous reposiez
ils se reposaient

PLUPERFECT
je m'étais reposé
tu t'étais reposé
il s'était reposé
nous nous étions reposés
vous vous étiez reposés
ils s'étaient reposés

PAST HISTORIC
je me reposai
tu te reposas
il se reposa
nous nous reposâmes
vous vous reposâtes
ils se reposèrent

PAST ANTERIOR
je me fus reposé
tu te fus reposé
il se fut reposé
nous nous fûmes reposés
vous vous fûtes reposés
ils se furent reposés

FUTURE
je me reposerai
tu te reposeras
il se reposera
nous nous reposerons
vous vous reposerez
ils se reposeront

FUTURE PERFECT
je me serai reposé
tu te seras reposé
il se sera reposé
nous nous serons reposés
vous vous serez reposés
ils se seront reposés

SUBJUNCTIVE

PRESENT
que je me repose
que tu te reposes
qu'il se repose
que nous nous reposions
que vous vous reposiez
qu'ils se reposent

IMPERFECT
que je me reposasse
que tu te reposasses
qu'il se reposât
que nous nous reposassions
que vous vous reposassiez
qu'ils se reposassent

PAST
que je me sois reposé
que tu te sois reposé
qu'il se soit reposé
que nous nous soyons reposés
que vous vous soyez reposés
qu'ils se soient reposés

PLUPERFECT
que je me fusse reposé
que tu te fusses reposé
qu'il se fût reposé
que nous nous fussions reposés
que vous vous fussiez reposés
qu'ils se fussent reposés

CONDITIONAL

PRESENT
je me reposerais
tu te reposerais
il se reposerait
nous nous reposerions
vous vous reposeriez
ils se reposeraient

PAST I
je me serais reposé
tu te serais reposé
il se serait reposé
nous nous serions reposés
vous vous seriez reposés
ils se seraient reposés

PAST II
je me fusse reposé
tu te fusses reposé
il se fût reposé
nous nous fussions reposés
vous vous fussiez reposés
ils se fussent reposés

IMPERATIVE

PRESENT
repose-toi
reposons-nous
reposez-vous

PAST
unused

PARTICIPLE

PRESENT
se reposant

PAST
s'étant reposé

INFINITIVE

PRESENT
se reposer

PAST
s'être reposé

conjugation 2 – **FINIR**: regular verbs ending in **-ir**

INDICATIVE

PRESENT
je finis
tu finis
il finit
nous finissons
vous finissez
ils finissent

PERFECT
j'ai fini
tu as fini
il a fini
nous avons fini
vous avez fini
ils ont fini

IMPERFECT
je finissais
tu finissais
il finissait
nous finissions
vous finissiez
ils finissaient

PLUPERFECT
j'avais fini
tu avais fini
il avait fini
nous avions fini
vous aviez fini
ils avaient fini

PAST HISTORIC
je finis
tu finis
il finit
nous finîmes
vous finîtes
ils finirent

PAST ANTERIOR
j'eus fini
tu eus fini
il eut fini
nous eûmes fini
vous eûtes fini
ils eurent fini

FUTURE
je finirai
tu finiras
il finira
nous finirons
vous finirez
ils finiront

FUTURE PERFECT
j'aurai fini
tu auras fini
il aura fini
nous aurons fini
vous aurez fini
ils auront fini

SUBJUNCTIVE

PRESENT
que je finisse
que tu finisses
qu'il finisse
que nous finissions
que vous finissiez
qu'ils finissent

IMPERFECT
que je finisse
que tu finisses
qu'il finît
que nous finissions
que vous finissiez
qu'ils finissent

PAST
que j'aie fini
que tu aies fini
qu'il ait fini
que nous ayons fini
que vous ayez fini
qu'ils aient fini

PLUPERFECT
que j'eusse fini
que tu eusses fini
qu'il eût fini
que nous eussions fini
que vous eussiez fini
qu'ils eussent fini

CONDITIONAL

PRESENT
je finirais
tu finirais
il finirait
nous finirions
vous finiriez
ils finiraient

PAST I
j'aurais fini
tu aurais fini
il aurait fini
nous aurions fini
vous auriez fini
ils auraient fini

PAST II
j'eusse fini
tu eusses fini
il eût fini
nous eussions fini
vous eussiez fini
ils eussent fini

IMPERATIVE

	PRESENT	PAST
	finis	aie fini
	finissons	ayons fini
	finissez	ayez fini

PARTICIPLE

	PRESENT	PAST
	finissant	fini, ie
		ayant fini

INFINITIVE

	PRESENT	PAST
	finir	avoir fini

LE VERBE FRANÇAIS ANNEXES 1228

conjugations 3 to 8

		INDICATIVE				
		1st person present		3rd person	imperfect	past historic
3	**placer**	je place [plas] nous plaçons [plasɔ̃]		il place ils placent	je plaçais	je plaçai
		NB Verbs in *-ecer* (e.g. *dépecer*) are conjugated like **placer** and **geler**. Verbs in *-écer* (e.g. *rapiécer*) are conjugated like **céder** and **placer**.				
	bouger	je bouge [buʒ] nous bougeons [buʒɔ̃]		il bouge ils bougent	je bougeais nous bougions	je bougeai
		NB Verbs in *-éger* (e.g. *protéger*) are conjugated like **bouger** and **céder**.				
4	**appeler**	j'appelle [apɛl] nous appelons [ap(ə)lɔ̃]		il appelle ils appellent	j'appelais	j'appelai
	jeter	je jette [ʒɛt] nous jetons [ʒ(ə)tɔ̃]		il jette ils jettent	je jetais	je jetai
5	**geler**	je gèle [ʒɛl] nous gelons [ʒ(ə)lɔ̃]		il gèle ils gèlent	je gelais nous gelions [ʒəljɔ̃]	je gelai
	acheter	j'achète [aʃɛt] nous achetons [aʃ(ə)tɔ̃]		il achète ils achètent	j'achetais [aʃtɛ] nous achetions	j'achetai
		Also verbs in *-emer* (e.g. *semer*), *-ener* (e.g. *mener*), *-eser* (e.g. *peser*), *-ever* (e.g. *lever*) etc. NB Verbs in *-ecer* (e.g. *dépecer*) are conjugated like **geler** and **placer**.				
6	**céder**	je cède [sɛd] nous cédons [sedɔ̃]		il cède ils cèdent	je cédais nous cédions	je cédai
		Also verbs in *-é* + consonant(s) + *-er* (e.g. *célébrer, lécher, déléguer, préférer*, etc.). NB Verbs in *-éger* (e.g. *protéger*) are conjugated like **céder** and **bouger**. Verbs in *-écer* (e.g. *rapiécer*) are conjugated like **céder** and **placer**.				
7	**épier**	j'épie [epi] nous épions [epjɔ̃]		il épie ils épient	j'épiais nous épiions [epijɔ̃]	j'épiai
	prier	je prie [pʀi] nous prions [pʀijɔ̃]		il prie ils prient	je priais nous priions [pʀijjɔ̃]	je priai
8	**noyer**	je noie [nwa] nous noyons [nwajɔ̃]		il noie ils noient	je noyais nous noyions [nwajjɔ̃]	je noyai
		Also verbs in *-uyer* (e.g. *appuyer*). NB **Envoyer** has in the future tense: *j'enverrai*, and in the conditional : *j'enverrais*.				
	payer	je paie [pɛ] or je paye [pɛj] nous payons [pɛjɔ̃]		il paie or il paye ils paient or ils payent	je payais nous payions [pɛjjɔ̃]	je payai
		Also all verbs in *-ayer*.				

irregular verbs ending in -er

future	CONDITIONAL present	SUBJUNCTIVE present	IMPERATIVE present	PARTICIPLES present past
je placerai [plasʀɛ]	je placerais	que je place que nous placions	place plaçons	plaçant placé, ée
je bougerai [buʒʀɛ]	je bougerais	que je bouge que nous bougions	bouge bougeons	bougeant bougé, ée
j'appellerai [apɛlʀɛ]	j'appellerais	que j'appelle que nous appelions	appelle appelons	appelant appelé, ée
je jetterai [ʒɛtʀɛ]	je jetterais	que je jette que nous jetions	jette jetons	jetant jeté, ée
je gèlerai [ʒɛlʀɛ]	je gèlerais	que je gèle que nous gelions	gèle gelons	gelant gelé, ée
j'achèterai [aʃɛtʀɛ]	j'achèterais	que j'achète que nous achetions	achète achetons	achetant acheté, ée
je céderai [sedʀɛ ; sɛdʀɛ][1]	je céderais[1]	que je cède que nous cédions	cède cédons	cédant cédé, ée

1. Actually pronounced as though there were a grave accent on the future and the conditional *(je cèderai, je cèderais)*, rather than an acute.

future	CONDITIONAL present	SUBJUNCTIVE present	IMPERATIVE present	PARTICIPLES present past
j'épierai [epiʀɛ]	j'épierais	que j'épie	épie épions	épiant épié, iée
je prierai [pʀiʀɛ]	je prierais	que je prie	prie prions	priant prié, priée
je noierai [nwaʀɛ]	je noierais	que je noie	noie noyons	noyant noyé, noyée
je paierai [pɛʀɛ] or je payerai [pɛjʀɛ] nous paierons or nous payerons	je paierais or je payerais	que je paie or que je paye	paie or paye payons	payant payé, payée

conjugation 9

INDICATIVE

PRESENT
je vais [vɛ]
tu vas
il va
nous allons [alɔ̃]
vous allez
ils vont [vɔ̃]

IMPERFECT
j'allais [alɛ]
tu allais
il allait
nous allions [aljɔ̃]
vous alliez
ils allaient

PAST HISTORIC
j'allai
tu allas
il alla
nous allâmes
vous allâtes
ils allèrent

FUTURE
j'irai [iRɛ]
tu iras
il ira
nous irons
vous irez
ils iront

PERFECT
je suis allé
tu es allé
il est allé
nous sommes allés
vous êtes allés
ils sont allés

PLUPERFECT
j'étais allé
tu étais allé
il était allé
nous étions allés
vous étiez allés
ils étaient allés

PAST ANTERIOR
je fus allé
tu fus allé
il fut allé
nous fûmes allés
vous fûtes allés
ils furent allés

FUTURE PERFECT
je serai allé
tu seras allé
il sera allé
nous serons allés
vous serez allés
ils seront allés

SUBJUNCTIVE

PRESENT
que j'aille [aj]
que tu ailles
qu'il aille
que nous allions
que vous alliez
qu'ils aillent

IMPERFECT
que j'allasse [alas]
que tu allasses
qu'il allât
que nous allassions
que vous allassiez
qu'ils allassent

PAST
que je sois allé
que tu sois allé
qu'il soit allé
que nous soyons allés
que vous soyez allés
qu'ils soient allés

PLUPERFECT
que je fusse allé
que tu fusses allé
qu'il fût allé
que nous fussions allés
que vous fussiez allés
qu'ils fussent allés

ALLER

	CONDITIONAL
PRESENT	j'irais tu irais il irait nous irions vous iriez ils iraient
PAST I	je serais allé tu serais allé il serait allé nous serions allés vous seriez allés ils seraient allés
PAST II	je fusse allé tu fusses allé il fût allé nous fussions allés vous fussiez allés ils fussent allés

IMPERATIVE	PRESENT	PAST
	va	sois allé
	allons	soyons allés
	allez	soyez allés

PARTICIPLE	PRESENT	PAST
	allant étant allé	allé, ée

INFINITIVE	PRESENT	PAST
	aller	être allé

LE VERBE FRANÇAIS

conjugations 10 to 22

		INDICATIVE			
		1st person present	3rd person	imperfect	past historic
10	haïr	je hais ['ɛ] nous haïssons ['aisɔ̃]	il hait ['ɛ] ils haïssent ['ais]	je haïssais nous haïssions	je haïs ['ai] nous haïmes
11	courir	je cours [kuʀ] nous courons [kuʀɔ̃]	il court ils courent	je courais [kuʀɛ] nous courions	je courus
12	cueillir	je cueille [kœj] nous cueillons [kœjɔ̃]	il cueille ils cueillent	je cueillais nous cueillions [kœjjɔ̃]	je cueillis
13	assaillir	j'assaille nous assaillons [asajɔ̃]	il assaille ils assaillent	j'assaillais nous assaillions [asajjɔ̃]	j'assaillis
14	servir	je sers [sɛʀ] nous servons [sɛʀvɔ̃]	il sert ils servent [sɛʀv]	je servais nous servions	je servis
15	bouillir	je bous [bu] nous bouillons [bujɔ̃]	il bout ils bouillent [buj]	je bouillais nous bouillions [bujjɔ̃]	je bouillis
16	partir	je pars [paʀ] nous partons [paʀtɔ̃]	il part ils partent [paʀt]	je partais nous partions	je partis
	sentir	je sens [sɑ̃] nous sentons [sɑ̃tɔ̃]	il sent ils sentent [sɑ̃t]	je sentais nous sentions	je sentis
17	fuir	je fuis [fɥi] nous fuyons [fɥijɔ̃]	il fuit ils fuient	je fuyais nous fuyions [fɥijjɔ̃]	je fuis nous fuîmes
18	couvrir	je couvre nous couvrons	il couvre ils couvrent	je couvrais nous couvrions	je couvris
19	mourir	je meurs [mœʀ] nous mourons [muʀɔ̃]	il meurt ils meurent	je mourais [muʀɛ] nous mourions	je mourus
20	vêtir	je vêts [vɛ] nous vêtons [vɛtɔ̃]	il vêt ils vêtent [vɛt]	je vêtais nous vêtions	je vêtis [veti] nous vêtîmes
21	acquérir	j'acquiers [akjɛʀ] nous acquérons [akeʀɔ̃]	il acquiert ils acquièrent	j'acquérais [akeʀɛ] nous acquérions	j'acquis
22	venir	je viens [vjɛ̃] nous venons [v(ə)nɔ̃]	il vient ils viennent [vjɛn]	je venais nous venions	je vins [vɛ̃] nous vînmes [vɛ̃m]

irregular verbs ending in -ir

future	CONDITIONAL present	SUBJUNCTIVE present	IMPERATIVE present	PARTICIPLES present / past
je haïrai [aiʀɛ]	je haïrais	que je haïsse	hais / haïssons	haïssant / haï, haïe [ai]
je courrai [kuʀʀɛ]	je courrais	que je coure	cours / courons	courant / couru, ue
je cueillerai	je cueillerais	que je cueille	cueille / cueillons	cueillant / cueilli, ie
j'assaillirai	j'assaillirais	que j'assaille	assaille / assaillons	assaillant / assailli, ie
je servirai	je servirais	que je serve	sers / servons	servant / servi, ie
je bouillirai	je bouillirais	que je bouille	bous / bouillons	bouillant / bouilli, ie
je partirai	je partirais	que je parte	pars / partons	partant / parti, ie
je sentirai	je sentirais	que je sente	sens / sentons	sentant / senti, ie
je fuirai	je fuirais	que je fuie	fuis / fuyons	fuyant / fui, fuie
je couvrirai	je couvrirais	que je couvre	couvre / couvrons	couvrant / couvert, erte [kuvɛʀ, ɛʀt]
je mourrai [muʀʀɛ]	je mourrais	que je meure	meurs / mourons	mourant / mort, morte [mɔʀ, mɔʀt]
je vêtirai	je vêtirais	que je vête	vêts / vêtons	vêtant / vêtu, ue [vety]
j'acquerrai [akɛʀʀɛ]	j'acquerrais	que j'acquière	acquiers / acquérons	acquérant / acquis, ise [aki, iz]
je viendrai [vjɛ̃dʀɛ]	je viendrais	que je vienne	viens / venons	venant / venu, ue

conjugations 23 to 33

		INDICATIVE			
		1st person — present — 3rd person		imperfect	past historic
23	**pleuvoir**	(impersonal)	il pleut [plø]	il pleuvait	il plut
24	**prévoir**	je prévois [prevwa] nous prévoyons [pʁevwajɔ̃]	il prévoit ils prévoient	je prévoyais nous prévoyions [pʁevwajjɔ̃]	je prévis
25	**pourvoir**	je pourvois nous pourvoyons	il pourvoit ils pourvoient	je pourvoyais nous pourvoyions	je pourvus
26	**asseoir**	j'assieds [asjɛ] nous asseyons [asɛjɔ̃] or j'assois nous assoyons	il assied ils asseyent [asɛj] or il assoit ils assoient	j'asseyais nous asseyions or j'assoyais nous assoyions	j'assis
27	**mouvoir**	je meus [mø] nous mouvons [muvɔ̃]	il meut ils meuvent [mœv]	je mouvais nous mouvions	je mus [my] nous mûmes

NB ***Émouvoir*** and ***promouvoir*** have the past participles *ému, e* and *promu, e* respectively.

28	**recevoir**	je reçois [ʁ(ə)swa] nous recevons [ʁ(ə)səvɔ̃]	il reçoit ils reçoivent [ʁəswav]	je recevais nous recevions	je reçus [ʁ(ə)sy]
	devoir				
29	**valoir**	je vaux [vo] nous valons [valɔ̃]	il vaut ils valent [val]	je valais nous valions	je valus
	équivaloir				
	prévaloir				
	falloir	(impersonal)	il faut [fo]	il fallait [falɛ]	il fallut
30	**voir**	je vois [vwa] nous voyons [vwajɔ̃]	il voit ils voient	je voyais nous voyions [vwajjɔ̃]	je vis
31	**vouloir**	je veux [vø] nous voulons [vulɔ̃]	il veut ils veulent [vœl]	je voulais nous voulions	je voulus
32	**savoir**	je sais [sɛ] nous savons [savɔ̃]	il sait ils savent [sav]	je savais nous savions	je sus
33	**pouvoir**	je peux [pø] or je puis nous pouvons [puvɔ̃]	il peut ils peuvent [pœv]	je pouvais nous pouvions	je pus

irregular verbs ending in -oir

future	CONDITIONAL present	SUBJUNCTIVE present	IMPERATIVE present	PARTICIPLE present past
il pleuvra	il pleuvrait	qu'il pleuve [plœv]	does not exist	pleuvant plu (no feminine)
je prévoirai	je prévoirais	que je prévoie [pRevwa]	prévois prévoyons	prévoyant prévu, ue
je pourvoirai	je pourvoirais	que je pourvoie	pourvois pourvoyons	pourvoyant pourvu, ue
j'assiérai [asjeRe] or j'asseyerai [asɛjRe] or j'assoirai NB *J'asseyerai* is old-fashioned.	j'assiérais or j'assoirais	que j'asseye [asɛj] or que j'assoie [aswa]	assieds asseyons or assois assoyons	asseyant assis, ise or assoyant assis, ise
je mouvrai [muvRe]	je mouvrais	que je meuve que nous mouvions	meus mouvons	mouvant mû, mue [my]
je recevrai	je recevrais	que je reçoive que nous recevions	reçois recevons	recevant reçu, ue
				dû, due
je vaudrai [vodRe]	je vaudrais	que je vaille [vaj] que nous valions [valjɔ̃]	vaux valons	valant valu, ue
				équivalu (no feminine)
		que je prévale	does not exist	prévalu (no feminine)
il faudra [fodRa]	il faudrait	qu'il faille [faj]		does not exist fallu (no feminine)
je verrai [veRe]	je verrais	que je voie [vwa] que nous voyions [vwajjɔ̃]	vois voyons	voyant vu, vue
je voudrai [vudRe]	je voudrais	que je veuille [vœj] que nous voulions [vuljɔ̃]	veux or veuille voulons	voulant voulu, ue
je saurai [soRe]	je saurais	que je sache [saʃ] que nous sachions	sache sachons	sachant su, sue
je pourrai [puRe]	je pourrais	que je puisse [pɥis] que nous puissions	not used	pouvant pu

LE VERBE FRANÇAIS

conjugation 34

INDICATIVE

PRESENT
j'ai [e; ɛ]
tu as [a]
il a [a]
nous avons [avɔ̃]
vous avez [ave]
ils ont [ɔ̃]

PERFECT
j'ai eu
tu as eu
il a eu
nous avons eu
vous avez eu
ils ont eu

IMPERFECT
j'avais
tu avais
il avait
nous avions
vous aviez
ils avaient

PLUPERFECT
j'avais eu
tu avais eu
il avait eu
nous avions eu
vous aviez eu
ils avaient eu

PAST HISTORIC
j'eus [y]
tu eus
il eut
nous eûmes [ym]
vous eûtes [yt]
ils eurent [yʀ]

PAST ANTERIOR
j'eus eu
tu eus eu
il eut eu
nous eûmes eu
vous eûtes eu
ils eurent eu

FUTURE
j'aurai [ɔʀɛ]
tu auras
il aura
nous aurons
vous aurez
ils auront

FUTURE PERFECT
j'aurai eu
tu auras eu
il aura eu
nous aurons eu
vous aurez eu
ils auront eu

SUBJUNCTIVE

PRESENT
que j'aie [ɛ]
que tu aies
qu'il ait
que nous ayons [ɛjɔ̃]
que vous ayez
qu'ils aient

IMPERFECT
que j'eusse [ys]
que tu eusses
qu'il eût [y]
que nous eussions [ysjɔ̃]
que vous eussiez
qu'ils eussent

PAST
que j'aie eu
que tu aies eu
qu'il ait eu
que nous ayons eu
que vous ayez eu
qu'ils aient eu

PLUPERFECT
que j'eusse eu
que tu eusses eu
qu'il eût eu
que nous eussions eu
que vous eussiez eu
qu'ils eussent eu

conjugations 35 to 37

		INDICATIVE			
		1st person / present	2nd and 3rd persons	imperfect	past historic
35	**conclure**	je conclus [kɔ̃kly] nous concluons [kɔ̃klyɔ̃]	il conclut ils concluent	je concluais nous concluions	je conclus
		NB **Exclure** is conjugated like **conclure**: past participle *exclu, ue*; **inclure** is conjugated like **conclure** except for the past participle *inclus, use*.			
36	**rire**	je ris [ʀi] nous rions [ʀijɔ̃]	il rit ils rient	je riais nous riions [ʀijɔ̃] or [ʀijjɔ̃]	je ris
37	**dire**	je dis [di] nous disons [dizɔ̃]	il dit vous dites [dit] ils disent [diz]	je disais nous disions	je dis
		NB **Médire, contredire, dédire, interdire, prédire** are conjugated like **dire** except for the 2nd person plural of the present tense: *médisez, contredisez, dédisez, interdisez, prédisez*.			
	suffire	je suffis [syfi] nous suffisons [syfizɔ̃]	il suffit ils suffisent [syfiz]	je suffisais nous suffisions	je suffis
		NB **Confire** is conjugated like **suffire** except for the past participle *confit, ite*.			

AVOIR

CONDITIONAL

PRESENT
j'aurais
tu aurais
il aurait
nous aurions
vous auriez
ils auraient

PAST I
j'aurais eu
tu aurais eu
il aurait eu
nous aurions eu
vous auriez eu
ils auraient eu

PAST II
j'eusse eu
tu eusses eu
il eût eu
nous eussions eu
vous eussiez eu
ils eussent eu

	PRESENT	PAST
IMPERATIVE	aie [ɛ] ayons [ɛjɔ̃] ayez [eje]	aie eu ayons eu ayez eu
PARTICIPLE	ayant	eu, eue [y] ayant eu
INFINITIVE	avoir	avoir eu

irregular verbs ending in -re

future	CONDITIONAL present	SUBJUNCTIVE present	IMPERATIVE present	PARTICIPLES present past
je conclurai	je conclurais	que je conclue	conclus concluons	concluant conclu, ue
je rirai	je rirais	que je rie	ris rions	riant ri (no feminine)
je dirai	je dirais	que je dise	dis disons dites	disant dit, dite
je suffirai	je suffirais	que je suffise	suffis suffisons	suffisant suffi (no feminine)

LE VERBE FRANÇAIS

ANNEXES 1238

conjugations 38 to 48

		INDICATIVE				
		1st person	present	3rd person	imperfect	past historic
38	**nuire**	je nuis [nɥi] nous nuisons [nɥizɔ̃]		il nuit ils nuisent [nɥiz]	je nuisais nous nuisions	je nuisis
	Also the verbs luire, reluire.					
	conduire	je conduis nous conduisons		il conduit ils conduisent	je conduisais nous conduisions	je conduisis
	Also the verbs construire, cuire, déduire, détruire, enduire, induire, instruire, introduire, produire, réduire, séduire, traduire.					
39	**écrire**	j'écris [ekʀi] nous écrivons [ekʀivɔ̃]		il écrit ils écrivent [ekʀiv]	j'écrivais nous écrivions	j'écrivis
40	**suivre**	je suis [sɥi] nous suivons [sɥivɔ̃]		il suit ils suivent [sɥiv]	je suivais nous suivions	je suivis
41	**rendre**	je rends [ʀɑ̃] nous rendons [ʀɑ̃dɔ̃]		il rend ils rendent [ʀɑ̃d]	je rendais nous rendions	je rendis
	Also the verbs ending in -andre (e.g. répandre), -erdre (e.g. perdre), -ondre (e.g. répondre), -ordre (e.g. mordre).					
	rompre	je romps [ʀɔ̃] nous rompons [ʀɔ̃pɔ̃]		il rompt ils rompent [ʀɔ̃p]	je rompais nous rompions	je rompis
	Also the verbs corrompre and interrompre.					
	battre	je bats [ba] nous battons [batɔ̃]		il bat ils battent [bat]	je battais nous battions	je battis
42	**vaincre**	je vaincs [vɛ̃] nous vainquons [vɛ̃kɔ̃]		il vainc ils vainquent [vɛ̃k]	je vainquais nous vainquions	je vainquis
43	**lire**	je lis [li] nous lisons [lizɔ̃]		il lit ils lisent [liz]	je lisais nous lisions	je lus
44	**croire**	je crois [kʀwa] nous croyons [kʀwajɔ̃]		il croit ils croient	je croyais nous croyions [kʀwajjɔ̃]	je crus nous crûmes
45	**clore**	je clos [klo]		il clôt ils closent [kloz] (rare)	je closais (rare)	not applicable
46	**vivre**	je vis [vi] nous vivons [vivɔ̃]		il vit ils vivent [viv]	je vivais nous vivions	je vécus [veky]
47	**moudre**	je mouds [mu] nous moulons [mulɔ̃]		il moud ils moulent [mul]	je moulais nous moulions	je moulus
	NB *Most forms of this verb are rare except moudre, moudrai(s), moulu, e.*					
48	**coudre**	je couds [ku] nous cousons [kuzɔ̃]		il coud ils cousent [kuz]	je cousais nous cousions	je cousis [kuzi]

irregular verbs ending in -re

future	CONDITIONAL present	SUBJUNCTIVE present	IMPERATIVE present	PARTICIPLES present / past
je nuirai	je nuirais	que je nuise	nuis / nuisons	nuisant / nui (no feminine)
je conduirai	je conduirais	que je conduise	conduis / conduisons	conduisant / conduit, ite
j'écrirai	j'écrirais	que j'écrive	écris / écrivons	écrivant / écrit, ite
je suivrai	je suivrais	que je suive	suis / suivons	suivant / suivi, ie
je rendrai	je rendrais	que je rende	rends / rendons	rendant / rendu, ue
je romprai	je romprais	que je rompe	romps / rompons	rompant / rompu, ue
je battrai	je battrais	que je batte	bats / battons	battant / battu, ue
je vaincrai	je vaincrais	que je vainque	vaincs / vainquons	vainquant / vaincu, ue
je lirai	je lirais	que je lise	lis / lisons	lisant / lu, ue
je croirai	je croirais	que je croie	crois / croyons	croyant / cru, crue
je clorai (rare)	je clorais (rare)	que je close	clos	closant (rare) / clos, close
je vivrai	je vivrais	que je vive	vis / vivons	vivant / vécu, ue
je moudrai	je moudrais	que je moule	mouds / moulons	moulant / moulu, ue
je coudrai	je coudrais	que je couse	couds / cousons	cousant / cousu, ue

LE VERBE FRANÇAIS

conjugations 49 to 59

		INDICATIVE			
		1st person present	3rd person	imperfect	past historic
49	**joindre**	je joins [ʒwɛ̃] nous joignons [ʒwaɲɔ̃]	il joint ils joignent [ʒwaɲ]	je joignais nous joignions [ʒwaɲjɔ̃]	je joignis
50	**traire**	je trais [tʀɛ] nous trayons [tʀɛjɔ̃]	il trait ils traient	je trayais nous trayions [tʀɛjjɔ̃]	not applicable
51	**absoudre**	j'absous [apsu] nous absolvons [apsɔlvɔ̃]	il absout ils absolvent [apsɔlv]	j'absolvais nous absolvions	j'absolus [apsɔly] (rare)

NB ***Dissoudre*** is conjugated like **absoudre**; ***résoudre*** is conjugated like **absoudre**, but the past historic *je résolus* is current. ***Résoudre*** has two past participles: *résolu, ue (problème résolu)*, and *résous, oute (brouillard résous en pluie* [rare]).

52	**craindre**	je crains [kʀɛ̃] nous craignons [kʀɛɲɔ̃]	il craint ils craignent [kʀɛɲ]	je craignais nous craignions [kʀɛɲjɔ̃]	je craignis
	peindre	je peins [pɛ̃] nous peignons [pɛɲɔ̃]	il peint ils peignent [pɛɲ]	je peignais nous peignions [pɛɲjɔ̃]	je peignis
53	**boire**	je bois [bwa] nous buvons [byvɔ̃]	il boit ils boivent [bwav]	je buvais nous buvions	je bus
54	**plaire**	je plais [plɛ] nous plaisons [plɛzɔ̃]	il plaît ils plaisent [plɛz]	je plaisais nous plaisions	je plus

NB The past participle of ***plaire, complaire, déplaire*** is generally invariable.

	taire	je tais nous taisons	il tait ils taisent	je taisais nous taisions	je tus
55	**croître**	je croîs [kʀwa] nous croissons [kʀwasɔ̃]	il croît ils croissent [kʀwas]	je croissais nous croissions	je crûs nous crûmes

NB The past participle of ***décroître*** is *décru, e*.

	accroître	j'accrois nous accroissons	il accroît ils accroissent	j'accroissais	j'accrus nous accrûmes
56	**mettre**	je mets [mɛ] nous mettons [mɛtɔ̃]	il met ils mettent [mɛt]	je mettais nous mettions	je mis
57	**connaître**	je connais [kɔnɛ] nous connaissons [kɔnɛsɔ̃]	il connaît ils connaissent [kɔnɛs]	je connaissais nous connaissions	je connus
58	**prendre**	je prends [pʀɑ̃] nous prenons [pʀənɔ̃]	il prend ils prennent [pʀɛn]	je prenais nous prenions	je pris
59	**naître**	je nais [nɛ] nous naissons [nɛsɔ̃]	il naît ils naissent [nɛs]	je naissais nous naissions	je naquis [naki]

NB ***Renaître*** has no past participle.

irregular verbs ending in -re

future	CONDITIONAL present	SUBJUNCTIVE present	IMPERATIVE present	PARTICIPLES present / past
je joindrai	je joindrais	que je joigne	joins / joignons	joignant / joint, jointe
je trairai	je trairais	que je traie	trais / trayons	trayant / trait, traite
j'absoudrai	j'absoudrais	que j'absolve	absous / absolvons	absolvant / absous[1], oute [apsu, ut]

1. The past participle forms *absout, dissout,* with a final *t,* are often preferred.

future	CONDITIONAL present	SUBJUNCTIVE present	IMPERATIVE present	PARTICIPLES present / past
je craindrai	je craindrais	que je craigne	crains / craignons	craignant / craint, crainte
je peindrai	je peindrais	que je peigne	peins / peignons	peignant / peint, peinte
je boirai	je boirais	que je boive / que nous buvions	bois / buvons	buvant / bu, bue
je plairai	je plairais	que je plaise	plais / plaisons	plaisant / plu (no feminine)
je tairai	je tairais	que je taise	tais / taisons	taisant / tu, tue
je croîtrai	je croîtrais	que je croisse	croîs / croissons	croissant / crû, crue
j'accroîtrai	j'accroîtrais	que j'accroisse	accrois / accroissons	accroissant / accru, ue
je mettrai	je mettrais	que je mette	mets / mettons	mettant / mis, mise
je connaîtrai	je connaîtrais	que je connaisse	connais / connaissons	connaissant / connu, ue
je prendrai	je prendrais	que je prenne / que nous prenions	prends / prenons	prenant / pris, prise
je naîtrai	je naîtrais	que je naisse	nais / naissons	naissant / né, née

conjugation 60 – **FAIRE**

INDICATIVE

PRESENT
je fais [fɛ]
tu fais
il fait
nous faisons [f(ə)zɔ̃]
vous faites [fɛt]
ils font [fɔ̃]

PERFECT
j'ai fait
tu as fait
il a fait
nous avons fait
vous avez fait
ils ont fait

IMPERFECT
je faisais [f(ə)zɛ]
tu faisais
il faisait
nous faisions [fəzjɔ̃]
vous faisiez [fəsje]
ils faisaient

PLUPERFECT
j'avais fait
tu avais fait
il avait fait
nous avions fait
vous aviez fait
ils avaient fait

PAST HISTORIC
je fis
tu fis
il fit
nous fîmes
vous fîtes
ils firent

PAST ANTERIOR
j'eus fait
tu eus fait
il eut fait
nous eûmes fait
vous eûtes fait
ils eurent fait

FUTURE
je ferai [f(ə)ʀɛ]
tu feras
il fera
nous ferons [f(ə)ʀɔ̃]
vous ferez
ils feront

FUTURE PERFECT
j'aurai fait
tu auras fait
il aura fait
nous aurons fait
vous aurez fait
ils auront fait

SUBJUNCTIVE

PRESENT
que je fasse [fas]
que tu fasses
qu'il fasse
que nous fassions
que vous fassiez
qu'ils fassent

IMPERFECT
que je fisse [fis]
que tu fisses
qu'il fît
que nous fissions
que vous fissiez
qu'ils fissent

PAST
que j'aie fait
que tu aies fait
qu'il ait fait
que nous ayons fait
que vous ayez fait
qu'ils aient fait

PLUPERFECT
que j'eusse fait
que tu eusses fait
qu'il eût fait
que nous eussions fait
que vous eussiez fait
qu'ils eussent fait

CONDITIONAL

PRESENT
je ferais [f(ə)ʀɛ]
tu ferais
il ferait
nous ferions [fəʀjɔ̃]
vous feriez
ils feraient

PAST I
j'aurais fait
tu aurais fait
il aurait fait
nous aurions fait
vous auriez fait
ils auraient fait

PAST II
j'eusse fait
tu eusses fait
il eût fait
nous eussions fait
vous eussiez fait
ils eussent fait

IMPERATIVE

PRESENT
fais
faisons
faites

PAST
aie fait
ayons fait
ayez fait

PARTICIPLE

PRESENT
faisant [f(ə)zɑ̃]

PAST
fait
ayant fait

INFINITIVE

PRESENT
faire

PAST
avoir fait

conjugation 61 – ÊTRE

INDICATIVE

PRESENT
je suis [sɥi]
tu es [ɛ]
il est [ɛ]
nous sommes [sɔm]
vous êtes [ɛt]
ils sont [sɔ̃]

IMPERFECT
j'étais [etɛ]
tu étais
il était
nous étions [etjɔ̃]
vous étiez
ils étaient

PAST HISTORIC
je fus [fy]
tu fus
il fut
nous fûmes
vous fûtes
ils furent

FUTURE
je serai [s(ə)ʀɛ]
tu seras
il sera
nous serons [s(ə)ʀɔ̃]
vous serez
ils seront

PERFECT
j'ai été
tu as été
il a été
nous avons été
vous avez été
ils ont été

PLUPERFECT
j'avais été
tu avais été
il avait été
nous avions été
vous aviez été
ils avaient été

PAST ANTERIOR
j'eus été
tu eus été
il eut été
nous eûmes été
vous eûtes été
ils eurent été

FUTURE PERFECT
j'aurai été
tu auras été
il aura été
nous aurons été
vous aurez été
ils auront été

SUBJUNCTIVE

PRESENT
que je sois [swa]
que tu sois
qu'il soit
que nous soyons [swajɔ̃]
que vous soyez
qu'ils soient

IMPERFECT
que je fusse
que tu fusses
qu'il fût
que nous fussions
que vous fussiez
qu'ils fussent

PAST
que j'aie été
que tu aies été
qu'il ait été
que nous ayons été
que vous ayez été
qu'ils aient été

PLUPERFECT
que j'eusse été
que tu eusses été
qu'il eût été
que nous eussions été
que vous eussiez été
qu'ils eussent été

CONDITIONAL

PRESENT
je serais [s(ə)ʀɛ]
tu serais
il serait
nous serions [səʀjɔ̃]
vous seriez
ils seraient

PAST I
j'aurais été
tu aurais été
il aurait été
nous aurions été
vous auriez été
ils auraient été

PAST II
j'eusse été
tu eusses été
il eût été
nous eussions été
vous eussiez été
ils eussent été

IMPERATIVE

PRESENT
sois [swa]
soyons [swajɔ̃]
soyez [swaje]

PAST
aie été
ayons été
ayez été

PARTICIPLE

PRESENT
étant

PAST
été [ete]
ayant été

INFINITIVE

PRESENT
être

PAST
avoir été

RULES OF AGREEMENT FOR PAST PARTICIPLE

The past participle is a form of the verb which does not vary according to tense or person, but which is more like an adjective, in that it may agree in gender and number with the word to which it refers.

PAST PARTICIPLE AGREEMENT DEPENDING ON USAGE

without auxiliary (adjectival use)	• **agreement** with the word it refers to *une affaire bien partie* (agrees with *affaire*, feminine singular)

with *être*	• **agreement** with the subject of **être** *les hirondelles sont revenues* (agrees with *hirondelles*, feminine plural)
with *avoir*	• **agreement** with the direct object, provided the direct object precedes the past participle *je les ai crus* (agrees with *les*, masculine plural) *la lettre qu'il a écrite* (agrees with *que*, referring back to *lettre*, feminine singular) • **no agreement**, then, in the following cases: *nous avons couru* (no direct object) *elles ont pris la clé* (direct object follows past participle)

with *s'être*	**as with** *être* **as with** *avoir*	• if the verb is reflexive, the past participle agrees with the subject *ils se sont enrhumés* (agrees with *ils*, masculine plural) • if the reflexive pronoun is the indirect object, any agreement is with the preceding direct object *la bosse qu'il s'est faite* (agrees with *que*, referring back to *bosse*, feminine singular) • **no agreement**, then, if the direct object follows the past participle *ils se sont lavé les mains* (the object being *les mains*)

NOMBRES, HEURES ET DATES

NUMBERS, TIME AND DATES

NOMBRES, HEURES ET DATES

1 CARDINAL AND ORDINAL NUMBERS
NOMBRES CARDINAUX ET ORDINAUX

Cardinal numbers		Les nombres cardinaux	Ordinal numbers	Les nombres ordinaux
nought	0	zéro		
one	1	(m) un, (f) une	first	(m) premier, (f) -ière
two	2	deux	second	deuxième
three	3	trois	third	troisième
four	4	quatre	fourth	quatrième
five	5	cinq	fifth	cinquième
six	6	six	sixth	sixième
seven	7	sept	seventh	septième
eight	8	huit	eighth	huitième
nine	9	neuf	ninth	neuvième
ten	10	dix	tenth	dixième
eleven	11	onze	eleventh	onzième
twelve	12	douze	twelfth	douzième
thirteen	13	treize	thirteenth	treizième
fourteen	14	quatorze	fourteenth	quatorzième
fifteen	15	quinze	fifteenth	quinzième
sixteen	16	seize	sixteenth	seizième
seventeen	17	dix-sept	seventeenth	dix-septième
eighteen	18	dix-huit	eighteenth	dix-huitième
nineteen	19	dix-neuf	nineteenth	dix-neuvième
twenty	20	vingt	twentieth	vingtième
twenty-one	21	vingt et un	twenty-first	vingt et unième
twenty-two	22	vingt-deux	twenty-second	vingt-deuxième
twenty-three	23	vingt-trois		
thirty	30	trente	thirtieth	trentième
thirty-one	31	trente et un	thirty-first	trente et unième
thirty-two	32	trente-deux		
forty	40	quarante	fortieth	quarantième
fifty	50	cinquante	fiftieth	cinquantième
sixty	60	soixante	sixtieth	soixantième
seventy	70	soixante-dix	seventieth	soixante-dixième
eighty	80	quatre-vingt(s)	eightieth	quatre-vingtième
ninety	90	quatre-vingt-dix	ninetieth	quatre-vingt-dixième
ninety-nine	99	quatre-vingt-dix-neuf		
a (or one) hundred	100	cent	hundredth	centième
a hundred and one	101	cent un	hundred and first	cent unième
a hundred and two	102	cent deux		
a hundred and ten	110	cent dix	hundred and tenth	cent dixième
a hundred and eighty-two	182	cent quatre-vingt-deux		

NUMBERS, TIME AND DATES

Cardinal numbers		Les nombres cardinaux	Ordinal numbers	Les nombres ordinaux
two hundred	200	deux cents	two hundredth	deux centième
two hundred and one	201	deux cent un		
two hundred and two	202	deux cent deux		
three hundred	300	trois cents	three hundredth	trois centième
four hundred	400	quatre cents	four hundredth	quatre centième
five hundred	500	cinq cents	five hundredth	cinq centième
six hundred	600	six cents	six hundredth	six centième
seven hundred	700	sept cents	seven hundredth	sept centième
eight hundred	800	huit cents	eight hundredth	huit centième
nine hundred	900	neuf cents	nine hundredth	neuf centième
a (or one) thousand	1,000 French 1 000	mille	thousandth	millième
a thousand and one	1,001 French 1 001	mille un		
a thousand and two	1,002 French 1 002	mille deux		
two thousand	2,000 French 2 000	deux mille	two thousandth	deux millième
ten thousand	10,000 French 10 000	dix mille		
a (or one) hundred thousand	100,000 French 100 000	cent mille		
a (or one million) (see note **b**)	1,000,000 French 1 000 000	un million (voir note **b**)	millionth	millionième
two million	2,000,000 French 2 000 000	deux millions	two millionth	deux millionième

NOTES ON USAGE OF THE CARDINAL NUMBERS

[a] To divide the larger numbers clearly, a space is used in French where English places a comma:
    English 1,000   French 1 000
    English 2,304,770   French 2 304 770
(This does not apply to dates: see below.)

[b] **1 000 000**: In French, the word *million* is a noun, so the numeral takes *de* when there is a following noun:
    un million de fiches
    trois millions de maisons détruites

[c] **One**, and the other numbers ending in *one*, agree in French with the noun (stated or implied):
    une maison, un employé, il y a cent une personnes.

REMARQUES SUR LES NOMBRES CARDINAUX

[a] Alors qu'un espace est utilisé en français pour séparer les centaines des milliers, l'anglais utilise la virgule à cet effet :
    français 1 000anglais 1,000
    français 2 304 770anglais 2,304,770
(Cette règle ne s'applique pas aux dates. Voir ci-après.)

[b] En anglais, le mot *million* (ainsi que *mille* et *cent*) n'est pas suivi de *of* lorsqu'il accompagne un nom :
    a million people,
    a hundred houses,
    a thousand people.

NOTES ON USAGE OF THE ORDINAL NUMBERS
REMARQUES SUR LES NOMBRES ORDINAUX

[a] **Abbreviations**: English 1st, 2nd, 3rd, 4th, 5th, etc.
French (m) 1er, (f) 1re, 2e, 3e, 4e, 5e and so on.

[b] **First**, and the other numbers ending in *first*, agree in French with the noun (stated or implied):
La première maison, le premier employé, la cent unième personne

[c] See also the notes on dates, below.
Voir aussi ci-après le paragraphe concernant les dates.

2 FRACTIONS / LES FRACTIONS

one half, a half	$\frac{1}{2}$	(m) un demi, (f) une demie
one and a half helpings	$1\frac{1}{2}$	une portion et demie
two and a half kilos	$2\frac{1}{2}$	deux kilos et demi
one third, a third	$\frac{1}{3}$	un tiers
two thirds	$\frac{2}{3}$	deux tiers
one quarter, a quarter	$\frac{1}{4}$	un quart
three quarters	$\frac{3}{4}$	trois quarts
one sixth, a sixth	$\frac{1}{6}$	un sixième
five and five sixths	$5\frac{5}{6}$	cinq et cinq sixièmes
one twelfth, a twelfth	$\frac{1}{12}$	un douzième
seven twelfths	$\frac{7}{12}$	sept douzièmes
one hundredth, a hundredth	$\frac{1}{100}$	un centième
one thousandth, a thousandth	$\frac{1}{1000}$	un millième

3 DECIMALS / LES DÉCIMALES

In French, a comma is written where English uses a point:

Alors que le français utilise la virgule pour séparer les entiers des décimales, le point est utilisé en anglais à cet effet :

English/anglais		French/français
3.56 (three point five six)	=	3,56 (trois virgule cinquante-six)
.07 (point nought seven)	=	0,07 (zéro virgule zéro sept)

4 NOMENCLATURE / NUMÉRATION

3,684 is a four-digit number
It contains 4 units, 8 tens, 6 hundreds and 3 thousands
The decimal .234 contains 2 tenths, 3 hundredths and 4 thousandths

3 684 est un nombre à quatre chiffres.
4 est le chiffre des unités, 8 celui des dizaines, 6 celui des centaines et 3 celui des milliers
le nombre décimal 0,234 contient 2 dixièmes, 3 centièmes et 4 millièmes

5 PERCENTAGES — LES POURCENTAGES

$2\frac{1}{2}$ % two and a half per cent — Deux et demi pour cent

18% of the people here are over 65 — Ici dix-huit pour cent des gens ont plus de soixante-cinq ans.
Production has risen by 8 % — La production s'est accrue de huit pour cent
(See also the main text of the dictionary.) — (Voir aussi dans le corps du dictionnaire.)

6 SIGNS — LES SIGNES

addition sign	+	signe plus, signe de l'addition
plus sign (e.g. + 7 = plus seven)	+	signe plus (ex.: + 7 = plus sept)
subtraction sign	−	signe moins, signe de la soustraction
minus sign (e.g. − 3 = minus three)	−	signe moins (ex.: − 3 = moins trois)
multiplication sign	×	signe de la multiplication
division sign	÷	signe de la division
square root sign	$\sqrt{\ }$	signe de la racine carrée
infinity	∞	symbole de l'infini
sign of identity, is equal to	≡	signe d'identité
sign of equality, equals	=	signe d'égalité
is approximately equal to	≈	signe d'équivalence
sign of inequality, is not equal to	≠	signe de non-égalité
is greater than	>	est plus grand que
is less than	<	est plus petit que

7 CALCULATION — LE CALCUL

8 + 6 = 14 eight and (or plus) six are (or make) fourteen — huit et (ou plus) six font (ou égalent) quatorze

15 − 3 = 12 fifteen take away (or fifteen minus) three equals twelve, three from fifteen leaves twelve — trois ôté de quinze égale douze, quinze moins trois égale douze

3 x 3 = 9 three threes are nine, three times three is nine — trois fois trois égale neuf, trois multiplié par trois égale neuf

32 ÷ 8 = 4 thirty-two divided by eight is (or equals) four — trente-deux divisé par huit égale quatre

3^2 = 9 three squared is nine — trois au carré égale neuf

2^5 = 32 two to the power of five (or to the fifth) is (or equals) thirty-two — deux à la puissance cinq égale trente-deux

$\sqrt{16}$ = 4 the square root of sixteen is four — la racine carré de seize ($\sqrt{16}$) est quatre

8 TIME — L'HEURE

2 hours 33 minutes and 14 seconds	deux heures trente-trois minutes et quatorze secondes
half an hour	une demi-heure
a quarter of an hour	un quart d'heure
three quarters of an hour	trois quarts d'heure
what's the time?	quelle heure est-il ?
what time do you make it?	quelle heure avez-vous ?
have you the right time?	avez-vous l'heure exacte ?
I make it 2.20	d'après ma montre il est 2 h 20
my watch says 3.37	il est 3 h 37 à ma montre
it's 1 o'clock	il est une heure
it's 2 o'clock	il est deux heures
it's 5 past 4	il est quatre heures cinq
it's 10 to 6	il est six heures moins dix
it's half past 8	il est huit heures et demie
it's a quarter past 9	il est neuf heures et quart
it's a quarter to 2	il est deux heures moins le quart
at 10 a.m.	à dix heures du matin
at 4 p.m.	à quatre heures de l'après-midi
at 11 p.m.	à onze heures du soir
at exactly 3 o'clock, at 3 sharp, at 3 on the dot	à trois heures exactement, à trois heures précises
the train leaves at 19.32	le train part à dix-neuf heures trente-deux
(at) what time does it start?	à quelle heure est-ce que cela commence ?
it is just after 3	il est trois heures passées
it is nearly 9	il est presque neuf heures
about 8 o'clock	aux environs de huit heures
at (or by) 6 o'clock at the latest	à six heures au plus tard
have it ready for 5 o'clock	tiens-le prêt pour 5 heures
it is full each night from 7 to 9	c'est plein chaque soir de 7 à 9
"closed from 1.30 to 4.30"	« fermé de 13 h 30 à 16 h 30 »
until 8 o'clock	jusqu'à huit heures
it would be about 11	il était environ 11 heures, il devait être environ 11 heures
it would have been about 10	il devait être environ dix heures
at midnight	à minuit
before midday, before noon	avant midi

9 DATES — LES DATES

NB The days of the week and the months start with a small letter in French: lundi, mardi, février, mars.

N.B. Les jours de la semaine et les mois prennent une majuscule en anglais : Monday, Tuesday, February, March.

the 1st of July, 1 July	le 1er juillet
the 2nd of May, 2 May	le 2 mai
on 21 June, on the 21st (of) June	le 21 juin
on Monday	lundi
he comes on Mondays	il vient le lundi
"closed on Fridays"	« fermé le vendredi »
he lends it to me from Monday to Friday	il me le prête du lundi au vendredi
from the 14th to the 18th	du 14 au 18
what's the date?, what date is it today?	quelle est la date d'aujourd'hui ?, quel jour sommes-nous aujourd'hui ?
today's the 12th	(aujourd'hui) nous sommes le 12
one Thursday in October	un jeudi en octobre
about the 4th of July, about 4 July	aux environs du 4 juillet
1978 nineteen (hundred and) seventy-eight	mille neuf cent soixante-dix-huit, dix-neuf cent soixante-dix-huit
4 BC, BC 4	4 av. J.-C.
70 AD, AD 70	70 apr. J.-C.
in the 13th century	au XIIIe siècle
in (or during) the 1930s	dans (ou pendant) les années 30
in 1940 something	en 1940 et quelques

HEADING OF LETTERS:
19 May 2003
(See also the main text of the dictionary.)

EN-TÊTE DE LETTRES :
le 19 mai 2003
(Voir aussi dans le corps du dictionnaire.)

POIDS, MESURES ET TEMPÉRATURES

WEIGHTS, MEASURES AND TEMPERATURES

NOTES

1. Metric system
Measures formed with the following prefixes are mostly omitted:

deca-	10 times	10 fois	*déca-*
hecto-	100 times	100 fois	*hecto-*
kilo-	1,000 times	1 000 fois	*kilo-*
deci-	one tenth	un dixième	*déci-*
centi-	one hundredth	un centième	*centi-*
milli-	one thousandth	un millième	*milli-*

2. US measures
In the US, the same system as that which applies in Great Britain is used for the most part; the main differences are mentioned below.

3. The numerical notations of measures
Numerical equivalents are shown in standard English notation when they are translations of French measures and in standard French notation when they are translations of English measures:
e.g. 1 millimetre (millimètre) = 0.03937 inch
should be read in French as 0,03937 pouce.
e.g. 1 inch (pouce) = 2,54 centimètres
should be read in English as 2.54 centimetres.

REMARQUES

1. Le système métrique
La plupart des mesures formées à partir des préfixes suivants ont été omises :

2. Mesures US
Les mesures britanniques sont valables pour les USA dans la majeure partie des cas. Les principales différences sont énumérées ci-après.

3. Notation graphique des équivalences de mesures
Les équivalences sont notées en anglais lorsqu'elles traduisent des mesures françaises et en français lorsqu'elles se rapportent à des mesures anglaises :
ex. 1 millimetre (millimètre) = 0.03937 inch
doit se lire en français 0,03937 pouce.
ex. 1 inch (pouce) = 2,54 centimètres
doit se lire en anglais 2.54 centimetres.

WEIGHTS, MEASURES, TEMPERATURES

1 LINEAR MEASURES – MESURES DE LONGUEUR

metric system / système métrique				
1 millimetre / US millimeter	(millimètre)		mm	0.03937 inch
1 centimetre / US centimeter	(centimètre)		cm	0.3937 inch
1 metre / US meter	(mètre)		m	39.37 inches = 1.094 yards
1 kilometre / US kilometer	(kilomètre)		km	0.6214 mile (5/8 mile)

French non-metric measures / mesures françaises non métriques				
1 nautical mile	1 mille marin			= 1 852 mètres
1 knot	1 nœud			= 1 mille/heure

British system / système britannique				
1 inch	(pouce)		in	2,54 centimètres
1 foot	(pied)	= 12 inches	ft	30,48 centimètres
1 yard	(yard)	= 3 feet	yd	91,44 centimètres
1 furlong		= 220 yards		201,17 mètres
1 mile	(mile)	= 1,760 yards	m ou ml	1,609 kilomètre

surveyors' measures / mesures d'arpentage			
1 link	= 7.92 inches		= 20,12 centimètres
1 rod (or pole, perch)	= 25 links		= 5,029 mètres
1 chain	= 22 yards = 4 rods		= 20,12 mètres

2 SQUARE MEASURES – MESURES DE SUPERFICIE

metric system / système métrique				
1 square centimetre / US square centimeter	(centimètre carré)		cm^2	0.155 square inch
1 square metre / US square meter	(mètre carré)		m^2	10.764 square feet = 1.196 square yards
1 square kilometre / US square kilometer	(kilomètre carré)		km^2	0.3861 square mile = 247.1 acres
1 are	(are)	= 100 square metres	a	119.6 square yards
1 hectare	(hectare)	= 100 ares	ha	2.471 acres

British system / système britannique				
1 square inch	(pouce carré)		in^2	6,45 cm^2
1 square foot	(pied carré)	= 144 square inches	ft^2	929,03 cm^2
1 square yard	(yard carré)	= 9 square feet	yd^2	0,836 m^2
1 square rod		= 30.25 square yards		25,29 m^2
1 acre		= 4,840 square yards	a	40,47 ares
1 square mile	(mile carré)	= 640 acres	m^2 ou ml^2	2,59 km^2

3 CUBIC MEASURES — MESURES DE VOLUME

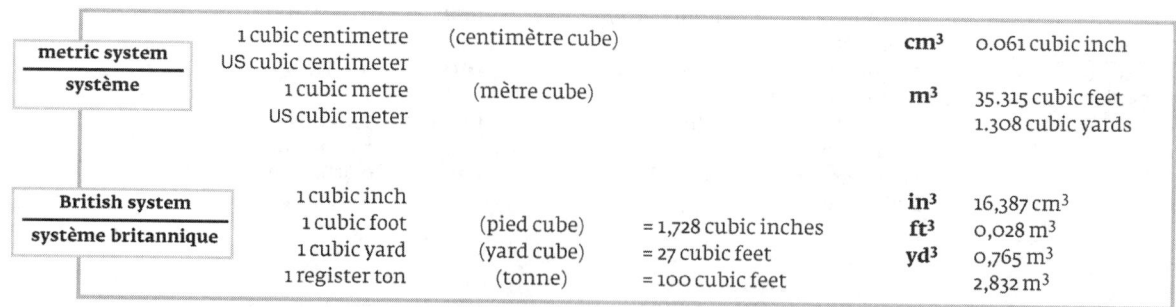

4 MEASURES OF CAPACITY — MESURES DE CAPACITÉ

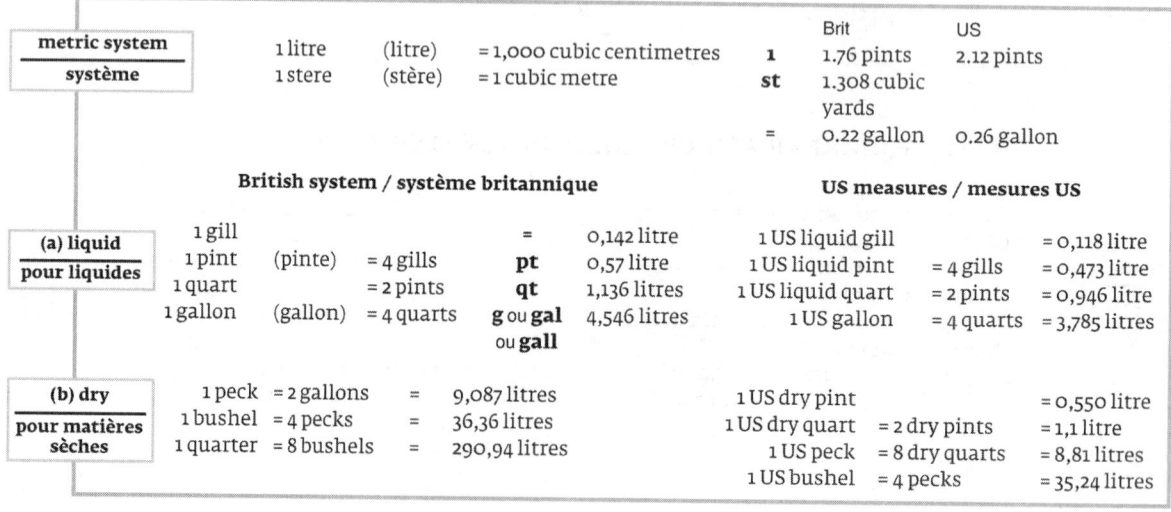

5 WEIGHTS — POIDS

metric system / système métrique

1 gram or gramme	(gramme)		French **g** / Brit **g** or **gr**	15.4 grains
1 kilogram or kilogramme	(kilogramme)		**kg**	2.2046 pounds
1 quintal	(quintal)	= 100 kilogrammes	**q**	220.46 pounds
1 metric ton	(tonne)	= 1 000 kilogrammes	**t**	0.9842 ton

Avoirdupois system / système avoirdupoids

British system / système britannique

1 grain	(grain)		**gr**	0,0648 gramme
1 drachm or dram		= 27.34 grains	**dr**	1,772 grammes
1 ounce	(once)	= 16 drachms	**oz**	28,349 grammes
1 pound	(livre)	= 16 ounces	**lb**	453,59 grammes = 0,453 kilogramme
1 stone		= 14 pounds	**st**	6,348 kilogrammes
1 quarter		= 28 pounds		12,7 kilogrammes
1 hundredweight		= 112 pounds	**cwt**	50,8 kilogrammes
1 (long) ton	(tonne)	= 2,240 pounds	**t**	1 016,05 kilogrammes

US measures / mesures US

1 (short) hundredweight	= 100 pounds		45,36 kilogrammes
1 (short) ton	= 2000 pounds		907,18 kilogrammes

6 TEMPERATURES — TEMPÉRATURES

$59°F = (59 - 32) \times \dfrac{5}{9} = 15°C$

A rough-and-ready way of converting centigrade to Fahrenheit and vice versa: start from the fact that

10 °C = 50 °F

thereafter for every 5 °C add 9 °F.

Thus:

$15°C = (10 + 5) = (50 + 9) = 59°F$
$68°F = (50 + 9 + 9)$
$\qquad = (10 + 5 + 5) = 20°C$

$20°C = (20 \times \dfrac{9}{5}) + 32 = 68°F$

Une manière rapide de convertir les centigrades en Fahrenheit et vice versa : en prenant pour base

10 °C = 50 °F

5 °C équivalent à 9 °F.

Ainsi :

$15°C = (10 + 5) = (50 + 9) = 59°F$
$68°F = (50 + 9 + 9)$
$\qquad = (10 + 5 + 5) = 20°C$

TABLE DES MATIÈRES / CONTENTS

Introduction	VIII-IX	Introduction
Guide d'utilisation	X-XXVII	Using the Dictionary
Abréviations	XXVIII-XXIX	Abbreviations
Prononciation	XXX-XXXI	Pronunciation
DICTIONNAIRE FRANÇAIS-ANGLAIS	1-1022	FRENCH-ENGLISH DICTIONARY
SYNONYMES FRANÇAIS	1023-1188	FRENCH THESAURUS
Grammaire active de l'anglais et du français	1189-1222	Language in use: a grammar of communication in French and English
ANNEXES		APPENDICES
Le verbe français	1224	The French verb
Nombres, heures et dates	1245	Numbers, time and dates
Poids, mesures et températures	1252	Weights, measures and temperatures

N° d'éditeur : 10160512 - Dépôt légal : Mai 2009
Achevé d'imprimer en France sur les presses de Jouve, Paris - N° 483782T

LE MONDE ANGLOPHONE